中国志书精品工程
High Quality Project of China's Local Records

常州市志

(1986—2010)

(第一册)

常州市地方志编纂委员会 编

方志出版社
Publishing House of Local Records

图书在版编目（CIP）数据

常州市志：1986—2010/常州市地方志编纂委员会编. —北京：方志出版社，2017.1
ISBN 978-7-5144-2108-8

Ⅰ. ①常… Ⅱ. ①常… Ⅲ. ①常州－地方志－1986—2010 Ⅳ. ①K295.33

中国版本图书馆CIP数据核字（2016）第235861号

常州市志（1986—2010）

编　　者：常州市地方志编纂委员会
责任编辑：陈　效

出 版 人：冀祥德
出 版 者：方志出版社
地址　北京市朝阳区潘家园东里9号(国家方志馆4层)
邮编　100021
网址　http://www.fzph.org
发　　行：方志出版社图书经销中心
（010）67110500
经　　销：各地新华书店
印　　刷：常州市大华印刷有限公司

开　　本：889×1194　　1/16
印　　张：198.25
字　　数：5300千字
版　　次：2017年1月第1版　　2017年1月第1次印刷
印　　数：0001～5000册

ISBN 978-7-5144-2108-8　　**定价（全四册）**：1280.00元

常州市地方志编纂委员会

2006年4月至2008年7月

主　任　王伟成

副主任　张晓霞　戴　源　居丽琴　曹桂清　丁国良　朱玉林

委　员　赵忠齐　李　信　刘醒铭　吴晓东　韩立明　徐伟南　杨平平　蒋自平
金建勇　钱建林　林珍大　白云萍　黄岳汀　黄祖明　顾才兴　赵建军
孙　健　韩　涛　陈伟昶　张金富　朱晓敏　陈俊杰　张哲浩　吴建忠
虞建安　成国平　王　援

2008年7月至2012年10月

主　任　王伟成

副主任　居丽琴　徐　缨　常　青　张水荣　赵忠齐　刘醒铭　虞建安

委　员　杭永宝　奚文彪　韩立明　徐伟南　杨平平　史志军　金建勇　杜吉宾
林珍大　方国强　卢晓光　黄岳汀　陈　村　胡国华　赵建军　蒋自平
韩　涛　朱志洪　张金富　吴晓东　赵唯强　张哲浩　吴建忠　成国平
王　援　叶英姿

2012年10月至2014年1月

主　任　姚晓东

副主任　徐　缨　蔡　骏　张云云　周建伟　徐新民　盛克俭　虞建安

委　员　丁荣余　苏江华　臧建中　吴晓东　宋建伟　潘冬铃　董彩凤　梅向东
李传奇　赵正斌　卢晓光　章卫忠　陈　村　胡国华　赵建军　蒋自平
丁伟明　刘　斌　戴士福　朱志洪　吴新法　何玉清　刘文荣　周良法
潘云芳　戴晓文　陈建共　陈建国　徐华勤　胡正伟　王　援　柯善学
樊百成　臧秀娟

2014年1月至2016年10月

主　任　费高云

副主任　徐　缨　蔡　骏　张云云　周建伟　徐新民　盛克俭　李亚雄

委　员　狄志强　蒋　锋　臧建中　吴晓东　宋建伟　汤如军　董彩凤　梅向东
李传奇　赵正斌　丁　一　章卫忠　张双庆　胡国华　戴士福　蒋自平
丁伟明　刘　斌　许　峥　朱志洪　吴新法　何玉清　刘文荣　周良法
蒋伯丹　潘冬铃　陈建共　王　莉　徐华勤　胡正伟　柯善学　樊百成
臧秀娟

《常州市志(1986—2010)》编纂人员

主　　审　居丽琴（2006年5月至2012年6月）
张云云（2012年6月至今）

主　　编　朱玉林（2006年5—12月）
虞建安（2006年12月至2014年1月）
李亚雄（2014年1月至今）

执行副主编　王　援　臧秀娟　宗清元　杜仁彬

副 主 编　成国平　叶英姿　胡正伟　柯善学　樊百成　鞠　烨

总 纂 组　臧秀娟　杜仁彬　缪小咏　陈　华　姚　震

精品工程再提升小组　李亚雄　樊百成　臧秀娟　鞠　烨　许　蓝　杜仁彬
陈　勇　华　岩　周二中　董　霞　李兆娟

西瀛里明城墙(摄于2016年7月)

茅山(摄于2012年7月)

常州国际机场(摄于2016年3月)

沪宁城际铁路常州站(摄于2010年9月)

长江常州港万吨级码头(摄于2008年12月)

京沪高速铁路常州北站(摄于2011年3月)

横跨西太湖(滆湖)的常合高速公路(摄于2016年7月)

改线南移的京杭大运河常州段和龙城大桥(摄于2016年7月)

2008年9月开通的城市快速公交(BRT)一号线(摄于2008年9月)

常州环城高架道路立交桥(摄于2008年9月)

常州高新区(新北区)中心公园(摄于2016年4月)

金坛城区南部景观(摄于2013年9月)

京杭大运河常州段沿线城市景观(摄于2014年10月)

丁塘河湿地公园(摄于2014年3月)

青枫公园(摄于2012年4月)

第八届中国花卉博览会场馆(摄于2013年9月)

北部新城都市夜景(摄于2014年2月)

溧阳天目湖白茶茶园(摄于2010年4月)

溧阳经济开发区温室大棚花卉种植(摄于2012年10月)

水稻大面积机械化收割(摄于2016年7月)

长荡湖大水面渔业养殖(摄于2015年1月)

江苏金坛汽车工业有限公司(众泰汽车集团金坛基地)大迈X5生产线(摄于2014年9月)

常林股份有限公司生产的工程机械(摄于2015年5月)

戚墅堰机车有限公司电气机车生产车间(摄于2013年8月)

常柴股份有限公司多缸柴油机生产线(摄于2007年12月)

金石机器人常州股份有限公司生产车间(摄于2015年3月)

安川(中国)机器人有限公司机器人生产车间(摄于2014年2月)

常州东芝变压器有限公司超高压变压器生产车间(摄于2014年2月)

常州天合光能有限公司参与建设的光伏发电站(摄于2010年8月)

新北区通江大道万达广场商业街(摄于2016年5月)

常州老城区商业街——南大街商业步行街(摄于2008年5月)

常州购物中心(摄于2010年11月)

红星美凯龙武进全球家居生活广场(摄于2012年11月)

全国重点花卉市场夏溪花木市场(摄于2006年3月)

武进吾悦广场商业街区(摄于2015年12月)

江苏凌家塘农副产品批发市场(摄于2016年8月)

环球动漫嬉戏谷(摄于2011年10月)

环球恐龙城旅游区迪诺水镇、中华恐龙园(摄于2016年7月)

淹城乐园诸子百家园(摄于2016年7月)

金坛东方盐湖城(2016年3月)

淹城旅游区春秋乐园(摄于2011年5月)

运河五号文化创意街区(摄于2011年5月)

溧阳南山竹海景区索道(摄于2013年12月)

位于常州高新区太湖东路的常州创意产业基地(摄于2015年8月)

常州科教城国际创新基地(摄于2016年8月)

江苏省常州高级中学(摄于2007年11月)

中国科学院常州中心常州化学研究所实验室(摄于2009年4月)

常州博物馆　常州市规划馆(摄于2014年10月)

留青竹刻作品《云海松涛》(摄于2006年8月)

工艺美术梳篦作品《四大美人》(摄于2007年5月)

乱针绣作品"少女像"(摄于2015年3月)

首届全国中小学戏剧课程高峰论坛演出(摄于2015年12月)

常州大剧院(摄于2009年8月)

金坛刻纸作品创作场景(摄于2008年4月)

常州文化100大型惠民行动演出(摄于2014年9月)

第三届龙城未成年人网络春晚演出(摄于2016年1月)

热烈

常州市第十三届运动会开幕式在常州奥体中心举行(摄于2008年10月)

2008年8月常州选送的运动员陆春龙获得北京奥运会男子蹦床冠军(摄于2008年8月)

常州市第一人民医院(摄于2008年8月)

常州市第二人民医院阳湖院区(摄于2016年3月)

常州开展创建学习型城市行动，全国第二届创建学习型城市论坛在常州举办(摄于2006年8月)

常州市纪念中国人民抗日战争暨世界反法西斯战争胜利70周年大会在溧阳新四军江南指挥部纪念馆举行(摄于2015年9月)

文明社区创建活动启动仪式(摄于2016年4月)

钟楼经济开发区道德讲堂(摄于2014年3月)

常州道德讲堂活动之社区道德讲堂暨居民纳凉晚会(摄于2012年8月)

常州综艺晚会舞蹈《荷香满园》演出(摄于2009年9月)

锡剧《夕照青果巷》晋京汇报演出(摄于2016年5月)

2008年汶川特大地震发生后，常州市举办全民捐款赈灾大行动晚会(摄于2008年12月)

城市荣誉

全国综合实力50强　1992年
全国城市投资硬环境40优　1992年
全国卫生城市　1996年、2003年
全国双拥模范城市　1996—2015年连续6次
中国优秀旅游城市　2001年、2007年
中国人居环境范例奖　2003—2014年4次
国家环保模范城市　2004年
中国品牌经济城市　2006年
中国投资环境百佳城市　2006年
全国城市创新环境评价第七位　2006年
国家园林城市　2008年
福布斯中国内地最佳商业城市榜第九位　2008年
中国城市政府管理竞争力政府创新能力首位　2009年
全国地级市富裕指数排名第十位、江苏第三位　2010年
全国文明城市　2011年
中国最具投资价值十强城市　2011年
全国交通畅通工程典范　2012年
国家生态市　2013年
全国宜居城市第四名　2013年
私营经济活力指数排行第一位（《福布斯》中国大陆）　2014年
全国科技进步先进市（连续14年）　2014年
国家历史文化名城　2015年
中国人居环境奖　2015年
中国文化城市百强第二十二位　2015年
全国创业先进市　2015年
国家森林城市　2016年

序一

根据国务院办公厅印发的《全国地方志事业发展规划纲要(2015—2020年)》(以下简称《规划纲要》),到2020年必须全面完成第二轮修志规划任务。与此同时,要坚持存真求实,确保地方志质量,将精品意识贯穿于地方志编纂出版工作全过程。2015年10月,中国地方志指导小组办公室启动中国志书精品工程(以下简称"精品工程"),受到了全国地方志系统的广泛关注。

实施"精品工程"是地方志事业发展的根基所在。地方志编修之所以能够传承千古,历经砥砺而绵延不断,关键在于留存了极为丰富、高质量的成果。历朝历代编修的8000余种古方志和新中国建立以来编纂出版的7000余种省、市、县三级综合志书,为"精品工程"的实施奠定了坚实的基础。一些脍炙人口的名志、佳志,更是成为精品志书的范本。

实施"精品工程"是各级地方志工作者的职责所在。地方志工作者承担着为国存史、为时代立言的神圣职责,是民族文化的建设者与传承人。这就要求我们,一方面要保存信史,以明鉴戒;另一方面要从现实中提出问题,以史经世。新时期地方志工作者必须继续秉承"修志问道、直笔著史"的方志人精神,淡泊名利,笔耕不辍,无愧于时代,无愧于人民。

实施"精品工程"是发挥地方志"存史、资政、教化"功能的本源所在。地方志书作为地方志资源的核心组成部分,质量不过关、问题百出,不仅难以发挥"存史、资政、教化"功能,甚至会造成恶劣影响、贻误后人、谬传千古。因此,要真正发挥地方志功能,打造一系列的精品佳志,让信史传世,让信史说话,是基本前提和根本保障。

实施"精品工程"是贯彻《规划纲要》的目标所在。到2020年全面完成第二轮修志规划任务,实现省省有省志、市市有市志、县县有县志,是《规划纲要》确定的硬指标、硬任务,也是中国自古以来从未有过的文化壮举和全国地方志系统为全面建成小康社会的献礼。"志书千古事,得失寸心知",编修出堪存堪鉴的高质量志书，是贯彻《规划纲要》应有之举和根本要义。启动“精品工程”，初衷就是要在全国地方志系统起到示范作用，进一步培育精品意识，以点带面，在提高志书质量方面探索出一条切实可行的路子。

“精品工程”前路漫漫，任重道远。编修出精品佳志，需要付出长期艰辛的努力，需要筚路蓝缕、孜孜求索的毅力和精神。怀古以励志，掩卷当奋发，志书质量建设如何强调都不为过。希望通过“精品工程”的深入推进，能够进一步推进志书质量建设，打造出更多的精品佳志，为当代提供资政辅治之参考，为后世留下堪存堪鉴之记述。

是为序。

中国社会社会科学院副院长
中国地方志指导小组常务副组长

2016年10月于北京

序二

地方志是历史智慧的结晶，是维系中华民族血脉亲情的重要力量，是传承中华民族文化的重要载体，具有存史、资政、育人的重要功能。习近平总书记曾讲到，“要马上了解一个地方的重要情况，就要了解它的历史，而了解历史的可靠方法就是看地方志”。

为深入贯彻李克强总理“为当代提供资政辅治之参考，为后世留下堪存堪鉴之记述”的重要批示精神，刘延东副总理“用地方志记载中国共产党人带领全国各族人民实现中华民族伟大复兴的中国梦的进程”的指示精神，贯彻国务院办公厅印发的《全国地方志事业发展规划纲要(2015—2020年)》的部署，在第五届中国地方志指导小组和王伟光组长、李培林常务副组长的关心支持下，2015年中国地方志指导小组办公室启动包括中国志书精品工程在内的全国地方志“十大工程”。实施中国志书精品工程，目的是结合当前正处于到2020年全面完成第二轮修志规划内任务最为关键时期的实际，通过工程的推进，进一步提高各级地方志工作机构对志书质量建设的重视，进一步培育全体地方志工作者的质量意识，从而提高志书质量，编修出经得起时代和历史检验的志书。至2016年12月底，全国二轮志书累计出版2400多部，其中，省级志书共出版550多部，地市级志书共出版180多部。但是，从质量上看，称得上传世之作的精品佳志并不多。打造一批流传百世、有影响力的精品佳志，是所有方志人的职责和追求。

在《汶川特大地震抗震救灾志》《威海市志》《北辰区志》三部志书入选首批中国志书精品工程后，中国志书精品工程的影响力持续扩大，引起全国地方志系统的广泛关注。各地申报热情很高，又推荐了不少好的志稿，本着精益求精的精神，在各地申报的基础上，中国地方志指导小组办公室认真组织评审，经过专家审读、召开评审会、无记名投票、全国公示和上报审批等严格程序，《常州市志(1986—2010)》脱颖而出、最终入选。

《常州市志(1986—2010)》作为中国志书精品工程第二批入选的志书,今天得以出版,实属难得,值得点赞。2006年,在《常州市志(1986—2010)》启动编修之初,常州方志人就绷紧“质量第一”这根弦,全面传承“方志之乡”的优秀传统,精准把握特定时期修志的时代性、地域性和特色性,尤其注重发现和挖掘经济社会快速转型期以及时代巨变背后所蕴含的深刻原因及发展规律,真正让传世志书记载和留住激荡岁月的特有气息与脉动。该志体例完备,资料翔实,篇目科学,行文规范,语言流畅,图文并茂,突出了改革开放的主旋律,突出了经济社会高速发展的特征和成就,突出了人文的发掘与传承。而这些成绩的取得,既得益于常州方志同仁所具有的“争先、务实、礼信、致用”的城市人文传统,也得益于他们自觉肩负起光荣而沉重的修志责任与使命。在修志过程中,常州还不断更新理念、改进方法、创新流程,探索出“项目化管理、工程化推进、学术化编纂”“借力借智”“审读加码加餐”等行之有效的方式方法,探索出“问题导向、需求导向”等提高编纂质量的务实创新之路。这些思考、做法和实践,均值得学习和借鉴。

当前,面对党中央、国务院高度重视地方志的大好形势,全国地方志工作者不忘初心、砥砺前行,地方志事业正处于高位运行的发展态势。为此,全国地方志工作者要充分认识地方志工作“修志问道”的新定位和地方志工作者“直笔著史”的新定位。在这样的新形势、新定位下,我们要牢记到2020年实现省省有志鉴、市市有志鉴、县县有志鉴的“两全目标”,从抓住机遇、打造队伍、围绕中心、紧接地气、构建学科、弘扬精神等举措入手,加快实现地方志事业的转型升级,向全面建成小康社会贡献“志”礼。

是为序。

中国地方志指导小组秘书长

中国地方志指导小组办公室党组书记、主任

2017年1月于北京

序三

《常州市志(1986—2010)》历时十年编纂，十载寒暑，十易其稿，终于付梓出版，这是常州文化发展史上的一件盛事，可喜可贺！

“国有史，邑有志”，绵延不断地编修地方志是中国独特的优良文化传统，为传承中华文明和地方文化发挥了非常重要的作用。常州这座江南历史文化名城，是季子封邑、齐梁故里、中吴要辅，还是全国著名的方志之乡。一代代修志人长夜孤灯、秉笔纂修、爬罗剔抉、披沙拣金，留下了宋咸淳《毗陵志》、明永乐《常州府志》和清道光《武进阳湖合志》等20多部珍贵的古志。改革开放后，欣逢盛世，全国各项事业繁荣发展，常州人民敢为人先、勇于探索，与苏州、无锡联袂创造了闻名遐迩的“苏南模式”，赢得了“工业明星城市”的美誉。1995年新编《常州市志》出版，翔实记载了1840年到1985年常州145年曲折的历史，特别是改革开放初期奋进发展的历程，荣膺江苏省哲学社会科学优秀成果一等奖。

2006年5月，按国家“每二十年编修一轮志书”的要求，新一轮《常州市志》编纂工作启动。全市供稿单位和广大修志工作者以对历史高度负责的使命感、责任感和奉献敬业精神，十度春秋、薪火相传，精心设计篇目，稽核资料史实，精编文字图表，同心协力、历尽坎坷，终于修成这部煌煌五百万言的宏篇巨制。常州方志人以默默奉献的精神、夜以继日的工作，为推动常州文化事业的建设和发展做出了重要贡献。

面前这部体量宏大、结构严谨、内容精详的续志，横分门类、纵述史实，全面系统地记录了常州的山川形胜、自然环境和1986年到2010年政治经济文化社会的历史现状、重大事件、风俗民情和著名人物，突出、客观、真实地反映了常州改革开放、经济建设与社会发展的辉煌成就，时代特色、地方特色鲜明，融资料性、知识性、科学性、实用性于一帙，为常州地方之全史、当代之百科全书，是展示今日秀美龙城的壮丽画卷。

“治天下者以史为鉴，治郡国者以志为鉴”。地方志具有保存历史、传承历史、传播文明、延续文化的重要作用，既能为各级党委、政府研究地情、制定政策、理政施政提供宝贵的决策参考，也为我们和后人提供了一把打开常州历史之门的金钥匙。

考察城市的历史、审视城市的价值，是为了建设人民的美好家园。我们作为这座城市的决策者、建设者和管理者，倍感所担负历史使命与责任的重大。现在，全市人民正围绕“增创发展新优势，种好常州幸福树”，努力建设经济强、百姓富、环境美和社会文明程度高的新常州。要实现这个美好愿景，离不开地方志为地方经济建设和社会发展提供资政决策服务。希望全市各级党委、政府引导广大干部群众珍视地方志，广泛开展读志用志活动，充分开发利用地方志资源，从这部续志和其他志书中汲取资讯信息、经验教训和发展动力，加快把常州打造成为全国一流的智能制造名城、长三角特色鲜明的产业技术创新中心和国内领先的产城融合示范区，共同谱写新起点上转型跨越发展的新篇章！

中共常州市委书记

2016年12月

常州市人民政府市长

2016年12月

凡　例

一、指导思想。本志以马克思列宁主义、毛泽东思想、邓小平理论、“三个代表”重要思想和科学发展观为指导，贯彻落实习近平总书记系列重要讲话精神和治国理政新理念新思想新战略，坚持辩证唯物主义和历史唯物主义的立场、观点和方法，坚持存真求实、精选精编、繁简适当，突出时代特色和地方特色的编纂原则，全面系统地记述1986—2010年常州自然、政治、经济、文化和社会的历史与现状。

二、记述时限。本志为1995年版《常州市志》的续志，主体卷记述上起1986年、下迄2010年末；总述、无题概述等适当追溯或下延，大事记下延至2015年；文前彩页中收录的图片拍摄时间下延至2016年。

三、记述范围。本志记述范围为2010年末常州市及其所辖金坛、溧阳两市和武进、新北、钟楼、天宁、戚墅堰五区，以记述常州市区为主。

四、体裁形式。本志采用述、记、志、传、图、表、录等体裁，以志为主。志首设文前彩页、史略、总述、大事记，设专志50卷，志末设专记、索引。各卷分章、节，卷首设无题概述；节下设目、子目，个别子目设支目、细目。

五、体例分类。本志遵循横分门类、以类系事、纵述史实的体例编纂，按科学性、专业性与当代社会分工及突出地方特色与时代特色相结合的原则分类设目。“大事记”以编年体为主，辅以纪事本末体。设有“风景名胜”“常州科教城”“艺文　著述”“文化遗产”“花木业”等反映地方特色的卷、章，并设“经济体制改革”“劳动人事　人才”“精神文明建设”等反映改革开放时代特色的卷。

六、编排顺序。各专志按地理环境、经济、政治、文化、社会和人物6个部类分类排列。入志人物坚持生不立传的原则，收录常州（包括历史上的武进县城）籍和武进籍、金坛籍、溧阳籍贡献突出的著名人士、烈士与全国、省级劳动模范。囿于资料未能全部征集到位，个别人物未收录。

七、文体文风。正文除补记追述古代事物的“艺文　著述”“文化遗产”等卷外概用语体文，语言表述力求文约事丰，朴实流畅，简洁明快。

八、机构名称。党政组织、社会团体、企事业单位等机构与职务的名称均以当时的标准名称为准，多次使用的名称首次用全称，括注简称。中华民国简称“民国”，中国共产党简称“中共”；中共江苏省委员会、江苏省人民政府分别简称“省委”“省政府”；中共常州市委员会、常州市人民政府分别简称“市委”“市政府”，其他简称见目录后的“组织机构名称简称全称对照表”；“有限公司”除标题外简写为“公司”。

九、历史纪年。清代及其以前朝代使用年号纪年，中华民国时期使用民国纪年，均括注公元年份，同一目内相同年号只括注首次；中华人民共和国成立后使用公元纪年。朝代纪年、农历用汉字表述，公元纪年用阿拉伯数字表述。中华人民共和国成立简写为“新中国成立”。1949 年 4 月 23 日常州解放前、后分别记述为“解放前”“解放后”。正文中的年代未注世纪者均为 20 世纪。

十、地名人名。正文一般用“常州”或“全市”“市”代称“常州市”，“常州市区”“常州城区”或“市区”“城区”在 2002 年 4 月以前不含武进，此后含武进，例外者注明；除易产生歧义者外一般用“武进”“金坛”等政区名称分别代称武进县（市、区）、金坛县（市）等行政区，省略行政区划等级名。地名以市境内地名工作机构公布的名称为准，古地名括注今地名。人名除引文和为反映史实必须冠以职务者外，一律直书姓名。外国的国名、地名、人名和党派团体等机构的名称均以新华社的译名或社会公认的译名为准，外国人名首次出现时注明外文原名，无标准译名的采用相关学科习惯译名。

十一、文字特例。汉字繁体字、冷僻字概用简化字、通用字或常用异体字替代，易产生歧义、误解者保留。

十二、数据数字。数据主要采用统计部门的数据，部分择用供稿单位数据。数字书写遵照《出版物上数字用法》(GB/T 15835—2011)，除习惯用语、专用名词外均用阿拉伯数字；绝对数、相对数四舍五入后分别保留至小数点后 2 位、1 位；正文除表格外不保留小数点后无实质意义的“0”。序数词一般用汉字标示。表格的编号数字先后为卷序号、章序号和表顺序号；图的编号数字分别为卷序号、图顺序号。

十三、标点单位。标点符号、计量单位分别执行国家标准《标点符号用法》(GB/T 15834—2011)、《国际单位制及其应用》(GB3100—1993) 和《有关量、单位、符号的一般原则》(GB3101—1993)。

十四、资料来源。本志资料采集自常州境内的地方志书、《常州年鉴》《常州统计年鉴》等年鉴和谱牒、报刊文章、调查报告、地情书、论文等文献资料，反复鉴别后选用，除特别重要、学术价值较高者作页下注外均不注出处；文献记载不一致、难以考证者诸说并存。由于史料无法完全采集、稽核到位，记述难免有遗漏之处。

组织机构名称简称全称对照表

简称	全称
党　委	中国共产党……委员会
人　大	人民代表大会
人大常委会	人民代表大会常务委员会
政　府	人民政府
政　协	中国人民政治协商会议
解放军	中国人民解放军
常委会	常务委员会
法　院	人民法院
检察院	人民检察院
省　委	中共江苏省委员会
省人大	江苏省人民代表大会
省政府	江苏省人民政府
省政协	中国人民政治协商会议江苏省委员会
市　委	中共常州市委员会
市人大	常州市人民代表大会
市政府	常州市人民政府
市政协	中国人民政治协商会议常州市委员会
纪　委	纪律检查委员会
管委会	管理委员会
工　委	工作委员会
人武部	人民武装部
统战部	统一战线工作部
政法委	政法委员会
农工部	农村工作部
农工办	农村工作办公室
文明委	精神文明建设指导委员会
文明办	精神文明建设指导委员会办公室
党史办	党史办公室
党史工委	党史工作委员会
党史工办	党史工作办公室

简称	全称
计　委	计划委员会
发展计划委	发展和计划委员会
发展改革委	发展和改革委员会
工信部	工业和信息化部
经　委	经济委员会
经贸委	经济贸易委员会
经信委	经济和信息化委员会
外经委	对外经济贸易委员会
外经局	对外贸易经济合作局
科　委	科学技术委员会
科技部	科学技术部
国防科工委	国防科学技术工作委员会
科技厅	科学技术厅
科技局	科学技术局
体改委	经济体制改革委员会
体改办	经济体制改革委员会办公室
住建部	住房和城乡建设部
建　委	建设委员会
城建委	城乡建设委员会
城建局	城乡建设局
教　委	教育委员会
城管委	城市管理委员会
土管局	土地管理局
国土局	国土资源局
房管局	房(地)产管理局
规划局	规划管理局
国税局	国家税务局
地税局	地方税务局
文广新局	文化广电新闻出版局
文体局	文化体育局
卫计委	卫生和计划生育委员会
协作委	经济技术协作委员会

简称	全称
协作办	经济技术协作委员会办公室
台　办	台湾工作办公室
	台湾事务办公室
侨　办	侨务办公室
法制办	法制办公室
外　办	外事办公室
港澳办	港澳事务办公室
方志办	地方志办公室
金融办	金融办公室
人防办	人民防空办公室
新闻办	新闻办公室
外宣办	对外宣传办公室
绿化委	绿化委员会
环保局	环境保护局
民　革	中国国民党革命委员会
民　盟	中国民主同盟
民　建	中国民主建国会
民　进	中国民主促进会
农工民主党	中国农工民主党
致公党	中国致公党
九三学社	中国九三学社
共青团	中国共产主义青年团
团市委	中国共产主义青年团常州市委员会
妇　联	妇女联合会
科　协	科学技术协会
全国工商联	中华全国工商业联合会
工商联	工商业联合会
文　联	文学艺术界联合会
社科联	哲学社会科学界联合会
残　联	残疾人联合会
侨　联	归国华侨联合会、归侨侨眷联合会
台　联	台湾同胞联合会
园林局	园林绿化管理局
高新区	高新技术产业开发区
人口计生委	人口和计划生育委员会
计生委	计划生育委员会

简称	全称
体　委	体育（运动）委员会
地名委	地名委员会
地名办	地名委员会办公室
三产办	第三产业领导小组办公室
拆迁办	城市房屋拆迁管理办公室
公积金中心	住房公积金管理中心
党总支	中共……总支部
党支部	中共……支部
团总支	中国共产主义青年团……总支部
团支部	中国共产主义青年团……支部
老龄委	老龄工作委员会
老龄办	老龄工作委员会办公室
关工委	关心下一代工作委员会
经贸局	经济贸易局
工商局	工商行政管理局
技监局	技术监督局
质监局	质量技术监督局
药监局	药品监督管理局
食药监局	食品药品监督管理局
安监局	安全生产监督管理局
人　行	中国人民银行
工　行	中国工商银行
农　行	中国农业银行
农发行	中国农业发展银行
中　行	中国银行
建　行	中国人民建设银行
交　行	交通银行
农商行	农村商业银行
爱卫会	爱国卫生运动委员会
爱卫办	爱国卫生运动委员会办公室
消　协	消费者权益保护协会
银监会	中国银行业监督管理委员会
证监会	中国证券监督管理委员会
保监会	中国保险业监督管理委员会
仲裁委	仲裁委员会

总目录

第一册

第七卷　公用事业

第八卷　水利　水务

第九卷　交通邮电　信息化建设

第十卷　环境保护

第十一卷　经济综述

第十二卷　经济体制改革

第二册

第十三卷　对外经贸　开发园区

第十四卷　农　　业

第十五卷　工　　业

第十六卷　乡镇企业　民营经济

第十七卷　建 筑 业

第十八卷　房地产业和住房保障

第十九卷　商贸服务业

第二十卷　旅 游 业

第二十一卷　金 融 业

第二十二卷　财政　税务

第二十三卷　经济综合管理

第二十四卷　出入境管理

第三册

第二十五卷　中国共产党

第二十六卷　人民代表大会

第二十七卷　人民政府

第二十八卷　政治协商会议

第二十九卷　民主党派

第三十卷　人民团体

第三十一卷　政　　法

第三十二卷　军　　事

第三十三卷　科学技术　社会科学

第三十四卷　教　　育

第三十五卷　常州科教城

第三十六卷　文化　艺术

第三十七卷　大众传媒

第三十八卷　艺文　著述

第四册

第四十七卷　方　　言

第四十八卷　风　　俗

第四十九卷　县（市）区概况

第五十卷　人　　物

专　　记

索　　引

Contents

Volume VI Urban and Rural Construction and the Management

Volume VII Public Utilities

Volume VIII Water Conservancy & Water Affairs

Volume IX Transportation,Post and Tele-communications Information Construction

Volume X Environmental Protection

Volume XI Economic Overview

Volume XII Economic System Reform

Book Two

Volume XIII Exterior Trade & Development Parks

Volume XIV Agriculture

Volume XV Industry

Volume XVI Township Enterprises & Non-state-owned Economy

Volume XVII Construction Industry

Volume XVIII Real Estate and Housing Security

Volume XIX Business Services Industry

Volume XX Tourism

Volume XXI Financial Business

Volume XXII Finance & Tax

Volume XXIII Comprehensive Economic Management

Volume XX IV Entry and Exit Administration

Book Three

Volume XXV The Communist Party of China

Volume XXVI People's Congress

Volume XXVII People's Government

Volume XXVIII Political Consultative Conference

Volume XXIX Democratic Parties

Volume XXX People's Organizations

Volume XXXI Politics and Law

Volume XXXII Military Affairs

Volume XXXIII Science and Technology & Social Science

Volume XXXIV Education

Volume XXXV Changzhou Science and Education Town

Volume XXXVI Culture & Arts

Volume XXXVII Mass Media

Volume XXXVIII Literature Works & Writings

Book Four

Volume XXXIX Cultural Heritage

Volume XL Health-Care

Volume XLI Sports

Volume XLII Construction of Spiritual Civilization

Volume XLIII Employment & Human Resources & Talents

Special Writings

Index

目　　录
（第一册）

第一卷　政区建置

第二卷　自然环境

第三卷　人　　口

第四卷　风景名胜

第五卷　土地资源管理

第六卷　城乡建设和管理

第七卷　公用事业

第八卷 水利 水务

第九卷 交通邮电 信息化建设

第十卷　环境保护

第十一卷　经济综述

第十二卷　经济体制改革

史略

Brief History

常州地处江南水乡、太湖流域北部。这里有广袤肥沃的平原，河网纵横交错，湖泊星罗棋布。数千年来，这里的居民辛勤劳作、繁衍生息，创造出经济富庶、文化繁荣的水乡文明，为中华民族的发展壮大做出了贡献。

一、文明肇始

远古时期，常州就是一片丰饶的土地。20世纪后期，在今常州西南部溧阳上黄水母山发现中华曙猿化石。中华曙猿生活在距今4500万～4000万年的中始新世，是世界上至今发现的活动年代最早的高等灵长类动物。21世纪初，常州西部金坛茅山发现距今40万～20万年的旧石器时代遗址，表明原始人类已在此进行采集和狩猎活动。在距今7000年前后，常州进入新石器时代，随其所处的太湖流域成为中华文明的发源地之一。

（一）马家浜文化

距今约7000～6000年间，常州地区生活着属马家浜文化类型的原始居民。溧阳神墩遗址、金坛三星村遗址和戚墅堰圩墩遗址的考古研究表明，当时的常州先民过着定居生活，住在地势较高的土墩上，房屋建筑为木结构，有的已入住吊脚楼；从事渔业和农业生产，已大量种植经人工培育的籼稻和粳稻；生产和交往的范围较广，有原始的船只及相应的船具；有猪、狗、水牛等家畜饲养；开始制作陶器、玉器，工艺水平较高；出现原始的宗教信仰及凿齿（敲折、拔除上颌两侧对称牙齿）的习俗，并开始贫富分化。

（二）崧泽文化

距今大约6000年，常州进入崧泽文化发展时期。常州各地均有崧泽文化遗址发现，其中较有代表性的是今钟楼区与新北区交界处的新岗遗址。这时，人们的生产方式已由原始的渔猎采摘转为以畜牧和种植业为主，生产工具以石器为主，从耜耕进入犁耕；石器工具的制作较为精致，可制造多种形状、多用途的陶制用具；玉器制作更加精美，出现修补玉器的工艺；社会的血缘关系由母系向父系过渡。

（三）良渚文化

距今5000年前后，崧泽文化发展到良渚文化。武进郑陆寺墩及其他一些良渚文化遗址的考古发掘表明，当地居民的经济文化发展水平较高，属于当时华夏的先进地区，房屋建筑多为长方形的地面式建筑，有相当发达的稻作农业。渔业上，他们不但垂竿而钓、“结绳而网罟”，还有专门用于捕鱼带“倒梢”的篾制渔具。他们能磨制精细的石器，制作精美的黑陶器，雕琢精巧的玉器，玉器文化相当先进。他们还种植其他经济作物，懂得养蚕和丝织。在被称为“土筑金字塔”的墓葬中有随葬玉器，并有多寡之别，表明贫富分化加剧。一些墓葬已出现用猪颌骨甚至用整猪、整狗作殉葬品的情况。墓葬中发现随葬石（玉）钺、箭镞等石器，说明当时社会战争频繁。

（四）湖熟文化和马桥文化

古代夏商之际，常州地区的文明仍然延续。溧阳神墩早商时期遗存（距今3700～3300年）和金坛薛埠早商遗存（距今3600～3300年）表明，当时的居民已进入湖熟文化期，并受到马桥文化的影响。他们在河湖沿岸的土墩山丘上（被称为台型遗址）形成聚落，里面有房子、道路，区域被有规划地分成居住区、墓葬区、议事区等，还有垃圾场。他们以农业生产为主，畜牧业达到一定水准，渔猎仍十分重要，以船只为主要交通工具。印纹陶是他们最具特色的生活用具，石器仍为主要生产工具，但已掌握青铜器铸造技术。大量卜骨的出土说明当时居民喜好占卜。新北区象墩遗址出土的商周时期遗物同时含有湖熟文化、马桥文化元素，说明当地处于这两种文化的交汇地带。

二、延陵开邑

商末至春秋战国时期，常州进入有文字记载的历史时期，经济和文化有较大发展。

（一）政　　治

商代末年，来自中原周部落的太伯、仲雍兄弟奔吴，到江南建立句吴国，并逐步推进到常州地区。以后历代，常州人追溯自己的历史都从句吴国开始，把句吴国第一位国君太伯奉为当地文化的开创者。现代考古研究表明，西周时期，常州地区受到句吴、于越两个方国的影响，在滆湖北岸还有一个被称为淹的小国，春秋中期淹国被句吴国所灭。春秋晚期，今常州市区属于句吴国的延陵邑，今金坛地域属于句吴国的朱方邑，溧阳地域属于句吴国的濑渚邑（又称固城邑，后改名陵平邑、平陵邑）。当时句吴国王寿梦的第四个儿子季札受封于延陵，延陵为已知与今常州市区相关的最早地名。季札（前576—前485）为春秋时期著名贤人，被认为是春秋时代的外交家、思想家和道德实践者。今常州人奉季札为开邑始祖。约公元前514年，吴王阖闾命伍子胥在延陵南部太湖边建造阖闾城，以防备、进攻越国。公元前473年，吴国被越国所灭，延陵、朱方、平陵归属越国。公元前305年前后，楚国逐步吞灭越国，设郡于江东（太湖流域）。在此期间，朱方的部分地方被分为云阳县，今金坛属云阳县。战国时期，楚国春申君黄歇（前320—前238）被楚考烈王封于江东，延陵、云阳、平陵属春申君封邑。

（二）经　　济

春秋战国时期，有许多大规模农田水利工程，其中著名的有吴国、越国统治时期江南古运河胥溪、“吴古故水道”和蠡河的开掘、疏浚，及楚国春申君对芙蓉湖的治理和改造。当时常州地区以稻作农业为主并兼有渔猎经济，还有较发达的建筑业、造船业、蚕丝业、制陶业和冶炼业等，在某些方面领先于华夏其他地区。水稻种植比较发达，也种植粢、黍、赤豆、粟、麦、大豆等旱粮；日常生活用具有印纹硬陶和原始青瓷器，其中原始瓷器的出现早于中原地区；青铜兵器最为精良；能够制造各种形制、不同性质的船只。现存已知的城池遗址有淹城、平陵城、阖闾城等，营造技术水平较高，具有地域特色。

（三）文　　化

商代末年至西周时期，古延陵地区生活着两种文化类型的居民，西部丘陵为属湖熟文化的荆蛮居民及后来的句吴居民，东部平原为具有马桥文化特征的于越居民。在春秋时期吴越争战过程中，句吴与百越融合为同一文化的部族，形成具有地域特色的吴越文化。吴越文化以鸟、蛇为图腾，土著语言与中原不相通，生活习俗有断发、纹身、凿齿等。当地居民性情朴实刚烈，以尚武逞勇为风气。吴越两国的王室、贵族保持着学习中原文化的传统。吴国公子季札在出使鲁国观乐时所作的一番评论，不仅表现出他广博的学识、敏睿的思想，还表现出他厚实的华夏文化底蕴。

三、毗陵建郡

秦以后，古延陵地区经济文化继续发展，在全国的政治地位有很大的提高。

（一）政　　治

秦代，延陵西部有云阳（包括今金坛地域，不久改名曲阿，属会稽郡）、溧阳（包括今溧阳地域，属鄣郡）。

秦末农民起义中，项羽在会稽郡起兵，率领八千江东子弟（包括延陵、曲阿子弟）组成的军队北上中原，消灭秦军主力，推翻了秦王朝。汉高祖五年（前 202），延陵改名为毗陵，为县的建置，先后属楚王韩信管辖的楚国、荆王刘贾管辖的荆国、吴王刘濞管辖的吴国。汉景帝前元三年（前 154），汉景帝平七国之乱，吴国被除，毗陵县属会稽郡。此时，曲阿县先后属江都国、会稽郡，溧阳县属鄣郡。西汉末年王莽当政时，毗陵曾改名为毗坛。东汉建武元年（25），毗坛复称毗陵，属会稽郡。永建四年（129），毗陵又属吴郡。吴黄武元年（222），孙权在江东建立吴国，废溧阳县，辟地屯田，并析原县东部置永平县。其时，毗陵、曲阿、溧阳属吴国，溧阳属丹杨郡，毗陵、曲阿属吴郡；今常州市区一带为毗陵县治所。三国东吴赤乌年间（238—250），毗陵建立名为毗陵典农校尉的行政机构，辖地有武进（原丹徒）、云阳（原曲阿）、毗陵、无锡。毗陵开始成为太湖流域北部的政治中心。

晋太康元年（280），永平县改为永世县，并废屯田都尉，恢复溧阳县。太康二年，废毗陵典农校尉，改为毗陵郡，属扬州刺史管辖。同时，分丹徒（三国时曾称武进，此时复称丹徒）、曲阿东部地区新置武进县，隶属于毗陵郡。此后 1700 多年，常州城区均为郡、州、府治所。此时，云阳县改名曲阿县，析其西南地域置延陵县。今金坛属毗陵郡延陵县，溧阳县属丹阳郡（即丹杨郡）。晋永兴元年（304），惠帝将毗陵郡封给东海王越的世子毗为食邑，为避“毗”讳，改毗陵郡为晋陵郡，改毗陵县为晋陵县，仍属扬州。西晋末年，北方居民因战乱大批南迁，淮阴令萧整从兰陵（今枣庄市峄城区）南迁，侨居武进西北。东晋大兴元年（318）侨置兰陵郡于武进县境内，并侨置兰陵县。两晋时，晋陵郡治所先后设立于丹徒、京口、晋陵三地。南朝宋武帝永初元年（420），兰陵郡改为南兰陵郡。南朝宋元嘉八年（431），在江南设置南徐州，治所在京口，管辖晋陵郡与南兰陵郡，丹徒、武进划入南东海郡。宋顺帝昇明三年（479），萧整的玄孙萧道成取代刘宋政权，建立齐朝；同年，撤南兰陵郡，所领兰陵县归属南琅琊郡。齐和帝中兴二年（502），萧道成的族侄萧衍代齐建立梁朝。梁武帝时，实行“土断”政策，行政区域重新调整，郡县（包括侨置）均有实际管辖的区域。天监元年（502），土断后的南东海郡改为兰陵郡（包括丹徒、武进等县），武进县与侨县兰陵县合并为兰陵县。今新北区孟河镇尚有齐梁时期遗迹。

（二）经　　济

秦朝至南朝，虽然有过西汉的“七国之乱”、东汉末年的军阀混战、南朝的“侯景之乱”及其他战乱，常州经济仍然在曲折中发展，呈逐步上升态势。秦始皇三十七年（前 210），常州以西凿丹徒水道，自奔牛至丹徒段运河开通。东汉光武初年，孟渎开浚，由长江老孟河口（今新北区孟河）向南连接江南运河。汉代刘濞封领吴地时，在当地铸钱、煮盐，发展造船、运输、渔业和农业，历时 40 余年，形成百业兴旺的局面。

三国吴时，历代陆续修成的浙东运河和江南运河发挥了重要的通航作用。云阳以西开辟破冈渎，使秦淮河与江南运河联通，成为毗陵至建业的便捷水道。此时，毗陵一带地广人稀。吴黄龙元年（229），孙权招人屯田，毗陵屯田客达万人之多。此后，在毗陵进行 50 余年的屯田垦荒，使其成为财货富饶地区。东晋、南朝在江南立国，常州局面比北方安定，经济焕发出生机和活力，许多荒芜的土地得到开垦。溧阳至晋陵沿水道的高亢平原兴建了众多的陂塘灌溉农田。晋永昌二年（323），晋陵内史张闿在芙蓉湖围湖造田。南朝宋元嘉二十二年（445），芙蓉湖区修阳湖堰，得良田数百顷；元嘉二十四年，又治临津湖为田。其时，农田普遍推广牛耕，使用龙骨水车灌溉。同时，丝织业开始兴起，铜铁冶铸继续发展，青瓷业走向成熟，传统手工业品梳篦已成为工艺品。至南朝刘宋时，人口增长。据《晋太康地志》记载，毗陵郡管辖丹徒、曲阿、武进、延陵、毗陵、暨阳、无锡 7 个县，有 1.2 万户。据《宋郡国志》记载，晋陵太守管辖 6 个县，有 1.5 万户、8 万多人口。

（三）文　　化

经济发展和政治地位的提高，推动了文化繁荣。秦汉三国时期，居民性情与先秦时相近，刚勇尚武。秦末，项羽率领英勇善战的江东子弟在河北巨鹿之战中战胜数量上占绝对优势的秦军，威震中原。三国时，孙吴倚仗南方土著大族执掌军权，维护其东南政权，尚武精神得到强化。相传，东汉文学家、书法家蔡邕曾在溧阳西南观山、黄山湖（今大溪水库一带）隐居，今大溪水库中尚留有蔡邕读书台遗迹。三国时期，当地文化名人有吴国著名史学家、文学家、《吴书》的编撰者韦昭。东晋、南朝时，华夏文化的重心逐渐南移，江南一带士族文人汇聚，逐步给其注入"士族精神""书生气质"。在齐梁王朝的倡导下，一时文化繁荣，以南兰陵（晋陵）为源头，发展出在中国文化史上具有重要地位的齐梁文化，萧统的《昭明文选》成为中国古代文学史上一个璀璨的高峰。

汉代以后，道教、佛教开始在当地流传。相传西汉景帝时期，有茅氏三兄弟茅盈、茅固、茅衷居句曲山（今茅山）华阳洞修道，后人因此建三茅道观，称他们为三茅真人，称句曲山为三茅山。三国赤乌年间(238—251)，佛教传入武进，始建白土山寺。西晋永嘉元年(307)，有毛中尉舍宅在晋陵城旁建观。齐永明十年(492)，茅山出现隐士陶弘景，他不仅是道家学者，还是医学家、哲学家和文学家。陶弘景在茅山修道，建树颇高，是道教茅山派的真正创立者。南朝梁代，有道士王八百在横山西麓南坡黄猫岭之西修道，修建登仙观。今常州红梅公园南端原有太平兴国寺，始建于南朝建元年间(479—482)，原名建元寺。今孟河镇境内有智宝寺遗迹，是梁武帝萧衍故宅所在地；梁天监七年(508)舍宅为寺，寺名"慧炬寺"。

四、江东望州

从隋代开始，常州的经济文化发展加快，在全国的重要地位凸显。

（一）政　　治

隋开皇九年(589)，晋陵郡改称常州，治所移到常熟县，常州由此得名。后常熟县改属苏州，常州治所移到晋陵。当时，常州下属晋陵、无锡、义兴、江阴四县，永世县并入溧阳县，与延陵县同属蒋州(9年后，溧阳县改名为溧水县)。隋炀帝大业三年(607)，废州置郡，又改常州为毗陵郡。大业九年，天下纷乱，晋陵人管崇聚众起义，被隋朝军队镇压而失败。大业十三年，延陵县金山府乡人自立金山县，属江都郡。翌年，隋炀帝被宇文化及杀死，吴兴太守沈法兴攻下余杭、毗陵、丹阳，据江表十余郡，自称江南大总管；武德元年，高祖李渊登帝位，恢复隋开皇旧制，下令改郡为州。武德二年(619)，沈法兴以毗陵为都，自称梁王，年号延康。武德三年，李子通败沈法兴据毗陵，吴王杜伏威又平李子通，改毗陵郡为常州，并以故兰陵地置武进县，属常州。同年，划溧水县东部为溧阳县，属扬州。太宗贞观元年(627)，分天下为10道，常州属江南道。贞观八年，并武进县于晋陵县。武后垂拱二年(686)，复析晋陵县西北36乡重置武进县。时常州下辖晋陵、武进、无锡、义兴、江阴五县。至武后垂拱四年，因东阳郡已有金山县，又因县境内茅山华阳洞内传说有"金坛百丈"，金山县更名为金坛县，属润州。建中元年(780)，分浙江为东、西两道，常州属浙江西道。五代十国时，中原战乱，常州先后属杨吴、南唐。后唐同光年间(923—926)，武进原在常州西北万绥的故城治所因战后残破而迁治于常州城。

宋开宝七年(974)，北宋王朝征伐南唐，南唐军在溧阳境内阻击宋军。次年三月，吴越军猛攻常州，知州禹万诚投降，常州归宋。雍熙四年(987)，常州属江南道。至道三年(997)，全国分为15路，常州属两浙路。南宋偏安江南，常州处于抗金江防前线。建炎三年(1129)，金兵占领溧阳，岳飞派骑兵袭击，活捉金国同知溧阳县事渤海太师撒八等12人，打死、俘虏金兵500余人。宋代，溧阳先后属江宁府、昇州、建康府。北宋时，金坛先后属两浙路润州、镇江府，南宋时属两浙西路镇江府；此后至清代，金坛均隶属镇江府。南宋末年，蒙元南征。德祐元年(1275)，元将伯颜率元军进攻常州，常州、溧阳、金坛军民坚决抵抗。其中，常州城在知州姚訔的率领下，以2万义军抵抗20万元军围攻，坚守半年，被誉为"纸城铁人"，最后常州城陷，惨遭屠城。

元至元十三年(1276)，常州属行中书省（治所临安）。翌年，常州升为路，属江浙行中书省。此后递属江淮行中书省、江浙等处行中书省。常州路下辖武进县、晋陵县、无锡州、宜兴州和一个录事司。元代，溧阳曾经改为溧州、溧阳府、溧阳路、溧阳县，溧阳县属建康路、集庆路。元朝末年，张士诚、朱元璋依托江南起义，反抗元朝统治。至正十五年(1355)九月，朱元璋部将徐达攻占溧阳。翌年三至五月，张士诚进占常州，将常州易名为毗陵郡。至正十七年七至八月，朱元璋命徐达、汤和围攻常州城。至次年三月，张士诚败退，常州为朱元璋部所据。朱元璋将常州地区划出两浙，属南直隶，又改常州路为长春府，并晋陵入武进，辖武进、无锡、宜兴、江阴（靖江）四县。从此，晋陵成为一个历史名称。

（二）经　　济

隋大业年间(605—618)，京杭大运河苏南段开通。运河穿城而过，促成了两岸经济繁荣。大业六年(610)隋炀帝疏拓运河，建三闸，蓄上游水，常州的奔牛闸为其中之一。义宁二年(618)，永世（今溧阳）县令达奚明疏浚泾渎（今丹金溧漕河）。唐开元年间(713—741)，常州重点修筑整治奔牛等闸堰。天宝年间(742—756)，常州五县有102631户、694767人，分别比唐初增加约5倍、6倍。永泰元年(765)，工部侍郎李栖筠被外放任常州刺史，他“浚五渠，通江流，溉田，岁大稔。”大历年间(766—779)，名臣、诗人独孤及任常州刺史，到任后在致代宗的谢表中说：“江东之州，常州为大。”唐元和八年(813)，常州刺史孟简疏浚古孟渎（今市区西北部），“长四十一里，灌溉沃壤四千余顷”。会昌四年(844)，常州被朝廷列为望州（全国经济大州），晋陵、武进均列为全国望县（全国经济大县）。唐朝时，常州耕作普遍使用“江东犁”，实行稻麦两熟制，常州地区的粳稻作为田赋大量外调，常州成为当时全国主要粮食产地；商业和手工业特别是织造业已相当发达，丝、麻织品驰名全国，列为贡品的丝织品就有透额罗、细纻、红紫两色绵布、纱罗、紧纱等；生产的纸张进贡朝廷，是全国重要纸张产地。唐代“安史之乱”和唐末战乱导致北方人口南迁。江南的杨吴、南唐两国先后偏安一隅，常州获得相对安定的发展环境。景福元年(892)，胥溪上修筑五道拦水堰，控制水流水位，疏通航道。五代吴越王钱镠统治期间(908—923)，曾在境内建造堰闸，疏通水道。其时，全国经济重心南移，常州为经济较发达地区。随着农业的发展和水利设施的兴建，手工业和商业蓬勃发展，私人手工作坊遍布各处。常州城经过三次重修、扩建，面积从周长2里扩大到27里多。

宋代，常州经济更加繁荣。北宋末年“靖康之乱”，北方人口又一次大规模南移，常州地区也有大量移民，使南北农业技术得以交流。北宋庆历二年(1042)，晋陵知县许恢浚戚墅堰港（今武进港），自太湖口起共90里，通太湖；浚鼋子港（今澡港河）40里，浚申港38里，均通长江。庆历三年，知州李馀庆在城内疏浚顾塘河，沟通子城河与运河。南宋绍熙年间(1191—1194)，魏村北德胜河上建烈塘闸（以德胜河旧名烈塘而得名）。南宋嘉泰二年(1202)，知州赵善防重建奔牛闸。南宋端平年间(1234—1236)，金坛县派工挖除丹阳县弭渎河上的横塘、弭村两座土坝，浚渫该河浅段，自此成为金坛县漕运干河。其时，常州地区的湖沼被大量围垦开发。北宋元祐六年(1091)芙蓉湖开堰置闸，南宋咸淳年间也有修治。稻麦二熟制大面积推广，加上农民精耕细作，粮食单位面积产量显著增加，南宋陆游《常州奔牛闸记》载有“苏常熟，天下足”的谚语。

宋代，常州工商业较为发达，私人手工作坊遍布街巷，还有官营织造作坊，如织罗务、窑务、造船场、药局、杂造局等。丝绸织造精美，为全国五大丝织产地。缂丝名家吴煦用五色织成蟠桃图，成为皇宫御用品。常州紧纱、龙凤细席都是当时贡品。许氏制作的毛笔也颇负盛名。北宋时，朝廷在常州设置专门承办漕运事务的江浙、荆湖、广西、福建路都转运使司，漕米由最初的几十万石增至300万石、500万石，最高时达700万石。到南宋时，常州保持全国粮食主产地地位，成为重要粮食集散地。宋代，城市逐渐形成开放型格局，里坊制演变为厢坊制，城内形成一批商业区，城郊出现一批市场。后河两岸（今小营前一带）形成闹市区，时称“大市”。入宋以后，常州人口稳定增长，北宋太平兴国时期(977—984)为5.5万户，南宋淳熙年间(1174—1189)总户数27万多户（其中客户近11万户），近200年间增长4倍。元初，常州因遭遇元兵屠城，导致人烟稀少。但是，经济很快恢复。元至元二十年(1290)，常州路有21万户、110万人，其中录事司(城区)有5800户、2.7万人。

(三)文　　化

隋唐时，常州将齐梁文化发扬光大，文化全面发展。隋以后开科取士，促进了常州文人向学之风。唐大历元年(766)前后，李栖筠在荆溪馆南先圣庙(又称夫子庙、孔庙)创办常州历史上已知最早的州学，率学子读书习文。唐代，常州刺史独孤及(725—777)与元结、李华、萧颖士等著名文士以复古宗经相号召，主张"先道德而后文学"，反对淫靡文风，在当时具有积极意义。诗仙李白曾3次到溧阳，留下《猛虎行》《扶风豪士歌》等13首作品。金坛诗人储光羲(约706—约762)诗作描绘的田园生活和谐淳朴、恬静自然，表现了普通农民的朴素愿望与常情；戴叔伦(732—789)主张诗要有余韵的观点，对后世朦胧诗派及神韵说影响较大。苦吟诗人孟郊(751—815)在溧阳5年写下脍炙人口的《游子吟》等10余首诗。毗陵副使皮日休(约838—883)的诗歌理论曾有类似白居易的讽喻美刺之说，他与陆龟蒙往来唱和写下600多首诗，编成《松陵唱和集》传世。

宋代，常州官学(州、县学)兴盛，民间书院林立，陆游称赞常州"儒风蔚然，为东南冠"。当地文化活动兴盛，科举成就突出，也有许多学术成就。北宋时，州学迁至常州郡治西侧，后又经多次重修、扩建。宋大中祥符年间(1008—1016)，隐士侯遗在三茅山后侧创建茅山书院，聚徒讲学。北宋大观二年(1108)辟雍会试，全国考入"中等上舍生"140人中，常州有32人，平均4.5人中有1个是常州人，为天下之最，徽宗皇帝亲自书写诏书(御笔)加以褒奖。王安石曾任常州知州，他以重道崇经为指导思想，提倡"文以致用"；著名文学家苏轼一生11次到常州，并终老于此。南宋宣和六年(1124)著名学者杨时开始在常州宣讲理学18年。乾道六年(1170)，时称"东南三贤"之一的张栻曾在常州永胜乡讲学。淳熙四年(1177)，杨万里任常州知州，在张栻讲学地建造城南书院，聘讲师为生徒授业，以纪念张栻。淳祐年间(1241—1252)，宋慈任常州知州，编写《洗冤集录》和《毗陵志》。咸淳年间(1265—1274)，常州知州史能之编修《毗陵志》，成书30卷。孔学诗是元代戏曲作家、散曲作家，祖籍平阳(今山西临汾)，落籍溧阳，主要作品有杂剧《东窗事犯》，演述秦桧与其妻设计陷害岳飞的故事。元末，思想家谢应芳辑选古籍反对鬼神文字为《辨惑编》，阐述其理学理论。

隋唐至元代，佛教和道教继续流行和发展，城乡寺院林立。唐贞观年间(627—649)，金陵牛头山的法融禅师到常州募化斋粮，"筑室十余楹"，为后来的天宁寺开创了基业。武则天执政时期，狄仁杰任江南巡抚使，针对当时吴、楚多淫祠的弊俗，奏请焚毁祠庙1700余所，唯留夏禹、吴泰伯、季札、伍员四祠，对季札赠额"嘉贤"，追加封号。天宝五年(746)，九华山金地藏二弟子道明大和尚到瓦屋山建造宝藏禅寺。贞元二十年(804)，日僧最澄到常州就学于高僧行满，归国后成为日本天台宗始祖。日本真言宗始祖空海入唐求法，曾在天宁寺参学，今寺内有"空海上人读书处"小石碑。唐末天复年间(901—904)，齐云长老维亢路过常州，在此"施舍利，卜寺址"，建造寺院，取名广福寺，后改名为齐云寺，北宋政和元年(1111)又改称天宁寺，是常州现存规模最大、保存最完整的古刹。北宋治平元年(1064)，常州人胡宿官至枢密副使，向皇帝请额在郡城东南3里创建报恩感慈禅院。北宋大文豪苏轼寓常州时常住该寺，与寺僧谈经论法，于寺壁题诗甚多。后寺毁于元代战火。元末至元年间(1335—1340)，伊斯兰教随回族人民南迁定居传入武进潘家、南宅地区。

五、八邑名都

明清时期，常州发展为全国经济文化重镇。

(一)政　　治

明洪武元年(1368)，常州府属直隶中书省。明洪武二年，常州驻重兵，守御官中山侯汤和收缩四面城墙，在罗城内改筑新城，常州城周长从宋代的罗城27里37步缩小到新城的10里284步。此后一直到民国，常州城都以新城为范围。洪武十一年常州直隶京师；洪武十三年，常州改为直隶于六部。永乐七年(1409)，长春府复改称常州府，沿用至清末；永乐十八年，常州属南直隶。明成化七年(1471)，常州下辖武进、无锡、宜兴、江阴、靖江五县。万历末年(1619)，避光宗朱常洛讳，常州改为尝州府。明代溧阳初为州，后为县，属应天府。天启年间(1621—1627)，常州籍东林党人钱一本、薛敷教、唐鹤徵、孙慎行等参与反对阉党魏忠贤专权的斗争，有的人因此遭受迫害。

清顺治二年(1645)六月初，清军占领常州城。松江水师黄蜚、吴志葵曾率军在常州与清军激战，败于清军。武进诸生张文龙率乡兵进攻常州城，战败身死。同年，清军占领溧阳，当地人潘茂、潘珍领导的“削鼻党”起义被镇压。清代沿袭明制，常州为府，领五县，隶属江南布政使司；顺治十八年，常州又属右布政使司。康熙六年(1667)，常州隶属江苏省。至雍正四年(1726)，常州府辖武进、阳湖、无锡、金匮、宜兴、荆溪、江阴、靖江八县，因此常州被誉为“八邑名都”。清代溧阳先后隶属江宁府、镇江府。咸丰年间(1851—1861)，太平天国运动兴起。咸丰十年(1860)四月、五月、八月，太平军先后攻占溧阳、常州、金坛，统治其境4年。其间，太平天国在此建常州郡，属苏福省。同治三年(1864)三月、四月、五月，溧阳、金坛、常州相继被清军攻占，复归清朝统治。光绪年间(1875—1908)，维新运动兴起，常州学者孟森、孟昭常编写普及立宪读物，何嗣焜为张謇撰写立宪奏稿，投身维新运动。光绪二十六年(1900)，常州人陈范接办上海《苏报》，与章太炎、邹容等宣传民主革命思想。义和团在北京围攻东交民巷外国使馆，慈禧太后宣战上谕通电各省，常州的盛宣怀等人在上海出谋划策，游说两江、湖广、两广总督，倡议拒绝上谕、保护东南，使清朝免去一场大劫难。辛亥革命爆发时，常州人赵凤昌协调各种政治势力，开展幕后活动，为南北议和、推翻清廷、建立民国做出了重要贡献。

（二）经　济

明朝建立初，明太祖朱元璋在全国兴修水利，奖励垦荒，推广桑、棉种植。洪武七年(1374)，疏浚澡子港(澡港河)，置闸。洪武二十四年，武进县疏浚烈塘，改名为德胜河。次年，疏浚胥溪，在五堰故址建置石闸启闭，以均势节制五堰之水，命名为“广通坝”(永乐元年复改闸为坝，即上坝)。此时，农作物品种增加，麦、豆、棉、桑、茶、萝卜等广为种植。经过几十年的休养生息，经济从元末战乱中得到复苏。从洪武二十六年全国分区秋粮米实征数及其百分比来看，常州府为533515石，占全国实征总数的2.16%，接近广西、云南两省征粮数之和。洪武十年，常州所属武进、无锡、宜兴、江阴四县有14万多户、62万多人，到永乐元年(1403)，分别增至近17万户、91万人。永乐四年，明成祖下诏疏浚孟河，苏、松、常、镇近10万名民夫参与疏浚。洪熙元年(1425)，明宣宗下令孟河三年一浚。宣德六年(1431)，江南巡抚周忱主持整治芙蓉湖，成圩田10万余亩，时称“十万八千芙蓉圩”。宣德六年至八年，巡抚周忱组织疏浚德胜河40里。成化六年(1470)，巡抚邢宥命有司浚弭渎河，南至溧阳、宜兴。常州城内大运河道不断南移，直到正德十六年(1521)正式改道城南渠。嘉靖三十五年(1556)，在上坝东10里加筑下坝，统称东坝。永乐年间(1403—1424)，常州成为全国较大的商业和手工业城市。嘉靖前后，常州手工业已较为发达，如印刷业除用木活字外，开始使用铜铅活字。

清代，常州已有农业、渔业、水运、民用建筑、制陶、冶铁、造纸、土布、丝织、梳篦等行业。康熙年间(1662—1722)，官府组织2万名民工浚大运河，治孟河，修芙蓉圩，环通城内外河道。康熙、乾隆等皇帝多次下旨敕令疏浚孟河等河道，道光十二年(1832)的孟河、德胜、澡港三河疏浚工程是最重要的一次。光绪二十七年(1901)，常州府再度组织浚孟渎、德胜河和澡港。清代，常州的粮食、棉花、蚕桑等经济作物生产及棉布、绸帛等手工业生产达到全国较高水平。常州城区布庄多达100余家，包卖商营销土布辐射省内八县和浙、皖、鲁、豫等省，成为土布营运集散之地，双色棉布、雕漆图案梳篦运销全国，五色蟠桃图丝绸和宫梳名篦成为皇宫御用品，青铜器远销海外；手工作坊遍布局前街、早科坊、西大街和运河、市河两岸。清代常州仍是对国家赋税贡献最多的地区之一，康熙十九年(1680)，江南巡抚慕天颜在孟河建闸的奏折中称：“江南财赋甲于天下，苏松常镇课额尤冠于江南。”

中国出现资本主义萌芽时，常州工商业已领先全国。道光二十年(1840)鸦片战争爆发前，织绢坊、染坊、冶坊形成规模，豆行、木行、钱庄、典当等商行渐趋发达。常州的土纺土织具有较高声誉，如钱宏泰、张恒顺织造的罗筛绢，由于花色新颖、轻便凉爽，曾作为皇宫御用品，被称为“常州贡纱”。孟河绉曾获得巴拿马博览会金牌奖。鸦片战争后，常州传统手工织布业受外国“洋布”挤压，销售趋于停滞，生产萎缩。在与外国资本抗争过程中，中国掀起洋务运动，常州人盛宣怀为其代表人物。同时，常州一些有识之士试办近代企业。光绪初年，常州有钱庄12家，成立钱业公所。光绪八年(1882)，常州已有民信局，开通电报，实现无线通信。光绪二十二年，上海开往镇江的轮船在常州设站。光绪二十八年，开设轮船招商局的常州人盛宣怀派员、拨船创建常州地方轮船运输事业。光绪三十二年，吴幼儒等人在东下塘创办晋裕布厂，出现由钱琳叔等筹资开设的常州首家银行——和慎商业储蓄有限公司。翌年，蒋盘发、蒋鉴清等筹资开办裕纶布厂。次年，沪宁铁路通车，常州设站。宣统元年(1909)，公盛堆栈成为常州第一家用柴油机为动力碾米的近代粮食加工厂。商业流通领域也有新的拓展，豆、木、钱、典成为常州商业的四大支柱行业。宣统三年，常州城区有15818户、101876人，与元朝末年(1367)相比，分别增加2.7倍、3.77倍；此时，市区建成区面积约1.7平方公里。

（三）文　　化

明清时期，常州教育得到新发展。明代地方儒学的主要类型是府学、州学、县学。洪武初年，常州府学重拾残址，招府学廪膳生员(有伙食津贴)40人，温习学业。崇祯时，常州府学内舍宇成片，宏伟亮丽。隆庆六年(1572)，常州知府施观民在原晋陵县衙旧址上创建龙城书院。万历三十一年(1603)，因张居正尽毁天下书院，知府欧阳东凤在龙城书院旧址上以建“先贤祠”名义继续组织讲学，由钱一本掌学，与无锡东林书院、宜兴明道书院称盛一时。清康熙二十四年(1685)，知府祖进朝重建常州府学。清代，常州境内还有武进阳湖县学、龙城书院及义塾、私塾。这一时期，常州的学术文化走向繁荣，出现许多在全国有影响的文化人物和流派。明代的代表人物有“吴士争为弟子，德望重于江南”的教育家谢应芳，主持编纂《永乐大典》的陈济，刻印古籍数十种的学者、藏书家薛应旂，被称为“嘉靖三大家”的文学家、抗倭英雄唐荆川，草书书法家马一龙等。清代，常州涌现出以庄存与、刘逢禄为代表的常州学派(今文经学派)，以恽敬、张惠言为代表的阳湖文派，以张惠言、张琦兄弟为代表的常州词派，以恽南田为代表的常州画派，和以费伯雄、马培之、巢崇山、丁甘仁为代表的孟河医派。

清末，科举废止，西学渐兴。常州有识之士冲破封建思想枷锁，力倡教育救国。光绪二十二年(1896)，刘树屏、李正光等改龙城书院为致用精舍；光绪二十八年又改为武阳公立两等小学堂，改革课程设置，实行新式教育。光绪三十三年，常州知府许星璧等人发起创办常州府中学堂，首任校长屠宽。至宣统三年(1911)，城内公私立小学发展到38所。出国留学成为常州人寻求知识新途径，一批有识之士远赴重洋，学习西方现代文化和技术。同治十一年(1872)派往美国的120名留美学童中，便有两名常州人。屠宽、伍达、吴稚晖、孟森等都曾留学日本，赵元任在宣统二年以赴美留学考试第二名入康奈尔大学学习，洪深在哈佛大学学习戏剧，刘海粟在法国研究绘画。这些留学生受西方文化熏陶，形成新知识分子群体，有的投身革命，有的回乡创办教育事业。留日的庄先识与陈警创办常州最早的幼教机构涤氛蒙养院，伍达在常州设置演说厅，向民众灌输文化常识，提倡破除迷信等。

明洪武十年(1377)，常州城内始建清真寺。宣德十年(1435)，印度僧人智澜到常州就任祥符寺住持。万历年间(1573—1620)，临济宗高僧时雨济润先后担任白云禅院、祥符寺住持，世称“祥符和尚”。清代佛教复兴，康熙、乾隆两帝南巡经常州，对寺僧多有赏赐，乾隆皇帝曾为天宁寺手书“龙城象教”匾额，天宁寺成为“东南四大丛林”之一。清末，该寺方丈冶开清镕担任中国佛教学会首位会长，被推崇为“宗门五老”之一。天主教、基督教于清后期传入常州，基督教着力于兴办社会事业，先后创办学校、医院，传播西方文化与科学技术，武进医院的创建与发展为常州现代医疗卫生事业打下基础。

六、现代名城

民国以后，常州经济与社会发展始终处于全国前列，经过新中国成立后30多年的较快发展，尤其是改革开放后到1985年底，经过7年多的快速发展，常州成为闻名全国的工业明星城市。

（一）政　　治

清宣统三年(1911)，辛亥革命爆发，常州于同年11月9日宣布独立，同日成立常州军政分府，隶属江苏都督府。屠寄、屠宽、朱稚竹等组织农团，响应辛亥革命，为光复常州起到先锋作用。1912年，中华民国成立，废常州府，阳湖县并入武进县，常州城区属武进县管辖，武进、溧阳、金坛三县均属江苏省管辖；朱稚竹等组建国民党武进县分部，袁世凯称帝后停止活动。民国5年(1916)8月，瞿秋白到苏俄采访，见到俄国共产党（布尔什维克）领袖列宁。民国10年春，张太雷到俄国伊尔库茨克，任共产国际东方局中国科书记；6月，陪同共产国际代表马林和赤色职工国际代表尼柯尔斯基到中国，筹备召开中共一大。同年7月，中国共产党成立，瞿秋白、张太雷、恽代英是中国共产党早期领导人，并称常州三杰。民国15年，国民党武进县党部组建，以徐水亭为书记的中共常州临时支部同年在城区成立。翌年，中共常州独立支部成立，中共金坛特别支部成立。民国21年2月，中共溧阳县特别支部成立。民国26年11月，日军侵占常州。翌年春，江南抗日游击大队、苏浙人民抗日自卫军等地方抗日游击武装先后成立，开展对日游击战争。同年6月，中共领导的新四军一支队司令员陈毅率部进入溧阳。民国28年11月，新四军江南指挥部在溧阳成立，开创以茅山为中心的苏南根据地。从民国27年底起，新四军相继创建武南、武进、澄西、金丹武4块抗日游击根据地，建立抗日民主政权。民国30年7月起，各抗日游击根据地开展艰苦卓绝的“反清乡”斗争，经受住严峻考验。民国34年8月，日本宣布无条件投降，国民政府江苏省保安四纵队一部进入常州，武进县属于江苏省第二行政区。

1949年4月23日晨，中国人民解放军华东警备六旅进驻常州。24日、25日，中国人民解放军先后进入金坛、溧阳。28日，武进县境分置常州市和武进县，建立武进行政分区专员公署，辖武进、金坛、溧阳、宜兴、无锡、江阴六县和常州市。1951年底，常州土地改革完成，农民都分到土地。1953年1月，常州市为江苏省辖市，武进、溧阳、金坛3个县均属镇江专员公署。1953年起，常州在中共关于过渡时期总路线的指引下，逐步实行对农业、手工业和资本主义工商业的社会主义改造。1956年1月，市区所有工商企业实行公私合营；同年，城市手工业者组成专业联社、基层合作社、合作小组。1957年，农村完成集体化改造，农民全部加入农业合作高级社。1958年7月，镇江专区迁常州，改称常州专区，常州市和武进、金坛、溧阳均属常州专区。1958年9月，农村全部建立人民公社。1962年6月，常州市改为省辖市。1966年5月，“文化大革命”开始，常州卷入十年内乱。1973年11月11日，划镇江地区金坛、句容两县部分地区83198亩土地给常州市，新辟茅山区，市区总面积增加到149.5平方公里。1978年12月，茅山区辖地复归金坛、句容两县，市区总面积降为94平方公里。1978年底起，全市开展真理标准问题的学习和讨论，平反冤假错案；在中共中央的领导下，工作重心转移到经济建设并实行改革开放。

（二）经　　济

从民国初年到21世纪，常州的农业、工商业和城市建设发展很快，经济结构有很大变化。纺织、粮食加工业有长足发展，并带动机械、食品、轻工、电力等工业相应发展。

民国4年(1915)，丹金溧漕河曾用挖泥机船疏浚全线，历时四载。民国13年，武进建蒋湾桥电力戽水机站，为全国较早的电灌站。民国23年，江苏省建设厅组织疏浚江南干河，宜溧运河、丹金溧漕河、镇武运河（由镇江小京口至无锡洛社）至5月竣工。民国24年，丹阳、金坛、镇江三县共同疏浚香草河和通济河三岔河口至高庄后一段。民国29年7月23日，中共领导的澄武锡三县边区抗敌委员会动员沿河农民疏浚舜河，解决农田灌溉水源。民国36年2月，溧阳皇圩水利委员会购置25马力和50马力抽水机各2台，用于农田排灌。到民国37年，武进县有机电灌溉农田5.83万亩。

民国2年(1913)，军政分府顾问奚九如创办常州首家机器制造厂厚生制造机器厂，吴树棠等筹资创办振生电灯公司，翌年正式运行发电。接着，织机、煤油发动机、碾米机、磨粉机等机械加工制造业相继出现。至民国16年，形成轧棉作坊、棉纺织厂、土布庄、浆坪坊、染坊、染织厂、丝绵作、织绢坊等构成的纺织工业体系，并有土布庄50户，年产土布800万匹，价值480万银元。冯园发明珠罗纱的织造，获得专利。民国19年，实业家刘国钧创建大成纺织染股份有限公司第一厂，相继开办二厂、三厂。同年，常州有工商业（含手工业）2000多户，工业有机器制造、粮食加工、电力、纺织等行业，纺织业规模最大。民国25年从上海搬迁到戚墅堰的机车车辆工厂，占地42公顷，厂房面积2.1万平方米，职工1500多人，为常州首家大型现代化工厂。30年代，通往外埠的公路相继开通，常州创设汽车运输业。到抗日战争爆发前夕，占常州主要经济地位的纺织工业发展到相当规模，染织布厂增至40多家，有纱锭6万多枚、布机7000多台。常州的商业服务业较快发展，门类齐全，有钱庄、典当、粮食、木材、绸缎呢绒、五洋百货、化工油漆、国药、西药、北货、南货、酒酱、茶食、饭店、旅馆、理发、茶水等40多个行业，有1500多户，其中钱、典、豆、木业仍然是常州商贸的四大支柱。民国26年日军侵占常州时，烧杀掳掠，大批工厂和南大街、西瀛里等主要商业街付之一炬，民族工商业一度濒临崩溃境地。抗战胜利后，民族工商业一度复兴，但步履艰难。1949年底，常州市区建成区为6.6平方公里；全市（包括金坛、溧阳、武进三县，下同）人口173.89万人、40.88万户，其中城镇人口33.77万人；实现地区生产总值2.5亿元，其中市区0.51亿元；人均地区生产总值144元，其中市区208元。全市经济以农业为主体，三次产业的增加值之比是69.8：12.8：17.4。

新中国成立后，人民政府将铁路、邮政、金融、电力、交通、粮食、机械等行业的官僚资本收归国有，发展国有经济；调整和支持私营工商业，在各行业内部建立劳资协商会议，城乡经济很快恢复。1953—1957年，常州执行并顺利完成发展国民经济的第一个五年计划。1958年，按照中央的部署“高举三面红旗”“大跃进”，开始实施第二个五年计划。金坛县大规模拓浚丹金溧漕河丹阳—金坛段。11月，溧阳组织3万余民工修建东坝引水总渠，5座大中型水库及21座小型水库同时开工。“大跃进”时期，农业和工业建设违反客观规律，急于求成，造成巨大损失，但是市区新办企业275家，初步建立机械、冶金、电子、化工、医药、建材等工业行业，为常州工业的发展和工业体系的建立打下基础。1961年起，执行中央“调整、巩固、充实、提高”八字方针，对地方工业进行调整改组，保留27家大中型骨干企业及具有特色的中小型企业，成为常州工业的支柱。其间，率先在纺织行业围绕优势产品（先灯芯绒布，后卡其布等），探索按“一条龙”专业化协作原则组织生产。“文化大革命”期间，农村逐步推广手扶拖拉机、电动脱粒机等农业机械及化肥、农药，但片面强调“以粮为纲”，经济结构单一，农民收入增长缓慢。1966年末至1967年底，市区企业停产、半停产或时开时停的占79%。1967年7月至1968年1月，常州发生3次大规模武斗，生产大幅度下跌，国家资财遭受重大损失。1968年以后，常州的局势相对稳定，经济恢复发展。70年代，常州工业经济发展处于全国领先地位，成为全国中小城市“工业学大庆”的先进城市，80年代常州成为全国闻名的工业明星城市。

（三）文　　化

民国初年，常州传统教育仍旧兴盛。民国3—21年(1914—1932)，钱振锽在常州东门外的寄园创办书院，培养出谢觐虞、谢稚柳、程沧波等大批名人。新式教育方兴未艾，常州府中学堂既成为常州现代人才之渊薮，也是常州地方社会风气转变的枢纽和民主革命活动的中心，中共早期领导人瞿秋白、张太雷即是该校学生。民国25年，常州（当时的武进县）有小学71所（其中城区37所，附属幼稚园7所）、中学11所、中等师范学校1所、职业学校5所，教师水平普遍较高，吕思勉等著名学者曾在常州府中学堂和乡村中学任教。民国期间，武进出版《新民日报》《商报》《武进中山日报》《武进商报》等地方报纸，建立无线广播电台。常州滩簧和常州道情等民间艺术形式发展甚快，滩簧发展为常锡文戏，1952年定名为“锡剧”。

50年代初，人民政府合并或新建一批公立中小学，接办私立中小学和两所公立中等专业学校；建立锡剧、京剧、滑稽剧等专业剧团9个。1960年底，市区中小学从1957年的132所增至245所，其中中等职业学校、农业中学从1所增至48所，成人学校增至600余所，开办高等学校3所（“三年困难时期”被撤销）。当时，提倡革命的浪漫主义与现实主义相结合，提倡为大众服务，出现《工人谈创作》《革命母亲夏娘娘》等群众文艺作品。“文化大革命”期间，开展所谓“破四旧”（旧思想、旧文化、旧风俗、旧习惯）活动，学校片面强调学工、学农、学军，忽视文化基础课教育，教育质量下降。在文化领域中，大量的文学、戏剧、曲艺、书画、电影等作品被打成“封资修”（封建主义、资本主义、修正主义）、“毒草”，受到批判。文艺舞台上只推崇和普及“样板戏”，歌咏活动限制在革命歌曲、毛泽东语录歌等题材。市区的专业剧团从9个减至3个，群众的精神文化生活单调枯燥。改革开放后，文化事业迅速恢复发展，群众的精神生活日益丰富，思想文化素质也日益提高。

辛亥革命爆发以后，废庙观，建学校，佛、道两教衰落。伊斯兰教的清真寺亦负债累累，难以为继。民国17年，国民政府明令“画符念咒的道教是不善宗教，故应废除”。民国24年，武进城乡有寺庙庵堂1315所，其中192所被改为中小学校舍；多数道观神像被毁，改办为学校。1949年以后，中国共产党奉行宗教信仰自由的政策，天宁寺、清凉寺均被列为省级文物保护单位，天宁寺为全国汉族地区佛教重点寺院，天宁寺与玄妙观的红梅阁、太平寺的文笔塔相连成片，成为常州著名园林、游览胜地。“文化大革命”期间，宗教受到压制。改革开放后，人民政府先后组织筹资修复部分寺庵教堂，常州天宁寺、清凉寺、孙家庵、武进大林寺、溧阳报恩禅寺、金坛宝塔寺等相继被批准恢复佛教活动，宗教场所及其活动快速恢复发展。

自民国至改革开放前，常州涌现的文化名人有教育家孟宪承、蒋维乔，历史学家孟森、谢国桢、吕思勉，作家陈衡哲、高晓声，戏剧家洪深、吴祖光、阿甲，新闻学家恽逸群、孟秋江，音乐家吴伯超，电影艺术家杨小仲、孟君谋，电影明星周璇、徐琴芳，语言学家赵元任、吴稚晖、周有光，法学家张志让，摄影家吴中行，乱针绣艺术家李静珊、杨守玉，画家王山寿、汤定之、汪洵、李正华、袁励准、房虎卿、房师田，油画家及美术教育家李宗津，西洋画家李毅士（李祖鸿），书画家刘海粟、谢稚柳、吴青霞，地方戏锡剧表演家王嘉大、王彬彬，竹刻艺术家徐素白、白士风、徐秉方等。在自然科学方面，有数学家吴在渊、华罗庚，新药研制专家许冠群，生物药学家赵燏黄，矿冶专家胡博元，地质学家孟宪民，植物学家张景钺、蔡旭，医学家吴阶平、李宗恩、李宗明，著名医学专家钱鉴、恽铁樵等。

总述

Overview

常州别名“龙城”，简称“常”，位于江苏省南部，2010 年下辖武进、新北、天宁、钟楼、戚墅堰 5 个区及金坛、溧阳两个市。常州市区历史上曾有延陵、毗陵、毗坛、晋陵、常州、长春、尝州、武进、阳湖等名称，金坛市曾有云阳、曲阿、金山等名称，溧阳市曾有濑渚、平陵、永平、永世等名称。

常州市地处北纬 31° 9′ ~ 32° 4′、东经 119° 8′ ~ 120° 2′，北襟长江，南临太湖，东与无锡相邻，西与镇江接壤，西南与安徽省交界。常州西南为天目山余脉，西部为茅山山脉，西北为宁镇山脉尾部，中部和东部为宽广的平原、圩区。全市土地总面积 4372.15 平方公里，其中陆地面积 36.18 万公顷、水域面积 7.33 万公顷。市境河道纵横交织，湖塘星罗棋布，京杭大运河贯穿全境，有洮湖（长荡湖）、滆湖（西太湖）、太湖三大天然湖泊及沙河（天目湖）、大溪两大人工水库。常州属北亚热带湿润气候区，光照充足，雨量丰沛，气候温暖，四季分明。全市矿产资源种类少，以非金属矿为主。区域内常见的裸子、被子植物有 1000 余种，分属 100 多科；常见的环节、软体、节肢、脊索动物门所属动物达 200 余种，分属 13 纲。常州居民以汉族为主，少数民族有 48 个。居民信奉的宗教主要有佛教、道教、天主教、基督教、伊斯兰教 5 种。2010 年末，全市有户籍人口 360.8 万人、常住人口 459.33 万人、少数民族 1.28 万人。

1978—2010 年，常州人民坚持改革开放，取得巨大成就。2010 年全市居民平均期望寿命 77.55 岁，其中男性为 75.75 岁，女性为 79.68 岁。常州山水秀美，名胜古迹、文化遗产众多。天目湖、太湖湾、滆湖（西太湖）、长荡湖、大运河（常州市区段）和茅山、南山、瓦屋山、横山、顾龙山等建设成为著名风景游览区，常州有国家 AAAAA 级旅游景区 1 个、国家 AAAA 级旅游景区 9 个，其中市区的中华恐龙园、春秋淹城旅游区和溧阳的天目湖旅游度假区、金坛的茅山风景名胜区尤为著名；全市有国家级重点文物保护单位 4 处，有 8 类 12 个项目入选国家级非物质文化遗产名录，9 类 30 个项目入选省级非物质文化遗产名录。全市民主法制建设稳步推进，经济与社会发展指标达到国际中等发达国家和地区的水平，在全国较早地实现全面小康并走向现代化。

一

1978 年底，中共十一届三中全会召开后，常州各级党政组织和企事业单位贯彻全会精神，开启改革开放进程，全市经济与社会进入新的发展时期。

（一）政治生活回归正轨

1976 年 10 月，常州市对 1976 年“四五”运动（为悼念周恩来总理逝世而自发形成的全国性群众运动）的参加者、文化大革命中的冤假错案予以平反，并对受到不公正待遇的老干部落实纠正政策，恢复、调整老干部的职务。1980 年，市委开始结合机构改革和经济体制改革，相应地下放干部管理权限，同时贯彻中央有关提拔和培养新干部、调整领导班子、老干部退出第一线的方针，安排一批年老体弱的干部退居二线，按中共中央“四化”（革命化、年轻化、知识化、专业化）和精干的要求，建设领导班子。从 1978 年下半年开始，全市广泛深入地开展真理标准问题的学习与讨论并一直持续到1979年底。1978年10月，中国人民政治协商会议常州市委员会恢复活动。1979年上半年，市公安部门给原成分为地主、富农、反革命分子、坏分子的人“摘帽”，并给其子女重新确定成分。1980年上半年，人民代表大会制度恢复，常州市各县（区）、乡（镇）进行普选。1980年10月15—22日，市八届人大一次会议召开。会议以无记名投票方式差额选举市八届人大常委会组成人员，选举新一届市长、副市长和市中级人民法院院长、市人民检察院检察长。1980年底，民主同盟、民主建国会、农工民主党恢复地方组织活动。

（二）经济体制改革起步

1979年秋，武进崔桥公社蓉胜大队二队的农民试行“联产到劳”（按劳动力承包耕地，承包者上缴全部产量，以产量计工参加生产队分配）的生产责任制。1981年初，郊区开始推行多种形式的农业生产责任制。经过一年实践，常州市郊区及武进、金坛、溧阳三县试行联产到劳、包产到户、包干到户等承包形式。1982年底至第二年春天，常州市郊区和武进、金坛、溧阳三县先后全部转化实行家庭联产承包责任制。

城市也尝试初步的经济体制改革。1979年，零售商业企业开始实行利润留成制度。年末，常州市区首先在常州自行车总厂实行工资奖励制度试点，之后大面积推行；在实行奖励制度基础上，实行超定额计件奖、计件工资制和岗位津贴。在部分行业和地区选择少量项目进行基建投资由财政预算拨款改为银行贷款的试点工作；到1981年，实行独立核算有偿还能力的企事业单位进行基本建设所需投资一律改为银行贷款。1981年，85%以上的零售企业试行多种形式的经营责任制，推行由国家经营改为集体经营、国家所有转为集体所有、集体或个人租赁承包经营国有企业。6月，市政府第一批放开对55种小商品价格的管理，实行市场调节，企业定价。1981—1982年，市卫生材料厂、无线电专用工具厂等8户小型国有工交企业和新中文具店、西仓百货商店等21户小型国营商业企业先后实行利改税试点。1982年3月，常州市被国务院确定为全国经济体制综合改革试点城市并制定《常州市经济体制综合改革初步规划》，进行改革试点；11月，常州市属商业部门在部分零售商店和饮食服务店中试行承包经营责任制，市属商业企业有260家零售企业实行经营责任制，占其总数的55%；同年，市属自行车总厂生产的自行车（整车）和家用电器总厂生产的红梅牌电风扇（整台）试行增值税。

（三）经济形势明显好转

家庭联产承包责任制解决了农民的温饱问题。1982年与1978年相比，全市（含武进、金坛、溧阳，下同）粮食总产量157.6万吨，增7.35万吨；油料总产5.24万吨，增3.89万吨；农林牧渔业总产值9.66亿元，增2.7亿元；郊区粮食亩产658.25公斤，增109.1公斤。农业的发展使农村的社队工厂（后被称为乡镇企业）获得发展的动力。1978年底，全市农村有社队工业企业3103家、职工15.58万人；工业总产值为4.61亿元，占农村工农业总产值的40%，占全市工业总产值的12.88%。1982年，常州社队工业总产值17.62亿元，占农村工农业总产值的64.7%，占全市工业总产值的24.88%。

工业在调整中快速增长。从1979年起，常州市区贯彻中央“调整、改革、整顿、提高”的方针，围绕灯芯绒、拖拉机等23个重点产品，对工业进行（自1949年10月起）第三次较大的调整改组，1980年底到1981年，全市组建9个专业公司、12个总厂，有207个企业实行多种形式的经济联合。1982年，市区工业总产值达到39.02亿元，比1975年增长100%，职工人均创工业总产值1.2万元，仅次于上海；每个职工创财政收入为1580元，名列全国第三位。当年，全市规模以上工业企业总产值53.21亿元，比1978年增加（按1980年不变价）20.22亿元。

个体私营经济、外向型经济的发展渐有起色。1979年，国家政策对个体工商户的经营予以放开；9月，常州改革开放后第一家私营企业“高钧记五金加工作坊”成立。此后，全市个体工商户逐年增长。70年代末期，常州初步形成以轻纺为主的多门类出口商品供货基地。1979年，常州市区人均年提供出口商品额587.37元，为全国中小城市首位。1982年，常州签订对外承包劳务合同110万美元，营业额9万美元。

第三产业有很大发展。农副产品市场和集贸市场发展起来，并出现小商品市场。1981年4月，常州市物资局先后开办3个物资综合商场，成为全国最早的物资百货市场。与此同时，一些服务行业如涉外金融、旅游、出租汽车、保险、房地产等得到恢复并出现。1982年，全市实现第三产业增加值3.72亿元，比1978年增加1.25亿元。

1982年，全市总人口301.98万人、从业人员160.65万人，分别比1978年增加10.98万人、11.3万人；实现地区生产总值26.05亿元，比1978年增加8.48亿元；人均地区生产总值867元，比1978年增加262元；实现财政总收入7.01亿元，比1978年增加0.9亿元。当年，一、二、三产业增加值的比例结构从1978年的21.9∶64.0∶14.1改变为24.1∶61.6∶14.3。

（四）城市建设步伐加快

1978年下半年至1980年，《常州市城市总体规划》编制完成，提出“控制东西，发展南北”的布局。此后，城市建设进入正常运行轨道，到1982年底，供电、城市道路、公共交通、供水、供气、园林绿化都有改善。常州电网输入电量12.01亿千瓦时，比1978年同期增加6.96亿千瓦时。市区实有铺装道路119公里，比1978年同期增加21公里；拥有营运公共汽车167辆，比1978年同期增加50辆；城市下水道总长度161公里，比1978年同期增加21公里；供水总量21881万立方米，比1978年同期增加1303万立方米；管道燃气供气总量115万立方米(1978年还没有管道燃气和液化气供应)；园林绿地面积174公顷，比1978年同期增加29公顷；市区建成区面积29.58平方公里，比1978年同期增加5.14平方公里。

（五）社会事业焕发生机

1979年开始，常州市科研机构与行政机构脱钩，科学技术体制改革起步。随后，研究中心、技术中心、实验室、科研工作站、创新中心得到发展。1979年，市区建立科技研究所13所，学会、研究会等群众技术团体13个。1980年，常州市图书馆学会等学术团体相继成立，社会科学学术活动也日趋活跃。全市改革教育体制，调整教育结构和学校布局，特别是高等教育发展较快。1978年，全市有各级各类学校2477所，其中普通中专8所。到1982年，全市有各级各类学校2400所，其中有大专院校2所、普通中专11所。其间，江苏化工学院、常州工业技术学院等高等学校相继成立，常州开始有正规的全日制大学。

“文化大革命”时期被撤并的医疗机构相继恢复，并陆续新建一批医疗卫生机构，医疗卫生条件改善。1978年，全市有卫生医疗机构684个，医院床位数8222张，卫生技术人员7499人，医生3021人；到1982年，全市有卫生医疗机构823个，医院床位数9474张，卫生技术人员9711人，医生4039人，市区每万人拥有医务人员为105.4人。1979年起，常州市各类体育协会陆续成立。玩石器、放风筝、赛龙舟、比武术、练气功等传统体育项目和篮球、乒乓球等现代体育项目在群众中广泛开展。

市区先后新建、改建一批影剧院以及少年宫、书画院、新华书店、档案馆等设施，恢复发展艺术创作、演出团体、大众媒体和群众文艺活动。《李顺大造屋》、《陈奂生上城》(1980年)等具有全国影响的小说与诗歌、散文、影视文学作品公开发表、上映，造成全国性影响。1981年3月，全市各行各业开展以“五讲四美”为主要内容的文明礼貌活动。1982年3月3日，全市开展第一个文明礼貌月(至1984年连续开展3年)活动，城乡居民精神生活呈现新的面貌。

二

1983年，常州市各级贯彻中共十二大建设中国特色社会主义、开创现代化建设新局面的精神，改革开放全面展开。1983年1月，国务院批准江苏省实行市管县行政体制，常州市管辖武进、金坛、溧阳三县，全市经济与社会开始城乡一体、快速发展的历史进程。

（一）干部体制改革和村民自治启动

1983年，市委、市政府继续按照干部“四化”要求，调整各级领导班子。结合经济体制改革，继续下放干部管理权限，破除领导职务终身制，试行干部的聘任、选任并首先在乡镇、乡镇企业中试行。同年，常州7个民主党派中有1人被推选担任副市长，2人担任副县长。1987年，全市提拔县处级领导干部64人，其中有专业技术人员48人。至80年代末，全市选拔任用40岁以下的80名优秀年轻干部担任县处级领导职务。村民自治工作也随之展开。从1985年下半年开始，全市村级每隔3年左右进行一次村委会选举工作（至2010年底，累计进行9次换届选举）。1988年6月，《中华人民共和国村民委员会组织法（试行）》正式施行，推行以民主选举、民主决策、民主管理、民主监督为基本内容的村民自治。1988—1989年，常州市483个村（占全市村委会总数的25.1%）开展贯彻《村委会组织法》工作试点。

（二）经济体制改革全面推进

1983年7月，常州市体制改革、企业整顿领导小组成立，在全市实施《常州市经济体制综合改革初步规划》，从经济管理机构、计划管理、市管县、财政税收、金融信贷、外贸、科技等12个方面进行全面改革。

宏观经济管理体制改革全面展开。1983年起，常州市继续下放价格管理权限，价格由计划价与市场价的双轨运行向市场价的单轨运行过渡。1986年，国家指令性计划产品的产值占全市工业总产值的5%左右，占市区工业总产值的20%左右；国家对农副产品不再下达指令性计划。常州开始在全国城市中第一个进行财政递增包干试点（超额完成包干任务全奖，不足全赔）。1983—1989年，常州市实施两轮财政递增包干体制试点。从1986年底开始，市政府为了搞活城区经济，对城区调整城郊行政区划，下放零售商业和服务业管理权、城市建设管理权、财税管理权，并对区实行“划分收支范围，确定基数，基数比例挂钩，增长另外分成”的财政体制。1983—2000年，常州市进行4次较大规模的工业管理机构改革，撤销行政性的工业管理局，改组为行业管理办公室、企业性公司，使之独立承担授权范围内国有资产的经营、管理和监督责任，并确保国有资产保值增值。

企业经营机制改革继续深化。1983年，在实行利改税和利润递增包干财政体制的同时，常州市对企业职工经常性奖励制度进行改革，实行浮动工资制和试行经营承包责任制。1984年5月，常州在全国率先推行厂长负责制；10月，对企业实行“三放三改一联”（放开经营方式、下放管理权限、放宽经济政策，改革企业领导体制、改革企业内部管理制度、改革企业分配关系，发展企业横向经营联合）。80年代末，全市95%的县属以上工业企业实行厂长负责制，市属工业、流通、建筑、交通企业承包面均超90%。1992年，市劳动局、财政局、税务局联合发文，推出对转换经营机制的试点企业实行工资放开的办法，由企业自主决定工资提取水平。

农村开始建立健全家庭分散经营和集体统一经营相结合的双层经营体制。为完善统一经营的基础，全市开展政社分设工作。至1983年9月，全市政社分设全部结束，原137个公社、6个镇改制为136个乡、7个镇。从1984年开始，全市着手承包土地的“大稳定、小调整”工作，当年调整2.53万户，占承包总户数的4.3%。到翌年底，林、牧、渔的联产承包经营责任制基本普及。此后，一些经济实力较强的乡村以工业利润添置农机具，组建农机服务队。1987 年，全市有村级服务队人员 1.36 万人，村均 7 人。1989 年末，全市建成村级综合服务队 806 个，占总村数的 41.8%。1990 年，各村开始建立“五统一”（统一供种，统一农技，统一农机，统一管水，统一植保）综合服务队，实行专业化、社会化服务。

（三）经济发展速度加快

农村经济多元化，乡镇企业异军突起。改革使农业适度规模经营发展起来，农业生产逐渐商品化、市场化。土地承包面积合理调整后，耕地向种田能手集中。1983 年，全市农村涌现从事农产品生产的专业户 5.11 万户，1984 年增加到 8.4 万户。1984 年，全市有种粮大户 3 户，经营耕地 6.7 公顷。1986 年和 1992 年，全市粮食总产量分别达到 162.13 万吨和 158.62 万吨，是全省商品粮基地之一。此时，在政府扶持下，乡镇集体企业成为农村乃至全市经济发展的生力军，与苏州、无锡等地共同开创了经济发展的“苏南模式”。1986 年，全市完成乡村工业产值 40.8 亿元，在全市工业总产值中占 35.1%。1992 年，全市乡、村企业完成工业产值 276.92 亿元，占全市工业产值的 60.6%。由于乡镇企业的发展，出现“以工补农”“以工建农”的农村经济发展方式。1986 年，全市完成农林牧渔业总产值 17.42 亿元；1992 年，全市完成农业总产值(1990 年不变价)31.47 亿元。1982—1992 年，农村的第二、第三产业进一步发展，大批农民进城务工、经商、办企业，经济结构多元化。1992 年，农村社会总产值 339.4 亿元，其中农村工业、建筑业、运输业和商业、饮食业产值所占比重达 89.6%。

工业经济规模扩大，结构重工业化。80 年代初，常州市区工业迅速发展，全国闻名。1983 年 1 月，中国社会科学院乌家培等专家编写、出版《探索经济建设的新路子》，系统介绍常州经济建设的经验，认为常州是当时中国的一个明星城市。1983 年 8 月，《人民日报》发表《常州的优势和战略》文章，认为“常州是中等城市的佼佼者”。由此，出现全国“中小城市学常州”的现象。1986 年，全市全部独立核算企业完成工业总产值(1980 年不变价)95.45 亿元；全市轻重工业产值之比为 53.5∶46.5。80 年代，纺织、机械、电子、化工为常州工业的主导产业，其中纺织居首位；90 年代初，常州进行工业产业结构调整，纺织业比重下降，机械居首位。1992 年，全市全部独立核算企业完成工业总产值(1990 年不变价)331.91 亿元，全市轻重工业之比为 47.7∶52.3。

个体私营经济、外向型经济迅速成长。1986年，全市注册有工商个体户10847户；全市外贸收购总值8.73亿元，进出口总额875万美元，实际利用外资和港澳台资2454万美元，新签对外承包劳务合同额216万美元。到 1992 年底，全市个体工商户发展到 5.62 万户，私营企业数增至 1924 家；同年，全市完成外贸收购总值 57 亿美元，进出口贸易总额 2.02 亿美元，实际利用外资和港澳台资 8557 万美元，对外承包劳务营业额 1619 万美元。

交通运输、邮电通信、金融等第三产业的经营方式发生转变，房地产、旅游、中介服务等一批新兴服务行业及大型商贸市场、生产资料和中介服务市场也成长起来。1986 年，全市实现第三产业增加值 10.2 亿元，占地区生产总值的 18.6%。1992 年，全市实现第三产业增加值 32.37 亿元，占地区生产总值的 22.4%。

1986 年，全市实现地区生产总值 54.74 亿元，人均生产总值 1767 元，实现财政总收入 10.33 亿元；城市居民人均可支配收入为 1089 元，农民人均纯收入为 777 元，市区居民收入基尼系数为 0.136。1992 年，全市实现地区生产总值 144.4 亿元，比 1982 年增长 5.54 倍；人均生产总值 4404 元（按当年汇率折算达 800 美元），比 1982 年增长 5.08 倍；实现财政总收入 13.65 亿元，比 1982 年增长 1.95 倍；城市居民人均可支配收入 2509 元，农民人均纯收入 1588 元，市区居民收入基尼系数为 0.141。

（四）城市建设全方位推进

1984 年 4 月，常州分阶段分步骤组织实施《常州市城市总体规划(1981—2000)》。1986 年起，市政府开始对规划进行调整，编制《常州市城市总体规划(1989—2000 年)》，在“控制东西、发展南北”的基础上，提出“重点向北、开发江边”的沿江开发战略。1986 年底和 1992 年底，市区建成区面积分别为 35.1 平方公里、41.1 平方公里。

城市交通拉开框架。经过大运河疏浚改道、民用航空站、长江德胜港、城乡道路等一系列工程建设，水路、公路、铁路和民用航空初具规模，立体交通网络初步形成。到 1986 年底，全市 141 个乡(镇)实现乡乡通公路，武进县达到乡乡环通。同年底，市区实有铺装道路 198 公里，拥有营运公共汽车 217 辆(客运总数 1.11 亿人次)、出租汽车 92 辆；1992 年底，实有铺装道路 355 公里，拥有营运公共汽车 254 辆(客运总数 1.02 亿人次)、出租汽车 290 辆。

公用事业设施建设有较大进展。1985 年底，市区拥有水厂 3 个，形成比较完善的自来水生产和供水体系。1986 年，全市形成 220 千伏、110 千伏、35 千伏、10 千伏 4 个电压等级的供电网络；同年底，市区供水总量 26611 万立方米，管道燃气供气总量 996 万立方米，液化气供气总量 2386 立方米，下水道总长度 231 公里，园林绿地面积 283 公顷。1992 年底，全市供电最高负荷 51.8 万千瓦；同年市区供水总量 28383 万立方米，管道燃气供气总量 1654 万立方米，液化气供气总量 22877 立方米，下水道总长度 260 公里，园林绿地面积 389 公顷。

环境保护和历史文化保护受到重视并成为城市建设的重要工作。这一阶段，常州开始“三废(废水、废气、废物)”治理，重点实施以控制工业污染物排放总量为核心的综合防治。1986—1990 年，市区建成清潭、丽华、西新桥、北环等 4 座城市污水处理厂。1984 年，市文物管理部门对全市文物进行全面普查，进行发掘、保护和重点修复。1987 年，市政府公布青果巷、前后北岸、天宁寺至舣舟亭 3 个历史文化保护区和 30 处市级文保单位。

（五）社会事业日益繁荣

科技和教育事业取得长足进展。1983 年，常州市经济研究中心等一批研究机构及常州市哲学社会科学联合会创立，此后各类社科团体纷纷建立。翌年下半年，常州化工研究所进行科技体制改革试点。1985 年末，市社会科学界有各种研究机构 28 个、研究人员 155 人，有学术团体 34 个、会员(不含教育文化系统及军队)1.16 万人。1986 年末，全市有科学研究院、所 55 家，科技人员 5.66 万人。1989 年 9 月，市委、市政府出台《关于依靠科技进步，振兴常州经济的决定》，确立“科技兴市”战略思想，开始加快高新技术产业化进程。1992 年底，全市拥有各级各类科技人员 13.27 万人。教育事业持续发展。1984 年，全市达到并超过国务院规定的基本扫除文盲标准。1985 年，常州达到并超过教育部规定的普及初等义务教育的标准。1986 年，常州市有全日制普通高校 4 所，其中本科 3 所、专科 1 所。1992 年，九年义务教育在 102 个乡镇实施；全市有学校 1822 所，其中有普通高等院校 3 所、普通中专 16 所。

医疗和体育设施增加，水平提高。1983 年起，常州市中心血站、常州市皮肤病防治所、常州市血吸虫病防治站相继成立。1986 年，常州市有卫生机构总数 841 个，卫生技术人员总数 10899 人，医疗床位 9900 张。常州市血吸虫病防治站成立。1989 年，江苏省西部地区暴发流行脊髓灰质炎，常州市是全省唯一没有发病的地区；法定 25 种传染病总发病率由“六五”期末的每 10 万人有 712.48 人下降到 587.39 人。1990 年，血吸虫病、血丝虫病、疟疾病防治达到基本消灭标准；地甲病得到基本控制。1990 年，市政府针对农村因病致贫、因病返贫现象，开始重新恢复和巩固完善农村合作医疗制度。1992 年底，全市拥有卫生机构 873 个、医疗床位 0.97 万张、卫生技术人员 1.37 万人，其中医生 0.65 万人。常州陆续兴建一大批体育设施。1985 年底，市区拥有1座5015个座位的体育馆、5个正规田径场、19个小型运动场。1986年1月1日，清潭体育场、常州体育馆（当时为仅次于南京五台山体育馆的江苏省第二大体育馆）建成开放。

各种新兴的文化形式出现，文化设施增加。这一阶段，市内多次举办书画、篆刻、摄影、钱币、集邮等各类展览，各种相关协会、学会相继成立，群众文化形成网络。电视、录像等进入城乡家庭。到1986年，全市有各级各类电影放映单位223个、艺术表演团体10个、文化馆8个、群众艺术馆1个、文化站170个、公共图书馆4个、乡镇图书室110个、博物馆3个、纪念馆6个；有广播电台1座、电视台1座、电视转播台2座、有线广播站（台）5个，全市可同时播出5套电视节目；同年出版发行《常州日报》2144万份、《常州广播电视》报1094万份。1991年11月，集电影、文化、娱乐、商业、服务、金融于一体的亚细亚影城全面竣工。1992年底，全市有电影放映单位187个，电影观众达4033万人次；发行《常州日报》2677万份、《常州广播电视》报1868万份；拥有电视播、转频道11个，电视人口覆盖率86.1%；开始发展有线电视，部分地段开通使用；市广播电台发展为人民台、经济台和交通台3个台。

精神文明建设提高到新的层次。1983年3月和1984年3月，全市先后开展第二、第三个文明礼貌月活动，从比较单一的为民办实事、治理脏乱差转为以提高市民文明素质为主的思想政治教育。其间，制定了全市创建文明城市工作计划，协调、组织创建卫生城市、文明单位、文明小区及以军民共建为主要形式的文明城市建设活动。

三

1992年初，全市贯彻邓小平南方谈话精神，坚持走有中国特色的社会主义道路，改革开放不断深化。1995年，市政府确定和实施“科教兴市”“外向带动”“城乡一体发展”三大战略，全市经济与社会发展走向全面小康。

（一）民主政治建设步伐加快

1993年，全市开展村民自治示范活动。1996年，全市用一年多时间完成国家机关工作人员向公务员过渡培训工作。翌年，常州市首次面向社会通过公开考试方式招录公务员。1998年，全市有2万多人通过参加培训和考试，由国家机关工作人员转变为国家公务员。1997年、2001年先后两次公开选拔市级机关处级党政领导干部26名。武进、金坛、溧阳三辖市面向社会开展公选，选拔任用科（局）级领导干部33名。2000年，全市依法选举产生居委会干部，选举形式有代表选举、户代表选举和选民直接选举3种；常州建立领导干部任前公示制。2001年，全市所有提拔任职的领导干部实行任职前公示。

政府行政也向公开、透明、规范发展。1997年，市人事局推出招考国家公务员等15个政务公开项目。1999年，全市推行政务公开，乡镇合并后实行政务公开。2000年末，市属国有、集体企业和国有资产控股的369家公司制企业实行厂务公开，其中国有企业全部实行厂务公开；市级机关各行政管理部门、窗口服务单位全面实行政务公开。从2001年2月开始，常州市实行审批制度改革，减少审批、核准事项；9月，常州市行政审批服务中心成立。以后数年，又进行多次行政审批制度改革，清理削减审批事项，简政放权。

（二）经济体制改革全面深化

经济体制改革从过去侧重突破旧体制转向侧重于建立新体制。城市在向市场经济转型过程中着力对企业进行现代企业制度改造。1992年9月，市政府制定《关于贯彻〈加快改革开放和经济发展若干问题的规定〉的实施意见》，明确除国家专项规定的品种外，其余计划外物资的定价权均放给企业。1993年起，物资系统全部取消指令性计划物资分配，物资价格完全实行市场价。1994年5月，常柴股份有限公司成立，7月在深圳证券交易所挂牌上市。8月，常州市现代企业制度试点工作正式启动，选定20家企业作为首批试点企业。2001年，市属90家国有大中型工业企业完成改制81家，市属142家中小工业企业完成改制131家。2001年底前，市属22家独立的科研机构全部实行企业化改革转制。至2002年底，常林股份有限公司、远东实业股份有限公司等6家企业先后上市。

农村经济体制改革继续深化。1992年秋，武进县新华村取消农户口粮田，把全村1150亩耕地划归6个农场承包经营，试行"一田制"的规模经营；到1993年底，全市有农业适度规模经营大户1527户，经营耕地3047公顷，农村基本形成以家庭经营为基础、种粮大户为主的适度规模经营模式。1992年7月，武进县奔牛镇成立全市首家乡镇农村合作基金会；同年底，全市有130个乡镇建立经济实业总公司，占乡镇总数的91%。1993年，一些乡镇服务部门的服务项目开始向信息咨询、技术承包、技物结合、产加销一体等方向拓展。在民间，出现农机、植保、运输服务专业户，产生贸工农、产供销一体化的实体型服务，涌现以服务为纽带的专业技术协会和农民协会。1998年，全市开展延长土地承包期与土地承包经营权发证工作，1999年4月底基本完成。2000年，武进焦溪牟家村组建全省首家股份经济合作社——牟家村股份经济合作社。1993年起，伴随着农业生产经营体制改革，常州市对乡镇企业进行产权制度改革。到1997年底，乡、村两级集体企业的产权制度改革全面启动。2001年末，全市乡镇企业有99%完成产权制度改革，成为民营经济的主体。1998年初，常州开始调整户口迁移政策，实际居住在小城镇建成区内有合法固定住所、稳定的非农职业或者稳定的生活来源人员，均可以办理小城镇常住人口，为农村城镇化创造了条件。

（三）经济在高速发展中转型升级

农村产业结构与城市趋同，呈现城乡一体发展的态势。继1990年8月溧阳撤县设市后，1993年11月、1995年6月，金坛、武进先后撤县建市，农村城市化步伐加快。1993年，常州乡镇企业成为农村经济的支柱。全市农村拥有农户个体联营工业企业1.3万户，个体工业产值21.9亿元；拥有股份合作制企业495家、"三资"企业（中外合资经营企业、中外合作经营企业、外商独资经营企业）1187家。1994年，常州市乡、村企业工业产值（1990年不变价）685.76亿元，占全市工业产值的74.25%，达到"四分天下有其三"。2002年，全市粮食总产量122.86万吨，农林牧渔业总产值92.67亿元；全市完成农村社会总产值1396.91亿元，其中农村工业、建筑业、运输业和商业、饮食业产值所占比重达93.4%。

工业结构继续重工业化并向高新技术产业发展。1992年，全市初步形成动力机械制造业、输变电设备制造业、工程机械制造业、汽车（摩托车）及零部件制造业、电子信息及现代视听设备制造业、新型纺织服装业六大支柱产业，并形成以计算机、柴油机、收录机、摩托车发动机、电子衡器、城市客车、通信设备、聚氨酯系列产品、新型建材、自行车等产品为代表的优势产品群。到2002年，常州发展、形成农业机械制造业，输变电设备制造业，工程机械、车辆、机车、集装箱及配件制造业，新型纺织服装业四大支柱产业，及电子信息、新型材料、生物医药三大新兴产业。当年，全市规模以上企业完成工业总产值（1990年不变价）1050.07亿元，全市轻重工业产值之比为40.7∶59.3。全市四大支柱产业的工业总产值、产品销售收入、利税、利润分别占全市规模以上工业的39.3%、40.2%、35.9%和37.5%。三大新兴产业的产品销售收入、利润分别比规模以上工业企业的平均增速高出6.3和5.9个百分点。全市高新技术企业累计达195家，高新技术产品累计达817个；高新技术产品完成产值412亿元，占全部工业总产值的比重达到24.6%。

个体私营经济、外向型经济成为经济增长的重要力量。外向型经济从以外贸为主转变为以吸引外商投资为主，进入新的发展时期。1995年，市政府全面实施"外向带动"战略。同年起，每年在秋季举办常州国际中小企业商品博览会(2000年升格为中国国际中小企业商品博览会)。2002年,常州市完成进出口贸易总额39.18亿美元,实际利用外资和港澳台资5.61亿美元,对外经济技术合作营业额9837万美元。开发园区蓬勃兴起。1992年11月9日,常州高新区被确定为国家级高新技术产业开发区。1993年,溧阳经济开发区、金坛经济开发区、常州东南经济开发区和常州戚墅堰经济开发区先后成立。1994—1997年,溧阳天目湖旅游度假区和常州外向型农业综合开发区、武进外向型农业综合开发区先后成立。1996年,武进成立省级武进高新技术产业开发区。至此,全市多层次、多类型、全覆盖的开发区布局框架基本形成。至2002年底,全市有1个国家级开发区和9个省级开发区(当年新增省级钟楼经济开发区),累计开发面积48.9平方公里。同年末,全市个私经营户数达11.4万户,其中私营企业总户数和注册资本分别达2.4万户和177.2亿元,从业人员达33.4万人。全市个私工业完成总产值513.8亿元,占全市工业总产值的30.6%;个私商贸、餐饮业完成社会消费品零售额135.6亿元,占全社会消费品零售额的54.5%。

第三产业及各类市场又有新的发展,其内部结构优化。传统货运发展为物流业,电信业务范围不断拓展,商场发展为大型连锁超市;金融机构增加,证券公司、拍卖行、产权交易所、地方商业银行、风险投资公司出现;房地产业发展开始加速,旅游业快速发展。专业市场发展迅速,规模扩大,出现了人才市场、房地产市场、技术市场、信息市场、劳动力市场以及大型专业批发市场。2002年,全市实现第三产业增加值280.26亿元,占地区生产总值的36.8%。

2002年,全市地区生产总值760.6亿元,比1992年增长5.27倍;人均生产总值22215元,比1992年增长5.04倍;实现财政总收入102.9亿元,比1992年增长7.54倍;城市居民人均可支配收入9933元,农民人均纯收入为5138元;市区居民收入基尼系数为0.28。

(四)城市建设实现跨越式发展

1992年,市委、市政府提出"以港兴市,连江通海,三区一线,再造常州"的发展战略。1994年3月,常州开始编制《常州市城市总体规划(1996—2010年)》,城市空间发展战略调整为"完善东西,发展南北,重点向北,开发江边",拉开依托长江黄金水道、以开放开发为龙头的大框架。2001年底和2002年底,常州市区(2001年不含武进)建成区面积分别为70.95平方公里、90.5平方公里。

交通网络继续扩大,质量提升。1994年,全市实现乡乡通沥青路,总长415公里。1996年3月,常州机场改扩建工程竣工。9月15日,沪宁高速公路常州段建成通车。翌年9月,京杭运河常州市县郊段整治工程竣工。2001年4月,常州港实现国家一类口岸开放,结束常州没有一类开放口岸的历史。2001年底和2002年底,市区实有铺装道路分别为821公里、2497公里,分别拥有营运公共汽车1703辆、1651辆,拥有出租汽车各1442辆。

公用事业设施建设持续快速发展。1994年12月,长江引水二期工程竣工通水,常州焦化厂一期工程正式对外供气。翌年,全市供电消灭无电户。1999年,焦化厂完成二期工程建设。2001年,常州市区形成220千伏双环输电网和110千伏双T供电网。同年底(不含武进)和2002年底(含武进),市区园林绿地面积分别为1509公顷、4779公顷,城市下水道总长度分别为1040公里、1544公里;当年供水总量分别为20123万立方米、31431万立方米,管道燃气供气总量分别为4502万立方米、5058万立方米,液化气供气总量分别为4.38万立方米、9.29万立方米。

环境和历史文化遗产的保护加强。1992年,常州进入城市环境综合整治阶段,全市当年完成10项废水处理工程,新增日污水处理8180吨。1998年,市政府实施太湖水污染源达标排放的"零点行动",到1999年底,常州市完成污水治理一期工程、城北污水处理厂扩建工程。2000年,全市基本实现工业污染源达标排放。

2001年起，全市创建国家环保模范城市，以生态建设和太湖水污染防治为重点，水、大气、噪声环境质量逐年好转。90年代中期，市政府对已公布的国家和省级文物保护单位淹城、圩墩遗址、天宁寺、瞿秋白故居、唐荆川墓等进行科学保护，合理开发；对藤花旧馆和黄仲则、盛宣怀、庄蕴宽等名人的故居及市级文保单位划定保护范围，逐步修复并对外开放；对青果巷、前后北岸进行保护整治，恢复其传统民居特色；对古树名木进行保护。

（五）社会事业全面繁荣

“科教兴市”发展战略正式提出并实施。1995年8月，市委、市政府召开全市科学技术大会，明确提出把科教兴市战略作为常州三大发展战略（科教兴市、外向带动、城乡协调发展）中的主体战略。1993—2001年，市社会科学界取得较多成果，在江苏省哲学社会科学优秀成果评比中获一等奖、二等奖各1项，另有22项成果获三等奖。在教育领域，全市各县（市）、区于1993年末全部普及九年义务教育；1994年，常州通过省政府基本实施九年义务教育、基本扫除青壮年文盲验收；2000年，全市城乡全面普及学前三年教育。2002年末，全市拥有全日制学校681所，其中普通高校8所，普通中专8所；拥有专业技术人员22.3万人。2002年，全市科技进步对工业中经济增长的贡献份额达42.8%，对农业经济达56.1%，科技进步监测综合指标得分位居全省第四位。

医疗卫生和体育组织网络体系初步形成。1995年，全市合作医疗制度的覆盖率上升到90%。2002年末，全市有卫生机构［包括企事业单位卫生所、医务室、门诊部（所）和村卫生室］1387个，社区卫生服务中心14个，基本实现“布局合理，功能配套，方便群众”的社区卫生服务网络体系。在体育方面，1993年全市有各级各类群众体育协会15个，有上万名农民参加亿万农民健身活动。1994年，全市学校施行《国家体育锻炼标准》，施行面100%。1998年，全市扩建50个市民健身活动点和10个市民健身苑，开放15所学校体育场地。

城乡居民的社会保障体系逐步建立。到2002年，全市保障城镇低保对象3773户、8056人，农村低保对象5710户、14429人，发放保障金1527万元。年末，全市企业参加养老保险的单位达5256户、39.4万人，养老保险基金收入12.8亿元，养老保险基金征缴率达97%；农村养老保险参保人数19.65万人；参加失业保险统筹的职工人数为49.7万人；城镇4644个单位、48.2万人参加医疗保险，职工医保覆盖面达85%；有福利机构99个，床位数5185张，在院人数4430人。

文化事业水平在改革中发展提高。1993年，对部分文化企业进行彻底改制，或改为民办，或拍卖改为股份制。8月，亚细亚影城改制为全市首家文化领域的股份公司。1994年，市滑稽剧团排演的滑稽戏《诸葛亮与小皮匠》先后获中宣部“五个一工程”提名奖和江苏省“五个一工程”奖；1999年，常州人民广播电台创作的6集广播剧《永久的青年——瞿秋白》获中共中央宣传部第七届精神文明建设“五个一工程”入选作品奖。2001年，大型文献纪录片《瞿秋白》、滑稽戏《我要做好孩子》、歌曲《清晨，从田野走过》3件作品获全国第八届精神文明建设“五个一工程”入选作品奖。还有一批作品获江苏省“五个一工程”奖。至2002年，全市出版发行《常州日报》2738万份、《常州晚报》2592万份、《常州广播电视》报676万份。2002年末，全市有艺术表演团体10个、文化馆及群艺馆（站）69个、公共图书馆4个、博物馆及纪念馆7个；拥有自办广播节目7套、自办电视节目8套、有线电视传输节目30套；全市行政村通光缆率达100%；有线电视用户数达60.2万户，入户率达70%；广播节目覆盖率、电视节目综合覆盖率均达100%。

确立“常州精神”并开展文明城市创建和学习型城市建设。1995年3月，市委在全市开展“常州精神”大讨论，8月21日，确立“团结实干、开拓争先、富民强市、再创辉煌”的16字常州精神。1999年，全市开展文明城市创建活动。2001年8月，中共常州市委九届二次会议做出《关于建设学习型城市的决定》。2002年

2 月，全市发动机关、企业、家庭等创建学习型组织；同年，常州被省委、省政府命名为“江苏省文明城市”。

四

2002 年起，常州市贯彻中共十六大精神，坚持改革开放，全面建设小康社会，加快推进社会主义现代化。4 月，常州市行政区划调整，武进撤市设区，常州确立建设特大城市的发展战略。2006 年 8 月，中共常州市第十次代表大会提出“建设创新型城市、建设全国生态市、建设全国文明市、建设社会主义新农村、建设富裕常州”五大建设。2007 年 12 月，中共常州市委十届四次会议提出“向率先基本实现现代化进军”的目标，全市经济与社会发展走向现代化。

（一）民主政治建设水平提高

2002 年，市委、市政府建立领导干部个人向党组织推荐干部人选署名制。2003 年 1 月，市民政局制定《社区居委会选举规程》。2003 年 6 月，常州在全国率先建立领导干部首次提名推荐责任制。11 月，市和辖市、区推行党委讨论干部任用票决制。是年，常州市面向全国公开选拔 76 名处、科级领导干部；以公推公选的方式，选拔金坛市市长推荐人选。2004 年，公推公选县处级领导干部，选拔辖市（区）长助理、市级机关部门局长（主任）助理 24 人。2007 年，制定下发《常州市第三届居委会换届选举的意见》，指导居委会民主选举。2010 年，全市有 100 个社区进行直接选举，占全市社区的 31.5%。城镇社区居委会依法自治达标率 99%，农村村委会依法自治达标率 99%。全市基层党组织普遍推行“公推直选”。

行政机关向高效、服务型转变。2002 年，常州市政府进行第二轮行政审批制度改革。翌年 1 月，市政府提出建立高效服务型政府的目标。2005 年底，全市各辖市、区及政府工作部门政务公开面达 100%，公用事业单位公开面达 100%，镇政府、街道办事处公开面达 95%。2007 年 1 月，市政府提出建设民本、诚信、规范、高效、清廉的“服务型政府”目标，当年行政审批总事项由 927 项减少到 416 项。2008 年 1 月，市政府把爱民、亲商、高效、廉洁作为服务型政府的要求；同年，符合条件的政府信息全部上网公布。

（二）经济体制改革持续推进

2001 年底，中国成为世界贸易组织（WTO）成员，常州市按照 WTO 规则的要求，深化城乡经济体制改革。2003 年 6 月起，常州打破城乡分割的户籍管理二元结构，实行户籍准入登记制度，全面建立与市场经济体制相适应的新型户籍管理制度。同年，全市国有、集体商贸企业全部完成改制。2004 年底，全市国有企业改革转制工作全面结束。2005 年底，市属生产经营型事业单位改制转企工作基本完成。农村推行“三大合作”（农村集体经济股份合作、农民专业合作、农村土地股份合作）改革。2005 年，全市对农村集体资产、农民承包土地和农民经营（投资）方式进行股份合作制改造，确定 59 个改革试点村组，各辖市、区都确定改革试点单位。到 2005 年底，全市有 105 个村、599 个组完成股份合作社组建工作。2010 年，全市有农民专业合作社 696 家，其中专业合作社联合社 13 家；有土地股份合作社 94 家，累计入股土地 5480 公顷；有社区（集体经济）股份合作社 188 个村、893 个组，累计界定股东 52 万人。

（三）经济在转型升级中加速提升

农村实现农业产业化、农村工业化、农村城镇化和劳动力转移。2003 年，全市农业特产税改征农业税；同年，由于户籍制度的改革，农村人口占总人口的比重降至 41.9%，从事第一产业的劳动人口比重降至 38.9%。自 2003 年起，全市水稻单产连续 8 年蝉联全省第一，经过多年的调整与发展，全市形成稻米、花卉、水产、水果、蔬菜、茶叶、畜禽、生态八大特色经济产业。2004 年起，全市免征农业税及其附加。2010 年，全市粮食总产量达115.16万吨，完成农村经济总收入7153亿元、农林牧渔业总产值174.08亿元(其中种植业95.03亿元)；同年末，农村人口占总人口的比重降至18.6%，从事第一产业的劳动人口比重降至8.7%。

工业结构中的重工业、高新技术产业比重继续增加。到2005年底，机械、冶金、化工成为常州工业经济中居前三位的支柱产业。2007年，常州将工业产业规范为装备制造、电子信息、新材料、生物技术及医药产业和新能源及环保五大产业。到2010年底，全市规模以上工业企业涵盖国民经济46个工业行业大类中的34个大类，同年完成总产值7396.1亿元，轻重工业总产值之比为21.6∶78.4；实现工业增加值1698.6亿元(相当于1986年的70倍)。全市重点培育的五大产业完成产值4731.2亿元，占全市规模以上工业的64%；全市规模以上高新技术产业完成产值3798亿元，占全市规模以上工业总产值的51.4%；其中五大高新技术产业规模以上企业实现产值3688.2亿元，占全市规模以上高新技术产业产值的97.1%。

民营经济、外向型经济继续发展壮大，成为地方经济发展的主要力量。至2010年，全市民营企业经营领域从餐饮业、零售业等传统服务业拓展到电子信息、生物医药、精细化工等技术和资金密集型的高新技术产业，全年增加值总量达1770亿元，在全市经济总量中所占比重达59.5%；上缴税收291亿元，在全市税收总收入中所占比重达63.4%。全市形成一批特色鲜明、市场占有率大的民营经济专业产业集群；年末，全市拥有私营企业(含分支机构)6.72万户，个体经营户15.75万户。同年，常州完成进出口总额222.8亿美元，贸易伙伴遍及全球六大洲201个国家和地区，到常州投资合作的国家和地区有60多个，累计有外商投资企业2645家；年末，全市有对外承包工程和劳务合作人数5250人、服务外包企业321家、境外企业47家，完成对外经济技术合作营业额4.69亿美元。到2010年底，全市有1个国家级开发区及9个省级开发区，形成由10多个国家级、省级、市级开发区为骨干与数量众多的乡镇工业集中区组成的开发园区体系；累计完成开发面积149.9平方公里，累计实际利用外资和港澳台资超170亿美元；全市省级及其以上开发区完成地区生产总值、一般预算收入、实际利用外资和港澳台资分别占全市比重的46.7%、50.5%、82.5%。

第三产业结构进一步优化，在地区经济中的比重持续提高。2002年起，大卖场、连锁店、直销店、主题商场等新型业态又有新发展，传统运输业向现代物流产业转型，电信、金融、房地产、旅游、中介服务等行业快速成长，商贸市场和生产要素市场继续壮大。到2010年底，全市有一大批超市相继开业，南大街商业步行街、莱蒙都会商业街区等商业综合体先后建成运行。同年末，全市经工商注册的物流企业达1万余家，建成特色物流基地50余个，无线市话、移动通信、多媒体宽带很快占领市场；金融机构及其业务继续扩展，银监分局监管的银行业金融机构有18家，全辖机构网点总数871家，还有拍卖企业22家、典当行24家；全市房地产开发企业达420家，有AAAAA级旅游景区1家、AAAA级旅游景区9家、旅行社104家，初步形成以主题公园为特色，乡村旅游、休闲旅游、文化旅游同步发展的多元化旅游产品体系。全市形成江苏凌家塘市场、常州长江塑料化工交易市场、江苏湖塘纺织城等影响力大、辐射面广的知名大型交易市场，成交额达1亿元市场有56个，达100亿元市场有4个。2010年，全市实现第三产业增加值1261.43亿元，占全市地区生产总值的41.4%。

2010年末，全市有常住人口459.33万人，分别是1978年和1986年的1.58倍、1.48倍；从业人员323.41万人，分别是1978年和1986年的2.17倍、1.78倍；实现地区生产总值3044.89亿元，分别是1978年和1986年的173.29倍、55.63倍；按常住人口计算，全市人均地区生产总值达6.63万元，分别是1978年和1986年的111.28倍、37.52倍；实现财政总收入841.7亿元，分别是1978年和1986年的135.76倍和81.7倍；实现地方一般预算收入286.2亿元，是1997年的15.21倍(1997年始有地方一般预算收入的统计数据)；第一、第二、第三产业增加值的比例结构从1978年的21.9∶64.0∶14.1、1986年的

21.5∶59.9∶18.6调整为3.3∶55.3∶41.4。当年，全市城镇居民人均可支配收入26269元，农民人均纯收入12637元，分别是1986年的24.12倍、16.26倍(1984年前没有这两项指标的统计)；市区居民收入基尼系数为0.319，比1986年高出0.171(1984年前没有该项指标的统计)。

（四）城市建设跨上更高台阶

2002年常州行政区划调整后，市区面积由280平方公里扩大到1864平方公里。2004年，新一轮城市总体规划把常州市区空间发展方向定为“拓展南北，提升中心”。2005年，常州开始编制新的三年城市建设实施纲要，提升城市区位优势和中心城市功能。2010年底，市区建成区面积为153.05平方公里。

城乡一体的陆、水、空现代化交通网络形成。2003—2010年，全市陆续建成锡宜、宁杭、常澄、沿江、扬溧、宁常等高速公路，并扩建沪宁、京沪、沪宁城际、宁杭城际铁路。2006年，原武进公交的公交单元成建制划归常州公交。2008年1月，全长26公里的常州运河南移改线工程完工；同年，城市高架路建成通车。2008年、2009年，常州快速公交一、二号线相继建成开通运营。2009年，录安洲夹江港区一期工程及京杭运河东、西港区建成投运。2010年4月，常州机场4E级规划改扩建工程完成启用。2010年末，全市有公路总里程8348.49公里，基本建成“两纵四横一环线”的高速公路框架；全市有航道136条，通航里程1114.22公里；全市万吨级长江泊位达9个、千吨级以上泊位30个，长江港“一港四区”格局形成；市区实有铺装道路1753公里，拥有营运公共汽车2518辆、出租汽车2542辆；市区建成优质高效的快速公交“十字加环”骨干网络系统，全市实现村村通公交。

大批关系经济与社会发展全局的公用事业项目建成运行。2002年6月，常州变电站建成全省第一个全户内220千伏变电站。2003年1月，500千伏政平换流站建成投运，实现三峡—常州500千伏直流输电的跨越。同年，常州地区供水一期魏村水厂工程竣工通水。2005年6月，常州在苏南地级市中率先完成市区天然气置换。2009年12月，魏村水厂续建工程竣工通水。2010年底，市区下水道总长度3627公里，天然气管道4033公里，全市供电最高负荷485.8万千瓦，同年全市供水总量21981万立方米；供气总量5.71亿立方米，用气人口145万人，同时供应液化石油气21082立方米，城市燃气普及率达99%；相继新建青枫公园、荷园、翠竹公园等一大批大型公园绿地，市区年末园林绿地面积增加到7222公顷，城市绿地率、绿化覆盖率和人均公共绿地面积分别为38.3%、42.2%和12.35平方米。

生态环境明显改善并开始历史文化名城的规划建设。全市开展全国生态示范区建设，将环境保护的重点从城市向农村转移，持续推进污染减排、市河清水、太湖治水、空气净化、宁静工程和生态保护与建设等环保战役，全市环境质量明显改善。市政府对历史文化遗产的保护力度加大。2004年8月，《常州历史文化名城保护规划(2004—2020年)》编制完成，旧城区维护“城中有河、河抱古城、城河相依”的空间整体格局，重点建设前后北岸历史文化街区、青果巷历史文化街区、天宁寺—舣舟亭历史文化街区和杨桥历史文化街区。2010年，全市城市生活垃圾产生量89.73万吨(其中市区51.99万吨)，实现全部清运、无害化处理；全市生活污水日处理能力为56.5万吨，城区生活污水处理率达90.5%；集中式饮用水水源地水质达标率为100%；60条市河基本达“水清”标准。全年空气质量优良以上天数达334天，占全年总天数的91.5%。全市村庄实施清垃圾、清粪污、清河塘和村庄绿化，大部分乡村实现“五化三有”(道路硬化、卫生洁化、河塘净化、村庄绿化、环境美化，有长效管理机制，有公共服务中心，有乡村文化设施)。

（五）社会事业在繁荣中不断创新

实行“产学研”联合，建设创新型城市。2002年起，常州企业、科研院所与全国各地高校、科研院所共建高水平研发机构，推进企业创新创业。2006年4月，市委、市政府作出建设创新型城市的决策。2010年5月，市政府提出“一核八园”建设规划，“一核”即常州科教城，“八园”即生物医药、创意、光伏、新能源车辆、风力发电、半导体照明、机器人及智能装备和功能新材料产业园区。1986—2010年，全市累计开发高新技术产品3069种，累计获得国家和省政府及其部门颁发的科技进步奖532项，其中国家级28项、省级504项。2010年底，全市专业技术人员队伍发展到37.2万人。在社会科学领域，2003—2010年，常州有5项成果获得江苏省第五届哲学社会科学优秀成果奖二等奖，有23项成果获得三等奖。2010年底，市社科联归口管理的学会由1983年的11个增至81个，其中民办学会13个，会员从200多人发展到近1万人。

中小学教育和高等职业教育在全国领先。2003年9月底，常州大学城一期工程全面竣工。2005年，常州在全省率先普及高中阶段教育，常州大学城更名为常州科教城。2010年4月，江苏工业学院更名为常州大学，常州始有第一所综合性大学。同年，江苏省普通高校对口单招考试，市本科录取率51.4%，总录取率达98%，蝉联全省十一连冠。2010年末，全市有全日制学校388所，其中普通高等院校9所、普通中专12所。常州科教城成为常州“一核八园”的“核”功能区，形成鲜明的高等职业教育特色。

卫生、体育事业成就显著。2003年11月，出台《常州市新型农村合作医疗保险暂行办法》，建立新型农村合作医疗保险制度。同年，全力以赴防控“非典型性肺炎”，成为“非典安全区”。2005年，全市中小学校有40多万学生达到《国家体育锻炼标准》，达标率97%。2008年9月，总投资14亿元的常州奥林匹克体育中心建成。当年，全市新建小区和公园全部配套设置体育设施，体育设施覆盖率100%。2010年，常州承办第十七届江苏省运动会，为此前历届省运会中规模最大、参赛人数最多的一届。自1988年起，有8名常州籍运动员代表国家参加5届奥林匹克运动会比赛，有7名运动员获前8名，其中包括1枚金牌和2枚银牌。2010年末，全市有卫生医疗机构1103个，其中各级各类医院、卫生院93家；新型农村合作医疗参保人口达186.78万人，参保率100%；全市有市级体育单项协会34个、体育民办非企业俱乐部25家，有体育场8个、体育馆10个、室内外游泳池7个，形成舞龙、舞狮、风筝、秧歌等具有较大影响的特色健身团队近100支；全市区、街道（镇）、社区（行政村）群众体育设施全覆盖，公共体育场馆全部向社会开放，有红梅公园、青枫公园、飞龙公园等13个体育主题公园。

社会保障体系进一步完善。2010年末，全市有31127户、59483人纳入低保范围，其中城镇低保对象11620户、22331人，农村低保对象19507户、37152人；企业养老保险、职工基本医疗保险、失业保险覆盖率保持在98%以上，城镇居民基本医疗保险覆盖率达99%以上。全市拥有养老机构93个，床位总数达14045张，收养人数9647人，有A级以上居家养老服务中心407个。

文化设施和文化活动丰富多彩。2002年11月，当时江苏最大的群众艺术馆在常州市双桂坊落成。2003年，18集电视连续剧《天娇》获国家和省“五个一工程”奖。2007年4月，常州博物馆新馆建成开放。2008年，常州在全省率先实现所有公益文化单位（文化馆、图书馆、博物馆、纪念馆等）免费向公众开放；电影《邓稼先》、广播剧《军训日记》获全国“五个一工程”奖。2010年，常州市非物质文化遗产展示馆正式对外开放，《常州日报》《常州晚报》《武进日报》日均发行量20多万份，《常州广播电视》报全年出版发行327.6万份。2010年底，全市有专业艺术表演团体10个、艺术表演场所4个、群众艺术馆和文化馆8个、文化站58个、图书馆4个、博物馆12个、纪念馆9个、影剧院12个；全市拥有自办广播节目套数7套，自办电视节目8套，广播电视节目综合覆盖率达100%，有线电视用户数达107.48万户。

精神文明建设形成特色。2003年12月，市委、市政府决定将“勤学习、重诚信、敢拼搏、勇创业”作为常州市民精神。翌年，市区开办龙城讲坛，成为全市第一个公益性文化品牌。此后，金坛市、溧阳市、武进区、新北区分别开办金沙大讲坛、濑江讲坛、武进讲坛、春江讲坛。2007年，中共常州市第十次代表大会把创建文明城市列入常州“五大建设”目标。2008年5月12日，汶川特大地震发生，常州医务人员第二天立即随江苏省地震救援队前往灾区。同年7月，常州成立对口支援绵竹市遵道镇地震灾后恢复重建工作领导小组，支援灾区复建，3年投入资金5.83亿元，完成项目22个。2009年11月，钟楼区试点“道德讲堂”。2010年，全市确定65个优秀道德讲堂为市示范点。道德讲堂活动为全国首创，受到中央文明委、中共中央宣传部的肯定，并向全国推广。2010年，常州的殷雪梅被选为全国见义勇为道德模范，邓建军、杨建琴获全国道德模范提名奖。年底，全市累计建有爱国主义教育基地52处，其中国家级1处、省级14处、市级37处。

五

改革开放后，常州在全国较早出台一系列改革开放政策和措施，探索发展路径，经济与社会发展在全国保持相对领先地位，在全国享有较高的知名度并树立起良好形象。

（一）改革开放始终走在时代前列

1978年7月，常州被国务院列为对外开放城市。1982年3月，常州被国务院确定为全国经济体制综合改革试点城市。11月，经国务院批准确定，常州市从1983年起在全国率先实行城市财政递增包干试点。1984年5月，常州被国务院科技领导小组、国家体改委和国家科委确定为全国科技体制改革试点城市、实行厂长负责制试点城市。1985年2月，常州被国务院列入中国沿海经济开放区。1986年1月，常州市被国务院列入全国金融体制改革试点五城市之一。5月，常州被国务院列入全国16个中等城市机构改革试点市。8月，国家科委等14个部门单位批准常州市为社会发展综合示范试点城市。1992年5月，常州被国家体改委列为全国第二轮改革试点城市。1992年6月，常州被国家体改委确认为新一轮综合配套改革首家试点城市。1994年2月，常州市被国家经贸委、计委和财政部等部委确定为“优化资本结构，增强企业实力”试点城市。1998年5月，常州被中国21世纪议程管理中心、联合国开发计划署(UNDP)列入地方21世纪议程能力建设项目全国6个试点城市。2010年4月，科技部确定常州为国家创新型试点城市。经过32年坚持不懈的努力，至2010年，全市形成多种所有制经济成份共同发展的市场经济体系，对外开放领域逐渐扩大，经济国际化程度大大提高。

（二）经济与社会发展水平不断提高

伴随着改革开放的进程，全市经济焕发生机并高速增长。农业从以种植业为主转变为多种经营全面发展，基本实现产业化、集约化、科技化、市场化；工业结构重工业化，向高新技术方向发展，形成门类齐全、具有相当规模的工业产业体系；商贸和运输等传统产业转型升级，邮政电信、金融保险、房地产、旅游、中介服务等新兴产业迅速成长，各类商品和服务市场出现并发展壮大，形成较为完善的市场网络体系，第三产业在地区经济中的比重迅速上升。1978—2010年的32年间，全市地区生产总值(按可比价格计算)增长率年均为13.1%。全市形成多种经济成份互补、三次产业协调发展的市场经济新格局，实现城乡一体互动发展。全市交通、绿化、水电和燃气等城市基础设施建设取得长足的进展，环境保护与治理的力度持续加强，城市规模扩大、功能提升，城市化水平不断提高。社会事业也蓬勃发展。九年制义务教育普及，高等教育发展迅速，职业教育在全国领先；自然科学和社会科学队伍扩大，创新能力增强；文化设施增加，文艺事业繁荣，创作出许多文艺精品；医疗技术进步，卫生条件改善，形成市三级医院、县区医院、社区卫生服务中心、疾病预防控制中心组成的医疗卫生服务体系；体育健身的场馆、设施增加，档次提高，体育竞技水平提升，体育健身成为社会风尚；城乡居民的精神文化素质也大幅度提高，形成改革开放时期新的市民精神和道德风尚。

（三）城市实力和形象日益提升

80年代初，常州的经济发展引起中央领导重视和全国注目，是当时对中等城市发展具有借鉴作用的工业明星城市。1992年12月，常州被中国城市社会经济发展水平评价中心列入全国综合实力50强、全国城市投资硬环境40优。2004年，常州被国家环保总局认定为首批（苏州、常州、威海三市）国家环境保护模范城市群（包括下辖的全部县市）。2006年，常州入选12个中国品牌经济城市、中国投资环境百佳城市；名列全国城市创新环境评价第七位。翌年，常州入选中国十大市场强市（县）。2008年7月，常州入选中国社会科学院社会学研究所发布的“全世界500个最具发展潜力城市”，国内排名第二十位；同年入选福布斯中国内地最佳商业城市榜，列第九位。《2009年中国城市政府管理竞争力报告》中，常州名列政府创新能力第一位。2010年，全国地级市富裕指数排名中，常州排名第十位，列江苏第三位。常州所辖武进、金坛、溧阳三市（区）均为全国百强县。常州着力塑造并确立的城市形象为：千载读书地，现代创新城；季子故里，诚信之地；中国常州，常乐之州。

大事记

Chronicle of Events

1986 年

1 月 11 日　省政府批准常州市对外开放实施方案。

1 月 19 日　常州经济问题专家研讨会在京举行，由著名经济学家于光远倡导和主持。

1 月 25 日　常州职业师范学院奠基。翌年 12 月 1 日，国家教委批准其更名为常州技术师范学院。2002 年更名为江苏技术师范学院。2001 年、2005 年，常州市经济管理干部学校和常州市会计学校先后成建制并入。

2 月 8—13 日　中共中央书记处书记、全国人大常委会副委员长陈丕显考察常州。

2 月 23—25 日　中共中央政治局委员、中央军委常务副主席杨尚昆考察常州。

2 月 28 日　广州至常州试航民航班机在民航常州站降落。3 月 15 日，常州—北京、常州—广州航线首航式举行。

3 月 8 日　副市长曹锦成在全市经济承包大会上，代表市政府与 8 家工业公司和常州市百货站、五交化批发站签订为期 3 年的经济承包合同。

3 月 10—13 日　国务委员姬鹏飞考察常州。

3 月 11—16 日　全国第六届“红双喜”乒乓球比赛先后在常州、上海两市举办。

4 月 6—14 日　全国举重锦标赛在常州举办。

4 月 9—13 日　中央“五讲四美三热爱活动”办公室主任袁兵率 12 个省、市的“五讲四美三热爱活动”办公室主任到常州考察。

4 月 18 日　全国政协副主席刘靖基出席在常州博物馆举行的刘国钧先生捐献文物展览开幕式。

4 月 18—21 日　全国政协副主席王光英考察常州。

4 月 23 日　市委宣传部、党史办公室和市社科联、团市委等单位联合召开纪念恽代英烈士就义 55 周年报告会。

是日　城区后北岸意园旧址发现晋、唐、宋、元、明五朝著名书法家的书法碑刻 16 块。

4 月 28 日　市政府表彰 1984—1985 年度劳动模范 118 人，先进单位、先进集体 288 个。

5 月 2—3 日　几内亚比绍共和国人民议会议长卡尔门·佩雷拉（女）率代表团参观访问常州。

5 月 7 日　常州柴油机厂被列为全国首批机电产品出口基地和享有外贸自主权的企业。

5 月 10 日　常州市全民所有制单位试行劳动合同制。

5 月 12 日　常州市第一人民医院成功施行全省首例颅颌面联合切除手术。

5 月 15—17 日　中共中央顾问委员会副主任宋任穷考察常州。

5 月 26 日　中央新闻媒体公布常州市获得国家科技进步奖 10 项、“六五”时期国家科技攻关奖 2 项。

5 月 27—28 日　全国政协副主席吕正操考察常州。

5 月 28—29 日　联合国亚洲及太平洋经济社会委员会与中国政府联合举行的亚太地区发展中国家发展经济讨论会第四次会议在常州召开。

6 月 1—3 日　佛得角共和国总理佩德罗·皮雷斯参观访问常州。

6 月 3—5 日　中共中央顾问委员会常务副主任、中央整党工作指导委员会常务副主任薄一波考察常州。

6 月 5 日　常州市所辖县（区）人民武装部改为地方建制。

6 月 5—8 日　意大利普拉托市市长亚历桑德罗·鲁卡利尼率友好代表团访问常州，签订两市缔结友好城市协议书。

6月8日　常州籍运动员张玉萍在西班牙马德里举办的首届国际跳水邀请赛上获女子跳板自选、规定动作冠军。9月23日，在韩国汉城（今首尔）举办的第十届亚洲运动会获女子跳板跳水金牌。1989年5月，在美国印第安纳波利斯举办的第六届世界杯跳水比赛获女子跳板团体冠军和男女混合团体冠军。

6月10日　常州市被评为全省创优质服务、优美环境、优良秩序优胜城市，全市有27个单位、10名个人分别被评为江苏省文明单位和文明标兵。

6月16日　常州市级机关首批102名干部到乡镇兼职锻炼1～2年。

6月16—17日　秘鲁部长会议主席、经济财政部部长路易斯·阿尔瓦·卡斯特罗参观访问常州。

6月16—18日　中共中央政治局委员、中央书记处书记、国务院副总理乔石考察常州。

7月13日　市委、市政府印发《关于进一步增强企业活力若干问题的暂行规定》等5个文件。

7月14—16日　缅甸第一工业部部长吴丁瑞率领政府代表团参观访问常州。

7月14日　常州市老龄大学创办。9月20日举行开学典礼。

7月27日　下午3时，武进县魏村、西夏墅等8个乡遭受冰雹、暴风雨袭击，41人受伤，倒塌房屋546间，折断树木2.1万棵、电线杆309根，2.5万亩棉花和水稻受灾。

8月1日　常州针织总厂、冶金机械厂、建材机械厂、柴油机厂、无线电元件六厂和市邮电局被国家经委评为经济效益先进单位，受到通报表扬。

8月5日　国家科委批准常州为社会发展综合示范试点城市。

8月23日　常州卫星地面接收站建成，常州电视台（九频道）26日起正式使用卫星信号转播中央电视台第一套节目。

8月28日　常州籍运动员王晓红获全国游泳锦标赛4块金牌。

9月6—14日　常州籍运动员杨伊明与队友获第四十四届世界射击锦标赛移动靶步枪混合速射团体冠军。

9月8日　国务院批准撤销常州市广化区，其行政区划分别划归钟楼、天宁两区。翌年1月1日起按新的区划建制运行。

9月9日　九三学社常州市第一次代表大会召开。

9月12—15日　全国社会发展综合示范试点规划会议在常州召开，全国政协副主席费孝通参加。

9月23—25日　印度共产党（马列主义）政治局委员萨玛尔·穆克吉率高级代表团访问常州。

10月5日　常州籍运动员邵丽伟与队友获在韩国举行的第十届亚运会女子田径4×100米接力赛金牌。

10月7日　电子工业部在常州召开出口基地扩权企业工作会议。

10月16—17日　塞拉利昂共和国第二副总统阿布·巴卡尔·卡马拉率全国人民大会党代表团参观访问常州。

10月21—30日　中国设备管理协会举办的首届全国设备改造技术交易会在常州举行。

10月23日　西安—常州—北京、西安—常州—广州民航航线试航成功。

10月30日　常州市对外经济贸易委员会成立，市政府对外贸易办公室、市对外经济技术贸易（集团）公司被撤销。

是日　外交部批准常州市与日本高槻市结为友好城市。1987年3月16—26日，市长陈鸿昌率常州友好代表团访问高槻市，签订两市缔结友好城市协议书。

11月1日　市政府表彰奖励“六五”期间获得国家和省、市级科技进步奖、发明奖的先进集体和个人。

11月5日　省政府同意武进县的三井、青龙、北港、西林4个乡划归郊区管辖，武进县的潞城乡、郊区的丁堰乡及雕庄乡的梅港村划归戚墅堰区管辖。

11月12日　溧阳县社渚镇团山发现中国稀有矿藏叶蜡石矿。

11月23—24日　厄瓜多尔基督教社会党副主席塞萨尔·阿科斯塔率代表团参观访问常州。

11月27日　茅山风景区被列为省级风景名胜区。

是月　常州入选全国五大月季花种植中心。

12月4—6日　玻利维亚共产党（马列）政治局委员阿尔芒多率干部访华团参观访问常州。

12月5—10日　全国社会事业计划工作座谈会在常州召开。

12月20日　市政府颁发《常州市环境污染治理设施管理暂行办法》。

是年　常州市实现地区生产总值54.73亿元，其中一、二、三产业增加值分别为11.77亿元、32.8亿元、10.16亿元；按户籍人口计算，人均地区生产总值1767元。完成财政总收入10.33亿元，财政总支出3.13亿元，完成社会消费品零售总额20.29亿元；市区居民人均可支配收入1089元，人均住房使用面积12.07平方米，农民年人均纯收入777元，人均住房面积22.33平方米。

1987年

2月11日　郊区茶山乡成立常州市第一个新型乡村两级合作经济组织实业总公司。

2月11—12日　常州出现异常气温26.7℃，18—19日突然降至-2℃～4℃，并降中雪。

2月27日　常州被确定为全国第一个老龄工作试点城市。

3月14日　常州首家集团股份公司金狮自行车（集团）股份公司成立，由150家企业组成。

3月20—22日　民主柬埔寨诺罗敦·西哈努克亲王偕夫人参观访问常州。

3月30日　常州与银川结为对口经济技术协作城市。

是月　常州市在全国率先开展同业拆借业务试点，加入全国12个大中城市资金融通网。

4月24日　武进的薛家、泰村乡和金坛的城西乡遭大风冰雹袭击，9万亩“三麦”和1000多亩棉花受损。

4月27日　董亦湘烈士纪念碑在武进县潘家乡揭碑，国务院原副总理陈云为纪念碑题词。

4月28—30日　中共中央政治局委员胡乔木考察常州。

5月5日　武进县被列为全国商品粮基地县。

5月16—18日　中共中央纪律检查委员会书记韩天石到常州检查工作。

5月26—28日　全国人大常委会副委员长廖汉生考察常州。

6月1—4日　日本高槻市市长江村利雄率友好代表团访问常州。10月26—28日，江村利雄再次率团访问常州。

6月7—11日　福州、南昌、成都、兰州、常州、锦州、平顶山、齐齐哈尔、牡丹江、阜新、秦皇岛、安阳、襄樊、铜陵、九江15个城市联合举办的经济联合恳谈会在常州召开。

6月23日至7月7日　副市长程九度率常州友好代表团访问意大利，参加普拉托市常州路命名仪式。

7月10日　市政府颁发的《常州市市容环境卫生管理暂行规定》施行。

是月　常州被国务院列为对外开放城市。

8月10日　武进县魏村、孝都等乡遭冰雹、雷雨、大风袭击，持续20分钟，最大冰雹直径3厘米，倒塌房屋74间，吹倒电线杆144根，受灾水稻1.8万亩。

8月15日　武进县戴溪、潘家两乡遭暴雨和大风袭击，造成4人死亡，刮倒民房21间、厂房1000平方米，直接经济损失30多万元。

8月20日　《常州市民文明公约》公布施行。

8月23—30日　常州的4名伤残运动员摘得全国第二届伤残人运动会7枚金牌，蔡祖胜打破男子截肢A6级100米仰泳世界纪录。

是月　常州成为全国首次利用世界银行贷款进行城市综合规划建设试点城市。

9月3日　市委、市政府决定撤销13家工业公司，设立行业管理局、行业办公室。

9月8—10日　常州市首届中外经济恳谈会举行。

9月10日　常州市农村土地管理办公室撤销，市土地管理局成立。

9月12日　常州市对外开放办公室成立。

10月14日　常州矿务局成立。

10月20日　常州革命烈士事迹陈列馆建成开馆。

10月25日至11月1日　市委书记陈玉英出席中共第十三次全国代表大会，当选为中共中央委员。

12月8日　张太雷烈士故居修复竣工。翌年6月16日，张太雷塑像揭幕。

12月13日　全省首家村办港资企业常州鸿联新型灯具装饰器材公司开业。

12月16日　312国道常州东段建成通车。

是年　常州市实现地区生产总值66.45亿元，其中一、二、三产业增加值分别为12.53亿元、41.22亿元、12.7亿元；按户籍人口计算，人均地区生产总值2134元；完成财政总收入10.99亿元、财政总支出3.26亿元，完成社会消费品零售总额24.8亿元；市区居民人均可支配收入1236元，人均住房使用面积12.49平方米，农民年人均纯收入855元，人均住房面积23.89平方米。

1988年

1月4—11日　政协常州市第八届第一次会议召开，选举程九度为政协常州市第八届委员会主席，选举王云龙、史绍熙、秦怀玉、杨念祖、屠揆先、高谷深、刘汉良、何华强为副主席。

1月5—12日　常州市十届人大一次会议召开，选举汤永安为市人大常委会主任，蒋溢涛、朱维中、江子砺、宋文惠、苏杰为市人大常委会副主任，选举曹锦成为市人民政府市长，孟金元、韩兆春、洪文鑫、陈三林、张东桂为市人民政府副市长；选举郭兴中为市中级人民法院院长，肖缀成为市人民检察院检察长；选举江苏省第七届人大代表63人。

1月13日　常州市公安交通警察支队成立，原市交通民警大队撤销。

是日　位于武进湖塘的淹城遗址被列为全国重点文物保护单位。

1月22—28日　市委书记陈玉英率市友好代表团访问日本高槻市。

2月12日　初步探明溧阳县平桥乡小梅岭为江苏省首座大型方解石矿，储量2723.77万吨。

2月14日　常州市篦箕巷改造工程竣工，再现文亨穿月、篦梁灯火等景观。

3月4日　市政府颁布《常州市女职工劳动保护试行办法》。

3月5日　常州市4000门电话程控交换机开通。5月25日，开通首批国际自动直拨电话。

3月15日　市委、市政府召开1987年度文明城市建设活动总结表彰大会，命名市级文明单位523个，表彰先进个人344人。

3月17日　常州市监察局成立。

3月24日至4月10日　全国政协委员江子砺在北京出席全国政协第七届第一次会议。

3月25日至4月13日　全国人大代表周珥、杨念祖、薛锋、叶慧英在北京出席全国第七届人大第一次会议。

4月1日　常州柴油机拖拉机集团联合公司成立。4月18日，常州柴油机集团成立，由19个省(自治区、直辖市)的119个单位组成。

4月2日　常州—包头的158/155次列车(火车)通车，行程2127公里。

4月12日　常州市对外经济贸易恳谈会在深圳举行。

4月19日　全国首届黏膜病学术交流会在常州举行。

4月21日　市政府表彰全市首批明星乡镇企业65家、优秀乡镇企业家55人。25日，市政府表彰1986—1987年度先进单位、先进集体308个和劳动模范186人。

5月14—15日　赤道几内亚人民代表院议长弗朗西斯科·博丁·恩加洛率团参观访问常州。

5月16日　常州大厦建筑工地挖掘出一个银器窖，出土一批元代金银饰件。

5月21—28日　市人大常委会副主任蒋溢涛、张国祥率市对外友好协作代表团访问日本所泽市。

6月19—20日　中共中央书记处书记芮杏文考察常州。

是月　常州锅炉厂制造的DZL型4-8卧式快装锅炉销往新加坡，为江苏首次出口锅炉。

7月14日　金坛县被命名为江苏省第一个“全国食品卫生示范县”。

8月6日　省政府驻北京办事处常州联络处成立。

8月20—24日　全国少年武术比赛在常州举行。

8月28日　市政府同意组建常州塑料集团公司。12月18日，该公司对外经营。

是日　国务院副总理田纪云考察常州。

9月1日　市政府批准组建东南(常州)化工集团公司。

9月3—4日　刚果人民议会议长让·冈加—赞祖与刚果驻华大使率代表团参观访问常州。

9月6日　常州市第二届伤残人运动会举行。

9月14日　国务院批准设立常州海关。1991年12月26日常州海关开关。

9月23日　常州市国家保密局成立。

10月5—7日　日本高槻市议会议长竹本寿雄率友好访华团访问常州。

10月7日　常州市有30家企业成为国家二级企业，占江苏省国家二级企业总数的1/4。

10月22日　常州籍残疾运动员蔡祖胜在韩国汉城举行的第八届国际残疾人奥运会上夺得男子截肢A6级100米蛙泳、100米仰泳、200米混合泳3枚金牌。

11月2—5日　中共常州市委六届七次全体(扩大)会议召开，研究制定“治理经济环境，整顿经济秩序，全面深化改革”的具体部署。

11月7日　常州市清理整顿118家公司，52名在职党政干部、离退休干部不再在公司任职。

11月26日　常州市第一人民医院首次为一名先天性心脏病患儿成功实施心房间隔缺损修补手术。

12月2日　常州第一个生猪养殖基地——西林食品厂生猪养殖基地投产，年出栏生猪3000多头。

12月14日　常柴牌S195型柴油机、五菱牌S1100柴油机、东风牌东风12型手扶拖拉机、月夜牌杂色灯芯绒产品获国家金质奖，11个产品获国家银质奖。

12 月 16—27 日　常州味精厂的味精、常州油厂的米糠油、武进营养食品厂的珍珠双宝素、金坛方麓茶场的雀舌茶和雨花茶、金坛酒厂的封缸酒获首届中国食品博览会金奖。

12 月 18 日　城区东起政成桥、西至怀德中路的城市主干道定名为延陵路。

12 月 26 日　新中国成立后武进县首部新编综合志书《武进县志》公开出版发行。1993 年 12 月获全国首届地方志成果评比一等奖。

是年　常州市实现地区生产总值 82.11 亿元，其中一、二、三产业增加值分别为 15.35 亿元、50.6 亿元和 16.16 亿元；按户籍人口计算，人均地区生产总值 2606 元；完成财政总收入 11.57 亿元、财政总支出 3.83 亿元，完成社会消费品零售总额 32.37 亿元；市区居民人均可支配收入 1417 元，人均住房使用面积 12.12 平方米，农民年人均纯收入 1108 元，人均住房面积 25.72 平方米。

1989 年

1 月 11 日　常州市台属联谊会成立。

1 月 12 日　常州市中心血站、第二人民医院在一名出生 17 天的新生儿血液中发现罕见的 Pen 血小板抗体，属国内首例、世界第三例。

1 月 19 日　位于戚墅堰区圩墩新石器时代遗址西侧的常州圩墩公园建成开放。

1 月 25 日　常州市滑稽剧团演员张克勤获全国第六届中国戏剧梅花奖。

1 月 29 日　邮电部在常州首发《瞿秋白同志诞生 90 周年》纪念邮票。

1 月 30 日至 2 月 3 日　国家主席杨尚昆视察常州。

是月　常州市被确定为全国城市工会改革 10 个试点之一。4 月 12—17 日，全国城市工会改革试点工作会议在常州召开。

2 月 17—19 日　中共中央政治局委员、组织部部长宋平考察常州。

2 月 25 日　戚墅堰机车车辆工厂的 4500 马力东风—8 型内燃机车通过部级鉴定；12 月，获铁道部科技进步一等奖。1990 年 12 月 7 日，获国家科技进步一等奖。

3 月 15 日至 4 月 5 日　民政部和联合国儿童基金会在常州军供站举办全国首期社区康复培训。

3 月 21—23 日　常州市个体劳动者第三次代表大会召开。

3 月 24 日　市委、市政府表彰 1988 年度 30 个售粮达 1.5 万公斤的售粮大户和 44 个售粮先进乡镇。

4 月 8 日　南京航空学院、常州市玻璃钢野营房厂研制的第一架原型机 AD200 双人轻型飞机在罗墅湾机场试飞成功。

4 月 11 日　广化医院成功施行全市首例角膜移植手术。

4 月 13 日　市委、市政府表彰奖励 1988 年度市级文明单位、优秀组织者。

4 月 23 日　市委宣传部、团市委等单位联合举办第二届青少年艺术节，纪念常州解放 40 周年和五四运动 70 周年。

4 月 24—25 日　参加第三世界发展战略国际研讨会的 21 个国家的代表参观访问常州。

5 月 16 日　全国城郊供销合作社经济联合会在武进成立。

是日　市委召开全市廉政制度建设试点工作座谈会，决定在市级 9 个单位进行“两公开一监督”（公开办事制度、公开办事结果，依靠群众监督）试点。

是月　天宁区居民宗荷琴让出5间住房创办省内首家民办公助城中托老所。

7月3日　溧阳县部分地区发现蝗虫，1万多亩农田受灾。

7月19日　江苏省乡镇企业家常州培训(研究)中心开始筹建，联合国开发计划署援助65.1万美元。

7月25—29日　江苏省首届滑稽戏节在常州举行，市滑稽剧团《多情的小和尚》获优秀剧本、优秀导演、优秀演出、优秀音乐奖，入选第二届中国艺术节。

8月4日　13号强热带风暴袭击常州，武进县民房倒塌318间、损坏516间，3000多亩农田被淹。

8月10日　常州籍版画家魏华邦被法国格雷佛里纳市拉斯拿尔绘画及版画原作博物馆聘为学术委员会成员。

8月14—16日　常州市文学艺术界联合会第六次代表大会召开。

8月18日　市政府调整工业管理机构，撤销行业管理局(办)，建立6个工业局和企业建材工业局。

8月25日　溧阳县竹箦籍西安石油学院学生唐春雨在高冠瀑布救人时不幸遇难，被陕西省政府追认为“革命烈士”。

8月31日　常州钟表总厂双喜牌SX-854A型指针式石英钟10项性能指标全部达国家钟表质量A级，获得全国评比第一名。

是日　全国第一所实施中学课程改革试验的常州市职业先修学校在常州市第二十五中学挂牌，首批招收新生80人。

9月5日　常州市老年公寓主体工程建成。10月23日，老人正式入住。

9月15日　镇澄公路常州—龙虎塘段常澄路铁路立交桥通车，总投资2000多万元。

9月16—17日　常州部分地区遭受23号台风外围影响，倒塌民房290间、厂房60间，倒伏水稻近万亩、棉花3500亩，损坏砖坯6200万块，直接经济损失70多万元。

9月19日　常州籍运动员蔡祖胜在日本神户举行的远东及南太平洋地区伤残人运动会上，打破由他创造的A6级男子100米仰泳世界纪录。

9月24日　常州市的蒋浩然、赵武岭、刘国庆、刘小莺、徐宝大、汪志钧、史仰山、张志坚、梁来芳、吕振远、蒋才喜、张全泉赴京出席全国劳动模范和先进工作者表彰大会。

是月　常州郊区茶山乡在全市乡镇中第一个实现生活用水自来水化。

10月8日　常州市的胡平荣、贝晨、陈洪珍、陈灿文、万维春获全国老有所为精英奖，邵静娟、杭梅春获全国敬老好儿女金榜奖。

10月16—18日　中共党史学会、中共江苏省委宣传部和中共常州市委等单位联合举办的纪念瞿秋白90周年诞辰学术讨论会在常州召开。

10月22日至11月1日　市长曹锦成率市政府友好代表团访问日本高槻市、所泽市。

10月30日　常州电视机厂的工业电视机出口印度尼西亚，为中国工业电视机首次出口国外。

11月7日　溧阳县举行新四军江南指挥部成立50周年纪念活动。

11月9日　中共常州市代表会议选出46人为中共江苏省第八次代表大会代表。

11月18日　常州籍著名根雕艺术家屠一道向市政府赠送根艺珍品32件，在红梅公园陈列馆展出。1991年，展品增至107件。

是日　常州市6000门程控电话扩容工程竣工。

11月20—24日　全国110报接警台展示暨公安指挥中心工作现场会在常州召开。

11 月 21 日　常州市参展全国“星火计划”成果展览交易会的 30 个项目分获金奖、银奖。

11 月 28—29 日　非洲 9 国参加中国—非洲经济改革与调整研讨会的代表考察访问常州。

12 月 12—15 日　共青团常州市第十次代表大会召开。

12 月 19—20 日　常州市残疾人联合会第一次代表大会召开。

12 月 24—28 日　国家科委城镇社会发展示范试点工作会议在常州召开。

是年　常州市实现地区生产总值 87.24 亿元，其中一、二、三产业增加值分别为 16.51 亿元、52.17 亿元和 18.56 亿元；按户籍人口计算，人均地区生产总值 2732 元；完成财政总收入 12.67 亿元、财政总支出 4.77 亿元，完成社会消费品零售总额 36.33 亿元；市区居民人均可支配收入 1559 元，人均住房使用面积 12.99 平方米，农民年人均纯收入 1301 元，人均住房面积 29.74 平方米。

1990 年

1 月 12 日　常州柴油机厂、常州拖拉机厂入选首批国家一级企业。

1 月 28—31 日　全国人大常委会副委员长彭冲考察常州。

2 月初　武进县龙虎塘乡仙龙山村发现新石器时代马家浜—崧泽文化时期遗址。

3 月 20—23 日　首次国际气雾剂技术研讨会在常州举行，联邦德国、美国、英国、澳大利亚等国家和全国的 150 多名代表参加。

4 月 20—21 日　中共常州市委六届十一次全体(扩大)会议召开。

5 月 18 日　常州水稻综合增产技术在全国亿亩水稻丰收计划招标中中标，实施面积 238 万亩。

5 月 18—19 日　中国致公党常州市第一次代表大会召开。

5 月 22 日　杨晓堂任常州市人民政府副市长，代理市长。

6 月 28 日　市委、市政府举行1990年编史修志工作会议暨《常州武进地区革命斗争史》《常州革命英烈》《一代风流》首发式。

7 月 1 日　零时，第四次全国人口普查开始。普查结果，常州市常住总人口3279734 人，其中市区 1483274 人。

7 月 3 日　下午 5 时许，武进县运村乡杨桥等 6 个行政村突降冰雹，持续 5 分钟，运西村蒋仲方家天井落下一个“雹球”，重 10 公斤。

7 月 10 日　下午 5 时许，溧阳县 11 个乡镇、4 个国营场圃遭狂风暴雨袭击，造成 1 人死亡、13 人受伤，民房倒塌 1900 多间、受损 3300 多间，5 万余亩水稻、棉花受灾。

7 月 26 日　全省首家中西医结合医院常州市中西医结合医院在广化医院挂牌设立。

8 月 4—9 日　联合国亚太地区农业机械化政策和战略研讨会在常州柴油机厂举行。

8 月 8 日　《常州市城市总体规划(1989—2000 年)》获得省政府批准。

8 月 29 日　常州城区 41.3 平方公里全部成为烟尘控制区。10 月 20 日，通过省级验收。

8 月 30 日　国务院批准撤溧阳县，设立县级溧阳市，仍由常州市代管。

8 月 31 日　傍晚，常州遭受 15 号台风正面袭击，最大风力 9 级，24 小时降雨量 143.2 毫米，造成全市死亡 3 人、受伤 1 人，53 万亩杂交稻 30% 倒伏，1 万亩蔬菜田被淹。

9 月 2 日　常州市体育代表团包括 130 名运动员参加江苏省第十二届运动会，夺得金牌 23 枚。

9 月 3 日　常州柴油机厂、戚墅堰机车车辆工厂、常州拖拉机厂、常州东方印染厂入选 1989 年中国 500

家最大工业企业。

9月10—18日　常州市新产品交易会展出商品1.2万个，成交额25.7亿元。16—18日，常州市新产品交易会对外经济贸易洽谈会举办，成交外经项目总额500万美元。

9月23—28日　常州籍运动员王晓红在北京举行的第十一届亚运会上夺得女子100米、200米蝶泳金牌，与队员获4×100米自由泳、混合泳接力金牌。

9月24日　常州无线电元件二厂的江南牌滤波器替代进口产品，被用于长征三号运载火箭。

10月23日　戚墅堰机车车辆工厂研制成功全国第一台东风9型大功率高速客运内燃机车。1992年11月完成鉴定试验。

10月25日至11月3日　副市长洪文鑫率常州市政府经济考察团访问日本高槻市、所泽市。

11月3日　市政府组织募集的社会捐款50.79万元、17.66万件衣服等物资启运徐州灾区。

11月6—8日　摩洛哥进步与社会主义党政治局委员、中央书记阿亚希·阿卜杜拉率团参观访问常州。

11月14日　金坛县尧塘镇西榭村栾国小向国家上缴建房时挖掘出来的南宋时期的银器100余件。

12月11—14日　中共常州市第七次代表大会召开，选出市委委员31人、候补委员6人和市纪委委员21人。15日，市委七届一次会议选举陈玉英任市委书记，杨晓堂、曹锦成、孟金元任市委副书记；市纪委七届一次会议选出市纪委常委5人，吴春生任市纪委书记。

是年　常州市实现地区生产总值94.87亿元，其中一、二、三产业增加值分别为17.68亿元、57.96亿元、19.23亿元；按户籍人口计算，人均地区生产总值2935元；完成财政总收入13.1亿元、财政总支出5.11亿元，完成社会消费品零售总额38.19亿元；完成进出口贸易总额0.62亿美元，其中出口0.5亿美元，实际利用外资666万美元；市区居民人均可支配收入1769元，人均住房使用面积13.22平方米，农民年人均纯收入1401元，人均住房面积31.66平方米。

1991年

1月4日　常州电视台采编拍摄的纪录片《菊乡马杭》在中央电视台播出。

1月8日　常州市政府驻深圳联络处成立。

1月16日　常州市旅游局成立。

1月20日　零时起，常州市内电话号码除二分局外，由5位升至6位。

2月7—9日　中共常州市委七届二次全体(扩大)会议举行，审议通过市委《关于制定常州市国民经济和社会发展十年规划和“八五”计划的建议》。

3月2—6日　常州市十届人大四次会议召开。6日，杨晓堂当选为市人民政府市长。

3月6日　常州柴油机厂、常州拖拉机厂、建材工业部二五三厂和常州百货大楼被省政府评为全省1991年行业排头兵企业。

3月16日　武进县芙蓉镇双庙村一农民从鱼池中挖掘出战国时期的青铜剑、矛各1件。

4月1日　常州市城市信用合作联社获中国人民银行总行批准成立，系江苏省首家。

4月16—17日　中共中央政治局常委、书记处书记李瑞环考察常州。

4月18—20日　溧阳市首届茶叶节举办，成交额1.79亿元。

5月16日　安徽省电力建设第二工程公司二处在戚墅堰发电厂扩建工地发生100吨塔吊倒塌事故，造成9人死亡，5人受伤。

是日　武进县剑湖乡前杨村入选1990年度中国乡镇企业十大百强，居全国100个最高产值行政村第十三位。

5月22—26日　中国常州“江南春”音乐创作笔谈会在常州举行，吴祖强、瞿维等50多位著名音乐家、作曲家、词作家、演奏家在笔谈会期间创作新歌曲近60首。

5月23日　广播电影电视部1989—1990年优秀影片颁奖大会在常州体育馆举行。

是日　常州亚细亚影城落成。

5月25日　以常州西藏民族中学为背景的电视剧《远方的课堂》在中央电视台播放。

5月27日　国家科委批准建立苏锡常地区“火炬”开发带。6月8日，苏锡常地区“火炬”带常州开发区建设动员大会召开。

6月13—16日　常州市连降暴雨，洪涝成灾，全市83.17万亩农田受涝，6300间房屋倒塌，55350户住宅浸水，1462家企业停产或半停产，53所中小学、幼儿园被迫停课，52座桥梁、闸冲毁，9人死亡。6月24日省长陈焕友到常州主持召开苏南片抗洪救灾会议。

6月24日　市委党史办公室等单位联合摄制的3集电视专题纪录片《闪光的路》首映。

6月26日　位于武进县横山桥镇的澄西烈士陵园落成。

6月28日　市委召开纪念中国共产党成立70周年理论研讨暨党建学会成立会。29日，在红星大剧院举行庆祝大会，市委表彰先进基层党组织60个、优秀共产党员109人。

6月30日至7月4日　暴雨又袭常州，造成160万亩农田受淹，4395家工矿企业停产半停产，8万间民房倒塌，20余万人被洪水围困，10万平方米校舍损坏，直接经济损失22亿元。7月4日，省委书记沈达人考察常州抗洪救灾工作。6日，商业部部长胡平到常州察看灾情和市场供应。12日，国务院生产办公室副主任张彦平率抗洪救灾工作组慰问常州灾民。21日，国务院总理李鹏考察常州灾区，慰问灾民。30日，纺织工业部部长吴文英到常州灾区慰问。

7月14日　常州市获江苏省科技进步二等奖4项、三等奖7项、四等奖22项。

8月2日　市委、市政府召开全市经济体制改革工作会议。

8月7日　深夜，金坛县白塔乡遭龙卷风袭击，造成42间房屋倒塌，1820亩棉花严重倒伏，3条电话线路中断。常州再遭特大暴雨袭击，部分城乡积水成涝。12—13日，省委书记沈达人率省有关部门负责人到溧阳、金坛重灾区现场办公，帮助恢复生产，重建家园。19日，中共中央政治局委员、国务委员李铁映考察常州救灾防病工作。

8月18日　常州市社会团体清理整顿工作结束，309个市级和263个县(市)、区级社会团体分别取得社会团体法人登记证、社会团体登记证。

8月22日　天宁区法院在全国率先成立综合性少年法庭。11月22日，全国首例少年保护案在天宁区人民法院审结。

8月31日　常州市抗洪救灾总结表彰大会召开，表彰92个先进集体、202名先进个人。11月11日，常州市的23个单位和80人分别被省委、省政府表彰为1991年抗洪救灾先进集体、先进个人。

9月3日　福州、南昌、秦皇岛、兰州等16城市横向联合科技恳谈会在常州召开。

9月11日　常州市公安干警和武进柴油机厂抗洪救灾报告团在北京人民大会堂受到江泽民、李鹏、万里等党和国家领导人的接见。

9月12—16日　常州市对外经济贸易洽谈会举行，签订外贸出口合同总额1443.6万美元。

9月12—21日　常州市新产品交易会举行，成交总额达30亿元。

9月23日　外交部批准常州市与日本琦玉县所泽市缔结为友好城市。

9月30日　常州东风12型手扶拖拉机、拖车各200台启运上海港，以中国政府的名义捐赠给孟加拉国。

10月9日　全国政协副主席刘靖基等领导参加常州国棉一厂70周年厂庆。

10月11日　地质矿产部与日本石油公司合作开发的苏南地区地球物理调查项目在武进县卜弋乡开工。

10月15—16日　中共中央政治局委员、国务院副总理吴学谦等领导到常州考察对台工作。

10月30日　武进县撤销郑陆、小新桥、卜弋、卢家巷、雪堰、礼河、龙虎塘七乡，新设郑陆、卜弋、卢家巷、雪堰、礼河、龙虎塘六镇，小新桥乡更名为新桥镇。

11月6日　市政府公布1990年度科技进步奖一等奖3项、二等奖12项和三、四等奖103项。

11月13—14日　秘鲁众议院议员、秘中议员协会主席埃克托尔·韦尔托·米利亚率团访问常州。

11月15日　全国人大常委会副委员长彭冲考察溧阳灾后生产和灾民生活情况。

11月19—20日　常州市首届农民运动会在市体育馆举行。

11月20—22日　意大利马尔盖大区议会主席斯克里帕尼·吉昂卡尔路和意中贸易商会主席路易吉·尼迪多率代表团访问常州。

11月22日　常州市的10名专家和部、省驻常单位的9名专家享受国务院政府特殊津贴。

是日　常州市救灾募捐工作基本结束，全市100多万名爱心市民和数千家企业踊跃捐款捐物，总计捐款1051.79万元、粮票89.7万公斤。

11月25日　宁沪光缆工程常州段光缆敷设任务完工，全长52.8公里。

12月8—11日　常州市对外经济联谊恳谈会在深圳召开，外贸出口成交额1.4亿元。

12月9日　常州有22家单位被评为江苏省先进集体，70人被表彰为江苏省劳动模范。

12月9—13日　全国城市教育综合改革经验交流会在常州召开，全国100个市的副市长、教委主任参加。10日，召开的全市尊师重教表彰大会表彰尊师重教先进集体46个、先进个人50人。

12月24日　“八五”期间，常州最大的水利建设项目魏村水利枢纽工程开工兴建，总投资8000万元。1996年3月19日，竣工投运。

12月25日　常州市计算机局域网开通试运行，连接市委、市政府和市级机关工作站20多个。

是日　20时至次日20时，常州市区降雪12.2厘米，27—28日积雪深17厘米，出现历史罕见严寒天气，至翌年1月2日融化。

是月　常州市第一部地市级综合年鉴《常州年鉴》（1991版）由中国大百科全书出版社上海分社出版，系1986—1990年合鉴。

是年　常州市实现地区生产总值102.18亿元，其中一、二、三产业增加值分别为16.06亿元、65.61亿元和20.51亿元；按户籍人口计算，人均地区生产总值3136元；完成财政总收入11.72亿元、财政总支出5.58亿元，完成社会消费品零售总额43.69亿元；完成进出口贸易总额1.15亿美元，其中出口9241万美元，实际利用外资2384万美元；市区居民人均可支配收入1996元，人均住房使用面积13.51平方米，农民人均纯收入1318元，人均住房面积32.69平方米。

1992 年

1 月 7—8 日　法国共产党中央委员米歇尔·罗朗率代表团到常州考察。

1 月 9—10 日　国务院秘书长罗干到常州考察。

1 月 15 日　江苏首家省级边界市场苏浙皖边界市场在溧阳开业。

1 月 21 日　溧阳市获得省政府授予的江苏“建筑之乡”称号。

1 月 21—22 日　中共中央总书记江泽民视察常州。

2 月 15 日　市政府表彰 1991 年 14 个农业丰收、14 个科技兴农、20 个农业服务体系建设、5 个为农服务先进单位和一批先进个人，奖励武进育种专家羌涵孚、钮中一、江祺祥 11 万元。

2 月 25 日　市政府印发《常州市住房制度改革实施意见》，6 月 1 日起施行。

2 月 27 日　常州市第二人民医院在全市首次采用 LAK 细胞肝动脉灌注技术治疗晚期肝癌。

2 月 29 日　常州籍运动员王晓红在西班牙帕尔马举行的世界杯短池游泳系列赛总决赛中夺得女子 100 米蝶泳金牌。3 月 1 日，夺女子 200 米蝶泳金牌。7—8 月，获第二十五届奥运会女子 200 米蝶泳亚军，是常州运动员获得的首枚奥运奖牌。

3 月 6 日　市委、市政府表彰乡镇明星企业 130 家、乡镇企业家 102 人。

是日　常州市文化局、南京电视台等单位联合摄制的反映瞿秋白少年生活电视剧《人生难忘少年时》在常州开拍。7 月 18 日，在中央电视台首播。

3 月 13 日　市委、市政府表彰 1991 年度常州市文明单位标兵 138 个、文明单位 601 个和精神文明先进个人、优秀组织者 400 人。

3 月 15 日　市委、市政府在上海召开常州市经济技术协作联谊会，部分在沪常州籍领导参加。

4 月 2 日至 5 月 2 日　常州市举办第三届职工技术大赛，全市 25 万名职工参赛，23 人获得市“技术能手”称号。

4 月 4 日　市政府表彰 1991 年度出口创汇先进企业 30 家、自营出口创汇达 100 万美元的外资和港澳台资企业 17 家。

4 月 5 日　常州市五交化站、金属材料公司跻身中国 500 家最大服务企业行列。

4 月 6 日至 5 月 6 日　暴风雨袭击常武地区，武进县死亡 2 人、受伤 7 人，倒塌房屋 189 间，吹倒电线杆 110 根，倒伏小麦 7 万亩，损坏鱼塘围网 3800 多亩。

4 月 8—10 日　常州市十届人大常委会第二十八次会议决定，孟金元任市人民政府副市长、代理市长；决定授予 1990—1991 年度常州市 158 个先进单位、148 个先进集体和 176 人劳动模范荣誉称号。

4 月 12—14 日　首届常州时装节举行，国内贸易成交 2015.74 万元，进出口贸易成交额 2.25 亿元。

4 月 15 日　常州金狮自行车工贸集团公司成立，是全省、全国自行车行业首家工贸一体保税集团。

4 月 18—19 日　全国政协副主席王恩茂考察常州。

4 月 18—20 日　第二届中国溧阳茶叶节举办，成交总额 3.2 亿元。

4 月 21 日　武进县名列 1991 年度中国乡镇企业产值“十大百强”第三位。

4 月 25 日　戚墅堰机车车辆工厂研制的东风 9 型二号车时速达到中国机车最高时速 161 公里。

4 月 27—29 日　全国人大常委会副委员长廖汉生考察常州。

是月　武进县东青乡张家塘村乌城墩发现马家浜—崧泽文化时期人居和墓葬遗址。

5月5—6日　全国首次张太雷学术研讨会在常州举行。

5月17—18日　金坛县举行首届华罗庚家乡科技成果交易会，签订技术贸易合同325项。

5月22日　常州市话程控交换机扩容1万门、长途线路扩容1000线工程竣工并开通。

6月3日　常州市《关于企业劳动人事、工资分配、社会保险制度综合配套改革试点的实施办法》出台。

6月4日　国家体改委批准常州为第二轮综合配套改革试点城市。

6月12日　国务院副总理邹家华考察常州。

6月17日　武进县名列1991年度全国15个乡镇企业产值超50亿元县（市）第三位。

6月18日　中共中央政治局常委、中央纪律检查委员会书记乔石考察常州。

6月30日至7月6日　常州市出口商品及合作项目洽谈会在澳门举行，外贸成交2500万美元，签订外资和港澳台资、外经项目总投资9173万美元。

6月下旬至7月28日　常州地区基本无雨，旱情严重，两万多人饮水困难，受旱农田25万亩。

8月13日　常州高新技术产业开发区和常州经济技术开发区管理委员会成立。

8月17日　常州市规划国土管理局成立，市土地管理局、规划管理局被撤销。

8月18日　市委、市政府发布《关于加快常州经济技术开发区、高新技术产业开发区建设若干问题的决定》。

8月24日　市政府印发《常州市城镇国有土地使用权出让和转让暂行办法》。

8月26日　常州海关批准常州塑料编织袋总厂为全市首家保税工厂。

8月29日　省政府批准溧阳市戴北、庆丰、陆笪、湖边四乡撤销，分别并入戴埠、南渡、竹箦、别桥四镇。

9月1日　常州市人民政府驻厦门办事处设立。

9月3日　常州市盐务管理局成立。

9月8日　常州市首次出让城区土地使用权正素巷9-6号地块使用权。

9月10—17日　常州新产品交易会举办，全国政协副主席王光英出席并考察常州。到会客商1.6万人，总成交额超50亿元。

9月11—16日　常州市首次举办外向型农业招商活动，引进外资和港澳台资2000万美元，产品成交额18亿元。

9月23日　中国驻26个国家的外交使领馆人士到常州考察。

9月28日　“八五”期间，常州城建重点项目、最大的农副产品市场凌家塘农副产品批发市场开业。

是日　省委、省政府决定把武进县列为综合改革试点县。

是月　武进新华村取消农户口粮田，试行“一田制”规模经营。

10月11日　常州市居全国户均年收入超7000元的31个城市第16位。

10月12—18日　陈玉英、赵耀骥、刘延禄、周大刚等人出席中共第十四次全国代表大会，陈玉英当选为中共中央委员。

10月21日　常州红梅小区、清潭小区被评为全国文明住宅小区，清潭新村被评为全国模范住宅小区。

10月23—26日　经省政府实地检查，常州市全面完成绿化责任状各项指标。

10月28日　市政府驻上海联络处设立。

10月28—29日　常州市社会发展综合实验区第三阶段（1993—1995年）规划评议会举行，国家23个部委和团体的代表参加，常州市被确定为国家社会发展综合实验区。

是月　金坛县被评为全国首批初级卫生保健达标先进县。

11 月 7—13 日　常州市的 8 个产品获得在广州举行的第四届中国新技术新产品博览会金奖，14 个产品获银奖，2 个产品获优秀奖。

11 月 9 日　国务院批准建立常州高新技术产业开发区；18 日，国务院授权国家科委审定常州高新区的区域、面积。1993 年 5 月 5 日，国家科委授予常州高新区铜牌。

是日　常州市人才市场、国际人才交流服务中心成立。

11 月 10 日　常州市国有资产管理局成立。

11 月 11 日　常州市私营企业第一次代表大会召开，常州市私营企业协会成立。

11 月 15 日　钟楼区怀德路街道成为常州市第一个工商总值超 1 亿元街道。

是日　瞿秋白张太雷纪念广场落成，瞿秋白、张太雷汉白玉塑像揭幕。

11 月 16—18 日　全国人大常委会副委员长费孝通考察常州。

11 月 19 日　常州列全国城市综合实力“五十强”第二十八位，入选全国投资环境“四十优”城市。

11 月 25—28 日　全国政协委员大中型企业考察组到常州考察工作。

12 月 12 日　市政府出台《关于流通企业全面推行“四放开”改革的实施意见》，从 1993 年起推行经营、价格、分配、用“工四放”开改革。

是日　常州电视台、常州市张太雷研究会联合摄制的电视专题片《英才一代青春魂》在中央电视台第一套播出。

12 月 13 日　全市开始大规模冬春水利建设，投入工日 654 万个，加固圩堤 180 公里，疏浚河道 62 条，改造水库塘坝 389 座，改良低产田、建设吨粮田 6.9 万亩，开挖土石方 1450 万立方米。

12 月 16 日　常州市与重庆涪陵市对口支援、共同发展经济协议在常州签订。

是日　省政府批准，武进县的礼嘉、夏溪、西夏墅、潘家、东安、寨桥、圩塘乡撤乡建镇。

12 月 28 日　常州市有线电视在荷花池、虹桥、局前街等社区首次开播，7000 多户收看。

是月　新中国成立后溧阳首部新编志书《溧阳县志》由江苏人民出版社出版发行。

是年　常州市实现地区生产总值 144.4 亿元，其中一、二、三产业增加值分别为 19.03 亿元、93 亿元和 32.37 亿元；按户籍人口计算，人均地区生产总值 4404 元；完成财政总收入 13.65 亿元、财政总支出 5.92 亿元，完成社会消费品零售总额 55.89 亿元；完成进出口贸易总额 2.02 亿美元，其中出口 1.77 亿美元，实际利用外资 8557 万美元；市区居民人均可支配收入 2509 元，人均住房使用面积 14.03 平方米；农民年人均纯收入 1588 元，人均住房面积 33.46 平方米。

1993 年

1 月 13 日　常州国光电子总公司、常州电机电器总厂、常州托利多电子衡器公司、常州第四制药厂、常州喷丝板厂、常州能源设备总厂、常州新能源器材厂、常州泛洋电器设备公司、武进电子设备二厂被认定为江苏省首批高新技术企业。

2 月 4 日　常州市商会成立。

2 月 8—9 日　全国政协副主席、中国佛教协会会长赵朴初考察常州。

2 月 9—10 日　常州籍运动员王晓红在瑞典马尔默举行的世界杯短池游泳赛上，夺得女子 100 米蝶泳冠军、50米蝶泳亚军。

2月11日 市政府出台《常州市市区扩大基本养老保险办法》。

2月14日 常州—深圳民航航班通航在江南春宾馆签字。4月25日首航成功。

2月22日 中国城市车辆总公司、常州客车制造厂与美国福莱西宝公司合资组建的全国首家客车生产企业中国福莱西宝车辆公司开业，常州长江客车集团公司同时成立。

是日 市政府向市区首批1382名公安干警授予警衔。

2月25—26日 塞拉利昂共和国外交部部长穆罕默德·拉·卡马拉率团访问常州。

3月2日 市委、市政府出台《关于加快发展第三产业的若干政策规定(试行)》。

3月3—9日 政协常州市九届一次会议召开，程九度当选为政协常州市委员会主席，选举杨念祖、高谷深、刘汉良、李镇瀛、朱保钧、卜仲宽、吴振祥为副主席。

3月5—7日 常州市十一届人大一次会议召开，陈玉英当选市人大常委会主任，孟金元当选常州市人民政府市长；选举蒋溢涛、韩兆春、洪文鑫、肖缀成、何华强、蒋惠良为市人大常委会副主任，选举李林生、陈三林、张东桂、薛锋、张东林、陈伯鹏为副市长，选举郭兴中为市中级人民法院院长，蒋峰为市人民检察院检察长。

3月11日 常州市郊区三井乡划归常州高新技术产业开发区管辖。

3月20日 戚墅堰机车车辆工厂的东风11型内燃机车在北京环行铁路试验基地进行速度测试时创国内机车最高时速，达167公里。

4月1日 常州市放开粮食、油料购销价格。

4月2日 常州市区外环路工程启动，总投资2亿元，全长20.3公里。1995年1月26日建成通车。

4月16—17日 中共西藏自治区委书记陈奎元率团到常州考察，看望西藏民族中学师生。

4月17日 市政府表彰1992年度销售、效益双优企业30家。

4月28—30日 第三届中国溧阳茶叶节在天目湖举行，成交总额7.58亿元，其中出口1.6亿元。

4月29日 常州与苏州、无锡、南通入围江苏省90年代服装工业重点发展第一梯队。

5月1日 市政府调整城区民用燃料、自来水价格和城市公交票价。

5月4—5日 国务委员兼国家计生委主任彭珮云到常州考察。

5月10—15日 副市长李林生率常州市代表团参加香港展览中心举行的江苏对外经济合作洽谈会，签订合同、合资意向等项目114项。

5月13日 常州滆湖农场林果园、牛塘镇塘口村首次发现西汉时期陶壁古井。

5月17日 武进县以财政收入3.93亿元，居1992年度全国十大财政收入县第九位。

5月24日 常州市广玉兰日化厂的丝肽貂油润肤膏、常州市能源设备总厂的中空纤维超滤净化器、常州市天宁防范设备用品厂的多功能方便车和常州市冷藏设备厂的月宫牌玻璃钢装配式冷库获得第二届中国专利新技术新产品博览会金奖。

5月28日 常州城区首座立交桥同济立交桥开工建设，总长1086米。1994年6月1日建成通车。

5月31日 市政府颁发市区优惠出售公有住房实施方案，7月1日起实施。

6月初 常州金狮自行车工贸集团公司、常州柴油机厂和戚墅堰机车车辆工厂分列1992年全国500家销售收入最大工业企业第206位、286位和467位。

6月9日 市委、市政府办公室转发《常州市农村股份合作制试行办法》。至年底，全市农村设立股份合作制企业442家。

6月10—12日　常州市第十一届人大常委会第二次会议通过《关于加快常州高新区建设的决议》。

6月21日　常州市社会主义学校成立，首期培训班开学。

6月24日　常州市青年锡剧团演出的大型现代锡剧《血色杜鹃》获江苏省第四届锡剧节8项奖励。

是日　厦门航空公司一架波音737／2501号客机由常州飞往厦门途中，被歹徒劫持到中国台湾桃园机场，当晚安全返回厦门。

6月27日　零时20分，常州市话3.15万门和长途1000线程控全部开通，全市市话通信实现程控化、数字化。

6月28日　武进县、郊区、溧阳市分列1992年度全国乡镇企业百强县第三位、七十位、八十二位，武进县湖塘镇、横林镇、洛阳镇分列全国百强乡(镇)第五十八位、九十位、九十六位。

6月28—30日　常州市普降暴雨，降雨量94毫米，武进县坊前、寨桥、安家乡(镇)遭龙卷风袭击，倒塌民房41户52间、简易厂房32间。

7月1日　常州市居民生活用电价格即日起由每千瓦时0.22元调高至0.3元。

7月7日　15时许，狂风刮倒常州钟楼区西新桥工地井字架，4人从高空摔下身亡。金坛县长荡湖周围乡镇遭狂风暴雨袭击，吹倒民房、厂房数十间，吹倒电线杆25根。

8月3日　戚墅堰区发现一座明代单孔石拱桥——兴隆桥。

8月6日　常州市首届农民游泳赛在金坛举行，武进县获金牌9枚、金坛县获金牌3枚。

8月7日　常州高新区与美国北卡罗来纳州三角研究园结为友好园区。

8月17—21日　常州市48名儿童参加首届江苏省儿童艺术节比赛，获二、三等奖21项和辅导奖2个，获奖数居全省地级市第二位。

8月18—20日　常州市普降暴雨，造成2人死亡、7人受伤，倒塌民房434户857间，内涝120万亩，刮倒树木1.19万棵、电线杆1867根。

8月28日　市委书记陈玉英向参与常州高新区建设的中国香港和美国16位客商颁发金钥匙。

8月28—30日 1993常州新产品交易会举办，签订外贸出口合同(意向)总金额1938万美元。

8月30日　16时50分，常州百货大楼旧楼因风机电缆线局部短路引起特大火灾，造成直接经济损失145万元。

9月1日　常州有线电视台试播，每天播出17个小时。

9月1—3日　1993常州科技成果交易会举办，洽谈达成意向项目200多个。

9月8日　全国人大常委会副委员长、中华全国总工会主席倪志福到常州考察。

9月9—11日　常州市首届房产展示交易会举行，40多家房地产企业参展，成交商品房总价1134.9万元。

9月18日　武进庙桥乡的江苏南华电子元件厂与美籍华人王秀发共同开办的全市首家境外合资企业美国华纳实业公司在洛杉矶开业。

9月23日　南京大学化学化工学院常州分院成立。

9月30日　意大利托斯卡纳大区主席吉蒂率代表团访问常州。

10月1—3日　日本所泽市民族舞蹈访华团访问常州。

10月3日　常州籍运动员陶毅、王湘麟随队参加在保加利亚索非亚举办的第十届世界杯技巧赛，摘得金牌4块。

是日　常州市改革社会养老保险制度，1200多家企业的26万多名职工参加职工基本养老保险。

10月4日　常州市郊区西林乡马家村发现春秋早期甗1件、原始青瓷豆2件，唐代钵、碗和宋代瓶各1件。

10月8日　首届中国动物保健品经济技术交流会在常州举行，全国1500家生产经营单位、高校、科研机构和10个国家、地区的25名客商及常州市的15家工厂参加。

10月22日　常州市行政学院在中共常州市委党校揭牌成立。

10月27—29日　老挝农林部部长、老中友好协会主席亚沙瓦·乔本潘率代表团访问常州。

10月28日　常州港总体布局规划通过部、省专家组审查。

10月28—29日　中共中央政治局委员、国务院副总理李岚清考察常州。

10月28—30日　金坛县举办第二届华罗庚家乡科技成果交易会，经贸成交额17.2亿元。

11月4日　省政府批准设立溧阳昆仑经济开发区。11日，批准华罗庚科技城为省级经济开发区，2000年分别更名为江苏省溧阳经济开发区、金坛经济开发区。

11月5日　常州酱品厂、老天泰茶叶店、豫成丰蜜饯厂、常州副食品公司被国内贸易部命名为“中华老字号”。

11月10日　国务院批准撤销金坛县，设县级市金坛市，仍由常州市代管。12月28日，金坛市成立。

11月14日　市委、市政府出台重奖杰出科技人员办法，决定全市每两年评选有杰出贡献科技人员3～5人，奖金3万～15万元。

11月16日　312国道常州段在10个小时内连续发生3起重大交通事故，死伤各3人。

11月16—25日　市长孟金元率常州经济技术考察团在美国考察访问高新技术园区和企业。

11月18日　戚墅堰区潞城乡与新加坡富士发展控股公司签约，约定合资3亿美元开发建设新加坡城。

11月20日　省政府批准武进县庙桥、汤庄桥、罗溪、坂上、薛家、东青六乡和溧阳市沙河、后周、新昌三乡撤乡设镇，实行镇管村体制，沙河乡建镇后更名为天目湖镇。

11月25—29日　在南京举办的1993年中国高新技术新产品博览会上，常州市参展产品获金奖20个、银奖29个、优秀奖9个，签订合同成交总额4558万元。

11月26日　武进县和金坛、溧阳市跻身全国101个明星县(市)行列。

11月27日　武进新县城总体规划通过省、市领导和专家论证，新县城规划区总面积42平方公里。

11月底　常州市郊区完成财政收入1.06亿元，首次跻身全国财政收入超亿元县(市)区行列。

是月　常州市馆藏的文徵明行书七言诗轴、瞿秋白赠予杨之华的金别针等38件文物被省内的文物专家鉴定为国家一级文物。

12月7日　金坛市指前镇完成农业总产值1亿元，成为苏南地区第一个农业亿元镇。

12月14日　常州被省委、省政府和江苏省军区命名为“江苏省双拥模范城”。

是日　江苏省常州郊区经济开发区、江苏省常州戚墅堰经济开发区(省级)设立。

12月16—19日　海峡两岸农业经贸交流恳谈会暨常州农业招商洽谈会在常州市工业展览馆举行。

12月31日　省政府批准建立常州高级技工学校，附设中级技工部。

12月底　常州市累计有222个单位庭院绿化达标，117个乡镇绿化达标，武进县、金坛市和郊区达到平原绿化县(区)标准。

是月　金坛市被命名为“中国民间艺术之乡(刻纸)”。

是年　常州市实现地区生产总值223.9亿元，其中一、二、三产业增加值分别为25.05亿元、148.17亿元和50.68亿元；按户籍人口计算，人均地区生产总值6806元；完成财政总收入19.89亿元、财政总支出9.94

亿元，完成社会消费品零售总额78.23亿元；完成进出口贸易总额3.88亿美元，其中出口3.28亿美元，实际利用外资1.44亿美元。市区居民人均可支配收入3195元，人均住房使用面积13.7平方米；农民年人均纯收入2041元，人均住房面积32.66平方米。

1994年

1月8日　市政府确定沪宁高速公路常州段建设工程、苏南运河常州郊县段整治工程、312国道中凉亭立交桥建设工程、镇澄线奔牛铁路立交至罗溪段改建工程为重奖交通建设目标管理先进项目，蒋惊雷等9人被表彰为交通建设功臣。

是日　中国现代剪纸展览在常州市刘海粟美术馆开幕，展出全国300多名作者的450余件作品。

1月10日　江苏国际机电产品交易城在常州高新区奠基。

1月17日　常州市普降大雪，积雪厚达7厘米。

1月18日　312国道中凉亭立交桥发生一起重大交通事故，安徽省一辆客车与吴江县一辆液化气槽车正面相撞，造成4人死亡、10人受伤。

1月19日　中国太平洋保险公司常州分公司挂牌营业。

1月21日　常州连接煤气厂与市区的常新路地下煤气管道竣工，全长7200米。

1月26日　市政府确定1994年为"城市管理年"。

2月2日　省政府批准金坛市西旸、五叶、白塔、西岗四乡撤乡建镇，实行镇管村体制。

2月17—19日　中共中央政治局委员、国务委员兼国家体改委主任李铁映考察常州。

2月22日　市政府授予高俊伟、凌川保、张明祖、顾汉萍、王万钟1993年度"杰出科技人员"称号。

2月28日　副市长薛锋代表市政府到香港向香港丰田输出入(集团)公司董事长郑淑媛、常州丰田服装公司总经理姚石夫授予"常州市荣誉市民"称号。

3月1日　全市实行新工时制度，职工每日工作8小时，平均每周工作5天半、共计44小时。

3月4日　省委决定，虞振新任中共常州市委委员、常委、书记。

3月15日　常州市首条一级公路龙圩线动工兴建，全长14公里。

3月17日　常州市地名命名权首次有偿转让，外环路22座桥梁命名权转让活动启动。12月5日，常州市外环路20座桥梁命名权首次有偿转让批准公布，分别由金狮集团、常州柴油机厂等企业命名。

3月18日　武进县以种植水稻97万亩、年产粮食7.69亿公斤、上缴国家商品粮1.18亿公斤的成绩，名列全国500个商品粮基地县第四位。

3月28日　常州—海口民航首航成功，全程1864公里。

是月　武进县被评为全国首批科学技术工作先进县，国家科委、省科委同时命名该县为"'星火'技术密集区"。

是月　中美考古专家组在溧阳市上黄镇水母山丘陵化石群体中发现距今4500万年、类似狐猴科(狐猴亚目)和眼镜猴(眼镜猴科)的灵长类动物化石，为亚洲首例。后被鉴定命名为"中华曙猿"。

4月1日　常州邮电局在江苏省率先实现电报模拟传输改为数字传输。

4月13日　国家体改委批准常州与天津、南京等18个城市为新一轮综合配套改革试点城市。

4月15日　武进县1993年度排名全国349个财政收入达亿元县(市、区)第七位。

4 月 20 日　常州市第十一届人大常委会第七次会议审议通过《关于授予 1992—1993 年度常州市先进单位、先进集体、劳动模范荣誉称号的决议》。

4 月 28—30 日　第四届中国溧阳茶叶节举行，签订外资和港澳台资项目总投资 3722.6 万美元，合同利用外资和港澳台资 2077 万美元。

5 月 2 日　位于舣舟亭公园的首家民办书院常州东坡书院成立。

5 月 19 日　常州妇产医院获得国家级“爱婴医院”称号。

5 月 21 日　常州—沈阳民用航线开通，全程 1212 公里。

5 月23—25 日　世界银行中国中等城市发展项目中期监督团专家督查常州市综合规划建设项目实施情况。

5 月 25 日　省政府批准，撤销武进县前黄、湖塘、横林、郑陆、新桥、奔牛、卜弋、湟里 8 个区建制。

5 月 31 日　15 时 58 分，百年罕见的冰雹袭击武进县崔桥乡，造成 30 多间厂房倒塌，541 间厂房、民房损坏，400 亩秧苗、2100 亩蔬菜被砸毁，直接经济损失 2000 余万元。

是月　常州柴油机厂、武进柴油机厂、常州齿轮厂、武进电机厂、江南机具厂入选全国农机工业销售收入“百强”企业，前 3 家企业入选全国农机工业创利税总额“百强”企业。

6 月 1 日　常州市公安局巡逻警察支队成立。1998 年 4 月与交通警察支队合并。

6 月 8 日　国务委员、国家防汛抗旱总指挥部总指挥陈俊生到常州考察。

6 月 13 日　中共中央书记处书记、最高人民法院院长任建新到常州考察。

6 月 16 日　郊区雕庄乡发现一座宋代拱券形砖室夫妻合葬墓，发掘出文物 9 件。6 月 22 日，武进县村前乡出土的南宋时期戗金莲花瓣式人物花卉纹漆奁被文物专家鉴定为国宝级文物，其他 25 件文物被鉴定为国家一级文物。

6 月 20—21 日　乌兹别克斯坦人民民主党第二书记扎罗洛夫率代表团访问常州。

7 月 6—7 日　加蓬议会议长尚布里耶率代表团访问常州。

7 月 13 日　红梅西村获建设部城市住宅小区建设试点金牌和规划设计、建筑设计、施工质量和科进步一等奖，中房常州公司获优秀管理奖。8 月 22 日，红梅西村竣工落成暨庆功表彰大会召开，省建委、市政府同时授予其“住宅建设优秀小区”称号。

7 月 14 日　金坛的 10 个乡镇遭受暴风雨袭击。灾害造成 3 人死亡、8 人受伤，房屋倒塌 188 间、损坏 2609 间，吹倒电线杆 662 根，毁坏围网养殖 1202 亩，直接经济损失 1000 多万元。

7 月 18 日　武进县、金坛市经国家统计局等单位的专家综合评价，基本实现小康目标。

7 月 22 日　武进县被命名为“全国双拥模范城(县)”。

8 月 1 日　国家信息中心联合信息网常州地区服务中心开通，可向常州的企事业单位传输 18 大类信息。

8 月 11 日　江苏省首家地级市私营企业工会联合会在常州成立。

8 月 12—13 日　省气象局针对常州地区严重旱情，首次使用飞机人工降雨两次，武进降水超 10 毫米，金坛、溧阳降水 10～23 毫米。

8 月 24 日　《常州市农村社会养老保险暂行办法》出台。

8 月 26 日　《苏锡常地区跨世纪发展纲要》汇报会在北京京西宾馆召开，副市长李林生汇报常州“九五”计划及 2010 年长期规划思路。

8 月 28 日　零时，常州市电话网（市话号码）由 6 位升至 7 位。

是月　常州市滑稽戏《诸葛亮与小皮匠》获得江苏省 1992—1993 年精神文明建设“五个一工程”评奖

第一名。

9 月 4 日　常州籍运动员蔡祖胜在北京为第六届远东及南太平洋地区残疾人运动会开幕式传递火炬；7 日，夺得 M8 级男子 200 米混合泳冠军；8 日，再夺 M8 级男子 100 米仰泳冠军。

9 月 8 日　常州污水治理项目“三通一平”工程开工，总投资 2.04 亿元，服务区域 29.86 平方公里。

9 月 9 日　江苏省第十三届运动会在无锡闭幕，常州代表团以 1020.5 分列团体总分第 5 位，以 33.5 块金牌列第 6 位，获游泳、跳水、体操、乒乓球等 7 个单项团体奖杯。

9 月 16 日　常州市国家税务局、常州市地方税务局成立。

9 月 20—24 日　常州飞月时装队获中国上海首届国际模特服装艺术展示大赛团体赛冠军。

9 月 24 日　市政府与南京理工大学签署“产学研”联合协议，为江苏省第一个地级市政府与高等院校结对联合。

9 月 26 日　常州市人民政府驻南京办事处成立。

9 月 28 日　312 国道常州段与清凉路交汇处的清凉立交桥通车，全长 615 米。

是日　沿江公路常州段建成通车，全长 24.5 公里。

是日　刘海粟美术馆开馆，聘请美术大师刘海粟的夫人、画家夏伊乔为名誉馆长。

10 月 9 日　20 时到翌日 8 时，常州市区降水 130.9 毫米，武进县局部地区降水 324 毫米，造成全县工业损失 3 亿元、7 万多亩农田受淹、156 户进水、111 家企业停产。

10 月 14 日　郊区雕庄公安派出所联防队员顾明学执行公务时被歹徒刺杀殉职。1995 年，被省政府追认为“革命烈士”。

10 月 30 日至 11 月 2 日　化学工业部部长顾秀莲、地质矿产部部长宋瑞祥、江苏省代省长郑斯林考察常州。

10 月 31 日　常州名列 1993 年度全国 40 个国内生产总值达 200 亿元地级及以上城市第三十一位。

11 月 2 日　12 时 37 分，溧阳市境内发生 3.8 级有感地震。

11 月 3 日　政协江苏省委、政协常州市委联合在常州亚细亚影城举行盛宣怀 150 周年诞辰纪念会，居住在日本、美国、加拿大等国和地区的盛氏后裔代表 30 余人应邀参加；“盛宣怀与中国近代化”学术研讨会下午在江南春宾馆举行。

11 月 7 日　新四军江南指挥部成立 55 周年纪念大会在溧阳市前马乡水西村举行，新四军老战士江渭清、谢云晖及江苏省、常州市领导出席。新四军江南指挥部旧址陈列馆更名为“新四军江南指挥部纪念馆”，为全省首批校外德育教育基地。

11 月 11 日　在中国新技术新产品（成都）交易博览会上，常州参展产品获金奖 6 个、银奖 2 个，11 个单位签订销售合同总额 1800 万元、技术转让合同总额 600 万元。

11 月 13 日　全国乡村工作委员会、民政部在武进县湖塘镇召开“中国乡镇之星”经验交流会，24 个省、直辖市的 64 个获“中国乡镇之星”称号的乡镇的 163 位代表与会。

11 月 25 日　天宁区北环街道与中房常州物业公司管理红梅西村，4 个居民委员会和社区服务中心同时成立，实行行政和企业双重管理居民新村模式在全国尚属首例。

11 月 30 日　常州海运有限责任公司开业，第一艘 3000 吨级“常州”号海运货轮首航山东。

12 月 9 日　武进县稻麦育种场（漏湖）的江祺祥等育种专家选育的中粳武育粳 3 号被国家科委、农业部授予一等奖。

12 月 10 日　武进湟里籍驻海口机场武警战士吴海军因拦截轿车勇救客机而牺牲。1995 年 3 月 12 日，市委作出向吴海军学习的决定；30日，海南省政府授予吴海军“特区忠诚卫士”称号。

12月11日　南京博物院在金坛市西岗镇三星村发掘出新石器时代墓葬群，出土一批石器、陶器和少量玉器。12月23日，江苏省考古队在武进县郑陆镇发掘4500年前的寺墩遗址5号墓，发现玉琮、玉璧、腰带等文物90件。

12月13日　中共中央政治局常委、国务院副总理朱镕基考察常州。

是日　常州市民政部门向全市8000余户“五保户”、特困户发放棉被和被套约4500条、棉衣3177件，价值50万元。

是日　全市农村冬季水利建设全面完成，总投资7500万元，投入工日610万个，完成土石方1600万立方米，疏浚河道168条、244公里，改造塘坝600座，加固圩堤27公里，改良低产田4000亩，建设吨粮田5000亩。

12月30日　武进县粮食产量居全国县(市)第四位、苏南县(市)首位。

12月31日　常州高新技术产业开发区的325家企业实行全员劳动合同制。

是年　常州市实现地区生产总值314.93亿元，其中一、二、三产业增加值分别为33.82亿元、200.91亿元和80.2亿元；按户籍人口计算，人均地区生产总值9532元；完成财政总收入24.68亿元、财政总支出11.44亿元，完成社会消费品零售总额100.24亿元；完成进出口贸易总额6.46亿美元，其中出口5.65亿美元，实际利用外资2.78亿美元；市区居民人均可支配收入4617元，人均住房使用面积15.6平方米，农民年人均纯收入2707元，人均住房33.78平方米。

1995年

1月5日　常柴股份公司向山东省平邑县东阳乡捐资兴建的常柴希望小学奠基。9月6日，新校舍落成开学。

1月10日　市委决定开展“我为常州添光彩”主题教育活动。3月1日，全市召开动员大会。

2月10日　市委、市政府表彰1994年度全市工业销售额前10名企业、工业利税前10名企业和出口创汇的前10位企业。

2月16日　常州市金狮牌(自行车)、中华多宝牌(医用营养饮料)、红梅牌(照相机、放大机)等10件商标被认定为江苏省著名商标。

3月8日　常州市红十字会决定每月8日为常州红十字慈善日，市红十字慈善服务中心成立。

是日　常州天宁寺佛学院在停办46年后重新开学，来自全国部分寺庙的21名僧侣入学。

3月26日　常州市区第一条无人售票公交线——6路公交车开始运行。

3月27日　戚墅堰机车车辆工厂制造的东风11型机车首次牵引准高速直通旅客列车，由广州开往香港九龙。

3月29日　国务委员李贵鲜、民政部部长多吉才让考察常州。

3月31日至4月2日　朝鲜劳动党中央副部长李熙奎率朝鲜劳动党工作者代表团访问常州。

4月2日　全国人大常委会副委员长李锡铭考察常州工业经济和社会事业。

4月6日　金坛市被命名为江苏省唯一的“全国绿茶(名茶)之乡”。

4月8日　国内贸易部、中国兵器工业总公司与常州市政府联合兴办的全国首家摩托车交易市场在常州博爱路建成开业。

4月10日　常州市见义勇为基金会成立，443个单位、个人踊跃捐款236.96万元。

4月10日至9月27日　常州市第十届运动会举办，3551名运动员参赛，决出金牌435枚。

4月12—14日　全国政协副主席钱正英考察常州。

4月29日　常州市的韩淑芳、陈焕仁、包文霞、宋兴如、范广荣、蔡洪祥、蒋炳南、尹国新、王海清被评为全国劳动模范，顾汉萍、庄玉明被评为全国先进工作者。

是日　常州柴油机厂的常柴CHANGCHAI商标被认定为常州市第一个中国驰名商标。

4月29—30日　全国政协副主席、中国香港著名实业家霍英东到常州考察科教兴市和社会事业。

4月29日至5月4日　常州民俗风情旅游节举办，接待游客15万人次。

4月29日至5月5日　“江南明珠”常州中国画新作展在北京中国美术馆举行。

是月　中外考古专家经过科学考证，认为高级灵长类动物的祖先中华曙猿在中国溧阳市上黄镇。

是月　武进县被国务院确定为《中国21世纪议程》优秀开发项目试点地区。

5月1日　全市机关企事业单位开始执行国务院规定的新工时制，每周工作40小时；学校从9月1日起实行新工时制。

5月3日　市政府同意将中国香港著名实业家田家炳捐助的600万元用于改建常州市实验中学，批准该校更名为“常州市田家炳实验中学”。

5月11日　全省首家法人交易中介机构NET系统苏南分中心在常州开业。

5月13—14日　中国香港纺织业联合会名誉会长陈瑞球、林辉波和该会主席方铿率访问团到常州考察工业展览馆、合成纤维厂和第三毛纺织厂。

5月25—26日　全国人大常委会副委员长王汉斌考察常州工业经济和社会事业。

5月26日　常州内燃机车厂向埃及出口800马力内燃机车两台，为中国首次出口工矿型内燃机车。

5月29—30日　中共中央政治局委员、全国人大常委会副委员长田纪云考察常州农业生产和村镇建设。

5月30日　省政府决定将武进县龙虎塘镇、新桥镇、圩塘镇、百丈乡成建制划归常州市郊区，暂由常州高新区代管。

6月7日　市政府公布1995年度企业职工月最低工资标准，市区、武进县为210元，金坛、溧阳两市为175元。

6月8日　国务院批准撤销武进县，设立武进市，仍由常州市代管。8月26日，武进市成立。

6月12日　市政府与海军航空兵某部签订奔牛机场翻修扩建项目协议。7月15日，机场扩建工程开工，翌年3月9日竣工，3月15日通航。

是日　常州市新区圩塘镇大夅村民兵排长周权大因救落水女青年牺牲。1999年6月，被追授为“革命烈士”。

6月27日　常州市人民政府新区管理委员会成立，与常州高新技术产业开发区管理委员会实行一个机构、两块牌子管理体制。8月28日，新区管理委员会挂牌。

6月29日　常州市第一人民医院护士长孙静霞在北京接受国家主席江泽民颁发的第三十五届南丁格尔奖章。

6月30日　常州市第四届职工技术比赛开幕，3185名职工参加基层赛，600余名职工参加决赛。12月29日召开总结表彰大会，225名职工被表彰为常州市技术状元。

是日　全市137个乡镇除郊区太滆乡为渔业乡外，完成划定一、二级基本农田保护区工作，总计划定一级基本农田保护区284.68万亩、二级基本农田保护区100.52万亩。

7月1日　常州市级行政事业单位实施职工子女统筹医疗改革，统筹定额每人每年500元。

7月5日　国家体改委批准武进市横山桥镇为国家综合改革示范乡镇。

7月18—22日　全国工会贯彻实施《中华人民共和国劳动法》经验交流会在常州举行，中共中央政治局委员、中央书记处书记、全国总工会主席尉健行作了书面讲话。

7月19日　市政府表彰1994年度常州市科技进步奖一等奖3项、二等奖16项、三等奖47项、四等奖37项。

7月19—20日　世界工会联合会主席、巴西工会总联合会总书记安托尼奥·内托率世界工会联合会领导人代表团到常州参观访问。

是月　常州的北宋太平兴国石经幢、清代管干贞故居等7处文物入选第四批省级文物保护单位名录。

8月5日　常州市入选首批实施国家“安居工程”的59个城市，当年全市投资1.25亿元，建设“安居工程”住宅15万平方米。

8月13日　台湾光阳工业股份公司、常州金狮集团合资3000万美元兴建的常州光阳摩托车公司在常州高新区开工兴建。

8月18日　江苏第一条巨型吊篮式索道——金坛市金牛岭(海拔165米)至茅山顶宫(海拔372.5米)索道开通，长818米。

8月26日　常州市谭保娣、张晓霞、顾汉萍、任竹君、杨燕和参加全国百名传统工艺操作表演、被誉为“珍珠女”的周银妹启程赴京，参加第四次世界妇女大会非政府组织妇女论坛。

9月1日　市委召开纪念抗日战争胜利50周年座谈会。

是日　市委批准实施《常州市爱国主义教育三年(1995—1997)规划》。

9月4日　市委确定新时期常州精神为“团结实干，开拓争先，富民强市，再创辉煌”。

9月8—10日　坦桑尼亚原总统、南方中心主席尼雷尔在常州参观访问。

9月12日　常州的常柴股份公司、金狮自行车工贸集团公司、东方鑫源公司分居1995年度中国500家最大工业企业第261、341、410位。

9月15—18日　中共常州市第八次代表大会召开。18日，选举产生中共常州市第八届委员会委员35人、候补委员6人和市纪委委员21人。19日，市委八届一次全会选举产生市委常委11人，选举虞振新为市委书记，孟金元、曹锦成、赵顺盘为副书记；中共常州市纪律检查委员会第一次会议选举吴春生为市纪委书记。

9月18—21日　亚洲和太平洋地区铁路机车车辆维修管理国际研讨会在常州江南春宾馆召开，亚洲和太平洋经济社会委员会运输、通信、旅游局官员及10个国家的30多名专家出席。

9月24—28日　全国人大常委会副委员长吴阶平考察常州工农业经济和社会事业发展情况。

10月7—9日　荷兰北布拉邦省梯尔堡市市长布洛克斯率团访问常州。

10月9—10日　中共中央政治局委员、国务院副总理邹家华到常州考察基础工业及设施。

10月11日　武进市列第三届中国综合实力百强县（市）第八位。

10月15日　零时，常州市区和武进、金坛、溧阳三市采用统一的长途区号“0519”，金坛、溧阳两市电话号码由6位升至7位。

10月22日　常州市第一中学举办70周年校庆，侨居美国的老校友胡国澄向母校捐赠5万美元，设立“陈一胡奖励基金”(陈为原校长陈枚丞、胡为胡国澄)。

10月25日　武进市湖塘镇、横山桥镇、马杭镇、剑湖乡、牛塘镇和郊区茶山乡跻身江苏省百强乡镇行列。

10月26日　常州被确认为江苏省第一个消灭丝虫病的城市。

10月28—30日　金坛市举行第三届华罗庚家乡科技成果交易会暨长江三角洲经贸洽谈会，签订经济合作项目67个，签订经贸合同总额21.2亿元。

10月29日　全国最大的内河盐港在金坛市通济河大桥畔建成投运，占地3.65公顷，港区可停泊250吨级货船，年吞吐量150万吨。

是月　新中国成立后常州市首部新编地方综合志书《常州市志》由中国社会科学出版社出版。

11月18日　常州市区通江大道全线建成通车，南连常澄线、沪宁高速公路，全长14公里。

11月22日　常州市完成709家企业和单位、1297宗土地的清查估价，全年清查估价土地资产46.63亿元。

11月29日　常州广播电视中心启用，占地4.2万平方米，总建筑面积1.58万平方米。

是月　河海大学机械学院更名为河海大学常州分校，下设机电工程学院、国际工商学院、计算机及信息工程学院。2000年6月，再度又更名为河海大学常州校区。

12月9日　世界银行贷款苏南网改造第三期项目、常州市十大重点交通工程之一的金坛—溧阳二级公路全线通车，总投资1.65亿元，全长46.87公里。

12月11日　常州市县、乡镇党政机构改革启动。

12月15日　江苏常柴集团公司、江苏常柴集团成立，跻身江苏省重点发展的十大企业集团行列。

是日　市政府常务会议讨论通过常州市旅游业发展规划和优惠政策。

12月26日　常州图书馆新馆落成开放，总投资2960万元，建筑面积1.2万平方米。

12月30日　武进市1995年农业总产值名列全国2500多个县(市)第14位，粮食总产量排名全国第四位，入选全国农业“百强”县(市)。

是月　市委党史工委与市档案馆联合编纂的《常州市中共党史大事记(1949—1994)》由江苏人民出版社出版，是全省首部公开出版的地市级社会主义时期党史大事记。

是月　首部《金坛年鉴》由江苏古籍出版社出版发行。

年末　《常州土地利用总体规划(1991—2000)》通过省验收。

是年　常州市实现地区生产总值369.7亿元，其中一、二、三产业增加值分别为39.82亿元、220.64亿元和109.24亿元；按户籍人口计算，人均地区生产总值11117元；完成财政总收入28.5亿元、财政总支出13.33亿元，完成社会消费品零售总额131.78亿元；完成进出口贸易总额9.93亿美元，其中出口7.69亿美元，实际利用外资3.29亿美元；市区居民人均可支配收入5632元，人均住房使用面积15.04平方米，农民年人均纯收入3397元，人均住房面积35.9平方米。

1996年

1月6日　省长郑斯林考察溧阳“吨粮田”丰产方和乡镇企业。

1月12日　常州考古人员在常州市第一木器厂仓库(原显庆寺大殿)发掘出一个高2.94米、重4000余公斤的石经幢，上刻有明代邹之麟用行书创作的《金刚经》全文。

是日　常柴集团收购兼并福州柴油机总厂。

1月19日　常州市与金坛市被评为1995年度全国卫生城市。

1月21日　武进市和常州市郊区被评为全国农业乡镇企业先进县(市)区，分列第十一位、三十一位，武进、溧阳两市被评为全国农民收入先进县(市)。

1月29日　武进市稻麦育种场的武育粳3号获1995年国家科学技术进步奖二等奖，龙虎塘聚氨酯制品厂的复合绝缘材料获国家发明奖三等奖。8月，武育粳3号获江苏省重大实用农业科技成果转化一等奖。

2月10日 《常州市城市总体规划(1996—2010年)》通过省级专家论证。12月31日，获省政府批准。

3月8—28日 副市长杨大伟率市经贸代表团在坦桑尼亚、津巴布韦、南非进行经贸考察。14日，常州市政府与企业参与的中坦合资友谊纺织项目进行谈判并签约。

3月27日 常州高新区百丈乡和武进市安家、厚余、戴溪三乡撤乡建镇。

是日 江苏省武进高新技术产业开发区批准建立，7月挂牌。

3月28日 市政府决定天宁医院改建为市儿童医院。6月1日开诊。

是日 武进市牛塘镇每百人拥有电话13.2部，安装电话的家庭占全镇总户数的70%，成为常州市第一个“电话镇”。

3月30日至4月3日 全国人大常委会副委员长吴阶平，全国政协副主席、香港特别行政区筹委会副主任委员安子介考察常州。

3月31日 国务院批准常州烈士陵园为全国重点烈士纪念建筑物保护单位。

是月 刘国钧职业教育中心、武进西林职业中学等5所学校被认定为首批国家级重点职业高级中学。

是月 常州凌家塘批发市场成交总额居江苏省“十大”农副产品市场第六位。

4月18—20日 荷兰梯尔堡市副市长范登恩德率代表团考察访问常州。

4月19日 新疆航空公司常州基地成立。民航常州站的通航城市增至14个，每周航班52个。

4月29日 常州供电局、常州酿酒总厂获全国五一劳动奖状，朱玉忠、俞建伟、董亚琴、杨留俊、郝波、张晓霞获全国五一劳动奖章，韩淑芳被评为全国模范军队转业干部，受到江泽民、李鹏等中央领导同志的接见；杨光被评为江苏省第三届“十大”杰出青年。

5月18日 常(州)漕(桥)一级公路建成通车，全长26公里。二期工程与英国路达投资公司合资兴建，总投资2.49亿元，其中英方投资1.5亿元。

5月22日 省委书记陈焕友到常州考察林业机械厂、常州变压器厂。

5月23—26日 江苏省第三届农民运动会先后在武进、金坛、溧阳三市举行，全省12个农民体育代表团参赛，常州市356名农民运动员参赛，获男子象棋、乒乓球团体和女子乒乓球单打3项冠军。

5月26日至6月11日 市长孟金元率团访问荷兰梯尔堡市、意大利普拉托市，与梯尔堡市政府商定两市缔结友好城市。

5月28日 武进市芙蓉镇、魏村镇新华村，金坛市直溪镇坞家村和溧阳市横涧乡李家园村分别被评为第二批全国造林绿化百佳乡(镇)、千佳村。

6月18日至11月15日 常州归侨侨眷和民革、民建、九三学社、民盟、民进、致公党6个民主党派相继召开代表大会，完成市级领导机构的换届选举工作。

是月 国家文物局批准《淹城遗址保护利用总体规划》。

7月1日 常州市区、武进市开始执行江苏省最低工资一类标准即每月240元，金坛、溧阳两市开始执行省最低工资二类标准即每月200元(原为175元)；开始提高职工失业救济金发放标准，市区、武进市每人每月145元，金坛、溧阳两市每人每月120元。

7月2日 全国林业系统首家股份制企业常林股份公司成立。

7月11日 江苏月星家具集团工会、常州百老汇制衣公司分别代表私营企业工会、常州市私营企业协会签订全国地级市第一份私营企业集体合同。

7月15日　常州市经贸考察团访问澳大利亚新南威尔士州赫斯特维尔市，考察期间签署两市建立友好关系意向备忘录。

7月22日　金坛市茅麓、登冠两乡和溧阳市茶亭乡撤乡建镇，实行镇管村体制。

8月13—15日　常州市第十一届人大常委会第二十六次会议审议通过《常州市政府机构改革方案》，同意常州市与荷兰王国梯尔堡市缔结友好城市。

8月17日　20时，常州邮电局移动通信G网（全球通）交换局正式割接开通。

8月21日　20时，郊区五星乡汤家村村委会主任兼调解委员会主任袁汉英在调解一起民事纠纷时遭歹徒袭击身亡，后被司法部追授为"全国模范人民调解员"，省政府批准其为"革命烈士"。

8月28日　常州市第一座智慧型大厦中国银行常州分行新楼暨常州国际金融大厦主楼封顶，建筑面积3万平方米。

8月30日　市政府初步确定《常州21世纪议程》16项专项行动计划，表彰20个社会发展综合实验区优秀项目和先进个人53人。

是日　中保财产保险公司常州分公司、中保人寿保险公司常州分公司成立。

9月15日　市委、市政府举行沪宁高速公路常州段通车祝捷庆功大会。常州段全长42.66公里，投资8.9亿元，设计时速120公里。

9月20日　市政府作出保护历史文化古城若干问题的决定，明确青果巷、前后北岸、古运河市区段为常州历史文化古城精华。

9月23—25日　全国城市综合配套改革试点工作会议在常州召开，中共中央政治局委员、国务委员兼国家体改委主任李铁映出席。

10月7—11日　意大利普拉托省副省长杰拉蒂娜·卡蒂可、普拉托市市长法勃利齐奥·马岱依与荷兰梯尔堡市副市长范登恩德同率代表团访问常州，参加常州国际中小企业经贸洽谈会。

10月10日　常州市政府与荷兰梯尔堡市政府在江南春宾馆签署经贸交流与合作协议。

10月16日　中共中央政治局委员、国务院副总理邹家华率省、部级领导考察常柴集团所属四川常万公司；19日，国务院总理李鹏考察常万公司，赞扬常柴集团与三峡移民搬迁企业合资建厂。

10月19日　常州市政府被评为全国对口支援三峡移民工作先进单位。

11月5—6日　日本所泽市议会议长菊池六郎率访华团访问常州。

11月6日　南京博物院在金坛市三星村考古发掘中发现墓葬500余座，出土新石器文物2000余件，其中有距今6500～5500年的完整石钺和雷纹彩陶豆。1997年1月9日，金坛三星村新石器时代遗址被列为1996年国家级考古重大发现。

11月8日　市政府宏观调控信息网开通，包括每日信息系统、经济监测预测信息系统、部委办局信息分系统，为全国首家。

11月8—11日　常州市的7名选手参加上海举行的首届亚太地区特殊奥林匹克运动会，夺得金牌8枚、银牌4枚和铜牌2枚。

12月6日　市政府将每年12月28日确定为扶贫济困慈善活动日，建立市扶贫济困慈善基金。22—29日，举办扶贫济困慈善周活动，接收社会捐款620万元。

12月7—8日　市委书记虞振新率常州党政代表团在陕西安康地区商谈挂钩扶贫协作和经济合作。

12月12日　常州的清潭新村、红梅西村、花园新村、翠竹新村、红梅新村、红星新村和溧阳的燕山南村入选首批江苏省园林式居住区，常州财经学校、常州无线电总厂、溧阳中学、溧阳市供电局、溧阳市清溪水厂和溧阳热电厂入选首批江苏省园林式单位。

12月20日　常州市社会福利院、儿童福利院、老年公寓合并，成立常州市福利院。

是月　常州市新区入选江苏省沿江火炬高新技术产业开发带。

是月　国务院批准常州的清代建筑瞿秋白故居列入全国重点文物保护单位(第四批)。

是年　常州市实现地区生产总值431.15亿元，其中一、二、三产业增加值分别为45.55亿元、246.5亿元和139.1亿元；按户籍人口计算，人均地区生产总值12847元，完成财政总收入34.3亿元、财政总支出15.38亿元，完成社会消费品零售总额157.59亿元；完成进出口贸易总额13.55亿美元，其中出口10.02亿美元，实际利用外资5.18亿美元。市区居民人均可支配收入6743元，人均住房使用面积15.65平方米，农民年人均纯收入4172元，人均住房面积38.81平方米。

1997年

1月14日　武进市横山桥镇被列入全国57个小城镇综合改革试点城镇。

1月15日　常州被命名为“全国双拥模范城”。

1月23—27日　政协常州市九届五次会议召开，曹锦成当选政协常州市委员会主席。

1月30日　武进市魏村镇个体商店店主张志康因阻止歹徒盗窃抢劫而牺牲。11月，被评为全国见义勇为先进分子，12月被授予“革命烈士”称号。

3月10日　金坛市华罗庚公园北侧建筑工地发现北宋古墓2座，出土油烟墨、抄手砚、黑釉梅花纹玉壶春瓶、金银铜漆器皿、钱币等文物50余件。

3月13日　市政府命名武进市洛阳、邹区、横山桥三镇和金坛市薛埠镇为常州市首批新型小城镇；7月5日，薛埠镇被省政府命名为全省首批新型示范小城镇。

3月15日　《常州21世纪议程》在北京通过国务院发展研究中心、中国社科院、中国城市规划院专家审议。11月24日，常州被确定为实施《中国21世纪议程》试点城市。

3月24—25日　全国人大常委会副委员长费孝通在常州考察调研。9月19—23日，费孝通再次到常州考察经济建设和社会事业。

3月26日　常州邮电局戚墅堰投递站、武进市横山桥镇五一村分别被确定为全国创建文明行业、创建文明村镇示范点。

4月1日　常州市在坦桑尼亚投资1700多万美元兴办的坦中合资友谊纺织公司投产。5月13日，国务院总理李鹏在坦桑尼亚接见常州市的援建领导和专家组成员。

4月1—3日　韩国南杨州市副市长李荣民率友好访问团访问常州。

4月1—4日　市委书记虞振新率市经济代表团到美国休斯敦、西雅图招商。4日，中美合资常州港万吨级石化码头及储运工程协议书在休斯敦签约。

4月6日　溧阳市被列为江苏省唯一的全国山区综合开发示范县(市)。

4月7—10日　荷兰梯尔堡市市长布洛克斯率团访问常州，签订《友好城市关系协议书》。

4月18—19日日本高槻市市长江村利雄率市民友好访华团访问常州，19日在红梅公园举行两市缔结友好城市10周年植树活动。

4 月 21 日　怀德桥改扩建工程启动。5 月 7 日，省交通厅与市政府达成合作建设怀德桥工程协议。1998 年 12 月 26 日，新建的怀德桥竣工通车。

4 月 28—30 日　第六届中国溧阳茶叶节举办，成交总额 8.5 亿元，沙河桂茗被评为江苏省第五届陆羽杯名特茶第一名。

5 月 7 日　戚墅堰机车车辆工厂研制的东风 11 型 0008 号内燃机车被命名为“邓小平”号机车。7 月 1 日，首次发运香港。

5 月 21 日　常州市与陕西安康地区签署扶贫协作和经济合作、缔结友好城市协议。

5 月 28 日至 7 月 4 日　常州市举行首届全民健身节，全市有 50 万人次参加健身活动。

6 月 1 日　常州市红十字儿童医院成立，建筑面积 6100 平方米的儿科病房大楼落成。

7 月 15 日　南京考古工作者确认溧阳市杨庄乡沙涨村为古回鹘族的后裔村。

是月　江苏省武进外向型农业综合开发区批准建立。2006 年，更名为江苏省武进经济开发区。

8 月 25 日　日本众议院议员并木正芳和团长高桥莞尔率所泽市日中友好团访问常州。

8 月 28 日　常州高新技术产业开发区在新区投资 8000 余万元创办的常州国际学校建成开学，总建筑面积 7 万平方米，可容纳 1500 名学生就读。

9 月 6 日　溧阳市别桥小学 10 岁学生周俊为救落水同学英勇献身。1998 年 4 月、11 月，先后被省政府授予“见义勇为小英雄”“革命烈士”称号。

9 月 8—9 日　常州市通过历史文化名城省级专家组评议。

9 月 13 日　常州籍跳水运动员黄强与队友在墨西哥举行的第十届世界杯跳水比赛中夺得混合团体、男子双人 10 米跳台两枚金牌。

9 月 19—23 日　中国根雕艺术博览会在常州城区红梅公园举行，展出作品 2000 余件。

9 月 20—25 日　首届常州国际中小企业商品博览会在常州新区举行，签订进出口合同成交总额 4296 万美元。

10 月 9 日　苏南运河常州段整治工程竣工并通过验收，全长 44.48 公里，总投资 6 亿元。

10 月 12—13 日　全国人大常委会副委员长吴阶平和比利时杨森制药公司创始人保罗·杨森到常州考察医药工业和投资环境。

10 月 17—20 日　常州市首届残疾人运动会举办，173 名残疾人参赛，金坛市代表队获团体总分第一名。

10 月 20—22 日　中共常州市委八届六次全体(扩大)会议召开。

10 月 23—30 日　市长孟金元率常州市政府代表团在日本所泽市、高槻市，分别参加与两市缔结友好城市 5 周年、10 周年庆典。

12 月 25 日　《常州市志》获江苏省第五次哲学社会科学优秀成果一等奖，为常州市唯一获得江苏省哲学社会科学优秀成果一等奖的著作。

12 月 26 日　长江常州港万吨级通用码头建成投运，总投资 2 亿多元，当年吞吐量 248 万吨。

12 月 28 日　常州火车客运站改建工程竣工，总投资 1.2 亿元。

12 月 30 日　孟金元、宋诚宇、沈福祥、沙春元、周小同、包文霞、尹国新、郝波当选为第九届全国人民代表大会代表。

是年　常州市实现地区生产总值 470.11 亿元，其中一、二、三产业增加值分别为 44.37 亿元、265.82 亿元和 159.92 亿元；按户籍人口计算，人均地区生产总值 13892 元。完成财政总收入 40.18 亿元、财政总支出

19.39亿元，完成社会消费品零售总额167.96亿元；完成进出口贸易总额16.84亿美元，其中出口12.3亿美元，实际利用外资5.66亿美元；市区居民人均可支配收入6853元，人均住房使用面积15.25平方米，农民人均纯收入4216元，人均住房面积37.27平方米。

1998年

1月13—21日　常州市十二届人大一次会议和政协常州市十届一次会议召开。虞振新当选市人大常委会主任，孟金元当选常州市人民政府市长，曹锦成当选政协常州市委员会主席；蒋溢涛、韩兆春、蒋惠良、郭兴中、戴顺瑞、周源当选为市人大常委会副主任，李林生、杨大伟、张东林、陈伯鹏、王正平、蒋新光、周亚瑜当选为市人民政府副市长，王如青、朱保钧、薛锋、何华强、吴振祥、杨玉生、江忞、胡沛成、沈福祥、高克柔当选为副主席。选举陆洪生为市中级人民法院院长，蒋峰为市人民检察院检察长。

1月25日　武进市与澳大利亚阿什菲尔德市缔结为友好城市。

3月5日　常州市1998年企业工资指导线为职工月工资基准线665元、预警1165元、下线415元，工资增长幅度基准线8%、预警线14%、下线5%。

3月18日　常州市首家股份制地方金融机构——常州市商业银行开业。

3月18—20日　常州市遭受罕见的寒流、雨雪、冰雹袭击，雨雪量31.4毫米。

3月27—30日　民盟中央名誉主席、全国人大常委会原副委员长费孝通考察常州。

4月3—4日　全国政协副主席、全国工商联主席经叔平和民建中央原副主席陈铭珊、全国工商联原副主席郭秀珍到常州考察经济建设、旅游事业。

4月15—18日　最高人民检察院检察长韩杼滨率调研组到常州考察。

4月19—21日　日本所泽市市长斋滕博率友好代表团访问常州。

4月24日　非洲15个国家外交部的司局级官员代表团访问常州。

5月1日　武进潘家镇蓼莪山顶发现2800年前春秋中晚期墓葬两座，出土陶瓷文物37件。

是日　当晚，飓风、暴雨袭击武进市安家、汤庄、魏村等地，倒塌房屋794间，造成2人死亡、11人受伤。

5月6日　常州港二类口岸开放通过省级验收，可对远洋船舶开放。

5月9—10日　哈萨克斯坦总理努尔兰·乌捷博维奇·巴尔金巴耶夫率代表团访问常州，江苏省省长郑斯林、常州市市长孟金元会见外宾。

5月13—15日　常州市被联合国开发计划署和国家发展计划委、科技部确定为《中国地方21世纪议程》能力建设项目试点地区。9月2—5日，联合国工业发展组织与瑞士政府援助的《中国21世纪议程》优先项目中国城市垃圾管理体系和能力建设专家组组长鲁道夫·瓦尔德在常州调研考察。

5月15日　常州市与澳大利亚赫斯特维尔市缔结为友好城市。

6月7—10日　美国伊利诺伊州罗克福德市市长查尔斯·博克斯率团访问常州。

6月10—11日　全国张太雷100周年诞辰学术研讨会及纪念会在常州召开。

7月3日　意大利梅达市市长达维佳率经济代表团访问常州。

7月10日　国务院批准，武进的横山桥、邹区、洛阳三镇与金坛的薛埠镇、溧阳的杨庄乡及15个村分别为首批全国农村现代化试验区先行乡镇、先行村。

是日　中国常州发展经济合作恳谈会在新加坡举行。

7月12日　位于同济立交桥南劳动路中段的全市首家计算机及其配件交易市场常州电脑城开业，总占地面积近3万平方米。

7月12—14日　全国人大常委会执法检查组检查常州贯彻实施《关于加强社会治安综合治理的决定》情况。

8月6日　常州火车站客运站新候车大厅启用，可容纳旅客4000余人，总造价1.37亿元。

8月12日　常州市对外经济技术贸易集团公司、常州市对外贸易公司、武进市对外贸易公司和常州机械设备进出口集团公司分居1997年中国进出口额最大500家企业第161位、166位、200位和352位。

9月7日　市委、市政府在厦门举行招商项目洽谈会，省委常委、代省长季允石出席。

9月20日　常州被列为全国首批发展新型建材及制品试点城市。

9月21日　河海大学常州分校与澳大利亚维多利亚理工大学、澳亚集团签订联办河海大学澳大利亚国际工商学院协议。

10月6—8日　亚太地区中小企业发展战略研讨会在常州举行，联合国有关官员和中国、日本、新加坡、印度等代表出席。

10月6—10日　常州国际中小企业商品博览会在常州新区国际展览中心举行，签订进出口合同总额4052万美元；签订、颁证外商及港澳台商投资项目46个1.76亿美元，合同利用外资和港澳台资1.34亿美元；签订外经合作合同协议9项2208万美元，成交国内贸易合同总额8.7亿美元。

10月9日　常州市与毛里求斯博巴桑·荷津市缔结为友好城市。

10月10日　最高人民法院院长肖扬考察常州。

10月15日　常州邮电局实施邮、电分离运营管理，常州邮政局、常州电信局同时成立。

10月22日　《常州市土地利用总体规划(1997—2010)》在全省第一个通过省级评审。2000年1月6日，获得国务院批准实施。

10月30日　宁、镇、扬、苏、锡、常六市工商行政管理局签署《联合保护知名商标和名牌产品商标协议》。

11月18日　全国铁路工业系统首家跨省市大型企业集团——南方铁路机车(集团)有限责任公司暨南方铁路机车集团在常州成立。

11月18—19日　中共中央政治局委员、全国人大常委会副委员长姜春云考察常州乡镇企业。

12月6日　全国小康住宅示范小区怡康花园动工兴建，总建筑面积33.76万平方米。

12月17日　常州市纪念中共十一届三中全会20周年理论研讨会召开。

12月29—30日　国家检查组检查常州市太湖水污染防治工作。

是年　常州市实现地区生产总值504.6亿元，其中一、二、三产业增加值分别为44.44亿元、281.03亿元和179.13亿元；按户籍人口计算，人均地区生产总值14842元。完成财政总收入45.09亿元、财政总支出22.41亿元，完成社会消费品零售总额173.93亿元；完成进出口贸易总额15.94亿美元，其中出口13.1亿美元，实际利用外资5.57亿美元；市区居民人均可支配收入7107元，人均住房使用面积15.55平方米，农民年人均纯收入4289元，人均住房面积36.97平方米。

1999年

1月12日　市委、市政府出台《关于强化常州新区管理职能的若干规定》，完善"以块为主"的管理模式。

1月19日　全国瞿秋白生平和思想研讨会在常州召开，12名研究瞿秋白的专家作学术报告。

2月8日　红星家具集团捐资100万元设立常州市第一个光彩助困基金会。

2月10日　江苏电视台、常州电视台联合摄制的电视连续剧《农民陈奂生》在常州电视台黄金档首播。

2月15日　常州公共交通总公司与上海巴士股份公司合资组建的常州巴士公共交通公司成立，经营公交线路12条。

3月25—27日　全国人大常委会原副委员长费孝通调研常州农村经济和小城镇建设。

4月8—16日　江苏省第五届锡剧节在常州举行，常州市锡剧团获得奖项43个。

4月14—16日　全国发展社区服务业和小企业促进下岗职工再就业现场会在常州召开。

4月22日　纪念常州解放50周年座谈会召开。

4月28—30日　第七届中国溧阳茶叶节举行，20多个国家和地区、全国各界人士1000多人参加，签订引进外资和港澳台资与外经合作协议26份，协议利用外资和港澳台资2800万美元。

4月30日　常州企业在第85届广州出口商品交易会上成交商品贸易额4500多万美元。

5月10—12日　第十一届连铸连轧（CONTIROD）世界用户会议在常州市召开，美、德、英、法、日、俄等19个国家的28家公司的代表参加，该会议首次在中国境内召开。

5月18日　常州城区公交线路全部实现无人售票。

5月28日　常州市光彩事业促进会成立。

6月28日　市财政局政府采购中心成立，采购制度开始在常州实施。

7月4日　常州经济技术合作恳谈会在北京召开。

7月8日　市委出台《关于建立领导干部试用期制度的意见》。

7月23日　市委、市政府召开"三公开"（村务、镇务、厂务公开）经验交流会。至6月末，全市1914个行政村实行村务公开，122个乡镇实行镇务公开，170家企业实行厂务公开。

8月6日　常州电台中波发射台迁建到滆湖工程竣工并开播，被国家广电总局誉为"全国一流中波发射台"。

8月11日　常州市全面实施农村统一销售分类电价，农村居民照明用电到户价格从当月16日起执行每千瓦时0.59元，比原价格平均下降10%。

8月21日　市委召开讲政治、讲学习、讲正气（简称"三讲"）教育动员大会。至10月16日，市级领导班子"三讲"教育活动结束。

9月5日　江苏国际服装节常州分会场展出知名品牌服装1500余种，成交350万元。

是日　常州有线广播电视台与江苏电视台联合摄制电视连续剧《戏梦人生》首映，该剧反映现代著名戏剧家洪深的传奇人生。

9月8—12日　常州市组团参加在厦门举办的第三届中国投资贸易洽谈会，签订招商项目14个，协议利用外资和港澳台资5600万美元。

9月10日　常州国际展览中心主展馆竣工投入使用。

9月17日　尼泊尔共产党（联合马列）总书记、议会反对党领袖马达夫·库玛尔·尼帕尔率代表团访问常州。

9月20—24日　常州国际中小企业商品博览会暨农业博览会举行，17个国家和地区的3万多名客商参加。

9月26日　常州市城北污水扩建工程、长江引水续建工程、局前街拓建工程、朝阳丽华管道液化气工程同时建成投运。

9月30日　常州市第十一届运动会暨第二届全民健身节在市体育馆开幕。

10月5—10日　市政府组团参加在深圳举行的首届中国国际高新技术成果交易会，达成合作意向项目34个。7—10日，常州68家企业、370多个产品参加中国江苏名品精品新品交易会，成交总额45.62亿元。

11月2日　常州籍运动员陈勇军、朱澎涛在比利时举行的第十六届世界技巧锦标赛中获技巧男子4人组第一套、第二套和全能3枚金牌。

11月7日　常州港口开放后第一艘万吨外籍货轮——塞浦路斯2.3万吨级货轮"朝阳号"抵达常州港。

11月20日　中华人民共和国常州出入境检验检疫局成立。

11月25日　江苏省政府批准武进市的56个乡镇合并调整为30个镇。

12月27日　常州市被评为1997—1998年度全国"科教兴市"先进市。

是年　常州市实现地区生产总值538.72亿元，其中一、二、三产业增加值分别为44.01亿元、299.5亿元和195.21亿元；按户籍人口计算，人均地区生产总值15834元。完成财政总收入49.21亿元、财政总支出25.72亿元，完成社会消费品零售总额184.42亿元；完成进出口贸易总额19.27亿美元，其中出口12.77亿美元，实际利用外资6.26亿美元；市区居民人均可支配收入7874元，人均住房使用面积15.87平方米，农民年人均纯收入4313元，人均住房面积42.04平方米。

2000年

1月4日　省政府批准金坛市的27个乡镇合并调整为15个镇。8日，省政府批准溧阳市的36个乡镇合并调整为18个镇。

1月10日　省政府、省军区转发《关于常州市军民开展"双三好"活动的调查报告》。12日，常州再获"全国双拥模范城"称号；28日，常州市召开创建全国双拥模范城"二连冠"庆祝大会。

1月20—24日　市政府新闻办公室与常州日报社联办的"常州新闻"专版第一期，在《香港商报》和法国巴黎《欧洲时报》、美国纽约《侨报》整版刊出。

2月1—3日　全国政协副主席钱正英到常州调研。

2月29日　常州市郊区永红服饰粘合衬布厂登记注册为全市首家个人独资企业。

3月13日　考古工作者在金坛市茅山东麓采集到10万年前的人工打制旧石器34件。

3月23日　常州大麻糕、兰陵卤汁蛋、江南八宝粥和加蟹小笼包被认定为中国名点。

3月29—31日　世界中小企业最高层会议在新加坡国际会展中心举行，授予常州荣誉团体奖。

3月30日　教育部批准常州工业技术学院、常州机械冶金职工大学、常州市轻工业职工大学合建常州工学院。12月28日，常州工学院成立。

4月7日　《常州市鼓励技术创新，促进高新技术产业发展的暂行规定》出台。

4月11日　市委决定在全市开展"致富思源、富而思进"教育活动。

4月17日　澳大利亚赫斯特维尔市市长菲利普·桑塞姆率代表团参观访问常州。

5月7日　比利时那慕尔省省长戴莱姆率团参观访问常州。

5月18日　常州市对外宣传网站“瞭望常州”网开通。

5月22日　常州市属工业企业经营管理者开始实行年薪制。

5月28日　中共中央政治局委员、国务院副总理吴邦国考察戚墅堰机车车辆工厂、国光电子公司、小松常林工程机械公司。

6月1日　常州市与新疆阿勒泰地区结为友好市区。

6月3日　金坛市儒林镇蒋家桥村村民蒋国平为抢救人民生命财产而牺牲。11月，省政府追授“革命烈士”称号。

6月6—9日　全国人大常委会原副委员长费孝通考察常州。

是月　全省首家股份经济合作社武进焦溪牟家村股份经济合作社成立。

7月1日　常州市区最低生活保障范围扩大至3000多人；企业最低工资标准，市区、武进市提高到每人每月390元，金坛、溧阳两市提高到每人每月340元。

7月4日　常州市对外贸易公司、江苏新科电子集团公司入选当年中国进出口额最大的“500家企业”行列，分居第204位、332位；常州市对外贸易公司入选同年中国出口额最大200家企业行列。

7月6日　市委、市政府命名12个乡镇为“常州市新型小城镇”。至此，全市有新型小城镇43个，其中省级8个、市级35个。

7月16日　全国首家技师学院常州技师学院在常州成立。

8月15日　市政府召开全国文华奖和省“五个一工程”奖表彰大会，表彰市滑稽剧团《我要做好孩子》、市歌舞团与省歌舞团合演的《好一朵茉莉花》剧组获文华新剧目奖，殷延平、周蕾获表演奖。

8月18日　市委、市政府撤销常州市机械冶金工业局、电子工业局、化学工业局、轻工业局、纺织工业局，组建成立常州机电国有资产经营公司、常州化轻国有资产经营公司、常州纺织国有资产经营公司。

8月25日　法国等9个国家驻沪总领事馆的部分官员访问常州。

是日　省政府批准在常州高新区建立全省首家医药、农药、兽药科技产业示范基地。

9月6日　江苏省电信公司常州分公司成立。

9月19—21日　全国人大常委会副委员长铁木尔·达瓦买提考察常州。

9月20日　中华恐龙园、中华恐龙馆对外开放。

是日　意大利依维柯公司与常州长江客车集团公司合作生产城市客车项目签约，首期投资9982万美元。12月26日，常州市投资规模最大的合资企业常州依维柯客车公司成立，总投资8.29亿元。2001年6月7日，常州依维柯客车公司挂牌开业。

9月20—24日　中国国际中小企业商品博览会在常州举行，17个国家和地区与中国的24个省、直辖市、自治区组团参展。

9月29日　第六届中国艺术节常州分会场暨首届常州艺术节开幕式《世纪龙吟》大型文艺晚会在清潭体育馆举行，文化部和江苏省有关领导出席。

10月14日　克罗地亚议会副议长兹德拉弗科·托马茨率代表团参观访问常州。

10月15日　中共中央政治局常委、国务院副总理李岚清考察常州。

10月16日　省政府批准常州无线电工业学校、常州市电子职工大学合并组建常州信息职业技术学院。

10 月 17 日　常州新区百丈工业园、武进遥观工业园、武进焦溪工业园入选全国第三批 90 个乡镇企业示范园区。

10 月 23 日　全国首次跨区机收水稻及水稻机械生产现场会在常州举行。

是月　常州市苏南航道网整治工程开工。项目总投资 3.84 亿元，翌年 12 月 23 日竣工。

11 月 1 日　首届常州国际工业技术设备展览会在新区国际展览中心举行。

11 月 7 日　常州市信息化工作会议提出建设“数字常州”的目标。

11 月 10—11 日　中共常州市委八届十次全体（扩大）会议召开，审议并通过《中共常州市委关于制定常州市国民经济和社会发展第十个五年计划的建议（草案）》。

12 月 28 日　常州市帮困助学金理事会成立。

12 月 29 日　常州市第十二届人大常委会第二十三次会议上，李全林当选常州市人民政府副市长，代理市长。

是日　溧阳天目湖旅游度假区被确定为国家 AAAA 级旅游景区。

是年　常州市实现地区生产总值 600.65 亿元，其中一、二、三产业增加值分别为 45.14 亿元、336.68 亿元和 218.83 亿元；按户籍人口计算，人均地区生产总值 17635 元，突破 2000 美元，提前实现第二步发展战略目标。完成财政总收入 60.23 亿元、财政总支出 32.5 亿元，完成社会消费品零售总额 202.31 亿元；完成进出口贸易总额 28.22 亿美元，其中出口 18.6 亿美元，实际利用外资 7 亿美元；市区居民人均可支配收入 8540 元，人均住房使用面积 15.19 平方米，农民年人均纯收入 4430 元，人均住房面积 49.27 平方米。

2001 年

1 月 1 日　路桥中国日用品商城常州分市场开业，首期经营面积 5 万平方米，为华东地区配套设施最全、规模最大的商城化专业市场。

是日　120 名中外著名书画家联袂创作、长达 150 余米的书画艺术巨轴《跨世纪名家书画长卷》在常州刘海粟美术馆展出。

是日　位于新民路的常州客运服务中心建成，日发送汽车运输旅客能力 4 万人次。

1 月 12 日　江苏华夏花木城在“全国花木之乡”武进市夏溪镇开业。

1 月 16 日　中华人民共和国江苏常州海事处成立。

1 月 19 日　常州电视台（总台）、常州广播电视技术中心成立。

2 月 5—6 日　省委副书记李源潮调研常州农村“三个代表”重要思想学习教育活动。

2 月 21—25 日　常州市第十二届人大第四次会议召开，李全林当选为常州市人民政府市长。

3 月 12 日　常州市区启动 10 万名企业离退休离职人员和 5000 名供养直系亲属首次户籍年检工作。

3 月 20—23 日　全国人大常委会原副委员长费孝通考察常州。

4 月 3—4 日　全国政协副主席、全国工商联主席经叔平考察常州。

4 月 5 日　常州—西安科技经济合作洽谈会在西安举行，签订科技经济合作项目 6 个。

4 月 9 日　中共中央文献研究室科研部和省委党史工作办公室、江苏省瞿秋白研究会、中共常州市委联合摄制的 20 集大型电视文献纪录片《瞿秋白》首映式在南京举行。

4 月 14 日　常州市公开选拔县处级领导干部工作动员大会召开。8 月 15 日，录用首批县处级领导干部19人。

4月20日　常州市首次召开农村少数民族扶贫工作会议，计划两至三年内扶助全市382户农村少数民族贫困家庭脱贫。

4月25日　国务院批准常州港（沿长江港区）作为一类口岸对外开放。

4月28日至5月2日　第八届中国溧阳茶叶节暨天目湖啤酒杯第十五届亚洲滑水锦标赛在天目湖山水园举行。

4月30日　全国政协副主席、中共中央统战部部长王兆国考察常州。

5月7日　第五次全国人口普查公报发布，常州市有户籍总人口377.77万人。

5月15日　市长李全林率市政府代表团到江阴市考察学习发展规模经济、推进资本运作经验。

5月16日　黑牡丹（集团）股份公司主任工程师邓建军作为江苏省唯一的代表，赴京参加全国工会经济技术创新工程经验交流大会，入选新世纪首批"中国能工巧匠"。

5月16日至11月29日　常州市归侨侨眷和农工民主党、九三学社、民建、民盟、致公党5个民主党派相继召开代表大会，完成市级组织机构的选举。

6月2日　市长李全林率市政府代表团和全市270多家企事业单位的代表到东南大学进行科技经济合作洽谈活动，签订科技经济合作协议32份。10—17日，李全林率市政府代表团在北京、上海开展工业配套协作专题活动。

6月8—9日　坦桑尼亚政府代表团访问常州。

6月10—12日尼日尔总统马马杜·坦贾访问东风农机集团，获赠手扶拖拉机两台。

7月1日　常州市开始提高企业最低工资标准，市区、武进市执行一类标准即每月430元，金坛、溧阳两市执行二类标准即每月360元。

7月8—13日　以色列卡麦尔市代表团访问常州。

7月19—20日　2001年常州城市建设招商恳谈会举行，签订合资合作项目33个，计划总投资39.1亿元。

8月6日　江苏省常州药品监督管理局成立。

8月12日　江苏省第一所民办高校建东学院在常州揭牌。

8月13日　常州市安全生产监督管理局成立。

8月15日　省委决定李全林任中共常州市委书记。

8月18日　美国、巴西、阿根廷、智利等国企业家商贸代表团考察溧阳。

8月23日　常州市第十二届人大常委会第三十一次会议决定，任命范燕青任常州市人民政府副市长，代理市长。

8月31日　德国"斯塔德·多赛尔多夫"号万吨集装箱轮停靠常州港码头，装运新华昌集装箱公司出口的1000只商品集装箱。

8月31日至9月3日　中共常州市第九次代表大会召开，大会选举中共常州市第九届委员会委员34人、候补委员7人、中共常州市纪律检查委员会委员21人和中共江苏省第十次代表大会代表48人。中共常州市委九届一次全体会议选举李全林任市委书记，范燕青、徐峻范、于超任市委副书记；市纪委第一次全体会议选举于超任市纪委书记。

9月17日　国务院副总理钱其琛考察常州。

9月18日　全国唯一的梳篦博物馆——常州梳篦博物馆开馆，全国人大常委会副委员长王光英题写馆名。

9 月 20 日　常州环保产业园、常州电子科技产业园、常州软件园同时开园，常州环保产业园为重点扶持的全国首家特色园区。

是日　常州成为江苏第一个制造业信息化示范工程试点城市。

是日　中央电视台在中华恐龙园举办《同一首歌》“江南行”常州大型演唱会。

9 月 20—24 日　中国国际中小企业商品博览会在常州新区国际展览中心举行，全国政协副主席杨汝岱出席；博览会签订利用外资和港澳台资项目 10 个，合同利用外资和港澳台资 1.5 亿美元。

是月　常州市创建成为中国优秀旅游城市。

10 月 9 日　金坛盐化有限责任公司成立，配合国家“西气东输”工程的年产 60 万吨真空制盐项目启动。

10 月 12 日　常州市行政审批中心成立。11 月 2 日，市行政审批中心正式运行。

10 月 17 日　全国人大常委会副委员长铁木尔·达瓦买提考察常州。

10 月 24—26 日　全国政协副主席万国权率无党派政协委员考察团考察常州民营经济。

11 月 22 日　全国人大常委会副委员长、全国妇联主席彭珮云调研常州妇女工作。

11 月 25 日　德国勃兰登堡州政府经济代表团到常州考察访问。

12 月 7 日　中国环保产业协会、常州高新区管委会联办的首届中国水污染治理行业发展论坛峰会在常州举行。

12 月 9 日　常州市“12315”投诉举报中心获中国保护消费者基金会最高奖——保护消费者杯。

12 月 11—12 日　省委书记回良玉在常州调研考察。

12 月 21—23 日　江苏省首届戏歌大赛在常州举行，常州市代表队获演唱一、二、三等奖各 1 个，创作二等奖 2 个、三等奖 1 个。

12 月 23 日　总投资 3.84 亿元的常州市苏南航道网整治工程竣工。

是年　常州市实现地区生产总值 672.9 亿元，其中一、二、三产业增加值分别为 47.11 亿元、380.76 亿元和 245.03 亿元；按户籍人口计算，人均地区生产总值 19704 元，完成财政总收入 75.33 亿元、财政总支出 41.48 亿元，完成社会消费品零售总额 222.61 亿元；完成进出口贸易总额 32.59 亿美元，其中出口 21.66 亿美元，实际利用外资 6.22 亿美元；市区居民人均可支配收入 9406 元，人均住房使用面积 16.23 平方米，农民年人均纯收入 4719 元，人均住房面积 48.18 平方米。

2002 年

1 月 7 日　全市有 40 家企业的 50 种产品被认定为第四批常州市名优农产品。

1 月 28 日　常州市疾病预防控制中心、常州市卫生监督所成立。

1 月 30 日至 2 月 2 日　常州市第十二届人大第五次会议召开，范燕青当选为常州市人民政府市长。

3 月 8 日　武进市横山桥镇被确定为全国创建文明小城镇示范点。

4 月 7—11 日　常州市人大常委会主任虞振新率市经济代表团参加在直布罗陀举行的世界中小企业协会第十三届研讨会并作专题报告，再次当选该协会副会长，成为世界中小企业协会新一届领导中唯一的中国代表。

4 月 19 日　民营企业常州明达汽车配件公司工会主席与公司行政签订江苏省第一份“女职工劳动保护

专项协议”。

4月21日　省政府公布，国务院批准撤销武进市，设立常州市武进区，辖23个镇；撤销常州市郊区，设立常州市新北区，原郊区的永红、五星、西林、北港和新闸5镇划归钟楼区管辖，原郊区的茶山、雕庄、红梅、青龙乡划归天宁区管辖。28日，市委、市政府召开大会，传达省政府关于调整常州市部分行政区域的文件。

4月24日　市委决定中共常州高新技术产业开发区工委和纪委与中共常州市新北区委、纪委实行一个机构、两块牌子，撤销中共常州新区工委和常州新区管委会。

5月17日　常州市39名运动员参加江苏省第六届残疾人运动会，夺得金牌36枚、银牌14枚、铜牌11枚，金牌数、团体总分居全省第二、第三位。

6月1日　国家治理太湖流域重点工程常州澡港河水利枢纽工程竣工并投入运行。

6月16日　《人民日报》头版头条发表《锻铸跨越发展的新“支点”——江苏省常州市建设学习型城市见闻》。

6月18日　第二届中国曲艺牡丹奖红杉树杯颁奖晚会在常州红星大剧院举行，常州市评弹团团长、国家一级演员周玉峰获得表演奖。

6月29日　常州市工商联副会长王国平因救火不幸滑倒牺牲。2003年6月，被省政府追授“革命烈士”称号。

7月1日　常州市区、武进区最低工资标准开始由每月的430元提高至460元，金坛、溧阳市由每月的360元提高至370元；市区城市居民最低生活保障标准由每人每月180元提高至200元；单身老人和70岁以上老人生活补助由每人每月216元提高至240元。

是日　江苏新科电子集团、常州大华进出口(集团)、江苏晨风集团分列2001年中国进出口额最大500家企业第200、342、412位。

7月1—3日　日本所泽市市长斋藤博率团到常州参加两市结为友好城市10周年庆祝活动。

7月8日　金坛市锡剧团编排的锡剧《少年华罗庚》获第十届文华奖新剧目奖。

8月3—7日　江苏省第十五届运动会青少年部暨江苏省第八届中小学生运动会跳水比赛在常州举办，常州市跳水队夺得金牌6块，居全省地级市之首。

9月2日　省政府批准设立省级钟楼经济开发区。9月18日授牌。

9月19—21日　2002世界中小企业大会在常州举行，44个国家和地区的600多名政府官员和企业家、经济专家出席，大会发表《常州宣言》。市委书记李全林会见访问常州的阿根廷、柬埔寨、俄罗斯、埃及、波兰等国驻华使领馆官员与外国记者。

9月20—24日　2002年中国国际中小企业商品博览会在常州国际展览中心举行，44个国家、地区和全国的5000多名客商、来宾出席开幕式。24日，市长范燕青会见韩国南杨州市参展企业代表团。

10月8日　钟楼区五星乡与新北区三井乡交界处的新岗崧泽文化遗址开始发掘。至11月9日，出土5300年前的墓葬物品30多件。

10月19日　常州大学城奠基建设，规划发展总规模为在校学生10万人，首期进城学院6所，总投资25亿元。

10月22日　中天钢铁公司总投资5.8亿元的90吨超高功率电炉连铸工程竣工投产。

10月29日　常州获得“全国创建文明城市工作先进城市”称号，新北区魏村镇新华村受到中央精神文明建设指导委员会表彰。

10 月 31 日　常州市和金坛、溧阳两市被命名为“江苏省文明城市”。

11 月 3 日　溧阳市天目湖宾馆的“朱顺才”牌砂锅鱼头、碧影红裙、群鱼献花、家乡扎肝在第三届中国美食节上被评为中国名菜。

11 月 5 日　适用于青藏高原铁路特殊运行条件的“雪域神舟”号内燃机车在戚墅堰机车车辆厂竣工并交付使用，填补高原大功率货运内燃机车空白。

11 月 9 日　常州市群众艺术馆新馆暨常州文化艺术中心建成开放。

11 月 20 日　常州籍运动员宋志娟参加第十五届世界女子举重锦标赛，分别以 105 公斤、125 公斤和 230 公斤的成绩夺得抓举、挺举和总成绩第一，获得金牌，成为常州第十位世界冠军。

11 月 26 日　驻常高校江苏石油化工学院更名为“江苏工业学院”。

12 月 12—13 日　江苏省人大常委会主任陈焕友考察调研常州。

12 月 14 日　武进区名列第二届全国县域经济基本竞争力“百强县”第七位，溧阳市由上年第八十九位升至第七十九位。

是日　常州市二曜异型钟厂成功安装超大型时钟，钟面直径 9 米，分针、时针各重 25 公斤，钟声有效半径 2.5 公里。

12 月 23 日　常州冶金机械厂成功研制国内具有自主知识产权的第一台 4100 滚切式双边剪（切机），达到世界先进水平。

12 月 27 日　常州市区大外环公路南线长虹路竣工通车，总投资 2.82 亿元，全长 29.5 公里，设计时速 100 公里。

12 月 30 日　常州首家大型汽车市场常州市汽车交易市场在新北区投入运营，总营业面积近 3 万平方米，可同时展销汽车 2000 余辆。

是年　常州市实现地区生产总值 760.6 亿元，其中一、二、三产业增加值分别为 48.84 亿元、431.5 亿元和 280.26 亿元；按户籍人口计算，人均地区生产总值 22215 元；完成财政总收入 102.9 亿元、财政总支出 61.01 亿元，完成社会消费品零售总额 248.8 亿元；完成进出口贸易总额 39.18 亿美元，其中出口 26.56 亿美元，实际利用外资 5.61 亿美元；市区居民人均可支配收入 9933 元，人均住房使用面积 17.44 平方米，农民年人均纯收入 5138 元，人均住房面积 54.2 平方米。

2003 年

1 月 18—22 日　政协常州市十一届一次会议召开，选举曹锦成为市政协主席，李林生、张东林、杨玉生、林明德、宋诚宇、秦士嘉、朱晓敏、陆志奋为副主席。

1 月 20—24 日　常州市十三届人大一次会议召开，选举虞振新为市人大常委会主任，范燕青为市人民政府市长；选举孟金元、吴春生、郭兴中、陈伯鹏、戴顺瑞、周源、蒋峰为市人大常委会副主任；选举毛伟明、王正平、蒋新光、周亚瑜、俞志平、张力航、孙国建、居丽琴为副市长，陆洪生、严正华分别当选为市中级人民法院院长、市人民检察院检察长；选举产生江苏省第十届人民代表大会代表。

1 月 28 日　常州亚细亚影视城入选全国首批 6 家“五星级影院”。

2 月 27 日　常州因畅通工程成效显著，被评为全国畅通工程优秀管理城市、进步明显城市。

3 月 2 日　省委决定范燕青任中共常州市委书记。

3月5—6日　常州港一类口岸通过国家验收，岸线全长16.4公里。4月1日正式对外开放。

3月7日　常州市第十三届人大常委会第二次会议决定徐建明任常州市副市长，代理市长。

3月8日　常州市麦得宝食品添加剂公司发生爆燃，造成6人死伤，10个车间炸毁。

3月27日　中共常州市武进区委、市委宣传部、江苏龙城文化传播中心和江苏广播电视总台联合摄制的电视连续剧《恽代英》首播。

是日　常州市南大街商业步行街开工建设。2005年1月29日竣工开街。

4月1日　常州市农村保持共产党员先进性教育活动动员大会召开。10月11日，活动结束，市委召开总结大会。

4月21日　常州市防治非典型肺炎（简称"非典"）工作会议召开。

5月16日　省委书记李源潮到联系点武进区湖塘镇湖塘村调研保持共产党员先进性教育活动开展情况。

6月8日　常州大酒店成为全市首家五星级酒店。

6月28日　第三届江苏省园艺博览会在常州中华恐龙园开幕。

是月　常州市在全国率先建立领导干部首次提名责任推荐制。

7月1日　常州市提高市区机关事业单位养老保险统筹比例、城镇企业职工基本养老保险缴费比例、市区企业生育保险支付待遇和缴费比例、失业人员失业保险金发放标准。

是日　常州市调整企业最低工资标准，市区、武进区由每人每月460元提高至540元，金坛、溧阳两市由每人每月370元提高至450元。

7月3日　江苏省首家青少年维权中心常州市青少年维权中心成立。

8月15—16日　中共中央政治局常委、中央纪委书记吴官正考察常州。

8月20—21日　常州城市建设招商会举行，美、英等国的使领馆商务官员和美、法、德、日、澳等国家与地区的200多位客商出席，签订项目合同60个，协议总投资124.8亿元，其中利用外资和港澳台资11.6亿美元。

8月28—29日　常州、盐城两市政府达成合作建设常州（盐城）工业园原则协议，达成合作意向20项，总投资5.4亿元。

9月16—24日　第六届全国残疾人运动会聋人篮球和射击赛在常州举行，常州市聋人篮球队代表江苏省参赛。

9月19日　韩国南杨州市政府代表团和南杨州市参展企业代表团访问常州。

9月22日　世界中小企业协会与常州高新区管委会签约，共同建设世界中小企业（常州）工业园。

9月28日　常州市与巴西南卡希亚斯市结为友好城市。

9月29日　泰日合作工业园、韩国工业园和申达新材料工业园在常州同时奠基。

10月8日　常州党政机关和社会团体、文化艺术、体育、社会福利业和有公共服务管理职能的事业单位及金融保险机构等单位实行朝九晚五的上下班制度。

10月12—14日　中央党校学习时报社与中共常州市委联合举办的全国第二届创建学习型城市论坛在常州举行，全国政协副主席王文元等发表演讲。

10月18日　常州市第十二届运动会暨第四届全民健身节开幕。

10月20—24日　2003年中国国际中小企业商品博览会在常州国际展览中心举行，境内外400多家中小企业和3万多名客商会聚常州。

10月22日　常州市与北京市朝阳区结为友好市区。

10月24日　市委、市政府在上海举行常州接轨上海情况说明会。常州市农业推介会及名特优农产品展销会同日在上海国际农展中心举行。

是日　首届全国检察长论坛在常州举行。

10月30日　市委、市政府召开动员大会，传达省政府关于调整常州市市区部分乡镇、街道行政区划的决定，部署新北、天宁、钟楼区行政区划调整工作。

是日　常州市政府—清华大学全面合作洽谈会在常州大学城机电学院举行。

是月　常州市炎黄文化研究会组织编纂的《常州文化丛书》公开出版。

11月9日　省委副书记、省长梁保华到常林股份公司、常柴股份公司、黑牡丹(集团)股份公司和常州华利达服装公司调研，主持召开国有企业改革座谈会。

11月9—10日　赞比亚共和国总统利维·帕特里克·姆瓦纳瓦萨访问常州。

11月16日　全国人大常委会副委员长、全国妇联主席顾秀莲考察常州。

11月23日　中共常州市委九届九次全体会议召开，首次以无记名投票表决方式差额产生金坛市市长推荐人选。12月17日，金坛市第十四届人大常委会第八次会议以无记名投票方式选举吴晓东任副市长、代市长，为全国首位公推公选产生的市长。

11月27日　常州市在全省地级市中第一个通过基本消灭疟疾达标考核。

11月27—28日　全国政协名人故居保护和纪念馆建设专题组考察常州，全市143处文物保护单位公布。

11月27—29日　常州市的16家企业被授予“中国制造”全国优秀企业称号，数量居全省地级市首位。

11月29日　红星世界家居工厂直销中心开业，总投资4.2亿元，经营面积10万平方米，2000多家家具品牌建材商进场，成为全国家居行业唯一的中国绿色生态家居示范商场。

是月　常州籍运动员部普庆在澳门举行的第七届世界武术锦标赛中获70公斤级散手比赛冠军。

12月1日　中央人民广播电台、中央电视台、中国新闻社及《人民日报》《光明日报》《法制日报》等媒体组成的新闻采访团，专门到常州采访法律援助工作。

12月14—15日　泰国副总理乍都隆访问常州。

12月15日　金坛市被命名为“中国中华绒螯蟹之乡”“中国食用菌之乡”。

12月17日　市委、市政府在经过市民广泛讨论后，确定新时期常州“市民精神”为“勤学习、重诚信、敢拼搏、勇创业”。

12月18日　常州市在江苏省率先推行告知承诺制。

12月21日　市委常委会首次以无记名投票表决方式，决定任用33名领导干部。

12月24日　常州市和金坛、溧阳两市被命名为“国家卫生城市”。

12月25日　常州通过国家创建环境保护模范城市验收。翌年3月16日、21日，金坛、溧阳两市先后通过国家级创建环境保护模范城市验收。

是月　常州火车站综合改造工程竣工，投入运营。

是年　江苏省城镇建设学校升格组建江苏省常州建设高等职业技术学校。

是年　常州市实现地区生产总值901.42亿元，其中一、二、三产业增加值分别为47.18亿元、520.25亿元和333.99亿元；按户籍人口计算，人均地区生产总值26149元。完成财政总收入136.1亿元、财政总支出84.76亿元，完成社会消费品零售总额280.65亿元；完成进出口贸易总额52.51亿美元，其中出口35.3亿美元，实际利用外资 8.55 亿美元；市区居民人均可支配收入 11303 元，人均住房使用面积 20.35 平方米，农民人均纯收入 5550 元，人均住房面积 55.9 平方米。

2004 年

1 月 8 日　常州市在全国双拥工作会议上被表彰为全国双拥模范城。

1 月 11 日　常州市代市长徐建明率市代表团到盐城交流，向盐城公共事业捐款 60 万元。

是月　常州市获得江苏省唯一的 2002 年度中国人居环境范例奖。

2 月 5—8 日　常州市第十三届人大第二次会议召开，徐建明在会议上当选为市长。

2 月 15 日　钟楼区清潭广成路发现一座明代中期的石室木椁木棺墓。

3 月 9 日　常州市政府与北大资源集团在北京签订《市政府、北大资源集团关于加强全面合作的协议》，达成合作项目 5 个。

3 月 31 日　《中国城市竞争力报告 N02》公布，常州综合竞争力名列全国 200 个城市第二十位，比上年提升 11 位，综合增长率、生产率、就业机会、市场占有率、人均收入指标分列第三十八位、第十八位、第十位、第十八位和第二十五位。

4 月 8 日　常州在全省地级市中第一个编制发布《现代农业产业发展总体规划》。

4 月 15 日　国务院专项检查组全面查处江苏铁本公司违规建设钢铁项目。29 日市委在省委、省政府关于铁本项目事件处理电视电话会议后，专门召开全市性会议，表示坚决服从国务院对铁本专案的处理决定。5 月 12—13 日，副省长李全林率队在常州研究协调铁本公司东安工厂生产经营问题，调研常州工业经济运行情况。14 日，市委、市政府召开全市领导干部大会，深刻反思、全面总结“铁本事件”的教训。

4 月 20 日　中华人民共和国常州边防检查站在新北区揭牌。

4 月 22 日　武进区横山桥镇通过首批全国农业旅游示范点验收。

5 月 1 日　常州籍运动员孙超夺得第二十一届国际田联世界杯赛男子青年组 10 公里竞走冠军。

5 月 10 日　《常州市城市总体规划(2004—2020)》和新一轮《常州市城镇体系规划》《常州市历史文化名城保护规划》通过部省级专家组的论证。

5 月 19—27 日　中国武进新科杯女子曲棍球(中国、韩国、南非、日本)挑战赛在武进曲棍球基地举行，中国队夺得冠军。

5 月 29 日　全国首家新型涂料产业化基地常州新型特种涂料产业基地揭牌设立。

6 月 2 日　常州的 66 个县(市、区)级及其以下开发园区被撤销。

6 月 4 日　圭亚那国民议会议长哈里·那拉颜·拉姆克兰率代表团访问常州。

6 月 12—13 日　中共中央政治局常委李长春考察常州。

6 月 18 日　国务委员陈至立率参加全国职业教育工作会议的国家有关部委领导及各省分管教育的副省长、教育厅(局)长，到常州考察高等职业教育(园区)、常州大学城。

7 月 1 日　常州市企业开始执行新的最低工资标准，市区(含武进)执行省定一类标准由每月 540 元增至 620 元，金坛、溧阳两市执行省定二类标准由每月 450 元增至 500 元。

7 月 2—11 日　中央电视台国际频道播出《走遍中国·常州》系列节目。

7 月 15 日　市政府与清华大学、韩国科学技术院在常州联合举办中韩经济技术交流洽谈会。

7月28日　常州在江苏省率先成立市级家庭暴力报警中心、伤情鉴定中心和庇护中心。

8月1日　全国首创的常州市领导干部网上学习城开通。

8月24—27日　江苏省数控技能大赛暨全国首届数控技能大赛选拔赛在常州大学城举行，常州有10名选手进入6个竞赛组的前3名。

8月26日　斯里兰卡交通部部长菲利克斯·佩瑞拉访问常州。

9月28日至10月1日　中国国际中小企业商品博览会在常州举行，770名境外客商参加。

9月28日至10月5日　2004年中国国际卡通·数码艺术周在常州举行。

9月30日　国产网络计算机推广应用展示会在常州软件园举行，常州市与北京大学联合建设的国产网络计算机产业基地——常州市国家火炬计划软件产业基地揭牌。

10月20—26日　首届常州金秋人才活动周举办。

11月5日　总投资8860万元的戚墅堰区圩墩大桥建成，通过竣工验收。

11月14日　常州籍武术运动员郜普庆在广州举办的第二届世界杯武术散打比赛获男子70公斤级冠军。

是日　常州市有14个农产品通过无公害认证。至此，全市无公害农产品增至122个。

11月22日　全市第一个村级集体股份合作制改革试点武进区湖塘镇大墩村股份合作社成立。

11月23日　常州市和金坛市、武进区分别被评为2001—2002年度全国科技进步先进市、县(市)区。

11月25日　常州市光彩事业促进会设立全省第一个500万元光彩基金，第一笔基金捐赠东南大学签字。

12月2—3日　常州市在苏南地区第一个通过江苏省基本农田保护检查验收。

12月6日　常州钟楼经济开发区的软塑新材料项目在北京人民大会堂签约，国务院总理温家宝和在北京访问的德国总理施罗德出席签约仪式。该项目计划投资1亿美元，设计年产量6万吨。

12月21日　常州市被命名为“国家环境保护模范城市”。

12月23日　省委书记李源潮考察常林股份公司、金色新城小区、常州大学城等，听取常州市工作汇报。

12月26日　常州革命史纪念馆、常州革命烈士纪念馆落成开馆。

12月27日　常州市老住宅小区综合整治工程获得中国人居环境范例奖，其理念被建设部作为2005年工作指导思想推广。2005年1月，省政府授予该项目江苏省人居环境范例奖。

是日　常州市区新增的200辆出租车上路运营，市区出租汽车保有量达1640辆。

12月31日　常州市提前1年在全省第一个实现辖市区与镇通二级及其以上公路、镇与镇通三级及其以上公路、镇与行政村通四级及其以上公路的道路建设目标。

是年　常州市水稻平均亩产600公斤，居江苏省地级市首位。

是年　常州市实现地区生产总值1102.19亿元，其中一、二、三产业增加值分别为54.19亿元、661.86亿元和386.14亿元；按户籍人口计算，人均地区生产总值31665元；完成财政总收入144.77亿元、财政总支出104.88亿元，完成社会消费品零售总额324.05亿元；完成进出口贸易总额69.06亿美元，其中出口47.16亿美元，实际利用外资5.8亿美元；市区居民人均可支配收入12867元，人均住房使用面积20.65平方米，农民年人均纯收入6235元，人均住房面积55.7平方米。

2005年

1月7日　常州市第七届职工职业技能大赛结束，28个工种的第一名获得“常州市技术状元”称号和常州市五一劳动奖章。

1月11日　常州市通过创建省级园林城市工作考核。8月24日，常州被省政府命名为“江苏省园林城市”。

1月18日　市委召开全市保持共产党员先进性教育活动动员大会，市委书记范燕青作动员。

3月5日　常州市志愿者总会成立。

3月19日　18时20分，郭莺（女）担任常州电视台主持人的手语新闻节目播映，成为全国首次由聋人用手语主持的新闻节目。

3月21日　常州市第十三届人大常委会第十八次会议决定王伟成任副市长，代理市长。

3月25—27日　溧阳市与亚洲资本论坛、中国跨国公司研究会、上海前沿控股集团主办的亚洲资本论坛中国开发区高峰会在天目湖举行。

3月29日　常州城市低保对象医疗救助行动在德安医院启动，常州市慈善医院挂牌。

3月30日　市政府首次举行市长接待台商日活动，代市长王伟成与30名台商代表座谈。

3月31日　金坛市的小学教师殷雪梅以身挡车勇救学生献身。4月7日，金坛市举行“人民的好教师”殷雪梅追悼会。省委追认她为中共党员，省政府批准她为“革命烈士”。市委、江苏省教育厅和中共金坛市委、金坛市政府相继作出“向殷雪梅同志学习的决定”。6月8日，人事部、教育部追授她“全国模范教师”称号；25日，副省长王湛到常州慰问殷雪梅的家属，转达国务委员陈至立等领导的问候。

4月2日　市委决定在全市开展向黑牡丹（集团）股份公司知识型职工邓建军学习的活动。4—10日，中央新闻采访团到常州专题采访邓建军的先进事迹。4月30日，中共中央总书记、国家主席胡锦涛在全国劳动模范和先进工作者表彰大会上，向邓建军颁发“全国劳动模范”证书。

4月6日　省委书记李源潮在常州与民营企业家座谈，听取加快发展民营经济的意见和建议。

4月26日　全国政协副主席、全国工商联主席黄孟复调研常州新能源产业。

是日　常州被确定为国家知识产权试点城市。

4月27日　常州市在全省率先推出城乡地名标志牌设置国标化、设置单位承诺制。

5月19日　常州市服务业招商会开幕。招商会举办期间，签订投资合作协议总额52.86亿元，利用外资和港澳台资2.26亿美元。

5月21—27日　全国第五届科技活动周暨常州市第十七届科普宣传周举办。

5月23日　常州市首次创建成为全国社会治安综合治理优秀市。

6月10日　京杭运河常州段改线工程全线开工，全长26.09公里，总投资29.97亿元。312国道常州段同步改线南移至运河新线南侧。2008年1月17日，河道改线工程全线竣工通航。

是日　中天焦化厂关闭外输人工煤气总阀门，常州市全面进入天然气时代，成为江苏第一个完成天然气置换的地级市。

是日　江苏凌家塘农副产品批发市场进入2004年度全国百强农副产品交易市场前3名，获得全国商品交易市场最具发展潜力奖，2004年完成商品交易额65.08亿元。

6月13日　国务院批准设立常州出口加工区。9月29日，常州出口加工区在常州高新区龙虎塘街道奠基。2007年1月1日封关运行。

6月15日　常州市举行民营企业报告会，邀请中共江阴市华西村委员会原书记、华西集团公司原董事长、总经理吴仁宝，申达集团公司董事长张国平和江阴澄星实业集团公司董事局主席兼总裁李兴等著名企业家作报告。

6月16日　江苏省常州食品药品监督管理局成立。

6月18—19日　常州市纪念瞿秋白英勇就义70周年暨学术研讨会举行。

6月28日　常州郊区第一个进行农村集体经济股份合作改革的天宁区茶山街道浦前社区股份合作社成立。

7月1日　常州侨裕集团独自投资3.5亿元建成的全市首家国际性酒店常州富都商贸饭店开业。2006年7月1日，常州富都商贸饭店获得国家旅游局颁发的五星级酒店标牌。

7月6日　常州市的全国劳动模范、黑牡丹(集团)股份公司高级技师邓建军在北京人民大会堂作了《当知识型职工，做民族工业脊梁》的演讲。

是日　常州市第一条、江苏省第三条城际公交客运线武进湖塘至金坛市班线投运，全长42公里。

7月10—11日　常州选手代表江苏参加在西安举行的中国青少年机器人竞赛，获一等奖6项，常州市第一中学和市少年宫FLL代表队同获2005—2006年度FLL机器人世界锦标赛参赛资格。

7月19日　常州市举行优秀共产党员先进事迹报告会，演讲宣传黑牡丹(集团)股份公司知识型工人邓建军、金坛市城南小学的“人民的好教师”殷雪梅、钟楼区南大街东头村社区中共总支书记许巧珍、常州市第一人民医院院长何小舟的先进事迹。

7月25日　圭亚那总理塞穆尔·海因兹等访问常州。

7月28—30日　新科导航杯中国机器人大赛和第六届全国中小学电脑制作大赛在常州举行。全国政协副主席李蒙等领导出席开幕式，全国30个省、自治区、直辖市和60多所高校、科研院所的选手参赛，常州选手获3个组别的冠军和2个组别的一等奖。

8月1日　市政府首次就市区中心区域限制摩托车通行实施方案在江南春宾馆举行听证会。

8月10日　常州市表彰奖励在第七届中华技能大赛中获奖的优秀技能人才126人。

8月19日　常州方圆制药公司研制成功新中国成立后常州唯一由科研人员独立研发、具有自主知识产权的国家一类抗生素类新药硫酸依替米星。

8月25日　常州市第八届职工职业技能大赛暨建设职工职业技能大赛开赛。

8月31日　常州市各界人士纪念中国人民抗日战争胜利60周年座谈会召开。

9月1日　常州7家企业的8种产品被评定为中国名牌产品。至此日，全市有中国名牌产品14种。

是日　沪宁高速公路常州段扩建工程竣工，在江苏率先通车，主线全幅8车道。

9月3日　市委、市政府向18位抗日老战士颁发中国人民抗战胜利60周年纪念章。

9月12日　市政府发布市区中心区域扩大限制摩托车通行范围的通告。

9月19日　武进区横山桥镇成为全国首批小城镇发展改革试点镇。

9月20日　中国城市经济体制改革座谈会在常州召开。

9月28—30日　2005年中国常州科技经贸洽谈会在常州大学城举办。

9月29日　位于武进区西湖路的津通国际工业园开园，首期20万平方米标准厂房及其配套设施全部到位，美国固特异工程橡胶、中国台湾茵派尔科技等企业入驻。

10月3日　省委书记李源潮到常州考察被拆迁农民集中居住小区大学新村、蓝天花园。

10月14日　中共中央总书记、国家主席、中央军委主席胡锦涛在中共中央政治局候补委员、中央书记处书记、中央办公厅主任王刚和省委书记李源潮、省长梁保华陪同下，到常州视察南车集团戚墅堰机车车辆厂、常州高等职业教育园区和瞿秋白纪念馆。

10月18日　南车集团戚墅堰机车车辆工厂举行建厂百年庆典。

是日　新疆奎屯市党政代表团访问常州，常州市向奎屯市赠送社会事业发展资金100万元。

10月22日　武进区被公布名列全国百强县(市)第八位。

10月29日　溧阳市公安局西门派出所联防队员汪丹为抓捕歹徒英勇牺牲。2006年被追授"革命烈士"称号。

11月1日　常州各辖市区开始执行新的企业最低工资标准，市区执行省定一类标准即每月690元，金坛、溧阳两市执行省定二类标准即每月550元，分别增加70元、50元。

11月4日　常州名特优农产品交易会在上海国际农展中心开幕，签约合资合作项目78个，合同利用外资和港澳台资1.2亿美元，签订产品销售合同总额16.51亿元。

11月6日　常州跻身12个"中国品牌经济城市"行列。

11月7日　《常州市城市总体规划(2004—2020年)》上报省政府。2006年2月7日，经省政府报请国务院审批。

11月17日　市委、市政府召开全市现代服务业50项重点项目推进大会。

11月20日　全国第一个专门解决城市低收入家庭住房困难的国家康居示范工程经济适用房小区陈渡新苑在钟楼区紫荆西路开工建设。

11月22日　常州三杰纪念地——瞿秋白故居、张太雷故居、恽代英纪念广场被列为全国爱国主义教育示范基地。

12月2日　312国道常州城区段南移改建工程竣工通车。

12月8日　全国第一个专利信息服务平台佰腾网在武进高新区开通。

12月9日　市委、市政府表彰在第十届全国运动会上获得奖牌的常州运动员、教练员，74名运动员参加了这届全运会的21个大项的比赛，夺得金牌6.5枚、银牌4.5枚和铜牌6.5枚。

12月21日　239省道一级公路溧阳段改造工作竣工通车，239省道连通宁杭高速公路、104国道和241省道，改善了溧阳地区的交通条件。

12月23日　常州市市区的302户特困家庭入住廉租房。

12月28日　常州市慈善总会成立，代市长王伟成当选会长。新北、天宁、钟楼、戚墅堰四区设慈善分会，各镇及街道、社区和村委会相继设立工作站、联络点。

12月30日　常州名列中国综合实力百强城市第二十六位，比上年提升1位，入选中国投资(硬)环境50优城市。

12月31日　常州市获得"全国创建文明城市工作先进城市"称号。

是年　常州市实现地区生产总值1308.18亿元，其中一、二、三产业增加值分别为59.62亿元、799.05亿元和449.51亿元；按常住人口计算，人均地区生产总值32116元；完成财政总收入220.45亿元、财政总支出140.28亿元，完成社会消费品零售总额444.94亿元；完成进出口贸易总额83.34亿美元，其中出口61.24亿美元，实际利用外资7.31亿美元；市区居民人均可支配收入14589元，人均住房使用面积21.04平方米，农民人均纯收入7002元，人均住房面积56.2平方米。

2006年

1月9日　武进的江苏卓群纳米稀土股份公司与南京理工大学实施并完成的几种无机纳米材料的制备及应用研究项目获得国家科技进步二等奖。

1月11—14日　常州市第十三届人大第五次会议召开，王伟成当选为市人民政府市长。

1月20日　常州市第六次人口抽样调查数据公布，2005年11月1日零时，全市有常住人口411万人。

1月26日　常州市第一个省级标准化乡（镇）文化站金坛市社头镇文化中心建成开放。

2月9日　常州市首家物证类司法鉴定机构中国南车集团戚墅堰机车车辆工艺研究所司法鉴定所成立。

2月17日　江苏涟水县在常务工人员王海杰因抢救落水女青年牺牲。2008年4月，被追授为“革命烈士”。

2月21日　“接轨大上海，建设新常州”恳谈会在上海国际会议中心开幕。上海市市长韩正会见常州市代表团，上海市常务副市长冯国勤与中共常州市委书记范燕青、市长王伟成会谈。

2月23日　“投资常州，共谋发展”推介说明会在北京国际饭店举行，商务部、中国外商投资企业协会的领导及美、英等国驻华大使馆官员出席。24日，市委、市政府在北京人民大会堂举行“科学发展创伟业，科技创新兴常州”汇报会，国家有关部委与驻京重点高校、科研院所、行业协会的部分领导、专家学者到会，全国人大常委会副委员长顾秀莲、全国政协副主席张怀西讲话。

2月28日　常州市举行纪念中共常州地方组织成立80周年座谈会。

3月14日　武进区政府与中国再生资源开发公司签署投资15亿元、建设中国（常州）再生资源回收利用示范工程合作协议。

是日　常州市从2006年起取得统一通行标志的农业标准化示范区所产食用农产品开始在江苏、浙江、上海畅通无阻，与其他地区的食用产品享受同等待遇。

3月16日　常州市工商联潮汕商会成立，市委书记范燕青会见全国39个城市和中国香港、澳门及加拿大、泰国潮人商会代表团的团长、300多名潮州籍工商界人士。

是日　市政府对2005年度8个“中国名牌产品”的生产企业每家奖励50万元。

3月19—28日　市长王伟成率常州经贸代表团在美国招商，中国常州驻美国加利福尼亚州经贸联络处、中国常州驻美国华盛顿经贸联络处成立。

3月20日　常州市“党员进老区，万人帮万户”活动在金坛市薛埠镇启动。

3月22日　全省首家进城务工人员服务中心在常州成立。

4月3日　市政府与北京化工大学科技合作签约仪式暨成果发布会举行。

4月6—7日　全国政协原副主席钱正英到常州考察水环境保护工作。

4月17日　市委召开政协工作会议，贯彻落实《中共中央关于加强人民政协工作的意见》和江苏省政协工作会议精神。

4月18日　常州企业家茹伯兴、汤燕雯、王振华、丁佐宏、刘灿放、黄小平、梅鹤康、董才平、车建新进入2006年度“中国慈善排行榜”，市工商联会长、长兴集团董事长汤燕雯入选2006年度“中国十大慈善家”。

4月25日　常州市在中国香港开展城市产业重点项目招商活动，推出项目528个。市委书记范燕青、市长王伟成与香港世茂集团、华润集团洽谈经贸合作。26日，2006年中国常州城市产业推介说明会在香港举行，推出6大类招商项目100个、总投资585亿元，签订合作项目12个、总投资11.6亿美元；中国常州香港经贸联络处同日成立。

4月26日 全国质检系统第二家质量科研机构——江苏检验检疫质量研究中心在常州市成立。

4月28日 中华龙城(常州)旅游节在天宁宝塔广场开幕。

是日 常州市率先实现整体由村民转居民的武进区湖塘镇长安家园社区居民委员会成立。

4月28日至5月6日 常州籍运动员蒋燕皎、卢兰获得在日本举行的第二十一届尤伯杯羽毛球比赛冠军。

5月 8日 江苏工业学院实施并完成的苯酚丙酮缩合催化剂的研制及在万吨级双酚A工业装置上的应用、工业生物催化关键技术及在食品添加剂制造中的应用研究获2005年度江苏省科技进步奖一等奖。

5月 9日 金坛市周代土墩考古成果入选2005年度全国十大考古新发现。

5月19日 全国政协副主席陈奎元率全国政协文史、学习委员会大运河保护与申遗考察团到常州进行专题考察。

5月21—31日 市委书记范燕青率常州经贸代表团在日本、韩国招商。30日，在韩国首尔签订常州—春川动漫产业发展合作协议。

5月25日 张太雷故居、金坛市三星村遗址被列入第六批全国重点文物保护单位。

6月11日 江苏长江塑化城建成开业。

7月 4日 溧阳天目湖南山竹海景区被评定为国家AAAA级旅游景区。

7月5—9日 市长王伟成率常州党政代表团在新疆奎屯市慰问常州第五批援疆干部，向奎屯市捐赠100万元和救护车1辆。

7月15日 江苏省首届苗木产业重点企业峰会在常州市夏溪花木市场召开，全省第一个苗木工作站江苏省苗木商会夏溪工作站揭牌。

7月18日 文化部和江苏省文化厅、常州市政府主办的全国首届数字娱乐产业论坛在常州科教城开幕。

7月24日 钟楼区荷花池社区被评为全国学习型家庭创建示范社区。

8月28—31日 中共常州市第十次代表大会召开，选举产生中共常州市十届委员会委员51人、候补委员9人和中共常州市纪律检查委员会委员35人，出席中共江苏省第十一次代表大会代表49人。中共常州市十届一次全体会议选举范燕青为市委书记，王伟成、于超、邹宏国为市委副书记。市纪委第一次全体会议选举于超为市纪委书记。

9月 6日 常州市有10个产品被评为中国名牌产品，武进区被评为全国质量兴市先进县(区)。

9月15—21日 市委、市政府举办第二届常州金秋人才活动周，中国科学院院士吴旻、姚熹、许学彦、沈学础、郑厚植、王志新和中国工程院院士梅自强、庄松林、潘君骅等人出席院士论坛。

9月16日 第二届全国数控技能大赛江苏赛区选拔赛暨江苏省第二届数控技能大赛在常州科教城开幕。11月27日，常州有4名选手进入第二届全国数控技能大赛相应工种组别前4名，获奖数居全省首位。

9月27日 文化部中外文化交流中心与省委宣传部和省文化厅、广播电视局、文联、常州市政府主办的中国(常州)国际动漫艺术周在常州中天钢铁体育馆开幕。

9月28日 中国常州科技经贸洽谈会在常州科教城开幕。洽谈会上，14个单体投资总额达1亿美元的投资项目和1个科技合作项目现场签约，总投资14.8亿美元，协议注册外资和港澳台资6.48亿美元。中国科学院常州应用化学研究中心、中国科技大学常州光固化基础与新材料联合研究中心、南京大学高新技术研究院、北京化工大学常州新材料研究所和欧佩克技术转移中心常州分中心等科研机构首批入驻常州科教城。

9月30日 毛里求斯博巴桑·荷津市市长瓦伦·安德率代表团访问常州。

10月 1 日　沪宁高速公路常州段发生一起特大交通事故，造成7人死亡。

10月 8 日　68个市级机关单位、部门的2000多名公务员在市民广场参加升国旗仪式，常州市级机关正式由局前街迁入龙城大道市行政中心办公。

10月10日　常州出口加工区通过9部委联合验收正式投运。

10月12日至12月29日　农工民主党、民盟、九三学社、民建、民革、致公党、民进7个民主党派和工商联、科协、社会科学界、归侨侨眷及道教协会相继召开代表大会，完成市级组织的换届选举。

10月21日　首届中国常州孟河医派论坛在常州举办，中外中医专家、孟河医派再传弟子代表120人参加。

10月22日　常州市体育代表团在南通举行的江苏省第十六届运动会上夺得金牌104.5枚，奖牌数、总分均居全省第六位，金坛市的金牌、总分名列全省县级市首位。

10月30日　市慈善总会首次向154名百岁老人、29户特困家庭发放扶助金49万余元。

11月 8 日　19时38分，常州国家动画产业基地打造的江苏首位虚拟电视节目主持人在常州电视台公共综艺频道亮相。

12月12日　常州国家动画产业基地获2006年中国十佳最具投资价值创意基地(TOP10)奖牌。

是年　常州市实现地区生产总值1585.11亿元，其中一、二、三产业增加值分别为66.07亿元、954.45亿元和564.59亿元；按常住人口计算，人均地区生产总值37809元；完成财政总收入277.27亿元、财政总支出171.04亿元，完成社会消费品零售总额517.83亿元；完成进出口贸易总额104.42亿美元，其中出口78.91亿美元，实际利用外资12.51亿美元；市区居民人均可支配收入16649元，人均住房使用面积21.49平方米，农民年人均纯收入8001元，人均住房面积58.27平方米。常州市社会发展水平综合指数居江苏省省辖市社会发展水平评价第四位。

2007年

1月3—6日　市长王伟成率市相关职能部门负责人、部分企业家到北京、天津考察学习城市公交工作。

1月 6 日　常州液压成套设备厂公司董事长沈立捐款1580万元建造奔牛公园，成为江苏省光彩基金中最高额单笔捐赠。

1月 9 日　市总工会设立全国第一个总额为1000万元的劳模基金——常州市劳模关爱基金。

是日　常州市有13人获中华慈善事业突出贡献奖，常州市慈善总会获突出贡献机构奖。

1月15日　常州市实行空调公交车票价与普通车并轨，均为1元。3月1日起，60条线路刷卡乘坐公交车票价实行6折优惠，老年卡2折优惠。

是月　常州市商业银行改建为江苏银行常州分行。

2月 1 日　中国和亚洲第一个利用地下盐穴建成的天然气储气库金坛储气库投产，开始储气。

2月 9 日　常州市纺织工业协会成立。

2月15日　常州市投运50辆豪华公交车，成为全省第一个使用欧Ⅲ排放标准公交车的城市。

是月　常州被确立为全省两个金融创新试点城市之一。12月4日，常州被列为全省金融改革创新试点城市。

3月 1 日　“接轨大上海、建设新常州”恳谈会在上海国际会议中心开幕，中共上海市委代书记、市长韩正会见常州市党政代表团主要成员。

3月9日　常州市人大代表、政协委员各3名首次列席市政府常务会议，开市人大代表、政协委员参政议政形式之先河。

3月19日　常州市面向全国公开选拔企业共青团委书记。4月29日，7名团委书记上岗。

3月22日　市政府召开会议，传达省政府关于调整金坛、溧阳两市和武进区部分镇行政区划的决定，部署钟楼、戚墅堰两区撤镇设街道工作。

3月26日　市政府奖励2006年度首批重点“产学研”合作项目20个。常州高校“产学研”合作服务中心成立。

3月29日　中国林产工业协会地板专业委员会、市政府主办的首届中国常州国际地板博览会在常州国际展览中心开幕。中国林产工业协会、中国五矿化工进出口商会分别授予横林镇“中国强化木地板之都”“中国强化木地板出口基地”称号。

是月　常州吟诵、常州天宁寺梵呗唱颂、常州锡剧、常州乱针绣、常州竹刻、常州梳篦、溧阳跳幡神、金坛董永传说、金坛谈庄秧歌灯、金坛剪纸（刻纸）、金坛封缸酒酿造、金坛抬阁12个项目入选江苏省首批文化遗产保护名录。

4月2日　江苏省首次住房保障工作会议在常州召开。

4月10—17日　美国洛杉矶罗兰长青合唱团来常州进行文化艺术交流。

4月14日　零时40分，338省道新北长江路口发生一起重大交通事故，5人死亡。

4月15—19日　常州市在江苏省率先通过全国农村中医工作先进市建设标准国家级考评。

4月16日　江苏数字文化产业基地（常州）与新加坡凯尔数字文化产业园项目合作协议在常州签订，总投资5亿美元。

4月20日　常州市成为全省第三个达到全面小康指标的地级市。28日，省政府宣布2006年武进区总体上达到江苏省全面小康指标。

4月24日　中国常州（香港）城市产业推介说明会在香港君悦酒店举行。

4月28日　常州博物馆、常州规划馆建成开放。

4月28—29日　中国佛教协会会长（扩大）会议在常州召开，中国佛教协会会长一诚法师率20多名高僧参会。30日，举行天宁寺宝塔落成典礼。

4月30日　常州市水文局成立。

是日　市政府在全国率先设立企业社会责任奖，首批20家企业获奖。

5月15日　金坛市通过创建江苏省生态农业县（市）综合考评。

5月25日　市政府公布首批26项非物质文化遗产。

5月25—29日　全国第十五届老年骑游健身文化展示大会在常州举行。

6月1—7日　市委书记范燕青和南车戚墅堰机车公司电焊班班长吴淑玄、黑牡丹股份公司高级主任工程师邓建军等4人当选为中共十七大代表。

6月4日　省长梁保华检查常州武进港运河水环境治理工作。

6月10日　中国（常州）湖塘纺织城在武进区长虹路与夏城路交会处开业，获得“中国纺织名城”称号。10—12日，举行中国湖塘纺织服装博览会。

6月27日　清华—常州干部教育培训全面合作签约，清华大学继续教育常州培训基地、清华远程企业学堂常州课程中心设立。

7 月 5 日　迎奥运倒计时 400 天纪念活动暨 2007 年江苏省全民健身运动会开幕式在中天钢铁体育馆举行。

8 月 9 日　中国科学院成都有机分子研究中心常州中心成立。

8 月 11 日　省委书记李源潮在武进区调研太湖入湖河道治理工作。

8 月 18 日　零时，常州市固定电话号码由 7 位升至 8 位。

8 月 22 日　江苏大娘水饺千万光彩基金成立暨捐赠活动在常州大酒店举行。

8 月 25—26 日　省长梁保华在常州就苏南地区加快产业结构优化升级进行调研，听取基层对改善民生的意见建议。

9 月 16 日　常州市首届中国城市公共交通周及无车日启动。

9 月 18 日　全国第一个国家数字娱乐产业示范基地在常州成立。

9 月 19 日　由 9 家国资(集团)公司合并、重组的常州工贸国有资产经营公司成立。

9 月 21 日　长江三角洲妇联主席联席会议暨巾帼科技创新论坛在常州举行，全国人大常委会副委员长、全国妇联主席顾秀莲到会讲话。

9 月 22 日　武进区和金坛、溧阳两市进入全国中小城市综合实力“百强”，金坛市入选全国“十佳”节约型中小城市和全国最具投资潜力中小城市“百强”。

9 月 26 日　武进区被国家林业局、中国花卉协会命名为“中国花木之乡”。

9 月 27 日　中欧国际产学研合作论坛在常州富都商贸饭店举办。28 日，2007 中国常州科技经贸洽谈会在常州科教城举行。

9 月 28 日至 10 月 5 日　2007 中国(常州)国际动漫艺术周在中华恐龙园举行。

9 月 30 日　位于春秋淹城遗址南侧的全省首家超大规模野生动物园——淹城野生动物园建成开放。

10 月 10 日　常州市代表队夺得江苏省青年职业技能决赛团体第一名。

10 月 16—17 日　中共十七大代表、市委书记范燕青接受中央电视台第四套节目《今日关注》栏目和新华网《十七大代表访谈》栏目采访。

10 月 22—25 日　副市长王成斌率市科技代表团赴俄罗斯新西伯利亚科学城访问，常州科教城与俄罗斯科学院新西伯利亚分院签订全面合作备忘录。

11 月 3 日　常州选送的运动员陆春龙与两名队友组成中国队，在加拿大举行的蹦床世界锦标赛夺得男子团体决赛金牌，陆春龙成为常州市第十四位世界冠军。

11 月 6 日　常州人民广播电台、常州电视台、常州广播电视技术中心和常州广播电视报社合并，组建常州广播电视台。

11 月 17 日　常州市中小学生首届体育大会在中天钢铁体育馆开幕。

11 月 20 日　位于武进区西湖路的常州津通国际工业园入选全国首批国际科技合作基地。

11 月 27 日　英国伦敦当地时间 11 月 26 日晚，武进区夺得“国际花园城市”最高级别组竞赛全球第一名，获得大赛最高奖金奖。

是日　日本铃木株式会社与广东江门市大长江集团签订协议，投资 20.8 亿元在新北区举办常州豪爵铃木摩托车公司。

11 月 30 日　钟楼陈渡新苑被评为国家康居示范工程，获成套技术应用、规划设计、建筑设计和施工组织管理 4 项金奖。

12月 4 日　常州被列为江苏省金融改革创新试点城市。

12月10日　金坛市入选第三批全国绿化模范县(市)。

12月26日　全长10.53公里的342省道常州段建成通车，项目总投资3.1亿元。

12月28日　东南大学—常州科技成果展示洽谈会在常州科教城开幕，东南大学常州研究院在常州科教城成立。

是年　常州市实现地区生产总值1913.5亿元，其中一、二、三产业增加值分别为74.32亿元、1135.13亿元和704.05亿元；按常住人口计算，人均地区生产总值44452元；完成财政总收入414.38亿元、财政总支出274.4亿元，完成社会消费品零售总额614.41亿元；完成进出口贸易总额132.26亿美元，其中出口98.44亿美元，实际利用外资18.35亿美元；市区居民人均可支配收入19089元，人均住房使用面积21.77平方米，农民年人均纯收入9033元，人均住房面积57.7平方米。

2008年

1月 1 日　国内第三条、江苏第一条快速公交线——常州快速公交一号线试运营，区间从新北公交中心站至中吴大道站。4月18日，一号线全线贯通，向南延伸至武进客运中心，全程24公里。

1月 5 日　江苏省最大的县级粮食物流中心在金坛建成，年吞吐量8万吨，项目总投资2500万元。

1月8—12日　政协常州市第十二届第一次会议召开，选举于超为市政协主席，顾森贤、陆志奋、张云云、赵敖祥、朱剑伟、蒋必彪、严国强、卢明康为副主席。

1月9—13日　常州市第十四届人大第一次会议召开，选举范燕青为市人大常委会主任，王伟成为市人民政府市长，选举产生江苏省第十一届人民代表大会代表45人；选举朱龙虎、贾宝中、陆洪生、陈伟昶、赵忠和为市人大常委会副主任；选举俞志平、张力航、孙国建、居丽琴、韩九云、王成斌、朱晓敏为副市长；选举姜洪鲁为市中级人民法院院长、邵长生为市人民检察院检察长。

1月13日　常州亿晶光电科技公司首次入选《福布斯》中文版中国潜力企业榜，位居中国光伏新能源企业首位。

1月20日　武进区被评为中国民营经济最具活力县(区)第一名、中国民营经济首选投资县(区)第一名，金坛市跻身中国民营经济最具活力城市行列。

是日　外来务工人员李承霞、陈子康、黄峰、吴芳群、高子结、王政粉、史桂宝、孙玉生、唐克银、陈斐斐被公众推选为“十大最感动你的新常州人”。

1月22日　从四川运至常州的编号21号大熊猫暂住在中华恐龙园熊猫馆。

1月23日　常州市被评为省社会治安综合治理先进市，被省委、省政府表彰为社会治安安全市。

1月25日　常州市第二代身份证集中换发工作完成，全市换发身份证296万张。

1月25—26日　常州普降暴雪，降雪量达52.8毫米。

2月 1 日　常州被命名为“国家园林城市”。

2月 2 日　常州市及辖市区全部通过国家科技进步先进市(县、区)考核。

2月19日　常州市“川气”天然气利用二期工程启动。

2月26日　常州市被确定为全国2008年城镇居民基本医疗保险扩大试点城市。

是日　市政府公布第四批文物保护单位4个大类、68处。

2月28日 “接轨大上海，建设新常州”恳谈会在上海国际会议中心举行。3月1日，中共中央政治局委员、中共上海市委书记俞正声在沪接见常州市党政代表团。

3月1日 常州文化艺术学校升格为全省首家艺术高职院校——常州艺术高等职业学校。

3月5日 常州市畜牧兽医局成立。

3月9日 金坛经济开发区10个投资额达1亿元项目集中开工。

3月10日 常州市政府与盐城市政府签订年度挂钩合作协议，常州有150家企业投资盐城，总投资50亿元。

3月17日 坦桑尼亚达累斯萨拉姆市市长阿达姆金柏萨率代表团访问常州。

3月28日 中国邮政储蓄银行常州分行成立。

3月31日 市委、市政府召开全市科技创新大会，表彰全市科技先进企业和个人。

4月2日 常州天禄建设开发公司董事长陈祖伟捐赠1000万元，设立常州市天禄创新基金，支持在常州创业的留学归国人员。

4月9日 常州数字地图成功运用。

是日 全国第一个科普惠农服务站在溧阳市天目湖玉枝特种茶果园艺场成立。

4月14—16日 中国常州城市产业推介说明会在中国香港举行。15日，香港常州商会成立，常州籍人士、香港长江实业(集团)公司执行董事赵国雄任首任会长。

4月18日 总投资28.8亿元的常州城市防洪工程启动，第一个项目北塘河枢纽工程奠基。

4月24日 米希尔(Michel，法国籍)、丁光鸿、卜鸿凌、王占洪、冯龚、许嫣娜、张娅瑛、杨建军、钟璟、程国兵当选为第五届常州市十大杰出青年。

是日 常州市第一部《知识产权发展与保护状况》白皮书发布。

4月27日 中华龙城(常州)旅游节开幕式和国际旅游文化盛装巡游活动举行。

4月29日 常州市总工会启动创业五周年发展行动，设立五一创业基金和劳模创业基金各1000万元。

5月1日 武进成为全国县级市第二个中国龙舟竞赛基地，太湖湾杯首届中国(武进)国际龙舟、舞龙、舞狮邀请赛开幕。

5月3日 中国常州—美国洛杉矶双边投资贸易洽谈会暨高层次人才招聘会在洛杉矶举行，市委书记范燕青率常州经贸代表团赴美国开展商贸活动。

5月4日 常州市在江苏省率先开展“捐出一张废纸，奉献一片爱心”慈善公益活动。

5月4—5日 全国人大常委会副委员长、中国科学院院长路甬祥考察常州。

5月9日 中共中央政治局委员、国务委员刘延东考察常州科教城。

5月17日 全市面积最大的免费敞开式城市森林公园青枫公园建成开园，总面积45公顷。

5月17—19日 首届全国精细化工清洁生产工艺与技术经济发展研讨会在常州举行。

5月18日 中国常州先进制造技术成果展示洽谈会在常州科教城开幕，常州国际创新基地在常州科教城同日奠基，总投资50亿元。

是日 常州籍运动员沈烨与队友获得在印度尼西亚雅加达举办的第二十五届世界汤姆斯杯羽毛球比赛双打冠军。

5月19日 14时28分，全市人民默哀3分钟，深切哀悼在四川汶川特大地震灾难中的遇难同胞。24日，常州举行“献我爱心，救我同胞”全民捐款赈灾大行动晚会。29日，四川汶川地震的伤员120人被运抵常州治疗。6月1日，武进区泰村实验学校“绵竹班”开班，汶川地震灾区的106名学生异地就学。

6月7日　常州市有9个项目分别入选第二批国家级非物质文化遗产名录和首批国家级非物质文化扩展项目名录。

6月10日　全国集邮界纪念中国邮票90周年展览会在常州举办。

6月12日　常州在江苏省第三个获全国畅通工程A类一等管理水平奖。

6月17日　张太雷110周年诞辰纪念研讨会在常州召开，省委书记梁保华到会讲话。

6月29日　省委书记梁保华到常州考察入太湖河道水环境治理及防洪工作。

6月30日　中国常州网与常州龙网整合成新的中国常州网。

7月24日　6时40分，武进区朝阳路翟家湾吴下桥路段发生重大交通事故，造成4人死亡。

8月8—24日　6名常州籍运动员参加在北京举办的第二十九届国际奥林匹克运动会。19日，常州选送的运动员陆春龙夺得男子蹦床单人赛冠军，实现常州奥运金牌“零”的突破；唐春玲、黄俊霞随中国家女子曲棍球队夺取亚军。

8月16日　全国首家地市级光伏行业协会常州市光伏行业协会（商会）成立。

8月26日　常州市级机关73个单位的102名科级干部交流轮岗。

9月1日　省长罗志军率省有关部门的主要领导调研溧阳农村改革发展情况。

9月6—11日　常州籍3名运动员参加北京2008年世界残疾人奥运会。11日，常州籍残疾运动员雷丽娜夺得女子乒乓球单打TT9级金牌，与队友夺得女子乒乓球TT6—10级团体赛冠军。

9月10日　常州市第一条高架道路一期工程（西半环）竣工通车，总投资50亿元，全长25.4公里，双向6车道。

是日　常州市区120条背街小巷整治工程竣工。

是日　常州奥林匹克体育中心（简称“奥体中心”）、常州国际会展中心建成正式运营。

9月19日　常州科教城、常州亿晶光电科技公司被命名为“国家国际科技合作基地”。

是日　第十届中国太阳能光伏会议暨展览会在常州举办。20—21日，第二届中国太阳能节暨第六届中国国际太阳能秋交会在常州国际会展中心举办。

9月19—21日　2008中国常州科技经贸洽谈会在常州国际会展中心举行。

9月23—28日　李宁杯中国羽毛球大师赛在常州奥体中心举行。

9月28日至10月5日　第五届中国（常州）国际动漫艺术周在中华恐龙园等地举行。

10月8日　突发事件指挥调度平台常州市应急指挥中心启用，统一受理报警与求援服务。

10月11日　常州市第十三届运动会暨第六届全民健身节在常州奥体中心开幕。

10月14日　唐荆川爱国兴学奖助金首次资助20名家境困寒、品学兼优的学生。

10月28日　常州—毛里求斯博巴森·荷津市缔结友好城市10周年纪念树在常州栽种；常州—芬兰萨塔昆塔大区缔结友好城市纪念碑常州红梅公园国际友谊林落成。30日，常州市与萨塔昆塔大区在南京缔结为友好城市。

10月30—31日　中共中央政治局委员、国务院副总理张德江考察常州。

11月4日　常州港入选《海峡两岸海运协议》所列中国大陆直航港口名单。

11月18日　第二届中国专利技术（常州）展示交易周在常州科教城开幕。

11月22日　国务委员、公安部部长孟建柱考察常州。

12月3日　常州市儿童福利院新院在丽华北路建成。

12月5日　市政府与江苏银行签订全面战略合作协议，约定此后两年内江苏银行向常州市贷款80亿元。

12月12日　市政府表彰常州市2008年度科学技术进步奖获奖项目80个。

12月13日　苏南首家村镇银行金坛常农商村镇银行挂牌营业。

12月16日　武进区"百企百亿"银企对接项目签约，全区100家企业与10多家金融机构对接，获信贷支持总额248.5亿元。12月30日，市政府与中国农业银行江苏省分行签署战略合作协议，此后4年内该分行将向常州市增加信用额度300亿元。

是日　溧阳市城乡公交一体化线路全部开通。

12月17日　常州市纪念改革开放30周年大会召开。

12月22日　市委副书记邹宏国率常州文化产业代表团访问韩国，韩国总理韩升洙在首尔总理府接见常州代表团成员。

是年　常州市实现地区生产总值2266.32亿元，其中一、二、三产业增加值分别为84.5亿元、1317.05亿元和864.77亿元；按常住人口计算，人均地区生产总值51746元；完成财政总收入542.68亿元、财政总支出384.41亿元和社会消费品零售总额764.06亿元；完成进出口贸易总额176.29亿美元，其中出口132.44亿美元，实际利用外资20.4亿美元；市区居民人均可支配收入21592元，人均住房使用面积24.38平方米，农民年人均纯收入10171元，人均住房面积58.73平方米。

2009年

1月1日　常州市完成省政府下达对口支援长江三峡工程库区重庆市云阳县移民的任务，出资583万元，援建希望小学8所。

1月10日　中共中央政治局常委、国务院总理温家宝考察常州科教城、江苏常发集团和江苏新瑞机械公司。

1月13日　常州市的朱留洪、沈文华、钱丽芳、周莉芳、吴金霞、许巧珍、赵龙庆7人被评为全国孝星敬老之星。

1月20日　常州市被评为全国创建文明城市工作先进城市。

2月9日至3月27日　常州市新农村建设带头人科学发展能力培训工程启动，全市1053个行政村的中共基层组织书记、村民委员会主任1670名分批进行集中培训。

2月18日　省长罗志军到常州市部分重点装备制造企业调研，并主持召开全省装备制造业重点企业负责人座谈会。

2月22日　中共中央政治局常委、国务院副总理李克强考察常州。

2月24日　常州市"接轨上海，服务世博"恳谈会在上海国际会议中心举行，中共中央政治局委员、中共上海市委书记俞正声接见市委书记范燕青、市长王伟成等。

3月1日　市委、市政府召开全市振兴五大产业动员大会，出台《常州市振兴五大产业行动计划(2009—2011年)》。

3月4日　金坛市被文化部命名为"中国民间文化艺术之乡"。

3月10日　市委召开全市深入学习实践科学发展观活动大会。至2010年2月，全市各级、各单位开展深入学习实践科学发展观活动；3月5日，市委召开全市深入学习实践科学发展观活动总结大会。

3月19日　常州市开展百名媒体记者走进50项重点工程、千名宣传员走进民营企业、千台文艺节目走进社区（村镇）、万名志愿者走进新农村、百万青少年走进爱国主义教育基地活动。

3月23日　常州市首家现代农业生态园在武进横山桥镇开工建设。

是日　常州城区关河、北塘河、东支河与红梅公园、东坡公园、中华恐龙园联成的都市景观旅游线“三河三园”工程开工建设，总投资3.8亿元。

是日　常州市电信3G放号，网络覆盖全城，成为全国首批跨入3G时代的城市之一。

3月24日　常州市客运中心及综合配套系统工程开工建设，总投资24亿元。翌年6月25日建成投运。

3月27日　参加在无锡举办的第二届世界佛教论坛的200多名高僧大德参观常州天宁禅寺、天宁宝塔和城区。

3月27—28日　2009年国际泳联世界跳水系列赛第二站比赛在常州奥体中心举行。

4月13—15日　市委书记范燕青率常州党政企业代表团在武汉市和四川省、重庆市进行“产学研”合作洽谈对接。

4月14日　常州名列中国城市政府创新能力首位和社会凝聚力、政府服务能力第三位。

是日　常州市的江苏上上电缆集团、常林工程机械集团、江苏康泰化学集团公司和江苏华朋集团公司分别居2008年度中国大企业集团竞争力500强第136位、171位、300位和346位。

4月21日　市长王伟成会见到访的美国科学院院士、美国分子医学会主席弗里德·穆拉德。

4月25日　香港大学首次内地招生说明会在江苏省常州高级中学举行。

4月27日　常州市区快速公交（BRT）二号线通车。

4月28日　位于延陵中路南侧的东坡公园敞开改造工程竣工，免费开放。至此，常州市区的公园全部免费开放。

5月1日　常州市物业服务开始实施点单付费，每平方米每月不超过1.63元。

是日　“花都水城·浪漫武进”旅游节暨第二届中国（武进）国际龙舟邀请赛开幕。

5月7日　常州市大娘水饺、丽华快餐分别居2008年度中国餐饮百强企业第三十位、六十位。

5月9日　中共中央政治局常委李长春考察常州科教城和部分企业、学校。

5月18日　常州被评为全国社会治安综合治理优秀市。

5月26日　全省首家社区大学常州社区大学成立。2013年10月，常州开放大学建立，不再沿用“常州社区大学”名称。

6月1日　省长罗志军考察常州水利工程建设和长江防汛工作。

6月4—5日　常州发生冰雹灾害，造成7500亩农作物受灾，部分房屋受损，直接经济损失近1000万元。

6月6日　常州西电变压器公司的第一台750千伏超高压电力变压器通过全部试验，成为全球投入商业运行的最高输电电压等级变压器。

6月11日　市政府与韩国文化产业振兴院在常州签订《中韩游戏产业人才培训合作备忘录》，中国唯一的国家级中韩游戏产业人才培训合作基地选址常州。

6月23日　国务院批准设立江苏武进出口加工区。12月17日，通过国家9个部委的联合验收。翌年3月15日，海关、进出口检验检疫派驻机构入驻，正式运行。

6月25日　江苏省、常州市“万顷良田”建设工程在金坛启动。

6月26日　中国民生银行常州支行开业。

7月1日　常州市开始执行《江苏省基本医疗保险诊疗项目和医疗服务设施范围及支付标准(修订版)》。

7月20日　常州市在新北区薛家市民广场举行"祖国万岁"庆祝中华人民共和国成立60周年专题音乐会，中央电视台现场录制"激情广场"栏目"爱国歌曲大家唱"系列常州站活动实况。

7月22日　常州籍运动员方盛与队友在中国台湾高雄市举办的第八届世界运动会上夺得技巧男子四人赛金牌。

7月28日　圩墩公园改建竣工，再现6000多年前常州原始村落的风貌，向市民免费开放，更名为"圩墩遗址公园"。

8月2—3日　市委书记范燕青率常州党政代表团到四川绵竹市地震灾区，看望常州援建工作人员，督查援建项目建设。

8月8日　常州市第一个全民健身日活动在常州奥体中心广场启动。

8月9日　常州籍运动员陈文园夺得2009年射箭世界杯上海站比赛金牌。

8月16日　常州籍运动员卢兰获得在印度海德拉巴举行的第十七届世界羽毛球锦标赛女子单打冠军。

8月20日　武进区被列为江苏省首批信息化和工业化融合试验区。10月17日，武进区被评为2009年中国最具投资潜力中小城市百强第一名。

8月22日　以东方卫视为平台，联合长江三角洲主要城市圈的"魅力东方迎世博·走进常州"大型电视直播活动在常州中华恐龙园开镜。

9月1日　常州大剧院竣工投用，总投资4.65亿元，建筑面积4.2万平方米，巨型可变舞台设施国内一流，融汇东西方文化韵味。

9月5日　常州市分别有4家、8家、3家企业入选2009中国企业、制造业和服务业"500强"，有3家企业跨入"收入增长最快百家企业"行列。

9月7日　市政府向在常州创业的22位外籍人士授予"常州市荣誉市民"称号。

9月10日　2009中国常州(香港)城市产业专题推介说明会在中国香港举行。

9月10—13日　第三届中国太阳能节暨第七届中国国际太阳能秋季交易会在常州国际会展中心举办。

9月13—20日　环球国际模特大赛中国区总决赛在常州大剧院举行，全国20个分赛区的70名选手参赛，上海姑娘刘宇珺获得冠军。

9月15日　瞿秋白、张太雷、恽代英、李公朴、罗忠毅入选"100位为新中国成立作出突出贡献的英雄模范人物"，华罗庚、邓建军入选"100位新中国成立以来感动中国人物"。

9月15—20日　李宁杯中国羽毛球大师赛在常州市奥体中心新城体育馆举行，20个国家和地区的180余名运动员参赛。

9月21日　常州广播电视台组织创作的电影《邓稼先》、广播剧《军训日记》获全国精神文明建设"五个一工程"优秀作品奖。

9月23日　常州市入选中国十佳和谐可持续发展城市。

9月27日　台湾光宝集团投资6亿元、常州最大的台资工业项目光宝华东营运中心在武进高新区启用，成为光宝集团在全球的第一个绿能产业基地。

9月28—30日　中国常州科技经贸洽谈会在常州奥体中心新城体育馆开幕，世界500强企业、国际知名跨国公司等企业的2733名客商参加。常州市政府与美国中美总商会在开幕式上签订战略合作协议。22个重大外资项目和3个科技合作项目现场签约，计划总投资31亿美元。洽谈会期间，先后举办国际先进成型技术转移大会、海外人才汇聚常州创业创新洽谈会、常州与国际友好城市高校合作论坛、常州轨道交通国际论坛和国际跨国采购大会暨外贸产品展销会等9项活动。

10月9—12日　武进淹城在捷克比尔森市举行的第十三届国际花园城市与社区全球总决赛中，获联合国授予的全球最适宜人类居住城市（社区）国际竞赛环境可持续发展项目（自然类）金奖。

10月22日　地跨常州、镇江两市的中国石油江苏长江项目在扬中市孢子洲奠基，项目总投资200亿元。

10月23—24日　天目湖中欧经济论坛在溧阳市涵田度假村举办，全国人大常委会原副委员长成思危、副省长张卫国、意大利驻华大使谢飒等出席开幕式。

10月24—25日　常州地方曲艺发掘抢救学术观摩展演及研讨活动在中国艺术研究院举行。25日，在北京的100多位知名人士观看了在北京大学举办的"兰陵·兰韵"演出。

10月28日　武进区运村水稻超高产攻关基地"运2645"早熟晚粳新品经专家测算亩产875.9公斤，创江苏省晚粳稻单产新纪录。

10月31日　常州入选中华人民共和国成立60周年全国最具投资潜力城市。11月7日，常州市在"和谐中国"系列评选活动中被评为最具和谐发展力城市。

11月2日　省国土资源厅将《常州市土地利用总体规划(2006—2020)大纲》上报国土资源部审批。2010年通过国土资源部审定。

11月3—28日　常州市级机关首次招聘海外高层次人才。28日，市级机关相关单位与5名受聘海外博士签约。

11月29日　中国首家地市级股份制农村商业银行江苏江南农村商业银行在常州成立，12月31日营业，总部设在常州。

12月1日　市政府和印度驻上海总领馆联合主办的中国（常州）—印度投资贸易恳谈会在常州富都商贸饭店举行，印度驻上海总领事带恩锐出席。

12月5—10日　第十九届世界女子手球锦标赛在常州奥体中心新城体育馆举行。

12月7日　常州创意产业基地获中国最佳创意产业园区奖。

12月8日　金坛市被评为全国基本农田保护先进单位。

12月23日　赞比亚通信与交通部部长杰费里·伦关瓜、坦桑尼亚基础设施发展部部长舒库鲁·卡万布瓦率坦赞联合代表团访问常州。

是年　常州市实现地区生产总值2519.93亿元，其中一、二、三产业增加值分别为91.75亿元、1429.73亿元和998.45亿元；按常住人口计算，人均地区生产总值56890元；完成财政总收入681.72亿元、财政总支出520.81亿元和社会消费品零售总额891.54亿元；完成进出口贸易总额150.79亿美元，其中出口108.66亿美元，实际利用外资22.61亿美元；市区居民人均可支配收入23751元，人均住房使用面积24.69平方米，农民年人均纯收入11198元，人均住房面积59.48平方米。

2010年

1月8日　溧阳由151个农民专业合作社出资1.1亿元组建的、全省规模最大的农民专业联合社——常州天目湖一村一品农产品专业合作社联合社成立，溧阳一村一品展示中心启动运行。

是日　常州淹城野生动物园因白化基因变异而导致全身体毛呈白色的一只狒狒，被专家确认为中国第一只白狒狒。

1月11日　南车戚墅堰机车车辆工艺研究所公司参与的时速250公里动车组高速转向架及应用项目、江苏洛基木业公司参与的稻麦秸秆人造板制造技术与产业化项目，分获国家科技进步一、二等奖。

1月17—18日　全国政协副主席、中国民主同盟中央第一副主席张梅颖到常州参加“李公朴家乡行”活动。

1月18日　常州市慈善总会向全市1656名贫困大病患者发放救助金850.8万元。

是月　常州市体育场游泳馆工程、天宁寺宝塔工程获得2009年度国家优质工程奖。

2月3日　武进区政府与中国储备粮管理总公司江苏分公司签订江苏奔牛国家粮食储备库资产划分确权协议，中央储备粮常州直属库成立。

2月9日　常州市和辖市(区)政府机构暨乡镇机构改革动员大会召开，市政府机构改革方案公布，各辖市(区)政府机构及乡镇机构改革同时启动。

是日　金坛市被住房保障和城乡建设部命名为“国家园林城市”。

2月23日　常州市公园绿地建设管理体制创新项目获2009年中国人居环境范例奖。

3月2日　常州—云阳对口合作综合帮扶框架协议达成。

3月8日　市长王伟成在京出席第十一届全国人大第三次会议，当晚走进中央电视台中文国际频道“今日关注”“两会”特别节目演播室，介绍2010年常州的民生保障工作。

3月17日　美国通用电气(中国)公司与南车戚墅堰机车公司签订总投资1亿美元合作生产柴油机的协议。

3月20—25日　江苏省第十七届运动会青少年部首场比赛男子篮球比赛在金坛举办。

3月25日　常州男子篮球队夺得江苏省第十七届运动会首枚金牌。

是日　市政府与国家开发银行江苏分行签署开发性金融合作协议。

3月28日　常州快速公交(BRT)一号线、京杭运河常州改线工程获得中国土木工程詹天佑奖。

3月29—31日　全国政协副主席孙家正考察常州科技文化产业发展工作。

是月　江苏工业学院更名为常州大学，成为常州第一所综合性大学。

4月1日　溧阳被评为全国绿化模范城市。

4月18日　环球恐龙城晋升为常州市第一个国家AAAAA级旅游景区。

4月20日　常州被确定为国家创新型试点城市。

4月28日至5月12日　首次在中国大陆召开的世界月季联合会区域性大会暨第四届中国月季花展在常州紫荆公园举办。

5月1日　依托淹城遗址规划建设的春秋文化主题公园淹城春秋乐园建成开园。

5月16日　全国人大常委会副委员长、中国民主同盟中央主席蒋树声考察常州。

5月17日　市政府与科技部、江苏省科技厅分别签订《部、厅、市共建常州国家创新型科技园区协议》《厅、市共建常州科教城协议》。

6月2—6日　第十七届国际泳联跳水世界杯赛在常州奥体中心新城游泳跳水馆开幕。

6月3日　中国(常州)—瑞典投资贸易恳谈会举行，市长王伟成在富都商贸饭店会见瑞典企业家代表团，瑞典银行副总裁马斯·巴克特曼参加。

6月6日　武进高新区被确定为江苏省第一个低碳经济示范区，规划用地27.8平方公里。

6月11日　市政府与江苏省商务厅、常州市创意产业基地管委会、常州意工厂创意产业发展公司签订战略合作协议，共建常州国际外包公共服务平台。

6月20日　第三届中美民间和平论坛在常州举办，全国人大常委会副委员长、和平裁军委员会副会长严隽琪出席。

6月25日　位于竹林西路、常州火车站北广场西侧的常州客运中心正式建成投运。

7月5日　联合国人类住区规划署(The United Nations Human Settlements Programme，简写UN-HABITAT)向武进区颁发联合国人居环境特别荣誉奖，选定武进为中国第一个人居实验城市。

7月21日　市政府与国网电力科学研究院签订战略合作协议。

7月26日　常州引进的91名领军型创新创业人才与辖市区创业载体签约。

是月　常州市垃圾无害化处理工程入选首批江苏城建示范工程。

8月20—21日　全国加快保障性安居工程建设工作座谈会在常州召开。中共中央政治局常委、国务院副总理李克强出席会议，率与会代表考察常州保障性住房建设。

8月22日　常州籍运动员高霆捷在新加坡举办的首届世界青少年奥运会上夺得男子10米气步枪决赛冠军。

8月29日　常州有14家企业入选中国民营企业500强。

8月31日　常州商事调解中心在江苏省地级市中率先成立。

是月　武进区的春秋淹城旅游区、钟楼区的青枫公园创建成为国家AAAA级旅游景区。

9月1日　《常州市市区城乡居民社会养老保险实施办法》施行。

9月2日　常州西藏民族中学新校区揭牌，十一世班禅额尔德尼·确吉杰布题写校名。10月23日，新校区落成。

9月3日　常州的巢松全、居亦琴、杨金孝、黄洪德、孙燕云、萧剑波、陈桂方、倪久晋、缪德根、欧阳洪福、汤金龙11人被认定为第三批江苏省非物质文化遗产代表性传承人。

9月10日　常州渔夫动漫公司耗时6年制作、出品的第一部3D动画电影《西域传奇》在全国公映，并卖出海外版权。

9月8—12日　全国技巧冠军赛、系列赛暨青少年锦标赛在武进体育馆举行，常州一队夺得青少年锦标赛混双全能冠军。

9月15—19日　李宁杯中国羽毛球大师赛在常州奥体中心举行，20个国家和地区的240余名运动员参赛。

9月20日　15时50分，104国道1231.95公里处发生交通事故，造成6人死亡、1人受伤。

9月28日　市政府分别在常州大剧院、常州博物馆、常州大学和人民公园举办上海世博会长江三角洲城市“友谊日”活动。

9月28—30日　2010中国常州科技经贸洽谈会在常州奥体中心开幕，17个重大外资项目和两个合作项目在开幕式上现场签约，总投资31.45亿美元。

是月　常州高架道路二期工程东半环竣工通车，双向6车道，总长27.9公里，环线长21.8公里。

10月11日　江苏省第十七届运动会开幕式暨“幸福常州2010”大型文艺演出在常州奥体中心新城体育场举行。省委书记梁保华宣布江苏省第十七届运动会开幕，省长罗志军致开幕词，市委书记范燕青致欢迎词。18日晚，江苏省第十七届运动会闭幕式暨“扬帆远航”大型文艺演出在常州奥体中心新城体育场举行，市长王伟成将省运会会旗交接给第十八届省运会承办城市徐州、淮安两市市政府领导。23日晚，庆祝江苏省第十七届运动会圆满成功"欢乐盛典"大型文艺演出在常州奥体中心新城体育场举行。

10月27日　常州被评为全国人民防空工作先进城市。

11月8日　第十五届华罗庚杯金杯少年数学邀请赛总决赛在金坛市体育馆举行。

11月10日　华罗庚100周年诞辰纪念大会在金坛市举行。

11月13—15日　全国人大常委会副委员长华建敏调研常州科技创新工作。

11月23日　常州银河动漫发展公司原创科幻动画片《晶码战士》，在中央电视台少儿频道"动画乐翻天"栏目首播。

11月25日　常州被国家知识产权局确定为国家知识产权示范城市。

是月　溧阳南渡镇梅庄堑口庆丰稻谷基地，被认定为苏南地区第一个万亩稻谷原料种植检验检疫出口备案基地。

12月1日　常州市基层医疗卫生机构全部配备和使用基本药物实行零差率销售，基本药物全部纳入基本医疗保障药品报销目录。

是日　常州市科技进步奖评选产生。翌年1月18日，市政府表彰10家企业为2010年度市科技进步先进企业，表彰2010年度市科技进步奖项目79项，其中一等奖4项、二等奖15项和三等奖、四等奖各30项。

12月3日　全市有397家试点企业出口货物贸易可用人民币结算，享受出口货物退（免）税政策。

12月5日　武进区被评为中国全面小康十大示范县（市、区）。

12月8日　常州市民卡首次发行。

12月24日　常州在全国地级市中唯一连续第三年获得全民终身学习活动周优秀组织奖。钟楼区作为全国社区教育示范区代表，在北京举行的中国成人教育协会年会论坛上发言。

是年　常州市实现地区生产总值3044.89亿元，其中一、二、三产业增加值分别为99.78亿元，1683.68亿元和1261.43亿元；按常住人口计算，人均地区生产总值66290元；完成财政总收入841.67亿元、财政总支出638.21亿元和完成社会消费品零售总额1054.39亿元；完成进出口贸易总额222.78亿美元，其中出口155.58亿美元，实际利用外资26.7亿美元。市区居民人均可支配收入26269元，人均住房使用面积24.91平方米，农民年人均纯收入12637元，人均住房面积58.4平方米。

2011年

1月1日　首届中国（常州）非物质文化遗产旅游节在天宁风景名胜区开幕。

1月10日　《福布斯》中国潜力企业榜发布，常州亚玛顿股份公司、常州安泰诺特种印制板公司和常州市康辉医疗器械公司上榜，分别排名第十六位、八十七位和一百五十七位。

1月12日　中央电视台在武进的江苏恒立高压油缸公司录制2011年全国农民工春节联欢晚会"回家·过年"部分节目。

1月14日　江苏（武进）水稻研究所育种专家钮中一参与研究的抗条纹叶枯病高产优质粳稻新品种选育及应用项目获2010年度国家科技进步一等奖。

1月15日　规划总投资3.8亿元的江苏凌家塘物流中心奠基开工。

1月16日　常州获得人民网和中国城市发展促进会、中国品牌建设与管理协会联合授予的"社会主义精神文明建设十强市""科技创新示范市"称号。

是日　常州春秋淹城旅游区在常州市首家获得中华环保联合会、国家旅游局中国旅游景区协会授予的“全国低碳旅游实验区”称号。

1月22日　常州市政府公布首批市级文化产业示范园区5个、文化产业示范基地10个。

1月26日　常州市紧急成立撤离滞留利比亚的常州籍劳务人员应急领导小组，成员单位在海阳大酒店集中指挥部署撤离、善后工作。至3月，全市585名在利比亚的务工人员全部安全返乡。

2月1日　常州市调整最低工资标准，其中常州市区由每月960元上调至每月1140元，增幅18.75%，金坛、溧阳两市由每月790元上调到每月930元，增幅17.72%；每小时最低工资标准常州市区由7.8元上调到9.2元，金坛、溧阳两市由6.4元上调至7.5元。

2月9日　市委、市政府召开加快转型升级年动员大会，表彰获得2010年度国家科技进步奖项目，全市“创新争星、做强做大”活动优胜企业、优秀企业家，常州市科学技术进步奖一等奖项目，道德模范人物和对口援建四川绵竹先进集体、个人等。常州市评出道德模范人物30人，其中钱丽芳等10人为文明风尚类常州市道德模范人物，吴娟凤等10人为为民奉献类常州市道德模范人物，董才平等10人为创新创业类常州市道德模范人物。

2月18日　常州被评为2010年度省社会治安综合治理先进市，溧阳、钟楼被授予省社会治安综合治理先进县(市、区)称号。

2月23日　常州市公布市区第二批历史建筑15处。

2月26日至3月1日　市委书记范燕青率常州市代表团访问美国亚特兰大市，在亚特兰大市举行中国常州—美国亚特兰大高层次人才交流恳谈会。常州市政府与美国科罗拉多大学签订《合作谅解备忘录》，加强科技与教育培训的交流。

3月7日　总投资50亿元的常州国际医疗器械城签约入驻武进经济开发区，西太湖国际医疗产业园建设启动。

3月9日　在北京参加第十一届全国人大第四次会议的全国人大代表、市长王伟成，走进中央电视台“今日关注”两会特别节目“国是:2011”演播室，解读温家宝总理所作的政府工作报告，介绍常州坚持富民优先、科学发展的具体做法，阐述常州的富民帮困工作。

是日　市委、市政府出台19项政策办法，从平台建设、重大项目、人才引进、科技创新、企业跃升、产品推广、创投担保等方面，扶持“一核八园”发展。

3月11日　市委、市政府召开“争当文明市民、建设文明城市”动员大会。

3月14日　中共中央宣传部、中央文明办主办，省委宣传部、省文明办、中国文明网和常州市委、市政府承办的全国道德模范与身边好人现场交流活动在常州大剧院举行。

3月15日　在中国旅游研究院首次发布的《中国区域旅游发展年度报告2010—2011》中，常州位列全国二十大高绩效旅游目的地城市第13位。

3月16日　中国地级市第一只中小企业集合债券——2011年常州市中小企业集合债券成功发行。

3月16—17日　常州市各大超市、商场出现疯狂抢购食用盐现象，所有商店的食盐几乎被抢购一空。

3月17日　介绍常州建设道德讲堂的电视专题片《道德讲堂——一个城市的记忆》，在中央电视台12频道“道德观察”栏目播出。

3月20日　常州首届科技创新大赛开赛。

3月21日　常州民防科普教育馆开馆，免费向社会开放。

3月23日　2011年全国暨江苏省“保护母亲河”行动在常州启动，近百万青少年在约1个月中集中开展植树造林、爱水护水活动。

是日　常州市公共交通集团公司获中国城市公共交通协会、住房和城乡建设部城市车辆专家委员会等联合授予的中国低碳公交优秀企业奖。

是日　全国首家海外电子商务服务平台——四海商舟网总部落户常州。

3月25日　常州市革命烈士陵园新建的常州三杰纪念堂、革命烈士纪念堂正式对外开放。

3月26日　常州相关单位参与摄制的电影《秋之白华》成为第十八届北京大学生电影节开幕唯一展演影片，获得最佳导演奖。6月29日，中共江苏省委宣传部、中共常州市委宣传部、江苏省广电总台与华夏电影发行公司联合出品的电影《秋之白华》在南京凤凰出版传媒集团大厦首映。

3月29日　全市镇党委换届工作全部结束，历时近3个月，37个镇选出镇党委班子成员338人。

是月　市长王伟成率团访问澳大利亚友城赫斯特维尔市，考察社区养老事业。

是月　铭赛杯全国三维数字化创新设计大赛启动，全国600多所学校、1000多家企业组队参赛。11月27日，总决赛在常州结束。常州机电工程职业技术学院机械一队等分获工业工程组一、二、三等奖，河海大学工业设计队等分获数字表现组一、二、三等奖。

4月10日　首届中国·常州国际恐龙节开幕。

4月14日　常州市获2013年第八届中国花卉博览会承办权。

4月15日　苏锡常区域整体联动、推进义务教育优质均衡发展被国务院列为教育体制改革试点项目。

4月18日　常州综研加热炉公司研制的两台世界上最大的熔盐炉——2600万大卡燃油(气)熔盐炉启程，从公路运往新疆维吾尔自治区乌鲁木齐市林源科技公司。

4月20日　常州市在迪拜举行的第五十九届公共交通国际联合大会上获中国第一个国际推动公共交通贡献大奖。

4月21日　常州中华恐龙园代表队在中国国际旅游服装服饰赛博会上夺得全国旅游景区两项金奖之一。

4月27日　中华龙城(常州)国际旅游节开幕。

4月28日　常州机场新航站楼建成启用。

4月29日　省委书记罗志军到常州考察调研。

4月30日　常州市被中共中央宣传部和文化部、国家广电总局、新闻出版总署评为全国文化体制改革工作先进地区。

5月4日　常州市启动2011年文明出行工程。

是日　常州市被科技部列入第二批十城万盏半导体照明应用工程试点城市。

5月6日　常州被中国社会科学院城市与竞争力研究中心列居最具竞争力城市第二十九位、经济制度竞争力第三位、商业文化竞争力第十位、幸福感竞争力指数第二十一位。

5月8日　全国政协副主席、民建中央第一副主席张榕明到常州调研民建社会服务工作。

5月17日　首届常州市少数民族歌舞大赛开赛。

5月18日　中国常州先进制造技术成果展示洽谈会开幕。

5月20日　常州两部动画片《饼干警长》《经济学园》入选2011年度首批优秀国产动画片。

5月26日　常州梳篦厂、常州新世纪商城、常州义隆素菜馆入选商务部中华老字号振兴发展(专家)委员会评定的第二批“中华老字号”。至9月16日，常州瑞和泰副食品商场、常州市梳篦厂公司、常州新世纪商城、常州义隆素菜馆公司、常州仙鹤食品酿造公司、常州南大街双桂坊美食街、常州茶叶公司、常州迎桂餐饮公司、常州银丝面馆公司、常州府前楼餐饮公司、常州三鲜美食城、常州马复兴餐饮管理公司、常州麻糕店公司、金坛丰登酒业公司获得“中华老字号”称号。

5月27日　常州市第一个对台投资项目台湾盈天公司获商务部批准在台湾设立，主营晶体硅切削砂浆回收处理业务。

5月30日　海军“常州舰”入列命名授旗仪式在海军东海舰队某军港举行。

6月3日　金鹰国际集团在常州开设的首家百货商店金鹰嘉宏购物广场试营业。

6月10日　位于新北区西夏墅镇的常州市兴昌盛合金制品公司发生一起铁水粒化爆炸事故，造成3人死亡。11日，位于武进区嘉泽镇的常州市中岳铸造厂1名铸造工在冲天炉炉顶处理故障时发生煤气中毒，企业主要负责人强令职工冒险施救，导致煤气中毒事故进一步扩大，造成5人中毒死亡、1人受伤。

6月23日　常州市宏发纵横新材料科技股份公司国家碳纤维经编特种材料动员中心成立。

6月28日　中华恐龙园与张家界国家森林公园结为友好景区。

是日　常州小热昏、金坛直溪巨龙、溧阳蒋塘马灯舞入选第三批国家级“非遗”名录。

6月30日　常州市召开纪念中国共产党成立90周年大会，大型群众歌会“壮丽航程”在常州奥体中心新城体育馆举行。

是日　常州市区在中国内地城市中第一个实现公交车全部空调化。

是日　常州市公安局武进区分局侦破公安部督办的“4•15”特大私服游戏非法经营案，抓获犯罪嫌疑人22人，涉案金额超5000万元。

7月7日　常州（香港）城市产业推介会在香港香格里拉大酒店举行，推出招商项目150个。

是日　武进区郑陆镇牟家村建成江苏省首家村级博物馆。

7月8日　龙江路高架（武进段）南延工程通车，工程施工历时1年又2个月。

7月10日　江苏西夏墅工具产业基地开工建设。

7月11日　中（国）以（色列）生物医药共建园区项目在常州高新区启动，首批签约以色列生物医药企业5家。

7月15日　常州天禄建设开发公司获民政部颁发的第六届中华慈善奖。

7月21日　市财政在江苏省率先实施对农作物秸秆综合利用进行考核奖励，奖励政策为期5年。

7月25日　姚晓东任常州市人民政府副市长，代市长。

是日　德国最大的特殊化学品制造集团朗盛集团投资4000万美元、年产5万吨皮革化学品项目在常州高新区开工建设，2013年上半年竣工投产。

7月26日　中国机械工业企业管理协会发布2011年《中国机械500强研究报告》，常州的常林工程机械集团、江苏常发实业集团、江苏上上电缆集团、常柴股份公司、江苏华朋集团和江苏恒立高压油缸股份公司分列第57位、105位、133位、246位、260位和431位。

是日　南大街商贸休闲旅游区创建成为国家AAAA级旅游景区。

是月　全市所有镇实现乡村少年宫全覆盖，平均建筑面积322平方米。

8月5日　常州市获得“2010年度江苏省平安铁路市”称号，武进、新北、天宁、钟楼、戚墅堰五区获“平安铁路县（市、区）”称号。

8月6—7日　中国（常州）汽车配件交易会在常州国际会展中心举办，全国200多家供应商、5000多名国内外采购人员参加。同时举办第二届中国汽车配件行业品牌论坛暨汽车零部件优质供应商颁奖典礼。

8月10日　常州市首次发布《国民体质监测公报》。

8月15日　“龙城英才计划”全面启动。计划包括3个子计划，最高给予股权融资5000万元以上和创业资金支持300万元。

8月25—29日　中共常州市第十一次代表大会召开，选举产生中共常州市第十一届委员会、中共常州市纪律检查委员会和常州市出席省十二次党代会的代表；选举范燕青、姚晓东、邹宏国、俞志平、戴源、孙国建、沈斌、张春福、徐缨（女）、邓志兵、蔡骏为中共常州市第十一届委员会常务委员会委员。选举范燕青为书记，姚晓东、邹宏国为副书记。选举沈斌为市纪委书记。

是日　第八届中国（常州）国际动漫艺术周暨国际动漫博览会开幕。

9月1日　常州市对长江水域黄砂非法过驳进行专项整治。

9月7日　市政府与中国电信江苏公司签署《“十二五”信息化战略合作框架协议》。

9月13—14日　全省城乡建设暨生态文明建设工作会议在常州召开，省委书记罗志军、省长李学勇分别讲话。

9月13—18日　中国羽毛球大师赛在奥体中心新城体育馆举办。

9月15日　72名市民成为常州市人民监督员，他们对全市基层检察院查办职务犯罪案件实施社会监督。

9月16日　交通运输部推进城乡道路客运一体化发展现场会在溧阳市召开，推广溧阳城乡客运一体化发展经验，推进全国城乡道路客运一体化发展。

9月23日　市委书记范燕青、代市长姚晓东率常州市党政代表团到盐城考察。

9月28日　中国开发区创新合作大会在常州市举行，发布开发区创新合作倡议“常州宣言”。

9月28—29日　中国常州科技经贸洽谈会开幕。中外客商和嘉宾约3000人参加开幕式，19个外商投资项目现场签约，总投资31.56亿美元。

11月7日　常州大剧院、常州高架道路一期工程获得2010—2011年度中国建设工程鲁班奖（国家优质工程）。

11月12日　恐龙主题游憩型商业公园迪诺水镇在国家AAAAA级旅游景区环球恐龙城开工建设。

11月14日　市委、市政府召开加快转型升级、实施“510”行动计划动员大会，重点推进服务业、旅游业、工业、工业企业、创新成长企业5类58个项目。

是日　常州籍运动员周溢在2011年世界杯技巧比赛中，与队友合作夺得男子四人项目全能冠军。

11月17日　全球最大的油漆和涂料生产商荷兰阿克苏诺贝尔公司签约在常州高新区设立阿克苏诺贝尔功能涂料（常州）公司，建设年产2.25亿升功能涂料和高标准涂层制造基地。7月31日，投资6亿元建设的阿克苏诺贝尔功能涂料项目开工建设。

是日　天宁区雕庄街道社区卫生服务中心入选全国首批示范社区卫生服务中心。

11月18—29日　民盟、民革、农工民主党、致公党的常州市代表大会相继召开。

11月20日　常州选送的运动员陆春龙夺得世界蹦床锦标赛单人项目冠军。

11月20—25日　市委书记范燕青率常州经贸代表团前往日本开展经贸洽谈活动。

11月22日　常州大型原创交响锡剧《天涯歌女》在北京保利大剧院公演。

是日　常州市首家外资银行菲律宾首都银行（中国）常州分行进驻常州。12月28日开业。

11月24—25日　2011中国常州—日本东京双边投资贸易洽谈会在东京大仓酒店举行，200多家日本知名企业和机构参加。

是日　金坛市文化馆创作员叶林生的故事作品《茅山兵魂》获第十届中国民间文艺山花奖，成为江苏省唯一获奖作品。

是日　常州城市应急中心工程获2011年度国家优质工程奖。

11月27—28日　中共中央政治局委员、书记处书记、宣传部部长刘云山在常州考察调研道德讲堂建设。

11月28日　常州市进入全国文明城市候选名单。12月20日，常州在全国精神文明建设工作表彰大会上，被表彰为第三批“全国文明城市”之一，新北区薛家镇、溧阳市埭头镇埭头村被评为全国文明村镇，新城控股集团公司(本部)、常州市排水管理处、常州供电公司、常州市第一人民医院被评为全国文明单位。

11月28—30日　第七次中越两党理论研讨会在常州举行。中共中央政治局委员、书记处书记、宣传部部长刘云山，越共中央政治局委员、书记处书记、宣教部部长、理论委员会主席丁世兄出席会议。

11月29日　京杭运河常州市区段改线工程和常州快速公交系统，入选中国土木工程学会举办的百年百项杰出土木工程。

是月　以常州天合光能公司为核心的常州高新区光伏产业集群获得科技部批准，入选首批国家创新型产业(41个)。

12月6日　常州市政府与中国电信江苏公司签署《常州市云计算应用服务中心合作建设协议》。7日，常州市政府与中国移动江苏公司签署共建常州市无线智慧城市战略合作协议。

12月9日　省人民政府在南京与中国石油天然气集团公司、中国石油化工集团公司、中国海洋石油总公司签订共建常州大学协议。

12月12日　常州西绕城高速公路建成通车，全长26.6公里。

12月16日　常州天仁文化传媒公司、常州买东西网络科技公司、常州易宝网络服务公司从市工商局领取电子营业执照副本，成为全市首批拥有电子营业执照的电子商务公司。这3家公司旗下的天天红火网、淘常州网、CO土木在线网同日启用经营性网站电子标识。

是日　常州市政银企恳谈会暨项目签约仪式在南京举行，有249个项目参加合作对接。

12月23日　首届全国电子竞技大赛总决赛在常州环球动漫嬉戏谷举办。

12月26日　常州市“龙城英才计划”首批领军人才签约，104个领军人才创业孵化项目签约落户常州；30名国家“千人计划”人才落户常州创业，10名领军人才加盟重点企业开展创新工作。

12月27日　南京海关与常州市政府签署合作备忘录，共同促进常州区域经济发展。

是年　常州市实现地区生产总值3580.99亿元，其中一、二、三产业增加值分别为111.78亿元、1950.84亿元和1518.37亿元；按常住人口计算，人均地区生产总值77485元；完成财政总收入977.79亿元、财政总支出743.08亿元和社会消费品零售总额1236.1亿元；完成进出口贸易总额286.35亿美元，其中出口193.61亿美元，实际利用外资30.52亿美元；市区居民人均可支配收入29829元，人均住房使用面积26.11平方米，农民年人均纯收入14838元，人均住房面积61.52平方米。

2012年

1月4日　世界500强企业之一的美国库柏公司并购常州裕华电子设备制造公司后，举行新公司库柏裕华(常州)电子设备制造公司成立庆典。

是日　《福布斯》杂志发布2012年中国最具潜力100家上市公司，康辉医疗器械公司入选。

1月5日至3月10日　第八届中国花卉博览会征集会徽、吉祥物和宣传口号。6月8日，第八届花博会会徽、吉祥物在北京发布，会徽为蝶恋花，吉祥物为可爱的男女宝宝和和、美美。

1月6日　34岁的市民孙全林成为市红十字会首例人体器官捐献登记者。

1月9—12日　政协常州市第十二届第五次会议召开，市委书记范燕青到会讲话，市政协主席于超作了常委会工作报告。

1月17日　常州第五次成功创建成为全国“双拥模范城”。

1月20日　市委、市政府表彰建设全国文明城市突出贡献者20个、先进集体105个和先进个人500人。

1月31日　市委、市政府召开“创新驱动加速年”动员大会，表彰2011年度全市“创新争星、做强做大”活动优胜企业、优秀企业家、辖市区科学发展优胜地区及市重点工程优秀项目等先进集体和个人。

是日　全市第一个应急避难场所建成，总疏散面积约10万平方米，可供受灾人员临时生活10天。

是月　常州市工业经济转型千企升级五年计划启动实施。

2月2—3日　市委书记范燕青、市长姚晓东率常州市党政企代表团，在苏州、无锡、镇江、泰州，学习考察加快现代产业集聚、培育壮大新兴产业、发展科技金融等方面的经验做法。

2月14日　在中共中央、国务院召开的国家科学技术奖励大会上，常州科研试制中心公司参与的煤矿井下运输系统安全保障关键技术与装备项目获国家技术发明奖二等奖，江苏福昌环保科技集团公司独家研发的免助燃有机化工废渣焚烧处理技术及应用项目获国家科技进步奖二等奖。

2月16日　常州市开通全国第一个村(社区)惩防体系门户网站“村居廉线”(www.cjlx.gov.cn)，覆盖7个辖市区60个镇街道的400个社区和800余个村。

2月18日　中国内河首艘型号为86标准箱的小型集散两用货船从金坛出港，交付使用。

2月22日　省委决定阎立任常州市委委员、常委、书记，提名担任常州市人大常委会主任。

3月1日　常州市开始全面实行一般诊疗费制度，将门诊挂号费、诊查费、注射费(含静脉输液费)及药事服务成本合为一般诊疗费，收费标准为每人次10元。

3月9日　常州市殷村职业教育园区建设启动，江苏省常州建设高等职业技术学校新校区在武进邹区镇殷村开工建设。

3月12日　常州城市再生资源集散交易加工中心在武进区奔牛镇奠基。

3月17—26日　市长姚晓东率常州市经贸代表团在以色列、英国开展招商引资贸易洽谈活动。

3月21日　常州率先发布基本实现现代化指标体系，共4大类30项。

是月　溧阳被评为“中国建筑之乡”，电梯安装、大吨位锅炉安装分别占全国市场的60%、70%。

4月12—13日　市委书记阎立率常州市党政代表团在北京开展“产学研”活动。

4月14日　中国旅游总评榜全国总榜发布，常州中华恐龙园被评为年度最受欢迎景区，成为全省唯一入选景区。

4月18日　中国(常州)智能制造装备工业设计中心签约成立。

4月19日　常州籍运动员周溢与队友合作获美国佛罗里达州举行的第二十三届世界技巧锦标赛男子四人项目全能冠军。

4月21日至5月26日　常州举办以“建文化名城，游幸福常州”为主题的中华龙城常州旅游节，推出16个系列60余项节庆活动。

4月24日　中国常州—德国杜塞尔多夫双边投资贸易洽谈会在德国杜塞尔多夫举行。

4月28日　财政部、科技部和国家能源局公布2012年金太阳示范项目目录，常州市有4个光伏应用项目入选。

5月9日　市委宣传部、市财政局和交通银行常州分行设立文化产业信贷风险补偿专项资金并签约，首批6家文化企业签约获近2000万元贷款。

5月11日　国家发展改革委批准常州市城市轨道交通近期建设规划，常州成为全国第二十九个、江苏省第四个获批建设轨道交通的城市，也是2011年全国城市轨道交通安全大检查后第一个获批建设的城市。

5月18日　中国常州先进制造技术成果展示洽谈会开幕。

是日　常州创意产业基地入选全国首批16家国家级文化和科技融合示范基地。

5月21—29日　市长姚晓东率常州市经贸代表团在美国开展招商引资活动。

6月3日　常州市与天津大学签订全面合作框架协议及共建天津大学常州技术研发中心协议，确定在新能源、新材料和高端装备制造、建筑节能等产业研发、成果转化等方面深入合作。

6月18—19日　中共中央宣传部、中央文明办主办的全国道德领域突出问题专项教育和治理活动现场推进会在常州召开。

6月21日　市政府从即日起到年底在全市组织开展推动工业经济稳定增长“八大行动”。

是日　市环保局官方网站实时公开市环境监测中心、常州工学院、常州建设高职校3个国家控制点位PM2.5的1小时监测数据和臭氧1小时、一氧化碳最近1小时的平均浓度。

6月24—28日　政协常州市第十三届第一次会议召开。会议选举邹宏国为政协常州市第十三届委员会主席，居丽琴、朱晓敏、朱剑伟、蒋必彪、卢明康、杨平平、赵忠齐、陈建国为副主席。

6月25—29日　常州市第十五届人大第一次会议召开，姚晓东作政府工作报告。会议选举阎立为市第十五届人大常委会主任，俞志平、贾宝中、孙永明、杨建、邵明为副主任；选举姚晓东为市人民政府市长，韩九云、张耀钢、王成斌、尚建荣、张云云、方国强、史志军为副市长。

是月　市委书记阎立率常州市经贸代表团在奥地利开展经贸交流活动。

7月1日至10月31日　市委宣传部在全市征集新时期“常州精神”概括提炼及表述方式。

7月3日　海军“常州舰”赴亚丁湾、索马里海域执行护航任务，市长姚晓东率常州慰问团到海军某军港看望官兵并送行。

7月5日　中共中央政治局委员、国务院副总理王岐山考察常州工作。

是日　常州高新区被评为国家高新技术产业开发区建设20年先进集体。

7月6日　常州市原创舞剧《格桑花·茉莉花》代表江苏参加第四届全国少数民族文艺会演并获金奖。

7月6—7日　中共中央政治局常委、国务院总理温家宝到常州考察工作。

7月9日　常州市“龙城英才计划”第二批领军人才签约，193名领军人才签约落户常州市创新创业，其中包括19名国家“千人计划”人才。

7月10日　2012年伦敦奥运会中国体育代表团在北京成立，7名常州运动员入选。

7月11日　工业和信息化部正式复函，同意将常州市列为全国第二个“智慧城市”试点市，武进区同步开展“智慧城区”试点工作。

7月12日　常州市与中国建设银行江苏省分行签订新的三年期战略合作协议，建行江苏省分行将提供500亿元支持常州城市建设和实体经济。

7月17日　国务院召开全国就业创业工作表彰大会，常州被表彰为全国创业先进市。

7月20日　中央文明办和商务部、国务院食品安全管理办公室在常州召开“学习双桂坊，诚信做食品”现场会，中共中央政治局委员、中央文明委副主任刘淇出席会议并讲话。

7月27日　中共常州市委第十一届第三次全体(扩大)会议召开。

7月27—31日　市委书记阎立、市长姚晓东率辖市区主要领导、市相关部门负责人和部分企业家，在威海、烟台、沈阳、丹东等地学习考察特色产业、科技创新和精品城市等方面的经验。

是月　常州市参加第十五届中华全国集邮展览的全部10部邮集分获大镀金奖加特别奖1个、镀金奖5个、银奖3个、铜奖1个。

8月2日　《常州智慧城市发展规划》出台。

8月3日　常州选送的运动员陆春龙获得2012年伦敦奥运会男子蹦床决赛铜牌，为常州运动员在这届奥运会上获得的首枚奖牌。

8月8日　常州市受第十一号强台风“海葵”凌晨在浙江象山登陆的影响，普遍出现8～10级大风，并普降暴雨到大暴雨。金坛市在全国所有受“海葵”影响地区中降雨量最大。

8月16—22日　第九届中国(常州)国际动漫艺术周在中华恐龙园举办。

8月21日　常州企业成长与创新资本合作洽谈会在维景国际大酒店举行。

8月25日　“制造名城，常乐之州”——常州名品东北行活动在沈阳市辽宁工业展览馆开幕。

8月27日　第二届中国城市公益慈善指数在宁夏吴忠市发布，常州被评为七星级慈善城市，与金坛、溧阳两市入围全国百强慈善城市。

8月30日　中国民营企业“500强”名录揭晓，常州有13家民营企业上榜。

是月　经国务院批准，武进高新区升格为国家高新技术产业开发区。12月23日揭牌，常州市区成为全国第一个拥有两个国家高新区的城区。

9月4日　常州运动员雷丽娜蝉联2012年伦敦残疾人奥运会女子乒乓球TT9级别决赛冠军。8日，在女子TT6—10级别团体决赛中，雷丽娜再与队友夺得团体冠军。

9月4—11日　8集大型文献纪录片《辛亥革命中的常州人》在中央电视台《探索·发现》栏目黄金时段首播。

9月5日　德国朗盛集团总投资2.35亿欧元的三元乙丙橡胶项目在常州高新区奠基。2013年4月16日，该集团在常州滨江工业区投资3000万欧元兴建的中国最大的皮革化学品工厂建成投产。

9月7日　省委书记罗志军考察常州。

是日　以色列新能源技术中国巡回展第二站到常州展出，常州市150余位企业家就新能源项目与11家以色列参展商进行深入洽谈。

是日　全国政协常委、民建中央常务副主席马培华到常州考察。

是日　青果巷历史文化街区保护修缮项目启动。

9月11—16日　李宁杯中国羽毛球大师赛在常州奥体中心新城体育馆举办，14个国家和地区的121名运动员参赛。

9月15日　周玉峰编述、张戬炜整理的长篇常州评话《常州白泰官》获得中国曲艺界最高奖项牡丹奖。

9月20日　2012中国常州科技经贸洽谈会在常州奥体中心开幕，有17个总投资近亿或超亿美元及注册资本超3000万美元的项目签约，总投资26.5亿美元。

是日　常州市在上海国际会议中心举行文化人才引进暨文化产业项目推介会，常州市和长江三角洲地区的100余位文艺名家和文化企业家出席。

是日　常州市首家纯民营投资文化产业项目中国·环太湖艺术城开工建设，总投资约36亿元，占地达20公顷。

9月24日　常州《秋之白华》《留守小孩》《君子史良》3部作品获全国精神文明建设“五个一工程”奖，居全国地级市第一位。

9月29日　中央电视台在常州淹城摄制的“中秋诗会——走进常州淹城”节目在中央电视台4套首播。

9—11月　常州市在全市竞争性选拔一批领导干部，推出副处级领导职位17个、科级领导职位约100个。

10月1日　全省第一个规范行政执法行为的文件《常州市行政执法程序暂行规定》施行。

10月20日　常州首次评定市级工艺美术大师。

10月29日　省委书记罗志军考察常州罗溪镇新农村建设。

11月5日　常州市首例以民间组织作为诉讼主体的溧阳红武村环境污染公益诉讼以调解方式结案，常州市环境公益协会为此案原告。

是日　教育部同意江苏技术师范学院更名为“江苏理工学院”。

11月15日　全球领先的高端铝压延产品生产商诺贝丽斯在中国投资的首家生产企业诺贝丽斯（中国）公司开工建设，总投资1亿美元，年产车用铝板12万吨。

11月19日　常州机场开通全货机运输，由顺丰速运集团投放、扬子江快运执飞的全货机飞抵常州机场，成为常州机场开航27年来投放的首架全货机。

11月20日　中国常州（香港）城市产业推介会在香港君悦酒店举行，市委书记阎立率常州经贸代表团在香港开展经贸洽谈。

11月21日　市检察院、环保局、中级人民法院、公安局建立全国第一个环境保护联动执法中心。

11月27日　市委书记阎立率常州代表团在台湾开展经贸活动。

12月3日　2012年度全国城市文明程度指数测评揭晓，常州列全国地级城市之首。

是日　中共中央政治局委员、国务委员兼国务院秘书长马凯考察常州。

12月11日　澳大利亚籍华人刘昊在市公安局出入境管理部门领到外国人永久居留证。这是常州市向外国人发出的首张任职类“绿卡”。

12月15日　“制造名城·常乐之州”常州名品华南行活动在深圳会展中心开幕，常州市600余家企业参加展示、展销、推介活动。

12月16日　常州“无臂妈妈”吴荷美入选“2012温暖中国”十大好人。

12月17日　全球知名财经媒体《福布斯》中文版发布2012中国大陆最佳商业城市排行榜，在入榜的100个城市中，常州居第十七位。

是日　常州市“龙城英才计划”第三批领军人才签约，包括37名国家“千人计划”在内的203名领军人才签约，落户常州市创新创业。

12月20日　常州市音乐家秦德祥以吟诵调（常州吟诵）入选第四批国家级非物质文化遗产项目代表性传承人。

12月26日　常州市获得国际花园城市竞赛E类城市综合金奖和特别金奖。

12月28日　常州市第一座大型地下式垃圾转运站龙江路垃圾转运站投运。

是年　常州市实现地区生产总值3969.87亿元，其中一、二、三产业增加值分别为126.37亿元、2100.76亿元和1742.74亿元；按常住人口计算，人均地区生产总值85039元；完成财政总收入1117.03亿元、财政总支出884.92亿元和社会消费品零售总额1413.33亿元；完成进出口贸易总额290.46亿美元，其中出口199.62亿美元，实际利用外资33.61亿美元；市区居民人均可支配收入33587元，人均住房使用面积26.5平方米，农民年人均纯收入16737元，人均住房面积60.31平方米。

2013年

1月5日　常州市被评为全国无偿献血先进城市。

是日　金坛市华罗庚艺术团排演的儿童剧《留守小孩》入选国家舞台艺术精品工程，获文化部奖助金50万元。

1月7—9日　市政协第十三届第二次会议召开，市委书记阎立讲话，市政协主席邹宏国作常委会工作报告。

1月8—10日　常州市第十五届人大第二次会议召开，市长姚晓东作政府工作报告。

1月9日　省长李学勇到常州检查指导落实党风廉政建设责任制和推进惩防体系建设情况。

1月11日至2月15日　2012—2013赛季CBA联赛江苏中天钢铁男子篮球队常规赛常州赛区8场比赛在常州中天钢铁体育馆举行。

1月18日　常州市、溧阳市分获环保部授予的“国家生态市”“国家生态市(县、区)”称号。22日，溧阳获得“中国最佳生态宜居旅游名城”称号。

1月23日　常州市的代表姚晓东、丁荣余、张红、董才平、周立成、胡明在江苏省第十二届人大一次会议第三次全体会议上，当选为第十二省届全国人民代表大会代表。

1月29日　常州市轨道交通产业园被工业和信息化部列入国家第四批新型工业化产业示范基地。

1月31日　家电下乡补贴政策结束。全市累计销售家电下乡产品82万余台，销售金额20.4亿元，享受国家财政补贴金额2.3亿元。

是月　江苏省大运河沿线第二批重点文物抢救保护工程之一的戚墅堰万安桥修缮工程通过竣工验收。

2月4日　常州市召开建设国家历史文化名城动员大会，市委书记阎立讲话，市长姚晓东作动员部署。会议提出确保2015年申报成功目标，公布《常州市申报国家历史文化名城工作方案》。

2月6日　省长李学勇到常州调研经济社会发展情况。

2月7日　常州市全面开展以“节俭用餐，文明消费”为主题的文明餐桌行动。

2月20日　常州市召开推动县域经济跨越发展动员大会，提出大力推进产业、科技、项目、基础设施“四大西进”工程，实现金坛、溧阳与常州市区同城联动、融合发展。

2月25日至3月1日　常州—上海经贸合作活动周在上海举行。其间，组织拜访会见活动291场，举办专题推介会15场，到会客商770人，推进在谈项目205个。

2月26日　常州开放大学依托常州市广播电视大学(首批全国示范性市级电大)和常州社区大学(全省首家社区大学)成立。

是日　《常州日报》获全省新闻出版最高奖首届江苏新闻出版政府奖。

3月8日　常州市第十五届人大常委会第七次会议召开，决定费高云任常州市政府副市长。

3月12日　常州新北区农民陈国东注册成立全市第一个家庭农场。该农场位于孟河镇孟城村，面积300亩。

3月20日　市委书记阎立和市委副书记、副市长费高云率常州党政代表团到淮安、昆山考察学习。

3月22日　市委书记阎立在中央文明委举办的全国深入开展道德领域突了出问题专项教育和治理活动视讯会议江苏分会场，向全国介绍常州市专项教育和治理活动情况，特别是建设道德讲堂的经验。

3月27日　金坛市宜居工程建设项目获住房和城乡建设部颁发的2012年中国人居环境范例奖。

4月8日　市委书记阎立率常州市党政企代表团到中国科学技术大学开展产学研合作对接洽谈活动，与该校签署全面合作协议。

4月9日　市政府召集辖市(区)政府负责人，市、辖市区两级应急办及市交通、卫生、农业、商务、工商等部门负责人，全面研究、部署H7N9禽流感防控工作。

4月19日　市政府召开全市金融工作会议，部署常州市金融业发展三年行动计划，推进全市现代金融体系建设。

4月23日　市委副书记、副市长费高云率常州经贸代表团到德国访问。

4月24—30日　蒂尔堡—常州周活动在荷兰蒂尔堡市举行。市委副书记、副市长费高云率团出席合作恳谈会、常州书画与非物质文化遗产作品展、蒂尔堡艺术家与常州友城艺术团联合演出等活动。

4月26日　常州市举办首届文化创意项目对接会，13家单位集中签约，合同总金额逾1000万元。

4月29日　市委副书记、副市长费高云率常州经贸代表团在瑞士拜访多家企业，深化与瑞士的经贸合作。

5月2日　常州市新增国家级文物保护单位5处，分别为中华曙猿化石地点(古遗址类)、阖闾城遗址(古遗址类)、金坛土墩墓群(古墓葬类)、近园(古建筑类)、新四军江南指挥部旧址(近现代重要史迹及代表性建筑类)。至此日，常州市国家级文保单位增至10处。

5月3日　淹城遗址和阖闾城遗址入选国家级大遗址保护项目。

5月5日　溧阳市被中国烹饪协会命名为全国第一个“中国长寿美食名城”。

5月5—14日　市委书记阎立率领常州经贸代表团在韩国、新加坡、马来西亚开展经贸活动。

5月9日　全国政协副主席、民建中央常务副主席马培华到常州考察光伏产业。

5月10日　常柴股份公司召开建厂100周年纪念大会。

5月18日　常州市公布第四批市级非物质文化遗产名录，25个项目入选。

是日　第八届中国常州先进制造技术成果展示洽谈会在常州科教城举行。展洽会提供最新科技成果近8200项、技术需求559项，举办专题活动和科技成果信息发布会40场。

是日　常州创意产业基地赞奇科技发展公司与中国惠普公司推进建设的华东地区第一个云3D渲染网络平台“渲云”上线运营。

5月19日　中国社会科学院财经战略研究院与城市与竞争力研究中心、社会科学文献出版社联合发布2013年《城市竞争力蓝皮书》，常州市列中国宜居城市第四位。

5月26日　江苏金昇实业股份公司斥资42.3亿元，收购世界纺机巨头欧瑞康集团天然纤维和纺机专件资产与股权。国务院总理李克强与德国总理默克尔见证文件签字仪式。

6月1日　《常州市市长质量奖管理办法》施行。市长质量奖是常州市政府设立的区域最高质量荣誉奖，市政府对获奖的企事业单位将一次性奖励50万元。

是日　常州市儿童医院与天宁区各基层医疗卫生机构签约成立全市第一个医疗联合体。

6月7日　常州市政府与国家开发银行江苏分行签署开发性金融合作备忘录，双方在规划合作、机制建设、重点项目等领域进行全方位合作。

6月11日　常州市独立组队的江苏省第二十五期援助桑给巴尔医疗队、21名队员启程，奔赴桑给巴尔。

6月13日　产权交易和政府采购代理国家级服务业标准化试点在常州产权交易所启动。

6月18日　常州市入选全国首批农业农村信息化示范基地——7家整体推进型示范基地。

6月20—21日　全国人大常委会副委员长沈跃跃率全国人大执法检查组，检查常州市贯彻实施《中华人民共和国可再生能源法》情况。

6月21日　市政府部署第三次全国经济普查工作。

6月25—28日　第四届中国—西亚北非中小企业合作论坛在常州举行，西亚北非18个国家的150余位政党领导人、企业家和驻华使节参加此次论坛，全国政协副主席李海峰出席开幕式。

7月3日　常州市第十五届人大常委会第十次会议决定，费高云代理常州市市长职务，任命豆本加为常州市副市长，决定授予解放军海军常州舰全体官兵“常州市荣誉市民”的称号。

7月7日　在2013年世界沙滩排球锦标赛女子决赛中，常州籍运动员薛晨和队友张希夺得中国第一个沙滩排球世界锦标赛冠军，薛晨成为常州市第十八位世界冠军。

7月10日　中共常州市委第十一届第五次全体（扩大）会议召开，市委书记阎立作题为《再聚焦、再加码、再发奋，谱写苏南现代化示范区建设常州篇章》的工作报告。

7月15—16日　副市长张耀钢率领近40位农业企业家在北京开展现代农业产学研对接活动。

7月16日　中天钢铁集团公司名列2013年度中国企业500强排行榜第163位。

7月24—25日　市委副书记、代市长费高云率常州经贸代表团在台湾开展经贸洽谈活动。

8月12日　常州市餐饮行业制定并执行《关于剩饭剩菜的管理处罚办法》，实施不剩菜、不剩饭、开展文明餐桌示范店、争当文明之星服务员活动等6条措施，倡导餐饮文明消费。

8月13日　市委书记阎立率慰问团出席海军“常州舰”立集体二等功庆功大会，慰问全舰官兵。

8月14日　常州市第一次全国水利普查工作通过验收。

8月16日　武进横山桥镇东郡花苑10号楼建筑工地发生施工升降机吊笼坠落事故，造成5人死亡。

8月20日　江苏省文物局公示第二批江苏大遗址名单，溧阳市中华曙猿化石地点入选。

是日　常州市第十五届人大常委会第十一次会议同意授予菲尔德·克隆勒、汉斯·贝克、弗郎兹·冈保尔、浦上浩、库茨佛、凯思腾、张睿、安德烈、易博德、刘清、马田宗明、琳达·威廉姆斯12名外籍人士“常州市荣誉市民”称号。

8月29日　2013年中国民营企业500强、中国制造业500强名单在北京发布，中天钢铁集团公司分列第17位、第74位。

8月31日　100名常州运动员参加在沈阳市举办的第十二届全国运动会24个比赛项目，常州市和南京工业大学联合承办的江苏垒球队在垒球决赛中战胜四川队，获得冠军。

是月　世界羽联确认常州市获得2014—2017年中国羽毛球大师赛承办权。

8—10月　常州市开展“唱响常州菜”评选展示系列活动。10月18日，天目湖牌砂锅鱼头等100道常州菜、常州市竺山湖小镇酒店的鲜鱼饼等50道常州点心和小吃，分别被评为常州名菜、常州名点名小吃。

9月1日　常州市肉菜追溯体系一期建设完成，开始试运行。

9月3日　新北区孟河镇、武进区郑陆镇焦溪村分别入选江苏省第七批历史文化名镇、名村名录。

9月5日　有800年历史的武进区前黄镇南杨桥古街村入选第二批中国传统村落名录。

9月8—10日　常州市举行第五届残疾人运动会，7支代表队245名残疾人运动员参赛。

9月10—15日　中国羽毛球大师赛在常州举行，18个国家和地区的260余名运动员参赛。

9月15日　环境保护部、商务部、科学技术部批准钟楼区为国家生态工业示范园区。

9月27日　中国常州科技经贸洽谈会在常州大剧院开幕，海内外知名企业和机构的800余名嘉宾参会，总投资19.3亿美元的18个项目签约。其间，举办医疗器械产业推介会、印刷电子产业发展推介会、常州高新区城市功能国际化推介暨外商投资企业协会成立大会等8个专题活动。

9月28日　第十届中国（常州）国际动漫艺术周开幕。其间举办“金恐龙”国际原创动漫作品大奖赛等10项主题活动，31个国家和地区的130余家动漫创意企业、展团、机构参展对接，达成合作意向项目100余项，现场签约项目11项，签约金额31.1亿元。

9月28日至10月27日　第八届中国花卉博览会在武进区花卉博览园开幕，展区总面积633.6万平方米。除全国31个省（区、市）全部参展外，港澳台首次参展；首次设置国际展区，美国、荷兰等21个国家参展，实现五大洲全覆盖。展会期间，接待游客268万人次，举办了第六届中国花卉交易会，国内外10万人次参展和交流，现场销售额2.3亿元，签订单向交易合同359份，协议金额12.3亿元。

是月　常州市组织开展第一次地理国情普查工作。

10月9日　市委书记阎立率常州经贸代表团赴台湾开展经贸洽谈活动。

是日　全市统一部署开展清理拖欠薪酬、拖欠社会保险费专项行动。

10月10日　常州—广州国家一级干线汽车邮路开通。

10月11日　国家旅游局授予天目湖旅游度假区全市首家国家AAAAA级旅游景区的证书和标牌。

10月15日　中国常州（香港）金融资本合作暨城市产业推介对接会在香港举行，推介现代物流、商贸流通、城市综合体等产业的金融资本合作及城市产业项目100余个。

10月18日　江苏中国科学院智能科学技术应用研究院在常州科教城成立。

10月21日　常州首家商业保理公司江苏淦鸿商业保理公司在武进高新区成立，是获商务部批准在常州开展商业保理的首家试点单位。

10月22日　第十届昆仑奖全国十大见义勇为英雄司机评委会暨评选活动群众投票启动仪式在常州举行。12月29日，第十届昆仑奖全国十大见义勇为英雄司机表彰大会在北京举行，常州华泰出租车公司司机韩发明被评为全国十大见义勇为英雄司机。

10月26日　市文广新局策划选送的舞蹈《香脆萝卜干》和小品《救》，在第十届中国艺术节上获得国家群众文化最高奖群星奖，金坛市文化馆研究馆员叶林生获“群文之星”称号。

是月　常州市图书馆组织整理点校的《常州历史文献丛书》第一辑《毗陵人品记》《大德毗陵志辑佚（外四种）》和《晚清常州名贤日记四种》，由凤凰出版社出版发行。

11月5日　顺风光电国际公司出资总额30亿元，成功竞购2013年3月申请破产的全球最大的光伏制造商无锡尚德太阳能电力公司。

11月8日　江苏省重点水运工程建设项目丹金漕河金坛段航道建成通航，通航标准由5级提升至3级，船舶吨位由300吨提高至1000吨。

11月12日　天合光能（集团）公司董事长高纪凡等10位企业家当选为首届创业常州十大经济风云人物。

11月15日　常州市政府与荷兰代尔夫特理工大学在北京举行的中国与荷兰深化合作签约仪式上，签订战略合作框架协议。

11月21日　常州市政府在北京召开的中欧城镇化伙伴关系论坛上，与德国埃森市政府签订《中欧城镇化合作城市项目意向书》。国务院总理李克强和欧洲理事会主席范龙佩、欧盟委员会主席巴罗佐见证签约仪式。

11月27日　全国人大常委会副委员长、民建中央主席陈昌智在常州考察天合光能(集团)公司。

是日　《福布斯》中文版发布2013中国大陆最佳商业城市排行榜，常州名列第十三位，比上年上升4位；创新能力排名第九位。

11月28日　常州市与墨西哥塔帕丘拉市签约建立友好城市关系。

12月5日　凤凰谷(武进影艺宫)工程获2013年度中国建设工程鲁班奖，常州实现中国建筑工程鲁班奖四连冠。

12月6日　2009年4月开工的锡溧漕河常州段航道整治工程顺利通过交工验收，船舶通行能力从300吨提升为1000吨。

12月11日　常州机场改扩建工程完成，新跑道12日凌晨正式投入使用。

是日　溧阳市社渚镇嵩里村的民间傩舞《跳幡神》获第十一届中国民间文艺山花奖，为常州民间文艺节目首次获国家级最高奖。

12月12日　常州天合光能公司获2013年度全国工商联科学技术奖、科技创新企业奖，常州星宇车灯股份公司的车用LED光源系统开发项目获科技进步优秀奖。

12月15日　第六届中国汽车模特大赛全国总决赛在常州工人文化宫举行，全国有30余名选手参赛，广东赛区选手余冰瑶获冠军，常州选手曹银代表江苏赛区参赛，获最佳形体奖。

12月19日　常州市企业成长与创新资本合作洽谈会举办，推出股权融资意向投资项目87个。

12月28日　中共常州市委第十一届第六次全体(扩大)会议召开，审议通过《中共常州市委关于全面深化重要领域改革的意见》。

是年　常州市实现地区生产总值4450亿元，其中一、二、三产业增加值分别为130.33亿元、2273.41亿元、2046.26亿元；按常住人口计算，人均生产总值94895元；完成财政总收入1169.32亿元、财政总支出927.76亿元，其中一般预算支出417.9亿元；完成社会消费品零售总额1597.01亿元，完成进出口贸易总额292.13亿美元，其中出口203.74亿美元，实际利用外资35.3亿美元；市区居民人均可支配收入36946元，人均住房使用面积31.3平方米，农民人均纯收入18643元，人均住房面积平方55.86米。

2014年

1月5日至2月12日　中国男子篮球职业联赛(CBA)2013—2014赛季联赛江苏中天钢铁男子篮球队常规赛常州赛区8场比赛，在常州清潭体育中心中天钢铁体育馆举行。

1月7—10日　常州市第十五届人大第三次会议召开，选举费高云为常州市人民政府市长，葛志军为批准常州市人民检察院检察长。

1月14日　常州市武进医疗器械基地被认定为国家外贸转型升级示范基地。

是日　武进区洛阳镇被住房和城乡建设部评为国家级园林城镇。

是月　荷兰公民彭秀东获颁外国人永久居留证，成为常州国家“千人计划”特聘专家外国人永久居留证首位获得者。

2月8日　市委、市政府召开“重大项目突破年”动员大会。

2月12日　市委召开全市党的群众路线教育实践活动动员大会，动员部署全市教育实践活动。10月20日，常州党的群众路线教育实践活动总结大会召开，市委书记阎立发表讲话。

2月17日　市委常委会决定成立市委全面深化改革领导小组，常州市全面深化改革工作启动。

2月19日　住房和城乡建设部、国家文物局公布第六批中国历史名镇(村)名单，新北区孟河镇、武进区郑陆镇焦溪村入选。

是日　《常州历史文化名城保护规划(2013—2020)》获省政府批准，青果巷、前后北岸、南市河被批准为历史文化街区，天宁寺—舣舟亭，锁桥湾、南河沿、三堡街—西直街被批准为历史地段。

2月28日　北京联东集团与常州高新区管委会签订兴建联东U谷常州国际企业港项目协议，计划总投资70亿元。

3月10日　欧洲最大的私募股权基金公司CVC收购、控股全国知名连锁快餐企业大娘水饺餐饮集团公司。

3月12日　常州市编创、摄制的第一部反映本土文化兼现实题材的34集电视连续剧《青果巷》，在中央电视台第八套电视剧频道播出。9月13日，《青果巷》获全国精神文明建设“五个一工程”奖。11月4日，《青果巷》获在美国洛杉矶举办的中美电影节优秀中国电视剧金天使奖。

3月19日　常州市政府与上海股权托管交易中心签署战略合作协议，设立上海股交中心常州企业挂牌孵化基地。

3月20日　常州市获批成为国家电子商务示范城市。

3月26日　湖北博盈投资股份公司的斯太尔发动机项目签约落户武进高新区，计划总投资70亿元，用地700亩。

3月28日　省长李学勇到常州市调研产城融合综合改革试点工作。

3月29日　常州市启动“党员义工365”活动，动员全市各级党组织和28万名党员带头服务改革发展、服务人民群众。

4月2—4日　中央党的群众路线教育实践活动调研组在常州调研教育实践活动进展情况。

4月6日　常州乡村旅游节暨踏青赏花游在西太湖畔的花博园开幕。

是日　常州大学与靖江市政府签约，该校怀德学院迁址靖江办学。

4月8—11日　第三次亚太经合组织(APEC)科技与创新政策伙伴关系机制会议(PPSTI)在常州召开。会后发表建设智慧城市《常州宣言2014》。

4月9—17日　2014年全国残疾人游泳锦标赛在常州奥体中心新城游泳馆举办。常州籍运动员徐夕涵、杨涛、周聪分获金牌、铜牌各3枚。

4月12日　在北京举行的第二届中国文化旅游品牌建设发展峰会上，中华恐龙园被评“影响世界的中国文化旅游名景”，其董事长沈波获评为影响世界的中国文化旅游名人。

4月14日　江苏省常州高级中学、常州市第一中学、北郊高级中学首次在常州城区自主招生200人。

4月16—20日　波力杯中国羽毛球大师赛在常州举行，11个国家和地区的109名运动员参赛。

4月20日　常州市与德国北威州埃森市缔结友好城市，双方共建中德创新园区。

4月22日　常州瑞杰塑料股份公司获批在新三板(非上市股份公司股份转让系统)挂牌，成为全市首家在新三板上市的企业。

4月25—27日　第二届江苏技能状元大赛在常州举行。

4月29日　市政府与中国医药集团总公司签署战略合作框架协议，在生物医药产业发展和医药物流分销、研发与工程设计、公立医院改革及生物医药、医疗器械与医疗健康产业等领域合作。

4月30日　第二届文化创意项目（常州）对接会在运河五号创意街区举办，300多个政府部门、金融机构、行业协会、中介机构和全国部分文化企业的代表参会。

5月1日　坐落在常州工学院东侧的常州市文化广场项目开工建设。项目包括图书馆、美术馆、文化产业城和金融服务用房。

5月5日　中天钢铁集团公司、省体育局和常州体育产业发展公司出资组建的江苏中天钢铁女子排球俱乐部成立，是全省第一个职业排球俱乐部。

5月7—8日　省委书记罗志军调研常州改革发展情况。

5月15日　省食品药品监督管理局与常州市政府签署合作共建西太湖国际医疗产业园框架协议书，推进中国常州国际医疗器械城建设。

5月16日　常州市聋人协会主席、市聋人学校老师张旭东在全国自强模范暨助残先进表彰大会获“全国自强模范”称号，钟楼区残疾人益智园暨荷花池街道残疾人庇护所获“残疾人之家”称号。

5月18—20日　第九届中国常州先进制造技术成果展示洽谈会在常州科教城开幕。国内外近百家高校院所专家和全市企业家出席，21个项目集中签约，计划总投资达110亿元。

5月19日　常州航空产业园通用航空管制空域申请获批准。通航管制空域最大可使用约1720平方公里，最高飞行3000米。

5月20日　在以色列首都特拉维夫召开的首届以色列创新大会上，中华人民共和国科技部、江苏省政府与以色列经济部签署协议，共建常州创新园（西太湖科技产业园）。

5月21日　记录毗陵唐氏家族百年变迁的家族史书《百年毗陵唐氏》在常州举行首发式。

5月23日　常州市轨道交通建设指挥部发布“常州地铁”标志。中选标志为常州设计师于达波设计，由“常州”“地铁”的英文缩写字母“C”“M”变化出的隧道图形。

5月25日　市长费高云率常州经贸代表团到台湾开展经贸洽谈活动。

5月28日　中国机械工业联合会、中国汽车工业协会联合发布2013年度中国机械工业百强企业名单，江苏上上电缆集团公司、江苏华朋集团公司、常柴股份公司、常州东风农机集团公司4家常州企业入选。

6月6日　常州本土电商淘常州获盛大资本投资1.5亿元。

是日　由市委宣传部、常州广播电视台、江苏亚细亚影视制作公司联合出品的10集电视人物传记片《青果巷走出的名人们》在青果巷八桂堂开机。

6月12日　民盟常州市委和常州大学共建的常州大学史良法学院揭牌。

6月18日　中国烹饪协会公布新一批中华餐饮名店及中国烹饪大师评选结果，江苏文笔山庄集团公司、常州市天成餐饮管理公司、江苏双桂坊餐饮管理公司被评为中华餐饮名店，江苏文笔山庄集团公司董事长陈振被评为中国烹饪大师。

6月22日　在联合国教科文组织第38届世界遗产大会上，中国大运河项目成功入选世界文化遗产名录，京杭大运河常州城区段随京杭大运河成为全城第一个世界级文化遗产。

6月25日　在非洲访问的国家副主席李源潮看望援非的常州援桑给巴尔医疗队成员。

是日　“常柴”品牌入选世界品牌实验室（WBL）发布的第十届中国500强最具价值品牌排行榜，排名第404位。

6 月 28 日　2014 常州旅游节开幕。

7 月 8 日　市长费高云率常州党政代表团到新疆深化对口援建工作。

7 月 8—9 日　全国人大常委会副委员长、民建中央主席陈昌智到常州考察民建基层组织建设和中小型民营企业发展情况。

7 月 13 日　常州选送的运动员周溢在法国举办的第二十四届世界技巧锦标赛上与 3 名队友合作，获得男子四人项目金牌。

7 月 17 日　常州 9 家国家级科技企业孵化器通过科技部火炬中心考评，其中常州三晶世界科技产业发展公司被评为优秀 A 类国家级孵化器。

7 月 18 日　中共常州市委第十一届第七次全体(扩大)会议召开，市委书记阎立作工作报告。会议审议通过《中共常州市委十一届七次全体会议决议》。

7 月 21 日　溧阳市政府被中共中央宣传部和全国普法办公室、司法部联合表彰为全国“六五”普法中期先进单位。

是日　常州市 7 个辖市区首次全部同时创建成为江苏省双拥模范城(区)。

7 月 30 日　常州机场航空口岸对外开放通过国家级验收，跨入国际机场行列。9 月 25 日，常州至香港航线开通。11 月 20 日，常州机场开通直飞韩国首尔的国际航线。

8 月 8 日　省委书记罗志军调研常州民生保障情况。

8 月 13 日　省委第七巡视组进驻常州开展为期两个月的巡视工作。

8 月 16 日　常州在第三届中国城市公益慈善指数发布会上，蝉联最高荣誉七星级慈善城市称号。金坛、溧阳同时入选中国城市慈善百强榜。

8 月 17—26 日　常州籍运动员沈铎在南京青年奥林匹克运动会上获得 6 枚金牌，刷新女子 100 米自由泳、女子 4×100 米自由泳两项世界青年游泳项目纪录。

8 月 18 日　全国工商联公布，常州 13 家企业跻身 2014 年度中国民营企业“500 强”行列。

8 月 23—24 日　第十五届中国国际标准舞总会全国青少年国际标准舞锦标赛在常州中天钢铁体育馆举办，全国 4500 多名选手参赛。

8 月 28 日　记录常州籍语言文字学大师周有光的人物传记片《百岁学人周有光》在中央电视台十套“探索·发现”频道播出。

8 月 31 日　常州建成 4G 宏站 2596 个、4G 室分 831 个，基本实现 4G 网络的全覆盖。

9 月 3 日　中国篮协确认江苏同曦男子篮球队加入 CBA 联盟，新赛季江苏同曦男子篮球队主场移师常州奥体中心新城体育馆，成为第一个落户常州的 CBA 俱乐部。

9 月 15 日　位于武进区横山桥镇的常州汽车客运东站投运，有 46 条班线、256 个班次进站配载。

9 月 19—26 日　江苏省第十八届运动会在徐州、淮安两市举办，常州派出 968 名运动员参加 25 个大项 521 个小项的比赛，获得综合金牌(包括输送、代金等)281.43 块、综合奖牌 535.43 块，赛会金牌 210.43 块、赛会奖牌 417.43 块，综合和赛会的金牌、奖牌、总分均居第四位。

9 月 19 日　常州市召开市级中心镇扩权强镇工作动员会，金坛薛埠、儒林，溧阳南渡、社渚，武进横山桥、雪堰、郑陆、湟里，新北孟河 9 个中心镇扩权强镇工作启动。

9 月 20 日　省长李学勇调研常州产城融合综合改革试点工作。

9 月 26 日　连接沪蓉高速公路与常州城区东北部地区的青龙互通立交道口建成通车。

是日　常州金融商务区建设启动，该区管委会与上海联合金融投资公司、中国大银集团控股公司、常州投资集团公司等5家单位签订合作框架协议。

9月28—30日　中国常州科技经贸洽谈会举办，海内外知名企业和机构的600余名嘉宾参会。

9月29日　第十一届中国（常州）国际动漫艺术周在常州国际会展中心开幕，近30个国家和地区的400多家动漫企业、展团、机构参会。

9月30日　中国第一个烈士纪念日，市四套班子领导、市直有关部门及驻常州部队官兵、社会各界群众和学生代表等到市革命烈士陵园缅怀烈士，各界人士同时公祭革命烈士。

10月1日　金坛公交刷卡乘车开通，常州在全省率先实现辖区城市公交刷卡互联互通。

10月9—17日　市委书记阎立率常州经贸代表团在意大利、瑞士和德国开展经贸交流活动。

10月11日　常州科教城排名创业邦组织开展的中国最佳创业园区评选第二位，居中关村软件园之后。

10月17日　荷兰蒂尔堡市布拉邦中心管委会与常州航空产业园管委会签订合作协议，共建中国—荷兰航空产业发展合作园区。

是日　中国经济学会中小城市经济发展委员会发布2014年《中小城市绿皮书：中国中小城市发展报告》，武进、新北两区在中国综合实力百强市辖区排名中分列第三位、第二十位，武进区同时列2014年最具投资潜力中小城市百强区第一名。

10月27日　龙城旅游控股集团公司与航天（北京）科技文化发展公司在北京签约出资建设国内第一个航天主题游乐园中国常州航天乐园项目。

10月28日　常州轨道交通一号线正式开工建设。

是日　常州方志馆在前后北岸开馆。

10月29日　新加坡—江苏合作理事会第八次会议在常州召开，双方签署合作协议15项，其中新加坡与常州合作项目4个。

11月5日　港华金坛盐穴储气库项目开工，总投资10.45亿元。

11月7日　常州市互联网新闻中心发起的常州微信联盟成立。

11月11日　常州象牙浅刻被列入国家级非物质文化遗产扩展项目传统美术类名录。

11月13日　江苏润源控股集团公司、常州天合光能公司、常州星宇车灯股份公司、常州太平洋电力设备（集团）公司、黑牡丹（集团）股份公司和常柴股份公司获2014年常州市市长质量奖。

11月17—21日　市委书记阎立率常州经贸代表团在香港、澳门开展经贸活动，先后举办中国常州（香港）产城融合发展推介对接会、中国常州（澳门）旅游推介会。

11月21日　常州市江边污水处理厂三期厂区工程获2013—2014年度国家优质工程奖，成为常州市第一个获此荣誉的市政工程项目。

11月25日　中国共产党先驱领袖文库《恽代英全集》首发出版座谈会在北京举行，全集共9卷290多万字，由人民出版社出版。

是日　常州首家国家级留学人员创业园在常州科教城揭牌。

是日　武进区郑陆镇焦溪村入选第三批中国传统村落名录。

12月1日　武进区被农业部等13个部门批准为第二批农村改革试验区，承担土地承包经营权流转管理和粮食、生猪等农产品目标价格保险试点。

12月3日　常州再次被国家知识产权局确定为国家知识产权示范城市。

12月5—8日　全国三维数字化创新设计大赛现场总决赛在常州科教城举行，全国28个省、直辖市、自治区的500个优秀设计团队、1500名参赛选手进入总决赛。

12月8日　金坛市调整金城、指前、尧塘三镇的行政区域范围，撤销尧塘镇，设立东城、西城、尧塘3个街道。

12月15日　《福布斯》中文版发布的2014年中国大陆最佳商业城市排行榜，常州居第十二位，其中私营经济活力指数排名全国首位。

是日　科技部批准常州国家石墨烯新材料高新技术产业化基地落户西太湖科技产业园。

12月20日　环球恐龙城迪诺水镇建成，开街运营。

12月25日　省委书记罗志军调研常州市经济社会发展状况。

12月26日　中共常州市委第十一届第八次全体(扩大)会议召开，市委书记阎立作工作报告。

是年　常州市实现地区生产总值4901.87亿元，其中一、二、三产业增加值分别为138.46亿元、2408.11亿元和2355.3亿元；按常住人口计算，人均生产总值104423元；完成财政总收入1067.95亿元，财政总支出1006.96亿元，其中一般预算支出434.93亿元，社会消费品零售总额1805.4亿元，完成进出口贸易总额288.1亿美元，其中出口213.84亿美元，实际利用外资31.21亿美元；城市居民人均可支配收入40356元，人均住房使用面积43.7平方米，农民年人均可支配收入20133元，人均住房面积59.7平方米。

2015年

1月6日　常州大学周有光语言文化学院在常州大学揭牌成立，周有光受聘担任该学院终身名誉院长。

是日　6集人物传记电视片《李公朴》在常州恒生科技园开机。

1月8日　常州苏东坡纪念馆、苏东坡艺术馆在前后北岸开馆。

1月9日　在2014年度国家科学技术奖励大会上，常州四药制药公司与上海医药工业研究院、浙江华海医药股份公司联合完成的抗高血压沙坦类药物的绿色关键技术开发及产业化项目获国家科学技术进步二等奖。

是日　常州市数字化城市管理项目获2014年度中国人居环境范例奖。

是日　溧阳天目湖森林公园被国家林业局认定为国家级森林公园。

1月10日　常州市首届移动互联网大会在常州创意产业基地举行，近500名互联网创业者、手机应用开发商及北京、上海等地互联网领域的专家参加。

1月12—15日　政协常州市第十三届委员会第四次会议召开，增补选举何玉清为市政协第十三届委员会副主席。

1月13日　江苏上上电缆集团公司获2014年江苏省质量奖，成为全市首家获得这项荣誉的企业。常柴股份公司、黑牡丹(集团)股份公司获江苏省质量管理优秀奖。

1月13—16日　常州市第十五届人大第四次会议召开，选举张东海、盛建良为市第十五届人大常委会副主任。

1月22日　常州市入选第三批国家现代农业示范区。

1月28日　工信部信息中心和常州印刷电子产业研究院共同建设的中国印刷电子行业公共服务平台项目签约。

1月30日　赵元任语言文化传播学院在江苏理工学院揭牌成立。

2月1日　常州机场开通常州—台北航线。

2月6日　江苏城乡建设职业学院在常州建设高等职业技术学校和常州市职工大学基础上建立，同时撤销常州建设高等职业技术学校和常州市职工大学建制。

2月10日　常州市工商管理体制由垂直管理调整为地方管理。

2月12日　住房和城乡建设部、国家发改委公布第七批国家节水型城市名单，常州市、金坛市入选。

是日　省宗教事务局公布全省首批18个五星级宗教活动场所，金坛茅山乾元观、常州天宁禅寺、常州清真寺入选。

2月16日　常州机场开通常州至老挝首都万象的国际航线，成为华东地区首条直飞老挝的航线。

2月25日　国务院批复同意常州出口加工区、武进出口加工区为综合保税区。

是日　常州市委、市政府召开“重大项目深化年”动员大会。

2月28日　中央文明委公布第四届全国文明城市(区)、文明村镇、文明单位名单，溧阳市埭头镇、武进区郑陆镇牟家村、新北区罗溪镇温寺村被评为全国文明村镇，南车戚墅堰机车车辆工艺研究所、龙城旅游控股集团公司、双桂坊餐饮管理公司、常州国税局、常州移动公司、南车戚墅堰机车公司被评为全国文明单位。

3月2—6日　“2015常州—上海经贸合作活动周”在上海举行。

3月3日　全省“文明江苏”志愿服务行动启动仪式在常州举行。

3月4日　中共中央宣传部公布第一批全国岗位学雷锋标兵，常州市民尤辉名列其中。

3月12日　中国科学院苏州纳米技术与纳米仿生研究所、常州丰盛光电科技股份公司、常州印刷电子产业研究院签约，在常州高新区共建常苏丰印刷光学技术联合研发中心。

3月26日　省委书记罗志军到常州调研转型升级情况。

是日　市长费高云率常州经贸代表团赴台湾开展经贸洽谈活动。

3月27日　全国妇女联合会中澳合作家庭暴力危机干预中心试点项目在常州启动，常州市家庭暴力危机干预中心成立。

3月30日　常州被列入中欧低碳生态城市合作项目专项试点城市，是江苏省唯一入选城市。

3月31日　常州在全省城乡环境整治工作推进会上，被省政府表彰为首批江苏省优秀管理城市(一星级)之一。

4月2日　同济立交桥在京杭大运河上运行21年后被拆除。

4月5日　常州市创意产业基地管理委员会与韩国江原情报文化振兴院在韩国签订合作备忘录，共建中韩文化创意跨境合作平台。

4月11日　第十一届天目湖旅游节开幕，同时举行“村跑溧阳”活动。12月底，旅游节结束，先后举办了天淼山庄桃花节、天目湖“千采旬”茶之旅、天沐南山养生之旅等11项节庆活动。

是日　江苏上上电缆集团董事长、总经理丁山华在中国电器工业协会四届六次理事会上，获“中国电器工业年度人物”称号(全国仅4位企业家获此荣誉)。

4月14—19日　2015年中国羽毛球大师赛在市奥体中心举行，中国、美国、加拿大等19个国家和地区的156名运动员参赛。

4月18日　北汽新能源常州高端产业基地项目落户武进国家高新区，项目总投资100亿元。

4月21—30日　市委书记阎立率常州市代表团在美洲开展经贸交流洽谈活动。

4月24日　常州公交完成全部2602辆公交车车载WiFi接入设备安装，实现公交车无线网络全覆盖。

4月25—26日　2015年中华龙舟大赛（武进站）赛事在太湖湾国家旅游龙舟赛基地举行，有32支队伍712名运动员参赛。

4月27日　常州与巴西巴拉那州首府库里蒂巴签订建立友好城市关系协议。

4月29日　在北京钓鱼台国宾馆举办的"势在·必行——2015'互联网+中国'峰会"上，常州市与深圳市腾讯计算机系统公司签订"互联网+"战略合作框架协议。

是日　在中国社科院财经战略研究院发布的《中国县域经济发展报告(2015)》中，金坛、溧阳分列全国县域经济最具创新力第十五位和第二十位。

5月7日　市工商局成立常州网络商品交易监管分局。

5月11日　经国务院和江苏省人民政府批准，常州调整部分行政区划：撤销武进区和戚墅堰区，设立新的武进区，并在新的武进区东部设立常州经济开发区；撤销金坛市，设立金坛区；原武进区的奔牛、郑陆、邹区三镇，分别划归新北、天宁、钟楼三区。

5月13—20日　第十届中国常州先进制造技术成果展洽会在常州科教城举办。常工新誉协同创新园、以色列现代农业技术创新中心等28个重大项目在开幕式上集中签约。展洽会期间举办常州智选、互联网+、科技金融、领军人才等重点专题活动36场，其他配套活动40多场。

5月16日　戚墅堰区与中国电子科技集团公司第21研究所产学研合作共建第21所常州技术转移中心。

5月18日　中国科学院遗传资源研发中心（南方）项目在常州生命健康产业园开工奠基。

5月19日　德国设计大师路易吉·克拉尼在常州科教城的江南克拉尼设计院推出全球最快的跑车，设计速度600公里/小时。

5月21日　省委书记罗志军到常州调研产业发展。

5月24日　中国语文现代化学会语言应用研究基地落户常州大学。

5月30日　2015全国啦啦操锦标赛在溧阳体育馆开幕，国内30个城市的53支代表队、1566名运动员参赛。

6月1日　国务院印发《关于同意将江苏省常州市列为国家历史文化名城的批复》，同意将常州市列为国家历史文化名城。

是日　武进延政西路和金坛钱资湖大道工程全线贯通，全长12.6公里。

6月3日　商务部公示第二批国家电子商务示范基地名单，常州创意产业基地名列其中。该基地企业常州买东西网络科技公司入选2015—2016年度电子商务示范企业。

6月8—9日　全国政协副主席何厚铧率澳门特别行政区全国政协委员考察团到常州考察长江经济带建设及国家科技创新实验区、现代化实验区建设。

6月9日　江南金融租赁公司开业，是国内由农商行发起设立的第四家金融租赁公司。

6月10日　中国机械工业联合会、中国汽车工业协会发布中国机械工业百强企业、汽车工业三十强企业，溧阳的江苏上上电缆集团公司名列第35位，江苏华朋集团公司名列第72位。

是日　中国科协、财政部公布全国科普示范社区名单，金坛区西城街道文化社区榜上有名。

6月14日　市委宣传部组织摄制的10集大型文献纪录片《青果巷记忆》在中央电视台10套播出。

7月1日　新北区工业园公交中心立体停车场启用，是常州市首个大型立体公交停车场。

是日　2015江苏国际生物医药大会常州洽谈会在常州举行，来自美国、加拿大、西班牙等国家和地区约

70名华侨华人生物医药高层次人才与常州市生物医药园区、企业洽谈合作。

7月3日　238省道常州段改扩建工程通过验收并通车，路线全长3.4公里，工程总投资1.4亿元。

7月8日　常州市文化广场正式开工建设，总建筑面积49万平方米。

7月15—18日　首届中国家庭花卉园艺展览会暨第十五届中国花卉零售业交流会、2015中国花木产业金融创新论坛在常州夏溪花木市场举行。

7月16日　常州市第十五届人大常委会第五次会议决定，设立常州市第十五届人大常委会财政经济委员会、法制委员会。

7月17日　中共常州市委第十一届九次全体(扩大)会议召开。

7月18日　2015“激情之夏”常州旅游节暨“花都水城，浪漫武进”旅游节在武进太湖湾旅游度假区环球动漫嬉戏谷开幕，中国环太湖城市旅游推广联盟同时启动运行。旅游节活动有中华恐龙园夏威夷狂欢秀、天目湖山水园亲水节、淹城春秋乐园纵夏狂欢节、激情嬉戏谷夜公园等暑期夜游系列活动。

7月23日　中国工程院院长周济带队到常州考察智能制造产业。

7月30日　常州大学国学研究院与弘道书院共同主办、道南书院承办的纪念钱穆先生120周年诞辰学术论坛在常州大学国学研究院举行。

7月31日　江苏省第十二届人大常委会第十七次会议决定，常州可以行使地方立法权。

8月3—4日　第三届中国东盟青少年文化交流节在太湖湾旅游度假区举行，中国和东盟国家的约170名青少年代表参加。

8月3—7日　中国音乐小金钟奖——2015“吟飞杯”首届全国电子键盘展演比赛在常州举办，全国284名选手进入展演赛。

8月11日　3集文献片《永远的恽代英》新片发布会在北京人民大会堂举行。

8月12日　恽代英120周年诞辰纪念座谈会在常州举行。

8月18日　江苏省政府与中国航空工业集团公司在南京签订《关于共同推进高端制造业发展战略合作框架协议》，提出在金坛共建锂离子动力电池项目。

8月20日　常州全面开展第三批公立医院改革国家联系试点城市，深化医改试点工作。10月31日，全市公立医院全面启动药价综合改革。

8月24日　国务院公布第二批100处国家级抗战纪念设施、遗址名录，新四军江南指挥部纪念馆入选。

8月25日　全国工商联在北京发布2015中国民营企业500强名录，常州有13家企业入围，其中中天钢铁集团公司列全国第15位。

9月4日　常州纪念中国人民抗日战争暨世界反法西斯战争胜利70周年活动在溧阳水西村新四军江南指挥部纪念馆广场举行。

9月6日　常州市首届市民摄影节在运河五号创意街区开幕。

9月9日　《齐梁文化研究丛书》在常州首发。

9月14日　韩国艺术文化团体总联合会春川分会会长朴光麟率韩国春川市文化艺术交流团到常州访问。

9月19—20日　江苏省第十届集邮展览在常州举行。

是日　2015中国“旅游＋互联网”大会在常州召开，大会形成《促进“旅游＋互联网”融合发展常州共识》。

9月22日　2015中国常州科技经贸洽谈会开幕，海内外知名企业和机构的600余名嘉宾参会。

9月24日　2015江苏国际医疗器械科技博览会在西太湖国际博览中心开幕。

9月25日　2015海峡两岸(常州)健康产业交流对接会在西太湖国际博览中心举行。

是日　中国林业产业联合会公布首批全国森林旅游示范县(市),溧阳市成为江苏唯一的城市入选。

9月26日　京沪高铁常州北站综合客运枢纽全面建成。常州汽车客运北站正式投用,位于京沪高铁常州站南广场西侧。

是日　常(州)溧(阳)高速公路全线建成通车。

是日　首届艺述常州文化创意节在常州城区九洲新世界开幕。

9月27日　常州开通常州—名古屋航线,是省内首条直飞日本的国际低成本航线。

9月28日　众泰汽车金坛项目竣工投产,常州历史上第一辆轿车整车下线。

9月29日至10月5日　第十二届中国常州国际动漫艺术周在常州国际会展中心举行,来自近40个国家和地区的代表团、友好城市代表、业界专家以及600多家动漫文化企业代表参展。

9月30日　常州市出台《常州市市区餐厨废弃物管理办法》。

是日　常州市第二个烈士纪念日公祭活动在常州革命烈士陵园举行。

10月9日　常州天目湖旅游度假区入选国家旅游局公布的首批国家级旅游度假区名单。

10月12—19日　市委书记阎立率常州经贸代表团赴新加坡、马来西亚开展经贸洽谈和交流活动。

10月13日　科技部火炬高技术产业开发中心发布《关于公布2014年度国家级科技企业孵化器考核评价结果的通知》,常州长江龙城科技公司、常州三晶世界科技产业发展公司被评为(A类)国家级孵化器。

10月18日　首届环太湖城市吴文化高层论坛暨延陵季子铜像揭幕仪式在环太湖艺术城·延陵季子广场举行。

是日　由常州恐龙园股份公司全案参与开发和运营的甘肃省文旅项目丝绸之路西部国际文商旅综合生态产业区一期的核心项目西部恐龙园在兰州新区开工建设。

10月19日　常州市政府与中科招商投资管理集团股份公司签订全面战略合作协议和新兴产业投资基金合伙人框架协议。

10月22日　常州嬉戏谷公司创办的国内首座主题公园大学——嬉戏谷大学暨主题公园研究所成立。

是日　由常州大学、泰国国家发展管理学院联合主办的首届中泰学术研讨会在常州大学举行,来自泰国的4所学校和北京大学、云南大学、常州大学的近40名专家学者参加会议。

10月22—23日　第三届国际传感器技术与应用高峰论坛在常州举办,来自德国、美国、日本等国以及国内传感器领域的专家、学者及企业代表参会。

10月23日　常州东风汽车产业基地首款越野车——东风风度MX6越野车型量产下线。

10月25日　中国近代中医教育先驱、孟河医派著名传人丁甘仁150周年诞辰纪念活动在孟河镇举行,美国和中国香港等地的丁甘仁后裔、孟河医派后学,以及全国10多个省的中医流派代表等200余人参加。

11月1日　在中国(国际)休闲发展论坛颁奖盛典上,金坛长荡湖旅游度假区被评为2015年中国年度休闲养生度假胜地。

11月3日　常州市运河五号创意街区在2015两岸企业家紫金山峰会上,被评为两岸文创产业合作实验示范基地,成为全市第一个高级别两岸文创产业合作平台。

11月6—8日　第三届文化创意项目(常州)对接会暨首届长三角“互联网+产业”对接会在常州国际会展中心举办。

11月11日　2015中国常州(香港)产城融合发展对接会在香港举行,中央政府驻港机构和香港金融界、工商界、新闻界的200多位嘉宾参加。

11月14日　省委第五巡视组分别对金坛、新北、天宁、钟楼区开展为期1个半月的巡视工作。

11月15日　2015中国常州(澳门)旅游推介会在澳门举行，常州旅游(东南亚)推广中心在澳门揭牌成立。

11月23日　2015年度中国中小城市综合实力百强县(区、镇)名单对外公布，常州市武进区连续第三年获中国市辖区综合实力百强第三位。

11月24日　常州市与百度股份公司签署战略合作协议，双方在钟楼经济开发区共同建设百度大数据产业园，并在无人驾驶车项目和智慧城市项目上展开合作。

11月26日　环太湖发展研究中心2015年年会暨第七届长三角地区社会现代化高层论坛在常州举行。

是日　中国文化发展指数在武汉发布，常州名列中国文化城市100强第22位，常州中华恐龙园公司名列中国文化产业园区100强第29位。

12月1日　常州市不动产登记交易中心成立。

12月3日　顺泰融资租赁股份公司登陆全国中小企业股份转让系统，成为全省首家挂牌营运的融资租赁企业。

12月4日　新城控股集团股份公司A股在上海证券交易所挂牌上市，成为国内资本市场首家B股转A股的民营地产企业。

12月7日　福布斯中文版发布2015年中国大陆最佳商业城市排行榜，常州居第十二位，其中私营经济活力指数居全国首位。

12月10日　常州市第一部政府规章《常州市人民政府规章制定程序规定》出台。

12月11日　经过江苏省旅游资源规划开发质量评定委员会批准，溧阳新四军江南指挥部纪念馆成为国家AAAA级旅游景区。

12月15日　中共常州市委第十一届第十次全体(扩大)会议召开。

12月16日　省委副书记、代省长石泰峰到常州调研考察。

12月22日　市政府与省气象局签署合作备忘录，共同推进常州气象现代化建设。

12月23日　丹金溧漕河溧阳段航道整治工程交工验收，成为常州市境内通航的第三条千吨级航道。

是日　江苏东方环球航空摄影公司在溧阳无人机产业园成立，成为全省首家省级航空摄影公司。

12月24日　常州市创新创业与改革发展智库成立。

12月28日　常州市拍摄的电视连续剧《青果巷》入围第三十届电视剧“飞天奖”48部优秀电视剧奖作品名单。

是年　常州市实现地区生产总值5273.15亿元，其中一、二、三产业增加值分别为146.55亿元、2516.04亿元、2610.56亿元，完成一般财政预算收入466.3亿元、财政支出479.2亿元、社会消费品零售总额1990.5亿元；完成进出口贸易总额280.5亿美元，其中出口212.6亿美元，实际到账注册外资24.9亿美元；城镇常住居民人均可支配收入42710元，人均住房建筑面积44.1平方米；农村常住居民人均可支配收入21912元，人均住房面积63.98平方米。

第一卷 政区建置

Volume I Establishment of Administrative Division

常州位于长江三角洲太湖平原西北部的苏南地区、北纬 31° 09′～32° 04′ 与东经 119° 08′～120° 12′ 之间，是东经 120 度线唯一穿越主城区的中国城市。常州早在 6000 年前就有原始居民在圩墩（今戚墅堰）及周边地区聚居、繁衍。周灵王二十五年（前 547）吴王馀祭封季札于延陵，是常州有文字记载的第一个封邑政区，区域包括今常州武进地区和丹阳、江阴部分地区。秦王政二十五年（前 222），延陵邑归秦，置延陵县（治今常州市区），常州始有县级行政区。唐会昌四年（844），升常州为望，列入全国州府十望之一。唐代，常州曾管辖 3～5 个县。宋初承唐制，常州管辖 4～5 个县。元至元十四年（1277），升常州为路，管辖晋陵、武进两县和无锡、宜兴两州。明洪武十三年（1380）为朝廷直隶府，曾管辖 4～5 县。清雍正四年（1726）起，武进、无锡、宜兴三县一分为二，分置阳湖、金匮、荆溪三县，加江阴、靖江两县，形成一府八县体制，常州被称为"中吴要辅、八邑名都"。1912 年 1 月废常州府、阳湖县，阳湖县并入武进县，常州为沪宁铁路沿线工商城市。1949 年 4 月 23 日解放军占领常州武进，城乡分别建立常州市、武进县。1953 年常州市为省辖市。1983 年 1 月国务院批准江苏省实行市管县体制，从 3 月起常州市管辖武进、金坛、溧阳三县。1990 年 8 月、1993 年 11 月、1995 年 6 月，常州所辖三县先后经国务院批准撤县设市，成立溧阳市、金坛市、武进市，仍属常州市管辖。2002 年武进撤市设区，撤郊区设新北区。2010 年底，常州市辖金坛、溧阳 2 个县级市和武进、新北、天宁、钟楼、戚墅堰 5 个区。常州地名文化历史悠久，自季札封邑延陵有第一个文字记载的地名起，常州的地名随历史事件、人类居住生活习惯称谓和重大人文活动等推陈出新，产生了数以万计内涵丰富、历史文化底蕴深厚的路名、桥名、街巷里弄、居住区名等地名。

第一章　建置沿革

常州市位于江苏省南部，地处沿江平原、太湖平原与宁镇山脉、茅山、宜溧山地过渡地带。东南两面与无锡市接壤，东南濒临太湖，西接南京市，北邻镇江市，西南与安徽省宣城市交界，东北濒临长江，与泰州市隔江相望。常州境域古为延陵地，自西晋至清代，均为郡、州、路、府建置，其境域随辖县变动而各异，民国时期为武进县。新中国成立后，在武进县城厢 11.68 平方公里设立常州市，属苏南行署区武进行政分区。1983 年底，常州市管辖武进、溧阳、金坛 3 个县和天宁、广化、钟楼、郊区、戚墅堰 5 个区，总面积 4377 平方公里，占全省总面积的 4.26%，其中武进县 1765 平方公里、溧阳县 1540 平方公里、金坛县 976 平方公里、市属各区 96 平方公里。1999 年底，代管省辖武进、金坛、溧阳 3 个县级市，辖天宁、钟楼、戚墅堰、郊区 4 区，共 19 个街道、70 个镇、9 个乡，户籍总人口 339.71 万人；市区总面积约 280 平方公里，户籍总人口 87.28 万人。市人民政府驻钟楼区局前街。1986—2002 年，常州根据精简效能、整合资源，发挥中心城市带动周边城市，周边城市带动农村协调发展的思路，撤县设市，撤乡建镇，乡镇合并，撤镇建街道，行政区划多次重大调整。在 1990 年 8 月、1993 年 11 月、1995 年 6 月相继撤溧阳、金坛、武进 3 个县，设县级市。1986 年 12 月撤广化区，将所属6个街道并入天宁、钟楼2区。2002年4月进行大幅度的行政区域调整，撤郊区成立新北区，将原郊区的永红、五星、西林、北港4个乡和新闸镇划归钟楼区管辖，茶山、雕庄、红梅、青龙4个乡划归天宁区管辖。撤武进市，改设为武进区，将原属武进市的薛家、安家、魏村、罗溪、西夏墅、小河、孟河7个镇划归新北区管辖，形成常州市代管金坛、溧阳2个县级市和管辖武进、新北、天宁、钟楼、戚墅堰5个区的行政格局。至2010年底，一直未有改变，常州市人民政府驻新北区三井街道龙城大道北侧常州市行政中心。

第一节　建置

三国吴嘉禾六年(237)前后，孙权分吴郡西部立毗陵典农校尉，辖武进(原丹徒)、云阳(原曲阿)、毗陵三县。其后各代，递相设置毗陵郡、晋陵郡、常州、常州路、常州府等统县政区。常州境域出现“市”的概念，始于1912年1月的武进市，是在武(进)阳(湖)城厢自治公所名称上改名而来。2010年底，常州市域东西相距约100公里，东抵无锡市玉祁、洛社镇界，西至句容市、溧水县界。南北相距130公里，南与宜兴市及安徽的广德、郎溪县为界，北抵长江中流。常州市区位于市境东北部，地处太湖平原，市区地域因武进撤市设区，由1985年东西狭长形变为南北对等的长方形。

一、市　境

据今戚墅堰区境域内发现的圩墩古文化遗址显示，早在距今6000多年前新石器时代晚期，今常州市区境域已有原始先民聚居活动。周朝以前，今境归属难详，其先民被中原邦国视为蛮夷。常州境域有文字记载的历史始于周代。约公元前22世纪，古公亶父的两个儿子泰伯、仲雍来到江南建立句吴国，逐渐将势力推进到常州西部丘陵地区。春秋早期，常州境域处于越国、吴国势力交叉影响的边缘地带。春秋晚期，常州境域属于吴国，地名延陵。周灵王二十五年(吴王馀祭元年，前547)，延陵成为吴公子季札的封邑，如视作政区，延陵为今常州城区有文字记载最早的地名。周元王四年(越王勾践二十四年，前473)，越国灭吴，延陵归越。战国周显王三十六年(楚威王七年，前333)，楚攻取越国境内的故吴国地，延陵邑于是属楚。约周赧王九年(楚怀王二十三年，前306)，楚置江东郡，延陵属之。楚考烈王十五年(前248)以江东郡为春申君黄歇封地；二十五年春申君遇刺身亡，封地被楚王收回。

秦王政二十五年(前222)，延陵邑归秦，秦因之置延陵县(治今常州市区)，隶于会稽郡(治吴县，今苏州市区)。汉高祖五年(前202)十二月，项楚灭亡，延陵县入汉，先后属楚王韩信管辖的楚国、荆王刘贾管辖的荆国、吴王刘濞管辖的吴国。西汉王朝建立后，延陵更名毗陵，汉前元三年(前154)六月，毗陵属会稽郡。毗陵县约在王莽新朝天凤元年(14)更名为毗坛县；地皇四年(23)十月王莽新朝灭亡，县名复旧。东汉，毗陵县仍隶会稽郡，郡初隶扬州，后改为直属朝廷。永建四年(129)，分会稽郡立吴郡(治吴县)，毗陵属之。

三国时期，毗陵为孙吴政权所有。吴黄武元年(222)，毗陵县被建为封朱治的侯国，仍隶扬州吴郡。二年，朱治徙封别处，毗陵侯国除为县。赤乌年间，在毗陵建立毗陵典农校尉，屯田垦殖，是常州古代郡、府级行政建置之始。太康二年(281)，西晋武帝废毗陵典农校尉，改置毗陵郡(时治武进县，今镇江京口区丹徒镇)，管辖七县，为今市境设郡之始，毗陵之名此后延用506年。约晋永兴元年至永嘉五年(304—311)，晋怀帝司马睿为避东海王世子司马毗之讳，改毗陵郡为晋陵郡(移治丹徒县，今镇江京口区丹徒镇)。义熙九年(413)，晋陵郡移治晋陵县。南朝时，晋陵郡仍治于晋陵县。刘宋时，晋陵郡递属扬州、南徐州，在齐、梁、陈三代则始终隶南徐州。

隋开皇九年(589)平陈，废晋陵郡，于常熟县(今常熟市虞山镇西北50里)置常州，始有常州之名。同年，常州移治晋陵县。大业三年(607),常州更名为毗陵郡,仍治于晋陵县。唐初,毗陵郡为沈法兴(619年称梁王)割据,后相继为李子通(称帝,国号吴)、杜伏威占据。唐武德三年(620),杜伏威降唐,毗陵郡遂入唐。唐复毗陵郡为常州,治于晋陵县。垂拱二年(686),常州始与晋陵县和新置的武进县同城而治。

北宋开宝八年(975)十一月平南唐,常州入宋。北宋时,常州初隶江南转运司,后递属江南东路、两浙东北路、两浙路、两浙西路等转运使路(道),南宋时归属两浙西路安抚使司管辖。元至元十二年(1275)三月,常州与晋陵、武进两县入元,隶江淮行省浙西道宣慰司。至元十四年,常州升州为路,路下同时设录事司,负责治城亦即晋陵、武进县城内行政事务,常州路交替递属江淮行省浙西道宣慰司、江淮行省、江浙行省、江浙行省浙西道宣慰司、江淮行省浙西道宣慰司等。至正十七年(1357)三月,朱元璋军攻占常州路,改为"长春府",废录事司,旋更名为"常州府",以府隶于江南行省;同月,朱元璋改晋陵县为京临县,寻废京临县入永定县(为武进改名),时朱氏属于红巾军建立的大宋龙凤政权。至正二十二年六月,永定县复称武进县;至正二十七年,朱元璋代宋自立,以吴为纪年,常州府属吴。

明洪武二年(1369),常州府入明后,武进县仍为府治,常州府递属江南行省、南京、京师等。万历朝(1573—1620)末年,因避太子朱常洛之讳,常州府更名为尝州府。崇祯十七年(1644)五月,尝州府归南明弘光政权(都于应天府,今南京市区)管辖。清顺治二年(1645),尝州府入清,复称常州府。雍正四年(1726)九月,武进与新析建之阳湖县同城而治,同为常州府附郭县。咸丰十年(1860)四月,太平天国军队攻占常州府,改为常州郡,仍治武进、阳湖两县。同治三年(1864)四月,清军攻取常州郡,恢复常州府建置,先后隶属于江苏布政使司、江苏巡抚和两江总督。宣统三年(1911)十一月辛亥革命爆发后,常州府脱离清朝统治。民国元年(1912)1月,常州府被撤,阳湖县并入武进县。民国初年,武进县城常州城厢东至白家桥、西至西圈门、南至木匠街尽头、北至仁寿栅,实行行政自治,始有武进市,与武进县既有联系,又独立行使自治权;民国3年(1914)3月北京政府命令地方自治结束。

1949年4月23日,武进县解放,划武进县城厢及近郊设立常州市,与武进县分治,市隶苏南行署区武进行政分区,为分区公署驻地;11月28日,武进行政分区更名常州专区,常州市随属。此后,常州专区递属苏南行政公署、苏南人民行政公署。1953年1月1日,苏南人民行政公署撤销,常州市升为省辖市,直属江苏省。2月,常州专区改设为镇江专区。1956年2月,常州市改属苏州专区。1958年7月恢复设置常州专区。1959年7月,常州专区复改为镇江专区。1961年3月,镇江专区复改为常州专区。翌年10月,复改称镇江专区。1983年3月,镇江专区撤销,实行市管县体制,常州市始辖武进、金坛、溧阳三县全境,延续至2010年底。

二、金　　坛

据金坛市西岗镇、薛埠镇、城东乡等地曾发掘的古文化遗址显示,早在新石器时代晚期,金坛地区已有人类聚居活动。周朝以前今境域归属难详。春秋后期,吴国置云阳邑于今丹阳市云阳镇,今市境或为该邑属地。至战国时,周显王三十六年(楚威王七年,前333),楚攻取越国的故吴国地,今境随云阳邑属楚。约周赧王九年(楚怀王二十三年,前306),楚置江东郡,云阳属之。楚考烈王十五年(前248)以江东郡为春申君黄歇封地;二十五年春申君遇刺身亡,封地被楚王收回。

秦王政二十五年(前222),秦平定楚国江东地区,今市境归秦。秦在云阳邑置曲阿县(治今丹阳云阳镇),今金坛市境为曲阿南部地,曲阿上隶会稽郡。西汉时,曲阿县始终隶于会稽郡,郡先递属楚国、荆国、吴国,后直属汉廷,西汉末改由扬州管辖。约新莽天凤元年(14),曲阿县更名为风美县,今境遂成风美县地,曲阿(风美)县仍隶于扬州会稽郡。东汉更始三年(25)六月,金坛仍随曲阿县初属扬州会稽郡,不久扬州被改为监察区,会稽郡仍直属中央。其后,会稽郡分置吴郡,今市境随曲阿县属之。

东汉兴平二年(195)以后，今境随曲阿县为孙策占据。三国吴黄龙元年(229)，曲阿县改为封朱据的侯国。嘉禾三年(234)，曲阿侯国更名为云阳侯国，此后递属扬州吴郡、扬州毗陵典农校尉。赤乌十三年(250)，朱据被杀，云阳侯国除为县。永安年间(258—264)，云阳县复建为侯国，以封朱据之孙朱宣。西晋咸宁六年(280)三月，晋军平吴，今市境随云阳入晋；同年，云阳侯国废为县，仍隶扬州毗陵典农校尉。太康二年(281)，云阳县复名曲阿县，同时析曲阿县延陵乡置延陵县(治今丹阳市延陵镇)，此后今金坛市境转为延陵县地。

隋开皇九年(589)平陈，废延陵县入曲阿，今市境复入曲阿县。是年起，曲阿县递属常州、润州、江都郡。约大业十三至十四年(617—618)，曲阿县南部百姓为避乱聚保，自立金山县(治今市金城镇)，是今金坛最早的政区前身，上属江都郡。唐武德三年(620)，杜伏威击败李子通并降唐，茅州及金山、琅邪县入唐。六年，州、县为辅公祏(称帝，国号宋)所据。七年辅公祏平，茅州复归唐，同年州废，金山、琅邪两县改隶蒋州(治归化县，今南京市区)。八年，金山、琅邪两县废，入延陵县(治今丹阳市延陵镇)，今市境乃为延陵县地。此后，延陵县递属蒋州、扬州、润州。武后垂拱四年(688)，因东阳郡有金山县和茅山华阳洞内有“金坛百丈”，分延陵县地置金坛县(治今市金城镇)，隶润州，县名至今未变。此后，除天宝元年至乾元元年(742—758)间隶属丹阳郡(由润州更名)外，金坛县一直属润州。五代吴武义元年(919)，杨行密之子杨隆演建立吴国，金坛入吴。升元三年(939)，金坛县归南唐(齐)。

宋开宝八年(975)十一月，金坛县随润州入宋。润州初隶江南转运司，后递属江南东路、两浙东北路、两浙路、两浙道、两浙路、两浙西路等转运使路(道)。政和三年(1113)，升润州为镇江府，金坛仍属，镇江府隶于两浙路转运使司，入南宋后归两浙西路安抚使司管辖。元至元十二年(1275)，金坛县入元，仍属镇江府。至元十三年，镇江府升为镇江路，金坛隶之，镇江路交替递属江淮行省浙西道宣慰司、江淮行省、江浙行省、江浙行省浙西道宣慰司、江浙行省。至正二十七年，朱元璋代大宋自立，以吴为纪年，金坛县属吴。

明洪武二年(1369)，金坛县归明后仍属镇江府，镇江府递属江南行省、京师、南京。崇祯十七年(1644)五月，金坛县随镇江府归于南明弘光政权(都南京应天府，今南京市区)管辖。清顺治二年(1645)，金坛县归清，随镇江府先后隶属江南左右布政使司、江南右布政使司、江苏布政使司，递属江宁巡抚、江苏巡抚和江南江西河南总督、江南江西总督、江南总督、两江总督。咸丰十年(1860)七月，太平天国军队攻占金坛县，使属苏馥省镇江郡。同治三年(1864)三月，清军攻取金坛县，仍属镇江府。宣统三年(1911)十一月辛亥革命成功后，金坛县脱离清朝统治。

1993年12月26日，金坛撤县设市揭牌(摄于1993年12月26日)

民国元年(1912年)1月，金坛县直隶江苏省(治于吴县，今苏州市区)。民国3年6月，金坛县隶金陵道(治于江宁县，今南京市区)。民国16年，国民革命军占领金坛，金坛县直属江苏省(治于江宁县，今南京市区)。民国22年3月，金坛县属江苏省第一行政督察区(首县镇江县)；民国23年2月，金坛县属溧阳区(治溧阳县，今溧阳市溧城镇)专员公署管辖。民国25年5月，金坛县属第一行政督察区(溧阳区改)。民国26年

12 月 5 日，金坛县城沦陷于日军之手，县政府流亡，仍属第一行政督察区。民国 34 年 11 月，金坛县政府于县城重建。1949 年 4 月 24 日，金坛县城解放。

1949 年 5 月 4 日，金坛县人民政府在县城成立，隶属于苏南行署区武进行政分区（治于今常州市）；11 月 28 日，金坛县改属常州专区。1953 年 1 月 1 日，金坛县随常州专区改属江苏省；2 月，常州专区撤销，金坛县改属镇江专区（治镇江市，今镇江市京口区）。1958 年 7 月 5 日，镇江专员公署迁驻常州市，金坛县改属常州专区。1959 年 7 月、1970 年，金坛先后改属镇江专区、镇江地区管辖。1983 年 3 月 1 日，江苏省正式推行市管县体制，镇江地区被撤销，金坛县划归常州市管辖。1993 年 11 月 10 日，国务院批准撤销金坛县，改设省辖县级金坛市。不久，省政府决定金坛市暂由常州市代管，至 2010 年底未变。

三、溧　　阳

溧阳早在距今约 5000 年前的新石器时代晚期已有人类聚居活动。春秋时期溧阳地域属吴国的濑渚。周景王五年，由于楚国军队的进逼，吴移濑渚于陵平山下（今南渡镇旧县村南五里），邑名改为陵平。秦始皇二十六年（前 221）设溧阳县，治所在今境域之外高淳。汉初，在今市南渡镇旧县村置溧阳县，为治今市境的第一个县级政区，亦今溧阳市的最前身，因其地位于溧水之北，而水北为阳，故曰“溧阳”。约东汉建武六年（30）时，溧阳县徙治今高淳县固城镇，今溧阳市境内无县级建置，其境仍大抵为溧阳县地。溧阳县在东汉仍隶丹阳郡，曾于初平三年至兴平元年（192—194）间建为侯国；兴平二年以后，今市境随丹阳郡溧阳县为孙策占据。约建安元年（196），孙策分溧阳县置永平县，治今市天目湖镇古县村，上隶扬州丹阳郡（治宛陵县）。吴建兴元年（252），永平建为侯国，封全尚为侯。

西晋太康元年（280），改永平为永世县，同时在今高淳境内复置溧阳县。永兴元年（304），分永世县地置平陵县（治今市南渡镇古城村），与永世同划隶扬州义兴郡（治阳羡县，今宜兴宜城镇南），不久两县复还属丹阳郡。南朝宋元嘉九年（432），平陵县废，今市境仅余永世一县县治。刘宋时，永世县仍隶丹阳郡，丹阳郡递属扬州、王畿、扬州。隋开皇十二年（592），复析溧阳县置永世县（仍治今市天目湖镇古县村），隶属宣州（今属安徽）。开皇十八年，改溧阳为溧水县，永世县并入溧水县。唐武德三年（620），析江宁、溧水县以东地置溧阳县（治今市南渡镇旧县村），隶属扬州（治归化县，今南京市区）。武德九年扬州废，溧阳县改属宣州。光启三年（887），复置昇州（治上元县，今南京市区），溧阳往属。天复三年（903），溧阳徙治今市溧城镇。五代十国武义元年（919），吴国建立，昇州入吴。武义二年，昇州升为金陵府，溧阳依旧属之。天祚三年（937）正月，金陵府更名江宁府，成为国都，溧阳仍属之。齐升元三年（939），溧阳县随江宁府属南唐。

宋开宝八年（975）十一月平南唐，溧阳县入宋，属昇州。天禧二年（1018），昇州复升为江宁府，溧阳仍属。江宁府在北宋递属江南路、江南东路转运使司管辖。建炎三年（1129），溧阳县属建康府。元至元十四年（1277），溧阳县升为溧阳州，隶属建康路。至元十六年，溧阳州升为溧阳路，亦隶江东道宣慰司（治建康路），递属江淮行省、江浙行省、江淮行省。至元二十七年，溧阳路降为县，隶属建康路，递属江东道宣慰司和江淮行省、江浙行省。元贞元年（1295），溧阳县复升为州，仍属建康路，递属江淮行省、江浙行省。至正二十七年，朱元璋代宋自立，以吴为纪年，溧阳州属吴。明洪武二年（1369），溧阳废州复县，仍属应天府。应天府则先后为江南行省、南京、京师的首府。崇祯十七年（1644）三月明亡，五月，南明弘光政权于应天府建立，溧阳县遂为弘光政权控制。清顺治二年（1645），溧阳县递相隶属江宁府、江南左右布政使司、江南右布政使司、江苏布政使司和江宁巡抚、江苏巡抚，先后隶属江南江西河南三省总督、江南江西总督、江南总督、江南江西总督、两江总督。雍正八年（1730）十一月，溧阳县改隶镇江府（治丹徒县）和江苏布政使司、江苏巡抚。宣统三年（1911）十一月，溧阳县脱离清朝统治。

民国元年(1912)1月废府、州、厅政区，溧阳县直隶江苏省(时治于苏州吴县)。民国3年6月，溧阳县隶金陵道(治南京江宁县)。民国16年，溧阳县直属江苏省(时治江宁县)。民国22年3月，溧阳县属第二行政督察区(首县武进县，治今常州市区)。次年2月，溧阳县属溧阳区，乃该区首县，设专员公署。民国25年5月，溧阳县属第一区(溧阳区改)。民国28年4月，江苏省江南行署进至江苏境内，溧阳县属第一行政督察区。民国34年8月15日，日本投降；10月，溧阳县政府还驻县城，溧阳县复隶江苏省第一行政督察区(移治丹阳县，今丹阳市云阳镇)。

1949年4月25日，溧阳解放，属苏南行署区武进行政分区；11月28日，武进行政分区更名常州专区，溧阳县随属。1953年1月1日，江苏省人民政府成立，溧阳县随常州专区改属江苏省。2月，常州专区撤销，溧阳县改属镇江专区(治镇江市，今镇江市京口区)。1958年7月5日，镇江专员公署迁驻常州市，专区更名为常州专区，溧阳随属。1959年7月，常州专区复名镇江专区(8月还治镇江市)，溧阳隶镇江专区。1970年，镇江专区改称镇江地区，溧阳县仍属。1983年3月1日，江苏省推行市管县体制，镇江地区撤销，溧阳县划归常州市管辖。1990年8月，国务院批准撤销溧阳县，改设省辖县级溧阳市。不久，省政府决定溧阳市暂仍由常州市代管，至2010年底未变。

1990年12月8日，溧阳撤县设市大会召开(摄于1990年12月8日)

四、武　　进

早在距今5000多年前新石器时代晚期，今武进地区已有先民聚居活动。周朝以前，今境域归属难详。周初以降，今境属吴国。春秋后期、周灵王二十五年(吴王馀祭元年，前547)之前，吴国于今常州市区置邑，名延陵；是年，延陵成为吴公子季札的封邑，延陵邑可视作今武进最初的前身。周元王三年(越王勾践二十四年，前473)，越国灭吴，延陵归越。战国时周显王三十六年(楚威王七年，前333)，楚攻取越国境内的故吴国地，延陵邑始属楚。

秦王政二十五年(前222)，延陵邑归秦，置延陵县(治于今常州市区)，隶会稽郡(治吴县，今苏州市区)。汉高祖五年(前202)初，延陵县入汉；正月，汉王刘邦改封齐王韩信为楚王，延陵县随会稽郡属楚国。西汉初，延陵县更名为毗陵县。王莽建立新朝，约天凤元年(14)，毗陵县更名毗坛县。东汉时期，毗陵县仍隶会稽郡。永建四年(129)，毗陵属吴郡。兴平二年(195)后，毗陵县随吴郡为孙策占据。

三国吴黄武元年(222)，毗陵县建为侯国，以封朱治。武进之名始于嘉禾三年(234)，孙权将丹徒县改名武进县；约嘉禾七年，分吴郡立毗陵典农校尉，治毗陵县，武进、毗陵隶属之(时武进行政建置不在今境)，上属扬州。吴末年，封陆景为毗陵侯，毗陵县复为国。天纪四年(280)二月，陆景为晋军所杀，毗陵侯国复绝。次年，晋武帝司马炎把武进县(原地恢复原名丹徒县)移到毗陵县西北80里千秋乡(孟城)，作置县之基，废除曲阿，将曲阿东北数十里划归武进扩大县境，与境内毗陵两县并存，毗陵县辖治城东各乡，武进县辖治城西各乡，统属毗陵郡。太康十年(289)，毗陵郡建为毗陵国(时已还治毗陵县)，封司马仪为王，毗陵县随属。元康元年(291)

五月，司马仪薨，毗陵国绝，复为毗陵郡。永嘉五年(311)，毗陵县更名晋陵县、属晋陵郡。西晋“八王之乱”后，北方大批士族向南迁徙。东晋司马睿于建武二年(318)允许侨民侨置郡县，在武进境域设南兰陵郡、南兰陵县。太宁年间(323—326)，侨置东莞郡及其所领莒、东莞、姑幕、盖四县于晋陵县南境，郡、县治所确址今皆乏考，应均在今武进境。

南朝宋永初二年(421)，东莞郡更名南东莞郡，莒、东莞、姑幕、盖四县属之；元嘉十二年(435)，盖县并入东莞县。晋陵县城在刘宋时始终为晋陵郡治，郡递属扬州、南徐州。萧齐时，晋陵县城仍为南徐州晋陵郡治；莒、东莞、姑幕三县仍隶南徐州南东莞郡，齐建武三年(496)，姑幕县省。中兴二年(502)，改武进县为兰陵县，隶属南兰陵郡。梁天监元年(502)，南东莞郡及莒、东莞两县皆废，今武进境仅余晋陵县。

隋开皇三年(583)废武进，并入曲阿。开皇九年平陈，废晋陵郡，于常熟县(今常熟市虞山镇西北50里)置常州，晋陵县属之。唐武德三年(620)，在原地重设武进县，与境域内晋陵县并存，隶属常州；贞观八年(634年)武进再废，并入晋陵县。武后垂拱二年(686)，晋陵县西析36乡增置武进县(治所确址乏考)。后唐同光年间(924—926)，武进县城因四周土岗低矮，夜间难御江盗骚扰打劫，将县署迁入常州城内金斗门外街西(今中山纪念堂旁)，武进县治从此与晋陵县治同设常州城内，为常州附郭县。此后直至唐末，除天宝元年至乾元元年(742—758)上属晋陵郡(由常州更名)外，晋陵、武进两县一直隶属常州。五代十国武义元年(919)，晋陵、武进入吴。升元三年(939)，晋陵、武进县归南唐(齐)，依属常州。宋开宝八年(975)十一月，晋陵、武进两县随常州入宋。元至元十二年(1275)三月，晋陵、武进两县随常州入元。至元十四年，常州升为常州路，晋陵、武进仍属。元至正十七年三月，朱元璋改晋陵县为京临县，武进县为永定县，寻废京临县入永定县。至正二十二年六月，永定县复名武进县。至正二十七年，朱元璋代宋自立、以吴为纪年，武进县乃属吴。

明洪武二年(1369)，武进县入明，县仍为常州府治。崇祯十七年(1644)五月，南明弘光政权于南京应天府(今南京市区)建立，尝州府武进县归弘光政权控制。清顺治二年(1645)，尝州府武进县入清，属复名之常州府。清雍正四年(1726)九月，从武进县35个乡中划出东境18个乡置阳湖县，与武进县同城而治，同为常州府的附郭县。咸丰十年(1860)四月，太平天国军队攻占常州府，改为常州郡，仍治武进、阳湖两县，属苏馥省。同治三年(1864)四月，清军攻取常州郡，恢复常州府建置。宣统三年(1911)十一月，武进、阳湖两县脱离清朝统治。

民国元年(1912)年1月，阳湖县废入武进，武进县直隶江苏省(时治吴县，今苏州市区)，成为中国一等大县。民国3年6月，江苏省划定为5道，武进县隶于苏常道(治吴县)。民国16年，国民革命军占领武进，武进县直属江苏省(时治江宁县，今南京市区)。民国22年3月，武进县属第二行政督察区；次年2月，武进县属无锡区(治无锡县，今无锡市区)专员公署。民国25年5月，武进县属第二区(无锡区改)。民国26年11月29日，武进县城沦陷于日军之手，县政府流亡，仍属第二行政督察区。民国28年4月，江苏省江南行署回到江苏境内，武进县随第二行政督察区，属其行署管辖。民国34年9月，武进县政府还于县城重建。10月，武进县依旧隶江苏省第二行政督察区(时治武进县，次年移治吴县即今苏州市区)。民国37年6月15日，第二行政督察区撤销，12月16日恢复，武进县属之未改。1949年4月23日，武进县城解放。

同日，武进划出城区及近城的乡成立常州市，武进县属苏南行署区武进行政分区，县政府先设戚墅堰；11月28日，武进行政分区更名常州专区，武进县随属。1950年7月，县政府迁驻城内关河路。1953年1月1日，武进随常州专区改属江苏省。2月，武进改属镇江专区。1956年2月23日，武进改属苏州专区(治苏州市，今苏州市区)。1958年7月，武进划属常州专区(治于常州市)。1959年7月，常州专区更名镇江专区(8月移治镇江市)，武进隶之不改。1961年3月10日，武进划归常州市管辖。1962年10月，武进复属镇江专区。

1995年8月26日，武进市成立大会召开（摄于1995年8月26日）

1970年，武进县随属镇江地区。1983年3月1日，镇江地区撤销，武进改由常州市管辖。1995年6月8日，国务院批准撤销武进县，改设县级武进市。不久，省政府决定武进市暂仍由常州市代管。2002年4月，武进撤市设区，属常州市区，至2010年底不变。

五、天　宁

1949年4月28日，划武进县城龙城、名山、新民、崇法、荆川、永丰、青山、乐善8个镇建常州市。8月26日，撤镇建区，将8个镇合并，建为第一（天宁）、二、三、四（后改北区，1955年撤，并入东区和西区）4个区，设区公所管理。1950年2月，撤区公所。1952年9月15日成立东区，管治区域行政，东至白家桥、小东门桥，西至正素巷、子城河，南临德安桥和京杭大运河，北抵沪宁铁路。1955年9月5日撤北区建置，以小河沿、化龙巷、北直街、青山桥、斗巷至万福桥以东及马山埠、大圩沟、中街、大火弄、化龙巷5个居委会和1个船民委员会划给东区。陆续筹建设立局前、水门桥、新丰、古村等街道。11月，改东区为天宁区，以地域内天宁寺得名。1956年3月撤区建置，下面街道改为市委派出机构。

1957年9月21日，天宁区恢复。1958年1月，街道撤销，由区直管居民委员会。9月29日，常州市成立第一个街道人民公社，即东风人民公社（古村）。1959年1月，建立新丰人民公社。3月，划进原郊区太平乡改称红梅乡。1960年5月，成立天宁人民公社，与区一个机构、两块牌子，下辖分别改称新丰、水门、青山、和平、五一、红梅、青龙7个分社。1961年6月，撤天宁人民公社。1962年8月，划出红梅、青龙、北塘给恢复的郊区。1963年12月，重建新丰、水门桥、青山街道。1966年9月，天宁区为东风区替代，所属新丰、水门、青山街道因位居路名改为东风路、东方路、延安路，名称相应改成东风街道、东方街道、延安街道。1980年1月1日，恢复天宁区名。

六、钟　楼

1949年4月28日，划武进县城龙城、名山、新民、崇法、荆川、永丰、青山、乐善八镇建常州市。8月26日，撤镇建区，将八镇合并，建成第一、二、三（钟楼）、四4个区，设区公所管理，其中三区为原荆川、永丰两镇。1950年2月28日，撤区公所。1952年9月15日成立西区，东至表场、灰弄，西至西圈门、三堡街，南至新河滩，北抵虹桥。1955年9月5日，撤北区（原四区），以前后湾、荷花池、北大街、县巷、府北、县直街路南划给西区。9月14日，全市区界调整，划出西吊桥以东灰弄、表场及早科坊南给南区（广化）。11月14日，改西区为钟楼区，以地域内有“钟楼”而得名。1956年3月6日撤钟楼区，1957年9月25日恢复。1960年5月成立钟楼人民公社，与钟楼区人民委员会为一个机构、两块牌子。1963年10月，建立荷花池、怀德路、西仓桥3个街道。1966年10月1日，改钟楼区为胜利区。1980年1月1日复名钟楼区。随着花园新村、西新桥新村陆续兴建，4月、12月马公桥、西新桥街道办事处相继建立。1985年，钟楼区辖荷花池、怀德路、西仓桥、马公桥、西新桥5个街道办事处、70个居民委员会，东以小河沿、化龙巷、北直街、斗巷、万福桥为界，西至马公桥与郊区永红乡、五星乡相连，南与广化区为邻，北与五星乡接壤，总面积 5.32 平方公里。1987 年 1 月 1 日，撤广化区，划进广化所辖南大街、广化桥、清潭 3 个街道，总面积增至 10.69 平方公里。

七、戚 墅 堰

戚墅堰区以区内世居戚氏得名。1953 年 2 月 27 日，武进县戚墅堰区划归常州市，3 月 9 日设市属戚墅堰区。东与剑湖区为邻，西至大明纺织厂，区域面积 1.79 平方公里。1960 年 6 月，成立戚墅堰人民公社，下辖先行、戚墅堰、丁墅 3 个分社。1961 年 2 月，将丁堰分社划归郊区管辖。12 月，复称戚墅堰区。1963 年 10 月，改先行、戚墅堰分社为街道。1966 年 10 月，戚墅堰区改名卫东区。1980 年 1 月，复名戚墅堰区。

八、郊　　区

1950 年 7 月初，郊区成立。7 月 6 日划市区东、南、西近城地带给郊区，建立城东、城南、城西三乡。1951 年 1 月，划武进县新闸、北塘两区部分村给郊区，设城北、西北两乡。3 月设郊区区公所。1952 年 9 月，郊区区公所改建为郊区人民政府；12 月，划湖塘、新闸、北塘三区部分土地，增设广福、福渚、茶山、龙游、采菱五乡。1953 年 2 月，划武进剑湖、北塘、湖塘、新闸区部分村给郊区，增设芳渚、梅港、安定、平岗、丁堰 5 个乡，郊区管辖乡增至 15 个。1956 年 1 月，郊区人民政府改名郊区人民委员会，4 月撤，成立常州市人民委员会农村办事处。5 月，广福、福渚、茶山、龙游合并成立茶山乡，城南、城北、城东合并成立太平乡，西北、平岗、城西合并成立长田乡，采菱、安定、丁堰、梅港、芳渚合并成立丁堰乡。

1958 年 8 月，办事处撤销，所有乡并入武进县。12 月，原属郊区部分乡再划常州管理，分别定名为丁堰、长田、茶山、红梅人民公社。1959 年 1 月，4 个公社归新成立的市农业局、副业局管辖。9 月，从武进划进青龙、西林、新闸、新桥、湖塘、东青公社部分村，增设西林、青龙、新闸 3 个公社。1960 年 4 月，7 个公社分成市各城区公社分社，与农业局、副业局实行双重领导。1961 年 2 月，归农业局、副业局管辖。1962 年 8 月，成立常州市人民委员会郊区办事处，管理各乡。1964 年 10 月，所辖公社调整为新闸、长田、红梅、丁堰、茶山、广福 6 个公社。1968 年 4 月成立常州市郊区革命委员会，恢复郊区建置，同时划进太滆公社。1973 年 10 月，从武进划进雕庄公社全部和西林、北港公社部分大队和自然村。1975 年 10 月，太滆公社划给武进。1978 年 4 月，郊区撤销，所属公社归常州市革命委员会农业办公室领导。1980 年 4 月恢复设置郊区，太滆公社重新划归郊区。2002 年 4 月，郊区被撤销。

九、广 化 区

1949 年 8 月，在原武进县城崇法、新民两镇基础上建立第二区。1950 年 2 月撤销。1952 年 9 月 15 日复建南区。区境东自县学街、正素巷、庙巷、琢初桥至乌衣浜底为界，南以环城马路（劳动中路）为界，西以武宜西路、大水关、西城脚为界，北以后河为界，区域面积 1.9 公里。此后区境迭经调整变化。1955 年 11 月，改称广化区，筹建古村、南大街、广化 3 个街道。1956 年 3 月广化区被撤销，所属街道直属常州市人民委员会管理。1957 年 9 月广化区恢复，撤古村、南大街、广化街道办事处。1960 年 6 月成立广化人民公社，与广化区为一个机构、两块牌子，辖古村、南大街、广化街、茶山、西林 5 个分社。1961 年 2 月，茶山、西林改称公社，6 月划进采菱人民公社。1962 年废区、公社牌子，10 月划出茶山、西林、采菱给郊区。1963 年 10 月，恢复古村、南大街、广化街街道办事处。1966 年 10 月 1 日改广化区为向阳区。1980 年 1 月恢复原名，此后随着城郊兴建新村，逐渐向市郊拓展空间；12 月增设兰陵、清凉两个街道。1982 年 12 月，再设清潭街道。1987 年 1 月 1 日撤销广化区。

第二节　境域

常州市区、郊区、城区与武进之境域变迁及其关系甚为复杂。1986年11月，武进县三井、青龙、北港、西林四乡划归常州市郊区。1991年，全市141个乡镇中建镇49个，占乡镇总数的35%；1993年由乡改镇升至65个，占乡镇总数的47%。1995年6月，武进县龙虎塘镇、新桥镇、百丈乡、圩塘镇划入常州市郊区，武进由县改建为县级市。1999—2000年，全市撤销57个乡镇建置，撤并率47.5%，保留乡镇63个，其中武进市由56个乡镇因划出和合并减为30个，常州市郊区太滆乡被撤并入武进市雪堰镇，金坛由27个乡镇合并为15个，溧阳由36个乡镇合并为18个。部分乡镇在行政区划调整中改设为街道。同年底，常州市区总面积280平方公里，其中天宁约20平方公里、钟楼约17平方公里、戚墅堰约35平方公里、郊区约208平方公里（含常州市新区代管的110平方公里）。调整后，全市每个乡镇平均拥有人口4万人、面积64.9平方公里，但辖市政府驻地湖塘、金城和溧城镇规模大幅度扩大，人口分别达12.49万人、14.5万人和18.1万人。2002年4月，武进市被撤销，改设为常州市辖区，常州市区境域由280平方公里增至1864平方公里。

一、金　　坛

金坛之境域变迁或当从隋末设立的金山县起述，因文献不足，境域广狭实难明考。唐垂拱四年(688)，分延陵县南置金坛县，其县境今已无法知晓。宋熙宁五年(1072)，延陵县撤销，其上元、孝德两乡划归金坛县，此后直至清代，金坛县境大体未变。清嘉庆年间(1796—1820)时，金坛县广袤和四至为：东西广100里，南北袤80里，县城东至武进县界35里，西至句容县界65里，南至溧阳县界50里，北至丹阳县界30里，东南至宜兴县界50里，西南至溧阳县界70里，东北至丹阳县界30里，西北至丹徒县界60里。民国时期，金坛县的四至八到与清代略有不同：东至夏溪武进县界40里，南至庄店溧阳县界60里，西至茅山句容县界60里，北至荆城港丹阳县界20里，西南至罗村坝赤岗溧阳县界60里，西北至蒲干丹徒县界60里，东南至湟里埠武进县界和儒村宜兴县界均40里，东北至善塘丹阳县界30里。金坛县总面积1547250市亩[①]，约合1031平方公里。

新中国成立后，金坛的辖境发生变化。1950年9月，宜兴县南社乡划入金坛县；10月，丹阳县导墅区里庄乡的荆家、吴家、周家塘3个村划归金坛县。1953年3月，金坛县的汤庄乡洋亭庄村、田头村划归武进县；10月，句容县茅山乡的红山门、三官甸自然村划归金坛县；11月，句容县磨盘乡的桃园、北庄、黄泥塘、丁家边等4个自然村划入金坛。1955年11月，武进县湟里区旃东乡住基村23户、东圩庄36户、东塘村13户、谢家村2户划与金坛县。1956年3月，丹徒县宝堰区蛟峰乡和胜利乡东塔山村划入金坛县；4月，金坛县金山区龙首乡后仁自然村划给宜兴县官杨区臧闸乡。5月，溧阳县竹箦区西沈乡的许庄、前塘、金山后3个选区和城东区山下乡小湖墅、鲁塘下两自然村划归金坛县水北、社头两区管辖，金坛县社头区湖荡乡的园上自然村划归溧阳县管辖；6月，句容县磨盘乡的垊龙村划归金坛县；8月，丹徒县蛟龙乡的巨村、大秋、张家3自然村，丹阳县延陵区九里乡的东九里、西九里、赤石巷、蒋庄、旧县(含两个选区)、蒋甲、岗村8个选区与延陵乡的观井头、谢家两个选区，及句容县磨盘乡的垊龙村划入金坛县。同年，丹阳县导墅区高头乡塘南选区的西村、东村、杨树塘3个自然村，里庄乡的周家塘自然村，及珥陵区黄堰乡的金巷自然村亦划入金坛。1957年7月，金坛的九里、赤石岸、蒋庄、旧县、蒋甲、岗村、官井头、西洲8个自然村划归丹阳县。1959年6月，溧阳上黄人民公社莫庄大队东羌庄生产队35户、300余亩土地划入金坛儒林公社柚山大队，该县后周公社上阮、西杨庄两个大队划归金坛罗村公社。1973年12月，金坛县薛埠公社金牛、石龙2个生产队，西畅公社塔山、阳山、

①数据资料来源于1934年编纂的《江苏省鉴》。

对达、仙姑4大队和茅麓公社致和大队划归常州市茅山区。1978年12月以上地区复归金坛，1979年1月该地区复归句容县。此后，金坛市辖境未再调整，1999年底总面积976平方公里。

二、溧　　阳

自元代起溧阳州境域始有明确记载。元末，溧阳州东西广100里，南北袤150里，东至宜兴州界15里，以莳埭牌为界；西至溧水州界85里，以三塔墩为界；南至广德路界70里，以石屋山分流为界；北至金坛县界80里，以长塘湖港获场为界；东南至宜兴州界80里，以白塔山为界；西南至宣城县界120里，以湖东北岸为界；西北至溧水州界75里，以曹山陆路为界；东北至宜兴州界45里，以五家村为界。明、清溧阳之县境与元代大致相同。

清嘉庆年间(1796—1820)，溧阳县东西长98里，南北宽150里，县治东18里至莳埭荆溪县界，东南27里至余山荆溪县界，南70里至石屋山广德州界，西南75里至梅渚建平县界，西80里至三塔墩溧水县界，西北80里至瓦屋山句容县界，北50里至界牌桥金坛县界，东北30里至杨巷宜兴县界。此后直至民国，均无明显变化。溧阳县总面积凡2267625市亩①，约合1512平方公里。1948年1月1日，江苏省政府派员解决溧阳、高淳边界纠纷，高淳县许笪里、东陵、仁字门、上庄4个村划入溧阳县。

1950年9月，溧阳县宝寿乡及胡家乡李西村划归宜兴县，宜兴县上黄、前乡两乡划归溧阳县。1953年5月，溧阳县社渚区的龙角冲、强村、凹唐、刘家村、荷叶坝、稻金岭等自然村划归安徽省郎溪县管辖。1954年6月，溧阳县戴埠区平桥乡的三里门行政村划归安徽省广德县山北东乡管辖。1956年5月，溧阳县竹箦区西沈乡许庄村、前塘村、金山后3个选区，与城东区山下乡的小湖墅、鲁塘下2个自然村划归金坛县管辖，金坛县社头区湖荡乡的园上村来属溧阳县。9月，溧阳县上沛区东王乡喻庄村划归句容县。1958年2月，句容县袁巷乡瓦屋山南的下张、仕庄、下潘、洋河4个农业社划归溧阳县；7月，原省属芳山林场的独鸣墩生产队划归溧阳县管辖，命名为"溧阳县瓦屋山林场"。1959年6月，溧阳县上黄人民公社莫庄大队东羌庄生产队35户、300余亩土地划入金坛县儒林公社柚山大队，后周公社上阮、西杨庄两个大队划归金坛县罗村公社。此后，溧阳市辖境未再调整。2010年底，溧阳市总面积1535.87平方公里。

三、武　　进

武进县境域自明代起始有明确记载。其时，县境东抵无锡县界五牧、西抵丹阳县界吕城，广95里，南抵宜兴县界张河港、北抵泰兴县界扬子江中流，袤152里。清雍正四年(1726)，武进县东境析置阳湖县，县境大幅缩减。民国元年(1912)，阳湖县废入武进县，武进之境域乃恢复如明代时。武进县总面积3688875市亩②，约合2459平方公里。

1949年4月，武进县解放，划出城厢及近郊地区设置常州市，县境缩小。1950年7月，武进县湖塘、北塘、新闸3个区部分计6400.42亩土地划入常州市郊。10月，武进县张家步头、许庄会、顾家芦3个村划归丹阳。1951年1月，武进的新闸、北塘2个区的11543亩土地划入常州市。1952年6月，武进新闸、湖塘2个区的30125.9亩土地划入常州市。9月，江阴夏港区观西乡东下塘划归武进县焦溪乡，武进河屯基、是家门、马家圩等地划归江阴。11月，宜兴漕桥乡漕桥村到朱家桥地段第6～18自然组划归武进县漕桥镇管辖，宜兴县杨桥镇也划归武进。1953年2月，武进戚墅堰区全部及剑湖、北塘、新闸、湖塘4个区的34559.23亩土地划归常州市。3月，金坛汤庄乡的洋亭庄村、田头村划归武进。1955年，丹阳县将塘东、高家湾两个村划归武进夏溪乡。6月，武进北塘乡李家头村划归江阴县。11月，武进潘墅乡丁沟村亦划入江阴，湟里区旌东乡住基村23户、东圩庄36户、东塘村13户、谢家村2户划与金坛。1956年，丹阳阳庄的塘东自然村，与运河乡的寨庄、河西、杜庄、姚家、汤家、王家塘、前吉、后吉、前峰、后峰、后吴、黄泥沟、前杜埂、后杜埂14个自然村及蒋墅乡的杨树、杨

①②数据资料来源于1934年编纂的《江苏省鉴》。

四沟、大刘庄自然村划归武进县。8月，武进九里乡的界首、张家塘两个自然村划归丹阳县运河乡。

1958年8月，常州市郊茶山、太平桥、长田、丁堰4乡划归武进，武进龙虎塘乡顾家头一个生产小组划属江阴县。10月，武进龙虎塘乡任家头村划入江阴。1959年3月，茶山、太平桥、长田、丁堰四乡复划还常州市。9月，武进青龙、西林、新闸、新桥、东青、湖塘6个乡公社的8.53万亩土地划入常州市郊。11月，宜兴新建公社闸上大队南洋桥生产队划归武进县东安公社伍巷大队。1964年10月，常州市郊雕庄、采菱、青龙、三里、北塘、新鹤、西林、海塘、陈渡9个公社全部及丁墅、芳渚、竹林、城北、芦墅5个公社的97032亩土地划入武进。1973年10月，武进雕庄公社全部和新林、北港公社的18095亩土地划入常州市郊。1986年11月，武进三井、青龙、北港、西林4乡划归常州市郊区。1995年6月，武进龙虎塘镇、新桥镇、百丈乡、圩塘镇划入常州市郊区，武进撤县建市。1999年，撤销常州市郊区太滆乡，并入武进市雪堰镇。是年末，武进市面积约1584平方公里，直至2002年4月武进撤市设区，武进所辖魏村、安家、薛家、罗溪、西夏墅、小河、孟河7个镇，108个行政村，327.44平方公里划归新北区。至2010年底，全区境域总面积1245.84平方公里。

四、郊　区

1950年7月，划武进湖塘、北塘、新闸3个区的6400.42亩土地入常州市郊。1951年1月，划武进新闸、北塘两区的11543亩土地入常州市郊。1952年6月，划武进新闸、湖塘两区的30125.9亩土地入常州市郊区。1953年2月，武进戚墅堰区全部及剑湖、北塘、新闸、湖塘4个区部分计34559.23亩土地划归常州市。1958年8月，常州市郊茶山、太平桥、长田、丁堰4个乡划归武进县。次年3月，复划入常州市。1959年9月，武进县青龙、西林、新闸、新桥、东青、湖塘6个乡公社的85294亩土地划入常州市郊。1964年10月，常州市郊雕庄、采菱、青龙、三里、北塘、新鹤、西林、海塘、陈渡9个公社的全部及丁墅、芳渚、竹林、城北、芦墅5个公社的97032亩土地划入武进。1968年12月，宜兴林场8万亩土地划归常州市。1973年1月，重新划归宜兴县。1973年10月，武进雕庄公社全部和新林、北港公社的18095亩土地划入常州市郊，增建雕庄公社。

第二章　行政区划

1983年3月1日，省辖市常州市恢复设立，实行市管县行政体制，管辖武进、金坛、溧阳3个县。1985年底，常州市辖武进、金坛、溧阳3个县和天宁、钟楼、广化、戚墅堰、郊区5个区，市区总面积94平方公里，其中广化区辖古村、南大街、广化街、兰陵、清凉、清潭6个街道，66个居委会，总面积6.94平方公里。1986年12月31日广化区撤销，古村、兰陵、清凉3个街道划归天宁，广化街、南大街、清潭3个街道划归钟楼，常州市区设置天宁、钟楼、戚墅堰、郊区4个区。此后，辖县相继撤县设市，1995年6月至2002年4月21日，常州辖武进、金坛、溧阳3个县级市。2002年4月3日，撤武进市设立武进区，撤销常州市郊区设立新北区。至2010年底，常州市代管金坛、溧阳两市，辖武进、新北、天宁、钟楼、戚墅堰5个区，总面积4372.15平方公里。常州市区总面积由1985年的94平方公里扩大至1861.95平方公里，两个辖市总面积2510.2平方公里。全市设37个镇、25个街道，807个行政村、323个居委会；两个辖市有17个镇，448个行政村、77个居委会。市区总人口227.75万人。

第一节　金坛市

金坛市位于常州市西部，东接武进区，西与茅山为界与句容市接壤；南濒洮湖（长荡湖），与溧阳、宜兴隔水相望；北与镇江丹徒区、丹阳市毗连。东西长约 50 公里，南北宽约 40 公里。金坛地处茅山与太湖平原过渡地带。市境介于北纬 31° 34′ ～31° 53′ 与东经 119° 18′ ～119° 45′ 之间，总面积约 975.68 平方公里，占常州市总面积的 22.31%。2010 年底，全市常住总人口 54.9 万人。金坛市人民政府驻金城镇，位于常州城西南约 44 公里处。

1986 年初，金坛县管辖金城、薛埠、河头、指前、水北、直溪 6 个镇，城东、城西、后阳、白塔、朱林、社头、西岗、唐王、涑渎、白龙荡、洮西、五叶、儒林、汤庄、尧塘、岸头、建昌、登冠、罗村、花山、茅麓、西旸 22 个乡，设虹桥、弘化、西门、横街、小南门、望化、朝阳、花街、北门 9 个居委会和 424 个行政村。1988 年 5 月，社头、儒林等五乡撤乡建镇，全县设镇 11 个。随着城区扩大和镇村调整，逐步增设居民委员会，调整行政村，到 1993 年末，该市居民委员会增至 25 个、行政村增至 425 个。同年 11 月 10 日金坛撤县建市，1994 年 2 月西旸等四乡撤乡建镇，1996 年 7 月登冠、茅麓撤乡建镇。2000 年 1 月，金坛行政区划大调整，全市辖 15 个镇，乡建置从此在金坛全部消失。2001 年 4 月，行政村调整减少到 157 个。2007 年 3 月，行政区划再作大调整，除儒林镇未变动外，其余 6 个镇大幅度撤并，全市改设为 7 个镇。2010 年底，金坛市辖 7 个镇和 157 个行政村设村民委员会、26 个社区设居民委员会。

一、金 城 镇

金城镇由原金城、白塔、河头、洮西四镇合并设立。1994 年 2 月，五叶、白塔撤乡建镇。1998 年 11 月白龙荡乡撤并入金城镇。2000 年 1 月 3 日撤城东、城西、后阳 3 个乡，并入金城镇；撤涑渎、洮西两个乡，合并设洮西镇；2007 年 3 月 26 日撤销金城、白塔、河头、洮西 4 个镇，合并成立新的金城镇。2010 年底，总户数 75611 户，常住总人口 186927 人，辖东园、北门、虹桥、翠园、花街、河滨、北园、愚池、小南门、西门、丹阳门、春风、文化、白龙塘、后阳、华城、华苑、华阳 18 个社区，城南、小坵、南戴、南瑶、长竹埂、后阳、培丰、许巷、大亭、沈渎、元巷、冯庄、联城、上庄、峨嵋、汇贤、华胜、东村、三村、徐塘、东方、下塘、电胜、钱家、韦家、涑渎、方边、黄庄、岳阳、新河、王母观、双阳、湖溪、白塔、中巷、管庄、前庄、庄城、联丰、花桥、河头、上泗庄、陇东、东明、洪家、薛庄、九村等 48 个行政村。是年末拥有耕地 7343 公顷。同年实现地区生产总值 83.92 亿元。

二、薛 埠 镇

薛埠镇由原薛埠、茅麓两镇与罗村、花山两乡合并设立。1994 年 2 月、1996 年 8 月，西旸、茅麓两乡相继撤乡建镇。2000 年 1 月 3 日，罗村、花山 2 个乡并入薛埠镇。2007 年 3 月 26 日，撤销薛埠、茅麓 2 个镇，合并成立新的薛埠镇。2010 年底，总户数 26129 户，常住总人口 67486 人，辖薛埠、绿化、西旸 3 个社区，东进、上阳、薛埠、连山、方麓、上阮、赤岗、山蓬、长山、罗村、花山、东窑、茅庵、河口、石马、泉江、下杖、致和、神亭、西旸、倪巷、茅东、仙姑、对达、塔山、彭城 26 个行政村。是年末拥有耕地 6509 公顷，同年实现地区生产总值 26.86 亿元。

三、尧 塘 镇

尧塘镇由原尧塘、水北、汤庄三镇合并设立。1988 年 5 月尧塘撤乡建镇。1995 年 11 月汤庄撤乡建镇。2000 年 1 月 3 日汤庄镇撤并到尧塘镇。2007 年 3 月 26 日撤尧塘、水北两个镇，合并成立新的尧塘镇；2010 年底，总户数 22412 户，常住总人口 56278 人，辖东榭、西华、陇塘、谢桥、西榭、下庄、尧塘、白马、红旗、南汤、汤庄、水北、圣堂、水东、迎春、新春、万新、泗庄、林丰、庆升、岸头 21 个行政村。年末拥有耕地 3429 公顷。同年实现地区生产总值 28.64 亿元。

四、儒 林 镇

儒林镇由儒林、五叶两镇合并而成。1988 年 5 月、1994 年 2 月，儒林、五叶两乡相继撤乡建镇。2000 年 1 月 3 日撤并到儒林镇。2010 年底，总户数 13486 户，常住总人口 33014 人，拥有耕地 1580 公顷，辖柚山、南社、汤墅、勤勇、儒林、新华、后庄、湖头、楼下、陈庄、叶兴、峙玕12个行政村。同年实现地区生产总值16.35亿元。

五、直 溪 镇

直溪镇由原直溪、建昌、登冠三镇合并设立。1988年5月、1996年8月，建昌、登冠两乡相继撤乡建镇。2000年1月3日登冠镇撤并到直溪镇。2007年3月26日撤直溪、建昌两镇，合并成立新的直溪镇。2010年底，总户数25058户，常住总人口59570人，辖新建、镇南、镇北3个社区，坞家、直里、直溪、邓慕、汀湘、西溪、新亭、王甲、溪滨、巨村、建昌、天湖、杨家舍、迪庄、井庄、新河、蔡甲、吕坵、下蔡19个行政村。年末拥有耕地4285公顷。同年实现地区生产总值28.24亿元。

六、朱 林 镇

朱林镇由原朱林、西岗两镇和唐王乡合并设立。1988年5月朱林乡撤乡建镇，1994年2月西岗撤乡建镇。2000年1月3日撤唐王乡并入西岗镇。2007年3月26日撤朱林、西岗两镇，合并成立新的朱林镇。2010年末，总户数14987户，常住总人口37311人；拥有耕地3176公顷，辖东林、西岗两个社区，朱林、咀头、五联、巷头、长兴、王家、红旗圩、三星、李巷、沙湖、西岗、高桥、土山、唐王、黄金15个行政村。同年实现地区生产总值12.53亿元。

七、指 前 镇

指前镇由原指前、社头、水北镇和岸头乡合并设立。1988年5月社头乡撤乡建镇。2000年1月3日撤岸头乡，并入水北镇。2007年3月26日撤指前、社头2个镇，合并成立新的指前镇。2010年底，总户数14295户，常住总人口40915人；拥有耕地3025公顷，辖后渎、清水渎、芦家、庄阳、闸口、东浦、社头、建春、前春、解放、旭红、芦溪、丰产、胜利、旭明15个行政村。同年实现地区生产总值11.65亿元。

第二节　溧阳市

溧阳位于常州西南部，地处茅山、宜溧山地与太湖平原之间，北纬31°09′～31°41′与东经119°08′～119°36′，东西宽45.15公里，南北长59.06公里，总面积1535.87平方公里，占常州市面积的35.09%。东连宜兴，西接溧水、高淳，南界广德，北邻金坛，西北毗连句容，西南与郎溪相接。市人民政府驻溧城镇。

1986年初，溧阳县管辖溧城、戴埠、别桥、上兴、南渡、竹箦、社渚7个镇，和城南、清安、马垫、杨庄、泓口、埭头、上黄、后六、戴北、横涧、平桥、茶亭、沙河、湖边、古渎、绸缪、前马、余桥、上沛、汤桥、永和、陆笪、后周、庆丰、旧县、新昌、蒋店、强埠、周城、殷桥、河口、河心、大溪33个乡，设561个行政村、6个居民委员会。1992年8月，戴北等四乡分别撤并到戴埠等四镇。1993年，沙河、后周、新昌撤乡建镇。至2000年底，溧阳市由1986年初的40个乡镇缩减为18个乡镇。2007年3月，溧阳市镇行政区划再作变化较大，除埭头镇、上黄镇保持原建制不变外，其余镇变化较大。2010年底，溧阳市从1999年的18个镇缩减为溧城、天目湖、社渚、南渡、戴埠、上兴、竹箦、别桥、埭头、上黄10个镇，管辖65个社区（设居民委员会）、255个行政村（设村民委员会）。

一、溧 城 镇

2007年3月，撤新昌镇，将原管辖新昌、新东、胡桥、大山下、陶家、马塘、蒋店、勤丰、合心9个行政村并入溧城镇。2010年底，总面积155.21平方公里，总户数108219户，常住总人口32.18万人，其中户籍总人口23.43万人，镇政府驻溧城镇东大街188号，全镇拥有耕地5828公顷，下辖社区有后街、平陵、燕山、燕山南、文化、码头街、唐家、钱家、先进、清溪路、砻坊场、县前街、南门街、甘露寺、大营巷、东升、东门、北门、北郊、昆仑、昆仑东、共联、图塘、濑江、清安集镇、台港、宋庄、前棠、凤凰、景鸿、嘉丰、锦汇、新昌、庄家、新庄、棠下、胥渚、三和、福阳、东华等41个；并辖清安、南村、北水西、上阁楼、泓口、胥泊、方里、班竹、吴潭渡、马垫、歌歧、徐格笪、八字、倪庄、湾里、黄墟、罗庄、新联、大林、长阳、昆仑、夏庄、杨庄、毛场、胡桥、陶家、马塘、蒋店、合心等30个行政村。同年实现地区生产总值182.1亿元。

二、天目湖镇

天目湖镇由原天目湖（沙河乡）、平桥两镇、茶亭乡和新昌、南渡两镇部分撤并设立。1993年，沙河、新昌两乡撤乡建镇，沙河乡改称天目湖镇。1995、1996年，平桥、茶亭两乡相继撤乡建镇。2004年，因天目湖旅游开发步伐加快，原行政区划不适应发展需要，撤平桥镇，并入天目湖镇，天目湖镇与天目湖旅游度假区实行镇区合一体制，调整后全镇总面积增至204.5平方公里，总人口5.62万人，辖27个行政村、3个居委会，镇政府驻原天目湖镇政府所在地东陵。2007年3月，撤周城镇，原新昌镇管辖山南、毛尖两个行政村，南渡镇观山村的观山自然村、埝前村的埝前自然村和周城镇的洙漕村、汤山村的鲁村自然村、欣丁村的东顶自然村并入天目湖镇。2010年底，总面积238.97平方公里，总户数22620户，常住总人口7.14万人，其中户籍总人口6.96万人，镇政府驻天目湖镇镇前街，下辖东陵、平桥、茶亭、美景天城、天目国际村5个社区，并辖天目湖、田家山、茶亭、古县、南钱、桂林、洙漕、三胜、杨村、平桥、梅岭、吴村、毛尖、观山等30个行政村。是年末拥有耕地5705公顷。同年实现地区生产总值25.73亿元。

三、社 渚 镇

社渚镇由原社渚、周城镇和河口乡撤并设立。1993年，后周撤乡建镇。2007年3月，将原周城镇管辖的周城镇居民委员会和周城、梅山、欣丁、汤山、濮家、金山、金峰、金庄8个行政村并入社渚镇。2010年底，总面积207.07平方公里，总户数23091户，常住总人口7.03万人，其中户籍总人口7.6万人，镇政府驻社渚集镇，全镇拥有耕地7754公顷，下辖社渚、河口、周城镇3个社区，并辖社渚、下西、王家、新塘、新山、宋村、直巷、姚巷、殷桥、上蒋、孔村、湖西、大田、东升、河口、乘马圩、梅山、金庄、周城、金峰、金山、丁山22个行政村。同年实现地区生产总值34.15亿元。

四、南 渡 镇

南渡镇由原南渡、强埠和庆丰乡及新昌镇部分撤并设立。1991年1月，强埠撤乡建镇。1992年8月，庆丰乡撤并到南渡镇。2007年3月，撤销南渡镇，将原南渡镇管辖的南渡镇、联盟、力强工业园区3个居民委员会，及联盟、平城、塘北、新河、大圩、何家、西圩、贺新、庆丰、汤上、永丰、丁村、南垠、堑口、星光、强埠、西管、梅庄、中桥、福新、蒋家庄、旧县、东湖、西湖、黄山、增福、胜笪、朱于、观山、埝前30个行政村，与原新昌镇管辖钱家圩、石街、大渚、淦西4个行政村合并，成立新的南渡镇。2010年底，总面积124.53平方公里，总户数25452户，常住总人口7.56万人，其中户籍总人口7.22万人，镇政府驻南渡镇永安路28号，全镇拥有耕地6798公顷，下辖南渡、联盟、强埠3个社区，并辖平城、新河、大圩、西圩、庆丰、永丰、堑口、强埠、梅庄、福新、旧县、东湖、黄山、胜笪、腾村、淦西、石街、钱家圩等34个行政村。同年实现地区生产总值20.98亿元。

五、戴 埠 镇

戴埠镇由原戴埠镇、戴埠乡合并设立。1992年8月、2007年3月，戴北乡、横涧镇先撤并到戴埠镇，镇政府驻戴埠镇善西路。2010年底，总面积162.99平方公里，总户数19630户，户籍总人口5.22万人，下辖东街、西街、河西、横涧镇4个社区和戴南、牛场、河西、高桥、山口、红武、戴北、新桥、百家塘、赵家桥、郑墅、松岭、南渚、横涧、黄岗岭、同官、李家园等26个行政村。年末拥有耕地3684公顷，同年实现地区生产总值15.03亿元。

六、竹 箦 镇

竹箦镇由原竹箦镇与陆笪乡合并设立。1992年8月，陆笪乡撤并到竹箦镇。2007年3月，撤前马镇，并入竹箦镇，镇政府驻竹箦镇鑫源路。2010年底，总面积183.6平方公里，总户数21412户，户籍总人口6.59万人，下辖竹箦镇社区，并辖竹箦、前马镇，竹箦村、中梅、北村、南旺、长岗、前村、王渚、姜下店、陆笪、下宅、陶庄、前马、洙汤、西芮、水西、余桥、濑阳、道人渡等27个行政村。年末拥有耕地6794公顷，同年实现地区生产总值16.49亿元。

七、上 兴 镇

上兴镇由原上兴镇、上沛镇合并设立。2007年3月，撤上沛镇，并入上兴镇。2010年底，总面积245.6平方公里，总户数27178户，户籍总人口7.88万人，镇政府驻上兴集镇，全镇拥有耕地1.13万公顷，辖上兴、上沛集镇、汤桥3个社区，并辖分界、陶村、老河、上城、上兴、练庄、赵沛、余巷、永和、步村、涧东、万家边、沛民、龙峰、东塘、桥东干、毛家、缪巷、祠堂、蒲村、吐祥、圩庄、汤桥23个行政村。同年实现地区生产总值35.29亿元。

八、别 桥 镇

别桥镇由原湖边乡、别桥镇、绸缪镇合并设立。1992年8月，湖边乡撤并到别桥镇。2007年3月，撤绸缪镇、后周镇，并入别桥镇。2010年底，总面积128.3平方公里，总户数23771户，户籍总人口6.98万人，镇政府驻别桥集镇；全镇拥有耕地6554公顷。下辖别桥、绸缪镇、后周3个社区；辖镇东、马家、别桥、前程、合星、湖边、古渎、道成、两湾、绸缪、北山、黄金山、玉华山、小石桥、塘马、后周、西庄、西马等33个行政村。同年实现地区生产总值23.39亿元。

九、埭 头 镇

埭头镇由原埭头乡改设而来。2010年底，总面积42平方公里，总户数9529户，常住总人口3.01万人，其中户籍总人口2.81万人。下辖埭头社区，并辖石城、东林、淇沪、黄瓜、后郑、樟林、翁厝、石塔、温李、湖东、英田、汀岐、高林、赤石、后温、武盛、潘垞、田边、鹅头、汀港、黄屿、筶杯22个行政村。2010年末拥有耕地2006公顷。同年实现地区生产总值18.49亿元。

十、上 黄 镇

上黄镇由原上黄乡改设而来。2010年底，上黄镇行政区域面积47.6平方公里，人口2.65万人，辖上黄社区居委会，并辖坡圩、水母山、浒西、山下、西埝、上黄、桥西、周山8个行政村。

第三节　武进区

武进位于常州市东部、东北部，向内环抱常州市区，东与无锡、江阴两市相连；南濒太湖，毗连宜兴；西与金坛接界，西南和溧阳接壤，西北毗连丹阳；北接常州城，与丹阳市交界，东北与江阴为界。地跨沿江平原和太湖平原，位于北纬31°19′～32°04′与东经119°38′～120°12′之间。1986年初，武进总面积1764.74平方公里。1999年，武进市总面积约1584平方公里，占全市面积的36.21%；同年总人口119.97万人。2010年，区人民政府驻湖塘镇延政中大道。

1986年初，设前黄、湖塘、横林、新桥、奔牛、卜弋、湟里7个区。前黄区辖雪堰、潘家、漕桥、南宅、运村、前黄、政平、礼嘉、寨桥、坊前10个乡；湖塘区辖湖塘镇和南夏墅、鸣凰、马杭、牛塘、庙桥、卢家巷、坂上7个乡；横林区辖横林镇和戴溪、洛阳、遥观、崔桥、剑湖乡；郑陆区辖横山桥、芙蓉、新安、焦溪、三河口、郑陆、东青、青龙、潞城9个乡；新桥区辖龙虎塘、小新桥、魏村、安家、薛家、圩塘、孝都、百丈、三井9个乡；奔牛区辖奔牛镇和汤庄桥、罗溪、西夏墅、浦河、小河、孟城、吕墅、九里、万绥9个乡；卜弋区辖邹区、泰村、卜弋、厚余、夏溪、礼河、西林、北港8个乡；湟里区管辖湟里、嘉泽、成章、村前、东安5个乡。此后，改革开放力度加大，武进内部的乡镇调整不断，服从常州统筹协调发展的大局，不断划出乡镇给常州其他政区，增添其他政区的发展空间和后劲。1987年1月，划出青龙、潞城、三井、西林、北港5个乡55个村民委员会，86.05平方公里。1987年2月、1988年7月，洛阳等6个乡和牛塘等5个乡相继撤乡建镇。1989年11月，前黄等4个乡撤乡建镇。1991年10月，郑陆等7个乡撤乡建镇。1992年8月，龙虎塘镇的北塘桥村、王家村划给常州高新区管委会代管。1992年12月23日、1993年11月，礼嘉等7个乡和庙桥等6个乡相继撤乡建镇。1994年5月，撤销前黄、湖塘、横林、新桥、奔牛、卜弋、湟里7个区公所。

1995年5月，划出龙虎塘、新桥、圩塘3个镇和百丈乡共42个行政村、85.55平方公里给常州市郊区，由常州高新技术产业开发区代管。1996年3月，安家43个乡撤乡建镇。同时批准建立省武进高新技术产业开发区(简称“武进高新区”)，7月挂牌。1996年6月，常州郊区太滆乡划归武进雪堰镇。1997年7月，批准建立省武进外向型农业综合开发区(简称“武进农发区”)。1999年11月24日，乡镇行政区划进行重大调整，武进市由56个乡镇调整合并为30个镇，至此武进已无乡。2002年4月，撤武进市设立武进区，同时划魏村、安家、薛家、罗溪、西夏墅、小河、孟河7个镇、108个行政村、327.44平方公里给新北区。武进尚辖23个镇，总面积1246.64平方公里。2006年，武进外向型农业开发区改设为江苏省武进经济开发区。2007年3月，武进区镇行政区划再度调整，湖塘镇、牛塘镇、横林镇、遥观镇、洛阳镇、奔牛镇保留不变，全区由23个镇撤并组建为14个镇1个街道。2009年1月，增设西湖街道及其办事处。至2010年，全区有郑陆、横山桥、礼嘉、前黄、雪堰、邹区、嘉泽、湟里、湖塘、牛塘、横林、遥观、洛阳、奔牛14个镇，南夏墅、西湖两个街道和两个省级开发区。全区设391个行政村、77个社区(居民委员会)。其中，湖塘镇下设阳湖、马杭、鸣凰3个街道办事处。

一、雪 堰 镇

1989年11月、1991年12月，漕桥、雪堰相继撤乡建镇。1992年12月23日，潘家撤乡建镇。1999年11月，撤南宅乡并入潘家镇；1996年6月，雪堰镇划进常州郊区太滆乡6个行政村、共1.44平方公里。2007年3月，撤销雪堰、潘家两镇，将原两镇所辖区域与原漕桥镇管辖的漕桥居民委员会和漕桥、楼村、凤沟、夏庄、浒庄、黄墅、善塘、新康8个行政村合并，设立新雪堰镇。2010年底，全镇总面积104.38平方公里，总户数36983户，常住总人口9.97万人，其中户籍人口7.62万人、外来人口2.35万人；拥有耕地3280公顷；辖雪进堰、潘家、漕桥、南宅4个社区和雅浦、南山、谢家、阖闾城、雪冬、雪西、共建、绣衣、太滆、周桥、圣烈、曹家、凤凰、城东、夏墅、潘家、城西回民、城湾、南宅、王允、夏庄、楼村、新康、漕桥、浒庄41个行政村，714个村民小组。同年实现地区生产总值60.1亿元。

二、前 黄 镇

1989年11月、1992年12月，前黄、寨桥先后撤乡建镇。1999年11月，政平、坊前两乡分别并入前黄、寨桥两镇。2007年3月，撤寨桥、漕桥两镇，由原寨桥镇管辖区域与原漕桥镇管辖的运村居民委员会及运村、农场、祝庄、谭庄、杨桥5个行政村，原前黄镇管辖的前黄居民委员会及大成、奋壮、港南、丁舍、红旗、胜西、前进、前黄、漳湟、小漕10个行政村合并，设立新前黄镇。2010年末，总面积104.37平方公里，总户数26312户，常住总人口8.64万人，其中户籍人口6.65万人、外来人口1.99万人；辖前黄、运村、寨桥、坊前4个社区和运村、农庄、祝庄、谭庄、杨桥、大成、丁舍、前黄、红旗、前进、漳湟、坊东、联庆、灵台、寨桥、观咀、高梅、坊前、红星、蒋排20个行政村。2010年末拥有耕地3435公顷，同年实现地区生产总值47.55亿元。

三、礼 嘉 镇

1992年12月23日，礼嘉撤乡建镇。1993年11月，庙桥、坂上撤乡建镇。1999年11月，撤坂上镇并入礼嘉镇。2007年3月，由原礼嘉管辖区域与原前黄镇管辖政平居委会及前桥、政平、大路、禹城、华渡、十车垛、庞家街、西杨8个行政村合并，设立新礼嘉镇。2010年底，总面积58.23平方公里，总户数14495户，常住总人口5.32万人，其中户籍人口4.63万人、外来人口2.69万人；辖礼嘉、政平、坂上3个社区和新辰、秦巷、礼嘉、建东、陆庄、毛家、何墅、蒲岸、武阳、坂上、庞家街、华渡、政平、大路14个行政村，454个村民小组。2010年末拥有耕地2249公顷，同年实现地区生产总值53.55亿元。

四、湖 塘 镇

1987年2月20日，鸣凰、马杭两乡撤乡建镇。1999年11月，马杭、鸣凰两镇并入湖塘镇。2010年底，全镇总面积81.37平方公里；总户数95389户，常住总人口25.23万人，其中户籍人口13.13万人、外来人口12.1万人；辖22个社区和周家巷、何留、沙塘岸、淹城、张家坝、华家、马家巷、湖塘、烈帝、蒋公岸、北庙桥、龙潭庵、杨区、江村庵、东升、东新、三勤17个行政村，515个村民小组。2010年末拥有耕地207公顷，同年实现地区生产总值135.85亿元。

五、牛 塘 镇

1988年7月，牛塘撤乡建镇。1991年12月，卢家巷撤乡建镇。1999年11月，卢家巷并入牛塘镇。2010年底，总面积45.38平方公里，总户数27427户，常住总人口7.17万人，其中户籍人口4.26万人、外来人口2.91万人；设牛塘、卢家巷2个社区和三河、卢家巷、卢西、高家、白家、曹溪、竹园、牛塘、沈家弄、青云、厚恕、丫河、塘口14个行政村，356个村民小组。2010年末拥有耕地975公顷，同年实现地区生产总值65.97亿元。

六、横 林 镇

1999年11月，崔桥乡并入横林镇。2010年，全镇总面积46.7平方公里，总户数30759户，常住总人口8.14万人，其中户籍人口5.07万人、外来人口3.07万人；辖5个社区和余巷、狄坂、顺庄、江村、红联、牛塘、横林、林南、南方、新东方、青司塘、镇西、崔桥、庆丰、卫星、双蓉、崔北19个行政村，291个村民小组。2010年末拥有耕地893公顷，同年实现地区生产总值60.71亿元。

七、遥 观 镇

1989年11月，遥观撤乡建镇。1999年3月，剑湖撤乡建镇，11月剑湖镇并入遥观镇。2010年末，全镇总面积45.29平方公里，总户数38748户，常住总人口8.23万人，其中户籍人口4.23万人、外来人口4万人；辖3个社区和渔庄、桥南、塘桥、洪庄、建农、东方、东村、遥观、薛墅巷、通济、剑湖、前杨、新南、勤新、郑村、印墅、芳庄、留道、钱家塘19个行政村，317个村民小组，拥有耕地704公顷，同年实现地区生产总值103.15亿元。

八、洛 阳 镇

1987年2月、1996年3月，洛阳、戴溪先后撤乡建镇。1999年6月，戴溪镇并入洛阳等四镇。2010年末，全镇总面积55.77平方公里，总户数24997户，常住总人口8.8万人，其中户籍人口5.19万人、外来人口3.61万人；辖社区3个和天井、管城、戴溪、民丰、瞿家、圻庄、友谊、小留桥、谈家头、洛阳、洛东、虞桥、马鞍、朝安、阳湖、汤墅、东尖、岑村18个行政村，拥有耕地1844公顷，同年实现地区生产总值50.71亿元。

九、郑 陆 镇

1988年7月、1991年12月、1993年11月和1994年6月，焦溪、郑陆、东青、三河口相继撤乡建镇。1999年11月，三河口、东青两镇分别并入焦溪、郑陆两镇。2007年3月，撤销郑陆、焦溪两镇，设立新郑陆镇。2010年末，总面积88.93平方公里，总户数42629户，常住总人口10.93万人，其中户籍人口8.38万人、外来人口2.55

万人；设郑陆、三河口、焦溪、东青4个社区和石堰、焦溪、省岸、横沟、舜南、查家、粮庄、舜北、翟家、三河口、丰北、梧岗、牟家、新沟桥、宁河、徐家、董墅、施家巷、三皇庙、黄天荡、羌家、花园、冬青、和平、青松、武城26个行政村，615个村民小组，拥有耕地2717公顷，严家湾等15个自然村消失。同年实现地区生产总值65.79亿元。

十、横山桥镇

1987年2月20日，横山桥、芙蓉撤乡建镇。1995年5月，新安撤乡建镇。1999年11月，新安镇并入横山桥镇。2007年3月，横山桥、芙蓉两镇合并设立新横山桥镇。2010年底，全镇总面积58.2平方公里，总户数29168户，常住总人口8.24万人，其中户籍人口5.8万人、外来人口2.44万人；设横山桥、芙蓉、新安3个社区和东洲、芳茂、横山桥、西崦、星辰、省庄、金丰、奚巷、五一、新安、东城湾、东风、双庙、东周、东柳塘、西柳塘、梁家桥、芙蓉、蓉湖、朝阳20个行政村，442个村民小组、236个自然村。年末拥有耕地1219公顷，同年实现地区生产总值84.74亿元。

十一、奔 牛 镇

1999年11月，九里乡并入奔牛镇。2010年底，全镇总面积55.81平方公里，总户数19863户，常住总人口6.35万人，其中户籍人口5.13万人、外来人口1.23万人；辖社区3个和东桥、祁家、五兴、陈巷、何家塘、金联、新墅、顾庄、奔牛、南观、贺家、九里12个行政村，319个村民小组、293个自然村。年末拥有耕地2203公顷，同年实现地区生产总值38.19亿元。

十二、邹 区 镇

1988年7月、1991年12月，邹区和卜弋、礼河相继撤乡建镇。1996年3月，厚余撤乡建镇。1999年11月，礼河镇、泰村乡分别并入邹区、卜弋镇。2007年3月，邹区、卜弋两镇合并设立新邹区镇。2010年底，全镇总面积80.26平方公里，总户数30842户，常住总人口9.83万人，其中户籍人口6.39万人、外来人口3.44万人；辖5个社区和邹区、杨庄、龙潭、安基、戴庄、前王、岳溪、桥东、林场、卜弋、新屋、刘巷、泰村、殷村、琵琶墩、杏塘、于家17个行政村，513个村民小组、383个自然村，拥有耕地2465公顷，同年实现地区生产总值71.79亿元。

十三、湟 里 镇

1987年2月、1992年12月，湟里、东安相继撤乡建镇。1999年11月，村前乡并入湟里镇。2007年3月，撤湟里、东安两镇，合并设新湟里镇。2010年底，全镇总面积87.56平方公里，总户数26859户，常住总人口8.52万人，其中户籍人口6.31万人、外来人口2.21万人；设湟里、东字安、村前3个社区和村前、岗角、西墅、河南、北隍、后坊、西鲁、葛庄、村西、湟里、东安、武宜、西安、五巷、蒋堰、香泉16个行政村，558个村民小组、306个自然村，拥有耕地3498公顷；同年实现地区生产总值66.61亿元。

十四、嘉 泽 镇

1992年12月23日，夏溪撤乡建镇。1999年11月，厚余镇并入夏溪镇。1999年11月，成章乡并入嘉泽镇。2007年3月，嘉泽、夏溪两镇合并，设立新嘉泽镇。2010年底，全镇总面积106.32平方公里，总户数28445户，常住总人口8.49万人，其中户籍人口7.23万人、外来人口1.26万人；辖嘉泽、夏溪、厚余、成章4个社区和嘉泽、观庄、丰杨、士桥、夏庄桥、闵墅、成章、西城、晨山、捕捞、甘荡、夏溪、跃进、南庄、周庄、三星、厚余、朝东、满墩19个行政村，703个村民小组，拥有耕地4491公顷，同年实现地区生产总值33.59亿元。

十五、南夏墅街道

1993年11月，庙桥撤乡建镇。1999年11月，庙桥镇并入由南夏墅乡新改建的南夏墅镇。2007年3月，南夏墅镇改设为南夏墅街道。2010年底，全街道总面积68.67平方公里，常住总人口11.72万人，其中户籍人口5.97万人、外来人口5.75万人；设社区8个、行政村14个，村民小组344个。

十六、西湖街道

2009年1月增设西湖街道，撤销滆湖良种繁育场，由其管理区域与牛塘镇塔下村、一八农场、七一农场，邹区镇的霍庄、夏萧、赵墅村3个行政村及嘉泽镇的厚庄村合并组成西湖街道。2010年底，全街道总面积35.41平方公里，户籍人口1.59万人；设社区1个、行政村5个，并辖2个场圃。

第四节 新北区

新北区南与常州城区相连，北濒长江，与泰兴市隔江相望，东与江阴市和天宁区交界，西接丹阳市，西南与钟楼区接壤，西北与扬中市为界。1992年7月4日，常州市城北开发区管理委员会成立。8月1日，武进县龙虎塘镇塘桥、王家两村和市郊区三井乡许家村划给城北开发区代管；8月13日，更名为常州高新技术产业开发区，同时增挂常州经济技术开发区管理委员会牌子。11月，被国务院批准，定名为常州高新技术产业开发区（简称"常州高新区"），成为国家最早批准成立的52个国家级高新区之一，规划用地面积5.63平方公里。12月，三井乡庄家、长沟两个行政村划归常州高新区。1993年3月，三井乡15个行政村划给常州高新区管理委员会管辖。1995年4月，龙虎塘、新桥、圩塘3个镇和百丈乡42个行政村、85.55平方公里土地划归市郊区管辖，5月30日，划给常州高新区代管。6月27日，成立常州新区管理委员会，与常州高新区实行一个机构、两块牌子体制，管委会为市政府派出机构，对辖区实施统一领导管理。

1998年3月，在新区核心区域成立河海街道，开始撤村建社（社区），至2000年全面撤村建社，陆续设立富都、阳光、天安、河海、燕兴、汇丰、兰翔7个社区。2002年4月3日，国务院批准，撤销常州市郊区建置，成立常州市新北区，原新区管理委员会同时被撤销，4月25日，把武进的魏村、安家、薛家、小河、西夏墅、孟河、罗溪7个镇、108个村民委员会、327.44平方公里划给新北区，新北区扩展到439.16平方公里，下辖150个行政村。10月，新北区进行乡镇行政区域调整，圩塘、魏村、百丈、安家4个镇合并设立春江镇；孟河、小河两镇合并设立孟河镇；撤销三井乡、龙虎塘镇，在其原辖区设立三井、龙虎塘街道办事处。2010年底，新北区辖春江、孟河、新桥、薛家、罗溪、西夏墅6个镇和河海、三井、龙虎塘3个办事处。

一、春 江 镇

1988年7月、1992年12月，魏村、圩塘撤乡建镇。1996年3月，安家撤乡建镇。1999年11月，撤孝都乡，并入魏村镇。2010年底，全镇总面积141.09平方公里，总户数38802户，常住人口13.95万人。下辖魏村、安家两个社区，百丈、谈家、卞墅、沟河、四堡、杏村、双坝、陈墅、徐墅、东宝、澡江、龙江、顾村、前圩、尤墅、黄家、圩塘、大降上、新农水产、新华、临江、钱家边、杨园、迎龙、魏村、青城、灵桥、孝都、长江、闸北、黄城墩、曹家塘、塘东、济农、东蒋、安西、安家、绿南、金家、前舍、石庄里41个行政村。年末拥有耕地4203公顷，同年实现地区生产总值105.6亿元。

二、孟 河 镇

1988年7月、1989年11月，小河、孟城两乡相继撤乡建镇。1995年6月28日，孟城镇改名为"孟河镇"。1999年11月，万绥乡并入孟河镇。2010年底，总面积88.24平方公里，镇政府驻小河，总户数26411户，常住人口9.86万人。下辖镇北、镇南、孟河3个社区，街南、董家、四图、惜字洲、银河、茅庵、先锋、南荫、大圩、三茅殿、斜桥、东陆、庙边、九龙、汤家、街北、滕村、石桥、郭河、观里、猛将、卧龙、黄山、树新、城北、孟城、固村巷、八一、东亭、城南、龙亭、白兔墩、仁厚、万绥、石巷、河北巷、严桥、蔡家庄、郑良39个行政村。是年末拥有耕地3671公顷，同年实现地区生产总值34.51亿元。

三、新 桥 镇

1991年12月，小新桥撤乡建镇，并更名为新桥镇。2010年底，全镇总面积27.14平方公里，总户数7392户，常住人口2.46万人。下辖大坝、新桥、叶家塘、戴墅、查墅、仲家、史墅、朱家弄、马鞍桥、孙家巷、陆房、茶庵、郭塘桥13个行政村。年末拥有耕地853公顷，同年实现地区生产总值19.81亿元。

四、薛 家 镇

1993年11月，薛家撤乡建镇。1999年11月，吕墅乡并入薛家镇。2010年底，全镇总面积37.57平方公里，总户数12182户，常住人口4.15万人。下辖薛家、吕墅2个社区，后肖、漕河、薛家、叶家、船坊、中巷、新晨、丁家、吕墅、新民、任葛11个行政村。是年末拥有耕地665公顷，同年实现地区生产总值51亿元。

五、罗 溪 镇

1993年11月，汤庄桥、罗溪撤乡建镇。1999年11月，汤庄桥镇并入罗溪镇。2010年底，全镇总面积53.51平方公里，总户数14322户，常住人口4.73万人。下辖罗溪、汤庄2个社区，肖巷、谢庄、包家、王下、四霍庄、健康、窑井、龙珠、汤庄、邱庄、高巷、彭家、温寺、南站、溪东、溪中、溪南、灯塔、鸦鹊、幸福20个行政村。年末拥有耕地1636公顷，同年实现地区生产总值27.25亿元。

六、西夏墅镇

1992年12月23日，西夏墅撤乡建镇。1999年11月，浦河乡并入西夏墅镇。2010年底，全镇总面积51.96平方公里，总户数13904户，常住人口4.64万人。下辖西夏墅、浦河2个社区，东南、池上、丁村、梅林、戎家、水塔口、康西、蓼沟、西观庄、西夏墅、牛郎、新口庄、浦河、浦西、浦前15个行政村。年末拥有耕地2225公顷，同年实现地区生产总值18.4亿元。

七、河海街道

2010年底，全街道总面积7.82平方公里，总户数27992户，常住人口6.5万人。下辖富都、燕兴、河海、天安、汇丰、阳光、兰翔7个社区。

八、三井街道

2010年底，全街道总面积17.08平方公里，总户数8805户，常住人口8万余人。下辖高田、塘岸、前桥、巢家、邹村、长沟、洪福、三井、澡江9个社区。同年实现地区生产总值14.25亿元。

九、龙虎塘街道

1991年12月，龙虎塘撤乡建镇。1992年8月，龙虎塘镇的北塘桥村、王家村划给常州高新区管委会代管。2010年底，总面积17.14平方公里，总户数6808户，常住人口2.33万人。下辖腾龙、盘龙、玲珑3个社区，阮墅、樊家、龙虎塘、小塘、仙龙、东村、潘墅、陆家、安基、龙渔10个行政村。是年末拥有耕地61公顷，同年实现地区生产总值28亿元。

第五节　天宁区

天宁区位于市区中部，东与戚墅堰区相连，西与钟楼区为界，南邻武进区，北与新北区接壤。总面积约20平方公里。1986年初，下辖新丰、局前街、水门桥、北环路、朝阳桥5个街道、65个居民委员会，总面积15.43平方公里。1987年1月，撤广化区，划进广化所属古村、清凉、兰陵3个街道，区域面积增至17平方公里。1999年底辖新丰街、北环路、水门桥、朝阳桥、清凉、兰陵、古村、局前街8个街道，人口26.93万人。

2002年4月，撤常州市郊区，天宁区划进郊区所属雕庄、茶山、青龙、红梅4个乡，总面积扩大到67.38平方公里。2003年11月，行政建置调整，撤雕庄、茶山、青龙、红梅4个乡建置，改为街道，同时将新丰与水门桥街道合并，建立新丰街道；局前街道与古村街道合并，建立局前街街道。全区形成新丰、局前街、北环路、朝阳、清凉、兰陵、茶山、雕庄、红梅、青龙10个街道、61个社区和40个行政村。2006年9月，街道再次调整，由原来10个街道缩减为天宁、红梅、兰陵、茶山、青龙、雕庄6个。2010年末，全区辖6个街道和61个社区、34个行政村，总面积65.03平方公里。

一、天宁街道

2010年底，全街道总面积8.3平方公里，由新丰街、局前街街道与红梅街道、朝阳桥街道部分区域组成，下辖15个社区和1个村。2003年11月，新丰街街道管辖林园村、小东门桥、火车站、永宁路、博爱路、中山路、县北新村、斜桥巷、新丰街、舣舟亭、椿桂坊、南城脚、天宁寺13个社区。局前街街道管辖殷家桥、局前街、怡康花园、青山路、后北岸、北直街、古村、陶沙巷8个社区。朝阳桥街道管辖丽华一村、丽华二村第二、丽华三村、朝阳新村第一、朝阳新村第二、丽华南村、五角场、兆丰花苑8个社区。

二、红梅街道

2010年底，全街道总面积10.5平方公里，由2003年调整的北环路街道与红梅街道、新丰街街道、青龙街道的区域部分组成，下辖17个社区和6个村。总户数11560户，常住总人口2.72万人。同年实现地区生产总值19.64亿元，完成财政收入3.05亿元。2003年11月，红梅街道管辖红梅、解放、东风、林园、竹林、卫星、红菱、胜利、光明9个行政村；青龙街道管辖常青、三里、亚新、高士、紫云、华严、桐家、青龙、洋头桥、福成、北塘、勤丰、新丰、勤业、青锋15个行政村。北环路街道管辖北环新村、北环南村、翠竹南区第一、翠竹南区第二、翠竹北区、红梅新村、红梅东村、红梅西村、故园路、建材、锦绣花园、润德半岛、新堂、虹景、锦绣东苑、红菱南村、红梅假日广场17个社区。

三、青龙街道

青龙街道由红梅街道沪宁铁路以北、五角场北路东侧的区域与青龙街道的全部区域组成。2010年底，全街道面积25.2平方公里，下辖16个村民委员会。总户数13566户，常住总人口4.13万人，同年实现地区生产总值55.47亿元。

四、茶山街道

茶山街道由茶山(原茶山乡)、朝阳、清凉3个街道合并建立。2003年11月，茶山街道管辖勤丰、丽华、富强、群力、常春、蒲前、茶山、荡南、复兴9个行政村。清凉街道管辖清凉新村第一、清凉新村第二、清凉新村第三、清凉东村、同济、富强新村、浦北新村、人民家园8个社区。2010年底，朝阳、清凉、茶山3个街道合并为新的茶山街道，总面积10平方公里，辖13个社区、6个村。总户数18247户，常住总人口7.1万人，同年实现地区生产总值27.23亿元。

五、兰陵街道

2003年11月，原兰陵街道管辖劳动新村第一、劳动新村第二、工人新村第一、工人新村第二、浦南小区、丽宝第、浦南南村7个社区。2010年底，由茶山街道、清凉街道的部分区域与兰陵街道全部区域组成，总面积4.81平方公里，辖10个社区、3个行政村。

六、雕庄街道

2003年11月，雕庄街道管辖优胜、采菱、中村、雕庄、朝阳、清溪、团结7个行政村。2010年底，由红梅街道办事处运河以南、采菱河以东地区与原雕庄街道合并组成，总面积9.6平方公里，辖7个行政村。总户数7285户，常住总人口3.45万人，同年实现地区生产总值112.07亿元。

第六节　钟楼区

钟楼区位于市区西南部，原系常州府治、常州市政府驻地，东及东南与天宁区相连，西及西南与武进区接壤，北与新北区为邻。1999年末，总人口25.04万人。2002年，撤郊区，划进郊区所辖永红、五星、西林、北港4个乡和新闸镇，区域面积扩大到72.2平方公里。2003年10月，乡镇街道行政建置调整，撤五星乡和西仓桥街道办事处，以原五星乡所辖区域与原西仓桥街道管辖南运桥、南河沿、三堡街、勤业第一、勤业第二5个社区合并，成立五星街道；原西仓桥街道管辖机械第一、第二两社区划归西新桥街道；原西仓桥街道管辖红星、龙船浜、新市路、虹桥4个社区划归怀德路街道；撤永红乡和清潭街道办事处建置，合并成立永红街道办事处；撤北港、西林两乡，分设北港、西林街道办事处；将南大街、广化桥两街道合并为南大街街道。2006年9月30日，再次调整行政区划，撤马公桥街道，其花园路以北区域划给五星桥街道；撤怀德路街道，与南大街街道合并，成立南大街街道；撤西新桥街道，与荷花池街道合并，成立荷花池街道；西林、北港和新闸镇行政建置不变。2007年3月，撤新闸镇，设新闸街道。2010年底，全区管辖五星、永红、北港、西林、荷花、南大街、新闸7个街道50个社区、41个行政村，总面积66.81平方公里。区人民政府驻星港大道。

一、五星街道

2010年底，全街道总面积15.4平方公里，总户数20393户，常住总人口6.67万人。辖新中、新农、新岗、新新、新民、新丰、新庄、五星、平岗、汤家、谭墅11个行政村，与南运桥、南河沿、三堡街、勤业新村第一至二社区、花园新村第一至四社区、花园西村、丽丰苑、白云新村第一至二社区13个社区。同年实现地区生产总值47.23亿元。

二、永红街道

2010年底，全街道总面积15.2平方公里。总户数8848户，常住总人口3.64万人，下辖东方、永红、新建、白荡、新华、荆川、为民、陈渡、宣塘9个村和清潭新村第一至六社区、电子新村、荆川里第一至二社区、广成路、花园南村、陈渡桥、香江华廷13个社区。同年实现地区生产总值23.23亿元。

三、北港街道

2010年底，全街道总面积15.34平方公里。总户数6762户，常住总人口1.98万人，辖塘门顶、韦墅、邹家、蒋家塘、北港、仕庄、金家、港顶8个行政村和苏南煤矿机械厂家属居委会。同年实现地区生产总值2.16亿元。

四、西林街道

2010年底，全街道总面积9.92平方公里。总户数8498户，常住总人口2.4万人，辖朱夏墅、西林、马家、凌家、邹傅、东岱、张家7个行政村。同年实现地区生产总值21.56亿元。

五、荷花池街道

2010年底，全街道总面积6.48平方公里，辖大观路、天皇堂弄、县直街、北大街、荷花池、西上园、北新巷、西新桥一村第一至二社区、西新桥二村第一至三社区、西新桥三村、机械新村第一至二社区15个社区。

六、南大街街道

2010年底，全街道总面积2.27平方公里，辖茭蒲巷、双桂坊、南大街、杨柳巷、横兴路、广化桥、吴家场、东头村、民丰路、会馆浜、文亨花园、怀德苑、安阳花苑、米市河、劳动西路、红星新村、虹桥、龙船浜、新市路19个社区。

七、新闸街道

2010年底，全街道总面积14.6平方公里。下辖新闸、永丰、庆丰、唐家、凌家、前进6个行政村和常州冶金机械厂、武进化肥厂两个社区。总户数9243户，常住总人口3.22万人。同年实现地区生产总值63.13亿元。

第七节　戚墅堰区

戚墅堰区位于市区东部，东、南、北与武进毗连，西与天宁、新北区接壤。1986年初，全区辖先行、戚墅堰两个街道27个居民委员会，总面积4.25平方公里。1987年1月，划进郊区丁堰、武进潞城两乡和雕庄乡梅港村民委员会，总面积扩大到31.68平方公里。1991年5月，撤丁堰乡改设丁堰镇；1994年4月撤潞城乡改潞城镇。2006年9月，街道调整。2010年底，辖戚墅堰、潞城、丁堰3个街道，17个社区、9个行政村，总面积31.67平方公里，常住总人口10.52万人。区政府驻潞城街道。

一、戚墅堰街道

2006年9月，先行、戚墅堰街道合并，设戚墅堰街道办事处。2010年底，全街道总面积5.3平方公里。辖站北、街东、街西、桥南、圩墩、河苑、武航、路南第一至三、路北第一至五、常明16个社区。

二、潞城街道

2007年3月，潞城镇撤镇改建为街道。2010年底，全街道总面积15.5平方公里。总户数6895户，常住总人口2.86万人。下辖潞城、政新、光明、东升、曙光5个行政村。同年实现地区生产总值22.45亿元。

三、丁堰街道

2007年3月，丁堰镇撤镇改建为街道。2010年底，全街道总面积11.67平方公里。总户数5690户，常住总人口2.81万人。下辖梅港、芳渚、常丰、丁堰4个村和丁堰镇社区。年末拥有耕地132公顷，同年实现地区生产总值25.98亿元。

第八节　郊区

常州市郊区位于市区西部、南部。1986年初，全区有新闸、五星、红梅、丁堰、茶山、永红、雕庄、太滆8个乡，67个村民委员会和6个居民委员会。全区面积66.2平方公里，对城区形成环形包围，外围被武进县包围，东与武进剑湖、遥观乡为界，西与武进西林、北港、吕墅、薛家乡接壤，南邻武进马杭、湖塘、牛塘乡，北与武进三井、青龙、潞城乡毗连。1987年1月，划进武进青龙、西林、北港、三井4个乡，共44个行政村、61513亩土地，同时把丁堰乡和雕庄乡梅港村6488亩土地划给戚墅堰区，郊区面积扩大到145.85平方公里。1991年5月新闸撤乡建镇。1992年3月，把太滆乡红旗村划给丁堰镇。8月和12月，将三井乡许家、庄家、长沟村划归常州高新区代管。1993年3月11日，三井乡成建制划给常州高新区代管，全区总面积减至125.1平方公里。1999年6月，太滆乡划给武进雪堰镇。1999年底，辖新闸镇与茶山、永红、五星、红梅、雕庄、西林、北港、青龙等8个乡，共15.62万人，区人民政府驻茶山乡。区境内的河海街道、三井乡与龙虎塘、新桥、圩塘、百丈等，均由常州市新区代管。2002年4月，撤郊区，设新北区，将原区所辖永红、五星、西林、北港4个乡和新闸镇划归钟楼区，茶山、雕庄、红梅、青龙4个乡划归天宁区。此时，全区总面积约98平方公里。

2002年4月常州市郊区撤销时各乡镇所属行政村、居委会一览表

表1-2-1

乡 镇	行 政 村	居民委员会
茶山乡	浦前、茶山、富强、群力、复兴、荡南、勤丰、常春、丽华	
永红乡	永红、东方、白荡、新建、新华、荆川、陈渡、宣塘、为民、立新	陈渡桥
雕庄乡	优胜、采菱、中村、雕庄、朝阳、清溪、团结	
红梅乡	红梅、解放、东风、林园、光明、红菱、胜利、卫星、竹林	林 园
五星乡	新中、新岗、新农、新新、新民、新丰、新庄、五星、平岗、汤家、谭墅	芦 墅
新闸镇	新闸、永丰、庆丰、唐家、凌家、前进	新闸镇
青龙乡	高士桥、青龙、常青、三里、亚新、勤业、青锋、勤丰、紫云、新丰、桐家、洋头桥、福成、北塘、华严、洪丰渔业	
西林乡	西林、张家、东岱、邹傅、凌家塘、马家、朱夏墅	
北港乡	北港、港顶、仕庄、金家、邹家、韦墅、蒋家塘、塘门顶	

说明：郊区撤销的所辖乡镇在其他区已有简介，此处列表记述

第三章 地名

在悠久的地质地理变迁和人文历史发展的长河中，常州产生了大量具有特定内涵和文化底蕴的山岭河湖名称。20世纪80年代常州由中小城市向现代大城市转变的过程中，城乡建设取得跳跃式发展，道路、桥梁、住房建设日新月异，产生了许多具有新意和时尚流行的、经过地名机构确认的路名、桥名与居民区名称。

第一节 山岭河湖名

一、山 岭

溧阳天目山余脉有山岭22座，名称分别为天井山、青峰山、仙山、大北山、西蒋山、磨盘山、太婆山、郑江山、桂林山、潘山、团山、马鞍山、伍员山、金山、观山、溧长山、羊山、晨山、潘山及东北部的函山、水母山（洋渚山）、周山；属茅山山脉的有丫髻山、瓦屋山、曹山、芳山、芝山等。金坛境内茅山山脉及其余脉有山岭12座，名称分别为营盘山、青龙山、大茅山、磨盘山、方山、丫髻山、瓦屋山、曹山、芳山、芝山及城南的杨家山、大涪山。武进东南雪堰镇低山丘陵地区有山岭32座，太湖中两山名为大椒山、小椒山，陆域的山岭有牛肩顶山、凤凰山、门前山、四顶山、鹁鸪山（独孤山）、夹山、秦皇山（古称秦阳山、秦余杭山、沉阳山）、前亭山、腰沿（邀筵）山、黄公山、龙泉山、青天山（青山头）、鸭子墩、蒋埂顶、黄婆岭、大茅山、酱缸山、蛇山、乌龟山、老鸦山、窑墩山、梅堂岭（大山）、庙堂山、北黄山、牛头山、邵后山、东家山、黄家山、朝北山、城湾山等。郑陆镇、横山桥镇有芳茂山（古代名）、清明山①、鸡笼山、舜过山、牛腿山、鹤家山、石堰山、陈墩山。市区西北部新北区孟河镇有黄山、乌雅山、观音山、万家山、乌龟山、固山。

二、河 湖

河 流 常武地区的河流：京杭大运河（苏南运河）常州段。中部有北塘河、关河、南运河、玉带河、

① 或为芳茂山别称（古诗“芳茂山上松柏清，雅号由是唤清明”，说明芳茂山、清明山原为一山，芳茂山为早期总名。“当年不葬曹横坟，千古还将芳茂称”，说明后期改称横山、清明山），又称横档山，芳茂、清明两合称横山。

东支河（老澡港河东支）、白荡河、丁塘河（港）、横塘河、通济河、北童子河、南童子河、三井河、市政府护城河、龙游河、机厂河、郑家河、锁桥河、东市河、南市河、西市河、北市河、童子河、北童子河（新）、东十字河、西十字河、后塘河、三八河、凤凰河、二十一米河、梅龙河、鸭塘河、永汇河、串心河、洪庄河、新康河、横塘河、丁横河、串新河、龙游河、新龙河、民营河、大坝河、新北漕河、富康河、南漕河、颜塘河、东沟河、城巷河、翠竹内河。称“港”“塘”的小河有：青龙港、横塘港、谈家塘。称“浜”的小河有：会馆浜、双桥浜、大湾浜、海蜇浜、盛家浜、徐家浜、叶家浜、小仓浜、宣塘小桥浜、皇粮浜、蒋家浜、凌家浜、白荡浜、后周浜、童家浜、西坝浜、三宝浜、刘塘浜、钱浪浜、青墩浜、五船浜、横塘浜、章家浜、洛庄浜、龙塘浜、火叉浜、小塘浜、柴之浜。称“沟”者有：大沟头、横峰沟、反耙沟。

市区南部、东南部的河流有：武进港、采菱港、采菱河、武宜运河、新武宜运河、武南河、永安河、太滆运河、万寿河、漕桥河、雅浦港、雪堰河、太湖河、湖塘河、大通河、长沟河、直湖港、锡溧漕河（驩塘河）、小留河、大寨河、战斗河、顺龙河、礼嘉河、虎臣河、禹城河、竖扁担河、南宅浜。

市区西部的河流有：孟津河、夏溪河、湟里河、扁担河、北干河、厚余河（浜）、鹤溪河、夏成河、蠡河、成湟河、北湟河、小夏溪河、成章河、卜泰河、顺龙河、新坊河、西流河、凌家浜、小王河、毛龙河、北童子河、西涵洞河、大湾河。

市区北部的河流有：新孟河、德胜河、新澡港河、老澡港河、剩银河、浦河、济农河、汤庄河（兰陵河）、凤凰河、北童子河等。东北部有北塘河、舜河（三山港）、潞横河、芦蒲港。

金坛的河流有：丹金溧漕河、薛埠河、通济河、通济南河、尧塘河、金湟河、北干河、中干河、香草河、方洛港、新建河、新港河、大浦港、白石港、清水渎、仁河港、庄阳港、西旸河、石马河、河口河、芦溪河、罗村河、上新河、庄城河、简渎河、圩桥河、光荣河、社头河、九里湾河、后迈河、社头南北河、白龙荡、西岗河、后阳河、下塘河、儒林河、左墓港、夏成河、汤庄河、薛庄河。

溧阳的河流有：中河、北河、南河、赵村河、常州河、溧戴河、中干河。

湖　　泊　常州境内现存主要湖泊名有：太湖、滆湖、洮湖（又名长荡湖）、阳湖、宋剑湖，历史上尚有芙蓉湖（古名射贵湖）。塘荡名有：钱资荡、天荒湖、白龙荡、黄天荡、北堵荡、洋塘（邹区镇）、凤干塘、小葛庄塘（嘉泽镇）、凤干塘（嘉泽镇）、奉仙塘（嘉泽镇）、大磨塘（湟里镇）。金坛开发区的大塘有吴塘、单塘、西大塘、下沿塘、前塘、寄娘塘、路庄塘、芦滩塘、圩田塘，朱林镇有砚塘、牛塘，尧塘镇有长干塘、东塘、观庄塘，儒林镇有沱塘、大塘、东墅塘。

第二节　路名

一、大　　道

2001 年，市地名委员会及其办公室命名常州市区的信息大道、科技大道、创新大道；2004—2009 年命名创新大道、龙城大道、中吴大道、录安洲大道、孟河大道、齐梁大道和环东大道。

龙城大道　龙城是常州别称，洪亮吉撰《云溪竞渡词》中有“自古兰陵号龙城”；《武阳志余》有“吾郡古号龙城”；乾隆皇帝巡视常州天宁寺题有“龙城象教”。2006 年，市政府把外环路更名为“龙城大道”。

中吴大道　毛泽东有诗“云横九派浮黄鹤，浪下三吴起白烟”，诗中“三吴”指江苏南部古代吴国、吴地地域位置。常州处在东吴（苏州一带）与西吴（芜湖至丹阳一带）之间，古称中吴。古常州郡（府）治大观楼前有一牌楼，上书“中吴要辅”，乃指常州所处吴地枢纽重要位置。2006 年，312 国道常州城区段南移改道，常州为把原312国道城区段改造成市区景观大道，命名为“中吴大道”。

二、路

延陵路 原称东大街、西大街。这是从古至今常州城区东西走向最主要的一条街道。1987年2月，东西大街拓宽，改建新干道，为体现地域文化特性，更改路名，市地名办公室、常州日报社等单位向社会有奖征名。这是常州地名命名首次听取民众意见，收到征稿信421封，最终确定以季札封邑延陵的地名作为路名，更名为延陵路。

延陵中路恢复重建的水门——通吴门，左侧为太平寺太平兴国年间石经幢（摄于2010年9月）

晋陵路 晋陵是1690年前替代延陵的县名。常州历史上，晋陵县存在966年，晋陵郡存在262年。2002年，市区打通南北通道，筑通关河中路至北环路段。为给贯通南北通道取一个雅致路名，通过《常州日报》向社会征名，市民积极响应，提交征稿信400多封。经规划、建设、文化等部门评审，“晋陵”之名众望所归，于是把关河中路向南至青果巷的城中路改名为晋陵中路，关河中路向北筑通新建道路命名为晋陵北路。

1992—2010年命名的常州城区（不含武进）道路名称一览表

表1-3-1 单位：条

年份	数量	路名
1992	1	同安路
1993	1	军工路
1994	4	木清路、夏凉路、银河路、林园路
1995	8	高田路、常林路、友谊路、雕庄路、清溪路、清柏路、蟠松路、团结路
1996	9	城中路、广视路、岷江路、健身路、水渠路、安莉芳路、文昌路、新龙路、新环路
1997	7	衡山路、泰山路、长江路、黄河路、嵩山路、邹傅路、留芳路
1998	4	红梅南路、兴业路、唐家湾路、双胜路
1999	8	新港路、永丰路、常建路、永新路、新业街、城中路、惠昌路、常立路
2000	38	三井西路、龙游南路、永丰东路、新昌东路、新昌中路、新园中路、常亚路、新宁中路、新宇东路、新民中路、新港东路、巢湖路、金城花苑、采菱东路、友谊路、清柏路、蟠松路、团结路、雕庄路、离宫东路、永安路、花港路、外环东路、外环西路、人和路、百兴路、政通路、百中路、创业中路、百盛路、康宁路、黄山路、华新南路、澡港路、镇北路、永兴路、太平西路、太平东路
2001	44	天目山路、巫山路、东港一路、中港一路、中港五路、中港四路、新港二路、新港六路、港区中路、新港四路、华山南路、松花江路、莫干山路、金沙江路、西环一路、惠山路、天山路、建东路、昆仑路、河海东路、河海中路、河海西路、黄河东路、黄河中路、黄河西路、长江东路、长江中路、长江西路、宣盛路、创新一路、创新二路、新苑路、新竹路、新电路、新苑一路、新苑二路、新苑三路、新苑四路、新竹一路、新竹二路、新竹三路、太湖东路、太湖中路、太湖西路
2002	11	青洋路、紫云路、晋陵路、公园路、虹景路、新昌路、华阳路、广源路、紫阳路、洪庄路、东南路

续表 1-3-1

年份	数量	路　　名
2003	72	新云路、新春路、新中路、新风路、新安路、新长路、新飞路、新光路、新兴路、安泰路、安宁路、安顺路、安业路、安居路、安平路、安康路、星港路、樱花路、桂花路、梅花路、童子河路、玉龙路、玫瑰路、月季路、玉兰路、银杏路、香樟路、合欢路、漓江路、秦岭路、珠江路、通江路、镜湖路、华山路、东城路、庄基路、常丰路、庆丰路、横塘河路、军民路、新勤路、新横路、三丰路、新扬路、新富路、宏图路、龙发路、龙腾路、环保路、银山路、金山路、翠屏河路、微山湖路、阳澄湖路、丽江路、富春江路、申江路、九江路、芙蓉江路、天柱山路、五台山路、钟山路、阿里山路、太行山路、岳山路、缙云山路、日月山路、威虎山路、江花路、疏港路、新化路、富民路
2004	47	龙江路、星园路、星湖路、鹤园路、汾水路、马山路、汉水路、东江路、西江路、清江路、嵩山路、翠虹路、创业路、恒业路、宏业路、盛业路、振兴路、胜利路、康瑞路、顺园路、奥园路、尚德路、富康路、庆阳路、瀛平路、平阳路、农贸路、松林路、王下路、澧河路、对元路、船坊路、育龙路、龙栖路、湖东路、湖西路、太湖路、远东路、子牙河路、定丰河路、乐山路、昆仑路、三井路、锡山路、滆湖路、泰山路、玉隆路
2005	104	沁园路、安富路、奋进路、中巷路、墩西路、望城路、创业西路、港区北路、港区南路、港区西路、港区东路、双科路、滨江一路、滨江二路、监江路、江洲路、新盛路、新恒路、龙泉路、金龙路、新闸路、新福路、正强路、富强路、汉强路、北澧河路、金融路、丽园路、凤翔路、建业路、勤奋路、锦园路、永昌路、童子南路、童子北路、薛冶路、薛高路、群英路、凤玉路、希望路、团结路、新康路、友谊路、新裕路、新前路、新林路、三里南路、柳墅路、机电路、河海东路、青洋中路、青洋南路、长江南路、河海西路、泰山路、天山路、铜山路、天目湖路、大渡河路、长荡湖路、黄河东路、黄河西路、庐山路、华山西路、淮河路、嵊山路、花果山路、巫山路、白塔山路、峨嵋山路、衡山路、辽河路、东海路、黄海路、北海西路、北海东路、北海中路、云台山路、云河路、紫金山路、宝塔山路、韵山路、井冈山路、赤水路、延河路、嫩江路、湘江路、浦江路、运河路、高邮湖路、钱塘江路、科一路、科二路、科三路、科四路、科五路、科六路、图们江路、漠河路、贺兰山路、赣江路、塑化路、柏墅路、怀景路
2006	139	新市民东路、富林路、桃花港路、建新路、新宁东路、新昌东路、新民东路、滨江三路、明武路、魏北路、灵山中路、水塔口路、西海路、新阳路、福阳路、华阳北路、广阳路、景阳路、虹阳路、华阳南路、高阳路、浦中路、罗西路、空港一路、空港二路、空港三路、空港五路、政泰路、罗东路、罗北路、溪东路、延河西路、新政路、延安路、民安路、罗南路、罗浮山路、汤山路、玉山路、韶山路、茂山路、天河路、宝溪路、延河中路、平江路、罗汤路、溪江路、湘江路、汤庄桥路、永结路、延河东路、同德路、同心路、永康路、大顺路、永和路、民营一路、民营二路、民营三路、民营五路、旺贤路、肖谢路、旺财路、旺田路、旺富路、盛安路、盛嘉路、盛意路、盛达路、兴安路、兴邦路、兴欣路、兴盛路、通达路、塑化一路、塑化二路、丹青路、常发路、珠峰路、嘉陵江路、松花江路、红河路、燕山路、祁连山路、浏阳河路、龙江北路、龙锦路、运河路、东经 120 路、河滨东路、河滨西路、春江南路、春江中路、春江北路、玉龙南路、玉龙中路、玉龙北路、龙江南路、龙江中路、龙江北路、长江南路、长江中路、长江北路、通江南路、通江中路、通江北路、怀德南路、怀德中路、怀德北路、晋陵南路、晋陵中路、晋陵北路、兰陵南路、兰陵中路、兰陵北路、和平南路、和平中路、和平北路、丽华南路、丽华北路、青洋南路、青洋中路、青洋北路、青龙东路、青龙西路、飞龙东路、飞龙中路、飞龙西路、东方东路、东方西路、关河东路、关河中路、关河西路、延陵东路、延陵中路、延陵西路、劳动东路、劳动中路、劳动西路
2007	25	华丰路、天合路、锦绣路、紫荆东路、紫荆西路、梧桐路、枫林路、松涛路、水杉路、枫香路、丁香路、茶北路、紫薇路、童子河西路、童子河东路、玫瑰路、广仁路、港区中路、宏业路、锦阳路、荆川南路、通江北路、环保六路、天禧路、新竹二路

续表 1-3-1

年份	数量	路　　名
2008	30	北塘河东路、庙湾村西路、横塘河东路、北塘河路、龙锦路、永宁北路、双桥浜路、业丰路、健身北路、勤业南路、松涛路、星湖南路、大红旗西路、锦绣路、五一路、滕村路、金府路、北舍庄路、东亭路、富腾路、龙源路、坛园路、亚新路、客车路、港务路、勤业支路、勤小路、五带头路、朱家村路、物流路
2009	10	文笔路、横一路、龙业路、竹林北路、竹山路、文化路通道、砚瓦路、曙兴路、曙明路、创业东路
2010	25	文源路、竹林西路、林庄路、丁剑路、东方二路、红梅南路、华青路、巫山路、锦云路、紫林路、阳澄湖东路、竹林南路、永宁路、华林路、梅林路、浦前东路、荆川北路、星德路、龙沧路、龙潭路、龙仁路、五一路、桐李路、兴东路、东城路

三、街

2000—2010 年，市地名委员会命名（不含武进城区）的街有 10 条。2000 年命名百丈街；2003 年命名双塔步行街；2004 年命名南大街步行街、宝善街。2005 年命名薛家南街、薛家北街；2007 年命名星聚大街、孙府大街、莱蒙都会商业街。2008 年，命名南北大街。

四、里（园）

1993—2010 年，常州市地名委员会命名市区（不含武进城区）的里（园）有 8 条。1993 年命名故园里，1994 年命名荆川里、北融里、清园、坛园；1997 年命名泰安里；2005 年命名荆川里；2007 年命名新街巷、铁市巷。

五、弄

1991—2010 年，常州市地名委员会命名常州城区（不含武进城区）的弄有 4 条。1991 年命名新建弄，1999 年命名赵家弄，2008 年命名都家弄、经纬巷。

第三节　桥名

一、大型桥梁

常州市地名委员会对市区（不含武进城区）大型桥梁的命名集中在 2004—2006 年，累计命名大型桥梁 26 座。2004 年命名圩墩大桥；2005 年命名邹区大桥、东岱大桥、西林大桥、吴家大桥、淹城大桥、阳湖大桥、龙城大桥、丽华大桥、东港大桥、雕庄大桥、丁堰大桥、青洋大桥；2006 年命名平陵大桥、常金大桥、钟楼大桥、湖滨大桥、新龙大桥、武进大桥、龙城大桥、阳湖大桥、青洋大桥、天宁大桥、东方大桥、延陵大桥、中吴大桥。

二、普通桥梁

1992—2010年命名的常州市区(不含武进)桥梁名称一览表

表 1-3-2　　单位：座

年份	座数	桥　梁　名　称
1992	2	白龙桥、同安桥
1996	1	常食桥
1997	1	泰安桥
1999	1	常食桥
2000	7	九丰桥、镇北桥、创业桥、百丈桥、百盛桥、骞鹰桥、永安桥
2002	2	晋陵桥、北景桥

续表 1-3-2

年份	座数	桥 梁 名 称
2003	3	飞龙桥、天禧桥、红杏桥
2004	24	龙北桥、丰收桥、友谊桥、四堡桥、滆江桥、薛庄桥、韩家桥、钱家桥、大坝桥、星园桥、洪庄桥、鹤园桥、省庄桥、朝霞桥、革新桥、三丰桥、火炬桥、星火桥、叶家桥、为民桥、白荡桥、顺园桥、东庄桥、后肖桥
2005	7	翠苑桥、赛紫桥、孟络桥、仕兴桥、西界河桥、聚和桥、常立桥
2006	5	西塘桥、蒋家桥、双沟桥、商会桥、丹青桥
2007	5	北童子河桥、小茅山桥、广仁桥、白家桥、湾里桥
2008	17	亚新桥、横峰桥、洛庄桥、曙光桥、青峰桥、永宁桥、三井河桥、五奎桥、钱家边桥、杨园桥、卞墅桥、韩墅桥、永忠桥、政新桥、管墩桥、丁横桥、丁青桥
2009	5	黄龙桥、贺林桥、丁林桥、恒祥桥、藏书桥
2010	24	剑新桥、青东桥、方里桥、横里桥、横东桥、紫东桥、云方桥、五加桥、章东桥、方章桥、横方桥、曙星桥、春晓桥、水晶桥、紫林桥、德安桥、凤荷桥、西马桥、中凌桥、优胜桥、大湾浜桥、红莲桥、瑞虹桥、润锦桥

三、立交桥、高架桥

1994—2010 年，市地名委员会命名市区(不含武进)立交、高架桥有 8 座。1994 年命名清凉立交桥；2005 年命名青洋路铁路立交桥、薛家互通式立交桥；2008 年命名五角场立交桥；2010 年命名龙城大道高架桥、龙江路高架桥、青洋路高架桥、长虹路高架桥。

第四节 居民区名

1993—2010 年，常州市地名委员会及其办公室命名了一大批居民住宅区名称，兹录于下。

一、新村（村）、城、都

1993 年命名：富强新村、红东二村、竹林新村。1994 年命名：花园南村、勤业南村、河海新村、燕兴新村。1995 年命名：西新科技园、翠园公寓、汇丰一村、汇丰二村、汇丰三村、皇家新村。1996 年命名：圩墩新村、前桥新村、北环南村、清凉东村、清凉南村。1997 年命名：清潭西村、河西新村、丽花南村。1998 年命名：兰翔二村、新窑桥村、浦南南村、红菱南村。1999 年命名：广景山庄、五益新村、戚墅堰商住中心。2000 年命名：河海二村、勤丰新村、圩塘新村。2002 年命名：美林国际村。2003 年命名：顺园新村。2004 年命名：现代城、天宁商都、空港村、南大街云庭。2005 年命名：丽华三村、鹤苑新都、世家华庭、常青中心村、都市雅居。2006 年命名：圩塘五村、太阳城、滨江明珠城、金惠雅居、星河名居、金色新城。2007 年命名：奥新华庭、国泰新都、御源林城、凯旋城、丽花三村。2008 年命名：乾盛兰庭、彩虹城。2009 年命名：香江庭院、枫林雅都、御水华庭、齐梁金府、景瑞曦城、银河湾第一城、花溪兰庭。2010 年命名：港龙华庭、绿地世纪城、新城首府、锦海星城、国泰名都。

二、花苑、苑

1993 年命名：中山苑。1996 年命名：富都花苑、陈渡苑、银苑、新民苑、怀德苑。1997 年命名：丰华苑、康宁苑、天成苑、金桥花苑、安阳花苑、新华苑。1998 年命名：巢丰苑、嘉新花苑、元丰苑、丽宝第花苑、体育花苑、越友苑、荡南苑。1999 年命名：同安苑、广景苑、怀南苑、白云东苑、清潭花苑、项家花苑。2000 年命名：兆丰花苑、玉兰苑、紫荆苑。2001 年命名：锦绣东苑、玫瑰苑、北环南苑、兰亭苑、永宁苑、高成莱茵花苑、和平苑。2002 年命名：芦墅广景苑、光华苑、新昌苑、藏龙苑、盘龙苑、奥韵家园。2003 年命名：新园花苑、新天地花苑、新桥花苑、聚景苑、晋陵北苑、清潭嘉苑、兴业苑、百合花苑。2004 年命名：百盛苑、景福苑、腾龙苑、大诚苑、红梅假日花苑、通江花苑、星港苑、瑞富苑、长江花苑、安家苑、新民花苑、新业花苑、常恒花苑、临江花苑、魏村花苑、同心苑、同德苑、百草苑、青龙苑、府琛花园、新庆花苑、新康花苑。2005 年命名：清潭南苑、百馨苑、御龙苑、侨光苑、新闸北苑、锦阳花苑、太湖明珠苑。2006 年命名：凤凰苑、都家苑、府翰苑、河阳花苑、魏村花苑、陈渡新苑、吟枫苑。2007 年命名：元丰宜家、光华世家、世府邻里中心、世纪华城、西城、荣亨逸都、春晓苑、枫逸人家花苑、西夏金苑、梧桐苑、嘉盛苑、蓝钻苑、新东花苑、新裕花苑、新府花苑、银河湾星苑。2008 年命名：景秀世家、荆溪人家、翠园世家，潞城花苑、青竹苑、紫云苑。2009 年命名：百馨苑、观墩花苑、世茂香槟湖苑、嘉州枫景苑、百馨西苑、新丰苑、锦阳西苑、祥龙苑、京城豪苑、永宁雅苑。2010 年命名：福地聚龙苑、南馨苑、蓝天新苑、飞龙新苑、华山苑、和平国际花苑、腾龙南苑、明苑（银河湾）。

三、花园、家园（园）、名园（居）

1994 年命名：城市花园、西上园、荆川东园、丽丰园、博爱花园。1995 年命名：江南豪华花园、新堂花园、锦秀花园。1996 年命名：阳光花园。1998 年：文亨花园、娑罗家园、怡康花园、万博花园、春锦园。1999 年命名：天安花园、河滨花园、珠江花园、枫丹花园。2000 年命名：同济花园、康云名居、紫阳花园、花之园、人民家园、藻江花园、太湖花园、虹景花园、万福花园。2001 年命名：燕阳花园、世纪明珠园、紫云居、颐和家园、锦绣南园、春天花园、东方花园、东南花园、金谷花园、德馨花园、铭巷家园、华景园、银河湾花园、金禧园。2002 年命名：御花园、新奥佳园、润德半岛花园、福康宁花园、蓝色港湾花园、新荷花园、世纪花园。2003 年命名：新盛花园、聚和家园、蓝色星空花园、江南春晓花园、福满园、怡康花园。2004 年命名：绿色家园、常信怀德名园、泰山花园、绿园、绿洲家园、蓝天花园、香山花园、丽江花园、电子新家园、朝阳花园、勤丰花园、杨家花园、奥林匹克花园、星海银园、都市桃园、友谊家园、富民花园、新魏花园、新龙花园、玉隆花园、运河花园。2005 年命名：秋水云庐花园、旺角花园、河景花园、华府家园、勤德家园、嘉顺花园、香梅花园、锦江丽都花园、太阳花园、水木年华花园、复兴家园。2006 年命名：聚博花园、东岱家园、西林家园、天禧星园、人民家园、清凉茗园、兰陵家园、蓝天花园、香江华廷花园、长兴好日子家园、星海银园、星盛家园、星鑫家园、玉龙湾花园。2007 年命名：江南佳园、春江花园、水岸人家花园、怡和花园、青山湾花园、金梅花园、金百花园、中意宝第花园、东方明珠花园、公园壹号花园、香树湾福园、玲珑花园。2008 年命名：尚东区花园、兰陵尚品花园、名骏家园、嘉宏盛世花园、翡翠湾花园、新城逸境园、福鑫园。2009 年命名：汇龙湾家园、江南经典花园、桃林雅景园、蔷薇家园、天山花园、新立名园、璞丽湾花园、东方福郡花园、怡美花园、迎宾秀园。2010 年命名：九洲花园、香缇湾花园、青山湾花园、华盛家园、华康家园、云山诗意花园、豪景家园、四合园、九洲新家园、常发豪庭花园、中央天和园、凯尔枫尚花园、中央花园、清水湾花园、丽江茗园、景泰家园、御翠园。

四、公寓、别墅及其他

1994—1997 年先后命名荷花池公寓、常宁公寓、兰陵公寓、麻巷公寓、新丰别墅和博爱公寓。1998 年命名：茶山公寓、牡丹公寓、光华公寓、常欣公寓、会馆浜公寓。1999 年命名：普济公寓、桃园公寓、红梅公寓。2000 年命名：中山门公寓。2001 年命名：长江公寓、早科坊公寓、浦北公寓、国泰名筑、金色新城。2002 年命名：清溪别墅、丽馨公寓。2003 年命名：西新桥公寓、聚丰公寓、东方公寓、勤业公寓。2004 年命名：觅渡雅居、天主堂新寓、椿桂坊公寓、新华别墅。2005 年命名：政成公寓、江南公寓、斗巷公寓、青龙新市民公寓。2006 年命名：金桂公寓。2007 年命名：鸿泰公寓、聚缘雅居、东坡雅居、福缘雅居。2008 年命名：双子星座公寓、华丽雅居、金田雅居。

2009年命名：名桂坊公寓、铭筑高第公寓、东方国际公寓、采菱公寓、朗诗国际公寓、嘉城尚座公寓、府河名居。

2010年命名：青年公寓、新城国际公寓、雅筑公寓、星宇丽晶公寓、花园西郡雅居。

第五节　公园、大厦（广场）名

市地名委员会命名公园名如下：2004年命名五星公园、翠竹公园。2006年命名太阳大厦、青枫公园、市民广场、椿桂园、新区公园、玉兰公园、荷园、五星公园、毓秀园。2009年命名青枫花园、桂花园。2005年命名新天地商业广场、怀德广场。

1995—2010年公布命名的常州市区(不含武进)大厦(广场)等名称一览表

表1-3-3

年份	大　　厦	商务广场、中心(城)	大楼
1995	恒利大厦	嘉乐广场	
1997	中南大厦、常柴大厦、邮电大厦、常信大厦、中山大厦、新区大厦		
1998	金谷大厦、春源大厦、兰洋大厦		
1999	新丰大厦		
2000	听松大厦、南方大厦、和平大厦、港口大厦、中亿大厦		福源恒大楼
2001	建设大厦、鑫润大厦、清凉大厦	世纪商贸广场、天安工业村	
2002	关河大楼、江南大厦	投资广场、斗巷商务中心	
2003	凤凰大厦		金贸大楼
2004	早科坊大厦、药监大厦、新惠大厦、恒远大厦	红梅假日广场	丽景商务楼
2005	鸿飞大厦、金城大厦、北水大厦、广润大厦	保纳商业广场、汇金置业广场、九洲环宇商务广场	嘉隆大楼
2006	嘉宏世纪大厦、富都商务公寓	府琛商务广场、怡康机电广场	
2007	爱特大厦、华景大厦、瀛通商务大厦	诺城高第商务广场、星聚广场	
2008	金星大厦、乐颐大厦、公园大厦	金百商业广场、嘉宏盛世商务广场、申龙商务广场	
2009	联通大厦、九龙尚品大厦	新阳光食品城	
2010	交银大厦、新城国际大厦、方正大厦	凯纳商务广场、港龙商务广场、亿达商务中心	

第二卷　自然环境

Volume II

Natural Environment

常州市地处北纬 31° 09′ ~ 32° 04′、东经 119° 08′ ~ 120° 12′ 之间。位于江苏省南部、长江三角洲西部、太湖平原西北部和沪宁线中心地带，东与无锡联袂成片，西与镇江为邻；南与宜兴、安徽广德、郎溪交界，北与泰兴隔江相望，是长江三角洲区域中心城市。2009 年，第二次全国土地调查，全市面积由 1985 年的 4375 平方公里（据《常州市志》记载）调整为 4372.15 平方公里。常州市区系太湖流域水网平原区，地质构造属下扬子地台茅山—江阴延伸的断陷带，基底为浅变质岩系，形成于元古代。第四纪沉积厚度一般在 120 ~ 240 米。地形平坦，西北略向东南倾斜，太湖、滆湖、洮湖平原地区海拔一般 2 ~ 9 米，最低处 1.6 米。地表主要由粒径较小的淤积物和湖积物组成，大部为冲积相黏性土。天然地基土的承载力均在每平方厘米 1 ~ 3.5 公斤，抗压强度一般为每平方厘米 2 ~ 3 公斤，属少震区。常州地处中纬度，离海较近，气候温和湿润。1986—2010 年，全市年平均气温 16.2℃，降水量 1104.2 毫米，雨日 120 天，日照时间 1990.1 小时。属亚热带季风性湿润气候区，常年主导风向为东南偏东，干湿冷暖，四季分明。京杭大运河（又称苏南运河，简称“运河”）常州市区段两侧河道密布，沟塘罗列，南有南运河、白荡河通往滆湖，采菱港、梅港河等注入太湖；北有德胜河、凤凰河、北塘河等与长江沟通。1986—2010 年，常州水位站实测运河年平均最高水位 5.52 米，最低水位 2.68 米。地理环境良好，境内土壤类型单一，耕地 99.89% 为水稻土类，适宜水稻、麦、蔬菜等农作物和其他动植物生长。纵横密布的江河湖荡为引、蓄、排洪水和航运提供了优良条件，为发展工农业生产提供了良好的自然地理条件。

第一章　地质　地貌

常州地质构造处于扬子地层南区，地层发育较为齐全，中元古界海州群、张八岭群组成扬子板块基底，震旦系至三叠系为主要盖层。地层分布大致以北东向宣城—金坛—海安断裂为界，北西侧属下扬子地层分区的镇江地层小区和江宁—芜湖地层小区；南东侧属修水—钱塘江地层分区的常州—宣城地层小区。从前震旦系至第四系，除寒武系、奥陶系及上志留系地层未见外露外，其他皆有分布，但大部分被第四系所覆盖，基岩主要出露在南部溧阳山区，溧阳、金坛西部茅山山区、西北部孟河和东部郑陆、横山桥、雪堰的一些孤丘、孤山上。成陆年代始于 1.4 亿年前中生代燕山运动，地壳受强力挤压，褶皱隆起，形成区域内茅山山脉、天目山山脉和以新闸为中心的原始构造盆地及西南部溧阳盆地。到 1.2 万年前的第四系晚更新世末期，陆地全部形成。地壳厚度 35 ~ 37 公里，第四系沉积厚度一般介于 120 ~ 240 米，破坏性地震较少，属相对稳定地区。常州地貌类型为长江三角洲太湖冲积平原一部分，地势低平，南部偏西有天目山余脉，西部有茅山丘陵，西北为宁镇山脉尾部，中部和东部为广阔的平原圩区，总的地势山区平圩兼有，西南、西北略高，东南、东北稍低，呈缓度倾斜，地面坡度小于 0.5%。境内河流、湖荡密布，水网纵横交织，受长江水系和太湖水系控制。地面最高山地一般介于 50 ~ 200 米，丘陵介于 15 ~ 18 米，海拔标高（黄海高程）5 ~ 7 米，平原圩区 3 ~ 6 米，沿长江及三湖（太湖、滆湖、长荡湖）地段，地势低平，仅2～4米，最低处仅1.6米。洪水最高标高3.63米，设防3.91米。

第一节 地质

一、成　　陆

常州处于扬子地层南区，2.5亿年前至6500万年前（侏罗纪至白垩纪）发生燕山运动，地壳因受强力挤压，形成绵亘山脉和盆地，在今常州境内形成的山脉有茅山山脉、天目山山脉，盆地有以新闻为中心的原始构造盆地和西南部的溧阳盆地。距今6500万年至300万年的新生代发生地壳挤压的新构造运动，茅山隆起上升，东部逐渐下沉，海水在区域内发生多次进退。160万年前的间冰期，海水从境内退去后，泥沙淤积促成植物繁衍，盆地构造慢慢形成。1.2万年前的第四纪晚更新世末期，常州才全部成为陆地。

二、地　　层

常州境内地层为前第四纪时期形成，下部为陆相、滨海相碎屑沉积和冰川堆积，上部为滨海、浅海相碳酸盐岩沉积，厚度达千米，与下伏地层不整合接触。古生界石岩系，仅在芙蓉、三河口、郑陆桥等部分钻孔中显现，呈北东向狭长形分布于青明山—秦皇山西侧，埋深约300米。古生界二叠系，在青明山—秦皇山两侧的大部分钻孔中呈现，另在卜弋桥、奔牛镇西的煤田钻孔中也有发现，埋藏深度在300～500米，包括上统、下统。中生界三叠系分布在横林、郑陆桥、湖塘桥、卜弋桥及奔牛镇西等地段，埋藏深度在120～300米。中生界侏罗系，仅发育中下统像山群，在戚墅堰一带钻孔显现，埋藏深度在百米以下。中生代白垩纪，上统浦口组分布在广大的第四纪及第三纪时期形成的地层之下，大部分在常州北部和南部一带凹陷地区。新生代第三纪末期，有玄武岩喷发物，在奔牛、卜弋桥一带钻孔中发现厚度10余米。第四纪地层，地壳厚度35～37公里，沉积厚度120～240米。下更新统在平原区钻孔中都有发现，地层厚度30～80米，主要分布在连江桥—湖塘桥—戚墅堰一线和三井等地区；中更新统沉积厚度在60～80米；上更新统地层发育齐全，由两次完整的海、陆旋回组成，厚度为30～50米；全新统分布在小河—九里一线、孟河冲积平原和沿江一带河漫滩及其他河流湖荡低洼地带，厚度在1.1～13.39米之间。

岩浆岩　侏罗纪和白垩纪期间发生燕山运动，使常州的地层受到强烈挤压影响，大量岩浆岩侵入，并间夹燕山期和喜山期侵入其他岩石，形成茅山山脉和天目山山脉母岩。

侵入岩　1.26亿～1.063亿年前燕山晚期侵入的中酸和酸性岩到侏罗系上统火山岩中，被白垩系等沉积地层不整合覆盖，形成从南向北的主要岩体特征。

庙西斑状花岗岩　分布在溧阳南部小梅岭与广德庙西交界地段，呈北东向展布，岩体分布面积小于1.5平方公里，测定年为1.094亿年，岩性为肉红色，不等粒，似斑状结构，斑晶由钾长石、斜长石、石英等组成。

松林流纹斑岩　分布在青山北坡—松林村，呈岩盖状产出，根据钻孔探明，多次穿插于三叠系灰岩中，分布面积约1平方公里。岩性呈灰白色，斑状—隐晶质结构，斑晶由钾长石、斜长石、黑云母及少量石英组成，基质由粒状石英、钾长石与短柱状斜长石组成，具流纹构造。

锁山里流纹斑岩　分布在平桥锁山里一带，呈小岩株产出，为次火山岩相，主要侵入大王山组流纹岩中，地表形成数个面包状地貌，总体趋向北西，面积约1.5平方公里，岩体柱状节理发育。岩性紫灰色，局部灰黑色，斑状结构，斑晶由钾长石、斜长石、石英和少量黑云母、角闪石等组成。

周院花岗斑岩　分布在溧阳沙河水库东侧的尤界尖—周院—梅山一带，呈葫形岩株状侵入到大王山组火山岩、鸣通里斑状石英闪长岩体中，为浅成相，呈北北东走向，分布面积约5平方公里，岩性呈肉红色，斑状结构，斑晶由钾长石、斜长石、石英及黑云母等组成。

大杨庄斑状石英闪长岩 分布在溧阳南部平桥大杨庄、长山下两处，呈岩株侵入到大王山组火山岩中，为中、浅成相，岩体走向由北转近东西向，向东深部与鸣通里岩体相连，分布面积约3平方公里，岩性呈浅灰色，似斑状、斑状结构，斑晶由斜长石、黑云母及少量角闪石、辉石组成，偶见石英，由钾长石、斜长石、石英及角闪石、黑云母组成，含磷灰石榍石等矿物。

鸣通里斑状石英闪长岩 分布在溧阳南部横涧鸣通里—金山里，呈岩株状，侵入大王山组火山岩中，自西向东走向由东西转北东，接触带围岩倾向陡立，为中、深成相，分布面积约3平方公里，岩性呈灰、灰绿色，似斑状结构，斑晶由斜长石、钾长石、黑云母及少量石英组成，含磷灰石、榍石等矿物。

花岗斑岩 主要分布在沙河水库一带，呈岩脉群产出，主体呈北东向延伸，侵入庙西、大杨庄、鸣通里、周院各岩体中。岩性呈浅红色，斑状结构，由钾长石、石英组成。

金山流纹斑岩 分布于溧阳西南部金山，属次火山岩相，侵入三叠系灰岩、大王山组火山岩中，地表呈岩脉或小岩株，沿北西向分布，岩性为灰黄色微带肉红色，斑状结构，斑晶由斜长石、钾长石、石英及少量黑云母组成，基质为隐晶质、细晶长英质。

长山石英斑岩 分布在溧阳城西的仙人山至沙河水库一带，呈北东向、北西方向的岩脉和岩墙，侵入上侏罗系火山岩中，其中以长山石英斑岩体规模最大，长4公里以上，宽自几十米至数百米。岩性为灰白色，少量斑状结构，斑晶由斜长石、石英组成。

野猫山石英闪长斑岩 分布在野猫山、土包山顶，呈近东西向岩株状，侵入溧阳组和五通组、栖霞组地层中，为边缘相、中浅成相，岩性呈灰、暗灰色，斑状结构，基质由显微、细粒结构的长石和石英组成，含磷灰石、锆石、榍石等矿物。

野猫山南坡花岗闪长斑岩 呈近东西向岩株状，侵入野猫山岩体南部，属中浅、浅成相，岩性呈浅灰色，含磷灰石、锆石等矿物。

长荡湖石英二长岩 分布在溧阳北部与金坛交界的长荡湖中，呈岩株、小岩基状，主体呈北西向，侵入泥盆系、三叠系地层及侏罗系上统火山岩中，分布面积12平方公里。岩性呈灰、灰绿色，由斜长石、钾长石、石英、辉石、角闪石、黑云母等矿物组成，含磷灰石矿物。

蒲玗河花岗闪长（斑）岩 分布在溧阳北部上黄与宜兴新芳交界的蒲玗河，呈岩株状，总体呈北东向延伸，侵入泥盆系、三叠系等地层中，分布面积约1平方公里。岩性呈灰白、肉红色，局部具斑状结构，由斜长石、钾长石、石英、辉石、黑云母、角闪石等组成，含磷灰石、榍石、磁铁矿、白钛铁矿等。

后许庄花岗岩 分布在溧阳北部上黄后许庄，呈北东向小岩株，侵入蒲玗河花岗长(斑)岩体和下青龙组地层中，有两种岩石分别组成其内部相—中粒花岗岩及外部相—中细粒花岗岩，外部相宽5米左右，岩性为灰白色，中粒结构，边缘为中细粒结构，块状构造，局部含长石斑晶，矿物成分主要有斜长石、钾长石、石英、黑云母，含锆石、磷灰石等矿物组成。

金牛洞流纹斑岩 分布在金坛西部茅山金牛洞，出露面积约1平方公里。因未打钻孔，岩体特征和所含成分未确定。

火 山 岩 在中生代时，在常州境内发生4次火山岩喷发旋回与溧阳火山岩盆地岩石组合现象：一是由酸性火山碎屑岩、中偏碱性熔岩喷发的龙王山旋回，总厚度大于1296米，主要岩石为粗安岩、火山碎屑岩和流纹质火山碎屑岩；二是由中偏碱性熔岩、酸性熔岩—中酸性碎屑岩夹杂中偏碱性熔岩、碎屑岩3个喷发的大王山旋回，总厚度约1649米，主要岩石为粗安岩、流纹岩、英安岩及相应的火山碎屑岩；三是由中偏碱性的粗安质熔岩及火山碎屑岩喷发的中巷旋回，总厚度大于920米，主要岩石为粗安岩、角砾凝灰岩；四是由酸性熔岩喷发的溧阳旋回，总厚度大于650米，主要岩石为流纹岩。中生代喷发旋回现象后，由强转弱，规模逐渐缩小。火山岩旋回的岩石类型有粗安质熔岩、英安质熔岩、流纹质熔岩3类。

粗安质熔岩　主要分布在龙王山、大王山旋回的下部，岩性以灰黑、灰绿、紫灰色为主，为块状及流纹状、斑状结构，矿物成分由斜长石、钾长石、辉石、黑云母、角闪石及玻璃质组成。

英安质熔岩　主要分布在大王山旋回上段，岩性呈深灰、紫灰色，斑状结构，斑晶由斜长石、黑云母、角闪石、石英组成。

流纹质岩熔　主要分布在大王山旋回中段和溧阳旋回中，岩性为深灰、黑色和紫灰、灰白色，斑晶由斜长石、钾长石、石英、含黑云母和角闪石等组成。

新生代火山岩　新生代发生的多次火山喷发旋回组合，主要分布在茅山东麓及其以东新生代凹陷中，形成阜宁群三段玄武岩。根据直溪钻孔探知，有夹层1～6层，总厚度14～169米，以致密状为主，其他为少量气孔状橄榄玄武岩；花山旋回玄武岩厚度大于60米，为致密状和气孔状橄榄玄武岩，共6层；方山旋回玄武岩总厚度大于62米。其类型特征有熔岩、火山碎屑岩两大类，熔岩类中的碱性橄榄玄武岩为旋回主要岩石，岩性呈灰、灰绿、紫灰色等，结构有煌绿、似斑状、斑状等，斑晶由橄榄石、单斜辉石、斜长石及玻璃基质组成；碧玄岩，分布在竹箦桥北西杨村、后周以北与金坛交界的黄金山等，岩石中含二辉橄榄岩包体，呈紫灰、紫红色，矿物成分由橄榄石、次透辉石、斜长石和钠质玻璃等组成。火山碎屑岩类的角砾岩，主要分布在溧阳—南渡的花山组、方山组上部，岩性呈灰黄、紫红、灰白等色，具角砾状结构。

三、构　　造

常州大地构造属于下扬子板块江苏三级构造苏南断坳带北段。印支运动和燕山运动后，地壳运动转为断裂断块活动，伴随陆相中酸性岩浆侵入与火山喷发和陆相碎屑岩、泥岩堆积，导致不均衡差异升降，形成褶皱、盆地、坳(凹)陷、隆(凸)起、断裂等构造格局。

褶　　皱　构造运动中形成多条褶皱，印支运动末期或至燕山运动早期形成的褶皱有：

孟河单斜褶皱　位于新北区西部，在10公里以上，走向为北西向，倾角30°～50°。

仙人山背斜褶皱　位于溧阳城西的仙人山、野猫山、焦山，走向为北西向，长度大于2公里，倾角25°～35°。

青山—仙山头复式褶皱　位于溧阳南部宜溧山区西段，走向为北西向。

茅山（东坡）倒转复式褶皱　位于金坛、溧阳西部茅山东坡，与句容、溧水、高淳相接，受后期构造破坏和中、新生界地层覆盖，褶皱形态完整性较差。

焦溪背斜褶皱　位于武进东北部，与江阴交界，轴部在焦溪附近，长度达10公里。

雪堰复式褶皱　位于武进东南部，与无锡、宜兴接壤，长度达7公里，中新生代形成。

上黄复式褶皱　位于溧阳东北部与金坛交界的长荡湖地区，背斜长2公里，向斜长大于10公里，褶皱的北东部为白垩系地层，西部、南部为火山岩分布。

伍员山—金山复式褶皱　位于溧阳西南部，与安徽郎溪接壤，轴向45°左右，背、向斜轴长小于5公里。

李家园煤山向斜褶皱　位于溧阳东南部，宜兴砺山相邻，轴线长2.5公里。

盆　　地　晚侏罗世—早白垩世形成溧阳火山岩盆地，东西长30公里以上，南北宽20公里以上，走向为东西向；长荡湖火山岩坳陷(盆地)。晚侏罗世—早白垩世形成，北东长20公里、宽15公里以上。中、晚侏罗世地层形成的盆地位于戚墅堰、西夏墅象山群，由燕山早期的宁镇—常州—无锡北西向断陷盆地堆积而成。

隆　起　中新生代隆起在燕山中晚期基本形成，到喜山期定形，隆(凸)起部分有新北区西北部孟河山区、武进东北部横山桥、焦溪山区、武进东南部雪堰山区，金坛和溧阳西部的茅山、溧阳南部宜溧山区、溧阳东北部上黄山区及仙人山等7个中新生代主要隆起区，由早白垩世—三叠纪—古生代地层组成，内部发育有印支—燕山早、中、晚期褶皱和断裂构造，部分山区有燕山晚期侵入岩与火山岩分布。

坳　陷　中新生代坳陷在燕山中晚期基本形成，到喜山期定形。坳(凹)陷部分有:西夏墅—圩塘坳陷。宽约12公里，分布长23公里，重力异常中心在西夏墅以西。南渡—溧阳—芳庄坳陷。宽约12公里，分布长约10公里，中心部位堆积阜宁群，重力负异常中心在葛渚—歌岐。茅东坳(凹)陷带。位于茅山隆起之东，其中心展布于桠溪—旧县—花山—直溪一带，向北东延伸与东西向西夏墅—圩塘坳陷相连，宽16公里，区内分布长度大于70公里。滆湖坳陷带。位于上黄和雪堰两个隆起之间，长20公里，宽约15公里。杨庄—常州坳陷。大致位于奔牛与焦溪两个隆起之间，宽10公里以上，长20公里。洮西—儒林坳陷。位于上黄隆起之北，宽8～10公里，长30公里，其北西与南东分别与直溪、滆湖两个坳陷相通。

断　裂　经重力、航磁等科学手段确定，常州境内断裂发育存在东西向和北东向逆断层、北东向和东西向(正)断层、北西向平移断层、北东和南北向平移逆冲断层等现象。

东西向逆断层（组）　在溧阳南部有天井山—李家园(推覆)逆断层1条，分布在青山—松林—深溪芥—李家园一线，向南突出，呈弧形展布，是由北东、北西和近东西等方向破裂面或小断层面追踪连接的断层线，长度大于15公里，主断面切割三叠纪—古生代沉积地层和中生代火山岩，断层面总体向南倾，倾角上陡下缓，其“前缘”已被剥蚀，呈港湾状。

北东向逆断层（组）　在茅山山脉西麓和东麓，分别属于茅山断裂带的茅西断裂、茅东断裂。茅西断裂仅出露在茅东林场—观音山一带，长3公里，燕子山向斜和方山背斜北段为该断层的上盘，向西逆掩在侏罗纪—白垩纪地层之上，断层面倾向南东，茅东断裂在区内分布长度大于50公里。

北东向（正）断层（组）　主要在上沛—薛埠、南渡—金坛、湖边—奔牛、湟里—小新桥、湖塘—郑陆、社渚农场—戚墅堰、平桥—漕桥、太滆—苗圃等，其走向西部为北东40°、向东增至北东60°，呈向西南收敛、向北东撒开，形成放射状。

北西向平移断层（组）　主要在社渚—徐家园、上沛—大溪—沙河、上兴—旧县—戴北、陆笪—溧阳、方麓茶场—夏林、茅东—洮西—儒林、登冠—金坛—湟里、泰村—庙桥、薛家桥—崔桥、夹江等，断层走向稳定，在北西310°左右。

北东向平移逆冲断层（组）　主要有社渚农场—南渡、下城—胡桥、庙西—溧阳、松林—横涧、桃树芥—李家园5条，呈北东向延伸，区内长5～10公里，主断面切割中生代火山岩、断层面倾向南东，倾角大于70°。

东西向（正）断层（组）　主要在万绥—合兴、九里—粮庄桥、白塔—卜戈桥、指前—前黄、南渡—溧阳、河口—茶亭等地，主要分布在隆起与坳陷交接部位，一定程度上控制西夏墅—圩塘、南渡—溧阳—芳庄中新生代坳陷及其沉积作用，对下古近纪阜宁组和花山的玄武岩喷发起着控制作用。

第二节　地貌

常州市地处长江三角洲平原及太湖、滆湖(西太湖)冲积平原，地势西高东低，分属长江水系和太湖水系，海拔标高（黄海高程）5～7米，局部6～9米，沿长江及三湖（太湖、滆湖、长荡湖）地区地势低平，海拔标高约2～4米。地貌整体特征以平原为主，在全市面积中占82%，其余为低山丘陵和分布在平原中的零星孤山，分别占12%和3%，海拔最高天目山脉和茅山余脉低山丘陵分别位于溧阳、金坛，天目山山脉标高541米，茅山大茅峰高410.6米，全境总体地势平坦。

常州北枕长江，南扼太湖，河流、湖荡密布，沟塘众多。京杭大运河穿境而过，湖泊、水库、塘河星罗棋布，河网纵横交错，为典型的江南水乡。地表水系极为发育，为太湖上游高水位区，较大的天然和人工河流有京杭大运河、武宜运河、太滆运河、新孟河、德胜河、舜河、扁担河、孟津河、永安河、武进港、武南河、麦溪河、丹金溧漕河、南中河、竹箦河、上沛河、赵村河、南溪河、淳溧河、梅渚河、戴溧河等；大湖和较大湖泊有太湖（小部分）、滆湖、洮湖（长荡湖）、宋剑湖、天荒湖、阳湖、钱资荡等；较大的水库有沙河水库（天目湖）、大溪水库、茅东水库、前宋水库、塘马水库等。90年代末，平均每平方公里有河浜2条、沟塘30余个。随着城市由中等都市向大城市发展转变，河浜、沟渠逐渐减少。

一、平原圩区

长江、太湖、滆湖所形成的冲积平原占全市面积的82%。天宁、钟楼、戚墅堰三区全是平原，戚墅堰及丁堰周围地段地势最低，地面标高（黄海高程）在1.6～3米之间，多数约2.5米。城区地势平坦，地面标高3～6米的占94.9%，3米以下的占5.1%。近城地貌，西高东低，新闸、五星、永红街道和茶山街道部分地区标高4.2～5.9米，红梅、雕庄街道茶山街道部分地段标高3～4米。

武　进

湖积平原　冲湖积高亢平原　武进平原标高3～7米之间，区域内河流、湖塘等水面占全区面积的19.9%，素为江南水乡。沿滆湖和太湖为滨湖圩区平原，海拔标高3.5～5米。水网平原在区境东南地区，到湖圩区，东至武进港，标高5～7米。低洼圩区平原位于郑陆、横林的大部分地段，标高3～5米。孟津河以西为湖积高亢平原，标高7～8米。马杭、礼嘉、漕桥一线以西及滆湖以外地区，地面标高（吴淞基面）4～9米，北部略高，出露岩性主要为滆湖组黏土。早期属古长江三角洲一部分，晚更新世成古平原，1万年以前的全新世阶段一直处于侵蚀、切割状态，及至距今6000年左右镇江海侵时，仍属高出海面的半岛。古平原上叠加有全新世的冲沟、河流、洼地，后期更迭有诸如姬山、淹城、大运河等人为地貌。

湖积低洼平原　分布在青龙—礼嘉一线以东，地面标高1.5～5.5米，西高东低，地表出露如东组黏土。距今1万年即成低洼地，6000年前左右受镇江海侵成海湾，海退后壅塞成古芙蓉湖，焦溪、横山桥以东的湖心区湖底标高1.4～1.9米，属最后成陆区域，历经不断围垦，至距今570余年的明宣德六年方筑堤成圩，完成低洼平原形成的最后过程。平原上河荡密布，地势低洼，易受涝灾。地面上有运河、鱼塘、寺墩、青墩、阖闾城等众多人为地貌。

湖积滨湖平原　分布于滆湖周边、太湖沿岸两处。地面标高1～3米，向湖内倾斜，属边滩堆积，由如东组上段黏土组成。近代人类不断围垦，直至20世纪70年代初，最终形成湖边的低洼平原。地面上分布有鱼池、沼泽、芦滩、湿地、堤坝、水闸等人为和生物地貌类型。

新　北　平原平均标高3.61～5.61米，由长江泥沙冲积而成。沿江小河、魏村、春江等部分平原为长江三角洲地和滩地。下滩面积8万余亩，标高在3～5米，滩地向南为长江泛滥堆积天然屏障，物质较粗，由细沙、粉沙组成，地势较高，属高沙平原，亦称孟河高亢平原，标高5～9米。最高小河东五垛、西五垛平原高程9米以上。区内水网遍布，河流纵横。

溧　阳　包括腹部的洮湖平原圩区和西南部高平原圩区，总面积725.46平方公里。南、西、北三面高，腹部低，并向东倾斜，形似簸箕。洮湖平原最低，包括戴埠以北，南渡、旧县以东，前马、别桥以南地区，地势南高北低、西高东低，比降甚微，总面积604.32平方公里，标高2～3米，地表平坦，沟渠纵横，组成物质以湖积相为主，冲积和沼泽相为辅，是全市最主要的农业稳产高产基地。西南部高亢平原，包括回峰山—曹山—芳山—芝山—朱家桥—胥河以东，殷桥—社渚—周城—大溪—南渡—旧县—老河口以西地区，河网纵横，总面积121.14平方公里。自西向东为洪积、黄土阶地和冲积平原，地势由海拔60～70米递减到3米左右。在二级阶地中，部分属侵蚀阶地，由白垩系的残积相组成。第一阶地最为发育，分布最广，切割不深，丘矮谷宽，土壤改造后，是良好的粮棉油生产基地。金坛—南渡凹陷南端的冲积平原全新统约60米厚，水分状况和土壤条件好。

金　　坛　平原区主要位于东部，由圩区平原、高亢平原组成，低洼圩区平原分布在直溪、朱林和指前等地，面积387平方公里，呈南北走向，标高不足6米，湖荡众多，易遭洪涝灾害。高亢平原分布在儒林、尧塘和金城镇等地，面积365平方公里，标高6～9米，地势平坦，河渠交叉。

二、丘　陵

常州丘陵由低山山脉和平原中部孤山组成，约占全市总面积的18%，其中连片低山面积15%，孤山面积3%。丘陵主要分布在金坛、溧阳。金坛茅山属宁镇山脉东缘，为秦淮河和太湖两大水系的分水岭，由一系列山岭组成，走向大致呈北东向，形似“飞龙”横卧在苏南平原上。以茅山顶官和丫髻山海拔最高，标高410.6米，一般地形相对高度100～200米。自北向南主要有营盘山、青龙山、大茅山、磨盘山、方山、丫髻山、瓦屋山、曹山、芳山、芝山等。溧阳东北函山、水母山（洋渚山）、飞家山、周山等。

常州市区　东南、东北、西北部平原中有零星孤山。武进境内有高度达30米的山岭39座，分布在东南、东北诸镇，为天目山经长兴、宜兴穿越太湖延伸到境内的余脉。常州市区最高的山为酱缸山，海拔180.8米。大椒山、小椒山位于太湖之中。常州东北部郑陆镇、横山桥镇各有山岭4座，主要是芳茂山、鸡笼山、舜过山。东南部雪堰镇有牛肩顶山、凤凰山、门前山、四顶山等山岭31座。新北区孟河有黄山、乌雅山，还有观音山、万家山、乌龟山、固山等。

酱缸山　位于武进雪堰镇，高180.8米，为常武地区最高峰，面积1.39平方公里，南北向有180.8米、180.5米双峰矗立，余脉向东西两侧展布。

牛肩顶山　位于武进雪堰镇，状如牛肩，南坡有采石场。

黄婆岭　位于武进雪堰镇，面积1.25平方公里，与龙泉山不可分，可能非指某一山，泛指龙泉山—酱缸山一带山岭，亦可能泛指晋孝子王裒衣冠土冢附近之山岭。

庙堂山　位于武进雪堰镇，面积1.4平方公里，指城湾水库南大片山地。

青天山　又称青山头，位于武进雪堰镇，面积0.6平方公里，因树木青郁得名。

老鸦山　位于武进雪堰镇，面积0.93平方公里，南湾水库和城湾水库之间的山地统称，似呈一掌。

大茅山　位于武进雪堰镇，面积0.61平方公里，大茅山六峰排列，北峰131.9米，在武进境内，主峰及其余山峰为武进与宜兴之分界，宜兴一侧大多采石成宕口，盛长茅草。

四顶山　位于武进雪堰镇，面积0.63平方公里，山顶呈四边棱形状，北坡西坡遭采石成宕口。

门前山　位于武进雪堰镇，面积0.63平方公里，北东—南西向展布。北东段又称梅堂岭，梅堂岭东坡被采石所毁，史载蓼莪寺前临震泽，后枕梅岭。

城湾山　原名陈墓湾山，位于武进雪堰镇，因隋司徒陈杲仁葬此得名，简称陈湾山，新中国成立后称城湾山，西北之中下部为杉木林，林木连上高坞，南连庙堂山。

龙 泉 山　位于武进雪堰镇，面积 0.27 平方公里，北连腰沿山，南连青天山，南北呈阶梯状，实无决然分界，北峰高 90.6 米。

梅 堂 岭　又称大山，位于武进雪堰镇，面积 0.54 平方公里，酱缸山向南余脉。

落 埂 顶　位于武进雪堰镇，面积 0.22 平方公里，处四顶山、大茅山间，西坡采石成宕口，主峰消失。

朝 北 山　位于武进雪堰镇，面积 0.26 平方公里，向南与黄家山连成一体，东坡遭采石毁坏。

夹　　山　位于武进雪堰镇，面积 0.62 平方公里。

乌 龟 山　位于武进雪堰镇，面积 0.3 平方公里，旧志称龟山，东坡及主峰为采石所毁。

黄 家 山　位于武进雪堰镇，面积 0.22 平方公里，南接东家山，以高 59.5 米鞍部为界。

北 黄 山　位于武进雪堰镇，面积 0.41 平方公里，三向叉状展布。

舜 过 山　位于武进郑陆镇，面积 0.89 平方公里，由西向东有 14.8 米、57.5 米、61.3 米诸峰拾级而上，现已采石消失，相传虞舜巡幸经此得名。

鹤 家 山　位于武进郑陆镇，面积 0.32 平方公里，属江阴秦望山（小北山）西余脉，主峰线系武进与江阴之界线，主峰已采石殆尽。

鸡 笼 山　位于武进横山桥镇，面积 1.45 平方公里，山峰及南坡为采石所毁，北坡尚留。

芳 茂 山　位于武进横山桥镇北公路以东，面积 1.25 平方公里，东南坡为采石所毁。

石 堰 山　又写作石埝山，与横山桥镇的陈墩山相连，面积 0.42 平方公里，南北向，长 0.95 公里，宽 0.5 公里，东坡及主峰都已为采石所毁，西坡为墓区。

清 明 山　位于武进横山桥镇，面积 1.18 平方公里，主峰俗称紫霞峰，主峰南脊俗称黄猫岭，其西坞有大林寺，东坳有白龙观。清明山东端遭采石损毁，已整治，西段为横山景区。

凤 凰 山　位于武进雪堰镇，面积 0.36 平方公里，北东向展布，长 1.1 公里，宽 0.6 公里，主峰及北坡为采石所毁，南坡局部残留，锡宜高速公路从宕口南通过。

陈 墩 山　位于武进横山桥镇，面积 0.37 平方公里，与石堰山在鞍部分界，南西坡为公墓区。

窑 墩 山　位于武进雪堰镇，面积 0.05 平方公里，大部分在宜兴境内，所辖南东坡局部为采石所毁。

腰 沿 山　又写作“邀筵山”，位于武进雪堰镇，面积 0.17 平方公里，采石坑密布，南与龙泉山一脉相承，以高 64.3 米鞍部为界。

牛 腿 山　位于武进郑陆镇，面积 0.17 平方公里，舜过山向南支脉，状如牛腿，东属江阴，主峰为采石所毁。

鹁 鸪 山　位于武进雪堰镇，面积（投影面积）0.15 平方公里，原称独孤山，建有唐代古文学家、常州刺史独孤及的衣冠冢。

东 家 山　位于武进雪堰镇，面积 0.14 平方公里，南西坡有一采石残坑。

邵 后 山　位于武进雪堰镇，面积 0.25 平方公里，是朝北山向西的一支脉，由两个小山头组成。

鸭 子 墩　位于武进雪堰镇，面积 0.1 平方公里，为北黄山南西一支脉。

牛 头 山　位于武进雪堰镇，面积 0.19 平方公里，属门前山南东一支脉，东端已为采石夷平。

蛇　　山　位于武进雪堰镇，面积 0.07 平方公里，为龙泉山、黄婆岭东延的蛇头状小山，采石成宕口。

黄 公 山　位于武进雪堰镇，面积 0.12 平方公里。小山头组成，呈肾状。

秦 皇 山　位于武进雪堰镇，面积 0.1 平方公里，主峰已为采石所毁，古称秦阳山、秦余杭山、沉阳山，传吴王夫差兵败自杀于此。

大 椒 山　位于武进雪堰镇，面积 0.23 平方公里，长 1800 米，宽 300 米，为太湖中一岛屿，又称焦山，太湖七十二峰之一。

前亭山　位于武进雪堰镇，面积0.04平方公里，呈南北向小水滴状。

溧　阳　丘陵属天目山余脉，总体地势南高北低，最高山峰在南部苏皖交界处的石门尖，海拔标高505.9米，相对高度一般200～350米。由南向北主要由天井山—青峰山—仙山头—米石门尖、李家尖—大北山—西蒋山、磨盘山—太婆山—郑江山、桂林山—六十亩顶及潘山，由4条向南突出、东西走向的弧形山组成；由西向东由油资山—团山—马鞍山、伍员山—金山—观山、桂林山—溧长山、羊山—晨山—潘山，4条呈近南北走向的条形山在平面上构成“井”字形山丘与谷地相间的地貌景观。包括市境南部低山区以北的宜溧丘陵、西北部茅山余脉东南部的茅山丘陵，总面积573.17平方公里。

溧阳南部的南山（摄于2006年3月）

宜溧丘陵包括宜溧山区北线以北、南河以南、海拔25～200米的广大地区和低山的丘陵，不具山脉状、多成指状或串珠状，自北向南延伸而沉没于平原区，总面积299.54平方公里。多是侏罗纪火山岩类组成的石质丘陵，地层平缓，坡降在15度以下。岩性属中性至微酸性，矿物养分丰富，岩性松软，抗蚀性弱，土层深厚，植被繁茂。区内尚有丘间谷地和河谷阶地两类中型地貌，前者有小的断裂，各期各类岩浆岩未充填的空间及经流水侵蚀等综合作用而成，数量多，有的规模很大，大溪水库、沙河水库、前宋水库就是堵谷而成。谷底成槽状，谷口朝北，谷底海拔10余米，宽数百米至一两公里、谷长1～8公里，属冲积土壤，通透性良好，是该丘陵区的粮仓。河谷阶地分布于较大的丘陵河流两侧，比高数米，由晚更新世至全新世的冲积物组成的第一级堆积阶地，坡度小于10度，土层深厚，质地适中，通透性能好，水分养分丰富，适种水稻；由中更新世洪积—坡积物或残积物组成的第二级洪积或侵蚀阶地，土层深厚疏松，通透性好，适宜农林生产。

金　坛　茅山丘陵地处茅山山地的南段东侧，自北东到南西的丫髻山、瓦屋山、曹山、芳山、芝山等高丘山峰，均属茅山丘陵，总面积343.63平方公里。高丘主要由抗蚀性强的泥盆系石英砂岩构成，岩性酸，土层薄；缓坡和矮丘主要由志留系砂岩、志留系页岩、石炭二叠系灰岩、石炭三叠系青龙灰岩和白垩系浦口组紫红钙质砂砾岩构成，岩性碱。所有指状丘陵及其间的河沟均呈北西—南东走向，西北高，南东低。从改良利用的角度还可

金坛西部的道教圣地——茅山（摄于2009年6月）

分为：山前坡地，分布在山的东南麓，宽度随山体的大小高矮而异，地面开阔、完整性好，由坡流侵蚀和坡积物堆积而成；洪积阶地，分布在山前坡地外沿，属第三级阶地，海拔50～70米，由中更新统洪水搬运的物质堆积而成；黄土阶地，分布在洪积阶地的东南面，介于洪积阶地与冲积、湖积平原之间，宽度数百米至数公里。南部有杨家山、大涪山。

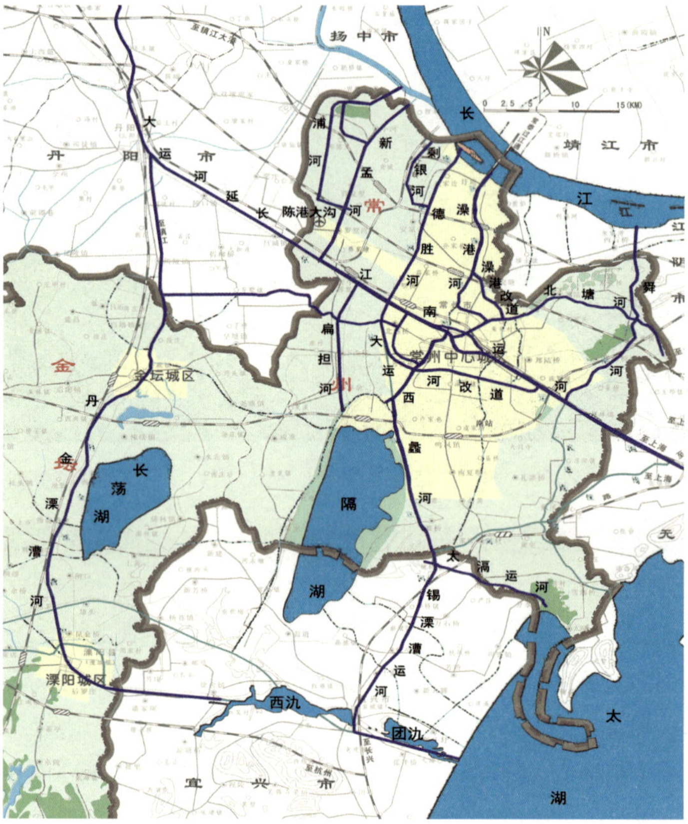

图 2-1-1　常州市河湖水系现状图

三、河　　流

常州属长江流域，分属太湖流域湖西片和武澄锡虞片，水系可分为南河水系、洮滆水系、运河水系和运北水系（常州水系由长江、太湖、湖西水系、武澄锡水系、运河水系与洮滆湖、荡滩等构成）。境内主要湖泊有太湖、滆湖、洮湖，较大的荡有钱资荡、白龙荡、北堵荡等。历史上武进芙蓉湖、宋剑湖、阳湖的多半湖面今已成圩田。被称为“十万八千亩”的芙蓉圩属原芙蓉湖范围，位于武（武进）澄（江阴）锡（无锡）三市（区）交界处，迭经1000多年葑淤和人工整治，到明宣德年间（1426—1435）被改造为良田。

常州的水系划分，西部茅山山脉是太湖与秦淮水系分水岭，南部宜溧山区低山丘陵为南河与苏浙皖水系分水岭。整个地形是西北高东南低，间有高低交错，形成山地相连复杂地形。东西向骨干河道有南河、运河，两河之间是洮滆低地，洮滆两湖间有数条东西向连接河道，将上游来水排向太湖。湖西水系自南向北，又可分为南河水系、洮滆水系、运河水系。武澄锡低片水系，系常武地区河道自西向东分布，有澡港河、北塘河、丁塘河、横塘河、采菱港、舜河、三山港、武进港、济农河、北童子河、南运河、大通河等，其中澡港河为入江河道，直湖港、武进港为入太湖河道。江南运河自西北向东南贯穿城区，在西涵洞河处分为南北两支，其中南支为老运河，北支为关河。两河环抱常州老城区，所围区域为常州的商业经济文化中心。老运河、关河包围区内有东、西、南、北4条市河和锁桥河等河道，与大运河或关河贯通。1999年以后，结合常州城市改造，南支老运河城区段不再发挥航运功能，成为常州景观河，而具有航运功能的河道南移并拓宽，成为新运河。

京杭运河常州城区段，又称老运河（摄于2010年7月）

运河水系包括镇江一部分和丹阳、武进、金坛部分地段，它自西北向东南贯穿常州市区。自九里铺西区界至横林东区界，长44.7公里。其中市区段23.8公里，两岸农田阡陌，诸河汇流；北引江水，南注太湖、滆湖。运河以北有浦河、新孟河、德胜河、澡港河等与长江相通。运河以南有扁担河、南童子河、南运河、武宜运河与运河相连，太滆运河、雅浦港、武进港与太湖相接。沿河有奔牛、湖塘、戚墅堰、横林等主要市镇，水运四通八达，自古以来为江南主要通渠。在西南部宜溧山丘区建有沙河、大溪、前宋、塘马、茅东等水库89座。

干　　流　常州境内的干流主要有流经常州的长江（扬子江段）、京杭大运河和境内的新孟河、德胜河、澡港河、孟津河等约15条，总长380.84公里。

京杭大运河常州段　俗称江南大运河，西起武进奔牛镇荷园里，横贯市区，东至武进横林镇五牧，境内长44.7公里。2008年，京杭运河常州市区改线段工程竣工运营，改线段北起德胜河口，向南至厚恕，折向东偏北至戚墅堰区丁堰街道接入京杭运河，全长26公里。

丹金溧漕河　古称泾渎。北起丹阳市七里桥，经丹阳珥陵后进入金坛境内，然后由界牌桥进入溧阳境内，最终与南河相连，全长48.18公里（金坛境内长30.9公里）。

武 进 港　原名戚墅港。北起京杭运河，南经洛阳、雪堰，由蝴蝶浜入太湖，全长29.3公里。

孟 津 河　北起丫河，与武宜运河相接，西绕滆湖向南，至宜兴界，全长27.13公里。

中　　河　西起南河老鹳嘴段，东至埭头镇山前村东出境（溧阳），全长26.65公里。

北　　河　起自上兴镇东塘桥与上兴河相接，向东北穿越竹箦、别桥两镇，东入长荡湖，全长25.99公里。

武宜运河　又称西蠡河。北起京杭运河改线段，南至宜兴界，全长24.71公里。

南　　河　又称胥溪，淳溧河、宜溧运河。西起高淳下坝，东至宜兴界与南溪河相连。溧阳境内西起河心王家渡，东至宜溧交界渡济桥，全长23.49公里。

太滆运河　西起滆湖，折向东南，与漕桥河汇合，由百渎口入太湖，全长22.39公里。

舜河／三山港　分为两段：江阴新沟河至石堰北塘河段，称舜河，长7.4公里；石堰北塘河至京杭运河段，称三山港，长14.5公里。

澡 港 河　又名澡子港，北起长江，至百丈分成新、老澡港河。新澡港河取道龙虎塘以西，流入关河，长21.39公里。老澡港河取道龙虎塘东恐龙园流入北塘河，长18.9公里。

德 胜 河　北起长江，南至武进区连江桥处入京杭大运河，全长21.5公里。

新 孟 河　北起长江，南至武进区孟九桥处入京杭大运河，全长21.4公里。

漕 桥 河　西起滆湖，东至太湖，全长21公里。

薛 埠 河　古称唐王溪，起自大毛峰南麓流入丹金溧漕河，全长19.81公里。

支　　流　常州境内主要支流有北塘河、湟里河、通济河、夏溪河、赵村河等10条，总长180.8公里，其余均为小支流。

通 济 河　旧称大溪、直溪，起自句容高骊南麓，经紫阳桥入金坛境内，至登冠流入简渎河，长28.58公里。

夏 溪 河　金坛境内称尧塘河，武进境内称夏溪河，西起丹金溧漕河，经夏溪东至滆湖，长24.77公里。

北 塘 河　西起关河，经焦溪石堰流入江阴界，长22.16公里。

湟 里 河　又名金湟河。西起洮湖，经湟里东至滆湖，长19.77公里。

赵 村 河　北起自埭头镇湖头村洮湖南口，向南穿经中河、常州河后，至溧城歌岐村周舍圩与南河相接，与溧戴河对接，长16.84公里。

扁 担 河　北起京杭运河，经厚余流入孟津河，长16.3公里。

北干河　西起洮湖，经东安向东流入滆湖，长16.2公里。

溧戴河　北起南河，向南经新桥至长木桥，长15.07公里。

中干河　西起长荡湖，经金坛儒林、宜兴新建镇，至武进湟里周家渎入滆湖，长12.51公里。

采菱港　起自京杭运河，经马杭入武进港，全长8.6公里。

四、湖　荡

湖　泊　常州现存面积较大的天然湖仅有太湖（部分）、滆湖（北半部分）、洮湖（长荡湖）。历史上的阳湖、宋剑湖等湖泊已萎缩。面积和容积较大的人工湖有天目湖（原沙河水库）、笠山湖（太湖湖湾的一部分）等。

太　湖　古称震泽，又名笠泽、五湖，是国内第三大淡水湖，南北长68.5公里，东西宽56公里。湖泊水域面积2338平方公里，容积约41.8亿立方米（控制低位），平均水深2米，最大水深2.6米（水位2.99米）。地跨苏、浙、沪，流域面积3.65万平方公里，集水面积1.5万平方公里。

常州濒临的太湖西北部——太湖湾（摄于2010年8月）

滆　湖　俗称沙子湖、西太湖，亦称西滆湖、西沙子湖，是江苏省第六大湖泊，面积在苏南地区仅次于太湖。东西最宽处9.5公里，南北长23公里，湖泊面积144.7平方公里，容积1.78亿立方米（正常蓄水位），平均水深1.08米（水位3.39米）。地跨常州市武进区与宜兴市。

洮　湖　又称长荡湖，是江苏十大湖泊之一，纵连溧阳、金坛。东西最宽9.3公里，南北最长13.6公里，湖泊面积81.86平方公里，正常蓄水位容积9000万立方米，平均水深约1米，水位3.39米时最大水深约1.21米。

阳　湖　位于常州东南25公里处，因湖靠近无锡阳山故名。它北承运河，南入太湖，与无锡共有。原湖面南北长16公里，东西宽4公里，在南朝宋元嘉前“为沮湿之区”，是一片白茫茫的泽国。南朝宋文帝元嘉二十二年(445)开始治理，开辟支流，与太湖等贯通，同时围垦部分湖区，造筑良田，湖区面积缩小，因地势较低，汛期周边常被湖水所淹。后经多次治理，到清朝时，境域内形成南阳湖、北阳湖，分处今戴溪、横林镇境内，中间开凿7.5公里的躐塘河将南北两湖连接。1950年以前，南、北阳湖周边全是芦苇，湖水清澈，烟波荡漾，野生水禽经常出没，风光秀美。60年代，武进横林与无锡洛社联合在北阳湖围湖筑圩，湖区大大缩小，现仅

位于金坛、溧阳交界地区的长荡湖（洮湖）（摄于2010年3月）

存水面千亩；南阳湖在70年代被戴溪、洛阳联合围湖修长阳湖大圩，今仅存锡溧漕河一段。

宋剑湖　位于常州东南10余公里处的遥观镇，又称宋建湖，是常州分导运河水东入太湖的重要门户，也是拥有多种鸟类、水生植物及湿地植被，保留原始湿地风貌的自然景观湖泊。南朝宋以前原为低洼泽国，常被水淹。后宋文帝刘义隆令地方官开挖治理。百姓为感谢宋文帝下令所建，便称为“宋建湖”。后宋康王（宋高宗）赵构南渡经过此湖不慎把佩剑掉在水中，改建为“剑”，故称宋剑湖。南朝宋元嘉二十四年(447)时，宋剑湖南北长2.5公里、东西宽1.5公里。后经长期围湖造田，大部分湖面成为良田。今存水域、湿地面积7.5平方公里，其中水域面积4000多亩。

钱资荡　位于金坛，形状如扁锤形，湖区地势呈西高东低，湖盆地形平坦，无显著起伏，北半部湖盆水深稍大，南半部水浅，多沼泽性芦苇浅滩，淤积严重。东西长约5.2公里，南北宽约1公里，湖泊面积4.95平方公里，正常蓄水位容积880万立方米，水位3.42米时平均水深1.63米。

天荒湖　位于金坛建昌，由南、北、中3个小湖组合而成，水面达万余亩，有200多条水道在此湖交汇流出。湖畔有董永村，传说是牛郎与七仙女相爱（指七位仙女中最小的一位，下同）、七仙女洗澡之处，故又名“仙女湖”。

塘　荡　大塘多位于武进西部及西南部，是地质时期洮滆湖群的残迹。1985年，武进境内有2公顷以上大塘47处，总面积250.27公顷。2007年底，武进有大塘45处，总面积222.87公顷。位于邹区镇的洋塘，原有水面6.2公顷，已建成礼河实验小学；位于嘉泽镇的小葛庄塘原有水面3.4公顷，筑常宁高速公路时被征用。嘉泽镇凤干塘，因筑高速公路取土而面积增加；嘉泽镇奉仙塘，1985年后复耕3.27公顷；湟里镇大磨塘，因新建工业园区减少水面近6公顷。

第二章　气候　水文

常州市地处北亚热带北缘过渡气候区，季风影响明显，属湿润季风气候，四季分明，雨热同步，光照充足，气象灾害发生频繁。历年四季平均气温为16.2℃，全市春、秋短，冬、夏长。其中，80年代以前，以冬季时间最长，夏季次之，春季再次之，秋季最短；从80年代起，季节发生变化，以夏季时间最长，冬季次之，秋季最短，春季再次之。季节温差十分明显，冬季寒冷，夏季炎热，春、秋温和。受季风影响，降水与气温同步，冬季降水量少，春季气温回升，降水逐渐增多，夏季梅雨、暴雨、台风带来集中降水，秋季气温下降后，降水量明显减少，年平均降水量1104.2毫米。1986—2010年全市光照充足，平均日照总时数1990.1小时，与中国同纬度其他城市相比要充足得多。季节性气象灾害主要是暴雨、台风、寒潮和霜冻等，常见的暴雨多出现在春末至秋初，有时同一季节出现台风与暴雨、寒潮与霜冻等几种灾害。常州气候特点是盛夏多伏旱，春秋涝渍连阴雨，夏秋多台风。常州中部圩区地势低洼，雨季山区来水下泄不畅，农田经常积水。水文主要观察水位变化。1923年11月常州设立观察站后从未间断，2010年底，全市有水位站12处。观测到运河常州城区段最高水位为1991年7月2日的5.52米，最低水位为1988年2月17日的2.68米。

第一节　气候

一、季　节

春　季　1986—2010年，常州最早入春时间是2月26日，最晚入春时间是4月6日。春季平均61

天，常年盛行东南风，每年大约有3次连阴雨(指连续3～5天以上的阴雨天气现象)出现，降水量是全年的25.8%。3月上旬至4月中旬，北方冷空气南下频繁，天气时寒时暖，晴雨多变。2006年5月18—19日，受到“0601”台风“珍珠”的外围影响，这是影响常州最早的台风。霜冻结束时间最迟在4月12日，对三麦、油菜等农作物影响不大。

夏　季　1986—2010年，常州最早入夏时间是4月29日，最晚入夏时间是6月4日。夏季平均127天，是一年中最长、最热、降水最多、灾害性天气最频繁的季节，降水量占全年的44.9%。6月中旬至7月上旬，冷暖气流在江淮流域相持，形成持续阴雨，因时值梅子黄熟，故称“梅雨”；又因此时物品易发霉，又称“霉雨”。入梅平均日期为6月19日，出梅平均日期为7月10日，历时约21天。入梅早(6月15日前入梅)，则可能对三麦收割和农田翻耕造成影响，甚至可能出现“烂麦场”。25年中，常州出现9次早梅，其中1991年在5月25日进入黄梅天，梅雨量达895.9毫米。而1992年、2005年梅雨量仅有17.4毫米和23.2毫米，成为“旱梅”或“空梅”，出现严重伏旱，给农作物生长和居民饮水带来不利影响。梅雨过后，盛夏来临，多晴热高温天气。25年中，年平均有12.8天的高温日(日最高气温在35℃及以上)。夏季是台风活动频繁时期，25年中有42个台风或热带风暴对本地产生直接或外围影响。2001年7月31日至8月1日8号台风影响时，24小时(8时至次日8时)降水量达253.2毫米，创常州历年日最大降水量记录。

秋　季　1986—2010年，常州最早入秋时间是9月10日，最晚入秋时间是10月9日。其间晴好天气居多，气候凉爽宜人，平均日照率在50%以上，对农作物生长、成熟极为有利。25年中，有26次台风或热带风暴影响市区，其中影响时间最晚是11月。秋季降水量占全年的16.2%。遇有冷空气南下且冷暖空气势力相当时，会出现连续阴雨，平均每年发生1.5次，最长一次出现在1985年10月10—31日，影响晚秋作物生长和秋收秋种。随着冷空气势力不断加强，气温逐渐降低，开始出现初霜，初霜最早出现日为1992年的10月26日，初霜过早出现会影响农作物生长。

冬　季　1986—2010年，常州最早入冬时间是11月12日，最晚入冬时间是12月13日。冬季平均115天，是四季中最冷、最干燥的季节。25年中，日最低气温低于或等于0℃的寒冷日，平均每年有31.8天。每年冬季平均出现寒潮1.5次，冬末初春的寒潮容易对返青的越冬作物造成冻害。每年冬季基本都有降雪，年均降雪日为9.4天。冬季降水量占全年的13.1%，是降水最少的季节。

二、日　照

1986—2010年，年均日照1990.1小时，最多年份为2004年的2287.5小时，最少年份为1989年的1750.9小时。月日照时数最多为7月的207.7小时，最少为2月的125.7小时。

三、温　度

气　温　1986—2010年，年平均气温16.3℃。1月份最冷，平均气温仅3.5℃。出现最低气温小于或等于0℃的时间，最早是1997年11月17日，最晚是1991年12月26日；最低气温小于或等于0℃结束时间，最早是2004年2月9日，最晚是1987年3月26日。极端最低气温为1991年12月29日的零下11.2℃。7月平均气温可达到28.5℃，历年日最高气温大于或等于35℃，出现最早的时间是1997年5月上旬，结束最迟时间为2005年9月下旬。极端最高气温为39℃，出现在2003年8月2日。1987年2月11—12日，出现异常气温26.7℃，18—19日降至零下2℃～零下4℃，并降中雪。

地　温　1986—2010年，年平均地面温度为18.1℃，其中最高年份1994年为19.3℃，最低年份1999年为16.4℃；月平均地面温度最高的是在7月为31.7℃，月平均地面温度最低的是在1月为4℃；极端最高地面温度出现在1990年7月20日为67.1℃，极端最低地面温度为1991年12月29日的零下17℃。冬季因低温土壤冻结现象时有发生，冻结的最大深度9厘米，出现于1993年1月28日。

四、气　压

1986—2010年，年平均气压1016.1毫巴，其中最高的1992年达1017.1毫巴，最低的2007年为1015.3毫巴。月平均气压最高为12月的1026.9毫巴，最低为7月的1004.1毫巴。

五、降　水

降　雨　1986—2010年，年平均降水量1107.9毫米，年降水量最多是1991年的1815.6毫米，最少是2007年的766.9毫米。25年平均降水日(降水量等于或大于0.1毫米)120天。年降水日数最多1993年(137天)；最少1995年(97天)。全年12月份降水量最少，平均为33.1毫米；7月份最多，平均为189.7毫米。六七月“梅雨”季节，降水量占全年的32.7%。一日最大降水量为1994年8月19日196.2毫米(20时至次日20时)。最长连续降水日达17天，出现在2008年的6月9日至25日，最长连续无降水日达52天(1995年10月25日至12月15日)。

降　雪　1986—2010年，年平均降雪日(积雪深度等于或大于0.1毫米)8.8天，最多年度有18天(2007—2008年)，最少年度0天(2006—2007年)；初雪日最早出现于2009年11月17日，最晚出现于2002年1月17日；终雪日最早出现于2002年、2004年的1月18日，最迟出现于2010年4月14日。积雪最厚为2008年1月29日的36厘米。

六、湿　度

1986—2010年，年平均相对湿度75%，其中最大为1999年的79%，最小为1995年的71%。年平均相对湿度在71%～75%的年份有14年，在76%～79%的年份有11年。月平均相对湿度变化区间在72%～80%，其中月平均相对湿度最大的出现在8月，为80%；月平均相对湿度最小的出现在4月、5月、12月，为72%。

七、霜　冻

1986—2010年，初霜日平均出现在11月15日，最早出现于1992年10月26日，最迟出现于1994年12月4日；终霜日平均为3月24日，最早出现于2002年2月24日，最迟出现于2010年4月16日；年平均霜冻日数133天，最短87天(1998—1999年)，最长169天(1992—1993年)。霜冻日数年度平均52.5天，年平均无霜期232天。

八、蒸 发 量

1986—2010年，年平均蒸发量1264.6毫米，最少年份为2008年887.1毫米，最多年份2000年达1745.6毫米。蒸发量最多的月份7月为167.8毫米，最少的月份1月为38.7毫米。

九、风

1985—2010年，年平均风速为每秒2.6米；常年盛行东、东南风；10分钟平均最大风速为每秒18.5米，出现于2003年7月21日，风向西、西北；瞬间最大风速达每秒27.5米(相当于10级)。台风影响常州市区最早在5月，最迟在11月，主要集中在7—9月间，占全部年份的83%。年平均受台风影响2.7次，最多年份为1985年(6次)，1986年和1993年未受台风影响。

十、云

1986—2010年，年平均总云量6.3成，年平均低云量2.9成；年平均总云量小于2成(晴天)为63天，最多年份为2004年的104天，最少年份为1989年的41天；年平均总云量大于8成(阴天)为138天，最多年份为1989年的171天，最少年份为2002年的116天；年平均低云量小于2成（晴天）为172天，最多的1988年有227天，最少的2000年只有134天；年平均低云量大于8成（阴天）为24天，最多的1998年有43天，最少的1988年仅10天。

第二节 水文

一、常武地区

1923年11月，常州水位站在尉司桥（广化桥）设立，观测常武水位变化情况，是常州最早的水位变化观测点。1937年停测，1947年复测。1950年11月观测地点搬迁至天宁寺。1983年5月，移至三堡街西首，更名为常州（二）水位站，一直观测至今。这是常武地区观测水位的主要代表站，在主要干流上设分站。2010年底，常州设有水位站12处。1986—2010年，运河常州城区段平均水位3.54米，最高水位为1991年7月2日的5.52米，最低水位为1988年2月17日的2.68米。

1986—2010年京杭大运河常州(二)水位站水位统计表

表2-2-1　　　　单位：米(吴淞基面)

年份	年平均水位	最高水位	月、日	最低水位	月、日	年份	年平均水位	最高水位	月、日	最低水位	月、日
1986	3.28	4.38	07.07	2.73	03.05	1999	3.65	5.48	06.28	2.81	02.25
1987	3.53	4.93	08.25	2.72	02.08	2000	3.54	4.40	06.04	3.04	02.16
1988	3.34	4.35	07.25	2.68	02.17	2001	3.53	4.63	08.01	3.03	04.18
1989	3.55	4.66	09.17	2.74	01.03	2002	3.65	4.89	06.21	3.06	02.09
1990	3.51	4.73	09.01	2.97	02.05	2003	3.65	5.41	07.06	3.14	12.31
1991	3.70	5.52	07.02	2.77	12.29	2004	3.48	5.12	06.25	3.02	02.17
1992	3.40	4.06	09.01	2.78	01.31	2005	3.54	4.56	08.07	2.95	01.21
1993	3.57	4.75	08.22	2.84	03.19	2006	3.55	4.26	07.23	3.09	11.16
1994	3.35	4.68	10.10	2.96	04.09	2007	3.62	5.23	07.08	3.03	02.12
1995	3.43	5.02	06.21	2.83	12.27	2008	3.65	4.24	06.23	3.13	01.03
1996	3.47	5.00	07.06	2.70	03.01	2009	3.60	4.85	08.11	2.97	01.23
1997	3.44	4.32	08.21	2.86	02.17	2010	3.72	5.07	07.13	3.06	01.25
1998	3.78	4.83	06.27	3.06	12.31						

二、金　坛

1979年5月，金坛水位站在丹金溧漕河金沙大桥下游约30米处设立，观测金坛市区水位情况变化，这是金坛最早设立的观测水位点，也是主要代表站，一直观测至今。1986—2010年，丹金溧漕河金坛市区段平均水位3.64米，其中最高水位是1991年7月4日的6.37米，最低水位是1986年3月6日的2.71米。

1986—2010年丹金溧漕河金坛水位站水位统计表

表2-2-2 单位：米(吴淞基面)

年份	年平均水位	最高水位	月、日	最低水位	月、日	年份	年平均水位	最高水位	月、日	最低水位	月、日
1986	3.31	4.31	07.07	2.71	03.06	1999	3.75	6.06	06.28	2.92	02.19
1987	3.65	5.41	07.07	2.81	02.12	2000	3.64	4.52	10.03	3.13	05.24
1988	3.38	4.46	06.29	2.87	02.24	2001	3.70	4.83	08.11	3.16	04.17
1989	3.65	5.03	09.18	2.83	02.13	2002	3.83	5.71	06.21	3.20	02.13
1990	3.58	4.57	09.02	3.07	02.06	2003	3.79	6.16	07.06	3.35	12.31
1991	3.84	6.37	07.04	2.97	12.31	2004	3.60	5.51	06.25	3.15	04.16
1992	3.46	4.17	09.11	2.91	02.28	2005	3.70	4.86	08.08	3.18	01.23
1993	3.76	5.19	08.22	3.00	01.02	2006	3.65	4.69	06.24	3.25	01.10
1994	3.41	3.97	06.29	3.09	08.08	2007	3.75	5.97	07.08	3.17	02.14
1995	3.50	5.31	06.21	2.88	12.31	2008	3.73	4.66	08.01	3.26	04.03
1996	3.55	5.54	07.06	2.78	03.11	2009	3.76	5.41	07.28	3.05	01.24
1997	3.44	4.17	08.21	2.91	02.21	2010	3.83	5.64	07.13	3.25	01.25
1998	3.84	5.15	06.28	3.18	12.30						

三、溧　　阳

1950年8月，在宜溧漕河夏桥处设立溧阳水文站，这是溧阳最早观测水位变化情况的观测点。1957年1月降为水位站，一直观测至今。1986—2010年，宜溧漕河溧阳市区段平均水位3.43米，其中最高水位是1991年7月8日的6米，最低水位是1997年6月18日的2.56米。

1986—2010年宜溧漕河溧阳水位站水位统计表

表2-2-3 单位：米(吴淞基面)

年份	年平均水位	最高水位	月、日	最低水位	月、日	年份	年平均水位	最高水位	月、日	最低水位	月、日
1986	3.20	4.20	06.24	2.65	03.03	1999	3.62	5.98	07.01	2.79	02.20
1987	3.56	5.45	07.08	2.74	02.07	2000	3.34	4.12	06.04	2.82	05.20
1988	3.23	3.91	09.16	2.78	02.18	2001	3.44	4.68	08.12	2.99	04.15
1989	3.55	5.10	09.17	2.73	02.12	2002	3.55	4.86	06.25	3.05	02.17
1990	3.45	4.36	09.01	2.98	08.17	2003	3.48	4.95	07.11	2.94	06.19
1991	3.75	6.00	07.08	2.85	12.29	2004	3.28	4.25	06.26	2.92	04.16
1992	3.28	4.39	09.09	2.76	02.29	2005	3.36	4.52	08.07	2.90	07.05
1993	3.63	5.14	08.22	2.93	01.01	2006	3.33	4.17	07.05	3.04	01.02
1994	3.20	3.61	05.14	2.69	08.13	2007	3.43	4.69	07.10	2.97	05.17
1995	3.35	4.95	06.25	2.80	12.31	2008	3.48	4.47	06.22	3.10	04.02
1996	3.42	5.21	07.16	2.68	03.11	2009	3.51	4.96	08.11	2.90	01.24
1997	3.21	3.90	08.26	2.56	06.18	2010	3.55	4.68	07.13	3.10	01.03
1998	3.62	4.36	07.05	3.04	06.17						

第三章　土壤　植被

常州市土壤受地质构造、岩石性质、气象水文等影响，平原、低洼圩区、丘陵、山地的土质类型各不相同，平原圩区一般为河湖相沉积的黄土状母质，质地偏黏，黏粒含量25%，主要发育成黄泥土、乌泥土、湖成白土、沼泽土等。以溧阳丘陵区为代表的冲击相下蜀黄土母质，岗地发育成死黄土、水田黄土、景土，间有耕作黄沙土、淀煞白土等；塝地发育成黄白土、小粉白土、板浆白土等，冲田发育成黄乌肝土、乌肝土及青泥条土等。南部低山区较多为石英岩、石灰岩风化的洪积、坡积物母质，发育的土壤有淀砂土、小粉砂土等，也有发育成薄层石灰土、黄砂土、黑砂土、粗骨土、石质土、山砂土等。全市耕地土壤分为6个类型，以水稻土（黄泥土和白土）与黄棕壤为主，市郊水稻土达99.89%。耕作层土壤质地因滥用化肥逐步下降，钾素明显不足，趋向酸化。常州大部分地区处于平原，人工植被大于自然植被。以种植绿色农作物为主，除溧阳、金坛部分山脉和武进、新北少量丘陵被自然灌木丛林覆盖外，主要为人工种植的花草树木，绿色植物覆盖全境。

第一节　土壤

1980年3月至1987年3月，全市开展全国第二次土壤普查，摸清土壤的类型、质量、分布和特性。1988—1990年，开展农业自然资源和土壤普查。

一、类型分布

根据80年代全国第二次土壤普查的调查结果，常州土壤可划分为6个土类、14个亚类、21个土属、45个土种，6个土类分别是水稻土、黄棕壤土、潮土、石灰(岩)土、基性岩土和沼泽土。随着城镇的发展和经济建设的加快，全市耕地面积变化较大，但土壤种类和分布状况基本维持原貌。

水稻土　是常州面积最大的土类，含黄泥土和白土两种，总面积22.899万公顷，占全市土壤总面积的79.17%，可细分为7个亚类、11个土属、29个土种。主要分布在洮滆、太滆、沿江平原、圩区和丘陵山地的谷沟及地形平坦的岗坡地。黄泥土和白土为分布最广的水稻土种。市郊茶山、雕庄、红梅、五星、丁堰、新闸等几乎为这种宜种稻麦、蔬菜的黄泥土和白土。

黄棕壤土　为常州第二大土类，总面积约4.11万公顷，占全市土地总面积的14.21%，包括3个亚类、4个土属、8个土种，集中分布在金坛茅山低山丘陵、宜溧低山丘陵。

潮　土　总面积约1.704万公顷，占全市土地总面积的5.89%，划分为灰潮土1个亚类，包括3个土属、5个土种。零星分布在广阔的江河冲积平原上。

其　他　石灰(岩)土、基性岩土和沼泽土占全市土地总面积的0.73%，零星分布在山区。

二、养分含量

据全国第二次土壤调查，常州耕作层土壤质地各级所占比重：重壤土82.26%、轻黏壤土14.52%、中壤土2.42%、其他0.8%。土壤养分：全市土壤每公斤含量有机质平均值17.81克、全氮1.221克、全磷0.886克、速效磷10.14毫克、全钾18.6克、速效钾98.93毫克、有效硼0.6毫克、有效锌11.6毫克、有效锰94.15毫克、有效铜6毫克，土壤酸碱度pH平均值为6.6。土壤所含养分有机质、氮素中等，耕作层平均含氮量为0.14%±0.03%；磷素中等偏上，钾素不足，速效磷含量平均17.86PPM±15.78PPM。2006年，根据农业部环太湖地区耕地地力调查要求，经采样检测分析，土壤养分有较大改观，全市土壤每公斤养分含量：有机质平均值22.87克、全氮1.53克、速效磷含量15.3毫克、速效钾100.8毫克，土壤酸碱度pH平均值为5.6。与全国第二次土壤普查相比，土壤养分含量均有较大程度增加，且中微量元素较丰富，只有硼、钼相对缺乏，但土壤酸化现象仍较严重。这次调查对铅、砷、汞、镉、铬、铜等重金属含量采用点污染与面污染相结合方法进行检测，采样土壤面源污染258个、点源污染108个、水源74个。经检测分析，全市耕地质量总体达标，可作为绿色食品和无公害农产品生产基地。工业点源污染各监测点重金属含量的平均值与全市耕层土壤的重金属含量的平均值无明显差别，未对周围土壤造成重金属点源污染。

三、等　　级

根据全国第二次土壤调查结果，常州耕地按土壤养分含量高低划分，可分为一至五级：高(丰富)、较高(较丰富)、中等、低(缺)、极低(极缺)。全市25.482万公顷耕地评定为5个等级：一级地0.487万公顷、二级地4.128万公顷、三级地15.01万公顷、四级地5.286万公顷、五级地0.571万公顷，分别占全市耕地总面积的1.91%、16.20%、58.91%、20.74%和2.24%。按采样面积计算，其中一级占1.9%、二级占11.29%、三级占49.27%、四级占36.85%、五级占0.69%。太滆乡土壤有机质含量最低，四、五级占全乡耕地面积的87.66%，山地土壤全磷含量特高，在0.4%～0.5%之间。耕作层速效磷含量五等分级，一级、二级、三级、四级、五级分别占25.26%、22.91%、28.18%、18.22%和5.43%。其次为新闸乡，四、五级耕地占全乡耕地面积65.57%。

耕作层平均含氮量分5等级，一级空缺，二级占9.43%、三级占37.74%、四级占35.85%、五级占16.98%。新闸乡耕作层土壤氮素含量仅0.12%。磷素含量中等偏上，耕作层全磷平均含量为0.14%±0.06%，按五等分级，一级、二级、三级、四级分别占耕地总面积的28.3%、11.32%、22.64%和37.74%。新闸乡耕作层土壤全磷含量仅0.1%；耕作层土壤速效磷含量最低，平均10.05PPM。钾素含量不足，耕作层速效钾含量平均为88.69PPM±25.19PPM。耕作层速效钾含量仅71.4PPM。郊区缺钾耕地占耕地总面积的50.22%，其中粮区缺钾耕地占粮区耕地总面积的41.59%，菜区缺钾耕地占菜区耕地总面积的69.71%。

2003—2006年，根据农业部环太湖地区耕地地力调查与质量评价、测土配方施肥项目调查结果，溧阳、金坛和武进共约15.774万公顷耕地，划分为5个等级，其中一级、二级、三级、四级、五级耕地总面积分别为1.76万公顷、5.191万公顷、5.931万公顷、2.327万公顷和0.565万公顷，分别占全市耕地总面积的11.16%、32.91%、37.6%、14.75%和3.58%。1982—2006年常州一级耕地和二级耕地面积明显增加，比例上升，三、四级耕地面积减少，是人为改良后耕地质量提高的结果。

第二节　植被

常州市以平原为主，丘陵较少，人口密度大，陆地表面都被自然植被、人工植被覆盖，几无荒漠现象。自然植被主要分布在溧阳天目山余脉天井山、青峰山、磨盘山、太婆山、桂林山、伍员山、金山、观山、羊山、晨山、水母山(洋渚山)等22座山岭；金坛主要分布在茅山山脉及其余脉营盘山、青龙山、大茅山、丫髻山、瓦屋山、曹山、芳山、芝山及南部的大涪山等12座；新北主要分布在孟河黄山、乌雅山；武进主要分布在横山桥镇芳茂山、鸡笼山，郑陆镇舜过山，雪堰镇牛肩顶头、凤凰山、四顶山等10余座山岭。这些山上(丘陵)还保持原有的自然生长灌木林、杂草等，形成天然植被风貌。人工植被覆盖全市各辖市区，名目众多，除有稻麦、蔬菜、茶叶、花木等农副作物外，还有公园和道路、河道两侧等景观绿化，形成净化环境绿地风景(常州植被主要是人工植被，参见本卷第四章“自然资源”第四节“动植物资源”和第十四卷“农业”，此节只作简要叙述)。

第四章 自然资源

常州市矿产资源总量偏少，已发现38种，其中能源矿产有煤炭、泥炭、油页岩、地热4种，金属矿产有黑色金属铁、锰；有色金属铜、铝、锌、铅；贵金属金、银等8种。非金属矿产有岩盐、芒硝、硬石膏、石灰岩、白云岩、砂岩、泥页岩、杂黏土、天然砂、煤干石、大理石、高岭土、膨润土、棒石黏土、玄武岩、珍珠岩、火山岩、瓷石（土）、硅灰石、方解石、玉石、重晶石、叶腊石23种。水气矿产有矿泉水1种。这些矿产资源，分布在常州市区有15种，溧阳有32种，金坛有19种。至2010年底，常州常见种子植物（裸子、被子两门）资源，共有140科、600余种，其中有药用价值的紫苏、荆芥、半夏、沙参、蒲公英等有200余种；百年以上树龄的古树名木有罗汉松、五针松、海棠、牡丹、麻栎、紫藤、无患子等19种；有环节、软体、节肢、脊椎动物13纲。自80年代对外开放后，常州与外界交流扩大，先后引进动植物数十种。

第一节 土地资源

1986年，市委农村工作部、市农业区划办公室组织开展全市土地资源调查，1987年4月完成。全市总面积4362.98平方公里，其中陆地3631.78平方公里、水面731.2平方公里，分别占全市总面积的82.6%、17.38%。1990—1992年，进行复查和补查，全市总面积为4379.33平方公里，其中陆地3404.61平方公里（含耕地2291.4平方公里）、水面974.72平方公里，分别占全市总面积的77.4%、22.6%。1995年，常州与周边市县联合勘界，勘定总面积4372.15平方公里。2001—2002年通过勘界，全市土地总面积略有增加。2003年进行土地利用更新调查，全市土地总面积为4384.57平方公里。据2009年开展的第二次全国土地调查，全市土地总面积调整为4372.15平方公里。

一、区域分布

市　区　1986—1987年，全市进行土地资源详查，市区（含天宁、钟楼、戚墅堰、郊区4区）有土地面积175.37平方公里，占全市土地总面积的4.02%，其中耕地105.26平方公里。1990—1992年全市土地资源复查和补查，市区191.73平方公里，占全市总面积的4.38%，其中耕地86.7平方公里。1995年6月与2002年4月常州行政区划进行大幅度调整。2007年，市区除武进区外总面积升至625.44平方公里，其中新北461.87平方公里、天宁65.15平方公里、钟楼66.86平方公里、戚墅堰31.56平方公里。2009年第二次全国土地调查，市区除武进区外土地总面积调整为616.11平方公里，其中新北452.6平方公里、天宁65.03平方公里、钟楼66.81平方公里、戚墅堰31.67平方公里。

武　进　1986—1987年土地详查，全县土地总面积1676.79平方公里。1990—1992年全县复查和补查，未变化。1995年6月龙虎塘、新桥、圩塘3镇和百丈乡划归常州新区管辖，该市减少土地93.54平方公里。2002年4月撤市设区，薛家、安家、魏村、罗溪、西夏墅、小河、孟河7个乡镇总面积337平方公里（含长江部分水面）划归新北区。2009年第二次全国土地调查，全区总面积1245.84平方公里。

金　坛　1986—1987年土地详查、1990—1992年该市复查和补查与2009年第二次全国土地资源调查显示，金坛土地总面积分别为975.49平方公里、975.47平方公里和975.68平方公里。

溧　阳　1987年土地详查、1990—1992年该市复查和补查与2009年第二次全国土地资源调查，溧阳土地总面积分别为1535.33平方公里、1535.33平方公里和1534.52平方公里。

二、类型分布

平　　原　由市中部平原区，东部洮滆太滆平原、圩区和孟河高沙平原区组成，平均海拔3～10米。2010年，平原圩区土地总面积3128.37平方公里，占全市总面积的71.35%。其中陆地2501.9平方公里，占全市陆地的69.4%；水域599.56平方公里，占全市水面的82%。自然条件优越，地势平坦，水资源丰富，土壤肥沃，有机质土壤含量高，适合水稻等农作物生长，适宜淡水养殖。

洮滆、太滆平原　主要分布在武进区雪堰、前黄、湖塘、邹区、湟里、嘉泽及横林、奔牛的小部分和金坛市白塔、后阳、涑渎一线以东至武进界，南达宜兴界，总面积813.76平方公里（含水面）。

孟河高沙平原　分布在大运河以北，东至澡港河两岸，北至长江，西与丹阳市接壤，主要分布在新北区，总面积346.67平方公里（含水面）。

圩　　区　主要分布在沿江、沿湖地区，通过对江、河、湖、塘长年累月泥沙淤积形成的滩地筑堤、置闸、开垦，形成圩田，主要分布在武进的郑陆、横林大部分和牛塘、南夏墅等村镇，新北区的新桥、春江一部分，金坛的白塔、后阳、涑渎、洮湖西岸和指前、朱林、直溪等村镇的部分，溧阳境内的前马、别桥、杨庄、湖边、古渎、泓口、余桥、河口、河心、殷桥、马垫等村镇的全部和旧县、南渡、强埠、庆丰、蒋店等村镇的大部分，总面积1022.47平方公里（含水面）。

丘陵山区　由西部茅山低山丘陵和西南溧阳南山低山丘陵山区组成，总面积1235平方公里，占全市总面积的28.2%。其中，陆地1102.9平方公里，占全市陆地面积的30.6%；水域面积131.63平方公里，占全市水面面积的18%。类型多，以岗丘为主，成不规则分布，经长期开发，主要用作林果茶桑生产和油菜籽种植，缺水易受旱灾。

溧阳山地　系天目山余脉，亦称南山，主要分布在溧阳横涧、平桥、天目湖等村镇。

茅山山地　分布在金坛薛埠、西旸、茅麓和溧阳的陆笪、永和、上沛、上兴、瓦屋山林场等地。

第二节　矿产资源

一、金属矿

黑色金属矿　常州境内有铁、锰两种黑色金属矿。锰矿见于溧阳上兴分界山之西、曹山东南坡，为矿化点。铁矿分布于溧阳别桥土山、新桥、社渚枫树头、兔子山、平桥小梅岭、横涧松岭、李家园、上黄蒋家头等11处，资源储量46.88万吨（不含伴生铁矿）。大多数矿点小，含量少，无开采价值。矿石储量估计在20万吨以上的只有松岭铁矿石点和蒋家头铁矿石点。

有色金属矿　境内有有色金属矿6处。

钟巷铜（铁硫）矿　位于周城镇北约4000米处，中巷村之南。矿体属于以铜为主的铜铁硫矿，属隐伏的铜、铁、硫、钴综合矿床，深埋在10～80米。发现的16个矿体中，有铁矿体3个、铁铜矿体3个、铁铜硫矿体1个、铜硫矿体2个、硫矿体6个、铁硫矿体1个。探明资源储量：铁矿石13.6万吨，全铁44.54%；铜金属量0.44万吨，平均品位1.48%；硫铁矿石44.88万吨，平均品位16.08%；钴金属量117吨，平均品位0.0239%。

仙人山铜矿　位于溧城镇仙人山北坡，主要矿物为孔雀石、蓝铜矿。矿点检查块样分析，铜0.04%、铝0.05%、锌0.001%。属矿化点。

胡桥铜矿　位于溧阳城胡桥南2000米，矿点检查见长10～20米、宽0.1米石英脉中有黄铜矿化，次为孔雀石。属矿化点。

杨家村多金属矿　位于平桥集镇南西杨家村之南东400米，岩体与灰岩接触带控矿。矿石矿物以方铅矿、赤铁矿、镜铁矿、闪锌矿、黄铜矿为主，少量白铅矿、孔雀石。矿石品位：铜0.003%～0.46%、铅0.003%～5.02%(最高14.44%)、锌0.01%～1.56%(最高8.95%)。属矿点。

小梅岭多金属矿　位于平桥集镇南西小梅村东南，矿体产于岩体与灰岩接触的矽卡岩中，矿石矿物为磁铁矿、方铅矿、闪锌矿，伴生黄铁矿、黄铜矿。矿石品位：全铁37.19%、铅1.765%、锌2.45%、银73克／吨。属矿点。

青山多金属矿　位于平桥集镇南青山村的千金山南350米，断裂控矿，矿石矿物有孔雀石、蓝铜矿、方铅矿、闪锌矿。拣块样分析：铅15.36%、锌0.43%、铜12.20%，属矿点，钴无独立矿点，为伴生矿。

贵金属矿　境内有土包山金矿、板头山金矿、田尺岕金矿3处贵金属矿。

土包山金矿　位于溧阳城西宁杭公路北侧的野猫山—土包山。1986—1988年省地矿局地质二队进行综合勘查，探明为金铁硫矿，结论是矿体连续性差，形态复杂，没有相对固定产状。以含金、硫的磁铁矿出现，其中含金矿体约10个。但含金量为1.02～51.25克／吨，一般3.5～10.8克／吨，极不均匀。土包山矿段资源储量为：金0.91吨、铁矿石91.8万吨、硫铁矿石0.86万吨。

板头山金矿　位于溧城镇胡桥南1500米处，矿点检查见50米、200米长之两条含金硅化破碎带，主要矿石矿物有镜铁矿、黄铁矿、赤铁矿、褐铁矿。拣块样分析：铜1.2%～4.24%、金0.78～1.44克／吨。属矿点。

田尺岕金矿　位于溧城镇西仙人山东南侧，有长15～220米、宽1～2米之硅化脉12条，可见矿石矿物为褐铁矿、黄铁矿，拣块样分析：金含量0.021～0.23克／吨。属矿化点。

二、非金属矿

岩　盐　位于金坛直溪、薛埠镇境内，分布在茅东坳陷带北段直溪盆地，处登冠—直溪—茅麓—西旸之间。1987—1990年，石油部门地质队和江苏省地矿局地质队先后在茅兴矿段和陈家庄矿段进行勘探。探明盐矿赋矿层位于古新世地层，埋深808.6～1100米，矿体平均厚度165米，最厚达228.22米(陈家村)，倾斜角10°左右。岩盐分布约59.13平方公里。探明资源储量162.42亿吨(D+E级)。

芒　硝　位于金坛盐盆，系盐矿伴生矿产，普查估算资源储量5.71亿吨。

硬石膏　位于武进湖塘、郑陆等地。1973年江苏煤炭地质一队在郑陆后塘桥一带普查，深部见多层石膏层，矿物成分以硬石膏为主。

石灰岩　分布在新北孟河黄山，金坛茅山山脉东麓沿线薛埠镇青龙山、金牛洞、朝阳洞、大小石包山，南北长21公里、东西宽3公里范围内。其余零星见于东南部儒林镇境内杨家山、柚山，朱林镇的土山，溧阳的茅山山脉沿线竹箦煤矿—上兴镇青龙洞、分界山、芳山、芝山，北东部上黄镇的周山、水进山、玕西、东山，南部山区溧城镇、戴埠镇的仙人山、金山、焦山、前峰山、小梅岭、青山、松岭、李家园等地。探知资源总量为72427.38万吨，其中新北区5692.62万吨、金坛28377.42万吨、溧阳37357.34万吨。与灰岩共生的泥炭岩、钙质页岩、薄层灰岩，由于其混合成分符合水泥原料要求，也计作石灰岩矿，资源储量6837.49万吨。

白云岩　位于新北孟河镇黄山，金坛沿茅山，薛埠镇青龙山、朝阳洞、大小石包山，溧阳上兴镇芳山、南部山区天目湖镇小梅岭等地，市境内未详细勘查。控制资源总量5463.26万吨。

砂　岩　包括石英砂岩、岩屑砂岩、长石石英砂岩等。境内分布很广。武进境内有雪堰、郑陆、横山桥丘陵区；金坛的茅山地区；溧阳的瓦屋山林场、上兴、别桥、上黄、埭头、溧城、天目湖镇、社渚、戴埠等地都有分布。1986年，省地质二队仅对溧阳瓦屋山石英砂岩作过勘探，测量出上部矿层厚约100米，下部矿层厚度大

于25米，均达到玻璃硅质原料或冶金原料的工业要求。控制资源总量大于2.27亿吨。

泥 页 岩 境内震旦系、志留系、泥盆系、石炭系、二叠系中都产泥岩和页岩。新北孟河镇黄山一带产出千枚状泥岩。溧阳的煤系地层中泥岩分布较广，主要在上兴镇茅山山脉、戴埠镇南部山区。2003年、2005年，经中国建材江苏总队、江苏第二地质大队对金坛薛埠镇石家山、大石门矿区的陶粒页岩矿勘查，分别估算资源储量为143.3万吨、470.7万吨。另外金牛洞有油页岩储量1225.6万吨。

杂 黏 土 境内第四纪松散沉积物中广泛发育黏土，主要有亚黏土、轻黏土及含砂质、粉质亚类。平原区、坡麓、岗地有大面积分布，属于无风险地表矿，可广泛用于制砖瓦，也可作水泥配料，资源量巨大。但由于保护土地资源和生态环境，淘汰以黏土为生产原料的砖瓦窑厂而成为限制利用的资源。江湖河塘水体下的淤泥也属于矿产，可用作生产新型墙体材料，国家鼓励淤泥开发，其开发利用前景可观。

天 然 砂 境域内有3种：江砂，分布在新北区录安洲附近长江水域，厚3～5米。1994年江苏省地勘单位勘查结果表明，资源储量530万立方米，为建筑用砂。河砂，分布在溧阳的天目湖上游沙河连鱼桥一带，为第四纪河床冲积砂层，厚1.5米左右。为建筑用砂，资源储量不清。山砂共有两种，一为第四纪松散土层中所夹砂层，呈隐伏状，境内晚更新世—全新世地层中都有分布，常武地区尤以新北的浦河一带古河道中、录安洲上，沉积砂层最厚；二为砂岩呈半胶结状态，可直接采挖。主要矿点在金坛的西旸石门塘、青龙洞、李家山和溧阳的上兴镇曹山一带。

煤 矸 石 卜弋煤矿、溧阳上黄煤矿都有煤矸石堆储。金坛的小煤矿及南部山区的煤矿点，多有出露煤矸石。煤矸石是低质黏土岩，赋矿层位于上二叠纪，可用于制砖、生产陶粒，也可制作水泥掺合料、耐火材料、陶瓷原料（釉面砖）、碳化砖。常州境内众矿点中，仅金坛薛埠镇、儒林镇的矿点进行过勘查。

大 理 石 境域内有石灰质大理石、花岗石两种。

石灰质大理石 分布在溧阳南部青山村—松林村以南一带，处于青山向斜中心，主要品种为奶油（有白奶油、红奶油）大理石和咖啡大理石。荒料一般可达0.5米×0.6米×0.73米以上，蕴藏量较大。上黄镇夏林水泥厂四周有上青龙组厚层灰岩（微大理石化），范围也较大，可作饰面石材使用。

花 岗 石 分布在金坛、溧阳境内。金坛种类繁多，有厚板状橄榄玄武岩、薄板状橄榄玄武岩、气孔状橄榄玄武岩及同成分的凝灰岩、火山角砾岩；薛埠镇白塔有辉绿岩，也可作花岗石板材开采；儒林镇大涪山北坡出露石英二长岩体也可作花岗石开采。溧阳资源丰富，主要集中在南部山区，为侵入岩和火山岩。规模较大的侵入岩主要有庙西的斑状花岗岩，分布于天目湖镇南部与安徽交界处，出露面积1.5平方公里；周院花岗斑岩，分布于天目湖东侧，出露面积8平方公里；金山里石英闪长岩，分布于戴埠镇松南六十亩顶南麓鸣通里—金山里一带，出露面积6.8平方公里；大杨庄斑状石英闪长石，分布在天目湖镇大杨庄一带，出露面积3平方公里。分布在溧阳南部山区的侏罗纪次火山岩中的粗安斑岩、流纹岩、流纹质熔结凝灰岩、粗安岩也可作花岗石板材，潜在资源量大。

高 岭 土 武进分布于雪堰、横山桥、郑陆丘陵区，赋矿层位为晚泥盆世地层中。金坛分布于西北部的黄土墩、营盘山等地，赋存于早石炭世及晚泥盆世地层中。溧阳分布于上兴镇芳山、上黄和埭头的后山、社渚镇兔子山、戴埠镇李家园等地，产于晚泥盆世、早石炭世地层中。按岩性分，白色含粉砂质泥岩称白泥，紫红色含粉砂质泥岩称紫泥。矿物成分主要为高岭石，其次为水云母，故又称高岭石水云母黏土，赋产于五通组、金陵组、高骊山组、龙潭组地层中。控制资源总量1553.03万吨。

膨 润 土 以蒙脱石为主的黏土，故又称蒙脱石黏土或斑脱岩，分布在金坛直溪镇的新生代盆地和溧阳南部的中生代火山岩盆地。根据蒙脱石吸附阳离子的种类，分钙基、钠基、氢基、镁基膨润土。金坛的膨润土自薛埠镇茅麓集镇西4000米的笆斗山起，向南东经致和、凉帽顶至花山，在长10公里、宽1～2公里的范围内低丘和岗地上分布，控制资源总量106.61万吨。溧阳膨润土矿70年代由省地质二队发现和踏勘，分布在中生代火山岩盆地中，在仙人山以南，经溧长山、沙河，南至平桥黄村，呈近北北东向带状分布，在长20公里、宽3公里的范围内有矿脉20余条，但由于露头差，矿体小，矿石质量变化大，未进行过地质评价，未估算资源储量。

凹凸棒石黏土　仅在金坛薛埠镇花山乡东窑村一处开采，矿点位于东窑北东0.75公里。1987年8月发现，1988年省地质局第二大队进行普查，发现自上而下分为粉砂质凹凸棒石黏土矿、粉砂质白云石凹凸棒石黏土矿，矿石成分有凹凸棒石，次为蒙脱石、石英屑、白云石等。凹凸棒石估算资源储量为182.66万吨。

玄武岩　属新生代第三纪火山喷出岩，地表出露的玄武岩见于金坛、溧阳。金坛境内的玄武岩，矿脉分布在南北长15公里、东西宽9公里范围内。1987年省地质局第二地质大队作过调查，其中对金坛凉帽山至花山玄武岩调查中，提交岩棉矿产地1处，估算资源储量1061.35万吨，其可用于板材的资源储量42.73万立方米(荒料率12.04%～13.63%)。溧阳的竹箦镇瓦屋山东南麓及上兴镇上沛老虎山有玄武岩分布，1996年省地质局第二地质大队初步估算老虎山玄武岩地表资源储量约600万吨，霞石碧玄岩40万立方米。

珍珠岩　分布于溧阳天目湖镇南部山区茶亭至平桥一线，呈透镜状产于断裂中，与膨润土共生。珍珠岩属优质超轻绝热材料，但境内储量小，开采价值不大。

火山岩　1990年经省地质局第二地质大队勘探，武进雪堰秦皇山有少量分布英安质火山岩，估算储量162万吨。溧阳南部山区大面积分布火山岩，主要矿物为英安流纹质熔岩、流纹质熔结凝灰岩，部分粗安岩。

瓷石（土）　分布于溧阳中生代火山盆地中，北自仙人山，南至天目湖的南北长约12公里，东西宽2～3公里范围内。主要有：里长山瓷石矿，位于天目湖镇龙虎坝至苗家山，南北长5000米、宽数十米至百余米，为石英斑岩，1980年省地质局第二地质队对其中段进行普查评价，估算资源储量162.3万吨；青峰山瓷石矿，位于戴埠镇南青峰山，为流纹斑岩，规模大，面积达2.5×1.2平方公里，资源储量不清；瓷土矿，见于茶亭吴冶岭、横涧青峰山、平桥白土塘等地，未作资源储量调查。

硅灰石　仅有溧阳小梅岭硅灰石矿1处，位于天目湖镇平桥集镇南7000米之小梅岭村。矿区由硅质岩、硅灰石矿、大理岩化灰岩(或大理岩)互层组成。1987年省地质局第二地质大队进行详查评价，估算资源储量硅灰石原矿矿物量为31.49万吨(原矿矿石量67.46万吨)。

方解石　仅有溧阳小梅岭方解石矿1处，与硅灰石矿类似，属接触变质矿床。1986年省地矿局第二地质大队普查，1987年详查，估算矿石资源储量2723.77万吨。

玉　石　位于溧阳天目湖镇小梅岭，属以透闪石为主要成分的软玉，产于花岗岩与灰岩接触带的矽卡岩中，脉状产出，估算资源量为1500吨。

重晶石　位于溧阳社渚镇凤凰山、城西板头山和天目湖西岸红石岕，规模小，开采价值小。

叶腊石　位于溧阳社渚境内，北起木鱼山，南至油资山，呈南北向展布，长1.5公里、宽3.5公里。1987—1988年省地质局第五大队普查，估算元山叶腊石资源储量20万吨、青龙山5万吨、马鞍山50万吨、团山数千吨(采完)、珠山数百吨。木鱼山属矿点，油资山质差，属矿化点，开采价值低。

三、能源矿

煤　炭　常州境内有储煤点14处，蕴藏于晚二叠世地层中。探明资源储量3863.83万吨，其中武进厚余、卜弋等4处1977.61万吨，金坛儒林等3处1027.23万吨，溧阳的上黄、竹箦等7处为858.99万吨，累计开采300万吨，境内煤炭资源属地质条件复杂、煤层薄、琐碎，大卡低，开采成本高，不宜开采，至2007年全部停采。

泥　炭　主要埋藏在第四纪全新世地层中。境内全新世古河道、湖泊、积水洼地等湖沼沉积区都有泥炭分布。圩塘—龙虎塘澡港河沿岸、戚墅堰以东和以南地区都有分布。境内泥炭未全面勘查，是一种潜在矿产资源，因受耕地保护制约，开采受到限制。

油页岩　60年代，石油部门在西夏墅—奔牛凹陷区和金坛市直溪凹陷区内进行石油普查，在新生代第三纪地层中发现油页岩，分布30平方公里，矿体厚2.65米，矿石高灰分、低热值、低油率，估算资源储量1.38亿吨，属小型矿床。

地　热　主要指高于25℃的地下热水。武进湖塘地区在250～350米深度获得26.6～28℃的低温热水，潜在资质前景好。常州城区怡康花园地热井钻至1650米处，水温58.5℃。金坛的茅山东麓地下水部分水温达23℃，属地热矿化点。溧阳的地热水矿点较多，其中李家园沸水塘泉口水温21℃，为地热矿化点，深部可寻找地热资源。周城濮家村热泉，水温18～25℃，属地热矿化点。烈山村热水井，2005年4月由江苏省地质调查研究院施工，井深1076.8米，打穿500米火山岩后，在805～860米处获得岩溶裂隙水，井口水温35.6℃。

第三节　水资源

一、地表水

1997—2010年，常州市年均地表水资源总量11.88亿立方米，其中常州市区4.58亿立方米、金坛2.78亿立方米、溧阳4.52亿立方米。每年均衡不等，1999年最为丰富，地表水资源总量达24.21亿立方米，1997年为最少的枯年，仅4.21亿立方米，前者为后者的5.75倍。

1997—2010年常州市地表水资源量一览表

表2-4-1　　单位：亿立方米

年份	常州市区	金坛	溧阳	总计	年份	常州市区	金坛	溧阳	总计
1997	1.38	1.46	1.37	4.21	2004	3.68	1.42	2.81	7.91
1998	4.10	2.47	3.00	9.57	2005	1.08	1.19	5.23	7.50
1999	9.72	4.64	9.85	24.21	2006	3.26	2.42	4.34	10.02
2000	3.91	1.90	3.19	9.00	2007	5.16	3.63	2.81	11.60
2001	6.45	1.41	4.46	12.32	2008	1.58	2.03	4.30	7.91
2002	6.18	4.86	4.74	15.78	2009	7.68	5.64	8.27	21.59
2003	6.98	3.67	4.40	15.05	2010	3.02	2.16	4.56	9.74

说明：数据来源《常州市水资源公报》

二、地下水

常州市地下水贮量丰富，横山桥、新安、焦溪一带约20平方公里和潘家一带10平方公里出露泥盆系砂岩，存在含水层。溧阳与金坛西山区为构造富水带；常武地区存在九里块段、卜弋—厚余块段、湖塘块段、横林块段、芙蓉块段、郑陆块段地下灰岩岩溶裂隙水，其他广宽区域为松散岩类孔隙水。经勘察计算，常武地区年均地下水资源总贮量9.01亿吨（日均246.85万吨），其中市区年均地下水资源总量为0.89亿吨（日均24.38万吨）。潜水含水层深度一般在4～8米之间，丁堰以东超过10米。按地下水量分类，浅层水年均7.68

亿吨，市区年均0.47亿吨（日均12.87万吨）；深层水年均1.33亿吨，市区年均0.47亿吨（日均12.87万吨）。

按地下水源分类，含第四纪孔隙水、石灰岩岩溶水和砂岩裂隙水3种类型。其中，第四纪孔隙水埋深于50米以内为浅层水，埋深大于50米为深层水，包括第Ⅱ、Ⅲ承压层含水。第四纪孔隙水的第Ⅱ承压含水层是常州地区主要开采层，埋深分布规律是：北部厚度大，颗粒粗，顶板埋藏浅，水位埋深小，透水性好，富水性强。南部则相反。单井日喷水量沿长江一带大于1万吨，南部小于100～1000吨。市区含水层顶板埋深约70米，厚25～45米，单井日漏水量1000～3000吨。第Ⅲ承压含水层的分布范围比第Ⅱ承压要小，呈南北向带状分布，顶板埋深约130米，厚约25米，单井日漏水量500吨。石灰岩岩熔水除横林块段面积较大、埋深较浅、水质良好而可作饮用水外，其他均因水质较差，不可作饮用水。砂岩裂隙水主要分布在东南部丘陵区。顶板在250～300米之间，厚度大于680米，水头埋深在30.95～31.47米。

三、矿 泉 水

湖塘一带隐伏有中生代三叠纪青龙灰岩中的岩溶裂隙水，在250～350米深度，部分低温热水可作为矿泉水，潜在资质前景好。金坛市茅山东麓出露矿泉水多处，多属冷泉，少部分水温达23℃，已属地热矿化点。常州地区矿泉水尚未完全勘查评价。

第四节 动植物资源

常州境内动物、植物门类繁多，常见的有环节、软体、节肢、脊椎动物13纲，植物有裸子、被子两门140科、600余种。野生动物因山区丘陵过度开发、种植使用农药等人为因素，除极少数还留有踪迹、生存下来外，多数逐渐消亡，80年代后从外埠引进的动植物品种逐渐增多，包括植被类草木树种。畜牧企业从外埠以及外国引进的昆虫类有意大利蜂、平湖浆蜂；鱼类有俄罗斯鲟鱼、美国加州鲈鱼、美国回鱼、罗氏虾；禽类有美国AA鸡、樱桃谷鸭、四季鹅、扬州鹅；畜类有梅花鹿、荷兰黑白花奶牛、澳大利亚娟姗奶牛、山东奶山羊、睢宁山羊、南非波尔山羊(2002年)等。1998—1999年分别从江西引进50只鸵鸟种和从印度引进50只孔雀进行繁殖。2002年，农民徐兴良取得“国家重点保护野生动物驯养繁殖许可证”，收养白天鹅、白鹃、鸳鸯等珍禽，成为常州驯养野生动物第一人。随着人工种植的生态环境改善，飞禽鸟类开始增多，一些濒临灭绝的野生动物如狗獾、野猪、野鸡等又在山区、丘陵地带出现。

一、动 物

脊椎动物门 (Vertebrate) 有鱼类、两栖类、爬行类、鸟类、哺乳类5大类，约130种。

鱼 纲 (Pisces) 约22种：鲚鱼、银鱼、鳗鱼、鲤鱼、鲫鱼、草种金鱼（红鲫、燕尾）和文种金鱼（文鱼、虎头、高头、朱顶紫罗袍、鹤顶红、珍珠、翻鳃）、霍条鱼、鳊鱼、鲂鱼、青鱼（黑鲩、螺蛳青、乌鲭）、草鱼、黄钻、鲢鱼（灰鲢、白鲢）、鳙鱼（花鲢、胖头鱼）、螃鲏、泥鳅、鲶鱼、黄颡鱼、黄鳝、鳜鱼、乌鱼（黑鱼）等。

两 栖 纲 (Amphibian) 约13种：蟾蜍（癞蛤蟆）、雨蛙（中国雨娃）、虎纹蛙（水鸡）、泽蛙（梆声蛙）、棘胸蛙（山鸡、棘蛙）、黑斑蛙（青蛙、田鸡）、金线蛙、日本林蛙（长腿蛙、草蛙）、沼蛙、树蛙（斑腿树蛙、变色树蛙）、狭口蛙（北方狭口蛙、气鼓子）、姬蛙（饰纹姬蛙）、牛蛙等。

爬 行 纲 (Reptilia) 约19种：金龟（山龟、乌龟、草龟）、鼋（绿团鱼、癞头鼋）、鳖（甲鱼、团鱼、王八）、壁虎（守宫、多疣壁虎）、石龙子、麻蜥（丽斑麻蜥）、草蜥（蛇舅母）、两头蛇、赤链蛇（火赤链蛇）、水赤链（游蛇）、虎斑游蛇（竹竿青蛇、野鸡脖子）、小头蛇（秤杆蛇）、翠青蛇（青竹标、青蛇）、乌梢蛇（乌鞘蛇、乌风蛇）、水蛇（中国水蛇、泥蛇）、丽纹蛇、蝮蛇（草上飞、土公蛇、土灰蛇）、竹叶青、暹罗鳄（鱼）等。

鸟　纲(Aves)　约有46种:有小鹏鹧(水葫芦)、黑脚信天翁、野鸭、鸳鸯鸢(老鹰、黑耳鸢)、鹞、鹌鹑、野鸡(山鸡)、獐鸡、苦恶鸟(白胸秧鸡、姑恶鸟)、斑鸠、大杜鹃(郭公、布谷)、小杜鹃、鸺鹠(黄纹小鹗、斑头鸺鹠、猫头鹰)、啄木鸟、云雀(天鹨、告天子)、燕子、黑枕黄鹂(黄莺、黄鸟、鸧鹒)、鸦(乌鸦、老鸹)、喜鹊(蓝膀鹊)、山雀、画眉鸟、百灵鸟、白头鹎(白头翁)、短翅树莺(告春鸟)、寿带鸟(绶带鸟、练鹊、一枝花)、麻雀(家雀、树麻雀、琉麻雀)、黄雀(芦花黄雀)。引进人工饲养品种有八哥、牡丹鹦鹉、娇凤鸟、相思鸟、芙蓉鸟、蓝孔雀、鸵鸟等。家养的品种有雪山草鸡、三黄鸡、乌骨鸡、白羽肉鸡、土鸡、绿壳蛋鸡、珍珠鸡、火鸡、鸭、鹅、鸽、鹌鹑等。

哺乳纲(Mammalia)　约32种:有刺猬、蝙蝠、野兔子、老鼠、犬(狗)、狐(草狐、赤狐、红狐)、貉(狗獾)、豺、黄鼠狼、獾(猪獾)、水獭、豹猫(钱猫、山猫、狸子、狸猫)、穿山甲等。饲养的品种有黄牛、水牛、奶牛,白肉猪、黑肉猪、公猪(配种)、母猪,绵羊、山羊、黄羊、槐山羊,长毛兔、獭兔、肉兔,工作犬(藏獒、牧羊犬等)和宠物犬,家猫和波斯猫,梅花鹿等。

环节动物门(Annelida)　有寡毛类、蛭类两类,约有5种。

寡毛纲(Oligochaeta)　有蚯蚓(地龙、曲嬗)等。

蛭　纲(Clitellata)　有田蛭(蚂蟥)、湖蛭(中华湖蛭)、水蛭(日本医蛭)和旱地宽体蚂蟥(宽体金线蛭)等。

软体动物门(Mollusca)　有腹足类、瓣鳃类两类,约15种。

腹足纲(Gastropoda Cuvier, 1797)　约8种:田螺、沼螺(蛳螺)、豆螺(豆田螺)、钉螺、椎实螺(缘桑螺)、萝卜螺、扁蜷螺、蜗牛(水牛、蜒蚰螺)等。

瓣鳃纲(Lamellibranchia)　约6种:珠蚌、无齿蚌(河蚌、菜蚌)、背角无齿蚌(河蚌、湖蚌、菜蚌)、三角帆蚌(劈蚌、汗蚌)、褶纹冠蚌(鸡冠蚌、湖蚌、扯旗蚌)、蚬(河蚬、燎蝉、沙蜊)等。

节肢动物门(Arthropoda)　有多足类、蛛形类、甲壳类、昆虫类4大类,约46种。

多足纲(Myriapoda)　约3种:马陆、蜈蚣、蚰蜒(草鞋虫)等。

蛛形纲(Arachnida)　约8种:壁钱(壁茧)、姬蛛、圆网蛛(园蛛)、络新妇、蟏蛸(喜蛛、蟢子、喜母)、草蛛(迷路漏斗网蛛)、蝇虎、蝎(钳蝎)等。

甲壳纲(Crustacea)　约14种:有鲎虫(王八鱼、水鳖子)、搔类(红虫、鱼虫)、钩虾、跳虾(跳钩虾、沙蚤)、糠虾、米虾(草虾)、长臂虾(红虾、桃花虾)、白虾(脊尾白虾)、沼虾(青虾)、龙虾、大头虾(克氏原螯虾)、溪蟹(石蟹)、河蟹(螃蟹、毛蟹、绒螯蟹)、蟛蜞(相手蟹)等。

昆虫纲(Insecta)　约21种:衣鱼(蠹鱼、蟫)、纺织娘、灶马(单色灶马)、蟋蟀(促织、趋织)、油葫芦、蝼蛄(蝼蝈、蝼蛒、拉拉蛄、土狗子)、地鳖(土鳖)虫、蜻蜓、蚱蝉(知了)、白蜡虫、蛾、蝶、萤火虫、金龟子(金龟甲、蛾)、胡蜂、蚂蚁、蠊、天牛、蝇、蚊、螳螂等。

二、植　物

常州是全国居住人口最密集、人类活动最活跃的地区之一,自然植物除溧阳、金坛的山区和武进、新北等地的丘陵地区仍有少量外,主要为平原圩区的人工植物。农村以榆树、榉树、朴树、楝树为主,城区以悬铃木、银杏、雪松、水杉、圆柏、香樟、女贞、荷花、玉兰为主,其次为青桐、泡桐、桂花、冬青、槐、枫杨、柳、棕榈、黄杨等;在河沿、村边和坡地有野蔷薇、枸杞、卫矛等灌木以及乌蔹莓、蘡薁、薜荔等藤本植物;在田间、路边杂草种类颇多,水田中以禾草类、莎草科植物居多,旱地上以玄参科、唇形科、菊科植物称雄;河塘沟内有金鱼藻、狐尾藻、水花生、水浮莲、浮萍、水葫芦等植物;庭园有众多的迎春、杜鹃、凤仙、月季、万寿菊、蜡梅等观赏植物。传统的芦、蒲、干棵等数量逐渐减少。

农业企业引进的埠外、国外植物增多，尤其是颇具经济价值的福建、安徽、浙江的福鼎大白茶、乌牛早、大毫茶、龙井长叶、安吉白茶等茶树品种，还有温州的蜜橘、满天红（草桔）；辽宁的巨峰葡萄及其他地方的葡萄新品种藤稔、红富、红宝石、夏黑、美人指、黑提、红提等。1990年，武进农民巢克昌引进国外无花果繁殖推广。1992年，武进农业开发区引进猕猴桃种植。1993年后引进的梨树新品种有黄花蜜梨、翠冠、晚生、黄金、日本丰水梨、日本砂梨、红香水、满天红等。礼嘉镇种植美国布朗李。蔬菜类引进的有鲁白、夏阳、黄芽菜、包心菜等球类、甘蓝类植物多种。从日本、中国台湾引进有百年景观大树罗汉松、真柏等。常州莱茵花木有限公司从国外先后引进有红叶石楠、金森女贞、泰尼斯荚莲、日本血草、金丝苔草、遍地黄金、花叶燕麦、加拿大黑叶麦冬、新西兰蓝冰柏及多种彩色林木等。

裸子植物门(Gymnospermae)　有松、杉、柏、杨柳、苏铁、银杏、三白草、金粟兰8科，约45种。

松　科(Pinaceae)　有8种：金钱松、雪松、马尾松、黑松、黄山松（“台湾”松）、五针松（日本五针松、日本五须松、五钗松）、湿地松、罗汉松（土杉）。

杉　科(Taxodiaceae)　有8种：杉木（杉、沙木）、柳杉、落羽杉（落羽松）、池杉（池柏、沼泽落羽杉）、水杉、日本柳杉、南洋杉、二尖杉等。

柏　科(Cupressaceae)　有9种：侧柏（扁柏）、千头柏、柏木（垂柏）、圆柏（桧柏）、龙柏、刺柏（山刺柏）、偃柏（地龙柏）、翠柏（粉柏）、北美圆柏（铅笔柏）。

杨柳科(Salicaceae)　有11种：响叶杨、毛白杨、加拿大杨、钻天杨（美国杨、笔杨）、健杨、小叶杨、旱柳、垂柳、龙爪柳、杞柳（红皮柳）、河柳。

苏铁科(Cycas revoluta)　约4种：铁树、凤尾松、凤尾蕉、华南苏铁等。

银杏科(Ginkgoaceae)　有银杏（白果树、公孙树）。

三白草科(Saururaceae)　有三白草、蕺菜（鱼腥草）。

金粟兰科(Chloranthaceae)　有金粟兰（珠兰、珍珠兰）、草珊瑚（九节花、接骨莲）。

被子植物门(Angiospermae)　有蔷薇、豆、菊、禾本、百合、桑等117科，约有550种。

蔷薇科(Rosaceae)　有35种：麻叶绣球（麻叶绣线菊）、喷雪花（珍珠花、珍珠绣线菊）、山楂（红果）、枇杷（卢橘）、石楠（千年红）、木瓜（榠楂）、贴梗木瓜、贴梗海棠、杜梨（棠梨）、苹果、垂丝海棠、四季海棠、野蔷薇、十姊妹（七姊妹）、玫瑰、香水花（香水月季、香蔷薇）、月季花、木香花、龙牙草（仙鹤草）、地榆、棣棠、山莓、草莓、蛇莓、委陵菜、翻白草、佛桃（寿星桃）、盘桃（蟠桃）、白碧桃（花桃）、梅、红叶李、郁李、杏、樱桃（莺桃、中国樱桃）、樱花（山樱桃）、榆叶梅。

豆　科(Leguminosae)　有23种：合欢（马缨花、绒花树）、山槐（山合欢）、含羞草（喝呼草、知羞草）、云实、皂荚（皂角）、决明、紫荆、刺槐、国槐、龙爪槐（蟠槐）、南苜蓿（金花菜、黄花苜蓿、刺苜蓿、草头、黄花草子、地盘青）、白车轴草（白三叶草、白花苜蓿、荷兰翘摇）、鸡血藤、田菁、锦鸡儿、紫云英（红花草）、落花生（花生、长生果）、黄檀、白檀、红檀、野豌豆（巢菜）、葛、相思树。

菊　科(Asteraceae)　有39种：泽兰、野马追（轮叶泽兰、三叶尖佩兰）、一枝黄花、雏菊、翠菊（蓝菊、五月菊）、紫菀、马兰（马兰头）、一年蓬、飞蓬、鼠曲草（佛耳草）、天名精、苍耳（菒耳）、豨莶（虾柑草）、醴肠（旱莲草、墨旱莲）、向日葵（朝阳花、葵花、丈菊）、菊芋（洋姜）、大丽菊（大理菊、天竺牡丹）、鬼针草（婆婆针）、狼把草（鬼刺、鬼针）、万寿菊（臭芙蓉）、菊（菊花）、野菊（野菊花）、茼蒿（蓬蒿）、艾（家艾、艾蒿）、黄花蒿（臭蒿、药用青蒿）、牡蒿、茵陈蒿（茵陈、绵茵陈）、瓜叶菊、蜂斗菜、牛蒡（恶实）、大蓟（蓟、刺蓟菜）、小蓟（刺儿菜）、泥胡菜、红花、苦苣菜（滇苦菜）、蒲公英（黄花地丁）、山莴苣、剪刀股、苦荬菜。

禾本科(Poaceae) 有28种：毛竹(楠竹、南竹)、刚竹(榉竹、胖竹)、淡竹(粉绿竹)、水竹(烟竹)、芦苇(芦)、芦竹(荻芦竹)、画眉草(星星草)、淡竹叶(竹叶麦冬)、早熟禾、雀麦、鹅观草、黑麦、毒麦、牛筋草(蟋蟀草)、狗牙根(绊根草)、看麦娘、菰(茭笋、茭白)、稗(稗子、稗草)、雀稗、马唐(蟋蟀草)、早稗(光头稗)、狗尾草(莠、谷莠子)、狼尾草、结缕草、芒(芭茅、芭芒、杜荣、芒草、荃葑)、白茅(茅草)、荩草、薏苡(川谷、药玉米)。

百合科(Liliaceae) 有22种：玉簪、紫萼、萱草、麦冬(麦门冬、沿阶草、书带草)、黄花菜(黄花、金针菜)、吊兰(挂兰、钓兰)、芦荟(油葱)、吉祥草(松寿兰、观音草)、蜘蛛抱蛋(一叶)、万年青、黄精、玉竹(萎蕤)、菝葜(金刚刺、金刚藤)、丝兰、凤尾兰、七叶一枝花(蚤休、重楼、独脚莲)、天门冬(天门草)、郁金香、老鸦瓣(山慈姑)、百合(野百合、白花百合)、小根蒜、文竹(云片竹)。

桑科(Moraceae) 有8种：湖桑、乔木桑、构(楮、谷)、无花果、薜荔(木莲、鬼馒头)、印度橡胶树、柘(黄桑、奴柘)、葎草(拉拉藤)。

石竹科(Caryophyllaceae) 有9种：孩儿参(太子参、异叶假繁缕)、繁缕、牛繁缕(鹅儿肠)、石竹(洛阳花)、什样锦(须苞石竹)、香石竹(康乃馨)、王不留行(王不留、麦蓝菜)、剪春罗(剪红罗、雄黄花、剪夏罗)、剪秋罗(剪秋纱、汉宫秋)。

伞形科(Umbelliferae) 有12种：天胡荽(破铜钱草、地光钱草)、积雪草(崩大碗、落得打)、窃衣(破子草)、野胡萝卜、芫荽(胡荽、香菜)、旱芹(芹菜、药芹、蒲芹)、水芹、柴胡(茈胡、北柴胡、硬柴胡)、鸭儿芹、珊瑚菜(北沙参、莱阳沙参)、蛇床、前胡(白花前胡、鸡脚前胡)。

蓼科(Polygonaceae) 有11种：酸模、羊蹄、荞麦(甜荞麦)、荭草(水荭)、虎杖、水蓼(辣蓼)、篇蓄(扁竹)、何首乌、竹节蓼(对节草)、丛枝蓼、旱苗蓼。

苋科(Amaranthaceae) 有8种：青葙(野鸡冠)、鸡冠花、苋菜、牛膝(怀牛膝)、喜旱莲子草(空心莲、水花生)、千日红(火球花)、刺苋、野苋。

毛茛科(Ranunculaceae) 有7种：铁线莲(转子莲)、威灵仙(铁脚威灵仙)、白头翁、毛茛(老虎脚爪草)、石龙芮、小乌头、唐松草(白蓬草)。

小檗科(Berberidaceae) 有6种：小檗、十大功劳(华南十大功劳)、阔叶十大功劳、浅裂八角莲(六角莲)、南天竹(南竹子)、淫羊藿(三枝九叶草、仙灵脾)。

十字花科(Brassicaceae) 有8种：菘蓝(靛青)、焯菜(葶苈、江剪刀草)、遏蓝菜(菥蓂)、荠菜、葸菜(菲、二月兰、诸葛菜)、播娘蒿、独行菜、紫罗兰。

景天科(Crassulaceae) 有5种：景天(八宝)、垂盆草(佛甲草、鼠牙半枝莲)、落地生根、瓦松(昨叶荷草)、石莲花(莲花掌、宝石花)。

木兰科(Magnoliaceae) 有7种：木兰(辛夷)、玉兰(紫玉兰)、荷花玉兰(洋玉兰、广玉兰)、白兰花、含笑花、鹅掌楸(马褂木)、莽草(水莽)。

唇形科(Labiatae) 有15种：筋骨草(散血草、退血草、破血丹、金疮小草)、荆芥(裂叶荆芥)、活血丹(连线草)、夏枯草、野芝麻、益母草(茺蔚)、甘露子(草石蚕、宝塔菜、螺丝菜)、丹参、地瓜儿苗(地笋)、薄荷(野薄荷)、白苏(荏)、紫苏、血见愁(山藿香)、夏至草(灯笼棵、白花夏枯草)、一串红(西洋红)。

茄科(Solanaceae) 有12种：枸杞、酸浆(挂金灯、红姑娘)、辣椒(大椒、辣子)、茄(茄子、落苏)、白英(白毛藤、苦茄)、龙葵、马铃薯(土豆、山药蛋、洋芋)、番茄(番柿、西红柿)、颠茄、曼陀罗(风茄)、烟草、双色茉莉。

壳斗科(Fagaceae) 有7种：甜槠(椆)、苦槠、青冈栎(铁椆)、麻栎、白栎、枹(小橡子)、柯(石栎、石柯)。

榆　　科(Ulmaceae)　有7种：榆(白榆)、榔榆(脱皮榆、小叶榆)、朴树、黄果朴、珊瑚朴、榉树、刺榆。

睡莲科(Nymphaeaceae)　有4种：莲(荷、芙蕖、芙蓉、菡萏、草芙蓉)、莼菜(水葵)、芡(鸡头)、睡莲(子午莲)。

胡桃科(Juglandaceae)　有3种：枫杨(麻柳、柜柳、枰柳、榉柳、元宝树、馄饨树、鬼头杨)、薄壳山核桃、化香树。

芸香科(Rutaceae)　有7种：竹叶椒、崖椒(野椒)、枳(枸橘、臭橘)、金柑(金橘)、橘、代代花(回青橙、臭橙)、香圆。

大戟科(Euphorbiaceae)　有11种：算盘子(野南瓜)、蓖麻、油桐(罂子桐、三年桐)、乌桕、泽漆(五凤草)、大戟、一品红(猩猩木、圣诞花)、地锦(奶疳草、小虫儿卧单、红丝草)、铁苋菜(血见愁、海蚌含珠)、叶下珠、重阳木。

葡萄科(Vitaceae)　有7种：葡萄(蒲桃)、葛藟(千岁藟)、蘡薁、白蔹(鹅抱蛋)、爬山虎(巴山虎、地锦)、乌蔹莓(五爪龙)、蛇葡萄。

锦葵科(Malvaceae)　有8种：苘麻(青麻)、锦葵、蜀葵(一丈红)、木槿、扶桑(朱槿、佛桑)、木芙蓉(芙蓉花)、秋葵(黄秋葵、食用秋葵、羊角豆)、陆地棉。

五加科(Araliaceae)　有6种：常春藤(百脚蜈蚣)、五加、楤木(鹊不踏)、九眼独活(土当归)、八角金盘、刺楸(棘楸)。

报春花科(Primulaceae)　有3种：报春花、大金钱草(四川大金钱草、少花排草、小黄药、点腺过路黄)、过路黄(对座草、路边黄、金钱草)。

木犀科(Oleaceae/Olive)　有8种：白蜡(清榔木)、小叶白蜡树(苦枥、小叶梣)、金种花(单叶连翘、迎春条、黄金条)、紫丁香(华北紫丁香)、木犀女贞、茉莉(茉莉花)、迎春(迎春花)、雪柳(五谷树、过街柳)。

萝藦科(Asclepiadaceae)　有4种：合掌消、徐长卿(一枝香、寮刁竹)、萝藦(婆婆针线包)、夜来香(夜香花)。

旋花科(Convolvulaceae)　有6种：菟丝子(菟丝、金丝藤)、旋花(篱天剑、篱打碗花)、牵牛(牵牛花)、茑萝、蕹菜(空心菜、藤藤菜)、番薯(山芋、红薯、红苕、白薯)。

马鞭草科(Verbenaceae)　有5种：马鞭草、黄荆(黄荆条)、牡荆、臭梧桐、大青(淡婆婆、路边青)。

玄参科(Scrophulariaceae)　有6种：泡桐(白花泡桐)、紫花泡桐、通泉草、婆婆纳、水蔓青(一支香、狼尾拉花、细叶婆婆纳)、金鱼草(龙头花)。

茜草科(Rubiaceae)　有7种：水团花(细叶水团花、水杨梅)、栀子(黄栀子、山栀)、六月雪(满天星)、茜草(血茜草、血见愁)、猪殃殃、鸡矢藤、虎刺。

忍冬科(Caprifoliaceae)　有6种：接骨木(扦扦活)、珊瑚树(日本珊瑚树、法国冬青)、荚蒾、木绣球(八仙花、绣球花)、忍冬(金银花、二花)、海仙花(五色茉莉)。

水鳖科(Hydrocharitaceae)　有4种：水鳖(马尿花)、水车前、黑藻(水王孙、轮叶黑藻)、苦草(鞭子草、扁担草)。

莎草科(Cyperaceae)　有5种：荸荠(凫茈、地粟、马蹄、乌芋)、水蜈蚣(疟疾草、散寒草、金钮子)、荆三菱(三菱草)、水葱、香附子(莎草)。

石蒜科(Amaryllidaceae)　有7种：石蒜(龙爪花、蟑螂花)、水仙、龙舌兰、剑麻(西沙尔麻、波罗麻)、晚香玉(月下香、夜来香)、君子兰(大花君子兰)、朱顶兰(朱顶红、百枝莲)。

棕榈科(Arecaceae)　有3种：蒲葵(扇叶葵)、棕竹(竹棕、矮棕竹、棕榈竹)、棕榈(棕树、山棕、栟榈)。

天南星科(Araceae)　有6种：菖蒲(白菖蒲)、石菖蒲、芋(芋艿、芋头)、大薸(大浮莲)、天南星(南星、虎掌草)、半夏。

浮萍科(Lemnaceae)　有4种：浮萍(青萍)、品藻(二叉浮萍)、紫萍(水萍、紫背浮萍)、无根萍(微萍、芜萍、藻砂、大球藻)。

卫矛科(Celastraceae)　有4种：卫矛(鬼箭羽)、扶芳藤、冬青卫矛(绿篱卫矛)、丝棉木(白杜)。

杜鹃花科(Ericaceae)　有3种：羊踯躅(闹羊花)、杜鹃花(映山红、照山红、野山红)、乌饭树。

桔梗科(Campanulaceae)　有5种：沙参(杏叶沙参)、轮叶沙参、桔梗、羊乳(四叶参、山海螺)、半边莲。

兰科(Orchidaceae)　有3种：绶草(盘龙参)、兰(春兰、兰花、山兰、草兰、朵朵香)、建兰(秋兰)。

常州市被子门其他科类植物一览表

表2-4-2

科名	种名	科名	种名	科名	种名
杨梅	杨梅	商陆	商陆、美洲商陆	荨麻	苎麻、大叶苎麻、农点草、毛花点草
桦木	鹅耳枥	金鱼	金鱼藻	马兜铃	马兜铃、杜衡(南细辛、苦叶细辛)
大麻	大麻(火麻)	蜡梅	蜡梅(腊梅)	藜	甜菜(糖萝卜等)、藜(灰藋、灰菜)、菠菜、地肤(扫帚菜)
樟	云南樟、浙江樟、山胡椒(牛筋树)	金缕梅	蚊母树、枫香(枫树)	紫茉莉	紫茉莉(胭脂花、夜晚花)、九重葛(三角花、叶子花)
海桐花	海桐	酢浆草	酢浆草	马齿苋	马齿苋(酱板草、瓜子菜)、半支莲(松叶牡丹、太阳花)
杜仲	杜仲	苦木	臭椿(樗)、苦木(黄楝)	落葵	落葵(胭脂菜、胴脂豆、藤菜等)
旱金莲	旱金莲(金莲花)	远志	瓜子金	芍药	牡丹(富贵花、洛阳花)、芍药
七叶树	七叶树	省沽油	野鸦椿	木通	木通(野木瓜)、野木瓜(假荔枝)
凤仙花	凤仙花(指甲花)	鼠李	枣、雀梅藤	防己	木防己、千金藤、粉防己(汉防己、石蟾蜍)
杜英	猴欢喜	椴树	黄麻(络麻)、椴	罂粟	虞美人(丽春花)、紫堇、延胡索(元胡)、荷包牡丹
梧桐	梧桐(青桐)	金丝桃	金丝桃	悬铃木	悬铃木(三球悬铃木)、二球悬铃木(法国梧桐)
秋海棠	秋海棠、四季秋海棠	仙人掌	仙人掌、昙花、令箭荷花	虎耳草	太平花、溲疏、绣球花(粉团、八仙花)、虎耳草(金丝荷叶)
胡颓子	胡颓子	千屈菜	紫薇(百日红)	牻牛儿苗	天竺葵(洋葵、石蜡红、日烂红、入腊红)
石榴	石榴(安石榴)	蓝果树	喜树(旱莲)	槭树	鸡爪槭(鸡爪枫)、三角槭(三角枫)、二峡槭
八角枫	八角枫	山茱萸	桃叶珊瑚	黄杨	瓜子黄杨、雀舌黄杨、大叶黄杨、金星黄杨
柿树	柿	龙胆	荇菜	漆树	黄连木(楷树)、盐肤木(五倍子树)、南酸枣
马钱	醉鱼草(闹鱼花)	紫草	附地菜	冬青	枸骨(鸟不宿、猫儿刺)、冬青
紫葳	凌霄(紫葳)、梓、楸	脂麻	芝麻(脂麻)	楝科	香椿(椿树)、楝树(苦楝)、米仔兰(碎米兰、鱼子兰、树兰)

续表 2-4-2

科名	种　名	科名	种　名	科名	种　名
狸　藻	狸藻（黄花狸藻）	败　酱	白花败酱	无患子	无患子（油患子）、栾（栾华、灯笼树）
车　前	车前（打官司草）	黑三棱	黑三棱（三棱）	山　茶	山茶、茶（茗）、厚皮香、油茶
茨　藻	茨藻（大茨藻）	泽　泻	慈姑（茨菰）	菱	二角菱、四角菱、乌菱
谷精草	赛谷精草	姜	姜黄、姜（生姜）	葫　芦	合子草、栝楼（瓜蒌）、黄瓜（土瓜、假栝楼）
灯芯草	野灯芯草（龙须草）	薯　蓣	野薯蓣（野山药）	夹竹桃	络石（白花藤）、夹竹桃（柳叶桃、红花夹竹桃）
美人蕉	大花美人蕉	香　蒲	香蒲（东方香蒲、蒲草）	爵　床	穿心莲（榄核莲、一见喜、四方草、苦草）、爵床
紫金牛	紫金牛（老勿大、平地木）	小二仙草	狐尾藻（轮叶狐尾藻）	鸭跖草	鸭跖草、水竹叶（肉草、竹壳菜、竹叶菜）、吊竹梅
鹿蹄草	鹿蹄草（鹿寿草、鹿衔草）	瑞　香	瑞香、结香（黄瑞香、滇瑞香）	柽　柳	柽柳（观音柳、三春柳、西河柳、山川柳）
堇　菜	三色堇（蝴蝶花）、紫花地丁、光瓣堇菜	雨久花	雨久花（浮薔）、凤眼莲（凤眼蓝、水葫芦）	鸢　尾	鸢尾（蓝蝴蝶）、蝴蝶花、射干、唐菖蒲（菖兰、剑兰）
柳叶菜	倒挂金钟（吊钟海棠）、待霄草（月见草）	眼子菜	眼子菜（鸭子草）、菹草（虾藻、札草）		

三、物　候

植物萌发、开花、结果、凋谢和某些动物迁徙、冬眠及自然现象变化等预兆，对指导农事生产和日常生活等具有积极作用。群众通过长期现实观察，对这些现象用通俗易懂的俗语或谚语来形容，归纳为鲜明的物候特征。物候现象较多，江南地区大同小异，仅选记部分具有代表性的物候反映现象。

植物候

二月二，葫芦茄子齐下地。

三月十六晴，桑叶吃断筋，三月十六阴，桑叶无人问（农历）。

春栽杨柳夏栽桑，正月种松好时光。

春分有雨家家忙，先种瓜头后下秧。

小满（前）播种，夏至（两边）栽秧。

小暑发棵，大暑长粗。立秋长穗，白露齐稻。

头伏芝麻二伏豆，三伏里头种绿头。

七月半翻翻看，八月半吃一半，九月半谢菱盘（指采菱）（农历）。

秋分箪早稻，寒露捡青樵，霜降一齐倒。

大麦不过霜降，小麦不过立冬。

霜降到，无老少（可以全部收割）。

小雪雪满天，来岁必丰年。

霜降到立冬，种麦不放松。

立冬不见叶，到老不会结（指蚕头）。

小雪分蘖，大雪越冬，立春返青，惊蛰拔节，谷雨抽穗。

马兰不开花，三熟不到家。

芒种到，无老少。

谷雨播种棉，种在立夏前。

芒种现蕾，夏至开花，白露吐絮。

三月清明不用忙，二月清明早下秧（农历）。

秧过小满十日种，十日不种一场空。

清明桃花红，柳树二叶青。

谷雨发枣芽，刺槐已开花。

芒种合欢开花，秋分木叶变色。
四月蔷薇白，五月石榴红(农历)。
惊蛰野草青，荠菜见白花。
秋分菊花黄，岸边芦花放。
七月栽葱，八月种蒜(农历)。

动 物 候

鸡鸭勿上舍，明朝呒晴天
鸡早舍，天将变(阴雨转晴)。
鸡在高处鸣，雨止天放晴。
鸡上棚，雨乒乓。
猪叼草，雪花飘。
猪颠刮风，狗颠下雨。
白天乌鸦嘶声叫，必有大风到。
杏花开，燕南来。
立夏到，布谷叫。
布谷叫，清明到。
燕子来，好种田；嘎鹅来，好过年。
鸦叫刮风，鹊叫下雨。
蚂蚁移窝，天井成河。
蜘蛛收网，雨水必降。
蜻蜓成群飞，天要下阵雨。
蜻蜓高，谷子焦；蜻蜓底，一把泥。
蜻蜓成群绕天空，不过三天雨蒙蒙。
雨中知了叫，晴天马上到。
蛙伏土，蛇进洞(冬天蛰眠)。
蚂蚁搬家蛇挡道，明天必有大雨到。
燕子低飞蛇过道，不久大雨就来到。
田鸡乱叫，大雨就到。
蚊子声音如撞钟，不是雨来就是风。

第五章　自然灾害

常州境内地势为西高东低，西南有天目山余脉，西北有茅山山脉，地势高亢；东部及滨江临湖地区为低洼圩区，受自然气候影响，初夏梅雨集中，夏秋季节刮风(台风)下雨。因受地理位置、地貌影响，降雨年内年际分配不均，水旱灾害时常发生。从东晋升平二年(358)至1949年，1592年间共发生水旱灾害251次。普遍规律是春旱、夏涝、晚秋又旱；旱涝交替发生，但也有连旱连涝现象。

第一节　涝灾

1987年8月15日，武进潘家、戴溪两乡遭暴雨大风袭击，死亡4人，倒塌民房21间，厂房1000余平方米，经济损失30多万元。1989年8月4日，13号强热带风暴袭击常州，武进倒塌民房318间，3000多亩农田被淹。

1990年8月31日至9月1日，受台风影响，常州暴雨，降雨量为146.3毫米，大部分地区被淹，直接经济损失1500万元。

1991年6月12—17日，常州连遭暴雨袭击，从6月12日到17日8时，全市平均降水量282.7毫米(其中常武地区294毫米、金坛306毫米、溧阳248毫米)，经主要水文站观察，全部超过历史最高水位0.09～0.31米。暴雨造成严重洪涝灾害，共有6.22万人受灾，死亡7人，倒塌房屋5142间；油菜籽损失150万公斤，受淹棉田5.5万亩、秧田9.63万亩、西瓜地5万亩、桑树地5万亩；棉油粮仓库受淹284个，81家工厂被淹停产；冲毁桥梁、涵洞、闸口32个，塘坝倒塌5个，塌方248处、31.6公里，两个水库出现险情。6月30日至7月7日，再遭百年罕见特大暴雨和洪水袭击，全市累计降雨量：常武地区374毫米、金坛455毫米、溧阳311毫米；

1991年夏季常州城乡遭受特大洪涝灾害（摄于1991年7月）

7日5时常州市区运河水位升至5.34米、金坛5.26米、溧阳5.96米。洪涝灾害给全市工农业生产、交通运输和人民群众生命财产造成极其严重的损失。160万亩农田受淹，全市22余万人受灾，9人死亡，2人失踪，19人受伤，倒塌房屋或造成严重危房8万间，4395家工矿企业停产半停产，直接经济损失20亿元。全市有20.49万亩鱼塘被淹，损失鱼苗180万尾、成鱼2613.5万公斤；冲毁桥梁、涵洞、闸门1629个，圩堤决口10131处，2091家工厂停工停产。8月7日，常州再遭特大暴雨，金坛白塔乡遭龙卷风袭击。

1992年3月14—28日，常州市连遭阴雨天气，全市农作物灾害面积1.2万公顷，2.66万公顷遭受三麦纹枯病虫害影响。

1993年8月1—31日，因连续阴雨天气造成大范围渍涝。特别是在18—21日4天内，常武地区一次性降雨105毫米，金坛降雨141毫米，溧阳降雨138毫米，其中21日8时至14时，金坛6小时降雨达59毫米。全市受灾面积达10.6万亩，农作物绝收面积1.4万亩，80家工厂受淹，其中全停产企业27家，4100亩鱼塘与外河水位相通，进水居民达1430户，水深10～30厘米，受灾5000余人。全市倒塌房屋694间，损坏1075间，水利、交通、通信等基础设施受到不同程度损坏。全市直接经济损失5054万元。

1994年8月19日凌晨2—7时，常州市区和武进局部地区陡降特大暴雨，市区雨量达196.2毫米，武进圩塘、鸣凰、坊前、漕桥等站点降雨超过100毫米。市区及武进部分地区83家工矿企业进水，市区安阳里、龙船浜、西新桥二村等地数千户居民家中进水，道路积水40多处。10月9—10日，再次出现大暴雨，常州城内降雨117毫米，武进戴溪306毫米，金坛23毫米，溧阳45毫米，造成武进东部部分乡镇水灾严重，市内马路大量积水，少数民宅进水，3人死亡、1人受伤。

1995年6月20日，常州市因暴雨引发洪涝，造成53家企业停产、489家企业受淹，受灾人口4299人，农作物受灾面积7750公顷，直接经济损失1327.6万元。

1996年3月14日至4月1日，常州市连遭阴雨，农作物受灾面积600公顷。7月1—10日，因梅雨量大，引发洪涝灾害。全市有64万亩作物受涝严重，受灾面积50.43万亩，成灾0.68万亩。长时间的高水位运行给水库大坝及河道堤防造成一定损失，直接经济损失1110.3万元。8月1日，受8号台风影响，遭暴雨袭击，引发大范围洪涝，沿江出现新中国成立后最高潮位，涵、闸、堤防出现58处(座)不同程度险情。主要堤防接近漫顶，有10处7350米、洗坍5处400米，堤防渗漏、局部漏水29处2236米，坍江2处350米，涵闸损坏12座，直接经济损失300多万元。10月30日至11月12日，受阴雨天气影响，水稻来不及收割、稻谷生芽、米粒发黑。

1997年5月11日，市区一次性降雨96毫米，有11处地势低洼地段被淹，新堂立交桥、竹林路立交桥、泵站、木桥头、红壁弄、五角场等地受淹最为严重，交通一度阻塞，部分居民家中进水。

1998年7月22—23日，市区普降大暴雨，雨量达151.5毫米，其中6小时降雨达110.7毫米。由于降雨时间短，强度大，西园村、宣家弄、西新桥一村、清潭路、朝阳三村、茶山等地28个居民新村、工矿企业积水受淹，郊区受淹菜田达 3000 亩；转移长江边江心洲群众 6800 人。

1999 年 6 月 26 日 20 时至 27 日 20 时，常州市降暴雨，雨量达 52.4 毫米。6 月 27 日 20 时至 28 日 20 时，雨量达 117.1 毫米。全市 122 个乡镇受洪涝灾害，2.03 万户城市居民住宅进水，受灾人口 93.8 万人，成灾人口 24.2 万人，死亡 2 人，因灾伤病 345 人，被困村庄 599 个，被困人口 3 万人，紧急转移人口 1.12 万人，饮水困难人口 2.2 万人。全市倒塌房屋 3365 间，农作物受灾面积 6.33 万公顷，淹没内塘鱼池 2500 公顷，围网损失 330 公顷，897 家工厂受淹，其中 251 家企业被迫停产，24 所学校积水受淹。

2003 年 6 月 21 日至 7 月 23 日，暴雨、大暴雨连续不断，引起洪涝灾害，使得部分农作物、房屋、供水供电等设施及工业企业受到不同程度破坏，养殖户鱼池漫溢，禽畜死亡，造成 4 人死亡，36 人受伤，倒塌房屋 1750 间，损坏房屋 9824 间，农作物受灾 1.42 万公顷，农作物绝收 2533 公顷，死亡大牲畜 621 只，直接经济损失 3 亿元。

2007 年 7 月 3—4 日，连降暴雨，全市受灾人口 11.66 万人，农业受灾面积 7866 公顷，倒塌房屋 72 间，损坏房屋 259 间，直接经济损失 3264 万元。8 日，再降暴雨，全市受灾人口 15.87 万人，受淹面积 658 公顷。洪水围困人口 400 人，民房受淹 5543 户，损坏房屋 302 间，倒塌房屋 92 间，受淹企业 1032 家，全市道路积水 149 处。农作物受灾面积 1.05 万公顷，绝收面积 138 公顷，死亡牲畜 450 头、家禽 2.2 万只，水产养殖损失 3560 公顷。全市直接经济损失 6962 万元，农业直接经济损失 5734 万元。

2008 年 8 月 14 日下午 4 时 10 分，因短时强降雨袭击，造成武进区湖塘镇大华村寿山组一处民房屋顶坍塌，9 人被压，其中 2 人经抢救无效死亡，其他人员不同程度受伤。

2009 年 8 月 8—12 日，受第 8 号台风“莫拉克”影响，常州市暴雨，造成部分低洼地区受淹，受灾人口 3 万人，倒塌房间 36 间，损坏房屋 24 间，直接经济损失 30 万元。

第二节　旱灾

1992 年 6 月 11 日至 8 月 10 日，常州地区严重干旱。前期降水稀少，6 月 25 日入梅后，降水更少，气温日趋增高，7 月 16 日起出现炎热高温天气，高于 35℃的日数达 15 天，37℃以上的高温日数 8 天，空气干热蒸发量加大，最大日蒸发量达 13.7 毫米。全市受旱面积达 36.5 万亩，受灾面积 20.5 万亩，其中绝收 2.65 万亩。溧阳的上沛、平桥、横涧、汤桥，金坛的罗村、花山、西阳、茅麓等 23 个乡镇 160 个村 5.4 万人和 7.1 万头牲畜饮水发生困难。

1994 年 6 月 1 日至 9 月 30 日，全市干旱。汛期全市平均降雨总量 399 毫米，比历年同期减少 40%，其中常武地区 431 毫米，金坛 364 毫米，溧阳 401 毫米。且时空分布极不均匀，城区多于农村，圩区多于丘陵山区。尤其在 7—9 月，溧阳北山地区百日未下一场透雨。高温持续时间长，蒸发量大。5—9 月平均气温均比常年平均偏高，6 月 29 日出梅后进入高温伏旱期，持续时间长，温度高，达到 35℃的天数有 35 天，极端最高气温 37.7℃，溧阳山丘区降雨较少，蒸发量约为同期降雨量的 9 倍。持续干旱给全市带来了惨重的经济损失。据统计，全市因旱灾造成直接经济损失达 5.43 亿元，受旱面积一度达 176.7 万亩，其中严重受旱面积 54 万亩，绝收面积 28.2 万亩。全市有 23 个乡镇 182 个村、646 个村民小组近 12 万人生活用水发生困难，其中 116 个村、450 个村民小组近 5 万人缺水严重。

1997 年 6 月 11—20 日，全市降雨少，河湖水位迅速下降，溧阳南渡以西、滆湖等河湖水位降至 1994 年大旱年份最低水位以下，全市出现大范围初夏旱情。受旱面积 125 万亩，其中水稻 101.4 万亩；成灾面积

38.5万亩，其中水稻15.2万亩，大豆3万亩，花生1.5万亩，棉花1.0万亩，玉米1.5万亩，其他16.3万亩。旱情较为严重地区为溧阳南渡以西、金坛东部地区、武进西北部及滆湖以东地区。全市有384条引排河道及支河、支港引水不畅或发生断流，200余座电灌站引水困难，被迫停机，造成直接经济损失近5000万元。

2005年1月5日到5月10日，遭遇干旱，受灾人口9.4万人，4.1万人饮水困难，农作物受灾面积3200公顷，绝收面积350公顷，直接经济损失750万元。

第三节　风灾

1987年4月24日，武进县薛家、泰村乡和金坛城西乡遭大风和冰雹袭击，9万亩“三麦”和1000多亩棉花受损。

1987年8月10日，武进县魏村、孝都等乡遭冰雹雷雨大风袭击，20分钟，最大冰雹直径3厘米，受害水稻1.8万亩，倒塌房屋74间。

1989年9月16—17日，常州部分地区遭受23号台风外围影响，倒塌民房290间、厂房60间，直接经济损失70多万元。

1990年7月10日，溧阳的11个乡镇、4个国营场圃遭狂风暴雨袭击，造成1人死亡、13人受伤，民房倒塌1900多间，受灾水稻、棉花5万余亩。

1990年8月31日，常州市遭受15号台风正面袭击，造成死亡3人、受伤1人，53万亩杂交稻倒伏面积30%，1万亩蔬菜田被淹。

1992年4月6日至5月6日，武进受大风袭击，造成3人死亡，造成直接经济损失700万元。

1992年9月23—24日，全市受台风影响，受灾农作物4.2万公顷。

1993年6月28日，武进寨桥、安家、坊前等地受龙卷风袭击，倒塌房屋52间，吹倒电杆37根。

1993年7月7日，武进县第二建筑工程公司工地脚手架被大风刮倒，4人死亡，直接经济损失20万元。7月14日，武进再遭大风，受灾人口928人，5人受伤，倒塌房屋307间，损坏房屋384间，直接经济损失138万元。

1994年5月2日，武进百丈受大风影响，造成87间房屋倒塌，156间房屋受损，农作物受灾面积500公顷。11日，武进龙虎塘、前黄受大风影响，造成2人死亡，189间房屋倒塌，232间房屋受损，农作物受灾面积767公顷，直接经济损失181万元。31日，横林、崔桥受大风影响，造成566间房屋倒塌，农作物受灾面积167公顷，直接经济损失2000万元。

1994年7月14日，金坛的10个乡镇遭受暴风雨袭击，造成3人死亡、8人受伤，倒塌房屋188间，吹倒电线杆662根，毁坏围网养殖1202亩，造成直接经济损失1000多万元。

1995年8月30日，武进受大风影响，造成1人死亡，5人受伤。10月7日武进再遭大风影响，造成2人死亡，3人受伤。

1996年8月19日，武进礼河遭遇龙卷风，造成供水、供电线路受损，23家企事业单位及6个村停电停水，部分单位停产。9月12日，武进孝都乡5个村遭遇龙卷风和冰雹袭击，倒塌房屋54间，农作物受灾1.2万亩，减产7～8成的有6000亩，减产3～4成的有5000亩，击坏微机、传真机、广播站有线电视设备等20余台，直接经济损失752万元。

1997年5月15日，武进奔牛镇遭受龙卷风袭击，涉及1个乡镇6个村委，受灾人口8915人，损坏房屋

220间，农作物受灾面积442.6公顷，成灾面积431.55公顷，3个乡镇企业停产，损坏低压线杆49根长2公里，直接经济损失280.16万元。8月18—20日，受11号台风和天文大潮共同影响，常州段沿江出现接近1996年历史高潮位。受灾范围达65个乡镇623个村，江心洲村紧急转移人口207人，全市共倒塌房屋1358间，因大风吹倒电杆触电死亡1人，受伤5人。全市农作物受灾1.6万公顷，成灾1.01万公顷，绝收10公顷。供电中断17条次0.8～2小时，损坏江港洲堤防8.7公里，损坏块石护岸8处。全市直接经济损失2772.25万元。

1998年5月1日，武进安家镇、新北区圩塘等受大风和冰雹袭击，风力大，来势猛，26个乡镇受影响，全市折断电杆605根，倒塌居民住房794间，11人受伤，2人死亡，麦类油菜大面积倒伏10万余亩，造成直接经济损失1.34亿元。9月10日下午3时，遭局部性雷雨大风袭击，造成武进前黄镇旺庄村民房倒塌9间，死亡1人，受灾人口达16人，经济损失15万元。

2000年3月27日，常州地区遭遇雷电、大风袭击。傍晚，最大风力达9级。市区常州摄影广告制作中心、新世纪商城、楼上楼饭店、红宝石火锅城等多处广告牌被刮倒。常州港口塔吊被刮出轨道，损坏物资6万多元。戚墅堰运河一支船队刮得失去控制，一艘水泥船被撞沉没。9月13—15日，受台风"桑美"影响，农作物受灾较严重。

2005年7月5—7日，受台风影响，由强对流单体产生暴雨，降雨量达132.4毫米，农作物受灾面积1.67万公顷，直接经济损失7810万元。9月2—3日，受台风影响，倒塌房屋40间，直接经济损失30万元。

2007年7月30日，受大风影响，郑龙线一铝条被风刮到变压器高压引线上，导致732开关跳闸。9月18日，受台风"韦帕"外围云系影响，出现短时大风。10月7日，再受台风"罗莎"外围云系和冷空气影响，出现8级东北大风，农田水稻受灾严重，49万亩大面积倒伏。

第四节　其他灾害

一、地震灾害

常州地区有16条地质断裂带穿境而过，地质构造复杂，其中茅东断裂带至2010年仍在活动。常武地区处于奔牛凹陷区，受地质条件影响，小震频繁，是江苏陆地地震活动最频繁地区之一。1986—2010年，全市发生地震105次，其中1～1.9级地震75次，2～2.9级地震24次，3～3.9级地震6次。最大一次地震为1994年11月2日发生在溧阳的3.8级地震。受周边地震影响，1996年11月9日，南黄海(31°42′N，123°05′E)发生6.1级地震，距常州市台网中心300公里，震感明显。1999年9月21日，台湾南投县(23°42′N，121°05′E)发生7.6级地震，距常州市台网中心900公里，震感强烈。2008年5月12日，四川汶川(31°00′N，103°24′E)发生8级地震，距常州市台网中心1500公里，全市大部分高层建筑震感明显。

1986—2010年常州市地震情况一览表

表2-5-1

地震时间	地震级数	地震地区	地震时间	地震级数	地震地区	地震时间	地震级数	地震地区
1986.05.21	1.1	溧　阳	1987.02.08	1.1	溧　阳	1987.10.01	1.6	溧　阳
1986.07.18	2.7	溧　阳	1987.05.28	1.2	溧　阳	1987.10.26	2.2	溧　阳
1986.07.30	1.7	溧　阳	1987.07.28	2.3	溧　阳	1988.06.04	1.1	溧　阳
1987.01.50	1.6	溧　阳	1987.09.13	1.9	溧　阳	1988.07.17	1.2	溧　阳

续表 2-5-1

地震时间	地震级数	地震地区	地震时间	地震级数	地震地区	地震时间	地震级数	地震地区
1988.11.10	2.3	金坛	1994.03.23	1.6	溧阳	1998.05.23	1.2	溧阳
1988.11.14	1.3	常武地区	1994.10.27	1.4	溧阳	1998.07.06	1.3	溧阳
1988.11.19	1.4	溧阳	1994.10.27	3.1	溧阳	1999.02.20	3.3	溧阳
1988.11.22	1.0	常武地区	1994.11.02	3.8	溧阳	2000.01.01	1.5	溧阳
1988.11.22	1.1	常武地区	1994.11.02	1.4	溧阳	2000.01.21	1.4	溧阳
1988.12.28	1.4	溧阳	1994.11.02	1.8	溧阳	2000.06.29	2.5	溧阳
1989.05.13	1.3	溧阳	1994.11.02	1.3	溧阳	2000.12.07	2.5	常武地区
1989.05.20	1.2	溧阳	1994.11.03	2.0	溧阳	2000.12.08	1.7	常武地区
1989.06.22	1.6	溧阳	1994.11.03	1.6	溧阳	2000.12.13	2.4	常武地区
1989.07.25	2.5	常武地区	1994.11.15	1.0	溧阳	2000.12.31	2.2	溧阳
1989.10.05	1.0	溧阳	1995.02.10	1.1	溧阳	2001.01.30	1.1	溧阳
1989.12.24	2.8	常武地区	1995.01.03	1.0	溧阳	2001.03.07	1.4	溧阳
1990.01.23	1.3	常武地区	1995.03.15	1.1	溧阳	2001.04.13	1.2	溧阳
1990.02.17	1.8	常武地区	1995.03.27	1.1	溧阳	2001.06.11	1.4	溧阳
1990.04.12	1.5	溧阳	1995.04.03	2.1	溧阳	2001.06.13	1.1	溧阳
1990.06.10	1.2	溧阳	1995.04.21	1.2	溧阳	2001.07.13	1.5	常武地区
1990.10.13	2.3	常武地区	1995.05.03	1.6	溧阳	2001.08.16	2.1	溧阳
1990.11.07	1.1	溧阳	1995.05.03	1.3	溧阳	2002.01.25	1.1	金坛
1991.01.09	1.2	溧阳	1995.08.24	2.4	溧阳	2002.02.01	1.8	溧阳
1991.08.08	1.1	溧阳	1995.08.24	1.3	溧阳	2002.10.15	2.9	溧阳
1991.09.26	1.7	溧阳	1995.08.24	1.5	溧阳	2002.10.15	3.2	溧阳
1991.10.24	1.1	溧阳	1995.10.02	1.6	溧阳	2002.10.15	2.0	溧阳
1991.11.26	1.4	溧阳	1995.10.26	1.7	常武地区	2002.10.17	1.7	溧阳
1991.12.30	1.1	金坛	1996.03.15	1.1	溧阳	2003.03.20	2.0	溧阳
1992.01.22	2.1	金坛	1996.06.17	1.5	溧阳	2004.01.24	1.0	溧阳
1992.01.25	3.2	常武地区	1997.06.25	1.2	溧阳	2006.04.26	2.3	常武地区
1992.02.29	1.7	溧阳	1997.07.07	1.5	溧阳	2007.04.25	1.8	溧阳
1992.03.14	1.9	溧阳	1998.03.15	2.3	溧阳	2007.10.09	2.7	溧阳
1992.06.28	1.8	常武地区	1998.04.01	1.9	溧阳	2008.08.06	1.5	溧阳
1994.01.26	1.4	溧阳	1998.05.23	1.0	溧阳	2008.12.23	3.1	溧阳
1994.02.23	1.1	溧阳	1998.05.23	2.0	溧阳	2009.01.17	1.7	常武地区

二、雹　灾

1986年7月27日下午3时，武进的魏村、西夏墅等8个乡遭受冰雹、暴风雨袭击，伤41人，倒塌房屋546间，折断树木2.1万棵、电杆309根，2.5万亩棉花和水稻受损。

1994年5月31日，武进崔桥乡遭冰雹袭击，造成30多间厂房倒塌，541间厂房、民房损坏，400亩秧苗、

2100亩蔬菜被砸毁，直接经济损失2000余万元。

1999年5月5日下午4时，常州市区、戚墅堰区和武进吕墅、邹区、横山、芙蓉、崔桥、横林等乡镇遭冰雹袭击，持续时间长达15分钟，大如元宵，小如蚕豆，直径约5毫米，全市20多个乡镇2.67万公顷农作物受灾。

2009年2月24日常州、金坛、溧阳出现雷暴天气，伴有中到大雨，金坛西岗、唐王、方麓的部分地区出现大如小枣、小似黄豆的冰雹。6月4—5日，常州地区出现3次冰雹，最大冰雹直径23毫米；5日雷雨大风，最大风速为17.9米每秒(8级)。受冰雹袭击，全市葡萄、西瓜受灾面积476公顷，成灾面积360公顷。

三、雷　灾

1994年8月19日，武进洛阳镇遭雷电袭击，引起火灾，烧塌工厂库房6间，直接经济损失8.7万元，有1人被雷电击中死亡。

1996年8月18日，武进供电局35千伏变压器被雷击中，造成大部分地区停电。

1998年3月24日，天宁区青龙镇一养鸡场遭雷电击中，引起养鸡场火灾，死亡鸡2000只。7月16日，市区受雷电和大风影响，造成常州锻造厂电话总机，常州信息寻呼台微机、电话机，绝缘材料厂总机，20多台彩电被击毁，经济损失20万元。

2000年5月2日，武进前黄镇遭受雷电袭击，直接经济损失2000元。

2006年5月5日14时49分，魏村遭雷电袭击，武北线318开关跳闸。6月24日6时59分，三井遭受雷击，312开关跳闸；7时02分遥观遭雷击，317开关跳闸。同月24日，武进两名村民在田间插秧，遭雷电击中死亡。7月4日20时15分，新北区江边化工区天汁化学公司甲醇储罐受雷电袭击，发生大火。8月6日13时30分，新北区变电站遭雷击，造成大面积停电，经紧急抢修，16时恢复供电。8月10日16时左右，武进礼河塘北寺一村民房屋遭雷击，引起大火，房屋受损严重。8月15—16日，常州兆丰家园、人民家园共计10余户人家遭受雷击，部分家电受损，损失3万元。16日下午，勤业新村67幢乙单元502室遭雷击起火，电脑、电视、空调被烧坏，损失2万多元。16日17时左右，新北区临江化工有限公司四楼管道遭雷击起火，经济损失10万多元。

2007年5月5日23时36分，武进武湖线715开关及4号杆瓷瓶受雷电袭击。7月23日，薛北线121开关及67号杆遭雷击跳闸，雷电击死2人。2008年4月8日，受江淮气旋影响，全市普降大雨，局部暴雨，并出现7～8级大风，常州青鱼养殖基地洛阳镇杨程禹渔业专业合作社百亩鱼塘遭到雷击，1.5万公斤鲜鱼死亡，直接经济损失达30余万元。7月12日中午，武进遥观留道村委横墅村73号居民家被雷电击中，5台电视机、1只台式电脑被击坏。7月23—24日，发生强雷电，导致常州市内城区线、东岗线、方山线和华阳线4条供电线路中断，10千伏城区线中断供电达5小时。

2009年2月24日13时左右，常州城区项家花园120号702室、603室、703室遭雷击，击坏1台电视机机顶盒、3台计算机外置调制解调器。

四、雪灾　冰冻灾　雾灾

1991年12月25—26日，常州市区降雪12.2厘米，27—28日积雪深17厘米。

1992年12月29—31日，常州市遭受低温冷害，最低气温达零下11.2℃，“三麦”、油菜、绿果树、茶树、蔬菜受冻。

1993年11月27—30日，常州市农作物受低温冷害，直接经济损失100万元。1994年1月18日，常州市大范围降雪，引发事故造成4人死亡，10人受伤。

1995年4月3日，常州市地区受低温冷害，农作物受灾面积3691公顷，直接经济损失243万元。

1998年3月18—20日，受强寒潮天气影响，常州地区雷雨、暴雪、冰雹交加，雨雪量达31.4毫米，积雪深6厘米，20—22日，最低温度持续在零度以下，冰冻严重，对交通运输和作物生长造成严重影响。3月20日机场关闭，圩塘汽渡停运。郊区蔬菜大棚倒塌1421个，房屋倒塌414间，8.71万公顷小麦、4万公顷油菜遭灾。全市蔬菜绝收面积82.04公顷，4002公顷茶树遭灾，造成414间房屋倒塌，农作物受灾面积12.71万公顷，直接经济损失1.5亿元。

2000年1月1—24日，常州地区普降大雪，雨雪量8.5毫米，积雪深度5厘米，25—28日连续4天日最低气温均在零下5℃以下，27日最低气温达到零下7.5℃。雪灾和冰冻造成交通严重受阻，飞机停飞，火车晚点，停开长途汽车300多班次，市区道路受损严重，公交车行驶艰难，蔬菜遭冻害后价格猛升。

2006年2月5日，常州地区突降暴雪，降水量11.6毫米，暴雪给交通带来很大影响，出行不便。

2008年1月25日20时至29日8时，常州出现连续暴雪天气，常州降雪52.8毫米、金坛51.8毫米、溧阳50.4毫米，最大积雪深度为常州38厘米、金坛31厘米、溧阳35厘米，其中常州的积雪深度创1952年有气象记录后最高记录。全市受灾人口35万人，转移安置人口607人，倒塌房屋、厂棚165间，损坏房屋479间，农作物受灾面积4472公顷，造成直接经济损失1.26亿元，其中农业直接经济损失1.07亿元。导致26—29日常州发生交通事故735起，死亡3人，伤53人。2月1—2日，全市再下中到大雪，全市大面积的蔬菜大棚和畜禽棚舍倒塌；花木、小麦、油菜、蚕豌、大棚蔬菜等农作物受灾面积43.02万亩，倒塌蔬菜大棚437.28万平方米，蔬菜、花卉等作物受灾；露天蔬菜受灾5.21万亩；倒塌畜禽舍23.54万平方米，死亡家禽30.88万只；林业受灾18.9万亩，倒伏林木132.31万株；渔业受灾面积3.05万亩，倒塌渔业房屋14间。

2009年10月2日至11月27日，常州地区出现8次大雾，其中10月26日出现浓雾，能见度10米。11月7日出现大雾，能见度150米；8日大雾，能见度70米；26日大雾，能见度30米。强浓雾天气造成交通拥堵，高速公路封闭，飞机暂停起降。

第三卷 人口

Volume III Population

1986—2010年，常州市总户籍人口300多万人，常住总人口为三四百万人。1981年，中共中央发表《关于控制中国人口增长问题致全体共产党员、共青团员的公开信》，提倡“一对夫妇只生育一个孩子”，全国正式实施计划生育。常州城乡居民逐步改变“多子多福”的传统生育观念，人口出生率、自然增长率、妇女生育率明显下降，人口过快增长的势头得以扭转。1986年底，全市户籍总数91.06万户，户籍总人口309.74万人。1986年以后，常州经济快速发展，城市化进程持续推进，地域区划迭经调整，市区总户数逐年递增，非户籍常住人口大量涌入，人口与计划生育的管理和服务面临许多机遇和挑战。全市各级人口、户籍管理人员转变理念、创新方法，运用信息网络等新技术，提升人口管理和服务的水平，常住人口信息计算机管理系统建设和流动人口集居式服务管理走在全省、全国前列。至2010年底，全市户籍总数127.11万户，户籍总人口360.8万人；常住总人口459.33万人。

第一章　人口规模

1986年，全市户籍总人口309.74万人，2000年末全市户籍总人口341.48万人，年均递增7‰，人口出生率由1986年的13.1‰降至12.6‰。2001—2010年，全市人口出生率继续呈下降态势，基本保持在7‰～9‰。2010年末，全市户籍总人口达360.8万人。全市死亡人数总体呈上升趋势，2010年比1986年的死亡率上升1.5‰；全市人口净增人数、自然增长率总体呈下降趋势，2010年比1986年自然增长率下降7.6‰。2009年，全市净增人数、自然增长率首次出现负增长。1986—2010年，全市人口密度总体呈逐年递增趋势，市区尤其是主城区人口密度增幅较大。

第一节　总量

一、总人口

户籍人口　1986—1995年，全市总户数逐年递增，由1986年的91.06万户增至1995年的114万户，增长25.19%；市区总户数总体呈增长趋势，至1995年底净增户数10.22万户，增幅达60.12%。1986—1995年，全市户籍总人口逐年递增，由1986年的309.74万人增至1995年的333.65万人，增长7.72%，户均人数总体呈下降趋势；市区户籍总人口至1995年净增26.86万人，增长49.93%。1986—1993年市区户均人数逐年下降，1994—1995年略增。1996—2005年，全市总户数继续呈递增趋势，增幅稍微放缓，至2005年末净增7.24万户，增长6.31%；市区总户数保持快速递增趋势，至2005年末净增46.83万户，增幅达170.11%。2002年，因武进划入市区，人口猛增，比2001年净增43.02万户，增幅高达147.68%。1996—2005年，全市户籍总人口逐年递增，至2005年末净增14.09万人，增幅4.17%，户均人数总体呈下降趋势；市区户籍总人口增幅较大，至2005年末净增137.97万人，增长166.65%，2002年增幅最大，比2001年增135.3%。2006—2010年，全市、市区总户数总体呈增长趋势，仅2007年略降。全市、市区户籍总人口逐年递增，2010年末全市有户籍总人口360.8万人。

1986—2010年常州市和市区总户籍、总人口统计表

表3-1-1

年份	全市			市区		
	总户籍(万户)	总人口(万人)	户均人口(人)	总户籍(万户)	总人口(万人)	户均人口(人)
1986	91.06	309.74	3.40	17.00	53.80	3.16
1987	93.67	313.22	3.34	20.24	63.31	3.13
1988	100.32	317.06	3.16	21.36	64.54	3.02
1989	104.80	321.65	3.07	22.43	65.82	2.93
1990	106.91	324.85	3.04	23.00	66.77	2.90
1991	108.61	326.87	3.01	23.52	67.66	2.88
1992	110.41	328.57	2.98	24.16	69.09	2.86
1993	111.63	329.33	2.95	24.44	69.39	2.84
1994	111.84	331.44	2.96	19.10	56.42	2.95
1995	114.00	333.65	2.93	27.22	80.66	2.96
1996	114.73	337.54	2.94	27.53	82.79	3.01
1997	115.69	339.23	2.93	27.97	84.76	3.03
1998	116.57	340.75	2.92	28.34	85.61	3.02
1999	117.44	339.71	2.89	28.48	87.28	3.06
2000	117.89	341.48	2.90	28.80	88.26	3.06
2001	118.65	341.52	2.88	29.13	89.48	3.07
2002	119.74	343.24	2.86	72.15	210.55	2.92
2003	121.04	346.22	2.86	73.34	213.41	2.91
2004	121.63	348.96	2.87	73.94	217.14	2.94
2005	121.97	351.63	2.88	74.36	220.76	2.97
2006	122.32	354.67	2.90	74.94	222.48	2.97
2007	122.21	357.38	2.92	74.62	224.72	3.01
2008	123.40	358.74	2.91	75.73	225.86	2.98
2009	125.47	359.82	2.87	77.86	226.67	2.91
2010	127.11	360.80	2.84	79.54	227.75	2.86

说明：2002年前市区数据不包括武进，2002—2010年市区数据包括武进

城镇人口 1986—1995年，全市城镇人口逐年增长，由1986年的67.92万人增至1995年的120.48万人，增幅77.4%，增长最多的是1993年；市区城镇人口1995年比1986年净增25.28万人，增幅54.66%，增长最多的是1992年。1996—2005年，全市城镇人口保持递增趋势，至2005年净增87.85万人，增幅70.4%，

其中2003年增长最快；市区城镇人口2005年比1996年净增75.21万人，增幅101.4%，其中增长最快的是2002年。2006—2010年，全市、市区城镇人口仍保持递增趋势，至2010年全市城镇人口293.74万人，全市城镇人口增长最快的是2007年。

1986—2010年常州市城镇人口统计表

表3-1-2　　单位：万人

年份	全市	市区	年份	全市	市区	年份	全市	市区
1986	67.92	46.25	1995	120.48	71.53	2004	206.75	144.56
1987	69.21	48.47	1996	124.71	74.16	2005	212.56	149.37
1988	75.08	50.18	1997	128.47	76.84	2006	223.99	199.28
1989	79.32	51.91	1998	130.43	77.94	2007	264.84	206.06
1990	81.40	53.15	1999	139.43	80.35	2008	268.66	209.64
1991	82.80	54.15	2000	147.81	81.75	2009	272.27	212.76
1992	97.58	67.33	2001	152.40	83.68	2010	293.74	228.07
1993	115.11	68.86	2002	157.82	108.57			
1994	116.02	68.37	2003	201.01	139.89			

说明：2002年前市区数据不包括武进，2002—2010年市区数据包括武进

二、常住人口

2005—2010年，全市常住人口由2005年的412.80万人增至2010年的459.33万人，城镇常住人口由2005年的248.89万人增至2010年的293.74万人。2010年全市常住人口增长最快，2006年城镇常住人口增长最快；2007年以后，全市农村常住人口总体呈减少趋势，2010年比2007年减少4.8万人。市区常住人口、城镇人口和农村人口均逐年增长，市区城镇人口增长最快是2006年。

2005—2010年常州市和市区常住人口统计表

表3-1-3　　单位：万人

年份	全市			市区		
	常住人口	城镇人口	农村人口	常住人口	城镇人口	农村人口
2005	412.80	248.89	163.91	286.73	191.81	94.92
2006	425.69	257.54	168.15	297.48	199.28	98.20
2007	435.23	264.84	170.39	306.82	206.06	100.76
2008	440.71	268.66	172.05	311.92	209.64	102.28
2009	445.18	272.27	172.91	315.91	212.76	103.15
2010	459.33	293.74	165.59	329.18	228.07	101.11

三、流动人口

常州地理位置优越，交通便利，经济发展速度较快，就业机会多，外来劳动者数量逐年增加。80年代初起，暂住人口呈总量增长趋势，增长率逐年下降。1988年底，全市有暂住人口5.1万人，暂住人口与户籍人口之比为1∶62.2。1990年第四次全国人口普查时，全市常住总人口、户口状况结构与第三次全国人口普查时相比，流动性增大，全市流动总人口188118人，占总人口的5.8%。90年代，随着改革开放的逐步深化，常

州经济飞速发展、社会治安稳定，经济与社会的繁荣发展带动了人口的频繁流动，一些制约人口流动的体制藩篱逐渐被打破，到常州的外来流动人口成为常州人口总量增长的主要来源。2000 年第五次全国人口普查时流动人口从 1990 年的 13 万人迅速上升至 59 万人。2000 年末，暂住人口与户籍人口之比上升到 1∶7.6。

2000—2006 年，外来务工人员多，流动性大。从流动人口的就业状况看，所有流动人口中登记有职业的占总量的 80.9%，其中务工占 61.2%，主要分布在制造加工业、批发零售业和建筑业。这三个行业的外来务工人员占全部外来务工人员总量的 80%；经商的占 10%；从事服务业的占 5.95%；务农的占 3.8%。由于文化素质和劳动技能的限制，外来流动人员绝大部分只能从事简单劳动。暂住时间短，流动性大，流动人员在常州市暂住时间不足 1 个月的占 27.4%；1 个月到 1 年(不含 1 年)的占 42.1%，1 年及其以上的占 30.5%。近 30% 的流动人口在本市居住时间不足 1 个月，流动频繁。2005 年末，全市暂住人口 130.3 万人，与当年户籍人口的比例上升为 1∶2.7；市区外来暂住人口 113.81 万人，与当年户籍人口的比例上升至 1∶1.94。2007 年底，全市有暂住人口 149.32 万人。2010 年底，降至 133.45 万人，其中市区为 121.23 万人；全市外来暂住人口与户籍人口的比例为 1∶2.7，其中市区外来暂住人口与户籍人口的比例为 1∶1.88。外来暂住人口中，到常州务工、经商或从事服务行业的占暂住人口总数的 93.6%。

第二节　密度

1986 年，全市人口密度每平方公里 708 人。1986—1994 年，常州市区面积由 1986 年的 187 平方公里增至 1994 年的 190 平方公里，人口密度逐年增加；1986 年市区和武进、溧阳、金坛三县人口密度每平方公里分别为 2877 人和 528 人。1995—2001 年，市区面积增至 280 平方公里，扩大 90 平方公里，人口密度逐年增加。2002 年，因武进划入市区，市区面积增至 1872 平方公里，市区人口密度每平方公里比 2001 年减少 2071

1986—2010 年常州市和市区人口密度统计表

表 3-1-4　　　　单位：人/平方公里

年份	全市人口密度	市区		年份	全市人口密度	市区	
		面积(平方公里)	人口密度			面积(平方公里)	人口密度
1986	708	187	2877	1999	776	280	3117
1987	716	187	3386	2000	781	280	3152
1988	725	187	3451	2001	781	280	3196
1989	735	187	3520	2002	785	1872	1125
1990	743	187	3571	2003	791	1872	1140
1991	747	187	3618	2004	798	1872	1160
1992	751	190	3636	2005	804	1872	1179
1993	753	190	3652	2006	811	1872	1188
1994	758	190	2969	2007	817	1872	1200
1995	763	280	2881	2008	820	1872	1207
1996	772	280	2957	2009	822	1872	1211
1997	775	280	3027	2010	825	1862	1223
1998	779	280	3058				

人。2010年,全市人口密度为每平方公里825人,增长16.5%,是1986—2010年期间人口密度最高的年份。2010年,武进、新北、天宁、钟楼、戚墅堰5区和溧阳、金坛两市人口密度分别为每平方公里814人、995人、5736人、5296人、2500人、509人、563人。1986—2010年,辖市区人口密度均呈增长趋势,天宁、钟楼两区作为主城区,增幅均达150%。

第三节　变动

一、自然增长

总人口　1986—2010年,全市总人口净增数、自然增长率总体呈下降趋势。1989年净增数、自然增长率最高;增长最快是1997年,自然增长率上升5.1个千分点;下降最多是1998年,自然增长率下降3.1个千分点。2009年、2010年净增人数、自然增长率首次连续出现负增长。其间,常州市区人口净增数、自然增长率总体呈下降趋势,2010年比1986年减少386人,自然增长率下降4.4个千分点。1995年,市区净增数增长最快、自然增长率最高,自然增长率上升7.6个千分点;1996年下降最多,自然增长率下降4.2个千分点;2009年自然增长率首次出现负增长。

1986—2010年常州市和市区总人口自然增长指标统计表

表3-1-5

年份	全市		市区		年份	全市		市区	
	净增数(人)	自然增长率(‰)	净增数(人)	自然增长率(‰)		净增数(人)	自然增长率(‰)	净增数(人)	自然增长率(‰)
1986	21262	6.9	2911	5.5	1999	11620	3.4	3301	3.8
1987	28362	9.1	4943	7.9	2000	19847	5.8	5241	5.9
1988	28697	9.1	5804	9.1	2001	9993	2.9	2628	2.9
1989	31615	9.9	5478	8.4	2002	11203	3.2	6479	3.1
1990	28177	8.7	3979	6.0	2003	5623	1.6	2149	1.0
1991	20972	6.4	4123	6.1	2004	3726	1.1	4193	1.9
1992	18697	5.7	5201	7.6	2005	7425	2.1	3741	1.7
1993	16954	5.2	3971	5.7	2006	6701	1.9	2455	1.1
1994	15390	4.7	4206	3.5	2007	3425	1.0	3267	1.5
1995	17538	5.3	8821	11.1	2008	539	0.2	1284	0.6
1996	11225	3.3	5631	6.9	2009	-1435	-0.4	1050	-0.4
1997	28461	8.4	4993	6.0	2010	-2560	-0.7	2525	1.1
1998	17975	5.3	4615	5.4	累计	361432	4.4	102989	4.5

出　　生　1986—2010年,全市出生人口数、出生率总体呈下降趋势,2010年出生人数比1986年减少12379人,出生率降低5.3个千分点。1989年出生人数、出生率达顶峰,1997年增长最快,出生率提高4.3个千分点,2001年减少最多,出生率下降4.2个千分点;2008年出生人数、出生率为最低值。其间,常州市区出生人数呈总体增加趋势、出生率呈总体下降趋势,2010年出生人数比1986年多12435人,出生率降低2.7个千分点。其间,1995年出生率最高,2008年出生率为历年最低。

1986—2010年常州市和市区人口出生统计表

表3-1-6

年份	全市		市区		年份	全市		市区	
	出生(人)	出生率(‰)	出生(人)	出生率(‰)		出生(人)	出生率(‰)	出生(人)	出生率(‰)
1986	40329	13.1	5663	10.7	1999	31975	9.4	8152	9.4
1987	47636	15.3	8200	13.1	2000	42845	12.6	10298	11.7
1988	48901	15.5	9400	14.7	2001	28713	8.4	7298	8.2
1989	50730	15.9	8913	13.7	2002	30949	9.0	19767	9.4
1990	48772	15.1	7667	11.6	2003	25490	7.4	16711	7.8
1991	41384	12.7	7890	11.7	2004	27992	8.1	18733	8.7
1992	39676	12.1	8923	13.0	2005	29049	8.3	19085	8.7
1993	37130	11.3	7736	11.2	2006	28166	8.0	17397	7.8
1994	35638	10.8	8030	8.6	2007	27236	7.7	17585	7.9
1995	38830	11.7	13434	16.9	2008	25273	7.1	16143	7.2
1996	33464	10.0	10127	12.4	2009	26142	7.3	16673	7.4
1997	48469	14.3	10375	12.4	2010	27950	7.8	18098	8.0
1998	40230	11.8	9444	11.1	累计	902969	10.8	301742	10.5

死　　亡　1986—2010年，全市死亡人数总体呈上升趋势，2010年比1986年多11443人，死亡率上升2.3个千分点。其间，2001年死亡人数、死亡率最低；2004年同比增长最多，死亡率上升1.2个千分点；2010年死亡人数、死亡率最高。其间，市区随着人口总量快速膨胀、环境污染和饮食习惯改变，死亡人数、死亡率

1986—2010年常州市和市区人口死亡统计表

表3-1-7

年份	全市		市区		年份	全市		市区	
	死亡(人)	死亡率(‰)	死亡(人)	死亡率(‰)		死亡(人)	死亡率(‰)	死亡(人)	死亡率(‰)
1986	19067	6.2	2752	5.2	1999	20355	6.0	4851	5.6
1987	19274	6.2	3257	5.2	2000	22998	6.8	5057	5.8
1988	20204	6.4	3596	5.6	2001	18720	5.5	4670	5.3
1989	19115	6.0	3435	5.3	2002	19746	5.8	13288	6.3
1990	20595	6.4	3688	5.6	2003	19867	5.8	14562	6.8
1991	20412	6.3	3767	5.6	2004	24266	7.0	14540	6.8
1992	20979	6.4	3722	5.4	2005	21624	6.2	15344	7.0
1993	20176	6.1	3765	5.4	2006	21465	6.1	14942	6.7
1994	20248	6.1	3824	5.1	2007	23811	6.7	14318	6.4
1995	21292	6.4	4613	5.8	2008	24734	6.9	14859	6.6
1996	22239	6.6	4496	5.5	2009	27577	7.7	15623	6.9
1997	20008	5.9	5382	6.4	2010	30510	8.5	15573	6.9
1998	22255	6.5	4829	5.7	累计	541537	6.4	198753	6.0

总体呈上升趋势，2010年比1986年多12821人，死亡率上升1.7个千分点。1994年死亡人数、死亡率最低，2002年死亡率上升1个千分点；2005年死亡人数、死亡率均为历年最高。

二、机械增长

1986年以后，随着改革开放的深入，农村人口向城市流动，边远地区到常州地区务工人员逐渐增加。1990年后，落实知青子女返常、解决历史遗留问题和引进人才等，成为迁入人口增加的主要原因。1986—1995年，除1991年、1993年外，其余8年迁入人数均高于迁出人数，迁出比例最高的是1993年，迁入比例最高的是1989年，高于迁出人数的27.48%。1996—2005年，迁入人数均高于迁出人数。迁出比例最高的是1997年，迁入比例最高的是2005年，迁入人数高于迁出人数的93.69%，机械增长率高达11.92%。2006—2010年，迁入人数均高于迁出人数，2008年迁入人数最少，仍比迁出人数多27.3%。

1986—2010年常州市人口机械增长指标统计表

表3-1-8

年份	迁入		迁出		机械增长	
	总人数(人)	迁入率(‰)	总人数(人)	迁出率(‰)	总人数(人)	机械增长率(‰)
1986	52274	16.88	43807	14.14	8467	2.74
1987	51418	16.42	42121	13.45	9297	2.97
1988	61181	19.30	53017	16.72	8164	2.58
1989	57656	17.93	45228	14.06	12428	3.87
1990	47901	14.75	43371	13.35	4530	1.40
1991	38914	11.91	39035	11.94	-121	-0.03
1992	51394	15.64	50774	15.45	620	0.19
1993	42683	12.96	47506	14.43	-4823	-1.47
1994	56907	17.17	48512	14.64	8395	2.53
1995	63711	19.10	54649	16.38	9062	2.72
1996	67046	19.86	60463	17.91	6583	1.95
1997	61077	18.00	54895	16.18	6182	1.82
1998	57419	16.85	55041	16.15	2378	0.70
1999	88943	26.18	74614	21.96	14329	4.22
2000	75697	22.17	70410	20.62	5287	1.55
2001	65284	19.12	64513	18.89	771	0.23
2002	87365	25.45	70556	20.56	16809	4.89
2003	80888	23.36	60370	17.44	20518	5.92
2004	85920	24.62	57995	16.62	27925	8.00
2005	86685	24.65	44754	12.73	41931	11.92
2006	58939	16.62	36149	10.19	22790	6.43
2007	57901	16.20	32309	9.04	25592	7.16
2008	43544	12.14	34205	9.53	9339	2.61
2009	47831	13.29	33675	9.36	14156	3.93
2010	50127	13.89	33757	9.36	16370	4.53

说明：1986—1998年数据为公安局统计口径的人口数据

第二章 人口结构

根据1990年第四次、2000年第五次、2010年第六次全国人口普查资料，常州市人口结构随着经济社会的快速发展而变化，总体上幼儿人口数量日益下降，青少年人口总数逐渐减少，老年人口数量逐年上升；男性人口第五次全国人口普查时比第四次全国人口普查时减少，女性人口上升；第六次全国人口普查时比第五次全国人口普查时男性人口又略有增长，女性人口略有下降，呈波浪式变化。性别比总体呈降低趋势。平均文化程度不断提高。6岁以上人口文化程度由小学、初中文化程度人口占主体，向初高中和大专及以上文化程度人口占主体转变。汉族人口占总人口的主体，少数民族人口数量较少，但增长速度较快。

第一节 年龄构成

一、常州市

据1990年第四次全国人口普查情况，全市人口年龄结构由第三次全国人口普查时的成年型向老年型过渡（年龄中位数略低），达老年型标准，全市人口长寿水平为8.5%，比1982年的8.2%上升0.3个百分点；百岁老人由1982年的3人增至8人，由1982年的每10万人口0.1人增至0.24人。

1990—2000年，劳动适龄人口趋向老化；老年组增加人口最多，65岁及其以上老年人口占总人口8.75%，其中80岁及其以上高龄老人占老年人口的15.72%，百岁老人从1990年的8人升至35人。1991—2000年，常州随着计划生育政策的深入推进和经济的发展，青少年人口减少，老年人口增加，年龄中位数提高，高龄化速度超过老年人口增长速度，老少比差距逐年增大，人口年龄结构迅速老龄化，劳动适龄人口的抚养重心由少年儿童转向老年人。据第五次全国人口普查，2000年全市0～14岁人口为62.63万人，占总人口的比重为16.6%，比1990年骤减3.3个百分点；全市学龄前儿童（0～6岁）占总人口的比重从1990年的9.4%降至6.1%；小学适龄（7～12岁）人口占总人口的7.9%，与1990年基本持平；中学适龄（13～18岁）人口占总人口的比重从1990年的9.1%降至7.8%。劳动适龄人口通常分为青年组16～34岁、中年组35～44岁、老年组男45～59岁、老年组女45～54岁4个组。同年，老年组劳动适龄人口（下同）为64.77万人，占劳动适龄人口的24.2%，比1990年上升7个百分点，净增26.7万人；中年组、青年组分别为63.7万和128.46万人，占

第四至第六次全国人口普查常州市各年龄段人口一览表

表3-2-1　　单位：人

年龄段(岁)	第四次	第五次	第六次	年龄段(岁)	第四次	第五次	第六次
0～9	439187	363810	348016	60～69	225025	246489	396039
10～19	496717	516289	486841	15～64	2384069	2820812	3615046
0～14	652791	626252	528808	70～79	110935	165994	199093
20～29	704157	652933	788188	80～89	29197	47984	86646
30～39	579510	788026	811822	90～99	1892	3959	8978
40～49	422172	573560	885950	100岁及其以上	8	35	146
50～59	270934	418631	580712	65岁及其以上	242874	330646	448571

劳动适龄人口的24.8%和50%,分别比1990年降1.3和6.2个百分点。

2010年据第六次人口普查,65岁及其以上老年人口占总人口的9.77%,其中80岁及其以上高龄老人占老年人口的21.35%,人口老龄化趋势和程度更为明显。全市常住人口中,0～14岁人口为52.9万人,占11.5%;15～64岁人口为361.5万人,占78.7%;65岁及其以上人口为44.9万人,占9.8%。与2000年第五次全国人口普查时相比,0～14岁人口的比重下降5.1个百分点,15～65岁人口的比重上升4个百分点,65岁及其以上人口的比重上升1个百分点。常州市第四、五、六次全国人口普查人口年龄构成中,少儿抚养比下降,老年人赡养比上升。

二、市　　区

从常州市区人口第四、五、六次全国人口普查结果看,因常州市区区域面积调整扩大及相应的人口统计口径变化,人口总数变化较大,但总体符合全市人口变化的趋势、规律。

第四至第六次全国人口普查常州市区各年龄段人口统计表

表3-2-2　　单位:人

年龄段(岁)	第四次	第五次	第六次	年龄段(岁)	第四次	第五次	第六次
0～9	208487	88892	252456	60～69	105466	68208	261293
10～19	227569	160723	345351	70～79	51986	40390	127676
20～29	315910	219323	631118	80～89	13541	11339	53953
30～39	252526	221503	615110	90～99	859	1002	5748
40～49	187975	161659	609842	100岁及其以上	4	10	94
50～59	118951	110236	388277				

第二节　性别构成

一、常 州 市

据1990年第四次全国人口普查结果,7月1日0时全市人口性别比第三次全国人口普查时降低,有男性1677351人、女性1602383人,男性比女性多74968人,性别比104.68,比“三普”时的105.6下降0.92。0～69岁年龄段男性均多于女性,其中30～39岁年龄段性别比最大,70岁以上年龄段男性比女性少。2000年,据第五次全国人口普查,全市人口的性别比正常,男性比女性多32946人,全市总人口的性别比为101.76,比1990年降低2.92,各年龄段的发展不一致,0～9岁年龄段性别比最大。与1990年第四次全国人口普查比,10～19岁、20～29岁年龄段人口中女性多于男性,男女性别比在缩小;60岁及其以上组均提高,15～59岁劳动适龄人口的性别比降低。2010年据第六次全国人口普查,全市常住人口中,男性人口为2341100人、女性人口为2251331人,分别占总人口的50.98%、49.02%;男性比女性多89769人。与2000年第五次全国人口普查时相比,男女性别比加大,但仍属正常值范围。总人口性别比由2000年第五次全国人口普查的101.76升至103.99,0～9岁年龄段性别比最大。

1986—1995年,全市女性人口逐年增加,由1986年的150.11万人增至1995年的162.14万人,增8.01%;市区女性人口总量增长,至1995年净增13.58万人,增52.7%。1996—2005年,全市女性人口总体增长,至2005年净增9.33万人,增幅5.7%,1999年略有下降。市区女性人口逐年增长,至2005年累计净增69.46万人,增171.5%,2002年增速较快。2006—2010年,全市、市区女性人口均保持递增趋势，2010年底全市有女性人口180.5万人。

第四至第六次全国人口普查常州市分年龄段性别构成统计表

表3-2-3

年龄段(岁)	普查次数	男性		女性		性别比(%)
		总数(人)	占全市总人口的(%)	总数(人)	占全市总人口的(%)	
0～9	第四次	227188	6.93	211999	6.46	107.16
	第五次	192518	5.10	171292	4.54	112.39
	第六次	184984	4.03	163032	3.55	113.46
10～19	第四次	255507	7.79	241210	7.36	105.93
	第五次	256047	6.78	260242	3.45	98.39
	第六次	256182	5.58	230659	5.02	111.07
20～29	第四次	354396	10.80	349761	10.67	101.33
	第五次	321984	8.52	330949	8.77	97.29
	第六次	403817	8.80	384371	8.37	105.06
30～39	第四次	307024	9.36	272486	8.31	112.68
	第五次	395941	10.49	392085	10.38	100.98
	第六次	409381	8.91	402441	8.76	101.72
40～49	第四次	219528	6.70	202644	6.18	108.33
	第五次	302085	8.00	271475	7.18	111.28
	第六次	447542	9.74	438408	9.54	102.08
50～59	第四次	141013	4.30	129921	3.97	108.54
	第五次	215354	5.70	203277	5.38	105.94
	第六次	304156	6.62	276556	6.02	109.98
60～69	第四次	113761	3.47	111264	3.40	102.24
	第五次	125119	1.66	121370	1.61	103.09
	第六次	200125	4.36	195914	4.26	102.15
70～79	第四次	49121	1.50	61814	1.89	79.47
	第五次	77456	2.05	88538	2.34	87.48
	第六次	96119	2.09	102974	2.24	93.34
80～89	第四次	9457	0.29	19740	0.60	47.91
	第五次	17780	0.47	30204	0.80	58.87
	第六次	35984	0.78	50662	1.10	71.03
90～99	第四次	355	0.01	1537	0.04	23.10
	第五次	1040	0.02	2919	0.08	35.63
	第六次	2783	0.06	6195	0.13	44.92
100岁及其以上	第四次	1	—	7	—	14.29
	第五次	4	—	31	—	12.90
	第六次	27	—	119	—	22.69

续表 3-2-3

年龄段(岁)	普查次数	男性		女性		性别比(%)
		总数(人)	占全市总人口的(%)	总数(人)	占全市总人口的(%)	
总计	第四次	1677351	51.14	1602383	48.86	104.68
	第五次	1905328	50.44	1872382	49.56	101.76
	第六次	2341100	50.98	2251331	49.02	103.99

1986—2010 年常州市女性人口统计表

表 3-2-4 单位：万人

年份	全市	市区	年份	全市	市区	年份	全市	市区
1986	150.11	25.75	1995	162.14	39.33	2004	173.62	108.17
1987	151.81	30.48	1996	164.62	40.49	2005	173.95	109.95
1988	153.73	31.05	1997	165.72	41.57	2006	176.04	111.10
1989	155.86	31.66	1998	167.29	42.17	2007	177.65	112.28
1990	157.64	32.16	1999	166.92	43.09	2008	178.72	113.10
1991	158.72	32.62	2000	168.09	43.51	2009	179.50	113.70
1992	159.52	33.35	2001	168.09	44.11	2010	180.50	114.57
1993	160.01	33.61	2002	168.98	104.62			
1994	160.98	26.78	2003	170.73	106.21			

说明：2006 年前城镇人口为非农业人口数据，2006 年起城镇人口按常住人口计算

二、市　区

第四次全国人口普查常州市区男性比女性多 37660 人，0～69 岁各年龄段男性多于女性，其中 30～39 岁年龄段性别比最大，70 岁以上年龄段男性少于女性。第五次全国人口普查男性比女性多 23987 人，其中 30～39 岁年龄段性别比最大；与第四次全国人口普查相比，10～19 岁年龄段人口女性多于男性，男女性别比在缩小。第六次全国人口普查男性比女性多 100496 人，其中 0～9 岁年龄段性别比最大，与第五次全国人口普查相比，男女性别比有所加大。

第四至第六次全国人口普查常州市区分年龄段性别构成统计表

表 3-2-5

年龄段(岁)	普查次数	男性		女性		性别比(%)
		总数(人)	占市区总人口的(%)	总数(人)	占市区总人口的(%)	
0～9	第四次	108540	7.31	99947	6.74	108.60
	第五次	46654	4.31	42238	3.90	110.46
	第六次	134269	4.08	118187	3.59	113.61
10～19	第四次	118031	7.96	109538	7.39	107.75
	第五次	77080	7.12	83643	7.73	92.15
	第六次	181120	5.50	164231	4.99	110.28

续表3-2-5

年龄段(岁)	普查次数	男性 总数(人)	男性 占市区总人口的(%)	女性 总数(人)	女性 占市区总人口的(%)	性别比(%)
20～29	第四次	158638	10.69	157272	10.60	100.87
	第五次	112069	10.35	107254	9.9	104.49
	第六次	325583	9.89	305535	9.28	106.56
30～39	第四次	135674	9.14	116852	7.88	116.11
	第五次	117616	10.86	103887	9.59	113.22
	第六次	316057	9.61	299053	9.09	105.69
40～49	第四次	96245	6.49	91730	6.19	104.92
	第五次	85416	7.88	76243	7.04	112.03
	第六次	316776	9.63	293066	8.91	108.09
50～59	第四次	61903	4.17	57048	3.84	108.51
	第五次	57624	5.31	52612	4.86	109.53
	第六次	205144	6.23	183133	5.56	112.02
60～69	第四次	53469	3.61	51997	3.50	102.83
	第五次	34118	3.15	34090	3.14	100.08
	第六次	132716	4.03	128577	3.91	103.22
70～79	第四次	23348	1.58	28638	1.93	81.53
	第五次	18654	1.73	21736	2.01	85.82
	第六次	60697	1.84	66979	2.04	90.62
80～89	第四次	4458	0.30	9083	0.61	49.08
	第五次	4148	0.38	7191	0.67	57.68
	第六次	21568	0.66	32385	0.98	66.60
90～99	第四次	161	0.01	698	0.05	23.07
	第五次	257	0.02	745	0.07	34.50
	第六次	1758	0.05	3990	0.12	44.06
100岁及其以上	第四次	0	—	4	—	0
	第五次	0	—	10	—	0
	第六次	19	—	75	—	25.33
总计	第四次	760467	51.27	722807	48.73	105.21
	第五次	553636	51.11	529649	48.89	104.53
	第六次	1695707	51.53	1595211	48.47	106.30

第三节　文化构成

常州市人口受教育程度不断提高，由低层次向高层次发展，初中以上文化程度人口增加，小学文化程度人口减少；男性文化程度明显高于女性，城镇人口文化程度明显高于农村。人口文化素质提高的速度尤其是大专及其以上高层次文化程度的人口增速为江苏省内最快。第四次全国人口普查时，全市有文盲、半文盲人口419043人，文盲、半文盲人口占15岁以上人口的16%。全市文盲率居全省11个地级市倒数第二位。据第四、第五次全国人口普查，2000年全市高中和大专及其以上文化程度的比重分别比1990年上升1.71个和2.31个百分点，未上过学及扫盲班和小学文化程度的比重分别下降7.2个和10.25个百分点。在6岁及其以上人口中有大专及其以上文化程度人口17.07万人、高中文化程度人口58.11万人、初中文化程度人口149.7万人、小学文化程度人口107.1万人、未上过学和扫盲班人口26.69万人，分别占6岁及其以上人口的4.76%、16.2%、41.74%、29.86%和7.44%，高中和大专及其以上文化程度人口的比重分别比1990年普查时上升1.71个、2.31个百分点，未上过学及扫盲班和小学文化程度的比重分别下降7.2个和10.25个百分点。

第四至第六次全国人口普查常州市6岁及其以上人口受教育程度统计表

表3-2-6　　单位：人

年龄段（岁）	普查次数	总人数	小　学	初　中	高中(含中专)		大专及其以上		
					总人数	其中：中专	总人数	其中：本科	其中：研究生及其以上
6～9	第四次	163153	143394	—	—	—	—	—	—
	第五次	172752	165539	—	—	—	—	—	—
	第六次	134010	126176	1256	—	—	—	—	—
10～19	第四次	496717	196751	235828	43838	14694	1851	772	—
	第五次	516289	165570	218535	70280	43088	11541	5847	2
	第六次	486841	97203	197893	139020	—	50971	19195	25
20～29	第四次	704157	100167	412831	137891	18589	16704	7790	—
	第五次	652933	75097	361418	90806	57859	42117	19361	239
	第六次	788188	36097	316564	173018	—	259724	113744	4956
30～39	第四次	579510	186281	259412	78854	7444	9379	1484	—
	第五次	788026	116823	458517	138734	18172	30229	13940	788
	第六次	811822	92143	434106	160486	—	118188	43490	3873
40～49	第四次	422172	186114	132193	27578	15265	7848	4956	—
	第五次	573560	174766	265624	83154	9066	14287	3339	162
	第六次	885950	136018	513907	162864	—	60547	23257	1592
50～59	第四次	270934	108121	37369	9961	9005	4901	4272	—
	第五次	418631	187319	137752	28013	15897	10078	5251	76
	第六次	580712	168736	280131	88145	—	21378	5575	267
60～64	第四次	124183	43652	10720	3131	951	963	598	—
	第五次	133815	60030	23863	6841	6384	3867	3115	20
	第六次	242325	110864	87699	21331	—	8356	2233	28
65岁及其以上	第四次	242874	64010	12547	3456	853	948	691	—
	第五次	330646	125812	31282	8733	4091	3810	2572	27
	第六次	448577	196944	88094	35401	—	19484	7896	84
总　计	第四次	3003700	1028490	1100900	304709	66801	42594	20563	—
	第五次	3586652	1070956	1496991	426561	154557	115929	53425	1314
	第六次	4378425	964181	1919650	780265	—	538288	215390	10825

据2010年第六次全国人口普查，常州市常住人口中大学(指大专以上)、高中(含中专)、初中、小学文化程度的人口分别为53.8万人、78万人、191.9万人和96.3万人，分别比2000年增加36万人、19.9万人、42.2万人和减少10.8万人，分别占全市常住总人口的11.7%、17%、41.8%和21%，所占比重分别比2000年上升7.2个、1.6个、2.2个百分点和下降7.4个百分点。与第五次全国人口普查比，每10万人中具有大学、高中和初中文化程度的人口由2000年的4517人、15382人和39626人分别上升至11716人、16984人和41797人，小学文化程度的由28351人降至20979人。全市常住人口中，15岁及以上不识字的文盲人口为151538人，比第五次全国人口普查减少79396人，文盲率由6.11%降至3.3%。第六次全国人口普查与第五次全国人口普查相比，高中和大专及其以上文化程度的比重分别上升1.6个和7.7个百分点，文盲率大幅度下降，全市文盲人口15.09万人，文盲率比全省低0.1个百分点。

第四节 职业构成

第四次全国人口普查时，常州市就业人口集中的行业主要是农林牧渔业、制造业，分别占从业总人数的50.9%、33.4%；从事业务分别为农林牧渔、水利业生产，生产、运输设备操作及有关事务的就业人口，分别占从业总人数的43%、36.5%。第五次全国人口普查时，全市就业人口集中的行业主要是制造业、农林牧渔业与批发和零售贸易、餐饮业，分别占从业总人数的37.8%、31.4%和10.5%，从事业务分别为生产、运输设备操作及有关事务，农林牧渔、水利业生产，商业和服务业的就业人口，分别占从业总人数的39%、31.4%和14.6%。与第四次全国人口普查相比，农林牧渔业的人口比例下降，商业、服务业的人口比例上升，职业分布趋向合理化(第六次全国人口普查未进行各行业人口的职业构成分析，故分析和表格均空缺)。

第四至第五次全国人口普查常州市各行业人口职业构成统计表

表3-2-7　　单位：人

类别	普查次数	总计	国家机关、党群组织、企业、事业单位负责人	专业技术人员	办事人员和有关人员	商业服务业人员	农林牧渔、水利业生产人员	生产、运输设备操作人员及有关人员	不便分类的其他劳动者
农林牧渔业	四普	1069829	5130	6660	959	12577	901011	143478	14
	五普	69332	74	148	66	132	68784	128	—
采掘业	四普	12236	541	566	220	756	19	10132	2
	五普	573	25	15	18	40	2	472	1
制造业	四普	701315	46361	47897	13562	66717	927	524859	992
	五普	83472	4714	4122	3927	6627	233	63813	36
电力、煤气及水的生产和供应业	四普	8147	667	995	395	591	8	5470	21
	五普	1555	69	146	146	230	14	950	—
建筑业	四普	36787	1809	3861	747	2161	17	28169	23
	五普	11998	356	502	283	274	8	10575	—
地质勘查业、水利管理业	四普	5463	637	885	184	299	701	2754	3
	五普	214	27	28	25	8	55	71	—

续表 3-2-7

类别	普查次数	总计	国家机关、党群组织、企业、事业单位负责人	专业技术人员	办事人员和有关人员	商业服务业人员	农林牧渔、水利业生产人员	生产、运输设备操作人员及有关人员	不便分类的其他劳动者
交通运输、仓储及邮电通信业	四普	41461	1642	2490	3585	3421	239	30039	45
	五普	7891	166	223	651	688	108	6054	1
批发和零售贸易、餐饮业	四普	95971	9283	8138	2318	65018	88	11036	90
	五普	23101	1347	831	614	18753	31	1525	—
金融、保险业	四普	6993	849	5256	464	206	0	202	16
	五普	1640	128	1188	166	81	—	77	—
房地产业	四普	2248	323	474	558	192	4	690	7
	五普	587	79	105	155	148	2	98	—
社会服务业	四普	20392	1032	1453	1007	12876	28	3974	22
	五普	7163	362	426	476	4450	49	1396	4
卫生、体育和社会福利业	四普	15779	949	11721	303	1767	8	1012	19
	五普	2451	83	1858	116	220	4	170	—
教育、文化艺术及广播电影电视业	四普	44950	3999	33402	1105	4042	26	2339	37
	五普	5327	267	4052	336	382	11	279	—
科学研究和综合技术服务业	四普	4214	456	1954	194	284	38	1267	21
	五普	460	53	212	74	13	1	107	—
国家机关、党政机关和社会团体	四普	36880	8762	10128	11923	2895	31	2953	188
	五普	4787	1180	812	2134	231	13	416	1
其他行业	四普	73	4	3	3	22	5	32	4
	五普	353	69	77	118	29	—	57	3
总　计	四普	2102738	82444	135883	37527	173824	903150	768406	1504
	五普	220904	8999	14745	9305	32306	69315	86188	46

说明：第四、第五次全国人口普查分别简称“四普”“五普”，“四普”数据为全部行业人口调查数据，“五普”数据为10%行业人口抽样调查数据

第五节　地区构成

第四次全国人口普查时，0～14岁年龄段人口以武进最多，戚墅堰最少；15～64岁年龄段中，武进最多，戚墅堰最少；65岁及其以上年龄段人口中，武进最多，戚墅堰最少；武进少儿、老年的抚养比最高，钟楼少儿抚养比最低，天宁老年抚养比最低。第五次全国人口普查时，0～14岁年龄段人口以武进最多，戚墅堰最少；15～64岁年龄段人口以溧阳最多，戚墅堰最少；65岁及其以上年龄人口以武进最多，戚墅堰最少。溧阳少儿抚养比最高，天宁、郊区少儿抚养比最低；金坛老年抚养比最高，郊区老年抚养比最低。与第四次人口普查相比，各县（市）区少儿抚养比逐步下降，老年抚养比逐步上升，全市人口迈向老龄化。

第六次全国人口普查时，常州人口趋于老龄化，0～14岁年龄段人口以武进最多，戚墅堰最少；15～64岁年龄段人口以武进最多，戚墅堰最少；65岁及其以上年龄人口以武进最多，戚墅堰最少。全市7个辖市区人

口比重从高到低依次为武进、溧阳、新北、金坛、天宁、钟楼、戚墅堰。与2000年第五次全国人口普查相比，新北人口比重由2000年的第四位升至第三位，其余地区位次不变。与2000年第五次全国人口普查相比，辖市区人口比重上升的有武进、新北、钟楼，其余地区不同程度下降；人口年平均增速最快的为新北、武进、钟楼，年均增速均达2%，超过全市平均水平。户籍人口与常住人口之比分别为武进（1∶1.54）、钟楼（1∶1.43）、天宁（1∶1.38）、戚墅堰（1∶1.33）、新北（1∶1.32）、金坛（1∶1.01）、溧阳（1∶0.96）。

第四至第六次全国人口普查常州常住人口分年龄段构成情况统计表

表3-2-8　　　　单位：人

年龄	普查次数	武进	金坛	溧阳	天宁	钟楼	戚墅堰	郊区(新北)
人口总数	第四次	1268441	531023	749088	221067	206719	79567	223829
	第五次	1420204	533350	740871	281302	243064	89438	469481
	第六次	1569034	551987	749522	513794	505762	105184	597144
	占全市总人口的(%)	34.17	12.02	16.32	11.19	11.02	2.29	13.00
0～14岁	第四次	264304	108383	155538	37263	33749	13240	40314
	第五次	234024	99326	146550	37204	32477	12543	64128
	第六次	185267	60688	92370	57815	54415	11550	66703
15～64岁	第四次	901877	384699	539721	170583	158882	60375	167932
	第五次	1064372	380921	522470	219194	187598	68349	377908
	第六次	1251971	421464	566369	406721	404727	82737	481057
65岁及其以上	第四次	102260	37941	53829	13221	14088	5952	15583
	第五次	121808	53103	71851	24904	22989	8546	27445
	第六次	131796	69839	90783	49258	46620	10897	49384

说明：郊区（新北）在第四、五次全国人口普查时指常州市郊区，在第六次全国人口普查时指常州市新北区

第三章　人口调查

新中国成立后，常州市总人口随政区的变动而变动，增长迅速。1951年常州市总人口180万人，1957年达到200万人，1967年达到250万人，1982年增长到2999669人，至1990年一直呈上升趋势。1986—2010年，常州市顺利完成第四次、第五次、第六次全国人口普查。按照国家规定，在两次人口普查的中间年份，即1995年、2005年先后进行了1%人口抽样调查，以此推断分析全市人口全面情况；每年进行1‰人口抽样调查，及时掌握人口动态。

第一节　人口普查

一、第四次全国人口普查

1990年，常州市有两万多名普查工作人员参加并完成常州的第四次全国人口普查。1990年11月至1991年6月10日，计算机录入字符1.3亿个，计算机汇总与手工汇总的总人口数完全一致。据第四次全国

人口普查机器汇总资料，1990年7月1日0时，全市有常住总人口3279734人，比1950年增加147.97万人，年均增3.7万人；与第三次全国人口普查（简称“三普”）的标准时（1982年7月1日0时）的2999669人相比，累计增加280065人，增9.34%。

自然增长 普查表明人口增长仍处在新的高峰期。1989年7月1日至1990年6月30日，全市共出生54447人，死亡20786人，出生率16.7‰，死亡率6.4‰，自然增长率10.3‰。由于1963年、1968年为人口生育高峰，60年代出生的人口到80年代后半期至90年代前半期进入育龄阶段。1986年，全市进入持续9年的人口生育高峰期，人口增长趋缓。

机械增长 1982—1990年，全市人口自然增长13.5万人，机械增长14.5万人，分别占人口增长总量的48.2%和51.8%。机械增长的人口中，户口迁移到常州市的5.5万人，未迁移户口至常州市的9万人，其中市区7.9万人。人口机械增长除1983年行政区划变动、兰翔机械厂搬迁增加2万人外，大多数是1986年后农村人口向城市流入和从边远地区人口向较发达的常州地区流入。

发展趋势 1989年，因受五六十年代人口生育高峰的影响，生育率处于高峰的20～24岁女性有18.4万人，占育龄妇女的19.3%，而1981年同龄女性11.8万人，占育龄妇女的14.5%。对照国际上通用的瑞典人口学家桑德巴卡把人口集团划分成增长型、稳定型、减少型3个年龄构成类型，全市人口发展趋势向稳定型过渡。

二、第五次全国人口普查

2000年，全市组织开展第五次全国人口普查工作，普查人员达3万多人。10月30日22时至31日2时，清查登记全市居无定所的流动人口2000多人；11月1日起，全市开始普查登记，2000年全市普查时点总人口3777710人，比第四次全国人口普查时点总人口增加497976人，增加15.2%。

自然增长 第五次全国人口普查资料表明，2000年全市出生26602人，死亡20795人，出生率7.04‰，死亡率5.50‰，自然增长率1.54‰。与1990年相比，出生率、死亡率和自然增长率分别下降9.66个、0.9个和9.75个千分点。与全省平均数相比，常州市出生率、死亡率和自然增长率分别低0.86个、0.4个和0.46个千分点，是全省自然增长率较低的城市。

机械增长 2000年，户籍人口由1990年的324.85万人升至341.48万人，户籍人口增长的主要原因源自迁移。1991—2000年，全市累计出生389641人、死亡210962人，累计净增178679人。同期，由于落实知青子女返常、解决历史遗留问题和引进人才等原因而迁入603791人、迁出555899人，累计净迁入47892人。人口机械增长成为户籍人口增加的主要原因。

老龄化趋势 从2000年人口普查的人口年龄构成显示，人口向高龄化演变，65岁及其以上老年人口占总人口8.8%，其中80岁及其以上高龄老人占老年人口的15.7%，分别比1990年上升1.34个、2.92个百分点，高龄化的发展速度超过老年人口的发展速度，与1990年相比，老少比差距呈逐年增大趋势，表明劳动适龄人口的抚养重心由少年儿童转向老年人口。普查结果表明，2000年百岁老人35人。

第六次全国人口普查入户调查（摄于2010年5月）

三、第六次全国人口普查

2010年1月4日，常州市第六次全国人口普查工作启动。这次普查出现经济社会转型、企事业单位改制等新情况产生人口问题。2010年11月1日开始正式登记。2010年11月1日，常州市常住人口总数为459.33万人，与2000年第五次全国人口普查时相比，累计增加74.83万人，增长19.4%，年均涨幅高于全省1.2个百分点。2010年末全市户籍人口为360.8万人，与常住人口之比为1∶1.3；10年间累计增加19.3万人，增长5.7%；流动人口累计增加55.4万人，增长13.7%。

第二节　抽样调查

1986—2010年，常州市于1995年、2005年各开展1%人口抽样调查1次，调查结束后汇编资料数据向社会公开；每年进行1‰人口抽样调查1次，抽样数据报省统计局，作为测算全市当年常住人口的依据之一。

一、第五次全国1%人口抽样调查

1995年，天宁、郊区和溧阳的28个街道乡镇、2.2万人被列为全国1%人口抽样调查的调查单位和调查对象，220多名调查人员3个月完成全市1%人口抽样调查，1994年底天宁有户籍人口242044人，分属新丰等8个街道及东门水上派出所、武进县看守所10个辖区，抽中新丰、北环、朝阳、清凉、局前等5个街道所属居委会的部分居民小组为样本单位，划为22个调查小区，样本量3507人。除全户外出人口，接受登记的有常住户口1026户3363人，其中集体户6户；形成调查表22册，计1182页，连同死亡人口表5册全部交割，经省人口普查办公室验收无误。经对新丰街道县学街居委的登记质量验收，对清凉街道第四居委会、朝阳街道平桥居委会的快速汇总数量验收、事后质量抽查，均无差错，受到关注的出生人口男女性别比例为100∶100，核实无误。

二、第六次全国1%人口抽样调查

2005年7月12日以当日零时为标准时点，全市1%人口抽样调查试点工作启动。2006年1月20日，常州市人口抽样调查领导小组办公室、统计局公布第六次人口抽样调查数据，至2005年11月1日，全市常住人口411万人，比2000年第五次全国人口普查时的378万人增33万人。

三、历年1‰人口抽样调查

1986—1989年、1991—1994年、1996—1999年、2001—2004年、2006—2009年，每年完成1‰人口抽样调查，抽样数据报省统计局，提供给常州市公安局，作为测算全市当年常住人口的依据。

第四章　人口控制

1986—2010年，全市人口与计划生育工作历经深入实施、巩固提高、统筹发展3个时期。按照中共江苏省委、省政府关于贯彻执行《中共中央、国务院关于进一步做好计划生育工作的指示》的意见，各辖市区相继成立计划生育机构，乡镇、街道陆续建立计划生育办公室，配备专职计划生育干部，负责组织以计划生育优质服务六大工程为重点的人口和计划生育工作；相继颁发《常州市人口与计划生育实施办法》《常州市人口与计划生育公益金管理暂行办法》《常州市计划生育妇女发展项目贴息资金管理暂行办法》等文件，在“5·29”“9·25”等重大纪念日期间组织宣传活动，普及人口与计划生育知识；构建常州全员人口信息、育龄妇女综合信息及世代服务综合信息平台，在全省率先探索建立实体服务与虚拟服务相结合的模式。人口与计划生育、公安、人社、卫生、民政等部门加强对来常流动人口的专项管理和服务工作。常州市自90年代初进入持续的低生育水平时期，人口自然增长得到有效控制，与全省的人口发展进程相比，常州较早实现人口再生产类型从高出生、低死亡、高增长向低出生、低死亡、低增长的历史性转变。

第一节 人口和计划生育机构

1986—2010年，全市人口和计划生育机构逐步建立健全，形成纵向到底、横向到边的管理服务网络。1983年5月，常州市计划生育委员会成立。80年代初，全市计划生育工作从城区向农村推进，武进、金坛、溧阳三县均成立县政府计划生育办公室；80年代至90年代中期，各辖区相继成立计划生育机构。1980年前后和90年代初期，全市乡镇、街道先后建立计划生育办公室。

一、市级人口和计划生育机构

常州市计划生育指导所 成立于1982年10月21日，负责开展全市计划生育技术服务和宣传教育，承担计划生育服务的技术指导、技术培训、节育新技术新方法推广和有关课题的研究。1987年12月18日，更名为常州市计划生育指导所。2009年12月，该所改造成为常州市世代服务中心，成为市政府购买计划生育技术服务的定点机构和医保定点单位、全市流动人口免费服务定点单位，主要开展计划生育、生殖健康、家庭保健服务。

常州市计划生育药具管理站 1985年11月成立，负责全市计划生育药具的管理和发放。1991年9月更名为常州市计划生育药具管理站。2004年12月，增挂常州市流动人口计划生育管理站牌子，主要负责组织实施全市流动人口计划生育工作，制订流动人口计划生育服务规范，信息管理系统建设和做好管理服务，协助监督检查《流动人口计划生育工作管理办法》执行情况。

常州市流动人口计划生育管理站 2004年12月成立，主要负责组织实施全市流动人口计划生育工作管理服务，制订流动人口计划生育服务规范，建立相应的信息管理系统。

二、县（市）区人口和计划生育机构

县(市)区计划生育指导站是负责辖区计划生育技术服务、药具管理、宣传培训的服务机构。2009年辖市(区)计划生育指导站均按世代服务建设标准完成改造。1979—2005年，武进、金坛、溧阳三县相继建立计划生育工作机构，名称先后为计划生育宣传指导站、计划生育指导站、计划生育局、人口和计划生育局。2004年12月至2005年12月，各城区计划生育局先后更名为人口和计划生育局。城区4个区(除武进外)的计划生育指导站均设于各区妇幼保健所，采取计划生育与卫生部门联手、资源共享的方式，依托区妇幼保健所而建，将计划生育服务内容融入其中。

武　进 1979年11月，武进县成立计划生育办公室。1982年9月、1995年8月先后更名为武进县计划生育委员会、武进市计划生育局。2005年1月，更名为武进区人口和计划生育局。

金　坛 1983年3月，金坛县成立计划生育委员会。2001年9月，更名为金坛市计划生育局。2004年，更名为金坛市人口和计划生育局。

溧　阳 1982年3月，溧阳县成立计划生育委员会。2001年9月更名为溧阳市计划生育局。2002年7月，溧阳市率先成立流动人口计划生育管理办公室。2005年2月，更名为溧阳市人口和计划生育局。

天　宁 1979年12月成立区计划生育办公室。1991年11月，成立区计划生育领导小组；1993年8

月、1997年8月先后变更为计划生育委员会、计划生育局。2002年4月，与郊区计划生育局合并成立天宁区计划生育局。2005年2月，更名为天宁区人口和计划生育局。

钟　　楼　1987年5月，钟楼区成立计划生育工作领导小组。1993年8月、1996年11月先后更名为计划生育委员会、计划生育局。2005年1月，更名为钟楼区人口和计划生育局。

戚墅堰　1982年5月，戚墅堰区政府成立计划生育办公室。1993年12月、1996年12月先后更名为区计划生育委员会、计划生育局。

新　　北　1995年12月，常州市新区社会事业局下设计划生育处。2005年5月，更名为新北区人口和计划生育局。

三、乡（镇、街道）计划生育办公室

1979年底，武进、金坛、溧阳三县各乡镇全部成立计划生育办公室。1991年起，市区实行“以块为主、条块结合”的计划生育管理体制，各街道陆续建立计划生育办公室。1996—1998年，武进、金坛、溧阳三县市的乡镇均按省统一标准建立计划生育服务站。至2009年底，全市累计建成符合世代服务品牌标准的乡镇计划生育服务站41个，其中中心服务站14个。

第二节　计划生育管理

常州市人口和计划生育行政管理机构依据《江苏省计划生育条例》，先后拟制、颁发了大量计划生育普法、行政管理方面的意见与办法，全面开展人口与计划生育工作。常州市建立人口计划生育信息中心，形成上与省衔接，下与辖市、镇人口计划生育部门联通的四级专网。建立完善与公安、卫生、民政等部门的信息资源共享机制，城区已婚育龄妇女信息系统、民政婚姻登记信息与市计划生育指导所世代服务信息实现系统之间的互联互通；构建常州全员人口信息、育龄妇女综合信息及世代服务综合信息平台；构建信息引导机制，逐步建立以全员人口信息库为基础、世代服务中心管理平台为核心，世代服务网、“12356”呼叫中心和移动3G为拓展的服务信息网络。在全省率先探索建立实体服务与虚拟服务相结合的模式，得到国家、省人口与计划生育委员会有关领导的认可。

一、法律法规贯彻执行

1992年10月24日，常州市政府贯彻落实《江苏省计划生育条例》实施办法，对独生子女在医疗、入托、入园等方面实行报销优惠政策，在全省率先完善独生子女利益导向机制，全面推行独生子女平安保险、平安两全保险及其父母养老保险。1994年，市委、市政府将全市22个计划生育率在85%以下，或人口出生率在15‰以上，或节育措施期内落实率低于85%的乡镇，作为市计划生育重点管理乡镇加强管理。1996年，计划外生育费“乡收县管，财政监督”管理体制得到完善，征收和管理纳入法制轨道。1998年，市委办公室、市政府办公室转发市计生委《关于

向独生子女父母发放一次性奖励金（摄于2005年）

进一步加强城市计划生育工作的意见》，明确“单位负责，条条保证，以块为主，条块配合”的城市计划生育管理体制，明确育龄妇女管理变动需出具《育龄妇女计划生育管理证明单》并实行交接制度。1999—2000年，全市计划生育系统制定实施执法岗位责任、公示制、行政执法过错责任追究制等13项制度。

2001年，市委颁发《关于市区实行以现居住地为主的人口与计划生育管理工作的意见》，全面实行以现居地为主的管理体制。2002年起，贯彻《中华人民共和国人口与计划生育法》（简称《人口和计划生育法》）《江苏省人口与计划生育条例》，常州人口与计划生育工作走上法制化轨道。2003年9月8日，市政府颁发修改后的《常州市人口与计划生育实施办法》，完善独生子女医疗、入托、入园、入学报销等规定，市区对依法登记结婚的初婚夫妇按省颁条例的规定取消了一孩生育证制度；市计生委、财政局发出《常州市人口与计划生育公益金管理暂行办法》等文件，帮扶独生子女困难户和计划生育困难户。2005年2月1日，市政府出台《常州市特殊情形照顾再生育一个孩子审批规定》，实行再婚家庭和部分农村困难家庭的照顾生育政策。同年，推行农村部分计划生育家庭奖励扶助制度，全市各级政府向7936人发放计划生育奖励扶助金452.1万元。

2006年，市人口和计划生育委员会、民政局联合发出《关于加强和完善村级计划生育民主管理和民主监督深化计划生育村民自治工作的意见》。翌年，全市启动独生子女伤残死亡家庭特别扶助制度，向1970户独生子女伤残死亡家庭发放救助金92.78万元。2008年，市人口计生委出台《建立实名举报奖励制度的试行意见》，维护生育秩序。2009年3月25日，市政府出台《关于对持独生子女父母光荣证退休的企业职工实行一次性奖励的实施意见》，市区有43433名对象符合一次性奖励条件，涉及资金1.51亿元，从2009年起分4年发放到位。同年，市人口计生委修改实施《常州市人口和计划生育公益金管理办法》，有166户符合条件的家庭领到公益金。

二、统计信息系统管理

1986—1994年，全市人口与计划生育统计手段尚处于传统的建册立卡、手工填报阶段。全市计划生育干部每年深入村（居、组）调查、指导基层，做好育龄人群婚育、节育情况的收集整理和分类建册，对统计人员开展业务培训，提高统计工作质量。1995年，全市启动人口与计划生育信息化建设，完成计算机管理信息与手工统计信息系统的对接，利用系统信息资源为计划生育全程服务。至1999年，全市人口与计划生育计算机网络系统基本建成。2002—2003年，开发适应基层管理服务的实用软件，完善信息系统功能，改革城区统计报表管理体制，确立现居住地的统计口径；开展跨省流动人口信息统计交换工作。2003年，开通常州人口网站，抓好统计改革、考核评估、人口预测和网络体系4项应用性课题研究。

2007年，市人口计生委、卫生局联手开展人口信息共享工作，全市妇幼保健机构、接产医院继续采集反馈孕产妇信息，每月反馈儿童计划免疫名单，市疾病控制中心、乡（镇、街道）计划免疫接种点每月分别把上月儿童计划免疫接种个案信息、儿童接种对象信息分别传递给市人口计生部门。2009年，完成与江苏省人口和计划生育系统网络联网与升级，集中清理、修改、录入、上传到省综合信息平台数据，2006年以来结婚、怀孕、生育和节育人口的身份信息录入率达98%。2010年建立以全员人口基础信息库为支撑，世代服务中心管理平台为核心，世代服务网、“12356”呼叫中心和移动3G多方平台的人口计生公共服务体系（全员人口信息系统参见第九卷“交通邮电　信息化建设”第十章“信息化建设”第二节“信息系统建设”）。

育龄妇女管理信息系统　1995年，全市构建育龄妇女管理信息系统。1997年底，全市有115个乡镇、2个街道建立育龄妇女管理信息系统，乡镇推广面达83.8%。2004年，市人口计生委与河海大学联合成功开发B/S结构城区育龄妇女信息系统。“四普”时，全市育龄妇女人数显著增加，生育率下降，年龄结构发生变化，生育率高峰值趋向低龄化。1989年，全市育龄妇女人数95.7万人，比1981年的81.2万人增14.5万人；育

龄妇女总和生育率54.9‰,比1981年的58.2‰降低3.3个千分点;20～24岁育龄妇女占育龄妇女总数的19.3%,比1982年提高4.8个百分点;全市育龄妇女生育率高峰年龄段因上一周期影响由1981年的25～29岁逐步过渡到1989年的20～24岁。2000年,全市出生婴儿26602人,比1990年的54447人少生27845人,出生率7.04‰,属全国最低的地区之一。据10%人口抽样资料统计,育龄妇女一般生育率22.96‰,比1990年下降31.94个千分点。从2000年育龄妇女总量来看,育龄妇女人数占女性总人口的60.23%,比1990年提高0.51个百分点。

计划生育委托服务管理信息系统　2006年,常州市人口计生委与金坛市人口计生局共同开发,对镇村间大量流动的育龄妇女提供跟踪式全程服务。

婚姻登记信息共享系统　2008年,常州市人口计生委、民政局开发,推动了全市婚姻登记信息共享。

三、计划生育规范管理

全市开展整顿生育秩序专项活动,1990年,清理党员干部超计划生育、无计划罚款情况,基层政府组织、国家机关和企事业单位分别与育龄群众签订生育节育、照顾生育二孩后采取节育措施、晚婚晚育、流动人口计划生育等协议,全市协议签订率达80%;1993年,全市开展早婚早育专项治理和乡村级(基层)计划生育工作规范化管理活动。2008年7月,市人口计生委在市世代服务中心建立常州市人口和计划生育便民维权中心、流动人口服务中心,设置"12356"阳光计生服务热线。2010年,市人口计生委、计生协下发《关于开展常州市人口和计划生育基层群众自治百村(居)示范活动的实施意见》,指导基层开展计划生育群众自治工作,评选出示范村(社区)50个。

四、人口控制目标管理

1986—1990年,常州市全面推行人口指标和计划生育目标管理责任制,列入经济和社会发展目标进行考核,市委、市政府出台《关于认真抓好当前计划生育工作的通知》《关于实行计划生育目标管理的意见》《常州市流动人口计划生育管理暂行规定》。1990年,实行人口与计划生育指标管理,每年与各县(区)政府签订《人口指标与计划生育目标管理责任书》,全市完成"七五"人口计划生育指标,年均晚婚率由1985年的75.2%降至1990年69.9%,年均计划生育率达99%。1990年,全市独生子女率58.1%,已婚育龄妇女综合避孕率92%。

1991—1995年,全市贯彻落实省委、省政府《关于加强计划生育工作的决定》《江苏省计划生育条例》及市委、市政府《关于进一步加强计划生育工作的意见》,确保全市计划生育人均经费1.28元,达到省政府的要求。据省1%人口与计划生育目标管理执行情况抽样调查,年均计划生育率97.6%。1995年,全市独生子女率67.1%,已婚育龄妇女综合避孕率94.7%,完成"八五"期间计划生育指标。

1996—2000年,全市各级贯彻中央计划生育工作座谈会和中央《关于加强人口与计划生育工作稳定低生育水平的决定》精神,实行"一票否决"制;重新修订《乡镇、街道人口与计划生育工作规范》《村级(基层)计划生育工作规范》;市政府与市公安局等10个部门签订《人口与计划生育目标管理责任书》,年平均计划生育率98.56%。2000年,全市独生子女率76.67%,已婚育龄妇女综合避孕率92.6%。

2001—2005年,全市人口和计划生育部门努力稳定低生育水平,维护群众实行计划生育合法权益确定,提高出生人口素质,建立健全利益导向,提高流动人口计划生育管理服务水平,年均计划生育率提高到99.33%。2005年末,全市独生子女率82.1%,已婚育龄妇女综合避孕率91.13%。

2006—2010年,全市贯彻《中共中央、国务院关于全面加强人口和计划生育工作统筹解决人口问题的决定》。2008年，市委、市政府出台意见，围绕稳定低生育水平、统筹解决人口问题、促进人的全面发展，把人口和计划生育工作纳入常州社会经济发展大局和民生工程。其间，全市年平均计划生育率99.18%。2010年末，独生子女率81.72%，已婚育龄妇女综合避孕率99.35%。

第三节 流动人口计划生育管理

1986—1999年，全市外来流动人口迅速增加。1993年，市政府与公安、劳动、卫生、计生委等10个职能部门签订人口与计划生育目标管理责任书。1995年1月5日，市政府颁发《常州市流动人口计划生育管理规定》，确定"谁用工谁管理，谁受益谁管理，谁的地区谁管理"的原则。1999年，国务院颁布实施《流动人口计划生育工作管理办法》（简称《办法》）。10月，市政府颁发《关于进一步加强流动人口计划生育工作的意见》，加强对流动人口计划生育的综合治理，劳动部门在为外来务工人员办理"外来人员务工许可证"，工商部门新登记外来个体工商户，建设（建工）部门录用流动人口时，均重点查验《流动人口婚育证明》。

在天宁区老三集团开展流动人口计划生育咨询服务(摄于2008年6月)

2000—2006年，全市育龄妇女多，计划生育管理难。流动女性人口中，15～49岁的育龄妇女占86.5%，其中20～34岁生育高峰的妇女占育龄妇女的80.4%，流动妇女生育多胎的现象较普遍。2004年起，市财政每年下拨流动人口计划生育工作专项经费50万元。2005年，推进属地化管理、市民化服务，完善以现居地为主的流动人口计划生育工作机制。2007年，全市实施关爱农民女工生殖健康综合防治工程，选出流动人口代表为计划生育协会会员或计划生育兼职管理员。2008年，全市开展"情系新市民，共建新常州"为主题的流动人口计划生育服务管理专项行动，发放"流动人口计划生育免费服务证"8.26万张，为2875人提供免费生殖健康服务。

2009年，贯彻落实《流动人口计划生育工作条例》，开展"流动人口计划生育工作条例宣传月""关爱万名农民女工计划生育，保障千家企业安心生产"活动，服务企业、集贸市场806家。常州市成立由公安、人口计划生育、劳动保障等部门组成的流动人口服务和管理工作办公室，指导流动人口服务和管理。参与长江三角洲区域合作框架，流动人口较多的溧阳、武进、金坛等辖市区通过与外省市相关市县签订《流动人口计划生育双向服务管理协议书》，加强与流动人口户籍所在地人口计生部门的双向协作。《市区农民工城镇落户实施办法》出台，明确执行计划生育政策的农民工可优先落户常州。2010年，全市各级政府拨款641万元，向流动人口普及人口计划生育法律、生殖健康知识，获得避孕药具、避孕节育报告单，享受计划生育技术服务，办理"常州市流动人口计划生育服务证"和生育服务联系单，接收孕前风险因素筛查等免费的计划生育基本公共服务，流动人口享受晚婚晚育、计划生育手术假，在公益金、社会救济方面获得优先照顾等两项优惠。

第四节 生育服务

一、服务机构

1986—1990年，常州建成市、县（市）两级计划生育技术服务机构，主要开展计划生育手术、宣传避孕节育知识和发放药具管理。1993年，全市按市委、市政府《关于进一步加强计划生育工作的意见》要求，至年底建成53个乡镇计划生育服务室（站）（武进二类站31个，金坛一类站4个、二类站9个，溧阳一类站9个），占三县（市）乡镇总数的43%，配备小型B超机40多台。1994年，武进、金坛、溧阳建成123个乡镇服务站（武进61个、金坛26个、溧阳36个），配备B超机123台。1995年，出台《常州市乡镇计划生育服务站工作规范和管理意见》《常州市合格乡镇计划生育服务站条件和标准》，建立村级计划生育服务室，124个二类服务站有31个基本达一类服务站标准，124名乡镇计划生育技术人员获得国家计生委颁发的计划生育技术专业岗位培训证书，42名技术人员领到手术合格证。

人口计生工作人员开展育龄妇女生育咨询（摄于2007年4月）

1996年，辖市扩建改建一类、二类服务站，溧阳的戴埠、金坛的薛埠和武进的运村等15个乡镇建成示范甲级服务站。招聘乡镇计划生育服务站工作人员，首批297人被招聘为全民事业单位工作人员。1999年，市计生委投入73万元扶持乡镇服务站建设，3个辖市建成集宣传、管理、服务为一体的乡镇服务站104个。2000年，3辖市撤乡并镇后的63个乡镇全部建有计划生育等级服务站。2001年，《计划生育技术服务管理条例》颁布，市、县、乡镇3级技术服务机构领取“机构执业许可证”。2002年，全市开展县级计划生育指导站分站建设，推行县级计划生育指导站、计划生育指导站分站、乡镇计划生育服务站、村计划生育服务室联动机制。2005年，全市加强计划生育服务网络整体能力建设，以县级指导站分站为基础建设16个乡镇中心站，完善计划生育、卫生“二室合一”服务阵地731个。

2007年，各辖市、区推进世代服务机构建设，11家乡镇服务站按照世代服务品牌进行打造。溧阳市计划生育指导站成为全市品牌行业建设的样板，承担省、市世代服务的教学任务。2008年，市计生委、财政局出台《关于推进常州市人口和计划生育优质服务体系建设的意见》，全市建成28个世代服务中心、81个体现世代服务品牌特色和理念的村（居）世代服务室。2009年，全市人口计划生育部门加强城区人口和计划生育优质服务体系建设，城乡统筹推进世代服务体系建设。年底，农村建设改造完成35家服务机构，覆盖率100%；城区建设改造29家机构，覆盖率96.6%；建成村（居）世代服务室637个，完成率90%。2010年，全市以世代服务品牌改造提升人口计划生育服务阵地，累计投入经费8000余万元，建成世代服务机构1015个，其中市级中心1个、辖市（区）中心7个、镇（街道）中心60个、村（社区）服务室947个，提前实现优质服务体系全覆盖。

二、避孕节育

1986年起，提倡育龄妇女落实长效避孕节育措施。1993年，市计划生育领导小组批转市计生委《关于开展农村落实节育措施活动的意见》。1994年，市计生委、卫生局联合推广节育新技术、新方法。1995年，江苏省1%抽样调查表明，全市期内综合避孕率66.4%。据1996年抽样调查显示，全市期内综合节育措施落实率76%。1997年，市计生委、财政局、工商局等8个单位加强计划生育药具零售管理，清理整顿全市药具零售点60多个。1998—2000年，全市建立育龄妇女管理信息系统，实现信息管理微机化。为育龄人群提供孕前保健、优生优育、知情选择、避孕节育知识咨询和技术服务，对落实节育措施的育龄妇女提供随访服务，年均服务35万人次。

2001年，国务院颁布《计划生育技术服务管理条例》后，全市各级开始开展大规模的妇女病普查。翌年，全市投入经费近50万元，开展计划生育、优质服务、避孕节育、知情选择、出生缺陷干预、避孕节育随访服务等“六项工程”试点。对全市近30万名已婚育龄妇女免费普查妇女病，成为民心工程。人口计生部门实施避孕节育知情选择工程，知情选择率90%，实施国际合作计划生育结合项目，采集标本1527例。2004年，推进以“零距离服务”为主题的计划生育优质服务，在全市确定14个项目点，多层次实施避孕节育知情选择工程。

2006年，全市多个部门联合开展打击非法行医专项行动，抽查14个医疗卫生机构和药品经营企业，对15个计划生育技术服务机构进行B超管理、凭证定点引产、人工终止妊娠药品管理制度落实情况督察，规范计划生育技术服务机构的执业和服务行为。2007年，全市有已婚育龄妇女69万余人次享受到妇女病综合防治服务，占已婚育龄妇女总数的89.6%，查出患病人数占总数的32.1%。2009年，全市人口计生部门深入推进避孕节育、生殖健康和家庭保健行动计划，推广运用新技术、新方法，全市随访服务率94%，知情选择率95%，有19.06万名育龄妇女享受到妇女病综合防治及宫颈癌筛查服务。2010年，全市完成妇女病中一项感染(RTI)综合防治20.48万人次，确诊妇女病患者5.62万人次，占参检人数的27.4%；开展城区无业下岗及特困家庭妇女病普查，查治人数达4000余人次；市和三辖市区建成宫颈癌早期筛查实验室并投入运行，完成筛查任务3.99万例。金坛、溧阳、武进将随访服务工作与避孕药具不良反应监测、防治工作相结合，规范上报不良反应、不良事件，上报率分别达每百万人口460例、1235例、660例。

第五节　优生优育

常州市在控制人口数量的同时，逐步重视、宣传和推广优生优育，通过开展出生缺陷干预工程“福施福”引入性试验项目、孕前优生筛查服务和“幸福使者”行动等出生缺陷干预活动和病残鉴定工作，提高全市人口素质。

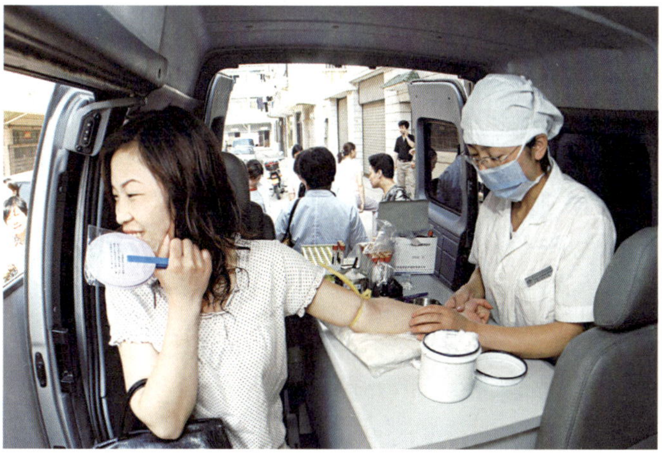
优生筛查直通车在新北区春江镇(摄于2005年6月)

1999年起，全市计划生育系统开展出生缺陷干预工程“福施福”引入性试验项目，预防胎儿神经管畸形。2002年，国家计生委出台《病残儿医学鉴定管理办法》，实行省、市两级鉴定制。5月，常州市成立市级病残儿医学鉴定和计划生育手术并发症鉴定专家库，规范病残鉴定工作。翌年，鉴定与审批分离，简化办事程序；统一鉴定费收支，实行专项管理；做好病残鉴定的后续服务等。

2005年，推行免费孕前优生筛查服务，

全市城乡全面启动孕前病原体(TORCH)筛查。2006年，全市开展“幸福使者”行动，通过免费发放叶酸、免费开展婚检，倡导优生筛查，开展需求调查等，构建出生缺陷干预平台。2008年，市人口计生委、卫生局、民政局、财政局、妇联联合组织开展免费婚前医学检查，筹建集婚姻登记、婚前宣传咨询、婚前医学检查指导、优生检测、计划生育技术服务于一体的婚前保健服务中心，配备专人做好对婚姻登记当事人的宣传、咨询，提高婚检率，倡导、推广免费婚前医学检查，从源头预防和减少出生缺陷的发生。

2009年，利用计划生育服务网络和世代服务中心，开展优生优育、孕前保健的科普知识宣传、服用营养素的指导和孕前病原体筛查，全市有3545人接受孕前优生检测，优生优育知识知晓率达93%以上，出生缺陷一级干预率82.5%。全市累计建成1个市级人口早期教育指导中心、8个人口早期教育示范基地、11个街道(镇)人口早期教育指导站、30个社区人口早期教育指导点。2010年，继续推进优生优育早教工程，全市孕前—围孕期保健率96%，婚检率90%，出生缺陷发生率5‰。全市各级开展健康宝宝行动，人口计划生育服务中心设立健康宝宝工作室，开展优生优育宣传倡导、优生咨询、均衡营养、孕前保健等工作，建成市、辖市(区)、镇(街道)、村四级孕前保健体系，构建孕前风险因素筛查转诊机制，开通健康宝宝行动绿色通道。溧阳市入选为首批国家免费孕前优生健康检查项目试点单位。

第五章 人口管理

80年代前，人口管理的对象主要是常住人口(户籍人口)，管理方法主要是控制户口迁移。改革开放后至1999年，随着工业化、城市化进程的逐步加快，大批农村劳动力进城务工经商，流入城镇。市政府先后颁发《常州市户籍准入登记暂行规定》《常州市区暂住人口管理暂行规定》《常州市暂住人口管理实施细则》等文件，规范、加强户籍和暂住人口管理。21世纪初，常州市流动人口快速增长，由2000年的44.8万人增至2010年的133.45万人，既为常州经济社会发展注入活力，也对城市承受力和管理力提出挑战。此后，常州市公安机关创新人口管理服务，人口管理的重点向流动人口(暂住人口)和寄住人口转变，管理方式从控制迁移向“以证管人”转变，实施居民身份证制度、暂住证制度，建立人口信息管理系统。人口管理基础工作、常住人口信息计算机管理系统建设和流动人口集居式服务管理走在全省、全国前列。

第一节 常住人口管理

60年代初，全市实行人粮油合一申报制度。80年代停止办理，粮食部门撤走在派出所负责粮油申报登记的人员。60—70年代，常州市区有1.5万名知识青年(简称“知青”)下放农村。1979年起，知青和城市老居民的农业户口转变为非农业户口(简称“农转非”)问题逐步得到解决。1986年4月，公安部门报经市政府批准，开始办理男知青子女户口迁城手续。4月23日，市公安局将城镇非农业人口要求迁来市区理由正当、婚后多年不育需领养一个婴幼儿、郊区正常“农迁农”(农业户口迁农业户口)的婚迁等11类户口下放给县局、分局审批。1987年2月，常州市和三辖县分别成立户粮办公室，着手解决60—70年代下放的城镇居民“农转非”问题。至1987年底，市区迁回下放男知青的子女户口3477人。1990年，又解决男知青第二胎子女1583人的户口。武进、金坛、溧阳三县市参照市区，4799名男知青的子女的户口迁回县城。1993年10月，办理市区知青半家户迁移，6497名知青的农村配偶“农转非”。至1989年6月，全市接待申请“农转非”的下放人员32975户、79726人，有23342户、52402人获准“农转非”。

1991年3月，市区公安机关实施以清理整顿人户分离，加强常住人口、暂住人口、重点人口(简称“三口”)管理为重点的基础工作，核对户口227119户、608662人，摸清市区实际居住719321人，空挂37031户、95128人，暂住42986人，寄住102809人。5月29日，常州市政府颁发贯彻《江苏省关于奖励引荐海外和台港澳资金的暂行办法》实施细则，对引荐客商在常州市投资兴办企业达40万美元(在市区投资)或20万美元(在城北工业村和三辖县、郊区投资)的人员可安排在投资企业就业，并解决户粮关系迁移。1992年8月25日，市政府授予武进县“农转非”户口审批管理权限。9月24日，常州首次批准并办理地方城镇居民户口，816户、1123名在市区从事第三产业和经商、具备居住等条件、缴纳城市建设和社会事业部分补偿费的农民在市区落户，11月停办。1995年6月至1998年8月1日，再次办理地方城镇居民户口，1995年11月市公安局严格“农转非”审批制度，规定辖市县不得擅自出台新的户口迁移特别是“农转非”政策。1992—1998年，全市累计办理常州市区户口2万余人，市区地方城镇居民户享受与城市居民同等待遇。

1996年7月，武进、金坛、溧阳启动农村户口城市化管理暨常住人口信息计算机管理系统建设。翌年8月，全市农村户口城市化管理完成，核对常住人口81.8万户、253.8万人，更改户口登记项目差错4.48万项，办理3.01万人落户，注销2.11万人户口。1998年7月，重点解决符合“农转非”政策规定的困难户、残疾人配偶和子女、事实收养的儿童、农村地区外省婚嫁妇女及所生子女、超计划生育子女落户6类突出问题，全市办理投靠类“农转非”户口264人、收养落户90人、婴幼儿落户9830人、新建住宅落户9911人。

1999年4月，市政府部署开展小城镇户籍管理制度改革扩大试点。同年，全市23个试点镇累计受理群众申请1.59万户、4.49万人，办理落户手续29970万人，其中本镇人27000万人、本县市人2390人、外县市人358人和外省市人222人。2000年，各镇全面推开小城镇户籍管理制度改革，在小城镇有合法固定住所、有稳定职业或生活来源且实际居住在小城镇的人员，全部准予办理小城镇户口，同年办理小城镇户口2.12万户、4.72万人。1999年4月，市公安局提出解决婴儿、未成年子女落户，夫妻投靠、父母投靠子女及户口迁移等户口管理突出问题的实施意见。同年，办理3.3万人的落户手续，其中夫妻投靠1.49万人、未成年子女投靠1.24万人、新生婴儿随父申报5324人、父母投靠子女564人。2000年8月，市区实施投资买房人员户口迁移政策，全市办理1350人的户口迁移。

2002年1月7日，市政府办公室转发《常州市公安局关于改革和加强城市户籍管理工作实施意见》，放宽引进人才户口迁移管理限制，实行投资买房人员户口迁移政策，解决城市化发展需要的其他人员在常州市登记常住户口问题。同年，全市审批办结户口8637户、1.7万人，其中购房4413户、8158人，投靠配偶、父母投靠子女、子女投靠父母(简称“三投靠”)的1116户、1793人，投资办企业3户、6人，纳税9户、28人；办理人事部门录用管理、技术人员户口385人；审核撤组(居民小组)转居2711户、6594人。10月，市公安局出台创优经济发展软环境40条措施，下放户口审批权限，将由派出所、公安分局、市公安局三级受理审批的“三投靠”等8类户口调整为派出所、公安分局二级受理审批，由行政审批服务中心办理的21类协办户口下放到公安分局、派出所办理。2003年1月10日，全市人口信息系统升级，市公安局制定《常州市网上迁移户口“一站式”服务管理规范》。3月1日起，天宁、钟楼、新北、戚墅堰、水上5个公安分局所辖46个派出所为群众提供网上迁移户口一站式服务，把婚迁、买房等13类市内迁移户口划归迁入(登记)地派出所窗口办理，同年全市办理户口迁移变动35万余人次。6月23日，市政府印发《常州市户籍准入登记暂行规定》，全市取消农业户口、非农业户口，建立城乡统一的户籍登记制度，取消“农转非”制度，全面建立户口迁移条件准入制，以合法固定住所或稳定职业(生活来源)为户口准入的基本条件；放宽“三投靠”城市新属的人员在城市登记常住户口的条件限制：投靠配偶不受婚龄限制，父母投靠子女不受身边有无子女限制，未婚子女均可投靠父母，实行有利于引进人才的户口迁移政策，改革大中专院校学生户口迁移办法。

2006年2月，市公安局出台8项措施，继续放宽对户口迁移的限制。2007年10月底，变更、更正姓名、性别、民族、出生日期4个户口登记主项目统一由辖市（区）公安局治安大队和市公安局户政处上机操作。2008年8月，市公安局把姓名、性别、民族3个主项目的更改操作权由户政处下放到派出所。2009年，市公安局、人事局、劳动和社会保障局等部门制定往届高校毕业生户口迁移、市区农民工落户、高校毕业生落户和集体（家庭）户分立户等新规定，新设集体户37户，其中个私企业11户；办理高校毕业生落户7300余人，其中往届持证未落户毕业生700余人；27名优秀农民工及配偶、子女64人落户常州。2010年，全市公安机关贯彻落实《江苏省常住户口登记管理规定（试行）》，取消企事业单位引进人才、设立集体户口附加条件，放宽企业招录高校往届毕业生落户条件，办理高校毕业生落户8450人。2001—2010年，全市迁入人口66.4万人，净迁入19.63万人。

第二节　暂住人口管理

80年代中期起，大批农村劳动力进入常州城乡务工经商，常州市公安机关逐步探索加强对暂住流动人口的管理。1987年12月5日，市政府颁布《常州市区暂住人口管理暂行规定》，凡年满16周岁、常住户口不在市区（含郊区）的公民，已在或拟在本市暂住3个月以上者，市区公民租赁市郊私房、公房（包括单位所有房）者，均须领取暂住证；暂住3个月以下的人员申报暂住登记。12月31日，市政府办公室补充通知明确出租市郊区私房的必须经乡（镇）政府有关部门批准，并发给私房准租证后方可出租。至1988年11月底，市区累计核发暂住证51547张。1989年4月26日，市政府印发《常州市市区贯彻〈江苏省暂住人口管理办法〉实施细则》，对外省、市县到常州务工经商或从事其他经济活动的人员收取社会事业建设费，其中务工者每月5元、经商者每月10元。8月28日，市公安局制定《市区暂住人口管理工作若干规定》，建立暂住人口分级管理机构，暂住人口20人以上的单位设立治保组织，同年建立暂住人口治保小组175个。对暂住人口按户立档建卡，按月统计暂住人口数字。12月，清理暂住人口中未领暂住证、无正当职业、暂住期间受到两次以上治安处罚等5种对象，并按期动员返乡或强行遣送。

1991年，实施对私房出租户“谁出租，谁负责”的暂住人口治安管理责任制。市区由房东与暂住人口共同签订双向治安承包协议书1.13万份。通过治安承包责任制管理，全市发现和查处违法犯罪人员42名，查处治安案件22起，动员和遣送盲流无业人员回原籍的680名。1994年7月15日，停止收取社会事业建设费，统一收取暂住人口管理费（2002年3月1日取消）每人每月5元。1995年3月，《常州市市区贯彻〈江苏省暂住人口管理办法〉实施细则》废止，市政府颁布《常州市暂住人口管理实施细则》，把申领暂住证的时间由暂住3个月缩短为1个月。通过集中清理整治，全市登记暂住人口18.42万人，发放暂住证15.78万张，其中市区登记暂住人口7.56万人，发放暂住证6.51万张。全市73个乡镇成立外来人口管理领导小组，建立177个乡级外来人口管理办公室、697个村级登记站，全市有协管员3562人。2002年9月，《常州市暂住人口管理实施细则》废止。

21世纪初期，常州进入工业化、城市化快速发展期，在城市高收入的强力吸引下，常州流动人口的规模不断扩大。2000年全市有流动人口44.8万人，2006年底增至142.7万人；2006年流动人口与户籍人口的比例为2∶5（户籍人口354.7万人），87%的流动人口分布在武进、新北、天宁、钟楼、戚墅堰5个区。流动人口迅猛增加给城市就业、基础设施和环境造成很大的压力。同期，流入常州的外来人口来自全国31个省市自治区，其中省内71.4万人，主要来自徐州、淮安、盐城、宿迁、连云港等市；省外71.3万人，主要来自安徽、四川、河南、湖北、贵州等省。流动人口涉及26个少数民族，他们以宗教和地缘为纽带，居住相对集中。流动人口选择居住的方式多样，绝大部分选择廉价的出租房屋和工地工棚居住。居住在租赁房屋、居民家中的占49.4%，居住在新市民公寓、用人单位内部和工棚内的占36.4%。大部分人文化程度较低，青壮年居多。流动人口中35岁以下、36～45岁和46岁以上的分别占70.7%、23.3%和6%。登记为小学、初中、高中文化程度的分别占13.4%、80.2%和5.3%，大专以上文化的仅占1.1%。

2008年8月1日起，全市实施暂住证"一证通"服务，流动人口持有常州市内(含武进、金坛、溧阳)派出所签发的暂住证，在常州变换暂住地的不再重新办理暂住证，由新的暂住地派出所在暂住证上签注变更日期、地址。2009年，全市累计投入经费150余万元，6月底建成98个流动人口服务管理中心。全年新登暂住人口108.87万人，新登记出租房屋6.5万户。2010年，7个辖市区全部设立流动人口服务管理办公室。同年底，全市有暂住人口133.45万人；其中，暂住时间1年以上的39.85万人，务工的94万人、务农的5.39万人、经商的13.73万人和从事服务业的8.47万人。

第三节　身份证管理

1986年10月11日，常州市根据《中华人民共和国居民身份证试行条例》，成立颁发居民身份证领导小组。1987年2月18日，常州市颁发居民身份证办公室建立，开始向常州城乡有常住户口、年满16周岁的中国公民颁发居民身份证，有效期为10年、20年和长期3种。7月，市公安局在颁发居民身份证的同时建立微机管理人口基本信息系统。9月9日，首批居民身份证正式颁发。至年底，市区打印居民身份证底卡49.17万份，占发证人数的99.8%。1988年5月，常州在全省公安机关率先使用计算机管理人口基本信息。1989年4月5日，市政府批转市公安局《关于实施使用、查验居民身份证制度的通告》，6月1日起全市正式使用居民身份证，开始实施查验。至1990年6月底，常州市居民身份证制发工作完成。同年3月，实行临时身份证制度，临时身份证期限分为1年、两年两种，编号为7位阿拉伯数字。

1991年4月，市公安局印发《居民身份证规范化管理实施意见》，实行申、换、补领居民身份证登记凭证制度、证件制作中的交接制度、居民身份证管理会审验收制度和三级管理制度。1995年3月，常州建成市级常住人口信息库，运用新的人口综合信息光盘音像联机系统，汇集市区71.97万人的信息。1996年1月，启用新工艺制作防伪居民身份证，全市年内制作新工艺防伪居民身份证10.15万张。1997年，市区首批持10年期居民身份证的11.07万名居民换发新证，并核对纠正重证号。从1999年10月，全市公民身份证号由15位升至18位。至12月25日，全市登录公民身份证号码80.1万户，计算机中的人口信息与居民户口簿上的公民身份编号保持一致。至2000年，全市更改居民身份证重、错证号5.4万对。

2004年2月，市公安局组织做好换发第二代居民身份证工作。2005年9月，采用"政府出资，市场化运作"的模式采集二代证人像信息，迅速启动换证工作。至12月28日，全市换发第二代居民身份证175万张，占换证总人数的60%。12月5日，全市停止制作第一代居民身份证。2006年3月1日，开始制发第二代临时居民身份证。至同年底，全市采集人像信息270万人，完成换发证总量的91%，制作发放居民身份证265万张。2010年，常州在全省率先开通网上办理第二代公民身份证遗失补领、损坏换领服务，完成第二代公民身份证信息管理系统建设，全市公民身份证信息全部合格。

第四卷　风景名胜

Volume IV　Famous Tourist Sites

常州是一座风景秀丽的江南历史文化名城，山水、历史、人文资源丰富。山水胜迹有被称为“江南明珠、绿色仙境”的天目湖和西太湖、长荡湖、古运河等，成为常州独特的水情景观；茅山风景区风景秀丽、景色宜人，茅山道观被后人称为“道教第一福地、第八洞天”，唐代古刹天宁寺被誉为“东南第一丛林”。金坛顾龙山宝塔禅寺、园通庵，溧阳瓦屋山宝藏禅寺、天目湖报恩禅寺，武进横山大林寺、白龙观，常州市清凉寺、万绥东岳庙等都曾是香火盛极一时的寺院道观。常州古遗址、古建筑、名人故居和古典园林众多，有中国保存最为完整的春秋时期地面古城遗址淹城遗址、马家浜文化遗存圩墩遗址和新石器时代遗址三星村遗址，有因苏东坡到常并泊舟于此而得名的“东坡公园”。“天下名士有部落，东南无与常匹俦”，常州名人留下了许多故居、纪念场馆和墓葬。常州是中国共产党早期重要领导人瞿秋白、张太雷、恽代英和抗日七君子李公朴、史良等革命家、社会活动家的故乡，有瞿秋白纪念馆、瞿秋白诞生地八桂堂天香楼和张太雷纪念馆等名人纪念馆所。茅山地区曾是抗日根据地，溧阳水西村曾是新四军江南指挥部所在地。这一切都成为常州市宝贵的历史文化资源和旅游资源。

第一章 山水胜迹

常州处于苏南平原，以宁镇山脉、天目山余脉的丘陵高地和常武地区平原中的零星孤山为主。常州西部金坛、溧阳境内有茅山、青龙山、方山、丫髻山、南山、瓦屋山等；西北部有孟河的小黄山、九龙山等9个山岭，东北部有横山桥镇的芳茂山，郑陆镇的舜过山；东南部有雪堰镇的凤凰山、独孤山等。茅山的乾元观、华阳洞、金牛洞、新四军纪念馆，瓦屋山的宝藏禅寺、神女湖、竹海、状元坟、将军桥、白虎洞，芳茂山（横山）的大林寺、白龙观等，秀丽山势与人文景观融为一体。西太湖（滆湖）、长荡湖、天目湖、竺山湖、瓦屋山神女湖和南山竹海静湖等湖泊山环水绕，茂林修竹，古树参天；湖岸蜿蜒曲折，湖面烟波浩渺，清澈澄净，环境宜人，风景独秀。

第一节 名山

一、茅　　山

茅山为江苏省南部主要山脉之一，山脉主体处在金坛市薛埠镇境内，位于常州市区西约60公里处，呈南北走向。主峰大茅峰海拔372.5米，有九峰、二十六洞、十九泉，华阳洞、青龙洞等洞中有洞，人工水库星罗棋布，湖光山色融为一体。“春见山容，夏见山气，秋见山情，冬见山骨”是其独特的自然美景，有“山美、道圣、洞奇”之美誉。初因山势曲折，形似“已”字，故名句曲山。西汉年间，陕西咸阳人茅盈49岁时隐居于此修道，后来其弟茅固、茅衷放弃仕途到此山同修，茅山由此得名。茅氏三兄弟被后人尊奉为“三茅真君”和上清宗坛、上清派始祖，茅山的道教名山地位由此奠定。东晋葛洪、南北朝陶弘景在茅山修炼，创立道教茅山派，被奉为

位于茅山东麓的乾元观（摄于2010年6月）

道教“第一福地、第八洞天”。唐宋时期，茅山道教达到全盛，拥有宫观殿宇等300余座、房舍5000余间，有“三宫五观七十二茅庵”之称。太平天国、抗日战争和“文化大革命”时期，这些建筑迭遭严重破坏。20世纪70年代末期茅山道院得到修缮，1982年被国务院批准为首批对外开放重点宫观。茅山现有茅山道院、九霄万福宫（顶宫）、乾元观、华阳南洞、金牛洞、八卦台等景点。

二、横　　山

横山位于武进东北横山桥镇，占地133.33公顷，最高海拔107.9米，距常州市区10公里。初名芳茂山，因东晋右将军、散骑常侍曹横葬在此山南峰，改名横山。宋代诗人张存有诗“当年不葬曹横墓，千古犹存芳茂山”。元末明初教育家谢应芳在此筑室隐居，勤读写作，直到寿终去世，撰有“为爱横山山水清，山前筑室小溪萦”诗。明代江苏巡抚周忱吟有“欲买横山更卜居”的诗句。横山景区拥有大林寺、白龙观、福寿庵、龙井、龙亭、一壶泉等名胜古迹。

三、小 黄 山

小黄山位于新北孟河镇北部，形似卧龙，最高处海拔约95米，生态环境良好，植被茂密。据传因战国四公子之一的春申君黄歇曾在山上苦读数年，故名“黄山”，为别于安徽黄山，更名小黄山。梁武帝萧衍建都建康后，封其布衣之交志公和尚为国师，萧衍因思念故乡，舍祖宅，命志公修建智宝寺；梁天监年间(503—519)，命志公在小黄山玉皇峰南麓的小河九龙村修造了一座九龙殿，作为他东巡回乡祭祖的行宫和志公的功德院。今小黄山脚下的九龙禅寺香火依然旺盛。有市民曾在小黄山下水潭发现对水质要求极高的濒危物种桃花水母。

四、南　　山

南山位于苏浙皖三省交界之地，东北距常州市区约100公里，地处溧阳最南端的丘陵山区，故称南山，为原生态保护区。境内有竹子约3.5万亩，民间称为“南山竹海”。最高山峰石门尖海拔508米。主要有静湖长廊、索道览胜、南山寿泉、参天古株、古驿道、古井、野猪林、吴越第一峰等景点。

五、瓦 屋 山

瓦屋山位于溧阳北部竹箦镇丘陵山区，距溧阳市区20多公里，由低山丘陵、丘岗组成，呈近东西向延伸，最高海拔355米。这里群山连绵起伏，湖泊星罗棋布，森林竹海繁茂，地质溶洞奇特，唐代诗人李白吟有“朝登北湖亭，遥望瓦屋山。天清白露下，始觉秋风还”的诗句，明代旅行家徐霞客称瓦屋山为“中华巨龙”，山上有宝藏寺。

六、顾 龙 山

顾龙山亦称乌龙山，位于金坛城南约两公里丹金溧漕河边，海拔21.2米，长约1公里，面积9.33公顷。山上茂林修竹，郁郁苍苍，被形容为“青绫绕水色，翠羽叠山容”。明嘉靖进士张祥鸢《春晴泛舟登龙山》诗云：“一春今日好，与客泛新晴。野水绿于染，青山近若迎。岩花娇送酒，谷鸟巧呼名。归线渔舟晚，吉扉敞月明。”山上修有寺观庙庵等建筑。南宋咸淳七年(1271)，山上建有茅山书院。元至正十六年(1356)，朱元璋率领义军东征攻打金坛高五郎时曾驻军于此,即兴填词曰:“望西南隐隐神坛,独跨征车,信步登山,烟寺迂迂,云林郁郁,风竹珊珊;一尘不染,浮生九还,客中有僧舍三间,他日偷闲,花鸟娱情,山水相看。”山顶建有御碑亭、季子殿,山上有寺观庙庵等建筑,山南有吕祖庙,山东有宝塔寺及龙山塔,山西有圆通庵。

第二节 秀水

一、西 太 湖

西太湖位于常州西南部,原名滆湖,俗称沙子湖,又称西滆湖,2008 年 5 月改称西太湖。该湖东邻太湖,西连长荡湖,南接宜兴氿湖,北通长江,为苏南地区仅次于太湖的第二大湖泊。湖形似茄形,湖体呈浅碟状,湖底平坦。宋《太平祥符州县图经》记载:“多白鱼,南连沙子,昔有滆姓人携龙壳归,地遂陷。”此湖约为东汉晚期地壳沉降而成湖,纵跨武进、宜兴,南北长 30 余公里,东西最宽处 20 公里。至 2010 年底,湖区常州境内南北长 25 公里,东西平均宽 6.6 公里,总面积 164 平方公里,蓄水 2.15 亿立方米,平均水深不足 1.5 米。湖岸线圆滑整齐,绿树成荫,环境优美。

二、天 目 湖

天目湖位于溧阳市南 8 公里处。1957 年,省内水利专家到溧阳考察,决定设计兴建沙河、大溪两座大型水库,1958 年动工,建成后的南北水库总蓄水量超过 3 亿立方米,南侧的沙河水库水域面积 148.5 平方公里,蓄水 1.2 亿立方米,最深 28 米,平均深度 11 米。1992 年更名为天目湖,湖区群山环抱,岗峦叠翠,湖岸蜿蜒曲折,古树名木众多,山水林园与野生动物构成自然生态区。天目湖最大水景特色是山水园,把“山水佳景”“乡村田园”“龙兴岛”“湖里山”连成一体,形成四大景区。

三、长 荡 湖

长荡湖又名洮湖,郦道元《水经注》将其列入“五古湖”之一。位于常州西南 30 余公里处,距金坛市 9 公里,纵跨金坛、溧阳两市,系古太湖分化湖之一。原湖面较大,晋时有“长塘”之名。后经围垦造田,2010 年湖区面积 85 平方公里,大部分在金坛境内。湖底平坦,水深 1.1～1.2 米,水质清澈。湖中盛产玉爪蟹(螃蟹)、米虾、银鱼、鳑鲏、螺蚬等,有“一斛水中半斛鱼”之誉。长荡湖人文古迹众多,有湖底石板路、湖头古井、三国周瑜安营扎寨的周舍、白米糖、普门禅寺等名胜。“洮湖夜月”胜景曾被列入金沙(金坛)八景之一。

四、竺 山 湖

竺山湖为太湖西北角一个湖湾,因湖畔有竺山渔村得名,此村又名百渎。竺山湖南连太湖,东邻无锡马山国家级旅游度假区,北靠城湾山。现内湖水面 56 公顷,湖中有白鹭洲、芦花岛、聚龙岛等岛屿。

改道南移的京杭大运河常州城区段(摄于 2008 年 9 月)

五、京杭大运河常州段

公元前 495 年,吴王夫差主持开凿江南运河(又称延陵运河),自苏州望亭,经无锡、延陵奔牛、孟河至长江,全长 85 公里。江南大运河常州段因位于延陵治所南，故称“前河”，从西水关桥进入常州城，经天禧桥（弋桥）、新坊桥、元丰桥，出东水关桥，东行至无锡，为江南最早的古运河。后经隋、唐、宋三朝开凿整修，至元朝京杭大运河全线贯通，常州城区段有过4次大的改道。元至正年间(1341—1368)在前河南侧开凿城南渠，亦称西兴河，与前河形成双河东行。明万历九年(1581)在西兴河南开浚东南濠（现老运河）。2003年，常州段南移改道，部分借原大通河道拓宽疏浚，开凿新运河，西起新闸连江桥，经北港、邹区、西林、牛塘、湖塘、茶山、雕庄至丁堰汇入老运河，全长26公里，宽90米。原老运河失去航运功能，规划改建为城内景观河道。

第二章　古迹

常州历来崇文重教，涌现出大批有全国影响的政治家、思想家、文学家、艺术家、史学家、科学家，他们为常州留下了众多名胜古迹，包括古城遗址、东坡遗迹、寺庙祠观、塔楼阁亭、古镇老街、革命遗址等，保存了许多宝贵的历史印记。常州今尚存唐荆川、孙慎行、庄存与、赵翼、洪亮吉、黄仲则、管干贞、段玉裁、李伯元、庄蕴宽、吕思勉、瞿秋白、张太雷、史良、刘国钧、华罗庚等名人故居、纪念场馆，还留存有蔡邕、诸葛瑾、谢应芳、唐荆川、钱一本、恽南田、钱名山等名人的墓葬。

第一节　遗址遗迹

一、淹城遗址

淹城位于常州城南部，为春秋后期城池遗址，被誉为“中国江南第一城”。淹城由内子城、子城河，内城、内城河与外城、外城河三套城河组成，水护城，城依水，是中国现存最完整、独一无二的三城三河春秋后期地面城池遗址。子城、内城均呈方形，周长分别为500米、1500米，外城为不规则椭圆形，周长2500米，外城城廓周长3500米。遗址东西长850米，南北宽750米，总面积65万平方米，与《孟子》“三里之城，七里之廓”记载相吻合。城墙为开挖城河的土堆筑而成，内子城残墙高约5米、宽10米，内城残墙高12～15米、宽约20米，外城残墙高9～13米、宽25～50米；每道城墙均有1座城门，子城城门正南，内城城门朝西南，外城城门朝西北；三道护城河平均深约4米，河宽30～50米，最宽60余米，城内绿树成荫，城河碧波荡漾。1988年1月淹城被列为全国重点文物保护单位，2003年被列为世界物质遗产保护项目。

春秋淹城遗址全景（摄于2009年7月）

淹城是一座被四水环绕的都城，在春秋时期进出子城、内城、外城没有陆路，均靠划船进出。1958年以后，内城河泥中先后发掘出4艘独木舟，两条最具价值的分别被中国历史博物馆、南京博物院收藏，其余被武进博物馆收藏。藏于中国历史博物馆的独木舟长 7.45 米，经碳 14 测定距今约 2800 年，这是中国保存最完整、最古老的“国宝”级独木舟，被称为“天下第一舟”。出土的独木舟分梭形、平头平尾形两种，均为整棵楠木、楮木和柏木凿成。淹城遗址自 1935 年最早经卫聚贤、陈志良等考古学者实地科学调查发现，有极大价值，《淹城访古记》发表后，开始为社会各界瞩目。新中国成立后曾进行多次考古发掘。1986 年 5 月至 1991 年 8 月，南京博物院组成淹城遗址考古发掘队进行考古发掘。历次考古发掘出青铜器、瓷器和几何印纹陶器文物 1000 余件，其中尊、盘、簋、钩、鼎、剑、箭镞、锸等青铜器 20 余件，器件上布有蟠螭、云雷、连珠、锯齿、鱼鳞等纹饰，工艺独特，造型轻盈灵秀。

淹城遗址内四周原有土墩数百座，现剩 70 余座，大多高 7～15 米，直径多为 25～30 米，最小的 15 米，最大约 45 米。经考古发掘，证明城内一墩一墓为贵族墓，城外一墩多墓为平民家族墓。80 年代后期，按照“小淹城，大春秋”的思路，全面规划开发，至 2010 年底淹城成为常州的春秋文化旅游品牌。

二、圩墩遗址

圩墩新石器时代遗址位于戚墅堰圩墩公园内，为 1960 年发现，1972 年以后经过 3 次考古挖掘，出土大批石器、陶器、玉器饰品，尤其是石纺轮、陶纺轮和红烧土块中的稻壳，成为研究太湖流域稻作起源的珍贵资料。该遗址距今 5000—6000 年，是当时常州地区发现的最早的原始社会村落遗址，总面积约 20 万平方米，属马家浜文化，为太湖流域重要新石器时期遗址，1983 年 10 月被列为省级文物保护单位。1988—2009 年，市委、市政府多次投资建设，建成圩墩遗址公园，以“常州第一村”为展示主题，将圩墩遗址文化进行有机分类，设计不同的展示空间，从陆地转入水中、地下，以多维的景观空间演绎不同文化氛围。通过雕塑组合、结构剖面造景、二维背景结合动态投影画面等手法，再现圩墩人生存的大环境、圩墩人居住的建筑、圩墩人生活的用具、圩墩人聚集用餐的场景及圩墩遗址考古发掘现场等景观。

三、三星村遗址

位于金坛市朱林镇原西岗乡三星村竹园内，总面积约 10 万平方米，中心墓区面积约 2 万平方米，略呈方形，距地表 1.5 米深，系墓葬群。1993—1998 年，清理新石器时代不同墓葬 1000 余座、房址 4 处、灰坑 55 个，出土文物标本近 4000 多件（组），有完整的人骨架及石器、陶器等随葬品，属新石器时代马家浜文化晚期和崧泽文化早期的遗存，考古成果被评为 1998 年全国十大考古新发现之一。2006 年 5 月被国务院公布为全国重点文物保护单位。

四、姬山遗址

该遗址位于武进区西部嘉泽镇姬山村，是新石器时期的崧泽文化古遗址，周边有艺林园、紫薇园和西太湖生态休闲旅游区等景区。规划在现有姬山遗址的基础上，移建近百栋大型古代宅院，将古镇、古建、古典园林相结合，建成姬山古镇景区，在周边规划建设玫瑰主题园、花卉产业园、渔业体验园，至 2010 年底尚未完全建成。

五、阖闾城遗址

位于武进区雪堰镇与无锡胡埭镇交界处，大城呈长方形，东西长约 2100 米，南北宽约 1400 米，总面积约 100 万平方米，分东西两城。东城小，西城大，主要位于雪堰境内，约占遗址总面积的四分之三。西城尚存夯土城墙多段，残墙高 2.4 米，底宽约 20 米，城四周均有护城河，城内点将台、练兵场、兵器库等遗迹依稀可辨，考古出土有青铜剑、青铜矛、几何印纹硬陶罐和原始青铜器等。

六、东坡遗迹

宋代大文豪苏东坡对常州情有独钟，与常州的胡宪臣、胡信臣为同科进士，又与曾任礼部尚书的常州人胡宗愈志同道合，与常州钱公辅、钱济明父子和胡仁修结为知己，曾两次上表朝廷乞居常州，一生曾11次到常州，终老于此，为常州留下了许多遗迹。

舣舟亭 位于常州市区东坡公园西区。原在罗城城东（靠近水门桥）文成里前河（最早运河）南，始建于南宋。宋熙宁六年（1075），苏东坡从杭州通判任上，乘船前往镇江赈灾途经常州，于此系舟上岸。南宋时地方人士为纪念他，修建舣舟亭。明朝运河南移，在原舣舟亭边上修筑文城坝（今东坡公园门前），该亭南移，改建至现在古运河北端。清康熙帝、乾隆帝下江南，慕苏东坡才气，都在此上岸。康熙皇帝第二次下江南经过常州，文成坝上树立"皇恩浩荡、万寿无疆、百禄是荷、圣德元昌"16字碑。康熙四十四年（1705）三月康熙帝第五次南巡路过常州，在此登岸，为舣舟亭题写"坡仙遗范"匾额。乾隆帝先后以舣舟亭为题赋诗4首，刻于御碑亭内。乾隆四十二年（1777），吏部尚书、常州人程慕伊等36名常州官员鉴于舣舟亭年久失修，损毁严重，募资重修。咸丰十年（1860）被太平军烧毁。光绪三十四年（1908）至宣统二年（1910），重修舣舟亭、御碑亭、宫门及宫墙。1953年春，常州市公园管理委员会成立，规划将舣舟亭扩建为公园。1954年5月扩建东郊公园，重修假山、荷池、桥梁、荷亭、竹亭等，在环园三面河边筑砌驳岸，围以水泥砖栏墙。1979—2009年，经多次改建，面积增至54.3万平方米，改名东坡公园。改造后公园分东区和西区，东区以仰苏阁、东坡书院等后人缅怀、敬仰苏东坡的景点为主，西区有龙亭、洗砚池等历史遗存景点，对外免费开放。

纪念北宋大文豪苏东坡在此登岸的舣舟亭（摄于2009年10月）

东坡古渡 位于东坡公园门前左侧护城河与运河交汇处，原为东坡系舟上岸处，后人为纪念苏东坡，于此修建渡口。乾隆帝因仰慕苏东坡，"坡留我则往"，循着东坡足迹在东坡古渡登岸，后人把乾隆登岸处称为"御码头"。1979年国庆前夕，整修御碑亭、御码头，2008年东坡公园改造扩建，恢复东坡古渡遗址，与"御码头"并称。

野宿亭 位于东坡公园内。宋熙宁六年（1073），39岁的苏东坡在杭州通判任上，途经常州东郊，夜色将暗，因那晚正好是除夕夜，故未下船拜访好友，独自在船上宿了一夜，直到正月初一才上岸，写下"多谢残灯不嫌客，孤舟一夜许相依"的诗句，后人在他停泊小舟的地方修此亭。后原亭在战乱中毁坏，2008年东坡公园改造扩建时重建。

东坡公园内的仰苏阁（摄于2010年3月）

藤花旧馆 为苏东坡终老常州

之地，位于延陵西路前北岸89号（参见第三十九卷“文化遗产”第一章“物质文化遗产”第三节“省级重要文物”）。

仰苏阁 位于东坡公园东面的半月岛上，三面环水。乾隆皇帝第二次南巡常州时，常州状元、刑部侍郎钱维城随侍游舣舟亭，画《苏轼舣舟亭图》献给乾隆帝观赏，乾隆帝在画上题有“吴门知不远，更有仰苏楼”诗。太平军攻打常州时仰苏楼被毁。1986年，古运河改造，辟建半月岛，1996年，建仰苏阁以纪念坡仙。2008年扩建，现规模相当于8层普通住宅高。此阁1～3层对外开放，一层展出苏东坡年表简编和部分有关苏东坡的字画、文献资料。

东坡洗砚池 原置于苏东坡终老地孙氏宅藤花旧馆内，清乾隆二十二年(1757)，地方官员得知乾隆帝将第二次南巡常州，为给万寿亭行宫增添一景，将馆中洗砚池挖出，移建到公园西区舣舟亭旁。赵翼曾描述洗砚池说：“系白石凿成，底旁有小孔，去其楔，水立涸。以新水益之，容十五六石许，积水盛夏不败。”原池后来在战乱中毁坏，今存洗砚池为新中国成立后，建东郊公园时重建。

御碑亭 位于东坡公园西区舣舟亭西北侧。乾隆皇帝4次到常州3次到舣舟亭，巡视苏东坡写的诗，写下“风流苏髯仙，遥年此系艇。遗迹至今传，以人不以境”诗，后人将乾隆手书的诗镌刻成6块碑保存下来。现建筑为1954年建东郊公园时复建，保存至今。该亭造型奇特，既像亭子，又像水榭，顶部有二龙，故称龙亭。

抱月堂 位于东坡公园东北部。1983年，投资14万余元兴建，为花篮厅仿古建筑。2003年公园改造时，取东坡代表作《前赤壁赋》中“挟飞仙以遨游，抱明月而长终”之意，在公园北侧复建抱月堂。2008年重新改造装修，形成飞檐翘角、粉墙黛瓦、房连曲廊、典雅亮丽的景观建筑。

乾隆行宫 位于东坡公园内。乾隆皇帝6次巡视江南，4次进入常州城，3次驻跸于此。

七、荆川遗迹

唐荆川故居 位于常州市区青果巷86号。唐顺之(号荆川)明嘉靖年间曾任翰林院编修，受命剿伐倭寇，为常州历史上罕见的文武全才。他的故居原有八桂、易书、筠星、松健、礼和、四并、复始、贞和八堂，其中易书堂为唐荆川诞生处，与八桂、贞和两堂毗连，位于雪洞巷西、西庙沟东；筠星、四并堂由唐宇昭弟宇量、宇全居住。唐荆川故居八堂今存青果巷92～98号筠星堂、青果巷86号贞和堂、青果巷82～84号八桂堂、青果巷8弄3号、12弄8号松健堂和青果巷141弄以东、133号礼和堂(分东、西两宅)（参见第三十九卷“文化遗产”第一章“物质文化遗产”第三节“省级重要文物”）。

陈渡草堂 位于常州城西南陈渡桥畔、荆川公园内，原为唐荆川读书处，唐荆川早年隐居于此苦读圣贤书。由五言楼、春池馆、压溪榭、赖云阁和回廊、假山、清溪、小桥等组成，为仿明代建筑，北垣墙边有碑刻“荆川先生手书扇面”“唐荆川草书诗稿真迹”4块和石刻唐荆川半身冠像。陈渡草堂数易其主，先后被陶自悦、谢旻所拥有，改为陶园、谢园。清道光年间(1821—1850)再被陶氏后人陶雰堂赎回，又名复园。咸丰十年(1860)，太平军攻打常州，草堂内建筑全被烧毁，仅留有唐荆川外孙、礼部

陈渡草堂唐荆川读书处五言楼(摄于2010年3月)

侍郎孙慎行所题“荆川先生读书处”碑和唐荆川亲植的皂夹树、朱藤等。1935年，清末曾留学日本早稻田大学的唐氏后裔唐肯主持修缮读书处房屋。

唐氏宗祠　原位于常州城区青果巷224号，为明朝建筑。后因道路改造，2002年5月仿制原样移建到荆川公园南部。祠堂存硬山式木结构门屋3间、明抬梁式楠木厅3间，宽10米，进深6檩9.5米，厅后有享堂上下3间，壁间嵌有元代大书法家倪瓒等书条石刻。栖枫桥、待鸾亭名称均取自唐荆川描写夹竹桃诗：“校竹旧传分碧海，竹桃今见映朱栏。春色芳香彼共远，秋来花叶不同贱。疏英灼灼分丛发，密蕊菲菲对节攒。不信千年能结籽，错疑竹实待栖鸾。”

第二节　名人故居

名人故居是常州历史文化资源的一大特色，有的被辟建为革命传统纪念场所，有的建成名人纪念馆，有的被列为文物保护单位，部分被命名为爱国主义教育基地。

一、孙慎行和孙星衍故居

位于常州城区双桂坊59号。孙慎行为明万历年间(1573—1620)探花，曾任礼部尚书，七世孙孙星衍为清乾隆年间榜眼，著作等身，被袁枚誉为“天下奇才”。此屋原为孙慎行在礼部任上时所建，今存明式船厅(原为穿堂)一楹，内有雕花月梁、明代木隔窗等。西首有开井，开井北建有清式花厅，面阔5间(清代改建)，进深四檩8.9米，前有走廊，后为翻轩、花圃，植有翠竹、紫藤等，为硬山式砖木结构。现已改建，为市级宗教团体集中办公室地。

二、恽南田故居和纪念馆

位于武进湖塘镇上店和马杭。恽南田是清代常州画派创始人、书画大师，被时人誉为“诗书画三绝”。故居原有两进，为恽南田出生地，今存硬山造砖木结构平房一进两间、进深六楹，建筑面积40余平方米。纪念馆原为马杭大族宋氏家庙(祠堂)，1983年恽南田诞生350周年时，武进县政府购得，经修缮改建为恽南田纪念馆，为单檐歇山顶砖木结构的仿明殿宇式建筑，坐北朝南，呈凸字型，前半部为三间六楹，檐下为翻轩沿廊，后半部五间四楹。两侧前后山墙上端堆塑凤、鹿造型，庄重典雅，院门朝东，进门匾额为谢稚柳手书，正厅匾额为刘海粟手书，正厅屏风前置南田半身塑像，厅内陈列恽南田生平年表和常州画派部分画作。厅后东西厢房置有南田山水、花鸟精品彩照，多种版本的《瓯香馆集》，研究南田生平、艺术的资料及征集来的名人书画作品等。

三、吕宫和吕星垣故居

位于常州城区前北岸64号。吕宫为清朝入关后常州第一位状元，五世孙吕星垣为“毗陵七子”之一。此屋坐北朝南，原南临顾塘河(即后河，已填没)，北近白云溪(已填没)，占地约2600余平方米，今存房屋五进，2007年修复。辛亥革命前地方“十六人秘密结社”人之一的吕叔元居住于此。

四、赵翼故居

位于常州城区前北岸8号。赵翼为清代著名史学家和诗人，出生于武进戴溪西干圻村，后于乾隆四十八年(1783)从一户败落的官宦人家购得这座硬山式砖木结构深宅大院，居住达30余年之久，直至逝世。此屋原北临白云溪，是常州豪门士族选居的风水宝地。此院坐北朝南，东西有垣墙相隔，占地5000余平方米，共五进，今存四进，东首为赵翼著书立说的湛贻堂。民国后有部分房屋被陈、徐两家购得，仅存第二进轿厅两间、第三进大厅5间、四进3间(湛贻堂)，西首还有书房萧斋3间等房屋数间。2008年前后北岸整片改造时部分修复。

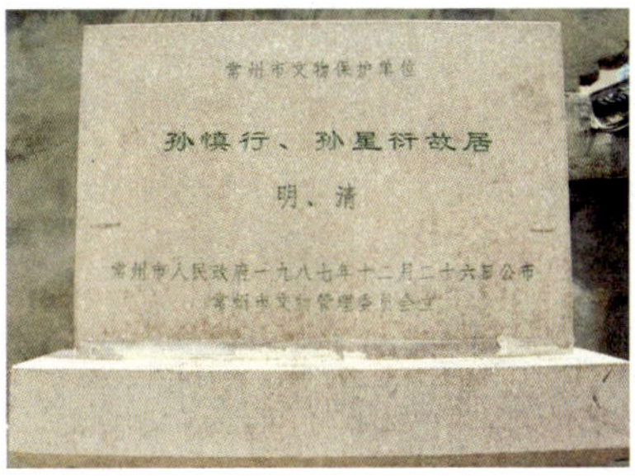

孙慎行故居（摄于2010年5月）

恽南田纪念馆（摄于2010年5月）

吕思勉故居（摄于2010年5月）

赵翼故居（摄于2010年4月）

五、段玉裁纪念馆

位于金坛大南门外愚池风景区。段玉裁是清代文字训诂学家、经学家。纪念馆占地4.33万平方米，其中水面2.33万平方米。段玉裁纪念馆系仿清式砖木结构，四合院布局，坐北朝南，建在三面环水的半岛上。匾额由舒同题写，门前置有一对狮子滚绣球昆石，进门两侧各接一厢房，中间为长方形庭院，正对面为纪念堂，七架梁，三开间，歇山顶，飞檐翘角。堂内屏门前置段玉裁半身塑像。庭院两侧水榭分别陈列段玉裁的著作和研究段玉裁的学术论文。各厅室由回廊连接，四周绕以院垣。院门开在溧金公路之侧。进院是1.33万平方米的广场，广场与纪念馆一水相隔。

六、庄存与和庄培因故居

位于常州城区成全巷东（即晋陵中路）、阳湖县署西街南侧的马山埠，南临白云溪。庄存与和庄培因兄弟是科举时代常州名门望族的代表，庄存与在清乾隆年间（1736—1795）中榜眼，庄培因夺得状元。故居最初为庄存与的高祖庄廷臣始建于明万历年间（1573—1620），后庄存与父亲庄柱在清康熙年间（1662—1722）曾进行扩建，名宝砚堂，庄存与继续增建，占地近1万平方米，坐北朝南，宅分中、东、西三路，仪门正中竖挂“榜眼及第”“状元及第”两块匾额，门前有水码头、照壁、戟门，南北有九进，内有启裕堂、循陔堂、慎余堂、赐砚堂、薇晖堂等房屋100余间，且建有花园。民国期间有部分房屋毁于日军战火。1953年2月由庄培因后裔庄元馨经手，将大部分房屋售于市卫生学校，宝砚堂等主体建筑在建校舍时被拆除，今存西厢房6间，膳屋、从屋各3间及西首花蓝厅5间及庭院等建筑。

七、洪亮吉和洪深故居

位于常州城区延陵东路东狮子巷20号，亦称洪亮吉纪念馆、洪深纪念室。洪亮吉为乾隆年间（1736—1795）进士，著作等身，其六世孙洪深为中国有声电影的开拓者、著名导演和戏剧家。原屋在西狮子巷南口西侧，为洪亮吉在乾隆四十八年（1783）所购花桥北居第，房屋坐北朝南。清嘉庆四年（1799）洪亮吉上书朝廷指责弊政，激怒嘉庆皇帝，被遣戍新疆伊犁，赦还后居于此，自号“更生居士”。嘉庆八年，他在宅中增辟曙华台、更生斋等，请同乡叠石名家戈裕良在西圃堆筑假山。80年代，常州城东西主干道改造，其主体建筑拆除，仅留内宅辅房平屋5间。1993—1994年，中国建设银行常州分行建造大楼时，把留存房屋移建至东北50米，占地341.3平方米，建筑面积243平方米，共为三进，第二进东首、西首各一间分别辟为书房更生斋、风雪授经堂，分别陈列洪亮吉墓志铭石刻1合（两块），展出洪亮吉手迹等资料，第三进为洪深纪念室。

八、黄仲则故居

位于常州城区马山埠神仙观弄1号。黄仲则是清中叶著名诗人，凡诗词、书画、骈文、篆刻莫不精通，被称为“清代的李白”。故居为祖上所遗，是一组由黄氏后裔分住的明清建筑群，原占地4600余平方米，东近白

庄存与故居（摄于2010年5月）

洪亮吉故居(摄于2010年6月)

黄仲则故居(摄于2010年10月)

费伯雄故居(摄于2010年5月)

云溪。西厢是黄仲则的书斋两当轩，轩内原珍藏反映其诗文才华的《两当轩集》原刻雕版244块，新中国成立后由黄氏后裔献给常州博物馆珍藏。民国年间部分建筑为李氏购得居住，现仅存轿厅两间、楠木大厅3间和花厅、后屋及东西厢房。两当轩面阔3间，进深6檩，上覆弧形天花板，檐下原为落地明格长窗，后被改作居室。

九、戈裕良故居

位于武进洛阳镇戈家旦村。戈裕良为清代著名造园家。故居原有平屋两进，为清朝硬山式砖木结构建筑，两开间门面，进深6楹，面积约80平方米。现第一进被改建成楼房。

十、费伯雄故居

位于新北孟河镇大南门内17号。费伯雄为清后期孟河医派开创者。故居建于清咸丰、同治年间，称“养拙堂”。原有东西两纵列，各四进，现仅存西纵第三进3间，为硬山式木结构建筑，面阔10.2米、进深7檩7.5米。中为正厅，厅屋东向明处为落地花格长窗，两侧偏房东向明处为半墙矮木格花窗，书房留云山馆在西侧。2007年修缮完毕，占地面积600平方米。

十一、吴稚晖故居

位于武进雪堰镇雪南街中段“四房里”弄。吴稚晖曾任国民党中央监察委员、国民政府委员等职，被联合国教科文组织评为世界百年文化学术伟人。故居为坐北朝南的清朝后期硬山式砖木结构建筑，共3间，面阔9.4米，进深7楹7.5米，建筑面积约65平方米。厅堂正中悬挂“吴稚晖先生”横匾，并安放吴稚晖铜像，2002年9月修复，陈列吴稚晖照片及生平介绍资料。

十二、庄蕴宽故居

原位于觅渡桥旁庄家场二知堂西侧(今位于电信实业公司内)。庄蕴宽辛亥革命后曾出任江苏临时都督，后任审计院院长，是故宫博物院早期创建人之一。其故居东临舜宜巷，西对邮电路，系庄蕴宽告别仕途，于1930年所建居所，名“欢喜坚固室”。此楼坐北朝南，为西式独立假三楼(二楼一阁)建筑，3开间门面，楼后有老宅平房5间，为硬山式砖木结构房屋，系庄蕴宽书斋。

庄蕴宽故居(摄于2010年6月)

十三、李伯元故居

位于常州城区青果巷257—269号。李伯元为晚清谴责小说家，其故居为坐南朝北的清代建筑，共3路，中路主厅是留馀堂(今青果巷263号)，第一、二、三进为轿厅、大厅、李伯元活动场所和两层木结构转楼；东路原为唐氏礼和堂遗址，今存屋两进3间，进深6檩，有翻轩、月梁，梁托有荷花、寿桃等黄杨木雕，工艺精致。轩后天井内有白石洗砚池1方；西路（青果巷269号）今存屋两进各5间，厅后存古井1口。

十四、吕思勉故居

位于常州城区十子街8—12号。吕思勉系著名史学家，华东师范大学一级教授。其故居为清咸丰年间其祖父吕懋先所建。占地1000多平方米，坐北朝南，为硬山砖木结构建筑。其父在生活困难时，将东屋典出，后由吕思勉收回。故居共四进21间，每进均为三开间，第二进为大厅接翻轩，三进为厅屋，四进为二层小楼，每进中间有天井、花坛，藏有吕思勉古籍、图书、字画、生活用品等20余箱。1998年修复，红木横匾“吕思勉故居”由著名历史学家周谷城手书。

十五、刘国钧故居

位于常州城区青果巷82—84号。刘国钧为民国时期著名企业家，新中国成立后曾任江苏省副省长。其故居为原“唐氏八宅”中八桂堂旧址，后被瞿秋白的叔祖、湖北布政使瞿赓甫购得，瞿秋白诞生于此。抗日战争后，先被刘国钧租用，后被买下修缮居住。有门屋、大厅、客堂、经楼（天香楼）共四进，为硬山砖木结构。两侧有走廊贯穿前后，每进隔有天井，全宅以垣墙围成院落。第二进为大厅，有翻轩，面阔3间，中间宽3.75米，进深7檩，周为回廊，天井植桂4株。三进客堂，进深8檩，客堂、翻轩间以屏门间隔，后天井堆砌假山。其后（往北）是经楼天香楼。

十六、史良故居

位于天宁区和平南路北段143号（今和平北路122号）。史良是现代著名的抗日爱国“七君子”之一、新中国司法部首任部长。故居坐西朝东，东临和平路，头进在拓宽和平路建设中被拆除。今存清末硬山式砖木结构建筑3间，面阔9.2米，进深8檩，中间以屏门相隔，廊下朝东为落地长窗6扇，部分结构完好。厅前天井栽有花木，设垣墙围护，环境清幽。

十七、李公朴故居

位于武进湖塘镇东村129号。李公朴是中国民主同盟早期领导人、现代著名的抗日爱国“七君子”之一。故居原有五进4天井，90年代仅存二进主楼。1997年政府拨专款修复，修建门厅、官厅、主楼及两天井花墙。第一二进门厅、官厅为硬山式平房建筑，3开间门面，进深6楹，第三进是主楼，总建筑面积约200平方米，古色古香，为民国初期建筑格调。1915年之前，李公朴居住于此。

位于湖塘东庄的李公朴故居（摄于2010年5月）

十八、冯仲云故居

位于武进横林镇余巷村薛家前16号。冯仲云是东北抗日联军的著名将领，后任松江省人民政府主席、哈尔滨工业大学校长、北京图书馆馆长等职。其故居坐北朝南，原有三进，为清末硬山式砖木结构建筑，今存第一进平房，6楹3间，正中明间檐下为石库门，保持原貌，建筑面积70余平方米；第三进原为3开间楼房，现建为平房，屋后有小花园。第三进东侧另有两间平房（原为辅房），建筑面积约400平方米，占地近700平方米。第三进平房已辟作冯仲云纪念馆，陈列冯仲云生平事迹、著作及生前遗物、勋章等照片。

位于武进余巷的冯仲云故居（摄于2010年5月）

十九、王诤故居

位于武进洛阳镇杨巷村（又称浜头上村）。王诤是中国人民解放军无线电通信事业创始人、新中国电子工业的开拓者。故居坐北朝南，前后3进，原为清末农舍院落建筑，因长期失修，破败不堪。2007年底经各方筹资，对旧屋按原貌翻修，在故居西侧新建王诤纪念馆。2008年9月竣工，改为4进：第一进为门厅，6楹2间；第二进为厨房，5楹1间；第三进为客厅，兼起居室，7楹2间；第四进为两层小楼，7楹1间。王诤童年时用的灶头、水缸等生活设施为原物原样。

二十、蒋超雄故居

位于常州城区县学街5-5号（原13-1号），最初为清康熙年间（1662—1722）副都御史徐元珙宅，道光年间（1821—1850）徐氏后裔有任道台者建造，故称道台府。清末售予浙江兵备道恽祖贻，民国时为蒋超雄购得。蒋超雄是黄埔一期毕业生，授中将军衔，故此楼又称“将军楼”。故居系清代硬山式砖木结构建筑，坐北朝南，头进面阔7间，进深9楹；第二进有正屋面阔5间，进深9楹。正屋前为方形天井，其东西侧有厢房，各两间3楹。南面修筑墙垣，形成独立四合院院落。第三进为两层楼，为6间6楹。楼前为大天井，楼后为大花园。2007年重修，整个故居建筑群有房屋30余间，建筑面积近1000平方米。

第三节　其他古迹

一、古塔名楼

常州境域历史上寺院众多，塔因寺而建，大多毁于火灾、战乱等，部分古塔名楼屡毁屡建，多数未重建，仅文笔塔、龙山塔（金坛）、宝藏寺塔（溧阳）幸存。常州原有季子庙戏楼、灵官庙戏楼、万绥东岳庙行宫戏楼、礼嘉烈帝庙戏楼、西夏墅梅村戏楼、政成桥三官堂戏台、西大王庙戏台、三吴首社戏楼、城隍庙戏楼、雷祖庙戏台、石佛庵戏台、洪都会馆戏楼、杨氏戏楼、逸仙戏院等戏楼戏台约15座，形成常州古戏楼群，亦屡毁屡建，1990年以后少数作为文物被修缮保护。

文笔塔 位于罗汉路1号。原属南朝齐高帝萧道成所造建元寺的附属建筑，是为埋放高僧圆寂后的骨灰或舍利，所以又称“浮屠”。宋太平兴国年间（976—984）改建元寺为太平兴国禅寺时，称此塔为“太平寺浮屠”，又因该塔“巍冠郡中”，俗称“文峰塔”。到宋朝中后期，常州科举达到鼎盛时期，当此塔“每祥光腾现，辄开巍鼎之先兆”，文人联想文峰塔形似文笔，“主邑中文教”，为地方带来“文运”，喻称“文笔塔”，流传至今。南宋建炎元年（1127）太平寺毁于大火，塔安然无恙。南宋诗人杨万里有诗“太平古寺劫灰余，夕阳唯照一塔孤”。元初，太平寺重建。元亡前夕，寺毁于战乱，文笔塔因长年失修，损

文笔塔（摄于2009年10月）

坏严重。明初，在学者谢应芳倡议下，寺重建，塔大修。明洪武十二年(1379)、二十四年先后改为太平讲寺、太平兴国讲寺，万历二十一年(1593)再修塔。清康熙三十三年(1694)火灾，烧坏塔顶两级，乾隆九年(1744)修复，咸丰十年(1860)太平军攻打常州，寺塔全毁。光绪三十四年(1908)天宁寺方丈冶开募资建造，寺塔恢复旧观。1937年日本侵略军入侵常州，塔顶上铜葫芦、宝珠和承露盘被日军炮弹击落，塔身(砖石结构)外木结构全部烧毁，寺院遭严重破坏。新中国成立后，寺院一些房屋划拨给武进县人民医院、武进看守所使用。文笔塔归入红梅公园。1981年至1982年11月，按原貌修复。塔高48.38米，底层外径9.85米。塔由不同时期的遗物组成，莲瓣塔基为宋代遗物，塔身为清末建筑，外层的檐廊为现代建筑，共7级8面，每层有拱门，中有旋梯环绕而上。

天宁宝塔　位于天宁禅寺北、红梅公园西。天宁寺原塔毁于宋代兵火。21世纪初，天宁寺方丈松纯开始主持筹资修塔，由同济大学的博士生导师路秉杰设计。2002年4月奠基，塔身为钢架结构，耗材6500吨，外形装饰传承唐宋古代遗风，呈八角飞檐形状，塔基基台采用印尼婆罗浮屠佛教建筑形式，在6层围栏上选用四川雅安产东方白玉，请著名雕刻之乡福建惠安、河北曲阳两县的民间艺人，精心雕琢成998个汉白玉小玉塔环绕主塔，形成气势恢宏的塔林。塔林间镶经文碑1000多块，镌刻全国寺院500名方丈书写的佛教经文。宝塔大柱、大梁、飞檐、吊顶、栏杆、门槛等采用缅甸、巴布亚新几内亚深山楠木5000立方米，平均直径1米、长6～9米，每层用楠木大柱60～72根，共1000余根，伸向塔身外8米多的飞檐全由楠木制成。宝塔共13层，高153.79米，至2010年底为国内4000多座宝塔之最，被誉为“中华第一塔”。总建筑面积2.7万平方米，创世界第一佛塔、第一金顶玉身塔、第一塔林、第一经文碑林、第一铭文瓦塔、第一地宫群、第一天然水晶佛、第一高钟、全国最高佛塔9项第一。耗费铜饰1000吨，宝塔顶上由莲台、象轮、鼓座、火焰板等组成的金刚宝座型塔刹，用75吨黄铜浇铸而成，塔刹表面装贴金箔数十公斤，每层飞檐屋面用青铜铭文瓦铺设，达5万张，瓦上仿古代青铜器的铭文曾获国家专利。建造历时5年，耗资2.7亿元。

天宁宝塔(摄于2007年12月)

金坛龙山塔　位于金坛市南部顾龙山上。始建于元代，后崩毁，80年代重修。塔身为楼阁形式，砖木结构、高7层、约40米。平面呈八角形，内室呈正方形，塔外壁各级有回廊腰檐。

阳湖县城隍庙戏楼　位于琢初桥北侧原新坊桥小学内。戏楼始建于清乾隆二十四年，咸丰年间(1851—1861)太平军攻打常州损毁，光绪二十二年修复。为歇山顶，两层砖木结构，戏台面宽6.7米，进深4米余，檐下内外三面皆有人物走兽等木雕，飞檐翘角，装饰华丽。后台为子楼三间，用于演员化妆室。戏楼与城隍庙大殿间的两边，原有看楼上下各9间。楼下一层东山墙中部内侧壁间，嵌有刻于光绪二十二年的《阳湖县增修城隍庙记》碑。近代戏楼被废弃，光绪二十八年用于私立育志小学堂办学。民国以后，戏楼一直为新坊桥小学使用。2006年因长年失修，部分屋脊坍塌，后按原貌重修。

万绥东岳庙戏楼 位于新北万绥镇老街北端，东岳庙建于唐贞观五年(631)，后屡毁屡建，现存戏楼是清道光年间(1821—1850)由孟河名医费伯雄、巢崇山等乡贤牵头捐资、募资重修。戏楼坐东朝西，台口直对庙宇大殿东岳菩萨，砖木结构，除墙用砖砌外，柱、梁、楼、台均为木料，戏台平面呈凸形，外形呈大屋顶，屋脊作大顶翻筋，正台屋面采用横梁屋面架式向外伸延，屋檐梁椽起翘，高出屋面，呈两角展翅形。台内屋顶为八角合顶，中绘藻井。台正面宽6米，进深5.6米，台高2.3米，台前檐柱高5.5米。后台3间，宽14.5米。该戏楼的独特之处是在前台左侧另搭一子台，专供乐队伴奏使用。戏楼前为大天井，可容纳近2000观众。农历三月二十八庙会、十月初六东岳大帝生日，各地戏班子云集于此唱戏，四邻八乡的老百姓前来祈福、看戏。墙上山西襄汾的著名戏班福胜班、广西大金秀班及河南淮阳全福班等在清末、民国年间前来这里上演戏目的痕迹依稀可辨。2002—2003年，市、区、镇三方出资对戏楼全面整修。

万绥东岳庙古戏楼(摄于2010年3月)

横林顺庄东岳庙戏楼 位于武进横林镇顺庄村东岳庙内。庙始建于唐贞观五年前后。戏楼坐南向北，台口面对东岳庙大殿，歇山顶，砖木结构。戏楼平面呈凸字形，前台阔6米，进深五檩4.5米，脊高7.3米，台面高2.3米，后台3间通阔10米，进深六檩5.7米，顶高8.5米。东岳庙当时香火鼎盛，农历三月二十八，当地百姓为东岳大帝举行生日行会，戏班来此唱戏。新中国成立后曾作欧里小学校舍。1992年，旅日华侨张剑耀捐资21万元整修戏楼，重建东岳大殿、后宫、阎王殿。

礼嘉戏楼 位于武进礼嘉镇礼嘉中学内，又名“五云楼”，建于清嘉庆四年(1799)。咸丰十年太平军攻打江南，楼毁，光绪十一年重建。戏楼坐南朝北，台口直对烈帝庙大殿，为砖木结构，整体平面呈“凸”字形。正台是八角顶，单檐歇山顶，重脊飞檐，檐角凌翅，四角飞檐各悬风铃。台顶呈莲瓣形，画梁斗拱，中绘藻井，戏台高3.6米、宽5.7米、深4.65米。台两侧出入口谓出将入相、出风入雅，台檐拱梁悬挂金字匾额“龙飞凤舞”。台两旁有石柱，上撑拱顶飞檐，下镇楼板台角。木板墙壁上残存清末民初苏垣瀛凤班、上海孙记安乐堂和常郡老大全胜、全福盛等戏班的唱戏记录。1957年烈帝庙拆毁，创办学校，但戏楼被保存了下来。1995年，武进市、礼嘉镇和中学校集资12.8万元修缮戏楼。

位于武进礼嘉中学的戏楼——五云楼(摄于2009年12月)

杨氏戏楼 位于常州城区东下塘中新桥堍75号，建造者可能是清代江西候补同知、诰授中议大夫杨承善。戏楼为亭阁式木结构建筑，坐东朝西，东面紧贴风火山墙，以木柱支撑，呈“凸”字形，置20扇长窗，四周栏杆雕刻花卉虫鸟等浮雕，刻工精细，故称杨氏雕花楼。演戏时，长窗敞开或拆卸，露出舞台，平时长窗关闭，自成一室，设计独具匠心。戏楼有两层，分别高2.2米、2.7米，宽4.2米，进深3.4米。楼前为花园，旧有湖石假山、荷池及桂花等。其侧为花厅，东首有书斋及月洞等建筑，书斋上方有篆额“息影”。

梅村真武庙戏楼 位于新北西夏墅镇梅村东林寺前，原为道教真武庙附属建筑，戏楼坐南朝北，台口对着真武殿，两旁为关帝殿、土地堂等殿堂。此庙始建于宋代，清康熙二十七年(1688)重建，同治二年(1863)重修。戏楼上下各3间，为硬山砖木结构。戏楼平面呈“凸”字形，前台唱戏，台顶雕龙画凤，拱形，风格古朴。台宽4.5米，深4.5米，高3.5米，离地2.5米。台前装有红漆木板排门，雕刻着雅致的花纹。演戏时，脱掉排门，演完戏再把排门上好。农历三月三庙会，各地戏班云集在这里唱戏，台门板壁间，隐约可见清末大金秀班等演员涂画的脸谱、演出戏目记录等墨迹。新中国成立后，真武庙改为梅村小学，戏楼独立存在，每遇庙会时仍然演戏。90年代初梅村小学搬出，恢复宗教活动，名“东林寺”。2004年11月戏楼重新修复。

二、古镇老街

万绥古镇 位于新北孟河镇，东南距常州市区40公里。最早名阜通镇，因地势高亢，俨如山丘，称“阜”，又因西通丹阳、镇江，东通江阴、常州，北通长江，意为四通八达，故称“阜通”。梁太平二年(557)改阜通镇为兰陵镇。五代后唐，武进县治迁入常州郡城，仅保留兰陵镇建置。宋初改为万岁镇。太平天国期间，百姓深受战乱之苦，企盼安居，改为“万绥”，沿用至今。建筑颇具规模，街巷井然，部分砖木结构建筑仍保存明清时期风格。今残存的主要道路有东西走向的兰陵路，南北走向的齐梁路和戏楼路。主要道路周边曾分布过与皇帝有关的很多有影响的东城天子路、智宝寺、皇业寺、罗妃桥、志公井、皇家花园、龙池、齐泰安陵、景安陵、兴安陵、梁建陵、修陵和庄陵等名胜古迹，东岳庙、戏楼等古迹经多次重修保存至今。

孟河古镇 位于常州西北约30公里处。孟河原名河庄，自唐常州刺史孟简疏浚长江至运河后，改名孟河。因临近长江，军事位置突出，南宋嘉熙年间(1237—1240)，朝廷在此驻兵。明嘉靖年间(1522—1566)，倭寇猖獗，为防范倭寇骚扰，在此筑城，设孟河营，专司防守，故又称孟城。孟河营最多时驻兵1600人，备船50艘。陵园、孟城呈龟形，周长4里，墙高2丈，置通江、达润、翊京、定常、通信5门，城南、城北设玉盘、金锁两处水关，因东西两边连绵起伏的小山犹如双龙戏珠，又称“珠城”。清末民国初实行城乡自治，曾将孟城改为通江市。孟城名医颇多，以费、马、丁、巢为代表的孟河医派蜚声海外，今老街仍保存着费伯雄、巢渭芳等故居。老街用青条石、金山石铺垫，街两侧店铺林立，药店最多。街上有名的古迹还有九龙寺，它曾是梁武帝舍宅敕建智宝寺的下院，原寺颇具规模，有殿、堂、厅、舍49楹，今天王殿、玉佛殿、观音殿、地藏殿等楼宇为1993年后陆续兴建。

孟河古镇(摄于2010年3月)

焦溪古镇 位于常州东北20公里，地处常州、无锡、江阴三市交界，属郑陆镇，傍山依水，三山环抱，东

焦溪古镇（摄于2010年3月）

倚鹤山，北枕舜山，南望凤凰山。焦溪地名的由来有过数次演变，最早叫“焦村”。因唐代焦龟山隐居于此得名，后因焦龟山烧了一道用酒糟垫底的红烧扣肉，鸿儒们很喜欢，称为“焦垫”，后改焦村为“焦垫”。明朝后，江阴虞桥焦丙在此设塾授徒，因弟子众多，将此地称为“焦塾”，焦垫、焦塾各有人叫。明朝后期，这里连衢比巷，“朝奉万包、日进斗金”，典当、京货、木行、猪行、槽坊、粮行、药铺、肉店、茶食等商埠林立，故后人改称为“焦店”。在商贸经济的推动下，焦店街巷建造逐渐完善，乾隆至道光年间，陆续建有青龙、咸安、中市、三元4座古桥，形成清诗所说“野菜饶乡味，溪流澹客心。小桥行过处，落叶打衣襟”的美好画面，成为常州东北的重要古镇。但在民国时期遭受两场大火，几乎将明清建筑全部烧毁，后重建，人们把“店”改为“溪”，溪是水，能克火，焦溪就此取代焦店，沿用至今。

奔牛古镇 位于常州市西北。据南朝《舆地志》载：“汉时，有金牛出山东石池，到曲阿（今丹阳），入栅断其路，牛因骤奔，故名”。后均循此说，据此推算，奔牛之名已有2100余年历史。奔牛地处水陆要冲，京杭大运河、孟河、沪宁铁路穿境而过。河上设闸，称奔牛堰，陆地设奔牛巡检署，水运贯通东西南北，舟楫往来，馆舍林立，驿站酒肆随处可见，茶坊、糟坊、油坊、碾坊、槽坊、酱坊、竹木坊等应时而生，商贸兴盛，古代成为名噪江南水乡的重要商埠，被誉为“邑西巨镇”。有“五渎八景”（孟渎、直渎、瓜渎、芦渎、琴渎和能仁古刹、伯牙桥、陈氏书楼、高陵乔木、星月池、秀水紫竹、张公钓鱼台、洗心池），文化积淀深厚，万缘桥、东街、中街、西街、戏观弄等古迹遗韵犹存。

杨桥老街 位于武进区前黄镇漕桥西北与运村西南部锡溧河处。2008年2月26日被常州市政府列为历史文化保护街区。东至丁家塘以东18米、朱家浜东岸线，南至张宪浜以南约18米，西至观音浜以西约10米，北至牧斋院以北18米，保护街区面积约4万平方米。该镇始建于南宋，元末明初成为江南行省常州府重镇，有杨桥浜、朱家浜、堵家浜、观音浜、新街浜等河溪环绕，东通太湖，西达滆湖，北至常州，南抵宜兴通浙江湖州。碧水清溪上架设着南杨桥、庄基桥、虹桥、太平桥（又称谢桥）、东杨桥、新杨桥、新虹桥、新太平桥等古石桥，房屋临水而建，形成典型的江南水乡人家。清代中期，杨桥为阳湖县和宜兴县交界的集市贸易中心，商贾

杨桥老街、南杨桥（摄于2010年9月）

云集，筑园造第，楼宇毗邻，被誉为“太湖首镇”。东、西、南、北等老街上布庄、南北杂货、药行、木行、竹器、银匠店、渔行、肉庄、染坊、槽坊、豆腐坊、木匠店、茶馆、饭店密布，最多时达400余家，其中同仁堂药店、白虎堂茶馆、丁家堂粮行、陈万隆烟店、全盛嫁妆铺、荣光客栈等老字号商铺名噪一时。戏院和中学堂都早于周边街镇，每天有定时班船往返于常州、无锡、宜兴、溧阳等地。老街至今保持着花岗岩条石、青砖砌筑的路面原样，留有丁宅、百岁庄、牧斋院、南杨桥中共地下交通站旧址、南杨桥、太平桥和清道光年间(1821—1861)《重建杨桥碑记》石刻等文物，和文昌阁、白虎堂茶馆，清代石梁庄基桥、东虹桥，明代重修的保丁寺、太平庵等遗存、遗址。

余巷老街 位于常州城东约20公里，与无锡玉祁镇交界。古时称五牧，常州、无锡流传着“上不到横林，下不到洛社——五牧”歇后语，曾有常州城东第一巷之称。街东有东巷门，百米外就属无锡，西街有启秀门。老街最早形成于明清，过去商贸繁华，古建筑很有特色，有大观堂、垂露堂、彝训堂、福绥堂、大有堂、如德堂、声振堂、萃墨堂、南园草堂等，后来有的遭破坏。现在的西街老街仍保留着清朝和民国初时的布局风格，木排门、石板地和雕梁画栋的门窗，砖雕门楼，随处可见。其中薛尚书宅(薛家前22号)，雕砖门楼、封火墙至今保存完好。今存的师俭堂、余巷小学堂等民国前期建筑吸纳西洋建筑元素，呈海派风格。余巷曾走出众多名人，古时有进士20余人，过去常州二贤祠内供奉有唐荆川和余巷人薛应旂两人，余巷冯氏走出了国际著名科学家冯元桢，他是美国国家科学院院士、美国国家工程院院士、美国国家医学院院士、中国科学院外籍院士及台湾“中央研究院”院士，2000年获美国科学界最高荣誉“美国国家科学奖章”，2007年又获与诺贝尔奖齐名的拉斯奖和美国国家工程院“奠基者奖”，他在余巷西街19号的3间四进老宅至今保存完好。

三、古桥名桥

新坊桥 位于常州城区和平北路椿桂坊口，始建于南朝梁大同元年(535)。跨南市河，元皇庆年间(1312—1313)重建，明弘治十一年(1498)重修，为跨径10.5米条石拱桥，条石桥台。1986年上部翻修重建，铺设新踏步、压顶、栏杆、扶手。

始建于梁大同元年(535)的新坊桥(摄于2010年3月)

文亨桥 位于常州城区篦箕巷，明嘉靖二十七年(1548)建，原名新桥，跨大运河。1987年易地改建为人行石拱桥文亨桥，跨西市河，跨径5.82米。

水门桥 又名通吴桥，位于常州城区东市河和京杭大运河交汇处，是延陵东路上的主要桥梁，历史悠久，屡毁屡建。2000年，因延陵东路二期改造，老桥被拆除重建为一跨20米预应力混凝土板梁桥，桥跨中心与河道中心斜交12度。2008年随快速公交二号线改造。

锁桥 位于常州城区西直街，跨锁桥河。始建于五代吴天祚年间(935—936)，清康熙年间(1662—1722)重建，因此处河形似锁，故名。抗日战争胜利后重修。该桥为单孔跨径5.65米的石拱桥，条石拱圈，条石桥台，桥长10米，宽4.8米，砖砌栏杆，条石压顶。

飞虹桥 位于常州城区东坡公园西首，跨东市河，清乾隆五十年(1785)重建。1954年、1983年两次重修栏杆。该桥条石拱圈、条石桥台，单孔跨径 9.5 米，长 34.5 米，宽 3.1 米。

西吊桥 位于常州城区西瀛里西直街交叉口，跨西市河，旧为朝京门木吊桥。2003 年，西瀛里地块改造时新建为钢筋混凝土 T 型梁桥，长 14 米，宽 16 米，跨径 10 米。

西水关桥 旧时为控制水路的水关桥，跨常州城区南市河。横兴弄地块改建时利用原向阳化工厂桥 T 型梁，重建为钢筋混凝土 T 型梁桥。

北太平桥 位于常州城区北太平路，跨关河，清乾隆时为石拱桥，1972 年改建为钢筋混凝土桥，1988—1989 年拆建为钢架拱桥，桥梁总宽 14 米，主跨 9 米。2000 年拓建为常州城区首座钢筋混凝土钢架拱桥，拓宽 10 米，总宽 24 米，桥梁主跨 20 米，为预应力空心板梁桥。

小东门桥 位于常州城区小东门路，跨关河，明正统七年(1442)为 3 孔石板桥，1953 年、1968 年先后改为撑架木桥、钢筋混凝土双曲拱桥；1996 年拓宽改造为三跨简支板梁桥，桥长 33 米，宽 24 米。

青山桥 位于常州城区北直街，跨关河，原名北吊桥，清康熙年间(1662—1722)重修，后改建为木桥。1967 年改建为双曲拱桥。2000 年，城中路北直街段改造时改建。上部结构为三孔简支板梁，桥宽 20 米。

广济桥 原位于常州城区西直街西端西门粮仓附近(俗称西仓桥)，跨京杭大运河，为明正统十二年(1447)始建的木桥，成化十七年(1481)重修，改名广济桥。清康熙五十七年(1718)重修为三孔石桥，桥长 48.25 米，宽 4.9 米，两边石级各 47 级，两端孔径 6.8 米，中孔跨径 11.7 米(为市区跨径最大的古石拱桥)，条石墩台。1985—1986 年，因年久失修、运河拓宽改造，按原型移建于舣舟亭公园，与半月岛连接，融古园、古河、古桥于一体，为公园增添古桥景观。

移建于东坡公园的广济桥，又名西仓桥(摄于 2010 年 3 月)

通江桥 位于常州城区青山路，跨通江河，原为清康熙年间(1662—1722)建的大条石板桥。2003 年改建为钢筋混凝土空心板梁桥。

东吊桥 原老桥位于常州城区天宁寺南侧，南靠南市河，西靠天宁寺公交回车场。1998 年，延陵东路一期改造，对东吊桥同步实施改造。新建部分在老桥南侧，桥面宽 23.65 米。跨径 7 米，钢筋混凝土预制板梁。2008 年快速公交二号线工程施工时改造过桥面。

博爱桥 位于常州城区博爱路，跨东市河。1913 年始建，1975 年新建，2001 年随博爱路拓宽改建。

南岸桥 位于常州城区南劳动东路上，跨前浪浜，清代已有桥。1974 年新建一孔净跨 9.3 米的板梁桥。2003 年，采菱路改造，拆除重建，为单跨 13 米的简支板梁桥，桥宽 30 米。

第三章 公园

常州古代园林众多。皇家园林有吴王阖闾的避暑宫、隋炀帝的毗陵宫。今存或已毁圮的私家园林有隋陈氏(杲仁)后圃花园、青山庄、桃园、蒹葭庄、陈渡草堂、近园、约园、未园、意园、皙园、半园等百余座。近现代游憩公园主要有人民公园（武进第一公园）、第二公园、红梅公园、东郊公园（东坡公园）、荆川公园、兰园、五星公园、圩墩公园、青枫公园、芦墅公园、顾龙山公园、愚池公园和中华恐龙园、淹城遗址公园、武进牟家村农业观光园、淹城野生动物园、溧阳高静园、环秀山庄、溧阳南山竹海休闲山庄、十思园、大石山庄等近百座。

第一节　市政公园

一、红梅公园

位于常州城区东北部。2005年10月18日，市政府投资5.8亿元，全面扩建敞开红梅公园，2006年9月27日建成，对游客免费开放。扩建后占地34.64万平方米，新增公园绿地及游园面积9.3公顷。改造恢复红梅八景，凸显常州的吴文化特征。塔园新景塔影森林映文笔，达到塔影重叠效果。园内移植大批名贵树木，种类增至500多个。原动物园搬迁至淹城野生动物园，原地开辟布置鹦鹉、天鹅、火烈鸟等禽鸟观赏园。开设羽毛球、网球、门球等健身场所，建造儿童游乐、戏耍的童乐天地。

红梅八景　扩建时修整文笔夕照、吴风遗韵、青峦倒影、红梅春晓、曲池风荷、翠薇秋霞、林园钟声、雪山劲松八景。

文笔夕照　1988年，文笔夕照景区以文笔塔为主体主景，融通常州的典故、传说、文物等，后在文笔塔北面隔水堆建一座笔架山，衬托“文笔”神韵。建有文笔楼、梦笔轩、墨香榭、砚池、塔影池、塔影山房、知音舫、袈裟塔、嘉贤坊等景点，为全园精华。建有国际友谊林，常州与意大利普拉托、韩国南杨州市、荷兰梯尔堡市及毛里求斯博巴桑、美国罗克福德市等友好城市的人士种植有广玉兰、香樟、桂花等名贵树木。

吴风遗韵　选择与崇文密切相关、最具代表性的早科坊、状元坊、世科坊、兄弟翰林坊、双桂坊、正素坊、椿桂坊、进贤坊等有记载的牌坊和清代立体城厢图，展示常州深厚文化底蕴。

青峦倒影　峰峦起伏，山道弯弯，百米长廊蜿蜒其间，山顶建有半山亭，北临映梅湖处，建有月到风来亭，山上遍植花木，树影婆娑，叠石堆景。山顶建翠薇亭，山上多植红枫，秋季霜重色浓，呈现“霜叶红于二月花”的意境。

红梅春晓　保留红梅阁为主景，建设环形赏梅长堤，挖掘环形水系，形成园中之园，有古春轩、冰梅石等景点，四周红梅翠竹遍布，冬末春初，红梅怒放，犹如彩霞纷飞。

曲池风荷　以荷花池为主景，有屠一道根艺馆、虚怀堂、听雨轩等景点，夏日荷花盛开，艳丽清新，杜鹃争奇斗艳。

雪山劲松　地势高耸，四面环水，山上植物以青松、雪松、蜡梅为主，展现北国风光。

林园钟声　三面环水，古树森森，小桥流水潺潺，晨钟暮鼓，尤显幽深静谧。

屠一道根艺馆　常州根雕艺术家屠一道长期在福州工作，被誉为“根雕开宗立派第一人”和“华夏现代根雕第一人”，作品被誉为“世界之宝”，被美国、加拿大、新加坡等世界多国的博物馆珍藏。1991年，他把107件根艺珍品捐赠给常州，市政府为保存这些稀世珍品，投资90万元，加上其堂弟屠馥生捐资50万港元，同年10月至1993年10月在红梅公园东北隅兴建该馆一期工程。1995年至1997年9月投资170万元建设二期工程，建有亭台廊榭、曲径小桥，总面积达2000平方米。建筑外形仿造古庭院，粉墙黛瓦，雕梁画栋，内设展厅、资料陈列厅、内花园。陈列厅内置有一尊屠一道的半身铜像，展厅陈列了他创作的龙回头、鹰擒蛇、孔雀开屏、梅花屏、雨打荷花、金鼎藏宝、金龙腾云、惊鹿等200余件根雕艺术作品，成为当时国内规模最大、藏品最丰富的根雕艺术殿堂。

二、青枫公园

2003年，常州市、钟楼区投资5亿元在钟楼经济开发区兴建，2008年5月17日对外免费开放。公园依托古运河、白鹤河、童子河而建，总面积45万平方米，是常州市唯一集生态、科普、活力于一体的城市森林公园。园内植物达800多种，设有8个植物专类园，为全市公园中植物种群资源最丰富的一个。建有绿影层叠、回澜拍岸、江楼钟鼓、水深云际、桡鸣远濑、风回曲水、月上西山、欸乃归舟等景区和标志性建筑虹道，及百米高喷、人工沙滩等亮点景观，另建有全市首家符合国际标准的滑板竞技场地、仿真山体攀岩、街头3人篮球场等。

三、凤凰公园

位于溧阳城区西北部凤凰路11号，1990年建成，占地2.7万平方米，因附近原有青石砌筑的凤凰桥而得名。建有仿明楠木厅、仿清铁木厅等建筑，设饮绿湖、碑林、珍竹园、山水园、花圃、儿童乐园、牡丹园、梅园和意园阁等9个景区，其中浣纱女、唐石刻井栏和淳化阁帖仿制品具有历史文化内涵。浣纱女塑像屹立在碧波荡漾的水边，浮雕为史贞女形象化身。公元前522年，伍子胥逃往吴国经过溧阳濑水时，遇见溪畔史贞女浣纱，向她乞食，她非常同情伍子胥全家被楚国奸臣迫害的遭遇，把浆纱的半桶面糊给他充饥。伍子胥要求她保守秘密，史贞女舍生取义，抱石纵身跳入湍急的濑水，消除伍子胥顾虑。伍子胥悲痛欲绝，咬破手指，在路边石头上写下血书："尔浣纱，我行乞；我腹饱，尔身溺。十年之后，千金报德"。后来史贞女的尸体漂至木杓兜村（今南渡镇庆丰村）被人捞起安葬。数年后，伍子胥率领吴军伐楚取得胜利，专门到濑水边凭吊，把缴获楚宫的三斗三升"金瓜子"撒在溪中（溧阳市文物保管委员会藏有后人捞到的半粒金瓜子）。

唐石刻井栏凿造于唐元和六年(811)，原置于溧阳西门零陵寺内，宋元祐五年(1090)被移至报恩寺，后迁至溧城镇楠木厅（狄氏宗祠），1991年移至公园内，建"唐井亭"加以保护。井栏外形似覆置巨碗，麻石质地，平沿，肩部有3个圆孔，等距离分布，孔径5.5厘米。井栏高54厘米、口沿内径86厘米、腹壁外围408厘米。外表腹壁有21行91字阴刻行楷铭文，刚劲有力。此井栏是中国唯一留存至今的珍贵唐代石刻井栏实物。

第二节　其他园林

一、艺 林 园

位于239省道武进夏溪厚余段，原为1996年戴锁方自筹资金200余万元兴建的武进夏溪观赏植物科技示范园，引进名、特、优、稀和珍奇观赏花卉苗木新品种数百个。至2000年底，建立花卉新品引种基地66.67万平方米，大棚3.2万平方米，推广种植面积2000万平方米。2002年，示范园被命名为全国农村科普示范基地。2002年5月，动工建造艺林园门楼，仿造大树园门，用130吨钢筋水泥浇筑成两株"大榕树"，在20余米高处架以仿古树木横梁，两头连接假山，配上翠绿的榕树树叶。引种罗汉松、竹柏、桂花、银杏、紫薇、石榴、黄杨等名、特、稀、奇、珍花木400多个品种、两万余株。2003年6月竣工，被列为第三届江苏省园艺博览会分会场景点。2009年7月，按AAAA级旅游景区标准彻底改造，开发建造生态观光园林家乐项目，建森林酒店，集住宿、会议、餐饮、棋牌、垂钓等功能于一体，营造生态、雅致、古拙"大树园"乐园，酒店采用古典园林式建筑，另有艺林山庄、书画奇石陈列馆等。

二、翠谷庄园

位于溧阳南山竹海大道一侧徐家干村，离南山竹海度假区两公里，2006年9月建成，占地33万平方米。2007年被命名为全国农业旅游示范点，成为溧阳首家集自然山水、田园风光、特种养殖和星级标准酒店于一体的农业生态型庄园。由田园观光、山林休闲、特种养殖和宾馆生活区4部分组成。田园观光区种植黑花生、砍瓜等新型园艺作物；山林休闲区有被两山相夹的翠谷潭和可供垂钓的紫藤潭，建有遮风挡雨的休憩长廊；特种养殖区设有林蛙园，以自然方式喂养；综合接待区建有三星级宾馆。

三、江南孔雀园

位于金坛薛埠镇上阮村，2008年初步建成开园。面积40万平方米，其中丘陵山地33.3万平方米、水面6.66万平方米，以饲养孔雀为主，建雀舍3000多平方米，散养栖息区3.3万平方米，饲养孔雀2000多羽，设有孔雀研究中心和孔雀标本陈列室，被认定为中国孔雀养殖基地，纳入茅山旅游风景区范围。园内树木成荫，种植有紫薇、深山含笑、黑松、红枫、七叶树、海棠、石楠等名贵树木20余种，形成四季常青观赏园，配建有高档宾馆、网球场、健身房、江南马会、垂钓划船等旅游娱乐设施，马会建有马道3000多米，配备专业驯马师和教练及马匹，可供练习骑马、骑马观景；水域周围建有石壁，水质清澈见底，可供垂钓、划船、静心养身、观赏松鹤等。

第四章 红色文化遗迹

常州市现存在中国共产党领导的新民主主义革命斗争实践中形成的红色文化遗址遗迹51处，其中革命遗址47处，其他遗址4处，其中有瞿秋白故居、新四军江南指挥部旧址、中共横山桥支部旧址等红色遗址遗迹，是常州历史文化遗迹的重要组成部分。

第一节 纪念馆

一、瞿秋白纪念馆

位于常州城区延陵西路102号。瞿秋白是中国共产党早期领导人之一。其故居原为瞿氏宗祠，由瞿秋白叔祖父、湖北布政使瞿赓甫建于清光绪年间(1875—1908)，面积1025平方米，分东西两个大院，各四进，辛亥革命前瞿秋白一家到瞿氏宗祠居住，瞿秋白在这里度过了13～17岁的少年时代。现陈列的100多件家具和生活用品，大多是当年原件，少量按原样仿制。1982年3月25日故居被省政府批准为省文物保护单位，于1985年6月18日瞿秋白就义50周年纪念日对外开放。1996年11月20日被国务院公布为全国重点文物保护单位。门楼上的金字横匾“瞿秋白同志纪念馆”由邓小平题写。后来市委、市政府在紧靠东院一侧兴建一座仿古两层楼四合院，树立瞿秋白雕塑，陈列他的生平资料，1999年瞿秋白100周年诞辰之际建成。纪念馆由晚清建筑故居陈列与现代仿古建筑两部分组成，占地2282.19平方米。

位于延陵西路的瞿秋白纪念馆(摄于2010年3月)

二、张太雷纪念馆

位于常州城区清凉路子和里3号。张太雷是中国共产党早期领导人之一。其故居为3间两进晚清硬山式砖木结构建筑，原属张太雷姐夫。张太雷出生在西仓街外祖父家，这里是他1918年与陆静华结婚时租住

位于子和里的张太雷纪念馆(摄于2010年6月)

的房子，在此生活7年，两女一子均出生于此。1982年，故居被列为省级文物保护单位。1985年，市政府拨款将前后两进平房及东邻平房共12间，按原貌整体修复，1987年12月12日广州起义暨张太雷牺牲60周年之际对外开放。“张太雷故居”匾由邓小平题写。2000年12月28日，更名为“张太雷纪念馆”。该馆由故居、生平事迹陈列室、辅助用房(书画陈列室)组成，建筑面积900平方米，故居按原貌陈列张太雷及其夫人当年的生活用具，生平事迹陈列室进门为矗立于天井中央的张太雷半身汉白玉雕像。纪念馆1994年、1997年、2005年和2006年先后被批准为省校外德育基地、爱国主义教育基地和全国爱国主义教育示范基地、重点文物保护单位。

三、新四军江南指挥部纪念馆

位于溧阳市前马镇水西村，原为李氏宗祠，始建于明朝，共三进4个厢房，占地6000平方米，建筑面积2645平方米。1939年11月7日至1940年7月，中共中央军委新四军分会副书记兼第一支队司令员陈毅等利用该祠堂作为新四军江南指挥部。新中国成立后，在这里战斗过的将领中涌现出上将4名、中将8名、少将62名。1982年4月，被省政府批准为省级文物保护单位，1984年11月经修缮后对外开放。该馆由新四军江南指挥部司令部旧址、新四军江南指挥部展览馆、新四军廉洁思想教育馆、纪念广场等组成，收藏历史照片810幅、纸质类文物323件、其他文物260件、书画300幅、相关史料1250份。“新四军江南指挥部旧址”10个大字由开国大将粟裕题写。新四军江南指挥部展览馆用高科技的陈列手段，分运筹帷幄、东进北上、建家立业、威震敌胆、民族忠魂、华夏脊梁6部分展示新四军江南指挥部的历史。大厅内陈列照片、实物、图表、电子模型等展品，反映陈毅、粟裕、张鼎丞率领新四军深入苏南敌后，开创和发展以茅山为中心的苏南抗日根据地的战斗历程。1994年11月更名为“新四军江南指挥部纪念馆”。

位于溧阳竹箦镇水西村的新四军江南指挥部(摄于2010年6月)

四、常州革命史纪念馆

位于常州城区兰陵路33号。2004年12月26日建成开馆，总面积3600平方米。主要陈列1840—1949

位于常州革命烈士陵园的常州革命史纪念馆(摄于2010年5月)

年常州人民革命斗争历史图文资料，分“求索、星火、烈焰、破晓”4个部分，“求索”展示常州旧民主主义革命历程；“星火”展示第一、二次国内革命战争时期，常州人民对中国革命道路的艰辛探索；“烈焰”展示常州人民英勇抗日斗争事迹；“破晓”展现迎来常州解放的浴血奋斗。

位于常州革命烈士陵园的常州革命烈士纪念馆（摄于2010年5月）

五、常州革命烈士纪念馆

位于常州城区天宁区兰陵路33号。2002年11月，常州革命史纪念馆同时建成开馆，该馆面积2140平方米，有序厅、主厅和历史丰碑3个版块。其中主厅有12个部分，分别是常州三杰、真理卫士、播火使者、血染军旗、铁窗囚歌、浴血龙城、魂系华夏、地下尖兵、同门忠烈、巾帼英姿、舍生取义、以身殉职等，陈列采用图文资料介绍、革命文物和声光电等多媒体幻影成像形式展示。

第二节　红色文化遗址

一、中共苏皖区一大会址

位于金坛直溪镇蔡甲村委西侧，建筑坐北朝南，原为革命烈士曹江临私宅。1938年6月，新四军第一支队挺进茅山地区后，建昌圩（现属直溪镇）一带成为新四军坚持苏南抗日斗争的重要基地。1939年12月15—19日，中共东南局主要领导人于此召开中共苏皖区第一次代表大会，陈毅、曾山等人出席会议，通过《中共苏皖区第一次代表大会决议》，宣布成立中共苏皖区委，誉称建昌圩为“小莫斯科”。2004年9月，金坛市政府在原会址按晚清民居风格恢复修缮，西侧新建苏皖抗战历史陈列馆。2005年10月20日，会址与陈列馆对外开放。陈列馆展出图片249幅、实物65件，分为抗战爆发、日军暴行、挺进江南、建立统一战线、军民情深、伟大胜利、抗战英烈谱7个篇章。陈列馆后面抗日烈士陵墓埋有曹江临等5位烈士的忠骨。

抗日战争时期中共苏皖区第一次代表大会会址（摄于2010年6月）

二、塘马战斗烈士陵园

位于溧阳别桥镇塘马村东北郊，为纪念抗日战争期间在塘马战斗中牺牲新四军烈士而建。1941年11月28日凌晨，日军纠集步骑炮兵3000余人，袭击新四军第6师第16旅旅部和苏南党政机关驻地塘马村。第6师参谋长兼第16旅旅长罗忠毅、政治委员廖海涛获悉敌情后，掩护旅部及在此开会的苏南抗日根据地党政军干部1000余人成功转移，指挥部队阻击敌人，毙伤日军三四百人，后因寡不敌众，陷入日军重围，罗忠毅、廖海涛等270余名新四军将士壮烈牺牲。50年代，溧阳县政府在遗址上修建陵园，立碑纪念，基座上铭刻塘马战斗事迹，两侧分别设罗忠毅、廖海涛烈士事迹碑。

三、瞿秋白、张太雷纪念广场

位于江苏省常州高级中学内。该校投资50万元，在1992年11月15日85周年校庆之际建成瞿秋白、张太雷纪念广场（简称“两杰”广场），纪念在该校就读的中国共产党早期领导人瞿秋白、张太雷，树立两人的塑像以激励学生向从常州走出去的革命领袖学习。广场主体工程采用花岗岩铺设，正面是汉白玉雕刻的瞿秋白、张太雷并肩的半身塑像，背景用雪松衬托，广场总面积1173平方米。

第五卷　土地资源管理

Volume V　Land Resources Management

1986年3月，中共中央、国务院颁发《关于加强土地管理，制止乱占耕地的通知》，把“十分珍惜和合理利用每寸土地，切实保护耕地”列为基本国策。6月25日，《中华人民共和国土地管理法》（以下简称《土地管理法》）颁发施行，全国土地管理进入依法、统一、全面、科学管理时期。常州国土资源管理从多头、分散、无序的管理状态向集中、统一、规范、有序管理发展。1987年9月，常州市土地管理局成立。随后，辖县（市）区和乡镇陆续成立土地管理机构，村民委员会设兼职土地管理员，形成全市土地管理网络。1988年4月12日，第七届全国人民代表大会第一次会议通过的《中华人民共和国宪法》修正案第二条规定土地的使用权可以依照法律规定转让，结束长期实行的“任何组织或者个人不得侵占、买卖、出租或者以其他形式非法转让土地”的政策。12月29日，第七届全国人大常委会第五次会议对《土地管理法》作出相应修正，规定国家依法实行国有土地有偿使用制度。常州土地管理、国土资源管理部门成立后，严格贯彻上级政策，制订规范性文件和落实措施，加强国土资源管理基础建设和测绘管理、地质矿产管理；保护耕地，保持耕地总量动态平衡，启动和实施“万顷良田”建设工程，推进土地使用制度改革，严格执法，整治违法违规行为，做好用地服务保障，满足全市经济社会发展的需求。1986—2010年，常州开展了两次土地调查，总面积从4374.34平方公里调整减少到4372.15平方公里；全市累计供应建设用地63.3万亩，出让金总额1506.51亿元。1990—2010年，全市征用土地51.9万亩，保障了国家和省、市重点建设项目与城市基础设施项目的用地需求，促进了常州经济社会持续快速健康发展。2010年底，全市有农用地417万亩、建设用地165.51万亩、未利用地73.32万亩；划定基本农田保护总面积223.79万亩，保持部、省核定的222.31万亩总量。金坛市政府等单位曾被国土资源部、农业部评为基本农田保护先进单位。全市探明能源矿产、金属矿产、非金属矿产等矿产资源38种，总量相对偏少。全市有在采矿山145座，从业人员3732人，在采岩盐、石灰岩、砂岩、黏土等矿种14种，年产矿石3975.6万吨，完成工业总产值7.47亿元，实现利润5074.14万元。

第一章 土地开发利用与地籍管理

常州的土地资源主要由平原圩区、丘陵山区和江河湖塘荡3种土地形态组成，均属于可利用资源，不同时期由于调查不够精准、调查手段及认定方法不同，导致常州土地资源总量略有差异。1982—1988年调查、1990—1992年补充调查、1994—1995年变更调查、2002—2006年更新调查、2007—2009年第二次全国土地资源调查，全市土地总面积分别为4374.34平方公里、4379.33平方公里、4372平方公里、4384.57平方公里和4372.15平方公里。2010年底，常州市区总面积1861.95平方公里，其中武进1245.84平方公里、新北452.6平方公里、天宁65.03平方公里、钟楼66.81平方公里、戚墅堰31.67平方公里；金坛、溧阳分别为975.68平方公里和1534.52平方公里。土地资源类型分布为平原圩区3128.37平方公里、丘陵山区1235平方公里和其他类型土地8.78平方公里，分别占全市土地总面积的71.6%、28.2%和0.2%；江河湖塘荡731.19

平方公里，占全市土地面积的16.7%。其间，常州先后制订完成1991—2000年、1997—2010年、2006—2020年3次土地利用总体规划，指导辖市区、乡镇相应制订土地利用规划，为全市严格有序土地开发、利用、治理、保护提供了法规依据，在农业与非农业之间进行合理配置和有效管理。土地登记从1988年起，一直延续至2010年，累计发放集体土地使用权证22.52万宗（本）面积5538.84公顷、发放国有土地使用证62万宗（本）面积35052.5公顷。

第一节　土地调查

1995年，常州市完成首次地籍调查。从1996年起，开始对农村土地进行变更调查分析，每年上报土地变化情况。2001年，对变更的宗地进行变更地籍调查。2002年开展城区地籍调查，完成133.51平方公里1∶500地形测量，555.1平方公里1∶1000地形测量和市区1864平方公里1∶5000数字化线划图测绘工作。2002年，开展626.1平方公里1∶5000土地利用更新调查，建立土地利用现状数据库。2007年，按照全国统一部署，全市开展第二次土地调查，2009年末全市总面积4372.15平方公里，其中农用地2809.21平方公里、建设用地1071.77公平方公里、未利用地491.17平方公里。

一、地籍调查

常州地籍调查对象主要分农村和城镇。农村地籍调查于1986年夏至1989年5月开展，清理全市非农建设用地。1994年开始进行地籍复核调查，至1995年建立地籍管理信息系统，至2002年5月完成全市农村集体土地调查、确权、登记造册。城镇地籍调查从90年代初至2000年开展，完成全市城镇初始地籍调查，2001年12月开始实施航测数字化工程，建成信息资料数据库。

农村地籍调查　1986年夏，市农业局农村土地管理办公室开始清查全市农村非农建设用地。翌年9月市土地管理局成立，继续清理工作，实地调查乡镇企事业单位用地、农民宅基地，核实位置和用途，勘丈土地面积和界址，进行权属分析，测绘村庄的初步地籍操作图，建立乡镇地籍台账。1989年5月，清查经过试点、调查、补办手续3个阶段结束，清理总面积25.14万亩，查出违法用地4.29万亩，拆除违章建筑20.61万平方米，收回耕地823亩，建立农村初始地籍档案2.6万册，为土地登记作了准备。1994年，进行城市郊区地籍管理规范化制度化建设项目研究。1995年，郊区土管局把地籍调查从试点单位永红乡扩大到全区，全市集体土地调查登记从郊区逐步扩大至武进、金坛、溧阳和戚墅堰。至2002年5月，全市完成农村集体土地调查、确权和登记造册。

城镇地籍调查　90年代初，全市基本完成城镇国有土地使用权申报，开始城镇地籍权属调查试点。市政府出台《常州市确定土地权属的暂行规定》，市和县区成立领导小组及其办公室，下设外业作业组、内业处理组和后勤组。街道统一划分街坊，按道路、河流等自然界线所围绕的封闭单元为单位，划分调查区，地籍号按区—街道—街坊—宗地4级顺序编号。1992年4月，市政府部署市区地籍调查，明确地籍调查以区土地管理局为办理单位，以街坊连片推进，各街坊完成调查后对权属合法、界址清楚、面积准确的宗地先发放国有土地使用权权属证明，完成地籍测量后再换发国有土地使用证。天宁、钟楼、新区、郊区、戚墅堰5区采用现势性地形图编绘地籍图，经国有土地使用权申报、权属调查、界址勘丈、绘制宗地草图、填写地籍调查表等程序，至1995年3月基本完成初始地籍调查，装绘市区地籍图596幅，总面积37.25平方公里。计算机处理后形成地籍图图形数据库，作为发证凭证。

至2000年，武进、金坛、溧阳3市和天宁、钟楼、新区、郊区、戚墅堰5区相继完成城镇初始地籍调查。经调查汇总，全市城镇土地总面积45324.93公顷，其中商业金融用地1404.55公顷、工业用地7638.57公顷、市政用地1107.74公顷、公共建筑用地1839.59公顷、住宅用地13574.25公顷、交通用地2830.64公顷、特殊用地181.81公顷、水域用地4110.69公顷、农用地10886.88公顷、其他用地1750.21公顷。2001年底，市政府投资2900万元，批准市国土资源局、规划局实施航测数字化工程，在市区开展地籍调查、地形测量。

2002—2004年，经航测、作业、监理和质检单位测量调查，完成133.51平方公里2742幅1∶500地形测量，建立基础地理信息库；完成125.19平方公里1∶500全野外采集地籍调查、地籍测量，建立地籍管理信息库；完成2783幅555.1平方公里1∶1000地形测量、市区1864平方公里1∶5000数字化地形图测绘。项目实行招投标，有6家单位中标，1∶500城区地籍调查划分6大测区，常州市区1∶500地籍调查分1641个街坊，形成2661幅地籍图、2781幅地形图，调查宗地8.36万宗，同步绘制宗地图和建立地籍调查资料8.36万份，录入居民商品房用地分割记录20多万条，建立覆盖市区的地籍信息库。常州市基础地理信息数据库管理系统总体设计开发、地形数据内业入库监理由广州市城市信息研究所有限公司中标承担，基础地理信息系统软硬件平台建设由市规划局信息中心负责购买与建设。至2004年12月，全部完成地形数据监理入库及信息系统建设。2010年，开展城镇地理信息扩充调查、补充调查、更新调查，辖市区全部建成地形数据库。

二、农村后备资源调查

1991年3月，市农业区划委员会根据省农业区划委员会、土地管理局等8个部门对开展农业综合开发后备资源调查和编制农业区域开发总体规划的部署，牵头与市土地管理局等部门以乡为单位组织调查，通过收集资料、整理分析、外业调查、室内计算、综合评价。至1992年2月，基本查清全市农业后备资源的现状、区域分布、成因和特点，向市政府提交《常州市农业后备资源调查综合报告》，为编制农业区域开发总体规划提供依据。

1992年常州市农业后备资源调查情况统计表

表5-1-1

项　目	中　产　田		低　产　田	
	面积(万亩)	亩产(公斤)	面积(万亩)	亩产(公斤)
中产田	207.13	556.00	—	—
低产田	—	—	69.04	391.00
园　地	22.29	—	4.45	—
其中：茶　园	4.78	93.89	0.58	30.34
桑　园	12.87	71.46	2.15	35.98
果　园	4.64	225.00	1.72	93.60
已养殖水面	52.44	—	19.25	—
其中：池　塘	23.43	175.68	10.88	80.50
精养鱼池	8.75	326.63	2.54	210.00
水　库	3.77	—	0.99	19.33
河　沟	6.29	63.60	2.81	35.00
有林地	50.92	—	9.80	—
其中：用材林	13.42	67084.00	—	—
经济林	—	30935.00	—	—
四荒资源	13.41	—	—	—
其中：荒　山	3.36	—	—	—

续表 5-1-1

项 目	中产田		低产田	
	面积(万亩)	亩产(公斤)	面积(万亩)	亩产(公斤)
荒 地	1.70	—	—	—
荒 水	7.42	—	—	—
荒 滩	0.93	—	—	—

说明：1. 中低产田标准。国家标准：以县（区）平均数为准，≥16%为高产，<16%≥10%为中产，<10%为低产。省标准：平均亩产600公斤及其以上为高产，400～600公斤为中产；400公斤以下为低产。2. 低产茶、桑、果园标准：茶园、桑园亩产低于50公斤为低产，果园比3年平均数低30%为低产。3. 低产水面标准：池塘亩产100公斤以下、精养鱼池亩产300公斤以下、小水库亩产30公斤以下、中水库亩产20公斤以下、大水库亩产10公斤以下、河沟亩产50公斤以下

三、土地利用调查

1982—1988年，全市开展土地利用现状调查，测得全市土地总面积4374.34平方公里。1990—1992年，全市土地利用补充调查，测得全市土地总面积4379.33平方公里。1994年11月至1995年10月，全市土地变更调查，测得全市土地总面积4372平方公里。2002年8月至2006年8月，全市土地利用基础图件与数据更新项目调查，测得全市土地总面积4384.57平方公里。2010年底，据全国第二次土地调查，全市土地总面积为4372.15平方公里。

土地利用现状调查 1982年，市委农工部等单位根据1981年国务院"关于进一步开展土地资源调查"的部署，联合开展全市土地资源调查。经过6年，查清全市除城区外土地资源的数量、结构、分布和利用现状。1988年，全市土地总面积4374.34平方公里。

1990—1992年，全市进行土地利用补充调查，土地管理部门利用原有土地资源详查成果及动态监测资料调查。结果显示，1992年全市土地总面积4379.33平方公里(656.9万亩)，其中耕地342万亩、园地26.15万亩、林地45万亩、牧草地2.27万亩、居民点及工矿用地64.65万亩、交通用地14.34万亩、水域148.75万亩、未利用地13.74万亩，分别占全市土地总面积的52.07%、3.98%、6.85%、0.35%、9.84%、2.18%、22.64%、

1988年、1992年与1995年常州市土地利用现状比较表

表 5-1-2　　单位：万亩

用地类别	1988年		1992年		1995年	
	面积	占总面积的(%)	面积	占总面积的(%)	面积	占总面积的(%)
总面积	654.45	100.00	656.90	100.00	655.81	100.00
耕 地	366.90	56.06	342.00	52.00	309.85	47.25
林 地	45.21	6.91	45.00	6.90	44.19	6.74
园 地	22.15	3.38	26.15	4.00	26.30	4.01
牧草地	2.36	0.36	2.27	0.40	0.81	0.12
居民点、工矿用地	52.30	7.99	64.65	9.80	84.32	12.86
交通用地	11.73	1.79	14.34	2.20	16.99	2.59
水 域	142.41	21.76	148.75	22.60	159.38	24.30
未利用地	11.39	1.74	13.74	2.10	13.97	2.13

2.09%。与1988年详查数相比，园地、居民点与工矿用地、交通用地、水域（含鱼池）和未利用地分别增加4万亩、12.35万亩、2.61万亩、6.34万亩和2.34万亩，耕地、林地和牧草地分别减少24.9万亩、0.21万亩和0.09万亩。补充调查完成后，开展了“常州市土地资源利用现状分析”“常州市土地生产潜力与人口承载力研究”和“常州市建设用地需求预测研究”，为编制常州市、县土地利用总体规划提供依据。

土地利用变更调查 1994年11月至1995年10月，全市土地管理部门开展土地变更调查，汇总1995年度土地利用现状数据。与1992年相比，因武进与泰兴交界的长江中心线有出入，辖区土地总面积从656.9万亩减至655.8万亩。1995年以重新确定的界线为准，武进境内太湖水面界线不够明确，精准度也低，两者合计少1.1万亩。1995年，全市土地总面积4372平方公里。

2002年8月至2006年9月，全市开展土地利用基础图件与数据更新项目，分别对天宁、钟楼、戚墅堰、新北4区的626.1平方公里和武进的1245.97平方公里、金坛的976.3平方公里、溧阳的1536.2平方公里，进行1∶5000土地利用更新调查，查清土地权属和土地利用现状，土地利用基础成果权属合法、地类合理、界线清楚、面积准确、数据可靠，图件、数据与实地一致，建立市县（区）城乡一体化地籍管理信息系统、基础地理信息系统，采用三级分类体系，被国土资源部列为大市级试点项目，分地区、分乡镇实施，辖市区完成数据整合衔接。据更新调查，2006年全市土地总面积4384.57平方公里。

2010年，全市国土资源部门实施国土资源“一张图”工程，把基础地理、航摄（遥感）、土地利用现状调查、城镇地籍调查、土地规划等资源信息集合，与国土资源计划、审批、供应、补充、开发、执法等行政监管系统叠加，构建统一的综合监管空间数据管理平台，对国土资源开发利用实行天上看、地上查、网上管的动态监管，初步实现不同业务过程产生空间数据整合、共享。主要成果有市区1997—2010年土地利用规划数据、市区2002—2010年土地征收项目数据、市区2002—2010年土地供应项目数据、市区2002—2010年土地储备数据、市区2002—2010年违法用地数据、市区1∶5000土地利用现状数据、市区2002—2010年全市遥感航摄数据。

2002年8月至2006年9月常州市1∶5000土地利用更新调查结果统计表

表5-1-3

测区名称	行政村数（个）	线状地类（万条）	图斑总数（万个）	协议(确认)书（份）	调查表（个）	总面积（平方公里）
市　区	248	4.91	14.10	26521	10539	626.10
武　进	416	9.52	20.99	4925	28996	1245.97
金　坛	157	14.57	14.72	12093	6218	976.30
溧　阳	301	32.02	30.16	42214	15490	1536.20
合　计	1122	61.02	79.97	85753	61243	4384.57

说明：武进单独统计，不包括在常州市区内

第二次全国土地调查 2007年7月1日，常州第二次全国土地调查全面启动，主要是获取2007年底覆盖常州市全域分辨率不低于2.5米的卫星遥感影像；全市4384.57平方公里1∶5000农村土地补充调查，包括市区（含天宁、钟楼、戚墅堰、新北）、武进、金坛、溧阳；1∶500总面积约311平方公里的城镇土地调查，包括变更调查面积约193平方公里、新测面积约118平方公里，市区50平方公里，武进城区40平方公里、建制镇98平方公里，溧阳城区16平方公里、建制镇50平方公里，金坛城区12平方公里、建制镇45平方公里；

1∶1000总面积463平方公里的村庄宅基地调查，其中市区55平方公里、武进229平方公里、金坛70平方公里、溧阳109平方公里；基本农田及耕地后备资源调查；汇总全市工业用地、基础设施用地、金融商业服务用地、开发园区及房地产用地状况专项调查统计，建立与更新覆盖全市的农村土地调查数据库、城镇土地调查数据库、村庄宅基地数据库、基本农田数据库、耕地后备资源数据库和二次调查管理信息系统等。

至2009年底，全市调查成果形成，制作完成1∶5000比例尺调查工作底图、土地利用现状图各798幅，检查复核权属界线39.79万条，填写权属界线调查表6.57万份、权属界线协议书3.38万份；调查核实图斑81.94万个，线状地物80.7万条，其中涉及变化图斑17.84万个；制作土地利用乡镇挂图43幅，完成全市4384.57平方公里土地利用现状数据库建设。这次调查，全市总面积4372.15平方公里，其中农用地28.09万公顷、建设用地10.72万公顷、未利用地4.91万公顷。与2006年土地利用变更调查数据相比，全市土地总面积减少1242.12公顷，农用地减少8608公顷，建设用地增加9463.88公顷，未利用地减少2098公顷。

据这次土地调查，全市土地总面积43.72万公顷，结构分为耕地、水域及水利设施用地、城镇村及工矿用地、园地、交通运输用地、林地、草地、其他8大类、31细类(此分类保持至2010年底)，分别占全市土地总面积的34.6%、26.8%、20.1%、7.8%、5.3%、4.3%、0.6%和0.5%。同年底，全市有耕地15.14万公顷，其中水田11.97万公顷、水浇地0.01万公顷、旱地3.16万公顷；水域及水利设施用地总面积11.72万公顷，其中河流水面2.08万公顷、湖泊水面2.42万公顷、水库水面0.43万公顷、坑塘水面5.68万公顷、内陆滩涂0.17万公顷、沟渠0.65万公顷、水利建筑用地0.29万公顷；城镇村及工矿用地总面积8.77万公顷，其中城市1.64万公顷、建制镇2.76万公顷、村庄3.75万公顷、采矿4600公顷、风景名胜1600公顷；园地总面积3.41万公顷，其中果园7100公顷、茶园6000万公顷、其他园地2.1万公顷；交通运输用地总面积2.30万公顷，其中铁路用地0.06万公顷、公路用地1.15万公顷、农村道路用地1.08万公顷和机场用地、港口码头用地各100公顷；林地总面积1.9万公顷，其中有林地1.63万公顷、灌木林地1700公顷、其他林地1000公顷；草地总面积2420.57公顷，其中天然牧草地0.13公顷、其他草地2420.44公顷；其他土地总面积2375.17公顷，其中设施农用地891.3公顷、田埂占地1483.87公顷。

第二节　土地利用总体规划

一、《常州市土地利用总体规划（1991—2000）》

1991—1992年，常州根据国务院《关于各地要尽快制订和完善土地利用总体规划》和江苏省《关于编制全省土地利用总体规划的通知》，编制了《常州土地利用总体规划(1991—2000)》。要求市、县、乡镇三级在完成土地资源补充调查后，开展编制以划定基本农田保护区为主要内容的土地利用总体规划。1993年初上报省级审批，1995年底通过省级验收。

二、《常州市土地利用总体规划（1997—2010）》

市政府按照省政府1997年的统一部署，启动《常州市土地利用总体规划(1997—2010)》修编。国土资源部门主要调研土地利用现状和潜力编制土地利用目标、土地利用结构调整、土地利用分区、基本农田保护、土地复垦开发和土地整理、建设用地规模布局规划。1998年1月，市和各辖市区、乡镇通过调查研究，收集资料，分析测算，明确土地利用规划目标、任务。市计委、规划国土管理局根据省政府下达的非农业建设占用耕地10.73万亩、补充耕地13.4万亩、净增耕地2万亩的规划控制指标，进行测算论证，分解下达到各辖市区及各乡镇逐级编制，1998年3—5月上报市汇总，形成《常州市土地利用总体规划(1997—

2010)》13 章 60 条及其说明文本和辖市区、乡镇三级规划方案。市级规划阐述了市级规划目标、任务和依据，土地利用现状、潜力、结构调整，土地用途分区，土地整理、复垦开发，基本农田保护、建设用地布局，市区土地利用规划及规划实施的措施等内容，细分为：常州市耕地总量动态平衡方案、常州市土地整理与复垦开发规划、常州市基本农田保护规划、市区土地利用规划、常州市盘活存量土地规划、建立常州市土地利用总体规划管理信息系统方案 6 个专题规划，完成规划图件《常州市土地利用现状图》(1：200000)、《常州市土地利用总体规划图》(1：200000)、《常州市市区土地利用现状图》(1：50000)和《市区土地利用总体规划图》(1：50000)。

1996 年与 2010 年常州市土地利用总体规划分解表

表 5-1-4　　　　单位：万亩

<table>
<tr><th colspan="2" rowspan="3">地　区</th><th rowspan="3">1996年
耕地总量</th><th colspan="5">至2010年建设累计占用耕地量</th><th rowspan="3">至2010
年补充
耕地总量</th><th rowspan="3">至2010
年净增
耕地总量</th></tr>
<tr><th rowspan="2">合计</th><th rowspan="2">国家和
省重点</th><th rowspan="2">市
重点</th><th colspan="2">市以下</th></tr>
<tr><th>市区重点</th><th>市区以下</th></tr>
<tr><td colspan="2">合　计</td><td>308.58</td><td>10.73</td><td>2.43</td><td>2.61</td><td colspan="2">5.69</td><td>13.4</td><td>2.0</td></tr>
<tr><td colspan="2">武　进</td><td>119.03</td><td>3.70</td><td>0.82</td><td>0.85</td><td colspan="2">2.03</td><td>4.79</td><td>1.1</td></tr>
<tr><td colspan="2">金　坛</td><td>69.37</td><td>1.64</td><td>0.40</td><td>0.30</td><td colspan="2">0.94</td><td>3.17</td><td>1.15</td></tr>
<tr><td colspan="2">溧　阳</td><td>103.76</td><td>2.28</td><td>0.78</td><td>0.28</td><td colspan="2">1.22</td><td>4.42</td><td>1.43</td></tr>
<tr><td rowspan="4">市
区</td><td>小　计</td><td>16.42</td><td>3.11</td><td>0.43</td><td>1.18</td><td>0.69</td><td>0.81</td><td>1.02</td><td>-1.68</td></tr>
<tr><td>郊　区</td><td>6.37</td><td>0.91</td><td>0.05</td><td>0.29</td><td>0.15</td><td>0.41</td><td>0.51</td><td>-0.19</td></tr>
<tr><td>戚墅堰</td><td>1.80</td><td>0.41</td><td>0.01</td><td>0.04</td><td>0.25</td><td>0.11</td><td>0.10</td><td>-0.28</td></tr>
<tr><td>新　北</td><td>8.25</td><td>1.79</td><td>0.37</td><td>0.85</td><td>0.29</td><td>0.29</td><td>0.41</td><td>-1.21</td></tr>
</table>

辖市区规划注重宏观调控与微观管理相结合，强化土地利用分区，与基本农田保护、土地复垦开发与整理、县域城镇、交通、水利等专业规划衔接协调，将基本农田保护、县域城镇、建设项目落实到规划图上。武进、溧阳、金坛三市和钟楼、天宁、戚墅堰三区均按要求编制完成《耕地总量动态平衡方案》《土地整理、土地复垦开发规划》《基本农田保护规划》方案和规划说明，对市级规划进行细化，部分辖市区编制专题规划。规划图件工作，完成 1：50000 的市(县)、区级《土地利用现状图》《土地利用总体规划图》《基本农田保护区规划图》《土地整理、复垦开发规划图》，辖市区均采用计算机绘制图件。乡镇级规划主要是落实辖市区级规划细化，着重对各业用地作具体定位、定量、定性、定序、定主，把农田保护区、村镇建设区、耕地后备资源复垦开发及交通、水利等用地落到实地，界定具体的土地用途分区。各乡镇编修完成《实现耕地总量动态平衡专题规划》《土地整理、土地复垦开发专题规划》《基本农田保护专题规划》，完成 1：10000 的《土地利用现状图》《土地利用总体规划图》《基本农田保护区规划图》《土地整理、复垦开发规划图》等规划图件。

1998 年 10 月，《常州市土地利用总体规划(1997—2010)》通过省级评审，获优秀成果奖，12 月 18 日报省政府转呈国务院请示，2000 年 1 月 6 日获准实施。辖市区和各乡镇土地利用总体规划报省政府审议，2000 年 1 月 8 日获准实施。2002 年 4 月，国务院批准常州市行政区划进行大幅度调整。随后辖区、镇土地利用规划作了相应调整，报经省政府批准。

三、《常州市土地利用总体规划 (2006—2020)》

2006 年，常州根据国务院《关于做好土地利用总体规划修编前期工作的意见》和省国土资源厅统一部署，委托南京大学对《常州市土地利用总体规划(2006—2020)》进行前期研究，辖市区同步进行，确定《常州市耕地与基本农田保护研究》《常州市土地资源节约和集约利用研究》《常州市城乡用地结构和布局优化研究》《常州市区域土地利用统筹研究》《常州市土地利用与生态环境建设协调研究》等8个研究专题。2007年完成上述研究，形成总体规划的前期研究综合报告，上报省国土资源厅。翌年9月，市国土资源局针对上一轮规划修编指标过紧、耕地保有量过高、建设用地预留空间不足等问题，确定这次规划坚守指标底线。经多方争取，耕地保有量降至238万亩，基本农田保护面积降至222.31万亩，比上一轮规划分别减少70万亩、61.69万亩。这次规划与全国第二次土地调查成果相衔接。2009年11月2日，省国土资源厅将《常州市土地利用总体规划(2006—2020)大纲》上报国土资源部审批。2010年10月，《常州市土地利用总体规划(2006—2020)》正式向上送审，设总则、土地利用形势与任务、土地利用战略和调控指标、土地利用结构调整与布局优化、保护和合理利用农用地、节约和集约利用建设用地、协调土地利用与生态环境建设、统筹区域土地利用、中心城区土地利用与控制、区(市)土地利用调控、土地利用重点工程、规划实施保障措施和附则13章。2010年通过国土资源部审定，报国务院审批。新北、武进、金坛与溧阳4个县(市、区)级土地利用总体规划大纲通过省国土资源厅审查；全市乡镇级规划成果尚在编制。

第三节　确权发证

一、集体土地登记发证

土地所有权登记发证　1989年起，全市开展集体土地所有权调查登记。至2002年5月，通过确权、签订权属界线协议书，经土地测量，在确认界址清楚、权属合法、面积准确的基础上，全市以行政村为单位发放集体土地所有证2118本。2002年，由于部分镇村调整合并，征用使用土地或撤销村(组)后引起面积、界线变化，集体土地所有权登记发生较大变化，故重新进行调查登记发证，对各行政村进行现场踏勘，确定权属界线、地类和面积，向辖市(区)国土分局提出土地登记申请，进行确权登记发证。2006年，市国土资源局组织对全市1122个行政村进行1∶5000土地利用更新调查，采用组有村管方式，将集体土地所有证发给村民委员会代管；明确已打破村民小组农民集体土地界线地区的集体土地由村民委员会集体所有，以行政村为单位换发集体土地所有证。到2010年，核发集体土地所有证2118本。

土地使用权登记发证　1989年，全市开展集体土地使用权调查登记，查清权属、界址、面积后，逐步发放集体土地使用证。1995年，郊区土管局与南京师范大学在永红乡试点，开发常州市郊区村庄地籍管理信息系统，利用系统发放集体土地使用证，从永红、红梅、青龙乡等扩大至全郊区。1995—2001年，郊区、戚墅堰、武进、金坛、溧阳5个辖市区颁发“集体土地建设用地使用证”和“农民宅基地使用证”。2002年，天宁、钟楼、戚墅堰、

2000—2010年天宁、钟楼、戚墅堰、郊区集体土地使用证发放数量统计表

表5-1-5　　单位:公顷

年份	天宁		钟楼		戚墅堰		郊区	
	宗地	面积	宗地	面积	宗地	面积	宗地	面积
2000	—	—	—	—	81	26.90	74	37.90
2001	—	—	—	—	185	61.80	240	191.80
2002	46	38.50	—	—	330	793.60	—	—
2003	43	26.70	89	63.00	192	48.40	—	—
2004	11	8.80	427	29.40	45	41.20	—	—

续表 5-1-5

年份	天宁		钟楼		戚墅堰		郊区	
	宗地	面积	宗地	面积	宗地	面积	宗地	面积
2005	19	4.50	121	13.80	130	914.40	—	—
2006	8	0.70	124	12.40	146	86.10	—	—
2007	11	7.90	81	10.20	55	33.00	—	—
2008	5	0.58	78	20.88	45	17.42	—	—
2009	6	9.93	69	22.45	24	7.03	—	—
2010	3	0.03	216	8.20	14	5.12	—	—

1995—2010 年武进、金坛、溧阳、新北集体土地使用证发放数量统计表

表 5-1-6 单位:公顷

年份	武进		金坛		溧阳		新北(常州新区)	
	宗地	面积	宗地	面积	宗地	面积	宗地	面积
1995	62	33.90	—	—	91	—	—	—
1996	—	—	—	—	5855	69.50	—	—
1997	211	85.00	—	—	167193	—	—	—
1998	362	155.00	12560	—	2324	—	3	—
1999	—	—	—	—	7952	31.60	7	—
2000	—	—	—	—	4636	246.20	31	—
2001	134	13.50	582	—	1667	20.90	18	—
2002	—	—	—	—	818	245.40	12	—
2003	—	—	2217	—	423	37.40	130	50.20
2004	—	—	—	—	883	52.50	137	22.10
2005	—	—	—	—	658	30.30	159	57.10
2006	444	156.70	1168	—	502	32.30	161	61.10
2007	—	—	926	—	771	6.50	156	—
2008	1710	507.50	1065	12.78	363	4.10	183	47.10
2009	1013	245.20	878	8.37	460	4.90	154	25.50
2010	1033	328.00	966	10.54	388	5.02	338	29.70

说明:新北包括 1995—2001 年常州新区时期

新北相继颁发集体土地使用证,登记输入常州市地籍信息系统。对原郊区、戚墅堰两区由农民转为居民、集体土地转为国有土地的 6 万本宅基地土地证进行换证,登记后统一发放“国有土地使用证”。2009 年,市委、市政府把农村土地确权登记发证列入全市50项重点工程(工作),出台《常州市集体土地登记工作方案》。至2010年,城区天宁、钟楼、戚墅堰三区累计发放集体土地使用证 22.52 万宗(本),涉及土地总面积 5538.84 公顷。

二、国有土地登记发证

1988 年 10 月,全市国有土地权属登记发证工作启动。至 2010 年底,全市发放国有土地使用证 62 万宗(本),其中市区(不含武进)42 万宗(本)、武进 6.01 万宗(本)、金坛 5.48 万宗(本)、溧阳 8.51 万宗(本),涉及国有土地总面积 3.5 万公顷。

1995—2001年常州市区(不含新区)国有土地使用证发放数量统计表

表 5-1-7　　　　单位：公顷

年份	天宁		钟楼		戚墅堰		郊区	
	宗地	面积	宗地	面积	宗地	面积	宗地	面积
1995	19964	432.80	5899	281.40	2	0.08	—	—
1996	3929	216.10	—	—	—	—	—	—
1997	1309	222.60	2678	—	1	0.20	23	19.80
1998	636	76.50	3200	—	—	—	70	121.50
1999	3000	96.10	3315	—	—	—	37	39.70
2000	18011	54.20	10215	—	140	51.20	51	61.00
2001	2060	36.60	3641	—	110	19.90	—	—

2002年、2003年、2004年，天宁、钟楼、戚墅堰三区先后办理国有土地使用权证133宗、1390宗和2.65万宗，面积分别为110.2公顷、486.6公顷和632公顷；2005年、2006年、2007年，这3个区分别办理4.83万宗、0.45万宗和4.19万宗，面积分别为2293.6公顷、3282.8公顷和3543.7公顷；2008年、2009年、2010年，先后办理4.29万宗、6.35万宗和7.13万宗，面积分别为1760.37公顷、1070.29公顷和1033.72公顷。

1995—2010年武进、金坛、溧阳、新北(新区)国有土地使用证发放数量统计表

表 5-1-8　　　　单位：公顷

年份	武进		金坛		溧阳		新北(新区)	
	宗地	面积	宗地	面积	宗地	面积	宗地	面积
1995	11	21.80	2896	6.50	1543	139.30	—	—
1996	—	—	—	—	945	3133.90	5	—
1997	64	—	—	—	7298	—	27	—
1998	—	—	—	—	5037	—	40	—
1999	—	—	—	—	4493	92.10	84	—
2000	—	—	—	—	2141	537.70	104	—
2001	19	4.50	552	—	2607	198.30	139	—
2002	—	—	—	—	3870	257.80	133	110.20
2003	—	—	5100	—	4883	468.60	1390	486.60
2004	—	—	—	—	6600	1409.00	26466	632.00
2005	—	—	—	—	5780	805.60	48269	2293.60
2006	6490	2581.40	6293	—	7446	721.30	45428	3282.80
2007	—	—	7317	—	7130	859.30	41879	3543.70
2008	12049	1763.00	8747	536.09	6203	441.18	42942	1760.37
2009	23973	1690.60	11939	908.48	7860	815.17	63523	1070.29
2010	17486	2020.00	11952	942.30	11305	4916.89	71273	1033.72

说明：2008年以前，武进、金坛、新北（新区）三辖市区部分数据统计不全

第四节　土地利用现状

土地利用现状分类不同时期的标准不同。1995 年以前，按原国家土地管理局规定的 8 大地类划分，据 1990—1992 年复查补查，全市总面积 1992 年比 1988 年增 1633.33 公顷，耕地、林地分别下降 1.66 万公顷和 140 公顷，居民点及工矿用地、水域、园地、交通用地和未利用地分别增 8233.33 公顷、4226.67 公顷、2666.67 公顷、1740 公顷和 1566.67 公顷。

1995 年以后，按 3 大地类划分。1996—2001 年，全市土地总面积均为 43.72 万公顷，其中农用地总体不

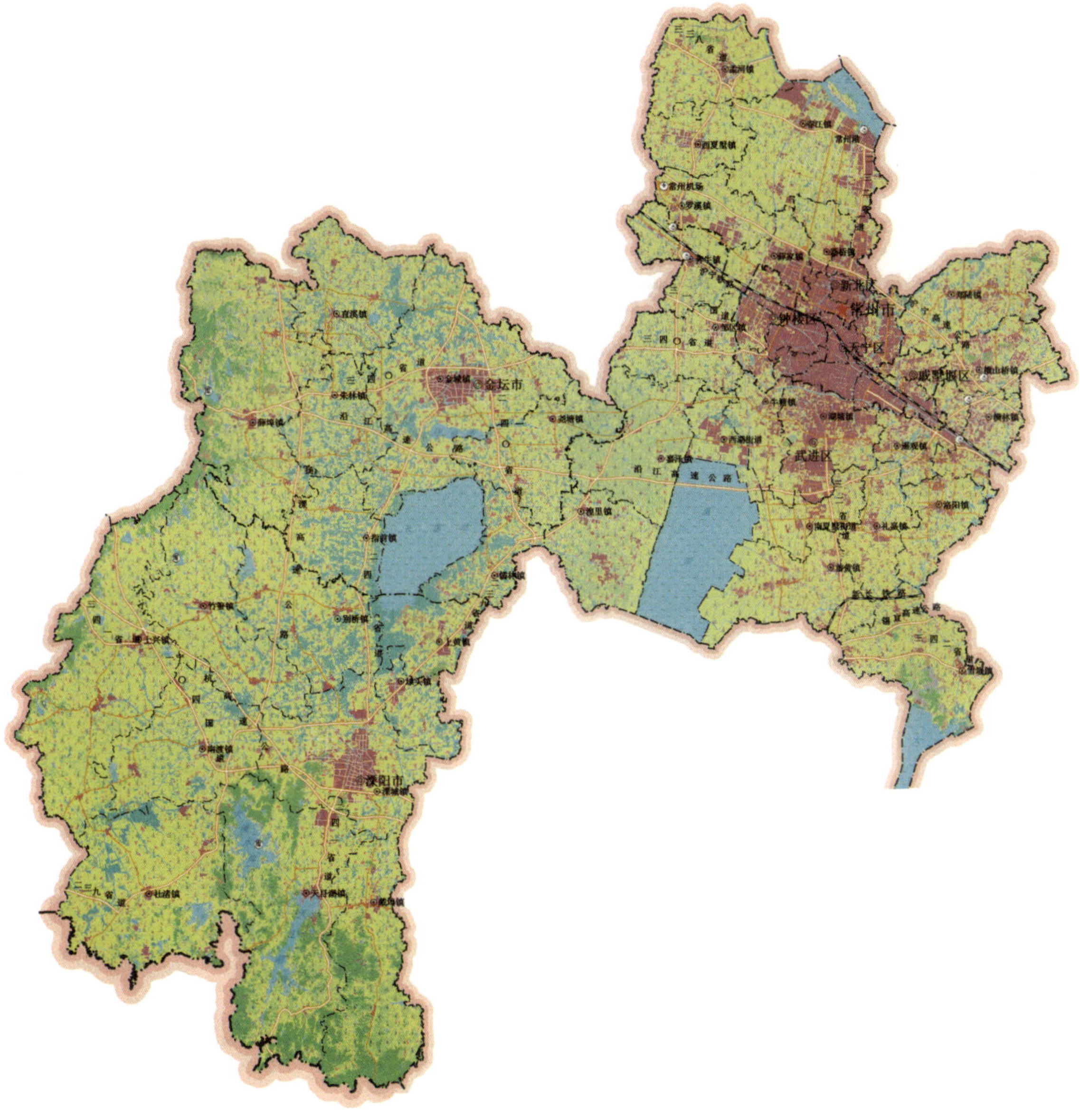

图5-1-1　2005年常州市土地利用现状示意图

变，略有增减，建设用地2001年比1996年净增6839.7公顷，未利用地呈逐年下降趋势，2001年比1996年净减5775.32公顷。2002—2008年，全市土地总面积43.85万公顷，其中农用地呈逐年缓慢减少趋势，累计净减2.14万公顷；建设用地呈中速递增趋势，净增2.39万公顷；未利用土地呈逐年下降趋势，净减1309.75公顷。2009—2010年，全市土地总面积降至43.72万公顷，农用地、未利用地持续下降，建设用地持续增加，分别净减9381.26公顷、1238.53公顷和净增9377.55公顷。

1996—2010年常州市土地利用现状数据统计表

表5-1-9　　单位：万公顷

年　份	总面积	农用地	建设用地	未利用地	年　份	总面积	农用地	建设用地	未利用地
1996	43.72	30.98	7.02	5.72	2004	43.85	29.69	9.04	5.12
1997	43.72	30.96	7.11	5.65	2005	43.85	29.56	9.20	5.09
1998	43.73	30.91	7.16	5.65	2006	43.85	28.96	9.77	5.12
1999	43.72	31.03	7.35	5.34	2007	43.85	28.85	9.93	5.07
2000	43.72	31.16	7.55	5.01	2008	43.84	28.74	10.10	5.01
2001	43.72	30.88	7.70	5.14	2009	43.72	28.09	10.72	4.91
2002	43.84	30.68	7.93	5.24	2010	43.72	27.80	11.03	4.89
2003	43.85	30.37	8.31	5.17					

说明：2010年全市土地利用现状数据因调查、测量次数不同，与第二次全国土地调查数据略有出入

第二章　耕地保护

常州地势平坦，耕地面积广阔。1986年，全市拥有耕地344.89万亩（金坛含园地面积），占全市土地总面积的37%左右，适宜种植粮食作物，高产田、中产田占全市耕地总面积的80.4%，低产田仅占19.6%。随着经济社会快速发展和建设用地日益增加，耕地面积逐年减少。2003年，全市耕地面积跌破300万亩，2007年人均耕地面积仅0.67亩，“吃饭”与“建设”的矛盾十分突出。21世纪初，国土资源管理开始贯彻落实中央保护耕地的国策，强化保护措施，实行“占一补一，先补后占”的耕地补偿制度，确保全市耕地总量动态平衡；加强复垦开发整理，复垦开发生产建设中被挖废、塌陷、压占等土地和荒山、荒地、荒滩等未利用土地；综合治理田、水、路、林、村等闲置的零星、分散土地资源，变闲为宝，开发成有效耕地；财政投资进行异地开发、易地补充，与盐城市签订协议，实行资金与资源优势互补，借地弥补常州耕地减少、解决总量失衡的矛盾，确保全市耕地动态平衡。2010年底，全市耕地总面积225.48万亩。

第一节　基本农田保护区

1994年5月至1995年8月，常州开展划定基本农田保护区工作。全市一级农田保护区指标确定为285万亩、二级农田保护区指标确定为103.7万亩。至1995年8月，全市137个乡镇全部完成基本农田保护区划定，划定一级基本农田保护面积284.68万亩、二级农田保护面积100.52万亩。2004年进行基本农田全

面清查，实际落实基本农田保护区面积215.44万亩，其中耕地171.01万亩。2010年底，全市基本农田保护区面积223.79万亩，其中耕地158.36万亩。

一、区域划定

1994年，常州根据国务院《基本农田保护条例》和《江苏省基本农田保护条例》，按照“既要解决吃饭问题、又不误建设”的原则，对人口增长、人均用粮、粮食单产、耕地复种指数等进行测算论证，严格执行底数，至2000年全市保障为生产140万吨粮食所需耕地面积，且确保必要的蔬菜副食品生产用地。全市一级、二级农田保护区分别定为285万亩、103.7万亩，把指标分解给县（市）区，作为基本农田划定的依据。5月，选择溧阳别桥镇、金坛涑渎乡和武进政平乡、成章乡开展基本农田保护区划定试点。同年12月至翌年8月，全市137个乡镇开展并完成基本农田保护区划定工作，划定一级基本农田保护面积284.68万亩（郊区蔬菜保护面积0.97万亩）、二级农田保护面积100.52万亩；全市制作乡镇、村两级基本农田保护牌1940块、地块保护牌5467块，形成基本农田登记材料、土地利用现状图、基本农田保护区规划图、建设规划及实施办法、保护与管理措施和划定说明书等成果，县（市）区、乡镇、村逐级签订基本农田保护责任书。乡镇按照人均建设用地100平方米的指标，在乡镇建设区和中心村周围预留建设用地7.5万亩。1997年2月14日，市政府制订、颁发保护基本农田规范性文件《常州市基本农田保护条例实施细则》，共34条。2006年11月，国土资源部确定金坛为基本农田保护示范区，2007年制订实施示范区建设标准、建管模式和农业现代化建设3项规范要求。

90年代中后期武进划设的基本农田保护区（摄于1999年9月）

1995年初常州市基本农田保护面积分解表

表5-2-1　　单位：万亩

地　区	农用地	耕　地	其中：基本农田		建设预留地
			一级保护	二级保护	
武　进	154.52	145.92	126.59	24.73	3.50
金　坛	84.60	70.30	61.26	22.55	0.79
溧　阳	144.93	104.73	92.83	49.43	1.16
郊　区	9.89	9.79	3.28	5.99	0.62
戚墅堰	2.26	2.26	1.04	1.00	0.23
天宁、钟楼	—	—	—	—	1.20
合　计	396.20	333.00	285.00	103.70	7.50

说明：天宁、钟楼两区属于纯粹的城区，基本无农用地、耕地。郊区一级基本农田保护区含蔬菜田保护面积9722亩

二、面积分布

全市实际划定一级农田 284.68 万亩、二级农田 100.52 万亩，与指标分别相差 0.32 万亩、3.18 万亩，主要原因是部分县(市)区的实际详查面积与省定基数有出入，造成不足。1995 年后，常州行政区域先后数次调整，基本农田保护面积亦作相应调整。2004 年国土资源部门组织全面清查基本农田，实际落实基本农田保护面积 215.44 万亩，其中耕地 171.01 万亩。划分基本农田保护块 4409 个，树立永久性公示牌 940 块。2008 年 9 月，修编新一轮规划，针对上一轮规划指标过紧、基本农田保护率过高等问题，争取上级认同，全市耕地保有量指标减少 70 万亩，基本农田保护面积减少 61.69 万亩。至 2010 年底，全市实有基本农田保护区 223.79 万亩，其中耕地 158.36 万亩，比原划定面积减少 60.89 万亩，比 2004 年减少 12.65 万亩。

2004 年与 2010 年常州市基本农田保护面积比较表

表 5-2-2　　单位：万亩

地　区	2004 年				2010 年	
	年初保护面积	其中：耕地	年末保护面积	其中：耕地	保护面积	其中：耕地
金　坛	62.28	58.57	57.48	42.24	61.57	38.79
溧　阳	86.07	59.58	86.07	59.58	91.74	63.18
武　进	90.85	78.41	67.25	65.76	61.24	47.15
新　北	2.74	2.72	2.74	2.72	9.24	9.24
天宁、钟楼、戚墅堰	1.89	0.70	1.89	0.70	—	—
合　计	243.83	199.98	215.43	171.00	223.79	158.36

三、保护措施

常州在基本农田保护上基本做到村村落实保护责任人，严格执行用地审批制度；针对常州土地复垦开发整理资源短缺的情况实行异地占补，建立起辖市(区)、乡镇、村三级管护网络，健全了基本农田保护机制。

保护制度

责 任 制　1997 年，常州市政府颁发《常州市基本农田保护条例实施细则》，建立以保护基本农田为主的保护耕地领导责任制，把基本农田保护区的划定、建设和管理，纳入县(市)区、乡镇主要领导任期目标考核，明确耕地保护面积指标、耕地占用控制指标、土地开发复垦计划等目标责任，建立年度耕地增减平衡报告制度。开展基本农田保护达标创先活动，表彰奖励合理利用土地、保护耕地成绩突出的单位；对随意占用基本农田、造成耕地面积减少或耕地撂荒的追究直接责任和领导责任。2007 年，全市土地管理、保护耕地的责任主体由部门转变为政府。翌年，辖市(区)政府与乡(镇)政府、乡(镇)政府与村民委员会、村民委员会与农户，辖市(区)国土资源局与乡(镇)国土所逐级签订基本农田保护责任书。至 2010 年《常州市耕地保护责任目标考核办法》实施，全市签订责任书到村 852 份、到组 1.83 万份、到农户 19.44 万份。

审批制度　常州耕地保护按“控得严、保得住、补得实”的要求，严格审批用地，确需占用基本农田进行非农业建设必须报经土地管理部门实地审核，然后由市政府核转省政府批准，领取《基本农田占用许可证》，按法定的用地审批权限、程序办理审批手续；交通、水利、能源、通信等基础建设确需占用基本农田的项目，须报省政府批准后方能执行。

保护网络　从 21 世纪起，全市陆续建立起市(区)、镇、村三级耕地管护网络体系，开展动态巡查，对违法用地做到早发现、早报告、早制止、早查处。至 2010 年，全市聘任土地管理信息员、协管员 1097 名。金坛市建立16个村级农民耕地保护协会,让农民守护耕地。有5个辖市区、25个镇街道(开发区)创成土地执法模范市(区)、镇街道(开发区),58个村创成土地管理示范村。全市建立健全基本农田保护机制,把基本农田保护落实到图、地块、农户,形成数据系统,制作了纸质和电子信息两套资料,基本实现管理手段信息化、工作网络化、监督社会化。

1986—1994年基本农田保护区划定前常州市分地区耕地统计表

表5-2-3　　单位:万亩

年份	郊区	武进	金坛	溧阳	戚墅堰	合计
1986	4.36	142.76	65.10	97.02	—	309.24
1987	10.00	134.85	65.04	96.97	2.21	309.07
1988	9.25	134.65	64.96	96.94	2.17	307.97
1989	9.12	134.54	64.92	96.75	2.12	307.45
1990	9.03	134.40	64.78	96.51	2.09	306.81
1991	10.98	134.31	64.72	96.39	—	306.40
1992	10.87	134.02	64.60	95.91	—	305.40
1993	10.75	133.88	64.52	95.70	—	304.85
1994	10.40	133.32	64.40	95.52	—	303.64

1995—2010年基本农田保护区划定后常州市耕地总面积变化情况表

表5-2-4　　单位:万亩

年份	总面积	增加	减少	年份	总面积	增加	减少
1995	309.85	0.62	0.62	2003	296.62	1.25	5.03
1996	308.58	0.61	1.88	2004	267.14	2.28	31.76
1997	307.41	0.67	1.83	2005	264.48	1.00	3.66
1998	307.12	0.65	0.94	2006	242.71	0.98	22.75
1999	307.02	0.85	0.95	2007	241.64	0.82	1.89
2000	306.29	0.63	1.36	2008	241.64	6.87	6.87
2001	304.03	0.66	2.92	2009	227.03	13.49	28.10
2002	300.40	1.31	4.94	2010	225.48	2.40	3.95

占补平衡　非农业建设占用耕地要按照《中华人民共和国土地管理法》规定的"占多少、垦多少"执行,由占用耕地单位负责开垦,与所占用耕地数量、质量相等,无条件开垦或开垦耕地不符合要求的,应缴纳耕地开垦费,用于开垦新的耕地,均不得减免。2000年1月,实行全省统一建耕地占补平衡项目库、统一管理,县(市)建立项目库,省辖市核实汇总建立市项目库。依据"在开发中保护、在保护中开发"的原则和土地利用总体规划、当年建设用地的预期情况,确定项目库的库容,符合土地复垦开发和土地整理专项规划、当年开工的且经过土地勘测确认的项目列入项目库,上报后批准实施。国土管理部门强化补充耕地项目动态管理,补充耕地项目实行竣工后验收、占一补一。常州由于土地复垦开发整理资源短缺,根据上级规定实行异地占补,2005年投资1.19亿元在盐城调剂占补指标1.8万亩。2010年开展城乡建设用地增减挂钩试点,实施挂钩项目219个,总规模1.3万亩,新增耕地1.2万亩。

第二节 复垦开发整理

全市未利用、待开发的后备农耕土地资源较为贫乏。1988—2010年，金坛、溧阳、武进和新北等辖市区土地复垦按照宜农则农、宜林则林、宜渔则渔、宜建设则建设的原则，根据土地利用规划调整土地关系，挖掘土地整理潜力，全市整理土地4.51万公顷，增加耕地41万亩，复垦、开发(1999年前)土地18.61万亩。2010年，全市有未利用地75.17万亩。

一、复　垦

常州土地复垦主要对象是废弃的工矿用地、坑塘、砖瓦窑厂用地和因修建公路被挖废的土地、因施工临时占用的土地及因工业项目向园区集中、农民住宅向城镇和中心村集中、居民向社区集中产生的废弃通村道路等，对农村废路、荒渠、废塘、废土坑通过土地平整恢复成耕地，对堆放建筑材料被压占的土地直接复垦为耕地，对开挖较深、坡度较大、平整工程量大的废弃地宜渔则渔、宜林则林；居民点规划区内的废弃地用于城镇及农村居民点宅基地建设用地。1988年，按照国务院《土地复垦规定》和江苏省《土地复垦实施办法》，确立"谁破坏、谁复垦"原则，挖废压占或损坏土地的建设项目均须交纳土地复垦保证金，不能如期复垦的要交纳土地荒芜费。1988—1994年，全市复垦(含开发)土地5.92万亩；1995—1998年为4.63万亩，增加耕地2.55万亩、园地1.58万亩、林地0.2万亩、水域0.12万亩。复垦方向主要是沿路、沿湖、沿山，其中有复垦沪宁高速公路沿线薛家段1260亩工程、溧阳天目湖镇1160亩低产田整理和丘陵荒地开发工程及金坛市社头镇集星村、花山乡高庄村5876亩废弃地综合开发工程等。1988—2010年，全市复垦(1999年前含开发)面积18.61万亩，新增农用地14.5万亩，其中新增耕地12.22万亩。

二、开　发

常州土地后备资源较为贫乏，可开发的农耕土地资源极少，主要是对荒山、荒地、荒滩等未利用的土地，通过土地改造工程或生物措施改造，使其成为可利用土地。1988年，全市有未利用土地11.39万亩(不含水面)，大多为可供开发种植林、茶、果的丘陵荒地。1989—1994年，全市开发土地3.62万亩，以后陆续利用。2001—2007年，全市土地开发面积5.22万亩，新增农用地4.57万亩，其中耕地0.86万亩。据2010年土地变更调查，全市未利用地75.17万亩。其中河流和湖泊水面68.69万亩、荒草地3.26万亩、苇地1.17万亩及滩涂1.76万亩等。

1989—1994年常州市分地区实际复垦开发土地面积统计表

表5-2-5　　单位:亩

年份	武进		金坛		溧阳		郊区		戚墅堰		合计
	开发	复垦	开发	复垦	开发	复垦	开发	复垦	开发	复垦	
1989	—	—	1000	500	1200	230	—	—	—	—	2930
1990	1609	1850	1796	570	4277	71	602	—	146	79	11000
1991	2200	1050	2230	280	3488	627	981	35	120	30	11041
1992	700	2350	2000	1065	1900	2206	148	357	—	50	10776
1993	900	3635	2220	800	1600	1720	—	—	—	—	10875
1994	1690	2511	2584	500	2800	1000	—	—	—	—	11085
累计	7099	11396	11830	3715	15265	5854	1731	392	266	159	57707

说明：1993年，郊区、戚墅堰两区开发复垦与武进同立一个项目，计入武进

三、整　　理

常州土地整理潜力为闲散零星地、田坎、废塘、沟渠、田间道路和农村居民宅基地等，依据土地利用规划，对田、水、路、林、渠等进行综合整治，调整土地关系，增加有效耕地面积，改善农业生产条件和生态环境。全市约有10%的田坎过剩，通过平整土地、合并田块、减少田坎，平整转化为有效耕地。农村居民宅基地整理政策性强，涉及农民切身利益、生活习惯等，成片整理村庄宅基地需要大量投入，一步到位难。1999—2007年全市整理土地16.88万亩，新增农用地3.21万亩，其中增加耕地2.24万亩。1988—2010年，全市整理土地67.63万亩，增加耕地41万亩。1995—2010年，部、省、市及辖市区总计投入整理土地资金16.44亿元（不含乡镇、村及农民自身投资）。

1995—2010年常州市复垦开发整理土地面积统计表

表5-2-6

年份	项目数(个)	投资额(万元)	总面积(亩)	增加耕地(亩)	增加园地(亩)
1995	79	865	10811	6209	3999
1996	87	1035	11505	6090	4905
1997	98	1156	11011	6676	2160
1998	85	1566	12988	6476	4740
1999	105	6987	23295	8525	—
2000	120	6178	32621	6292	—
2001	134	7986	20652	6600	3028
2002	178	12990	40302	13065	6871
2003	210	20266	49342	12476	11078
2004	173	31668	43488	22797	—
2005	146	9762	36670	10008	8283
2006	156	—	32629	9771	11455
2007	138	23779	22508	8200	6658
2008	243	12241	77312	68704	—
2009	313	24836	154532	134942	—
2010	329	3111	37381	23991	—
累计	2594	164426	617047	350822	63177

四、项目管理

1988年，常州市查清农业后备资源后，制订了全市土地复垦开发规划，下达立项指标并组织实施。1988—1994年，全市复耕开发土地5.92万亩。1995年以后，复垦、开发与整理力度加大，建立申报、立项、审批、实施、检查验收、确认等规范程序。2000年2月22日，省政府实行以省辖市为单位，实现耕地总量动态平衡的政策，对土地复垦开发、土地整理项目及其新增耕地实行定位、定量、定时管理和立项、申报、审批、实施、验收程序化、规范化管理。2001—2010年，全市实施省级及其以上土地复垦开发整理投资项目19个，总面积20.17万亩，其中新增耕地1.6万亩，国家投资11.11亿元。全市土地复垦开发整理项目的资金来源主要为耕地开垦费，国土管理部门把耕地开垦费纳入耕地开垦专项统筹资金，统一组织耕地开垦。耕地开垦费2000年9月规定为每平方米9元（每亩6000元），2006年调整为每平方米13元（每亩8000元），占用基本农田的再提高40%。2005

年3月8日起，土地出让金用于农业土地开发的比例确定为土地出让平均纯收益的15%。

2001—2010年常州市省级及其以上土地复垦开发整理投资项目情况表

表5-2-7

年份	项目名称	项目地点	总面积（亩）	新增耕地（亩）	投资单位级别	投资额（万元）
2001	金坛土地整理	城东乡	3349.95	220.05	部级	213
	武进横山桥土地整理	横山桥镇	6750.00	459.00	部级	713
2002	金坛农田整理	薛埠镇、建昌镇、河头3镇	4137.00	396.00	省级	200
	溧阳上兴土地开发	上兴镇	1020.00	633.00	省级	260
2004	金坛建昌、西岗土地整理	建昌、西岗两镇	28836.00	3093.15	部级	3756
	溧阳上沛土地整理	上沛镇	10334.55	1953.00	部级	1665
	溧阳竹箦土地整理	竹箦镇	5108.55	594.60	省级	750
	金坛直溪农田整理	直溪镇	3390.75	180.15	省级	400
2005	金坛社头土地整理	社头镇旭红村	3967.05	342.60	省级	520
	溧阳新昌土地整理	新昌镇	14964.00	1579.50	部级	2360
	溧阳南渡土地整理	南渡镇	7371.45	531.00	省级	930
2007	溧阳上兴土地整理	上兴镇	13391.55	1466.70	省级及其以上	2322
	金坛金城土地整理	原白塔镇	3196.95	209.25		401
2008	溧阳南渡土地整理	梅庄、庆丰两村	10486.05	604.65	省级及其以上	1824
	金坛基本农田示范区土地整理	金城、尧塘两镇	9993.15	361.35		1481
2009	金坛基本农田示范区土地整理	指前、薛埠两镇	25924.95	853.20	省级及其以上	4831
2010	溧阳别桥镇北山片土地整治	别桥镇	14683.00	456.50	省级及其以上	2604
	金坛基本农田示范区土地整理	薛埠镇、金城镇、直溪镇	19642.50	636.45		3395
	武进万顷良田建设	邹区镇、礼嘉镇、横山桥镇	15179.60	1456.80		82428.84

第三节　万顷良田建设

常州万顷良田建设始于2008年。同年6月，省国土资源厅在金坛召开全省基本农田保护示范区建设工作推进会，对金坛土地复垦开发整理进行调研。2009年2月，市国土资源局编制《常州市"万顷良田建设工程"工作方案》，选择金坛国家级基本农田保护示范区指前镇东浦村、建春村试点，工程区建设总面积1.52万亩，其中有农村居民点及独立工矿用地1106.5亩，全部复垦为农用地，新增耕地1078亩。在同年"6·25"第19个全国土地日，省国土资源厅在金坛指前镇万顷良田建设工程项目区启动全省万顷良田建设工程，常州万顷良田建设工程同步启动，项目主要分布在金坛、溧阳、武进、新北，首批启动实施项目总面积7万余亩，涉及9个镇、

27个行政村、148个村民小组，项目区拆迁民房140余万平方米、安置农户6300余户、1.93万人。规划建成后增加耕地7400余亩、建成高标准农田6.3万亩，增加建设用地挂钩指标5000余亩。2010年，市委、市政府把万顷良田建设工程列入全市60项重点工程(工作)，全力推进实施。年底，工程试点取得阶段性成果，全市投资9.8亿元，首批项目区安置总面积119.96万平方米，开工建设安置房113.1万平方米，已建成17.8万平方米，拆迁民房91.69万平方米；完成土地整理、建设标准农田近4万亩。辖市区同时启动第二批项目规划，初定规模26.5万亩，其中金坛5.7万亩、溧阳5.3万亩、武进10.2万亩、新北5.3万亩。

2010年常州市万顷良田建设工程第一期项目完成指标统计表

表5-2-8

地　区	项目规模(亩)	拆迁总面积(万平方米)	拆迁农户(户)	涉及人口(人)	净增耕地(亩)	投资额(亿元)
新　北	23071	63.85	2406	8050	2103	14
武　进	15180	59.11	1912	5531	2000	8.5
金　坛	15000	1.80	1153	3008	2134	0.6
溧　阳	16890	16.83	922	2774	1200	2.2
合　计	70141	141.59	6393	19363	7437	25.3

第三章　征地供地

1985年4月，常州市政府责成市城市改造办公室负责市区建设用地征用工作。1987年9月，市土地管理局成立后，征地业务由建设单位与被征地单位按补偿标准协商、报批。90年代起，全市经济建设和社会事业快速发展，常州土地供应面临两难局面，既要根据《中华人民共和国土地管理法》对耕地实行“特殊保护”，控制建设用地总量，又要保障供应全市经济社会发展所需的土地。常州按“依法依规，从严从紧，有保有压，节约集约”的原则批地供地，逐步建立“供给制约，引导需求”的供地新机制，做到优先保障国家和省、市重点建设项目、基础设施建设项目，执行国土资源部、国家经贸委发布的《禁止供地项目目录》《限制供地项目目录》《划拨用地项目目录》，对禁止类、限制类产业项目不批用地，对符合产业政策的建设项目严格预审，控制供地规模，协调处理用地矛盾，对符合供地项目目录和土地利用总体规划的部分违法用地补办手续；推行土地所有权与使用权分离的供地方式，实行有偿、有期限、可流动的供地制度，改变过去实行的无偿划拨供地方式。1992年12月常州市征地办公室成立，1997年更名为常州市征地服务中心，负责市区建设用地统一征地业务，征用土地依被征用土地的原有用途给予补偿，根据社会、经济发展水平和物价上涨指数，相应提高征用土地补偿费和安置补助费标准。1992年以后，市政府先后出台使用土地制度改革、有偿出让土地等地方规范性文件，规定商业、金融、旅游、服务、娱乐、商品房住宅等经营性用地以有偿出让方式供地。1995年8月21日、2001年5月31日和2004年4月26日，《常州市国家建设征用土地补偿安置办法》、《常州市征用土地补偿安置办法》和《常州市征地补偿和被征地农民基本生活保障试行办法》先后制订出台，建立健全对失地农民安置、提供生活保障的制度体系。1990—2010年，全市征地51.94万亩。常州市和辖市(区)在1998年前有用地限量审批权限，从1999年1月1日实施新的《土地管理法》起，征用土地实行国务院和省政府两级审批，县级市和县不再有审批权，但设区的省辖市政府有权批准5公顷以下国有未利用地为建设用地。2007年起，推行工业用地公开竞价有偿供地制度，把工业用地纳入招标、拍卖、挂牌出让范围，建设用地使用权可以对地上、地下分层分割转让，严格管理建设用地项目，完善审批程序，跟踪管理和竣工验收制度，防止土地资源闲置、土地资产流失。1986—2010年，全市供应土地42231.24公顷，其中划拨17015.9公顷、有偿出让25215.34公顷。

第一节　征收征用

常州按照国家、省政府规定设立征地业务机构，审核征地申请用地报告、建设工程地址、农用地转用方案、农业人口安置等材料手续后报批。从2002年1月1日起，实行征用土地方案、征地补偿安置方案和征地补偿、安置公告及被征地所有权人、使用权人持土地权属证书到土地行政主管部门办理登记的制度。

一、征地程序

征地审批　1986—1998年，根据《国家建设征用土地条例》和《土地管理法》规定，对国家、乡(镇)村建设征用土地实行分级限额审批，征用耕地达1000亩、其他土地达2000亩以上的由省政府报国务院批准，征用耕地达15亩、蔬菜地达3亩、其他土地达20亩的由省政府批准，征用耕地3～14.99亩、蔬菜地3亩以下、其他土地10～19.99亩的由省辖市政府批准，征用耕地3亩以下、其他土地10亩以下的由县区级政府批准。

1995—2010年常州市征地和安置农业人口统计表

表5-3-1

年份	征地(亩)		安置农业人口(人)		年份	征地(亩)		安置农业人口(人)	
	总面积	其中:耕地	总数	其中:劳动力		总面积	其中:耕地	总数	其中:劳动力
1995	23014.00	19149.00	—	—	2003	95193.55	70198.93	51121	26216
1996	13872.75	11399.85	—	—	2004	25210.97	14898.98	12594	1031
1997	5640.00	3015.00	—	—	2005	27084.20	15943.50	10923	—
1998	1489.35	—	—	—	2006	56635.81	34175.36	15998	—
1999	3964.57	3505.37	3772	2073	2007	36639.38	15518.22	6688	—
2000	6201.66	4975.32	2921	1495	2008	25544.00	10972.00	14660	—
2001	28353.49	21761.07	5580	1819	2009	39700.00	16176.00	17015	—
2002	45267.48	36895.17	33718	12693	2010	48451.00	22555.00	24021	—

1986—1989年，市区征用土地5238亩，历年先后征用1191亩、1095亩、1913亩、1039亩。1994年2月22日，江苏省第八届人大常委会第二次会议对《江苏省〈土地管理法〉实施办法》中对设区的市政府征用土地审批权限进行调整，市政府对征用耕地3～29.99亩、蔬菜地3亩以下、其他土地10～49.99亩有权审查、批准。1990—1994年，全市累计审批征用土地37159亩，历年先后征用土地4293亩、3704亩、6466亩、7979亩、14717亩。1999年开始，执行新的《土地管理法》，土地征用审批权限实行国务院和省级政府两级审批，县级市和县不再有审批权，但设区的省辖市政府有权批准5公顷以下国有未利用地为建设用地。

公告登记　2002年1月1日起，常州严格执行国土资源部第十号令，在征地程序中实行“两方案两公告一登记”制度，即征用土地方案、征地补偿安置方案和征用土地公告、征地补偿安置方案公告及被征地所有权人和使用权人在规定期限内持土地权属证书到土地行政主管部门办理登记。征用农民集体所有土地的征用土地方案和征地补偿、安置方案在被征用土地所在的村、组内以书面形式公告，其中征用乡(镇)农民集体所有土地的在乡(镇)政府所在地公告。未依法进行“两方案、两公告”的，被征地所有权人有权依法要求公告，有权拒绝办理征地补偿、安置、登记手续。

1990—2010年常州市分地区征地面积统计表

表5-3-2　　单位：亩

年份	市区		武进		金坛		溧阳	
	面积	其中：耕地	面积	其中：耕地	面积	其中：耕地	面积	其中：耕地
1990	1490.00	—	1003.00	—	1169.00	—	631.00	—
1991	1323.00	—	1032.00	—	356.00	—	993.00	—
1992	1979.00	—	2240.00	—	853.00	—	1394.00	—
1993	3905.00	—	1218.00	—	613.00	—	2243.00	—
1994	6457.00	—	5151.00	—	1069.00	—	2040.00	—
1995	9105.00	427.05	6368.00	—	4272.00	—	3269.00	—
1996	942.00	687.00	—	—	—	—	—	—
1997	706.05	406.05	—	—	—	—	—	—
1998	—	—	—	—	—	—	—	—
1999	2074.67	1572.10	1167.50	1355.20	240.80	176.57	481.60	401.50
2000	1065.30	767.20	3873.60	3158.15	834.00	746.53	428.76	303.44
2001	15061.88	10825.00	11312.67	9304.40	507.30	428.30	1471.64	1203.37
2002	5333.88	4254.47	33832.00	27680.60	756.10	698.50	5345.50	4261.60
2003	45404.5	34229.00	30736.30	22580.10	8626.40	7761.13	10426.35	5628.70
2004	11845.43	7336.48	7799.54	4708.60	1799.30	1574.80	3766.70	1279.10
2005	10677.20	6099.10	8844.90	5203.70	4157.10	3187.70	3405.00	1453.00
2006	22757.80	15280.80	23332.00	13984.50	6432.15	3811.90	4113.86	1098.16
2007	21068.20	11596.00	6106.20	1178.60	3901.10	1086.50	5563.88	1657.12
2008	12465.00	5756.00	6946.00	2277.00	3490.00	1444.00	2643.00	1495.00
2009	9652.00	4444.00	18131.00	7388.00	4141.00	1847.00	7776.00	2497.00
2010	14890.00	6839.00	21087.00	9777.00	6078.00	2022.00	6396.00	3917.00

说明：1998年以前分区征用耕地面积统计不全，1998年无分区统计数据，2003年补办征地手续3万余亩

二、农业人口转非农业人口

被征地的村民小组在耕地被征人均不足0.1亩，经县级以上政府审核后报省、市政府批准，可由农业户口转为非农业户口(简称“农转非”)，剩余的集体土地收归国有。粮食部门负责“农转非”粮食关系注册，劳动部门落实农村剩余劳动力安置。1984年起，郊区无田队(组)进行撤组转居，至1994年，常州撤销村民小组320个，1995—2000年撤销76个，2001—2006年新北、钟楼、天宁和戚墅堰4区撤销291个。至2006年末，常州市区(不含武进)累计撤组687个。常州市征地补偿安置分为土地补偿费、青苗费、附着物补偿费、拆迁补偿和拆迁对象安置5个方面。1983年5月20日，市政府出台《常州市〈国家建设征用土地条例〉实施细则》，规定补偿安置标准。1988年、1995年、2001年、2004年调整青苗、附着物补偿、土地补偿和拆迁补偿标准，

1995 年、2001 年和 2004 年调整拆迁安置对象。

2001—2006 年新北、钟楼、天宁、戚墅堰四区乡镇、村撤组转居情况表

表 5-3-3

批准时间	乡(镇)村	村民小组数(个)	户数(户)	转居人数(个)	剩余土地收归国有(亩)	备　注
2001. 09. 27	五星乡	40	—	—	—	
2001. 11. 04	永红乡	13	—	—	—	
2001. 11. 06	茶山乡	14	—	—	—	
2002. 07. 29	三井乡前桥村	13	397	1206	75. 178	
2002. 07. 29	百丈镇徐墅村	13	545	1670	809. 355	
2002. 08. 19	五星乡五星村	5	185	405	233. 276	
2002. 10. 31	新桥镇大坝村	7	498	1492	634. 635	
2002. 10. 31	圩塘镇尤墅村	14	551	1906	192. 72	
2002. 12. 08	丁堰镇芳渚村	6	210	400	359. 3	
2002. 12. 08	潞城镇潞城村	13	336	638	528. 15	
2003. 01. 24	雕庄乡团结村	14	484	1205	—	
2003. 04. 23	三井乡长沟村	19	818	2384	572. 187	
2003. 04. 23	龙虎塘镇仙龙山村	24	864	2301	307. 335	
2003. 04. 23	茶山乡勤丰村马巷村	1	85	247	69. 1	第七村民小组
2003. 06. 18	雕庄乡雕庄村	9	311	834	2023. 15	
2003. 07. 10	茶山乡复兴村	2	100	233	96. 255	
2003. 09. 27	雕庄乡中村	6	222	641	1468. 32	
2005. 03. 22	永红街道为民村	1	32	81	82. 064	徐家村
2005. 07. 08	三井街道高田村	28	1233	3667	347. 803	
2005. 08. 25	龙虎塘街道潘墅村	15	558	1703	300. 798	
2005. 09. 23	春江镇黄家村	16	546	1705	452. 796	
2005. 11. 28	三井街道邹村	7	318	913	209. 514	
2005. 12. 08	丁堰镇梅港村	1	70	129	57. 702	河东村
2006. 04. 06	潞城镇潞城村	7	216	533	655. 1	
2006. 04. 06	五星街道平岗村	2	64	156	161. 58	张家湾、店里村
2006. 07. 08	永红街道宣塘村	1	43	109	123. 555	小霍家村

三、土地补偿

1983 年 5 月 20 日，市政府出台《常州市〈国家建设征用土地条例〉实施细则》，每亩地补偿费标准：菜地 2000 元、新菜地 1600 元、水旱地 1200 元、水塘 340 元，人工鱼塘、宅基地、果园及其他多年生经济作物地按邻近耕地补偿费标准计算。此后，市政府根据经济社会发展状况和物价上涨指数，对土地补偿费标准作多次调整。1988 年 8 月起，每亩土地补偿费标准：菜田 4637 元、耕地 2610 元、鱼塘 2175 元、河塘 1305 元。1995

年8月起，每亩土地补偿费标准：菜地1.2万元，耕地6000元，鱼塘、藕塘、竹园、林地、桑茶、果园、养殖场、苗圃等5000～10000元，河（水）塘、柴山、滩地和其他有收益非耕地每亩3000元；宅基地后另辟宅基地，按另辟地标准补偿，原宅基地不再补偿；不另辟宅基地的按邻近土地补偿标准补偿（菜区以菜地计算，粮区以耕地计算）；征用灌溉水塘、水渠、道路，易地复建的按复建地补偿，不复建的按邻近土地前3年平均年产值的4倍补偿（菜区以菜地计算，粮区以耕地计算）。

2001年5月31日至2003年12月31日，执行《常州市征用土地补偿安置办法》，土地补偿费标准是：耕地按前3年平均年产值的8～10倍计算；鱼塘、竹园、林地、桑茶、果园、苗圃等土地，按邻近耕地前3年平均年产值的10～12倍计算；征用其他农用地的，按邻近耕地前3年平均年产值的6～10倍计算；征用灌溉水塘、水渠、机耕道路用地和宅基地、非农业集体建设用地，按邻近耕地标准给予补偿，需易地复建的按复建地标准予以补偿，征用未利用地的按邻近耕地前3年平均年产值的3倍计算。

2004年起，《常州市征地补偿和被征地农民基本生活保障试行办法》实行，将全市土地划分为两类，执行相应征地补偿和基本生活保障标准：一类地区为武进、新北、钟楼、天宁、戚墅堰5区；二类地区为金坛、溧阳两市。根据被征用土地的不同类别按耕地前3年平均年产值的相应倍数确定补偿标准。耕地前3年平均年产值的最低标准：一类地区每亩2200元；二类地区每亩1600元。耕地前3年平均年产值标准由市政府适时调整，予以公布。补偿费标准：征用耕地，按该土地前3年平均年产值的10倍计算；征用精养鱼池按其邻近耕地前3年平均年产值12倍计算，征用其他养殖水面按其邻近耕地前3年平均年产值8倍计算；征用果园或者其他经济林地按其邻近耕地前3年平均年产值12倍计算；征用其他农用地按其邻近耕地前3年平均年产值8倍计算；征用宅基地、非农业集体建设用地、农田水利基础设施用地、机耕道路用地等按邻近耕地前3年平均年产值10倍计算；征用未利用地按其邻近耕地前3年平均年产值5倍计算。标准执行至2010年未变。

四、青苗、附着物补偿

青苗补偿 1983年起执行统一的青苗补偿标准，规定人工鱼塘按不同季节补偿当年损失。1988年8月、1995年8月先后调整执行新标准。1995年8月规定自留地菜田每亩7500元、耕地每亩3500元。2001年5月实行新规定，鱼塘、竹、林、桑果等经济林（果）由土管部门与所有权人协商补偿标准，协商不成的经评估后确定。2004年开始执行最新规定，执行至2010年。

附着物补偿 1983年市政府规定，移植树木付给移植费，必须砍伐的计价补贴，蔬菜喷灌设施每亩补偿400元、坟墓迁移每具棺材补偿20元、骨灰盒（缸）每具8元。1988年8月调整为：蔬菜喷灌设施每亩补偿800元，农田水利工程及机电排灌设施、人工鱼塘、养殖场和电力、广播、通信设施等附着物按实给付迁移费和补偿费；坟墓迁移棺材每具60元、骨灰盒（缸）每具30元。1995年8月执行新规定，农田水利设施混凝土结构地下管渠按管径补偿，明渠按所配水泵分级补偿，不易地新建的按上述标准的60%补偿。2001年5月底、2004年起先后执行新调整的补偿标准，2004年的标准2010年底仍在执行。

五、拆迁补偿

住户住房 1983年市政府规定，拆迁农村社员房屋每平方米15～40元，1988年8月调整为60～120元，1995年8月执行新规定。2001年补偿标准调整为统一复建、统一安置的分别按拆迁房屋面积的重置价结合成新价的120%、110%给予补偿，不需安置、复建的按被拆迁房屋的重置价结合成新价的150%补偿；装修费用经评估后补偿。2004年8月调整为拆迁住宅房采用统一安置、统一复建、自拆自建等形式解决，有条件的区可在城市规划区试行统一货币化安置，补偿金为被拆除房屋建筑面积重置成新价的1.1倍。如安置房是期房、被征地拆迁人自行解决住处的，征地拆迁人向每户支付过渡期内临时安置补助费500元，安置期房的翻1番，对自行过渡的被征地拆迁户临时安置按被拆除房屋原面积每月每平方米补助3元；电话移机、有线电视、空调机每台分别为210元、350元和100元，需过渡的翻1番，燃气移位费足额支付。此标准执行至2010年。

公益用房 1985年规定，用地单位拆迁学校、幼儿园房屋既可按拆一还一补偿，也可按规划要求在区域内调整安置，但须按被拆迁房屋原面积的重置价补偿，拆除其他公益事业用房按重置价补偿。2004年调整，拆迁学校、幼儿园、乡（镇）卫生院（所）、敬老院等公益性房屋，征地拆迁人按拆一还一原则复建安置，不需复建安置的按拆除房屋原面积的重置价给予补偿。

企业用房 2001年规定，拆除企业生产用房后不需复建、需复建的分别按被拆除房屋面积的重置价结合成新价、重置价补偿，非生产用房的按被拆除房屋面积的重置价结合成新价补偿；拆除企业生产用房后需要搬迁的，设备拆除、安装、搬迁费用按被拆生产用房面积的重置价结合成新价的20%补偿；停工补偿费按实际停工停产需待业的职工数计算，以该企业前1年的人均月工资补偿（仅含工资、社会保险费），但不得低于当地城镇职工最低工资标准。补偿期限以实际停工停产时间为准，最多不得超过6个月。2004年新规定出台，拆除企业生产用房、非生产用房后需要复建的，按被拆除房屋原面积的重置价结合成新价补偿；不需复建的，按被拆除房屋面积的重置价给予补偿；拆除企业生产用房需要搬迁的，对设备拆除、安装、搬迁费用由辖市区作出合理补偿。

第二节　征地拆迁安置

一、对　　象

1995年，征地拆迁安置对象为被拆迁“农转非”人员（含占用集体土地的城镇居民）、未婚现役军人、在外就读的中学生、劳改劳教人员。2001年明确为原有常住户口现役军人及其配偶（不包括在外地定居的）、原有常住户口在读大中专院校学生和户口在常州工作单位、实际居住在被拆迁房屋内的人员，一方家在拆迁范围、户口在外地的配偶，征地拆迁公告后因出生、婚姻、复退转（军人）等已报进户口的人员，原有常住户口正在劳教或服刑的人员等。2004年新规定是原有常住户口的现役义务兵军人、在读大中专院校学生和正在劳教或服刑的人员，及在征地补偿、安置方案公告确定的搬迁期限前出生、婚嫁落户的人员。

二、住房安置标准

1995年规定，拆迁“农转非”人员居住用房（含城镇居民占用集体土地的居住用房）原则上拆一还一，被拆迁房屋建筑面积超过人均25平方米的，按人均25平方米标准安置住房，被拆迁户为一人户根据年龄、婚姻等状况最多安置1套小户。2001年调整，分为自拆自建、统一复建和统一安置3类明确政策规定，安置面积标准提高到人均不超过40平方米。2004年执行新规定，拆迁房屋原面积、安置面积人均不超过40平方米的，原面积部分按安置房“建安价”结算；超过原面积、但不超过人均40平方米的部分按安置房成本价结算，安置面积超过原面积且超过人均40平方米的部分按市场价结算。拆迁房屋原面积超过人均40平方米的，按人均40平方米安置，按安置房“建安价”结算；由于安置房房型原因造成安置房面积超过人均40平方米，但不超过被拆迁房屋原面积的部分，按安置房成本价结算；被征地拆迁户要求增加安置面积，增加部分按市场价结算。

三、劳动力安置

1983年规定，征地后平均每人实占耕地不足0.5亩的生产队，安置剩余劳动力从事非农业生产或进社队企业工作，公社、大队无法安置的，由征地单位的主管系统在省政府下达征地劳动力计划内安置到所属城镇集体企业或由市统筹安置。安置1个劳动力，在安置补助费中转拨给用人单位2000元，征地单位支付安置补助费每亩菜地4000元、粮田2400元。1988年至1995年8月，农村劳动力安置费标准调整为每亩菜地7730元、耕地4350元，其他有收益土地每亩2610～3480元。

1995年8月至2001年5月，安置补助费标准为：征用耕地、菜地、人工鱼池和因调整结构由耕地改其他作物的土地安置补助费，按被征土地前3年平均每亩年产值的10倍计算，征用其他有收益的土地，按上述标准的80%计算；征用宅基地和无收益的非耕地不予补助。农民退养安置补助费以被征土地前3年平均每亩产值的3倍计算，撤组转居的用地单位一次性支付退养安置补助费。安置补助费分解为用人单位每安置1个劳动力给予带资费6000元、培训费1000元，剩余安置补助费转给乡镇、村用于发展生产，安排剩余劳动力。因国家建设征地造成剩余劳动力，由当地政府通过发展农副业生产，举办乡(镇)村企业等途径进行安置；安置不完的，由劳动部门会同有关部门和用地单位进行安置。撤组转居、退养安置补助规定，年龄在40周岁以上的男性劳动力和35周岁以上的女性劳动力均属退养安置对象，安置方式有两种：一是要求一次性领取退养费的由用地单位一次性发给本人，65周岁以下发给0.7万～1.5万元，65周岁以上发给0.5万～1万元；二是申请投保安置的由用地单位按上述退养费标准拨缴乡(镇)民政社会养老保险机构，按月发给生活费。由村组供养的孤儿从批准转居之日起至年满18周岁止，按民政部门有关规定标准，将安置费拨给乡(镇)民政社会养老机构，按月发给生活费。转居村组中的五保户按在乡镇规定的退养费标准一次性拨给乡(镇)民政社会养老保险机构，按月发给生活费。转居村组中因公致残人员、因公死亡者家属的抚养按原与村组签订的协议继续执行。从未从事过生产劳动、主要依靠家庭成员供养的病残人员不作退养安置，确有困难的发给一次性生活困难补助费。

2001年5月31日至2003年12月31日执行《常州市征用土地补偿安置办法》新规定，征地前被征地单位农业人口人均耕地达1亩的，安置补助费按该耕地前3年平均年产值的5倍计算。人均耕地在1亩以下的从6倍起计算；人均耕地每减少0.1亩安置补助费相应增加1倍，最多不超过15倍。老年农民(男性60周岁以上、女性55周岁以上)保养金执行标准，征地后人均耕地0.5亩以上的，保养金标准按该耕地前3年平均年产值的3倍计算；人均耕地0.1～0.5亩的，保养金标准按该耕地前3年平均年产值的5倍计算；撤组转居的老年农民保养金为每人0.7万～1万元，年龄在老年农民以下，不符合劳动力安置条件的农业人员保养金为每人0.75万～1.5万元；保养金由乡(镇)村集体经济组织作为养老、医疗等保险费集中投保。征用土地安置剩余劳动力，按谁用地谁安置原则执行，用地单位自行安置；剩余劳动力自谋职业的实行货币安置，标准为每个劳动力1.5万～2万元。劳动部门办理安置手续的劳动力及自谋职业人员，就地转为城镇户口。劳动部门从安置补助费中向用人单位支付每个被安置劳动力的带资费6000元、就业培训费1000元。

2004年1月1日作了调整，安置补助费标准为每个需安置的被征地农业人口一类地区2.5万元、二类地区1.7万元，需安置的被征地农业人口数按被征用农用地除以被征地农村集体经济组织征地前人均占有在册农用地计算，需易地复建的按复建地标准计算，安置补偿和劳动力安置等被纳入农民基本生活保障体系。

第三节　建设用地供应方式

1986年《土地管理法》颁布后，建设用地实行计划管理。市政府每年编造用地计划，报省政府及土地管理部门核准，再下达年度用地计划。1988—1994年，省下达给常州用地计划3740公顷，其中非农业建设用地2280公顷、农业建设用地1460公顷，由于用地计划较紧，常州非常注重节约用地，除1994年外环路工程

通过土地收储兴建的农村安置小区（摄于2008年9月）

超计划8.24公顷外，每年有积余。其中1992—1993年市区中心区有偿出让107宗地、总面积152.9公顷，出让合同总金额4.26亿元，均价每平方米278元；1994年全市供应228宗地。

1995年，全年批准建设征拨用地1742公顷，含省及其以上建设项目用地741公顷。1996年，控制非农业建设用地审批，市及其以下项目实际供地653公顷，执行省下达653.7公顷的计划指标，补办违法用地面积3210公顷。1997—1998年，执行国家“冻结”批地规定，只批准重点建设项目75个。1999年，开始实行新的《土地管理法》，取消市、县政府分级限额征用土地批准权，征用土地必须报省政府审批，其中征用耕地超35公顷、其他土地超70公顷的报国务院批准。至2000年底，全市累计办理农用地转用、土地征用44个批次和514个建设项目982公顷的供地手续，其中国务院批准142公顷、省政府批准424公顷，划拨供应86宗112公顷、有偿方式供应428宗870公顷。2001—2003年，全市累计上报农用地转用、征用310个批次，供地总面积6360公顷。2008年上报农用地转用、征用2093.33公顷，其中争取点供239.6公顷；2009年，全市供地总量3499.9公顷，其中省下达452.67公顷，向上争取独立选址、点供指标768.5公顷，盘活存量土地和施行城乡建设用地增减挂钩。2010年，严格控制经营性用地供应总量，落实保障性用房、拆迁安置房及中小套型普通商品房用地供应。争取新增建设用地2万余亩，全市办理供地1299宗4128.9公顷。

1986—2010年常州和中心城区土地供应宗数、面积统计表

表5-3-4　　单位：公顷

年份	全市		中心城区		年份	全市		中心城区	
	宗数	面积	宗数	面积		宗数	面积	宗数	面积
1986	—	754.07	—	79.40	1999	222	314.08	116	186.77
1987	—	503.33	—	73.00	2000	292	667.69	136	221.38
1988	—	397.40	—	127.50	2001	494	1162.97	159	512.92
1989	—	282.33	—	69.27	2002	461	2392.94	237	392.99
1990	—	286.20	—	99.33	2003	721	2804.95	308	660.11
1991	—	277.13	—	—	2004	1097	3477.32	367	1114.10
1992	—	465.05	—	1063.83	2005	903	2199.11	224	690.72
1993	—	609.14	—	—	2006	1147	5847.51	243	890.70
1994	—	992.64	—	—	2007	852	2644.38	289	841.05
1995	370	1742.49	97	93.82	2008	766	2295.30	168	585.12
1996	84	3862.24	47	37.09	2009	1146	3499.90	249	1062.37
1997	89	398.71	77	122.00	2010	1299	4128.90	213	682.53
1998	134	261.44	89	66.57					

说明：中心城区均不含武进

一、土地划拨

1986年《土地管理法》颁布，规定国家进行经济、文化、国防建设及兴办社会公共事业需要使用集体所有的土地，必须办理征用手续，使集体土地变为国家所有，再由县级及以上政府划拨给建设单位。1988年12月，《土地管理法》修正案规定"国家依法实行国有土地有偿使用制度"，从此土地使用者可以划拨或以有偿出让方式取得土地使用权。1995—1996年，国家对石油天然气、煤炭、教育、体育、卫生、民航、铁路、交通、水利、电力10个行业颁发划拨用地项目目录，符合划拨目录的建设用地项目由建设单位申请，以划拨方式供地。2001年10月22日，国土资源部根据新的《土地管理法》，颁布施行《划拨用地目录》，原《划拨用地项目目录》同时废止。2003年9月12日，省政府办公厅印发省国土资源厅制定的《江苏省划拨用地目录》，同年10月起执行，规定可按划拨方式提供土地使用权的项目包括国家机关用地和军事用地、城市基础设施用地和公益事业用地、国家重点扶持的能源交通水利等基础设施用地、法律行政法规规定的其他用地4大类125个项目，未涉及的建设项目均以有偿方式供地。以划拨方式取得的土地使用权因故转让或改变土地用途不再符合目录规定供地范围的补办有偿供地手续，实行有偿使用；以营利为目的、非国家重点扶持的能源交通水利等基础设施用地项目以有偿方式取得土地使用权。1986—2010年，全市划拨建设用地1.7万公顷，其中常州中心城区（包括天宁、钟楼、郊区、戚墅堰、广化5区）3932.34公顷。

1986—2010年常州和中心城区划拨土地宗数、面积统计表

表5-3-5 单位：公顷

年份	全市		中心城区		年份	全市		中心城区	
	宗数	面积	宗数	面积		宗数	面积	宗数	面积
1986	—	754.07	—	79.40	1999	42	43.00	29	17.70
1987	—	503.33	—	73.00	2000	44	68.88	28	7.00
1988	—	397.40	—	127.50	2001	43	147.71	27	21.64
1989	—	282.33	—	69.27	2002	139	360.35	32	87.08
1990	—	286.20	—	99.33	2003	70	442.05	30	142.13
1991	—	246.93	—	88.20	2004	82	736.00	49	434.34
1992	—	431.07	—	131.93	2005	88	535.78	42	293.40
1993	—	531.93	—	260.33	2006	71	430.10	39	224.13
1994	—	981.13	—	430.47	2007	67	636.37	30	107.70
1995	281	1707.97	58	59.30	2008	134	462.12	42	180.70
1996	14	3762.83	14	9.98	2009	261	1427.47	61	583.38
1997	36	292.00	36	74.54	2010	344	1502.47	52	305.79
1998	43	46.18	43	24.10					

说明：中心城区包括天宁、钟楼、郊区、戚墅堰、广化五区，划拨土地数据不含武进、新北

二、有偿出让

1988年12月29日，国有土地和集体所有土地的使用权可以依法转让，国有土地有偿使用制度开始实行，长期对建设用地采取行政划拨方式供地的制度结束。市政府从1989年1月1日起开征城镇土地使用税，国有土地有偿使用开始在常州实行。1991年8月31日，天安城北工业村A地块50.26亩土地以每平方米103元出让，收取出让金345万元。1992年，市政府出台土地使用制度改革方案，从10月1日起对商品房开发、

经营性用地停止行政划拨供地，实行有偿出让；1990年5月19日后以划拨方式取得的房地产开发经营性用地补办有偿使用手续，对划拨取得的国有土地使用权及外商投资企业用地、临时用地分别征收国有土地使用税、土地使用费。1992年8月24日，市政府发布《常州市城镇国有土地使用权出让和转让暂行办法》，实行土地有偿、有期限、可流动供地制度，由最初实行协议出让供地方式调整为招标、拍卖、挂牌出让；对商业、金融、旅游、服务娱乐、商品住宅等房地产经营性用地，均采用招、拍、挂竞价供地方式。

1992年9月8日，市区首次协议出让正素巷国有土地使用权，随后在全市迅速推开。1998年起推行招标、拍卖、挂牌方式出让土地，有偿出让工业、商业、旅游、娱乐和商品住宅等经营性用地。2007年起，工业用地实行有偿供地，有偿出让方式有协议出让和招标、拍卖、挂牌出让。1991—2010年，全市有偿出让土地8425宗、25215.34公顷，出让金总额1506.5亿元。其中通过土地交易市场出让土地7242宗（协议出让4242宗、招标拍卖挂牌出让3000宗）、面积21682.5公顷，交易金额1451.54亿元。市区有偿出让土地5740.23公顷，出让金合同总额536.15亿元。国家土地所有权获得收益不断增加，为城市建设提供了大量资金。

1995—2010年常州和中心城区建设用地有偿出让情况统计表

表5-3-6　　　　单位：公顷

年份	全市		中心城区			
	宗数	面积	宗数	面积	合同总额(亿元)	平均价格(元/平方米)
1995	89	34.52	39	34.52	1.18	341
1996	70	99.41	33	27.11	0.79	292
1997	53	84.00	41	47.46	1.32	278
1998	91	202.00	46	42.47	0.99	234
1999	180	271.08	87	169.07	3.67	217
2000	248	598.81	108	214.38	5.62	262
2001	451	1015.26	132	491.28	12.28	250
2002	322	2032.58	205	305.91	12.81	419
2003	651	2362.90	278	517.98	27.63	533
2004	1015	2741.32	318	679.76	30.45	448
2005	815	1663.33	182	397.32	33.24	837
2006	1076	5417.41	204	666.57	55.28	829
2007	785	2008.01	259	733.35	68.38	932
2008	632	1833.18	126	404.42	70.41	1741
2009	885	2072.20	188	478.99	106.99	2234
2010	955	2626.43	161	376.74	100.86	2677
累计	8318	25062.44	2407	5587.33	531.90	782.75

三、土地使用权租赁

1997年1月16日，省国土管理局批准常州市金狮自行车工贸集团公司把常州花园路59号宗地9.34万平方米划拨土地使用权，租赁给常州金狮股份有限公司，按每平方米15元计收土地租金，为常州第一宗租赁出让的土地。随后，土地使用权租赁在全市推开。至2010年，全市租赁供地达1449宗、974.66公顷，租金总额5802.52万元。实行土地使用权抵押，以划拨方式取得的国有土地使用权需要抵押的先进行地价评估，核定土地使用权出让金并缴纳土地使用权出让金后实现抵押，主要有商贸、工矿仓储用地和别墅、高档公寓、普通商品房用地等。1995—2010 年，全市土地使用权抵押 1.26 万宗、3.08 万公顷，抵押合同总额 1011.94 亿元。

第四节　建设用地项目类别

1986—2010 年是常州历史上经济、社会事业发展最快的时期，大批重点建设项目落户常州，建设用地急剧增加。1995 年前建设用地项目未进行分类统计，同年开始分类统计。1997 年供地总量降幅达 90.3%，1998 年供地总量最少，2006 年供地总量最多，增幅高达 165.9%；2008 年调整局部规划 3.8 万亩；2006—2010 年，保障黑牡丹集团、天合光能、宏锋水泥、真空制盐、亿晶光电、上上电缆、江苏康泰氟化工有限公司、常林股份有限公司等重大高科技产业项目用地需求。1995—2010 年，全市供地总量 3.77 万公顷，其中工业、住宅、商业服务业和交通道路等其他项目用地总面积分别为 1.62 万公顷、0.63 万公顷、0.28 万公顷和 1.24 万公顷，分别占供地总量的 43%、16.7%、7.4% 和 32.9%。2004—2005 年，上报重点项目 23 个，其中 6 个通过国务院确认，报批 36 个批次、1340 公顷用地，补办 20 个批次、913.3 公顷用地项目材料。1986—2010 年，全市供地总量 4.22 万公顷，其中中心城区供地总量 9672.57 公顷。

1995—2010 年常州市供地项目所供土地分类统计表

表 5-3-7　　　　单位：公顷

年份	供地总量面积	工业用地	住宅用地	商服用地	其他用地
1995	1742.49	68.69	9.78	11.4	1652.62
1996	3862.24	26.87	3.46	7.01	3824.90
1997	398.71	356.27	34.30	8.14	0
1998	261.44	187.57	40.55	33.32	0
1999	314.08	99.42	104.90	13.00	96.76
2000	667.69	416.08	136.57	27.81	87.23
2001	1162.97	743.12	176.59	76.89	166.37
2002	2392.94	820.78	254.07	105.49	1212.60
2003	2804.95	2042.36	443.66	290.73	28.20
2004	3477.32	1858.75	445.34	199.00	974.23
2005	2199.11	1558.33	285.82	116.56	238.40
2006	5847.51	4034.10	1092.41	416.32	304.68
2007	2644.38	614.58	701.34	382.42	946.04
2008	2295.30	976.14	683.13	292.03	344.00
2009	3499.97	1022.86	801.66	446.83	1228.62
2010	4128.90	1420.86	1036.61	388.50	1282.93
累计	37700.00	16246.78	6250.19	2815.45	12387.58

一、用地项目

道路交通建设用地　1986—2010 年，全市有 28 个道路交通建设用地项目，用地总面积 23127.59 公顷，其中沪宁高速公路常州段为最大用地项目，占道路交通建设总用地面积78.3%。1997—1998年，保障城中北路（今晋陵北路）等重点工程顺利开工。1999—2003年，确保宁杭高速、锡宜高速常州段、延陵东路、常澄高

1986—2010年常州市建设用地项目一览表

表5-3-8　　单位：公顷

类别	项目名称	面积
道路交通建设用地	沪宁高速公路常州段建设	18102.74
	京杭大运河常州市区段南移改线工程	927.12
	312国道常州段建设工程	280.00
	外环路（龙城大道）建设工程	209.00
	玉龙路建设工程	132.94
	常州高架道路一期工程	100.53
	武进市长虹西路建设工程	41.25
	长江港口建设工程	91.52
	沿江高速公路常州段建设工程	240.00
	扬溧高速公路常州段建设工程	524.33
	宁杭高速公路常州段建设工程	160.93
	宁常高速公路建设工程	706.33
	锡宜高速公路常州段建设工程	72.00
	沪宁高速铁路常州段建设工程	100.58
	宁宜铁路常州段建设工程	160.9
	新长铁路常州段建设工程	49.80
	沿江铁路常州段建设工程	158.13
	沪宁城际铁路常州段建设工程	63.26
	大环线一级公路建设工程	165.33
	通江铁路建设工程	66.67
	219省道新常溧线建设工程	166.67
	312省道（拓宽）工程	66.67
	石化码头及配套储运工程	100.00
	奔牛机场民航站建设工程	82.82
	常州高架道路二期工程	52.35
	常州西绕城高速公路建设工程	265.75
	戚墅堰车站货场建设工程	20.24
	录安洲港区夹江码头一期工程	19.73

类别	项目名称	面积
城镇生态建设用地	淹城公园建设	18.95
	常州市生活垃圾卫生填埋场	13.76
	常州市城市生活垃圾焚烧发电厂	11.77
	翠竹公园建设	7.59
	荆川公园建设	14.68
	蔷薇园湿地公园建设	12.59
	红梅公园（扩建）	37.44
	新天地公园建设	30.00
	新北中心公园建设	9.73
	荷园建设	12.77
	青枫公园建设	45.00
	三河三园景观综合整治工程	89.40
社会事业建设用地	常州大学城建设发展公司	49.74
	江苏工业学院新校区建设	38.67
	常州纺织服装职业技术学院新校区建设	37.80
	常州工程职业技术学院新校区建设	38.28
	常州信息职业技术学院新校区建设	38.80
	常州轻工职业技术学院新校区建设	38.12
	常州机电职业技术学院新校区建设	38.09
	常州工学院扩建工程	19.87
	常州市机动车驾驶训练场	50.07
	常州市职教中心新校区建设	22.17
	常州第二人民医院（湖塘）新校区	11.99
	江苏职业技术师范学院（扩建）工程	55.45
	常州市行政中心及配套建设	133.87
	常州奥林匹克新建工程	17.67
	常州博物馆、常州市规划展示馆	2.02
	江边电厂（常州发电有限公司）建设	140.00
	常武魏村水厂建设	20.00

速、飞龙立交、新闸立交、新机场路等重要道路交通建设用地。2004—2005年，完成京杭大运河南移、312国道改扩建等8个重点工程用地材料上报和补办3526.67公顷建设用地手续。2006—2008年，化解重大项目落地难题，保障常州港录安洲港区、石化码头、西绕城高速、京沪高铁、戚墅堰区货场搬迁等重大交通设施用

地，2007年京杭大运河南移项目获国务院批准。2009—2010年，满足环城高架道路二期、常州奔牛机场民航站区扩建工程、苏南运河常州段三级航道整治工程等重点工程用地需求。

城镇生态建设用地 1986—2010年，全市有城镇生态建设用地项目12个、用地303.68公顷，主要用地项目为公园建设，其中新建公园8个、扩建公园1个，用地188.75公顷，占城镇生态建设总用地面积的62.15%。1999—2000年，保障桃园滨河绿化带等重大生态建设项目用地。

社会事业建设用地 1986—2010年，全市有17个社会事业建设用地项目，用地752.61公顷，主要用地单位为高校，新增学院7所、扩建学院1所，用地305.08公顷，占社会事业建设用地总面积的40.5%。1997—2000年，保障魏村水利枢纽工程、市行政中心、奥体中心等社会事业项目顺利开工。2001—2003年，保障常州大学城建设项目用地。2006—2009年，解决并保障邹区供水二期、科教城三期、"川气东送"等重大社会事业项目用地需求。

二、用地管理

常州市建设用地实行计划管理，按照编造用地计划、报省和土地管理部门审核、下达年度用地计划的流程管理。市政府针对建设用地较紧的情况，按照"总量控制，科学规划，严格审批，竞价出让，依法规范"的要求，从预审开始从严从紧控制新增建设用地，执行重点领域建设用地定额标准，对限制类项目严格限制，对禁止类项目一律不供土地。对新上建设项目的产业政策、选址合理性、用地规模、容积率和投资额度（每亩达250万元）等进行预审，出具建设项目用地预审意见。对建设项目选址不合理和不符合建设用地控制指标，达不到土地投资强度等要求的项目不予通过预审或要求其调整后重新上报。事后实行跟踪管理，对建设项目进展情况定期或不定期检查，主要检查土地面积、用途、容积率等重要指标，督促用地单位按照批准条件使用土地，防止土地资源闲置和土地资产流失，组织对建设项目用地进行竣工用地验收，合格的出具《建设项目竣工用地验收合格意见书》，对不合格项目的违法、违规、违纪行为予以处罚，对闲置土地采用征收闲置费、限期开工、终止出让合同、收回储备等方式处理。

第五节 盘活存量土地

一、改制企业土地使用权处置

1996年，国土资源部门为16家破产企业和3家上市公司评估土地资产约40亿元。翌年受理5家破产企业的土地资产处置，总面积7.5万平方米，受理第二产业用地改为第三产业用地（简称"退二进三"）企业5家，面积4.6万平方米，显化土地资产总额3100万元，完成地价评估260宗、840.79万平方米，显化地价8.9亿元，全市盘活存量土地约4667万平方米。1998年，盘活存量土地、服务企业改制，办理"退二进三"改制或转产企业出让土地14宗、20.45万平方米，显化土地资产4796.5万元，返回企业2261.9万元；办理土地使用权确权、评估和抵押483宗，企业获抵押贷款9亿多元。全市评估土地234宗、675.38万平方米，显化土地资产45.68亿元。1999年，评估常州市区企业土地212宗、320万平方米，显化土地资产近12亿元。

2000—2001年是全市国企改革力度较大的两年。2000年，国土资源部门评估土地155宗，显化土地资产16.68亿元，办理土地抵押登记131宗、232.48万平方米，企业获抵押贷款4.95亿元。3月、5月、7月，长江客车集团公司、常州国光电子总公司、常州机床总厂先后以出让方式取得国有划拨土地3宗、总面积26.33万平方米、总地价1.01亿元，4宗、总面积4.78万平方米、总地价2770.17万元和2宗、总面积15.29万平方米、总地价 4785.31 万元，出让金转增为国家资本金。是年，为常州锻造总厂、化工设备厂、荧光灯厂等企业处置完土地资产。

2001 年 9 月 18 日，市政府出台《关于加强国有土地资产管理的若干规定》，规范国有企业土地资产处置方式，涉及划拨土地使用权可采取保留划拨土地使用权和国有土地使用权的授权经营、作价出资（入股）、出让、租赁等方式处置，可以货币、资本、股份等多种方式处置，体现土地资产价值。国土资源部门先后处置市区长江客车厂、常州飞机制造厂、常州化工厂、常州药业公司、常州合成纤维厂等 38 家企业改制涉及的 96 宗划拨土地、总面积 500 万平方米的使用权，无偿收回破产的常州铸造总厂在芦墅路的原划拨土地 9.99 万平方米，收回破产的常州塑料包装厂在胡家场的原划拨土地 7102 平方米。2002 年，处置金狮变速器厂、金狮发动机厂、兰陵特种汽车制造有限公司、糖烟酒股份有限公司、常州物资回收利用有限公司等改制企业面积 316.5 公顷的土地使用权，评估确认土地资产总值 9.98 亿元。2003 年，市国土资源局成立企业改制土地资产处置领导小组，国土管理部门完成改制企业土地资产处置 65 宗、134.66 公顷，土地资产总值 5.14 亿元。

2004—2005 年，国土资源部门处置了常州有色铸造厂、常州天马集团、常州飞天集团、常州南郊宾馆、常州轴承总厂、江苏新亚化工公司等 70 家改制企业原划拨的 228.6 公顷土地使用权，土地资产总值 10.62 亿元。2005 年，全市开展存量建设用地专项调查，掌握存量建设用地的数量、类型和分布情况，制定盘活、消化存量建设用地措施。至同年底，市区改制和破产企业土地使用权处置涉及企业 267 家，总面积 806.6 公顷，土地出让金评估（合同）总额 31.68 亿元。其中作资本金注入或政府投入的 20 家企业 4.79 亿元，占 15.1%；政府按 30% 或 40% 收取土地出让金的企业 141 家、18.51 亿元，占 58.4%；政府全额收取土地出让金或给予政策优惠的企业 9 家、377.6 万元，占 0.1%；土地出让金全额或部分抵补负资产的企业 61 家、6.12 亿元，占 19.3%；破产企业 36 家土地出让金 2.22 亿元，占 7%，其中有 19 家破产企业的土地出让金全额或大部返回用于安置职工的 1.29 亿元，占破产企业土地出让金总额的 58.1%。

1996—2005 年常州市区改制破产企业土地使用权处置数统计表

表 5-3-9

土地使用权处置方式	涉及企业(家)	土地面积(万平方米)	出让金合同总额(亿元)
作资本金注入或政府投入	20	121.03	4.79
政府收取 30% 或 40%	141	466.00	18.51
政府全额征收或政策优惠	9	2.33	0.04
破产企业	36	89.70	2.22
其中全额或大部返回的	19	56.29	1.29
全额或部分抵补负资产	61	127.54	6.12
合　计	267	806.60	31.68

二、闲置土地处置

2008 年 9 月 2 日，市政府出台《常州市闲置土地处置办法（试行）》，开始处置土地使用者依法取得土地使用权后未经原批准用地政府同意，超过规定期限未动工开发建设，或虽已动工开发建设但投资额或开发建设建筑面积等不符合规定要求的建设用地，延长开发建设期限最长不超过 1 年，依法征收土地闲置费，协议收回闲置土地，无偿收回国有土地使用权。市国土资源局随后对全市 2003—2008 年建设用地进行拉网式清理，查出批而未供土地 400 公顷、闲置土地 91 宗 312 公顷，收回土地使用权 28 宗 100 公顷。至 2010 年底，全市累计处置未供未用土地188.4公顷、供而未用土地641.6公顷，分别盘活土地144公顷、532.13公顷。

2008年常州市闲置土地清理处置数量统计表

表5-3-10　　单位：公顷

项目	分项	商贸服务用地		居住用地		工矿仓储用地		其他用地		合计	
		宗数	面积	宗数	面积	宗数	面积	宗数	面积	宗数	面积
闲置土地总量	总量	1	1.68	2	12.17	85	285.49	3	12.66	91	312.00
	其中：政府原因	—	—	2	12.17	6	20.39	1	2.46	9	35.02
闲置满一年不满两年	总量	—	—	1	8.74	20	52.65	1	9.90	22	71.29
	其中：已处置	—	—	1	8.74	7	18.73	1	9.90	9	37.37
	征收	—	—	—	—	—	7.10	—	96.62	—	103.72
闲置满两年	总量	1	1.68	1	3.43	65	232.84	2	2.76	69	240.71
	其中：收回土地使用权	1	1.68	—	—	27	98.70	—	—	28	100.38

第四章　土地交易收储

90年代初，土地使用制度开始改革，逐步把土地所有权与使用权分离，土地使用权开始进入市场，改变过去无偿、无期划拨供地模式，实行土地有偿使用制度。土地市场分国有建设用地使用权出让、由政府垄断的一级市场和土地使用权出让后再转让、抵押、租赁等交易活动的二级三级市场，二级三级市场由国土部门负责管理、规划运作。常州土地市场起步阶段由土管部门直接运作，1998年6月江苏省土地市场常州交易中心成立，开展土地使用权出让业务，由单一协议出让转变为运用招标、拍卖、挂牌等方式出让。2000年8月常州市土地交易市场成立，土地出让更加公开公平公正。20世纪末期开始由土地资源管理向土地资产管理、土地资本运作模式转变。2000年12月，市政府成立市土地收购储备中心，建立土地收购储备机制，用收购、收回、置换等方式，把市区土地集中储备和开发整理，按计划投入市场，调控土地供需平衡，为政府集中管理土地和积累土地收益，保障产业发展和社会协调发展，土地收购储备取得经济社会效益。

第一节　土地交易市场

1998年以前，常州的土地使用权交易以协议方式进行，同年江苏省土地市场常州市交易中心成立后，主要采用拍卖、招标、挂牌等形式进行土地使用权交易，逐步为建立二级规范、透明市场构建平台，盘活土地资产，优化土地资源的配置。1991—2010年，全市通过土地交易一级市场出让土地2.17万公顷，出让金总额1451.54亿元。

一、市场建立

1992年8月24日，市政府出台《常州市城镇国有土地使用权出让和转让暂行办法》，经营性土地使用权进入市场。1998年之前，土地使用权交易以协议方式进行。同年6月30日，江苏省土地市场常州市交易中心经省体改委批准成立。此后，出让土地逐步向招标、拍卖、挂牌等方式转变。2000年8月，市编委批准设立常州市土地交易市场，成为城市土地经营和地价管理的专门机构。2010年1月，更名为常州市土地交易中心，挂常州市土地招商中心牌子。市土地交易市场受市国土资源局委托，主要承办招标、拍卖及挂牌出让国有土地使用权业务，筹办土地招商业务，定期编辑发布地产及其使用权交易、地价水平和有关政策法规等方面信息，进行土地使用权交易、洽谈、招标、拍卖和挂牌活动；承担政府地价管理及城市土地价格调查，建设二级规范、透明市场。

二、交易方式

主要有拍卖、招标和挂牌3种形式。常州首次拍卖是2000年5月30日在常州大酒店进行拍卖的常州照明电器厂“退二进三”地块的拍卖，总面积6.36万平方米，规划为商业住宅用地，出让年限商业40年、住宅70年。拍卖大会上经过9名竞买人多轮角逐，从起拍价每平方米450元飙升至860元成交，出让金总额5468.5万元，高出起拍价2607万元，由武进市顺达经济发展公司拍得，此后拍卖迅速在全市全面推开。常州首次招投标签约出让土地于1999年7月30日在常州大酒店进行，与10月14日第二次组织招投标合计招标出让15个地块，总面积38万平方米，获得出让金3346.8万元。常州首次挂牌交易出让的地块是2002年11月由常州中房实业股份有限公司取得的跃进五金厂地块，总面积1.36万平方米，底价2170万元，成交价5590万元，溢价3420万元。

三、交易成果

1995—2010年，全市通过土地交易一级市场出让土地2.17亿平方米，出让金总额1451.54亿元，每平方米均价668.91元。2000—2010年，市区出让地块667宗、2256.07万平方米，出让金总额441.84亿元，每平方米均价1958.45元。新北2003—2010年出让地块409宗、面积1975.47万平方米，出让金总额278.48亿元，每平方米均价1409.68元。武进1999—2010年出让地块1023宗、面积3496.28万平方米，出让金总额449.87亿元，每平方米均价1286.71元。2008—2010年，全市二、三级土地市场完成土地交易转让379宗、404公顷，转让合同总额19.2亿元，土地分割转让服务229宗、676公顷，土地抵押服务3770宗、16012万平方米，抵押合同总额454.4亿元。

1995—2010年常州市和市区中心区土地交易数量统计表

表5-4-1

年份	全市					市区中心区			
	地块数	交易方式		总面积（万平方米）	出让金总额（亿元）	地块数	总面积（万平方米）	成交额（亿元）	平均价格（元/平方米）
		协议	招拍挂						
1995	89	89	—	35.41	0.10	—	—	—	—
1996	70	70	—	99.41	0.22	—	—	—	—
1997	53	49	4	84.00	0.23	—	—	—	—
1998	91	91	—	202.00	1.75	—	—	—	—
1999	180	161	19	264.00	5.63	—	—	—	—
2000	248	206	42	318.00	8.07	1	6.37	0.55	860.00
2001	451	406	45	797.28	18.43	2	20.54	3.09	1503.58
2002	322	299	23	556.00	19.42	12	76.99	5.93	770.58
2003	651	578	73	1121.89	39.20	14	59.91	12.76	2129.96
2004	1015	903	112	1958.33	101.36	37	193.02	21.29	1103.37

续表 5-4-1

年份	全市					市区中心区			
	地块数	交易方式		总面积（万平方米）	出让金总额（亿元）	地块数	总面积（万平方米）	成交额（亿元）	平均价格（元/平方米）
		协议	招拍挂						
2005	815	136	679	2229.23	108.77	23	100.08	20.09	2007.29
2006	—	—	—	4840.80	134.83	57	309.30	46.32	1497.44
2007	785	619	166	2644.38	121.17	46	229.71	53.55	2331.35
2008	632	179	453	1833.18	207.99	126	404.42	70.41	1741.00
2009	885	253	632	2072.20	290.94	188	478.99	106.99	2233.60
2010	955	203	752	2626.43	393.43	161	376.74	100.86	2677.20

说明：全市地块数、交易方式缺2006年数据。市区中心区指天宁、钟楼、戚墅堰三区

2003年4月2日，挂牌出让原常州建筑构件厂及周围地块18.15万平方米，用于住宅、商业开发。经过62轮竞价，底价由1.72亿元飙升至3.68亿元，被中房实业股份有限公司竞得。原常州第四粮库地块5.52万平方米，起价1.85亿元，经143轮竞价，最后以3.68亿元成交。2007年11月18日，万福路S03地块8090平方米，经31轮竞价，以每亩800万元成交，创常州商住用地价格最高纪录。2010年11月18日，常州市区玉龙路一地块（1.69万平方米）挂牌出让，起价1300万元，经140轮竞价，最后以1.03亿元、溢价7.92倍，被钟楼经济开发区投资建设有限公司竞得，创常州国有土地使用权有偿出让现场竞价最高纪录。

1999—2010年武进、新北（新区）土地交易数量统计表

表 5-4-2

年份	武进				新北（新区）			
	地块数	总面积（万平方米）	成交价（亿元）	平均地价（元/平方米）	地块数	总面积（万平方米）	成交价（亿元）	平均地价（元/平方米）
1999	1	0.02	…	1359.22	—	—	—	—
2000	3	2.05	0.08	412.79	—	—	—	—
2001	23	23.56	1.62	688.04	—	—	—	—
2002	17	97.27	7.84	806.36	—	—	—	—
2003	45	260.19	19.24	739.41	10	104.00	3.61	346.92
2004	24	151.23	21.01	1389.05	6	106.26	8.81	828.98
2005	55	208.20	25.32	1216.16	8	35.34	7.51	2125.64
2006	41	278.73	33.52	1202.22	43	430.54	76.75	1782.59
2007	41	187.42	14.04	749.29	25	129.89	24.96	1921.68
2008	260	663.03	93.57	1411.29	53	315.11	27.39	869.24
2009	230	552.79	84.35	1525.85	146	442.980	44.91	1013.85
2010	283	1071.79	149.28	1392.82	118	411.35	84.54	2055.15
合计	1023	3496.28	449.87	1286.71	409	1975.47	278.48	1409.69

说明：表中"…"符号表示数值较小，此处省略

第二节 土地收购储备

2000年，常州市土地收购储备中心成立，负责土地集中收购、收回和置换。2001—2010年，市区收购储备土地277宗、1192.55万平方米，合同收储总值160.82亿元；市区储备土地出让144宗、855.5万平方米，出让金总额234.41亿元，收益133.57亿元。

一、收储类型

2000年12月21日，市政府成立市土地收购储备管理委员会，开始建立市区土地收购储备机制，颁布《常州市市区土地收购储备管理办法》；28日，市土地收购储备中心成立，通过集中收储土地，推向市场，盘活利用，获取最大的收益，主要收购需盘活企事业单位使用的存量土地和其他需调整的城市存量土地，对其统一进行拆迁安置和“三通一平”（指通水、通电、通路和经线范围内的土地平整）等土地前期开发。土地收购、收回和置换包括企业“退二进三”、关停并转、破产和产业结构调整出的土地，转让价明显低于市场价或提前解除土地使用权出让合同的土地，未经批准连续两年及其以上未用的土地，为公共利益需要或实施城市规划进行旧城改造需要调整使用的土地，撤队转居的剩余土地及违法用地被收回的土地，因实施城市规划需要撤并或搬迁的企事业单位用地，及政府指令收购、收回或置换的其他土地等。

二、收储出让

收　　储　2003年初，市政府决定建设中心城区与新北景观大道通江大道，实施常澄路、万福路两侧综合改造工程（简称“两路工程”），市土地收购储备中心负责土地收储，工程北起外环路（现为龙城大道），南至西新桥，全长2.57公里，总用地面积100.6万平方米，拆迁建筑总面积89万平方米；其中住宅房3912套、建筑面积42.08万平方米，用地企业60家、建筑面积26.2万平方米，公共事业单位33家、建筑面积61.7万平方米，营业户173户、建筑面积8.18万平方米，其他类型建筑面积6.17万平方米，项目总投资28.5亿元。2003年4月根据规划完成前期工作手续，10月开始动工，11月1日启动两侧地块前期开发。至2006年末，累计收储沿路两侧企事业用地24宗、84.24万平方米，收储金总额7.87亿元。

常澄路、万福路两侧通过土地收储，实行综合改造（摄于2003年10月）

至2007年末，“两路工程”拆迁房屋3968户，建筑面积60.52万平方米，其中拆迁住宅房3794户、建筑面积47.76万平方米（含成套房2193户、建筑面积14.42万平方米，非成套房409户、建筑面积1.88万平方米，农民房1192户、建筑面积31.46万平方米），营业房131户、建筑面积5.62万平方米，单位房43户、建筑面积7.14万平方米。投资5.02亿元，2008年2月，建造完成金梅花园2663套农民定销房，安置红梅街道红菱、胜利两村拆迁村民；收储土地24宗、70.76公顷，挂牌出让净地19宗、59.62万平方米，合同出让金

16.81 亿元;投入道路工程资金 31.44 亿元,其中拆迁资金 18.43 亿元,企事业用地收储资金投入 6.68 亿元。

2003—2007 年"两路工程"土地收储、拆迁和出让数量统计表

表 5-4-3　　单位:万平方米

年份	土地收储		拆迁		土地出让		资金投入与回笼(亿元)	
	宗数(宗)	面积)	户数(户)	面积	宗数(宗)	面积	银行贷款	出让金回笼
2003	4	7.73	—	—	—	—	—	—
2004	9	50.84	1540	15.61	4	10.73	3.86	0.67
2005	6	9.08	518	6.06	3	2.67	1.46	3.42
2006	3	0.45	1520	33.24	7	34.52	6.69	4.09
2007	2	2.66	390	5.61	5	11.70	4.80	5.45
合计	24	70.76	3968	60.52	19	59.62	16.81	13.63

出　　让　2001 年起,常州储备的土地除供应重要项目划拨外,统一由土地交易中心用招标、拍卖、挂牌的有偿供地方式出让。2001—2010 年,全市出让 144 宗地、855.5 万平方米,出让金总额 234.41 亿元,收益 133.57 亿元。

三、前期开发

2002 年,常州市政府出台《关于加快推进城市土地经营的若干意见》,规定规划的经营性开发土地可进行契约收购、预付定金,提前搬迁和安置,提高土地前期开发深度,实行经营性用地净地供应,提升土地价值。下半年,常州城市建设投资公司开始参与批量和周期较长的土地前期开发,负责筹措开发资金,获取出让土地收益。常州市交通产业集团、水利投资集团、人民防空投资集团、常州投资集团公司及三大项目(体育中心、会展中心、大剧院)指挥部陆续获准参与中心城区土地前期开发。2004 年 9 月 9 日,市财政局、国土资源局联合发出《关于有关投资集团有限公司参与储备地块前期开发的若干意见》,明确指出土地收购的主体是市土地收购储备中心,地块前期开发的主体是各投资集团,遵循统一收储、统一委托前期开发、统一进入市场公开交易、统一收益平衡的运作模式。先由市土地收购储备中心扎口市区土地收购储备,再选择具备可供前期开发地块,按市政府年度计划分解项目,委托各投资集团(公司)进行前期开发。前期开发完成后,将地块移交国土资源局。土地出让后所得收益由市财政统一平衡分解至各投资集团(公司),土地收购储备机制逐步完善。2010 年,前期开发立项项目 16 个,主要有原常州飞机场、常州化工厂、火车站北广场、第三毛纺厂等地块的拆迁。

2001—2010 年常州市区土地收购数量统计表

表 5-4-4

年度	当　年　收　购			年　末　储　备		
	宗数(宗)	面积(万平方米)	合同收储值(亿元)	宗数(宗)	面积(万平方米)	合同收储总值(亿元)
2001	6	39.75	2.02	—	—	—
2002	21	103.03	10.65	8	40.14	2.67
2003	32	115.15	8.83	25	105.99	8.64
2004	21	113.92	14.54	31	109.13	10.27
2005	37	138.30	13.97	58	184.68	19.01
2006	52	245.22	35.00	61	234.59	31.43

续表 5-4-4

年度	当年收购			年末储备		
	宗数(宗)	面积(万平方米)	合同收储值(亿元)	宗数(宗)	面积(万平方米)	合同收储总值(亿元)
2007	34	130.24	16.31	63	258.05	33.76
2008	21	109.71	14.97	64	296.52	39.53
2009	23	13.96	20.31	65	244.02	39.52
2010	30	183.27	24.22	83	443.61	59.08
累计	277	1192.55	160.82	458	1916.73	243.91

2001—2010 年常州市区储备土地出让数量统计表

表 5-4-5　　单位：亿元

年份	宗数(宗)	面积(万平方米)	合同收储金额	合同出让收入	出让收益	年份	宗数(宗)	面积(万平方米)	合同收储金额	合同出让收入	出让收益
2001	5	41.83	2.02	3.75	1.73	2007	24	145.06	20.53	42.72	22.19
2002	6	42.75	1.89	3.76	1.87	2008	12	70.15	14.33	23.87	9.54
2003	9	53.81	4.05	12.24	8.19	2009	21	147.75	20.77	68.94	48.17
2004	11	87.21	5.11	11.75	6.64	2010	12	66.80	6.81	20.22	13.41
2005	9	53.29	4.29	13.43	9.14	累计	144	855.50	100.84	234.41	133.57
2006	35	146.85	21.04	33.73	12.69						

四、运作资金

土地收储资金来源由市财政先期从新增土地收益中分期注入 1000 万元作为启动资金。2002 年起，市财政每年从土地收益中划出不少于 20% 的资金充实土地收购储备专项资金。收储资金缺口向金融机构申请贷款补充，土地使用权出让变现后，实行收支两条线，全额缴入财政。2002 年起，各投资集团参与土地前期开发，市土地收购储备中心的资金来源由原来银行贷款、财政返还为主，增加各投资集团以附属单位缴入资金。2005—2007 年，市财政局从土地储备基金专户中分次划拨两亿元专项资金，注入市土地收储中心。

2001—2010 年常州市区土地收储资金主要指标统计表

表 5-4-6　　单位：万元

年份	年末贷款额	当年最高余额	财政返还	投资公司缴入	返还投资公司	租金收入	拆房残值款收入
2001	525	7000	—	—	—	—	—
2002	16000	16000	—	—	—	—	—
2003	69487	97887	34056	—	—	51.07	107.44
2004	111477	124800	35186	17588	—	119.46	358.10
2005	116300	119777	77800	101300	24000	204.59	187.00
2006	219400	235900	145440	137400	102700	158.86	231.30
2007	268900	290900	201400	169300	136480	196.34	1458.87
2008	319000	327500	185167	128502	165919	28.46	996.49
2009	494800	524300	100600	418918	370101	0	1395.35
2010	509200	519350	388901	277420	416656	0	241.02

第三节　基准地价与土地评估

常州市政府成立的地价评估领导小组和南京大学大地海洋科学系技术人员联合进行定级评估、划分土地级别，确定基准地价。1992 年、1995 年、1997 年、2004 年根据市场变化影响土地价格的因素变化情况先后调整基准地价，将 2004 年 1 月 1 日确定为地价基准日。2003 年，常州市城市地价动态监测系统建成运行，供市政府宏观调控，防止城市土地价格出现较大波动。

一、基准地价

1992 年 4 月，常州市政府成立地价评估领导小组，请南京大学大地海洋科学系技术人员主导，开始对常州城区土地进行定级评估，划分土地级别、基准地价、宗地地价修正体系，测算市区计划出让地块标定地价。评估结果通过省土地管理局审查验收，作为土地使用权出让、转让需要的指导地价。

1995 年 3—9 月，市土地评估领导小组与南京大学大地海洋科学系合作，对市区基准地价进行调整。在 1992 年土地定级估价资料基础上，对两年来土地出让、出租、房屋买卖、商品房出售等用途变化频繁的地价因素采取不同地价表现形式，临街商业用地使用商业价，超出范围用地使用商业区片价；综合用地、住宅用地使用区片价，工业用地沿用级别地价，按市场变化影响土地价格的因素变化情况调整基准地价。1997 年 6 月 12 日，再度调整常州市基准地价，其中每平方米一级土地商业用地 3800 元、住宅用地 1900 元。2002 年 8 月，与南京大学城市与资源学系合作开展市区土地定级、基准地价更新工作，建立地价动态体系。2003 年，编制常州市分用途定级基准地价表及土地级别分布表，将 2004 年 1 月 1 日定为地价基准日。

1992 年常州市区基准地价统计表

表 5-4-7　　　　单位：元 / 平方米

级别	地价	幅度	级别	地价	幅度	级别	地价	幅度
一	2138.92	1800～2400	三	1100.45	900～1300	五	500.00	300～700
二	1589.20	1300～1800	四	800.00	600～1100	六	100.00	50～300

2007年5月10日发布的常州市区及武进(单列)基准地价统计表

表 5-4-8　　　　（评估基准日 2004 年 1 月 1 日）

地区	用途	土地级别	基准地价(元/平方米)	设定年限(年)	容积率	开发水平
常州市区	工业	1级	1280	50	1.0	—
		2级	800	50	1.0	—
		3级	470	50	0.8	—
		4级	320	50	0.7	—
		5级	220	50	0.6	—
	商业	1级	9100	40	2.0	—
		2级	6900	40	1.8	—
		3级	4400	40	1.6	—
		4级	3100	40	1.4	—
		5级	1500	40	1.2	—

续表 5-4-8

地区	用途	土地级别	基准地价(元/平方米)	设定年限(年)	容积率	开发水平
常州市区	商业	6级	600	40	1.0	—
	住宅	1级	3700	70	1.8	—
		2级	2800	70	1.6	—
		3级	1900	70	1.4	—
		4级	1100	70	1.2	—
		5级	700	70	1.0	—
		6级	300	70	0.8	—
武进	工业	1级	500	50	—	六通
		2级	430	50	—	六通
		3级	360	50	—	五通
		4级	300	50	—	五通
		5级	260	50	—	四通
	商业	1级	2500	40	1.3	六通
		2级	1750	40	1.2	六通
		3级	1200	40	1.0	五通
		4级	750	40	0.8	五通
		5级	450	40	0.8	四通
	住宅	1级	1200	70	1.4	六通
		2级	890	70	1.3	六通
		3级	650	70	1.1	五通
		4级	440	70	1.0	五通
		5级	320	70	1.0	四通

说明：上表统计口径为常州市区包含天宁、钟楼、戚墅堰、新北四区，武进单独统计

二、地价动态监测

2003年，常州市国土局基准地价更新调整，开发城市地价动态监测系统，确定城市地价监测点120个，其中商业50个、住宅40个、工业30个。2005年，常州被列为国土资源部31个全国首批开展城市地价动态监测重点城市，指定常州土地市场为具体实施单位，分年度完成城市地价监测数据采集、更新与维护，每年按季度评估监测点地价，向省国土资源厅及国土资源部上报季度数据、年度地价指数等动态监测成果，至2010年积累了丰富的资料，供市政府宏观调控决策，防止城市土地价格出现过大波动。地价动态监测名列全国前30位，受到国土资源部土地勘察院好评。2010年12月31日，常州市城市综合地价每平方米1265元，比2004年12月31日的每平方米951元上升33.02%。

三、土地评估行业

90年代常州陆续成立土地评估中介机构，2000年进行脱钩改制。至2010年底，常州有13家土地评估中介机构：常州常地土地估价所公司、江苏金宁达不动产评估咨询公司常州分公司、江苏苏地仁合土地房地产评估咨询公司常州分公司、江苏金土地房地产评估测绘咨询公司常州分公司、常州市丰和不动产评估公司、常州鲲鹏土地及房地产评估咨询公司、常州鑫洋土地评估咨询公司、南京大陆土地估价事务所责任公司

常州分公司、江苏中大土地房地产评估公司常州分公司、江苏国联不动产评估公司、常州基建房地产评估咨询公司、常州德道天诚土地房地产评估造价咨询公司常州分公司、常州金大地土地评估公司。

第四节　土地出让金

1992年8月，常州市政府根据1990年5月19日国务院颁布的《城镇国有土地使用权出让和转让暂行条例》，发布《常州市城镇国有土地使用权出让和转让暂行办法》，规定土地一级市场由政府垄断，常州土地市场开始启动，改变了过去土地长期无偿使用的状况。至1995年底，常州市累计出让土地181宗534亩，合同出让金8.5亿元。此后，土地使用权有偿出让逐步从商服用地、住宅用地扩大到工业用地(商业服务40年、工业50年、住宅70年)，政府土地收益逐年增加，为城市建设和农业发展提供资金支撑。1991—2010年，全市土地合同出让金总额1506.51亿元。

1991—2010年常州市土地出让金统计表

表5-4-9　　单位:亿元

年　份	出让金额	年　份	出让金额	年　份	出让金额
1991—1994	8.40	2000	8.07	2006	134.00
1995	0.10	2001	45.30	2007	132.00
1996	0.22	2002	21.10	2008	207.99
1997	0.23	2003	60.72	2009	290.95
1998	1.76	2004	105.30	2010	393.43
1999	5.63	2005	91.31	累计	1506.51

第五章　土地执法监察

常州人口密集，经济发达，人均拥有土地极少，既要执行确保耕田数量的国策，又要保障经济快速发展的目标实现，经济发展与农田保护的矛盾日益突出，违法用地事件时有发生，依法管理土地遇到严峻挑战。各级政府和国土管理部门落实国策，根据国家法律、法规，制定了大批规范性文件，作为执法和监察的依据，切实保护耕地，开展创建"三无"（无违法管地行为、无行政复议撤销案件、无行政诉讼案件）违规乡镇和土地执法模范县（市）区活动，强化责任制，经常开展执法检查和专项整治，依法处理违法用地案件。

第一节　监督机制

常州先后出台土地使用制度改革、土地执法监察规范性文件30余项，进行有效监管，保护了土地资源，净化了生态环境。

一、土地使用制度改革

市委、市政府坚持改革土地使用制度，1992年、1999年5月和8月、2000年12月、2001年1月、2002年9月和10月、2003年9月、2008年9月，先后出台《常州市土地使用制度改革方案》《常州市城镇国有土地使用权出让转让暂行办法》《关于常州市国有土地使用权实行招标拍卖的意见》《关于建立常州市市区土地收购储备机制的意见》《常州市市区土地收购储备管理办法》《常州市国有土地使用权招标拍卖暂行规定》《关于推进城市土地经营的若干意见》《常州市市区挂牌出让国有土地使用权暂行办法》《常州市土地交易市场廉政准入规定(试行)》《常州市闲置土地处置办法(试行)》。

二、土地执法监察制度

1999年8月、2002年8月、2003年3月、2007年5月和2009年7月，市政府先后出台《关于清理非法转让土地的通知》《关于违反土地管理规定行为追究党纪、政纪责任案件移送查处暂行办法》《关于进一步治理整顿土地市场秩序实施意见》《关于进一步从严土地管理，坚决制止违法用地的紧急通知》和《关于建立健全土地执法共同责任机制的意见》。

第二节　执法监察

1990年，市土地管理监察大队成立，辖县(市)区相继成立土地管理局监察科或监察中队。1994年3月，市规划国土监察大队设立。2001年，市国土资源监察大队成立，2005年5月更名为常州市国土资源监察支队，负责监督检查全市公民、法人或者其他组织土地违规行为，协助法院强制执行有关土地、矿产资源、测绘行政处罚案件。1999年起，全市国土资源管理部门推行土地执法动态巡查责任制，建立市、辖市区、乡镇、村四级土地动态巡查网络，采用预防为主、事前防范与事后查处相结合的执法监察制度，遏制或减少土地违法案件，建立有序管理秩序。

一、日常执法

1987—1990年，市土地管理局对辖县(市)区进行执法检查，查出有乡镇、村私下出租集体土地，少数领导干部越权批地、违法占地、超标准建私房等问题。1991年起，全市实行土地巡回监察制度。1999年，全市开展土地证书年检，重点检查无证用地、擅自转让、出租、抵押及改变土地用途等行为。至2002年9月，全市制止违法用地372起，挽回损失1820万元。2002—2005年，全市把窑业用地、矿产开采、在建工程项目及保护基本农田作为监察重点，对批准在建项目挂牌公示，重点清查戚墅堰区征而未用、用而不足及闲置的土地，依法收回闲置土地1173亩。全市查出符合补办条件项目1174个，面积3.9万亩，28个镇、3个开发区受处罚，23人受党纪政纪处分。2005年8月，省国土资源厅巡回检查组重点检查了常州高新区和罗溪、龙虎塘、春江3镇，武进高新区和礼嘉、洛阳、横林3镇，金坛经济开发区和北塔、金城、水北3镇，戚墅堰开发区等镇(区)，核查新增建设用地项目71宗、面积6846.2亩，发现未报就用的违法用地25宗、面积1210.1亩，被巡回检查组通报批评，责令整改。至2006年6月，常州排查出2004年以后发生的违规用地案件992件，立案查处979件、违法用地2.57万亩，其中耕地1.8万亩，结案928件，罚没款9313.45万元；28人受党纪政纪处分，移送司法机关处理1人。2007—2009年，全市加强土地执法巡查，立案查处违法用地396宗、9104.33亩，2008年没收或拆除违法构建物36.69万平方米，2008—2009年罚款2637.6万元。2007—2010年，全市结案231件、面积6729.25亩；2009—2010年，发现未批先用、不报就用等违法用地228宗、3836.32亩。

二、专项治理

非农建设用地清查　1986年至1989年5月，开展非农业建设用地清理，为市土地管理局成立后的首次土地专项大检查，2.2万人参加，先清理单位用地，后清理个人用地，清理土地25.14万亩，查出违法用地案件6.15万件，违法占地4.29万亩，主动纠正、补办手续3.47万件，拆除违章建筑20.61万平方米，收回耕地832亩。1995年4—6月，市规划国土管理局组织对1993—1994年非农建设用地情况进行执法检查，摸清两年间全市审批“三项建设用地”(指耕地、林地、牧草地)项目1515个，用地2.86万亩，其中竣工项目1182个、在建项目276个、未开工项目57个；发现违法用地237宗、1192.46亩，其中越权批地1宗、5.45亩，未批先用217宗、1044.42亩，少批多用19宗、142.58亩；检查发现征而未用抛荒地4736.9亩、零星抛荒地75.54亩。至6月，有205个项目补办手续，面积645.85亩。这次检查时值农村大忙季节，对征而未用、围而未用、抛荒闲置农田进行退耕播种，全市2400多亩闲置抛荒土地重新种上作物。1997年6月至1998年9月，全市开展非农业建设用地大清查，基本查清1991年以后非农业建设用地情况，全市有用地12.33万宗、8596.6公顷，其中违法用地6556宗、1199.96公顷(耕地919.7公顷)、闲置土地356.5公顷。10月6日，对相关违法用地情况作出分类处理界定，补办手续6429宗、1124.76公顷，占违法宗地98%。

土地市场秩序治理 1999年至2004年8月，全市对土地非法转让、炒卖和批租进行专项治理，土地市场交易逐渐规范，对2002年6月30日前协议出让的经营性用地全部公示，对2002年7月1日后协议出让的26宗经营性用地分别采取收回土地使用权、废止出让合同、补交地价款等方式整改到位，补交地价款1.1亿元。全市清理开发园区82个，其中整合撤销67个、保留15个，全市园区规划用地面积从5.13万公顷压减至1.1万公顷，减幅达78.56%，共查处、收回闲置土地26宗、315.92公顷，退回土地179公顷，复耕土地1692.98公顷。立案查处违法违规用地139宗、395.55公顷，拆除建筑物16万平方米，没收构筑物7.8万平方米，收回耕地1.4公顷。被征地农民权益得到保障，对征地安置补偿款核查清欠，达6.156亿元，探索建立失地农民基本生活保障机制。强化基本农田保护，制止擅自调整和占用基本农田违法违规行为。建立建设用地总量控制、城市建设用地集中统一供应、土地使用权公开交易、基准地价定期更新、土地登记资料查询和集体决策6项制度，完善土地征用、出让供地、收购收储、权属登记、监管、行政处罚等环节操作程序。

2003年12月30日，全市梳理整改开发区，保留国家级开发区1个、省级开发区9个。2004年8月，经国家发改委审核、省政府批准，将原江苏省常州东南经济技术开发区、常州外向型农业综合开发区整合为江苏省常州天宁经济开发区。至2004年底，县级以下开发区除整合归并外全部被撤销。2004年2月，江苏常州铁本公司因违规用地，被国家发改委、监察部、国土资源部等8个部门联合检查组查处，项目被勒令停止，4月30日受到监察部通报处理。2006年10月开始，清理排查2005年1月至2006年9月、2006年10月至2007年9月新增建设用地，发现常州艾维科技有限公司未经批准非法占用新北春江镇尤墅村土地25亩，新北阳光苑区非法占用新北区薛家镇漕河村土地49亩，随即进行处理。

2007年9—12月，常州国土资源管理等部门集中开展“以租代征土地执法百日行动”，查处以租代征违法用地项目137宗，其中不符合土地利用总体规划的66宗、527.64亩，自行纠正3宗、58.3亩，对违规者作出行政处罚，责令限期拆除建筑物，申请法院强制执行20宗、174.1亩；对符合土地利用总体规划和国家产业政策的71宗、691.36亩下达行政处罚决定书，处罚到位31宗、265.24亩，罚没款187.34万元，并补办用地审批手续。查清未批先用道路用地有232省道常州段、聚湖路、武南路、长虹高架路，232省道常州段总用地2356.6亩，虽报国务院审批，但未批准前即动工，先用地420.04亩，被罚140万元。后三条道路占用的793.5亩土地是应上报省审批的建设用地，其中武南路未批先用352.8亩，被罚117.6万元。查出城市建设用地未批先用16宗、1044.9亩，自行纠正6宗、643.2亩，立案处理10宗、349亩。

砖瓦窑业用地清理 1996年4—7月，常州开展砖瓦窑业清理，查实全市有窑厂496座、1.7万亩，其中未批474座、1.65万亩，责令146座、8073.36亩补办用地手续，停产14座、183.45亩，对批而未用闲置土地2625.16亩(含耕地2508.74亩)和满两年以上闲置土地768.89亩(含荒芜土地228.17亩)进行处理，责令重新复耕2117.15亩。随后《常州市窑业用地管理办法》出台。1996年11月28日，全市再次对砖瓦窑等用地进行专项治理，至1997年上半年结束，关闭窑厂23座，补办窑业违法用地83宗、1978.65亩。

殡葬用地清理　1995年8月2日，市规划国土管理局、民政局联合开展清理整顿非法经营性公墓，全市平整土地1580亩，复耕967.4亩。

三、卫星照片检查

2001年2月，常州根据国土资源部、省国土资源厅的部署，利用2000年度卫星遥感监测成果开展土地执法检查，对全市1999年9月至2000年11月间的326块建设用地变化图斑进行核查。2001年7月，省国土资源厅执法检查组对常州2000年度卫星照片变化图斑进行督查，查出50块图斑存在违法用地问题，均作处理。2007年，国土资源部开展第七次卫星照片执法检查，常州有181块变化图斑被列入监察，涉及面积7341.5亩，随后省国土资源厅领导到常州约谈党政主要领导，指出常州违法用地的严重性，要求尽快整改，市委、市政府制定措施弥补整改。8月15—18日，省国土资源厅执法局对常州市无卫星照片执法检查的武进(8镇2区)、金坛(5镇1区)、溧阳(5镇1区)的18个乡镇及4个省级开发区新建、在建项目进行土地执法检查，及时发现和制止一批违法违规用地行为。2009年，在全国第九次卫片执法、土地督察等到常州执法前，市领导和国土主管部门采取措施，严格督察整改新发生的违法用地行为，涉及547块变化图斑、1.26万亩，查处违法用地19宗、433亩。市国土资源局成立6个督查组分片包干，实施驻点督察落实，11月初通过南京市土管局的检查验收评估。2010年卫片执法查处违法用地19宗，制止违法用地33宗、212亩，给予6人党纪政纪处分。

四、监察长效机制

2008年，常州被国土资源部列为“约谈”城市。翌年，被列为国家土地督察南京局例行督察市。市委、市政府下发《关于建立健全土地执法共同责任机构的意见》，明确土地执法责任主体，落实国家耕地保护制度和节约集约用地措施，要求辖市国土资源局(分局)、乡(镇)国土资源所认真组织动态巡查，严格执行日报、周报、月报和“零报告”制度。全市深化以土地执法模范市(区)、土地执法模范镇、土地管理示范村为主要内容的三级联创活动，建立国土资源违法行为预警机制，做到早发现、早报告、早制止、早查处。通过2009年度土地卫片执法检查和国家土地督察南京局例行督察检查验收，常州得到国土资源部肯定，被选作全国典型，从被“约谈”城市转变为先进城市。2010年，组织巡查138次，检查新建在建项目497个、3.48万亩，查处案件567起，其中违法用地75宗，全市违法用地现象得到遏制，实现土地执法“零约谈”“零问责”目标。2010年10月13日，国家土地督察南京局以《由“被约谈”到“零问责”的转变》为题，印发常州市例行督察成效评估报告。

第三节　创建活动

一、“三无”乡镇

1992年起，全市乡镇开展创建“三无”活动。1995年以后，乡镇政府普遍将创建活动纳入责任考核目标。1997年底，全市有76个乡镇达到“三无”标准，达标率55%，其中市级25个、省级6个，省先进单位为武进市土地管理局、武进政平乡、西夏墅乡、溧阳横涧乡和金坛建昌乡、城东乡。1999年9月起开展创建土地执法模范乡(镇)活动，2000年起开始执行考核量化评分细则。2002年2月全市表彰2000—2001年度土地执法模范乡(镇)16个，活动被国土资源部评为优秀创新科技成果。2010年，全市有25个镇(街道)创成市土地执法模范镇(街道)。

二、执法模范县(市、区)

1998年4月，金坛被评为全国首批创建土地执法模范县。2001年12月，再次被国土资源部表彰为全国土地执法模范县(市、区)先进单位,获农用地转用指标300亩奖励。2007年,省统一开展创建土地执法模范县活动,金坛市政府和戚墅堰区政府被列为省创建土地执法模范市(区)单位。金坛市创建成为2009年度全省土地执法模范市(区),再获农用地转用指标300亩奖励,戚墅堰获农用地转用指标150亩奖励。至2010年底,金坛、戚墅堰、溧阳、新北、天宁5个辖市区开展了创建土地执法模范市(区)活动。

三、土地管理示范村

2007年4月,市国土资源局在全市组织开展创建土地管理示范村活动,将无违法用地、以租代征、破坏耕地、转让集体土地行为,无截留、挪用征地补偿安置费用行为,无集体上访和越级上访现象,无荒芜土地行为和加强普法宣传、制度建设、群众权益保障、监察网络、基础服务作为考核标准,首批37个行政村被评为常州市土地管理示范村。2009年增至59个。2010年为58个,其中金坛24个、溧阳10个、新北15个、戚墅堰9个。

第六章　地质矿产开发治理

90年代,常州实行"有水快流、积极扶持"政策,境内矿业生产迅猛发展,国有、集体、私营矿山企业一起上,至2000年,开采岩盐、灰石、建筑石料、烧砖黏土等矿种23个,办理采矿许可证360余份,环境破坏的弊端逐渐显现。2001年,省人大常委会出台《关于限制开山采石的决定》,常州市政府高度重视,在全市划定12个禁采区,严格审批采矿许可证的发放和年检,取消不具备采矿资质的小矿主采矿资格,实施禁采措施。2003年,《常州市矿产资源总体规划》出台,开始整治矿山环境,对废弃露采矿进行生态复绿,消除灾害隐患。2005年,全市整治废弃露采矿2000公顷。至2010年,全市采矿企业缩减到145家,其中常武地区有砖石取土3家、矿泉水两家,溧阳有开采山石矿29家、砖石取土30家,金坛有开采山石矿16家、砖石取土59家、矿泉水1家、岩盐5家。

第一节　矿产开发利用

常州地区矿产资源主要集中分布在溧阳、金坛、武进,主要矿产资源有9种,其中固体矿产资源8种;次要矿产资源13种,其中固体矿产资源12种。2010年,全市有经济类型矿山开发企业145家,其中私营企业103家,占71%,年产矿石量3975.58万吨,完成工业总产值7.47亿元,工业销售收入7.46亿元,实现利润总额5074.14万元。

一、主要矿产开发

岩　　盐　1989年、1994年,金坛市盐化总公司所属茅兴盐矿、茅溪盐矿建成投产。1995—1996年,登冠、直溪、茅麓、西旸、岗龙和陈家庄等乡镇盐矿相继建成。2000年起,实行联合办矿,把8家盐矿合并为中盐金坛盐化有限责任公司。1995—2010年,累计开采岩盐1609.93万吨。

石灰岩　1995年,常武地区在孟河小黄山有3家矿,2003年关停;金坛16家、溧阳48家。2010年底,全市石灰岩开采企业整合为34家,其中金坛9家、溧阳25家,主要用作水泥、建筑石料、石灰;开采总量1.32亿吨,其中溧阳7795.9万吨、金坛4969.5万吨、新北443万吨,分别占总量的59%、37.6%和3.4%,用于生产水泥达76%(水泥灰岩与水泥产量比通常为1∶0.8)。

砂　　岩　以武进为主,金坛、溧阳为次。武进开采砂岩建筑石料有近百年历史,主要开采地点在雪堰、横山桥、郑陆3镇的丘陵区。1996年,武进有采石厂39家、宕口106个。至2004年,采石厂全部陆续关闭。

1995—2004年，累计开采2210.3万吨。金坛砂岩开采规模小，用途多样化，从20世纪80年代起，先后在薛埠小尖山、西旸营盘山、石门塘及青龙洞、李家山等地开采，用作建筑材料、铸型水泥配料。至2010年，尚有3家在开采，年产约20万吨。溧阳从90年代起，有上黄、埭头及戴埠横涧、李家园等地开采，主要用作建筑石料和型砂，年产约8万吨。2003年起，各地对砂岩的需求量不断增加，砂岩开采规模和范围扩大。至2007年，溧阳年产30万～50万吨砂岩的采石企业有10家，至2010年开采116.6万吨。

杂黏土 主要用于制作砖瓦。1995年窑业达到顶峰。1995年以后，经整顿有所压缩。常武地区窑厂由1995年的269家减至2007年的63家，2010年仅存3家，开采黏土3734万吨。金坛从2003年起调整矿业布局，平原圩区部分窑厂关停，丘陵区窑业发展，生产规模扩大，至2010年发展到58家，累计开采黏土3148万吨。溧阳砖瓦窑厂在2003—2005年发展到67家，后经整顿，至2010年尚存30家，累计开采黏土2122万吨。1995—2010年，全市开采黏土9004万吨，生产标准砖333.5亿块。

火山岩 仅溧阳具备开采流纹岩、凝灰岩等火山岩建筑石料条件。溧阳火山岩盆地矿山主要分布在溧城、南渡、戴埠、天目湖镇，其中流纹岩开采较早，有矿山企业15家，2001年起逐步关停。2003年起凝灰岩开采规模化发展。至2005年，戴埠、天目湖两镇有凝灰岩矿山企业29家。至2006年底，流纹岩矿山全部关闭。2007年关闭天目湖镇9座凝灰岩矿山。累计开采火山岩1655.05万吨。

玄武岩 为常州境内单列特色矿产，苏南产地不多，矿石广泛用于高速公路，价值由此陡升。金坛薛埠镇花山矿点于80年代开始小规模开采，主要加工兴建高速公路用的石子。1995—2003年年均开采35万吨，2004年开采110万吨，2005—2009年开采332万吨。溧阳竹箦陶庄矿山从80年起开采，年产矿石约1万吨，90年代末关闭；上兴老虎山从2005年起开采，年产矿石30万吨左右，2008—2009年开采57万吨。

硅灰石 溧阳天目湖镇小梅岭是常州境内硅灰石特色产地，也是省内唯一产地。1985年开始开采，2003年停采，累计开采2万余吨。

方解石 溧阳天目湖镇小梅岭是常州地区方解石特色产地。1985年始采，至2007年，年产10万～15万吨。2010年开采20.8万吨。

地下水 常州地区浅层水利用历史较早，新中国成立后开掘机井，抽取地下水作为生活用水。80年代后由企业逐个勘探和发掘利用深层地下水，1996年8月，省政府决定加强苏锡常地区地下水资源管理，限量开采，多数深井被封或限采。至2010年，常武地区日均开采量约28万立方米。

二、次要矿产开发

煤 1969年后，松岭、卜弋、厚余、儒林、上黄煤矿建井，开始采煤。松岭采煤58.27万吨、卜弋60万吨、厚余93.26万吨、儒林90万吨，先后于1982年底、1991年底、1993年5月和1995年停产关闭。茅山煤矿、方山煤矿1969年上马开采时因量少质差，未形成生产规模就停开。上黄煤矿有少量开采，1990年12月关闭。1995年，李家园、竹箦几个小煤矿曾开采，年产1.2万吨，翌年停开。

铁、铜、硫 1991年，松岭铁矿恢复开采（六七十年代开采，因价值不高关闭），采出矿石数万吨。1998年，钟巷铜（铁、硫）矿建井开采，设计年产能力3.5万吨。

芒硝 属金坛盐矿伴生矿产，在盐矿开采中同时开采利用。

白云岩 1995年，溧阳上黄镇开办白云岩石子厂4家，年采6万吨。金坛的大小石包山、朝阳洞、青龙山等地，从90年代起有少量开采，均用作建筑石料。

泥页岩 1976年、2000年金坛茅东石灰岩矿区、薛埠镇石家山、大石门矿区开始开采，年均采石10万吨。2006年、2007年关闭停采。溧阳芝山石灰岩矿区有少量开采，作为水泥配料。

煤矸石 1989年，金坛薛埠镇有3家矿山开采煤矸石，2000年，大石包山矿区开采煤矸石3000吨，徐家山矿区产8000吨。

高岭土 2000年营盘山、徐家山矿点有两家企业开采5000吨。至2010年，金坛仍有黄土墩一处矿点在开采，年产5000吨。

陶瓷黏土 20世纪90年代溧阳上兴芳山、上黄后山、埭头、戴埠李家园陶土矿有少量开采，至2003年全部停采。

膨润土 70—80年代溧阳膨润土矿开始开采，年产3000～4000吨，供上海铅笔厂使用。80年代后，开始用于铸造和生产涂料、饲料、复合肥黏结剂、陶瓷原料等工业领域。1995年仅平桥1家矿山在开采，年产3000吨，2001年后停采。80年代末，金坛茅麓发现开采膨润土，年采1万吨，矿点有笆斗山、花山、长龙山、北山、狮子山、西杨庄，2000年开采量1万吨。至2010年，仅狮子山矿区开采。

凹凸棒石黏土 1993年，金坛花山东开采，至2005年底因量小质差停采关闭。

瓷石土 80年代溧阳茶亭小规模开采。2000年，里长山有开采。

玉石 2003年9月，溧阳天目湖镇小梅岭村玉石矿爆破开采，2006年因质差停采，累计采矿石300余吨。

2010年常州市经济类型矿山开发企业统计表

表5-6-1

经济类型	企业(家)	从业人员(人)	年产矿石量(固)(万吨)	工业总产值(万元)	工业销售收入(万元)	利润总额(万元)
国有企业	5	80	201.28	10505.56	10505.56	1871.09
集体企业	16	370	516.71	7404.5	7404.5	939.91
股份制企业	6	46	24.40	267.40	267.40	12.36
有限公司	12	222	640.38	8053.78	8003.78	739.63
私营企业	103	2879	2576.56	47234.65	47229.65	1450.68
独资企业	2	15	9.95	79.6	79.6	4.22
私营有限责任公司	1	120	6.30	1125	1125	56.25
合　计	145	3732	3975.58	74670.49	74615.49	5074.14

2010年常州市分地区矿山企业矿产开发情况统计表

表5-6-2

地区	矿产名称	矿山(座)	从业人员(人)	年产(万吨)	总产值(万元)	销售收入(万元)
溧　阳	方解石	1	8	20.79	415.80	415.80
	水泥用灰岩	11	526	1279.40	24709.94	24709.94
	建筑石料用灰岩	9	227	339.87	3398.70	3398.70
	建筑用砂岩	2	43	116.63	1166.30	1166.30
	砖瓦用黏土	30	1409	84.34	10372.67	10372.67
	建筑用玄武岩	1	5	0.00	0.00	0.00
	建筑用凝灰岩	5	156	552.65	5526.50	5526.50
金　坛	岩　盐	5	89	202.14	10511.49	10511.49
	水泥用灰岩	4	62	554.00	5988.52	5988.52

续表 5-6-2

地区	矿产名称	矿山(座)	从业人员(人)	年产(万吨)	总产值(万元)	销售收入(万元)
金　坛	建筑用白云岩	1	12	55.00	594.53	594.53
	建筑石料用灰岩	5	178	416.50	5123.00	5123.00
	建筑用砂岩	1	15	14.00	147.00	147.00
	铸型用砂岩	2	6	5.80	88.00	88.00
	耐火黏土	1	2	0.80	20.00	20.00
	膨润土	1	2	1.00	25.00	25.00
	砖瓦用页岩	1	2	0.00	0.00	0.00
	砖瓦用黏土	59	432	271.23	2181.04	2181.04
	矿泉水	1	6	0.26	52.00	52.00
新　北	矿泉水	1	80	3.67	1200.00	1150.00
	黏　土	3	460	17.50	3125.00	3125.00
武　进	矿泉水	1	12	40.00	25.00	20.00

矿泉水　80年代起，常州饮料厂、常州酿酒总厂、光明食品厂、汤庄美德士食品厂等开始开采矿泉水。至90年代，武进礼嘉坂上、寨桥八一农场、金坛茅东林场、溧阳社渚农场、瓦屋山林场等也开采。2000年后，常州市八一保健食品厂、武进龙口矿泉水厂、常州市华夏酿酒有限公司、常州市维达酒业饮料有限公司、常州市高露达饮用水有限公司、金坛市金陵茅山矿泉水饮料厂、溧阳瓦屋山林场矿泉水厂开采，年总开采量59万立方米。后为防止地面沉降，严格控制。至2010年，尚有3家企业开采，其中常州市高露达饮用水公司1998年取得饮用天然矿泉水合法采矿权，是市区唯一专业制造桶装矿泉水的企业，通过国家绿色食品认证，成为国家级“绿色食品”饮用水，年产4万吨。

第二节　矿业管理

1986—2010年，常州市政府依据国家、江苏省有关地质矿产管理法规，对全市矿点实行登记、审批，颁发许可证，全市所有矿种实现有证开采。1996年以后，全市整顿治理矿产开采生产秩序，关停一批违法违规开采矿点，处理一批非法获利破坏环境事件。2002年3月，限制生产和禁止使用黏土实心砖。同年起，全市投资2.74亿元，组织治理露采矿山94个项目，恢复可利用土地651.11公顷。2005年2月、12月，先后出台《关于加强全市废弃露采矿山环境整治工作的意见》《关于全面整顿和规范矿业资源开发秩序的实施意见》，加强矿业管理。

一、采矿权审批

1986年，《中华人民共和国矿产资源法》（简称《矿产资源法》）颁布。设副处级常州市地质矿产局，随即对矿点实行登记、审批，颁发许可证。1994年10月，《常州市矿产资源管理实施细则》出台。1996年，基本完成登记发证，实行规范化管理。1998年2月，国务院颁布《矿山资源开采登记管理办法》，常州开始新一轮登记发证，1999年完成。2001年，政府机构改革，地矿行政职能划入国土资源部门。2002年行政区划调整后，新北、钟楼、武进3区采矿权管理归市国土资源局管理。2003年，全市所有矿种实行有证开采，全部发证。此后，实施采矿权有偿使用制度，矿业权一律实行招标、拍卖和挂牌出让，同时探索二级市场运作机制。2006—

2009 年，全市出让采矿权 561 个，其中协议出让 549 个、挂牌出让 12 个。2008 年，国土部门对全市矿山企业进行年检，责令 17 家限期整改，23 家列入关闭计划注销采矿权，留存 245 家，其中省级发证 14 家、市级发证 33 家、县级发证 198 家。2010 年底，持证开采矿山企业降至 145 家。同年，全市有矿产资源勘探作业探矿权项目 14 个，其中金属矿产项目 6 个、非金属矿产项目 4 个、地热等能源矿产项目 4 个，分属 11 个探矿企业，勘查总面积 42 平方公里，总投资 575 万元。

1995—2010 年常州市分地区矿山企业采矿许可证情况统计表

表 5-6-3 单位：家

年份	开山采石			砖瓦取土			矿泉水			岩盐	总计
	常武	金坛	溧阳	常武	金坛	溧阳	常武	金坛	溧阳	金坛	
1995	36	44	90	0	59	56	6	2	2	2	297
1996	38	39	85	0	66	56	6	2	2	8	302
1997	35	43	74	0	63	47	6	2	2	8	280
1998	34	37	63	0	52	47	6	1	2	8	250
1999	73	35	66	19	45	47	6	1	2	8	302
2000	67	29	63	78	36	47	5	1	1	8	335
2001	70	31	62	93	32	36	5	1	1	7	338
2002	57	28	71	80	42	36	5	1	1	7	328
2003	26	34	90	119	61	67	5	1	1	5	409
2004	14	35	90	106	63	67	5	1	1	5	387
2005	0	35	91	92	62	67	5	1	1	5	359
2006	0	39	49	79	62	58	5	1	1	5	299
2007	0	34	62	63	60	58	6	1	1	5	290
2008	0	25	60	22	60	50	3	1	1	5	227
2009	0	23	34	22	60	42	2	1	0	5	189
2010	0	16	29	3	59	30	2	1	0	5	145

二、开采治理

常州矿产开采以露天为主，主要为建筑石料、水泥配料、砖瓦用黏土等。1995 年底，全市约有露天采石场 300 个。废弃矿山宕口散布各地，有的当垃圾场；有的无人管理，后引发乱采乱挖，山林植被遭到严重破坏；有的山体高陡直立，潜藏突发山体滑坡等地质灾害的隐患；有的无证勘查开采、越界开采、非法转让等。1996 年 4 月，市政府组织整顿矿业秩序，维护国家对矿业资源所有权，明确矿产资源为国家所有，禁止个人、单位未经批准无证开采。1996 年 4 月，市政府组织整顿治理矿业秩序，关停一批违法违规开采矿点，处理一批非法获利破坏环境事件，矿业秩序逐步好转。2002 年，矿山环境整治在武进试点，整治完成潘家镇、雪堰镇和横山桥镇遗留宕口 10 个，至 2003 年底，先后关闭禁采区露采矿山 34 家，整治 66 个宕口。2004 年，金坛投资 230 万元，对茅山风景区核心地段的金牛洞、燕子山西侧两个宕口使用客土挂网喷播技术复绿治理。武进至 2004 年底关闭宕口 11 个，整治复绿 500 多亩，增加可耕园地 744 亩，全部关闭采石企业。溧阳先后关闭矿山企业 15 家、砖瓦企业 9 家。此后全市大力整治砖瓦取土企业，2006 年新北区强制拆除无证无照和非法取土窑厂 9 座。金坛立案查处 3 起越界采矿行为，对安源建材公司等 3 家企业处以罚没款 4.49 万元。常州国土部门配合省国土资源厅执法局对镇江丹徒润天建材厂超界到金坛市域内开采砂岩矿，江苏天山水泥集团有限公司溧阳分公司越界到溧水县域内开采水泥用灰岩矿行为，进行调查取证，均被省国土资源厅执法局处置。溧阳制止无证开采5起，关闭采石矿5家、砖瓦厂2家，注销13家企业采矿权，立案查处1起。武进的公安、国土、安监、城管、法院等单位组织联合执法，严厉打击非法采矿行为，重点查处横山桥镇前巷村刘某非法采矿案，没收非法所得47万元，制止非法采矿势头。2007年，金坛、溧阳、新北、武进4辖市区编制完成《矿山环境保护与整治规划》，防范生态破坏死灰复燃；5月，市政府组织加强窑业管理，规范窑厂取土行为。

三、废弃矿山整治

2002年12月，常州按照全省统一部署，开展露采矿山地质环境调查。2003年底，完成《常州市露采矿山地质环境调查报告》《常州市露采矿山地质环境调查表》《常州市露采矿山分布图(1∶100000)》《常州市矿山(宕口)全貌数学图像》。调查表明，全市有193个矿山(金坛25个、溧阳70个、武进84个、新北14个)关停，135个还在开采中的20个矿山被列入关停计划，治理总面积约3万亩，其中平面面积约1.84万亩、斜面面积约1万亩。2004年底，常州开始整治矿山环境，分为生态环境复绿、消除地灾隐患、新增土地3类，先在金坛、武进试点。茅山索道附近的金牛洞、燕子山、青龙山矿山和武进潘家、雪堰、横山桥镇等10个宕口得到有效整治，恢复园地(经济作物)744亩，生态环境复绿460亩，增加建设用地908亩。横山桥镇清明山治理效果尤为明显，把矿山环境整治与房地产开发相结合，原来152亩废弃矿山经整治后，土地使用权批租给开发商，只花亩均15万元的价格，获得近150亩建设用地，镇村集体获益3000万元，群众购房每平方米不到2000元，住入地质公园花园式小区。2005年5月，全市按照宜耕则耕、宜林则林原则整治，重点为城市规划区及周边区域、风景区、地质遗迹和历史文化保护区、重要设施保护区、高速公路及交通干线和重点旅游线路两侧的直观可视废弃矿山，兼顾废弃矿山。2006年，编制完成18个废弃露采矿山宕口环境整治方案，整治71个废弃露采矿山的环境，治理面积7829亩，其中复垦土地5950亩、复绿面积543亩，增加建设用地1336亩。2007年后，全市整治露采矿山规模扩大，进度加快，至2009年底总投资2.74亿元，完成整治项目94个，整治总面积9767亩，增加农用地8162亩(生态复绿2500余亩)、建设用地1605亩。2010年，矿业废弃整治建设用地置换涉及土地32宗、481.2亩，其中金坛8宗、311.59亩，溧阳3宗、55.17亩，新北21宗、114.44亩。

2002—2010年常州市废弃露采矿山整治情况统计表

表5-6-4

地区	治理项目数(个)	恢复可利用土地面积(公顷)			投入资金(万元)			
		总面积	农用地	建设用地	总投入	政府投入	企业自筹	省以上财政补贴
武　进	27	235.51	165.40	70.11	11953.21	10987.64	965.57	—
新　北	3	53.93	34.54	19.39	4109.80	3959.80	—	150.00
溧　阳	29	166.71	149.26	17.45	5892.63	5450.63	—	442.00
金　坛	35	194.96	194.96	—	5450.40	4117.40	433.00	900.00
合　计	94	651.11	544.16	106.95	27406.04	24515.47	1398.57	1492.00

第三节　地质灾害防治

常州市于1995年、2002年、2003年开展了3次地质灾害调查，主要调查地面沉降。根据调查结果，确定地质灾害重点防治区 680.56 平方公里、次要防治区 806.1 平方公里、一般防治区约 200 平方公里。常州的地面沉降主要由于地下水的过量开采，常州建立地面沉降监测剖面、地面沉降基岩标、地下水动态长期监测孔等进行长期监测。

一、灾害调查

1995 年，以调查地面沉降为主，首次开展常州市区（不含武进）地质灾害调查，拍摄照片，实测地面沉降剖面线 54 公里，对垃圾深埋产生的污水是否影响地下水质量进行水质调查化验。2002 年 9 月，进行第二次大规模地质灾害调查，常州被省确定为地质灾害防治重点市，经调查，国土部门制定了《常州市区地质灾害调查评价报告》《常州市区地质灾害现状及防治规划分区图》《常州市区地质环境背景图》。2003 年 6 月，常州委托省地质调查研究院进行第三次调查，调查面积 1864 平方公里，其中重点调查区 600 平方公里、遥感解译面积 10 平方公里、地面水准测量 60.55 平方公里，工程地质钻探 829.8 米，地球物理勘探 12.8 公里，形成专家会审通过的《常州市区地质灾害调查与防治规划》《常州市区地质灾害分布现状及地质灾害易发区图》《常州市区地质灾害防治规划图》《常州大学城地裂缝勘察与防治报告》等 8 项成果。

二、防治区域

经调查数据获知，全市地质灾害重点防治的区域有 680.56 平方公里，主要分布在常州市区以东、沪宁铁路两侧，包括常州老城区及横林、遥观、湖塘、马杭、潞城、崔桥、横山桥、郑陆、龙虎塘、新闸、礼嘉、牛塘、洛阳、庙桥、戴溪等，地面沉降累计值大于 300 毫米，戚墅堰、横林、漕桥、湖塘南周等地区同时出现地壳裂缝，必须采取重点防治措施，低山残丘区防治重点是避免崩滑灾害。次要防治区有 806.1 平方公里，主要分布在百丈、安家、奔牛、卜弋、邹区、嘉泽、南夏墅、寨桥、前黄、运村等乡镇，防治灾种主要为地面沉降；其次为局部地段的特殊类岩土灾害和江岸的坍塌与淤积灾害。一般防治区分布在小河—奔牛—湟里以西边缘地区，面积约 200 平方公里。地质灾害一般不发育，局部存在软土，对周围环境影响不大，但对工程建设有一定影响。

三、沉降监测

1998 年，国土资源管理部门开始对地面沉降进行动态监测，在常州城区清凉小学建立基岩标交汇点的两条“十字形”地面沉降监测剖面：一为东起戚墅堰西至新闸，线路长 23.31 公里；二为北起圩塘南至武进马杭，线路长 31.23 公里。每年定期实施Ⅱ等水准测量，为常州开展地质灾害防治提供数据资料。2001 年 6 月，在武进城东小学校内建成首座苏锡常地面沉降预警预报系统基岩标，为永久性地面沉降监测设施，标杆进入完整基岩 10 米，成标深度 182.54 米、高程 4.22 米（黄海基准），目标是通过对基岩标及地面水准点实施测量，掌握地面沉降信息。2004 年，马杭基岩标设置全自动监测仪，与南京总部相连，实现即时数据采集联网，及时准确掌握数据。地面沉降主要与地下水过量开采有关。2000 年，常州地区有开采井 933 眼，其中超采区 758 眼、非超采区 148 眼。国土资源管理部门针对监测发现的地质灾害问题，积极采取弥补措施，2001 年起开始加大封井力度，至 2003 年底封井 839 眼，采水量压缩至每年 1900 万立方米。2004 年又封井 43 眼，年采水量压缩至 635 万立方米，其中超采区 255 万立方米、非超采区 380 万立方米。通过采取封井等防治措施，部分地区地面沉降速率明显减缓，经 2004 年底监测数据显示，市区地下水水位出现较大幅度回升，测区中部及北部较大区域出现轻微的地面反弹，但测区东南部、西南部地区沉降幅度仍然还在继续加大，沉降等值线且向武进南部地区扩大，过量开采地下水现象仍未得到有效遏制。

2010 年常州市地质灾害隐患一览表

表 5-6-5

地区	编号	位　　置	灾种	级别
溧　阳	L-06	天目湖镇里峰岕 57～59 号	—	—
	L-11	天目湖镇横塘村老鸦岭村 22 号	—	—
	L-09	天目湖镇东渚村西渚岭 26～30 号	滑　坡	小
	L-13	天目湖镇下宋村 18 号	—	—
	L-17	戴埠镇淡竹岕 12 号	—	—
	LYI-4	西郊仙人山(废弃宕口)	崩　滑	小
金　坛	J-06	薛埠镇茅东村委	滑　坡	小
	J-08	薛埠镇大石门矿山	崩　滑	
武　进	W-05	横山桥镇清明山	崩　滑	中
	W-04	太湖湾度假区(金陵)	崩　滑	小
	W-01	漕桥镇区	地裂缝	
戚墅堰	Q-01	丁堰镇沈家塘	地裂缝	小

四、地裂防治

横林、戚墅堰、湖塘、漕桥地区因长期过量开采地下水，原先松散的地层逐渐被压密、固结，地面不断下降，造成地表裂缝灾害。

横林地表裂缝　1990 年前后，横林孟瑶头、大坟头、红联小学等 70 余间民房和学校损毁，周围厂房及国家六二三电台受到影响。由于地裂缝距沪宁铁路只有百余米，对铁路线构成潜在威胁，市地质矿产局 7 次到受灾现场调研取证，2000 年 4 月向市政府递交《关于横林镇地质灾害现状的调查报告》，向上海铁路局、国家六二三电台通报了横林地裂缝地质灾害勘查情况，提请两单位监测和防治。9 月，省地质调查研究院将其作为专门研究项目，提出防治意见，让横林镇政府采取弥补措施，镇政府接受该意见，对发展规划做出“科学避让北部，镇区建设南移”的调整。

戚墅堰地表裂缝　发生在 1998 年，位于常州第三制药厂与丁堰乡芳渚村沈家塘一带，呈东西走向，距戚墅堰火车站东 300 米，厂房及附近居民受损。铁路道口发现裂缝，灾害面积超过 4 万平方米，影响面积近 10 万平方米，发生地面裂缝 70 余条，墙体开裂 36 处，地面拱起 36 处，产生危房建筑面积 2700 平方米。2003 年 8 月，市国土资源局聘请省地质调查研究院勘查，提交《常州市第三制药厂地裂缝地质灾害勘查报告》，基本查明灾害现状、产生原因和形成机理，划出当地地裂缝地质灾害严重区、隐患区和一般防范区，建议封闭深井、加强监测、预警预报等防范措施 5 项。

湖塘镇南周村地表裂缝　位于常州大学城东侧，紧邻用水大户南洲色织厂东侧，有 8 户村民、62 间住宅受到影响，其中南周村 6 号周炳大家南墙墙角与地面脱离悬空 4 厘米，墙面裂缝 1～1.2 厘米，成为危房；南周村 12 号民房墙体发生近水平断裂、错开、断错约 1 厘米，估算南周村地裂缝造成直接经济损失近 200 万元。2003 年 8 月，市国土资源局聘请省地质调查研究院到灾害现场勘查，提交《常州市大学城地裂缝地质灾害勘查报告》，基本查明目标区内地裂缝地质灾害隐患区、隐患带和安全区，提出科学避让、加强监测、合理建造等防范措施。

漕桥镇区地表裂缝　发生在 2003 年 7 月，造成 60 余户、120 间民房（其中危房 14 户）及部分企事业单位房屋破坏、镇区水泥道路断裂等，造成直接经济损失近 700 万元，间接经济损失 6000 万元，灾情有进一步发展趋势。2004 年镇政府聘请省地质调查研究院勘查研究，基本查明灾害的发育特征、分布规律、产生原因与形成机理，划出当地地裂缝地质灾害重点防治区、次重点防治区和一般防治区，预测发展趋势，提出禁采地下水、搬迁重建、科学避让、监测预警、合理建设等防范措施。镇政府在危险区及时树立“地质灾害危险区”警示牌，调整镇区建设思路，消除灾害隐患。

五、地下水监测

苏锡常地区因长期过量开采，地下水位持续下降，形成约5500平方公里降落漏斗。在严重超量开采区，水位每年下降速率大于5米，部分地区进入疏干开采阶段，由此引发区域性地面沉降，累计沉降大于600毫米的面积分别为80.4平方公里、60平方公里、43平方公里。1996年6月，省政府下发《关于加强苏锡常地区地下水资源管理的通知》，对保持地下水资源自然平衡提出10项要求和措施。常州地区：重点监测主采层（第Ⅱ承压水），潜水、第Ⅰ、Ⅲ承压水为辅助监测层。主要动态监测水位（含静水位和稳定动水位）、水质（含丰水季和枯水季）、水量及水温。1997年2月，市矿产资源局在市区原有地下水动态监测31个点的基础上，新增8个监测点。武进在原有地下水动态监测33个点的基础上，新增25个监测点，消除监测盲区，建成漏斗中心适当加密地下水动态监测网。1998年2月，对39个监测点全部落实保护责任单位，签订“保护责任单位证书”，同年起每年在水文枯季进行水质采样分析，在常州市清凉小学设立基岩标测量中心，每年定期实施全程往返重点地区闭合的Ⅱ等水准测量。2002年底，常州市区在完成首次地质灾害调查后期，把市区垃圾堆埋场污水对地下水水质的影响及市区地下水水质进行调查评价，作为地质灾害项目的一个子课题进行分析研究，建立28个地下水动态长期监测孔，进行28个水质采样，分别提供子课题报告。

六、地质灾害评估

2001年12月，常州国土资源局根据国土资源部和省国土资源厅统一部署，开展建设用地地质灾害危险性评估，规定在常州市境内进行城镇建设，属于地质灾害易发区、可能导致或加剧地质灾害发生的工程建设项目，在用地预审阶段必须进行地质灾害危险性评估。2004年，地质灾害危险性评估由审查核准制改为备案制，规定评估单位应自行组织专家对拟提交的评估报告进行技术审查，在1个月内将成果送国土资源行政主管部门备案。省、市和辖市国土资源行政部门分别受理一级、二级（及市区三级）和三级评估报告（或说明书）备案登记。

第七章　测绘管理

测绘是地方经济社会发展的需要，交通、通信、电力等基础设施建设、产业布局规划、公共安全保障、城市网格化管理等都离不开地理信息和勘测技术支持。常州对测绘行业实行有效管理始于1983年，市规划处增设测绘管理科。2001年市政府机构调整，测绘管理划入市国土资源局，负责拟订测绘管理规定、测绘单位资格审定、测绘产品质量监管等，组织实施全市基础测绘、地籍测绘、行政区域界线测绘和实施基础地理信息系统社会化服务，编制、出版审核全市地图及管理维护全市测量标志等。至2010年底，市国土资源局向全市25家测绘单位发放资质证书，全市有测绘设备357台（套）。

第一节　测绘基准系统

1976—1986年，江苏省地震局等单位为地震监测需要，在茅山地区和郯庐断裂带施测一等水准，共计设724个点。

一、坐标系统

大地坐标 1953—1955年，解放军总参谋部测绘局大地测绘大队在苏南测绘中，布设以锁环为主的一等三角锁网、二等三角基本锁，常州大地坐标基准系统属太湖区二等三角基本锁西部南陵区。

平面坐标 平面坐标系统按控制等级、施测精度分一、二、三、四等水准网，省测绘局在国家一、二等水准网基础上，布测三、四等三角点和导线点。常州坐标系统以1954年北京坐标系统为基准，1980年改算陕西坐标系统。1989年沈阳市勘察测绘研究院在常州扩大导线网范围，控制面积240平方公里，东至戚墅堰、西至吕墅、北至龙虎塘、南至312国道。1995年，省测绘局在市区北部东至江阴境内、西至魏村、北至长江、南至龙虎塘，布设四等全球卫星定位系统（简称GPS）网及一、二级导线网。1998年，常州市测绘院布设部分四等GPS网及一、二级导线网，东至戚墅堰、西至西外环路、北至北环路、南至312国道，便于市区地下管线调查。2000—2002年，省测绘局利用卫星定位技术建立新一代精确导航空间定位坐标体系，建成由472个点组成的江苏省C级GPS网，常州境内有20个点，与原等级点重合5个。2002年3月，市测绘院受市国土资源局、规划局委托，对常州市区采用从整体到局部、分级布设原则，布设三、四等GPS控制网及一、二级导线网。8月，省测绘局与常州市国土资源局签订“江苏省基础地理数据使用许可协议”，授权市国土资源局使用包含1980平面直角坐标、1980大地坐标和WGS-84空间直角坐标、WGS-84大地坐标4套成果，提高了常州市首级控制网的精度。

二、卫星定位系统

2006年9月30日，常州连续运行卫星定位系统建成运行，12月28日通过科技鉴定。系统采用德国徕卡公司最新的主辅站技术，在金坛、溧阳、新北和武进各布设1个参考站，在常州市测绘院设立1个系统管理中心，可全天候向常州地区用户提供厘米级实时和快速定位、毫米级事后精密定位服务，2007年并入江苏省连续运行卫星定位系统，作为江苏省常州分中心独立运作。

三、高程系统

1977年，常州建立国家统一高程系统，其中国家一等水准线路由解放军总参谋部测绘局施测，国家二等水准路线由江苏省测绘局施测，均采用1956年黄海高程基准。1987年5月以后，采用全国统一的1985国家高程基准。1989年，沈阳市勘察测绘研究院在常州施测导线网范围，各导线点均施测四等水准。1998年调查地下管线，市测绘院测设的四等GPS点及一、二等导线点均施测四等水准。2000—2001年，省测绘局优化全省高程控制网，分辨率为2’30”×2’30”，精度0.078米。常州市数字化地形图、地籍图测绘工程，2002年利用原常州市区Ⅱ等水准网（地面沉降网），向东扩展至武进横林、横山桥及遥观镇，向南扩展至武进湖塘、牛塘镇，向西扩展至新北薛家镇，向北扩展至新北魏村、安家及春江镇，组成结点网。在市区建成区及规划区利用导线点代替四等水准点，沿四等全球定位系统网及一、二级导线网布设四等水准网，四等水准线路全长731.2公里。2004—2005年，市测绘院组织优化全市高程控制网，大地水准面精度优于±0.014米。

应用全球卫星定位系统（GPS）进行土地测量（摄于2006年4月）

第二节 基础测绘

一、省级基础测绘

70年代中期到80年代中期江苏完成覆盖全省的首次航空摄影，1988—1995年完成第二次航空摄影，1995—2001年完成第三次航空摄影。1∶1000000、1∶500000、1∶250000、1∶50000、1∶10000等基本比例尺地形图覆盖常州全境；常州市1∶10000比例尺模拟产品先后于80年代、90年代完成，至2002年底，常州市DRG产品全部完成，4D产品常州市区基本完成。

二、市级基础测绘

2001—2004年，常州市国土资源局根据省统一部署，组织对常州市区进行数字化航测，完成多项成果，1∶5000比例尺成果范围：1864平方公里，包括钟楼、天宁、戚墅堰、新北及武进5个辖市区，航摄面积约2400平方公里，航摄比例尺为1∶15000，成1∶5000正射影像图，1∶5000线划图；1∶1000比例尺成果范围：580平方公里，包括钟楼、天宁、戚墅堰及新北新孟河以东，航摄比例尺为1∶4000，成1∶1000地形图，其中常州市域范围280平方公里（扣除市中心132平方公里）成1∶1000土地利用现状图、村庄地籍图； 1∶500比例尺成果范围：132平方公里，主要包括市区建成区和戚墅堰建成区，航摄比例尺为1∶2000，成1∶500地形图；1∶500全野外采集范围：128平方公里，成1∶500地籍图。2003年新北区1∶1000数字化航测工程：范围为新北新孟河以西，航摄比例尺为1∶4000，成1∶1000地形图。2004—2006年，实施溧阳、金坛两市和武进、天宁、钟楼、戚墅堰、新北5区1∶2万基础航测，形成各辖市区1∶5000正射影像图、土地利用现状图各12幅。

三、地籍测量

2003—2009年，市土地勘测中心和武进、金坛、溧阳国土资源系统地籍测绘人员在地籍测量中，由过去简易丈量向使用光学仪器、电子全站仪转变，完成平面控制测量、界址测量、地籍要素调查与测量，出让土地测量，土地整理、土地开发利用面积测量，建设用地勘测定界，违法用地调查，拨地定桩，矿产资源测绘，项目竣工验收测量，集体土地转用征用面积测量及地籍图测绘和面积量算等与土地使用权属调查配套的地籍测量项目9033宗地。

2003—2009年常州市土地勘测中心地籍测量项目数统计表

表5-7-1　　单位:宗地

年份	地籍勘丈	勘测定界	拨地定桩	集转前期勘测	违法用地勘测	分割登记地籍勘丈	合计
2003	500	280	7	0	11	0	798
2004	854	298	2	1	67	82	1304
2005	711	282	11	0	62	63	1129
2006	1359	214	16	0	60	60	1709
2007	1081	181	8	6	236	57	1569
2008	994	264	19	0	66	0	1343
2009	652	275	14	0	240	0	1181
合计	6151	1794	77	7	742	262	9033

第三节　标志管理

一、标志普查

2001年测绘管理职能划入国土部门。2003年3月，国土部门组织全市测量标志普查，范围包括国家等级一、二、三、四等三角点，ABCD级GPS点、天文点、重力点；国家等级一、二、三、四等水准点，摸清了测量标志家底；市规划、国土、交通、水利等有关部门自建一、二、三、四等三角点、导线点，C、D、E级GPS点和水准点，Ⅰ、Ⅱ级军控点等，12月底普查结束。

二、标志维护

80年代，常州对部分觇标进行维护，此后20余年未维护。1990年，全省开展测量标志检查，发现常州有两个三等三角点、两个IJL点、8个二等水准点和5个三等水准点测量标志损毁严重。市国土部门接受测绘管理职能后，2006年起对2003年度测量标志普查的所有点位标志进行维护，市土地勘测中心承担常州市区测量标志的维护，江苏诚泰测绘有限公司承担金坛、溧阳测量标志的维护。至2007年5月31日，市区维护三角点、GPS点和水准点521个，其中三角点35个和GPS B级点1个、C级点92个、D级点230个及Ⅰ等水准点4个、Ⅱ等水准点149个、Ⅲ等水准点10个；省级控制点90个，其中Ⅱ等三角点4个和GPS B级、C级8个及Ⅰ等水准点4个、Ⅱ等水准点73个；市级控制点431个，其中Ⅲ等三角点31个和GPS C级84个、D级230个及Ⅱ等水准点76个、Ⅲ等水准点10个。2007年，市国土资源局进行全市测量标志委托保管，市区521个维护点办理委托保管书498份，其中武进246份、新北126份、天宁59份、钟楼45份、戚墅堰22份。永久性测量标志的维护实现以图管标、以证管标、以人管标、以系统管标、以档案管标。2008年4月，省测绘局通过对金坛市测量标志综合验收。常州在全省率先开展测量标志保管员培训，一二级测量标志同等标准维护。2010年11月4日，省测绘局批准建立常州景观型测量标志金坛龙山景观型测量标志，既具备测量标志功能，又突出测绘文化，成为测绘示范基点。

2003年常州市各等级测量标志普查和损毁情况表

表5-7-2　　　　单位：个

标志坐落	三角点		水准点		GPS点	
	标志点数	损毁点数	标志点数	损毁点数	标志点数	损毁点数
金　坛	70	30	75	40	2	0
溧　阳	176	102	177	133	111	23
武　进	13	7	29	5	91	3
新　北	5	2	29	1	94	11
天　宁	17	3	34	13	24	2
钟　楼	11	0	18	5	8	3
戚墅堰	9	1	20	11	10	5
合　计	301	145	382	208	340	47

第四节　资质管理

1986年1月和6月，省建设委员会和国家测绘局出台规定，测绘单位必须经审核领取资格证书后，方可从事测绘业务，至1994年底，常州领取“测绘许可证”的单位有11家。2001年前，测绘生产计划、常州基础测绘成果由常州市规划局负责管理。此后，测绘生产计划中除城市测绘生产计划外由市国土局负责，基础测绘成果中除一些基本比例尺地形图外由市国土局负责，2002年常州开始整顿和规范地图市场。2010年底常州有测绘单位25家。至2010年底增至25家，其中甲级资质1家、乙级3家、丙级18家、丁级3家；拥有仪器357台(套)，其中GPS接收机、全站仪、水准仪、A1幅面以上绘图仪和手持测距仪各12台(套)。

一、生产技术管理

2001年前，测绘生产计划由市规划局负责组织、协调管理。2001年后，除城市测绘生产计划仍由市规划局组织协调管理外，其他测绘生产计划由市国土资源局组织协调管理。生产计划由指令性、指导性计划与市场调节相结合，每年由国土资源部门根据《常州市基础测绘规划(2005—2020)》下达部分指令性计划，测绘单位自行承揽其他测绘任务，市国土资源部门负责对指令性计划实施监督管理。收费标准先根据1987年10月国家测绘局制定的《测绘产品收费标准》执行，后开始进入市场化运作，一般通过招投标决定。常州市测绘管理机构成立后，监督国家技术规范的执行、审批测绘项目技术设计等方面的管理逐步实现制度化，面积达限额以上的测区和等级较高的控制测量项目，由省或市测绘行政管理机构主持最后一级检查验收。1996年开展的土地利用现状调查，省测绘局测绘产品质量监督检验站组织检查常州市航空摄影测量成果，省国土资源厅组织对土地利用调查成果组织验收。此后，常州一些重大项目均申请省测绘局测绘产品质量监督检验站检查，报请省测绘局或国土资源厅验收。

二、成果管理

基础测绘成果由省、市测绘管理部门负责管理，其他专业测绘成果由单位按国家、省和本系统有关规定自己保管。2001年以前，常州基础测绘成果由市规划国土局管理，2001年起一些基本比例尺地形图由市规划局管理，其他基础测绘成果由市国土资源局管理。至2010年，市国土资源局及各测绘单位馆藏资料有平面、水准等大地测绘成果，覆盖全市4372.15平方公里。2002年，市土地勘测中心建立，作为江苏省基础地理信息中心常州分中心，也是常州市测绘资料的存储中心，积累、收集有大量测绘成果成图和档案资料，作了系统整理。至2010年底，积累有平面、水准测绘成果5879点，测绘生产档案1.06万件，航空摄影底片2.76万张、航空摄影测绘资料档案59件、基本比例尺地形图9848幅、基本比例尺地形图档案145件，编绘、出版地图档案16件，形成测绘技术标准档案5册、测绘管理档案2016卷、测绘科技档案15卷、基本建设档案6卷及专题图和资料18份。

三、地图管理

1984年1月13日，省测绘局、出版局联合发布《关于编制出版地图必须报经审批的通知》，规定省内各单位编制出版内部地图、公开地图，在出版前均应送省测绘局审批。常州市具有地图测绘编制资质的只有常州市测绘院、常州市土地勘测中心两家，但在经济利益的驱动下，非法违规出版现象时有发生。2002年3月20日，常州召开整顿和规范地图市场联席会议，全市开展地图编制自查自纠工作，发现常州市测绘院在地图编制过程中存在印刷不规范、审图号超期等现象，随后进行整改；整顿地图市场，至同年11月底，收缴商家工艺地球仪、地图、地图册和拼图等违规地图产品120件，案值近4万元。溧阳某店销售仿冒假货仿宝石地球仪无审图号 11 个，成为常州首例被查处的伪造国家机关公文罪案件，溧阳被国家测绘局等 6 个部办局评为全国地图整顿和规范地图市场秩序先进集体。2003 年以后，地图市场整顿成为常规性工作，测绘管理部门每季度清理一次地图市场，对生产销售环节进行核查。至 2010 年底，累计收缴违法违规地图产品 20 余件，制止违规出版、展示错绘、漏绘地图产品 3 起，限期整改项目两起。

2010 年常州市测绘单位一览表

表 5-7-3

单位名称	资质等级	所属系统	经济类型	人数(人)	设备(台套)	年产值(万元)
常州市测绘院	甲级	建设	国有	65	60	2000
常州新北测绘勘察中心	乙级	建设	国有	33	51	600
常州市土地勘测中心	乙级	国土	国有	39	22	800
常州市建筑科学研究院公司	乙级	建设	集体	29	17	100
江苏省水文水资源勘测局常州分局	丙级	水电	国有	33	24	50
常州市立业基础设施工程公司	丙级	建设	集体	16	6	12
常州工学院建筑设计研究所	丙级	教育、科研	国有	13	5	15
常州市科达房产测绘中心	丙级	建设	国有	16	20	1200
常州市武进土地勘测队	丙级	国土	国有	11	7	210
常州市武进房地产总公司	丙级	建设	集体	17	9	185
常州市武进城乡建设测量队	丙级	建设	国有	10	10	150
金坛市规划测绘所	丙级	建设	国有	14	7	160
溧阳市新世纪土地勘测队	丙级	国土	国有	15	6	70
溧阳市测量队	丙级	建设	国有	10	10	220
常州市康建建设工程公司	丙级	建设	集体	10	6	58
金坛市测绘所	丙级	国土	国有	16	14	120
常州市方正测绘公司	丙级	其他	私营	12	13	57
常州广厦工程勘测公司	丙级	其他	私营	13	8	7
常州基建测绘公司	丙级	其他	私营	15	17	120
常州市恒瑞建设工程勘测公司	丙级	其他	私营	11	6	12
江苏常州地质工程勘察院	丙级	地矿	国有	15	15	50
江苏长江地质勘察院	丙级	地矿	国有	20	8	50
金坛市房产测绘中心	丁级	建设	国有	15	8	140
常州电力设计研究院公司	丁级	电力	—	—	—	—
常州市延陵房产测绘事务所公司	丁级	其他	私营	7	6	0

第六卷　城乡建设和管理

Volume Ⅵ　Urban and Rural Construction and the Management

1986年起，常州市根据市管县新体制带来的行政区域新变化，开始实施以城市为中心、以农村为基础、以小城镇为纽带、城乡一体化的城镇体系统一规划，编制《常州市城市总体规划（1989—2000年）》。90年代初，常州市确立“以港兴市，连江通海，三区一线，再造常州”的总体发展战略。随着常州高新区的建立和1995年武进县的4个乡镇划入常州市区，城市格局发生了重大变化。旧城改造加快，道路网络向外延伸，城市基础设施和城市功能不断完善。以“完善东西、发展南北”为指导，一批支撑城市运行和发展的市政基础设施骨干工程相继建成；围绕创建国家卫生城市，坚持建设与管理并重，提升城市市政设施运行质量，城市市容环境和卫生面貌改善；实施“五五”绿化工程，在城区及外围建设林带、花坛、小游园和绿化示范路等绿化项目，逐步形成市区绿化网络系统。2002年，市区行政区域扩大到1872.07平方公里，市政府组织修编新一轮2002—2020年城市总体规划，确立建设经济强市、文化名市、区域性枢纽城市、生态城市的发展总目标，按照建设一流城市、营造一流功能、彰显一流品位的标准，建设了常州市博物馆、规划馆、体育会展中心等文化体育设施；建成休闲、购物、餐饮、旅游、办公、娱乐等功能于一体的南大街商业步行街、莱蒙商业步行街等现代化城市商贸中心。加快推进市政、环卫等行业国有企事业单位改制，城市建设投融资体制改革，开放城市建设市场，探索土地运作、利用非政府资金建设非营利性基础设施等形式保障城市建设资金，初步建立规范严格的项目监管机制。加快推进城市交通和城市环境建设，连续实施三轮“城市建设三年行动纲领”，规划、建成高架道路等100多项城市重点交通工程，扩大城市发展框架，突破了常州城市形态中大运河、沪宁铁路对城市交通发展的瓶颈阻碍，完善了城市路网结构。按照重新修编的《城市绿地规划》和“打造绿色常州、创建园林城市”的目标，扩建敞开老公园，新建一大批公园、绿地。2010年，城市绿地率38.3%，绿化覆盖率42.2%，人均公共绿地从1985年的1.54平方米提高到12.35平方米。常州先后获得“国家园林城市”称号和中国人居环境范例奖。城市管理坚持标本兼治、长效管理，2006—2010年连续开展城市市容环境综合整治，建立市容环境巡查制度，实施街景美化等工程。实行分级分类考评，创建数字城管长效考核模式。建成生活垃圾焚烧发电项目、生活垃圾卫生填埋场二期工程、公共厕所改造提升项目。常州成为江苏省首批城市管理优秀城市。

第一章　城乡规划

1986—2010年，常州市区的范围几经扩展，从1986年初的187平方公里到1995年的280平方公里，2002年扩展到1872.07平方公里。规划主管部门的行政职能不断加强，市规划处由二级局上升为一级局，从与国土局合并设置到独立分开；随着武进的撤市设区，辖区相继设立规划分局，实现城乡规划在市区集中垂直管理；规划管理逐步科学化，规划编制的广度深度逐步拓展，组织修编城市总体规划，开展城市分区规划，实现控制性详细规划的全覆盖；城市测绘和规划信息化等基础工作从无到有、日益加强，为科学合理高效的规划与建设打下了良好的基础。规划部门在城乡规划的各阶段逐步引入城市设计理念，把重点项目、重要路段、居住区、标志性工程作为城市设计实施规划的重点加强研究，实行规划方案竞选机制，城市规划设计水平显著提高。2000年《常州市〈中华人民共和国城市规划法〉实施细则》出台，实现规划集中统一管理，强化规划执法监察，提高规划执法效率。

第一节 城市总体规划

1986—2010年，常武地区经历多次行政区划调整，历经常州武进市县同城、武进撤县设市，到武进撤市设区的过程。常州市组织编制1989—2000年版、1996—2010年版、2004—2020年版三轮城市总体规划。三轮规划体现较明显的时代特征：一是历版总体规划对常州的城市定位，经历从本地到区域、从苏南到长江三角洲、从强调经济中心到强调综合性中心的演进历程；二是城市发展方向由历史上东西向拓展转变为向南向北发展，逐渐锁定"一体两翼"的空间发展格局，城市空间结构逐渐呈现"十字形"结构。

一、《常州市城市总体规划（1989—2000年）》

1983年1月国务院批准江苏省实行市管县体制，3月1日起镇江专区的武进、金坛、溧阳三县划归常州市管辖。市县统一规划以城市为中心、以小城镇为纽带、以农村为网点，组成城乡一体的经济网络和城镇体系。常州从1986年起开始调整前一轮规划，编制《常州市城市总体规划(1989—2000年)》，1990年8月8日获省政府批准。

市域城镇体系 以城市(市区)为中心，构建中心城市—小城市(县城)与工业卫星镇—中心城镇—乡镇4个层次结构。第一层次为中心城市(即市区)，结构形态由"一城四点"演变为"一城四翼"，老城区为中心城市，戚墅堰、湖塘、新闸、龙虎塘为"四翼"。第二层次为溧城镇、金城镇两个县城向小城市过渡，距市中心25公里之内、交通条件好的圩塘(包括沿江港口工业区)、魏村、奔牛、卜弋、鸣凰、横林6镇为近郊工业镇(或工业卫星镇)，规划为市区工业扩散和组织城乡经济联合体的重点城镇以及对外开放的主要城镇。第三层次为以建制镇为主的中心小城镇24个，分别是武进县的郑陆、焦溪、横山桥、洛阳、马杭、前黄、漕桥、雪堰、湟里、邹区、小河，金坛县的薛埠、河头、直溪、水北、指前、儒林，溧阳市的戴埠、南渡、社渚、竹箦、别桥、上兴、上黄，规划为市域内重点小城镇和中心城市联系农村、集镇的纽带。第四层次为武进、金坛、溧阳范围内139个乡镇中余下的106个乡镇，是常州市域城镇体系的基础。

城市规划区和规划控制区 城市规划区为市区和湖塘镇、龙虎塘的行政区范围：规划控制区范围为魏村—圩塘沿江岸线(从江堤向内1公里)、奔牛—龙虎塘—横山桥境内高速公路沿线1公里宽的交通走廊、奔牛机场净空控制区、规划大运河控制线、滆湖风景区(包括滆湖农场、湖东芦家巷和牛塘两乡的沿湖地区到淹城)、戚墅堰外围的剑湖乡。

城市性质、规模和发展方向 常州城市性质规划为以轻纺机电为主的工业城市、苏南地区中心城市。2000年人口规模65万人，用地规模56平方公里，按60平方公里规划布局，城市用地发展方向为"控制东西，发展南北，重点向北，开发江边"。

城市总体布局 以老城为中心，沿对外交通干线为发展轴，构成"一城四翼"的结构形态。一城由老城区和发展区组成，规划范围在外环路(龙城大道)、龙江路、中吴大道、青洋路以内。老城区内主要逐步完备中心城市功能，增加商业、服务、信息、金融、文教、科技、交通等用地，调整工业布局，改善居住条件。近郊区扩充生活用地，控制居住区原中心有关配套建设项目的用地。外环路以内原则上不新建工厂，逐步调整、搬迁有严重公害的企业。"四翼"布局重点向运河南、铁路北发展。东翼以戚墅堰为中心，与丁堰、潞城、剑湖、横林统一规划，协调发展，组成常武东部经济综合发展区；南翼以湖塘镇为中心，发展轻纺、电子、机械等污染轻、用水少的轻型工业，主要向东南发展；西翼以新闸为中心，利用德胜河通长江的优势，发展运量大、无水污染的工业，重点向铁路北凤凰河两岸发展；北翼是城市重点向北发展区，以三井、龙虎塘为中心，规划为工业和相应配套生活居住、流通服务、文化游憩的综合新区，常澄路以东为生活区，以西为工业区。筹建德胜港和圩塘对外港口，逐步把圩塘至魏村沿江地段建成港口工业区。

专项规划 充实调整对外交通、工业布局、城市道路交通、住宅建设、旧城改造、公共建筑、园林、文物、旅游、公用设施、防灾抗灾、环境保护、环境卫生、蔬菜副食品基地等专项规划。

二、《常州市城市总体规划（1996—2010 年）》

90 年代初常州呼应上海浦东开放开发，确立“以港兴市，连江通海，三区一线，再造常州”的总体发展战略。常州高新区被国务院批准为国家级高新区。1993 年武进县政府机构驻地由老城区迁至湖塘镇，1995 年 6 月撤县设市，常州历时近千年的“府县同城、市县同城”宣告结束，城区南翼开始快速发展。1994 年 3 月常州开始编制《常州市城市总体规划（1996—2010 年）》，1996 年 12 月 31 日获江苏省政府批准。1995 年省政府决定，将原武进县龙虎塘、新桥、百丈和圩塘 4 个乡镇划入常州市区，常州市成立开发区管委会。市区面积由 190 平方公里扩大至 280 平方公里，向北发展的空间增大，常州城市格局发生重大变化。

规划范围 城镇体系、对外交通、风景旅游等按全市行政区（4375 平方公里）统一规划；城市道路交通、供电、邮电等重大基础设施按常武地区（1872 平方公里）统一规划；城市规划区范围为市区的行政区范围，即天宁、钟楼、戚墅堰、郊区和城北新区（含龙虎塘、新桥、百丈、圩塘 4 乡镇），总面积约 280 平方公里。

城市性质和规模 规划常州发展为以高新技术产业为先导的长江三角洲重要的经济中心城市和历史文化名城。规划至 2000 年、2010 年，市区人口规模分别约为 100 万人和 115 万人，其中常住人口分别约为 85 万人和 95 万人，暂住人口约为 15 万人和 20 万人；市区建设用地规模分别为 82 平方公里和 108 平方公里，人均分别为 82 平方米和 94 平方米。

城镇体系规划 1994 年常州城市化水平为 35%，规划 2000 年约达 50%，2010 年达 65%；常武地区城市化水平 1994 年为 40%，规划 2000 年达 55%，2010 年达 70%。根据常州市在以上海为中心的城市群中所处地位、

2010 年常州中心镇主要功能和人口、建设用地规模分类规划一览表

表 6-1-1

分类	地区	个数	以工业为主	工贸为主	工业与旅游兼有	其他
地区	武　进	13	洛阳、横山桥、魏村、横林、奔牛、卜弋、郑陆、前黄、鸣凰、漕桥	小河、湟里	横山桥	
	金　坛	5	直溪、指前、河头		薛　埠	水北
	溧　阳	7	南渡、上沛、竹箦、上黄	戴埠、社渚		别桥
人口规模（人）	4 万～5 万	3	横林、奔牛、魏村	建设用地规模约 5 平方公里		
	3 万～4 万	4	洛阳、横山桥、薛埠、南渡	建设用地规模 3～4 平方公里		
	2 万～3 万	9	鸣凰、前黄、郑陆、小河、湟里、卜弋、河头、别桥、戴埠	建设用地规模 2～3 平方公里		
	约 2 万	8	漕桥、上黄、竹箦、社渚、水北、指前、直溪、上沛	建设用地规模 2 平方公里		

上海经济区域城镇体系规划和全市行政区划、城镇体系现状、生产力布局、城市化进程的趋向，规划市域内逐步形成由中心城市—中小城市—中心镇——般乡镇4个层次构成的城镇体系。规划常州市区为市域中心城市，优化产业结构，合理调整功能和布局，加强城市基础设施现代化建设，增强中心城市综合功能。规划武进、金坛和溧阳城区逐步发展为中等城市，武进城区2010年人口规模达25万～30万人，建设用地25～30平方公里；金城镇、溧城镇2010年人口规模分别达15万人、20万人，建设用地分别达15平方公里和20平方公里。按区位、交通、资源、经济基础和发展方向规划各镇功能。一般乡镇为除中心镇以外的其他乡镇，人口规模1万～1.5万人，建设用地规模1～1.5平方公里。稳步适度调整乡（镇）、村行政区划，推进撤并乡镇和自然村的工作，提高乡镇、中心村的集聚效应。

经济和社会发展 规划到2000年全市初步实现现代化，2010年建成现代化城市。具体有国民经济持续发展、产业结构的战略性调整、扩大对内对外开放、优先发展科技和教育、完善城市基础设施等9项发展目标。

城市空间规划 常州的城市空间发展战略为完善东西、发展南北、重点向北、开发江边。城市结构形态将形成以主城区为中心，向东、向北两个发展带组成为“L”型形态。主城区以中心分区（旧城区）为核心，与外围的青龙、茶山、红星、西南、西北和城北高新技术产业开发区7个分区组成，为常州城市第三产业集中、第二产业发达、城市化程度最高的主体。向东发展带由戚墅堰分区（含丁堰、潞城两乡）和雕庄分区组成。戚墅堰区建成为常州东部地区的经济、文化中心和蔬菜副食品生产基地，雕庄分区为省级经济开发区，主要发展无大气污染的工业。向北发展带由城市新区新龙、新港两个分区组成，新港分区具有常州市唯一的沿长江岸线，规划加快江边开发，逐步建成江苏沿江经济带（一部分）、港口、能源基地和重化工产业基地。

对外交通和城市交通 规划以国家区域交通干线为主骨架，逐步建立完善铁路、公路、水运、航空、特种运输方式的现代化综合交通体系。公路形成“四纵六横八放射”的主骨架公路网，铁路线有京沪高速、新（沂）长（兴）、沪宁、镇（江）南（翔）、宁宜（兴）和常州通江铁路等。继续整治老运河，规划市区段运河南移，拓宽澡港河，整治德胜河、锡溧漕河、芜申运河、丹金溧漕河等，建设长江航运常州港万吨级泊位，扩建民航常州奔牛机场达4D标准。形成“道路成网、快速成系、内外成环、多向放射”的城市道路结构，建成快速道22条、交通性干道20条、生活性干道42条、次干道117条，构成自行车道系统和多条商业街。

城区建设 **旧城改建** 调整旧城用地结构，实施“退二进三”的产业置换战略，加快旧城危房改造，保护历史文物和传统民居，加快旧城基础设施建设和改善旧城环境质量。

居住区与社区建设 2010年人均住房建筑面积达24平方米，居住条件明显改善，基本实现每户1套住宅。

新区建设 城市新区由主城区的城北高新分区和向北发展带的新（桥）龙（虎塘）分区、新港分区组成，总面积116平方公里，开发建设新港区、新龙分区等，重视环境建设，强化规划管理等。

工业与仓储 规划发展机电产业，提高轻纺产业，开拓化学医药产业，发展动力机械、工程机械、汽车（含摩托）及配套、输变电设备、电子信息及现代视听设备、新型纺织服装六大支柱产业，规划形成高新技术产业区、西北机械冶金工业区、新港能源重化工基础原材料工业区、戚墅堰工业区、西南轻工业区、东南工业区、城南电子工业区7个工业区。在常州港圩塘作业区新建沿江仓储区等。

近期建设规划 中心城市功能逐步增强，高新区基本建成，新港区实质性启动，城市居民居住条件逐步改善。建成沪宁高速公路、新机场路、大外环路，改建常州火车站，扩建奔牛机场、外环路、黄河路、黄山路等交通工程。建设三井二村、兰翔、河海、五星、蓝天、青龙等居住小区，新行政中心、南大街商业中心、国际学校、市体育中心等公共设施，魏村供水厂、城市污水处理一期、新区电厂等基础设施工程，5条林荫带、5块大绿地、5个小游园、5处大花坛、5条示范路的“五五”绿化工程。

1994—2010年常州市城市总体规划建设用地平衡表

表 6-1-2

用地类别	总面积(平方千米)			占城市建设用地(%)			人均面积(平方米/人)		
	1994年(现状)	2000年	2010年	1994年(现状)	2000年	2010年	1994年(现状)	2000年	2010年
居　住	15.80	21.0	26.45	26.04	24.50	24.50	19.27	21.00	23.00
公共设施	3.38	4.30	7.50	5.57	5.20	6.90	4.12	4.30	6.50
工　业	24.10	28.0	31.00	39.72	34.10	28.70	29.39	28.00	27.00
仓　储	2.54	3.10	4.00	4.19	3.80	3.70	3.10	3.10	3.50
对外交通	6.30	8.00	10.40	10.38	9.80	9.60	7.68	8.00	9.00
道路广场	3.67	8.00	13.80	6.05	9.80	12.80	4.48	8.00	12.00
市政公用	1.69	2.10	3.70	2.79	2.60	3.40	2.06	2.10	3.20
绿　地	2.79	7.00	10.70	4.60	8.50	9.90	3.40	7.00	9.30
其中:公共绿地	2.33	6.00	9.20	3.84	7.30	8.50	2.84	6.00	8.00
特殊用地	0.41	0.50	0.58	0.68	0.61	0.50	0.50	0.50	0.50

说明:1994 年城市人口规模(含暂住人口)按 82 万人计

三、《常州市城市总体规划 (2008—2020 年)》

2002 年 4 月市区面积扩大至 1872.07 平方公里，市委、市政府修编新一轮城市总体规划(2002—2020 年)。2003 年 11 月，《常州市城市总体规划纲要(2002—2020 年)》通过部、省级论证。2006 年 2 月 7 日，省政府把《常州市城市总体规划(2008—2020 年)》(起始年调整为 2008 年)报请国务院审批。

规划期限、范围和发展目标　规划期为 2008—2020 年，近期为 2008—2010 年，远期为 2011—2020 年。规划区范围为市区 1872 平方公里，涉及市域(含金坛、溧阳和市区五区)、市区(含武进、新北、天宁、钟楼、戚墅堰区)、中心城区(市区内集中建设连续区)。城市发展总目标是先进制造业发达、人民生活富裕的经济强市，历史文脉彰显、现代科教先进的文化名市，连东接西、承南启北的区域性枢纽城市，以人为本、人与自然和谐的生态城市。

城市性质和规模　常州规划发展为长江三角洲重要中心城市、先进制造业基地和文化旅游名城。规划 2020 年中心城区人口约 180 万人，建设总用地约 216 平方公里，人均 120 平方米。

市域城镇体系　规划构筑和完善常州市域四级城镇体系，形成一个大城市(常州)、两个中等城市(金坛、溧阳两市城区)、7 个重点中心镇(薛埠、南渡、湟里、雪堰、邹区、横山桥、孟河)和 20 多个一般镇的四级城镇体系。

市区用地空间布局　市区形成“一城七片”的结构形态，一城即常州中心城区，七片即外围的孟河、奔牛、邹区、湟里、雪堰、洛阳和横山桥 7 片区。中心城区形成“一体两翼多组团”的分散组团式空间结构，京沪(今沪蓉)、沿江、城西 3 条高速公路围合的主城区为一体，加上中心城区的南、北两翼和中心、高新、城西、湖塘、城东、新龙、新港、武进、空港、西太湖 10 个组团。中心城区人均住宅建筑面积 2010 年 35 平方米，2020 年 40 平方米，形成新龙、青龙、北港、飞龙、湖塘、红梅、茶山、清潭、五星 9 片居住区和薛家、新港、武南、三井、戚墅堰、雕庄、新闸等居住区。

工业用地　形成滨江、常州国家高新区、城西、城东和武南5个工业片区。

公共服务　形成“一主、二副、七次”的分级多中心商业服务体系。

综合交通　规划实现一小时交通圈、二小时交通圈和“1530”目标，全市建成“三纵四横一环”的高速公路网、“五纵七横一通道”的干线公路网和4E级机场等。规划中心城区建成“两纵三横”的快速路网，城市道路形成交通主干道41条、生活主干道45条和次干道、支路及自行车、步行道网络，形成井字形快速公交和4条城市轨道交通线网。

常州市城市总体规划远期(至2020年)建设用地平衡表

表6-1-3

指标名称	用地面积(公顷)	占全部用地(%)	人均用地(平方米/人)	指标名称	用地面积(公顷)	占全部用地(%)	人均用地(平方米/人)
居　住	5260	24.4	29.0	市政公用	720	3.3	4.0
公共设施	2340	10.8	13.0	绿　地	2700	12.5	15.0
工　业	6800	31.5	38.0	其中：公共绿地	2160	10.0	12.0
仓　储	360	1.7	2.0	特殊用地	90	0.4	0.5
对外交通	450	2.1	2.5	城市建设合计	21600	100	120
道路广场	2880	13.3	16.0				

生态规划　规划常州市建成清洁、优美、安静和舒适的生态城市。市区形成生态控制区、生态协调区、引导建设区和生态改进区4类区域，健全蓝色体系(水系)、完善绿色体系、发展生态农业、保护沿江、沿湖湿地、丰富城市生物资源，建设布局合理、景观优美、生态良好、特色鲜明的绿地系统，实施“33122”绿色工程，形成“三环、四楔、十廊、百园、千点”的城市绿地系统。

四、城市专项规划

2000年以前，常州市专业(专项)规划内容相对简单。2005年《常州市城市总体规划(2004—2020年)》编制了23个专项规划，内容全面，科学专业，细化了城市总体规划。至2006年上半年，多个专项规划相继编制完成，通过专家论证。2008年，市政府按建设部关于《常州市城市总体规划(2004—2020年)》成果审查意见函，修改完善了总体规划内容，把专项规划内容与结论融入《常州市城市总体规划(2008—2020年)》，继续充实完善专项规划。

第二节　分区规划

常州编制分区规划始于1987年，根据城市规划中确定的规划区范围，把常州按城市结构模型设想成3个圈层，划分11个分区。11个分区是：第一圈层为中心分区(旧城区)1个；第二圈层为新闸、城北、青龙、红星、茶山5个分区；第三圈层为戚墅堰、雕庄、北港、西林、湖塘5个分区。至1990年，编制完成湖塘、戚墅堰、中心、城北、新闸、西林等分区规划。1994年起修编新一轮常州城市总体规划，市区规划区面积扩大至280平方公里，城市结构规划以主城区为中心，向东、向北两个发展带组成的“L”型布局形态。因此，分区的划分作相应调整。主城区以中心分区(旧城区)为核心，与外围的青龙、茶山、红星、西南、西北、城北高新技术产业分区7个分区组成。向东发展带划分为：戚墅堰分区和雕庄分区。向北发展带划分为新龙分区和新港分区。

1996年开始修编第二轮分区规划，至1998年10月全部完成。2002年4月常州市区行政区划再次调整，规划编制《常州市城市总体规划(2004—2020年)》，规划区范围东至戚墅堰三山港，南至大外环南路，西至德胜河，北至长江，总面积扩大至700平方公里。2004年起编制了中心、红星、城西、高新、青龙、戚墅堰、茶山雕庄、武中、武南、新龙、新港11个分区新的规划。

一、中心分区规划(1996—2010年)

曾编制两轮规划。《中心分区规划(1996—2010年)》规划范围为市区中部，东至关河水门桥，南至京杭大运河，西至大湾浜河，北至沪宁铁路，西北至大湾浜；土地面积9.25平方公里，占市区面积3.3%，其中建设用地面积8.36平方公里，现状居住人口约18.4万人，约占市区人口27%。分区规划为以发展中心商务区(CBD)为主，建成全市经济管理、商业、金融、信息服务和文化活动的中心。《中心分区规划(2004—2020年)》规划范围东至舣舟亭公园，南至老运河，西至老运河、关河三叉口，北至沪宁铁路，总用地9.23平方公里，规划期限为2006—2020年。

功能分区和人口 《中心分区规划(1996—2010年)》提出，形成东至和平路，北至博爱路，南至周线巷，西至怀德路的中心商务区(CBD)，中心商务区外围为商住混合区和居住区。继续疏散旧城居住人口，控制居住人口在15万人以内，降低旧城人口毛密度。中心分区功能定位为城市核心区域，承担商贸、金融、专业服务、旅游文化、居住等复合功能，历史文化与现代文化交相辉映的中央生活区。规划人口至2020年，上限为25万人，其中常住人口15万人、暂住人口10万人。规划结构为1个城市功能聚集核、2个服务产业走廊、3条水上游览路线、4个重点服务业积聚区、5个公共开放式绿地、6条交通联系发展轴。

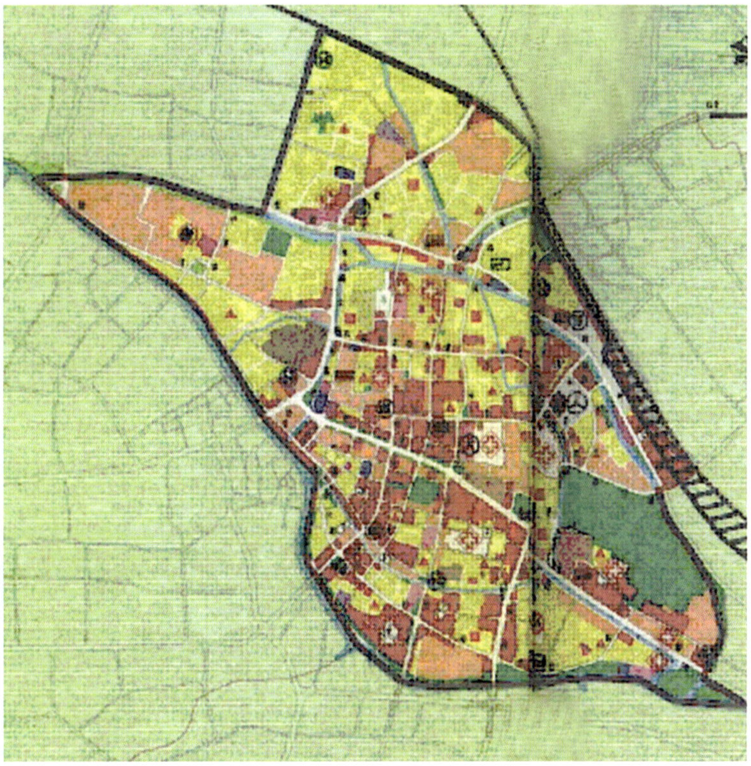

图6-1-1 常州市城市中心分区示意规划图

土地利用规划 《中心分区规划(1996—2010年)》提出，行政办公方面保留天宁、钟楼区政府用地。《中心分区规划(2004—2020年)》提出，规划行政办公用地11.82公顷；商业金融用地主要位于规划中心商务区(CBD)内，其他在新丰街、关河路、吊桥路南保留商业金融用地，合计用地88.79公顷。形成南北大街—西瀛里、文化宫地区、火车站3个商业积聚区。

居住、工业、交通用地 居住用地：1996—2010年的规划，保留斜桥巷、西新桥一村、二村、桃园一村、二村、北直街等居住小区，改造娑罗巷东侧、正素巷、安阳里、城南街地段的旧房；调整常州颜料厂、锻造厂等工厂用地为居住用地，总用地230.83公顷，全分区可居住14万人。2004—2020年的规划，居住用地划分区行政界线划为天宁、钟楼两个一级社区和14个基层社区。居住用地243.9公顷，人均用地12.2平方米。工业用地：

1996—2010年的规划，老护城河内原则上为无工厂区，本分区有污染工厂应迁至相应工业区，同时治理污染，实施"退二进三"。对外交通用地：主要规划新建沪宁铁路常州站和长途汽车客运站两处，用地21公顷。

文体、娱乐用地 1996—2010年的规划，主要保留图书馆、亚细亚影城及天宁寺东的文化设施，扩建刘海粟美术馆、市少年科学艺术馆、亚细亚影城等，迁建市群艺馆至南大街改建区，建设青年宫、市音乐厅等，在双桂坊建老年文化活动中心等。保留老体育场、原轧钢厂改为区级体育用地，合计用地4.55公顷。2004—2020年的规划，文化娱乐规划用地7.35公顷，体育用地2.35公顷。

社会事业用地 1996—2010年规划，保留一、二、五院、中医院、钟楼医院、102医院、儿童医院、德安医院等，总用地24.6公顷。2004—2020年的规划，医疗卫生用地25.92公顷。1996—2010年的规划，保留省常中、一中、三中、二十二中、二十四中、田家炳中学及局前街小学等中小学，用地面积36公顷。2004—2020年的规划，配置幼儿园20所，小学16所，普通中学11所。1996—2010年的规划，保护青果巷、天宁寺—舣舟亭、前后北岸3片历史文化保护区，保护瞿秋白故居、天宁寺等国家和省、市级文物保护单位，修复藤花旧馆等名人故居。

城区绿化用地 1996—2010年的规划，完善红梅、东坡、人民3个公园，新建城中西公园，整修开放近园、约园、未园、意园4个古典园林，建设娑罗巷、江南商场、民航大厦、青山桥等街头绿地。2004—2020年的规划，提出建成沿老运河、关河和东市河、南市河、西市河、北市河两圈景观绿地及红梅、东坡两个大公园，公共绿地123公顷，占规划建设用地的15.3%。

城市道路交通用地 规划完善"四横"（关河路、博爱路、延陵路、吊桥路及桃园路）、"四纵"（怀德路、南北大街、城中路、和平路）干道网，利用主干道两侧、一般道路和若干巷道形成自行车专用道；规划建立步行道系统和正觉寺、迎春路、天宁寺太平弄、南北大街、双桂坊、青云坊等商业步行街区，设27个社会停车场（楼、库），完善关河东路、江南商场、天宁寺3个公交枢纽站。2004—2020年的规划，建成飞龙、关河、延陵、劳动4条横向道路与长江、怀德、和平、丽华4条纵向道路（"四横四纵"）的公共交通路网结构，规划自行车与步行系统，规划1号、2号轨道交通线经过该区，规划停车泊位5489个。

市政公用设施 《中心分区规划（1996—2010年）》提出，本区以生活用水为主，预测远期日均需水量约15万立方米，当管网水压达规划要求时部分多层住宅区的增压站可停用。预测远期城市日均污水量8.85万立方米，规划分万福路、城中北路、永宁路和延陵东路4个口排入城北污水厂处理。城中区主要依托市河排涝，泵站兼换水用，关河北分通济和关中两个排涝片。设桃园、芦墅、关河和广化4个110千伏变电站，按户内式设计线路以电缆地埋。常州为国家邮区二级中心局，分区内设邮电路、文化宫两个电信汇接局（均为7.5万门）和邮政枢纽1座，按0.8公里服务半径设邮政所。分区内现有微波通道12条，近期采用过渡性转接措施，远期建设多功能电视塔集中接收和发射微波，用光缆联络至各站台户，到时原有分散、低矮的微波通道不再受规划保护。近期气化率达90%，远期达100%，规划新建煤气调压站13座。预测2010年居住和公建的热负荷75.6万千瓦，规划由常化、灯芯绒两厂和第二热电厂供热。

二、城北分区规划（1990—2010年）

城北分区位于城市北部，编制有《城北分区规划（1990—2010年）》。规划北至沪宁高速公路，包括三井、红梅乡和武进龙虎塘乡南部的22个行政村，总面积30.43平方公里，其中建成区5.41平方公里。现有人口3.7万人，其中非农人口1.2万人；现有工业用地176.5公顷，本分区为城市规划"一城四翼"的北翼，地理位置优越，交通方便，距老城4公里，距长江边15公里；供水供电、排水条件优于其他城市分区；可规划建设用地潜力大，面积 19 平方公里，用地工程地质条件好，地面平坦，青岛高程 4.5～5.2 米。存在问题是区内未形成道路系统，居住人口与就业职工数不平衡，缺乏相应的公共服务设施，现状用地布局不合理等问题。

用地规模、土地利用 规划 2010 年建设用地 1143.7 公顷；常澄路以东的南、北两片居住区 252.8 公顷；规划建设用地范围内保留农民自然村 74 个，总用地 261 公顷，公共设施用地规划三井乡政府，安排金融、贸易、文化娱乐、体育、医疗卫生、教育科研用地，工业用地在常澄路以西建设 3 个工业小区。

人口、功能分区和绿地 总人口约 13 万人；规划以常澄路为轴线，路西为工业区，路东为生活居住区。城市绿地规划红菱塘、三井、兰翔、塘桥 4 座公园。

交通格局 对外交通，常澄路通长江航道常州港与江阴、张家港等港口，城北干道至常州机场，规划沪宁高速公路在本区北端通过并设互通式立交，规划大湾浜接通澡港河直通长江。城市道路采用“四纵七横”的方格网形式。

三、西北分区规划 (1996—2010 年)

西北分区位于常州市区西北部，南为京杭大运河，西为武进吕墅乡、奔牛镇，北为薛家镇。编制有《西北分区规划(1996—2010 年)》。规划范围包括新闸镇全部和五星乡 4 个村，总面积 19.19 平方公里，其中建设用地 710 公顷，占市区建成区面积的 33.7%。1996 年居住总人口 4.5 万人，占市区总人口的 7%，其中城市 2.2 万人、农村 2.5 万人。规划至 2010 年总人口 9.25 万人，其中城市 6.65 万人、农村 2.6 万人。规划为以机械加工为主的工业区和生活居住区，形成“二、三”片状结构。二片工业区：沿京杭大运河和沪宁铁路南工业小区，以机床、车辆为主；沿德胜河、东至新冶路的工业小区，以拖拉机、冶金机械为主。三片生活区：由新闸镇生活区向北扩展，沿冶修生活区向南扩展。

土地利用规划 至 2010 年规划建设用地 710.07 公顷，人均用地 159.56 平方米。

居住用地 规划机械、新闸南、新闸北 3 个居住区，居住总用地 146 公顷，居住人口 6.65 万人。机械居住区包括机械新村、西新桥三村，继续扩大用地，主要配套文化站和幼儿园。新闸南居住区总用地 32 公顷，分沪宁铁路南北两个居住小区，可住 1.6 万人。新闸北居住区包括冶金、新机场路南、新岱路两侧 3 个居住小区。规划农村人口 2.6 万人，人均用地 50 平方米，农村居住用地 130 公顷。

工业与仓储用地 以机械制造工业为主，约占市区机械工业产值的 70% 以上。南片工业小区以车辆输变电工业为主，北片工业小区以农机、工程机械为主，仓储设大湾浜和德胜河两处仓储区。

公共设施用地 远期规划在新岱路与新机场路交叉口附近设分区级商业服务中心；完善新闸镇区、机械居住区商业服务；远期规划在分区商业服务中心设文化娱乐中心，设分区体育中心。

医疗卫生和中小学用地 现五星医院为机械居住区服务，新闸医院远期迁至分区中心；保留新闸中学、第二十六中学，新闸北、新闸南两个居住区各设中学 1 所。

市政公用设施规划 规划由新岗增压站供水，远期需要日供水量 8.5 万立方米，考虑武进部分地区管道需求。预测远期城市污水量日均 3.14 万立方米，其中西环二路以东日均 0.8 万立方米入城北厂，其余均入左家塘厂处理。西环二路以东地势偏低，扩建新农排涝站，保留其他排涝站。规划扩建常州煤气厂，远期日供气达 30 万立方米，成为本区和城区的主气源。扩建新闸变、西郊变，新建永丰变(110 千伏)。分区是主城区市话交换区，新闸分局远期扩容至 5 万门。依托武进化肥厂热电分厂集中供热，远期规划扩建为每小时 3×35 吨。2010 年日产垃圾 84 吨，送北港垃圾处理厂作高温堆肥处理。本区处于城市水源上游，严格限制有水污染工业的发展，加快建设污水处理系统。

交通规划 对外交通，规划新机场路自城北干道向西延伸至奔牛民航机场，通过本区北部；远景规划轨道交通自奔牛机场，位红梅街道向东进入主城区，延伸到无锡、苏州，规划德胜河和大湾浜两处内河港，在西环一路与二环路东规划沪宁铁路常州西货站。道路交通规划快速路西环二路、西环三路和新机场路，干道常新路、新岱路等，次干道新冶路等；规划西环三路与新机路交叉口东北设公交停车场。

绿化规划 西环二路、西环三路绿带（两侧各宽 30 米）为市"三纵三横"绿色开敞空间的一部分，规划西环一路、新岱路、机场路两侧绿带各宽 10～20 米，规划扩建芦墅公园，新建新闸公园（沪宁铁路北、新岱路东），面积 24 公顷。

四、武中分区规划（2004—2020 年）

2004 年，编制完成 2004—2020 年规划。武中分区是常州主城区的湖塘组团和武进的政治、经济和文化中心，北邻中心分区，南接武南分区，北到规划新运河，东至宋剑湖，西达龙江路，南到武南路和联三高速公路（今沿江高速），总用地面积 114 平方公里。行政区划调整后，把武中分区纳入大常州区域范围做大、做美、做强。规划把武中分区建成常州市区南部新城，城市商贸副中心，现代化的科教文化区、商贸服务区、生态居住区和观光休闲区、新型工业区。规划至 2010 年，武中分区人口达 43 万人，其中户籍人口 22 万人、暂住人口 21 万人；2020 年中心城区人口达 58 万人，全部为城镇人口（另有大学城人口 10 万人）。规划总建设用地 2010 年为 65 平方公里，2020 年应控制在 75 平方公里内（包括大学城用地 4.9 平方公里），人均分别为 140 平方米和 120 平方米。

空间结构布局 形成"一心四片"的空间布局。"一心"为核心片区，东起夏城路，西至淹城路，南至滆湖路，北至广电路，总面积 16.6 平方公里，规划总人口 15 万人。形成常州市区南部副中心，武进行政中心、商业中心、旅游中心、文化中心、体育中心、休闲中心。"四片"为北片、南片、西片、东片。北片以居住、商贸为主要功能，东至夏城路，西至淹城路，南至广电路，北至规划大运河，包括湖塘老镇和运河居住片区，总面积 15.12 平方公里，规划总人口 25 万人；南片以高等职业教育为主要功能，东至夏城路，西至淹城路，南至武进路，北至滆湖路，总面积 10.97 平方公里，规划总人口 6 万人；西片以居住为主要功能，东至淹城路，西至湖滨路，南至滆湖路南侧的规划道路，北至规划大运河，主要包括城西居住区、牛塘工业区。总面积 12.94 平方公里，规划总人口约 7 万人；东片以工业为主要功能，东至连三高速公路，西至夏城路，南至长虹路，北至规划大运河，包括遥观工业园区、遥观镇区、纺织工业园和宋剑湖生态控制区，总面积 21.22 平方公里，规划总人口 5 万人。

城市设计引导 城市空间意象为古今交融、蓝绿辉映、和谐共生之城，致力于创建"城在绿中、绿在城中"的城与自然和谐共生的城市空间格局。严格保护历史古迹，合理开发春秋淹城；发掘开发名人文化，提高城区文化氛围；延续传统产业、工艺，开辟纺织、工艺博物馆；弘扬水乡文化，营造新型水城风貌；建设园林式新城区，完善城市综合功能；营造城市特色街区，提升全区文化素质，打造高职教育特色；依托自然环境资源，创造最佳人居环境；扩大创新专业市场，提升城市中心功能。

道路交通规划 道路网由快速路、主干道、次干道、支路 4 个层次组成。分区内规划两纵一横"H"形城市快速路结构，两纵为龙江路、青洋路，一横为长虹路；规划建设"六纵七横"的城市主干道网络结构，纵向有淹城路、武宜路、常武路、夏城路、大明路、常青路，横向有聚湖路、人民路、广电路、虹西路、延政路、滆湖路、武南路。规划建设漕溪路、湖滨路、东龙路等 20 多条城市次干道；规划由长虹路（龙江路—青洋路）、青洋路（新运河—长虹路）、龙江路（新运河—武南路）和常武路（长虹路—宁太高速）构成高架道路系统。

绿地水系规划 主要结构为"一环、二楔、三轴、五廊、六园"，布局为以大型公共绿地为核心，以沿河、湖、路的绿地为网络，连接绿地，形成环、楔、轴、廊、园之间相互联系的绿地系统。

五、高新分区规划（2004—2010年）

21世纪初期编制的《高新分区规划(2004—2010年)》，规划范围西起德胜河，东至北塘河(新北区行政区界)，北起沪宁高速公路，南至新北区行政界限，总面积46.4平方公里。规划功能定位为常州市新行政中心、北部商贸文化副中心，高新技术产业示范区、环境宜人的现代化新城区。规划发展目标为区域竞争力强、集约化程度高、产业科技含量新、服务设施质量好、生态人居环境优、时代气息浓的现代化新城区。规划至2010年底总人口达14万人，2020年总人口达17万人。规划2004年、2010年和2020年建设用地分别为28.6平方公里、41.6平方公里和44平方公里。规划空间布局结构形成“一心、二轴、三片、五区”结构。“一心”位于黄山路与城北干道交叉口西北侧，以行政中心为核心，与周边商业服务设施、文化设施和市体育中心等形成城市北部市级公共服务中心；“二轴”为通江路公共服务轴—沿通江路两侧布置商业、金融、办公等大型公共设施；龙城大道景观轴—沿龙城大道两侧主要布置办公、商业与公园绿地等，打造通往常州机场的城市景观性干道；“三片”为高新居住片区、飞龙居住片区、薛家居住片区；“五区”为高新技术产业东区、高新技术产业西区、现代旅游休闲区、研发科教区(软件研发基地与周边高校组成)、龙虎塘道口物流市场区。

六、戚墅堰分区规划（2004—2020年）

戚墅堰是常州市的东大门。规划范围东起戚月线，西至丁塘河，南起中吴大道、京杭大运河，北至沪宁高速公路，包括戚墅堰区全部、郑陆镇、遥观镇、横山桥镇的部分用地。规划为常州市东部中心区，城市商贸次中心，先进制造业基地。规划目标为创建以轨道交通车辆、电子、电器、电机制造为特色，富有现代文明气息的常州东部城区。规划总人口2010年15万人，至2020年25万人。规划整合分区现有用地结构，形成“T”字框架、“双心四片”的分区空间结构。功能分区为T字框架，依托潞横路、五一路规划形成戚墅堰分区行政、公建、商贸、服务、文教、体育发展轴；“双心”指东方东路南侧、五一路两侧为常州市东翼商贸服务中心，潞横路两侧为戚墅堰分区行政中心；“四片”为新城区、老城区、轨道交通车辆制造基地和电子电器电机产业园。规划2010年用地规模25平方公里，2020年用地规模35平方公里，其中居住用地837.8公顷、公共设施用地362.9公顷、二类工业用地808.1公顷、道路广场用地658.1公顷、绿化用地501.2公顷。

第三节　生态环境规划

2000年前，常州市生态环境建设规划内容大多包含在城市总体规划中环境保护、环境卫生、城市景观、园林绿化、风景旅游等条目中，比较简单。2004年常州市在城市总体规划的指引下，开始编制《常州生态环境保护专项规划(2004—2020年)》和《常州市绿地系统规划(2004—2020年)》，前者明确常州市的生态功能区及其保护与污染控制的目标，规划生物多样性保护，后者确立常州市绿地系统的总体结构和空间布局。2006—2007年集中编制了《生态城市规划建设纲要》《生态林带和滨湖生态区绿地规划》《中心城区滨河景观设计导引》等规划，指引服务常州市创建生态城市。

一、生态城市建设规划

《常州生态城市建设纲要》　2007年编制，邀请中国科学院生态环境研究中心研究员王如松领衔的课题组，开展基于生态服务功能的土地复合生态规划研究，遴选常州城市发展模式，对常州市区进行生态分区，对各区提出空间管制措施、空间格局优化，对常州重点功能区进行生态规划，为常州建设生态城市提供直接指导。

《常州生态城市建设纲要——生态用地规划》生态分区规划一览表

表 6-1-4　　单位：平方公里

<table>
<tr><th>一级分区类型</th><th>现状用地面积</th><th>现状比例(%)</th><th>二级分级类型</th><th colspan="2">规划用地面积</th><th colspan="2">规划比例(%)</th></tr>
<tr><td rowspan="2">生态服务功能区</td><td rowspan="2">1494</td><td rowspan="2">79.8</td><td>禁止开发区</td><td>588</td><td rowspan="2">1195</td><td>31.4</td><td rowspan="2">63.8</td></tr>
<tr><td>限制开发区</td><td>607</td><td>32.4</td></tr>
<tr><td rowspan="3">城乡建设发展区</td><td rowspan="3">378</td><td rowspan="3">20.2</td><td>调整开发区</td><td>305</td><td rowspan="3">677</td><td>16.3</td><td rowspan="3">36.2</td></tr>
<tr><td>优化开发区</td><td>279</td><td>14.9</td></tr>
<tr><td>潜在发展区</td><td>93</td><td>5.0</td></tr>
<tr><td>总计</td><td>1872</td><td>100.0</td><td>总计</td><td colspan="2">1872</td><td colspan="2">100.0</td></tr>
</table>

说明：现状数据来源于常州市勘测院 2006 年数据

《生态林带和滨湖生态区绿地规划》 2007 年编制，规划长江、新运河、新孟河及丁塘河生态林带和天目湖、长荡湖、西太湖及竺山湖滨湖生态区，总用地面积 806.77 平方公里。对上述“四河”“四湖”提出了控制要求，“四河”原则上规划控制宽度 100 米，生态林带建设宽度 50 米；划定了“四湖”生态控制区、生态缓冲区、生态功能扩展区及生态协调区。

《中心城区滨河景观设计导引》 编制于 2007 年，规划把常州市滨水空间建成优美的城市空间、人性的交通环境、丰富的滨水景观、有机的旅游资源的城市特色空间。包括分项规划滨水景观空间规划、交通规划、旅游环境规划和滨水景观空间分类及控制要求。滨水景观空间规划。提出优化与提升滨水景观空间总体结构，中心城区滨水景观空间规划总体结构为三环、九轴、多条、多点，对滨水空间做了系统规划。滨水区域的交通规划建设充分体现以人为本的思想，滨水的道路交通与堤防安全、车行系统与人行系统、动态交通与静态交通相互协调。滨水景观空间分类。针对中心城区河网密集、用地复杂多样的现状条件，规划对滨水空间作了归纳和分类，把中心城区的滨水景观空间划分为 7 个大类，再由大类分至中类及小类。滨水景观空间控制要求从建筑风貌、高度、色彩、绿化宽度、驳岸、小品、景观设施等重要景观环境控制要素与车行交通、步行交通、水上交通、换乘设施、停车场等重要交通规划控制要素，提出刚性与弹性相结合的规划建设要求。旅游环境规划。对重要旅游区域提出主要控制要求；整合滨水空间体系，联系旅游区域建构滨水旅游环境系统结构；组织旅游线路，规划中心城区水路游线、陆路游线，完善水路与陆路的配套设施。

《绿地系统规划》 规划到 90 年代中期，市区结合城市道路、广场、水系，建成“三纵”（即东环路与三新路两侧、西环二路与通江铁路支线之间，西环三路），“三横”（新港与新龙分区之间、沪宁高速公路两侧、规划新运河两岸）的绿色开敞空间带，每个分区扩建、新辟大型公园和广场绿地，各居住区和单位按规定标准建设绿地，市区形成大中小并举、点线面相结合的绿地系统。规划 2000 年人均公共绿地市区 6 平方米，其中新区 8 平方米，绿化覆盖率 35%。规划 2010 年人均公共绿地市区 8 平方米，其中新区 10 平方米，绿化覆盖率 36%。临市河适当增辟公共绿地；在高新区、新港区和人口比较集中的青龙、北港等分区开辟大型公共绿地和建设大中型公园；在运河、澡港河、市河沿岸开辟滨河公共绿带，在街头、居住小区、道路交叉口、交通集散场所开辟街头、广场绿地；在沪宁高速公路、高速铁路、沪宁铁路、镇南铁路、新长铁路和城北干道、312 国道及通江大道等要道及主要河道两旁建设防护绿带。要求工矿、企事业单位规划建设绿化用地占其单位总面积的 25%。

《常州市绿地系统规划（2004—2020 年）》 2004 年 10 月编制完成。规划目标为建成布局合理、景观优美、生态良好、特色鲜明的绿地系统，近期(2010 年末)、远期(2020 年末)中心城区绿地率分别达 35%、37%，绿化覆盖率分别达40%、42%，人均公园绿地分别达10平方米、12平方米。实施“33122”绿色工程，在市民居住较集中的地区实现居民出行约300米到达3000平方米的小型公园绿地(包括带状绿地)，出行约1公里到达2公顷以上的中型公园绿地。城区每个组团规划建设1～2个20公顷以上的大型公园绿地。以大型公园绿地为核心、大型生态林地为主体，以沿江、河、湖、路地区的绿地为网络，连接主体与核心，

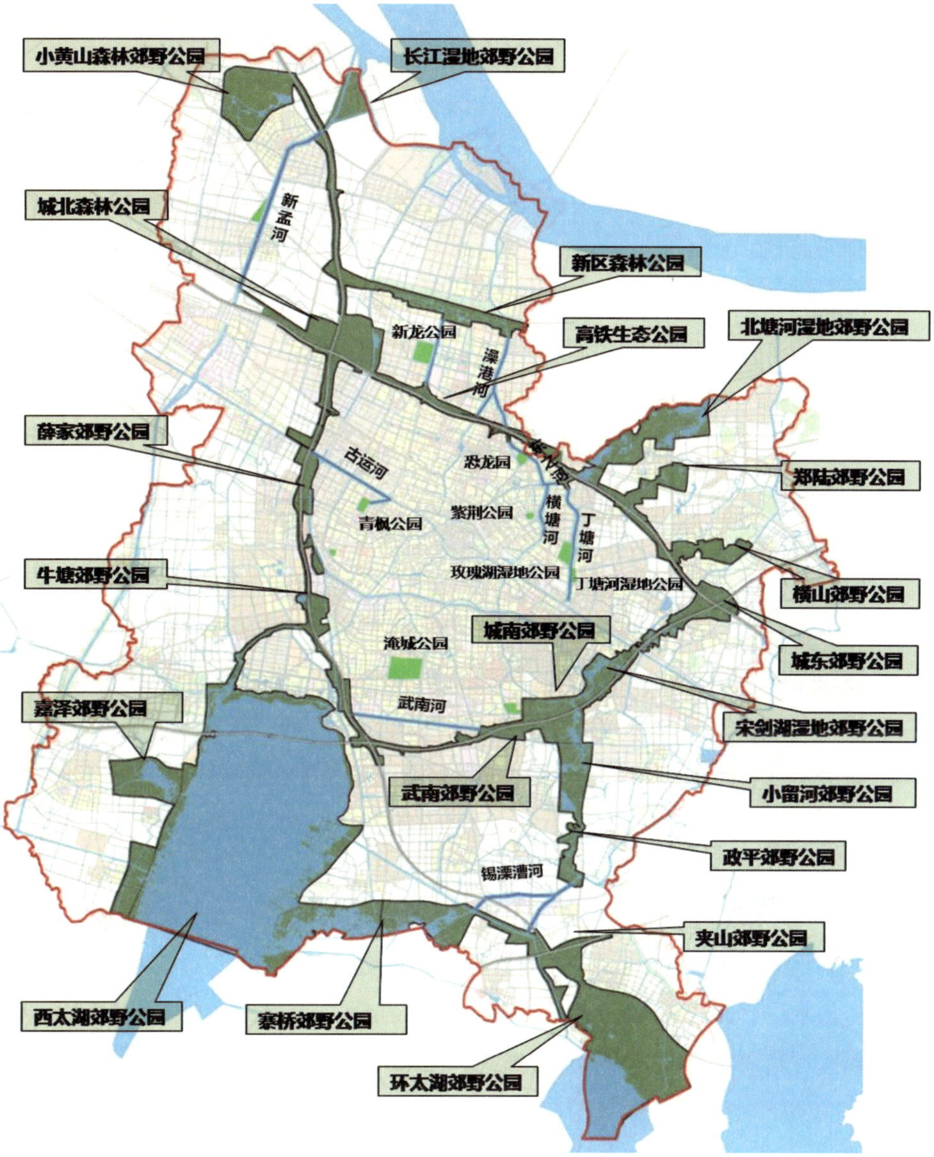

图6-1-2 常州市区郊野公园规划图

形成环、楔、廊、林、园、点相互联系的“三环、四楔、十廊、百园、千点”的城市绿地系统。三环为外环(外围生态屏障环)、中环(高速公路绿环)、内环(滨河绿环)；四楔为在城市的东北、东南、西南、西北方向控制4片楔形绿地；十廊为沿城市快速干道、河道、铁路等规划建设生态绿廊，市区形成“六横四纵”的10条绿廊；百园包括外围多个郊野公园及城区数十个公园、小游园。

外围郊野公园　市区规划建设小黄山生态林地、长江水源地保护区、横山生态林地、北塘河生态湿地、芙蓉生态湿地、宋剑湖生态湿地、北阳湖生态湿地、寨桥生态湿地、滆湖生态湿地、竺山生态林地、太湖湾生态湿地、新北中山森林公园等。在城区规划建设多个城市公园，结合城市主要入城口规划建设多个大型节点绿地，节点绿地半径不小于100米，结合生活性主干道、景观道路等规划建设多个街头绿地。

绿地规划　公园绿地　规划期末中心城区的公园绿地总面积约2160公顷，规划新建新龙、新港、东经120、运河生态、三江、长沟、采菱、丁塘河湿地、横塘河湿地等公园，扩建中华恐龙园等公园；建设关河、老运河、新运河、市河等滨河带状公园、通江南路、和平路等道路带状公园；规划新建、扩建多个专类公园；规划新

建多个小游园、街头绿地。

生产绿地　不再规划建设大型生产绿地，重点加强园林植物引种、育种工作。

防护绿地　卫生隔离带，规划工业区与生活居住区之间建设卫生防护林带，一类、二类工业园区与生活居住区之间建设至少20米宽的林带，三类工业区与生活居住区之间建设至少50米宽的林带。道路防护绿带，铁路除沪宁铁路两侧林带为50米外，其余铁路、高速公路两侧林带均按至少100米控制；除338省道局部段两侧林带为50米，其余各条国道省道、快速路和交通性主干道两侧林带分别按至少30米、20米和15米控制。

河道防护绿地　主干河道按两侧林带不低于50米控制；次干河道中蓝线宽度40米以上、30～40米河流和30米以下一般河网两侧林带分别按不低于30米、20米、15米控制。交叉口绿线控制，各高速公路出入口、互通控制均不小于20公顷的绿地；铁路绿化节点，在铁路与高速公路交会和省道与快速路、高速公路交会处控制面积分别达10公顷、5公顷的绿地。组团隔离带根据城市空间发展布局，在组团与组团之间借助道路、河流等屏障，形成大型的绿色开敞空间。

附属绿地　居住区绿地，旧城、新区居住区绿地率分别达25%、30%。居住区内的公共(园)绿地指标分别为组团达每人0.5平方米、小区达每人1平方米、居住区达每人1.5平方米。单位绿地，新建设单位绿地率达30%。工业、商业金融、仓储、交通枢纽、市政公用设施等单位的绿地率达20%，机关团体、文体娱乐、医疗卫生、教育、科研设计、部队等单位的绿地率达35%，对环境有大气、噪音等污染的厂矿企业的绿地率达30%。道路绿地和园林景观路绿地率达40%，红线宽度大于50米、40～50米和小于40米的道路绿地率分别达30%、25%和20%。生态林地湿地，规划建设小黄山、横山、新北中心森林公园、竺山森林公园4片生态林地。加快长江水源地生态保护区和宋剑湖、芙蓉、北塘河、寨桥、太湖湾、滆湖和北阳湖等生态湿地的规划建设。

二、环境保护规划

80年代末90年代初，常州市规划部门组织编制了环境保护专项规划，提出环境质量目标、环境保护措施、污染防治措施。规划目标近期运河市区段和关河的水质不再恶化，河水厂上游水质维持不低于Ⅲ类地面水标准，河水厂下游维持Ⅵ类水质标准。近期市区年平均大气质量维持国家三级标准，争取市中心区有所改善；远期大气质量有所好转，氮氧化合化浓度达国家二级标准，降尘明显减少，二氧化硫浓度维持国家三级标准，噪声2000年在生活区和混合区达国家标准。80年代末环境保护规划提出，到2010年市区总体环境质量应有较明显好转，基本能与城市经济发展和人民生活水平改善相适应。运河市区段河水厂以上继续控制为国家Ⅲ类标准，其他河段均提高到Ⅳ类标准，市区地面水高锰酸盐指数年平均值每升不大于8毫克；市区大气环境达国家二级标准，TSP、SO_2年日均值控制在每立方米分别不大于0.25毫克、0.06毫克；市区区域环境、交通干线噪声平均值分别不大于56分贝、70分贝；工业固废综合利用率达90%，城市生活垃圾全部无害化处理。

90年代中期，坚持城市可持续发展战略，控制污染物排放总量，强化城市环境综合治理，加强工业污染源防治，逐步实现污染防治的战略转移。21世纪初期成功创建国家卫生城市和环境保护模范城市，编制了《常州市城市总体规划(2008—2020年)》的环境保护规划、环境卫生规划，确定环境质量目标，规划提出环境质量综合指数：2010年达80分，2020年达90分；中心城区绿地率2010年达35%，2020年达37%；绿化覆盖率2010年达40%，2020年达42%等。规划提出统筹安排生活污水和工业污水，城市污水集中治理；提高清洁能源的比重，发展集中供热，加强工业废气治理，降低大气污染物排放量；减少垃圾发生量，实施垃圾源头分类，城乡垃圾统一收集和处置；发展城市公共交通，提高城市环境的监管服务水平，完善环境质量预测预警机制等环保措施；提出加快调整城市工业布局，对污染严重、扰民的企业分期实施关停并转迁，逐步迁出功能区内与区域功能不相符的有污染企业等防治污染措施。

第四节　历史文化名城保护规划

90年代中期，常州对历史文化遗产实行保护与合理使用相结合，发挥其社会效益和文化旅游价值，逐步彰显江南历史文化名城特色。2001年2月省政府公布常州为江苏省历史文化名城后，常州市规划局组织编制了《常州市历史文化名城保护规划(2004—2008年)》和青果巷、古运河和关河等历史文化街区、遗产专项保护规划，初步建立覆盖全市、较为完善的历史文化保护规划体系。

一、《常州市历史文化名城保护规划(2004—2008年)》

2000年以后，常州市依据国家、省、市的历史文化名城保护相关法规条例，组织编制了一系列法定的专项规划，合理有效地指导常州优秀历史文化资源的保护和利用。2004年8月，《常州市历史文化名城保护规划(2004—2008年)》编制完成，2005年2月经省政府批准实施。规划指导原则为“保护为主、抢救第一、合理利用、加强管理”。明确常州市历史城区范围东起舣舟亭公园、南临大运河常州市区段、西至锁桥河、北至关河，面积为5.51平方公里，规划建设前后北岸历史文化街区、青果巷历史文化街区、天宁寺——舣舟亭历史文化街区，提出保护历史城区“城中有河、河抱古城、城河相依”的空间整体格局，严格控制保护区内的城市建设。2008年常州市总体规划调整后，市规划等部门再度梳理常州市文化资源，规划目标是凸显“古、水、文、秀、活”的城市文化个性，形成好山好水好风光、龙城龙园龙文化、古寺古塔古运河、名人名馆名建筑的城市文化特色。

前后北岸历史文化街区规划示意图(摄于2004年12月)

二、《常州市紫线保护规划》

2008年编制完成，对已公布的历史文化街区、文物保护单位、文物保护控制单位和历史建筑，划定本体保护范围和建设控制地带，提出相应的保护要求和建设控制要求。对淹城遗址、圩墩遗址、天宁寺、瞿秋白故居等文物保护单位，编制文物保护单位的专项保护、修缮与利用规划，促进历史文化资源保护的具体化、法制化。

三、《青果巷历史文化街区保护规划》

2007年开始编制。前期对青果巷周边的用地现状、历史文化遗迹、交通系统、基础设施状况，建筑物的年代、层数、质量、结构、风貌、用地权属和历史功能等作了调查研究，把街区分为350个单元调查，提出以“寺—塔—岛”(天宁寺、文笔塔和舣舟亭)为整体主结构，突出宗教特色，形成集宗教文化、人文历史和旅游商业于一体的历史文化街区。

规划采取专家咨询、市民访谈、部门座谈等方式，对建(构)筑物的保护进行综合评估，从保护历史风貌、降低人口密度、疏导内外交通、完善基础设施着手，提出修缮、维修改善、整修、改造、拆除或重建5种保护和整治方式。

青果巷历史文化街区保护规划论证会（摄于2010年1月）

保护范围 规划保护范围位于常州老城中部古运河北侧，东起正素巷规划道路红线，南至市河南岸，西至晋陵路规划道路红线，北临古村规划道路红线，东西长约400米，南北约200米，规划总用地面积8.7公顷，以古街、古巷、古桥、古河、古树、古井（简称“六古”）为整体主结构，突出民俗文化特色，展现传统民居临河而建、院落相叠的独特肌理和粉墙黛瓦、深弄幽巷的建筑风貌。

规划目标 规划目标为“运河之魂、名城之窗、深宅名园、原味江南”。以古运河风光和深宅名园为特色，以古运河文明和常州传统的人居文化为内涵，集居住、商业、展示、休闲、文化、旅游等功能于一体，体现古城文化、展示古城风貌、改善生活条件、完善基础设施，打造具有典型江南水乡特色、富有生机活力的历史文化街区。

结构布局 规划提出保护街区内空间构成关系、水系的自然形态和生态特征、重要特色街巷空间、对表现历史风貌起重要作用的空间系统的界面重点、街区整体形象特色、景观视廊以及核心景观等要素，整体保护街区的空间格局和环境风貌，彰显古街、古巷、古桥、古河、古树、古井、古民居的特色。

四、《古运河和关河保护利用规划》

常州是江南运河北段与中段的重要交接点，境内运河全长44.7公里。2007年，市规划局邀请东南大学教授段进与常州市规划设计院编制这项规划，包括滨河地带概念性城市设计和沿岸景观、历史文化、水上旅游线路等8个专项规划及保护与利用规划，分别为《水利基础设施专项规划》《环保基础设施专项规划》《交通基础设施专项规划》《管线综合基础设施专项规划》《沿岸景观专项规划》《历史文化专项规划》《水上旅游线路专项规划》《沿岸公共设施专项规划》。

规划目标范围 东至政成桥，西至中吴大桥，沿古运河、关河、市河两侧各约500米，河道总长约20公里，用地总面积约2000公顷。提出以“一楼一塔”（三吴第一楼、天宁寺塔）为标志节点，彰显“看运河必到常州”品牌特色。以中吴文化风貌区、运河园林嘉年华地区两大特色滨河地段为整治建设的重点，构筑集特色旅游、文娱商业、地方文化展示、景观生态等于一体的特色滨河空间。

滨河地带概念性城市设计 设计建成3条功能带、9个景观地段和10个标志节点，打造活力之河—生机与活力激扬的公共活动空间，魅力之河—历史与现代交融的城市形象空间，生态之河—水系与绿地相依的网络绿色空间。

五、《市区工业遗产保护与利用规划》

常州是中国民族工业的发祥地之一，工业文化遗产资源丰富。规划提出护其貌、显其颜、铸其魂、扬其韵的保护思路，推动旧城更新，复兴老工业地段，打造名城特色品牌，把常州建成历史文化和现代文明交相辉映的历史文化名城。规划建立工业遗产保护空间格局—工业主体特色展示区—工业遗产建（构）筑物的保护框架，提出“一廊、五区、多点”的空间保护格局，明确了常州工业遗产的保护标准、保护范围、具体要求与策略、保护模式和与创意产业相结合的再利用方式。

六、《常州市区古树名木保护规划》

2009年编制。常州市区1872平方公里共有古树168棵，其中300年以上一级古树32棵；有名木22棵，均为二级名木。古树主要品种为银杏(58.9%)、桂花、朴树，名木主要品种为桂花。该规划范围为常州市域总面积4375平方公里。按照保护优先、因地制宜、可操作性及可持续性的原则，制定古树名木保护的措施：现阶段对古树名木现状保护情况进行综合分析评价，提出具体改善措施；远期对其所在地分为届期古树名木周边用地性质不发生改变、用地性质为绿地、城市拟开发用地、市政设施用地四类进行控制。

七、其他保护利用规划

先后编制了前后北岸历史文化街区保护规划、文物保护单位和地下文物埋藏保护规划、非物质文化遗产保护规划和春秋淹城遗址公园规划。

前后北岸历史文化街区保护规划 保护范围东至赵翼故居，西至藤花旧馆，南至现存明清建筑，北至后北岸，用地面积约2公顷。以文化名人故居为整体主结构，整修和设置一批名人纪念馆、故居陈列室、名人塑像等，建设反映常州历史沿革和文化传统的博物馆和陈列馆。

文物保护单位和地下文物埋藏保护规划 市区现有全国重点文物保护单位4处、省级18处、市级112处(参见第三十九卷“文化遗产”)，尚未核定公布的文物保护单位的不可移文物10处(参见第三十九卷“文化遗产”)，其中地下埋藏文物区15处。提出对以上文物保护单位逐个划定保护范围和建设控制地带，依法实施保护；对尚需修复的文保单位依法确定保护方案。

非物质文化遗产保护规划 规划提出保护、继承和发扬常州水文化、龙文化、名人文化、崇学文化、地理文化、传统工艺文化、地方戏曲文化、餐饮文化等传统文化，形成独特的文化体系。组织全社会研究机构和人员，对具有常州特色的吴文化、龙文化、齐梁文化进行研究、挖掘和整理，编纂出版《常州文化丛书》，弘扬常州历史文化的精华和特色。

第五节　综合防灾规划

1991年常州发生特大洪涝灾害，《常州市市区防洪排涝规划(1991—2010年)》应运而生。《常州市城市消防规划(2001—2010年)》《常州市城市人防工程总体规划(2001—2010年)》编制于2000—2001年，对《常州市城市总体规划(1996—2010年)》中的消防和人防规划内容进行了延伸和细化。结合2004版城市总体规划，修编了《常州市防洪排涝专项规划(2004—2020年)》《常州市区城市消防规划(2004—2020年)》《常州市城市人防工程规划(2004—2020年)》《常州市防震减灾规划(2004—2020年)》《市区防洪设施布局及高程控制规划》。2005年起陆续开展常州市城市地下空间开发利用规划、城市地下空间控制引导研究等工作。

一、消防规划

80年代，常州市区有消防中队5个，其中危险品库消防队1个，消防中队平均保护面积7平方公里。规划按城市发展布局，把消防中队平均保护面积调整为6平方公里，市区规划区分为10个消防保护区(湖塘镇已有消防队)，规划增建4个消防中队，分别在谭墅、新闸、采菱港东、龙虎塘(开发区)附近选址，逐步建设，增添适应高层建筑的消防云梯，圩塘沿江工业区设消防中队。90年代中期，规划提出改善城市消防环境，加强消防水源建设，合理设置消防点，改善报警手段，增强消防能力，城市建设合理确定防火等级，健全消防设施，留足消防通道。城市道路和街坊内部合理布置消防栓，高层建筑按“自救为主”的原则设计配置和建造防火灭火设施。规划2010年消防中队增至15个，新建西北、新港、新龙、青龙、西南等分区的消防中队，增强消防通讯和灭火能力，在常州高新区规划建设市级消防指挥中心，增加消防和灭火指挥、调度等通讯设施。2004年编制《常州市城市消防规划(2004—2020年)》，2008年总体规划调整时相应调整。

规划原则和目标 为坚持“预防为主、防消结合”的方针，按城市用地布局规划城市消防体系，提高消防部队快速反应能力和防御、处理突发事故能力，以适应现代化城市防火救灾的需要，将灾害损失减少到最低限度。为与城市现代化发展相适应，增设消防站点，提高消防装备水平，增强城市抗御火灾尤其是特大火灾的能力，提高扑救高层和超高层建筑、石油化工建筑、地下建筑等火灾的能力，消防队伍向多功能发展，成为灭火主力队和处置突发事件和抢险救援的机动队，增强城市防御与抗御火灾的整体能力。加强消防教育，提高居民消防意识。

消防安全布局 对生产、储存易燃易爆化学危险物品的工厂、仓库，尽量布局在城市边缘或独立地区，逐步加强旧城中心区的改造，开辟防火隔离带和消防通道，完善消防基础设施建设，合理布局加油站。确定关河路、五角场路、劳动路、怀德路、长江中路和关河西路所围的城市中心区域为危险品禁运区，危险品运输车辆应挂明显标志。

消防站布局 中心城区按“接到报警后消防车5分钟内到达责任区边缘”的原则，划分消防责任区，设消防站42个，巩固和发展专职消防队，在奔牛、卜弋、湟里、雪堰、横林、洛阳、横山桥、孟河、罗溪等镇各建设1个普通型消防站级的专职消防队，逐步改编为公安消防中队。消防通道、供水、通信、供电及装备等基础设施建设严格执行防火规范，消防水源以城市供水管网为主，适当建设消防码头。

二、防洪排涝规划

80年代末，常州市区防洪治涝设施薄弱，标准偏低，过量抽取地下水，大片土地沉降至洪水位以下，城市防洪治涝形势严峻。防洪标准采用50年一遇水位+3.75米(青岛高程)。90年代中期，编制了防洪排涝规划(参见第八卷“水利　水务”第一章“水利规划”第二节“系统规划”)。城市外围充分调整五星、三井、龙虎塘、青龙、茶山、永红、红梅、丁堰等乡18个排涝站的建设和维护，保护面积46.3平方公里。新建东方、牛塘沈家弄、湖塘、北环、竹林、青龙港北、胜利圩、严家圩、五一等11个排涝站。城区规划新建扩建西水关桥、西园村、西新桥、大红旗、大湾浜等排涝泵站8座，其中前3座同时具有市河换水功能。疏浚市河及其他河道，相应地加高加固河堤。

三、人民防空规划

80年代末，常州被列为二类防空城市规划建设。规划至2000年，市区人民防空(简称“人防”)设施总面积达25万平方米，已建10.7万平方米，1989—2000年需再建14.3万平方米。2000年，远景期规划结合地铁建设“一纵一横一环”的地下交通线和人防设施，有条件的人防工程与地铁连通，邻近的人防工程相互连通、联网成片。90年代中期，建设人防指挥中心，完善微波通信设施，建立警报网和寻呼网。建设平战结合的人防工程。旧城中心规划为人防工程的两个主要地区，地下空间成片开发，开辟地下商业、文化娱乐、停车场等服务设施，形成地下商业街；新建建筑按规定建设地下人防设施，与地下空间开发相结合；新建居住区按建筑面积3%的比例建设掩蔽工程，与公共绿地、公共建筑相结合。新区、戚墅堰区、郊区有重点地相对集中开发地下空间，建设人防工程防护体系和地下商业设施及文化娱乐场所。市区人防工程2000年达45.5万平方米，2010年达52.6万平方米。2004—2008年，编制常州市人防规划，2008年城市总体规划调整时又重新梳理人防内容，提出建立完善的人防抢修、抢险救灾队伍。

规划原则和目标 2004—2008年，常州市编制确定新的人防规划，提出常州属二类防空设防城市，人防建设实行“长期准备、重点建设、平战结合”方针，以防高技术、常规武器打击为重点，实行人员防护与重点目标防护并重，通过防护和抢救、抢修措施，保护人民生命财产安全，增强反击敌军的潜力。人防工程建设目标为人均面积1平方米，建设布局合理、类别齐全、功能配套的网络式城市人防工程体系。

人防工程规划 2004—2008年，常州市编制确定新的人防规划，提出中心城区为甲类人防工程建设区，以外为乙类人防工程建设区。建设人防指挥中心，完善人防警报网；人防设施建设与地面建筑、地下空间开发相结合，新建达10层或基础埋深达3米的民用建筑必须按地面建筑底层面积修建防空地下室，9层以下且基础埋深不足3米的民用建筑按地面建筑面积的5%统一配建人防工程。

地下交通线 80年代末，规划在3个主干道交叉口建设与人防结合的地下过街道，市区疏散机动干道"二纵一横"，2000年前后逐步实施。2004—2008年编制确定的常州市人防规划，提出远期结合地铁建设地下交通和人防设施。

地下停车场 80年代末，规划在文化宫广场、火车站广场、兰陵交叉口、戚墅堰停车场等地附近建设地下机动车停车场，在生活性干道选择若干处建设地下自行车停车场。90年代中期和2004—2008年编制确定的常州市人防规划，均提出按城市人口密集程度，建设平战结合的地下停车场。

地下功能空间 80年代末，规划建成地下果品、蔬菜、粮食、肉禽等地下冷库和保鲜仓库，规划建设地下商场，结合大型建筑的人防掩体，建地下医院、药库、血库、商店、会堂、剧场、实验室、文体活动室等。90年代中期和2004—2008年编制确定的常州市人防规划，均提出建设平战结合的地下仓库，修建地下储存仓库，确保粮食、能源、药品及其他生活必需品的储备量。提出建设平战结合的地下人防掩体、医院等公共建筑人防工程。

四、地下空间规划

常州城市地下空间的开发利用分为1950—1978年的"深挖洞"阶段、1978—1986年的平战结合阶段和1986年以后与城市建设相结合的发展阶段，常州成为全国地下空间规划开展较早的城市。21世纪初开始编制地下空间专项规划，从关注城市地上空间的二维视角开始向关注地上地下协同发展的三维视角转变，促进了城市用地不足、交通拥挤、环境污染、防灾抗毁等难题的解决。市规划局从2005年起会同有关单位陆续开展了《常州市城市地下空间开发利用规划》《城市地下空间控制引导研究》等编制工作，把地下空间开发利用的部分要求纳入控制性详细规划与规划条件。《常州市城市地下空间开发利用规划(2005—2020年)》翌年2月编制完成，7月通过市规划审议鉴定委员会鉴定，9月获市政府批准。规划提出，常州市主城区以地下轨道交通为骨架，以重要轨道交通节点为生长点，以重点片区为展开面，形成"一纵一横十二片"的整体形态；主城区以外地区主要结合各新市镇人防地下室的建设开发利用地下空间，呈"点"状结构形态。

五、抗震防灾规划

常州位于南京大凹陷的边缘，属长江中下游地震亚区，基本地震烈度6度。80年代末规划降低旧城区的建筑和人口密度，根据土地承载力合理布置建筑。2006年，《常州市区防震减灾规划(2004—2020年)》编制完成，后将该部分内容融入《常州市城市总体规划(2008—2020年)》。

规划原则和目标 贯彻"预防为主，防、抗、避、救相结合"的方针，与城市建设的远近期发展相结合，与城市地震地质条件和未来地震趋势相适应，以工程抗震设防为基础，结合实际、因地制宜、全面规划、突出重点、综合减轻地震灾害。规划抗震目标为常州市抗震设防基本烈度为7度第一组地区，地震动峰值加速度0.1克。发生8度地震影响时，甲、乙类建筑和要害部门不致遭受严重破坏，能在震后10分钟内作出地震发震时刻、发震地点、地震震级报告，各级政府和有关部门1小时内启动应急方案，灾民1～2日内得到妥善安置，城市3日内恢复正常生产生活秩序。

抗震设防 90年代中期，建筑按地震烈度6度设防，重要的生命线工程和高层建筑物均须按7度设防。

保持建筑物合理密度，利用城市道路、广场开辟疏散干道和避震疏散场地，达到城市人口人均1～2平方米的指标要求。规划避震场地总面积至2000年达133万平方米，2010年达172万平方米。增强供电、供水、邮电通信等生命线工程的抗震、防震能力。不符合抗震设防标准的新建、改建、扩建工程不准建设。对市区建筑物、构筑物和设备等工程设施进行有针对性、有计划的抗震加固。对易燃、易爆危险品仓库的布局作相应调整，并建立相应的抢救队伍。做好震前的应急准备，震后的抢险救灾和恢复重建。

2006年的《常州市区防震减灾规划(2004—2020年)》提出，做好城市震灾预测，开展震害预测、破坏性震害预报。位于常州市地震动参数区划分区界线两侧各4公里区域的靖江—宜兴断裂带（经横林、运村等）、张渚—滆湖—魏村断裂带、魏村—小河—江都断裂带的建设工程，抗震设防要求必须进行地震动参数复核。新建工程的设计与建设、已建工程的抗震加固均按《建筑抗震设防分类标准》(GB50223—2008)执行，一般工业与民用建筑的建设工程要按抗震设防烈度7度设防，国家规定的重大建设工程和可能发生严重次生灾害的建设工程必须专门进行地震安全性评价，增强供电、供水、通信等重要基础设施工程的抗震能力。

避震疏散 80年代末提出，增辟延陵路等主干道、次干道和城市出入口道路为主的疏散救援干道，开辟以公共绿地、体育场地为主的避震疏散场地。2000年总避震疏散场地面积达80万平方米，人均达1.33平方米。增强城市生命线工程的抗震能力，供电、供水、邮电通信、粮油食品厂、仓库、医疗卫生等工程的主要建筑均提升等级按7度设防或加固，增强抗震能力；对3层及以上空斗墙住宅进行加固；建立抢救专业队伍，尽快恢复正常运转。防止震后的次生灾害，徐窑的危险品库规划迁址奔牛以西安全地区，对全市油库、农药、化工等易燃易爆物品的生产与保管，按国家防灾标准要求调整布局并建立相应抢救队伍。2006年的《常州市区防震减灾规划(2004—2020年)》提出，制订人口疏散计划，利用公园、绿地、广场、体育场、停车场、学校操场等开敞空间和人防工程等地下设施，作为居民避震疏散场地，人均场地大于1.5平方米，延陵路、通江路、怀德路、长江路、和平路、中吴大道、劳动路、长虹路等主要疏散道路的宽度及两侧建筑物高度应满足安全疏散的要求，防止地震次生灾害。把徐窑的危险品仓库迁至德胜河西、沪宁铁路以北的离城较远地区。建立合格的抗震抢救队伍。

第六节 规划管理实施

1983年6月8日常州市规划处成立，规划编制由规划处内总体规划科、详细规划科承担。1984年4月3日，省政府批准常州市第一轮城市总体规划。1989年4月1日市规划局成立，设置总工程师室负责城市规划编制管理。随着《中华人民共和国城乡规划法》（简称《城乡规划法》）的颁布及相关法律、法规、政策陆续出台，以"一书三证"（"建设项目选址意见书"，"建设用地规划许可证""建设工程规划许可证""乡村规划许可证"）制度为核心的规划实施管理的权限、程序、方法等日趋制度化，规划实施管理逐步走上法治化、规范化轨道。1989—2010年，市规划局组织编修了两轮城市总体规划，充实调整一次总体规划，组织编制了城市新区、开发区、新城、重点镇等的总体规划和分区规划、城市专项规划及覆盖市区的控制性详细规划、重点地段的城市设计、修建性详细规划的编制管理等。1999年以后市规划局逐步完善专家论证、集体会审、规划公示等规划编制管理制度，组织专家咨询委员会对重要规划项目进行咨询论证，对重大规划项目采取竞赛、国内外招标方式，规划成果通过规划馆或媒体等形式向市民公示等，提高了规划编制管理水平。

一、规划机构

城市规划管理机构设置随着城市建设、经济发展和国家法律法规的不断完善而逐步建立、发展和完善。市规划局从二级局（规划处）上升为一级局，职能从注重项目的规划管理到规划编制、规划实施管理、规划批后管理相结合的综合管理转变，从只限于城区管理到城乡统一管理转变。

行政管理机构　1983年6月8日常州市规划处成立，隶属于市建设委员会。1989年4月1日市规划管理局（二级局）成立。1992年8月规划国土管理局成立。2001年5月25日市规划、国土两部门分设，成立市规划局。2001—2002年，随着常州行政区划的调整，天宁、钟楼、戚墅堰、新北、武进5个区相继成立市规划局派出机构规划分局，实现市辖区规划管理职能的垂直统一。2010年5月19日市政府把规划管理的权限扩大到所有乡镇，市规划局对城乡进行统一的规划管理。

测绘规划设计机构　常州市规划设计院　1986年4月底成立，前身为常州市城乡规划设计室，1987年4月获甲级规划设计资质证书；1989年4月1日变更用今。承担承接市域城镇体系规划、城市总体规划、分区规划、详细规划、市政规划等规划的编制。

常州市测绘院　前身是1989年4月成立常州市规划处勘察测量队，主要承担全市的城市测量、工程测量、土地沉降测量等业务。1994年3月10日变更为现名，2004年获国家甲级测绘资质。

常州市规划管理信息中心　1991年6月成立，主要职能是建立、管理和维护市规划局规划信息系统，实现局办公自动化，统一管理规划信息数据，为规划管理提供相关的技术和数据服务。

常州市规划监察支队　前身为1994年3月成立的全民事业单位常州市规划国土监察大队，2001年10月24日成立常州市规划监察大队，履行市、区规划监察职责。2009年4月14日升格为副处级，下设钟楼、天宁、戚墅堰3个区大队，负责查处违反规划行政要求的违法建设行为，对市区建设项目进行批后管理、竣工验收等。

常州市规划事务所　2002年2月成立，主要从事规划前期准备、规划咨询、规划技术服务等。

常州市规划馆　2006年12月成立，主要宣传城乡规划法律法规及城市的发展变化，展示常州城市规划的成果成就，陈列常州城市总体规划、专项规划、城市设计、控制性规划及重点工程的详细规划，进行规划公示。

常州市武进城乡规划设计院　原为武进市城乡规划设计院，2003年2月更用今名，主要从事武进相关控制性详细规划、修建性详细规划、市政规划等类城市规划的编制。

常州市武进城乡建设测绘院　前身为武进市城乡建设测量队，2003年2月底变更为常州市武进城乡建设测量队，主要负责武进城市、工程、土地沉降等测量业务，2009年11月25日更用今名。

常州市新北测绘勘察中心　原名常州高新技术产业开发区测绘勘察处，2003年2月底变更为测绘勘察中心，2001年获乙级测绘资质，主要负责新北区的城市、工程、土地沉降等测量。

二、规划编制组织

1983年6月以后，常州规划编制管理开始进行规范化、制度化建设。采取检查、征求意见等手段保证规划按期按质编成，重点项目聘请省内外专家参加鉴审会。规划成果按上级规定审批，其中总体规划上报省政府审批，县城及分区规划、专项规划、城市主次干道两侧改造等规划报市政府审批。举办规划设计方案竞赛或规划设计成果评优。1990年初，市规划局颁发《关于加强城市规划设计管理的若干规定》，9月市政府根据《城市规划编制办法》和省政府批准的《常州市城市总体规划（1989—2000年）》，颁发《常州市城市规划审批程序暂行管理办法》，规定市政府可根据城市经济和社会需要作局部调整，报市人大常委会和省政府备案，但涉及城市性质、规模、发展方向和总体布局重大变更的必须经市人大或常委会同意后报省政府审批。市域内各辖市的总体规划，城市分区规划，城市供水、排水、供电、邮电、交通、煤气、供热、人防、防汛、环卫设施、园林、历史文化名城保护、防灾等专项规划，及城市主次干道两侧改造、主次干道、大型桥梁等的详细规划及其他需报的规划项目上报市政府审批。分管副市长负责审批旧区改建和新区或新居住区的详细规划，城市主次干道两侧建筑面积达2000平方米的临街建筑，层高达8层的高层建筑、公共建筑的规划、建筑设计方案；

市规划局负责审批除市政府及分管副市长审批以外的城市规划项目。

2001年9月29日，市委、市政府下发《关于进一步加强城市规划工作的决定》，要求市规划局在加快城镇体系规划编制、改进城市规划编制、城市规划实行分级审批、建立城市总体规划修改的认定制度和备案制度4个方面规范审批和修改程序，加强规划编制的管理。2006年4月1日，建设部颁布实施《城市规划编制办法》，按照省、市相关规定，常州市城市总体规划由市政府组织编制，市规划局承担具体工作，先组织编制城市总体规划纲要，审查同意后组织编制完成总体规划成果，按规定组织论证，再按法定程序报请审查和报国务院审批。分区规划和专项规划由市规划局组织编制，组织专家论证，征求相关部门意见，进行公示，然后报市政府审批。市区的新区、开发区、新城、重点镇等的总体规划由市规划局组织编制，按规定组织论证，报市政府审批。常州高新区的总体规划报省政府审批，报建设部备案。城市控制性详细规划由市规划局依据已批准的城市总体规划或分区规划组织编制，重要地段的城市修建性详细规划由市规划局组织编制，均报市政府审批。其他修建性详细规划可以由有关单位依据控制性详细规划或市规划局提出的规划设计条件，委托城市规划编制单位编制；其中住宅小区的修建性详细规划须报分管副市长审批，其他的由市规划局审批。规划经批准后具有法律效力，不得随意变更，如需调整须经必要的调整程序、相应的审批机关同意。

三、方案竞选招标

1987年起市规划处负责组织方案评选，市城乡建设委内设立由相关领导和专家组成的规划、建筑方案审议小组。1995年5月26日，建设部颁发《城市建筑方案设计竞选管理试行办法》。1999年6月22日，市规划国土局出台《建筑项目规划方案设计实行竞选管理的若干规定》，7月市政府成立常州市城市规划审议鉴定委员会；7月7日，市规划国土局成立常州市规划方案设计竞选管理办公室，建立专家评委库，设置规划、建筑方案审议工作机构，组织对两案的评审。2001年9月29日，市委、市政府决定加强城市规划，放开规划设计和建筑设计市场，鼓励高素质的规划建筑设计队伍参与城市规划。翌年9月30日，市规划局出台《常州市城市建筑设计方案竞选招标投标管理暂行办法》，提出对建筑方案的管理要求，规定城市规划区的建设工程项目建筑方案分为建筑设计招标投标竞选项目、专家评审项目、局审查项目三类，除招标投标竞选项目、专家评审项目外的为局审项目，规定建筑方案报审的程序、申请和受理、评审的内容、评审的组织等。

2003年4月10日，新的市规划审议鉴定委员会成立。4月23日，新的常州市规划委员会和常州市城市规划专家顾问咨询委员会成立。2004年6月，市规划局成立市规划方案设计竞选管理办公室。规定新建、改建居住小区用地规模超过2万平方米，旧城区内用地面积超过1万平方米的改建项目，文物保护区、风景区内改造建设项目，主次干道两侧建筑面积1万平方米，建筑高度超过24米的建筑，城市广场和标志性建筑，文物保护区内的其他重点建设项目和市指定的其他建设项目必须进行规划方案竞选。2003—2004年组织常州体育会展中心、青龙生活区规划和天目湖旅游度假区总体规划的国际招标。2006年11月至2007年开展了常州工学院总平面规划与常州日报社报业大楼的国际招标。2008—2010年，组织常州高铁站、常州城铁站及其核心区修建性详细等项目的国际招标，影响比较大的招标活动是新运河城市设计、常州轨道交通线网规划、常州大观楼和沪宁城际铁路常州站核心区修建性详细的国际招投标。至2010年底，累计组织20多个规划项目方案的国内、国际招标征集活动。

四、制度与技术规范

1983年，常州市规划处成立。1984年9月，《常州市规划管理办法》制定出台，开始对城市的建设用地、建设工程实施规划管理。1989年4月市规划管理局成立后，按《城市规划法》的要求修订原试行的管理程序。1990年3月开始施行规划管理审批程序，发布《常州市建设用地规划管理程序》《常州市建设工程规划管理程序》，在城市推行“一书两证”的规划实施管理制度。1990年9月25日市政府颁发《常州市城市规划审批程序暂行管理办法》。1992年8月24日市政府出台《常州市国有土地使用权出让和转让暂行办法》，推行城镇国有土地的有偿使用。同月，市规划局与市土地局合并成立市规划国土管理局，职责拓展到城市土地管理，推进了城市土地有偿使用的开展。市规划院完成40幅、面积约100万平方米的拟出让地块控制性规划图，确保了建设用地招拍挂等形式出让的顺利进行，常州建设用地出让一直走在全省前列。1994年8月29日市政府出台《常州市〈中华人民共和国城市规划法〉实施细则》，既规定建设项目的规划技术指标，又规定选址意见书、建设用地规划许可证、建设工程规划许可证的申报、核发范围、审批程序、核发相关证件及违法用地、违法建设、违法审批的处罚等，规定对市辖区、武进县规划管理的委托办理办法。

1996年初推行行政审批管理公示制度、建设项目窗口报建制度，实行规划土地行政审批网上办案，即“一书两证”图文办公信息系统。1997年4月，常州市规划国土“建设项目选址意见书”“建设用地规划许可证”和“建设工程规划许可证”等“一书两证”管理图文办公系统运行，初步实现审批核发在网络上办理，规划用地红线的绘制、建设工程的总平面图绘制等实现计算机管理，这项技术和管理方式为全省、全国领先。2001年10月，市行政审批服务中心成立，实行全市行政审批类项目行政许可的集中报建，内部审批、局办案督查、制证发证、发图件等全部在窗口进行，提高了审批效率。2004年8月，制定《常州市规划局行政许可规程》，将“一书两证”的规划审批按照行政许可法的要求制定出七大类行政许可工作规程；先后制定相关的规定和制度把行政许可制度、公示制度等规定，为城市规划实施管理的重要组成内容，从城市规划制订、实施管理、监督检查、政务等方面进行充分的公示，规划作为公共政策的职能得到日益强化。2008年起，国家新颁布的《城乡规划法》彻底改变了原规划城乡分离的做法，规划管理进入到城乡统筹的新时代，规划编制和实施管理对城乡全覆盖，在农村地区的建设项目核发“乡村建设规划许可证”制度，即“一书三证”制度。

五、规划实施分级管理

规划实施分级管理分两个阶段。第一阶段是1990年代初，主要解决市与郊区、市与武进县等规划管理职能的协调和划分；第二阶段是21世纪初期，市规划局把部分具体行政审批项目的规划审批权限下放给垂直管理的5个分局，实现集中统一后内部分级管理。1994年8月29日，市政府出台《常州市〈中华人民共和国城市规划法〉实施细则》，市规划国土管理局陆续出台委托城区、郊区规划管理和常州市城市规划区内与武进县规划管理的操作办法，郊区及武进县的规划管理被纳入常州市规划管理序列。2002年4月常州行政区划作出调整，市区范围从280平方公里扩大到1872平方公里。城市规划管理体制相应调整，市规划局在2001—2002年相继成立5个规划分局，实行垂直统一管理。

建设项目选址意见书 市规划局对城市规划区建设项目用地管理分成两个阶段，即“选址意见书”和“建设用地规划许可证”，1992年开始启用“选址意见书”。2001年10月9日启用“建设项目选址意见书”。

2000—2010年常州市建设项目“选址意见书”办理数量统计表

表6-1-5

年份	项目数(个)			总面积(万平方米)		
	中心城区	武进、新北	全市	中心城区	武进、新北	全市
2000	61	106	167	83.43	182.25	265.68
2001	29	129	158	59.45	344.18	403.63
2002	116	688	804	91.88	3125.45	3217.33
2003	242	954	1196	1236.81	5894.32	7130.63

续表 6-1-5

年份	项 目 数(个)			总 面 积(万平方米)		
	中心城区	武进、新北	全市	中心城区	武进、新北	全市
2004	212	549	761	1289.37	2904.10	4193.47
2005	132	514	646	503.68	1852.71	2356.39
2006	178	830	1008	695.90	3523.23	4219.13
2007	140	294	434	639.74	1514.69	2154.43
2008	32	63	95	104.46	599.33	703.79
2009	64	129	193	435.90	725.68	1161.58
2010	12	94	106	13.42	744.85	758.27

建设用地规划许可证 核发范围为：新征新拨建设用地，因历史原因未办理建设用地规划许可证的建设用地，土地使用权属发生变化的建设用地，以前虽然办理过建设用地规划许可证但新的建设需要改变原“建设用地规划许可证”规定内容的建设用地，临时建设用地应该办理临时规划用地许可证。2001 年前“建设用地规划许可证”是由规划管理科（处）负责办理；2001 年 10 月 9 日市政府颁发《常州市行政审批服务中心事项审批管理暂行办法》，对“建设项目规划用地许可证”的核发作了具体规定，2002 年起市辖五区规划分局相继成立，“建设用地规划许可证”由市局规划用地管理处和分局按照市局职责分工共同管理。

2000—2010 年常州市“建设用地规划许可证”办理数量统计表

表 6-1-6

年份	面 积(万平方米)			数 目(个)		
	中心城区	武进、新北	全市	中心城区	武进、新北	全市
2000	179.75	—	179.75	81	—	81
2001	247.34	—	247.34	112	—	112
2002	440.32	597.00	1037.32	156	185	341
2003	1022.86	1552.00	2574.86	296	359	655
2004	1386.61	2426.99	3813.60	254	479	733
2005	920.91	1942.73	2863.64	212	407	619
2006	954.42	2224.51	3178.93	265	562	827
2007	965.34	1391.22	2356.56	189	312	501
2008	728.12	707.32	1435.44	124	150	274
2009	859.27	876.89	1736.16	153	229	382
2010	494.16	761.16	1255.32	80	129	209

建设工程规划管理 1984 年 1 月 5 日国务院颁布《城市规划条例》，市规划处根据该条例规定，逐步建立和完善《常州市建设工程规划管理程序》等规章管理制度，规范了建设工程的报建要求和审批程序。1987 年 3 月各区建设局相继成立，1989 年 1 月 1 日起私房的建筑管理、执照由各区建设局负责。1990 年 4 月城市规划法对建设工程的规划依法核发“建设工程规划许可证”，市规划管理局逐步建立阶段核发“建设工程规划证”制度，取代原先核发建筑执照的做法。2001 年 10 月 9 日市政府对建设工程规划许可证的核发作了详细规定，2002 年起建设工程规划许可证的管理由市规划局建筑管理处和分局共同承办。

2000—2010 年常州市“建设工程规划许可证”办理数量统计表

表 6–1–7

年份	面　积(万平方米)			数　目(个)		
	中心城区	武进、新北	全市	中心城区	武进、新北	全市
2000	111.20	59.24	170.44	118	139	257
2001	59.99	92.46	152.45	84	130	214
2002	165.05	341.69	506.74	182	384	566
2003	323.05	592.52	915.57	295	494	789
2004	317.55	536.30	853.85	224	383	607
2005	391.66	495.78	887.44	235	416	651
2006	725.54	1062.17	1787.71	318	474	792
2007	552.80	778.40	1331.20	274	538	812
2008	509.94	881.81	1391.75	205	373	578
2009	543.85	623.36	1167.21	209	380	589
2010	272.58	468.87	741.45	84	223	307

市政工程规划管理　为了统筹合理安排管线工程的建设，避免管线间相互干扰和重复挖掘道路，1988 年 4 月 11 日市规划处制定《常州市管线工程规划管理暂行办法》；1990 年 7 月 1 日起市规划管理局加强道路管线等工程施行规划管理，常州市规划区内的新建、扩建、改建道路、管线等其他工程设施必须办理“建设工程规划许可证”方可施工。1998 年 12 月 7 日，《常州市市区地下管线规划管理办法》颁发；11 月 11 日，市政府批准市规划国土管理局、建委开展全市地下管线普查工作，2000 年 12 月该项工作通过验收，常州始有完整的地下管网基础资料。2001 年 5 月 15 日，常州市规划国土管理局撤销、市规划局成立，设置了市政工程管理处，负责城市道路、市政管线、园林绿化、城市雕塑等的规划管理。2002 年 12 月 26 日起，城市户外广告的设置纳入城市规划管理；2007 年 9 月 11 日《常州市区建设项目室外景观环境规划管理暂行办法》出台，把建设项目的室外工程（含绿地、小品、铺地、装饰物等）实施纳入规划管理。

六、监督监察

批后管理　对建设项目的规划批后管理起始于建设工程的放验线。1983 年 6 月 8 日市规划处成立到 1994 年初，放验线工作比较薄弱，缺少相应的规章制度，验线率不高。1994 年 4 月 1 日，试行《常州市建设工程规划、用地统一验收办法》，规定建设项目开工前必须经规划部门查验灰线，验线工作有新改进，但申办验线的比率仍不高；1997 年《常州市建设项目放验线管理办法》出台，明确建设单位开工前必须邀请有资质的放线单位进行建设工程的现场放样（放灰线），放样定桩后向规划部门申请现场查验灰线，详细规定了验线的程序、方法、查验内容及时间和验收人的工作职责，抽调市测绘院专业人员组成放线小组，发放“建设工程规划许可证”时发放建设项目放验线单，强化建设项目的放验线工作。2006 年 7 月，《常州市建设项目批后管理暂行规定》出台，详细规定了规划验收的分类、局验收组织分工、验收的程序、规划验收的申请和受理、规划验收的内容等，加强和规范了规划批后管理，监督建设单位自觉遵守规划的行政许可；批后管理由局建设工程管理处调整为市规划监察大队负责，使规划管理的审、批、管分离，建立了规划管理内部监督机制，规划的批后管理日益规范化、制度化，批后管理实现及时动态监督。

规划验收　规划验收工作开展比较晚。90 年代初，市规划部门未将规划验收列入规划批后管理环节，工程建设不按规划要求施工的现象时有发生，规划验收开始引起规划部门的重视。1992年开始实行正、副本制度，抑制了建设中随意违章的现象。1994年4月1日，《常州市建设工程规划、用地统一验收办法》试行，规定建设项目竣工后，建设单位必须接受规划局的规划验收，成立规划土地竣工验收小组进行现场核查。2002年4月17日，颁发《常州市建设工程竣工规划验收暂行规定》；2006年7月28日，颁发《常州市建设项目批后管理暂行规定》，规划验收作为规划管理的重要环节、规划监察的重要手段，建设项目全部经规划验收。

违章建设查处 1992年8月17日，规划国土管理局成立时，原国土局监察大队履行土地的监察职责；1994年3月10日成立常州市规划国土监察大队，对城市规划区范围内的规划、土地管理、土地测绘的法律、法规贯彻执行情况进行监督检查，依法查处违法建设、违法用地和侵犯土地权属的案件，受理对城市规划、土地违法行为的检举、控告，在全市特别是规划区内组织巡回监察，预防违反城市规划、土地法规的行为，协助法院强制执行有关行政处罚案件，参与建设项目的竣工验收等。2001年5月规划国土管理机构分设后，10月24日，市规划局相应成立规划监察大队，负责监督检查建设项目规划，查处违章建设。2006年8月，市政府实行行政执法权相对集中管理，无证违法建设的查处职能移交到常州市城管行政执法支队。2009年4月14日，常州市规划监察大队升格为副处级的常州市规划监察支队，负责查处违反规划行政要求的违法建设行为，核实市城管行政执法部门移交的违法案件，对市区的建设项目进行批后管理、竣工验收等。2001—2005年，市政府开展全市交通专项整治，市规划监察大队组织对全市22条河流、42个重要地段、3大片区和78条主次干道两侧进行清临拆违工作，查出临时、违章建筑近3291处，拆除约53万平方米。

第二章 市政工程

1986—1989年，市城乡建设管理委员会负责常州市区市政工程建设管理。1989年12月，市城乡建设管理委员会更名为常州市建设委员会。80年代中后期，随着旧城改造加快和城区规模扩大，大力新建、改建和拓宽城区道路，道路网向外延伸拓展。90年代，常州市加强以城市交通工程为重点的城市基础设施建设，逐步改造旧城，完善中心城市功能；围绕创建国家卫生城市，加强市政设施维修管理，提高市政设施运行能力和质量，改善市容环境。2000—2010年，常州加快推进城市化和城市现代化发展战略，按照城市发展总体规划，通过银行融资、土地运作、BT方式等模式，筹措落实城市建设资金；沟通了城市中心区与南部武进新城、高新区北部新城的交通，提升城市运行能力。把道路建设和市河整治、绿化景观建设相结合，城市道路既承担交通通勤的功能，又成为美化城市的一道道风景线。

第一节 市政施工企业

一、施工企业

2001年，常州市有市政施工企业45家，其中一级1家、二级10家、三级21家、四级12家、暂定四级1家。随着城市建设的不断发展，市政企业逐步增多，2005年底，市政施工企业发展到62家，其中一级1家、二级16家、三级45家(含暂定12家)。2010年底，市政施工企业发展到120家，其中一级14家、二级33家、三级73家。

2010 年常州市市政施工一至二级企业一览表

表 6-2-1

类　别	等级	数量(家)	企　业　名　称
市区			
市政公用工程施工总承包	一	2	常州市市政建设工程有公司、常州先达路桥工程公司
市政公用工程施工总承包(除燃气外)	二	6	常州市给水工程公司、常州中航港建设工程公司、常州市燃气工程公司、常州市航务工程公司、江苏恒鼎建设发展公司、常州建设发展公司
城市及道路照明工程专业承包	一	1	常州市城市照明工程公司
	二	1	常州市创格灯光景观工程公司
武进			
市政公用工程施工总承包	一	5	常州市金建路桥工程公司、常州市通力市政工程公司、江苏八达路桥公司、江苏通达建设集团公司、常州市通润建设工程公司
城市及道路照明工程专业承包	一	1	常州市嘉晖照明工程公司
	二	2	常州市横山桥电力工程公司、常州市天行钢杆照明公司
市政公用工程施工总承包(除燃气外)	二	11	常州市绿美艺园林绿化工程公司、常州市武进市政建设公司、常州市武进创业市政建设公司、常州市武进市政工程公司、常州联丰路桥工程公司、常州市舜通市政工程公司、江苏京合利建设发展公司、常州市万年青园林绿化工程公司、常州市万达兴安装工程公司、江苏锦盛园林建设工程公司、江苏红科建设工程公司
新北			
市政公用工程施工总承包	一	2	常州市东南交通建设工程公司、常州市建锋市政建设工程公司
市政公用工程施工总承包(除燃气外)	二	8	常州市正益市政建筑安装公司、常州市精益建筑公司、常州新区恒伟市政建筑工程公司、常州天马万象市政建设工程公司、常州高新城市建设投资公司、常州市协和路桥工程公司、常州华润市政工程公司、常州宏基盈润市政基础工程公司
金坛			
市政公用工程施工总承包	一	1	金坛市市政建设公司
市政公用工程施工总承包(除燃气外)	二	2	金坛市兴通路桥工程公司、金坛市开岩路桥工程公司
溧阳			
市政公用工程施工总承包	一	2	江苏天力建设公司、江苏安顺建设集团公司
市政公用工程施工总承包(除燃气外)	二	3	溧阳市天达市政安装工程公司、江苏中天市政工程公司、江苏环能工程公司(含燃气)

说明：市区仅含天宁、钟楼、戚墅堰三区

二、工程施工

随着社会经济的发展和市政建设的大规模展开，常州市市政施工的技术、装备和道路养护维修方式经历了由以人工为主、工程中小型为主转向机械化、大型化的快速提升阶段，项目管理从计划经济模式的作业班组发展到与市场经济相适应的项目经理负责制管理。

施工技术 80年代至90年代初，常州市政建设测量放线主要以皮尺、钢尺、拔尺、水准仪为主，精度较差。土方基本由人工使用铁镐、铁锹等开挖。雨污水管径一般不大于1米，埋深不超过3米，下管由人工配合绳索下管，混凝土、砂浆主要是人工拌制。施工现场的水平运输主要由人肩挑背扛，配以少量手推车和拖拉机运输。混凝土构筑物的破除由人工完成，使用榔头、凿子等工具，方法原始。90年代中后期，测量放线广泛使用精度较高的水准仪、经纬仪和全站仪，土方开挖开始使用小型挖掘机（轮胎式），雨污水管道下管开始采用机吊，混凝土、砂浆拌和以强制式滚筒拌和机为主。混凝土构筑物破除以重力锤打击，效率有所提高。2000年以后，施工中广泛使用大型挖掘机（履带式）、大型破碎机、宝马拌和机、平地机等机械设备，向市场化、专业化发展。混凝土、砂浆由专业单位拌制，开始商品化，混凝土浇筑以泵送为主。沥青混凝土全采用沥青拌和楼拌制，运输以大型自卸汽车、大型平板拖车为主。管道施工开始普遍使用顶管、牵引管、沉管等非开挖的先进工艺。

施工材料 80年代，市政工程使用的管道全部为混凝土管材，经人工拌制、捣实，管径小于1米，使用的钢模为小型钢模。道路基层料以三合土、三渣为主，道路面层料以贯入式施工摊铺，人行道板为混凝土浇制的方块。90年代中后期，大口径机制混凝土、球墨铸铁管道和新型材料管材开始在市政工程中使用；道路基层料以灰土、二灰碎石为主，道路面层料采用沥青混凝土面层、玄武岩面层料，由小型摊铺机进行半幅摊铺，人行道板开始使用六角形道板、刨纹板。2000年以后，PE管、HDPE管、UPVC管、玻璃夹砂管、钢管等新型管材和大型组合式模版在市政工程中普遍使用。道路基层开始用水泥稳定碎石代替二灰碎石，随着S米A、SBS改性沥青、彩色沥青、排水沥青OGFC、环氧沥青的推广，使用大型摊铺机后道路面层实现全幅一次摊铺，提高了道路平整度。人行道板材质多样化，出现大理石、形状多样的机制混凝土道板及舒布洛克砖的铺装。

项目管理 80年代到90年代初期，以施工班组进行项目管理，采用工长负责制，班组配备施工员、技术员、材料员。90年代中期，工程项目开始组建项目部，实行项目经理负责制，配备技术员、资料员、材料员、施工员、质检员，加强项目管理。2000年后，市政工程项目普遍组建项目部，以具备执业资格的建造师担任项目经理，施工员、材料员、安全员、质检员、技术员全部持证上岗，由粗放式向精细化管理迈进，提高了施工管理水平。

第二节 城市道路

1990年，常州市区道路总长达336公里，总面积296万平方米，形成以新丰街、和平路和延陵路组成的内十字，以怀德路、劳动路、五角场南路和关河路组成的内环路及对外以常澄路（通江阴、苏北）、常新路（达丹阳、镇江）、常溧路（连溧水、南京）、兰陵路（接武宜路至宜兴、浙江）、常锡路（东至无锡、上海，西至南京）、常焦路组成的六放射的道路骨架网。1999年末常州市区道路总长671公里，总面积776.59万平方米，桥梁237座。2000—2010年城市道路建设主要沟通南北，提升中心，打通瓶颈、断头路，突破大运河、沪宁铁路对城市交通发展的瓶颈阻碍，主次干道与支路配套，高起点构筑城市道路骨架，基本形成南北道路框架，至2010年末，常州市城区（包括武进区）道路总长1752.2公里，总面积3022.6万平方米，桥梁972座，分别比1999年末增1.61倍、2.89倍和3.1倍，城市运行能力明显提升。

一、高架快速道路

常州城区为南北长50多公里，东西宽20多公里的带状区域。2006年，市委、市政府按“拓宽南北、提升中心”的发展方向和城市快速路系统规划，决定建设常州第一条城市快速道路高架道路，改善城市路网格局，规划形成由长虹路、龙江路、龙城大道、青洋路和中吴大道组成主城区与高速公路之间形成“二纵三横”的“日”字形的快速路系统，总长约84公里。2006—2008年，完成常州高架道路一、二期的施工图设计，全长约52.3公里，主线宽25米，城-A级汽车荷载标准，上部结构采用现浇预应力混凝土弧形梁。2006年7月至2008年9月，建设高架道路一期工程龙城大道通江路—龙江路长虹段，2009年5月至2010年9月，建设高架道路二期工程龙城大道晋陵中路—青洋路长虹段。

常州高架道路立交枢纽(摄于2008年8月)

高架道路一期 2006年7月28日开工，2008年9月竣工。工程由长虹路、龙江路和龙城大道三部分组成，全长25.4公里，道路呈倒“F”型。高架道路为双向6车道，宽25米；地面道路为双向6车道，红线宽55～80米。高架道路设计时速80公里，地面道路设计时速40公里。一期工程从南向北穿越武进、钟楼和新北3区。南起长虹路与武宜路交界处，沿长虹路向西延伸，过武宜运河向北折，跨新312国道和新京杭大运河，在常金路处接入龙江路，再跨越老京杭运河与沪宁铁路，过龙城大道后北接沪宁高速公路薛家互通。龙城大道段西起龙江路，向东过长江路，在通江路前接通地面道路。全线设枢纽型立交两座，分别为城北干道立交、长虹路立交。全线高架出入口设置匝道20对，由北向南分别服务于汉江西路、通江路、长江路、飞龙路、常新路、棕榈路、中吴大道、新312国道、长虹西路、湖滨路、淹城路、武宜路等道路行驶的车辆。

高架道路二期 包括龙城大道(通江路—青洋路)、青洋路(青龙西路—滆湖路)、长虹路东段(青洋路—武宜路)三部分，总长27.9公里，环线方向长21.8公里。龙城大道段西接高架道路一期工程，东至龙城大道—青洋路立交后接地，长8.3公里；青洋路段北起龙城大道—青洋路立交匝道落地点，南至长虹路—青洋路立交匝道落地点，长12.3公里；长虹路段东起长虹路—青洋路立交匝道落地点，西接高架道路一期工程，长7.3公里。高架地面道路宽41米，其中青洋路段41.5米，双向6车道；高架部分标准断面宽25米，双向6车道。全线设龙城大道—青洋路及长虹路—青洋路两座4层枢纽型互通立交，设匝道21对，其中龙城大道7对、青洋路9对、长虹路5对。2009年6月开工建设，2010年9月完工通车。

二、主 干 道

80年代后期，常州主干道设计开始采用道路横断面三幅式布置的形式，引入交通工程理念，对交通流进行渠化设计，利用路面标线和导流岛对交通流进行渠化和诱导，整合沿线路口，达到机非人分流、各行其道。1989年，常州市内环线交通管理工程使用世界银行贷款建设，设计全长11.15千米，主要包括五角场南路、劳动路、怀德路和关河路形成的内环线道路，11个大型交叉口和新丰街、和平路5个公交站交通工程改造。1993年，常州在市政工程设计中首次引进自动计算机辅助设计软件，采用计算机辅助设计出图。劳动路混合车行道路面结构采用20厘米12%石灰土＋20厘米二灰碎石＋11厘米沥青面层。外环路工程包括312国道市区段、西环二路、城北干道和大明路总长1.92万米；设计中采用双幅式横断面型式，其中城北干道1.27万米、西环二路0.65万米，一般路段中央设3米分隔带。1995年以前，人行道铺砌结构组合采用6厘米厚、

50厘米×50厘米的正方形水泥混凝土板+3厘米砂+15厘米石灰土，1995年底开始采用5厘米厚、25厘米×25厘米的正方形彩色人行道板。1996年下半年，在道路设计中采用半刚性基层二灰碎石作道路上基层材料。

2000年，延陵东路道路首次系统完整地进行无障碍设计，盲道全线贯通并与公交站相连。2001年，怀德南路首次大规模采用稀浆封层，取代在业界为人诟病的沥青下封层。2006年，淹城路、西湖路首次采用水泥稳定碎石基层，与二灰碎石相比，有良好的力学性能、板体性、水稳性和抗冻性，初期强度高，适宜机械化施工和流水作业，人行道设计开始采用5厘米厚、25厘米×50厘米长方形水泥混凝土刨纹板。2007年，常州市实施快速公交(BRT)一号线道路改造工程，4月完成快速公交一号线工程设计，2008年1月1日通车运行，常州成为继北京和杭州之后中国第三个拥有快速公交线路的城市。2010年，泰山路(龙城大道—高邮湖路)白改黑工程设计中首次采用刚性路面改造柔性路面技术，采用对旧水泥砼板钻孔注浆的工艺。常州的主干道施工一般同步实施雨水、污水、给水、燃气、通信、供电等管线及交通标志标线、信号灯、智能交通、路灯、绿化、公交站台等其他配套设施的建设。

延陵西路 西起怀德中路，东至和平北路，全长1578米，是主城区东西向的主干道。该路原称东大街、西大街，为常州老城区最繁华的街道，1987年拓改后称延陵西路，按城市主干道标准，设计时速40公里，拓改工程分段实施。1987年10月17日，小营前至怀德路拓建工程开工，全长1158.78米，道路横断面设计为三幅式，红线宽60米，路幅宽46～80米，其中车行道宽33米，双向4车道，机动车道16米，非机动车道13米，分隔带各2米，其余为人行道和绿化，路面结构为沥青面层。1989年6月竣工，延陵西路改建后宽阔平直。1991年，该设计项目获全省市政公用工程设计行业优秀设计二等奖。1998年10—12月，文化宫广场周边道路拓宽，设计建成三进三出交叉口，东口与延陵东路改建工程衔接。延陵西路从文化宫交叉口至文化路段长163米，拓宽至47米，其中车行道36米、人行道各5.5米；1999年5—8月，大修改建小营前—文化宫段长420米，拓宽至36.5米，投资277万元。2001年，改造常州大酒店—怀德桥段，全长1110米，人行道改铺花岗岩，改造绿化，建设景观，增设多处园林景点，集购物、旅游、休闲于一体。2008年7月开工建设快速公交二号线时，在延陵西路段配套建设5座人行地道，分别位于延陵西路与邮电路交叉口、延陵西路与杨柳巷交叉口、延陵西路与公园路交叉口、延陵西路与晋陵路交叉口、延陵西路与文化路交叉口。各出入口均设自动扶梯、直跑式人行楼梯。延陵西路与文化路交叉口人行地道箱体总宽32米，设5个出入口。在快速公交沿线配置人行地道减少人车的交通干扰，增加交通流量，地道随快速公交二号线于2009年5月1日竣工投运。

延陵中路 西起和平北路，东至横塘桥，全长3317米，为主城区东西向重要的商业、交通干道，沿线现存天宁寺、文笔塔、舣舟亭等重要文物古迹。2006年，由原延陵东路和常戚路白家桥至横塘桥段更名为延陵中路。现车行道宽20～34米。1998年起，延陵东路(文化宫—牌楼弄)段改扩建，总长1978米，其中文化宫至洗米弄591米为一期工程。1998年4—9月，工程实施，标准为双向4车道、三块板型式的城市主干道，道路宽度由西向东分别为45米、40米和36米，其中快车道18～15米，两侧设绿岛1.5米宽、慢车道各5.5～6.5米，人行道3.5～5.5米。快车道设计时速40公里。机动车道和非机动车道路面均采用沥青路面，人行道、公交站台等采用花岗岩材料。工程投资622万元。原延陵东路二期工程(洗米弄—牌楼弄)2000年3月至次年1月改扩建，全长1387米，与市河北岸平行。规划红梅路至桃园路段横断面36米，车行道15米、非机动车道11米、人行道7米、分隔带3米；桃园路至牌楼弄段道路总宽39米，滨河一侧人行道宽度改为3米，在非机动车道与人行道之间增建滨河绿化带3.5米。快车道设计时速40公里，机动车道、非机动车道采用沥青路面，人行道、公交站台均采用花岗岩材料。二期工程总投资1431万元，建成后延陵东路沿线形成六龙郡城、兰陵市井、武陵桃园、灵椿丹桂、通吴门、石经幢和轿夫对弈铜雕等文化景点。

延陵东路 西起横塘桥，东至六号桥东，全长6975米，为主城区东西向主干道。2006年，原常戚路横塘桥至六号桥段更名为延陵东路，车行道宽15～18米。1988年、1990年先后拓建丁塘桥至机厂桥段、常戚路丁堰镇路段。2004年5月至2005年5月，常戚路改造，拓宽至20米，人行道5米、车行道15米，车行道路面为沥青混凝土路面。2008年7月至2009年5月1日，延陵东路（横塘桥—丽华北路）建设快速公交（BRT）二号线，采用路中式布置双向快速公交专用车道，车道净宽3.75米。

和平北路 2006年，新丰街、和平北路、和平南路统一更名为和平北路。北起新丰桥，南至同济立交桥，全长1755米。为常州主城区重要的主干道。道路车行道宽度为24～30米，为双向6车道沥青混凝土道路。1998年10—12月，和平北路自罗汉路交叉口至中医院路段319米拓宽至45米，其中车行道34米、人行道5.5米，为单幅式断面，市市政工程公司施工。因和平北路交通流量极大，时常发生拥堵，路面损坏严重，2001年1月实施新丰桥至罗汉路段改扩建工程，长1100米，拆除原绿化隔离带，改建成4车道，人行道4.5米、机动车道14米，拆除新丰桥重建，投资776万元。

和平中路 2006年，清凉路、清凉南路统一更名为和平中路，北起同济立交桥，南至常武交界处，全长2589米，全线为双向6车道沥青混凝土道路，属城市主干道。1993年5月10日至1994年3月1日，对原清凉路段拓宽改造，全长1333米，拓宽至36米，为三块板形式的沥青混凝土道路，工程总投资1890万元，由同济桥建设办公室组织实施，市市政公司施工。1996年8月8日至1997年6月30日拓建改造清凉南路，全长1008米，宽40米（其中车行道宽27米、两侧人行道各6.5米），同时改建常武桥，总投资3312万元，市市政总公司施工。2003年1月实施和平北路（清凉路）大修工程，北起同济桥南引道终点，南至常锡路（现中吴大道），全长1354米。工程主要对道路路面进行大修改造，拆除机动车道与非机动车道分隔带，总投资1025万元。

晋陵路（城中路） 晋陵中路原名城中路，北起龙城大道，南至同安桥北，关河西路至同安桥北段长2395.1米，路宽20米，属城市次干道，设计时速40公里。1995年7—12月，钟楼区建设局对晋陵中路延陵西路至青果巷段进行改扩建，全长640米，改建后路宽20米，铺设雨污水管线1300米，投资350万元，市市政工程管理处施工。1996年4—12月，改建晋陵中路娑罗巷段，北起东横街，南至局前街，长380米，改建后路宽20米，投资2400万元，建设资金采用以房带路的办法解决，新建道路两侧已规划建房的地块由市政府划拨市建委，再转让给开发单位开发商品房，收益全部用于道路建设。娑罗巷段道路首次采用沥青砼路面。2008年，配合同安桥改建工程，对晋陵中路吊桥路至同安桥段拓宽至30米。

晋陵中路地道位于晋陵中路与沪宁铁路相交处，为2001年3—12月投资1100万元新建的地道，建成3孔、总宽36米、机动车道净空5米。2000—2001年，在地道西北建成泵站，安装37～55千瓦潜污泵、潜水泵各3台，配备130千瓦发电机组，设计雨污水排量为每小时7814立方米，雨水排入北塘河。

劳动路 原为城市内环线道路的南环，属于城市骨干道路网的核心道路。东起河苑新村，西到兰陵平面交叉，再转向北至怀德中路，全长13.92公里。是市区东西向转南北向的L型干道。采菱桥至河苑新村称劳动东路，同济立交桥至采菱桥称劳动中路，同济立交桥至怀德中路称劳动西路。2006年，原采菱路采菱桥至河苑新村段更名为劳动东路，原劳动东路、采菱路采菱桥至朝阳桥引道段更名为劳动中路，原劳动西路、劳动中路更名为劳动西路。1989—1992年、2003年分期对采菱路进行拓宽，路幅拓宽为30米混凝土路。2002年，劳动路朝阳广场至怀德路段改造，总长3918米，怀德路至同济立交段路面拓宽至36米，同济立交至朝阳广场段改建为机动车道14米宽4车道，非机动车道维持5.5米宽，人行道约3米，总宽约30米。劳动西路于2007年6—12月开工建设快速公交一号线，采用路中式布置双向快速公交(BRT)专用车道。

关河西路 2006年，关河西路、常新路统一更名为关河西路。东起晋陵中路，西至长江中路，全长2644.7米，宽36米。2004年10月，市市政管理处组织对关河中路、关河西路(至西新桥)实施大修，长约1426米的路面局部翻挖或铣刨后，摊铺为沥青混凝土路面。关河西路改造工程1989年由市市政工程设计院设计，全长1820米，红线宽度30米，三块板断面，机动车道14米、非机动车道4.5米。含北塘桥一座，跨北塘河，单跨跨径16米。北塘河桥为常州市最大荷载标准桥梁，设计标准为特-160。该工程为世界银行贷款项目。1993年获建设部城乡建设优秀设计表扬、江苏省优秀设计二等奖。

龙城大道 原名外环路、城北干道，为常州市环城道路，1996年4月至1997年9月建设。2005年4—12月，投资约4亿元实施城市化改造工程，全长19.89公里，为双向6车道，道路红线宽度40米，两侧各20米绿化带，四块板断面，机动车道12米、非机动车道4.5米。改建桥梁21座，建40个公交站台，完善专业管线10余种。龙城大道机场路段工程西起常州机场，东至龙江路高架主线落地点，全长16.05公里，一般路段红线宽50米，采用主辅路形式，主路采用双向6车道，两侧辅路各宽8米，设计时速主路60公里、辅道40公里，总宽50米，其中主车行道11.5米、辅道8米，两侧绿化带各15米。扩建后的龙城大道(龙江路—奔牛机场)成为常州“日”字形快速路网的放射线，连通常州机场与城市快速路环线系统。外环路城市化改造工程2004年由市市政工程设计研究院设计，全长19.88公里，2006年获江苏省第十二届优秀工程设计一等奖。

飞龙东路 原为北环路，是与龙城大道、关河路平行的城市东西向主干道。东起青龙西路，西至通江南路，长3808米，一般路段红线宽43米，永宁北路以东局部路段宽40米或41.5米。1993年10月至1994年6月，对五角场北路口进行拓宽改造，改造道路359米，宽16米，人行道宽2米。2009年5月至2010年6月，拓宽改造，同步改造玻璃钢厂桥、红菱桥、后黄村桥。

中吴大道 西起玉龙路，东至新京杭运河天宁大桥西侧引道，是贯通常州城市东西的一条交通主动脉，为城市Ⅰ级主干道。2009年前中吴大道为原312国道常州段。中吴大道改造设计，2009年6月至2010年6月进行城市化改造，全长17.73公里，其中玉龙路至龙江路段、龙江路至青洋路段、青洋路至天宁大桥段分别长4.07公里、10.26公里和3.39公里，红线分别宽52米、74米和52米，荆川路至青洋路段8.1公里道路在常州首次采用主辅路断面形式。全路段机动车道15.5～23米、人行道3～3.5米、非机动车道3.5米、绿化带3.5～5米，辅道宽11米。

城市主干道——中吴大道(摄于2010年)

丽华路 2006年，原丽华南路、丽华路、五角场南路、朝阳桥引道、五角广场和五角场北路更名为丽华北路。南起阳湖大桥北引坡，北至三角场，全长3533米。现车行道宽21～42米。1997年10月至次年10月五角场南路改扩建。南起朝阳桥北引道北至五角场转盘，长350米，道路拓宽至36米，两侧人行道各3.5米、绿化带各1.5米、慢车道各5.5米，快车道15米，车行道摊铺沥青路面。2005年7月至2006年7月，丽华南路及向南延伸312国道至阳湖大桥北引坡1000米，拓宽至42米，机动车道23米，两侧人行道3米、非机动车道各3.5米、绿化带各3米。丽华南路原为城市支路，1992年10月至1993年3月建设，一期工程长498米、宽12米，路面宽7～9米。二期工程从丽华路交叉口至城巷村段，长937米、宽7米。丽华南路2006年5月至2006年9月拓宽，北起中吴大道，南至新运河大桥引坡，总长1公里，总宽42米，两侧人行道、非机动车道、绿化带各3米、3.5米和3米，机动车道23米，成为常州城区主干道。2008年7月至2009年5月，丽华北路五角场—三角场段建设快速公交(BRT)二号线，采用路中式布置双向专用车道，车道净宽3.75米。

兰陵北路 劳动中路至常武交界处，全长2054米，2006年由原兰陵路更名为兰陵北路。现车行道宽29米。1997年市政府对兰陵路进行入城口临街景观整治，8—11月改造北起第四无线电厂、南至中凉亭立交的原兰陵路南段，全长455米，路面结构为沥青路面，路幅宽30米，两侧人行道各2米、慢车道各4.5米、绿化隔离带各1.5米，中央快车道宽14米。2003年2—9月，改造常州市区南北重要通道兰陵路，北起劳动中路、南至武宜路段，全长2054米，道路拓宽至36米，两侧人行道各3.5米、非机动车道各5.5米，机动车道17米。

通江南路（常澄路） 是城区连接常州高新区和出入沪宁高速公路的必经之路，也是常州市通往江阴和长江边的主干道，全长2584米。2006年由原万福路和常澄路更名而来。现车行道宽36米。1987年、1989年、1995年、1999年分别对万福路、万福桥进行维修。1999年常澄路拓建，从北环路口至江阴市交界处，长6300米，设计道路横断面采用四幅式，红线宽48米，两侧机动车道各11.5米、非机动车道各5.5米、人行道各3.5米。北环路至高速公路出入口、高速公路出入口至南桥、南桥至江阴交界段分别拓宽为48米、38米、30米宽沥青路面。2004年实施万福路常澄路改造工程，南起西新桥，北至外环路，全长3500米。西新桥至北环路段原车行道拓宽至36米，非机动车道4.5米、机动车道23米，人行道建在新建的20米绿化带内，北环路至外环路两侧新建20米绿化带。2004年9月至2006年11月实施，总投资3200万元。2007年6—12月通江南路龙城大道—关河西路段建设快速公交(BRT)一号线，采用路中式布置双向快速公交专用车道。万福路地道位于万福路与沪宁铁路相交处，原洞身3孔，总宽25.5米。1988—1999年，市铁路建设处在常澄立交地道西南侧建成泵站，配置16.5千瓦潜水泵3台，设计排量每小时1000立方米，雨水排入大浜湾河，配备污水提升16.5千瓦潜水泵3台等。2006年2—6月总投资1000万元改扩建为4孔，机动车道净空5米。2007年至2009年9月，投资200万元，在地道东南侧兴建泵站，配置22千瓦潜水泵2台等设备，设计排量每小时1080立方米，雨水排入通济河。

长江中路 北起龙城大道，南至中吴大道，全长5677米，为常州市城市总体规划骨架路网南北向主干道之一，长江中路分二期实施。2004年9月至2005年6月，建设怀德南路—中吴大道，在原西环路基础上改造，全长2800米，宽42米，其中快车道23米、两侧慢车道各4.5米、人行道各3米、分隔带各2米。2006年3月至2007年2月，建设二期龙城大道—怀德南路段，总投资7.8亿元，由上海城建集团、常州东南交建公司、常州中航港务公司、市政总公司中标施工。全长4587米，宽42米，在沪宁铁路地道及引道南、北侧左右两边各设3米人行道、14米车行道，中间设8米中央绿化分隔带；铁路地道两侧各设人行道2.5米、非机动车道5.5米、机动车道12米，设计时速50公里。同步实施新市路(跨京杭大运河匝道至芦墅路)，长1235米，宽24米。新市路道路两侧各设4米人行道，中央设16米车行道。长江路地道位于长江路与沪宁铁路相交处，2005年7—12月，投资1600万元建设的新开道口，总宽46.54米、净宽40米，机动车道宽24米、净空5米，两侧慢车道各宽8米。

东 方 路 分为东方西路与东方东路。东方西路原称湾戚路，沟通青洋路与东方大道，东段西起青洋路，东至大明路，全长2275米，宽40米，设计时速60公里。2004年10月至2006年11月建设，是常州市政建设史上首次采用BT模式组织建设的市政道路，实现市区向东部沪宁高速公路的快速沟通。西段西起青龙西路（原常焦路），东至青洋路，总投资4.75亿元，全长3213米，宽50米，道路跨越各规划河道新建桥梁13座。两侧新建公共绿地，一般路段两侧绿化宽15米，规划河道外侧绿化宽5米，绿地总面积11.86万平方米。2008年6月至2009年4月，配合快速公交(BRT)二号线开通建设。东方东路(2006年命名)原名东方大道，西起大明路，东至武澄线，全长5.7公里，总宽50～52米，两侧人行道各2.5～3.5米、慢车道各4.5米、快车道各12米。2003年6月至2004年9月建设，总投资2.2亿元，设计为四幅式横断面，红线宽52米，自大明路至武澄线（戚月线）全长5.72公里。

青洋路 常州东部沟通南北的交通主干道路，全长8.8公里，总投资7.7亿元，新建青洋桥、丁横河桥等5座桥梁，绿化总面积24万平方米，种植树木6万余棵，2006年获江苏省第十二届优秀工程设计二等奖。青洋路一、二期工程均被评为省优质工程。首期工程2003年2月至2004年4月建设，北起河海路，南至外环路，全长5.3公里，两侧建景观绿化带各20米，同步实施3座桥梁工程。二期工程2004年5月至2005年9月建设。城北干道至312国道，2002年常州市市政工程设计研究院有限公司设计，全长3.5公里，道路红线宽50米，两侧各留绿化带，机动车道12米、非机动车道4.5米。该工程建设时根据远期规划预留了高架道路的建设余地。2004年10月建设青洋路地道（位于青洋路与沪宁铁路相交处），投资2300万元建设的新开道口，四孔8米+12米+12米+8米，机动车道净空4.5米。2005—2007年，市铁路建设处在地道东南建成泵站，配置4～45千瓦潜水泵5台等设备，设计排量每小时4540立方米，雨水排入青龙河。

常焦路 位于常州主城区东北部。原常焦路道路狭窄，路况较差。2006年2—12月总投资约4亿元拓建，南起关河东路，北至青洋路，全长4329米，宽42米。三井河路北侧规划河道上新建单跨13米预应力简支板梁桥，桥宽45.6米。

常金路 原为12米车道的二级公路，混凝土路面。1997年，两侧加宽后路面总宽度达22米左右，机动车道宽约15米。2006年6—12月改建常金路，东起凌家塘，西至新京杭大运河，全长2650米、总宽42米，快车道22米，两侧慢车道各4.5米、绿化带各14米、人行道各2.5米。该工程被评为省优质工程。

运河路 西段西起德胜河西，东至龙江路，全长5196米，路宽26米，车行道21米，两侧人行道各2.5米。2008年前属镇澄公路段。1989—1990年，对西涵洞桥到新闸段4.47公里按二级公路标准改建，改建后路基宽15米、路面宽12米，沥青混凝土路面。2006年，西至奔牛、东至长江中路段常新路改名为运河路。2008年4月至2009年6月，西段改建，由于道路需承载运输变压器特种车辆运行，道路设计荷载BZZ-100KN，桥梁设计荷载为城-A级汽车荷载，设计时速50公里。东段西起五星桥西匝道，东至长江中路，长2060米，宽30米。2008年6月至2009年5月建成通车。

永宁北路 2002年4—8月永宁北路改扩建，总价492万元。改扩建路段全长626米，拓宽为30～33米的沥青路面。2005年9月至2007年5月，建设永宁北路向北延伸段，为青龙生活区配套，由龙城大道向北至永宁公交回车场，长979米，宽30米。2009年至2010年6月，配合城际铁路建设，投资1.56亿元改扩建永宁北路，南起关河中路，北至飞龙东路以北200米，全长1487米，宽30米，车行道24米，人行道3米。永宁路地道原为1孔13米宽箱涵，1987—1988年在地道西南建成泵站。2009年至2010年8月配合沪宁城际铁路施工改建为(6+16+6)米框架，铁路地道引道规划红线宽31.6米，机动车道净空达5米。同期投资292万元，常州市铁建处承建泵站，配置30～60千瓦潜污泵3台等设备，设计雨水排量每小时1500立方米，雨水排入北塘河。

玉龙路 北起玉兰路，南至老312国道，全长2849米，是城市西部南北向一条干道。2004年为沟通新北区、钟楼经济开发区，始建玉龙路南段，2004 年 8 月至 2005 年 3 月竣工。沥青路面宽 40 米，其中机动车道 23 米、非机动车道 9 米。沿线与棕榈路、梧桐路、水杉路、合欢路、香樟路、星港大道和银杏路相交，总投资 8981 万元。日月山路—新机场路段长 15.4 公里，路宽 40 米，道路两侧各设置 20 米绿化林带，设计行车时速 60 公里。总投资 6.9 亿元。2004 年 6 月至 2006 年 6 月，底建设瀛平路—新机场路段，长 3140 米，宽 40 米，机动车道 23 米、非机动车道 9 米。2006 年 11 月至 2008 年 5 月，续建日月山路—创业路段，长 4820 米，红线宽 80 米，一般路宽 40 米，两侧林带各 20 米。2010 年 6—12 月，续建玉兰路—运河路段，长 266 米，红线宽 40 米。

东 城 路 常州东大门骨干道路，全长 3.45 公里，总投资 1.76 亿元。2008 年 10 月至 2010 年 7 月、2009 年 7 月至 2010 年 5 月和 2010 年 3—9 月先后建设一、二、三期工程，先后建造北起富民路南至东方大道、北起东方大道南至丁剑路和北起环镇路南至富民路 3 段，分别长 1.42 公里、1.49 公里和 0.54 公里，分别宽 36 米、30 米和 36 米，机动车道均为 15 米，非机动车道、人行道、绿化分隔带分别为 5～7 米、7～8 米、3～6 米。

东经 120 路 南起竹林北路，北至河海东路，全长 2558 米，红线宽 80 米，一般道路宽 38 米，车行道 30 米、中央绿化带 8 米，两侧建设绿化林带各 21 米宽。2009 年 7 月由市铁路建设处实施。

三、次 干 道

常州城市次干道多次进行改扩（拓）建，新建了部分城市次干道，部分次干道路面结构一般采用 20 厘米 10% 灰土、20 厘米二灰碎石、22 厘米水泥混凝土和沥青封层，人行道选用 5 厘米彩道板。

南 大 街 位于常州市区中心，为常州市商贸核心区，属于商业街性质。北起延陵西路，南至弋桥，全长 505 米。西瀛里、青果巷、双桂坊等著名街巷与之相连，大街两旁店铺林立，20 年代后称南大街。现车行道宽 16～17 米。2002 年 6 月至次年 1 月南大街片区改造，包括南大街、城中二路、青果巷、双桂坊、青云坊。南大街从延陵西路至弋桥段长 505 米，道路拓宽至 24 米，其中车行道 16 米，每侧人行道 4 米，沥青混凝土路面，改建后的南大街与已建成的广化街和北大街构成贯通城区的交通动脉。

广 化 街 北起弋桥，南至劳动西路，全长 776 米，是城中南北向的次干道，由原木匠街与广化街合并而成，1986 年拓宽后统称广化街。现车行道宽 12～31 米。1985 年 7 月至 1986 年 6 月拓建，宽 24 米，其中车行道 18 米，两侧人行道各 3 米，路面为沥青面层。1999 年，随广化桥改建，劳动路交叉口渠化，广化街路口拓宽至 31.6 米，机动车道 14.6 米，两侧非机动车道各 5.5 米、人行道各 3.5 米。

博 爱 路 东起和平北路，西至化龙巷西，全长 922 米，宽 24 米，其中和平北路交叉口宽 29 米。2001 年 5 月实施博爱路、东（西）横街改建工程。博爱桥至和平北路长 650 米段，由原路宽 17～21 米，按 24 米规划改建，路面为沥青混凝土路面。时速 30 公里，交叉口 20 公里。

关河东路 东起五角场，西至新丰桥，道路全长 2026.4 米，路宽 36 米。关河东路煤厂段道路因使用年代较久，路面破坏严重，1995 年、1996 年分别进行大修。2004 年 8 月至 2005 年 4 月常州市铁路建设处组织实施改建，东起常焦路（现丽华北路），西至小东门桥，全长 1096 米，道路拓宽至 36 米，沥青路面，两侧人行道各 3.5 米，车行道 29 米，常州先达路桥有限公司施工，工程投资 1060 万元。改善了常州市火车站地区道路交通状况。

光 华 路 东起丽华北路，西至兰陵北路，全长 2989.9 米，路宽 8～20 米，其中浦北路至和平中路段宽 20 米。1992 年 9 月至 1993 年 4 月，市市政工程公司对光华路部分路段（和平中路—兰陵北路）实施改扩建，和平北路—浦北路段两侧人行道各 4 米，车行道 12 米，沥青路面。

清 潭 路 东起劳动西路，西至长江路，全长 1700 米。1990 年，延伸清潭路西段（西环路至陈渡桥）为宽 6 米的混凝土路面。2000 年，实施清潭路延伸工程，从清潭路现有两块板道路两端开始到新建荆川公园，老路车行道5.7米，中央分隔带1.6米，新建车行道7米、人行道2.5米，道路总宽16.8米。2009年5—12月投资1.3亿元，原14米宽的机非混行道改为双向4车道的14米宽快车道，两侧绿化分隔带各1.5米、慢车道各4.5米、人行道各2米，总宽30米，沥青混凝土路面。

竹林西路 西起北塘河东路，东至热工仪表厂地块规划道路，全长1395米。宽度24～49米，设计时速40公里，2009年6月至2010年6月建设。该路为城际铁路及北广场的配套道路，完善该区域路网布局，提高路网的整体服务功能。

梧桐路 2006年7月至2007年4月新建，西起樱花路，东至梅花路，全长829.36米，路宽30米，两侧人行道4米、机动车道22米，沥青混凝土路面。

东方二路 东起兴东路，西至五一路，道路全长751米，路宽30米，车行道宽22米，两侧人行道各4米。该道路为戚墅堰车辆研究所配套道路，2009年常州市铁路建设处负责实施。设计时速40公里、交叉口20公里，路面为沥青混凝土。

丁剑路 东起五一路，西至常青路，2009年实施，道路全长721米、路宽30米，车行道宽24米，两侧人行道各3米。该道路为戚墅堰实验中学配套道路，设计时速40公里，路面为沥青混凝土。

北太平桥路 北起关河中路，南至博爱路，全长359.8米，路宽14～18米。1989年3—11月，北太平桥路拓宽，改造拓宽后车行道9米，两侧人行道各宽1.5米，工程总投资34.6万元。2000年4—9月，北太平桥路改扩建，改建后路宽16米，沥青混凝土路面，项目总投资250万元。

东横街 东起化龙巷西，西至北大街西，道路全长272米，道路宽24米，属城市次干道。1987年5—9月，东横街路宽由12米拓宽至24米，其中车行道14米、人行道各5米。2001年5月车行道改建，设计时速30公里，路面为沥青混凝土路面。

第三节 城市桥梁

常州地处江南水乡，河网密布，桥梁众多，但历代所建多为小型拱桥、平桥。80年代末到90年代末，常州城市桥梁建设配合运河整治工程、河道拓宽，曾改建同济桥、朝阳桥等较大型的跨运河桥梁。随外环路的新建，建成五星大桥等桥梁。进入21世纪，随着常州城市化建设的大规模展开，在构筑骨架道路、完善路网的同时，新建、改建了一大批桥梁。在312国道和运河航道改道南移建设过程中，天宁大桥、钟楼大桥、常金大桥等10多座结构新颖、造型美观的大型桥梁先后建成，高架一期、二期工程建设中又建成29座地面桥梁。2010年市级养护管理桥梁达192座。

一、特大型桥梁

1986—2010年，常州市区规划设计、改建新建总跨径长达500米或中孔达100米的特大型桥梁近20座。特大型桥梁一般设计荷载为公路－Ⅰ级、人群3.5千帕或城-A。

龙城大桥 位于和平中路，横跨新运河，建于2007—2008年，长664米，宽40米，中孔跨度114米。主桥主梁采用箱形结构，沿纵桥向分为混凝土—钢结合梁、预应力混凝土梁两种形式，中跨87米采用结合梁，其余为预应力混凝土梁。大桥主塔采用变截面拱形结构，桥塔顺桥向边跨倾斜30度，在主塔上方设置次塔柱，次塔柱与主塔柱交角60度，主塔柱为桥梁主要受力构件。主缆采用平行钢丝结构，在主梁与主塔上采用7股的锚固方式锚固。主桥墩采用实体下塔柱的形式，与主塔、主梁相连。引桥上部采用30米预应力混凝土斜腹式连续箱梁，三跨一联。

青洋大桥 位于青洋中路，跨越改建后的京杭运河及312国道，建于2007年，长220米，宽38.5米，主桥跨径组合为（50+120+50）米，引桥分南北两侧，北引桥为6米×30米，南侧与312国道立交。主桥上部结构为连续拱梁组合体系，主要受力构件由纵梁、拱肋、吊杆及拱脚组成。结构形式为下承式，拱脚为纵梁和拱肋的连接部位，由于本桥设计的特殊性，拱脚采用分叉式结构，行人从拱脚中央通过。引桥采用承台＋立柱＋系梁形式，排架式桥台。梁底标高8.71米。

常金大桥 位于常州邹家塘，跨越改建后的京杭运河和312国道。2006年12月竣工，长510米，宽37.5米，标高7米，中孔跨度120米。主桥采用独塔双索面无背索斜拉桥，主塔设于312国道侧，主跨120米，东、西边跨分别为30米、60米，均一孔分别跨越京杭运河、规划运北路和312国道，引桥采用跨径30米预应力混凝土连续箱梁。主桥采用钢箱梁，主塔为两个八边形截面的薄壁空心钢主塔，主塔内灌注微膨胀混凝土作为配重以平衡主梁自重、二期恒载和车辆荷载；斜拉索采用环氧涂层无黏结钢绞线高密度聚乙稀(HDPE)护套拉索及相应的OVJM型250系列锚具，两个索面共18根索。通航净空京杭运河7米、312国道5米。

钟楼大桥 位于钟楼区西林街道吴家村附近，是西外环高架道路的一段，跨越新运河和新312国道。2007年建成，主桥采用斜拉桥结构、独塔双索面预应力混凝土桥型，减少桥梁建筑高度，全桥长560米，主桥长188米、宽40米，中孔跨度108米，一跨跨越新运河，引桥采用30米预应力混凝土连续箱梁。规划道路等级为城市快速路双向6车道，该桥施工技术含量高、工艺复杂、施工难度大。建成后西通凌家塘立交桥，南接南环线的长虹西路，与新312国道互通，成为常州市区西部的城市快速通道。

天宁大桥 横跨新运河，东接沿江高速，西接新建的中吴大道，是连接常州东大门进出无锡的主干道，2006年5月至2007年11月建设，全长1330米，桥下垂直净空为京杭运河7米、312国道5米，主桥及引桥宽25.5～35米，中孔跨度120米。主桥为三跨变截面预应力混凝土连续箱梁，一跨跨京杭运河，边跨70米、74米，跨越运河畔规划河滨道路。两侧引桥采用跨径30米的预应力现浇连续箱梁，全桥跨径总长624米。桥梁横断面按上下行分离式两幅桥设计，间距1米。主桥下部结构采用分离式桥墩，钻孔桩群桩基础。引桥下部结构采用分离式桥墩。五级通航等级要求。造价7514万元。

中吴大桥 位于长江中路，跨京杭运河，2006年至2007年10月总投资1.13亿元建成，为上海城建（集团）公司承建的BT项目。为三跨变高度连续梁桥，连续跨越常新路、关河、京杭运河、三堡街，桥梁可分为京杭运河大桥、常新路大桥、引桥、匝道桥、人行踏步五部分，与常新路设半苜蓿叶型立交，全长1044.12米，跨径布置为（54+96+54）米，主跨96米跨越京杭运河。桥梁为对称的两幅，每幅桥宽20.5米，桥底净高黄海高程9.6米。上部采用变高度单箱双室直腹板预应力混凝土箱梁。常新路跨线桥为三跨(47+46.5+46)米等高度预应力混凝土连续箱梁，引桥为钢筋混凝土连续箱梁、预应力箱梁，抗震设防烈度7度。

武进大桥 位于兰陵中路（原武宜路）江苏广播电视大学武进学院附近，是随新运河南移开挖而新建的一座主要桥梁，北跨穿运北路与常锡路中凉立交桥相通，并以桥侧道路与运北路连接；南跨新312国道与湖塘桥相连，桥侧道路与武宜路沟通。原名为阳湖大桥，后更名为武进大桥，又名兰陵大桥。2006—2007年新建，为单箱单室三向预应力混凝土连续梁桥，为常州市政工程首次采用超过百米的预应力混凝土连续梁。长617.8米，宽32.5米，标高10.87米，分上下行两座，主跨为（72+110+72）米，设计荷载公路－Ⅰ级汽车荷载。主桥长（72+108+72）米，全长614米，主桥宽32.5米，采用混凝土预应力连续梁结构，规划道路等级为城市主干道（双向6车道）。

清 南 桥 是连接工人新村、清潭新村之间的桥梁，长721米，宽7.48米。1993年建成桁架拱桥，跨径35米，块石桥台，梁底标高7.7米。1998年投资352万元，拆除桥南侧踏步，向东建引桥连接工人新村，引桥宽8米，长137米，两侧各建6米宽匝道。市市政工程设计院在南侧引道工程设计中首次采用S米A路面。2001年拆除南引桥踏步，增加单跨13米简支板引桥，宽8米。

飞龙立交桥 位于沪宁铁路飞龙道口，2001年3—12月投资2800万元，飞龙铁路道口平交改建为上跨式立交，上海铁四院和常州市市政工程设计院联合设计，常州市市政建设工程总公司施工。全桥总宽12.5米，长544.86米，共计27跨20米简支梁，中间为三跨一联，其余为四跨一联，对称于沪宁铁路线布置。上部结构为先张法预应力空心板梁，下部结构为重力式钢筋混凝土桥台。设钢筋混凝土楼梯两座，宽3米。沪宁铁路净高6.75米，城市次干道净高4.5米，抗震基本烈度7度。

五角场立交桥 位于丽华北路，建于2007年，为上跨沪宁铁路简支梁（双柱）立交桥，桥梁为预应力箱梁桥，全长506米，宽24.5米，采用高架（机动车道）与地道（非机动车道、人行道）相结合的形式，桥下原地道保留并改造，两侧人行道各2.5米、非机动车道8米。

东方大桥 位于劳动东路，梅林木材厂附近，跨新运河，建于2007年，长420米，宽35.8米。主桥为120米跨径中承式带飞燕的钢管混凝土提篮拱桥，一孔跨越运河。引桥采用跨径30米的部分预应力混凝土组合箱梁，先简支后连续。桥跨布局为4×30+(30+120+30)+4×30=420米，主墩采用群桩基础，单个主墩基础采用9根灌注桩，引桥每个墩柱接钻孔桩，梁底标高8.61米。

平陵大桥 位于邹区镇东，跨新运河，2005年3月至2006年10月建设，长522米，宽33.5米，中孔跨度110，时为国内最大跨径的三跨变截面连续钢混组合连续梁桥，主跨一孔跨越新京杭运河，边跨71米。引桥采用30米的预应力混凝土现浇连续箱梁。西侧引桥位于312国道互通区，采用(4×30)米等高变宽预应力混凝土现浇连续箱梁，东侧采用(5×30)米等截面预应力混凝土现浇连续箱梁。

新龙大桥 位于长江路（淹城路），跨越改线南移的京杭大运河，2006年12月建成，总长667米，中孔跨径100米，宽36米。

奔牛东桥 位于奔牛镇东，跨越京杭大运河奔牛镇区段，1996年11月建成，总长650.7米，宽11.5米，梁底标高黄海高程13.2米，中孔跨径80米。

阳湖大桥 位于丽华路南，跨越新京杭大运河常州段，2006年12月建成，总长532米，宽36.5米，中孔跨径108米。

横林大桥 位于横林镇西，跨越京杭大运河横林镇区段，1997年11月建成，总长113.4米，宽16.4米，梁底标高黄海高程12.1米，中孔跨径73米。

湖滨大桥 位于湖滨路，2007年1月建成，总长764米，宽27米，中孔跨径110米。

二、大型桥梁

1986—2010年常州市区规划设计、改建新建总跨径长度达100米或中孔跨径达50米的大型桥梁20多座。大型桥梁一般设计荷载为汽（车）-超20、挂（车）-120或城-A（或B）、人群4.0～5.0千帕。

同　济　桥 位于和平路，跨京杭运河。原为1934年兴建的德安桥，1972年、1984年两次修建，由肋板桥、双曲拱桥和贝雷桥拼合而成，净高4米，主孔跨径27.6米。1993年5月28日至1994年6月，在苏南运河整治项目实施过程中改建，市市政工程公司施工总承包施工。全桥为两层式立交，由运河主桥、环道桥、自行车匝道桥、东南西北引桥、南北踏步桥等组成，总长1086米，总宽30.5米；运河主桥长103.8米，通航净空黄海高程9.6米，主跨为（25.5+48+25.5）米的双箱双室预应力混凝土连续梁，为常州市政工程首次采用大跨径预应力箱形连续梁，主孔设计净高6米，环道桥采用现浇混凝土环形板结构，引桥采用13米混凝土空心板结构。改建通车成为贯通和平路与312国道、横跨京杭大运河、汇聚常州内环线与南北主干道的交通枢纽。

怀德桥 位于怀德北路，横跨京杭运河，根据苏南运河航道整治工程总体设计，1998年市交通局和建委投资1.84亿元联合建设，于1998年3—12月在原址改扩建为中承式三拱肋钢管混凝土无风撑三拱桥，灌注桩92根，浇注混凝土9694立方米；中孔跨径60米，梁底标高9.9米，满足四级航道通航标准。全桥长281米、宽40米，主桥长100米，主孔长60米。主桥采用钻孔灌柱桩基础，主墩采用铰式承台结构。改建后的怀德桥与篦箕巷篦梁灯火、亚细亚影城和延陵霓虹一条街浑然一体。2008年，在常州市快速公交二号线工程施工时，怀德桥两侧新建7米宽行人及非机动车桥，上部采用三跨等截面钢结构连续梁桥，跨径（20+20+20）米，桩柱式桥墩。

广化桥 位于广化街，横跨京杭运河，是跨京杭运河连接市中心与城区西南部地区的重要桥梁，1998—1999年被列为市政府重点工程目标，投资2645万元改建，同济大学建筑规划设计总院桥梁分院和常州市市政设计院1998年联合设计，1999年12月建成。改建后桥梁全长217米、总宽26米，桥底净空黄海高程9.6米，主桥为刚性索斜吊杆悬索桥，主缆及斜吊杆均采用钢管混凝土，内置钢绞线或粗钢筋为力索，主桥部分主跨53米。引桥部分南北4个孔，跨径16米预应力空心板梁，设人行踏步桥4座，桥面系为钢—混结合梁体系。该桥为常州市政工程首次采用悬索桥体系，采用无黏结、有黏结预应力技术，有支架与少支架等19种桥梁新技术，其中部分技术属国内首次采用。该桥造型美观，桥面建筑高度仅为90厘米，桥下满足通航要求，较大降低桥梁建筑高度。2000年，获江苏省城乡建设系统优秀工程设计二等奖。

朝阳桥 位于丽华北路，跨京杭运河，前身为1968年建的东方红大桥。1988年设计，为常州市政工程首次采用钢筋混凝土变截面T形连续梁。1989年至1990年6月，随运河整治工程施工同步拆除重建，全长100.4米，宽30米，分为5孔，跨京杭运河主桥为钢筋混凝土三跨T形变截面连续梁(19+31+19)米，另两孔和北岸孔为后张法预应力空心板梁，梁底净高黄海高程9.58米。

五星桥 1995年改建，跨京杭大运河，为常州市政工程首次采用斜拉桥形式和钢—混结合梁体系。全桥长96.6米、总宽45.5米。通航净空黄海高程9.6米，主跨为（8.95+53.7+32.65）米单塔双索面斜拉桥，桥面系为钢—混结合梁体系。

白家桥 又名政成桥，位于延陵中路，横跨京杭运河，建于1984年，为一孔主桁架及三孔引道立交孔引桥，桥宽15.6米；中跨钢筋混凝土桁架拱，南为钢筋混凝土筒支梁，北为预应力钢筋混凝土筒支梁；中孔跨径50米，梁底标高10.44米。

惠济桥 位于戚墅堰城区东，横跨京杭大运河，始建于清道光元年(1821)，因通航障碍，1990—1991年在原惠济桥东侧41.5米处易地改建，桥梁长96米，总宽7米，为人行专用桥梁。通航净空黄海高程10.4米，主跨为51米下承式系杆拱桥(刚性拱、柔性梁体系)，为常州市政工程首次采用下承式刚性拱、柔性梁系杆拱桥，灌注桩基础，桥端设专用人行踏步桥，梁底标高吴淞高程12.12米。

延陵大桥 位于青洋中路，跨越常戚路和大运河，全长435.56米，大桥由上下行分离的两座桥梁组成，每座宽20.5米，二桥净距7米，主桥桥型采用三向预应力钢筋混凝土V型桥墩变截面连续箱梁，结构性能良好，线形简洁流畅。2004年5月至2005年6月建设，是当时京杭运河市区段最大的一座桥梁，具有跨径最大、长度最长、宽度最宽、技术含量高等亮点。造价约6500万元。总宽48米，分上下行两座。通航净空黄海高程9.6米；主跨为（49+68+68+49）米变截面斜腹板预应力V形墩连续梁。该桥为常州市政工程首次采用V形墩连续梁。大桥下建休闲绿地2.5万平方米。

白荡河桥 位于长江中路，跨白荡河，2006年新建。为5跨各20米的先张法预应力混凝土空心筒支板梁桥，桥面连续，长105米，宽42.6米，梁底标高4.59米，按地震烈度7度设防。

金沙大桥 位于金坛市金城镇北首，老桥为混凝土桥墩木桥面的金城桥，横跨丹金溧漕河，连接常溧公路，由江苏省交通规划设计院设计，镇江市公路管理处工程队、金坛县交通工程队施工。1968 年改建成上部结构 6.5 米宽的混凝土板梁桥面，桥高 8.4 米，桥长 50 米的三孔桥，由于往来船只碰撞，排架桩已被撞断两根，对水、陆安全运输形成威胁，1986 年省交通厅批准金沙桥改建列入公路养护改建专项工程，大桥上部结构为单悬臂挂吊梁钢筋砼三孔桥，桥高 11.04 米，全长 110 米，总宽 16 米，其中车道 12 米，设计最高通航水位 5.86 米，该工程总投资 410 万元。1989 年 12 月 30 日竣工。

凌家塘高架公路立交桥 位于常州市区西南 312 国道与常金公路交会处，1991 年 1 月 18 日至 9 月 28 日建设的预应力空心板梁桥，为常州第一座高架式公路立交桥。桥面宽 12.5 米，立交孔桥下净高 5 米，共 20 孔、每孔跨径 16 米，全长 320 米，下部构造为柱式墩台，钻孔灌注桩基，引道长 375 米，引道两侧为浆砌块石挡墙。2007 年被拆除。

戚墅堰大桥 又名卫东桥，位于戚墅堰西街，跨京杭大运河，是苏南运河整治工程三号桥—直湖港航道上的桥梁。1994 年至 1997 年 8 月，投资 3427 万元，按四级航道标准改建为下承式系杆拱桥（刚性拱、刚性梁体系），总长 528 米，总宽 19 米，主跨 54 米，通航净空黄海高程 10.4 米，包括主桥、南北引桥、踏步桥。主桥采用下承式预应力钢筋混凝土系杆拱结构，北引桥 13 跨、宽 16.8 米，南引桥 11 跨、宽 19 米。

同 安 桥 位于晋陵中路，跨京杭运河。1993 年 3 月建成，为主跨 50 米的钢筋砼刚架拱桥，总长 80.2 米、宽 30 米，主跨 50 米，梁底标高 10.8 米。2008 年对同安桥拆除重建，新建为实腹式连续板拱，四孔跨径分别为 15 米、16 米、17 米、16 米。

新 港 桥 位于常州东门外新港路外贸仓库西侧，1980 年 12 月建成，为钢筋混凝土桁架拱桥，长 72 米，宽 8.06 米，单孔跨径 50 米，梁底标高 8.8 米。2000 年 12 月改建，在原新港桥东边加宽至 8 米，单孔跨径 60 米，钢筋混凝土桁刚架拱，梁底标高 7.48 米。

德 安 桥 位于红梅南路，跨越京杭大运河，为 2008 年新建的五跨实腹式板拱桥，长 102.4 米，宽 31 米。

小茅山桥 位于长江路，跨南运河，2006 年新建。桥梁上部结构主桥采用三跨钢筋混凝土连续叠合梁，长 64 米，中跨 28 米、边跨 18 米。桥梁总长 165.12 米，总宽 42.6 米。六级航道通航标准，按地震烈度 7 度设防。

青龙港桥 位于青龙路，横跨青龙港，1979 年 12 月建成，为钢筋混凝土桁架拱桥，总长 68 米，桥宽 12.82 米，单孔跨径 50 米，梁底标高 7.57 米。

洋 头 桥 位于青洋中路，跨青洋河，2004 年 8 月建成，为 7 跨先张法预应力混凝土空心板梁桥，总长 117.08 米，总宽 53.31 米，中孔跨径 16 米，灌注桩基础，梁底标高 6.06 米。

西 塘 桥 位于紫荆西路，跨南运河，2005 年至 2007 年 7 月建设，为 9 跨预应力钢筋混凝土空心板梁桥，总长 163 米，中跨 30 米、边跨 16 米，桥宽 16.6 米。梁底标高黄海高程 7.58 米。六级航道通航要求。

连 江 桥 位于运河路，跨越德胜河，2008 年 6 月随运河路同步改造，为三跨变截面预应力混凝土连续梁桥，跨径（42+70+42）米，桥宽 26.6 米。

横 塘 桥 位于延陵东路，1980 年 12 月建成，桥长 72 米、宽 19.8 米，梁底标高 8 米，中孔跨径 50 米。

九 里 桥 位于武进九里乡，1995 年 12 月建成，长 107.6 米、宽 8.8 米，梁底标高 13.2 米，中孔跨径 55 米。

常新（南）桥 位于常州城区关河西路，1993 年 6 月建成，长 86 米、宽 7 米，中孔跨径 50 米，梁底标高 7 米。

工 农 桥 位于戚墅堰区，1994 年 11 月建成，长 91.93 米、宽 5 米，梁底标高 12.3 米，中孔跨径 56 米。

三、高架道路桥梁

常州高架道路工程属于常州市外环线的一部分。全线长约 55 公里，主线总宽 25 米，设计荷载城 -A 级汽车荷载，桥梁采用预应力混凝土弧形连续梁。该桥为常州市政工程首次采用预应力混凝土弧形梁。常州市高架道路一、二期工程，由上海城建集团以BOT（建设—经营—转让）形式投资建设，由常州市市政工程管理处负责实施，由上海城建集团、中铁集团公司负责施工。2006年7月至2010年9月，常州市在高架道路一、二期工程建设施工中，同步建设29座桥梁。一期工程（高架西半环）由龙江路、龙城大道西段和长虹路西段构成，全长约29.2公里，2008年9月建成通车。二期工程（东半环）由龙城大道东段、青洋路和长虹路东段构成，全长约25.8公里，2010年9月建成通车。一、二期高架全线设置互通式立交4座，分别是龙城大道—龙江路立交、长虹路—龙江路立交、龙城大道—青洋路立交、长虹路—青洋路立交。设置跨新运河、老运河大桥各两座，跨沪宁（城际）铁路桥梁两处；道路等级主线为快速路，设计时速80公里，桥梁抗震设防烈度7度，使用年限100年。主线高架标准段采用双向6车道、桥宽25米，上部采用现浇预应力混凝土连续梁，标准桥墩采用Y形分叉立柱，基础采用钻孔灌注桩。互通立交为4层枢纽型立交，除部分线型复杂、跨径较大处采用连续钢箱梁、变高度预应力混凝土连续梁，其余均采用全线一致的现浇预应力混凝土连续梁结构。高架道路一期工程获全国优秀工程勘察设计银奖和全国建筑业最高施工质量奖鲁班奖。

高架一期跨沪宁铁路桥高架与京沪铁路正交，保留原有四孔下穿式地道，高架上跨京沪铁路，全段桥梁长150米，桥面宽32.5米，桥面设置倾斜1.5%的人字坡，双向8车道。该桥梁系常州市区第三座上跨沪宁铁路的桥梁，也是继常焦路立交桥之后第二座上跨下穿铁路箱涵形成“一天一地”交通布局的桥梁。2007年6月至2008年5月建成。高架道路一、二期的建成和环通，基本拉开和形成常州大城市的框架，改善城市路网布局，增强了城市快速路网系统的交通服务能力。

2010年末常州市区高架道路桥梁一览表

表6-2-2

桥名	跨越河道	跨径（米）	桥名	跨越河道	跨径（米）	桥名	跨越河道	跨径（米）
一期道路桥梁								
钱家桥		13	先达桥	梧桐河	16	常林桥	新澡港河	92
大坝桥	大坝浜	13	先锋桥	后塘河	6	常利桥	毛龙河	13
仙鹤桥	童子河	10	武宜河桥	南运河	62	大坝村桥	乌龙潭	13
光辉桥	红旗河	13	童子河桥	童子河	13	半夜浜桥	半夜浜	13
长沟河桥	长沟河	13	仙女桥	童子河支浜	6			
陈家湾桥	童子河	13	金雀桥	晨光河	13			
二期道路桥梁								
常柴桥	老澡港河、北塘河	151	靡家塘桥	靡家塘	13	向东桥	向东河	16
三联桥	横塘河	60	丁横河桥	丁横河	16	五菱桥	黄塘浜	20
采菱港桥	采菱港	190	众恒大桥	采菱港	86	龚巷南河桥	龚巷南河	13
厂北河桥	厂北河	20	王家浜桥	王家浜	13			
向东河桥	向东河	25	徐巷桥	黄土浜	39			

四、人行天桥

西新桥人行天桥 建于2008年10月，为常州快速公交一号线配套项目。设计为折线形，3折7跨。桥身中间跨的定位以快速公交两侧站点为基点，桥身两翼接直跑梯段延伸至道路两侧绿化广场，缓解沿路通行压力。桥身总长97.9米，其中桥身主体3跨、长56.6米，桥面总宽6.6米、有效宽度4米。桥身底部采用钢板弧形包裹，设直跑楼梯沟通两侧人行道，中部与快速公交站台以自动扶梯、直跑钢梯连接，两翼加设垂直升降电梯。

南大街人行天桥 位于铁市巷、双桂坊两处，铁市巷天桥平面为L型，跨径65.58米，宽4.3米；双桂坊天桥跨径23米，全长27.4米，宽4.3米。工程于2011年6—9月施工建设。天桥投入使用后除双桂坊人行横道可供行人直穿马路外，南大街两侧行人均由人行天桥横跨马路。

第四节 广场 地道

一、广 场

90年代起，随着常州社会经济发展和人民生活水平的提高，广场建设步伐逐步加快。2010年底，常州市区拥有人民公园（参见本卷第四章“园林 绿化”第一节“公园建设”）、文化宫广场等健身休闲、主题教育、纪念性三类广场10多个。

文化宫广场 始建于1979年，是市中心文化游憩广场，总面积1.1万平方米。1998年至1999年1月被列为市重大基础设施项目改建，总投资1.3亿元，江苏省第二建筑设计研究院常州分院设计，江阴建安总公司常州公司、市工业设备安装公司等单位施工。占地2.3万平方米，设有600平方米的中央旱式程控灯光喷泉，水柱最高可达20米。绿地8000平方米，栽有四季花草及广玉兰、香樟等乔木。在和平路、延陵路各设1个地下过街通道，分别与工商银行常州分行、购物中心连接，地道平时主要用于商业购物、饮食、娱乐、休闲，设可停放50辆汽车和1500辆自行车的车库。2002年10月至2003年1月改造地面，改造后广场开放、亲和、大气、高雅。

武进市民广场 位于武进区行政中心东侧。2004年4—11月武进区政府投资近1亿元建成，占地8万平方米，建有绿地5万平方米和城市规划展览馆、景观水面、八桂场、景观河、密林区、放筝场、大型浮雕、玻璃长廊、林荫水渠、健身广场、中西流派花园等景点、平台10多个。武进市民广场与淹城遗址、文慧园等景点一起，由西向东勾勒了武进从远古文化走向现代文明发展的脉络。

朝阳广场 2001年7月20日至12月30日建成，占地10.2公顷。采用自然式园林布局，集娱乐、健身、休闲于一体。

怀德广场 2003年12月竣工，用地1.33万平方米，绿地率达60%，地下面积1.3万平方米，设2层，负一层面积5000平方米，经营文化用品、小商品，小餐饮及小工艺品；负二层为大型停车库，可为小区及社会提供250个停车泊位。广场塑有季子挂剑铜雕和让国家风玉石雕塑。

戚墅堰东方广场 位于常戚路北侧、戚墅堰机车车辆工厂大门口，是市政府投资800万元兴建的大型绿化、主题文化与休闲广场，2003年10月至2004年4月建设，占地2.25万平方米，其中绿化1.23万平方米，绿化率54.7%。广场西侧采取直线型布局，以站台广场为中心，机车头、站台、铁轨、钢板、景观喷泉等元素有机组合，形成简洁明快的工业文明景观。

蓝色港湾休闲广场 位于常澄路与汉江路交会处东北角。2002年7月建成并对外开放，占地1.6万平方米，总投资400万元。广场以“水、绿、健康”为主题，采用植物造景与声光电相结合的现代设计手法，营造宁静和谐的休闲活动空间，栽种广玉兰、枫香等名贵树种300余株，沿河亲水平台高低错落，景观路灯、草坪灯点缀其间，成为新北区绿化建设的示范。

常州火车站北广场　2009年建设，是常州市50项重点工程中单体投资额度最大的项目。包括沪宁城际铁路常州站、常州市客运中心及综合配套工程，原常州汽车站迁至火车站北广场。12.9万平方米的客运中心以城际常州站为核心，采用“U”字形空间布局，建有3万多平方米的长途客运中心、5万多平方米的地下停车场等，广场景观面积达2万平方米。

戚墅堰站北广场　2009年建设，为沪宁铁路戚墅堰站地面交通设计，道路部分包括广场周边道路、社会停车场、出租车候车区及公交枢纽站场地及其他道路。

太湖湾广场　2007年11月竣工，占地8.74万平方米。休闲广场2.67万平方米，建有景观水池、景观水柱、音乐喷泉和硬质活动场地等，标志性门楼宽99米、高33米，由湖水、船帆、渔网等元素构成；道路、停车场和绿地等面积6.07万平方米。

体育广场　位于清潭体育馆东南侧。2002年6—9月市政府投资2786万元建成，总规划面积1.77万平方米，以体育文化为主题，绿化率65%，成为市民进行体育文化休闲活动的公共场所。

二、地　　道

90年代中后期沪宁铁路成为严重制约常州南北交通的瓶颈。2000年以前，沪宁铁路常州市区段由西至东依次建有新闸道口、庆丰道口、五星地道、飞龙道口、万福路地道、青山桥下街人行地道、永宁路地道、竹林路地道、常焦路地道、紫云道口10座南北向通道。2000年底，全市机动车总量增至10.8万辆，市区机动车南北向通行主要靠五星、万福、永宁、竹林、常焦路5座地道。市政府开始陆续新建和改建庆丰地道、五星立交、长江路地道、飞龙上跨立交、万福路地道、健身北路地道、晋陵中路地道、常焦路立交、青洋路地道、横塘河东路地道等11座铁路立交，铁路地道、立交，增加城区南北向通道，提高南北向通行能力，并全部建设配套泵站，2008年在建快速公交(BRT)二号线时，因闹市区交通需要，在延陵西路段配套建设5座人行地道。

新闸地道　原为人工看守的平交道口，2000年4—12月，改建为下穿式立交地道，北侧横断面宽14米，南侧横断面宽22米，同步建设雨水泵站及配套管道，造价约1730万元。1999年9月至翌年9月，市市政工程管理处在新闸新冶立交地道东南侧建泵站，配置22千瓦潜水泵2台、柴油发电机组75千瓦等设备，设计排量每小时1450立方米，地道雨水排入凤凰河。2000—2006年，改造后实现全自动化运行管理。

庆丰地道　位于新庆路的庆丰道口，原为人工看守平交道口，2000年4—12月投资1142万元改建为下穿式立交地道，宽26米，设机动车道9米、人行道3米、非机动车道13米，按机非混行道标准实施9米宽中孔，净空4.5米。同步建设雨水泵站及配套管道。

飞龙路道口　原人工看守平交道口。1999年至2000年9月地道西南建泵站，配置供电系统1套和1～30千瓦轴流泵、潜水泵4台等设备，设计排量每小时1920立方米，雨水排入凤凰河。2001年，地道改建为立交桥，桥宽24米，全长504米，两侧各设车行道18米、人行道3米。2002—2006年对泵站控制柜进行软启动自控改造和远程控制改造，实现全自动化运行和管理。

紫云地道　位于横塘河东路与沪宁铁路相交处，原为人工看守平交道口。2004年10月至2006年9月改造，一孔15米，净空4.5米，总投资800万元。2007年至2008年2月，常州市铁建处在青龙路立交地道东南建成泵站，配置45千瓦潜水泵3台、4千瓦潜水泵2台及250千瓦发电机组等设备，设计排量每小时2250立方米，地道雨水排入横塘河。

五星地道（泵站） 2005—2006年，市铁建处在地道东北侧建成泵站，配置3～37千瓦潜水泵5台和130千瓦柴油发电机组等设备，设计排量每小时2700立方米，雨水经泵站排入北童子河，实现泵站全自动化运行和管理。2009年因建设沪宁城际铁路而投资300万元重建，市排水管理处承建，配置30千瓦潜水泵、3千瓦潜水泵各3台和206千瓦柴油发电机组等设备，设计排量每小时2000立方米。

竹林地道 位于竹林南路，原为3箱身立交地道(8+9+8)米。1994年在其东北建泵站，2009年因沪宁城际铁路施工重建，市市政管理处承建。泵站内设混凝土雨污集水井2座，配置37～75千瓦潜水泵3台等设备，设计排量每小时1600立方米，雨水排入关河。2009年至2010年9月配合沪宁城际铁路施工，在西侧新建成1个8米宽、34米长箱身，净空4.5米。

泡桐路地道 位于戚墅堰站东，下穿沪宁铁路桥设计为(14+5)米框架，其中上海端5米框架为既有框架，两侧人行道各2米、3～3.5米非机动车道，机动车道8米，净空3.5米。2009年8月至2010年6月，投资196万元，市铁建处在地道东北侧建设泵站，配置3～22千瓦潜水泵5台等设备，设计排量每小时2000立方米，雨水排入老三河支河。

戚月路地道 位于常州东环钱（常合高速）西，下穿沪宁铁路桥设计为(9.8+4+9+4)米框架，其中上海端(4+9+4)米框架为既有框架，两侧人行道各1.5～2米、非机动车道2.5米，机动车道4～9米，净空4.5米。2009年8月至2010年6月，投资177万元在地道西北重建泵站，市铁路建设处承建，配置3～22千瓦潜水泵5台等设备，设计排量每小时1500立方米，雨水排入陈墅浜。

奔牛立交地道 位于奔牛镇西北，泵站位于奔牛立交地道西南，1989年10月至1991年5月投资405万元建成，占地500平方米，安装30千瓦旱式排污泵2台等设备，设计排量每小时1200立方米，雨水排入大运河。1998—2006年，对泵控制柜进行软启动自控改造、远程控制改造，实现泵站全自动化运行和管理。

惠山南路立交地道 位于惠山南路（今惠国路）。泵站位于地道东南侧，2008—2009年建成，投资315万元，市铁路建设处施工，占地463平方米，配置3～37千瓦潜水泵3台等设备，设计排量每小时1500立方米，雨水排入双桥浜。

第三章 建设管理

80年代，城市建设管理基本按计划经济的模式进行。建设和维护资金主要用于维护城市正常运行和道路桥梁、公用事业的新建工程以及归还欠款等，其来源主要是城市维护建设税和公用事业附加费两项，1986年为3533万元。90年代，随着改革开放和现代化建设的不断深入，城市建设部门以市场为导向，探索城市建设资金筹集的渠道，供水、排水、道路等建设项目先后向世界银行和国内银行贷款，探索以房带路的建设模式等。进入21世纪，常州发挥市场机制的作用，探索BT（建设移交）、BOT（建设—经营—转让）、TOT（移交—经营—移交）等建设投融资模式，成效显著。2003年常州市城市建设（集团）有限公司（简称“常州城建集团”）成立，成为常州城市建设投融资的主要平台。2003—2010年，城建集团累计筹集城建资金550多亿元，基本保障了常州城市建设大跨越时期的资金需求。市建设局、城建局加强对城市基础设施项目的管理，规范建设行为，保证质量和安全，提高投资效益。常州适时修订《常州市房屋拆迁管理办法》及房屋拆迁补偿评估细则，推动房屋拆迁行为更加规范、透明和量化，确保“平安拆迁”和城市建设的快速推进。2010年，市区完成26个项目3777户、137.9万平方米房屋拆迁。通过多年努力，城市建设档案管理馆藏档案不断丰富，其中纸质档案形成城市规划、建设管理、市政工程等18个大类13.9万卷，另有大量的图书、图片、声像等类型的档案（参见第三十六卷“文化　艺术”第九章“档案事业”第四节“城市建设档案管理”）。

第一节　城建计划投资

80—90年代，城市建设部门每年编制生产计划及城市维护和建设资金计划，按计划实施管理，对公用事业、市政设施、园林绿化、房产和建设用地、资金收支等实施年报制度。进入21世纪，先后编制、实施三轮《常州市城市建设三年实施纲要》，逐步形成市场化的资金筹集、市政公用行业运行和工程项目监管等方面的城市建设、运行和管理机制。

一、计　　划

1983年起，市城建委计划财务科负责本行业有关计划的编制、执行、监督、检查和调整，市城建委所属基层单位设计划财务科或设专人负责此项工作。

生产计划　1985—1991年，市城建委编制的年度城市建设生产计划主要指标有产量、质量、节约、安全、设备、成本、劳动生产率等，下达给市公交公司、自来水公司、出租汽车公司、市政工程公司、市政工程养护管理处、园林绿化管理处、煤气公司、路灯管理所、城市综合开发公司、华光建设工程公司10个基层单位实施。

城市维护和建设资金使用计划　1983—1995年，市城建委编制，报市政府审议，经市人大常委会审议通过后，由市政府批转执行。一是维护城市正常运行，主要有道路桥梁中小修、市管公房的修缮、规划事业、环境卫生、园林绿化、路灯经费等；二是道路桥梁、煤气、自来水、园林、环卫等方面城建工程项目的费用；三是归还以前年度的工程欠款等；四是文物古迹修复、三县建设经费补贴、科研经费等其他款项；五是不可预见费。1996—1997年，改由市建委行文下达计划。1998—2003年，由市建委与财政局联合发文下达计划。2004—2010年，城市维护资金计划先后由市建设局、财政局编制，报市政府审议、市人大常委会通过，由市建设局与财政局联合发文下达，而各年度城市建设计划，报市政府、市人大常委会审议。

城市建设三年实施纲要　2002年，市建设局编制首轮《常州市城市建设三年实施纲要(2003—2005年)》。提出实施构筑区位优势、增强城市功能、营造城市环境和美化城市形象4项系列工程，加快形成科学高效的城市规划管理机制、多元化的城建资金筹集机制、市场取向的市政公用行业运行机制、严肃长效的城市综合管理机制和严格规范的工程项目监管机制。3年计划总投入178亿元，推进常州市城市化、城市现代化进程。

2005年，市建设局编制《2006—2008年常州市城市建设实施纲要》。总体目标是迅速拉开发展框架，尽快形成南北一体的城市格局；实施一批重大项目，加大城市环境综合整治，整合中心城区资源，提高中心城市现代化水平；科学统筹城镇发展，加速推进城市化进程。主要任务是拉开城市骨架、突破南北两翼、增强城市功能、优化人居环境、提高管理水平。主要措施是深化和完善科学高效的城市规划管理机制、多元化的城建资金筹集机制、市场化取向的市政公用行业运行机制、严肃长效的城市综合管理机制及规范严格的项目、资金、市场监管机制。三年计划总投入250亿～300亿元，基本形成适应区域竞争需要的现代化基础设施体系。至2007年底基本完成三年目标任务。

2008年初，市建设局编制《2008—2010年城市建设行动计划》。总体目标是形成特色鲜明、南北一体的城市空间结构体系、完善现代的区域综合交通网络体系、安全可靠的城市综合保障服务体系、和谐优美的城市人居生态环境体系。主要任务是强化南北两翼，实现三城并举，优化生态环境，打造宜居城市，提升综合交通，凸显区域优势；增强城市功能，统筹城乡建设。主要措施是创新科学高效的城市规划机制、多元化的城建资金筹集机制、市场化取向的市政公用行业运行机制、严肃长效的城市综合管理机制、规范严格的项目监管机制、开放竞争的科技进步机制。3 年计划投资约 400 亿元，重点实施一批事关全局和城市长远发展的交通工程、环境工程、市政公用工程和社会事业项目，到 2010 年底，确保创建成为全国最佳人居环境城市、国家生态城市和全国文明城市。

二、投　　资

资金来源　1986—2010 年，全市各级政府及其建设、财政等部门多方筹集城市建设资金，筹资方式有国内银行贷款、利用外资、BT、BOT、TOT、信托等。1991—1998 年，常州自来水项目向世界银行贷款 1586 万美元，向法国外贸银行、法国兴业银行贷款 947.95 万欧元；污水处理项目向世界银行贷款 1360 万美元。1998—2002 年，市建委下属的常州市市政工程管理处、排水公司、自来水集团公司、燃气热力总公司、市政建设工程总公司等作为主体，向国内银行贷款。1999—2006 年，利用国债转贷资金 1.21 亿元，其中市排水公司 0.51 亿元、市市政管理处 0.7 亿元。

2003 年 8 月，常州城建集团成立，负责市政府授权范围内国有资产的经营管理、城市建设项目的投资和经营管理和政府授权的土地一级开发项目的投资管理及城市开发建设项目等业务，发挥政府城建投融资平台的载体功能。2003—2010 年，常州城建集团累计筹集城建资金 550 多亿元，保障了 400 多项市政工程、65 个旧城改造项目建设。2004 年，常州转让港华公司原租赁地资产、市政公用基础设施配套费收入及土地出让收益约 2.5 亿元。2005 年，企业改制、资产变现筹集资金 1.49 亿元。

2005 年 4 月至 2008 年 6 月，常州市城北污水处理厂、江边污水处理厂分别以 1.68 亿元、1.5 亿元转让给深圳水务有限公司经营 20 年、25 年，城北污水处理厂转让是国内污水处理厂首例不带资产的经营权转让项目。翌年，市财政返回土地收益和土地开发成本 8.7 亿元，其中收益 3 亿元、成本 5.7 亿元。常州城建集团（含城西公司）前期开发的 14 宗地块、950 亩成功上市，实现收益 5.73 亿元。2007 年，土地出让收益到位 2.4 亿元，配套费财政补贴 2.35 亿元。2008 年，土地收益 11.35 亿元，拨付财政配套费补贴 1.7 亿元。2009 年，实现毛收益 2 亿元。2010 年，财政性补贴资金 7.6 亿元，土地收益 6 亿元。2008 年 9 月，常州城建集团发行第一期企业债券 25 亿元；12 月，常州城建集团以 4.5 亿元把常州市自来水集团公司 49% 的国有产权转让给法国威立雅水务集团—中信泰富有限公司联合体，合资期限及特许经营期限 30 年。2005—2010 年，常州城建集团与上海城建（集团）公司、上海大众公用事业（集团）股份公司、上海隧道工程股份有限公司、深圳水务公司等企业合作，筹集资金 161.3 亿元用于常州市高架一期、二期工程等项目建设。

资金运用　常州城建资金主要用于市政道路、公用设施、园林绿化、市容环境、旧城改造五类市政公用基础设施建设。先后建成长江路、青洋路、中吴大道、东方大道等城市主、次干道 20 多条，拉开了城市发展框架，完善了城市路网，全长近 50 公里的南北高架一期、二期工程成为常州三城联动、南北一体的主动脉。建成快速公交（BRT）一、二号线、江边污水处理厂、魏村水厂、工业废弃物安全填埋场、奔牛机场航站楼改扩建等工程，提升了城市公用设施能力。园林绿化实施了红梅公园、青枫公园、紫荆公园、西林公园、荆川公园、市民广场绿地等大型园林绿化工程，市政公园建成后全部免费向市民开放。完成多条道路市容整治、户外广告提升、街景美化、老小区改造、背街小巷整治、农贸市场改造及“三河三园”灯光照明等市容环境整治工程。通过实施旧城改造，昔日的混合居住区、城市边缘区、工业聚集区内的危旧房屋，断头、瓶颈道路及脏乱差的环境发生了质变。

资金管理　2002 年，《常州市城市基础设施项目管理办法》出台，对项目投资控制提出明确要求。2006

年颁发《常州市城市建设投融资管理暂行规定》，对政府性城市建设项目实行项目计划和资金预算管理，实现投资主体多元化，融资方式市场化。2008年，市建设局制订《城建项目工程建设资金拨付管理办法》，适用于列入年度城市建设计划、通过常州城建集团拨款的城建项目，编制资金使用计划和申报工程建设资金，实行计划管理，由市建设局、常州城建集团分级审批。

2010年，市政府颁发《关于进一步加强和完善市级政府城市建设投融资管理的若干意见》，完善政府城市建设投融资管理联席会议制度，联席会议由市政府领导牵头，市发改、财政、国土资源、城乡建设、交通运输、水利、审计、规划、住房保障、体育、民防、国资等职能部门参加。联席会议下设办公室。联席会议每半年召开一次，负责重点研究、审议政府城市建设项目年度投融资计划和年度、中期(即3年)资金动态平衡预算方案，报市政府审批；协调推进项目建设进度，统筹论证投融资方案，督促落实重大投融资计划；审议各投融资主体资产经营情况及年度财务预算执行情况等。

1988—2010年常州市区城市维护建设资金、长效综合管理资金支出表

表6-3-1　　单位：万元

年份	金额	年份	金额	年份	金额	年份	金额
1988	2858	1994	4850	2000	8747	2006	22070
1989	3191	1995	6950	2001	9460	2007	6216
1990	3300	1996	7950	2002	10870	2008	8366
1991	3500	1997	7773	2003	10551	2009	10146
1992	3750	1998	8178	2004	10551	2010	10740
1993	4400	1999	8662	2005	18270	合计	191349

说明：2007—2010年为市建设局、城建局统计数据

1992—2010年常州市城乡建设系统固定资产投资完成额统计表

表6-3-2　　单位：万元

年份	合计	市政道路建设投资	城市公用事业建设投资					
			小计	城市供水	污水处理	城市燃气	公共交通	其他
1992	12358	2605	8223	2368	250	4902	544	159
1993	37054	18270	16059	3000	917	10577	947	618
1994	41374	20803	19035	9810	1214	6354	690	967
1995	15307	4869	9066	1862	3945	47	511	2701
1996	23571	10894	11935	4140	3459	—	2969	1367
1997	27908	16272	11089	2114	1266	—	1951	5758
1998	25897	11930	12714	1020	5202	3184	1526	1782
1999	29424	16072	12152	4151	2662	1756	3132	451
2000	33583	21107	11340	3554	2886	—	3244	1656
2001	63492	27562	27018	9890	8144	2223	3974	2787
2002	132541	69129	38177	14986	9878	5504	5819	1990
2003	335000	238964	80503	38925	29516	6041	4753	1268

续表 6-3-2

年份	合计	市政道路建设投资	城市公用事业建设投资					
			小计	城市供水	污水处理	城市燃气	公共交通	其他
2004	346045	177857	48541	12899	23156	5534	5996	956
2005	351479	197526	47617	13640	15020	9588	7869	1500
2006	430134	237146	51122	15325	12403	12123	5011	6260
2007	551102	343490	121183	12957	20267	10400	77559	—
2008	735130	411396	165922	32935	39938	11988	81061	—
2009	1068209	755144	204899	42884	49843	12127	87612	12433
2010	1128732	882387	150303	11969	9571	11196	—	117567

说明：合计数包含环境绿化的资金投入，2004—2006 年合计数包含土地开发投资

三、市政公用设施普查

1995 年 6 月 30 日，市建委、统计局按照全国统一部署，联合开展城市市政公用设施普查，范围包括全市城市行政区（即市区和郊区）内建设部门和非建设部门经营管理的市政公用设施，内容包括城市公用事业（含自来水、公共交通、燃气、集中供热）、市政工程（含道路、桥梁、防洪、排水设施、污水处理、道路照明等）、园林绿化、环境卫生等市政公用设施基本情况和现状。2003 年，市政府再度组织对全市专业和非专业部门经营管理的市政公用设施进行普查，由市建设局牵头组织实施，调查掌握城市公用事业（含供水、公共交通、燃气、集中供热）、市政工程（含道路、桥梁、防洪、排水、污水处理、路灯）、园林绿化、环境卫生等市政公用设施现状。普查历时 10 个月。根据普查结束，2002 年底，常州市区道路总长 4962.78 公里，道路总面积 3813.99 万平方米，桥梁 2354 座，排水管道 2321.45 公里，绿地总面积 7.22 万亩、其中公共绿地 5401.5 亩，绿化覆盖面积 8.6 万亩，绿化覆盖率 3.1%，人均占有公共绿地 1.71 平方米，这些数据为编制城市总体规划、科学管理城市市政公用设施提供了较翔实的资料。

1986—2010 年部分年份常州市城市设施水平统计表

表 6-3-3

指　　标	1986	1990	1995	2000	2005	2010
城市人口密度（人／平方千米）	5723	3572	2880	3152	1184	3437
人均拥有城市维护建设资金（元／人）	116.91	156.74	400.93	1171.50	3357	—
人均日生活用水量（吨）	120	147.40	164	224.18	181.59	238.70
用水普及率（%）	90.70	92.10	100	100	92.70	100
燃气普及率（%）	27.90	33.60	83.90	99.80	92	99
万人拥有公共交通车辆（标台／万人）	5.07	4.30	4.80	15.64	9.02	—
人均道路面积（平方米／人）	3.33	5.40	6.50	10.68	17.91	22.88
路网密度（千米／平方千米）	2.11	1.79	1.72	2.49	1.92	—
排水管道密度（千米／平方千米）	—	—	11.50	13.47	27.97	23.70
污水处理率（%）	—	19.40	26.30	68.98	86.83	89.84
其中污水处理厂集中处理率（%）	—	—	—	—	50.19	74.50
人均公共绿地（平方米／人）	1.64	2.26	4.10	5.64	7.10	12.35

续表 6-3-3

指　　标	1986	1990	1995	2000	2005	2010
建成区绿化覆盖率(%)	14.40	15.10	29.80	31.70	38.80	42.20
建成区绿地率(%)	—	—	17.60	20.90	33.90	38.30
生活垃圾无害化处理率(%)	—	—	60.40	50.50	92.10	100
粪便处理率(%)	—	—	62	100	100	—
水冲厕所比率(%)	—	—	42.60	61.30	94.30	—

第二节　城市房屋拆迁管理

1984 年 12 月，市政府把与常州市房屋建设开发公司合署办公的常州城市改造办公室划出单独设置机构，直接归市城建委管理。1992 年 4 月，常州市城市改造办公室更名为常州市城市房屋拆迁管理办公室（简称“拆迁办”）。1997 年 4 月，市政府发布《常州市房屋拆迁暂行办法》，规定市拆迁办具体负责全市城市房屋拆迁管理，起草拟定与法律法规相配套的政策文件，履行对辖区内的房屋拆迁实施监管，对申请拆迁项目的审查报批，发放拆迁许可证。

一、拆迁许可和行政裁决

1991 年前，市拆迁办以直接下发拆迁任务通知书的形式实施拆迁项目。1991 年 12 月 28 日，市政府发布《常州市城市房屋拆迁管理办法》，明确规定实行拆迁许可证制度。拆迁许可证的审查发放是规范拆迁人和拆迁市场的重要程序，市拆迁办负责对拆迁单位的申请手续进行审查及听证，符合条件的发放房屋拆迁许可证，同时向社会公示，公示期满后拆迁人方可实施拆迁。2002 年，市拆迁办设立裁决科，在拆迁活动中对拆迁人与被拆迁人或者拆迁人、被拆迁人与房屋承租人达不成拆迁补偿安置协议的，经当事人申请进行立案、审查、调解和裁决，保护拆迁当事人的合法权益，保障城市建设顺利进行。对产权不明确状态的房屋由拆迁人提出补偿安置方案，裁决科审核同意后方可实施拆迁。房屋拆迁行政裁决书是行政强制或司法强制拆迁的重要依据，也是化解拆迁当事人之间矛盾的重要途径。至 2010 年年底市拆迁办裁决科审理裁决案件 4024 件。

二、拆迁政策

随着常州市经济、文化、交通等项事业的发展和市政建设力度的加大，工程拆迁量迅速增大，在拆迁活动的阶段都会出现不同的矛盾和问题，对被拆迁人的妥善安置、合理补偿是拆迁的关键。市拆迁办适时起草拟定与法律法规配套的拆迁政策文件。1987 年起草《常州市房屋拆迁暂行办法》，规定拆迁活动的相关问题。1991 年 3 月国务院出台《城市房屋拆迁管理条例》；12 月底，市政府发布了《常州市城市房屋拆迁管理办法》，这是常州市第一部政府出台、针对拆迁活动的规范性文件，规定了拆迁的原则、对象、范围及拆迁安置的管理部门，明确了拆迁许可证制度，拆迁人与被拆迁人对补偿形式和补偿金额、安置用房地点、面积、层次、搬迁过渡方式和过渡期限，协商未达成协议的由市建委裁决。

1996 年 12 月省人大常务委员会公布《江苏省城市房屋拆迁管理条例》，市政府根据该条例修改和完善原拆迁管理办法，1997 年 4 月发布新的《常州市城市房屋拆迁管理办法》。常州市拆迁活动逐步向市场化过渡，市建委与相关部门相继出台探索房屋拆迁与住房制度改革相结合，搞活房产市场，维护当事人合法权益，推进货币化安置的系列政策文件。1998 年 4 月市建委、房管局、物价局联合出台《常州市城市住宅房屋拆迁货币化安置试行办法》，规定产权调换与货币安置相结合，常州市拆迁补偿安置的方式向市场经济化深入。1999 年 3 月市政府出台《常州市市区拆迁安置部分产权房屋接轨实施办法》，基本解决拆迁安置中的房屋权属关系问题和被拆迁人的后顾之忧，为后期的拆迁完全市场化运作排除了障碍。

2001 年 6 月，国务院出台《城市房屋管理条例》；10 月，市政府修订《常州市城市房屋拆迁管理办法》；11 月，市建设局、物价局、房管局、国土资源局联合发布《常州市房屋拆迁评估管理试行办法》，这是常州市第一部拆迁评估的规范性文件，明确规定评估资格管理、评估业务管理及违反规定的处理方法等问题。2003 年 5 月，市政府依据国务院条例和省条例，再次修订《常州市城市房屋拆迁管理办法》，明确了被拆迁人可自由选择货币补偿、产权调换等补偿方式，规定了违章建筑和临时建筑的具体情况及处理办法，对拆迁补偿最低标准、拆迁中经济适用房和租赁房的申请作了规定，确定了市中心区位补偿标准、营业用房及住改非补偿、最低补偿保障、评估程序等。2003 年 6 月，市建设局、物价局、房管局、国土局联合发布《常州市城市房屋拆迁补偿评估细则》，市建设局等部门制定了评估方面的系列文件规定，全市拆迁行为逐步规范、透明和量化。2004 年 5 月市政府发布新的《常州市城市房屋拆迁管理办法》，规定房屋拆迁管理部门在受理裁决申请前对拆迁项目中未达成拆迁补偿安置协议户较多或比例较高的应当进行听证，提高拆迁补偿最低标准，市区拆迁补偿最低标准由原先的 6 万元提高到 8 万元，对评估的程序及评估专家委员会的鉴定程序等作了严格规定，对取得营业执照 1 年以上的结合营业年限参照营业用房评估等，加强对拆迁当事人的权益保护，规范了拆迁评估行为。市拆迁办邀请高校的专家和多家评估机构参与确定常州市城市房屋拆迁评估体系，与有关部门联合制定《常州市城市房屋拆迁补偿估价技术细则》。

2004 年前后，由于房地产市场波动不定，安置房价格明显上扬，拆迁市场的安置补偿方面矛盾比较突出，被拆迁人要求补偿安置的期望值愈来愈高，局部地区存在违规拆迁现象，部分被拆迁人权益受到侵犯，上访事件增多。其间拆迁矛盾在江苏乃至全国都比较突出。同年 9 月，市建设局出台《常州市“平安拆迁”考核细则》，为拆迁设定 3 条“高压线”和 30 条规范标准，对违反拆迁管理规定采取停电、停水和阻断交通等野蛮手段迫使被拆迁人搬迁的及不落实信访责任、发生大规模上访等恶劣事件实行一票否决制。

2006 年前后，常州市部分区域出现补偿标准不统一的问题。市拆迁办加强对城市房屋拆迁中无证房屋等问题处理，城市房屋拆迁项目特别是政府重点建设项目严格按拆迁政策及有关法律法规的规定进行补偿安置，不得随意调整补偿标准，及时规范了常州市部分区域拆迁项目补偿标准混乱的情况。随着城市建设步伐的加快，拆迁实施过程中又出现一些新问题、新矛盾。市拆迁办等部门及时修订常州市城市房屋拆迁管理办法和拆迁补偿估价技术细则。2007 年 6 月，市政府发布新的《常州市城市房屋拆迁管理办法》，规定被拆迁人可选择拆迁补偿方式的例外情形，删除 2004 年拆迁管理办法中不可作产权调换的情况，规定被拆迁人与房屋承租人对解除租赁关系达不成协议的拆迁人应当对被拆迁人实行产权调换。新办法更注重对被拆迁人合法权益的保护，对最低补偿标准作了修改，规定被拆迁人仅有一处住房且获得的货币补偿金额低于拆迁补偿最低标准的，拆迁人应当按照拆迁补偿最低标准予以补偿。调整后，城市房屋拆迁补偿最低标准市区为 9 万元，金坛、溧阳两市为 6 万元。

三、拆迁企业

根据国务院颁布的《中华人民共和国城市房屋拆迁管理条例》和建设部颁发的《城市房屋拆迁单位管理规定》及《江苏省城市房屋拆迁实施单位资质管理暂行办法》，全市有 74 家符合规定并在常州市城市房屋拆迁管理办公室备案的拆迁公司。

常州市房屋拆迁公司、评估公司一览表

表 6-3-4

类别	数量(家)	单位名称
拆迁公司	74	常州市房屋拆迁公司、华光拆迁公司、江苏鑫达房屋拆迁公司、滨江房屋拆迁公司、广安房屋拆迁公司、基建拆建公司、天宁房屋拆迁经营公司、清源拆迁公司、钟源房屋拆迁经营公司、中房房地产经营公司、钟建房屋拆迁公司、天城拆迁公司、联强房屋拆迁公司、博力房屋拆迁公司、武精房屋拆迁公司、武进建设房屋拆迁公司、隆基房屋拆迁公司、金达拆迁拆除公司、都市房屋拆迁公司、地方房屋拆迁公司、综发拆迁公司、天丰房屋拆迁公司、钟成拆迁公司、建兴房屋拆迁公司、天通城房拆迁公司、新光房屋拆迁公司、振业房屋拆迁公司、钟安房屋拆迁公司、天宏拆迁公司、悦达房屋拆迁公司、万众房屋拆迁公司、华强房屋拆迁公司、新健房屋拆迁公司、鑫源房屋拆迁公司、方圆房屋拆迁公司、君安房屋拆迁公司、天泰房屋拆迁公司、诚业房屋拆迁公司、新天地房屋拆迁公司、星耀房屋拆迁工程公司、嘉鹏房屋拆迁公司、弘昌房屋拆迁公司、长顺房屋拆建公司、顺迁房屋拆迁公司、常通拆迁公司、峰茂房屋拆迁公司、恒达房屋拆迁公司、联达房屋拆迁公司、金盛房屋拆迁公司、鼎达房屋拆迁公司、钟宁房屋拆迁公司、创盛房屋拆迁公司、东泰房屋拆迁公司、宏诚房屋拆迁公司、盛佳拆迁公司、奥太房屋拆迁公司、杰华房屋拆迁公司、鼎立房屋拆迁公司、老根房屋拆迁公司、华盛房屋拆迁公司、中杰房屋拆迁公司、中柏房屋拆迁公司、鼎晟房屋拆迁公司、明源房屋拆迁公司、万诚房屋拆迁公司、伟业房屋拆迁公司、鸿乐达房屋拆迁公司、鑫旺房屋拆迁公司、顺舵房屋拆迁公司、凯威房屋拆迁公司、臻一房屋拆迁公司、聚欣房屋拆迁公司、盛杰房屋拆迁公司、和润拆迁公司
评估公司	12	常州市物业房地产评估事务所公司、信达房地产评估造价咨询公司、江南房地产评估事务所公司、永信房地产评估公司、延陵房地产评估事务所公司、基建土地房地产评估咨询公司、江苏鑫洋土地房地产评估公司、江苏常度房地产评估咨询公司、江苏金宁达恒土地房地产评估咨询公司常州分公司、常申房地产评估事务所公司、正信房地产评估事务所、常州中南房地产评估公司

说明：为节省篇幅，除首家企业外其他企业名称均省略“常州市”“常州”“有限”字样

四、拆迁项目

1986—1990 年，常州市累计拆迁房屋 1144.2 万平方米。1991 年，京杭大运河常州段拓宽和两岸改建拆迁基本结束，7 年累计拆迁沿河居民、企业近 3000 户，拆迁房屋 16.6 万平方米，既改善了常州的水路交通，又使沿岸的道路、居住区、厂区的面貌有了很大改观。关河路、椿桂芳小区、百货大楼、木匠街、东横街、同济桥建改、荷花池公寓、小河沿购物中心、北环路、红星新村、唐家湾危房改造等拆迁项目相继完成。1996—2000 年，主要实施了斗巷地块改造、五角场东村改造、怀德桥改建、广化桥建设、北大街、局前街改造、惠商商场临街建设、娑罗巷改造、项家弄住宅建设、安阳里改造、西新桥一村低洼地区改造、木桥头淹水治理、延陵东路拓宽等动迁项目，其中延陵东路拓宽拆迁项目动迁居民 927 户，拆迁房屋 4.4 万平方米。

2001—2003 年，实施了朝阳桥绿地工程、南大街片区道路绿化工程、周家弄地区危旧房改造、常州市土地收购储备中心收购横兴弄地块与前期开发、南大街商业步行街、北大街西侧改建、南城脚地块建设、万福路地块、常澄路地块的土地收储等拆迁项目。横兴弄地块的土地收储拆迁是全市第一个土地收储拆迁项目，开常州土地收储拆迁先河，创造了土地收储拆迁模式。南大街步行街是常州规模最大的商业步行街，对常州市的商业格局有很大影响，市土地收购储备中心投入巨资拆迁万福路、常澄路两侧地块历时 5 年，累计拆迁居民、企业 3894 户，拆迁房屋 55.6 万平方米。万福路、常澄路的收储开发拆迁对加快常州旧城改造、美化城市环境具有重要意义。2004 年，常州城建集团负责实施动迁的市区城中城地块开发，拆迁房屋 5 万平方米，动迁居民、企业 322 户；常州市华丰建设开发公司负责改造的城区前后北岸地块动迁居民、企业 333 户，拆迁房

屋2.9万平方米。2005年，市市政工程管理处组织拆迁长江路（怀德南路—沪宁铁路）居民、企业612户，拆迁房屋13.7万平方米。2005年8月，市园林绿化管理局下属市绿化管理指导站实施红梅公园敞开扩建拆迁项目，动迁居民、企业277户，拆迁房屋3.6万平方米，是常州第一个公园敞开建设拆迁项目，仅拆迁费用3亿多元。2006年4月，常州城建集团实施毛纺厂及周边地块及前期开发的拆迁，动迁居民、企业221户，拆迁房屋2.5万平方米；7月，市土地收购储备交易新北分中心实施的河海东路南侧、澡港河东侧地块前期开发储备的拆迁项目，动迁居民、企业165户，拆迁房屋4.9万平方米，促进新北区的建设。2006年，高架道路成为城市建设的重大项目，拆迁项目涉及常州东西南北的新北、钟楼、武进3区。11月，市市政工程管理处实施的常州市高架道路一期工程拆迁项目，动迁居民、企业120户，拆迁房屋4.5万平方米。

2007年，常州旧城改造拆迁步伐加快，实施大批城市改造拆迁项目，对常州城市建设影响较大的是北大街东侧地块改造拆迁项目和兰陵片旧城改造开发拆迁项目。6月，常州市正方置业有限公司开发实施的北大街东侧地块改造拆迁项目，拆迁居民、企业640户，拆迁房屋4.3万平方米。9月，常州九洲福宏房地产开发有限公司实施的兰陵片旧城改造开发拆迁项目规模庞大，天宁区政府设立了拆迁项目指挥部，有16家拆迁公司受九洲福宏开发公司的委托实施拆迁，动迁居民、企业3872户，拆除房屋31.7万平方米，总投资40多亿元新建的现代化建筑群迅速矗立在常州主城区南部，成为新的中央商务区。

2008—2010年，常州加快完善交通体系、美化城市的拆迁。2008年初，市政府成立铁路建设指挥办公室，启动常州市重大铁路建设项目沪宁城际铁路与场站、站北广场周边地块土地收储和前期开发的拆迁，近50家拆迁公司、10余家评估公司参与，天宁区政府、市交通局抽调了大批机关干部到拆迁一线指导、督促拆迁进度。该项目动迁居民、企业5179户，拆迁房屋84.4万平方米，成为2010年以前常州规模最大的拆迁项目。翌年3月，实施中吴大道（菱港桥—荆川路）城市化道路改造工程，16家拆迁公司、7家评估公司参与拆迁，动迁居民、企业1385户，拆迁房屋13.9万平方米。6月，市土地收购储备中心实施常州化工厂及周边地块收储和前期开发拆迁项目，约60家拆迁公司、评估公司参与项目拆迁，动迁居民、企业1074户，拆迁房屋35.8万平方米。

2010年，常州凯悦房地产开发公司实施跃进新村及周边地块开发拆迁项目，此为典型的城中区域旧城改造项目，跃进里大多数房屋建于70年代，居住面积不足50平方米的近50%，且老年人、困难户较多，还有大量的违章建筑，拆迁难度很大。10家拆迁公司、评估公司参与拆迁，动迁居民、企业819户，拆迁房屋9.8万平方米。其他重点项目有大明路（东方东路—延陵东路）改造、劳动西路西延（龙江路—长江路）工程、长江路以西、辽河路以北、红河路以南地块前期开发和储备、东南装饰城地块改造、九洲花园开发、苏南运河常州段三级航道整治工程、兰陵片区兰陵影剧院地块改造开发等项目。

1986—2010年，常州市的道路拓宽、临街改建、片区改造、单位建设，累计拆迁项目1110个，动迁居民、企业10.2万户，拆迁房屋1144.2万平方米，保障了常州市城市建设快速发展。

第三节　市政工程养护管理

80—90年代，常州市区道路桥梁的维护管养由市市政养护管理处承担，1993年该处更名为常州市市政工程管理处（简称“市政工程处”）。市排水管理处同时成立，承担污水、废水等设施的运行、维护和管理职能。1998年，市建委发布《常州市城市道路管理实施细则》。2000年，市政工程处按管养分开、逐步进入市场的思路，实施管养体制内部改革，剥离市政工程处的维修施工业务。6月，市政工程处组建控股企业常州先达路桥工程公司。2002 年，市政工程处负责维护养护的市政道路 94 条、总长 90.09 公里、面积 228.68 万平方米，桥梁 85 座、面积 8.67 万平方米。3 月，市政工程处原承担的城区防汛及市河管理职能划归市水利局，铁路立交泵站日常运行和雨水设施日常维护职能划归市排水管理处，市政工程处与常州先达路桥有限责任公司实现彻底分离，此后市政工程处承担道路路政、道路桥梁养护维修的管理等职能。市政道路维修管养采用委托制管养模式，由市政工程处委托先达路桥公司管养。市政工程处探索市政设施市场化巡查机制，通过钟楼、天宁两区建设局聘用市政设施协管员、保安人员，巡视检查市区道路设施的完好状况，对重点道路夜间巡视，市政工程处重点负责巡查违章挖掘、占用和超期超面积占用行为。

2004 年，市政工程处负责维护养护市政道路 113 条、总长 142.21 公里、总面积 426.07 万平方米，桥梁 114 座、总面积 12.28 万平方米，防洪堤 3872.71 米。同年底，市政工程处打破委托制形成的养护维修垄断经营模式，深化养护维修作业市场改革，把市政设施每两年度的日常养护维修作业权通过分标段公开招标形式选择具有市政资质、具备承担养护维修条件的施工单位承担。制定养护维修管理办法，对施工单位加强考核，提高养护维修工程质量和及时性，市政设施巡查由常州市市容改造服务公司承担。随着市政设施量的扩大，养护维修资金逐年增长。2009 年，市政工程处统一更新改造道路路名牌，按照国标 GB1733.1—1999 设计设置，样式基本参照上海市道路路名牌设立。2010 年，市建设局投入市政养护维修资金 1795 万元，市政工程处管辖市政道路 160 条，总长 225.89 公里、总面积 714.87 万平方米；负责管理养护桥梁 192 座、高架桥梁 25.4 公里，总面积分别为 41.15 万平方米、73.56 万平方米，养护防洪堤 5002.7 米。

2005—2010 年常州市道路养护维修指标统计表

表 6-3-5

年份	道路数量(条)	总长度(公里)	总面积(万平方米)	桥梁(座)	总面积(万平方米)	防洪堤总长度(米)	维修资金(万元)
2005	117	139.29	406.81	112	13.72	3872.71	675.0
2006	111	145.92	432.71	114	14.43	3872.71	958.0
2007	127	166.64	500.61	133	24.20	5002.70	1257.0
2008	131	169.53	506.88	139	34.42	5002.70	1596.3
2009	135	185.10	566.07	157	36.72	5002.70	1590.8
2010	160	225.89	714.87	192	41.15	5002.70	1795.0

第四章 园林 绿化

常州园林绿化事业发展较快，成果显著。1986 年 11 月，在中国月季协会成立大会上，常州与北京、深圳、西安、郑州被确定为全国五大月季中心。1996—1997 年，全市组织实施“五五”绿化工程，在城区及外围建成林带、花坛、小游园和绿化示范路等五大类、25 个绿化项目。进入 21 世纪，市园林局、规划局按调整后的行政区划重新编制常州《城市绿地系统规划》，确立“市内出精品、市郊增绿量”的城市绿地建设理念，加大绿化投入，在城区辟出成片土地建设绿地，全面实施“33122”公共绿地建设战略计划。2004 年，市委、市政府制定“打造绿色常州、创建园林城市”的目标，先后组织对人民公园、兰园、芦墅公园、荆川公园等老公园进行扩建敞开改造，新建五星公园、毓秀园、市民广场等综合性公园和青山广场、体育广场等街边广场绿地，城区公园、广场绿地、滨河绿地从90年代末不到10处发展到2010年的64处。2005年，常州市创建成为江苏省园林城市。2006—2010年，全市投入绿化建设资金85.23亿元，先后组织实施"八路八口"绿化工程、"八路八口四河"绿化工程、城乡绿化"十大工程"和"八大工程"及"五大特色工程"，新增城乡绿地16.35万亩，城乡环境质量大为改善。2008年常州被建设部命名为"国家园林城市"。2008年公园绿地建设管理体制项目获江苏省人居环境范例奖。2009年市区市政类公园全部实现免费开放。2010年2月常州获得住房和城乡建设部颁发的"中国人居环境范例奖"。2010年，城市绿地率、绿化覆盖率分别从1985年的8.1%、14.1%提高到38.3%、42.2%；人均公共绿地在人口成倍增长的情况下从1985年的1.54平方米提高到12.35平方米。

第一节　公园建设

1988年，常州市区动工新建芦墅公园、圩墩公园和蔷薇园，加强红梅公园、东坡公园、人民公园、兰园等原有公园的绿化建设和维护。进入21世纪后，常州市公园建设取得突破性发展。2003年初，市委、市政府提出"还绿于民""市民公园、市民享受"的城市园林绿化新理念，实施新建公园和原有公园敞开改建工程；提出"民本、生态、文化、现代""绿化为本、文化为魂"的造园理念，不断完善配套基础设施，增强公园的综合服务功能，把每个公园建成各具特色、品位较高、设施较全、富有生机和活力的市民游憩后花园。2004年前后，常州市区先后新建文慧园、毓秀园、武进新天地公园和荷园等综合性公园，红梅公园、东坡公园、圩墩公园等原有公园进行扩建敞开改造。年均新建、改扩建4～5个公园。在公园规划建设中，成立文化顾问委员会，对需建公园地块及周边区域的人文历史、传说掌故进行全方位的调查考证，使其融入公园规划方案，做到以绿地为载体，叙述历史、传承历史，塑造鲜明的富有城市个性特色的绿地景观。如椿桂园以"千载读

2010年底常州市区公园一览表

表6-4-1　单位：公顷

公园名称	始建年份	面积	其中：水面	公园名称	始建年份	面积	其中：水面
合　计	—	519.74	67.89	文慧园	1999	10.10	1.00
人民公园	1913	2.80	0.25	青枫公园	2003	44.90	4.20
东坡公园	1955	4.57	0.10	五星公园	2004	11.00	3.00
红梅公园	1959	37.44	6.50	翠竹公园	2004	7.95	1.63
花溪公园	1959	5.13	1.90	椿桂园	2005	1.87	1.00
兰　园	1985	3.37	0.25	毓秀园	2006	5.39	1.00
淹城遗址公园	1986	169.00	13.30	荷　园	2007	12.77	8.30
芦墅公园	1988	3.43	0.50	新天地公园	2007	32.00	6.39
圩墩公园	1988	14.19	5.27	武进假日公园	2008	7.56	—
蔷薇湿地公园	1988	12.59	2.00	飞龙公园	2009	7.75	—
荆川公园	1993	16.60	2.70	西林公园	2009	13.00	2.95
新北中心公园	1998	10.00	1.15	华山公园	2010	5.00	—
环球恐龙城	1999	61.20	4.50	紫荆公园	2010	20.13	—

说明：环球恐龙城含恐龙谷温泉

书地、现代读书城”为主题，激励后人好学上进；荆川公园新建主题雕塑、文武德道等，反映唐荆川的文韬武略、道德高尚；蔷薇园充分围绕湿地做文章，通过田、泽、溪、林4种景观形式，形成“绿地、文化、人文”共生空间；荷园建设万荷馆，种植荷花品种380余个，成为华东地区独具特色的“荷主题”公园；芦墅公园塑造“芦笛笙歌”“采菱归”“芦墅放舟”等具有江南风韵的美景意境。1995年，常州市区及武进、金坛、溧阳11个主要公园向市民免费开放晨练。2002年起新建、改建、扩建公园均不收取门票，2009年实现市区市政类公园全部免费向市民开放。

一、红梅公园

位于常州市中心，原为天宁寺塔林区。1928年5月，辟作公共休闲活动场所。1977年10月，云南林学院、南京工学院、市城建局等单位应邀编制红梅公园总体规划，此后国内陆续建成文物古迹、娱乐活动、科普教育3个区域和文笔夕照、红梅春晓、天宁古刹、凤桥花径、曲池风荷、青峦倒影、翠薇秋霞、雪山劲松8景。1983年，邀请全国人大常委会副委员长胡厥文题写“红梅公园”园名。1986年，投资260余万元，完善红梅公园占地4.25公顷的文笔夕照景区，新建墨香榭、碑廊、文思桥、文笔楼、知音舫，移建冰梅石、袈裟塔，改建原游泳池，临水堆砌笔架山。1989年9月，为纪念宋代政治家、文学家王安石（字半山，曾任常州知府），在翠薇秋霞景区新建半山亭。1990年投资50余万元修缮红梅阁。1991年9月，新建嘉贤坊，坊高8米、长11米、宽1.4米，砖木结构，斗拱装饰，戗飞檐角，两幅坊楹联为“延陵世泽”“让国家风”和“春秋争弑不顾骨肉”“孰如季子始终让国”。1992年，红梅春晓景区新建古春轩、玉带长廊，整修望梅亭、放生池，在红梅阁新建常州市历史名人陈列馆，介绍常州地区自春秋战国至民国时期有突出影响的44位文学家、政论家、科学家及做出历史贡献的著名人士的生平、经历、典故。在塔区香樟林新建中日友好纪念碑和常泽亭。1994年，市园林局投资45.9万元，把解放西路小学内的关帝庙移至文笔塔景区，改建为坐南朝北、两层砖木结构的状元楼10间，建筑面积443平方米，造型端庄古朴，与文笔塔交相辉映，楼下厅内建高4.2米，宽5.1米汉白玉大型照壁，雕刻常州的9名状元萧颖士、佘中、霍端友、吕宫、赵熊诏、钱维城、陈祖仁、杨廷鉴、庄培因的肖像及其生平和著作事迹介绍，2000年5月因城市建设需要被拆迁。

常州市政公园——红梅公园（摄于2010年5月）

2005年10月至2006年9月，市政府投资近5.8亿元实施红梅公园敞开改造工程，由常州市园林设计院有限公司设计，占地548.55亩，改扩建为城市公共开放公园，是市区老公园改造的典范、常州市核心区最大的中央公园，2008年获江苏省第十三届优秀工程设计一等奖。改造新增绿地及游园面积139.5亩。公园布局原分为三区八景，敞开改造后划分为九区八景。九区为休闲接待区、都市滨水开放区、都市绿地开放区、山林景观体验区、密林野趣活动区、人文景观游览区、红梅阁古建保护区、文笔塔古建保护区、生态型动物观赏区；八景为古刹钟声、翠薇秋霞、曲池风荷、青峦倒影、红梅春晓、文笔夕照、凤桥花径、吴风遗韵。公园人文景观丰富，有红梅阁、文笔塔、文笔楼、墨香榭、砚池、笔架山、知音舫、塔影山房、冰梅石柱、半山亭、袈裟塔、古春轩、清常州城厢图铜雕、常州八坊及屠一道根艺藏珍馆、梳篦博物馆、奇石博物馆等近百处人文景点和冯其庸、沈鹏等30多位国内知名书法家撰写的楹联匾额，景点的人文内涵丰富。红梅公园顺利通过国家AAAA级旅游景区评定，入选为国家重点公园。

动物园始建于1963年，初名花鸟馆，1966年5月扩建为动物园，占地4.7公顷，年接待游客40余万人次。园内主要饲养非洲狮、东北虎、金钱豹、熊、猴及丹顶鹤等动物80余种。80年代初，红梅公园首先探索国家一、二级保护动物自繁自育规律，1981年成功繁育非洲狮，1984年成功繁育国家一级保护动物金钱豹，在全省创造丹顶鹤在人工饲养条件下繁殖成功的记录。此后相继繁育成功绿孔雀、黑天鹅、梅花鹿、白鹇、锦鸡、猕猴、熊猴、东北虎等国家一、二级保护动物，成为中国珍贵野生动物繁殖基地之一。该园繁殖出金钱豹50多只，被中国动物园协会确定为华东地区金钱豹种群繁殖基地。此处动物园成功繁殖非洲狮40多头、丹顶鹤10只、绿孔雀5只和黑天鹅23只、梅花鹿90多头、猕猴50多只、东北虎3只及其他动物。动物园的野生动物繁殖居全国领先水平。1995年9月24日，由金鱼廊改建而成的孔雀园通过工程竣工验收，占地2500平方米。2005年红梅公园敞开后，动物园改建为鸟语林，仅保留禽类动物，非洲狮、东北虎、金钱豹等其余动物20种、87只赠送给淹城野生动物世界。

二、人民公园

位于常州市中心公园路东侧，面积45.3亩。前身为武进县商会会馆花园，建成于1914年，称"公花园"，为常州第一个公园，免费开放，1985年面积为40.5亩。2002年1—9月，市政府投资6038万元敞开扩建人民公园，总面积约3万平方米，改建了延陵春韵、绿野芳洲、曲溪流波、枕流飞瀑、龙城(晋陵)遗韵、莺啭琴音等景区，园内有季子亭、落星亭、浩然亭、崇法寺等市级文物保护单位，成为城区中心的休闲娱乐场所。

三、东坡公园

位于南市河与古运河交会处，三面环水，曾名"东郊公园""舣舟亭"等，古称"文城坝""皇亭"等，是融名胜古迹与自然景观为一体的古典园林。1985年起，大运河拓宽改造时舣舟亭东侧裁弯取直，拆仓前村，改挖向东直通河道，形成运河环抱之形，面积1.36万平方米，四面环水，形似水中月亮的1.36公顷半月岛，并建广济桥，连成一体，1986年底竣工。在岛上建月云峰、假山曲池，造亭廊，建仰苏阁，植花木，增添景点，总投资121余万元。公园面积增至4.03万平方米。2003年，通过拆迁扩建新增舣舟亭牌坊及大江东去等景点。2008年2月20日至2009年4月28日，市政府投资1675万元，敞开改建东坡公园，常州市园林设计院设计，改扩建面积1.1万平方米，总面积达4.57万平方米。公园的修缮与提升改造遵循保护文物、传承文化、提升档次、完善配套、彰显特色、自由开放6项原则，西区以历史遗存景点为主，东区以后人缅怀、敬仰苏东坡的景点为主，是弘扬东坡文化的江南园林精品。两区建有舣舟亭、东坡书院、洗砚池、抱月堂、野宿亭、乾隆御碑、大江东去雕塑、四方亭、扇亭(野宿亭)、亲水平台、青石旱溪等景点20余个。2010年设计勘察项目获江苏省城乡建设系统优秀勘察设计二等奖。

四、荆川公园

位于清潭西路南，荆川路东侧，曾称"陈渡草堂"，为明代唐荆川早年读书处。1982年3月25日唐荆川墓被列为江苏省文物保护单位。1990年3月至1993年6月，投资1000余万元兴建荆川公园，实行售票封闭式管理，占地6.9万平方米，修复唐荆川墓、墓道、石人石马、牌坊，新建荆川读书处五言楼、压溪楼、一泻桥等景点，完成一期绿化。1999年，完成公园建设二期工程。2004年，市政府投资1.05亿元实施敞开改扩建，2005年元旦竣工开放，新建唐荆川雕塑两座和文武道等，园区除唐荆川墓、荆川先生读书处古建筑群等文保单位封闭管理外，均免费开放。主要景点有荆川先生读书处、荆川文像、武像、唐荆川生平砖雕、唐氏宗祠等。公园建有文思如潮、武略随风、书香绕梁、英灵乾坤、文道、武道、德道、墓道8个景区，建有荆溪竹海、陈渡草堂、古道松涛、樟林叠翠、梨洲白雪、桃岭春坞、柳岸樱堤、枫峦旌胜等植物景区。公园占地增至14.68万平方米，其中水面2.7万平方米。

为纪念抗倭名将唐顺之（号荆川）兴建的荆川公园（摄于2010年11月）

五、圩墩公园

位于戚墅堰区圩墩遗址西侧。圩墩遗址属于6000多年前的新石器时代，属马家浜文化的菘泽中层类型文化。公园始建于1988年8月，占地13.33公顷，建有十七孔桥、蕉雨楼等景点。2009年圩墩遗址公园改造扩建，部分景点拆除，常州市园林设计院设计，挖掘和保护圩墩文明遗存，集中展示圩墩文化，2010年获江苏省第十四届优秀工程设计二等奖。2009年10月竣工，总面积增至16.3万平方米，建成远古遗韵与自然生态结合的遗址公园，景观结构为“一环、两轴”，园景分为历史展示区、生态体验区、城市开放区等，建有展示圩墩文化遗迹陈列馆，集中展现新石器时代太湖地区的文化特色和水道寻古、水上杉林、石器之岸、石鱼群塑、中华第一橹、家畜雕塑等景点，再现新石器时代的农耕、狩猎、捕鱼等生活场景，景点均采用粗犷工艺，不作现代修饰，体现新石器时代原始古朴的风格。

六、青枫公园

位于常州市钟楼经济开发区内，北至星港大道，南至水杉路，东临月季路，西临茶花路，面积674.4亩，总投资5.8亿元，始建于2003年，续建工程由常州市园林设计院设计，2008年5月建成开园，总面积714.3亩，成为市区面积最大的森林公园、青少年户外运动中心和植物科普教育基地。遍植乔木，增加市民林下活动空间；建有8个植物专类园、植物科普馆，配置自然化的植物和耐粗放管理的地被植物，园内植物种类达800余种，主体树种选择特色鲜明，形成12个绿化分区。全园分为珍稀植物、药用植物和芳香植物3个区和松枫池、花港、柳树湾、桂花园、百果坡、樱花林、冬园、禾园、海棠苑9个院落，水生植物、湿生植物、乔灌木、草坪、花境、丛林形式多样，形成符合自然规律的生态物种体系群落，观赏与生态有机结合，注重绿化与自然的和谐统一。

七、兰　园

常州市政公园——青枫公园（摄于2008年1月）

位于清潭路与劳动西路交会处，占地3.4万平方米，曾名青年公园、兰陵公园，1985年12月建成开放。2002年，市政府投资3500余万元改造，10月1日竣工开放，获江苏省建设系统扬子杯优质工程奖。该园南部以绿化长廊和兰亭为主，匾额回廊，曲径通幽，主要景区有清潭映月、清水野趣、树荫广场、枫林尽染、古樟闻莺、吕仙追踪、兰亭素馨、白荡绿岸，主要景点有清水潭、山海镇。

八、蔷 薇 园

位于采菱河中吴大道段，原为始建于1988年的湿地公园，总面积74.85亩，被中吴大道分为南北两块，系利用80年代京杭大运河疏浚工程压废地块建设的公园。2006年，扩建为常州第一个人工生态湿地公园，面积增至188.85亩。利用原有湿地保留河道及农田，形成绿地、文化、人文共生空间，通过田、泽、溪、林4种景观形式，形成不同的园林空间，将水系、田埂、堤岸、道路贯穿起来。植物配置由南向北，突出湿生、挺水、浮水、沉水植物景观。公园北区以蔷薇类植物为主，迎合常州“月季之城”的美名，运用先进的生态水循环系统，使多个原生态池塘与园外的采菱港形成交换，通过地下沉淀池、鹅卵石滤床、生化滤床等过滤设施，每天可以处理水流480吨，确保园区约4000平方米湿地水质优良，便于野生动物栖息。

九、淹城遗址森林公园

淹城位于武进中心城区，是中国目前唯一保存完整的春秋时期三城三河地面城池遗址，为全国重点文物保护单位，淹城保护项目总面积4350亩，包括城池核心保护区、淹城森林公园（建有淹城野生动物世界、淹城春秋园等）和入口服务区3部分，项目总投资约10亿元。

十、翠竹公园

位于常州市区城北干道西侧、横塘滨路北侧，占地100.5亩。2003年5月至2004年4月，市政府投资2400余万元，建成敞开公园。该园以翠竹为骨，配以墨西哥落羽杉、银杏、樱花、杨梅、枫杨等大量观赏树种和乡土树木，密植杜鹃、常春藤等地被植物，设置7000余平方米铺装，建有3块健身场地和茶室、书屋、停车场等，园林小品载欣、涉趣、遐观、知还、缘崖等景点名称均取自陶渊明《归去来兮辞闲情赋》。

十一、文 慧 园

位于武进行政中心西南侧，占地102亩，1999年5月28日建成开放。公园建有画经长廊、历代花窗廊、南田亭、日晷、云雾岛、河图、归真亭、牛车水等16个景点，充分体现建筑文化、园林文化与古代文化的结合。

十二、五星公园

位于常州市区西部、勤花路以北，面积165.45亩，2003年12月建成开放。公园呈带状分布，有湿地、滩涂、山林3种地形地貌景观，以生态为主题，营造动物栖居的良好生态环境，全园分为碧水展渔歌、清风舞白鹭、林涛唤还巢3个景区。

十三、芦墅公园

位于常州城区西北，南临常新路，东至常林路，占地45亩。公园园小景佳，布置精巧，因地处芦墅桥畔而得名，始建于1988年。2003年4—9月，市政府投资1000余万元对公园敞开改扩建，以水为媒，创作山涧喷瀑、层层叠水、草长莺飞、密林花境、芦墅放舟等景，再现清代诗人杨纶《芦墅放舟》之景。

十四、新北中心公园

位于常州市汉江路与庐山路交会处，始建于1998年，2007年2月敞开改建，总面积145.95亩，其中水域25.2亩。园内植有香樟、合欢树、红枫等树木近200个品种5000多株。公园采用意象山水设计理念，建筑物采用大型坡道贯穿地面与屋面，20多个游览点凸现文化性、生态性。

十五、紫荆公园

位于常州青龙生活区中部、龙锦路东侧、竹林北路南侧，依托东经120度景观轴建成，面积301.95亩。突出地理文化、月季文化两大特色，打造一轴五区的现代化水景城市公园：一轴为聚时光广场、时来运转摩天轮、认知走廊于一体的120景观轴。其中，时来运转摩天轮，时为世界上唯一的无幅摩天轮，成为东经120度经线穿越常州城区的标志。常州是中国标准时间东经120度经线唯一穿越城区的城市，建成后的摩天轮是常州又一靓丽的城市新地标。五区包含中国古代月季演化展示区、国际月季种植区、月季景点展示区、月季家居展示区、体育活动区。公园种植有月季品种1262个，总株数近3万株。

十六、新天地公园

位于武进中心城区，北接广电中路，西临常武中路，常州市园林设计院有限公司设计，2007年10月1日开放，亦称新天地广场。公园占地480亩，其中水面105亩。规划建设为绿地“一带、两核、四区域”：一带为S形的中央景观带；两核是以开阔湖面为中心的两大核心景观；四区域为不夜城商务区、生态体验区、休闲购物区和儿童游乐区。绿地173.25亩、水体面积95.85亩、建筑用地20.1亩。

位于武进城区中心的新天地广场（摄于2010年5月）

十七、荷　园

位于钟楼区新闸街道，2007年10月建成对外开放，占地184.05亩，其中水面占65%，建园投资7691万元。分为一核、三区、九景：一核是以开阔的湖面为中心，形成全园景观核心；三区是以人文景观、休闲商业、生态自然为功能配套；九景以荷花为主，种植380余个荷花品种，形成华东地区独具特色的“荷主题”公园，种植的荷花既有中美莲杂交培育的“友谊牡丹莲”，也有搭乘神舟号飞船太空育种的星空牡丹等珍稀品种，还建有万荷馆，陈列诗、绣、留青竹刻、摄影等颂荷作品。

十八、毓 秀 园

位于常州戚墅堰区东方大道北侧、大明路东侧，面积80.85亩，由丁塘河的支流赛马河与东方大道围合而成。2005年至2006年2月，市政府投资2100余万元建设，以潞城毓秀为主题，注重植物配置，体现自然生态的绿色湿地环境，建有长堤卧波、渔家乐园景点，体现江南渔家文化。

十九、飞龙公园

位于常州长江路西侧、南至南湖路、北至飞龙西路。规划占地109.95亩，一期工程26.85亩，投资5000万元。主体一带一环分别指沿着南湖路的景观健康布道、中心环行绿化带，五区为商业区、趣味球区、足球篮球区，网球区和中心湖区，建有网球场3个、5人制足球场2个，3人制足球场1个、标准篮球场2个、篮球半场4个和羽毛球、乒乓球、游泳等运动场馆及健身跑道。

第二节　重点绿化工程

一、“五五”绿化工程

1996年2月，常州市政府颁发《常州市城市环境绿化工程实施方案》，确定从1996年开始实施“五五”环境绿化工程，规划在城区及外围建设林带、大型绿地和花坛、小游园和绿化示范路五大类、25项工程。工程包括：通江大道、外环路、澡港河、大运河、312国道5个林带；民航机场、新区南苑、观赏性苗圃、陈渡草堂、花园南村5块大绿地；同济桥广场绿地、江南商场屋顶花园、五角场、朝阳广场、兰陵广场5处大花坛；民航大厦东侧、娑罗巷西侧、琢初桥南北侧、国际商城北侧、椿庭桥东侧5个小游园和常澄路（北环路至新区段）、延陵西路、怀德桥—万福路、和平北路—清凉路、戚大街5条示范路。37个区、局和市直属单位与市政府签订《常州市“五五”环境绿化工程责任书》，在3年内滚动实施25项绿化工程。同年，25项工程完成17项工程建设规划方案和15项施工图的设计，37个绿化责任建设单位投入绿化资金1800万元，城区植树16.8万株，铺草坪22.7万平方米，组织30万盆草花上街，首次在城区撒播草籽3吨，新增绿地583.5亩，其中公共绿地267.15亩，建成外环路林带，改造延陵西路、和平北路—清凉路示范路绿化，完成劳动中路绿化建设，建成椿庭桥、琢初桥小游园。1997年，继续实施“五五”绿化工程，坚持辟建大绿地、见缝插绿，市区植树34.85万株，铺草坪211.05亩，城市绿化覆盖率突破30%；完成外环路、科技园南苑、五角场广场、常澄路等地段的绿化工程，基本建成澡港河、大运河、312国道的绿化林带及椿庭桥小游园绿化工程，加快新区中心公园、陈渡草堂（二期）、通江大道绿带等绿化工程，重点整治常焦路、常新路等入城口道路绿化，绿化美化延陵西路、怀德路、和平路3条示范路。“五五”环境绿化工程提前1年基本建成。

二、绿色通道工程

2006—2007年实施，市委、市政府决定用3年时间把全市所有可绿化的高速公路、环城公路、国道、省道、河道及高压走廊等基本建成标准化的绿色通道（简称“八路八口四河”绿色通道工程），形成带网片点相结合、层次多样、功能完备的绿色常州生态网络。2007年，实施长江、新运河、丁塘港和横塘河两侧绿化建设工程，“八路八口四河”绿化工程总投资7.96亿元，种植绿化3.25万亩，新增城乡绿地3.51万亩。

“八　路”　2006年，实施沪宁高速公路、沿江高速公路、338省道、新312国道、239省道（常溧线）、340省道（常金公路）、金武公路、232省道（新常澄路）8条道路两侧的绿色通道工程。高速公路两侧绿色通道各控制100米，实施宽度50米；省干线公路两侧绿色通道控制宽度50米，实施宽度20～30米，八路总长244.7公里，累计建成绿地1.55万亩。2007年实施扬溧高速、宁常高速、宁杭高速、锡宜高速、104国道、241省道、340省道改线段、239省道（新常溧公路）北段8条道路两侧的绿色通道建设工程，241省道溧阳泓山—小陈庄实施宽度30米，104国道、340省道改线段、239省道北段实施宽度20米。

“八　口”　2006年，投资8.72亿元实施常州航空港道口、沪宁高速罗墅湾道口、沪宁高速薛家道口、沪宁高速横山道口、沪宁高速常州道口、沪宁高速青洋路道口、沪宁高速戚墅堰道口和沿江高速常州南道口8个主要城市出入口绿化美化工程，建设绿地3047.7亩，实现道口绿化、灯光亮化、景观美化。沪宁高速公路、新312国道常州段林带建设工程通过省政府组织的验收，增加城乡绿地1.85万亩。2007年，重点绿化扬溧高速后周道口、扬溧高速朱林道口、宁杭高速溧阳道口、宁杭高速溧阳西道口、宁杭高速上兴道口、宁常高速

“八路八口”工程的高速公路道口绿化（摄于2006年）

嘉泽道口、宁常高速金坛道口、宁常高速金坛东道口8个城市主要出入口。坚持生态优先，整体规划，控制成本，讲究实效，生态与景观完美结合，适当疏理、改造池塘、沼泽、坡地等自然生态环境，成为野生生物的庇护所，保护生物多样性。

三、城乡绿化十大工程

2008年常州市总投资17.37亿元，实施城乡绿化十大工程，即高速公路两侧生态林、河道生态绿化、城市道口绿化、城乡道路绿化提升、集镇绿化工程和村庄绿化、企事业单位绿化、围墙绿化、垂直绿化和城市公园增绿，全市新增绿地6.34万亩。

城乡道路绿化提升 2008年，提升大明路、劳动东路、青龙西路、星港路等12条道路绿化，新增绿地116亩，改造绿地172亩，新增行道树1841株，更新铺设市区45条主要道路行道树树池。

企事业单位绿化 2008年，全市有1323家企事业单位按照江苏省绿化标准和常州市生态园林式单位标准实施绿化工程，增加绿地2217亩。

村庄绿化 2008年，全市有624个村庄参与建设，绿化种植3.19万亩，建成公共绿地2010亩，栽植乔灌木311.5万株，实现平原区传统村庄绿化覆盖率达25%，新建小区型村庄和丘陵山区村庄绿化覆盖率达30%的目标。

垂直绿化 2008年，市区完成青洋路地道等30个点的绿化种植和安装工程，总长3.7万米，种植藤本植物20多万株。武进区在新龙大桥上种植藤本植物1.15万株，新北区绿化沪宁高速公路沿线3520米、20个桥柱。新运河11座大桥的垂直绿化工程完成，绿化桥柱564座，护岸垂直绿化1.57万平方米。全市实施垂直绿化7.05万米，种植乔木7613棵、灌木7.02万棵、色块91.35亩、地被和草坪53.85亩。

围墙绿化 2008年，常州主城区绿化78条道路的围墙，建成绿色围墙3.83万米，补种围墙边绿化192.6亩。

城市道口绿化 2008年，全市完成232省道武进大道道口等5个道口绿化工程绿化，种植苗木草坪547亩，沪宁高速龙虎塘道口等16个老道口1081.5亩绿化提升工程完成。

城市公园增绿 2008年，武进假日公园、五金汽车城绿地、金源绿地建成开放，新增绿地155.7亩；东坡公园、圩墩遗址公园、西林公园、飞龙公园、龙汤温泉公园、华山公园、东经120公园在2010年前陆续建成开放。

高速公路两侧生态林 2008年，全市完成绿化种植1.14万亩，其中沪宁高速公路0.82万亩、沿江高速公路0.32万亩。

集镇绿化 2008年，全市发动27个集镇进行大规模绿化，完成绿化种植8684亩。

河道生态绿化 2008年，全市完成绿化种植7396亩，其中太湖流域水系“一环五带”绿化工程3466亩、市区的潞横河等8条生态景观河道绿化工程3930亩。

四、城乡绿化八大工程

2009年，常州市投资18.44亿元实施生态修复工程、绿色通道工程、河道生态绿化工程、城乡道路绿化提升工程、城市出入口绿化工程、城市公园增绿工程、镇村绿化工程、城市公共服务空间增绿工程等城乡绿化八大工程，新增绿地3.88万亩，生态修复面积8100亩。

生态修复 2009年，全市投资1.54亿元修复2个生态林地、4个生态湿地，生态修复面积8100亩。金坛市长荡湖生态湿地投资562.22万元，修复湿地4500亩；溧阳市燕山森林公园、新北区小黄山生态林地分别投资5500万元、2500万元，分别修复林地1500亩、600亩；武进区太湖湾生态湿地、宋剑湖生态湿地、滆湖生态湿地分别投资300万元、5000万元和1500万元，修复湿地1500亩。

绿色通道 2009年，全市新建10条绿色通道，提升8条原绿色通道，投资1.46亿元，新增绿地4815.15亩。

2009年常州市城乡绿色通道工程情况表

表6-4-2

工程名称	投资（万元）	新增绿地（亩）	工程名称	投资（万元）	新增绿地（亩）
239省道绿化提升工程	245	1440	宁杭高速公路绿化提升工程	240	5300.0
新312国道绿化提升工程	985	1059	扬溧高速公路绿化提升工程	160	5519.0
沿江高速公路提升工程	1400	1725	340省道绿化提升工程	120	936.0
沪宁高速公路绿化提升工程	1485	1545	金武公路绿化提升工程	120	1267.5

城市出入口绿化 2009年，全市投资5305.25万元新建6个道口绿地，提升6个道口绿化，新增绿地954.6亩。新建6个道口绿化：溧阳市104国道与329省道石街头道口投资220万元，新增绿地70.65亩；338省道孟河道口投资3551.55万元，新增绿地333.15亩；锡宜高速公路漕桥道口投资277.3万元，新增绿地68亩；溧阳市104国道与341省道上兴道口投资250万元，新增绿地50.3亩；溧阳市341省道北山道口投资250万元，新增绿地57.75亩；溧阳市241省道小陈庄道口投资230万元，新增绿地74.85亩。提升6个道口绿化：沪宁高速薛家道口、沪宁高速常州道口、沿江高速戚墅堰道口、宁杭高速溧阳南道口、宁常高速金坛道口和沿江高速常州南道口，总投资526.4万元。

城市公园增绿 2009年，全市投资11.99亿元新建、改扩建9个公园，新增绿地828.5亩。其中，改建东坡公园投资5500万元；新建紫荆公园（曾名东经120公园）投资5.5亿元，新增绿地302亩；改扩建圩墩遗址公园（一期）投资2.2亿元，新增绿地19.5亩（总面积212.85亩）；新建华山公园投资1600万元，新增绿地75亩；新建飞龙公园投资5000万元，新增绿地79.5亩；新建恐龙谷温泉公园（恐龙园三期）投资2.5亿元，新增绿地60亩；新建西林公园投资5544.74万元，新增绿地195亩；新建聚湖公园（武进）投资180万元，新增绿地97.5亩；新建丁塘河湿地公园（一期）投资50万元。

城市公共服务空间增绿 2009年，全市投资7228万元新增绿地168.15亩。其中，月季示范路、月季节点绿地投资5000万元，新增绿地37.5亩，改造绿地67.5亩，种植月季22.5亩；围墙绿化工程投资1350万元，新增绿地75.6亩；城市高架路桥柱和青洋大桥、阳湖大桥、武进大桥、龙城大桥等11座大桥的垂直绿化工程投资213万元；常州科教城地道垂直绿化工程投资665万元，新增绿地55亩。

镇村绿化 2009年，全市投资7260万元新增绿地2.74万亩（集镇391亩、村庄2.7万亩），完成9个集镇、262个村庄的绿化达标工程和120个省级示范村建设工程。

河道生态绿化 2009年，全市投资5291.32万元，实施11条河道生态绿化，新增绿地3552亩。

城乡道路绿化提升 2009年，全市投资9434.14万元，32条道路，新增32条道路绿地1347亩。

五、五大特色绿化工程

2010年，常州市投资32.73亿元实施五大特色绿化工程，公园绿地、道口绿化、垂直绿化、道路绿化、围墙绿化等工程项目36个，其中公园绿地建设工程16个、道口绿化建设工程2项、垂直绿化建设工程4项、道路绿化和围墙绿化建设工程各7项，新增绿地8302亩。

公园绿地建设 五星公园改造提升为法治主题公园，原有两个自然园区分别建成廉政、法治两个主题分园。

2010年常州市区公园绿地建设、增绿和改造提升工程情况表

表6-4-3

绿化项目名称	面积(公顷)	投资(万元)	绿化项目名称	面积(公顷)	投资(万元)
丁塘港生态湿地公园	33.87	29400	城铁北广场绿地	2.00	2100
圩墩公园(三期)	2.70	500	西太湖休闲区核心区绿化	33.50	21000
雕庄公园	6.67	5000	太湖湾狂欢谷绿化	15.30	3800
桃园绿地(二期)	1.83	13831	淹城春秋园绿化	25.52	6000
民航机场绿地	17.00	5239	环球恐龙城5A精品景区绿化	10.00	10700
广化桥绿地	0.80	5514	高铁生态公园	11.00	15000
五星公园改造	11.30	—	飞龙绿环小游园	5.00	1500
高铁南北广场绿地	4.00	2500	月星广场中心绿地	5.50	1650

说明：圩墩公园三期的投资为前期启动资金

道口绿化 2010年，全市投资2.56亿元实施沪宁高速常州道口、沪宁高速横山桥道口、沪宁高速薛家道口、沪宁高速罗溪道口、沿江高速常州南道口等5个主要城市出入口绿化提升工程和沿江高速滆湖互通道口新建绿化工程，增加绿化用地200亩，提升绿化用地1860亩。

道路绿化 2010年，全市投资5.78亿元实施新建道路绿化工程、景观示范路绿化提升工程、主次干道绿化提升工程、市区主要道路美化工程、绿化设施提升工程、武进区道路绿化新建和提升工程、新北区道路绿化新建和提升工程，增加绿地5518.5亩。

垂直绿化 2010年，在关河、澡港河、北塘河3条重点河道驳岸两侧栽植攀缘和悬挂植物，形成绿色幕墙，提升河道景观功能。市区道路沿线桥梁桥柱、高架桥柱、地道引坡挡墙、房屋山墙、栏杆等处栽植藤本植物和悬挂植物，立体种植绿色幕墙，丰富绿化层次，增加建筑物艺术效果，提高绿视率。

围墙绿化 2010年，市城管局负责实施沪宁城际铁路城区段围墙绿化工程、高架路二期城区段围墙绿化工程、新建道路围墙绿化工程和围墙绿化提升工程，新建围墙绿化长约68公里，绿化面积469亩，总投资2.18亿元。各区实施辖区道路绿化工程，完成社区等围墙绿化约78公里，总投资1.07亿元。

第三节 道路绿化

1985年以后，常州市区建成外环路(现名龙城大道)、延陵东路、晋陵北路、常武路、延政路等各具特色的道路绿地，逐步形成常州市区绿化网络系统。进入21世纪，全市持续开展城市大环境绿色通道建设、市区主要景观道路市容环境综合整治、背街小巷整治改造等项目，提升城市品位，城市道路绿化大为改善。2006年起，实施城市主要道路市容环境综合整治工程，对原有道路进行拓宽和景观改造，形成主城区以两纵一横八支路为骨架组成的城市重要的景观大道体系，主要内容有杆线入地，绿化升格、地块开发，街景整治，完善设施。道路绿化采取街头绿地、连续绿带、开敞空间绿地和通透围墙绿化等多种模式。2010年，常州市区110条主、次干道建有绿地1.04万亩，平均绿地率36.4%。绿地率超过50%的城市道路有长虹中路、延政西路、西瀛里等20余条，建成延陵东路、晋陵北路、常武路等园林景观路以及红梅路、常戚路、黄山路等林荫路。市区道路常用的行道树有香樟、银杏、马褂木、栾树等20多个品种，其他植物近百种，合理配置常绿树与落叶树、速生树与慢长树、乔木与灌木、地被的比例，增加对市树广玉兰、市花月季在道路绿化中的应用，体现较好

的生态和景观效益。

一、延陵路(东市河)绿地

延陵路(东市河)绿地 位于常州市区三大历史文化保护区之一的天宁寺至舣舟亭历史文化保护区内,由中国科学院院士、东南大学教授齐康主持整体方案规划设计,建有体现宗教文化的龙城象教、六龙郡城,体现历史文化的兰陵市井、清城厢图、灵椿丹桂,体现东坡文化的坡仙遗范、通吴门等景点10余个。1999年底至2000年底建设,绿化面积17.25亩,先后被评为建设部市政工程金杯(示范)奖和江苏省人居环境奖。

延陵西路绿地 延陵西路是中心区最繁华的商业街区,长1.6公里两侧绿带种植大量观花、赏色、闻香的树种,设置较多的集散休闲公共绿地,江南商场绿地、延陵绿洲游园、人民公园、文化宫广场等绿化景观与商业功能和谐统一。

二、晋陵北路绿地

晋陵北路为贯穿中心城区与新北区的主干道,与北塘河相依而行,景观绿化带建有水的情怀、风的节奏、无言的丰碑3个景区,该项目获建设部市政工程金杯(示范)奖和江苏省扬子杯优质工程奖。

三、龙城大道绿地

龙城大道原名外环路,绿化用地1254亩,1994年市园林局投资100余万元建设,种植花灌木2.7万株,3米宽的快车道分车带种植红叶小檗等色彩鲜艳的花卉地被植物,形成大面积色彩地坪;在1.5米宽的快、慢分离带种植马蹄莲、黄金条,种植低矮瓜子黄杨,形成色块明朗又富于韵律变化的景观;道路外侧各20米宽的绿带以常绿为主,种植香樟、雪松、银杏、桂花,点缀水杉等落叶乔木,绿化景观层次丰富。

四、新312国道绿化带

新312国道常州境内全长40余公里,沿线涉及钟楼、天宁、武进3区9镇,2005年按大绿量、大气势、宽林带、多树种、立体化的建设要求,总投资1.5亿元,新增绿地2340亩。在重要交叉路口、周边空旷地、高架桥立交等处采取以宽补断的形式就地造景,南移建设的新京杭大运河常州段与新312国道有17.5公里共线,路河之间30～50米地带全部用于滨河景观绿化,投资7000万元,建成滨河风光带绿地约1800亩。

五、常武路景观绿化

常武路全长近8公里,绿地总面积约330亩,其中北段5公里于2004年进行景观改造。2006年,对常武路南段绿地实施升级改造,全线绿化工程总投资6800万元,道路两侧各设置10～20米宽绿化带,在重要的交叉结点设置多个游园绿地。

六、延政中路绿地

延政中路是武进新城区核心主干道,东接常武路景观大道,西连武宜路和淹城遗址森林公园,全长2公里,绿化改造工程2004年底竣工。道路两侧分别布置8米宽的快慢车道绿化隔离带,在北侧自西向东分布着120～150亩的文慧园、行政中心绿地、武进市民广场3块大型绿地。

七、通江南路景观绿带

通江南路北连新区、南接老城区,全长约2.6公里,总投资约1900万元,项目的拆迁总面积达89万平方米。景观林带两侧各20米,道路南北向分别设置5处空间节点,以城市广场、步行道等开放空间形式,营造富有特色的环境氛围,体现路在林中、行在绿中的景观特色。

八、汉江路绿化带

汉江路是新北区东西向主干道,沿线建有中华恐龙园、新北中心公园、蓝港广场、科技园广场、江南大饭店等绿地,春季鲜花烂漫,夏季浓荫匝地,秋季色彩绚丽,冬季绿意盎然。

第四节　广场和滨河绿化

一、绿地建设

1985年，常州市区仅有文化宫广场绿地，面积3438平方米；市河、运河、关河两侧绿化形式较为单一，多种植单行至数行树木，建有可供游憩绿地的仅有红梅路（东市河）绿地、面积3500平方米，怀德路（西市河）绿地、面积3164平方米，京杭运河平桥至政成桥段绿地、面积4400平方米，均建于70年代。90年代中期起，市政府加强街头广场绿地、道路绿地和滨河绿地的规划建设，缩短公共绿地服务半径，提高市民的居住生活、游憩环境质量。1998年，调整改造红梅路市河绿带，建成驳岸340米、游憩景点5处等设施，铺设草坪及地被植物近8000平方米。1999年，市中心小营前原停车场被改建成3500平方米的延陵绿洲游园，搬迁戚墅堰大桥北转盘内的粮库和供电设施，建成3680平方米的桥北休闲绿化广场。

二、广场绿化

进入21世纪后，常州市区规划建设了市民广场、东方广场、武进市民广场等广场绿地，桃园路滨河绿地、延陵绿地等滨河绿地和勤业桥绿地、政成桥绿地等大批街头绿地，规划建设中充分运用园林小品、景观植物等多种手段，使每块绿地形成文化特色和鲜明个性。五一广场集中展示新中国成立后65位常州市的省部级以上劳模的名字和手印，怀德广场运用雕塑再现季子挂剑的典故；体育广场树立常州籍世界冠军金牌雕塑；东方广场陈列旧式蒸汽机火车头，反映常州现代工业文明的起源；西瀛里绿地恢复建设常州老城墙等古迹，奥体广场树立五环标志和运动员群体雕塑等。2010年底，常州有广场绿地25处，总面积1339.5亩；滨河绿地14处，总面积3355.5亩。

常州市民广场绿地（摄于2010年12月）

2010年底常州市区主要游园广场绿地、滨河绿地一览表

表6-4-4

广场、滨河绿地名称	面积（公顷）	广场、滨河绿地名称	面积（公顷）	广场、滨河绿地名称	面积（公顷）
东方广场	2.25	青山绿地	0.70	武进汽车城绿地	1.30
武进市民广场	5.50	朝阳桥广场	0.65	戚墅堰市民广场	4.20
常州市民广场	12.60	雕庄广场	3.06	奥体广场	1.30
怀德广场	1.30	时代广场	0.40	金源绿地	1.52
体育广场	1.64	薛家市民广场	13.00	水晶城绿地	1.00
文化宫广场	2.50	红梅假日绿地	0.35	沪宁城铁戚墅堰北广场	1.20

续表6-4-4

广场、滨河绿地名称	面积（公顷）	广场、滨河绿地名称	面积（公顷）	广场、滨河绿地名称	面积（公顷）
蓝港广场	1.60	勤业桥绿地	0.25	火车站北广场	2.00
五一广场	1.06	科技园广场	1.50	民航机场	19.00
桃园路（大运河）滨河绿地	3.50	红梅路北市河滨河绿地	1.27	关河东路滨河绿地	1.85
				青山桥滨河绿地	3.80
晋陵路滨河绿地	5.10	新运河滨河绿地	121.05	三河三园滨河绿地	47.00
南市河滨河绿地	3.00	烟雨横塘	3.00	新城关河滨河绿地	3.80
童子河滨河绿地	15.56	新市河滨河绿地	11.00	马公桥滨河绿地	2.36

第五节　居住区绿化

1985年以后，常州市居住区绿化从无到有，从见缝插绿、还债补缺发展到小区绿化与小区同步规划、同步建设、同步验收。1995年市区居住区绿地总面积145公顷，新的住宅小区建设实行绿化审核一票否决制。2000年，常州市实施“绿色图章”审批制度，小区绿化指标不达标的不予批准建设。2003年起，加强旧居住区的绿化改造，同年投资3亿多元，综合整治56个始建于80年代的旧小区环境，通过修剪、调整、补种树木，铺设草坪，整修完善绿化景点及配套绿化设施，整理和恢复绿化160万平方米。2004年，常州旧小区整治工程获建设部中国人居环境范例奖。全市的居住小区绿化主要由小区业主委员会聘请物业公司管理，少数未成立业主委员会的老小区由所在街道、居委会管理，管理资金分别由物业公司在收取的物业管理费中列支或街道自筹。全市加大绿化养护管理的投入，加强绿化监察巡查，从严查处侵绿、占绿行为。2008年底，市区莱茵花苑、润德半岛、怀德苑等22个居住小区被命名为省级园林式居住区，金坛、溧阳两市有24个居住小区被命名为省级园林式居住区；怡康花园等32个居住小区被命名为市级生态园林居住区，金坛、溧阳两市有34个居住小区被命名为市级生态园林居住区。2010年底，市区居住区绿地总面积1.31万亩，占城市绿地总面积的14.9%。小区绿地延绵相接、成片成带，成为城市绿化的重要组成部分。

第六节　义务植树和单位绿化

1988年起，常州市开展绿化达标单位评比，对原有绿化达标单位年检年审，对检查合格单位发牌命名，对绿化水平下降的单位给予黄牌警告、限期整改，对复验不合格的单位摘牌，取消称号。1995年，常州市区单位附属绿地5625亩。1996年起，开展创建园林式单位活动，建成一批景观质量和养护管理水平较高的园林式单位。1999—2001年，取消12家单位的绿化达标称号。到2008年底，常州市区创成省级园林式单位30家，金坛、溧阳两市创成省级园林式单位88家。2010年底，市区单位有附属绿地1.59万亩，15年间增加1.03万亩，增82.7%。

一、义务植树

1986—2010年，常州城乡广泛开展全民义务植树运动，每年植树节前园林绿化主管部门组织大型义务植树活动，开展创建平安林活动和成人纪念林、友谊林、同心林、爱我家园护绿等活动；组织单位、个人认养绿地；倡议全市退休工人加入义务建绿护绿活动；各中小学校开展“争当绿色卫士、爱我家乡这片森林”等主题教育和绿化知识普及宣教活动，组织学生参加绿化校园内外环境劳动等。

常州全民义务植树活动不断推进，逐步形成基地化、规范化发展趋势，1996年以后市园林绿化主管部门先后确定在外环路、澡港河、淹城森林公园及绿色资源基地等处辟建义务植树基地，总面积达3000亩。加强种苗基地建设，发展苗圃近15公顷。1988年，常州市开始征收义务植树统筹费和绿化费，收缴对象为行政事业单位、全民集体企业、个体工商户在册职工、合资及外资企业的中方员工等，向未完成劳动量的单位在册职工征收绿化费；1990年以后常州市区义务植树尽责率一般介于82.4%～83.5%之间，比例逐年提高。1998年，市绿化委员会办公室在新澡港河西侧规划建设宽10米的早园竹经济林，作为市级义务植树基地。

2001年1月市政府制订出台《常州市实施〈江苏省全民义务植树条例〉办法》，规定全民义务植树活动的组织发动、任务分配和行政管理办法。2002年3月25—27日市绿化委员会办公室在东坡公园组织“树苗赠市民，共绿常州城”活动，向市民群众送出香樟、广玉兰、黄山栾树、中山杉等树苗共计1500多株。2004年，戚墅堰机车车辆厂通过无偿出让土地的形式共建东方广场绿地。2005年5月，市政府出台《常州市绿地认建认养实施办法》，规定城市规划区的公园、街头绿地、居住小区绿地、道路绿地、大环境片林以及古树，均可由单位或个人认建和认养。同年，体育广场绿地、西新桥小游园绿地、青果巷绿地等12块绿地首批接受社会认养。在武进区首届玫瑰婚典上，50多对新婚、金婚夫妇集体在湖塘三勤生态园种植同心树等。红梅公园常年选择园内树木供市民认养。

二、屋顶绿化

1986年起，常州市建筑构建厂、黑牡丹集团公司等少数单位探索实施屋顶绿化。90年代初期，市工会大厦、迎春大厦等建筑进行屋顶绿化。市园林局鼓励房地产开发企业建设屋顶绿化，规定在审核居住区绿化面积时，建在地下、半地下车库顶层的绿化只要覆土层（灌木区）达60厘米、乔木区达80厘米的可计算为绿地。红梅公园、文化宫广场等敞开式公园绿地有部分建筑采用屋顶绿化。市行政中心办公楼顶层实现屋顶绿化。2009年，市园林局规划对天宁宝塔、市行政中心、国贸大厦等景观视线制高点有代表性的城市高层公共建筑周边条件较好的屋顶进行绿化，初步建设范围为市行政中心及周边具备实施条件的相关职能部门和大型公共建筑1.92万平方米。其中市行政中心平屋顶7000平方米、常州博物馆规划馆平屋顶5800平方米、常州大剧院平屋顶2800平方米、市公安局平屋顶3600平方米，以改善高空俯视城市景观视线。

第七节 园艺会展

一、江苏省第三届园艺博览会

2003年6月28日至7月12日，在位于中华恐龙园南侧新建的园艺博览园举行，由省政府主办，省建设厅、农林厅和市政府共同承办，其他12个省辖市政府协办。主题为绿色奏鸣曲，建成集示范推广、科普教育、观赏休闲等功能于一体的园艺博览园，集中展示全省各地园林园艺的最新成果和园林绿化的发展方向。常州及12个兄弟城市分别承建鲜花标本园及绿色书屋、生命之绿及绿荫园、寿彭石园、生命绿轴、热带植物温室、蝶恋花舞、知鱼乐境、样本庭院、滨水休闲园、竹景园、聚景园、流音溪、田园牧归、疏林花境等景点。会展期间举办了插花艺术展与园林园艺精品展，盆景艺术展，园林科技论文交流评审，摄影、剪纸、书画艺术展，根雕艺术展等具有地方特色和江南城市风采的园事花事活动。

2003年6月28日，江苏省第三届园艺博览会在常州园艺博览园开幕

二、常州市梅花节、荷文化节、牡丹花展

2008年，首届常州市梅花节、常州市荷文化节成功举办，分别以红梅公园的红梅、荷园的荷花为媒介，开展红梅栽培知识现场咨询、市民现场书画比赛和荷园诗会、荷园书画笔会、荷园摄影艺术周等活动，受到市民喜爱。2009年，第二届常州市梅花节确立“春天——从红梅开始”的主题，从赏梅、问梅、画梅、咏梅等方面组织了开幕式、梅花书画盆景展、踏青赏梅、梅花知识现场咨询，名家、市民现场书画、摄影比赛及专场文艺演出。2009年，荷花文化节改为新闻荷花节，组织举办了赏荷、“荷”味美食、荷花摄影、书画展等文化活动。2010年，举办第三届常州市梅花节、2010新闻荷花节。东坡公园举办首届常州市牡丹花展，以“国色天香满园春，盛世和谐东坡园”为主题，展出地栽牡丹2000余盆，设置牡丹和东坡文化景点，举办了开幕式文艺演出、摄影展等活动。

三、世界月季联合会区域性大会暨第四届中国月季花展

2010年4月28日至5月20日，世界月季联合会、中国花卉协会月季分会和市政府主办的2010世界月季联合会区域性大会暨第四届中国月季花展在常州紫荆公园举办。全国政协人口资源环境委员会副主任、中国花卉协会会长江泽慧，世界月季联合会主席西娜·哈里斯、原主席杰拉德·梅蓝等出席开幕式，17个国家的200余名外宾参加。常州有悠久的月季栽培历史，1986年11月常州被中国月季协会确定为全国五大月季中心之一。此后，陆续培育出新牡丹、龙城春色、赤松子、常州小姐、金冠等17个月季新品种。紫荆公园设有各参展城市月季景点展区、精品月季盆栽展台展区、月季插花及月季书画摄影、中国月季文化史等室内展区和永久性的月季园，国内50个参展城市、单位分别围绕“和平·和谐”主题，结合各自地域文化建成月季景点和景区42个、月季精品展台50个、月季插花作品64个、月季书画作品85幅、月季摄影作品100幅和国内培育的月季新品种。举办1.5天主题论坛，15名专家分别围绕中国古老月季与世界月季、月季城市与月季园、月季遗传与育种作了主题演讲。

2010年世界月季联合会区域性大会在常州举办（摄于2010年4月28日）

第八节　绿化管理

1987 年 6 月，常州市政府按规划集中在市、建设合理分工、管理大部分在区的指导思想，调整市、区城市建设包括绿化行政管理体制，居住小区绿化及企事业单位绿化均划归所在区政府管理；市属公园除红梅公园仍由市园林局管理外，兰园、人民公园和舣舟亭公园分别划归钟楼、天宁管理。2009 年 2 月 25 日，市政府颁发《常州市市区城市绿化管理办法》，规定城市绿化工作实行属地管理，市、区园林绿化行政主管部门依法管理城市园林绿化工作，城市绿化实行市、区两级分级管理。

1992—2010 年常州市完成环境绿化投资统计表

表 6-4-5　　　　单位：万元

年份	小计	环境卫生	园林绿化	年份	小计	环境卫生	园林绿化
1992	1530	1347	183	2002	25235	3923	21312
1993	2725	1858	867	2003	15533	2316	13217
1994	1536	665	871	2004	65807	9974	55833
1995	1372	840	532	2005	49202	5853	43349
1996	742	232	510	2006	105169	22025	83144
1997	547	227	320	2007	86429	39624	46805
1998	1253	413	840	2008	157812	79915	77897
1999	1200	700	500	2009	108166	31138	77028
2000	1136	636	500	2010	96042	45052	50990
2001	8912	3936	4976	累计	730348	250674	479674

一、绿化政策

常州市政府依法制定和修订了多部城市绿化行政管理的地方规范性文件，分别为《常州市实施〈江苏省全民义务植树条例〉办法》《常州市市区古树名木保护管理办法》《常州市风景名胜区管理办法》《常州市城市绿地建设规范》《常州市市区城市绿线管理实施办法》《常州市市区绿化养护管理机制改革实施办法（试行）》《常州市市区城市绿化养护招投标实施细则》《常州市公园管理办法》等，对常州园林行业管理起到较强的政策引导、协调作用。1995 年 8 月 7 日，市政府发布常州市第一部绿化行政管理执法的规范性文件《常州市城市绿化管理实施细则》，规定城市的公共绿地、防护绿地、风景林地、行道树及干道绿化带的绿化，由市园林绿化、辖市建设（园林）行政主管部门或其委托的单位管理。1998 年 7 月 30 日，市政府发布《常州市公园管理办法》。1999 年 6 月 21 日，市政府批转市建委、财政局、园林局《常州市市区绿化养护管理机制改革实施办法（试行）》。21 世纪初，上述公园在敞开改建过程中重新划归为市园林局下属单位（兰园 2002 年被撤销建制）。2000 年 7 月底，市政府发布《常州市风景名胜区管理办法》。2004 年 11 月 24 日市政府发布新的《常州市公园管理办法》，规定全市行政区域内的公园及规划确定的公园建设用地的规划、建设、管理和保护办法；11 月，市政府转发市绿化委员会、建委、物价局、园林绿化管理局制定的《常州市市区绿化损失赔偿标准》。2006 年 4 月 4 日，市政府印发《关于进一步明确区级政府城市管理职权的若干意见》，规定天宁、钟楼、戚墅堰 3 区负责除城市主要道路绿地、行道树，主要滨河绿带、重点公园、广场绿地、国土收储地块绿化外的树木移伐、修剪和（临时）占用城市绿地的行政许可等。2009 年 2 月，《常州市市区绿化管理办法》对城市绿化行政管理作了全面规定。

2000 年 3 月 27 日，市政府批准实施“绿色图章”制度，城市新建区和开发区的居住区绿地率不低于 30%，旧城改造区的居住区绿地率不低于 25%，城市新建区和开发区的工业、企业、交通枢纽、仓储、商业中心等单位绿地率不低于 20%，旧城改造区的绿地率不低于 15%；产生有害气体及污染工厂绿地率不低于 30%，设立不少于 50 米的防护林带；城市新建区和开发区的学校、医院、休养所疗养所、机关团体公共文化设施、部队等绿地率不低于 35%，旧城改造区内的绿地率不低于 30%。绿地配套面积每缺少 1 平方米按甲类地段 800 元、乙类地段 600 元、丙类地段 400 元上缴相关代绿化专项费用。2002 年 3 月，市政府发布《常州市城市绿地建设规范》，要求坚持以植物造景为主的原则，绿地中硬质铺装（含建、构筑物基底）面积小于绿地总面积的 30%。2004 年 11 月，市政府发布《常州市市区城市绿线管理实施办法》，规定城市绿线内的用地严格控制。2005 年，市园林绿化管理局。设立“戈裕良杯”园林绿化优质工程奖，每年评选 1 次。2005—2008 年，全市有 17 个园林绿化工程获常州市“戈裕良杯”园林绿化优质工程奖。

二、古树名木保护

80 年代，常州古树名木大多散布在城乡各个角落，由所在单位或居民维护。2001 年 1 月，市政府发布《常州市市区古树名木保护管理办法》，规定古树名木指树龄在 100 年以上，树种珍贵稀有或具有历史价值、重要纪念意义的树木，市园林绿化行政主管部门主管古树名木保护管理。2002 年 7 月常州市成立古树名木普查建档工作领导小组，同年完成全市古树名木普查建档。2008—2009 年，开展新一轮古树名木普查建档，建立古树名木档案、保护台账，登记古树名木的名称、科属、树龄和历 史文化信息，确定保护责任单位（人），辖市（区）绿委办公室与保护责任单位（人）签订古树名木保护责任书，树立花岗岩保护标志牌，将编号、树名、科属、保护责任单位（人）在牌上明示。各级绿委办公室建立古树名木电子信息库，常州市区、溧阳市在现场普查后进行 GPS 定点。

2009 年 5 月 30 日，市绿委办公室组织开展古树名木抢救、复壮工作，根据普查结果，对长势欠佳的古树名木进行抢救、复壮。同年，全市有 86 株古树名木被纳入需抢救复壮范围，抢救复壮主要措施有松土、施肥、设立维护栏杆、支架支撑、修补填充树洞等。

2010 年底，常州市有古树名木 331 株（不含盆栽和苗圃中临时假植的树木），其中古树 309 株、名木 22 株，分属 28 科 37 属 40 种，既有雄伟壮观、高大挺拔的银杏、榉树、朴树、青檀，也有树干古朴、蜷曲如龙的瓜子黄杨、枸骨、紫薇、天竺；有冠盖如伞的常绿阔叶乔木广玉兰、香樟、桂花，也有花繁叶茂的牡丹、腊梅、山茶，还有果实累累的棠梨、香橼、枣树、板栗等。全市株数最多的古树是银杏，共 116 株；古树大多分布在庙宇祠堂遗址、学校、园林及农村地区。22 株名木全部在天宁区，其中 8 株桂花植于青果巷 82 号八桂堂古民居内，为著名实业家刘国钧所植；其余 14 株植于红梅公园，为常州与日本所泽市、高规市，荷兰梯尔堡市、意大利普拉托市等城市结为友好城市时栽种的纪念树，树种有广玉兰、黑松等。

2009—2010 年常州市古树名木地区分布情况表

表 6-4-6 单位：株

地区	2010年末	其中2009年需抢救复壮	地区	2010年末	其中2009年需抢救复壮	地区	2010年末	其中2009年需抢救复壮
金　坛	47	3	新　北	59	42	戚墅堰	5	3
溧　阳	95	18	钟　楼	26	13	合　计	309	86
武　进	60	7	天　宁	17	—			

三、规划审批监管

2000年以后，常州市实施“绿色图章”制度，严格控制绿地率，实行绿化一票否决制，确保绿化用地面积达标。监控单位庭院绿化规划实施情况，实地跟踪单位新建、改扩建项目配套绿地建设情况。有条件绿化而未实施的责令其限期绿化；有些单位因地处旧城区，无法原地建绿的办理易地绿化手续，统一交纳代绿化工程款，由园林部门统一规划建设公共绿地，保护城市绿地总量；新建单位、开发区、工业园区在暂不建设的空闲土地上辟建临时苗圃，绿化一切闲置土地。

第五章　城市管理

1986年以后，常州市城市建设发展步伐不断加快，城市管理遇到诸多新的要求和挑战。2001年常州市城市管理局成立后，对城市管理机制体制进行调研和改革，探索创新城市管理理念、思路，围绕全市重点工程（工作），深化市容环卫管理，提升数字化城管水平，加强执法效能建设，构建“倾心服务、为民城管，文明执法、和谐城管，长效管理、数字城管，公众参与、全民城管”的服务机制。以规范执法、阳光执法、文明执法为标尺，组织创建省规范化三星级城管队伍。在街道、社区聘请行风监督员，加强对执法队伍的监督；市城管支队与各区城管大队签订党风廉政责任书，实行交叉督察，及时查处不作为、乱作为；启用“三合一”网络平台，主动接受监察部门监督，促进公开透明执法。创建常州城管品牌，建立健全环卫、市容市貌和数字化城管等工作机制。群众对城管行政执法的满意率为97.7%。2010年，常州市数字化城市管理获江苏人居环境范例奖，常州成为江苏省首批城市管理优秀城市。

第一节　市容市貌

1986—2010年，常州城区市容市貌经历了从脏、乱、差逐步到洁、美、优的发展历程。

一、环境整治

全市市容管理按整治弱点、落实长效、不断推进的总体要求，坚持标本兼治，抓好长效管理。《常州市车辆清洗站(点)管理办法》《常州市市区临街遮阳(雨)篷管理办法》《常州市摩托车修理点市容环境卫生管理规定》《常州市禁止乱张贴、乱涂写管理办法》等市容管理规范性文件相继出台。把路段分片包干，层层落实责任制，实行监察执法与卫生督察相结合的管理方式，做到管查结合、处罚与教育相结合。市容管理部门每月组织人员深入现场明察暗访，及时通报结果，督促整改问题；先后组织突击整治临街空调外机、乱设摊、车辆清洗站(点)、乱张贴、户外广告、灯光、工地、煤气、公交等方面的重点难点问题，严肃查处违法违章行为。市和辖市区、镇街道三级市容、环卫、灯光、执法等部门初步建立市容环境巡查制度，实行分级负责，落实巡查、反馈、整改等责任，做好督查。市、区两级城管执法人员分路段、有重点地定岗、定人、定责巡查管理，市区主要道路日常市容环境整洁有序。2003年，全市环卫行业推行承包形式的经济承包责任制，钟楼区环卫处进行垃圾收集清运作业内部竞标。2006—2010年，常州市区城管等部门牵头组织实施街景美化、杆线入地、绿化完美等7项环境整治工程，整治道路78条，美化城市环境，彰显常州现代化都市形象和魅力。

街景美化工程　2006年以后，常州对多处临街破旧建(构)筑物进行外立面装饰、整修，对建筑物外立面空调室外机统一进行隐蔽或遮挡，装饰总面积20.04万平方米，对临街陈旧的建(构)筑物进行粉刷、清洗、油饰出新、总面积431万平方米，增强了视觉景观效果。完成景观照明工程项目220个，配套建设智能监控系统，形成高、中、低与点、线、面相结合的都市夜景新风貌。整治影响市容的户外广告5516块、9.63万平方米，建成一批公益性广告、电子广告和85只滚动式电子灯箱广告。

杆线入地工程　2006—2010年，常州城区开挖9008米，顶管3260米，拆除架空线87.78公里，变压器、开关146台，敷设电缆274.7公里，废弃电线杆866根，新建环网柜及箱式变220台。

地块拆迁改造工程　2006—2010年，常州城区拆除危旧、临时、违章等严重影响观瞻的建筑2.73万平方米，拆迁补偿了一批民房及单位房改房，敞开了道路空间。

民房及住宅房粉刷工程　2006—2010年，粉刷出新城区临街住宅楼及民房180万平方米。修补阳台墙面19.26万平方米，更换水管11.7万米，油漆门窗6.28万平方米，更换空调支架2.47万副。

常州城区整治一新的背街小巷和民宅(摄于2010年)

绿化完善工程　2006—2010年，常州城区完成道路绿化56万平方米，改造绿地14.9万平方米，新增绿地47.18万平方米、临时绿地900平方米，采取多种形式绿化4.09万平方米，基地平整7.26万立方米，以桂花、茶花、红枫、五针松等完善花坛绿化，提升常州市区道路绿化档次。

城市高架道路两侧环境整治　2008年，粉刷出新城市高架道路一期(龙江路高架钟楼区段)两侧约200米可视范围内的建筑、厂房、民房等115万平方米，清洗7万平方米，屋面出新27万平方米、修补5万平方米等。2010年，粉刷出新城市高架道路二期(青洋路高架天宁区段、戚墅堰区段)两侧各约200米可视范围内的建筑、厂房、民房等，其中粉刷外墙136万平方米、出新屋面32万平方米、更换落水管2.5万米。

景观围墙建设工程　2006—2010年，常州城区新建透景透绿围墙1.13万米，新建实体景观围墙2.95万米，油漆、粉刷、改造围墙3.4万米。在透景围墙内外种植绿化15.39万平方米，种植15种树木11.19万株，地皮植物8种，占地9.9万平方米。

二、数字化城管

2006年，常州被建设部确定为全国数字化城市管理第二批试点城市。翌年7月，市委、市政府提出城市长效综合管理要全面接轨数字化的要求，正式启动数字化城管项目。常州市建立起二级监督、二级指挥、三级考评、四级联动、分口处理和部件以条为主、事件以块为主的新型管理模式，市、区两级数字化城管平台同步建成，覆盖常州市区220平方公里，涵盖5个区、21个职能部门(责任单位)，向各区的镇街道延伸，建成三级平台21个。2008年12月12日通过住房和城乡建设部组织的验收，验收专家组认为常州市数字城管创建了具有常州特色的数字城管长效考核新模式，对全国深化数字化城市管理和应用具有示范和带动作用。

完善数字化城管部件　2010年，常州市城管局完成武进、新北、戚墅堰3个区除纯农村地区外110平方公里的背街小巷、城中村等区域内部件普查，对2008年160平方公里数字化城管范围内普查的部件实现全覆盖；完成二期拓展区域60平方公里和天宁、钟楼两个主城区约50平方公里内部件变更的修正，新增、修测部件23.26万个。同年末，全市数字化城管实施区内部件数量增至98.08万个。

理清职能 常州市城管局制订《关于进一步明确区级政府城市管理职权的若干意见》，从22个方面把市相关职能部门涉及城市管理的职能更多地下放给各区政府，配套相应经费和人员，明确市级主要负责业务规划、指导、服务、监督，区级全面负责落实具体的城市管理行为，市相关职能部门转换城市管理职能，解决市与区之间职责不清及长期“有利大家争、无利大家推”“看得见的管不着、管得着的看不见”等问题，做到横向到边、纵向到底、全面覆盖、不留死角。出台《关于加强城区工作的意见》，明确街道办事处的城市管理主要职能，把大部分城市管理职责下放到街道办事处，街道把部分工作落实到村委和社区，做到城市管理重心下移、属地管理、责任到人，确保城市管理的长效化。

分级分类考评 常州市、区城管监督指挥中心分级负责全市、全区城市管理的监督、指挥、协调和考评，分别对各区、街道和市、区相关职能部门进行考核；各街道、村委和社区整合人力物力进行巡查、处置和监督，全市形成多层次的巡查、考评和处置网络。把考评区域分成核心区、一般区、外围区3级，将除环境保护外的12个长效管理项目分成3类，实行分级分类的系数制扣分法管理和考核。

常州市数字化城市管理信息系统（摄于2008年12月）

精细管理 常州市城管局把日常保洁、五小行业、菜市场、城市交通、道路容貌、市区河道、城市绿化、住宅小区、废品收购站和车辆清洗及摩托车修理场所、环境保护、工地、城中村与城郊接合部、除四害13项城市长效综合管理项目，作为城市事件管理的扩充，划分为63小类、126项细则；将城市部件管理分为7大类、98小类，新增快速公交站台、地名牌、盲道等13小类、87万个部件。制订《常州市数字化城市管理指挥手册》，对每个部件、事件问题均明确责任单位、整改时限和整改要求，87万个部件在电子地图上作了分层标注，详细说明部件材质等信息，实现管理精细化。

高效处置 2007年，常州数字化城管平台启动运行。至2010年底，市级和5个城区的12319平台接听市民咨询、投诉及报修电话24.4万个，除当场解答问题外，立案派遣案卷7.89万件，95%以上的问题得到解决，咨询、投诉或求助的每位市民都得到平台工作人员快速高效的服务，市12319平台的影响逐步扩大。

第二节 环境卫生

1987年5月30日，常州市政府颁发《常州市市容环境卫生管理暂行规定》。6月14日，市城管委颁发《常州市市容环境卫生管理暂行规定实施细则》《常州市市河管理办法》。此后相继实施《常州市城区“门前三包”责任制管理办法》《常州市市区施工场地管理暂行规定》《常州市市区特种垃圾管理暂行办法》《新村综合交接管理办法》《关于市区搭建鸽舍的暂行规定》《对户外广告、门面装潢、招牌、指示路标（牌）等用字进行规范化管理》，加强临街指示标牌、户外广告管理，核定住宅小区室外统管费标准。1986—1990年，常州市环境卫生部门深化环卫体制改革，加强环卫基础设施建设。1987年市环卫处与市城管办公室合署办公，撤销常州市特种垃圾管理站，船队、车辆等环卫机械设施下放给区环卫所管理。翌年，各环卫所实行事业单位企业化管理，实行多种形式的承包责任制。1989年7月，市物价局明确环卫有偿服务范围和收费标准。1990年7月，《常州市城市生活垃圾处理规划》通过专家评审，成为全省第一个城市垃圾处理专业规划。2005年6月，《关于贯彻实施〈城市建筑垃圾管理规定〉的意见》出台，开展对建筑垃圾运输单位承运条件的审查工作和建筑垃圾专项整治活动，市区申请建筑垃圾处置核准的建设工程的建筑垃圾全部由经审查通过、具备承运条件的单位承运，保持了建筑工地、市区主干道路面的整洁有序。2010年，常州市区城市道路面积约2100万平方米，有生活垃圾转运站58座、终端处置场所3座；环卫作业人员约6000人，日处理生活垃圾2000吨。全市新建、改造公厕957座，中心城区公厕总数达1151座。全市一类、二类公厕占公厕数的比例由2008年末的23.5%提高到2010年末的43.1%。

一、环境卫生规划

80年代末，原规划的4座垃圾处理堆场被城市用地包围，规划逐步改造为封闭式预处理垃圾转运站，在剑湖乡砖瓦厂旧址建设垃圾厂，采用先进垃圾处理技术，建设日处理150吨的处理厂，规模扩大到每日300吨。改革垃圾收集方法，以利垃圾分类。厕所粪便逐步以污水处理系统取代化粪池、蓄粪池，改造城市旧式公共厕所为冲水厕所。90年代中期提出坚持高起点、高标准搞好卫生环境的指导思想，争创国家级卫生城市。21世纪初期，《常州市城市总体规划(2008—2020年)》环卫规划确定的规划目标为：2010年前，从现有环卫设施、设备整合和完善入手，逐步提高环境卫生水平，构建以减量化、无害化、资源化、生态化为目标的城市固体废物收运处置系统，基本实现环卫现代化。2020年前，全面建设并实现环卫现代化，达国内先进水平。确立适度超前配置环卫设施，加快完善生活垃圾的管理系统、收集系统和处理设施系统，使本地区环卫发展水平与城市品位相一致，与社会经济发展相适应的指导思想。常州市垃圾处理将从以填埋为主向以焚烧为主、卫生填埋为辅、多种处理方式有机结合的综合处理系统发展，卫生填埋将从原生垃圾填埋逐步向残渣填埋方向发展。

环卫机构及工作场所 环卫机构系三级管理，对18个街道环卫站办公用地在设垃圾转运站时统一安排；区级环卫机构适当发展，其中将部分办公分散到车间。在新建区配套专业环卫机构，建立办公基地，环卫工人作息点结合转运站建设配套；环卫综合场的设置原则上与垃圾处理厂同时考虑；2010年后，环卫专用车配达108辆、远期120辆。对机修车间、停车场地应相应配合建设(含新区)；环卫科研培训中心需用地3.75亩，在旧城改造中选址改建。

垃圾处理场 规划采用高温堆肥和卫生填埋为主，适当配套焚烧，加快建设卫生填埋场，争取两年内建成投运。完善剑湖垃圾处理厂，扩大日处理量达200吨。建成北港和青龙两个日处理能力各200吨的标准高温堆肥厂。在城西北建成300吨/日的城市垃圾焚烧厂，同时建设医疗垃圾专用焚烧厂。生活垃圾量预测：按城市生活垃圾日人均发生量近期1.02千克、远期1.12千克，农村生活垃圾日人均发生量近期0.86千克、远期0.95千克，预测常州市区生活垃圾日产量近期、远期分别为2487吨、3163吨。生活垃圾处理处置设施布局：夹山填埋场主要用于常州市区生活垃圾焚烧后残渣、飞灰填埋及应急生活垃圾和有毒有害垃圾填埋，控制用地约500亩。常州市生活垃圾焚烧发电厂是常州市区生活垃圾主要处置地之一，规模日均800吨，控制用地约190亩。在武进牛塘镇新建一期规模600吨、终期规模日均1000吨的垃圾焚烧厂，实行垃圾焚烧、热电联产、集中供热和综合利用四位一体。焚烧厂规划控制用地100亩，选址在新开武宜运河与长虹西路交叉口东北处。在新北区西夏墅选址建综合处理基地1处，日均焚烧规模1500吨，集垃圾焚烧、安全填埋、残渣填埋、热电联产、集中供热等综合功能一体化，控制用地约600亩。

垃圾转运站 居民区按服务半径500米设1座，每座面积为150平方米。调整转变功能的有红梅新村、朝阳一村等7座，改造成密封转运站的有16座，新建的有小九华、椿桂坊小区等10座。改变收集方式，将垃圾转运站作为分类垃圾的集中点。至2000年，规划垃圾转运站29座，2010年为39座。

污水处理 加快城市污水处理进程，逐步取消市中心粪便转运设施，对不能进污水管网的公共厕所及住宅大楼，采用符合要求的化粪池或其他设施处理。

公共厕所 提出住宅新村、旧城改造区按居住人口每4000人设公厕1座、30～35平方米；商业、车站等人流量大的地区按每千人6平方米设置。大型商场、大楼设向顾客开放的厕所；改造旱厕，提高水冲厕所质量标准，规划末期一、二、三类厕所分别达20%、30%、50%。

二、环境卫生作业管理

2000年11月出台《常州市环卫体制改革的意见》，理顺环卫管理体制，实行政企分开、管干分离，两级管理、以区为主、开放环卫作业市场，实行培育主体、鼓励竞争、面向社会、竞标作业；改革环卫内部人事制度，实行按量付酬、工效挂钩、优胜劣汰、竞争上岗；建立多元化投入机制，实行核定基数、定额包干、政府扶持、服务收费。到2005年基本形成政企分开、管干分离、两级管理、以区为主的环卫管理体制。2006年，在中心城区首推56万平方米道路一体化清扫保洁试点；在3个区内逐步推行市场化运作模式。到2008年底，对具备条件的758万平方米道路全部实现市场化作业，作业范围涉及道路清扫保洁和生活垃圾清运，作业手段从单纯的人力作业扩大到人机混合作业，基本实现作业标准精细化、督查工作经常化、奖罚制度严格化，城市环境卫生面貌明显改观。

三、环卫重点工程

常州市生活垃圾焚烧发电(BOT)项目 2006年11月至2008年11月实施，投入商业化生产运营。至2010年底，达标处置生活垃圾61.3万吨，发电量为2.03亿千瓦时、上网电量1.66亿千瓦时。

公共厕所改造提升项目 2008年被列入市政府十件为民实事，2009年被列入全市50项重点工程(工作)，2010年被列入全市60项重点工程(工作)。2008—2010年，全市累计新建、改造公厕957座，其中一类、二类公厕占公厕数的比例由2008年末的23.5%提高到2010年末的43.1%。

城市生活垃圾卫生填埋场项目 2002年、2004年先后进行两期工程建设，2008年完成续建工程建设，总库容450万立方米，填埋处理城市生活垃圾172.65万吨。

生活垃圾转运站新建改造项目 配合城区改造，修建北港转运站、横兴路转运站等生活垃圾转运站，实现覆盖范围内生活垃圾的日产日清。根据《常州市中心城区垃圾转运站近期建设规划》，在城区新建、扩建9座垃圾转运站，服务居民生活。

常州城区改造后焕然一新的公共厕所(摄于2009年)

常州城区道路机械化保洁（摄于2010年7月）

四、环境卫生基础管理

2006—2010年，常州环卫部门通过开展市区环卫行业竞赛，出台检查考核办法，强化环卫作业质量检查考核，市区主要道路在清扫保洁、垃圾收运、公共厕所冲洗保洁、人行道板冲洗等项作业质量明显提高。成立高架道路环卫作业监管办公室，采取以GPS车载定位为主、督查人员考核为辅的方法，对环卫作业企业实行科学监管。对市城市生活垃圾焚烧发电厂运营状况实施评分，做好生活垃圾焚烧发电厂的运行监管。

第三节　城管监察

1988年3月26日，常州市城市管理监察队成立，各区相继设立城市管理监察分队，市城乡建设管理委员会负责业务指导。1989年，市城管监察队参加全市城管治理整顿活动，纠正违章摊点2.53万个、处理乱堆放1.35万处、处理乱张贴2551起，组织清理废弃物1.26万吨。在整治万福桥、通济桥河道杂船时，15天时间清理长期停泊拾废品的外地船只295条，清理沿岸的违章搭建和乱堆放40多处，改变该地区的脏乱差面貌。2010年，参与集中整治活动300余次，配合巡查工地2360余个，检查运输车辆880余辆；强拆广告600余处、3.6万平方米。

市城管局修订、完善了《执法中队规范化建设标准》，规范队伍建设，强化日常检查，每月抽查，年底复查。开展文明规范执法考评，量化督察考核细则，变换督察方法，从对队容风纪、行为规范的督察到对一线执法行为、影响队伍形象事件的查处，从暗访到随同一线执法的明察，全市执法督察队伍拉大考评时间段，增加考评次数，每周全市各中队覆盖1次，加大查处力度，保持了全市城管执法队伍的文明执法形象。

2009年10月1日，实施“三合一”网络平台行政处罚。建立数字执法平台，配置执法通、手持POS便携微型热敏打印机、手提电脑等现代化执法装备，与市城管监督指挥中心互联互通，实现网上执法、阳光执法。在650余辆渣土运输车上安装全球卫星定位系统，对渣土运输路线、运输时间实施全方位监控，遏制了道路污染严重的现象。各级城管执法队伍规范执法程序、严格执法行为，推行文明执法。纪检督察做到跟踪检查、严惩违规，对企业的需求和呼声城管必有回应、帮助和作为。日常执法公开透明，初罚重教、督促整改，累犯从重、严管重罚，首罚从轻、下限量罚，纵向层级管理、授权制约，横向流程管理、平行制约。

第六章　村镇建设

80年代中期，常州坚持以集镇建设为重点、带动整个村镇发展的方针，逐步加快村镇建设步伐，重视文化中心、农贸市场、中心区一条街等的建设，加快农民住房的兴建和改建，完善基础设施及其配套项目，注重按规划进行村镇建设。各集镇的中心作用、纽带作用、城乡物资交换作用、农副产品加工工业作用，及就地消化农业剩余劳动力的作用日趋显著。1986—1990年，个人、集体和国家用于村镇建设的总投资达45亿多元。2000年以后，常州各乡镇、村对经济、社会、人口等发展规模，生产、生活、环境等功能布局，及住宅、公共建筑、生产建筑、道路绿化、给水排水、照明、广播电视等设施建设，进行统一部署和安排，初步建成一批合理布局、节约用地、功能完善、协调发展、配套齐全的现代化小城镇和社会主义新农村，促进了农村经济的发展和农民生活质量的改善。

第一节　村镇规划建设

80年代中期，因缺乏有效的法规和有力的管理，村镇建设中发生大量侵占农田、无序建设的现象。1993年11月1日，国务院颁发《集镇和村庄建设管理条例》。2002年4月，常州市较大幅度调整行政区划，常州市郊区更名为新北区，原郊区新闸镇和永红、五星、西林、北港乡划归钟楼区，青龙、红梅、茶山、雕庄乡划归天宁区，武进所辖薛家、安家、魏村、罗溪、西夏墅、小河、孟河7个乡镇划归新北区。2000年底，常州三辖市和郊区、戚墅堰区、新区有乡镇75个（不含辖市城关镇），其中建制镇67个、乡集镇3个，自然村14943个。2004年，全市保留64个镇（已无乡）。2007年村镇撤并，全市保留37个镇，其中溧阳市10个、金坛市7个、武进区14个、新北区6个。钟楼区、天宁区、戚墅堰区的乡镇均改为街道。

一、村镇规划

80年代中期起，市城乡建设管理委员会（1990年更名为市建设委员会）内设村镇建设科，负责管理村镇规划、建设，县（市）区在建委（建设局）内设村镇建设科，乡（镇）政府内设村镇建设办公室。1989年7月，市城建委颁发《常州市集镇总体规划技术要点（试行）》。90年代初期，常州市开始编制首轮集镇总体规划、村庄建设规划。1995年4月，市政府颁发《常州市村镇规划建设管理实施细则》，规定市建委和县（市）建设委员会负责编制、组织实施村镇建设中长期发展规划、年度建设计划，村镇规划分为乡（镇）域总体规

1986年、2001年和2010年常州市村镇数与人口总数分地区比较表

表6-6-1　　单位：万人

县区名	年份	建制镇			集镇(街道)			自然村(行政村)			村镇	
		个数	总人口	非农人口	个数	总人口	非农人口	个数	总人口	非农人口	总人口	非农人口
武　进	1986	3	—	—	60	15.96	8.75	10904	117.51	—	133.47	8.75
	2001	29	27.02	13.20	—	—	—	8144	79.79	—	106.81	13.23
	2010	14	83.23	—	2	—	—	269	72.77	—	156.00	—
溧　阳	1986	6	—	—	28	6.89	2.02	2861	58.22	—	65.11	2.02
	2001	17	12.09	4.78	—	—	—	2785	48.13	0.61	60.22	5.39
	2010	10	37.53	—	—	—	—	175	37.42	—	74.95	—
金　坛	1986	5	—	—	20	8.90	6.47	2067	39.47	—	48.37	6.47
	2001	14	8.62	4.21	—	—	—	1960	29.88	—	38.50	4.21
	2010	7	28.14	—	—	—	—	157	27.06	—	55.20	—

续表6-6-1

县区名	年份	建制镇			集镇(街道)			自然村(行政村)			村镇	
		个数	总人口	非农人口	个数	总人口	非农人口	个数	总人口	非农人口	总人口	非农人口
郊　区	1986	0	0	0	2	0.15	0.06	717	9.98	—	10.13	0.06
	2001	1	0.26	0.18	3	0.90	0.81	705	12.51	7.08	13.67	8.07
戚墅堰	2001	2	0.47	0.34	—	—	—	113	2.13	0.69	2.60	1.03
	2010	0	0	0	3	10.52	—	9	—	—	—	—
新　北	2001	4	1.92	1.04	—	—	—	605	7.67	1.22	9.59	2.26
	2010	6	32.24	—	3	—	—	120	27.37	—	70.07	—
天　宁	2010	0	0	0	6	51.40	—	36	—	—	51.40	—
钟　楼	2010	0	0	0	7	50.58	—	41	—	—	50.58	—

说明：1. 1986年、2001年统计集镇数（含建制镇集镇及其人口）、自然村数，2010年统计街道数、行政村数。2. 2010年街道总人口数不含武进、新北的街道人员数。3. 2010年均未统计非农业人口数

划，建制镇、集镇建设总体规划和详细规划与村庄建设规划，管理单位和个人在乡镇进行的房屋建筑、市政公用工程、装饰装潢等建设活动。至1996年，全市首轮村镇规划基本编制完成，累计编制集镇总体规划110个、村庄建设规划1.65万个。90年代后期起，逐步调整达到规划实施年限的集镇总体规划。

2001年后，村镇规划管理职能划归市规划局管理。2002年，完成第四轮建制镇总体规划修编。2004年，组织开展《常州市村镇发展战略研究》，制定常州未来村镇发展的体系、重点、方向和布局形态，制定了片区协调和新市镇发展战略。2005—2006年，完成全市农村的56个镇村布局规划的编制和报批，为推进农民集中居住提供规划引导。2007年起，结合新一轮建制镇行政区划调整、土地利用总体规划修编、产业布局调整、重大交通基础设施建设、万顷良田工程建设等形势要求，完成新一轮建制镇总体规划方案的编制和深化完善。引导规模较大或有条件的镇开展小城镇专项规划、近期建设规划的研究和编制工作。以镇村布局规划为指导编制村域规划，完成近期建设需求量较大村庄或“三类村庄”（重点村、特色村和一般村）的居民点建设规划近500个，和一般规划保留居民点的平面布局规划1100多个，实现了镇村布局规划确定的保留点的规划全覆盖。

二、村镇建设

1995年4月，市委、市政府作出《关于加强村镇建设工作的决定》，明确村镇建设的目标是全市城镇化水平达50%，建成一批现代化村庄，各乡镇至少重点抓好1个现代化村庄的试点。1995年、1997年，市建委两次组织村镇住宅设计竞赛，评选出优秀方案5个，编制成《常州市村镇住宅建设图集》，供农村建房户选用。1995年10月，市建委发布《常州市新型小城镇试点工作实施意见》，全市确定试点镇38个，其中武进市有横山桥、洛阳、遥观、横林、邹区、牛塘、奔牛、郑陆、魏村、湟里、小河、薛家、前黄、漕桥、焦溪、芙蓉、东安17个镇，金坛市有薛埠、直溪、西岗、水北、河头、指前、社头、儒林、朱林9个镇，溧阳市有南渡、别桥、戴埠、周城、上黄、社渚、上沛、竹箦8个镇，戚墅堰区有潞城、丁堰两镇，郊区有新闸镇，新区有圩塘镇。1996年3月，市政府发布《关于加强村镇房屋产权产籍管理工作的意见》。翌年3月，市建委发布《常州市新型村庄建设指标体系与考核标准（试行）》。1998年2月，市建委发布《贯彻实施〈江苏省村镇建筑工匠从业资格管理办法〉细则》。

2000年6月，市委、市政府颁发《关于进一步加快小城镇建设的若干意见》，提出到2010年全市城镇化

水平年均提高1个百分点，2005年力争达55%左右，2010年达60%，全市90%以上建制镇都要建设成为现代化新型小城镇。2000年底，全市建制镇、乡集镇和自然村总建设用地361公顷，村镇在册居民80.81万户、232.27万人，其中非农人口14.1万户、30.53万人，城市化水平接近50%。全市同年村镇建设总投资13.39亿元，其中住宅4.29亿元、公共建筑1.9亿元、生产性建筑4.54亿元、公共设施2.66亿元；居民住宅建筑总面积1.25亿平方米，其中楼房9100万平方米，占72.5%，人均居住面积28.17平方米；公共建筑面积943.9万平方米，生产性建筑面积1636.6万平方米。宽3.5米及其以上的道路8373公里，其中高级、次高级道路3186公里。市建委加强对城镇建设和试点的指导，至2001年底，全市累计有试点建制镇32个，其中部级3个、省级2个、市级20个、县级7个；全市有试点村25个，其中武进县横林镇狄坂村为部级试点村，有省级4个、市级1个、县级16个。由于市县两级城市发展扩大，乡镇的数量与人口数有较大的减少，非农人口增多，全市村镇建筑中的公共建筑面积712万平方米，住宅总面积1.26亿平方米，其中集镇0.2亿平方米、村庄1.06亿平方米，人均分别为38.2平方米、58.82平方米。62个集镇有饮用自来水、用水总人口47.45万人，均占集镇总数的92.5%；集镇排水管网达1459公里。2002年以后，村镇建设职能划归辖市区及乡镇，按相关规划实施。全市村镇建设管理部门加强对小城镇建设的指导，会同和配合市相关部门推进重点镇、村的现代化试点和示范镇村建设。

第二节　小康家园建设

80年代中期起，常州有重点地选择一批镇、村开展农业和农村现代化试验示范，小康家园村建设开始起步。1986—1990年，由个人、集体和国家用于村镇公共建筑、生产建筑的房屋分别为166.7万平方米、299.4万平方米；自来水建设新增受益集镇54个、村庄1238个，累计增加受益人口91万人。建设量相当于1985年前原有总面积三分之一多，人均建筑面积从20.4平方米提高到27平方米，新建住宅中楼房占84.7%，除溧阳个别山区外，土草房已不复存在。1990年底，全市有自来水受益集镇72个、村庄1858个，总人口108.9万人，修筑有铺装的道路2373公里，农村住宅新建、翻建建筑面积2384万平方米。2001年，全市各级用于农村改水投资5546.5万元，其中财政拨款121.5万元、集体筹资5005万元、群众集资420万元，改建扩建乡镇水厂7座，新增受益行政村65个、受益人口5.67万人。武进市小河水厂、横山桥水厂、牛塘水厂、溧阳市周城水厂被评为全省先进水厂，7月溧阳市被命名为省级农村自来水普及市。年末，全市农村改水普及率为83.3%。

2008年，有8个镇20个村被列为试验示范镇村。8个镇总面积825.4平方公里，小城镇建成区37.7平方公里，建成区户籍人口14.3万人，暂住人口9.1万人，同年，小城镇基础设施投资额达13.2亿元，基本奠定了区域中心镇的基础；20个示范村总面积77平方公里，总户数1.52万户，总人口5.05万人，同年村级收入近7500万元。这些镇、村在探索和推进现代化新农村建设方面取得突出成绩。武进区横山桥镇五一村被评为全国文明村、全国农村改革典型村等，新北区春江镇新华村被评为全国小康十佳村、全国文明村。

通过小康家园建设，镇村经济实力快速增强，示范镇投资环境日益完善，工业园区建设卓有成效。武进横林镇坚持产业集群发展战略，推进横林国际地板城、江苏家具科技工业园等重点项目建设，获“中国强化木地板之都”称号。2008年，8个示范镇完成全社会固定资产投入143.7亿元，实现国内生产总值318.8亿元、工业销售收入891.4亿元、财政总收入32.85亿元。示范镇村的高效农业、特色农业、设施农业、休闲观光农业等产业快速发展。武进区洛阳镇的水蜜桃、金坛市薛埠镇的茶叶成为农民增收的重要途径；武进区湟里镇发展花木业、溧阳市戴埠镇李家园村万亩竹海开发成为农业结构调整的重要典型；省庄村放大道口经济，一产有特色，三产有优势，被列为省级设施农业生产基地、农业部农业科技示范园；横山农产品批发市场壮大，带动了当地经济发展。

示范镇、示范村的农村产业结构调整、乡镇企业产权制度改革、农村的三大合作改革、农村社会保障体系的建设等都走在全市乡镇前列。郑陆镇牟家村创新土地制度，组建全省首家社区性股份经济合作社，把农户的承包权股份化，变农民为股民，为建立农民增收长效机制，促进村级集体资产保值、增值方面做出了卓有成效的探索。农村以创建国家卫生镇和全国环境优美镇为抓手，道路、交通、通信等基础设施不断配套完善，生态环境明显改善。8个镇全部建成省级卫生镇，其中横林镇建成国家卫生镇，薛家镇通过国家环境优美镇考核验收。20个村中，被评为省级卫生村、市级“五化三有”整治达标村各18个，12个村被评为省级生态村，7个村被评为2008年全市小康家园示范村。示范镇、村农民收入增长速度、富裕程度大大高于全市农民平均水平，2008年8个镇农民人均纯收入达11213元，超过全市平均水平10%。农村社会保障体系完善，公共服务水平提高，文化活动日益丰富，提升了农民的生活质量。

第三节　新农村建设

2007年，常州市开始组织实施《2007—2009年常州市社会主义新农村建设三年行动纲要》，推进示范镇村建设，主要开展“六大工程”（农村经济发展、富民增收、农村建设、农村改革、农民素质强化、农村强基），推进新农村建设。全市组织开了展整治村庄环境、共建小康家园专项行动，按照清垃圾、清粪污、清河塘和村庄绿化（简称“三清一绿”）的标准开展千村整治；按照道路硬化、卫生洁化、河塘净化、村庄绿化、环境美化和有公共服务中心、有长效管理机制、有乡村文化（简称“五化三有”）的标准，开展百村达标活动；按照“村美、民富、班子强”的标准，每年评选产生10个小康家园示范村，计划用3年时间，建成与经济发展和社会进步相适应的清洁、优美、生态、和谐的社会主义新农村。

一、建设管理

全市各级按照“主导在市，主推在辖市区，主抓在镇，主动在村”的要求，推进村庄环境整治。层层签订责任状，加强考核，明确推进政策措施，加强政策引导、行政推动和技术指导，分类指导，有序推进，农民踊跃投工投劳。武进区科学制定目标，推进村庄环境“五化三有”整治，金坛、溧阳、新北等辖市区重点推进“三清一绿”整治；按照村庄建设规划，科学制定整治规划或方案，注重特色培育，挖掘历史文化内涵，重视保护古树名木和名人故居、古建筑、古村落等历史文化遗迹。各地坚持既抓整治推进，又抓长效管理，金坛、溧阳、武进出台长效管理办法，持续保持村庄环境整治成果。全市有480个“五化三有”达标村，村村建有长效管理队伍，负责垃圾清扫清运、河道保洁、绿化管护等任务，村均管护人员16个。村庄环境整治与农村整体环境质量提升相结合，统筹实施；构建农村环境卫生管理制度、保洁员工作制度等长效管理机制。至2010年，武进、金坛创建县级国家生态市通过国家技术考核，溧阳通过省级考核，全市省级以上卫生镇、村分别接近100%和40%。把村庄环境整治与产业发展、增加农民收入相结合，发展高效农业和休闲观光农业，部分村兴建外来工公寓楼，改善外来人口的居住条件，增加村民和集体的物业收入。至2010年底，全市有966个村完成“三清一绿”整治任务，实现生活垃圾“组保洁、村收集、镇转运、辖市处理”一体化处置模式全覆盖，改造无害化户厕75.3万个、覆盖率达95%，938个村完成河塘清淤，890个村达到村庄绿化标准，480个村达“五化三有”整治标准，创成市级小康家园示范村10个。

二、投入机制

社会主义新农村——春江镇新华村（摄于2007年7月）

全市各级创建新的筹资机制，拓宽筹资途径，形成多元投入格局，市政府对“五化三有”合格村、小康家园示范村实行以奖代补扶持政策，辖市区和乡镇安排专项配套资金，市财政每年安排以奖代补专项资金2500万元。金坛、溧阳、武进落实专项资金1000多万元、企业协议资金2.59亿元。全市450个“五化三有”达标村管护费用总额达7200万元，村均16万元。至2010年底，全市投入村庄环境整治资金16.4亿元，其中市和辖市区、镇三级财政投入2.7亿元，村集体和农民投入11.4亿元，企业投入1.7亿元，其他投入0.5亿元。

三、村企结对共建

武进区开展了“千企联百村、共建新农村”活动，创新村庄整治多元投入机制。全市有1680家企业与288个村结对，参与实施村庄整治、基础设施、物业发展等1058个项目。金坛、溧阳、新北引导企业参与到村庄环境整治。通过整治，全市农村“脏乱差”现象明显改变，交通、自来水、供电、通信等农村基础设施逐步完善，布局日趋合理，村容村貌焕然一新。树绿水清、路畅村美，村民生产生活更方便，干群关系更融洽，群众的业余生活更丰富，提升了农民的生活质量和幸福指数。

2008年常州市新农村建设示范镇(村)、小康家园示范村一览表

表6-6-2

类别	数量(个)	示　范　镇(村)
新农村建设示范镇	8	金坛市薛埠镇、溧阳市天目湖镇、武进区横山桥镇、武进区横林镇、武进区洛阳镇、武进区邹区镇、武进区湟里镇、新北区薛家镇
新农村建设示范村	20	金坛市：金城镇白龙荡村、儒林镇柚山村、直溪镇天湖村、尧塘镇汤庄村
		溧阳市：天目湖镇桂林村、戴埠镇李家园村、埭头镇埭西村、竹箦镇水西村
		武进区：横山桥镇五一村、省庄村，郑陆镇牟家村，横林镇狄坂村、卫星村、邹区镇殷村、湖塘镇长虹村、礼嘉镇建东村、武进经发区禾香村、前黄镇杨桥村
		新北区：春江镇新华村、孟河镇万绥村
小康家园示范村	10	金坛市：白龙荡村、薛埠镇河口村
		溧阳市：天目湖镇桂林村、戴埠镇李家园村
		武进区：横山桥镇五一村、横林镇卫星村、郑陆镇牟家村、邹区镇长汀村、雪堰镇雅浦村
		新北区：春江镇新华村

第七卷　公用事业

Volume VII　Public Utilities

80—90年代，随着社会经济和城市建设的发展，常州逐渐增加对公用设施建设的投入，供水、供气、排水、照明等城市公用事业获得较快发展。城市燃气，1990年石油液化气用户发展到2.2万户，扩大炼焦制气，1994年人工煤气用户发展到3.05万户。城市供水，1994年建成长江引水二期工程，日供水能力由1985年的17.9万立方米提高到40万立方米。城市排水，1997年建成常州污水治理一期工程，1998年配合国务院关于太湖水污染防治"零点行动"，新建一批污水泵站、管网，实施重点企业废水接入工程，开始实施市区生活污水截流工程。市区照明，1999年路灯设施达2.06万盏。2000年以后常州城市公用事业进入快速发展的新阶段。先后建成魏村水厂一期工程及续建工程，日供水能力达105.5万立方米，实施区域供水，范围覆盖天宁、钟楼、新北、戚墅堰4个区和武进4个镇及周边金坛、丹阳两市部分城镇，供水面积600平方公里，供水人口达200万人。城市燃气，2000年人工煤气民用客户达8.84万户，完成天然气置换，从以民用为主拓展到工业、交通、商业服务等诸多领域。2010年底，市区拥有天然气居民客户31.49万户、工商客户1337户，年销天然气3.17亿立方米。城市排水先后实施污水处理三期，江边污水处理厂一期、二期和市区污水截流、老小区改造、清水行动等重点工程，实施污水处理提标改造，市区污水日处理能力达52.5万吨，生活污水处理基本达到中等发达国家污水处理的水平。城市照明更替成第三代电光源，从单一的道路照明发展到包括园林、绿化和建筑物照明等景观照明的综合照明体系。2010年市区拥有照明设施31.9万盏，总功率4.1万千瓦，实现自动化"亮化"管理。

第一章　城镇供水

1986年底，常州市区拥有水厂3座，其中西石桥水厂、西郊水厂为地面水厂，三井增压站为地下水厂（含6个增压站），形成较完善的自来水生产和供水体系。市自来水公司拥有管网总长361.86公里，日供水能力19.7万立方米，年供水5364.86万立方米。1989年起，市政府投资2.2亿元续建长江引水二期工程，1994年12月竣工通水，日供水能力突破40万立方米。2001年，市建委批准改造第二水厂，采用臭氧预处理和生物活性炭过滤的深度处理工艺，达到有效除臭、除色、除有害物资的效果，日深度处理水4万立方米。2002年，组建常州市自来水集团公司（简称"市自来水集团"）。为贯彻省政府《关于苏锡常地区地下水封井限采及区域供水实施计划》和建设常州特大城市的需要，投资6.05亿元建设常州地区供水一期魏村水厂工程，2003年竣工通水，日供水能力突破70万立方米。同期投资2亿元，延伸供水主管网151公里，实施区域供水工程，封存深水井321口，实现全面封井目标。常州市供水区域从市区扩展至新闸、北港、魏村、孟河、薛家、龙虎塘等10个乡镇，受益总人口40万人。2005年10月，市自来水集团接收管理新北区12个乡镇水厂，实现城乡自来水统一规划、建设、管理、同城同质同价，加强新建高层住宅二次供水管理，保证高层住宅生活饮用水卫生安全和供水安全。2008年投资3.5亿元，建设魏村水厂续建工程，2009年12月25日竣工通水，日供水能力突破100万立方米。2010年底，常州通用自来水公司资产净值8.52亿元，下辖城市自来水厂魏村水厂、第一水厂、第二水厂、小河水厂、滨江水业及若干增压站，日供水能力105.5万立方米，管网总长度5254.54公里，向天宁、钟楼、新北、戚墅堰4个区和武进区郑陆镇、横山桥镇、焦溪镇、芙蓉镇供水及向周边金坛市、丹阳市皇塘镇、江阴市利港镇、璜土镇实施跨区域供水，供水面积600平方公里，供水人口达200万人。

第一节　水源

常州地区供水水源主要来自地面水、地下水，以地面水为主要来源。1986年以前常州自来水的地面水均取自于京杭大运河。1986年起，逐步增加采用长江引水作为水源。2003年以后，由于大量采用地下水引起地面沉降加剧，实施全面封存地下深水井，水源全部取自地面水，京杭大运河水源停止使用，全面使用长江为供水水源。

一、地 面 水

京杭大运河　简称运河，从西北向东南斜贯市区，常州市区段全长23公里，底宽40米、面宽50米，河底标高吴淞高程(下同)0.5～1米，历史记载最高水位为1931年的5.59米，最低水位2.37米，常年平均水位4.41米。常州地势平坦，河床坡降小，运河流速缓慢，每年7—9月丰水期流量较大，约每秒50～60立方米，11月至翌年2月的枯水期流量较小，约每秒3～5立方米，最小流量每秒0.19立方米，年均流量每秒15～20立方米。1990年，运河水中氨氮平均每升1.87毫克，最高30毫克，国家GB5749-85饮用水小于标准每升0.5毫克；运河水中氰化物、化学耗氧量、挥发酚平均每升分别为0.002毫克、4.25毫克和0.003毫克，最高分别为0.05毫克、53毫克和0.11毫克，对应国家标准应分别小于每升0.05毫克、4毫克和0.002毫克。工农业取水量和污水排放量随着地方经济高速发展增加，1990年以后，京杭大运河水污染问题日渐突出，水质常年处于重度污染状态，局部河段水体不断恶化，水体自净和生态修复的能力降至最低点，断面水质检测达标率在5类或5类以下水平，造成严重的水质型缺水。

长　　江　长江是临近常州最大的地表水源，距离市区北郊约18公里，流量充沛，最小流量每秒8000立方米，1991年夏季“100年一遇”大水期间最高水位7.5米，风浪影响最高水位8.34米，99%保证率低水位0.72米。长江水虽有污染，但其自净能力强，水质为二级水体，是理想的水源。

二、地 下 水

常州潜水含水层系第四系孔隙水，埋于地表下10米内，补给来源主要是大气降水，该层多为民井开采利用。第Ⅰ承压含水层一般埋藏于地表下40米内，主要水源为大气降水补给，丰水期接受运河水补给，具微承压性质。市区主要由工厂开凿浅井作为工业用水，水污染程度较潜水层轻，主要以三氮污染为主。第Ⅱ承压含水层，市区含集中开采的水层顶板埋藏于地表下约70米，厚25～45米。含水层颗粒为细砂、中粗砂及砾砂，主要由长江侧向补给，厚度稳定，分布范围广，因埋藏深，一般地表污染物很难渗入，水质良好。第Ⅲ承压含水层顶板埋藏于地表下约140米，厚约15～20米，与第Ⅱ承压水水力联系密切，该层深埋地下，基本无污染，水质良好。

第二节　制水

1986—2010年，常州制水经历了以提升制水能力为主、不断缓解供水难到提升制水能力与制水水质并重、供需逐渐平衡，再到提前规划、确保供水安全、制水能力略有富余三个阶段。第一阶段为80年代到90年代中期，主要是新建第一水厂一、二期工程，制水能力首次大幅度提升。第二阶段为90年代中期到2003年，主要是深度处理运河水源，加快建设魏村水厂一期工程，全面封存地下深水井。第三阶段为2004—2010年，全面实施区域供水，建设魏村水厂续建工程，加强高层住宅二次供水管理，提升供水检验能力，确保供水安全。

一、地面水厂

第一水厂　位于江阴市西石桥镇境内，距市区23公里，占地64.6亩，水厂标高6.3米(吴淞高程)。第一水厂主要构筑物有容积为763立方米一泵吸水井；建筑面积771平方米一级泵房，日制水量2.5万立方米；加速澄清池4座；日产能力1.25万立方米的双阀滤池8组；容积650立方米、水柜直径18米、柜底离地面12米、水柜高11米的冲洗水塔1座；有效容积3500立方米清水池2只；414立方米的二泵吸水井一口；二级泵房建筑面积511平方米。水厂配套工程有从常州市三井乡九里巷到江阴市西石桥镇敷设15公里口径为1米的清水输水管道和在三井九里巷建造增压站(现增压站管理所)。

长江引水工程一期工程1984年11月7日竣工通水，总投资2085.04万元，设计日供水能力10万立方米，缓解了城市供水的紧张状况。但随着需水量的迅速增长，供需矛盾仍十分突出。1988年3月20日，市政府决定投资1.23亿元(其中世界银行贷款6264万元)实施的二期工程，1989年开工，1994年12月8日竣工通水，设计日供水能力20万立方米。主要在长江堤外利港电厂西侧300米处建造43.36米×9.48米、高18.1米的取水泵房和22米×13.5米、深15米的吸水井各1座，铺设直径1.4米、长576米江中钢制虹吸管两根；在水上打下长23米的桩柱118根；江堤内附属建造加氯间、变配电间433.17平方米和电容器室1间。上堤引坡长96米、高8.6米，铺设口径1.2米、长8.7公里的浑水输水管2根；双回路35千伏输电线17公里。随后扩建有日处理能力2.5万立方米的机械搅拌加速澄清池4座；日处理能力10万立方米的双阀滤池1组；5万立方米综合净水池2座和9.5米×30.5米二级泵房、5米×22米吸水井、配水井各1座；铺设口径1.2米、长18千米清水输水管2根和35千伏输电线路12公里。1998年12月至1999年9月投资4151万元建成挖潜改造工程，从利港长江取水头部至第一水厂一泵房新敷设一根口径1.4米、长8.1公里的浑水管，改造利港泵站电气设备，增加第一水厂日供水能力6万立方米，提高了供水的安全可靠性，保护了地下水资源。2010年末，第一水厂日供水能力达36万立方米。

长江引水工程自来水厂处理设施(摄于2010年9月)

第二水厂　位于常州市西郊，距市中心约3公里，占地16.5亩，取京杭大运河水。1985年第二水厂日供水能力5.8万立方米，建有两口深井。1992年第二水厂扩建工程竣工通水后，日供水能力达8万立方米。2001年由于沿河两岸工业废水、生活污水排入，京杭大运河水源水质恶化，同年，市建委批准投资843万元改造第二水厂，压缩日供水量为4万立方米，改由三井增压站供应，采用臭氧预处理和生物活性炭过滤的深度处理工艺，有效除臭、除色、除有害物质，2002年1月25日竣工通水。2002年常州市自来水集团公司敷设从魏村水厂至第二水厂、口径0.7米浑水管7千米，改造第二水厂厂内配套工艺及加矾等管线设备，10月21日竣工，第二水厂开始用长江水作为水源，结束常州市民喝运河水的历史。

魏村水厂 2002年，省政府出台《关于苏锡常地区地下水封井限采及区域供水实施计划》。随着建设常州特大城市的需要，常州地区供水一期魏村水厂工程项目启动。2001年10月16日开工建设，总概算9.39亿元，其中常州部分6.05亿元，利用法国政府贷款6106万法郎。一期工程包括设计日处理能力50万立方米的净水厂（常州30万立方米、武进20万立方米），其中取水口100万立方米／日，20.1公里DN1600口径清水管和部分配水管网。水厂由上海市政设计院设计，采用法国得利满提供的V型滤池等先进工艺，检测水平先进，自动化程度高，水质达国内先进水平，出厂水浊度小于0.5单位混度，水压满足管网末梢不低于0.18×10千克的压力。2003年12月30日，魏村水厂一期工程竣工通水，常州通用自来水公司日供水能力从40万立方米增至70多万立方米，改善了常州城乡供水状况和居民用水质量。

2008年，市委、市政府决定续建魏村水厂，8月开工建设，总概算3.47亿元。魏村水厂续建工程采用“混合+Multiflo絮凝沉淀+TGV过滤+消毒”处理工艺。主要扩建土建规模每日40万立方米、设备安装规模每日30万立方米的净水生产系统，新建与水厂规模配套的排泥水处理系统。新建9米×4米×10米、日处理水30万立方米的Multiflo沉淀池两座；日处理水30万立方米的钢筋混凝土结构TGV滤池、有效库容1.25万立方米的清水池各1座及4300立方米的排泥水调节池、ACTIDN浓缩池2座；12米×23.5米的钢筋混凝土上清液储池、980立方米的平衡池2座；新增有机高分子絮凝剂PAM调配系统1套；增容两路35千伏电源；从魏村水厂至新岗增压站敷设两根口径1.6米、长24.5公里的清水输水管。2009年12月25日，魏村水厂续建工程竣工通水，日供水能力达60万立方米，缓解了近年来城市供水偏紧的状况，大大提高了城市供水水质及供水安全可靠性。

小河水厂 2003年9月28日，常州市自来水集团出资700万元，收购小河镇自来水厂。小河水厂日生产能力1万立方米，直供小河镇居民，就近向孟河镇提供自来水。2004年3月1日，市自来水集团组织进行扩建改造，日处理、供水能力从1万立方米增至1.5万立方米。

滨江水厂 位于沿江化工园区内，是由市经贸委、水利局投资兴建的中型工业水厂，专门为常州沿江化工区等园区的企业提供生产用水，日取水规模16万立方米，一期日制水能力4万立方米。2005年9月1日，市自来水集团收购、接收管理滨江水业。至2010年，滨江水业每日供工业水4万立方米。

二、增压站

2010年，常州市区建设有三井、三角场、电子园、横山桥、戚墅堰、新岗、焦溪7个自来水增压站，均隶属于常州通用自来水公司增压站管理所。

三井增压站 位于新北区三井乡九里巷，距常州市中心2.7公里，占地19.58亩。1988年前为第一水厂配套工程。1987年7月，投资1000余万元，以三井增压站为供水中心，新建龙虎塘地下水厂。1988年3月，三井增压站更名为第三水厂，有深井33口，日供水能力6.5万立方米，成为市区主要水厂。2002年，根据省政府《关于苏锡常地区地下水封井限采及区域供水实施计划》，常州封存所有深井，第三水厂不再具有采水制水能力，但仍作为市区主要增压站使用。三井增压站设计日供水能力10万立方米，拥有离心泵6台、真空泵

3台、加氯机3套、5000立方米清水池3座。

三角场增压站 位于市郊青龙乡三角场附近，占地38.06亩，拥有离心泵5台、加氯机2套、1万立方米清水池2座、7000立方米清水池1座、20×5米吸水井1口、36×9米增压泵房1座、口径0.8～1米的配水管道8公里、35千伏变电所120平方米。

戚墅堰增压站 位于戚墅堰工房区内，1986年前为深井水厂。1987年5月，戚墅堰水厂划归戚墅堰区管理。1987年7月7日定名为戚墅堰自来水厂，隶属戚墅堰区建设局，成为常州唯一的区属供水企业。1989年1月23日，戚墅堰区政府把区综合开发公司筹建的河苑水厂移交该厂管理。至1990年，戚墅堰自来水厂有深井7口，日供水能力5500立方米。1996年5月1日，戚墅堰区自来水厂归属常州市自来水公司。1996年11月，戚墅堰区供水工程开工建设，投资2564万元，敷设朝阳桥到戚墅堰的9.7公里管道，建设戚墅堰机车车辆厂内日供水5万立方米的增压站，1997年11月13日竣工通水。2002年后，常州封存所有深井，戚墅堰水厂不再具有供水能力，但仍作为戚墅堰区主要增压站使用。戚墅堰增压站设计供水能力3万立方米，拥有离心泵3台、加氯机2套、真空泵和3000立方米清水池各2座。

新岗增压站 位于龙江路高架附近，是魏村水厂的配套工程。2007年11月至2009年9月建设，总规划日供水40万立方米。设3座2.5万立方米清水池，增压泵房水泵按最高时流量设置，泵房内安装8台水泵。其中，每小时流量3000立方米、扬程42米的卧式离心泵3台，每小时流量5000立方米、扬程42米的卧式离心泵5台。

焦溪增压站 位于武进焦溪镇内，是为解决焦溪、三河口等地区日益突出的用水矛盾新建，2009年12月24日开工建设，日供水规模1万立方米，远期规划规模日增压3万立方米，采用变频泵管网叠加方式供水。增压泵房水泵按最高时流量设置，安装有每小时流量485立方米、扬程39米的卧式离心泵2台。2010年5月12日竣工投产。

常州电子产业园增压站 位于电子园新村，设计日供水能力5万立方米，拥有离心泵3台、真空泵2台、加氯机2套、5000立方米清水池1座。

横山桥增压站 位于武进横山桥镇奚巷沈家村，设计日供水能力5万立方米，拥有离心泵4台、加氯机2套、1500立方米清水池1座。

三、二次供水

由于历史原因，常州城市供水管网口径偏小，水压偏低，很多公寓式多层住宅由开发商或物业管理二次供水，导致供水不稳定、水质受污染，居民意见强烈。经过“十五”期间的供水管网的建设与改造，尤其是魏村水厂建成后，城市供水状况根本改善，常州从2001年实施自来水“一户一表”改造，按照“抄表出户、一户一表、计量到户”的原则，结合市政府实施老小区综合整治，出台改造方案，至2009年底改造73万户。2003年，常州市自来水集团公司将6层以下的二次供水改造成为直供水。2005年，常州通用自来水公司制定《常州市高层住宅二次供水设施管理办法》和《常州市市区新建高层住宅二次供水技术管理规定》。2006年，常州通用自来水有限公司成立二次供水管理部，制定二次供水管理工作标准，启动从源头到龙头的一体化管理，全面接收在建及新建高层二次供水设施，理顺二次供水运行管理模式，在市区实施高层住宅二次供水远程监控控制系统，实现泵房无人值守、远程监控，规范二次供水增压方式，利用管网水力模型技术成果，合理确定小区二次供水方案，确保安全优质供水。2006—2008年，常州通用自来水公司完成高层二次供水改造小区84个。

2001—2010 年常州市区“一户一表”改造完成户数统计表

表7-1-1 单位：户

年份	总户数	发展新用户	老住宅用户改造	农村改造	年份	总户数	发展新用户	老住宅用户改造	农村改造
2001	32308	5404	24581	2323	2006	42772	28055	5078	9639
2002	54969	7646	42954	4369	2007	41168	31060	4952	5156
2003	44516	9146	28282	7088	2008	52167	40235	3741	8191
2004	51819	19960	21089	10770	2009	64961	48347	2365	14249
2005	53101	24880	12939	15282	2010	75266	61750	1324	12192

四、制水工艺

第一、二水厂 原水、出厂的水质标准分别执行《生活饮用水水质卫生规范》《生活饮用水卫生规范》（均于 2001 年 9 月 1 日起施行），出厂水水质标准同时执行公司内部水质标准。

魏村水厂 絮凝沉淀池与清水池合建，V 型滤池与接触池合建。原水、出厂的水质标准分别执行《生活饮用水卫生规范》《生活饮用水水质卫生规范》（均于 2001 年 9 月 1 日起执行），出厂水水质标准同时执行公司内部水质标准。

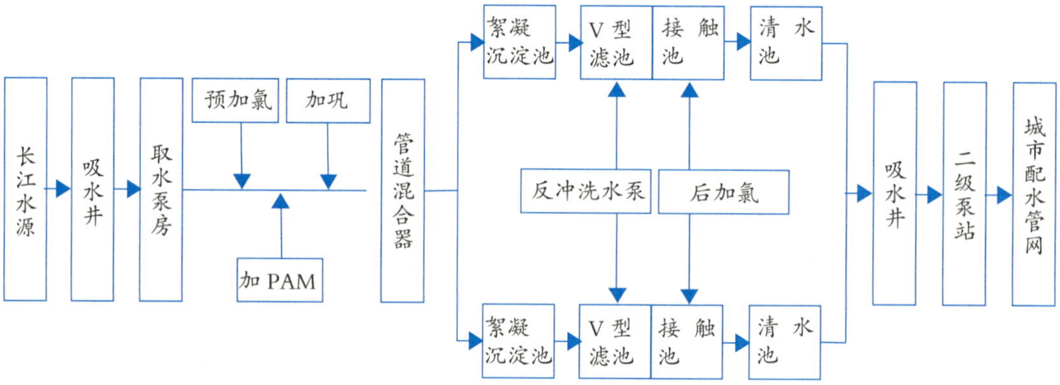

图7-1-1 魏村水厂工艺流程图

五、水质检验

1985 年，常州市区有 29 个管网水抽样点，每点每月抽样两次，管网水综合合格率为 99.57%。1986 年以来，市自来水公司建立全面质量管理网络，制订水质管理制度，完善地面水厂净化暂行技术规定和水源严重污染时紧急措施。1989 年 6 月，常州市自来水公司两个地面水厂的厂部化验室开始对出厂水、沉淀水进行浊度、余氯的质量控制，中心化验室对管网水开展除浊度、余氯以外项目的质量控制，1989 年 11 月起，对氨氮、铁、总硬度、耗氯量、氧化物 5 个项目进行质量控制，每 5 个水样加标回收 1 次，回收率 90%，增加溶解氧、耗氧量、氨氮、亚硝酸盐、碱度、铝等项目的检测。江苏省供水协会水质检测中心对水厂出厂水质每季度进行 1 次监测抽检，1990 年水质综合合格率为 99.6%。市建设局批准常州市自来水公司在中心化验室的基础上组建市城镇供水水质检测中心。2001 年 4 月 22 日，常州市城镇供水水质检测中心计量论证和等级评定通过省建设厅、技术质量监督局专家组的评审。2007 年 1 月 22 日，该中心认证 142 个项目，其中含水质分析 120

项、净水剂分析16项、滤料分析5项、氯消毒剂分析1项,水质检验水平居全国前茅。

1986—2010年部分年份常州城区历年水质检测合格率统计表

表7-1-2

年份	管网水质综合合格率(%)	其中:细菌合格率(%)	大肠菌合格率(%)	余氯合格率(%)	浊度合格率(%)	26项合格率(%)
1986	99.57	99.71	100.00	99.71	98.86	—
1988	99.91	100.00	100.00	100.00	99.64	—
1990	99.83	100.00	100.00	99.83	99.50	—
1993	99.67	99.83	99.83	99.67	99.33	—
1995	98.64	100.00	99.68	97.30	98.09	98.12
1998	99.86	100.00	100.00	99.54	99.85	99.89
2000	99.65	100.00	99.88	99.27	99.63	99.47
2003	99.95	100.00	100.00	99.90	99.90	99.93
2005	100.00	100.00	100.00	100.00	100.00	100.00
2008	99.94	100.00	100.00	100.00	100.00	99.70
2010	100.00	100.00	100.00	100.00	100.00	100.00

第三节 供水设施

供水设施分输配管网、调节设施两大类。在供水能力有限、管网压力不足的80—90年代前中期,调节设施在储水、调节水量水压方面发挥了重要作用。90年代后期,随着高层建筑大量兴建,水塔逐渐被淘汰。2003年后,随着供水能力大幅提升,清水池逐步减少,输配管网随着供水区域的扩大不断延伸,主干管管径扩展至1.2~1.6米。

一、调节设施

水　塔　水塔在80—90年代中期在储水、调节水量水压方面发挥了重要作用,是增压站必备的设施之一。1990年常州市区有水塔225座,总容积2.04万立方米,其中自来水公司17座(含戚墅堰水厂),总容积1.76万立方米。1996年以后,随着城市供水设施完善、供水压力提高,水塔不能满足高层建筑的供水压力需求,逐渐被淘汰。

清水池　1990年常州市区有清水池90座,总容量5.09万立方米,其中自来水公司33座(含戚墅堰水厂),总容量3.24万立方米。企业自备清水池57座,总容量1.85万立方米。随着城市供水设施的不断完善,供水压力的不断提高,供水量充沛,企业自备清水池储水的作用逐渐减弱。至2010年,市区增压站配备清水池减少至17座,总容量达12.97万立方米。

二、输配水管网

1986年,常州市区供水管网总长361.86公里,其中干管长80.77公里。从1988年3月开始,爆管事故频繁,且主要发生在第一水厂至三井增压站口径为1米的清水输水管上。1990年4月,市自来水公司加固爆管多发地段管道接头67个,合理调整第一水厂的供水压力,加强巡检巡修,减少了爆管次数。同年底,常州市给水管网东至戚墅堰(中间有间断)、南至常锡路、西至第二水厂、北至江阴利港,管道总长504.93公里,其中口径达 0.3 米的干管 112 公里。2002 年，常州市自来水集团公司结合魏村水厂工程，从魏村水厂至第二水厂敷设一根口径 0.7 米、长 7 公里浑水管，从此常州人民结束喝运河水的历史。

2005 年 11 月 28 日，常州通用自来水公司对第一水厂至三角场增压站 17.62 公里的输水管线中 11 处局部管道进行加固改造，加装管道伸缩短管与排气阀门，降低爆管机率。至 2010 年，常州供水管网总长 5254.54 公里，其中干管长 962.91 公里。

城市道路改造配套管网工程 1986—1990 年，根据城市改造总体规划，配合城市外围环通及常澄路立交桥、北太平桥、北大街道路改造，逐步调整内线和里弄支管，消灭供水死角和改善低压区供水，投资 2632.4 万元，排敷管道 188.81 公里，其中干管 14.62 公里、里弄支管 42.29 公里、长江二期工程取水头部浑水管 17 公里、其他管道 114.9 公里。

五角场—丽华路管网工程 1995 年 6 月 10 日竣工通水，总投资 560 万元，从五角场开始，经丽华路、光华路到达兰陵路，总长 2.9 公里。

牛塘文教区供水工程 1996 年 3 月 11 日竣工，总投资 300 万元，总长 2.8 公里，从花园南村、陈渡村委经过陈渡路、荆川路、常锡路至牛塘敷设水泥管 724 米、铸铁管 1656 米、钢管 420 米。

戚墅堰区供水工程 1997 年 11 月 13 日竣工通水，总投资 2564 万元，敷设朝阳桥至戚墅堰区的 9.7 公里管道，建设戚墅堰机车车辆厂内日供水能力 5 万立方米的增压站。

常澄路及延伸线管线工程 1999 年 6 月 30 日，常澄路工程管线敷设竣工，敷设钢管及球墨管 8000 米，架设了龙虎塘北桥管移位、塘桥和三井桥 6 条桥管。2000 年 12 月 20 日新敷设一条北起常澄路立交地道口、南至中油大厦门口，全长约 2 公里的输水管道，将第一水厂的长江水在三井增压站加压后供到城西，分担城西 50% 的供水任务。

1986—2010年常州市自来水(集团)公司、常州通用自来水公司管网长度、密度统计表

表 7-1-3　　单位：公里

年份	管网长度		每平方公里管网密度		年份	管网长度		每平方公里管网密度	
	总长度	其中:干管	总密度	其中:干管		总长度	其中:干管	总密度	其中:干管
1986	361.86	80.77	10.32	2.30	1989	480.58	109.31	12.71	2.89
1987	407.89	85.22	11.26	2.38	1990	504.93	112.00	12.95	2.87
1988	448.41	102.68	12.12	2.76	1991	528.00	115.00	13.33	2.90
1992	563.00	125.00	—	—	2002	1271.73	290.91	14.05	3.21
1993	599.76	141.11	10.95	2.58	2003	1687.29	498.85	2.71	0.80
1994	708.19	194.50	12.34	3.39	2004	2120.14	616.36	3.41	0.99
1995	698.00	195.52	11.52	3.21	2005	2630.52	704.48	4.23	1.13
1996	730.00	201.00	11.23	3.09	2006	3232.10	770.89	5.20	1.24
1997	824.79	220.90	12.31	3.30	2007	3767.86	864.73	6.06	1.39
1998	869.81	228.34	12.77	3.35	2008	4007.67	916.65	6.44	1.47
1999	924.32	235.02	13.57	3.45	2009	4481.60	922.90	7.21	1.48
2000	1007.76	244.16	14.62	3.54	2010	5254.54	962.91	8.45	1.55
2001	1127.96	272.17	13.07	3.15					

光华路供水管改造工程 光华路地下供水干管原为自应力水泥管，使用年代较久，再加上地面沉降、路

面负载过大等外力因素，容易爆管。2001 年，市自来水公司投资 400 万元，改造丽华路至清凉路段 1830 米长地下排水管线，敷设直径 0.8 米球墨管 1725 米、钢管 105 米，4 月 26 日竣工。

常州—金坛跨区域长江引水工程　2005 年，常州加大加快拓展供水区域和范围，总投资 1 亿元实施这项工程，从常州市区穿越丹阳至金坛敷设口径 1.2 米输水主管 36 公里，满足每天 10 万立方米的供水量，12 月 30 日竣工通水。

魏村水厂二期清水管工程　2006 年 3 月开工建设，总投资 5200 万元。该供水管道口径 1.6 米，经 338 省道沿龙江路一直敷设至外环路，接入市区供水管网。

第四节　用水

一、用水总量

1986 年，常州市自来水公司日供水能力 19.7 万立方米，最高日供水 18.17 万立方米，居民人均日生活用水 0.112 立方米。随着社会经济和供水事业的发展及人民生活水平的提高，2010 年，日供水能力发展到 100 万立方米，最高日供水 83.92 万立方米，居民人均日生活用水 0.245 立方米。

1986—2010年部分年份常州市自来水(集团)公司、常州通用自来水公司供水能力和供水量比较表

表 7-1-4　　单位：万立方米

年份	日供水能力			年度总供水量	年度最高日供水量	最高日最大时供水量	日均供水量
	总量	地表水	地下水				
1986	19.70	14.70	5.00	5364.86	18.17	—	14.70
1990	22.50	12.50	10.00	7357.04	25.14	1.133	20.16
1995	45.70	35.70	10.00	10008.40	35.40	1.696	27.42
2000	48.00	44.00	4.00	11411.41	38.04	1.79	31.26
2005	71.50	71.50	—	16209.70	54.76	—	44.41
2010	100.00	100.00	—	27368.22	83.92	—	74.98

说明：2010 年日供水能力总量不包括滨江工业水厂

1986—2010年部分年份常州市自来水(集团)公司、常州通用自来水公司销水量比较表

表 7-1-5　　单位：万立方米

年份	总销水量	其中					人均日用水量(升)	其中:纯生活(升)	工业用水重复利用率(%)
		工业用水	生活用水	商业用水	特种用水	滨江水业			
1986	5059.83	3403.02	1656.81	—	—	—	343	112	46.1
1990	6804.35	4553.27	2251.08	—	—	—	417	128	52.7
1995	9180.39	4182.16	3656.16	1342.07	—	—	383	152	60.2
2000	9851.97	3581.94	4949.06	1320.97	—	—	349	175	65.3
2005	14028.21	3972.50	8191.83	1578.68	127.26	157.94	315	184	—
2010	20129.80	4126.21	12501.22	1863.29	231.58	1407.50	407	245	—

二、水　价

1986 年，常州自来水水价分两种，民用水价每立方米 0.1 元，工商业用水价为每立方米 0.2 元。1994 年 6 月工商业用水价格实行分别收取，其中工业、商业用水每立方米分别为 0.6 元、0.7 元。1997 年，民用水开始征收污水处理费每立方米 0.1 元。1999 年 1 月，对工商业用水每立方米分别征收污水处理费 0.4 元。2004 年开始对重污染用水、特种用水实行价格调节，每立方米水价 3.25 元。2010 年，民用水价、工商业水价、重污染用水、特种用水价分别为每立方米 3.07 元、3.5 元和 4.77 元。

1985—2010 年常州城区居民用水价格调整情况表

表 7-1-6　　单位：元／立方米

起止时间	到户价	净水价	污水处理费	水资源费	城市附加费	省水处理专项费
1985.07—1990.07	0.10	0.10	—	—	—	—
1990.07—1991.09	0.15	0.15	—	—	—	—
1991.12—1992.07	0.20	0.192	—	—	0.008	—
1992.08—1994.06	0.25	0.242	—	—	0.008	—
1994.06—1997.05	0.45	0.442	—	—	0.008	—
1997.05—2001.01	0.75	0.642	0.10	—	0.008	—
2001.01—2002.02	1.40	0.79	0.55	—	0.04	0.02
2002.03—2003.06	2.00	0.79	1.15	—	0.04	0.02
2003.07—2007.01	2.30	1.06	1.15	0.03	0.04	0.02
2007.01—2009.12	2.57	1.16	1.15	0.20	0.04	0.02
2009.12—2010.12	3.07	1.48	1.35	0.20	0.04	—

1985—2010 年常州城区工商业用水价格调整情况表

表 7-1-7　　单位：元／立方米

起止时间	工业用水						商业用水	
	到户价	净水价	污水处理费	水资源费	城市附加费	省水处理专项费	到户价	净水价
1985.07—1988.05	0.20	0.20	—	—	—	—	—	—
1988.06—1989.09	0.23	0.23	—	—	—	—	—	—
1989.10—1990.06	0.26	0.245	—	—	0.02	—	—	—
1990.06—1991.11	0.30	0.26	—	—	0.02	—	—	—
1991.11—1993.04	0.30	0.285	—	—	0.02	—	—	—
1993.05—1994.05	0.40	0.385	—	—	0.02	—	—	—
1994.06—1995.12	0.60	0.585	—	—	0.02	—	0.70	0.685
1996.01—1997.04	0.75	0.735	—	—	0.02	—	0.90	0.885
1997.05—1998.05	0.90	0.885	—	—	0.02	—	1.05	1.035
1998.06—1998.12	1.05	1.015	—	—	0.02	0.02	1.20	1.165
1999.01—1999.12	1.70	1.08	0.40	0.01	0.04	0.02	1.85	1.23

续表 7-1-7

起止时间	工业用水						商业用水	
	到户价	净水价	污水处理费	水资源费	城市附加费	省水处理专项费	到户价	净水价
2001.01—2002.02	1.85	1.13	0.50	0.01	0.04	0.02	2.10	1.28
2002.02—2004.03	2.50	1.28	1.15	0.01	0.04	0.02	2.65	1.43
2004.03—2006.12	2.80	1.56	1.15	0.03	0.04	0.02	—	—
2007.01—2009.12	2.87	1.56	1.15	0.10	0.04	0.02	—	—
2009.12—2010.12	3.50	1.91	1.35	0.20	0.04	—	—	—

说明：1999 年 1—12 月、2001 年 1 月至 2002 年 2 月工业用水每吨征收 0.15 元水厂建设费

第二章　城市排水

1982 年 6 月，常州建立全省第一座二级生化污水处理厂——清潭污水处理厂，从此逐步建立雨水、污水分流的排水体制，成为全国较早采用分流制排水体制的城市之一。1985 年，丽华污水处理厂建成。此后，北环、西新桥污水处理厂相继投产，城区污水日处理总能力 1.85 万吨。1992 年 10 月，市排水管理处成立，主要履行市区生活污水处理、雨污水设施的规划、建设、运营与管理及污水处理费征收等职能。同年，市排水公司成立，主要承担世界银行贷款及城市污水治理项目建设和投融资职责，与市排水管理处实行一个机构、两块牌子管理模式。1993 年 5 月，市城市排水监测站成立，检测领域包括污水、地表水、污泥检测等。1995 年，市政府制定“截取城市污水经预处理后，北排长江”的城市污水治理总体战略，分阶段实施污水治理一期工程、城北污水处理厂扩建工程及市区污水截流工程和污水治理三期工程。其间，城市污水处理厂建成中央控制系统、泵站远程控制系统，初步实现污水处理自动化。1999 年 1 月 1 日起，停止征收原来的污水排污费、污水厂建设费、排水设施有偿使用费，统一为征收城市污水处理费。市排水管理处在环太湖流域水污染达标排放整治中，根据国务院提出的 1999 年 1 月 1 日零时前太湖流域污水必须全部达标排放的要求，组织实施污水截流工程，首批接纳市区 97 家重点污染单位的工业废水。城市污水处理厂探索工业废水接入城市污水混合处理的技术和工艺，同步加强源头污水监督管理，走上生活污水与工业废水集中混合处理的产业化道路。2002 年 3 月，市市政工程管理处承担的雨水管网设施、铁路立交泵站的日常维护职能划归市排水管理处。12 月，污水治理三期工程全部建成，污水治理工程中利用世界银行贷款 1360 万美元建设的一期工程获中国市政工程最高质量奖金杯奖。市区污水日处理能力增至 20 万吨，污水收集管网、雨水管网分别增至 140 多公里、230 多公里，城市生活污水处理率提高到 72%。2005 年 10 月，远期规模 80 万吨、全省规划建设的规模最大的终端污水处理厂——江边污水处理厂一期工程建成投运。2003—2005 年，市排水管理处联合热电厂成功研发利用热电厂循环流化床锅炉焚烧城市污水处理厂脱水污泥技术，率先在国内实现规模化应用，彻底解决污水处理厂污泥处置的行业难题。2008 年，由于太湖蓝藻事件，常州清潭、城北、戚墅堰、江边 4 座城市污水处理厂全面实施提标改造工程，戚墅堰污水处理厂、江边污水处理厂相继扩建。1995 年、1998 年、2001 年、2004 年、2008 年，市排水管理处先后被评为全国城市污水处理厂运行管理先进单位、示范项目单位和全国十佳污水运营单位。城市污水处理承载能力快速增长，2010 年底，市区污水日处理达 41.5 万吨，生活污水处理率达 89%，基本达中等发达国家污水处理水平。

第一节 污水处理厂

一、清潭污水处理厂

该厂是常州市区第一座按规划建设的生活污水处理厂，也是全省首家生活污水处理厂，作为公共建筑的配套项目，1981年7月至1982年6月，投资140万元，与清潭新村同步建设，设计能力日处理污水5000吨，初期采用机械曝气法，担负着清潭、花园居住小区生活污水的处理，尾水排入南运河。1990年、1997年和2000年，先后扩建二、三、四期处理设施，日处理污水能力达3万吨。

二、北环污水处理厂

1983年2—10月，投资73万元建设，日处理能力3000吨。1990年，服务范围由初建时的北环新村扩大到红梅新村、翠竹新村及城区延陵西路、北大街、博爱路等地区，开始接纳处理部分工业企业的工业废水。1997年，城北污水处理厂一期工程竣工投运后改为提升泵站。

三、丽华污水处理厂

1984年4—12月，投资83万元建设，工程1988年开工建设改一级物理处理为二级生化处理设施，其工艺主要采用鼓风曝气法，1990年5月竣工，工程投资180万元。1997年、2000年，分别建成二、三期污水处理设施，处理工艺为传统活性污泥法。最终日处理污水能力2万吨，收集处理市东南片约20平方公里的大部分城区生活污水及部分工业废水。2010年，戚墅堰污水处理厂二期工程竣工投运后改为污水提升泵站。

四、西新桥污水处理厂

为中房常州公司开发西新桥二村时配套建设，设计为日处理能力500吨的二级生活污水处理厂。1985年11月至翌年8月，投资105万元建设。污水处理工艺采用射流曝气法，污水经处理后排入大湾浜。1988年12月至1991年4月，投资38万元扩建，日处理能力1000吨。1997年，城北污水处理厂一期工程竣工投运后改为提升泵站。

五、江边污水处理厂

总设计规模为日处理污水80万吨，是全省规划最大的城市污水处理厂。2003年10月，江边污水处理厂一期及排江工程经省发展计划委员会批准建设，设计日处理污水10万吨，主要建设污水处理厂、污水收集系统及尾水排江系统，核定工程概算4.88亿元，建设工期两年半。一期工程投资4.88亿元，日处理污水能力10万吨。2005年10月，投入试运行，同年底竣工投运，采用改良型AAO工艺，日处理污水能力10万吨。2008年6月，以BOT+TOT模式转让给深圳水务集团经营25年。二期工程与提标改造工程2008年至2009年10月建设，日处理污水能力达20万吨，出水水质由国家标准一级B标准提高到最高的一级A标准。2010年，开工建设三期日处

江边污水处理厂（摄于2005年12月）

理污水10万吨工程。

六、城北污水处理厂

厂区工程分3期建设，1995年、1998年、2000年先后开工建设污水处理设施，总投资1.6亿元。主要负责处理市区中北部生活污水及部分工业废水，服务面积5万平方米，服务人口约50万人，日处理污水15万吨。一期工程获得全国市政工程金杯奖，2005年该厂获得“全国十佳城市污水处理厂”称号。2005年4月，该厂以TOT模式转让经营权给深圳水务集团经营20年。2008—2009年，城北污水处理厂实施提标改造项目。

七、戚墅堰污水处理厂

一期工程2003年12月投运，日处理污水能力2.5万吨，投资约1亿元，结束戚墅堰区无污水处理厂的历史，改善了市东部及太湖流域水环境质量。二期工程建设规模日处理能力2.5万吨，结合提标改造工程进行，2008—2009年建设，日收集处理能力达5万吨，经提标改造，出水水质达国家标准一级A标准，服务约25平方公里的10万人。

第二节　排水管网系统

80年代是常州污水处理的起步时期，排水管道由原来单一的雨水排放功能增加了污水输送功能，实行雨水污水分流制。随着污水处理工程的实施，大量新建污水管道，由线及面形成管网，相应建设污水提升泵站，提升污水输送能力。1986年，市区有下水管道225公里。80年代中后期，城市排水按照雨、污分流制的原则进行规模化建设。90年代城市排水开始实施有偿使用办法，污水管道材质由混凝土管为主变为PVC增强型塑料管、铸铁管等相结合的复合型材质，管道施工技术由大开挖变为顶管施工，大口径管道施工全面展开，最大口径达2200毫米。1999年4月，实施市区生活污水截流工程，概算2640万元，包括新建同安、桃园、关河泵站、改建北环泵站及配套管网。1993—2010年，城区建设污水处理管道重点工程11项。2010年末，常州主城区（不含武进城区）有城市道路雨水管道1564.08公里、污水输送管道1585.8公里、污水提升泵站42座、铁路立交排水泵站18座。

一、污水处理一期工程

1993年，常州开始建设市区污水治理一期工程，投资概算2.04亿元，其中利用世界银行贷款1360万美元（折合人民币7616万元）工程包括新建城北污水处理厂，新增日处理污水能力5万吨；扩建清潭、丽华污水处理厂，新增日处理污水能力5000吨；建设牌楼弄—北环路东干线、新闸—北环路西干线、红菱路等配套干支管27公里及提升泵站4座。1997年10月竣工，工程建设质量获建设部市政工程金杯奖。

常新路污水管道　1993—1994年建设，东起西新桥西至新闸煤气厂，管径300～600毫米，全长6830米，中途建有五星桥污水提升泵站。东段（西涵洞桥—西新桥）结合常新路改造同步建设，由市市政公司施工，全线采用明挖法施工，过河管采用钢管，分别采用围墙法和沉管法施工，造价788.47万元。

红菱路（今黄山路）污水管道　1996年建设，南起北环路北至城北污水厂，管径1000～1400毫米，建设管道总长4480米，工程投资939.1万元。三井河采用DN800倒虹过河，主要采用明挖法施工，进厂管及局部采用顶管施工。

关河东路污水管道　1995年铺设，由市排水公司施工，五角场—竹林南路采用管径600毫米混凝土管，建设管道长度为1150米，工程造价264.3万元，接入竹林污水提升泵站。

大湾浜污水管道　1995年建设，南起常新路北至西新桥污水厂（提升泵站），管径1000毫米，全长700米，

全线采用顶管法施工，工程造价201.13万元。

五星桥污水管道 1996年，投资190万元，与道路改造同步建设，市排水公司施工，南起勤业西路，北至五星桥污水提升泵站，敷设DN600倒虹管120米、D1200毫米管400米。

新市路污水管道 1997年建设，市市政管理处施工，东起怀德北路西至芦墅路，管径200～700毫米，全长1050米，采用明挖法施工，工程造价62.8万元。

二、零点行动

1997年12月17日，常州市政府下发《常州市太湖水污染防治“九五”计划和2010年规划》，重点目标是在1999年1月1日零时前实现所有废水污染源达标排放，俗称“零点行动”。1998年，市排水管理处新建成一批污水泵站和污水管网，接纳了酿酒总厂、蝶球印染等重点企业的废水。

第一色织厂至常州第一粮库污水入网工程 1998年5月至1998年10月投资143.52万元建设，常州市排水公司承建，东起第一色织厂，沿青龙港南侧向西排管径DN30钢管至蝶球印染总厂，接纳其废水后管径放大至DN500毫米，经该厂厂区向西进入常州第一粮库，接纳其污水，再由东向西倒虹过青龙港，在青龙港西接入五角场南路污水管道，管线总长1500米，采用倒梯形形状。

丽华路污水管道 1998年3月至1998年10月建设，位于采菱路和采华路污水管道下游，接纳上述两路的污水，北起朝阳桥南逸的朝阳泵站，南至老312国道南堍（今中吴大道），东至原肯特集团门口，总长1510米，市市政工程设计院设计，市排水公司承建，造价334.3万元。

北环路污水管道 1998年8—12月，因原北环路污水管网容量不够，配合“零点行动”工业污水的接入新建，北环路后王村桥至北塘河总长1110米，市排水公司承建，造价246.9万元。

采华路污水管 1998年10—11月建设，接纳市毛条厂印试中心的工业废水，采用大开挖法施工，管道为D500毫米的钢筋混凝土管，全长500米，市政设计院设计，市排水公司承建，造价68万元。

怀德南路污水管道 位于怀德苑泵站—原果品公司，1998年1—3月建设，采用顶管施工法，管径D1000毫米，全长260米，由市排水公司承建，造价59.4万元。

三、污水处理三期工程

2000年10月至2002年底建设，投资概算1.93亿元，扩建城北污水处理厂、清潭污水处理厂和丽华污水处理厂，新增日处理污水能力7.5万吨，建设配套污水管道26公里及提升泵站3座，管网概算投资（第一部分费用）5736.23万元。

江边污水处理厂管网 2003年10月，管网工程概算投资1.61亿元，管道工程包括青洋路—长江路支干线系统、龙江路干线系统、老城区管网完善3个系统，扩建DN300～2000毫米污水管188公里，新建DN2000尾水管3公里。进水管工程。在江边污水厂进水泵房南建设环形进水系统、龙江路—长江路连通D2000毫米污水重力管，及通江路至长江路D1100毫米污水重力管，全长280米D2000毫米钢筋混凝土管由市政工程公司施工。青洋路—长江路支干线及收集管网系统。建设青洋路(312国道—黄河路)、黄河路（青洋路—长江路）、长江路（黄河路—江边污水处理厂）和采菱路、凤凰路、312国道支干管，及河海西路、汉江路、新六路、创业西路、新龙路等次干管。龙江路干线及收集系统。实施龙江路（凌家塘—兴港路）、兴港路（龙江路—长江路）主干管，城北干道、勤花路、勤业南路、星港路、钟楼开发区等支干管，2003年建设钟楼开发区主要污水管。江边厂尾水管工程南起江边污水厂，北至长江边排江泵站，采用明挖法施工、顶管施工，总长3710米，由市市政建设工程公司施工，造价2492.8万元。二期及排江口工程2007年3月获准建设，概算投资4.61亿元，规模为日处理污水10万吨，主要扩建污水处理厂、建设污水收集系统及排江口，建设期两年半，其中污水收集系统工程概算投资1.97亿元。管道工程含5个收集系统，包括扩建青洋路—长江路支干线和龙江路、龙江路、兴港路北干线系统，完善老城区管网系统，敷设DN300-1650污水管184公里。

戚墅堰污水处理厂 一期工程2002—2004年建设，规模为日处理污水能力2.5万吨，新建泵站两座，建设管网D200～1200毫米全长25.35公里，包括运河北部、南部两个收集系统，其中主干管长11.95公里，D200～500毫米分流制改造管长11公里，核准总概算1.01亿元，其中污水收集管网投资4902万元，工程建设期两年半。

2008年1月扩建，扩建后总处理规模5万吨，新建泵站6座，建设管网总长29.02公里，总概算1.12亿元。另配套工程有常青路干管系统，东方大道污水通过D1200毫米管在东方大道与常青路交叉口沿常青路向南约350米进入常青路泵站，再通过D800毫米的球墨铸铁管820米进入五一路污水管道收集系统，总造价789.9万元，总长6000余米。五一路干管系统，五一路污水干管主要转输常青路泵站的污水，收集道路两侧污水，管径1200毫米，总长2727.5米，与五一路同时建设，江苏伟业工程公司负责施工，造价328.22万元。丽华、雕庄泵站收集系统，2008年实施中吴大道污水管道工程，丽华污水泵站至雕庄污水泵站，雕庄污水泵站输送管工程由雕庄污水泵站至戚墅堰圩墩路组成，总长6340米，溧阳建筑安装公司承建，造价1675.4万元。戚墅堰污水厂再生水（中水）利用一期工程，扬中建筑安装公司施工，工程造价768.9万元。

城北污水处理厂管网系统 主要采用顶管法施工，部分管线采用明挖法施工。市市政公司、常州先达路桥公司承建常焦路、外环路污水管道，常林桥、国光桥等过河管采用围堰用沉管法。

清潭污水处理厂管网系统 包括怀德南路（D1000毫米）、荆川东路（D800毫米）、西环路（D1000毫米）、劳动西路（D1000毫米）等7根污水管道，总长8407米。

丽华污水处理厂管网系统 造价129万元，包括小王家村至丽华厂进水管。其中光华路污水管道为小王家村泵站至丽华路，管径400～500毫米，全长850米，由市排水公司采用明挖法施工。

四、泵　　站

泵站分污水中途提升泵站、立交排水泵站两类。1986年，常州市区有铁路立交排水泵站5座，是铁路立交地道的配套工程，为保证地道的排水而建设。

污水中途提升泵站 1986年市区有污水提升泵站两座，至2010年市区有污水提升泵站42座，各泵站一般安装电动葫芦1台。

北环泵站 位于飞龙东路168号原北环污水处理厂内。1996年兴建，排水公司工程部建设，1999年12月原址扩建，武进市建设工程总公司第十分公司施工，投资200万元，安装30千瓦、35千瓦潜水泵各2台，每小时提升能力1600吨，设计日排污水5万吨。主要收集北环新村、翠竹新村、飞龙东路、县北新村、新堂北路的生活污水，转输永宁泵站、横荡浜泵站提升的污水。

常柴桥泵站 位于龙城大道常柴桥旁，2002年为解决外环路两侧及新区大道两侧的污水出路兴建，常建发展公司施工，投资213万元，占地7500平方米，安装37千瓦潜水泵5台，提升能力每小时6000吨，主要收集龙城大道两侧、常焦路、竹林路的污水，转输关河泵站、朝阳泵站、横荡浜东泵站、横荡浜西泵站、翠竹内河泵站及张家浜泵站提升的污水。

多棱泵站 位于长江路以东，外环路以北，可向城北污水系统或江边污水系统输送污水。2002年1月至2003年5月，投资170万元建设，武进建设工程总公司施工，占地4400平方米，安装45千瓦潜水泵3台，每小时提升能力2940吨。2010年初扩建，新增37千瓦潜水泵2台，主要收集长江路两侧及河海路以南、外环路以北、龙江路以东、秦岭路以西的污水，转输三堡街泵站、西涵洞泵站提升的污水，解决外环路两侧及新区大道两侧的污水出路。

黄河泵站　位于青洋路与河海东路交汇处西南侧，可向城北污水系统或江边污水系统输送污水。2004年投资143万元建设，常建发展公司施工。安装37千瓦潜水泵2台，提升能力每小时1600吨；安装75千瓦潜水泵2台，两用两备单泵提升能力每小时1750吨。主要收集青洋路两侧企业的生活污水和工业废水(有黑牡丹等企业)，转输青龙泵站和龙澄污水处理厂提升的污水。2010年初，由常州市金峰市政公司实施能力提升工程，增加75千瓦潜水泵2台，提升能力每小时2880吨。

城中泵站　位于青果巷与晋陵中路交汇处东南侧。1998年建设，武进市建设工程总公司第十分公司施工，投资250万元，占地468.5平方米，安装28千瓦潜水泵2台，单泵提升能力每小时600吨。2009年，增加30千瓦潜水泵1台，单泵提升能力每小时700吨。收集西到早科坊、东到城中路、南到吊桥路、北到延陵路的污水，转输同安泵站、琢初桥泵站提升的污水。

惠家塘泵站　位于长江路、漏湖路交汇处东北侧，是与江边污水厂同步建设的管网收集系统。2004年投资422万元建设，省建工工程公司施工，占地9469平方米，安装90千瓦潜水泵3台，提升能力每小时6600吨。2009年下半年市金峰市政公司扩建，增加90千瓦变频泵1台，2010年5月竣工。收集东到华山路、西到龙江路、南到汉江路、北到漏湖路及民营园工业区的污水，转输黄河、多棱、大坝头泵站提升的污水。

王家塘泵站　位于龙江路以东、沪宁高速以北，是与江边污水厂同步建设的管网收集系统工程。2004年投资424万元建设，安装37千瓦潜水泵3台，提升能力每小时3000吨。2009年12月，实施提升改造，增加2台潜水泵，功率为90千瓦。收集龙江路两侧部分路段的污水，转输平岗、中巷、新昌路泵站提升的污水。

新龙泵站　位于长江路以东、新一路以北，是与江边污水厂同步建设的管网收集系统工程。2004年5月至2005年4月，投资422万元建设，省建工工程公司施工，占地9190平方米，安装110千瓦潜水泵3台，提升能力每小时6900吨。2009年下半年因入站水量逐年增多，市金峰市政公司扩建，增加110千瓦潜水泵1台。主要收集新三路(龙江路—通江路段)、新四路(长江路—通江路段)及长江路部分路段的污水，转输惠家塘、电子园、新桥泵站提升的污水。

常州电子产业园泵站　位于通江路、新三路交汇处东南侧，是常州电子科技园配套设施。2000年7月至2002年12月建设，占地4999平方米，一期规模5000吨/日，安装37千瓦潜水泵2台，提升能力每小时600吨。2007年11月至2008年8月投资486万元建设二期工程，一期工程停运，安装55千瓦潜水泵3台，提升能力每小时2700吨，主要收集常州电子科技园的污水。

常青路泵站　位于东方大道，隶属戚墅堰污水系统，市市政公司施工，投资440万元，占地2056平方米，2007年6月至2008年6月建设，安装11千瓦潜水泵3台、电动行车1台，提升能力每小时780吨。收集东方大道两侧的污水。

城北尾水泵站　位于城北污水处理厂内澡港河旁，为改善市“三河三园”水环境、科学合理利用河道水环境容量、城北厂尾水改道白荡浜河而建。2009年5月至2010年3月投资4545.95万元建设，市给水工程公司施工，安装15千瓦潜水泵5台，提升能力每小时7000吨。

其他泵站　1984—2010年建成投资额400万元以下的其他泵站15座，总投资3129.2万元(不含勤花泵站)，装配排污泵48台(套)，总排污能力每小时7.16万吨。

立交排水泵站　常州的立交排水泵站都是为铁路立交地道工程建设的配套工程，至2010年有铁路立交排水泵站18座(主要铁路立交地道泵站参见第六卷“城乡建设和管理”第二章“市政工程”第四节“广场地道”)。奔牛立交地道泵站位于奔牛立交地道西南，1989年10月至1991年5月建成，投资405万元，占地

500平方米，泵房建筑面积150平方米，内设混凝土集水井1座，配置供电系统1套、30千瓦旱式排污泵2台、电动葫芦2台等设备，泵站设计排量每小时1200吨，地道雨水经泵站排入大运河，2002年划归市排水管理处运行管理。1998—2006年，实现泵站全自动化运行和管理。

第三节 城区截污排水工程

一、清水工程

2006年初，市委、市政府决定实施清水工程，用3年时间对市区主要河道实行水利治理、建设截污、环保控污等方面的综合治理，市建设局负责实施污水截流工程。2006年4月，《常州市水环境综合整治污水截流工程》获市发展和改革委批准。至2010年，主要建设后塘河、十字河、翠竹新村内河、横塘浜西支、叶家浜、双桥浜、白荡浜、三井河、西涵洞河与毛龙河、新塘浜、张家浜、陈储河、龙游河、三宝浜14条河道污水截流工程，采用沿河两侧或单侧敷截流管、渠及配套泵站，截取污水进入污水处理厂处理。

横塘浜污水截流工程 飞龙东路后黄村桥—龙城大道，总造价1864万元，截流污水由东至西经新建横塘浜提升泵站收集后输送进龙城大道污水管，分3段施工，全长1585米。

后塘河污水截流工程 五星街道新丰村委—童子河，总造价2500万元。工程分2个试验段、6个标段：试验段一、二段分别由南京给排水公司、常州给水公司承建，分别铺设D630毫米钢管102米和B1500宽钢筋混凝土渠道、D800毫米钢管225米，工程造价约331万元。一至六标段铺设截污、排污管长5280米。

十字河污水截流工程 总造价约750万元，由3座泵站、4个标段组成：后塘河与十字河交汇处至星园桥南侧段沿途收集污水后，经十字河南泵站提升进入勤花泵站，再经勤花泵站提升后，进入清潭污水处理厂。D400～600毫米污水收集管约900米；洪庄河至十字河南泵站段铺设D200～600毫米管约450米；十字河西泵站主要收集洪庄河西段污水，经泵站提升后进入龙江路污水管网，铺设管线约600米；十字河北泵站北起三堡街南至莱茵花园，收集污水后由该泵站提升后排入勤业路污水管网，铺设D300毫米管约300米。

翠竹内河污水截流工程 自北塘河向南—翠竹新村寿星宫，沿河截流污水汇集至翠竹大道中心桥东南，由新建翠竹内河污水提升泵站输送进龙城大道污水总管。总造价约600万元，总长1572米，铺设B1000混凝土渠道632米、D225～530毫米管道940米。

关河污水截流工程 由市金峰市政公司施工，工程总造价371万元，分3段实施，设井式泵3座。关河公交回车场污水截流泵站位于天宁区交巡警大队西侧公交回车场内，埋设D800毫米顶管87米、进水收集管DN600管23米、出水压力管约430米；关河新丰东桥污水截流井式泵位于新民里社区新丰东桥桥头东侧，污水收集进水管自关河南岸阜康酒店至新丰东桥桥头东侧总长510米，出水压力管D150毫米管65米；关河八角井污水截流井式泵位于八角井菜场西侧，自关河南岸健身桥桥头东端至八角井菜场西侧，埋设污水收集进水管320米、出水压力管96米。

城北污水处理厂尾水东排工程 城北污水处理厂—北塘河，分4个标段：一标城北厂至黄河东路、二标黄河东路至北塘河、三标和四标随黄河东路建设。工程造价2045万元，铺设DN1600管3697米、D1620毫米管1398米。

其他工程项目 2006—2010年，常州主城区清水工程还实施叶家浜、双桥浜、横塘浜等15条支流、道路的污水截流工程，对改善市区的水环境质量发挥了重要作用。

2006—2010年常州市主城区清水工程其他污水截流工程项目一览表

表7-2-1

工程名称	位置、线路	工 程 概 况	管道长度(米)	造价(万元)
叶家浜污水截流工程	自荆川公园至南运河闸	沿途污水收集后经新建叶家浜泵站提升后输送入市政总管	707	385
双桥浜污水截流工程	晋陵中路与北塘河交会处	新建泵站1座，沿岸污水收集后经新建双桥浜泵站提升后输送至建材路市政污水总管	690	300
横塘浜东支污水截流工程	在翠竹公园西、虹景花园新村东	新建泵站1座，把横塘浜东支雨污合流排放的污水收集后，提升输送过龙城大道，经污水总管送至污水处理厂	196	600
白荡浜泵站出水管工程	白荡浜江南豪华别墅东侧	与泵站同年竣工。建泵站1座，收集永红街道东方村雨污合流污水，经泵站提升后输送至迎宾路污水管道	200	—
毛龙河东段污水截流工程	位于五星街道工业路北	新建污水提升泵站1座，截流毛龙河东段沿岸两侧两端污水，经新建提升泵站提升后输送至龙江路污水总管	500	395
西涵洞河东段污水截流工程	运河路北、西涵洞河东段	污水收集后由新建西涵洞河泵站提升输送至长江路污水管网	1500	427
会馆浜污水截流工程	怀德南路至木梳路段	新建泵站1座，污水收集后经新建会馆浜泵站提升，输送至怀德路污水管网	500	212
双沟浜污水截流工程	荆川东路以南至双沟桥	新建泵站1座，主要收集该河段内两侧排放的污水，经双沟浜泵站提升后，输送至荆川东路市政污水总管	300	138
白家浜污水截流工程	长江路东侧	主要收集清潭新村部分雨污合流水源，由泵站向西输送至长江路污水总管	350	236
三宝浜截流工程	中吴大道以北，西至三宝浜泵站	新建泵站1座，污水经由三宝浜泵站提升后输送至红梅南路污水总管	700	764
龙游河南截流工程	在龙游河南段、丽华中学至中吴大道间	新建泵站1座，污水由龙游河南截流泵站提升后，输送至中吴大道市政总管	440	331
龙游河北污水截流工程	自采菱路至茶山街道南龙游河北段	新建泵站1座，沿河两岸污水收集后，经龙游河北提升泵站提升后输送至龙游路污水总管	1350	377
21米河泵站及管道工程	在茶山街道勤丰村	新建污水提升泵站1座，主要收集21米河内两岸污水，经21米河泵站提升后把污水输送至中吴大道污水总管	640	250
刘塘浜污水截流工程	西起龙游河，东至采菱港	新建泵站1座，污水经提升后输送入采菱路污水总管	1490	480
凤凰河污水截流工程	新闸街道西、运河路北	凤凰河南段新建污水提升泵站1座，污水经污水泵站提升后输送至新闸新昌路总管	330	317
中吴大道污水截流工程	自青洋路至红梅南路	在丽华污水厂内新建泵站1座	3597	—

二、老城区排水设施改造

老小区雨污水分流改造工程 2000年起，市政府组织对城区老小区分批实施雨污分流专项整治，到2010年基本完成，解决了老小区排水难的问题。2000年，完成桃园新村、勤业二村和勤业三村的雨污分流专项整治，总面积28.98万平方米、住宅楼116幢，敷设D200～400毫米管9.28公里，受益人口1.49万人。2002年，完成清潭六村北的雨污分流专项整治，总面积1.73万平方米、住宅楼7幢，敷设D200～300毫米管0.64公里，受益人口0.11万人。2003年，完成工人新村东、清凉一村、机械一村和机械二村的雨污分流专项整治，总面积53.43万平方米的住宅楼258幢，敷设D200～400毫米管20.64公里，受益人口3.29万人。2004年，完成站北新村、勤俭村、朝阳二村、浦北新村、工人新村西、常宁公寓、龙船浜新村、会馆浜小区、许家巷、广成路小区、清潭六村等18个老小区的雨污分流专项整治，总面积119.62万平方米、住宅楼414幢，敷设D200～500毫米管33.12公里，受益人口5.27万人。2005年，完成浦南新村、北直街小区、丽宝第花苑、坛园、丽丰苑、东头村、吴家场等12个老小区的雨污分流专项整治，总面积45.96万平方米、住宅楼186幢，敷设D200～400毫米管16.74公里，受益人口2.37万人。

2006年，完成大观路宿舍、杨柳巷、圩墩新村和梅港小区等4个老小区的雨污分流专项整治，总面积19.98万平方米、住宅楼80幢，敷设D200～400毫米管7.2公里，受益人口1.03万人。2007年，完成建材新村、故园里小区、故园宿舍、西上园、三堡街南楼、雪洞巷小区和兴隆巷等7个老小区的雨污分流专项整治，总面积20.98万平方米、住宅楼84幢，敷设D200～300毫米管7.56公里，受益人口1.08万人。2008年，完成锦绣花园、劳动东路(19、27号)、清凉东路(郊政宿舍)、茭蒲巷、普济街小区、勤业新村(175～177幢)、戚大街北侧、红梅东村(补建)等15个老小区的雨污分流专项整治，总面积41.46万平方米、住宅楼166幢，敷设D200～500毫米管15.13公里，受益人口2.14万人。2009年，完成林园新村、电子新村、客车厂宿舍、戚区工房北区、清凉新村(161～162幢、158-3～158-8幢)、锦绣南苑、清潭西村1～13幢和林机厂宿舍等20个老小区的雨污分流整治，总面积67.44万平方米、住宅楼271幢，敷设D200～600毫米管24.39公里，受益人口3.47万人。2010年，完成劳动新村北、清潭85-1号、劳动西路47-1号、2号，新华苑、机厂街小区、东沿河

2001—2010年常州市老小区整治情况表

表7-2-2

年份	小区个数	整治面积(万平方米)	楼房幢数	管道长度(公里)	管道通径(毫米)	受益人口(万人)
2001	3	28.98	116	9.28	200～400	1.49
2002	1	1.73	7	0.64	200～300	0.11
2003	4	53.43	258	20.64	200～400	3.29
2004	18	119.62	414	33.12	200～500	5.27
2005	12	45.96	186	16.74	200～400	2.37
2006	4	19.98	80	7.20	200～400	1.03
2007	7	20.98	84	7.56	200～300	1.08
2008	15	41.46	166	15.13	200～500	2.14
2009	20	67.44	271	24.39	200～600	3.47
2010	54	49.95	202	21.21	200～400	2.57
累计	138	449.53	1784	155.91	—	22.82

19～21号、东升路(1～4号、36～37号)、戚大街(165号、169号)、延陵东路133-1号、2号、东横街(5号、7号)等54个老小区的雨污分流专项整治，总面积49.95万平方米、住宅楼202幢，敷设D200～400毫米管道21.21公里，受益人口2.57万人。

老城区污水管网完善工程 建设兰陵路、西瀛里、邮电路、武青路、小东门路等污水管道。其中武青路污水管，管径D300～500毫米，全长1267米。武青北路和小东门路污水管、凤凰路污水管、邮电路污水管、西瀛里污水管与兰陵路污水管，管径分别为300～500毫米、400～500毫米、600～1000毫米、500～600毫米和管径400～1000毫米，分别长594米、832米、630米、1137米和2254米，工程均由市市政公司采用明挖法施工，工程总造价351万元。2008年起，实施老城区收集管网完善工程，主要是完善升级老城区管网。2008年，建设红梅路、县学街、健身北路及其延伸段、吊桥路、万福路、北环路等收集支管，总长6155米，总投资279.3万元。

第四节　污水污泥处理

常州市区的污水处理工作起步于80年代。1986年，市区建有清潭、丽华、西新桥、北环等4座城市污水处理厂，总处理能力每日1.85万吨。1990—1999年，常州建成污水治理一期工程、城北污水处理厂扩建工程，日处理污水能力12.5万吨。2000年，市污水治理三期工程开工建设，主要续建清潭污水处理厂、丽华污水处理厂、城北污水处理厂，日处理能力分别达3万、2万和15万吨。2004年1月，市新建投产戚墅堰污水处理厂，一期日处理能力2.5万吨，解决了戚墅堰区及附近区域的水污染问题，改善市区东部及太湖流域水环境质量。

一、污水处理

水　质　80年代，国家对污水处理厂出水排放的水质要求较低，对出水氮磷含量无要求，污水厂一般采用传统的活性污泥法处理。清潭污水处理厂采用表面曝气活性污泥法，西新桥污水处理厂采用传统活性污泥法，北环污水处理厂采用一级物理处理，丽华污水处理厂采用一级生化处理。1990—1999年，污水治理一期工程、城北污水处理厂扩建工程的污水处理方式均采用传统活性污泥法，大幅度去除污水中呈胶体态和溶解态的有机污染物，使经处理的污水达到排放标准。1998年后，国家对污水处理排放的水质要求逐步提高，污水厂排放标准增加脱氮除磷要求。1990—2000年，清潭污水处理厂处理工艺改为具有脱氮除磷功能的AAO工艺，服务面积约20平方公里，服务人口约25万人，服务区域包括清潭、花园、勤业、白云、怀德苑等居民新村及小区，接纳部分企业的工业废水。2005年10月，采用改良型AAO工艺(米UCT工艺)，具有处理效果稳定、运行控制灵活、设备量小、运行费用低、除磷和脱氮等优点。

2008年，城北、江边、戚墅堰和清潭等4座城市污水处理厂全面启动提标改造项目，将污水处理厂出水水质标准由国家一级B标准提高到行业最高标准一级A标准，处理工艺在原AAO工艺和改良型AAO工艺的基础上增加了三级处理工艺，处理工艺为微絮凝过滤(V型滤池)，增加化学除磷提高总磷的处理效果，出水增加消毒工艺(消毒工艺采用臭氧、二氧化氯、紫外消毒工艺)，保证出水稳定达一级A标准。清潭污水处理厂提标改造启动，出水水质标准由国家《城镇污水处理厂污染物排放标准》GB18918—2002一级B标准提高到行业最高标准——一级A标准，采用与城北污水处理厂等相同的处理工艺，保证出水稳定达一级A标准。城北污水处理厂同年一期工程处理工艺为传统鼓风曝气活性污泥法，二、三期处理工艺为AAO法。2009—2010年，市区污水处理厂完成提标改造，出水水质均达到或优于行业最高标准——一级A。2010年，主城区4座城市污水处理厂日处理污水能力52.5万吨，日均实际处理污水41.5万吨，生活污水处理率达88.98%，基本达到中等发达国家污水处理水平。

处 理 量　1986 年，市区污水处理总量 435.7 万吨。2000 年达 3431.9 万吨。2010 年达 1.3 亿吨，为 1986 年处理总量的 29.83 倍。

1986—2010 年常州市主城区污水处理总量统计表

表 7-2-3　　单位：万吨

年份	处理污水总量	年份	处理污水总量	年份	处理污水总量	年份	处理污水总量
1986	435.70	1993	727.00	2000	3431.90	2007	9790.70
1987	521.80	1994	814.80	2001	3753.00	2008	10397.07
1988	534.30	1995	782.40	2002	5203.90	2009	11096.93
1989	584.50	1996	862.60	2003	6050.40	2010	12998.06
1990	585.90	1997	1156.10	2004	6767.10	累计	97272.36
1991	645.00	1998	2342.40	2005	6008.90		
1992	700.00	1999	3397.70	2006	7684.20		

二、污泥处置

1986—1989 年，污水处理厂处理的污水均为纯生活污水，污泥未经机械脱水直接用于周边农田农用，部分用于城市绿化。后来随着常州的污水处理厂开始接纳部分工业废水，污泥中存在病原菌扩散和重金属污染的危险，不适宜直接农用或用于城市绿化。1990—2005 年，市污泥处置方式主要为简易填埋：把污泥简易填埋到城市洼地、废坑、高速公路建设周边的取土坑、砖瓦厂的土坑。2003—2005 年，常州成功研发利用热电厂循环流化床锅炉焚烧城市污水处理厂脱水污泥技术，率先在全国实现规模化应用，彻底解决污泥处置的行业难题。自 2005 年 10 月起，市区 5 座城市污水处理厂产生的脱水污泥，通过常州广源热电公司循环流化床锅炉进行全量焚烧。到 2010 年年底，市焚烧脱水污泥 65.77 万吨，日焚烧最大量达 570 吨，焚烧排放的氮氧化物、硫化物及铅、镉、汞等指标，均优于生活垃圾焚烧污染控制标准限值，灰渣用于制砖，所含重金属基本固化，消除了二次污染。2008 年，建设部、国家环保总局与省建设厅先后在北京、常州召开会议推广常州经验。

三、再生水利用项目

2009 年，市排水管理处实施城市再生水利用技术研究与规模化应用示范项目，主要研究城市污水再生利用于循环冷却水系统、景观用水的可行性，被省科技厅列为科技惠民工程。

2005—2010 年常州市污泥焚烧总量统计表

表 7-2-4

年份	日焚烧规模（吨）	全年焚烧总量（万吨）	日最大焚烧量（吨）	年份	日焚烧规模（吨）	全年焚烧总量（万吨）	日最大焚烧量（吨）
2005	200	1.10	200	2008	400	11.10	452
2006	200	6.64	262	2009	400	8.03	377
2007	400	7.44	404	2010	400	9.37	408

第五节 排水管理

80年代，常州开始对纳入城市污水处理管网统一处理的企事业单位污水试行有偿使用，要求工业污水先在厂内预处理，达排放标准后排入城市污水管网。1986年，市区处理污水总量435.7万吨。1987年，市五毛纺织厂、曙光化工厂、酿酒总厂等9家单位的污水纳入城市污水厂处理。80年代中期，市城建委同市计委、经委、环保局发文，对企事业单位污水申请纳入城市污水网处理的试行有偿使用办法。1991年9月，市政府出台《常州市城市排水设施有偿使用暂行规定》，实施城市排水设施有偿使用，开始征收城市排水设施有偿使用费。1993年5月，市政府印发《常州市城市排水管理办法》，明确向城区和郊区的下水管网、河道、湖泊、沟塘直接或间接排放废水的国营、集体、私营和个体工商企业、事业单位，均按1991年市政府《常州市城市排水设施有偿使用暂行规定》，向市排水管理处缴纳城市排水设施使用费。1993年，市城市排水监测站成立，隶属于市排水管理处。1998年6月，市物价局批准对工商企业收取的排水设施有偿使用费暂并入污水处理费，取消排水设施有偿使用费，至此全市开征城市污水处理费，在使用城市自来水时一并收取。2005年，市排水监测站通过国家实验认可和计量认证复评审，为省排水行业内首家，监测项目扩展到52项，检测领域由城市污水扩展到地表水、污泥。

1999年、2000年、2001年、2002年、2010年先后调整污水处理费征收标准。至2010年底，全市累计征收城市污水处理费13.69亿元。

1992—2010年常州污水处理费征收标准和总金额统计表

表7-2-5

征收年份	类别	标准（元/吨）	总金额（万元）
1992	未分类	0.10	420.50
1993	未分类	0.10	631.28
1994	未分类	0.10	680.93
1995	未分类	0.10	782.64
1996	未分类	0.10	763.12
1997	未分类	0.10	932.05
1998.01—05	未分类	0.10	—
1998.06—12	居民	0.20	1563.04
	接管企业	0.30	
	未接管企业	0.12	
1999	居民	0.20	2671.89
	工商	0.25	
	自行处理达标	0.12	
2000	居民	0.35	3359.42
	工商	0.40	
	自行处理达标	0.12	
2001	居民	0.55	4845.31
	工业	0.50	
	商业	0.60	
	自行处理达标	0.12	
2002.01—03	居民	0.55	8286.24
	工业	0.50	
	商业	0.60	
	自行处理达标	0.12	
2002.04—12	未分类	1.15	—
2003	未分类	1.15	11014.77
2004	未分类	1.15	12350.13

续表 7-2-5

征收年份	类 别	标准(元/吨)	总金额(万元)
2005	未分类	1.15	12566.56
2006	未分类	1.15	12764.67
2007	未分类	1.15	14347.89
2008	未分类	1.15	14926.35
2009	未分类	1.15	14611.05
2010	居民生活用水	1.15	19402.26
	一般工业用水	1.35	
	商业用水	1.35	
	六大重污染行业	2.00	
	管网到达区域有污水处理设施达标排放且未接管	0.575	
	管网未到达区域有污水处理设施达标排放	0.12	

第三章　供电

常州供电局坚持既抓企业改革，又抓电网发展，组织煤、油加工电，扩大电力供应，加强计划用电管理，搞好负荷预测、总量平衡，采取措施，削峰填谷，提高负荷率，为全市提供优质高效服务。强化计划用电管理，确保电力有效供给，满足常州经济快速健康持续发展的用电需求。

第一节　电网建设

1988—1990 年，常州市电力基本建设投资 1.5 亿元；1991—1995 年，全市电力基本建设投资 4.18 亿元。90 年代初，武进县供电局加快电网建设、改造和完善，提高供电可靠性和电能质量；1994 年 7 月 4 日，通过电力部和省政府、电力局验收，成为常州第一个农村电气化县。1996—2000 年，常州电网完成电力基本建设投入 14.25 亿元。2000 年，全市加强 500 千伏超高压网架结构。2005 年，常州新增变电容量 127 万千伏安；500 千伏晋陵变电站项目进入电气安装阶段；新建 220 千伏线路 2 公里、110 千伏线路 156 公里。2008 年，常州所有辖县均创建成电气化县（市）。

一、电力建设机构

1992 年 10 月 8 日，常州供电局组建的集体所有制企业常州市常电实业总公司开业，下属 8 家非独立核算企业，从事 110 千伏及以下输变电工程的设计施工、小发电工程建设、电网自动化及通信工程等业务。国家电力公司电网建设分公司常州工程建设部（简称“常州工程建设部”）是国家电力公司派出机构，主要承担三峡输变电工程及全国大区联网在华东地区的工程建设项目的现场管理。2003 年 3 月，常州供电公司成立带电作业中心，作业范围从公司本部拓展到武进、金坛、溧阳 3 家供电公司。

二、投资建设规模

1986—1990 年，多方集资办电，筹集电网建设资金近 1 亿元。其中地方投资 1835 万元，初步改变电网结构薄弱、供电能力差、供电质量低、设备过负荷“卡脖子”等状况。全市建成投运 220 千伏变电所 2 座、110 千伏变电所 9 座，扩建改造 110 千伏及以上变电所 5 座，增加变电容量 83.47 万千伏安，新增 10 千伏及以上输配电线路 946.3 公里，增大市区供电容量，缓解溧阳地区供电能力不足的状况。1989 年，全市 110 千伏容载比由1986年的1.799上升到2.034，供电可靠性和供电质量明显提高。1991—1995年，新增主变压器容量116.28万千伏安。1991年，供电局重点抓住利港电厂和戚电厂配套工程，在建220千伏等变电所8座。1992年，全市建成投运500千伏繁斗线常州段41公里，在建35千伏及其以上输变电工程9项。1993年，完成220千伏东岱变二期扩建工程和220千伏溧阳变三期扩建工程。1994年，建成输电线路32.45公里。1995年，常州供电局出版《常州市2010年电网发展规划》，500千伏瓶斗线基本建成；年末拥有35千伏及其以上变电所73座，主变压器124台，容量336万千伏安，35千伏及其以上输电线路1971公里，10千伏配电线路4704公里。

1997—1999年，全市新增主变容量148.14万千伏安。1997年，全市新增输电线路45公里，220千伏旧县变开工建设。1998年，建成投运500千伏变电所1座，建成投运500千伏配套220千伏改造工程，满足500千伏武南变电力送出的需要，使常州地区220千伏网架形成双环网。2000年12月至2002年5月，建成144.5公里的500千伏武瓶线工程，杆塔330基。2000年12月至2002年7月，建成500千伏武繁线工程，全线长259.6公里，杆塔608基。2001年12月至2002年9月带电施工，建成500千伏武政线工程，全线长6.2公里，杆塔18基。2000年12月至2002年11月，建成500千伏龙政直流线路(华东段)工程，参与建设500千伏政平换流站、500千伏政宜线等工程。

2001—2005年，全市投运主变容量741.33万千伏安。2001年，常州完成500千伏武南变电所4号主变压器扩建，常州地区500千伏电网受电的能力增强，220千伏沙溧线等输变电工程竣工投运。5月11—12日，全市220千伏网架实现双环网结构。2002年，三峡输变电工程建设项目相继投运。常州供电公司建成投运500千伏武南变电所4号主变压器，扩建政平1、政平2等4个出线间隔与220千伏的遥观输变电工程、常州变电所改造工程和南宜线改造工程，武南变电所220千伏2号主变压器扩建工程与110千伏的武进工业园输变电等工程。年末，常州供电公司有65座变电所实现无人值班，建成投运500千伏变电容量175万千伏安、500千伏线路1006.7公里。2003年，全市新增主变容量万千伏安、输电线路352.96公里。2004年，加快电网建设，新增主变容量万千伏安，投运输电线路280.17公里，其中500千伏线路、47.47公里，220千伏线路5条、48.3公里，110千伏线路23条、167.7公里，35千伏线路11条64.17公里。投产220千伏主变3台、110千伏主变14台、35千伏主变3台，新增总容量106.4万千伏安，220千伏茶亭变电所等新建扩建工程和城网改造工程竣工投运。2005年，新增输电线路78.13公里。年末公司拥有35千伏及以上变电所119座，其中500千伏变电所1座、220千伏变电所17座、110千伏变电所68座、35千伏变电所33座。主变总容量11199兆伏安，拥有35千伏及以上输电线路292条3321.12公里。

2006—2010年，常州供电公司加快电网建设，电网结构得到有效改善，供电能力和供电质量明显提高。2006年，全市新增主变电容量435万千伏安、线路815.6公里，建成重点项目500千伏晋陵输变电工程，高水平通过华东电网公司达标投产验收，建成投运110千伏电气化铁路新闸牵引站和方麓、马杭、白荡等6个220千伏输变电工程及其他电网项目28个。2007年，投运35千伏及以上线路277公里，变电容量86.05万千伏安。至年底，常州供电公司拥有35千伏及以上变电所140座，主变总容量1653.05万千伏安，35千伏及以上输电线路3895公里，10千伏线路9309公里。年内，基本完成常州、武进供电业务一体化，实现常武一体化的无缝交接、平稳过渡。2008年，投运35千伏及以上线路674.39公里、变电容量259.93万千伏安。2009年，全市投运35千伏及以上线路350.9千米、变电容量225.5万千伏安；投运110千伏及以上变电所13个，沪宁城际铁路配套供电工程、500千伏金坛输变电工程等重点项目进展顺利，下墅开关站、永丰变电站、茅山(殷庄)变电站、淦西变电站4个220千伏输变电项目被国家电网公司评为优质工程。年末，全市有35千伏及以上变电所168座，主变总容量2436.26万千伏安，有35千伏及以上输电线路4745千米、配电线路10902千米。2010年，常州供电公司新建、扩建输变电工程33项，沪宁城际铁路配套供电工程在省内率先投运，京沪高速铁路、宁杭城际铁路配套供电工程具备送电条件，建成500千伏茅山变电站升压工程和500千伏武南变电站主变压器扩建工程。

1991—2010年常州市电网建设投资和新扩建变电所统计表

表7-3-1

年份	投资额(亿元)	新建扩建220千伏变电所(座)	新建扩建110千伏变电所(座)	新建扩建35千伏变电所(座)	年份	投资额(亿元)	新建扩建220千伏变电所(座)	新建扩建110千伏变电所(座)	新建扩建35千伏变电所(座)
1991	0.33	4	6	4	2001	5.25	4	4	—
1992	0.38	3	7	4	2002	5.55	4	4	—
1993	0.92	2	3	—	2003	10.43	1	3	—
1994	1.25	1	4	—	2004	9.59	1	3	—
1995	1.36	1	1	—	2005	10.91	3	11	—
1996	1.61	—	—	—	2006	10.49	—	—	—
1997	3.20	1	3	—	2007	11.86	—	—	—
1998	1.70	1	2	—	2008	19.57	—	—	—
1999	3.89	2	1	—	2009	18.98	—	—	—
2000	7.63	3	4	—	2010	14.59	—	6	—

三、电力技术进步

1988年7月16日，JCD-500A(Ⅰ、Ⅱ、Ⅲ)型带电作业屏蔽服通过省电力局的技术鉴定。屏蔽服使用国产原材料和常州工艺装备制成，1989年被省评为电力系统科技进步二等奖。1990年10月，常州供电局投资40余万元，与能源部南京自动化研究所在DCX-5微机远动系统基础上研制成功电力调度微机实时监控系统，具备实时监控和打印电网潮流分布图、负荷曲线图、电网功率总加及全市供电系统总功率总加、全市实时负荷曲线与计划曲线等13项主要功能和6项辅助功能。1995年，全局投放科研开发资金52.7万元，完成在线监测主变铁芯接地等科技项目8个，推广红外测温等新技术7项。常州市电力负荷管理系统始建于1992年，后为市级控制中心，装有637台双向终端，监控负荷达地区负荷的70%，可控负荷达地区最高负荷15%，实现35千伏线路不拉电、10千伏线路基本不拉电的目标。1998年3月30日，通过省计经委、电力局组织的实用化考核验收。

2002年，常州供电公司完成《110千伏无人值班变电运行管理的开发和应用》等8项重点课题攻关，省电力公司重点科技项目电力设备状态检修、地理信息系统(英文简写GIS)基础平台的建设与应用和配网带电作业通过验收。负荷管理系统远程抄表、居民用电集中抄表实际运行，在线运行负荷终端达1395套。武进、金坛、溧阳的供电公司建成国家电力公司县级一流供电企业。2003年，常州供电公司推进城乡营销一体化工程建设，完善公司主干信息网络，加快农村信息网建设，基本建成全市农村信息网通道。建设农村供电所营销数据库，升级改造营销管理信息系统。硬件由原COMPAQF200向小型机系统转变，初步建成以市公司为中心的统一的电力营销数据中心。开发10千伏旁路电缆法带电更换配变项目，在省内首创等电位修补500

千伏导线。2005年，常州供电公司研发完成省电力公司重点科技项目500千伏带电作业检修新技术的研究与应用、线路设备绝缘监督技术的综合应用研究、光纤信息通道传输技术可靠性研究和调度智能任务票系统开发应用、小电厂管理考核系统开发应用、10千伏柔性绝缘线跨接装置的研制、危险点预控卡操作系统开发等自定科技项目21项，其中20项投产，在全省电力系统率先推广应用营销与财务集成项目，获得发明专利1项、实用新型专利3项，2项发明专利和5项实用新型专利被受理。500千伏绝缘云梯法与带负荷更换10千伏配变等3个项目与电位补修导线项目分别获得省电力公司科技进步二等奖、三等奖。

2006年，常州供电公司推广大容量变压器、紧凑型设备、备容量导线等高效节能设备，建成10千伏架空线供电示范工程，在全省率先提出以铝芯电缆替代铜芯电缆，在全省推广。探索电网建设技术升级、集成创新，500千伏晋陵输变电工程在全省首次使用500千伏HGIS，220千伏全部使用GIS，完成江苏省电力公司两项重点科技研发项目，推广应用4个项目。其中变电站集中监控告警信号在线处理专家系统开始运行，在下属公司推广使用全球定位系统(英文简写GPS)巡线系统，大幅度提高监控人员的效率。2007年，推进20千伏供电，完成500千伏线路增容及合成绝缘子改双串等57项技改项目。2008年，完成重点科技项目配网电缆线路(大电容电流)带电作业研究与应用、备用电源快速切换装置研发与应用、35千伏消弧线圈接地系统并联中电阻选线的研究，推广应用10千伏架空绝缘导线感应雷屏蔽线的示范应用、大型接地网安全性评估技术推广应用等5项，碳纤维复合芯导线的应用与研究、变电带电作业的研究与应用两项获江苏省电力公司科技进步奖。

四、大型输变电工程

三峡—常州500千伏直流输电工程 2003年，三峡电站首批机组发电后送电华东地区的唯一通道、三峡电量消纳的关键性工程，由龙泉和政平两座换流站、两站的接地极及接地极线路、龙泉到政平直流输电线路、光纤复合架空地线(英文简写OPGW)及通信工程组成。1998年8月至2002年与长江三峡南厂工程同步建成投入使用。该线路工程西起三峡电站以东约63公里的宜昌龙泉换流站，经湖北、安徽、江苏向东至常州的政平换流站，跨越汉江、长江，全长860公里，建有铁塔2007基，首次采用4分裂720平方毫米的大截面导线，全线架设OPGW复合光缆。三峡至常州直流工程静态投资(1993年价)51.62亿元，2002年8月两换流站极Ⅰ系统设备安装基本结束，9月线路工程全线架通，12月21日11时极Ⅰ系统调试结束，开始送电。政平侧接地极位于武进迈步，接地极线路33.1公里。政平换流站是亚洲最大的换流站，总投资3亿美元，建成12台单相主变，把正负500千伏直流电转换成500千伏交流电，最大负荷300万千瓦，电流3000安培，功率3000兆瓦。长江三峡电力输向江浙沪地区，有利于华东主网架、苏南地区电网的稳定运行。至2003年末，向华东地区送电93亿千瓦时。

500千伏武南输变电工程 工程被电力部列入首批7个输变电工程投产达标试点项目，在原220千伏南郊变的基础上升压扩建而成。1998年6月16日，500千伏武南输变电工程启动成功，投入运行，11月通过华东电力集团公司组织的专家组验收。本期总投资3.3亿元，扩建500千伏主变1组、500千伏出线2回、220千伏线路3回。该工程建成投运后，为山西阳城电厂送电江苏和长江三峡直流输电华东创造了条件。2000年，扩建500千伏武南变电所。

500千伏武北输变电工程 是华东电网规模最大的500千伏项目之一，以武北输变电工程为主的苏南沿江主干网架建设总投资达13亿元。2004年7月至2006年6月建成一期工程，投运主变容量200万千伏安，配套的500千伏线路3回、151公里。工程远景规划4×100万千伏安，一期500千伏、220千伏线路分别为8回、12回，远景规划分别为12回、16回。武北变电所是江苏“五横三纵”500千伏主干网架、苏南500千伏沿江主干网架重要的枢纽变电所，应用大量新技术、新设备。500千伏武北输变电工程直接贯通南京龙潭—镇江上党—常州武北—无锡斗山的500千伏苏南沿江输电通道，为江苏电网西电东送的大动脉，使常州电网逐步形成以500千伏变电所为中心，以220千伏为骨干输电网架，可分可合、调度灵活的地区输电网。

五、中小型输变电工程

220千伏金坛变电所 为国家重点项目戚墅堰电厂扩建工程配套项目，1992年6月投运，总投资近2000万元，一期工程主变容量12万千伏安，建有35千伏以上输配电线路7回，架设35千伏以上新线路21.18公里，至此常州实现县县由220千伏电网主网架供电。

220千伏魏村输变电工程（一期） 是国家能源建设重点工程、中外合资的利港电厂配套工程。1993年9月10日运行，首期工程投资1600多万元，安装有12万千伏安主变压器1台，建成环入220千伏输电线路2回、110千伏线路1回及35千伏地方配套用电工程，为常州电网增加供电9.6万千瓦。

220千伏新桥输变电工程 位于新桥镇与安家镇交界处，为利港电厂二期工程配套送出工程。1997年9月至1999年3月建成并网带电，1999年10月29日通过江苏省电力公司达标投产复验，为全省第一个通过达标投产复验的220千伏输变电工程，工程质量评为优良级。新建1台180兆伏安变压器，首期建成220千伏出线4回、110千伏出线6回和35千伏出线4回，向常州新区和武进沿江地区供电。

220千伏芳渚输变电工程 为戚墅堰电厂扩建工程和利港电厂配套项目。1992年12月建成投运，投资近3000万元，江苏省电力设计院设计，常州供电局建设安装。本期工程投运两台12万千伏安主变，新建3回220千伏线路、2回110千伏线路和4回35千伏线路。

110千伏新区输变电工程 1999年12月至2000年9月13日建成投运，一期工程总投资1860万元，投运主变压器1台，变电容量4万千伏安，建成110千伏输电线路近7公里，保障常州长江引水工程、长江新港区、开发区社会公益服务设施、商贸设施、工商企业及发展中工程的电力供应。

110千伏城郊变电所 是溧阳第一座地方集资变电所，1992年9月26日建成投运，集资900余万元，设计为2×31500千伏安主变，首期工程投运主变3.15万千伏安主变1台，110千伏进线1回、35千伏出线4回、10千伏出线5回。

六、城乡配电网络建设

2000年，全市投入城市、农村电网建设与改造资金6.42亿元。

城市电网建设 1986—1990年，城镇配电网逐步改造完善。市区“七五”期间新建开闭所、配电所16座，新建和调整10千伏配电线路27条，改造台片近60个，市中心逐步建成电缆环网，新建住宅小区采用多种新型供电方式及电缆配电。1991—1995年，市区形成220千伏成环网，110千伏变电所全部实现两路进线、两台主变、自动投切及带负荷调节，市区城网供电能力及可靠性增强，改造城区完成机械新村、清凉新村、劳动新村等低压台片149个。1991年，常州供电局筹集200万元资金改造城市配电网络，调整改造10千伏配电线路26条、101.04公里。1993—1995年，建成同济立交桥、外环路、中凉亭立交桥、清凉立交桥、沪宁高速公路、民航常州站扩建、澡港河和高新区220千伏谏Ⅱ线、谏Ⅲ线、三芳线等30余项市重点工程的电力杆塔迁移和配套项目。1994年，西石桥水厂、常州化工厂等输变电工程投运。1994—1995年，常州供电局投入市区低压台片改造资金约1000万元。1995年，新建开闭所、开关站、配电间21座；同年末，市区有220千伏变电所5座、110千伏变电所18座和35千伏变电所2座，主变压器容量分别为111万、60.7万和3.32万千伏安，有10千伏及以上输配电线路1764公里，其中110千伏及以上的输电线路584公里。

1997—1998年，市区投资配网改造建设资金5274.3万元。改造低压台片102个，更换10千伏配电线

武进输变电设施(摄于2006年7月)

路144公里;1998年新增10千伏线路23条、60公里,敷设电缆20条,新建开闭所、开关站、箱式变和环网站等52个,新增配变容量4.43万千伏安,完成怀德桥改扩建、城中路延伸等电力线路迁移工程,延陵东路拓宽及文化宫广场改建的线路迁移和线路改电缆供电工程。2006年,常州供电公司配合完成城市主要道路市容环境综合整治、312国道改扩建、运河南迁、“八路八口”绿化工程、高架路建设、红梅公园改扩建等重点工程的杆线迁移入地项目,其中城市主要道路市容环境综合整治工程涉及22条(含武进区3条)电力杆线迁移入地项目。2007年9月,历时近4年的京杭大运河和312国道供电杆线迁移工程竣工,迁移线路500余道,完成工程投资6800余万元。2008年,投资3.4亿元,配合完成快速公交、高架路、312国道、京杭大运河迁移等重点市政工程及奥林匹克体育中心、常州大剧院等重点工程的电力杆线迁移项目。2009年,为火车站南北广场等120多个重点工程开辟绿色通道,配合青洋路高架路工程、中吴大道等20多项市政重点工程迁移改造10千伏及以上杆线近200公里。

农村电网建设　开展农电“三为”(指供电企业电力设施与发展为农村、为农民为农村经济服务)服务,促进农村用电标准化建设。1992年底,全市建成用电标准乡61个、用电标准村1345个,1928个村全部通电,消灭无电村,农户通电率达99.9%。1993年,武进、金坛、溧阳3个县市加快农网改造和专线建设,建成投运110千伏坂上变和35千伏河口变、沙河变、涑渎变和马杭变。1995年,110千伏卜弋、直溪、奔南变电所和35千伏横涧变电所及110千伏北郊、潞城、新闸变电所扩建工程建成投运。武进、金坛供电局3年中未发生重大事故、人身伤亡和农村群众触电死亡事故,线损和农电低压线损均完成下达指标,1996年5月中旬被电力部评为电力“三为”服务达标单位。2001年,溧阳市和常州市郊农网建设与改造工程全面竣工。2006年,完成新农村配网建设与改造投资1.02亿元。2006年,常州供电公司投资1.02亿元推进农村电网建设,推广使用非晶合金型节能变压器,改造过载农村综合变压器155台,更换老旧高能耗配电变压器,新增配电变压器901台,新建、改造10千伏线路335.01公里、低压线路691.38公里。推进农村低压接户线的改造,改善农村居民用电环境。武进横山桥供电所被国家电网公司命名为“新农村电气化乡(镇)建设示范单位”,横山桥镇五一、省庄、西庵、董村和星辰5个村被评为2006年度江苏省电力公司新农村电气化村。2009年,投资3.06亿元建设、改造农村电网,新建成电气化镇6个、电气化村49个。

第二节　电力供应

常州电力工业起步于1914年,常州供电局始建于1950年。2001年5月13日,江苏省电力公司常州供电公司挂牌,营业区辖金坛、溧阳2个县级市和天宁、钟楼、武进、新北、戚墅堰5个区,主管部门是市经贸委。公司主要以建设运营电网为核心业务,经营电力供应,从事电力管理。

一、供电机构

常州供电局位于常州市局前街27号，地处华东电网中心，负责华东电网西电东送和南北水、火电交换的重任，统管常州地区的供用电生产经营业务，具有直接承担110千伏及以下的输变电工程的勘察设计及相应的送变电线路和变电建筑施工、电气安装工程的能力。1987年9月30日，常州供电局建成电力调度生产大楼，高度101.7米，为当年全市最高的楼层建筑。1990年，全局有全民所有制职工2260人，其中高级专业技术人员23人、中级专业技术人员162人；拥有固定资产2.87亿元，净值1.88亿元，管辖35千伏以上变电所53座，主变容量达165.02万千伏安，输配电线路6160.2公里。1998年3月底，在全市136个乡镇设立供电营业分支机构，保障电力供应与经销的专营权，向用电户安全供电。2001年5月13日，常州供电局改设为江苏省电力公司常州供电公司（简称“常州供电公司”），成为江苏省电力公司直属大型供电企业。江苏省电力公司常州供电公司管理体制延续到2010年底。

二、供电量

1986—1990年，常州地区全社会用电量以年均6.72%的速度递增，电力供应十分紧张。除1990年外，其他年份的用电缺口占计划分配指标的1/3以上，被迫拉电、限电的情况严重。1991年，常州供电部门抗击特大洪涝灾害，保证全市电力有效供给。全市用电供需矛盾有所缓和后，用电峰谷差增大，负荷率降低，供电部门落实削峰填谷措施，严格考核实时负荷和分时电量，实行峰谷电价。1992年，全市最高日用电量1118万千瓦时，年均用电负荷率仍达89.37%。1993年，全市最高日用电量1220万千瓦时。武进乡镇、村、户通电率与排灌用电供电保证率均达100%，乡村居民生活用电供电保证率98.7%。全县年人均用电1008千瓦时，全县农业人口年均用电603.9千瓦时，其中生活用电93.4千瓦时，主设备完好率100%。1994年，全市最高日用电量1395万千瓦时，常州供电局跨入国家大型一档供电企业行列，完成电力销售收入11.98亿元，实

1986—2010年常州用电负荷及电量统计表

表7-3-2　　单位：亿千瓦时

年份	用电负荷（万千瓦）	全社会用电量	供电量	售电量	年份	用电负荷（万千瓦）	全社会用电量	供电量	售电量
1986	31.00	22.62	—	—	1999	104.00	64.12	59.44	56.18
1987	33.00	25.31	—	—	2000	118.10	74.35	69.80	66.00
1988	35.00	26.87	—	—	2001	135.00	81.35	76.09	72.00
1989	34.00	27.08	—	—	2002	161.90	98.88	92.40	85.40
1990	41.40	29.34	26.92	25.23	2003	203.60	126.97	118.00	109.00
1991	46.30	33.09	30.39	—	2004	213.00	152.24	141.32	130.75
1992	52.00	37.88	34.82	32.65	2005	289.60	182.66	—	156.64
1993	61.30	42.41	39.15	36.85	2006	334.90	212.68	—	182.24
1994	66.60	48.38	45.30	42.42	2007	372.80	230.62	217.44	201.74
1995	76.00	52.25	49.18	46.28	2008	385.80	237.33	224.46	208.26
1996	85.00	55.70	—	—	2009	422.90	255.41	217.53	218.80
1997	89.20	58.67	54.60	51.50	2010	485.00	291.19	274.15	255.46
1998	94.30	60.11	55.65	52.49					

现利润1218万元；多种经营完成总收入2.09亿元，实现利润1004万元。1995年，常州供电局完成电力销售收入14.33亿元，实现利润1160万元。

1997年，全市最高日用电量1687万千瓦时。1998—2000年，3年中全市最高日用电量先后达1855万、1933.4万和2386万千瓦时。2001年，全市最高日用电供量2622万千瓦时。2002年，全社会最大日用电量3252万千瓦时。2003年，全市最大日用电量4126万千瓦时。2004年，全市在错峰用电的情况下最大日用电量4531万千瓦时，供应工业用电量110.8亿千瓦时。2005年，常州完成工业用电量145.2亿千瓦时，全市在错峰用电的情况下，最大日用电量5904万千瓦时。2006年，全市网供最大日用电量7130万千瓦时。2007年，常州市第一、第二、第三产业用电量和城乡居民用电分别为1.73亿、192.56亿、17.65亿和18.68亿千瓦时，分别占全社会用电量的0.75%、83.5%、7.6%和8.8%。2008年，常州市第一、第二、第三产业用电和城乡居民生活用电1.76亿、193.83亿、20.36亿和21.38亿千瓦时，2009年分别为1.82亿、207.39亿、23.21亿和22.99亿千瓦时，2010年分别为2.14亿、234.14亿、27.39亿和27.52亿千瓦时。

1986—2010年部分年份常州市全社会用电量统计表

表7-3-3　　单位：万千瓦时

年份	区域	农林牧渔和水利业	工业	交通运输、邮电通信业	市政和城乡居民生活	年份	区域	农林牧渔和水利业	工业	交通运输、邮电通信业	市政和城乡居民生活
1986	全市	27971	183961	778	7059	1990	市区	3036	129556	915	6653
	市区	906	117754	584	2091	2010	全市	21420	2318221	23790	275163
1987	市区	1456	127865	644	2973		市区	9761	1681577	21741	209858
1988	市区	1804	126178	654	4236		溧阳市	5151	404237	1097	36706
1989	市区	1885	123223	703	5162		金坛市	6508	232407	952	28599

说明：本表按当年口径统计，1986年行业用电分类按调整口径统计；交通运输、邮电通信业1991年以前仅指交通运输业，2006年以后指交通运输、仓储和邮政业。市政和城乡居民生活用电的全市统计数据为纯城乡居民生活用电，不含市政用电。资料来源于1991年、2011年《常州统计年鉴》

三、电　价

1993年7月1日起，常州市执行新的目录电价，将近年来累计燃运加价标准并入目录电价，对大工业电价与非工业、普通工业按1∶1.2的比价安排，对中、小化肥生产用电继续实行优惠电价，明确了其他电力费用，相应调整城镇居民生活用电价格。调整后价格为每千瓦时小于1千伏0.3元，1～10千伏0.29元。1994年、1995年，全市平均电价分别为每千千瓦时295.7元、296.4元。1997年5月1日，抄见电量起电力价格每千瓦时平均上调0.03元，城镇居民生活用电每千瓦时由0.42元调整为0.47元。9月1日起，征收综合差价，除居民生活、省戴帽中小化肥生产用电外的所有售电量每千瓦时征收0.17元；重点企业戴帽电量、农业用电及纳入市照顾的自来水、煤气、路灯照明、民政企业用电仍维持原水平，即每千瓦时0.1元；调整市区峰谷电价，峰价每千瓦时0.32元，谷价每千瓦时退0.06元。1997年，常州供电局所供电力平均电价每千千瓦时339.08元。

2001年8月1日，起全市城乡居民生活用电实现同网同价，电价统一降至每千瓦时0.52元。2004年1月20日，全省调整电网销售价格，除居民生活、农业生产（含贫困县农排）、化肥生产、商业照明用电外，其余用电价格每千瓦时提高 0.008 元。同年 6 月 15 日，电价再次调整，除居民生活、农业生产(含贫困县农排)、化肥生产、商业照明用电外，其他行业用电价格每千瓦时提高 0.026 元。华东电网实施煤电价格联动，常州市 2004 年 5 月 1 日起实施，除居民用电、化肥用电、商业照明用电、农业生产用电、贫困县排灌用电五类用电价格不涨，其他用电价格上涨 0.037 元每千瓦时。企业谷段电价每千瓦时再提价 0.03 元，其他时段的电价不动。峰时上网电价由上浮 14% 调整到 16%，谷时上网电价由下浮 20% 调整到 19%。居民峰谷分时电价中的峰电价格不变，谷电价格由原来的每千瓦时 0.3 元调整到 0.35 元，居民用电平均价格为每千瓦时 0.47 元。谷电价格调整后，居民可以自主选择使用峰谷分时电价或每千瓦时 0.52 元的电价，从 7 月起执行新的居民峰谷分时电价。2006 年 7—9 月调整电价，分类用电并轨，原商业照明用电与其他照明用电并轨，价格统一。城乡中小学教学用电价格执行居民生活用电价格。大工业用电，非普工业、非居民照明用电，农业生产、贫困县农业排灌用电每千瓦时分别提高 0.018 元、0.028 元和 0.019 元，城乡居民用电(含居民峰谷段电价)每千瓦时提高 0.083 元。

四、节约用电

常州供电局推广、落实节电技术和降损节能措施，加强降损节能管理、产品单耗定额管理，开展同行业节电竞赛。1990 年，社会节电量 2.18 亿千瓦时。1989—1990 年，全局连续两年线损下降率达到国家二级企业标准。1991 年，线损率降至 6.09%，相当于节电 1550 万千瓦时，全市社会节电 1.16 亿千瓦小时。1993 年、1994 年，常州供电局线损率分别为 5.86%、6%。1995 年，常州全社会节电 3.2 亿千瓦时。1997 年，线损率 5.68%，全社会节电 3.5 亿千瓦时。1998 年、1999 年，线损率分别为 5.67%、5.49%。1998—2000 年，常州全社会节电 6.4 亿千瓦时，2005 年常州市年节电 2499 万千瓦时。

五、安全生产

常州供电局坚持把安全生产放在首位，落实安全生产责任制，实行分级负责、层层包干，加强检修维护，保证电网的安全可靠运行。1993 年，全局未发生主设备损坏事故和大面积停电事故。1994 年，实现 3 个百日安全考核周期无事故。至 1995 年 12 月 19 日，常州供电局实现两个百日安全考核周期无事故，创全国同类供电企业连续 18 年无人身死亡事故最高安全记录。1998 年，未发生特大事故、企业责任的设备重大事故和大面积停电事故，实现 3 个百日安全无事故。

六、供电服务

1990 年，全市用电总户数 8.04 万户，1991 年增加到 9.22 万户。同年 6—7 月，常州遭受特大洪涝灾害，全市供电部门确保安全供电，全市变电所无一受淹停电，无一条输配电线路发生停电事故，保障了全市 2 万多台机泵、约 40 万千瓦的抗洪排涝用电。常州供电局组织抗洪抢险抢修突击队出动 3000 余人次，组织 11 个组到工矿企业和农村为用户排忧解难。供电系统主动地大力为农业丰收、为农民、为农村经济服务，全市城乡居民照明用电供电率明显提高，市区的照明供电率达 99.6%，武进由 90% 升至 95% 左右，金坛、溧阳由 70%～75% 提高到 85% 左右。1992 年，常州供电局改善城乡居民照明用电状况，全市用电总户数达 9.89 万户，城乡居民照明用电 3.97 亿千瓦时，供电可靠率 99.6%，电压合格率 93.8%。1993 年，常州供电局连续 3 年被省电力局评为优质服务先进单位；7 月，被省委、省政府命名为省级文明单位。1993—1995 年，常州供电局新装居民电表 2.74 万只。1997 年，完成户表改造 1 万户。2003 年 11 月 25—26 日，通过华东电网公司和江苏省电力公司联合检查组的国际一流供电企业检查评价对常州供电公司创国际一流供电企业工检查评价。2005—2010 年，常州供电公司开展走进社区、心系农民、金牌服务、关爱校园等 6 个系列真诚服务活动，打造优质服务品牌。

第四章 城市燃气

1980年2月12日常州炼焦制气厂开始向常柴新村48户居民试供气成功。1986年，民用煤气发展至2.16万户，同期开始建设储罐，组织气源，发展液化石油气用户。1990年，液化气用户达2.2万户，工商用户120户。1993年7月，在新闸建设常州煤气厂一期工程，1994年12月，对外供气。1999年1月，完成二期工程建设，当年销气量3585.31万立方米。2004年4月至2005年6月，随着国家"西气东输"工程的实施，市区完成天然气置换，进入天然气时代。2005年12月以后，相继建成压缩天然气母站和3个子站，为公交、出租车等车辆加气，城市燃气应用从民用为主逐步拓展到工业、交通、发电、医疗、服务等诸多领域，为提高人民生活质量，改善城市大气环境，促进常州经济发展发挥了重要作用。2010年底，市区天然气居民客户发展到31.49万户、工商客户发展到1337户，年销售天然气3.17亿立方米。

第一节 气源种类

1980—2003年，常州城市燃气由人工煤气、液化石油气两类组成。2004年4月起，市区开始使用天然气，此后天然气用户迅速发展，人工煤气退出历史舞台，但液化石油气作为城市辅助气源，仍在城郊接合部、农村和小型工商用户中广泛使用。

一、人工煤气

1980年12月，成立常州市煤气公司。1985年12月，常州炼焦制气厂、鞍山热能所和南京铁合金厂合作，利用徐州单种气煤在常规焦炉中炼制铁合金焦项目通过技术鉴定，使煤气生产和供应有了基本保障，先后实施城市煤气一期、二期、三期工程，形成日产煤气7.36万立方米的能力。1986年7月，城乡建设环境保护部批准省城乡建设环保厅、计经委关于市第三期煤气工程可行性研究报告，同意常州利用煤焦制气厂焦炉余气发展城市煤气；12月，公司新增60立方米储气罐8只，扩大液化石油气的储气量，发展煤气用户。从80年代末起，常州开始易地改造建设常州煤气厂（建设时称炼焦制气工程）。煤气厂一期工程选址为离市中心9公里的新闸镇西唐家塘，工程实际投资总额3.04亿元。煤气厂建设费用采取按城市基础设施全社会建设的办法，建设期间每年向社会发行债券1000万元，1988—1991年募集4000万元。对市区建设的住宅收取城市煤气建设费每年安排250万元，4年1000万元，民用客户每户收取城市煤气建设费1500元，供气量工业客户每立方米400元、公共客户200元。

常州煤气厂一期工程项目主体为建设1座1×26孔、高2.8米复热式焦炉，日产焦炉煤气13万立方米，扣除自用气外仅6万立方米可以利用，因而建设辅助气源将13万立方米优质焦炉气全部顶出，可掺混3万立方米低热值煤气，总量达日供城市煤气16万立方米，使常州市管道煤气气化率由20%提高到60%。1993年，常州市煤气公司更名为常州市煤气总公司。1994年12月28日，煤气厂一期工程建成并对外供气。厂区占地29万平方米，总建筑面积5.78万平方米，有正式员工1100多人，形成一座集炼焦、制气与化工产品回收生产于一体的国有大中型企业。1995年，原炼焦制气厂一号、二号焦炉先后停产。1998年12月26日，煤气厂二期工程建成投运，形成日供煤气30万立方米的规模。

随着国家"西气东输"工程（主要是新疆等西部地区生产的天然气向东部地区输送的工程）的实施，常州城市煤气进入天然气时代。2000年3月常州煤气厂更名为常州焦化厂。2003年8月，常州中天钢铁公司出资1.38亿元，全资收购常州焦化厂，改制组建新的股份制企业常州中天焦化公司。港华燃气公司与中天焦化公司签订协议，天然气置换前仍由中天焦化公司担负全市管道煤气的供应。2004年4月至2005年6月，常州港华公司实施天然气置换工程，中天焦化公司停止供给人工煤气。

常州"川气东送"青城天然气门站设施(摄于2010年4月)

二、天 然 气

2000年后，溧阳、武进、金坛相继成立天然气公司。2001年，国家"西气东输"工程开始实施。2003年1月，市燃气热力总公司与香港中华煤气合资成立常州港华燃气公司，9月常州港华燃气公司收购常州市液化气公司。至2004年3月，港华燃气公司的"西气"门站建成，具备接气能力。3月9日，港华燃气公司与中国石油天然气股份公司签订天然气销售协议，2004年4月起向常州供应天然气。4月3日，常州市天然气一期工程通气点火，开始天然气置换。4月9日，天然气置换第一片区开始置换，新北区的汇丰小区、前桥小区、侨光苑、富都小区、富都花园465户居民成为首批使用天然气的居民。2004年4月至2005年6月，港华燃气公司对全市管道、13万户煤气客户进行天然气置换。至2005年6月，天然气置换结束，原人工煤气用户及置换期间新发展的用户均用上清洁、高效、环保的天然气。随着市区供气区域扩大，客户迅速增加，天然气供不应求的矛盾日益突出，制约着城市的发展。2006年3月16日，港华燃气公司与省天然气投资公司签订"川气东送"天然气购销意向书，开始建设高压管、"川气"门站等项目。2009年9月建成。11月10日，又与省天然气投资公司签订"川气"天然气购销合同。同年总用气量1.84亿立方米，发展民用户3.79万户、工商户170户。2010年1月17日，港华燃气公司的"川气"门站正式启用，标志着"川气"进入常州。

三、液化石油气

1977年，常州市城建局首次向市区65户居民供应液化石油气。1978年，组建常州煤气供应站，部分企事业自筹资金组织液化石油气供应职工，逐渐形成社会供应渠道。1986年，常州市液化气供应公司购气1868吨，累计发展用户8379户，设局前街、戚墅堰、天宁、文在桥、红梅5个供应点，气源由常州石油化工厂供应，部分购自外地。拥有40立方米卧式储罐3个、循环压缩机2台、4.8立方米残液罐1个及长600米、管径60毫米输气管1条。石油气价格为每10千克1.6元。1987年市区有社会供应单位11家，用户8740户，年供气量1632吨。90年代初，由于市区人工煤气供应的局限，液化石油气作为清洁能源成为民用燃料的补充，获得较大发展。1990年，市区液化气供应用户发展到2.21万户，价格每10千克4.5元。市区有35个单位自行组织气源，社会供气用户发展到2.46万户。1995年11月，市建设局下属事业单位市燃气管理站成立，负责市区燃气行业管理的日常工作和燃气行政许可事项审查前期工作，管辖常州城区的天宁、钟楼、戚墅堰、新北、武进5个区。

1998年10月，市区第一个管道液化气小区荷花池公寓正式通气。1999年开始，先后在勤业五村、花园南村、丽丰园和清园小区建成小型管道液化气气化站。至2000年3月，常州城区建有5个管道液化气小区，居民客户5000多户、工商客户30多户。同年末液化气价格涨至每10千克50元。此后，随着人工煤气快速发展，特别是天然气进入常州成为主流气源后，液化石油气作为天然气的补充，在城中村、城郊接合部和农村仍占据相当大的市场。至2010年底，市区有液化石油气经营企业10家，储存能力6746立方米，液化石油气用户发展到35.8万户，有瓶装液化气供应站点129家，液化气价格突破每10千克75元。

2010年常州市区液化石油气经营企业储气能力一览表

表7-4-1　　单位：立方米

企业名称	储气能力	企业名称	储气能力
常州市城北液化气公司	120	常州市南方鼎立商贸有限公司	377
常州市液化气公司	3280	常州市常燃液化气有限公司	1089
常州市华西液化气公司	200	常州中油盛安能源有限公司	600
常州临江燃气公司	210	苏州液化气公司常州分公司	650
常州华能华侨能源试验厂公司	150	常州市华东液化气有限公司	70

第二节　管网设施

1986—2003年，常州的燃气管网设施主要有管网、气柜两大类。2003年，天然气进入常州后气柜被淘汰，新增的天然气设施有调压站、门站及为车辆“油改气”建设的母站、子站和运气车辆。

一、输气管网

1985年以后，市区主要道路在改造时均配套敷设煤气管道。至1990年底，累计敷设管道128.4公里，尤其是延陵西路改造竣工后，怀德路与和平路的管道连通，常州城区煤气管道形成南半环，使供气更加安全可靠。1991年9月5日，关河路煤气管网工程顺利竣工，西起西新桥东至北太平桥，全长1523米。1994年1月21日，常新路煤气主管道工程建成投运，西起煤气厂东至西新桥，全长7公里，是煤气厂连接市区管网的主动脉，建成后使炼焦制气厂、煤气厂与城市煤气管网连成一体。1998年12月，晋陵中路中压管建成并投运，全长1.4公里、口径0.4米，新区第一个小区阳光花苑通上管道燃气。1999年5月，怀德苑小区低压管网建成投运，该工程是常州市第一条PE管工程，全长890米。因PE管具有防腐蚀，气密性好、抗压、施工方便的优点，此后PE管逐步在常州燃气管网建设中广泛采用。2007年7月18日，常州首条天然气高压管建成投运，由青龙门站通往春江高中压调压站，全长21.7公里，压力为4兆帕，材质为钢管。2009年5月，青洋路到戚墅堰区燃气管道竣工投入运行，戚墅堰区的客户用上天然气。9月，市第二条高压管线建成，从青龙门站到罗溪高中压调压站，全长19.2公里，压力3.5兆帕，材质为钢管，为输送和储存川气做好了准备。至2010年，市燃气管网总长达1767.1公里，其中高压管48.9公里、中压管512.1公里、低压管1206.1公里。

二、储 气 柜

储气柜用于储存燃气，在高峰供气时补充缺口气量，缓解阶段性供气压力，分为干式气柜和湿式气柜。1985年底，市区主要有炼焦制气厂的1万立方米湿式气柜、浦北储配站的5.4万立方米湿式气柜。1989年至1990年9月，建设三井5.4万立方米湿式气柜，占地1532平方米，气柜直径44米、升高52米，造价387万元。1991年11月启用投运，常州煤气厂内5万立方米干式气柜的建设同步进行。1994年1月，包括5万立方米干式气柜在内的储配系统通过总验收。常州城区气储气能力达16.8万立方米，为一期工程的投产创造了条件。1995 年 11 月 28 日，炼焦制气厂 1 万立方米湿式气柜安全运行 14 年后停用拆除。至 2005 年 6 月，市区客户全部用上天然气，中天焦化停止供应人工煤气，其 5 万立方米干式气柜退出城市燃气的运行，转作内部使用。2007 年 9 月，三井 5.4 万立方米湿式气柜因城市改造等原因停用拆除。

三、调压供气站

调压站 1986年初，市区有煤气调压站12座。2002年底，市区有调压站87座。2004年3月，三井中压—中压调压站建成投运，把门站输送的 4 兆帕天然气经调压后输送到中压 B 级管网。2005 年 12 月 30 日，浦北中压—中压调压站建成投运，增强了市区供气压力的稳定性。2006 年 9 月，调峰电厂高压—中压调压站建成投运，把从青龙门站进口 2.5 兆帕的天然气经过调压至出口 0.4 兆帕，输往中压管，保证了调压电厂的运行。2007 年 8 月，春江高压—中压调压站建成投运。2009 年 11 月，为迎接“川气东送”的配套工程，罗溪高压—中压调压站建成投运，增加了市区天然气流量的供应。至 2009 年底，港华燃气有中、低压调压站 477 座和中压—中压、高—中压调压站各 2 座。

门　站 新疆的“西气”、四川的“川气”分别通过青龙街道福成村的青龙门站、春江镇青城村的青城门站进入常州。2004 年 4 月 3 日，青龙门站建成投入使用，设计流量每小时 16 万立方米，为“西气”的常州入口。2010 年 1 月 17 日，青城门站建成投入使用，设计流量每小时 12 万立方米，为“川气”的常州入口。

母　站 港华燃气于 2004 年开始规划建设天然气汽车工程，即车辆燃料的“油改气”，降低汽车废气的排放。2005 年 9 月，天然气加气站开工建设，2006 年 1 月投入试运行。母站位于市青龙街道福成村青龙门站旁，日生产能力 10 万立方米。该站将压力 2.5 兆帕天然气压缩至 20 兆帕的压缩天然气，然后运至子站供应车辆加气用。

子　站 2005 年 9 月，常州公交一公司、三公司两座子站开工建设，2006 年 1 月建成投运，可日供压缩天然气 1.5 立方米，主要为常州市区的公交车辆加气。2008 年 7 月，常州巴士公司加气子站建成投运，缓解了加气高峰期间的压力，也方便了东部地区公交车的加气。

四、运气车辆

运气车辆由引擎车、集装束车组成，将母站的压缩天然气运至各子站，供车辆加气用。2006 年 1 月，常州市燃气总公司、港华燃气公司购进牵引车 4 辆、集装管束车 6 辆，具有运输压缩天然气灵活、方便、快捷的特点。2007—2008 年，增加牵引车、集装管束车各 3 辆，提高了运输能力。

第三节　供气业务

80—90 年代，燃气是市场供应紧缺的品种，常州市煤气公司重视供应服务。随着供气能力的逐步扩大，重点发展用户，增设服务网点，简化业务办理手续。2003 年，常州港华燃气公司成立，引进以质为尊的服务理念，大力发展居民用户和工商客户，改进服务，创出常州公共服务品牌。

一、客户发展

1986 年初，常州城区有 1.81 万户居民用上人工煤气，发展工商客户 38 户，同年销气总量 468.5 万立方米。1986—1990 年，常州市人工煤气发展较快，发展居民客户 7096 户、工商客户 83 户。1990 年底，城区人工煤气居民增至 2.52 万户，工商客户增至 121 户，同年销气总量 1478.4 万立方米。随着煤气厂一期、二期工程的建设，人工煤气销气量明显增加。2004 年 3 月，底天然气置换前，城区有人工煤气居民客户 12.3 万户、工商客户180户，同年销气5500万立方米。天然气置换结束后，重点发展新城区、开发区和工业客户。随着新建住宅大量兴起，居民客户数量猛增，供气范围不断扩大，北至春江镇，东达戚墅堰。2010年底，市区（不含武进）天然气居民客户达31.49万户、工商客户达1337户，同年供应天然气3.17亿立方米。

二、安装办理

1999年以前，居民客户要求安装燃气，先到市煤气公司生产计划部门、财务部门办理、交款，再到营业所办理安装、购炉具手续。1999年6月1日，燃气热力总公司在市区博爱路194号设置客户服务中心，负责新装、过户、迁移等燃气业务手续办理及燃气具销售，实行一个窗口服务。2010年7月，港华燃气在河海大学常州校区北大门东设立1个客户服务中心，方便新北区居民办理燃气业务。

三、抄表维修

1984年11月，常州市煤气公司成立营业所。1986—1987年，在市区清潭、芳南、勤业新村、清凉新村、花园新村设立5个服务点，居民客户到服务点缴费和报修。1994年前后，在斜桥巷、北环新村、红梅新村、机械新村陆续增设4个服务点收费和报修。1995年开始，煤气收费由单一的服务点交费转为可以委托银行代扣气费（早期由建设银行代扣业务）。1998年，随着燃气客户日益增多，居民客户每月抄表改为逢双月抄表。2003年3月，港华燃气公司正式运行，原收费抄表与安装维修分开，设立客户服务部、客户账户部。2005年9月，港华燃气公司整合服务点资源，城南片的居民客户维修由勤业点负责，城北片的居民客户维修由红梅点负责。

第四节　企业选介

一、常州港华燃气有限公司

2003年1月成立，由常州市燃气热力总公司与香港中华煤气公司合资组建，是市区（除武进）唯一集管道天然气建设、输配、供应与服务于一体的经营单位，提供燃气设备的技术咨询和售后服务。拥有天然气门站2座、LNG（应急）储备气化站1座、高—中压调压站4座，地下管网2300余公里，其中高压管50公里，供应民用客户44万户、工商客户2200余户。

二、常州新奥燃气有限公司

前身为1995年11月成立的武进市燃气总公司。2003年5月，与新奥（中国）燃气投资公司合资组建合资公司常州新奥燃气公司，拥有“西气东输”门站和“川气东送”天然气门站各1座，敷设管道2035公里，覆盖人口近200万人，建有天然气汽车加气站6座，下设定安路、中凉、大学城、湟里、横山桥、太湖湾、邹区、洛阳和经发区9个服务中心和办事处，为23余万居民用户、1800多家工商业用户和3000多辆天然气汽车提供清洁能源。

三、金坛港华燃气有限公司

2006年10月成立，是香港中华煤气公司与金坛盐业化学工业总公司合资组建的企业，拥有城市燃气管网150余公里。主要在金坛内从事管道燃气天然气销售、燃气汽车加气业务，建设和经营管道燃气管网及其相关设施，燃气具、厨电设备的零售及批发，生产销售燃气设备、仪表、材料及提供施工、安装、维护、应急抢修相关服务。

四、溧阳安顺燃气有限公司

2000年6月成立，是集天然气销售、储配、管道安装、维修于一体的企业，天然气管线覆盖溧阳全市10个镇（区），实现镇镇通天然气，建有中压管道380公里、高压管道近20公里；发展民用户近6万户、工商业用户1000多户、天然气汽车800多辆，拥有天然气加气站4座。

第五章　公共交通

常州公共交通的发展始终紧跟着城市发展的脚步。1992年，组建市公共交通总公司，下属车场更名为第一、第二汽车公司，组建成立第三汽车公司。1999年，第二汽车公司与上海巴士股份有限公司合资组建常州市巴士公共交通有限公司。2001年，市公共交通集团公司组建成立，推广使用IC卡收费系统，翌年通过ISO9001质量管理体系认证，建成常州城市公交综合信息网络管理系统，包括常州公交网站、电子办公系统、企业内部管理网络等17个系统。2005年，市政府开始市区公交资源的一体化整合。2006—2010年是常州公交事业快速发展的时期。2006年，市区公交资源一体化整合完成，原武进公交公司的公交部分成建制划归常州公共交通集团公司，成立第五汽车公司，常州公交线网实现市区1864平方公里全覆盖。同年，常州被建设部评为全国优先发展城市公共交通示范城市。翌年，市委、市政府实施公交优先发展六项措施，推动常州公交事业全面发展。2008—2009年，常州快速公交一、二号线相继建成运营，建成城市快速公交骨架网络。常州快速公交一号线获得第九届中国土木工程学会詹天佑奖，是常州第一个获詹天佑奖的项目、全国第一个获詹天佑奖的城市公共交通项目。2010年6月，常州市公共交通集团公司整建制划归市交通运输局管理。同年底，常州公交共拥有运营公交线路161条，总长2980.8公里，营运车辆2615辆，有员工6016人，全年完成行驶里程1.49亿公里，实现客运量3.89亿人次，客运收入3.46亿元。

第一节　公交场站

一、公交车场

1985年，常州公交公司拥有4个场地，总面积5.17万平方米，其中停车场等2.36万平方米、站房1379平方米、生产用房1万平方米、生活用房3557平方米、办公用房3159平方米。1999年常州公交大厦建成，建筑面积5135平方米。2007年，市委、市政府提出“公交优先”战略，按照“统一规划、统一管理、政府主导、市场运作”原则，政府投资建设公交停车场、枢纽站、首末站、港湾式停靠站等配套设施。2007—2008年，市政府累计投资3.2亿元，建成30个回车场和市南公交停车保养场等设施。2009年，建成公交首末站14个，启动公交调度指挥中心等重大基础设施项目前期工作。2010年底，常州公交集团公司拥有停车保养场7个、回车场73个，公交停车场总面积达77.3万平方米。

停车保养场　1996年3月，城北公交停车保养场开工建设，占地1.27万平方米，其中混凝土场地7118平方米、房屋建筑2326平方米。2000年5月，凌家塘停车保养场开工建设，占地3.45万平方米，其中混凝土场地2.5万平方米、房屋建筑7036平方米，后改名为公交一公司。2001年10月10日，公交一公司移至西林新场地，原场站更名为花园公交中心站。同年6月至2003年4月，建成第三汽车公司，占地5.37万平方米，房屋建筑7330平方米。2006年10月至2008年5月，投资7227万元建成巴士公交公司保养场，占地6万平方米，房屋建筑8354平方米。2007年10月至2008年8月，投资8000万元建成市南公交保养场，占地8.04万平方米，房屋建筑1.3万平方米，交付公交五公司使用，2010年底，改设为常州快速公交一号线保养维修基地。

回车场　1988年5月，因延陵西路道路拓宽，小营前回车场拆除。1995年9月，天宁寺公交回车场建成启用。1998 年 8 月，因常金路道路拓宽，卜弋桥回车场撤除，泰村回车场启用。2003 年 5 月月星家居广场回车场启用。2006 年 7 月，丽华南路公交回车场启用，8 月天宁寺公交回车场因道路拓宽撤除。1986—2010 年，全市累计建成回车场 73 个，总面积 5.04 万平方米，其中主城天宁、钟楼 7 个，武进 47 个，新北 18 个、戚墅堰 1 个，总面积分别为 9122.25 平方米、2.96 万平方米、6720 平方米和 4950 平方米。

主 城 区 1986—2005 年，天宁、钟楼两主城区建成公交回车场 7 个，总面积 9122.25 平方米。丽华新村回车场：1986 年 5 月 21 日开工建设，占地 652.56 平方米，是 1 路、16 路终点站。天宁回车场：1995 年 8 月兴建，是 7 路、17 路、207 路的回车场地。路桥回车场：2001 年 1 月兴建，总面积 825 平方米，为 23 路、18 路始发站。勤业公交回车场：2002 年 6 月兴建，占地 2580 平方米，站房 86.4 平方米，为 9 路、259 路始发站。火车站东、西公交回车场：2003 年 4 月、2004 年 6 月，作为火车站改造的附属工程先后改造竣工，东回车场建办公楼 300 平方米，西回车场场地 2220.75 平方米，建站房、站台各 3 个。政成桥回车场：2005 年 10 月开工建设，建筑面积 73.86 平方米，为 3 路终点站。

武　　进 1986—1987 年，累计建成回车场 3 个，用地总面积 6209.95 平方米。湖塘桥回车场：1986 年 5 月兴建，用地 3543.3 平方米，为 14 路湖塘终点站。芙蓉回车场：1986 年 10 月兴建，用地 1666.65 平方米，为 15 路、115 路终点站。鸣凰回车场：1987 年 7 月兴建，用地 1000 平方米，为 114 路终点站。2008 年 4 月起，相继开工建设徐家头、梧岗、横沟、锁石、建东、西杨墅、前桥、渔庄、新南、勤新、阳湖、天井、朝南、董村、双庙、郭家村、宕里、宋庄、跃进、周庄、龚家、洋淀、北隍、奋庄、安基、河头、凌庄、文昌、大成、观咀共 30 个村的回车场，促进了“村村通公交”实施进程。

新　　北 2000—2007 年，累计建成回车场 3 个，总面积 2650 平方米。恐龙园回车场：2000 年 9 月兴建，总面积 600 平方米，为 26 路、29 路始发站。小新桥回车场：2001 年 11 月兴建，总面积 850 平方米，为 13 路始发站。小河回车场。2007 年 7—8 月兴建，占地 1200 平方米，建筑面积 52 平方米，为 35 路、57 路终点站。

戚 墅 堰 1990 年 7 月，开工建设戚墅堰公交中心站回车场，总面积 4950 平方米，为 7 路、17 路、21 路的回车场地。

二、公交车站

1985 年末，常州公交公司仅建有站点 12 个。初期建造的候车亭较为简陋，为水泥柱结构，石棉瓦站牌。1992 年，市中心城区主要站点采用 76 毫米直径的不锈钢站杆，采用长 50 厘米、宽 20 厘米的铁皮站牌，为人工雕刻、丝网印刷；站杆采用无缝钢管制作，净高 2 米。1998 年以后，站牌印刷改用电脑喷绘粘贴。2000 年，市主城区主要采用不锈钢双杆玻璃站杆。2002 年起，投资 100 多万元，新建不锈钢候车棚 34 个。2003 年，市公交集团公司结合城市道路改造，新建一批新型候车棚。2006 年 7—9 月，全面改造延陵路、常澄路、常武路等 27 条城市主干道上的 247 座候车亭，由顶棚、灯箱、立柱构成，选用沙光不锈钢板、不锈钢管、PC 耐力板、亚加力板等新型材质，具有防雨水、防腐蚀、防震等功能，晚间灯箱广告可滚动播出。2007 年，各级政府加大投资建设

新北区恐龙园公交回车场（摄于 2009 年 9 月）

公交车枢纽站、首末站、港湾式停靠站及其他配套设施。同年至2008年，市政府累计投资3.2亿元，建成19个枢纽站、21个首末站等设施，新建成城郊公共候车棚1200个。2008年起，郊外线路站棚采用站牌与站棚连体形式，不再使用站杆。2008—2009年，常州市公交集团投资4570万元，在城市外围线路新建公交候车亭1500个，采用银白色顶棚，候车亭均增设坐凳。2009年建成公交首末站14个。2010年底，常州公交集团公司拥有23个枢纽站、41个首末站和1856个站棚。

枢纽（中心）站 1988年，江南商场公交枢纽站启用。1993年12月26日，戚墅堰区公交中心站启用。2005—2007年，常州市政府投资1765万元，在天宁、钟楼两区建成公交枢纽站5个，总占地3.79万平方米，建筑总面积2931平方米，设站台17个、站房14个，始发、终到公交线11条。2007—2008年，在武进区投资7428万元，建成公交枢纽（中心）站9个，总占地14.94万平方米，建筑总面积1.19万平方米，设站台31个、站房28个，始发公交线10条；在新北区投资1877万元，建成公交枢纽（中心）站4个，总占地3.67万平方米，建筑总面积5143平方米，设站台12个、站房11个，始发、终到公交线路各10条。2007年5月至翌年5月，投资364万元的戚墅堰枢纽站在潞城建成，占地6046平方米，建筑面积1131平方米，设站台、站房各4个。2010年，常州客运中心公交中心站启用。

常州公交停靠站（摄于2010年4月）

2005—2008年常州市区公交枢纽(中心)站一览表

表7-5-1

站 名	占地(平方米)	建筑面积(平方米)	工程造价(万元)	站台(个)	站房(个)	始发、终到公交线路
常柴桥公交枢纽站	4500	153	204	5	3	10、14路
红梅公园公交枢纽站	8500	816	409	7	7	7、15、19、26、220、11路
青龙公交枢纽站	14400	1386	830	3	3	10、14路
长江南路公交枢纽站	10500	416	237	4	4	56路
钟楼开发区公交中心站	4940	160	85	2	2	9、52路
武进公交中心站	19128	2483	1465	4	4	B1、B11路
南夏墅公交枢纽站	13200	1292	454	4	4	74路
湟里公交枢纽站	10000	1286	658	3	3	266路
洛阳公交枢纽站	33390	1231	1161	5	5	518路
横山桥公交枢纽站	10000	1300	966	4	4	276、277路
嘉泽公交枢纽站	20560	1218	827	3	3	261路
雪堰公交枢纽站	20000	1218	781	3	3	66、68路夜间停车
戴溪公交枢纽站	10666	708	542	2	2	62、64路及夜间停车

续表 7-5-1

站　名	占地（平方米）	建筑面积（平方米）	工程造价（万元）	站台（个）	站房（个）	始发、终到公交线路
奔牛公交枢纽站	12461	1181	574	3	3	517路夜间停车
新北公交中心站	13335	2464	500	3	2	B1、B12路
孟河公交枢纽站	10000	1131	515	3	3	35、57、235、236路
春江公交枢纽站	7600	790	425	3	3	18、36、236路
薛家公交枢纽站	5730	758	437	3	3	21、43、45、47路

说明：1. 钟楼开发区公交枢纽站（科技工业园南站）位于合欢路。2. 武进公交中心站为快速公交1号线车队和调度指挥中心，工程造价含土建。3. 新北公交中心站工程造价含土建

首末站　主城区　丽华南路首末站：2005年7月至翌年9月兴建，占地846平方米，建筑面积72平方米，工程造价29万元，设站台、站房各2个，为6路终点站。大红旗路首末站：2007年6月兴建，占地3462平方米，建筑面积52平方米，工程造价59万元，设1个205路始发站台。

武进城乡　2008—2009年投资2766.07万元建成10个公交首末站，总占地4.05万平方米，总建筑面积2485平方米，设站台17个，始发公交线11条，有8条公交线进站回车。

2008—2009年武进区兴建公交首末站一览表

表 7-5-2

站　名	占地（平方米）	建筑面积（平方米）	总投资（万元）	站台（个）	始发、回车公交线路
遥观公交首末站	6320	248	412.61	2	69路回车
礼嘉公交首末站	4587	248	309.35	2	270路始发，320路回车
横林公交首末站	6665	248	447.98	2	17路、263路、264路、273路始发
寨桥公交首末站	4625	406	293.58	2	308路回车
漕桥公交首末站	2781	203	191.97	1	70路回车
常州大学城公交首末站	4500	248	285.09	2	302路、502路始发
湟里村前公交首末站	2229	203	170.02	1	310路回车
湟里村西公交首末站	2155	203	163.04	1	266路、299路始发
邹区殷村公交首末站	3281	230	246.41	2	5路回车
邹区公交首末站	3336	248	246.02	2	97路、223路始发，22路、516路回车

新北城乡　2007—2008年，投资647.84万元建成公交首末站3个，总占地1.02万平方米，总建筑面积596平方米，设站台5个，始发公交线6条。新桥公交首末站：2007年11—12月建设，工程造价23万元（含扩建部分），占地3091平方米，建筑面积100平方米，为13路始发站。西夏墅公交首末站：2008年12月至翌年7月建设，总投资313.6万元，占地3668平方米，建筑面积248平方米，设站台2个，为27路、49路、238路始发站。安家公交首末站：2008年12月至翌年7月建设，总投资311.24万元，为占地3425平方米，建筑面积248平方米，设站台2个，为227路、239路始发站。

第二节 快速公交

2008 年 1 月 1 日，常州快速公交一号线（简称“一号线”）正式开通，为全省第一条快速公交线，也是继北京、杭州之后全国第三条快速公交线。2008—2009 年，市公共交通集团结合常州实施快速公交 1 号、2 号线的运行管理情况，研究制订了快速公交评估指标体系，使常州快速公交系统成为推广和交流快速公交实施经验的全国性平台，2008 年被省科技厅列为科技惠民工程。2009 年 5 月 1 日，常州快速公交二号线（简称“二号线”）通车，与一号线形成了“十字形”快速公交骨架网络。2010 年 9 月 28 日，常州快速公交配套环线开通，基本形成常州“十字加一环”快速公交网络系统。2010 年 3 月，一号线获得第九届中国土木工程学会詹天佑奖，成为获此奖项的第一个城市公共交通项目。至 2010 年底，常州快速公交系统安全运营 4511.83 万公里，安全运送 2.25 亿人次，日均客运量 31 万人次，占市区公交日均客运总量的 29.5%。

一、一号线

常州快速公交一号线北起新北公交中心站，南至武进公交中心站，全长 24.5 公里，建设 23 对中间站、2 个首末站、1 个保养场，成为贯穿常州南北的公交客运走廊。2007 年 5 月 24 日开工建设。2008 年元旦，一号线新北公交中心站—中吴大道站开通运营，开通首日客运量突破 3 万人次。2008 年 4 月 18 日，一号线全线贯通，始发站改为武进公交中心站，分批开通 3 条支线，形成“一主

图 7-5-1 常州市快速公交网络示意图

十字形快速公交骨架网络形成（摄于2008年9月）

三支”组合线路运营模式，实现主线与支线同台同向免费换乘。设计和建设施工中既遵循公交优先，又保障社会车辆的路权，部分有条件的路段由4车道拓至8车道。一号线专用道设置在道路中央，车站在专用道两侧，车辆使用右开门形式，成为国内第一条中央侧式站台公交项目，为快速公交的发展提供有益经验。

B1路　2008年1月1日开辟，由新北公交中心站始发，开往中吴大道的，全长12.7公里，停靠新北公交中心站、黄河路、河海路、龙城大道、西新桥、怀德桥、广化街、兰陵、中吴大道等15个站点。2008年4月18日，B1全线贯通，改由武进公交中心站始发，开往新北公交中心站，全长24.5公里，新增武进汽车客运站、信息学院、滆湖路、长虹路、人民路等11个站点。

B11路　2008年5月8日撤销55路，开辟由武进公交中心站—火车站公交中心站的B11路快速公交支线，全长18.9公里，停靠武进汽车客运站、信息学院、常州科教城、工业学院、武进区政府、广电路、人民路、中吴大道、兰陵、南大街、文化宫、火车站等26个站点。

B12路　2008年1月5日，撤销26路公交，开辟由新北公交中心站—红梅公交中心站的B12路快速公交支线，全长11.9公里，停靠国际学校、体育中心、常州地税局、行政中心北门、龙城大道、飞龙路、西新桥、江南商场、人民公园、文化宫、天宁寺等20个站点。2009年2月14日，为方便市民和外地游客到中华恐龙园旅游，B12路始发站调整至中华恐龙园，开往红梅公交中心站。2009年5月1日，终点站延伸至白家桥，全长13.8公里。

B13路　2008年1月8日，撤销13路公交，开辟由小新桥公交中心站—火车站公交中心站的B13路快速公交支线，全长13.0公里，停靠北郊中学新校区、凤凰名城、公交三公司、华山路、新北区政府、河海路、龙城大道、飞龙路、西新桥、青山桥等19个站点。

二、二号线

常州快速公交二号线西起公交一公司（远期规划为西林公园公交枢纽），东至戚墅堰公交中心站，全长21.5公里，设有24对中间站，采用“一主两支一区间”组合运营模式，在开通二号线主线B2的同时开通两条支线B22、B23和区间线B21，实现与一号线支线同台同向免费换乘，方便市区乘客出行。二号线贯穿怀德路、延陵路、丽华北路、东方西路和东方东路，东段直接连接和服务戚墅堰区，中段穿越繁华商业区（延陵西路），西段连接钟楼区，全线覆盖城市商业中心、城市公园、重点学校和医院。二号线沿用一号线中央侧式站台方式，施工中对道路具备拓宽条件的实行拓宽改造。

B2路　2009年5月1日，开辟由公交一公司—戚墅堰区公交中心站的二号线（B2路），全长21.5公里。停靠龙江路、花园公交中心站、马公桥、怀德桥、文化宫、天宁寺、文笔塔、朝阳桥、五角场、红梅新村、横塘河、青洋中路、戚墅堰区政府、五一路等25个站点。

B21路　2009年5月1日，撤销3路线白天的班次，开辟B21路快速公交区间线，全长9.3公里，由公交一公司—红梅公交中心站，停靠龙江路、谭墅、花园公交中心站、金谷花园、马公桥、怀德桥、瞿秋白纪念馆、文化宫、天宁寺等12个站点。

B22路 2009年5月3日，撤销902路，开辟由花园公交中心站—火车站的B22路快速公交支线，全长6.4公里，停靠金谷花园、马公桥、会馆浜桥、怀德桥、瞿秋白纪念馆、县直街、第一医院、公交集团公司8个站点，单向环绕博爱路、北太平桥路、关河路。

B23路 2009年5月1日，撤销9路后，开辟钟楼公交中心站—虹景金桂园快速公交支线，全长13.9公里，停靠星港花苑、钟楼区政府、青枫公馆、五星街道、勤业新村、怀德桥、晋陵中路、红梅公园、小东门商城、红梅新村、虹景路等30个站点。

三、环线、旅游线

2010年9月28日，常州快速公交配套环线开通，基本形成常州“十字加一环”快速公交网络系统，配套环线由相向对开的H1和H2组成，无中央专用道，全长25.9公里。

H1路 2010年1月1日新辟，白荡河公交中心站—永宁北路公交中心站，为半环线，全长13.8公里。9月28日，中吴大道、龙城高架二期竣工，调整H1路，从白荡河公交中心站始发经长江中路、中吴大道、丽华北路、飞龙东路、竹林北路、龙城大道、龙锦路、惠山路、太湖路、长江中路逆时针方向单向环绕回到白荡河公交中心站，线长12.8公里。

H2路 2010年9月28日，新辟H2路，由永宁北路公交中心站始发经永宁北路、龙城大道、竹林北路、飞龙东路、丽华北路、中吴大道、长江中路、长江北路、太湖路、惠山路、龙锦路、永宁北路顺时针方向单向环绕回到永宁北路公交中心站，线长13.1公里。

Y1路 2010年5月3日，开辟游1线，全长6.2公里，从红梅公交中心站始发，经武青路、洗米弄、延陵路，由快速公交专用车道运行至延陵路晋陵路路口，进入常规车道，单向环绕公园路、青果巷、西瀛里、早科坊，上行由延陵路快速公交专用车道运行至文笔塔站，单向环绕文笔塔路、武青路，返回红梅公交中心站。9月1日起，延伸至钟楼经济开发区，增加行驶怀德中路、勤业路、星港路，线长9.2公里。

第三节 普通公交线路

1960年5月市公交公司成立，有运营线路4条、运营车辆17辆，线路总长32.5公里，年客运量538.36万人次。1980年，常州公交公司年客运量首次突破1亿人次，当年有运营线路10条、运营车辆128辆，线路总长106.2公里。1993年，解决武进43个乡镇的公交通达问题。1996—2000年，先后新辟公交线路15条，解决22个老小区和新村居民的公交出行。2001—2005年，市公交集团优化公交线网，消除公交盲区，调整车型结构，加大行车密度，先后新辟、优化调整公交线路各26条，解决中心城区住宅小区、学校和企业的公交通达问题，提高了公交出行的便捷性。2006—2010年，市政府提出“村村通公交”发展目标，市公交集团先后新辟公交线路93条，优化调整245条，撤销35条次，加大行车密度47条次，延长服务时间52条次，解决了一批新住宅小区和644个行政村公交通达的难题，实现市区公交线网全覆盖、公交一体化。2007年9月21日，市区437辆个体中巴车全部收购结束。此后新辟18条线路和4条支线，延伸6条线路，填补公交线网空白。

一、终到武进区线路

1986—1996年，先后开通小营前、火车站和关河东路—芙蓉宕里、双庙、东周，横山桥五一村、焦溪庙前和东青白茅的15路支线5条，其中至宕里支线、至五一村支线和至白茅支线先后于1989年11月、1992年5

月和2005年11月停开。1992年2月、1993年10月，根据市、县人大代表的建议和地方政府的要求，开辟火车站—牛塘镇的112路、火车站—马杭镇的116路，解决牛塘、马杭两镇的公交通达。2003年10月至2004年7月，新辟由火车站—常州大学城的901路和白云新村—常州大学城的928路，沟通常州大学城与中心城区火车站、西北地区的交通。2005年12月横山桥个体中巴车整体收购，30路延伸至横山桥镇五一村，开辟横山桥镇—新安的237路。2007年9月7日，常武地区实现公交一体化后，原2路被撤销。2008—2009年，实施市政府提出的"村村通公交"工程，先后开辟22路支线、火车站—郑陆梧岗村的支线255-1路、到奔牛九里村的93路公交线、火车站东—郑陆镇的208-1路，完善当地的公交线网。2009年5月3日，快速公交二号线开通后，进行线网调整，901路更名、恢复为终到武进的2路，901路撤销，历次线路调整中支线始发站均同步调整。2010年2月20日，因奔牛九里中学并入奔牛第二中学，增设34-1路，方便学生往返就学。

终到武进区公交路线一览表

表7-5-3

线路序号	首次开通时间	定型时间	2010年线路情况		站点（个）	线长（公里）	备　注
			始发站	终到站			
2	既有线路	2009.02	火车站公交中心站	常州大学城	31	12.10	
5	1986.01	2009.07	花园公交中心站	殷村公交中心站	25	17.10	
105	1986.01	1986.01	公交一场	皇塘（大站车）	12	20.70	1998年8月停开
5-1	1999.11	1999.11	花园新村	厚余金鸡村	23	17.70	由105路更名的支线
5-2	2008.07	2008.07	花园公交中心站	邹区河头村	18	11.50	为支线路
5-3	2009.07	2009.07	花园公交中心站	三星村	29	19.80	为支线路
10	既有线路	2008.11	永宁北路公交中心站	湖塘纺织公交中心站	28	13.90	
14	1986.01	2008.11	永宁北路公交中心站	淹城公交中心站	31	16.20	
15	既有线路	2009.04	常州客运中心	芙蓉	47	29.00	
20	1994.06	2007.03	火车站东	湖塘纺织城公交中心站	22	12.80	
116	1993.10	1993.10	火车站东	马杭镇	16	10.50	
22	1992.01	2009.07	花园公交中心站	邹区公交中心站	20	11.60	
22-1	2008.04	2008.04	火车站东	邹区鹤溪村	17	12.70	
28	1994.06	2005.09	火车站公交中心站	卢家巷中心站	28	16.50	1994年由112路更名
112	1992.02	1992.10	火车站	卢家巷	18	9.30	
30	1999.04	2005.12	火车站东	横山桥镇五一村	33	19.10	
31	2000.02	2007.01	藻江花园	湖塘乐购	24	15.00	
34	2005.01	2005.01	江南商场	奔牛金联村	29	21.30	

续表 7-5-3

线路序号	首次开通时间	定型时间	2010年线路情况		站点(个)	线长(公里)	备 注
			始发站	终到站			
34-1	2010.02	2010.02	奔牛金联村	奔牛镇政府	16	7.00	
37	2005.12	2005.12	横山五一村	南大街	9	6.30	
93	2009.07	2009.07	江南商场	奔牛镇九里村委	32	22.30	
95	2009.07	2009.07	公交一公司	邹区公交中心站	6	5.30	
220	2001.11	2006.08	红梅公交中心站	中凉新村	13	7.20	
220-1	2008.12	2008.12	红梅公交中心站	巴士公司	9	6.00	
222	2009.08	2009.08	邹区公交中心站	文昌公交站	26	14.00	小公交线
208	2001.03	2006.06	火车站东	东青牟家头村	22	12.00	
208-1	2008.07	2008.07	火车站	郑陆镇	—	—	
237	2004.10	2005.12	横山五一村	横山桥镇新安	18	9.10	
255	2005.01	2005.01	火车站	郑陆镇三皇庙村	37	15.30	小公交线
255-1	2008.06	2008.06	火车站	郑陆镇梧岗村	35	20.90	
901	2003.10	2008.01	火车站东	常州大学城	26	16.80	
928	2004.07	2007.09	白云新村	常州大学城	20	19.70	

说明：1.“既有线路”指本志上限1986年前已开通的线路。2.928路起点白云新村为江苏工业学院白云校区

二、终到新北区线路

1989年3月、1999年2月，先后开辟江南商场—安家的113路、火车站—圩塘的218路，分别填补龙魏公路、通江北路公交线网的空白，解决龙虎塘工业园区、电子产业园、环保产业园及常州国电等企业人员的出行。2004年1月，35路调整为分两段行驶，一段为江南商场—华联吉买盛—魏村青城，一段为华联吉买盛—小河—孟城。2004年1月，开辟由小营前—魏村新华村的40路，2月28日整体收购汤庄中巴车，开辟火车站—汤庄的41路，部分班次延伸至罗溪。翌年2月，41路改行新昌路、新庆路、薛冶路，部分班次延伸至罗溪。

2005—2007年，市政府统一部署整体收购小河、孟河、汤庄等地的私营中巴车。2006年6月，调整线网，填补龙江路和新区天山路、昆仑路的公交线网空白。2007年1月，开辟花园公交中心站—绿洲花园的50路，填补长江中路公交线网空白，实现花园居住区与市行政中心直接沟通。8月1日，开通由火车站—孟河富民小区的57路；原越城巴士经营的火车站—浦河—孟城六厂的浦河线更名为59路，设17大站停靠点和16个招呼停靠站，完善小河、孟城、浦河等地的公交线网；9月，开辟罗溪北站—华联吉买盛的小公交线241路，填补黄河西路公交线网空白，罗溪镇与新北区行政中心直接通行。

2008年11月至2009年底，实施“村村通公交”工程，先后开辟西夏墅镇政府—浦西村委的49路、安家—春江镇政府的91路和安家—金家村委的227路，开辟罗溪北站—健康村的小公交线233路、罗溪北站—彭家村委的支线233-1路、薛家中心站—四霍庄的小公交线234路和薛家公交中心站至吕墅支线234-1路。12月29日，27路改道行驶，填补天山路北段公交线网空白。2008年12月，开辟西夏墅镇政府—葛庄的小公交线238路、西夏墅镇政府—牛郎村委238-1路和安家—邹庄村委的小公交线239路。2008年12月，开

辟孟河公交中心站—南荫东的256路。2009年6月，开辟孟河公交中心站—大圩村的支线257-1路。2009年6月5日，开辟由孟河公交中心站—孟河河北巷的259路，解决了郭河、郑良、白兔东、石巷、河北公交通车。2009年5月，开辟安阳里小区—华联吉买盛的小公交线250路，填补泰山路南段、巢湖路线网空白，方便金梅花园、金城花园、嘉顺花园等小区居民出行。24路填补大渡河路等公交线网空白，解决了怀德桥周边住宅区与行政中心的直接通行；开辟孟河公交中心站—树新村的小公交线235路。2009年6月，开通孟河公交中心站—惜字洲村的支线236-1路。2010年1月，孟河镇孟小线改造完成，新辟240路无人售票小公共汽车环线，解决黄山、猛将、卧龙等行政村公交通车。

终到新北区公交线路一览表

表7-5-4

线路序号	首次开通时间	定型时间	2010年线路情况		站点(个)	线长(公里)	备注
			始发站	终到站			
4	1986.01	2004.08	江南商场	罗溪北站(罗墅湾)	32	22.1	
18	1992.11	2004.01	火车站	魏村闸北	39	29.0	
18-1	2003.04	2003.04	火车站	魏村临江小区	42	30.3	
19	1996.12	2008.11	红梅公交中心站	锦海星城	32	17.4	
24	2002.01	2009.05	清潭新村	长江贸易中心	25	12.5	
27	1997.04	2008.12	华联吉买盛	西夏墅镇政府	36	31.2	
113	1989.03	1993.07	江南商场	西夏墅东站	29	28.2	
27-1	1993.07	2004.02	江南商场	石　庄	—	—	2008年12撤销
27-2	1993.07	2008.12	华联吉买盛	西夏墅戎家村委	—	—	2004年6月撤销
32	2002.04	2008.04	火车站	常州民航机场	31	27.1	
35	2003.04	2008.12	小新桥	孟河公交中心站	38	27.8	
235	2008.12	2008.12	树　新	孟河公交中心站	11	6.9	
36	2004.01	2008.08	火车站	魏村闸北	48	30.4	
40	2004.01	2006.06	小营前	魏村新华	40	31.4	
41	2004.02	2005.02	火车站东	汤庄北站	35	22.7	
42	2004.10	2006.09	荆川公园	长江贸易中心	26	12.4	
44	2008.08	2008.08	小新桥公交中心站	圩塘渡口	20	12.6	
44-1	2008.12	2008.12	小新桥公交中心站	史墅村南蒋家桥	7	5.2	
45	2008.12	2008.12	薛家公交中心站	江南商场	21	12.9	
46	2004.09	2008.01	江南商场	龙虎塘	24	13.9	
226	2001.03	2003.09	江南商场	第三汽车公司	12	9.8	2001年7月10日曾停开
47	2006.03	2008.12	薛家公交中心站	火车站	31	15.1	由227路更名
227	1999.04	2004.06	火车站	薛　家	9	6.8	2006年更名为47路

续表 7-5-4

线路序号	首次开通时间	定型时间	2010年线路情况		站点(个)	线长(公里)	备注
			始发站	终到站			
48	2004.09	2004.09	火车站	圩塘渡口	45	26.2	由218路更名
218	1999.02	2003.06	火车站	圩塘渡口	24	24.4	
49	2008.12	2008.12	西夏墅镇政府	浦西村委	8	5.8	
50	2007.01	2007.01	花园公交中心站	绿洲花园	16	11.5	
57	2007.08	2008.12	火车站	孟河公交中心站	34	41.6	16个大站、18个招呼站
58	2005.09	2005.09	罗溪王下村	南大街	22	17.9	终点站单向环绕
59	2007.08	2007.08	火车站	孟城六厂	33	41.8	由个体中巴车更名
91	2008.12	2008.12	安　家	春江镇政府	19	13.9	
92	2009.10	2009.10	新北高新科技园	赣江东路	23	15.1	
215	1990.09	2009.04	青龙双沟	华联吉买盛	11	7.3	小公交线
227	2008.12	2008.12	安　家	金家村委	11	6.8	小公交线
233	2008.12	2010.02	罗溪南站	健康村	15	9.3	小公交线
233-1	2009.01	2010.02	罗溪南站	彭家村委	9	5.0	
234	2008.11	2008.11	薛家中心站	四霍庄	9	7.6	
234-1	2009.07	2009.07	薛家公交中心站	吕　墅		7.0	
235	2008.12	2009.08	孟河公交中心站	孟城六厂	11	6.9	
236	2007.02	2008.12	孟河公交中心站	魏村闸北	18	14.5	
236-1	2009.06	2009.06	孟河公交中心站	惜字洲村	18	10.2	
238	2008.12	2008.12	西夏墅镇政府	西夏墅葛庄	11	5.5	小公交线
238-1	2008.12	2008.12	西夏墅镇政府	西夏墅牛郎村委	5	3.8	小公交线
239	2008.12	2008.12	安　家	邹庄村委	11	7.9	小公交线
240	2010.01	2010.01	孟河公交中心站	孟河公交中心站	22	16.6	小公交线
241	2007.09	2010.02	华联吉买盛	罗溪南站	21	21.5	小公交线
250	2009.05	2009.05	安阳里小区	华联吉买盛	14	7.3	小公交线
256	2008.12	2008.12	孟河公交中心站	南荫东	14	8.8	小公交线
257	2007.08	2008.12	孟河公交中心站	庙边卓云公司	16	8.5	
257-1	2009.06	—	孟河公交中心站	大圩村	14	9.6	
259	2004.04	2009.06	孟河公交中心站	孟河河北巷	20	14.8	

说明：小公交线指运行小型公交车的公交线

三、终到天宁区线路

1992 年 7 月 12 日开辟教育会场站—横林的 17 路，2008 年 12 月始发站调整至横林国际地板城，开往天宁寺东站，全长 19.1 公里。1996 年 7 月，开辟白云新村—牌楼弄的 25 路，2009 年 8 月因红星美凯龙回车场撤销缩线至九龙小商品市场，全长10.8公里。2010年6月，33路始发站调至新北公交中心站，全线长15.6公里。2008年1月，快速公交一号线B12线开通，26路停开；快速公交一号线B13支线开通，撤销13路线。2009年4月，快速公交二号线开通，结合线网优化调整，撤销3路白天运行班次，仅保留夜班线，重新启用55路名称，终点站延伸至白家桥，全长13.4公里。2009年5月，快速公交二号线B23支线开通，撤销9路线。2010年6月24日，216路调整至常州客运中心始发，全长11.1公里。

终到天宁区公交线路一览表

表7-5-5

线路序号	首次开通时间	定型时间	2010年线路情况		站点(个)	线长(公里)	备注
			始发站	终到站			
1	既有线路	2010.07	丽华一村	火车站	20	10.50	
3	既有线路	2001.10	花园公交中心站	政成桥	17	8.60	2009年5月1日撤销
6	既有线路	2006.07	机械新村	丽华南路公交回车场	20	9.60	1995年3月26日成为全市首条无人售票线
8	既有线路	2007.09	遥观建农村	工人文化宫	28	15.50	
9	既有线路	2008.05	钟楼公交中心站	虹景金桂园	29	13.90	
11	既有线路	2006.08	月星家居广场	红梅公交中心站	24	13.70	
13	既有线路	2006.10	小新桥回车场	小营前	25	11.90	2008年1月8日B13支线开通后撤销
16	既有线路	1989.09	翠竹新村新塘路站	丽华二村	14	9.40	
17	1992.07	2008.12	横林地板城	文化宫	29	19.10	
21	1989.01	2008.12	薛家公交中心站	火车站	29	16.20	
25	1996.07	2006.12	白云新村	九龙小商品市场	21	10.80	
26	1994.08	2006.10	中华恐龙园	红梅公交中心站	21	11.90	2008年1月停开
33	2002.06	2010.02	新北公交中心站	清凉东站	23	15.60	
53	2006.09	2008.08	绿洲家园	红梅公交中心站	20	8.70	
201	2001.06	2002.08	五星新新村	兆丰花苑	22	11.60	2009年4月撤销
216	1999.05	2004.06	常州客运中心	青龙双沟村	25	11.10	
217	1999.05	2009.04	东升村回车场	天宁寺	14	9.10	
219	2000.12	2000.12	浦南南村	火车站	15	7.60	终点站单向环绕
225	2000.06	2007.11	钟楼科技工业园南公交中心站	清凉新村北站	32	13.60	
231	2001.06	2008.08	清凉东村	小营前路桥市场	8	4.60	
902	2004.07	2008.05	花园公交中心站	火车站	14	8.10	2009年5月撤销
903	1999.11	1999.11	一汽公司	火车站	14	6.40	2004年7月撤销

说明：“既有线路”指本志上限1986年前已经开通运行的线路

四、终到钟楼区线路

1991年11月底，开辟火车站—江南商场小公交线212路，设8个站，全长3公里；同年底复辟火车站—

兰陵小公交线214路；1991年11月，4路公交车加大密度，204路被撤销；12月，复辟火车站—兰陵小公交线204路，2000年12月因复线系数过高再度撤销。2001年4月，开辟由江南商场—薛家的小公交线路，再启204路路名，停靠西新桥、芦墅桥、机械新村、五星桥、新仓路、青年路、拖拉机厂、冶金厂等16个站点，全长12.2公里，填补新闸青年路及外环路西段的公交线网空白。12月下旬28路实行翻牌式无人售票制，6月底212路调整至虹景花园始发，解决红梅东村腹地和虹景花园居民的出行。2002—2005年，先后开辟小公交线221路、258路、210路、232路和205路，分别由一汽公司、江南商场、火车站、虹景花园、西新桥二村始发，开往江南商场、新闸镇政府、江南春宾馆、广化桥和工人新村北区，解决广成路、竹林东路和西路、南河沿沿线与清潭五村、工人新村、红梅西村、文亨花园和西新桥二村、三村等小区居民的公交出行。

2005年8月，206路更换车型，更名为56路，由荆川里小区开往西新桥三村；8月底，212路终点站延伸

终到钟楼区公交路线一览表

表7-5-6

线路序号	首次开通时间	定型时间	2010年线路情况		站点（个）	线长（公里）	备　注
			始发站	终到站			
12	1982.02	2009.12	白云南路公交站	火车站	17	9.00	
23	1997.08	2004.04	一汽公司	小营前路桥市场	19	8.80	
29	1999.09	2002.09	中华恐龙园	县直街	26	14.00	终点单向绕行
38	2001.12	2010.04	新城长岛小区	火车站	20	12.00	
39	1999.02	2009.05	火车站公交中心站	省城建学校	24	10.10	
43	2008.12	2008.12	薛家公交中心站	江南商场	23	14.60	
51	2002.06	2006.02	一汽公司	荷花池公寓	15	9.70	终点站单向绕行
52	2003.11	2008.09	钟楼开发区科技工业园南站	人民公园	14	13.20	终点站单向绕行
56	2000.02	2007.12	白荡河公交中心站	飞龙立交桥	20	10.00	
97	2009.09	2009.09	邹区公交中心站	钟楼公交中心站	16	9.50	
98	2008.10	2008.10	江南商场	新闸荷园	17	8.90	
204	1989.08	2004年8	江南商场	常州冶金机械厂	—	—	2008年12月改为45路
205	2005.08	2007.12	大红旗路公交站	工人新村北区	14	5.90	终点站绕行
206	2008.05	2008.05	江南商场	锦江丽都	8	3.20	
210	2003.01	2003.01	火车站	江南春宾馆	15	6.60	
212	1991.11	2005.08	虹景花园	安阳里小区	12	7.40	
214	1989.06	1992.03	火车站	江南春宾馆	—	—	2001年10月撤销
229	2007.09	2007.09	花园公交中心站	星港花园	15	6.60	
229-1	2009.09		花园公交中心站	朱夏墅社区	8	5.20	
232	2004.09	2004.09	虹景花园	广化桥	21	10.60	
258	2002.10	2005.02	新闸镇政府	南大街	20	10.30	终点站单向绕行
259	2004.04	2007.11	钟楼科技工业园南公交中心站	江南商场	11	10.10	

至安阳里小区，解决安阳里小区、虹景花园居民的公交出行。2007 年 9 月，开辟花园公交中心站—星港花园的小公交线 229 路。2008 年 5 月，因 56 路终点站调整至飞龙立交桥，增开小公交线 206 路，由江南商场—锦江丽都，解决锦江丽都、春天花园地区市民的公交出行；同年 10 月，开辟 98 路，由江南商场—常州荷园，解决新闸花苑、常州荷园地区居民的公交出行。翌年 9 月，开辟由邹区公交中心站—钟楼公交中心站的 97 路公交线。

五、终到戚墅堰区线路

2003—2004 年，先后开辟小公交线 207 路、230 路，均由戚墅堰河苑新村始发，分别开往戚墅堰工房北区、潞城东城路，解决了戚墅堰地区南北及与戚墅堰新行政中心沟通，方便戚墅堰工房北区市民出行。2009 年 5 月，快速公交二号线开通，进行线网优化调整。

终到戚墅堰区公交路线一览表

表 7-5-7

线路序号	首次开通时间	定型时间	2010 年线路情况		站点(个)	线长(公里)
			始发站	终到站		
7	既有线路	2006.08	红梅公交中心站	戚墅堰区公交中心站	23	11.90
30	1999.04	2005.12	天宁寺公交回车场	潞城	24	19.10
37	2005.12	2009.07	横山星辰村	戚墅堰区公交中心站	11	6.30
207	2003.09	2003.09	河苑新村	戚墅堰工房北区	9	6.00
230	2004.05	2004.05	河苑新村	潞城东城路	22	12.70

说明：既有线路指本志上限 1986 年前已经开通运行的线路

第四节　车辆服务

1960 年常州公交公司成立之初，有旧式美制的吉姆西客车 12 辆。1976 年以后，车辆年均增长数超 10 辆，1978 年首次突破百辆大关，达 130 辆。2000 年起，车辆大幅增长，车辆总数突破 500 辆，首批 26 辆空调车落户常州。2007 年，市委、市政府开始实施公交优先发展战略，常州公交公司购置空调车 215 辆，其中 65 辆为压缩天然气(CNG)车。2008 年，新增空调公交车 800 辆，增量为历年之最。2009 年，新增空调公交车 200 辆。2010 年底，常州公交拥有运营车辆 2615 辆，其中空调公交车 1844 辆，空调车比例达 70.5%，改善了市民乘车环境，提升了城市形象。

一、车辆类型

常州公交公司成立之初，大部分车辆来源于常州客车厂。2007 年开始，常州公交从改善车况、提高服务、绿色环保的角度出发，主要从江苏常隆客车有限公司、丹东黄海责任公司和苏州金龙联合工业有限公司购买排放标准国Ⅲ及其以上的空调客车。按燃料种类分类，公司有汽油车、柴油车和天然气车 3 种车辆。2006 年以后，常州公交集团落实国家节能减排政策，对汽油车和部分柴油车实施油改气、柴改气项目。2010 年，集团拥有天然气公交车 461 辆，占车辆数的 19.3%；国Ⅲ及其以上排放的柴油公交车 1192 辆，占车辆数的 49.94%。

二、车辆保修

常州公交成立之初，仅有车房面积 678 平方米，修理工 13 人(包括学员 9 人)。1985 年，拥有 1 家修理厂和两个场保修车间，保修场地达1万平方米。2010年末，常州公交拥有1个大修厂、4个分公司保修厂，保修场地面积达31万平方米，具备承修2500台运营车辆的大修、中修，发动机大修，一、二级维护和修理的能力。常州公交公司自成立起，就订立例行保养、一级保养、二级保养、三级保养和四级保养的五级保养制。1999年3月，车辆技术管理由合理使用、定期保养、计划管理转变为对运营车辆实行择优选配、正确使用、定期检测、积极修理、适时更新和报废的全程综合管理，实行加强一保、二保，取消高保和大修，车身和发动机视情修理的新保修工艺。

三、车辆升级

常州公交在50年的发展过程中，公交车辆档次逐步提高，高科技、新材料、新工艺逐步应用。2007年以后，新增车辆全部达国3以上排放标准，逐步引进低地板一级踏步、空气悬架、无级变速等高档车辆，增配自动灭火机、全球定位系统、电子路牌等车载设备、车辆集中润滑系统、蹄片间隙自调装置、循环球式动力转向总成、无内胎子午线轮胎和三速电磁离合器风扇等先进技术和设备。整车采用全承载式车体，玻璃采用整车粘贴式，带移动开启窗，乘客门采用铝合金启动双内摆，设置内外应急阀门，18米车具有残疾人翻板；使用非独立式顶置冷空调，电喷燃油加热除霜器；部分车辆配备顶窗、移窗、自动灭火器，使用不锈钢公交车专用扶手杆，配备安全锤、电器总闸等。公交车辆配备前路牌、后路牌和侧路牌，通过全球定位系统，可实现语音自动报站、刷卡联动、三牌联动，车载全球定位系统配备喊话声响、车载DVR主机、视频探头、短程通信模块等设备。

四、运营服务

秉承“一切为了乘客满意”的服务宗旨。通过内部考核监督、比赛、争先创优、满意度调度及发布社会责任报告等系列举措，提升整体服务水平。1998年开始，常州公交开展创建“文明线路”“文明车站”“文明车间”活动。2007年，常州公交推出驾驶员星级服务管理办法，2月8日成立常州公交服务中心，启用咨询热线。2009年，公交星级服务管理扩大到包括驾驶员、乘务员、站服员和站务员在内的一线岗位人员和修理工等后方维修人员。2010年2月，启用“96155”服务热线，方便与市民沟通。常州公交服务中心成立至2010年，受理建议、咨询和投诉等30多万起，日均接待、接听来访来电264件，赢得乘客的信赖和社会的认可。2008—2010年，常州公交开展乘客满意度和员工满意度调查，乘客对常州公交整体服务水平满意度持续提升。2010年1月21日，常州公交开始发布首份企业社会责任报告，建立定期向社会发布社会责任履行情况的机制。

五、票价票制

根据城市经济发展和具体线路情况，以及市物价部门有关文件，采用多种售票方式，及时调整票价票制。1986年4月1日实行《江苏省汽车客货运价实施细则的通知》，郊区线路改0.05元起售，0.05元进级，费率调整为每公里0.023元。7月1日起，市区线路票价调整为0.05元起售，费率执行每公里0.017元。1987年2月20日，调整农村公共汽车票价，郊区线路认定为农村公交线，执行农公线运价，郊区费率调整为每公里0.03元，0.05元起售，0.05元进级。1990年9月11日，市区费率调整为每公里0.038元，0.1元起售，0.05元进级；成人月票调整为市区7.5元、郊区13元，学生月票市区2.8元、郊区5.6元。1999年，空调公交车票价费率执行每人每公里0.16元，6公里一档，无人售票车2元一票制，郊区1元起售，1元进级。2001年10月1日，启用IC卡收费系统，月票转换为IC卡，A卡、B卡统一归为成人月票卡，一次性充值40元、60元；A学卡、B学卡统一归为学生月票卡，一次性充值20元、30元。2007年1月12日，市政府第56次常务会议通过《常州市2007年公交优先发展实施方案》，出台低票价惠民政策，空调车票价与普通车并轨，全部实行1

元一票制；2007 年 3 月 1 日起，市区刷卡的线路实行刷卡 6 折、老年卡 2 折、学生卡 3 折优惠，4 月 1 日起取消公交月票。为解决困难职工乘公交问题，2007 年起发放爱心公交卡。至 2010 年底，市政府通过公交低票价让利市民 10.47 亿元，向困难职工发放爱心公交卡 5000 张。

第五节 出租车

1994 年前，常州市区出租车所有车型起步里程为 3 公里，起步价和车公里租价因车型而异，其中桑塔纳轿车起步价为 13 元，租价为每公里 1.8 元；起步里程以外每公里加收 50% 的回程空驶费。从 1994 年起，市区建立起较为完善的出租汽车运价体系，同时实施出租车计价器计费规定，调整了出租汽车运价，其中桑塔纳轿车起步价降至 10 元，加收的 50% 单程空驶费改为从 5 公里以外开始起算。1995 年以前，全市出租车行业无明确的主管部门，服务水平较低，普遍存在着不按计价器显示金额收费、绕道、超运价收费等不规范经营现象。1995 年，市政府出台《常州市客运出租汽车管理办法》，明确市交通局为全市出租车行业的主管部门，市运输管理处负责具体实施管理，全市出租汽车行业从此步入法制化、规范化管理轨道。市政府提出出租车"宏观控制，限量发展"的思路，开始推行出租车经营权有偿使用，于 12 月 31 日起停止新增出租车的行政审批，出租车运力从此纳入总量调控、有计划新增的轨道。同年，开展大规模的出租车市场整治行动，查处出租车不使用计价器的营运违章近 100 起，遏制了不规范经营行为。市运输管理处代表出租车行业向全社会做出"三项承诺"：先上后问，不拒载乘客；按照计价器显示金额收费，主动出具发票；有零找零，无零让利。1996 年和 1999 年，常州先后两次通过拍卖的方式分别新增出租车 100 辆和 150 辆。

1998 年，出租汽车运价再次调整，其中桑塔纳轿车起步价降低为 8 元，加收的 50% 单程空驶费改为从 6 公里以外开始起算。1999 年 2 月、9 月，市交通局联合物价局、法制局、工商局两度出台一次性全额承包、租赁经营收费限额标准，规范出租车企业的收费，保护出租车驾驶员的利益。2000 年起，市区出租车行业开始推行公司化经营，逐步推动出租车企业向规模化、集约化发展方向，对拥有车辆达 50 辆规模的出租车企业给予政策支持，鼓励企业合并，扩大经营规模。至 2003 年，市区（含武进）出租车企业由 52 家整合为 18 家。2004—2007 年，全市 3 次以服务质量招投标的方式，新增出租汽车 700 辆。市政府要求中标车辆实施公司化经营，必须由公司承担购车、经营权有偿使用费等一次性营运投入，公司依法为驾驶员承担劳动保障（社会保险）费用。2007 年 1 月，市政府发布新的《常州市市区客运出租汽车管理办法》，规定个体车辆在经营期满后实施公司化管理的要求，实行经营权有偿有期出让政策，此后新增的出租车全部实行公司化经营。同年出台的《关于市区客运出租汽车近期报废更新继续实行经营权有偿使用的意见》，把出租车经营期限从 8 年缩减为 4 年，提高出租车准用车辆档次，原普通型桑塔纳逐步更新为桑塔纳 3000 型轿车。

2008 年 8 月，市区出租车调度服务中心成立，实现电话招车，同时通过出租车车载终端设备对出租车营运时间、里程、营业收入、载客里程等情况及时记录统计，帮助管理部门掌握出租车行业营运状况，进行宏观调控。12 月，市政府发布《关于实施公共交通优先战略，促进市区出租汽车行业健康发展的意见》，把出租车经营权有偿使用年限和有偿使用金由 4 年 4 万元调整为 5 年 3 万元；把出租车公司向驾驶员收取的承包费最高限额从每月 8250 元下调至 7500 元，收取的管理服务费从每月 700 元下调为 500 元。市运管部门建立市区出租汽车服务质量逐月逐车考评机制，对当月无营运违章的车辆给予每车每月 400 元以内的奖励；通过出租车服务质量提升活动，使市区出租车的形象根本改观。2010 年，市区再次新增出租车 400 辆，缓解高峰时段打车难的状况。

2006年6月15日起，因受国际燃油价格上涨影响，市区出租汽车在起步价8元以外加收燃油附加费1元。2009年10月起，实施出租汽车油价与运价联动机制，根据当时油价取消每车次收取1元的燃油附加费，市区所有车型出租汽车起步价统一调整为9元。

第六章　城市照明

1986年初，常州拥有城市照明设施7196盏，线路总长299公里。80年代后期，城区主要道路、交叉口及部分新村普遍采用地埋电缆方式和高压汞灯、钠灯、金卤灯及LED等环保高效的灯具，运用新科技、新工艺和新材料替代传统的路灯工艺。进入21世纪，城市照明从单一的道路照明发展到包括公园、绿地和建筑物照明等景观照明的综合照明体系。市城市照明管理处加强科研成果应用，管养的城市照明设施亮灯率和设施完好率均超出省和国家规定的指标。作为全国市政协会城市照明专业委员会副秘书长单位，主编了全国唯一的行业专业杂志《城市照明》，参与了建设部《城市道路照明工程施工及验收规程》《城市道路照明技术规范》《城市照明绿色评价标准》《城市照明自动控制系统技术规范》《城市照明工程设计与施工手册》等10余项省部级行业标准与指南的制定。2010年底，常州城区（不含武进城区）拥有照明设施31.9万盏，总功率4.1万千瓦，线路总长4361.58公里。路灯控制从光电自动控制发展为无线遥控、遥测、遥讯系统控制，向基于通用分组无线服务技术（即General Packet Radio Service，简称GPRS）数据传输网络实现包括遥视、遥调在内的城市照明远程监控“五遥”（遥控、遥测、遥信、遥调和遥视）系统发展。

第一节　照明工程

常州市路灯管理所，1990年更名为常州市路灯管理处，2005年经市编办批准更现名。随着城市建设的发展，常州城市照明从单一的道路桥梁照明向住宅小区照明、园林绿化景观照明、建筑物照明等范围扩展，照明工程规模逐步扩大，注重应用新科技、新材料、新工艺，改进照明控制手段，美化城市景观。

一、延陵西路路灯工程

该工程是80年代常州路灯建设的代表，被评为江苏省优质路灯工程。1987年，投资67.42万元建设，采用主干道双挑灯、人行道华亭灯、十字交叉路口伞形广场灯设计，安装伞形广场灯12套144盏、华亭灯48套192盏、双挑灯29套58盏、单挑灯6套，敷设电缆线5986米，设6套落地开关箱，首次独立设置双配电间。

二、同济立交桥路灯工程

同济立交桥是常州城区第一座大型立交桥，其路灯工程1994年5月底竣工，总投资266.61万元，装灯236盏，专用电缆线5850米，落地开关箱3套，设独立配电间二级控制路灯。路灯设置别具匠心，在立交桥的圆环中心设立1柱30米高、24火高杆灯，东西匝道及北行道跨运河段立4柱25米高、24火高杆灯，烘托了立交桥的宏伟；在桥的东南西北行道边安装16米高中杆、4火组合灯19套。

三、红梅西村路灯工程

该工程是常州路灯建设史上第一个获得建设部优秀管理奖的路灯工程。红梅西村总建筑面积15万平方米，获得建设部城市住宅小区建设试点小区金质奖。路灯工程于1994年3月至1994年5月建设，投资153.44万元，安装单叉、双叉簸箕灯、双叉和四叉华亭灯137套、198盏，敷设地缆线5155米，专设控制柜1套，路灯工程施工与小区道路施工同步进行。该工程被评为市级优质工程。

四、常澄路路灯工程

该工程是常州路灯建设史上第一项投资额超千万的路灯工程。1999年9月建设，配合道路工程同步竣工，投资1026.98万元。路灯照明按高照度、节日灯型的要求设计，在长4.75公里、宽48米的路段两侧的绿化带内对称安装12米高组合花灯，电光源NG400×4盏和45瓦节能灯5盏；在长1.1公里宽38米路段中间的隔离带内安装9米高的双挑灯，灯光源NG400和45瓦节能灯；不同宽度路灯的联结过渡段和道路交叉口上，采用16米中杆灯照明，全线安装路灯282套、2049盏，敷设地下电缆线29.048公里，设置8个配电点，专变容量100～260千伏安。该路灯工程用专用控制线贯穿全路，8个配电点均设置路灯"无线三遥"监控，路灯运行可靠；配电房采用降压控制新技术，线路电压稳定；分全夜灯、半夜灯和节日灯分别控制模式，满足多种要求的照明需要，被评为江苏省优质路灯工程。

五、西环二路道路照明工程

该工程2003年9月至2003年12月建设，总投资1312.16万元。西环二路各路段交叉口照明水平突出，专设中杆、高杆灯照明，照度达标，安装16米6火中杆投光灯120盏、20套，配置NG400、250光源；12米单挑灯14盏、14套，配置NG400光源；3.5米单火庭院灯6盏、6套，NG150光源；敷设VV4×25电缆52.2公里；VV3×6电缆19.81公里；设置配电点12处。2005年，获得全国市政工程最高奖市政工程金杯奖。

六、红梅公园改扩建照明工程

红梅公园位于常州城区中心，是城区最大的综合性公园，建于1959年8月，占地37公顷，其中水域7公顷。2006年4月至2006年9月建设，总投资2247.88万元。该工程重点考虑与天宁寺塔的关系处理及沿线风景倒影效果，引入写真还原、层次分明、明暗交替、绿色照明的照明设计理念，突出"三轴"——3条人流入口、"两核"——文笔塔、红梅阁的照明重点，安装庭院灯、草坪灯、地埋灯、投光灯等灯具7000余套；线性灯、LED轮廓灯、美耐灯、星光灯等2000多米；设置配电点两处，新增接线箱22台；总功率300千瓦，能耗密度仅每平方米0.8瓦。2008年6月，工程获得中国照明学会照明设计奖二等奖，是国内第一个获中国照明领域最高奖项的园林照明工程。

七、高架道路一期照明工程

该工程2007年6月至2008年8月建设，在高架路的交会处采用不同色彩的灯光为车辆做引导，左转弯为湖蓝色灯光，右转弯为暖黄色灯光。匝道内安装了1款市城市照明管理处与索恩公司联合开发申请国家专利的嵌入式匝道灯，最大限度避免眩光的产生。工程分为功能照明、景观照明两部分，其中景观照明工程总投资9750.89万元，安装立柱投光灯621套、线型灯7.33万米、可变色投光灯274套、桥塔拉索桥底投光灯152套、地埋灯58套、LED定制灯具554套、大树投光灯2720套、草坪灯3193套；埋设电缆25.64万米。功能照明工程

常州城区高架道路一期立交桥照明（摄于2010年8月）

总投资1.06亿元，安装灯具1.4万盏、1.19万套，其中地面部分5506盏、3506套，高架部分8493盏、8431套；埋设电缆26.03万米，设置配电点29处，在箱变处设“无线三遥”监控装置。

八、“三河三园”景观照明工程（一期）

该工程2009年7月至2009年9月建设，按照“现代、亲水、生态、文化、经济”的理念，以沿河建筑为点，水岸及绿化带为线，打造具有较高文化内涵、注重节能与环保、特色鲜明的城市景观照明体系，形成常州新的水乡夜景风貌。平面照明工程涉及水门桥、洋桥、丹青桥、小东门北桥、小东门桥、新丰东桥、新丰桥、北太平桥、聚和桥、永安桥、青山桥、北塘河桥、晋陵桥、铁路桥、红菱桥、常柴桥16座。楼宇景观照明工程范围囊括景秀世家、中央花园、银河湾、青山湾、聚和家园、丽景花园等21个小区及火车站、大洋百货等公共建筑9处。工程全部采用智能控制系统，实现楼宇照明与地面景观灯联动，楼宇亮化大量采用环保节能型的LED灯具，使用灯具3.4万套、电缆21.85万米，总造价5306万元。

第二节　设施管理

80年代后期，随着常州路灯数量逐年增加，安装维修装备逐步机械化，维护检修路灯的效率亦不断提高。1995年，市路灯管理处实行路灯号码牌管理，提高日常维护管理的工作效率。90年代，市路灯管理处实行社会服务承诺制，明确“片灭灯24小时修复，报修灯48小时修复”的服务承诺。2004年，再次缩短承诺时限一半，体现服务水平的亮灯率、设施完好率、电话报修率等服务指标连续多年保持在较高水平。打破施工与维护二合一的传统模式，成立城市照明服务中心，把照明设施的日常维护、管理及应急抢修纳入服务中心，形成服务热线、照明网站和人民来信的365天24小时不间断的沟通渠道。2000年底，市城市照明管理处承担维护的

1985—2009年照明设施总量、线路与配电控制情况表

表7-6-1

年份	设施总量(盏)	线路总长(千米)	控制箱柜(套)	总功率(千瓦)	年份	设施总量(盏)	线路总长(千米)	控制箱柜(套)	总功率(千瓦)
1985	7196	299.48	98	598.87	1999	20632	829.24	275	3147.29
1987	8564	355.43	123	754.56	2000	22814	958.18	304	3646.84
1988	9289	372.87	135	884.45	2001	25358	1080.04	349	4422.51
1989	9791	395.36	154	967.90	2002	28941	1392.76	393	5716.19
1990	10276	424.65	153	1016.36	2003	35697	1613.47	408	8104.49
1991	11134	461.88	160	1137.02	2004	42369	1802.64	433	9878.27
1992	11569	482.92	170	1208.03	2005	49753	2203.10	445	12647.50
1993	11747	505.12	171	1569.56	2006	58383	2744.17	487	15528.00
1994	13192	554.45	179	1722.46	2007	82822	3251.56	588	19220.50
1995	14228	585.78	204	1772.09	2008	189950	4039.95	673	25969.10
1996	15077	621.60	212	1931.20	2009	271256	4411.23	764	28362.84
1997	16165	688.43	233	2222.54	2010	318967	4361.58	921	41388.84
1998	16971	729.88	243	2413.08					

设施总量达 27.12 万盏，其中功能照明 9.33 万盏、亮化设施 17.79 万盏、线型灯 15.23 万米。2010 年底，市区拥有照明设施 31.9 万盏，线路总长 4361.58 公里，总功率 4.14 万千瓦。

第三节 照明技术

80 年代，常州路灯普遍采用白炽灯为电源，依靠人工手动实现路灯控制。随着城市现代化的发展，常州城市照明技术完成电光源的更替，由白炽灯更替为高压钠灯、节能灯、LED 灯，灯杆由水泥杆和简陋的圆形灯罩发展到形式多样，美观大方；路灯控制成熟运用遥控、遥测、遥讯技术，实现自动化管理。建立、应用城市基础地理信息系统，提高了路灯设施的养护管理效率和信息化管理水平(路灯地理信息系统参见第九卷“交通邮电　信息化建设”第十章“信息化建设”第二节“信息系统建设”)。

一、光源和灯具

80 年代中期，常州路灯的电光源主要是使用第一代钨丝光源白炽灯，90 年代初起逐渐在新建小区推广安装高压汞灯替代白炽灯。2002 年，市政府启动为民办实事里弄灯亮化工程，市区 2063 盏白炽灯全部被淘汰，常州路灯完成第三代电光源的更替，高压钠灯、节能灯成为常州市城市照明主流光源，其光效是普通钨丝灯泡的 6～10 倍。近年来，景观照明成为城市照明的新兴分支，2006 年，延陵东路的景观照明改造时，传统霓虹灯管制做的大红灯笼等全部被新光源光纤、功耗小、寿命长的 LED 灯取代，既节能又呈现出更丰富的照明效果。常州道路照明尤其是主干道采用的都是功能型、防护等级高于 IP65、反射效率高(确保 70%以上)的国内一流品牌或合资品牌的灯具。

二、路灯控制

1987 年，常州一大批新建住宅小区的路灯控制实施新村独立配电间模式，即居住小区配电间进行多回路控制住宅小区路灯启闭，而各居住小区独立配电间又受控于路灯控制大楼总控制的二级控制方式。1990 年，试制路灯“无线三遥”控制系统，由中心调度端经无线信号远程对若干执行端进行控制，由于每个执行端控制一片地区的路灯，所控路灯设施的有关信息经采集分析初步处理后传递到中心调度端，通过遥控、遥测、遥讯对执行端运行参数进行采集、分析、存贮、显示，实现对城市路灯的自动化管理。1993 年完成一期项目，建成中心控制调度室，下设 6 个执行端(分控点)试运行。1996 年实施二期工程，将原 MTBF 电台换成进口的日立 338 电台，改造中心调度室，增设 3 个执行端。1997 年，二期工程建成。

进入 21 世纪，原 230 兆赫兹无线专网无法满足系统通信的要求，市城市照明管理处在原有 230 兆赫兹专用网通信系统基础上，建成多种通信平台，使原来采用的无线专用网与新建的 GPRS 通信网络在同一控制平台上可靠运行、统一管理，保证了监控系统的覆盖范围，满足了常州城市发展的需求。照明多通信平台建设为国内照明监控行业首创，其两种通信网络的接口、协议等保持兼容、统一和专一，使今后的照明监控点的扩期终端可从两种通信方式中优选最佳通信方案。常州“无线三遥”监控系统进入成熟稳定运行期，道路照明和景观照明实现基本电脑化自动监控，采用集中和分时相结合控制方式，既可根据每个季节日出日落的不同时间进行开关控制，又可根据城区、郊区的不同地理位置分组开关，还可利用光采集器对天气变化造成的光照度变化做出及时反应。如后半夜当人、车流量普遍较少或对照明要求不高时，启动半夜灯控制模式，关闭部分照明设施，节约电能。

三、绿色照明

绿色照明指照明用光光源及其配套电器件节能，并减少其直接或间接造成的环境污染。常州城市照明节能主要从管理节能和技术节能两方面着手，管理节能是通过加强对城市照明的设计、施工、运行和养护等环节管理，采取设计优化、控制智能、管理科学等措施。技术节能是通过开发和推广节能技术和节能产品，提高电能的利用效率，主要应用在配电和光源灯具等方面。1996年，常州开始实施中国绿色照明工程计划，1998年在和平路、新丰街及部分新建居住小区、里弄中试用低耗高效的荧光节能灯。90年代末期，推广使用节电器装置，针对下半夜电网负荷小、电压高和交通流量低的情况，采用调压节电器，适度降低光源的工作电压，操作简便，节电率达20%～25%，既节电又延长电器寿命，且对电网无污染。1997—2010年，节约电能1.49亿千瓦时、电费7803.46万元，节电率23.6%，节约的电能总量相当于2010年常州城区照明用电量的1.3倍。

第八卷　水利　水务

Volume VIII

Water Conservancy & Water Affairs

常州河流密布，水网交织。1949—1986年，水利治理相继兴起3次治水高潮。1983年实行市管县体制后，治水境域拓宽，以国民经济“调整、改革、整顿、提高”为指导，水利工作重点放在水利建设和管理上，对较大水管单位实行查安全、定标准，查效益、定措施，查综合经营、定发展计划（简称“三查三定”），强化水利站管理体制建设，推进水利综合经营。所辖武进、金坛、溧阳进入全国水利综合经营“百强县”行列，受到水利电力部表彰。1991年淮河、太湖流域遭受特大洪灾后，国家启动对太湖、淮河流域整治，制订长远治理规划。常州根据流域治理规划，全面确立“西蓄（水库调蓄、湖荡滞洪）、北排（洪水向北排入长江）、东泄（泄入太湖）、中控（大运河新闸和丹金闸控制）”的防洪治水战略，建成沿江魏村、澡港两个水利枢纽。1999年太湖流域再次发生洪涝灾害后，常州加大水利建设规模，实施建设沿湖武进港、雅浦港、丹金闸3个水利枢纽和新闸防洪控制节点控制工程，投资建设长江堤防达标、环太湖大堤加固、北河拓浚、澡港河拓浚等流域治理骨干工程，病险水库除险加固，城市防洪、中小河道治理等区域治理项目相继完工。第三次治水高潮延续和深化阶段中，全市流域、区域水利建设与农村水利工程齐头并进。各级坚持可持续发展的治理思路，解决群众急需解决的水利突出问题，推进水利进城、给排水下乡、水环境整治进村等重大行动，取得实效，全市水利事业出现城乡统筹、水利治理与保护相协调的新格局。1986—2010年，全市水利建设投资70余亿元，完成土石方21亿立方米，修筑江湖堤防50余公里，防洪保护面积52.32平方公里，新建和加固圩堤2469公里，保护圩内耕地75.72万亩；开挖和疏浚骨干河道1469条、长2600公里。2010年底全市拥有干支渠道1.62万条、6978.8公里。兴建水库89座，总库容3.3亿立方米，兴利库容1.7亿立方米；新建扩建蓄水量在10万立方米以下的塘坝1.46万座，蓄水6853万立方米。通江河道建闸5座，全部建闸控制，设计总排水流量每秒882立方米、总引水流量每秒435立方米；建成小型机电排灌站3107座，总受益面积280多万亩，圩区排涝能力达每万亩每秒5.22立方米。全市抗洪排涝防御工程体系、引排调蓄水源工程体系日益完备，农田灌溉和降渍工程体系标准持续提高，在抗御水旱灾害中发挥了巨大作用，带动了交通航运、镇村建设、水环境治理等事业的发展。

第一章　水利规划

常州水利规划分综合、专项两大类。综合利用水利规划主要与“七五”至“十一五”国民经济发展计划相配套，其任务一般在两项以上；专项规划是按照水利治理范围、目标、类型，编制太湖治理、长江防洪、区域治理、农田水利、水资源管理等专项规划，太湖治理、长江防洪建设规划是国家太湖治理、长江流域综合治理规划的有机组成部分。常州流域性规划依据80年代水利部长江水利委员会、太湖流域管理局的要求分别编制了《长江流域综合规划纲要》《太湖流域综合治理总体规划方案》。2002年起，常州贯彻城乡统筹发展、建设社会主义新农村发展战略，先后组织编制了县乡河道疏浚、丘陵山区水源工程、圩堤达标、标准粮田建设等农村水利专项规划，与滆湖、长荡湖湖泊保护规划和饮用水安全规划。2004年，编制完成常州城市防洪规划和金坛、溧阳城市防洪规划。

第一节　流域规划

常州的流域规划主要是与太湖、长江有关的流域治理规划，按上级水利机构提出的达标管理要求，编制配套的流域综合规划，实施水利工程建设，促进开发利用，保护水资源，防治水害。

一、长江流域治理规划

长江常州段上承镇江、下接江阴，岸线全长17.2公里，主要通江河道有新孟河、德胜河、澡港河。1998年，市政府根据长江水利委员会修订的经国务院批准出台的《长江流域综合利用规划报告》和《江苏省江堤达标建设规划》等，组织编制《常州市长江堤防达标工程建设方案》。方案包括：把长江堤防防洪标准由原来“20年一遇”提高到“50年一遇”；堤顶高程按《长江流域综合利用规划报告》提出的左岸（北岸）南通九圩港以上超高2米、以下超高2.5米，右岸（南岸）常熟福山港以上超高2米、以下超高2.5米；港堤和洲堤堤顶高程低于主江堤0.5米；主江堤顶宽不小于6米，背水坡坡比1∶2.5、迎水坡坡比1∶3；港堤和洲堤顶宽不小于6米。常州沿江堤防防洪设计水位以此为标准进行修筑加宽加固，边坡比参照主江堤标准；主江堤护坡上护至堤顶、下护至滩面，无滩面的护坡下限至低潮位，主江堤全部护砌。江堤沿线建筑物加固、改造及改建的防洪（潮）标准，大中型建筑物以“100年一遇”设计。

二、太湖流域治理规划

常州是太湖流域的一部分，其中金坛、溧阳及武进西南部属太湖西水系，市区、武进东南部属武澄锡低片水系，分别占全市总面积的92.9%、8.9%。1987年国家计委批准太湖流域综合治理总体规划后，常州随即编制了环湖大堤、武澄锡引排、湖西引排、西控制线工程规划。1991年太湖流域发生特大洪水，国务院决定用5年左右时间基本完成太湖流域治理规划，资金上给予重点扶持，常州按照国家规划编制了魏村水利枢纽、澡港河拓浚工程规划。1998年长江等流域发生特大洪水灾害后，水利部编制《太湖流域防洪规划》，提出流域、城市和区域3个层次防洪目标，其中流域防洪目标到2015年达到防御“50年一遇”洪水的标准，重点防洪工程按防御“100年一遇”洪水的标准建设，城市防洪目标按“100年一遇”洪水水位设防，区域防洪目标“20～50年一遇”，除涝标准“10～20年一遇”。常州依据这个规划编制了相应的规划，把常州中心城区防洪标准提高到“200年一遇”洪水位设防，辖县（市）城区为“50年一遇”洪水位设防，实施步伐从此加快。

第二节　系统规划

水利系统规划是水利部门编制的城市防洪、农村水利、水系调查、水资源利用和水土资源平衡等工程、工作专项规划。水利部门根据规划向市政府申报项目，列入投资预算，推进水利工程建设。

一、城市水利规划

80年代，常州城区防洪并未引起政府足够重视。1991年发生特大洪灾后，城区损失严重，灾后引起深刻反省。90年代中期，市建设、水利、规划等部门根据城区水系特点，编制了常州第一个城市防洪排涝规划。

城市防洪排涝规划　规划以流域骨干工程为依据，砌筑堤防，疏浚河道，降低外河水位，为城市排涝创造有利条件，确保城市防洪安全。加固和修建防洪堤和挡洪墙26.7公里，修建防洪闸3座，增建排涝站22秒立方米。对市区的河道，京杭大运河市区段按四级航道标准拓浚（新线按三级航道开通），德胜河按五级、澡港河新线按六级航道拓浚（老线按七级），在澡港河建设40秒立方米双向抽排水利工程。采菱港、三山港、南运河等均按六级航道拓浚，北塘河按七级航道拓浚。新建、加高防洪堤与驳岸。

排涝规划　根据地形、河网和建设状况的实际，统筹规划，合理布局，以经济的工程措施和科学合理的非工程措施相结合，排除涝水。规划范围内划为城市中心区、中心外围区、戚墅堰城区、城北开发区、远郊区、江边开发区和武进城区等区域，各区再划为若干片，分别制订排涝方案，在排涝片内建设排涝泵站。按高低分开的原则整顿城区雨水管网，提高排水能力和防止汛期倒灌。21世纪初叶，围绕第四轮总体规划，常州市于2004年左右编制过一轮防洪排涝规划，2008年总体规划重新调整梳理，规划原则为以防为主、防治结合，因地制宜、分片治理，全面规划、统筹兼顾、标本兼治，体现"高水高排，低水低排"，城市防洪与改善水环境、营造生态景观相结合，服从流域水利综合治理。

防洪除涝标准　中心城区运北片、其他区域和外围片区分别采用"200年一遇"、"100年一遇"和"50年一遇"的标准，设防水位（青岛标高，下同）分别为4.05米、3.9米和3.75米。城市除涝采用"20年一遇"24小时最大降雨量175.7毫米不淹标准，城市排水按《室外排水设计规范》(GB50014—2006)采用一年一遇暴雨强度标准，重要地区提高为3～5年一遇暴雨强度标准。

防洪总体格局　京杭运河常州段及北塘河以北自西往东将形成主要排江行洪通道浦河、新孟河、德胜河、澡港河、舜河，在上述河道入江口配置或强化相关水利枢纽；丁塘港作为运北东片和潞横革新西片的行洪外河，引洪水经北塘河分别往澡港河、三山港北入长江；京杭运河常州南移段以南则以武宜运河、太滆运河、采菱港、武进港、武南河等河道作为运河—太湖及滆湖—太湖的主要行洪通道，河道入湖口配置或强化相关水利枢纽；京杭运河常州段作为南北水系的汇流干道，配置或强化相关水利枢纽；在湖西地区的洮滆片，强化孟津河往南经宜兴的中河入太湖的泄洪通道，新辟新孟河南延段经新孟河北排长江行洪通道。市区由德胜河、新老武宜运河、丁塘港、采菱港、三山港、武进港、京杭运河常州南移段分成运北、潞横革新、湖塘、采菱东南等4个治理片，形成大包围格局。

堤岸高程控制　根据《长江流域综合利用规划》和江苏省江海堤防达标建设标准，长江市区段堤顶高程近期按"50年一遇"洪水位5.9米加超高2.5米设防、远期按"100年一遇"洪水位6.1米加超高2.5米设防。城市防洪规划中的外河，护岸顶高程应高于"100年一遇"城市设防水位（运北片段按"200年一遇"标准）0.5～0.7米，通江骨干行洪河道多考虑0.3～0.5米的浪高；土堤考虑风雨侵蚀、堤顶磨损和斜坡风浪爬高值较大等因素，另加0.5～0.7米超高。内河护岸的岸顶高程应高出排涝最高控制水位不小于0.5米。通江河道临江段还应符合《常州市长江防洪工程管理办法》要求。

工程措施　根据流域及区域水利发展需要，新建扩建新孟河、德胜河、澡港河等沿江枢纽，拓浚市区流域性、区域性行洪骨干河道，理顺和健全城乡河道网络，建设澡港河南、老澡港河北，北塘河，运河东、西，潞横河东、西，采菱港，南运河，大通河东、西等10余座枢纽。

地块竖向控制　夹杂于高亢地区的零星低地，结合城市改造形成自排系统，重视城市竖向设计，在高密度建成区难以新开或拓宽河道情况下，通过降低公共绿地、操场、次要广场等可淹没地块标高，允许暴雨期临时积水等手段，以缓解对河道调洪蓄水的压力。

城市防洪规划　2000年，城市防洪职能由市建设局移交市水利局管理，市水利局牵头组织编制《常州城市防洪规划报告》，经市政府批准实施。2008年，市水利局委托上海勘测研究院修订2000年规划，8月，城市防洪规划修订报告经水利部太湖流域管理局、省水利厅等组成的专家委员会评审验收，11月，通过市长常务会议和市委常委会审议，随即颁布实施。修订后，近期规划至2010年，远期规划至2020年。规划范围东至武进港、三山港，西至德胜河、新闸、武宜运河，南至武南河，北至沪宁高速公路、长江大堤，总面积约480平方公里，包括天宁、钟楼、戚墅堰3个区及新北、武进两区部分镇，基本涵盖新一轮常州城市总体规划的中心城区。方案充分利用凤凰河、南童子河、改线运河、澡港河东支、丁塘港等较大河流作为外河主要行洪通道，把原规划确定的老运河以北的市中心、新区、横塘、潞横革新4个片区和老运河以南的后塘、清潭、白荡、龙游、湖塘、采菱东片6个片区，归并为运北、潞横革新、采菱东南、湖塘4个片区，实施城市防洪大包围。

2002年4月常州行政区划重大调整后，启动大运河南移工程建设，城市水系发生重大调整。2003年7月，编制出台新的《常州市城市防洪规划》，北起长江、南至武南河、东到武进港、西至德胜河，面积480平方公里，占市区总面积1864平方公里的25.75%。防洪工程体系划分为市中心、新区、横塘、潞横革新、后塘、清潭、白荡龙游、湖塘、采菱东片9个防洪小区，实施治理，建设每个片区相对独立的防洪除涝体系，城区防洪标准从不足“50年一遇”达到“100年一遇”，中心城区和主要区域达到“200年一遇”标准，除涝标准从不足“10年一遇”达到“20年一遇”。

二、农村水利规划

2005年，市水利、规划、农业等部门根据国务院“以县为单位、自下而上认真做好农田水利建设规划编制工作”要求，先后编制《2007—2010年县乡河道疏浚规划》《常州市2007—2010年村庄河道疏浚整治规划》等，因地制宜指导各地。丘陵山区按照以蓄为主，蓄引提调结合，山水田林路综合治理的要求，修库塘蓄水，建泵站翻水，治理冲田，修筑梯田，绿化山坡，控制水土流失；平原地区坚持洪涝旱兼治，按深、网、平、分的要求，开挖沟河，畅通水系；低洼圩区以治理涝渍为主，实行高筑圩、闸站双配套，控制内河水位、控制地下水位、控制土壤适宜含水量（简称“三控制”），内外分开、高低分开、灌排分开、水旱分开（简称“四分开”）。2009年，市水利、规划、农业等部门根据国家发改委等部门关于“抓紧编制和完善县级农田水利建设规划，整体推进农田水利工程建设和管理”要求，逐步建立健全涵盖农村水利建设、管理的完整的农村水利规划体系。

三、水系规划

河流水系是影响和制约城市空间结构的重要自然环境因素。常州是江南水系较为丰富的城市，2003年，市水利、规划等部门启动常州水系规划编制，2008年10月16日成稿，广泛征求意见后修改完善。水系规划范围涵盖全市所有河流，在查清河流长度、断面标准和引排能力以及取水和排污等情况后，规划设计整治标准断面、过流能力、纳污能力和水生态环境保护等方面，提出河流综合治理规划意见，科学界定河流等级和功能；专门对承担集中饮用水源功能的河流，城乡重点规划区、经济开发区内河流，农村中心镇规划中河流作了重点研究。

四、水资源规划

80年代后期，市水利部门按上级要求，编制完成全市第一个农业节水灌溉设施规划。1988年7月1日中国第一部《中华人民共和国水法》实施后，常州开始对水资源开发、利用和保护予以重视。1996年，市计委、水利局、规划局、环保局等单位共同组织编制《常州市水资源保护规划》。武进、金坛被国务院列入全国300个节水增产县，也编制了灌溉规划。2006年，市水利、规划等部门组织编制《常州水资源综合规划》。城市节水方面，1986—2002年只抓工业企业节水，未编制专门节水规划。2002年新的《中华人民共和国水法》颁布后，节水规划编制提到议事日程。2010年11月19日，省水资源中心编制的常州第一个节水型社会建设规划通过专家评审，规划结合常州经济及社会发展规划，分析了常州水资源现状、形势和问题，进行水资源供需平衡分析和水资源优化配置，提出节水型社会建设的目标任务、发展重点和对策，制定节水型社会制度建设和重点工程实施计划，对全市节水型社会建设提出具体指导意见。

第二章　流域治理

常州北枕长江，南衔太湖，京杭大运河纵贯全境，密布河流2900多条，纵横交织成网，拥有太湖、滆湖（西太湖）部分水域和洮湖（长荡湖）、钱资荡、宋剑湖等湖泊。1986—2010年，常州完善投资政策，创新投资机制，完善水利工程体系、实施流域综合治理，基本建成防洪工程体系、水资源调度体系和水环境保护体系。至2010年底，全市初步形成由江、河、湖、库主要堤防和控制建筑物为主、能挡能泄的防洪工程体系，其中江堤17.19公里、港堤31.74公里、洲堤10.25公里；武宜运河改道拓浚工程、武澄锡西控制线口门建筑物工程、澡港河拓浚工程等防洪减灾重点工程相继建成，武南河拓浚、北塘河整治等区域骨干工程全面完工；沙河、大溪、塘马、前宋、茅东5座大中型水库和84座小型水库全部完成消险任务。以沿江三大枢纽为龙头、以通江入湖河道和纵横河网相结合，以长江为源，通过闸、站、泵联动，将全市河、湖和水库串联起来，年均调水规模达10亿立方米，实现水资源空间分布均衡，保障了区域水源供给。全市加快构建水系应急调水换水体系，调整治水理念和思路，坚持治水保土与调水防污并重和生态优先的治水理念，投资7.2亿元，治理市区61条河道沟浜，推进片区调水工程，整治城郊接合部河道，实施外围河道清淤巩固提升，结合“三河三园”（东坡公园、红梅公园、恐龙园，关河、水塘河、东支河）水上旅游线的建设，完成北塘河西段、澡港河东支段整治、绿化、亮化等配套建设，发挥水利设施功能，建成换水通道，巩固提升和扩大清水工程整治成果。

第一节　长江流域治理

长江常州段河道西起丹阳交界九圩港，东至江阴桃花港，自西向东有浦河、新孟河、剩银河、德胜河、澡港河等通江河道，向南与京杭运河交汇，构成常武地区主要引排水系。长江常州段水域原属武进管理，江堤建筑物工程有澡港河水利枢纽、肖龙港闸、魏村水利枢纽、剩银河闸、小河闸、孟河闸6座通江闸，排涝站57座，排涝泵62台，总动力3310千瓦，排涝流量每秒62.24立方米。2002年4月行政区域调整后，长江堤防工程和孟河闸、剩银河闸等建筑物划归市水利局和新北区管理。

一、长江堤防达标工程

长江堤防达标工程包括长江常州段堤防、江堤外坡护坡和防浪墙、土方加固和填塘固基工程。

长江常州段堤防工程　长江常州段有堤防、常州港、录安洲堤58.5公里，其中长江主江堤17.19公里。新中国成立后，曾修过4次。1997年，常州按照省委、省政府的部署，投资1.78亿元向社会公开招标，由专业施工企业采用机械施工，实施土方加固工程、江堤外坡护坡工程、防浪墙工程、堤顶防汛公路铺设、填塘固基工程、江堤上涵闸站新建和维修等江堤达标工程。2001年全部完成，翌年移交常州市长江堤防工程管理处管理。工程加固堤防47公里，完成土石方292万立方米，建成江港洲堤护坡36公里，新建挡浪墙11.11公里，移建加固通江水闸2座，新建和加固接长涵洞76座，堤防灌浆30公里，建设堤顶公路43公里。加固后江堤堤顶高程（吴淞基面，下同）9.8米，堤顶宽7米，迎水坡比1∶3、背水坡比1∶2.5。堤顶为6米宽泥结石或沥青混凝土路面防汛公路，迎水坡为混凝土或浆砌块石护坡，背水坡为草坪护坡。港堤、洲堤都按相应江堤标准加固，加固后堤顶高程9.5米、顶宽5米，迎水坡比1∶3、背水坡比1∶2，堤顶建5米宽泥结碎石防汛公路。达“50年一遇”的标准，为二级堤防，保护沿江地区面积约860平方公里，其中耕地42.51万亩，人口39.11万人，是常州经济社会发展的第一道防洪安全屏障。新建德胜桥、宏图排涝站、改造魏村水利枢组启闭机及机房等，完善魏村水利枢纽工程；挖废土地350亩，压废土地398.36亩，拆迁房屋5.04万平方米，工程投资1.06亿元，具有防洪、排涝、灌溉、供水、抗旱、航运及水环境保护等功能。

江堤外坡护坡和防浪墙工程 在江堤外坡修筑护坡，浇筑混凝土护坡3.98万立方米、浆砌块石护坡4.78万立方米，完成护坡23.78公里。对部分未达标的老公路段和江心洲缺土段采取修筑防浪墙的措施，浇筑混凝土4053立方米，浆砌块石3915立方米，消耗钢材196.3吨，修建防浪墙9.29公里。铺设柏油路面堤顶公路长12.11公里、宽5米，确保汛期防汛物资和人员运输，江心洲洲堤铺设泥结石路面长10.25公里、宽3米。

土方加固和填塘固基工程 1996年11月至1997年底建设土方加固工程，加固后江堤堤顶高9.5～9.8米，顶宽5～8米，加固堤防长45.43公里，完成土方174.79万立方米；江、港、洲堤堤身灌浆26.25公里。在主江堤内侧留下取土坑，存在两河夹一岸的安全隐患。2000年以后，实施填塘固基工程，拆迁房屋2万余平方米，堤后30米范围内沟塘全部填平，留有10米平台，建成巡查便道18公里、堤防绿化15公里，回填土方47.36万立方米，耗用钢筋13.6吨，浇筑混凝土3091立方米，在江心洲抛石10.74万立方米、止坍2462米。

二、长江江堤涵闸修建工程

加固接长长江江堤常州段原有涵洞49座，2001年全部竣工后通江涵洞达87座，新建德胜河涵洞，长47.9米，宽2米，高2.5米；在省庄河入江河口新建省庄河涵洞，废老省庄闸，缩短外港堤，涵洞长41.4米，宽2.5米，高3米。

孟城闸 位于新北区浦河北段孟城镇，为沿江主要引排河道浦河出口，原名孟河闸。该闸建于1936年，1979年重建，1998年投资426.19万元改造。2001年11月加固改造，2002年8月竣工。全闸3孔，净宽18米，设计流量每秒100立方米，标准为“100年一遇”，具有流域防洪、排涝、灌溉、水环境保护等功能，灌溉农田10万亩，排水面积100平方公里。

剩银河闸 位于孟河镇剩银河出口处，1998年6月建成，总投资515.03万元。单孔，闸孔净宽8米，设计流量每秒55立方米，实际灌溉、排涝2.5万亩，具有流域防洪、排涝、灌溉、水环境保护等功能，缩短外港堤，减轻防汛压力。新闸建成后老剩银河闸被废除。

三、长江河势控制工程

长江常州段河势控制工程录安洲是关键，它处于长江扬中河段中段，上承太平洲汊道，下接江阴水道，河势的稳定与否直接关系到沿江经济建设、江岸线开发利用、12.5米深水航道建设等重大问题。录安洲又名江心洲，位于长江春江镇魏村段，面积约3平方公里，原为荒滩，受水患影响，人迹稀少。新中国成立后，兴修水利，垦荒建设，开垦农田4000余亩。1991年，被省水利厅列入长江节点(岸段)整治工程，抛石11.61万立方米，护岸3102米，稳定长江夹江侧河势，保护录安洲堤岸。1996年以后，投资2000多万元用于江堤等达标防汛建设，使录安洲免受长江洪水侵袭。2008年居住在录安洲的2300余名居民全部搬离，建设长江常州港录安洲港区。翌年，港区9个5万吨级深水码头、21个千吨级集疏性泊位初步建成。录安洲节点大江侧实施部分整治护岸工程后，尽管取得一些实效，但由于工程经费投资少，加上长江河势、江岸河床冲淤变化十分复杂，存在许多薄弱环节和影响防洪、河势及江岸稳定的因素和潜在威胁，录安洲右汊分流比加大，导致夹江右岸河床江岸冲刷崩塌。长江三峡工程运行后，在相当长时期里清水下泄，长江大通水文站来沙量大为减少，水流挟沙能力处于非饱和状态，对下游河道冲刷能力加强，成为影响下游河道河床稳定因素之一。从2000年起，每年对夹江侧实施抛石护岸和护坎建设，至2011年，累计投资2220.04万元，抛石护岸4500米、抛石25.98万立方米，稳定长江夹江侧河势，保护了长江大堤安全。

长江常州段河势控制与录安洲节点(岸段)整治工程完成指标统计表

表 8-2-1

工程地点	长度(米)	工程量(立方米)	经费(万元)	完成年份	工程地点	长度(米)	工程量(立方米)	经费(万元)	完成年份
录安洲头右侧	490	1.05	53	1991	朝阳圩	400	0.72	—	2002
录安洲头左侧	500	1.56	85	1992	跃进圩至朝阳圩	660	3.66	326	2003
左缘3号丁坝上游	200	0.86	64	1993	新一圩至新四圩	900	2.52	250	2003
录安洲头右侧	520	1.04	100	1996	夹江九队段	250	0.93	88	2004
左缘3号丁坝下游	330	1.32	125	1997	夹江侧15队段	164	0.48	47	2008
三队涵洞朝阳圩	640	2.79	261	1998	夹江侧2—3队段	300	0.15	15	2008
左缘空白段	326	1.37	300	1999	大江侧二队段	120	0.61	189	2005
跃进圩上段	376	1.62	—		大江侧童安圩段	160	0.82	—	2005
洲头加固工程	300	3.48	450	2000	夹江侧15队段	656	2.23	268	2009
跃进圩下段	280	1.48			临江段(长江处)	800	1.36	117	2003
录安洲头右侧	50	0.80	152	2002		523	0.62	50	2006
新四圩上摆渡口	330	0.50			龙江段(长江处)	360	1.08	116	2008

第二节　太湖流域治理

太湖流域作为中国重要的经济区域和对外开放区域，因缺少骨干性水利设施，历史上常受洪涝灾害威胁，亟须治理。1987 年 6 月，经国家计委审批同意，治太工程正式立项，规划确定 10 项治太骨干工程项目。1991 年，太湖流域发生特大洪涝灾害，国务院随即提出用 5 年左右时间基本完成太湖流域治理十大骨干工程项目。1997 年，国务院治淮、治太第四次工作会议增加黄浦江上游干流防洪工程为流域治理骨干工程，其中由江苏省承建 6 项，涉及常州的有武澄锡引排工程、湖西引排工程、环太湖控制工程 3 项骨干工程，总投资 7 亿元。1991 年冬至 2009 年，常州境内大部分工程按批准的规模和标准完成，陆续通过竣工验收后运行。至 2010 年 2 月，常州承担实施的武澄锡引排工程最后两个单项澡港河拓浚、西控制线工程和湖西引排工程最后一个单项武宜运河改道拓浚工程通过省水利厅验收，常州承担的国家首轮太湖流域治理工程的任务全部完成，国家首轮 11 项治太骨干工程建设基本结束，太湖流域初步形成洪水北排长江、东出黄浦江、南排杭州湾，利用太湖“蓄泄兼筹，以泄为主”的流域防洪骨干工程框架调蓄作用，发挥工程综合效益。

一、武澄锡引排工程

武澄锡引排工程常州境内涉及澡港河拓浚、澡港水利枢纽、武澄锡引排西控制线和钟楼防洪控制工程。

澡港河拓浚工程　治理太湖骨干工程武澄锡低片治理中主要项目之一。澡港河干支流段全长 28.25 公里，干流北起长江、南至大湾浜铁路桥入关河，长 20.54 公里，自龙虎塘镇向东南分出东支，经三井、青龙等乡镇进入北塘河，东支流段长 7.72 公里。这项工程主要作用是与武澄锡引排工程中其他工程组成整体，把区域除涝标准提高到抗御“20 年一遇”洪水标准，遇供水保证率为 94%。1971 年型干旱年，通过自引抽引，能保证澡港河流域工农业用水，有效灌溉农田 20 余万亩，通过与澡港河枢纽联合运用，引清释浊，加快流动，提高澡港河水质，改善常武地区河道水质。工程分两期实施，总投资 7091.6 万元，其中国家以工代赈投资 750 万元、省水利厅投资 2075 万元，其余部分由常州自行解决。首期工程 1995 年 2—10 月建设，由常州高新区

建设局负责实施。第二期工程1995年12月至1996年12月建设，由常州市澡港河拓浚工程指挥部负责实施。

澡港水利枢纽工程 治理武澄锡低片水患配套工程、控制澡港河水进出长江的水利设施，集防洪、排涝、供水、航运和水环境保护功能于一体，主要有节制闸、船闸、双向抽水站各1座。节制闸单孔净宽16米、设计流量每秒100立方米，船闸宽12米、长190米，闸室宽16米；双向抽水泵站直径2500毫米立轴式水泵2台，设计每秒40立方米，工程总投资近1.2亿元。1999年2月至2001年4月建设，总投资1.28亿元，2002年6月建成投用。2003年澡港河拓浚整治后，与河道相配套，使澡港河的通航等级从等外级提高到新六级，经过八九个汛期的安全运行，累计自流引水33.2亿立方米、自流排涝4.8亿立方米、开机引水3.1亿立方米，改善了常州内河水环境和城市水质，工程防洪抗旱综合效益良好。2009年6月，通过省水利厅组织的竣工验收。

2003年拓浚后的澡港河（摄于2003年5月）

武澄锡引排西控制线工程 在太湖流域湖西高片与武澄锡低片之间主要交汇河道上设立防洪控制，形成防洪封闭圈，控制湖西高片洪水入侵武澄锡低片。西控制线全长42.58公里，涉及武进境内工程有口门控制建筑物10座，武进总投资2790万元。其中16米节制闸2座（永安河闸、武南河闸）、8米节制闸4座（大寨河闸、曹尧港闸、南宅河闸、横扁担河闸）和6米节制闸2座（丁舍浜闸、渡船浜闸）及2米×12米节制闸1座（南运河闸）。工程分两期实施，其中一期8个节制闸，2005年12月建成投用；二期2008年4月至翌年建设，2010年2月，工程整体通过省水利厅竣工验收，交付武进太湖堤闸工程管理处管理。

钟楼防洪控制工程 位于钟楼区西林街道，距老武宜运河600米，是京杭运河常州市区段改线后省水利厅设在常州新运河上太湖流域武澄锡西控制线上的防洪控制工程。工程总投资9077.5万元，2007年6月至2008年11月建设，建1座防洪闸，闸孔净宽90米，采用平面弧形双开型钢闸门，单孔大跨度钢闸门创江苏水利工程之最，按湖西“50年一遇”洪水水位设计，按历史最高洪水水位校核，工程级别为Ⅱ等，主要水工建筑物2级、次要建筑物3级，2007年12月水下主体工程建成。2010年6月25日通过省水利厅验收，交付省太湖水利工程管理处管理。控制工程主要是在大洪水期启用，尽量使太湖湖西地区洪水向北排入长江，减少湖西高水通过京杭运河压向下游，减轻常州、无锡、苏州三座城市和武澄锡低洼地区的防洪压力，在非大洪水期间满足京杭运河正常通航需要。

二、湖西引排工程

湖西引排工程是由常州市实施的工程（市级工程），主要有魏村水利枢纽、北河拓浚工程和武宜运河拓浚工程3项。省水利厅确定的工程有丹金闸水利枢纽、新闸防洪控制工程两项。

魏村水利枢纽 德胜河由魏村镇向北接入长江，向南流至连江桥接京杭运河，是武进主要通江引排河道。德胜闸水利枢纽位于太湖流域西面魏村镇德胜河入长江的入口处，北距长江1.5公里。宋绍熙元年（1190）建有木质叠梁闸，名烈塘闸，后迭经列代翻建维修。1951年大修改为条石结构，长5米、宽6.95米，遗址尚存。沿长江的主要引排河道为德胜河出口。1991年太湖地区遭受百年未遇洪涝灾害后，国务院作出治淮治太决定，魏村水利枢纽工程作为治太首批工程，由武进县政府组织实施建设，总投资7592.64万元，1991年12月至1995年5月建设，1996年3月投入试运行，1999年12月通过竣工验收。入江口门在原德胜河口下游650米处，征用土地49.48公顷，拆迁房屋2.31万平方米。枢纽主要由引排两用抽水站、防洪闸和套闸组成，引排抽水站安装4台机组、总流量每秒60立方米；3孔防洪闸净宽24米，中孔12米、两边孔各6米；通航套闸闸门宽12米、闸室宽16米、长160米、水深2.5米；完成土方275万立方米、混凝土3.4万立方米、浆砌块石5.1万立方米。枢纽汛期可减少入太湖水1.7亿立方米，约占湖西入湖水量的25%；干旱年份可向太湖流域引水6亿立方米，年通航能力1570万吨。1999年太湖流域特大洪水时，在长江高潮顶托、洪水不能自排情况下连续抽水31天、1.2亿立方米，加快湖西及武澄锡低片地区涝水排泄速度，减轻了太湖及其下游地区的防洪压力。2002年4月，该枢纽移交给常州市水利局管理。

北河拓浚工程 北河位于溧阳茅山革命老区东南、宜溧山区以北平原地区，西起上沛三汊河口，东至洮湖黄泥港口，流经南渡、前马、绸缪、别桥4镇。这项工程是国家"八五"计划省治理太湖6项工程之一的湖西引排工程的重要部分，主要承担泄洪排涝、引水灌溉等任务。工程西起溧阳市上沛东塘桥，与上沛河相接，经施家桥入前马荡，与中河汇合，横穿竹箦河、后周河、丹金漕河，向东偏北入庙桥港，东入马墅港、土山港入洮湖，全长26.45公里，汇水面积343.3平方公里，是北山地区重要引排、通航骨干河道。旧河弯曲浅狭，标准偏低，河底宽度4～8米不等，河底高程(吴淞基面)1米，制约着北山地区国民经济和社会事业的发展。2000年，水利部太湖流域管理局和江苏省水利厅批准立项，将北河列入江苏省水利重点基建项目。2000年冬至2003年冬，由溧阳市分3期组织实施，河道设计标准为：河底高程0.5米；河底宽度分别为：上游起点三叉河至竹箦河口20米，竹箦河口至别桥渔农村25米，渔农村至黄泥港27米；迎水坡1∶3；迎水坡平台高程4.5米，宽度5米；堤顶高程7.5～8米，顶宽5米；背水坡1∶2～1∶3。工程总投资1.35亿元，其中中央投资3300万元、省级投资3500万元、常州投资300万元、溧阳自筹6400万元；永久征地2523.8亩、临时占地1817亩，拆迁房屋403户、3.54万平方米。拆建新建公路桥3座、农用桥25座；拆建新建电力排灌站28座，设置节制闸2座、进排水涵洞66座；完成河道土石方592万立方米，沿河栽插苗木10.9万株，种草141.3万平方米。2004年10月，工程通过省水利厅的竣工验收，被评为优良工程。工程建成后改善了溧阳地区水环境，增强了太湖流域增加北排、控制东泄的能力，具有减轻水患压力的重要作用。

武宜运河拓浚工程 总投资19137万元。拓浚河道25.6公里，其中大运河至丫河长11.9公里为平地开河，丫河至太滆运河(坊前)13.7公里利用原河道拓宽，规划河道底部为吴淞高程1.0米，河底宽20米，边坡1∶3，兴建护岸7.15公里，新建跨河桥梁14座，其中公路桥1座；加上沿河口门处理及水系调整等，工程具有防洪、排涝、供水、航行、水环境保护等功能。2003年12月至2004年建设。投入使用后增强了洮滆地区东向太湖泄洪、引清的能力，改善了常州城市防洪条件和水环境。

丹金闸水利枢纽 位于金坛城北4公里丹金溧漕河、通济河口北侧。2001年1月16日至2002年7月22日建设，由单孔16米节制闸、16米×135米船闸和净宽9米的公路桥组成，船闸布置在西侧，节制闸布置在东侧。船闸上下游各设200米长靠船设施，设计通航标准为五级。节制闸、船闸上下闸为钢筋混凝土坞式结构，采用升卧式平板钢闸门，工程为Ⅲ等工程，节制闸、船闸上闸首为3级建筑物，下闸首及其他为4级建筑物，采用视频监控和电脑售票系统等自动技术管理。2002年12月3日通过验收，交付金坛丹金闸枢纽管理所管理。

新闸防洪控制工程 位于湖西高片与武澄锡低片分界线京杭大运河、德胜河口连江桥以东660米处。2000年12月25日至2003年3月28日建设，单孔节制闸中心线与京杭大运河中心线重合，为Ⅱ等工程，主要建筑物为2级水工建筑物，其余为3级水工建筑物。工程按京杭大运河Ⅲ级航道标准设计，单孔净宽60米，槛

位于常州城区的新闸防洪控制工程（摄于 2010 年 6 月）

上水深 4 米，闸门采用可沉浮钢质浮箱门，节制闸南设控制楼及管理所。建成后因情况变化，由流域防洪功能逐步转变为区域城市防洪功能，2011 年，省太湖工程管理处移交给常州市城市防洪工程管理处。

三、环太湖控制工程

常州境内主要有武进港、雅浦港水利枢纽和太湖堤防加固 3 项工程，2002 年全部完成，通过太湖管理局和省水利厅验收。

武进港水利枢纽工程 位于雪堰镇武进港入太湖河口 1 公里处老河道内。1998 年 11 月至翌年底建设，2002 年 9 月通过竣工验收，总投资 1590 万元，其中省及国家投资 795 万元；征地 2.15 公顷，建造净宽 16 米的单孔节制闸和 8(12) 米 ×135 米的船闸，均采用 C20 钢筋混凝土坞式结构、升卧式平面钢闸门和 QPQ 系列卷扬式启闭机，建工作桥和人行桥各 1 座。船闸闸门宽 8 米，闸室宽 12 米、长 135 米、水深 2.5 米。完成土石方 12.93 万立方米、混凝土 8380 立方米、浆砌块石 4500 立方米。1999 年汛期，太湖高水位达 31 天，通过关闸挡洪，大大减轻了武澄锡低片地区的洪水压力。

位于武进雪堰的武进港水利枢纽（摄于 2002 年 9 月）

雅浦港水利枢纽工程 位于雪堰镇。武进水利局 1999 年 12 月至 2001 年建设。工程建设单孔 12 米节制闸和 8(12) 米 ×135 米船闸，总投资 2210 万元；节制闸和船闸上下闸首均采用 C20 钢筋混凝土坞式结构、升卧式平面钢闸门、QPQ 系列卷扬式启闭机，建工作桥和人行桥各 1 座。

位于武进雪堰的雅浦港水利枢纽（摄于 2001 年 12 月）

太湖堤防加固工程 位于雪堰镇，太湖堤防（含内港堤）常州段东起直湖港，西至百渎口，长 16.32 公里，环太湖岸线总长 6.9 公里。1986 年 3 月至 1987 年，武进投资 42 万元，由雪堰乡组织实施太湖大堤复堤工程，加固武进港至直湖港湖堤 1.2 公里，配套的太湖头节制闸、姚巷节制闸，孔径 3 米，旁开式闸门。复堤工程征用土地 0.93 公顷，湖堤堤顶高程 6 米，顶宽 3 米，完成土石方 3.66 万立方米。2001 年 8 月至 2002 年 10 月实施太湖大堤加固工程，总投资2850万元，需加固堤堤防长3065米，按3级标准设计，堤防断面顶高程吴淞基面5.5～6.5米，堤顶宽6米，内坡比1∶2。武进港迎湖段自武进港至直湖港段、太滆圩段虎从咀头至雅浦港枢纽完成土石方11.81万立方米，新建直径4米的太滆闸，新建12米宽沥青路面公路，路面高7.3米。工程建成后基本实现太湖湖区与下游平原、滨湖洼地洪涝分开，发挥了太湖调蓄洪水作用，改善了全流域防洪、供水、环境条件。至2010年底，工程保持良好。

第三节　小流域综合治理

小流域综合治理以对水库、塘坝险加固为主体，以山丘为治理单元，采取种植生物、建设水利工程等措施，控制和减轻水土流失，通过对水库、塘坝和山、水、田、林、路的综合治理，发展流域经济，致富农民。常州西部丘陵山区面积较多，地形起伏，岗冲交错，水土流失严重，土壤贫瘠，土层薄，易涝易旱，水库、塘坝成为常州西部、西南部丘陵山区的重要水利基础设施。全市有低产田3133公顷，其中坡耕地1200公顷。70—80年代推行梯田建设，沿山地区种植树木，保水保肥，防止水土流失；90年代初由面上的撒胡椒面式治理转为重点、集中、连续治理。1994年以后，小流域治理向综合治理发展，形成植物立体种植、水果推广与乡村休闲旅游相结合的治理模式。

1991年，沙河白埂小流域治理被省水利厅列为全省丘陵山区小流域综合治理试点，采取“四层楼模式”推进，在山顶种植以薪炭林为主的生物防护林，山腰种植以杉木、毛竹为主的用材林，山脚种植以茶、桑、果为主的经济林，冲田按“吨粮田”（按标准建设年产达1吨粮食的农田）建设标准治理。实施3年，发展保水用材林、经济林3315亩，新建2级提水站1座，开挖、整治截水沟17.4公里和排灌沟渠18.4公里，整治小水库、塘坝6座，修筑砂石道路5.1公里，冲田拉框格方1169亩，平田整地200亩，配套建筑物252座，水土流失强度从每年2.6毫米降至1毫米。1993年开始综合开发丘陵山区，加快治理水土流失问题。1995年，横涧乡李家园、周城镇汤山被省水利厅列为全省高效小流域综合治理试点，其中汤山小流域经治理初步取得山上青松挺拔，山腰果树环抱，山下茶叶飘香，水库游乐垂钓的效果，形成集开发、治理、观光一体的立体农业示范园。1998年，金坛获苏南经济发达地区小流域治理模式研究农业技术进步二等奖。1993—2007年，金坛组织实施薛埠镇腰子岭、桑树坝、东进、李家山、建国，茅麓镇东进、四棚洼、塔山，社头镇许家嘴、马达山和花山乡花山，罗村乡金山12个小流域治理项目，流域面积240平方公里。2007年，各级政府把丘陵山区水源工程列为解决老区脱贫奔小康的关键，加快建设。

第三章　城市水利

常州大部分城镇滨江河、临湖库，防汛工作任务繁重。1991年前，常州和金坛、溧阳的城区防洪标准低，排涝功能弱，未形成完整防洪屏障，遇有雨洪，积涝成灾。1991年特大洪灾后，全市各级政府开始重视城镇防洪规划与建设，在境内疏浚整治河道，防范和应对城镇洪涝灾害，先后在中心区、中心外围区兴建一批防洪排涝泵站、防洪闸等设施。大力整治京杭大运河常州段，拆迁改造一批低洼地的居民区，改善市区部分道路雨污水排水系统，减小洪水对城市威胁，常州市区由以前的不设防城市变成大部分地区能抵御20年一遇的洪水设防城市。2000年，中心区和中心外围区新建泵站15座，疏浚中心区7.36公里市河和中心外围区主要防洪河道，建成市河部分驳岸，城区初步具备设防条件。11月，市水利局委托水利部上海勘测设计研究院，编制常州第一个系统性的城市防洪规划。2006年，市级城市防洪完成投资1.1亿元，辖市区城镇防洪工程建设启动。2007年，水利部门全面修订2002年版常州城市防洪规划，启动相关项目建设。至2010年底，常州中心区防洪大包围框架14个节点，有6座枢纽全面完工，武进湖塘大通河套闸、大通河枢纽及其配套建筑物建成投运，金坛基本建成河东洼地的防洪工程，初步发挥工程体系综合效益。

第一节 市区防洪

常州是江苏省城镇体系规划一级中心城市中二类城市。长江贯其北，太湖处其东，京杭大运河由西向东穿越市区。受降雨和特殊地形地貌影响，洪涝灾害频繁。新中国成立后，历届政府把防洪工程建设摆上重要位置，修建大量防洪除涝工程，但主城区、武进城区湖塘长期不设防。1991年特大洪灾后，开始加强城镇防洪规划建设，老城区陆续建成东市河泵站、西市河泵站等防洪工程，辖区相继建成横塘西圩排涝站、兰陵泵站等小型城市防洪工程，形成主城区分片小包围防洪格局。2001年，市政府把加快城市水利建设与提高居民生活质量相结合，对中心城区的老住宅小区排涝设施不成体系、管网紊乱、排涝能力不足及由于城市道路改造、新小区开发而打乱原有水系降低抗灾引排等问题，实行沿河截渗、口门设闸，排水管网改造，排涝闸站新建改建，改造了茶山大河头地区、丽华东周村等低洼易涝区60余处，受益居民30万人。2006年，主城区11处居民区洼地除涝工程项目均在汛前完工，受益居民近4万人；武进区在老居民小区实行雨污分流，新建、改造桥梁10座，翌年武进城区河道纳入长效管护。至2010年，老城区累计投资整治资金6000万元，其中市级1532万元。2008年，新北化工区水系整治丰收河、省庄河拓浚工程竣工通水。春江等重点镇实施集镇防洪工程建设。

一、城市防洪工程

2002年，常州按省政府要求，加强常州城区、武进湖塘片的防洪工程建设，把城市防洪职能由建设部门移交给市水利局，建设部门兴建的城市防洪工程8座泵站、8座水闸等防洪设施同步移交。2003年，常州编制城市防洪规划，市区中心片防洪标准“200年一遇”、其他片区防洪标准“100年一遇”、排涝标准“20年一遇”。根据规划，完善中心区片逐步向城市发展的外围区拓展，工程计划分3期推进，首期工程计划2003—2005年投资15.89亿元建成，第二、第三期工程将城市化建设需要同步推进，市中心区9.5公里防洪墙应急整治工程、9处居民区洼地除涝工程在汛前完工。2005年底，一期工程“两河五片”（武宜运河拓浚、澡港河南段综合整治、市中心片、清潭片、白荡龙游片、横塘片、新区片）防洪小包围项目启动，结合全市水环境整治清水工程，兴建、改造部分防汛泵闸(站)。翌年，湖塘片、横塘片防洪工程先后启动。2008年，京杭运河常州段南移后，城市防洪格局调整，将原先规划方案中的“五片”合并为运北片，实行防洪大包围。同年，城市防洪运北片大包围工程启动建设，2010年底基本完成，总投资18.5亿元。

常州中心城区防洪工程 2008年，市水利局组织编制修订规划，把原大运河以北数个分区归并为运北片(中心城区)，对运北片实施防洪大包围，建设11个大型枢纽、堤防32公里和口门建筑物17座。至2010年，常州城市防洪标准达“50年一遇”，其中横塘片防洪标准达“100年一遇”，加快建设常州城市防洪大包围14项节点控制工程，建成泵站8座，其余6座在2012年建成。中心城区防洪标准从不足“50年一遇”提高到“200年一遇”，为城市增添一批水利景观。

武进城区防洪工程 1998年，省、市政府批准建设武进城区防洪规划工程，范围北至常州市区，东至采菱港，南接鸣凰镇，西至武宜运河，总面积42平方公里，防洪标准按“50年一遇”设计，在大通河西端新建大通河套闸，东端建大通河东枢纽，长沟河与里底河交汇处建长沟河枢纽，湖塘河与里底河交汇处建湖塘河枢纽，各建每秒6立方米的排涝站1座和6米宽的节制闸，半夜浜口建4米节制闸，分6个片全面治理，拓浚片内河道，加固加高圩堤，片内河道全部实施调度控制，其中湖塘镇片区规划面积17.41平方公里，排涝流量每秒42立方米。2000年至2003年6月建设，总投资7838.5万元。2004年12月，武进修订城区防洪除涝规划，东到采菱港、南至武南河、永安河、圻舍河，西至武宜运河，北至京杭大运河改道段，总面积81.18平方公里，防洪标准从“50年一遇”提高到“100年一遇”。总投资5.37亿元，新建大通河西枢纽泵站、节制闸、排涝站等工程，排涝流量达每秒62立方米，疏拓、整治14条河道。2006年4—10月，武进区投资1.6亿元，整治湖塘河、大通河、长沟河、里底河、龚巷河城区段，清淤20.48公里、土方64.4万立方米，新建节制闸4座、污水提升泵站5座、驳岸11.8公里和绿化、亮化工程。2007年，武进区实施城区水系整治规划，东西以宋剑湖、农发区为界，南北以宁太高速、京杭大运河改道段为界，总面积约191平方公里，规划总投资102亿元，主要整治城区骨干河道184.29公里，新建、扩建、拆建闸站28座；投资1.6亿元，整治城区湖塘河、大通河、长沟河、里底河、龚巷河，清淤河道20.48公里，新建驳岸11.8公里，新建改建桥梁10座、节制闸4座。

二、防洪枢纽工程

常州城市防洪枢纽工程——横塘河北枢纽工程（摄于2007年1月）

横塘河北枢纽工程 位于常州青龙开发区横塘河北端与北塘河交汇处，为常州城市防洪大包围横塘片区战略性骨干工程、第一项工程和太湖武澄锡低片治理控制性枢纽。枢纽与引河工程总投资7500万元，上海勘测设计研究院设计，淮阴水利集团建造，2005年3月至2007年1月建设。设计建设双向泵站、节制闸各1座，泵站设计流量每秒40立方米，采用单机流量每秒10立方米的2200ZGBS10型双向竖井式贯流泵4台，节制闸为两孔卧式平面钢闸门，单孔净宽10米。工程建成投用后，具有挡潮、排涝和引水功能，可减轻横塘片的防洪压力，防洪标准从不足“50年一遇”提高到“200年一遇”，排涝标准提高到“20年一遇”。

横塘河南枢纽工程 位于横塘河与青龙港河交汇处，主要承担排涝任务，与横塘河北枢纽联合调度运行，安装有设计流量每秒3.25立方米的900ZLB-125型立式轴流泵3台（套），配套电动机功率155千瓦。泵站通过双层流道及4扇控制闸门组成“X”形流道，实现双向抽排功能，断流方式采用ZSP双向止水铸铁闸门，选用QLD-2-50型螺杆启闭机进行启闭。节制闸为1孔，净宽10米，采用升卧式平板钢闸门，配QPQ2×160型卷扬式启闭机1台（套）。常州市水利规划设计院设计，常州市南天水利工程公司建造，2005年11月至2007年4月建设。

横峰沟枢纽工程 位于常州横峰沟河与丁塘河交汇处，承担防洪排涝兼顾水环境整治等功能，原有32ZLB-125型立式轴流泵2台（套），泵站流量每秒4立方米，新工程在原址旁边增加900ZLB-125型轴流泵2台（套），泵站流量每秒6立方米，节制闸为1孔、净宽6米，采用直升式平面钢闸门，配有QPQ2×100型卷扬式启闭机1台(套)。泵站设置厂房,配电室及管理用房。工程由常州市水利规划设计院设计,常州市南天水利工程公司建造,2007年6月至2008年6月建设。

丁横河枢纽工程 位于常州丁塘河以西、丁横河以东处,由泵站及水闸组成,泵站以排涝为主,兼顾丁横河换水和景观水位改善。设计流量每秒15立方米,节制闸净宽6米,水泵选用5台900ZLB-125型轴流泵,节制闸门选用直升式平面钢闸门。泵站设置厂房、配电室及管理用房。常州市水利规划设计院设计,常州市南天水利工程公司建造,2007年6月至2008年6月建设。

老漖港河枢纽工程 城市防洪运北片重要防洪控制工程,2009年11月至2010年6月建设,总投资1440万元,由泵站、闸和上下游衔接建筑物组成。泵站设计流量每秒10立方米,节制闸净宽8米,安装金属结构21吨、水泵及机电4台(套),新建房屋645平方米。建成后提高了防洪排涝能力,改善城市水环境。

永汇河枢纽工程 位于永汇河与漖港河东支交汇处,总投资1513.72万元,采用闸站结合布置方式,泵站采用4台(套)900ZLB-125型轴流泵,节制闸净宽8米。泵站节制闸集中一列式布置,配电管理房布置在枢纽西北侧。2009年底完成。

糜家塘枢纽工程 为2007年市区水环境整治水利治理项目。位于天宁丁塘港乌路桥西侧,2007年至2008年8月建设,由5台(套)900ZLB-125型轴流泵站、6米宽单孔节制闸组成,常州水利规划设计院设计,常州市南天水利工程公司建造,2009年汛期投入使用。

大通河东枢纽工程 位于湖塘镇降子村大通河河道内,2001年12月至2003年6月建设,2004年12月通过竣工验收,总投资3094.8万元,征地4.74公顷,拆迁房屋9433.78平方米,建设每秒30立方米抽水站和净宽8米的单孔节制闸各1个。泵站选用3台单机流量每秒10立方米的开敞式轴流泵,泵站排水直接排入新改道的京杭运河。

常州城市防洪枢纽工程——北塘河水利枢纽工程(摄于2007年1月)

北塘河枢纽工程 位于北塘河与漖港河东支交汇处西侧北塘河上,2007年至2009年5月建成,总投资5209.5万元,由泵站、节制闸组成,泵站设计流量每秒30立方米,选用3台竖井贯流泵,总流量每秒30立方米,节制闸单孔净宽12米。北塘河是贯穿运北片区东西向骨干河道、“三河三园”水上旅游线主要河道,两岸为青龙大型居住区。建成后与现有河道水系及老漖港河枢纽、永汇河枢纽配合,调配区域水位,减轻区域防汛压力,缩短防汛战线,控制内河水位,便于运北片合围。

大通河西枢纽泵站工程 2004年4月,在大通河套闸西端建设泵站。大通河套闸更名为大通河西枢纽,2007年1—6月建设,总投资4000万元,征地4.15公顷。泵站采用2台直径1.86米的开敞式轴流泵,设计流量每秒20立方米,为双层流道,可实现双向引排水功能。

湖塘河枢纽工程 位于湖塘镇蒋湾村,2003年1—6月建设,总投资558.35万元,征地0.5公顷,由1座净宽6米单孔节制闸与装备两台36英寸轴流泵的泵站组成,泵站设计流量每秒12立方米,12月通过竣工验收。

长沟河枢纽工程 位于湖塘镇何留村，2003年1—6月建设，由1座净宽6米单孔节制闸、装备两台36英寸轴流泵的泵站组成，泵站设计流量每秒12立方米，12月通过竣工验收。

第二节 县市防洪

2002年，常州按省政府加强城市防洪工程建设的要求，推进金坛金城镇、溧阳溧城镇的城市防洪建设。金坛、溧阳两市投入巨资，推进城市防洪工程建设。至2010年底，南渡、指前等重点镇加快集镇防洪工程建设。

一、金　　坛

金坛地处苏南太湖流域湖西腹部，上承长江客水压境，下受太湖洪水顶托，素有“洪水走廊”之称，洪涝灾害一直是心腹之患。1991年特大洪涝灾害后，金坛加快推进城市防洪工程建设。2001年，投资5570万元兴建丹金闸水利枢纽，投资500多万元兴建下圻河水利枢纽。翌年，着手编制城市防洪规划。2007年，石桥水利枢纽工程及其配套工程中桥闸建成，提升了金坛市区防洪排涝能力，改善了水环境。2008年，按金坛城南控制规划和开发区园区建设规划、丹金溧漕河改道方案，修订城市防洪规划，把城市防洪保护区扩大到122平方公里，增建3个枢纽和节制闸、泵站各10座，整治4条河道，总投资4亿元，金坛开发区金花河、殿胜河全面沟通。

石桥水利枢纽工程 位于金坛下塘河入钱资荡河口处。2006年8月至2007年底建设，投资4662万元，工程按照“50年一遇”防洪标准设计，城区排涝标准为“20年一遇”，排水重现期“一年一遇”。由节制闸和抽水站组成，节制闸孔净宽6米，抽水站配置4台竖井式贯流泵，总流量每秒40立方米，配套10千伏高压异步电动机4台，总功率1600千瓦；挖填土方13.9万立方米，浇筑混凝土8391立方米，工程建成后，提高了金坛城区的防洪排涝能力，防洪排涝总面积达26.8平方公里，金城镇和金坛经济开发区受益。中桥闸为石桥水利枢纽工程配套工程，位于下塘河与丹金漕河交汇处，由1座单孔净宽6米节制闸和交通桥组成，与泵站同时建成，节制闸主要承担城市防洪工程未全部完成前控制下塘河水位、挡住丹金漕河汛期高水位入侵城区的任务。

下圻河水利枢纽工程 位于金坛下圻河与丹金溧漕河交汇处，由节制闸、抽水站和公路桥组成，1998年3月至1996年6月建设，总投资790万元，具有防洪、排涝、补水等功能。节制闸孔净宽5米，抽水站安装36英寸立式轴流泵4台，配单台功率130千瓦电机4台，排涝流量为每秒12立方米；公路桥长36米、宽4米。工程建成投用后，改善了下圻河沿岸地区防洪排涝条件和下圻河水环境。

二、溧　　阳

溧阳城区位于太湖流域上游湖西区南缘，地处山丘与平原圩区过渡带，位置地形极为特殊。由于城区受西、北两面高地来水入侵及城南、城西山洪的直接影响，东面受湖西地区入太湖河道行洪能力制约和太湖高水位顶托，城区防洪长期主要依靠城中河、老护城河两河及少量闸站工程。90年代，随着溧阳城区向南拓展，建成区规模迅速扩大，老护城河、城中河和市区现行排涝闸站难以承担防洪除涝、水环境改善双重使命。2006—2008年，实施溧城镇湾溪河整治工程。2010年，溧阳市请常州市、省及全国有关方面专家学者论证，决定用3年时间、投资7.5亿元建设3个枢纽、3个闸站和燕山河、茶亭河整治等防洪大包围工程。年初，启动全长6.7公里、投资1.5亿元的燕山河整治工程，2011年汛期前完工；开挖河(渠)道6513米，建设直立式砼挡墙8928米、护坡2638米，新建节制闸、桥梁各1座和滚水坝2座、排水涵洞47座，移建灌排泵站2座。至2010年底，溧阳城区拥有固定排涝站28座，装机29台(套)，排涝总流量每秒10.79立方米。

第四章　农村水利

1986—2010年，常州市各级政府和水利部门对农村水利建设常抓不懈，以防洪保安为重点，洪、涝、旱、渍兼治，建设“吨粮田”，改造低产田，全面开展标准塘坝、小水库除险加固工程、村庄河塘清淤和河道长效管护、水土保持和小流域治理等项目建设。2004—2006年，全市完成水利建设土石方7044.5万立方米，配套建筑物7431座。1986—2010年，实施建设丘陵山区小流域治理12条、106平方公里，改造丘陵山区塘坝、梯级塘坝150座，建成达标塘坝61座；圩堤块石驳岸105公里、加固圩堤53公里，建设推广U形混凝土防渗渠衬砌1028公里；清除323条（段）河道552.25公里的淤泥，疏浚整治村庄河塘1974个，完成土石方1395万立方米；兴建和改造排涝站104座、灌溉站320座；除险加固小水库12座。完成农村水利建设总投资3.29亿元。2010年底，全市建有干支渠道1.62万条，总长6978.8公里，其中防渗渠道8047条、2677公里，基本实现农村河网化，农田水利配套工程逐步完善，与大中型骨干水利工程结合，初步形成能挡、能灌、能排、能降、能控制、能通航的工程体系，全市有效灌溉面积发展到200万亩，占耕地总面积的80%。

第一节　农田水利建设

80年代末，常州贯彻执行国务院大力开展农田水利基本建设的决定，掀起以建设“吨粮田”、改造“低产田”（简称“两田”建设）为内容的农田基本建设热潮。1989—1994年，境内农田基本建设多数结合秋播示范方建设标准，实行拉框格方，完善沟渠路布局，挖沟筑渠，修筑机耕路，实施绿化，配套必要建筑物等。1995年以后，农田建设开始按田块方整化、沟渠衬砌化、灌排系统化、构件工厂化、道路砂石化、农田园林化的标准实施，建设高标准农田，推进农村现代化。1989—2001年，水利部门扶持配套“两田”建设面积8.49万亩，其中高标准农田1.67万亩。至2001年底，宁杭、溧金、新常溧等主干公路沿线两侧高标准农田示范带建成，农田基本建设基本结束。2007年，全市投入县乡河道疏浚、村庄河塘整治等农村水利建设资金2.4亿元。

一、圩堤加固

常州圩区分布主要在常州中部和东部，是境内主要产粮区，亦是经济繁荣地区。圩区防洪屏障以土方圩堤工程为主，也有穿堤建筑物。1986年底，武进有圩区362个，其中达1万亩的11个、5000～9999.99亩的13个、1000～4999.99亩的48个、不足1000亩的290个，圩堤总长562.22公里，圩区集水面积49.71万亩，圩堤高度要求在历史最高洪水位上加高1～1.5米，排涝能力的标准是日降雨150～200毫米，雨后两天排出，相当于每万亩圩区集水面积排涝装机达每秒4～6立方米，平均每万亩排涝流量每秒5.3立方米。80年代开始，河道中的运输船只吨位和动力逐年增大，船行波对堤岸冲刷愈加严重，圩堤石驳加固工程随之逐年增加。武进圩堤石驳从开始的干砌块石发展到用石灰石粉浆砌、水泥砂浆嵌缝结顶，再到浆砌块石和采用模袋护岸技术。财政对圩堤石驳工程重点补助，1988年以前每米补助15～50元。1987年10月，溧阳率先出台建设标准圩堤决定，至1990年底常州建成标准圩堤329.72公里。1991年特大洪水，圩堤出现塌方、渗漏等险情1805处、217公里。同年秋冬，全市掀起水毁修复和圩堤达标建设新高潮，完成加固和圩堤达标建设478.3公里，完成土石方460万立方米。1992—1997年持续推进。1998—1999年建成千亩以上达标圩堤187.93公里。2000年后，圩堤加固和达标建设从普遍加高加固转入对重点险工、接合部及村基地段处理，施工方法由大规模组织劳动力肩挑人挖转入通过招投标采用机械化施工。

2004年，全市加高加固圩堤227公里。2007年，全市建成防渗渠道263公里，恢复治理水土流失面积35平方公里。武进区财政对圩堤石驳工程的重点补助增至每米120元，至同年底武进财政补助经费1940余万元；投资6500余万元，石驳圩堤305.44公里。年末武进有圩区149个，其中达1万亩的11个、5000～9999.99亩的15个、1000～4999.99亩的71个、1000亩以下的52个；圩区圩堤长548.4公里，圩堤石驳334.9公里，集水面积3.65万公顷，圩区增加的主要原因是地面下沉使原不设防的半高亢地区逐步需要筑堤设防，镇区和企业耐淹程度比农区低，只能围圩、新建排涝站。2007—2008年，全市加高加固圩堤183公里。至2010年底，全市109个千亩以上圩的堤防总长726.5公里，达标476.91公里，占65.6%；45个500～999.99亩小圩的堤防总长111.58公里，达标60.97公里。

横林复堤工程 1988年11月至1989年1月，横林区6个乡镇实施加固维修圩堤、涵闸、排涝站等的复堤土方工程，总投资184.85万元，修建复堤的圩区45个，其中达3000亩的11个，圩堤总长64.26公里，完成34.36万个工日、土石方51.4万立方米，挖压废土地614亩。加固后，达千亩的圩区圩堤顶高6.5米、顶宽3米，不足千亩的圩区圩堤顶高6米、顶宽2米。

芙蓉圩大堤加固 芙蓉圩总面积43.36平方公里，其中属武进的区域27.01平方公里。2004年6月，芙蓉镇政府组织加固芙蓉圩堤，完成土石方11.35万立方米，实施圩堤灌浆7公里，修复损坏石驳10.53公里，加固后堤顶高程7米。同年，委托江苏省太湖水利设计院和扬州大学制订芙蓉圩防洪除涝规划，对圩区的河道、圩堤、排涝站、涵闸全面规划整治，规划防洪标准为“50年一遇”，除涝标准为“20年一遇”。至2007年底，累计整治圩堤5公里，拆建改造排涝泵站6座，疏浚河道6公里。

东安联圩防洪工程 1991年，东安乡政府委托武进水利局规划东安圩区防洪工程，规划将集镇圩、香杨圩、渎西圩，南圩和中圩，合并为东安联圩，1991年冬至2001年建设，总投资1484万元，规划防洪面积523.73公顷，新建净宽4米节制闸3座，排涝站安装32英寸轴流泵2台；新筑圩堤9.2公里，加固老圩堤26.65公里，完成土石方28万立方米。集镇圩规划面积2500亩，新建净宽4米的节制闸3座和庙渎口排涝站，安装24英寸、流量每秒1立方米潜水泵1台；香杨圩规划面积3600亩，新建4米节制闸、排涝站各1座，排涝站安装12英寸混流泵1台；渎西圩规划面积306.67公顷，新建净宽4米节制闸4座和渎东、安西灌排结合站，分别安装14英寸、12英寸混流泵各1台。

二、机电排灌

全市农田灌溉、圩区排涝的主要工程设施是电力灌排站和电力排涝站（含灌排结合站）。60—70年代农村电网遍及各乡村后，电力灌排快速发展，到80年代基本定局。1986—2007年，全市兴建10英寸泵以上电力灌排固定站255座，装机284台、总动力9236.5千瓦，增加和改善灌溉总面积8.98万亩、排涝总面积12.26万亩。2010年底，全市拥有10英寸及其以上泵的电力灌排固定站968座，其中单灌站486座、单排站193座、灌排结合站289座，总装机1172台、总动力4.85万千瓦，总设计流量每秒502.14立方米，灌溉总面积57.29万亩、排涝总面积54.59万亩。

三、田间配套

1979—1989年，全市集中实施以水利基础建设为重点的“吨粮田”和中低产田改造工程，平原区重点推广沟渠双面排水（“双扉式”）布置，丘陵山区推广单面排水（“单扉式”）布置，便于灌排。“两田”建设工程标准为田块平整、格田成方，一块农田、两头出水、三沟配套，四面脱空、百米成方，灌溉毛渠到田，独立门户不串灌漫灌。排灌结合沟深至田面以下0.8米，排水沟深至田面以下1～1.2米，乡村大道宽约10米、中心道宽5～7米、机耕道宽4～4.5米，合理绿化。1996—2000年，省水利厅组织制定《苏南现代化农村水利建设“八条标准"》。2004—2005年，全市改造中低产田9839.67公顷。2006年起，辖市区陆续上报、立项中央财政小型农田水利"民办公助"工程，成片整体推进小型农田水利工程。2009年，武进被列为中央财政扶持小型农田水利重点县，总投资4071万元，中央、省级补助1600万元。金坛、溧阳争取到中央财政小型农田水利专项工程项目和新增农资增补项目，总投资3826.64万元，中央、省级补助1900万元。同年，全市配合市政府"双百万"（百万亩高效种植业、百万亩设施农业）工程开始建设高标准农田，重点更新改造农村田间渠系及配套建筑物，实行连片治理，市级财政每亩补助500元，每年建成高标准农田1万余亩。2010年，武进、溧阳被列为中央财政扶持小型农田水利重点县(区)，总投资1.07亿元，其中中央、省级补助资金4200万元;金坛、新北争取到专项项目，总投资1585.47万元，其中中央、省级补助700万元。至同年底，全市按照"八条标准"累计建成旱涝保收田149.54万亩，占全市耕地总面积的66.7%。

四、节水灌溉

70年代初，地下灌溉渠开始发展为混凝土涵管、砖砌暗渠和混凝土防渗明渠等，90年代引进混凝土U型衬砌技术。1996年，省政府提出苏锡常地区到2005年全部建成节水干支渠。市水利局组织各地水利部门推进以防渗渠道建设为主的节水工程、以乡镇为单位的干支两级渠道衬砌工程建设，开展和巩固水稻浅湿灌溉等非工程节水措施。至2010年，全市建成防渗渠道4843.15公里，节水灌溉总面积95.67万亩，基本完成干支渠道衬砌化，引进先进适用性技术，推广微灌、移动式灌溉、全自动智能化等节水技术，建成武进焦溪镇牟家村、邹区镇殷村两个节水灌溉示范点和金坛金城镇农业示范园节水灌溉工程，缓解用水需求与水资源不足的矛盾，带动了泵站改造、农田基本建设、乡村大道建设、农田林网建设，促进全市农业产业化发展。

第二节　河道治理

常州境域河道密布，水网交织，加上新中国成立后，为防御水患和干旱，保护群众生命财产和促进农业生产，大力兴修水库，河道形成干河、支河、小型河道3种，在工程建设中采取统一规划、分级治理的原则进行，形成纵横交叉的水道网络。流域性干河和重要支河，由市、县(市)负责规划和组织治理，一般性支河小港由县(市)统一规划标准，各镇组织浚治。90年代以后，随着城镇化步伐加快，部分河道被填埋，部分被当作垃圾场，部分长年未疏浚，淤泥堆积，河床抬高，丧失功能，引起各级政府的重视。2000年以后，制订规划开始全面治理。2000年以后，随着镇级经济实力增强和河道土方改由机械化施工，支河整治建设不再由市级组织，全部由受益镇区作为自办工程自行筹集资金，自行组织施工，市、县以相应标准补助。80年代以后，降雨形成地表径流冲刷和河岸不合理种植，造成水土流失，泥沙淤积，农村联产承包责任制后，农业生产模式发生改变，农民不再从事罱河泥等农事活动，导致河道淤积、河床抬高，严重影响洪涝排水、灌溉引水、船舶通航，影响生态环境，制约经济发展。2002年，全市水利部门制订首轮《2003—2007年县乡河道疏浚规划》，市政府出台加快开展乡村河道清淤的意见，开始全面疏浚淤积特别严重的县乡河道。2004—2005年，疏浚河道794条、1322.62公里。2006年，水利部门编制《常州市2007—2010年县乡河道疏浚规划》，开展农村县乡河道疏浚工程。翌年，肖龙港拓浚工程全面完成，总投资1.06亿元。2006—2010年，全市疏浚县乡河道613条(段)、1699.4公里，清淤土方3303.3万立方米。武进、溧阳在2009年，金坛、新北在2010年相继通过省级整体验收。建立长效管理机制，落实管理责任人，达到水面干净无杂草和垃圾漂浮物、无垃圾杂物堆积标准。

一、武宜运河拓浚

武宜运河北起京杭运河常州段石龙嘴，经马公桥、牛塘桥至丫河，然后沿滆湖东边向南，经万塔、寨桥至宜兴县城，全长51.3公里，武进境内30公里，其中石龙嘴至丫河段习惯称南运河，是防止湖西高片洪水危及武澄锡低片的控制线。2003年12月至2006年4月，实施武宜运河拓浚工程，京杭运河新闸镇西向南至太滆运河长25.73公里，武进段从京杭运河南移段的牛塘镇厚恕新开至丫河，拓浚丫河至太滆运河18.03公里长老河道，总投资1.67亿元，征用占用土地2895亩，2005年完工。武宜运河拓浚后与武南河相交处以北河底宽20米、以南河底宽17米，河底高程0米，完成土石方222万立方米，新建桥梁6座、节制闸10座、涵洞41座、电灌站18座，石驳7公里。

二、芜太运河拓浚

芜太运河上起高淳下坝船闸，下至宜兴浦口入太湖，途经高淳、溧阳、宜兴，为国家三级航道，溧阳段长37公里，河底高程与吴淞基面持平，河底宽34米，溧郎界至蒋店五南潭段沿着老河拓浚，五南潭至丹金溧漕河段为平地新开，丹金溧漕河至赵村河实施改线。1989年11月，拓浚三塔荡东口至强埠港口堑口束狭段3.4公里，河底宽12米，河底高程0.5米，边坡比1∶2.5，完成浚河土方4.83万立方米，建成标准化圩堤7.3公里，增强大溪乡增福圩、强埠乡南大圩的泄洪御洪能力，改善了通航条件。1999—2001年投资1200万元，拓浚整治南渡集镇段，清理河道淤泥和开挖土方7万立方米，完成浆砌块石驳岸挡墙1050米，改建桥梁。2000年8月至2001年12月，投资2.1亿元，拓浚整治昆仑桥改线段、马垫赵村河下段，新建拆建桥梁10座，完成浆砌块石驳岸挡墙13.5公里，开挖和疏浚河道土方250万立方米。2004年5月至2006年8月，投资445万元，拓浚整治南渡老鹳咀段，疏浚治理赵村河口和马垫宗村桥、回龙桥段，完成河道土方21.1万立方米。

三、丹金溧漕河疏浚整治

丹金溧漕河北起丹阳市七里桥与大运河相接，南至溧城镇红星桥（双桥）入城中河，途经丹阳、金坛、溧阳3市，为苏南干线航道和金坛、溧阳南北向主要调节河道，全长66.9公里。1992—2001年，投资3077.5万元，先后7次整治中河口、溧城镇凤凰桥至杨庄胥渚桥、别桥集镇段等部分河道，清理土方和淤泥11.5万立方米，修建浆砌块石挡墙2.45公里、1.3万立方米，拆建桥梁3座。1997年3—10月，清理疏浚胥渚桥航道，河底高程0米，河底宽25米。1999年4—10月，清理疏浚胥渚桥航道，完成土方2.5万立方米。2000年9月至2001年12月，投资2500万元，清理航道，河底高程0米，河底宽34米，完成土方5.5万立方米，拆建桥梁3座。

四、扁担河拓浚

扁担河位于武进西部，1958年拓浚后称现名，北起京杭运河南至滆湖，是湖西地区通江达湖的引排骨干河道、武进南北向航运通道，长18.5公里。1990年10月，省水利厅决定拓浚治理扁担河，1990年11月至1991年8月建设，总投资664.97万元。武进组织5.5万人进行拓浚，河底宽10米，河底高程0米，完成土石方90.91万立方米，拆建、维修桥梁7座。

武进扁担河拓浚工程（摄于1990年11月）

五、湟里河拓浚

湟里河又名金湟河，西起洮湖，东接滆湖，全长19.6公里，1954年开通，河底宽5～6米，河底高程0.5～1.8米。因长期运行，河床淤塞，加之上游河道相继拓宽，下泄不畅。1986年5月至1987年12月，省水利厅决定对滆里河进行拓浚治理，工程分两期实施。拓浚工程总投资792万元，完成土石方113.33万立方米。一期工程拓浚滆湖湖口段150米河道，疏浚后河底宽20米、高程0米，新建、加固桥梁两座；二期工程东起一期滆湖湖口段，西至武进、金坛交界处，动员3.5万劳动力施工，拓浚后河道底宽15米、高程0米，新砌石驳岸1510米，新建、加固桥梁6座。

六、武南河拓浚

武南河西起滆湖，东至武进港，全长20.3公里，是武进城区、武南地区的主要引排水骨干河道。1976年，由滆湖开挖至永安河，未能按规划向东延伸至武进港。2006年，实施武南河向东延伸拓浚工程，西起永安河、东至武进港，长9.78公里，总投资5.46亿元，其中征地拆迁费3.5亿元。2006年10月至2007年5月建设，新开河道河底宽18米，河底高程0米。开挖土方148.78万立方米，河道两侧驳岸护坡长18公里，新建桥梁18座。武南河拓浚工程位于武进工业发达、人口密集区域，拆迁企业48家9.7万平方米、民房474户15.36万平方米、小学1所。武进区建设局组织对武南河老河道永安河至鸣凰段进行疏浚，在河道两侧修筑浆砌块石驳岸。

七、北干河拓浚

北干河位于金坛，1991年11—12月拓浚，西起北湖头公路桥面，东至武进新开河，全长6071米，穿越金坛五叶乡、儒林镇和宜兴新建乡。工程完成河道土方71.64万立方米，挖压废土地50.7公顷。配套工程有排水涵洞48座，新建农村公路桥3座，拆迁电灌站3座，兴改建圩口闸3座，工程总投资395万元。

八、竹箦河拓浚

竹箦河北起竹箦集镇，向东南穿经北河、中河至溧城镇凤凰西桥与丹金溧漕河交汇，注入南河，全长20.8公里，是溧阳北部丘陵山区引排、航运主要河道。2004年3—8月，投资173万元，拓浚竹箦集镇至油坊桥段2公里，局部裁弯取直，河底高程0.5米，河底宽8米，边坡比为平台以下1：3，平台以上1：2，堤顶高程8米，宽5米；清淤油坊桥至闵家桥段5.7公里，河道高程0.5米、河底宽6米，迎水坡为自然坡比。完成土方20.42万平方米，复建电灌站7座、排水涵洞10座、沟渠配套建筑物13座。

九、上兴河拓浚

上兴河北起上兴镇，南至北河口，全长8公里（含黄里湾至上兴镇工业集中区新开引河0.45公里），为市境西北部山丘区泄洪、引水、航运重要河道。该河起端紧依山岭，上承曹山、瓦屋山95.7平方公里来水，遇暴雨山洪势猛，容易淤塞。经多年运行，淤泥积深1.5～2米，功能退化。1997年夏，出现河道断流。2003年12月20日开始拓浚，完成土石方165.3万立方米。北河口至黄里湾段长6.24公里，以老河拓浚为主，局部裁弯取直，河底宽20米；对黄里湾至上兴集镇段河道清淤，河底宽6米；黄里湾至镇工业集中区引河段长0.45公里，河底高程0米，河底宽80米。沿线恢复兴建桥梁2座、泵站13座、排水涵洞40座。工程征地35.75公顷、占地47.99公顷。总投资2500万元，其中上兴镇自筹2390万元、国家补助110万元。

十、周城河拓浚

周城河位于溧阳西南部，起自前宋水库溢洪闸下，向北西至泉珠墩入南河。1995年11月至2004年11月，总投资1049.82万元，先后拓浚周城镇支农桥至南河口段、坝头至溧社公路宏伟桥段、张桥至大地段河道，总长15.2公里，完成土方99.3万立方米，挖废、压废土地53.24公顷，新建桥梁1座、进排水涵洞12座。河底高程均为0.5米，分别宽10米、8米、20米，边坡比1：2～1：3。周城镇支农桥至南河口段堤顶高程7.5米、宽4米，基本沿老河走向，局部裁弯取直。张桥至大地段河道堤顶高程8.5～9.5米，复建灌溉站2座、排涝站2座、涵洞9座。

十一、溧戴河拓浚

溧戴河南起戴埠镇，北至长木桥入南河，全长11.5公里，是市境南部山区泄洪、引水、航运主要河道。1985年12月至1988年6月，戴埠镇分两期对溧戴河上游镇中河进行疏导治理。戴埠镇中河自戴埠船坞头沿镇中心涧河而上，至牛场村滚水坝止，长525米，河底宽7米，河底高程1～1.38米。边坡底部1：2，上部1：1.5，平台岸线以上浆砌块石驳岸，顶高程7米，新建桥梁4座、滚水坝2座，完成土方6.78万立方米。1990年冬，延伸牛场滚水坝以南河道长350米，河底宽6米、高程4.2米，边坡1：2，新建桥梁2座。两期工程拆迁房屋339.5间，耗资117.49万元。

十二、河塘浚治

1988—2005年，常州村庄河塘长期疏于管理，淤积和污染严重，大大削弱农村防洪除涝的能力。2003—2007年，金坛清淤河道323条(段)，总长552.25公里，清淤土方936.48万立方米，总投入3046.39万元。2006—2007年，《常州市2007—2010年村庄河塘疏浚整治规划》编制完成，对全市村庄河塘实行清理淤泥、拆除坝埂，疏浚水系、改善水质，清理垃圾、清除杂物，整治河坡、改善环境，建立制度、明确责任，长效管理、巩固成果(简称“两清一建”)标准；全市整治村庄河塘1.02万条(个)，完成土方2337.62万立方米，通过省组织的联合验收，金坛、溧阳、武进均被评为优秀。全市疏浚整治村庄河塘5499条(个)，完成土方1351万立方米；2008年，有364个行政村开展河塘清淤统一行动，整治河塘4676个；2007—2008年，通过河塘整治复垦土地166.6公顷，植树绿化11.32万株。至2010年底，全市累计疏浚987个行政村的河塘2.04万条(个)，清淤土方5026.88万立方米。

第三节　水库塘坝建设

1986—2010年，水库工程常规工作是除险加固、维修和经营管理。80年代中期，全市建有水库104座，省水利厅认可在册的90座，因金坛薛埠镇阴山坝水库废土填塞库区无法蓄水基本废弃，现在册水库89座。其中，大型两座(溧阳沙河水库、大溪水库)，中型3座(金坛茅东水库和溧阳塘马水库、前宋水库)，小型84座，主要分布在溧阳、金坛丘陵山区8个乡镇，总拦截山洪面积515.6平方公里，占山丘区总面积47.7%，总库容3.3亿立方米，其中兴利库容1.7亿立方米。1998—2000年，针对50—60年代兴修的水库配套工程老化，存在安全隐患情况，实施首轮消险。2005年，组织开展更规范系统的第二轮消险，多数在2010年完成。通过两轮消险，丘陵山区农业生产条件改善，对发展水产养殖、保障城镇供水、发展旅游产业和全市防汛抗旱发挥了重大作用。2007年，全市完成投资3140万元，19座小水库除险加固工程水下部分按设计标准完工。2008年，纳入全省除险加固总体方案的75座小水库，实施完成33座。

一、沙河水库除险加固

位于溧阳，现称天目湖。1958年9月至1961年建设，集水面积148.5平方公里，1958年9月动工兴建，次年6月主坝合龙。1961年主体工程基本竣工，1973年续建配套工程基本竣工。建库初核定汛期控制水位17.2米(吴淞基面，下同)，冬春控制水位18米；水库以主坝、副坝、溢洪闸、泄洪隧洞、输水涵洞和上珠岗分洪节制闸构成枢纽工程，容水量1.09亿立方米，其中防洪库容0.11亿立方米、兴利库容0.46亿立方米、死库容0.13亿立方米，是一座集防洪、灌溉、供水、发电、养殖、旅游等综合效益于一体的大(2)型水库。1992年10月，省防汛防旱指挥部批准其汛期控制水位20米、冬春控制水位21米，设自来水取水口4处。灌溉受益范围为戴埠、天目湖、溧城3镇，设计灌溉面积7.23万亩，最大灌溉面积9.06万亩。后随着产业结构调整和自来水供水范围扩大，至2007年灌溉面积缩至2万余亩，为防洪抗旱和发展经济发挥作用。

1991年太湖流域发生特大洪水，导致库水猛涨，造成涝灾，损失严重。随后对东副坝坝下排水系统进行治理，完成块石护岸847米；拆除并重建西副坝排洪沟，浇筑上坝公路沥青混凝土路面7247平方米。1992年重点修复水毁工程，完成溢洪闸下游护坦混凝土底板翻建277.2立方米，修复溢洪闸、泄洪隧洞、灌溉输水涵洞启闭机房和主涵洞、西涵洞电站退洪明渠护坡，对长养塘副坝、上珠岗副坝、红石介副坝堤防和防汛道路进行修复、加固。1992—1994年，开挖拓浚沙溪引河，上起沙河水库乔山下，下至大溪水库石龙稍，长4.6公里、河底宽8米、河底高程9～15米。戴埠、横涧等14个乡镇组织约3万名民工施工，完成土石方34.6万立方米，实现沙河、大溪两大水库联合调度，解决了沙河水库工程长期遗留的防洪标准不足问题，上珠岗分洪闸过闸流量升至每秒100立方米。修复上珠岗分洪闸闸门，维修加固泄洪隧洞上游启闭机房、下游闸首等。

溧阳沙河水库，90年代中期改称天目湖(摄于1999年)

1995—1996年，加固上珠岗分洪闸启闭机房、工作桥和防洪堤2278米，翻建泄洪隧洞进口段导流墙，翻修东副坝迎水坡干砌块石1.13万平方米，浆砌块石488立方米，压力灌浆加固东涵洞，维修东干渠渡槽，运用遥测装置收集水位、雨量数据，在水库管理处和水文站分别增设中心站和遥测站各1座。1997—2000年，加固西副坝防洪堤，新建浆砌块石挡墙157米；翻修西副坝干砌块石护坡2373平方米和主坝干砌块石护坡4180平方米；更换启闭机2台和检修闸门、拦污栅；改造微机中心站，增设平桥、中田舍遥测雨量装置各1处；完成沙河水库防洪调度自动化系统总体设计。

2001年，对天目湖四周临湖面精养鱼池全部实行退渔还湖。2001—2002年，更换上珠岗分洪闸启闭机2台；拆除重建主坝、西副坝防浪墙，原597.5米浆砌块石旧墙改建成钢筋混凝土结构防浪墙，同时完成主坝、西副坝电缆沟工程和电机拆除安装及西副坝自来水管道拆建工程，总投资205.5万元；投资137.5万元建设防洪调度自动化系统，由防洪调度中心、水雨情自动测报、洪水预报调度、闸门自动控制、电视监控和大坝安全监测6个子系统组成。2003年，拆除重建东副坝防浪墙，改建钢筋混凝土结构防浪墙400米，总投资91.1万元。2004年，接长上珠岗分洪闸下护坦60米；结合天目湖中心大道建设，背水坡侧坝顶由6米加宽至16米，背水坡比1∶1.5，培土加宽部分基础处理采用预制混凝土静压桩。1997—2004年，加固改造溢洪闸导流墙、启闭机房和备用电站站房，修复溢洪河西侧长60米水毁堤防。

2006—2007年，更换水库防汛备用电源20千瓦柴油发电机1台，更新维护防汛调度自动化系统部分设备。1991—2007年，累计投资1213.4万元用于工程维修、加固、配套和防汛现代化建设。2008年，沙河水库除险加固工程被列入2008年中央四季度新增投资计划，省发改委立项批复除险加固主坝和4座副坝，新建桂林均质土副坝1座，拆建溢洪闸、整治溢洪河，加固灌溉涵洞及整治连接段，新建防汛道路、拆建溢洪河桥梁等全面开工，总投资1.32亿元，其中中央、省级安排资金9260万元，2010年4月建成。

二、大溪水库除险加固

位于溧阳，是一座以防洪、灌溉、供水、养殖为主的大(2)型水库。1958年11月开工兴建，1960年6月主坝合龙蓄水，高程14.75米；1966—1978年，大坝主、副坝实施3次较大规模续建加高加固，1981年建成主体工程，集水面积90平方公里，核定汛期控制水位（青岛基面，下同）12米，冬春控制水位13米，容水量1.71亿立方米，其中防洪库容1.25亿立方米、兴利库容0.81亿立方米、死库容0.11亿立方米。设自来水取水口3处，其中以供溧阳城区清溪水厂规模最大，设计日供水能力5万吨。大溪、南渡、新昌、周城、茶亭5乡镇灌溉受益，有效灌溉面积6.09万亩，后来随着镇村生活供水范围逐步扩大，至2007年灌溉面积减至1.3万余亩。水库经多次加固与配建，工程标准逐年提高，达到水电部颁大(2)型水库"100年一遇"设计、"200年一遇"校核标准，遇"300年一遇"洪水可削减洪峰流量90%或不出库，滞洪功能增强。

1986年，原钢筋混凝土框格钢丝网水泥砂浆面的主闸门改为钢筋混凝土框格平面闸门。1991年，在溧阳遭遇特大洪涝灾害时发生险情，6月17日出现历史最高水位12.65米，超汛期控制水位0.65米，溢洪552小时，弃水4202万立方米，洪水造成部分设施和渔业资源受到破坏，随后进行除险加固，加固修复电站退洪闸底板等设施。1992年，兴建沉陷位移标点。1995—1998年，拓宽进库公路，修复上坝1.7公里；翻修主坝迎水坡块石护坡7766平方米。1999年，维修溢洪闸闸门。

2000—2002年，加固溢洪河堤防500米，顶高程7.5米（吴淞基面），顶宽3米，边坡1∶3，加固土方6164立方米；处理溢洪河堤后内塘980米，兴建王母坝挡浪墙354米，重埋大坝测压管3组17根；初步建成防汛调度自动化系统，由防洪调度中心、水雨情自动测报、洪水预报调度、大坝安全监测4个子系统组成。2003—2004年，加固溢洪河堤919米等，河堤顶高8米、顶宽5米，完成土方2.54万立方米；新建中干渠双孔节制闸，单孔净宽1.6米，闸门高2米。2006—2007年，改造进库公路2.1公里，更换溢洪闸闸门10吨启闭机4台（套）及其配电设备，改造东涵洞进口段，对主坝9～13米高程内原3075平方米干砌块石护坡进行混凝土灌缝处理；加固溢洪河堤，完成土石方1.56万立方米。1991—2007年，累计投资654.2万元，用于工程维修、加固、配套和防汛现代化建设。2008年，除险加固工程获准立项，总投资15042万元，其中主体工程6971万元，2009年9月至2010年12月建成，2011年通过竣工验收。

三、塘马水库除险加固

位于溧阳，是一座以防洪、灌溉、供水为主，结合水产养殖的中型水库。原为1958年镇江地区规划的茅东东坝引水总渠10米等高线工程，设计为小(1)型水库。1959年12月大坝土方开工，翌年5月合龙蓄水，1962年基本竣工。但筑坝建库未按土坝施工规范进行，部分坝基建于古河道、暗沟软土层上，坝身质量差，多次发生裂缝、滑坡、渗漏、管涌等险情。1974年对水库大坝全面加固，切开坝身上部增做深、宽各2米的截水心墙1道，上升为中型水库，由邵笪、西沈、塘马3处凹地连成水库，坝长3000米，以主坝、副坝、溢洪道、灌溉输水涵洞构成水利枢纽工程，集水面积39.9平方公里，容水量1182万立

溧阳西部的塘马水库（摄于2010年12月）

方米，其中防洪库容221.8万立方米、兴利库容375万立方米、死库容35万立方米。设计灌溉面积1万亩，历史最大灌溉面积1.46万亩，至2010年缩到8700亩。在后周西庄村建补水站1座，从拖板桥河取水，装机两台(套)，单机流量每秒0.22立方米，设供应别桥镇自来水的取水口1处。1991年特大洪水期间，主副坝多处多次出现险情，大坝多处纵向裂缝累计324米。同年冬，省水利厅投资20万元用于水毁修复，完成溢洪道消力池护坦维修加固，对倪家土坝651米水毁段采用钢筋混凝土预制板插板挡土和浆砌块石固基。1994年大旱，塘马水库基本干涸，坝顶发生纵横向裂缝65米；汛期过后拆建中涵洞，新建涵洞42.1米。

1996年，太湖流域遭遇洪涝，水位达10米，大坝背水坡发生4处270米严重渗水；7月，水位达10.78米，大坝背水坡因渗漏造成沼泽化210米，管涌6处。1998—2003年，翻建溢洪道冲毁段，加固改造东涵洞，更换涵洞铸铁闸门和启闭机，接长出水渠道78米。1991—2003年，塘马水库除险加固和维修配套工程累计投资138.8万元，防洪标准有所提高，但安全隐患仍未根治。2003年8月，水利部大坝安全管理中心安全鉴定核查，确定塘马水库大坝为三类坝，建议尽快组织除险加固。2004年11月19日至2005年4月，大坝除险加固工程一期主体工程建成，具备防洪蓄水条件；2005年3月15日水库扩容整治工程开工，对上游消落区挖深填高，填塞鱼塘800余亩，消落区复垦600余亩，累计造田1400余亩，解决水产养殖对水库水源的污染矛盾，蓄水库容增至130余万立方米。同年9月，二期建设项目溢洪道及出水渠工程开工，2006年汛期前竣工。除险加固工程总投资5263.92万元，其中中央国债1635万元、省级投资1639万元、常州补助500万元、溧阳自筹1489.92万元。级别达Ⅲ等，大坝、溢洪闸等主要建筑物设计洪水位标准为“50年一遇”，校核洪水标准为“千年一遇”，溢洪道消能工程、出水渠设计洪水位标准分别为“30年一遇”“20年一遇”。2008年，除险加固工程通过江苏省水利厅组织的竣工验收。

四、前宋水库除险加固

位于溧阳，是一座集灌溉、供水、养殖的中型水库。1959年1月动工兴建，1960年合龙蓄水，后经数次续建加固，于1978年完成主体工程。集水面积20平方公里，容水量1416万立方米，其中防洪库容386万立方米、兴利库容864万立方米、死库容23万立方米，核定汛期控制水位(青岛基面，下同)19.5米，冬春控制水位20米。设有供社渚镇和社渚农场生活用水的自来水取水口。灌溉受益范围为社渚、周城两地的农田1.14万亩。1991年7月5日汛期，出现建库后最高水位20.38米，超汛期控制水位0.88米，部分设施受损。汛期过后，在副坝下游兴建穿进库公路石结构拱形涵洞1座。1992—1994年，更换东中西3座灌溉输水涵洞闸门和启闭机，新建中西两条干渠涵、闸、桥等小型配套建筑物46座，开挖清理土方1.8万立方米。

溧阳前宋水库(摄于2010年12月)

1995年，兴建前宋水库一、二级补水站，一级站位于社渚王家余坝，引南河水，安装16HBC-30机5台，总抽水流量每秒2.2立方米；二级站位于社渚花岗，由一级站提供水源，安装16HBC-40机3台，总抽水流量每秒1.41立方米，两站补水总面积6000余亩，更换溢洪闸钢筋混凝土平板闸门3扇。一、二级补水站建成后，彻底解决了灌区内农业用水问题，保障了水库向社渚水厂供水水源，水库管理所发展养殖、种植业。1998—2000年，对副坝全线灌浆，处理其漏洞和坝后渗水，接长溢洪道二级消力池69米。2001—2005年，更换中涵洞、东涵洞闸门，兴建西副坝节制闸。2006—2007年，翻修大坝迎水面干砌块石护坡8000平方米，整修坝顶防汛路面850米，浇筑泥结石路面3570平方米。2008年，省发改委立项批准除险加固工程，总投资4525万元，其中省级以上安排3168万元、常州和溧阳配套解决1357万元，2009年8月至2010年7月建设。

五、茅东水库除险加固

位于金坛，原名桑树坝水库，是一座以防洪灌溉、城镇供水为主、兼顾水产养殖和旅游的中型水库。原由镇江专区水利局设计，设计坝顶高程28.4米，后以省规划的茅东高河穿过茅东水库，按茅东高河标准，大坝需加高到33米，经过几次讨论，1960年决定水库大坝暂按30.5米高程施工，后实际加高到31.5米，1958年冬开工兴建，1961年6月合龙蓄水，曾多次加高培厚。集水面积22平方公里，容水量1730万立方米，其中兴利库容1081万立方米、死库容9万立方米。2007年5月，经南京水利科学研究院编制大坝安全鉴定和省水利厅组织专家验收及水利部大坝安全管理中心审核，确定为三类坝，属病险水库，除险加固工程被列入江苏省29座大中型水库除险加固规划，2008年被列入中央扩大内需新增水利重点工程四季度新增投资计划，10月工程立项，确定总投资3689万元，其中中央和省级安排2582万元、常州和金坛共配套解决1107万元。2009年1月开工建设，主要加固大坝、溢洪道及跌水，拆除重建溢洪闸和涵洞，新建防洪道路、防汛道路、公路桥，更新电气设备等，至2010年底完工。工程建成后，能促进全市西部灌溉区农田水利基本建设，改善农业生产条件，为西部近4万居民生产生活用水提供保障。

六、小型水库除险加固

全市有在册小(1)型、小(2)型水库84座，其中溧阳60座、金坛24座，集水总面积78.29平方公里，总库容1636.03万立方米，兴利库容1004.39万立方米，灌溉面积3.42万亩。这些水库先后兴建于50—60年代，由于受技术条件和资金不足的影响，部分水库在开工兴建时存在标准不足问题，加上多年运行，大部分小型水库工程失修、建筑物老化，存在隐患。2005年，金坛、溧阳两市编制75座小型水库的除险加固初步设计意见。2006—2007年，全市84座小水库除险加固工程总投资17120万元，其中中央、省级配套资金9100万元和市配套资金3386万元。至2010年底，六家田、北山岕、大干冲、张岗岕、大树干、黄鳝岕、富家坝、乌龟塘、百家山、火烧坝、大埝等74座小(2)型水库完成除险加固工程，增加水库防洪库容1197.6万立方米，对调洪错峰具有积极作用，增强了水库及下游河道防洪能力，保护人口约20.5万人、耕地15.1万亩，保护了下游集镇和村庄、厂矿企业、学校、交通干线等重要设施；年增供水量110.7万立方米，保证人民群众生活生产用水；有利于开发利用水库周边水土资源，新办农家乐休闲场所近30家。

2010年末常州市小(1)型、小(2)型水库一览表

表8-4-1

水库名称	所在镇	总库容（万立方米）	水库名称	所在镇	总库容（万立方米）
溧阳市60座					
小(1)型水库12座					
吕庄水库	竹 箦	658.73	丁村水库	南 渡	289.49
大山口水库	竹 箦	466.73	团结水库	上 兴	202.68
永和水库	上 兴	331.61	大坝坊水库	上 兴	153.39

续表 8-4-1

水库名称	所在镇	总库容（万立方米）	水库名称	所在镇	总库容（万立方米）
竹林水库	上　兴	191.32	下姚水库	上　兴	326.04
石塘冲水库	社　渚	186.58	姚河坝水库	上　兴	116.20
野毛岕水库	社　渚	269.19	鸡隆坝水库	上　兴	116.07
小（2）型水库 48 座					
龙虎坝水库	溧　城	46.61	子儒桥水库	上　兴	20.85
文武岭水库	戴　埠	13.31	阮小洼水库	上　兴	31.05
磨恒坝水库	戴　埠	27.49	海水塘水库	上　兴	12.01
六家田水库	戴　埠	17.93	富家坝水库	上　兴	38.77
桃树岕水库	戴　埠	15.76	新冲坝水库	上　兴	22.64
北山岕水库	戴　埠	17.89	郎家坝水库	上　兴	40.48
长岭水库	戴　埠	10.59	五子坝水库	上　兴	16.38
大干冲水库	天目湖	23.60	乌龟塘水库	上　兴	59.82
砂子岗水库	天目湖	16.57	跃进二号水库	上　兴	51.12
石坝水库	天目湖	72.00	百家山水库	竹　箦	23.61
张岗岕水库	天目湖	69.69	满登坝水库	竹　箦	79.17
大树干水库	天目湖	13.53	长岗坝水库	竹　箦	20.81
草鞋岭水库	天目湖	15.63	南旺坝水库	竹　箦	35.65
黄鳝岕水库	天目湖	17.31	北山水库	竹　箦	94.16
双百岕水库	天目湖	14.31	大兴坝水库	竹　箦	26.02
石岗水库	天目湖	22.90	煤山坝水库	竹　箦	38.27
王母坝水库	天目湖	14.97	干塘坝水库	竹　箦	32.27
上兴塘水库	上　兴	17.59	火烧坝水库	竹　箦	27.72
沙马坝水库	上　兴	27.73	牛石龙水库	竹　箦	20.41
三百亩塘水库	上　兴	70.14	汤山坝水库	社　渚	19.60
石街水库	上　兴	73.00	大埝水库	社　渚	14.74
官塘水库	上　兴	93.50	朱家冲水库	社　渚	22.28
芝麻洼水库	上　兴	41.96	楼塘水库	社　渚	25.90
下张水库	上　兴	47.70	饭塘水库	社　渚	22.87
金坛市 24 座					
小（1）型水库 7 座					
新浮水库	薛　埠	534.04	瓦沟水库	薛　埠	105.39
海底水库	薛　埠	588.83	东进水库金坛	薛　埠	371.17
向阳水库	薛　埠	313.15	白石里水库	薛　埠	105.28
青龙洞水库	薛　埠	118.87			

续表 8-4-1

水库名称	所在镇	总库容（万立方米）	水库名称	所在镇	总库容（万立方米）
小（2）型水库 17 座					
头棚水库	薛埠	40.15	东沟水库	薛埠	23.28
芝麻凹水库	薛埠	14.33	龙口水库	薛埠	13.40
蚂蚁坝水库	薛埠	34.91	阳山水库	薛埠	98.66
长山凹水库	薛埠	24.05	杨兴洼水库	薛埠	18.43
凌角坝水库	薛埠	24.64	四棚洼水库	薛埠	20.19
建国水库	薛埠	40.76	杭山水库	薛埠	15.45
大塘坝水库	薛埠	17.17	花园坝水库	薛埠	19.18
方山水库	薛埠	89.60	斜角水库	薛埠	19.84
唐庄水库	薛埠	36.20			

七、塘坝建设

常州境内塘坝数量众多。新中国成立后，按"小塘改大塘、浅塘改深塘、死塘改活塘"原则治理。利用山沟谷地改造旧塘，开挖新塘，增加蓄水，改善溧阳等山丘区农业生产面貌和人畜饮水条件。1994 年，遭受"60 年一遇"特大干旱，暴露很多问题，市政府把塘坝改造列入八件实事，提出苦战 3 年，增加蓄水能力 1000 万立方米、亩均 400 立方米，基本解决山丘区缺水的问题。1994—1996 年，金坛新建塘坝 50 座，浚深、扩大改造塘坝 295 座，投资 820 万元，完成土石方 270 万立方米，增加库容 380 万立方米，增加灌溉面积 97 公顷，改善灌溉面积 800 公顷。2004 年，全市投资 2.56 亿元，新建、改造塘坝 203 座，增加库容 172.6 万立方米，建设防渗渠道 450 公里，恢复治理水土流失面积 20 平方公里。2005 年，开始对蓄水达 5 万立方米的塘坝进行达标改造，全市同年建成 21 座。

2007 年，新建、改造塘坝 132 座，增加库容 101 万立方米，其中达 5 万立方米的塘坝 60 座。至同年底，金坛投资 506 万元完成 61 座塘坝达标改造，完成塘坝达标加固土方 26.7 万立方米，新建改造溢洪道 61 个，增加库容 161 万立方米，解决 500 人饮水困难，改善灌溉面积 972 公顷。至同年底，金坛有蓄水达 5 万立方米的塘坝 61 座，总库容 560.96 万立方米，灌溉面积 807 公顷，蓄水量达 2 万立方米的塘坝 93 座，总库容 249.85 万立方米，灌溉面积 560 公顷。2008 年，全市新建改造塘坝 155 座，增加库容 124 万立方米，其中达 5 万立方米的塘坝 60 座。2005—2008 年，市政府决定建设 5 万立方米安全塘坝，对全市容积达 5 万立方米的塘坝逐个进行安全排查，对 233 座塘坝进行达标建设，清除塘内淤泥、加高加固坝体，对溢洪设施进行硬质化改造。2009 年，市财政安排 200 万元对 66 座 2 万～5 万立方米塘坝实施达标整治。至 2010 年，年均改造塘坝 150 座，全市有塘坝 12525 座，总库容 3039 万立方米，其中库容达 2 万立方米的 680 座、2 万立方米以下的 11845 座。

第五章　防汛抗旱

市委、市政府高度重视防汛防旱工作，长期坚持"以防为主，防重于抢"和"旱涝并防"的工作方针，常抓不懈。全市各级政府专职部门建立预防组织，上下联动，制订应急预案，储备充足抗灾物资。汛期来到前，对全市湖泊、水库、河道等进行检查，发现隐患及时采取措施；汛期或旱灾时，不间断地进行水位监测，掌握动态，调节水位，预防灾害损失。市委、市政府和常州军分区及水利、公安、农业等部门组织全市军民成功抗御了 1991 年特大洪灾、1994 年特大旱灾、1998 年长江流域大洪灾、1999 年和 2003 年水灾。

第一节 组织体系

常州防汛防旱工作实行各级行政首长负责制，统一由常州市防汛防旱指挥部负责指挥，市长亲自听取市防汛防旱指挥部汇报，商讨部署防汛防旱工作，分管副市长与各辖市区政府分别签订责任状。指挥部下辖新北、天宁、钟楼、戚墅堰和城区防汛指挥部，武进、金坛、溧阳所属乡镇相应成立抗灾抢险组织，构成全市抢险救灾组织体系。无汛时，抢险队常备人员负责江河、塘坝、水库巡查和维护，汛期险情时，负责抢险救灾。

一、防灾指挥

1983 年市管县后，新建常州市防汛抗旱指挥部（此前为常州市防汛指挥部），统一领导全市防灾工作，辖县设防汛抗旱指挥部，乡镇设相应机构。市防汛抗旱指挥部由分管农业口的副市长担任，副指挥由常州军分区副司令、市水利局长和市政府分管农业的副秘书长担任，指挥部在市水利局设办公室，由分管副局长兼任办公室主任。专门成立常州市城区防汛指挥部，由分管城建工作的副市长任指挥，市建委 1 名副主任任副指挥，在市建委设办公室。钟楼、天宁两区均在区建设局设区级防汛指挥部，各街道成立防汛小组，每年汛前调整充实防汛指挥部正、副指挥及组成人员。市、县（区）、乡镇、村及重要水利工程组成严密防汛组织体系，由市防汛抗旱指挥部统一领导，实行防汛岗位责任制，明确市县乡三级防汛指挥部成员的分工和岗位责任。发生重大灾情时按灾情分段、分项目，将责任落实到领导人身上，由其组织指挥调度，大型河道、水库及重点中型水库由市领导负责，中型河道、水库由当地县（区）领导负责，小型河道、水库由所在乡镇领导负责。从 1984 年开始，大中型水库、河道增加 1 名技术干部负责防汛技术。各级防汛指挥机构一般在汛期（5—9 月）办公，汛期以外灾情由市水利局请示市政府后采取紧急措施处理。1987 年起，常州加入省太湖联合防汛防旱指挥部，按协议每年轮流在苏锡常 3 市举行召开 1 次会议，商讨太湖流域联防及对太湖水位调控等问题。1991 年特大洪涝灾害期间，常州市成立防汛抗灾总指挥部，由市长任总指挥。到 2010 年底，全市防汛防旱组织指挥体系一直保持健全。

二、抢险队伍

80 年代后期，常州市防汛队伍主要由常备人员和抢险队组成，常备人员处理日常事务，无汛时负责维护，有汛时负责巡查，发现问题及时向防汛指挥所、部汇报。汛期若出现险情，辖县（市）区立即成立由运输、医疗和突击人员组成的抢险队，登记造册，统一进行抢险知识教育模拟训练，做到招之即来、来之能战、战之能胜；险情紧急、抢险队员不足时，指挥部抽调各单位人员组成后备队。2000 年以后，按

常州防汛抢险联合实战演练（摄于 2008 年 5 月）

照国家、省加强基层应急队伍建设的要求，全市防汛、水利部门推进系统应急体系建设。2003年7月，市防汛防旱指挥部结合迎战梅雨洪水实战的经验教训，成立市区防汛抢险应急支队，下设新北、天宁、钟楼、戚墅堰和市区直属5个大队，负责相关区防汛应急抢险和市防汛防旱指挥部应急机动增援，人员从民兵预备役和武警常州支队机动队伍中挑选。2007年1月，市防汛机动抢险队成立，以武进区抗旱排涝总队为基础，增挂常州市防汛机动抢险队牌子，隶属市防汛防旱指挥部办公室领导管理，人员由武进水利部门内部调剂解决，经费渠道仍按原渠道落实，汛期承担原有防汛任务，服从省、市防汛防旱指挥部统一调度。下设防汛、排涝两个机动抢险分队，有队员50人，省防汛防旱指挥部补助资金80万元，市财政投资100万元，购置抢险设备和设施，提高应对突发事件综合能力。金坛、溧阳等辖市区依托防汛排涝队和基干民兵，建立起区域防汛应急管理指挥体系。

三、应急预案

常州市和辖市区两级防汛防旱指挥部针对1999年后全国各地灾情频发，结合水利工程建设和汛前检查发现的问题，每年修订完善防汛防旱工作预案，由市政府批准下发，水库防洪调度重点工程预案报省防汛防旱指挥部审批执行，出现大洪水时由市防汛指挥部统一调度大中型水库、河道洪水错峰，保证水库、河道防洪安全。至2010年，全市基本形成《常州水旱灾害应急预案》总体预案，包括《常州市防洪预案》《常州市城市防洪预案》《常州市抗旱预案》《常州市防御台风预案》《中小城镇防洪应急预案》《水库防汛抢险应急预案》《流域性堤防溃口性险情抢险预案》等专项预案，全市各级均形成预案体系。各地按照分级管理、分级负责原则，对查出的险工隐患按轻重缓急，落实修复加固方案和安全度汛措施。市防汛防旱指挥部办公室对涉及防汛安全的在建重点工程加强监管，跨汛期施工项目的主管单位和项目法人把防汛责任制、安全度汛方案、施工导流方案和施工计划落实情况上报防汛部门备案。汛期，相关部门和单位提高应急管理能力，建立防汛值班制、请示报告制、一把手责任制，加强物资装备保障，组织专业和群众性抢险队伍开展抢险知识培训与架机排涝、封堵决口、抢护管涌、构筑子堤、水上救护等科目演练。重大自然灾害发生时，防汛防旱指挥部的人员在第一时间应急响应、赶赴一线，掌控汛情灾情，组织抢险，确保群众的生命财产安全。

第二节　经费物资

抗旱防汛资金主要来源于国家、省和市每年的拨款，市防汛防旱指挥部及其办公室（市水利局）根据各县（市）区旱情或汛情分配款项，用于抗旱防汛、岁修及应急工程、抗灾抢险。其中，中央和省资金主要用于防汛岁修、急办工程防汛管理，遇旱涝年份增加拨款，市级经费一次性安排，列入财政预算，遇较大灾情另外追加，县级防汛经费由各县自行安排。抢险物资采取国家、集体和群众自筹三结合方法解决，其中市及辖市两级防汛物资储备由省与市、市与县分别签订责任状落实储备。1998—2002年，常州在全省地级市中第一个建成占地105亩的防汛抗旱物资储运中心，作为省防汛防旱指挥部储备物资点，建有2000平方米钢结构仓库两幢、年吞吐量30万吨装卸式码头1座，配备自卸式载重卡车3辆，储备草袋和编织袋500万只、桩木2万立方米、钢管2万吨、块石10万吨及大量其他防汛抢险物资；常年储备草包95.48万只、编织袋207.34万只、木材460.57立方米、铁丝16.66吨，其中市级储备抢险用袋56万只、块石1万吨、桩木42立方米。

第三节　预防措施

全市各级防汛防旱指挥部坚持抗灾救援、预防为先的指导思想，每年春季组织常规性大检查，发现问题及时采取措施，解决隐患。汛期，全市各水文气象测站加大监测力度，及时掌握雨情水情，向指挥部通报。灾情征兆出现，遇到水灾，提前预先排水，腾空内河、水库蓄洪；遇到旱灾，开闸抢潮引水，通过采取措施，抵消灾情或减少损失。

一、汛前检查

每年汛前春季，市防汛防旱指挥部都组织常规性水利大检查，重点了解抗灾抢险队伍组织、防汛物资准备和领导负责水库、河塘防汛责任制落实及主要水利工程现状等情况，发现“有病”险库、河道险工险段、堤防缺口、行洪障碍等问题，及时编制计划，按轻重缓急予以维修加固。对防洪标准低、有隐患的河道险闸进行重点检查和抢修。汛前无法修复的及时组织抢险队伍、物资，制订应急措施，预先防备，力争及时处置，保障群众生命财产安全，降低灾害损失。岁修、除险加固工程，大中型的由国家投资，小型按“谁受益，谁负担”原则解决，防汛工程主要包括堵复河道堤防缺口（含大中型河道）、加固堤防，疏挖河道与排水沟渠、处理险工、加固小型水库塘坝与河道清障等。

二、汛情预测

1983 年，常州市水文分站成立；市防汛防旱指挥部办公室设水情组，负责全市 10 个水文站、7 个水位站、14 个雨量站、16 处水情报汛站监测，编发水文情报信息，供防灾决策参考。每年汛前，市防汛防旱指挥部组织气象、水文、电讯部门，研究商讨汛前雨情、水情预测预报和信息传递。市气象局负责汛期雨情、风情预报，定期向市防汛防旱指挥部提供长期、中期和短期天气预报，预报可能发生的暴雨、台风、冰雹等灾害性天气。90 年代中期，市防汛防旱指挥部办公室首次安装卫星云图自动接收装置，初步实时掌握天气演变过程。市水文部门从每年 5 月 1 日起，每天上午用日报表形式，把各地监测站 8 小时雨量、水位经电报汇总，报告市防汛防旱指挥部、市委办公室、市政府办公室、常州军分区等部门，逐步形成完备的报汛系统网络。至 2010 年底，全市建成水情、雨情遥测站 29 处，监测全市降水时空分布、河道水库水位及流量变化过程，向省、市防汛防旱指挥部报告实测到的雨情水情，其中大型水库站的汛情同时向国家防汛总指挥部汇报。

三、水位控制

市防汛防旱指挥部负责调节控制水位，掌控沿长江 5 个水闸的启闭指挥权；汛期遇到持续降雨或暴雨立即开始突击预排，腾出内河蓄水库容；遇特大洪涝，利用低潮抢排，开启魏村、澡港翻水站向长江翻水。特大干旱发生时，开闸抢潮引水，满足内河灌溉和航运需要。金坛茅东水库、溧阳沙河水库严格把控汛期限蓄水位，超出汛限水位，有暴雨信息，请示省防汛防旱指挥部开启溢洪闸泄水，降低库容水位；平时蓄水，保证灌区灌溉用水。2002 年，环太湖大堤建成，沿湖河道相继建闸，全市开始实现湖河水调节控制，汛期发生洪涝灾害，内河水位高于太湖水、危及安全时开始向太湖排水。2007 年以后，太湖治理蓝藻，武进港、雅浦港成为太湖水环境调度的两大重要枢纽。

四、信息化建设

80 年代，常州市安装防汛专线、装备无线电对讲和无线电传真，能让领导迅速掌握汛情，不失时机指挥防汛。1998 年，全市在治太治江工程过程中，加强水利信息化和防汛指挥系统工程建设，市防汛防旱指挥部编制出台《常州市防汛防旱信息网络系统设计方案》，投资建设信息网络、水情信息采集、查询、洪水预报调度和防汛防旱决策支持应用等系统。至 2010 年 3 月，全市基本建成大中型水库、主要骨干河道水情遥测网络和全市水利网络数据通信、查询，及连接至金坛、溧阳、武进和常州市长江堤防工程管理处的防汛远程会商系统，增强了灾情处理的及时性、便捷性。

第四节　抢险抗灾

1986—2010年，常州境域天气异常，先后发生1991年百年未遇特大洪灾（参见“专记”）、1994年特大旱灾、1998年长江流域水灾、1999年和2003年水灾。1994年，全市年降雨仅794.3毫米，其中汛期降雨358.2毫米，仅为常年汛期雨量的52%，持续高温，出现35℃以上高温天气35天，7月6日、7月9日极端最高气温37.7℃，7月出现极端月均最高气温35.4℃，突破历年最高纪录。8月，全市1.8万座塘坝干涸，81座小型水库面临干涸；13日，溧阳河口水位降至2.3米，南渡西河近于干涸，全市有138条河流断流，54万亩农田严重受旱，直接经济损失5.43亿元。市防汛防旱指挥部立即组织抗旱，20日从长江翻水入高淳固城湖，由茅东闸放水入南河，使得南渡以西30万亩农田、20万人口生活水源紧缺得到缓解。

常州军民同心协力抗洪救灾（摄于1991年7月）

1998年长江发生特大洪水，是20世纪继1931年、1954年两次特大洪水后，发生的又一次全流域性特大洪水。6月25日，长江江苏段全线超过警戒水位；8月1日大通流量达每秒8.21万立方米，仅次于1954年的每秒9.26万立方米，南京下关高潮位10.4米，仅比历史最高潮位低0.08米，镇江、常州、江阴、天生港、固城湖、秦淮河水位均超警戒水位。省委、省政府提前做出一系列部署，迎战长江特大洪水。7月27日，省防汛防旱指挥部宣布全省沿江地区进入紧急防汛状态。市委连续4次召开常委会，研究长江抗洪，以不死1人为目标，采取硬性措施，把建设录安洲的2000多名职工及时撤离到安全地带，对可能突然发生险情的薄弱地段的人员实行应急转移措施。市政府派出专家组、工作组到沿江乡镇现场巡查，指导抗洪。汛期，驻常部队与沿江乡镇群众严守江堤，24小时巡堤查险，长江江堤（达标工程）经受住连续40多天的洪水冲击浸泡考验，江港堤防未发生一处决口，无一处破圩失事，同时完成国家和省防汛防旱总指挥部下达的紧急调运救生艇支持湖北抗洪救灾的突击任务，调运救生艇85艘、操舟机52台。

1999年，全市再次遭遇与1991年相似的洪涝灾害天气，历时42天梅雨期出现5段强降雨过程，平均降雨560毫米，降雨最大地区溧阳沙河水库达762毫米，超过1991年梅雨量；大运河常州段超警戒水位时间达61天，比1991年多2天，溧阳南渡以西水位全面超历史，沙河水库水位、溢洪流量、溢洪时间均超历史，泄洪枢纽连续运行应对。全市出现险情580处，来势之猛、水位之高、时间之长、汛情之险为常州防洪史上罕见。在市防汛防旱指挥部统一指挥下，全市军民凭借多年兴建的水利工程设施和合理调度、科学抢险，与肆虐的洪水进行长达两个多月的决战，累计投资排涝抗灾动力20万千瓦，抢做土方47万立方米，耗用抢险用袋390多万只、木材2814立方米、钢管344吨，洪灾损失降到最低限度。

2003年入梅后，再次出现洪灾，主要由7月5日、11日两次强降雨造成，导致局部地区遭受洪涝灾害。全市平均梅雨量401毫米，为历年梅雨量平均值的1.58倍。特别是7月5日最大暴雨区域孟河镇，12个小时内降雨达350毫米。受强降雨和上游客水大量压境的影响，河湖水位迅速上涨，常武和金坛地区发生仅次于1991年、1999年的第三次洪涝灾害，全市受灾乡镇34个、街道13个，有1.17万户居民、385家企业进水，16.7万亩农田受淹，受灾总人口7.7万，直接经济损失达1.46亿元。灾情发生后，7月6日上午，市政府及时召开防汛抗灾紧急会议，市委书记范燕青要求各地各部门把防汛抗灾作为中心工作，投入救灾。全市水利、公安、农业、交通等部门迅速进入临战状态，针对大运河常州段水位达5.41米最高水位的严峻形势，及时下达调度指令，对外洪挡不住地段进行突击加固，抢时间封堵穿水涵洞，加高加固挡水闸门；对重点水库、重点堤段和城区所有防汛排涝泵站实行24小时值班巡查制度，定人定岗定责，全面戒备。新北、天宁、钟楼3区针对大运河、北塘河、采菱港等外河水位高、部分堤段漫堤情况，组织人力连夜加高堤堰，加强巡查抢险。开启沿江沿湖所有闸站及城区排涝泵站，昼夜抢排涝水，有效控制河网水位。市政府划拨专项资金用于抗洪救灾，组织紧急调运粮食、蔬菜、自来水、药品等物资，保障灾民的正常生活。全市在这次抗击洪涝灾害斗争中，动用防汛抢险草包、编织袋42.87万只，投入抢险7620人次，控制和清除险情5处，抢做土方2.3万立方米，动用抗排涝机具3728台(套)，抢潮排水1.08亿立方米。

第六章　水利水务管理

1983年3月，常州市水利局成立，统一指导全市水利工作。1984年9月开始征收水利工程水费，实行有偿供水，水利管理走上良性循环道路。1987年，全市开展农村水利工程普查建档。1988年后，对水利工程实行分级管理、分级负责，市水利局先后设置常州市滦港河道管理处、城市防洪工程管理处等工程管理事业单位，实行直接管理，其他水利工程设施由辖市（区）水利局、乡（镇）水利管理服务站管理。1996年，全市推行水利综合经营体制改革。1999—2002年，实行农村国营、集体、村属所有制基层排灌站、小型农田水利工程产权制度改革，产权改为镇村和个人所有，逐步落实河道保洁、泵站管护、塘坝、小水库等目标管理责任制和社会化管理机制，水利管理开始规范化。2000年以后，常州实现城乡水资源统一管理，相继出台《常州市市区河道管理暂行办法》《常州市城镇防洪实施办法》《常州市长江堤防工程管理办法》等文件，水利管理政策体系更加完善，工程管理更趋规范，管理水平逐渐提高，市、县(区)、镇三级水行政执法网络初步形成。水利规费常年征收，规费调价机制逐步形成，建成市、辖市（区）、重点水利工程防汛信息网络。开通市和辖市区水利网站，建立电子政务平台，水利信息化取得重大进展；实行水资源论证、取水许可和有偿使用制度，积极探索水权、水市场和节水型社会建设。

第一节　水利资金管理

水利工程建设的资金来源，按水域重要程度、工程规模和性质决定，长江、重要湖泊和大中型水库一般依靠中央、省、市和辖市区按比例分级筹集承担，有政府财政预算支出、以工代资、防洪基金、建农资金和社会捐款等形式，地方性水利工程建设资金由市、辖市(区)、乡镇和村分担。收费主要依靠水资源消耗、水利工程建设创造的条件和多种经营等收取，用于弥补水利建设开支。

一、水利建设投资

中央和地方各级政府都建有水利基金，用于水利工程建设。中央水利建设基金主要用于关系国民经济和社会发展全局的大江大河重点工程维护和建设，城市防洪及中小河流、湖泊治理、维护和建设主要由地方水利建设基金承担。常州水利建设资金来源与筹措方式有：国家（各级财政）投资，地方群众投入劳动力所完成的土方折资，澡里河拓浚、长江大堤达标工程均采取这种方式进行；利用两工以资代劳投资、财政补助，以改善农田灌排条件等；利用以工补农、以工建农资金投资；防洪保安资金、水利建设基金等投资；水利工程水费投资；社会捐资、股份合作等。80年代，国家（财政）投资与农民投劳（以资代劳）投资，是水利工程建设资金投资主体，民间投资仅占水利投资少量比重。常州农村实行联产承包责任后，采用财政补助，改善农田灌排条件，其中流域性和区域性工程主要是市区投资、地方群众投资与投劳完成土方折资，农村土方工程主要依靠劳动积累工或贯彻"谁受益、谁负担"原则组织建设，国家投资较少。1991年，常州遭遇特大洪涝灾害后，全市水利经费补助转向防洪保安工程和建设"吨粮田"。1998年，成立常州市水利建设开发公司。

2000—2010年，财政专项补助转向推进农村饮水安全、镇区污水处理、农村河塘疏浚整治和长效管护、节水灌溉示范试点、农村水利现代化试点等工程。市及辖市区财政每年安排可用财力的2%～4%和统筹防洪保安资金用于水利建设，农业发展基金、粮食生产专项资金重点用于农田水利建设，以工补农、建农资金划出较大比例用于农田水利建设，部分土地出让收入用于水利投资建设。2002年，市政府规定市级土地出让金的5%用于城市防洪、水环境整治。2003年、2009年进行两次增资扩投，提高常州市水利建设开发公司运融资规模。市政府划拨150公顷控制性用地，通过对土地进行市场化运作，拍卖出让，所得收益全部用作水利建设资金。2005—2006年，全市投入农村水利建设资金6.82亿元。2003—2010年，常州市水利建设开发公司承建了市区水环境整治、清水工程、"三河三园"景观综合整治等重点项目建设20余项，完成城市水利建设投资7亿元，通过土地市场化筹资8亿元，保障了常州城市防洪、市区水环境整治等重点水利工程建设。

二、大中型水库移民扶持

2006年，常州根据国务院完善大中型水库移民后期扶持政策意见，把沙河、大溪、前宋、塘马4座水库移民，和宜兴横山水库兴建涉及溧阳部分地区移民，及外省迁入部分移民28531人，列入扶持计划，其中2006年6月30日前具有溧阳户籍的原迁移民10467人、外迁移民后代（包括嫁入溧阳）18064人。对原迁移民按每年600元标准扶持，从2006年7月1日起执行，扶持20年；对移民后代采取项目扶持，解决移民安置区村组生产生活中存在的突出问题。

三、水费收缴

水费由3部分组成。1990年1月1日起，农业用水每亩每年稻麦田、旱田分别为1.6元、0.2元，水库自流灌区稻麦田、旱田分别为4元、1元；工业用水每立方米0.03元。1992年3月，市水费管理所成立，负责市区水利工程水费收缴、使用和管理，乡（镇）水利站负责乡镇水费的收缴和管理。1994年8月起，常州开始征收水资源费，收费标准为非农业灌溉取用地表水每立方米0.01元、地下水每立方米0.3元；2000年9月1日调整为地表水每立方米0.03元，取用地下水在自来水供水管网区域的每立方米0.85元、管网外的每立方米0.6元。2004年8月再次调整，除农民生活用水和农业生产用水外，其他地表水每立方米0.13元。镇及镇级以下农村自来水厂，农民生活用水以外其他用水每立方米0.2元。2007年8月，城区除居民用水外，行政事业、工商服务业用自来水每立方米0.1元，特种行业用自来水每立方米0.2元。

1996年1月调整，农业用水水费，稻田每亩4元。2001年起，水利工程水费由事业性收费改为经营性收费，6月11日制订出台收费细则，7月1日按新标准收费，农业水利工程水费稻麦田、经济作物每亩7元，旱地每亩0.8元，由水库供水的稻麦田、经济作物、旱地每亩0.05元等。全市聘用村级水费代收员2638名，建立以市、县水费管理机构为主体，乡（镇）水利站为依托，村级水费代收员为纽带的农业水费计收网络。市水费管理所更名为常州市水资源服务中心，实行供水资产营运和服务收费一体化管理。溧阳市在天目湖镇开展农村供水协会试点，以乡镇为单位成立供水协会，负责收费。常州在全省率先推广水费信息管理系统，全市普及农业水费电脑开票。从1998年7月颁发《常州市河道堤防工程占用补偿费征收使用管理办法》起，对办理“河道工程占用证”的单位和个人收取河道堤防工程占用补偿费。

四、经营管理

80年代中期，常州水利部门根据国务院批转水利电力部《关于改革水利工程管理体制和管理办法》，加强国有大中型灌区、泵站管理单位供水成本核算和经营管理，武进、金坛、溧阳的水利管理单位因地制宜，逐步走上以工程养工程，水、农、工、副业全面发展道路。县（区）政府利用库区水面和技术力量多上中小项目，开办农业和排灌机构修配企业，从兴办种植、养殖项目向农副产品加工、建筑与运输等第三产业发展。1988年，全市水库、河道闸坝、灌区、机电排灌站等国营水利单位实现多种经营收入508.7万元、利润93.7万元。90年代，全市水利综合经营快速发展。武进、金坛、溧阳先后被水利部评为全国水利经济先进县市。90年代后期，水利骨干企业相继划归属地管理或转为民营，2001年，农机管理划归农业部门，后水利行业出现中德合资力士乐常州液压成套设备厂等公有资本、外国资本、集体资本和民营资本参股的混合所有制经济，工作重点从办工业转向充分利用水土资源、行业优势，综合开发旅游、供水和渔业转变。溧阳天目湖旅游度假区利用水甜、茶香、鱼头鲜的山水资源优势，实施旅游龙头带动战略，2001年被水利部选入全国首批18家水利旅游风景区，跻身国家首批AAAA级旅游度假区。

第二节　水利工程管理

1983年，常州市水利局开始管辖武进、金坛、溧阳水利工程和事业，开展查安全、定标准，查效益、定措施，查综合经营、定发展规划等活动，制订出台水利工程管理办法，加强投资管理、新科技成果应用和防治白蚁侵害水库堤防等工作。90年代，治太治江工程全面展开，基建项目逐年增多，先后实施澡港河水利枢纽、魏村水利枢纽、溧阳北河拓浚工程，武进县水利局、常州市水利局成立工程建设指挥部，负责工程建设管理。1999年，市水利局设立规划基建科，2006年改为综合规划处，负责全市水利基建工程指导。市水利局编制出台《常州水利建设优质工程评审管理办法》《水利工程建设项目招标投标诚信管理暂行办法》等，投资额达50万元的项目实行公开招标。1986—2010年，全市建成流域、区域性治理合格工程30项，其中环太湖大堤加固工程、澡港河水利枢纽被评为省优质工程，雅浦港水利枢纽获江苏水利工程扬子杯优质奖。2003年，全市12家国营水管单位按国家、省水利工程管理体制改革实施意见，开展分类定性、定岗定编、落实资金、竞争上岗、管养分离等改革，2007年12月3日通过省级验收。辖市区有10家水管单位，金坛、溧阳的7家水库单位被定为准公益性单位，武进的3家被定为公益性单位；市水利局直属两家水管单位1家为准公益性单位、1家为纯公益性单位。纯公益性水管单位人员经费及公用经费全部列入财政预算，全市初步形成专业管理与群众管理相结合管理网络。

一、江河湖港堤防管理

常州江河湖港圩堤防实行按地界逐级分段负责、以群众管理为主，养护任务落实到村庄，培堤、绿化等由沿河村庄组织人员管理养护。1985年以后，多数村庄落实投标承包、定额提成办法，采取多种承包制录用护堤员。河道管理机构按管理人员人数划段实行分段管理。

长江堤防工程　1978年8月，武进县政府成立长江沿江堤闸管理所，1993年变更为全民事业武进县沿江水利工程管理处，负责长江大堤、江心洲堤、沿江涵闸、引排水和船闸、节制闸交通航运、魏村水利枢纽泵站运行、管理和维护。新区建立后，1999 年起由武进和新区共同管理。2002 年，武进撤市建区，原武进市沿江水利工程管理处与常州市水利局澡港河水利枢纽建管处合并组建长江堤防工程管理处，负责管理长江常州段江堤（包括长江水面、滩地）和澡港水利枢纽、魏村水利枢纽（包括原魏村水闸）、小河闸、剩银河闸、孟城闸、浦河灌区（石桥翻水站、城巷套闸、南安补水站）等水利工程及其管理的土地。沿江魏村、澡港套闸非排水期间开闸通航，过往船只按管理章程缴费，水闸、套闸收费采取划价、售票方式。2004 年，澡港、魏村套闸采用电脑管理，由船户凭证簿购买磁卡，过闸验票收费。

河道堤防工程 1987 年以前，常州河道整治按流域统一规划实施，实行市、县、乡、村分级管理。1987 年实施水利工程管理细则，重点河道采取专业管理与群众管理相结合的办法进行，管理所负责监督堤防养护和绿化，检测堤坝隐患，岁修工程，清除行洪障碍以及防汛等；流域性河道由市及辖市区水利局成立河道管理处或工程管理处管理；一般河道圩堤以乡（镇）水利站和村属地管理为主。2002 年以后，市水利局负责制订规划、标准，进行技术业务指导，各级财政对圩堤配套建筑物建设、改造经费给予补助，以属地管理为主。2010 年底，全市河道堤防总长 5000 公里，保护耕地总面积 196.83 万亩、总人口 103.19 万人。

二、湖泊水库塘坝管理

常州的主要湖泊有太湖、滆湖（西太湖）、洮湖（长荡湖），较大的荡有钱资荡、白龙荡、北堵荡。2004 年 8 月 20 日《江苏省湖泊保护条例》颁布前，常州的湖泊管理一直处于无序状态。《条例》出台后，开始由常州市河道管理处负责管理。2010 年，常州市河道湖泊管理处成立，为副处级单位，湖泊管理从此进入常态化、制度化。同年底，全市有在册水库 89 座，其中大型 2 座、中型 3 座、小型 84 座（包括大型塘坝）。水库管理实行水库与灌区工程相结合，大中型水库长期由溧阳、金坛两县（市）水利局设置水库管理处负责管理，溧阳的沙河、大溪、塘马、前宋等 12 座小(1)、6 座小(2)型水库和金坛的茅东、海底、东进、向阳、青龙洞、瓦沟等小(1)型水库，由乡镇或水利站设立水库管理所负责管理，60 座小(2)型水库由村级负责管理。过去小型水库因库容小、点多面散等一直难以管理到位，在工程建设更新改造后，开始探索水库、塘坝长效管理维护措施。2004 年 7 月，金坛市率先对库容达 10 万立方米的塘坝实行专人专职管护，溧阳随后对达 10 万立方米、5 万立方米的大型塘坝确定经费渠道来源，择优录用专管人员。全市 84 座小型水库全部落实管护人员，建立管护制度，明确管护内容。2008 年以后，溧阳原村管水库随着新一轮水库除险加固工程推进，全部收归乡（镇）水利站统一管理。

三、河道管理

市区河道 1986—2001 年，常州市区河道为多个部门多头管理，规划国土部门管审批，建设部门和市区政府管占用，其中澡港河初期采取逐级负责、分段管理办法。河段范围由区按界线划定，管理责任落实到沿河乡。1995 年，澡港河拓浚工程被列为国家治太工程项目后，市政府颁布实施《常州市澡港河管理办法》，市水利局设常州市澡港河管理处，负责全河段管理，2002 年变更为市河道管理处，开始试行河道社会化管理，逐年由骨干河道扩展到一般河道，由管理河流扩展到塘浜，理顺管理机制，先后出台《常州市区河道管理暂行办法》《常州市河道管理处河道保洁及水质评定标准》《河道巡查工作制度》《市河调换水方案》等制度和文件，规范市属河道管理。2007 年 3 月，市区的河浜水面实现全天候保洁。2010 年，市河道管理处增加全市湖泊管理指导职能，升格为副处级全额拨款事业单位。中心城区天宁、钟楼、戚墅堰的 426 条（个）主要河塘均设专职保洁队伍，配备保洁人员 460 余名、保洁船只 183 条。

农村河道 80 年代，常州农村河道管理一直较为随意。2000 年以后，河塘疏浚和管理维护被提上工作议程。2003 年，市水利局出台农村河道长效管理意见，要求各市区结合农村“三清一绿”“五化三有”建立起农村河道常效管护和考核制度，出台河道管护办法。2004 年，镇村河道清淤全面推行建设监理制，开展清洁村庄、家园、河道（“三清”）工程。2005年推进镇村河道长效管护试点，新增镇村河道长效管护镇1个、镇村长效管护河道54条，管护长度206.4公里，做到河面无杂物、河坡无垃圾、河岸无垦殖，金坛旭红河、白龙荡中心河，溧阳周山河，武进农发区内河、潘家河，戚墅堰区潞横河等54条河道水净流畅，达到硬件质量标准。至2010年，全市37个乡镇和15个涉农街道的1600余条河道、1万个河塘，通过公开招聘、分组管理、逐级考核、报酬到人，实行常态化管理。

四、农村小型水利工程管理

1983年，常州市水利局下属的农机机电排灌管理站成立，负责全市基本农田和机电排灌的发展管理。1987年11月，省编委和省水利厅联合决定，乡（镇）水利站由县属大集体转为全民事业单位，为县水利农机局派出机构。90年代，乡镇企业改制逐渐扩展到农机排灌领域。1998年，全市开始推进小型农田水利工程产权改革，1999年金坛完成398座国有、大集体和小集体性质电灌站改制，回收资产903万元，分流安置正式职工886人。至2000年底，全市2000多座小型水利工程设施中有1933座完成改制，其中拍卖320座，竞争承包、租赁492座，脱钩1152座（工程设施和人员下放到村级管理），回收资金700余万元。小型水利工程改制理顺产权关系，减轻农民负担，提高管水质量。2001年，农机管理职能归并至市农林局。2009年，天目湖镇成立苏南首家农户用水协会，政府指导群众自发自治组织对水调配、水费收取和工程维修实行管理。

五、堤坝白蚁防治管理

常州江港洲堤众多，温湿的环境有利于白蚁繁殖。70年代，白蚁开始危害水库大坝安全。80年代，将防治白蚁作为重要工作，成立白蚁防治专业队伍，对水库堤坝进行防治管理。1986—2010年，全市对水库塘坝进行全面普查和治理，发现有87座水库、6.6公里江堤和3.9公里滆湖堤防存在白蚁危害。2006—2010年，根据危害程度大力整治打歼灭战。至2011年底，全市有78座水库通过达到蚁害基本控制标准验收，达标控制率90%（27座通过复查验收），其中金坛25座、溧阳53座，6.6公里长江堤防通过达标控制验收。

第三节　水政管理

常州水政严格管理始于80年代后期，市政府和市水利行政部门先后制订出台《〈江苏省水利工程管理条例〉实施细则》《常州市城镇防洪管理办法》《常州市市区河道管理暂行办法》《常州市长江防洪工程管理办法》等规范性文件作为管理依据；各级开始成立专业管理队伍，组织开展执法检查，集中查处违规违法现象，消除地下水滥采、破坏环境、乱垦乱占水利工程管理范围用地等行为。至2010年底，全市出台规范性文件17个，涉及城市防洪，水利工程建设，河道、水资源和水文管理，水利收费、地下水开采等，全市水资源的开发利用和保护、防治水害走上依法治水管水的法治化轨道。

一、水政机构队伍

1983年，常州市政府发文明确市水利局为全市水行政主管部门，武进、金坛、溧阳三县政府相继发文明确由县水利局管理水行政业务。1989年11月，市水利局设立水政水资源科，各县水利局同步设立水政管理机构，由于涉及机构编制等问题，县级水政管理机构有的称水政科（股），有的称水政管理所，1992年统一定名为水政科，同时组建水政监察队伍，开展水利执法检查。武进于1989年5月被水利部批准为全国第二批水利执法建设试点单位，经半年多试点和实践，建成一支由192名专兼职人员组成的水政监察队伍。1995年，隶属市水利局的市水政监察大队成立，随后辖市区相继成立水政监察队。2000年底，市、辖市（区）建有水政监察队伍7个，有水政监察员248名，其中专职水政监察员52名。此后，创新城市水政管理体制，在镇区、乡镇跨区组织监察中队，建设三级水政监察网络。2010 年底，全市水政监察大队增至 9 个，中队发展到 28 个，形成由支队、大队、中队三级联网、层级联动、合力办案的水政监察组织网络体系。

二、水事执法检查

1988 年，《中华人民共和国水法》（简称《水法》）颁布施行，全市开展水事执法检查，查处损毁堤防和水利工程设施，损毁护堤林木和防浪作物，违章建筑和搭建，非法占用岸线、青坎，设置行洪排水障碍和违法操作水利工程设施、影响防汛安全 4 类案件。2003 年，市水利局依法对照清理非行政许可项目 12 个，保留市级水行政许可项目 16 个，依法办结 14 类行政许可项目 342 件。2010 年 8 月，市水利局成立水行政处罚案件专家咨询组，由市水政监察支队和金坛、溧阳、武进水政监察大队及市中级人民法院、市人民检察院、法制办、律师事务所等的工作人员和专家组成，论证涉事案件，作出结论。至 2010 年底，全市累计查处水事违章 674 起，协调水事纠纷 103 起，保障水利工程设施建设顺利运行。

三、水利典型案例

常州市区的一家房地产开发公司擅自在永宁路北侧横塘浜抽水站泵房南 5 米处建造一座跨横塘浜的建筑物，在东侧河道管理范围内夯实地基抬高至河口线位置，在夯基上建铁栅栏；未经水行政主管部门审查，在西南侧河道管理范围内建造临时施工用房，在用房西侧防汛通道与横塘浜西侧堤防之间擅设 65 米围墙，在横塘浜河道管理范围内机械施工。2009 年 4 月，市水政监察支队发现后，要求该公司接受调查。公司及相关项目部的负责人拒不配合。6 月 10 日，市水利局予以立案，对其处以 7 万元罚款，补缴河道堤防工程占用补偿费 6.27 万元，将违规建筑物强制拆除。2008 年 10 月 30 日，接到群众举报，有人在长江常州澡港河口水域非法采沙，市水政监察支队执法人员立即登船检查，船主冉某等两人正操作采沙机具，吸取江沙注入另一艘运沙船，无证采集黄沙约 20 吨，两船同时被扣押，被处以没收采砂机具、罚款 8000 元。

第四节　水资源管理

90 年代初起，常州根据 1988 年国家颁布施行的《水法》，开发、利用、保护水资源，把水资源管理纳入水利工作，市及县（市）区两级水利局均设置水政水资源科、股等职能部门进行管理，郊区、戚墅堰区明确专人负责。在全市实施取水许可证制度，征收水资源费，开展取水计量、生产耗水量等用水情况的调查、研究和管理，重点对常武地区地下水严重超采而引起的地质灾害问题，实行限制性开采管理，遏制后果向纵深方向发展，管理机构在管理城区节水与农村节水过程中不断调整。2001 年，市节约用水办公室由市建设局划归市水利局。10 月 9 日，武进市水务局挂牌成立，此后武进被省水利厅列入首批水务一体化试点单位。2008 年溧阳市水务局成立，2010 年 4 月金坛市水务局挂牌，通过“一个龙头管水，共同治水”管理体制，促进区域水资源统一规划和优化配置。

一、水资源监测

80 年代，城乡经济快速发展，环境污染严重，地下水过度开采，水环境问题因此引起各级政府重视。90 年代起，市水利局制订出台水资源管理实施办法等，加强地下水资源管理，开始全面监测，在主要河道控制站、重要入河排污口设置水质监测断面。1998 年，市水利局委托市水文局编制年度《水资源公报》《水资源简报》等，发布年度新技术、水资源和地下水开采报告。2002 年 2 月，市政府把建设部门承担的城市计划用水、节约用水、城市规划区地下水资源管理、保护职能交由市水利局承担。2003 年起，实行常州地表水（环境）功能区水资源质量状况通报制度，对县城及其以上集中供水水源地定时监测，每月将监测结果及时报送省水利厅、市政府和辖市区有关部门，供领导科学决策。2008年，编制出台《常州市饮用水安全保障规划》《常州城市供水应急系统建设规划》和《常州市集中式饮用水源地突发性水污染事故应急预案》。2009年，编制以饮用水源地保护为重点的水功能区监测方案、全市全覆盖的水功能区监测方案，组织完成常州化工厂等40多个建设项目的水资源调查论证和10个入河排污口设置论证，确保全市和流域水资源环境安全。

二、取水证件管理

1992年，市计委、水利局联合实行建设项目取水审查制度。1993年，全市开始实施取水许可证制度。至2010年底，全市累计发放取水许可证742个，其中地表水672个、地下水70个，工业口122个、农业口580个、其他行业40个。根据1998年7月出台的《常州市河道堤防工程占用补偿费征收使用管理办法》，办理河道工程占用证。1999年起，凡生产、建设需要占用河道（含人工水道、水库、湖泊、行洪区、滞洪区）及其配套工程管理范围的单位和个人都要办证。2003年4月，《常州市河道管理条例》出台，河道、湖泊新建、改建或扩大排污口须经审核批准。1993—2007年，全市批准12家企业新建、改建排污口。2003年8月起，山区和丘陵区开办集体矿山的企业和个人须向水利局申报矿区水土保持方案及其承诺书，经审核同意后方可开采。

三、推广节约用水

常州水资源丰富，但水域分布不均，季节性工程缺水、水质型缺水矛盾突出，水质型缺水成为制约可持续发展的重要因素，节约用水逐渐引起各级政府的高度重视。1995年常州市节约用水办公室成立，制定了工业用水节水行政规范性文件，安装地下水开采计量表，调整工业用水水价，控制地下水开采，对计划用水单位实行节奖超罚制度及补助节水工程等措施。1996年，选定一批条件较好、生产正常的化工、印染、纺织、发电企业跟踪测量用水情况，确定356个产品用水定额，实行计划用水管理。2002年职能未调整前，农业灌溉用水一直是节水工作重点，各级政府始终把发展农业节水灌溉作为缓解水资源矛盾、提高农业用水效率的关键。在政策上引导，投资上倾斜，建设一批节水配套项目和节水示范片区，引导、促进农业结构调整，发展节水灌溉。2002年，修正后的《水法》颁布，市财政专门安排资金补贴节水技改项目。2008年，市水利局修订全市工业用水定额，涉及3个门类40个大类行业，重点对火力发电、化工、造纸、冶金、纺织、建材、食品、机械8大高用水、高耗水、高污染行业实行定额限制。倡导节水遍及全市，由传统纺织、化工、机械、轻工等企业、产业和工农业生产领域向第三产业拓展，所有在常高校开展节水创建活动，同时开始启动节水型社区建设。至2010年底，全市创建省级节水型载体50多家，投资节水技改资金5336.5万元，实施节水技改项目80个，形成年节水能力8711.6万立方米，投入供水工程、管网建设资金18亿元，建成日供水能力达30万立方米的常武供水一期工程，铺设供水主管网340多公里、镇域管网1040公里。

四、地下水保护

常武地区地面水资源丰富，河网密布，水质良好。70年代初，生产生活都以地面水和浅层地下水为主，较少开采深井水，深层地下水资源长期保持良好自然状态。70年代后期起，随着纺织、印染、化工等乡镇工业迅猛发展，地面水污染日益加重，浅层地下水亦受污染，农村城镇生活用水大量改用深井水。地下水取水高峰期间，市区深井密度最高达每平方公里22口，日均开采量达每平方公里5500立方米，地下水位急剧下降，水质恶化，引发地面沉降等地质灾害。1996年，市政府开始加强对地下水开采管理和控制，对地下水实行计划开采，逐年压缩开采量，转发市计委、建委、水利局和矿产资源管理局联合提出的严格管理地下水资源意见，对开采地下水进行资源评估，严格控制发放取水许可证和强化凿井管理，提高水资源收费标准，对超计划用水实施加价收费，控制取水量，开展地下水回灌。2000年，省政府针对苏锡常地区地下水超采引起地面沉降问题，在无锡召开地下水资源管理工作会议，限期禁止苏锡常地区开采地下水。8月26日，省九届人大常委会审议通过

《关于在苏锡常地区限期禁止开采地下水的决定》。全市在2000—2005年统一行动，封井禁采，填封在册深井933口，其中市区503口、武进430口，查处和填封省计划外的深井160口。通过填封深井，地下水位有所回升，区域地质环境改善，2005年，开采总量由2000年的6744万立方米压缩到303万立方米，超采区地下水漏斗区从2000年的644平方公里减至300平方公里。据监测，2005年常州市区含水层平均水位比禁采前平均回升9.22米，地面沉降由禁采前的年最高120毫米减至6毫米，禁采工作大大减缓了地层沉降的速度。

五、农村饮水安全

1986—1990年，常州乡镇供水发展迅速。90年代后，兴建一批上规模、质量好的供水工程。全市水利部门根据国务院关于“归口管理乡镇供水”精神，结合水源工程建设，涉农乡镇普遍开展乡镇供水工作。丘陵山区的茅东水库、海底水库、东进水库、向阳水库和瓦沟水库等分别作为当地乡镇水厂水源地，为当地群众供应优质水库水。武进、金坛、溧阳农村安全饮水工作体制、管理模式各不相同，金坛城镇供水属市政水厂，归口建设局管理，各乡镇都建有自来水厂。1992年，武进县供水总公司成立。1998年，武进市政府将属于该市建委的武进市自来水公司及其下属的湖塘、奔牛、横林3家乡镇自来水厂及正在建设的城区污水处理厂，成建制划归该市水利局管理；溧阳市政府授权农村供水公司进行改制，全部出售给个人经营，负责乡镇供水。

1999—2003年，金坛市水利局实行水厂企业产权制度改革，由镇政府通过承包、拍卖、特许经营等方式，分别将所属供水工程转让、出售给隶属于镇水利站的专业公司和个人。2000年，隶属市卫生局的常州市农村改水项目办公室及其下属的37家镇村自来水厂成建制划归市水利局。2001年10月，成立武进市水务局，实施涉水事务一体化管理。武进依托水务一体化管理体制，创新投资模式，由武进市供水总公司、北京江河水务投资公司和香港伟创实业公司共同投资兴办江河港武（武进）水务有限公司，负责全区相关镇村的供水联网建设和运行管理。2001年起，实施农村水改和城乡一体化供水，武进实现水务一体化，武进水利局承担全区供水、污水处理等一揽子事务。

2004年，武进长江引水工程水厂主体工程、区域供水联网建成，镇村联网建设接近尾声，新增受益人口60余万人。2008年，推进武进区域供水二期工程的礼河水厂、镇域供水管网和区域供水管网建设，新增供水受益居民3万户。2008年成立溧阳市水务局，负责业务管理指导，农村饮水卫生由市爱国卫生运动委员会负责。至2010年底，武进基本形成城乡同网同质同价的供水模式；金坛有6座水厂为集体所有，其余皆为民营，承担着为百万农村居民生活供水。

第九卷　交通邮电　信息化建设

Volume IX　Transportation, Post and Tele-communications & Information Construction

1986—2010 年，常州交通、邮电设施连续进行高投入、高标准、高质量建设，交通运输、邮电业快速发展。2010 年底，全市公路、航道网络形成体系，港口、客运站场等运输枢纽基本布局到位，基本形成以铁路、高等级公路、干线航道为主轴线，空港、长江港口、客运站场等枢纽为节点，农村公路网为延伸，公路、铁路与水路、航空协调发展的现代化交通格局。

常州民航机场于 1985 年筹建，1986 年通航。1995—1996 年，常州机场实施停航改扩建。2009 年，常州投入 30 多亿元对机场集疏运道路、航站区、飞行区进行综合改造，使其具备一类口岸开放条件，成为提升区位优势，服务市民出行、促进对外交流的重要窗口。沪宁铁路 70 年代实施复线改造。1985 年，客列增至 35 对，年运送旅客 418 万人次。2007 年，铁路时速 200 公里的动车组广泛投入使用，常州完成旅客发送 1228.3 万人次、货物发送 502.2 万吨。2008 年起，沪宁城际铁路、京沪高速铁路、宁杭城际铁路相继开工建设。

高等级公路网建成，交通快捷通畅。1986 年初，全市公路通车总里程仅 1044 公里，大多为泥结碎石路面或简易沥青路面，公路运输的瓶颈现象十分严重。1986 年，全市 141 个乡（镇）实现乡乡通公路。1994 年实现乡乡通油（沥青）路。2008 年底，全市 992 个行政村村村通客运班车，县乡公路网络形成。2010 年末，全市农村公路通车里程达 7656 公里，实现辖市区到乡镇通二级公路、乡镇到乡镇通三级公路、乡镇到行政村通四级公路，重点乡镇 30 分钟内驶上高速公路的目标，为调整农村产业结构、统筹城乡经济发展、加速城乡一体化和全市经济高速发展奠定了坚实基础。高速公路及省干线建设至 2010 年底，先后建成沪宁、锡宜、常澄、宁杭、扬溧、宁常 6 条高速公路，完成机场路、241 省道、104 国道、340 省道、312 省道等国省干线公路的等级化改造，全市公路通车总里程跃升至 8348 公里，其中高速公路 221 公里，形成“二纵四横”的高速公路主骨架网络和“四纵六横”的国省干线公路网络，全市公路密度达每百平方公里 190.39 公里，比全国领先的江苏省公路密度高 30%。

水运江河港航联建，实现连江通海。常州处于苏南水网地带，80 年代航道弯多水浅，通航能力和内河港口码头装卸能力有限。90 年代，市委提出“以港兴市、连江通海、三区一线、再造常州”的发展战略，加快长江港口建设。2003 年 4 月，常州港实现国家一类口岸开放，结束了常州无开放口岸的历史。2008 年 1 月，京杭运河常州市区段南移改线工程完工并通航，实现国家级水运主通道升级换代，航道通行能力由 500 吨级船舶双向航行提升到 1000 吨级船舶双向航行。2010 年末，全市有航道 136 条，总里程为 1167.66 公里，通航里程 1091.73 公里，全市万吨级长江泊位达 7 个、千吨级泊位 27 个，设计年总吞吐能力 2069 万吨，集装箱年吞吐能力 16 万标准箱(TEU)，形成干支相连、纵横贯通、连江通海的水路运输网络。长江常州港成为常州及周边地区重要的物流集散地和产业积聚区，参与上海组合港，成为上海国际航运中心的喂给港。2010 年，常州市客货运输量、周转量和交通运输收入、增加值成倍增长，高速铁路、高速公路、新运河、长江港口和常州机场构成交通大走廊、大通道和大枢纽，催生走廊经济、道口经济、交界经济。

1985 年以后，常州邮政电信事业通过邮电分营、电信重组和政企分开的体制改革及新技术运用得到快速发展。常州本地网固定电话号码经过1994—2007年两次升级，由6位升至8位。无线寻呼业相继开通移动通信快速发展，全市建成本地电话网、小灵通网、3G移动网络、宽带接入网和大学城校园网；陆续推出卡式电话、电视电话会议、多媒体数据通信、远程教育、高速上网等新业务，推进社会和国民经济信息化。2010年底，全市有移动电话用户501.39万户、固定电话用户159.6万户，实现电信业务总收入54亿元。发展信息设备制造业，促进信息社会化深度开发和综合利用资源，信息产业逐步成为全市支柱产业。依法加强对计算机、互联网监督管理，及时防范、查处危害计算机信息系统安全的违法犯罪案件，无线电管理加强监测、检测和监管，维护了空中电波秩序。常州经济社会初步实现信息化，总体水平处于全国前列。

第一章　交通建设规划

常州各级交通部门、规划部门坚持交通建设规划先行，在组织编制城市总体规划时，把交通建设规划纳入总体规划同步调研编制，为全市交通建设提供了规划指引。交通行政部门与规划部门配合编制了“七五”至“十一五”的分期规划和航道规划，市和辖市区交通部门积极筹措交通建设资金，收好、管好、用好交通规费，加强交通建设的质量安全管理，促进全市便捷高效的交通网络体系建设。

第一节　综合规划

一、对外交通

《常州市城市总体规划调整方案(1989—2000年)》《常州市城市总体规划(1996—2010年)》和《常州市城市总体规划(2008—2020年)》，均包括常州对外交通规划。1996—2010年版总体规划确立的对外交通规划发展目标为：以国家及区域交通干线为主骨架，逐步建立、完善铁路、公路、水运、航空等运输方式相结合的现代化综合交通体系。2008—2020年版总体规划确立目标为：实现“一小时交通圈”、“两小时交通圈”和“1530”目标，即1小时交通圈覆盖长三角北翼主要城市，2小时交通圈覆盖长三角南翼的杭州、湖州、宁波等城市，市区主要节点15分钟驶入高速公路，市区乡镇30分钟内到达中心城区。

铁　　路　《常州市城市总体规划调整方案(1989—2000年)》提出，江边铁路支线从新岗站出线至圩塘港和江边开发区，改建铁路常州客站为跨线式高架候车客站，扩建南广场，新建北广场。《常州市城市总体规划(1996—2010年)》提出，京沪高速铁路在现沪宁铁路北侧通过，进入常州市区后规划南线与北线两种方案；新(沂)长(兴)铁路经过武进南部戴溪、运村、漕桥镇，在运村乡境内设客运站和货运站；沪宁铁路远景为电气化铁路，近期改扩建常州客站、戚墅堰客站，适当扩建东货场，加快新建西货场；镇南铁路从镇江经常州至上海南翔，常州段在新港与新龙分区之间通过，设客运站和货运站；宁(南京)宜(兴)铁路途经溧阳市南部，市域境内长约45公里。常州通江铁路由沪宁铁路新岗西货场出线至新港区。《常州市城市总体规划(2008—2020年)》规划形成以京沪高速铁路、沪宁铁路为骨架“一纵六横”的铁路运输线网，一纵：沿江城际铁路Z2线，六横：镇南铁路、京沪高速铁路、沪宁铁路及沪宁城际铁路H1线、沿江城际铁路H3线、新长铁路及沿江城际铁路Z3线、宁杭城际铁路；市域设铁路客货运站场20个，其中客运14个、货运6个。

公　　路　1986—1989年编制完成的《常州市城市总体规划调整方案(1989—2000年)》提出，规划沪宁高速公路常州段距市中心7公里，经龙虎塘南通过；规划常锡路南、清凉路西新建长途汽车客运南门站，规划常澄路通向江阴、张家港，为常州对外交通重要干线（市区段为一级公路）；配合江阴长江大桥建设，规划东面新建青洋路，西面新建新魏路，为过境对外公路，规划剑横东路（戚墅堰—横山桥）连接高速公路与常锡路，分流来自江阴长江大桥的过境车辆。规划新建环湖路（荆川路—牛塘—寨桥）、新常溧公路（卜弋—湟里—溧阳），拓宽奔卜路、龙圩路、龙魏路、常焦路。

1994—1998年编制完成的《常州市城市总体规划(1996—2010年)》提出，常州公路网由国道、省道、市道、县道组成，以国道和省道构筑常州市域的"四纵六横八放射"的主骨架公路网。经过常州市域的国道有沪宁高速公路、宁杭高速公路、312国道、104国道。省道有沿江高速公路、101沿江公路、常溧公路、镇广公路、沪宜公路、常澄公路、新常漕公路、新常溧公路、扬溧公路等，均规划为一级公路。市县级公路主要有常魏线、常焦线等，按一级公路规划，近期按二级公路实施。规划常州大外环公路，东为西马线，南为武南路、西为奔卜线、北为101沿江线，2000年前、2010年先后达二级、一级公路标准，远景达高速公路标准。规划新建南门、城北、新港等长途汽车客货运输站，建设凌家塘、龙虎塘、江边、西北分区等处货流中心，远景规划建设常州长江公路大桥。

21世纪初叶，修编的《常州市城市总体规划(2008—2020年)》提出建设"三纵四横一环"的高速公路网，三纵为扬溧高速公路、西绕城高速公路、常溧高速公路；四横为沪宁高速公路、沿江高速公路、锡宜高速公路、宁杭高速公路；一环为由沪宁、沿江、西绕城3条高速公路构成的常州市区高速公路环。规划建设"五纵七横一通道"的干线公路网。五纵为镇广公路、金宜公路、新常溧线、常扬公路、武澄公路，七横为沿江公路、常锡公路、常金公路、沪宜公路、老明公路、宁杭公路、规划122省道，一通道为在长江常州—泰兴汽渡附近规划预留过江通道，南与338省道相接，北至泰兴附近接宁通高速公路、靖盐高速公路。规划建设客运站场7处：市区客运中心站、金坛站、溧阳站、东站戚墅堰站、南站武进站、西站凌家塘站、北站新龙站，总用地规模约35公顷；主要公路货运站场8处：奔牛货运中心站、横山桥站、龙虎塘站、新港站、武南站、凌家塘站、金坛站、溧阳站，总用地规模约84公顷。

水　路　1986—1989年编制完成的《常州市城市总体规划调整方案(1989—2000年)》提出，整治京杭大运河，整治德胜河达四级航道。1994—1998年《常州市城市总体规划(1996—2010年)》提出规划京杭运河市区段南移，从德胜河口起经西林、中凉亭、雕庄南至戚墅堰电厂附近并入老运河（三级）；打通拓宽新澡港河，使之成为通往长江的新航道；改造整治德胜河（五级）、锡溧漕河（五级）、芜申运河（五级）、丹金溧漕河（五级）等航道。规划建设长江航运常州港圩塘作业区万吨级泊位4～5个，在夹江建千吨级泊位；新建京杭运河西港，在京杭运河常州南移段建设西林、牛塘等港区，在新澡港河设两个港口作业区。规划在新长铁路运村段建设与铁路货运相配套的内河港。《常州市城市总体规划(2008—2020年)》提出，以长江、京杭运河等国家水运主通道为基础，与干线航道相通，实现内河航道网络化，建成"三纵两横一港"的水运主航道骨架，三纵为锡溧漕河、德胜河接常宜运河、丹金溧漕河，两横为京杭大运河、芜太运河，一港为国家一类对外开放口岸长江常州港。

航　空　《常州市城市总体规划调整方案(1989—2000年)》提出，规划扩建奔牛民航站设施，加厚加长跑道，增设盲降系统，接纳大型飞机起降。《常州市城市总体规划(1996—2010年)》提出，奔牛机场航空港扩建为4D级机场，争取按一类口岸对外开放。《常州市城市总体规划(2008—2020年)》提出，常州机场建成国内中型4E级机场、苏南航空货运中心，用地规模约500公顷。

二、城市道路交通

1986—1990年编制的《常州市城市总体规划充实调整方案(1989—2000年)》提出，规划城市道路网为

“内十字、外二环、六放射”的环状加放射结构。其中，内十字指南北向的和平路、新丰街与东西向的延陵西路、延陵东路；内环由怀德路、劳动路、五角场南路、关河路围合而成，外环由常锡路、东环路、城北干道、西环二路围合而成；六放射由常澄路、常漕路、常金路、常新路、常焦路、采菱路组成。41条主干道道路红线除延陵西路宽60米外，一般宽30～40米；南北大街、广化街、局前街等77条次干道红线宽20～24米，红梅路、西直街、竹林路等55条一般道路红线宽12～16米。

1994—1996年编制的《常州市城市总体规划(1996—2010年)》提出，建立快慢等次分明，联系有序的城市道路系统，形成“道路成网、快速成系、内外成环、多向放射”的结构。城市干道网由快速路、交通性主干道、生活性主干道、次干道组成。快速路道路红线宽40～80米，设6个机动车道，时速不低于60公里。以西环三路、城北干道等22条环路和放射状道路为骨架，构成覆盖全市区的快速道路系统；交通性主干道主要有万福路、怀德路、劳动路等20条；生活性主干道主要有延陵路、新丰街、和平路等42条，时速分别为50公里、40公里；次干道有117条，红线宽度一般分别不小于40米、36米、24米。结合旧城改造和新区建设，逐步建立和完善自行车专用道系统，以减轻自行车对干道的压力。规划市区干道网密度为每平方公里2.5～3公里，道路面积率为15%。人均道路面积2000年达8平方米，2010年达12平方米。

2002—2008年修编的《常州市城市总体规划(2008—2020年)》提出，城市路网结构由城市快速路、主干道、次干道和支路组成，道路级配比1∶2∶3∶7。城市快速路和交通性、生活性主干道及次干道形成道路成网、快速成系、内外成环、多向放射的干道网络结构。规划道路网密度每平方公里6～7公里，其中干道网、支路网密度分别为每平方公里3公里、3～4公里，干道间距0.4～0.6公里。

快速路 设中间隔离带，两侧设绿化隔离带，并设双向辅路，严格控制相交道路的接入密度，实行全立交全封闭。道路红线宽40～60米，道路间距大于3公里，两侧规划建筑退红线不小于20米，机动车道不少于6条，设计时速80公里。形成覆盖中心城区的“两纵三横”的快速路网络。两纵：龙江路(338省道—公路南环线)、青洋路(沪宁高速—公路南环线)；三横：龙城大道(常州机场—大明路)—东方东路(大明路—沪宁高速横山桥立交道口)、中吴大道(龙江路—青洋路)、长虹路(239省道—武澄线)。龙江路、龙城大道、青洋路和长虹路组成城市快速环主骨架，根据需要规划建设高架路系统，与高速公路出入口、对外高等级公路合理沟通衔接，形成快速路系统。

主干道 交通性主干道红线宽度不小于40米，两侧规划建筑退红线一般不小于15米，道路间距0.8～1.2公里，设计时速60公里，规划的城市交通性主干道有关河路、怀德路、劳动路、延陵东路等41条。由关河路、丽华北路、劳动路和怀德路4条干道形成城市核心区的核心环，通过通江路、青龙路、延陵东路、丽华路、兰陵路、怀德路和运河路等放射状道路，向外围快速路疏缓交通。生活性主干道红线宽度不小于40米，两侧规划建筑退红线一般不小于10米，道路间距0.8～1.2公里，设计时速50公里。规划生活性主干道有和平路、延陵路、长江路等45条。

次干道 次干道红线宽度一般达24米，两侧规划建筑退红线达8米，道路间距0.4～0.6公里，设计时速40公里，规划有局前街、光华路、博爱路、南大街和晋陵中路等次干道。

自行车道系统和步行系统 规划自行车专用道有东河沿、民丰路等，红线宽7～12米。主要有南大街两侧商业步行街和武进区花园街商业步行街，古运河两岸绿带、关河两岸绿带、红梅公园、恐龙园、长江录安洲公园、西太湖生态休闲区、春秋淹城旅游区等景点及绿地都市休闲步行系统。

桥梁 1986—1990年编制的《常州市城市总体规划充实调整方案(1989—2000年)》提出，规划建设城市主要道路与铁路的立交8处，其中奔牛、新闸、西环二路、西环一路、竹林南路、东环路、大明路7处为地道式立交，剑横东路1处为跨线式立交；城市主要道路与高速公路立交规划有9处，其中罗溪北、龙虎塘南，横山桥3处为互通式立交，预留新魏路、常焦路、邹新路、西环一路、澡江路、青洋路6处为分离式立交；规划城市道路互通式立交有火车站广场、中凉亭、凌家塘、西环一路与常锡路、清凉路与常锡路5处。跨河桥梁与沿河道路互通式立交有新闸、奔牛、五星桥、西仓桥、怀德桥、广化桥、同济桥、大明路、剑横东路等12处。1994—1996年编制的《常州市城市总体规划(1996—2010年)》提出，在快速路与主次干道，主次干道与铁路、高速公路相交处规划互通式或分离式立交。

立　　交　2002—2008年编制的《常州市城市总体规划(2008—2020年)》，对城市道路交叉口分类，高速公路出入口有沪宁高速公路增设青洋北路出入口、沿江高速公路增设青洋南路出入口、西绕城高速公路设沪宁高速、沿江高速互通及孟河镇、338省道、122省道、龙城大道、312国道、长虹路、滆湖路、公路南环线等出入口。出入口均应按互通式立交建设。快速路与快速路交叉口采用互通式立交，快速路与重要主次干道的交叉口设置互通、半互通、单匝道或分离式立交；跨铁路、高速公路、河道的道路须设置跨线桥隧，主次干道平交路口采取渠化设计。在城市中心区商业繁华和人流集中的文化宫、常州商厦和江南商场等处街道上设置人行立交(过街地道或天桥)。

三、其他规划

2000年以后，常州规划、交通部门组织编制《常州市综合交通发展规划(2004—2020年)》《常州市公共交通发展规划》(2003年完成)、《常州市公交枢纽站、保养场布局规划》(2008年完成)、《常州市轨道交通线网规划(2004—2020年)》《常州市域公路枢纽布局调整规划》(2006年完成)、《常州市公共停车设施专项规划》(2004年完成)、《常州市中心城区支路网规划调整完善》(2008年完成)等规划，深化常州市第四轮城市总体规划(2004—2020年)。2008年以后，《常州市快速公交线网规划》获得2008年度全国优秀工程咨询成果二等奖，《常州市快速公交一号线详细规划》获2008年度江苏省城乡建设系统优秀城市规划二等奖。

常州快速公交线网规划情况一览表

表9-1-1

项　目	线路起迄点	主要经由道路	性质与作用
1号走廊	高铁火车站—武进客运站	通江路、怀德路、劳动西路、兰陵路、武宜路、鸣新东路、常武路	南北向骨干
2号走廊	东岱村—戚墅堰	花园路、怀德南路、劳动西路、劳动中路、劳动东路、采菱路、河苑路	东西向骨干
2号走廊支线	北港街—第四医院	新岱路、星港大道、劳动西路	
3号走廊	薛家镇—常州电缆厂	玉龙路、新岱路、飞龙路、潞横路	东西向辅助
4号走廊	丁家村—卢家巷	长江路、淹城路	南北向辅助
4号走廊支线	马家巷—污水处理厂	人民路	
5号走廊	恐龙园—滩井上	东经120路、竹林北路、飞龙路、丽华路、夏城路	南北向辅助

第二节　分期规划

1986年以后，常州市交通部门先后编制5个全市交通行业规划，规划编制经历了从粗略到详细、部分到全面的过程，对行业的指导和约束作用越来越大，促进了交通行业的科学发展。

一、“七五”(1986—1990 年)规划

规划的重点是提高车船通行能力、港口吞吐能力，利用现有水陆运输网络，合理调整运输结构，逐步建立多层次、多形式、多渠道的合理的综合运输体系。“七五”规划安排公路、水运工程等基础设施建设投资 5.5 亿元。加强干线航道，积极改善提高区间航道，构成四通八达的水运网络；公路建设方面，提高改造干线公路网络，解决市区出入口及县城卡脖子地段的交通拥挤状况，积极发展县乡道；合理布局，建设新港，改造老港，调整随厂码头，逐步实现机械化操作，同步发展为装卸、疏运、仓储配套的新型港口，抓好站场配套建设。

二、“八五”(1991—1995 年)规划

规划的重点是全面构筑高速公路联网畅通工程、干线公路网化工程、县乡村公路通达工程。“八五”规划以投资趋向合理、投资结构得到调整、投资力度进一步加大为原则，安排公路、水运工程等基础设施建设投资 20 亿元，基础设施投资有量的增加和质的提高；开工建设沪宁高速公路，干线公路主骨架全面形成。

三、“九五”(1996—2000 年)规划

重点是以公路、水运基础设施建设服务于全市“20 世纪末全面实现小康，2010 年基本实现现代化”的目标，建成沪宁高速公路，干线公路联网畅通。“九五”期间安排公路、水运等基础设施建设投资 25 亿元。

四、“十五”(2001—2005 年)规划

总体指导思想是服务于全市社会经济跨世纪发展，抓紧构筑国内领先、国际先进的交通基础设施和交通运输体系，全面提高公路网、航道网、港站枢纽、交通装备的现代化水平。按照“统筹规划、条块结合、分层负责、联合建设”的方针，推进公路水运基础设施投资体制改革，加快交通基础设施建设。围绕强化骨架、改造干线、增大密度、完善配套的思路，滚动推进高速公路联网畅通工程，干线公路网化工程和县乡村公路通达工程的二期建设。高速公路重点建设“两纵两横”高速公路主骨架，扩张全市高速公路网；加快干线公路的建设和改造，继续加快城区绕城公路的建设，重视城市出入口道路的建设；提高县乡村公路的质量，推进公路站场建设；加快公路主枢纽建设。探索智能交通技术在公路网，特别是高速公路网管理中的应用。“十五”期末，武进各主要节点到高速公路时间在 15 分钟内，金坛各主要节点到高速公路时间在 40 分钟左右，溧阳各主要节点到高速公路时间在 20 分钟内，市到辖市、辖市到主要乡镇最长行驶时间在 1 小时内。“十五”规划安排公路、水运等基础设施建设投资 56.22 亿元。

五、“十一五”(2006—2010 年)规划

规划的重点是推进交通快速、全面发展，建设环保、节约、和谐交通。实现高速公路联网形成“三纵四横一环一通道”的高速公路框架，三纵为京杭高速公路常州段、镇溧高速公路常州段、常澄高速公路常州段，四横为沪宁高速公路常州段、宁常高速公路常州段、宁杭高速公路常州段、锡宜高速公路常州段；一环为沪宁、京杭、常澄高速公路常州段所形成的高速公路环线；一通道为京杭高速公路常州汤庄至丹阳交界段。干线路网提级形成“六纵八横”的一级干线公路网，六纵为省道 232、常漕线、省道 238 大小线、省道 239 常溧线、省道 240 金宜线、省道 241 大广线；八横为国道 104 京福线、国道 312 沪霍线和省道 338 浏张镇线、省道 122、省道 340 张常溧线、省道 342 虞宜线、省道 341 老明线及长虹路—金武公路。构筑以三级航道为主干，五、六级航道为基础的干支相通、通江入海的内河航道网络。统筹规划建设港口站场，形成布局合理、功能齐全、集疏运畅通的现代物流网络，基本建立起以高速公路网和干线公路为主体，以公路运输枢纽为依托的快速客货运输网络，巩固和完善传统大宗散货运输系统，初步建立内河集装箱专业化运输体系。“十一五”规划安排公路、水运等基础设施建设投资 220 亿元。

六、航道规划

2008 年 2 月，市政府印发《常州市航道网规划》，全面布局全市航道特别是干线航道的整治与建设。规

划提出，到2020年全市建成以京杭运河(常州段)等国省及市域干线高等级航道为核心，联络线航道为基础，形成由26条航道、约512公里构成的干支相通、层次分明、通江入湖、连城达港，与常州现代化建设相适应、与综合运输体系相协调的航道网络。其中，国家、省级及市域干线包括京杭运河、芜太运河、丹金溧漕河、锡溧漕河、德胜河等10条航道；联络线包括新武宜运河、扁担河等16条航道，规划干线航道321.21公里，占航道网的62.8%。规划京杭运河、芜太运河、锡溧漕河和德胜河将具备内河集装箱运输条件，市区的部分航道因两侧居民区密布不能通航，逐步取消航道功能，主要有苏南运河市区段、常宜线城区段、新澡港河南段、白荡河、大通河、老澡港河、关河、澡港河等13条航道，里程96.01公里。

2008年常州市干线航道网规划方案一览表

表9-1-2

航道名称	航道起讫点		规划里程(公里)	规划等级	备　注
	起点	终点			
苏南运河	荷园里	直湖港口	48.81	三　级	东西段与改线段
芜申线	朱家桥	杨家村	44.88	三　级	
丹金溧漕河	丹金闸	肇　庄	46.14	三　级	
锡溧漕河	欢塘桥	五洞桥	21.80	三　级	
德胜河	魏村江口	连江桥	21.54	三　级	沟通长江(常州港)、大运河的主通道
丹金溧漕河南支线	肇　庄	溧阳热电厂	2.56	五　级	
常宜线	宣塘桥	五洞桥	25.69	五　级	
常溧线	丫河口	庄河港	28.02	五　级	
通尧线	张家桥	丹金溧漕河	23.85	五　级	丹金溧漕河以西
	丹金溧漕河	常溧线港口	25.25	五　级	
三山港	苏家店	九号桥	21.90	五　级	连接东部多个城镇节点的市干线
西流河	苏南运河口	戴溪桥	13.32	五　级	连接东部多个城镇节点的市干线
锡溢线	浒民桥	周渡桥	11.00	五　级	无锡至宜兴经常州
新武宜运河	新运河口	丫河口	5.66	五　级	
雪堰河	锡溢线	锡溧漕河	4.86	五　级	
中　河	老角嘴	野　砻	26.22	五　级	
扁担河	苏南运河奔牛镇东	北河口	15.56	五　级	
新澡港河段	长江口	三叉河口	12.29	五　级	
澡港河东支	三叉河口	小　塘	1.80	五　级	
北塘河	锡常交界处	三山港	14.20	五　级	
新孟河	萌沙口	九　里	21.51	六　级	
新澡港河南段	三叉河口	沪宁高速公路桥	2.23	六　级	
戴埠河	戴埠大桥	长木桥	11.48	六　级	
薛埠河	新港口	夏家口	18.28	五　级	
上沛河	上　沛	老角嘴	10.49	六　级	

续表 9-1-2

航道名称	航道起讫点		规划里程(公里)	规划等级	备　注
	起点	终点			
上兴河	上　兴	上沛河口	8.98	六　级	
大溪河	周城镇	芜申线口	12.00	六　级	
溧梅线	洪桥坝	河口南	11.29	六　级	

常州市规划取消航运功能的航道一览表

表 9-1-3

航道名称	航道起讫点		里程(公里)	等级	备　注
	起点	终点			
苏南运河市区段	德胜河口	戚墅堰电厂	21.28	取　消	逐步取消该段货运功能
常宜线城区段	南运桥	宣　塘	4.72	取　消	逐步取消该段货运功能
新澡港河南段	沪宁高速公路以南		5.02	取　消	逐步取消该段货运功能
白荡河	杨家桥	民丰桥	4.12	取　消	
大通河	四河口	后尖头	9.49	取　消	
丁塘港	四号桥	羊头桥	8.77	取　消	
横塘河	龙港河	上　区	6.25	取　消	
老澡港河	陶家湾	小新桥	2.54	取　消	
东村河	莘家塘北	白荡河边	1.36	取　消	
潞横河	芳　茂	潞城桥	8.72	取　消	
关　河	水门桥	西涵洞	6.26	取　消	
鹤童河	陈家村	新　闸	9.24	取　消	
澡港河	孙家村	常州农药厂	8.24	取　消	

第三节　建设资金保障

一、交通规费征收

交通所属各规费征收部门严格按照征收政策，加强征收管理，做到应征不漏、应免不缴。因经济发展和国家政策的调整，2009 年 1 月 1 日起部分交通规费停止征收。国家实施收费还贷政策，征收交通规费，促进交通建设滚动发展。

公路养路费征收　汽车养路费征收　1983 年，常州市公路管理处成立，9 月设立养路费征收站，征收公路养路费。利用 96196 交通服务热线、交通广播电台、触摸屏等渠道，实行养路费征缴情况的实时查询，通过单位外网建立征稽催缴专用数据平台。1983—2008 年，全市征收公路养路费 53.2 亿元。2008 年底全国实行燃油税改革，2009 年 1 月 1 日，全市公路养路费全面停征。

“五小”养路费征收　“五小”指三轮客车、三轮货车、三轮摩托车、二轮摩托车和拖拉机 5 种小型车辆。小三轮客车(两位)、正三轮摩托车(三机)和革新三轮机动车每月每辆分别征收 40 元、100 元和 170 元；侧三轮摩托车、两轮摩托车和轻便摩托车每年每辆分别征收 260 元、170 元和 140 元；方向盘式手扶拖拉机每月每辆征收 160 元，手扶拖拉机每月每辆征收 50 元。1997—2008 年，市运输管理处及交通管理所征收“五小”

养路费4831万元。2009年1月1日零时起“五小”养路费被取消。

公路通行费征收 1984年，国家出台“贷款修路，收费还贷”政策。从90年代开始，先后成立常州市凌家塘公路立交管理站，宁杭公路、镇广公路溧阳收费站，常溧公路、镇广公路金坛收费站，常州外环路收费站，常漕公路收费站，常溧公路厚余收费站，金宜公路岸头收费站，239省道暨竹溧公路昆仑收费站。至2010年底，累计征收通行费20.1亿元。2009年初，国务院决定逐步取消政府还贷二级公路收费，3月1日江苏作为试点省份率先取消收费。常州外环路剑湖收费站，宁杭公路、镇广公路溧阳收费站，239省道暨竹溧公路昆仑收费站，常溧公路、镇广公路金坛收费站于2009年3月1日零时停止收费。

常州市凌家塘公路立交管理站 1992年1月开征，至1995年发展成为一站五点规模的收费站(312国道设两个点，花园路、340省道、外环路各1个点，北港路设1个点，均单向收费)。1997年，由于沪宁高速公路开通，为上市筹集高速公路建设资金，被沪宁高速公路股份有限公司收购、管理。

宁杭公路、镇广公路溧阳收费站 1993年6月溧阳收费站开征，为一站两点双向8车道收费。为加快天目湖旅游度假区开发，省政府批准该站镇广点于2001年2月17日零时停征。2009年3月1日零时宁杭公路、镇广公路溧阳收费站停征。

常溧公路、镇广公路金坛收费站 1994年7月金坛收费站开征，为一站一点双向4车道收费。1995年8月增设镇广公路金坛收费点，由金坛收费站实行一站两点管理。2005年8月常溧公路收费点增设两个收费车道。省政府批准该站镇广点2008年6月移址开征。2009年3月1日零时停征。

常州外环路收费站 1995年4月外环路收费站开征，为一站一点单向4车道收费。2001年撤销常州外环路收费站点，另设外环路青龙收费站，11月8日开征。2005年青龙收费站迁移至常州外环路剑湖段，更名为常州外环路剑湖收费站，2007年10月31日开征，2009年3月1日停征。

常漕公路收费站 1997年3月常漕公路收费站正式开征，为一站四点单向10车道收费。2010年10月1日，省政府批准由经营性收费变更为政府还贷收费。2013年11月停征。

常溧公路厚余收费站 1999年8月厚余收费站开征，为一站一点双向4车道收费。2001年8月在长虹路扁担河西侧和219省道19K+850处增设两个收费点，由双向收费改为单向收费。2004年10月在金武公路上增设1个单向收费点，由厚余收费站管理，为一站四点单向12车道收费。2013年11月，经省政府批准迁移至239省道50K+200处，更名为湟里收费站。

金宜公路岸头收费站 2003年1月岸头收费站正式开征，为一站一点双向6车道收费。2009年9月7日岸头收费站迁移至240省道15K+750处，更名为金宜公路儒林收费站，2009年9月24日开征，实行一站一点双向6车道收费。

239省道暨竹溧公路昆仑收费站 2004年10月开征，为一站四点单向12车道收费，仅建成竹溧公路收费点，2008年11月停征。

航道养护费征收 1979年，常州开始征收航道养护费。1994—1998年与航道养护费捆绑开征航道重点工程建设资金。市航道管理机构依法征收应缴费船舶的航养费，检查船舶缴费情况，追补欠缴，处罚违法行为。80年代至90年代上半期，水路运输市场极速发展，运输船舶数量迅速增加，全市航养费征收逐年增长，辖市区交管所代征点征收部分占全部征收款的80%以上。1993—1995年，全市征收航养费7092.47万元。1996年以后，由于苏南地区大部分运输船户弃水登陆，从事公路运输，邻近省份船舶规费远低于江苏，造成大批运输船舶外流，由苏南转移或挂靠苏北地区，本籍港船舶拥有数锐减，1994年有本籍港船舶数7522艘，1996年以后本籍港船舶数直线下降，到2007年本籍港船舶仅1302艘、1.92万总吨。1999年辖市区实施撤乡并镇，全市218个交管所合并成109个，裁减30%人员，全市航道养护费征收在交管所的代征点由105个降至15个，直至取消交管所代征点。2002年省交通厅发出《关于加强航养征收稽查工作的通知》，航道养护费征收实施船籍地缴费办法。2005年开始，全省实施计算机联网收费，常州市强化规范征收。2006年10月至2008年6月，常州市交通部门落实省政府要求，开展集中治理"车船外挂"活动，全市落实回归船舶1392.35万总吨，2007年、2008年常州航道养护费分别征收3082万元、3367万元。2009年1月1日起，按照国家发改委税费改革的要求，航养费全面停止征收。

运输管理费、货物附加费　运输管理费　1993年5月21日，交通部、财政部发布《公路运输管理费征收和使用规定》《水路运输管理费征收和使用办法》，省交通厅、财政厅、物价局联合颁发《江苏省运输管理费征收和使用办法》。1994年12月2日再次明确运输管理费征收办法。1986—2008年市运输管理处征收运输管理费1.46亿元，2009年1月1日零时起取消运输管理费。

货物附加费　1988年3月26日省交通厅、计划经济委联合发文，同年7月1日起由交通部门开征水陆运输货物附加费，为专项用于交通运输基础设施建设的省级特种资金，全省统筹。1986—2008年市运输管理处征收货物附加费1.96亿元。2009年1月1日起货物附加费被取消。

客票附加费　1986年3月1日开征，为用于改善车站站房、旅客候车室、停车场地等基础配套设施的省级专用资金。2005年4月起，省财政厅要求暂停对出租汽车收取客票附加费。1986—2008年，市运输管理处征收客票附加费3.21亿元。2009年1月1日零时起客票附加费被取消。

海事规费征收　地方海事系统征收的规费有船舶港务费、船检费、港监费，属于专项事业经费，主要用于监督艇、通信监测设备、设施和交通工具的购置、维修及使用，安全宣传，海事（港监）与船检工作人员经费和修建维护业务、生活设施等。从1992年1月1日起，征收船舶、船用产品检验费。

二、筹资投资平台

常州交通事业建设资金除上级拨款外，主要由常州交通建设投资开发总公司、常州市交通产业集团公司负责筹集，承担为常州地方交通事业发展筹资、投资的重任。

常州交通建设投资开发总公司　简称常州交投公司，1993年4月15日成立，主要负责筹集交通建设资金。先后筹资、投资建成312国道中凉亭立交桥、清凉立交、机场路、312国道东段、通江大道一级公路、常州港万吨级通用码头、常州至溧阳一级公路B标段、常澄路改扩建工程等地方重点交通工程，参与投资天宁交服出租车（后为常州交服出租车公司），参与投资建设录安洲码头开发、常荣汽车检测线等交通重点项目。

常州市交通产业集团有限公司　简称常州交通产业集团，2003年8月成立，注册资本3.25亿元，通过多渠道深入筹集资金，利用政府赋予的土地资源，拓展土地收益空间，推进交通事业建设，先后完成京杭运河南移及312国道改建工程、沪宁城际轨道交通常州站枢纽工程、录安洲长江港口、运河东西港、西绕城高速公路等重点交通设施和民生项目的建设任务。至2010年，拥有全资、控股企业12家和参股企业6家，业务涵盖高速公路、港口物流、公路客运、汽车检测、站场管理等交通运输领域，直接控股经营常州天宁交通运输服务中心、常州外轮理货有限责任公司、常州市运河西港港口开发公司、常州市东港港口投资发展公司、常州西绕城高速公路公司、常州市客运中心管理公司、常州新常荣汽车检测公司。

第四节　质量安全监管

1989年1月，常州市交通工程质量监督站成立，负责对全市受监公路、水运工程实施质量监督、安全监管，受理受监工程质量、安全问题的举报和投诉。2008年9月起，省政府取消和停止征收部分行政事业性基金项目，取消交通建设工程质量监督费征收。

一、行业资质管理

常州市交通工程质量监督站主要受理全市公路、水运工程相关企业的资质申报，对全市公路水运工程从业人员资格实施动态管理。2010年底，全市有交通施工资质企业34家、监理资质企业3家、试验监测机构19家。

企业资质管理 至2010年底，全市有34家企业具有交通企业施工资质。其中，施工总承包一级企业3家、二级企业10家、三级企业2家，专业承包一级企业3家、二级企业3家、三级企业4家，不分等级（公路交通工程类别）9家。2010年底，全市有公路工程监理甲级资质企业1家、丙级资质企业2家。全市有试验检测机构19家，其中公路工程乙级4家、丙级14家，水运材料丙级1家。

人员资质管理 至2007年1月，全市交通工程试验检测人员1292人次参加省交通厅的培训和考试。2007—2010年，组织7期试验检测人员1892人次参加由交通部组织的考试。2004年1月国务院出台《安全生产许可证条例》，规定从2005年1月13日起，土木建筑施工企业安全生产管理人员必须经政府主管部门考核合格后方可上岗，企业必须满足相关安全生产条件并获得政府主管部门颁发的安全生产许可证后方可进行经营活动。2005—2010年，全市有1160人取得安全生产管理人员考核合格证书，其中A类证90人、B类证587人、C类证483人。至2010年，全市交通工程监理人员262人次参加交通部公路水运工程监理工程师考试。

二、质量安全监管

1989年建站后，市交通工程质量监督站依法对全市公路、水运工程的质量和安全生产监督管理，检查从业单位质量保证体系的建立和运作情况，组织行业安全生产检查，组织交通建设工程质量监督检查，对受监工程交、竣工进行质量鉴定。监督的重点工程包括“四纵六横”一级公路及京杭运河常州段、锡溧漕河、常州录安洲港等。

第二章 民航

1985年4月20日，国务院、中央军委批准常州机场为军民合用机场。9月20日，民航江苏省管理局与常州市政府签订建立中国民用航空常州站协议，11月28日中国民航常州站挂牌成立。1986年3月15日，开通民航航班。2002年9月，民航华东管理局、民航江苏省管理局分别批准在民航常州站基础上设立全民所有制企业民航常州奔牛机场。2004年5月25日，省政府同意民航常州奔牛机场下放给常州市政府管理。2005年12月26日，常州市政府与深圳航空责任公司（简称“深航”）签订协议，同意深航出资1000万元参与民航常州奔牛机场改制。2006年5月，常州机场有限责任公司成立。2010年3月15日，深航将所持常州机场有限责任公司90%的股权转让给常州交通产业集团。12月6日，隶属市交通运输局的常州机场集团有限公司成立，承担经营、保障、空港产业发展等职能。

第一节 机场建设

常州机场军民合用后经历了3次大规模改造和扩建，21世纪初，规划建设快速轨道交通连接市区，建成常州现代综合交通运输体系的重要载体。首次建设是1985—1986年。1985年5月，常州市政府成立开航

第二次大规模改造后的民航常州机场（摄于1996年5月）

第三次大规模改造后的常州机场新航站楼（摄于2010年10月）

领导小组。至同年10月建成航管楼、候机楼、中心变电所、民航停机坪、进出港人行道、进出港车行道桥、人行廊桥等建筑，建成候机楼5500平方米、跑道2200米，飞行区等级4C。1995年7月至1996年3月，进行第二次大规模建设。市政府决定停航改扩建常州机场，改扩建竣工投用后机场可同时停放波音737飞机9架，可满足波音767及其以下各类型飞机起降；新建Ⅰ类精密进助灯光系统、全向信标台、外指点标台、消防车库、机场围栏、巡场路等，跑道延长至2800米，飞行区等级由4C升为4D。2009年，开始第三次大规模建设。9月按照一次规划、分期建设原则实施不停航改扩建，投资30多亿元对机场集疏运道路、航站区、飞行区三大部分进行综合改造，飞行区跑道由2800米延伸至3400米，等级达到4E标准，可以起降除世界上最大机型空客380外的所有飞机，停机坪达16万平方米，停机位20个；高峰小时起降飞机达19架次，可满足年吞吐旅客490万人次、货邮20万吨的需求，具备一类口岸开放条件。

第二节　航空运输

1986年，常州机场仅通航广州、北京、西安3个城市，年飞行224架次。此后，常州机场的运输生产规模随着行业的快速发展和常州经济社会的发展同步增长，并略有波动。2010年，常州机场通航13个城市，完成旅客吞吐量65.8万人次、货邮吞吐量6720吨。

一、航　　线

1986年中国民航常州站仅通航3个城市。至2010年的25年间，开通航线最多年份是1999—2000年的17条，航线最少年份是1986—1989年的3条。2010年常州机场通航13个城市。

1986—2010年常州机场开通航线统计表

表9-2-1　　　　单位:条

年度	开通航线	条数	年度	开通航线	条数
1986	广州、北京、西安	3	1989	广州、北京、西安	3
1987	广州、北京、西安	3	1990	广州、北京、西安、厦门	4
1988	广州、北京、西安	3	1991	广州、北京、西安、厦门、武汉	5

续表 9-2-1

年度	开通航线	条数
1992	广州、北京、西安、厦门、武汉	5
1993	广州、北京、西安、厦门、武汉、深圳、福州	7
1994	广州、北京、西安、厦门、武汉、深圳、福州、海口、沈阳、汕头、重庆、温州、沙市	13
1995	广州、北京、西安、厦门、武汉、深圳、福州、海口、沈阳、汕头、重庆、温州	12
1996	广州、北京、厦门、深圳、武汉、沈阳、昆明、成都、重庆、福州、温州、太原、海口、汕头、乌鲁木齐	15
1997	广州、北京、厦门、深圳、武汉、沈阳、昆明、成都、重庆、福州、太原、大连、海口、长沙、温州、乌鲁木齐	16
1998	广州、北京、厦门、深圳、武汉、沈阳、昆明、成都、重庆、大连、海口、桂林、长沙、张家界、西安、乌鲁木齐	16
1999	广州、北京、厦门、深圳、武汉、沈阳、昆明、成都、重庆、大连、海口、桂林 长沙、张家界、西安、乌鲁木齐、武夷山	17
2000	广州、北京、厦门、深圳、武汉、沈阳、昆明、成都、重庆、大连、海口、桂林、长沙、张家界、乌鲁木齐、武夷山	16
2001	广州、北京、厦门、深圳、武汉、沈阳、昆明、成都、重庆、大连、张家界、乌鲁木齐、天津	13
2002	大连、深圳、沈阳、广州、北京、太原、温州、重庆、厦门、武汉、昆明、成都、张家界、乌鲁木齐、天津	15
2003	大连、深圳、沈阳、广州、北京、武汉、太原、温州、重庆、青岛、昆明、天津	12
2004	广州、深圳、北京、沈阳、哈尔滨、张家界、青岛、大连、重庆、天津、昆明、成都	12
2005	广州、深圳、北京、沈阳、哈尔滨、大连、重庆、成都、昆明	9
2006	北京、广州、深圳、沈阳、哈尔滨、大连、成都、重庆	8
2007	北京、广州、深圳、沈阳、哈尔滨、厦门、大连、青岛、重庆、海口、长沙、西安、成都、武汉	14
2008	北京、广州、深圳、厦门、沈阳、海口、哈尔滨、重庆、长沙、福州、大连、三亚	12
2009	北京、广州、深圳、厦门、沈阳、哈尔滨、大连、成都、青岛	9
2010	北京、广州、深圳、厦门、沈阳、哈尔滨、大连、成都、太原、昆明、青岛、西安、重庆	13

说明：1.1995 年 1 月至 7 月 14 日的航线航班；2.1996 年 3 月 15 日至 12 月 31 日的航线航班

二、航　　运

旅客运输　1986 年，完成旅客吞吐量 2.2 万人次。至 2010 年的 25 年间，飞行架次、运送旅客最多年份为 2010 年。2001—2010 年，架次和旅客吞吐量均快速上升，2010 年常州机场起降飞机 6764 架次、旅客吞吐量 65.8 万人次，分别为 1986 年的 30.2 倍、29.9 倍。

民航常州机场货运站（摄于 2008 年 5 月）

货邮吞吐　1986 年，常州机场完成货邮吞吐量 315 吨。1987 年超过 1000 吨，达 1070 吨；1994 年猛增到 3178 吨。1997 年、1999 年和 2008 年先后超过 4500 吨、5000 吨和 6000 吨。2010 年，常州机场完成货邮吞吐量 6720 吨，为 1986 年的 21.3 倍。

1986—2010 年常州机场航空旅客和货邮吞吐量统计表

表 9-2-2 单位：旅客吞吐量：万人次；货邮吞吐量：吨

年度	飞行架次	旅客吞吐量	货邮吞吐量	年度	飞行架次	旅客吞吐量	货邮吞吐量
1986	224	2.20	315.00	1999	3988	22.42	5230.50
1987	556	4.61	1070.00	2000	3096	18.74	5527.30
1988	560	5.64	1080.00	2001	2052	12.65	3083.90
1989	580	5.35	1007.10	2002	2228	14.88	2918.90
1990	802	6.48	1054.60	2003	2542	16.12	3080.10
1991	812	6.48	1002.00	2004	3004	24.14	2773.90
1992	1040	8.95	1226.20	2005	3176	27.55	3623.40
1993	1496	12.12	1872.50	2006	4546	43.84	4299.00
1994	2582	20.63	3178.40	2007	5628	50.97	5453.50
1995	1786	14.75	2197.70	2008	6091	55.08	6393.30
1996	3032	23.81	2989.10	2009	5798	53.52	6173.30
1997	3766	26.92	4512.90	2010	6764	65.80	6720.00
1998	3734	23.16	4821.40	累计	69883	566.81	81604.00

说明：1. 1995 年为 1 月至 7 月 14 日；2. 1996 年为 3 月 15 日至 12 月 31 日的统计数值

第三章 铁路

常州火车站原为南京铁路分局直辖的二等站，1984 年、1999 年先后升格为一等站、特等站。2004 年 12 月，丹阳车务段被撤销，新闸站、奔牛站划归常州直属站管辖。2005 年，南京铁路分局被撤销，常州火车站成为上海铁路局直管站段，更名为上海铁路局常州站。2006 年 3 月，常州直属站、镇江直属站合并成立上海铁路局常州直属站（简称“常州站”）；2009 年 6 月，无锡直属站湾城站划归常州直属站管辖。2010 年 3 月，无锡直属站戚墅堰站划归常州站管辖，常州站管辖沪宁线 1299.33 公里至 1188.44 公里，管辖里程 110.89 公里，并管辖镇大支线 24.8 公里；管辖常州客运车间、货运车间、运转车间和 11 个站，其中有一等站镇江站，二等站镇江南、丹阳两站，三等站奔牛、新闸、戚墅堰三站，四等站吕城、陵口、六摆渡、高资、下蜀五站。1997 年 4 月至 2007 年 4 月，全国在既有铁路线上进行 6 次大面积提速，客货运输能力和运行速度大幅度提高，常州站所处的沪宁铁路经历其中的 5 次大提速。1997 年 4 月 1 日零时起，首次大提速实施，提速列车最高时速达 140 公里；1998 年 10 月 1 日零时起铁路第二次大提速实施，快速列车最高时速达 160 公里。2001 年 10 月 21 日零时起，铁路第四次大提速实施，京沪线北京至上海间 18 时至 20 时连续开行夕发朝至特快列车 4 对。2004 年 4 月 18 日零时起，铁路第五次大提速实施，线路基础达时速 200 公里的要求。2007 年 4 月 18 日零时起，铁路第六次大提速实施，常州站管内开行时速 200 公里及其以上的动车组。

第一节 站线建设

一、站场建设

常州火车站改建改造工程 1993年6月至1997年底，常州火车客运站改建，总投资约1.2亿元；翌年8月6日，新候车大厅启用，候车室总面积3383平方米，设南京、上海方向主候车室各1个，贵宾、软席候车室6个，军人、母婴候车室和中央大厅各1个，可同时容纳4000余人候车，面积1.8万平方米的火车站广场同时启用；12月28日，面积1264平方米的新售票厅启用，开设售票窗口17个。2003年12月，常州火车站综合改造工程竣工，站屋立面改造为钢结构式、有框式玻璃幕墙1.01万平方米，改造候车大厅2000多平方米，扩建站前广场达2万平方米。

沪宁城际铁路常州站（客运中心） 2009年3月至2010年6月，投资32亿元建设，总建筑面积20.5万平方米，其中地上10.3万平方米、地下10.2万平方米，集铁路、公路客运、城市公交、出租车、轨道交通（预留）和社会车辆等交通运输方式及现代商业商务服务设施于一体，包括沪宁城际铁路常州站、长途汽车站、公交枢纽站及地下换乘大厅、南北广场地下通道和综合配套工程等。

沪宁城际铁路常州站北广场（摄于2010年10月）

京沪高铁常州北站 2010年7月开工建设，工程包括1.1万平方米的京沪高速铁路常州站站房和集铁路、长途客运、城市公交、出租车、地铁于一体的综合运输枢纽站，总面积约59.32公顷。高铁核心区集合高铁车站、公路客运站（在建）、规划轨道交通1、3号线车站、出租车站、公交车站（含快速公交车站）、社会停车场等交通基础设施。

戚墅堰车站货场搬迁工程 2008年12月至2011年建设，工程分为车站和货场两部分，车站在原站场基础上改造，改造后建有下行线1（正线）、3、5、7共4条，上行线2（正线）、4、6、8、10、12共6条，房屋建筑面积8282平方米，车站用房由站台雨棚1084平方米、综合用房1948平方米等组成；老货场搬迁新建，货场股道有货物线5条，房屋建筑面积1.08万平方米、货运综合楼3418平方米、装卸间休楼1375平方米、货物仓库3848平方米及10千伏变电所、轨道衡、汽车衡等其他用房1806平方米。

二、线路建设

沪宁线改造 1987—1988年，常州火车站上、下行正线更换为60型重轨、水泥枕拼接整体道床，大大提高通过能力。1989年，常州火车站东场改造工程竣工。1996—2000年，沪宁线道岔由普通道岔逐步改造为提速道岔，同步进行无缝线路铺设，提高运行速度和运输能力。2000年8月1日，客场线路实施改造工程，范围为沪宁线复线上行K166+200至上行K167+800，包括站场、通信、信号、电力、给水、房建等设施改造，拆换道岔21组，提高客场上行到发能力。2005年7月至2006年7月，沪宁线进行电气化改造。2006年7月1日，电气化线路投入运行，电力机车逐步取代内燃机车成为主要牵引动力。

京沪高铁常州段建设　2008年3月开工建设，路线全长45公里，设常州北站，线路位于沪宁高速公路以北，全线高架，设计时速350公里。2010年11月6日，京沪高速铁路江苏段最后一轨在常州新北区龙虎塘顺利接轨。

沪宁城际铁路常州段　2008年7月开工建设，全长约44公里，设常州、戚墅堰站，预留横林、新闸、奔牛3处城际站，穿越武进、新北、钟楼、天宁、戚墅堰5个区，设计时速300公里。2010年7月1日，沪宁城际铁路正式开通。

宁杭铁路客运专线　2008年12月28日开工建设，常州境内全长39.4公里，设溧阳站、瓦屋山站，途经溧阳市上兴、竹箦、南渡、天目湖、溧城5个镇区，设计时速350公里。2013年7月1日正式开通。

三、配套设施建设

1989年，行车、装卸、客运部门首批配备无线电对讲步话机48台。1990年，CFJ-1型微机防挤岔预警装置在东场5股调车线上开通，解决了防止惯性事故发生的难题。该装置获得国家专利，被国家科委纳入1992年国家级重点新产品试制鉴定计划。1996年，客场、货场下行线成组更换6CKG/M12号提速道岔16组。1998年，铁路运输生产指挥系统和营销信息分析处理实现微机化。2000年，DS6-11型计算机连锁设备在常客信号楼、常东信号楼投入使用，常州火车站主要行车设备全部实现计算机联锁。翌年，车站信号楼配置DMIS设备，操纵信号均由计算机记录。2006年6月起，沪宁线由三显示自动闭塞升级为四显示自动闭塞，增设反方向进出站信号。2009年3—5月，因沪宁城际铁路施工，常州火车站管内新闸站、镇江站、陵口站信号楼搬迁，新建信号楼相继投入使用。通过标准化行车室创建和开展文化、生活、卫生三线建设，接发列车的软硬件设备和作业条件得到改善。2010年7月，沪宁城际铁路开通，全线采用铁路数字移动通信系统(GMS-R)，实现点对点的通信，避免多用户相互通信的干扰，行车更安全可靠。

京沪高铁最后一根钢轨在常州铺就(摄于2010年11月)

第二节　客货运输

一、客　　运

1995年，常州站售票厅、办公楼改建工程竣工，建筑面积5580平方米。1996年11月27日，常州站客票计算机售票系统开通，结束常州近百年人工发售火车票历史。2000年，常州至泰山、青岛旅游专列开行。2004年、2006年，丹阳、镇江两个客运站划归常州站，2007年4月18日零时，铁路第六次大提速实施，常州直属站管内常州、镇江、丹阳3个客运车间(站)办理时速达200公里的动车组停靠业务。2009年10月，创建客运服务品牌“伴旅519”，“519”代表双语星级服务、旅客咨询导乘服务、军人母婴候车关爱服务、沈国金劳模特色服务和红帽子搬运服务5个客运服务项目，1个黄金品牌服务女子软席贵宾服务，爱心、贴心、关心、热心、诚心、虚心、知心、尽心、开心，“9心”星级服务。

1987—2010年常州火车站发送旅客人数统计表

表9-3-1　　单位：万人次

年份	总人数	日均发送	年份	总人数	日均发送	年份	总人数	日均发送
1987	509.10	1.39	1996	522.30	1.43	2005	698.96	1.91
1988	579.40	1.59	1997	458.90	1.26	2006	722.26	1.98
1989	535.20	1.47	1998	465.00	1.27	2007	730.98	2.00
1990	478.50	1.31	1999	514.80	1.41	2008	799.08	2.19
1991	522.60	1.43	2000	521.73	1.43	2009	835.27	2.29
1992	641.90	1.76	2001	559.19	1.53	2010	1480.10	4.06
1993	588.25	1.60	2002	581.19	1.59	累计	15146.29	1.73
1994	639.50	1.75	2003	538.26	1.47			
1995	603.60	1.65	2004	620.22	1.69			

二、货　运

货　　场　80年代初，常州火车站货场有新老货场三处，设施设备简陋，仓库不足，无雨棚，有货物线12条，总长不足3000米。1984年以后，货场建设持续进行，东货场陆续增造仓库5座、8317平方米，新增雨棚3座、5526平方米，东7线的跨线雨棚解决了水运化肥、粮食在雨雪天不能装卸车作业的问题，东1线雨棚使怕湿货物可全天候作业。1989年货运生产微机系统启用。1991年7月，危险品货场启用，开辟了常州地区化工企业危险品运输的绿色通道。2000年5月青龙煤场开通，解决长期困扰原煤场周边居民的煤炭粉尘污染问题，提供煤炭到达新的卸车线路和场地。2004年5月集装箱货场建成投入使用，新1—新3线扩能改造。2006年，沪宁线电气化改造完成，装卸机械化发展迅速。至2010年底货运装卸机械作业比重超过85%。2009年5月，随着铁路发展步伐的加快，生产力布局的调整，湾城站与常州站货场合并。常州站货场的货物发送量从1980年的51.2万吨提高到1990年的101.7万吨，增幅98.6%；2009年货物发送量196万吨，比1990年增193%。货运收入1980年为1730万元，1990年为6608万元，增282%；2009年达34553万元，增幅为422.9%。集装箱发送量从1987年的4473个标准箱增至2009年的1.59万个标准箱，增幅255.8%。

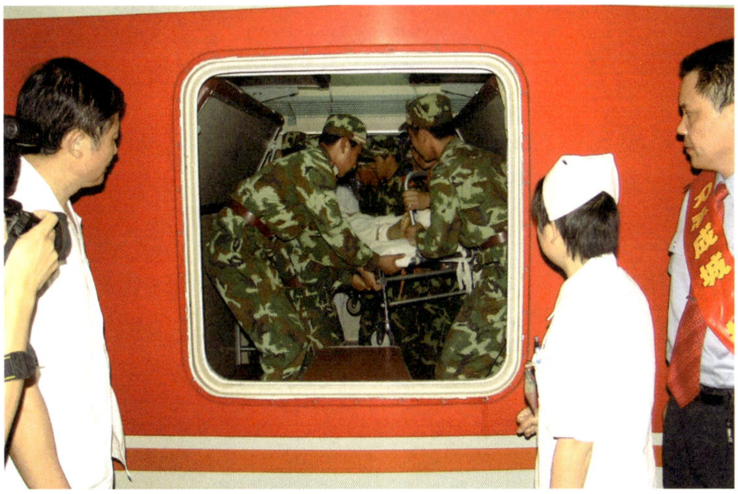
四川汶川特大地震灾区伤员乘救援专列到达常州（摄于2008年5月）

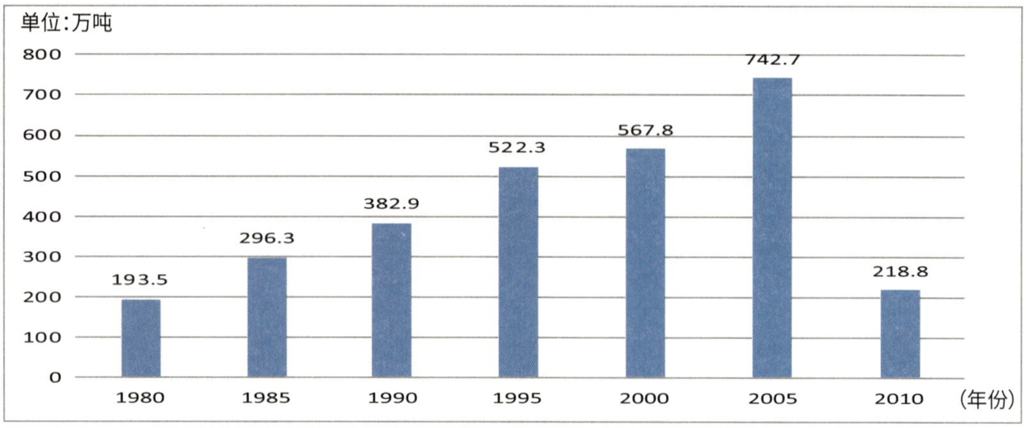

图 9-3-1　常州站货场货物到发量主要年份实绩统计图

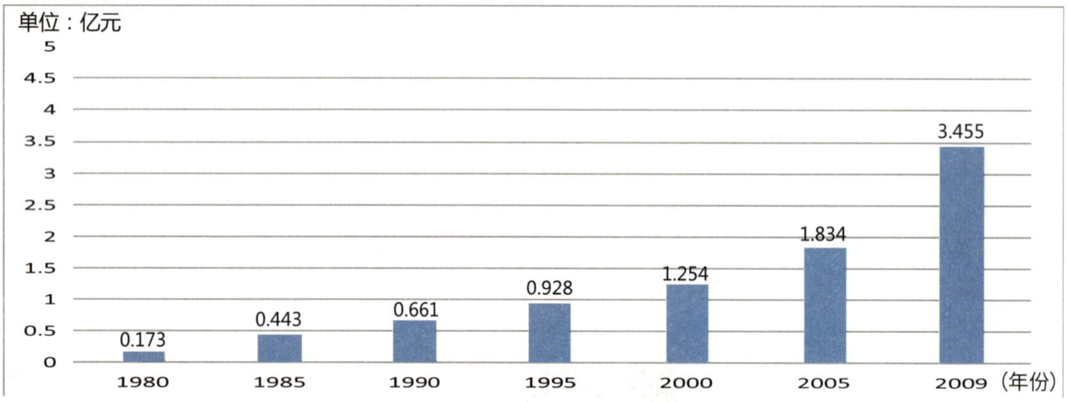

图 9-3-2　常州站货场货运收入主要年份实绩统计图

专用线　1990 年，常州煤炭专用线正式启用，翌年两条危库专用线投入使用。1992 年，常州粮食专用线（即良丰商储公司专用线）开通使用，全长 550 米，有效长 520 米。1999 年、2003 年，常州站货场先后被铁道部评为三星级、四星级优质货场。2000 年初，常州站 ISO 9002 质量体系通过第三方认证。2009 年 6 月，接收湾城地区 6 条专用线。2010 年底，常州直属站管内（常州地区）建有专用线 7 条，发送钢材、化工、粮食等货物。

常州直属站管内(常州)专用线一览表

表 9-3-2

名　称	股道	线路有效长(米)	一次作业能力(车)	线路用途(主要品类)
良丰商储公司	粮 1	260	15	粮食到发
	粮 2	445	15	粮食到发及食用油罐发送
常州石油公司	油 1	339	13	钢材类到发
常燃物流公司	油 2	327	13	钢材、杂货、粮食类到发
	油 3	327	13	钢材、杂货、粮食类到发
常宝钢管公司	钢 7	377	20	钢材类到发、煤炭到达
	钢 8	600	20	钢材类到发、煤炭到达
华昊公司	化 1	116	8	化工类到达
	化 2	116	8	化工类到达

续表 9-3-2

名　称	股道	线路有效长(米)	一次作业能力(车)	线路用途(主要品类)
常州化轻公司	专 4	140	8	化工类到达
	专 5	192	13	化工类到达
戚墅堰发电厂	电 4	713	32	煤炭到达
	电 5	713	32	煤炭到达

第四章　公路

80 年代后，常州公路的建设和发展主要经历重点老路改造、拓宽改造主要干线公路和影响市县乡镇进出口交通的“瓶颈”“卡脖子”路段 3 个阶段。90 年代，致力于公路等级化改造，建成 104 国道、340 省道等高等级公路，全市公路网的基础框架基本形成。2000 年以后，重点提升公路品位，生态、环保、景观的理念融入公路建设发展的全过程，公路服务出行的能力由通达通畅向畅安舒美的层次转变，较有代表性的是 312 国道常州段和 340 省道金坛段。至 2010 年底，全市新建、改建扩建和维护高速公路桥梁等道路桥梁 2564 座、16.03 万延长米，其中特大桥 11 座、大桥 258 座、中桥 907 座、小桥 1388 座，总长分别为 2.28 万、6.38 万、4.5 万和 2.87 万延长米。

第一节　高速公路

1991 年 11 月，常州市政府成立常州市高速公路领导小组和指挥部，由市领导任组长、总指挥，全市动员、统一部署，统筹协调、精心实施沪宁高速公路(今沪蓉高速)建设。2000 年 3 月，市政府重新组建常州市高速公路建设指挥部，2008 年 9 月增挂“常州市长江公路大桥建设指挥部”牌子，负责常州的高速公路及长江公路大桥建设。至 2010 年底，常州境内高速公路通车里程达 221 公里[路面和桥梁设计荷载一般为汽车(超)20 吨、挂车 120 吨]，纵向的扬溧、常澄高速公路与横向的沪宁、宁常、宁杭、锡宜高速公路构成常州高速公路主网架。

沪宁高速公路常州龙虎塘道口(摄于 2000 年 6 月)

一、沪宁高速公路常州段

沪宁高速公路(今沪蓉高速，编号 G42)常州段全长 42.66 公里，自东向西途经武进的崔桥、横山桥、郑陆、东青，天宁的青龙，新北的龙虎塘、小新桥、薛家、罗溪等乡镇。1992 年 9 月，沪宁高速公路常州段开工建设，1996 年 9 月 15 日建成通车，双向 4 车道，主线路基宽 26 米，设计时速 120 公里，设置横山、常州北和罗墅湾互通式立交道口和芳茂山服务区，建有桥梁 84 座、通道 43 道、涵洞 113 道，完成路基土石方 700 万立方米，工程总投资 8.8 亿元。2003 年 10 月至

2005年9月，总投资22.11亿元的沪宁高速公路常州段扩建工程建设，主线路基宽42.5米，双向8车道，改造横山、常州北、罗墅湾和芳茂山服务区互通，增建了薛家道口，设置横林枢纽与常澄高速相交，建设大桥2座、中桥21座、小桥11座、分离立交147座、通道43道、涵洞87道，征地6989亩，拆迁17.52万平方米、路基土石方1120万立方米。塘河大桥，位于沪宁高速武进横林镇段，全长167米，桥面宽38.5米。针对苏南平原软地基地质特点，路基构造分别采取换填土方、湿喷桩、预制管桩、高压旋喷桩、小孔径灌注桩等方法，保持路基沉降稳定。利用老路铣刨再生料铺设底基层，采用在新老路基基层顶面铺设聚酯纤维布技术、路面稀浆封层技术，防止产生收缩裂缝。

二、锡宜高速公路常州段

锡宜高速公路（编号S48）常州段总投资1.96亿元，全长9.89公里，自东向西途经武进南宅潘家、漕桥镇，2000年10月至2003年9月建设，双向4车道，主线路基宽26米，设计时速100公里。建设漕桥互通和大桥1座、中桥7座、小桥2座和通道、涵洞各19道，征地1829亩，拆迁2.1万平方米，完成路基土石方210.5万立方米。

三、常澄高速公路常州段

常澄高速公路（编号S38），与宁常高速公路合称沿江高速公路，常州段总投资14.14亿元，全长25.02公里，自北往南途经武进芙蓉、横山桥、横林、遥观、礼嘉、南夏墅等镇。2001年11月至2004年11月建设，双向4车道，主线路基宽28米，设计时速120公里。建有戚墅堰、常州南道口和横林枢纽、芙蓉服务区，并建特大桥2座、大桥8座、中桥11座、小桥1座、通道49道、涵洞78道，征地3839亩，拆迁30.84万平方米，完成路基土石方428.5万立方米。戚墅堰互通主线桥（圩墩大桥）位于丁堰街道段，跨越京杭大运河、312国道、沪宁铁路，全长2821.23米，桥面宽24米，首次采用矮塔单索面预应力混凝土斜拉桥结构，探索试验用改性乳化沥青代替FYT材料进行桥面防水，效果良好。横林枢纽主线桥跨越沪宁高速公路，长1059.04米，桥面宽24米。

四、宁杭高速公路常州段

宁杭高速公路（编号G25）常州段总投资14.14亿元，全长38.79公里。其中一期工程7.2公里、二期工程31.59公里；自东向西途经溧阳市上兴、南渡、新昌、前马、溧城、茶亭等镇。一期工程于2000年9月至2003年9月建设，二期工程于2001年9月至2004年9月建设。双向4车道（南河特大桥往南京方向），里程20.64公里，主线路基宽28米；双向6车道（南河特大桥往杭州方向），里程18.15公里，路基宽34.5米，设计时速120公里。建有上兴、溧阳西、溧阳南互通和新昌枢纽、天目湖服务区及特大桥1座、大桥10座、中桥20座、通道68道、涵洞122道，征地8817亩，拆迁5.91万平方米，完成路基土石方785.8万立方米。北河中河特大桥全长2761.4米，桥面宽24米；南河大桥位于溧阳新昌镇段长659.44米、桥面宽26.5米。宁杭高速公路建设在国内首次提出“生态、环保、景观、旅游”理念。运用客土喷播、轮胎固土、草袋固土、草棍固土等新技术，解决边坡立地壁面生态防护问题；采用新材料SBS成品改性沥青，提高沥青路面抗高温、抗低温和抗疲劳的稳定性；振动标线新工艺提高了安全标线视认效果和振动警示作用。

五、宁常高速公路常州段

宁常高速公路（编号S38）与常澄高速公路合称沿江高速公路，常州段总投资38.34亿元，全长62.09公里，自东向西途经武进高新区、牛塘镇、武进经济开发区、嘉泽镇和金坛市水北、洮西、社头、薛埠、茅麓镇。2003年10月至2007年9月建设。双向6车道，主线路基宽35米，设计时速120公里。建有茅山、金坛、金坛东、嘉泽互通和薛埠枢纽，茅山、滆湖服务区及特大桥4座、大桥10座、中桥20座、小桥1座、通道56道、涵洞192道，征地1.12万亩，拆迁32.46万平方米，完成路基土石方1328.2万立方米。武进高新区高架桥长4463.89米，桥面宽31米，滆湖大桥全长5566.4米，桥面宽31米，其中滆湖东、西特大桥分别长2708.2米、2858.2米。结合沿线丘陵风貌、茅山风景、田园风光、林地风情、滆湖风采5类地形特点，首次在高速公路全线开展环境整治，首次大面积应用橡胶沥青新材料。全线采用纳米自洁涂层防撞护栏，提高了安全防护设施的通视性、耐久性和景观性。

六、扬（镇）溧高速公路常州段

扬（镇）溧高速公路（编号G4011）常州段总投资21.8亿元，全长42.23公里，自北往南途经金坛的茅麓、朱林、薛埠、西岗、社头、指前和溧阳的后周、绸缪、前马、新昌等乡镇。2003年10月至2007年9月建设，双向6车道，主线路基宽35米，设计时速120公里。建有朱林、后周道口和薛埠、新昌枢纽及长荡湖服务区、特大桥2座、大桥15座、中桥7座、通道59道、涵洞128道，征地9336亩，拆迁14.35万平方米，完成路基土石方1198.7万立方米。新昌枢纽主线跨宁杭线及S239特大桥长1285.14米，中河特大桥位于溧阳新昌镇段长1593.49米，两桥均宽31米。在全省首次制定《镇溧高速公路施工环境保护手册》，组织开展AASHTO沥青路面设计方法的引进和开发研究、土石编织袋在高速公路路基沟塘填筑中的应用研究、太湖流域湖沼相沉积物结构性与高速公路地基固结沉降研究5项课题。

2007年9月，扬溧高速薛埠枢纽建成通车（摄于2007年9月）

七、泰州长江公路大桥接线工程常州段

泰州长江公路大桥接线工程常州段总投资16.35亿元，全长18.67公里，自北向南途经新北区孟河、春江、西夏墅、罗溪等镇。2008年11月至2012年11月建设，双向6车道，主线路基宽34.5米，设计时速120公里。工程建有孟河、春江道口和罗溪枢纽、小黄山服务区及特大桥1座、大桥4座、中桥12座、通道20个、涵洞31座，征地4387亩，拆迁15.97万平方米，完成路基土石方289.6万立方米。

八、常州西绕城高速公路

常州西绕城高速公路总投资25.24亿元，全长28.125公里（含罗溪枢纽1.52公里），自北向南途经新北的罗溪、薛家镇，钟楼的北港街道，武进的邹区镇、经发区、牛塘镇、高新区等区镇。2008年3月至2011年12月建设，征地4534亩，拆迁41.7万平方米，完成路基土石方613万立方米。公路双向6车道，主线路基宽34.5米，设计时速120公里，建有常州高新区、邹区、武进经发区、武进立交道口，罗溪、鸣凰枢纽和淹城服务区及特大桥2座、大桥12座、中桥11座、通道45道。

第二节 干线公路

常州境内的干线公路以国道、省道为主体。1990年底，常州市普通干线公路总里程379公里；1991—

2000年，全市建成普通干线公路27公里，2000年底普通干线公路里程406公里。2001—2010年，全市新建成普通干线公路65公里。至2010年底，全市普通干线公路里程471公里(设计荷载一般为汽车〈超〉20吨、挂车120吨)，纵向的232省道、239省道、240省道、241省道与横向的104国道、312国道和338省道、122省道、340省道、342省道，构成常州一级公路干线网络。

一、国　道

104国道(京福线)常州段　京福线编号G104，常州段起于溧阳洋河，途经上兴、南渡、新昌等乡镇，终于溧阳与宜兴交界处，全长44.35公里，一级公路14.25公里，分设双向4车道、6车道；二级公路30.1公里，双向两车道。道路历经7次改造：1990年8月拓宽改造为二级公路；1994年1月至1995年9月，投资12847.4万元，改建溧阳新昌陶家新村至长木桥段11公里。1997年6月至1997年10月，投资3164万元，改善宁杭线二期9.8公里路面。1998年3月至1998年9月，投资约8000万元，改善宁杭线三期24.2公里路面；1999年3月至1999年9月，投资12847.4万元改建宁杭线溧阳段32.8公里；2005年10月至2006年12月，投资1.28亿元，改建溧阳丰台至雷塘桥14.33公里；2010年1月起，投资7.79亿元改扩建溧阳洋河至雷塘桥段31.48公里。

312国道(沪霍线)常州段　沪霍线编号G312，常州段起于横林，途经遥观、湖塘、牛塘和邹区镇，终于常州与丹阳交界处。全长44.39公里，一级公路，分设双向4车道、6车道。道路历经4次改造：1987年10月，东段西栅桥至凌家塘段25.3公里，改造为二级公路。1989年12月至1991年9月，投资3360.19万元，改建常州凌家塘至丹阳市康家村段11.65公里。2002年2月至2005年12月，投资13.64亿元，改扩建了常州市横林至洛社段3.78公里和常州段44.39公里；常州市区段21.98公里利用长虹路和横洛线12.41公里改线。312国道常州段与京杭运河南移工程共同设计、共同施工，利用运河开挖土方填筑312国道路基，实现土方综合利用，节省土地资源，高标准实施绿化景观工程和绿色通道，全线亮化照明，与南移的京杭运河常州段并行共线17公里，构成一河一路二林带综合交通绿色交通景观。

二、省　道

338省道(浏张镇线)常州段　浏张镇线(浏家港—张家港—镇江)为原101省道，编号S338。常州段起于圩塘汽渡，途经孟河和春江镇，终于高桥。全长24.51公里，一级公路，分设4车道、6车道、8车道。道路历经两次改造：1992年8月至1994年8月，对石庄至高桥段24.51公里进行改建，工程投资1.7亿元；2008年3月至2008年12月改建小河至丹阳段，工程投资3.53亿元。

122省道(宁小线)常州段　宁小线(南京—常州小河，远期延伸至张家港)编号S122，常州段起于丹阳交界访仙，终至西夏墅，2005年12月至2006年底投资7600万元建设，全长5.35公里，一级公路，双向4车道。

340省道(张常溧线)常州段　张常溧线(张家港—常州—溧水)编号S340，常州段起于新北的北桥，途经龙虎塘、三井、邹区、泰村、赵庄、金城镇、后阳、朱林、薛埠等乡镇，终于石墩头，全长77.22公里，为一级公路，分设双向4车道、6车道。沿线主要与通江大道、龙城大道、龙江路、239、240、241省道等主干道交会。道路历经6次改造，1997年11月至1999年12月，总投资2.35亿元，分3次改建凌家塘至泰村段14.19公里、金坛河头与丹阳皇塘交界处至金坛后阳14.19公里、龙虎塘至三井6.47公里。2006年5月至2008年12月，总投资5.31亿元，分3次改建殷村至卜弋段5.6公里、赵庄至石礅头37.57公里、常金大桥至卜弋5.5公里。340省道金坛段围绕“安全、生态、旅游、节约”的总目标，采用旧水泥混凝土板块再生、橡胶沥青、沥青混合料温拌、冷再生等新材料新技术，应用地形景观的创新设计，成为全省首条新理念示范干线公路。良常大桥位于340省道金坛段，1999年投资1893万元建成，是常州市干线公路上第一座钢筋混凝土系杆拱桥，主桥结构为 70 米的系杆拱，全长 162.5 米，引桥为空心板梁。连珠大桥位于 340 省道金坛段，1999 年投资 1926 万元建成，时为常州干线公路上最长的桥梁、华东地区首座跨径最大的空心板梁桥，主跨 30 米，全长 420 米。

342 省道（虞宜线）常州段　虞宜线（常熟—宜兴）编号 S342，常州段起于无锡交界处雪堰镇，终于漕桥与宜兴交界处，全长 10.52 公里，一级公路，双向 4 车道，沿线主要与 232 省道、武宜路等主干道交会。道路先后历经两次改造。2001 年 6 月至 2001 年 12 月全线改造，投资 6920 万元。2007 年 4 月至 2007 年 12 月，投资 3.3 亿元，全线改造并改线，由雪堰镇区经潘家镇区到漕桥镇区北移 3～5 公里。

232 省道（泰漕线）常州段　泰漕线（泰州—漕桥）编号 S232，常州段起于圩塘汽渡，途经春江、郑陆、横山桥、戚墅堰等镇，终于潘家，全长 46.77 公里，一级公路，分设双向 4 车道、6 车道、8 车道。沿线与通江大道、戚月线、中吴大道、312 国道、武进大道、342 省道等主干道交会。1995 年 3 月至 2007 年 11 月，分 3 次改建戚墅堰芳渚立交至横山桥段、圩塘汽渡至桃花港 4.92 公里和全线 46.77 公里，工程总投资 11.23 亿元。圩墩大桥位于戚墅堰段，跨越京杭大运河，长 1200 米，桥面宽 22 米。

239 省道（常淳线）常州段　常淳线（常州—高淳）编号 S239，常州段起于新北的孟河镇，途经西夏墅、奔牛、邹区、湟里、儒林、上黄、埭头、溧城、周城、社渚等镇，终于溧阳与高淳交界处，全长 115.87 公里，一级公路 97.14 公里、双向 4 车道，二级公路 18.73 公里、双向两车道。沿线与 122 省道、338 省道、机场路、312 国道、340 省道、长虹路、延政路和 240 省道、241 省道、104 国道等主干道交会。1997 年 3 月至 2001 年 11 月，投资 4.13 亿元，改建武进卜弋至溧阳昆仑转盘段 48.63 公里、卜弋至奔牛段 9.9 公里和溧阳新昌石街头至社渚段。2002 年 7 月至 2005 年 12 月，投资 5.95 亿元，先后改建昆仑转盘至石街头段 16.35 公里、奔牛至小河段 16.51 公里和社渚至高淳交界段 5.73 公里。奔牛大桥位于 239 省道，跨越京杭大运河，2008 年 6 月至 2009 年 6 月投资 6400 万元建成，主桥采用单跨 108 米钢桁梁结构，设计荷载公路Ⅰ级。奔牛公路大桥位于 239 省道奔牛段，横跨沪宁铁路，2003 年投资 2325.15 万元建成，当时是全省跨越铁路的跨径最大、单片梁最重（150 吨）的预制箱梁桥，全长 464 米，主桥为 47 米长的钢筋混凝土预应力预制箱梁，获 2005 年江苏省扬子杯奖。

240 省道（金宜线）常州段　金宜线编号 S240，起于金坛白塔镇，途经金城、岸头、儒林等镇，终于金坛与宜兴交界处，全长 23.96 公里，一级公路，双向 4 车道；沿线与 241、340、239 省道等主干道交会。道路历经两次改造：2001 年 8 月至 2002 年 12 月，投资 1.95 亿元改建 340 省道至宜兴交界段 16.84 公里。2003 年 8 月至 2006 年 12 月，投资 1.18 亿元改建 340 省道至 241 省道段 6.5 公里。

241 省道（大广线）常州段　大广线（镇江大港—安徽广德）编号 S241，起于金坛白塔镇，途经金城、洮西、指前、别桥、溧城、天目湖、平桥等镇，终于溧阳庙西，全长 85.07 公里，一级公路 50.04 公里，分设双向 4 车道、6 车道；二级公路 35.03 公里，双向 2 车道。沿线与 240、340 省道、金武线、239 省道、104 国道等主干道交会。道路历经 5 次改造：1994 年 4 月至 1996 年 8 月，投资 2.24 亿元改建金坛北至溧阳城关沧屿桥段 46.88 公里、平桥至庙西段 7.16 公里。2004 年 3 月至 2006 年 12 月，投资 4.78 亿元改建溧阳小陈庄至安徽交界梅岭段 18.86 公里、溧阳北至小陈庄段 19.3 公里。2007 年 1 月至 2008 年 12 月，投资 1.63 亿元改建 340 省道至沿江高速段 8.36 公里。

第三节　农村公路

农村公路包括县道、乡道、村道（编号分别以 X、Y、C 开头），主要指连接县市、乡镇、行政村、商品生产和集散地及辐射连接内外埠，经省交通主管部门验收认定的公路。2003—2010 年，经过两轮农村公路的集中建设，

2010年底全市农村公路总里程7656公里，其中一级公路501公里、二级公路1053公里、三级公路1282公里、四级公路4768公里、等外级公路52公里。农村公路的发展改善了交通出行条件，促进了农村经济发展和社会主义新农村建设。

2010年末常州市农村公路通车里程统计表

表9-4-1　　单位：公里

类别	总计	按辖区分				按等级分				
		市郊	武进	金坛	溧阳	一级	二级	三级	四级	等外级
全市	7656	667	2982	1818	2189	501	1053	1282	4768	52
县道	1307	143	456	293	415	277	560	421	49	—
乡道	2462	312	875	528	747	171	244	403	1644	—
村道	3887	212	1651	997	1027	53	249	458	3075	52

一、县　道

通过多年的建设和改建、拓建，至2010年底，全市有县道72条，总里程1307公里。龙春线从龙虎塘镇至春江镇(338省道)，全长12.58公里。路基宽30米，路面宽24米，为沥青混凝土路面一级公路。2000年新建，为水泥混凝土路面，2010年改建。腾龙路从机场线至延政西路，全长20.74公里。路基宽21米，路面宽18.5米，为沥青混凝土路面一级公路，2008年新建。金武线从三星村至新312国道，全长25.37公里，2002年新建。路基宽25.5米，路面宽24米，为沥青混凝土路面一级公路，2009年改建。金茅线从金城镇至茅山风景区，全长22.69公里。路基宽20米，路面宽14米，为沥青混凝土路面二级公路，2008年新建。溧绸线从溧城镇至金坛界(社头)，全长27.56公里，2002年新建。路基宽14米，路面宽11米，为沥青混凝土路面二、三级公路，2010年改建。

2010年常州市里程5000米以上的县道一览表

表9-4-2　　单位：米

路线名称	起点	终点	里程	路线名称	起点	终点	里程
埭戴一环线	东后线	西　渚	97343	黄横二环线	239省道	南山竹海	117445
溧绸线	濑江村	社　头	27560	溧芳线	马　垫	八字桥	7520
金里线	340省道连接点	武进里庄	7882	溧横线	深溪岕	104国道	27719
溧杨线	东　门	后　六	10572	溧天线	天目湖镇	溧城镇	7826
金水线	老汽车站	中国石化	11635	南上线	239省道	沙塘庵	27546
新天环湖线	新昌镇	麻　园	24367	河儒线	340省道(河头薛庄)	儒林镇	27370
新竹线	马塘村	金　坛	35357	建社线	建　昌	后　周	29984
焦芙线	焦　溪	宕口村	9675	焦阳线	锁石村	戴　溪	33796
前社线	西　芮	舍　头	14157	青洋路	东新村	新生村	8610
雪马线	锡宜线	无锡市干部学校	5855	延西线	延陵镇(丹阳)	西　岗	21852
茅别线	丹徒荣炳	别　桥	33697	茅社线	241省道入口	薛埠东进	30983
龙春线	龙虎塘	338省道	12578	西环一路	338省道	龙城大道	15920
湖前线	湖塘何留村	前黄湖漕线	13399	湖漕线	湖塘镇长虹路口	漕　桥	21230

续表 9-4-2

路线名称	起点	终点	里程	路线名称	起点	终点	里程
薛茅线	茅山风景区	340 省道（薛埠镇东进）	10521	魏安线	春江镇魏村	安家办事处	6600
老 241 省道	340 省道	新 241 省道	6849	魏汤线	305 县道	338 省道	16307
龙江路	凌家塘	338 省道	22015	腾龙路	机场线	延政西路	20738
龙江路	新 312 国道	夏坊村	22143	嘉东线	239 省道	庄河港桥	21400
嘉新线	嘉湟线	南星村	15198	龙西线	龙虎塘	箩沟村	20624
界孟线	孟河镇	庙边村	6259	南桠线	强　埠	桠　溪	10880
孟罗线	孟城村	寨庄桥	10332	竹上线	青　龙	104 国道	9445
安石线	春江镇安家	江阴石庄界	8906	金竹线	南新桥	竹箦邮电局	29507
白茅线	白塔加油站	南镇街（句容）	30085	常芙线	史家桥	单家村	14541
焦潞线	潞　城	焦芙线	17225	社梅线	殷　桥	梅　渚	5127
社定线	社　渚	河定大桥	8795	芙潞线	戚月线	潞　城	14551
金茅线	东大亭	旅游路	22685	水西线	水北镇东	西岗高速桥	22743
机场线	陈家湾	罗溪机场	16676	常吕线	五星大桥	金　联	17847
金武线	新 241 省道	金坛武进交界	19060	尧水线	汤庄村东	金宜线连接点	6747
常戚线	三号桥	余巷村	17593	金武线	三　星	新 312 国道	25374
老 312 国道	新 312 国道	殷　坂	29551	潘寨线	华渡村	寨桥灵西村	24535
洛夏线	洛阳北湖村	晨　山	39531	南闸线	朝北村	杨桥村	11174
嘉尧线	延政西路	宋庄村	11318	环湖线	雪马线	百　渎	7615
洛南线	横戴线	湖滨大道	18253	雪漕线	雪　堰	漕　桥	13701
湟水线	县　界	嘉东线	9577	338 省道老线	青　城	丹阳交界	9455
东湟线	东安丰义线	西鲁村	6796				

二、乡村道路

常州各级政府及其公路部门坚持连续多年新建、改建、拓建乡村道路。2010 年底，全市有乡道 668 条，总里程 2462 公里；有村道 3693 条，总里程 3887 公里。武澄路从梅河港桥至东厢制造公司，全长 12.34 公里，2003 年新建，路基宽 15 米，路面宽 12 米，为水泥混凝土路面二级公路。西湖路从环湖北路至湖漕线，2007 年新建，全长 7.2 公里，路基宽 38 米，路面宽 24 米，为沥青混凝土路面一级公路。环湖路北线从西湖路至环湖西路，2008 年新建，全长 6.85 公里，路基宽 28 米，路面宽 24 米，为沥青混凝土路面一级公路。

第四节　道路运输

80 年代，常州交通专业运输企业在货运市场上占据主导地位。1986 年起，货运市场逐步走向市场化。90 年代初形成国营、集体、个体多种经济成分并存的运输结构，非交通专业运输和个体运输户迅猛发展。随着高速公路在常州地区的建成和全国高速公路的联网，国道、省道公路等级的提升，县乡村道路贯通，实现村村通公路，常州公路客运迅速发展，长途客运线路增加、范围扩大、运距延长。出租车客运虽起步迟缓，但发展较快。2000 年开始，随着改制改革的深化，交通专业运输国有企业仅剩常州交运集团公司。2010 年底，全市有在营长途客运班线448条，通达全国16个省和直辖市；常州城区出租车达3156辆，全市有旅游客车739辆、3.14万个座位，货运车5.22万辆、业户3.56万户。

一、客　运

客运站（长途汽车站） 常州汽车站　位于常州市区新丰街18号。1976年投资90万元建成，占地6000平方米，建筑面积4200平方米，候车室面积1200平方米、停车场面积3600平方米，设计日发送旅客1.5万人次。随着客流量增加，1994年投资1055万元扩建，候车大厅占地640平方米，建筑面积5370平方米，日发旅客2万人次，实施微机售票。

常州清凉汽车站　位于常州市区中吴大道1241号（原312国道）与新常漕路交叉口。1998年11月18日，投资1364万元建成，其中场站建设832万元，占地4.58万平方米，候车室500平方米，站前广场5400平方米，设计日发送旅客5000人次。2010年8月31日取消客运站功能。

常州客运服务中心（常州汽车客运站）　位于常州市区新丰街18号。2000年12月建成启用，占地4600平方米，建筑面积1.63万平方米，总投资6000万元，设有1400平方米候车大厅、超大屏幕乘车指南电子显示屏、10个电脑售票窗口、X光安全自动检查仪和20个电脑检票窗口，设计日发送旅客1万人次、日发班次1600班。2010年6月25日整体搬迁至竹林西路51号常州客运中心。

常州花园汽车站　位于常州市区花园路53号。2003年8月建成投入使用，常州公路运输公司、常州市公共交通总公司出资120万元建设，占地9500平方米，主体建筑3层，建筑面积1265平方米，设候车厅1个（可容纳500名乘客）、售票窗口5个、检票处6个，停车场可停放40辆客车，主要经营金坛、溧阳、句容、高淳、东安、丹阳等城西方向线路。

常州城北汽车客运站　位于新北区黄河东路95号。投资4000万元按二级站标准建设，2006年12月建成投入运营，占地1.67万平方米、建筑面积1.17万平方米，客运站主体为6层楼，设有1000平方米候车大厅、7个售票窗口、8个检票窗口，停车场3600平方米。站内安全设施齐全，装有先进的监控系统和X光安检机，全站营运线路80条、日发班次400余班，设计日发送旅客5000人次，主要发往沪宁高速沿线及苏北和安徽、江西、山东、陕西等地。

武进汽车客运站　位于常州大学城南常武路与鸣新路交汇处。总投资1.5亿元，2007年12月按一级客运汽车站标准建成投运，占地106亩，总建筑面积3.9万平方米，停车场地2.6万平方米，广场1.87万平方米。分设候车发车功能服务区、交通集散转换服务区、停车加油维修服务区、商业配套服务区和行政管理中心。候车大厅设20个发车位，可容纳1万人候车；停车场可停放144辆大客车。2010年，常州公路运输公司全资收购。日发班次506班，发往苏北大部分市县和浙江、安徽、山东等省。

常州客运中心（常州汽车客运站）　位于常州市区竹林西路51号，是集火车站、长途汽车站、公交站、出租车停靠站、地下轨道交通站等功能于一体的客运综合交通枢纽。总投资32亿元，总建筑面积20.5万平方米，长途汽车客运站建设项目投资近7亿元，占地61亩，建筑面积7.78万平方米，有30个发车位，停车面积3万平方米。项目从2009年3月开工，2010年6月完工。2010年6月25日，常州汽车客运站正式投入运行。

班车（长途）客运　1986年，常州有班车客运车辆299辆、15544个座位，车型以东风牌、解放牌铰接式大客车（通道车）为主。随着沪宁高速公路通车，高等级客运班车增加，普通客车减少，铰接式大客车（通道车）、解放牌农公车逐渐被淘汰，高速公路、高等级公路和超长途客运车辆主要为凯斯鲍尔、沃尔沃、北方、大宇、金龙等高级客车。1993年1月16日江苏省汽车运输公司常州客运分公司更名为常州公路运输总公司。常州、金坛、溧阳营业处分别更名为“常州客运一公司”“金坛客运公司”“溧阳客运公司”。至同年底，江苏省汽车运输公司常州客运分公司（常州公路运输集团公司的前身）担负着常州、溧阳、金坛的班车（长途）客运任务，拥有班车客运线路246条、客车380辆、日均营运里程2.18万公里、日客运量4.87万人次。

1986—1994年，常州市班车（长途）客运经营方式主要是公车公营，全部运营车辆归江苏省汽车运输公司常州客运分公司（后改为常州公路运输集团公司）所有，营业收入归公司核算。随着运输市场的开放，班车客运竞争激烈，该公司改革经营机制，在区内线路推行线路承包；短途班车试行公交化模式、上车售票、增设站点、流水发车、增加时间覆盖；长途班车增设配载点、提高实载率，开发班线，增加班次密度。1994—2000年，班车客运主要是实施单车承包经营。1994年6月3日，市政府批准金坛、溧阳客运公司下放，实行属地管理，常州公路运输总公司仅承担常武地区的班车（长途）客运，拥有客车208辆。8月25日，常州公路运输总公司开始实施首轮单车承包经营，把所属146辆营运客车、20辆营运货车、9组零担线路进行公开招标，同年有141辆客车和17辆货车实施承包。

1996年9月15日，江苏宁沪快速汽车客运公司成立，常州公路运输总公司投资522万元，占总股本9%（1999年9月18日，全省15家客运公司组建江苏快鹿汽车运输公司）。1997年3月28日，常州汽车站首发常州—合肥的高速客运班线。4月，常州汽车站日发高速客运班线69班，分别为南京方向37班、上海方向20班、合肥方向4班、苏州方向8班，客运班线延伸到江苏全境及浙江、江西、福建、湖北、河南、安徽、山东、上海。1997年底，全市有客车233辆9543个座位，同年完成客运量274万人次、周转量4.36亿人公里。

2000年起，常州客运班车逐步实施公司化经营，统一管理、统一品牌、统一车型、统一调度、统一票价、统一结算。2000年5月，省政府同意江苏快鹿汽车运输公司改制为股份公司。2002年1月，第一条公司化普通道路客运班线常州至溧阳东线（简称“239线”）开行，投入24辆高档中型客车，实行点到点运输，消除原承包经营中的违章超载、误班误点、行车事故频发等弊病。2003年6月，对常州—溧阳西线的59辆个体中巴车实施公司化改造，使该线正班率、正点率、车辆完好率均达100%。

至2009年底，常州公路运输公司的客运班线发展到215条，班线覆盖苏、浙、皖、鲁、赣、鄂、豫、闽、粤、陕、桂11省和沪、渝两市，日发班次1060余班，年客运量740万人次，客运周转量7.35亿人公里。2010年1月常州公路运输公司出资1.67亿元，全资收购武进公交公司、常州城际客运公司（含常州高速客运公司、武进东方出租汽车公司）、常州市运通机动车驾驶员培训公司、常州市武南客运服务公司等单位，实现常武地区客运资源一体化。6月25日，常州公路运输公司组建为常州公路运输集团公司（简称“常州公路运输集团”）。至同年底常州公路运输集团的客运班线发展到323条，日均发班次1300余班，日均客运量2.3万人次，同年客运量839.5万人次。至2010年末，有客运车辆547辆、2.35万个座位，其中中级车56辆、高一级车423辆、高二级车34辆、高三级车8辆。

个体客运（中巴车客运） 1987年，常州第一辆个体13座中巴车进入客运市场，到1990年，全市个体中巴车发展到233辆，经营线路主要有常州—圩塘、魏村、焦溪、雪堰、漕桥、江阴、横山、芙蓉、宜兴、金坛、小河、孟城、横林、无锡、湟里、东安、溧阳等。1991年4月29日，常州市第一个个体客运车队常（州）芙（蓉）线个体出租车汽车队成立。1993年，常州辖区个体中巴车发展到1130辆，其中常武地区636辆，仅常州—魏村线上就有中巴车62辆。1994年9月，市政府组织对漕桥线、戚墅堰横林洛阳戴溪线、东安线、金坛线、溧阳线、宜兴线、江阴线、芙蓉线等8条线路的中巴车经营秩序进行整顿。1999年7月，武进的536辆个体中巴车组成15个车队；9月，常孟线87辆个体中巴组成车队。同年底，全市有878辆中巴车628个经营户。车辆在市食品公司、木材市场和出租公司停车场、火车站高架桥下从事经营活动，个体中巴车在常州城乡客运市场发挥了重要作用。

2000年8月，全市整顿客运市场和优化交通秩序，通往礼嘉、寨桥、南宅、庙桥、坂上、芦家巷和五七农场7条客运中巴线、79辆中巴车停车场所从兰陵广场迁至清凉汽车站，开始实行客运资质管理，对个体中巴车逐步实行公司化改造。2000年9月，武进公交公司斥资55万元收购常州—庙桥、坂上的个体中巴车13辆。同年底，常州有营运个体中巴车771辆、经营户508个，翌年底降至630辆中巴车、经营户418个。2002年，取消火车站高架桥下和食品公司、木材市场、出租公司等临时停车场，中巴车进入火车站东西两停车场和武进汽车站、常州汽车站经营，实现车进站、人归点、行有序的目标。2月，横山线5辆个体中巴车转入常州公路运输公司经营，实施公司化改造；3月，武进公交公司耗资90万元一次性收购常州—寨桥、灵台个体中巴车17辆，投资190余万元购置8辆大客车，改造首条农村公交线，定名为308路；6月，常州公路运输公司和溧阳公路运输公司改造常州—溧阳自有运营车辆，投放24辆高一级现代客车33座，实施公车公营。12月，武进公交公司斥资190万元，收购常州至坂上、礼嘉个体中巴车25辆。

2003年5月，常州—无锡的个体中巴车全部由武进公交公司收购，常州—魏村32辆个体中巴车由常州市公交公司收购；6月，常州经镇广线至溧阳(老常溧线)的59辆中巴车由常州公路运输公司和溧阳公路运输公司进行改造重组。2004年5月28日，常州—金坛的8辆个体中巴车由常州公路运输有限公司收购，与金坛公路运输公司投入8辆宇通客车，实行公车公营，每日32班；9月，芙蓉线的47辆个体中巴车由常州市公交公司收购。2005年，市政府决定调整市区公交管理职能，实行公交一体化运营，市区1864平方公里的所有农公中巴车实行公交化。2006年市政府开始推进常武地区公交一体化，常武地区的中巴车全部由常州市公交公司收购。2007年9月，随着芙蓉线最后5辆个体中巴车完成收购，个体中巴车退出历史舞台。

城乡客运 2004年，溧阳市率先启动城乡公交一体化工程，市区到所有建制镇均投放新型空调公交车，开通市镇公交专线15条，公交通达各建制镇镇区，随后相继开通溧阳—戴埠、社渚、南渡等乡镇的城乡公交线路9条，覆盖全市所有镇区。2007年常州市区在全省率先实现城乡客运一体化。翌年，溧阳实现城乡公交一体化，在全国率先试点镇村公交模式，投入镇村公交车40辆，开行镇到村的公交线路。2009—2010年，金坛投资548万元，改造开通金坛市区—溪南、尧塘、成章等乡镇的17条运营线路，完成金坛东、西城区公交一体化改造。至此，常州市实现城乡客运一体化。

二、货　　运

普通货物运输 1986—2000年，常州市从事汽车货运的专业交通运输单位主要有常州汽车运输公司、常州市港务管理处。2001年5月常州汽车运输总公司(1992年12月由常州汽车运输公司更名)、常州市港务管理处、常州轮船运输公司重组，成立常州交运集团公司，常州市汽车货运专业交通运输从此独家经营。

专业交通运输单位 2001年5月，常州交运集团公司成立，在职员工3206人，拥有营运货运车辆536辆、计3906吨位，货运船舶24艘、计2100吨位。公路大件运输最大单车承运能力350吨、装卸机械213台，最大起吊能力50吨。完成年货运量492.15万吨、货运周转量1.07亿吨公里。2003年3月，常州交运集团公司不再承租经营常州长江港。2004年9月，常州交运集团公司实施产权制度改革，全部由集团公司内部自然人构成，国有资本全部退出，职工身份进行置换。2007年，集团公司分步退出普货运输市场。2010年，常州交运集团货运车仅剩57辆、850吨位，不再以货运为主，转营其他业务，完成货运量126万吨、货运周转量2039万吨公里、港站吞吐量199万吨、操作量510万吨，实现总营收1.47亿元、利润244万元。

非专业交通运输单位 随着运输市场的开放搞活，部分企业及个体购买汽车成立车队，参与社会货物运输。1988年，常州市供销社汽车队拥有货运汽车11辆，主要承担供销系统各公司的工业、农副产品运输；常州市粮食汽车队有货运汽车24辆、122.5吨位，主要承担粮油和社会货物运输；常州柴油机厂运输队有货车

24 辆、113 吨位，主要承担本厂柴油机原材料运输；常州食品公司汽车队有货车 22 辆、80 吨位，东风 4.5 吨保温车 9 辆，承担猪禽蛋食品和冷藏保鲜品运输；常州钢铁厂汽车运输队有货运车 28 辆、137 吨位，承担厂原材料及产品运输。同年，市区非交通专业汽车货运完成运量 420 万吨、货运周转量 12041 万吨公里；个体拥有货车 235 辆，完成货运量 336 万吨、货运周转量 5815 万吨公里。1998 年，市区非交通专业汽车货运完成运量 571.6 万吨、货运周转量 4.43 亿吨公里，其中个体完成货运量 64.3 万吨、货运周转量 1548 万吨公里。2010 年底，全市有货运业户、单位 3.56 万户，货运车辆 5.22 万辆、31.14 万吨位；全年个体运输业务完成货运量 304 万吨、货运周转量 3660 万吨公里。

危险货物运输 2000 年以前，公路危险货物运输由交通、公安、消防等部门管理。2001 年，交通运管部门开始对道路危险货物运输实施行业管理。道路危险货物运输企业由原来的 450 多户减至 23 户，危险货物运输车由 570 辆减至 450 辆。2002 年，全市道路危险货物运输企业恢复至 53 家，运输车辆 838 辆，主要运输油漆、硫酸、液化气、氧气、氢气、电石、炸药等危险货物品种。2006 年，全市 79 户道路危险货物运输企业的 1425 辆危险品运输车在全省率先全部安装卫星定位系统。至 2010 年底，全市有危险货物运输企业 102 家、车辆 2018 辆、2.38 万吨位，其中普通车 1069 辆、厢式车 138 辆、罐式车 762 辆、集装箱车 49 辆；从业人员 6981 人全部持证上岗。

集装箱运输 1983 年，常州市首家承办国际集装箱运输企业中国外运江苏集团常州公司成立，有 5 辆汽车、7 个箱位(1994 年，发展到 27 辆集装箱货车、38 个箱位)。1986 年，常州市集装箱运输量 6177 箱、1.27 万吨，周转量为 92.4 万吨公里。1988 年 12 月，南京铁路分局常州站、常州汽车运输公司和常州联运公司组建的联营企业常州集装箱中转站开业，主营铁路集装箱货物的到达和发送业务。同年完成集装箱运输 7267 箱、1.15 万吨、周转量 178.61 万吨公里。1991 年 1 月，常州汽车运输公司国际集装箱中转站成立，投资 300 多万元建拆装箱仓库 2400 平方米、堆场 5000 平方米，同年承运 2886 个标准箱、货运量 2.74 万吨、货运周转量 594.7 万吨公里，实现营业收入 150 万元。1992 年 10 月，常州市港务管理处、航运公司与江苏省海洋运输总公司、香港麒麟湾有限公司合资 500 万美元兴办的常州康达华集装箱货运有限公司开始营业。同年，全市完成集装箱运输国内标准箱 7.17 万箱、货运量 18.34 万吨，国际 1.22 万标准箱、货运量 5.48 万吨。

1998 年，全市完成集装箱国内标准箱 7.45 万箱、货运量 15.11 万吨，国际标准箱 1.07 万箱、货运量 15.14 万吨。常州康达华集装箱货运公司的国际集装箱货运、货代业务通达全球 30 多个国家地区。2003 年 10 月，常州交运集团公司收购康达华公司的全部股份。同年，全市完成国内集装箱运输 7.9 万标准箱、货运量 13.51 万吨，国际 1.06 万标准箱、货运量 17.97 万吨。2008 年，全市完成集装箱运输国内 2281 标准箱、货运量 4494 吨，国际 9366 标准箱、货运量 23.79 万吨。

搬运装卸 80 年代，常州市区的搬运装卸主要集中在常州市港务管理处的港口作业。1986 年，市港务管理处有装卸工人 1118 人，装卸工作日产量 30.77 吨，有装卸起重机 250 台、装卸运输机械 90 台、铲车 25 台、装卸机动车辆 69 台，完成年操作量 970.13 万吨，其中机械化、半机械化操作占 81.8%，人力操作占 18.2%。装卸工人大部分是农民工、临时工，主要担任港口散装物资的装卸、卸车、下船任务；主要装卸煤炭、钢铁、矿料、建材和粮油食品、轻纺产品等物资货物。装卸工人的劳动报酬以计件或计时核定发给，大多数为重体力劳动。1992 年 12 月，市港务管理处搬运装卸作业服务公司成立，与 350 名农民工签订用工合同，办理社会保险。

1996 年，市港务管理处独家经营搬运装卸局面不复存在，常州市货运市场搬运装卸分市场建立，从事专业装卸作业经营的单位和个人均进场交易，经岗前培训后持证上岗。1997 年 8 月 28 日，市经委、交通局、公安局等 8 个部门联合组织整顿常州市搬运装卸业，未登记或审查不合格的单位、个人不得经营搬运装卸业务，单位常年使用的搬运装卸劳力必须持证上岗，由市运输管理处管理。同年末，常州市搬运装卸劳动力市场初步建成，306名劳动力进场并持证上岗。2001年，全市交通系统有装卸搬运工人501人，装卸工作日产量为66吨，有装卸起重机84台、铲车14台，完成年操作量1016万吨，其中机械化、半机械化占94.4%、人力占5.6%。2001年10月，全市有58家搬运装卸业户，有从业人员2252名，大部分为外地民工。2008年，全市搬运装卸和其他运输服务业有企业法人单位187个，从业人员5815人，拥有总资产15.3亿元，完成营业收入13.3亿元，实现营业利润2.2亿元。2010年，经许可专门从事经营的人员已相当少，大部分劳动力都由劳动中介解决。

三、运输企业选介

常州公路运输集团有限公司　是常州唯一具有国家道路旅客运输一级资质的综合性运输企业。2010年6月25日，组建为以道路客运为主，集班车客运、旅游客运、物流业和汽车租赁、销售、出租车、商务酒店等业务于一体的企业集团，拥有总资产12.58亿元，职工近3000人。拥有常州汽车客运站、武进汽车客运站两个一级客运站，城北汽车客运站、花园汽车站、清凉汽车站3个二级客运站及数十个乡镇客运站；经营客运班线360余条，日发班次1500余班，覆盖京沪苏浙、皖鲁鄂、湘赣闽粤、渝桂黔、豫陕晋等17省市自治区，拥有车辆800余辆，以“蓝海豚”为标志的常州快客成为全省知名客运服务品牌，塑造有“常运物流”“长城旅游”“常运出租”等服务品牌。

常州汽车运输总公司　1986年，常州汽车运输公司拥有货运汽车265辆、1913吨位，其中特种车31辆、176.5吨位，货源集中在常州火车站、常州砖瓦厂和市区3家粮管所下属的45家粮店及生面店的粮油运输。公司与常州市联运公司对火车站危险品运输物资进行归口运输，设危险品仓储中转站。1988年，主要承担常州地区工农业生产物资和人民生活用品的运输。1991年1月，建立国际集装箱中转站，开始对城北工业区基础建设等物资实行归口运输。1996年，投资100多万元筹建常州市货物运输市场城北分市场。1998年，拥有普通载货汽车275辆、1440吨位，重型汽车73辆、856吨位，专用载货汽车16辆、345吨位，集装箱车16辆、21标准箱，货挂车5辆、460吨位，常州港短驳业务、煤炭、土方运输成公司主业。1999年，与市港务管理处、中国外轮代理公司合资成立中国外轮代理公司常州公司。2000年，拥有车辆291辆，以散货运输和港口短驳运输为主，完成货运量189万吨、货运周转量5749万吨公里。1996—2000年完成货运量898万吨、周转量2.66亿吨公里。

常州市港务管理处　1986年9月，天宁、广化、钟楼3个区运输站划归市港务管理处，扩展疏港运输和长途汽车货运业务。1986年末，市港务管理处拥有货运汽车186辆、1091吨位。同年完成货运量177.6万吨、货运周转量2220.1万吨公里。80年代后期，随着港口市场放开搞活，全市港口增至12个，年总吞吐能力超过140万吨，港口生产能力过剩，市场竞争激烈。1992年12月，市港务管理处与香港麒麟湾公司、江苏省海洋运输总公司、常州市航运公司合资创办省内首家交通运输合资企业常州康达华集装箱货运公司，拓展国际集装箱运输业务。1998年末，拥有普通货运汽车248辆、1551吨位，其中重型汽车52辆、654吨位，主要运输煤炭及制品、钢铁、矿物及建材、粮食、化肥农药、机械设备、化工原料等。1999年起，承租经营常州长江港。2000年，完成货运量272万吨、货运周转量3483万吨公里。

第五章　水路

常州水网密布，素有“江南水乡”之称。全市拥有水域949.3平方公里，占全市总面积的21.6%。1990年底，市内主干河道仅能通行60吨级船舶，25个内河港口年吞吐量1600万吨。2010年底，全市航道总里程发展到1167.66公里，航道密度每百平方公里26.6公里，高于全国、全省平均水平。京杭运河常州城区段与其他干支河流唇齿相依，通江达海，连港入湖，促进了常州城市、经济、社会的发展和繁荣。常州市港口条件优越，有内河泊位745个，码头总长达3.4万延米，货物年通过能力达5386万吨。

第一节　航道

改革开放后，常州先后实施京杭运河(苏南段称苏南运河)常州城区段整治、县郊段整治、市区段南移改线及三级航道网整治等重点建设工程，航道基础设施建设取得突出成就。从80年代实施运河城区段整治工程至2010年底，全市投入航道建设资金51.64亿元，整治建设部分干线航道，兴建驳岸145.95公里、维修老驳岸14.63公里，开挖疏浚土方3476.97万立方米，京杭运河、锡溧漕河等干线航道的通航条件大为改善，通航能力提高，辖区干线航道通航保证率95%。

一、等　　级

2010年底，常州境内有航道136条，总里程1167.66公里，通航里程1091.73公里，其中等级航道37条、646.04公里，等外级航道99条、521.62公里。常州市区(含武进)有航道60条、552.91公里，维护里程536.3公里。其中，等级航道24条、345.81公里，等外级航道36条、207.1公里；省级干线航道3条、通航里程93.54公里，维护里程93.54公里；市级干线航道12条，通航里程、维护里程均为186.25公里；其他等级航道9条，通航里程、维护里程均为66.02公里；等级外航道维护里程190.49公里。

2010年底常州市区干线航道和等级航道一览表

表9-5-1　　单位:公里

类别	条数(条)	航道名称	起点	讫点	里程	维护里程	维护等级	备注
省干线	3	苏南运河常州段	连江桥	九号桥	28.32	28.32	四　级	市区段
			荷园里	连江桥	13.16	13.16	四　级	西　段
			九号桥	直湖港	7.33	7.33	四　级	东　段
		锡溧漕河	欢塘桥	五洞桥	23.19	23.19	六　级	
		德胜河	魏村江口	连江桥	21.54	21.54	六　级	
市干线	10	三山港	邑塘桥	九号桥	1.08	1.08	七　级	市区段
			苏家店	邑塘桥	20.82	20.82	七　级	武进段
		新武宜运河	新运河口	丫河口	5.66	5.66	六　级	
		新澡港河	长江口	小　塘	14.09	14.09	七　级	
		新澡港河南段	三叉河口	沪宁高速	2.23	2.23	七　级	
		新孟河	荫沙口	九　里	21.51	21.51	七　级	
		常宜线	宣塘桥	五洞桥	25.69	25.69	七　级	
		常溧线	丫河口	庄河港	28.02	28.02	七　级	
		通尧线	港　口	友谊桥	6.53	6.53	六　级	
		西流河	苏南运河口	戴溪桥	13.32	13.32	七　级	
		锡溢线	浒民桥	周渡桥	12.68	12.68	七　级	

续表 9-5-1

类别	条数(条)	航道名称	起点	讫点	里程	维护里程	维护等级	备注
市干线	2	雪堰河北段	锡溧线	锡溧漕河	4.86	4.86	七　级	
		扁担河	苏南运河奔牛镇东	北河口	15.56	15.56	七　级	
其他等级航道	9	采菱河	四河口	采菱村	2.73	2.73	七　级	市区段
			下　场	四河口	12.41	12.41	七　级	武进段
		青龙港	三号桥	平　桥	2.90	2.90	七　级	
		机厂河	邑塘桥	戚机厂	3.25	3.25	七　级	
		雪堰河南段	蝴蝶港口	锡溧线	6.60	6.60	七　级	
		常金北线	港口村	河口村	3.51	3.51	七　级	
		北干河	滆湖口	埝头村	9.55	9.55	七　级	
		太滆运河东段	仁庄桥	胡公岸	4.75	4.75	七　级	
		太滆运河西段	祝庄桥	闸口桥	11.32	11.32	七　级	
		万寿河	太　滆	杨家村	9.00	9.00	七　级	

二、重点航道整治工程

80年代以后，市区航道整治建设主要是京杭运河、锡溧漕河和德胜河（京杭运河常州市区段南移改线工程参见“专记”）。2008年底，常州正式启动包括苏南运河、锡溧漕河、丹金溧漕河、芜申运河组成的常州三级航道网整治工程，4条航道合计整治总里程127公里，新改建桥梁66座，概算总投资约72亿元，计划2015年前完成。

京杭运河市区段整治工程　1984年3月至1989年5月实施，整治西涵洞至3号桥段长8.92公里，总投资7586.5万元，航道由原25米拓宽至50米，达四级航道标准；拆除房屋16.6万平方米，新建住房20.72万平方米，挖运土方177万立方米，新建驳岸14.97公里；改建政成桥、朝阳桥和西仓人行桥，移建广济桥、文亨桥，增建一批景点。2008年底，整治运河西段、运河东段和锡溧漕河常州段。

京杭运河常州县郊段整治工程　1993—1997年9月底实施，包括西段荷园里至西涵洞19.71公里，东段三号桥至直湖港15.86公里，全长35.57公里，总投资6亿元，按1963年部颁四级航道标准实施，整治后航道底宽40米，口宽60米（其中改线段内口宽大于等于50米），最小通航水深2.5米，桥梁通航净宽达50米，净高达7米（改线段内桥梁净高大于等于6米）。完成征地2616.76亩，拆迁31.11万平方米，开挖土方1008.3万立方米，新建驳岸58.19公里、维修老驳岸14.63公里，改建桥梁16座。整治后的京杭运河常州段能通过500吨级驳船。

京杭运河常州市区段南移改线工程　2003年底至2008年1月建设，工程西起连江桥，穿越钟楼、武进、天宁、戚墅堰4个区的10个乡镇（街道）、43个行政村，东至丁堰横塔村接入老运河，全长26.09公里，总投资29.97亿元，永久建筑物按三级航道标准建设，航道口宽达90米、底宽60米，设计水深3.2米（本期实施情况为底宽45米、水深2.5米）。征用土地9000余亩，拆迁房屋120万平方米。除4.09公里作为老河（大通河）利用外，其余均为平地新开河，开挖土方1853万立方米，新建护岸51.448公里，新建改建特大型、大型桥梁11座，绿化堤岸120万平方米。工程全线均为直立式护岸，采用浆砌块石重力式、衡重式、钢筋混凝土悬臂式、钢筋混凝土扶臂式墙等结构。运河改线段布设一跨过河的桥梁11座，桥梁通航净高达7米，主跨达90米，荷载标准为公路Ⅰ级，桥面总宽27～40米不等。该工程与312国道市区段一并南移改线，运河开挖的土方用于筑路，与太湖防洪工程武宜运河共线8公里同建，节约了土地资源和投资。工程先后获全国内河水运示范工程、中国土木工程詹天佑奖、国家优质工程奖、中国百年百项杰出土木工程等奖项。

锡溧漕河常州段整治建设工程 2009年5月至2013年底建设，按三级航道标准建设五洞桥至欢塘桥段，全长21.25公里，概算总投资10.9亿元，修建驳岸37.36公里，开挖土方905万立方米，新改建桥梁13座，建设水上服务区1处、停泊锚地2处。建成后航道口宽达70米、水深3.2米，桥梁净空7米，能通行1000吨级船舶。

德胜河整治工程 自新闸连江桥向北通往魏村入长江，为常武地区通江航道之一，全长21.54公里。2005年，投资155.4万元改造碍航的魏村老桥。2007—2008年，投资771.18万元，修复危桥中巷桥、兴西桥，新建安家段驳岸3200米。2008年船舶流量18.68万艘、1.08亿吨。2010年枯水期最小水深1.8米、最窄底宽10米、最小转弯半径70米，达六级航道标准。

三、城河和市河

常州市区城河、市河颇多。历年来因城市建设和抗洪排涝，对部分河道进行清淤驳岸，部分河道被填或改道。2006年起，市政府实施市区河道清水工程，提高抗洪能力，水环境得到较大改善。

常州市区河道情况一览表

表9-5-2 （不含支河、浜和沟塘）

河道名称	起止位置	河道宽(米)	河道长(米)	面积(平方米)	驳岸长(米)
大运河	新闸桥—青洋路	52.5～90.1	13737.2	755316.1	28312.3
老澡港河	沪宁高速—北塘河	21.8～51.8	5178.2	179978.3	4935.0
新澡港河	沪宁高速—大湾浜	36.7～80.0	5584.0	322437.9	4474.7
北塘河	关河—青洋路	14.2～90.2	6776.6	300964.0	8159.8
采菱港	大运河—大通河	29.0～53.7	2695.3	136208.8	4199.3
南运河	大运河—武宜运河	35.2～46.5	4331.2	173382.1	7469.6
白荡河	大运河—南运河	37.7～124.5	4064.4	224132.6	6901.4
通济河	北塘河—大湾浜	14.4～31.8	1661.6	38302.3	1337.0
关　河	大运河新市桥—水门桥	17.5～35.8	6003.7	207812.5	10739.6
东市河	南市河—大运河	15.6～25.8	1168.5	22625.7	2263.0
南市河	东市河—大运河	13.4～14.6	1935.6	28317.7	3597.8
西市河	大运河—关河	7.0～15.1	1263.5	16523.8	2538.9
北市河	关河—东市河	6.8～21.6	2115.4	31954.9	3025.9
大通河	常武桥—史家塘	21.7～76.5	4250.5	195427.3	2119.6
龙游河	大运河—大通河	8.2～24.1	3384.0	57646.1	2336.4
三井河	新澡港河—老澡港河	13.0～38.2	3497.5	76108.9	7035.6
童子河	凤凰河—沪宁高速	5.4～31.8	1428.2	26016.7	1290.7
南童子河	大运河—武宜运河	8.5～29.8	8503.7	169096.3	1703.8
北童子河(老)	新澡港河—机场路	8.3～37.3	4795.1	74018.0	2039.1
北童子河(新)	新北漕河—机场路	14.9～15.7	1997.2	30997.7	3614.0

续表 9-5-2

河道名称	起止位置	河道宽(米)	河道长(米)	面积(平方米)	驳岸长(米)
横塘河	北塘河—青龙港	23.5～84.7	6162.5	386743.4	4247.3
横塘港	大运河—五家桥	16.6～57.8	1700.1	85595.7	1052.1
青龙港	大运河—横塘港	52.8～55.6	2524.3	170272.9	5801.9
凤凰河	采菱港—陈　沟	5.8～33.2	1608.7	37020.7	2509.9
凤凰河	大运河—北童子河	6.5～19.1	4931.1	59363.3	463.8
新龙河	童子河—新澡港河	12.9～15.3	4601.0	64722.3	8993.9
毛龙河	大运河—北童子河	5.6～22.6	2254.2	33834.6	894.6
小王河	新机场路—中英科技公司	9.3～17.4	612.3	9718.5	—
澡港河东支	老澡港河—北塘河	27.8～54.4	3503.2	141244.5	—
西涵洞河	大运河—毛龙河	8.7～20.0	2895.2	47422.0	1862.3
大湾河	新澡港河—龙江路	7.9～31.2	3085.7	47242.6	15.8
锁桥河	大运河—西市河	7.1～13.9	712.6	9047.7	1248.4
东十字河	大运河—后塘河	7.9～16.2	958.2	10847.9	1834.5
西十字河	莱茵花园—平岗小学	8.7～12.4	408.4	4215.2	—
后塘河	南童子河—南运河	9.1～22.6	5186.3	89163.4	3429.5
三八河	后塘河—南童子河	9.8～19.5	2478.4	37201.5	—
郑家河	南运河—南童子河	19.7～26.2	631.1	15720.2	—
洪庄河	白云东苑—洪庄工业园	12.8～20.5	864.4	19310.9	1354.0
新康河	凌家浜—新龙路	8.0	1287.6	10646.5	2573.6
串心河	白荡河—童家浜	8.1～45.2	1171.7	26781.5	1027.5
21 米河	采菱港—城巷村	18.1～20.9	439.7	8432.5	—
梅龙河	大通河—梅龙坝	10.5～25.6	263.6	4514.3	397.7
翠竹内河	北塘河—翠竹新村	11.2～29.8	974.6	16141.5	1929.1
丁横河	横塘港—青洋路	16.8～21.4	583.8	12061.8	175.8
鸭塘河	永汇河—福成村	13.4～55.3	1449.8	67577.2	—
东沟河	横塘河—勤丰齿轮厂	7.9～34.5	1159.7	26132.4	—
城巷河	大通河—城巷村	17.6～32.7	136.5	4033.8	—
永汇河	老澡港河—沪宁高速	16.3～35.6	1751.3	54943.6	279.1
汇丰新村内河	新澡港河—汇丰三村	7.0～33.2	436.7	7054.4	870.7
民营河	长江西路—华山北路	12.3～17.4	694.8	9435.4	1293.5
市政府护城河	三井河—三井河	13.0～39.1	971.2	16068.1	1950.9
长沟河	新澡港河—长江路	8.5～16.9	1065.4	11198.6	1983.0
太湖河	新澡港河—长江路	7.4～11.6	1021.4	9460.0	1966.7
大坝河	小龙港—天山路	11.4～14.9	1130.0	14469.8	—
新北漕河	童子河—小龙港	4.0～38.2	844.0	28832.7	1927.3
富康河	童子河—小龙港	14.7～18.9	905.3	14360.1	1529.4
南漕河	凤凰河—童子河	12.4～17.4	1154.7	16159.6	738.4
颜塘河	童子河—童子河	13.8～40.2	1841.9	46760.7	781.3

说明：表中收录市中心区北至沪宁高速公路、南至中吴大道、西至龙江路、东至青洋路围合 127 平方公里的河道

第二节　港口码头

常州港分沿江港区和内河港区，沿江港区有圩塘港区、录安洲港区、夹江港区，内河港区分为市区港区、武进港区、金坛港区、溧阳港区。2010年，常州港完成货物吞吐量9599万吨。

一、沿江港区

常州港沿江港区位于市区北部临江的圩塘、魏村两镇，北与泰兴市隔江相望。规划岸线范围从新六圩至桃花港，长16.4公里，由夹江港区、圩塘港区和录安洲港区组成。1991年，常州港夹江港区德胜港正式开港。2010年底，建有生产泊位25个，使用岸线长3431米，其中万吨级泊位7个，最大靠泊能力5万吨级，年通过能力2489万吨，同年完成货物吞吐量3156万吨、集装箱10.6万标准箱。

港区建设　夹江港区　1989年，德胜码头开工建设，含千吨级泊位3个。1991年11月建成开港，年通过能力80万吨。1998年3月23日，被批准为二类开放口岸；2001年4月25日，被批准为一类开放口岸，2003年4月1日通过验收正式对外开放。2011年2月，德胜码头完成改扩建5000吨级散杂泊位两个及相关配套设施，年通过能力提高到220万吨。

常州新长江港口通用码头（摄于2009年5月）

圩塘港区　1996年9月至1997年底，建成万吨级通用码头1个，年通过能力140万吨，1999年9月获准临时靠泊外国籍船舶。2000年10月至2002年4月，常州长江港口开发公司石化码头建成投产。2003年5月，该石化码头被香港建滔化工集团全资收购。2003年12月至2004年10月，常州新长江港口公司投资建设万吨级通用泊位1个，年通过能力50万吨。2004—2005年，国电常州发电公司建成3.5万吨级散货码头，年通过能力480万吨。

录安洲港区　2006年12月至2007年，常州录安洲长江码头公司建成录安洲码头一期工程（2号、3号泊位），含5万吨级多用途泊位2个，年通过能力544万吨。2008年底，该港区成为一类开放口岸。2008年，录安洲港区化工码头开工，沿江为5万吨级、1万吨级和千吨级液体化工品海轮泊位各1个，夹江为两个千吨级码头泊位。

公共设施建设　航　道　常州港自然水深达15米，港区岸线至航道中心水域宽约500米，其中录安洲港区北侧岸线濒临长江航道，负10米线宽1400米，负20米线宽400米，宜建万吨级泊位。

锚　地　2002年，市交通局建成常州港公用海轮锚地，维护尺度为3000米×600米。2008年，将海轮锚地上移到长江76～77号黑浮外侧水域，可锚泊3艘海轮，维护尺度2200米×700米；在74～75号黑浮外侧建成危险品锚地，维护尺度1500米×700米。

疏港公路　2004年初至2006年，建设录安洲夹江大桥，按双向4车道标准设计，长991.6米。2008年10月至2009年5月，录安洲港区2573米长疏港干线通道改造为一级公路。

港口生产经营 常州港初期主要货物种类为煤炭、矿建材料等，后期发展为金属矿石、煤炭、钢铁、木材、化工原料及其制品、集装箱等货物。2010 年，常州港沿江港区完成吞吐量 3156 万吨、集装箱 10.6 万标准箱，形成铁矿砂、钢材、煤炭、化工品、集装箱 5 类货种。常州长江港口开发公司 1995 年 10 月成立，1996 年 9 月至 1997 年 12 月建设常州港一期工程，建成万吨级通用码头 1 座，配套 3 座百吨级内河集疏运泊位等设施，年通过能力 248 万吨。常州新长江港口公司 2003 年 3 月成立，拥有圩塘港区万吨级泊位两个、5000 吨级泊位 1 个，年通过能力 800 万吨，2003 年 4 月通过国务院一类口岸验收。常州录安洲长江码头公司2007 年 12 月组建，主要从事录安洲港区进出口物资的装卸、仓储、中转、加工、配送等业务，在录安洲港区建有 5 万吨级多用途海轮泊位两个，在夹江建有千吨级泊位 6 个。建滔（常州）石化码头公司 2002 年 4 月建成 4 万吨级泊位 1 个和千吨级化工品泊位两个，年通过能力 100 万吨，可接卸苯乙烯、乙二醇、苯酚等 48 类化工产品。国电常州发电公司成立于 2003 年 7 月 3 日，2004—2006 年建成一期工程 3.5 万吨级的煤码头，年通过能力 480 万吨。江苏武进港务公司德胜分公司 1990 年组建，1991 年 11 月开始运营，拥有千吨级泊位 4 个，年通过能力 80 万吨。2011 年 2 月，德胜码头改扩建成 5000 吨级散杂泊位 3 个及配套设施，年通过能力 220 万吨。

长江常州港录安洲港区一期工程码头（摄于 2008 年 3 月）

港口管理 1995 年 10 月 30 日，市政府成立常州港工程建设领导小组，下设常州港工程建设指挥部，负责常州港的开发建设。1997 年 8 月 30 日，成立常州市港务管理局，与市交通局合署办公。2005 年 8 月 13 日，常州港总体规划获省政府正式批准。

二、内河港区

常州市内河港划分为市区、武进、金坛、溧阳 4 个港区，生产性码头主要分布于苏南运河、德胜河、丹金溧漕河、芜申线、锡溧漕河干线航道的两岸。至 2010 年，拥有生产性泊位 745 个，岸线总长 3.4 万延米，货物通过能力 5386 万吨，全市内河港完成货物吞吐量 6442.8 万吨。

港口建设 常州东港作业区 位于京杭运河右岸采菱港下游。2007 年 10 月至 2009 年 8 月，建设 1000 吨级散货泊位 1 个、多用途泊位 3 个、500 吨级（兼顾 1000 吨级）散货泊位 10 个、件杂货泊位 5 个及相关配套设施，年通过能力 620 万吨。

奔牛作业区 位于常州西部奔牛镇。1987—1988 年建成泊位 10 个，年通过能力 70 万吨。2008 年底，拥有泊位 12 个，自备铁路专用线 8000 米，设有煤炭、木材、杂货 3 条货物专用线，最大靠泊能力 600 吨级。

老货场作业区 位于市区关河中段。至 1985 年初，拥有泊位 21 个，最大靠泊能力 60 吨，年通过能力 62 万吨。1985 年上半年，老货场全部迁移至青龙港。

新货场作业区 位于关河东段姚桥头。从 2000 年 8 月起，煤炭等货种作业转移至青龙港作业区。

新港口作业区 位于苏南运河北岸舣舟亭公园西。2001—2005 年，作业全迁至青龙港。

德胜河作业区 位于常州西郊连江桥德胜河东岸。1977 年底拥有装卸泊位 10 个，最大靠泊能力 60 吨级，年通过能力10万吨。

常州西港作业区 位于京杭运河左岸常金大桥下游。1992—1998年，一期工程建成泊位6个、货场1.19万平方米。2008年至2009年3月建成1000吨级散货泊位4个；500吨级（兼顾1000吨级）多用途泊位、件杂货泊位各4个及配套设施。2008年底，年通过能力450万吨。

京杭运河新线常州西港（摄于2009年5月）

青龙港作业区 位于常州市区东郊苏南运河左岸。1981年9月建成投产，2010年底拥有泊位31个，最大靠泊能力300吨级，年通过能力77万吨。

采菱港作业区 位于采菱河东侧。始建于1979年，1988年扩建。2010年底拥有泊位36个，最大靠泊能力250吨级，年通过能力100万吨。

三山港作业区 位于戚墅堰镇东苏南运河北岸。1981年建成，1993年扩建。2010年底拥有泊位18个，最大靠泊能力500吨级，年通过能力200万吨。

五一港作业区 1992年建设，建成泊位3个。2010年底最大靠泊能力100吨级，年通过能力30万吨。

东货场作业区 1985年建成投产，建有泊位8个。2010年底最大靠泊能力200吨级，年通过能力52万吨。

三官塘作业区 1996年建成投产，建有泊位3个。2010年底最大靠泊能力250吨级，年通过能力30万吨。

老东港作业区 1986年建成投产，建有泊位9个。2010年底最大靠泊能力250吨级，年通过能力21万吨。

交运钢材市场港口 2000年建成投产，建有泊位5个。2010年底，最大靠泊能力600吨级，年通过能力80万吨。

江苏苏浙皖物流中心港口 位于芜申运河溧阳市区段。2007年动工扩建，拥有泊位11个，最大靠泊能力1000吨级，年通过能力500万吨。

生产经营 常州内河港口客运主要由常州轮船公司经营，煤炭及制品、散水泥、金属矿石、化肥等吞吐量由628万吨下降到2000年的435万吨，2005年升至3825万吨，2010年达6442.8万吨。1986年，有常州至张渚、溧阳、高港、礼嘉桥4条客运航线，当年完成客运量55万人次。1992年客运量仅6.4万人次。1993年起，停开固定的客运航线。2001年5月，常州轮船公司与市港务管理处等3家企业重组成立常州交运集团有限公司。1992年，天目湖水上旅游兴起，水运旅客人数逐年上升，2010年79万人次。

常州交运集团有限公司 2001年5月成立。2004年11月经过企业改制和重组，成为从事公路运输、港口装卸、仓储等业务的法人企业，下属有17个单位，拥有岸线6919米。2010年，完成货物吞吐量199.4万吨。

江苏苏浙皖现代物流有限公司 位于芜申运河溧阳市区段。2007年开工建设一期项目，占用岸线600米，至2008年底建成泊位11个，最大靠泊能力1000吨级，年通过能力500万吨，同年完成货物吞吐量10万吨。

常州交通产业集团东港港口投资发展有限公司 2008年2月成立。主营地为运河东港，是2004年10月至2008年1月京杭运河常州市区段改线工程建设中统一规划、立项建设的港口，位于青洋大桥旁、新运河右岸，使用岸线1200米，建设500～1000吨级泊位19个，年通过能力620万吨。2008年一期项目开建，利用岸线670米，可提供散货等多种货物的装卸、仓储和物流服务。

常州交通产业集团西港港口开发有限公司　2006年6月成立。主营地为常州西港，位于钟楼区西林街道常金大桥附近，为2004年10月至2008年1月京杭运河常州市区段改线工程建设中统一规划、立项建设的港口，使用岸线780米，建设1000吨级散货泊位4个和500吨级（兼顾1000吨级）的多用途泊位、杂货泊位各4个，年通过能力450万吨。2007年7月开工，2009年1月建成投入营运。

第三节　客货运输

1983年起，常州市区水路运输不再由交通专业运输单位——江苏省常州轮船运输公司（简称“常州轮船公司”）、常州市航运公司两家经营，社会单位、企业及个体船户均可参与。2001年，常州轮船公司参与重组成立常州交运集团公司后，不再经营轮船客运。翌年，随着市区公交线路的发展和市政府为民办实事建桥撤渡工程的实施，市区的渡口成为历史。2009年8月，常州市盛通航运实业公司（原常州市航运公司）仅有的2艘驳船停航转让，至此全市交通专业运输企业不再经营水路运输。2010年底，全市有营业性船舶1764艘、总吨位66.83万吨，其中以金坛的运输船舶为主。

一、客　　运

轮船客运　2001年以前，常州市区的轮船客运主要由常州轮船公司经营。1986年，常州轮船公司有客运航线4条：常州—张渚线、常州—溧阳线、常州—高港线、常州—礼嘉桥线。年总客运量55.15万人次、客运周转量2150.4万人公里。1988年，常州轮船公司表场客运站有客轮1艘、300客位，客驳8艘、1228客位。经营常州—高港、溧阳、张渚3条客班航线，总里程为274.5公里。同时经营常州—杭州、苏州、大观园、扬州、镇江、南京等景区的春、秋水上旅游客运航线。同年客运量30.3万人次，客运周转量为1979.6万人公里。1992年8月，因客运量大幅减少，难以营运，撤销常溧线、常渚线，年客运量6.4万人次。1993年起，常州轮船公司不再经营固定的客运航线，仅以不定期旅游线为主，全年客运量2.46万人次、客运周转量478万人公里。2000年，客运量仅5000人次、周转量117万人公里，多为季节性旅游客运。

汽　　渡　常州圩塘轮渡属军、地两用长江渡口，位于新北区春江镇圩塘集镇北侧，对岸为泰兴七圩，江距3.85公里，南接沪宁高速和338省道，北联宁通高速，是衔接苏南—苏北(232省道长江段)、沟通长江南北的重要交通枢纽。通渡初期仅实行昼渡，日均车流量300余辆。常州圩塘轮渡公司1988年拥有1艘14车渡船，日运量300余辆车，1989年7月1日起，实行昼夜24小时渡运，日均车流量约450余辆。2010年末该公司拥有汽车渡船4艘、94个车位，日渡运量2419辆，折合吨位1.26万吨，完成年营业收入3357万元，实现年利润859万元。

渡　　口　1985年，常州市区内有常州第五织布厂、常州职业技术师范学校培训部、江南机具厂、常州石化厂、常州制药厂、雕庄徐窑、戚墅堰发电厂、武航戚墅堰分公司等8处渡口，均设于京杭运河常州段。1994—1997年京杭运河常州段实施整治，河面拓宽，航道加深，渡运时间延长，危险性增加，再加上市区内公交线路增加，有些工厂有厂车接送，从1999年7月至2008年8月，上述渡口逐渐被撤除。1999年7月，戚墅堰发电厂渡（三乐电器厂渡）被撤除；2000年，常州石化厂渡、武航渡（省镇联渡）、技师培训部（十中渡）、第五织布厂渡4个渡口被撤除；2001年4月，江南机具厂渡被撤除；2002年1月常州制药厂渡被撤除。2002年8月，市政府实施建桥撤渡工程，在雕庄徐窑渡口建造钢架人行桥，撤掉市区最后一个渡口。2005年6月20日，常州辖区内河航道最后一个渡口、有近70年渡运历史的溧阳沙门渡被撤除，常州成为继南通之后全省第二个内河水域“无渡市”。

二、货　　运

轮船货运（交通专业运输）　常州市区的水路货运专业企业主要有常州轮船公司和常州市盛通航运实业公司(2001 年称常州市航运公司）两家。2001 年 5 月，常州轮船公司参与组建常州交运集团公司时有货运船舶 24 艘、2100 吨位。2001—2004 年各年货运量分别为 12.2 万吨、15 万吨、15.6 万吨、14.6 万吨。2005 年春节前，原常州轮船公司的最后两支千吨船队全部转让。2000 年底，常州市航运公司改制，为常州盛通航运实业公司，有 10 个船队分别经营上海、江苏徐州、江苏镇江、浙江、安徽芜湖等航线，市区驳船队承担大部分港站物资的疏运，年货运量 172.4 万吨，2009 年 8 月不再经营轮船货运。

港口经营　1986—1990 年，常州市区的货物运输港口均为内河港口，年吞吐量最高达 366.5 万吨。1991 年 11 月 3 日，长江德胜港投产，结束常武地区没有长江港口的历史，年吞吐量达 569.9 万吨。1996 年 9 月 27 日常州港一号工程开工，1997 年 12 月 26 日常州港投产。1998 年，全市港口吞吐量 442.3 万吨，其中常州港 40 万吨、外贸物资 2.5 万吨。2000 年 11 月 22 日，常州港多用途泊位投产，更方便集装箱运输。2008 年，常州港一类口岸开放，“一港四区”格局形成，集聚和辐射能力增强，11 月被列入大陆首批 63 个与台湾直航港口名单，台湾的农产品可直接运抵常州。2008 年，常州沿江港区吞吐量达 2288 万吨、完成外贸货物吞吐量 199.5 万吨、集装箱吞吐量 3.2 万标准箱。2010 年，常州沿江港区完成货物吞吐量 3155.9 万吨、外贸货物吞吐量 341.6 万吨、集装箱吞吐量 10.62 万标准箱。常州港口主要运输煤炭及制品、金属矿石、钢铁、矿建材料和化工原料及制品，与少量化肥农药、粮食农副产品、机械设备、日用工业品等。货源主要来自澳大利亚、巴西、印度、俄罗斯、韩国、日本和中国台湾、浙江宁波等原材料产地及中转地，流向常州腹地及周边市县，少量流向周边省份如安徽、浙江等及长江中下游其他地区，集装箱主要为上海港的中转港。

非交通专业运输　80 年代，常州市区水路非交通专业货运存在集体企业和个体运输户，集体企业有常州水产公司、常州砖瓦厂，各有 1 个船队，主要运输水产品和泥土、砖瓦。个体运输户主要运输建筑材料、黄沙、水泥、石子等，后来个体运输户消亡，集体企业改制，2010 年全市水运企业主要为民营企业。

第六章　物流业

2001 年 11 月中国加入世贸组织后，国际运输中的多式联运、一票到底服务、门到门服务、物流服务等营销理念和营销方式随即进入中国运输市场。2005 年底，全市有年物流服务额达 2000 万元的物流企业、物流基地 8 家。2010 年底，全市经工商注册的物流企业达 1 万余家，其中年物流服务额达 2000 万元的物流企业、物流基地发展到近百家，发展特色物流基地 50 余个，超 1 亿元的大项目相继投入和竣工，推动了全市现代物流业快速发展。2010 年，全市社会物流总额从 2005 年的 4343 亿元增长到 10553 亿元，其中工业品物流总货值从 2005 年的 3300 亿元增至 8160 亿元，社会物流总费用占地区生产总值的比例由 2005 年的 16.6% 降至 15.8%，全市人均函件量 26 件。物流业增加值占服务业增加值的比重由 2005 年的 13.7% 升到 16.3%，常州发展成为长江三角洲地区区域性物流基地与国际性物流节点城市。

第一节　物流发展规划

一、《常州市现代物流发展规划》

21 世纪初，常州铁、水、公、空交通优势明显，但物流业发展滞后，成为经济发展的“瓶颈”。2003 年，市政府批准出台由市计委和东南大学共同编制的《常州市现代物流发展规划》，提出2002—2020年全市现代物流业增加值增长率快于国内生产总值增长率20%～30%的发展目标，培育新型服装、制造加工、特色农副产品种植和市场交易等产业优势，计划以现代化的物流基础设施、物流信息平台建设为核心，重点发展区域物流和国际物流，兼顾城市配送物流发展，构建现代物流网络体系，打造成长江三角洲区域物流中心之一及江苏省物流中心城市。

发展阶段 规划分3个阶段实施。通过新建、整合社会资源，到2005年全市初步建成新区物流园区、湖塘物流园区等1～2个物流园区，构建较完善的物流基础设施和国内领先的公共信息平台，创建在国内具有一定竞争力的物流企业1～2个。到2010年，全市基本建成与社会经济发展相适应的现代物流体系，第三方物流的市场比重达16%。到2020年，全市形成物流园区、物流中心、配送中心相配套的现代化社会服务网络，第三方物流的市场比重达25%。

目标计划 从纺织服装、机械制造和农产品流通等行业切入，用现代物流的理念重组改造物流业；重点建设5个大型物流走廊，构筑完善现代物流运输网络，重点培育中国物流公司、常州钢材市场、飞龙快件、常州储运、炎黄在线等常州物流品牌企业。除新区物流园区、湖塘物流园区外，宜在新闸、横山桥、凌家塘、奔牛、常州港和金坛、溧阳等地兴建12个物流中心。常州物流信息平台是常州市公共信息交互中心的增值业务子平台，改造完善后将汇集全市企业、市场、物流园区、物流中心和管理部门的信息，与江苏省及苏锡通泰的物流信息平台相连，信息资源共享。

物流企业发展战略 物流企业包括改造传统的运输、仓储、货代、信息类物流企业，逐步向现代物流企业转变；培育高效的有社会化服务能力的配送企业、支持电子商务的配送企业和综合化、网络化、信息化的现代货代企业和现代化的综合物流管理企业等物流企业类型，培育具有国际竞争力的大型物流企业，实行集约化经营，发展战略联盟关系，建立社会化配送中心，重视物流人才培养等。

二、《常州市“十二五”交通物流园区和交通物流中心布局初步方案》

2010年5月由市交通运输局编制。规划在2011—2015年，常州保留“十一五”期间建成的6个货运站场，计划新建中国物流常州综合物流园区（诚通物流）、江苏苏浙皖边界市场园区、金坛市天誉物流公司、武南物流园、江苏华达国际物流公司、金坛市诚信化工贸易公司、奔牛港物流中心、江苏凌家塘市场发展公司、江苏亚邦医药药物食品物流中心，形成规模化的交通物流基地，计划总投资113.12亿元。

第二节　物流基地企业

1996年，常州第一个货运（物流）市场城北货运市场建成，占地5万平方米，建有办公用房1万平方米、仓储5000平方米和停车场1万平方米及招待所、加油站、修理厂等配套设施。1997年，五角场货运市场建成，占地2.2万平方米，建筑面积4500平方米，停车场1万平方米，总投资2000万元。2008年，城西物流市场和常州交运集团钢材市场分别被省交通运输厅认定为江苏省第二批农村交通物流示范点。2008年，江苏亚邦医药物流、常州政成物流、常州立信运输3家企业17条线路被省运管局评为“江苏快货”品牌线路，其中省际线路5条、市际线路12条。2009年，新阳光食品城一期10万平方米市场建成，市场搭建有70多条物流专线、2000台货车的交易配载平台。武进汽车城在引进27家品牌4S店的同时，投资3.5亿元建设全国第二大规模的二手车市场，业务辐射长江三角洲地区。至2010年底，常州已有城北、五角场、城东、飞龙、城西、长江塑化市场、钢材现货交易市场、新阳光食品城、武进汽车城、湖塘纺织城、溧阳苏浙皖边界市场等10

余家重点市场和物流园区。

2010年常州市建成或在建重点物流园区、企业一览表

表9-6-1

类　别	数量	名　　称
重点物流园区	4个	常州综合物流园区(诚通物流)、江苏苏浙皖边界市场园区、金坛市天誉物流有限公司、江苏苏浙皖现代物流中心
综合性货运站场	5个	江苏华达国际物流公司、金坛市诚信化工贸易公司、奔牛港物流中心、江苏凌家塘市场发展公司、江苏亚邦食品物流中心
年产值达1亿元现代物流企业	6家	常州综合物流园区(诚通物流)、江苏苏浙皖边界市场园区、金坛市天誉物流公司、江苏苏浙皖现代物流中心、江苏凌家塘市场发展公司、江苏亚邦食品物流中心

一、亚邦医药物流中心

2007年6月投入运行，占地1050亩，具备信息中心、运输中心、仓储中心、配送中心、转运中心、交易中心及配套服务功能，有零担仓库3万平方米、专业仓库3.2万平方米、停车场1.3万平方米，设固定车位160个、信息中心及药品交易大楼1.3万平方米。实施电子标签、手持终端、无线数据采集器、远程跟踪动态实时监测等手段，建有亚邦物流网、医药网、医药邮购网等网站。江苏亚邦医药物流中心公司是省食品药品监督管理局批准建设的全省首家现代医药物流企业、省发展改革委批准建设的综合性物流企业。至2009年，入驻企业43家、物流专线服务单位91家、基地服务医药制造厂家1000多家，专业配送服务医院和药店达1万多家，年物流经营总额达58亿元，年纯物流服务总额8亿元。2010年隶属亚邦医药物流中心的亚邦日用品物流中心申报省农村交通物流示范点。至年末，累计与农村3000余家销售网点签订配送合同。

二、江苏国际塑化城物流中心

2008年，由江苏国际塑化城改名。其仓储特流区规划建设液体化工储罐8.1万立方米，甲、乙、丙类固体仓库10万平方米，年吞吐量可达150万吨。建有危险化学品铁路专用线，开展接卸、到发、分装、储存、运输、配送一站式服务，建设成电子商务平台具备信息、交易、物流车队在线自动对接等通用功能，具备为大型供货商、中小型贸易商搭建塑化产品分销平台、塑化原料超市平台、监管交易平台等。2008年，完成物流营业收入2.31亿元。

三、中国物流常州分公司

占地9.4万平方米，拥有室内仓储3万余平方米，室外仓储、集装箱堆场等3.5万平方米；拥有装卸设备40多台、经营运输车辆300多辆，年吞吐能力超70万吨。2008年，完成物流营业收入1.6亿元，上缴税收394万元，货物吞吐量110万吨。公司探索建立公铁水联运、门到门对接、全程物流服务、供应链管理等一站式、一票到底的物流服务体系。2010年，被省经济信息委认定为江苏省物流技术中心。

四、江苏苏浙皖边界市场

位于溧阳市的苏浙皖交界地带，创建于2004年，是全省首家省际区域性大型综合市场。市场占地45万平方米，总投资10.8亿元，辐射全国10多个省市。2009年，投资450万元设立农副产品物流中心分公司，建成投运的集生产、加工、储存、配送于一体的农副产品配送中心，占地1500平方米，为大型超市、土特产品经销店、饭店、宾馆等单位提供一条龙服务。

五、常州市城西物流园区

前身为城西综合运输市场，2004年9月建成，占地9.9万平方米，建有普通仓库面积5万平方米、冷冻仓库8000平方米、冷藏仓库6000平方米、停车场10万平方米。园区有约200家物流企业，基本形成以城西物流市场为节点、专线辐射全国的运输网。园区与多家超市挂钩，开展冷冻食品配送业务。2008年，完成物流营业收入1.8亿元，上缴税收900万元。

六、常州粮食现代物流中心

2009年建成投运，紧邻市区西部的运河黄金水道德胜河，总投资3.5亿元，占地233亩，具备粮油储备、粮食加工、交易配送和信息服务功能。拥有15万吨仓容能力，50万吨年中转交易能力、日处理300吨大米的加工能力和自动化仓储管理能力。

第七章 交通运输管理

1986—2010年，随着交通事业的发展和社会法治环境的改善，全市交通运输行业管理逐步朝着法治化、规范化和科学化的方向迈进，常州交通管理水平和管理成效不断提升，保障和促进了交通运输行业快速发展。

第一节 路政管理

1983年5月，常州市公路管理处成立，履行管理和维护公路路产路权、查处公路车辆运输超限超载违法等职责。

一、标志标线设置管理

1982年，常州市贯彻交通部颁发《公路标志及路面标线标准》和1986年《道路交通标志和标线》(GB5768)等技术规范性文件，道路的标志标线设置、制作逐步朝着标准统一、制作统一、规范实施方向发展。2001—2010年，全市累计投入4885.3万元，完成2条国道、11条省道462公里的安全保障工程，改善行车环境和交通安全。2002—2010年，市境内国省干线公路管养里程增至384公里，累计划线37.55万平方米，架设柱式、悬臂式、门架式等交通标志支持方式3851座，安装交通标志4165块。

二、维护公路产权与整治路容路貌

面对国省干线公路搭接、局部路段街道化、市场化现象日趋严峻的局面，全市路政部门实行减少公路横向干扰、建筑红线控制、妥善处置非法建(构)筑物等措施，对搭接道口进行有效控制、合理归并，路面通行状况良好。2001年，市交通局改革路政管理体制，市、县分别成立公路路政支队、大队，支队主要负责依法维护公路路产路权，监督查处重大路政案件等；大队主要负责属地公路路政巡查，查处损害路产路权案件等。随着全市干线公路在建工程和改扩建工程增多，各大队落实施工安全标志的设置和维护、现场管理等，保障施工路段安全畅通。辖市(区)路政大队抓好路政巡查，市路政支队实行督查，推行365天全天候路政巡查制度。组织人员上路督察，发现问题及时整改，保障路产设施完好、公路安全畅通。2001—2010年，全市发生路政案件3.18万起，其中立案查处2.94万起，全部结案。审批挖掘占用公路项目2651处、总面积28.74万平方米，审批搭接平交道口604处，查处并拆除违章建筑260处、总面积7561.71平方米，清除障碍物11.4万立方米，清除非交通标牌2.86万块，清除摊点3.01万个，收取公路路产损失赔(补)偿费1.2亿元。

三、治理超限超载

2004年《常州市治理超限超载工作方案》出台，相继在辖区内主要国省干线公路上建成5个固定超限检测站(点)。采取定点检查与流动检查、集中整治与长效管理、路面专项治理与源头长效治理相结合的办法，开展全天候不间断的治超查处。2001—2010年，全市公路部门审批超限超载许可车辆4.71万辆，清理大吨小标车辆4.73万台次，检查超限运输车辆12.54万辆，卸驳载货物18.49万吨、19651辆，纠正非法改装货车1.08万辆。2010年，全市车辆超限超载比例由2004年的75%降至4.7%，其中超限达30%车辆的比例降至1.87%。同年底，全市普通干线公路技术状况指数(MQI)值达95.85，优良路率达100%。

第二节　航政管理

1988年起，市航道管理处把航政管理作为保护航产、航权及航道通航条件的重要手段，加强航道行政许可、航道财产保护、航道行政执法、航标维护和文明样板航道创建，保障了航道的完好、安全、畅通，促进了常州水运事业快速发展。

一、航道行政许可

1988年以前，市港航监督处航政科与市航监站(市区航道站前身)负责常州地区的航道临、跨、过河设施许可审批。2004年《中华人民共和国行政许可法》简称《行政许可法》实施，航道行政许可事项全部进入市行政审批服务中心。2008年2月，航道许可事项进入政府办、监察局、法制办建立的“三合一”网络平台办理，办理时限由20天主动缩短为10天。实行航道规划控制线制度，2009年对《常州市航道网规划》中16条五级航道近260公里，编制航道控制线规划，航道管理有了技术依据。至2010年底，全市航道系统实施航道许可1683起。

二、航标标牌管理

1986年前，常州市辖区航道在入江口门、湖区、航道交叉口设立19座发光航标，分别为示位标、侧面标、左右通航标。1989年、1992年，锡溧漕河、丹金溧漕河创建文明航道时，不再设置水泥桩搪瓷标牌。1996年，在德胜河设立入江口门航标，在万寿河入湖口门和太湖水域设立航标3座。1997年，随着苏南运河整治和运河改线、五级航道网整治，相继设立12座航标。实施航道标美化建设，全市统一设置里程牌、地名牌、桥梁净高提示牌、桥名牌、指向牌、管线牌等214块。2002年，芜太运河溧阳改线段设置高等级标牌37块。研制成功航标遥测系统，能遥测到偏僻水域中航标灯电池电压、工作电流、闪光次数等，有故障自动报警功能，减少航标艇查标的费用，保证航标发光率。2007年，京杭运河常州市区改线段设置高等级标牌84块，利用电子地图对已有或需增设的328个助航标志作了精确的坐标定位，编制完成《常州市干线航道助航标志配布规划》。2008年初，市航道管理处在常宜线、戴埠河等航道设立超限提示牌10块。全市航标维护管理中选用免维护太阳能电池、LED航标灯，保证航标发光率，保障船舶航行安全。

三、航道行政执法

1996年，《中华人民共和国行政处罚法》实施前，查处航道违法行为多为纠正占用航道水域和航道边坡违章设置码头、建设房屋等。2004年国务院《依法行政实施纲要》颁布，同年11月22日，市政府颁发规范性文件《常州市航道管理办法》。重点依法对擅自建设与通航有关的设施、损害航道设施和航标的行为实施行政处罚，逐步建立和完善航道行政执法自由裁量制度、航道行政执法重要案件集体讨论制度和航道行政执法责任制、评议考核制、责任追究制等执法制度。2007年《江苏省航道管理条例》实施后，常州航道管理部门以法规授权主体行使行政执法权。至2010年底，全市航道管理部门实施航道行政处罚法案件1096起，拆除违章房屋4447平方米、违章码头163座1156平方米，取缔违章吊机128座，收取航道财产损失(占用)赔补偿费2670万元。

四、航道安全管理

1985年以后，全市航道管理部门清除航道内的碍航沉船，做好清障扫床。按六级以上干线航道每年清障扫床2次，七级及其以下支线航道每年清障扫床1次的要求，全市重点清理航道中沉石、残桩、漂浮物、岸边废弃物，清除航道中树木、树桩和渔网、鱼簖。2003年前，清障扫床重点是清理大量的无主水泥沉船，打捞沉船3238艘近8.14万吨。2003年9月16日无主沉船打捞职责调整为地方海事部门按内河交通安全管理法规履行。2007年以后，落实船舶防碰撞防泄漏(两防)措施，加强辖区航道的巡查，严把临河、跨河、过河建筑的行政许可及许可后的施工监督，清除碍航物，及时处置历史遗留的不能确认责任主体的碍航物体，保障航道畅通安全。

五、社会工程船舶管理

1992年，《江苏省航道管理条例实施办法》出台，1995年《江苏省内河交通管理条例》出台，开始对从事航道疏浚打捞的社会工程船舶进行资格审查、项目批准、施工监督和竣工验收等行业管理。初期对社会工程船舶实施测量、签约、安排施工、竣工验收和经费结算等。2002年以前，全市交通航道、水利河道尚处于大规模整治建设阶段，新增大量个体疏浚船舶。2002年底，全市社会工程船舶猛增至160多艘。由于竞争激烈，导致无证经营、逃避税费、任意挖泥、乱堆乱放，影响航道通航和河道排洪安全的现象时有发生。2002年7月26日，市政府颁发《常州市航道疏浚打捞管理办法》，对航道疏浚打捞单位实施资格证管理制度，疏浚打捞单位按照技术条件分级在相应航区施工作业，依法管理社会工程船舶。2003年起，航道养护体制改革，全市航道养护部门的打捞船舶、疏浚航道实行公司化、社会化。2005年起，由于《行政许可法》的实施和航道法规的修改，社会船舶施工由事先许可改为施工报备，重点加强对疏浚卸泥、打捞废弃物的报备和监管。

第三节 海事管理

1986—2010年，常州地方海事部门通过加强对船舶的检查、检验和船厂、船务的管理，提高对突发事件的应急处置能力，全市水上交通保持连续多年安全形势稳定和交通秩序顺畅。

一、水上交通安全监督

通航保障 船舶签证 1993年5月，全市开始实行船舶签证管理制度，主要对船舶进出港口，一般在出港时一次性办理进港、出港签证，客船注明旅客实载人数，货船注明货物名称，实载吨位数，必要时实施监装监卸。2002年，全市船舶签证点由开始时的111个整顿减少到52个。2004年7月1日实施《中华人民共和国行政许可法》后，规定具有行政执法资格的海事人员方可从事船舶签证业务，签证站点再一次整顿减至16个。2007年，开始实行使用船舶“一卡通”的电子化签证。

航道安全标志 常州市航道内设置的安全标志牌类型主要有警示标志、事故多发提示、船舶高音管理警令标志、船舶分流和交界支线航道吨位限航标等，设置在重点航段、叉河口、港口码头、临跨河建筑。分4个阶段设置：1997年苏南运河整治开通，常州沿线航段设置安全、警示标志牌97块；2003年，苏南运河创国家级样板航道，增设标志牌73块；2004年针对苏南运河堵挡严重，常州全段设置交通管制标牌84块，2005年苏南运河又添补标志牌22块；2003—2004年，主要通航河段设置内河交通安全管理标志牌126块。2009年，全市投入121万元在内河航道设置标志牌402块。

常州海事部门组织水上联合搜救演习(摄于2009年10月)

水上搜救 2000年2月，市地方海事局开通“12395”水上搜救电话，辖区3个海事处、8个海事所设立接报点。2003年常州市行政区大调整后，地方海事水上搜救设立新的“12395”水上搜救网络，完善搜救网络体系，建立市、辖市区两级快速反应组织；成立联动中心，水上救助实现与公安110联动。制定《常州市内河交通突发事件应急预案》，由重特大水上交通事故抢险救灾应急预案，防汛防风预案，苏南运河常州新闸防洪控制工程汛期闸门应急启闭水上交通管制方案，沉船、交通堵塞疏导预案，油类、散化船舶火灾事故应急预案，油类及危险化学品污染应急处置预案，及溢油2吨以上应急处置预案等7项组成。

清障打捞 2003年5月，制订《常州市水上清障打捞市场化运作实施办法》，7月开始注册登记社会工程船舶，通过招投标、包干方法取得打捞权，承担无主沉船、沉物清除和水上抢险救灾等应急义务。

船舶防污染 2002年，市地方海事局针对辖区35个水上加油站点开展专项整治活动，所有站点设置废油收集箱。2003年12月至2006年3月，全市主要内河航道实施船型标准化示范工程，拆解改造挂桨机船舶1182艘，发放补贴资金3585.7万元。苏南运河常州段穿城而过，运河南移前是常州的主航道，船舶噪音污染问题严重。2007年起，全面禁止挂桨机船进入京杭运河常州段市区航道。在市区段设禁止鸣放高音喇叭标志牌，增派海巡艇加强航道通航管理，加强对挂桨机船舶的动态管理，禁止用于工程建设及清淤运输的挂桨机船舶在夜间通行；船户在正常交会时减少音响设备的使用，采用手语和旗语；为船舶配备消声器，降低噪音污染。

二、船舶管理

船舶检验 一般分为初次检验、营运中检验。玻璃钢船舶和钢质公务艇的建造是常州造船的特色和船检工作重点。80年代初期，常州开始玻璃钢船舶建造。至2010年底，常州为全国玻璃钢船舶生产基地，拥有玻璃钢船舶生产厂家20多家。2008年检验22米奥帆赛指挥艇，2010年检验了37米上海世博会交通艇等高性能、高科技的公务艇。1986—2010年，常州船检机构累计检验船舶1.24万艘次。

船用产品检验 1988年，常州市船检机构开始检验船用产品，检验种类仅限于玻璃钢救生艇、玻璃钢舢板、散装水泥罐、船用发动机及控制箱4个。1990年，增加对测深仪，船用望远镜、液化气灶、挂桨机等船用产品的检验。翌年，开始接受救生圈、船用卸扣、油水分离器、船用发电机、螺旋桨叶、救生衣、油缸等12种船用产品的检验。1994年，增加船用齿轮箱、船用增压器、船用消声器等船用产品的检验，检验数量逐年增加。1986—2010年检验船用产品7.68万台(套)。

船舶电焊工技术管理 1986年至2005年5月，全市开始举办船舶电焊工培训班，举办8期，培训、考试、审核合格发证873人。以后该项业务移交给市国防科工办。

船厂管理 1988年，常州船检部门开始对乡镇船舶修造厂进行生产技术条件认可。90年代初，全市27

家乡镇船厂陆续通过生产技术条件认可，按规定定期年审。至2005年末，常州船检累计认可船厂44家，核发生产许可证44份。2004年《中华人民共和国行政许可法》实施后，同年5月全市乡镇船舶修造厂生产技术条件认可工作移交给市国防科工办。

三、船务管理

1997年，常州对船员理论考试采用全省统一的试题库，进行电脑出题，船员管理更加规范有序。2006年12月5日起，市地方海事局被省地方海事局授予内河一至五等船舶船员适任考试发证权限与浙皖沪赣鲁内河、黄浦江、长江干线上海至武汉的内河航线实际操作考试权限。船员发证系统同年实现全国联网，常州地方海事系统启用新的船务管理系统软件，实现船务管理网络化。2006年，辖区船员管理部门对持证船员进行升级培训、考试，对三、四等船员进行再有效审验，换发新版船员适任证书。至2010年底，常州辖区注册船员4500名。

第四节　运输市场管理

1986年以后，全市道路运输方式和参与经营活动的经济成分日趋多样化。至2010年底，常州市基本形成以《中华人民共和国道路运输条例》为核心，以部颁配套规章为基础，以《江苏省道路运输市场管理条例》等地方性法规规章为补充的道路运输管理法规体系。

一、客运管理

班车客运管理　80年代中期，全市客运运力难以满足经济发展需求。1992年开始，常州对单位和个人购置客货营运车辆、经营或兼客货运输以及单位、企业经营旅客及区内方便招手车客运的放开审批，港口码头、客货运输场地向社会实行有偿服务，放开外地来常单位和个人经营客货运输服务和汽车维修业的审批。全市道路客运市场管理推行只批不控，长期受到控制的运力市场打开，大量的承包、挂靠经营户进入客运市场，缓解了运力短缺的矛盾，弥补了道路客运市场缺口。90年代后期，由于多层次、多渠道、多种经济成分的经营主体参与公路客运，市场容量相对饱和，但公路客运市场管理的法律法规相对滞后，市场一度出现竞争无序局面，运力结构、车辆技术结构与公路客运市场的需求不相适应的矛盾也越来越突出。

2000年，全市开始对道路客运进站车辆实施进站证管理制度。翌年，执行国务院《关于清理道路客货运输秩序意见的通知》，清理整顿客运市场，取缔一批性能不合格的客运车辆。8月24日，《江苏省道路运输市场管理条例》实施，全市对客运班车线路经营权实施招投标，通过公开择优的方式无偿取得，经营期限2～5年（后改为4～8年），经营权不得转让或者变相转让。2002年开始清理班车客运行业挂靠经营，2004年起推行客运班线公司化经营改造。

2008年，全市客运班车公司化经营率85%，拥有省、市际班线447条、978.5班次，其中跨市客运班线达282条、818班次，跨省客运班线达165条、160.5班次，覆盖北京、山东、河北、安徽、浙江、福建、湖北等15个省、直辖市。至2010年，常州市组织县际线路招标5次，招标线路16条，管理部门与中标企业签订《常州道路客运班线经营权使用合同》。组织企业参加省运输管理局组织的招标10次，取得71条班线、122辆班车的省、市际班车经营权，签订《江苏省道路客运班线经营权使用合同》。2010年，全市客运市场进行优化整合，组建常州公路运输集团公司，站场重新调整合理布局，常州客运中心建成启用，集公交、铁路、长途客运于一体，方便市民出行。

个体客运管理　80年代中期，常州对具备经营条件的单位和个人购置营运车辆实行开放。1985年，全市出现第一辆个体大客车，经营线路为常州—溧阳上黄。1987年，常州出现第一辆个体中巴车。1990年，全市有个体中巴车233辆，主要线路有常州至圩塘、魏村、焦溪、江阴、宜兴、金坛、小河、溧阳等。1991—1993年，常州个体中巴车迅猛发展。1994年开始对客运市场运力加强宏观调控，实施额度管理办法，中巴车投入市场的速度放慢。2000年，全市开始对客运企业实施资质管理，将个体中巴车纳入公司经营，引导经营者向规模化、集约化经营方向发展。2001年，不符合经营资质等级的企业和经营业户车辆报废后不得办理更新手续；新辟线路、新增运力根据企业经营资质等级实行线路经营权招投标。对经营主体过散、车况老旧、服务质量难以提高的线路，采取压缩经营主体、调整运力规模、鼓励车辆报废更新、运营机制重组、利益机制调整等措施，推行中巴车辆的线路改造。2002年起，全市出现专业客运企业收购兼并中巴车客运的市场调整格局，个体客运逐步规模化和集约化经营。当年6月，常州公路运输公司、溧阳公路运输公司收购了常州至溧阳线路上的全部中巴车。此后每年都有不同线路中巴车被专业企业收购，个体中巴车逐年递减。2005年12月，市政府推进常武地区公交一体化，常州公交公司开始对常武地区个体中巴车进行收购。至2007年9月，全市客运中巴车被全部收购。

旅游客运管理　1985年，常州旅游事业逐步兴起，旅游客运同步发展。1987年以后，全市旅游包车客运实行允许社会、个体、私营大型客车经营旅游包车客运的鼓励政策，旅游客运日益发展起来。2002年9月5日，常州市政府颁发《常州市道路旅游客运管理办法》，保障经营者和乘客的合法权益，培育和规范旅游客运市场。2005年，常州市开始对旅游包车客运市场进行宏观调控，对新增加的旅游包车经营权实行服务质量招投标。2006年，新增非定线旅游客运运力，全市新增旅游客运车辆实施以运输服务质量为主要评价标准的招投标制度，新增的旅游客运车辆均应达高一级车型并安装使用卫星定位系统。2006年、2009年和2010年，全市先后3次进行旅游包车经营权服务质量招投标。2010年11月，包车客运管理信息系统、新版省际包车客运标志牌试行网上运转，实现省际包车客运业务网上审批。

二、货运管理

普通货物运输管理　1986年，国家出台《公路运输管理暂行条例》，常州开始对道路普通货物运输依法实施管理，当时货运市场管理实行计划经济模式，运输主要品种为日杂百货、生活用品和少量的工业品。运输车辆集中在交通专业单位，主要的社会运输任务由几家交通专业单位完成。1989年，全市贯彻执行交通部《关于整顿治理道路、水路运输市场的决定》和省政府《关于整顿治理运输市场的意见》，开展道路运输市场的治理整顿，实施并加强对运输企业的证照、经营条件、经营范围的管理，宏观调控运力投放，加强对货源与规费、票证和运输市场的监督管理，开展了个体运输业清理整顿等活动。1993—1997年，常州市全面贯彻落实交通部先后出台的《道路货物运输业开业技术经济条件（试行）》《道路大型物件运输管理办法》等规章。21世纪初叶，全市各级政府及其交通管理部门培育和发展快捷便利、适应综合运输体系要求的物流企业。

危险货物运输管理　80年代末至90年代初，道路危险货物运输管理缺乏相应的管理法律、法规，且有多个管理部门共管，市场秩序较为混乱。全社会道路危险货物运输数量少、品种不多，运输中仍存在着较多事故隐患。1993年12月，交通部颁布实施第一部管理道路危险货物运输的规章《道路危险货物运输管理规定》，但未彻底改变道路危险货物运输市场相对混乱的局面。

2001年，交通部、公安部、经贸委等10个部、委、办、局联合在全国开展道路危险货物运输专项整治行动，道路危险货物运输正式纳入交通运管部门管理。同年5月起，全市开展道路危险货物运输专项整治。至年底，常州市道路危险货物运输企业由450多家降至23家，道路危险货物运输车辆由570辆降至450辆。整治行动促使企业规模扩大，车辆状况得到改善，安全意识得到增强，安全形势有了根本改观，责任事故连年下降。

2002 年 3 月 15 日，国务院颁布实施《危险化学品安全管理条例》。2005 年 8 月 1 日，交通部颁布实施《道路危险货物运输管理规定》，明确从事道路危险货物运输的企业、车辆、人员的资质条件，把企业自有专用车辆标准从 10 辆降低为 5 辆。

三、运输服务业管理

汽车维修行业管理 汽车维修行业纳归管理前，全市汽车维修企业不足 60 家，多以专业单位的自修为主，经济性质以国营、集体为主，具有少、弱、小、差的特点。1988 年，市汽车维修行业管理处成立，与市运管处实行两块牌子、一套班子。管理处执行 1986 年交通部制定颁发的《汽车维修行业管理暂行办法》和江苏省《汽车维修行业工时定额收费标准和结算办法》，制定出台《常州市汽车维修行业管理实施细则》《常州市汽车维修行业开业审批条件》《关于汽车维修行业管理费征收的通知》等管理规定，全面整顿全市汽车维修企业，领取经营许可证企业有 55 家，其中一类 12 家、二类 16 家、三类 12 家、四类 15 家。

1990 年，交通部提出定期检测、强制维护、视情修理的维修制度。1993 年 1 月，武进汽车综合性能检测站组建成立。到 1995 年底，市区、金坛、溧阳等相继建成汽车综合性能检测站。1998 年底，全市有汽车(摩托车)维修企业(经营户)1700 家，其中一类企业 65 家、二类企业 235 家、三类专业维修及摩修业户 1400 家。

2006 年 6 月 1 日，《常州市汽车维修行业投诉举报制度》出台。2007 年 11 月 30 日，常州市汽车维修质量鉴定工作委员会成立。同年，常州机动车维修网站开通。翌年，40 家入网企业加入江苏维修救援网络，培育“江苏快修”品牌企业 30 家；2009 年开始，筹建全市营运性车辆二级维护、检测计算机远程监控系统，引导全市维修企业执行全省统一格式维修记录、维修结算清单、维修合同等制度。2010 年底，全市拥有机动车维修业户 2152 家，其中一类企业 176 家、二类企业 406 家、三类专项维修及摩修业户 1570 户，形成以一类维修企业为骨干、二类企业为基础、三类专项维修业户为补充、快修服务为特色的汽修市场格局。全市累计培育省 A 级及其以上维修信誉企业 130 家。

汽车驾驶员培训行业管理 1995 年，市运输管理处增挂“常州市机动车驾驶员培训管理处”牌子。1996 年全市登记办理许可证的驾驶员培训单位有 11 家，占总数的 73.3%。此后，市交通部门对全市驾驶员培训行业逐步实施规范管理。2004 年 5 月 1 日，《中华人民共和国道路交通安全法》实施，明确要求驾驶培训实行社会化，由交通主管部门对驾驶培训学校实行资格化管理，常州同年开展机动车驾驶员培训市场整顿活动，有 18 家驾校纳规管理，教练车 625 辆，其中大客 21 辆、大货 197 辆、小车 407 辆，有教练员 789 名，还有 27 家散户、48 辆教练车。2005 年，《常州市机动车驾驶员培训三年发展规划》经市政府常务会议通过。对原由公安部门所发“教练证”的 717 名教练员进行考核，换发交通部门的“教练证”；对全市驾校实施培训质量信誉管理，推进全市驾培行风建设。在全市驾校建立教练员职业道德、教学水平等评议制度。每年对本驾校教练员至少进行两次评议，设立教练员教学质量排行榜，在驾校向学员公示。

2006 年，《常州市驾培教练员行为规范》等规定出台，每两年开展 1 次教学质量信誉星级教练员评定。2007 年，建立驾培教练违规违纪黑名单制度，通过公开收费项目、收费标准及举报电话，避免个别教练员以赎考为名的吃、拿、卡、要等违规现象。全市推进驾校规范化和标准化建设活动，做到统一管理制度、统一工作流程、统一档案管理，推行教练员规范化教学和驾培智能化管理。2008 年，全市驾培市场实行统一驾驶培训教材《安全驾驶读本》，统一规范教学车辆装置、标识和教练车的新增、更新及报废程序。组织编写理论教学、场地驾驶技能训练和实际道路驾驶训练标准教案。同年底，全市有信誉驾校 10 家，占驾校总数的 30%，其中 AA 级 4 家、A 级 6 家。

2009 年 5 月，全市驾校全部实施驾培智能化管理，7 月与公安车管所驾驶员管理系统实现无缝对接。同年底，全市拥有星级教练员 283 名，占教练员总数的 14%，其中一星级 200 名、二星级 83 名。同年，编写的《机动车驾驶培训规范化教学教程》由人民交通出版社出版，面向全国发行。2010 年，开展驾校规范化管理达标活动，实施《常州市驾校校外临时便民桩训点管理办法(试行)》，规范设立校外便民桩训点，建立驾培行业长效管理机制，培训学驾人 12.4 万人。以常州交通技师学院为试点单位，在全省率先开展残疾人驾驶培训。年底，全市有驾校 39 家，其中一级 5 家、二级 23 家、三级 11 家。

1998 年 7 月至 2008 年，全市对从事营业性运输的从业人员进行上岗培训与管理。先后发放“营业性驾驶员上岗证”、“营业性道路运输驾驶员从业资格证”、“道路运输从业人员从业资格证”。编写常州版出租汽车驾驶员从业资格培训教材，大量增加出租汽车客运服务规范、营运收费、全球定位系统调度内容，更好地满足全市出租客运业人力资源需求。

搬运装卸管理 改革开放前，全市搬运装卸劳动力主要由市港务管理处独家经营，市交通局下设联合运输指挥部(简称“联指”)，厂矿企事业单位需用人力由联指安排，各用工单位提供完工证明，由联指按国家规定价格统一结算。搬运装卸市场放开后，市交通管理部门根据 1993 年省政府发布施行的《江苏省搬运装卸业管理办法》，对全市提供劳务、发生费用结算的营业性搬运装卸活动实施管理。1996 年，全市整治货运市场，马路市场上经营的货运车辆进场经营，组建常州市货运市场搬运装卸分市场，专门从事装卸作业经营的单位和个人进场交易，规范使用劳力、合理收费，对武进安家地区在火车站货场作业的装卸人员培训发证。1998 年起，装卸搬运市场的劳动力大部分从劳动中介机构获得，经领证许可后专门从事搬运装卸业经营的业户逐年减少。到 2009 年，常州地区专门从事搬运装卸的业户较少，市区领取许可证的业户主要有常州万源电力建设公司、南车戚墅堰机车公司、常州市华洲特殊钢公司、常州市化工轻工材料总公司、中国外运江苏集团公司兰陵公司等 10 家。

第八章 邮政

1986 年后，邮政基础设施建设快速推进，分别在火车站和新北区建成常州邮政枢纽大楼、常州邮件处理中心(第二枢纽)，改造邮政支局、所和邮储网点 80 多个，在新北区和湖塘地区增设邮政网点，新建邮政报刊亭 100 座。科技兴邮迈开实质性步伐，完成绿卡工程、电子化支局工程、邮储统版工程、电子汇兑与邮政储蓄两网互通工程，建成邮区中心局和邮运调度两个子系统、邮政业务量收管理系统，推进发展方式转变，增设储蓄、速递、物流、电子商务等业务和代理代办类业务，邮政业务结构发生显著变化。至 1998 年，全市邮电业务总量达 9.61 亿元。2010 年常州邮政局推进营业标准化、投递信息化建设，依托信息技术改进服务方式，建成窗口服务、上门服务、电话服务、网上服务等服务平台，开发多个直邮新媒体，拓宽业务平台。全年完成邮政业务总量 6.93 亿元。

第一节 机构网点

1973 年 9 月，邮政与电信合并，常州邮电局统管常州和武进的邮、电通信。1998 年 10 月 15 日，常州邮电局根据国家邮电体制改革的要求，分设为常州邮政局、常州电信局。2000 年，江苏省电信公司常州分公司成立。2010 年底，常州邮政局设有营业局、城南分局、城西分局、城区分局、新区分局 5 个分局，集邮业务局、函件业务局、电子商务局、金融业务局、发行投递局 5 个专业局及计算机网络中心、邮区中心局两个生产支撑部门，全局设有邮政支局(所)87 个，遍布常州、武进地区城乡。

1986—2010年常州市邮电、邮电局(支局)数量统计表

表 9-8-1　　单位:个

年份	邮电局	年份	邮电局	年份	邮电局	年份	邮电局	年份	邮电局
1986	215	1991	193	1996	223	2001	263	2006	166
1987	211	1992	181	1997	233	2002	263	2007	166
1988	210	1993	167	1998	297	2003	375	2008	160
1989	204	1994	166	1999	255	2004	250	2009	190
1990	196	1995	220	2000	248	2005	250	2010	167

一、市级邮政机构

1986年底,常州邮电局设职能部门28个,设置邮电支局(所)120个,设置信筒信箱323个、零售服务网点79个、社会报刊发行站1422个。1991年9月28日,武进县邮电局成立,此后相继成立邮政速递公司、邮电通信设备公司、邮电器材公司、商业信函科及鸿雁邮递发行服务公司等。1998年5月,根据国家"政企分开、专业化经营"的要求,全市所属市(县)邮电局寻呼公司与邮电剥离,江苏省国信寻呼公司常州分公司、江苏移动通信公司常州分公司、常州电信局、常州邮政局相继成立。同年10月15日,常州邮电局体制改革,分离为常州邮政局、常州电信局。常州邮政局在职员工1190人,在常武地区城乡设置邮政服务网点108个。

2000年9月1日,常州市邮政递送公司运行。常州邮政局报刊发行中心局同月成立。2002年4月1日常州邮政局物流业务局组建投运。2005年6月电子邮政分局变更为信息业务分局。2006年4月,常州邮政局商函制作中心成立,隶属函件中心局,10月投入运行;8月30日邮区中心局运行管理部撤销,成立副科级的生产指挥调度中心。2007年12月,信息业务分局变更为电子商务分局。2008年3月中国邮政储蓄银行常州市分行成立。2008年12月30日江苏省邮政速递物流公司常州分公司成立,速递、物流、国际包裹业务划入该公司,实现分业经营。2009年8月常州邮政局再次实施机构改革。

二、区县邮政网点

1992年、1994年、1996年、2000年,区县邮政机构网点经历4次较大幅度调整和更名。2009年底,常武地区设置邮政支局(所)88个、代办所4个、邮票代售处13处,设邮政信筒信箱272个,2010年末减至262个。

城区网点　1988年9月30日,撤销青龙邮电所,人员并入红梅邮电支局。1992年9月,开办勤业邮电所,成立朝阳邮电分局;10月15日设立朝阳邮电支局,下辖红梅邮电支局、水门桥邮电支局和北环邮电所、雕庄邮电所、丽华邮电所。1992年12月26日,市郊邮电支局(所)全部划归市区邮电分局管理。1993年6月,停业的浦前邮电支局,1995年8月1日,重新营业,隶属朝阳邮电分局管理。1996年1月,撤销兰陵邮电分局、朝阳邮电分局,成立天宁邮电分局;撤销延陵邮电分局、西新桥邮电分局,成立钟楼邮电分局;撤销新桥邮电分局,成立新区邮电分局。1月29日,北直街邮电支局对外营业,隶属钟楼邮电分局管理。8月13日,戚墅堰邮发分公司并入戚墅堰邮政分局。2000年1月5日,撤销天宁邮政分局、钟楼邮政分局,成立城区中心邮政分局,负责天宁、钟楼邮政分局管辖邮政业务发展及支局(所)的管理。2004年4月,保留城区中心邮政分局,辖22个支局(所),分局驻在朝阳邮政楼;保留新区邮政分局,辖16个支局(所),分局驻在新北区。2007年6月1日,成立行政中心邮政支局。2008年,撤销城区邮政中心分局,成立营业局。2009年6月11日,开办泰山邮政支局,隶属于新区邮政分局。2010年2月24日,水门桥邮政支局更名为东坡邮政支局。2010年7月12日,保留营业局,辖26个支局(所);保留新区邮政分局,辖18个支局(所)。

武进网点　1994年12月14日,湖塘、横林、郑陆、奔牛、前黄、新桥、卜弋、湟里8个邮电区局更名为邮

电分局。1997 年 5 月 30 日，奔牛邮电分局与魏村邮电分局合并为奔牛邮电分局，卜弋邮电分局与湟里邮电分局合并为卜弋邮电分局。2004 年 4 月，撤销前黄邮政分局、郑陆邮政分局、奔牛邮政分局，成立城南邮政分局，辖 11 个支局(所)，分局驻前黄镇；保留湖塘邮政分局、卜弋邮政分局、城东邮政分局；湖塘邮政分局辖 11 个支局(所)，分局驻湖塘镇；卜弋邮政分局辖 13 个支局(所)，分局驻卜弋镇；城东邮政分局辖 13 个支局(所)，分局驻横山桥镇。2010 年 7 月，撤销湖塘邮政分局、卜弋邮政分局，成立城西邮政分局，辖 15 个支局(所)，分局驻卜弋集镇；保留城南邮政分局，辖 16 个支局(所)，分局驻湖塘镇；保留城东邮政分局，辖 12 个支局(所)，仍驻横山桥镇。

第二节 设施设备

1986—2010 年，常州邮政专用设施齐全，拥有生产性用房约 12 万平方米、邮政车辆 129 辆。

一、生产用房

1985 年 8 月，常州邮电局电信综合大楼竣工，建筑面积 5700 多平方米。1986—1990 年，常州邮电局生产性用房从 5.02 万平方米增至 5.53 万平方米。1992 年 11 月 28 日，邮政枢纽大楼建成，建筑面积 1.5 万平方米。1997 年 10 月 1 日，常州邮电大厦建成投入使用。1999 年 10 月 28 日，常州二级邮件处理中心建成投运。2003 年 9 月 28 日至 2005 年 3 月，位于新堂路的邮政物流配送仓储中心建设，建筑面积 3256 平方米，2009 年 5 月拆迁搬至五角场。2009 年 12 月，投资 489.9 万元的金库建成投入使用，占地 1650 平方米，建筑面积 1173 平方米。

二、邮政车辆

1995 年，邮政专用车辆大量购置增加。1998 年，邮政拥有专用汽车 62 辆、摩托车 6 辆、牵引车 5 辆、平板车 26 辆、装卸用车 31 辆。2008 年末，速递、物流实行专业化经营，成立江苏省邮政速递物流公司常州分公司，141 辆汽车划归江苏省邮政速递物流公司常州分公司。

三、专用设备

1993 年，速递公司安装特快专递跟踪查询计算机系统，实现特快查询与全国 46 个城市联网。1998 年，邮政独立运营时，拥有商函处理 1 条作业线、包裹分拣机 1 台、包裹收寄机 38 台，推式悬挂输送机 1 台、捆扎机 15 台、过戳机 25 台。2009 年底，常州邮政局拥有商业信函制作系统 1 套、报刊分发流水线 1 条、信函分类理信机 2 台、信函分拣机 2 台、包裹分拣机 1 台、ATM 自动柜员机 100 台、邮资机 40 台、给据邮件登单机 1 台、过戳机 48 台。

第三节 业务发展

一、服务网络

1986 年以后，邮件投递方式日益丰富，解决城郊接合部自然村邮件直投问题，增加自行车投递段、汽车投递段和摩托车投递段。计算机网络覆盖全业务区，自主开发软件，逐步完成邮政业务从手工作业到网上操作的转变，服务功能日益强大，服务内容更加丰富。2010 年底，常州全业务区邮路总条数达 34 条，单程邮路总长度 3284 公里，全市投递段道 468 条，单程投递路线长度 1.8 万公里。

邮　　路　1986 年末，常州有邮路 10 条，其中省级邮路、市内转趟邮路各 3 条，县内邮路 4 条，邮路单程总长1058公里。1998年末，全市邮路单程总长发展到1821公里。2010年末，全市有邮路34条，其中二级邮路7条、市内邮路4条、农村邮路23条；邮路单程总长发展到3194公里，其中二级邮路912公里、市内邮路269公里、农村邮路2013公里。

1986—2010年常州邮路单程长度统计表

表9-8-2　　单位：公里

年份	长度	年份	长度	年份	长度	年份	长度	年份	长度
1986	2065	1991	1715	1996	2419	2001	9799	2006	9045
1987	2233	1992	1790	1997	5509	2002	9799	2007	10161
1988	1892	1993	2226	1998	5776	2003	9947	2008	8995
1989	1889	1994	2516	1999	6297	2004	10129	2009	7903
1990	1881	1995	2502	2000	9401	2005	10129	2010	3740

一二级邮路　1997年4月1日，开通常州—北京、常州—广州航空邮路，填补了常州地区一级干线邮路的空白。1997年，调整常州至金坛、溧阳的省内干线邮路。2000年8月16日，开通常州—上海国际特快专线邮路。2006年12月1日，组开南通—常州快速汽车邮路。2007年1月15日，组开省内二级邮路淮安—常州快速汽车邮路。同年10月29日，组开省内二级邮路射阳—常州、徐州—常州快速汽车邮路。2006年，增开常州—南京隔日班邮路1条和第三频次二级辐射邮路6条。2008年12月10日，恢复徐州—常州快速汽车邮路；9月1日，组开启东—常州次晨达快速汽车邮路。2010年7月，增开常州—苏州二级干线邮路。

市内转趟邮路　1988年5月1日，常州—溧阳邮路开通。1997年，增开市内转趟邮路、送银邮路各2条。2010年7月增开常州—金坛早报邮路。

县内邮路　1986年5月1日，漕桥邮路延伸至坂上、庙桥、卢家巷、牛塘4个邮电支局。1991年延伸农村邮路115.5公里。1993年4月，新增常州至新桥、郑陆、横林汽车邮路。2001年4月16日，组开常州—横林、常州—卜弋、常州—村前邮路。2010年7月，撤销常州—政平早报邮路。

投递网　1993年，常州基本解决城郊接合部自然村邮件直投问题，有18个村4427户的邮件直投到户，对新建的街道和郊区部分自然村由每日1班投递改为每日双班投递，增加自行车投递段8条、汽车投递段5条。1997年，常武地区15个乡镇的53个行政村增设17个邮电代投处，在城郊接合部增设18个代投处。2007年7月至2010年底，全市建成投递段道468条，其中城市182条、农村286条；投递路线单程长度发展到1.8万公里。全市有投递段道665条，其中城市282条、农村383条，投递路线单程长2.2万公里。

系统网络　1992年3月，开发邮政汇兑微机管理系统稽核软件。1993年4月28日，载波维护微机管理系统和AT&T光端机监控系统的汉化及扩展软件通过省级技术鉴定。1995年，完成报刊要数系统的微机联网，在延陵分局中心营业厅开通邮政业务多媒体咨询系统，集邮公司开通微机磁卡售票系统。1996年，在延陵、西新桥、戚墅堰、北直街、新丰街、浦前、朝阳、漕桥、卜弋、湟里、郑陆、新桥12个邮电支局的营业窗口安装营业用电脑，21个邮政储蓄网点实行电脑通存通兑作业。1997年，建成14个电子化支局，邮政业务实行“一台清”。1998年，建成邮件挂号登单系统、速递“168”声讯服务系统、集邮微机管理系统等项目。5月上旬全省第一个“185”特快专递智能系统在常州运行，用户拨打“185”便可享受特快邮件上门收寄服务。1999年，电子化支局账务系统安装调试完成，开发报刊零售管理系统及办公自动化系统。2000年，185邮政客户服务中心建成投入使用，开发代收水电及移动充值话费系统和报刊发行、零售管理系统。

2001年1月，邮储中间业务平台系统投入运行，8月语音网工程通过终验，同年开通电子汇兑网点86个，完成报刊发行中心局汇总要数系统的安装和速递跟踪查询系统的改造。2002年，开发代收代发一卡通应用系统和速递生产、管理作业系统，建设物流配送平台。2003年，建成电子邮局网站。2004年7月，邮政特服号“185”升位为“11185”，10月邮储中间业务系统切换成新系统，同年完成电子化支局系统、速递公司跟踪查询站点系统的卡哈拉项目和全夜航改造、速递跟踪查询站点系统与邮区中心局生产作业系统的互联互通改造，改造电子发报台系统，升级邮区中心局两个子系统。2005年5月，邮政电子汇兑与邮政储蓄两网互通工程上线；7月16日电子化支局统一版本系统上线。

2006年，全市网点网络开始提速改造，建设邮政商务客户管理系统。2007年，开发商函业务管理平台，建成营业系统和网运系统互通一期工程，9月16日上线运行，实现营业系统给据邮件收寄、封发信息与邮区中心局系统的联网；邮政电子汇兑全国大集中工程、ATM/POS/银联前置系统工程建成，江苏邮政电子商务平台省内代收货款管理系统启用。2008年8月，建成联网多媒体播放系统，覆盖121个网点，开发校园包裹收寄软件、网运费结算清分系统。2009年，推广使用省邮政电子商务平台，邮政投递信息系统和结算清分系统速递结算模块、自动化办公系统上线。2010年，自行开发移动易充值系统，7月，常州邮政文明网改版为常州邮政网。

二、邮递业务

1986—2010年，常州邮政业务规模不断扩大，逐步实现邮政全网点全业务的服务功能，集邮业务收入从1986年51万元到2001年的4558.34万元。2010年，常州邮政部门完成业务收入、第三产业增加值分别是3.98亿元、2.27亿元。

1986—2010年常州邮电业务总量统计表

表9-8-3

年份	邮电业务总量(万元)	函件业务量(万件)	报刊订阅量(万份)	年份	邮电业务总量(万元)	函件业务量(万件)	报刊订阅量(万份)
1986	2780	1516.00	9375.00	1999	175449	2496.15	9424.61
1987	3442	1757.00	10429.00	2000	284105	3169.83	11484.30
1988	4776	1837.00	10456.00	2001	192078	3894.68	11491.20
1989	6026	1696.00	8353.00	2002	247394	4397.46	9773.20
1990	7477	1728.00	5047.00	2003	281939	6342.56	10540.00
1991	10315	1707.93	6159.00	2004	318161	7784.68	9975.39
1992	16184	2016.50	8487.80	2005	348747	8624.29	11628.00
1993	27740	2390.10	7783.50	2006	391966	9184.44	11295.00
1994	43122	2663.30	8089.50	2007	451700	9091.26	12517.80
1995	56746	2936.50	8395.50	2008	505176	10494.00	12779.00
1996	77169	3037.30	8595.70	2009	538059	8751.00	13144.00
1997	107951	2756.40	8603.40	2010	574083	8710.80	10063.90
1998	131919	2197.40	9082.24				

函　　件　常州的信函资费按国家统一标准操作。2000 年 7 月 1 日起，国际特快专递业务资费平均下调 10%，寄往香港特别行政区和东南亚部分国家的包裹业务资费下调 30%。2001 年 3 月 1 日，常州启用新式国内挂号函件收据。2002 年 5 月 20 日起，根据武进撤市设区的实际，常武地区互寄的邮件执行本埠资费。10 月 1 日，国内邮政电子汇兑系统办理的汇款附言开始收费，标准为每个汉字(2 个字节)0.1 元。2005 年 2 月 1 日起，调整部分机要业务资费标准，机要挂号费调整为每件 3 元。

包　　裹　2001 年 1 月 1 日，启用新的国际包裹七联单，常州各邮政支局同日开始收寄寄往巴西、加拿大和韩国的空运水陆路(SAL)包裹。8 月 1 日，开办国内快递包裹业务。2002 年 12 月，南大街、文化宫、延陵、西新桥、兰陵、朝阳、戚墅堰、长江路、湖塘 9 个邮政支局开办台湾小包业务。2005 年 7 月 1 日起，全部使用新标准“详情单”，分为普包和快包两种式样。

报　　刊　常州邮电局成立报刊零售公司，发展零售网点，至 1990 年年底发展到 52 个，初步形成报刊零售网络系统。1998 年起，推出上门收订、电话预约上门、新村设摊收订等措施，方便读者订阅报刊。

集　　邮　邮品销售　1986 年，常武地区完成集邮票品销售额 51 万元。1986 年，在武进设湖塘、奔牛、横林等 5 个集邮服务点，开办新邮预订业务。1989 年年底开办集邮信托业务，以调剂集邮品的余缺。2001 年集邮业务发展迅速，销售额达 4558.34 万元。2002 年，开始发行个性化邮票，常州首套个性化邮票“神秘恐龙，欢乐世界”于同年 6 月 1 日发行。同年集邮业务步入停滞阶段，业务收入开始下滑。2002—2005 年，全市完成集邮业务收入 1.04 亿元。2006 年，集邮业务开始复苏，业务收入开始稳步增加。2009 年、2010 年，全市集邮业务收入分别 3266 万元和 3770.8 万元。

集邮活动　1993 年 12 月 24—28 日，常州市集邮协会成立 10 周年之际举办了纪念毛泽东 100 周年诞辰集邮展览会。2001 年 7 月 1 日，常州邮政局与市委组织部、宣传部联合举办庆祝中国共产党成立 80 周年主题集邮展览。2003 年 7 月 20 日，常州市举行著名集邮家赵善长百岁诞辰纪念会。2005 年举办了“流动的风景、活力常州”为主题的个性化邮票设计比赛。2006 年 10 月 9—11 日，常州邮政局与市集邮协会在刘海粟美术馆举办了“2006 年常州市集邮展览”，集邮公司启用 3 枚联体风景日戳，开发制作专题邮折。2008 年，经全国集邮联合会部分专家考证确认，中国集邮史上首次邮票展览会于 1918 年 5 月 10 日至 12 日，在常州图书馆(今常州城区人民公园内)举行。2008 年 6 月 10 日，国家邮政局发行“中国举办邮展 90 周年”纪念邮资明信片，并在当年邮展的原地举行纪念邮资明信片首发活动，中国邮政集团主办，市政府、江苏省邮政公司承办。2009 年 9 月 28—29 日，常州、江阴联合举行庆国庆 60 周年集邮展览。2010 年 4 月 23 日，省第十七届运动会组委会主办的“美好江苏，精彩省运”迎省运集邮展暨常州市邮文化节在市博物馆开幕，展出部分常州集邮者近年在国内外获奖的邮政历史、邮政用品的邮集和其他专题邮集 12 部 100 框。4 月 28 日，“京杭大运河常州段”第三套明信片发行。

速　　递　国内业务　1986 年 7 月，西大街支局开办国内特快专递业务。1991 年 3 月，戚墅堰、兰陵、西新桥、湖塘、新丰街邮电支局开办国内特快专递业务。1993 年 1 月起在大部分邮电支局、所开办邮政特快业务。至 4 月，武进县 52 个邮电支局(所)均开办邮政特快专递业务。1997 年，相继开办点对点货物空海运业务、国际特快代客报关、到付业务，国内特快代收货款业务、沪宁线五大城市限时速递业务。2000 年 3 月，相继开办沪宁线次日递和 TNT，同年开办护照专递业务。2002 年 7 月 1 日开办次晨达业务。2003 年 10 月 20 日起，江苏、安徽两省互通快递物流业务。2005 年 1 月 28 日，开办沿江地区特快专递“次晨达”业务。2008 年 3 月 3 日，开办内地—香港限时专递次日递业务；2009 年 6 月，开办“台湾快件”业务。

国际业务　1986 年 7 月 1 日，西大街支局开办国际特快专递业务。1990 年底，国际特快专递邮件业务发展到可通达69个国家和地区，服务方式从营业窗口收寄扩大到上门揽收。1995年，新增31个支局的国际特快收寄点。1997年，开办点对点货物空海运业务、国际特快代客报关。2004年5月10日，推出新加坡限时递承诺服务和欧洲次日递。2月1日，开办国际出口速递鲜花礼仪业务。2007年8月，与保加利亚邮政建立国际特快专递邮件业务关系。2007年11月，开办中速—阿迈斯国际速递业务。2008年10月21日，开办EMS留学速递业务。

常州市邮政速递物流公司成立(摄于2008年12月)

代办业务 1997年起，邮储开办代收移动通信月租费、BP机月租费业务。2000年9月起各邮政营业网点代销“中华风采”福利彩票。2001年4月18日，开办种子邮购业务。2005年9月12日代理第十届全运会票务销售业务，9月29日开办机票代理业务。2007年10月1日，各邮政网点全面开办代收电费业务，12月起开办代售电费充值卡业务。2006年起，代理汽车票销售业务，6月16日开办短信业务。2007年3月代理航空电子客票销售业务，2008年6月，代理福彩“刮刮乐”即开型彩票的销售。2008年12月起，武进邮政营业网点逐步开办代收武进自来水费业务。2009年6月起，开办邮政速递邮件寄达回音短信业务，7月1日代理世博会门票销售。2010年5月起，开办火车票代售业务，常州邮政形成集公路、铁路、航空客票代售于一体的交通客票代理业务体系。

第四节 邮政管理

一、安全管理

1998年10月邮电分营。2001年，常州邮政局完成20个邮政储蓄网点的防弹玻璃安装，实现所有城乡支局、所与110的联网报警。2003年，投入170万元为全市107个邮政储蓄网点安装数字式电视监控器，投入数十万元改造5个网点，安装防弹玻璃、互动防盗门等安全设施。2005年，改造48个网点的安全防范设施，解决局所110联网报警、互动防盗防追尾门、24小时电视录像监控等安全防范设施的配置问题，在全省邮政储蓄网点安全防范设施率先全部达标。2007年，开展邮储网点安全整治活动，彻底改造8个邮储网点，对64个网点进行防弹玻璃封顶、错位间隙的封闭，安装入侵探测器、闪光报警等设备，将4路监控增至6～8路。2008年，严格按照奥运安全保卫的要求，组织禁限寄物品、化工产品违规收寄大检查，严把北京、上海等涉奥城市包裹收寄现场验视封装关，杜绝了禁寄危险化学品进入邮寄渠道。

二、质量管理

1995年，重点解决用户反映的热点、难点及服务的薄弱点和空白点，完善不预告检查制度，检查的频次由每月1次增至每周1次。1998年，整治用户反应较强烈的查询难、通邮难、报刊严重短缺等热点问题。翌年，向社会推出报刊投递、补送和邮件赔偿的服务承诺，解决缺报少刊问题和罕见丢失责任问题，5月起清理整顿常州地区邮票销售网点及邮票市场。2000年，推行ISO 9001：2000国际质量管理体系标准，强化邮政全过程管理。2005年4月起，试行《邮政普遍服务标准》。2007年，对所有平信、平刷、对账单实行加盖投递员名章后再投递的制度，保障平邮妥投。

第九章　电信

1986年，常州邮电局坚持以通信为本，搞好生产经营，治理整顿、改善服务、加强企业管理等方面取得明显成效。1990年，全市市话总容量达3.25万门，实装话机2.19万部，比1985年装机总数增1.78倍。市话普及率由1985年，每百人3.3部增至1990年的每百人5.5部。农话交换机总容量为10870部，新增长途业务电路905条，发展长途有权用户4796户，可与国内600多个市、县实现长途自动直拨。全市完成邮电业务总量3428.92万元，业务收入5455.3万元，实现利润1291.02万元。1993年6月，常州市话通信全部实现交换程控化、传输数字化。1995年5月17日，全市移动通信交换容量6万门、无线寻呼容量20万门、市话装机容量24.4万门、农话装机容量8.5万门，长途交换能力1万线；电信完成业务总量4.59亿元，全员劳动生产率达16.59万元。完成市话放号3.11万号线、农话放号1.65万号线；发展移动电话6506户。2000年，全市完成电信业务总量7.35亿元。加快放装电话，加快电话市场二次开发。全市净增市内电话用户4.1万户、农村电话用户5.8万户，电话用户总数达53.43万户，上网用户总数达12.26万户。2009年底，全市本地网电话交换机总容量达288.4万门，移动电话交换机总容量664.5万门，本地网电话用户数169.2万户、无线市话用户30.7万户、移动电话用户424.6万户，互联网用户为82万户，其中宽带网用户70.6万户。2010年，常州电信具备提供语音通信、互联网接入及应用、数据通信、网络电视、视讯服务、媒体广告、移动通信等综合信息网络服务的能力，网络技术层次、经营服务水平和综合管理素质达国内先进水平。

第一节　基础设施

一、中国电信常州公司设施建设

电话设施　1993年，常州邮电局完成宁苏光缆线路架空部分布放和端机安装调测，常(州)—金(坛)—溧(阳)光缆二次扩容，及移动通信B网建设和A网扩容等重点骨干工程，布放出局主干电缆7万线对，新增通信管道262孔公里。1994年，投入建设资金4.8亿元，长途扩容4000线、总容量达1万线；沪宁光缆5次群扩容，增加4个系统；京沪214数字微波扩容，电路总数增至1.15万条，建成电视电话会议系统，常金溧光缆二次扩容，提供长途电路1920条。布放出局电缆4.4万线对，敷设管道316孔公里，完成一户一线工程改造21万户。1999年，全市建成覆盖市区以光纤为媒介的中高速窄带、宽带数字化传输网，全市分组交换网、数字数据网(DDN)延伸至各乡镇。

2000年，全市电信部门实施电话建设项目5912项，总投资4.1亿元。2002年，常州电信投资3.15亿元，加快通信建设，完成交换扩容7.42万线。新建常武地区SDH环14传输设备工程，扩建农话SDH环4、环6、环8—12传输设备工程，新增2兆电路124个。农话本地网光缆266.37皮长公里，累计463.84皮长公里。年底，小灵通基站达7000余个，建设室内分布系统40多套，实现城域网出口带宽从4G增至10G。2003年，常州电信投入完善通信基础设施资金3亿多元，完成项目约700个，其中配合城区道路建设投资近5000万元。至年底，常州电信的通信资产规模达40亿元，交换总容量近150万门，建成小灵通基站5000多个。

2004年，投资2亿多元建设常州通信基础设施，竣工700多个项目，其中投资1500万元，新建信息化小区68个，年末全市增至168个。

系统改造　常州电信改造交换骨干网及计费系统，形成4对、8个独立汇接局组成的交换骨干网，为固网业务发展提供了网络基础。2003年，常州电信本地网设有长途交换机房2个。2005年，对计费系统进行全面改造，实现话单实时采集功能，为实时在线服务产品提供技术保障。2008年，常州电信的新版计费系统全面升级。

本地网固网智能化改造　2005年起，常州本地网可详细查询话费清单，小灵通移入计费平台，实现固定电话、宽带和小灵通的融合计费。推出移机不改号的新业务，推出电话同振、一号双机、家庭网关等本地网特色新业务和七彩铃音业务。2006年，常州电信推出预约装机、预约修障业务，推行的“我的e家”品牌，为家庭信息新生活搭建较完善的沟通平台。

电话网络投资与扩容　常州电信每年加大对电话网络的投资和扩容，普及固定电话，开放新业务。2002年，配合常州城区改造、城市道路建设、老城区改造、杆线入地及公路建设等，完成市政改造、维护等工程电信配套项目214个。2003—2005年，常州电信的固定资产总投资达7.5亿元，重点建设与发展小灵通、宽带、固网智能化等电话网络，加快向功能融合、架构扁平、控制集中、业务开放灵活的下一代网络体系转变。2003年，完成ADSL宽带扩容、“小灵通”扩容等重点项目。4月，受理常州地区首位新视通用户，在“非典”期间运用该业务开展远程医疗服务，向用户提供视觉为主的多媒体视像通信服务。2005年，常州电信积极参与溧阳电子政务专网建设和推动“数字常州”建设。

二、中国移动常州公司设施建设

1995年10月，中国移动通信公司常州公司（简称“常州移动”）A网三期扩容工程新建的8个交换基站开通，常州、武进地区拥有“大哥大”1万多户，其中70%以上集中在市区。至年底，常州移动通信有移动通信基站9个，拥有信道400多条。邮电部门投资1.48亿元扩容改造，常州、武进地区信道增至800条。常州移动通信成立时，建成A、B、G三网基站202个，有无线信道6292个，公司拥有固定资产7.06亿元。1996年8月，常州移动通信G网（全球通）交换局割接开通，常州区移动通信网进行A网四期、B网二期、G网一期扩容，分别新扩基站16个、14个、31个，新增信道1750个。2000年11月，投资1.73亿元的GSM网络第四次扩容工程竣工，新建交换机2套、基站71个，扩容83个基站，改频216个基站，常州移动网络规模达60万户。

2001年，常州移动实施G网5扩计划，网络容量从39.8万户扩至90万户，无线容量从2222个载频扩至3388个载频，实现GSM900兆赫兹、1800兆赫兹混合组网。年底，常州移动公司关闭模拟移动信网，常州移动通信迈入数字化时代。2002年11月，G网6扩工程全部完成，常州地区MSC总用户容量为116.1万户，HLR用户窜量增至116.6万户。同年公司完成全市室内分布系统建设36个，基本实现市区主要实所全覆盖，完成市区5个点WLAN的传输接入。2010年，完成近300个TD基站建设任务，TD语音掉话率稳定在0.4%内。完成近1000个小区、500处沿街商铺驻地网建设，覆盖用户50多万户，宽带业务与手机的融合率超过90%。同年底，常州移动拥有移动电话基站2774个，移动通信网络通达全国各省市自治区及所有县市，国际漫游实现与200多个国家和地区、243个运营商之间的自动漫游。

三、中国联通常州公司设施建设

1997年，常州联通网络建设启动，总投资1.6亿元，设计总容量2万门，建设移动交换局1个、容量2万线，邮电侧接口局4000线，计费系统、语音信箱及短消息系统；建设基站控制器2个、基站31个、基站机房改造及电源、铁塔等配套设施。建设基站与基站控制器之间、基站与交换局之间、交换局与邮电侧接口局之间的微波传输电路及常州的GSM计费系统。

1999年7月—9月，中国联通常州地区GSM130网三期工程第二批15个基站、第三批33个基站割接入网，网络容量达5.5万门，基站总数达81个，常州地区的130网络覆盖状况大为改善。2000年，中国联通完成常州GSM网五、六期工程建设，新建基站65个、微峰站10个，扩容基站100个，基站及交换机容量扩容13.5万门。2001年11月CDMA网络一期工程(1.0)建成。2002年，常州联通建成G网9期和C网3.2.2期工程、G网交换8期工程和C网交换机升版、数据ATM骨干网4期和5期等工程，完成CDMA1.1期、1.2期和二期工程，使基站达136个，C网交换容量达20万门，无线容量达18万门。从3月开始建设GSM七期增补工程，完成14个新建站和1个转码器工程量。2500多公里传输线路安全运行，完成光缆整治300多孔公里、市政改造管道150孔公里和260孔公里的常金溧骨干路由管道建设工程。完成ATM三期、互联网二期和VOIP三期扩容，优化IP前置机和3COM网关数据，建成北电城域网，为市区用户提供10兆或100兆的宽带接入。

2003年3月，常州联通公司开通CDMA1X业务，手机上网速率达153.6千字节，推出无线数据业务联通无限(U-Max)携“彩e”、互动世界、神奇宝典、掌中宽带、定位之星、联通在信6个子品牌，以领先的高速数据传输优势将移动网与互联网无缝衔接，实现手机上网、无线宽带、多媒体通信、无线互动、定位导航等新技术、新业务。至年底，常州联通公司网络覆盖遍布常州、金坛、溧阳，移动网络容量达120万门，同年名列全省网络综合考核第一。2009年，常州联通完善现有网络，建设WCDMA网络，3G一期网络建设投资5亿元，实现3G业务顺利试商用。年底，联通3G覆盖常州、武进、新北、金坛、溧阳的主要城区及主要景点和基础交通设施，可提供视频通话和8大类高速数据业务。2010年，常州联通公司投资1.8亿元新建3G基站300个，完善现有网络，推进3G精品网络建设和室内分布系统建设，基本实现重点乡镇和重要交通干线的3G网络覆盖。年底，常州联通公司建成3G基站839个、2G基站1015个。

四、中国网通常州公司设施建设

2002年10月，中国网络通信公司常州公司(简称“常州网通”)金谷大厦核心机房完成建设并投入使用。2003年5月，常州网通金坛西门大街汇聚机房、溧阳凤凰路汇聚机房完成租赁。同年机房的出局管道、电源等配套工程完成并投入使用。2003年8月，常州网通完成IP城域网一期、二期工程，实行IP网核心汇聚设备部署。2003年12月，中国网通长途传输网长江三角洲区域32×10千兆字节/秒 WDM系统开通运行并投入使用。2004年3月开始NGN网络建设，新建一台软交换IP中继媒体网关TGW。同年完成窄带拨号服务器部署，能提供用户端口400个。2004年1月，开始建设SCDMA无线市话网络，采用1800兆赫频段组网，主要覆盖市区和县城的城区区域。至2008年底，常州网通SCDMA基站数达76个，IP城域网开通至南京、苏州各20千兆骨干互联网出口，覆盖包括常州市各个主要中央商务区内的重要商业楼宇和主要开发区、四县三区各商业、居民区，全市网通网络接通率97.6%，全市建成本地网通信管道541公里、杆路1761公里、电缆1061公里、光缆2507公里，负责维护省内长途光缆干线142千米。

五、中国铁通常州公司设施建设

2005年年底，中国铁通通信公司常州公司(简称“常州铁通”)交换机总容量8.3万线，XDSL端局设备1.1万线，建设通信管道290孔公里，敷设光缆580公里。2007年，常州铁通固定电话新增1.89万部，累计7.95万部，XDSL用户净增1.13万台，在网用户累计达2.31万台。2009年，中国铁通常州分公司新装宽带1.87万户，其中常武地区1.57万户、金坛0.07万户、溧阳0.23万户，同年底，常州铁通宽带用户达4万多户。2010年新装固定电话8878部、宽带1.52万户，年末分别达6.3万部、4.22万户。

第二节 电报电话

2010年，常州电信拥有固定电话交换机总容量146万门，拥有固定电话用户数130万户、无线市话用户14.5万户，全市市话交换机总容量达284.41万门。

1986—2010年常州市话交换机容量统计表

表9-9-1 单位：万门

年份	容量	年份	容量	年份	容量	年份	容量	年份	容量
1986	1.72	1991	4.40	1996	40.20	2001	67.53	2006	171.26
1987	1.72	1992	6.75	1997	53.96	2002	114.27	2007	291.87
1988	2.30	1993	12.13	1998	56.04	2003	134.26	2008	297.50
1989	3.20	1994	14.40	1999	53.91	2004	133.24	2009	288.44
1990	4.05	1995	16.00	2000	60.67	2005	131.18	2010	284.41

说明：1. 从2006年起邮电局所数不包括电信网点数字；1952—2000年邮电业务总量按1990年价格计算，2001年起按2000年价格计算。2. 年末邮路单程长度不包括速递邮路单程长度

一、电 报

1985年，常州邮电局开放省内11个城市的公众快速传真电报，利用电话线路接通对方机器后，开放传真。传真电报顺应社会的特殊需要而迅速发展，1985年电报交换量达355.47万份。1989年7月，常州邮电局投资43.6万元，安装并开通全国第一台BJC型64线电报分集机，实现市（县）局局内电报接转自动化，自动转报量占总交换量的93%；传递速度局内由57分钟降至2分钟；局内变字率降低一个数量级，精简40%的报务人员，迈出了全国地、市局电报接转自动化的新步伐。改革开放初期常州的电报月交换量占通信业务的主要部分。1989年以后，随着程控电话发展及通信手段多样化，电报业务大量减少。2005年前后，电话、传真应用和手机普及后电报鲜有人问津。

1994年4月，常州邮电局利用电话网通电报获得成功，创江苏省电报模拟传输改数字传输先例。1995年，城乡支局网点改革电报传递方式，实行电报传递传真化。1997年，常州邮电局在启用电报传真集成转报系统，推广电脑，迅速淘汰电传打字机、公众电报传真机等电报设备。90年代中期，随着电信新技术、新业务的快速发展，传真业务、分组交换、互联网业务兴起，公众电报逐步被电话网、传真、多媒体通信网和因特网等方式取代。2000年9月，省电信局撤销常州市报房，常州地区公众电报改由南京经转。

2001年，常州市区的公众电报投递业务从11月21日起全部委托常州邮政局投递。2006年9月起，常州只设市文化宫营业厅1个电报受理点，取消县公司电报业务受理，将天气、水情、公益、普通、公电5种公众电报业务种类简化为公益、普通、公电3种。当电脑、电子邮件及手机的短信日渐普及后，电报逐步被取代。

二、固定电话

常州电信（原常州邮电局）在交换设备上建成交换监控中心、故障受理中心、传输监控中心等系统，对本地网实行综合化集中维护管理，将分散的、看管式的维护转变为集中监控、维护和管理，实现少人或无人值守。1998年10月常州邮电分开运营。同年，全市电信业务总量占国民生产总值的比重由1978年的0.2%增至2.7%。1999年以后，常州电信从传统的基础网络运营商向现代的综合信息服务提供商转变。2000年，

长途、一、二、级干线实现连续146个月无全阻碍，居全省首位。市区长途来电率61.7%、去话接通率57.7%。2002年常州电信完成通信业务收入突破10亿元。2003年，全市固定电话交换总容量增至163万门，用户130万户。

业务发展 1986年9月，常州邮电局首批开通64台全自动长途电话。1987年2月，常州市内电话实装容量达1万门，电话普及率达每百人4.1部。1988年3月5日23时起，常州市长途市内程控电话开通，开通市话4000门、长途500线；5月，常州首批国际长途直拨电话开通，可直接拨叫世界上180多个国家和地区。同年相继开办“173”立即制电话、“174”长途查号业务、“114”微机自动查号、报号系统、“606911”邮政编码查询、“600118”农村快速电话、礼仪电报，程控电话增开了热线服务、缩位拨号、三方通话等新业务。1989—1990年，全市市话总容量达3.25万门，实装话机2.19万部。1990年市话普及率由1985年的每百人3.3部提高到每百人5.5部。电信局引进第一个万门程控交换机并开通，市话分局投产运营。10月16日，常州邮电局开通使用XC—3型450兆赫兹自动拨号60户无线电话系统，使市内电话能与移动的车船直接通话，提高了应急通信能力。

1991年1月20日零时，常州市内电话(除二分局外)由5位升至6位；5月17日，常州市内电话设备总容量达3.25万门，长途自动交换机达1000线，投向社会的电信服务项目有长途人工电话、自动国内、国际直拨、173半自动、公众电报、用户电报、公众电传、公众传真、无线寻呼、移动电话、114自动查号等。翌年5月，常州市市话程控交换机扩容1万门、长途线路扩容1000线工程竣工并开通。同年安装电话1.2万部，为1991年放装量的2.5倍。发展长途全自动直拨用户1.09万户，累计2.54万户，国际直拨用户1361户，市区话机普及率每百人8.6部。1993年常州长途总容量达6000线，市话新装和扩容程控交换机4.45万门，总容量10.2万门，安装电话2.01万部。国际长途用户由年初的1367户上升到年末的4885户。自动语音信息系统168全自动声讯台8月8日开通。1994年8月28日零时，常州电话网由6位升至7位，年内市话程控交换机总容量14.5万门；新建9个农村程控自动局，总容量5.83万门，放装市内电话3.24万户、农村电话1.07万户，常州市区市话普及率达每百人22.5部。

1995年10月，全市采用统一的长途区号“0519”，金坛、溧阳电话同时由6位升至7位。1996年3月，常州市第一个电话镇武进牛塘镇每百人电话13.2部；12月27日，兰陵S1240-3万门程控局开通。年末，常武地区市农话交换机总容量突破50万门。市话局和农话局分别达23个、45个；长途交换机净增容量5000线、总容量1.5万线，增开长途出口电路2910条、电路总数5952条；市话新建、扩建各6个局，净增容量13万门，总容量34.3万门；农话新建14个局，扩建21个局，净增容量6.61万门，总容量16.24万门，全市电话交换机总容量50.54万门。1998年5月，常州市内电话用户数突破20万，其中住宅电话15.6万门。1999年，常州顺利通过江苏省邮电管理局组织的电话小康村、电话小康镇验收，确认常州建成本地网电话市，电话的普及推动了地方经济的发展和建设。常州电信局完成业务总量6.54亿元，向国家财政上缴财税位居常州市十大财税大户的第六位。9月底，全区交换机总容量超100万门。至年底，全年发展800业务125户、校园网电话3509部、医院健康网电话398部，受理程控新业务16.13万项。全市市话用户达26.05万户，农话用户数达17.93万户，电话普及率达每百人38.54部。

2001年，常州电信投资4.7亿元，提升通信能力；放装电话13.1万户，发展来电显示用户9.02万户、语音用户1.1万户；电话交换机扩容13.8万门，本地网电话容量达132.1万门。年末，本地网固定电话用户达89万户，完成业务收入8.74亿元。网络运行质量稳步提高，长途来话接通率64.7%、长话网络接通率97.8%、长途电路可用率99.99%，均列全省前3名。2002年6月，常州电信实业公司成立，实现电信主业与实业分离。同年，电信固定电话用户突破100万户。常州电信净增电话用户17.42万户，年末固定电话用户累计106.8万户，电话主线普及率每百人31.13线。来电显示（含语音信箱）净增12.97万户，累计33.35万户。2005年，电信固定电话用户（含小灵通）突破200万户。中国电信由传统的电信运营商向综合信息服务商转变，同年常州铁通发展固定电话用户2.57万户。2007年，常州电信业务发展增速在全省电信本地网中名列第三，全市电话用户总数近200万户。同年8月18日零时起常州市固定电话号码升至8位。

2008年10月1日，CDMA业务经营的主体由中国联通变为中国电信，常州电信开始从联通接管移动C网，划归常州电信C网用户7万多户。常州电信推出“天翼”品牌，推出包括无线宽带、短信包、无线宽带省际漫游包、手机上网包等套餐。全市电话用户超过200万户。7月，常州电信宽带用户突破50万户。至年末，常州电信完成业务收入15.39亿元。

基本资费 2001年，全国电信市场逐步放开，多元化投资主体出现，电信业市场竞争格局初步形成，常州电信资费进行了结构性调整。从2001年1月1日起，常州电信按照省物价局、邮电管理局、财政厅的文件规定，陆续调整电信资费，较大幅度下调上网费用、出租电路资费、国际长话资费，国内长话费用明显降低，本地电话实行城乡同价的资费政策。资费调整后，农村单位电话、城市单位电话和农村住宅电话每月户均分别减少电话费38.4元、22.5元和5.8元，城市住宅电话由于基本月租费的提高平均每户每月约增1.2元。本地网内的通话费为每分钟0.15元，长途电话通话费实行分时段优惠。

三、公用电话

1998年邮电分营后，常州公用电话业务快速发展，数量逐年急剧增加，种类多样化，主要有有人值守的计价器话机、桌式（壁挂式）投币机及无人值守的磁卡机、IC卡话机、智能公用电话和IP公用电话等。2002年，常州电信市场竞争剧烈，常州电信有人值守公用电话、IC卡电话、投币公用电话等话务量均下降，电话超市比重快速上升。2003年9—10月，实行在公用电话上可免费拨打10000号，在公用电话、预付费系统中开放电话QQ业务，满足学生、流动人口等特定人群的需要。2004年，由于移动终端普及及资费下降，小灵通业务快速普及，市民的通信方式多元化，公用电话卡销售滑坡。2008年，常州网通在网公用电话用户1.2万户。

四、无线市话

无线市话（Personal Access Phone System，简称PAS），俗称“小灵通”，是新型的个人无线接入系统，可在无线网络覆盖移动使用，随时随地接听、拨打本地和国内、国际电话，发射功率为10兆瓦，是很多国家唯一允许在医院等环境中使用的无线终端产品。2000年10月，常州邮电信息台的小灵通月租费调为20元（纯信息）。2002年底，常州电信开始引进中兴公司的无线市话设备，在文化宫试点建设小灵通一期工程。2003年启动小灵通二期扩容工程，建成常州市区900多个基站，同年正式开通运行。2004年6月，常州网通开通SCDMA人灵通业务，10月常州小灵通网络获中国电信集团公司网络质量进步奖，年末小灵通基站达7000余个，建设室内分布系统40多套。2005—2006年，小灵通高速发展，在最高峰时小灵通总用户数达80万户。此后，小灵通用户随着移动通信资费的降低逐渐流失。

第三节　移动通信

常州于1989年开通450兆赫移动电话系统，成为常州市内电话的组成部分。1992年移动电话正式登陆常州。1991年，发展手持移动电话（俗称“大哥大”）1576户。1996年全市发展移动电话1.56万户。至2001年2月，常州市电信资费大幅下调。2010年底，全市移动通信用户501.4万户。

一、中国移动常州分公司

常州移动通信(简称“常州移动”)始建于1992年5月,同年底开通移动电话业务。1998年1月1日,常州移动从原常州邮电局剥离。1998年1月至2006年11月,常州移动经过两次更名后为中国移动通信集团江苏公司常州分公司,下辖金坛、溧阳两个分公司。2010年年底,常州移动开办的主要业务有全球通、动感地带和神州行,为客户提供主叫显示、呼叫等待与转移、传真、数据通信、语音信箱、中英文短消息、IP电话和信息点播等功能服务。常州移动有用户370.7万户,同年完成业务收入29.5亿元。

业务发展 1992年,常州邮电局主要经营单一的移动通信语音业务,后来业务范围逐步扩大到基于无线网络应用的数据业务和服务,主要有全球通、动感地带和神州行三大品牌。有移动电话用户9.29万户,其中常武地区7.49万户、金坛0.81万户、溧阳0.99万户。1996年,国际互联网常州节点机安装开通,无线分组交换网投入试运行,数据通信容量端口达1518个。1999年3月,常州移动开通1860免费咨询服务投诉热线。3—9月,“全球通”入网费调整为每户1000元、550元。2000年,常州移动拥有固定资产达13亿元。移动通信规模容量达60万户,在网用户超过45万户,新增移动通信用户25万户;完成移动通信业务收入6.1亿元,上缴地方营业税收2000多万元。

常州移动公司为在常求学的汶川特大地震灾区学生提供免费爱心电话(摄于2008年7月)

2001年5月,常州移动公司用户总数超过50万户,年底达62万户。2002年5月17日,GPRS业务在常州地区商用,实现语音业务与数据业务之间的自由切换。2003年,服务热线号码延展为10086。至年底,全市移动电话用户数达120多万户。2004年11月,推出可视化SIM卡以及全球通VIP俱乐部服务,年底用户数达140多万户。2005年,常州移动加强加快城域网规划与建设,提高网络覆盖面。打造12580综合信息服务平台。推出神州行市民卡、动感校园行、神州行轻松打套餐、动感任我行4种新产品。

2006年,常州移动用户数突破200万户。2007年11月,开通农业移动信息服务平台(简称“农务通”),向农民提供政策法规、预警预报、市场行情、新技术、新品种等短信服务。2008年,常州率先在全省推出电话经理服务,年末移动用户数达340万户。2009年1月7日,常州移动利用微蜂窝技术,在晋陵中路营业厅成功开通第一个TD视频电话。2010年11月,常州移动与常州日报社联合推出为在常州工作和居住的150万户非常州籍市民服务的新常州人信息港,提供互动和新闻等服务。常州移动加快TD网络建设,至年底移动电话用户数达370.7万户。

资　费 1986—2010年,移动通信资费与国际水平相比总体上较贵,月租费10～50元不等,最高的为全球通收50元月租费,网间、网内(本地)分别收取通话费每分钟0.2～0.6元不等,含月租费的一般网内网间被叫免费500分钟,漫游主叫一般每分钟收取0.6～0.8元,国内非主叫一般收取0.2元。

二、中国联通常州分公司

1995年11月,常州市电子工业局、常州市无线电总厂通讯设备分厂根据中国联合通信公司安排,与中华通讯系统公司达成协议，共同筹建中国联通常州分公司。1996年3月6日，中国联通在常州市设立GSM移动交换局，组建GSM数字移动通信网，经营数字移动通信业务。1998年10月19日，中国联通常州地区数字移动电话(GSM)网初步实现网内开通。11月，中国联通常州地区数字移动电话(GSM)网实现全国联网，试运行。2000年，常州联通在GSM数字移动电话、数据网、互联网与电子商务、无线寻呼等方面完成主营业务收入1.3亿元。2008年10月15日，中国联通股份公司与中国网络通信集团公司合并，成立中国联合网络通信公司，其常州市分公司向用户提供固定通信、移动通信、国内国际通信设施、卫星国际专线、数据通信等业务服务，同年完成业务收入5亿元，在网用户60万户。2010年全市联通在网用户17.3万户。

业务发展 1999年1月，常州联通开始放号经营，数字移动电话网侧接口局和网络开始试运营。至8月底中国联通常州地区GSM130网上用户突破3万户。2000年10月8日，常州联通成为江苏联通首家通过ISO9002质量体系认证的企业。2001年3月15日，联通常州分公司开通互联网业务。4月10日，193长途业务开通。至年底，中国联通常州分公司的GSM在网用户达28万户，市场占有率37.2%，网上寻呼用户10万户。2002年1月8日，CDMA开始经营放号，8月30日常州联通CDMA用户突破1万户。至年底，发展C网用户4.36万户，拥有GSM用户42万户、CDMA用户5万户。2003年12月，G网“132”号段开始启用，10月CDMAIX升格为2000版，年底移动通信用户达66万户，数据、长途、互联网和增值业务也强劲增长。同年末，常州联通公司建成移动网络容量120万户、在网移动通信用户达64.8万户。2005年7月，市民卡、商务卡先后上市。

2007年10月，G网156号段启用。2008年9月，常州联通为外来人员定制“新常州人”卡，以市民卡叠加定向长途及定向漫游子套餐，为省内外的新常州人提供通信优惠。2009年5月17日，3G“186”号段启用。9月28日，常州联通3G业务正式商用。至年底，联通常州公司建有营业厅241家、3G品牌店1家和校园营业厅、专区、专柜厅81个，同年实现营业收入3.5亿元。2010年9月2日，常州联通为常州公交集团提供WCDMA3G无线传输卡及100M专线，通过“沃3G”视频监控设备，实现调度中心、公共汽车甚至乘客之间的实时信息交换，为对运行中车辆的实时监控，增强公交车辆的科学管控调度能力。年末常州联通公司建有营业厅160家、IPhone授权销售点9家，同年实现营业收入3.9亿元。

资　　费 常州联通移动电话资费与国际水平相比总体相对较贵。130移动电话普通业务的月租费每月为40元，普通业务与好灵通业务国内外长话计费单元由1分钟缩短为6秒钟，费率分别统一为0.07～0.8元。联通SIM卡卡费每张100元，月租费10～50元，网间、网内(本地)通话费每分钟0.2～0.6元。

三、中国网通常州分公司

常州网通是中国网络通信集团公司在常州的分支机构，从事常州地区的通信网络建设、业务发展及经营管理。2003年6月30日江苏省通信股份公司常州分公司与常州吉通融合。2004年7月，原江苏省通信股份有限公司常州分公司更名为中国网络通信集团公司常州市分公司(简称“常州网通”)。2002年，IP业务实现业务收入82万元，发展用户2295户。2003年，主要开展固话业务，长途业务使用量快速增长。国内长途实现收入102万元。至2008年底，固话在网用户3万多户。2007年，通过宽带业务与本地电话等业务的组合营销、推广宽带接入产品，加快宽带互联网业务的普及。2008年10月15日，常州网通与常州联通合并，成立中国联合网络通信有限公司常州市分公司。

四、中国铁通常州分公司

2001年9月21日，中国铁通公司常州分公司(简称“常州铁通”)成立，下辖金坛、溧阳分公司，主要从事电信服务和通信保障。2005年完成经营收入2945万元。2006年，常州铁通向酒店客户推出的集宽带接入、视频点播和客房信息化服务于一体的“四海E视”业务增长；推出较普通企业联名卡沉淀更高、收益更大的企业语音名片业务。向中小企业推出具备网站、邮箱、域名、杀毒、安全、网管等多功能“商务通宝”业务。2007年，常州铁通完成电信市场收入6438.6万元。2010年，常州铁通与移动公司的经营合作。社会电信市场实现净收入4478.08万元，其中数据业务收入2212.79万元、语音流量收入1788万元。

五、中国电信常州分公司

2008年10月，电信承接CDMA网络后，“小灵通”用户作为电信公司的重要客户逐渐向CDMA网络用户转移，常州电信进入手机业务时期。2009年1月，常州电信公司获TD-SCDMA制式的3G业务牌照和全业经营资质，3月31日，接手常州联通CDMA运营，开通3G业务，常州因此成为全国首批跨入3G时代的城市之一。至2009年7月，常州电信的一期CDMA无线网工程顺利完成，300个新建基站顺利割接入网，同年新建网点62个，年末全市营业厅数增至233个。2010年5月，CDMA室外基站达700个，常州电信天翼用户突破60万户。

第四节　无线寻呼

1988年5月，常州邮电局开办无线寻呼业务，开通126、127寻呼台。90年代初，常州寻呼用户数量逐年增加。至1994年9月，常州市邮电局、军分区、市公安局、武进公安局、党政信息台、安全局等6家寻呼台相继开通中文寻呼，其功能有股票行情、气象留言、定时提醒等业务。常州同年发展BP用户1.31万户，年末全市寻呼机用户达3.6万户。1995年7月18日，常州市无线寻呼管理协会成立，全市15家无线寻呼台进入有序的管理轨道。全市无线寻呼台发展到18家。年末，全市无线寻呼用户总数达11万户。

1996年，寻呼机快速发展，年末全市用户数达22.27万户。1997年发展到33.61万只，寻呼台有29家。传呼台服务费用较高，入网费为100元，每年数字机180元、汉字机600元，后来入网费降到50元、30元，最后免费入网；服务费降至每年数字机120元、汉字机300～400元甚至更低。增开天气预报、股票信息、新闻推送等内容服务，每项内容月费2元，最后所有信息免费发送。

1999年1月，全市有近20家寻呼台，寻呼用户约40万户。2月电信寻呼开通有126、127、128、129寻呼号。8月23日，国信寻呼开通126、127、128、129、198、199寻呼号。2000年，寻呼业及用户发展到顶峰。至2001年底，常州市开通有126、127、128、129、191、192、199、198寻呼业务，年底全市寻呼用户10万户。此后，手机开始进入寻常百姓家庭，迅速取代寻呼机。2005年以后寻呼机退出通信舞台。

一、常州邮电寻呼台

1988年，常州邮电局首家开通无线寻呼台。1992年底，中文显示寻呼机开通。1993年初开通126无线寻呼中心，月租费数字机由31元降至15元、中文机20元。年底寻呼机扩容到8万门，发展寻呼机用户1.02万户。1994年2—3月，127全自动寻呼台完全建成，有3个频点、150条中继线、10万容量，覆盖常武地区。11月18日，开通127全自动无线寻呼系统，在全省首家开通无线寻呼语音信箱，拓展拨全信息码、存储信息（留言）和提取信息等功能。1995年5月，邮电寻呼126人工寻呼台、127自动寻呼台在公用网上实现自动联网，提供航班航次，列车时刻等公益信息服务，中文主机提供天气预报、火车时刻、外汇牌价、影讯、证券行情、邮电商情6类信息，无线寻呼容量扩容到20万门。8月，开通410、700兆赫兹邮电寻呼网和125联网数字寻呼台。12月，常州邮电局投资3000万元，建成全市最大寻呼系统，容量达30万门。1998年，常州无线寻呼业务从邮电剥离。翌年1月，常州邮电寻呼台开通卫星联网72个城市，覆盖700多个市县，成为常州地区第一大寻呼网络。覆盖常州地区一市三县（月租费数字机15元、中文机30元）省联网(128、129)1995年建立，提供个人语音信箱、个人传真信箱、电话转寻呼、电子邮件服务、秘书服务。12 月，全国网(198、199)开通，采用先进的多频扫描寻呼技术，是联网城市最多的网络。2000 年 10 月，126、127、128、129、198、199 数字和中文机统一调低月租费为 10～40 元。

二、常州长城金融寻呼台

1994 年 3 月，中国工商银行常州分行、常州新技术产业开发区发展(集团)总公司、兰洋国际信息技术研究所投资 120 万元组建常州长城金融寻呼台，1996 年 1 月 29 日开通，又称"常州金融寻呼台"，寻呼号 8115511，位于常州市局前街 24 号人防大厦 6 楼，发射天线高 120 米，覆盖范围常州地区，在全省首家提供公众传呼、银企对账、金融政策咨询、代理同城消费结算为等服务。

三、常州八一寻呼台

原为 1991 年 9 月开通的八一恒通寻呼台，1994 年 9 月改为八一寻呼台，主要为国防后备力量通信作保障。同年，电话网总容量 21 万门，需记用局号 57 个，占可用局号资源的 81.4%。

四、常州万声寻呼台

1994 年 12 月 8 日，开通寻呼号 6605445，首期实现了 9 个城市联网，二期工程实现北至沈阳、南达广州、深圳、珠海等 35 个城市联网，三期工程有近 100 个城市入网。信息服务有实时股票行情、重大新闻、天气预报、公交信息、金融信息等。服务费为每月中文机 45 元、数字机 25 元。1995 年 12 月 26 日，由 8821111 改为 8121111。1998 年 1 月开通 95901 自动台、95900 人工台。

五、其他信息寻呼台

常州电台信息台 1994 年 1 月开通，寻呼号 6689191，提供新闻、股市行情、外汇牌价、市场供求、天气预报、电视预告与招商、房地产等信息服务。1999 年 12 月 13 日改为瑞华寻呼台，全国联网人工寻呼台号 95938、自动台号 95939。2001 年 5 月，实现寻呼信息可发到手机，自动漫游全国各地。

常州市其他寻呼台一览表

表 9-9-2

名　　称	寻呼号	开通日期	服务功能	地　　址
武进寻呼台	5305959	1991.08	天气预报、影视预告、新闻、火车时刻、飞机航班	北环故园路 2 号
金坛市政信寻呼台		1995.04.08		金坛金城镇县府路 67 号
常州民航寻呼台			无线寻呼服务	
常州市无线寻呼台	600126	1991.12.01		
中北卫星寻呼台	8118800	1994.09	卫星联网服务	延陵东路 865 号
协和传呼台	6685955	1995.08.18		大庙弄原商业大厦 8 楼
常州鼎鑫寻呼台	8119899	1999.04.21		延陵西路 39-2 号
常州电力寻呼台	6672666	1995.11.28	公众传呼，发布电网、用电信息	局前街 27 号 10 楼

说明：位于常州市区者不注"常州市"

党政寻呼台 1996 年开通，寻呼号 6680008，是常州开通全自动联网功能的寻呼台，为市民提供普通呼叫、紧急呼叫、定时呼叫、长途电话的传呼及留言复台、密码查询、股市行情、航班火车时刻及群呼组呼等信息服务。1996 年党政寻呼台销售寻呼机 22.27 万只。2000 年，用户降至 5 万户。翌年 2 月，增加股评、财经、文体娱乐、天气、菜价等中文信息服务。

常州公安寻呼台 1994年9月开通，寻呼号6642666，实行24小时值机服务，提供天气预报、影视预告、新闻、火车时刻、飞机航班等服务。同年底，用户数发展到1万，与全省27个公安寻呼台联网。

安讯寻呼台 1993年11月开通，实行全省联网，覆盖面积为直径80公里。安讯寻呼台号后由人工的6673333、自动的66862632分别改为人工6969588、自动6969188。

中国联通寻呼台 1998年2月开通，寻呼号6631090。2001年5月30日联通130手机联通寻呼用户如意呼业务开通，原126、127、128、129用户停用，实行一卡双号，合并为“如意呼”。2007年9月22日，中国联通无线寻呼业务全国统一关闭。

第十章 信息化建设

改革开放后，常州的信息化建设投入和发展水平随着计算机、互联网的大量普及和广泛应用迅速提高。1994年，常州成为首批实施国家金桥工程的24个地级市之一。1995—2008年，大批公共基础信息网络陆续建成，社会信息化水平飞速提高，信息网络安全日显重要，公安机关及执法部门针对互联网运行中存在的安全隐患、不良有害信息泛滥等问题，依法加强监督管理，开展上网用户备案，建立信息网络安全协会，成立虚拟网络警察队伍，组织专项检查整治，落实上网实名登记制，依法打击网络违法犯罪，维护了网络安全。2001—2005年，常州市先后被省政府、省科技厅确定为信息化建设试点城市、全省首家制造业信息化试点城市，被科技部列为全国制造业信息化工程重点城市、“十五”国家网络终端机应用示范城市、国家“十五”科技攻关计划城市信息化关键技术集成及应用示范项目承担城市，被建设部列为城市数字化集成关键技术研究综合示范工程承担城市。常州软件园成为全市软件、通信产业发展的重要载体。2006—2010年，常州市实现电子政务、电子商务和公共领域信息化，初步形成与信息社会相适应的信息化发展软环境，培育出一批有自主知识产权的信息产品，信息产业逐步成为全市支柱产业，信息化总体水平跻身全国前列。2010年底，全市互联网用户达88.87万户。全市电子信息产品制造业主营业务收入达1007.3亿元，软件和信息服务业完成业务收入101亿元。

第一节 公共网络建设

一、信息网络基础设施

1989年5月，市政府投资115万元建成总高99米微波塔，为常州微波通信提供良好条件。1994年4月至8月18日，常州市数字数据通信网(DDN)全网建成，与江苏省DDN网联通，建成全网CP4000节点机7个、CP3000节点机2个，总容量为同异步端口452个、X25端口80个。1995年12月，省重点通信干线工程宜常澄光缆常州段破土动工，全长95公里，其中常州境内43公里。1996年5月，常州农话SDH环状光缆传输网成功开通，为省内第一个开通的SDH工程，设11个节点。1999年9月，常州移动建成宽带试验网，开通VOD视频点播业务，怀德苑、安阳里等居民在家里可通过终端设备享受交互式视频、音频服务。2000年，常州实施信息港三期工程，建成多媒体综合宽带交换平台、拨号服务器扩容、市农话交换机扩容、三纵三横光纤骨干传输网、622兆传输系统、2.5千兆SDH传输系统、DDN网改造、ATM交换节点，完成怀德苑二期、博爱花园、万博花园等 13 个宽带信息化小区及创业园、市教委、武进市政府等 7 个单位的宽带接入建设。

2003 年，全市完成信息基础设施建设投资 8.22 亿元，建设、开通无线市话基站 5600 多个，建成邮电路、竹林两个交换平台，系统容量达 40 万线，无线市话网络基本覆盖常州全区。全市同年布放移动通信光缆 83.7 千芯公里，形成覆盖全市、能提供多项业务的光纤传输网络，年末全市宽带用户达 5.1 万户。2004 年 9 月，电信部门配合新北区惠山路、岷江路、辽河路、浊水溪路、大渡河路等市政道路建设，同步开展通信管道集约化建设。年末，常州市移动交换容量达 257 万门，固定电话用户发展到 165.16 万户。其中，无线市话、移动电话用户分别达 44.16 万户、194.06 万户；互联网用户达 24.66 万户，宽带用户 11.33 万户。2005 年，常州开展住宅小区基础信息传输设施建设管理试点，中国移动新增宽带用户 5151 户。年末，全市每百人拥有固定电话 36.9 部、移动电话 59.2 部，宽带网用户总数 19.2 万户。2008 年 9 月 8 日，常州手机 WAP 网站 3G 常州开通。

2009 年末，全市本地网电话交换机容量达 288.4 万门，移动电话交换机容量 664.5 万门，本地网电话用户数 169.2 万户、无线市话用户 30.7 万户、移动电话用户 424.6 万户。全市互联网用户数 82 万户，其中宽带网用户 70.6 万户。2010 年，“光速常州”4 兆提速工程继续推进。市区南大街、劳动路等 190 条道路的基础通信管道集约化建设工程完成，总里程达 2655 孔公里。全市本地网电话用户数、无线市话用户、移动电话用户分别为 159.6 万户、14.5 万户、501.4 万户。同年发展互联网用户 6.89 万户，互联网出口带宽达 150 千兆，在常州备案的网站达 2.94 万个，互联网用户数 88.9 万户，其中宽带网用户 76.54 万户，全市实现通信业务收入 505 亿元。常州城市、农村居民每百户家庭分别拥有家用电脑 82.67 台、37.1 台。

二、电信宽带网络

1998 年，常州电信的多媒体公众信息网（169 网）覆盖全市，拨号接入端口有 384 个，网络接入速度一般约 64 千字节，最高可接入 128 千字节的综合服务数字网 ISDN（即“一线通”）。常州站点网上信息源超过 60 个，开设常州高级中学网上学校、常州图书馆多媒体阅览室，推出常州书城网上购书、电信器材商场和 EMS 网上购物、ISDN 业务网上受理等电子商务试点。

1999 年常州完成 163、169 网络合并，连接省网的带宽升到 32 兆。2000 年上升到 155 兆，2 月，常州电信本地宽带网开通，用户 100 多户。同年，常州电信建成以光纤为媒介、覆盖市区的中高速窄带、宽带数字化传输网，全市分组交换网、DDN 网延伸至各乡镇。依托公众多媒体通信网建设信息港湾，信息站点建设到各县市。各县市建成本地信息交换、发布平台，均具备信息采编、检索、发布和本地专线用户管理的部分功能。2000 年上半年，常州开始试验宽带网络，3 台 foundry 4000 组建城域网试验网，怀德苑成为第一个信息化小区，采用 NAT 方式接入窄带 163 网，城域网出口 100 兆，总出口 155 兆。实施企业上网工程，多媒体业务快速增长，互联网注册用户达 16.2 万户，企业上网数 1.2 万户、学校上网 63 户。下半年，常州电信开始大规模建设宽带网络，安装（2000）多线设备，采用光纤到单元、网线进用户方式，以 ATM、ADSL 等新技术建成信息化小区 6 个，住户可通过 1.5 兆～7 兆带宽享受高速上网、VOD 点播等网络应用服务，同年完成多媒体业务收入 6500 万元。

2001 年，常州电信稳步推进老小区宽带户线改造，组织对 3 个小区、600 户住宅的宽带改造试点，发展 ADSL 宽带接入业务，完成 156 个点的 ADSL 方式宽带接入设备安装工程，城区实现宽带业务全覆盖。建成大规模、超高速的常州信息港核心平台，新建拨号上网端口 1 万个，建成以 IP 和 ATM 电信技术为基础，集数据、语音与视频服务于一体的高带宽、多功能、多业务接入的常州宽带 IP 城域网，全市的带宽全部由 34 兆升至 100 兆，常州骨干网络首次引进 CISCO 公司的顶级路由器设备 Cisco Gsr 2016，常州到达江苏省互联网中心的带宽从 1 个 155 兆扩容到两个 2.5 千兆。5 月 16 日，建设全市宽带教育城域网，计划两年内宽带教育网通达全市300多所学校。同年，全市建成宽带信息化小区60个，宽带用户数量达两万多户。同年底，常州信息港具备拨号、专线、ISDN、高速通、网络特快等接入方式，主站点拥有2000兆图文信息和300千兆的影音信息，内容涵盖政府、企业、教育、旅游、金融、娱乐等30多个大类，日均访问量达3万人次，居江苏省地级市第二位。全市全年发展互联网用户14.1万户，上网时长8.7亿分钟，发展企业上网用户1.7万户、宽带用户9164户。

2002年，常州电信建成ADSL宽带9668线、LAN7784线，新建、续建宽带小区75个，累计169个；出口带宽达10千兆，可满足10万用户接入和4万个在线并发流，延伸到金坛、溧阳。常州信息港点击次数达1000万次，互联网用户总数21.26万户，3.01万家企业上网，168家机关单位上网。2003年，宽带网络发展步入成熟期，出口带宽升级到10千兆，市到县带宽升级到2千兆，覆盖全区所有乡镇和主要行政村，建成大容量光纤为基础的接入层光环。4月，常州第一人民医院成为常州地区首家新视通用户，在“非典”期间运用该业务开展远程医疗服务。年末，常州宽带端口数超过10万个，宽带小区达300多个（含ADSL），上网用户达21.6万户。2004年，城域网出口带宽从4千兆增至10千兆；至年底，宽带业务用户在全省地级市中率先突破10万户。2005年，常州电信加快发展基础数据、互联网、增值业务、网元出租等非话业务；至7月，全市宽带用户突破20万户；年末，常州市区宽带全部接入住宅小区达900多个。

2006年，常州电信本地网部署NGN下一代宽带网，建成能为用户提供语音、视频、数据等多媒体业务网络，实现IP城域网与CN2（互联网第二平面）的对接，为用户提供稳定、优质的多种业务与服务融合的网络服务，采用业界最先进的城域网骨干传输技术和多种先进的用户接入手段。2007年，常州电信163出口更换为城域网出口，出口带宽达40千兆，常州电信在IP网络上推出iTV、软交换等新业务，推出WLAN业务，实现机场、车站、酒店、咖啡厅等热点区域无线上网，网速可达54兆，当年宽带用户总数达30万户。2008年常州电信推进EPON光纤技术，在香树湾、光华世家小区和亚邦汽修分别建成FTTH项目、宽窄带网络项目和基于EPON的语音宽带虚拟网宽带。常州光节点超过1万个，LAN端口容量超过10万个，在EPON上可以开放语音、商务光网、宽带、FTTH等业务，年末全市宽带用户达40万户。2009年，常州“村村通”宽带工程竣工，全市1万多个自然村实现村村通宽带，每个达20户的自然村均具备宽带上网能力，覆盖农村人口200多万人。7月6日，常州电信宽带用户数突破50万户。2010年，常州电信推进光（纤）进铜（缆）退，打造常州城市光网，实现家庭普及速率达4兆宽带、企业普及达10兆光纤接入，初步形成集IP化、宽带化、融合化于一体的城市光纤宽带网络。同年电信出口带宽达150千兆，宽带接入可达20兆。年末，全市宽带用户发展到58万户。

三、有线电视网络

1994年，常州市有线电视网络开始建设，经过多年发展，建成覆盖全市的高标准有线电视综合信息网络，拥有光缆线路8992孔公里、电缆线路1000多公里。2009年，常州市区（含武进区）有线电视用户达40.5万户。开展准视频点播、视频点播和计次点播3种数字电视增值业务，数据广播业务，及网络专线出租、IP电话、普通用户互联网接入等业务。2010年底，常州有线电视网络连通医保网、证券、银行、公安、网吧等140余家单位400多个点。普通用户互联网浏览业务覆盖用户10万户，接入用户1万多户。

HFC网络建设　2000年，常州市区建成12芯环网、线路77公里，市县之间建设8芯环网入地，光缆线路718公里。在城区建成中心机房1个、分机房8个。2002年，覆盖常州地区的IP交换网络建成，为常州及其周边地区的企事业单位提供基于IP的互联网业务和内部组网业务。2003年10月，在开通宽带业务的家庭开展IP电话实验，部分改造HFC网络，新增管道764子孔公里，光节点增至152个。2004年，开通IP电话业务，HFC网络改造完成。2010年末全市有线电视用户达107.48万户。

数据网络建设　广电部门利用有线网络组建数据网络平台。通过2.5千兆、SDH传输实现与国家广

电干线、江苏省干线和上海干线的互联，常州本地网络与广电骨干网实现网络资源的共享，建成带宽达180千兆的ATM传输网络，常州、武进、金坛、溧阳的广电网络实现对联，开展基于ATM平台的IP、帧中继等数据业务，为银行、证券、保险等企业提供内部组网业务。2002年，建成覆盖常州地区的IP交换网络。

业务发展 主要包括有线电视用户安装及模拟电视信号播出，节目内容有中央、省和当地自办的电视节目，及教育、公共系统所办的节目30多套。利用现有的有线电视宽带网络，开展数字电视业务及基于数字电视的增值业务。2010年底，发展数字电视用户近1万户，开播70套数字电视节目，互联网覆盖普通用户10万户，接入用户1万多户。

第二节 信息系统建设

1986年2月，常州市剪报中心升格为全国经济信息网络协会剪报中心，开始面向全国提供信息。2003年，城市应急联动指挥系统、公共物流信息平台、市民卡工程等信息化建设项目的前期准备启动。3月，科技部确定常州市为全国唯一的网络计算机(NC)应用试点城市。

一、政务信息系统

电子政务平台 1988年9月，常州市信息市场开业。1994年8月，中国国家信息中心联合信息网常州地区服务中心开通运行，与国内32个大中城市2000家联机用户实现微机联网，可为常州企事业单位提供、传输18大类信息。1999年2月，江苏省首家科技信息超市在常州建成，主要进行高新技术项目的中介、科技人才信息交流、大型精密仪器的协作及计算机软件、音像制品的经营。2000年，常州市信息中心推进政府上网工程，参与实施企业上网工程，加快推进全市国民经济和社会信息化。3月，市政府宏网2000年版开通运行。至年底，上网企业总数达1.2万家，全市有52个辖市(区)政府和部门建成56个网站(网页)。2003年，市政府启动政府大院内部网络改造、政府门户网站整合和党政机关办公自动化、电子邮件、政府公文流转及网上联合审批等信息系统建设项目，推进政府服务信息化，工商、税务、旅游等部门相继上网发布信息，开通网上纳税申报、网上年检和网上登记等网上互动式服务。

2004年，全市基本建成以市政府信息网络管理中心为核心，横向连接市各党政机关局域网，纵向联通省、县市区的全市统一的电子政务基础网络平台。8月，常州市领导干部网络学习平台开通；12月，常州电子文件中心开通运行，为全省首家；同年末，新版中国·常州门户网站对外运行。2005年，中国·常州政府门户网站名列全国政府门户网站年度评估第十八位、全省第二位，开发完成常州电子政务外网公文流转系统、政务电子邮件系统、网上审批系统、门户网站电子地图和学习型城市视频点播等统一的网上应用系统。7月，常州市首批网上审批试点启动实施。2006年，常州电子政务工作平台(CZWEB)开通会议室预定、交流共享等应用和服务，建成政府信息资源交换平台、电子政务数据容灾备份中心和劳动社保、医保网上查询等电子政务应用系统。年底，常州市政府信息资源交换平台和应用系统投入运行，实现跨部门的互联互通和信息共享。2007年，电子政务工作平台升级改版，建成电子政务CA系统支撑平台。2009年11月，市经济信息委员会论证、审核了金保系统容灾备份中心、市政府“三合一”网络平台二期建设、城区技防建设、检察院信息化建设改造和应用系统等10多个政府投资信息化项目。

电子政务城域网 1991年12月，常州市计算机局域网开通试运行，局域网连接市委、市政府、市经委等20多个单位的工作站。2000年市经济信息委员会推进企业信息化工程建设，提供企业信息网络规范和因特网络系统建设、企业上网、电子商务、产品协同商务等方面咨询和服务。2007年，推进电子政务城域网建设，完成辖市区政务网全网接入项目规划和方案设计，网上审批系统运行；7 月，对 7 个辖市(区)政府网站、39 个市级部门网站和 9 个省直属部门网站进行测评。10 月 8 日，社会保险应用系统整体上线运行。2008 年，天宁区、钟楼区、新北区和金坛市完成整网接入，武进区接到市信息中心和政府办。实施电子政务网络安全整改，建成电子政务 CA 系统。12 月 31 日，“三合一”网络平台正式启用，常州市级机关 37 个职能部门、51 个行政主体、341 个行政许可事项和 101 个非许可审批事项实现首批进网运行，具备网上行政服务、法制监督和行政监察、实时监控及信息公开、痕迹保留、数据储存、资料分析、决策辅助等综合功能。

市民卡系统 2008 年，市经济信息委员会、人社局等单位编制常州市市民卡总体建设方案，推进市民卡与公交卡整合。2010 年底，常州举行市民卡首发式，市民卡方便市民享受政府统一服务和办理社会事务，还具备电子钱包、金融支付功能。

二、公共服务领域信息系统

2004 年起，社会公共信息化领域不断拓展。“常州市社会公共安全及应急体系建设”研究报告完成，形成常州市城市应急响应系统建设方案。实施制造业信息化示范工程和企业信息化示范试点工程，推动农业、教育、旅游等条线的信息化建设。2004 年 3 月，常州市农林局主办的绿色在线网站(www.greeninfo.cn)被省农林厅评为市级优秀农业网站。2006 年，常州在全省率先建设交通数据库，委托国际知名的阿托金期咨询公司进行规划。2007 年，扩建园林、公交、道桥子系统，形成“7+1”系统。2008 年，全市开展农村综合信息服务示范点创建，推荐武进区章庄村、溧阳市桥南村等优秀信息服务示范点 19 个。

社区信息化 随着信息产业快速发展，常州逐步推广社区信息化，到 2003 年全市有 181 个小区实现宽带接入。一些新建小区还建成包括安全防范子系统、信息管理子系统、信息网络子系统等在内的小区智能化系统，功能覆盖小区安全保卫、物业管理、信息查询、信息服务等方面。2004 年，探索推动电子社区建设，选择了怀德、新丰两个街道作为全市社区信息化建设的试点，启动以居委会为基层节点的社区网络建设，探索建立社区信息资源的采集、交换、整合和共享机制。2006 年，全市有 290 个社区完成通信线路改造和平台部署，同时完成社区房屋信息和 100 多万居民人口基础信息录入。2007 年，全市社区管理信息平台开发完成并通过验收。2007 年 12 月，常州被列为全省社区信息化试点城市，完成数字电视整体转换工程第一阶段改造，市区有 10 万户完成整体转换。

常州全员人口信息系统 2009 年 11 月，市人口计生部门启动建设全员人口信息系统，管理统计对象为常住本地及户籍在本地的所有人口，以户为单位进行统计登记。推动与公安、民政、卫生等部门的人口信息交流与共享。2010 年，市人口计生委建设全员人口数据库，并库整合全员人口信息系统、育龄妇女信息系统数据，经核对、补录，入库全员人口信息 402.9 万条。

常州环境管理信息系统 80 年代，市环保局开始建设该系统，起步于购置 PC1500 袖珍计算机两台及 MIC80、紫金Ⅱ级机，进行大量计算及文字处理，使原来烦琐、具体的工作变得较为方便。1986—1990 年，完成常州市环境保护信息系统的分析、设计报告，实施软件开发首期工程，研制出场合走势环境管理信息系统相关应用软件，1990 年通过国家环保局组织的验收，获得国家环保总局 1992 年度科技进步三等奖。90 年代，市环保局开发研制“八五”环境统计管理信息系统、乡镇工业污染源调查管理信息系统、排放水污染物许可证管理信息系统、大气污染物申报登记管理信息系统。编制《常州市环境信息系统的“九五”计划》。1996 年，完成国家环保局下达的“九五”期间全国环境统计软件的系统分析和程序设计任务，完成世界银行赠款项目常州市城市环境综合整治最低费用规划实施问题研究。翌年，在全省率先建设基于微软视窗平台的环境信息系统局域网；1999 年，实施环境监测中心站点综合布线工程、局站光纤连接工程、局与直属单位整体联网工程，局内的局域网扩展达全市环保系统所有下属单位。2000年，实施扩展局域网工程、内部电弧工程等，建成传输实时、快捷的数据、语音、图像等载体的高速信息通道。武进、郊区、钟楼、天宁4个区实现综合布线，基本实现环境统计、排放申报、环境质量监测数据等信息的快速传输。

2001—2008年，市环保局环境信息系统改版，编制治理设施环境管理等软件，加快监测信息系统建设，实现国家和省、市环保系统的三级无线联网。至2010年底，市污染源远程自动监控中心和“环保通”移动执法平台建成投用。在相关企业分别安装化学需氧量在线仪、烟气在线仪、电动阀门、视频接口等监控设备，与市和辖市区两级污染源自动监控中心联网，市级污染源监控覆盖全市重点污染源、两个长江饮用水源地取水口、全市机动车尾气监测场点、重点放射源使用单位等。执法人员在监控中心、环保通支持下实施监管，做到人防与技防的结合，对污染源从监管提升到监控。

旅游电子政务信息系统 2004年上半年，常州市初步建成旅游电子政务“两网一库”工程，即常州旅游网（公众商务网）、旅游行业管理网（业务管理网）、内部办公网和旅游数据库，创全省辖市与辖市区旅游局宽带联网、开通旅游行业短信群呼、开通宽带网络视频会议、实现旅行社及门市部网上审批和实现无线上网移动办公等多项第一，随后旅游目的地营销系统（简称常州DMS）投入运行。

档案信息化 2002年，市档案馆初步实现计算机查档、开放档案目录网上查询。2000年7月，市档案馆局域网开通。翌年，与市政府网站建立链接。2002年，常州市档案信息网建立，2005年、2008年两次改版。2004年12月28日，市档案局与南京铭卷数码科技有限公司合作研发管理系统，市电子政务环境下电子文件中心作为全省首家开通运行，解决电子文件归属归档问题。同年数字档案馆建设纳入全市城市信息化试点。2006年1月9日，市档案馆制定《常州市馆藏档案数字化建设(2007—2010年)实施方案》，逐步对馆藏中重要、珍贵、易损、利用频率较高的纸质档案和照片、录音、录像等档案进行数字化。2007年4月，与江苏省档案数字发展中心合作，启动纸质档案全文数字化工作。2008年，档案馆档案管理软件永乐方正启用。到2009年底，建成馆藏全部档案目录数据库，实现计算机检索。

常州市环境地理信息系统 常州市测绘院、环保研究所研发，2004年12月20日通过鉴定。

常州市市政公用地理信息集成系统 2004年6月，市建设局等单位开始建立，采取“4+1”的模式，即供水、排水、路灯、燃气4个专业管线子系统和1个综合管线系统，覆盖630平方公里，总长8000多公里，其中自来水3800公里、排水2130公里、燃气2015公里、路灯8.45万套、景观照明22.27万盏。该项目获得2006年建设部华夏科技三等奖。2008年项目建成。实现系统数据与功能的统一和共享，实现地下管线规划、建设、管理的信息化、科学化。

常州市路灯地理信息系统 市路灯管理处从90年代末期开始着手路灯GIS开发的可行性调研。1999年4月，标注全市路灯地下管线，绘制分布图近700张。2004年，市建设局组织，确立由市建设局和供水、燃气、排水、路灯等4家综合管线单位组成“4+1”模式的常州市城市建设综合信息集成系统科研项目组，被列为建设部国家科技攻关项目城市数字化集成关键技术研究综合示范工程。

城市交通数据库 2006年，常州在全省率先启动城市交通数据库建设，委托国际知名的阿特金斯咨询公司进行规划。

常州市数字化城管系统 2007年7月启动，2008年6月进入试运行，12月12日通过住房和城乡建设部验收。

常州市民学习信息系统 2003年4月5日投入运行，以常州教育信息综合数据库为支撑，全面提供教育政策法规、教育资源、招生、学习需求、教育合作、师资等信息，成为市民学习的绿色通道。

城市公共安全应急响应系统 是国家“十五”科技攻关计划城市信息化项目应用示范子课题，整合城市110、119、120以及水电气等多个应急处理系统资源，统一接警，统一调度，2006年5月通过科技部的中期验收。

专利信息服务平台佰腾网 2005年12月8日开通。佰腾网是集文摘库、说明书库、数据管理、统计分析和会员信息管理五大子系统为一体的信息服务系统和全国第一个专利信息服务专业平台。

市政公用数字地图 2005年3月，顺利通过建设部组织的验收，常州建成10平方公里市政公用数字地图。年底前，数字地图的版图扩大到城市外环线以内。

三、两化融合示范（试验）园区（基地）

2009年7月28日，省信息产业厅同意武进区为首批省级“两化融合”试验区。2010年4月、9月，全市两批10个区域申报全省两化融合示范（试验）区（基地）和示范园，武进区、津通国际工业园分别被认定为全省首批两化融合试验区、产业服务示范园，常州高新区、武进高新区分别被认定为全省第二批示范区、试验区。9月24日，常州宏大电气公司两化融合工作通过工信部专家组认定，其自主研发的印染系列自动控制、检测技术和设备市场影响大，节能减排成效显著，示范性强。

四、社会信用体系建设

2003年底，常州信用中心公司注册成立诚信常州信用平台，整合工商、质监、人民银行、国税、地税、劳动社保6个部门的数据，初步实现全市企业信用信息的综合利用和共享，为政府部门、金融机构、企业和投资者提供信用信息服务。2004年4月29日，常州信用网站开通（网址：www.czcredit.com.cn）。2006年，组织开展常州现代信用服务业发展理论研究，起草《常州市加快建立社会信用体系试点方案》。2007年，深化担保机构评级，启动以中小企业为评级对象的企业信用评级试点，召开常州信用评级专家评审会，评审了评级机构准入和全市AAA级信用企业。

第三节　网站建设

常州的网络和网站随着互联网的高速发展快速兴建和完善。1999年6月至2003年6月，常州21世纪议程网站、常州对外宣传网瞭望常州（网址：www.lwcz.com）和常州依法治市网（网址：www.czyfzs.gov.cn）相继开通。2005年1月1日，常州日报社开通龙网，每天为网民提供地方原创新闻等资讯，7月1日创办常州手机报。2010年年末，全市有互联网用户86万户，互联网出口带宽达150千兆，在常州备案的网站2.94万家，全市各级、各部门向重点网站推荐涉及常州的新闻稿件近2000篇。在全球网站排名中，化龙巷论坛升至5300名左右，中吴网居1.17万名左右，中国常州网从2009年底3万名升至1.27万名左右。武进新闻网被评为中国地方新闻网站十佳品牌、中国地方网站最具本土号召力品牌，获得2009—2010年度新锐城市媒体奖。

一、中国常州网

2006年6月19日，常州市广电局成立常州市互联网新闻中心，在常州广电局承办的瞭望常州网站基础上筹建中国常州网。2007年11月1日起，中国常州网开始试运行。4月5日，原常州外宣网站瞭望网整合更名为中国常州网，成为常州最大的地方新闻综合门户网站（网址：www.cz001.com.cn）。内容包括常州新闻全天报道、政务沟通、参与互动、全市生活资讯等大类。2008年6月，中国常州网与常州龙网成功整合，成为常州第一新闻类门户网站。2007—2010年，中国常州网成功举办了3届常州市博客大赛。

二、中吴网（常州广电网）

2000年5月，市委宣传部主办、市广电局承办的常州第一个对外宣传网站瞭望常州网站成立（网址：

www.zhong5.cn)。2004 年 3 月 26 日，集互联网与广播电视于一体的常州广电网开通运行。2007 年 11 月，常州广电网暨常州电视台网站成立，成为集瞭望常州网站、常州广电网为一体的综合门户网站，承担常州广播、电视节目的网络直播和点播。2008 年 11 月，常州广电网更名为中吴网，停用化龙巷社区名称，统一更名为中吴社区、中吴论坛。2009 年，中吴网完成技术改造升级，日均点击访问量超 30 万人次。2010 年，网站获得全国地方网站创新发展杰出贡献奖，日均点击访问量超过 40 万次，全球排名 1.17 万名。

三、中国常州政府门户网

中国常州政府门户网（网址：www.changzhou.gov.cn）是发布政务信息，展示龙城风貌，服务市民、企业、旅游者、投资者等用户的综合信息平台，网站内容由市政府办公室与辖市区、部门共同保障。2006 年 5 月 1 日，中国常州政府门户网站外文版开通，包括英文、日文、韩文 3 个语种及繁体版本。至 2010 年，中国常州政府门户网站围绕市委、市政府的重点工作和热点问题，发布政务信息，推出政务专题 60 个，累计发布信息 1.37 万条，成为政务公开的重要窗口，获得 2010 年度全省地级市唯一的中国政府网站优秀奖。

四、武进新闻网

2007 年 6 月 15 日创办，12 月 18 日上线运行，中共常州市武进区委宣传部主管（网址：www.wj001.com）。武进新闻网报道快捷、形式多样，是常武地区首家新闻零时差报道的网站。2008 年获得全国奥运报道博览会最佳创新报道奖，翌年获得首届中国互联网大会授予的中国地方网站网民口碑奖、中国互联网网联授予的全国地方门户十佳创新成就品牌奖。2010 年，发布报道武进和全市的中心工作等的自采新闻近 5000 条，制作专题 25 个，新增武进新闻网英文版和“新闻评论”“新闻访谈”等页面、栏目，获 2009—2010 年度新锐城市媒体奖。

五、化龙巷论坛

2006 年 6 月成立，常州化龙文化传媒有限公司主办（网址：www.hualongxiang.com）。提供生活信息、消费指导、电子商务等实用服务，日均浏览量长期名列江苏省 13 个地级市网站第一，是江苏首家进入国际权威的 cr 尼尔森媒介监测范围的网络媒体。2009 年 3 月，化龙巷牵头在常州召开中国首届地方网站联盟会议。同年，该网站被评为中国最有影响力的 20 大地方性互动网站、全球中文网站前 50 强和最佳内容运营网站等。2010 年，网站日均流量约 230 万页面。网站注重提供民生消费资讯，新开发、增加“速拍”“常州通”“好房 100”等电子商务产品，网站年销售收入 1600 万元，在全球网站排名约 5300 名，曾经在艾瑞网、凤凰网联合主办的全球最具影响力中文论坛百强中排名第 12 位，获得互联网行业先锋奖。

六、瞭望常州

2000 年 5 月 18 日，开通运行，是常州市政府新闻办公室、常州市广播电视局和常州有线广播电视台共同创办的对外宣传网站（网址：www.lwcz.com），设有中文、英文两个主页，中文网页设有常州概览、锦绣常州、常州报道、视频报道、网上文摘、招商引资、旅游交通等 11 个栏目，英文网页设有常州概览、锦绣常州、常州报道、招商引资等 7 个栏目。2002 年 8 月 10 日，推出电子商务频道。2002 年 2 月 9 日，开辟新栏目《七彩作文》。4 月 1—6 日，推出大型网络游戏“笑傲江湖”和“常州建设学习型城市”专栏。7 月常州市广播电视局网页在瞭望常州网上发布，推出常州电台新闻台节目；8 月实现用户网上实时收听广播、收看电视；12 月 25 日，市司法局主办、瞭望常州建设和维护的常州律师网上线发布。2003 年 8 月，筹建常州市党建网、常州市药品监督管理局网、武进档案信息网。2004 年 1 月 5 日，市委组织部主办，瞭望常州网提供技术支持的常州党建网站开通。2006 年 6 月，瞭望常州网站更名为常州互联网新闻中心中国常州网站。

七、其他网站

赛达网 是 2004 年常州广电网站、瞭望常州网站策划筹建的中国国际卡通数码艺术周网站（网址：

www.cicdaf.com)，5月20日开通试运行。5—10月，赛达网吸引国内外众多媒体和网民关注2004中国国际卡通数码艺术周，点击率超过120万人次。翌年7月赛达网全新改版，以中英文两种版本对外发布，主要有艺术周介绍、主体活动、业界新闻、艺术周历史、BBS社区等7个版块。2006年10月，赛达网宣传2006中国常州国际动漫艺术周期间艺术周常州动漫文化，总点击量近200万人次。

常州广播网　2001年底，常州电台经济台与中国电信常州公司合作，依托常州信息港网站，开通经济广播频率网上广播，持续近两年时间后停办(网址：www.czradio.com或www.czradio.cn)。2005年3月，常州广播网站建设正式启动；8月试运行，听众可在网上实时收听常州电台的节目，满足一些宽带用户想收听网上直播电台节目的愿望；10月15日正式开通，基本功能有常州电台信息发布，信息资讯阅读，主持人风采展示，留言板功能。

常州广电5116网　5116.net是常州广播电视网络公司以互联网方式向PC等终端用户提供影视、动漫、游戏、综艺、体育等宽频娱乐内容服务的综合性多媒体宽带娱乐门户网。

CO土木在线网　2002年，由给排水在线发展而来，原名“网易土木在线”(网址：www.co188.com)。2008年8月，注册为常州易宝网络服务公司，同年更名为“CO土木在线”。2010年底，网站已发展成为国内大型建筑行业信息网站，拥有全国最大的样品数据库，企业会员总数超过60万个、个人会员近1000万名。

2010年常州市其他主要网站域名一览表

表9-10-1

网站名	主域名	网站名	主域名
武进区广播电视网	www.wjcatv.com	常州戚墅堰网	www.qsy.gov.cn
金坛广播电视网	www.jtnews.com.cn	常州人才网	www.czrc.com.cn
溧阳广播电视网	www.lybctv.com	常州旅游网	www.cztour.com
中国武进网	www.Wj.gov.cn.	常州交通网	www.czjt.gov.cn
中国金坛网	www.Jsjintan.gov.cn	龙城春秋网	www.Lccq.gov.cn
常州天宁网	www.Cztn.gov.cn	中新常州新闻网	www.Jsczchinanews.com.cn
中国溧阳网	www.Liyang.gov.cn	常州房地产信息网	www.czfdc.com.cn
常州钟楼网	www.czzl.gov.cn	平安常州网	www.czsga.gov.cn
常州高新区网	www.cznd.org.cn	常州信息港	www.czinfo.net

第四节　网络监管

随着计算机、互联网的大量普及和广泛应用，信息网络安全日显重要。1998年，市公安局建立信息网络安全监察机构，加强全市公共计算机信息网络和国际互联网安全的保护、管理，及时防范、查处危害计算机信息系统安全的违法犯罪案件。

一、网络安全

1998年底，市公安局对江苏石油化工学院、河海大学常州分校、常州电信局3家互联网接入单位安装备案软件并进行操作培训。全市有3564家国际互联网上网用户(其中单位用户1478家、个人用户2086家)，备案率超95%。1999年，落实安全责任单位50多家，登记备案上网用户10078家(其中单位用户3041家、个人用户7037家)，网站71家(政府上网工程32家、教育网站8家、证券网站8家、专业网站23家)，个人主页809个。2000年，个人主页发展到2.4万个，免费电子邮箱11万个，备案率达96%。2003年，市公安局把党政机关等重要信息系统及接入服务单位、重点信息服务、应用服务单位作为监察重点，与常州电信、移动、联通等提供互联网接入服务、信息服务单位建立定期联络制度，通报网络安全动态，督促落实安全管理措施。会同市教育局检查31所院校的计算机网络系统安全管理情况，检测电脑7400台、服务器92台；对钟楼区的260余家机关企事业单位和社团组织计算机信息系统安全管理现状做了基础调查，责成存在网络安全隐患的35家单位整改；分5批培训202名企事业单位的安全员和网吧、教育系统的网管员，核发安全员证书。12月24日，常州市计算机信息网络安全协会成立。

2005年4月12日，市委、市政府成立以市委常委、常务副市长为组长，市公安局、市委宣传部、市政府办公室、保密局、教育局等12家单位为成员的市互联网信息安全管理工作领导小组，对106家市级机关互联网联网单位进行专项检查。至10月底，检查常州市区单位964家，登记服务器1196台、电脑4.33万台，登记安全管理员814名，责成461家单位发出限期整改。7—10月，市委宣传部、市公安局等部门对全市互联网数据中心(IDC中心)、托管主机和虚拟空间服务单位进行了全面清理调查，建立基础台账，检查托管主机服务单位38家、虚拟主机服务单位192家、关闭虚拟主机服务单位1家，删除有害信息、淫秽色情信息62条。8月，市信息网络安全协会建立计算机信息系统及国际互联网单位网上备案登记系统，有200余家单位备案登记。2007年，先后调查ISP、ICP、IDC及托管主机、虚拟空间等对象，建立健全基础数据库，更新备案信息，定期上门核查。8月下旬，全市信息安全等级保护工作小组组建，指导完成备案初审及评定单位70家。同年市公安局多次与电信、网通运营商沟通、协商，采取集中式或分散式安全技术保护措施，在全省率先启动宾馆、饭店等非营业性上网服务场所安全保护措施，37家宾馆安装安全保护措施。

2007年10月，市网络与信息安全协调小组成立，由市委宣传部等13家成员单位，组成协调小组办公室(简称“信安办”)设在市信息办。2008年，58家星级宾馆安装技术防范设施，武进、金坛、溧阳106家宾馆推广安装技术防范设施。7月18日，加强IDC机房、数据中心等单位安全管理，查处违规行为，督导全市党政机关、企事业单位、医疗、教育等229家重要部门落实信息系统安全管理责任，建立健全安全技术措施。2010年12月，市信安办调整至市经信委。同年开展政府机关信息网络安全检查，与8家互联网接入单位建立协调互动机制，4728家网站登记备案，完成355个单位、561个信息系统的备案，评定7个单位、25个信息系统的等级。

二、互联网监管

常州公安部门联合全市新闻、教育、工商、文化等部门加强对互联网有害信息的监管，净化网络环境，减少、制止淫秽色情、低俗不良等有害信息在网上传播、泛滥。2002年5—10月，市公安局、教育局、文化局联合开展互联网有害信息专项清理整治行动。2003年，市公安局开展4次净网行动，检查电子邮件服务器安全状况，及时整顿存在问题的服务器。“非典”期间，依法查处7起网上故意散布“非典”谣言的10人，其中行政处罚2人，删除有害信息700余条，临时关闭网站2家、论坛5个，7家单位被责令整改。2004—2006年，市公安局连续3年开展清除互联网有害信息专项行动，累计发现、删除黄色等不良、有害信息1.43万条，关闭违规网站10个，督促10余家违规单位整改。2006年8—9月，发现涉及兜售枪支的网站6个，依法关闭网站4个、网站留言板2个，删除涉及兜售枪支炸药、六合彩、窃听窃照器材和其他违禁品的有害信息1.03万条。

2007年，公安网络监管部门发现、删除本地网站有害信息9516条，通报异地有害信息2200余条，实行论坛版主实名制；9 月，市公安局在化龙巷论坛、龙城论坛等 5 家本地主要门户网站推出虚拟网络警察“平平”“安安”，推行群众网上报警、举报违法犯罪和法律咨询求助。2008 年，完善交互式栏目版主实名制，与 10 家重点网站的负责人签订信息网络安全责任书，协助侦破了网上贩枪、传播淫秽物品等案件 3 起；删除有关淫秽色情、赌博、枪支买卖等网上有害信息 3.9 万条，关闭网站 27 个。至年底，虚拟网络警察受理报警求助 641 条。2009 年，在溧阳论坛、天目湖论坛网站安装“平平”“安安”虚拟网络警察，同年通过网络平台受理报警求助 286 条。2010 年 12 月，建成化龙巷论坛等网安警务室 3 家，通过网上报警平台受理报警求助 212 次、有害信息举报 281 条。

三、网吧监管

1999 年，常州市区陆续出现提供公众上网的服务场所（网吧）。翌年，市公安局会同文化、工商等部门依法加强管理，严禁网吧未成年人上网，整治治安、消防、信息安全存在的问题。组织清查网吧行动 16 次，检查网吧 39 家，行政处罚 19 家，暂扣计算机 85 台，没收销毁黄色淫秽光盘 380 张。2001 年 6—8 月开展全市互联网上网服务营业场所（网吧）清理整顿专项行动，查处违法违规经营网吧 298 家，其中停业整顿 154 家、取缔 52 家，重新登记审核网吧 342 家。2002 年，市公安局重点检查整治校园周边地区网吧的安全状况。翌年，市公安局在全市网吧统一安装使用“一卡通”实名登记安全管理系统；6 月 1 日起，常州市区网吧全面实行身份认证刷卡上网制度；7 月底，市公安局利用网吧 IC 卡原始信息资料，破获一起入室持刀抢劫案。

2004 年，市公安局检查、督促网吧安装、运行安全管理软件，建立网吧实名制监控管理中心，多次与文化、工商部门配合查处容留未成年人上网行为，查处黑网吧 8 家。10 月，市公安局联合文化、工商部门吊销涉嫌复制、传播淫秽色情电影的“梦都”网吧执照。2005 年 6—10 月，市公安局全面落实实名登记制度，提高网吧安全管理软件的上线率，制定具体管理要求和查处标准。同年，检查网吧 219 家，查处网吧 6 家、涉黄案件 4 起，抓获违法犯罪嫌疑人 6 名（网上在逃人员 2 名），帮助找回儿童 5 名。至年底，常州市区网吧管理软件上线率约 80%，实名登记率 60%。

2007 年，全市近 490 家网吧升级更新管理系统，新增第二代身份证读卡登陆及网吧控制台开卡拍照功能，与全省联网运行，网吧在线率达 100%，上网人员实名登记率达 99%。2009 年 2 月，市公安局开展为期 3 个月的全市网吧实名登记集中整治行动，检查网吧 600 余家次，查处违规网吧 50 家，取缔黑网吧 8 家。2010 年，市公安局抓获网逃人员 175 名；6 月，全省实行网吧管控成效统计，常州市公安局通过实名比对抓获在逃人员数位居全省第二。同年奖励实名登记落实较好、协助公安追逃成绩明显的网吧 86 家，处罚违规网吧 35 家，停机整顿网吧 8 家。

第十一章　无线电管理

随着常州经济建设和传输通信无线化、数字化、宽带化的迅猛发展，无线电、移动通信、卫星通信、雷达导航、遥控遥测、射电天文等无线电技术、业务应用范围迅速扩大，逐渐覆盖通信、广播、国防、公安、铁路、交通、航空、航天、气象、地震、渔业等行业和部门。常州市无线电管理部门在频率台站、监测检测、技术设施、通信安全等方面加强管理和建设，维护空中电波秩序，打造空中绿色通道。2010 年底，全市设有无线电台（站）11736 个。

第一节 技术设施

一、监听监测站房

1985年，市无线电管理委员会（简称“无线电管理处”）成立。1989年，常州无线电管理处在市计生委原办公楼楼顶架设两副12米高的天线，建成监听机房。1990年，购置频谱分析仪及部分辅助设备，安装单层钢板屏蔽室，具备了检测无线电通信设备的条件。1993年初，市无线电管理处搬迁至北大街17号中亚大厦南8楼办公，更新屏蔽室、微机室及监听机房的装修布置和天线铁塔安装等。2003年4月，市无线电管理处在阳光国际大酒店建成第一个固定监测站，安装固定监测站、机房至江苏省无线电管理局机房至固定监测站两条光缆，增强常州市无线电监测、测向、监听、干扰查处和移动监测测向等方面的能力。2008年10月下旬，市无线电管理处分别在常州机场、金坛中医院、溧阳市政府设置小型监测站，11月初开通使用，扩大常州市无线电监测、维护空中电波秩序、查处干扰和打击非法频率占用的覆盖范围。市无线电管理处选择武进礼嘉镇的常州移动公司第三号落地塔，建设第二固定站，11月底完成铁塔改造和光纤联通，塔高52米。年底，市无线电管理处购置中亚大厦7楼监测用房，建设常州市B级无线电监测站、省无线电频谱监管分中心，建成频谱监管分中心100平方米、无线电监测仪器陈列室50平方米，新建检测屏蔽机房20平方米，安装有精度较高的数据传输和显示系统。

二、监听监测设备

1991年，市无线电管理处添置功率计、手持式频率计，购置HP8920A型无线电综合测试仪1台。1993年初，增加HP8920型无线电综合测试仪1台。2003年，省无线电管理局配发给常州市无线电管理处移动监测车1辆。

第二节 频率台站监管

1989年，常州市无线电管理处贯彻执行国家无线电管理委员会颁发的玩具对讲机、玩具遥控设备管理规定，整顿了常州市销售玩具对讲机的商店，批准6家商店销售；在全市推广900兆赫兹无中心控制多信道共用无线电话机的管理规定，批准使用无线电话机378部。

1996年，常州市无线电管理处整顿无线寻呼台，检测寻呼台发射机的功率、频率、杂散辐射等技术指标，发现市人防办公室的长城寻呼台功率达200瓦，责令其立即整改。1999年，针对寻呼台乱设分台、私设电台的问题，加强检查测试，制定整顿乱设台规定，关闭了奔牛、小河、魏村、前黄、寨桥和魏村6镇的6个寻呼台，控制寻呼台对民航、水上频率的干扰和对居民收看有线电视的影响。2004年，常州市无线电管理处重点检查航空专用频率的使用安全、航空专用台站的设置审批和民航单位在用、报废和库存无线电设备等情况，逐项检查核对了民航系统使用的频率、台站和相关设备，加强对航空专用频率的无线电监测，定期对机场和导航台所在区域进行电磁环境监测及排查。

2007年，省无线电管理局组织开展调频广播电台专项整顿活动，市无线电管理处与市文广新局联合成立专项整治活动小组，4月下旬联合向辖市广电部门发出整顿通知，统计出市级调频台4个、县级调频台3个、乡镇级调频台4个。同年6月，全市专项整顿小组实地核查市区、武进、金坛、溧阳及各乡镇的调频广播电台，做出相应处理，保护常州航空无线电专用频率。

2009年，常州市无线电管理处密切跟踪大剧院、民航机场的改扩建等重大项目，为重点工程建设提供无线电频率资源的保障。10月，完成重组后电信CDMA基站442个基站的数据录入，调整了联通公众移动通信网台站数据，开展中国移动公司GSM-R清频工作，完成452个基站的清频，进行实地监测和验收。2010年6月，实地核查人防系统指挥通信车6辆（含海事卫星电话和短波电台1部）、大型通信保障车1辆（含车载卫星站、无线电通信中继台各1个，无线图像传输系统1套），固定卫星地球站1个；核查供电系统微波设备4套，电力负荷控制24个主台。

第三节　设备信号监测

一、设备信号常规监测

1989年，常州市无线电管理处加强监测站建设，监听时长41个小时，检测设备212部。1990年5月，对536部无线电通信设备开展“四项技术指标”检测，发现不合格产品42部。1991年，全市检测无线通信设备502部，发现不合格品45部。2001年10月31日至11月1日，市无线电管理处组织对市内非法设置、使用的无线电台（含对讲机）开展联合执法检查，查处22个违法使用无线电发射设备的单位和个人，查处违规使用无线电发射设备84部。常州市监测站发挥固定站、小型站和移动监测车的功能，对常规108～2500兆赫兹分20组频段进行频段占用度测量，查找不明信号，累计监测5081小时；抽检江苏移动常州分公司、中国联通常州分公司、江苏电信常州分公司等单位12个在用的GSM、CDMA基站；检测常州气象局等6家单位30～1000兆赫兹执照到期的7个固定台站，检测电台178部，其中短波台6部、车载台8部、中继台2部、手持台162部。

二、抢险救灾信号监测

1991年夏天，常州遭遇百年未遇的洪涝灾害，市无线电管理处对受灾单位及防汛抗洪单位急需的通信设备简化手续，为9个单位13次办理准购设备62部，无线电台设备随到随检测，保证抗洪抢险通信畅通。2003年“非典”期间，全力排除电波干扰，确保党和政府及全社会抗击“非典”疫情的正常通信，市无线电管理处通信保证24小时畅通，做到及时查处有害干扰。

三、重点工程信号监测

2009年，常州市无线电管理处重点监测了机场108～128兆赫兹、329～335兆赫兹、962～1215兆赫兹频段，保障常州机场改扩建工程顺利实施。2010年，市无线电管理处优先服务重点工程，建立绿色通道，开展测试，及时解决城际铁路常州段出现的GSM-R频段的有害干扰。经两个多月的干扰排查，出动监测车辆18次，监测沪宁城际高铁常州段沿线的14个GSM-R基站、移动分公司沿线1公里内的基站45个、500米内包括铁路专网的直放站50余个，消除干扰点10处。开展GSM-R频段的日常监控，保障城际高铁安全运行。

第四节　电波秩序维护与安保

一、电波秩序维护

通信器材市场监管　1995年6—7月，常州市无线电管理处与市邮电局、广电局、公安局联合取缔私设电台，联合市邮电局等单位突击检查全市13家大商场以及博爱路、表场地区，查出非法销售大功率非标准无绳电话13部。2001年1月9日，市无线电管理处联合质监局、工商局、公安局依法对全市通信市场进行打假，对文化宫广场地上、地下通信市场和龙城通信市场重点突击检查，检查国营集体、个私、代理商性质的大型商场、大型通信市场、小摊点130余家。2005年，常州通信器材市场全面开放，无线电对讲机摆上商场、摊位的柜台，自由买卖，缺乏监管，扰乱了无线电频率秩序，干扰正常合法用户的工作。市无线电管理处组织检查销售市场、新村物业管理、工厂、购物超市、餐饮娱乐、工程建筑等单位，查处擅自设置使用无线电台（对讲机）、违法占用无线电频率单位38个，查获私设对讲机431部，强制报废对讲机97部，补办了33家单位符合国家标准设备的手续。

执法守法检查 1996年8月，常州市无线电管理处开展执法守法大检查，对常州地区私设电台、违章设台、乱用频率的问题，整顿清理辖市、乡公安系统所组的内保通信网，补办电台执照163部，其中固定电台11部、车载电台87部、手持机65部，封存和报废设备10部。查处电力负荷控制通信网，为市供电局在市区安装的193部电力负荷监控设备办理电台执照手续，为私自安装的150部设备补办手续。2009年4—5月，加强对出租车电台使用管理检查，关闭公司出租车中继电台3个，查处非法中继电台2个，暂扣设备2套，查处非法车载电台1部。

二、无线电安全保障

无线电管理部门主要为经济社会发展提供了安全保障，为市委、市政府重大活动提供无线电通信技术服务，保障全市重大项目和重点工程的安全。至2007年，无线电安全保障开始成为无线电管理的重要工作，主要保障航空导航频率、水上通信频率、铁路列调频率（包括GSM-R）、公安频率、护林防火频率、公众移动通信频率和广播电视频率等重要的无线电通信业务频率的安全，加强校园广播管理，建立畅通的干扰申诉渠道，严格防范、严厉打击非法的无线电干扰行为。

国家统考安全保障 2008年，常州市无线电管理处开展对国家研究生考试、公务员考试、高考、国家司法及医师资格考试的无线电通信监测检测、反作弊工作，在司法考试、医师资格考试保障中，分别在230兆、600兆赫兹频段上发现作弊信号各1个。2009年，研究生考试、高考、英语四六级考试、一级建筑师资格考试、医师资格考试、司法考试、成人高考、二级建造师等考试，组织实施无线电通信安全保障。其间，在英语四六级考试保障中发现作弊信号13起，一级建筑师资格考试保障实施无线电压制4起，查处作弊案件2起。

会议庆典安全保障 2008年5月19日，市无线电管理处对中国常州先进制造技术成果展示洽谈会、中国常州科技经贸洽谈会的通信频道进行实时监测，确保组委会的通信调度。8月，常州市无线电监测站派人赴京参加北京奥运会承担朝阳公园沙滩排球馆的无线电安全保障。2010年10月，在省第十七届运动会开幕式、闭幕式筹办举行期间，在奥体中心内的无线电应急指挥车上设立保障工作现场指挥部；在奥体中心旁奥体明都大饭店楼顶设置固定监测点进行监测，确保无线电通信安全。

第十卷　环境保护

Volume X　Environmental Protection

常州环境保护事业始于70年代"三废"治理。后来造成环境污染的主要原因是工农业等产业污水、废气、噪声和固体废弃物的过度排放，加之常州印染、化工、电镀等行业较为发达，废水污染较为严重，水污染治理是环境治理的重点。80年代，全市重点实施以控制工业污染物排放总量为核心的综合防治，强化对污染源的监督管理，实施水污染物排放总量控制排污许可证制度，促进企业控制和削减污染物发生量。90年代，全市环保部门坚持"保护环境，以防为主"的原则，转入城市环境综合整治阶段，城市环境基础设施建设和工业布局调整的步伐明显加快。1992—1996年推广清洁生产，1994年编制完成《常州市环保科技发展八年规划》。21世纪起，工业污染源基本实现达标排放，综合整治流入太湖的河道，达到入湖河道的水质标准。坚持改变能源消耗结构，提高城市气化率，推行清洁生产工艺，对防治大气污染起到了重要作用。呈现工业噪声比例持续下降、生活噪声比例持续提高的趋势，交通噪声随着城市外围公路的修建、城区道路的延伸拓宽、公交系统的优化完善及交通管理的强化，得到有效控制。2001年起，常州以创建国家环保模范城市为抓手，推进环境保护水平提升，实现城市可持续发展，环境安全保障的重点是生态建设和太湖水污染防治，全市坚持强化污染源治理，生活垃圾处理和生态环境建设，水、大气、噪声环境质量逐年好转，环境设施综合服务能力明显增强，工业污染和农业面源污染得到有效控制，全社会环保意识增强。2002年开始推行循环经济，调整优化产业结构。2004年，常州市及辖市全部被命名为"国家环保模范城市"，成为全省第二个、全国第三个环保模范城市群。2006年，常州在创建成为全国生态示范区后，城乡一体开展国家生态市建设，坚持经济建设与环境保护相结合、国标与民标相结合、铁腕治污与主动建设生态相结合，持续推进污染减排、市河清水、太湖治水、空气净化、宁静工程和生态保护与建设等环保战役，全市环境质量明显改善，环保事业加速发展。至2010年末，全市集中式饮用水水源地水质达标率保持100%，太湖流域省考核的11个断面中9个达标，3条入湖河流主要水质指标稳定达到五类水标准，竺山湖、滆湖、长荡湖和天目湖水质均有改善，实现省政府提出的太湖治理目标；60条市河基本达"水清"标准，全市空气质量优良天数达341天，区域环境噪声和功能区噪声达标率为100%。

第一章　环境质量监测

常州环境监测起步于70年代末，主要监测地表水、底泥、饮用水、地下水、大气、噪声、工业废水等。1986年，形成对环境质量、污染源监督监测、科研监测及环境科学研究等方面的工作能力，开展水体、大气、土壤、生物、噪声、放射性等12个方面的监测，监测分析能力不断增强。常州环境监测采样和分析方法均按国家标准分析方法，选择有代表性的点位，主要对大气、水、声3个环境要素进行日常监测。1986—2010年，常州的主要环境质量要素大气、水、噪声经历由较差到好转的过程。1986年，市政府投入500多万元，重点治理市、区属11家医院的医疗废水，全部建立起医疗废水处理设施。1987年，常州市实施水污染物排放许可证制度，被列入国家18个许可证试点城市，常州环境监督管理由排污浓度管理向排污总量控制管理转变。1991—1995年，常州经济迅猛发展带来的环境污染压力越来越大。因此实施“污染物排污许可证”、目标责任书制度，促进市区环境质量好转。1995年末与1990年末相比，大气中主要污染物二氧化硫、氮氧化物、总悬浮颗粒和降尘的年均浓度分别下降69.3%、12.5%、17.5%和23.6%，工业废水中化学耗氧量、酚、石油类排放量分别削减50.2%、19.6%、21.6%，地面水中主要污染物高锰酸盐指数、挥发酚、石油类年均浓度分别下降26.4%、64.6%和47.9%，地面水中的溶解氧年均浓度上升8.6%，饮用水源水质指标达标率上升4.9%，交通干线噪声平均值下降4.5分贝。1996—2000年，全市投资10亿元防治工业污染源，2070家工业企业完成工业污染源治理，实现达标排放，263家企业治理无望而关停、自然停产或拆除生产设备。1998年3月，《常州市机动车排气污染防治监督管理办法》开始实施。2003年，主要污染物中化学需氧量、烟尘、二氧化硫排放量分别比2000年削减12%、15.8%和3.4%，城市水域功能区全部达标，集中饮用水水源地水质达标率保持在98%以上，烟尘控制区覆盖全域，环境空气质量达国家二级标准，城市环境综合整治定量考核居全省首位。2006—2010年，市政府成立节能减排工作领导小组，先后出台《常州市节能减排工作实施方案》《关于加强节能减排工作的意见》等规范性文件。经环保部考核，2008年末，全市化学需氧量、二氧化硫分别比2005年下降22.9%、17.8%，在全省率先完成“十一五”减排任务，减排进度名列全省前茅。2009年12月，市政府发布《关于对高污染汽车实施限制通行的通告》，实施机动车环保标志分类管理，限制黄色标志车辆在中心城区通行。至2010年底，能够进行分析项目100多个大项，获得常州环境质量状况的大量基础数据。

第一节 大气质量监测

一、监　　测

常州的空气和废气监测始于1980年。1986—2010年，全市大气、降水监测累计采集降水样品约5000个，获有效分析数据近3万个。

监测点位 常州的空气监测点位迭经变更。大气降水采样点的选择按照基本与空气监测点一致的原则，最初设置3个点位。1986年，市区空气监测点位有红梅公园、人民公园、建材模具厂、市环境监测站、西新桥、武进县气象站；市区大气降水采样点调整为市委、西新桥、清潭新村、监测站4个点。1988年底，空气监测点位调整为红梅公园（文化区）、人民公园（商业区）、市环境监测站（居民区）、西新桥（交通稠密区）、砖瓦厂（工业区）、昆虫站（对照点），从1989年起施行；大气降水采样点去除清潭新村点位，1991年增加常州东印厂监测点。1993年，常州空气监测点位调整为常州建材设备厂、红梅公园、市环境监

常州市环境监测站的空气质量监测设备（摄于2010年5月）

测站、工业技术学院、常州林业机械厂、中村(对照点),大气降水采样点位经筛选优化为红梅公园、常州工业技术学院和常州建材设备厂。1996年,空气监测点位调整为市环境监测站、常州工业技术学院、红梅公园、中村(对照点)。2000年,常州市空气监测点再次调整,常州市区(包括天宁、钟楼、新北、戚墅堰4区和武进市)的监测点位分别为市环境监测中心站、江苏城镇建设学校、常州工学院、安家、武进环境监测站和武进高级中学6个点。2001年大气降水采样点撤销红梅公园点位,增加市环境监测站点位。2002年武进撤市设区后,增加武进区环境监测站点位。至2010年底,市区空气监测点位未作变动。

监测项目 1982年起,进行大气降水监测,主要监测和研究常州地区的酸雨情况。1986年起,大气监测项目按国家统一要求,结合常州大气污染基本特征,主要污染物确定为二氧化硫(SO_2)、氮氧化物(NOx)、总悬浮物微粒(TSP)、一氧化碳(CO)、降尘、硫酸盐化速率。1993年,取消一氧化碳监测项目。2001年,氮氧化物改为二氧化氮(NO_2),总悬浮物微粒改为可吸入颗粒物(PM10)。2010年底,常州市中心区监测项目为二氧化硫、氮氧化物、可吸入颗粒物、降尘、硫酸盐化速率5个。武进监测项目为二氧化硫、氮氧化物和可吸入颗粒物。

监测频次 1986年起,常州进行二氧化硫、氮氧化物、一氧化碳采样,全年4次,每季度1次,分别于1月、4月、7月、10月中旬采样,每次5天,每天4次。总悬浮物微粒每天4次采集于同一滤膜,求其日均浓度。降尘和硫酸盐化速率全年连续采样,每月分析1次。1993年起,二氧化硫、氮氧化物全年隔日24小时自动采样监测,每月采集样品10～16个。总悬浮物微粒全年隔双日24小时自动连续采样,每月采集样品5～6个。降尘和硫酸盐化速率全年连续采样,每月分析1次。1999年6月4日,市环保局发布首期空气质量周报,此后每周五、六在新闻媒体上公布。周报包括首要污染物、空气污染指数(CAPI)和空气质量分析三部分,市环境监测中心站24小时连续监测,汇总、计算数据,得出上周的空气污染指数。2001年起,改氮氧化物、总悬浮物微粒监测指标为二氧化氮、可吸入颗粒物,采用空气自动监测系统每日监测二氧化硫、二氧化氮、可吸入颗粒物,每月监测1次降尘、硫酸盐化速率,一直沿用至2010年。2001年6月1日起,改为发布城市空气质量日报,翌年6月起发布城市空气质量预报。大气降水项目除pH值、电导率逢雨即测外每月监测不少于1次。

采样分析方法与评价标准 大气采样仪器及分析方法。均按《江苏省大气环境例行监测实施细则》执行。大气降水采样用210毫米×240毫米圆口标本缸,置于离地面1.5米的三脚架上,每次降水均取全过程雨样,若遇连续降雨,每日取样1次,测定pH值、电导率、硫酸根离子(SO_4^{2-})、硝酸根离子(NO_3^-)、氯离子(Cl^-)、铵离子(NH_4^+)、钙离子(Ca_2^+)、镁离子(Mg_2^+)、钾离子(K^+)、钠离子(Na^+)10个项目。分析方法均执行国家环保局颁发的《降水化学成分统一监测分析方法》。采集二氧化硫、氮氧化物(二氧化氮)、总悬浮物微粒(可吸入颗粒物)的样本,评价标准采用国家标准GB3095—82《大气环境质量标准》中的二级标准。降尘:以清洁对照点监测值加3吨/平方公里·月为评价标准。硫酸盐化速率:执行0.5 SO_3毫克/100平方厘米·碱片·日的推荐标准。酸雨:pH值小于5.6为酸雨,降水的pH值及离子浓度平均值按雨量加权平均值计算。

二、空气污染指数(API指数)

2001年,常州开始采用空气污染指数衡量城市空气质量,公开发布空气质量日报。常州空气质量多年以良为主,占全年总天数的46.8%～86.3%,从2003年起稳定在72%～86%,优的天数占1.9%～16.2%,轻微污染天数出现概率较高占5.4%～32.9%。2001—2003年轻度污染出现概率较高,此后出现概率较低,中重度污染及其以上等级空气质量仅个别年份出现。常州市空气质量总体上以良为主,其次为轻微污染和优,轻微污染天数占比逐年下降。

2001—2010年常州市区空气污染指数统计表

表10-1-1

年份	天数和比例	优	良	轻微污染	轻度污染	中度污染	中度重污染	重度污染
2001	天数	44	171	120	30	0	0	0
	比例(%)	12.1	46.8	32.9	8.2	0	0	0
2002	天数	54	179	87	30	3	4	8
	比例(%)	14.8	49.1	23.8	8.2	0.8	1.1	2.2
2003	天数	22	274	59	10	0	0	0
	比例(%)	6.0	75.1	16.2	2.7	0	0	0
2004	天数	12	290	59	5	0	0	0
	比例(%)	3.3	79.2	16.1	1.4	0	0	0
2005	天数	7	301	56	1	0	0	0
	比例(%)	1.9	82.2	15.6	0.3	0	0	0
2006	天数	59	265	39	1	1	0	0
	比例(%)	16.2	72.6	10.6	0.3	0.3	0	0
2007	天数	22	289	51	3	0	0	0
	比例(%)	6.0	79.2	14.0	0.8	0	0	0
2008	天数	57	267	33	9	0	0	0
	比例(%)	15.6	72.9	9.0	2.5	0	0	0
2009	天数	31	306	27	1	0	0	0
	比例(%)	8.5	83.8	7.4	0.3	0	0	0
2010	天数	28	315	20	1	0	0	1
	比例(%)	7.7	86.3	5.4	0.3	0	0	0.3

三、主要污染物

2005以前，常州市区居民区与工厂混杂交错，且工厂、居民生活燃料以煤为主，一些工厂排放有害气体。2005年以后，由于车辆拥有量越来越多和城市改扩建的原因，汽车尾气污染、道路扬尘逐渐成为影响常州大气环境质量的重要因素。市区以中、低层楼群为主，间有少许高层楼房，总体而言，烟气排放高度大部分在30米以下。

1986—2010年，常州三项主要污染物中二氧化硫、氮氧化物或二氧化氮的平均值均低于国家二级标准。二氧化硫污染指数值1993年前后达最低，之后又开始上升；氮氧化物或二氧化氮在25年中的总体趋势为两端小、中间大，1996—2000年之间达到最大值；总悬浮颗粒物或可吸入颗粒物污染指数值总体趋势比较平稳，保持在1.00左右，历年都是常州市区大气污染物中最主要污染物，略高于国家二级标准，其中二氧化硫年度瞬时浓度最高超达标率45%，最低超达标率0，一般冬季值最高，夏季最低，春秋季居中，与不同季节的能源（如煤）耗用量相关。氮氧化物或二氧化氮较少出现超标情况，冬春两季高于夏秋两季。总悬浮颗粒物或可吸入颗粒物则超标现象很普遍，冬季浓度略高于春秋季，夏季最低。颗粒物污染的原因有多种，其中城市改扩建时建筑工地扬尘是一个重要因素；季节性变化的原因和地区性降水特点有关，常州通常夏季降雨量最大，春秋季次之，冬季最少。

1986—2010年部分年份常州市区大气中度及以下污染监测数据比较表

表10-1-2

年度	二氧化硫(毫克/立方米)	氮氧化物(毫克/立方米)	总悬浮颗粒(毫克/立方米)	一氧化碳(毫克/立方米)	降尘(吨/平方千米·月)	硫酸盐化速率(SO_3毫克/100平方厘米碱片·日)	评价等级	
							大气综合质量指数	污染等级
1986	0.115	0.059	0.408	1.95	12.9	—	1.15	中度污染
1987	0.081	0.044	0.361	1.68	15.5	—	1.12	中度污染
1988	0.072	0.048	0.492	2.60	15.6	0.647	1.28	中度污染
1989	0.113	0.058	0.368	2.47	12.8	0.768	1.07	中度污染
1992	0.075	0.056	0.365	—	12.8	0.712	1.08	中度污染
1996	0.023	0.049	0.301	—	10.0	0.690	1.18	中度污染
1999	0.016	0.062	0.213	—	8.65	0.610	1.03	中度污染
2001	0.040	0.035	0.129	—	8.51	0.930	1.08	中度污染
2005	0.040	0.029	0.099	—	9.54	0.470	0.89	轻度污染
2010	0.034	0.029	0.088	—	9.47	0.184	0.88	轻度污染
平均	0.061	0.047	0.282	2.18	11.58	0.626	1.08	

说明：1991年取消一氧化碳指标，2001年起改监测氮氧化物、总悬浮颗粒物为二氧化氮、可吸入颗粒物，平均值为有检测数值年份的年均值

二氧化硫　1986—2010年，常州大气环境中二氧化硫的年平均值为每立方米0.047毫克，低于国家二级标准每立方米0.06毫克，瞬时浓度范围每立方米0.002～0.638毫克。年度最高超达标率45%，最低超达标率0。最高超达标率、最高浓度值均于1986年出现在环境监测站测点。月均值表明一般冬季最高，夏季最低，春秋季居中。常州大气环境中二氧化硫浓度值较高的年份均出现于1986—1992年，高超达标率亦出现于其间，超达标率范围5%～45%，经常超标达10%。1993年起超达标率明显下降，超达标率范围0.3%～8.1%，经常低于5%。

氮氧化物或二氧化氮　1986—2010年，常州大气中氮氧化物年均值的平均值为每立方米0.044毫克，低于日平均浓度值国家二级标准，日均浓度值为每立方米0.002～0.246毫克。1998年，红梅公园测点最大值超标0.64倍，年均值介于每立方米0.038～0.062毫克，未超过国家二级标准。1986—2000年波动幅度不大，总体上无上升或下降趋势。1993年监测点未调整前，交通稠密区氮氧化物污染情况比较严重，历年的最高超达标率均出现在西新桥测点，明显高于其他监测点，其次是工业区监测点。1993年监测点位调整后，文教居民混合区年日均浓度值最高，工业区其次，工业技术区最低。2001年后，氮氧化物监测指标改为二氧化氮，2001—2010年，二氧化氮年均值的平均值为每立方米0.031毫克，低于年均浓度值国家二级标准每立方米0.04毫克，日均浓度值介于每立方米0.001～0.32毫克，最大值超标7倍，2002年出现在武进高级中学测点。2001—2010年，二氧化氮年均值波动幅度不大，年均值约每立方米0.03毫克。武进二氧化氮日均浓度值略高于主城区，最大日均值一般出现在武进。氮氧化物或二氧化氮的日均浓度监测值春冬两季高于夏秋两季。

总悬浮颗粒物或可吸入颗粒物　常州城区污染普遍严重。1986—2000年，所有监测点所测值均有超标，超达标率介于5%～100%，总悬浮颗粒物年均值的平均值为每立方米0.22毫克，略高于日均值的国家二级标

准，日均浓度范围为每立方米0.03～2.15毫克，日均浓度值最大值超标6.2倍，此值1988年出现在西新桥(交通稠密区)；超标情况最严重的为交通稠密区，年均值为每立方米0.37毫克，高于日均值的国家二级标准。1993年以前，交通稠密区年均值最高，其次为居民文教区，工业技术区最低。同年改变监测点位和采样方法后，一般是工业区年均值最高，其次是居民文教区，工业技术开发区最低。多年来呈现冬季浓度略高于春秋季，夏季最低。2001年起改为监测可吸入颗粒物指标，2001—2010年的年均值为每立方米0.103毫克，高于年均值国家二级标准。所有监测点所测值均存在超标现象，超达标率介于8%～53.7%，超标情况普遍严重。日平均浓度变化范围每立方米0.002～0.857毫克，最大值超标7.6倍，2001年出现在常工院监测点。2001—2004年武进情况好于市中心区，2005—2010年市中心区情况好于武进。春夏两季好于秋冬两季，主要原因是春夏季降水较多，空气得到净化，受台风外围影响天数较多，空气对流扩散较好。2001—2010年，可吸入颗粒物年均值小幅下降。

降尘和硫酸盐化速率 1986—2010年，常州大气降尘年平均值为每月每平方公里10.76吨，降尘无国家标准，以清洁对照点监测值加每月每平方公里3吨为评价标准。超达标率范围0%～79.03%，工业区测点值历年超标情况最严重，降尘量最大，其次是交通稠密区。1986—1997年，年均降尘量均在每月每平方公里10吨以上，降尘量明显高于1998—2010年，年均值最高的1988年为每月每平方公里15.6吨，最小值的2006年为每月每平方公里7.74吨。1988—2010年，常州大气硫酸盐化速率年均值的平均值为每日每百平方厘米0.617毫克碱片，明显高于国家二级标准每日每百平方厘米0.25毫克碱片，超标1.47倍。各测点月均值范围在每日每百平方厘米介于0.317～0.93毫克碱片，硫酸盐化速率监测数据显示三氧化硫(SO_3)污染情况较为严重，超标情况非常普遍，最大超达标率100%，特别是1988—2002年，超达标率范围64.3%～100%；2003—2010年情况较好。

一氧化碳 1986—1990年，常州监测大气环境中一氧化碳，1991年取消，5年数值平均值为每日每立方米2.22毫克，低于国家二级标准日均浓度每立方米4毫克，日平均值介于每立方米0.29～9.65毫克，一次最大浓度低于国家二级标准每立方米10毫克，超标率3%～18%，年均超标9.5%。

酸　　雨 1986—2010年，常州地区采集雨水样品5145个，其中酸雨样品1830个。降水pH值年均为5.25，低于5.6的酸雨定义值，酸雨污染情况比较严重，变化范围4.38～5.96，历年超达标率范围4.8%～69.3%，平均超标32.9%。日均值变化范围3.25～9.28。

1986—2010年常州市区酸雨监测数据统计表

表10-1-3

年份	pH年均值	pH值范围	酸雨频率(%)	样品总数(个)	其中:酸雨样品数(个)
1986	5.78	3.93～9.28	6.2	242	15
1987	5.69	4.29～8.34	10.3	331	34
1988	5.64	4.20～7.91	12.9	232	30
1989	5.27	3.81～8.50	23.1	225	52
1990	5.30	4.22～7.49	27.4	215	59
1991	4.96	3.97～7.61	42.2	232	98
1992	5.42	3.86～7.42	26.6	143	38
1993	5.74	4.74～7.82	13.4	134	18
1994	5.96	4.68～7.88	4.8	84	4

续表 10-1-3

年份	pH年均值	pH值范围	酸雨频率(%)	样品总数(个)	其中:酸雨样品数(个)
1995	5.33	4.36～8.11	34.8	66	23
1996	5.05	4.21～7.05	41.8	110	46
1997	4.61	3.78～7.06	35.8	81	29
1998	4.87	3.84～6.94	41.3	109	45
1999	4.87	4.16～7.02	37.8	111	42
2000	5.23	4.20～6.89	43.2	111	48
2001	5.51	4.22～7.66	32.6	270	88
2002	5.44	3.88～8.04	25.4	338	86
2003	5.42	3.25～9.18	25.9	328	85
2004	5.68	3.97～8.33	29.3	276	81
2005	5.35	3.62～8.19	37.5	285	107
2006	4.63	3.70～7.16	68.2	236	161
2007	4.66	3.34～7.30	69.3	238	165
2008	4.38	3.71～6.97	66.7	234	156
2009	4.86	3.78～6.74	62.3	247	154
2010	4.62	3.88～6.84	62.2	267	166

说明：pH 值小于 5.6 为酸雨

1986—2010 年，常州市区酸雨出现频率总体上呈上升趋势，1994 年频率最低，为 4.8%。1986—1991 年逐年上升，1992—1994 年逐年下降，1995 年以后酸雨情况未得到很好控制，2002—2007 年逐年上升，此后略有下降。常州降水 pH 值的季节性变化明显，高值一般在夏季的 8 月和冬季 1 月，低值在冬春季的 2—4 月，春秋两季酸雨出现频率最高，冬季次之，夏季最低，与常州地区的气象特征有关。常州地区属中亚热带季风气候，降水量的季节性分布很不均匀，60% 的降雨集中在 5—9 月，春秋两季降雨强度小，多为连续阴雨天，雨滴粒径小，密度大，有利于雨滴对污染物的冲刷。夏季风速大静风率低，下部逆温最少，多阵性降水，有利于污染物迁移扩散。酸雨主要是煤烟型空气污染造成的，为硫酸型酸雨，降水中起致酸作用的阴离子主要是 SO_4^{2-}，且降水中污染物含量季节性变化明显，冬季最高，夏季最低，与降水量酸度变化情况基本一致，污染物浓度与降水量呈负相关关系。

四、污 染 源

工业锅炉、窑炉数与工业废气排放量密切相关，工业发展导致锅炉、窑炉数量增加，通过技术改造，发展新工艺，不断减少锅炉、窑炉数量，锅炉数并非规律性变化，其中 1995 年数量最多，此后开始下降。窑炉数总体呈下降趋势。常州工业废气及主要污染物排放量与常州工业布局及工业发展速度密切相关，1986—1995 年，由于重视程度不够，更多地考虑工业发展，工业废气排放量不断攀升；1996—1999 年，常州重点整治工业废气，排放量逐年下降。2000 年后是常州经济迅速发展的时期，工业废气排放量开始上升。武进划归常州市区后，总排放量迅速攀升。排放废气中主要污染物为二氧化硫、烟尘、粉尘，其中二氧化硫、烟尘的历年等标负荷均在 90% 以上，二氧化硫历年等标负荷比均达 60%。

1990—2010年部分年份常州市区工业废气污染物排放量统计表

表10-1-4　单位：吨

年份	废气(亿标立方米)	二氧化硫	烟尘	粉尘	年份	废气(亿标立方米)	二氧化硫	烟尘	粉尘
1990	118.63	18591	21085	2536	2003	550.37	45722	15375	43986
1995	259.96	44387	20902	868	2004	731.66	92958	28086	54602
1996	237.21	42393	22681	560	2005	753.61	63100	28155	56238
1997	221.12	43601	23684	544	2006	1116.28	81412	32386	59395
1998	198.10	20298	15638	605	2007	1502.42	72134	30978	54246
1999	191.44	17379	14413	140	2008	1176.36	65763	23009	15676
2000	464.70	39042	30798	41200	2009	1157.88	2254	24917	11299
2001	429.32	48242	17590	41640	2010	1028.21	47680	35227	12988
2002	483.10	45133	19330	41448					

能源消耗　能源结构是影响城市大气环境状况的主要因素，常州市区工业企业燃料主要为煤、电力、油、焦炭、煤气、热力等，原煤和电力消耗占主导地位，冶金行业消耗的焦炭比重较大，体现产业结构的特点，清洁能源比重历来较低。消耗能源（包括二次能源）大的行业为电力热力热水的生产供应业、非金属矿物制品业、纺织业、黑色金属冶炼及压延加工业、化学原料及化学制品制造业、通用设备制造业、食品制造业、纺织服装鞋帽制造业8个行业，历年能耗总量占常州总能耗的60%以上。而戚墅堰发电公司、常州第一热电厂等大型企业一直以来耗费其中大部分的能源。常州市区能源消耗呈总体上升趋势，2005年比2000年明显增加，这与武进划归常州市区有关，剔除这一因素，2000年的煤消耗量低于1995年，呈下降趋势，与常州不断进行工业布局调整、推行清洁能源有关。2006年起，常州工业煤炭消耗量明显增加，这与工业发展速度有关。2008年开始，常州再度加快产业结构调整，遏制高耗能行业盲目扩张，企业积极推行环保、节能改造，推广高效率、低能耗、环保型的新技术、新工艺，在工业总产值继续保持快速增长的同时，工业煤炭消耗量出现明显下降趋势。

第二节　水环境质量监测

常州属太湖流域上游地区，京杭大运河（简称“大运河”）自西向东经市区穿越过境，由诸多北、南支流连通长江及太湖、滆湖、洮湖等主要湖泊，构成纵横交错的水网。1978年，市环境监测站建立后，大运河常武段水质监测由市卫生防疫站改为市环境监测站实施，主要监测地下水、地表水、饮用水源等。

一、监　　测

地表水　常州市区主要监测大运河常武段及其支流、滆湖。大运河从西北向东南横贯市区，常州上游为镇江地区，经丹阳新河口进入常州境内，在武进横林镇东约3公里处流出常州。境内大运河全长44.7公里，其中市区25公里。全市河流流向主要为西北向东南，水文情势多受上游人工影响，如德胜河上游圩塘闸，澡港河上游魏村闸。2002年，武进划入常州市区后，地面水系更趋丰富，市区入太河流主要有武进港、太滆运河。

常州主要湖泊为武进西南部的滆湖，水域面积137平方公里，平均水深约1米，是江苏省第六大淡水湖、武进重要的水产养殖基地，2003年8月前为武进城区饮用水源地。

水质监测　地表水监测断面设置　市环境监测站负责监测，方法是在河段代表性点位设置断面，取水样分析。1986年，全市设置地表水监测断面24个。1989年，经优化论证后，筛选出地表水监测断面15个。

2001 年，始设武进地表水系监测断面 13 个，断面总数增至 29 个。2006 年调增为 41 个，保持至 2010 年，滆湖水质监测设 4 个监测点。

京杭大运河常州市区段监测的主要支流情况表

表 10-1-5

区位	名称	源流情况
大运河北侧	德胜河	其上游来自长江
	北塘河	上游来自澡港河，澡港河上游来自长江
	关　河	上、下游直通大运河，与大运河形成环形，整个河段处于城区
	城　河	有数条，散布于城区，位于大运河和关河之间，上游承接大运河、关河，下游入大运河
大运河南侧	南运河	下游流入滆湖
	采菱港	下游通往太湖
	大通河	为大运河二级支流，其上游来自南大运河，下游流入采菱港
	武进港	北起戚墅堰区京杭大运河，经武进洛阳、戴溪、雪堰等村镇流入太湖，全长约 30 公里，河宽约 40 米，水深 3～4 米，是武南地区主要航运和纳污河流
	太滆运河	西起滆湖，经坊前、运村、潘家等村镇流入太湖，全长约 20 公里，河宽约 40 米，水深 3～4 米，是沟通滆湖和太湖的重要河流，也是武南地区主要航运河流

1986—2006年常州市区地表水监测断面(点)设置变化表

表 10-1-6

类别	年份	总数(个)	设置与增设简况	取消简况
地表水监测断面	1986	24	设大运河干流 9 个、支流 15 个	
	1989	15	设大运河干流 8 个、支流 7 个	
	1992	17	增设青洋桥、横汀桥支流断面	
	1996	17	增设龙虎塘南桥断面	大运河支流太平桥断面
	2001	29	增设德胜河德胜河桥、澡港河长新桥断面	取消大运河干流怀德桥断面和大运河支流铁路连江桥、澡港河横汀桥断面
			始设武进地表水系断面 13 个：武进港姚巷、戴溪、慈渎桥、太滆运河黄埝桥、采菱港马杭桥、北塘河郑陆桥、武宜运河万塔桥、五洞桥、夏溪港泥炭桥、北干河人民大桥、扁担河厚余桥、舜河张家桥、郯村河嘉泽桥断面	
	2006	41	增设德胜河东潘桥、澡港河九号桥断面和长江西石桥断面；武进断面增至 22 个	
滆湖水质监测	2006	4	设有北干河口区、湖北区、湖南区、太滆河口区 4 个监测点	

监测项目与分析方法　1986 年起，常州市地表水监测项目 30 多项，常规的历年监测项目有水温、pH 值、悬浮物、总硬度、溶解氧、高锰酸盐指数、生化需氧量、氨氮、亚硝酸盐氮、硝酸盐氮、挥发酚、总氰化物、砷、汞、铬(六价)、铜、铅、锌、镉、石油类、细菌总数、大肠杆菌 22 项指标。2002 年，根据《地表水环境质量标准》

(GB3838—2002)调整为24项指标，增加总氮、总磷、化学需氧量、阴离子洗涤剂、氟化物、硒、硫化物7项指标，取消悬浮物、总硬度、亚硝酸盐氮、硝酸盐氮、细菌总数5项指标，增测电导率、流量、流向。1989年起，将原来按《环境监测分析方法》改为按《水和废水监测分析方法》进行，出版新版时按新版方法进行。

监测频率与时间　1986年，对所有断面均逢单月监测，年监测6次。1987年起，4个国家控制断面即新河口、水门桥、常州石化厂和横洛间（常州横林与无锡洛社间）每月监测1次，全年12次；其余断面仍旧逢单月监测1次，全年6次。1990年前、后一般分别于每月中、下旬监测。

采样位置与方法　常州的河流宽度大多小于50米，水深小于5米，因此采样位置均在中泓，水面以下0.5米处。用铁架采样器、硬质玻璃瓶采样。

底泥监测　监测断面　在常州市中心区大运河及其支流选择监测断面，1986—1990年，选择新河口、连江桥下、河水厂、怀德桥、水门桥、常州石化厂、戚墅堰、横洛间、太平桥、东关桥、宣塘桥、夏城桥等共13个监测断面。1991年，增加铁路连江桥、北塘桥、菱港桥、青洋桥、横汀桥、龙虎塘南桥6个监测断面。2001年，取消怀德桥、铁路连江桥两个断面。2006年，增加东潘桥、九号桥断面，与地表水监测断面位置相同。

监测项目与频次　1986—1990年，监测项目有砷、汞、总铬、铅、镉、铜、锌、锰、有机氯农药、pH值、高锰酸盐指数11项。1991年取消锰、有机氯农药两项指标，增加硫化物指标，改高锰酸盐指数为化学需氧量(COD)。2006年起，增加悬浮物、总氮、总磷3项，监测指标数达13个。每年3月采样，采用铁夹采样器采集河流中底泥，现场用塑料袋存放，pH值和硫化物及时分析，其他项目在实验室阴干3个月后进行分析。底质评价暂无国家标准，参考"七五"国家科技攻关项目"65-37-2水质专题报告"提出标准。

水生生物监测　1987年，市环境监测站开始对京杭大运河及其主要支流进行例行生物学监测。

监测项目与方法　分为水生生物群落监测、细菌学监测两部分，前者包括浮游植物（藻类）、浮游动物（原生动物、轮虫、枝角类、桡足类）、底栖动物（底栖大型无脊椎动物）定性、定量分析；后者有细菌总数、总大肠菌群。监测方法均执行国家环保局《环境监测技术规范》生物监测（水环境）部分。

监测断面、频次及评价方法　从地表水水质监测断面中选择相应的主要河流及支流断面进行监测，1987—1988年，水生生物群落监测、细菌学监测均在每年5月、9月各采样监测1次。1989年起，细菌学监测改为逢单月监测1次。根据水样中生物群落的质与量，判断污染状况，污染等级分轻污染、乙型中污染、甲型中污染、重污染、严重污染5级，对应分值4、3、2、1、0，介于两者之间取均值。

黑臭观测　常州的地表水污染以有机污染为主，时有黑臭现象发生，以城河、南运河与京杭大运河水门桥附近（城河与京杭大运河交汇处）发生较多。1986—1990年，常年观测地面河流15个点位的黑臭情况，其中南运河设常州油厂、水泥厂、马公桥3个点位，城河设琢初桥、元丰桥、解放桥3个点位，大运河设水门桥、政成桥、常州石化厂、常州钢厂、丁堰、戚墅堰发电厂、工农桥、卫东桥、万安桥9个点位。1991—1995年，增设3个点位，在采菱港、三山港入大运河口处各设1个点位，大运河增设九号桥点位，共18个点位，新增的3个点位数据未做统计。1996年起，调整为京杭大运河干流的怀德桥、石化厂、惠济桥和京杭大运河支流的元丰桥、东关桥、马公桥、北塘桥、万福桥、夏城桥、菱港桥10个点位，保持至2010年。主要观测黑臭、等级、颜色、漂浮物、浮油、流速、流向等，每月观测3次。

城市饮用水源　供水厂。常州市城市饮用水源主要有常州第一水厂（西石桥水厂）、第二水厂（大运河水厂）、三井水厂和戚墅堰水厂、东水厂、南水厂、北水厂，主要居民新村均建泵站二次供水。第一、第二水厂源水分别取自长江、京杭大运河，三井水厂和戚墅堰水厂源水来自地下水。第一水厂1984年建成投产，1993年以前取水口位置在利港河西石桥水厂处；1993年，长江引水工程一期完成，取水口位于利港电厂以北伸入长江200米水面以下5～10米处。第二水厂于1969年建成投产，取水口位于大运河岸边，2000年后改从长江取水。三井水厂和戚墅堰水厂均以地下水中第Ⅱ承压层水为主要水源。其余东水厂、南水厂、北水厂及各新村泵站均以地下水为水源，这些水厂自1991年起因保护地下水逐渐关闭。2004年，魏村水厂建成投产，水源来自长江。1986—1990年，常州城区水厂年均供水量约7000万吨，1991—1995年年均供水量接近1亿吨，1996—2000年城区饮用水供水量保持在年均约1.1亿吨。2000年供水量迅速上升，至2007年超2亿吨，2008年超3亿吨，2010年3.01亿吨。武进城区居民主要饮用湖塘水厂的供水，其2001—2002年水源为滆湖水源，2003年后水源来自长江。

监测项目与方法　1986年起，主要监测项目有pH、总硬度、耗氧量、氨氮、亚硝酸盐氮、硝酸盐氮、氟化物、挥发酚、氰化物、砷、汞、铬（六价）、铅、铜、锌、锰、阴离子表面活性剂、细菌总数、大肠菌群、余氯等20多项，此后历年有所增减。2002年《地表水环境质量标准》（GB3838—2002）颁布后，监测项目根据Ⅲ类水标准，调整为水温、pH值、溶解氧、高锰酸盐指数、化学需氧量、生化需氧量、氨氮、总磷、总氮、铜、锌、氟化物、铁、锰、硒、砷、汞、镉、铬（六价）、铅、氰化物、挥发酚、石油类、阴离子表面活性剂、硫化物、硫酸盐、氯化物、硝酸盐、粪大肠菌群，共29项。

监测次数、时间与分析方法　地表水源水每月中下旬监测1次，地下水源水每年3月、8月监测。在水厂进水口上游河道中泓水面下0.5米处用铁架采样器、硬质玻璃瓶采样（常州第一水厂1988年以前在进水池中采样）。监测分析方法与地表水相同。

评价标准　1986—1990年，按《生活饮用水卫生标准》（GB5749—85）及《地面水环境质量标准》（GB3838—2002）Ⅱ类水质要求执行；1991—2001年，按江苏省城市综合整治定量考核标准（14项）执行；2002年，《地表水环境质量标准》（GB3838—2002）颁布后，按该标准中的Ⅲ类水标准执行。

地下水　常武地区分布有第四系孔隙水、石灰岩岩溶水和砂岩裂隙水3个类型地下水。第四纪孔隙水是开采地下水的主要水源，按埋深分类在市区选取4个监测点每年3月、8月进行两次监测，监测项目22项，历年有所增减。由于多年过量开采利用地下水，造成地下水位不断下降，引起地面沉降。2004年，常州市政府开始全面禁采地下水，2005年11月完成封井禁采工作。

常武地区地下水按埋深分类和监测点设置情况表

表10-1-7

类　别	数量(个)	分层与监测点位	埋深米数与承压含水层
地下水分类	4	潜水含水层	埋深于地表下10米以浅
		第Ⅰ承压含水层	埋深于地表下30米以浅
		第Ⅱ承压含水层	埋深于地表下约70米，为主要开采利用的含水层
		第Ⅲ承压含水层	埋深于地表下约130米
地下水监测点	5	横兴弄	监测潜水层
		国棉一厂	监测第Ⅰ承压含水层
		味精厂	监测第Ⅱ承压含水层
		国棉一厂	监测第Ⅲ承压含水层，1993年后不取监测
		酿酒总厂	监测第Ⅲ承压含水层，1994年开始监测

二、质　量

地表水　大运河及其支流　1986—2010年，大运河常武段及其支流水质综合污染指数：大运河上游

3个断面及长江西石桥属尚清洁；大运河中游3个断面及东潘桥、长新桥属轻污染；连江铁路桥、青洋桥断面属中污染；大运河整体属中污染；其下游两个断面及支流上的太平桥、东关桥、北塘桥、宣塘桥、夏城桥、菱港桥、横汀桥和龙虎塘南桥8个断面为重污染。大多数污染指标呈年际好转趋势，但趋势和水质变化均不明显。大运河下游两个断面污染负荷比相当高，上游污染负荷比较低，表明大运河进入常州市区后水质污染加重，至出境断面时仍未有改善。主要污染物为氨氮、挥发酚、生化需氧量、总磷、溶解氧、高锰酸盐，污染分担率累计达70%，是污染最重的6项指标。全市平均主要污染物依次是挥发酚、石油类、氨氮、生化需氧量、溶解氧和高锰酸盐，污染分担率均大于5%，累计分担率大于90%，表明地表水中有机物污染严重。污染负荷比主要污染断面依次是石化厂、戚墅堰、东关桥、夏城桥、横洛间、水门桥、太平桥7个断面，污染负荷比均大于7%，累计污染负荷比大于70%。大运河上游来水为4类水，满足地表水基本要求，但市区的中下游段及市区段支流均属重污染或严重污染，不能满足5类水要求，主因是常州地表水污染源众多、分布广泛。地表水环境污染突出表现为以溶解氧、高锰酸盐指数和生化需氧量为主的有机污染，污染分担率通常约20%～30%；以挥发酚、石油类为主的感官性和毒理学指标的污染，污染分担率约40%。污染物含量变化与相应的主要排放源一致。

溶 解 氧　1986—2010年，常州地表水中溶解氧总平均值为每升4.39毫克，达《地表水环境质量标准》(GB3838—2002)4类标准。大运河干流上游直至怀德桥好于中下游，达2类标准，干流常州境内出口横洛间断面甚至不达3类标准，表明市内污染物排放造成干流水质下降。支流中大通河、城河及采菱港情况较差，其余均达4类标准。各断面最不利值，干流出现在石化厂和戚墅堰断面(0.55毫克／升)，支流出现在大通河夏城桥断面(0.31毫克／升)，出现年份依次是1986年、1987年、1988年；溶解氧含量缓慢上升，污染呈减轻趋势，以大运河下游、城河和关河上升趋势较为显著。

高锰酸盐　1986—2010年，常州市地表水中高锰酸盐指数总平均值为8.1毫克／升，达《地表水环境质量标准》(GB3838—2002)4类标准，含量普遍呈下降趋势，污染呈减轻趋势。其中常州石化厂断面、横洛间断面和太平桥断面下降趋势明显，2000年后下降趋势更加明显。大运河干流中下游及支流断面含量明显高于干流上游及长江断面。干流最不利值为1986年水门桥断面的每升23.8毫克，其次是怀德桥及石化厂断面的每升18.4毫克，支流最不利值为1986年关河东关桥断面的每升23.1毫克，各断面每升10毫克含量值多出现于1988年前。

生化需氧量　污染的基本状况与高锰酸盐污染状况很相似，仅超标倍数普遍高于高锰酸盐指数。1986—2010年，常州市地表水中生化需氧量总平均值为每升8.21毫克，达《地表水环境质量标准》(GB3838—2002)5类标准。

氨　　氮　1986—2010年，常州市地表水中氨氮总平均值为每升2.18毫克，未达《地表水环境质量标准》(GB3838—2002)5类标准，是所测指标中超标较严重项目。其中污染较严重的断面为大通河夏城桥断面、城河太平桥断面，均为支流断面；污染较轻的断面为干流上游及长江断面。各断面年际变化趋势均呈下降趋势。最不利值为1988年大通河夏城桥断面每升12.7毫克。

亚硝酸盐氮　1986—2010年，常州地表水中亚硝酸盐氮总平均值为每升0.12毫克，多数断面年际变化呈上升趋势，但都不显著。除大运河上游3个断面外，其余断面水质均受轻度污染。

挥 发 酚　1986—2010年，常州地表水中挥发酚总平均值为每升0.0314毫克，未达《地表水环境质量标准》(GB3838—2002)5类标准，是所测指标中污染最严重指标。除大运河怀德桥以上及长江西石桥断面外，其余断面水质均受污染，其中大运河下游段污染严重。最不利值为1997年大通河夏城桥断面。总体污染状况呈减轻趋势。

石 油 类　1986—2010 年，常州市地表水中石油类总平均值为每升 1.19 毫克，未达《地表水环境质量标准》(GB3838—2002)5 类标准。除大运河上游外，市区地面水普遍受到石油类污染，大运河中下游段从常州石化厂断面起污染严重，最不利值 1990 年出现在干流常州石化厂断面。

1986—2010 年常州市河流各断面主要污染物年平均值统计表

表 10-1-8　　单位:毫克 / 升

断面位置	溶解氧	高锰酸盐	生化需氧量	氨氮	亚硝酸盐氮	挥发酚	石油类
新河口	6.63	4.93	3.71	0.95	0.048	0.0034	0.41
连江桥下	6.54	4.71	3.34	0.81	0.053	0.0033	0.33
河水厂	6.51	5.03	4.63	1.81	0.055	0.0031	0.59
怀德桥	6.05	8.28	10.65	2.08	0.114	0.0169	0.75
水门桥	3.99	8.46	8.60	2.09	0.101	0.0281	1.46
常州石化厂	2.81	9.19	9.84	2.78	0.144	0.2285	2.73
戚墅堰	2.53	8.09	7.57	2.41	0.176	0.0701	1.90
横洛间	2.13	8.89	7.89	2.80	0.179	0.0482	2.10
城河太平桥	2.00	11.97	15.90	5.34	0.148	0.0340	1.82
关河东关桥	3.41	10.32	9.56	2.05	0.135	0.0459	2.41
北塘河北塘桥	3.99	7.97	8.65	2.90	0.112	0.0139	1.28
南大运河宣塘桥	3.14	9.17	9.49	2.69	0.112	0.0199	1.10
大通河夏城桥	1.86	17.58	25.47	5.74	0.274	0.0234	1.96
采菱港菱港桥	2.38	11.24	13.62	2.72	0.142	0.0203	2.05
澡港河横汀桥	5.00	9.03	7.06	1.39	0.086	0.0436	1.94
德胜河连江铁路桥	6.43	4.88	3.80	0.87	0.051	0.0040	0.48
北塘河青洋桥	3.44	8.90	7.15	2.28	0.097	0.0162	0.73
澡港河龙虎塘南桥	4.91	9.26	7.43	2.27	0.054	0.0270	0.74
长新桥	4.28	6.33	4.06	1.10	0	0.0017	0.13
西石桥	8.02	2.67	1.65	0.29	0	0.0004	0.03
东潘桥	6.24	3.23	2.29	0.45	0	0.0081	0.001
总平均值	4.39	8.10	8.21	2.18	0.099	0.0314	1.19

滆　湖　滆湖水质监测设有北干河口区、湖北区、湖南区、太滆河口区 4 个监测点。湖泊水质评价采用综合污染指数法，评价标准为《地表水环境质量标准》(GB3838—2002)3 类水标准。2001—2005 年，4 个监测断面均未达相应水域功能类别要求，主要污染指标为总氮、氨氮、高锰酸盐指数、挥发酚、石油类。2006—2008 年，4 个测点均未达标，主要污染物为总氮、总磷、化学需氧量。养殖业的发展与燃油机动船的使用对滆湖水质有影响，水质明显表现富营养化。2009—2010 年，经不断治理，化学需氧量、总氮、总磷、高锰酸盐指数同时下降。2006—2010 年，滆湖水质总体上由 2005 年末的劣 5 类改善为 4 类，并持续保持。

2001—2010年滆湖水质类别和影响水质类别的超标污染情况表

表10-1-9

年　度	断面名称	水域功能类别	水质类别	影响水质类别的主要污染指标
2001—2005	北干河口区	Ⅲ	Ⅴ类	总氮（Ⅴ类）、石油类（Ⅳ类）
	湖北区	Ⅲ	劣于Ⅴ类	氨氮（劣于Ⅴ类）、总氮（劣于Ⅴ类）、挥发酚（Ⅴ类）、高锰酸盐指数（Ⅳ类）、石油类（Ⅳ类）
	湖南区	Ⅲ	劣于Ⅴ类	总氮（劣于Ⅴ类）、氨氮（Ⅳ类）、高锰酸盐指数（Ⅳ类）、挥发酚（Ⅳ类）、石油类（Ⅳ类）
	太滆河口区	Ⅲ	劣于Ⅴ类	总氮（劣于Ⅴ类）、氨氮（Ⅴ类）、高锰酸盐指数（Ⅳ类）、石油类（Ⅳ类）
2006	北干河口区	Ⅲ	劣于Ⅴ类	总氮劣于Ⅴ类，总磷、化学需氧量Ⅳ类
	湖北区	Ⅲ	劣于Ⅴ类	总氮劣于Ⅴ类，总磷、化学需氧量Ⅳ类
	湖南区	Ⅲ	Ⅴ类	总氮Ⅴ类，总磷、化学需氧量Ⅳ类
	太滆河口区	Ⅲ	Ⅴ类	总氮Ⅴ类，总磷、化学需氧量Ⅳ类
2007	北干河口区	Ⅲ	Ⅴ类	总磷为Ⅴ类，总氮、化学需氧量为Ⅳ类
	湖北区	Ⅲ	Ⅴ类	总氮、总磷、化学需氧量为Ⅴ类
	湖南区	Ⅲ	Ⅴ类	总氮不符合为Ⅴ类，总磷、化学需氧量为Ⅳ类
	太滆河口区	Ⅲ	Ⅴ类	化学需氧量为Ⅴ类，总氮、总磷为Ⅳ类
2008	北干河口区	Ⅲ	Ⅴ类	总磷、总氮、化学需氧量不符合Ⅳ类
	湖北区	Ⅲ	Ⅴ类	总磷、总氮、化学需氧量不符合Ⅳ类 高锰酸盐指数、挥发酚不符合Ⅲ类
	湖南区	Ⅲ	Ⅴ类	总磷、总氮、化学需氧量不符合Ⅳ类 高锰酸盐指数、挥发酚不符合Ⅲ类
	太滆河口区	Ⅲ	Ⅴ类	总磷、总氮、化学需氧量不符合Ⅳ类
2009	北干河口区	Ⅲ	Ⅴ类	总磷、总氮、化学需氧量不符合Ⅳ类
	湖北区	Ⅲ	Ⅴ类	总磷、总氮、化学需氧量不符合Ⅲ类 高锰酸盐指数、挥发酚不符合Ⅲ类
	湖南区	Ⅲ	Ⅴ类	总磷、总氮、化学需氧量不符合Ⅲ类 高锰酸盐指数、挥发酚不符合Ⅲ类
	太滆河口区	Ⅲ	Ⅴ类	总磷、总氮、化学需氧量不符合Ⅲ类
2010	北干河口区	Ⅲ	Ⅴ类	总磷、总氮、化学需氧量不符合Ⅲ类
	湖北区	Ⅲ	Ⅴ类	总磷、总氮、化学需氧量不符合Ⅲ类 高锰酸盐指数、挥发酚不符合Ⅲ类
	湖南区	Ⅲ	Ⅴ类	总磷、总氮、化学需氧量不符合Ⅲ类 高锰酸盐指数、挥发酚不符合Ⅲ类
	太滆河口区	Ⅲ	Ⅴ类	总磷、总氮、化学需氧量不符合Ⅲ类

2001—2010年滆湖主要污染指标统计表

表10-1-10　　　　单位：毫克/升

年度	高锰酸盐	氨氮	总氮	石油类	年度	高锰酸盐	氨氮	总氮
2001	6.60	—	—	0.34	2006	5.70	0.096	2.05
2002	7.10	—	—	0.42	2007	5.70	0.101	1.57
2003	6.50	0.80	1.94	0.40	2008	6.00	0.139	1.81
2004	7.50	2.26	2.41	0.35	2009	5.90	0.110	1.84
2005	6.60	1.64	3.63	0.26	2010	6.00	0.090	1.76

城市饮用水源　饮用水源水水质逐渐改善，主要污染指标同步下降，高锰酸盐指数下降趋势明显。第一水厂水质较好，历年来大多数项目均不超标。其水质以1993年为分界线，此前从利港取水，水质略差，出现超标项目有4～5项，从长江取水后，超标项目有氨氮、总氮、总磷、挥发酚、总大肠菌群，但超标频率很低，大多数年份所有项目均不超标。2000年以前，第二水厂以大运河为水源，由于有工业、农业、航运及生活污水排入，河水受到污染，水质相对较差，超标项目维持在4～6个，历年超标较频繁的指标有高锰酸盐指数、非离子氨、挥发酚和总大肠菌群，尤以总大肠菌群的污染为甚，最高超标倍数达100倍。源水水质达标率介于70%～90%，且呈下降趋势，表明污染略有加重，与取水的大运河水质有关。2000年后改从长江取水，水质明显好转，仅有石油类1个项目超标，2006—2009年超标，超达标率低于10%。常州自来水厂南水厂、三井水厂、戚墅堰水厂以地下水为源水，水质良好，历年污染物未出现超标，但取水量不大，且呈显著下降趋势。2005年11月，封井禁采。武进城区居民主要饮用湖塘水厂的供水，2001—2002年源水为滆湖水，水质主要超标指标为溶解氧、高锰酸盐指数、挥发酚，高锰酸盐指数严重超标，超标率100%。2003年以后源水来自长江，水质明显好转，仅挥发酚指标2005年超达标率16.7%，水质达标率明显提高。

地 下 水　常州市地下水水质较好，2003年以前，常州国棉一厂（第Ⅰ承压含水层）、常州味精厂（第Ⅱ承压含水层）、常州国棉一厂（第Ⅲ承压含水层，1993年后不取监测）、常州酿酒总厂（第三承压含水层，1994年开始监测）4个测点所有指标平均值均未超标，仅有少数指标部分年份超标。超标的指标主要为总硬度和氨氮、亚硝酸盐氮、硝酸盐氮。其中总硬度历年数据显示略有升高，而“三氮”呈轻微下降趋势，特点是检出率高、超达标率高、超标倍数大。亚硝酸盐氮个别年份超标倍数非常高，1987年平均值为每升0.88毫克，超标7.8倍。较受关注的酚、氰、砷、汞、铬等毒理学指标常年稳定在较低的浓度水平，多数年份未检出，仅个别井点偶有超标现象。1987年硝酸盐氮超标1.29倍。氨氮超达标率较高，但超标倍数不大。横兴弄（潜水）水质较差，历年总硬度、“三氮”指标均高于承压水，历年最高值一般发生在潜水层，酚、铬（六价）等毒理学指标的个别超标现象也发生在潜水层。综合污染指数表明，地下水水质虽然较好，但遭受轻微污染，由于多年过量的开采利用地下水，地下水位不断下降，引起地面沉降，市政府从2004年起全面禁采地下水，2005年11月完成封井禁采工作。

第三节　声环境质量监测

一、监　　测

交通干线噪声　道路交通干线噪声监测是城市噪声监测最主要的内容，从1981年起就是必有的监测内容。监测方法是在市区主要交通干线（繁忙路段）两交通路口之间设置测点，位于道路边沿外20厘米处，两监测点之间距离应大于50米，连续记录仪器计数200个，同时记录车流量，再算出全年全市噪声等效声级平均值。

区域环境噪声 常州从1989年开始正式监测区域环境噪声，最初的监测面积仅市区主要地段28.75平方公里。按500米×500米网格设置监测点115个。1992年，监测网格增至143个，覆盖35.75平方公里。2001年起覆盖72.56平方公里，监测网格市中心区243个、武进189个，市中心区网格为500米×500米，武进网格为250米×250米。

功能区噪声 1988年起，常州市在区域环境噪声监测的基础上，把功能区划分为居民文教区、一类混合区、二类混合区、商业中心区、工业集中区5类，按《环境监测技术规范》（噪声部分）的要求，进行24小时噪声定期监测，掌握功能区噪声随时间变化规律及污染状况。1988年，居民文教区测点为清潭新村、雪洞巷，一类混合区测点为国棉一厂招待所，二类混合区测点为环境监测站，商业中心区测点为新华书店，工业集中区测点为盛家桥。1991年，增加交通干线两侧区域测点公园路饭店、教育书店，撤销雪洞巷测点。1996年起，功能区简化为一类区（居民文教混合区）、二类区（商业、工业居民混合区）、三类区（工业区）、四类区（交通干线），一类区测点定为清潭新村。1999年起，一类区增加翠竹新村测点；二类区测点定为市环境监测站、新华书店，2006年取消国棉一厂招待所测点；三类区测点定为盛家弄，2006年改为创新科技园、常州冶炼厂测点，四类区测点定为宫苑宾馆、教育书店（后改三井乡政府）。

二、质　　量

交通干线噪声 1986—2010年，常州市噪声监测点位数一直保持在40～55个之间，主要交通干线长度一直维持在40～60公里之间，2000年开始由于城市的大规模扩建，加上武进划归常州市区，交通干线长度迅速增至100公里，常年均为120多公里。路面平均宽度不断拓宽，从1986年的13.8米增至2010年的36.7米，武进2002年达49米。汽车拥有量快速增加，车流量多年保持总体上升势头，从1986年的每小时406辆上升至2005年的每小时2584辆，2005年后开始小幅回落。

1986—2010年部分年份常州市区交通干线噪声监测数据对照表

表10-1-11

年份	地区	测点数（个）	干线总长度（公里）	平均路宽（米）	平均车流量（辆/小时）	噪声量（分贝）
1986	常州市城区	50	46.1	13.8	406	78.6
1990	常州市城区	49	56.3	17.1	559	74.8
1995	常州市城区	42	44.4	19.0	932	71.7
2000	常州城区	50	58.3	—	1530	69.8
2002	常州城区	41	110.7	28.4	2054	67.8
	武　进	12	17.5	49.0	1862	69.9
2004	常州城区	41	110.7	28.5	2584	67.6
	武　进	12	17.5	48.0	2729	68.8
2006	常州城区	53	128.2	31.9	1729	67.2
2008	常州城区	52	121.9	32.3	1572	66.8
2010	常州城区	53	129.6	36.7	1598	67.4

说明：1996—2000年，因国家没有相关要求，故未搜集平均路宽数据

常州交通干线噪声状况整体平均值不断下降，从2000年开始，均在交通干线噪声国家标准值(70分贝)以下。1986—1990年噪声平均值为76.7分贝，1991—1995年噪声平均值为73分贝，1996—2000年噪声平均值为70.8分贝，2001—2005年噪声平均值为68.5分贝，2006—2010年噪声平均值为67.2分贝。交通干线平均噪声持续下降，得益于城市道路建设的高速发展，道路的拓宽、多个大型立交桥及快速公交的建成等，有利于车辆的通行，减少拥挤及鸣笛现象；市区外围建成常锡公路、沪宁路、龙江路高架等公路，可分流大量过境车辆；机动车质量的提高，80—90年代手扶拖拉机噪声均达90分贝，大型柴油机车噪声大多达80分贝，这些车辆90年代后明显减少，交通管理的加强，设置城市禁鸣区、限速、限摩等措施；社会公众环境保护素质不断提高。

区域环境噪声　1990年，全市平均噪声等效声级为62.8分贝，全部115个测点中超60分贝的有72个，占总测点数的62.6%，覆盖18平方公里，超标情况较严重。1995年，全市平均噪声等效声级为57.2分贝，比1990年下降5.6分贝，全部143个测点中超60分贝的有27个，占总测点数的18.9%，覆盖6.75平方公里，明显好于1990年。市区区域环境噪声声级总体上下降，高声级面积比例总体上随时间下降，以60～65分贝声级为例，1995年前大多高于20%，1995—2000年均低于20%，2001年后均低于10%，主要声级明显向低声级区偏移。

工业噪声　1995年后的噪声状况好转得益于工业噪声治理、噪声较大工厂搬迁、交通噪声管制的加强、生活噪声管理力度加大及群众环保意识的增强等。监测数据显示，工业噪声源对区域环境噪声影响下降。

交通噪声　影响逐渐上升，由于车辆拥有量越来越大，交通噪声成为区域环境噪声中重要影响因素，1990年、2000年所占比例均约45%。2000年起，常州从城市道路建设、车辆质量提高和管理水平提高等方面，重点进行交通噪声治理，实行城市限摩、建造快速公交等，特别是快速公交建成使用，减少私家车出行量，同时减少摩托车、电瓶车等出行量。至2005年，交通噪声所占比例为31.3%，2010年降至23.6%。

生活噪声　随着工业噪声、交通噪声影响比例的降低，生活噪声所占比例总体呈上升趋势。2000年、2005年、2008年所占比例分别为35.6%、45.3%、52.5%，逐渐成为区域环境噪声的主要影响因素。

1989—2010年部分年份常州市区域环境噪声监测数据对照表

表10-1-12

年份	网格总数(个)	噪声量(分贝)	年份	网格总数(个)	噪声量(分贝)	年份	网格总数(个)	噪声量(分贝)
1989	115	62.80	1996	143	57.80	2004	432	53.60
1990	115	62.80	1998	143	56.50	2006	432	56.80
1992	143	58.60	2000	143	56.30	2008	432	55.00
1994	143	57.60	2002	432	54.10	2010	432	54.40

1990—2010年部分年份常州市区中心区噪声影响测点数对照表

表10-1-13

年度	交通		工业		施工		生活		其他	
	个数	占比(%)	个数	占比(%)	个数	占比(%)	个数	占比(%)	个数	占比(%)
1990	52	45.2	15	13.0	1	0.9	45	39.1	2	1.8
1995	31	21.7	26	18.2	0	0	82	57.3	4	—

续表 10-1-13

年度	交通		工业		施工		生活		其他	
	个数	占比(%)	个数	占比(%)	个数	占比(%)	个数	占比(%)	个数	占比(%)
2000	64	44.8	18	12.6	5	3.5	51	35.6	5	3.5
2005	76	31.3	29	11.9	6	2.5	110	45.3	22	9.0
2008	105	24.3	62	14.4	18	4.2	227	52.5	20	4.6
2009	100	23.1	58	13.4	22	5.2	231	53.4	21	4.9
2010	102	23.6	55	12.7	24	5.6	230	53.2	21	4.9

功能区噪声 1988—1995 年，常州功能区噪声超标现象比较严重，居民文教区白天噪声仅 1991 年不超标，夜间全部超标，昼夜噪声值 1991—1995 年明显上升。影响居民区声环境质量的主要噪声污染源是交通噪声和生活噪声，机动和非机动车辆(特别是私人摩托车、助力车)在居民区到处行驶，家用卡拉 OK 等家电增多和舞厅、卡拉 OK 厅增多，使得居民区噪声处于较高水平。商业中心区昼夜噪声超标情况比较严重，1988—1995 年监测到的数据全部超标，这一类地区人口密度太大，每平方公里数万人活动。一类混合区超标现象相对严重，但夜间情况好于昼间。交通干线两侧超标现象主要发生在夜间，常州属于交通较重要地区，夜间交通也较繁忙，这成为夜间超标严重的主要原因。工业集中区声环境质量较好，监测数据无一次超标，常州属轻工业城市，工业集中区内工厂不太密集，为轻中度噪声污染。

1988—1995 年常州市区功能区噪声监测数据统计表

表 10-1-14 单位：分贝

功能区	指标	1988	1989	1990	1991	1992	1993	1994	1995	标准
居民文教区	Ld	58.7	62.4	54.6	49.3	50.8	54.0	58.8	58.0	50
	Ln	48.1	48.3	44.0	39.9	42.5	46.3	47.2	52.3	40
	Ldn	59.1	60.8	53.3	49.5	51.9	55.0	58.4	60.8	—
一类混合区	Ld	63.7	67.9	55.2	53.1	56.4	57.6	57.8	60.6	55
	Ln	50.2	55.9	44.4	44.8	42.9	43.7	49.8	51.7	45
	Ldn	64.1	67.0	54.1	53.8	56.6	56.8	58.6	61.0	—
二类混合区	Ld	56.6	63.9	51.1	51.6	53.4	55.8	51.2	55.0	60
	Ln	40.4	44.9	41.8	39.9	44.0	52.4	43.2	46.4	50
	Ldn	56.0	56.1	50.8	51.1	53.4	59.4	52.0	55.6	—
商业中心区	Ld	71.3	67.0	65.0	65.3	63.9	68.8	68.0	62.6	60
	Ln	55.4	56.5	50.3	56.7	56.0	57.2	55.8	51.7	50
	Ldn	70.6	66.2	63.6	65.8	64.7	68.6	67.6	62.3	—
工业集中区	Ld	56.9	60.1	57.8	54.8	56.6	54.0	53.8	53.5	—
	Ln	48.0	53.6	49.8	42.9	49.0	44.2	49.2	49.0	55
	Ldn	58.1	60.8	58.2	51.6	57.6	54.0	56.4	56.2	65
交通干线两侧区	Ld	—	—	—	68.5	69.7	66.4	69.0	68.0	—
	Ln	—	—	—	62.0	56.3	56.8	61.2	62.8	55
	Ldn	—	—	—	70.0	70.4	66.5	69.9	70.2	70

续表 10-1-14

功能区	指标	1988	1989	1990	1991	1992	1993	1994	1995	标准
交通干线两侧区	Ld	—	—	—	62.7	67.0	68.8	70.1	67.0	—
	Ln	—	—	—	56.2	56.8	62.6	63.2	61.3	55
	Ldn	—	—	—	64.2	67.0	70.5	71.4	69.0	70

说明：Ld＝昼间等效声级，Ln＝夜间等效声级，Ldn＝昼夜等效声级，下表同

1996—2010年，一类区声环境质量呈现明显好转趋势，这与居民区交通控制、物业管理密切相关。二、三、四类区声环境质量较好，工业集中区偶有超标现象，主要是工业集中区工厂数量增多。四类区夜间噪声超标依然严重，略呈上升趋势。2006—2010年，功能区噪声呈好转趋势，达标率分别为48.4%、75%、68.8%、100%和100%。

1996—2010年部分年份常州市功能区噪声监测数据对照表

表 10-1-15　　单位：分贝

年份	一类区			二类区			三类区			四类区		
	Ld	Ln	Ldn	Ld	Ln	Ldn	Ld	Ln	Ldn	Ld	Ln	Ldn
1996	61.0	45.6	59.9	59.7	53.6	61.5	54.0	49.2	57.0	65.3	59.2	67.1
1998	53.9	46.9	54.9	54.1	48.3	55.5	61.4	50.9	61.2	64.4	57.9	65.5
2000	55.7	45.8	55.9	57.9	46.3	57.7	61.2	55.5	63.3	67.3	62.9	70.1
2002	55.9	43.8	55.3	56.7	48.6	57.7	58.8	48.3	58.7	65.9	60.9	67.9
2004	56.6	49.1	57.7	59.3	51.3	60.1	62.7	53.1	63.1	70.5	65.9	73.2
2006	55.9	45.3	55.8	58.9	49.8	59.7	63.5	53.3	64.1	68.8	62.5	70.5
2008	55.4	46.0	55.7	59.1	49.6	59.6	61.8	50.1	62.2	66.3	60.5	68.4
2010	50.9	41.7	51.2	52.6	45.6	54.2	60.9	50.5	60.9	62.2	53.4	62.6
标准	55.0	45.0	—	60.0	50.0	—	65.0	55.0	—	70.0	55.0	—

第二章　环境污染防治

常州是长江三角洲地区重要的轻工业城市，燃煤年均消耗量较低，工业废气排放量不算很大，对空气质量的影响和空气污染情况尚不算严重。1986—2010年，除1986—1989年、1992年、1996年、1999年、2001年为中度污染，其余17年污染等级均为轻污染，占总年数的68%。1992年是一个转折年，此后历年空气主要污染物监测指标较明显好于此前。

第一节　大气污染防治

1986—2010年，常州三大污染物二氧化硫、氮氧化物或二氧化氮、总悬浮颗粒物或可吸入颗粒物污染格局基本未变，空气污染属煤烟型污染，而总悬浮颗粒物或可吸入颗粒物污染负荷通常都是首要污染物，二氧化硫污染呈逐年减弱趋势，禁燃区建设及减排效果显著。

一、煤烟型污染防治

1990年前，常州市区大气质量达中度污染局部偏重程度，二氧化硫、总悬浮颗粒物超国家大气三级标准（三级标准为大气环境最低达标标准），大气质量状况恶化严重制约常州经济社会的发展。

炉灶控制改造 1986年，常州市区有锅炉459台、工业窑炉436台（含电炉）、生活炉灶4500台，年总耗煤138.8万吨。市政府根据市区东西长、南北窄、戚墅堰地理位置特殊的特点，划出两块封闭区域作为沿城控制区的范围，总面积约40平方公里。第一块位于天宁、钟楼，面积36平方公里；第二块位于戚墅堰，面积约4平方公里。天宁、钟楼和戚墅堰先后于1986年、1987年和1988年开展烟尘控制区建设。至1990年6月，全市建成烟尘控制区41.3平方公里，其中3个城区所辖18个街道38平方公里，其余为城郊接合部。在建成的烟尘控制区内，有锅炉402台、窑炉222台、生活炉灶3492台。烟气黑度在林格曼一级以下的有锅炉401台、窑炉207台、生活炉灶3426台，烟气黑度达标率分别为99.8%、93.2%、98.1%。锅炉和窑炉的烟尘浓度达标台数576台，达标率92.3%。烟尘控制区建设对改善大气质量做出了贡献，1985—1989年，常州市用煤量增长8.8%，大气总悬浮颗粒全市平均值却由1985年每立方米554微克降至1989年352微克，降尘量由每平方公里每月14.55吨减至12.82吨。

1998年12月，市环保局、工商局、交通局等部门监测了戚墅堰区丁堰、潞城两镇4.4平方公里烟尘控制区，小炉灶烟气黑度达标率为93.2%、锅炉、窑炉烟尘浓度、烟气黑度全部达标；在东南开发区新建烟尘控制区，使烟尘控制区全部覆盖。1999年，完成朝阳、丽华管道液化气建设工程，为常州城区丽华、朝阳、富强3个小区的2万余户居民实行连续供气，生活用煤量明显减少。全市铁路、国道、省道等敏感地带烟气污染源单位被列入首批限期治理单位，6月底前完成治理，主要进行锅炉、窑炉整改，应用清洁能源，推广清洁生产工艺。2001年，常州被列为国家大气污染防治重点城市，开始创建国家环境保护模范城市，制定了采取加快工业布局的调整，发展集中供热，发展清洁能源、改善能源结构，推广清洁生产工艺，关停、拆迁部分企业等5项措施。至翌年底，常州市集中供热能力达每小时275蒸吨，城市气化率98%。2004年，市政府通过坚持实施烟尘控制区长效管理，加大监管力度，推广清洁能源，提高烟控质量，在经济总量不断增长、建成区面积逐年扩大的情况下，大气污染物排放总量得到有效控制，烟控区覆盖率100%。

2005年，市政府出台禁止使用高污染燃料区域管理规定，设立禁燃区，区内36台燃煤锅炉改用天然气或拆除停用，21台燃油锅炉改用天然气；为14万居民户、400多工商户进行天然气置换。全年市区空气质量达二级标准（空气污染指数小于等于100）的天数为308天，首要污染物为可吸入颗粒物，市区环境空气质量保持相对较好状态。2006—2010年，常州工业锅炉蒸吨数、工业煤炭消耗量均先增长后下降，由于工业发展的需要及从2008年开始常州市加大产业结构调整力度，工业总产值继续保持快速增长，工业煤炭消耗量开始明显下降。

清洁能源应用与扬尘污染控制 2006年，常州开始推广清洁能源，控制扬尘污染，市区（含主城区、武进）环境空气中二氧化硫、二氧化氮和可吸入颗粒物3项主要污染指标的年均浓度分别为每立方米0.031毫克、0.030毫克和0.093毫克，二氧化硫、可吸入颗粒物浓度均比上年有所下降，二氧化氮浓度则略有上升。市区空气质量达二级标准的天数为324天，占全年总天数的88.8%，首要污染物仍为可吸入颗粒物，市区环境空气质量总体上持续好转。加强地面保洁长效管理和对工地和堆场的扬尘污染控制，市区全面使用商品混凝土。实施以“八路八口”为重点的绿色通道、城市主要出入口绿化工程，新增绿地281公顷，绿化覆盖率升至40.6%。2007年，市区继续推进禁燃区建设，烟控区全部覆盖。完成江苏华电戚墅堰电厂等8家火电和热电厂的烟气脱硫工程，新拆除、停用工业锅炉44台，拆除烟囱28根。市区全面推广使用商品混凝土和预拌砂浆。

“八路八口四河”绿化工程全面完成，5 个公园 3 个大绿地建设与生态园林乡镇、居住区和单位创建活动进展顺利，新增绿地 2000 公顷，建成国家园林城市。2009 年，全市淘汰或用清洁能源替代燃煤锅炉 548 台，拆除“懒汉”炉 185 台，累计建成高污染燃料禁燃区 66 平方公里。抓好新闸、牛塘、滨江化工园区等重点地区的化工废气治理，完成 228 家大气污染企业整治，新建、改建废气治理设施 276 台(套)。全市 18 家火电、热电企业均具备脱硫能力，与环保部门联网实行在线监控。《常州市市区扬尘污染防治管理办法》出台，多措并举推进文明施工、严控施工扬尘；建成堆场扬尘控制示范点 4 个，推进污水处理厂尾水作为道路冲洗水试点。加强夏、秋两季秸秆禁烧巡查、宣传和综合利用，建成一批综合利用示范点，2010 年以乡镇为单位的秸秆综合利用率达 75%。2010 年，常州市工业企业有工业锅炉 564 台，总吨位 5857.4 蒸吨，另有工业窑炉 264 台，工业煤炭消耗总量 983.2 吨。淘汰或用清洁能源替代 548 台燃煤锅炉，拆除 185 台“懒汉”炉，工业锅炉蒸吨数较 2005 年末下降 11.3%。工业废气中烟尘及粉尘排放量分别比 2005 年末下降 45.3% 和 83.4%。

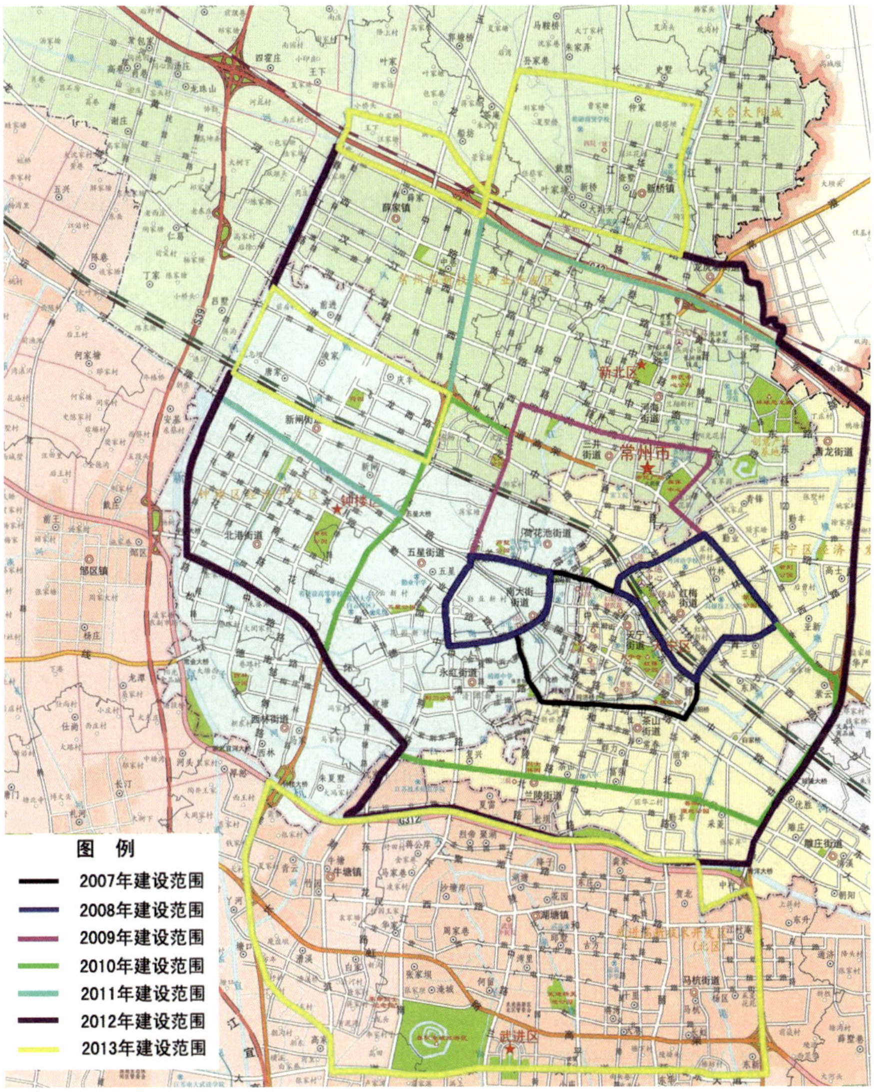

图 10-2-1　2007—2010 年常州市禁燃区变化示意图

二、二氧化硫污染防治

建立烟尘控制区　1986 年，常州市区空气中二氧化硫年均值为每立方米 0.115 毫克，超过三级标准(每立方米 0.1 毫克)，1989 年、1990 年也超过三级标准，“七五”期间所有年份均超过二级标准(每立方米 0.06 毫克)，常州市区二氧化硫污染比较严重。1986 起，建设烟尘控制区，加强锅炉、窑炉管理，1987 年完成 30 台手操工业锅炉和一批小炉灶改造工作，建成 3 个烟尘控制区。1988 年，对市区 2500 台食堂灶、营业灶开征小炉灶烟尘排污费。整治 22 台冒黑烟的窑炉，建成 4 个烟尘控制区 16.25 平方公里，其中钟楼 5.1 平方公里、天宁 8.1 平方公里、戚墅堰 1.25 平方公里、郊区 1.8 平方公里。1989 年，完成常州锻造总厂、常州客车厂、常州柴油机厂等22台工业窑炉改造，区内4173台小炉灶得到很好控制和监管。1990年，完成勤业塑料厂、常州线材厂两项工艺废气治理工程，对常州冶金机械厂、常州油厂、常州柴油机厂等14个单位24台窑炉进行治理改造。

1991年，常州被国家环保局和省环保局确定为大气污染物排放总量控制许可证试点城市，开始开展大气污染物排放申报登记，建立大气污染物申报登记数据库，完成重点污染源大气污染物的总量分配，向20个单位发放了排放大气污染物许可证。同年对常州钢铁厂、常州电线电缆厂等13家厂的14台工业窑炉进行改造。1992年，市环保局开始在全市推广行业型煤燃烧技术、锅炉文丘里水膜除尘技术、锅炉二次风蒸汽助燃技术、锅炉旋风除尘器配装自动锁气器、冲天炉反吹旋风除尘器等煤烟型大气污染防治实用技术，改善常州市区二氧化硫排放状况。常州柴油机厂、冶金机械厂、戚墅堰机车车辆工厂等单位改造15台工业窑炉，完成3个工艺废气治理工程。1993年，市环保局制定《排放大气污染物许可证试行监控方案》，开展监督监测和排污月报等证后监督管理，推进排污许可证工作。1989—1993年，实施常州炼焦制气厂焦炉移动改造工程，投资2.97亿元，日供气量16万立方米，市区管道煤气用户由2.5万户增至7万户，城市气化率69.8%。

1994年，常州搪瓷厂、常州水泥厂等10家单位治理13台窑炉烟尘，新安装烟气流量计7台，年底通过国家大气排污许可证试点验收，受到国家环保局表彰。投资6500万元建成常州第一热电厂，向40余家单位供热供汽。至1995年底，有63家单位实行集中供热供汽，供汽量夏季每小时45吨、冬季56吨，同年完成废气治理项目12个。1996年，实施常州钢铁厂开坯炉烟尘、市水泥厂扬尘、家电二厂电机浸漆废气等9项重点废气污染治理项目，彻底解决老大难问题，改造常州第三毛纺厂的4台锅炉除尘器、青龙压延厂的燃煤熔化炉，建成烟尘控制区3.2平方公里，累计60.6平方公里，始终保持全覆盖。

1998年，根据省环保局、物价局、财政厅颁布的《江苏省征收二氧化硫排污费暂行办法》和市《关于加强排污费管理的若干规定》，开征二氧化硫排污费。根据省环委会1998年公布的常州109家大气污染重点企业名单，经限期治理，至1999年底基本完成109家企业的烟尘治理，其中65家达标、29家被关闭取缔、15家经停产调试重新通过验收；每年可削减烟尘8135吨、工业粉尘3154吨、二氧化硫1104吨。同年，加强集中供热，淘汰手操炉、单管旋风除尘器等落后生产工艺及设备，推广国家、省环保局推荐的工艺和设备，电站锅炉等二氧化硫排放大户在治理烟尘时进行脱硫。2000年，全市现场抽查炉窑设施单位411家，立案查处超标单位25家。2001年，新增燃气用户5908户，在天宁、钟楼两区完成400多家单位的燃煤锅炉改造，8家单位每小时排放达6吨的燃煤锅炉除尘脱硫治理和10家重点饮服企业脱油烟治理，同年底累计建成烟尘控制区68.95平方公里。2003年末比2000年同期大气主要污染物烟尘、二氧化硫排放量分别削减15.8%和3.4%，烟尘控制区实现全覆盖，环境空气质量达国家二级标准。2004年，市政府颁布《常州市市区禁止使用高污染燃料区域管理规定》，市区主要临街和居民密集区105家餐饮业单位完成油烟达标排放，初步形成市区6条饮食服务业油烟治理示范街。

节能减排　2006—2010年，常州市对高污染、高耗能企业实施关、停、并、转、迁，淘汰落后产能，实施结构减排。全市有经环保部认定的工程减排项目40个，实现二氧化硫减排3.33万吨。电力企业实现二氧化硫减排2.62万吨，18家火电、热电企业具备脱硫能力，累计净削减二氧化硫4.07万吨，削减率29.6%(目标为13.7%)。2006年，根据省提出的小康社会环境质量综合指数达80分以上的要求，控制大气污染，重点加强对拆迁工地、建筑工地和市政工地扬尘的管理，强化禁燃区和烟尘控制区建设与巩固，推进电力、热电行业的脱硫工程和总量控制。2007年，完成戚墅堰发电厂等7家企业脱硫改造和9个二氧化硫治理项目。对中心城区北至关河路，西达怀德路、劳动西路，南至劳动中路、劳动东路，东达五角场南路7.3平方公里内燃用高污染燃料的89台锅炉实施淘汰或改造，拆除、停用锅炉44台，每年可削减二氧化硫937吨，拔掉28根烟囱，建成禁燃区。2008年底，二氧化硫排放总量比2005年同期下降17.8%，超过责任书目标规定的二氧化硫减排率13.7%。至2010年底，工业废气中二氧化硫排放总量比2005年末下降44.3%。二氧化硫减排工程项目主要包括电力企业（含热电和自备电厂）、非电企业建设脱硫设施两大类。1986—2010年，年均值每立方米0.047毫克。

1986—2010年常州市二氧化硫年均值统计表

表10-2-1　　　　单位：毫克/立方米

年份	平均值	年份	平均值	年份	平均值	年份	平均值	年份	平均值
1986	0.115	1991	0.098	1996	0.023	2001	0.040	2006	0.031
1987	0.081	1992	0.075	1997	0.032	2002	0.026	2007	0.028
1988	0.072	1993	0.035	1998	0.021	2003	0.029	2008	0.037
1989	0.113	1994	0.025	1999	0.016	2004	0.034	2009	0.038
1990	0.103	1995	0.015	2000	0.012	2005	0.040	2010	0.034

三、机动车排气污染防治

1995年前，常州机动车拥有量不大，市区机动车排气污染防治未作为环保工作重点。1995年后，机动车数量逐年有较明显攀升，城市交通日趋紧张，机动车排放的尾气对城市大气环境造成严重污染。同年，市环保局将“常州市机动车车辆排气污染现状调查与对策研究”课题列入科研计划，通过对城区7条代表性道路及3个主要路口机动车排气污染对大气环境的影响调查研究，查明机动车尾气排放严重污染市道路大气环境，污染的程度与道路状况、气象条件、季节、机动车行驶工况、车流量等诸多因素有关。市固定污染源年均排入大气中的一氧化碳约0.67万吨、氮氧化物约1.75万吨，而机动车尾气污染源年均排入大气中的一氧化碳约3.36万吨、氮氧化物约0.28万吨，机动车排气污染在大气中一氧化碳、氮氧化物的污染分担率分别为83.3%、13.8%。

7条代表性道路中：一氧化碳年日均浓度有5条道路超过国家大气环境质量二级标准，超标最多的和平北路达1.3倍；氮氧化物年日均浓度有6条道路超标，超标最多的常锡路达2.4倍；碳氢化合物的总量(THC)年日均浓度全部超过美国大气质量一级标准，超标最多的和平北路达15倍；铅尘量年日均浓度均不超过国家居民区卫生标准。3个主要路口一氧化碳、氮氧化物、碳氢化合物的总量年日均浓度全部超标，超标最多的均为西新桥路口，分别达3.3倍、2.7倍、30倍；铅尘量年日均浓度均不超标。机动车排气污染对道路及路口大气环境构成威胁，广化街、西新桥两个路口处于极重污染区域；常锡路、北环路、和平北路、文化宫路口处于重污染区域；劳动东路、延陵西路、关河中路处于中等污染区域；只有南大街属于轻度污染区域，调查的市区道路及路口无清洁区。

1997年，市政府颁布《常州市机动车排气污染防治监督管理办法》。3月1日，市公安、环保部门启动机动车排气污染年检，对尾气进行联合监测，责成超标车辆进行治理，尾气排放达标后发放“机动车排气污染合格证”，监测机动车3.72万辆，整治尾气排放不合格的机动车7981辆。6月25日，发布《关于加强助力车管理的通告》，停止向市民出售助力车，现有助力车换发98式防伪牌证，安装尾气净化器等。10月26日，市政府颁施《关于加强常州市市区助力车管理的通告》，规定从2003年起市区所有燃油助力车停止上路行驶，对助力车规定行驶禁区加强管理。翌年10月1日起，对全市所有机动车燃油强制推行无铅汽油。2000年，市政府再次颁发《常州市关于强制淘汰燃油助力车的规定》，11 月全面展开助力车年检，至年底累计报废助力车 7000 余辆。

1999—2004 年，市政府出台《关于采用加速模拟工况法检测汽车尾气排放的通知》，整治尾气超标机动车，发展城市公共交通，新增一批公交线路和公车班次。2005 年起，常州实施公交优先战略，采取改善乘车环境、优化公交线网、降低公交票价、开辟公交专用车道、建设快速公交、推行绿色环保公交、实施城区限摩等综合性治理措施，引导市民选择公交车出行。把机动车环保检测作为年度安全检验的前置条件，推进汽车环保检测社会化，全市有 4 家单位获省环保厅汽车环保检测委托资质，拥有检测线 19 条，汽车环保定期检测率达 100%。采用加速模拟工况法监测尾气，机动车排气年检合格率为 83.5%。2005—2006 年，约 400 辆公交车改用压缩天然气。

2006—2010 年，全市机动车保有量以年均超过 10% 的速度递增，2010 年全市机动车保有量净增 12.2 万辆。机动车尾气污染物排放量呈缓慢上升趋势，逐渐成为影响城市环境空气质量、市民身体健康与城市形象的重要因素。2007 年，扩大中心城区限摩范围和时间，机动车排气年检合格率为 81.1%，新增 135 辆公交车改用压缩天然气。建成投运快速公交一号线，加快公共自行车布点。2009 年 12 月 1 日，市政府《关于对高污染汽车实施限行的通告》实施，全市加快淘汰高污染汽车，大幅度削减一氧化碳、氮氧化物排放系数较高的大载货汽车数量，实施黄色标志车辆中心城区限行，一氧化碳、氮氧化物排放量明显下降。2010 年，全市报废黄标机动车 8412 辆，机动车尾气污染物排放量显著下降，一氧化碳、碳氢化合物、氮氧化物排放量分别比上年下降 31%、27.5% 和 50.2%。

第二节　水环境污染防治

常州地处江南水乡，属于典型的南方水网城市，河湖水系是常州城乡经济社会发展的重要基础。从城区经过的京杭大运河、关河、南运河、大通河、澡港河、采菱港、塘门汀、大湾浜、龙游河、城河、北塘河、德胜河、白荡河 13 条河流，是市区工业废水及其污染物的主要接纳体；工业废水成为市区主要河道水体污染和水质变差的主要原因，市区水体污染以有机物污染为主。随着常州城市化进程加快，城市人口急剧增长，城市河道水系和水环境状况发生很大变化，不少河道水系和水域被填埋、掩盖、缩短等，进入河道的污染物逐渐增多，恢复常州水城风貌成为常州构建资源节约型、环境友好型及社会和谐型城市的重要基础，各级政府投入巨资整治河道，改善城市环境。1985 年年底，市区主要污染物化学需氧量的排放量达 5.79 万吨、酚排放量达 128 吨。1990 年，化学需氧量和酚排放量分别达 11.5 万吨和 302 吨，大运河水质严重恶化。1990 年，市政府采取在项目建设的同时防治污染，经环保部门验收合格方可投入生产与建设完善污水管网系统及建立城市污水处理厂、分片二级污水处理子系统等措施，治理水污染。

一、废水污水

1990 年，城区 13 条主要河流接纳废水总量 7621.05 万吨，占全市当年工业废水排放量的 71.8%，接纳污染物总量 2.26 万吨，占统计污染物排放总量的 95.4%，等标污染负荷 7763.61，占统计污染负荷总量的 97.1%，市区大运河段、关河、大通河和南运河受纳污染物占全市污染总负荷的 88.2%。1991—1995 年，市区 13 条主要河流年接纳工业废水减少 627.83 万吨，1995 年为 6993.22 万吨，占市区工业废水排放量的 87.6%，接纳污染物量 1.87 万吨，占市区污染物排放量的 95.9%。1991—1995 年，等标污染负荷下降 1983.6，1995 年为 5780.01，占市区污染负荷总量的 94.8%，其中大运河市区段、关河、大通河和南运河 4 条主要河流仍为主要纳污河流，受纳污染物负荷占市区污染总负荷的88.6%。

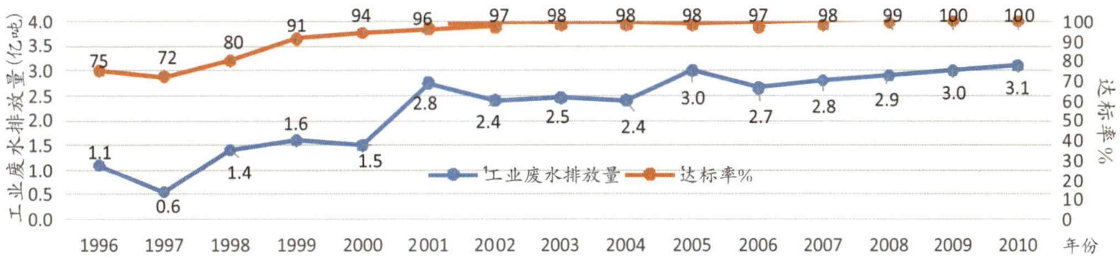

图 10-2-2　1996—2010 年常州市区工业废水排放量及达标率

1986—2010年，高锰酸盐指数总平均值每升8.1毫克，达《地表水环境质量标准》(GB3838—2002)4类标准；氨氮总平均值每升2.18毫克，超标较严重；挥发酚总平均值每升0.0034毫克，是所有污染指标中污染最严重指标；石油类总平均值每升1.19毫克。各断面25年主要污染指标平均值历年来均表现为逐年缓慢降低趋势，除高锰酸盐指数外其余指标均未达5类标准，市区主要河道总体水质约为5类水，在向4类标准靠近，污染情况较严重。1996—2010年，常州工业废水排放量逐年缓慢上升，废水中污染物的排放达标率整体上升。2006—2010年情况与2005年较为接近，市区河流总体水质逐年改善。

工业废水　常州工业废水及废水中主要污染物为化学需氧量、挥发酚、氨氮、石油类物质。1986—2004年，市区（不考虑武进的影响）的工业废水排放量缓慢下降，2002年，武进划为常州市区后，市区工业废水排

1986—2010 年部分年份常州市工业废水污染物排放量对照表

表 10-2-2

年份	废水 (万吨/年)	化学需氧量 (吨/年)	挥发酚 (吨/年)	氨氮 (吨/年)	石油类 (吨/年)
1986	11885.00	51383.00	134.70	—	430.00
1988	11011.00	36567.00	75.14	—	412.00
1990	10614.00	23255.00	46.55	—	399.00
1992	9189.00	25407.00	31.36	—	373.66
1994	7727.00	18774.00	24.16	—	292.69
1996	6502.00	12642.00	25.20	—	293.10
1998	5305.00	8100.00	1.63	—	168.90
2000	6479.00	8572.00	1.31	—	109.60
2002	23912.00	31690.00	3.07	916.00	74.24
2004	23082.00	43018.00	3.23	1912.00	209.00
2006	27300.00	44053.00	3.20	2380.00	135.60
2008	32600.00	28273.00	2.63	1425.00	106.08
2010	37741.00	24826.00	1.89	897.00	125.90

说明：1986—2000年因全国环境统计指标中无氨氮指标，故无相应统计数据

放量增长非常明显，由6479万吨增至2.71亿吨，与武进的工业企业数量多有关。2004—2010年，常州废水排放量明显上升。3种主要污染物排放量均表现出逐年下降的趋势，其中挥发酚的年际下降趋势非常明显，

至1997年降至非常低的水平；而石油类物质虽有反复，但总体趋势为不断下降；化学需氧量在2002年武进划入常州市区后，2002—2006年呈上升趋势，剔除这一因素，其余年份总体呈下降趋势。

常州市产生工业废水的主要污染行业为化学、食品、机械、纺织等，随着常州工业产业结构调整略有变化。1986—1990年，主要污染行业为化学工业，食品饮料和烟草制造业，机械、电气、电子设备制造业，炼焦煤气、煤制品业、纺织工业等，废水排放污染物总计等标污染负荷7592.2万吨，占总负荷的94.9%。1991—1995年，主要污染行业为化学工业、食品饮料和烟草制造业，机械、电气、电子设备制造业、纺织工业、医药工业、黑色金属冶炼、压延加工业、建材、非金属矿物制品业，废水排放污染物累计等标污染负荷5930.44，占总负荷的97.3%。与1986—1990年相比，减少炼焦煤气及煤制品业，主要是炼焦制气厂全部停产。1996—2000年情况与1991—1995年类似，常州工业行业中，由于纺织业迅速发展，变成市废水排放大户、化学需氧量排放主要行业，占工业废水排放总量的30%、工业化学需氧量排放量的42.5%；其他行业中石油类是排放大户，占工业排放量的48.4%；而化学原料及化学制品制造业挥发酚排放量占工业排放量的比例高达89.8%。其他主要污染行业依次为电力热力生产业、黑色金属冶炼及压延业、非金属矿物制品业、金属制品业及、造纸、纸制品业。2001—2010年，主要污染行业状况与1996—2000年基本相同。

生活污水 主要来自城市居民区、医院、饮食服务行业等场所，排放量统计通常采用排放系数测算：城市人口平均每人每天排放生活污水120千克，化学需氧量取每人每天0.06千克。生活污水通常接近或超过工业污水的排放，是导致水体有机污染的重要因素。常州生活污水排放量呈现上升趋势，与人口数量的增加及人均用水量的增加有关；但从化学需氧量看，1995年虽然污水排放量约为2000年的一半，但化学需氧量的排放量和在总污水化学需氧量排放量中所占份额都明显高于2000年，与“九五”期间大量污水处理厂的建成投产，一大批污水处理设施投运有关。由于人口数量和人均用水量两个因素，2000年后，生活污水上升非常明显，污水总量上升导致化学需氧量绝对量上升，导致其在总污水化学需氧量排放量中所占比例上升。

1990—2010年部分年份常州市区生活污水及化学需养量排放量统计表

表10-2-3

年度	市区人口(万人)	生活污水排放量(万吨)	化学需氧量排放量(吨)	生活污水化学需氧量所占比例(%)
1990	62.80	2750.00	11369.00	48.90
1995	81.00	2728.00	15123.00	79.02
2000	101.60	5562.60	10205.00	54.35
2005	130.00	13761.00	26775.00	75.55
2010	217.00	19363.00	19329.00	39.20

二、市区水污染整治

常州城区龙城大道（原外环路）与中吴大道（原312国道）围合的范围内有河道42条101公里，其中主要行洪道8条35.8公里、一般河系沟通河道16条38.1公里、断头河浜18条27.2公里。由于历史原因和城市快速发展，市河整治一度滞后于经济发展，一些河道常年发黑发臭，直接影响到市民生活、城市形象和投资环境。1995年以后，市政府结合城市建设，开始实施市区水环境整治。2000—2002年，完成关河西新桥段、北塘河晋陵北路段、关河东段、运河桃园路段、南市河弋桥段等河段两侧景观绿化工程及东市河、叶家浜、刘塘浜护岸与河边环境工程整治，对市区的通济河、北市河、龙游河等20余条河道进行清淤清杂。随着沿江沿湖调控工程逐步完成，城市调水能力增强，通过持续进行长江引水，中心城区水环境明显改善。2003—2006

年，实施完成水环境整治一期、二期工程河道25条，其中一期工程涉及河浜15条、二期工程10条，大部分是断头浜或内塘，水质污染严重，对不同河道采取污水截流、控制排放、沟通水系、闸站换水、清淤护岸、清临拆违、沿河绿化和强化管理等综合治理措施，改善水环境。2003年，成立市区水环境整治领导小组，办公室设在市水利局，由市水利局、规划、建设、环保、园林、房管等部门和钟楼、天宁两区组织实施水环境整治一期工程。翌年，一期工程横塘浜北环新村段、白家浜、红梅东村内塘等15个水利项目完工，茶山勤丰站等7项城郊水利工程按期竣工，市政府列为2004年为民办实事项目的工人新村等10处居民区洼地除涝工程，在抗御洪涝灾害中发挥了重要作用。2005年，市区水环境整治一期工程水利项目通过竣工验收，二期10条河道整治工程建成换水闸站7座、护岸1300米，完成土方6.5万立方米、混凝土和浆砌块石2万立方米。2006年，对后塘河等23条河道，实施沟通水系、建站换水、清淤护岸、绿化环境等综合整治，完成投资2.2亿元。市区过去常年黑臭的一些河道基本实现水能流动，污染能控，水质明显好转，沿河环境面貌明显改观。

整治一新的居民区内河道(摄于2009年6月)

工业废水治理　1986年，市区开始重点建设和完善污水管网系统，分片建立城市污水处理厂，在原有城市中心污水处理系统基础上，建立以4个独立的分片集中的二级污水处理为主体的子系统，严格控制工业污染源、污染物排放量，实施重点污染源点源治理。确定一批重点污染源，其中化学需氧量重点排放污染源为常州酿酒总厂、味精厂、东风印染厂、常州化工厂、染料化工厂、常州制药厂等18家企业，工业酚排放重点企业为常州第二化工厂、第三制药厂、焦化厂、染料化工厂等7家，进行17个重点治理项目。对市区的基本建设和技改项目严格实行“三同时”(同时规划、同时施工、同时竣工验收)制度。1988年，常州被国家环保局列为全国18个排污许可证试点城市之一，对市区70多家单位试行主要污水污染物排放许可证管理，其中33家重点污染企业签订环境目标责任书。翌年，对市区84家企业发放排污许可证，对其中占市区污染负荷90%左右的28家重点企业实施排污总量控制，当年6月常州通过国家环保总局排污许可证试点城市验收，成为继上海之后第二个通过验收的城市。1990年，全市28家重点企业化学需氧量排放总量比“责任状”规定减少18.7%，酚减少31.1%，实行排污许可证的单位达129家，污水处理厂陆续建成投产。市区有生活污水处理厂4个，年处理污水643万吨。1986—1990年，市区累计完成水污染治理和控制项目75项，增加污水年处理能力4.58万吨，1990年污水处理量由1985年的525万吨增至1397万吨，增1.66倍，工业污水处理率比1985年增1.89倍，市区排放污水化学需氧量总量从1985年的4.6万吨降至1990年的2.33万吨，酚从128.9吨降至46.55吨，石油类从598吨降至399吨；完成293个污染治理项目，环保补助资金和专项贷款占总投资的63.1%，市区河流水体质量恶化的趋势得到缓解，局部地段环境质量有所改善。

1991年，常州继续实行污染治理总量控制目标，在88家企业投资5907万元，建成废水处理设施161台(套)，日废水处理能力13.15万吨。处理工业废水2207万吨，削减水污染物1.7万余吨。完成丽华污水日处理厂5000吨一级城市污水改建为二级生化处理工程，扩建清潭污水日处理厂5000吨一级处理工程，总投资480万元。市城北城市污水治理一期工程被世界银行列为苏南环保项目子项目，投资1.5亿元，建成后日处理能力5万吨。1992年，常州对一批重点污染源进行治理，对排酚大户常州第二化工厂、常州油厂、第三制药厂采取截污分流、预处理，新增日处理能力5000吨。处罚28家超证排污企业。市建委在市河建成换水复氧泵站3个，改善市河和大运河水质。1992—1993年，市环保局换发124家企业排污许可证。1993年，全市完成水污染治理项目6个，新增日污水处理能力1344吨、废水回用能力每小时1800吨，市区工业废水处理率48%，年均化学需氧量排放量控制在小于等于2.8万吨、工业酚小于等于35吨。退批滆湖保护区污染项目17个，对区内30家污染企业下达限期治理任务。投资两亿多元的长江引水工程建成投运。

1994年，市区完成戚墅堰机车车辆工厂含油污水治理等9个污水治理项目，新增污水日处理能力1350吨、废水回用能力每小时1000吨，同年水污染趋于严重。加强对持排污证单位的监督管理、污染治理设施的运行管理，对63厂次的超证排污行为分别作出行政处罚，抽查市区130厂次264台(套)次水污染治理设施。1995年，完成污水治理项目5个，新增污水日处理能力2300吨，开始对污水治理设施实施年检制度，向70家单位、120台(套)污水治理设施发放合格证。重点实施滆湖水资源保护，全市主要饮用水源地水质均满足饮用水源要求。颁发《关于保护滆湖水资源的意见》。1996年，完成健民制药厂污水治理等4项工业废水治理项目，新增日处理工业污水能力1400吨。1997年，市区完成常州第四制药厂废水治理项目等10项，新增污水日处理能力6262吨。完成城市污水处理一期工程，城北污水处理厂日处理能力5万吨，扩建清潭、丽华污水处理厂日处理能力各5000吨，合计形成日处理能力7.5万吨。1998年是实行污染物总量控制的重点年，环保部门完成全市企业的排污申报登记，整治301家企业的排污口，减少污水排放口362个。2006年，市区城市污水二期工程开工建设。

生活污水处理 90年代中后期，市区投资2000万元建设生活污水接管工程，较大幅度提高生活污水处理量，至2000年底，清潭污水处理厂污水处理工程、武进新城区新建城市污水处理厂一期工程的土建基本完成，日处理能力分别为1.5万吨、4万吨；溧阳日处理能力2万吨的污水处理厂投入运行，沿岸乡镇马杭污水处理厂完成设计。2001年，城市污水处理三期工程竣工投运，市区生活污水日处理能力达20万吨，新铺设污水收集管11公里；武进新城区、金坛和溧阳城市污水处理厂建成投运，日处理能力分别为4万吨、3万吨和2万吨，完成近60%的污水收集管网建设。2001年起，常州以创建国家环保模范城市为目标的环保战略取得显著成果，城市生活污水集中处理工程全面竣工投运，形成日处理能力20万吨，污水截流配套管网建设完成城中北路、迎宾路、兰陵路等11公里，全年建设污水工程项目23个；魏村水厂一期工程开工，第二水厂改造工程竣工投运，城市饮用水水质全面达标。市河清淤工程全面实施，至2002年底完成后塘河、龙游河、通济河、北市河、南市河、西市河、锁桥河、横塘浜8条河流的清淤；实施市河换水工程，通过沿江水利工程和市区内河闸站的联合调度，引长江水入市河释污。2002年，以太湖水污染防治为重点，6月起全面实施排放污染物许可证制度。对城市主要河道进行清淤、换水、截污、水面和岸坡保洁等综合整治，市中心区主要河道基本具备换水释污的条件，沿江闸站年内引长江水10亿立方米。城市污水处理三期工程建成并投运，建成东市河、关河、县北新村、清凉新村、怀德路片、劳动路片、南大街片的污水截流工程，以限期接管的方式，对163家企事业单位的污水进行截流；城市生活污水处理率70%。

2003年，市城市生活污水集中日处理能力达24万吨，市河水环境整治和入湖河道整治工程成效显著，市、区环保局制定了市区15条河道的工业污染源整治方案，对日排放污水达100吨的企业分别制定污水治理措施。7月中旬，开展市河水环境整治一期工程，整治市区15条断头浜，实施截污、控制工业排污总量、换水、清淤、护岸、拆违、填没或覆盖、绿化等整治项目。对296家企事业单位、9个老住宅小区、15条内塘河浜实行污水截流，敷设截污管线100公里，基本消除向市河直排污水的现象，市河水质明显好转。2004年，常州巩固市河整治一期工程成果，加大污水截流力度，市河定期活水、打捞漂浮物，制定枯水期航运应急预案，对船户的生活废弃物加强管理，在入太湖的“两河”整治方面，建成投运龙澄污水处理厂一期工程（日处理能力2万吨）、武进城区污水处理厂一期工程（日处理能力4万吨）；兴建戚墅堰污水处理厂一期工程（日处理能力2.5万吨）、武进城东污水处理厂一期工程（日处理能力3万吨）、西源污水处理厂（日处理能力1万吨）、江边污水处理厂一期工程（日处理能力10万吨）、武进城区污水处理厂二期工程（日处理能力4万吨）。2005年，环保部门推进污水处理厂建设，强化工业污染源监管，市河水环境整治一期工程顺利竣工，市区30余条河道的清淤清杂工程和10处换水闸站建成，对11个小区进行雨污分流。常州累计建成城市污水处理厂10座，污水日处理能力45.3万吨；其中市区7座，污水处理能力38.3万吨，生活污水处理率65.8%。

三、清水工程

2005年12月7日，常州市政府召开市河水环境综合整治推进会，实施清水工程，由水利部门牵头改为由环境部门牵头，市区联动，提升水环境整治成效。2006年1月，清水工程被列入全市十大为民办实事项目。

2006—2008年，市政府和各辖区政府筹集资金20多亿元，采取一河一策，实施“控源、截污、活水”综合整治行动。全面整治市区102平方公里内与居民生活密切相关的46条河道水环境，建立清水工程长效管理机制，市民满意率91%。关闭小化工厂910家。通过搬迁、接管和提标治理，完成沿河企事业单位污水治理406家，消灭沿河排放口452个，减少入河污水日排放量8.2万吨。对42条河道实施沟通水系、清淤、换水等水利工程措施，对36条河道实施全程、局部或点源截污，修复5条河道生态。投资2.7亿元实施片区调水工程，整治城郊接合部河道，控制污染源、河道清淤，建设堤岸防护和换水闸站、沟通水系，整治河边空间环境，北塘河城区段、横塘河、后塘河、西涵洞河、三井河、双桥浜、横塘浜、三宝浜、龙游河、皇粮浜、潞横河等市区河道水环境整治工程完成，通过持续整治，市区换水条件更趋完备，活水目标初步实现，治理区内大部分断头浜，水环境和河边空间环境面貌焕然一新。2007年，推进污染物总量减排、小康达标、太湖水污染治理和清水工程，尤其是5月太湖蓝藻暴发后，开展整治太湖蓝藻，打击违法排污专项行动和全市水环境专项整治行动。通过狠抓工程减排、结构减排和管理减排，完成76个化学需氧量减排项目，减排1.74万吨，全面达小康指标要求。

清水工程综合整治后的龙游河（摄于2007年6月）

2009年，市水利部门建立健全长效管理机制，发挥水利设施功能，开展换水通道建设，加快形成全市水系应急调水换水体系，年初市政府启动以综合整治为目标的“三河三园”景观综合整治工程，将其列入当年全市50项重点工程。整治范围联结城北现代旅游休闲区和天宁风景名胜区河道及其两侧地区，分别是关河（东坡公园—青山桥）、北塘河（关河—横塘河）、澡港河东支（北塘河—沪宁高速公路），全长12公里。通过整治，把东坡公园、红梅公园、恐龙园有机串联，形成沟通城北现代旅游休闲区、中心城区天宁风景名胜区绿色生态景观走廊。具体实施由市建设局、水利局分段同步实施，市建设局负责关河

清水工程综合整治后的三井河(摄于2007年6月)

段，市水利局负责北塘河、澡港河东支段。工程内容包括绿化范围内房屋拆迁、河道驳岸，桥梁、园林、绿化、市政、船闸和亮化工程等，其中灯光亮化、桥梁整饰等为特色重点内容，对工程沿线34个排污口同步实施截流，与城市污水管网连接。2010年5月全面完成，投入使用。

四、太湖流域污染治理

常州入太湖的主要河流是武进港、太滆运河、漕桥河。80年代末，随着太湖湖区周围城乡经济的高速增长，太湖水质日趋恶化，尤其是富营养化日趋加剧，逐渐成为制约区域经济和社会发展的重要因素。“九五”期间，太湖水污染防治被列入全国重点水域污染防治计划，被确定为全省水环境污染防治“三大战役”之一。根据地形和河流走向，常州境内设立太湖流域的污染控制单元19个：京杭大运河的武进段上游、常州市区段及关河市河、武进段下游、常武段北部入大运河水域、常武段出大运河水域、常武段南部入太湖水域、常武段南部入滆湖水域、滆湖水域、太滆运河水域、滆湖以西武进段水域、金坛段水域、丹金溧漕河金坛段、金坛段以西水域、长荡湖钱资荡水域、丹金溧漕河溧阳段、溧阳段以西水域、溧阳段以东水域、天目湖水域、太湖水域，通过对控制单元的监测，考察入太湖流域的污染物情况。全市下达第四批限期治理项目16项。

1998年，环保部门调查滆湖水资源现状，起草、制定保护滆湖水资源的规划、实施意见、决议和方案，在滆湖保护区禁止新建有废水污染的项目，区内19家污染企业治理达标，关停治理不力的企业31家或治理无望的项目53个，2家企业停止重污染产品的生产，使入湖废水减少一半以上，工业污染减少90%，滆湖水质高锰酸钾指数的平均值每升4.7毫克，综合评价三类水标准。

1999年，太湖水治理工作实施“零点行动”。市环保局对市属重点单位每月抽查不少于两次，一般单位不少于1次。全市累计抽查企业3000余家次，清淤疏浚市河4.15公里、关河6公里、大运河市区段0.99公里，市河清淤率达41.7%。9月，城北污水处理厂二期建设工程投运，日处理能力5万吨，市区污水处理能力达12.5万吨，改善了城区水环境。2000年底，完成入太湖河道武进港、太滆运河及其支流清淤工程34.25公里，98.51万立方米，辖区内本港籍船舶全部安装防油污染装置。完成市区河道清淤及大运河综合整治工程，沿河工业污染源的点源治理基本结束，城区建成3个引水泵站，实现引调长江水，引流复氧。投资2亿多元，治理一批重点老污染源，形成废水治理能力13.55万吨。相关水污染治理设施覆盖率保持90%以上，基本控制市区水环境质量恶化趋势。11个规模畜禽养殖场均采取污染控制措施，拆除滆湖中违章围网养殖面积300多亩；建设市区污水处理的三期工程，新增污水日处理能力7.5万吨。关停河道沿线漕桥金属防腐厂等19家严重污染河道的企业，取缔严重影响太湖河道武进港、太滆运河水质改善的黄埝桥废品收购市场。太湖河道武进港、太滆运河沿线的50家重点源均实现达标排放或停止超标排污，国家考核的两个断面戴溪桥、黄埝桥断面的高锰酸盐指数和总磷基本达到三类水标准。市区建成38家重点污染企业的远程自动监控系统。

2005年，采取法律、行政、经济、舆论和手段，对80家印染企业进行专项“提标”整治。完成限期治理任务76家，累计投资8700万元，每年可削减化学需氧量排放3880吨、氨氮排放量478吨。3月起，常州启动饮用水源地环保专项整治行动。全市严格环境准入条件，新上项目必须达清洁生产二级水平，关停化工企业949家、印染企业78家、电镀企业4家，淘汰高耗能高污染设备398台(套)，160家重点污染企业搬迁入园。对高污染企业进行提标改选，对电镀、化工、印染、污水处理厂四大高污染行业开展“打造环境管理放心行业”专项行动，加强对污染源的监管；开展河道清淤，加强生态湿地建设；完成漕桥河、太滆运河、武进港、直湖港等小流域整治工程，实施清水工程；落实太湖应急处置方案，加强应急监测；加快水质自动站建设，提高监测预警能力；做好蓝藻打捞，日产日清。

2006—2010年，常州入太湖河流设武进港戴溪桥、太滆运河黄埝桥两个控制断面，水质级别根据《地表水环境质量评价办法(试行)》中地表水水质评价指标规定，选取《地表水环境质量标准》(GB3838—2002)表1中除水温、总氮、粪大肠菌群以外的21项指标参与评价。2006年，水利、环保等部门组织对太滆运河清淤2.6公里，完成漕桥污水处理工程一期(5000吨/日)主体工程。全市太湖水污染治理主要集中在污染源监管和污水处理厂建设，26家企业完成污染整治任务，排放废水稳定达标。严格控制新建有废水产生的项目，在污水处理厂建成前不再审批有废水排放的项目，太滆运河实施清淤2.6公里。

2008—2010年，完成198家企业“提标”改造，240家重点污染源雨污分流、排放口规范化整治。2010年，实施工业企业提标行动，开展新一轮化工行业专项整治，关停化工企业91家，入湖河流两个监测断面水质均为V类断面，水质状况按断面水质评价方法评价，武进港、太滆运河的水质状况均为中度污染。入湖主要污染物高锰酸盐指数、氨氮和总磷的浓度总体上明显下降。2010年，高锰酸盐指数、氨氮和总磷浓度分别比2005年末下降11.7%、16.8%和21.6%。至2010年底，市江边污水处理厂二期等29座污水处理厂建成投运，新增污水管网1562公里，新增污水日处理能力37.2万吨；22个老集镇和468个村庄的点源治理工程建成。

防治规划 1996年，市政府成立市太湖污染防治领导小组。翌年，常州市太湖水污染防治领导小组、市环委会第21次全体会议及市政府第81次常务会议审议通过《常州市太湖水污染防治“九五”计划和2010年规划》。1998年，为贯彻《江苏省太湖水污染防治条例》规定的“自1999年9月1日起，太湖流域禁止一切单位超标排放水污染物；一、二级保护区内禁止销售、使用含磷洗涤剂”，常州市开展排污申报登记、受理排污申报5000余家企业，全面调查1912家乡镇企业污染情况，形成完整的污染源档案。常州市和各辖市成立太湖水污染防治领导小组，编制《太湖水污染防治规划》《绿色工程计划》及太湖水污染防治行动方案与防治措施，明确太湖水污染防治的目标、对策、措施、分工、职责；市政府通过《常州市太湖水污染防治“九五”计划及2010年规划》。各级政府组织对太湖周边295家主要污染企业进行水污染源达标排放治理，其中全市日排放废水超100吨、化学需氧量超30公斤的152家超标排放污染源企业建成治污设施110台(套)。2007年9月4日，

太湖水环境治理打捞蓝藻行动(摄于2008年5月)

市委、市政府印发《全市水环境专项整治行动方案》，明确入太湖的武进港、太滆运河（含漕桥河和雅浦港）水质基本达标的5项措施：集中力量开展工业污染源整治，加快污水处理厂及其管网建设，整治农业面源污染，实行河道（湖泊）清淤，推进水质自动监测体系建设。2001年，市环保局根据国务院《太湖水污染防治“十五”计划》，编制完成《常州市太湖水污染防治“十五”实施计划》，明确常州“十五”太湖水污染防治的目标、工作重点和重点工程项目等。《常州市2001年太湖水污染防治工作实施方案》和《“三湖一河”（长荡湖、天目湖、滆湖、大运河常州段）碧水工程规划纲要》编制完成，被列为常州市“十五”期间21世纪议程试点及“治太”重点工程项目。

排污治理　2001年推行工业园区污水的集中控制，郊区东南印染污水处理厂、新区百丈工业园区污水处理厂建成投运，日处理能力分别为1万吨、0.2万吨。全市形成日集中处理工业污水能力1.7万吨。完成358公里河道485万立方米清淤；东市河等8条主要市河的周期性清淤基本完成，龙游河及其支流水系沟通，完成列入太湖流域十大水利工程的澡港河水利枢纽工程和芜太大运河常州段工程。由常武地区扩大到全市推广水上加油站配备废油回收设施和油水分离设备，在船舶停泊港口码头设立生活垃圾收集设施。2002年，全市安排两亿资金用于太湖水污染防治。建设武进港、太滆运河沿岸防护林带，从入湖口各上溯5公里、两岸各建设20米宽的防护林带，环太湖建设4公里、50米宽的防护林带。结合《中华人民共和国清洁生产促进法》（简称《清洁生产法》），组织全市152家太湖流域重点企业分期分批组织清洁生产，削减污染物排放35%，其中削减化学需氧量排放655吨。

2003年，市政府出台《2002—2005年武进港及太滆运河综合整治方案》，控制指标为高锰酸钾指数或化学需氧量。关闭沿岸污染企业13家，整改或停产整顿65家，搬迁4家，接管治理10家；拆除“两河”沿岸33家印染企业非法浆染生产线43条、染缸合计装备能力1.8万千克，减少废水日产生量2万吨。2005年，常州河水环境整治一期工程竣工，市区30余条河道的清淤清杂工程完成，建成10处换水闸站，11个小区进行雨污分流。根据国家太湖“十五”计划要求，2001—2005年，全市应完成33个水污染治理项目，有27个项目建成投运，列入省“十五”计划的12个二氧化硫防治重点项目完成，漕桥、横山桥和横林污水处理厂先后开工建设。在入太湖的武进港、太滆运河沿线，开展河道整治、企业搬迁、工业污水处理设施改造、生态防护林带建设和排污口移建等环境综合整治工作，对43家重点企业实行排污许可证管理，完成7家限期治理；新建、扩建和改建治理设施137套，安装化学需氧量在线监测仪22家，对全市794家企业做了环境行为等级评定。

监督管理　1999年，常州环保部门敦促企事业单位在完成太湖水污染源达标排放任务后加强环境管理，帮助停产治理的企业加快治理。加强对治理设施的监督管理，加大监督检查频次，严肃处理超标排污单位，确保全市水污染治理设施正常运转率达90%，市区达95%。强化综合整治，加大禁磷和河道清淤的执法力度、加快城镇污水处理厂建设、控制农业面源污染和规模养殖污染，继续实施交通污染整治，全面实施水污染物排放总量控制计划。2000年，市政府印发《武进港、太滆运河及其支流整治工作方案》，提出确保实现年内两河水质达三类水质标准和全市太湖水污染防治的目标。强化工业水污染源的防治，上半年环保部门审办全市建设项目511个，“三同时”执行率100%；武进市环保局否决项目31个，溧阳市环保局退批美国某公司投资40万美元的度假村项目，制止大溪水库管理处擅自在水库内围网养蟹60亩等违法行为，天目湖水质稳定在Ⅱ类水质水平。全市下达69家工业企业污染源限期治理项目，其中治理达标34家、停产3家、24家进入调试阶段。强化监督、严格执法，调查排出两河沿岸污染企业50家。武进港、太滆运河及其支流总长106.84公里的河道淤泥严重沉积，完成清淤，土方255.9万立方米。

第三节 声环境污染防治

常州的声环境划分为区域环境噪声、交通噪声和功能区噪声，环境噪声污染防治是环境污染防治的重点。常州主要开展固定噪声源治理、噪声达标小区建设、噪声管理法规建设、机动车管理等，环境噪声状况总体上逐年好转，但由于初级工业的发展、交通压力不断增大等原因，环境噪声污染防治依然面临繁重的压力。1986年起，市政府组织开展固定噪声源控制小区创建行动，城区除个别特殊源外均建成固定噪声源控制区。1991年开始开展噪声达标区建设，至2005年底常州城区环境噪声达标区全部覆盖。1986—2010年，通过实施机动车禁鸣管理，全面禁放烟花爆竹，开展残疾车、摩托车和电瓶三轮车整治行动，杜绝拖拉机进城，发展公交，完善市区基础设施，改善城市交通环境等措施，改善了常州市区声环境状况。

一、噪声污染状况

1989—2010年，常州市区域环境噪声声级总体上逐年下降，高声级面积比例总体在随时间下降。以

1989—2010年部分年份常州市区域噪声暴露在不同等效声级面积对照表

表10-2-4

年度	覆盖面指标	单位	41～45分贝	46～50分贝	51～55分贝	56～60分贝	61～65分贝	66～70分贝	71～75分贝	76～85分贝
1989	覆盖面积	平方千米	—	1.25	3.50	7.25	5.25	4.25	4.75	2.50
	占总面积的比例%		—	4.3	12.2	25.2	18.3	14.8	16.5	8.7
1990	覆盖面积	平方千米	—	1.00	5.25	4.50	8.75	3.50	4.00	1.75
	占总面积的比例%		—	3.5	18.3	15.6	30.4	12.2	13.9	6.1
1992	覆盖面积	平方千米	0.50	3.00	8.20	12.2	7.50	2.75	6.50	—
	占总面积的比例%		1.2	7.4	20.2	30.0	18.5	6.8	15.9	—
1994	覆盖面积	平方千米	—	3.75	8.50	13.50	7.75	1.25	0.75	0.25
	占总面积的比例%		—	10.5	23.8	37.8	21.6	3.5	2.1	0.7
1996	覆盖面积	平方千米	—	1.00	11.75	12.25	7.75	3.00	—	—
	占总面积的比例%		—	2.8	32.9	34.3	21.7	8.3	—	—
1998	覆盖面积	平方千米	0.25	2.00	12.50	14.00	5.50	1.25	0.25	—
	占总面积的比例%		0.7	5.6	34.9	39.2	15.4	3.5	0.7	—
2000	覆盖面积	平方千米	—	1.50	12.75	16.50	4.50	0.50	0.25	—
	占总面积的比例%		—	4.2	35.4	45.8	12.5	1.4	0.7	—
2002	覆盖网格	个	14	51	90	64	19	1	—	—
	占总面积的比例%		5.8	21.3	37.7	26.8	7.9	0.5	—	—
2004	覆盖网格	个	2	48	128	47	18	—	—	—
	占总面积的比例%		0.8	19.8	52.7	19.3	7.4	—	—	—
2006	覆盖网格	个	1	42	192	136	39	15	7	—
	占总面积的比例%		0.2	9.7	44.5	31.5	9.0	3.5	1.6	—
2008	覆盖网格	个	2	42	194	131	36	17	10	—
	占总面积的比例%		0.5	9.7	44.9	30.3	8.3	3.9	2.4	—
2010	覆盖网格	个	—	47	244	115	20	6	—	—
	占总面积的比例%		—	10.9	56.5	26.6	4.6	1.4	—	—

60～65 分贝声级为例，1995 年以前基本上高于 20%，此后各年低于 20%。噪声状况好转得益于噪声较大工厂搬迁、交通噪声管制加强、生活噪声的管理力度加大和群众环保意识的增强等。2001 年以后各年则均低于10%。主要声级呈现明显向低声级区偏移趋势。

二、噪声污染治理

1986 年起，市政府组织开展固定噪声源控制小区建设、噪声达标区建设，实施机动车禁鸣管理，控制交通噪声，强化对固定噪声源、建筑施工噪声和生活噪声的管理，环境噪声达标区实现全覆盖。

固定噪声源控制区 1986 年起，全市开展固定噪声源控制小区建设，建成两个固定噪声源控制小区。1987 年在城区各区建立噪声达标小区。1989 年，市区交通干道噪声平均值 74.8 分贝，其中超出 70 分贝的干道长 50.8 公里，区域环境噪声及功能区噪声超标情况较普遍。完成常州兰陵橡胶厂、第二轻工机械厂、无线电专用工具厂、丽华小学校办工厂等市首批 16 个限期治理噪声源的治理。1990 年，古村街道、先行街道、西新桥新村建成固定噪声源控制小区，总面积 2.1 平方公里，常住总人口 2.6 万人；治理了常州卫生材料厂、常州无线电元件一厂等 13 个单位的扰民噪声源。至 1991 年底，累计建成固定噪声源控制小区 13.54 平方公里，其中仅 1991 年建成固定噪声源控制区 5 个，总面积 7.75 平方公里，治理区内 42 个固定噪声源，建成噪声达标区 7.1 平方公里。1992 年，彻底治理第二轻工机械厂、西格玛瑞公司等 12 个严重扰民噪声源，建成清潭、马公桥环境噪声达标小区，总面积 7.1 平方公里。经市环境监测站采用网格法测试，小区内居民区、二类混合区、工业区的区域环境噪声平均等效 A 声级分别为 49.7 分贝、54.3 分贝和 57.7 分贝，比治理前普遍下降 1.7～4.3 分贝，环境噪声达标。小区有固定噪声源 53 个，通过采取治理、搬迁，加强管理等措施，达标 48 个，扰民噪声污染源均得到有效治理，受益群众 6.9 万人。此外登记市区噪声源单位 1350 家。

噪声达标区 1991 年，常州市噪声达标区建设领导小组成立，市环保局颁施《常州市环境噪声达标区管理办法（试行）》，创建噪声达标区，治理了常州油厂、第五粮库等 13 个固定噪声源。1993 年，市区治理固定噪声源 112 个，建成达标区 12.5 平方公里。至同年底，市区噪声达标区覆盖率达 47.8%。其中，天宁区建成朝阳、清凉街道环境噪声达标区 6.5 平方公里，区内固定噪声源达标率 93.3%。1994 年，市区治理工业固定噪声源 16 个，推进 28.7 平方公里的噪声达标区建设，区内超标固定噪声源治理达标率 94%，同年通过省级噪声达标区目标建设验收，建成的噪声达标区包括清潭、清凉等 10 个街道及西新桥等 7 个街道部分地区，治理噪声源 206 个，总投资 1200 多万元，达标区内受益人口 38.64 万人，噪声平均值比治理前下降 0.3～5 分贝。1995 年，市环保局拟定《常州市市区环境噪声达标区管理办法》，完成噪声治理项目 13 个。1996 年，市区新建成噪声达标区 39.6 平方公里，覆盖率提高到 65.3%，噪声达标区建设获省环委会表彰，常州被评为全省先进城市。1998 年，主城区新建成噪声达标区 1.14 平方公里，在新北区建成噪声达标区 2.5 平方公里。1999 年 7 月 1 日起，对市区重点道路实施禁鸣管理，压降交通噪声污染。2000 年，强化对建筑施工、交通噪声和社会生活噪声的管理，城市区域环境噪声平均值和交通干线噪声明显好转，开展残疾车、摩托车、电瓶三轮车整治行动，杜绝拖拉机进城，交通噪声得到有效控制。

2001—2006 年，常州重点强化声环境的日常管理，声环境维持在比较稳定的水平，略有波动。2001 年，实施安静工程，淘汰市区 2 万多辆助力车，在市区道路全面实行禁鸣和信号分流，建成噪声达标区 48.45 平方公里，覆盖率升至 70.3%。2004 年 5 月中旬起，环保部门强化对辖区内噪声扰民单位的监督检查、督促整改，多次组织联合夜间检查，查处一批噪声扰民单位。同年末，全市建成环境噪声达标区累计 76.33 平方公里，达标区覆盖率 77.5%。2005 年，重点实施并建成沪宁高速常州段、新 312 国道、239 省道改扩建和夹江大桥、常宁高速、扬溧高速、机场改造等工程，完善城市交通网络体系，改善了城市声环境。环保、公安和交通等部门设置摩托车限制进入区域及时间，控制交通噪声；强化对固定噪声源、建筑施工噪声和生活噪声的管理，环境噪声达标区实现全覆盖。同年，《关于推进中心城区工业企业搬迁的试行意见》出台，引导和鼓励企业逐步从中心城区迁入工业园区。

2006—2010年，常州市多条骨架道路改造工程建成通车，调整公路通车里程221公里，交通运输业累计投入327亿元，建成两纵四横一环线的高速公路主架，随着公交一号线、二号线的相继开通，优质高效的快速公交十字加环网络系统基本建成，改善了城市交通环境，分流了道路车流量。2006年，根据省小康社会环境质量综合指数80分以上的要求，重点对超标排放噪声污染单位实施限期治理，加强对建筑施工噪声的管理，各辖区扩建成环境噪声达标区107.58平方公里。2006—2008年，市区车流量逐年下降，2009年略有回升，2010年有所下降。至2010年底，累计搬迁中心城区工业企业128家，工业企业扰民纠纷大大减少，功能区噪声达标率提高，常州市区环境噪声状况得以改善。

第四节　固体废弃物污染防治

常州的固体废弃物主要是工业废渣和生活废渣。1991—1995年，工业废渣年产生量总体呈上升趋势，对工业废渣的处理方式主要是综合利用和处置，对生活垃圾主要采用无害化处理、一般处理和简易处理3种处理方式。常州市主要建有剑湖垃圾处理厂、青龙垃圾处理场和北港垃圾处理场。1996—2000年，生活垃圾处理主要是无害化处理、露天堆存两种方式，1998年12月建成投运武进夹山生活垃圾填埋场一期工程，采用卫生填埋技术。从“九五”开始常州市对危险废物进行比较规范的管理，1996年危险废物产生量达到历史峰值，为2.67万吨，危险废物处理方式主要有综合利用、处理处置两种方式。至2005年末，常州建成无害化处理能力达每日540～950吨，简易垃圾卫生填埋场和临时堆场33座（总处理能力达每日45.6吨），基本实现垃圾无害化处理。2006—2010年，通过加强节能减排，固体废物产生量缓慢下降，2010年末比2005年末下降15.7%；综合利用量维持在较高水平，基本与产生量保持一致；全市工业危险废物产生量、处置量与综合利用量同步上升，2010年产生量比2005年上升27.9%，实现工业危险废物、固体废物零排放。

一、工业固体废物处置利用

工业固体废物分煤渣、粉煤灰、煤矸石、造型废砂、矿渣、电石污渣、钢渣和铸铁渣、化工废渣、粮食加工渣和药渣、废玻璃、有色金属渣、污泥、工业粉尘、工业垃圾14类。常州以冶炼废渣、粉煤灰、炉渣、煤矸石、化工废渣为主，来自煤炭、纺织、化工、电力、机械、冶金、食品、医药等28个行业。

80年代，常州燃煤废渣开始用于制砖、制水泥，对炉渣、粉煤灰等进行统一管理，到工厂及时清运收购、回收利用。1986—1990年，常州产生工业废渣257.41万吨，其中炉渣106.32万吨、粉煤灰42.62万吨、冶炼废渣15.48万吨；工业废渣利用235.65万吨、利用率91.5%，处理12.47万吨、处理率4.8%，处置18.98万吨、处置率7.4%，排放7.2万吨。常州废玻璃利用率90%，但是常州荧光灯管厂、热工仪表厂等企业产生的废玻璃含有大量金属汞，运到农村或乡镇企业作制瓶原料或填埋，极易造成二次污染。1991—1995年，市区产生工业废渣308万吨，综合利用289.92万吨，处置17.12万吨，排放0.96万吨，综合利用率94.1%，与1986—1990年相比，工业废渣年产生量总体呈上升趋势，提高2.6%，主要是市区粉煤灰、炉渣产生量逐年增加，而冶炼废渣、煤矸石、化工废渣及其他废渣逐年略减；排放量由7.2万吨下降至9600吨。

1996—2000年，常州市区工业固体废物产生量总体下降，其中1996年76.23万吨，1997年78.34万吨，1998年后开始下降，2000年降至60.16万吨。粉煤灰产生量最大，历年产生量均占总产生量的一半以上，总体呈下降趋势；其次是炉渣，约占总产生量的30%，逐年增加。市区工业固体废物的综合利用率除1996年较低外，其余均稳定在约90%，炉渣几乎全部利用。其间筑路工程相对较少，粉煤灰利用率降至约80%。常州尚无较完善的冶炼废渣综合利用系统，利用率一般低于50%，其他废渣综合利用率一般低于90%。工业废渣综合利用率大约98%，比1991—1995年提高4%，排放仅3700吨，堆存90万吨、堆存面积40万平方米。2000年4月22日，全市首家民营工业固体废物处置中心在五星乡新工业园成立，投资336万元的一期工程为一座干馏气化热解炉，可年焚烧固态废物6000吨、液态废物1500吨。2001—2005年，市区工业固体废物的产生量随着经济社会的发展和武进划入市区，比1996—2000年明显增长。2006年，全市工业固体废物产生量368.86万吨，工业固体废物综合利用363.15万吨，综合利用率98.5%，处置5.62万吨，处置率1.5%，贮存仅700吨。2010年，全市产生工业固体废物302万吨，综合利用287万吨、综合利用率95%，处置15.1万吨，送往集中处置场1.62万吨。

1987—2010年部分年份常州市区工业固体废物处置利用总量对照表

表10-2-5

年份	产生量(万吨)	综合利用量(万吨)	其中:往年量(万吨)	综合利用率(%)	贮存量(吨)	处置量(万吨)	排放量(吨)
1987	77.51	63.75	—	—	—	0.70	1025
1989	86.00	69.00	—	—	—	0.60	4000
1991	48.13	54.40	9.00	94.4	1.73	0.97	1100
1993	65.89	103.13	39.90	96.0	0.90	7.90	900
1995	76.59	66.63	0.06	86.9	3.05	6.33	9600
1997	78.34	72.30	120.58	92.3	5.05	0.98	490
1999	56.40	48.90	—	86.8	7.06	1.00	20
2001	122.82	122.43	4.10	96.5	0.03	4.46	—
2003	157.01	240.29	87.38	98.3	0.42	3.68	—
2005	358.46	352.47	—	98.3	66.34	5.95	—
2007	372.20	369.68	4.02	98.3	7.50	6.54	—
2009	253.00	248.90	—	98.4	—	4.10	—
2010	302.00	287.00	—	95.0	—	15.10	—

二、生活废渣处置利用

常州市生活废渣主要指生活垃圾，是城市居民生活的副产品，成分和产量伴随居民人口增长、消费水平的提高及消费方式的改变而改变。常州市区生活垃圾由市环境卫生处统一管理，下设的环卫管理所负责日常清运，设垃圾堆放场地7个，占地45.2亩，堆存量4.5万吨，公共厕所478间，大型蓄粪池8个，总体积942立方米，总容量900吨，常州市环卫部门建有完整的规章制度，做到垃圾日产日清，不外溢、不堆积。1986—1990年，常州市区产生生活垃圾159.85万吨，处置方式主要是运往郊区和农村作堆肥、填埋，未经过真正的处理，市区的粪便主要是运往农村作肥料，其余部分由下水道送到污水处理站处理。1992年4月至1993年9月1日，投资1600万元，建设常州市环境卫生综合厂剑湖垃圾处理厂，垃圾处理场117.73亩，设计日处理生活垃圾150吨，采用间歇动态好氧堆肥技术。1995年8月，引进日处理50吨的生活垃圾焚烧炉，此后再配置3台常州企业自行研制的FDLLF-50型生活垃圾焚烧炉，该厂无害化处理能力达日处理生活垃圾300吨。

1996年，市区垃圾产生量22.3万吨，至2000年增至25.8万吨。1996—2000年，常州市区清运生活垃圾77.71万吨，其中厨余垃圾与塑料制品的使用量和废弃量逐年增加，而渣土(煤灰)含量逐年降低。处理方式主要有无害化处理、露天堆存两种，主要处理设施和场所有剑湖垃圾处理厂、青龙垃圾处理场和北港垃圾处理场，合计垃圾日处理能力390吨，其余垃圾未经处理运到郊区农村的废河塘、低洼地堆放，直接暴露于环境中。5年间，垃圾年均处理率61.3%。

2001—2005年，常州加强固体废物处理处置法制法规建设。2001年9月，市政府颁布《常州市市区城镇垃圾处理费征收实施细则》，开始征收城镇垃圾处理费。翌年7月，市政府颁布《关于进一步深化全市环卫体制改革的意见》。2003年5月，库容量140万立方米的夹山生活垃圾卫生填埋场改扩建工程建成投运，指标均达《生活垃圾污染控制标准》要求，概算总投资5653万元，占地206亩，设计库容310万立方米，设计使用年限25年的二期工程2004年底建成。2003年，对原圩塘、百丈、西林等简易垃圾填埋场进行规范化封场，同年垃圾无害化处理率达94.2%。其间，全市生活垃圾产量比1996—2000年上升。2005年，生活垃圾产生量为45.6万吨，比2000年增60.8%；全市生活垃圾无害化处理率93.4%，其中常州市区92.1%。至2005年底，常州市建成无害化处理能力达每日540～950吨，建成简易垃圾卫生填埋场、临时堆场33座，总处理能力达每日45.6吨，基本实现垃圾无害化处理。建成垃圾中转站138座，垃圾清运率100%，年无害化处理量42万吨，无害化处理率92.1%，其余垃圾送乡镇所建的简易垃圾卫生填埋场和临时堆场。在无害化处理量中约13%送剑湖环卫综合厂堆肥、焚烧，其余87%运至夹山垃圾卫生填埋场填埋。2006年，全市产生生活垃圾31.79万吨，其中卫生填埋25.97万吨，常州环卫综合厂焚烧5.82万吨。

常州、武进城市生活垃圾焚烧发电项目启动，建成后每日能处理生活垃圾1350吨。常州生活垃圾卫生填埋场二期工程竣工投入使用，总库容量450万立方米。2009年底，全市生活垃圾无害化处理系统日臻完善，常州绿色动力环保热电有限公司生活垃圾焚烧发电项目正式投运，常州广源热电有限公司污泥焚烧扩建项目、常州新环污泥处理有限公司的印染污泥干化造粒项目建成投产，污泥日处理能力750吨。2010年，全市城市生活垃圾产生量89.73万吨，实现全部清运、无害化处理。

三、污泥处置利用

常州城市河道疏浚年均产生淤泥约680万立方米，原处置方式仅为岸边堆放、低洼地、河塘(浜)存放等。2003年起，城市污水处理厂探索污泥无害化、安全处置途径，送至城市热电厂焚烧。2005年全市城市污水处理厂产生污泥1.05万吨，有3家污水处理厂实现污泥焚烧。2010年，污泥产生总量34.23万吨，其中处置33.41万吨、利用8214.77吨。

四、危险废物处置利用

1996—2000年，常州市开始对危险废物进行比较规范的管理。1996年，市区危险废物产生量达历年峰值的2.67万吨，2000年降至0.63万吨。2010年，工业危险废物处置量1.68万吨，处置率21.3%。

工业危险废物处理　1999年，市区5个行政区有12个行业的150家企业产生危险废物25类、9696吨，其中固态、液体和半固态危险物分别为4913吨、4112.4吨和670.4吨，分别占总量的50.7%、42.4%和6.9%。危险废物处理方式主要有综合利用、处理处置两种方式。“九五”期间全市有危险废物储存设施20个，其中大部分为暂时储存设施，储存对象主要为含重金属的废液废渣；有危险废物处理、焚烧设施21台(套)，其中工业焚烧炉、医疗废物专用焚烧炉各两台，分属常州第一人民医院、第三人民医院，无安全型或管理型填埋设

施。1999 年，常州危险废物综合利用 5471 吨，利用率 56.4%；处理处置 3666 吨，处理率 37.8%；储存量 548 吨，占总量的 5.7%，基本实现危险废物零排放。2000 年，危险废物产生量降至 6300 吨。2002 年，市城管局等部门在常州市区推行废旧电池等有害垃圾分类收集工作，10 月起市区选择 21 个机关单位、19 个街道办事处和部分学校设置废旧电池回收桶，在 10 个转运站设置有害垃圾贮存箱。"十五"期间，常州工业危险废物明显增长，2004 年有 132 家单位产生工业危险废物 3.95 万吨，处置量 2854 吨、处理处置率 7.2%，贮存量 34 吨，综合利用量 3.66 万吨、综合利用率 92.7%，零排放。在处理处置中转移 8611 吨，占危险废物产生总量的 21.8%。干电池、日光灯管、体温计、废药品等危险生活垃圾的管理始终是城市垃圾控制的盲区，直接进入普通城市垃圾进行一般处置。

放射源专项治理 2005 年，常州有 661 家医院或医疗单位，产生医疗废物总量 580 吨，全部做了处理。市环保局对涉源单位建立一厂一档，同公安、卫生部门联合检查 57 家涉放射源单位。完成全市 221 个放射源的统一编码，依法处罚放射源管理不达标企业 1 家，收贮放射源 3063 枚。2006—2010 年，常州工业危险废物产生量呈上升趋势，处置量与综合利用量同步上升，实现零排放。2006 年，全市产生工业危险废物 8.69 万吨，无害化处置 1.75 万吨，无害化处置率 20.1%，其中综合利用量 7.12 万吨、集中处置 7598 吨，综合利用率 82%，6.8 吨暂时储存，保持零排放。加强辐射物和固体废物的监管，安全收贮退役放射源 10 枚。2008 年 10 月，常州垃圾焚烧发电厂建成投运，日处理能力 750 吨。2009 年，办理危险废物交接转移申请 450 余件，接收危险废物转移联单 1500 余份。2009—2010 年，全市工业危险废物产生量 10.07 万吨，其中综合利用 10.8 万吨、处置 4.28 万吨。2010 年产生量比 2005 年上升 27.9%，综合利用率、处置率分别为 78.7%、21.3%。

五、白色污染防治

白色污染物随着人们对塑料制品的消费需求增长而增长。1990 年，常州市区废旧塑料产量 8200 吨，1998 年，全市产生废旧塑料 4.74 万吨，市区的废旧塑料产生量增至 1.94 万吨。同年，白色污染多造成的视觉污染直接破坏了市容卫生，对自然生态环境的破坏迟滞了城市的可持续发展。1999 年，市政府成立市白色污染防治领导小组及其办公室，开始防治白色污染。开展"清除白色污染突击周"活动，各级政府及其城建、环卫、交通、铁道、旅游、园林等有关部门紧急行动，市环保系统全体员工和市教委、市地学会组织学生环保志愿者小分队 200 余人，在公共场所及主要交通干线两侧，捡拾白色污染物。《常州市 1999—2005 年白色污染防治规划》编制完成，提出 1999 年底前消除常州境内铁路、公路、长江、太湖及其他水域沿线、旅游景点、商业网点的白色污染；2000 年底以前，基本消除市区及中心城镇的白色污染，可降解材料制成的替代产品初步得到推广，废旧塑料制品回收率达 40%。

2000 年，常州市白色污染防治领导小组在全市推广应用可降解材料、纸质、纸浆模塑材料等代替造成白色污染的一次性发泡塑料用具，拟定了《常州市一次性塑料餐具和塑料袋污染防治实施办法》。市环保局与市技监局、卫生局联合实施一次性可降解餐具的销售申报登记制度，公布首批替代产品名录，从源头抓"禁白"。2001 年底前，基本消除全市城乡白色污染，可降解材料制成的替代产品广泛推广，废旧塑料制品回收率 80% 以上。2007 年 5 月 15—21 日，根据全国限制生产销售使用塑料购物袋的统一部署，市发展改革委、经贸委、环保局、工商局等部门分别对塑料袋生产企业、销售和使用的超市、商场及农贸市场进行"限塑"专项检查。2008 年 6 月 1 日起，全面执行限塑令，采取多项措施确保限塑令的执行。2008 年，全市收缴非标准塑料购物袋 153.89 万只，取缔无照 19 户、取缔窝点 13 处、立案 8 件，罚没款 2.13 万元。2009—2010 年，全市巩固"限塑"工作成果，收缴、查处不合格塑料购物袋，标准塑料购物袋使用率 85%。2008 年，常州万兴纸塑公司在全国同行中率先淘汰泡沫塑料包装生产线。2009 年，开发出废纸质环保包装，先后获得国家发明、实用新型和外观等专利18项，对破解中国白色污染难题做出了贡献。

第五节　土壤污染治理

改革开放后，随着现代工业的迅速发展，农业生产中使用化肥、农药、薄膜日益普遍，农业在增产增收的同时，对大气、水和土壤造成一定的污染。1999年6月，市农村能源环境保护办公室成立。2001年，市农林局成立后，市场信息处承担农村能源、农业生态环境保护工作。2010年组建市农业委员会，内设农业生态环境保护与农村能源处。

一、农业面源污染治理

2007年，太湖暴发蓝藻，国家、省对太湖流域环境整治尤其是水域生态保护提出相当高的要求，实行铁腕治污，实施生态拦截，加强农业面源污染治理。2008年，根据省农林厅《太湖流域农业面源污染治理方案》，市农林局制定《常州市农业面源污染治理方案》，实施畜禽养殖污染综合治理、面源氮磷流失生态拦截系统、乡村生活污水生态净化处理、化肥农药减量使用等工程。

2008—2010年，全市整治畜禽养殖场833家，压缩长荡湖、滆湖围网5750公顷，建成长荡湖、环滆湖生态湿地513公顷，完成生态拦截工程80多万平方米。2009年4月，武进区农业局与省农科院合作建设太湖流域废弃物处理中心。11月，农业废弃物资源化循环利用示范项目太湖流域废弃物处理中心建成运行，在全国率先开展水葫芦一体化处理。该项目利用修复太湖水体后的水葫芦残体、打捞脱水后的蓝藻及农作物秸秆、畜禽粪便、河道淤泥作为原料，通过合理配伍，采用高温有氧发酵工艺，经过无害化处理变成优质有机肥，实现废弃资源的循环再利用，设计年处理废弃物3.15万吨，产出商品有机肥料2万吨。2010年，处理蓝藻、水葫芦渣近8000吨。

二、农村生活污水处理

主要是对农村分散农户生活污水采取集中收集、油污分离、生物净化的处理，实现达标排放。2008年后，武进区探索采用微动力净化装置—人工生态湿地稳定塘、SBR反应池—微晶纳米滤池—人工湿地、塔式蚯蚓生态滤池—人工湿地、河浜原位增氧—人工水草载体生物膜系统—水生植物净化沟—生态护岸、海沃特(HyWaT)复合生态滤池—人工湿地、EV生化—人工生态湿地6种处理模式，全面治理分散农户的生活污水。该区雪堰镇雅浦村采用“沉淀＋人工湿地”的工艺创造了农村生活污水处理的雅浦模式，日处理生活污水30吨，可将生活污水处理成干净的农灌水。2009年，金坛市采用多功能气提式接触氧化法、无动力三级生物滤料处理法、塔式蚯蚓生态滤池、微动力人工湿地、地埋式无动力5种方式处理农村生活污水，惠及农户3490户，日处理污水逾1600多吨，直溪镇汀湘村塔式蚯蚓生态滤池模式在全省推广。至2010年底，全市各地建设乡村生活污水处理工程近200个。

2009年，金坛市在全省首创一片水域＋生态浮床治理技术＝环境(Environment)+节能(Energy)+美化(Embellish)+经济(Economy)+生态(Ecology)，生态氮磷拦截“1+1=5E”模式。利用自然生物低成本治理水体污染的方法，以高分子材料为载体的水面无土植物种植技术，将草本陆生植物、水生植物种到水里；植物对氮、磷等营养物质的吸收利用和根系所附着微生物协同降解、减少水体污染，为水生生物提供栖息、繁衍场所，更可美化环境。水上花卉和蔬菜可以四季轮作种植，实现治理水体氮磷污染目标，且带来经济收入。在种植水上花卉和蔬菜的同时放养水生动物，包括鱼、蛙、虾等，保护和改善水体生态环境，收到实效。

第三章　环境管理

常州颁布了一批规范性文件和措施，强化依法管理，采取大量措施防治污染，减少排放。市环境监察支队、环境监测中心机构升格，先后成立常州排污权服务中心、固废与辐射环境管理中心、环境保护宣传教育中心、环境信息中心。全市环保部门加强对环境的监督，按照监管全覆盖的要求，监管范围覆盖到全市57个乡镇、街道，检查结果每月排名通报；监管内容包括建设项目管理、废水、废气排放、固体废弃物处置达标排放、污口规范化情况等方面；正常情况每两天开展夜间抽查1次，特殊情况实施“夜夜查”，对重点问题实施24小时全天候检查；采取水陆并进、飞行检查、交叉检查等方式，监管企业的环境违法行为，坚持按“从重、从快、从严”进行行政处罚，综合采取限制、吊销许可证、停产、查封、关闭、司法机关拘押等手段，督促其整改达标。还与检察院、法院建立环境公益诉讼联席会议制度，组建环保巡回法庭。全市环境质量要素的相关指标达标并维持在良好水平。

第一节　法制建设

一、规划计划

80年代初，常州编制了第一个环境污染防治规划，纳入1981—1990年常州城市总体规划。1986年，综合“六五”国家科技攻关项目的成果，编制《1986—2000年常州市市区环境污染防治规划》，1987年2月通过市城建、水利、规划等部门的论证认可。规划主要分为水污染防治、大气污染防治两部分。1991—1995年，市环保局组织编制了重大环境保护规划8项、园区环境规划6项和镇村环境保护规划、经济与环境协调发展示范村建设计划29项。1993年，市环保局组织被列入全国3000家重点污染企业名单的20家市县重点企业—常州酿酒总厂、常州染料化工厂和戚墅堰发电厂、武进钢铁厂、武进水泥厂、武进化肥厂和溧阳发电厂等编制企业污染防治规划，通过技术改造、采用清洁工艺及加强企业环境管理等措施，以最经济的手段使污染物减量化、资源化、无害化。1995年，编制完成《常州市环境经济发展战略》等规划，确定常州各阶段的环保战略重点和污染控制途径。

1996—2000年，常州根据《中国21世纪议程》，按照可持续发展战略思想先后编制《环境保护专项行动计划》等6项规划。2001—2005年，市环保局组织编制13项重大环境保护规划和4个园区环境规划。2004年，市环保局在创建国家环境保护模范城市（简称“创模”）时，编制《常州市生态市规划大纲》等3个规划；2005年，市环保局根据“生态常州”建设目标，组织编制了《常州市城市总体规划生态环境保护专项规划》等3个规划。2009年，《常州市饮用水安全保障规划》编制完成，明确全市区域供水水源和各辖市乡镇集中式生活饮用水水源一级、二级保护区；实施改水工程，原有供深井水全部改供长江水；《常州市长江饮用水源污染事故应急处置预案》《常州供水安全保障体系建设方案》等编制完成，健全了水污染事故和供水突发事件应急处理体系。

二、依法规范管理

1986年起，常州市在环境保护管理上逐步从以行政管理为主向以依法规范管理为主转变，推进环保法制建设，制定、颁施主要环境保护及其管理的规章18项，成为环境管理的依据，全市环境保护法制法规建设渐趋正常。1991—1995年，常州市环保系统把依法治市、"二五"普法工作和环保目标责任书体制相结合，与市、县(市)区、乡镇(街道)、工业主管部门、重点污染企业等单位逐级签订环保目标责任书，每季(每月)考核，且纳入年度计划考核。1991年，审批对环境有影响的建设项目749个，依法查处一批违法项目，执行奖惩制度，勒令常州味精厂和常州冶炼厂考核不合格单位限期整改。1992年，发出超证排污通知127份，收到整改报告98份，对28家单位分别给予提高排污收费标准、加倍收费、对法定代表人罚款的处罚。

1993—2010年市环保局主持编制完成的主要环保规划计划一览表

表10-3-1

年份	环境保护规划、经济与环境协调发展示范村建设计划名称
1993	常州市区地面水环境保护功能区划分规定(暂行)、环境信息系统建设"九五"规划
1994	常州市环境综合整治规划、常州市环境保护科技发展八年规划、常州市环保产业发展规划和武进县湖塘镇、横林镇、奔牛镇，金坛市金城镇、白塔镇、五叶镇、西岗镇和全市5个省级及其以上经济开发区环保规划
1995	常州市区环境保护规划(1996—2010)、常州市环境经济发展战略、常州市环境保护"九五"计划。辖市环保部门首次与高校合作编制了《江苏省溧阳昆仑经济开发区环境规划》《溧阳市区环境保护规划》《金坛市区环境保护规划》和横林、别桥、直溪等14个建制镇的环保规划；编制并实施了武进市湖塘镇、金坛市坞家村等4镇4村的环境综合整治规划；编制金坛市薛埠镇和城东峨嵋村、溧阳市天目湖镇、武进市横山桥镇经济与环境协调发展示范村建设的计划等
1996—2000	环境保护专项行动计划、常州市环境保护战略研究、推行清洁生产行动计划、常州市污染源总量控制规划、常州市环保"十五"计划和2010年远景目标和"双标"计划
2001—2004	常州市城市环境保护"十五"计划、苏南世行环保战略(常州部分)、"三湖一河"(长荡湖、天目湖、滆湖、京杭大运河常武段)碧水工程规划纲要、常州市太湖水污染防治"十五"实施计划和太湖水污染防治2001年实施方案，常州市二氧化硫污染防治规划实施方案、常州市绿色工程计划(第二期)和青龙纺织工业园、钟楼经济开发区、溧阳埭头工业园等园区的环境规划；常州市二氧化硫污染防治规划实施方案；常州市2005—2007年环境保护和建设三年实施纲要、常州市生态市规划大纲；编制上报《常州市环境保护规划》专项规划
2005—2007	常州市城市总体规划生态环境保护专项规划、小康社会环境质量综合指数水域功能区水质达标方案、地表水(环境)功能区划和环境信息化建设"十一五"发展规划；常州市区及三辖市太湖水污染防治"十一五"计划及2010年规划、常州市生态环境保护"十一五"规划、常州生态市建设规划、常州市环境功能区划分规划；常州市城市总体规划环保专项、常州市"十一五"生态环境保护规划、常州古大运河地带整治生态环境专项治理规划
2008—2010	常州市主体功能区划、常州市太湖流域水环境综合治理实施方案暨专项规划；配合编制完成常州市5条河流小流域水环境综合整治方案；常州市饮用水安全保障规划。常州市"十二五"污染防治规划(含水、大气、噪声)、常州市蓝天工程三年行动计划、常州市"十二五"环保总体规划

第二节　环保信访与信息公开

1995年，常州制订《信访管理工作程序》。在信访办理中，坚持《江苏省信访条例》等法规政策和市长环保专题公开电话值班制度，公布市长环保公开电话。1998年，开始实施环保110联运服务体系，公开值班电话，及时处理紧急污染事故和纠纷。2000年起，实施每季度一次的环保新闻通报制度。2001年，环保举报电话(12369)开通，实施有奖举报。

一、环保信访

2006—2010年，市委、市政府开展大接访活动，实施重点环境问题挂牌督办、领导包案等制度，通过环保圆桌会议、秸秆禁烧巡查及绿色护考、环境信访百日行动等活动，环境信访总量明显下降，群众满意率明显上升，环保信访受理率、结案率分别保持在100%和95%以上。2006年，市城市社会经济调查队开展市区公众对城市环境保护满意度问卷调查。2007年，市环保局成立12369环境信访举报受理中心，24小时受理环境投诉。2010年，环境信访总量略下降，越级、重复访、联名信访量均下降，结案率95.9%。市环保局被环境保护部评为全国环境信访工作优秀集体。

二、环境信息公开

1999年，市环保局在全省环保系统首家采用主页形式建立常州环保公共信息网页，为地方政府部门率先在国际互联网169或163网上开通环保站点“常州环保”，实施规范化制度，定期更新。6月4日，常州发布首期空气质量周报，此后于每周五、六在新闻媒体上公布，周报主要由首要污染物、空气污染指数(API)和空气质量分析3部分组成，采取国际上较通用的空气污染指数发布，指数值为0～500，环境监测为环境管理服务的水平逐年提高。2001年，市政府在全市实施工业企业环境行为信息公开化制度，重点污染源及部分自愿参加的78家单位开展环保信息公开化试点，分绿色(好)、蓝色(较好)、黄色(一般)、红色(较差)、黑色(差)5个等级对企业环境行为进行评级，在媒体上公布结果，接受公众监督。在78家企业中，2001年度环境行为被评为绿色、蓝色、黄色、红色的分别有4家、38家、29家、7家。为公众参与监督环保提供了渠道。2008年5月，常州市执行《环境信息公开办法(试行)》，对超标、超排量排污企业强制公开环境信息，鼓励企业自愿公开环境信息，环保部门主动公开环境信息，接受公众监督。

第三节　环境监察

一、现场监察

1999年，市环境监察支队组织开展现场监理1600余厂次，其中夜间及节假日抽查90余厂次，对查实的环保违法行为作出行政处罚96件，申请法院强制执行14件。2002年，全市环境现场监理增至2600余厂次，对查实的环境违法行为作出行政处罚172件；市区完成207家市属企业的排污申报，对市区64家单位的108台(套)污水治理设施进行年检考核，现场抽查污水治理设施522厂次666台次，市区污水治理设施正常运转率96.1%。全市完成38台化学需氧量自动监测仪的安装；市区重点开展油烟废气检查，核查二氧化硫排污单位45家，查处超标排放单位3家。2004年，全市开展整治违法排污企业环保专项行动，出动环境执法人员8437人次，检查企业2392家次，其中市环保局开展夜间和节假日抽查262厂次，查处44家企业的环境违法行为，清查出应取缔、关闭、淘汰的违法企业11家，限期整改128家，查处重点环境案件35件。2005年，全市开展整治违法排污企业、保障群众健康、确保饮用水安全专项行动，出动执法人员1.71万人次，检查企业7109厂次，重点监督、整治澡港河、漕桥河等12条河道，对53家违法排污企业实行挂牌督办。

2006年，全市环保部门强化环境监管，开展“保障人民身体健康，严厉打击环境违法行为”专项行动，对180家工业污染源实施分类整治，从项目选址、总量控制、环境现场监理等方面全过程强化监管，查处未批先建、擅自生产的违法企业。2007年，强化环保监管执法，扩大对环保违法行为的打击范围，强力打击。对全市排污企业开展昼夜拉网式大检查，排查南部地区每条河流沿线污染源排污情况，加强监控，市环境监察支队成立夜查分队强化夜查；与中国人民银行常州中心支行签订“信息共享，执法联动”协议，把企业环境行为等级作为金融信贷的前置条件。2008 年，全市环保执法检查实现全覆盖，每月对重点排污企业、污水处理厂全面检查 1 次，对辖市区的飞行检查均不少于 20 厂次，检查建设项目管理、生产基本情况、水污染源、废气污染源、固废污染源、环境应急、辐射源和排污口规范化等情况；采取水路加陆路、白天加黑夜、飞行检查加交叉检查等方式检查，取得实效，实施飞行检查“夜夜查”，突出检查重点问题、区域和行业。2006—2010 年，常州推进排污口规范化整治和环保技防措施，建成投用市污染源远程自动监控中心和“环保通”移动执法平台，在企业分别安装化学需氧量在线仪、烟气在线仪、电动阀门和视频接口等，与市及辖市区两级污染源自动监控中心联网。市级污染源监控覆盖全市重点污染源、长江饮用水源地取水口、全市机动车尾气监测场点和重点放射源使用单位等。实现从监管到监控，采用联动、互查等方法进行环保监察，环保部门领导定期参与一线环境执法现场检查。实施饮用水源地日查日报制度，对太湖蓝藻加强巡查，加强预警，对清水工程河道、上游清水通道实行一日一报、一周一告和一月一评，做好重点渔业、农业等敏感河道及历年事故多发河道预警。

二、污染物排放许可

常州是全国试行“排污许可证”制度较早的城市，起步于 1986 年，“排污许可证”制度主要包括排污申报、总量审核、颁发“排放许可证”和“临时排放许可证”等内容。1987 年，常州被列入国家 18 个实施“水污染物排放许可证”试点城市，《常州市“污染物排放许可证”暂行管理办法》出台，首先在地处水源保护带和市区 38 个重点水污染源的 50 家单位施行，向其中 46 家单位发放污染物排放许可证，市环境监督管理由排污浓度管理向排污总量控制管理转变。

1987 年开始实施“水污染排放许可证”制度。1988 年，市政府颁布《企业环保工作目标责任制管理办法》，与 32 家持证单位签订“目标责任书”33 份，向 23 家企业发放排污许可证。至 1990 年底，市区累计向 129 家单位发放“排污许可证”，同年发出监督监测通知 99 份，处理 29 家超证排放单位，郊区和 3 个县市开始实施“排污许可证”制度。1991 年，常州工业企业化学需氧量排放量由 1985 年的 4.6 万吨降至 2.7 万吨，酚排放量由 1985 年的 128 吨降至 58.7 吨。同年起，常州被列为全国大气污染物排放许可证试点城市。1992 年，向首批烟尘(粉尘)日排放量大于 50 吨及排放浓度超过标准的 20 家企业发放“大气污染物排放许可证”。

至 1992 年底，形成系统的许可证管理制度和程序，其中目标责任书制度、加强证后管理是重要手段，对企业执行环保目标责任书行为实行奖惩。1993 年，对 65 厂次的超证排污作了处罚，其余单位限期整改。对 20 家试点单位换发“大气污染物排放许可证”。根据《江苏省征收污水排污费暂行规定》和《江苏省乡镇、街道企业超标排污费征收办法》，重新测算市区污水排污费，对 93 家单位新开征污水排污费，测算超标噪声源排污费，对 102 家单位开征噪声超标排污费，同时开始征收“大气污染排放许可证”内的超标排污费。1994 年，环保行政部门对 63 厂次的超证排污行为作出行政处罚，处罚治理设施运转不正常的单位 5 家，对 6 家进行了警告和限期整改。11 月，通过国家验收，受到国家环保局表彰。1995 年，市环保局重点实施“排污许可证”发证后监督管理，处罚 85 厂次的超证排污行为，污染设施抽查合格率 95.2%，依法处罚擅自停运单位 1 家；7 月，市领导率队进行全市环保执法大检查，检查企业 201 家次，处罚违法行为 122 起。

1996 年，环保部门对 80 家单位换发“水气排污许可证”，对超证单位作出行政处罚 47 件。1998 年，市污染物排放总量控制工作领导小组成立，开展以“一控双标”(控制大气质量、生活污水和工业污水治理达标)为核心的污染防治。翌年 8 月，市环保局组织开展全市大气污染物标排放督查，重点检查、督促和指导尚未达标、正在整治但速度太慢的单位；对污水标排放重点单位进行拉网式检查，处罚污水处理设施管理不力、超证排污的单位；组织对房屋开发项目、屠宰废水和社会生活噪声的专项执法检查。1998—1999 年，全市环保部门重新核发168家次单位排污许可证，对超证排放单位作出行政处罚68件，完成排污单位年审532家次，整治了有排污口单位160家次，安装流量计56台、在线化学需氧量监测仪4台。2000年，全市环保部门对持“排污许可证”的单位监督监测673厂次，实施超标排污处罚91件，公布重点源和主要源名录。市环保局作出行政处罚125件，申请法院强制执行10件。开展排污口规范化整治行动，对全市工业企业的528个废水排放口、464个废气排放口及相关企业的所有固定噪声源、固体废物贮存点安装标志牌，全市安装污水计量装置262个、化学需氧量在线监测仪9台。

2001年，重新换发84家单位的“排污许可证”，对持证单位监督监测720厂次，立案处理87厂次超标排污行为；向15家单位的炉窑核发“环保设备合格证”，198家单位的炉窑经审核换证。现场抽查炉窑设施单位411家，立案查处超标排放单位25家。实现对38家重点污染源排污水量与设施运行情况的远程实时监控，市区安装污水流量计98台、化学需氧量在线监测仪8台。翌年，市区207家市属企业完成排污申报，核查了二氧化硫排污单位45家，查处超标排放单位3家。至2003年底，全市对432家重点污染企业实行排污许可证管理，要求限期治理243个，完成214个。

污染源视频监控中心(摄于2010年8月)

2006年，全市环保部门进行现场检查近1万厂次，发出行政处罚告知书209件，市区环保处罚额464.6万元，征收排污费约1300万元。翌年，环保部门对总量超过控制指标的地区及水环境质量超过水环境功能要求的区域，暂停审批新增污染物总量的建设项目，劝退化工、印染、电镀等行业不符合环保要求项目222个，投资额近3亿元。市环保局对87个项目集体研究、会审会签，立案查处违规项目29个。全市检查企业近3万厂次，立案查处环境违法企业945家，处罚金额4016万元，处罚环境违法行为268件。在152家企业安装化学需氧量在线监测仪，21家火电企业安装烟气在线监测仪，与市环保局联网。2008年初，市环保局向污染大、信访多的重点排污企业派驻环保代表，核查常州新亚化工、常隆化工等5家企业和滨江化工园区内80家企业的环境问题，提交阶段性报告，进行彻底整治。

2009年，市区向年排放化学需氧量达10吨的工业企业(含接管企业)，接纳污水中工业废水量达80%的污水处理厂，报批环评报告书(表)需新增化学需氧量排放量的新建和改扩建项目排污单位开展主要水污染物排污权有偿使用和交易试点，一次申购2009—2010年的排污指标。市环保部门经会审，核准154家试点企业合计购买2009年8235吨、2010年7898吨的化学需氧量指标，在《常州日报》公示，成立常州排污权服务中心，启动排污权交易。

三、污染集中控制和限期治理

1985年，常州市环保局对饮用水源保护区及居民稠密区等环境敏感区的污染企业、污染负荷达60%的重点污染源提出限期治理。1985年和1987年，市政府分两批公布了57项限期治理和搬迁项目，至1992年底完成47项。1993年，市区安排综合利用、搬迁、治理污染项目32项，至年底完成30项。翌年10月，市政府授予市环保局对造成环境严重污染的企事业单位直接做出限期治理的决定权。2001年，市环保局对7家危险废物排放单位下限期治理通知书，对3家烟气排放未稳定达标排放的单位下达限期治理任务。全市完成限期治理项目103个，其中关停或迁建企业16家。金坛从规划入手，整体搬迁水泥厂等污染源，强化对工业窑炉的治理，该市工业废气处理率升至99%。2002—2005年，重点整治太湖沿岸的工业企业污染，对未稳定达到新排放标准要求的单位下限期治理任务，对未完成任务的企业坚决执行关、停、并、转。2008年常州对市区西至长江路，东达永宁路、天目山路，南至关河路以北，北至太湖路，面积约15平方公里的范围实施禁燃区建设。市、区两级环保部门分别向18家单位下达限期治理任务，有3家单位停业安装水箱，5家搬迁单位进行新厂区建设，煤改气、煤改燃油各有1家单位进行工程设计。

2008—2010年，全市关闭有污染的化工企业946家、印染企业78家、电镀企业4家及轧石、石灰企业130家；淘汰高炉12台，淘汰炼铁和炼钢落后产能每年100万吨。全市拆除水泥机立窑、湿法窑生产线56条，淘汰水泥落后产能每年644万吨，关停燃煤火电机组443兆瓦。128家重点污染企业迁入工业园区，提升清洁生产和污染防治水平，促进污染集中处置，在工业园区建设时，配套建设工业污水处理厂等污染集中处置基础设施。钟楼工业园区等3个园区在全省率先建成省级生态工业园区。2010年底，全市有经济开发区(包括工业集中区)58个，其中国家级1个、省级9个、市级及以下48个。各园区按有污水集中处理管网、集中供热管网和符合国家标准的危险废物贮存设施的要求，组织园区环境基础设施建设，污水集中处理并标排放，对园区分很好、好、一般、差和很差5级实行等级评定，采取相应的奖惩措施。

2006—2010年，常州原有7个城市污水处理厂，又投资建成戚墅堰污水处理厂、江边污水处理厂、武南污水处理厂和溧阳第二污水处理厂，扩建武进城区污水处理厂和金坛第二污水处理厂，新增污水日处理能力40万吨。2010年末，全市拥有城市污水处理厂11座，日处理能力70.5万吨，市区生活污水集中处理率87.6%，比2004年上升21.8个百分点。全市建成乡镇污水处理厂24座，日处理能力14.2万吨，37个建制镇全部建成污水处理厂或污水收集后接入邻近污水处理厂处理。至2010年底，全市投运二级及其以上生化处理的污水处理厂42座，日处理能力102.5万吨。

四、节能减排

常州的节能减排主要包括工程减排、结构减排和管理减排。1987年起，常州实施“水污染排放许可证”制度。1991年，被列为国家实施“排放大气污染物总量控制许可证”制度试点城市。1992年，实行浓度管理与总量管理相结合的方法，逐步推行污染物排放总量控制，促进大气环境管理制度的实施，推广大气污染防治实用技术。市环保局拟定《开发区环境管理办法》等政策性措施。1998年，全市深化污染防治，各级成立污染物排放总量控制工作领导小组，对84家单位重新核发许可证，通过监督监测对超证排放的单位作出行政处罚68件，全市完成266家单位的排污申报年审，80家单位排污口整治，安装流量计28台，安装化学需氧量在线监测仪3台。

1996—2000年，市环保局等部门以“排污许可证”作为完成工业污染标的中心手段，加强制度实施与管理，投资10亿元用于工业污染源防治，全市2333家工业企业(含市区861家、武进980家、金坛222家、溧阳270家)中，2070家企业全面完成工业污染源标排放治理任务，实现达标排放，263家企业治理无望而关停、自然停产或拆除生产设备，停止超标排污，3785家单位完成排污申报年审。2000年，市政府成立“双标”工作领导小组及其工作机构，制定相关制度，实现污染治理达标排放管理制度化、规范化，开展新区工业污染源标排放考核，加强新区工业园区工业污染源的标排放管理。至9月30日，新区65家工业污染源完成达标认定，其中46家通过治理和整改实现标排放，19家因工艺、产品落后被关停。拟定危险废物管理办法，在全市确定危险废物重点管理单位100家，进行跟踪管理，在危险废物交换、转移的审批中实施联单制，组织联单制执行情况检查9次。

2001年，全市推进环保产业和ISO 14000标准贯彻，国家环保总局批准建立常州国家环保产业园。常州高新技术产业开发区、戚墅堰区超级麦片公司等8家单位获得ISO 14001认证证书。环境监测计量认证通过省复评。组织开展市环保治理设施市场化营运，有1家单位获国家级、2家单位获省级营运资质证书。2003年起，执行《中华人民共和国清洁生产促进法》，围绕《国家太湖水污染防治"十五"规划》，在印染、化工等重点行业推行清洁生产，试点单位采取加强环境管理、优化设计方案、改进工艺流程等措施，提高资源综合利用率，降低污染物排放。至同年底有31家重点企业完成ISO 14000认证审核。翌年，常州企业改进工艺技术、降低物耗、减少污染、提高效益，38家企业参加清洁生产审核，两家省重点污染源单位启动强制清洁生产审核程序。全市累计有85家企业通过ISO 14000质量体系认证，天目湖旅游度假区建成全省首家ISO 14000省级示范区。

2006—2010年，常州推进结构和管理减排，关闭化工等污染企业1028家及轧石、石灰企业130家，关停小火电机组16.36万千瓦和燃煤火电机组443兆瓦，淘汰落后炼铁(钢)和水泥产能分别为每年100万吨和644万吨，搬迁治理中心城区污染企业128家，完成清洁生产审核的企业601家，全市通过ISO 14001环境管理体系认证的企业达500家，钟楼工业园区等3个园区在全省率先建成省级生态工业园区，传统的高污染、高能耗行业比重逐年下降，工业的结构性矛盾得到缓解。2007年通过推进工程减排、结构减排和管理减排，完成重点减排项目115个，国家确认常州市完成化学需氧量减排项目76个，减排1.74万吨，完成39个二氧化硫减排项目，减排1.06万吨。至2010年底，全市"十一五"减排任务完成良好，化学需氧量、二氧化硫净削减量分别为3万吨、2.55万吨，削减率分别为40.6%、28.3%(目标分别为20.2%和13.7%)，同年分别净削减8804吨和11363吨，削减率分别为16.6%、20.7%(目标均为3%)。全市24个重要生态功能保护区禁止新上项目，劝退不符合环保要求的项目626个，完成化学需氧量减排项目108个，新建、扩建污水处理厂3家，5家完成提标改造，新建污水管网500公里，建成投运农村分散式生活污水处理设施161个。

五、建设项目管理

1986—2010年，常州市环保行政部门对建设项目实行审批登记、预审和环境评价，实施"三同时"制度、现场检查及监察执法等，防止新的污染产生，保护和改善生态环境，促进经济和社会发展。1986—1990年，县(市)区环保部门审办建设项目3023个，审办率92.2%。其中，因不符合环保要求而未同意建设的项目126个，占审办总数的4.2%；478个项目执行"三同时"，执行率67.5%。1991—2000年，全市环保部门加强建设项目的审批和"三同时"管理。1991年，审批对环境有影响的建设项目749个，依法查处一批违法项目。1992年，市环保局改进建设项目环境保护管理。翌年，环保部门审办建设项目146项，审批环境影响报告表、报告书53份。1994年，全市试行"三同时"保证金制度，授予市环保局对污染严重的企事业单位限期治理权限，市环保局清理1990年以后执行"三同时"建设项目名录，清理、调查在建项目进展情况，对建设项目违规的常州酿酒总厂、丁堰棉织厂等企业依法进行处理。

2001年，市和辖市区两级环保部门审办建设项目2943个，现场检查建设项目1390厂次，组织清查"九五"期间建设项目环境管理情况，对未经同意擅自投产的企业严肃处理。一票否决、拒批不符合环保要求的建设项目211个，查处违反建设项目环境保护规定的项目110个。2002年，全市验收"三同时"建设项目682个。翌年，全市受理建设项目5298个，书面退批选址不当或不具备有效治理污染技术的建设项目280个。市环保、计划、经贸、外经、建设、规划、工商等部门实施重大信息通报制度，环保部门加入对洗车业的前置审批，下发《常州市建筑施工噪声管理规定》，对国家明令禁止的建设项目坚决不予审批，严格执行环境影响评价制度，确保建设项目做到对环境的影响清晰、污染防治措施可行可靠。2004年，全市环保部门完善建设项目环保审批制度，严把建设项目审批关，控制新污染。市环保局审办的建设项目647个，预审后报省环保厅122个，验收环保“三同时”项目127个，退批选址不当或无有效污染治理技术的建设项目28个；实行建设项目和行政处罚会审制，吸取“铁本事件”的教训，严格审批权限，严禁越权审批、违法审批，会审讨论项目261项次，印发《关于加强建设项目环境监察工作的实施意见》，强化建设项目全过程环境监管，清理钢铁、水泥、电解铝项目及2000年后的其他项目，查处未批先建、边批边建及“三同时”执行不到位的项目建设单位，全市清理项目1.62万个，其中予以责令限期整改152个、停产整顿55个。

2005—2007年，全市审办建设项目1715个，其中立项预审781个，“三同时”验收422个，退批涉及选址不当、不符合国家产业政策、缺乏有效污染防治技术的244个。2009年，全市环保部门审办建设项目727个，其中立项预审150个、报告书91个，核准试生产130个，“三同时”验收232个，退批涉及选址不当、不符合国家产业政策和环保规定，或缺乏有效污染防治技术的12个。2010年，清理2001年元旦以后市环保局审批的建设项目，现场检查1184个，立案查处68个，消灭了监察盲区。

第四节　清洁生产与循环经济

1992年，常州开始倡导清洁生产与循环经济的理念，在企业推进清洁生产，发动企业加强内部原材料管理，从工艺改革、技术改造、产品结构调整、综合利用、降低消耗、节约用水等渠道入手，削减生产中的污染负荷，既取得了可观的经济效益，又减少污染物排放。1996—1999年，12家单位开展省、市和辖市区级清洁生产审计试点，投入污染防治资金2039.1万元，编制防治方案106项，年减少主要污染物化学耗氧量排放1094.97吨，年节支增效1409.5万元。1999年4月，全市开始扩大清洁生产试点。市环保局加强ISO 1400咨询认证管理，实施咨询认证备案制度。2000年，有3家企业获ISO 14000认证证书。

2001年，国家环保总局批准建立常州国家环保产业园，全市获ISO 14001认证企业增至14家。2002年，戚墅堰机车车辆厂、常州光明塑胶厂等16家单位通过国家权威机构认证，获ISO 14001认证证书；有20家重点企业完成清洁生产审核，年节水23万吨、节材12440吨，增收节支2661万元，削减污染物排放35%，其中削减化学需氧量排放655吨。溧阳垃圾焚烧厂、常州曙光化工厂、常州市水产良种引繁中心被确定为省级循环经济示范试点单位。2003年，按照《中华人民共和国清洁生产促进法》要求，全市印染、化工等重点行业全面推进清洁生产，至年底有31家重点企业完成清洁生产审核。2005年，全市环保部门组织工业企业、服务行业、街道社区和乡镇工业园区开展绿色创建活动，引导企业构建绿色管理、绿色开发、绿色生产、绿色技术保障体系，形成以常州第一热电厂、曙光化工厂等为代表的循环经济示范项目，培育出东芝变压器公司、天目湖啤酒公司等环境友好型企业，完成常州华源蕾迪斯公司、常茂生化公司等33家企业的清洁生产审核，4家单位的5种产品被认定为环境标志产品，62家企业通过ISO 14000环境管理体系认证。

2006年，市环保局组织完成9家单位的强制性清洁生产审核，组织编制了常州市“十一五”循环经济项目和生态工业园实施方案，组织4家单位完成省循环经济试点工作。钟楼经济开发区启动建设省级生态工业园区。2007年，全市新增100家企业实施清洁生产，390家规模以上企业通过ISO 14001环境管理体系认证。翌年，全市环保部门审核清洁生产企业100家，组织10家企业循环经济试点，推进省级生态工业园区创建。市环保局在全省率先举办强制性清洁生活审核技术咨询服务机构人员培训。全市有578家规模以上企业通过ISO 14001环境管理体系认证，用水大户实施再生水回用。2009年，对高耗能、高污染、资源型项目从严审批，杜绝不符合产业政策的项目落地，对排污总量超过控制指标、未按计划完成减排和落后产能淘汰任务的乡镇（街道）、园区和单位一律暂停审批新增污染物排放项目，全市 24 个重要生态功能保护区禁止新上项目，加大投入、监督检查和考核问责的力度，推进减排工程，完成污水治理、烟气脱硫等减排工程项目 470 个。至 2010 年底，全市关闭化工等污染企业 1158 家，关停燃煤火电机组，淘汰一大批高耗能高污染设备和产能，搬迁治理中心城区污染企业 148 家，清洁生产审核企业 685 家，全市通过 ISO 14001 环境管理体系认证的企业达 500 家，钟楼工业园区等 3 个园区在全省率先建成省级生态工业园区。

第十一卷 Volume XI

经济综述 Economic Overview

80年代以来，常州坚持以经济建设为中心，坚持改革开放，经济持续增长，结构优化，质量提高，人民生活逐渐改善。1978—2010年，常州地区生产总值（按可比价格计算）年均增长率为13.1%。1978年，常州（包括当时未属常州市管辖的武进、金坛、溧阳三县）工业实现增加值10.54亿元，服务业实现增加值2.47亿元，分别占地区生产总值的60%、14.1%。同年，全市有人口291万人，从业人员149.35万人，实现地区生产总值17.57亿元，人均地区生产总值603.78元。到实行市管县体制前一年的1982年，全市地区生产总值26.05亿元，比1978年增加8.48亿元。常州市区工业经济的各项指标领先于全国其他城市，成为全国闻名的工业明星城市。1986年，全市总人口309.74万人，从业人员181.69万人；实现地区生产总值54.74亿元，人均1767元；实现服务业增加值10.2亿元，在全市经济总量中所占比重为18.6%；城镇居民人均可支配收入1089元，农民人均纯收入777元。1992年，全市实现地区生产总值144.4亿元，人均4404元，按当时汇率折算超过800美元（当时国家统计局的小康标准）。21世纪初叶，常州实施产业结构转型升级发展战略，推进科技创新，以重点项目、产业为支撑，培育常州特色的现代产业体系，农业由传统种植业向高效农业发展，工业重工业化并向高新技术方向发展，服务业在地区经济中的比重迅速提高，经济运行质量大幅度提升。2003年，全市实现地区生产总值901.4亿元，相当于1992年的6.2倍，按可比价计算年均递增13.9%；人均地区生产总值26149元，按当年汇率计算首次突破3000美元；第一产业从业人员占全社会从业人员的比重降至19.4%。2004年，全市地区生产总值突破千亿元，成为全国第16个地区生产总值达千亿元的地级城市。2006年，常州成为江苏省继苏州、无锡之后第3个实现总体小康目标的城市。翌年，常州市实现以县为单位的全面小康目标，全市按常住人口计算的人均地区生产总值为5849美元。2010年末，全市有常住人口459.33万人（其中城镇人口293.74万人），从业人员323.41万人；全市实现地区生产总值3044.89亿元；按常住人口计算，人均地区生产总值6.73万元；三次产业增加值之比是3.3∶55.3∶41.4；全市规模以上企业轻重工业总产值之比为21.6∶78.4，高新技术产业总产值（市口径）占全市规模以上工业总产值的51.4%；城镇居民人均可支配收入26269元，农民人均纯收入12637元。

第一章　经济产出

80年代，常州经济规模迅速扩大，地区生产总值、财政收入持续增长，市区与辖市的产出水平趋于平衡，差距缩小，社会产品极大丰富，工业、农业培育出众多声誉较高的名特优产品，常州和武进、金坛、溧阳三辖县（市）区经济综合实力分别跻身全国地级市和县级前列。

第一节　地区生产总值

从80年代到21世纪，常州地区生产总值有3个高速增长的阶段。1982年9月，中共第十二次全国代表大会确定党为全面开创社会主义现代化建设新局面而奋斗的纲领。1982—1988年，常州地区生产总值年均增长率15%以上。1992年1月，邓小平南方谈话后，常州经济爆发式增长，1991—1996年，5年中地区生产总值年均增长率21%以上。2001年底，中国加入世界贸易组织，从2002年开始，进入快速持续增长通道；2002—2010年，地区生产总值年均增长率14%以上。

一、全　　市

1978年，常州市（统计武进、金坛、溧阳三县在内）实现地区生产总值17.57亿元；1986年增长到54.74亿元，是1978年的3.12倍。2010年，全市实现地区生产总值3044.89亿元，是1978年的173.3倍，是1986年的55.6倍。按可比价格计算，分别是1978年的52倍、1986年的20倍。1978年和1986年，常州市人均地区生产总值分别为605元和1775元，1995年突破1万元。2010年，全市常住人口人均地区生产总值增长到6.63万元，依据当时汇率折算超过1万美元。

1978年和1985—2010年常州市及其市区地区生产总值(现价)对照表

表11-1-1

年份	地区生产总值(亿元)		人均地区生产总值(元)		年份	地区生产总值(亿元)		人均地区生产总值(元)	
	全市	市区	全市	市区		全市	市区	全市	市区
1978	17.57	13.93	605	810	1998	504.60	349.73	14842	16962
1985	49.59	38.49	1620	2101	1999	538.72	378.99	15834	18323
1986	54.74	41.97	1767	2271	2000	600.66	430.89	17635	20744
1987	66.45	50.92	2134	2722	2001	672.90	486.52	19704	23370
1988	82.11	61.10	2606	3225	2002	760.60	560.45	22215	26744
1989	87.24	65.35	2732	3404	2003	901.42	681.21	26149	31920
1990	94.87	72.06	2935	3709	2004	1102.19	832.08	31665	38601
1991	102.18	78.40	3136	4000	2005	1308.18	981.45	32116	34874
1992	144.40	109.91	4404	5568	2006	1585.11	1185.17	37809	40574
1993	223.90	169.95	6806	8569	2007	1913.50	1419.91	44452	46994
1994	314.93	233.71	9532	11714	2008	2266.32	1713.42	51746	53788
1995	369.70	279.19	11117	13870	2009	2519.93	1919.42	56890	60756
1996	431.15	312.17	12847	15369	2010	3044.89	2316.26	66290	71812
1997	470.11	332.17	13892	16204					

说明：资料来自2011年《常州统计年鉴》。2005年起人均地区生产总值按常住人口计算。1978—2010年市区数据均包括武进

二、市　　区

八九十年代，因为城乡二元经济结构的影响，常州市区地区生产总值所占比重较大，一直占全市总量的

50%左右。1978年，市区（不含武进）地区生产总值9.08亿元，占全市地区生产总值的51.7%。80年代，农村经济发展加快，特别是乡村工业的发展，使得市区经济比重下降。1986年，常州市区（不含武进）地区生产总值22.41亿元，占全市地区生产总值的40.9%。90年代至21世纪初叶，市区地区生产总值在全市的比重保持35%左右。2001年，武进撤市建区前，常州市区（不含武进）地区生产总值225.88亿元，占全市地区生产总值的33.6%。2002年4月，武进被纳入常州市区，市区经济比重又大幅上升。2010年，市区（含武进）实现地区生产总值2316.26亿元，占全市地区生产总值的77.8%。1978年和1986年，市区（不含武进）人均地区生产总值分别为2810元、2271元；2010年，市区（含武进）人均地区生产总值提高到71812元，分别是1978年和1986年的88.7倍和31.6倍。

三、地区经济差别

80年代初，常州市区与辖县市的经济发展存在较大差距，到2010年已缩小。1978年和1986年，市区（含武进）人均地区生产总值分别为810元和2271元；金坛市（原金坛县）分别为305元和1071元，溧阳市（原溧阳县）分别为309元和1007元，均不足当时市区人均水平的50%。2010年，市区人均地区生产总值71812元；金坛市56127元、溧阳市56784元，均接近市区水平的80%。市区与武进市（县）的经济差距消失。1986年，武进县人均地区生产总值1484元，而当时市区（不含武进）水平是4226元。1992年，武进县地区生产总值首次超过市区（不含武进县），当年市区地区生产总值52.07亿元，武进县地区生产总值为57.84亿元。武进到撤市设区前的2001年，人均地区生产总值增至21811元，接近当年市区23370元的水平。2010年，按常住人口计算，武进区的人均地区生产总值超过市区的平均水平，达到74181元。同年，常州市区（包括武进）实现地区生产总值2316.26亿元，金坛308.28亿元，溧阳424.66亿元；在全市地区生产总值中，市区占比达76.1%。

第二节　财政收入支出

一、财政收支总量

1978年，常州市完成财政总收入6.21亿元、总支出0.93亿元。1986年，全市完成财政总收入10.33亿元、总支出3.13亿元。2010年，全市完成财政总收入841.7亿元，分别相当于1978年、1986年的136倍、81倍；财政总支出638.21亿元，分别相当于1978年、1986年的686倍、204倍。2010年，常州实现地方一般预算收入286.2亿元，是1997年的15.21倍(1997年开始统计地方一般预算收入)。1986年，市区财政收入7.05亿元，占全市财政收入的68.2%;财政支出2.45亿元，占全市财政支出的78.2%。2010年，因为市区包含武进，市区财政收入提高到710.11亿元，占全市财政总收入的84.4%;财政支出达529.13亿元，占全市财政支出的82.9%。

二、上缴国家财政

1986年，常州财政总支出3.13亿元，市区（不含武进）财政支出1.64亿元，占各自财政总收入的30.3%、23.2%。1993年国家实行分税制改革前，常州财政总支出9.94亿元，市区（不含武进）财政支出4.4亿元，占各自财政总收入的50%、38%。翌年，中央对各省、江苏省政府对常州市实行分税制财政管理体制改革，划分中央收入和地方收入。当年常州市上缴中央收入13.41亿元，占财政总收入的54.4%；市区（不含武进）上缴中央收入7.83亿元，占市区财政总收入的55.1%。2002年起，行政性收费和政府性基金逐步纳入财政预算管理，列进财政收入统计。当年常州上缴中央财政收入46.44亿元，市区上缴中央财政收入39.43亿元，占各自财政总收入的45.1%、45.5%。1986年，常州市区（不含武进）完成财政总收入7.18亿元，占全市财政总收入的68.5% 。2010年，常州市区财政总收入710.11亿元、金坛51.55亿元、溧阳80.01亿元，市区财政收入占全市财政总收入的84.37%；常州上缴中央财政收入198.51亿元；市区上缴中央财政收入165.14亿元，分别占各自财政总收入的23.6%、23.3%。

1978—2010年部分年份常州市及其市区财政收支比较表

表11-1-2 单位：万元

年度	全市财政总收入	其中：市区		全市财政总支出	其中：市区	
		包括武进	不包括武进		包括武进	不包括武进
1978	62128	58560	51260	9259	6583	4751
1986	103337	94451	70521	31333	24513	16357
2001	753317	633537	396847	414753	331521	201815
2002	1029032	866120	—	610099	495583	—
2010	8416700	7101100	—	6382050	5291309	—

说明：2002年7月起财政收入包括行政性收费收入、基金收入。资料来源于2002年、2011年《常州统计年鉴》

三、财政收入占地区生产总值的比例

80年代初至90年代中期，常州的政府财政收入占地区生产总值的比例逐步下降。1980年和1986年，常州市地方财政总收入分别为6.7亿元、10.33亿元，占地区生产总值的份额分别为28.4%、18.9%。

1978—2010年部分年份常州市财政收入与地区生产总值比例统计表

表11-1-3 单位：亿元

年度	全市财政		其中：市区		年度	全市财政		其中：市区	
	总收入	占地区生产总值的(%)	总收入	占地区生产总值的(%)		总收入	占地区生产总值的(%)	总收入	占地区生产总值的(%)
1978	6.21	35.3	5.86	42.0	2002	102.90	13.5	86.61	15.5
1986	10.33	18.9	9.45	42.1	2005	220.45	—	182.12	—
1990	13.10	—	11.66	—	2008	542.68	—	453.61	—
1995	28.50	—	23.99	—	2010	841.67	27.6	710.11	30.7
2001	75.33	11.2	63.35	13.0					

说明：资料来源于2002年、2011年《常州年鉴》，市区数据含武进区。1978年、1986年市区地区生产总值（不含武进）分别为9.08亿元、22.41亿元，财政收入分别为5.13亿元、7.05亿元

到1993年，全市完成财政总收入19.89亿元，占地区生产总值的8.8%。1994年，国家改革财税体制，当年全市财政总收入24.7亿元，其中中央收入13.41亿元，地方财政收入11.26亿元，分别是地区生产总值的7.8%、4.3%和3.6%。1995年和1996年，全市财政收入占地区生产总值的比例为7.8%、7.9%，这两年占比最低。1997—2010年，全市财政收入、地方一般预算收入占地区生产总值的比例逐年提高，1997年分别为8.5%、4%，到2010年增至27.6%、9.4%；其中中央收入1997年20.47亿元、2010年198.51亿元，分别占全市地区生产总值的4.4%、6.5%(2002年起，财政收入包括行政性收费收入和基金收入，当年财政总收入102.9亿元，占地区生产总值的13.5%，全市基金收入10.26亿元)。

第三节 主要产品产量

1978—2010年32年间，全市工农业产品有品种的改变、增加及数量的增减，总的变化趋势是品种越来越丰富，质量越来越高。

一、农 产 品

常州种植的农产品有水稻、小麦、元麦、大麦、玉米、大豆、油菜、棉花、蚕桑、水果、茶叶、花木、蔬菜。改革开放前，大面积种植双季稻；畜牧业方面以养猪为主，也有少量的羊、牛、兔，鸡、鸭、鹅，蜜蜂放养较为普遍。由于地处江南水乡，有大量水面用于水产养殖和捕捞，品种有鱼、虾、蟹、贝、珍珠等。改革开放后30多年中，种植业规模在经济中的比重相对缩小，但是品种优化，单位面积产量提高，其中蚕茧的生产在90年代达到顶峰，此后逐年萎缩；水果、茶叶和花木种植规模扩大。畜牧业中，猪牛羊肉的生产量下降，家禽生产增长。水产业的规模有很大扩张，其中河蟹、青虾持续大幅度增长；鳖的养殖从无到有，珍珠的生产从少到多，两者的规模在21世纪初达到顶峰，然后逐年下降。市区（不含武进）不生产棉花和茶叶。戚墅堰区和郊区在90年代以前产蜂蜜。武进从90年代初开始不种棉花。2010年，市区不产牛肉、蚕茧，仅武进区产蜂蜜、茶叶。

1985年、1990年、2000年与2010年常州市主要农产品产量比较表

表11-1-4

种类	单位	1985年		1990年		2000年		2010年	
		全市	市区	全市	市区	全市	市区	全市	市区
粮食	万吨	153.34	80.46	164.50	89.07	136.22	66.11	115.16	34.22
棉花	万吨	0.72	—	0.23	—	0.08	—	0.05	—
油料	万吨	7.00	0.01	6.39	833	9.16	1.74	4.00	0.39
猪肉	万吨	6.12	0.13	7.00	3213	6.43	0.72	5.98	3.31
牛羊肉	万吨	0.23	—	0.38	111	0.65	0.02	0.15	244
生猪出栏	万头	94.92	2.22	104.78	5.30	93.74	10.31	81.92	46.12
蜂蜜	万吨	0.31	—	0.37	0.01	0.05	0.01	0.02	0.01
水产品	万吨	2.68	0.29	5.31	0.44	11.12	0.49	14.31	5.28
家禽存栏	万羽	601.22	20.20	714.49	53.24	628.99	—	1406.59	3.58
禽蛋	万吨	2.11	0.05	2.36	0.10	2.3	0.19	3.45	1.22
牛奶	万吨	—	—	0.25	0.22	0.44	0.28	2.06	1.16
蚕茧	万吨	0.55	—	0.87	—	0.48	—	0.07	—
水果	万吨	0.86	—	0.97	0.03	2.96	0.09	9.96	5.62
茶叶	万吨	0.27	—	0.37	—	0.27	—	0.35	0.01

说明：本表资料来源为1991年、1996年、1998年、2011年《常州统计年鉴》。2010年市区数据含武进。1987年初，因武进县划5个乡入市区，市区农业主要指标有大幅增长

二、工业产品

1986年，常州市重点扶持客车、变压器、电子衡器、铜材一条龙等11种产品，年产洗衣机15万台（1978年、1986年常州市主要工业产品产量参见第十五卷“工业”）。1987年，确定首批抓好柴油机、出口胶鞋、电视机、压缩机、拖拉机、自行车、药品布洛芬7个重点产品，从物资供应、资金调度、技术改造等方面采取重点

扶持政策。1990 年，常州编制工业振兴计划，首批确定重点产品 44 种，其中市区 14 种、县(市)区 30 种，既作为第八个五年计划的启动计划，也作为产品结构调整的起步计划。列入全市考核的 130 种主要工业产品中有 73 种产品的产量增长，其中 40 种增幅达 10%。同年，生产柴油机总动力 417.95 万千瓦、录音机 116.03 万台、合成纤维 1.34 万吨、手扶拖拉机 8.32 万台、自行车 160.1 万辆，分别比 1985 年增 1.44 倍、2 倍多、1.23 倍、0.9 倍和 0.6 倍，自行车发展到 8 个系列 130 多个品种。

1985—1990 年，全市开发新产品 1705 个，年均 200 多个新产品投放市场，发展出一批名优新特产品，列入常州市统计的工业主产品有 47 种，分别为钢、成品钢材、电解铜、变压器、金属切削机床、汽车、工矿电机车、柴油机、电力、小型手扶拖拉机、电子元件、半导体分号立器件、半导体集成电器、录放音机、黑白电视机、彩色电视机、微型电机、化学医药(原药)、化学农药(原药)、硫酸、盐酸、烧碱、塑料、玻璃纤维、高强度聚酯绝缘漆、玻璃钢制品、酒精、干电池、微型电池、日用精铝制品、印染布、呢绒、丝绸、味精、合成纤维、发电量、原煤、自行车、照相机、染料、胶鞋、轮胎外胎、电石、篦箕、铁锅、工业锅炉、蒸汽。

1991 年，市政府制定常州工业振兴计划，确定重点发展产品 14 种，其中电子产品 3 种(计算机系列化终端、微特电机、录像机)，机械制造产品 5 种(加工中心和组合机床、依维柯中型客车及变型车、TC87 系列柴油机、东风 200 和 204 轮式拖拉机)，轻纺产品 6 种(全自动络筒机、冰箱压缩机、高能微型电池、电子衡器、轻型摩托车及摩托车发动机、高中档出口自行车)等。1995 年，常州市列入统计的主要工业产品有纱、布、化纤、印染布、呢绒等 102 种，品种为 1990 年的 2.17 倍。1991—1995 年，常州重点培育“六大支柱产业”，分别为以柴油机、汽油机为主的动力机械制造业，以装载机、挖掘机为主体的工程机械制造业，以高电压大容量变压器为主的输变电设备制造业，以城市客车、光阳摩托车及零部件为主的汽车(摩托车)及配件制造业，以金融商贸电子化系列产品、数字音视频设备为主的电子信息及现代视听设备制造业，以灯芯绒、牛仔布、化学纤维及其服饰制品为主的新型纺织服装业。

1996—2000 年，市委、市政府按照“发展机电，提高轻纺，开拓化医，外向结构”的总体要求，继续重点培育工业六大支柱产业。1998 年，启动推进支柱产业的“21336”总体思路(支柱产业 50 家主要企业工业增加值占全市比重比上年提高 2 个百分点，1 家企业集团成为省级重点企业集团，农用车、联合收割机和网络计算机 3 个新增长点的培育有较大发展，常柴单缸机、多缸机一期等 3 个技改项目确保竣工投产，轮式装载机等 6 种新产品投产)和工作重点。2000 年，常州市列入统计的主要工业产品有 94 个，主要集中在纺织、化工、机械、电子、冶金行业，其中 54 种产品被评为江苏省名牌产品。2001—2005 年，全市形成农业机械制造、输变电设备制造、工程机械和车辆及配件制造、新颖服装制造四大支柱产业，电子信息设备制造及软件、生物医药及精细化工、新颖材料三大新兴产业。2005 年，列入统计的产品有 66 种，集中在纺织、化工、机械、电子、冶金行业。2006—2010 年，电子信息、轨道交通、光伏等高科技产业成为投资热点，机械、冶金产业继续保持较高增速发展，产品主要集中在纺织、服装、化工、医药、塑料、建材、冶金、机械、电子九大行业(2010 年常州市主要工业产品产量参见第十五卷“工业”)。

第四节　名特优产品

70 年代末至 80 年代初，常州的名特优工业产品有荷花灯舞牌灯芯绒、金狮牌自行车、常柴牌 S195 柴油机、东风 12 型手扶拖拉机、星球牌收录机和红梅牌照相机，木梳、竹篦、锦纹绣等传统工艺品也在国内市场享有盛誉。名特优土产品有溧阳的“三竹”(毛竹、江竹、石竹)和板栗，武进的银鱼、白鱼、白虾(简称“太湖三白”）和香粳、香糯、香血糯（简称“三香”）及金坛的糯米、封缸酒等。

一、农业名特优产品

1991年，市委、市政府提出“科教兴农”战略，推广应用优良品种和先进技术。1993年，常州市在农业综合生产方面获得国务院和省级颁发的13块奖牌。1998年起，市政府每年开展名优农产品认定与考核工作，

2008—2010年常州市获得江苏省名牌产品称号的农产品一览表

表11-1-5

获得单位	产品与品种	获得年份
金坛市江南春米业公司	苏牌大米	2008
金坛市江南鸽业公司	华阁牌乳鸽	2008
金坛市鑫品茶业公司	鑫品牌金坛雀舌茶	2009
金坛市茅麓茶厂	巨鹿牌绿茶	2009
金坛市茅山青锋茶叶公司	金鹿牌茅山青锋	2009
常州阳湖新月茶业公司	阳湖新月牌绿茶	2009
江苏天香集团公司	香雪牌味精	2009
常州市立华畜禽公司	雪山牌雪山鸡	2009
金坛丰登酒业公司	丰登牌黄酒（封缸酒）	2009
重庆啤酒集团常州天目湖啤酒公司	天目湖啤酒	2009
溧阳市天目湖宾馆公司	天目湖牌砂锅鱼头及真空包装鱼头	2009
常州市艺林园花木公司	厚余牌樟树苗木	2009
常州神龙饲料公司	水神牌水产饲料	2009
江苏省前峰茶厂	前峰牌绿茶	2010
金坛市方麓茶场公司	百园春牌金坛雀舌茶	2010
江苏德盛食品公司	德盛牌米果	2010
江苏常州城北国家粮食储备库	诚百牌大米	2010
江苏南顺食品公司	满天星牌小麦粉、挂面	2010
金坛市江南制粉公司	沁雪牌水磨糯米粉	2010
常州长江水产公司冷冻加工厂	江南牌太湖冻银鱼	2010
金坛市绿野农业服务中心	碧润牌无节水芹	2010
江苏吉祥贺盛食品公司	贺盛牌鸡精调味料	2010
常州市康乐农牧公司	中东牌商品猪	2010

说明：资料来自2011年《常州统计年鉴》

特别是2003年以后，以“高效、生态、外向、观光”为目标，实施优势农产品主导、农业产业化带动、科教兴农推动和绿色农产品行动“四大战略”，提升农业综合生产、农业产业经营、农产品市场竞争、农业科技支撑、农业可持续发展的能力，加快常州农业现代化进程。2006年，全市高效农业面积增加6.8万亩，新增5项省级农业地方标准、2个省级农业标准化示范区和17个无公害产品产地，新批5个国家级农业旅游示范点。当年，常州实施扶持农产品出口、扩大国际知名度的品牌战略。辖市区把农产品创名牌作为调结构、促转型的重要突破口，名优农产品创建、农业品牌经济发展见效，花卉苗木、特种水产、名优茶叶等特色农业得到长足发展，高效规模种养殖水平全省领先。2010年，全市新增高效农业面积14.1万亩（其中设施农业6.1万亩）、高效渔业面积6.3万亩，累计建成高效农业面积99万亩，占耕地的比重超过41%。新建成高标准农田10.9万亩，

累计93万亩。至年底，全市有无公害农产品生产基地344种、省级以上认证的无公害农产品464种、省级名优农产品39种、获得绿色标志的农产品279种、有机食品131种，进入江苏名牌的农产品品牌有23种。

二、工业名特优产品

70年代末起，常州开展创优质名牌产品活动，市区各工业系统投入“质量月”活动，制定3—5年产品创优的目标规划和各工业企业分阶段创优目标，推行全面质量管理，建立和健全产品创优目标管理系统，开展“拳头”产品和重点产品质量创优。1978年，灯芯绒、卡其布出口率分别达85.11%、89.1%，超过纺织工业部的一档指标。节日牌、荷花灯舞牌灯芯绒是常州传统出口的名牌产品，质量和花色品种超过日本和西德的同类产品。1979年6月，国家经委颁发《中华人民共和国优质产品奖励条例》，在当年全国纺织品质量评比中，常州有35种产品被评为优良产品，常州月夜牌(荷花灯舞牌)杂色灯芯绒获全国同行业第一块国家金质奖。同年，常柴牌S195柴油机与东风牌12型手扶拖拉机、73式激光测距仪、1032三聚氰胺醇酸漆、水月牌2020杂色纱卡、982巡逻艇6种产品获国家银质奖，蒸压釜、涤棉印花布、篦箕、聚氯乙烯压延薄膜等20种产品分别获部、省优质产品奖。其间，常州26英寸自行车以轻型小巧被视为新产品中的佼佼者。1980年以后，常州每年都有一批工业产品被评选为国家和部、省优质产品，在国内外市场上有较强的竞争力。1984年，工业产品获国家和部、省优质产品（工程）奖129种(项)。翌年，全市优质品率达20.4%，接近上海水平，高于全国平均水平，质量和数量在全国名列前茅。同年，全市有5种工业产品获国家金质奖，有35种获国家银质奖、1种获工艺美术金杯奖，173种产品获部省优质产品奖，1种产品获百花奖。1986年，常州工业产品中有国家金质奖6个、国家银质奖46个，另有工艺品金杯奖(锦纹绣)、工艺品银杯奖(双喜牌四季系列多功能枕套)各1个及部、省优质奖353个。1995年，常州开始有驰名商标常柴牌(柴油机)。到2005年底，常州的常柴牌(柴油机)、东风牌(拖拉机)、正昌牌(农机)、常发牌(内燃机)、新科牌(收音机)、黑牡丹牌(色织布)、华鹏牌(变压器)创成中国驰名商标，110家企业的商标被评为江苏省著名商标。2004年，常州开始有中国名牌产品，当年仅有上上牌交联聚乙烯电力电缆1种。2010年，全市拥有中国名牌产品25种、江苏名牌产品181种。全市累计有驰名商标产品24种、江苏省著名商标269种(工业名优特产品参见第十五卷“工业”)。

三、服务业名牌

2008—2010年，全市有7家企业、单位的服务产品被评为江苏省服务业名牌。

2008—2010年常州市获得的江苏服务业名牌一览表

表11-1-6

获得企业名称	获得年份	获得企业名称	获得年份
江苏新城房产股份公司	2008	常州市维益专利事务所	2010
江苏大娘水饺餐饮公司	2009	常州大华进出口(集团)公司	2010
常州国旅旅行社公司	2009	常州中华恐龙园公司	2010
江苏正平技术服务事务所公司	2010		

说明：资料来自2011年《常州统计年鉴》

第二章　经济组织

1978—2010年，常州的经济组织方式、形态发生了重大变化，适应于经济的转型和生产力的发展，组织的现代化程度大大提高。农业个体经营向专业化公司化经营发展，还出现专业协会、专业合作社及其联合社、农业产业化基地、农村土地股份制合作社等组织形式。工商企业发展为专业协作联合体、企业集团、股份制企业和有限责任公司、综合性跨行业经营集团等。各级各类开发区也作为新的企业集群组织出现。商贸业的组织形态升级优化，出现许多专业的、连锁的、综合的经营组织及大型超级市场和商贸综合体。

第一节　农村经济组织

1986年起，常州农村、农民从以生产队为单位进行经济活动转变为以家庭为单位进行经济活动，在农牧副渔领域，家庭基础性地位退化，出现专业化、产业化的新经济组织。发展农村专业合作经济组织、农村集体经济股份合作制改革和农村土地股份合作制改革（简称农村“三大合作”改革）是对农村集体资产、农民承包土地和农民经营（投资）方式进行股份合作制改革。常州农村专业合作经济组织在农村生产专业户、专业协会、农民专业合作社的基础上发展起来。2005年起全市推进以农村“三大合作”为主要内容的农村改革，促进集体资产保值增值和农民增收致富。

一、专业户和专业协会

1985年末，全市农村有从事商品生产的专业户6960户和新经济联合体（资金、劳动力、技术、资源等的合作经营）2432个。1987年，全市有农村专业户5489户（其中市区1389户），新经济联合体1677个（其中市区200个），分布在许多行业。政府帮助成立为农户服务的种植业服务队。1988年，全市有600个村成立服务队，有水利服务队315个、村级植保专业队600个，承包粮田10亩以上的农户有1万多户。

90年代初，政府扶持农户建立农村专业协会，为农户提供技术、销售等服务，实现农村经济产业化。1999年底，全市专业大户发展到2万多户。2000年末，全市农村专业协会发展到183个，其中武进21个、金坛86个、溧阳73个、戚墅堰2个、郊区1个；拥有会员3万多人，联系农户约2万户；有专业服务协会183个，农民营销经纪人3.5万人。2001年，全市有农村专业合作经济组织和协会191个，农民经纪人4万多人。专业协会涉及粮食、蚕桑、油料、林木、花卉、蔬菜、瓜果、食用菌、畜禽、水产等10多个门类，其分布带有明显的区域性。茶叶协会多分布在丘陵山区，水产协会大多分布在滆湖、长荡湖沿线乡镇，12个养蚕协会有11个分布在溧阳，金坛城东、溧阳马垫、郊区等蔬菜协会则大多分布在近郊乡镇。2005年底，全市种田大户发展到5633户，经营土地1.06万公顷。

常州农村专业协会发展具有组建形式多样、覆盖固定、组成方式灵活等特点，既有专业生产大户带动型、农民经纪人带动型，又有生产基地带动型、农产品加工销售龙头企业带动型。涉及粮食、蚕桑、林木、花卉、水产等10余个门类，分布带有明显的区域性，茶叶协会多分布在丘陵山区，水产协会大多分布在西太湖、长荡湖两湖沿线乡镇；专业协会的组建与特色乡镇、特色村密切相关。既有相对紧密的，有组织、有章程、有场所，责权利明确的专业协会；又有相对松散的，无章程、无合同的专业协会。以松散型专业协会居多。

二、专业合作社

1993年末，全市农村专业技术合作组织发展到380多个，会员总数达1.38万人（户）。按名称划分，有农民协会、专业协会和专业合作社；按发起方式分，有能人带头、农民自发组织，也有县、乡科技、生产、供销及经营管理等部门牵头组建；按合作内容分，有单独从事技术、经验和信息交流，实行松散协作，也有既从事产中技术服务，又从事产前、产后服务。专业农协具有群众性、自治性、经济性、互利性、开发性等特点，大多服务的是新兴的生产经营项目。2002年底，常州市首家部级示范专业合作社立华养鸡专业合作社成立，采用“公司+合作社+农户”的模式，一头连公司、一头连农户，把立华畜禽有限公司的技术优势、营销网络等与农户的劳动力、养殖场地等资源结合，实行统一鸡舍的标准化建设、统一供应优质鸡苗及农资、统一技术操作规程、统一技术服务、统一成鸡销售的“五统一”服务。社员由最初的78户迅速增至308户，辐射到江阴、张家港、镇江、无锡、合肥等地；年饲养量由300万羽增至850万羽，社员户均年纯收入5万余元。2006年，新南葡萄专业合作社成功申报为国家级示范项目。

21世纪初期，常州市把发展专业协会、专业合作社等农村专业合作经济组织作为提升“三农”工作的重点。2001年末，全市农村专业合作经济组织发展到191个；其中专业合作社6个、专业协会185个。按区域分，武进19个、金坛94个、溧阳78个；按类别分，粮油30个、水产47个、蔬果25个、畜牧19个、蚕桑13个、茶叶9个、花卉苗木6个，其他42个。农村专业合作经济组织吸纳会员近3万人，联系农户约6.5万户。组织形式，既有突出技术服务的协会性合作组织，又有自我管理、自我服务、合作经营的专业合作社；组建方式，有能人牵头的88个、农业服务部门领办的68个、龙头企业带动的5个。其中农民经纪人协会2个。金坛市农民经纪人协会和金坛市建昌镇特种蛙协会，被列为省级示范性专业合作经济组织。

2004年，常州组织创建省级、市级有组织制度、有合作手段、有较大规模、有明显效益（简称“四有”）的农民专业合作经济组织。2005年末，全市有农民专业合作经济组织346家，其中武进62家、金坛117家、溧阳146家、新北16家、戚墅堰3家、钟楼2家；有省级“四有”合作组织9家、市级“四有”合作组织20家，累计扶持项目资金380万元；农民专业合作经济组织吸纳会员4.1万人，带动农户18.2万户；社（会）员经营土地面积2.8万公顷，拥有经营性资产5.7亿元，年营销总额17亿元；97家合作组织进行工商登记，92家专业合作经济组织对经营的农产品注册了商标，其中拥有省级及其以上名牌17个、市级名牌50个，拥有无公害农产品标识60个、绿色食品标识23个、无公害农产品生产基地1.67万公顷。2007年，《中华人民共和国农民专业合作社法》颁布实施，全市农村专业合作经济组织开始依法管理。2010年，常州市开展名录登记，创建市级组织建设好、制度建设好、财务管理好，服务社员能力强、市场竞争能力强、带动农民能力强的农民专业合作社。

2010年底，全市农村专业合作社发展到695家，入社农民7.4万户，其中金坛60家、溧阳92家、武进123家、新北30家、天宁1家。有306家合作社被列入政府优先扶持名录，有专业合作联社13家。全市有农地股份合作社94家。入股农户19680家，入股土地5480公顷，武进区有9家农地股份合作社在工商局登记注册，取得法人资格；有188个村、893个组建立社区股份合作社，界定股东52万人、量化集体资产55.2亿元，占全市村组集体经营性净资产的58.5%。同年，新组建常州市武进区西湖富民物业股份合作社、溧阳市李家园富民资产专业合作社。

三、乡村经济合作组织

80年代初，常州市开展政社分设工作，建立健全区域性集体经济组织，完善统一经营层次的组织载体。至1983年9月，全市政社分设全部结束，原137个公社、6个镇改制为136个乡、7个镇。乡镇设经济联合委员会，村级参照设置。1986年，全市有156个村健全村经济合作社或农工商实业公司。1988年底，全市有1583个村建立合作经济组织，占全市村总数的82.3%，其中527个村成立村实业公司。1991年末，全市有1915个村建立经济合作社，占全市村总数的99.12%。1992年末，全市有130个乡镇建立经济实业总公司，占乡镇总数的95%。农村社区性合作经济组织促进了农村集体经济的发展。1987年，全市乡村普遍建立建农合作基金制度，基金主要来源于乡村企业职工工资，乡村企业上缴利润，个体户、专业户的税后利润及村队公积金以及农民劳动积累，农村各业劳动力每人每年负担15～20个劳动积累工；不能出工者以钱代工；基金用于农田水利建设、农业服务体系建设和扶持农业规模经营、农村商品流通设施建设、开发性生产和先进技术推广支出、必要的农业补助。1989 年，建农合作基金制度完善为农业合作发展基金制度。1992 年，武进奔牛镇、溧阳清安乡率先进行农村合作基金会的试点，同年底全市有 38 个乡镇建立农村合作基金会，吸收股金 1250 多万元。

四、股份合作经济组织

21 世纪初期，常州原有的土地承包关系、集体资产管理体制、分配模式已不适应农村现代化的需要。2000 年 6 月，武进焦溪镇牟家村组建全省首家股份经济合作社，设立资源股、物业股，自然配给资源股，由经济合作社的耕地、鱼塘、旱地、晒场、厂房用地、宅基地及空闲地等土地构成，该村在册农业户口符合条件的村民均可拥有，规定农业人口每人 1 股进行配股，共 1142 股。全村物业股 2451 股，董事会向每户农户发放股权证。同年，全村集体资产净增 130 多万元，农民人均收入超 7000 元。

村社股份合作社　2005 年初，常州全面推进农村集体经济股份合作制改革，组建成立农村社区股份合作社，全市同年确定 59 个改革试点村组，辖市区均确定改革试点单位。武进湖塘镇大墩村同年有人口 1343 人、村组两级集体净资产 5450 万元，其中经营性净资产 5150 万元，率先将村集体经济改革为股份合作制，成立湖塘镇大墩村股份合作社，量化设立集体股 8486.5 股、个人股 8.49 万股，分别占总股份的 9%、91%，股本金分别为 432.43 万元、4247.12 万元。至同年底，全市有 105 个村、599 个组组建股份合作社，其中武进 35 个村、599 个组；金坛 50 个村、钟楼 14 个村、天宁和戚墅堰各两个村、溧阳和新北各 1 个村；武进湖塘、横山桥两镇完成改革任务，8 个现代化示范村全部组建合作社。至 2010 年底，全市累计有 188 个村、893 个组组建了社区股份合作社，累计界定股东 52 万人、量化集体资产 55.2 亿元，占全市村组集体经营性净资产的 58.5%。

土地股份合作社　起源于土地承包经营。90 年代，常州农村劳动力大量进入城市，农村承包土地出现大面积抛荒，随着一些种粮大户和农村新型合作经济组织的发展，农户把剩余土地转包给种粮大户和合作组织。21 世纪初期，随着农村股份经济合作制和集体经济股份合作制的推广，农户以土地入股的方法，实现土地收益保值增值。2001 年，常州市探索创新土地流转机制，有 120 户农户以入股方式流转土地 20 余公顷。2005 年，农村土地股份合作制改革开始试点，金坛、溧阳两市完成两个试点单位的土地股份合作制改革。

2006—2010 年，常州探索农村土地股份合作制改革，鼓励农民以土地承包经营权入股等流转方式组建土地股份合作社，建立保障农民获得长期稳定土地收益的机制。2010 年，常州推进农村土地股份合作改革，促进土地承包经营权合理流转和优化配置。在农业规划区，以农村土地股份合作社为载体，实行集中布局、连片发展；对土地流转规模大、集约化经营程度高、经营主体有能力的地区，实行整村整组土地入股的农村土地股份合作改革；在集体经济实力强、农民非农转移稳定充分、流转土地占比高的村，引导农民流出剩余承包土地，发展整村性农村土地合作社。2010 年末，全市农村土地股份合作社发展到 94 家，入社农户 19680 户、土地 5480 公顷。

五、农副产品加工企业和专业市场

常州农副产品的专业化生产催生了农副产品加工业。1993 年，全市有 63 家外资及港澳台资企业从事农副产品加工。1998 年，市政府出台《关于推进农业产业化及明年主要农业生产指标调整意见》，组织编制常州市农业产业化发展规划；出台《关于推进农业产业化发展的意见》，实行鼓励农业产业化发展的 32 条政策，确定并重点扶持江苏中东集团等企业的 8 个项目为市级贸工农一体化龙头项目，下达专项贴息贷款 1200 万元。翌年，市政府提出全市农业产业化龙头企业发展的指导思想和第十个五年计划发展目标，全市农副产品加工企业增至 1023 家，销售收入达 100 亿元，其中 10 家省级农业产业化经营龙头企业完成销售收入 23.17 亿元，实现利税 1.22 亿元、利润 6076 万元，出口创汇 6620 万美元。

2000年，市政府确定12个项目为年度现代农业重点示范工程项目，总投资1.29亿元，安排专项贷款近2000万元和财政贴息120万元。全市有农副产品加工企业982家、市级以上名优农产品63个、5000多户规模种养大户。同年，全市农副产品加工企业产值首次突破100亿元，列入省重点扶持的10家龙头企业，完成销售收入30.65亿元，实现利税1.79亿元，创汇1.12亿美元；农产品批发交易市场发展到30多家；优质粮油等农产品的“订单农业”发展到2万公顷。2001年，全市有科技型农业企业20家，晨风集团等10家重点龙头企业完成销售收入总额32.6亿元，5家农副产品批发市场年成交总额达80亿元。2005年，25家市级以上重点农业龙头企业经营收入突破100亿元。2006年，全市新增省级龙头企业1家，总数达16家。2008年，夏溪花木市场入选为国家级龙头企业。

2010年底，常州的市级以上农业龙头企业发展到47家，其中国家级2家、省级20家、市级25家；实现销售收入总额280亿元，出口创汇达1亿美元，带动农户突破100万户，带动基地面积5.07万公顷。同年，交易额达30亿元的农产品批发市场有3家，其中凌家塘农副产品批发市场、夏溪花木市场交易额分别达180.2亿元、60.3亿元，分别居全省地级市第一、第五位。

六、农业生产基地和农业园区

常州农副产品的专业化生产和企业化深度加工推动农村多种经营呈现规模化、基地化、区域化。1999年，全市初步形成优质粮油、花卉苗木、特种水产、林茶竹果、食草畜禽、园艺蔬菜等8个区域性生产基地，出现武进夏溪、嘉泽，金坛指前，溧阳平桥等特色乡镇16个，有专业村320个。2001年，全市有农业科技示范园区56个，武进、金坛、溧阳3个辖市均被列为国家级农业综合开发项目区。2005年，全市农业科技示范园区发展到130多个，经营面积1300公顷。2010年，全市有126个农业园区，总面积6600公顷，完成销售收入23.2亿元，其中政府重点扶持金坛市长荡湖高效河蟹园区、溧阳市曹山园区、天目湖园区、江苏武进农博园、新北区设施蔬菜产业园、江南农博园等10个产业园区。金坛市长荡湖现代高效河蟹园区、武进农博园入选首批省级现代农业产业园区（全省23家）。

第二节　工业经济组织

常州工业生产从单个企业的生产发展到企业间的专业化协作生产，再发展到现代产业集群、工业园区，实现更大范围的分工协作、集约化生产。

一、有限责任公司和股份有限公司

1994年，全市推进“优化资本结构，增强企业实力”的试点工作，对336户企业进行清产核资，在20户大中型企业开展建立现代企业制度试点；常柴股份有限公司成立，全市新组建股份有限公司5家，新建或改制成有限责任公司210多家、股份合作制企业1200多家，围绕重点产品组建企业集团39个。1995年，全市推开现代企业制度试点，组建有限责任公司608家，累计923家。2000年，市属国有中小企业全面改制，改制面达90%；初步建立3个层次的国有资产营运监管体系；组建机电、化轻、纺织等3家国有资产经营公司；实施建材局、丝绸公司的体制调整，按照现代企业制度推进公司制改造；全市累计组建股份有限公司27家。

2001年，常州市有规模以上有限责任工业企业199家，年均职工人数5.94万人，拥有固定资产总值34.02亿元、无形及递延资产5.15亿元，完成工业总产值（价格按新规定计算，简称价格新）106.73亿元，实现工业增加值25.17亿元；完成产品销售收入101.68亿元，实现利税6.91亿元、利润2.79亿元。市区有规模以上有限责任工业企业128家，年均员工人数3.46万人，拥有固定资产净值25.16亿元、无形及递延资产

4.07亿元、所有者权益29.74亿元，同年完成工业产品销售收入68.96亿元，实现工业增加值16.49亿元、利税总额5.21亿元、利润2.55亿元。2005年，全市有限责任工业企业8905家，年末从业人数12.71万人，拥有固定资产原值89.59亿元；完成工业产品销售收入349.43亿元，实现利税总额15.18亿元。2010年末，全市有规模以上工业有限责任公司286家，年均从业人员6.99万人，拥有所有者权益169.93亿元；同年完成工业产品销售收入497.92亿元，实现利税41.87亿元、利润25.95亿元。

二、专业化协作生产企业

1978年，常州市区有跨行业的专业化生产协作组织16个，被称为16条“龙”，有4种类型：一是由若干个有内在联系的生产企业组建的生产型企业群体，二是由生产同类产品的企业组建的销售型企业群体，三是生产与销售紧密结合的生产经营型企业群体，四是以产品开发为先导，科研和生产密切结合的科研生产型群体。1986年，常州工业企业群体发展到62个，还有生产科研联合体10多个，技术、资金入股的联合体开始出现。1987年，常州首家大型股份企业集团金狮自行车股份公司成立，包括47家发起单位和106家参股单位。1988年，全市工业企业群体发展到72个，在全市工业总产值中的比重占40%以上。

三、产业基地和产业集群

90年代，常州国有经济进行战略性调整和资产重组，中小企业开始集聚发展。2000年前后，全市利用制造业基础，发展壮大优势产业，推进中小企业集聚发展和特色产业基地建设，逐步形成产业优势鲜明、规模优势突出、技术优势领先的装备制造业、电子信息产业、新材料产业、生物技术及制药、新能源和环保产业五大产业，同时形成轨道交通车辆及部件、新型涂料、武进新材料、新北区“三药”科技、金坛精细化学品、常州软件园6个特色产业基地及中小企业产业集群。

2010年，全市有5个新兴产业集群、15个中小企业创新型产业集群。装备制造业在输变电设备领域聚集188家相关产品制造和配套企业，年产值规模达300亿元，变压器等骨干产品生产规模在国内领先；电子信息产业集群在数字视听产品、新型电子元器件及计算机网络产品等领域具有较强竞争力；新材料产业集群中功能塑料及制品、新型建材、玻璃钢制品、稀土材料、反光材料等成为主打产品；新能源和环保产业集群形成较为完善的光伏产业集群链；生物医药产业集群依托精细化工的传统优势，部分产品市场占有率居国内领先地位。中小企业产业集群中，规模较大的有湖塘纺织、洛阳机电、横林强化木地板、孟河汽摩配件、湟里电动工具等。以湖塘纺织城为核心的产业集群由处于纺织产业集群链上的本地企业及产业集群链的相关支撑企业构成，在产业集群链上的企业主要有纺、织、染、整理、服装各分行业。湖塘镇拥有织造企业2800余家、规模印染后整理企业30余家、后整理生产线30余条以及从事服装设计、加工的企业近20家。

四、开发区和产业园区

90年代，常州出现新的企业集群形态开发区。常州企业加强专业化协作，在空间上集聚，开始集约化发展。1990年7月，城北工业村开始建设。此后，常州市和辖县(市)区陆续建立高新技术产业开发区、经济开发区。开发区内建成一批特色产业园区(又称专题园区)。1992—1998年，常州高新区先后建成高新科技园、新区工业园、三井工业园、光阳摩托车工业园等工业园区。1999年起，常州高新区相继规划并建成国家“火炬计划”软件产业基地常州软件园、国家“火炬计划”新北区“三药”产业基地、电子信息产业园、国家环保工业园、新北工业园区(滨江工业区)、出口加工区、空港机电产业园等专题园区。2010年底，全市有1个国家级开发区、9个省级开发区。同年，常州高新区又组建创意产业基地、光伏产业园区、生物医药产业园区、新能源车辆产业园区等。辖(市)区开发区中发展较好的特色园区有金坛的光伏科技产业园、盐化工产业园，溧阳的风电设备产业园，武进的津通国际工业园、天宁的纺织工业园、钟楼的国光信息产业园、戚墅堰的轨道交通科技产业园。

90年代，全市大部分乡镇着手建设乡镇工业小区（后被称为乡镇工业园区、乡镇工业集中区），最初进入这些小区的主要是乡村集体工业企业，也有部分私营（民营）企业。1995年，全市首批17个试点乡镇工业园区规划启动。2002年末，全市建成77个乡镇工业园区。乡镇工业园区随乡镇区划调整不断调整发展。2004年，常州市乡镇工业园区更名为乡镇工业集中区。2010年末，全市有乡镇工业集中区37个，其中市级重点工业集中区15个；企业在园区内集聚，创出产业特色，发展成为产业集群。

第三节　商贸服务业经济组织

商贸业的组织形态发生巨大变化，向大型、综合、专业、连锁、开放方向发展，商品流通、服务的市场联系更加紧密、广泛、高效。

一、商品市场和生产要素市场

计划经济时代，常州仅有少量小规模的农贸市场。改革开放后，农贸市场最先起步发展，市区最早的有表场农贸市场、常州市农副产品贸易中心。随后，全市各地兴建的农贸市场规模更大，辐射范围更广，其中1992年建立的凌家塘农副产品批发市场最为知名。日用消费品市场在80年代出现，市内最早最知名的是1982年创立的迎春小商品市场，被群众称为“香港市场”。市区较大的小商品市场有九龙小商品批发市场、路桥中国日用品商城常州分市场。综合市场最知名的是90年代初建立的溧阳苏浙皖边界市场。出现许多经营生活资料或生产资料的专业市场，如湖塘针纺织品市场、邹区灯具城、东南陶瓷城、红星家具大卖场、武进花木交易市场、金坛茅麓茶叶市场、长江自由贸易中心（经营大型综合性建材、装饰材料）、常州农机市场、湖塘棉纱市场、常州电脑城等。从80年代始，金融、保险、房地产、劳动力、运输、人才、技术、土地等生产要素市场也相继建立并发展。

二、超级市场、连锁店与专卖店

1986年，常州商业流通领域发展出10多种形式的联合体20多个。1993—2005年，商品零售、生活服务的柜台式店铺逐步减少，大型超市、连锁店、专卖店等开放式新型商店发展迅速，欧尚超市、大润发超市、肯德基快餐、麦当劳快餐等著名的超级市场、连锁店、专卖店先后进入常州，红星美凯龙家具、月星家具、大娘水饺、丽华快餐等连锁品牌店从常州创立并走向全国。

三、商业综合体

21世纪，常州开始兴建城市商业综合体，商店聚集在一个综合体内，为市民提供购物休闲的场所。2001年起，百年老街南大街进行改造。2005年1月，南大街商业步行街竣工开街，位于南大街东侧，在公园路、南大街、青果巷、延陵西路4条道路（包括青云坊、双桂坊两条东西向的街道）围合区内，街区集休闲、购物、餐饮、办公、娱乐等功能于一体，采取传统步行街街铺形式。街区有乐购超市、KTV（提供影音设备与视唱空间的娱乐场所）、大型书店、美食广场、休闲服装商铺等。南大街西侧有莱蒙都会国际商业街，东起西大街，西至早科坊，南至西瀛里，北靠延陵西路，为超大型城市综合体，占地10.2万平方米，由综合性商业街区、甲级写字楼、住宅公寓等建筑群构成。综合性商业街区为集购物、娱乐、餐饮、休闲、健身与旅游、居住、文化等功能于一体的商业街区。2007年11月、2009年10月，商业街一期、二期先后开业，其中设有中影东方国际影城、沃尔玛超级市场及大批品牌专卖店。至2010年底，建成、在建的商业综合体还有府琛商务广场、太阳城、常州新北万达广场等。

四、商贸服务业有限公司

商贸业 2005年末，常州全市有从事批发、零售贸易的限额以上有限责任公司69家，其中批发31家、零售38家，分别完成销售额为150.39亿元、87.69亿元和62.7亿元，其中批发额分别为89.52亿元、85.65亿元和3.87亿元，零售额分别为60.87亿元、2.04亿元和58.83亿元。市区有从事批发和零售的限额以上有限责任公司60家，完成商品销售总额142.97亿元，其中批发额84.44亿元、零售额58.53亿元。2010年，全市有有限责任贸易企业62家，完成销售总额145.15亿元，其中批发103.07亿元、零售42.08亿元；全市有批发贸易公司28家、零售贸易公司34家，分别完成销售额105.7亿元、39.45亿元。市区有有限责任贸易企业52家，其中批发贸易公司26家，分别完成销售额141.44亿元、103.93亿元。

住宿餐饮业 2000年，常州市有限责任餐饮企业拥有固定资产5852万元，完成商品销售(营业)收入9373万元，实现商品销售(营业)税金及附加519万元，亏损713万元。2005年末，全市有限额以上有限责任住宿餐饮企业23家，年均从业总人数3436人，其中住宿企业2833人、餐饮企业603人，年末餐饮营业面积4.41万平方米，拥有床位3586张、餐位1.19万个，拥有所有者权益2.27亿元；同年完成营业收入3.97亿元，其中客房收入1.41亿元、餐费收入2.07亿元。市区住宿餐饮业年末有限额以上有限责任公司21家，年均从业总人数3208人；拥有餐饮营业总面积4.16万平方米，所有者权益2.24亿元；完成营业收入3.78亿元，其中客房收入1.35亿元、餐费收入1.95亿元，拥有床位3321张、餐位1.1万个；实现主营业务税金及附加2090万元，亏损601万元。2010年末，全市5家有限责任住宿企业年均从业人员1029人，拥有所有者权益2.29亿元；完成主营业务收入1.08亿元，实现主营业务税金及附加594万元，亏损2310万元。全市6家有限责任餐饮企业年末餐饮营业面积1.04万平方米，拥有床位684张、餐位3160个；完成营业收入9393万元，其中餐费收入7410万元、客房收入1732万元。

房地产开发业 2000年，常州市有有限责任房地产开发企业24家，拥有总资产16.3亿元，购置土地22.2万平方米，完成土地开发面积14.09万平方米，竣工房屋住宅2519套、公益性建筑2.29万平方米；完成经营收入4.67亿元，其中商品房销售收入4.35亿元、商品住宅销售收入3.78亿元；实现经营税金及附加2615万元，总亏损633万元。2005年，全市有有限责任房地产开发企业52家，年末有员工1464人，拥有所有者权益22.43亿元；完成土地开发面积30.29万平方米，完成房地产开发投资43.75亿元，实现经营收入44.62亿元，其中商品房屋销售收入44.28亿元，实现经营税金及附加2.86亿元、业务利润10.2亿元。2010年，全市有其他有限责任开发企业111家，年均从业人数3129人，拥有所有者权益135.9亿元，购置土地69.62万平方米，完成房地产投资171.74亿元，其中市区完成155.81亿元；完成主营业务收入237.65亿元、商品房销售收入237.43亿元，实现主营业务税金(含附加)54.94亿元，支付员工工资福利2.04亿元。市区有其他有限责任开发企业96家，年均从业人数2853人，拥有总资产585.65亿元，完成主营业务收入215.2亿元、商品房销售收入215.05亿元，实现主营业务税金及附加14.81亿元、利润25.5亿元。

第三章　经济结构

1978年以后，常州的经济结构发生显著变化，基本实现传统结构向现代结构、单一结构向多元结构、封闭结构向开放结构、生存结构向发展结构的转换。三次产业结构从一、二产业占主导地位向二、三产业占主导地位转变。农业结构从种植业为主向高效农业转变，工业结构从以轻纺工业为主导向以重工业为主导转变，服务业结构从商贸为主向以金融、房地产、旅游等新兴产业为主导转变。与此同时，经济的所有制结构也发生很大变化，单一的公有制格局被打破，形成民营经济、外商投资经济、国有和集体经济共同发展的格局。

第一节 产业结构

改革开放以后，三次产业发展齐头并进，但是第一产业比重迅速下降。1987 年，第一产业比重在三次产业中从第二位降至末位。90 年代，第三产业快速发展，特别是 1992 年《中共中央、国务院关于加快发展第三产业的决定》发布后，常州第三产业增长明显加快，产业规模迅速扩大。第一产业比重下降速度同时加快。到 2010 年底，第二、第三产业分别在三次产业中居第一、二位，比重持续增加，差距缩小，第一产业所占比重很小。

一、地区生产总值构成

1978 年，常州市三次产业虽由传统的"一二三"序构转变为"二一三"序构，但农业经济仍占较大比重，工业经济规模偏小，服务业发展尚处于较低水平，一、二、三次产业的增加值之比是 21.9∶64.0∶14.1。80 年代初，市区第三产业发展加速，1981—1985 年每年平均增长 20.2%，高于第一、第二产业年均 8% 和 11% 的增长速度。1986 年，全市三次产业增加值的比重结构是 21.5∶59.9∶18.6（第二产业中工业占比 54.3%），市区三次产业增加值的比例是 1.2∶75.6∶23.2，服务业规模仍然较小。随着改革开放的深入，常州工业化进程明显加快，服务业发展进入快车道，产业结构调整开始实质性启动。1987 年，全市三次产业增加值的比例结构首次实现"二一三"向"二三一"的转变，一、二、三次产业的比例为 18.9∶62.0∶19.1。此后，依托工业化、外向化、城市化加速发展的契机，常州市的产业结构体系进一步变化。2000 年，全市一、二、三次产业增加值的比例为 7.5∶56.1∶36.4。2010 年，全市一、二、三次产业分别实现增加值 99.78 亿元、1683.68 亿元和 1261.43 亿元，比例结构为 3.3∶55.3∶41.4；市区一、二、三次产业增加值比例结构为 2.1∶56.8∶41.1。金坛分别实现地区生产总值和一、二、三产业增加值 308.28 亿元、21.97 亿元、173.71 亿元和 112.6 亿元，一、二、三产业结构为 7.1∶56.4∶36.5；溧阳分别实现地区生产总值和一、二、三产业增加值 424.66 亿元、30.18 亿元、244.03

1978 年、1986 年、2001 年、2010 年常州市和市区三次产业增加值及其比重对照表

表 11-3-1　　单位：亿元

年份	项目	全市				市区			
		地区生产总值	第一产业	第二产业	第三产业	地区生产总值	第一产业	第二产业	第三产业
1978	数值	17.57	3.85	11.25	2.47	9.08	0.11	7.83	1.14
	占比(%)	100	21.9	64.0	14.1	100	1.2	86.2	12.6
1986	数值	54.74	11.77	32.81	10.16	22.41	0.26	16.93	5.22
	占比(%)	100	21.5	59.9	18.6	100	1.2	75.6	23.2
2001	数值	672.90	47.11	—	—	—	4.14	139.38	82.36
	占比(%)	100	7.0	56.6	36.4	100	1.8	61.7	36.5
2010	数值	3044.89	99.78	1683.68	1261.43	2316.26	47.64	1316.20	952.42
	占比(%)	100	3.3	55.3	41.4	100	2.1	56.8	41.1

说明：市区 1978 年、1986 年数据来源于 1991 年《常州统计年鉴》，其余数据来源于 2002 年、2011 年《常州统计年鉴》。2010 年市区数据含武进，其余年份市区数据不含武进

亿元和150.45亿元，一、二、三产业结构为7.1∶57.5∶35.4。

二、农村三次产业结构

1978年，常州农林牧渔业总产值6.96亿元，农村社队工业总产值4.61亿元，占农村工农业总产值的40%。1983年、1984年、1985年、1986年，全市农业总产值分别为9.24亿元、11.11亿元、11.45亿元、11.84亿元，乡村工业总产值(1980年不变价)分别为13.51亿元、20.79亿元、34亿元、40.8亿元。1986年，常州“三县一郊”社会总产值中，农副工的比例为11.1∶5.9∶83，农村的工业总产值远超农业总产值，工业在农村经济中占据主导地位。此后，经过生产方式改革，农民离开土地做工经商，农村农业产值相对于工商业比例更小。21世纪初，全市城乡户籍制度改革，人口流动加快，原来的二元结构被打破，城乡逐渐一体化。城乡户籍在就业和生产经营方面的界限已不太分明，农村工业数据不再统计，但是从农村户籍人口就业结构的变动，可看出农村产业结构的变化。2010年，全市乡村实有从业人员133.95万人，其中农林牧渔业27.39万人，仅占总人数的20.4%。

1986—2010年部分年份常州市农村社会总产值分行业构成表

表11-3-2 单位:亿元

年份	区域	合计	农业	工业	建筑业	运输业	商业饮食	附:农民进城创业
1986	全市	66.52	16.51	41.23	5.77	1.63	1.38	—
1990	全市	174.04	29.06	128.99	10.02	2.70	3.27	—
	市区	23.68	1.38	20.99	0.59	0.36	0.36	—
2001	全市	1205.07	89.37	966.09	35.55	29.26	84.80	27.82
	市区	271.99	25.67	219.87	3.14	1.59	21.72	1.91
2002	全市	1396.91	92.67	1135.57	41.25	31.29	96.13	31.03
	市区	1062.46	45.89	878.10	29.08	24.18	85.21	22.44
2007	全市	4653.52	108.87	4033.11	122.17	70.82	318.55	—
	市区	3834.28	49.16	3383.79	74.68	49.38	277.27	—
2010	全市	6901.08	174.08	6727.00	—	—	—	—

说明：数据来源于1991年、2002年、2008年《常州统计年鉴》。2001年以前的市区数据不包括武进区，为戚墅堰区、新区和郊区的合计数。2010年数据见2011年《常州年鉴·农业水利》《常州统计年鉴》

三、从业人员构成

1978年，常州一、二、三次产业的从业人数比例为60.5∶26.9∶12.6，农业从业人员90.36万人。80年代中期，随着工业化、城市化进程的加快及户籍管理、人口流动政策的松动，农村富余劳动力加速向非农产业转移，乡村人口大量向城镇集中，全市三次产业就业的人数结构逐步由过去的“一、二、三”序构逐渐转变为“二、一、三”序构。1985年，全市第二产业人数升至77.5万人，首次超过第一产业。1986年，全市一、二、三次产业的从业人数比例为37.3∶44.4∶18.3，总从业人数181.69万人。随着城镇化进程的不断加快和服务业的迅速发展，大批农村富余劳动力向二、三产业转移。商贸餐饮、交通邮电、科教文卫和社会服务等行业成为吸纳就业的重要领域，促进了农村人口转移和城市就业。2000年以后，全市第一产业就业人数逐年减少。2001年，常州一、二、三次产业从业人数比例为26.3∶45.1∶28.6，第三产业从业人数增至54.04万人，首次超过第一产业。到2010年底，全市城镇人口增至293.74万人，城市化水平提高到63.9%。第二、第三产业成为吸纳社会劳动力就业的主渠道，三次产业从业人员结构为8.7∶55.5∶35.7。第二产业从业总人数为

179.64万人，是1978年的4.47倍、1986年的2.23倍；第三产业从业总人数为115.52万人，是1978年的6.15倍、1986年的3.48倍。

1978年、1986—2010年部分年份常州市年末从业人员数及其构成表

表11-3-3

年份	区域	年末从业人员(万人)				构　成(%)		
		总计	第一产业	第二产业	第三产业	第一产业	第二产业	第三产业
1978	全市	149.35	90.36	40.20	18.79	60.5	26.9	12.6
	市区	94.91	48.73	32.99	13.19	51.3	34.8	13.9
1986	全市	181.69	67.84	80.62	33.23	37.3	44.4	18.3
	市区	116.71	33.34	59.92	23.45	28.6	51.3	20.1
1990	全市	186.07	66.82	84.83	34.42	35.9	45.6	18.5
	市区	117.84	31.57	62.92	23.35	26.8	53.4	19.8
1995	全市	188.78	55.51	89.23	44.04	29.4	47.3	23.3
	市区	118.01	23.96	55.52	38.53	20.3	47.0	32.7
2000	全市	179.36	51.82	78.13	49.41	28.9	43.6	27.5
	市区	111.55	22.68	53.67	35.20	20.3	48.1	31.6
2005	全市	241.46	32.70	128.94	79.82	13.5	53.4	33.1
	市区	165.53	16.19	90.03	59.31	9.8	54.4	35.8
2010	全市	323.41	28.25	179.64	115.52	8.7	55.5	35.7
	市区	186.92	10.65	104.68	71.59	5.7	56.0	38.3

说明：资料来自2011年《常州统计年鉴》

1990—2010年部分年份常州市农村分行业就业人员数比较表

表11-3-4　　　　单位：万人

指　标	1990年	1995年	2000年	2005年	2010年
乡村实有就业人员总数	135.80	136.31	128.67	126.82	133.95
农林牧渔业	65.45	54.65	51.03	32.21	27.39
其中：种植业	59.15	47.29	43.98	26.11	21.84
工　业	37.58	42.88	36.98	48.35	58.20
建筑业	11.22	12.86	13.54	15.89	16.66
第三产业	21.55	25.92	27.12	30.37	31.70

说明：资料来自2011年《常州统计年鉴》

第二节　行业结构

常州三次产业结构发生变化的同时，一、二、三产业内部行业结构也随之发生明显的变化。

一、第一产业

常州农业加速由传统种植业向现代高效农业转变，种植业比重逐步下降。1978年，常州农业总产值

14.6亿元，其中种植业产值11.85亿元、林业0.99亿元、牧业产值2.39亿元、渔业产值0.26亿元，种植业占比最高，达81.2%。1986年，常州农业总产值(1990年不变价)24.23亿元，其中种植业产值15.78亿元，林业2132万元、牧业4.56亿元、渔业1.43亿元，种植业占比降至74.4%，林业、牧业和渔业分别占0.9%、18.8%和5.9%。同年，市区种植业、林业、牧业和渔业分别占农业总产值的59.1%、0.2%、23%和17.7%。2010年与1986年相比，全市种植业产值占农业总产值的比例从65.1%降至54.6%；渔业比重大幅上升，由5.9%提高到24.3%。

1978年、1986—2010年部分年份常州市农林牧副渔业总产值构成表

表11-3-5　　单位:万元

年份	区域	合计	种植业	林业	牧业	副业	渔业
1978	全市	146047	111672	986	23937	6866	2586
	市区	4083	2726	—	1095	—	262
1986	全市	242294	157814	2132	45575	22479	14294
	市区	4490	2505	8	1032	147	798
1990	全市	279803	178599	1493	73825	—	25886
1995	全市	408577	225007	2580	93323	—	87667
2000	全市	485108	297126	4185	75371	—	108426
2005	全市	485174	229654	4486	93108	—	157926
2010	全市	1660736	950294	12625	274124	—	423693
	市区	743645	488688	2297	136925	—	115735

说明：1978年、1986年的数据为1990年不变价，不包含武进。数据来源于1991年、2011年《常州统计年鉴》。2010年种植业（即农业）不含原副业中的家庭兼营工业

二、第二产业

工业与建筑业的比例　常州的城市化过程推动了建筑业的迅速发展，建筑业在第二产业中的比重上升。1978年，建筑业产值大约是工业产值的5.8%。1986年，全市实现工业产值116.75亿元，其中市区63.16亿元；建筑业产值10.86亿元，其中市区3.13亿元。1980年、1986年、1990年、1995年，建筑业产值与工业产值的比例分别是7.7%、9.3%、5.5%、3.4%，2001—2010年间各年在10%左右。

1978年、1986—2010年部分年份常州市社会总产值中工业与建筑业产值构成表

表11-3-6　　单位:万元

年份	全市工业		其中:市区	全市建筑业		其中:市区
	总产值	增加值	总产值	总产值	增加值	建筑业总产值
1978	338437	105407	252807	21976	7061	3969
1986	1167496	297125	631580	108554	30914	31291
1990	1962000	540600	—	—	39010	—
1995	5796200	2028562	—	—	177858	—
2000	8746300	3019891	—	—	346956	—
2005	25041900	7199500	—	—	791000	—
2010	73960851	15308500	58731617	7356058	1528200	3752450

说明：见1985年、1991年、2011年《常州统计年鉴》

工业内部结构 常州工业由以传统轻纺工业为主向以重化工业为主转变，产业门类增多，高新技术产业的主导地位逐步突出。1978年，常州工业以纺织、机械、电子、化工为主，此外有服装、建材、食品、电力、冶金等。在市区工业总产值中，纺织占34.9%，机械占35.6%，电子占12%，化工占13.3%。1986年，全市完成工业（含村及村以下工业）总产值（1990年不变价）154.09亿元，市区实现89.21亿元。全市轻重工业产值之比为53.5：46.5，市区轻重工业产值之比为56.1：43.9。主要工业行业有纺织、机械、电子、化工、塑料、医药、服装、建材、食品、电力、冶金等，其中纺织服装工业产值40.07亿元，占工业总产值的26%，机械工业产值32.52亿元，占21.1%。纺织工业为常州主导产业之一。90年代，纺织业比重下降，机械工业、化学工业、冶金工业比重上升。2000年，主要产业纺织、机械、化工、冶金、电子、建材产值分别占全市规模以上工业总产值的15.2%、34.3%、11.7%、8.3%、7.2%、2.2%。

21世纪初期，市委、市政府重点培育新兴产业，优化产业结构，促进产业升级，出台《常州市振兴五大产业行动计划（2000—2011年）》，提出重点培育电子信息、生物技术及制药、新材料、新能源及环保、装备制造五大产业。2010年，全市规模以上企业轻重工业总产值之比为21.6：78.4。机械行业的经济总量超过全市工业总量的1/3，居各大行业首位；冶金、化工行业经济总量超过纺织、通用设备制造等传统优势产业，产值分列九大行业的第二、第三位。全市五大产业规模以上企业完成工业总产值4731.2亿元，占全市规模以上工业总产值的64%，实现利税总额420.8亿元；新能源产业完成工业总产值301.1亿元，实现利润总额37.3亿元。

2010年常州市工业和规模以上企业工业总产值分行业构成表

表11-3-7

行业	全部工业(%)	规模以上(%)	行业	全部工业(%)	规模以上(%)	行业	全部工业(%)	规模以上(%)	行业	全部工业(%)	规模以上(%)
纺织	7.4	6.97	医药	1.5	1.49	冶金	18.7	18.68	其他	5.0	17.91
服装	3.2	3.16	塑料	1.7	1.74	机械	39.4	34.35			
化工	12.1	11.34	建材	3.6	3.80	电子	7.6	7.56			

说明：资料来自2011年《常州统计年鉴》

三、第三产业

随着国民经济的快速发展、城乡居民生活水平的明显提高及服务业改革开放步伐的加快，常州邮电通信、房地产、旅游、信息与商务服务、软件和动漫等新兴服务行业迅速成长，优化了服务业的内部结构。1990年，全市第三产业中实现增加值最高的行业依次为批发零售贸易业（含物资供销和仓储业）45.01亿元、金融保险业4.34亿元、交通运输业2.62亿元、房地产业2.06亿元。到2010年，全市第三产业中内部结构、排序形成调整换位，实现增加值最高的行业依次为批发零售贸易业313.59亿元、房地产业191.66亿元、金融保险业168.4亿元、租赁和商务服务业109.14亿元、交通运输和仓储业100.11亿元。

1990年和2010年常州市第三产业增加值分地区、分行业对照表

表11-3-8　　单位：亿元

行业	1990年		2010年			
	全市	市区	全市	市区	溧阳	金坛
第三产业增加值总值	19.22	9.9	1261.43	952.42	150.45	112.60
交通运输仓储业（客货运输）	2.62	0.95	100.11	77.40	23.89	18.40

续表 11-3-8

行业	1990 年		2010 年			
	全市	市区	全市	市区	溧阳	金坛
信息传输、计算机服务和软件业（邮电通信）	0.50	0.35	39.50	31.78	3.56	4.37
批发和零售业（商业公共饮食业、物资供销和仓储）	5.01	2.62	313.59	261.06	34.87	18.17
住宿和餐饮业			78.87	62.86	8.17	4.62
金融保险业	4.34	2.59	168.40	126.97	18.32	9.80
综合技术和生产服务业	0.34	0.18	—	—	—	—
居民服务业	0.48	0.30	33.44	15.91	3.31	2.31
水利、环境和公共设施管理业（公用事业）	0.57	0.40	28.53	10.17	1.65	12.76
房地产业	2.06	0.60	191.66	131.98	20.13	9.60
租赁和商务服务业	—	—	109.14	81.81	8.91	8.38
卫生事业	0.45	0.25	27.49	21.84	2.72	3.02
文化艺术和广播电视事业	0.22	0.18	18.24	13.80	4.19	3.48
体育事业	0.02	0.02				
社会福利事业	0.03	0.03	—	—	—	—
教育事业	1.19	0.58	63.08	48.88	7.75	6.98
科学研究、技术服务和地质勘查业（科学研究事业）	0.18	0.16	17.95	14.94	0.90	2.20
公共管理和社会组织（国家机关、政党机关和社会团体）	1.21	0.69	71.43	53.02	12.08	8.51

说明：资料来自 1991 年、2011 年《常州统计年鉴》。第三产业增加值采用分级核算，非市区与辖市数据简单相加

第三节 所有制结构

80 年代初，常州是生产资料公有制一统天下。城市经济主要为国有经济和集体经济，农村经济主要为集体经济，个体私营经济几乎没有。80 年代，城乡个体私营经济出现，农村乡镇集体工业得到发展。80 年代末和 90 年代初，农村乡镇工业发展到高潮，占据全市经济的半壁江山。随着改革开放步伐的加快，民营经济崛起，中外合资经营企业、中外合作经营企业、外资企业出现，国有企业通过改制逐步从生产的竞争性领域退出，单一的公有制结构被打破。21 世纪初，国有企业、集体企业完成改制，初步建立现代企业制度，以民营企业和“三资”企业为主的非公有制经济迅速发展，成为常州经济增长的主力，与国有、集体经济形成多种经济类型同步发展、充满活力的多元经济格局。

一、城镇国有、集体企业

80 年代，国家放开搞活中小企业。1986 年，常州经济所有制结构中以国有、集体为代表的公有制经济占据主导地位。同年底，全市有企事业单位 7398 家，其中全民 3887 家、集体 3483 家。有全部独立核算工业企业 2686 家，完成工业净产值 22.98 亿元。其中，全民企业 229 家，完成净产值 10.49 亿元，占全部工业净产

值的45.6%；集体企业2425家，完成净产值11.26亿元，占全部工业净产值的49%。同年，全市完成商业零售额16.08亿元，其中全民商业5.1亿元、集体商业9.28亿元、合营商业0.06亿元。在饮食业中，全市完成零售额8232万元，全民企业为1705万元、集体企业为3370万元。城镇国有、集体企业存在着"大锅饭"、活力不够、效率不高的问题。90年代，国有、集体企业实行改制。1990年，全市乡级以上集体工业企业单位从1986年的351家增至519家，其他所有制企业由1986年的35家增至60家；全民所有制企业"七五"期间推行企业间的横向联合，发展企业集团，由1986年的160家降至149家。同年，乡级以上全民所有制、集体所有制、其他所有制工业总产值(按不变价计算)比1986年分别增16.4%、54.9%、100%，各自所占比重分别从1986年的61.5%、27.6%、10.9%变为52.6%、31.4%、16%。

2000年，企业改制步伐加快，全市工业企业中有国有企业116家、集体企业1514家、股份合作制企业6228家。从工业产值构成看，国有企业产值占8.1%、集体企业占17.1%、股份合作制企业占26.7%。2010年，全市规模以上工业单位发展到6375家，其中国有、集体、股份合作性质的仅120家。全部规模以上工业企业完成工业总产值7396.1亿元，其中国有、集体工业企业分别完成91.67亿元、14.57亿元，两者之和占全部产值的比重降至1.5%以下。全市有限额以上批发零售贸易企业786家，其中国有、集体、股份合作性质的仅13家，国有及其控股企业仅14家；国有及其控股企业销售额占全市限额以上批发零售贸易企业总销售额的4.4%。

二、乡村集体工业企业

1978年，常州社队工业以农机具修造为主，完成总产值4.6亿元。1986年，全市有乡级及其以上集体工业企业3739家，其中乡办企业2707家；完成工业总产值116.4亿元，其中乡村工业完成总产值40.8亿元，占全市工业总产值的35.1%。1990年，全市乡级及其以上集体工业企业发展到3747家，其中乡办2720家；全市乡村集体工业企业完成工业总产值(含村及其以下)273.83亿元，其中乡村工业总产值129.7亿元。1999年，全市乡村集体工业完成总产值733.77亿元，占当年全市工业总产值(1111.01亿元)的66%。乡镇工业涉及纺织印染、机械冶金、化工医药、农机、轻工电子等行业。1993—2003年，乡村集体工业企业逐渐改制，其中的绝大部分转变为私有企业或股份制企业。

三、个体私营企业

1986年3月，常州市个体劳动者协会成立时，全市有注册工商个体户10874户，从业人员2万余名。因政府鼓励乡村、街道集体企业发展，采取了一些扶持政策，许多私营企业隐含在乡村、街道集体企业中，俗称"戴红帽子"企业。2000年前后，随着国有、集体企业的所有制改造，以个体私营经济、股份制经济等为内容

1995—2010年部分年份常州市个体工商业和私营企业主要指标对照表

表11-3-9　　单位：亿元

年份	个体工商户				私营企业							
	户数(万户)		从业人数(万人)		单位(万家)		注册资金		从业人员(万人)		销售总额或营业收入	
	全市	市区	全市	市区	全市	市区	全市	市区	全市	市区	全市	市区
1995	7.91	2.03	12.75	3.16	0.50	0.12	11.39	3.35	4.88	1.19	5.76	2.55
2000	8.75	2.23	16.59	3.94	1.43	0.70	73.74	35.26	15.30	6.31	65.34	37.77
2001	9.02	2.22	17.71	3.88	1.78	0.88	112.97	50.17	20.99	7.73	109.61	72.69
2005	11.00	7.65	19.65	13.94	3.96	3.39	558.25	—	72.08	52.25	—	—
2010	15.75	11.91	32.04	23.27	6.72	5.76	1628.78	—	120.16	89.44	—	—

说明：数据来源于2002年、2011年《常州统计年鉴》；2002年以前市区不含武进，2005年、2010年市区含武进

的非公有制经济成为重要的经济增长点。2001 年，全市私营工业企业发展到 6533 家、个体经营企业 6408 家。2005 年底，私营企业发展到 16673 家，个体经营企业增至 17062 家。从工业产值所占比例看，私营经济从 19.9% 升至 48.3%，个体经济从 5% 降至 4.6%。2010 年底，全市有私营企业 67203 户、个体工商户 15.75 万户；民营经济完成增加值 1770 亿元、上缴税收 291 亿元，分别占全市总量的 59.5%、63.4%。

第四节　经济外向度

随着改革开放的不断深入，常州经济迅速转向全方位开放，经济国际化程度大大提高，与其他国家和地区的经济交往、联系越来越密切，国际贸易、投资、经济技术合作越来越多。

一、对外贸易

1978 年，市区有 13 个大类、152 个品种的出口商品销往 90 多个国家和地区，主要是纺织品、五金产品、工艺品、土特产，当年外贸收购总额 1.92 亿元；同年，全市累计进口各种设备 74 台(套)。1985 年，全市 17 个行业进口技术设备和原辅材料累计 2.69 亿美元；同年，全市地区生产总值 49.59 亿元，进出口总额 128 万美元，按当年人民币对美元汇率 3∶1 计算，外贸依存度不足 0.08%。1986 年，全市地区生产总值 54.74 亿元，进出口总额 875 万美元，按当年人民币对美元汇率 3.45∶1 计算，对外贸易依存度为 0.55%。到 2010 年，全市贸易伙伴遍及全球六大洲 202 个国家和地区，年进出口规模超过 222.77 亿美元，其中出口规模为 155.58 亿美元，对外贸易依存度为 46.4%，出口依存度为 32.4%。全市外资和港澳台资企业完成进出口贸易 126.07 亿元，占当年全市外贸总额的 56.9%。

二、外商和港澳台商投资

1978 年，常州开始利用外资引进国外先进技术和设备。1984 年，常州开办首家中外合资企业——常利公司。1986 年，全市利用外资投产项目 39 个，实际利用外资额 2454 万美元，其中市区分别为 31 个、2239 万美元。2002 年，全市累计有“三资”企业 1579 家，开业投产 968 家，其中市区分别为 1343 家、848 家，全年实际利用外资 5.61 亿美元，市区 4.41 亿美元。2010 年底，全市有外商和港澳台商投资企业 2645 家，投产开业 1927 家，其中市区分别为 2054 家、1552 家。当年，全市有规模以上工业企业 6375 家、外商投资企业 590 家、港澳台资企业 419 家，外资和港澳台资企业占全市规模以上工业企业总数的 15.8%；全市全部工业总产值 7396.09 亿元，港澳台资企业完成产值 888.46 亿元、外资企业完成产值 1564.39 亿元，外资和港澳台资企业产值占全部工业总产值的 33.2%。

三、企业上市

90 年代，常州企业走向国内、国际大市场募集资金。1994 年，常柴公司股票上市(1996 年，苏常柴 B 股又在深交所上市)。2010 年，全年有 5 家公司先后在海内外资本市场上市，上市公司全年融资额 51.5 亿元。截至年底，上市公司总数达到 21 家，累计募集资金总额 153.5 亿元。

四、境外投资

1985 年 9 月，常州饮食服务公司与中国江苏经济技术合作公司合资举办阿尔及利亚中国餐馆，为常州对外投资的第一家企业。1986—1990 年，常州兴办境外企业 6 家，有 4 家是中国餐馆。到 1996 年，累计境外投资企业 80 家，其中开业 31 家。90 年代与 80 年代相比，餐饮服务项目比例降低，生产性、技术性项目增加。进入 21 世纪，常州对外投资规模扩大，区域扩展，投资主体发生变化。2006 年核准的 27 家境外企业中有 25 家是民营企业。2008 年核准的境外企业中方平均投资为 180 万美元。2010 年，全市签订境外投资项目40个(市区32个),中方协议投资额3.4亿美元,其中30个开业(市区25个),涉及德国、加拿大、印尼等近50个国家和地区。民企金昇公司总投资1.5亿美元,收购世界知名企业埃马克公司50%的股权,为全省最大的境外并购项目。

五、劳务输出和劳动力输入

1979年,常州有对外劳务使用合同3个,合同额300万元,派出人员46人。1985年,开始有对外承包工程1项,合同金额547万元,派出人员84人。1986年,签订对外承包劳务合同额216万美元、对外承包劳务营业额179万美元,劳务输出246人。1987年,常州全市向20多个国家和地区输出劳务工人1346人,创汇1039万美元。1995年,有对外承包工程和劳务合同61个,合同额4568万美元,营业额3817万美元,年末在外1415人;其中市区(不含武进)有合同40个、营业额2386万美元,年末在外629人。2010年底,全市有外派承包工程和劳务合作的人员5250人,其中市区1445人。

六、境外游客

1988年底,全市仅有暂住人口5.1万人,暂住人口与户籍人口之比为1∶61.6。随着改革开放的逐步深入,一些制约人口流动的体制藩篱逐渐被打破。2000年末,全市暂住人口达到44.8万人,暂住人口与户籍人口之比上升到1∶7.6。2005年,全市外来暂住人口为130.3万人,与当年户籍人口的比例上升为1∶2.7;市区外来暂住人口为113.81万人,与当年户籍人口的比例上升为1∶1.94。到2010年底,全市外来暂住人口为133.45万人(其中市区为121.23万人)。全市外来暂住人口与户籍人口的比例为1∶2.7(其中市区外来暂住人口与户籍人口的比例为1∶1.88)。外来暂住人口中,到常州务工、经商或从事服务行业的比重占93.6%。2001—2010年,全市迁入人口66.4万人,净迁入19.63万人。经济、社会的发展和人文环境的优化还吸引大量境外客人到常州旅游。自1985年后,境外游客逐步增加。到2010年,全市接待境外过夜游客35.91万人(包括港澳台4.77万人),市区接待境外过夜游客34.25万人(包括港澳台4.52万人)。

第四章　固定资产投资

80年代,随着国家政策的调整,经济社会发展逐步驶入快车道,创造大量投资机会。常州各级政府重视生产投资,促进民间投资,吸引外商投资,众多重点公共基础设施项目陆续开工建设,工业技术改造和产业升级步伐明显加快,房地产行业迅速崛起并快速发展,刺激了固定资产投资的增长。80年代初,投资方向从外延型扩大再生产转向内涵型扩大再生产。1986年,全社会固定资产投资规模16.18亿元,占全市地区生产总值的29.6%。2010年,全市完成全社会固定资产投资2103.55亿元,占全市地区生产总值的69.1%。

第一节　投资主体

全社会投资主体多元化。国有投资在全社会投资中所占份额逐年下降,民营经济、股份制经济及外商、港澳台商投资从无到有,从少到多,逐步形成国有、集体、个私及其他经济类型共同支撑的多元化投资格局。80年代到90年代中后期,国有、集体单位投资占主导地位。90年代初,集体单位投资超过国有单位。1993年,国有、集体单位投资占全社会固定资产投资的82.3%。90年代末,民间投资超过国有、集体单位,成为全市固定资产投资的主力。

1978年和1985—2010年常州市全社会固定资产投资完成额统计表

表 11-4-1　　单位：亿元

年度	全市	市区	年度	全市	市区	年度	全市	市区	年度	全市	市区
1978	0.89	0.76	1991	30.99	23.79	1998	140.11	106.60	2005	769.80	609.75
1985	10.47	9.31	1992	44.39	35.54	1999	144.89	111.72	2006	951.56	738.69
1986	16.18	12.72	1993	87.91	70.64	2000	163.43	126.90	2007	1203.94	932.70
1987	20.18	15.61	1994	96.46	77.74	2001	190.69	150.96	2008	1448.17	1102.88
1988	25.95	20.16	1995	115.06	85.23	2002	250.01	197.71	2009	1704.77	1334.04
1989	21.25	16.37	1996	124.21	92.30	2003	446.59	358.34	2010	2103.55	1649.98
1990	22.71	17.09	1997	131.96	100.91	2004	588.61	473.10			

说明：资料来自2011年《常州统计年鉴》

2010年常州市全社会固定资产投资按经济类型统计表

表 11-4-2　　单位：亿元

类别	指标	全市				市区			
		合计	城镇投资	农村投资	房地产投资	合计	城镇投资	农村投资	房地产投资
按照经济类型划分	国有及国有控股企业	296.39	265.94	23.43	7.02	274.06	250.78	18.06	5.22
	非国有投资	1807.16	768.95	598.27	439.94	1373.14	560.09	417.05	396.00
	其中：民间投资	1481.69	595.48	535.43	350.78	1100.96	416.09	374.44	310.43
	外商及港澳台商投资	325.47	173.47	62.84	89.16	272.18	144.00	42.61	85.56
按照登记注册类型划分	内　资	1774.98	859.57	557.61	357.80	1375.02	666.87	392.50	315.65
	国　有	294.01	263.74	23.25	7.02	274.06	250.78	18.06	5.22
	国有独资	2.22	2.12	0.10	—	2.22	2.12	0.10	—
	集　体	103.37	67.53	30.04	5.80	96.25	67.46	22.99	5.80
	股份合作	7.59	2.20	5.39	—	7.59	2.20	5.39	—
	集体联营	2.25	1.96	0.29	—	2.25	1.96	0.29	—
	其他有限责任公司	681.03	260.95	248.34	171.74	544.75	169.04	219.90	155.81
	股份有限公司	41.86	24.89	5.67	11.30	37.29	21.72	4.27	11.30
	私　营	623.99	226.57	237.47	159.95	393.15	142.25	115.20	135.70
	其　他	18.66	9.62	7.05	1.99	17.45	9.33	6.30	1.82
	港澳台商投资	165.62	76.26	23.65	65.71	137.51	63.84	10.04	63.63
	外商投资	159.85	97.20	39.20	23.45	134.66	80.16	32.56	21.94
	个体经营	3.10	1.84	1.26	—	2.79	1.84	0.95	—

说明：资料来自2011年《常州统计年鉴》

一、全民所有制单位投资

1986—1990年，常州市投资主体为公有制单位。1986年，全市完成固定资产投资额8.86亿元，其中全民所有制投资6.52亿元，占总投资73.6%；市区完成固定资产投资额7.05亿元，其中全民所有制投资5.8

亿元，占总投资82.3%。1995年，全市国有经济完成投资额40.49亿元，市区(不含武进)国有经济完成投资额24.87亿元。2001年，全市国有企业、国有独资企业分别完成投资额61.86亿元、0.31亿元，市区国有企业、国有独资企业分别完成投资39.26亿元、0.3亿元。2002年，全市国有企业、国有独资企业分别完成投资57.72亿元、0.77亿元，市区国有企业、国有独资企业投资额分别为44.69亿元、0.35亿元。2005年，全市国有企业、国有独资公司投资额分别为191.12亿元、1.07亿元，市区国有企业完成投资173.34亿元。2010年，全市国有企业、国有独资企业分别完成投资294.01亿元、2.22亿元，两者合计占全市总投资的14.1%；市区国有企业、国有独资企业分别完成投资274.06亿元、2.22亿元，合计占市区总投资的16.8%。

二、城镇集体所有制单位投资

80年代至90年代初，常州城乡集体所有制投资总量增加，占全社会投资的比例增加。1986年，城镇集体所有制单位完成固定资产投资2.34亿元，占全市总投资的17.8%。1992年，全市完成全社会固定资产投资43.05亿元，其中城乡集体单位投资20.24亿元，超过国有单位的16.51亿元，占全市总投资的47%。90年代中期，城乡集体单位投资额主要来自乡村企业，超过全民所有制单位。90年代末，城乡集体单位因乡村企业大批改制，投资额下降。2001年，全市全社会固定资产投资117.6亿元，其中国有经济投资61.86亿元、集体经济投资4.83亿元，分别占总投资的52.6%、4.1%。2002年以后，因所有制形式多样化，纯集体经济仅占极小比例。2005年，全市完成固定资产投资额769.8亿元，纯集体经济投资43.59亿元。2010年，全市完成全社会固定资产投资2103.55亿元，其中纯集体经济仅103.37亿元，占总投资的4.9%。

三、民间资本与外商和港澳台商投资

90年代，随着对外开放的深入，常州国有集体企业的大批改制，外资、港澳台投资、民企投资在总投资中的比例逐步提高。1990年，民间投资为9.51亿元，占全社会固定资产投资的41.9%。1995年，"三资"企业投资7.62亿元，占总投资的7.2%，其中港澳台投资1.9亿元，占1.8%；股份制和有限责任公司投资1.4亿元、联营经济投资1.49亿元，分别占1.3%、1.4%。1999年，民间固定资产投资75.31亿元，占全社会固定资产投资的52%，成为全市固定资产投资的主力。2010年，全市全社会固定资产投资额2103.55亿元，其中非国有投资1807.16亿元，占全社会投资的85.9%。其中，民间投资1481.68亿元，占全社会投资的70.4%；外商及港澳台商投资325.47亿元，占全社会投资的15.5%。当年，市区全社会固定资产投资额1649.98亿元，其中民间投资1098.73亿元、港澳台商投资137.51亿元、外商投资134.66亿元。

1990—2010年常州市民间资本固定资产投资完成总额统计表

表11-4-3　　单位：亿元

年份	总额	年份	总额	年份	总额
1990	9.51	1997	47.52	2004	353.36
1991	9.42	1998	47.96	2005	479.87
1992	7.63	1999	75.31	2006	630.76
1993	19.99	2000	88.82	2007	798.80
1994	26.28	2001	107.87	2008	962.60
1995	29.52	2002	144.56	2009	1146.92
1996	37.52	2003	266.68	2010	1481.68

说明：资料来自2011年《常州统计年鉴》

第二节 投资方向

经济的快速发展及产业结构的变化推动了投资结构发生显著变化，全市投资重点向第三产业和高新技术产业转移。1986—2010 年，第一产业投资比重保持稳定，第二产业投资比重略有下降，第三产业投资增加较快。1986—1995 年，全市投资的重点是第二产业。1996 年开始，第二产业、第三产业为常州市主要投资方向，服务业投资比重上升，尤其是交通运输及邮电通信业、房地产业增速迅猛。21 世纪初期，高新技术产业、先进制造业、现代服务业成为投资培育重点。2010 年，常州市第一、二、三产业分别完成全社会固定资产投资 7.39 亿元、1186.51 亿元和 909.66 亿元。

2010 年常州市全社会总投资及构成分类别、分地区统计表

表 11-4-4　　　　单位：亿元

类别	合计		其中			地区	合计	其中		
	总值	构成(%)	城镇投资	农村投资	房地产投资			城镇投资	农村投资	房地产投资
总投资	2103.55	100	1034.89	621.70	446.96	总投资	2103.55	1034.89	621.70	446.96
建筑工程	965.31	45.9	493.86	219.58	251.87	市区	1649.98	812.70	436.06	401.22
安装工程	121.75	5.8	51.89	20.12	49.74	武进	600.40	260.29	251.57	88.54
设备工器具购置	700.40	33.3	367.95	326.99	5.46	新北	402.44	140.28	183.85	78.31
其他费用	316.09	15.0	121.19	55.02	139.88	天宁	201.73	75.30	—	126.43
新建	600.29	28.6	395.75	204.54	—	钟楼	214.98	122.13	—	92.85
扩建	651.02	30.9	346.06	304.96	—	戚墅堰	49.76	34.67	—	15.09
改建	193.40	0.90	168.69	24.71	—	溧阳	275.60	124.12	127.41	24.07
其他	658.84	31.3	124.39	87.49	446.96	金坛	177.97	98.07	58.23	21.67

说明：资料来自于 2011 年版《常州统计年鉴》；市区全社会总投资含市直管项目投资

2010 年常州市全社会固定资产投资按国民经济行业分类统计表

表 11-4-5　　　　单位：亿元

指标	全市				市区			
	合计	城镇投资	农村投资	房地产投资	合计	城镇投资	农村投资	房地产投资
总计	2103.55	1034.89	621.70	446.96	1649.98	812.70	436.06	401.22
农林牧渔业	7.39	0.91	6.48	—	5.00	—	5.00	—
采矿业	1.80	0.20	1.60	—	—	—	—	—
制造业	1139.36	603.89	535.47	—	794.79	420.65	374.14	—
电力、燃气及水的生产和供应业	39.25	29.04	10.21	—	30.64	23.61	7.03	—

续表 11-4-5

指　标	全　市				市　区			
	合计	城镇投资	农村投资	房地产投资	合计	城镇投资	农村投资	房地产投资
建筑业	6.10	6.04	0.06	—	6.10	6.04	0.06	—
交通运输、仓储和邮政业	74.53	65.70	8.83	—	66.58	58.37	8.21	—
信息传输、计算机服务和软件业	12.60	12.60	—	—	12.25	12.25	—	—
批发和零售业	38.25	32.95	5.30	—	33.03	28.19	4.84	—
住宿和餐饮业	19.17	14.98	4.19	—	12.67	10.57	2.10	—
房地产业	502.55	31.39	24.20	446.96	450.93	29.58	20.13	401.22
租赁和商务服务业	19.50	17.28	2.22	—	16.21	15.10	1.11	—
科学研究、技术服务和地质勘查业	1.25	1.21	0.04	—	1.25	1.21	0.04	—
水利、环境和公共设施管理业	178.20	165.89	12.31	—	161.22	155.93	5.29	—
居民服务和其他服务业	5.22	4.82	0.40	—	4.61	4.21	0.40	—
教　育	6.16	3.94	2.22	—	5.62	3.70	1.92	—
卫生、社会保障和社会福利业	8.70	7.58	1.12	—	7.58	7.27	0.31	—
文化、体育和娱乐业	22.82	21.36	1.46	—	22.01	20.91	1.10	—
公共管理和社会组织	20.44	14.84	5.60	—	19.23	14.84	4.39	—

说明：资料来自于 2011 年版《常州统计年鉴》

一、农业投资

改革开放后，常州各级大规模组织实施农田水利建设、农村电网改造及农村地区通水、通路、通气、通电

1985—2010 年常州市农业投资额统计表

表 11-4-6　　单位：万元

年份	投资额	年份	投资额	年份	投资额	年份	投资额
1985	952	1992	3176	1999	55225	2006	20219
1986	3732	1993	1309	2000	49771	2007	6455
1987	1499	1994	4889	2001	53626	2008	29965
1988	1244	1995	9776	2002	29619	2009	39949
1989	2932	1996	6008	2003	20138	2010	73876
1990	4642	1997	19848	2004	5643		
1991	2789	1998	34000	2005	11902		

说明：资料来自 2011 年《常州统计年鉴》

视等基础设施建设，增加种植养殖效益，提高农业综合生产能力，发展现代农业。1986年，农业完成固定资产投资3700万元。到2010年，增至7.39亿元。但是农业投资占全社会总投资的比例较低，且呈下降趋势。1986年和2010年，农业方面的投资分别为当年全社会总投资的2.3%、0.4%。

二、工业投资

改革开放后，工业投资始终是固定资产投资重点，保持在全社会总投资额的50%～60%之间，部分年份达70%。1986年，全市完成工业固定资产投资5.47亿元，其中市区4.49亿元(1987年《常州统计年鉴》口径)。1991年，全市工业固定资产投资增长到8.68亿元，其中市区6.62亿元。到2006年，工业投资结构优化，高新技术产业投资占工业投资的比重达14%。2010年，全市工业固定资产投资提升到1180.41亿元，其中"五大产业"投资822.9亿元、高新技术产业(市口径)投资544.4亿元，分别占工业投资的69.7%和46.1%。

三、服务业投资

按照城市现代化、经济国际化要求，常州市对交通运输、邮电通信、教育卫生、商贸流通等服务行业逐步加大投资建设力度，培育新兴服务业，提升传统服务业，增强服务业的竞争力。1986年，全市完成服务业投资5.92亿元。2000年以后，常州各级抓住加入世界贸易组织和国际服务业加速转移的契机，促进服务业全方位、多层次对外开放，投资主要投向房地产业、交通运输及邮电通信业、水利环境和公共设施管理业、批发零售业。实施了总投资4.6亿元的新阳光食品城、总投资4.2亿元的常州大剧院、总投资3.5亿元的长江塑化城、总投资7亿元的金属批发市场、总投资2亿元的横林地板城产业基地、总投资2.5亿元的博物馆规划展示馆、总投资5亿元的药品物流中心及凌家塘批发市场、湖塘纺织城等现代服务业重点建设项目。2006年，服务业投资占全社会固定资产投资的比重达40.4%。2010年，全市完成服务业投资909.66亿元，其中市区813.45亿元，分别占全社会投资的42.4%、49.3%。

1990年、2001年、2002年和2010年市区第三产业固定资产投资完成额比较表

表11-4-7　　　　单位：万元

第三产业行业	1990年	2001年	2002年	2010年
科研和技术服务业、地质普查和勘探业	30(地质勘探)	19702	2205	12450
交通运输、仓储、邮电通信业	3334	212793	185788	665809
信息传输、计算机服务和软件业	—	—	—	122497
批发和零售贸易、餐饮业	2094	9541	12694	456960
金融、保险业	—	471	280	—
房地产业	2970	207120	346804	4509358
社会服务业		56948	171730	1774327
卫生、体育、社会保障和福利业	630	12953	16040	75773
教育、文化艺术和广播电视事业、体育和娱乐业	2489	23423	43148	276320
国家机关、政党机关和社会团体	1716	31495	46442	192276
其　他	5818	5373	727	46065

说明：资料来源于1991年、2002年和2011年《常州统计年鉴》。社会服务业包含租赁和商务服务业、水利管理业、环境和公共设施管理业，国家机关、党政机关和社会团体又称公共管理、社会组织。1990年和2001年数据不含武进；科研和技术服务业：地质普查和勘探业1990年数据仅包括地质普查和勘探业

四、基本建设投资

1986—2010年，常州基本建设投资逐年增长，增速加快。1986年，全市全民所有制单位完成基本建设投资3.09亿元，城镇集体所有制单位基本建设投资完成总额0.87亿元，其中市区分别为2.78亿元、0.21亿元。2000年以后，一大批关系经济社会发展全局的重点基础设施项目相继建成投产，改善了城市交通、能源、通信等基础条件。全市建成的重大项目有：规划馆、博物馆、天宁宝塔、体育会展中心、市民广场、南大街商业步行街、西瀛里商业中心、万达广场、常州科教城及城内兴建的高等职业教育园区；长江常州港、京杭大运河新线、环城高架、快速公交、火车站北广场、沪宁高铁常州站；魏村水厂，丽华、清潭污水处理厂，北塘(16万吨／日)、左家塘(17万吨／日)、城北(18万吨／日)、新龙(5万吨／日)和新港(18万吨／日)等污水处理厂；程控化、数字化的电话网，有线电视网，互联网宽带；青枫公园、紫荆公园、环球恐龙城、春秋淹城旅游区、天目湖旅游度假区、茅山风景旅游区、淹(城)滆(湖)风景旅游区、横山风景旅游区、天宁寺—古运河风光旅游区、新区现代文化旅游休闲区等等。2010年，全市完成基础设施建设投资856.73亿元，1996—2010年年均增长23.4%。

1996—2010年常州市基础设施投资额统计表

表11-4-8　　单位：亿元

年份	投资额	年份	投资额	年份	投资额	年份	投资额
1996	45.06	2000	84.50	2004	258.14	2008	606.75
1997	51.21	2001	96.62	2005	335.10	2009	717.58
1998	69.88	2002	112.25	2006	384.52	2010	856.73
1999	69.01	2003	174.05	2007	491.55		

说明：资料来自2011年《常州统计年鉴》

五、房地产业投资

随着城市化进程的不断加快和90年代中期住房制度改革的逐步推进，常州房地产投资规模不断扩大。1986年，全市竣工房屋建筑面积150.75万平方米，其中市区101.34万平方米，均为全民、集体投资，总额1.89亿元。1990年，全市房屋竣工面积78.46万平方米，其中市区竣工面积19.38万平方米。2010年，全市完成房地产业固定资产投资446.96亿元(其中市区401.22亿元)，竣工商品房屋732.5万平方米(其中住宅486.98万平方米)，房地产开发投资占全社会固定资产投资的比重由1990年的4.1%升至21.2%。

第五章　居民收入消费

改革开放后，常州城乡居民收入持续稳定增长，消费水平不断提高，逐步由温饱生活步入小康生活，享受型、发展型消费比例显著上升，居民生活主要消费品由自行车、收录机、缝纫机“老三大件”发展到90年代中后期的彩电、冰箱、空调“新三大件”，到2010年发展到私家车、电脑、手机成为居民消费热门品种，城乡居民住房分别从八九十年代低矮简陋的“鸽子房”、茅草房发展到2010年环境优美、配套齐全的住宅小区和宽敞高大的私有农村住房。

第一节 居民收入

1985年以后，常州城镇居民收入水平提高很快，收入渠道逐渐多元化；农村居民的收入来源不断拓展，非农化趋势日益明显，工资性收入逐步成为家庭收入的主要来源。居民收入差别逐渐扩大，城镇居民与农村居民收入差距初期有所缩小，后来又扩大。

一、收入水平

人均可支配收入　1986年，常州市区居民人均可支配收入1089元，农村居民人均纯收入777元。2010年，全市城镇居民人均可支配收入26269元，农村居民人均纯收入12637元。

1986—2010年常州市居民人均可支配收入和农民人均纯收入统计表

表11-5-1　单位：元

年份	市区居民人均可支配收入	农村居民人均纯收入	年份	市区居民人均可支配收入	农村居民人均纯收入	年份	市区居民人均可支配收入	农村居民人均纯收入
1986	1089	777	1995	5632	3397	2004	12867	6235
1987	1236	855	1996	6743	4172	2005	14589	7002
1988	1417	1108	1997	6853	4216	2006	16649	8001
1989	1559	1301	1998	7107	4289	2007	19089	9033
1990	1769	1401	1999	7874	4314	2008	21592	10171
1991	1996	1318	2000	8540	4430	2009	23751	11198
1992	2509	1588	2001	9406	4719	2010	26269	12637
1993	3195	2041	2002	9933	5138			

说明：资料来自2011年《常州统计年鉴》

城镇非私营单位职工工资　1978年，常州市城镇非私营单位职工工资总额1.93亿元，占地区生产总值的11%，职工年平均工资534元。1986年，全市城镇非私营单位职工工资总额7.19亿元；市区（不含武进）城镇非私营单位职工工资总额4.77亿元。2010年，全市城镇非私营单位职工工资总额162.86亿元；市区城镇非私营单位职工工资总额125.97亿元。

1949—2010年部分年份常州市城镇非私营单位职工工资统计表

表11-5-2

年份	职工人数（万人）	工资总额（万元）	年平均工资（元）	年份	职工人数（万人）	工资总额（万元）	年平均工资（元）
1949	3.91	1472	376	1995	54.42	386820	7098
1978	36.63	19255	534	2001	41.88	540413	12270
1986	51.89	71936	1417	2005	37.43	804553	21976
1990	56.17	128994	2333	2010	37.43	1628616	43634

说明：资料来源于2002年、2011年《常州统计年鉴》

个体户和私营企业主收入　改革开放初，常州个体户一天的收入比国有、集体企业职工要多许多。

1990年前后，摆摊卖馄饨、水果、衣服的小贩月收入可以有几百元甚至上千元，而国有、集体企业职工月工资约200元。1998年以后，国有、集体企业改制，大批职工下岗，政府鼓励自谋职业，个体户的队伍迅速扩大，他们的收入略高于企业职工。改革开放初期出现的私营企业主数量很少，因为当时乡镇企业十分兴盛，政府对乡镇企业有扶持政策，许多私营企业都以乡镇集体企业的身份出现。部分企业主的收入相当高。90年代，年收入几十万、几百万元的企业主很多。90年代末国有、集体企业改制后，私营企业主大批涌现，成为社会上的高收入阶层。

二、收入结构

改革开放初期，常州居民几乎没有财产性和经营性收入，工资(农民挣工分)收入和转移性收入在全部收入中占极大比重。市场经济的发展使市民有了资产积累，也有了投资机会和渠道，在工资收入和转移性收入增加的同时，财产性和经营性收入在全部收入中的比重有很大提高。

2010年常州市居民家庭人均收入来源构成统计表

表11-5-3　　单位:元

项目	人均收入	项目	人均收入	项目	人均收入
家庭总收入	29008.47	其他投资收入	443.92	记账补贴	167.56
可支配收入	26269.16	出租房屋收入	141.99	其他转移性收入	42.93
工薪收入	18552.37	转移性收入	6754.40	出售财物收入	499.19
工资及补贴收入	18498.36	养老金或离退休金	5977.98	借贷收入	7227.15
其他劳动收入	54.01	社会救济收入	64.84	提取储蓄存款	6109.53
经营净收入	2551.74	辞退金	0.08	借入款	24.50
财产性收入	1149.96	保险收入	16.33	收回借出款	25.58
利息收入	129.76	失业保险金	14.31	住房贷款	1065.40
股息与红利收入	433.26	赡养收入	189.76	其他贷款	2.13
保险收益	0.44	捐赠收入	294.92		

说明:资料来自2011年《常州统计年鉴》

城镇居民家庭　80年代前，常州城镇居民收入基本来源是工资。到90年代，城镇居民才有其他来源的收入。2001年，工资仍为城市家庭收入的主要来源，但其他收入开始出现并增加，居民家庭人均可支配收入9406元，其中工资性收入4869元、财产性收入77.41元、经营性收入413.79元、转移性收入3140.48元，分别占当年家庭人均可支配收入的51.8%、0.8%、4.4%和33.4%。2010年，城市家庭人均工薪收入18552元、财产性收入1149.96元、经营性收入2551.74元、转移性收入6754.4元，分别占当年家庭人均可支配收入的63.9%、4.4%、9.7%和25.7%。

薪酬收入　1986—2010年，常州市城镇居民家庭总收入仍以工薪为主。据市统计局组织的对全市职工抽样调查，工资收入连续多年较快增长，但随着市场经济发展多元化，所占比重在25年中逐渐下降。1986年，常州市城市居民家庭人均工薪收入877元，占家庭总收入比重达79.6%。2010年，全市人均工薪收入18552元，比1986年增20.2倍，年均增13.6%;工薪收入占家庭总收入比重降至64%，比1986年下降15.6个百分点。

经营收入　改革开放后，常州市个体、私营经济快速发展，逐步成为居民就业重要途径，促进了城市居民家庭经营性收入的提高。1986年，常州市城市居民几乎没有经营性收入。2010年，据抽样调查，全市城市居民家庭人均经营性收入 2552 元，占人均家庭总收入的 8.8%。

财产收入　90 年代，常州城市居民拥有家庭资产逐步增多，财产性收入呈现大幅度增长趋势。2010 年，常州市城市居民人均财产性收入 1150 元，占居民家庭总收入的 4%，其中利息收入 130 元、股息与红利收入 433 元、出租房屋收入 142 元，分别占财产性收入的 11.3%、37.7% 和 12.3%。

转移性收入　80 年代，常州市老年人供养主要依靠家庭或工作单位。1986 年，城市居民人均赡养收入 9 元，从工作单位得到生活困难补助人均 1.2 元。随着国家企业职工养老制度的完善和改革，社会保障制度不断完善，各级政府多次上调养老金标准，促进了城市居民转移性收入快速增长。2010 年，常州城市居民人均转移性收入 6754 元，占家庭总收入的 23.3%，其中人均养老金或离退休金 5978 元、赡养收入 190 元、社会救济收入 65 元。

农村居民家庭　农村包产到户以后，常州农村居民主要收入来自家庭经营。1986 年，农村居民人均总收入 1066.7 元，其中从集体得到的收入 235.9 元，其他收入 64.7 元，从家庭经营得到收入 766.1 元，分别占人均总收入的 22.1%、6.1% 和 71.8%。当年，人均纯收入 777 元，家庭经营纯收入 493 元。90 年代，农村居民家庭开始有转移性收入和财产性收入。1999 年，农村家庭工资性收入开始超过经营收入，成为主要收入。2010 年，由于社会经济结构和农村产业结构的变化，农村居民大多数进企业做工，农村居民家庭收入中工资性收入占最大比重，家庭经营收入退居第二，转移性收入和财产性收入大幅增加。同年，全市农村居民人均纯收入 12637 元，工资性收入占家庭总收入的 57.4%。

1983—2010 年部分年份常州市农民人均收入结构比较表

表 11-5-4　　单位：元

项　目	1983年	1986年	1993年	1998年	1999年	2010年
人均总收入	624.1	1066.7	2752.99	5435.59	5349.26	14655
人均纯收入	429.0	777.0	2041.02	4289.26	4314.33	12637
人均集体所得收入	76.5	235.9	—	—	—	—
家庭经营性收入	512.6	766.1	1827.90	2719.14	2404.34	4561
其他非生产性收入	35.0	64.7	—	—	—	—
工资性收入	—	—	868.68	2443.18	2635.40	8412
转移性收入	—	—	46.62	218.83	255.24	986
财产性收入	—	—	9.78	54.43	54.29	696

说明：资料来源于 1991 年、1994 年、1999 年、2000 年、2011 年《常州统计年鉴》

农村经济收益结构　1997 年，农村经济收益中排前三位的分别是工业、建筑业、农业；2001 年分别是工业、建筑业、贸易餐饮业；2010 年分别是工业、贸易餐饮业、建筑业，农业排在服务业之后，为第五位。其中，农村居民收入的绝大部分来自工业，占 80% 左右。

三、收入差别

改革开放后的 30 多年间，常州城乡居民的总体生活水平在提高，但收入差距在拉大。

城乡差别　1978 年，城市职工平均工资水平是每年 534 元，农村居民人均纯收入为 101.43 元（据《常州市改革开放志》），农村壮年劳动力年均收入一般不超过 200 元，城乡居民收入之比大约是 2.6：1。改革开放初期，农村改革增加了农村居民收入，使得城乡差距缩小。1986 年，城市居民人均可支配收入 1089 元，农村居民人均纯收入 777 元，城市居民人均可支配收入与农村居民人均纯收入之比为 1.4：1。到 1989 年，城市

居民人均可支配收入为1559元，农村居民人均纯收入为1301元，城市居民人均可支配收入与农民人均纯收入之比为1.2∶1，差距最小。90年代开始，城市改革深化，城市企业把经营权与所有权分开，企业工资与上缴利税挂钩，城市职工收入增加，城乡差距又拉大。2010年，城市居民人均可支配收入与农村居民人均纯收入之比为2.07∶1。除了工资差别外，还有享受的社会福利的差别。城市居民家庭人均转移性收入6754.4元，占家庭人均可支配收入的25.7%；农村居民的家庭人均转移性收入是986元，占家庭人均可支配收入的8.5%。

所有制、行业差别 改革开放后，常州由于种种原因，不同行业工资差距逐步拉大。1986年，所有制、行业之间的工资差距仍较小，全民所有制企业与集体所有制企业的工资收入之比是1.1∶1。地质勘探业工资最高，农林牧渔业工资最低，两者比例是2∶1。机关干部的工资总体上低于企业，金融保险业的工资水平低于平均水平；农林牧渔业作为最低工资水平的行业延续到2003年。1993年，电力、煤气和水的生产供应行业的工资水平最高，其次是房地产业和交通运输、邮电、仓储业，职工年均工资依次是5377元、4638元、4568元；国有企业、集体企业的差距有所拉大，职工年均工资分别是4466元、3635元，为1.23∶1。1994年，金融保险业人均年工资跃居各行业首位，为8087元；全市城镇集体及以上职工平均工资水平是5887元。1996年，全市城镇集体及以上职工平均工资水平是7984元；国有经济与集体经济的工资水平差距拉大，分别为8470元、6482元，为1.31∶1；党政机关的工资水平以9423元升至第三位。

1997年、2001年和2010年常州市农村经济收益分配比较表

表11-5-5　　单位：亿元

项目	年份	全市	武进	新区、新北	天宁	钟楼	戚墅堰	郊区
经济总收入	1997	787.99	—	24.49	—	—	27.21	117.98
	2001	1104.63	—	49.04	—	—	31.07	179.92
	2010	6764.66	3019.44	1221.97	90.60	418.66	192.93	—
农　业	1997	78.76	—	2.5	—	—	0.51	2.98
	2001	77.65	—	2.89	—	—	0.43	2.49
	2010	160.28	49.17	9.47	0.06	—	0.22	—
其中：种植业	1997	37.16	—	0.99	—	—	0.34	1.82
	2001	31.20	—	1.11	—	—	0.27	1.74
	2010	74.82	25.67	3.88	0.04	—	0.10	—
工　业	1997	607.25	—	20.31	—	—	26.43	100.46
	2001	908.51	—	43.14	—	—	30.37	160.50
	2010	5768.79	2701.70	1004.58	43.12	360.65	187.39	—
建筑业	1997	47.50	—	0.49	—	—	0.07	1.25
	2001	52.66	—	0.78	—	—	0.06	0.58
	2010	181.34	36.77	6.62	4.71	5.27	1.14	—
运输业	1997	11.28	—	0.29	—	—	0.05	0.26
	2001	14.67	—	0.54	—	—	0.05	0.67
	2010	59.55	21.57	0.481	0.10	7.72	0.55	—

续表 11-5-5

项目	年份	全市	武进	新区、新北	天宁	钟楼	戚墅堰	郊区
贸易餐饮业	1997	29.15	—	0.52	—	—	0.05	10.67
	2001	35.89	—	0.80	—	—	0.07	12.72
	2010	215.00	63.24	37.81	9.11	37.29	1.76	—
服务业	1997	4.50	—	0.09	—	—	0.02	0.64
	2001	6.08	—	0.22	—	—	0.03	0.75
	2010	56.29	18.50	3.93	7.32	7.03	1.16	—
其他行业	1997	9.55	—	0.30	—	—	0.08	1.72
	2001	9.17	—	0.66	—	—	0.05	2.20
	2010	323.41	128.49	154.74	26.19	0.70	0.72	—

说明：1998 年始有收益分配统计。见 1998 年、2002 年、2011 年《常州统计年鉴》

2001 年，全市在岗职工人均年工资是 13108 元。国有企业与集体企业的差距继续拉大，分别为 14623 元、9932 元，达 1.47∶1；党政机关的人均年工资水平上升到行业第一位，为 19395 元，与最低水平的农林牧渔业的 9986 元相比，为 1.94∶1。2003 年，信息传输、计算机服务和软件业为行业最高水平，为 38992 元，延续到 2008 年。2004 年，农林牧渔业摆脱工资水平在全市垫底的情况，人均 14240 元；工资水平最低行业为住宿和餐饮业，人均 12523 元。2009 年，金融业成为工资水平最高的行业，当年平均工资是 82979 元；信息传输、计算机服务和软件业紧随其后，为 75435 元。2010 年，机关经过多次工资制度改革，收入增加很快，其与企业的收入之比约为 2∶1；改制后的国有企业与其他所有制企业的职工收入比约为 2∶1；金融业是收入最高的行业，住宿餐饮业是收入最低的行业，两者之比是 4.2∶1；文化、教育、卫生和社会管理工作者的工资水平高于全市平均水平。

基尼系数 据抽样调查，1986 年，常州市区居民收入的基尼系数为 0.136，到 2010 年扩大到 0.319。2010 年，农村有 43.7% 的家庭人均纯收入在 1 万元以下，其中 20% 的高收入户占全部农户总收入的 39.2%，高收入户与占总户数 20% 的低收入户的收入比例是 6.4∶1。

1985—2010 年常州市居民收入基尼系数

表 11-5-6

年份	系数	年份	系数	年份	系数	年份	系数
1985	0.148	1992	0.141	1999	0.219	2006	0.332
1986	0.136	1993	0.178	2000	0.246	2007	0.323
1987	0.146	1994	0.149	2001	0.253	2008	0.309
1988	0.149	1995	0.137	2002	0.280	2009	0.306
1989	0.134	1996	0.134	2003	0.279	2010	0.319
1990	0.144	1997	0.179	2004	0.314		
1991	0.125	1998	0.209	2005	0.293		

说明：资料来自 2011 年《常州统计年鉴》

第二节　居民消费

80年代初，居民家庭消费品以满足基本生活为主，种类贫乏。改革开放后，由于家庭积蓄增加，消费水平极大提高，居民消费支出快速增长，消费结构不断优化升级。消费模式由传统温饱型逐步向生活质量型转变，消费品种类多，档次也大大提高，食品、衣着等基本生活消费占居民家庭消费总支出的比重逐年下降，消费重点逐步转移到文化教育、休闲娱乐、交通通信、医疗保健、旅游健身等领域。同时，国家经济体制的改革和政策的变化使得居民家庭有更多的理财途径和方式，家庭的投资行为普遍出现并日益增长。

一、社会消费

常州城乡居民收入的增加推动居民社会消费量的增加和消费结构的改变。

社会消费总量　1978年，常州市社会消费品零售总额4.82亿元，其中市区2.88亿元。1986年，全市社会消费品零售总额20.29亿元，其中市区13.32亿元。进入21世纪，在国家扩大内需、刺激消费等经济政策和居民收入稳步增长等因素的作用下，城乡消费品市场购销两旺。2010年，全市实现社会消费品零售总额1054.39亿元，其中城市市场完成零售额984.1亿元，农村市场完成零售额70.3亿元。

1978—2010年部分年份常州市及其市区社会消费品零售总额统计表

表11-5-7　　单位：亿元

年份	全市	市区	年份	全市	市区	年份	全市	市区	年份	全市	市区
1978	4.82	2.88	1991	48.71	21.19	1998	173.93	114.40	2005	444.94	329.21
1985	18.17	11.96	1992	55.89	40.27	1999	184.42	120.84	2006	517.83	384.02
1986	20.29	13.32	1993	78.23	54.80	2000	202.31	133.88	2007	614.41	458.11
1987	24.80	16.53	1994	100.24	67.32	2001	222.61	148.02	2008	764.06	574.08
1988	32.37	21.36	1995	131.78	84.99	2002	248.80	165.98	2009	891.54	674.55
1989	36.33	24.26	1996	157.59	101.66	2003	280.65	190.75	2010	1054.39	790.65
1990	38.19	26.21	1997	167.96	111.07	2004	324.05	219.36			

说明：资料来自2011年《常州统计年鉴》。2005—2008年数据已按照经济普查结果重新进行了修订

社会消费结构　以80年代后期起，常州居民的住房、金银珠宝等消费支出持续增加，个人享受、发展及服务性消费（如休闲、旅游等）发展很快，它们所带动的商品销售也大量增加。比较引人注目的是住房、汽车和奢侈品的消费呈爆发性增长。到2010年，市区人均住房使用面积从1986年的12.07平方米增至24.91平方米，农村居民人均住房面积由1986年的22.33平方米增至58.40平方米。从限额以上批零企业商品销售值看，汽车类商品完成零售额163.1亿元，金银珠宝类商品实现零售额12.1亿元，分别比上年增46%、45.3%。汽车消费的持续增长带动石油类商品零售额的提高，全市限额以上批零企业完成石油及其制品类零售额50亿元，比上年增35.8%。2010年，全市住宿和餐饮业零售额也由1986年的0.82亿元增至82.01亿元。同年底，全市汽车保有量从2003年的10万辆增加到45万辆以上，当年新增12万辆；新增的车辆中75%为私家车，年末每百户家庭拥有轿车22辆。

恩格尔系数　消费水平的提高，降低了居民消费的恩格尔系数。2010年，市区居民恩格尔系数由1986年的54%降至32.7%；农村居民人均恩格尔系数由1986年的44.8%降至35.1%。

1986—2010 年常州市区和农村居民家庭恩格尔系数

表 11-5-8

年份	恩格尔系数(%)		年份	恩格尔系数(%)		年份	恩格尔系数(%)	
	市区	农村		市区	农村		市区	农村
1986	54.0	44.8	1995	54.9	49.9	2004	37.2	42.0
1987	54.0	44.3	1996	50.0	45.5	2005	35.9	39.8
1988	53.0	42.1	1997	46.0	49.6	2006	35.7	37.7
1989	59.0	49.0	1998	52.0	46.6	2007	35.0	38.0
1990	61.6	49.5	1999	44.0	41.0	2008	33.8	37.7
1991	61.0	53.1	2000	40.1	43.1	2009	33.7	36.2
1992	59.0	50.0	2001	36.9	43.9	2010	32.7	35.1
1993	56.0	45.8	2002	36.8	40.4			
1994	55.0	49.7	2003	36.2	40.1			

说明：资料来自 2011 年《常州统计年鉴》

二、城镇居民家庭消费

1986 年，全市城镇居民人均消费支出 918 元，居前 3 位的是食品、衣着、居住，分别为 499 元、136 元、74 元。城镇住房制度改革后，家庭住房消费未列入生活费支出统计。2010 年，城市居民人均消费支出 17124 元。人均生活费支出中，居前 3 位的是食品、交通与通信、文教与娱乐，分别为 5603 元、2928 元、2574 元。交通、通信费用从倒数第二位跃居第二位。城市居民家庭用于衣着、食品的消费支出比重由 1986 年的 69.2% 降至 42.2%，用于交通和通信、文化娱乐教育、医疗保健的消费支出所占比重由 1986 年的 12% 增至 38.6%。

1986—2010 年部分年份常州市居民家庭人均消费支出构成一览表

表 11-5-9　　单位：元

年份	抽样户数	人均支出	食品	衣着	设备用品及服务	医疗保健	交通与通信	文教娱乐服务	居住	杂项商品及服务
1986	100	918	499	136	63	15	24	71	74	36
1990	100	1498	923	167	75	22	44	101	112	54
2000	200	6758	2710	536	708	411	396	826	746	425
2005	300	10718	3849	1041	696	815	1309	1481	1063	464
2010	300	17124	5604	1629	1136	1108	2928	2574	1408	737

说明：资料来源于 1987 年、1991 年、2011 年《常州统计年鉴》

食品消费　1986—2010 年，常州城镇居民食品消费结构变化较大，在吃饱吃好基础上更注重健康、科学和安全。1986 年，居民恩格尔系数 54，市区居民食品消费 499 元。1990 年恩格尔系数升至 61.6。1995 年，市区居民人均食品消费支出 2428.7 元。2009 年，城市居民食品消费结构，主食和副食消费比重此消彼长，居民在外饮食消费支出逐年攀升；人均消费大米由 1986 年的 95.1 公斤降至 43.6 公斤，人均消费鲜蛋、鲜果、鲜奶分别由 1986 年的 7.3 公斤、15.6 公斤、5.4 公斤增至 9.6 公斤、33.8 公斤和 21.5 公斤。2010 年，市区居民食品消费 5604 元，城镇居民人均在外饮食支出 1354 元，占食品消费支出的 24.2%，比 1986 年提高 14.8 个百分点。食品消费种类依次为鲜菜、水果、粮食、乳制品、猪牛羊肉。

1995—2010 年部分年份常州市居民主要食物人均消费量比较表

表 11-5-10　　　　单位：千克

指标	1995 年	2000 年	2005 年	2010 年	指标	1995 年	2000 年	2005 年	2010 年
恩格尔系数(%)	—	40.10	—	32.70	鲜　蛋	22.32	11.34	9.87	9.63
大　米	82.61	55.59	50.51	43.62	鱼　类	3.27	5.18	11.01	11.82
食用植物油	7.69	7.58	8.88	6.23	虾　类	1.60	3.37	3.86	3.11
猪　肉	23.82	18.17	20.60	18.03	鲜　菜	123.73	114.10	107.53	113.68
牛　肉	0.58	0.98	0.88	1.74	白　酒	1.43	1.51	1.02	1.08
羊　肉	0.19	0.19	0.15	0.18	啤　酒	6.70	5.77	6.07	3.20
鸡　肉	6.33	5.32	5.31	5.57	碳酸饮料	1.52	1.55	2.38	0.96
鸭　肉	0.34	0.40	1.75	1.35	茶　叶	0.20	0.23	0.16	0.17
鲜乳品、酸奶	4.36	21.51	31.64	26.78	水　果	13.66	22.14	55.71	51.86

说明：资料来源于 1991 年、2011 年《常州统计年鉴》

衣着消费　80 年代，常州城镇居民衣着服饰单一，穿戴时间长久。随着经济快速发展和开放，居民服装消费逐步向时尚化、多样化、品牌化、高档化发展。2010 年，城市居民人均衣着支出 1629 元，比 1986 年增长 11 倍，年均增长 10.9%。

1986—2010 年部分年份常州居民衣着消费支出比较表

表 11-5-11　　　　单位：元

年份	消费金额	消费比例(%)	年份	消费金额	消费比例(%)	年份	消费金额	消费比例(%)
1986	136	14.8	1995	462	10.4	2005	1041	3.8
1990	167	11.1	2000	536	7.9	2010	1629	9.5

说明：资料来自 2011 年《常州统计年鉴》

居住消费　80 年代，常州城镇居民住宅有独立卫生间的不多，两个家庭合住 1 套住宅情况（简称骈户、半家户）常见，甚至 1 个房间兼有居室、厨房等功能。1986 年，只有 5% 的城市居民家庭拥有厕所浴室设施，68% 的家庭没有卫生设备，22% 的家庭没有厨房，30% 的家庭没有独用自来水。21 世纪初期，随着住房制度改革，城市居民住房自有率迅速提高，住房面积逐渐扩大，新型厨房、卫生设施进入普通居民家庭，居住条件得到极大改善。2010 年底，拥有自有产权住房的城市居民达 99%，人均住房使用面积由 1986 年的 12.07 平方米增至 24.91 平方米；有 98.3% 的家庭拥有齐全卫生设施，全部家庭拥有独用自来水，使用管道天然气的家庭占 78.7%，罐装液化石油气的家庭占 21.3%。人均居住消费支出由 1986 年的 74 元增至 2010 年的 1408 元，年均增 13.1%。

1986—2010 年部分年份常州市居民人均住房使用面积对比表

表 11-5-12　　　　单位：平方米、元

年份	使用面积	消费金额	住房占总支出的(%)	年份	使用面积	消费金额	住房占总支出的(%)
1986	12.07	74	8.06	2000	15.19	746	11.04
1990	13.22	112	5.75	2005	21.04	1541	9.92
1995	15.04	379	8.56	2010	24.91	1408	8.22

说明：资料来自 2011 年《常州统计年鉴》

交通通信消费 80年代，常州市区居民主要交通工具为自行车和公交车，出门难、行路难、坐车难的矛盾比较突出。21世纪初期，城市道路交通设施得到极大改善，市内主要交通干道全面拓宽改造，公交线路逐年增加，居民出行既可选择自行车、电动车、摩托车和私家车，又可乘坐公交车和出租车，出行效率明显提高。快速公交方便市民出行，为城市增添亮丽风景。随着购买能力的增强和道路条件改善，私家车增多。2010年，全市每百户城市居民家庭拥有家用小汽车19.67辆。居民人均交通与通信支出为2928元，比1986年增122倍，年均增22.2%；交通与通信支出在居民家庭消费总支出中所占比重达17.1%，比1986年上升14.5个百分点。

1986—2010年部分年份常州市居民交通出行和通信消费支出比较表

表11-5-13　　单位：元

年份	消费金额	消费比例(%)	年份	消费金额	消费比例(%)	年份	消费金额	消费比例(%)
1986	24.00	2.6	1995	208	4.70	2005	1309	12.20
1990	44.00	2.9	2000	396	4.48	2010	2928	15.94

说明：资料来自2011年《常州统计年鉴》

生活耐用品消费 1986年，常州市区家庭耐用品以黑白电视机、手表、自行车、缝纫机为代表，彩色电视机、电冰箱、洗衣机、摩托车、录像机、空调机是稀罕之物，每百户城市居民家庭拥有彩色电视机10台、黑白电视机87台、洗衣机63台、收音机64台、录音机53台、照相机9台。90年代后期，市区居民耐用消费品开始进入更新换代期，消费需求由普及型向娱乐性和享受型转变，新潮高档、功能齐全的家电产品受到居民青睐，手机、家用电脑拥有量迅速增加。到2010年，市区人均家庭设备用品及服务支出1136元，彩色电视机、电冰箱、摩托车、录像机、空调机、淋浴热水器、电话和移动电话基本普及，家用电脑、钢琴、汽车、摄像机、健身器材、高档乐器成为平常物品。每百户城市居民家庭拥有彩色电视机195台、电冰箱104台、洗衣机104台、空调199台、照相机65台、家用电脑83台、移动电话211部。

1985—2010年部分年份常州市城镇居民家庭年末每百户耐用消费品拥有量比较表

表11-5-14

指标	单位	全市城镇居民		市区城市居民	市区居民	
		1985年	1990年	2000年	2005年	2010年
摩托车	辆	0	0	20.50	47.00	21.67
助力车(自行车)	辆	167.00	220.00	201.50	43.00	74.67
家用汽车	辆	0	0	0	3.33	19.67
洗衣机	台	46.00	81.00	89.00	97.67	103.67
电冰箱、冰柜	台	3.00	46.00	91.50	93.00	104.00
彩色电视机	台	6.00	54.00	135.00	167.67	195.33
家用电脑	台	0	—	11.50	49.33	82.67
收录音机、音响	套	111.00	116.00	85.00	30.33	39.33
摄像机、录放像机	架	0	—	28.00	4.33	7.33
照相机	架	4.00	18.00	36.00	45.33	65.00
钢　琴	架	4.00	5.00	2.00	2.67	5.67
其他中高档乐器	件			3.00	3.00	8.00

续表 11-5-14

指标	单位	全市城镇居民		市区城市居民	市区居民	
		1985 年	1990 年	2000 年	2005 年	2010 年
微波炉、电炊具	台	7.00	—	162.00	90.00	96.67
空调器、冷风机	台	3.00	47.00	60.50	144.00	199.00
热水器	台	0	—	70.00	86.33	101.33
健身器材	套	0	—	12.0	5.00	6.67
普通电话	部	0	—	—	138.33	91.67
移动电话	部	0	—	35.50	130.67	211.00

说明：资料来自 1991 年、2011 年《常州统计年鉴》。1986 年统计的组合音响为收录音机；2007 年以前小灵通包含在普通电话中，同年起包含在移动电话中

1995—2010 年部分年份常州市居民水和能源产品人均消费量比较表

表 11-5-15

指标	单位	1995年	2000年	2005年	2010年
生活用水	立方米	34.27	38.83	33.96	37.23
生活用电	千瓦时	230.85	339.66	549.52	702.34
液化石油气	千　卡	38.25	26.76	17.45	8.06
管道煤气	立方米	22.92	57.77	37.92	45.12

说明：资料来自 2011 年《常州统计年鉴》

其他消费　1986 年起，常州居民随着生活质量的提高，更加注重身体健康，增加医疗保健支出。1995 年，市区居民医疗保健支出 61.23 元，占总消费性支出的 1.4%。2010 年，市区居民人均医疗保健支出 1108 元，比 1986 年增 72.9 倍，年均增 19.6%。居民在教育文化娱乐服务方面支出逐渐加大，家庭文娱用品日趋增多，旅游等休闲娱乐方式成为时尚。2010 年，市区人均文教娱乐支出 2574 元，比 1986 年增 35 倍，年均增 16.1%。

三、农村居民家庭消费

80 年代中期，常州农民家庭消费支出中前 3 位的分别是饮食、居住、家庭用具。1986 年，全市农村人均

1986 年、2000 年与 2010 年常州市农村居民消费支出结构比较表

表 11-5-16　　单位：元

项　目	1986 年	2000 年	2010 年	项　目	1986 年	2000 年	2010 年
调查户数（户）	—	300	380	衣着支出	—	179.95	765
人均总支出	1003.00	4596.87	12870	居住支出	—	576.80	1143
家庭经营费用支出	236.40	835.83	1523	家庭设备、用品及服务支出	—	165.15	559
购置生产用固定资产支出	20.00	31.62	16	医疗保健支出	—	178.59	732
税费支出	13.20	133.84	4	交通通信支出	—	263.78	1382
生活消费支出	696.60	3243.07	9924	文教娱乐用品及服务支出	18.30	381.17	1608
食品支出	—	1397.31	3480	其他商品和服务支出	—	100.31	255
其中食品消费品支出	—	—	2823	转移性支出	—	319.64	1401

说明：资料来自 1991 年、2011 年《常州统计年鉴》

消费支出697元，2010年为9924元。2010年，农村居民家庭消费居前3位的为食品、文教娱乐、交通通信。用于衣着、食品的消费支出比重由1985年的58.3%降到42.8%，用于交通通信、文化娱乐教育、医疗保健的消费支出所占比重由1985年的6.7%增至37.5%。

食品消费 80年代中期，常州农民家庭食品中消费数量最多的5个品种依次为粮食、蔬菜、猪牛羊肉、鲜蛋、食用油，几乎没有水果消费。2010年，全市农村居民家庭食品消费数量最多的5个品种依次为粮食、蔬菜、猪牛羊肉、水产品、水果，开始普遍出现乳制品消费。

1986年常州市农村住户人均基本消费品量统计表

表11-5-17

品名	单位	数量	品名	单位	数量	品名	单位	数量
蔬　菜	公斤	143.17	鲜　蛋	公斤	5.59	糖　果	公斤	0.67
食用植物油	公斤	5.62	鱼　虾	公斤	4.49	糕　点	公斤	1.83
动物油	公斤	0.65	食　糖	公斤	2.57	水　果	公斤	5.57
猪　肉	公斤	13.90	卷　烟	盒	19.95	棉　花	公斤	0.36
牛羊肉	公斤	0.18	酒	公斤	8.57	烧　草	公担	4.66
家　禽	公斤	2.54	茶　叶	公斤	0.06	煤　炭	公斤	32.63

说明：资料来自1991年《常州统计年鉴》。该表缺粮食消费量数据

2010年常州农民家庭主要消费品人均消费量一览表

表11-5-18　　单位：公斤

品名	数量	品名	数量	品名	数量
粮　食	188.88	蔬菜及菜制品	110.60	羊　肉	0.22
其中：谷　物	185.06	其中：鲜　菜	106.75	家　禽	7.52
小　麦	8.57	干　菜	0.28	蛋类及蛋制品	9.76
稻　谷	173.84	鲜　菌	1.51	其中：奶和奶制品	9.44
薯　类	0.39	瓜　类	12.08	水产品	13.47
豆　类	3.43	水果类	13.41	食　糖	1.48
油脂类	6.85	肉禽及其制品	34.69	酒　类	13.90
其中：植物油	5.81	其中：猪　肉	19.84	其中：白　酒	3.70
豆制品	6.16	牛　肉	1.27	啤　酒	8.16

说明：资料来自2011年《常州统计年鉴》

住房和耐用品消费 1986年，常州农民家庭耐用品以黑白电视机、钟表、自行车、缝纫机、收音机为代表。到2010年，彩色电视机、电冰箱、洗衣机、摩托车、录像机、空调机、淋浴热水器、电话和移动电话基本普及，家用电脑、汽车、摄像机开始进入家庭；人均住房从1985年的22.33平方米增加到58.4平方米。

1985—2010年部分年份常州市农村居民人均住房和每百户耐用品拥有量统计表

表11-5-19

指标	单位	1985年	1990年	2000年	2005年	2010年
人均住房面积	平方米	22.33	31.66	49.27	56.20	58.40

续表 11-5-19

指标	单位	1985 年	1990 年	2000 年	2005 年	2010 年
摩托车	辆	—	1.00	39.00	95.0	90.90
助力车(自行车)	辆	119.00	213.00	205.00	148.40	139.70
家用汽车	辆	—	—	—	—	9.60
洗衣机	台	1.00	33.00	82.00	94.40	98.40
电冰箱、冰柜	台	0.30	3.00	35.00	72.60	94.20
彩色电视机	台	2.00	14.00	78.00	133.60	164.80
家用电脑	台	—	—	—	10.30	37.10
收录音机、音响	套	7.00	28.00	46.00	29.00	—
摄像机、录放像机	架	—	—	11.00	44.70	3.90
照相机	架	1.00	3.00	7.00	16.30	23.40
微波炉、电炊具	台	—	—	6.00	44.50	75.20
空调器、冷风机	台	—	—	11.00	77.90	117.90
热水器	台	—	—	19.00	68.80	98.10
普通电话	部	—	—	62.00	93.60	86.60
移动电话	部	—	—	13.00	130.90	198.80

说明：资料来自 2011 年《常州统计年鉴》

四、家庭理财

改革开放前，城乡居民手中的余钱很少，有余钱的居民只能储蓄。改革开放后，居民收入增加，国家鼓励居民投资，并提供多种投资渠道和方式，居民有更多的钱用于理财，有能力从事金融投资活动。同时，因为货币的持续贬值，居民更多地把手中的积蓄用于投资，希望减少经济损失。

储　　蓄　因为社会保障体系仍不完善，人们习惯将钱存入银行防病、养老。1978 年末，全市城乡居民人民币储蓄存款余额为 7182 万元，其中市区 6008 万元；1986 年末为 9.25 亿元，其中市区 67526 万元。到 2010 年末，全市城乡居民人民币储蓄存款余额增至 2009.24 亿元，分别是 1978 年和 1986 年的 2790 倍、217

1986 年、2000 年与 2010 年常州城市住户和农民家庭人均收支、借贷对照表

表 11-5-20　　单位：元

类别	指标	1986 年	2000 年	2010 年	指标	1986 年	2000 年	2010 年
市区人均存取款额	人均可支配收入	1089	8540	26269	人均提取存款	—	2697	6110
	人均消费性支出	918	6759	17124	人均存入存款	—	2532	10682
	人均可投资储蓄额	171	—	9145				
农民家庭人均储蓄	人均纯收入	777	4430	12637	期末人均拥有现金	—	1110	3724
	人均生活消费	697	3243	9924	期末人均存款		1740	20611
	人均可投资储蓄余额	80	—	2713				

说明：资料来自 1991 年、2011 年《常州统计年鉴》

倍;市区增至1567.26亿元。全市居民人均储蓄存款余额由1978年的247元、1986年末的299元增至2010年末的55688元,是1978年、1986年的225倍和186倍。1978年,城乡居民人民币储蓄存款余额占1978年地区GDP(17.57亿元)的0.713%;1986年,城乡居民人民币储蓄存款余额占1986年地区GDP(54.74亿元)的4.6%;2010年,城乡居民人民币储蓄存款余额占2010年地区GDP(3044.89亿元)的8.3%。根据抽样调查,2010年,市区居民人均可用于投资的储蓄从1986年的171元增至9145元,农村居民人均可用于投资的储蓄从1986年的80元增至2713元。

证券投资 在消费性支出外,依靠工资收入的普通居民也用自己的积余进行多种方式的理财。从20世纪90年代开始,证券交易出现,炒股成为一种重要的投资方式。2000年前后,基金出现并进入证券市场,成为新宠。计算机网络发展以后,操作电脑进行证券交易已经成为民众家庭理财的重要方式。2001年,股票和债券交易总额为5300亿元,2010年为6659.84亿元。

2000年、2006年与2010年常州市证券交易额统计表

表11-5-21

交易指标	单位	2001年	2006年	2010年	交易指标	单位	2001年	2006年	2010年
股票基金交易总额	亿元	435.70	1062.74	6659.84	债券交易总额	亿元	94.30	1.11	8.27
A 股	亿元	411.70	1037.12	6556.76	资金账户总数	万户	26.90	31.49	56.11
B 股	亿元	24.00	6.40	20.25	股东账户总数	万户	46.50	—	—
基 金	亿元	—	18.11	74.56					

说明:资料来自2002年《常州统计年鉴》

房地产投资 21世纪初叶,常州逐渐形成房地产投资热潮,部分年份甚至掀起炒房热。因经济发展迅速、货币化分房制度的确立,以及房产信贷服务的推出,居民收入提高,对住房的需求大大增加。又由于中国人历来有依靠房产保值的传统,在银行利率偏低、物价上涨比较快的时候,对房产的投资性需求也开始旺盛起来。2005年起,商品房价格开始快速走高,短短几年到2010年,商品房均价涨了1～2倍,结果是经济富裕的居民家庭都持有几套房子。

商业保险 1986年,常州市居民投保家庭财产险183万元,其中市区(不含武进)83万元;简易人身险875万元,其中市区(不含武进)780万元。2001年,城乡居民投保家庭财产险缴保费总额1015万元,其中市区(不含武进)553万元;人寿险缴保费总额120536万元,其中市区(不含武进)84934万元。2002年,城乡居民投保家庭财产险缴保费总额1602万元,其中市区1363万元;人寿险缴保费总额199317万元,其中市区156583万元。2010年,城乡居民投保家庭财产险缴保费总额1301万元,其中市区641万元;人寿险缴保费总额620926万元,其中市区527748万元。

第十二卷 经济体制改革

Volume XII Economic System Reform

改革开放后，常州深入贯彻、落实中央的改革部署，全面实施、推进以家庭联产承包责任制为主的农村经济体制改革、以城乡工业承包制、经营责任制和产权制度改革为主要内容的工业、商贸业经济体制改革，及时实施财政、税收、金融和投融资等经济领域的体制改革，经济体制改革由农村拓展到城市，从经济体制扩展到社会各领域，从对内搞活发展到对外开放的历史进程。1982 年 4 月，常州被国务院确定为全国经济体制综合改革试点城市。中共十三届三中全会提出"治理经济环境，整顿经济秩序，全面深化改革"的方针后，对流通秩序、金融秩序、税收秩序和分配秩序混乱现象进行清理整顿，探索用改革的办法解决改革中出现的问题。1992 年，开始从社会主义计划经济向市场经济转变。同年 6 月，常州被国家体改委列为全国第二轮综合改革试点城市，全市各级创新制度，开展了计划管理、经济管理、外贸、科技等 12 个方面的改革试点，重点由突破旧体制转向建立新体制，由单项改革转向综合配套改革，由重点突破搞活国有企业发展转向整体推进与重点突破相结合，搞活国有经济。至 2000 年，社会主义市场经济体系在常州基本形成，初步形成以公有制为主体、多种所有制成分共同发展的所有制结构；通过改制初步建立现代企业制度，企业活力不断增强；经济的开放型和国际化进程逐渐加快。2001—2010 年，社会主义市场经济体制日渐完善。

农村经济体制改革以农村家庭联产承包责任制为主要内容，主要在 1978 年 12 月至 1982 年 3 月实施，全市从 1981 年起调整农村生产关系，改变在传统计划体制下农业生产"大呼隆"的生产方式和分配上的平均主义。到 1982 年春，全市有 270 万亩粮田、35 万亩水面、9 万亩桑田、5 万亩荒山承包到户经营。1982 年 3 月到 1992 年初，农村继续完善首轮改革，完善统分结合的双层经营体制。1992 年起，高产、高质、高效的"三高"农业和外向农业、农业规模经营得到发展，推进农业集约化生产。农村城市化进程和现代化建设步伐加快，农村经济持续、快速、协调发展。2004—2010 年，常州坚持"多予、少取、放活"的措施，实施农村税费改革、农村三大合作改革、农村劳动力转移等，激发了农村经济发展活力。

工业、商贸业经济体制改革主要在城镇中实施、推广，80 年代初期进行局部改革，对部分企业进行扩大自主权和实行经济责任制的试点。1982 年 3 月到 1992 年初，改革重点从农村转向城市，城市则以搞活企业为中心，实施配套改革。1984 年 10 月起，常州在企业改革上实行放开经营方式，下放管理权限，放宽经济政策；改革企业领导体制，改革企业内部管理制度，改革企业的分配关系；发展企业横向经营联合（简称"三放三改一联"）的配套改革，扩大企业经营自主权，改变过去对企业统得过死、高度集中的管理模式。1989—1991 年，常州逐步调整和完善工业管理机构。1992 年起，通过转换企业经营机制，实施企业产权制度改革，搞活城镇公有制和乡镇企业，促进第三产业发展。2001—2010 年，常州市推进工业结构调整，转变经济增长方式，加快现代制造业基地建设，促进经济从粗放型向集约型发展。2003 年，全市市属国有企业、集体企业完成产权制度改革。2004—2010 年，引导改制企业加快建立现代企业制度，中小企业采取出售、租赁、联合等多种形式改制，实施大企业战略，骨干企业开展跨地区、跨行业、跨所有制的参股并购，生产要素向大企业、大集团集聚。

对外经贸体制改革稳步推进。1986 年起，主要引进一些来料加工、来样加工、来件装配和补偿贸易（简称“三来一补”）项目，探索到部分国家和地区开展对外承包工程及劳务合作。1985 年，常州以被列入中国沿海经济开放城市为契机，实施对外开放战略，外向型经济开始快速发展。1992 年起，全市开发区建设迅速推进，提升招商引资水平，江边开发、出口加工区和专题园区建设进展顺利，全方位对外开放格局基本形成。

常州的经济体制改革大大解放和发展了社会生产力。2010 年，全市地区生产总值从 1978 年的 17.57 亿元增至 3044.89 亿元，人均地区生产总值从 605 元增至 6.73 万元，财政总收入从 6.21 亿元增至 841.67 亿元，分别增长 172.3 倍、110.2 倍和 134.54 倍；第一、二、三次产业占国民经济的比重调整为 3.3∶55.3∶41.4，常州从传统农业城市转变为全国工农业与商贸服务业协调发展的经济强市。

第一章 农村经济体制改革

改革开放后，中共常州市委、常州市政府组织实施的农村经济体制改革经历了 4 个阶段。1979—1984 年，改革农村人民公社体制，实行家庭联产承包责任制，乡镇企业迅速发展。1985—1991 年，改革农产品流通体制，重点是改革农产品持续 26 年的统购派购制度。1992—1999 年，深化完善农村改革，提高农业集约化生产水平，发展外向型农业、订单农业，推进农业规模经营；转换企业经营机制，搞活乡镇企业，推进农村现代化。21 世纪初期，常州市农村改革进入推进农村工业化和城市化阶段，以科学发展观统领农村改革发展，贯彻“工业反哺农业，城市带动农村”的方针，实行“多予、少取、放活”的举措，实施农村税费改革、三大合作改革、劳动力转移、社会保障制度及农村教育、卫生及其他社会事业等方面的配套改革。

第一节 经营管理体制改革

一、土地承包经营

1978 年 12 月，常州农村走上改革发展之路。同年，溧阳县上兴乡老河生产队率先联产承包，制定了“定劳力、定土地、定产量、定费用，超产奖励”的联产承包责任制；溧阳上兴乡东方红生产队在常州率先实行“分组作业，几定奖赔”的责任制，实行联产到组。1979 年秋，武进崔桥公社蓉胜大队二队制定粮食作物联产到劳的具体办法，在常州最早实行联产到劳。1980 年秋，常州农村 60% 以上的生产队建立生产责任制，推行小段包工、定额计酬，从不联产发展到联产。1981 年 6 月起，常州农村全面推广联产到劳责任制，包产到户、包干到户大量涌现。到 1982 年，常州市农村的联产到劳、包产到户全部转化为大包干，统分结合的双层经营体制农村家庭联产承包责任制全面形成。推广初期，由于承包期限不明确，许多农民采取捞一季算一季的短期行为，不利于农业可持续发展。1983 年，市委、市政府出台“凡是已划给农民的责任田，一般可以一定 10 年不变”的政策；签订承包合同，处理农户承包收益中国家、集体、个人三者利益关系，明确集体与农户双方的责、权、利。

常州从 1984 年开始针对因人口、劳动力变化而造成的“有劳无田、有田无劳”现象，对承包土地进行“大稳定、小调整”工作，同年调整 2.53 万户，占承包总户数的 4.3%；调整面积 2353 公顷，占承包总面积的 1.3%。80 年代末，常州市农村推广按人分口粮田、专业户承包商品粮田的“两田制”，鼓励耕地向种田能手集中，推动农业适度规模经营发展。90 年代初，部分农民开始从事第二、第三产业，出现农田转包、转租现象，加快农业适度规模经营的发展。1992 年秋播起，武进魏村镇新华村率先实行“一田制”，将全村土地总承包给农场场主，实行粮食专业化生产。至1993年底，全市农业适度规模经营大户发展到1527户，经营耕地3047公顷，常州市农村形成以家庭经营为基础、种粮大户为主的适度规模经营模式。至1994年底，常州市农业规模经营面积达1.2万公顷，其中粮食规模经营面积8000公顷。农业规模经营的形式多样，经济发达地区采取家庭农场、村办农场、站办农场、服务队办农场等形式，推广"两田制"，在经济一般地区则发展种粮大户。

1995年，常州市土地承包经营实现由主要解决抛荒、半抛荒向建设现代农业目标转变，由无偿、低偿转包向有偿转包转变。1997年以后，农村开展延长土地承包期和土地承包经营权的发证工作，以家庭承包方式取得的承包土地的承包期限从15年延长到30年；土地承包管理从合同管理拓展到土地承包经营权的权证管理；土地承包矛盾纠纷的调处方式从调解拓展到仲裁等方式；土地承包经营权实现"物权化"保护。至1999年底，与66.71万户农户签订了第二轮土地承包合同，发放农村集体土地经营权证书66.71万份，占应发总数的94.79%，承包期限延长至30年，从法律上明确农民对土地的合法承包权，促进土地合理流转机制的形成。

2001年，市委、市政府明确开展土地流转服务的相应政策，农村税费改革后，针对出现的土地承包、土地流转管理的新问题、新矛盾，上黄镇开展土地流转服务试点，探索以依托农经站建立土地流转服务站为主要形式，以登记、汇集土地承包经营权委托和提供信息，定期向社区内外发布土地储备和土地可开发资源信息为主要内容的土地流转服务。2004年，市委、市政府出台建立土地承包经营权管理制度的相关政策，农户承包土地流转须签订土地流转合同。2005年5月，武进在全市率先成立土地承包仲裁委员会。6月1日，金坛市出台农村土地承包经营纠纷仲裁暂行办法。武进、金坛作为农业部、省农林厅开展农村土地承包纠纷仲裁的试点单位正式运作，开展土地承包仲裁，建立土地承包纠纷调处机制，规范土地流转行为，促进土地承包规范化管理及其经营权证书管理，探索土地承包纠纷调解仲裁的制度建设、规范程序、审理质量和培训研究等。

2009年，金坛、溧阳、武进、新北4个辖市区建立土地流转网络服务平台，发布土地流转的法规政策、程序和流转土地信息，4个辖市区建立镇土地流转服务中心38个，建立村土地流转服务站509个，尽力保持现有土地承包关系稳定并长久不变，赋予农民更充分而有保障的土地承包经营权。市财政局设立农村土地承包经营权流转专项扶持资金，对镇和涉农街道土地流转实行"以奖代补"，对土地流转组织服务出色、引导土地规模流转成效显著、年新增土地流转面积133.33公顷及以上的镇、涉农街道，分别给予2万～6万元的补贴；市级财政优先支持10个土地流转服务示范中心建设，每个给予不低于3万元的补助；对土地承包经营权入股资金扶持项目，市级财政择优选择10个项目各扶持3万～5万元。2010年，农村工作部门在全市农村组织创建镇级土地流转管理服务示范中心，引导各地实施万顷良田建设工程，建设现代农业园区，加快将农村土地流转给规模经营主体的进度。同年建立镇级土地流转管理服务示范中心8家，新增土地流转面积8026.67公顷。至同年底，全市处于流转状态的土地累计4.81万公顷，占农村家庭承包总面积(11.65万公顷)的41.3%；全市农业适度规模经营面积年内新增1.43万公顷，累计9.1万公顷，占全市耕地总面积(15.04万公顷)的61.4%。全市农业适度规模经营快速发展。

二、农业产业化经营

改革开放后，随着农村改革的深化，全国粮食产量迅速增长，国家取消农产品统购派购。常州农业发展的重点逐步转移到以特色产品为主、提高农业综合效益上，多种经营发展迅速，农民商品意识、效益观念增强，农业产业化经营方式开始萌芽。到1994年，常州市多种经营主要项目产量、产值同步增长，增幅连续保持在15%以上。全市完成多种经营产值26.5亿元，占农业总产值的68%，人均多种经营产值达1000元，农民人均纯收入中来自多种经营的份额占1/3。90年代中后期，由于农业快速发展，全市农产品数量增加，常规农产品供大于求，价格下跌，一批特色农产品、加工产品价格不降反涨。常州市以调整农业结构、提高效益为中心，逐步建成一批颇具规模的高效农业生产基地、农副产品专业批发市场和集贸市场，发展一批农副产品加工、销售、服务龙头企业、农村合作经济组织，覆盖全市主要农业生产领域、大部分地区和大多数农户，形成一批竞争力较强的重点龙头企业和名牌产品，基本实现区域化布局、专业化生产和社会化服务。

1996年，常州的农业产业化出现4种类型：一是龙头加工企业带动型。以实力较强的企业为龙头，围绕一种或几种重点产品的生产、加工、销售，联结广大农户进行一体化经营。武进尊龙食品有限公司年加工鸭子100万只，带动本乡及运村、漕桥、潘家、雪堰等乡镇的养鸭业。二是流通企业带动型。武进粮油集团公司下设8家总公司、60家分公司、12家加工企业，实行生产、收购、加工、销售一体化经营。武进成章、嘉泽、夏溪和金坛尧塘等“花木之乡”办起乡(镇)花木经销公司，形成4000多人的销售骨干队伍，以此连接2万多户花木种植户。三是市场带动型。溧阳苏浙皖边界市场1996年成交额25.35亿元，市场带动丘陵山区开发，促进茶叶、板栗、竹笋、瓜果和特种水产等行业的发展。郊区凌家塘批发市场年成交额超10亿元，带动周围商品菜田6万多亩，形成商品菜基地11个及蔬菜加工企业3家。四是专业协会带动型。协会为入会农户提供生产、技术、信息、销售等服务。1999年底，全市有以农产品为原料的加工企业1023家，完成销售收入总额107亿元，其中，销售收入达5000万元的企业37家，实现销售收入近60亿元、创利税3亿元；10家企业被列入省级考核的农业产业化经营龙头企业，总投入1.53亿元，实现销售收入总额2.32亿元。全市农业规模经营面积占耕地总面积的45%，农产品商品总量约占全市农产品总量的65%，资源利用率和土地产出率明显提高。全市建成蔬菜、珍珠、水产品、花卉苗木等农副产品批发交易市场20余个，年成交额超60亿元，武进华夏花木市场、西太湖水产品批发市场等被评为常州市十佳贸工农一体化龙头企业。民间中介服务组织应运而生，全市创办专业服务协会70个，会员近1万人，从事农产品营销的农民经纪人有5万余人。

1999年起，全市农业产业化经营可持续发展，按工业的理念、科技的支撑、产业的思路，实施优势农产品主导战略、农业产业化带动战略、科教兴农推动战略及绿色农产品行动战略，提升农业的综合生产能力、产业经营能力、农产品市场竞争能力、科技支撑能力、持续发展能力，发展优质、高产、高效、生态、安全的现代农业。2004年，市政府颁发《常州市现代农业产业发展总体规划(2004—2010年)》，提出建成集产业化、集约化、科技化、市场化及融经济、社会、生态功能于一体，地区特色鲜明和核心竞争力强的现代农业产业体系的目标。2005年末，全市有农产品加工企业1000多家，涉及粮油加工、食品生产、茧丝绸制造及珍珠、皮革加工等10多个行业，同年引进民间资本、工商资本、外资农业项目投资额18.1亿元。全市形成规模经营的农业园区130多个，建设观光农业项目近100个，其中30多个开始运营。武进横山桥镇观赏农业区项目年接待游客近40万人，旅游收入达1.5亿元。2010年，全市有市级及以上农业龙头企业47家，其中国家级2家、省级20家、市级25家，完成销售收入总额280亿元，出口创汇达1亿美元，带动农户突破100万户，带动基地面积5.07万公顷。年交易额达30亿元的农产品批发市场发展到3家，凌家塘农副产品批发市场、夏溪花木市场交易额分别达180.2亿元、60.3亿元，居全省地级市农产品市场第一、第五位。

第二节　农村税费制度改革

80年代至90年代中期，在城乡二元经济格局形成的农村税费制度、城乡分割的财政体制下，农民负担过重、收入增长缓慢，严重挫伤农民的生产积极性，影响到农业和农村经济的持续健康发展。1998年，中共十五届三中全会提出逐步改革农村税费制度。2000年9月，溧阳入选全省4个农村税费改革试点市(县)。2001年，常州市全面实施农村税费改革，分两步进行，第一步正税清费，规范和减轻农民负担；第二步实施“一取消、三改革”，即用三年时间取消农业税。翌年，常州市推行乡镇机构改革、农村教育体制改革和县乡财政体制改革等农村税费配套改革。2004年起，全市免征农业税，对种粮的农户实施粮食补贴。

一、农业税制改革

农业税 1985年，常州市农业税开始由以征粮食为主改为按粮食“倒三七”比例折征代金，实现农业税收制度史上由实物税向货币税的重大转变。1988年，实行整籍到组、户交户结的农业税征管办法，改变过去造册到户、户交组结的做法。2000年9月，溧阳被确定为全省农村税费改革试点。2001年，常州市综合推进农村税费改革，按省统一规定，农业税税率按7%、附加率按20%执行；农业税计税面积以二轮承包面积为依据确定；计税产量以1998年前5年平均产量核定，以乡镇为单位核算；计税价格每千克原粮1.1元；农业税及其附加全市一律以代金征收。5月，新的税费政策落实到农户，全市核实农业税计税面积15.22万公顷，其中乡镇计税面积14.82万公顷，比原计税面积减少29.6%，比二轮承包面积减少1.23%；审核批准的农业税常产为每亩598.2千克，其中乡镇计税常产为每亩608.2千克，略低于统计产量。武进试行农业税定时定点征收。2002年，全市农业税定时定点征收面达50%，落实纯农户、困难户和种粮大户“户户减负”政策。

2002年，农业税减免开始实行先减后征，不再办理退库，其灾歉减免资金由乡镇财政以存折方式发放到户，公示农业税减免对象、减免款使用情况。至2003年底，全市落实农业税先减后征资金566.4万元，64个乡镇实行农业税定时定点收缴制度。2004年3月31日，《常州市农业税改革实施意见》出台，从4月起在全省率先实施免征农业税及其附加，实现农民在农业生产环节“零赋税”，是中国历史上首次免征农业税，对因免征农业税造成财力影响较大的困难乡镇实行政府补贴。2004年全市免征农业税9815.6万元、农业税附加1963万元。金坛、天宁、钟楼、戚墅堰、新北免征的农业税由本级财政负担，武进由区、镇两级财政各承担50%，溧阳由该市财政承担60%、镇财政承担40%。对金坛、溧阳因受免征农业税影响的财力，市财政按2003年农业税入库基数的30%补助。

农林特产税 1983年，国家对农林特产单独开征农林特产税。1987年，常州市开征该税种，以大宗农林特产品为主，按常年产量计算收入定税征收，税率分品种按5%～10%定率，3年不变。1994年，国家税收体制改革，农林特产税与原产品税和原工商统一税中的农林牧水产品税合并为农业特产税。1997年，对围网养殖开征农业特产税，向国有场圃征收的农业特产税由财政部门列入农业发展基金支出，仍按不低于50%的比例返还给场圃。2003年5月，常州市农业特产税征收政策调整，对农业税与农业特产税不重复交叉征收，对湖泊、自然水面、滩涂养殖水产品和原木、原竹生产改征农业特产税为征农业税，税额低于特产税，同年全市减轻农民负担170万元，减征率52%。

二、涉农收费改革

1993年，常州市开展农民负担清理整顿工作，经各单位自查自纠、市委农工办审核，取消农村宅基地有偿使用收费、农村宅基地超占费等24项涉及农民负担的收费项目，减收水资源费，取消所有要农民出钱、出物、出工的达标升级活动。溧阳取消28个涉农负担部门的收费35项；金坛梳理了收费项目520余项，取消收费63项；武进取消收费24项。2001年起，开展农村费改税改革，以农业税逐步替代过去的乡镇“五项统筹”、村级“三项提留”，清理全市涉及农民负担的行政事业性收费、政府性基金、附加、集资和摊派等项目。改革后，常州市将控减农民负担的重点从合同内负担管理转向涉农行政事业性收费管理，即取消乡统筹费、农村教育集资等专门面向农民征收的行政事业性收费和政府性基金、集资。先后取消屠宰工人上岗证收费、木材运输证工本费、生猪定点屠宰管理费、城乡居民建房用地管理费、水资源费等92项，免收江苏省外来人口就业证和江苏省外出人口就业登记卡工本费、村镇建设证书工本费。专项整治镇（街道）民政、计生、土管、村镇建设和农机监理等部门，每年取消、免收及降低涉农收费300万元，制定出台《常州市主要涉农价格和收费公示目录》，公布涉农收费的项目、标准和依据。

第三节　综合配套改革

2000—2004年，常州市进行包括乡镇行政区划调整、乡镇事业机构改革、村级财务改革在内的减摊（派）、减人、减事、减费等综合配套改革。全市精简乡镇事业机构，压缩编制，做到减人、减事、减费。2004年，全市乡镇（街道）数从2002年的136个合并减少至75个，全市行政村由2002年的1909个合并减少至1101个。乡镇设置的事业机构全部从18～20个合并精简至8～9个，人员精简20%，清退临时人员，裁减超编人员；改革农村教育体制，农村教师工资由县级财政统一发放，农村中小学布局调整稳步推进，全市减少中学24所、小学834所。设立乡镇会计服务站，实行"双代管"，精简村、组会计4450名，每年节省开支600万元。

一、农民劳动积累工和义务工

2001年，常州市农村税费改革分3年取消劳动积累工和义务工（简称"两工"），在3年过渡期内"两工"逐年减少；村内一事一议筹资每人每年不超过25元，筹劳每个劳动力不超过8个工日，不得强行以资代劳。同年全市提取"两工"591.74万个；以资代劳金1945.41万元，分别比上年下降43.9%、39.7%。2003年，溧阳、天宁、钟楼、戚墅堰提前一年取消"两工"及以资代劳制度。2004年1月2日，市委、市政府转发市委农村工作办公室《关于规范实施村内"一事一议"筹资筹劳的意见》，全市从1月起取消劳动积累工和义务工制度，一事一议筹资制度调整充实为一事一议筹资筹劳制度，按在一定、限制额度、充分议事的准则筹资筹劳，所筹资金、劳务仅用于本村农田水利基本建设、植树造林、修建和维护村级道路、农村改水、血防、农业综合开发等集体生产和公益事业，符合村民会议或村民代表会议决定的使用事项。村内一事一议年筹资总额人均不超过25元；村内一事一议每个劳动力除防汛、抢险、抗旱等特殊情况外，每年筹劳不超过5个工日，筹劳的男性15～55周岁、女性18～50周岁，因外出务工等原因无法出劳的实行以资代劳。同年底，常州市取消"两工"制度。在全市1101个村中仅233个村有合同内"一事一议"筹资筹劳负担，筹资总额比上年减少96.45万元。

二、减轻农民经济负担

2000年，溧阳试行税费改革后，溧阳农民合同内负担总额4195万元，比改革前减少2174万元；人均负担从102.2元减至67.3元；农村的劳动积累工、义务工的"两工"由原来的15个工日减至12个工日。2001年，全市综合推进农村税费改革，5月底结束。年内，全市落实农业税、农业特产税及其两项附加1.27亿元（未剔除灾减和社会减免部分的两项税金），其中：国营场圃承担92.7万元、农民承担1.26亿元。全市农民负担总额1.34亿元，其中农业税、农业（林）特产税及两项附加1.26亿元，一事一议筹资775.28万元，人均负担61.6元。新增一事一议筹资775.28万元，减少提留统筹1.03亿元、教育集资1.09亿元、其他集资摊派2019.24万元。全市农民负担减少2.05亿元，人均减负94.26元，减少60.5%。其中，农民合同内负担减少7558.77万元，减36.11%，全市农民人均合同内负担减至59.79元。2002年，农村税费改革以减负为重点。5月，召开全市化解村级债务、深化农村税费改革工作会议，实施村级财务预决算制度，化解村级债务。至同年底，全市化解村级债务8.72亿元，化解率72.8%。对因税费改革增加负担的18614户全部落实减免政策，涉及金额229万元。2004年，免征农业税及附加和粮食直补资金1.46亿元，农民人均受益近70元。

三、实行农户粮食直接补贴

2004年，全市开始实行粮食直接补贴，坚持公开、公平、公正的原则和直补政策与粮食生产挂钩，对种植水稻的农户实行直接补贴，鼓励农户种植水稻，每亩补贴20元，其中市财政承担40%，辖市区承担60%；对全市两万公顷水稻良种生产基地实行每亩良种补贴10元。至同年底，全市登记、核实、公示水稻面积9万公顷，发放粮食直补资金2896万元，补贴农户52.5万户，受益农民157.8万人，资金全部兑付到所有农户。2005年，全市继续实行粮食直补，加强粮食直补资金管理。全市50.92万户水稻种植户领到粮食直补资金2899.4万元，农民人均增收14元；对920户购买农机的农户补贴609.3万元，对6家育种、繁种和种子公司补贴270万元。2006年和2008—2010年全市发放粮食直补资金5.25亿元。

四、政策性农业保险

2007年，全市实施水稻、能繁母猪和奶牛3个险种的政策性农业保险试点。金坛、溧阳、武进、新北成为首批政策性农业保险试点地区。全市同年承保水稻8.93万公顷，承保面99.9%，其中金坛承保2.03万公顷，溧阳承保3.87万公顷，武进承保1.84万公顷，新北承保1.19万公顷，承保面分别为99.6%、100%、98.13%和100%。全市水稻保险投保农户48.37万户。全市承保能繁母猪4.28万头，承保面95.9%。其中，金坛承保2.01万头，溧阳承保0.7万头，武进承保1.3万头，新北承保0.27万头；全市承保奶牛829头。全市收取保费总额1622.92万元，其中财政补贴保费1176.78万元、农户（企业）交保费446.14万元。全市水稻赔付金额893万元，赔付率74%，其中溧阳赔付531万元；能繁母猪、奶牛出险121头，赔偿16.01万元。2008年，全市政策性农业保险模式由委托代办统一调整为政府和保险经办机构共同承担赔付责任的联办共保模式，政府承担赔付责任的60%、保险经办机构承担40%。市级重点险种增至7个，主要种植业参保品种为水稻、小麦、油菜；主要养殖业参保品种为生猪（能繁母猪）、奶牛。各级财政对主要种植业、养殖业及其他参保品种的保费补贴分别不低于70%、80%和60%，对设施（高效特色）农业保险奖励保费的20%。试点辖市区实际实施六大参保品种农业保险，全市水稻承保8.8万公顷，承保面99.8%（水稻直补面积为8.82万公顷），投保农户46.22万户，以村为单位签订保单897份；承保能繁母猪5.42万头、奶牛1472头，均应保尽保；武进区承保果园23.1公顷、小麦5.14万公顷、油菜1.89万公顷，全部承保。全市水稻赔付88.3万元，赔付率3%；能繁母猪出险1478头，赔付146.83万元，赔付率57%；武进区奶牛出险87头，赔付40.49万元，赔付率150%；新北区高效特色农业保险赔款137.67万元，赔付率178%。

2009年，常州除水稻、小麦、奶牛、能繁母猪等4个险种继续投保续保外，在武进试点新开设桃、李两个果品险种。高效设施农业政策性保险由政府与中国人民财产保险有限公司常州分公司按6∶4联办共保，各级政府财政补贴保费的60%、另40%由农户承担，每亩保险金额普通钢架大棚7000元、薄膜2000元，每亩保费分别为210元、360元，其中农户分别承担84元、144元。武进、新北继续试点高效设施农业保险，主要有蔬菜、花卉、果品、食用菌大棚和部分养殖户的设施保险，有30户种植、养殖经营大户参保，保费总额91.1万元。2010年，全市水稻承保面达99%，小麦、油菜承保面为100%，能繁母猪、奶牛均做到应保尽保，160公顷高效设施农业参保，保费196.43万元。建立市、县农业巨灾风险基金，市级风险基金规模近2000万元。

第二章 工业经济体制改革

1978年冬至2010年，常州的企业经济体制改革大致分为5个阶段。第一阶段（1979—1984年）为改革启动阶段，以扩权让利、简政放权、扩大企业自主权、增强企业活力为核心。第二阶段（1985—1991年）为企业所有权与经营权分离阶段，企业逐步成为自主经营、自负盈亏的法人实体。第三阶段（1992—1995年）为转机建制阶段，常州从1992年起开始推进国有和乡镇集体工业企业产权制度改革，从过去侧重于突破旧体制转向建立新体制，从注重单项推进转向综合配套，从主要依靠政策推动转向依靠法制推进，探索搞活国有大中型企业、建立与市场经济相适应的管理体制和运行机制。第四阶段（1996—2001 年）为体制机制创新阶段，着重调整经济结构和所有制结构，对国有大中型企业进行规范的公司制改造，实现投资主体多元化，建立健全企业法人治理结构，促进现代企业制度的改革，国有、集体中小企业产权制度改革全面开展。2000 年 10 月，在乡村工业企业开展以集体股退出，股份合作制企业向公司制或个私企业转化，买断职工工龄、厂房、土地使用权为主要内容的“二次改制”。常州工业企业通过两次产权制度改革，完成由公有制经济到民营经济的过渡和转变，彻底改革产权制度，解决政企不分、负盈不负亏、产权关系模糊、集体资产流失等问题，解放了生产力，提高了乡镇企业的竞争能力、创新能力和发展能力。第五阶段（2002—2010 年），为企业体制机制的改革创新规范阶段，重点推行所有制结构与投资主体多元化、公有制实现形式多样化、企业法人治理结构规范化。至 2002 年底，常州有乡镇企业 15453 家，其中个体私营企业 12287 家，乡镇工业总产值占农村社会总产值的比例达 80%。2004 年底，全市公有制企业产权制度改革基本结束。2005 年起，企业改制进入“回头看”阶段，逐步建立健全法人治理结构，完善规章制度，按现代企业制度规范运作。

第一节　经营管理体制改革

一、厂长经理负责制

1979 年，常州市部分企业开始探索改革领导体制，试行厂长负责制、职工代表大会或工厂管理委员会领导下的厂长负责制等。1984 年初，中共中央和国务院正式发出通知，要求在全民所有制工业企业中有计划地试行厂长负责制。4 月，国家体改委在常州召开全国城市经济体制改革试点座谈会。国家体改委、国家经委随即确定北京、天津、上海、沈阳、大连和常州 6 个城市为国有企业厂长负责制试点城市。5 月 25 日，市政府确定常州柴油机厂、常州拖拉机厂、常州齿轮厂等 13 家企业首批试行厂长负责制。8 月下旬，组织第二批 37 家企业试点，10 月底组织第三批 106 家企业试点。至同年底，全市 166 家企业开展厂长负责制试点。1985 年底，全市试点企业达 303 家，占全市 611 家整顿验收合格企业的 49.5%。1986—1992 年实施的两轮企业承包制中，市财政局、国资局以国有企业资产所有者身份进行发包，制定加强承包经营责任制企业国有资产管理办法，落实企业国有资产保值增值考核指标。1988 年底，全市 95% 县属以上工业企业实行厂长负责制。1992 年，市委组织部在全市大中型企业试行由厂长聘任副厂级行政管理人员。至 1995 年，全市县属及其以上工业企业全部实行厂长负责制。

二、企业扩权让利改革

80 年代初，常州实行放开经营方式、下放管理权限、放宽经济政策，改革企业领导体制、经营责任制、企业分配制度措施（简称“三放三改”）。1984 年，市长与 106 家国有工业企业厂长直接见面，明确赋予工厂的新权力。1988 年 4 月，《中华人民共和国全民所有制工业企业法》（简称《企业法》）颁布，企业依法享有经营自主权。常州市贯彻企业法，制定 6 份文件，明确扩大企业自主权的规定 88 条，政府部门和企业主管部门拟定具体实施细则。主要扩大企业在生产经营计划、产品销售、产品价格、资金使用、机构设置等 7 方面的权力，规定企业在确保完成国家计划、供货合同后，可自行安排增加国家建设和市场需要的产品。除国家特殊规定不准自销的产品外，企业分成的产品、国家计划外超产的产品、试制的新产品、购销部门不收购的产品、库存积压的产品等均可自销。允许企业自销和工业生产资料的 3 类产品由企业自行定价，在国家规定价格上下浮动 20%，企业自行组织原料生产的产品除生活资料和农业生产资料外，由供需双方根据市场需求自行定价；

可按主管部门规定的比例分别建立生产发展、新产品试制、职工福利、职工奖励和后备基金，自主使用；企业有权确定机构设置、人员配备。1992年起，市委组织部逐步把副厂级行政干部的管理权限下放给企业，中层行政干部由厂长任免；企业有权在国家工资分配政策的指导下实行不同的分配办法。

三、市县企业承包经营

1986—1995年，常州分两轮推行企业承包经营责任制，首轮承包多以3年为期，第二轮承包多以5年为期。

首轮承包经营 1986年3月，常州市政府召开经济承包大会，与纺工、机械冶金、拖拉机、电子、轻工、化工、医药、建材等8个工业公司签订为期3年的经济承包合同。翌年4月30日，市政府与第二批企业签订承包合同，市属14家全民企业、66家集体企业实行承包经营。至1988年末，全市地方预算内工业企业实行承包经营责任制的有132家，其中市区93家，承包面分别为94.3%、95%；有165家县属以上集体工业企业实行承包，承包面63%。1987年起，常州在国有大中型企业全面推行"两包一挂"承包经营责任制。"两包"是确保完成上缴国家利润包干指标，完不成的用企业自有资金补足；包干完成1986—1990年或三五年内技术改造任务；"一挂"是企业职工工资总额与上缴利税挂钩。纺织工业系统首轮承包的32家企业中，27家国有企业采取5种承包形式：基数包干、超包分成，基数包干、超包全留，递增包干、超包全留，递增包干、超包分比例分成，递增包干、超包分档分成；5家集体所有制企业采取包计税利润、超包减征所得税的承包形式。

第二轮承包经营 1990年起，常州市大部分企业首轮承包陆续到期，市有关部门针对首轮承包企业存在负盈不负亏、包挂脱节、以包代管等问题，完善承包期限、基数、形式、工效挂钩、指标体系、审计考核、经营者奖惩等方面，明确效益、后劲和管理的承包指标，组织落实第二轮承包。全市地方预算内工业企业签订第二轮承包合同的有125家（其中市区91家），市区集体工业企业签约的有87家，市区67家流通企业有64家签约。第二轮承包中大多数企业延长承包期，部分符合国家产业政策，被列入省、市基础行业和战略产品发展规划的骨干企业实行新一轮承包。市区91家企业有52家延长承包期2～3年，36家实行新一轮5年期承包。条件成熟的企业探索从利润承包转向资产经营承包；技改任务重、有科技新产品、经营管理水平较高、上规模的少数重点企业和企业集团，实行"一事一议""一厂一策"；部分企业试行风险抵押承包。常州电池厂实行责任抵押承包，全厂职工以每月效益工资的10%作责任抵押金，与安全、质量、设备无事故、执行岗位职责、遵章守纪、文明卫生等挂钩。选择常州柴油机拖拉机集团公司、东南（常州）化工集团公司、常州塑料集团公司作为对市承包、自负盈亏的试点单位。市区91家企业中，实行目标利润承包的3家，基数比首轮调高的有18家、调低的有66家、持平的有7家，实行基数承包、超包全留的有8家，基数承包、超收分成的有73家，递增承包、超收分成的有2家，其他形式的有8家。

四、乡村企业承包经营

1978—1990年，常州乡镇企业的所有制结构以单一集体所有为主，企业结构以中小企业为主，企业经营以市场调节为主。80年代初期，全市乡村集体企业主要实行以定产值、定销售、定利润、定上交、定报酬和超额奖励（简称"五定一奖"）为主要内容的集体经营承包责任制。随着乡镇企业的发展，部分经营者的管理水平跟不上企业的快速发展，企业的劳动生产率和经济效益的差距拉大，集体承包经营方式的弊端逐渐暴露，特别是乡镇政府采取按年初统一制定的标准，确定每个集体企业经营者、职工劳动报酬和奖金分配的做法，偏离企业经营实绩，忽视企业长远发展。1986—1990年，全市乡镇企业贯彻中央"调整、整顿、改造、提高"的宏观调控方针，深化经营管理制度改革，探索完善集体承包责任制，推行改固定工资制为浮动工资制、改工人录用制为合同制、改干部任免制为聘用制（简称"一包三改"），政策放宽、管理放权、经营放开，搞活企业、搞活流通、搞活分配（简称"三放三活"）与经营承包责任制、厂长任期目标责任制、企业内部审计制的综合经营考核办法。

集体经营承包责任制　1979—1983年，常州乡村集体经济组织对乡镇企业主要实行“五定一奖”的集体经营责任制，集体企业的经营者由乡、村集体经济组织或乡（镇）政府任免，企业扩大再生产主要依靠集体积累和银行贷款，经营者与职工工资报酬由集体确定。1983—1985年，常州乡村工业企业推广无锡县堰桥乡“一包三改”的经验，推行经营承包责任制，以“一包三改”取代“五定一奖”承包经营责任制，适当放开搞活了乡村企业。但逐渐出现承包指标单一、时间不长、不愿投入、忽视技改、设备老化、安全隐患、环保较差等突出问题。1988—1991年，在重点骨干企业中试行企业内部审计，实行集体经营承包责任制、厂长经理任期目标责任制与承包企业内部审计制相互配套，随后在全市乡镇企业全面推广。至1990年底，全市有5194家乡镇企业实行经济承包责任制，实行集体承包制、厂长任期目标责任制的分别达75%和50%。

资产承包责任制　1986—1987年，常州市乡镇企业推广吴江县铜锣镇的资产承包经营责任制，实行以生产要素承包、资产滚动增值为核心，以净利润按比例两段分配为主要形式的承包分配办法等的资产承包制；把集体资产保值增值纳入对经营者的考核，把企业效益作为衡量经营者业绩的主要依据；下放企业部分经营自主权，提高职工工资待遇，确保资产保值增值，增加企业效益。

承包人任期目标制　1987—1988年，全市乡镇企业再次借鉴无锡对乡村集体工业企业的“三放三活”做法，逐步完善以厂长、经理为主的承包人任期目标责任制，把承包期延长至3～5年，从考核产值、利润等单一的经济指标扩展到对企业的发展规划、产品开发、技改投入、资产增值、经营管理、经济效益、安全生产、环境保护和企业文化等10多个方面全面考核，基本避免了单一承包经营责任制急功近利的短期行为等弊端。

五、横向联合经营

专业化协作　60年代，常州创造产业链条系列化的专业化协作生产（简称“一条龙”）的合作形式，此后扩大组建起灯芯绒、柴油机、玻璃钢等8个“一条龙”协作生产，成为常州工业经济探索发展的形式和经验。改革开放后，常州市“一条龙”专业协作逐渐发展成为以名牌优质新产品为中心、以骨干工厂为依托的新型企业生产经营组织企业群体。

企业群体　常州企业按自愿互利、自由结合、群体内部各企业的所有制、隶属关系、财政解缴渠道不变等原则组建企业群体，参与企业在产销、技术、质量标准、经济利益方面实行紧密联合，总厂与分厂、定点协作厂之间是平等的伙伴关系、多层次的经济关系，打破条块分割、城乡封锁，实行城市企业与乡镇企业、本地企业与外地企业跨行业、跨地区自主的择优联合。至1984年底，全市组建企业群体32个；同年完成工业总产值12.8亿元，实现利税2.7亿元，分别占全市总量的18.2%、19.4%。1985年，全国体制改革工作会议推广常州发展企业群体的经验。至1988年底，全市企业群体发展到82个。此后，逐渐向企业集团、产业集群发展。

企业集团　1987年，常州开始重点组建和发展企业集团，企业群体冲破所有制性质、隶属关系、财政解缴渠道“三不变”原则的束缚，形成以大中型骨干企业为主体，集科研、生产、贸易、服务于一体的企业集团，集团内部按生产要素配置及经营管理的紧密程度，形成核心层、紧密层、半紧密层、松散层4个层次，以资产为纽带，以兼（合）并、托管、承包、租赁、控股为联结形式，实行跨行业、跨地区、跨所有制多层次的企业联合。市政府组织企业联老外（外资）、联老大（大企业、大集团）、联老乡（市郊、县、乡企业）、联科技（高校、科研院所），组建行业特色专、技术水平高、市场容量大、规模效益好的企业集团。企业横向联合既与大专院校、科研机构、金融机构和大企业、大集团联合，又与原材料产地和销售部门联合，由松散型逐步向半紧密和紧密型过渡，由过去“三不变”逐步向人财物、产供销一体化过渡。1991年末，全市有企业集团19个。市区12个工业集团的核心、紧密层成员企业的职工人数、工业总产值、实现利税、出口交货值，分别占市区总数的28%、30%、34%、74%；全市20种主要工业产品中，集团公司的主导产品占9种，其中小型柴油机、小型拖拉机、自行车、印染布等产品畅销国内外市场。

90年代初期起，常州调整企业组织结构，以名牌产品为龙头，以公有企业转制换型为核心，通过企业自我裂变、兼并或资产重组、合资嫁接途径，扩展资产经营规模，发展规模经济，分层次地组建形成一批省、市级企业集团。1992年，组建常州宝马集团公司、国光电子总公司等7家市属企业集团。翌年，组建天马集团公司、常州华电变压器集团、常州飞天集团等16家企业集团。1994年，市区组建常州金象电器集团、常州苏南汽车集团、常州工贸针织集团、江苏新辰集团等6家企业集团，辖市、区组建企业集团29家。1995年，组建常州东风农机集团、常州金港集团、常州常能集团、恒源集团、江苏五菱集团等企业集团45家，其中市区9家、武进10家、金坛13家、溧阳13家，年末全市企业集团总数发展到151家，其中省级38家。

1996年，市委、市政府出台《关于加快推进乡村集团企业改革的若干意见》，扶持六大支柱产业及工业、大企业、大集团发展，横向联合从企业间联合发展到集团间联合。1997年，市级组建7家大型企业集团，调整常柴集团为国有资产经营公司，飞天集团公司、东风农机集团公司加入常柴集团，形成以农机为主的大型企业集团；以常州变压器厂和江苏神鸡集团有限公司等骨干企业为依托，组建江苏输变电设备集团有限公司等。翌年，重点进行10家企业的资产重组，组建南方机车集团等7家企业集团。2003年11月，市政府制定《关于进一步培育和发展大企业大集团的有关意见》，从所得税留成奖励、建设规费优惠、科技三项经费和技术开发费支持、优先安排用地指标等方面予以倾斜，扶持企业做强做大。

第二节 企业产权制度改革

1990年底，常州市有109家乡村企业推行租赁制，拍卖承包的乡村企业64家、兼并乡村企业63家、股份制乡村企业16家。从1991年起，以所有制结构调整为主线，以放开搞活中小企业为重点，陆续通过停产重组、兼(合)并重组、嫁接重组、分离重组和破产重组等方法，推进产权制度改革，调整产权结构。到1995年，市委、市政府按“调优、调大、调高、调外”和“发展机电、提高轻纺、开拓化医、外向结构”的思路，出台《常州市工业企业合(兼)并暂行规定》《常州市工业企业实行公有民营改革试点的实施办法》《常州市工业企业租赁经营暂行办法》《常州市出售工业企业产权暂行规定》《常州市国有企业破产实施意见》等文件，推动企业活化存量，优化配置。调整37家市属工业企业结构，累计盘活存量资产4.6亿元。市纺织行业按“改革、改组、改造”的思路，调整重组28家，涉及存量资产6亿元。1993年4—6月，乡镇企业首轮产权制度改革开始试点，市和辖市区成立乡镇集体企业改革工作指导小组及其办公室，形成市、县(区)两级乡村集体企业改革领导体系。同年，省体改委批准常州百货大楼、第二色织厂(后发展成为黑牡丹集团公司)等6户企业进行定向募集股份制试点，省体改委向国家有关部门推荐常州柴油机厂设立常柴股份有限公司，向社会公开发行股票。1994年，涌现出武进芙蓉镇和郊区茶山乡丽华五金厂等一批“改得快、效益增、示范好”的试点先进典型。至1995年9月底，全市近半数的乡镇建立集体资产管理机构，有4918家乡村集体企业完成改制，占乡村企业总数的71%；至同年底全市2000多家企业完成改制。

1996年，市企业产权制度改革领导小组及其办公室成立，组建产权制度改革工作指导组10个，辖市区成立相应机构，引导企业实行多种资产经营形式的改制。全市有大中型乡镇企业161家，占全市乡镇企业总数的1.87%，拥有净资产约35亿元，占全市的30%。全市中小企业占企业总数的98.6%，占总产值的84.6%，占利税总额的79.5%；这部分乡村企业资产数额大，职工人数多，部分企业债务包袱沉重。至同年底，全市有5000多家企业完成改制，其中改制为有限责任公司的有1100多家。1997年，《关于进一步放开搞活国有、城镇集体中小企业的若干意见》出台，把改制企业由小企业放宽到少数中小企业，选定15家企业进行改制试点，市区35家企业完成改制。1998年，各级党委、政府推动企业兼并和联合，对大中型国有企业采取国有控股或参股、国有资本退出等形式和方法，实现全市大中企业改制率从1996年的10%提高到60%。企业主管部门对所属企业进行分析排队，确定一批改制企业，鼓励企业特别是小、微、亏企业进行全方位开放式产权制度改革，以租赁、承包、拍卖等多种形式转为公有民营、民有私营或私有私营，鼓励个体工商户、私营企业参与国有中小企业改制；全市乡镇企业乡村集体参股比例达28.3%，产权关系更加明晰，促进资产自由流动和重组，优势企业加强资本扩张，加速发展，但首次改制的产权改革并不彻底。至年底，常州市被总厂、曙光化工厂、轴承总厂、邮电通信发展总公司、肉类制品厂等25家企业完成改制，其中实行先出售后改制的18家、“界定产权，摘帽经营”的7家、改制为有限责任公司的11家、改制为私营企业的3家。至1998年底，全市累计有738家县属及其以上国有集体企业、1849家乡村企业改制为私营企业；市属136家中小企业改制54家，天宁的1260家企业改制740余家，钟楼的改制企业834家，戚墅堰的9家区属企业改制5家，新北区的732家企业改制361家。

1999年底，全市100家国有大中型企业有61家完成改制，其中有限责任公司37家；同年142家市属中小企业完成改制100家；全市161家大中型乡镇企业完成改制128家，11702家乡镇集体中小企业完成改制11454家；辖市、区属企业改制面分别为80%、89.2%。2000年，常州开关厂等44家市属企业完成改制，至同年底，市属中小工业企业改制面91%。翌年，开始实施以结构调整和体制创新为主线，以建立现代企业制度为目标，以搞活企业为中心的总体改革，促进企业所有制结构与投资主体多元化、公有制实现形式多样化和企业法人治理结构规范化。市属90家国有大中型工业企业完成改制81家，市属142家中小工业企业完成改制131家；钟楼1456家企业、天宁1200家企业、郊区区属企业全部完成改制，武进220家市属工业企业217家完成改制，戚墅堰346家企业完成改制326家；金坛市属企业及乡镇企业全部改制，456家局属企业91.5%完成改制；溧阳340家市属企业完成改制306家、977家乡镇企业完成改制963家。至同年底，全市乡镇企业完成二次改制，1.15万家乡村企业由集体所有制转变为非公有制，占乡村集体企业的97.7%；大中型乡镇企业改制基本完成，改制率91.8%。至2004年底，全市县属及其以上公有制企业改制基本结束。到2005年底，原公有制商贸流通企业基本完成产权制度改革，国有资本全部退出。2001—2010年，常州坚持抓大、活中、放小的原则，乡村工业企业完成两次产权制度改制，促进资产优化和企业经营、管理机制的转换，培育出机械电子、冶金、纺织服装等主体优势产业。

一、政策措施

首次体制改革　1993年4—6月，市委、市政府召开农村股份合作制改革座谈会，市委办公室、市政府办公室转发市委农工办、市乡镇企业管理局等5部门联合起草的《常州市农村股份合作制试行办法》。1994年8月，市委办公室、市政府办公室联合印发《关于当前乡镇企业产权制度改革中若干问题的意见》，要求规模大、效益好的企业按《中华人民共和国公司法》（简称《公司法》）直接组建有限责任公司或股份有限公司；中小企业以股份合作制为主，如职工入股积极性不高，可以采取不动产租赁、动产拍卖、先售后股的办法，先售后股企业保留1年的过渡期；采取兼并、租赁、拍卖等形式，放手搞活小、微、亏企业。随后，常州市通过降低或免除行政收费标准、公用事业服务收费等优惠政策，降低企业转制成本，推进企业改制。1994—1995年，市政府确定“新办企业一步到位，原有企业分批推进，个体联户积极引导”的思路，全面推进乡村集体企业产权制度改革。

1996年，各地采取抓两头带中间、逐个突破的办法，推动大中型乡镇企业改革，多数大中型企业采取集体控股、联营企业购股参股、内部企业相互持股和企业经营者、职工入股的办法，改组为产权多元化的有限责任公司，建立健全法人治理结构；对大中型亏损企业实行划小核算单位，车间分厂独立经营、单独核算政策，将企业资产分割出售、分块盘活；引导企业发展挂靠联营和委托经营，依托银行、国有大企业、大财团盘活存量资产；武进邹区、芙蓉、郑陆和郊区茶山乡、金坛水北镇等乡镇通过积极探索，集体资产普遍增值。此后，各地对部分小企业普遍采取先售后股，直接组建股份合作制企业、有限责任公司，挂集体牌子的部分私企按程序组建股份合作制企业、有限责任公司，售而不股的企业变更为私营企业，资不抵债企业以零资产出售、债权债务转给原经营者，或采用先租后售、先租后股等过渡办法，逐步盘活资产，搞活企业；其他私人创办、挂集体牌子的企业全部变更为私营企业。

同年，《常州市小型工业企业实施"先出售后改制"的试行意见》出台，市委、市政府决定实行以先出售后改制为重点的产权制度改革，将净资产少于500万元的国有集体小型工业企业常州市被总厂、轻工工具厂、兰陵橡胶厂、曙光化工厂、电声器材厂、广业安装公司、商业机械厂、油厂列为市首批先出售、后改制试点企业，实行先出售后改制、内部职工持股形式的企业产权制度改革。其中兰陵橡胶厂、轻工工具厂等4家企业改制为股份合作制企业。对小型乡村工业企业采取先售后股的办法，一步到位组建股份合作制企业或有限责任公司；对资不抵债的企业允许采取零资产出售的方式，将企业债权债务一次性转给原经营者承担，或采取先租后售、先租后股等过渡办法，盘活资产，搞活企业。1997年，选择15家企业进行第二批先出售、后改制试点，至年末4家企业完成改制。1999年，出台《关于进一步推进我市国有企业改革和发展的若干意见》。2000年，明确国有预算外企业可享受市委、市政府出台的企业改制政策。

二次体制改革 2000年7月，市委、市政府决定对全市乡镇企业按"彻底改、改彻底"的总原则，立足公司制的规范性、因企制宜与分类指导、能退则退与能降则降、转公司制和私营企业4项原则，进行以集体股份逐步退出，股份合作制企业加快向公司制企业和个私企业、合伙企业转化，买断厂房、职工工龄和土地使用权为主要内容的产权制度彻底改革，称为"二次改制"。集体股权有序退出，竞争性行业集体一般不参股，大中型企业能退则退，通过产权转让、资产出售等办法降低集体股比重，作为优先股处理；通过购股、奖股、期股和量化等方式，提高经营层、经营者持股比重，经营者受让集体股权有困难的允许变股权为债权，股权设置合理、经济效益较好的股份合作制企业，改制成股份有限公司、有限责任公司。一般股份合作制企业可向公司制、私营企业转化；有条件的私营企业向公司制企业转化，克服"家族化"经营缺陷，彻底改变产权性质、产权结构和产权制度，使民营资本成为乡镇企业资本主体，公司制企业成为乡镇企业主体，乡镇企业成为市场竞争主体。

二、改革形式

常州乡村集体企业改制在第二、第三产业、大中小、好中差、乡村组等类企业中全面推开，改制形式主要有股份合作制、有限责任公司与股份有限公司和兼并、租赁、拍卖，及有偿转让、风险抵押承包、成立企业集团等。1994年，全市有2989家乡镇企业实施改制，股本金11.75亿元，其中新增股金7.56亿元。1995—1996年，全市有1933家乡村企业完成改制，至1996年末累计4922家企业完成改制，占乡村企业总数的61.3%。至1997年末，有9068家乡村集体企业完成产权制度改革，改制面88.5%，乡村集体、个人、社会法人资本分别占全市乡镇企业实收资本的59.1%、8.3%、20.4%，投资主体和产权主体向多元化方向发展。1998年，全市乡村集体工业企业改制992家，改制面上升到95.6%，其中大中型乡镇企业改制99家，经济总量约占所在乡镇经济总量的一半。至1999年，全市1.16万家乡村集体工业企业累计有1.13万家完成改制，改制面97.1%。至2000年末，101户公有大中型企业完成改制，其中国有企业64户、集体企业30户、国集合营企业7户，回收改制出让收入6376万元，全市乡镇企业改制面达97.7%，其中大中型乡镇企业改制面91.8%。至2004年底，全市国有、集体企业改制基本结束。至2005年底，全市有2842家规模以上企业改制为民营企业，占全市规模以上工业企业的76.5%。

股份制 股份制改革是常州企业改革改制的重点。80年代末90年代初为探索增量型股份制企业阶段，即企业集团核心层通过增量的投入对紧密层企业实行控股，对半紧密层企业实行参股。1987年，经市计委、人民银行批准，金狮股份有限公司向集团成员企业和成员企业职工发行股票。至1992年底为股份制规范试点阶段，常州按国家政策分批对市属骨干企业进行股份制改制。7月初，《常州市关于股份制试点的实施办法》出台。1992年4月至1993年末，商业系统开展国有商业企业股份制改组的探索和实践。1993年4月，常州百货大楼股份有限公司（简称“百大公司”）成立大会暨首届股东大会召开，10—11月，市华侨友谊公司和市糖烟酒股份有限公司（简称“糖烟酒公司”）相继成立，3家国有企业实行股份制。1996年，双百集团和五交化公司被列入全市第二批先售后股试点企业，1998年完成改制，开创了常州市属企业先售后股改制先例，在全市率先提出土地使用权评估入账，弥补负资产企业，解决困难企业无资产转制的问题。

2000年起，常州重点推进股份制改革，以建立国有、集体、外资及个人资本相互融合、相互促进的混合所有制经济为方向，采取法人入股、职工入股、结合企业结构调整与资产重组的公司制改制、债权转股权、中外合资、发起设立或者募集设立股份有限公司、股份合作制改革7种方式，实现国有企业投资主体多元化，推进股份制改革，推进国有资本的合理流动和重组，促进了企业转换经营机制和国有资产的保值增值。2001年，有26家市属企业进行股份制改制。至此股份制改革基本完成。

股份有限公司 1992年，常州柴油机厂经国家批准设立常柴股份有限公司。至1995年末，全市改制为股份有限公司261家，新增股金6.23亿元，年末总额达10亿元。1994年7月1日，常柴股份有限公司在深圳证券交易所上市。8月，常州市机电设备总公司被列为江苏省现代企业制度首批试点企业。常州市糖烟酒公司内部职工股在常州证券公司城南营业部挂牌交易，成为全省首家试行单位，1994年百大公司成为全省首批向社会公开发行股票的股份制试点企业。1996年，盈利的大中型企业大量组建股份有限公司。1999年，全市国有大中型企业改制为股份有限公司7家，大中型乡镇企业改制为股份有限公司2家。此后至2010年，不断有工业企业改为上市股份公司和内部股份公司。

股份合作制公司 1992—1994年，全市乡镇企业按坚持企业集体性质不变、隶属关系不变、税费上交办法不变的原则，根据先村后乡、先易后难，先试点、后推广的方法，各乡镇选择1—2家村办小企业进行股份合作制试点，郊区茶山和武进芙蓉、邹区等乡镇率先试点。1992年，有12家企业进行了法人持股、企业内部职工持股等形式的股份制试点。1993年底，全市有40%的乡镇进行改革试点，组建股份合作制企业442家，其中由乡村集体企业改制149家、集股新办293家。1994年8月，全市大批中小企业开始改制为股份合作制企业，10月郊区茶山乡丽华五金厂成为全市首家由集体企业改制为股份合作制的企业，到1997年底该企业净资产由1992年的479万元增至866.64万元。同年，全市有1252家乡镇企业改制为股份合作制企业。1994—1995年，股份合作制同时开始试点运转，钟楼区商业局所属5家企业进行股份合作制改组试点。1995—1996年，全市新设立股份合作制企业1217家，新增股金13.38亿元；1996年末累计达2435家，股金累计19.82亿元。1997年，改制为股份合作制的有4144家，占改制企业总数的45.7%。1998年，11家市属大中型企业改为股份合作制。1999年，改制为股份合作制企业6362家，其中国有大中型企业改制3家。

有限责任公司 1994年8月，《关于当前乡镇企业产权制度改革中若干问题的意见》明确规模大、效益好的企业可组建有限责任公司，同年有441家乡镇企业改制为股份有限公司、有限责任公司。1995年，全市新批有限责任公司277家，至同年底累计718家。1996年，全市尚有161家大中型乡镇企业未改制，净资产总额达35亿元，大部分债务沉重；全市新成立有限责任公司824家。1997年，966家乡镇企业改制为有限责任公司。1999年，大中型乡镇企业改制为有限责任公司813家，改制面84.5%。2000年7—10月二次改制时，郊区雕庄乡、武进西夏墅镇等乡镇率先试点，集体股份基本从企业退出，买断职工工龄、企业资产和土地使用权；全市股份合作制企业、私营个体企业大多逐渐向规范的公司制企业过渡。90年代末期，常州市商业企业改革开始进入产权制度改革、制度创新阶段，坚持以有限责任公司为主的改制模式。1999年起，常州仙鹤公司、千红生化公司、百货公司、食品公司、储运公司等单位先后通过先售后股、职工购买、组建有限责任公司的方式完成改制。

私营企业 1996年以前，全市中小乡镇企业占企业总数的98%，机制不活，竞争力不强，束缚乡镇企业整体发展。1996年以后，常州乡村集体工业企业放宽政策，推进体制改革，对私人开办、挂集体牌子的企业全部变更为私营企业，经营者愿意的组建为股份合作制企业或有限责任公司。1997—1999年，全市有1300家集体企业改为民营，1999年有1992家集体乡村工业企业转制为私营企业；至1999年末，全市小企业改制基本完成，乡村集体企业售而不股的变更为私营企业；区属小企业完成改制，原挂靠主管部门和国有企业的“红帽子”企业均摘“帽”经营，恢复为个体私营经济。至2005年底，全市4.5万户乡镇集体企业改制为私营企业，占全市4.56万户私营企业的98.7%。

合并兼并 1986年起，常州调整企业结构，鼓励企业跨地区、跨行业、跨所有制兼(合)并，推动存量资产流动和重组，特别是国有存量资产向优势企业集聚。1986—1990年，搞好资产存量调整，先后把常州市洗衣机二厂、常州金属家具厂、常州机械电镀厂等6家企业并入金狮自行车集团公司，常州航海仪器厂并入常州机床厂，常州有机化工厂与常州农药厂联合组建常州有机合成化工总厂，常州毛巾厂与常州床单厂联合组建常州巾被总厂，常州第四纺织机械厂并入常州第四棉纺织厂，常州市皮箱皮件厂与常州市皮革制品厂、常州玻璃钢造船厂与兰翔机械厂合并，常州片式散热厂与常州钣焊厂、常州无线电电镀厂与常州无线电材料厂联合，调整建材二五三厂的隶属关系。

1993年，常州齿轮厂兼并常州模具厂和常州市医药机械厂，常州化工厂兼并常州树脂厂，常州服装集团兼并常州市绣品手帕厂，常州市化工研究所兼并常州助剂厂等，市区有11家企业被兼(合)并，被兼并资产重新估值1.09亿元，全市累计兼(合)并、拍卖企业31家。至1995年兼并58户，盘活资产5.66亿元。1994年，常州硅酸盐厂并入常州齿轮厂，常州第一电子仪器厂、常州半导体厂和常州电讯器材厂等成建制划归中国华诚集团。至1995年9月底，全市乡村集体企业转让、兼并956家。同年，市区兼(合)并企业12对(即24家)。飞天集团公司兼并收购常州机油泵厂、常州模具厂、常州硅酸盐厂和常州船用设备厂，盘活低效资产；常州第一棉纺织厂兼并常州第三织布厂，设备前后配套，效益明显提高。

1996年，市政府决定对净资产额不足500万元的国有、集体企业实行“先出售后改制”、内部职工持股的产权制度改革。市财政局、国资局制定财务会计处理规定和不良资产清理办法，对市区11家产品与大企业、大公司有关联度，而自身资产利用率不高的企业进行兼(合)并、划转等，全市兼并乡村工业企业152家。1997年，市区21户市属企业实施兼并、托管和划转，涉及资产总额21.1亿元，负债总额15.3亿元。1998年，实施兼并、划转9家企业，其中江苏神鸡集团、阳光商业广场分别兼并常州跃进五金厂、儿童食品厂，盘活资产6.4亿元。1999年，全市国有大中型企业实行兼并划转7家、乡村工业企业兼并128家。2001—2004年，改制从小型企业扩展到大中型企业，累计完成企业改制329户，改制面92.3%。

破产关闭 90年代中期，常州对亏损严重、到期不能清偿债务的企业依法实施破产处置，建立和完善企业优胜劣汰机制。1994年8月,对常州第二物资公司、第九织布厂、第三无线电厂实施破产试点。1995年5月,市政府颁发《常州市国有企业破产实施意见》,组建破产清算审计事务所。至1995年底,常州第九织布厂、常州第三无线电厂等进入破产程序。1996年,全市20家工业企业实施破产,有国有企业11家、集体企业9家;涉及职工15918人,其中在职职工11875人、离退休职工4043人;资产总额8.16亿元,负债总额9.59亿元。至年末,常州第三无线电厂、第九织布厂、玻璃总厂、锅厂,武进第二染织厂、磁性材料厂、化工厂和溧阳无线电厂、织布厂9家企业破产终结,其余11家进入破产程序。1997年,常州针织总厂等9家企业破产终结,另有3家企业进入破产程序,处理财产2.3亿元。1998年,10家企业破产,涉及资产9.88亿元,负债12.27亿元,职工1.5万人;至同年底,常州工矿电机车厂、常州服装四厂、常州压缩机厂、常州锦华绸厂、常州灯芯绒厂、常州粮油食品一厂破产终结。翌年,全市有7家国有大中型企业破产,19家乡村工业企业破产。2001年,市属24家国有、集体工业企业破产关闭,其中破产9家、分流4893人,关闭15家、分流4238人。翌年,市属国有集体工业企业破产关闭25家。至2003年末,市属企业累计破产、关闭99户,涉及职工7.11万人、资产52.91亿元、债务42.49亿元。其中,破产60家,涉及职工5.2万人、资产33.6亿元、债务42.49亿元;关闭39家,涉及职工1.91万人、资产19.31亿元。2004年,常州轻工机械厂、橡胶厂、商标带厂、第二毛纺织厂、塑料机械厂等破产。2005年,苏南煤矿机械厂、常州电线电缆厂等企业破产清算。

其他形式 1994年8月,常州市小企业约占乡镇企业总数的98%,是前期改制的重点。对职工入股积极性不高的小企业采取不动产租赁、动产拍卖、先售后股的办法,保留1年过渡期;对小微亏企业主要以兼并、租赁、拍卖等形式放手搞活,拍卖时严格进行资产评估,实行公开招标,拍卖转让金全部回收。至1995年底,转让、拍卖乡镇企业656家,租赁乡镇企业640家。1996年,全市乡村工业企业转让1088家,租赁企业1029家。1999年,全市乡村公有制工业企业实行租赁企业710家、风险抵押承包132家、其他改制形式1097家。90年代末期,双百集团由武进创业公司接盘管理,落实关门走人资金8050万元,还清银行的巨额债务,600多名职工终止或解除劳动关系,分别办理提前退休、协保或终止劳动关系手续;常州纺站负债严重,又因市政建设需要拆迁,筹集4000多万元安置经费,分流160多名职工。兰陵商业大厦采取托管改制的办法,解决了500多名职工的工资、退休、医保和安置等问题。

第三节 现代企业制度建设

1994年8月,常州市结合产权制度改革,启动现代企业制度试点,制定《常州市现代企业制度试点实施意见》及相关配套政策,先对市、县(市)属大中型工业企业分析排队,结合行业、地区特点,选择不同类型的20家代表性企业作为首批试点企业,其中常州华电变压器集团公司、林业机械厂、长江客车集团公司、合成纤维厂、丽宝第集团公司(中国常州)、金狮自行车工贸集团公司和武进柴油机厂等10家被列入江苏省现代企业制度首批试点企业。1994—1995年,常州市糖烟酒公司、百大公司先后被批准为省现代企业制度试点单位。1996年3月,选择21家企业进行第二批现代企业制度试点。至1997年底,黑牡丹(集团)股份有限公司、常州长江客车集团公司、常州市造漆厂等27家企业完成改制,其中改制为股份有限公司8家、国有独资公司6家、有限责任公司11家、股份合作制2家。试点企业在实现政企分开、理顺产权关系、调整资产负债结构、减轻企业负担等方面取得进展,通过公司上市、企业改制、资本优化重组等渠道,1995年末资产负债率由上年末的70.54%降至60.93%,19家试点企业兼(合)并企业56家,盘活存量资产17.7亿元。1997年,41家企业中销售收入达3亿元的21家,占51.2%;利税达1000万元的33家,占80.5%。

1998年，确定26家企业作为进一步推进现代企业制度试点单位。同年底，武进特种轴承厂、电机厂、齿轮厂，金坛钢铁厂、盐化公司，溧阳水泥厂，江苏力士集团公司、戚墅堰机车车辆厂，常州喷丝板厂、冶金机械厂、钢铁厂、巾被总厂、第二电子仪器厂、曙光化工厂14家国有大中型企业完成改制，全市累计41家国有大中型企业完成改制。90年代末期，常州市商业企业改革推行公司制改造，建立现代企业制度；坚持多元化的股权结构，允许自然人股、集体股和社会法人股，广泛吸收资本，优化公司股权结构，改制企业大多实现经营者持大股。2000年，市政府出台《关于我市市属国有企业改革中若干问题的处理意见》，对资产调整、剥离、国有企业划拨土地使用权处置等问题作明确规定，至年底，国有大中型企业改制面达81%。2001年，完成5家国有大中型工业企业改制，市属90家国有大中型工业企业中81家完成改制；市属142家国有中小型企业中131家完成改制。2002年，市属国有、集体企业完成改制23家，破产关闭25家。2003年3月，市委、市政府召开加快推进企业改革转制工作会议，制定并实施《关于进一步推进市属国有集体企业改革的意见》。被列入改制重点考核目标的化轻、机电、纺织国资公司和常柴、常塑、服装集团公司，加上商贸系统粮食局、供销社所属企业共41家，至同年底基本完成改制。2004年，常州交运集团有限公司、仪征化纤集团、常州大明针织厂等14家企业完成改制。至同年底，全市县属及以上国有、集体工业企业全部改革改制。

第三章　流通体制改革

常州市作为国务院批准的首批综合改革试点城市，流通领域体制改革主要进行企业经营机制、流通领导体制、企业产权制度改革等，分为3个阶段。1978—1984年为起步阶段，常州市流通领域提倡和鼓励国家、集体、个体三者一起上，逐步形成多种经济成分、多条流通渠道、多种经营方式的流通格局，常州市先后成立了工业品、农副产品、粮油、生产资料四大贸易中心。1985—1995年为整体推进阶段，流通体制改革逐渐覆盖所有企业，政府减税让利等政策相应减少。1992年邓小平南方谈话发表和中共十四大明确提出建立社会主义市场经济体制的改革目标后，常州流通体制改革开始整体推进，基本取消商品计划，完成由计划经济向市场经济的转轨过渡，改革开始涉及、解决深层次矛盾。1996—2002年为产权制度改革阶段，主要围绕产权制度改革，调整经营组织结构等方面展开。1996年，《常州市小型流通企业实行"先出售后改制"的试行意见》出台，促进流通领域外向型经济和规模经济的发展，常州流通体制改革进入以产权制度改革为中心的阶段，国有资本彻底退出。全市分批实行股权改制。至2010年末，经过近30年的改革，常州基本建立起适应市场经济体制的开放式流通体系框架。

第一节　商贸服务体制改革

1987年，常州市商业局将商业零售、饮食服务企业分别划归钟楼、天宁、戚墅堰3个区管理，市商业局统管全市商业的体制结束，城区商业功能逐渐增强。2001年，全市商品流通、商品市场由市经贸委负责管理，资产经营公司不再具有行政职能，与企业不再具有行政隶属关系，资产经营公司只拥有投资主体地位，以资产经营的形式运作商业企业，转变商贸企业体制，促进资产增值。

一、经营方式变革

随着商品流通领域的改革开放和市场资源配置功能的日益完善，计划经济时代常州的百货店、粮油店、副食店、肉菜店等逐步退出市场，多层次、多功能的商品市场网络基本形成，商品市场构成由单一模式发展到现货市场、期货市场、专业市场、拍卖市场、网络市场等多种模式，能自由选择不同的市场流通商品，市场供求格局由商品短缺的卖方市场转变为商品剩余的买方市场。从1995年起，常州市连锁经营，向食品、百货、餐饮、石化、医药、农资、汽车、文化等10多个行业推广。1997年8月，常州市开办全市首家大型连锁超市时代购物中心，一站式购物的理念逐渐得到认同，外省市和境外大型超市、大卖场纷纷进驻常州零售商业。受其影响，斗巷、九洲等副食品批发市场逐渐萎缩。家用电器、医药、通信器材、眼镜、建材等商品领域向专业店过渡，品牌商品向专卖店集中，百货业不断调整结构、改善经营，向现代大型百货零售业转型。至2005年，商贸流通企业经营业态日益多元化，零售业由以封闭式、一对一的传统型柜台销售为主要特征的百货单一业态，转变为百货商店、超级市场、连锁店、专卖店、便利店、货仓式商店、购物中心、邮购商店、网络购物等业态并存的局面；企业由过去坐等上门、坐等成交的传统经营方式向现代的、动态的营销方式转变，出现适应顾客个性化需求的经营方式；现代电子技术进入企业管理系统，推动商业企业管理的自动化和现代化。

二、经营体制改革

改革开放初，常州在全国率先探索商业体制改革，1979年零售商业开始实行利润留成制度，改变过去盈利全部上缴财政的做法，核定利润留成率14.5%。1984年5月，市政府出台《关于放宽政策，进一步搞活零售商业的意见》，市区零售商业改革步伐加快。随后，以城市为重点的经济体制改革全面展开，常州市流通领域改革向广度、深度延伸，批发企业、大中型企业、商办工业被列入其中，企业改革向领导体制、管理体制改革方向迈进。常州百货大楼等单位先试行经理（厂长）负责制，再在商业系统推开。1986年3月，常州百货采购供应站、常州五交化采购供应站分别实施以包所得税入库数为主要内容的财政包干改革。1987年3月，常州百货大楼试行“上缴利税总额承包、超包留店、缺额赔补”的改革措施，烟糖公司实行“两保一挂”的承包经营责任制。1991年，市政府转发市体改委等4部门出台的《关于进一步完善商业、供销企业承包经营责任制意见的通知》，市商业局所属商业企业、饮服企业实施第二轮经营承包责任制，明确承包企业的权利和共同承担风险的义务。1992年中共十四大召开后，商业领域的改革进入攻坚阶段，主要围绕产权制度改革、调整经营组织结构、发展规模经济、主管局下放权力、精简机构和人员等方面展开。

收入分配改革 1986年10月，常州对实施改、转、租的小型国有商业、饮服企业和以劳务为主的集体所有制企业试行工资制度改革，各企业分别实行工资总额全额浮动提成或工资总额部分挂钩提成，将企业的提成工资与实际上缴税利挂钩，提成工资计入成本。实行提成工资制的企业，职工全部实行浮动工资，固定部分为标准工资的80%，其余按“各尽所能、多劳多得、评工计分、按分计酬、瞻前顾后、以旺养淡”的原则分配，调动各方面的积极性。

租赁经营改革 1987年3月，常州市政府批转《关于小型国营零售商业、饮食服务企业实行租赁经营若干问题的暂行规定》，推动国有小企业探索所有权和经营权适当分开、实施租赁经营的步伐。至4月底，先后有38家小企业实行租赁承包经营。

综合配套改革 1991年末，常州市政府推广稳定经营承包制，搞活经营、作价、用工、分配的试点。1992年2月，市百货大楼、百货公司、百货站、五交化站、烟糖公司5家企业成为市首批试点单位；5月，水产公司、商业储运公司、兰陵商业集团公司、华侨友谊公司4家企业被列入第二批试点。常州百货大楼作为市劳动用工、人事、分配三项制度改革试点单位，首先实行全员劳动合同制，三项制度改革在全市推广，取得重大突破，增强了企业适应市场的能力。

第二节 粮食流通体制改革

1980年11月，常州市革命委员会粮食局更名为常州市粮食局。1998年，国家推行以“三项政策、一项改革”(三项：按保护价敞开收购农民余粮；粮食顺价销售制度；加强粮食收购资金和粮食市场管理、一项改革：推进粮食购销企业自身的改革)为重点的粮食流通体制改革后，常州市粮食行政部门从当年6月起，进行机关机构体制改革，实行定员定编，加快政企分开步伐，与粮食企业在人财物等方面彻底脱钩，实现行政管理职能与粮食经营相分离。

一、经营方式变革

改革开放后，国家实行经济体制改革，常州粮食流通领域改革同时起步。1979年，国家允许粮食部门扩大议购议销数量，重启农村粮食集贸市场，允许农民将部分余粮在集市上出售。1984年8月1日，常州粮油贸易中心在米市河旁开业，拥有交易场地6000平方米，仓库储量250万千克。原国有粮食商业企业开始推广议购议销，拓展市场经营。1991—1992年，常州市统一上调粮食统销价格，加快粮食流通体制改革。

1993年统销政策放开前，市粮食部门每年组织一次粮食供应管理整顿活动，压缩不合理的平价粮食销售，稳定平价粮食调拨，以控制超计划销售，防止套购倒卖现象。同年4月1日，国家放开粮食经营价格，取消粮食油料定购任务，不再使用粮票，只保留定量人口的粮食供应关系，对粮食收购仍实行合同定购，由国有粮食企业与乡村合作经济组织或农户签订购销合同，但价格由市场调节。放开收购价格后，国有粮食企业在实际收购时，根据当时的市价水平上下浮动。粮食销售价格，除军队供应粮食仍按国家规定执行外，对定量、定(统)销供应的粮食，保留定量人口的粮食供应关系，人口迁移和“农转非”管理中的粮食供应关系暂时保留。同时开始建立市级粮食储备，作为政府调控手段。1994年，常州市针对粮食市场一度出现的抢购风波，采取“凭券、限量、稳价、保供”的办法，稳定粮食市场。1995年，贯彻落实粮食工作省长负责制下的市长、县长分级负责制，自求粮食总量平衡。1996年，按“统一领导、两线运行、明确职责、分别核算、稳定市场、搞活经营”的原则，推行政策性业务与商业性经营两条线分开运行，规范补贴内容和标准，理清资金渠道和性质，实行政策性资金封闭运行，对城镇居民继续实行凭券、稳价的供应办法。1997年，执行国家出台的保护价收购政策和顺价销售政策。

1998年，按政企分开、中央与地方责任分开、储备与经营分开、新老财务账目分开，完善粮食价格机制(“四分开，一完善”)的原则，以按保护价收购余粮、实行顺价销售、收购资金封闭运行。加快粮食企业自身改革(“三项政策，一项改革”)为重点，贯彻执行国务院颁布的《粮食收购条例》，管住收购，规范批发，放开销售。2001年7月，江苏与上海、浙江等省市在全国率先取消国家粮食定购和保护价收购，全面放开粮食收购、粮食市场、粮食价格，比2004年国务院决定在全国放开早3年；决定对从事粮食收购的经营者实行严格的粮食市场准入制度。2004年6月1日，国务院颁布《粮食流通管理条例》，建立在国家宏观调控下发挥市场机制在粮食资源配置中基础性作用的新体制。从此，粮食流通完全步入市场经济体制。

二、储备调控体系建设

1993年4月1日，国家决定放开粮食的经营权和粮食价格。常州市粮食局经市政府同意，于1993年7月开始建立市县粮食储备，规模为3万余吨，其中市区两万余吨，增强政府对粮食的宏观调控能力，力求丰歉调剂、备荒救灾、平衡供求。1994年，全市粮食市场出现5次波动，政府立即采取措施，抛售储备粮食，平抑粮食价格，做到“第一天出现情况、第二天采取措施、第三天恢复平稳”。此后10年，全市粮食部门根据省和市委、市政府关于建立健全粮食储备体系要求，及时落实储备粮吸储计划，调整储备品种结构，定期开展粮食清仓查库，加强储备粮管理。2002年，组织省内城市百家单位竞价拍卖市级储备粮，探索储备粮轮换的市场化运作方式。2004年，常州市按国家建立粮食储备"产区保持3个月销量、销区保持6个月销量"的要求，用两年时间充实扩大市级粮食储备规模，到2005年末，市级粮食储备规模上亿公斤，如期组织储备粮轮换，完成各年期储备粮的收购吸储、抛售出库任务。2006年，健全粮食安全保供体系，完善粮食应急保供预案，增强粮食市场宏观调控能力。6月1日至9月30日，全省启动小麦最低收购价执行预案，全市粮食部门严格执行小麦最低收购价政策，利用大众传媒宣传最低收购价政策，公布收购企业与收购点，敞开收购农民余粮，至12月底全市累计收购入库粮食8.49亿公斤。

2009年，受国际金融危机与国内自然灾害的双重影响，国内外粮油市场形势变化剧烈。常州市粮食部门加强粮食产销衔接，完善应急体系，建立成品粮油应急储备。全市从省外购进粮食1.28亿千克，保持了区域粮食供求的基本平衡。市粮食局按粮食物流发展规划的要求，推动中心粮库建设，逐步改变全市仓储设施陈旧、分散的状况，提升粮食流通效率，满足粮食收储需求。位于金坛市的江苏省薛埠粮食储备直属库投资1000多万元，实施三期工程，建成综合大楼和容量500万千克的仓房；位于溧阳粮食主产区南渡镇的溧阳中心粮库工程建设启动，规划占地6.67公顷，具有5000万千克粮食仓容和食用油储存能力；武进区制定《粮食仓储设施建设总体规划》，为新建武进前黄中心库和改造前黄粮食购销有限公司寨桥库、横林粮食购销有限公司剑湖库、希望粮食购销有限公司横山桥库、湟里粮食购销有限公司北干河库等项目筹措资金。2010年，细化粮食应急预案，注重储备、加工与运输、销售等保供载体的有序衔接，全市确定24家大米、4家面粉应急加工企业和43个应急销售点。

三、粮食企业体制改革

改革开放后，常州国有粮食企业改革经历3个阶段。第一阶段从国家实行改革开放政策开始，最初主要实行简政放权让利、落实经济责任制。1983年3月，经省粮食局和市政府批准，市粮食局对区粮管所推行"费用定额包干、附营业务利润分成"办法，对粮食仓库推行"费用包干、节约分成"，对粮食工业企业推行"利润包干、基数留成、超利分成"经济责任制。1987年，市粮食局补充完善企业内部经济责任制，试行以"工效挂钩、奖金效益挂钩"为主要内容的分配制度改革，在常州油厂、常州面粉厂、常州线材厂、常州粮油食品一厂、常州粮油食品二厂和常州粮油机电设备厂推行厂长负责制，组织推行承包经营责任制的前期准备，拟定承包方案。

第二阶段从1988年开始，市粮食局对市区基层企业实行厂长（经理、主任）责任制、任期目标制、期终审计制，分别采取"包死基数，超包全留""定额上交，超额分成""递增包干，超包分成""费用包干，节约全留"等4种形式进行，实行承包经营责任制，与各基层单位签订为期3年的承包合同。1990年，完善承包内容和管理办法，把设备完好率、固定资产增值、技术改造、新品开发等标志企业发展后劲的指标纳入考核体系，抓好工效挂钩等配套改革。1991年，进入第二轮厂长（经理、主任）责任制承包期，市粮食局与企业签订第二轮承包合同，制定出台批零差、栈租制等政策措施，促进企业放开搞活、走向市场。1993年，贯彻《企业法》和《全民所有制企业转换经营机制条例》的精神，全面放开企业经营，对承包经营实行全员风险抵押。粮食经营和价格放开后，国营粮店销量急剧下降，经营十分艰难。市粮食局确定以粮食零售体制作为改革重点，7月28日起，在市区国营粮店推行财产国有、租赁使用、自筹资金、个体经营的国有民营改革试点。先从天宁、钟楼和戚墅堰区3个粮管所下属各粮店开始，后来市区51家国营粮（面）店全部实行。租赁合同由市粮食局委托各区粮管所与承租者签订，期限为1～3年，经营、购销定价、用工、分配、剩余利润处理自主。粮店职工由承租者安置，以招聘形式签订劳动合同，但身份不变，现行工资全部进入工资档案，按档案工资办法管理。改革后，粮店转变经营机制，逐步走出低谷，搞活经营，拥有经营自主权。在年底出现的市场波动中，国营粮店发挥国有民营后经营机制灵活的作用，自行组织粮食保证供应，适时适量吞吐储备粮食予以补充，使市场粮食价格很快恢复稳定，供应秩序正常。

1994年，市粮食局加强调控，采取调节劳动关系、分配关系、社会保障体系，提高承租者素质、内部管理水平、适应市场变化能力和发展贸易加实业等措施。翌年，投资300万元，推行便民连锁经营，建立粮油便民连锁店和商品配送中心31家。1996年，对全市粮油企业进行股份制试点，常州油厂列入全市首批9个试点单位，实行保留国有常州油厂独立法人主体，由职工出资新设常州植物油厂的股份合作制改革；常州市第二粮库、粮油食品二厂与市饲料公司合并，组建为常州饲料总公司，同年组建为松散型的常州神龙饲料集团。1997年，市区部分粮食企业推行“统一财务、分级核算、指标包干、风险抵押”的办法，形成既不以包代管、又不一统就死的灵活性与制约性相结合的内部承包体系。1998年，市粮食局按“放活零售”要求，以用人制度改革为突破口，公开招标招聘市区57家粮店主任，推行“租赁经营、先缴后做、自筹股本、自求发展”的经营机制。

第三阶段从1998年开始，常州粮食流通体制改革以落实按保护价收购余粮、实行顺价销售、收购资金封闭运行政策，加快粮食企业自身改革为重点，市粮食局坚持推进粮改与企改相结合、消除历史包袱与夯实经营基础相结合、改革脱困与转制发展相结合，制定了《常州市区粮食企业分离改制工作实施意见》。1999年经市政府同意后，同步推行主附营业务分离和附营企业改制。2000年，国营粮食零售企业进行把粮店经营主体推向市场、把国企身份的职工推向市场的改革，实行产权改制与劳动关系置换、存量资产变现与人员补偿分流置换，国营粮店从此彻底退出粮食零售领域。2002年，市区7家粮食企业完成主附营业务分离，国有粮食购销企业全部按“一企一策、分类推进”和“彻底改、改彻底”的要求，实施产权制度改革，规范操作，有序推进。

到2003年底，市区除承担国家和省、市三级储备粮保管业务的城北国家粮食储备库、市粮油储运公司保留国有性质外，其他企业经过资产整合重组，吸收职工参股，按《公司法》规定组建成13家投资主体多元化的有限责任公司，全市基本形成有进有退、布局合理的粮食企业组织结构。粮办工业、商贸企业及从主营业务中分离出来的附营企业，全面完成产权制度改革或破产、关闭、歇业；粮食购销企业推进兼并重组，因地制宜实施产权制度改革，形成以国有独资形式，组建完成承担国家储备粮与地方储备粮保管业务的储备库序列，以国有独资或国有控股经营企业构筑的区域性粮食购销运营体系，成为常州调控区域性粮食市场的重要力量，对更多的布点分散、基础薄弱的库、所、站实行产权制度改革，或通过租赁经营等形式，搞活企业。通过减员分流，全市粮食企业职工总数从1998年的1.2万人减至2005年的2200多人。全市粮食企业改制基本完成。

第三节　供销合作体制改革

1978年4月，常州市供销合作社恢复成立，恢复组织上的群众性、管理上的民主性和经营上的灵活性，改官办为民办，变全民为集体，恢复供销社原有的“农民群众合作经济组织”的性质，扩大社员股金，恢复社员代表大会和集体所有制。1979年4月，中央财贸会议明确宣布供销合作社为全民所有制性质。1983年8月28—30日，常州市第五届社员代表大会召开，成立常州市供销合作联社，选举产生第五届理事会、监事会。1989年12月，常州市联社及所属县、区联社统一更名为供销联合总社，为独立核算、自主经营、自负盈亏的农民群众合作商业组织，先后组建多家专业公司。1999年，市总社所属企业陆续完成改制，市联社列入市政府行政序列。

一、管理体制变革

1983年，常州实行市管县体制，武进、金坛、溧阳3个县供销合作社划归市供销合作社管理。1987年12月，戚墅堰区供销合作社成立，业务上归市联社指导。90年代中后期，市供销总社增强管理职能，加快直属企业的改革改制，主要管辖金坛、溧阳两个市供销社和武进、郊区、戚墅堰、新北4个区供销社及常州市杂品公司、果品公司、副食品公司、废品物资回收公司、中联贸易公司、农贸中心、棉麻公司、茶叶公司、储运公司、生活用品公司和土畜产品总公司。2001年，市供销总社负责对常州所辖两市四区供销合作总社、市区公司的业务指导和管理，推进农业产业化、商业连锁化，兴办为农综合服务社、专业合作社，组建"供销通"信息服务平台，牵头发起成立常州市农产品经纪人协会，组织开展农民职业技能培训等，构建为农服务新体系。

二、经营方式变革

1983—1984年，供销社从政府序列中划出，计划中断，在农民入股、经营服务、劳动分配制度、价格管理等方面进行改革。1985年，常州市供销社参与全国供销社系统改革试点，上并联社于商委会，下放基层社给乡政府，完善农业社会化服务体系。1987年，国务院出台基层供销社不能下放给乡政府的政策，指出供销社改革的方向是要把基层社办成农村综合服务中心。市供销合作社收回基层社建制，发展支农支工支副业务，为工农业生产、城乡人民生活、外贸出口服务，供销社开展"驻厂挂厂、驻村挂村、驻户挂户"服务，帮助农村建立专业合作社、专业市场、专业协会。1989年，全国整顿经济秩序，供销社系统成为商品流通的重要渠道，统一经营国家委托的农药、化肥、农膜和棉花。其间，全市供销社系统初步建立农业生产资料供应、农副产品收购网络和为乡镇企业、城乡人民生活、外向型经济等服务的体系。1992年，供销社系统转换企业机制，逐步形成一业为主、多种经营，全方位、多元化、立体式经营格局，发展集团经营、品牌经营、连锁超市、开架式、货仓式等新的经营形式。

1996年，市供销社推行农资连锁经营，全市形成农资连锁经营网络。1999年，供销社开始精简机构，转变管理职能，对所属企业进行产权制度改革，实现政企分开。2003年，所有基层社及社属企业完成产权制度改革，转制工作结束。市供销合作社作为资产经营管理部门，负责完善农村现代流通体系、保障农业生产资料供应、推进为农综合服务体系建设，不再从事经营。改制后的供销企业继续发挥供销网络和本土地缘优势，依托武进信特、武进明都、溧阳扬子和金坛金果等品牌，发展日用品和农资两大连锁网点建设，以现代流通业态推进农村现代市场体系建设。2010年，全市新建连锁网点124家，日用品连锁网点覆盖73%的行政村，农资配送比例达75%，无公害蔬菜直销市区13家菜场。第三大连锁网络农副产品"农超对接"连锁经营建设开始提速。

三、企业体制改革

1982年12月，常州市供销社开始进行经济体制改革，成立体改工作组，郊区供销社改官办为民办，茶山供销社改全民为集体，重点在劳动人事制度、农民入股、经营和服务领域、按劳分配、商品价格等方面有所突破，扩大供销合作社企业自主权，开展为农系列化服务，逐步把供销合作社办成农村经济的综合服务中心。1985年，常州市供销合作社突破农民入股限制、劳动制度、分配上的平均主义、原有的物价管理体制和经营服务领域，改革的重点转到为农村商品生产服务，发展系列化服务、横向经济联合、农副产品加工、多种经营和农村商业网点。1986年，全市供销社开始全面推行利润基数承包、集体租赁承包、资产承包等形式的承包经营责任制。从1987年起，市、县供销合作联社改为总社，市供销合作总社与直属企业签订为期3年的资产承包经营责任制，企业工资总额同经济效益挂钩，打破企业内部"吃大锅饭"的局面。市总社与市政府签订为期3年的利税承包经营责任制，直属企业全面推行经理负责制、任期目标责任制和离任审计制，理顺企业党政工三者关系。着手调整和组建新的经营机构，改变计划经济体制下“大而弱”的公司建制，划细划专专业部门，老公司带新公司，组建成立各具特色、相互联系的专业公司，到1995年，全系统设立专业公司96家。1991年3—5月，市供销合作总社在直属企业试行首轮资产承包经营责任制和经理（厂长）负责制期满之际，实施为期5年的第二轮资产承包经营责任制，坚持所有权与经营权适当分离、责权利相结合，投入产出大集中、小分散，集体承包、科学管理和考核的原则，改前一轮行政领导一人承包为企业党政工领导集体全员承包，做到责任共负、利益共享、风险共担；增设风险基金项目，在企业留利中提取10%作为风险基金。

1992年，供销社系统的改革取得实质性进展。武进、金坛、溧阳3个县（市）供销合作总社机关完成成建制转换，下放权力、精简科室、缩减人员、兴办实体，于7月22日、25日和8月18日，先后成立跨部门、跨行业、跨地区、跨所有制的江苏省溧阳供销集团公司、武进供销社（集团）公司、江苏省金坛供销集团公司，与县（市）总社实行一个机构、两块牌子体制。供销合作总社加强指导、监督、协调和服务，集团公司以业务经营为主，实行董事会领导下的总经理负责制；基层供销社、商业社按“一社两制”模式筹建综合性或专业性实业总公司，区联社组建分公司，各县（市）供销系统形成以集团公司为龙头，县、基层公司为支柱的新经营群体。到同年底，全系统新办企业179家，其中市区26家。5—7月，市杂品公司、物资回收利用公司、农业生产资料公司、土畜产品公司、生活用品公司、中联贸易公司先后变更为总公司，所属批发部变更为公司，独立核算；常州市杂品、物资回收利用、生活用品总公司和果品公司被列入常州市30家流通企业“四放开”试点单位，企业内部进行经营、价格、分配、用工制度改革尝试。县（市）区供销社选择一批单位逐步实行“四放开”，市区12家企业转入第二轮承包，与前一轮相比引进风险机制，有资产承包、全员风险抵押承包、租赁承包、抽底承包、联利联销计酬等，企业内部经营责任制、经济核算、综合考核得到加强，完善激励机制。

1993年，基层供销社的改革朝着多元化方向发展，除雕庄供销社的柜组抵押承包、金坛市供销社的资金抽底承包等颇具特色外，对“边、小、微、亏”的基层供销社推出“社有民营”改革，首先在溧阳供销社系统推行，资产归供销社所有，门店柜组以租赁的形式由职工承包经营，实行双重管理，以“招标上岗、双向选择、风险抵押、全奖全赔”的形式，把基层供销社的改革引向市场化，承包经营者在租赁使用中必须自筹资金，每年向单位上缴承包金（租金），使供销社的所有权和经营权彻底分离，形成竞争机制、激励机制和风险机制多种并举。1994年，市供销合作总社在全市基层供销社系统逐步推广，实行招标上岗，双向选择，风险抵押，全奖全赔的供销社企业运行新机制。10月，市生活用品总公司在市供销社系统内首家实施全员劳动合同制，随后全系统推行。1995年6月，市供销社直属企业全部实行全员劳动合同制度，成为第一个在市区全面实施劳动合同制度的行业。

1996年，常州供销系统建立干部能上能下、职工能进能出、分配能高能低、机构能撤能建的“四能”动态管理机制，让每个干部、职工都有危机感。全系统改职工福利股为风险股、权益股，对社员股金加强规范化管理。1997年，供销系统探索多种改制形式，发展规模经营，筹建、组建江苏明都集团、农资集团、物资回收集团、棉麻土产集团、长江集团等。1998年，市供销社对部分直属企业进行改革、改组、改制。4—5月，常州市土产棉麻公司改革组建全市供销系统首家股份制企业常州鑫生土产有限公司，常州市生活用品总公司、中联贸易公司实行优良资产重组，后中联贸易公司与妇女儿童用品公司、今日厨房用品总汇组建常州供销商厦有限公司，常州市杂品总公司的批发业部分实行先售后股；7月，常州市农资总公司托管给武进市农资总公司，在全国农资系统率先改制，武进市农资集团有限公司随即成立。

2000年，常州市供销合作社分步对直属企业进行产权制度改革。8月，常州市茶叶总公司、常州市物资回收利用总公司、江苏省供销社常州储运公司先后启动先出售、后改制改革工作。10月，茶叶公司、储运公司进入改制程序。12 月完成改制，分别成立常州茶叶有限公司、常州供销储运有限公司，常州市土畜产品总公司首先对所属乾昌油麻土产商店实行产权制度改革试点，然后逐步推开。2001 年 4 月，常州农资总公司实施吸纳重组，由常州农资化肥有限公司吸纳安置常州农业生产资料总公司在职职工和离退休人员，常州市供销合作总社参股；8 月，常州市副食品总公司改制组建常州副食品大楼有限公司；9 月，常州市物资回收公司改制为常州物资回收利用有限公司；12 月，常州市农副产品贸易中心改制成立常州农贸中心有限公司。

2002 年 1 月，常州市果品公司实行“关门走人”；6 月，常州供销商厦公司供销大厦分公司、中联大厦分公司分别改制组建常州今日妇女儿童用品有限公司、常州中联假日商业大厦公司；8 月，常州市生活用品总公司改制组建成立常州生活用品公司。至年底，市供销社直属企业改革改制基本完成，全部由公有制转变为股份制经济组织。2003 年，市供销总社按照市政府《关于进一步推进市属国有集体企业的改革意见》的要求，对控股的常州供销储运公司和常州茶叶公司进行第二次改制，转让股权，实现企业所有制的社企分开。2004 年 3 月，常州农贸中心有限公司位于常州市区关河中路 65 号地块由市土地收购储备中心收购，公司解散。

第四节　物资流通体制改革

1980 年 10 月，常州市物资局恢复，管理全市的物资流通及局属金属公司、机电公司、燃料公司、木材公司、生资公司、化轻公司、农机公司、汽配公司、金属回收公司、物资综合商场、第二物资商场、木材厂、生产资料贸易中心等国有物资企业。1983 年 3 月，武进、金坛、溧阳 3 个县物资局及所属公司的业务归市物资局领导，逐步形成以城市为依托、城乡结合的物资流通管理体系。2001 年 11 月，市物资局在机构改革中被撤销，行政职能划转市经济贸易委员会，组建常州市贸易国有资产经营有限公司，管理原物资系统的下属企业。

一、经营方式变革

计划经济时代，常州实行高度集中的物资计划分配供应体制，各行各业生产建设所需物资从国家计划分配中调拨供应。改革开放后，突破“生产资料不是商品”的观念，国家计划分配的物资品种和数量逐步减少，物资流通由封闭式向开放式转变。1980年起，国家陆续将汽车、电缆等重要产品以外的大部分机电产品，及部分化工、建材产品退出指令性计划分配，逐步减少煤炭、钢材、木材、水泥等重要生产资料的指令性计划分配数量。常州市为适应物资流通出现的两种资源（计划内资源、计划外资源）、两种价格（计划内价格、计划外价格），实行两种资源统一经营、统一调度和指标、价格、核算分开的管理办法，计划内、外物资统一调度使用。1981 年 4 月，常州市开办物资综合商场，先后成立 3 个物资综合商场，成为全国最早的物资百货公司。1985 年起，全市先后建成生产资料贸易中心、长江自由贸易中心、农机市场、钢材市场、废旧金属交易市场、武进生产资料交易市场、金桥机电物资交易市场、丽宝第新型建材交易市场、连江煤炭交易市场等 15 个生产资料交易市场，成为供方驻场经营、供需直接见面、进行大宗买卖的生产资料交易场所。1986 年，生产维修用的钢材、木材，工业生产用的煤炭及物资部门从计划外组织进来的主要物资，不再列入指令性分配计划，实行由专业公司与用户直接按需衔接供应；指令性计划分配比重，钢材降为 12.7%，木材降为 13.2%，煤炭降为 35.5%。

1991 年，国家陆续上调计划内物资的价格，逐步实行计划内外物资价格并轨。1993 年，常州市取消钢材、煤炭、木材、水泥等主要物资的计划分配。至 90 年代中期，计划分配基本被市场经营所取代，物资批发业务萎缩，物资批发企业经营业务从批发转为批零经营结合。物资企业独家经营的格局被打破，经营优势丧失，在全市经营中的比例逐步下降。计划经济流通主渠道批发企业逐渐淡出市场，被商品交易市场和品牌经销商、代理商取代。至2005年，全市有集中交易的生产资料市场58个，木材、建材、生资公司因难以生存歇业，金属、机电、化轻、燃料公司实行改制，国有资本全部退出。

二、生产资料价格改革

改革开放后，常州生产资料价格逐步放开，常州市逐步下放计划外物资定价权。1985年7月，市生产资料贸易中心开业，市政府明确除钢材、木材、生铁、铝、锌、纯碱、水泥、玻璃、汽车、煤炭10个品种的计划内物资价格须由市场价格协调小组确定外，其余计划外物资价格均由企业自主确定。1986年，主要物资煤炭、钢材、木材实施以改革分配调拨供应、销售作价办法为主要内容的试点方案，对计划内外资源均按同一市场价作价销售。从当年4月起，对退出指令性分配计划后的工业用煤实行“计划内、外资源加权平均，分等作价”的办法，进行改革试点，变层层分配为综合平衡，供需合同订购相互衔接，将两种销售价按平均价销售，加权平均作价，改变过去诸多企业因享受计划煤炭比例不同而造成的不合理状况。10月，常州市开始对钢材、木材实行计划内、外物资同一市场价，价差返回办法，有计划指标的单位可获得按市场价销售形成的价差返回。1992年9月制定《关于贯彻〈加快改革开放和经济发展若干问题的规定〉的实施意见》，规定除国家专项规定的品种外其余计划外物资的定价权均放给企业。1993年起，指令性计划分配物资全部取消，物资价格由单一的计划价向市场价过渡。

三、物资企业体制改革

1982年9月，常州市物资局成立企业整顿领导小组，开始在物资企业内部进行系列改革，促使企业由分配调拨型向经营服务型转变。对国有企业实行“基数合理、效益挂钩、核定比例、联利浮动、全面考核、按劳分配”的考核、奖惩办法，1987年，全系统全面推开经理（厂长）负责制。在企业内部推行经济责任制，部分企业试行干部聘任制和职工聘用制度。1991年，常州市物资系统学习重庆经验，推出稳定经营承包制，搞活经营、作价、用工、分配综合配套改革试点。机电公司、金属公司、化轻公司等企业先后被列入市第一、二批试点企业，采取多种承包经营形式与多种奖励分配办法；试行总经理聘任副总经理，在机电、农机公司试行全员劳动合同制。1992年1月，开始实施物资企业新一轮经营责任制承包方案。1993年以后，多渠道流通格局形成，生产资料市场由卖方市场转为买方市场，物资企业成为微利行业，改革进入攻坚阶段。1994年，常州市机电设备总公司被列为省现代企业制度试点单位，物资企业产权制度改革进入新时期。至1995年底，常州第二物资公司破产终结。1996年，常州市物资部门按集约化、规模化、集团化发展思路，把企业改制与组建企业集团结合起来，将常州市机电设备总公司改制为常州市机电集团有限责任公司，把经营和生产机电产品的4家企业纳入集团。同年，金属集团成立，基本实现产权清晰、权责明确、政企分开、管理科学的目标。

1996年以后，市化轻公司被列入全市9家先售后股试点企业，成立新丰建材总公司，1997年该公司被列入全市先出售后改制的第二批试点企业。部分企业尝试破产、“退二转三（第二产业转入第三产业）”，常州木材厂则进行“退二转三”。探索企业内部机制改革，完善激励机制，探索多种形式的经营承包，分配上采取以含量包干为基础，超额分成、利润拆账、浮动计奖、效益挂钩等办法，职工收入与企业效益相结合。经营机制方面试行责任承包、租赁承包、风险抵押、国有民营等形式的经营承包责任制。全面推进全员劳动合同制，市机电集团公司实行岗位技能工资改革试点。1999年起，物资系统加快放开搞活步伐，国有资本彻底退出。在改制形式上，能整体改制的实行一步到位，不能整体改制的分别采用合并改制或分立改制；集团公司或总公司先对下属企业实施改制或解困，然后再对核心层企业或总公司改制；实在无法改制的用“关门走人”的办法解困。市机电集团、燃料公司、金属集团下属企业近百家，由于企业的资产关系、债权债务关系、投资关系存在较大的牵连和制约，改制难度大。物资流通行政主管部门采用合并改制、分别改制、合并与分别相结合的改制方法，先后完成改制。至2003年底，市物资系统国有企业改革改制基本完成。市生产资料办公室、信息中心两家事业单位被列为首批改制转企试点单位，先后改制转企，市建材公司、木材公司、常州煤球厂等单位实行“关门走人”。

第五节 对外经贸体制改革

1979年起，常州对外贸易体制改革经历国家统购统销、外贸自营两个时期。同年6月，市委决定调整充实常州对外贸易领导小组，在市计划委员会设立对外经济贸易科，同时成立常州市对外贸易局，与常州市对外贸易公司政企合一，负责编制下达外贸供货计划，研究制定外贸发展规划和措施，完成国家出口计划。1981年，市计委对外经济贸易科改为常州市进出口管理办公室；1983年，常州市对外贸易局改为常州市对外贸易公司。翌年12月，国家扩大地方进出口权限，市进出口管理办公室改为市对外经济贸易办公室。1985年，对外经济贸易管理体制改革，市对外经济贸易办公室和市对外贸易公司合并组建市对外经济贸易委员会。2001年5月，市外经委更名为“常州市对外贸易经济合作局”。2010年，组建市商务局，市对外贸易经济合作局的职责划入市商务局，原市经贸委的内贸管理职能、全市重要工业品和原材料进出口计划组织实施职责、原市发展和改革委组织实施农产品（不含粮食、棉花）的进出口计划等职责划入市商务局，对境内外商务活动统一扎口管理。

一、经营方式变革

1979—1983年，对外贸易实行国家垄断，出口业务由国营外贸专业公司独家经营，出口盈亏由国家财政统包。常州的外贸经营主要是按国家及省级部门下达的计划，收购商品以供出口。出口商品以轻工、纺织产品为主，进口商品以技术设备、纺织机械设备和材料为主。企业不必承担经营风险，受国内外市场变化的影响较少。1984年，国家推行新一轮外贸体制改革，除外贸的行政管理集中到外经贸部外，外贸企业可以自主经营进出口业务，实行独立核算，自负盈亏；同时放宽对企业直接经营外贸的审批，推进工贸、技贸结合。1985年，成立地方性外贸企业常州市对外经济技术贸易公司，享有对外经营权，可为常州企业引进限额以下的技术和设备，经营常州企业开发的、省外贸分公司不经营的新产品，及利用外资或自筹资金向生产企业投资增产的产品。

1986年，市外经贸委组织够条件的进出口支公司和生产企业承接省下放的部分商品自营权。至1988年，常州市除经营丝绸、电子产品外的所有专业外贸公司都取得近洋地区的自营权；常州柴油机厂与常州自行车总厂被首批批准为拥有直接对外经营权的生产企业，常州市开始独立自营进出口贸易。1988年以后，在全国外贸大包干中，常州市对上采取“切块承包，省市联营”的形式，对下采取“双轨制下达指标，工贸共同承包”的方式，促进外贸出口的发展。其间，常州在出口结构上实现“三个转变”，即出口品种由以前的轻纺产品为主，转向机电产品占有相当大的比重；出口生产企业由主要依靠城市国营生产企业转向乡镇企业；出口渠道由主要依靠省外贸公司成交，转向市级外贸公司自营出口、工厂直接对外经营、“三资”企业直接出口及多口岸出口同时并举。

1992年起，江苏省外贸体制发生重大变革，10家市、辖市（县）外贸公司的机构设置、人员编制、劳资财务等全部由省划归市、辖市（县）管理，省、市、辖市（县）外贸公司在自主经营、自负盈亏、自愿结合、公平合理、互利互惠的原则下，开展形式多样的联营和合作，出口商品供货价格及有关费用由供需双方协商确定，不再实行统一的商品调拨费率和发运费率。常州市可以保留两家自营进出口公司，省外贸公司委托市、县外贸公司收购、发运的付给一定费用。4 月，全民所有制外贸企业常州市对外贸易公司、常州市农机机械设备进出口公司成立，享有对外进出口经营权。原有其他外贸公司的对外经营权并入新组建的两家公司，作为成员单位，均可以两家公司的名义对外签约成交及履约。2001—2005 年，随着国家外贸进出口经营权的逐步放开，企业从事外贸进出口业务的门槛逐渐降低，很多生产企业开始申报自主进出口经营权，允许私人开设贸易公司。常州作为试点城市之一，2002 年正式启动私营外贸企业试点，同年 11 月 20 日，常州私营外贸企业创业园开园，首批 13 家私营外贸企业入园开业。2004 年 7 月 1 日，修订后的《中华人民共和国对外贸易法》正式实施，企业从事外贸进出口经营资格限制全面放开，实行备案登记制，常州市外贸经营主体队伍迅速扩充，形成外贸流通公司、自营生产企业、外资企业并驾齐驱的格局。

二、企业体制改革

1988 年以前，常州市直属外贸企业除对外经济技术贸易公司外，大多是省外贸公司组织出口货源的分支公司。1988 年，常州市实行省市联营、切块承包、盈亏由省市各负 50% 的经营方式，把企业经济效益与企业职工经济利益直接挂钩，外贸企业成为自主经营、自负盈亏、责权利结合的经济实体。打破了“吃大锅饭”的外贸统负盈亏的财务体制，减轻国家负担，打破企业分配中的平均主义。1990 年后，国家推进外贸体制改革，构建自主经营、自负盈亏、平等竞争的经营机制。1992 年，市外经委在外贸企业内部引进竞争激励机制，试行承包奖励办法，对公司领导、外贸业务人员分别确定考核指标及奖惩额度，落实经济责任制。1994 年，市外经贸委对自营生产企业的自营出口实行“双轨考核”，全市自营生产企业出口创汇比上年增加 143%。同年，成立以常州市对外经济技术贸易公司为核心企业的常州市对外经济技术贸易集团公司。

1996 年 1 月，常州市农机机械设备进出口公司联合全市 36 家机械行业主要生产企业，组建常州机械设备进出口集团公司。同年底，再次将所属 14 家外经贸企业合并建成常州市对外贸易（集团）有限公司、常州市大华进出口（集团）公司、常州市大亚进出口（集团）公司、常州市国际经济技术合作（集团）公司，实行资产经营一体化。至同年底，市区拥有 6 家外贸集团公司。重组常州市对外经济技术贸易公司和外贸储运公司，五矿进出口公司、销售公司等 12 家经营效益比较差的外贸企业陆续被注销。重组后，市直属有对外贸易（集团）公司、大华进出口（集团）公司、大亚进出口（集团）公司、国际经济技术合作（集团）公司、外贸宝达实业公司、外贸储运公司、外贸包装公司、外贸基地公司等 8 家外贸企业。2000 年初，常州市成立外贸企业改制工作指导小组；4 月，与市政府签订外贸企业改制目标责任状，启动常州市直属国有外贸企业改制。5 月，常州市启动新一轮国有外贸企业改制。2000 年底，中国加入世界贸易组织（WTO）后，常州市外贸企业面临国际挑战。2001 年 2 月 28 日，常州市外贸系统首家改制企业常州市外贸储运实业公司成立，外贸集团、大华集团、大亚集团于 2001 年底前相继完成改制，外贸包装公司和外贸基地公司于 2002 年初完成改制。至 2003 年，原 8 家市直属外贸企业改制全部完成。

三、招商引资体制改革

1985 年，市委、市政府批准成立常州市对外经济贸易委员会，内设外资外经科，加强对利用外资和港澳台资工作的管理。1987 年 3 月，市外经委设立外资企业管理科，加强全市外商和港澳台商合资、独资和合作企业的管理；同年，常州市成立外资企业合同章程预审小组，对外商和港澳台商合资、独资和合作企业的合同文本、合资合作章程进行集体预审，对外资和港澳台资企业的合同、章程组织自查和重点抽查。1988 年，市政府成立由计委、经委、外经委、开放办、财政、税务、工商、银行、外办、劳动、人事等部门组成的常州市利用外资管理委员会（简称“外资委”），审批全市利用外资和港澳台资项目，形成一个窗口对外、一个图章审批的新机制。1988 年 3 月，市外经委汇集外贸工作制度、会计制度、营业制度等 17 项，编成《常州市外商投资企业管理制度》，供外资企业和港澳台资企业参考。1989年底起，有关职能部门重新编制利用外资和港澳台资规划，调整充实合资合作项目简介内容。

1991年，常州市外资委调整吸收外商和港澳台商直接投资审批权限：凡属符合国家和省、市吸收外资和港澳台资方向规定的，建设、生产经营条件及外汇收支不需要国家、省、市综合平衡，产品出口不涉及配额、许可证的生产性中外合资、中外合作经营项目，武进、金坛、溧阳自行审批的权限由原规定的投资总额低于200万美元提高到投资总额低于1000万美元。符合国家和省、市吸收外资和港澳台资方向规定和市规划的，布局合理的生产性中外合资、中外合作经营项目，产品出口不涉及配额、许可证的，投资总额在300万美元以下的，由各区、局自行审批项目建议书和可行性研究报告。4月，市政府制定外资和港澳台资管理暂行办法，明确由市外资委统一扎口，市外资委的日常办事机构设在市外经委。1992年，市外资委再次下放外资和港澳台资审批权限，各县(区)、局(公司)分别享有低于3000万美元、1000万美元和500万美元的项目审批权。市外经委采取6项措施通过发展创汇农业、提高乡镇企业的出口比重、进行资金扶持、组建县区外贸网络、引导外商和港澳台商到县(市)投资、鼓励县市开展对外经济技术合作来促进农村外向型经济发展，支持发展农业。市政府提出敞开农门，推出鼓励外资和港澳台资开发农业的10条政策，同年批准合资创汇农业项目21个。

2003年，《常州市外商投资企业设立并联审批实施方案》出台，从当年1月1日起对全市审批权限范围内的外资和港澳台资企业的设立审批由原来的“两次申报、两次审批”变为“一次申报、一次审批”。2005年，《关于对利用外资项目审批实行简政放权的意见》及其实施细则出台，对涉及利用外资和港澳台资的14项市级审批权限实行简政放权。2008年，常州市建立健全重大项目信息储备制度、重大项目定期会商制度、重点外资和港澳台资企业联系制度，加快外资和港澳台资项目批办推进，优化对外资和港澳台资企业的服务。

第四章　宏观调控体制改革

1986—2010年，随着由计划经济向有计划的商品经济和市场经济体制转变，常州按国家和省的统一部署，探索开展计划体制、投资融资体制、财政管理体制、税收管理体制和金融管理体制的改革，理顺了计划投资、财税和金融领域的所有权和收益关系，为经济快速发展奠定了坚实基础。

第一节　计划投资体制改革

改革开放后，常州计划投资是区域经济社会管理的重要手段之一。计划投资体制成为经济体制改革的重要内容，大致经历3个阶段。改革初期(1979—1987年)，简政放权、缩小指令性计划和建设实施市场化是这个阶段的基本特点，实行建设资金有偿使用、改革投资计划管理和实行投资包干制等系列改革措施；转轨时期(1988—1991年)，主要是改进投资计划管理、强化投资主体自我约束机制、改善宏观调控体系及实行招标投标制、发挥市场和竞争机制的作用等；投资体制改革阶段(1992年起)，以1993年中共十四届三中全会确定建立社会主义市场经济体制的改革总体目标为标志，常州市计划投资体制改革进入新的阶段。

一、计划管理体制改革

1978年中共十一届三中全会召开后，常州的计划管理体制经历两次重大的全面改革：首次改革以放权让利为主要思路，基本破除传统计划管理体制的框架；第二次改革以创新为主，在“破”的基础上逐步建立起适应社会主义市场经济发展要求的新型计划管理体制的大体框架。随着经济体制改革的深入，常州从传统计划管理体制逐步过渡到以计划为主、市场为辅的计划管理体制，形成计划经济与市场调节相结合、指令性计划与指导性计划相结合的有计划商品经济的新格局。“六五”期间，常州市计划外产品产值占市区工业总产值的1/3以上。1986年以后，指令性计划逐步缩减，工业产品指令性计划仅占全市工业总产值的5%，95%的工业总产值通过市场进行调节；国家不再下达农副产品指令性计划，对主要农副产品通过合同定购形式，把国家计划与生产者联系起来。常州市从过去直接下达计划转向宏观指导，从单纯管理“计划内一块”转向全社会的综合平衡。

1991年，常州以增强国营大中型企业活力、健全企业合理的经营机制为中心，协调配套地进行改革，探索和初步建立适应社会主义有计划的商品经济、计划经济与市场调节相结合的经济体制和运行机制。1997年，引导企业开展以市场为主导、以产品为龙头、以效益为中心的技术创新，引导支柱产业19家重点企业提高产品开发的档次，形成生产一代、贮存一代、开发一代、研制一代的产品链。2001年，计划管理向培育重大项目、优化产业结构、促进社会事业协调发展等宏观方向发展。常州市抓住国家实施“西气东输”工程、国家计委实施“菜篮子”工程等机遇，编报“十五”重点基础设施和城市建设项目71项，总投资557亿元；一批市级龙头企业、支柱产业和高新技术产业等重大项目立项。

2002—2004年，常州市计划管理以实现富民强市为目的，重点研究跨越发展、长远发展课题，规划、指导全市产业结构调整，编制“十一五”规划及全市重点领域规划，编制《常州市沿江开发详细规划》《常州现代物流发展规划》《常州市基础通信管道建设规划》《常州市社会事业领域资源调整规划纲要》等指导性总体规划；编制轨道交通、录安洲开发、国有土地出让、房地产市场等重大项目可行性研究报告。2005年2月，常州市发展计划委与常州市经济体制改革委员会合并，成立常州市发展和改革委员会，计划管理向服务城市发展、服务经济建设领域倾斜，着重编制规划促进长远发展，推进重大项目建设，调整产业结构，促进开放型经济发展，加强招商引资，完善市场体系，加快体制改革进程等宏观管理职能。

2005年以后，计划管理引入目标管理体系，加大对年度重点工作落实情况的测评。2006年以“小康进程”和“有效投入”两大主题考核城市发展和经济建设目标任务。2009年，市发改委建立科学发展评价考核体系，分为经济发展、有效投入、科技创新、招商引资、生态文明、民生改善6大类35个指标，重建全市目标考核工作网络，落实中长期目标任务，促进经济建设和社会发展。2010年，市发改委完成现代服务业发展、新兴产业发展等政策规划和思路研究，制定出台了相关政策意见，推动相关领域发展。至年末，编制完成《常州市国民经济和社会发展第十二个五年规划纲要(草案)》。

二、投资融资体制改革

改革开放后，常州对投融资体制实行一系列渐进式改革，逐步改善政府对投融资的宏观调控和管理方式。1980年，国家开始实行“分灶吃饭”的财政包干体制，常州作为全国试点城市，改变新中国成立后由中央统收统支的财政分配体制，按资金有偿使用的原则，改财政拨款为银行贷款。利用外资实行限额以上项目部级审批制度、限额以下部级备案制度。1992年10月，中共十四大确立建立有中国特色的社会主义市场经济体制的改革目标后，投资体制改革的思路和目标逐步明确，实行政企分开，建立投资主体和金融机构的利益激励和风险约束机制，逐步完善宏观调控体系，建立起与社会主义市场经济相适应的投融资体制框架。

2002年4月，常州市投资公司整体收购常州市信托投资公司，组建市政府授权经营的国有独资公司常州投资集团有限公司，注册资本5亿元，从事能源、交通等基础设施和城市公用事业等国有资产投资、经营和资产管理领域的建设项目投融资，参与国有企业的改革重组。至同年底，在全社会固定资产投资中，基本建设、更新改造、房地产开发投资比重分别为30.2%、51.1%和15.9%，第一、二、三产业比重分别为1.2%、50.1%和48.7%。投资来源广泛，全市非国有经济投资183.4亿元，占全社会投资的73.4%，资金来源于国债、国家和地方财政性专项资金、财政贴息贷款等。2003年起，市发展改革委探索改革投资体制，实行基本建设项目并联审批制。2003年，市政府出台《常州市基本建设项目并联审批实施方案》，2004年全市试行政府投资项目代建制，向社会公开招投标确定项目代建单位，引入专业化的项目管理单位，由代建单位负责项目实施，避免过去由非专业机构、非专业人员进行管理，对设计、投资、质量、工期无力进行有效管理和控制的问题，切断使用单位在建设中擅自扩大建设规模，提高建设标准和形成概算突破后倒逼追加投资的问题。同年9月起，国家发改委印发《企业投资项目核准暂行办法》《政府核准的投资项目目录(2004年本)》《外商投资项目核准暂行管理办法》《外商投资产业指导目录》等规范性文件。

2004年以后，常州市投资融资方式向商业化、市场化、科学化发展，推进常州社会资本特别是民资进入创业投资领域，引导和鼓励股权投资企业集团组建规范的创业投资企业；推进国有(集体)企业改制，施行关停并转，引导企业强强联合、优势互补，做到国有资本高效运作，资金有效投入；围绕有效投入，做好投资管理和项目推进工作。根据全市年度投资目标，编制重点项目计划，下达投资计划和重点项目建设计划；优化国有资本布局，推动国有资本向新兴产业与现代服务业流动。2005年，市政府印发《常州市外商投资企业并联审批实施方案》，对基本建设项目实行并联审批。国家法律法规未明令禁止的投资领域、允许外资进入的投资领域都向社会资本开放；5月30日，市政府印发《关于对利用外资项目审批实行简政放权的意见》，赋予辖市区外资项目的审批权，对政府投资项目试行代建制；8月8日，市政府转发的国家投资管理体制改革方案全面实施。

2006年，常州市首家民营创业投资企业常州鼎蓝创业投资有限公司成立。2007年，发行10亿元10年期常州高新区发展(集团)总公司企业债券，长江客车集团有限公司以机器设备对外投资，燃气热力总公司以土地使用权和现金对外投资。2008年，协调银企对接，促成农业发展银行向市农业龙头企业贷款17.8亿元，国债项目和专项资金争取累计突破5亿元，发行25亿元7年期常州市城市建设(集团)有限公司企业债券，江苏高科技投资集团在常州市发起设立江苏高晋、常州高投两只创业投资基金，全市形成投资主体多元化、融资渠道多源化、投资方式多样化的投资融资格局。2009年，全市连续发行常高新债、武进城投债和常州投资债，发债额分别为15亿元、22亿元、20亿元。新增创投企业6家，新增注册资本7.9亿元，外资创投基金常州傲扬创业投资有限公司和常州赛富高新创业投资基金落户常州。2010年底，全市有创业投资企业29家，注册资金总额35.5亿元。常州同年被评为江苏省创业投资创新发展示范城市，筹建新兴产业股权投资基金，探索破解常州产业发展和结构调整难题，助推常州新兴产业发展。

第二节　财政管理体制改革

1985年以后，常州市推进财政改革，构建公共财政体制框架，健全财政收入稳定增长机制，实施市区企业税收属地征管制度改革，将部分非税收入纳入预算管理；实行部门预算编制改革，按零基预算、综合预算的要求，将预算内、外资金统一编入部门年度预算，初步建立部门预算制度体系和编审办法；实行行政事业单位工资统发，推行国库集中支付制度改革；推行以公开招标采购为主、其他采购方式为辅的采购方式，实行政府采购制度，深化从预算外资金“收支两条线”管理到政府非税收入管理过渡的改革，逐步确立公共财政体系。1986—1993年，市和辖市(县)、区总体上实行财政包干体制。1986年，常州市有9个财政行政机构，即常州市财政局和武进、金坛、溧阳3个县财政局，天宁、钟楼、戚墅堰、广化、郊区5个辖区财政局。1987—1989年，市财政局增设中央企业财政驻厂科、对外经济财务管理科、农业税征收管理科、控制社会集团购买力办公室、会计事务管理科、税收财务物价大检查办公室（二级局）、国有资产管理科等科室及其职能。1992年，国有资产管理科改设为国有资产管理局。1994年，实行分税制财政体制，乡镇财政体制相应发生变化。1999年，增设政府采购中心，成立隶属市财政局领导的市世行办，成立预算外资金管理办公室。2001年，市财政局内设预算处（国库处）、政府采购管理处（常州市控制社会集团购买力办公室）、综合处（市预算外资金管理办公室）、税政法制处、经济建设处、企业处、外经金融处（市政府世界银行贷款项目办公室）、行政政法处（科教文处）、社会保障处、农业处（市农业发展基金管理办公室）、统计评价处、会计处、国资处（挂市国有资产管理委员会办公室、集体资产管理办公室等牌子）、监督检查处（市财政监督检查局）等17个处室，新设下属单位市财政预算编制审核中心、市财政结算中心等。2005—2008年，市财政局增设常州市契税征收管理所、计算机信息处等。2010年，常州市财政行政机构有8个，即常州市财政局和金坛市、溧阳市两个辖市财政局，武进、天宁、钟楼、戚墅堰、新北5个辖区财政局，市财政局设预算处、国库处、政府采购管理处、综合处（非税收入征收管理处）、税政法规处、经济建设处、工贸发展处、金融处（市利用国外贷款工作办公室）、行政政法处、教科文处、社会保障处、农业处（市农业发展基金管理办公室）、基层财政管理处、绩效管理处、行政事业资产管理处、会计处（行政服务处）、监督检查处、计算机信息处等21个处室，下设市财政预算编制审核中心、财政结算中心和市政府采购中心、契税征收管理所等7个事业单位。

一、市级财政体制

改革开放后，常州财政管理体制改革经过3个阶段。1977—1982年，实行包括分类分成、总额分成、固定比例分成等形式的高度集中的统收统支体制、集分结合型体制；1983—1993年，实行包括全额比例包干、收入递增包干等形式的包干型体制；1994年开始，实行分税制。

财政递增包干体制 国务院批准常州从1983年起在全国城市中第一个进行财政递增包干试点，国家体改委、财政部在常州市试行递增包干体制，即在1982年分成体制的基础上核定包干基数，逐年递增上缴，收支比例挂钩，超包地方分成，短包相应赔补，一定三年不变，递增包干体制在常州共施行两轮。

首轮（1983—1985年） 1986年，财政部批准常州市区第二轮财政递增包干体制的基本内容为核定包干基数，逐年递增上缴，收支比例挂钩，超包地方分成，短包相应赔补，一定四年不变。参考1983—1985年收入情况及增长速度、价格因素等，包干收入基数定为6亿元，收入逐年递增率由首轮的3%调升为6%；基数部分收支挂钩分成比例为4.97%；超过包干基数（简称“超包”）部分市留70%，上缴30%，市留部分的兑现由财政部、省财政厅按体制结算，分别负担。

第二轮（1986—1989年） 基数和递增率有所调高，分成办法不变。第二轮递增包干由于价格等项改革政策措施出台，地方收入下降，支出较大幅度提高，中央对常州市区财政体制作了两次调整。1987年底，确定收支基数分成比例由4.97%（即是8.2%剔除了新产生的城市维护建设税）调高到8.73%，递增率由6%降为4%，超收市留成部分由70%降为60%。1988年底，确定1989年、1990年市区财政纳入省体制，基数6.75亿元，递增率由4%降为3.7%，基数分成比例由8.73%提高到10%，超收部分常州全留。第二轮市区财政递增包干体制执行中，由于国家调整经济政策，企业效益下降，造成财政收入难达到预期的递增率，而财政支出刚性增长，规定的收支挂钩比例又低，因此市级财政体制结算财力形成负数，每年出现预算赤字。市委、市政府和市财政局逐年向上请求调整体制，得到财政部、省财政厅的同意。1988年收入短包1232万元免于赔补。

常州市为落实财政承包，层层分解指标，即8个工业公司向市实行承包，公司所属全民工业企业向公司实行利润承包。超包返还的70%部分市留15%，公司得10%，企业得45%，企业超包所得再按6:2:2的比例建立生产发展、奖励、福利三项基金。让公司和企业通过超包分成取得部分自我发展资金。1984年，市政府决定对8个包干行业实行利改税与财政递增包干相结合的分配办法，即按利改税政策规定上缴国有企业所得税和调节税，享受增长利润减征70%调节税的规定，一定七年不变。1985年，常州市在市郊及县所属的乡全面推行乡一级财政。1987年，市同区实行财政包干，划定收支，确定收支基数，收支比例挂钩；超包部分1987年按10%，1988年、1989年按15%分成。

1989年6月，全国财政体制进行改革，江苏省实行递增包干财政体制。经财政部同意试行的常州市级财政第二轮递增包干体制结束，省财政厅明确常州市级财政仍实行递增包干体制，确定包干收入基数为1988年市级财政收入6.74亿元，年递增率3.7%，基数分成比例10%，超递增部分全留，达不到递增率而影响上缴的部分由市财政用自有财力赔补。经努力争取，省财政厅同意常州市级财政1988年短包的1232万元免予赔补。1989年执行结果，市级财政超包398万元。1990年，市级财政按1989年省定递增包干体制继续执行，短包3072万元，收入递增包干的财政体制延续至1993年。1983—1988年，常州市工业生产年均增12.2%，市区财政收入年均增6.94%，施行两轮递增包干的6年间（主要是前3年）常州市获得超包分成1亿多元。

分税制财政体制 1994年起，全国实行分税制财政体制，省政府明确以1993年为基数年，按各地1993年财政收入和新体制分别确定上划中央收入、省市共享收入和固定收入；省财政厅核定常州市上划中央增值税、消费税基数10.91亿元，其中市区基数6.29亿元，1994年起对基数部分全额返还，比基数递增的部分按全国平均递增率，中央以1∶0.3比例对省返还，省集中0.05，对各市以1∶0.25比例返还；增值税比基数增长部分省、市在国家规定的分享25%部分中各占12.5%；城镇土地使用税、土地增值税、资源税等省按不同比例分成；外贸出口退税市负担20%。当年按新体制全额口径计算，市区得全部财力4.79亿元，占财政收入的33.7%。

常州按1993年财政收入和新的财税体制，分别确定上划中央收入、省与各市共享收入和各市固定收入。消费税的全额和增值税的75%部分上划中央，增值税地方分成25%部分作为省与各市的共享收入，1993年增值税基数由省返还，比基数增长的部分对半分成各占12.5%；中央对地方上划的消费税和增值税，以1993年为基期核定基数返还，1994年以后返还额在1993年基数上逐年递增，递增率中央按上划税收平均增长率的1∶0.3系数确定，省对常州市按1∶0.25的系数确定递增包干额。1994年实行分税制财政体制后，各市上缴基数、递增率都按原体制办法执行，城镇土地使用税省分成50%；新开征的土地增值税省分成30%，资源税1993年基数部分省不集中，比基数增长部分省分成30%。

2001年，省政府对各地调整分税制财政体制，取消原定增值税增量部分省分享12.5%，上划中央税收返还部分省集中0.05，城镇土地使用税、土地增值税、资源税等省按比例分成政策；原上缴省部分以2000年基数实行定额上缴。以2000年地方收入（剔除企业所得税退税、国有企业计划亏损补贴、农业税、耕地占用税、基金和行政性收费收入）实绩为基数，超收部分省集中20%。2002年，国家改变企业所得税、个人所得税共享政策，部分中央企业所得税下放地方。2003年起，个人所得税超收部分分成比例调整为中央60%，地方40%；地方分享部分省集中20%，市得20%。2001年，省对下调整财政管理体制，取消省集中增值税12.5%部分和印花税、城镇土地使用税、资源税、土地增值税、排污费、水资费等按比例分成及税收返还增量省集中0.05的政策，原上缴省部分以2000年为基数，实行定额上缴，上划中央收入按1∶0.3进行税收返还，增值税、排污费、水资源费等原进行专项结算的收入以2000年为基数进行定额上缴。2002年，中央对企业所得税、个人所得税进行共享改革，部分中央企业所得税同时下放地方，地方企业所得税、个人所得税基数超收部分按中央与地方分成比例进行五五分配。

2004年，国家改革出口退税机制，明确以核定的2003年出口退税应退数为基数，超过基数部分地方负担25%，省政府规定在25%中省承担5%、市承担20%。2005年，国家将超基数部分地方负担由25%调降为7.5%，常州市实际负担比例调降为6%。2008年，省政府再次调整分税制财政体制。以2007年为基期年，地方营业税增量部分省不再集中，由各地全留；地方新引进银行保险机构缴纳的营业税，由省给予50%返还奖励；地方增值税（分享25%部分）增量部分省集中50%，出口退税超基数部分各市负担比例由6%降为3.75%，城镇土地使用税、土地增值税、房产税和契税增量部分，省集中30%；个人所得税、城市维护建设税、印花税、资源税、车船使用和牌照税等收入增量部分，预算内非税收入增量部分，省均不再集中，各地全留。2001—2008年，国家、省对财政体制的历次调整，常州市均予以执行。

二、财政预算管理体制

90年代末，中央明确提出构建公共财政框架的目标。常州市构建公共财政框架从政府预算制度入手，以部门预算改革为切入点，实施“收支两条线”、国库集中收付、政府采购等预算管理制度改革。2006年，启动政府收支分类改革，对政府收入按科学标准和国际通行做法进行统一分类。

部门预算制度 2001年起，常州开展部门预算改革试点，确定市教育局等6个部门及68个二级单位为2002年市级部门预算编制试点单位。2002年，市财政局组建预算编制审核中心，完善制度措施，在全市行政事业单位全面推行部门预算。2003年，在省内率先实行单位基本支出预算由财政部门按定编、定员、定额标准，结合工资统发等基础资料直接编制的做法，基本保证单位正常运转的必需。2004年，实行具有地方特色的项目支出预算分类编制办法，把国家、省、市有关政策规定及事关全市经济和社会事业发展的重大项目编入部门预算。2005年，建立市级财政供养人员管理系统和单位车辆、办公设备等基本信息库，及时调整公用经费分类分档定额标准、车辆综合费用等。

预算外资金管理 1987年起，常州市对行政事业单位的预算外资金实行财政专户储存。1990年，各单位开始向市财政局报送1989年底预算外资金结存情况，10月市政府全面清理市区事业、行政单位的预算外资金，纳入财政专户储存。共存入5634万元，连同以前专户储存余额，合计7300多万元。对应存而未存入、借贷在外的资金委托审计部门审计重点大户，组织回收纳入专户。将原由市财政管理的企业更新改造资金、新产品周转基金和科技发展基金，及市计委管理的外汇调节基金集中起来，建立市经济发展基金，采取有偿使用、循环增值的方式。

1998年，市政府实施“收支两条线”管理，集中撤并清理530户行政事业单位、200多家社会团体的1000多个账户与资金。1999年6月，取消各行政事业单位、社会团体预算外资金收入过渡户，所有单位缴入款项当天直接进入财政专户。2000年，对所有行政事业单位和社会团体银行账户的开设、变更，实行财政和人民银行联合审批管理制度，严格控制多户开户。加强票据管理，统一印制、发放、缴销行政事业性收费、政府性基金、罚没收入、捐赠收入等财政票据，执行票据按月缴验制度，推行票据管理电算化，监督收入及时足额上缴国库或财政专户。全市建立以“单位开票、银行收款、财政统管”为模式的票款分离制度，达到预算外资金单位实现纳入财政专户管理、单位预算外资金实现上缴财政专户的目标。及时清理现行收费，取消不合法、不合理的收费项目，对部分不体现政府行为的行政事业性收费按规定转为经营性收费，停止供应票据，公安、法院、环保、计划生育等部门在内的行政性收费及政府性基金被纳入预算管理，对部分单位预算外资金实行统筹，统筹资金全部用于下岗职工基本生活、再就业支出。2004年，财政部决定以政府非税收入管理取代原预算外资金管理。2005年，常州市制定非税收入管理改革办法及票据管理办法，2006年1月1日起实施，直至2010年底。

非税收入管理 2006年1月1日起，常州启动政府非税收入改革，政府非税收入管理办法出台，除必须保留的专用票据外，统一使用常州市政府非税收入一般缴款书。财政部门实行单位开票、银行代收、实时入库（专户）的非税收入征缴方式，将政府非税收入纳入预算管理，做到收支脱钩，非税收入实时、足额缴入国库或财政专户，开发非税收入信息管理系统，非税收入票据入库、购领、使用、缴销全程电脑监管，实行网上对账、票据核销、自动转账全过程计算机自动化管理，非税收入应收尽收。2009年市财政局公布行政事业性收费和政府性基金目录。2010年，清理行政事业单位暂存款历年结余，住房保障资金纳入非税收入管理。

国库集中支付 2004年，常州市政府出台《常州市财政国库管理制度改革试行方案》和资金支付、清算等相关配套办法，市财政局开发财政预算执行管理信息系统，确定代理银行。2004年7月1日起，市司法局、团市委等6个部门14个预算单位试行国库集中支付改革。2004年10月1日起扩面推广，53户预算单位被纳入财政国库集中支付。2005年3月1日、7月1日，市级国库集中支付的改革分两批全面推开，市级纳入部门预算管理的282个预算单位中，除13个预算单位因暂不具备国库集中支付必备条件外，其余269个预算单位全部实行国库集中支付，清理银行账户、开设预算单位零余额账户，在全省率先开发财政国库集中支付对账系统，实现财政、人民银行、代理银行三方联网额度对账，资金支付和清算安全、畅通、快捷。2007年7月1日起，对原由各预算单位解缴的职工住房公积金、新职工住房补贴和工会经费，改由市财政局按“统一基数、统一标准、统一支付”的方式，通过国库分别直接汇交市住房公积金存款专户和市总工会专户。2008年9月，市财政局开发公务卡结算管理系统、预算单位公务卡消费信息查询系统，在市级党政机关、人民团体和实行全额预算管理的事业单位全面推行银行授信额度，个人公务刷卡、单位报销划款、财政实时监控的结算方式，结算覆盖以往采用现金支付的预算单位商品、服务、日常公务支出。2010年5月，市政府转发市财政局等4个部门提出的《进一步深化和完善国库单一账户体系实施方案》，市财政局组织市级239个预算单位清理银行账户554个，核销账户316个，核定划转财政专户资金7.3亿元，其中历年结余2.25亿元，基本实现预算单位财政资金活动全部纳入国库单一账户体系。

政府采购管理 常州的政府采购始于1999年，制定实施《常州市政府采购管理实施办法》及其实施细则等制度和规定。2001年，市财政局成立政府采购管理处，建立监管与执行分离机制，规范政府采购的评标办法，建立内外部监督机制。2003年《中华人民共和国政府采购法》颁布后，修订完善规章制度，规范政府采购行为。2004年，财政部门组织编制政府采购预算。逐步扩大政府采购，重点拓展医疗器械、工程项目等领域，在全省率先将使用财政性资金的园林绿化工程、建设工程项目等纳入政府采购。2006年，实行政府采购省市联动制度，推进网上采购。2007年，常州市在全国率先对市级机关常用的计算机、打印机、空调等办公用品实施统一标准、集中采购、实物配发的政府采购模式。1999—2010年，政府采购目录不断扩大，由初期的8项扩大到期末的119项，每年新增项目；政府采购金额逐年增加，年均递增58.3%。至2010年底，全市累计实施政府采购金额256亿元，比预算金额节约34.66亿元，平均节约率13.5%。

三、县市财政体制

1983年江苏实行市管县后，武进、金坛、溧阳三县（简称“三县”）财政体制，由省核定到各县，结算到常州市。1986—1987年，三县继续实行1982年省定收支比例挂钩，总额分成的财政体制，核定留用比例为武进县23.23%、金坛县50.29%、溧阳县54.06%。执行中因收支口径变化，金坛、溧阳县留用比例分别调整为52.38%、55.86%。1987年，省政府批准武进县青龙、潞城、北港、西林、三井5个乡划入常州郊区，相应调整武进县收支基数，将留用比例调升为27.9%。

1988—1993年，三县实行省定的收入递增包干财政体制。以1987年三县决算参与分成的收入3.53亿元为基数，年综合递增率6.5%，其中武进县6.8%，金坛、溧阳两县6%。在递增率以内的收入仍按武进

27.94%、金坛 52.38%、溧阳 55.86% 的比例留成，超过递增率部分全留，达不到递增率而影响上解部分用自有财力补足。1994 年实行分税制财政体制时，常州市规定各辖市县增值税比 1993 年基数的增量分成 12.5% 中，市集中 1.5%，主要用于全市农业投入；城镇土地使用税省分成 50% 后，市分成 10%，辖市县分成 40%；新开征的土地增值税和资源税，省分成 30% 后，市分成 20%，辖市县分成 50%。2001 年省对下调整分税制财政体制，2002 年企业所得税、个人所得税共享改革，2004 年出口退税政策改变，市对辖市体制都相应有所调整。

2007 年，省政府实行省直管县财政管理体制，地级市下辖的县市财政从当年 1 月 1 日起不再受地级市财政管理，其财政分配、预决算、资金往来等改由省财政直接管理；原由县成建制改成省辖市的区财政仍接受地级市财政直接管理，地级市对所属县的财政体制性集中和财力补助、财力性专款指标均以 2005 年为基期年，地级市下达县的其他专项指标以 2005 年为基数，由市统筹用于对县补助，市对县下达的专项补助指标年末经市县确认后，由省财政厅统一办理结算。省财政厅对各地财政收支划分，划转的各项上解基数、补助基数、税收返还基数等作出规定，明确取消各地级市与下辖县（市）之间的现行分税制财政体制，由省同各地级市、县市分别确定分税制财政体制，金坛、溧阳两市执行新规定，从 6 月 1 日起市与县不再办理任何资金往来手续，已发生的缴拨资金年末由省财政厅统一办理清算。

四、区级财政体制

1987 年，常州市建立区级财政，对区实行核定收支、收支比例挂钩、总额分成的财政体制。1987—1989 年，市对天宁、钟楼、戚墅堰、郊区 4 个区实行划分收支、确定收支基数、收支比例挂钩、增收另定分成的财政体制，增收分成 1987 年为 10%，1988—1989 年为 15%。1990 年，区财政体制原则上按首轮办法延长 1 年，各区除专项留成外，财政收入达到或超过上年水平时，超收分成兑现控制在 1989 年实绩水平上，超过上年部分适当奖励，低于上年水平则照减。执行过程中对超收的区按 15% 分成奖励。1991—1993 年，市对区实行确定收支基数、收支比例挂钩、增长另定分成的财政体制，各区挂钩比例分别为天宁区 34.3%、钟楼区 26%、戚墅堰区 17.4%、郊区 8%，增长分成比例均为 15%，政策性增支由市财政专项追加安排。1992 年 8 月，常州高新技术产业开发区成立，相应设立一级财政。市政府明确 1992—1997 年该区财政收入除按规定应上交国家、省的部分外，其余由市财政全额返还，扶持其建设和发展。1997 年，五年期满后仍执行全留政策，按分税制理顺体制，每年享受市级转移支付 2000 万元。其中，1995 年 4 月，原属武进县的龙虎塘、新桥、百丈、圩塘 4 个乡镇划归常州高新区，常州市调整武进的基数，确定了 4 个乡镇划归常州高新区代管后与高新区财政体制分开的原则，明确 4 个乡镇以 1995 年收支基数为基数，超收留用 80%。常州的省级开发区自建立起，市对其采取与高新区税收同样优惠的全额留用财政体制。

1994 年实行分税制财政体制时，市把各区财政收入划分为中央固定收入、地方固定收入、中央与地方共享收入，各区不参与增值税 12.5% 部分和城市维护建设税、农业特产税、契税分成；体制分成财力全额返还，新增地方财政收入按五五比例分成；原由市下达专项指标的部分区级支出项目改按 1993 年市补贴数纳入区支出基数。常州高新区财政体制仍按 1992 年规定执行。1994 年，市调整区级财政体制，核定各区地方财政收入基数和 1993 年既得财力全额返还，新增地方财政收入按五五比例分成。1997 年，根据各区财政运行情况和取消行政事业经费附加征收的实际，按财政供养人员测算，市对区实行财政转移支付。

1995 年，市财政局按照分税制原则对郊区的东南经济开发区、戚墅堰区的东方经济开发区确定财政收入以 1994 年实绩为基数，1995 年新增部分除上缴中央和省的部分，其余全留。1999 年设立的郊区农业示范区，2003 年设立的钟楼经济开发区、新闸工业园区 3 个省级开发区，同样享受上述优惠政策。1997 年，市级财政通过对区级财政实行转移支付，完善区级财政体制，转移支付给各区 1507 万元。1998—2000 年，市级财政增加对天宁区、钟楼区、戚墅堰区、郊区的转移支付财力。

2001年，省对下调整分税制财政体制，2002年所得税共享改革、2004年出口退税改革等政策出台，市对区统一作相应调整。2002年常州行政区划大调整后，市对区财政按体制不变、基数划转办法，调整财政结算事项，企业所得税、个人所得税共享改革，市对区体制亦做相应调整。2004年，税收属地征管，市对各区实行划分税种、核定收支、增量分成的财政体制，对国家级、省级开发区体制实行并轨（钟楼经济开发区、新闻工业园区因一轮体制未到期除外）。把税收属地征管后的一般预算收入划分为市级固定收入、区级固定收入和市区共享收入，以2003年为基期年核定属地征管后各区共享收入基数、体制正常结算财力基数。2004年起，各区每年共享收入比上年增15%以内，地方留用部分市分成70%、区分成30%；比上年增15%～25%部分市、区各分成50%，比上年增超过25%部分全额由区留用。其中市级固定收入有市级属地保留企业税收、城市维护建设税、契税、专项收入（排污费、水资源费、教育费附加等）、海洋场地矿产使用费、市级行政事业性收费等。区级固定收入有耕地占用税，区级征收的集体土地房屋交易的契税，区级行政事业性收费，罚没收入等。共享收入有增值税（地方25%部分）、企业所得税、个人所得税（地方留成部分）、营业税、印花税、房产税、土地使用税、土地增值税、资源税、车船使用牌照税。年度出口退税数超过省核定的出口退税基数后地方负担的25%部分，由市、区按核定比例分别负担。以2003年体制财力结算中市对国家级、省级开发区的财力优惠为基数，2004—2006年分别按基数的70%、60%、50%由市财政转移支付各开发区。2008年省再次调整分税制财政体制时，市对区财政体制未作调整，延续至2010年。原区、乡（镇）留用的城建税、教育费附加作为市级固定收入后，确保区、乡镇2003年既得财力，增量部分由市财政会同市建设、教育主管部门根据财权与事权相适应的原则安排支出。

第三节　税收管理体制改革

改革开放后，国家着手改革税收制度，重点调整工商所得税的税负，对新产品、技改项目等对象减免税收。1983—1985年，常州市实施第一、第二步利改税，促进了个体工商业户的发展，部分积累较多的个体工商业户发展成为私营企业。1988年，国务院出台政策规定对私营企业实行比国营、集体企业和个体工商业户都低的35%的所得税税率，促进了常州市私营企业的发展。常州市为建立符合社会主义市场经济要求的税制体系，从1994年1月起，分步实施包括工商税制改革、税务机构改革和税收征管改革在内的税务体制的全面改革。

一、工商税收体制

1994年1月起，常州市根据国务院的部署，对工商税制中的流转税、内资企业所得税、涉外税收、个人所得税和税收征管进行改革，改革的重点是流转税。

流转税改革　主要是改革增值税，从原只对部分工业产品征税扩大到所有工业产品，由生产领域扩大到流通领域，对商品批发、零售由原征收营业税改为征收增值税。将原以扣税法确定进项税额的办法改为根据增值税专用发票注明税金进行税款抵扣的制度；将增值税纳税人划分为一般纳税人、小规模纳税人，采用不同的征收管理办法；把增值税由价内税改为价外税，使作为计税依据的销售额不含增值税。常州税务机关简化税率，原规定增值税50个税目中设置15个税率档次，改革后只有3档：纳税人销售或进口货物和提供加工、修理修配劳务，除按规定适用低税率或零税率外均适用17%的税率；纳税人销售或进口粮食、食用植物油、饲料、化肥、农药等19个品种的货物适用13%的低税率；纳税人出口货物适用零税率（外贸出口产品实行退税办法）。税制改革后，税收负担总体上不增不减，但由于税收结构的变化，纳税环节的改变，产品之间、行业之

间，税收负担有增有减。

内资企业所得税改革 1994年分税制改革前，内资企业有3个所得税税种。1993年12月，国务院发布《中华人民共和国企业所得税暂行条例》，规定国有企业、集体企业、私营企业、联营企业、股份制企业和有生产、经营所得及其他所得的组织均按33%的比例税率征收。照顾一些利润低或规模小的企业，规定两档优惠税率，即对年应纳税所得额不足3万元的企业按18%的税率征收，年应纳税所得额在3万～10万元的按27%的税率征收。在降低税率后，取消国有、集体企业所得税税前还贷政策，改革后所得税制所规定的税负与实际税负接近，经济成分之间所得税税负基本平衡。

二、国税地税机构分设

1994年起，推行分税制财政管理体制，把税制改革后的税种分为中央税、地方税和中央与地方共享税。同年9月底，常州市税务局分设为常州市国家税务局、常州市地方税务局，分设人员比例根据国家税务局和地方税务局的税收收入任务，按原有人数的7∶3确定。国家税务局实行国家税务总局垂直管理的领导体制；地方税务局实行国家税务总局与地方政府双重领导、以地方政府领导为主的领导体制，常州的辖县市税务机关相应进行分设。常州市国家税务局主管常州地区国家税收工作，负责常州地区中央税、中央地方共享税和能源交通重点建设基金、预算调节基金、教育费附加、集贸市场和个体户的税收、涉外税收管理，及地方政府委托征收的地方税、基金的征收管理。市地方税务局负责营业税、个人所得税、土地增值税、城市维护建设税、车船使用税、房产税、屠宰税、资源税、城镇土地使用税、固定资产投资方向调节税、地方企业所得税（包括地方国有、集体、私营企业）、印花税、宴席税、地方税的滞补罚收入、按地方营业税附征的教育费附加及市政府规定征收的地方性基金等征收管理（不含明确由国家税务局负责征收的地方税部分）。分设后，两个税务机构均设立下属基层单位，分别负责辖管税种的征收管理。

1999年3月1日，地方税务机构实行垂直管理体制，市地方税务局成为省地方税务局的直属机构，武进、金坛、溧阳3个辖市地方税务局为市地方税务局的直属机构；常州市地方税务局天宁、钟楼、戚墅堰、郊区、新区4个区分局为常州市地方税务局的派出机构，3个辖市地方税务局各分局（所）为各市地方税务局的派出机构。

三、税收征管体制改革

1991年，常州全面推行征收、管理、检查三分离的征管形式。市税务局7个税务基层征收单位，改变过去一员进厂、各税统管、征管合一的传统征管形式，分别实行征收、管理、检查三分离或征管与检查两分离。3个辖市税务局的农村税务所都建立检查组，实行检查在所、征管在乡的分离形式。1995年8月，常州被省国税局确定为税收征管改革试点单位后，市国税局改专管员管户制为管事制。1996年4月，全市地税系统在常州城区实行地税征管改革，建立以纳税申报和优质服务为基础，以计算机网络为依托，集中征收、重点稽查的征管模式，实行上门申报纳税制度，建立服务大厅，实行集中征收，严格发票管理，坚持以票控税。

2001年，全市国税系统实行新一轮征管改革，以市区和辖市为单位，撤销原集征收、管理、检查为一体的全功能分局和农村税务所，全市形成以征管信息集中处理为特征，集中征收、划片管理、一级稽查的征管查相分离的新型征管模式。2002年，全市地税系统实施新一轮征管改革，完善征管、稽查外分机制，理顺工作职责，初步建立协调一致、横向联系紧密、相互监督制约、运转高效有序的机构体系。2004年，全市税务部门在基层分局推行增值税"一窗式"管理，对纳税人上门办理的经常性涉税事项，除发票事项在发票专业窗口办理外，其他事项均在办税厅任意一个窗口受理办结。2005年，市税务部门推行税收责任区管理。2006年8月1日起，辖市区推行零星税收委托街道社区代征。全年零星税源市区财政一般预算收入入库6100万元，比上年增152%；构建协税护税网络，实现市、街道、社区同步增收；改进征管方式，实现个税征收信息共享，质量效率双赢；强化税收征管，公平税负；实现服务窗口前移，由多头办税变为一头办税，方便纳税人。2009年，重建管理员制度架构，创新专业化管理与属地管理相结合的税收管理员制度。

四、税务代理制度改革

1992年6月，常州实施税务代理制度，成立常州市税务事务所，代为办理税务事宜。1995年11月，市地方税务事务所成立，根据国、地税分局所管辖的地区普遍建立税务事务所分部或分所。1997年5月8日，独立的全民事业单位常州恒盛会计师事务所成立，隶属市地税局领导。1999年10月，全市地方税务事务所开始脱钩改制，税务代理中介机构开始市场化运作。至2000年6月底，常州市和3个辖市地方税务事务所的脱钩改制完成，原常州市地方税务事务所改制后成为常州开元税务事务所，成为由注册税务师及有执业资格的职工出资组成的有限责任公司。2010年底，在常州从事税务代理的税务中介机构发展到23家。

五、发票管理制度改革

1984年，常州市税务局对《江苏省统一发票暂行管理办法》做出10项补充规定，继续清理发票，参加清理的企事业单位有2142家。1987年9月，市政府颁发《常州市发票管理施行办法》。1990年，市税务局发文明确发票管理若干问题规定，加强交通运输业发票负责制，常州市发票管理制度日趋完善。至1993年底，全市1.66万家用票单位领用新版发票2255.67万份。1998年1月1日起，市地税局在全市饮食业统一使用江苏省常州市饮食业剪额发票（简称“剪额发票”），全市同年饮食行业入库营业税1984.2万元。1999年，市地方税务局决定对该局监制的饮食业、旅馆业、租赁业、广告业、事务所、医疗服务、培训收入、服务通用等8种剪额发票，饮食业、服务业定额发票及上述微机发票，用于个人消费的试行抽奖。2002年，税务部门在服务业、娱乐业纳税户中推广使用电脑发票和税控发票，初步形成以税控发票和远程系统为主的发票管理体系。2006年，取消手工发票，推广电脑发票。2006年7月1日起，地税系统在全市餐饮、住宿、美容美发、健身、网吧、沐浴、桑拿、茶坊、照相、复印、洗染、歌舞厅、酒吧、网吧等行业推广即开式防伪有奖发票。

第四节　金融管理体制改革

一、企业经营管理体制改革

1986年4月，人行常州、无锡、苏州、南通、扬州、镇江6个地级市分行签署的《跨地区拆借资金协议》试行。翌年3月，由人行常州市分行组办的常州资金市场开业，为江苏省首家有形资金市场，先后与全国150多家银行建立融资关系，为常州经济发展提供了大量资金。常州被列为全国金融体制改革试点城市后，4家专业银行、保险公司开始实行企业化经营，在确定信贷基金补充率、资金成本费用率、利润留成率后，实行“多超多得、少超少得、不超不得、完不成倒扣”的信贷管理体制。各行实行企业化经营，竞相吸收社会闲散资金，城乡储蓄采用现金奖、物质奖、住房奖、贴水、优惠利率等形式开展吸储，储蓄余额持续上升，金融服务质量明显提高。工商银行常州分行综合配套下放利润留成支配、干部任免奖惩、内部机构设置和人员配备等权限，由上级行核定成本率、综合费用率、信贷基金补充率、利润留成率，各试点行分别推行不同形式的储蓄所承包责任制，对所辖的48家储蓄所全面实行储蓄增长额费用含量承包责任制，在1个新办储蓄所试行按费用与增长额挂钩，租赁给个人经营。对保险公司实行自主经营、独立核算、自计盈亏，使留利与赔付率、费用率挂钩，企业效益与职工利益相结合，从核算体制上推进企业化经营。

1988年，农行常州市分行实行财务包干和承包经营责任制的新体制，市分行将省分行下达的宏观调控指标分解落实到县级支行，支行再分解到营业所，大部分营业所把指标落实到组、人，做到连环承包；9月起，人民银行常州分行开始监督、稽核常州地区开户银行的现金管理，加强对社会经济活动的监督。1991年6月，常州市金融市场成立，实行会员制，同年筹集会员基金3400万元，和全国11个省市的40多家金融机构建立资金拆借关系。1993年10月，常州市资金市场改组更名为江苏省融资中心常州办事处。1997年7月，常州市金融监管委员会成立。2000年2月，人民银行常州市中心支行（简称“人行市中心支行”）在常州实施人民币管理。2003年12月，人行常州市中心支行分设中国银行业监督管理委员会常州监管分局，保险、证券、银行等行业监督管理职能逐步从人民银行分离出去。

2004年，常州市金融稳定工作协调小组成立。人行常州市中心支行与市发计委、经贸委和司法部门、银监、保险、证券及银行机构之间建立金融稳定协调、信息共享工作机制和风险监测预警体系。2005年，专业银行逐步按资产负债比例管理要求，规范资金运作，完善贷款风险管理，推行审贷分离制度等，为向商业银行顺利转轨创造良好的内部环境。人行常州市中心支行建立金融稳定评价制度，每半年度发布1份《常州市金融稳定报告》，评估金融风险因素、金融改革成果、金融稳定状况，实施《常州市突发金融风险事件应急处置预案（试行）》、《法人金融机构风险监测系统》和《常州市金融稳定评价暂行办法》。2007年2月，常州市被列入江苏省两个金融创新试点城市。2010年末，全市有7家银行业金融机构加入人行市中心支行金融管理与服务体系。

二、金融机构管理体制改革

1986年6月至1988年5月，常州市与所辖县先后报批成立5家信托投资公司，均筹足股金，实行独立核算、自负盈亏。1987年8月，全民所有股份制非银行金融机构常州市信托投资公司成立。1991年10月，常州市政府成立常州市投资公司，与常州市信托投资公司实行一个机构、两块牌子，两本账的运行模式。1988年6月，重建交通银行常州支行，隶属交通银行上海分行管辖，1991年11月更名为交通银行常州分行，是常州市首家股份制银行，业务不受专业分工的限制，是同时经营人民币与外币业务、金融与非金融业务的综合性银行。1989年1月，中国工商银行常州市支行、中国农业银行常州市支行、中国人民建设银行常州市中心支行分别更名为中国工商银行常州分行、中国农业银行常州分行、中国人民建设银行常州分行；9月起，常州开始清理整顿金融性公司及银行办非金融性公司，至1990年12月基本结束，保留常州市信托投资公司，撤销常州市宏达投资公司，中国工商银行常州市信托投资公司、武进县信托投资公司撤销后重新登记，中国农业银行常州市信托投资公司撤销后并入中国农业银行江苏省信托投资公司常州办事处。

1991年4月1日，全省首家城市信用合作社联合体常州市城市信用合作社联社成立，1998年3月以信用联社及市区20家城市信用合作社为基础，由市财政、企业和个人投资入股组建的股份制地方金融机构常州市商业银行挂牌营业，是常州地区唯一具有法人资格的商业银行。1992年9月，常州市适应证券市场发展，成立证券有限公司；1993年3月，江苏省证券公司常州业务部成立。1995年3月，南京人寿保险公司常州代理处从中国人民保险公司常州分公司中分离，成为常州市首家经营人寿保险业务的专业机构。1996年，常州市被列入全国第四批组建城市合作银行工作试点城市，组织实施农村金融体制改革，完成全市农行机构与农村信用社脱钩、分设工作，中保产险、寿险公司常州分公司分设；9月27日，常州市唯一的政策性银行分行机构中国农业发展银行常州市分行成立，武进、金坛、溧阳3个辖市支行相继成立；1998年3月，国务院决定将农业发展银行承办的农村扶贫、农业综合开发、粮棉企业附营业务等项贷款业务划转到相关国有商业银行，农业发展银行集中精力加强粮棉油收购资金封闭管理。

2004年12月18日，由武进区农村信用合作联社组建的江苏武进农村商业银行股份有限公司创立。

2007年1月24日，江苏银行开业，常州市商业银行同时更名为江苏银行常州分行。2008年，农村中小金融机构参与联合组建江南农村商业银行。此后，一些村镇银行和小额贷款公司相继成立，为"三农"和中小企业发展提供更好的金融服务。2009年，全市78家邮政储蓄银行分支机构挂牌开业。兴业银行、浦东发展银行常州支行成立，光大银行、民生银行等中小商业银行申报筹建，常州银行业进入发展新阶段。

三、金融调控体制改革

信贷管理 1979年，银行贷款实行"区别对待、择优扶植"原则，做到有所鼓励、有所限制，贷款分定额内、超定额、超总额、结算和大修理5种。1980年，实行统一计划、分级管理、存贷挂钩、差额控制的信贷计划管理体制，改变了长期由总行统收统支，指标层层分配的供给制办法。

1987年，人行对专业银行固定资产贷款规模实行指令性计划管理，其他贷款规模实行指导性计划管理，把信托投资公司存贷款业务纳入综合信贷计划。1989年，试编全社会信用规划，除专业银行的信贷收支计划外，将城市信用合作社、信托投资公司等金融机构的存款、贷款、债券、集资等信用活动都纳入社会信用规划，对专业银行贷款实行限额管理、以存定贷和全年亮底、按季控制、按月考核、适时调节的办法。1990年以后，金融机构执行适度从紧的货币信贷政策，严格控制信贷总量，改革系统内信贷资金管理体制，实行资产负债比例管理，以资金来源约束资金运用，通过严格审批贷款等制度，优化资产负债结构，实行行长（主任）负责制、岗位责任制、目标管理责任制、定期监测考核等，逐步完善信贷资金管理，资金营运基本良性循环。2000年，全市商业银行执行国家经贸委《关于对淘汰的落后生产能力、工艺、产品和重复建设项目限制或禁止贷款的通知》，信贷业务从高风险客户和行业退出，将新增计划和存量贷款转移给优良客户，促进常州经济结构调整。

2007年，人行常州市中心支行组织全市金融机构加大绿色信贷导向和金融对节能减排的支持力度，与市环保部门联手实行金融系统内部企业环境信息共享，建立企业环境行为与信贷风险预警模式，定期公布企业环评信息，作为金融机构发放贷款和贷后管理的重要依据。2008年3月，人行常州市中心支行制定常州市信贷政策导向效果评估报告制度和实施方案，定期对银行业金融机构执行人民银行信贷政策情况进行监测评估，建立定量和定性评价指标体系，督促金融机构调整和优化信贷结构。同年，中国人民银行常州市中心支行选聘11家房地产开发企业作为特约联系单位，建立健全常州市房地产市场银企特约联系制度，加强政府、银行、企业协调联动和对房地产市场、房地产金融的动态分析监测。2010年5月，人行常州市中心支行和市房管局、物价局集中检查房地产开发企业经营行为、房地产企业贷款项目的资本金、贷款条件和贷款使用等情况，加强全市房地产销售资金监管。全市银行同年末人民币存款余额4550.47亿元，贷款余额3011.67亿元，现金总收入8030.21亿元、总支出8107.24亿元、净投放140.03亿元。

再贴息管理 1994年3月，常州市恢复开办再贴现业务。至1995年底，累计办理再贴现3221笔、23.5亿元，再贴现年末余额占全市商业银行贴现贷款总额的68.5%，占商业银行新增贷款的22.6%。2009年，人行市中心支行制定商业承兑汇票推广方案，逐步扩大试点银行。2010年，人行常州市中心支行出台《2010年商票推广意见和试点企业报备细则》，扩展备案管理系统功能。同年末辖区试点企业增至103家，增量超过存量1倍。试点企业年内累计向379家配套中小企业签发商业承兑汇票1856笔，总金额99.11亿元。人行市中心支行申请增加再贴现额度，加大对推广工作的资金支持，引导撬动商票业务，投入再贴现资金39.89亿元，为2009年的2.06倍。

金融秩序管理 1988—1989年，人行常州市中心支行等机构针对金融机构在业务交叉中拉客户、争存款和企业套用银行信贷、逃避信贷管理、结算管理混乱的现象，大力开展现金库存检查，堵塞经济生活中的漏洞；严格机构管理、利率管理、开户管理，杜绝金融机构之间曾发生的储蓄大战、利率大战等现象；开展信贷、外汇大检查，纠正违反信贷政策和截留国家外汇的行为等。1993 年上半年，常州市金融形势表现为社会集资面广量大，资金拆借较为混乱，储蓄存款大幅度下降，银行营运资金异常紧张。全市金融机构强化金融监管，大力整顿金融秩序，清理回收违章拆出资金，压缩不合理资金占用，共同制定实施《常州市关于坚决制止抬高利率、维护金融秩序的若干规定(试行)》，实行取证举报、互相监督制度，加强社会集资和利率管理，调查全市社会集资和执行利率政策情况，采取通报批评、冻结集资款、相应收回贷款、收缴违纪吸收存款并处以罚息等措施，乱集资和利率大战基本被制止。1994 年 9 月，中国人民银行总行下发《关于加强银行结算工作的决定》后，人行常州市分行及时制定结算质量考核办法，对辖内金融机构开展“三项结算纪律”检查，对违纪违规行为严肃处罚，针对检查中暴露出来的薄弱环节和存在问题加强整章建制。金融机构普遍建立结算“三公开一监督”(即公开结算制度，公开银行内部结算处理时间和到账参考时间，公开企业办理结算应注意的有关具体事项；接受社会公开监督)制度，设立监督举报电话，加强社会监督，严格执行银行结算八个不准的要求，全市结算秩序根本好转，随意压票、无理退票、退票不罚款等违纪违规情况基本消除。下半年金融运行日趋正常，乱拆借、乱集资、乱抬高利率等现象得到有效控制，存、贷款大幅度增长，银行存款备付金率提高，现金投放势头得到控制。至 2010 年底，金融秩序在严格有序的监管下始终保持稳定发展的态势，经受住了 1997—1998 年亚洲金融风暴、2008—2010 年世界金融危机的严峻考验。

中国志书精品工程
High Quality Project of China's Local Records

常州市志

(1986—2010)

（第二册）

常州市地方志编纂委员会　编

方志出版社
Publishing House of Local Records

目　　录
（第二册）

第十三卷　对外经贸　开发园区

第十四卷　农　　业

第十五卷 工　　业

第十六卷　乡镇企业　民营经济

第十七卷　建筑业

第十八卷　房地产业和住房保障

第十九卷　商贸服务业

第二十卷　旅游业

第二十一卷　金融业

第二十二卷　财政　税务

第二十三卷　经济综合管理

第二十四卷　出入境管理

第十三卷　对外经贸　开发园区

Volume XIII　Foreign Trade & Development Parks

改革开放前，常州经济与境外联系的主要形式是外贸。改革开放后，市委、市政府先后出台一系列适合常州实际的政策措施，改进完善与发展开放型经济不协调、不适应的地方政策、体制，推进开发开放不断深化，常州经济迅速全方位开放，国际化程度大大提高，与其他国家和地区的经济交往、联系越来越密切，国际贸易、投资、经济技术合作越来越多。

1986—1990 年，常州抓住国际市场变化的机遇，积极发展对外贸易。1986 年 1 月 11 日，省政府批准常州市对外开放实施方案，同年全市完成进出口总额 875 万美元，实际利用外资和港澳台资 2454 万美元。1987 年 7 月，常州被国务院列为对外开放城市，常州开放开发从此蓬勃发展。利用外资和港澳台资渐渐兴起，常州先后诞生了中国电子衡器行业首家中外合资企业、全省首家乡镇合资企业。利用外资和港澳台资方式由主要利用外汇贷款、赠款向多种合作形式发展。常州企业开始在墨西哥、澳大利亚等地开办餐饮企业，进行境外投资。对外工程承包和劳务合作年年有新进展，从单纯的劳务输出发展到承包国外工程、技术输出、组织成套设备出口等。1987 年 9 月，常州市对外开放办公室成立，乡镇企业外向型经济开始起步。1990 年，常州市建立城北工业村，开发区建设发展开始起步，此后规划筹建了常州高新区、武进高新区、常州经济开发区、溧阳市昆仑新技术工业开发区、常州市外向型农业综合开发区和金坛县华罗庚科技城等。

1991—2000 年，全市外向型经济稳步发展。1991—1995 年，市委、市政府推出多项政策改善投资环境，推动利用外资和港澳台资工作，累计有 51 个国家和地区在常州投资，新批外商和港澳台商合资、独资和合作企业 2045 家。随着对外工程承包规模扩大、领域拓展，常州市成套设备出口快速增长。生产型企业开始向海外发展，海外投资企业的技术含量和综合水平都有明显提高。1991 年，常州海关开关，行使监管职能，优化进出口管理。1992 年，市委、市政府颁布改革开放政策 38 条，提出以港兴市、连江通海、三区一线、再造常州的发展战略，拉开依托长江黄金水道、以开放开发为龙头的发展框架。1996—2000 年，全市外向带动战略向纵深发展，开发区建设初具规模。2000 年底，全市有 1 个国家级开发区和 8 个省级经济开发区，开发面积 77.02 平方公里，完成技工贸总值 320 亿元，逐步成为全市利用外资和港澳台资新的增长点，总投资近 1 亿美元的重大外资和港澳台资项目实现突破。常州自营出口规模迅速壮大，形成外贸企业，外商和港澳台商合资、独资和合作企业，自营生产企业出口齐头并进的格局。常州市对外承包工程屡获好评，境外投资领域、地域不断拓展。

2001—2005 年，市政府出台《关于进一步支持开放型经济发展若干政策的实施意见》，全市进出口较快增长，利用外资和港澳台资全面推进，美国通用电气、韩国现代等优质外资和港澳台资项目落户常州，外经合作项目、企业增加，规模扩大，民营企业纷纷投资境外，投资区域由发展中国家向发达国家推进。海关、出入境检验检疫检查、海事等进出口管理日趋规范。常州乡镇企业对外经贸加速发展。2006—2010 年，常州坚持优化发展环境，提升开放型经济发展水平，开发区基础设施投入连续 4 年达 100 亿元，全部通过 ISO 14000 环境认证；7 家省级特色产业园区和 3 家省级生态工业园区获得省商务厅、环保厅等批准。乡镇企业多年保持高速增长，外贸出口高开高走，外向化规模和程度提高。利用外资和港澳台资规模、质量提升，对外承包工程和劳务合作规模扩大，境外投资爆发式增长。2010年市商务局组建成立，承担市对外贸易经济合作局的职责。

经过30多年的发展，常州开发开放水平迅速提高，全市省级以上开发区支撑作用显著。至2010年底，常州与202个国家和地区建立贸易关系，与世界上60多个国家和地区有外经合作关系，建成1个国家级开发区、9个省级开发区，累计开发149.9平方公里；累计实际利用外资和港澳台资超过170亿美元，51家世界500强企业在常州投资76个项目。2010年，全市完成进出口总额222.8亿美元，实际利用外资和港澳台资26.7亿美元；省级以上开发区完成地区生产总值、一般预算收入、实际利用外资和港澳台资分别占全市总量的46.7%、50.5%、82.5%。

第一章　对外和对港澳台贸易

改革开放前，常州对外贸易的形式主要是国家统购统销，外贸企业按照计划生产供货，出口商品以轻工、纺织产品为主，进口商品以技术设备、纺织机械设备和材料为主。改革开放后，常州市改革对外贸易体制和经营机制，发挥地方优势，大力开拓市场，从出口收购供货发展到自营进出口。1986年10月，市对外经济贸易办公室、对外贸易公司合并组建常州市对外经济贸易委员会。1986—1990年，市政府为鼓励出口创汇，陆续采取扶持出口商品生产、信贷等方面的政策和措施，稳定发展出口货源，为40家出口创汇企业发放工业贷款。1989年，市政府颁发常州市整顿外贸流通秩序第一份规范性文件《常州市出口商品管理暂行办法》，对进出口业务的统一管理、出口商品的流向及出口企业的考核奖惩等问题作了明确规定。当年还实行《纺织品出境管理办法》，对纺织品等出口货物实行出境运输证管理。1999年《关于支持外贸出口扶持外经贸企业的若干措施》出台。2000年，市政府印发《关于〈常州市外贸企业改革工作方案〉的批复》。2001年，市外经委在机构改革中整合变更为市对外贸易经济合作局，组织管理全市对外经贸工作。

第一节　进出口贸易

1986年，常州市完成进出口总额875万美元，实现地区生产总值54.74亿元，按人民币对美元汇率3.45：1计算，对外贸易依存度0.55%。1986—1990年，随着国家推行对外贸易承包经营责任制，常州开始探索独立经营，推动纺织品、五金、机电等商品出口，做好外贸收购。1987年，全市外贸收购额首次突破10亿元。1988年，常州自营生产企业开始发展出口业务，当年出口289万美元。全市乡镇企业开始向外开拓，成为外向型经济的生力军。1990年，全市乡村工业实现外贸收购额7.75亿元，比1985年增5倍，占全市外贸交货额的29.9%。

1991—1995年，常州自营出口随着外贸体制改革的深化快速发展，规模和质量迅速提升，形成常柴牌柴油机、金狮牌自行车、黑牡丹牌牛仔布等品牌。全市完成外贸收购总值66.46亿元，累计完成外贸收购额576.76亿元、自营出口19.22亿美元，分别比前5年增16.22倍、12.4倍。乡镇企业实施市场多元化、以质取胜的战略扩大出口创汇，自营出口起步，外贸出口交货值净增100.45亿元，累计完成282.53亿元。1994年，实行外贸外汇等重大体制改革，全市完成外贸供货额152亿元，外贸企业自营出口2.69亿美元，连续3

年翻番；外商和港澳台商合资、独资和合作企业自营出口2.87亿美元。翌年，全市完成进出口贸易总额9.93亿美元，出口7.69亿美元，其中乡镇工业企业自营出口创汇2100万美元；全市进口2.24亿美元。

1996—2000年是常州自营进出口发展壮大的重要阶段，全市累计进出口93.82亿美元，出口总额66.79亿美元，全市乡镇工业企业累计完成产品出口交货值659.83亿元。1997年，受进口关税下调的驱动，完成进口4.55亿美元；1999年4月，外经贸部电子数据交换(EDI)常州分部成立，中国国际电子商务网开通，常州国际商务电子贸易启动，年底全市有60家企业加入电子商务网。乡镇工业企业同年自营出口4.1亿美元。2001—2005年，常州外贸进出口保持高速增长态势，全市累计进出口总额276.68亿美元，是前5年的2.9倍；乡镇企业外贸出口高速增长，但出口产品档次不高，累计完成外贸出口交货额1348.9亿元。2002年，新北创办私营外贸企业创业园，13家企业入园。

2006—2010年，全市外贸主体结构、商品结构、市场结构持续优化，完成进出口总额786.5亿美元，其中出口574亿美元，分别是2001—2005年的2.8倍和3倍。高新技术产品出口大幅增长，出口10.9亿美元，增长49.4%。2009年，全市外贸进出口受国际金融危机影响严重，市政府印发《关于保持外贸稳定增长的意见》《关于促进外贸稳定增长的十条举措》《关于2009年度进一步促进外贸稳定增长的政策措施》，帮助外贸企业应对国际金融危机。"五大产业"累计出口52.9亿美元，占全市出口总额48.7%；全市乡镇工业企业外贸出口交货值比上年下降85.12亿元。2010年，印发《关于鼓励和支持中小出口企业投保出口信用保险的办法》，扶持中小企业出口，全市完成进出口总额222.77亿美元，其中出口155.58亿美元，对外贸易依存度46.4%，出口依存度32.4%，全市乡镇企业自营出口额达52.8亿美元。

1986—2010年常州市进出口贸易统计表

表13-1-1　　　　单位：万美元

年份	进出口总额	进口总额	出口总额	乡镇企业出口	比上年±(%)	年份	进出口总额	进口总额	出口总额	乡镇企业出口	比上年±(%)
1986	875	506	369	—	—	1999	192723	65056	127667	143.41	15.7
1987	1774	990	784	—	—	2000	282208	96174	186034	155.00	8.1
1988	3921	1062	2859	1.25	—	2001	325884	109307	216577	190.97	23.2
1989	5173	661	4512	7.01	460.8	2002	391831	126244	265587	207.32	8.6
1990	6153	1180	4973	9.73	38.8	2003	525126	172170	352956	260.38	25.6
1991	11520	2279	9241	13.74	41.2	2004	690551	218920	471631	326.25	25.3
1992	20188	2516	17672	27.57	100.7	2005	833364	220936	612428	364.00	11.6
1993	38847	6047	32800	49.66	80.1	2006	1044213	255109	789104	—	—
1994	64564	8101	56463	81.38	63.9	2007	1322596	338192	984404	—	—
1995	99315	22371	76944	110.18	35.4	2008	1762893	438540	1324353	363.90	—
1996	135493	35261	100232	114.42	3.8	2009	1507929	421284	1086645	504.00	38.5
1997	168431	45457	122974	123.00	7.5	2010	2227750	671944	1555806	—	—
1998	159380	28345	131035	124.00	0.8						

说明：从1999年起进出口为海关统计数，乡镇企业出口额为全市出口交货总额

一、出口创汇乡镇

1988年5月，常州首家乡镇对外经济贸易公司湖塘镇对外贸易公司成立。1990年，全市出口创汇乡镇发展到98个，占全市乡镇总数的70%，郊区、戚墅堰各乡有出口创汇。1991年，武进的鸣凰、马杭、湖塘、牛塘、芙蓉、坂上、龙虎塘、庙桥，金坛的五叶镇，郊区的茶山、雕庄、北港、永红乡和戚墅堰的丁堰镇14个乡镇外贸交货值达1亿元。1995年，常州的两个乡镇被评为全国出口创汇先进单位。1996年，全市外向型经济"十强"乡完成外贸交货值35.12亿元。

二、进出口企业

1986—1990年，常州出口生产企业从国有企业向乡镇企业扩展，1987年全市有生产出口商品的企业461家。1988年，外贸公司首次成为出口主力军，年出口达2000万美元。6月，武进县苎麻纺织厂、新光棉织厂、常州市麻塑包装公司兰陵分公司等5家企业获农业部、对外经贸部等单位联合举办的全国首届乡镇企业出口创汇评优飞龙奖，跨入全国乡镇企业百家出口创汇大户行列。翌年，常州柴油机厂成为全省机电企业首家、全国农机行业首家出口创汇达1000万美元企业，常州电视机厂生产的工业电视机出口印度尼西亚，是中国工业电视机首次进入国际市场。1990年，全市有11家市级进出口公司、3家县级外贸公司、3家外贸服务性公司和外贸直属仓库、出口商品基地建设办事处各1个及自营生产企业两家，3家县外贸公司年外贸收购值均超1亿元；生产出口产品的乡镇企业发展到399家，其中创汇乡镇企业301家，又其中53家创汇大户创汇超过500万元。

1991年，常州华昌国际集装箱公司出口创汇2520万美元。1993年，全市有16家乡镇工业企业出口创汇达500万美元，其中金坛市晨风丝绸集团公司创汇2700万美元，居全市出口创汇企业首位。1995年，全市出口供货企业1030家，7家乡镇企业外贸出口达1亿元，26家企业被评为全国乡镇企业出口创汇先进企业。

2010年常州市自营出口前30位企业一览表

表13-1-2　　单位:万美元

企业名称	出口额	地区	企业名称	出口额	地区
常州天合光能公司	152413	新北	常州新华昌国际集装箱公司	12216	武进
常州亿晶光电科技公司	48667	金坛	金坛正信光伏电子公司	11380	金坛
常州大华进出口(集团)公司	22460	钟楼	安费诺(常州)连接系统公司	10706	武进
常州机械设备进出口公司	18672	钟楼	常州千红生化制药股份公司	10619	新北
常州对外贸易公司	18016	天宁	森萨塔科技(常州)公司	10468	新北
江苏新科数字技术股份公司	16807	武进	常州中弘光伏公司	9881	武进
常州兆阳光能科技公司	16689	钟楼	常州世方国际贸易公司	9385	钟楼
常州大亚进出口(集团)公司	15237	天宁	常州老三集团进出口公司	9029	天宁
常州格力博工具公司	14122	钟楼	常州普利司通自行车公司	8632	新北
常州东奥服装公司	13072	天宁	艾欧史密斯电气产品(常州)公司	8396	新北
江苏格林保尔光伏公司	13023	武进	常州市东君光能科技公司	8335	武进
常州华利达服装集团公司	12978	天宁	常州光阳摩托车公司	8169	新北
永祺(常州)车业公司	12641	新北	安费诺—泰姆斯(常州)通讯设备公司	6879	新北
瑞声光电科技(常州)公司	12437	武进	江苏亚邦进出口公司	6865	武进
华润包装材料公司	12390	新北	常州昌瑞汽车部品制造公司	6814	钟楼

1996 年，江苏晨风丝绸集团、老三集团分别自营出口 1670 万美元、1348 万美元。1997—1998 年，全市有 70 家乡镇企业获得自营进出口权。1998 年，全市乡村企业外贸出口超 1 亿元企业近 20 家、5000 万～9999.99 万元企业 40 家、1000 万～4999.99 万元企业近 400 家。1999 年末，全市有乡村工业自营进出口企业 223 家，江苏金鼎电动工具集团完成外贸出口 6.3 亿元，其中自营出口 1600 万美元。

2001 年，江苏新科集团、晨风集团分别成为全省首家、第二家出口额达 1 亿美元的自营生产企业。2005 年，全市有自营进出口业务的企业 1861 家。其中，全年出口超 3000 万美元的企业 33 家；超 1 亿美元的企业 6 家。2006 年，全市有进出口实绩的企业 2494 家。2009 年，光伏产业对全市出口贡献提升，常州天合光能公司出口 8.02 亿美元，对全市出口贡献份额达 5.2%。2010 年末，全市有出口实绩的企业发展到 3542 家，其中出口 3000 万～4999.99 万美元企业 85 家、5000 万～9999.99 万美元企业 45 家、达 1 亿美元以上企业 20 家。重点企业、光伏产业对全市外贸出口的带动作用突出，常州天合光能公司成为常州市出口企业领头羊。

三、品种类别

1978 年，市区有 13 个大类、152 个品种的出口商品销往 90 多个国家和地区，主要是纺织品、五金产品、工艺品、土特产，当年外贸收购总额 1.92 亿元。1978—1984 年，全市批准利用外资、引进技术项目 210 项，批准用汇 1.6 亿美元。1984 年，出口商品有 12 个大类、169 个品种，其中灯芯绒和卡其布的出口量全国第一。1985 年，全市有 17 个行业进口技术设备和原辅材料 2.69 亿美元。

2010 年常州市主要进出口商品分类统计表

表 13-1-3　　单位：万美元

类别	出口额	增幅 (%)	进口额	增幅 (%)	类别	出口额	增幅 (%)	进口额	增幅 (%)
机电、音像设备及其零部件	692343	55.3	271606	99.2	鞋帽伞等；羽毛品	13159	28.1	5	-70.6
纺织原料及纺织制品	309885	25.6	37068	55.6	矿物材料制品陶瓷品	12253	51.8	4569	64.9
化学工业及其相关工业品	136707	36.8	119721	46.9	食品、饮料、酒及醋；烟草	3469	3.3	629	0.6
贵金属及其制品	94238	48.7	52260	-17.7	活动物、动物产品	3057	-1.2	3441	15.6
车辆、航空器、船舶及配件	88427	48.9	7684	44.9	木浆等、废纸、纸制品	3013	34.4	4164	10.4
塑料及其制品、橡胶及其制品	50894	55.8	53978	49.2	珠宝、贵金属及制品	532	96.5	2021	513.4
木及制品、木炭、软木	45240	31.1	502	-0.5	动、植物油、脂、蜡	434	31.2	1060	39.7
杂项制品	43201	7.4	4260	123.8	植物产品	241	13.1	41	-56.3
光学、医疗等仪器、钟表	34073	57.4	18362	61.6	矿产品	225	136.1	82467	68.0
革、毛皮及制品、箱包	17354	22.8	498	36.6	艺术品、收藏品	5	148.7	34	1457.6

1986—1990年，进口主要为机械设备、服装面料等商品，出口主要有纺织品、针棉织品、服装、轻工工艺品、五金机械设备及电机电器、化工医药等商品168个品种。1986年，全市出口商品以纺织品等为主，五金、机电、化工、医药商品的出口扩大，增速达50%，出口额达100万元的主要商品由上年的54种增至65种，出口新产品、新品种147种。1990年，轻纺出口产品不再是一枝独秀，机电产品出口收购值比重由1986年的13%升至23.6%，乡村工业出口产品300余种。

1991—1995年，全市有出口商品16大类、1000多个品种，其中200多个品种单种出口额达100万元。1996年，全市有出口创汇达1000万美元的商品12种、100万～999.99万美元的商品59种，工业制成品占比达97%，新增一批机电、化纤等制品，出口商品18大类、2000多个品种，机电产品出口约占全市出口总额的42%，比例为全省最高。1997年全市有出口达1000万美元的商品25种，机电产品出口虽受东南亚金融危机影响，但占比仍约40%，轻工、化医等产品出口增幅达50%。2000年，全市出口商品达20个大类、2258个品种。2006—2010年，全市出口机电产品36.5亿美元，超过纺织、服装、箱包等传统产品的出口总额，其中电机电气和音像设备类产品出口16.8亿美元，成为第一大类出口产品。

四、国别地区

1986—1990年，常州与全球的93个国家和地区有贸易往来，商品出口主要销往中国香港地区和日本、美国、加拿大、民主德国、联邦德国、澳大利亚、荷兰、罗马尼亚、新加坡等国家。1988年，常州市首次到日本举办服装展销，成交300万美元，打开日本市场。1995年，出口的国家和地区达104个；1999年，对亚洲地区出口增31%，占全市出口总额的65%。2000年，出口国家和地区增至141个。2001—2005年，全市出口产品销往世界六大洲的179个国家和地区。2006年，常州对美国、日本、欧盟三大市场的出口总额42.9亿美元，占全市出口总额的54.4%。2007年，欧盟成为常州市最大出口市场。2010年，常州企业着力开拓新兴市场，对东欧、拉美和大洋洲等新兴市场地区的出口额分别增49.9%、45.8%和48.8%，常州贸易伙伴遍及全球六大洲的202个国家和地区。

2010年常州市进出口分地区(国家)统计表

表13-1-4　　单位：万美元

国别(地区)	出口额	增幅(%)	进口额	增幅(%)	国别(地区)	出口额	增幅(%)	进口额	增幅(%)
亚洲	567804	34.7	397131	65.7	德国	125812	82.3	57717	19.2
中国台湾	24399	40.8	40715	72.0	法国	25740	36.6	5553	42.7
东盟	142100	51.3	34340	103.3	拉丁美洲	73962	45.8	26895	100.9
非洲	52577	21.2	5758	520.8	巴西	23148	55.4	15049	70.8
欧洲	509449	59.5	127979	42.3	北美洲	314334	39.4	63916	55.7
俄罗斯	28143	65.3	1535	-47.3	美国	284856	40.6	54984	59.2
欧盟	459538	60.8	109721	37.6	大洋洲	37734	48.8	49762	37.4
英国	33346	29.0	3363	65.1	澳大利亚	33612	49.4	49614	44.4

第二节　出口基地与品牌

一、出口商品基地

常州的出口基地建设始终依托优势产业和优势企业。1986年，常州柴油机厂被批准为全国首批出口基地企业。翌年，全市拥有16个机电、农副产品、纺织产品出口基地。1990年，常州成为全国10个出口服装基地之一。2006—2010年，创建国家级、省级出口基地3个。2007年，常州轨道交通产业基地入选全国科技兴贸创新基地，获商务部授牌，成为常州首家国家级出口基地。2010年下半年，《常州市级出口基地创建实施办法》出台，开始认定市级出口基地，年末全市拥有轨道交通国家级科技兴贸出口基地1个和省级装备制造、强化木地板出口基地各1个及培育中的市级出口基地8个。

二、出口商品品牌

常州对外开放起步于外贸供货，主要依靠拳头商品。80年代初，常州的常柴牌柴油机、东风牌手扶拖拉机、月夜牌灯芯绒、荷花牌灯芯绒、水月牌什色卡其布、文笔塔牌印花双面绒、红梅牌照相机等100多种优质工业产品品质达国内领先水平，成为出口品牌产品。1986年，全市有65种拳头商品单只出口额达100万元。至1995年，常州在国际市场有常柴牌柴油机、金狮牌自行车、黑牡丹牌牛仔布等特色品牌产品，全市有56种大宗商品出口额达100万美元，其中10种达500万美元。1996—2000年，全市形成柴油机、装载机、城市客车、变压器、牛仔布、激光影碟机、拖拉机、电线电缆等优势产品，培育工业企业集团1000多家。全市60多种江苏名牌产品中，常柴牌（柴油机）、新科牌（VCD、DVD、音响、空调）、黑牡丹牌（牛仔布）、上上牌（电线电缆）、长龄牌（装载机）、长江牌（城市客车）等6种品牌为重点品牌。2000年，江苏晨风进出口公司、常州老三集团、黑牡丹集团分列全省自营出口生产企业第一、第四、第六位。

2001年，江苏新科集团、晨风集团相继成为全省首家、第二家出口额突破1亿美元的自营生产企业。2004年，以数字多功能光盘(DVD)、液晶电视为主体的新科数字产品出口净增长1.7亿美元。2005年，常州出口品牌建设全面启动，新科、常柴、黑牡丹3个品牌获评商务部重点培育和发展的出口名牌，金鼎、牛塘、侨裕3个品牌入选江苏省重点培育和发展的出口名牌。随着常州市外贸出口规模的不断壮大，一批拥有全国驰名商标、中国名牌和江苏省名牌商品、著名商标商品的企业加入外贸出口行列，基本形成国家、省、市三级品牌体系。2006—2010年，创省级及其以上出口品牌23个。至2010年底，全市拥有国家级、省级、市级出口品牌分别达到3个、20个、25个。

2010年常州市出口商品主要品牌一览表

表13-1-5

品牌	主要出口商品	生产企业	级别	生产地
Shinco	新科DVD、新科空调	江苏新科电子集团公司	部级、省级、市级	武进
黑牡丹	牛仔布	黑牡丹(集团)股份公司	部级、省级、市级	天宁
常　柴	柴油机	常柴股份公司	部级、省级、市级	钟楼
常　发	农业装备、制冷器材	江苏常发实业集团	省级、市级	武进
亚　邦	染料、涂料、农药、医药	亚邦化工集团公司	省级、市级	武进
牛　塘	粉末涂料固化剂、医药中间体、食品添加剂、农药中间体	常州市牛塘化工厂公司	省级、市级	武进
JSHP	变压器	江苏华鹏变压器公司	省级、市级	溧阳
QIAOYU	折叠式户外家具	常州侨裕旅游用品公司	省级、市级	武进
AMEC	柴油发动机、手扶拖拉机、发电机组、水泵机组、小型电机	常州机械设备进出口公司	省级、市级	钟楼

续表 13-1-5

品牌	主要出口商品	生产企业	级别	生产地
J&R	旅游用品及其原辅材料、皮件、箱包、床上用品、服装、橡塑制品	溧阳军荣旅游用品公司	省级、市级	溧阳
上　上	电　缆	江苏上上电缆集团公司	省级、市级	溧阳
常　药	复方利血平片、常药降压片、卡托普利、马来酸依那普利、复方硫酸双肼屈嗪、阿米三嗪	常州制药厂公司	省级、市级	天宁
CHANGLIN	装载机、压路机、平地机、特种车辆、路面养护机械、小型多功能机械产品	常州常林股份公司	省级、市级	钟楼
PLUSRITE	金属卤化物灯、高压钠灯、高压汞灯、卤素灯、LED 灯、灯具	普罗斯电器（江苏）公司	省级、市级	武进
SUNLAKE	不锈钢无缝管、不锈钢焊接管、钢制管件	江苏武进不锈钢管厂集团公司	省级、市级	武进
通　明	反光材料	常州华日升反光材料公司	省、市级级	武进
YASHIPS	灯具、电器、电光源	江苏亚示照明灯具公司	省级、市级	武进
华　通	焊　丝	常州华通焊丝公司	省级、市级	武进
灵　通	展览器材	常州市灵通展览用品公司	省级、市级	武进
YOAU	移动空调、除湿机、空气净化器、加湿器、分体式壁挂机	江苏友奥电器公司	省级、市级	武进
VENIVICI	针织、梭织种类面料坯布、成衣	常州老三集团公司	市级	天宁
KLD	地　板	江苏科利达装饰材料公司	市级	武进
洛　基	强化木地板	江苏洛基木业公司	市级	武进
荣　登	强化木地板	江苏中鑫德赛木业公司	市级	武进
GARDENSUN	燃气取暖设备	常州佳得顺炉业公司	市级	武进

第二章　招商引资

常州的招商引资（利用外资和港澳台资）起步于 1978 年，主要承接国外厂商来件装配、来料加工和补偿贸易等业务。1982 年开始使用国际金融机构贷款。1984 年，常州首家合资企业中国常利公司成立，始有通过招商引进外资和港澳台资的活动。此后，常州市出台一系列政策法规，优化投资环境，利用外资和港澳台资项目增多，引进企业类型增多。1986 年，国务院《关于进一步改善外商投资企业生产经营条件的通知》和《关于鼓励外国投资的规定》颁布后，常州制定配套的实施细则。1988 年，市利用外资管理委员会成立，审批全市利用外资和港澳台资项目；市政府制定并颁发外资和港澳台资企业劳动工资管理试行办法，落实外资和港澳台资企业用人自主权。此后，常州市建立健全各级外资和港澳台资服务机构，除市外经委扎口管理全市投资事宜外，市计委、经委、财政局、税务局、工商局等部门陆续建立外经科，负责外资和港澳台资、合作企业的有关事宜。1991 年，市利用外资管理委员会变更为市外商投资管理委员会。1992 年，《常州市外商投资企业土地使用管理暂行规定》出台。1993年，全市实际利用外资和港澳台资首次突破1亿美元。1998年，市委、市政府制定《关于进一步改善外商投资软环境的决定》《关于扶持外贸出口、鼓励外资和港澳台资若干政策意见》等文件。2000年以后，常州采取合资、独资、收购等形式引进外资和港澳台资，光宝等龙头项目先后落户常州。2001年，常州《关于进一步加快利用外资的若干意见》等文件出台，推动利用外资和港澳台资快速增长。2004—2005年，《关于全面实施省级及其以上开发区扎口收费管理的意见》《常州市利用外资奖励实施意见》出台，下达市级机关引荐外资考核意见。2010年，全市实际利用外资和港澳台资26.7亿美元。

第一节 招商活动

1991年以前，常州招商活动主要穿插在以进出口贸易洽谈为主的各类经贸活动之中，次数较少。1991年，常州首次在日本举行对外经济贸易商谈会，常州市贸易代表团同日本工商界人士洽谈了印刷、模具、绢花、塑料、服装等合资、合作项目。1992年，常州招商活动从亚洲走向北美，独立的招商活动日趋增多：6—12月，先后在日本、美国特拉华市和中国澳门、香港及深圳举行投资促进、出口商品及项目洽谈会、投资报告会和招商恳谈会；12月，在中国香港、深圳举行的招商恳谈会签订外资和港澳台资项目140个，协议总投资8.8亿美元，其中国际机电产品交易城总投资4亿美元。1993年，举办了常州新产品交易会对外经贸洽谈活动，签订外资和港澳台资合同、意向书56个，协议利用外资和港澳台资7139万美元。1994—1995年，组织在新加坡、马来西亚、泰国、澳大利亚、新西兰、加拿大、美国、韩国等国和北京等城市开展了招商、经贸活动。1996年起，常州加大招商力度，境内以北京、上海为主，境外以日本、韩国、美国及欧洲为主的招商活动举办格局基本成型。1996年，常州市组团在韩国开展经贸招商活动，与韩国现代集团达成合作协议。1997年，在中国香港地区组织农业专题招商活动，引资3472万美元。1998年，在中国台湾地区举行招商活动，与台湾新竹科学工业园开展合作。1999年，在美国、欧洲开展专题招商活动，从意大利引进当时常州最大的外资和港澳台资项目依维柯汽车项目，投资总额近1亿美元。

2000年起，常州境外招商的重点逐渐转移到中国台湾和欧美地区，着重在城建基础设施、商业、农产品加工项目等领域寻求合资合作。2001年7月，举办了首届城建招商会，引进项目14个。2002年9月，组织首次“招商月”活动，配合常州国际中小企业博览会，通过开展宣传造势、区域分工、活动搭台，加强招商引资。2003年，常州市在日本、韩国举办大型投资环境说明会、化工专题招商会，在中国香港和新加坡、德国、法国举办多场推介会。翌年，举办国内外招商会近20场次，其中欧洲2场、日本和韩国3场、中国香港2场及新加坡、美国各1场，东盟投资博览会1场。2005年开始，常州调整会展的形式和内容，每年9月在常州举办科技经贸洽谈会。

中国国际中小企业博览会在常州举办(摄于2001年9月)

2006年起，常州招商活动主线基本成型，即每年2—3月在上海举办接轨上海恳谈会，9 月在常州举办科技经贸洽谈会，年中穿插以中国香港、台湾和日本、韩国、美国以及欧洲主要国家为主要目的地的大型招商推介和专题招商，全市统一推介与辖市区分头活动相结合，重点是先进制造业和现代服务业。2007 年，常州在上海，中国香港及新加坡，韩国首尔，日本东京，德国法兰克福、杜塞尔多夫，法国巴黎、里昂，美国硅谷、洛杉矶、华盛顿、芝加哥举办了大型招商活动 14 场；在上海及日本北九州、名古屋、大阪等地举办一系列小型专题招商会；在英国、爱尔兰、芬兰、美国和加拿大等地举办 6 场服务外包专题招商会。2008 年，常州在上海、中国香港、法国巴黎、德国法兰克福、新加坡、美国洛杉矶等举办大型综合性招商活动 8 场，邀请 2422 名客商参会。2009 年，常州在上海、中国香港及欧洲、美国、日本等地举办的 8 场境内外大型招商活动中，邀请到 2081 名客商参会。分别组团赴日本、韩国举办现代物流和创意产业专题招商，赴美国、墨西哥进行新能源产业招商，在上海举办城市产业和新能源产业项目发布会。2010 年，常州在中国香港、上海及德国杜塞尔多夫、慕尼黑，美国芝加哥、休斯敦等地举办了 7 场招商活动，2500 多名客商参加，推进美国通用电气公司，德国埃马克机床、朗盛化学，日本利优比、小松、双叶等重大项目的落户。

第二节　外资和港澳台资利用

1978 年，常州开始利用外资引进国外先进技术和设备，相继引进的有常州国棉一厂的气流纺纱设备、常州市红卫塑料厂的成套纺织袋设备等。1984 年，常州开办首家中外合资企业常利公司。1986—1990 年，到常州投资的企业中港澳资企业居多、嫁接式的合作方式居多、与国有集体小企业合资的居多和劳动密集型的项目居多，全市设立外资和港澳台资企业 93 家。1986 年，全市新批利用外资和港澳台资项目 38 项，实际利用外资和港澳台资 2454 万美元。翌年，新批外资和港澳台资利用项目 46 项，新批项目利用外资和港澳台资名列全省地级市第三位，实际吸收外资和港澳台资、合资企业开业率均居全省首位，新批外资和港澳台资企业 7 家，开业 4 家。中国电子衡器行业首家中外合资企业常州托利多电子衡器公司诞生。日本丸红株式会社投资的常州生化千红制药公司成立，成为世界 500 强企业首家在常州投资企业，全省首家乡镇合资企业常州鸿联新型灯具装饰器材公司开业。1988 年，全市新批外资和港澳台资利用项目 87 项，全省首家个体（私营）与台商举办的合资企业常州市裕达塑料制品公司成立，常州市首家街办外向型企业常州餐具厂在新丰街道成立。翌年，全市外商和港澳台商合资、独资和合作企业外汇平衡盈余 543 万美元，实现利润 2361 万元，名列全省首位。全省第二家个体（私营）与台商合资企业常州常裕羽毛制品公司在常州建立；全市乡村工业企业的外资、港澳台资企业为 7 家。1990 年，全市批准建立外资和港澳台资企业 100 家，其中合资企业 96 家、合作企业 3 家、独资企业 1 家；全市有 54 家境外投资企业开业投产，出口创汇 2535.8 万美元。

1991—1995 年，常州境外投资者由港澳地区向多国别发展，利用外资和港澳台资的地区由市区向县区发展，利用外资和港澳台资方式由单一化向多元化发展。全市实际利用外资和港澳台资 8.5 亿美元，批准建立外商和港澳台商合资、独资和合作企业 2045 家，项目中达 1000 万美元的 97 个，日本小松、东芝，韩国现代，德国拜尔斯道夫等 36 家世界知名跨国公司在常州投资 37 个项目。1991 年，常州新批利用外资和港澳台资项目 106 个，总投资达 100 万美元的 34 项。新批外资和港澳台资企业 105 家，超过此前历年外资和港澳台资企业总和。1991 年，外资及港澳台资企业达 53 家。1992 年，累计协议利用外资和港澳台资 1.5 亿美元；戚墅堰新办合资企业 14 家，协议利用外资和港澳台资 1785.5 万美元。1993 年，全市乡镇企业投资总额达 500 万美元项目 7 个。武进轧钢厂与马来西亚东方南达公司投资 2000 万美元兴办武进前杨钢铁公司，投产后年产值达 5 亿～8 亿元，创汇 1000 万美元；武进芙蓉电子实业总公司以外引外，兴办“三资”企业 7 家，形成合资企业群体，利用外资和港澳台资 1208.5 万美元。金坛市第二届华罗庚科技成果交易会谈成合资项目 6 个，协议利用外资和港澳台资 355 万美元。常州利用外资和港澳台资 6 项指标实现“两超”“四创”，即两项指标超历史累计数：当年新批外商和港澳台商合资、独资和合作企业 810 家；外资和港澳台资企业当年外方实际到位资金 1.2 亿美元，创历年最高水平：当年实际利用外资和港澳台资 1.44 亿美元，外资和港澳台资企业投产 361 家，境外投资合作企业当年自营出口创汇 2.03 亿美元。是年，常州市第 1000 家外资和港澳台资企业常州金成铜业公司成立。1994 年，全市新批乡村工业“三资”企业 212 家，其中 6 家企业协议利用外资和港澳台资达 500 万～999.99 万美元、4 家达 1000 万美元。至 1995 年底，全市乡村集体改制企业组建合资企业 558 家；乡村工业“三资”企业实际利用外资和港澳台资 2.8 亿美元。

1996—2000 年，全市累计实际利用外资和港澳台资近 30 亿美元，外商和港澳台商独资势头开始走强，重大项目、项目规模均得到提升，全市乡村工业企业实际利用外资和港澳台资 6.8 亿美元。1996 年，全市新批投资额达 1000 万美元大项目 36 个，有 43 家世界著名跨国公司在常州投资兴办企业 50 家。外向型经济“十强”乡实际利用外资和港澳台资 5418 万美元，合资企业户均协议利用外资和港澳台资升至 250 万美元，净增 184 万美元，其中达 1000 万美元的 6 家、500 万～999.99 万美元的 4 家；投资额最高的江苏力强集团公司与美国米兰国际公司合资的江苏力强米兰水泥公司达 2980 万美元，协议利用外资 2235 万美元；江苏神鸡集团与德国电缆制造商合资的常州飞捷东方电器公司总投资 3928 万美元，协议利用外资 1900 万美元。全市有 824 家乡村“三资”企业开工。1997 年，全市外资企业新批 145 家，新批投资额达 1000 万美元大项目 31 个，外商和港澳台商增资 9338 万美元。新批境外独资企业 31 家，合同境外资本 8810 万美元。经济开发区逐步成为常州利用外资和港澳台资新的增长点，7 个开发区实际利用外资和港澳台资 1.13 亿美元，占全市的 18.8%。1998 年，引进外资和港澳台资受到亚洲金融危机较大影响。1999 年，有两家世界 500 强企业到常州投资，累计有 16 家世界 500 强企业投资常州。2000 年，新批外资和港澳台资企业 167 家，其中独资企业 55 家，投资额达 1000 万美元的项目 20 个，总投资近 1 亿美元的常州长江客车公司与意大利依维柯公司合资生产城市客车、底盘项目获外经贸部正式批准。乡镇企业协议利用外资和港澳台资 6210 万美元。

2001—2005 年，全市新批协议外资和港澳台资 94.89 亿美元，实际利用外资和港澳台资 33.49 亿美元。美国通用电气、亚什兰，法国圣戈班、威立雅，日本东芝，德国博世力士乐，韩国现代等 80 多家世界知名跨国公司和 37 家世界 500 强企业到常州投资，乡村规模以上骨干企业逐步成为吸引外资和港澳台资主体。2001 年，新批境外投资合作企业 267 家，净增 100 家；新批台资企业 40 家，协议利用台资 2.36 亿美元；新批投资总额达 1000 万美元大项目 35 个；新批高新技术项目协议利用外资和港澳台资 3.6 亿美元，其中信息产业项目协议利用外资和港澳台资 3 亿美元。2002 年，全市实际利用外资和港澳台资 5.61 亿美元，其中市区 4.41 亿美元。新批外商和港澳台商直接投资项目 363 个；批准投资额达 1000 万美元大项目 76 个，吸收外资和港澳台资合同金额 8.01 亿美元，其中联新电子、旺达纸业、鑫海钢铁 3 个特大型项目投资额达 1 亿美元；年末，全市有“三资”企业 1579 家，开业投产 968 家，其中市区分别为 1343 家、848 家。2003 年，新批外商和港澳台商直接投资项目 533 个，批准外资和港澳台资增资项目 101 个，增资达 1000 万美元项目 3 个。韩国现代工程机械由 2999 万美元增资到 5800 万美元，伺服电机增资到 2220 万美元。随着《内地与香港关于建立更紧密经贸关系的安排》(CEPA) 的签订，港资投资常州速度加快，年内批准成立港资企业 142 家，协议港资 6.1 亿美元，其中投资额达 1000 万美元的企业有 47 家。2005 年，全市新批境外投资企业 509 家，投资额达 1000 万美元项目 150 个，其中近 1 亿美元项目 7 个；投资常州的世界 500 强企业新增 5 家。服务业利用外资和港澳台资步伐加快，全市新批服务业外资和港澳台资项目 82 个，协议注册外资和港澳台资 6.3 亿美元，常州每家玛超市和常州中鸿服饰分别成为常州首家外资和港澳台资超市、进出口公司。德国博世等3家世界500强企业对在常州的投资项目增资扩股，东京制纲项目一次到账近6000万美元，创常州单个项目一次缴资的最高纪录。2005年前后，民营乡镇企业国际化水平仍不高，合资合作企业数量、规模偏小，工业利用外资和港澳台资比重偏低。

1990—2001年部分年份常州市乡村工业企业招商引资指标对照表

表13-2-1

年份	兴办企业(家)		利用外资、港澳台资(亿美元)			
	新办数	年末数	协议利用	比上年 ±(%)	实际利用	比上年 ±(%)
1990	—	51	—	—	—	—
1992	334	439	1.50	—	—	—
1994	226	1198	1.79	19.3	1.08	—
1995	128	1326	2.30	28.4	0.82	-24.1
1997	—	—	2.25	-2.2	1.50	82.9
1999	—	—	2.50	11.1	1.30	13.3
2001	—	—	6.83	173.2	3.67	182.3

2006—2010年，全市批准外资和港澳台资项目1727个，累计协议注册外资和港澳台资198亿美元，实际到账注册外资和港澳台资总额100.5亿美元。世界500强企业投资项目突破，核心产业增多，德国曼恩集团、日本电装和铃木、土耳其考奇集团在常州投资设立核心主导产业生产企业；德国麦德龙、美国固特异、法国欧尚等12家世界500强公司投资常州；美国通用电气公司、法国瓦卢瑞克集团等6家世界500强企业对在常州的投资项目增资扩股，投资性公司、外资和港澳台资并购、风险投资公司等招商引资方式取得突破。2007年，全市新批总投资达3000万美元项目25个，大项目数居全省地级市前列；新批常州源畅光电能源公司、瑞声精密制造科技（常州）公司等总投资超1亿或近1亿美元大项目11个；新批租赁、商业服务业、科技研发、交通运输、仓储、信息传输、软件业等生产性服务业项目34个，协议注册外资和港澳台资3.05亿美元。全市有262家外资和港澳台资企业增资扩股，增资总额15.3亿美元，常州天合光能公司增资8000万美元。

2009年，全市新增投资外资和港澳台资达1亿美元或注册资本达3000万美元的项目25个，光宝科技一期总投资3亿美元，注册台资1.1亿美元；新增世界500强企业投资项目5个，总投资6亿美元的台湾晶元光电项目正式签约。日本东芝并购华电变压器，德国朗盛并购波力奥化工，香港中国轨道交通公司收购今创集团股权等项目完成。2010年，全市实际利用外资和港澳台资26.7亿美元，有75个项目实际到账外资和港澳台资达1000万美元，到账外资总额21.7亿美元；全市外资和港澳台资企业年末有从业人员27.3万，比2005年同期净增近21万；外资和港澳台资企业完成涉外税收101.4亿元。同年末，

布勒（常州）机械有限公司（摄于2008年2月）

全市有外商和港澳台商投资企业2645家，投产开业1927家，其中市区分别为2054家、1552家。全市有规模以上港澳台商投资工业企业419家、外商投资工业企业590家，全市外商、港澳台商投资企业分别完成总产值1564.39亿元、888.46亿元，完成进出口贸易126.07亿元。

1986—2010年常州市利用外资和港澳台资统计表

表13-2-2　　单位：万美元

年份	协议利用总额	实际利用总额	年份	协议利用总额	实际利用总额	年份	协议利用总额	实际利用总额
1986	2954	2454	1995	88728	32858	2004	218671	58000
1987	2560	3799	1996	99906	51764	2005	285100	73120
1988	3992	3956	1997	107417	56639	2006	329575	125145
1989	1041	2773	1998	82327	55681	2007	440087	183481
1990	1751	666	1999	90158	62569	2008	340952	204002
1991	9002	2384	2000	100285	70006	2009	422114	226129
1992	36897	8557	2001	117625	62192	2010	474203	267000
1993	62412	14440	2002	122132	56102			
1994	52882	27772	2003	205376	85522			

说明：2002年起，协议利用外资和港澳台资金额、实际利用外资和港澳台资金额为新口径；2004年起，实际利用外资和港澳台资金额为有验资报告的实际到账注册外资和港澳台资额

第三节　外资和港澳台资结构

一、利用方式

常州外资和港澳台资企业起步于合资合作的形式，民营企业通过嫁接国外先进技术和资金，成立中外合资合作企业。从1984年常州首家合资企业成立至1987年末，常州批准的16家外资和港澳台资企业均为合资合作企业。1988年，常州首家外商和港澳台商独资企业成立。1986—1990年，全市有外商和港澳台商合资、独资和合作企业100家，其中合资企业96家、合作企业3家、独资企业仅1家。此后，随着改革开放的推进和常州招商引资步伐加快，全市外商和港澳台商合资、独资和合作企业结构发生深刻变化，从以中外合资企业、中外合作企业为主，发展到以外商和港澳台商独资企业为主，中外合资合作企业的比重逐步变小，外商和港澳台商独资企业增速明显加快。1999年，全市新批外资和港澳台资企业135家，其中独资企业34家。2003年，全市新批外资和港澳台资企业533家，其中独资企业268家。2006年以后，受跨国公司投资策略调整的影响，独资企业逐渐成为外资和港澳台资的主要形式，在外商和港澳台商投资合作企业总量中，独资企业的比重保持在60%以上。2010年，全市新批外资和港澳台资企业327家，其中独资企业244家。

二、来源地构成

1986年以前，到常州投资的外商和港澳台商主要来自中国香港、澳门地区。1986—1990年，外资和港澳台资来源结构发生重要变化，境外投资者国别开始向美国、法国、德国、日本、加拿大、新加坡、阿根廷等国家和中国台湾地区扩展。到1995年，有51个国家和地区在常州投资，前10位的依次为中国香港、澳门、台湾地区和美国、日本、新加坡、德国、澳大利亚、韩国、英国、加拿大。1996年起，常州把引进外资和港澳台资

作为提升全市产业结构和层次的重要措施，世界500强公司和世界知名跨国公司逐步成为关注和引进的重点。1999年，累计有16家世界500强企业到常州投资。2006年，美国通用电气、亚什兰，法国圣戈班、威立雅，日本东芝，德国博世力士乐，韩国现代等80多家世界知名跨国公司和37家世界500强企业到常州投资。至2010年底，在常州投资的51家世界知名跨国公司和世界500强企业中，日本、法国、德国、美国4国所占比重最大，占到常投资上述企业总数的78.7%，占其投资总额的74.9%。

2010年到常州投资的世界500强和知名跨国公司来源地统计表

表13-2-3

地区	企业数(家)	企业占比(%)	投资总额(万美元)	总投资占比(%)	地区	企业数(家)	企业占比(%)	投资总额(万美元)	总投资占比(%)
日　本	23	37.7	158545.02	36.5	意大利	1	1.6	9982.00	2.3
法　国	6	9.8	73728.36	17.0	加拿大	2	3.3	5742.00	1.3
德　国	8	13.1	51959.45	12.0	英　国	1	1.6	4761.38	1.1
美　国	11	18.0	41249.63	9.5	瑞　士	1	1.6	3000.00	0.7
中国香港	1	1.6	29476.00	6.8	新加坡	1	1.6	2280.00	0.5
中国台湾	2	3.3	20600.00	4.7	卢森堡	1	1.6	1100.00	0.3
韩　国	1	1.6	20500.00	4.7	比利时	1	1.6	480.00	0.1
土耳其	1	1.6	10980.00	2.5					

三、产业结构

常州各时期利用外资和港澳台资的产业结构具有明显的特征。1986年以前，外资和港澳台资项目主要集中在常州市区的轻工、纺织、电子等行业。1986—1990年，利用外资和港澳台资的行业面逐步扩大，外资和港澳台资涉及行业逐渐扩展到机电、化工、塑料、建材、食品、医药等10多个部门，外商和港澳台商到常州的投资基本集中在劳动密集型行业，投资者看重的仍然是常州比较廉价的劳动力资源。1991年开始，利用外资和港澳台资产业结构明显升级，项目规模扩大，优势行业、重点国有企业成为吸引外资和港澳台资的主体，农业机械、工程机械、车辆制造、输变电设备、电子信息等行业走上合资合作之路。房地产、旅游、娱乐、饮食等第三产业和农业生产领域逐步有外资和港澳台资。1996年起，基础设施、农业、旅游等领域利用外资和港澳台资开始增速。2000年以后，全球的产业结构调整与产业转移进入高潮，外资和港澳台资在常州的产业由劳动密集型向资本密集型、技术密集型转变。制造业实际利用外资和港澳台资占全市的半壁江山，确立外资和港澳台资企业在常州制造业的重要地位。第三产业利用外资和港澳台资较快推进，至2007年底，服务业实际利用外资和港澳台资占比达45%，其中，生产性服务业项目占全市服务业利用境外资金的18.9%，涉及租赁、商业服务、科技研发、交通运输、仓储、信息传输、软件业等行业。2010年，制造业到账外资和港澳台资15.3亿美元，占全市到账总额的57.3%。其中，新兴产业到账外资和港澳台资6.76亿美元，占制造业到账总额的44.2%；生产性服务业到账外资和港澳台资1.9亿美元，占服务业到账总额的17.5%。

四、地区分布

1986年以前，常州利用外资和港澳台资项目主要集中在市区。1989—1990年，利用外资和港澳台资项目的区域分布已趋平衡，市区和县区的比重基本各半。1991年，因县区招商引资力度加大及辖区调整等原因，市区比重开始下降。翌年，新批555家“三资”企业中，武进200家，占36%；金坛51家，占9.2%；溧阳70家，占12.6%；郊区73家，占13.2%；市区和县区的比例约为2∶5。2010年，世界500强及国际知名企业在常州市(区)

县投资总额比重结构为：金坛占 3.2%、溧阳占 1.1%、武进占 18.7%、常州高新区（新北）占 52.8%、天宁占 15%、钟楼占 4.8%、戚墅堰占 4.4%，其中，常州高新区（新北）对世界 500 强和国际知名企业的招商引资成果遥遥领先其他辖市区。世界 500 强及国际知名企业投资常州企业数地区布局为：金坛占 4.9%、溧阳占 1.2%、武进占 19.8%、常州高新区占 50.6%、天宁占 13.6%、钟楼占 7.4%、戚墅堰占 2.5%。

2010 年底世界 500 强及知名企业在常州投资企业一览表

表 13-2-4　　单位：万美元

境外投资方	在常投资企业名称	投资总额	注册资本	投资所在区域
日本丸红（株式会社）	福可曼制衣公司	60.00	60.00	金坛
	常州普利司通自行车公司	1818.00	1111.00	新北
	常州赛德热电公司	2980.00	1192.00	新北
日本三菱商事（株式会社）	江苏新菱化工公司	4430.00	4040.00	武进
	常州宝菱重工机械公司	15843.00	7300.00	新北
日本日立集团（日本伺服株式会社）	常州伺服电机公司	2220.00	1010.00	新北
日本富士通株式会社	常州国光富士通金融电子系统公司	500.00	300.00	新北
	富士通电子零件（常州）公司	1880.00	760.00	新北
日本三菱电机集团	常州三菱电机士林电装品公司	1110.00	555.00	新北
日本新日铁株式会社	东京制纲（常州）公司	18912.50	9728.81	新北
日本 JFE 公司	常州三立环保设备工程公司	180.30	144.24	新北
日本三菱重工（株式会社）	常州宝菱重工机械公司	15843.00	7300.00	新北
日本普利司通（株式会社）	常州普利司通流体技术公司	311.21	218.76	新北
	普利司通（常州）汽车配件公司	2370.00	1031.86	新北
	常州普利司通自行车公司	1818.00	1111.00	新北
日本伊藤忠商事株式会社	常州技研精工公司	700.00	350.00	新北
	常州华日新材公司	2990.00	1530.00	新北
	小松（常州）工程机械公司	10198.00	4100.00	新北
	常州颖西汽车内饰件公司	200.00	140.00	天宁
日本住友商事（株式会社）	小松（常州）工程机械公司	10198.00	4100.00	新北
日本富士重工（株式会社）	常州富士常柴罗宾汽油机公司	900.00	450.00	新北
日本大日本印刷公司	常州华日新材公司	2990.00	1530.00	新北
日本小松制作所	小松（常州）工程机械公司	10198.00	4100.00	新北
	富士华全能（常州）机械公司	2800.00	1130.00	新北
	小松（常州）铸造公司	3598.00	2400.00	天宁
	小松建机设备附件（常州）公司	840.00	420.00	新北
日本三井物产（株式会社）	常州金源铜业公司	11699.20	4130.24	天宁
	常州东芝变压器公司	6500.00	3300.00	钟楼
	常州东芝舒电变压器公司	995.25	497.62	钟楼
日本新日矿株式会社	常州金源铜业公司	11699.20	4130.24	天宁

续表 13-2-4

境外投资方	在常投资企业名称	投资总额	注册资本	投资所在区域
日本东芝(株式会社)	常州东芝变压器公司	6500.00	3300.00	钟楼
	常州东芝舒电变压器公司	995.25	497.62	钟楼
日本日绵(株式会社)	常州丽宝第东理建材公司	1702.80	930.60	钟楼
日本株式会社电装	电装(常州)燃油喷射系统公司	9520.00	3790.00	新北
日本铃木株式会社	常州豪爵铃木摩托车公司	23369.40	11425.04	新北
日本住友电工(株式会社)	常州住电东海今创特殊橡胶公司	878.16	439.08	武进
日本川崎重工(株式会社)	常州川崎光阳发动机公司	1000.00	500.00	新北
韩国现代重工集团	常州现代工程机械公司	9000.00	3000.00	新北
	现代(江苏)工程机械公司	7500.00	4500.00	新北
	常州现代液压机器公司	4000.00	1360.00	新北
新加坡伟创力电子公司	伟创力电子(常州)公司	2280.00	1010.00	新北
美国通用电气公司	常州亚通杰威电机公司	1940.00	860.00	武进
	常州通亚电机公司	600.00	300.00	武进
	通用电气传感与检测(常州)公司	1000.00	500.00	武进
	常州南车通用电气柴油机公司	2997.19	1198.87	戚墅堰
美国固特异轮胎公司	固特异工程产品(常州)贸易公司	25.00	25.00	武进
	固特异工程产品(常州)公司	78.00	70.50	武进
美国亚什兰化学公司	亚什兰(常州)化学公司	1700.00	950.00	新北
	常州亚什兰现代化学公司	4680.00	3450.00	新北
美国德州仪器公司	森萨塔科技(常州)公司	12500.00	4500.00	新北
美国雪佛龙公司	雪佛龙(常州)石油公司	214.00	150.00	新北
美国英格索兰公司	英格索兰(常州)工具公司	2800.00	1500.00	金坛
美国伟世通公司	大茂伟世通车灯公司	6000.00	2700.00	新北
美国空气化工产品公司	空气化工产品(常州)公司	2723.97	1361.99	天宁
美国摩托罗拉公司	常州华钛化学股份公司	559.87	559.87	金坛
美国沃尔玛公司	常州好又多超市公司	541.60	270.80	钟楼
加拿大庞巴迪公司	江苏常牵庞巴迪牵引系统公司	742.00	371.00	武进
加拿大玛格纳国际公司	麦格纳动力总成(常州)公司	5000.00	2000.00	新北
英国英维思公司	常州莱克斯诺传动设备公司	1550.00	622.00	武进
	常州兰柯电磁阀线圈公司	228.38	163.83	新北
	常州兰柯四通阀公司	2983.00	1213.00	新北
法国罗地亚稀土公司	溧阳罗地亚稀土新材料公司	4500.00	3400.00	溧阳
法国圣戈班维特克斯国际公司	圣戈班技术材料(常州)公司	2998.00	1600.00	新北
	圣戈班石膏建材(常州)公司	8818.00	2939.00	新北
法国瓦卢瑞克集团	常州法力诺长城焊管公司	2276.30	1076.30	新北
	瓦卢瑞克曼内斯曼无缝钢管(常州)司	32663.60	15033.60	新北

续表 13-2-4

境外投资方	在常投资企业名称	投资总额	注册资本	投资所在区域
法国瓦卢瑞克集团	瓦姆(常州)石油天然气勘探开发特殊设备责任公司	9959.28	5272.50	新北
法国威立雅水务公司	常州通用自来水公司	4623.75	3699.00	天宁
法国欧尚集团	常州欧尚超市公司	3792.98	1517.19	天宁
	常州颐莫尚置业公司	2998.00	2162.50	天宁
法国家乐福公司	常州悦达家乐福商业公司	1098.45	512.61	天宁
德国曼恩集团	曼透平机械(常州)公司	6054.30	2018.10	武进
德国博世公司	博世力士乐(常州)公司	7492.00	3323.00	武进
德国麦德龙集团	麦德龙物业管理(常州)公司	1445.15	580.64	天宁
法国安赛乐米塔尔	安赛乐米塔尔不锈钢(常州)公司	1100.00	729.00	新北
比利时苏威集团	常州威士顿公司	480.00	240.00	天宁
意大利菲亚特集团	常州依维柯客车公司	9982.00	8000.00	钟楼
土耳其 KOC 集团	常州倍科电器公司	10980.00	5000.00	武进
香港联集企业公司	和记黄埔地产(常州)公司	29476.00	18904.00	天宁
德国朗盛集团	朗盛(常州)公司	4000.00	3000.00	新北
台湾光宝集团	光宝科技(江苏)公司	11000.00	11000.00	武进
台湾晶元集团	晶品光电(常州)公司	9600.00	3200.00	武进
瑞士梅特勒-托利多公司	梅特勒—托利多(常州)称重设备系统公司	3000.00	1360.00	新北
德国莱尼电缆组件公司	莱尼电气线缆(常州)公司	2200.00	995.00	新北
日本利优比株式会社	利优比压铸(常州)公司	13350.00	4450.00	武进
德国埃马克集团	埃马克(金坛)机械公司	9800.00	3500.00	金坛
德国 NKT 电缆集团	常州安凯特电缆公司	15368.00	6276.00	戚墅堰
德国卡尔迈耶集团	卡尔迈耶(中国)公司	5600.00	2000.00	武进
美国爱科集团	爱科(常州)农业机械公司	2890.00	1160.00	武进

说明：至 2010 年末，有 51 家世界 500 强企业在常州投资 76 个项目。除去多家企业投资同一项目的重复，实际有 71 个项目落户常州

第三章 国际经济技术合作

70 年代，常州对外经济技术合作从承担纺织经济援助项目起步，继而逐步发展多种形式的外经合作，合作层次不断提高。对外承包工程和劳务合作结构趋优，由一般劳务输出向对外承包工程和成套设备出口发展。境外投资项目规模以中小型为主、投向以工业实业为主、投资方式以物资和技术投入为主，境外办企业由快转稳，步入健康发展的轨道。经济技术援助合作以“平等互利、讲求实效、形式多样、共同发展”原则为指导，援助合作的形式、内容、领域不断拓展，带动全市对外经济贸易业绩快速增长。1996 年，《常州市境外企业管理办法（试行）》出台；2004—2005 年，《常州市“走出去”扶持资金管理办法》出台；2006—2010 年，

全市累计新签外经合同额25.46亿美元，完成营业额18.43亿美元，对外承包工程和劳务合作与中央企业联营成效明显。2007年出台《关于加强外派劳务合作和境外就业中介管理的通知》，加强外派劳务市场的规范管理。2009年，《常州市对外劳务管理办法》和驻点招商政策出台，在北京、上海设立经贸联络处开展驻点招商。2010年末，全市有外经经营权企业29家，比2005年末增10家。

第一节　对外承包工程和劳务合作

1986—1990年，常州对外承包工程和劳务输出，每年都有新进展，外经合作的类型从原来单纯搞劳务输出发展到承包国外工程、进行海外投资、技术输出、组织成套设备出口等综合性、全方位的外经合作，进入“互利互惠”的国际合作新阶段。5年中，承担87个对外签约项目，其中承包工程3项、劳务合作项目84项，成交合同总额2411万美元，外汇收入446万美元，营业利润65万美元；劳务合作项目分布在波兰等34个国家，市建筑工程总公司等23个行业和单位执行，派出技术人员、管理人员、工人等劳务合作人员2804人次。1986年，常州企业、单位签订对外承包劳务合同额216万美元、对外承包劳务营业额179万美元，劳务输出246人。1987年，常州市向20多个国家和地区输出的劳务工人创汇1039万美元。1987年、1989年，常州郊区红梅水磨石厂、溧阳县美术丝毯厂先后派出58人赴伊拉克进行劳务合作。1987年4月至1990年8月，市建筑工程总公司承建科威特417套住宅工程和“215”工程；1989年8月，常州林业机械厂承建印尼装载机总装工程。

1991年，全市新签外经项目合同41个，项目分布涉及五大洲36个国家和地区。6月22日，市对外经济技术贸易公司与南非詹姆斯·李国际财务股份公司签订向南非派遣300名劳务人员的协议，成为中国向没有外交关系的南非派遣劳务人员的首家外贸公司。1992年，市建筑工程总公司通过中国五矿总公司借权经营，带资150万美元，共同承包越南西贡第一大酒店项目，合同金额2700万美元，时为常州对外承包的第一个大工程。常州新开辟10多个国家和地区市场，开始进入美国、加拿大及亚太发达国家和地区。1993年8月，常州市首家经对外经贸部批准的具有国际法人地位的国际公司常州国际经济技术合作公司成立，常州对外经济技术援助从政府间的合作逐步转变为商业性的承包工程活动。1995年，武进建设工程总公司承建新加坡组屋工程项目以高质量、高效率受到好评；中国江苏国际经济技术合作公司金坛分公司援建的玻利维亚小水电站项目受到外经贸部、外交部的肯定。内燃机车厂、牵引电机厂在内燃机车、铁道机车电机、输变电工程及一些小成套设备输出取得新进展。

1991—1995年，常州劳务合作的区域扩展到45个国家和地区，规模逐步扩大，在新加坡、坦桑尼亚、塞班岛、毛里求斯初步建成劳务基地，注重采用行政推动、典型带动、利益驱动等方式，促进对外承包工程和劳务合作的开展。1995年，常州企业对外承包工程和劳务合同61个，合同额4568万美元，营业额3817万美元，在外人数1415人。1996年，与常州市开展外经合作的国家和地区达46个，行业分布从援外起步的纺织、建材发展到商业、机电、轻工、化工、塑料、饮服、房地产开发等多种行业。1997年，外经合作由一般劳务输出向对外承包工程和成套项目出口发展，对外承包工程和成套出口占总量的65%，完成营业额占总量的74%。1998年，外经业务多元化发展。新加坡建筑劳务基地，毛里求斯、塞班岛服装劳务基地规模与档次提高；新辟北非、南美、加勒比海等地承包劳务市场，相继输出酸洗生产线、热延生产线、橡胶轮胎生产线、地铁机车、电站配套装备等项目，全市新签劳务合同额3578万美元，新派劳务人员1411人。获外经签约权企业新增金坛国际经济技术合作公司、溧阳天目安装集团公司、常州对外经济技术贸易集团公司3家，全市累计5家企业。1999年，全市5家实体企业新获外经签约权。

2001年，全市新签外经合同额（新口径）1亿美元，有两家重点生产企业和1家建筑企业获外经经营权。2002年，新派出劳务人员1616人。2003年，全市新派出劳务人员1509人，新签合同93个，其中承包工程合同76个；合同额1.3亿美元，完成营业额7908万美元。由于受"非典"和战争影响，劳务合作项目新签合同额2787万美元，比上年下降43.3%；完成营业额4463万美元。2004年，外经合同额超1000万美元的单位8家，营业额超1000万美元的单位5家。2005年，新派劳务人员1548人，新签工程承包项目183个，比上年多79个，承包工程项目新签合同额2.2亿美元，完成营业额1.7亿美元。全市累计有外经签约权企业19家，外经合同额、营业额达1000万美元的企业各9家。2001—2005年，全市累计签订外经合同额8.69亿美元，完成外经营业额6.5亿美元，派出劳务7993人，有7家企业获外经经营权。

1986—2010年常州市外经合同额、外经营业额统计表

表13-3-1　　单位：万美元

年份	新签对外承包劳务合同额	对外承包劳务营业额	年末在外劳务人数(人)	年份	新签对外承包劳务合同额	对外承包劳务营业额	年末在外劳务人数(人)
1986	216	179	246	1999	9424	8309	3210
1987	915	870	1346	2000	12480	9409	—
1988	480	105	—	2001	10275	7644	4545
1989	367	248	—	2002	13997	9837	5013
1990	433	73	—	2003	16189	12371	4822
1991	1432	599	—	2004	20432	14594	—
1992	3842	1619	—	2005	26010	20561	4691
1993	3076	1408	—	2006	40695	26479	—
1994	2859	1843	—	2007	51694	32618	3913
1995	4568	3817	1415	2008	52231	37175	3087
1996	7448	6623	1938	2009	52280	41082	3847
1997	7321	6849	2061	2010	57685	46913	5250
1998	8630	7544	—				

说明：从2001年起新签对外承包劳务合同额、营业额统计为经贸部口径

2006年，新开辟赤道几内亚、安哥拉、孟加拉国等国的建筑承包市场。2007年，新派劳务1208人，期末在外劳务人员3913人。2008年，重点项目支撑明显，新签达1000万美元的承包工程和劳务大项目9个，合同总金额3.23亿美元。常州轨道车辆牵引传动工程技术研究中心新签成套设备输出项目10项，实现成套设备输出的突破。新签境外劳务合同13个，完成营业额6792万美元。2009年，新派劳务2180人，向新兴国家派出的人数占总新派人数的近6成。承包工程和劳务合作直营联营并举，大项目不断涌现。受纺织品配额取消和金融危机影响，常州市传统的外派劳务市场如毛里求斯、塞班岛和约旦等持续萎缩。非洲尼日利亚、阿尔及利亚、安哥拉等国家资源丰富，受金融危机影响较小，建筑工程项目较多，成为常州外派劳务的新兴市场。2010年，常州企业承包工程大项目增多，对外承包工程合同金额达1000万美元项目11个，合计3.77亿美元。

第二节 境外投资

常州的境外投资从70年代承担纺织经济援助项目起步。1985年9月10日，常州饮食服务公司与中国江苏经济技术合作公司合资创办阿尔及利亚中国餐馆，为常州对外投资首家企业，常州企业开始向海外发展。1986—1990年，常州市兴办境外企业5家，总投资额126.36万美元。1988年，常州市技贸公司投资8.26万美元，在墨西哥成立餐饮企业长城有限公司。1989年，常州饮食服务总公司投资22.4万美元，在澳大利亚注册成立澳中长江酒家。1990年，常州办有境外企业6家，4家为中餐馆，两家为生产型工业企业。

90年代，常州企业境外投资餐饮服务项目比例降低，生产性、技术性项目增加。1991—1995年，常州把兴办境外企业作为外经工作的主攻方向，发动各行业、各部门发挥特点和优势，找关系，揽项目，大胆跨出国门经营。1991年，新办海外非贸易企业3家，海外非贸易企业数为全省最多，均为生产型合资企业，主要生产经营花卉、水石、电源线、电子产品、真丝绸时装，打破了常州市海外企业限于餐馆、酒家的局面。两家乡镇企业首次获准境外办企业，共投资30万美元。1992年，新办境外非贸易企业15家，是此前历年总和的1.36倍，其中乡镇企业新办境外企业4家，累计6家，除1家餐馆外，其他都是生产性、技术性项目。其中，美国电脑项目、加拿大电视监视器项目技术含量较高。常州计算机厂、金狮自行车集团公司、电视机厂等国有大中型骨干企业率先在美国、加拿大、巴西、孟加拉国等国投资办厂。至1993年底，已开业的21家企业有14家盈利，净收益约100万美元。1993—1995年，常州境外办企业受国家严格控制审批境外企业政策影响，新批办企业50家，其中乡镇企业新办境外企业9家，至1995年末累计达17家，质量明显提高。

1996—2000年，常州境外投资处于蓄势待发阶段，部分乡村涉外企业走出国门拓展业务。1996年，新批境外企业4家，累计80家，分布在亚洲、非洲、北美洲和东欧等地的57个国家和地区，其中开业31家。1997年，常州企业新批办境外企业3家，其中常州机械设备进出口公司投资260万美元，成立中国（坦桑尼亚）投资开发贸易促进中心。1998年，常州企业兴办境外企业4家。1999年，新批中国江苏五菱柴油机股份公司缅甸办事处。2000年，常州第一个境外加工贸易项目获外经贸部、国家经贸委批准，常州红梅色母料公司与新加坡、越南三方投资30万美元，实现当年批准、当年投资开业，每年可带动钛白粉出口1200吨。全市乡镇企业举办境外企业8家，实现境外销售8000万美元，在境外设分公司和办事处25家。

2001—2005年，常州企业境外投资逐步加快，投资规模逐步扩大，投资主体发生转变，投资区域拓宽。2001年，常州长江干燥设备厂在泰国举办的境外加工贸易项目获外经贸部批准。2002年，常州企业新批境外加工贸易企业3家，江苏同大气雾剂公司投资90万美元在美国成立美国奥斯卡家庭护理用品公司（OSCAR HOME CAREING L.Co.），常州境外投资地域由发展中国家向发达国家迈进。2003年，常州企业新批办境外加工贸易企业3家，为红梅色母料公司的越南项目、恒力机械公司的俄罗斯项目、大娘水饺餐饮公司的澳大利亚项目，境外投资99.4万美元。2004年，新办境外投资项目6个，其中非贸易企业1家，境外投资1050万美元。黑牡丹集团、远东集团两家上市公司分别在日本和中国香港设立贸易机构。东华外贸公司、武进盛隆皮业公司在美国设立销售窗口贸易分公司。商务部出台《境外投资开办企业核准工作细则》，市对外经济贸易合作局全面梳理境外企业，撤销近50家无经营业绩的境外企业的批准证书。2005年，常州更多民营企业开展境外投资，常恒集团、金坛中盐、红星美凯龙、常柴集团、联农科技等10家企业的境外投资项目相继获批。

2006—2010年，常州企业境外投资进入快速发展时期。5年审核批准境外投资企业142家，中方协议投资额5.5亿美元，年均增幅66.7%，涉及纺织、机械、电子、批发、零售、住宿、餐饮、商务服务等17个行业小类。2006年，核准27家境外企业，18家为中方独资企业，16家为民营企业，新科集团、常发实业等民营企业年内相继走出国门，投资领域包括进出口贸易、加工制造、资源利用、研究开发、资本运作等领域，大娘水饺、东华集团、老三集团、普今照明、普罗斯灯饰等相继在两个以上国家和地区建点设厂。2007年，民营企业对外投资步伐加快。天合光能在美国成功上市后，在德国、西班牙等国设立4个办事处。常发实业、常州派尼曼家俬公司等民营企业相继增资或投资新兴市场，常林集团、江苏鸿联集团、常柴集团进出口公司等企业深度开发尼日利亚、坦桑尼亚市场。江苏晨光涂料厂、常州尊龙食品公司投资开拓俄罗斯、乌克兰市场。2008年，新核准境外企业中方平均投资额180.25万美元，投资中国香港与欧美等发达地区的项目数占全市境外项目的3/4，中方投资额占全市境外项目的68.9%，新华昌集团项目境外投资额800万美元。

2009年，常州企业新增境外投资企业30家，中方协议投资额1.1亿美元，比上年增204.6%。境外并购取得新进展，新批境外并购项目4个，中方协议投资3140万美元，占全市中方协议投资的28.4%。常州联凯动力机械公司出资300万美元，参股经营缅甸好兄弟机械公司。加工贸易带动出口，全市新批境外加工贸易项目6个，中方协议投资1410万美元。江苏欧龙地板公司在美国设立公司带动强化木地板出口1658万美元。2010年，核准境外投资项目40个(市区32个)，中方协议投资额3.4亿美元，其中30个开业(市区25个)，涉及德国、加拿大、印度尼西亚等近50个国家和地区，中方协议投资额3.4亿美元。民营企业金昇实业公司投资1.5亿美元，收购世界知名企业埃马克公司50%的股权，为全省民营企业最大的境外并购项目。常州中弘光伏公司出资6000万美元，并购德国环球光伏能源公司。到2010年，常州企业与60多个国家和地区建立发展外经合作关系。

1986—2010年常州市企业(单位)境外投资企业、项目一览表(只列首次投资)

表13-3-2

境外企业(机构)名称	东道国、地区	主营行业	核准日期
长城公司	墨西哥	餐饮业	1988.03.02
澳中长江酒家	澳大利亚	餐饮业	1989.12.01
西玛盆景艺术公司	加拿大	农　业	1991.04.01
常新企业发展公司	新加坡	电气机械及器材制造业	1991.11.18
盈宇丝绸时装公司	美　国	纺织服装、鞋、帽制造业	1991.11.19
阿蒂克．兰陵医疗中心	阿拉伯联合酋长国	卫　生	1992.10.19
巴西金狮公司	巴　西	交通运输设备制造业	1992.11.10
亚泰电子公司	中国香港	塑料制品业	1993.04.06
常武国际工贸公司	俄罗斯联邦	零售业	1993.06.28
常州机械(所罗门)公司	所罗门群岛	其他服务业	1993.07.07
牙中经济发展联合公司	牙买加	纺织业	1993.07.09
地中海百货商场	罗马尼亚	零售业	1993.08.14
福莱德鞋业公司	匈牙利	橡胶制品业	1993.08.14
华泰技术开发公司	泰　国	金属制品业	1993.08.26
东方奥普电子公司	南　非	通信设备、计算机及其他电子设备制造业	1994.02.05
北星公司	格鲁吉亚	通信设备、计算机等电子设备	1994.02.21

续表 13-3-2

境外企业(机构)名称	东道国、地区	主营行业	核准日期
常裕(缅甸)公司	缅　甸	医药制造业	1994.11.22
常州农机维修公司	土耳其	其他服务业	1994.12.15
常裕(柬埔寨)公司	柬埔寨	化学原料及化学制品制造业	1994.12.22
常越亚美柯农机发展公司	越　南	其他服务业	1995.02.15
坦中合资友谊纺织公司	坦桑尼亚	纺织业	1996.03.14
T.C 国际公司	菲律宾	纺织服装、鞋、帽制造业	1996.05.08
武进市对外贸易公司德国办事处	德　国	商务服务业	1998.11.01
中国黑牡丹(集团)股份公司日本办事处	日　本	商务服务业	2003.02.01
常林(马)工程机械公司	马来西亚	专用设备制造业	2003.12.25
CJZIS 烟草公司	阿根廷	烟草制品业	2004.12.01
KAITO 机械公司	斯里兰卡	交通运输设备制造业	2005.06.07
中国常州农业科技园区公司	乌克兰	农、林、牧、渔服务业	2005.08.18
恒通建设工程(纳米比亚)公司	纳米比亚	房屋和土木工程建筑业	2005.11.11
熊猫糖果公司	毛里求斯	食品制造业	2006.04.11
摩洛哥玛克努克公司	摩洛哥	电气机械及器材制造业	2006.06.16
凯安斯公司	英　国	批发业	2006.11.09
普罗斯电器(印度)私营公司	印　度	电气机械及器材制造业	2006.11.10
常州天合光能公司西班牙代表处	西班牙	商务服务业	2007.09.10
常州市高分子材料公司苏丹办事处	苏　丹	商务服务业	2008.03.01
英特曼国际公司	挪　威	电气机械及器材制造业	2008.03.26
丰润投资(赞比亚)公司	赞比亚	农副食品加工业	2008.08.14
正昌集团孟加拉办事处	孟加拉国	商务服务业	2008.10.14
常州市苏星世纪服饰公司意大利办事处	意大利	纺织服装、鞋、帽制造业	2009.03.14
苏杰国际公司	安哥拉	金属制品业	2009.06.04
常州市君成机械公司埃及办事处	埃　及	通用设备制造业	2009.06.19
老挝建设集团公司	老　挝	房屋和土木工程建筑业	2009.08.13
韩国灵通株式会社	韩　国	批发业	2009.07.16
常州宏发纵横丹麦公司	丹　麦	批发业	2010.03.29
东方梦幻家纺公司	肯尼亚	纺织服装、鞋、帽制造业	2010.03.29
今创集团欧洲分公司	比利时	商务服务业	2010.04.19
范群(印尼)成套机械设备工程公司	印度尼西亚	专用设备制造业	2007.11.27

第四章　常州高新技术产业开发区

常州高新技术产业开发区（简称“常州高新区”）是 1992 年 11 月经国务院批准建立的全国首批 52 个国家级高新区之一，位于常州市北部，北濒长江，东接无锡江阴，沪宁高速公路、通江大道和通江运河穿境而过。1990年9月，省政府批复同意建设常州城北工业村。1992年7月，省政府批准在城北工业村的基础上成立常州市城北开发区；8月，城北开发区改建为常州高新区，常州市高新区管理委员会同时成立。1995年6月，省政府批准常州市政府成立新区管理委员会，与常州市高新区管理委员会实行一个机构、两块牌子。1997年起，常州高新区提出“以园区建设为抓手，整体推进开放型经济快速发展”的战略部署，全面实施向北发展战略。2002年4月，常州市大幅度调整行政区划，在常州高新区的基础上建立新北区，与常州高新区实行区政合一的管理体制，总面积由5.63平方公里扩大到439.16平方公里。2004年，常州高新区进入创新转型阶段。2005年，市委印发《关于进一步理顺常州国家高新区（新北区）管理体制和运行机制的意见》，逐步构建高效、规范、开放的新型管理机制。2006年，常州市行政中心迁入常州高新区，常州北部新城建设全面拉开帷幕。至2010年底，高新区累计批准外资和港澳台资企业959家，实际利用外资和港澳台资17.5亿美元，其中总投资达1亿美元的项目6个、1000万～9999.99万美元的项目214个，一批国际著名大企业、大公司相继落户，进区的世界500强企业有19家。

常州高新区的自主创新特色明显，技术创新能力提升较快，科技孵化成果显著。全区建有江苏同大等国家级企业技术中心3家、江苏生化等省级工程技术中心3家、常州天合光能等市级工程技术中心7家和企业博士后技术创新中心2家、博士后工作站1个、企业研发机构20多家。建成国家“火炬”计划软件产业基地常州软件园和国家“火炬”计划常州市新北区“三药”科技产业基地。2010年底，全区建成科技孵化平台8.9万平方米，引进科技孵化型企业370家，其中留学生企业46家，孵化毕业企业84家；组织实施科技项目317项，承担国家级、省级火炬计划项目70项，科技型中小企业创新基金项目20项，新增国家“863”计划项目和“863”计划引导项目各1项；累计组织企业申请专利1188件，授权772件。至2010年底，常州高新区累计投入基础设施建设资金320多亿元，建成区面积60多平方公里，城市道路主体框架基本形成，供水、供电、供热、污水处理、通信等基础设施日臻完善。社会事业同步发展，建有河海大学常州校区、常州工学院、建东学院3所高校，公办民营常州国际学校，新北区文化艺术中心和社会福利中心。建成国家级乒乓长廊1个、省级全民健身点5个、区级全民健身点15个，创建示范社区卫生服务站15个。具有国际水准的大型主题乐园中华恐龙园被批准为国家AAAAA级旅游景区，商贸、金融、教育、医疗、信息服务等城市功能日趋完善，常州高新区从单纯工业开发区成为集工业、居住、行政、文化、旅游于一体的现代化新城区。2010年，常州高新区完成业务总收入2869.84亿元，财政收入56.08亿元。

第一节 规划布局

一、规 划

80年代末期，中共常州市委、常州市政府提出一城四翼和控制东西、发展南北，重点向北、开发江边的城市发展思路。1990年7月16日，常州市规划设计院编制的常州开发区的雏形城北工业村详细规划获省政府同意。1992年，常州高新区管委会邀请机电工业部北方设计研究院以“大城市格局、现代化功能、国际化规范”的标准规划新区，对5.63平方公里的高新技术产业开发区按功能进行总体规划。根据规划把常州高新区划分为“七区一园”，七区是光机电一体化技术区、电子信息技术区、航空航天技术区、医药和生物工程技术区、新材料技术区、新能源高效节能技术区、保税仓库区；一园是高新科技园。1994年，常州高新区管委会委托常州市规划设计院先后编制城北分区规划、新区工业园控制性详细规划。1995年常州市新区管委会成立后，常州高新区规划被纳入《常州市城市总体规划》，作为专项规划。常州高新区定位为常州新的行政、经济、文化中心区，高新技术产业聚集区，沿江的港口、重化工经济区和现代新城区。常州市规划设计院先后编制完成高新技术产业开发区、新龙区、新港区3个分区和4个乡镇总体规划。

1997年起，常州高新区启动居住区详细规划编制工作，常州高新区开始由单纯的工业开发阶段步入综合性新城开发阶段。2002年4月，常州行政区划调整后，常州高新区总面积扩大到439.16平方公里。根据《常州市城市总体规划》，先后编制《新北区总体规划》《常州市新北区发展规划》《新北区土地利用总体规划》。新北区规划为“三区两片”结构，三区为核心区部分，分高新分区、新龙分区、新港分区，规划用地198.5平方公里；两片为以组团发展的罗溪—西夏墅、小河—孟河两个卫星城，规划用地分别约30平方公里、21平方公里。规划到2020年，新北区城市化水平约75%，城镇人口达100万人，其中核心区城市人口约80万人、两个卫星镇各发展至8万～12万人。

2006—2008年，围绕新城开发建设和完善城市功能，确定70平方公里的建设规模，先后完成北部新城战略研究规划纲要、京沪高速铁路常州站屋及周边地区系列规划、中华龙城创意文化产业基地概念规划、新北区“六线”规划、新北区教育设施布局规划、城中村改造规划和菜市场布局规划、通江路(高新区段)城市设计调整、新龙居住区控制性详细规划、新港中心片区概念规划等的编制和设计。2009年，常州高新区管委会等单位委托上海同济大学规划设计院编制《新北区总体发展战略规划》。规划总体形成“一城三区”(北部新城，滨江产业综合片区、黄河路产业综合片区、西部都市生态综合片区)的空间结构，划分新龙国际商务城、环球恐龙创意城、天合国际太阳城、通江路商务街区等功能小区，制定分区政策导引，指导落实空间发展战略。委托深圳市城市规划设计研究院编制完成《常州北部新城概念性城市设计》。委托常州市规划设计院，按照“园区专题化”发展的战略目标，编制《新北区3个千亿级产业带规划》，推进新北区高新技术产业集群区建设。

二、区域范围

1990年9月，江苏省政府同意常州按52公顷的规模，在位于常州城北分区中部，常澄路两侧，距市中心约5公里，三井至龙虎塘之间选定工业用地，建立常州市城北工业村。1992年城北工业村划入后，常州高新区东起常澄路、南至河海路、西到西环一路、北至建设中的沪宁高速公路，总面积5.63平方公里，辖由武进县龙虎塘镇和郊区三井乡划入的北塘桥、庄家、王家、许家4个行政村。1993年3月，三井乡成建制划归高新区，这4个村划归三井乡管辖。1995年6月，省政府批准，在常州高新区的基础上成立常州新区，原属武进县的龙虎塘、新桥、百丈、圩塘4个乡镇划归常州高新区，实行“区乡一体化”管理的新模式，辖区面积扩大到116平方公里，区域规模和市区范围扩展到长江边。1998年3月，市政府批准成立河海街道，辖塘桥、庄家、王家、许家4个行政村。2002年4月，常州实施行政区划大调整，划原武进市的薛家、安家、魏村、罗溪、西夏墅、小河、孟河7镇在原常州郊区、新区的基础上建立新北区，常州高新区面积扩大到439.16平方公里。至此，常州沿江地区岸线18公里全部划归常州高新区。2003年10月，新北区将圩塘、魏村、百丈、安家4个镇合并为春江镇，孟河、小河两个镇合并设立孟河镇；撤销三井乡、龙虎塘镇，分别设立三井街道、龙虎塘街道。2010年底，新北区辖6个镇和3个街道，设149个行政村、28个社区，户籍总人口41.13万人，常住人口近70万人。

第二节 征地拆迁

一、土地征用

1999年，常州高新区制定出台土地利用总体规划，规范土地的管理和使用，主要内容有耕地总量动态平衡规划、土地后备资源及其开发利用规划、基本农田保护规划。2003年起，常州高新区放大土地收储规模，加强土地节约集约利用和复垦开发整理，逐步减慢供地节奏、减少供地总量、稳定供地低价，确保国家、省、市重点工程和高新技术产业重点项目的用地。高新区制定出台《被征地农民基本生活保障暂行办法》，保障被征地农民的合法权益。按照“土地换社保”的思路，常州高新区加大被征地农民合法权益的保护力度，维护被征地农民的知情权、参与权和监督权，在确保补偿款足额发至农民手中的前提下，采取政府保养和补助的办法，建立了被征地农民生活保障长效机制。2006 年，常州高新区国土管理部门启动新一轮土地利用总体规划的编修工作，加大土地收储规模和土地节约集约利用，制定《新北区土地利用总体规划大纲》。

1999—2010年常州高新区(新北区)征地供地和撤组转居情况表

表 13-4-1

指标		单位	累计	1999—2002	2003—2005	2006—2010
供地宗数		宗	1415	—	534	881
供地总面积		公顷	5139.35	—	2021.60	3117.75
征地总面积		公顷	1745.96	1498.10	98.87	148.99
出让土地	宗数	宗	1020	319	236	465
	面积	公顷	2762.02	1031.60	155.02	1575.40
其中：工业用地	宗数	宗	429	263	166	—
	面积	公顷	706.88	630.51	76.37	—
公用事业(基础设施)用地	宗数	宗	80	43	37	—
	面积	公顷	102.38	93.76	8.62	—
水利项目用地	宗数	宗	3	3	—	—
	面积	公顷	280.58	280.58	—	—
拆迁安置房用地	宗数	宗	27	10	17	—
	面积	公顷	32.26	26.75	5.51	—
社会事业用地	宗数	宗	7	—	7	—
	面积	公顷	4.35	—	4.35	—
房地产用地	宗数	宗	9	—	9	—
	面积	公顷	60.17	—	60.17	—
转为城镇居民	户数	户	10410	3115	2459	4836
	人数	人	31567	9803	7674	14090
撤销村民小组		个	234	71	57	116
复耕开发、整理土地		公顷	269.03	—	129.59	139.44

二、拆迁安置

常州高新区的房屋拆迁安置始于 1992 年，由常州高新区房屋拆迁安置办公室具体负责。房屋拆迁安置依据市政府颁布的《开发区房屋拆迁管理暂行办法》，采取统建房、自建房两种形式安置，保障拆迁户的合法权利。至 1998 年，常州高新区累计依法实施房屋拆迁 1266 户，拆迁总面积 30.34 万平方米，先后兴建燕兴新村、河海新村、富都新村、前桥新村、兰翔二村等统建安置新村，统建房面积 11.66 万平方米，安置统建房 961 户，自建房 305 户。1999 年后，进区企业投资项目增多，房屋拆迁任务连年翻番。1999 年，围绕常澄路拓建、新区大道拓建、民营工业园等17个重点基础设施建设项目开展拆迁，2000年围绕光洋轴承、三九药业、永琪自行车等34个重点招商引资项目。2001年，围绕三井工业园、电子科技产业园等园区的45个重点建设项目。2002年，围绕旺达造纸、旺达印刷、华山南路、101线改扩建、西环一路等236个重大项目和基础设施建设项目展开拆迁。至2002年末的4年中，累计完成拆迁项目332个，拆迁面积132.29万平方米，拆迁民房4456户，安置拆迁户2509户、安置统建房20.33万平方米，拆迁企事业单位147家。

2003年起，重点完成薛家片区、空港片区、沿江启动区、长江路、龙江路、沪宁高速公路扩建及京沪高铁、西绕城高速、常林地块、录安洲整体搬迁、新北职教中心、新岱路等项目的拆迁，先后建成泰山新村、新魏花园、富民花园、同心苑、百草苑、百馨苑、同仁苑、天山花园、新龙花园、春江花园、玲珑花苑等拆迁安置区，至2005年底，累计拆迁房屋490.88万平方米，拆迁民房和企业1.59万户，安置居民1.05万户，安置房屋173.52万平方米。2006年起，重点完成京沪高铁、西绕城高速、常林地块、录安洲整体搬迁、新北职教中心、新岱路等6个重点项目的拆迁，围绕省、市重点项目、重点园区建设、经营性地块出让、基础设施建设、安置房建设和历史遗留问题处理，推进拆迁工作。2008年后，推进顾村前圩一期、万顷良田、高铁场站、机场高架和机场路拓宽、龙虎塘高铁高速夹心带等重点项目的拆迁；加大洪福地块、辽河路北侧地块、吟枫苑、飞龙新苑、常泰高速春江段、京沪高铁龙虎塘段等拆迁项目安置力度；加快安家苑、天山花园二期、玲珑花园二期、百馨西苑等10个安置小区的建设。2006—2010年，全区累计拆迁民房和企业2.1万户，拆迁房屋669.9万平方米，安置居民2000余户，安置房屋393.49万平方米。

第三节　开发建设

1995年，常州高新区开工建筑面积34.5万平方米，竣工房屋20.6万平方米，其中超高层建筑6幢。1997年，投入基础设施建设资金3.18亿元，基础设施条件达到路、供水、排水、电信、电视、燃气通达和土地

2001—2010年常州高新区开发指标统计表

表13-4-2

年份	年末开发区面积(平方公里)	基础设施建设资金(万元)	进区企业(家)	企业总投资(亿元)	合同外资和港澳台资(亿美元)	业务收入总额(亿元)	财政收入(亿元)
2001	20	28.56	6758	249.48	28.93	221.44	9.79
2002	21	5.51	908	135.27	6.88	290.01	13.99
2003	25	20.50	1469	213.13	8.80	390.16	18.25
2004	25	10.44	1730	97.98	5.50	530.61	25.62
2005	31	35.48	1570	94.81	5.50	690.17	32.98
2006	32	25.06	1489	—	8.51	982.81	20.44
2007	31	31.46	—	—	10.51	1471.06	27.28
2008	32	40.50	—	—	10.20	1909.07	34.16
2009	32	49.00	—	—	9.03	2296.38	41.28
2010	35	54.88	—	—	12.18	2869.84	56.08

说明：2001年基础设施建设资金、批准进区企业、批准企业总投资、批准企业合同外资和港澳台资金额为年末累计数

平整(简称“六通一平”)。1998年,全区投入基础设施建设资金2.5亿元,开工建筑总面积28.8万平方米,竣工17.27万平方米。2000年,江边化工区基础设施建设全面启动。2003—2005年,常州高新区围绕拉开框架、完善功能、提升品位的目标,先后投入基础设施建设资金35亿元。2006年以后,随着市行政中心迁入区内,北部新城初具规模。

一、道路建设

常州高新区加快道路建设始于1992年。长江中路、河海中路、运河路、泰山路、衡山路、峨眉山路、珠江东路7条主干道全面开工,采取“先形成快车道,后形成慢车道”的方法施工,打破常规加快征地拆迁。到1993年,一批城市标准等级的市政道路建成,建成快车道16.05公里,实现区内3条混凝土主干道长江路、泰山路、河海路的环通。到1994年,7条城市标准道路等级主干道全部建成,打通道路28.5公里,2.8平方公里启动区实现道路环通。至1998年底,累计建成城市标准等级道路河海路、长江路、黄河路、泰山路、黄山路、新区大道、珠江路、太湖路、华山路、天山路、惠山路、衡山路等20条,总长45.31公里,硬化路面128.46万平方米,建成雨污水管线116.27公里、桥梁14座。

1999—2002年,常州高新区新建成三井河路、巫山路、九江路、滆湖路等城市标准等级道路(含续建)48条,总长32.21公里,硬化路面65.32万平方米,建成雨污水管线84.37公里;建成板梁结构桥梁8座,其中40米跨度的桥梁有河海东路横汀桥、新区大道沈家桥、黄河西路桥、太湖东路桥4座,全区道路实现环通,基本形成“五横七纵”城市道路主体框架。

2006—2010年,先后建成黄河西路、玉龙路、赣江路、松花江路、红河路、北海路、信息大道、黄海路、创业西路、辽河路、338省道高新区段、藻江东路、滨新路、兴塘西路、飞龙路、昆仑路、南湖路、云河路、新桥大街、小塘居住区周边道路、龙沧路、龙潭路、龙汇路、吕墅西路、汉江西路、天合路、春风路等30条市政道路均宽约30米,总长132.8公里;完成汉江西路、河海中路、黄河西路、衡山路、珠江路、泰山路和长江路等7条主干道路21.28公里的白改黑工程,总面积48.68万平方米,达到环保、防尘、降噪和增添行车舒适性的效果;改造新珠江路、黄河东路、常澄路、辽河路、通江中路等道路16.51公里,总面积7.21万平方米;建成京沪高铁、城际铁路、常泰高速、西绕城高速等国家、省、市重点工程区内段(部分)。实施从通江大道与江阴交界处起经通江路、怀德北路、延陵路至延陵路与和平北路口约16.3公里的城市主干道,与常州奥体中心周边、武进新城区约6.66平方公里的区域(合称“一路两区”)景观亮化工程,亮化楼宇218栋;综合提升整治城际铁路两侧、沪宁高速公路常州道口和薛家道口的环境。

二、公用设施建设

供　水　常州高新区成立之初,全区供水使用的是市政供水管网。1992—1995年,常州高新区在河海路以北、沪宁高速公路以南、竹林路以西、西环二路以东区域内,建立相对独立的供水系统,水源为深井水和向市自来水公司购买的成品自来水,水费、水价均由常州高新区自来水公司核定收取。至1998年,全区供水管网总长29公里,先后在天安工业村、河海新村、燕兴新村、新区工业园和前桥新村建立5个供水增压站。2001年,投资3000多万元建成江北自来水厂。2003年起,区内供水系统纳入全市统一管理,开始实施农村改水工程,累计新建自来水管道约200公里,完成投资7931万元,近1.6万户农户受益。2004年,滨江工业水厂建成投入使用。

污水处理　至2002年底,常州高新区建成城北污水处理厂、江边污水处理厂,建成区内城市污水基本实现集中处理。城北污水处理厂由市排水公司投资建设,日处理污水能力15万吨,主要接纳高新分区污水和市区部分污水,处理至二级排放标准后就近排入藻江河。江边污水处理厂一期日处理污水能力5000吨。2003年,常州高新区开始对江边污水处理厂实施二期扩建工程，总投资约3600万元，日处理污水能力25万吨。

供　电　1995年，常州高新区建成11万伏变电所1座。至2002年底，有12座变电所向该区提供电能，其中220千伏的3座、110千伏的6座、35千伏的3座，主变容量约180千伏安，售电量年均增长率保持在35%以上。2003年以后，该区供电事业迅猛发展，在8.86平方公里的核心区内建成19条纯电缆线路，推进无杆化建设，建成投运10千伏开关站、开闭所、环网站、配电所等79座。2007年，总投资16.5亿元，拥有4组100万千伏安的主变、12回500千伏进线及16回220千伏出线的晋陵（武北）输变电工程竣工投入使用，为华东电网中建设规模最大、设备最先进、占地最小的枢纽变电站。至2010年底，建成500千伏变电所1座，变电容量200万千伏安；建成220千伏变电所2座，变电容量42万千伏安；建成110千伏变电所5座、扩建1座，变电容量42万千伏安。建成输电线路500千伏50公里、220千伏100公里、110千伏90公里。

供　热　常州高新区在规划之初推广集中供热方式，吸引民间投资参与供热设施建设运营。1994年11月，常州高新区发展（集团）总公司、中国长江动力公司（集团）和长江动力开发（中国香港）分公司合资2.4亿元，在该区建设全市规模最大的热电厂——常州长澄热电公司。1995年底，3台每小时75吨循环流化床锅炉、两台1.35万千瓦汽轮发电机组建成，开始向区内供电供汽。至2002年底，区内先后建成广达热电厂、长江热电厂等热电设施。2003年，建成高新科技园（6吨／小时）、民营工业园（40吨／小时）两个临时供热站，实行联网供汽，并向高新分区提供热源。民营工业园临时供热由新北区广达热电公司负责，供应新澡港河以西、西环一路以东、河海路以北高速公路以南地区用汽。至2010年底，高新分区建成供热管网210公里。滨江工业区供汽由新港热电公司负责。

供　气　至2010年底，常州高新区完成供气设施建设投资3.44亿元，陆续建成调峰电厂专线、新北区高压管网一期和二期工程、春江高中压调压站和239省道、338省道中压A级管网等燃气供给重点工程。

三、工业设施建设

1993年，常州高新科技园由创业大厦、工程技术中心、中试生产区、产业化示范区、技术贸易街及附属公共建筑6个部分组成，其中工程技术中心面积3.6万平方米。园区建成后，先后有80家孵化企业、40家中试企业、80家技术贸易街交易企业、150家产业化基地进园入户。1994年，新区工业园启动建设，位于沪宁高速公路以南、外环路以北、澡江河以西，总面积5.38平方公里，总投资1.5亿元。1997年，建成以常州光阳摩托车公司为核心，24家企业配套的光阳工业园。2000年，托普软件园一期工程建成投入使用。翌年，常州电子科技产业园、常州软件园、常州国家环保产业园相继设立。其中，常州电子科技产业园总规划用地8.92平方公里，分为产业园区、公共管理区、居住服务区、科研开发区4个功能区，重点发展新型电子元器件、光电子、微电子和集成电路产业。至2002年，常州高新区建有工业园区18个，规划总面积70平方公里。

四、房地产开发

1997年，常州市政府作出“百万住宅进新区”的决策。1998年，签约进区开发住宅项目占地总面积101.1万平方米，总建筑面积125万平方米。较大项目有：新区一村占地16.8万平方米，总投资2亿元，总建筑面积20万平方米，由市房管局组织开发；新城市花园占地13.73万平方米，总建筑面积30万平方米，总投资3.5亿元，由天安公司投资开发；常州伊莎士花园（今东南花园）占地20.73万平方米，总建筑面积16万平方米，总投资1.6亿元，由上海伊莎士房地产开发公司常州分公司开发；兰翔新村占地40万平方米，总建筑面积40万平方米。2003—2005年，常州高新区开工建设房屋1445万平方米。至2010年底，万达广场等商业综合体和龙湖、九龙仓等高端住宅项目相继开工建设。

五、服务设施建设

1993 年，农行、工行、建行、中行、交行、中国人民保险公司等金融机构在常州高新区设立支行、分理处和分公司，会计师事务所、审计师事务所、律师事务所、财务咨询公司、投资服务中心、科技发展促进中心、企业管理服务中心、国际培训中心等服务机构相继入驻常州高新区。1996 年，常州高新区管委会建设的新区展览中心建成投入使用，是一座以商品展示和商务活动为主的多功能建筑群体，总投资 3000 万元，总建筑面积 8800 平方米，设有国际标准展位 300 个。8 月，全市首家保税仓库在高新区挂牌营运。保税仓库位于高新科技园常新科技楼内，占地 4400 平方米，为区内企业提供保税储存、保税运输等服务。1997 年，新区与市教委在黄山路（今晋陵北路）中段创办常州国际学校，8 月 28 日建成开学，占地 150 亩，总投资 1 亿元，总建筑面积 7 万平方米，容纳学生规模 1500 人。

1998 年 8 月 28 日，长江自由贸易中心、市农机市场管理办公室联合投资兴办的常州农机市场建成开业。11 月 18 日，常州高新区管委会投资建造的长江自由贸易中心建成对外营业。同年，新区中心公园一期工程建成对外开放。2000 年 9 月，常州新区管委会投资 4000 万元，建成新区实验中学，位于黄山路西、太湖路以南，占地 5.3 万平方米。同年，大型综合性超市华联吉买盛常州店建成对外营业。9 月 20 日，总投资 1.8 亿元、占地 600 亩的中华恐龙园建成对外营业，成为以恐龙为主题，融博物、科普、娱乐、休闲及表演于一体的综合性游乐园。

2001 年，常州市汽车交易市场等工程建设项目开工。2003—2005 年，建成常州出口加工区、长江塑料化工交易市场、月星国际家居广场、富都商贸饭店、常州锦江国际大酒店、每家玛超市、新北区文化艺术活动中心等工业、商贸、文化服务设施；易地新建长江自由贸易中心，一批汽车 4S 店先后入驻新区。至 2010 年底，常州高新区围绕重点区域、重点工程建设，推进高铁场站、飞龙居住区和创意产业基地的建设项目，实施中华龙城创意文化产业基地、常州动漫产业基地等系列建设项目。相继建成太阳城购物中心、中创时代广场、江苏国际塑化物流中心、常州烟草物流中心、常州粮食现代物流中心等商贸服务业企业，先后新建成 6 所学校、2 所医院和 1 个汽车客运站。

第四节　招商引资

1992—2010 年，常州高新区累计引进、兴办外资和港澳台资企业 1315 家，总投资 162 亿美元，兴办世界 500 强投资企业 28 家；累计协议注册外资和港澳台资 101.2 亿美元，实际利用外资和港澳台资 49.3 亿美元，批准总投资达 1000 万美元的项目 337 个。

一、政策措施

1992 年，常州高新区被国务院列为国家级高新区，执行《国务院关于国家高新技术产业开发区和有关政策规定的通知》政策。常州高新区管委会迅速在《新华日报》《新民晚报》《常州日报》刊登公开招聘区内公司总经理、驻沪办事处主任、信息员及其他专业人才的启事，在社会上引起强烈反响。1993 年，常州高新区实施系统改革措施，改企业干部任命制为聘用、聘任制，管委会只聘一个经理（厂长），企业其他各级干部、员工均由企业自主层层聘用任职，干部不定级别，上岗不论原来身份；改企业批复制为登记制，申办内资企业只需填表；逐步改集体、全民所有制企业为股份制，在区内推行产权有偿转让，提倡法人之间相互参股控股，鼓励科技机构、科技人员以专利技术成果入股，允许企业内部员工入股；企业无主管、干部无级别。常州高新区管委会对企业实行只管 1 个法人代表、1 张财务报表、1 本资产增值账的管理体制，所有企业以经济效益和经济规模划分类别；全部放开企业人事、用工和分配，所有员工一律不记属性，实行社会养老保险。市政府在财税管理方面赋予常州高新区市级管理权限。1993 年起，5 年内财政收入全部留在常州高新区，用于基础设施建设。创办开发区信用社和发展银行，筹集高新区建设和发展资金。翌年起，常州高新区推行企业股份制，开始逐步建立金融、科技、综合服务等完善的社会支撑服务体系。1996 年 8 月，常州高新区管委会出台《常州高新技术产业开发区关于鼓励外商和港澳台商、外地及本市经营者进区投资创业的若干规定》。

1997 年 3 月，常州高新区管委会颁布《对外资和港澳台资企业行政性收费项目及标准》，对进区外资和港澳台资企业行政性收费按文件公布的项目和标准执行。4 月，常州高新区管委会出台《常州市新区关于引荐项目进区和引进资金的奖励办法》；同月，省政府授权常州高新区管委会自行审批符合国家和省外资和港澳台资方向的项目。1998 年，市委、市政府出台《关于进一步强化新区管理职能的若干规定》，完善常州高新区"以块为主"管理体制。10 月，常州高新区出台《鼓励外资和港澳台资的税收优惠政策》，为进区外资和港澳台资企业提供优惠政策。2005 年，市委出台《关于进一步理顺常州国家高新区（新北区）管理体制和运行机制的意见》，对高新区的主要任务和行政服务建设提出了指导意见。

二、项目引进

1993 年，常州高新区根据市委、市政府赋予的 30 条优惠政策，先后参加市组织的常州新品交易会和在香港、深圳举行的大型招商活动，成效显著。至同年底，进区项目和企业 200 多个，其中外资和港澳台资企业 50 余家；签订批租合同及协议意向吸收资金 17 亿元，其中投资规模达 3000 万元的项目 12 个，利用外资和港澳台资 1.35 亿美元；批租土地 150 万平方米，引进铁道部戚墅堰机车车辆工艺研究所、河海大学等 29 家大厂、大院、大所的高新技术项目 39 个；兴办技术贸易性企业 108 家，高新科技园等 9 个高新科技工业项目和创业服务中心等 4 个科技类第三产业项目进区落户。1994 年，常州高新区在美国、新加坡、澳大利亚、马来西亚、泰国等国家和中国香港举办招商会等招商活动，引进一批投资规模大、技术含量高的项目，全区新批外商和港澳台商投资合作企业 45 家，总投资 2.11 亿美元，实际利用外资和港澳台资 3253 万美元，年末有外资和港澳台资企业 150 家。中国台湾的达新电器、美国泰姆电视电缆、日本中山胶印、高见泽继电器、普利司通自行车、中国香港的恒光恒美光学制品等投资规模较大、技术含量较高的项目进区落户，外商和港澳台商投资呈现规模大、领域宽、方式活、跨国公司和大集团投资增多的趋势。

1995—1997 年，常州高新区管委会加大招商引资力度，发动全员招商，采取网上招商、委托代理等新的招商引资方法，拓宽招商引资渠道，主办、协办和参加常州新区上海投资合作项目恳谈会、常州国际中小企业商品博览会和经贸洽谈会、中国香港对外经济洽谈会、中国贸易投资洽谈会、江苏国际投资经贸恳谈会等重大招商活动，累计接待到区考察洽谈的客商 800 多批 1.65 万人次，新批外资和港澳台资企业 180 余家，利用外资和港澳台资 9 亿美元。普利司通、高见泽、技研精工、小松常林、常州光阳（包括台商独资配套企业 23 家）、华源蕾迪斯、特密高石墨等高新技术企业相继进区，建成投产。

1998 年起，常州高新区组建招商局，充实专业招商队伍，实施考核奖惩制度，适时调整制定"重点台湾，发展美国，开拓欧洲"的招商战略，瑞典 ABB 集团、爱立信集团，瑞士乔治·费歇尔迪砂，法国罗地亚，德国贝尔，中国台湾力霸等知名企业先后到区洽谈项目或考察，美国亚什兰化工、德国钴领刀具、美国柏林盖姆制瓦机械、新加坡常亚发电、韩国现代工业园项目、美国德州仪器公司、法国圣戈班集团等重大外资和港澳台资项目，常柴多缸机、南方铁路机车、常丰包装等内资项目相继进区。至 2004 年底，常州高新区累计引进外资和港澳台资项目 300 多个，实际利用外资和港澳台资约 12 亿美元，实现自营出口总额 20 亿美元。

2005—2010 年，常州高新区形成以区级招商机构为主、镇（街道）为辅的招商引资格局，新批外资和港澳台资企业500余家，总投资120亿美元。东京制纲、瓦姆无缝钢管、华润啤酒、特斯玛汽车零部件、朗生微电子、每家玛超市、天合光能、世茂房地产、豪爵摩托车、瓦姆石油勘探开发特殊设备、史密斯钻井设备、迪芬巴赫木工机械、川崎光阳摩托车、雅柯斯电力等技术水平处于装备制造、新能源、医药化工重点产业领先地位的大项目相继进区落户。

第五节 产业园区

常州高新区成立后，推动工业园区错位竞争、加快升级，完善园区研发平台、测试平台、信息平台、孵化平台等公共平台建设，建成一批在全国有较高知名度的主题园区、特色园区和品牌园区。1992—1998年，建成天安工业村、高新科技园、新区工业园、三井工业园、光阳摩托车工业园等工业园区。从1999年起，相继规划并建成国家火炬计划软件产业基地（常州软件园）、国家火炬计划新北区“三药”（医药、农药、兽药）产业基地、电子信息产业园、国家环保工业园、新北工业园区（滨江工业区）、出口加工区、空港机电产业园等专题园区，成为常州高新区接纳高科技大项目的主要载体。2010年，常州高新区组建创意产业基地、光伏产业园区、生物医药产业园区、新能源车辆产业园区等产业园区。确定以天合光伏产业园、龙虎塘片区为主体的天合太阳城概念性城市设计；以环球恐龙城、软件园为主体的创意产业基地城市设计；编制确定了新能源车辆产业园规划、生物医药产业园规划。年内，光伏、创意、生物医药3个园区被省科技厅认定为省级科技园区。

一、新北工业园区

1999年，常州高新区利用长江岸线设立常州滨江工业区，聘请新加坡裕廊顾问公司进行高起点规划，一期面积10平方公里。2月8日，常州江边开发领导小组成立，下设办公室。2000年2月28日，常州高新区管委会成立常州新港经济发展公司，组织实施滨江工业区开发建设。至2002年底，区内投入基础设施建设资金12.6亿元，形成四横五纵的道路框架，管线均铺设到位；常州港万吨级通用、石化码头全面投入营运；新华石化储罐区正常营运；建成港区北河和东港南河、东港北河及藻江河10号桥；建成每小时供汽150吨的新港热电厂和日处理污水5000吨的江边工业污水处理厂。2005年，园区完成工业总产值19.1亿元、工业销售24.3亿元、工业利税1.26亿元。2007年，国家发改委批准在滨江工业区基础上成立省级开发区常州新北工业园区，园区同年完成工业产品销售收入80亿元，实现利税8亿元。至2010年底，新北工业园区累计完成固定资产投资100亿元，其中工业投入75亿元，一批产业关联度大、科技含量高、经济效益好、带动能力强的重点项目落户园区，建滔集团、东昊化工、澳门新阳化学等项目的总投资均突破1亿美元，有天马集团、粤海置业、瓦卢瑞克、诚达石化、常茂生化、华润包装、和瑞升、东昊化工等20余家企业销售额达10亿元，清红化工、精棱铸锻等50余家企业销售额达1亿～9.99亿元；园区企业实现地区生产总值136.5亿元。

二、常州电子科技产业园

2000年11月，常州电子科技产业园在龙虎塘镇成立，由台湾中华顾问工程公司、上海同济大学编制概念性规划设计，总规划用地8.92平方公里，规划分为产业园区、科研开发区、公共管理区、居住服务区4个功能分区，规划建设集电子商务、现代物流、配载中心、对外贸易、网络中心、信息咨询于一体的国际商务平台。至2008年底，园区完成基础设施建设投资7.48亿元，完成近4.6平方公里的基础设施开发。建成“六横三纵”交通主干道15公里，形成园区道路大环通。建成投资服务中心和一期休闲绿地10万平方米及标准厂房5万平方米。至2010年底，园区落户企业50余家，投资总额50亿元，初步形成以银河电器、星海电子等企业为代表的微电子产业，以梅特勒——托利多精密仪器、森萨塔(Sensata)等企业为代表的汽车电子、传感器

常州天合光能公司技术研发场景(摄于 2007 年 7 月)

产业，以天合光能为代表的光伏（太阳能）电池产业等主导产业。同年，完成销售总额 52.3 亿元、出口额 4.6 亿美元，实现利税总额 4.8 亿元。

三、常州天合光伏产业园

2008 年 4 月 22 日，常州天合光伏产业园在常州高新区开园。常州天合光伏产业园是常州高新区与常州天合光能有限公司联合兴建的常州第一个千亿级产业群，以常州天合光能公司为龙头，围绕打造光伏产业链引进光伏及其配套企业。至同年底，完成基础设施建设投资 11.4 亿元，征地 6900 亩，建成“三纵六横”道路 16.5 公里、标准厂房 2 幢 5 万平方米、中心绿化带 11 万平方米及 220 千伏安变电站 1 座。至 2010 年底，园区累计引进项目 80 多个，基本形成以天合光能、有则科技等为代表的光伏产业，以森萨塔科技、上扬光电、星翰科技等为代表的新型电子元器件两大主导产业。同年园区完成工业总产值 300 亿元、销售收入 100 亿元，实现利税 15 亿元；园内有年销售额达 50 亿元企业、5 亿～49.99 亿元企业各 1 家和 1 亿～4.99 亿元企业 4 家、5000 万～9999 万元企业 5 家。

四、常州国家环保产业园

2001 年 2 月 23 日，国家环境保护总局批准成立。常州国家环保产业园规划面积 10 平方公里，同年启动建设区两平方公里的基础设施，由环保工业园、环保生态园、环保科研园、环保产品展销中心和环保产业咨询中心组成，是国内第一个全方位、多功能、高起点的国家级环保产业园区，重点吸引节水和水处理、大气污染治理、环境监测管理、生态环境、废弃物处理、节能和绿色能源、资源综合利用等高新技术及生产相关产品的企业入驻。至 2010 年底，常州国家环保产业园引进一批在国际上技术领先、市场占有率高、绿色环保和可清洁生产的项目。德国独资的常州维尔利环保公司成为国内最大的垃圾渗滤液处理技术和设备供应商，年销售额两亿元；海归博士后孙晓慰创建的常州爱思特净化设备公司是全国唯一拥有电吸附净化技术自主知识产权的高新技术企业，研制出集团饮用水、工业除盐用水、苦咸水和海水淡化水的电吸附净化设备等产品。

五、常州机电工业园

常州机电工业园位于常州高新区罗溪镇，规划总面积 8.8 平方公里，是重点发展摩托车、汽车和工程机械制造工业及零部件产业与中大型机械加工设备制造业等现代制造业的产业集聚区，基础配套设施完善。至 2010 年底，吸引法国圣戈班集团等世界 500 强企业投资的圣戈班宏发（常州）技术材料公司等企业，日本铃木株式会社与中国摩托车领头羊长江集团共同投资的常州豪爵铃木摩托车公司、常州铃木摩托车研究开发公司等国内外知名企业入驻，国内大型客车制造企业辽宁曙光汽车集团股份公司投资的常州黄海汽车公司，总投资达 7 亿元，形成年产 6000 辆大中型客车的规模，年销售收入 25 亿元；广东粤海控股集团公司投资的工业房地产专业公司粤海置业（常州）公司，建成制造中心、物流中心、研发商务中心及独立的综合服务中心，建筑面积总量 40 万平方米。

六、常州软件园

常州软件园位于新北区三井街道洪福社区，始建于 1999 年，是省科技厅批准的首批省级软件园。重点围绕煤矿自动化、输配电设备智能化、轨道交通数字化、工程机械信息化等常州特色产业展开招商(参见第十九卷“商贸服务业”第八章“创意产业”)。

七、常州国家动画产业基地

常州国家动画产业基地位于新北区汉江中路南侧高新科技园创业中心，是国家广电总局2004年12月批准建立的首批国家级动画产业基地之一(参见第十九卷“商贸服务业”第八章“创意产业”)。

八、常州生物医药产业园

常州生物医药产业园原称常州市“三药”科技产业基地，2000年8月成为首家省级“三药”科技产业示范基地，2003年被科技部批准为国家火炬计划产业基地，建有国家级企业技术中心1家、省级工程技术研究中心4家、市级工程技术研究中心两家及开放型实验室、企业博士后研发中心、“三药”公共服务中心等多个；建立与国际或国家新药研究开发规范接轨的“三药”专业化科技创新体系。2010年，组建常州生物医药产业园。园内有生物医药及相关企业93家，产值达1亿元企业12家，有国家重点高新技术企业5家、省级高新技术企业24家。代表性企业有千红生化、常茂生物、方圆制药、康辉医疗器械、太平洋美诺克等，形成覆盖生物制药、化学原料药及制剂、医药中间体、中药提取及中成药、医疗器械、生物能源等多门类多品种的产业体系。江苏省常茂生物化学工程股份公司在中国香港上市，国家重点高新技术企业常州生化千红制药公司所产酶类药品成为国内为数不多的与国际标准接轨的医用酶制剂，基地企业累计承担国家重大科技攻关项目11项、省级科技项目57项，开发高新技术产品42种，拥有海南霉素、硫酸依替米星等国家一类新药3个及脂泰胶囊、氟康唑等国家二类新药近30个，申请专利100余项。

常州方圆制药公司技术人员试制新药品(摄于2007年7月)

九、常州创意产业基地

常州创意产业基地位于新北区东南部，2008年12月，市委、市政府整合常州软件园、国家动画产业基地和环球恐龙城等相关资源，在常州高新区成立常州创意产业基地，以环球恐龙城为核心，总规划面积8平方公里，重点发展动漫、游戏、软件、互联网信息服务、广告、设计服务、国际服务外包、创意旅游等文化创意产业(参见第十九卷“商贸服务业”第八章“创意产业”)。

第六节 管理服务

1992年8月，常州高新技术产业开发区挂牌，受市委、市政府委托，对开发区实行统一领导管理，同时设开发公司，管委会主任兼任开发公司总经理，但开发公司为独立经济实体，内设职能机构管委会办公室(后又称党政办)、经济发展局、规划国土局、劳动人事局、财政局、行政事务管理局。同年，经市编委批准增设建设局、科技局，翌年上半年增设经济体制改革办公室。常州高新区实行“一幢楼办公、一条龙服务”行政服务模式，建立健全支持发展高新技术产业的一系列实施细则和配套政策。1993 年 4 月，市政府公布常州高新区管委会在国土规划、基础建设、外资和港澳台资外贸外经、科技管理、劳动人事和社会保险、工商管理、财税管理、金融管理、行政管理等 9 个方面行使相当市级的经济管理权限。1995 年，市政府批准成立新区管理委员会，作为市政府的派出机构，与常州高新区管委会合署办公，实施对辖区的统一领导和管理。

1996—1997 年机构调整，常州高新区党政机构挂牌 29 块，其中党工委机构 6 个、管委会及其他机构 23 个；另设派出机构 1 个、部门管理机构 3 个。按能合署的坚决合署原则，党政机构合署为 14 个：纪委（监察局、审计局）、办公室（体改办）、组织部（区级机关党工委、劳动人事局）、宣传统战部（宣传新闻中心、文明办、人大政协工作联络处）、政法委（综治办、人武办、司法办）、经济发展局、贸易发展局（物价局）、规划国土局、建设局、科技局（技术监督局）、财政局、地税局、社会事业局、农村发展局（地方工业局）。设派出机构河海街道党工委、办事处。

1999 年 1 月，市委、市政府落实常州高新区管委会的投资项目审批权、人事调配权、项目规划建设用地审批及招投标管理、施工管理、环保管理、技术监督等经济管理权限，明确由常州高新区党工委、管委会在市委、市政府确定的编制限额内自行决定机构设置和职能配置，工商、国土、规划、税务等部门改为条线垂直管理。2002 年 5 月，新北区成立，武进西北部的薛家、安家等 7 个镇划归新北区，区人大、政协、法院、检察院、人武部依法设立，区委（党工委）设党政办公室、纪委、组织部、宣传统战部、政法委 5 个机构，区政府设经济发展局、外经局、建设局、环保局、人力资源与社会保障局、社会事业局、财政局、科技局、农林局。

2005 年 7 月 13 日，市委对常州高新区（新北区）的管理体制、运行机制做重大调整，实行高新区管委会与新北区政府职能分开、领导重点分工分开、部分机构分开的管理体制，确保管委会集中精力抓经济建设和招商引资；推行公开招聘、竞争上岗、人尽其才、优胜劣汰的用人机制，在以常州高新区管委会管理为主的部门实行职务聘任制，在事业单位推行、完善全员聘用制。经过数次调整后，2010 年底，设有党委口机构 9 个、行政口机构 14 个。

第五章　省级经济技术开发区

1990 年，市政府决定建立常州市江边经济技术开发区，对在区内兴办外商和港澳台商合资、独资和合作企业所得税减免、土地使用收费标准等方面采取 10 条优惠政策措施。1992 年，市委、市政府出台《关于加快改革开放和经济发展若干问题的规定（试行）》，从常州建立的首家开发区常州城北开发区起，常州各地就开始把开发区的建设作为发展区域经济的载体，完善开发区的基础设施条件和招商引资体系。1995—1996 年，《关于加快省级开发区建设若干问题的意见》《常州市开放型经济发展综合评价考核奖励办法》相继出台。至 2005 年底，全市设立有武进高新区、武进经济开发区、溧阳经济开发区、金坛经济开发区、天宁经济开发区、钟楼经济开发区、戚墅堰经济开发区、溧阳天目湖旅游区和新北工业园区 9 个省级经济技术开发区。2005 年以后，全市省级开发区按市委、市政府“借鉴先进经验，提升园区建设，引进重大项目，带动产业升级”的要求，培育和发展新型复合材料、先进装备制造、电子信息等主导产业，形成以大企业和跨国公司为核心、中小企业配套的企业链，打造出一批新兴企业集群，开发园区主导产业集中度达 41.3%。2006—2008 年，《常州市国家级省级开发区争先晋位奖励实施意见》《常州市省级以上开发区三年跃升计划（2008—2010 年）》《常州市开发区争先晋位考核办法》先后出台，推进开发区发展和产业集聚。2010 年底，全市有在建特色园区 18 个，规划建设总面积 83.9 平方公里，获批省级特色产业园区 6 个，园区企业同年完成总产值 1165.6 亿元。

第一节 武进高新技术产业开发区

1996 年 3 月，江苏省政府批准成立江苏省武进高新技术产业开发区（简称“武进高新区”）。初期规划，东起夏城路、南起广电路、西至降子路、北至规划中改道的新京杭大运河，面积 3.4 平方公里。2000 年 3 月，湖塘镇的马杭、贺北、夏城(2001 年并入贺北村)、东庄、邱墅、十里、古方、龚家 8 个行政村的党务、干部管理及经济工作划归武进高新区管理，面积扩大至 9.7 平方公里。2003 年 1 月起，武进高新区加快南区开发，南夏墅镇（街道）行政区域及湖塘镇的纪墅、大兴、西塘田、孙家、南周 5 个行政村划归南区，武进高新区总面积扩展至 69.57 平方公里。2005 年 12 月，武进高新区通过国家发改委、国土资源部、建设部的审核。2007—2008 年，武进区政府把湖塘镇的东庄、古方、邱墅社区，牛塘镇的

武进高新技术产业开发区管委会成立大会（摄于 1996 年 6 月）

2001—2010 年武进高新区主要开发指标统计表

表 13-5-1

年份	年末开发区面积（平方公里）	基础设施建设投资（亿元）	进区企业（家）	企业总投资（亿元）	合同外资和港澳台资（亿美元）	业务收入总额（亿元）	财政收入（亿元）
2001	1.7	2.20	201	25.53	0.70	24.31	1.15
2002	1.7	2.35	58	9.69	0.36	44.65	1.31
2003	3.9	2.96	96	9.94	0.66	138.35	4.52
2004	11.15	7.04	53	32.28	2.07	211.27	7.39
2005	11.15	3.05	44	43.83	1.65	300.37	9.92
2006	12.4	7.88	77	—	2.08	402.83	12.49
2007	12.4	7.99	—	—	2.20	528.84	16.85
2008	12.4	5.99	—	—	3.77	702.58	22.35
2009	16.4	4.07	—	—	7.65	830.36	21.15
2010	23.3	6.88	—	—	6.24	1020.00	28.36

说明：2001 年的基础设施建设资金、批准进区企业、批准企业总投资和批准企业合同外资和港澳台资金额是本年止累计数

万塔村，前黄镇的胜西村及坊前村的何东、何西村民小组划归武进高新区管理，增设中天名园社区。2010年，撤销原属天宁区茶山街道管辖的丽华南村社区，划入武进高新区贺北社区。至此，武进高新区总面积扩展到75.68平方公里，其中南区65.98平方公里、北区9.7平方公里；下辖28个行政村、10个社区，总人口近7万人，北区设东庄、龚家、十里、邱墅、古方、贺北社区，南区设学府东苑、南淳家园、南湖家苑、大学新村三社区、南苑社区、南河社区等12个社区。

经过10多年的建设，武进高新区北区的基础设施建设基本到位，核心区域已布满企业，沿常武路的商贸、金融、文化娱乐设施形成规模，展现出现代城市繁华景象；武进高新区南区9平方公里启动区建设初具规模。2010年，武进高新区实现业务总收入1020亿元、地区生产总值186.3亿元，完成工业总产值570亿元，其中规模企业产值470亿元；完成工业销售收入550亿元，其中规模企业销售收入450亿元；累计完成全社会固定资产投资126.5亿元，其中工业投入103.1亿元；实现财政收入28.36亿元，其中地方一般预算收入15.49亿元，实际到账外资和港澳台资6.4亿美元。拥有国家级高新技术创业服务中心1个，先进装备制造、电子信息、新材料、生物医药、新能源五大高新技术产业规模以上企业170多家，省级及其以上高新技术企业46家（其中国家级4家）、省级高新技术产品108种，高新技术企业和产品分别占武进区总量的22%和21%。武进高新区先后被评为江苏省开放型经济先进开发区、先进高新技术产业开发园区、高新技术产业化工作先进集体、沿江开发先进单位。2010年，在全省省级及其以上开发区中排名第十五位。

一、规　　划

北　　区　1994年，委托江苏省城乡规划设计院编制《武进县高新技术工业园控制性详细规划》，即初期规划，1996年3月正式实施。规划用地3.4平方公里，北以规划中的京杭大运河为界，南至广电路，东起夏城路，西至降子路。规划建成布局合理、功能齐全、开发有序、环境优美、管理先进的高效率的现代化工业园。工业园用地为狭长地形，规划形成一个中心、两条景观和5个工业组团。在工业园中规划安排公共服务设施及行政管理用地，构成工业园的中心区，工业园由北向南划分成5个相对独立的组团，通过人民路、火炬路两条景观线实施有机联系。北部组团属港口仓库区，兼有少量二类工业用地；中部两个组团主要发展高新技术产业；南部、西部两个组团为乡镇工业用地。2002年4月，武进高新区被纳入武进中心城区分区规划的北片区，以居住、商贸为主要功能，改变原先作为工业板块的功能定位。2003年武进高新区南扩后，此区作为武进高新区的北区，转向退出第二产业、发展第三产业的功能定位。

南　　区　2001年11月至2002年1月，武进区政府、武进高新区管委会先后委托武汉大学城市设计研究院等4家单位编制南区总体规划。2003年7月，市政府批准武进高新区南区概念性建设规划。近期规划范围北起武南路，南接前黄镇，东至青洋路，西濒滆湖，含南夏墅全镇、前黄镇和湖塘镇的部分地区，规划面积65.98平方公里。功能定位为常州市现代制造业和现代物流业的主要基地之一，以高新技术产业为主体的全市最活跃的经济板块和以滆湖为依托的宜人居住社区。9月，《武进高新区分区规划报告》编制完成。规划范围和总用地与总体规划相同，规划年限2003—2020年，至2020年规划人口达60万人，总体布局为“一核、一轴、两片”，一核为淹城路以西至滆湖东岸、武进大道以南至南塘路以北，是行政中心、文化中心和商贸中心，属城市绿地景观核心区；一轴在武进大道以南至南塘路以北地带，从滆湖东岸经行政中心、商贸中心、文化中心向东延展至青洋路，东西横贯武进高新区；两片为生活居住区、工业生产区，生活居住区设置在淹城路以西至滆湖，结合滆湖及沿湖的自然环境打造生态绿化区，建设行政中心、文化中心、商贸中心，工业生产区设置在淹城路以东，南北走向的青洋路、常武路、武宜路、淹城路，东西走向的武南路、武进大道、前黄大道、南环线和沿江高速，将工业区划为12个组团（含1个物流组团）。武进高新区规划建设局组织编制专项规划，分期开发建设。

二、基础设施建设

路　　网　北区由东西走向的聚湖东路、东方路、人民东路、古方路、定安路、广电路与南北走向的常武路、降子路、星火路、火炬路、夏城路构成路网框架。南区由南北走向的湖滨路、淹城路、凤林路、武宜路、凤栖路、常武路、夏城路和东西走向的武南路、西湖路、阳湖路、武进大道构成路网框架，与凤翔路、凤鸣路等主次干道构成交通网络。至2010年底，北区建成道路28.2公里，南区建成道路108公里，与区外对接的主干道纳入城区总体规划，由区政府投资建设，区内干道和支路由武进高新区投资建设。

标准厂房　1996—2010年，武进高新区先后投资建成标准厂房69.23万平方米，陆续投入使用，筑巢引凤，为企业入驻提供方便。

绿　　化　北区主要以沿路绿化、滨河绿化、防护绿地、组团绿化和公共绿地等构成点、线、面相结合的绿化系统。1996年，武进城区党工委、城管委投资200余万元，聘请专家认证城区绿化工程，采取公开招标方式，绿化常武路、延政路等骨干道路11.07公里，其中以常武路、定安路为核心地带。南区以1个生态绿园（滆湖沿湖公园）、1条生态长廊（南区东侧的防护绿地）、1条城市绿化景观轴（南区主轴）和13条主次干道绿化景观路为骨架，结合公共绿地、滨河沿路绿带及防护绿带构成，配置一定的游憩场所，具有休闲、生态、美化、防灾等综合功能。至2010年底，北区建成绿地10万平方米，南区建成绿地239.3万平方米。

水电热气设施　北区和南区的供水系统均由江河港武水务（常州）公司（简称“港武公司”）实施，铺设给水管线和道路，经费由武进高新区、港武公司各按50%的比例共同承担，后续管理由港武公司负责。至2007年末，北区铺设给水管道14.5公里，南区铺设给水管线88公里。排水系统采取雨污分流制，分设雨水管网和污水管网，雨水管网随道路建设一同实施，在区内疏浚开挖河道，修建驳岸。至2010年底，北区和南区埋设雨水管线209.78公里，疏浚河道并修建驳岸30.52公里。供电系统由武进高新区管委会委托原江苏省电力公司常州市武进供电公司按规划实施。2010年底，北区建有电力开闭所2座，南区建有凤墅变电所和开闭所4座（联合、大沿河、彩屏、南方），架设电力电缆10.5公里、高压线路40公里。同年工业用电6.2亿千瓦时。供热供汽：2006年前，武进高新区入驻企业各自使用燃煤、柴油、天然气锅炉供热（蒸汽）。2006年开始，武进高新区禁止燃煤，筹建统一供热工程。北区由常州荣力行热能公司投资铺设供热主管道，支管道设计及铺设费用由用汽单位承担，2008年6月正式供热。南区供热由华伦热电公司投资建设，至2010年底，铺设凤翔路、龙踞路、凤鸣路等沿路蒸汽管网5.8公里。供气：1998年底开始，实施燃气管网铺设，投资建设主体为武进燃气总公司。“西气东输”工程实施后，2003年底北区的燃气全部置换为天然气。2005年，南区实行天然气管网统一铺设，常州新奥燃气工程公司投资建设天然气总管、支管线。至2010年底，北区铺设供气管线20.2公里，有工业用户13户，日可供气6411立方米；有民用户157户。南区铺设供气管网70.8公里，管线覆盖凤栖路、凤翔路、凤鸣路、阳湖路、龙域东路等，有工业用户49户，日可供气9.76万立方米；有居民用户1.42万户。

环保设施　污水处理　北区的工业污水及生活污水在企业内先进行预处理，达3级标准后接入污水管道，经污水管道汇集、污水泵站提升后输送到采菱港西侧的武进城区污水处理厂处理，达标后排入采菱港。南区的工业污水及生活污水2008年9月前经企业预处理后接入污水管道，经污水提升泵站送入武进城区污水处理厂集中处理后排入采菱港，2008年9月后，经武南污水厂处理后，排入武南河。干道和支路的污水管线埋设随道路施工一同实施。至2010年底，北区埋设污水管线13.5公里，建成污水提升泵站1座，武南污水处理厂日处理能力12万吨。南区埋设污水管道118公里，新建阳湖泵站、武南泵站，日处理能力分别为2.5万吨、

2万吨;凤林泵站、西湖泵站,日处理能力均为1.5万吨。

垃圾处理　北区垃圾处理工程由武进环卫处和环保部门实施,生活垃圾、一般工业垃圾由湖塘镇环卫所收集运送至潘家南夹山垃圾填埋场处理,危险废物由有关企业委托危险废物处置单位进行无害化处置。南区的垃圾处理由南夏墅环卫所收集,集中转运到垃圾填埋场处理。2010年底,北区和南区各建垃圾转运站1座;2008年常州绿色动力环保公司投产后,南区生活垃圾、一般工业垃圾转运到该公司焚烧发电。

教育文体设施　至2010年底,武进高新区内有上规模的中小学、幼儿园20所,其中中学5所(含1所高中)、小学10所、幼儿园5所。北区建有马杭老年活动室、贺北新村健身广场、贺北俱乐部等文体设施8处,总投资517.36万元,总面积1.39万平方米;南区建有健身广场、休闲区13处,总投资1572.76万元,建筑面积9.76万平方米。

生活服务设施　住宅设施建设主要有安置房、商品房两类。至2010年底,主要开发建设北区的中天名园、阳湖世纪苑、芳草园等居住小区。北区的湖塘乐购商场、湖塘装饰城、家具城、明都汽摩城、湖塘针纺城、南洋商贸广场、兰新国际大酒店等建成投运,形成商贸、餐饮、娱乐集聚区。南区的红星美凯龙全球家居生活广场、香格里拉大酒店等建成投运,形成服务业集聚区;阳湖路西端集观光旅游、餐饮、购物、休闲等于一体的滆湖景观工程部分竣工。南区按800～1000米(不超过15分钟步程)的服务半径,规划设置14个便利中心,配建商业、社区文化中心、社区服务中心、物业管理中心、运动场、公交站等设施。2010年底,建筑面积12.42万平方米的南湖家苑便利中心一期工程投入使用。

三、拆迁安置

北区拆迁始于1994年,主要是配合县城建设总体规划涉及的人民东路、星火路、广电路、常武路等道路建设的拆迁。1996年3月,武进高新区获省政府批准设立,鉴于起步阶段的财力和招商引资等实际,拆迁采取用一片拆一片的方式。1999年开始,北区项目大幅增加,拆迁力度随之加大。2002年,北区1.89平方公里核心区的拆迁基本完成。南区因道路建设涉及的拆迁启动,同年完成463户、12.8万平方米民房的拆迁。翌年,南区开发建设全面启动,采取按建设规划成片拆迁的方式推进,由南夏墅镇政府负责实施。2004—2006年,进入大规模拆迁时期,完成拆迁面积317万平方米。北区的拆迁主要是配合312国道改线、京杭大运河改道、常武路拓展、长安家园三期扩建商品住宅、大型商场设施等的建设。2007年开始,南区的大规模拆迁转入配合重点项目、重点工程建设的拆迁。至2010年底,武进高新区南北两区完成拆迁571.33万平方米,其中拆迁民房410.44万平方米,拆迁企业744家、160.89万平方米。武进高新区建区初期,由于涉及拆迁人口较少,安置房主要采取政府统一规划、拆迁户自建的模式。2002年开始,由政府统一组织建设安置房。2003年3月至2004年9月,南区建成第一个大型安置小区高新南苑一期工程。至2010年底,南区的高新南苑一至三期、南河花园一至二期、大学新村二期、学府东苑等安置小区建成交付,南淳家园一期在建中。北区建成李家花园、十里新村、夏城花园等安置小区,拆迁户均妥善安置,4.87万名失地农民进入社会保障体系。

四、招商引资

建区初期,武进高新区招商引资工作由产业管理办公室承担。1997年10月设立招商部,整合武进经济技术开发总公司和武进市21世纪议程项目管理中心资源,联合开展招商引资工作,为进区项目的立项审批、注册登记等建立一站式、一条龙服务体系。2000年3月,产业管理办公室、招商部撤销,分别成立经贸科技局、招商局,经贸科技局负责内资招商,招商局负责外资和港澳台资项目招商。武进高新区管委会制定招商引资奖励办法,设立招商引资奖励基金,每年向社会招聘招商人才,2010年底,高新区招商局拥有精通英、日等语言的招商人才30多人。

1996年8月31日至9月15日，武进高新区管委会组团出访新加坡、马来西亚和中国香港，洽谈合作、合资和出口贸易项目20余个，签订花园街一号、二号、三号地块总面积11.07公顷的改造协议书，计划总投资10亿元。1997年3月29日至4月14日，组团到新加坡、马来西亚和泰国招商，达成项目意向20多个。2001年10月18日武进国际经贸洽谈会期间，武进高新区签订7个项目，总投资7400万美元。2002年，接待外商和港澳台商250人次、国内客商600人次，组团到中国港台地区和欧洲招商8次，重点推进台湾环保机械、香港纺织机械、德国环保机械设备、德国机车制动系统等20个招商项目。武进国际经贸洽谈会期间签约外资和港澳台资项目4个，合同利用外资和港澳台资8000万美元。

武进高新南苑安置小区（摄于2010年6月）

2003年3月26日至4月3日，组团到台湾开展经贸洽谈活动。7月26日至8月4日，组团到欧洲开展经贸活动，推动博世力士乐二期和卡尔迈耶技术服务项目进展。10月12—24日，组团到日本、韩国开展经贸活动。11月22日至12月4日，派员随武进区招商团组到美国招商，推进安费诺二期连接系统、医药中间体、阀门等9个项目。2005年，分别组团到瑞士、美国、德国、日本、韩国及欧洲和中国台湾开展招商活动，参加SKP公司组织的招商会；成功引进工程橡胶、空气弹簧等项目。2006年，参加常州市政府在欧洲的招商团组活动和武进区在北京、上海举办的招商投资说明会，组团到欧洲、美国、加拿大、日本、韩国、新加坡等国家和中国台湾地区开展招商活动；接待欧美、日韩等国家的客商300多批次、2300余人次，重点推进世界500强曼透平(MAN)项目。至2010年底，武进高新区累计组织海外招商团组18个，举办海外招商会15场，推进普利司通、理研精工、赛分科技、尼吉康等重点项目50个，其中世界500强企业的项目4个。引进境内外投资项目669个，其中外资和港澳台资项目153个，批准进区企业总投资49.28亿元，实际到账外资和港澳台资17.5亿美元。

五、产业发展

1996年后，武进高新区重点发展电子信息、光机电一体化、新材料、新能源与高效节能四大类高新技术产业。2003年，南区的开发建设明确以高新技术产业为主导、制造业为支撑、服务业全面发展的产业格局。2005年，武进高新区制定“十一五”发展规划，北区重点发展住宅、商贸业，逐步退出第二产业，发展第三产业，规划将其建成常州集聚人气的商业休闲区之一。南区重点发展电子信息、先进装备制造、新材料、新能源和生物医药五大产业。2008年，天安数码城、常州朗瑞铸造公司、台湾光宝华东营运中心等36个重点项目开工，江苏胜大石油设备制造公司等45家企业开业。2009年，武进高新区创建成省级生态工业区、江苏武进出口加工区、省级半导体照明高技术特色产业基地等大批高质量的大项目入驻园区，产业集聚形态显现。日本贝亲株式会社、玉柴东部基地、瑞声声学科技公司研发中心等项目相续落户武进高新区，总投资近10亿美元。至2010年底，高新技术产业在武进高新区比重日益加大，电子信息、先进装备制造、新材料、新能源及生物制药五大高新技术产业形成规模，规模以上高新技术产业的产值占全区工业总产值的45%。以纺织服装、机械、电子、医药化工为主的传统产业和以房地产、商贸流通为主的服务业快速发展。江苏省武进风电装备科技产业园、江苏省武进半导体照明科技产业园被省科技厅认定为全省首批省级科技产业园。新型电子元器件产业示范基地被省经济和信息化委员会批准为省级产业示范基地。

六、科技创新创业平台

武进高新技术创业服务中心　1998年7月，江苏省科技厅批准武进高新区成立武进高新技术创业服务中心（简称“武进创业中心”），成为科技企业的孵化器。1998年底，武进创业中心竣工投用，总投资5000万元，占地3.67公顷，建筑面积3.83万平方米，其中标准厂房3万平方米。2003年11月，武进创业中心被认定为省“333工程”科技成果转化基地。2004年8月，市人事局批准在该中心设立武进留学人员创业园，专门孵化留学归国人员创办技术含量高的企业。2004年12月，该中心被科技部认定为国家级高新技术创业服务中心。2005年1月，武进创业中心与深圳清华大学研究院下属的深圳清华国际技术转移中心投资设立江苏武进力合企业孵化器公司。2007年4月，武进留学生创业园被认定为省级创业园区。至2010年底，武进创业中心开发新产品150多种，孵化科技型企业130家，培育省级高新技术企业11家、省级高新技术产品29种，拥有专利60多项，承担国家“863计划”项目1个、科技部中小企业创新基金资助项目5个和重点国家级火炬计划项目、国家级新产品项目、省星火计划项目、省新产品开发奖项目各1个，省火炬计划项目4个、“333计划”科技成果转化基地项目2个、科技攻关项目1个、创新资金项目3个，常州市科技计划项目5个，武进区科技计划项目11个，9家企业通过ISO 9000标准认证。

武进高新区津通国际工业园（摄于2008年9月）

津通国际工业园　2003年9月，江苏津通投资建设公司投资兴建，2005年9月开园，以现代化、规模化的高标准工业厂房为基础，具备科技孵化中心、生产制造中心、现代服务业中心功能，作为国际大企业产业转移和科技型中小企业快速成长的创新创业平台。至2010年底，占地30.13公顷，建成标准厂房26万平方米，厂房承租率80%。固特异工程产品（常州）公司、通用电气传感与检测（常州）公司、贝尔金电器（常州）公司、丰达电机（常州）公司、森瑞（常州）橡塑制品公司、常州东君光能科技发展公司、常州威科科技公司、常州浪速机电公司、常州华冠精密机械公司等知名企业入驻。园区建有科技部国际科技合作基地、科技产业化示范基地、国际技术产业转移中心、华人华侨专业人士江苏创业基地等科技创新平台及公共服务平台。2010年，津通国际工业园被省经济和信息化委员会、信息化工作领导小组、中小企业局联合认定为江苏省信息和工业化融合产业服务示范园。

长三角模具城　2004年11月，江苏联创模具工业发展公司在武进高新区鸣凰集镇南投资创办，总投资3亿元，规划占地14.42公顷，规划建筑面积19.39万平方米。2006年1月开始对外招商，建设高标准模具加工标准厂房和研发大楼，整合模具产业链，带动模具集群化发展，为入驻企业提供模具技术咨询、研发设计、信息交流等服务。至2007年底，建成13幢模具加工标准厂房，1幢研发中心大楼，总建筑面积11.27万平方米，入驻企业121家。是年，常州市模具行业生产力促进中心和江苏模具创新服务平台落户模具城。2010年，长江三角洲模具城占地约150亩，建筑面积20多万平方米，入驻企业200多家。

企业技术与工程研究中心　2002年，常州市武进南方轴承公司企业技术中心成为武进高新区首家被认定的企业技术中心(常州市级)。至2010年底，武进高新区分别有省级、市级企业技术中心或工程技术研究中心12家、5家，省级企业博士后科研工作站3家。

第二节　武进经济开发区

武进经济开发区(简称“武进开发区”)位于西太湖之滨，东邻武进淹城，南濒滆湖，西接嘉泽镇，北靠邹区镇，前身为1971年滆湖筑堤围垦20.8平方公里的武进县五七农场，1980年6月变更为武进县滆湖良种繁育场。1997年7月，省政府批准建立江苏省武进外向型农业综合开发区(简称“武进农发区”)，发展优质高产、高效和创汇农业，推进农业现代化。1998年10月，武进农发区成立党工委和管委会，启动开发区总体规划，重点发展优质稻种、花卉、蔬菜生产和瘦肉型猪、特种水产养殖及农副产品加工出口项目，同年完成基础设施投资1680万元。翌年，武进农发区被省科委列为农业科技示范园，其香粳稻培育、优质草鸡饲养、鹿茸产品开发、鲜切花优良品种的引进和扩繁、网箱养殖黄鳝、名鳄龟和俄罗斯鲟鱼养殖等项目被列为省、市科委重点项目。2001年4月，撤销滆湖良种繁育场建制，武进农发区开始向外向型经济发展。2003年，全区工业销售收入、实际到账外资和港澳台资、自营出口额和地区生产总值分别比上年增2倍、0.78倍、4.36倍和1.2倍。2004年起，武进农发区实施大拆迁、大开发、大建设，打造生态家园，房地产开发率先起步，工业园区建设启动。

2001—2010年武进经济开发区主要指标统计表

表13-5-2

年份	年末开发区面积(平方公里)	基础设施建设投资(亿元)	进区企业(家)	企业总投资(亿元)	合同外资和港澳台资(亿美元)	业务收入总额(亿元)	财政收入(亿元)
2001	0.60	1.03	21	2.75	1.89	5.10	0.09
2002	2.70	0.49	33	0.86	0.21	7.14	0.19
2003	2.70	0.65	25	4.21	0.40	10.87	0.30
2004	1.80	1.90	5	2.10	0.12	12.43	0.42
2005	4.01	1.35	10	12.66	0.83	15.56	0.63
2006	4.29	1.33	17	—	0.72	20.04	0.55
2007	3.90	4.45	—	—	1.55	29.57	0.86
2008	3.90	4.47	—	—	1.04	48.52	2.16
2009	6.89	5.03	—	—	1.80	85.12	1.83
2010	8.09	4.40	—	—	1.84	115.29	3.03

说明：1.2001年的基础设施建设资金、批准进区企业、批准企业总投资和批准企业合同外资和港澳台资金额是年止累计数。2.2006年前为武进外向型农业综合开发区数据

2006年7月，武进农发区获准变更为江苏省武进经济开发区(简称“武进开发区”)，原牛塘镇一八农场、

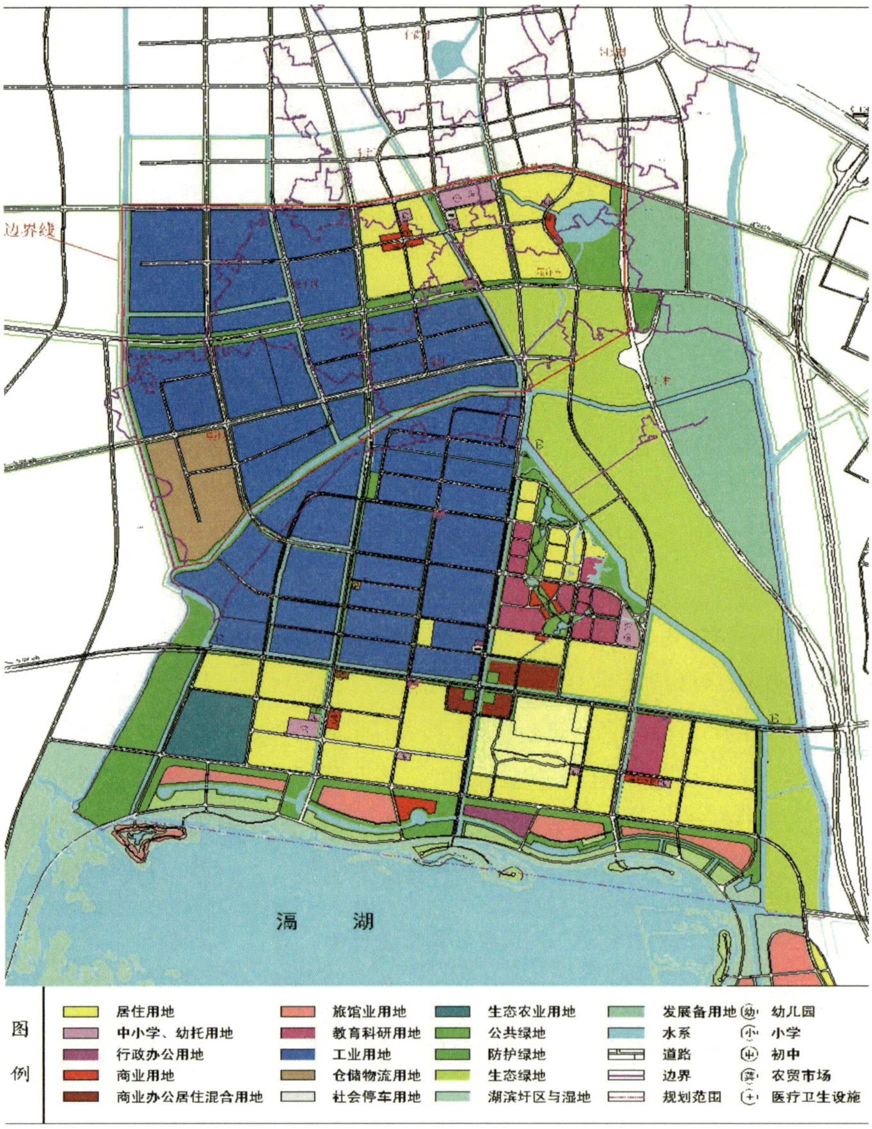

图 13-5-1　武进经济开发区总体规划图

七一农场和塔下村，邹区镇的霍庄、夏萧、赵墅3个村，夏溪镇的厚庄村成建制划入，全区总面积扩大至35.8平方公里，总人口增至1.3万人。2008年5月，西太湖休闲区划归武进开发区管辖，西太湖休闲区党工委、管委会成立。2009年1月，武进开发区西湖街道办事处成立；3月，邹区镇的礼河、长汀、河头、仁尚和嘉泽镇的塘门5个村划归武进开发区管辖。2010年，武进开发区确立湖滨新城的新定位，完成工业产品销售收入87.5亿元，其中规模以上企业产品销售收入77亿元，实现业务总收入115亿元、地区生产总值22.5亿元、财政收入3.03亿元。

一、规　划

1998年10月，武进农发区委托江苏省城乡规划设计研究院编制首轮总体规划，定位为以发展外向型高效农业为主，兼具旅游度假、休闲观光、生态调节功能的现代化农业综合开发区，分设商业服务区、中心住宅区、农业加工区、旅游度假区、科研中试区、高效创汇农业区和观光农业区等七大功能区。2003年6月，江苏省城市规划设计研究院编制第二轮规划，定位以农业科研和农产品示范推广、生产加工为基础，以高科技工业、生态型工业为主导，兼具田园式高档住宅区功能和旅游度假观光休闲功能的花园式现代化综合开发区，分为生活服务中心区、工业生产区、高尚住宅区、旅游度假区和科技农业区5个功能区。2004年初，由苏州合展设计顾问公司编制第三轮总体规划。2006年7月，武进农发区改设为武进开发区后，目标定位和区域范围发生变化。

2007年8月，常州市武进城乡规划设计院编制武进开发区第四轮总体规划。规划年限，近期为2007—2010年，远期为2011—2020年；规划范围东起新武宜运河、西达扁担河、南至滆湖、北至长汀路，总面积43.25平方公里。功能定位为打造常州市南部的旅游休闲度假胜地、常州市西南部的花园式现代化新城区、常州武进综合性的生态化工业园区。布局为“一廊、一心、两区”的结构体系，一廊即孟津河及其防护绿化带形成的天然绿廊，一心是在十字河中心四桥头处已基本形成的行政商业中心，两区是依托孟津河绿廊分隔为南、北两个片区。常住人口规模，2010年人口3.8万人、2020年10.8万人。产业定位，重点发展以电子信息、精密机械、生物医药为代表的生态清洁工业，以康复医疗、旅游休闲、研发中心为代表的现代三产服务业，以动漫原创、影视制作、主题乐园为代表的文化创意产业。产业发展目标，按生态、精品、特色的总体目标，依托生态优势、滨湖优势，走生态化开发之路。产业分布，从南向北分一、二、三产业渐次升级，保留拓展空间，片区之间设置绿化隔离带，营造良好的城市生态景观。

2009年，常州市武进城乡规划设计院编制了武进开发区实施性规划，规划布局形成“一个窗口展形象、两大片区相协调、三个园区促发展”的结构模式，一个窗口展形象即借助周边交通优势着力打造经发区对外形象展示窗口，形成集生态公园、商务、办公、居住为一体的多功能公共服务中心；两大片区即孟津河绿廊天然分融为南北两个片区；三个园区分别是创意产业园区、清洁工业园区和现代商贸物流园区。

二、基础设施建设

道路、桥梁 1986—2001年，滆湖良种繁育场建成以十字河中心桥为起点向四周辐射的创业东路、创业西路、创业南路、创业北路，另有大道6条、机耕道19条。至2008年底，建成工业大道、纬一路、长顺路、经三路、场南路、场北路、经四路7条道路，16公里，形成“一廓三纵五横”的主干道路框架。至2010年底，武进开发区形成“三纵六横”道路框架，有道路53条，总长72公里，总投资5.4亿元。武进开发区成立前，区内有桥梁16座，其中公路桥2座、农桥14座。2004—2010年，投资9260万元，建桥22座，2010年末有桥梁65座，其中公路桥37座、农桥24座、古桥4座，主要公路桥有孟津河桥、卢滆大桥、新孟滆大桥、孟滆大桥。

湖堤、排涝站 1998年，投资270万元拆除重建，装机总容量465千瓦，排涝能力每秒15立方米，船闸被封闭。排灌东站，2003年12月至2004年5月，由原站基东移50米重新建成东站，装机总容量900千瓦，排涝能力15立方米/秒，总造价800余万元。2004年，总投资400余万元的西北防洪堤加固工程、东北防洪堤模袋混凝土护坡工程建成。2010年，区内拥有排涝站3座，总装机容量1770千瓦，总设计排涝能力每秒31.5立方米。排灌西站，装机容量405千瓦，排涝能力每秒7.5立方米。排灌北站，设3台70厘米水泵，流量为每秒4.5立方米，闸可通过20吨级船舶。

水电气设施 至2010年，园区内有日供水30万立方米的礼河水厂和日供水10万立方米的滨湖工业水厂，供水普及至各村、社区，普及率100%，辖区内年用水量达195万立方米。2010年底，兴湖、农场、礼河、嘉泽变电所均出线供电，有变压器221台，总容量7.61万千伏安，拥有变电所主变压器的终期容量225万千伏安，供电线路总长224.12公里，年总用电负荷4万千瓦，年总供变电量944.05万千瓦时，其中专用变电量706.13万千瓦时、综合变电量237.92万千瓦时；又其中工业用电111.92万千瓦时、农业用电46.27万千瓦时、居民生活用电52.80万千瓦时、其他照明用电26.93万千瓦时。2004年，常州新奥燃气总公司铺设天然气主管道8.7公里。此后，企业和社区居民分期接通天然气主管道，至2010年底有天然气用户1500余户，年用气量1351.58万立方米。

工业园区设施 2004年，拉开道路框架建设，推进天然气、污水管线、路灯绿化等配套设施建设，首期建成标准厂房5幢，建筑面积6万平方米。翌年，园内企业开工建设10个项目，面积20万平方米，固定资产投资超过8亿元，路桥绿化总投资2亿元，5.7万平方米标准厂房交付使用。2006年，完成绿化面积15.2万平方米，投入资金2.5亿元实施景观提升工程。至2010年底，园区天然气主管道铺设工程、污水接管工程、长江引水联网工程等基础设施建成投用。

生活环保设施 按2003年编制的第二轮规划，区内自然村和零星民房全部拆迁、统一安置。同年起，先后投资800余万元铺设道路污水主管网31公里，全部实行雨污分流。2004年起，累计投资510万元，建成污水提升泵站3座，最终由东南提升泵站将区内所有污水提升外送至城区污水处理厂。4月，中心安置区湖滨花苑开工，引进高档别墅项目天安别墅、新城湖畔春秋别墅。2005年1.5万平方米的职工宿舍竣工入住，2006年建造职工集体宿舍楼5幢、3.5万平方米，引进明都国际会议中心项目工程。2007年湖滨花苑小区建成。2009年，聚新家园建成房屋1260套、19.45万平方米；建筑面积10万平方米的西湖家园竣工投入使用，明都国际会议中心对外营业。2010年，占地面积5.58万平方米、总建筑面积13.79万平方米的湖滨御景小区竣工开盘。至同年底，原有的常州市武进滆湖助剂厂等8家化工企业全部关闭或转产，投资265万元改造32家企业的10台燃煤炉及茶炉。

三、拆迁安置

2003年，武进农发区决定全部拆迁自然村和零星民房，所有居民安置到中心集镇区居住，实施连片开发。2004年2月开始拆迁，至2007年累计拆迁651户，拆除房屋14.21万平方米。建成多层安置公寓楼6幢、2.49万平方米，拆迁户全部安置。2007年3月开始，经发区对新划进区域的5村2场进行拆迁；7月，开工建设聚新家园安置小区一期工程。同年完成拆迁合同签字1630户，面积49.2万平方米；拆迁房屋1467户、46.9万平方米；拆迁企业8家、2.6万平方米。拆迁后，新增开发建设净地约10平方公里。在拆迁的同时，被拆迁41个村民小组的5322人一次性纳入被征地农民基本生活保障。2008年，完成拆迁民房1138户、面积33.84万平方米；企业8家、涉及面积2.96万平方米；清理补偿树苗面积92.13万平方米，移植苗木面积21.33万平方米。配合西太湖生态休闲区建设，腾田腾塘65.33万平方米。分配安置房2298套，涉及农户1407户；投入失地农民保障资金8600万元，覆盖失地农民4045人。2009年，武进开发区组建西湖富民物业股份合作社，将被拆迁户多余安置房以产权折价入股，由合作社物业投资和开发经营，农民持股分红。至2009年底，赵墅、夏萧、厚庄、霍庄4个行政村4985人入股，总股金1.44亿元。2010年，完成拆迁800多户，累计拆迁量30万平方米，完成腾塘腾田3000多亩，完成安置房分配近2900套。

四、招商引资

2001年，武进农发区设立招商办，建立专业的招商队伍。2003年，实际到账外资和港澳台资711万美元。翌年，武进农发区通过营造生态优势促进招商，新批外资和港澳台资企业2家、引进内资企业5家。2006年，武进开发区围绕精密机械、电子信息到日本、韩国开展招商，围绕旅游业到印度尼西亚、泰国等东南亚国家招商，围绕光机电、电脑配件等到美国和中国台湾、香港等地区招商。服务业招商，从一般性商业开发向教育、休闲、度假、商务办公等功能性配套项目转变，围绕西太湖（滆湖）风景休闲区的规划建设，发展旅游、度假、康复医疗等现代服务业项目。文化创意产业招商，依托常州国家动画产业西太湖基地推进。经发区设定招商门槛，每亩土地投资不少于250万元（外资和港澳台资不少于30万美元），每个进区项目用地必须达30亩，重点引进投资规模大、带动力强、科技含量高、市场前景广的大企业和大项目。是年，引进科技含量高、专利技术多、发展潜力大的环保型企业6家。2007年，武进开发区以引进生态清洁工业为重点，以发展文化创意产业为特色，促进生态休闲服务业发展，实行自我招商与委托招商相结合，先后到德国、日本及深圳、东莞、昆山等地招商，全年新批外资和港澳台资项目7个、增资项目4个，其中注册资本达1000万美元项目5个，项目工商注册率100%，引进的规模项目有台湾华新丽华股份公司。2010年，武进开发区招商接洽项目173个，签约项目25个，其中内资项目有通力佳元、亚邦生命科技园、晶雪冷冻设备、艾克司低温设备等15个，外资项目有日本的筑水农机、丰田通商医疗设备，新加坡的逸腾远东制冷设备、威德封头，以色列的lycored食品添加剂，比利时的Vcst汽车零部件，德国的Niehoff电缆设备，丹麦的Dinex排气系统等10个；完成工商注册外资和港澳台资1.71亿美元，实际到账外资和港澳台资9825万美元。

五、农业开发

1997年7月，武进农发区启动武进现代农业科技示范园建设，重点发展优质稻麦育种与繁育，瘦肉型猪、草鸡、梅花鹿饲养，特种水产养殖，花卉苗木种植和农副业产品加工出口等。1999年，该区被省科委列为省级农业科技示范园。2001年以后，该区由纯农业开发转型为以工业开发为主，以建设生态型工业园区为目标，农业土地面积逐年减少。2004年，征用农田3421亩，推进以休闲旅游为主的生态农业园区建设，发展特色农业，水稻有机栽培（稻鸭共作）新技术试验获成功，2007年1月通过国家有机农产品认证。2007年，武进开发区收回农副业土地2900亩，腾出连片可开发土地6600亩，区内特色农业企业的规模化、产业化水平显著提高。至年末，武进开发区尚有耕地3036亩、鱼塘516亩、果园729亩。

稻麦育种　武进农发区繁育的传统优良品种有单晚稻1号、矮落、复虹30、新香糯、武糯1号、紫金糯、武复粳、香血糯、香粳1号、武育粳2号和8169-22及宁麦701、扬麦4号等10多个。2004年6月，武进稻麦育种场被省农林厅列为首批农业种质资源基因库，同时成为省级常规水稻种源中心、原种扩繁基地。至2007年底，累计承担市级及其以上科研育种课题40余项，每年提供优质良种80余万公斤、推广面积达1000亩，占江苏省粳稻种植面积的40%。

水产养殖　武进农发区成立后，重点发展水产养殖，精养鱼塘曾发展到2404亩。1999年，武进名贵特种水产科技园进区发展，占地312.6亩，规模养殖龟、鳖、青虾、河蟹、俄罗斯鲟鱼等特种水产。是年，观赏鱼锦鲤繁育及养殖技术研究、精养鱼塘配套网箱养殖黄鳝、优质牧草栽培技术研究、江苏省80：20异育银鲫、青虾养殖丰产试验等项目被列为省、市重点科研项目。2000年，武进农发区养殖面积发展到7221亩，出产成鱼310万公斤；饲养青虾709亩，年产虾3.5万公斤；养蟹532亩，年产蟹2.5万公斤；饲养甲鱼110亩，年产成年甲鱼5.1万公斤、仔鳖13万只；还养殖罗氏沼虾、胡子鲶（学名塘鲺）、湘云鲫、罗非鲫鱼、鳜鱼、加州鲈鱼、美国鱼、俄罗斯鲟鱼等名贵新品种，在精养鱼塘试验成功配套网箱养殖黄鳝技术，填补全省网箱养殖黄鳝的空白。2004年，武进农发区被认定为江苏省无公害淡水鱼类产地。2006年，水产养殖面积达1万亩。2007年以后，加快鱼塘和土地回收，是年鱼塘减少3827亩。

畜禽养殖　1997年，武进农发区引进一批上规模、上档次的农业企业，先后有常州康乐农牧公司、立华畜禽公司、梅花鹿养殖场、春晖乳业公司和孔雀养殖场等进区发展。2004年6月，水稻有机栽培新技术试验获成功，进区企业规模化、产业化水平提高，产品标准化、品牌化建设加快。常州康乐农牧公司成为华东地区规模最大、档次最高的种猪场和瘦肉型商品猪生产基地，所产中东牌种猪、商品猪被评为中国国际农业博览会名牌产品、江苏省名牌产品。

林果花卉　武进开发区东北部、西北部地势较高，适宜发展林果生产。80年代，滆湖农场零星种植花木。90年代，开始规模种植花卉苗木和草坪，1999年引进常州绿杨花卉公司，占地153.75亩，投资1000万元，建成标准塑料大棚150套，连幢温室鲜花生产区600平方米，温室盆花和观赏叶类植物生产区1.3万平方米，盆景生态区3.34万平方米，年产鲜切花200万支、盆花3万盆，年销售额1000多万元，为常武地区大型鲜切花产销基地。2003年，引进加拿大独资企业常州莱茵花木工程公司，占地130亩，投资50万美元，建成自动化温室8000平方米、组织培养实验室300平方米，引种、开发红叶石楠、金森女贞、泰尼斯荚莲、日本血草、金丝苔草、遍地黄金、花叶燕麦草、铁线莲、野扇花等国外高档优良花木品种。

六、工业开发

2004年起，武进农发区按照规划开发建设西北部4500亩的工业园启动区，清理整合规划内的原工业园区，腾出土地引进高科技、高附加值项目，建成一批标准厂房。2005年，对园区已建但投入产出不达标的企业限期追加投资，对不达标的企业限期搬迁，对围而未建的11家企业实行清退，回收土地300亩。2006年改设为武进开发区后，通过签约缩减、置换企业和整体清退等方法，腾出土地227亩，园区65家工业企业完成技改投入6.01亿元，江苏索易特纺织公司、常州减速机总厂公司等企业发展迅速，全区完成工业总产值17亿元。2007年，武进开发区推动园区产业结构升级，清退企业1家、整体转让企业5家，引进从事电子、机械、新材料行业的企业5家。2010年，园区按照滨湖新城＋功能园区模式，开辟8个特色园区，即功能新材料产业园、西太湖国际智慧园、西太湖国际健康城、以色列科技园、北部现代物流园、半陶休闲山庄、电子信息产业园、蠡河新镇。至同年底，园区有企业210多家，其中外资和港澳台资企业60余家、内资企业140余家；有总产值达1亿元企业10家、3000万～9999.99万元企业15家、1000万～2999.99万元企业40家。全区完成全社会固定资产投资40.2亿元，其中工业投入20.1亿元；完成工业总产值50亿元，实现销售收入38.2亿元。

西太湖国际智慧园 在原湖滨科技园的基础上创建而成，主要发展功能新材料、电子信息、先进装备制造、医疗器材及文化创意等产业，规划面积390万平方米，东至西太湖大道、西至腾龙路、南至延政西路、北至孟津河，核心区面积150万平方米，由原湖滨科技园，常州（国家）动画产业西太湖基地，原农发区工业集中区3个板块构成，形成武进开发区创新型经济板块核心集聚区。2010年9月27日开园，至同年底入驻企业56家，涉及新材料、高端制造、电子商务、动漫、软件等产业，同年实现营业收入12亿元、利税总额1.1亿元。

功能新材料产业园 规划总面积3.58平方公里，初步形成"一核五基地"的格局。一核即西太湖国际智慧园新材料科技企业孵化器，五基地即新型高分子材料基地、新型复合材料基地、高性能金属材料基地、冷冻材料基地、新能源材料基地。拥有国家级新材料产业基地、省级新型工程材料特色产业园、省级阻燃材料技术研究中心、江苏省高性能分子材料重点实验室、东风安格特汽车非金属材料联合开发实验室等高品质的公共服务平台和公共技术平台。2010年1月29日，被列入常州市创建国家级创新型科技园区"一核八园"。至同年底，拥有新材料企业32家，其中高新技术企业5家，从业人员1830名；拥有高新技术产品12个，发明专利9个；实现销售收入31.5亿元。

第三节　金坛经济开发区

江苏省金坛经济开发区位于金坛城区东部，1992年5月成立，初称华罗庚科技城，1993年11月被省政府批准为省级开发区，规划面积4.8平方公里。1997年8月，华罗庚科技城综合开发管理委员会与城东乡政府为一个机构、两块牌子。2000年1月更名为金坛经济开发区（简称"金坛开发区"）。同年4月，中共金坛市委、市政府调整金坛开发区的区域范围、管理体制、运行机制，总面积增至25.6平方公里。2002年9月，河头镇陇东、中塘和上泗庄3村划入金坛开发区。2007年3月经区划调整，全区辖下塘、东方、三村、徐塘、电胜、峨嵋、汇贤、华胜、河头、九村、东明、薛庄、洪家、中塘、陇东、上泗庄等17个行政村和华城、华苑、华阳3个居委会及大柘荡、小柘荡两个渔场。

1992—1995年，金坛开发区1平方公里的启动区域内进区落户企业126家，其中外资和港澳台资企业21家；累计完成固定资产投资3.4亿元，其中基础设施投入1.5亿元。1996—2000年，批准进区企业266家，其中外资和港澳台资企业28家；完成固定资产投入11.2亿元，其中基础设施投入3.09亿元。2001—2005年，协议注册外资和港澳台资9亿美元，实际到账外资和港澳台资3亿美元。拥有企业667家，其中外资和港澳台资企业93家、民营企业574家，规模以上企业59家；完成固定资产投资59亿元，其中基础设施投入13亿元、工业投入34亿元、公共事业投入3亿元。2006—2010年，协议注册外资和港澳台资17.7

亿美元，实际到账外资和港澳台资8.3亿美元。拥有企业1093家，其中外资和港澳台资企业99家、民营企业994家，规模以上企业69家；完成固定资产投资199亿元，其中基础设施投入48亿元、工业投入142亿元、公共事业投入9亿元。

2001—2010年金坛经济开发区主要开发指标统计表

表13-5-3

年份	年末开发区面积(平方公里)	基础设施建设投资(亿元)	进区企业(家)	企业总投资(亿元)	合同外资和港澳台资(亿美元)	业务收入总额(亿元)	财政收入(亿元)
2001	5.8	4.28	286	23.92	1.63	46.10	0.52
2002	5.8	1.40	101	9.53	0.87	55.33	1.53
2003	6.8	2.38	110	17.76	1.80	69.65	2.11
2004	7.0	3.23	140	25.63	2.61	86.37	2.63
2005	7.0	4.54	126	29.25	3.35	120.48	4.49
2006	8.5	5.59	169	—	3.28	156.38	3.17
2007	8.5	7.22	—	—	3.91	249.90	4.97
2008	10.5	10.05	—	—	2.27	366.85	7.01
2009	11.3	12.88	—	—	2.63	457.98	8.26
2010	12.5	11.96	—	—	5.62	559.70	10.78

说明：2001年本年基础设施建设资金、本年批准进区企业、本年批准企业总投资和本年批准企业合同外资和港澳台资金额是本年止累计数

1992—2010年，金坛开发区完成基础设施投资63.5亿元；引进项目1769个，其中外资和港澳台资项目166个；合同利用外资和港澳台资27.97亿美元，实际利用外资和港澳台资11.44亿美元。2010年底，金坛开发区总面积扩至68平方公里，总人口9.5万人，已开发面积12.5平方公里，其中工业用地8.2平方公里；进区企业1722家，其中外资和港澳台资企业176家，从业人员6.98万人。2010年，金坛开发区被评为中国十大经济活力开发区、中国新能源产业园区八强、中国(首家)新材料产业示范基地。完成全社会固定资产投资72.62亿元、工商登记注册外资和港澳台资3.82亿美元，实际到账外资和港澳台资1.75亿美元，完成业务总收入559.7亿元，实现地区生产总值116.8亿元、财政收入10.78亿元。

一、规　　划

1992年8月，金坛县政府决定在城东乡建立华罗庚科技城，规划一批工业、第三产业、居住和公共设施等建设用地。翌年11月11日，省政府批准华罗庚科技城规划面积4.8平方公里，东起城东大荒田经十路，南起华城中路，西到下塘河，北到尧塘河，其中启动区面积1平方公里，一次规划、分期实施，华罗庚科技城管委会委托江苏省城乡建设规划设计研究院编制了总体规划。2000年更名为金坛经济开发区后，金坛开发区管委会委托江苏省城市规划设计研究院编制《金坛经济开发区规划》。2003年10月完成，规划区总面积44.6平方公里，其中建设用地37.3平方公里，西起金宜路、东至河头、北临柘荡河、南至钱资荡东端的尧塘河；用地布局分为居住用地、公共设施用地、工业用地、道路用地、市政公用设施用地及绿化用地等；规划定位为金坛城区的重要组成部分，接受南京都市圈、苏锡常都市圈的经济辐射，以高科技产业为导向、轻重工业并存的现代化花园城市新区，发展盐化工及其延伸产业、机械电子、新材料、服装等产业。

二、基础设施建设

道路与绿化 1992年，华罗庚科技城开始实施道路建设。1993年，建成横贯东西的中心主干道华城路，宽100米、长4000米，其中水泥路面宽60米。至2010年底，累计建成总长83公里的25条主干路，覆盖34.5平方公里，形成以主干路为骨架、以次干路与支路为补充的道路体系。金坛开发区的绿化以带状绿化为主，对公共绿地以块状进行点缀，结合水系河道和交通干道布局，形成园林化生态绿色网络。至2010年底，金坛开发区绿地面积728公顷、覆盖率32%，人均公共绿化面积8平方米。

水电热气设施 原规划区的4.8平方公里及尧塘河北侧电厂工业区等少部分地区为城市建成区，其余大部分地区为农田、鱼塘或农居，未实现集中供水。规划铺设常州魏村水厂至金坛的直径1500毫米供水干管两根，在常溧公路与西山路交叉口东南角建设增压泵站和调节水池，用水从增压泵站接入，供水干管主要布置于常溧公路、西山路、临城路、电厂路、顺港路、腾飞路、晨风路、华城中路、南环二路、南外环路等。其他区域由市第三自来水厂和河头自来水厂供水。第三自来水厂日供水能力5万立方米，2007年10月前水源为钱资荡湖水，10月以后改为长江水，服务范围由1996年前的7个行政村扩大至2007年区划调整前的开发区。河头自来水厂日供水能力5000立方米，水源为钱资荡。服务范围是2007年区划调整前的河头镇。

2004年以前，未实行雨污分流，生产废水由企业处理达标后排放，生活污水未经处理就排放至附近水体。2004年，排水开始实施许可证制度，实行雨污分流。生活污水全部进入污水处理厂集中处理，工业废水达《污水排入城市下水道水质标准》(CJ3082-99)要求的，直接进入污水管道，达不到接管水质标准的尤其是含有毒有害物质污水，进行预处理。金宜路以西污水进入金坛第二污水处理厂集中处理后，尾水排入尧塘河。金坛市第二污水处理厂始建于2004年10月，建有污水排放管网11.5公里，服务45平方公里的14.4万人、480余家工厂，日处理工业污水2万吨。至2010年末，拥有110千伏变电所4座、主变压器9台，总容量339.5兆伏安，高压输电线路36条，总长288公里。供热采取集中供热，由金坛加怡热电厂提供，有蒸汽供热管道总长25公里，供热工业用户78户。铺设天然气管线10公里，发展天然气用户2538户，其中工业用户8户、居民用户2495户。

工业设施 2007年11月，金坛留学人员创业园获准成立，总投资1.2亿元，由1个主基地和3个分基地组成，占地5.2公顷，总孵化面积5.2万平方米。至2010年底，累计孵化58家企业，其中毕业企业15家、在孵企业43家，注册资本总额两亿多元。

生活设施 1993—2010年，先后建造书香苑、百鑫家园、宜景苑、华城一村、华苑一村、古石林、金巢公寓等安置小区、商品住宅小区及其服务设施。2001—2010年，建成华城嘉园、华城二村、景潭花园、华苑二村、金谷华城、金胜花园、金水湾、名仕家园、金河花园、金湖花园、金江苑、左邻右里、徐塘新村、皇家花园、碧水华庭、翠堤湾、美丽华公寓及东方一、二、三村，形成居住小区约200万平方米。

三、拆迁安置

金坛开发区大量的拆迁安置集中在2000年以后。2001年，拆除房屋13万平方米，在常溧公路东北侧、钱资荡东北侧、金武路南侧各安排一片居住用地，解决农村民宅拆迁安置。2001—2005年，累计拆迁房屋35万平方米，建造安置房28万平方米，安置村民2800余户。2005年以后，金坛市政府制定和规范拆迁安置补偿政策及房屋评估标准，以土地换保障，失地农民可以用土地使用权入股，每年分红或以固定收入的方式获得回报；对失地农民按年龄、分层次进行专业知识和专业技能培训，提高农民再就业能力。2001—2010年，金坛开发区累计投资12.6亿元，拆迁村庄54个，总面积82.45万平方米，安置面积112.94万平方米。

四、招商引资

2003年，金坛市政府印发《江苏省金坛经济开发区招商引资优惠政策》，对符合条件的进区企业实行用地、财税、规费等优惠，金坛开发区实行产业链招商。此后，一批重点项目建成投产：常州特辉工具公司2004年与世界500强企业美国英格索兰公司合作投资520万美元，建成年产85万套风动、电动工具的生产基地；江苏百洋实业公司一期投资2.45亿元，形成年产两万吨铜管的生产能力；中盐（金坛）盐化公司投资1.98亿元，形成年产60万吨真空制盐能力；江苏鸿瑞昌泰纺织公司投资1000万美元，形成年产300万条雅克力毛毯的生产能力；江苏晨风集团、江苏舜天集团金坛服装厂、晶励（金坛）服装公司入区后得到较快发展，形成纺织服装外贸出口的主产地；苏拉（金坛）纺织机械公司，总投资2800万美元，市场占有率40%；江苏常宝普莱森钢管公司总投资7亿元，石油油管的生产量和出口量均居国内前3位；江苏常州剑河新材料科技公司是由英国华人科学家赵晓斌创办的高科技企业，为2007年常州市首届海外领军型人才项目；2009年成立的注册资本2550万美元的隆英（金坛）机械制造公司是一家生产加工型企业。

2010年，金坛开发区建起招商队伍，新引进外商和港澳台商投资企业28家，新批总投资达3000万美元项目两个，新增工商登记注册外资和港澳台资3.82亿美元，实际到账外资和港澳台资1.6亿美元。新增内资企业200余家，新增注册资本达1亿元的项目3个，新增内资注册资本7.79亿元。引进光伏EVA、背板、减反射光伏玻璃、切削液砂浆回收、蓝宝石基片、光伏焊接丝等光伏产业链项目；承接上海制造业转移项目7个；常宝股份核用管材、深圳沃尔核材两家上市公司及新型合金、鹿山高分子材料、特种电缆项目落户区内。

五、产业发展

2000—2002年，金坛开发区形成纺织服装、机械电子、盐化及精细化工3个支柱产业。2008年，明确发展纺织服装、机械制造、盐化及精细化工、新型材料4个产业。2009年起，规划7平方公里的新兴产业园，打造新材料、光伏为主的新能源、装备制造3个新兴产业，形成一定产业规模和产业集聚态势。

新材料产业 是金坛经济开发区的支柱产业之一。2010年底，金坛开发区作为全国首家新材料产业示范基地，新材料板块已有新材料企业近20家。斯开龙包装材料在国内无菌固态食品纸盒灌装业排名第一、全球同行业排名第三，上市公司沃尔核用管材的高分子核辐射改性材料在国内居领先地位，上市公司常宝核用管材是国内能源管材的3家龙头企业之一。

中盐金坛盐化公司盐厂（摄于2008年4月）

盐化工产业 金坛盐矿面积60.5平方公里，储量163亿吨，平均氯化钠含量85%，具有发展盐化工产业的独特优势。金坛开发区盐化工产业园是国家“火炬”计划精细化工产品基地，规划面积3.44平方公里，已开发1平方公里。至2010年底，国家“西气东输”10亿立方米贮气库项目、中盐总公司与金坛市合作建设的年产60万吨真空制盐项目先后建成投产。

新能源产业 2008年，金坛开发区设立江苏金坛光伏产业园，规划用地700公顷。2009年被省科技厅命名为江苏省金坛光伏科技产业园，2010年被省发改委批准为江苏省光伏高技术特色产业基地，入选中国新能源产业园区百强，列第八位。至2010年底，金坛开发区集聚光伏企业36家，分布于铸锭、拉晶、切片、电池片、封装等环节，形成完整的光伏产业链，其中生产组件的企业6家、光伏配套企业30家。

装备制造业 机械电子是金坛的传统优势产业，具有较好的产业基础，已经形成具有一定规模和水平的制造业体系。2008年以后，开发区全力打造装备制造业，依托园区中国内外知名装备制造企业的带动和引领，集聚效应日益显现。至2010年，美国英格索兰、新加坡隆英公司、中国上市公司深圳瑞凌逆变焊机等项目相继落户，高端装备制造业在金坛开发区逐渐形成独立板块。

2010年底金坛开发区重点企业一览表

表13-5-4　　单位：亿元

企业名称	性质、经营范围和规模	年销售额
江苏兴荣美乐铜业公司	专业从事铜管生产和制造的中外合资企业	14.48
江苏常宝普莱森钢管公司	专业生产精密无缝钢管的常州与香港合资企业	6.95
晨风（金坛）服饰公司	年产服装1600万件的大型服装企业	6.60
江东化工股份公司	生产氯碱及其衍生产品为主的综合性化工企业	6.09
江苏华盛天龙机械股份公司	光伏设备研发专业生产企业	4.35
英格索兰（常州）工具公司	金坛经济开发区最早引进的外资和港澳台资企业，专业生产气动工具、螺杆式压缩机转子部件等	3.10
加怡热电公司	金坛与加拿大外商和港澳台商共同投资兴的一家热电厂	1.90
中盐金坛盐化公司	中央二级企业，主要从事岩盐资源开发、真空制盐，天然气、电力、热能生产和销售	3.70
晶励（金坛）服装公司	港资服装生产企业	3.46
常州美晶太阳能材料公司	从事6英寸单晶、多晶硅棒及单晶、多晶硅片生产企业	1.36
江苏鸿瑞昌泰纺织公司	生产高档腈纶亚克力、拉舍尔毛毯的外资和港澳台资企业	1.24

说明：中盐金坛盐化公司为2010年开票收入

第四节　溧阳经济开发区

溧阳经济开发区位于长江三角洲西南部的苏浙皖三省交界处，原为1992年4月成立的溧阳市昆仑新技术工业开发区，最初面积0.8平方公里。1993年11月，昆仑新技术工业开发区被省政府批准为省级经济开发区。翌年3月，溧阳市昆仑新技术工业开发区更名为江苏省溧阳昆仑经济开发区（简称“溧阳开发区”）。1998年9月，溧阳市政府明确溧城镇图塘村、杨庄乡前棠、宋庄等12个行政村由开发区管委会代表市政府行使管理职能。2000年7月，昆仑开发区更名为江苏省溧阳经济开发区，溧城镇所辖的原杨庄乡区域划归溧阳开发区管理，总面积扩大到21.6平方公里。2006年2月，溧阳开发区与溧城镇合并，合署办公。2007年3月，常州市政府、江苏省政府先后批准，原新昌镇管辖的新昌、新东、胡桥、大山下、陶家、马塘、蒋店、勤丰、合心9个行政村并入，总面积扩大至155.21平方公里，其中城区30平方公里为多功能综合性产业区。至2010年底，溧阳开发区辖39个社区居委会、30个行政村，总人口29.47万人，同年实现地区生产总值182.1亿元、销售总额517.7亿元，完成工业投资75.3亿元，实现财政收入16.38亿元，实际利用外资和港澳台资1.81亿美元。

2001—2010年溧阳经济开发区主要开发指标统计表

表13-5-5

年份	年末开发区面积(平方公里)	基础设施建设投资(亿元)	进区企业(家)	企业总投资(亿元)	合同外资和港澳台资(亿美元)	业务收入总额(亿元)	财政收入(亿元)
2001	2.8	1.60	166	17.70	0.87	29.01	0.29
2002	3.8	0.82	15	14.91	0.43	36.78	0.99
2003	6.2	0.50	54	11.00	0.44	48.88	1.30
2004	7.96	1.08	38	22.19	0.53	62.85	1.71
2005	7.96	1.30	37	13.51	0.44	121.14	3.39
2006	13.11	7.46	709	—	1.32	249.19	4.52
2007	6.80	8.43	—	—	2.24	400.07	7.15
2008	12.00	11.33	—	—	3.04	578.10	10.28
2009	15.50	14.16	—	—	3.84	748.65	13.02
2010	18.71	14.20	—	—	2.44	974.00	16.38

说明:2001年的基础设施建设资金、批准进区企业、批准企业总投资和批准企业合同外资和港澳台资金额均为年末累计数

一、规　　划

1992年4月,溧阳市昆仑新技术工业开发区制定控制性整体规划,面积2.8平方公里,第一期启动区面积0.8平方公里。1994—1995年,工业区第二期控制性整体规划面积两平方公里,完成“五通一平”基础设施建设。2002年,启动4平方公里的三期控规建设,完成溧阳开发区总体规划设计,总规划面积由原来的2.8平方公里扩大到8平方公里。2006年,溧阳开发区完成城北工业区的升级性概念规划,规划总面积45平方公里,控制范围25平方公里;6月,城北工业区实施开发,首期控规启动区面积7.18平方公里,主要规划生物医药园、机械装备工业园、新材料工业园等主题园区及电子信息产业区,物流区。

二、基础设施建设

道路与绿化　溧阳开发区成立后,先后建成金梧路、银梧路等6条主干道。2002—2003年,建成路幅24米的芜申路及路幅36米的腾飞路。2006—2010年,开发城北工业区,投资两亿元建成路幅20～44米的主干道路6条、10公里,建1条3.6公里景观河。先后建成道路绿化带24万平方米。

水电热供应与电信　1992—2010年,供水工程累计投入1400万元,铺设地下水管5.5公里;供电工程投资1600万元,凌空架设和地下铺设线路总长3193公里,建成220千伏变电站1座、道路照明配套工程,日供电能力50万千瓦;供热工程投资4000万元,建成蒸汽管道17公里,2010年蒸汽用量35万吨;电信工程投资2700万元,埋设地下管线44公里,建电话机房6座。

排水排污设施　原有设施设计建设标准较低。2007—2010年,投资8000万元改造、新建新老园区污水管网总长约20公里,建设污水提升泵站1座,形成雨污分流、清浊分流的排水、排污体系。

工业园区设施　分为开发区一、二、三期和城北工业区两部分。开发区一、二、三期总体控制规划面积8平方公里,至2006年末全部完成开发。该区以钢铁、输变电设备、工程机械、电子等行业为主,进区企业122家。城北工业区总体规划45平方公里,至2010年底,一、二期20平方公里的基础设施建设到位,形成新材

料产业园、机械加工与装备产业园、生物医药产业园和电子信息产业园等4个产业园区，进驻企业20家，总投资18亿元。

住宅区和商业区 1992—2010年，先后动迁居民4683户，拆除建筑84.33万平方米。2003年，第一个住宅小区毛场新村动工兴建。至2010年底，投资7.84亿元建成和在建住宅小区4个，占地21.67公顷，建筑面积31.2万平方米，绿化面积7.2万平方米。商业区以南北长1100米的昆仑北路商业街为主体，占地4.2公顷，建筑面积2.2万平方米，总投资3.12亿元。

江苏上上电缆集团公司（摄于2008年7月）

三、招商引资

溧阳开发区成立时即组建溧阳高新技术项目投资公司，先后组团到香港、澳门、北京、上海、沈阳等地招商。1992—1997年，溧阳开发区迎来首次投资热潮，上上电缆、华鹏变压器、正昌集团等20多家企业入驻。1998—2006年，入驻外资和港澳台资企业近30家，投资总额10亿美元，注册资本5亿美元；省内及广东、浙江等地企业进区落户10多家，总投资150亿元，注册资本50亿元。2006年，城北工业区启动，溧阳开发区对大项目的承载力明显增强，吸引一批投资强度大、科技含量高、有良好发展前景的规模企业落户。至2010年底，区内有开工企业1110家，初步形成以江苏上上电缆集团、江苏华鹏集团为核心的输变电产业群，以江苏正昌集团、保龙机电公司等企业为核心的机械制造产业群，以申特钢铁等企业为核心的钢铁产业群，以德盛、德旺食品为主的食品产业群，以天禾迪赛诺、顺天生物科技、奥古生物为核心的生物医药产业群。

四、产业发展

1992年，中共溧阳市委、市政府对溧阳开发区的土地征用、项目审批、工程建设、运输市场管理、房屋拆迁、劳动力安置、进区企业优惠政策等方面出台一系列文件，采取依靠行政手段推动本地优秀企业进区发展的策略，动员江苏正昌集团、江苏华鹏集团、江苏上上电缆集团等市属骨干企业落户开发区。开发区管委会通过其下属的昆仑房地产开发公司探索出以房养区模式，即开发区配套的周边住宅小区商品房由昆仑房地产公司开发建设，市政府给予购房业主“农转非”指标，售房利润部分用作开发区基础设施建设资金。至1999年底，全区投产企业117家，企业年经营总收入20.19亿元。2000年，开发区启动三期开发，创建民营工业园等特色园区和科技创业中心，总投资16亿元的新港钢铁等大项目建成投产。至2005年底，开发区拥有工业企业204家，其中销售达1亿元企业8家，同年完成工业销售收入102亿元，实现地区生产总值28.63亿元、财政收入3.39亿元。2009年，溧阳开发区设立风电设备产业园，培育风电设备产业。引导企业与高校、科研院所合作，探索“产学研”（生产企业、大学、研究机构结合）一体化自主发展模式，风电设备产业园被认定为江苏省风电设备特色产业园。园区华鹏变压器、上上电缆、金源锻造、保龙塔筒4家企业被列为江苏省风电装备制造业规划重点配套企业，部分产品进入美国通用、西门子等世界知名企业的全球供应链，为上海电气、东方电气、中国传动、太原重工等国内整机和关键零部件龙头企业配套。至2010年底，区内拥有冶金、医药、输变电、化工、纺织、电子、食品七大工业企业1000多家，形成冶金、输变电、装备制造3个传统产业和新材料、新能源、生物医药3个新兴产业。年销售额达1000万元企业153家，其中年销售额达200亿元企业1家、50亿～199.99亿元企业1家、1亿～49.99亿元企业23家。申特钢铁、上上电缆、华朋集团进入中国民营企业500强和中国制造业企业500强行列。同年，区内企业完成工业纳税销售517.7亿元，实现地区生产总值182.1亿元、财政收入16.38亿元，实际利用外资和港澳台资1.81亿美元。

第五节　天宁经济开发区

天宁开发区位于常州东部，东连戚墅堰经济开发区，南接武进区，北邻常州高新区，位居常州城区的东北核心区域。312国道、京杭大运河、常戚路、河海东路、青龙西路、中吴大道横贯东西，青洋路作为南北大动脉成为沟通天宁开发区南北两片的重要纽带。1993年12月，省政府批准设立常州市东南经济开发区（简称“东南开发区”），规划面积4.29平方公里，2003年调整至11平方公里。1995年10月，省政府批准设立常州市外向型农业综合开发区（简称“常州农发区”），总用地2.27平方公里。1996年，《关于扶持常州外向型农业综合开发区的若干政策意见》出台。1998年，青龙乡划归常州农发区，实行合署办公，区乡合一、联动开发体制。1994—2004年，东南开发区连续10年被评为常州市工业经济和外向型经济十强乡镇。2000年，东南开发区

2001—2005年常州东南经济开发区、外向型农业综合开发区和天宁经济开发区主要指标统计表

表13-5-6

开发区名称	年份	年末累计开发面积（平方公里）	基础设施建设投资（亿元）	进区企业（家）	企业总投资（亿元）	合同外资和港澳台资（亿美元）	业务收入总额（亿元）	财政收入（亿元）
常州东南经济开发区	2001	5.2	3.95	361	26.61	2.22	55.16	1.86
	2002	6.0	5.45	83	5.02	0.26	78.42	2.51
	2003	6.8	7.48	208	11.35	0.55	100.99	3.22
	2004	5.08	9.60	210	13.14	0.74	125.19	3.52
	2005	7.0	12.27	113	8.92	0.52	153.09	5.44
常州外向型农业综合开发区	2001	2	1.71	454	5.24	0.24	24.30	0.43
	2002	1.5	2.21	151	6.02	0.43	36.13	1.50
	2003	6.5	7.94	79	9.31	0.55	56.55	2.55
	2004	8.78	13.85	107	15.40	1.03	78.05	3.30
	2005	8.78	21.36	104	23.68	1.61	115.10	4.47
天宁经济开发区	2006	8.78	27.71	270	9.61	1.07	160.58	3.79
	2007	10.3	37.86	216	8.71	2.01	499.58	9.34
	2008	10.3	51.96	220	22.22	1.84	695.69	13.27
	2009	19.4	69.03	281	32.93	3.05	836.90	17.18
	2010	19.83	86.75	375	24.48	3.23	948.55	22.88

说明：2001年的基础设施建设累计投资、批准企业、批准企业总投资和批准企业合同外资和港澳台资均为年末累计数

成为常州市最大的纺织品生产和出口基地，针织服装出口额名列江苏省级开发区首位。2005年5月，东南开发区被列为全省首批6家循环经济产业示范区之一。2006年8月，国家发改委和省政府批准东南开发区（南区）与常州农发区（北区）归并整合，成立常州市天宁经济开发区（简称“天宁开发区”），总面积35平方公里，总人口12.8万人，辖青龙苑、紫云苑、新丰苑、青竹苑、福成北塘、彩虹城6个社区和东风、常青、三里、亚新、羊头桥、勤丰、团结、清溪、朝阳、雕庄、优胜、采菱、中村13个行政村。2010年3月，天宁开发区新能源材料科技产业园被省科技厅认定为江苏省科技产业园，同年天宁开发区完成业务总收入948.55亿元，实现财政收入22.88亿元，在江苏省级及其以上开发区中综合排名居第24位。

一、规　　划

1993年12月，东南开发区设立，规划面积4.29平方公里，东至团结路，南至规划中改道的京杭大运河雕庄段，西至凤凰路，北至采菱路。1995年10月，省政府批准常州农发区为省级开发区。常州农发区成为全省8个农发区之一，总面积3406亩，东至青洋路、西至澡港河、北至沪宁高速公路、南至北塘河。以现代农业为目标，规划建成集引进、开发、示范、培训、生产、加工、经营与观光休闲于一体，多功能的农业开发园区，逐步发展成为农业高新技术的引进、开发、应用中心、农业高新技术信息中心，农副产品高新技术加工中心，农副产品及其加工品商贸中心，休闲观光农业的乐园。1998年，市委、市政府决定将常州农发区划归郊区管理，将青龙乡成建制划入，实行区乡合一、联动开发。2003年6月，常州市政府发布《关于常州市东南开发区规划调整方案的批复》，地理范围界定调整为：采菱港以东，京杭大运河以南的雕庄乡行政区内，总用地约11平方公里。2006年8月，东南开发区、常州农发区归并整合成立天宁开发区，按照“布局集中、用地集约、产业集聚”的要求和“建设北区、整合南区”发展策略，天宁开发区管委会委托常州规划设计院编制完成《常州市天宁经济开发区概念规划》，整合后的开发区规划总面积35平方公里，建成区16平方公里，主要发展现代纺织、电力装备、生物科技和现代物流等产业。

二、基础设施建设

道路与绿化　至2010年底，北区先后建成青洋路、虹阳路、北塘河南路、竹林北路、青龙路、华阳路、福阳路、桐阳路、永宁北路等园区道路，初步形成四纵五横的道路骨架，总长23.92公里；南区形成八纵三横道路骨架，八纵即凤凰路、青洋路、友谊路、优胜路、雕庄路、东南路、清柏路、团结路，三横即劳动东路、中吴大道、离宫路，总长25.23公里。北区绿化：2006—2010年，实施沪宁高速两侧绿化带、横塘河、丁塘河两侧绿化、4个安置区绿化等43处绿化，总面积302.84万平方米，总投资约5470万元。南区绿化：主要实施道路绿化、雕庄公园绿化、居住区绿化、企业绿化4个绿化工程。至2010年底，累计绿化91.18万平方米。

水电热汽设施　东南开发区成立初期，供水主要由1993年成立的常州市东南自来水公司提供，设计日供水能力3万立方米。1996年以后，南、北两区供水主要由城市市政给水管网提供，南区工业用水辅以常州市东南自来水公司提供；北区工业用水辅以常州市龙润水业公司提供，该公司设计日供水能力5万立方米。至2010年末，南区、北区各建有工业污水处理厂1座，分别是常州东南工业污水处理厂、常州龙澄污水处理厂。常州东南工业污水处理厂投资近1亿元，占地6.5万平方米，设计年处理污水能力1825万吨。常州龙澄污水处理厂投资1.6亿元，年处理污水能力1277.5万吨。供热管网分南北两条主干线，南线连通东南开发区内常州热电公司管辖的供热管网主干线，形成两大管网的供热互补局面；北线主要供给园区纺织印染企业。南区的热电由常州第一热电厂、常州市东南热电公司提供。

工业厂房　北区：至2010年底，建有高士、东风、新动力3个标准厂房群，总占地549亩，总投资11.8亿元，总建筑面积 38.78 万平方米，引进企业 136 家。南区：主要为采菱科技园，2010 年底建有 12 栋标准厂房和两栋办公楼，总用地 5.53 万平方米，总建筑面积 6.15 万平方米。

生活与配套设施 住宅建设主要分安置房及商品房两类。至 2010 年，商品房建设开发主要有彩虹城、永宁雅苑、水晶城、景秀世家、阳光龙庭、龙湖香醍漫步等住宅小区。区内有学校、幼儿园 6 所，中学、小学、幼儿园各两所；投资 7625 万元建成老年活动室 16 处、健身广场 36 处，总面积约 10 万平方米。

三、拆迁安置

天宁开发区北区从 2005 年实施大拆迁，至 2010 年底对 16 个行政村中的 11 个村进行征收拆迁，完成征收拆迁面积 144.92 万平方米，其中民房 3966 户、97.05 万平方米，企业 483 户、47.87 万平方米。南区先后完成高架二期、中吴大道、万都金属城、金之都物流园、万都国际陶瓷装饰城、朝阳花园社区、采菱公寓、东枢纽工程、离宫路改造、大容针织、采菱综合市场改造等项目的征收拆迁。至 2010 年底，完成征收拆迁面积 81.4 万平方米，其中拆迁民房 1635 户、37.92 万平方米，拆迁企业 188 户，43.48 万平方米。北区规划建设青龙苑、紫云苑、青竹苑、新丰苑等安置小区，建筑面积 200 万平方米，至 2010 年底已交付安置房 6590 套、97.13 万平方米，基本达到至少户均 1 套的安置水平。南区规划建设朝阳花园社区、采菱公寓等安置小区，建筑面积 55 万平方米，至 2010 年底累计建设安置房 30 万平方米，交付 1471 套、25 万平方米。

天宁经济开发区失地农民全部进入城镇社保(摄于 2008 年 9 月)

四、招商引资

2007 年初，天宁开发区设立招商局，建立专业招商队伍，年内引进源畅光电、西电帕威尔等电力装备企业和太阳能光伏等先进制造业企业，总投资 8 亿元、占地 215 亩的鑫美吉特项目，亚玛顿光伏玻璃入驻开发区。同年，实际到账注册外资和港澳台资 1.32 亿美元。翌年，引进润源电力公司等 6 家企业，新批协议注册外资和港澳台资 1.84 亿美元，实际到账注册外资和港澳台资 1.89 亿美元。2009 年，天宁开发区成立招商选资工作领导小组，面向社会招聘招商引资人才。设立上海办事处、北京办事处，通过网上招商、代理招商、以商招商、展会招商等招商活动，与世界知名企业仲量联行、戴德梁行、世邦魏理仕、第一太平洋戴维斯等建立联系，引进注册资本达 3000 万美元工业制造业项目 1 个，新办企业 110 家，新增注册资本 19.2 亿元，实际到账注册外资和港澳台资 1.98 亿美元。2010 年，天宁开发区重点培育新能源、新材料、生物医药 3 个新兴产业和改造提升电力装备、纺织服装两个传统产业，制定出台《关于推进招商引资“五大建设”的意见》，开展都市高端产业引资行动，引进上市公司中利科技、恒生电子进区，上能、天元等民营企业连续增资扩产，常州天晟新材料公司成功上市。2010 年，天宁开发区实际到账外资和港澳台资 2.37 亿美元。

五、产业发展

天宁开发区引进和发展高新技术产业，加快园区和孵化器建设，培养和助推企业转型升级，形成智能电力装备、新能源材料、生物医药、现代纺织等特色产业，拥有特色产业园区10个、企业孵化器4个。至2010年底，开发区工业总产值562.54亿元，规模以上工业企业完成总产值517.61亿元，实现利税24.61亿元、利润17.49亿元，完成全社会固定资产投资100.92亿元，实现地方财政一般预算收入10.93亿元；新增省级以上高新技术企业12家、引进海归领军型创业团队17个，签订"产学研"项目142个，投入研发经费29.6亿元，完成高新技术产业产值247.59亿元。天宁开发区着力发展现代服务业，至2010年，形成以城市商业广场为中心，集购物、商贸、商务办公、星级酒店和餐饮、休闲娱乐于一体的综合性城市商业复合体和超1000亿元规模的物流产业集聚区，先后建成总投资达10亿元的万都金属城、美吉特科技五金城，万都国际装饰城、金之都国际物流园、九龙商贸城等大型商业物流中心；打造了紫荆公园、东经120大道周边旅游文化产业、天宁区第一个水上旅游线路横塘河旅游观光等文化创意产业项目，建设以紫荆公园、东经120大道、北塘河、横塘河为核心的东部新城区。

天宁新能源材料科技产业园 位于北区，是2009年获省科技厅批准成立的特色产业园区。已形成高透光率光伏玻璃、薄膜电池、锂离子动力电池、风能叶片结构材料、储能新材料与器件、智能电网等产品、产业集聚。2010年，拥有常州亚玛顿股份公司、常州天晟新材料股份公司、常州储能材料与器件研究院、常州盈华高科创业公司、江苏锰克电池公司等新能源材料生产企业近40家，工业总产值达100亿元。

天宁生物医药园 位于南区，占地50公顷，从事生物制剂、疫苗、抗高血压药品等具有高科技含量产品的研发与生产。2010年底，拥有常州制药厂公司、常州四药公司、兰陵制药公司和江苏健民制药公司等重点企业。

天宁电力装备园 位于北区，2006年成立，占地160公顷，主要生产低压、中压、高压、超高压开关，输配电特种电缆母线系列产品及电力装备产品。2010年底，拥有常州伊顿森源开关公司、西电帕威尔电气公司、常州特种变压器厂、曼淇威电气公司、天源自动化公司、润源电力公司、创效电力公司等电力装备企业20多家。

位于天宁电力装备园的伊顿森源开关公司（摄于2008年9月）

天宁纺织工业园 位于北区，2003年3月设立，占地约903公顷。至2010年底，园区拥有顶瓜瓜彩棉、月夜灯芯绒等国际知名品牌产品，黑牡丹集团、旭荣针织公司、艾贝服饰公司等48家纺织服装企业入驻，涵盖纺纱、织布、印染及后整理、服装成衣加工、针织等行业，成为高科技、高档次、外向型、配套化的织造产业基地、出口基地和全国性纺织服装产业的加工、营销、研发、展销、物流中心。

天宁高新技术创业服务中心 2008年4月成立，占地100余亩，孵化大楼面积1.6万平方米，2009年2月被省科技厅认定为省级科技孵化器，提供项目申报、种子资金、信息发布、代理、后勤保障、中介等服务，设有高等院校、科研院所研发中心、海归人才创业园、软件园等特色园区。至2010年底，在孵企业32家，园区企业申报发明、实用新型等国内专利32项，获得授权专利11项。

常州新动力创业中心 2004年4月成立，规划总面积20万平方米，孵化大楼面积11万平方米，主体为多层全框架结构的标准化工业厂房，配套共享区间和完善的公共服务设施。2008年9月，被省科技厅认定为省级科技孵化器。至2010年底，入驻科技孵化企业34家，中心内企业申报发明、实用新型等国内专利21项，获得授权专利16项。

第六节 钟楼经济开发区

2002年9月，省政府批准设立常州市钟楼经济开发区(简称“钟楼开发区”)。初期启动区(工业区)4.77平方公里，2003年1月17日开工建设。2004年3月，钟楼开发区与北港街道办事处合署办公，规划总面积扩展至11.65平方公里，东起龙江路，南临常金路，西至规划中的春江路，北至运河路。2003年3月17日，市政府批准设立钟楼区新闸工业园，规划面积14.5平方公里，东起龙江路，南临运河路，西濒德胜河，北至新机场路。2006年，省政府批准钟楼区新闸工业园划归钟楼开发区，其总规划面积扩大至17.3平方公里。至2010年底，钟楼开发区下辖塘门顶、北港、韦墅等8个行政村和星港苑、运河苑、梧桐苑等7个社区，常住人口3.5万人。形成以童子河为界，西为工业园区、东为商住区的整体格局，园区以电子信息、新材料、先进装备制造为主导产业，形成新能源、医疗器械、汽车零部件制造等3个企业集群；有规模以上工业企业228家，其中年销售额超1亿元企业75家，国内外上市企业2家，外资和港澳台资企业60家；有国家级科技企业孵化器钟楼高新技术创业服务中心，累计注册企业108家，其中入驻海归企业48家；有省级及其以上高新技术企业35家，省级高新技术产品162种；累计引进国家“千人计划”专家、省高层次创新创业人才各7人和教育部“长江学者”1人。同年，全区完成业务总收入639.15亿元，财政收入24.21亿元。先后被评为中国最佳投资环境开发区、中国科技创新示范区。在全省99家省级经济开发区科学发展综合评价中，排名第9，其中集约水平、环境保护、综合实力和自主创新分列全省第1、3、16、19名。

2003—2010年钟楼经济开发区主要指标统计表

表13-5-7

年份	年末开发区面积(平方公里)	基础设施建设投资(亿元)	进区企业(家)	企业总投资(亿元)	合同外资和港澳台资(亿美元)	业务收入总额(亿元)	财政收入(亿元)
2003	5	3.47	151	34.09	0.34	12.18	0.85
2004	5	2.00	62	32.00	0.92	33.42	2.05
2005	8	3.26	44	24.69	1.48	59.59	4.61
2006	8	3.27	145	59.75	2.01	130.19	7.51
2007	8	3.90	181	81.81	2.31	273.11	10.65
2008	8	6.67	174	75.17	2.10	372.85	17.88
2009	8	4.31	210	86.63	2.17	465.18	17.59
2010	8	0.65	228	97.08	2.44	639.15	24.21

说明：1.2002年9月，钟楼经济开发区成立时面积500公顷。2006年7月，新闸工业园300公顷合并到钟楼经济开发区，总面积800公顷，但新闸工业园仍由新闸街道办事处管理。2.2003—2005年基础设施建设投资、批准进区企业、批准企业总投资、批准企业合同外资和港澳台资金额、业务总收入、财政收入数据不含新闸工业园，2006—2010年含新闸工业园

一、规　　划

2003年2月，钟楼区政府委托常州市规划设计院编制《常州钟楼经济开发区中小企业园控制性详细规划》，规划用地1.59平方公里，东起童子河，南临常金路，西濒规划大运河，北至丁香路。总体布局结构是东西绿带、中间园区，东西绿带指东西两侧的童子河、规划大运河与童子河西路、桂花路间的用地均为绿带；中间园区指桂花南路以东、童子河西路以西、常锡路以南、白杨路以北的区域为工业园区用地，功能定位为以机械、电子企业为主导的中小型企业制造产业园区。委托常州市规划设计院编制《常州钟楼区北港居住区控制性详细规划》，规划范围东起龙江路，西至童子河，南自丁香路，北到京杭大运河，总用地7.73平方公里，规划人口8万～9万人，定位为开发区的生活配套区，以星港大道、梧桐路为界，将规划区划为北、中、南3个功能片区。北片区是具有开发区行政中心功能的滨河居住片区，中心区是具有大型公园绿地和中央商贸功能的综合居住片区，南片区是具有大型文教科研和医疗卫生设施的居住片区。

二、基础设施建设

道路与绿化　钟楼开发区先后建成星港大道、桂花路、梧桐路、玉龙路、棕榈路、茶花路、松涛路等主干道，把各功能区串联成片；香樟路、梅花路、合欢路、水杉路、樱花路、童子河西路等次干道有机划分地块，共同组成交通网络。纵向道路以树为名，横向道路以花为名。至2010年底，建成十一纵十一横的骨架道路49.97公里。绿化依托京杭大运河和童子河绿地，结合地势、河道、坡地等构成点、线、面结合的绿化景观系统、生态防护系统。童子河生态景观绿地形成生活区、工业园区之间的屏障，其中工业园区以西界河绿地、鹤溪河沿路绿带、童子河环保主题公园为防护带，结合22条主次干道绿化景观路，构成具有生态、美化、滞尘、减噪、制氧等综合功能的生态园区；生活区以青枫公园为核心，建成集生态、科普与活力于一体的城市森林公园。至2010年底，累计建成绿地141万平方米。

水电热气设施　钟楼开发区供水系统由常州市通用自来水公司建设，给水管线的铺设和道路铺设同步进行。排水系统采取雨污分流，分设雨水管网和污水管网，随道路建设实施。同时疏浚开挖河道，修建驳岸，保证在灾害性天气下能及时排水。至2010年底，铺设给水管道49.97公里、雨水管线99.94公里，疏浚河道12.35公里，修建硬质驳岸8.3公里。供电系统由常州供电公司实施，2010年底，建有110千伏北港变电所、220千伏运河变电所，铺设35千伏及其以上供电线路93公里，铺设10千伏及其以上、35千伏以下供电线路118公里，架设高压线18条。2005年起，淘汰6家企业的燃煤锅炉，开始建设燃用清洁能源的集中供热、供气设施和配套管网，推行区域集中供热、供气，集中供热区域禁止新上燃煤锅炉。2008年，供热蒸汽管网由江苏天力公司铺设，天然气管网的总管、支管线均由常州港华燃气公司统一铺设。至2010年底，开发区有工业用户8户、居民用户9136户、商业用户11户。

工业设施　2003年6月至2004年12月，钟楼开发区建成标准厂房21幢，总面积11.58万平方米。至2007年9月成立5周年之际，有25个工业项目开工、25个工业项目竣工，其中开工项目总投资达40亿元、竣工项目总投资达35亿元。50个项目中，有中国建材集团投资2.5亿元建设的常州中复丽宝第复合材料公司两米卷材线项目，江苏朗生生命科技公司投资10亿元建设的血液净化产品生产项目，投资1亿元的中国节水材料制造商江苏正本净化节水科技实业公司研发中心，国家一级软件开发企业江苏国光集团投资10亿元打造的国光信息产业园，欧洲电工绝缘材料生产企业依索沃尔塔总投资两亿元的欧龙绝缘材料项目。2010年底，区内有工业企业580家，完成总产值490亿元，其中规模以上企业228家，完成总产值420亿元，实现利润21亿元。

生活环保设施　钟楼开发区住宅建设主要分安置房及商品房，开发建成枫林雅都、凯尔枫尚、景瑞曦城、御源林城、青枫壹号等商品住宅小区。至2010年底，建有中学、小学各1所、幼儿园2所、街道社区服务中心1家、社区服务站6家，总建筑面积1.1万平方米。工业污水及生活污水统一接入污水管网，由污水提升泵站送入主管道，输送到新北区的城北污水处理厂和江边污水处理厂处理，达标后排入长江。垃圾处理工程由钟楼开发区垃圾中转站实施，生活垃圾及一般工业垃圾经中转站收集压缩后送光大环保能源常州公司处理。至2010年底，区内累计埋设污水管线49.97公里，建有污水提升泵站(3万吨/日)、垃圾中转站和建筑垃圾消纳场各1座。

三、拆迁安置

2002年，钟楼开发区对自然村进行统一拆迁和安置。同年末，按钟楼区建设总体规划，对勤业西路建设所涉及的地块拆迁，对拆迁户统建安置房安置。翌年，钟楼开发区按建设规划成片拆迁，配合工业园区1—16号、港顶路一至二期、星港苑一至三期、勤业西路改造、西界河、瑞富花苑建设及危房的拆迁等25个项目实施拆迁；启动建设占地23万平方米的第一个农民安置小区星港苑一期，翌年建成。2004年，配合京杭大运河改道、青枫公园、钟楼区行政中心、玉龙路等建设项目实施拆迁。翌年，5个建设项目开工拆迁，启动星港苑二期、三期及梧桐苑等安置小区工程建设。2006年，涉及梧桐路、松涛路、御源房产、松涛苑4个地块的拆迁项目陆续展开。2007年，涉及棕榈路、玉龙路延伸，邹傅路等道路建设的拆迁项目相继开始。2008年，对梧桐苑二期、海蜇口、童子河西路、老312国道改造、312国道南侧等地块实施拆迁，推进童子河清水工程。2010年，钟楼开发区的拆迁转入配合重点项目、重点工程建设的拆迁，主要配合钟楼汽车城、区政府东侧保利地块、公建地块、董家塘地块及玉龙路运河桥、科技创业园、玉兰路南侧公交枢纽等的建设。至2010年底，该区拆迁民房5293户、157.59万平方米，企业175家、23.83万平方米，先后建成星港苑、瑞富花苑、金玉苑、运河苑、梧桐苑5个安置小区。

钟楼经济开发区梧桐苑安置小区(摄于2007年5月)

四、招商引资

钟楼开发区招商引资由经济发展局承担。2003年起，先后组团到美国、加拿大、德国、法国、瑞士、日本、韩国等国家进行招商活动，通过举办大型招商会、拜访知名跨国公司等，引进新项目和推进在谈重点项目。至

2003—2010年钟楼开发区主要入驻企业和项目一览表

表13-5-8

年份	数量(个)	主要入驻企业和项目名称
2003	22	常州裕华电子设备制造公司、常州亨联光机电科技公司、常州常利接插件公司、常州世纪精达传感器公司、常州华达科捷光电仪器公司等电子信息企业和常州三利精机公司、常州华立建材装备制造公司及常州三维技术成套设备公司

续表 13-5-8

年份	数量(个)	主要入驻企业和项目名称
2004	36	常州昌瑞汽车部品制造公司、江苏申达工业园常州钟恒新材料公司多功能薄膜项目、中国建材集团复合材料基地
2005	22	裕兴绝缘材料、常松讯汇镀锌板、兆隆合成材料
2006	34	常州博朗森思医疗器械公司、常州兆阳光能科技公司
2007	33	华阳万联汽车附件、新常阜空调器材、斯特恩汽车饰件系统、巨茂车业等企业和新能源吻合器、朗生生命科技、三联星海医疗器械
2008	22	铂丽沃特电子科技、宣纳尔新能源科技、台夏光电科技
2009	50	常州金瑞达科技公司、江苏国光信息产业股份公司、常州创锦电源公司、常州雷宁屏蔽设备公司
2010	29	常州亿霖伟业纤维制造公司、江苏索拉菲斯合成材料公司、常州贝斯塔德机械科技公司、江苏卓联机电公司

2010年底，钟楼开发区（园区）先后有依索沃尔塔、加拿大铝业、中国建材集团、中国五矿集团、中国西电集团、中国安防、中国乐凯集团、中达集团、江苏国光信息等300多家企业入驻，建立江苏钟楼新型复合材料产业园、江苏省国际服务外包示范区、玉龙路科技大道、钟楼汽车城等示范园区，形成以新材料、电子信息、先进装备制造为主导产业，辅以新能源、医疗器械、汽车配件等新兴产业的格局。

五、产业发展

2002年底，钟楼开发区工业地块建设全面启动，以高新技术产业为主导，以制造业为支撑，重点发展精密机械制造、电子信息和新材料3个产业，同步发展汽车配件、医疗器械和光伏产业，初步形成新的产品集群。2003年至2008年5月，先进装备制造业、新材料产业、汽车零部件产业、医疗器械产业和光伏产业相继初步形成。2004年，御源房地产进驻开发御源林城商品房，服务业项目开发启动，景申置业、凯尔房产、通达房产等10家房地产商先后参与开发。2009年9月，宝龙房地产的城市综合体启动开发。2010年5月，开始兴建钟楼汽车城；10月，总投资10亿元的国光信息产业园竣工投产。至同年底，区内电子信息、先进装备制造业、新材料、新能源和医疗器械等高新技术产业形成规模，比重日益加大，规模以上企业高新技术产业总产值占开发区总产值的70%，电子、机械、工具、印刷、涂料等传统产业及以房地产、汽车销售、商贸流通为主的第三产业形成产业集聚群。钟楼开发区先后被认定为江苏钟楼新型复合材料产业园、江苏省国际服务外包示范基地，入选首批国家级生态工业园区建设单位。

六、科技创新创业平台

2009年，常州华达科捷光电仪器公司获省科技厅批准成立江苏省企业院士工作站，中国工程院院士庄松林带领10位高层次人才入驻工作。2010年底，区内建有高新技术创业服务中心2家、企业院士站1家、企业工程研究中心7家和企业技术中心5家。

2010年底钟楼开发区企业院士工作站、工程研究中心和技术中心一览表

表 13-5-9

高技术平台名称	数量(家)	建立中心(站)企业名称
省级企业院士工作站	1	常州华达科捷光电仪器公司
省级工程研究中心	2	常州明景电子公司、常州格力博工具公司

续表 13-5-9

高技术平台名称	数量(家)	建立中心(站)企业名称
市级工程研究中心	5	江苏裕兴薄膜科技股份公司、常州远东塑料机械公司、常州市三利精机公司、常州华达科捷光电仪器公司、江苏洛克电气公司
市级企业技术中心	5	常州红梅乳业公司、常州三利精机公司、江苏裕兴薄膜科技股份公司、常州亚美柯机械设备公司、江苏洛克电气公司

常州钟楼高新技术创业服务中心 是钟楼开发区投资建设公司于2006年9月至2008年7月兴建的综合型科技企业孵化器，主基地总投资6000万元，占地6亩，共15层，高50米，建筑面积2万平方米。建成后成为各级行业协会、创业基地设立的平台。2007年12月、2009年9月，相继设立旅法博士留学生中国(常州)创业基地、法国法中企业家和管理者协会中国(常州)创业基地和欧洲中小企业协会中国(常州)创业基地。2008年12月，区内成立在日华人汽车工程师协会。2010年9月，常州市钟楼区科技创业园软件和服务外包产业项目签约落户。至同年底，中心累计引进领军型创业人才47人，其中国家"千人计划"特聘专家5人；孵化科技型企业103家，其中留学归国人员企业54家；培育高新技术产品省级5种、市级3种，申请专利358件，获得授权194件，其中发明专利38件；承担国家、省级创新资金项目各3个，省社会发展支撑项目、工业支撑项目各1个，省科技创新团队项目3个、常州市项目16个。同年在孵企业实现销售收入总额1.2亿元。

第七节 戚墅堰经济开发区

戚墅堰经济开发区前身为常州东方经济技术开发区，1992年11月获市政府批准成立。1993年12月，被省政府批准为省级经济开发区，更名为常州市戚墅堰经济技术开发区(简称"戚墅堰开发区")。2003年，

2001—2010年戚墅堰经济开发区主要指标统计表

表 13-5-10

年份	年末开发区面积(平方公里)	基础设施建设投资(亿元)	进区企业(家)	企业总投资(亿元)	合同外资和港澳台资(亿美元)	业务总收入(亿元)	财政收入(亿元)
2001	2.98	2.20	555	32.32	2.36	27.85	0.74
2002	3.70	0.64	216	2.73	0.12	35.00	1.20
2003	3.13	2.50	162	7.18	0.31	45.70	1.59
2004	3.68	2.50	146	9.77	0.66	47.28	2.02
2005	5.30	2.60	135	23.37	0.95	58.57	2.68
2006	6.02	4.47	107	—	1.54	85.26	2.22
2007	6.40	4.05	—	—	1.60	102.13	3.15
2008	7.70	4.20	—	—	0.79	131.06	3.06
2009	9.42	5.09	—	—	1.80	194.04	3.66
2010	10.92	10.69	—	—	1.44	255.41	4.85

说明：2001年基础设施建设投资、批准进区企业、企业总投资、合同外资和港澳台资均为年末累计数

市政府批准戚墅堰开发区与潞城镇实行区镇合一管理体制，开发区东起剑横路、南到沪宁铁路、西至丁塘港、北到潞横路以北100米，总规划面积13.22平方公里。2010年底，有居住、从业人口近4.5万人。同年，戚墅堰开发区完成全社会固定资产投资24.8亿元，实际到账注册外资和港澳台资4858.5万美元，实现工业增加值93.25亿元，完成地方财政一般预算收入2.8亿元。

一、规　　划

1992年11月，市政府批准在戚墅堰建成区以北，包括丁堰镇和潞城乡7个行政村、27个自然村7.32平方公里内建立常州东方经济技术开发区，确立“以路兴区、南北突破、城乡连接、再造一个新戚墅堰”的建设思路，戚墅堰开发区管委会委托市规划设计院等规划设计机构编制开发区总体布局规划。2003年，戚墅堰开发区管委会与潞城镇合署后，发展框架拉开拉大。2004年，开发区启动新一轮规划编制，规划以革新路为界，向东规划为工业集中区，重点发展以“三电一轨道”（电机、电器、电缆和轨道交通）为主的先进制造业；向西规划为商贸生活配套区，全面发展现代服务业。2005年，以戚墅堰区确定行政中心北移规划为标志，常州市东部中心城区建设启动，以大明路、东方路为两条主轴线，开始编制以丁塘港、玫瑰湖为两大核心的城市设计编制规划和“八纵五横”的路网布局设计。2009年，丁塘港湿地公园规划设计完成。

二、基础设施建设

道　　路　1993年，区内道路形成“三纵二横”的基本骨架，主干道东方大道建成通车。2003年，完成市重点工程东方大道、富民路、大明路等区域骨干道路的改造扩建。2004年，启动东方中路、镇西路等道路工程建设。2005年，青洋路建成通车。2006年，启动东方西路、华丰路、五一路、东城路等道路工程建设。至2010年底，五一路、青洋高架等主干道路实现全线贯通，大明路等重点道路完成拆迁工作，刘国钧高等职业技术学校周边配套道路基本建成。

水热电设施　1993年，建成常青、漕上、湾城、新河、东方5座供水站，铺设供水管道11.3公里，将5座供水站联网形成供水网络，供水量每小时320立方米；建成供热管网，由戚墅堰发电厂向区内企业传输中压蒸汽。2004年，开发区供水由常州市通用自来水公司组织实施接入城市供水管网，实现联网。西部由110千伏的潞城变电所供电，中部和东部由220千伏的芳渚变电所配供。同年，对区域内15路高压线实施大面积搬迁和改线，迁移总长20公里。

工业设施　1994年，中外合资新加坡城启动建设。2006年，加州科技港、东方高科工业园等园区开工建设，建成标准厂房15万平方米。2008年，总投资46亿元的南车戚墅堰机车车辆工艺研究所（简称“戚研所”）科技成果产业化基地、南车集团戚墅堰机车公司（简称“戚机公司”）新造基地等项目开工建设。

生活设施　1993年，与新加坡富士发展控股（中国）公司投资的常州新加坡城开工，首期工程计划开发面积60公顷，以房地产为先导，带动工商企业、度假中心设施等建设。2004年以后，开发区先后引进常州新城房产、新加坡富士房产等房产公司，分别开发建设住宅小区公园一号、加州枫景、东方福郡。2005年，戚墅堰区行政中心确定北移后，开发区形成常州东部新城中心区构架。翌年9月，由江苏万都实业有限公司开发建设的万都义乌小商品城开工建设，总建筑面积18万平方米。2007年，常州刘国钧高等职业技术学校迁入开发区新校区开工建设。2010年，华润苏果大型超市、常州嘉宏东都置业发展公司等开发的十大服务业项目全部开工建设。

三、拆迁安置

1992年，拆迁房屋1.2万平方米，其中涉及民房14户、4000多平方米。2003年，先后对潞城的杨草头、水墩上等村庄实施拆迁。2003年，规划青洋、潞城、东方、五一4个农民安置区，同年启动东方公寓、青洋花苑等安置小区建设。2005年，推进撤村建居，实行货币安置与安置房安置并行。2007年，推进东方西路、新城二期等地块拆迁，同年拆迁50万平方米，建设青洋花苑等安置房50万平方米。翌年，成立拆迁工作专职机构，规范拆迁安置政策，完成新城房产等重点地块拆迁，拆迁54万平方米，潞城花苑安置小区建成交付使用，建成安置房32万平方米。2009年，拆迁20.5万平方米，建成安置房14万平方米，市民广场建成对外开放。2010年，拆迁面积12万平方米，湿地公园拆迁基本完成，体投地块、邓家地块等大项目的拆迁有序推进。在建安置房25.1万平方米(含未交付面积)，33幢房屋计1560户，交付9幢398户。

四、招商引资

2007年，常州市千名海外人才集聚工程启动实施，先后有常州百瑞吉生物医药公司、常州宁录生物科技公司、常州鼎丰生物医药公司、常州创视电子科技公司、常州麦吉尔测试系统技术公司、常州新泉生物医药科技公司、常州庞丰机电科技公司、常州拓邦新材料科技公司、常州博闻迪医药科技公司、亿森光电(常州)公司、常州华阳电子科技公司、常州龙俊天纯环保科技公司、常州磐云电子科技公司等10多家高新技术企业进区落户。至2010年底，累计引进高层次人才创业团队8批、18人。

五、产业发展

戚墅堰开发区是常州先进的现代制造业基地。至2010年底，形成轨道交通、机械制造、电子电器电机电缆3个特色产业，以芯片、新材料、生物医药等为特色的一批新兴产业逐渐崛起。开发区建立东方创新园、轨道交通科技产业园，成立园区管理机构，建成标准厂房、办公楼等载体，培育和引进“三电一轨道”特色企业进行产业化孵化。区内有南车集团戚墅堰机车公司、南车集团戚墅堰车辆工艺研究所、常州同和纺织机械公司、常州博瑞电力自动化设备公司、常州凯隆电器公司、常州宝捷电机公司、常州安凯特电缆公司等知名企业。

戚墅堰东方创新园 总规划面积13.22平方公里，工业建筑用地9平方公里，由主基地和3个分基地组成，总孵化面积11.14万平方米。主基地位于戚墅堰开发区五一路和富民路交界处，基地由创业者公寓区、高层次人才项目孵化区、创意设计研发区、管理服务设施配套区等4个区域组成。总建筑面积5万平方米，创业者公寓楼高18层、建筑面积1.3万平方米。分基地有省级电子软件专业孵化器加州科技港电子软件专业孵化基地，位于富民路218号，建成面积1.2万平方米，建有多层标准厂房。至2010年底，入驻宁录生物科技、庞丰机电、贝伦迪电子等6家企业。金盾高科创新加速器产业化基地，位于五一路168号，建有钢混结构厂房4栋，总建筑面积2.5万平方米，金标TUV检测中心等机构入驻。东方高科工业园产业化基地，位于东方东路167号，建有多层标准厂房4栋，总建筑面积2.5万平方米。入驻有百瑞吉生物医药等7家企业。

轨道交通科技产业园 前身是常州轨道交通车辆及部件产业基地，2003年被科技部确定为全国唯一的国家级轨道交通车辆产业基地，2007年晋升为国家科技兴贸创新基地，成为常州市第一个国家级出口基地，2009年被省发改委认定为江苏省轨道交通特色产业基地，2010年经省科技厅批准设立江苏省戚墅堰轨道交通科技产业园。拥有百年老厂南车戚机公司、南车戚研究、南车长江车辆公司常州分公司及众多的配套企业，轨道交通装备制造技术实力雄厚。戚机公司、戚研所等龙头企业建成国家级研发平台1个、省级工程技术中心3家、省重点实验室2家，省级及其以上高新技术企业5家，院士工作站5个，引进培养一大批轨道交通高级人才和熟练工人，成为庞巴迪等国际知名轨道交通制造商的主要供应商。2010年底，园区有企业12家，其中龙头企业3家、省级及其以上高新技术企业5家，企业拥有总资产30亿元;同年完成工业总产值60亿元，出口创汇3800万美元。

第八节 天目湖旅游区

1992年4月，中共溧阳市委、溧阳市政府设立天目湖旅游度假区（简称“天目湖旅游区”），启动以沙河水库、大溪水库为主体的旅游度假区建设。1993年3月，溧阳市天目湖旅游区管理委员会成立，与沙河水库管理处、天目湖旅游开发实业总公司合署办公，由中共天目湖旅游区工委统一领导。1994年7月，天目湖旅游区被省政府认定为省级旅游度假区。2000年12月，溧阳市政府将原属天目湖镇的沙新、中西、三胜3个行政村划归天目湖旅游区管理。2001年1月，天目湖旅游区被国家旅游局评为首批国家AAAA级旅游景区，入选水利部首批18家国家水利风景区。2004年3月，位于横涧镇的南山竹海景区由天目湖旅游开发实业总公司控股经营；9月，天目湖旅游区与天目湖镇合署办公。2007年4月，原分属新昌镇、周城镇、南渡镇的山南、毛尖、洙漕、观山4个行政村划归天目湖旅游区管理。2010年底，天目湖旅游区面积320平方公里，已建成山水园、南山竹海、太公山、蓄能电站等景区（点）30多个，同年接待游客500万人次，实现旅游营业收入6.03亿元。

一、规　划

1993年，天目湖旅游区委托上海同济大学、苏州城建环保学院编制完成《天目湖旅游区总体规划》，规划设旅游中心、度假休闲、森林公园、历史文化、观光农业和湖上娱乐6个功能区，总面积18平方公里。1995年12月，天目湖旅游区委托加拿大西风资源集团公司对度假区原总体规划作部分调整。2003年10月，天目湖旅游区委托深圳市度假湾企业策划公司、美国HHCP国际设计公司和广东省旅游发展研究中心联合编制《天目湖旅游区二期开发总体规划》，规划把天目湖旅游区发展为大中型的复合旅游目的地，以大溪水库为中心，占地60平方公里，加上一期开发的18平方公里共78平方公里，划分北湖村、高尔夫区、酒店会议区、湖

2001—2010年天目湖旅游区主要开发指标统计表

表13-5-11

年份	年末开发区面积（平方公里）	基础设施建设投资（亿元）	进区企业（家）	企业总投资（亿元）	合同外资和港澳台资（亿美元）	业务收入总额（亿元）	财政收入（亿元）
2001	2.57	7.72	34	9.58	0.11	1.30	0.03
2002	2.6	0.99	4	3.69	0.43	1.81	0.11
2003	2.6	0.88	3	3.60	0.15	2.57	0.24
2004	3.2	2.70	36	15.00	0.70	17.36	0.80
2005	5.35	3.91	60	10.21	0.72	27.75	1.26
2006	8.35	3.59	81	—	1.20	37.25	1.15
2007	8.35	11.50	—	—	2.32	44.10	2.11
2008	9	15.96	—	—	2.49	60.10	1.64
2009	9.55	20.14	—	—	1.47	74.45	1.76
2010	10.2	21.68	—	—	1.73	93.82	2.16

说明：2001年的基础设施建设资金、批准进区企业、批准企业总投资和批准企业合同外资和港澳台资均为年末累计数

滨运动区、历史文化区和茶园等功能区。2004 年 4 月，天目湖旅游区管委会组织编制天目湖三期总体规划，通过国际招标，由澳大利亚 ANZGROUD 设计公司和江苏省旅游局发展咨询中心负责编制；同年 11 月，编制完成《天目湖旅游区总体规划（三期）》，规划总体目标是把天目湖旅游区打造成国家级旅游度假区，范围包括天目湖镇、平桥镇、横涧镇及戴埠镇等部分地区，总面积 320 平方公里。规划提出整合区域内旅游资源，加以开发利用，注重区域大旅游的整体发展，逐步拉开旅游开发的远景框架。规划包括五区一镇，分别为天目湖大溪滨水休闲度假区、天目湖沙河会议观光旅游区、平桥乡村旅游区、南山竹海康体健身度假区、龙潭森林生态观光区和天目湖新镇。2005 年 5 月，溧阳市政府批准南山竹海总体规划，规划总面积约 516 公顷，东自李家园路往东约 600 米，西至李家园中心村，南起苏浙皖三省交界处，北至李家园中心村北端，分景点游览区、生活服务区两大功能区，用地分别为 431.3 公顷和 84.7 公顷。

二、基础设施建设

1992—2001 年，天目湖旅游区对天目湖的环湖东路、环湖西路、码头和各景点的场地、道路修筑等基础设施投入资金 1.2 亿元，景区绿化面积 20 万平方米，区域内绿化覆盖率达 85%，通过 ISO 14001 环境管理体系认证。2002—2006 年，投入 9000 万元改造南山竹海、太公山的基础设施，投入两亿元按照二级公路标准相继修筑明珠大道、迎宾大道、滨湖大道、东麻路等主干道路，总长 35 公里。2007—2010 年，投入近 10 亿元，建成中欧论坛天目湖会址等重点项目，完成东园公路、纵五路、纵六路等道路建设及水电气、排污管等系统配套工程，提升核心景区。

三、水源地保护

天目湖旅游区在开发初期即将水源地保护作为开发工作的重要内容，在景区建设中配套建造一批排污管道。1994 年 6 月，天目湖地埋式无动力生活污水治理工程开工建设，1996 年 10 月通过达标验收，总投资 300 多万元，日处理生活污水 1300 吨。2001—2005 年，重点实施合理搭配放养鱼种、退渔还湖、临湖面控制开发、封山育林、水土保持及生活、农业面源污染防治等保护措施，退渔还湖 4700 多亩；在平桥涧河上修建 4 道滚水坝，减轻平桥集镇生活污染对天目湖水质的影响；对湖区临水面 5500 多亩山岭实施整体租赁，乱砍滥伐行为被彻底禁止，植被保护得到加强。2006 年 5 月，中共溧阳市委、溧阳市政府出台《关于实施天目湖水源地生态环境保护工作的行动方案》，天目湖水源地生态环境保护步入经常化、法治化、规范化轨道。同年起，市政府设立天目湖水源生态环境保护专项资金，年均资金规模达 1000 万元。2007 年，沙河水库生态清淤一期工程完成，清理淤泥 40 万立方米，日处理污水 1000 吨的集镇生活污水处理厂投入运行。2008 年，沙河水库生态清淤二期工程完成，清理淤泥 45 万立方米。2009 年，在天目湖上游引入浮床高新集成技术进行河道生态治理，投资 1200 万元的平桥污水管网建成使用，保护和改善了天目湖的水质和生态环境，为天目湖发展以珍贵自然风光生态旅游为主的综合休闲旅游观光产业奠定了牢固的基础。

第十四卷 农业

Volume XIV Agriculture

1986—1990年，常州农业经济在调整中稳步发展。继续实施家庭联产承包责任制，农民种粮积极性大为提高，实施农技推广体系改革，建设农田基础设施，改造中低产田，发展集体机具；重点发展粮油生产，以粮食为重点的主要农产品和蚕桑、畜牧、水产、茶花果等生产长足发展。1987年，全市森林覆盖率为13.3%。1989—1990年，常州按照国家对国民经济治理整顿的部署，调整工农业发展比例，粮油生产呈现恢复性增长。1990年，全市基本形成市、县、乡镇三级农技推广体系，"三麦"机插、机开沟比重达45%，种植业产值占全市农业总产值的比重为59.4%，但农业科技进步贡献率不到45%。

1991—1995年，常州多种经营快速起步，农业初步进入市场化。调整农业结构，种植业实行多形式、多熟制、高产增收的粮经饲（粮食、经济作物、饲料）三元结构，进行压籼扩粳、压常扩特，扩大香粳、香糯、香血糯种植面积，适当扩种饲料和经济作物；发展高效种植、养殖等多种经营，种养业加快向农副产品加工业、流通业延伸。1993年，农业致富工程规划启动实施，武进、金坛成为全国平原绿化先进县（市），全市建成"五有"（即有一支服务队伍、有工作场所、有服务设施、有服务实体、有实验示范基地）农技站、多种经营推广站、兽医站和农机站346个。指前镇成为苏南地区第一个农业亿元镇。1995年，全市划定基本农田保护区25.68万公顷，"三麦"生产基本实现机械化，多种经营占农业总产值的72%。

1996—2000年，农业产业化快速发展，结构调整进入高潮。全市以多种经营为主的高效农业取得长足发展，新调整开发多种经营面积6670公顷；启动农产品质量安全建设，以种子、农药、化肥、饲料、兽药等为主，加强监管与监测，全市农业科技进步贡献率提高到52.7%。1999年，全市稻麦机收面积10.82万公顷，机收率42.7%；1023家以农产品为原料的加工企业完成销售收入107亿元，20余家农副产品批发交易市场完成交易总额60亿元。至同年底，全市累计完成中低产田改造5.53万公顷，建设吨粮田2.8万公顷。1999—2001年，全市新增经济林果、花卉苗木、设施蔬菜等多种经营面积3.36万公顷，林牧渔业产值占农业经济的半壁江山。

2001—2005年，农业迈向现代化，科技管理服务进入规范化。政府强化农产品质量建设，逐步建立健全农产品质量安全监管机制，制定扶持优势农产品基地建设的政策，推行农业标准化，加快无公害农产品、绿色食品、有机食品（简称"三品"）认证，强化农产品全程质量安全监控监测，培育开发优势、特色、品牌农产品。全市推进农业产业化经营，加快高效农业生产基地、农业优势产业带区建设，发展农民合作经济组织，形成一批有竞争力的重点龙头企业和名牌产品。2004年，常州全面取消农业税，实行水稻直补，逐步实行良种补贴、农机购置补贴等强农惠农政策。至2005年末，全市基本形成优质稻米、花卉苗木、特种水产、设施蔬菜、特色畜禽、经济林果六大主导产业。全市花木种植面积达1.4万公顷，占江苏全省的3成多，形成总面积2.33万公顷的长荡湖、滆湖两大渔业经济区。

2006—2010年，农业产业化加快发展，各项产业蓬勃发展。2010年末，全市有耕地总面积15.04万公顷，农业科技进步贡献率达62.1%，市级及其以上农业龙头企业发展到47家，累计建成高标准农田6.2万公顷；全市建成省级粮油、蔬菜、茶果、畜禽、水产无公害生产基地344个，"三品"总数874个。全市完成农业总产值174.08亿元，其中种植业、林业、牧业、水产业总产值分别为95.03亿元、1.26亿元、27.41亿元和42.37亿元；拥有国家级农业旅游示范点17个、国家和省级森林公园5个，农业旅游景点接待游客520万人次，实现营业收入7.6亿元。

第一章　农业综述

1986年后，常州市围绕农业增效、农民增收目标，深化农村改革，创新农业生产、发展机制，调整优化农业结构，实施大批农业产业化推进项目，引进推广喷滴灌、遮阳网、防虫网、畜禽水产养殖机械、田园管理机等设施装备，提高农业设施装备水平，逐步改变农民种地"面朝黄土背朝天"的境况；发展高效设施农业，促进农业科技进步，巩固提升农业在国民经济中的基础地位，加快常州农业现代化进程。2010年末，全市47家市级以上农业龙头企业带动农户超过100万户、基地76万亩；全市高效农业面积99万亩，设施农业面积21万亩，重点规模种养基地基本建成较健全的农产品质量"基地准出"内控机制，主要农作物稻麦耕作、播种、收割和植保4个环节综合机械化水平达92.7%，水稻机插面积99.75万亩，机插率77.5%。

第一节　耕地状况

一、耕地分布

1988—1990年，重点在秸秆还田、测土配方施肥、中低产田改造等方面进行科学试验、示范和推广，增产效果显著。1991—1992年，基本完成农业后备资源调查评价，查明全市低产田、低产林、低产水面、低产果园（简称"四低"）有7.02万公顷，荒山、荒地、荒水、荒滩（简称"四荒"）有8900公顷，分析了"四低""四荒"的原因，明确区域开发应以丘陵山区为重点，全市丘陵山区开发规模创历年新高。

1985—2010年常州市分地区耕地面积统计表

表14-1-1　　单位：千公顷

年份	全市	市区	溧阳	金坛	年份	全市	市区	溧阳	金坛
1985	206.57	98.25	64.87	43.45	1998	204.70	89.58	68.87	46.25
1986	206.16	98.08	64.68	43.40	1999	204.81	89.31	69.19	46.31
1987	206.05	98.04	64.65	43.36	2000	204.25	88.75	69.15	46.35
1988	205.31	97.38	64.63	43.30	2001	202.63	87.03	69.23	46.37
1989	204.97	97.19	64.50	43.28	2002	199.97	84.93	68.91	46.13
1990	204.54	97.01	64.34	43.19	2003	197.67	82.78	68.64	46.25
1991	204.27	96.86	64.26	43.15	2004	178.09	66.14	66.89	45.06
1992	203.60	96.59	63.94	43.07	2005	176.32	64.27	66.83	45.22
1993	203.23	96.42	63.80	43.01	2006	161.81	60.58	62.24	38.99
1994	202.42	95.81	63.68	42.93	2007	161.09	59.89	62.34	38.86
1995	200.88	94.80	63.44	42.64	2008	161.09	59.32	62.60	39.17
1996	205.35	90.17	68.99	46.19	2009	148.13	60.37	55.83	31.93
1997	204.99	89.99	68.87	46.23	2010	150.39	59.25	57.64	33.50

说明：市区含武进

二、耕地质量

全市农业部门针对耕地质量变差、土壤肥力下降、养分失调的状况，先后开展了两轮“沃土计划”①，加强耕地质量建设。首轮从80年代中后期开始至1995年结束，通过推广秸秆还田、开发泥肥资源、大积大造粪肥、恢复绿肥生产、增加有机肥投入的方式；开展配方施肥技术的试验示范研究，狠抓化肥合理使用，推广控氮增磷钾的施肥技术。1995年全市实施“增肥补钾”工程，使氮、磷、钾的施肥比例由1990年的1：0.12：0.08上升到1995年的1：0.19：0.29，磷和钾的比重分别提高了0.58倍和2.6倍。1991—1995年，全市实施低产田改造工程，综合治理低产田5.33万公顷，加强农田基本建设、改善灌排条件，增加肥料投入、提高土壤肥力，低产田平均亩产比改造前提高20%。第二轮从21世纪开始至2010年结束，全市深化推广测土配方施肥技术、秸秆还田技术。2003—2006年，实施农业部环太湖地区耕地地力调查与质量评价项目，连续组织实施商品有机肥推广应用补贴项目和绿肥种植以奖代补项目。2009年起，推进百万亩高标准农田工程建设项目，全市耕地质量显著提高。至2010年底，全市测土配方施肥推广面积累计超过52万公顷，施用配方肥总量超过12万吨，主要农作物上全面推广应用配方肥；累计推广商品有机肥7.06万吨，累计推广面积2.48万公顷；累计恢复绿肥种植面积9553公顷，其中实施补贴面积6953公顷；夏收麦秸秆机械化还田面积约占小麦种植面积的一半，秋收稻秸秆机械化还田面积占水稻种植面积的4成；累计建成高标准农田面积近7万公顷。

第二节　产业发展

1992年起，常州贯彻国务院发布的《关于发展高产优质高效农业的决定》。1994年市委、市政府制定关于发展农业和农村经济的20条意见，提出稳定粮油生产，加快农业产业结构调整。1998年市委、市政府出台《关于推进农业产业化发展的意见》，提出确保粮食生产，要以调整农业结构、提高效益为中心，发展和建设种植业、养殖业、果蔬业与茶业、加工业、流通业。1999年5月市委、市政府出台《关于加快结构调整，加速产业化进程，促进高效农业发展的意见》，提出推进农业结构战略性调整。2005年底，全市有市级及其以上农业龙头企业26家。

一、产业规划

1993年市委、市政府实施农业致富工程规划，提出“防洪保安全、抗旱保灌溉、排涝保丰收”的目标，加快改善农田设施。1995年，基本农田保护区划定工作完成，全市划定一级农田保护区284.68万亩、二级100.52万亩。2004年，在全省率先出台《常州市现代农业发展总体规划(2004—2010年)》。2005年，市农林局编制了2005—2010年全市林业、畜牧业、渔业、花木业、应时鲜果产业5个专项规划。2008年，《常州市休闲观光农业发展总体规划(2008—2025年)》在全省率先出台。2009年10月，市政府颁布《常州市现代农业产业发展总体规划(2009—2015年)(修编)》，现代农业高标准农田、高效农业工程各100万亩(简称“双百万亩”工程)启动实施，发展高效设施农业，推进现代农业转型升级。翌年12月，市政府颁布《常州市高标准农田建设规划(2010—2020年)》。

二、经营体制

1986—1990年，常州实行计划经济下的农产品统购派购制度。1988年，全市大部分农产品价格放开，实行市场调节，对粮棉油等大宗农产品实行合同定购与市场调节的“双轨制”。1989—1990年，常州贯彻国

① 沃土计划是农业部决定从1995年夏季开始在全国实施以积极制造有机肥为主的计划，总目标是每年每亩耕地有机肥投缴量不少于2000公斤，投入总量年递增5%，到20世纪末，全国现有耕地地力提高1个等级。

家对国民经济治理整顿的部署，有序调整工农业发展比例，粮油生产得到恢复性增长。1992年起，社会主义市场经济体制逐步建立，常州农业部门坚持以农民增收为目标，发展高效种植养殖项目。2000年起，随着全国农村工业化和城市化的不断推进，国家逐步实行统筹城乡发展方略，对农业和农民采取“多予、少取、放活”的方针。2004年起，全国全面取消农业税，实行水稻直补，常州市免征农业税及其附加1.18亿元，发放水稻直补资金2976万元，此后逐步实行农资增支综合补贴、良种补贴、农机购置补贴等强农惠农政策，提高扶持补贴标准。2010年，常州市级财政安排农业专项资金9254.42万元，全市落实省级及以上支农惠农政策性补贴资金2.09亿元，补贴37.62万公顷。

三、结构调整

80年代，常州农业以种植业为主，种植业以粮食、油料生产为重点，兼及蚕桑、畜牧、水产、茶花果等的生产。1990年末，种植业占全市农业总产值的比重为59.4%。1992年，常州在保证国家任务和口粮、种子、饲料的前提下，加快农业结构调整，发展多种经营，种植业走多形式、多熟制、高产增收的粮食、经济作物、饲料三元结构的新路，进行压籼扩粳、压常扩特，扩大香粳、香糯、香血糯种植面积，适当扩种饲料和经济作物。1995年，全市多种经营占农业总产值的比重达72%，农民人均多种经营收入首次突破1000元。1998年，全市确立提高种植业、发展养殖业、推进果蔬业与茶业的农业发展目标，加快农业结构调整，以多种经营为主的高效农业取得长足发展。当年，全市新调整开发多种经营面积6670公顷，其中8成以上用于开发名优茶、早园竹等高效经济作物。1999—2001年，全市新增经济林果、花卉苗木、设施蔬菜等多种经营面积3.36万公顷，林牧渔业产值占全市农业总产值的41.2%。2004年，全市加快农业区域布局和结构调整步伐，至2005年底，基本形成优质稻米、花卉苗木、特种水产、设施蔬菜、特色畜禽和经济林果六大主导产业，全市花卉苗木面积达1.4万公顷，占江苏全省的3成多，其中洮滆平原花木带面积超1万公顷；形成长荡湖、滆湖两大渔业经济区，总面积2.33万公顷，渔业产值占全市的70%以上；西部丘陵山区优质瘦肉型生猪、优质草鸡、特色草食畜禽等优势产业区建设步伐明显加快。2010年，全市高效农业、设施农业面积分别达6.6万公顷、1.4万公顷。

四、功能开发

生态功能　八九十年代，常州农业总体上以生产性功能为主。2000年以后，农业生产性功能稳定，生态功能、生活功能的作用和地位日趋凸显。1986—1995年，全市重点围绕消灭荒滩、荒坡、荒沟和平原绿化工程开展绿化造林。1993年，武进、金坛成为全国平原绿化先进县（市）。2002年，全市农田林网面积3.9万公顷，实有林地4.98万公顷，划定生态公益林3.08万公顷。翌年，全市以生态环境建设为主体的城乡造林绿化工程全面启动。2006年，“绿色常州”建设启动，重点实施绿色通道、“八路八口”、长江防护林和镇村绿化等绿化工程，促进城乡造林绿化的快速发展。至2010年，全市累计造林2.47万公顷，年末全市森林覆盖率达21.11%。

农业旅游　90年代初期，常州郊区农渔休闲零星出现。到90年代中后期，常州休闲观光农业慢慢起步。2000年以后，常州观光农业得到迅速发展。2005年，全市有休闲观光农业项目近100个，溧阳环天目湖、武进东部和西部、金坛的长荡湖和茅山等地区集聚了一批休闲观光农业点。2006年，常州在全省率先成立休闲观光农业协会。至2010年，全市形成天目湖、茅山、环太湖等生态休闲观光带，拥有国家级农业旅游示范点17个（数量居全省第二位）、国家和省级森林公园5个。2010年，全市农业旅游景点接待游客520万人次，实现营业收入7.6亿元。

五、产出效益

1986年，常州市完成农业总产值11.84亿元，其中种植业、林业、牧业、渔业和副业分别为7.71亿元、0.1

亿元、2.23亿元、0.7亿元和1.1亿元。1995年，全市农业总产值增至74.75亿元，其中种植业、林业、牧业、渔业和副业产值分别为38.69亿元、0.51亿元、17.52亿元、12.06亿元和5.97亿元，分别比1986年增5.31倍、4.02倍、4.1倍、6.86倍、16.23倍和4.43倍。2000年，全市农业总产值增长到85.88亿元，其中种植业、林业、牧业、渔业和副业分别为41.43亿元、0.88亿元、12.97亿元、20.66亿元和9.94亿元，分别比1995年增14.9%、14.8%、72.5%、降26%和增71.3%、66.5%。2005年，全市农业总产值增至104.1亿元，其中种植业、林业、牧业、渔业分别为50.14亿元、1.24亿元、18.74亿元和29.01亿元。2010年，全市农业总产值增至174.08亿元，其中种植业、林业、牧业和渔业分别为95.03亿元、1.26亿元、27.41亿元和42.37亿元。

1986—2010年常州市农林牧副渔业总产值统计表

表14-1-2　　(按现行价计算)　　单位：亿元

年份	总计	种植业	林业	牧业	渔业	副业	年份	总计	种植业	林业	牧业	渔业	副业
1986	11.84	7.71	0.10	2.23	0.70	1.10	1999	83.67	41.70	0.74	12.60	19.74	8.89
1987	19.17	0.30	—	0.10	0.06	0.06	2000	85.88	41.43	0.88	12.97	20.66	9.94
1988	25.01	0.29	—	—	—	—	2001	89.37	37.46	4.62	14.65	22.49	10.15
1989	26.87	—	—	—	—	—	2002	92.67	35.19	5.94	15.65	25.17	10.72
1990	29.06	15.95	0.17	8.28	2.60	2.06	2003	90.63	42.89	0.93	16.39	25.90	4.52
1991	27.78	14.18	0.22	8.46	2.37	2.55	2004	99.42	47.63	1.01	18.36	27.67	4.75
1992	35.22	20.08	—	—	—	—	2005	104.10	50.14	1.24	18.74	29.01	4.97
1993	45.95	23.19	0.27	11.27	7.30	3.92	2006	103.88	53.27	1.25	18.39	30.97	—
1994	63.64	31.89	0.35	16.49	9.99	4.92	2007	108.87	51.71	1.32	19.53	30.65	5.66
1995	74.75	38.69	0.51	17.52	12.06	5.97	2008	124.80	58.89	1.42	24.93	33.61	5.95
1996	87.28	44.70	0.51	18.10	15.65	8.31	2009	160.77	86.52	1.54	25.72	39.51	7.48
1997	86.16	42.55	0.50	13.90	16.24	8.97	2010	174.08	95.03	1.26	27.41	42.37	8.01
1998	84.01	50.78	0.58	14.16	18.49	—							

说明：1988—1989年、1992年未分组统计

1985年，市区（含武进）、溧阳、金坛分别完成农业总产值8.08亿元、4.27亿元和2.75亿元。1995年，市区、溧阳、金坛分别完成农业总产值39.34亿元、20.02亿元和15.39亿元。2000年，市区、溧阳、金坛分别完成农业总产值43.81亿元、22.06亿元和20.01亿元。2005年，市区、溧阳、金坛分别完成农业总产值47.9亿元、28.64亿元和27.55亿元。2010年，市区、溧阳、金坛分别完成农业总产值78.39亿元、54.57亿元和41.12亿元，分别比2005年增63.7%、90.5%和49.3%。

1985—2010年分地区农林牧渔业总产值统计表

表14-1-3　　(按现行价计算)　　单位：亿元

年份	市区	溧阳	金坛	年份	市区	溧阳	金坛	年份	市区	溧阳	金坛
1985	8.08	4.27	2.75	1989	14.40	6.76	5.70	1993	26.05	10.65	9.25
1986	9.63	4.39	3.40	1990	15.48	7.52	6.06	1994	34.30	16.43	12.91
1987	10.19	5.00	3.98	1991	16.22	6.46	5.10	1995	39.34	20.02	15.39
1988	13.07	6.79	5.16	1992	19.59	8.03	7.60	1996	44.98	24.13	18.16

续表 14-1-3

年份	市区	溧阳	金坛	年份	市区	溧阳	金坛	年份	市区	溧阳	金坛
1997	43.64	21.45	17.07	2002	45.89	24.53	22.25	2007	49.16	30.41	29.30
1998	43.96	22.15	17.90	2003	42.62	24.52	23.50	2008	56.03	35.72	33.05
1999	42.77	22.37	18.54	2004	46.03	27.16	26.23	2009	73.91	49.59	37.27
2000	43.81	22.06	20.01	2005	47.90	28.64	27.55	2010	78.39	54.57	41.12
2001	44.94	23.21	21.22	2006	49.70	30.45	28.93				

说明：市区含武进；2006—2008 年数据依据普查数据作相应调整

第三节　农业资源综合开发

1996 年，在常州市多种经营管理局成立市农业资源综合开发领导小组办公室。1997 年成立市农业资源开发局。2001 年，市农业局、多种经营管理局合并成立市农林局，挂"常州市农业资源开发局"牌子。2010 年，市农林局机构改革时保留"常州市农业资源开发局"牌子。1993 年，溧阳市被列为省级丘陵山区农业开发县级市，全市农业资源开发开始加速。1996 年，金坛被列入省级丘陵山区农业开发县级市。1998 年，金坛、溧阳两市被列为国家农业综合开发县级市。2000 年武进区、2002 年新北区被列入国家农业综合开发县级区，全市农业综合开发进入大规模全面开发阶段。1993—1996 年，实施农业致富工程规划，改造中低产田，改善农业基础设施，由农业银行、信用社组织对 34 个农业致富工程重点项目贴息贷款 1584 万元，逐步展开大面积的农业综合开发，特别是丘陵山区综合开发，取得显著成果。1997—1999 年，全市丘陵山区综合开发按规模开发、集约经营的方针，一次规划，分步实施，资源可持续利用效果显著。2003—2007 年，市政府颁布实施《常州市现代农业产业发展总体规划》，溧阳市开展首批省级丘陵山区项目"先建后补"试点。2007 年，武进区洛阳镇成为国家级地面样方监测点。翌年，全市重新开展农业资源区划和产业结构情况调查，编制《常州市农业区域布局规划(2009—2015 年)》《常州市现代农业产业发展总体规划(2009—2015 年)》(修编)。2010 年，编制《常州市高标准农田建设规划(2010—2020 年)》，市农业综合开发获全省农业综合开发工作一等奖。

一、开发成果

土地治理　80 年代末至 21 世纪初，常州市持续开展农田基础设施建设，推进中低产田改造、农田水利设施建设。1991—1999 年，全市改造中低产田 6.34 万公顷，建设标准吨粮田 2.24 万公顷，高标准水平梯田 53.33 公顷；开挖劈洪沟 7000 多米，投入劳工 4197 万日，完成土石方 1.53 亿立方米，加固圩堤 1.71 万公里；新建改造排涝站 179 座，改造加固塘坝、水库 2481 座，疏浚河道 890.6 公里，新建配套建筑物 5604 座，新增泵站 26 座，改善除涝面积 5.91 万公顷、改善灌溉面积 6.64 万公顷、有效灌溉面积 17.67 万公顷，新增农机总动力 137.2 万千瓦。1994 年，全市灌溉面积 17.67 万公顷，占耕地面积的 87.3%。至 1999 年，全市累计完成中低产田改造 5.53 万公顷，建设吨粮田 2.8 万公顷。2000—2010 年，全市国家级农业综合开发总投资 11.2 亿元，其中财政资金 2.79 亿元；完成中低产田改造面积 3.43 万公顷。2009 年，常州市开始实施高标准农田建设示范工程；5 月，市政府印发《关于加快推进标准粮田建设的意见》，提出用 3 年时间建成 6.67 万公顷标准粮田，当年全市建成标准粮田 1.43 万公顷。2010 年底，全市累计建成高标准粮田 6.2 万公顷，占耕地总面积的 41.8%。

2009—2010年常州市农业资源综合开发完成情况表

表14-1-4

项目	单位	数值	项目	单位	数值	项目	单位	数值
高标准农田	公顷	2433	安装喷灌	公顷	348.67	购买良种	万公斤	119.30
新改扩建小型水库、塘坝	座	71	微灌	公顷	200.67	购买种苗	万株	55
						修筑机耕路	公里	692.51
新建拦河坝	座	3	石驳	公里	0.80	购置农业机械	台(套)	668
小型蓄排水工程	座	7	新建桥、涵、闸等田间配套建筑	万座	3.20	配套选种加工、设备	台(件)	20
新修建排灌站	座	87	改良土壤	万公顷	2.41	兴建农田防护林	公顷	1586.67
开挖疏浚渠道	公里	524.27	建良种基地	公顷	1733.33	兴建苗圃	公顷	39.33
衬砌渠道	公里	501.12	建成良种仓库	万平方米	1.58	购仪器设备	台(套)	29
埋设管道	公里	60.10	良种晒场	平方米	7850	示范推广	万公顷	2.62

丘陵山区开发 1991年，常州市农业部门制定茅山老区开发规划，安排给老区11个乡镇发放粮食专项资金及农发资金53.8万元，供应平价化肥360吨，有11个乡镇建成种子仓库，开始构建以统一供种为主要内容的服务体系。翌年，丘陵山区开发总面积1738公顷，发展用材林186.67公顷，板栗333.3公顷，茶园733.3公顷，水果464.67公顷。1993—2010年，先后实施省级丘陵山区小流域治理项目、省级丘陵山区高效农业基地项目、省级丘陵山区农业综合开发项目229个，总投资近31亿元。治理丘陵山区土地面积1.73万公顷，重点发展板栗、毛竹、优质茶叶、经济林果、特种水产等总面积达2.33万公顷，良种羊30多万只、良种畜禽600多万只(羽)。通过丘陵山区开发，对项目进行扶持，丘陵山区特色农产品企业达100余家，富有区域特色的优质农产品发展迅速。至2007年底，溧阳市实施丘陵山区项目，项目区农民人均纯收入6998元，比1991—1995年年人均纯收入增2.32倍，比非项目区的平原圩区人均纯收入高500元；丘陵山区农民来自农业综合开发的人均收入1000元。金坛市1996—2000年实施省级丘陵山区小流域综合治理项目9个，增加项目区农民纯收入总额3780万元；2001—2007年实施省级丘陵山区高效农业基地项目15个，增加项目区农民纯收入总额4140万元；实施多种经营、农副产品龙头加工项目7个，增加项目区农民纯收入总额1860万元。

常州西南部的丘陵山区综合开发(摄于2010年3月)

二、产业化经营

80年代家庭联产承包责任制的实施，调动了农民的生产积极性，以粮食为重点的主要农产品生产长足发展。1992年邓小平南方谈话发表后，农产品市场逐步培育，农业逐步由种养业向加工业、流通业延伸，苏浙皖边界市场、金坛糯米市场、凌家塘农副产品交易市场等大型市场应运而生。

1991—1999年，常州市通过多种经营、产业化经营项目，调整开发土地总面积3.33万公顷，特种水产、名特蔬菜、经济林果、良种茶叶等用地占开发面积的80%以上。1992年，金坛组建全省首家县级农业规模经营者协会，引导和组织农民直接进入流通领域，逐步实现产供销一条龙、贸工农一体化。加强农业资源综合开发，建成一批经济效益高、市场容量大、上规模的多种经营生产基地。溧阳市形成万亩板栗乡镇3个、达5000亩茶叶乡镇4个、茶叶专业村120个，其中高标准千亩茶叶基地6个。武进形成滆湖沿岸5300公顷商品鱼生产基地，洛阳、芙蓉一线3300公顷珍珠养殖基地，湟里卜弋地区1300公顷花卉苗木基地，罗溪2700公顷草莓、无花果生产基地，前黄、运村300万羽水禽生产基地。金坛多种经营产值近50%来自农业开发扶持的规模经营大户，规模最大的养鸡专业户年出栏达20万羽，最大的养猪专业户年出栏生猪2000头，专业户中年产值达500万元的有5户、50万～499.99万元的500多户、10万～49.99万元的2214户。全市不同规模的种养基地发展到近50个，规模经营面积近3.34万公顷，总产值10亿元。一批以市场为导向、以农户为基地，集生产、加工、服务、经营于一体的贸工农一体化企业逐步崛起。至1999年底，全市有以农产品为原料的加工企业1023家，销售收入107亿元，建成农副产品批发交易市场20余个，年交易额超60亿元。

进入21世纪，特别是中国加入世界贸易组织后，常州市农业产业化经营持续推进，至2005年底，全市有市级以上农业龙头企业26家，24个农产品专业市场年交易额达1000万元，交易总额140亿元。2006—2010年，全市实施国家级农业综合开发多种经营项目、产业化经营有无偿项目、补助项目等项目23个，产业化经营财政贴息项目15个，形成一批特色农产品生产基地和农业龙头企业。重点扶持夏溪花木市场、常州市立华畜禽公司、江苏春晖乳业公司、溧阳市天目湖玉枝特种茶果园艺场、江苏天目湖生态农业公司、金坛市天旺湖水产养殖专业合作社等26家农业龙头企业和农民专业合作经济组织，推进洮滆平原花木、洮滆两湖及周边地区特种水产、武进东部时令水果、金溧丘陵山区特色茶果和特色畜禽养殖6个产业带区的组织化、规模化和产业化经营。2010年底，常州市市级及其以上农业龙头企业发展到47家，实现销售收入280亿元，出口创汇超1亿美元，带动农户突破100万户，带动基地面积5.07万公顷；年交易额超30亿元的农产品批发市场达3家，凌家塘农副产品批发市场、夏溪花木市场交易额分别为180.2亿元、60.3亿元，分别居全省首位和第五位。

第四节 农业生态环境保护

改革开放以后，随着现代工业的迅速发展，常州农业生产中使用化肥、农药、薄膜日益普遍，农业因此增产增收，但是却对大气、水和土壤造成污染。1999年6月市农村能源环境保护办公室成立。2001年，市农林局成立后，市场信息处承担农村能源、农业生态环境保护的工作。2007年，太湖暴发蓝藻，国家及江苏省对太湖流域环境整治尤其是水域生态保护提出相当高的要求，实行铁腕治污，加强农业面源污染治理，实施生态拦截、加强治理。2010年，市农委成立农业生态环境保护与农村能源处。

一、生态循环农业

1985年以后，常州农业逐步从过去单一的种粮结构，逐步发展为农林牧渔齐头并进的复合农业生态系统。2000年前，农村基本沿袭传统的循环生产方式，农户养猪，猪粪肥田，自然生态循环。随着工业化、城镇化的加快推进和农业规模经营的加快发展，农业生产内部出现农牧脱节，物质循环出现断裂。2004年3月，省政府开始全面推进生态农业县建设，各地开展清洁家园、清洁水源、清洁田园三大行动，2005年12月、2007年5月，溧阳、金坛两市相继创建成为省级生态农业县。2006年，市农林局在财政支农资金中设立150万元生态农业专项资金。2008年起，增加到250万元，主要用于生态循环农业项目，支持农业生态示范点建设、农业废弃物综合利用等。全市各地在市级生态农业专项资金支持下，逐步探索和开发出利用猪粪鸡粪生产生物有机肥、种植水草投放螺蛳健康养蟹、秸秆加桑条培育食用菌、种草养牛牛粪还田养蚯蚓、沼气发电等生态循环农业模式，促进农业内部物质能量循环利用，减轻农业生产对生态环境的影响。

二、农村清洁能源

70年代末80年代初，常州市曾掀起沼气推广高潮，1988年仅金坛沼气池数量就达1.4万口，由于当时技术不过关，后续服务跟不上，个别地方发生一些事故，使得一哄而起的沼气热迅速降至冰点。随着技术的进步及沼气工程在能源、环保、生产、生活等方面表现出来的综合效益，这项事业在新世纪重新焕发活力。新型农村户用沼气池的设计、施工实现标准化，使用和管理比较简便，出料既可用手工器具，也可用机械操作，实现随时安全出料。同时可用农作物秸秆发酵生产沼气，拓宽原料来源。

2006年，市政府将农村清洁能源建设列为农村新五件实事，全市农村清洁能源建设步伐明显加快，当年全市新建畜禽养殖场大型沼气工程2处、中型沼气工程1处、小型沼气工程8处、户用沼气工程700户，初步建成滆湖、茅山农村清洁能源示范区。2006—2008年，常州市康乐农牧公司投资850万元建设大型沼气工程。2008年，全省首家秸秆沼气集中供气工程在金坛直溪镇汀湘村产气运行，项目年消耗农作物秸秆150吨，接管农户100户。2009年，市农林局与地方农机企业常发集团联合研发20千瓦沼气发电机组，在江苏春晖乳业公司等单位应用试验。当年市财政安排110万元资金扶持中小型畜禽养殖场沼气发电项目，通过政府招标、集中采购常发牌沼气发电机组20台(套)，赠送给20家畜禽养殖场，至2010年，全市采购该型沼气发电机组30台(套)，配送给畜禽养殖场使用。

沼气发电机组调试(摄于2009年4月)

2006—2010年，常州市投入农村清洁能源建设资金1.18亿元，到2010年底全市建成“一池三改”(指沼气池建设与改圈、改厕和改厨同步设计、同步施工)户用沼气3800户，年产气量超过110万立方米；建成秸秆沼气集中供气工程两处，集中供气300户以上；建成畜禽养殖场沼气工程175座，总池容4.88万立方米，年产气量380万立方米，其中大型沼气工程12处，总池容1.58万立方米，年产气量120万立方米。常州市康乐农牧公司厌氧发酵罐总容量3700立方米，沼液贮池总容积3万立方米，可年产沼气80万立方米，沼气发电约120万千瓦时，沼渣可年产有机肥2000多吨，沼液在水稻种植时节集中还田，浇灌道路绿化及其周边的花木。同年，常州在全省率先建立农业生态环境保护网格化管理机制，发挥乡镇、街道在农业环境保护中的作用。

第二章　种植业

常州农作物主要有水稻、小麦、大麦、元麦、大豆、玉米、山芋、蚕豆、豌豆、甘薯、芋头、油菜、芝麻、花生、棉花、苎麻、甘蔗等，其中粮食作物主要是水稻和小麦，油料作物主要是油菜。水稻是粮食作物的主体，生产水平较高，平均亩产一直位居江苏省前茅。1987年，武进县被列为全国商品粮基地县。1991年，常州市和武进、金坛两县被国务院评为粮食生产先进单位。2000年以后，全市通过落实国家粮食直补、农资增支综合补贴、良种补贴等强农惠农政策，加强农田基础设施建设，开展水稻高产争创竞赛，实施水稻良种工程，推行测土配方施肥，建立重大病虫害监测预警防治体系，推进水稻高产技术普及化，水稻生产水平逐年提高。传统的"三麦"种植基本演化为单一的小麦种植。随着工业化、城市化快速推进和农业产业结构调整的深入，传统种植业面积不断调减，80—90年代曾有较大发展的棉花、苎麻、玉米等作物逐步退出大面积种植，至2010年，全市仅有零星种植。粮食作物栽培技术革新较快，水稻群体质量栽培技术成果获1994年市科技进步一等奖。2008年，水稻机插秧高产栽培技术获省农业技术推广奖二等奖。2010年，全市种植水稻、"三麦"、油菜面积分别为129.99万亩、92.76万亩、27.12万亩，总产量分别为8.06亿公斤、2.91亿公斤和0.37亿公斤，平均亩产分别为620.1公斤、313.7公斤和135.7公斤。全市种植业完成总产值（现行价）95.03亿元。

第一节　水稻

一、种植面积

1986年后，常州市水稻种植面积总体呈减少趋势。全市水稻种植面积在80年代中后期年均约245万亩，随着农业结构调整加快，水稻种植面积减少较快，1991—1993年年均约230万亩，1994—1998年年均约215万亩，1999—2003年年均约180万亩，2004—2010年年均约140万亩。国家出台免缴农业税、水稻直补、稻谷最低价收购保护、农资增支综合补贴、水稻良种补贴、农业保险等政策措施，调动农民种粮积极性，使水稻种植面积下降趋缓。2010年，全市水稻种植面积129.99万亩。

1986—2010年常州市水稻播种面积和产量统计表

表14-2-1

年份	总面积（万亩）	平均亩产（公斤）	总产量（亿公斤）	年份	总面积（万亩）	平均亩产（公斤）	总产量（亿公斤）
1986	249.68	488	12.52	1999	207.96	571	12.41
1987	247.10	487	12.40	2000	192.72	571	11.57
1988	245.96	482	12.21	2001	180.77	599	11.27
1989	247.17	509	12.96	2002	172.44	609	11.07
1990	247.19	507	12.95	2003	152.72	580	9.43
1991	232.57	473	11.33	2004	150.09	600	9.54
1992	239.44	481	11.88	2005	148.43	545	8.52
1993	223.20	523	12.06	2006	144.09	592	8.99
1994	211.62	545	11.77	2007	128.21	571	7.61
1995	212.90	578	12.73	2008	134.81	599	8.54
1996	216.60	584	13.10	2009	132.98	616	8.69
1997	217.43	587	13.22	2010	129.99	620	8.06
1998	215.34	613	13.67				

二、产　　量

1986—2010年，常州市水稻亩产总体呈上升趋势。80年代逐步推广杂交稻，双季稻改为单季稻，水稻亩产由 300 公斤迅速跃升到 450 公斤。1986 年，全市水稻亩产 488 公斤，总产 12.52 亿公斤。80 年代后期开始推广水稻叶龄模式诊断和“小、壮、高”栽培技术，水稻单产迈上 500 公斤台阶。90 年代中后期至 21 世纪初，以每年 5 万亩吨粮田建设和中低产改造工程为基础，以水稻丰产方建设为平台，全市示范推广水稻群体质量栽培、肥床旱育秧、抛秧稻、生化制剂多效唑应用等技术，推广应用武运粳 7 号等高产品种，水稻亩产登上 550 公斤台阶。1998 年，全市水稻亩产 613 公斤，成为 20 世纪水稻亩产量最高纪录，当年全市水稻总产 13.67 亿公斤。翌年，水稻生产先后遭受前期洪涝、中期低温寡照、后期两次暴风雨等不利天气的影响，亩产 571.1 公斤，比 1998 年减产 41.9 公斤。进入 21 世纪后，全市水稻亩产稳定在 600 公斤左右。2003—2010 年，全市水稻亩产连续 8 年位居全省首位。2005 年，由于前期遭受灰飞虱引起的条纹叶枯病、中期纵卷叶螟、后期褐飞虱的严重影响，全市水稻亩产 545 公斤，比 2004 年减产 55 公斤，为 2000—2009 年水稻亩产最低的一年。2010 年，全市水稻亩产 620.1 公斤，总产 8.06 亿公斤。

三、品种类型

按照水稻品种类型分，全市水稻有粳稻、籼稻和糯稻 3 种类型，其中粳稻主要有早熟晚粳和中晚熟中粳，籼稻主要有早熟籼稻（用于双季稻种植）和杂交籼稻（用于单季稻种植）。按水稻种植制度分，常州种植的水稻又可以分为双季稻、单季稻，双季稻又可分早稻、后作稻。

杂交稻 1976 年开始在武进试种，1982 年面积最大，超过 110 万亩。随着早熟晚粳新品种的育成与推广应用，杂交稻面积开始下降，1986—1990 年，全市种植面积年均约 55 万亩，1997 年，全市还有 10.15 万亩杂交稻，2000 年以后，仅溧阳丘陵山区约有 2 万亩。杂交稻一般亩产约 500 公斤，1983—1987 年，全市连续 5 年亩产超 500 公斤，1984 年最高，达 536.5 公斤。

早熟晚粳稻 是常州水稻主体类型，种植面积大、产量高，成熟偏迟。1986—1988 年，种植面积约 160 万亩；1991—2000 年，种植面积升至约 200 万亩；2000—2010 年，随着水稻总面积调减维持约 130 万亩。

中粳稻 主要分布在武进和溧阳，品种以盐粳 2 号、武育粳 3 号、86-18、95-16、7038 等为主。种植面积起伏比较大，1982—1984 年面积超 120 万亩，90 年代开始大幅度减少，1994 年减少到 19.6 万亩。2010 年约 3 万亩。与早熟晚粳稻相比，中粳稻产量相对较低，但成熟期要早约 1 周，利于茬口布局的调整。

双季稻 分为早稻、后作稻。1978 年以前，常州水稻种植制度以双季稻为主，1976 年，全市早稻面积 136.4 万亩，双季后作稻面积 156.78 万亩。到 80 年代，随着杂交稻、早熟晚粳等高产品种的育成与推广，加上双季稻产量较低，且劳动强度大、季节矛盾突出，“双改单”种植制度快速推行，早稻和双季后作稻面积迅速下降，90 年代初，早稻基本消亡，双季后作稻尚有约 8 万亩，进入 21 世纪后，双季稻只有零星种植。

糯稻 常州种植规模主要受市场调节，1997 年发展到顶峰，种植规模约 20 万亩，尤其是溧阳通过“企业 + 基地 + 农户”模式进行稻米产业化开发，糯稻种植面积发展到 10 万亩以上。2010 年，全市糯稻种植面积 6.3 万亩。

瓜后稻 80 年代起溧阳开始小面积试种瓜后稻，1988 年该县瓜后稻种植面积约 150 亩。90 年代露地西瓜种植规模有较大发展，最高年份达 10 多万亩，瓜后稻的面积相应显著增加。2000 年以后，由于高效农业的迅速发展，露地西瓜明显减少，瓜后稻面积约 2 万亩。

四、品种选育与应用

品种选育 1974 年开始，常州市依托武进稻麦育种场、武进农业科学研究所（简称“农科所”）两大水稻育种基地，以羌涵孚、钮中一、江祺祥等水稻育种专家为代表，长期开展水稻新品种选育。1985 年以前，常州水稻育种的目标是高产，育种方法主要是系统选育并逐步转向杂交育种，育成品种亩产从 400 多公斤提高到

2002年10月15日，政协常州市委原主席程九度（右一）考察武进水稻种植（摄于2002年10月）

500多公斤。1986—2000年，采用复合杂交和回交等方法，促使水稻单产、稻米品质和抗病性继续提高，亩产稳定在600公斤左右。21世纪进入超级稻育种时代，常规育种开始借助分子标记、组织培养等先进手段开展品种选育。

1986—2010年，常州的育种专家选育出水稻新品种（品系）31个。其中有被日本列入世界十大粳稻品种的武育粳3号；有单产、抗性、适应性、推广速度创江苏同类品种历史之最的武育运粳7号；有2006年被农业部认定为省第一个粳型超级稻的武粳15号；有武进育种史上第一个通过省级审定为抗条纹叶枯病新品种的武运粳21号等水稻新品种。2001—2007年中国十大常规水稻品种推广面积排名里，武育品种占4席，武育粳3号、武运粳7号、武香粳14号和武粳15号，分列第二、第三、第四和第九位。2004年6月，省农林厅首批授牌“农业种质资源基因库”10个，其中水稻种质资源基因库两个，分别授予在水稻育种领域有突出贡献的武进稻麦育种场、武进农科所。多年坚持种质征集与创新，2009年，武进稻麦育种场与武进农科所合并成立江苏（武进）水稻研究所后，收集保存国内外优质、高产、多抗的特种米、专用米、太湖流域地方品种、南方特色地方品种及性状特异的种质资源等水稻种质材料3000多份。建立江苏（武进）水稻研究所种质基因库网站，实行资源共享。

1986—2010年常州市（武进）农科单位育成水稻品种一览表

表14-2-2

序号	品种名称	类型	育成单位和育成课题组	育成年份	米　质	审定年份
1	武复粳	早熟晚粳	武进稻麦育种场羌涵孚、夏源陵	1979	米质中等	1987
2	香血糯1号	特种稻	武进稻麦育种场羌涵孚	1982	有香味的粳型紫米糯	1988
3	香旗25	迟熟中粳	武进稻麦育种场羌涵孚	1983	香　粳	1988
4	武育粳2号	早熟晚粳	武进稻麦育种场江祺祥	1985	米质中等	1989
5	银香18	早熟晚粳	武进农科所钮中一	1986	香味较浓，食味可口	—
6	武育粳3号	迟熟中粳	武进稻麦育种场江祺祥	1987	适口性优良	1992
7	武粳4号	迟熟中粳	武进稻麦育种场羌涵孚	1988	米质中等	1993
8	武运糯6号	早熟晚糯	武进农科所钮中一	1990	米质中等	1997
9	武育粳5号	早熟晚粳	武进稻麦育种场江祺祥	1992	米质中等	1997
10	武粳6号	中熟晚粳	武进稻麦育种场羌涵孚	1992	米质中等	1997
11	早丰9号	中熟中粳	武进稻麦育种场羌涵孚	1987	达国标二级优质稻谷标准	1997
12	武运粳7号		武进农科所钮中一	1995	米质中等	1998

续表 14-2-2

序号	品种名称	类型	育成单位和育成课题组	育成年份	米质	审定年份
13	香血糯 335	特种稻	武进稻麦原种场羌涵孚	1993	达国标二级优质稻谷标准	1999
14	武运粳 8 号	早熟晚粳	武进农科所钮中一	1995	米质中等	1999
15	武香粳 9 号	早熟晚粳	武进农科所钮中一	1993	茉莉花香味，米饭柔软可口，冷而不硬	1999
16	武运粳 1 号	中熟中粳	武进稻麦育种场、连云港市农技中心羌涵孚	1995	达国标三级优质稻谷标准	2000
17	武运粳 10 号	早熟晚粳	武进农科所钮中一	1997	外观品质和食味品质较好	2000
18	武运粳 11 号	早熟晚粳	武进农科所钮中一	1997	米质一般	2001
19	武香糯 8333	早熟晚粳糯	武进稻麦育种场羌涵孚	1995	达国标二级优质稻谷标准	2001
20	武育粳 12 号	中熟中粳	武进稻麦育种场、陕西省安康市农科所江祺祥	1999	米质中等	2003
21	武粳 13 号	早熟晚粳	武进稻麦育种场羌涵孚	1998	达国标二级优质稻谷标准	2003
22	武香粳 14 号	早熟晚粳	武进稻麦育种场羌涵孚	1999	香　粳	2003
23	香粳 9707	早熟晚粳	武进农科所钮中一	1997	米质一般	2004
24	武粳 15 号	早熟晚粳	武进稻麦育种场羌涵孚	1999	达国标二至三级优质稻谷标准	2004
25	武育糯 16 号	中熟中粳糯	武进稻麦育种场江祺祥	2000	米质较好	2004
26	武香粳 19（9998-3）	早熟晚粳	武进农科所钮中一	1998	米香质优，茉莉花香味，适口性佳	2008
27	银玉 2084	早熟晚粳	武进农科所钮中一	2000	达国标二级米标准，米粒晶莹剔透	2000
28	武运粳 19（2394）	早熟晚粳	武进农科所钮中一	2003	接近三级优质米标准，适口性好，有清雅的茉莉花香味	2008
29	武育粳 18 号	中熟晚粳	武进稻麦育种场江祺祥	2001	达国标三级优质稻	2005
30	武运粳 21 号	迟熟中粳	武进农科所钮中一	2001	达国标二级优质米标准，适口性较好	2007
31	武运粳 23 号	早熟晚粳	江苏（武进）水稻研究所钮中一	2007	达国标三级优质稻谷标准	2010

品种应用　80 年代中后期，全市单季晚粳稻以武复粳为主体，搭配武香粳 1 号，扩大示范武育粳 2 号；中籼稻以扬稻 2 号为主，杂交稻以南优 2 号、汕优 2 号、汕优 63 为主，搭配协优 63，示范献改优 63；糯稻以紫金糯为主，搭配 804 糯稻；瓜后稻以农桂 3-7 为主，扩大示范 8169-22 和杂交粳稻虎优 1 号；逐步淘汰盐粳 2 号、扬粳 201 等低产品种。90 年代，全市单季晚粳以武育粳 2 号、5 号和香粳稻 93-25、武运粳 7 号为主体，搭配香粳 9325。1991 年，品种布局持续优化，实行平原圩区以武育粳 2 号为主，丘陵山区扩大杂交稻，压缩淘汰中籼稻，武育粳 2 号推广面积达 120 万亩。1998 年以后，全市基本以 95 系统的品种为主，糯稻以香糯 91-21 为主。21 世纪初叶，市政府实施“三年水稻良种工程”项目，全市投入财政资金 1200 万元，良种覆盖率 98%，种子加工包装率 100%。主要推广武运粳 7 号、19 号、23 号和武香粳 14 号、武粳 15 号等优质高产多抗新品种，搭配种植扬粳 4038、宁粳 3 号、南粳 44 号等。糯稻品种以太湖糯、香糯 8333 为主。

五、稻作方式与栽培技术推广

稻作方式　常州历来有育秧移栽和直播两种种植方式，育秧移栽有手插、抛栽（秧）、机械化栽插（通称机插）3种栽插方式。移栽是主流方式，直播多为灾后补救措施。

手栽稻　为水稻栽培史上最为传统的方式，90年代前，手栽稻大田耕翻一直为牛耕、人工翻锄和机械耕翻方式，后来逐步发展到机械耕翻和机旋半免耕方式。1994年起，由于推广群体质量栽培技术，特别是推广肥床旱育稀植后，手栽稻栽插行距扩大，密度和基本苗明显下降。肥料应用由重施氮肥调整为测土配方平衡施肥，穗肥应用由一次调整为多次平衡施用，中期水浆管理由一次重搁田、迟搁田调整为早搁田、分次搁田。

抛秧稻　常州抛秧经历4个阶段。1989—1991年试验阶段，1989采用塑料软盘育秧，开始小面积试验，后在武进县邹区戴庄村、滆湖良种场等地用3年时间对抛秧的生育特性、配套技术及操作规程进行试验研究。1992—1993年为积极扩大示范阶段，1994—1998年为快速推广阶段，1994年应用面积扩大到9.1万亩，1996年武进市万绥乡进行专业化、商品化育秧试点，同年全市应用面积19万亩。1997年1月，万绥乡创办全省首家育秧公司，添置抛秧机20台，下设9个分公司，实行产业化管理，为全乡农户提供育秧、秧苗管理和机抛秧等一条龙服务，同年全市应用面积29万亩，占水稻种植面积的13.4%，1998年发展到顶峰，达33.8万亩。1999年后进入完成阶段，2002年后因机插秧和直播稻的迅速发展，抛秧逐步被淘汰。

直播稻　按整地方式，分为水直播和旱直播。50年代，常州曾进行过直播稻探索，因受出苗不整齐、草害、易倒伏等因素的困扰未能得到发展。之后随着化学除草剂产品的推出和水稻品种抗倒性能提高，1996年开始试种，1998年作为常规栽培技术示范推广，武进和沿江地区种植面积较大，形成相对完善的栽培技术体系。2000年以后，随着粮食比较效益下降，农村劳动力快速转移，同时受镇江周边乡镇的影响，金坛、溧阳直播稻面积快速扩张，2003年前以水直播为主，此后以旱直播为主。按撒种方式分为人工播种、机械播种，主要方式人工播种均为撒播；机械播种是次要方式，比例极小，均为条播，有专用的水直播、旱直播机械。2004—2006年，水稻条纹叶枯病大流行，移栽稻减产严重，直播稻由于播期弹性大，栽培避虫空间大，面积继续扩大，2007年发展到35万亩。2009—2010年受行政调控及机插秧发展的影响，面积有所压减，2010年削减到约20万亩，作为机插稻的辅助栽培方式存在。直播稻产量潜力不如移栽稻，每亩综合效益却比移栽稻高60～80元。

机插稻　80年代初，常州市在郊区雕庄乡、武进县奔牛、前黄等地曾经开展过机插秧高产栽培技术试验探索，囿于当时的插秧机性能、栽培水平、经济水平，未大面积推广。20世纪末，全市着手开展机插秧配套技术的试验示范。2002年，市农技推广中心在武进、溧阳、金坛布点开展水稻机直播、机插秧栽培技术试验。2003年，市农技推广中心与市农机推广站在武进邹区镇开展不同播量与机插密度对机插秧苗大田生长发育影响的试验研究，金坛作物栽培站开展探索增加机插秧苗秧龄弹性的途径和方法试验研究。2004年，全市机插稻面积15.3万亩。2005—2007年，武进作物栽培站与武进农科所在国家粮食丰产科技工程项目的支持下开展机插水稻扩行稀植配套技术研究。2005年全市机插稻面积33.5万亩，2006年53.5万亩，2007年发展到84.7万亩，2006—2007年武进、金坛相继在全国率先实现水稻种植全程机械化。2008—2010年，全市水稻机插面积稳定在90万亩左右，初步形成以机插稻为主体，直播稻为辅助，手栽稻基本淘汰的水稻种植模式。

育秧方式与技术　水育秧　90年代，水育秧逐步由水育密播调整为旱育稀播化控育壮秧，配套形成以通气式秧田、壮秧剂拌种、适期精量播种、多效唑调控、无纺布覆盖为核心的壮秧技术体系。

多效唑育壮秧　1988年，开始在育秧阶段采用喷施法应用多效唑。1992年，开始大范围示范推广，全市秧田应用面积 5.94 万亩，占秧田总面积的 22.7%。1997 年，多效唑育壮秧种植大田面积发展到 75 万亩，占全市水稻种植总面积的 35%。

无纺布覆盖育壮秧　1993 年，武进等地在总结经验的基础上扩大试验示范。翌年起，肥床旱育秧及机插秧苗均 100% 应用无纺布作为覆盖物。

壮秧剂育壮秧　1992 年，开始在肥床旱育秧上应用，后在机插秧上广泛应用，应用率均达 80%。

旱育秧　1992 年，在雕庄、汤庄桥两乡开始小面积试验并取得成功。10 块试验田平均理论产量 659 公斤，比常规栽培增产 10%～15%。1999 年，全市应用面积占水稻种植面积的 70% 以上。2005 年以后，全市主推机插秧，旱育秧应用面积很小。

水稻肥床旱育秧技术推广（摄于 1999 年）

栽培技术　常州稻作技术的创新、完善大致经历 4 个阶段。

1986—1990 年为模式栽培技术阶段。重点推广叶龄模式栽培，也是当时全国农业技术推广项目。在此阶段，全市水稻单产登上 500 公斤台阶。1989 年，金坛岸头万亩丰产方，亩产 600 多公斤，被誉为“江苏第一方”。

1991—1994 年为小群体、壮个体、高积累技术阶段。1991 年，全市引用水稻颖花根活量，提高粒叶比新理论，探索“小、壮、高”高产栽培路子，特别是旱育稀植、增磷补钾的平衡施肥技术的相继普及和高产抗倒水稻新品种的推广，常州水稻亩产迅速上升。

1995—2000 年为水稻群体质量栽培技术阶段。常州在全省率先提出群体质量栽培及配套技术体系，开展武育粳 5 号优质群体调控技术途径、水稻新品系 95-22 成穗规律、稻田使用生物钾肥效应、水稻穗肥使用生物钾肥和复合肥效应等研究。1997 年，研制出 95-22 亩产 800 公斤栽培技术操作规程，提出水稻新品种 95-20 高产栽培技术策略，以壮秧、扩行、减苗、调肥、控水为核心的高产群体质量栽培技术体系，在全市普遍推广。1998 年，溧阳上黄镇坝里 156 亩丰产方，品种为武运粳 7 号，实收亩产 751 公斤，被称为“苏南第一方”。其中，2.41 亩高产攻关田经省实割实测验收，亩产高达 778 公斤。两个丰产方和攻关田分获当年全省水稻高产竞赛一等奖和高产攻关奖。

2001—2010 年为以机插秧为主的精确定量栽培阶段。2002 年，常州开始在武进、金坛、溧阳等地小面积试验示范机插秧配套栽培技术，推动农机、农艺协作融合。2003 年起，在武进邹区、金坛社头等镇进行机插稻栽培技术试验，创新集成机插秧标准化壮秧培育、精确定量施肥、实施病虫草害综合防治等技术。2005 年，水稻机插秧配套技术示范项目被省三项更新工程立项，全市开始边试验、边示范、边推广，推广机插秧配套技术。2006—2008 年，武进、金坛、溧阳在全国相继率先实现水稻种植全程机械化。2006 年，金坛市作物栽培站蒋祖明发明的机插秧无纺布全程覆盖培育技术获国家发明专利。2009 年，金坛指前—朱林、武进前黄万亩示范区实测产量分别达 705 公斤和 703 公斤。10 月，由中国水稻研究所、省农委、南京农业大学、浙江省农科院等单位专家组成的专家组对江苏水稻研究所（武进）的超高产攻关方进行实割验收，亩产高达 875.9 公斤，创造了苏南单季晚粳第一方的高产纪录。

第二节 麦类

小麦、大麦、元麦合称“三麦”。小麦一直是常州主要种植品种，大麦、元麦成熟期比小麦早10～20天，在粮食紧缺的年代是重要的接济作物，大麦作为养猪业的重要饲料，土地承包经营前占“三麦”种植面积比重较大。随着耕作制度、种植结构和粮食收购政策的调整，常州大麦、元麦种植面积锐减。

一、面　积

1986—1992年，常州“三麦”种植面积总体稳定在160万亩以上。1993—1998年，“三麦”面积基本稳定在120万亩以上。因国家宣布红皮小麦退出保护价收购政策，1999年，“三麦”面积减少到116.13万亩；

1986—2010年常州市“三麦”播种面积和产量统计表

表14-2-3

年份	总面积(万亩)	平均亩产(公斤)	总产量(亿公斤)	年份	总面积(万亩)	平均亩产(公斤)	总产量(亿公斤)
1986	164.47	223.2	3.67	1999	116.13	262.4	3.05
1987	165.03	181.5	3.00	2000	80.90	247.8	2.00
1988	164.27	214.9	3.53	2001	65.57	196.9	1.29
1989	165.19	186.6	3.08	2002	63.68	183.2	1.17
1990	165.63	210.2	3.48	2003	49.58	177.8	0.88
1991	164.53	151.6	2.49	2004	44.39	229.3	1.02
1992	160.25	247.3	3.96	2005	49.98	247.7	1.24
1993	139.85	238.8	3.34	2006	55.95	276.2	1.55
1994	123.82	216.4	2.68	2007	85.54	269.0	2.30
1995	126.47	249.4	3.15	2008	87.35	315.3	2.75
1996	126.80	271.6	3.44	2009	84.84	316.3	2.68
1997	135.23	280.6	3.79	2010	92.76	313.7	2.91
1998	121.70	133.8	1.62				

2000年，“三麦”面积陡减到80.9万亩；2001年、2002年、2003年，全市“三麦”面积分别为65.57万亩、63.68万亩和49.58万亩；2004年，“三麦”种植面积降到历年最低的44.39万亩。2004年后，随着国家农资增支综合补贴、小麦良种补贴、小麦最低价收购保护等政策的出台，加之小麦机械化作业程度提高等因素的促进，面积有所增加。2007—2009年，全市“三麦”面积恢复到约85万亩，2010年由于全市油菜面积继续下降，“三麦”面积恢复到92.76万亩。

二、产　量

80年代以前，常州“三麦”亩产水平总体不高。1986年，全市“三麦”亩产223.2公斤，总产3.67亿公斤。1986—1995年，“三麦”亩产平均约230公斤，受气候等因素影响，年度间差异较大，波动频繁，尤其是1991年受洪涝灾害影响，“三麦”亩产降幅较大，仅有151.6公斤。1996—1999年，“三麦”亩产上升到260公斤以上，其中1998年因遭受历史罕见的倒春寒和冻害，“三麦”亩产降到历史最低点，仅133.8公斤，比1997年减产146.8公斤。2000—2004年，因小麦价格低，农民种麦积极性较差，“三麦”亩产降至约200公斤。2005—

2010年，受国家强农惠农政策影响，农民种粮积极性提高，加上推广小麦优质高产新品种，加快普及高产栽培技术，2005—2007年，"三麦"亩产恢复至约260公斤，2008—2009年，小麦亩产连续两年创历年新高，分别达315.3公斤、316.3公斤，2008年1月底至2月上旬，虽遭受几十年未见的强降雪天气，全市"三麦"亩产仍大幅度提高。2010年，全市小麦亩产313.7公斤，总产2.91亿公斤。

三、品种应用

1986年以后，常州小麦品种应用分为5个阶段。1986—1990年，小麦以扬麦4号、宁麦3号为主，搭配8060号；大、元麦以泾大1号、沪麦6号、沪麦8号、浙114为主，搭配浙农大3号，其中武进、金坛大麦以泾大1号为主，溧阳以沪麦6号为主。1991—1994年，小麦以扬麦5号为主，大、元麦以早熟3号、浙114为主，扩大示范小麦新品种扬麦158。1995—2000年，小麦以扬麦158为主，搭配宁麦3号、宁麦8号。2000—2006年，小麦以扬麦11号、扬麦12号、扬辐麦2号、宁麦8号等为主体品种，基本淘汰扬麦158。2007—2010年，以扬麦13号、扬麦15号、扬麦16号等为主，搭配扬辐麦3号、镇麦6号、镇麦168等品种。

四、栽培技术

播种方式　80年代中后期兴起的免少耕种麦方式主要有旋耕机旋耕、板茬劈槽条播、压板心和套播4种形式。1990年以后，小麦根据播种方式不同，可分为5类，分别是条播麦、旋耕麦、板茬麦、耕翻麦、稻套麦，其中条播又可分为机条播、脚踏条播、套条播3种。

板茬播种　1986年以前，板茬麦是全市小麦耕作与播种的主要方式。1988年，全市板茬麦面积91.9万亩，占"三麦"种植面积的57.1%，80年代末期，全市开始大力推广免少耕播种，板茬麦面积大幅下降。1989年，板茬麦面积缩减一半多；1990年以后，板茬麦面积继续削减；2008—2010年，全市板茬麦面积维持在25万亩左右，主要分布在溧阳市和金坛市。

旋耕灭茬播种　1986年，旋耕灭茬在武进、郊区等机械条件较好的地区用得比较多，一般深约2寸。1989年，全市旋耕麦面积48.02万亩，其中武进33.6万亩、溧阳8.5万亩、金坛3万亩、郊区和戚墅堰区接近3万亩。此后，浅旋灭茬麦比例一直上升。2000年开始，金坛直溪、建昌等地开始大力推广水稻秸秆还田，旋耕面积增加，2010年，全市稻秸秆还田面积达50万亩。

免少耕机条播麦　这项技术于80年代后期提出，1988年秋播全市机条播面积2万亩，1989年迅速扩大到11.96万亩，其中武进7.9万亩、溧阳2万亩、金坛1.2万亩、郊区和戚墅堰区接近1万亩。选用的机型是江南2BG-6A型和2BG-5型稻麦灭茬条播机，灭茬播种同时进行。90年代中后期，由于农户耕作粗放，播种质量较低，免少耕机条播方式一直存在，但面积较小。

套播种植　80年代中前期应用很少，主要是在溧阳瓜后稻、稻后稻的晚稻地区，季节跟不上，为赶季节而采用套播。1988年全市开始兴起套播麦，1989年达28万亩，1996年，全市套播麦发展到46万亩，2000年以后稳定在20万亩左右。

常规耕翻播种　1987年以后，套播麦、浅旋灭茬麦和条播麦逐步增加，板茬麦和耕翻播种逐步减少。1988年免耕占7成以上，浅旋耕和耕翻约占3成，1989年全市耕翻麦仅约4万亩，金坛县应用面积约占全市的3/4。

播期、播量与施肥　90年代以前，常州"三麦"播期主要集中在10月20日至11月1日，约占"三麦"总面积的8成。90年代以后，常州提出适当降低基本苗，走"小、壮、高"的路子。开展"丰收杯"高产竞赛，推广以免耕机条播、低产田改良、草害渍害病害综合防治为主的高产栽培技术，坚持适时早播，壮苗越冬，提高播种质量，保证全苗匀苗；合理肥料运筹，增加追肥比重，防止后期早衰；搞好综合除草工作，防除草害，发挥

“小、壮、高”的优势。

1990年，全市建立“三麦”万亩丰产示范方3个、千亩丰产方40个、百亩丰产方267个，参赛面积20%。溧阳县后六乡千亩连片低产创高产“三麦”示范实验区，总产增加超过15万公斤。1994年，全市“丰收杯”竞赛中涌现出亩产300公斤乡、350公斤村、400公斤方。1996年，溧阳别桥镇湖塘村稻套麦丰产方理论亩产达486.7公斤，典型农户(15户、共28.4亩)每亩实产425.9公斤。2000年以后，受全球暖冬气候、前茬水稻收割时间推迟等因素影响，小麦播期明显推迟，最晚播期11月底，农技部门提倡小麦适播期在10月20日至11月10日，套播麦有8～10天稻麦共生期。随着精量、半精量播种、专用小麦品质调优栽培、测土配方施肥技术的推广，小麦每亩播量逐年下降至8～10公斤，基本苗大多控制在12万～18万株，“三麦”产量尤其是小麦产量明显上升。2010年，全市有4个省部级小麦高产增效万亩示范区，其中金坛市直溪镇小麦万亩示范区经省实产验收，平均亩产503.9公斤。2008—2010年，全市小麦亩产均超300公斤。

第三节 油菜

一、播种面积

油菜是常州种植面积最大的油料作物，以溧阳油菜种植规模最大。1986—1999年，全市油菜种植面积大致稳定在60万亩，其中1988年面积最小，为55.29万亩，1995年种植面积最大，为66.27万亩。进入21世纪，由于小麦面积萎缩，油菜面积明显上升，2000—2003年全市油菜每年播种面积约70万亩，2007年以后，受小麦实施良种补贴政策和油菜籽市场价格波动的影响，油菜面积开始明显下滑，2010年缩减到27.1万亩。

1986—2010年常州市油菜播种面积和产量统计表

表14-2-4

年份	面积(万亩)	平均亩产(公斤)	总产量(亿公斤)	年份	面积(万亩)	平均亩产(公斤)	总产量(亿公斤)
1986	60.22	93.0	0.56	1999	65.63	113.8	0.75
1987	60.64	94.0	0.57	2000	74.48	123.4	0.92
1988	55.29	85.0	0.47	2001	73.08	119.3	0.87
1989	57.68	93.4	0.54	2002	72.93	99.7	0.73
1990	60.24	106.3	0.64	2003	69.81	103.8	0.72
1991	62.76	86.0	0.54	2004	67.23	127.4	0.86
1992	62.59	109.0	0.68	2005	66.06	130.5	0.86
1993	59.10	104.3	0.62	2006	61.26	135.4	0.83
1994	57.98	88.9	0.52	2007	37.82	136.0	0.51
1995	66.27	109.6	0.73	2008	35.85	148.0	0.53
1996	62.73	112.6	0.71	2009	35.12	148.6	0.52
1997	58.85	112.6	0.66	2010	27.12	135.7	0.37
1998	59.75	117.1	0.70				

二、产　　量

1986—1994年，常州市油菜产量起伏比较大。因受面积因素和自然灾害影响，1986—1999年，全市总产长期徘徊在6000万公斤左右，最低的1998年仅3600万公斤。1996—2003年，全市油菜单产基本稳定在110公斤左右。1998年遭受两次严重冻害，油菜单产降至117.1公斤。2004—2010年，因高产优质新品种应用，加之高产配套技术不断完善，油菜单产提高到一个新水平，2008年达148公斤，2009年达148.6公斤，连创历年最高水平。2000—2006年，年平均总产8300公斤，其中2000年最高，达9200公斤。2007—2009年由于面积下降较快，总产回落到5000公斤左右，2010年继续下滑到3700公斤。

三、品种应用

常州的油菜品种应用由80年代中后期的常规油菜向单低(低芥酸)、双低(低芥酸、低硫代葡萄甙)优质常规油菜发展，接着向双低杂交优质油菜方向发展，产量、品质均得到明显提高。1986—1987年，以常规油菜品种宁油7号为主，搭配汇油50-2、4087、华油8号、小苦菜、上海青等。1988—1999年为优质油菜和常规油菜品种交替利用阶段。常规油菜品种有宁油7号、汇油50-2、秦油2号(单低杂交油菜)和小苦菜等。1988年，全市开始着手双低油菜开发应用，1989年在溧阳埶口良种场建立具有优越自然隔离区域的1000亩“双低”油菜繁育基地。其间，重点推广双低油菜荣选2号、单低油菜7501-1。小苦菜因产量和出油率低，90年代被逐步淘汰。1990年，全市播栽双低油菜23.5万亩，占油菜总面积的40%，溧阳被农业部列为全国优质油菜商品基地。2000—2009年，重点推广双低杂交优质油菜。从2002年开始，双低杂交优质油菜年推广面积占油菜总面积的比例达82%，至2009年占98%。推广的主要品种有油研7号、油研8号、油研9号、油研10号、宁杂3号、秦油7号、秦油10号、扬油6号等。2007年起，金坛等地试验示范油蔬两用型油菜新品种宁油16号，2010年示范面积2万亩，经济效益较好，常规油菜汇油50-2、浙平1号等在溧阳局部地区种植。

四、栽培技术

1986—1990年，油菜栽培方式主要以直播为主，面积占比达75%。1991年，溧阳蒋店乡进行油菜苗床应用多效唑试验，以3叶全展期每亩苗床用约40克多效唑为最好，秧苗缩茎段缩短23.1%，株高约降低16%。此后，根据优质油菜发展和中稻早茬面积逐年下降的状况，全市推广移栽油菜。1995—1997年，全市开展秦油2号高产群体的培育及调控技术研究，明确秦油2号适宜密度每亩约7000株，适宜单株角果数约550角，适宜亩总角果量范围为320万～400万角。通过培育壮苗、适期早栽、合理密植、增施磷钾肥、确定合理苔花肥比例、施用硼肥等措施，秦油2号单产可达250公斤。2002年起，全市每年育苗移栽面积占油菜面积的60%以上，2009年达80%。重点推广(生长抑制剂)化控育苗、板茬免耕移栽、复合肥底施、双株并栽、深沟培土等配套技术。2000—2007年，选用品种迅速转向双低杂交油菜，推广单双株移栽技术，确保每亩基本苗约5000株。2006年秋播，金坛薛埠开始试种宁油16号。2010年秋，全市播种示范宁油16号近2万亩。

第四节　其他作物

常州种植棉花、玉米、苎麻等特种经济粮食作物的历史悠久。2000年以前，仍有少量种植。

一、棉　　花

80年代前，常州棉花种植规模很小。1982年，种植面积23.4万亩，主要分布在溧阳上兴、上沛、埶口，金坛西岗、建昌、唐王、花山，武进夏溪、西夏墅、罗溪、万绥、汤庄、浦河等地。1985年以后，由于花工多、投入大、气候条件差、产量限制及结构调整、植棉比较效益下降等因素，面积下降较快，至90年代末仅溧阳尚零星种植。1986年至90年代中期，棉花品种以泗棉2号、徐州142、盐棉48为主，先后推广应用盐棉48、苏棉1号、苏棉3号、苏棉17、鲁棉15等转基因抗虫棉品种。

二、玉　米

1986年以前，全市个别地区、少数农户自发零星种植。1989年起开始探索以间作、套作、轮作玉米为主的多熟制，1989—1991年种植单位由8个乡镇发展到42个乡镇，面积由2078亩扩大到3.95万亩，总产量由41.5万公斤增至1037.3万公斤。1991年发生特大洪涝灾害，金坛等地部分被毁棉田改种秋玉米收成较好，后又种春玉米、夏玉米和秋玉米，以夏玉米为主，收获老玉米作饲料，春玉米采收为嫩玉米上市，秋玉米仅作多熟种植，或灾后补种。种植形式由麦—瓜—玉米—稻及部分纯作玉米，逐步发展到麦—玉米—稻、玉米—稻、麦(油)—山芋(或大豆)间带玉米等10多种形式，由丘陵山区向平原圩区扩展。90年代，玉米种植面积基本稳定在4万亩左右。2010年，全市种植玉米3.9万亩，品种有苏玉糯1号、紫玉糯1号、通玉2号、京科糯200等。

三、苎　麻

1985年起，随着种植业结构调整，常州市开始种植苎麻。1987年，全市苎麻种植面积发展到2.43万亩，主要分布在金坛、武进、溧阳。1990年以后，因市场价格波动，苎麻种植面积下滑，1994年基本消亡。主要种植品种有湘苎1号、芦竹青等。

第三章　园艺业

改革开放前，常州果蔬业与茶业的生产经营以集体和国营单位为主。改革开放后，果蔬业与茶业焕发勃勃生机，发展突飞猛进，果蔬产品和茶叶生产开始扩大规模，满足市内外居民的基本需求。80年代中期，通过产品鉴评和名优产品评比，实现质的提高。1992年10月，随着蔬菜的产销逐步放开，建立以市场调节为主的产销体制，集体蔬菜场圃因城市建设需要逐步消亡，个体或民营园艺场兴起，蔬菜生产由城郊为主转为农区为主。随着凌家塘等农副产品批发市场的建立，果蔬产品销售实现由自产自销、统购包销向大市场、大流通转变。21世纪初，随着农业现代化步伐的加快，常州果蔬业与茶业成为农业增效、农民增收的重要产业，成为高效农业发展的关键领域。通过园区建设，标准化示范场创建及市“双百万亩”工程建设的引领，区域化布局、设施化水平、产业化经营和标准化生产水平快速提升。2010年末，全市园艺面积达6.67万公顷，设施园艺面积1.4万公顷，全市花卉苗木面积发展到2.14万公顷、时令水果面积1.13万公顷、茶园面积0.77万公顷，在全市六大农业优势主导产业中占3个，形成一批如溧阳白茶、白芹，武进水蜜桃，金坛无节水芹、双孢菇等在省内外有影响的产品。同年，凌家塘农副产品批发市场交易额180.2亿元，进入全国前3位，居全国同类市场首位，2003年成功举办第三届江苏省园艺博览会，溧阳茶叶节成为招商引资的重要平台，花木产业的发展也为2013年举办第八届中国花卉博览会奠定了坚实的产业基础。

第一节　蔬菜

常州蔬菜栽培历史悠久，蔬菜种类繁多，种质资源丰富，形成常州青大头、中白梗、新闸红萝卜、建昌红香芋等地方特色蔬菜名品。

一、品　　种

1986年前，常州地区蔬菜大宗品种有莴苣、青菜、雪里蕻、芹菜、排菜及瓜、茄、豆类。80年代中后期起，大量引试推广新品种，种类日益丰富，杂交品种逐渐替代常规品种。

叶 菜 类 食叶类蔬菜在常州蔬菜品种中数量最多。白菜类有大白菜、青菜（白菜）、塌菜等；甘蓝类有卷心菜（结球甘蓝）；绿叶菜类有菠菜、芹菜、米苋（苋菜）、茼蒿、蕹菜、生菜、草头、荠菜、香菜（芫荽）、茴香、紫葛叶（落葵）、菊花脑、枸杞头、马兰（野生）等；葱蒜类有韭菜、大葱、韭葱（洋大蒜）、分葱、胡葱、子葱等；芥菜类有雪菜、金丝芥、银丝芥、弥陀芥等；水生菜有豆瓣菜、水芹菜、莼菜等；还有多年生的香椿等。叶菜产量占全市蔬菜上市量的7成以上。

茄 果 类 常州种植的茄果类蔬菜主要有番茄、茄子、辣椒等。番茄主要为保护地栽培，80年代中期推广大棚内套小棚、小棚外加盖草帘的保温栽培方法，使番茄定植期提早到1月中旬，果实采收始期提前到4月下旬，比露地栽培提早60天。常州以栽培普通番茄为主，配套小部分樱桃番茄。普通番茄品种有合作906、佳粉15、中杂9号、金棚番茄、中研900等，樱桃番茄品种有圣女、金珠等。辣椒品种有牛角椒、羊角椒、线椒、中椒（长灯笼形）、甜椒（灯笼形），以栽培中椒为主，品种有苏椒5号、苏椒博士王、中椒5号等。茄子，主要栽培长茄，品种有苏崎茄、杨茄1号、春秋长茄等。

瓜　　类 包括南瓜、冬瓜、黄瓜、丝瓜、西葫芦、苦瓜、西瓜、甜瓜、佛手瓜、菜瓜等，作蔬菜、水果或两者兼用。南瓜品种有早圆南瓜、枕头南瓜，日本锦栗、夷香等，冬瓜主要品种有常州白皮冬瓜、广东青皮冬瓜等；黄瓜又名胡瓜，主要品种有新泰密刺、津研、津杂、津春、津优、津圆系列、中农系列等；丝瓜以栽培普通香丝瓜为主，杂交品种有江蔬一号；苦瓜又名凉瓜，品种有大白苦瓜、青皮苦瓜等；西葫芦品种有早青一代等；西瓜早期品种以苏蜜1号为主，后期主要品种有8424、特小凤和无籽西瓜格林168等；甜瓜有薄皮甜瓜（香瓜）和厚皮甜瓜两大类，主要品种有黄金瓜、伊丽莎白、西薄洛托等；菜瓜主栽的一般为地方品种，黑皮水菜瓜，可作果蔬两用，菜瓜常用于腌制。

根 菜 类 主要有萝卜、胡萝卜、大头菜等。萝卜主要为秋播。秋冬萝卜品种有浙大长、太湖晚萝卜、心里美等；夏秋萝卜有短叶13、夏抗40等；四季萝卜有樱桃萝卜等。地方名特产——常州萝卜干的生产原料地主要分布在常州新闸、郊区、奔牛等地。胡萝卜主要有新黑田五寸等。

豆　　类 主要有毛豆、菜豆、豇豆、豌豆、蚕豆、扁豆等。毛豆即菜用大豆，品种有四月青、五月拔、六月拔、七月拔、八月拔、大青毛豆、台湾292等；菜豆又名四季豆、刀豆，主要有矮生型、蔓生型两类，其中矮生型品种有美国供给者、本地黑子矮圆，蔓生型品种有黑籽长萁、美国加强豆王等；豇豆又名长豆角、长豇豆，品种主要有之豇28-2、之豇特早30、扬豇40及本地乌豇豆、盘香豇等；豌豆少量栽培，品种有小青荚、中豌6号、荷兰豆等；蚕豆又名罗汉豆，品种有启豆、日本大白蚕豆等；扁豆品种有白扁豆、红扁豆等。

葱 蒜 类 主要有大蒜、胡葱、韭菜、洋葱等。大蒜主栽品种有四川大蒜（成都二水早）、太仓大白蒜等；胡葱栽培品种有四季葱、本地小香葱等；韭菜栽培品种有本地香韭、平韭4号、791等；洋葱种植面积较少，品种有本地红皮洋葱和黄皮洋葱等。

薯 芋 类 主要有马铃薯、芋艿、姜、山药、牛蒡等，以马铃薯为主，其他很少种植。马铃薯以春季栽培为主，品种有克新1号、克新2号、克新4号等，芋艿有金坛传统特色建昌绿香芋。

水生蔬菜 主要有茭白、水芹、藕、慈姑、荸荠、菱、莼菜等，以前两种为主，后几种较少栽培。茭白奔牛、郑陆等地种植较多，品种有无锡早夏茭、八月茭等；水芹主要分布在金坛、溧阳、武进，有溧阳白芹、郊区旱芹、金坛无节水芹，溧阳白芹俗称旱地夹板芹菜，是溧阳传统特色农产品，已有800多年种植历史，其根系呈白色，软化的叶柄长20～25厘米，茎鞘洁白，晶莹光亮，叶尖嫩黄色，风味脆嫩爽口，微甜不腻。在800多年的水芹栽培历史中，溧阳菜农创造出独特的水芹旱育一次性深培土软化种植方法。2006年9月，溧阳白芹地理标志证明商标在国家工商行政管理总局商标局成功注册，是中国第一件叶类蔬菜地理标志。2010年，金坛市绿野农业服务中心的碧润牌无节水芹被认定为江苏省名牌产品。

多年生蔬菜 主要有竹笋、石刁柏、金针菜（黄花菜）、百合等，较少栽培。

食 用 菌 主要分布在武进前黄镇和金坛洮西镇及周边地区，有双孢蘑菇、草菇、金针菇、高温蘑菇4个主栽培品种，另有平菇、秀珍菇、姬菇、茶树菇、鸡腿菇、猴头菇等。1986年，全市食用菌栽培面积约69.1万平方米，产量3670余吨。1989年华家菌种厂与金坛食用菌研究所合作试验金针菇袋栽成功。此后，食用菌生产开始滑坡，1994年跌入低谷。1997年以后，通过引入大棚蘑菇集约化栽培新模式，食用菌生产再度兴起，形成以武进前黄、金坛为代表的两大生产基地。21世纪初叶，食用菌生产快速发展，2001年全市培植面积首次突破100万平方米，达118.1万平方米，2002年发展到210.5万平方米，2008年达411.2万平方米。2005年金坛日升食用菌公司在河头镇建厂，开始食用菌的工厂化生产。2009年常州市金凌菇业公司种草养菇生产有机食品。2010年，全市培植食用菌417.99万平方米，总产量3.57万吨，完成产值2.22亿元。

二、分　布

沿江三主作菜区 属沿长江南一侧，该区气候温和湿润，春雨适量，夏季高温，冬寒少冻，适于蔬菜四季生长。该区栽培以三主作为主，即春季以喜温性的茄瓜豆类和薯芋类为主，秋季以喜凉性的根、叶菜类萝卜、青菜为主，越冬茬以耐寒性的叶菜类为主的三大季栽培制度。

金溧丘陵菜区 有低山、丘陵、黄土岗及江湖平原等地貌，以山岗地比例大，蔬菜生长季节较长，以三大季栽培为主，早熟茄瓜豆、秋季以萝卜、甘蓝、花椰菜为主，冬茬为耐寒性叶菜。

太湖多次作及水生菜区 包括武进全境和金坛、溧阳部分地区，气候温和，雨量充沛，地势平坦，河流纵横。茬口以多次作为主，三主作为辅，春夏季以早熟果菜类为主，果菜间套作苋菜、小萝卜、小青菜，秋季以二茬青菜为主，冬季以耐寒性青菜、菠菜为主，后期套作晚豇豆等，每年复种4～6茬。

保护地菜区 属苏南亚热带季风型设施栽培区，设施蔬菜栽培的茬口主要以钢管塑料大棚为主体。经长期发展，形成城市近郊以生产绿叶菜及大棚春提前、秋延后应时果蔬为主，农区以地方名优特色蔬菜生产为主的分布格局。根据《常州市现代农业产业发展总体规划(2009—2015年)（修编）》，全市规划把新北区德胜河以西，武进区文昌设施蔬菜产业园、龙潭湖生态园，溧阳市溧城镇、天目湖镇，金坛市朱林镇建成6个高标准的设施化常年蔬菜基地，以钢管塑料大棚为主要设施蔬菜栽培茬口的果菜类春提前和秋延后，叶菜类的越夏栽培为主。

常州市最大的无公害蔬菜生产基地（摄于1999年5月）

三、面积产量

80年代初，常州开始推行以定田

到劳、联产计酬、包干分配为核心的家庭联产责任制，蔬菜生产逐步由集体经营转为农户自主种植，以乡村蔬菜科研试验场为基地，以农户自产自销为补充，实行政策扶持与价格补贴，保障城市供应。1986 年，省政府下发继续改善蔬菜产销工作的通知，常州加快建设城市蔬菜基地，郊区、戚墅堰区和武进县合计有菜地 1376 公顷，其中郊区有菜地 758.2 公顷，平均亩产 5327 公斤；武进县有菜地 533.3 公顷，平均亩产 2500 公斤，郊区种植面积、产量均高于武进县。1992 年 10 月蔬菜产销全面放开。凌家塘农副产品批发市场一期工程建成运行，全国各地的蔬菜源源不断供应常州市场，对地产蔬菜的需求开始下降，郊区菜田面积逐步下降。由于种菜比较效益较高，农区蔬菜生产快速发展，市辖区在远郊乡，金坛、武进、溧阳在集镇附近新建和扩建了一批规模较大、起点较高的蔬菜基地。同年，武进蔬菜生产面积从 1987 年的 600 公顷发展到 2666.67 公顷。1993 年，全市蔬菜种植面积 3900 公顷。1995 年全市划定蔬菜保护基地，市郊蔬菜基地保护区面积 711.4 公顷，其中一级 315.8 公顷、二级 374 公顷、三级 21.6 公顷。金坛、溧阳、武进市城镇所在地规划 646.7 公顷直属蔬菜基地，并列为一级保护区。2000 年以后，随着城镇扩域，交通建设用地陡增，农业结构调整步伐加快，新菜地建设费被取消，城郊菜地征多建少，乡村集体园艺场逐渐消亡。2009 年，城郊蔬菜播种面积 206.7 公顷，不到全市蔬菜播种面积的 1%。至 2010 年，保留集体性质的园艺场仅有天宁区勤绿蔬菜园艺场，同期远郊及农区纷纷投资兴建外资和港澳台资蔬菜园艺场，一批达 100 万元项目落户常州，全市蔬菜生产面积 2.51 万公顷。

1993 年，全市蔬菜总产量 17 万吨，完成总产值 1.52 亿元，蔬菜生产重点从郊区转向农区。1999 年起，乡村园艺场全面转制，蔬菜生产走向市场，个体蔬菜经营逐步成为市场主体。2001—2010 年，全市蔬菜播种面积在 2 万～2.51 万公顷间波动，蔬菜总产量稳达 80 万吨，2010 年最高达 95.4 万吨。

1986—2010 年常州市蔬菜种植面积统计表

表 14-3-1　　单位：公顷

年份	蔬菜面积	设施蔬菜面积	其中		年份	蔬菜面积	设施蔬菜面积	其中	
			大中棚	小棚、地膜				大中棚	小棚、地膜
1986	1376	598	92	506	1999	6775	1557	799	758
1987	1418	650	138	512	2000	7641	1880	1060	820
1988	1633	704	162	542	2001	20467	3479	2251	1228
1989	2059	746	178	568	2002	22607	3843	2487	1356
1990	2513	843	205	638	2003	25667	4363	2823	1540
1991	3036	800	234	566	2004	24780	4291	2046	2245
1992	3516	758	283	475	2005	23373	4594	2306	2288
1993	3900	707	292	415	2006	23473	4413	2404	2009
1994	4369	878	393	485	2007	22773	4624	2613	2011
1995	4807	1248	487	761	2008	22200	3662	2365	1297
1996	5080	1124	533	591	2009	23827	5593	2950	2643
1997	5410	1191	566	625	2010	25107	6414	3203	3211
1998	5737	1291	599	692					

1986—2010年常州市蔬菜总产量统计表

表 14-3-2

年份	总产量(万吨)	其中：食用菌		年份	总产量(万吨)	其中：食用菌	
		面积(万平方米)	产量(万吨)			面积(万平方米)	产量(万吨)
1986	8.24	69.1	0.37	1999	39.22	61.9	1.06
1987	8.13	69.3	0.37	2000	42.13	78.3	1.28
1988	9.39	69.5	0.38	2001	76.9	118.1	1.55
1989	11.92	60.8	0.34	2002	83.00	210.5	1.91
1990	11.83	52.3	0.35	2003	81.00	248.7	2.23
1991	15.24	42.8	0.33	2004	87.48	270.4	2.31
1992	16.8	37.4	0.27	2005	81.96	282.9	2.39
1993	17.22	25.4	0.22	2006	84.67	361.8	2.78
1994	22.31	15.6	0.26	2007	81.13	412.1	3.27
1995	24.97	22.2	0.48	2008	82.46	411.2	3.15
1996	31.98	25.6	0.59	2009	85.00	449.2	3.27
1997	35.18	28.9	0.70	2010	95.40	418.0	3.57
1998	37.28	43.7	0.82				

四、种植技术推广

80年代前中期，常州蔬菜生产实行统购包销，生产技术以高产为目标，保证上市任务，保障市场供应。随着地膜覆盖技术的推广应用，装配式镀锌钢管大棚逐步普及推广，常州蔬菜生产由传统技术向现代技术过渡。80年代末，由于塑料遮阳网、防虫网技术广泛应用，保护地栽培进入快速发展期，改变了蔬菜靠天生产、生长的历史，反季品种、早熟品种，部分名、特、优品种可全年生产。90年代初，开始进行塑料大棚无土栽培试验，推广以大棚微孔喷滴灌、塑料遮阳网为主的保护地栽培技术。2000年以后，开始在连栋大棚内进行有机基质栽培试验，推广无公害、标准化栽培技术。1986—2010年，全市蔬菜生产原先采用的地方品种，逐步为育成品种（包括杂交种）所取代；利用人力、畜力进行的土壤耕作和灌溉，逐步为机耕、机灌、喷灌所取代；蔬菜上应用的生产资料，从手工业产品和自然形态的材料，转变为现代大工业产品，栽培技术由经验型向科学化发展，蔬菜生产设施与技术的现代化已有较好基础。

良种繁育 1984年，常州蔬菜种子繁育从自选、自留、自繁、自育，辅以调剂的方针转变为以乡为主、区乡结合、统一供种的方针，建立良种繁育体系。80年代后期，随着市场消费由数量型向质量型转变，加上保护地栽培的迅速发展，种子工作进入广泛引进新优品种、保护地专用品种的阶段。1995年育成常州青梗菜，1996年育成青抗1号青梗菜。此后，从国外引进茎椰菜、美国芹菜、紫卷心菜、结球生菜、日本茄子、樱桃番茄等，从外地引入紫角叶、菊花脑等。

栽培技术 育苗技术 1984年开始试验大棚不加温育苗技术，1986年已占育苗总量的一半，至1989年全部替代冷床育苗，具有抗灾能力强、劳动强度小、成本低、成苗率高等优点，育苗的关键是掌握好温湿度，做好防冻、防倒、防病、防窜工作。遮阳防雨育苗。1987年引进农用塑料遮阳网后，开始进行试验，具有遮阳、防雨、通风、防风、降温好、光照足、成苗率高、秧苗素质好等优点，育苗的关键是覆盖遮阳、精做苗床、重粪盖籽、及时假植、炼苗定植、防治病虫。

设施栽培　又称保护地栽培。含塑料大中棚栽培、小棚栽培、地膜覆盖、遮阳网、防虫网、大棚微孔喷滴灌等设施。

病虫害防治　常州农村种植的蔬菜品种多，茬口复杂，加上蔬菜周年生产，复种指数高，所以蔬菜的病、虫、草害也较多。

虫害防治　主要有猿叶虫、二十八星瓢虫、小菜蛾、斜纹夜蛾、小地老虎、蛴螬、蝼蛄、蚂蚁等。80年代，一度下降的黄曲条跳甲又成为主要害虫，小菜蛾危害继续猖獗。1994年起，虫害防治普遍采用高效低毒类化学、生物农药，如阿维菌素、BT、康宽、艾法敌及害虫性诱剂，防治效果明显，基本控制害虫危害。

病害草害防治　主要有十字花科、豆科、茄科和葫芦科的病毒病、叶菜霜霉病、黄瓜枯萎病和番茄早疫病等。80年代，因保护地栽培面积扩大，危害茄果的灰霉病、叶霉病成为最主要的病害，菌核病的发生面积扩大，危害严重。90年代后期，土壤传染病害有加重发生的趋势，茄果类、瓜类和豇豆枯萎病在老菜区危害加重。21世纪初叶，白粉虱危害猖獗，因务农劳动力大量转移，种菜人工除草的传统做法大大减少，普遍采用除草醚、氟乐灵、除草通、稳杀得、大惠利、丁草胺、草甘膦、百草枯等化学除草剂来除灭菜田杂草。

第二节　果树

一、品　　种

常州分布有12科、23个果树树种，主栽有13个树种、179个品种。

李　全市有李品种及品系10余个，按果实形状可分为尖顶红心李、平顶红心李、尖顶黄果李；按大小可依次分为槜李、嘉庆子、黄果李、水晶李、红叶李；按成熟期可分为早嘉庆子、北京晚红。这些品种及品系，除北京晚红、红叶李系列是外地引进的外，其他均为地方品种，历史上栽培较多的黄果李、水晶李已衰落，所剩无几。

青　　梅　是加工型果品。溧阳种植青梅始于1981年，因青梅加工未能配套，致使卖果难、梅果上市售价受外地客商控制，价格波动大，严重挫伤果农的积极性，引发大面积砍伐毁园，今青梅所剩无几。

桃　常州主要种植雨花露、夏辉、中山早露、安农水蜜、白凤、新白花、早红宝石油桃、中油4号油桃、中华寿桃等品种。主要分布在武进雪堰、洛阳和溧阳天目湖、戴埠等镇。2010年末，全市保有桃园1909.2公顷，产量1.97万吨。

黑　　莓　黑莓主要分布在溧阳上兴镇。2003年以前在上兴镇有零星种植。2003年后发展很快，2007年春，黑莓一度发展到1333公顷，由于市场价格下滑，当年种植的黑莓几乎全部被砍光。2007年底，全市黑莓种植面积637.8公顷。至2009年仅存66.7公顷。

梨　是常州的传统果品之一，品种随着市场需求不断更新。1986—2003年，铁头梨为当家品种，1993年引进黄花蜜梨，2003年引进推广丰水、翠冠、晚生黄金等品种。2006年，从郑州果树研究所引进中梨2号、红香水、满天红、黄冠等品种。2010年，全市梨园面积1155公顷，梨总产量2.06万吨。

葡　　萄　常州规模种植葡萄历史较短。1982年，武进焦溪镇石堰村从辽宁引进巨峰葡萄，种植1.57公顷。1986年，以该村为主的葡萄种植面积扩大到20多公顷。1998年，武进种植葡萄348公顷，2002年突破667公顷，2009年升至1811.1公顷。是年，全市种植葡萄2321.7公顷，葡萄总产2.73万吨，成为常州第一大水果品种。巨峰葡萄因产量高、颗粒均匀、管理容易、品质优良，长期成为当家品种，后因消费结构的变化，相继引进藤稔、红富士、富金香、红宝石、夏黑、红堤、龙岩等新品种。2010年，全市葡萄园总面积2741公顷，葡萄总产量3.61万吨。

武进雪堰、洛阳等地的水蜜桃

溧阳天目湖镇的西瓜、草莓基地

常州种植的葡萄

板栗生产基地

板　　栗　主要分布在溧阳天目湖周边及溧阳、金坛的丘陵地区，品种主要有处暑红、青毛软扎、短毛焦扎、大底青等。2010年底，全市有板栗面积4566.7公顷，年产量3300吨。

二、分　布

武进应时鲜果产业区　位于武进东部地区，主要由水蜜桃产业带、葡萄产业带两个特色产业带构成，搭配种植梨、草莓、杨梅、枇杷、无花果等品种。水蜜桃产业带以洛阳、雪堰、潘家、漕桥为主，葡萄产业带以礼嘉、焦溪为主。

滨江地区应时鲜果产业带　位于以新桥、罗溪为中心的新北区滨江地区，辐射春江、西夏墅、孟河等镇，主要种植优质梨和草莓，搭配种植葡萄、枇杷、无花果等。

溧阳天目湖果树区　位于溧阳丘陵山区，以天目湖为中心，辐射新昌、周城、平桥、横涧、戴埠等地，主要种植优质桃、梨、板栗，搭配种植梨、草莓、李、青梅等。

茅山丘陵果树区　位于金坛茅山丘陵地区，以薛埠为中心，辐射茅麓、社头、后周、上兴、上沛等地，主要种植优质梨、桃、板栗，搭配种植李、杏、樱桃等。

三、面积产量

面　　积　80年代初以前，全市果品生产主要以集体和国营场圃为主，80年代中后期，种植面积不断扩大，品种逐渐丰富。1986年，全市种植果树1052.6公顷，产量9162吨。1986—1992年，由于应时鲜果种植的效益较高，果树种植快速发展，全市果树面积从1986年的1052.6公顷猛增到1992年的2606.7公顷，果品总产量1.35万吨。1992—1995年，全市果树种植面积下滑，1995年下滑到1293公顷，但果品产量稳步提高，当年全市果品产量2.27万吨。

产　　量　1997年起，前期引进的优质果树投产产生效益，果农开始大面积扩种应时鲜果果树。2001年，全市种植果树3353.3公顷，年产果品2.69万吨，总产值1.48亿元。2006年末，全市种植果树1.05万公顷，果品总产量5.99万吨，总产值3.78亿元。2007年以后，果树进入稳定发展期，产量产值稳步增长。2010年，全市种植果树1.13万公顷，果品总产量9.96万吨，总产值4.96亿元。

四、栽培技术推广

80年代末至90年代初，全市推广果树断根树控和化学树控技术，增强树体免疫能力和扼制果树徒长，提高果树产量、质量。80年代末，推广应用葡萄水平棚架栽培技术，提高葡萄产量、质量，延长葡萄盛产期。1993年，创新双十字“V”形架型葡萄栽培技术，产量提高幅度达30%。1994年，推广应用葡萄专用果袋套袋，对提高葡萄品质和防治病害作用明显。2000年末，引进、集成和推广日本葡萄避雨栽培技术，通过将薄膜覆盖在树冠顶部，帮助其躲避雨水，阻断发病因子，防病健树，在苏南多雨地区生产出优质葡萄。2002年，推广梨树平棚架式栽培技术，增加叶片光照面积，提高营养积累和产量。2005年，金坛洮西镇果农马刚发明葡萄堆垄浅种限根栽培法，创新准时准位修剪技术，缩短挂果期1年以上，提高坐果率和品质品味，每公顷单产约30吨，提高糖度24%。2006年，堆垄浅种限根栽培法应用于水蜜桃栽培，使桃树挂果期缩为15个月。

第三节 茶叶

一、茶叶品种

1986年，常州茶树主要有槠叶种、福鼎大白、福鼎大毫种和福建引进种等品种，其中无性系良种茶面积约30公顷，占茶园总面积的1%。1989年，金坛发展盆栽茉莉花茶3万多盆，总产量195.5吨。1990年以后，全市绿茶品种主要有龙井长叶、槠叶种、福鼎大白、鸠坑，白茶主要品种是白叶茶1号，无性良种茶主要有龙井长叶、龙井43、浙农113、福鼎大白、乌牛早、白叶1号。

二、面积产量

1986年，常州有国营茶场11个、村集体或联办茶场115个，茶园面积3000公顷，生产茶叶3202吨。1987—1995年，全市茶叶生产稳定发展，武进丘陵山区有22个村发展茶叶生产，面积282.3公顷；溧阳丘陵山区22个乡镇兴办茶场118家，茶园面积1923.7公顷；金坛8个乡镇兴办茶场70家，茶园面积2085公顷。1996年，全市茶园面积扩大到5000公顷。2010年，全市工商注册茶叶产销企业224家，其中省级龙头企业1家、市级龙头企业7家，有茶叶合作经济组织19家，会员单位303家；全市种植茶树7546.7公顷，年产茶叶3454吨，完成茶叶总产值5.4亿元，形成武进沿太湖丘陵山区、溧阳环天目湖地区和金坛茅山丘陵地区3个茶叶生产基地。

三、种植与管理

茶树种植　有播种和茶苗移栽两种方式。播种，在每年冬季采用单行穴播。茶苗移栽，茶苗均为无性系良种扦插苗，以春栽为主，在雨水至春分栽植，少数秋栽，在寒露后霜降前栽植。

设施栽培　采用毛竹搭架覆盖塑料薄膜，促使茶叶提前开采10～15天，一季春茶每公顷增收达4.5万元；或采用钢架电控式防霜遮阳网，棚内增加红光灯、杀虫灯，减少病虫害的发生，提前开采，品质提高；或在茶园设置微喷系统、防霜扇抗晚霜，促使早采。

管理技术　施肥除草　1988年，施肥实行一基三追，3月催芽肥，5月底夏茶追肥，7月底秋茶追肥，11月施基肥。1994年后改为一基一追，2月底至3月初催芽肥，10月施基肥，基肥以复合肥为主。2000年起，基肥以饼肥和生物有机肥为主，每年秋冬季人工深翻1次。2005年后，茶园耕作机用于茶园深翻。1995年后，使用除草剂清除茶园杂草。2002年后，有机茶园用人工除草。施肥方式为幼龄茶树穴施或沟施，成龄茶

金坛鑫品茶叶种植基地（摄于2007年4月）

树沟施、撒施或根外追施。

修剪、抗旱 1988年，春茶前轻修剪，推广双人、单人修剪机，连续4～5年后分批一次深修剪。1999年以后，有性系茶区仍沿用春茶前轻修剪，北部茶区春茶后用重修剪机深修剪。低产衰老茶园用重修剪、台刈改造；茶园最初抗旱采用流动喷灌机、固守喷灌，场圃改制后喷灌设施全报废，后在茶园中安装固定喷灌设施抗旱。

病虫害防治 1986—2010年，全市茶树病害较轻，未达防治指标，小绿叶蝉、茶尺蠖、绿盲蝽发生普遍，绿盲蝽对春茶危害较大。农业防治措施有修剪、强采等，物理措施有石硫合剂封园、杀虫灯诱杀成虫等。2002年，BT、苦参碱等生物农药普遍用于无公害茶、有机茶生产。化学防治主要采用除虫菊酯类农药、扑虱灵、吡虫啉、硫丹等，2006年使用阿维菌素防治螨类等害虫。

四、品牌培育

1986年以前，常州生产的茶叶由市、县棉麻公司统一收购，品牌意识淡薄。此后，实行茶叶自销，自主命名的地方特色茶名应运而生。1995年，金坛市被中国特产之乡宣传活动组命名为“中国绿茶（名茶）之乡”。2003年，武进地方特色品种茶——阳湖新月被评为江苏省名牌产品、常州市名优产品。2007年，天目湖白茶被评认定为江苏省名优农产品、人民大会堂特供茶。2009年，金坛市鑫品茶业有限公司的鑫品牌金坛雀舌茶、金坛市茅麓茶厂的巨鹿牌绿茶、金坛市茅山青锋茶叶有限公司的金鹿牌茅山青锋和常州阳湖新月茶业有限公司的阳湖新月牌绿茶被认定为江苏省名牌产品。2010年，金坛市方麓茶场有限公司的百园春牌金坛雀舌茶、江苏省前峰茶厂的前峰牌绿茶被认定为江苏省名牌产品。至同年底，全市累计注册茶叶商标179个，其中省著名商标4个、省级名牌产品5个、市级名牌产品22个、无公害产品46个；有无公害茶园6466.7公顷、有机茶园860公顷、绿色茶园553.3公顷，有92家企业通过QS（食品质量标准）认证。

第四章　花木业

常州花木栽培历史悠久，清光绪年间就有城区小东门桥“东西数十家，均以兰菊为业”之说。30年代，常州已栽培有月季品种30个。六七十年代，常州始有桃、梨树苗嫁接，常州花木业开始兴起。1986年以前，花木销售大多由花农自产自销，部分有销路的花农帮助其他花农销售，逐渐由兼职经纪人转变为专职经纪人。90年代，常州花木品种逐步增多，以本地绿化、景观树苗品种居多，由单一的灌木小苗发展到乔木、灌木、花卉、草坪、藤本等品种，发展了多种盆景品种，且档次不断提升；培育形成苗木、花卉、盆景、草坪多元化种植、系列化配套、常年化供应的产业格局。花木公司培养了一大批花木营销经纪人。2000年底，全市花木种植总面积发展到7666.67公顷，完成花木种植总产值1.96亿元。至2004年，全市形成以两个特色鲜明、规模宏大的全省花木主产区—洮滆花木主产区、丘陵花木发展区为主，以花木基地（企业、专业合作社）为辅的区域化格局。大批有资质的花木公司大量承包园林绿化工程，形成从园林规划设计、建筑和绿化工程施工到管护的系列化服务，花木业形成从花木生产、销售到园艺设计施工的产业链完整的特色产业，带动石材、雕塑等相关行业发展，形成以产业基地为依托、以经纪人为纽带、以市场为窗口、以公司为龙头的产供销一体化格局。2010 年底，全市花木业企业发展到 389 家，其中种植面积达 3 公顷或年营业收入达 500 万元的企业 212 家、三级以上园林设计专业资质企业 138 家，江苏艺林园花木公司等企业成为全国知名花木企业。全市花木种植总面积达 2.01 万公顷，约占全省花木种植总面积的 1/5。

第一节　行业综述

常州花木种植经历从花农分散种植、基地规模种植发展到园区示范种植、产区连片种植的过程。1986—1992 年，花木业遭遇市场滑坡的发展低谷，从 1993 年开始趋向稳定健康发展。至 2004 年底，全市形成洮滆花木主产区、丘陵花木发展区两个优势产业区。2010 年，全市花木种植面积 2.01 万公顷，完成花木种植总产值 15.7 亿元。

一、种植规模

1986 年，常州市花木种植面积 793.33 公顷。1988 年，金坛花木种植面积扩大到 333.33 公顷。1989 年起，各级党委、政府引导基层调整花木种植面积与品种，逐步向多元化、特色化、区域化、规模化的方向转变。90 年代，常州的苗木、花卉、盆景、草坪生产以种植大户、专业村为主。1993 年，武进实施区域化布局，实行土地合理流转，一批花木种植专业户扩大生产规模，东安、湟里、嘉泽、夏溪等乡镇花木种植面积占耕地总面积的比例达 30%，此后常州花木生产开始快速发展。1994 年，金坛市尧塘镇溪南村成为该市第一个花木专业村。1999 年末，常州市花木面积从 1996 年的 1140 余公顷发展到 3600 公顷，其中武进 1546.67 公顷、金坛 1033.33 公顷；全市初步形成多元化、规模化、特色化、区域化的生产格局，武进花木种植户发展到 2.2 万户；全市完成花木种植总产值 1.37 亿元。

1986—2010 年部分年份常州市花木种植面积统计表

表 14-4-1

年份	面积（公顷）	比上年±（%）	年份	面积（公顷）	比上年±（%）	年份	面积（公顷）	比上年±（%）
1986	793.33	—	2001	9004.50	17.4	2007	16666.67	14.2
1991	600.00	—	2002	10000.00	11.1	2008	18460.00	10.8
1996	1145.00	—	2003	12200.00	22.0	2009	21666.67	17.4
1998	2000.00	—	2004	13500.00	10.7	2010	20073.33	-7.4
1999	3600.00	80.0	2005	14000.00	3.7			
2000	7666.67	113.0	2006	14600.00	4.3			

说明：1996 年前，花木业种植面积占全市农业的比重不大，未纳入统计范围

21 世纪初，常州加快淘汰、调整常规花木，扩种新品种，花木种植业比较效益优势逐渐显化，吸引大批农户种植，花木种植大户、专业户大批出现，产区一批花木公司、专业村相继牵头成立专业合作社，以合作社带

武进嘉泽凤梨生产基地室内大棚培育场景（摄于2009年9月）

动农户连片种植，将花木种植户的田地、花木苗折价、投股入社，其花木产品由合作社统一收购、销售、分配，合作社为社员提供产前指导花木品种引进、种植，产中指导花木培育和管理，产后负责产品销售服务。2001—2002年，常州花木种植面积占全省的1/3，2003年下降到全省的1/4；2001年全市花木销售总额达6亿元，2002年全市出产鲜切花40万枝、盆花176.78万盆。2003年，武进有种植苗木草坪达10亩、花卉盆景达5亩的专业户5129户，达20亩的专业户34户，草坪专业户湟里镇最多。2003年以后，城市绿化和四旁植树迅速发展，大规格、成品苗木需求剧增，成品苗木产量缺口加大，促进常州大中规格苗木的发展。2004年，全市花木业总产值由2000年的1.96亿元上升至8亿元，占全市农业总产值的8.1%；1990—2004年，全市花木销售产值年均递增28%。

2007年，常州市花木种植面积扩展到1.67万公顷。武进区有花农3.4万多户，其中专业户0.56万户，江苏艺林园花木公司发起成立的锁方花木合作社，带动周边乡镇农户种植花木1.33万公顷；金坛市发展到5200公顷，其中绿化苗木4878.66公顷、花卉34.67公顷、草坪286.67公顷，该市有种植面积达100亩的规模种植户165户。2008—2010年，常州花木业亩均效益达6000元，最高达10万元。2009年末，常州市花木种植面积2.17万公顷。2010年，常州花木种植面积2.01万公顷，完成花木种植总产值15.7亿元。

二、洮滆花木主产区

2001年，常州市新常溧公路沿线的花木基地新增花卉苗木1334公顷，年末总面积9004.5公顷，约占全省花木种植总面积的1/3，其中盆花、鲜花面积200公顷。2002年9月，国家林业局、中国花卉协会授予嘉泽、夏溪、东安、湟里、尧塘5镇“中国花木之乡”称号。2004年，以这5个镇为主的洮滆花木主产区花木连片面积达1.07万公顷。翌年底，以常溧线、奔卜线与长虹路（金武公路）沿线镇为主的花卉苗木基地化生产特色逐步凸显。此后，随着全国经济快速发展和人民生活水平的提高，城乡环境绿化美化高潮兴起，洮滆地区花木业产销两旺。至2010年底，以武进嘉泽镇、金坛尧塘镇为中心的洮滆花木产区发展成为江苏省最大的花木主产区，有花农4.35万户、从业人员14.6万人，连片种植面积1.2万公顷。

武进西部花木产区　武进花木种植从70年代起步，80年代快速发展，90年代逐步崛起。1999年，夏溪、嘉泽两镇被国家林业局、中国花卉协会命名为全国花卉生产示范基地，年末嘉泽、成章、东安、湟里、村前5个乡镇种植花木473.33公顷，武进西部花木集中区初具雏形。

2002年，武进西部新增花木种植面积1146.7公顷，年末累计6014公顷，占洮滆花木主产区种植总面积的97%。2003—2005年，夏溪、嘉泽、东安3镇因花木经济发达相继被评为常州市农业十强镇。2004年，该地区生产花木1.6亿株、盆景60万盆、草坪2000万平方米、鲜切花400万支，花木销售加园林绿化工程总额计15亿元。武进以花木专业大户、联合专业苗圃和专业村组的形式实现集约化规模经营，形成以常溧线、奔卜线为中心的花木种植带，全区23个镇和1个开发区全年种植花木8200公顷，从业农户3万多户；其中

1986—2000年武进花木种植面积统计表

表14-4-2

年份	面积(公顷)	比上年±(%)	年份	面积(公顷)	比上年±(%)	年份	面积(公顷)	比上年±(%)
1986	792.93	—	1991	538.67	-17.3	1996	1135.40	10.7
1987	666.67	-15.9	1992	721.33	33.9	1997	1248.33	9.9
1988	706.67	6.0	1993	1005.73	39.4	1998	1235.00	-1.1
1989	607.06	-14.1	1994	954.67	-5.1	1999	1546.67	25.2
1990	651.20	7.3	1995	1025.93	7.5	2000	2853.00	84.5

花木专业苗圃、基地达100个，种植面积超过5333公顷。全区有花卉、苗木、盆景、草坪种植专业村45个，专业户5129户，花木经纪人6000多人。2005年，夏溪镇形成乔灌木、球类、草坪、大树等10个花木生产基地。2007年，武进花木业种植面积增至9586.67公顷。至2010年，武进花木业形成从生产基地、花木公司、经纪人队伍、市场服务到园林绿化施工完整的产业链，基本建成集花木生产经营、科研推广与旅游观光于一体的现代农业示范区。

武进农博园位于嘉泽镇，是武进区花木休闲旅游重点园区。2000年，武进华夏花木集团公司建成观赏植物园，占地13.3公顷，引进观赏植物5万盆、盆景2万盆、观赏苗木10万株。江苏艺林园花木公司从2003年开始采取“公司+基地+农户”的模式，发展花木200余公顷，在金坛、江阴等邻近市县连锁发展花木种植基地666.67公顷。2007年，嘉泽镇的华佳园艺公司种植花木约300公顷，产销花木1000余种。2009年4月，武进农业博览园(简称“农博园”)开发建设在西部嘉泽等地全面启动。2010年7月，该园区被省政府确定为江苏省首批现代农业产业园区，同年底园区种植观赏苗木约2亿株、盆栽植物6000万盆、草坪1333.33公顷，其中江南花都产业园建有花卉栽培智能温室等20余公顷。

全国性大型花木交易市场——夏溪花木市场(摄于2003年11月)

金坛东部花木产区　1988年，金坛县尧塘乡花木面积发展到130多公顷。1989年以后，该乡西华等村利用滩地建起5个集体苗木培育基地，发展绿化苗木，相继成立尧塘镇花木公司和溪南、西华等村花木公司。1994年，尧塘镇花木种植品种增至150多个，种植户3360户，总面积400多公顷，完成年产值2500多万元，1998年被省农林厅确定为花木生产基地。1995年，该镇调整农业结构，花木种植面积增至600多公顷。2002年，全镇花木种植面积发展到1500多公顷，成为全国著名的花木之乡。2005年，尧塘镇建成万亩花木示范园，产销观赏苗木、盆景花卉、常绿草坪、鲜切花和古典园林产品，花木种植面积发展到1866.67公顷，完成花木种植产值1.9亿元，入选常州市农业十强镇。2007年，金坛洮湖东部花木主产区面积达2700公顷。

2001—2010 年武进花木分类种植面积和户数统计表

表 14-4-3　　单位：公顷

年份	总面积	其中				种植农户（万户）
		花卉	苗木	盆景	草坪	
2001	4746.67	160.00	3300.00	46.67	1240.00	2.60
2002	6200.00	546.67	4113.33	120.00	1420.00	3.00
2003	7446.68	826.67	5046.67	166.67	1406.67	3.10
2004	8186.67	640.00	5806.67	186.67	1553.33	3.30
2005	9200.00	326.67	7173.33	86.67	1613.33	3.40
2006	9460.00	293.33	7293.33	106.67	1766.67	3.40
2007	9586.67	326.67	7146.67	340.00	1773.33	3.40
2008	9823.67	666.67	7274.00	73.00	1810.00	3.40
2009	10008.67	606.67	7557.00	57.00	1788.00	3.40
2010	10073.00	498.00	7600.00	80.00	1895.00	3.40

三、西部丘陵花木产区

茅山、天目湖丘陵地区主要为天目山余脉丘陵，是林木覆盖较为密集地区，具有发展苗木业的有利条件，到 70 年代末建成一批国有、集体林场、苗圃。改革开放后，随着农村经济体制改革和林权制度改革的深入，该地区花木业开始缓慢发展。2000 年后，随着农业结构调整和科技兴农步伐的加快，花木业投入、品种增加，面积扩大，产业形态逐渐完善。溧阳市龙潭林场、瓦屋山林场等既是国家森林公园，又是苗木栽培基地；曹山紫竹林生态农业园、芳芝林生态园、东陵生态园等花木基地利用丘陵地形和林木资源的优势，兴建垂钓中心、农家乐等项目，创办集花木生产与旅游观光于一体的农业生态园。2004 年底，西部丘陵花木发展区花木连片面积达 2000 公顷。

茅山丘陵地带花木产区　1989 年以后，金坛县花山乡高庄、龙口、茅庵等村种植的丝兰（剑麻）、青桐、榉树、桂花苗木初具规模。2000 年后，金坛市政府倡导“东花西移”发展战略，东部花木业向西部地区延伸发展，带动金坛西部大中规格绿化苗木种植业发展。2000—2007 年，金坛市组建兰花协会、盆景协会、榉园协会和花木、海峡兰花、长山榉树等专业合作社 8 个。2004—2007 年，薛埠、茅麓等金坛中西部丘陵地区加快形成花木发展区，种植总面积 2333.34 公顷，其中中部种植面积 1666.67 公顷、西部种植面积 666.66 公顷。

溧阳丘陵花木产区　溧阳丘陵山区从五六十年代就开始培育种植苗木，但品种单一，发展缓慢，主要分布在戴埠、竹箦、上黄、上兴、上沛、溧城、新昌等乡镇和龙潭林场、瓦屋山林场等地，规模化、产业化培育种植始于 21 世纪初叶。2006 年，上兴镇蒲村杨国华投资 200 多万元，承包村里荒山 26.67 公顷，成立溧阳市国华生态公司，业务拓展到安徽、山东、北京等地。2007 年起，戴埠镇东官村 170 多户农户发展花木种植，2008 年完成总产值 360 多万元。溧阳市上黄镇 239 省道沿线部分农户受夏溪花木市场的辐射带动，多年自发小面积种植花木。2008 年，该镇规划沿 239 省道及后山丘陵区建立花木产业带 533.33 公顷，实现花木规模化种植。至 2010 年底，溧阳市有 8 家企业及合作社入驻花木产业带。

四、品种繁育

常州的花木繁育起步于六七十年代，当时仅有单一的绿化小苗品种。1980 年前后，武进县的徐永昌、徐华昌与金坛县尧塘乡溪南村和花山乡龙口、大坝头两村开始栽培柏类、雪松、女贞、国槐、榆类（白榆）小苗等花木，此后品种增加。1981 年，闵浩焕带领女儿闵惠琴、闵惠芬培育苗木品种多达 150 余个。90 年代初，常州花木品种开始多样化，从以观赏苗木为主向鲜切花、盆景盆花、草坪等品种扩展，至 1993 年底发展到乔木、灌木、花卉、草、藤、盆景、鲜切花 7 大类，品种规格日益增多。1997 年以后，武进更加注重培育草坪、花卉、盆景特色产品。到 2000 年，全市累计引种、栽培南方常绿树种、彩色苗木、观赏苗木等花木品种 100 余个，武进湟里镇当年引进金叶女贞、含笑、杜英、银杏、石楠、红叶李、海桐等新品种 100 多个，金坛尧塘镇开始引进培植常绿、耐寒、耐旱的名贵花木和观赏花木，发展盆景花卉。

2004 年以后，武进扩种观赏性好、适应性强的色叶苗木和花灌木，开发扩种宿根花卉、地被植物及城市公共绿地花坛花，全区苗木、花卉、盆景、草坪品种资源由多样化向系列化发展，且规格齐全。至 2005 年，全市花木生产由以传统绿化苗木为主加快向观赏苗木、中高档盆栽花卉等方向转变。尧塘镇花木品种发展到超千个，溧阳上沛镇芳芝林生态园收集桂花品种 100 多个建立桂花资源圃，至 2006 年引进桂花品种群 4 个，栽种名特优桂花品种 80 多个。夏溪园林绿化公司引种云山白兰、厚皮香、高杆金边女贞、金边麦冬、深山含笑、荷兰黄枫等绿化新优品种 10 余个；溧阳上兴镇蒲村杨国华的生态公司栽培雪松、广玉兰、红叶梨、樱花等花木 30 余种。2007 年，常州市花木主要品种发展到 13 大类 194 个，草坪品种增至 21 个。以尧塘镇为主的金坛东部花木主产区种植有紫薇等灌木，香樟、广玉兰等乔木和球类植物、灌木、攀缘植物及竹类、棕榈类植物。部分花木基地栽培樱花、红枫等乔木和红叶石楠、南天竺、金银花等灌木类及花菖蒲等地被类植物。2008—2010 年，常州花木品种引进培育步伐加快，盆栽花、鲜切花等花卉种类发展迅速，虽仍以常规品种居多，但兰花、凤梨、郁金香和高档苗木等中高档品种比重不断提高。2010 年底，全市引进、培育和种植的花木品种达 1000 多个，形成乔木、灌木、花卉与草类、藤本配套，热带植物、温带植物与寒带植物配套，花乔木、花灌木与草花、鲜切花配套，树桩盆景、花卉盆景与山石盆景、园林小品配套，普通花木与名特优花木配套，各类花木档次齐全，以花卉、盆景系列产品为多，仅菊花品种就多达数百个。

五、技术进步

1995 年以前，常州的花木大部分由花农分散种植，凭经验管理，生产方式原始，品种单一、档次不高、科技含量低。1995 年以后，本地花木公司、花农开始按客户需求培育品种规格齐全的园林绿化用花木，积累种植、养护和管理经验，常春花木公司等企业建设自动喷灌设施，更新育苗系统，实行自繁自育。花木产区的党委、政府引导花木公司和花农加快新品种的研发繁育，引进和应用新技术新成果，与高校、科研单位加强产学研合作，聘请科研院所、高校的专家、教授担任技术指导，调整优化花木品种品质结构，由传统型种植转向集约型、科技型种植。1997 年，金坛建立东方兰园，应用兰花分株设施栽培法，还提供生根液、植物营养液活力素、肥药等园林绿化养护产品。1999 年 9 月，金坛市河头镇赵庄的蒋迪军创办江南花木生物工程研究所，进行花木、盆景栽培及新品种选育推广等。

2000 年，金坛尧塘镇发展盆景花卉，提升花木档次和品位；9 月，常州华余花木公司创办的常州厚余花木观赏植物科技示范园（即艺林园）被中国科协命名为“全国农村科普示范基地”，与江苏省农业科学研究院、南京林业大学联合推广设施栽培等技术，成为 10 多所大专院校的实验基地。到 2003 年，常州花木产区科研基础仍较差，科技人员短缺，重生产、轻技术，引进、繁育新品种少，产品科技含量不高。此后，常州花木企业坚持研究开发新品种，逐渐示范推广强力生根粉（ABT）、全光照自动喷雾扦插育苗、施用缓释肥等新技术，推进技术改造，花木业的科技含量、品种质量逐年提高。江苏艺林园花木公司与南京林业大学合作创办夏溪苗木生产力中心，请 30 名科技人员从事花卉种植研究。

种子种苗培育技术　1988 年至 90 年代初，常州逐渐推广铅笔柏芽苗移栽技术、雪松扦插育苗技术，普

及应用生根粉、萘乙酸等生长素施用技术。部分花木企业、基地尝试用组织培养技术、基因工程育种等现代遗传工程技术方法，培育花木种苗新品种，一些花农开始自行选育花卉、苗木和草坪的种子种苗。2009年，江苏艺林园花木公司的厚余牌樟树苗木被认定为江苏省名牌产品。2010年底，常州培育的花草种子有黑麦草、高羊茅草、狗牙根、高羊茅、八色菊、含羞草、鸡冠花、早熟禾、马蹄金、白三叶、红三叶、一串红、剪股颖、结缕草、二月兰；夏溪地区有经销花卉种子的店铺约10家。

花木信息网络技术　1999年，解新兴在凌家塘西侧312国道旁，投资80万元，建立常州花卉科技情报服务中心，聘请上海园林科学研究所、杭州植物园的3名园艺专家，提供花木种子、技术、信息等服务，建立网站。21世纪初叶，常州花木经纪人、花农开始通过互联网发布需求信息，开展购销业务。2006年，武进农林部门应用国产网络计算机，选择夏溪花木市场、章庄村建设信息化专业市场、专业村，建立专业网站农业信息局域网，开展网上培训、教学和销售。2010年底，常州花木繁育、生产、销售实现信息交流网络化。

第二节　花卉

一、品种资源

80年代中后期，常州绿杨花卉、常春花木、花神园艺等企业开始培育种植花卉。1993年，郊区迎春花场生产花木七大类80多个品种，其中菖兰、满天星、康乃馨等鲜花15个，南方观叶植物近20个。90年代后期，迎春花场增种瓜叶菊、比利时杜鹃、天门冬、马蹄莲等特色鲜花品种，同时扩种盆花。1989年，市蔬菜研究所繁育成功香妃、赤松球、龙城春色、龙城秋色4个月季新品种。1997年，该所自育成功月季新品种傲雪、亚运圣火、极光，后两个品种经国家林业局科技司植物新品种保护办公室审查，符合新品种条件。至2000年，市蔬菜研究所种植名贵月季品种近100个、名贵菊花品种150多个。2002年，常州既发展盆花，又发展鲜切花。到2007年，常州引进、培育和种植的花卉既有木本，又有草本，还有水生植物及其他花卉。2010年，常州主要花卉品种有119种，其中木本花39种、草本花49种、水生植物21种、其他10种。

木本花类　2007年，常州种植的木本花卉主要品种有38种，既有灌木花，也有乔木花。

梅　蔷薇科，有7种，分别是红梅、绿梅、茶梅、乌梅、垂梅、榆叶梅、珍珠梅。

玉　兰　木兰科，有6种，分别是广玉兰、白玉兰、紫玉兰、红玉兰、黄玉兰、二乔玉兰。

海　棠　蔷薇科，有4种，分别是球根海棠、吊钟海棠、垂丝海棠、西府海棠。

月　季　蔷薇科，有4种，分别是丰花月季、红帽月季、黄帽月季、品种月季。

其　他　有14种，分别是杜鹃花、一品红、桂花（八月桂、四季桂）、茶花（山茶花）、瑞香、夹竹桃、含笑、栀子花、六月雪、金丝桃、南天竹、迎春花、蝴蝶花、蟹爪兰金银木、曼海姆。

草本花类　2007年，常州市种植的草本花卉主要品种有44种，2010年发展到49种。

菊　菊科菊属，有7种，分别为雏菊、金盏菊、万寿菊、波斯菊、矢车菊、瓜叶菊、大丽花（大理菊）。

莲　双子叶植物纲山龙眼目莲科莲属，有3种，分别为马蹄莲、半支莲、旱金莲。

其　他　有32种，分别为百合属、郁金香、鹤望兰、美人蕉、唐菖蒲、羽衣甘蓝（花包菜）、石竹、香石竹、虞美人、凤仙花、鸡冠花、千日红、红花酢浆草、醉蝶花、彩叶草、含羞草、满天星、三色堇、三叶苋、仙客来、凤梨、向日葵、蜀葵、风信子、矮牵牛、桂竹香、芦荟、海芋、一串红、福禄考、芦荟、红掌。

水生植物类　有21种，其中挺水植物12种、浮水植物6种、沉水植物3种。挺水植物有千屈菜、菖蒲、黄菖蒲、水葱、再力花、梭鱼草、花叶芦竹、香蒲、泽泻、旱伞草、芦苇、吊兰，浮水植物有睡莲、凤眼莲、大薸、荇菜、水鳖、田字萍，沉水植物有黑藻、金鱼藻、眼子菜。

其他类 有10种，阴生植物类虎尾兰、龟背竹，阳生植物类文竹，仙人球类仙人掌一属；地被植物类有石蒜类、鸢尾、金边矮樱、金边扶芳藤、桃叶珊瑚、金叶过路黄等花卉。

二、培栽技术

1990年以后，常州开始推广应用大棚温室栽培花卉技术。1993年，金坛市尧塘镇溪南村何九荣引进并采用无性繁殖技术，培育比利时杜鹃约10万盆。2000年，武进焦溪镇牟家村开始采用智能温室培育花木技术，投资380万元从西班牙引进温控大棚设备，选种栽培凤梨、红掌、蝴蝶兰等优质高档花卉。2001年，常州花神园艺场大面积引种鲜切花，试验成功切花玫瑰、菊花、马蹄莲、百合、剑兰、非洲菊等品种，按品种生长要求改良土壤后生产的鲜切花品质优良。2008—2010年，常州祝庄园艺有限公司建成智能型钢架温室大棚、玻璃房温室4个，共6万平方米；有专业花卉生产园区9.5万平方米，开展凤梨、红掌、蝴蝶兰等中高档花卉高产优质栽培技术攻关，研究开发高档花卉品种；在昆明建成大棚培育基地6000多平方米。到2010年底，武进农博园建成智能温室20余公顷，其中光伏花卉温室3.33公顷。

三、培育种植

2000年常州新发展花木面积2300公顷。2003年武进花卉种植面积从2001年的160公顷猛增至826.67公顷。2010年底，全市花卉种植面积3740公顷，42.56万平方米智能温室全部种植高档花卉；武进的花卉栽培面积减少到498公顷，年产花卉400万支。

2010年常州市花卉规模种植情况表

表14-4-4

品种	规模种植地区、企业和基地	品种	规模种植地区、企业和基地
鲜切花	常州市绿杨花卉公司（武进经济开发区）、常州市花神园艺公司（新北区新桥镇）等	石楠、红叶李	武进区湟里镇洋淀村等
特色花卉	溧阳市上兴镇洞东村、锡惠特色花木公司等	鸢尾花、金娃娃萱草	溧阳映山红花木园艺公司等
凤梨、红掌、蝴蝶兰	武进焦溪镇牟家村、武进前黄镇祝家村（祝庄园艺）、溧阳上黄三优园艺观光园（上黄镇）等	国兰、大花蕙兰	溧阳市嘉和园艺公司（15公顷）
		牡　丹	溧阳市嘉和园艺公司
草盆花	武进区嘉泽镇成章村等	马　蔺	溧阳映山红花木公司等

鲜切花 1992年常州市绿杨花卉公司（简称“绿杨花卉公司”）租用牛塘镇4.47公顷土地，建立花卉种植基地；翌年，郊区迎春花场在外环路建成，租用武警常州支队的2公顷场地，从事花木培植，建有五连棚900平方米。2000年绿杨花卉公司在滆湖农场绿色生态园建立鲜切花生产区6.67公顷，带动周边20多户农民种植鲜切花33.33公顷。2001年11月周克平在常州新区新桥镇创办花神园艺场，向当地农户无偿转让鲜切花种植技术，推广鲜切花品种的大面积生产。2002年武进生产鲜切花400万支，2006年产量提高到450万支，2007年初步建成武进经济开发区和嘉泽镇高田、五家塘两村及郑陆镇牟家村等鲜切花生产基地。

草盆花 2004年，武进239省道沿线的矮牵牛、彩叶草等草盆花年出圃量1800万盆。金坛尧塘镇溪南村年产牵牛花、一串红等草盆花50多万盆。2006年4月，武进嘉泽镇72户农户依托高田村、成章村、五家塘等地草盆花基地，成立常州市益农草盆花合作社，带动农户230户，注册“润农”牌草盆花，品种18个系列50多个，辐射栽培100公顷。至2007年，初步建成武进经济开发区、嘉泽镇等草盆花生产基地。

菊　　花　是常武地区传统的花卉栽培品种。70年代，在马杭、礼嘉、湖塘等地盛行。80年代，马杭镇几乎家家种菊花，街头巷尾摆满菊花，镇政府连年举办菊花节等节庆活动，马杭镇并入湖塘镇后改为湖塘菊花节，年最高销售量达100万盆。1985年，菊农首次自费参加第二届全国菊展。1986年后，菊花栽培扩展到成章、夏溪和嘉泽等乡镇。2000年，市蔬菜研究所种植名贵菊花约1万盆。至2004年，武进菊农连续参加7届全国菊展，累计获奖92项，其中金奖10项、银奖32项。

月　　季　1984年，郊区花木品种以月季、杜鹃、茶花、冬青、黄杨等常规品种为主。同年，周克平开始培育月季花。1986年以后，成章、夏溪和嘉泽等乡镇逐步自繁自育月季，1988年武进县嘉泽乡大观、高头两村外销月季4.2万株，收入3.3万元，此后逐步发展到周边的五家塘、高田、许家等村。1992年，武进县成章、夏溪两乡月季种植面积26.67公顷。2000年，市蔬菜研究所种植名贵月季约1万盆。

兰　　花　1997年，金坛市城东乡东方村建起东方兰园兰花培育基地，栽培兰花3000盆，到2004年培育国兰等兰花9万盆。2005年，金坛市兰花协会会长刘庆松在金城镇东园新村创办金坛兰园，至2007年栽培兰花400多个品种1000多盆。2000年，常州家绿林果园艺公司培育蝴蝶兰2万株。溧阳市嘉和园艺公司总经理刘颖等从国外引进先进设备繁育成功国内唯一的绿翡翠大花蕙兰，花期长达4个月。2008年，常州市祝庄园艺公司从日本引进春兰、墨兰、君子兰、蝴蝶兰等品种；2009年，在昆明投建首座外部高档兰花基地——6000平方米的温室大棚，重点培育日本兰花。2010年，嘉和公司的垂兰“冰瀑”、拱兰“天使翅膀”获江苏省年宵花卉展示展销会金奖，蝴蝶兰获银奖；常州祝庄园艺公司的兜兰获银奖。

凤梨、红掌　2000年10月，武进焦溪镇牟家村成立江苏首家凤梨与红掌花栽培的专业公司——常州家绿林果园艺公司，同时培育蝴蝶兰等高档花卉，注册“良绿”牌商标，建成进口智能温室1.2万平方米、国产智能温室2万平方米，年产成品花凤梨20万株、红掌2万株，中小苗凤梨30万株和红掌、蝴蝶兰各5万株。2004年、2007年，良绿牌蝴蝶兰、凤梨两度被评为常州市名优家农产品。2007年牟家村成立常州兰友花木专业合作社，入社花农100户，种植面积26.67公顷。2008年6月常州祝庄园艺公司开始与常州家绿林果园艺公司合作培植凤梨、红掌等高档花卉。2010年常州家绿林果园艺公司的凤梨“奥运火炬”、红掌分获江苏省第二届年宵花卉展示展销会金奖、银奖，常州祝庄园艺公司的凤梨“丹尼斯”获金奖。

茶　　花　1999年，溧阳的溧城镇湾墩村陈守贤购回2万棵茶花苗，兴办茶花园1.3公顷，种植茶花100多种。2003年底，陈守贤培育茶花苗成功，培植国内名贵珍稀茶花100多种2.5万株。2010年，嘉和公司的茶花“贝拉大玫瑰”获江苏省第二届年宵花卉展示展销会银奖。

杜　　鹃　1995年金坛花山乡李忠富在茅庵村创立花山花卉培植基地，培植育成比利时杜鹃1000盆，2002年达40万盆。2007年金坛尧塘镇溪南村栽培杜鹃20万盆。

第三节　苗木

一、品种资源

2010年，常州花木企业、基地和花农种植绿叶树种与彩叶树种、国产树种与引进树种的范围、面积都较大，主要培植苗木有常绿针叶、常绿阔叶、竹、落叶林木、常绿花木、落叶花木、常绿果树、落叶果树、常绿叶木、落叶木、蔓木、特种树和引进花木13类196个品种，引进花木品种50个。

常 绿 类　2010年，常州种植的主要常绿苗木品种有83种，其中常绿针叶27种、常绿阔叶17种、常绿花木15种、常绿叶木14种、常绿果树10种。

针　　叶　计27种。柏树有龙柏、刺柏、瑛珞柏、铅笔柏、香柏、绒柏、扁柏（侧柏、子孙柏）、花柏、洒金柏、地柏（铺地柏、沙地柏）、线柏、圆柏、塔柏、凤凰柏、孔雀柏、云柏、竹柏、翠柏18种，松树有雪松、黑松、五针松、罗汉松、湿地松、火炬松6种，桧树有蜀桧、北京桧、西安桧3种。

阔　　叶　计19种。女贞有花叶女贞、金叶女贞、紫叶女贞、大叶女贞、高杆女贞5种，含笑有醉香含笑、乐昌含笑、峨眉含笑、深山含笑（亮叶含笑）4种，冬青有法国冬青、红果冬青两种，还有香樟、石楠、杜英、乐东拟单性木兰、金合欢、木荷、无刺枸骨、猴欢喜等8种。

花　　木　计16种。玉兰树有广玉兰、白玉兰两种，其他有桂花、杜鹃花、山茶花、瑞香、六月雪（银边六月雪）、含笑、夹竹桃、金丝桃、栀子花、茶梅、珠兰、金山绣线菊、金焰绣线菊、桃叶珊瑚14种。

叶　　木　计14种。黄杨有大叶黄杨、小叶黄杨、雀舌黄杨、金边黄杨、金叶瓜子黄杨、其他黄杨等6种，还有海桐、珊瑚树、龟甲冬青、茶树、八角金盘、橡皮树、红花檵木、剑麻8种。

果　　树　计10种。果树有枇杷、杨梅、柑橘、金橘、石榴、水蜜桃、甜梅、枣、李、板栗。

落叶类　2010年，常州花木企业和花农种植落叶苗木主要品种有77种，其中落叶林木33种、落叶花木27种、落叶果树13种、落叶木4种。

落叶林木　计46种。桐树有梧（华）桐、法桐、泡桐、油桐、海桐、青桐6种，柳树有垂柳、金丝垂柳、速生柳、龙须柳、杞柳5种，杨树有青杨、白杨、意杨、毛白杨、枫杨5种，槐树有国槐（金枝国槐）、垂槐、刺槐、香花槐4种，椿树有香椿、红叶椿、千头椿、臭椿4种，杉树有水杉、池杉、落羽杉3种，枫树有红枫、羽毛枫、三角枫3种，榆树有白榆、垂榆两种，其他有楝树（苦楝）、榉树、鹅掌楸、喜树、七叶树（红花七叶树）、栾树（黄山栾树）、灯台树、白蜡树、杂交马褂木、大叶乌桕、白蜡、杜仲、枫香树、重阳木14种。

落叶花木　计29种。梅树有蜡梅、绿梅、春梅、曲梅、榆叶梅、美人梅、金丝梅7种，桃树有花桃、红叶桃两种，海棠有普通海棠、西府海棠两种，其他有牡丹、月季、玫瑰、紫薇、丁香、合欢、樱花、紫荆、紫穗槐、花石榴、木芙蓉、紫玉兰、木槿、锦带花（红王子锦带）、吊钟花、厚朴、栾树、红叶李18种。

落叶果树　计13种。有苹果、柿、枣树、栗、李、杏、梨、桃、山楂、葡萄、无花果、猕猴桃、银杏。

落叶木　计11种。有香椿、红椿、紫叶李、红叶紫荆、檫树、红栌（美国红栌）、黄栌、红叶扶桑、黄金条、红叶小檗（音波，即紫叶小檗）、红瑞木。

竹　　类　2010年常州种植的竹类主要品种有紫竹、淡竹、刚竹、毛竹、早园竹和丛生型竹6种。

引进花木类　2001—2007年，常州从国内外引进的花木品种有50种。其中有美国扶芳藤、美国红橡树、美国皂荚、美国红栌、科罗拉多蓝杉、北美复叶槭、日本矮生紫薇、加拿大紫荆、比利时樱花、鸡爪槭、红花槭、红叶乌桕、紫叶矮樱、红叶椿、红枫（日本红枫、美国红枫）、杂交马褂木、刺楸、香苞树、杜莹、七叶树、红叶枫香、南酸枣、大叶红果冬青、金叶卫矛、金森女贞、金叶小檗、红叶石楠、费氏石楠、桃叶石楠、红楠、浙江楠、对节白蜡、红檀、木姜子、无患子、香果树、中华席春藤、无刺、十大功劳、簸杞柳、香花槐、黄花槐、银杉、金边枸骨、黄花丁香、红王子锦带、宝塔火棘、大叶油樟、乔木红果树。

其他类　2010年，常州花木企业和花农种植较多的其他花木品种有12个，其中蔓木有蔷薇、紫藤、凌霄、紫花藤、长春藤、爬山虎6种，特种树有苏铁、棕竹、棕榈、芭蕉、丝兰、龙舌兰6种。

二、栽培技术推广

1990年，常州常春花木公司试验凤尾竹扦插繁育技术、野生树桩提高成活率技术成功。1995年以后，部分园艺绿化工程企业、苗木生产基地逐渐试用、推广滴水保温、遮阳网管护、生根粉涂抹等技术，大规格苗木移栽技术。2000年后，金坛尧塘镇投资100万元，引种常绿、耐寒、耐旱的名贵花木和观赏花木。2002年武进湟里镇岗峋村大量引进金叶女贞母本，进行自繁自育。尧塘镇引进花木品种培育专业人才，调整花木种植结构，淘汰低档次、低效益的常规花木。

大乔木繁育移栽技术 2000年，奔牛常绿苗圃在省农业科学研究院的指导下，投资建成珍稀大乔木科技示范园，占地15.33公顷，栽培珍稀大乔木10万株。2003年，常州华余花木公司董事长戴锁方发明大树移植快速生根法，获得国家专利，为直径达50厘米大树施行“打吊针”技术，提高移栽成活率，该技术获得花木科学技术进步奖。华余花木公司引进、繁育适合本地气候、环境且热销的对节白蜡、台湾相思、榉树、红白玉兰、红叶李等苗木新品种。2004年以前，武进大苗培育主要从其他地区移栽大规格苗木和大树，2004年开始改为选择适销对路的优良大苗品种进行集约化栽培。戴锁方针对常绿阔叶、针叶乔木生产周期都较长的特点，研究开发出观赏苗木容器栽培法，2006年被列为国家“星火”计划项目，注册的“厚余”牌樟树苗木被评为江苏省、常州市名牌产品。

转基因速生抗虫杨栽培技术 2002年，溧阳市新华街的江南生态苗木园从北京骊龙濒危植物研究所引进中国林业科学院的国家级重点推广项目产品—转基因速生抗虫杨，率先在华东地区推广栽植。经6个杨树品种试栽对比，速生抗虫杨栽植1年后胸径达12厘米，材积增加20%以上，具有比其他杨树生长快、抗病虫性能强、材质优良等特点。

榉树栽培技术 2001年前后，金坛薛埠镇沿江花木专业合作社与南京林业大学的教授联合开展榉树良种的选育、修剪调直(免捆绑)、治病虫等栽培技术研究，所培育榉树小苗具有苗高、杆直、径粗、叶彩、抗病虫害、抗旱涝和抗冻伤的特点，并注册“中国红榉”牌商标。

桂花产业化培育技术 2004年8月，溧阳芳芝林生态园辟出100公顷地为桂花培育基地，联合南京林业大学木樨属栽培植物国际登陆中心开展桂花产业化培育技术研究，育成一批新品种。

垂柳扦插栽培技术 1983年1月，武进湟里公社蒋塘村村民沈金良开始扦插垂柳枝条，一年后长成直径2厘米的小垂柳。1990年引进黄叶垂柳，1996年从江苏林业科学研究院引进金丝垂柳，至2007年建成垂柳种植专业生产基地。

苗畜循环培养技术 2008年，溧阳上兴镇蒲村杨国华兴建千头养猪场，用猪粪作有机肥栽培花木，探索出“养猪+花木栽培”的苗木栽培新方法，形成循环种植养殖发展模式。

三、培育种植

1993年，嘉泽镇苗木种植发展到266.67公顷，出现一批苗木种植专业户和大户。到2000年，湟里镇初步形成岗峋村千亩金叶女贞、蒋塘村千亩垂柳、洋淀村千亩彩叶观赏苗木等专业村。2000年以后，金坛尧塘镇西华村的苗木能手承租土地1000多公顷，建设苗木基地。2003年底，武进苗木种植面积增至5046.67公顷，年产苗木1.6亿株。2004年底，全市有9个苗木品种栽培面积达100公顷。2007年，武进苗木种植面积发展到7146.67公顷，年产量提高到2.5亿株。2010年，武进苗木种植面积发展到7600公顷。

大中规格苗木 1992年，金坛汤庄乡红旗村与南京中山陵苗圃联合建立金坛中山陵苗圃，培育雪松2公顷。翌年，嘉泽镇江头村农民徐永昌在卜弋乡租地6.67公顷，进行大中规格树木整形和造型培植。2004年底，全市种植香樟666.67公顷、广玉兰266公顷、雪松233公顷。2007年，艺林园花木公司发起组建锁方花木专业合作社，带领附近花农栽培香樟、银杏、玉兰、桂花等大规格苗木；武进横林镇牛塘村种植香樟40公顷，邹区镇新屋村种植广玉兰20公顷，分别成立常州市昊博花木合作社、昌盛苗木专业合作社。2010年底，溧阳丘陵地区主要种植大规格较高档苗木品种，江南生态苗木园栽培转基因抗虫杨30万株，成为常州最大的杨树种植基地。

2010年常州市苗木规模种植情况表

表14-4-5

品　　种	规模种植地区、企业和基地
多种苗木	武进区嘉泽镇章断村、跃进村、章庄村、甘塘村、森庄村，武进区湟里镇蒋塘村等，溧阳润洲农业生态园（26.67公顷）
香　樟	武进区湟里镇武宜村、洋淀村，嘉泽镇朝东村，邹区镇新屋村，横林镇牛塘村；溧阳市明华、北山、亿鑫、留保、正宇等花木公司及瓦屋山兄弟苗木基地等
广玉兰	武进区邹区镇新屋村、横林镇牛塘村；溧阳市戴埠镇东官村、映山红花木园艺公司、亿鑫花木公司、留保花木公司、明华花木公司、北山花木公司、正宇生态农业公司、国华生态公司、瓦屋山兄弟苗木基地等
榉　树	金坛市薛埠镇、花山镇高庄村、龙口村、茅庵村和鑫园苗圃。溧阳市戴埠镇东官村、曹山紫竹林生态农业园和亿鑫（竹箦镇，13.33公顷）、明华、北山等花木公司
朴树、鸡爪槭、栾树、金森女贞、重阳木、喜树、红叶梨	金坛市花山镇花山鑫园苗圃，溧阳市亿鑫花木公司、明华花木公司、北山花木公司、正宇生态农业公司、国华生态公司、江南生态苗木园、瓦屋山兄弟苗木基地等
桂花树等特色苗木	溧阳市上沛镇芳芝林生态园（333.33公顷）、上黄三优园艺观光园(55公顷)、曹山紫竹林生态农业园、戴埠镇东官村，金坛市花山镇高庄村、龙口村、茅庵村等
红楷木、桉树、红豆杉、蓝浆果	溧阳市龙潭林场（1580余公顷）、曹山紫竹林生态农业园等
松（雪松）、柏	武进区嘉泽镇章庄村、甘塘村、森庄村
垂　柳	武进区湟里镇蒋塘村、岗角村等
金叶女贞	武进区湟里镇岗角村，溧阳市亿鑫花木公司等
红花檵木	常州市嘉泽园林绿化公司等
紫　薇	武进区嘉泽镇垶头村，溧阳市瓦屋山兄弟苗木基地、戴埠镇东官村等
黄　杨	武进区嘉泽镇章庄村、观后村等
桧　柏	武进区嘉泽镇周庄村等
红梅、金桂、五针松	溧阳市留保花木公司（106.67公顷）等
杨树（转基因抗虫杨）、速生大乔木和南酸枣、重阳木、喜树	溧阳市江南生态苗木园（新昌镇，70余公顷）等
海棠、樱花、红枫	溧阳市正宇生态农业公司、国华生态公司（40余公顷）等
南天竺、鹅掌楸	溧阳市戴埠镇东官村、牛场村等
无患子、广玉兰、红枫、乐昌含笑、紫薇等	上黄镇花木生产基地（233.33公顷）

说明：资料主要来源于《常州年鉴》《溧阳年鉴》、新闻报道、企业黄页网和当地网站

特色品种苗木　2004年底，常州的红花木、桂花种植面积分别为233公顷、133公顷。2007年，武进湟里镇洋淀村种植红叶石楠65.53公顷，嘉泽镇满墩村种植红花木和红叶李58.83公顷。2010年，嘉泽镇种植雪松、龙柏、合欢，湟里镇种植垂柳等特色苗木，武进有特色苗木种植基地100多个，总面积达2000公顷。

金叶女贞　湟里镇岗角村以种植金叶女贞著称，2002年底苗木面积发展到130.67公顷。2007年，该村金叶女贞种植面积发展到85.33公顷。

桂　　花　2004年，溧阳上沛镇芳芝林生态园投资3000余万元，创建江苏省首家桂花产业化示范基地，

发展桂花产业，栽培桂花树200公顷，带动当地30户农户种植桂花。

榉　树　2007年，金坛成为全国最大的榉树小苗培育基地，花山鑫园苗圃紧邻花山镇西面的茅山，成为全国较大的红榉树、朴树、鸡爪槭、黄山栾树小苗和乌球苗培育基地。

柳　树　2004年底，全市垂柳种植面积100公顷。至2007年，湟里镇成为全市最大的垂柳种植基地。2010年，湟里镇蒋塘村有200户农户种植垂柳，总面积93.33公顷，被誉为“垂柳村”。

南天竺　2004年，溧阳戴埠镇鼓励农民引种南天竺，到2010年底，南山竹海景区牛场村约650户农户种植南天竺200余公顷，成为江苏最人的南天竺种植区，成品销往全国数十个城市。

其他苗木　2004年底，全市红叶小檗种植面有600公顷。2007年，夏溪镇花木企业创建常州首家花木出口种植基地，向美国出口红叶石楠幼苗1.2万株。溧阳西郊的映山红花木园艺公司培育马蔺苗数千万株，成为南方最大的马蔺种植基地；溧阳市上沛镇芳芝林生态园种植其他特色苗木33.33公顷。

第四节　盆景

一、品种资源

80年代，武进成章、嘉泽、夏溪等乡镇的花木种植户开始培育、制作盆景，种类发展到藤、果、花、树等品种。常州盆景选用的树种多，均为人工将树种加工造型后确定名称，无固定造型，盆景作品具有古、特、奇、怪、新的艺术特点。2001—2010年，常州地区常用于盆景制作的树种逐渐发展到53种。按选用树种分，有常绿类31种，其中阔叶9种、针叶7种、花木7种、灌木5种、观叶2种、观果1种；落叶类16种，落叶类中林木10种、花木5种、灌木1种；另有观赏竹类、藤本一属6种。

常绿类　2001—2010年，常武地区经常用于盆景制作的主要常绿树种有31种，其中阔叶9种、针叶7种、花木7种、灌木5种、观叶2种、观果1种。

阔　叶　品种有樟树、石楠、桉树、紫杉(红豆杉)、榕树、栎树、黄杨类、桔树、冬青9种。

针　叶　有罗汉松、黑松、五针松、雪松、金钱松、柏类、龙柏7种。

花　木　有杜鹃、桂花、山茶、瑞香、六月雪、含笑、金丝桃7种。

灌　木　有十大功劳、香橼、枸骨、八角金盘、珠兰5种。

观　叶　有棕竹、苏铁2种。

观　果　有金橘1种。

落叶类　2001—2010年，常用于盆景制作的主要落叶树类有16种，其中林木10种、花木5种、灌木1种。

林　木　有槭树、糖槭(俗称枫树)、榆树、榉树、槐树、檫树、朴树、杏树、银杏树、悬铃木(法国梧桐)共10种。

花　木　有梅花、蜡梅、紫薇、桃树、石榴5种。

灌　木　有贴梗海棠1种。

二、栽培技术推广

90年代初，武进嘉泽乡埄头村的徐永昌、徐华昌兄弟尝试对苗木由地栽改盆栽，盆栽后再造型，开发出盆景新品。此后，常州盆景企业、种植户逐步开发出古树桩、太湖石、名贵花卉等类盆景。1990年，常春花木公司送展的雀梅盆景获得在日本大阪举办的第五届国际盆景展览会铜牌。2003年，常州市华余园林花木有限公司开发出大树盆景品种数十个，常州、武进的盆景作品始由小盆景向大盆景发展。2003—2007年，绿杨花卉公司制作的多件“绿杨牌”盆景作品先后获得沈阳世界园艺博览会金奖，中国盆景艺术展览会一、二等奖和第四届花木盆景艺术节一等奖及中国江苏省第七届园艺博览会、南京长三角职工盆景展金奖。2007 年，嘉泽镇章庄村推广盆景培育技术，建成盆景园 5 个。

三、培育种植

2001—2003 年，武进的盆景面积由 46.67 公顷发展到 166.67 公顷，2003 年，武进生产盆景 60 万盆，常州市华余园林花木公司（简称“华余花木公司”）承建的夏溪艺林花木精品园（即艺林园）一期工程竣工，占地 8 公顷，建有奇石馆、根雕馆和古文物馆。绿杨花卉公司的花木盆景园（亦称随园）同年扩大至 12 公顷，其中高档盆景区 3.33 公顷，发展设施栽培的贴梗海棠、火棘等应季盆景品种超过 1 万盆，该公司的枸骨盆景和真柏盆景获得江苏省花木协会第 12 届盆景展金奖。2004 年，武进区盆景面积增至 186.67 公顷，盆景生产形成树桩盆景、花卉盆景、山石盆景相配套的格局。盆景艺术造型、风格各异，千姿百态。2005 年，绿杨花卉公司的黄杨盆景、榆树盆景分获第八届亚太盆景展览会金奖、铜奖，绿杨牌盆景被评为常州市名优农产品。2006 年、2007 年，武进盆景栽培面积分别为 106.67 公顷、340 公顷，分别占全区花木总面积的 1.1%、3.6%，2006 年盆景产量 80 万盆，2007 年武进盆景栽培面积居江苏省县（市）级首位。2010 年，武进盆景栽培面积速降至 80 公顷，生产盆景 310 万盆。

第五节　草坪

一、品种资源

1986—2007 年，常州市引进培育和种植的草坪主要品种有 25 种。2007 年，仅湟里镇里墅村种植的草坪就有马尼拉、马蹄筋、常春、高羊茅和冷季草坪本特尔、虎皮草等 10 余个品种，常州市武进毛氏丹麦草坪有限公司的培植、观察、对比、试验草坪品种就有数十个。2010 年，全市草坪种植品种发展到 29 种：分别为天堂草、丹麦草（大叶、中叶、小叶麦冬）、马尼拉、高羊茅、白三叶、红三叶、本特尔、马蹄筋、中华结缕草、红花草、早熟禾、百慕达、虎皮草（俗称老虎皮）、纯叶草、紫色苜蓿、天鹅绒、百喜草、地毯草、地被石竹、四季青草、红花榨浆草、天富道果岭草，及引进的观赏品种阿尔法、那苏兰神、巴润、公园、康尼、自由 2 号 6 种、百慕达黑麦草（混播草）。

二、培育技术

1984 年，武进湟里镇后坊村农民毛泉炳几次赴新疆，在克拉玛依的戈壁滩上试种百合科沿阶草属丹麦草，通过反复驯化和观察，选种、培育成功抗旱耐寒、四季常青的庭院、公共绿地草坪用草丹麦草良种。毛泉炳从 1985 年开始收集选取麦冬属植物，进行良种扩繁。1992 年，金坛县华城草坪绿化公司率先采用无土栽培法，培育狗牙根（天堂草）等品种草坪 2 公顷，翌年引进高羊茅草种子，在该县实验小学采用直播技术培养草坪。1994 年，许多花木供销员发现天鹅绒草坪在北方生长不好，冬眠时间长，开始引种马里拉、本特尔等品种草坪，面积 166.67 公顷。1996 年，毛泉炳培育的四季常青丹麦草获得中国第一个草类专利，注册“北方之春”牌商标，他创办的武进市毛氏丹麦草坪公司，在北京市通县租地 6.13 公顷繁育推广。2001 年，武进市大地草坪种植有限公司从美国、荷兰等国引进市场前景看好、附加值高的高羊茅、白三叶、红三叶等草坪新品种 200 多吨。至 2006 年底，毛泉炳累计收集选取麦冬属植物品种 5 个，繁育实生苗 32.4 万平方米、分株繁育 97.2 万平方米。2007 年，毛泉炳栽培的“北方之春”牌丹麦草通过北京市科委科技成果鉴定，获得北京市农业技术推广奖、梁希林业科学技术三等奖。

三、培育种植

90年代，武进夏溪、嘉泽、成章等乡镇开始种植草坪，此后草皮卷虽然价格一路走低，但仍供不应求，湟里镇冬季日均有20多辆卡车满载草皮卷发往全国。2000年，全市新发展草坪700公顷，草坪种植基地湟里镇里墅村、东安镇庄桥村草坪品种齐全，面积占耕地面积的70%。香泉村农民马永年承包东安、湟里等镇的抛荒地30公顷，组建武进市大地草坪种植公司，2001年销售草坪100多万平方米。2007年，武进种植草坪1773.33公顷，居江苏省县级首位；湟里镇草皮卷种植面积达1300公顷，成为全国土地面积大、品种多的草皮卷种植基地，该镇里墅、安南、安西、武宜、五巷、南隍、香泉等11个村成为草坪专业村；常州市华辰园林绿化工程公司武进分公司、香泉村分别年产草坪2500万平方米、180万平方米。湟里地区草皮卷种植带动了当地农民编草绳、铲草皮卷行业的发展，形成铲、包装、运输产业一条龙产品链，北京亚运村足球场的草坪选用湟里镇生产的虎皮草，长江三峡工程用湟里镇的草皮卷数十万平方米。

第五章　蚕桑业

80年代末90年代初，栽桑养蚕成为常州农民致富的主要副业，各地对蚕桑生产非常重视，采取扶持政策，鼓励农民种植桑树，蚕业生产开始蓬勃发展。90年代中后期，由于比较效益快速下降，常州蚕桑业进入较大幅度的频繁跌宕起伏期，产业发展曲折艰难。到2010年，植桑面积、养蚕量和亩均、张均产值及总产值均大幅度下降。

第一节　栽桑

一、桑园面积

1987年，溧阳县政府出资调运桑苗3000万株，无偿发放给蚕农，拓植新桑2000公顷；武进县政府颁发174号文件，就稳定桑园面积、落实蚕茧生产任务、加强桑田保护等作出规定，开展多种经营兴旺杯、丰收杯竞赛，加快蚕业发展步伐。1991年，溧阳县政府出资100万元，调运桑苗2700万株，拓植新桑1700公顷。1994年，全市桑园面积发展到1.06万公顷，其中金坛3163公顷、溧阳5067公顷、武进2333公顷、郊区和戚墅堰区7公顷，达历年最高点。1995年以后，因受国内外茧丝绸行情骤变及蚕茧价格大战的影响，茧价直线下滑，桑蚕生产比较效益下降，蚕农的生产积极性受挫，出现严重的毁桑现象。1997年，全市仅剩桑园3695公顷，回落到80年代初的水平，其中溧阳2667公顷、金坛728公顷、武进300公顷。

21世纪初叶，随着农村产业结构的优化调整，全市桑园面积在恢复中保持稳定。2001年，金坛实行以江苏晨风集团股份有限公司为龙头的茧丝绸产业化经营，投入1.6亿元扶持拓植新桑1067公顷，建成千亩示范方7个、五百亩丰产方10个和百亩示范方33个。至2003年，全市有桑园面积5767公顷，形成以溧阳市天目湖镇、横涧镇、新北区西夏墅镇为中心的蚕桑重点镇，金坛建成河头、社头、建昌、茅麓等千亩蚕桑示范园区，全市蚕桑生产由传统的零星分散逐步向重点村、重点镇、养蚕大户和蚕桑生产基地集中，形成区域性分布、区域内集中连片的格局。2004年以后，受生产成本上涨、国际金融危机、高效设施农业和地区经济发展的影响，蚕桑生产比较效益下降，蚕农纷纷挖桑改种，新发展起来的千亩示范园、百亩示范基地也毁桑改种其他经济作物，桑园面积持续下降，2010年底全市仅剩桑园767公顷。

1990—2010年常州市桑园面积和产出情况

表14-5-1

年份	面积(公顷)	总产值(万元)	年份	面积(公顷)	总产值(万元)
1990	8600	9600	2001	4540	6600
1991	9933	9100	2002	5347	4400
1992	10467	7200	2003	5767	5100
1993	10600	11000	2004	4800	5500
1994	10570	22700	2005	3767	5600
1995	8133	11000	2006	3413	9200
1996	4967	4900	2007	2907	4300
1997	3695	4800	2008	2907	3000
1998	4807	5100	2009	2020	1600
1999	4000	3700	2010	767	1500
2000	4267	6400			

二、品种与栽植

1986年后，常州的桑苗绝大多数从浙江的海宁、桐乡等地购进，品种以湖桑32号、湖桑199号、桐乡青为主，90年代后有少量的农桑系列品种用于冬季补缺。1996年，武进蚕桑站引进果叶两用桑。2000年以后，金坛新发展的桑树以新品种育71-1、农桑12号、农桑14号为主。2010年，全市保存下来的桑树品种多为湖桑系列品种，树龄约15～20年，品种老化，桑叶质量差。栽培形式逐步由80年代末90年代初的速成无干(地桑)密植型改变为低干桑园、种子直播，栽植密度从每亩1500～2000株改为1000～1200株。

三、桑病虫防治

常州桑树的主要病害有萎缩病，系菱纹叶蝉传病，防治方法是桑苗检疫、挖除病株、杀灭菱纹叶蝉。桑疫病在育71-1桑树品种中易发生，分黑枯型和缩叶型两种，防治方法是剪除病枝、喷布500单位的盐酸土霉素。1995年以前，辖市区各设1个中心测报站，各蚕桑重点乡镇再设立测报点，全市有测报点29个，其中金坛5个、武进9个、溧阳15个，测报人员由乡镇蚕桑干部兼职，测报站与蚕桑技术指导站为一套班子。90年代后期，溧阳、金坛丘陵山区发生严重桑瘿蚊，用甲基异硫磷拌土撒施防治。桑田的其他常见病虫害有桑毛虫、野蚕、桑尺蠖、桑螟、桑蓟马、红蜘蛛、桑白蚧、桑黄花型萎缩病等。1998年后，随着蚕业生产规模的下滑及乡镇体制改革，乡镇蚕桑技术干部纷纷转行，病虫测报点随之减少。90年代，全市突发的桑病虫有1990年的武进桑螟爆发，危害面积200余公顷，损失蚕种3000余张。1991年、2002年秋期，金坛突发斜纹夜蛾。1995年，溧阳、金坛丘陵山区桑园因干旱爆发桑瘿蚊，常用甲胺磷、敌百虫、敌敌畏、乐果、辛硫磷等农药进行桑园防治。2005年以后，国家禁用剧毒有机磷农药，改用保桑灵、乐桑、桑虫清、桑宁等高效低毒农药。2010年底，全市设测报点9个，其中金坛5个、溧阳3个、新北1个。

第二节　养蚕

一、蚕种培育

常州蚕种生产历史悠久，武进蚕种场在江苏乃至全国享有盛誉。1984年以后，蚕种催青改煤炉炭盆加温补湿为用热风器、电补湿器半自动化控制改造催青室，进行催青，蚕种孵化率有所提高。1985年武进孟城蚕种场成立，年产普通蚕种1.95万张，次年武进生产普通蚕种18.77万张，因武进蚕种场桑田产叶量只够生产10万张普通蚕种，因此该场选择有养蚕基础的农户饲养原蚕，收购原蚕种茧、回场生产普通蚕种，先后在武进、宜兴、金坛、淮安和浙江长兴等地发展饲养原蚕农户。1989年，武进生产普通蚕种24.9万张，其中武进蚕种场自产20.8万张。1990—2010年，采用电器加温、空调制冷设备催青。1990年既产普通蚕种，又产原蚕种。1994年，武进生产普通蚕种与原蚕种30.7万张，其中武进蚕种场生产普通蚕种26.51万张、原蚕种1.12万张。90年代后期，全市尚有武进孟河蚕种场、武进漕桥蚕种场等3家国有蚕种场。1997年，孟城蚕种场因故停产。2000年，溧阳市蚕桑技术指导站改进催青方法，建设匀风式高密度蚕种催青室，采用电热丝加温、空调降温等措施，温度、湿度、光线、气流全由微电脑控制，蚕种的一日孵化率升至98%。2003年，武进蚕种场转制为武进漕桥大有蚕种场，以原蚕生产和委托生产为主，场内生产原种，2009年生产普通蚕种2万张，原蚕种0.5万张。

1990—2010年常州市蚕饲养量、产量和均价统计

表14-5-2

年份	发种量（万张）	产量（万担）	单产（斤）	均价（元/担）	年份	发种量（万张）	产量（万担）	单产（斤）	均价（元/担）
1990	32.86	17.30	52.65	554	2001	10.60	8.20	77.36	808
1991	30.65	17.30	56.44	528	2002	10.66	7.50	70.36	590
1992	32.93	15.80	47.98	458	2003	11.28	6.85	60.73	745
1993	35.13	20.40	58.07	539	2004	9.60	6.50	67.71	850
1994	36.14	22.70	62.81	998	2005	9.12	5.38	58.99	1036
1995	30.70	16.90	55.05	650	2006	9.10	6.50	71.43	1403
1996	13.65	7.80	57.14	630	2007	7.36	4.85	65.90	897
1997	8.53	5.60	65.65	867	2008	4.44	3.30	74.32	974
1998	9.62	6.70	69.65	753	2009	1.76	1.45	82.39	1093
1999	8.98	5.60	62.36	661	2010	1.04	0.91	87.50	1443
2000	9.79	6.60	67.42	954					

说明：保留蚕茧业传统习惯单位担、斤，1担＝50公斤，1斤＝0.5公斤；单产指每张蚕种平均产量

二、品种布局

90年代中期以前，常州市每年饲养春蚕、夏蚕、早秋、中秋和晚秋等五期蚕，饲养品种主要是苏5×苏6、苏3×苏4、75新×7532等第四代家蚕品种。1995年以后，全市养蚕布局调整为春蚕、中秋蚕和晚秋蚕3期，逐步推广应用锡昉×春蕾、苏菊×明虎、青松×皓月等第五代家蚕新品种。2000年以后，随着工业的发展及农药的过量使用，中毒蚕及不结蚕时有发生，养蚕布局调整为饲养春蚕、中晚秋蚕两期，有的地方只饲养一期春蚕。2010年，全市第五代新品种推广率100%，伴有部分雄蚕种、三眠蚕的饲养。

三、饲养技术

喂养方法　1986年，中国农业科学院蚕业研究所研究的小蚕片叶立体育技术在武进万绥试验成功，翌年在金坛、溧阳等地推广应用，取得省工省叶的效果。90年代，小蚕饲养推广应用一日两、三回打孔薄膜覆盖育技术，既保持桑叶新鲜，又省人工；大蚕采用春蚕条桑地面育、秋蚕片叶育技术。2000年以后，金坛开始推广应用大棚规模化养蚕技术，建造大棚80万平方米，配备小蚕共育室，实行小蚕一日两回育技术、大蚕大

棚地面育技术。

簇具改良 2000年以前，常州市应用的簇具以草笼为主，蚕茧质量差。2001年，随着金坛蚕桑产业化进程的推进，簇具也由原来的草笼改为方格簇，推广方格簇自动上簇技术，全市推广率70%，金坛推广率100%，实行方格簇茧比草笼茧每担高150元收购的优惠政策。

蚕病防治 常州市发生的蚕病主要有血液型脓病、中肠型脓病和病毒型软化病等病毒病，白僵病等真菌病，细菌性肠胃病等细菌病，蝇蛆病、农药中毒等非传染性病害4类。养蚕前蚕室、蚕具用漂白粉、优氯净熏烟剂、抗菌剂402、新鲜石灰浆等喷洒或浸渍，严格消毒；对蚕体蚕座用漂白粉防僵粉、优氯净防僵粉、新鲜石灰粉、防病1号、蚕座净以及402小蚕浸网覆盖蚕体，大蚕体喷消毒。有机磷、有机氮农药中毒时，可分别添食阿托品、肾上腺素解毒。

四、蚕茧购销

1986—1997年，常州蚕茧收购由国家统一定价、全额收购，县外贸公司委托县土产公司或供销社收购，下设乡镇茧站。1993年，省丝绸公司把收购经营权下放到县，各县成立丝绸公司，负责茧丝绸生产经营管理，下设分公司、茧站。1997年，鲜茧价格保留国家统一定价，可上下浮动10%。2001年，金坛市蚕桑技术指导站、丝绸公司纳入晨风集团，实行产业化运行，由其子公司晨风蚕茧公司收购烘烤、经营，设7个茧站、两个门店收购。2005年，国家对鲜茧收购实行省级指导价，可浮动15%；溧阳丝绸公司改制为民营茧站。

五、蚕桑综合经营

1986—2005年，蚕桑生产是单一经营，风险大，效益差，竞争力不强。2005年，全市依托龙头企业实施科技兴蚕，推广先进实用技术，开展桑园、蚕室（大棚）综合利用，稳定桑园面积，提高蚕茧品质和产量，增加蚕农收益，提高蚕业综合效益。桑园间套种：利用11月至翌年4月桑园"空闲期"，在桑园里套种榨菜或其他蔬菜，增加桑园复种指数，提高亩桑经济效益。桑树枝条利用：将桑树枝条粉碎后作为培育杏鲍菇、百灵菇等珍稀菌菇的基质，每亩可获利3500～4500元。菇渣堆制发酵可作桑田有机肥，实现生态循环。养蚕设施综合利用：蚕室、大棚每年的利用期仅2～3个月，其余9个月时间闲置，利用闲置季节的蚕室、大棚养鸡或培育食用菌，增加综合经济收入，稳定养蚕业。鸡、菇出售后，鸡粪和菇渣可用作桑园有机肥，实现桑、鸡良性循环。蚕桑副产品利用：90年代后期，溧阳率先研制成功桑叶茶的制作方法，在全省推广应用，桑果具有较高的营养价值和经济价值，用蚕沙制作的枕头保健效果良好。

第六章 畜牧业

80年代，常州畜牧业的业态为农村型，主要以家庭养殖为主，饲养设施为原始落后泥圈，饲料是"有啥喂啥"，饲养结构以养猪为主。1986年全市畜牧业总产值2.23亿元。"七五"期间，常州畜牧业开始产业化经营，全市年均生产肉类6.4万吨、禽蛋2.3万吨、牛奶0.32万吨，牛奶产量仅占肉蛋奶总产量的3.5%。90年代，常州畜禽养殖业服务城市的功能日益增强，专业户、专业大户迅速崛起和发展，多数畜牧场兴建在城市近郊。随着城市建设发展，畜牧场开始外迁，出现专业化、规模化的养殖基地，产业结构逐渐转为猪禽、奶牛蛋鸡并重，饲养方法逐步发展为按畜禽生长发育阶段、营养需要配制，饲喂配合饲料和饲料添加剂。后期开始应用电加热育雏、猪栏鸡笼、自动饮水、照明通风、温控湿控等设备、技术；推广应用一批重大畜牧科技、新品种，畜禽品种更新，生长速度加快，饲养周期明显缩短，质量快速提高。1995年以后，全市各级政府实施"放心肉"工程，培育出一批无公害畜产品基地和产品，常州奶业依托红梅、春晖等乳品企业，形成牛奶生产、收购、乳品加工、销售一条龙的经营体系，产业化经营格局逐步形成。2000年，常州立华畜禽公司推行“公司＋农户”合作经营模式，带动农户联合发展养鸡业。

2001—2005年，常州养殖业呈现工厂化发展趋势，开始应用全自动喂料、智能环境调控等新设备、新技术，涌现出一批区域性、标准化的商品基地，形成一批相对集中的畜牧产业带，畜牧产业化长足发展，由数量扩张型向质量效益型转变。2003年，市政府发布《常州市现代农业产业发展总体规划(2004—2010年)》；翌年，市农林局提出控制养殖、适度养殖、发展养殖的“三区”布局规划。全市畜牧部门推动城郊畜禽养殖企业逐步向西部丘陵地区转移。2004—2006年，立华、永康、广大、八达、乾丰等农牧企业纷纷到金坛、溧阳投资建场。2007年，江苏三德利牧业发展公司在金坛成立，发展“公司＋农户”模式养鸡。2008年，区域畜禽养殖量占全市的60%以上，成为苏南地区重要的畜禽养殖基地。至2010年底，全市形成以生猪为主导、肉禽为重点、草食畜禽为补充、特种畜禽为点缀的畜牧业产业格局，认定畜牧及畜产品加工类农业产业化龙头企业12家，建成无公害畜产品基地55个，培育出无公害畜产品63个。全市生猪年出栏率82.1%，年产肉类12.95万吨，其中禽肉6.76万吨。全市年产禽蛋3.45万吨、牛奶2.06万吨，全市畜牧业总产值增至27.41亿元。

第一节 家畜养殖

1986—2010年，常州养殖的家畜主要有猪、牛、羊、兔，少量养殖梅花鹿、肉狗等特种动物。

一、猪

存　栏　1986年，常州生猪养殖处于一家一户的传统家庭副业状态，养猪专业户很少，同年末全市生猪存栏89.13万头。1988年12月，全市首家生猪养殖基地在西林食品厂投产，年出栏生猪3000多头。90年代，养猪水平逐年提高，养殖规模化水平相应提高。1991年存栏量突破百万头。1996年，全市有近4000户养猪

1986—2010年常州市生猪生产指标统计表

表14-6-1

年份	年末存栏（万头）	比上年±(%)	年出栏（万头）	比上年±(%)	年份	年末存栏（万头）	比上年±(%)	年出栏（万头）	比上年±(%)
1986	89.13	—	98.92	—	1999	83.13	-5.6	89.03	-1.6
1987	—	—	95.59	-3.4	2000	84.75	1.9	93.74	5.3
1988	90.03	—	93.70	-2.0	2001	83.65	-1.3	92.65	-1.2
1989	93.36	3.7	96.79	3.3	2002	79.36	-5.1	89.00	-3.9
1990	96.30	3.1	104.78	8.25	2003	54.87	-30.9	91.40	2.7
1991	102.45	6.4	106.00	1.2	2004	69.10	25.9	98.30	7.5
1992	118.02	15.2	112.28	5.9	2005	55.30	-20.0	98.00	-0.3
1993	104.78	-11.2	118.91	5.9	2006	41.68	-24.6	79.02	-19.4
1994	98.91	-5.6	122.22	2.8	2007	45.31	8.7	91.15	15.4
1995	99.54	0.6	131.39	7.5	2008	52.46	15.8	84.29	-7.5
1996	88.49	-11.1	125.02	-4.8	2009	47.53	-9.4	88.36	4.8
1997	80.68	-8.8	83.82	-33.0	2010	44.79	-5.8	81.92	-7.3
1998	88.07	9.2	90.50	8.0					

专业户饲养30头以上生猪，净收入超1万元，其中千头以上规模养猪场(户)39个，规模养猪出栏11.62万头，规模比例近10%。2005—2006年，生猪高热病爆发，2006年生猪存栏数量跌至41.68万头，后有所回升，2008年恢复到52.46万头。2009—2010年继续小幅回落。2010年，全市有常州市康乐农牧公司、金坛市肠衣厂公司金谷牧业分公司、江苏永康农牧科技公司、金坛市高新养殖场、金坛市兴旺养殖场、常州茅山牧业公司、溧阳市乾丰养殖公司7家万头养猪场；全市生猪存栏44.79万头。

出　栏　1986年，常州市出栏生猪98.92万头，有508户养猪专业户年出栏生猪超20头。1995年出栏量突破130万头，达131.39万头，此后逐年下降。2009年，全市有出栏生猪2000头规模养殖场16户、50头的规模养殖户1525户，分别出栏生猪产品总量24.25万头、59万头，分别占全市年出栏生猪总量的28.6%、69.6%。2010年，全市出栏生猪81.92万头。

品种与特性　地方品种　二花脸猪　原产于武进焦溪舜山一带，主要分布在武进境内。因额头皱褶长得像“二”字而得名，脸有“寿”字形、马头形、狮头形等，属脂肪型猪种，具有性成熟早、繁殖力强、肉质优异、性情温驯、耐粗饲、适应性和杂交配合力强等优点，因其繁殖性能突出被誉为“世界产仔之王”。体型中等，全身被黑毛，中躯较长，四肢粗壮有力，其9～11对乳头多呈葫芦型、丁香型。成年母猪一般重100～125公斤，母猪最多时存栏达2.8万头。90年代中期，全市推广土洋二元母猪、三元杂交瘦肉型商品猪后，二花脸母猪存栏量逐年下降。2000年降至6000头，被农业部列入中国地方猪遗传资源保护名录。2005年4月，武进区焦溪镇畜牧兽医站原站长顾岳清发起成立焦溪二花脸母猪合作社，开国内合作社保种的先河，二花脸猪数量开始恢复性增长。2007年，二花脸猪存栏恢复到1700头；2009年，焦溪舜山二花脸猪获得原产地证明商标和农产品地理标志地域保护。2010年，合作社保有6个血统的公猪22头，母猪存栏2580头。武进横山桥、郑陆等区域被农业部认定为二花脸猪资源保护区。

焦溪二花脸猪(摄于2009年8月)

红灯笼猪　属山猪类型，俗名溧壳子、红沙皮，主要分布在溧阳南渡、竹箦、戴埠和上兴地区。体型中等偏小，体质结实，结构匀称。被毛纯黑，头型有“鲫鱼头”之称，嘴筒平直微凹，耳大，有獠牙。肢体长度中等，四肢粗壮，背腰平直微凹。母猪乳腺发达，有8～10对乳头，具有产仔率高、繁殖性能好、耐寒性强等优点。随着瘦肉型猪养殖的兴起与发展，红灯笼猪饲养量急速下降，1980年全市存栏红灯笼母猪1万余头、公猪20余头，2006年畜禽遗传资源调查，全市存栏红灯笼公猪仅4头、母猪2501头，品种处于濒危状态。2009年，溧阳红灯笼猪被列入省级畜禽遗传资源保护目录。

米　猪　主要分布在金坛境内，因体形两头窄中间宽、呈大米状而得名。骨骼较细致，头大额宽，耳朵软大且下垂，形似大蒲扇。全身被黑色或青灰色毛，稀疏丛密。母猪乳头多为8～9对。2006年，江苏永康农牧科技公司开始米猪保种工作，收集米猪父本11头和母本100多头，成立金坛米猪原种场，经4年多选育扩繁，米猪量略增，2010年，有米猪父本22头、母本224头。

引进品种　苏太猪　是苏州市苏太猪育种中心采用以太湖猪为母本、外种猪杜洛克为父本育成的中国瘦肉型猪新品种，是江苏自主育成的地方良种，1999年通过品种审定，省农林厅开始向全省推广苏太猪。2000—2001年，金坛社头、溧阳塔山、武进牛塘各建苏太猪扩繁场1个。

外来猪种　主要有长白（白毛，原产于丹麦）、大约克（白毛，原产于英国）、杜洛克（棕褐毛，原产于美国），主要优点生长速度快，瘦肉率高。1980—1985年，全市从外地引进少量外国猪种用于品种改良，每次大约引进两三头。1995年，全市外来种猪90%以上集中饲养在康乐农牧公司。后来，江苏省永康农牧科技公司、溧阳市乾丰养殖公司、金坛市高新养殖场引进长白、大约克、杜洛克、PIC猪（PIC为英国一家种猪改良国际集团英文名称的简写）等外来品种，逐步扩大外来猪种的扩繁和饲养。2010年，圈存外来猪种猪近1万头。

繁　育　1986—1990年，常州按母猪本地良种化、公猪外来良种化、肥猪杂交一代化的思路，依托武进家畜改良站开始推行猪的统一供精，减少公猪饲养数量，杜绝社会化配种带来的疫病传播。1990年，全市有30个乡镇畜牧兽医站达省一、二级输精站标准，全市猪人工授精普及率88%，公母猪比为1∶1700。1998年，市多种经营管理局制定《常州市新品种更新工程规划》，加快良种引进、繁育、推广步伐。2000年，全市引进苏太猪种猪600多头，年末二元母猪存栏5.67万头，占母猪总量的68%。此后，以康乐农牧、永康农牧为代表的大型养猪场实现规模化养殖，自繁自养，畜牧兽医部门的社会化统一供精服务逐步没落，家畜改良站逐渐撤销。至2010年，全市有祖代、父母代种猪场6家。

1986—2010年常州市猪肉产量统计表

表14-6-2　　　　单位：万吨

年份	猪肉产量	比上年±(%)	年份	猪肉产量	比上年±(%)	年份	猪肉产量	比上年±(%)
1986	5.94	—	1995	9.00	7.3	2004	6.45	9.3
1987	6.05	1.9	1996	8.76	-2.7	2005	6.49	0.6
1988	6.30	4.1	1997	5.93	-32.3	2006	4.77	-26.5
1989	6.47	2.7	1998	6.23	5.1	2007	5.45	14.3
1990	7.00	8.2	1999	5.96	-4.3	2008	5.78	6.1
1991	7.33	4.7	2000	6.43	7.9	2009	5.95	2.9
1992	7.81	6.5	2001	6.77	5.3	2010	5.98	0.5
1993	7.90	1.2	2002	5.92	-12.6	累计	164.96	—
1994	8.39	6.2	2003	5.90	-0.3			

饲　养　80年代，常州养猪大致是沿袭传统的稻上场吃稻，麦上场吃麦的单一饲喂方式。1985年以后随着混合饲料逐步推广，养猪逐步改为精、粗、青搭配饲喂混合料，除母猪户为煮热饲喂外，一般养猪场和肉猪户基本改为生料饲养。90年代中期起，随着颗粒全价饲料逐步推广，乳猪教槽料等商品化饲料广泛应用。2010年，常州市康乐农牧公司的中东牌商品猪被认定为江苏省名牌产品。

管　理　1986年，一家一户养猪（特别养母猪）多数沿用传统的暖（软）圈方式，耗工且辛苦。1990年以后，规模养猪崛起，逐步实施饲养工艺改革，全部改为冷圈（水泥圈），省工省力便于大群饲养管理。1996年，康乐农牧公司率先建设现代工厂化养猪场，分娩保育实行高床饲养，育肥实行漏粪式地板饲养，从配种、妊娠、分娩、保育、育肥实行全进全出封闭式饲养管理。后来，工厂化养猪、分段饲养、全进全出封闭管理成为规模化养猪的主流。

产　销　80年代和90年代初期，常州市有苗猪市场90余家，常年外销苗猪近百万头，约占全市上市量的4成。遇市场波动，常州市苗猪供应有缺口时，主要从苏北和安徽等地调入。1986—1995年，全市肥猪销售主要靠乡（镇）供销社副食品收购站收购，经屠宰场（点）宰杀后分散销售。1996年，全市实行生猪定点屠宰，出栏肉猪约6成就近屠宰、上市销售，其余4成由经纪人贩运出常州供应沪宁杭等市场。21世纪初叶，随着专业化养猪和自繁自养的推广，苗猪市场逐步萧条，慢慢退出历史舞台。

二、牛

常州的牛主要以水牛、奶牛为主，奶牛以黑白花奶牛为主，黄牛数量极少。1986年，全市水牛散养农村各地，役、肉兼用，年末存栏8100头。1990年以后，耕作机械化水平逐年提高，水牛逐年减少。1986—1998年，全市奶牛饲养量徘徊在1000头左右。1999年，市政府实施“奶牛下乡、牛奶进城”民心工程，吴新代在武进雪堰镇雅浦村建设奶牛牧场，次年顾浩华在武进的洪庄村建立奶站收购鲜奶，带动当地农民养奶牛。2001年、2003年，陈建国、顾浩华、承尧兴分别在武进芙蓉镇、焦溪镇牟家村创建美芙蓉、瑶瑶、聪聪奶牛养殖小区，数年间，全市新增奶牛逾2000头。2003年，全市奶牛品种以荷兰黑白花奶牛为主，年末存栏3600头。2005年，春晖乳业在武进外向型农业开发区建设牧场，在全省首次从澳大利亚引进优质娟姗奶牛100头。2009年，红梅乳业公司与春晖乳业公司相继在溧阳竹箦、社渚兴办牧场，年末全市奶牛存栏量增至5886头。2010年，常州仅溧阳等地尚零星饲养水牛200余头；奶牛集中分布在红梅乳业（西林牧场、小河牧场、竹箦牧场）、春晖乳业（武进雪堰牧场、经发区牧场、社渚牧场），武进双庙奶牛养殖小区、金芙蓉奶牛养殖小区及新北金穗奶牛养

常州市乳品厂的现代化奶牛场（摄于2010年6月）

1986—2010年常州市奶牛养殖量和产奶量统计表

表14-6-3

年份	奶牛存栏（头）	牛奶产量（吨）	年份	奶牛存栏（头）	牛奶产量（吨）	年份	奶牛存栏（头）	牛奶产量（吨）
1986	1472	3554	1995	600	1681	2004	3600	15477
1987	1300	3400	1996	600	1330	2005	4000	13742
1988	1200	3801	1997	600	1993	2006	3400	14279
1989	1100	2836	1998	800	2362	2007	4300	16406
1990	970	2503	1999	1200	2874	2008	6031	14818
1991	936	2557	2000	1500	4371	2009	5886	15518
1992	900	2801	2001	2100	5820	2010	5664	15873
1993	800	2412	2002	3000	11069	累计	56359	181788
1994	800	1655	2003	3600	18656			

殖小区、金坛浩茵奶牛养殖场的10个场点，金坛奶牛数量基本维持在200头，溧阳奶牛不足百头，全市存栏奶牛5664头。乳品加工企业常州市红梅乳业、江苏春晖乳业公司常年加工乳品逾1万吨。

三、羊

常州农村饲养的羊以本地山羊为主，杂交羊次之，绵羊极少。1986年末，全市羊存栏39.62万只，同年出栏23.03万只。1987年，全市启动山羊杂交改良工作。1988年，金坛县直溪镇引进睢宁山羊进行人工授精、杂交改良，翌年该县推行山羊统一供精。1990年，市多种经营管理局引进良种公羊30只，扩大山羊统一供精，全市出栏山羊45万只。此后全市山羊数量逐年攀升，1995年达到高峰，年末山羊存栏64.91万只，全年出栏66.81万只。1997年，徐金良在武进横林镇创办千头牧羊场，引进南非波尔山羊原种公羊两只，开展杂交繁殖。2001年，武进东青一位农民在郑陆农场投资200万元兴建常州市波尔山羊种羊场，在全市首次成功实施山羊胚胎移植，2004年扩大到存栏波尔纯种羊200只、萨能山羊200只，带动周边86户农户养殖波尔山羊600多只。两家规模养羊场后来均破产。2004年，马剑彪投资200万元，在溧阳后周黄金山创办利群羊场，从苏州种羊场引进公湖羊8只、母湖羊80只进行繁殖，到2006年该场存栏湖羊2000多只。此后，全市羊存栏量逐年下降，冬季餐饮用羊肉、羊汤，要从外地调入菜羊。2010年底，全市羊存栏8.26万头、出栏11.53万头。

第二节　家禽养殖

80年代，常州家禽饲养种类以鸡、鸭、鹅为主，另有少量鸽、鹌鹑等特禽，饲养方式以农户散养为主。1986年，全市家禽存栏447.84万羽，出栏646.72万羽。1990年末，全市家禽存栏714.49万羽。90年代中期，家禽规模化养殖开始发展，家禽存栏量逐步增多，出栏数量同步增加，1991年、2002年、2007年家禽出栏量

1986—2010年常州市家禽生产指标统计表

表14-6-4

年份	家禽存栏量（万羽）	家禽出栏量（万羽）	禽肉产量（万吨）	禽蛋产量（万吨）	年份	家禽存栏量（万羽）	家禽出栏量（万羽）	禽肉产量（万吨）	禽蛋产量（万吨）
1986	447.84	646.72	0.93	1.91	1999	593.73	1506.60	2.49	1.84
1987	—	—	—	—	2000	628.99	1729.69	2.80	2.30
1988	634.82	934.40	1.70	2.51	2001	678.56	1711.23	2.72	2.80
1989	554.94	843.23	1.44	2.15	2002	790.94	2065.58	3.16	2.52
1990	714.49	975.85	1.52	2.36	2003	560.73	2092.58	3.03	2.44
1991	699.67	1037.18	1.74	2.36	2004	683.10	2005.00	3.36	1.93
1992	790.90	1125.88	1.87	2.58	2005	930.94	2436.95	3.86	1.89
1993	805.82	1227.74	2.31	2.62	2006	863.26	2931.83	5.51	2.24
1994	889.79	1321.78	2.22	2.69	2007	982.71	3139.77	5.39	2.08
1995	770.22	1642.9	2.61	2.56	2008	1095.19	3927.76	6.24	1.93
1996	704.55	1656.49	2.85	2.15	2009	1168.75	4869.67	7.84	2.19
1997	606.43	1618.47	2.22	1.94	2010	1406.59	5962.27	6.76	3.45
1998	564.73	1487.57	2.40	1.97	累计	18567.69	48897.14	76.97	55.41

先后突破1000万羽、2000万羽、3000万羽，2009年出栏量突破4800万羽。2010年，全市家禽出栏5962.27万羽、存栏1406.59万羽。

一、鸡

80年代，常州农村把养鸡作为家庭副业，主要品种为当地草鸡，肉蛋兼用。90年代前，蛋鸡品种主要是来航鸡，1990年后逐步饲养白羽肉鸡，1996年后三黄鸡饲养量逐渐增多，2000年立华畜禽公司饲养的雪山草鸡约占全市养鸡量的一半。2002年，全市鸡的存栏量689.2万羽，出栏突破1000万羽。2005年以后逐步转为饲养海兰、伊沙蛋鸡。

肉鸡品种　主要有雪山草鸡、溧阳鸡等7种。

雪山草鸡　是常州市立华畜禽公司利用藏鸡、茶花鸡为育种素材，于1999年育成的当代草鸡新品种，商品成鸡体形中等，青脚细腿，外观亮丽，公鸡红背黑尾，母鸡麻羽。2009年，雪山牌雪山鸡被认定为江苏省名牌产品。

溧阳鸡　俗称九斤黄，体型大，脚粗长，胸宽，肌肉丰满，繁殖力和适应性较强，抗病能力强。可舍饲、半舍饲和放养，放养肉质最好，中心产区在溧阳西南丘陵地区。但不易集约化生产，生长速度较慢，经济效益较差，当国外禽种不断引入后逐步被淘汰，90年代后饲养量急剧下降，濒于灭绝。2002年，溧阳在种畜场内建立溧阳鸡保种群，2006年被列入国家级畜禽遗传资源保护目录。2010年，溧阳中心产区饲养量约10万羽。

三黄鸡　为中国著名土产黄羽优质肉鸡，因外貌羽毛黄、爪黄、喙黄而得名，全身密布黄色羽毛，尾羽黑色，皮脆骨软、脂肪丰满、肉质鲜嫩。育雏期约28天，育成期约达52天。公鸡颈羽金黄色，主翼羽红夹黑色，鸡冠较高，冠齿5～7个。母鸡主翼羽半黄半黑，体型紧凑匀称，背平直，尾羽高翘，状如元宝。22周龄成年公鸡体重大致1.6～1.8公斤、母鸡体重约1.25～1.4公斤。

白羽肉鸡　是从育种公司美国科宝、安伟杰和法国哈巴德引进的品种，主要品种有科宝50、科宝700和艾维茵48，安伟杰公司的罗斯308、罗斯508和爱拔益加鸡，哈巴德公司的哈巴德。2003年武进区引进哈巴德肉鸡100万羽。白羽肉鸡育雏期约7天，育成期约35天。

艾维茵肉鸡　为显性白羽肉鸡，体型饱满，胸宽腿短黄皮肤，增重速度快，饲料转化率、出肉率高，死亡率低。商品代公母混养49日龄重2.6公斤。

AA肉鸡　是四系配套白羽肉鸡品种，四系均为白洛克型，羽毛白色，单冠。中国于1980年开始引进，是国内白羽肉鸡中饲养较多的品种。

罗斯308肉鸡　生长快、饲料报酬高、产肉量高，能充分满足生产多用途肉鸡(全鸡、分割肉和深加工)系列产品的需要。江苏八达畜禽公司、江苏广大畜禽公司饲养。

存栏出栏　1986年，全市存栏草鸡351.5万羽。1990年以后，规模化养鸡崛起，成为一项产业逐步发展起来。1995年，全市肉鸡存栏454万羽、出栏882万羽。2002年，全市肉鸡出栏量突破1000万羽，规模肉鸡场的产量占比超过90%。2007年，全市肉鸡存栏量突破1000万羽。雪山草鸡、溧阳鸡上市公鸡均日龄约85天、母鸡120天，个体均重1.25～1.5公斤。2010年，全市肉鸡存栏1046.55万羽、出栏4000万羽，有年出栏达1万羽的规模养殖场户798户，规模养殖比重93%。

饲养与管理　肉鸡的饲养方式主要有地面厚垫料平养、网上平养两种。

地面厚垫料平养　是全市最普遍的饲养方式，即在鸡舍地面铺设上约10厘米厚的刨花、锯末、稻壳及铡成3～6厘米长的稻麦秸秆等垫料，肉鸡一直生活其上。设备投资少，残次品率低，主要缺点是肉鸡易感染肠道疾病和球虫病。

网上平养　在离地50～60厘米高度架设网架，用约两厘米粗的圆竹竿、木条平排网架上制成网床，鸡群生活在网床上的塑料网、铁丝网上，鸡群不接触鸡粪，可显著减少鸡群的球虫病、大肠杆菌病、慢性呼吸道病等疾病的发生，鸡舍环境容易控制，可节省垫料费用。养鸡设备包括火炉、保温伞、红外线灯等保温设备，料盘、料桶和饮水器等饲养设备等，投资较高。

蛋　　鸡　存栏出栏　80年代进口的主要是来航鸡，家家户户饲养的都是蛋肉兼用型，专用型蛋鸡饲养较少，1986年末全市存栏351.5万羽，年产蛋1.91万吨。90年代初开始兴办蛋鸡场，武进县王岳兴养迪卡蛋鸡2万羽，成为当时常州蛋鸡王，所供鸡蛋占全常州市的1/5。1995年，全市专用型蛋鸡存栏248.65万羽，年产蛋2.56万吨。此后，全市专用型蛋鸡每年存栏约120万羽。2005年，常州大量进口德国海蓝褐、无锡伊沙蛋鸡。

品　　种　来航鸡　原产于意大利，因由意大利来航港运往美国继而运到他地而得名，是世界著名白羽蛋鸡品种，全身羽毛白色，体型小，冠大而鲜红，喙、胫、皮肤均为黄色，适应性、觅食力强，无就巢性。成年公鸡重2公斤、母鸡重1.5公斤。年均产蛋量200枚，蛋均重54～60克，蛋壳白色。

罗曼褐壳蛋鸡　是德国罗曼公司培育的四系配套优良蛋鸡，是褐壳蛋鸡中养殖量最大的品种，适应性强，耗料少，产蛋多，成活率高。

海兰褐壳蛋鸡　是80年代引进美国海兰国际公司培育的四系配套优良蛋鸡，为全国大部分地区饲养较多的褐壳蛋鸡种品，适宜集约化养鸡场、规模鸡场、专业户和农户饲养。商品代初生母雏全身红色，公雏全身白色，可自别雌雄，头部较紧凑，单冠，耳叶红色，皮肤、喙和胫黄色，体形结实，基本呈元宝形，具有饲料报酬高、产蛋多和成活率高的优点。

伊萨褐壳蛋鸡　是法国伊萨公司培育的四系配套褐壳蛋鸡，商品代雏鸡可按羽毛颜色自别雌雄，母雏金黄色，公雏银白色，体型中等，蛋壳褐色。

二、鸭

常州饲养的鸭95%以上为肉鸭。1980年以前，常州家前屋后有河塘的农户多以饲养肉蛋两用鸭为传统副业，分农户分散饲养、专业性鸭农成批饲养（俗称趟鸭）。散养规模小，户养数羽或一二十羽，白天鸭放到河塘觅食，晚上回窝，早晚补充些稻谷等精料；趟鸭多以季节性放牧饲养，少者上百羽多则上千羽，鸭农搭简易鸭舍，白天沿河湖水路撑船赶鸭，自由觅食，早晚适当补饲。1986年，全市存栏鸭56.14万羽，1990年存栏蛋鸭8.21万羽。80年代中后期，引进樱桃谷鸭等外来品种鸭，推广配混饲料，出现圈养鸭，常年用配合饲料舍饲，同时出现鱼鸭混养模式。90年代中后期，大棚养殖肉鸭出现，逐渐成为饲养肉鸭的主要模式，饲养周期一般35～40日，最短25～28日。全市逐渐产生一批以养殖肉鸭为主的专业户、专业村，年出栏量逐年增加，1996年，存栏量增至116.23万羽、出栏404.2万羽。303户规模养殖场户年出栏322万羽，肉鸭规模养

武进郑陆镇万羽养鸭场（摄于2008年6月）

殖占比 79.1%，此后全市肉鸭存栏量基本稳定。2010 年，规模养殖主要集中在武进前黄镇、郑陆镇，金坛西岗镇，溧阳天目湖镇、南渡镇，以樱桃谷鸭为主，但蛋鸭饲养很少，出栏肉鸭 600 多万羽，年末存栏肉鸭 111 万羽、蛋鸭 21 万羽。

三、鹅

存栏、品种和分布 鹅属食草水禽，在常州饲养的家禽中所占比重很小。1986 年，全市存栏 40.19 万羽，1996 年下降到 26.99 万羽，2001 年起，提倡种草养畜，养鹅数量上升较快，存栏基本稳定在 45 万羽左右。2006 年，常州四季鹅业公司利用品种种苗优势，开始推行“公司＋农户”的肉鹅养殖模式。2010 年，全市存栏鹅 46.23 万羽，品种主要有四季鹅、扬州鹅和荣昌鹅，主要分布在溧阳竹箦、别桥、社渚、南渡一带和武进洛阳、前黄、寨桥一带。

饲养管理 1980 年以前，养鹅沿袭传统方法，有农户零星养殖和较专业的大群饲养两种，多采取放牧饲养，多数一年养一趟，一般在清明始养小鹅，70～80 日龄鹅个体重 2.5 公斤左右。90 年代中后期，全市逐步出现种草养鹅、半开放式圈养的饲养管理方式。

第三节 特种畜牧业

常州特种畜牧业的主要养殖品种有兔、梅花鹿、鸽、孔雀、蜜蜂等，另有零星散养野猪、水貂、肉狗等哺乳动物。2010 年，全市存栏兔 8 万只、梅花鹿 1700 头、种鸽 7 万对、蜜蜂 6000 多箱(群)。

一、梅花鹿

常州梅花鹿的引繁始于 1998 年。武进市牛塘镇的王渊源投资 200 万元，从东北引进双阳、西凤高产优质梅花鹿种鹿 150 头，在武进农业开发区租地 4 公顷，建起阳湖梅花鹿场。溧阳上黄镇村民引进双阳高产优质梅花种鹿 28 头，在上黄镇建立白云梅花鹿场，所产鲜鹿茸酒主要销往溧阳及周边地区。2001 年，阳湖梅花鹿场成立梅花鹿研究所，阳湖牌鲜鹿茸酒同年获江苏省农业综合开发成果展示会金奖，被评为常州市名优农产品。2010 年存栏种鹿 285 头，年供优质种鹿 60 多头，出产鹿茸 150 公斤。白云梅花鹿场 2010 年存栏种鹿 120 头，年供优质种鹿 20 多头，出产鹿茸 70 公斤。2010 年，全市梅花鹿存栏约 1700 头。

梅花鹿养殖场（摄于 2001 年 5 月）

二、兔

80 年代，常州以饲养毛兔为主。全市引进多批西德长毛种兔逾 300 只，推行杂交改良，供销、外贸等部门在乡镇设点收购兔毛。1986 年，全市兔存栏 58.3 万只。武进圈存毛兔 39.29 万只，当年产兔毛 124 吨，存栏量、产毛量均居全国县级第二位。80 年代后期，兔毛市场疲软、毛价下滑，供销、外贸部门不再收购，毛兔饲养量急剧下降。1997 年，金坛登冠、建昌、西阳、白塔、直溪等乡镇因镇江外贸公司、上海实验动物需求兴起饲养肉皮两用兔，后因停收弃养。2000年，规模化饲养獭兔在金坛薛埠、社头等地兴起，建有万头兔场两家。溧阳清安荣军獭兔繁育场引进獭兔800只，次年存栏量达5000只；2002年，武进南山兔业公司饲养种獭兔8000只，后因销售不畅，2003年后迅速萎缩。2010年，全市存栏兔8万只，其中毛兔3.95万只。

三、鸽

常州规模饲养肉鸽始于1998年，江南鸽业公司引种2000对。2002年，全市种鸽达2万对，薛埠、金城等地的10余户农户相继发展肉鸽养殖业。2002年，夏溪种鸽场饲养种鸽6000余羽，年出栏商品乳鸽10万余羽，2004年该场因征土地关闭。2010年，出栏乳鸽90万羽，全市年末存有种鸽7万对。

四、蜜　　蜂

常州养蜂业历史悠久，80年代末达到鼎盛期。1988年，武进有4500多位养蜂人，养蜂7.55万箱，成为全国第二大养蜂基地县。此后，随着工业化进程加速，就业门路增多，蜂农越来越少，加之油菜面积逐年减少，定地养蜂的蜜源越来越缺，养蜂数量逐年下降，特别是1993年以后急剧减少。2010年，全市仅存蜂6000多箱(群)。

第七章　水产业

常州市拥有水域面积9.5万公顷，占总面积的21.7%，除长江、太湖、滆湖、洮湖和部分大水面主要作为天然捕捞和生态湿地建设外，适宜养殖的水面约4万公顷，大都已开发利用。常州渔业资源十分丰富，有纯淡水鱼类和过河性洄游鱼类（包括溯河性、降河性鱼类）约130种，其中纯淡水鱼类115种、过河性洄游鱼类15种。有常规鱼类青、草、鲢、鳙四大家鱼，还有著名的鲥鱼、刀鲚（鲚鱼）、河豚（俗称“长江三鲜”）和白鱼、白虾、银鱼（俗称“太湖三白”），长荡湖、滆湖的中华绒螯蟹、青虾及后来引进的鱼、虾、贝、藻新品种，生态群落多种多样。改革开放后，常州渔业率先放开，从计划经济走向市场经济，在农村产业结构调整、科技兴渔实践中，产业结构不断优化，产业规模持续扩大，产品质量稳步提高，市场竞争力逐步增强，常州渔业进入健康快速发展轨道。1986年，全市水产养殖产量3.3万吨，1990年全市水产品总产量提高到5.3万吨。2000年，全市水产养殖面积3.47万公顷，年产水产品11万吨，其中特种水产养殖面积2.67万公顷，年产特种水产品1.3万吨。2005年3月，市农林局编制出台《常州市现代渔业产业发展规划(2005—2010年)》。2010年，市农委发布《常州市水域滩涂养殖规划(2010—2020年)》。全市水产养殖面积发展到3.89万公顷，其中高效渔业水面2.55万公顷，占全市养殖总面积的64.9%，居全省辖市第二位。全市水产品总产量达14.3万吨，完成总产值42.4亿元。

第一节　常规水产养殖

一、养殖品种

常州水产养殖的常规品种既有传统品种，也有引进的优良品种。淡水鱼类传统品种有23种，主要是：青鱼、草鱼、鲢鱼、鳙鱼、鲫鱼、团头鲂、鳜鱼、翘嘴红鲌、黄鳝、泥鳅、乌鳢、黄颡鱼、赤眼鳟、暗纹东方鲀、长吻鮠、胭脂鱼等。国内良种有团头鲂、异育银鲫等。引进品种主要有：罗非鱼(即非洲鲫鱼)、革胡子鲶、加州鲈鱼、斑点叉尾鮰、淡水白鲳、匙吻鲟等。1965年起，家鱼人工繁殖鱼苗正常生产，停业采购长江天然鱼苗。2000年以后，以本地湖泊、长江的野生品种为重点引进驯化了的长吻鮠、河豚、黄颡鱼、翘嘴红鲌等品种，长吻鮠、翘嘴红鲌等已规模生产。

二、面积产量

1985—1986年，农村调整产业结构，规划把一批低洼田、废旧河道、沿湖滩涂围垦等土地大规模建设精养鱼塘，逐步形成城郊及渔区淡水鱼商品基地。1986年，全市水产养殖产量3.3万吨。1990年，全市水产养殖面积2.53万公顷，产量5.3万吨。至2010年底，全市初步形成以养殖河蟹、青虾为主的1.33万公顷长荡湖渔业经济区，以养殖团头鲂、银鲫为主的0.67万公顷的漏湖渔业经济区，以养殖长吻鮠、河豚、鳜鱼为主的0.13万公顷沿江水产养殖区，以养殖鲢鱼、鳙鱼、草鱼等为主的0.2万公顷天目湖水产养殖区，天荒湖、太湖水产养殖区等特色渔业产区初具雏形。是年，全市水产养殖面积3.93万公顷，养殖水产品产量14.3万吨。

1986—2010年常州市水产养殖业发展指标统计表

表14-7-1

年份	面积(万亩)	总产量(万吨)	总产值(亿元)	年份	面积(万亩)	总产量(万吨)	总产值(亿元)
1986	—	3.30	0.04	1999	50.40	10.90	18.50
1987	—	4.30	0.06	2000	52.10	11.00	19.00
1988	—	4.90	0.09	2001	52.50	11.50	19.80
1989	—	5.10	0.07	2002	52.20	12.00	25.20
1990	38.00	5.30	2.50	2003	52.50	12.50	25.90
1991	33.90	4.80	2.20	2004	52.50	12.70	28.20
1992	37.05	5.20	2.60	2005	53.00	13.00	29.00
1993	43.95	7.00	3.30	2006	50.40	13.50	31.00
1994	40.05	8.00	6.30	2007	50.90	14.20	30.70
1995	45.30	9.10	11.70	2008	61.60	14.20	33.60
1996	45.90	9.80	13.00	2009	58.10	14.10	39.51
1997	43.50	10.10	15.00	2010	58.40	14.30	42.40
1998	47.00	10.60	17.30				

三、苗种培育

1985年，武进县人工繁殖鱼苗7.2亿尾，鱼种自给有余，繁育小蚌3.5亿只。1986年，武进繁殖的家鱼鱼苗销往东北、新疆等地区，养鱼技工遍布除西藏、台湾以外的全国其他省、直辖市、自治区。培育鱼种的传统方法是鱼种塘专门培育，鱼苗经过20多天培育，长成3厘米(约1寸)的鱼体，被称为“夏花”，再分塘饲养，至冬季长成约10厘米(3寸)以上的鱼体，称为“鱼种”，此时可投放在成鱼塘或河沟、湖泊饲养。鱼种达3寸也可留在鱼种塘继续培育，长成优质健壮的大规格鱼种后，再供水产养殖场饲养。1988—1997年，全市水产苗种主要繁育单位有金坛、溧阳两市长荡湖水产管委会鱼种场与建昌、直溪、城西、社头4乡(镇)水产养殖场等，年产以青、草、鲢、鳙、团头鲂为主的常规鱼苗1.5亿~2亿尾，重点养殖大户自繁、自育、自养鲤鱼、鲫鱼及青虾、中华鳖、稚蚌等特种水产苗种。1998年，建昌水产养殖场繁育池面积从2.67公顷扩大到8公顷，四大家鱼及异育银鲫亲本全部从原种场、原产地引进繁育，年产苗种能力5亿尾。翌年3月，溧阳市水产良种场研究的无公害四大家鱼一龄大规格苗种培养方法获得国家发明专利，该场先后被认定为全国水产健康养殖科技示范场、省级良种繁育场。

四、养殖方式

农村传统养鱼习惯一般是利用村前屋后的池塘园沟宅河，放养少量鱼种，稀放粗养，产量甚低；有的利用天然河沟湖泊水面，分段筑簖拦鱼，投放少量鱼种，任其自然觅食生长，年终捕捞上市；少数利用稻田、茭白田水面放养少许鱼种，秋后鱼、稻一起收获。传统淡水养殖方式主要供农民自食，仅少量鲜鱼逢节上市。80年代末期，全国水产养殖提倡在精养鱼塘用颗粒配合饲料养鱼，以草鱼、团头鲂为主，鲢、鳙鱼为辅的搭配养殖效果更好。因颗粒配合饲料能够解决青鱼、草鱼、团头鲂、鲤鱼的饲料物质基础，能在新建的精养鱼塘当年建塘、当年投产、当年有较高产量，受到养殖渔民的欢迎。2003年，仅武进区生产成鱼4215万公斤，总产值3.83亿元。

五、湖泊养殖

滆湖大水面网围养鱼（摄于2006年7月）

常州境内滆湖、长荡湖（合称两湖）的渔业过去生产效益低。1983年、1984年，长荡湖、滆湖先后在全国率先开展围网养殖试验，均获成功。1986年，武进承担国家"七五"重点科技攻关项目—滆湖水产增养殖技术研究，经几年探索，湖泊养鱼产量大幅度提高。1988年，两湖网围总面积2400公顷，占两湖总面积的11%，网围产量5300吨，占两湖养捕总产量的60%，改变大中型湖泊长期只捕不养的低产状况。1990年，两湖网围养鱼面积扩大到2626公顷，产量6970吨，占两湖总面积1/8的网围养鱼总产量占两湖渔业总产量的2/3，初步形成以养为主、养捕结合和套养特种水产品为特色的渔业生产格局。2005年，两湖养殖面积提高到5713公顷，产量提高到2.15万吨，其中滆湖1.85万吨、长荡湖0.3万吨。2007年5月，太湖爆发蓝藻，太湖上游的滆湖、长荡湖进行网围养殖综合整治，滆湖在整治前网围总面积4467公顷，总户数1498户，经3期整治，拆除滆湖网围3733公顷，压缩网围面积83.6%，减少网围养殖渔民户数74%，最终划定和批准网围养殖面积733公顷；长荡湖整治前网围总面积4533公顷，总户数2660户，经整治安置网围2516户、2312公顷，缩减至网围养殖144户、2016公顷。2010年，滆湖、长荡湖尚有网围养殖面积3045公顷。

六、外荡养殖

河沟养殖 80年代末90年代初，随着工业经济的迅猛发展，常州沿河江、港、滨小化工企业增多，部分化工污水被直接排放入水体，加上城乡生活污水和农业面源污染的危害，90年代中期起，许多河沟水面变狭，水质变浑发黑发臭，水花生、水葫芦密布，水质变瘦，鱼类活动环境逐步变差，河沟养鱼逐步衰退。1990年，全市有河沟养殖面积4940公顷，2010年减至2080公顷，下降57.9%。城郊河、沟养殖基本消失。

水库养殖 主要集中在金坛、溧阳两市。90年代起，水库养殖面积基本稳定，产量略有提升。2010年，金坛市水库养殖面积533.3公顷，溧阳的水库养殖面积1800公顷，共计出产水产品1820吨。两市水库养殖主要采取以鱼养水的自然放养模式，基本上不投喂饲料。

第二节　特种水产养殖

90年代初，常州特种水产养殖经过10年的大发展，暴露出生产资料供销渠道不畅、渔业生产制度不够完善、鱼池老化年久失修、渔业生产能力下降、传统产品生产有余、市场紧缺的名特优产品开发不足等问题。1993年，武进县政府提出加快农业产业结构调整，重视优质蚌珠、加州鲈鱼、牛蛙、鳝鱼、甲鱼等特种水产养殖。此后，全市常规特种水产品种恢复发展，珍珠、加州鲈等特种水产发展较快，引进驯化罗非鱼、淡水白鲳等名优品种。2000年起，常州特种水产养殖发展速度加快，尤其是武进水产业探索工厂化、集约化养殖，效果明显。2002年，全市特种水产品产量达2.1万吨，占水产品总产量的17%，产值占水产总产值的63.6%。2007年，全市特种水产养殖面积发展到9200公顷，占总养殖面积的80.7%，总产量1.1万吨。2010年底，全市特种水产养殖面积增长到2.61万公顷，生产特种水产品5.08万吨。

一、特种水产品种

既有特种鱼类，也有甲壳类、软体动物、两栖类、爬行类等经济动物。

特种鱼类　主要有14种，分别是鳜鱼、翘嘴红鲌、黄鳝、泥鳅、乌鳢、黄颡鱼、花鱼骨、赤眼鳟、暗纹东方鲀、长吻鮠、匙吻鲟、胭脂鱼、蛙、大鲵。2007年，全市养殖黄颡鱼650公顷，鳜鱼混养1580公顷，加州鲈鱼460公顷，乌鳢810公顷，鲫鱼、白鱼混养320公顷，牛蛙、河豚等品种也有养殖。

甲壳类　主要有8种，分别是中华绒螯蟹、青虾、罗氏沼虾、克氏原螯虾和南美白对虾、珍珠蚌、龟、鳖等虾蟹类。

二、珍　　珠

1992年，常州有鱼蚌混养水面6万亩，年产珍珠144.4吨。1993年，洛阳乡珍珠专业户费国平承包水面1.2万亩，建有18个分场，分布在苏、皖两省，年产优质珍珠15吨，总产值200万元。1994年1月，武进县政府下发《关于实施农业致富工程的意见》，年末全县鱼蚌混养面积扩大到7万亩，在武进以外开发鱼蚌混养水面5万亩，年产珍珠207吨。翌年，洛阳镇有6000余人从事珍珠养殖，珍珠深加工产值3亿元，洛阳镇被国务院发展研究中心、农业部和中国农学会等单位评为“中国珍珠之乡”。1996年，全市鱼蚌混养水面发展到7.2万亩，年产珍珠220吨。翌年起，因珍珠价格连年下滑，珍珠养殖水面日渐减少，产量下滑。2003年末，全市鱼蚌混养面积降至1.85万亩，同年生产珍珠95吨，洛阳镇农林站通过引进高丽蚌、池蝶蚌选育三角帆蚌种质，对三角帆蚌进行提纯复壮、亲本更新，解决三角帆蚌种质严重退化问题，采用新的撕膜法嫁接工艺提高手术蚌成活率和珍珠质量，手术蚌成活率99.4%，等级珠率51.3%，比常规嫁接提高1倍，50亩试验塘实现销售额51.4万元，纯利31.4万元。2007年，全市鱼蚌混养面积回升至3.33万亩，年产珍珠91.8吨，培育小蚌1.28亿只。2010年末，全市鱼蚌混养面积仅余7200亩，年产珍珠仅20吨。

三、虾　　类

1993年，武进在农业产业结构调整中引进养殖罗氏沼虾。2003年，武进的虾类养殖主要有青虾、罗氏沼虾、龙虾等品种，年产青虾139万公斤。2007年，引进养殖南美白对虾，全市养殖青虾1.28万亩，年产虾346吨。2010年，全市青虾、南美白对虾主混养面积达8万亩。

四、鲟　　鱼

2001年，武进实施鲟鱼工厂化养殖科研项目，基本攻克鲟鱼苗种培育技术、成鲟养殖技术。武进市魏村镇新华村投资500万元，开展鲟鱼的工厂化流水养殖。

长荡湖、滆湖等湖泊养殖的中华绒螯蟹(摄于2010年6月)

五、河　　蟹

1999年3月,溧阳市水产良种场建成省级无公害河蟹养殖出口基地4000亩。2002年,常州市寨桥河蟹养殖专业合作社进行河蟹养殖科技示范,建成河蟹养殖水面1090亩,培育幼蟹110万只,成为武进养蟹基地。2003年,武进区年产清水蟹成蟹146.6万公斤。2007年,全市养殖河蟹3.4万亩,产成蟹1700吨。2009年,全市以河蟹养殖为主,混套养青虾、鳜鱼、翘嘴红鲌等名优水产品养殖的"631"(以河蟹养殖为主,科学搭配青虾、鳜鱼、翘嘴红、异育银鲫及花白鲢等其他水产品种)模式发展迅速,总面积30万余亩。2010年,全市螃蟹养殖基地再增2800亩,有3家出口河蟹注册养殖场,注册养殖水面4万亩,年产供出口河蟹2000吨。

六、其他特种水产

1993年,武进加快农业产业结构调整后,带动全市特种水产龟鳖的养殖。2007年,全市养殖有龟鳖4375亩,温控养殖面积5.8万平方米。至2010年底,养殖面积、产量略有起伏,全市同年建成观赏鱼繁育基地3000亩,年产观赏鱼1800余万尾。全市建有观赏鱼市场4家,销售额达5000万元。全市有鳜鱼、翘嘴红鲌、黄颡鱼、花口、长吻鮠等江鲜、湖鲜主养面积1万亩,其中长吻鮠主混养面积100亩。引进和开发胭脂鱼、泥鳅、黄鳝、鳄鱼、斑鳜、细鳞斜颔鲴等品种。

第三节　水产捕捞

一、渔船渔具

1986年,常州有渔船686艘,1995年达3186艘,以捕捞渔船、住家渔船为主,按材质分木质(捕捞)、钢丝网水泥(住家)两类,动力逐步由人力、风力演变成机械动力。2010年末,全市保有渔船6862艘,其中捕捞渔船1048艘、养殖渔船5045艘、运输船756艘、执法船13艘。全市主要渔具约有40种,分为钓具类:麦钓类、滚钓、扯钩、蚯蚓钩、塘鳢钓等;拖网类:大塘网、小塘网、拖虾网、电拖网、底拖网、银鱼网等;丝网类:丝网等;定置网类:张网、鱼簖;诱捕渔具:虾笼、渔巢、蟹笼、蟹桥等,此外尚有罱网、扶网、脚箍网等渔具和鱼鹰捕鱼等。

二、作业方式

长江、河道和湖泊(太湖、滆湖、长荡湖等)是鱼类良好的栖息场所,历史上曾有张网、撒网、袋网、杠网、攀网等作业方式,一般4—10月采用杠网生产,11月到翌年2月为电捕作业。此外有丝网、塘网及支流上的蟹簖、鱼簖和扒蚬子船等生产作业。

三、捕捞作业

常州渔民捕捞作业主要在长江、太湖、滆湖、长荡湖和天目湖(沙河水库)、大溪水库等水域及丁堰、永红等地的部分河道。1986—1991年，全市年捕捞量5800～7200吨。1992年以后，天然水域环境恶化，湖泊捕捞区域因围网养殖而缩小，加之人为滥捕、电捕、药捕、炸捕等违法捕捞，自然水域鱼类资源枯竭，一般河道、内河基本无鱼可捕，主要是在太湖、滆湖、长荡湖的天然水域进行季节性捕捞，捕捞产量日渐减少。2007年以前全市年均捕捞量约5000吨，2008年以后总量降至4500吨以下。2010年，捕捞水产总量4499吨。

第四节 渔政监管

一、资源保护

90年代，常州渔业水域生态环境随着人口规模急增、城镇化率快速提高和经济社会快速发展而不断恶化，生物多样性逐年下降，资源严重衰退，江湖特有名贵鱼类资源量大幅减少，有的甚至已难觅影踪，鲥鱼、长颌鲚（长江刀鱼）、中华鲟等长江野生名贵鱼类资源日趋枯竭。2002年，农业部决定加强江湖渔业资源保护，恢复水生生物多样性，在长江试行春季禁渔。2003年起，国家全面实施长江禁渔期制度，常州市禁渔期为每年4月1日至6月30日，禁止捕捞作业，对长颌鲚鱼捕捞实行专项管理。2004年起，常州在全国每年率先开展长江渔业资源增殖放流活动，放流规模逐年扩大。2009年，增殖放流活动首次与媒体合办，向社会认购放流，首次承担长江濒危和经济物种增殖放流国家项目。2010年，举办“迎世博、迎省运，牵手长江放鱼、造福子孙后代”婚庆放鱼等活动3次。2003—2010年，常州累计放流长江濒危和经济物种12种、5000余万尾。

二、渔船检验

1989年，常州成立渔政监督管理站（1991年增挂常州市渔船渔港监督站牌子，1994年使用江苏省常州渔船检验站牌子），负责监督管理渔港渔船。2007年，国家开始实施渔业成品油价格补助惠渔政策（简称“渔船油补”）。2007—2009年，全市发放渔船油补3771.41万元，受惠渔船2.07万艘次。2010年，全市注册登记有渔船6862艘，全部被纳入江苏省渔船信息管理系统管理。

三、渔港监督

80年代，省渔港监督局负责常州的渔港监督与管理，保障渔业生产发展。1994年，市渔政监督管理站使用“中华人民共和国常州渔港监督处”牌子，指导县（市、区）渔船渔港监督站开展业务、监督管理渔港水域的安全及环保、渔船渔港管理费的征收等工作。1999年，农业部批准建造、设立溧阳市长荡湖凤凰渔港，武进市滆湖太平港渔港、坊前渔港和太湖太滆渔港，至2010年这4个渔港仍在使用。

四、安全管理

长江、太湖、滆湖、洮湖等大水域从事捕捞作业的渔民常年与风浪打交道，风险甚高，容易酿成船沉人亡事故。常州市渔业行政部门建立长效管理机制，加强宣传教育，引导渔民增强安全意识，严格遵守操作规程，配齐通信设备，科学规划布置渔港建设，加强渔业安全硬件建设，及时处理渔业污染事故与渔业纠纷，推广渔船保险等业务，预防、压降江湖渔业安全生产事故发生，降低损失程度。

第八章 林业

常州是江苏传统的重点林区。改革开放后尤其是2000年以后，全市继续确立林业在农业、农村现代化建设中的战略地位。绿化造林投资逐年加大，从全面支持造林向扶持重点林业工程倾斜，从以国营、集体造林为主向国营、集体、个体一起参与，以个体造林为主转变，从山区造林逐步向平原、村镇绿化延伸，全面展开山区、平原、城镇和村庄绿化，林业管理方式逐步从行政管理向行政、法律、经济相配套的系统管理转变。2003年以后，全市按生态优先、产业促进、城乡一体、重点突破的方针，加快“绿色常州”建设，创建国家生态市，植树造林规划起点、建设标准高，投资强度大，逐步构建布局合理、功能完善、具有常州特色的林业体系，林业产业持续快速发展。城乡绿化率明显提高，人居环境日益改善，创成国家园林城市，获得中国人居环境范例奖。

第一节　造林育林

2002年底，常州市农田林网面积达3.9万公顷，实有林业4.98万公顷，划定生态公益林3.8万公顷。至2010年底，全市累计造林2.47万公顷，年末森林覆盖率达21.4%。

一、森林资源

林地面积　1987年、2007年，常州市按全国统一部署，开展了两次全国森林资源二类调查。据1987年调查，全市有林业用地4.8万公顷，森林覆盖率13.3%。据2007年调查，全市有林地7.56万公顷，比1987年增57.7%；全市四旁（路旁、沟旁、渠旁和宅旁）树占地9654.9公顷，林地、四旁树分别占全市土地总面积的17.3%、2.2%；全市森林覆盖率21.1%，年均增长0.34%。2010年，全市有林业用地9.23万公顷。

1987年与2007年常州市林地面积动态变化比较表

表14-8-1　　　　单位：公顷

项　目		1987年	2007年	面积±	项　目		1987年	2007年	面积±
总面积		47962.6	75634.7	27672.1	苗圃地		251.4	5721.5	5470.1
林业用地	有林地	39923.0	50293.1	10370.1	无林地	小　计	4647.4	1121.2	-3526.2
	疏林地	1894.2	56.3	-1837.9		无立木地	—	85.5	—
	未成林造林地	1166.8	1853.1	686.3		宜林地	—	1035.7	—
	灌木林地	—	16405.3	16405.3	辅助生产用地		—	184.2	184.2

林木蓄积　全市林木总蓄积量逐年平稳增加。1987年，全市活立木总蓄积量117.69万立方米。2007年，全市活立木总蓄积量228.03万立方米，比1987年增长93.8%。

1987年与2007年常州市活立木总蓄积量变化比较表

表14-8-2　　　　单位：万立方米

指　标	1987年	2007年	±(%)	指　标	1987年	2007年	±(%)
总蓄积量	117.69	228.03	93.8	疏　林	1.83	0.03	-98.4
乔木林	58.28	156.50	168.5	占总量的%	1.60	0.01	—
占总量的%	49.50	68.60	—	散生木	0.84	2.42	188.1
四旁树	56.74	69.08	21.8	占总量的%	0.70	1.10	—
占总量的%	48.20	30.30	—				

二、林木资源

用材林（防护林）　**马尾松**　为丘陵山地荒山造林的先锋树种。1987年，常州市马尾松面积8926.4公顷，蓄积量28.89万立方米；2007年，全市马尾松面积5019公顷，蓄积量25.42万立方米，主要分布在金坛、溧阳。

赤松黑松　引自日本，清末开始引种赤松，民国初引种黑松。1987年，全市赤松、黑松面积1099.53公顷，蓄积量1.65万立方米；2007年，全市黑松面积97.33公顷，蓄积量0.38万立方米。

国外松　主要是指火炬松和湿地松，原产美国东南部，1936年引进中国，70年代常州广泛引种，在溧阳山区有成片林，适应性强，较耐水湿。1987年，全市国外松面积863.47公顷，蓄积量0.96万立方米；2007年，全市国外松面积3694.83公顷，蓄积量20.5万立方米。

杉　树　为亚热带速生树种，生长在山洼、谷地及阴坡等地，喜黄壤、红壤等酸性土壤。70年代中期，常州采用撩壕整地，一年生壮苗栽植、加强抚育管理，大量引种水杉，此后引种池杉，少量成片栽植，主要用作道路河道及农田林网绿化。1987年，全市有杉木4107.87公顷，蓄积量14.84万立方米，其中水杉、池杉1619.33公顷，蓄积量8100立方米；2007年，全市种植杉树2973.65公顷，蓄积量23.06万立方米，其中水杉、池杉597.73公顷，蓄积量11.29万立方米。

栎　树　有麻栎、栓皮栎、白栎、青冈栎和小叶栎。1987年，常州市有栎树689.67公顷，蓄积量3.48万立方米；2007年，全市有栎树618.29公顷，蓄积量为4.44万立方米。

杨　树　常州于80年代开始引种，后逐步推广栽植于公路、河道、沿江滩涂兴林灭螺工程，速生丰产林工程造林。1987年，全市有杨树156.53公顷，蓄积量8000立方米；2007年，全市有杨树2132.95公顷，蓄积量6.64万立方米。

杂阔树　树种常见有化香、黄檀、山槐、枫香、盐肤木、朴树、女贞、冬青等，一般与其他树种混交。1987年，常州市有杂阔树1511.67公顷，蓄积量5.2万立方米；2007年，全市有杂阔树4628.25公顷，蓄积量12.83万立方米。

竹　类　毛竹喜深厚肥沃、排水良好的酸性土壤，产于苏南各地丘陵、低山山麓。溧阳戴埠镇和金坛薛埠镇有大面积纯林分布，其中戴埠片区保有毛竹林约5333公顷，薛埠片区保有毛竹林约1000公顷。淡竹生长于河漫滩、山坡脚，在村前房后广泛栽培，全市各地均有分布，是编织的好材料，笋味鲜美，可食用。

经济林　板　栗　主要分布于溧阳市，约占全市板栗面积的97%。2007年，全市有板栗4622.42公顷，蓄积量7.27万立方米。

银　杏　80年代开始，常州市的银杏快速发展。2007年，全市有银杏139.74公顷，蓄积量1900立方米，主要分布在武进、金坛，分别保有银杏面积53.95、45.53公顷，分别占全市银杏总面积的38.6%和32.5%。

三、种苗培育

1985年以后，常州育苗规模逐年扩大，品种从常规造林苗木逐步向园林、庭院绿化用高档珍稀苗木拓展，初步形成良种繁育和苗木生产体系。1999年，全市育苗总面积1811公顷，总产苗量8473万株，年终出圃量6355万株。2002年，全市育苗总面积突破7000公顷，达7337.5公顷，总产苗量1.99亿株，年终出圃量1.11亿株。2006年，全市拥有种苗生产企业、个体户2.52万户，保有苗圃1.35万公顷，苗木总产量逾2亿株，同年发展容器育苗33.3公顷、30万株，培育良种苗木1567.8万株、花卉4214.6万株。2009年，全市育苗总面积扩大到峰值，达1.73万公顷，总产苗量3.7亿株。2010年，全市育苗总面积降至1.26万公顷，但总产苗量有所增长，达4.04亿株。

良种繁育　常州林木良种繁育长期采取见种就采、有苗就栽的方式，就地取材造林，致使一些树种造林后生长不良、林木质量低劣，形成大面积的低产林和“小老树”。1973年开展树种资源普查，对主要造林树种进行优树选择，划定采种母树林，建立良种繁育基地，逐步实现造林树种良种化。自选自繁。重点林区采取以选为主、选育引繁相结合，对主要造林树种如马尾松、杉木，以五株优势木对比法进行优树选择。2009年，溧阳市龙潭林场板栗良种基地被确认为国家重点林木良种基地，武进的嘉泽、湟里和金坛的尧塘、薛埠4镇被认定为江苏省重点苗木基地。引进。90年代，全市从国外引进树种近100个，通过引种试验引进适合于常州生长的有黑松、刺槐、法桐、水杉、池杉、法青、加杨、意杨、雪松、铅笔柏、中山柏、广玉兰、日本樱花、蜀桧、露丝柏、日本扁柏、湿地松、火炬松、美国薄壳山核桃、北美鹅掌楸、白榆、早竹、洞橄榄、丛生竹等树种近30个。

育苗技术 主要有容器育苗、芽苗移栽、扦插育苗、全光照喷雾扦插育苗等。

容器育苗 始于80年代，先在溧阳县林场、溧阳县龙潭林场、瓦屋山林场、金坛县茅东林场等林业场圃推广应用，主要应用于火炬松、湿地松、雪松、五针松、铅笔柏等树种。比苗床播种育苗有明显优势，主要是节约播种量，提高产苗量，延长造林季节，提高成活率，缺点是苗木根系不发达，质量有所下降。

芽苗移栽 从火炬松、湿地松育苗试验开始。80年代初，常州市国营林场均移栽火炬松、湿地松芽苗。1984—1987年扩大到雪松、铅笔柏、白玉兰等树种。芽苗移栽技术比苗床播种育苗法节省种子，苗木质量、产量和经济效益同步提高。

扦插育苗 限用在杨树、柳树等易生根树种上，将一年生1厘米以上粗的枝条截成15～20厘米长，按一定的株行距插在苗床上，只留1～2个芽在地面上或与地面插平。

全光照喷雾扦插育苗 是发展最快的育苗新技术，广泛应用于林业苗木繁殖。70年代末，常州开始研究试验全光照雾喷扦插育苗技术，引进美国康乃尔大学发明的电子叶间歇喷雾装置，应用于林木育苗，许多难生根树种的扦插育苗获得成功。80年代，溧阳市瓦屋山林场等单位采用该技术育苗，成效良好，采用全自动间隙喷雾，嫩枝扦插难成活的杉木，成活率提高到80%。

四、造林绿化

1986年以前，常州林业建设已形成一定的规模。1986—1990年，全市加快低产林改造，调整林种结构，增加林业用地2800公顷、有林地4133.3公顷，新增活立木总蓄积量48万立方米；1990年，全市林网保存面积2.88万公顷，是1985年的11.5倍，全市林木覆盖率14%，比1985年提高1.5个百分点。1991—1993年，全市实行山区造林与平原绿化并举的方针，成片造林2837.2公顷，增建农田林网9.67万公顷，累计创建平原绿化先进乡镇40个。1994年全市基本实现平原绿化达标，翌年全市基本消灭荒山，溧阳跨入全国平原绿化先进市行列。1997年，开展跨世纪绿化工程建设。至2000年，全市累计完成成片造林4634.3公顷，森林覆盖率升至17.8%。2002年，全市分类划定生态公益林3.08万公顷，其中国家、省级、市级和县级公益林分别为1.57万公顷、0.9万公顷、0.38万公顷和0.23万公顷，生态公益林占林业用地的67.5%，同步绘制林种布局图及国家公益林分布图，编制发布《常州市森林分类区划界定成果报告》。2003年以后，全市开始建设"绿色常州"，组织实施长江防护林、"八路八口"、镇村绿化等重点工程。2006—2010年，全市成片造林1.41万公顷，为常州历史上造林最多的时期。全市城乡绿化水平明显提高，2010年全市林木覆盖率达22.54%。

林业工程 2000—2010年，常州市实施造林绿化等主要林业工程13项。

丘陵山区林业开发工程 2000—2005年，常州实施退耕还林8000公顷，在溧阳北山、金坛茅山地区发展速丰林、水土保持林；在交通便利、土地条件较好的地方和溧阳南山地区发展笋用竹、茶叶、果树等经济林果；建设金坛茅东、溧阳龙潭、瓦屋山三大森林公园，加强开发利用山区旅游资源。

绿色通道建设工程 2000—2005年，武进区长虹路、金坛市金宜公路、宁杭高速溧阳段等21条干道建成绿色通道，扩建8条道路两侧绿化，平均宽84.08米，累计营建绿色通道1000公里，总面积1681.5公顷。

经济林建设工程 2000—2005年实施，常州市基本建成丘陵山区干果林基地8000公顷、武进西部和金坛东部地区花木基地1.33万公顷、城郊应时水果基地1333.3公顷。

长江中下游生态防护林工程 2000—2010年，常州建成长江防护林6000公顷，其中2000—2005年建成1666.7公顷，2006—2010年建成4333.3公顷。

城乡绿化工程 2006—2008年，常州市连续3年推进以“八路八口”绿色通道为主的城乡绿化工程（即每年组织实施8条公路、8个城市出入口的绿化工程），对市域内的公路、城市出入口和主要河道实施造林绿化，新增绿地8200公顷，市域内的高速公路、国道、省道全部建成绿色通道，所有道口、路口建成绿色窗口。

镇村绿化工程 2006—2010年实施，常州按照“千村整治，百村达标”的要求，创建小康家园示范村，结合开展农村“五化三有”（道路硬化、村庄绿化、卫生洁化、河塘净化、环境美化和有公共服务中心、有长效管理机制、有乡村文化）和“三清一绿”（清垃圾、清粪污、清河塘和村庄绿化）活动，开展村庄绿化工程建设。至2010年底，全市建成村庄绿化合格村890个，绿化示范村260个，金坛、溧阳、武进达到整体推进的建设标准，建成集镇镇区绿化达标镇33个。

都市林业建设工程 2000—2005年实施，常州建成芳茂山、淹滆森林公园等城市外围森林670公顷，建设城市绿地系统400公顷。

沪宁城际铁路绿色廊道工程 2006—2010年实施。常州境内绿色廊道总长43.5公里，至2010年底全部按高标准建成。

入太湖河流防护林带建设工程 2000—2005年实施，在入太湖口各上溯15公里的沿河两侧每边20米宽范围内建设生态防护林，造林67.94公顷。

速生丰产林建设工程 2000—2005年实施，常州市栽种周期短、需求平稳、收益快的短轮伐期树种共2600公顷。

平原绿化工程 2000—2005年，常州市重点实施了67个建制镇的村镇绿化，全面实现绿化达标工程，全市60%村庄实现绿化达标。

林业生态修复工程 2006—2010年实施，常州重点工程为矿山宕口复绿、水源地保护两项，复绿宕口67个、近666.67公顷；在水源地保护区上游300米内退耕还林，栽植耐水湿树种560公顷。

丘陵岗地植被恢复工程 2006—2010年实施。常州每年在溧阳北部丘陵岗地山区、金坛茅山等生态脆弱地区营建生态公益林超过666.6公顷，主要种植国外松、榉树等树种。

五、古树名木

数量与分布 2010年，常州市有古树名木359株（不含盆栽、苗圃中临时假植的树木），分属27科42属49种。有千年古树3株，金坛薛埠镇金牛洞的一株枸骨胸径达90厘米，新北魏村镇柴永边村有株银杏胸围550厘米，溧阳横涧镇金山里村有株朴树胸围413厘米。全市有古树群3个，确定名木22株，均在市区，其中8株桂花位于青果巷82号八桂堂古民居内，为著名实业家刘国钧所植。其余14株均在红梅公园内，是常州与日本所泽市、高槻市、荷兰梯尔堡市、意大利普拉托市等城市结为友好城市时种植的纪念树广玉兰、黑松等。

古树群 金坛市茅东林场白云山古树群树种为栓皮栎，又名称软木栎，共19株，树龄约110～120年。该古树林为一杂阔混交林，其间还有枫香、朴树、三角枫等树种，为天然生长的次生林。溧阳横涧镇深溪岕村古树群树种为马尾松，共22株，树龄约248年。溧阳横涧镇信义村古树群树种为马尾松，共23株，树龄约208年。

2010年常州古树名木分类统计表

表14-8-3 单位:株

项 目	数 量	类 别	标 准	数 量
常州市区	180	一级古树	树龄达500年	20
金坛市	47	二级古树	树龄300～499年	54
溧阳市	143	三级古树	树龄100～299年	274
银 杏	109	古 树		337
马尾松	45	名 木		22
榉 树	26			

第二节 森林保护

一、防火灭火

防火组织 1987年底，常州市护林防火指挥部成立，分管副市长兼任总指挥。翌年，辖市区、乡镇、场、村和林区企事业单位相继成立护林防火领导小组，组建护林员队伍，形成护林防火体系。2009年10月，全市首支专业化扑救队伍茅东林场森林扑火专业队成立，有专业森林消防员30人，规范运作，实行半军事化管理。溧阳市瓦屋山林场聘用森林防火专职护林员15名，组成30人的森林防火突击队。至2010年3月，全市建立专业森林消防队7支、366人，拥有义务森林消防队20支、2280人，有护林员224人，全市形成以市和辖市区、乡镇(林场)为主的护林防火组织体系。

防火设施 1985年以后，常州市逐步加大防火资金投入，加强防火设施建设，逐步改变七八十年代扑火靠扫帚、树枝等简易工具的局面。1993年7月，全市森林防火无线电通信网络开通，设立车载台5部、固定台3部、手持机(对讲机)22只，覆盖全市丘陵和森林。2007年底，全市保有防火车辆12辆，建成防火物资储备库18座、390平方米，配备扑火工具1943件。2010年，全市调整8个防火物资储备库，其中市级1个、溧阳3个和金坛、武进各2个;配森林防火专用无线电台、防火专用消防车辆和风力灭火机等专用设备560台(套)，常年备灭火弹3.5万只。

森林火灾 1988—1997年，常州市未发生森林火灾，每年仅有火警3～5起。2000年以后，随着山区旅游开发规模扩大，游客大量增加，清明上坟烧纸，林内外可燃物增加等原因，每年火警、火灾发生率明显上升。2004年3月10日，丹徒县农民上坟烧纸，引发森林火灾，火势顺风蔓延到金坛茅东林场、营盘山林场，过火面积90.4公顷，损失严重，为常州市最大的一次森林火灾。2007年，实现零火警、零火情。2008—2010年，全市森林火警、火情平稳。

二、病虫害防治

常州市林木、竹子主要病虫有20余种，主要是松毛虫和松材线虫病。1988年，松毛虫害发生，主要采取人工化学防治。1989年，松毛虫害大面积发生，派出飞机100架次治虫，辅以人工补漏治虫。1995年，首次在溧阳北山地区发现黑松感染松材线虫病，虽经全力防治，但由于自然等原因，病死树逐年增多。此后，松材线虫病成为林业病虫的防治重点，投入大量人力财力，清理死树，处理疫木。1998—2010年，全市有2.64万公顷林木受害，年均受灾面积2031公顷，约占全市松林面积的1/5，累计病死树逾50万株，病材蓄积近2万立方米。

三、林权改革

80年代初，常州市开展以“稳定山权、林权，划定自留山，确定林业生产责任制”为改革核心内容的林业“三定”工作，部分乡村推行分山到户的家庭承包经营模式，部分乡村保留集体统管模式。2007—2010年，全市推进集体林权制度改革。2010年初，市政府出台《关于深化集体林权制度改革的实施意见》，组建市—辖市区—镇—村4级集体林权制度改革领导小组及其工作机构，采取以“均山到户、均股到人、均利到人”为主要形式改革集体林权制度，年末全市集体林权制度主体改革完成。改革集体林地5.39万公顷，涉及金坛、溧阳、武进3个辖市区14个镇、178个村、5.8万农户，发放林权证总面积4.3万公顷、股权证总面积1.06万公顷。

四、林政管理

林地征占用管理 1986—2000年，各地坚持对每起征占用林地认真审核，现场勘验、批准。2001—2005年，全市审批征占用林地项目23个、97.16公顷。2008年，全市受理、审核审批征占用林地项目12个，使用林地55.89公顷，其中永久性征占用林地项目9个、45.03公顷。

木材运输管理 常州地产木材数量较少，但因地处苏南中部，水陆交通便利，木材市场较发达。2001—2005年，横林崔桥地区强化地板产业迅速崛起，2008年生产强化地板1.5亿平方米，木制品流通量急剧增加。市、辖市区分别在武进横林、新区长江贸易市场、奔牛港口木材市场、金坛儒林等木材市场增加林政人员、检疫人员，查验木材来源，防止松材线虫病材进入市场。

林业行政执法 1985年以后，全市林业部门贯彻落实森林法和林地征占用、林木采伐管理制度，宣传森林法律、法规和林业政策，加强执法检查，查处破坏森林资源的违法犯罪行为，严厉打击违法犯罪分子，保护全市森林资源。2001—2005年，全市查处破坏森林资源违法案件76起，罚款132.57万元；查处非法运输木材案件3453起，没收木材5223立方米，罚款190.87万元。2003年11月1日至12月31日，全市开展打击破坏森林资源违法犯罪专项行动，查处林业行政案件12起。执法和查处打击行动持续至2010年底。

第九章　农业机械

改革开放后，随着家庭联产承包责任制的实施，常州农村经济迅速发展，农业机械需求量大增。1986—1990年，遵循“巩固机耕、稳定机播、发展机收割”的思路发展集体农机具。1990年，全市“三麦”机播、机开沟比重达45%，但机割率仅6%。90年代，常州农机化主攻稻麦机收。到1995年，全市稻麦机收取得较大突破，“三麦”生产基本实现机械化。农业机械化发展从分段作业转向联合作业、复式作业；从部分环节机械化向稻麦生产全程机械化发展；从稻麦机械化向林、牧、副、渔机械化延伸。改善了农业生产方式，提高了农业生产效率。1999年，全市稻麦机收面积10.82万公顷，机收率42.7%。进入21世纪，特别是国家实施农机购置补贴政策后，全市将农业机械化重点聚焦到水稻机插上，农机开始进入农业生产、农村生活的各领域。拖拉机、农用运输车以集体经营为主，脱粒、植保机械以农户自有为主，形成国家、集体、农户多层次、多形式办农机的局面。2005年，市政府召开农业机械化工作会议，发出《关于加快水稻种植机械化的意见》，对插秧机重点倾斜、重点补贴，带动插秧机年年增长超千台，水稻机插面积年年翻番。2008年，常州以市为单位在全国率先基本实现水稻种植机械化。2010年，全市主要农作物稻麦耕作、播种、收割和植保的综合机械化水平提高到92.7%，完成水稻机插面积6.65万公顷，机插率77.5%。农业农机部门引进、试验、示范和推广喷滴灌、遮阳网、防虫网、畜禽水产养殖机械、田园管理机等设施装备，提高农业设施装备水平，发展高效设施农业。

第一节　耕作机械

常州农用土地耕翻历史上长期使用牛耕人锄的耕作方式。80年代，实行联产承包责任制后，逐步购置使用手扶拖拉机，进行半机械化耕翻。1985年底，全市拥有手扶拖拉机2.32万台。翌年，开始开展农机化试点，引进大中型拖拉机及配套机具，进行"三麦"耕翻、条播、开沟机械化试验示范，逐步替代手扶式拖拉机，全市年末拥有小型拖拉机2.56万台、大中型拖拉机548台。1994年，全市建立农机化发展基金，加大农机投入，发展和推广大中型拖拉机，替代手扶式拖拉机，全市年末拥有大中型拖拉机1168台。1999年底，全市大中型拖拉机发展到高峰，达2308台，完成机耕面积14.75万公顷，占耕地面积的72%，基本实现耕作机械化。2000年以后，全市大中型拖拉机保有量随农业种植面积、种粮效益及报废更新等因素呈波浪式变化。2010年末，全市拥有大中型拖拉机2273台，与其配套的农机具6373台。

1986—2010年部分年份常州市耕作机械拥有量统计表

表14-9-1

年份	小型拖拉机(万台)	与其配套的农机具(万台)	大中型拖拉机(台)	与其配套的农机具(台)	其中：机引犁(万台)	旋耕机(万台)	机引耙(台)
1986	2.56	—	548	—	—	—	—
1990	3.19	5.81	699	1700	2.24	2.37	200
1995	3.13	5.61	1460	4368	2.12	2.32	844
1998	2.93	5.75	2259	7643	2.13	2.44	1631
2000	2.83	5.78	2048	8668	1.30	2.38	1672
2003	2.96	5.58	1742	6849	1.31	1.13	1344
2005	2.65	5.39	1613	5560	1.33	2.12	1378
2008	2.36	4.66	1718	5213	1.09	2.04	1045
2010	2.11	4.28	2273	6373	0.98	1.77	1055

第二节　收种机械

一、种植机械

"三麦"种植机械　常州传统的"三麦"种植方式是长期靠人工撒播，锄头碎土覆盖。1986年农机化试点启动后，农机部门开始推行免少耕办法，即水稻收割后稻板田不再耕翻，直接人工撒麦籽（后发展成机条播），然后用开沟机开沟，用沟土均匀覆盖麦籽，此后在全市大面积推广。2003年，全市机播"三麦"2.67万公顷，机播率80.79%，基本实现"三麦"种植机械化。2010年，全市机播"三麦"5.74万公顷，机播率提高到92.79%。

1986—2010年部分年份常州市"三麦"种植机械拥有量和作业指标统计表

表14-9-2

年份	开沟机(台)	免耕播种机(台)	种植面积(万公顷)	机播面积(万公顷)
1986	1256	185	8.73	0.02

续表 14-9-2

年份	开沟机(台)	免耕播种机(台)	种植面积(万公顷)	机播面积(万公顷)
1990	2817	2933	11.04	1.59
1995	4465	3401	8.43	3.61
1998	7719	2500	8.11	3.71
2000	—	1730	5.39	3.83
2003	—	1790	3.31	2.67
2005	9211	1802	3.33	3.41
2008	—	1402	5.82	0
2010	—	1564	6.19	5.74

水稻种植机械 1986年，常州开展农机化试点，重点在武进县、郊区进行秧苗带土移栽式机插试验，至1990年全市插秧机发展到152台。由于农业栽培技术与水稻插秧机技术不配套、农民对机插秧小苗移栽接受度不高等原因，机插秧技术未能推广。90年代，全市开始进行水稻机直播、机抛秧布点试验，实行机抛、机插、机直播并举发展，但成效不明显。1999年，引进1台日本产RR6高速插秧机，在武进魏村镇新华村机插秧试验成功，翌年引进2台进行试验。2001年，引进PF455S步行式插秧机6台，在武进湖塘镇、牛塘镇，金

水稻机械化收割作业（摄于2009年10月）

1986—2010年部分年份常州市水稻种植机械拥有量和作业指标统计表

表 14-9-3

年份	抛秧机(台)	直播机(台)	插秧机(台)	种植面积(万公顷)	机播面积(公顷)	机插秧面积(公顷)
1986	—	—	16	16.65	—	46.67
1990	—	—	152	16.48	13.33	746.67
1995	—	—	143	14.19	6.67	120.00
1998	212	—	53	14.36	700	0
2000	213	8	3	12.85	326.67	20.00
2003	101	104	346	10.18	6500	4073.33
2005	0	145	1690	9.90	6333.33	23686.67
2008	0	276	5376	8.99	11333.33	69333.33
2010	—	—	5672	8.58	11706.67	66500.00

说明：1999年以前插秧机为国产老式插秧机

坛朱林镇和溧阳南渡镇试验示范，导向推广作用较好。2001年，市、辖市（区）农机局相继并入农林局，农机农艺紧密配合，相继突破水稻机插秧育秧等配套技术，机插秧省工节本、增产增效的优势日渐明显，全市开始大面积推广以步进式插秧机为主的机插秧技术。2005年，常州市农机化工作会议召开，《关于进一步加快水稻种植机械化进程的意见》发布，开始对每台乘坐式插秧机补贴6000元、步进式插秧机补贴1500～2000元。市农机局对率先实现水稻种植机械化的村、乡镇、县市区给予表彰奖励，培育水稻机插秧服务组织。2005—2008年，全市插秧机数年均增量超1000台，水稻机插面积成倍增长。2006年、2007年、2008年，武进、金坛、溧阳相继实现水稻种植机械化；2008年，常州以市为单位在全国率先基本实现水稻生产机械化，全市开始重点发展乘坐式插秧机，逐步实行机具优化更新。2009年、2010年，乘座式插秧机发展速度明显加快，分别新增112台、190台。2010年，全市拥有插秧机5672台，机插秧面积6.65万公顷。

二、收割机械

“三麦”收割机械　1986年，常州市级农机化试点村开始进行背负式全喂入联合收割机示范推广，全市购置背负式联合收割机48台，1990年发展到278台。1991年5月30日，南方九省一市中型轮式拖拉机及其配套机具应用现场会在武进孟城大树村举行。此后，全市背负式联合收割机数量稳步增长，1999年底发展到2749台，收割“三麦”6.5万公顷，占“三麦”种植总面积的84%，基本实现“三麦”收获机械化。此后，随着农机技术不断更新及农机跨区作业的大力发展，以桂林牌为主的背负式联合收割机逐步被更先进的以雷沃为代表的全喂入式联合收割机及洋马、久保田、井关半喂式稻麦两用收割机取代。2000年以后，跨区作业市场不断成熟，“三麦”机收主要以跨区机收为主。

水稻收割机械　80年代，常州水稻主要靠人工用镰刀收割，用脱粒机脱粒。1995年初，武进引进洋马收割机28台，进行水稻收获试验示范，收割水稻1300公顷。洋马收割机系履带式机械，适应“三麦”、水稻收割。翌年，全市开始推广洋马收割机，陆续推广久保田488、588和井关联合收割机等成熟机型，水稻联合收割机呈多机型同步发展态势；2004年，全市水稻收割机保有量967台，机收水稻8.21万公顷，机收率提高到82.1%，基本实现水稻收获机械化。此后随着跨区作业市场的成熟，水稻机收以本地机收为主、跨区机收为辅。

1986—2010年部分年份常州市“三麦”、水稻收割机械拥有量和作业指标统计表

表14-9-4

年份	联合收割机(台)	背负式联合收割机(台)	自走式联合收割机(台)	“三麦”机收面积(万公顷)	“三麦”机收率(%)	水稻机收面积(万公顷)	水稻机收率(%)
1986	48	48	—	0.07	0.79	0	0
1990	278	278	—	0.63	5.71	0.10	0.61
1995	1163	1163	—	2.45	29.07	0.28	1.98
1998	2542	2542	—	5.73	70.62	3.43	23.86
2000	2866	2080	786	5.08	94.28	4.78	37.22
2003	2533	1585	948	3.24	97.96	7.00	68.75
2005	2434	1431	1003	3.37	98.00	8.40	84.85
2008	1972	843	1129	0	0	0	0
2010	1963	793	1170	5.75	99.00	8.32	97.00

第三节 其他机械设施

一、植保机械

80 年代，常州主要推广使用背负式机动弥雾机。2004 年底，全市保有机动喷雾机 1.07 万台。2005 年，武进区引进试验示范担架式高性能机动喷雾机。该植保机射程远(最远达 15 米)，可调节，劳动强度低，安全可靠且治虫效果好，成本低。2007 年，常州市将担架式高性能机动喷雾机列入市级农机补贴，每台补贴 500 元，至 2010 年，每年新增达 1000 台。

二、运输机械

80 年代，常州农机手将手扶拖拉机配备挂车从事运输，提高了手扶拖拉机的使用率，提高收入，成为农村运输的主要机具，后中拖配挂车运输作业有所发展。90 年代后期，出现拖拉机变型运输机，主要用于运输作业，不再进行农田作业，这种类似于农用汽车的运输机具因价格比较低廉，运输量大，使用操作性能优于手拖、中拖，在常州快速发展，全市拖拉机变型运输机由 1990 年的 1222 台发展到 2007 年的 1.68 万台，成为全市农村运输生产的主要机具；手扶拖拉机配挂车用于运输随之减少，到 2008 年减至 2028 台。

三、农田作业机械

1990 年，常州市仅有农用水泵 2.1 万台、节水灌溉类机械 136 台，机动脱粒机 8.65 万台；到 1997 发展到拥有农用水泵 2.6 万台、节水灌溉类机械 106 台、秸秆还田机 1794 台、机动脱粒机 12.85 万台。2010 年，全市保持农用水泵 2.6 万台，节水灌溉类机械发展到 395 台，拥有秸秆还田机 1751 台，机动脱粒机减至 4.41 万台。

1986—2010 年部分年份常州市农田作业机械拥有量统计表

表 14-9-5 单位：台

年份	农用水泵	节水灌溉类机械	机动脱粒机	年份	农用水泵	节水灌溉类机械	机动脱粒机
1986	—	—	75166	2000	26974	225	133173
1990	21000	136	86509	2003	26945	225	99211
1992	21156	121	90125	2005	27307	351	86540
1995	21040	139	102865	2008	26386	375	61349
1998	26490	15	128399	2010	26160	395	44102

说明：1993 年农业机械未进行统计

四、渔业机械

随着常州渔业的发展，农机购置补贴的实施，增氧机发展速度较快，1990 年保有增氧机 784 台，2007 年底保有 1.39 万台。后随着机具的报废及微孔曝气式增氧等新技术的推广，逐步回落，2009 年降至 9229 台。2010 年，全市保有增氧机 1.64 万台、投饵机 1.46 万台。

1990—2010 年部分年份常州市渔业机械拥有量统计表

表 14-9-6 单位：台

年份	增氧机	年份	增氧机	年份	增氧机	年份	增氧机	投饵机
1990	784	1996	1370	2002	11856	2008	8443	5102
1992	921	1998	8769	2004	11826	2010	16404	14643
1994	1164	2000	9031	2006	11966			

五、其他机械

90年代中期，常州开始引进试用粮食烘干机、增氧机、田园管理机等多种经营机械。烘干机主要集中在粮食生产加工企业，发展速度较慢，2009年保有量为55台，主要机型为“三久”烘干机。武进东安镇、雪堰镇分别引进草坪机械、林果机械进行试验示范，2010年全市拥有果树修剪机98台。设施农业机械：2003年，全市塑料大棚总面积668.88万平方米；2005年起，政府提倡发展高效设施农业，把设施农业机械列入补贴目录，一些设施农业机械发展速度明显加快，田园管理机2006年发展到153台；2008年，塑料大棚发展到高峰，全市总面积2099.69万平方米，至2010年降至1531.11万平方米。茶叶生产加工机械：在全市所有茶厂得到普及，2008年、2010年全市先后保有保鲜储藏设备27台、110台，保有茶叶修剪机289辆、314辆，茶叶加工机778辆、876辆。

第四节　农机监理服务

一、农机服务

跨区作业　90年代常州普及联合收割机后，农民利用季节差，成立农机服务队，跨区收割稻麦，武进前黄洋马服务队、金坛尧塘农机跨区作业服务队在全省享有较高知名度。1999年，前黄镇农机站洋马农机服务队被全国跨区机收领导小组评为全国跨区作业机收工作先进单位，并连续4年获此荣誉。2000年10月23日，全国跨区机收水稻暨水稻全程机械化生产现场会在武进前黄镇召开。2001年以后，跨区作业市场竞争激烈，常州跨区作业队伍优势不明显，空间受到挤压。至2010年，仅有部分农机专业服务队跨区收割水稻，大部分机具则立足本地开展作业服务。

服务组织　2003年，溧阳种田大户江海清等人，投资50多万元购买农用机械，创办溧阳市新兴农机化服务公司，开创全市农机服务组织发展先河。2006年，武进区利用农业部试点项目，继前黄的李臣、横山桥的朱建良两位农机大户后，创办伟成、新盛两家育插中心，从事水稻机插服务。2007年，全市农机主管部门开始制订标准，奖励、扶持农机服务组织建设，农机服务组织步入快速发展阶段，发展以水稻育插为主的农机服务组织9家。全市提倡农机服务公司向农机专业合作社转化，实行大户带小户、规模服务。翌年，新增农机服务组织38家，共计50家，实现机插面积9066公顷。2009年，新增农机服务组织65家，农机服务组织发展到115家，完成耕翻、机插、收割等农田作业面积5.32万公顷，年创经济总收入8181万元、纯收入2159万元。2010年，全市农机服务组织发展到144家，完成机插面积2.73万公顷，武进前黄伟成机插秧服务公司和溧阳市海斌农机、海清农机两家专业合作社在全国较为知名。

二、农机监理

1984年7月，常州市农机安全监理所成立，是市水利局领导的全民事业单位，有工作人员7名。自成立至1997年，重点负责农业机械及纯农田作业用拖拉机的安全管理、安全宣传及大忙农机安全检查。1997年起，新北、天宁、钟楼、戚墅堰区拖拉机及驾驶员的核发号牌、考试发证、年检年审由公安部门委托市农机监理机构负责实施。2001年7月，农机安全监理所随农业机械管理职能的转变从水利部门划归市农林局。2004年《中华人民共和国道路交通安全法》颁布实施，明确拖拉机及驾驶证的登记注册、检验、考试发证工作由农机部门负责，农机监理机构具体实施。2005年，拖拉机及驾驶证登记入户、核发牌证业务工作在全省农机监理系统信息网络上操作，实行监理业务全省联网，农机监理核发牌证实施信息化管理。翌年，市安全生产监督管理局、农机局联合开展“平安农机”示范镇创建活动。至2010年底，金坛、武进被评定为江苏省“平安农机”示范县(市、区),金坛的朱林镇、溧阳的社渚镇、武进的湟里镇、新北的薛家镇等18个镇被认定为江苏省“平安农机”示范镇。

第十章　农产品质量安全

1988年4月,常州在全省11个地级市中率先建成农业检测中心,开展土壤肥料、农药质量鉴定和农作物品质分析等工作。90年代初,启动农产品质量建设,重点对种子、农药、肥料、饲料、兽药等实行监管。1998年,全市开展首届名优农副产品认定工作。2001年4月,市政府建立农业标准化工作联席会议制度,常州农产品质量建设工程启动。农业部门推动农业标准化生产,加快无公害农产品、绿色食品、有机食品认证,强化农产品全程质量监控、安全例行监测,强化农业投入品监管和执法检查,开发优势、特色、品牌农产品,市绿色食品办公室在市委农村工作办公室成立。2002年,市农林局成立市无公害农产品管理办公室,指导全市农产品标准化生产。2003年,市政府出台《常州市食用农产品质量安全管理办法》。1996—2010年,全市推进无公害基地、农产品和产地标准及标准示范区建设,强化农产品质量监管,开发优质、特色、品牌农产品。

第一节　农业标准化

2000年以前,常州农业标准化工作主要是执行和推广国家、省关于农业标准技术要求,组织生产实施,鲜有主持和参与制定地方农业标准。2000年以后,全市农业标准制定修订、标准化农业生产基地建设开始加速,提升了农产品质量水平。至2010年底,全市制定修订市级及其以上农业地方标准92项,在质监部门备案农业企业标准720项。

一、标准制定

1995年,常州主持制定江苏第一个省级农业标准《金坛市扬麦158小麦亩产350千克群体质量栽培技术规程》。2001年4月以后,市政府陆续出台《关于加强农业标准化工作的实施意见》《常州市农业标准化发展“十五”计划》《常州市农业标准化示范区管理办法》等规范性文件,组织和推动全市农业标准化发展和农产品质量建设。2002年,全市开始实施无公害食品行动计划,农业企业标准制定工作迅速展开。2003年,常州制定第一个市级农业地方标准《无公害农产品水直播稻早熟晚粳品种生产技术规程》。翌年7月,市政府召开农业标准化工作会议,下发《关于进一步做好农业标准化工作的意见》,奖励积极参与制定标准的农业生产企业、争创名优农产品、示范区的企业。至2005年末,全市制定市级农业地方标准42项、省级农业地方标准15项、涉农企业标准686项,初步形成以国家标准、行业标准、地方标准为主体,企业标准相配套,多种操作规程为补充,覆盖全市主导农产品、特色农产品的标准体系。到2010年底,全市制定修订省级农业地方标准43项、市级农业地方标准49项,在各级质监局备案农业企业标准720项。

二、标准化基地

2000—2001年,常州农业标准化基地建设速度不快,规模不大。2002年起,全市推行无公害农产品行动计划,把农产品标准生产基地建设作为农产品质量建设的重点内容推进,基地建设的速度和规模势头加大。2004年,全市建成无公害农产品生产基地223个,总面积9.25万公顷。此后,全市着力推进农业标准化生产基地建设。至2010年末,全市建成通过认定认证的无公害农产品生产基地359个,涉及粮油、蔬菜、茶果、畜禽、水产五大类,总面积10多万公顷,占全市种养总面积的80%。

2010 年底常州市省级以上农业标准化示范区一览表

表 14-10-1　　单位:个

级别	个数	示范区名称	承担单位	示范区规模
国家级	6	金坛长荡湖中华绒螯蟹标准化示范区	金坛市政府	9000 公顷
		金坛茶叶标准化示范区	金坛市政府	2333.3 公顷
		金坛食用菌标准化示范区	金坛市政府	400 公顷
		溧阳茶叶标准化示范区	溧阳市政府	4666.7 公顷
		武进优质水稻标准化示范区	武进区政府	1.3 万公顷
		武进雪山草鸡标准化示范区	武进区政府	1500 户
省级	17	金坛稻麦种子繁育标准化示范区	金坛市政府	1000 公顷
		金坛长荡湖中华绒螯蟹标准化示范区	金坛市政府	8333.3 公顷
		金坛茶叶标准化示范区	金坛市政府	2260 公顷
		金坛无节水芹标准化示范区	金坛市政府	400 公顷
		金坛瘦肉型猪养殖标准化示范区	金坛市政府	20.3 万头
		优质水稻标准化示范区	金坛市政府	4600 公顷
		四大家鱼养殖标准化示范区	金坛市政府	1200 公顷
		溧阳双低油菜标准化示范区	溧阳市政府	2.3 万公顷
		溧阳白芹标准化示范区	溧阳市政府	1000 公顷
		溧阳板栗标准化示范区	溧阳市政府	5333.3 公顷
		武进翘嘴红鲌养殖标准化示范区	武进区政府	226.7 公顷
		武进水蜜桃标准化示范区	武进区政府	1053.3 公顷
		奶牛生态养殖标准化示范区	武进区政府	3500 头
		武进无公害团头鲂标准化示范区	武进区政府	1333.3 公顷
		黄颡鱼养殖标准化示范区	武进区政府	100 公顷
		新北区设施蔬菜标准化示范区	新北区政府	—
		新北区无花果标准化示范区	新北区政府	33.3 公顷

三、标准化示范区

2004 年,全市建成农业标准化示范区国家级 4 个、省级 5 个,金坛、溧阳两市分别通过省无公害农产品、水产品产地认定。2010 年末,全市建有标准化示范区 46 个,其中国家级 6 个、省级 17 个、市级 23 个。

第二节　绿色有机食品

1996 年、2001 年、2003 年,常州市先后启动开展绿色食品、无公害农产品、有机食品(合称“三品”)的认证认定工作。2003 年,市绿色食品办公室职能划归市农林局。2010 年底,全市通过认证的“三品”累计有 874 种,其中无公害农产品 464 种、绿色食品 279 种、有机食品 131 种,有农产品地理标志产品 4 种;全市有通过省级认证的粮油、蔬菜、茶果、畜禽、水产无公害生产基地 344 个。

一、“三品”认证

无公害农产品认证　常州的无公害农产品认证始于 2001 年,当年城湾茶场的阳湖新月茶为常州第一个通过认证的无公害农产品。2004年是全市通过认定的无公害农产品数量最多的年份，全市新认定73种，累计181种。此后全市年均认定60种。至2010年底，全市有464种农产品通过无公害认证。

绿色食品认证 常州市绿色食品认证管理工作始于1996年，1997年经农业部食品质量监察测试中心检测，中国绿色食品发展中心终审，全市先后有金坛西旸镇的“仙姑”茶叶和大米、溧阳天目湖镇桂林茶场的沙河桂茗茶叶和天目湖啤酒饮料公司的天目湖牌啤酒获得绿色食品标志使用权。90年代中后期，绿色食品认证相对缓慢。至2003年末，全市仅有绿色食品16种。2004年，全市绿色食品认证走上快车道，全市认定绿色食品33种，此后年均认定绿色食品45种。至2010年底，全市拥有绿色食品279种。

有机食品认证 1995年，国内开始开展有机食品认证，但常州有机食品认证比无公害食品、绿色食品认证起步晚。2003年，金坛市华山茶叶公司的茶叶成为全市通过认证的第一个有机食品。2004年，全市新认定有机食品5种，累计拥有有机食品12种。2010年底，全市有机食品达131种。

农产品地理标志认证 常州的农产品地理标志认证始于2009年，焦溪二花脸猪是全市第一个通过认证的农产品地理标志产品。到2010年底，全市有焦溪二花脸猪、天目湖白茶、溧阳白芹、金坛建昌红香芋4个农产品地理标志。

二、品牌建设

1998年，常州市开展首届名优农副产品评比认定，认定41家企业生产的43种产品为首届市名优农副产品，此后每年举办1届。2007—2009年，常州市立华畜禽公司的雪山草鸡、金坛市江南春米业公司的苏牌大米等29种农产品获评江苏省名牌产品，金坛市茅麓茶厂的绿茶等29种农产品获评市级名牌产品，金坛市长荡湖青虾专业合作社的长荡湖牌青虾等158种农产品获市级名优农产品。2010年，常州市第十二届名优农产品评比认定市名优农产品53种。至同年底，全市认定市级名优农产品533种，其中期限内的173种，溧阳天目湖富子白茶入选上海世博会十大名茶。

第三节 质量检测监管

1988年4月，常州在江苏11个地级市中率先建成农业检测中心，开始实施农产品质量检测和土壤肥料化验、农药质量鉴定、农作物品质分析等质量监管。1990年，中心通过省级计量认证，主要开展农用投入品质量和农业生态环境检测工作，后中心仪器设备和实验室条件逐步跟不上农产品质量检测事业发展的要求；2001年9月，经市政府函报省农林厅，省农林厅批复同意建设江苏省农产品质量监督检验测试常州中心。次年4月，市农业检测中心改建成立常州市农畜水产品质量监督检验测试中心。

2003年1月、5月，在全省地级市农业质检机构中，分别通过包括农药残留、重金属残留在内的六大类、69个参数、121个检测项目的省级计量认证和江苏省区域性农畜产品质量监督检验测试中心的认可；5月，市渔业生态环境监测站、农业生态环境保护监测站获准并入市农畜水产品质量监督检验测试中心，承担常州及周边地区农业环境、农业投入品、农畜水产品质量检测及农业污染事故的仲裁检测鉴定；11月，金坛市农业检测中心成立，承担金坛市农、畜、水产品质量监督检验检测，农用投入品的质量检验检测。2007年3月，市农林局成立农产品质量安全工作领导小组、农产品质量安全事件应急工作组。2010年9月，市农委成立农产品质量管理处，专门监管全市农产品质量。同年底，全市有市级区域性农产品质量检测机构1家，县级特色农产品质量检测机构1家，全市批发市场均建立农产品质量快速检测室，一些农业龙头企业和农产品生产基地建立以速测为主的检测室，全市初步形成以市级区域性检测中心为龙头，辖市检测中心为补充，批发市场速测室和基地速测室为基础的农产品质量检测网络体系，重点规模种养基地基本建立较健全的农产品质量标准内控机制，重点农副产品市场大多开展农药快速检测和安全准入。

第十一章　农技推广服务

80年代中期，常州加强农业服务体系建设，实施农技推广体系等改革，完善双层经营体制。1989年、1990年，武进和溧阳先后成为有完善的管理体制、有规范的运行机制、有精干的人员队伍、有稳定的经费保障、有必要的工作条件（简称“五有”）的乡（镇）农技站建设达标先进县，省、市、县三级农业部门开始进行植保服务体系改革和乡镇农技站改革，辖市区及各地乡镇相继建立农业服务公司、植保公司或农业服务部。1990年，全市建成“五有”农技站113家，覆盖八成农业乡镇，基本形成市、县、乡（镇）三级农技推广体系，但农业科技贡献率偏低，不到45%。90年代，常州农业综合开发起步，农业信息化建设和检测体系不断完善。1993年，全市乡镇农技推广机构建成“五有”农技站124家、多种经营推广站56家、兽医站76家、农机站90家。90年代中期，全市农业科技进步贡献率提高到52.7%。1999年，立华公司育成雪山草鸡，2004年、2009年先后通过省和国家畜禽新品种审定，为全市唯一的家禽育成品种。21世纪初叶，常州深化农技推广体系改革，乡（镇）农技站、多经站、农机站逐步合并组建综合性农业综合服务站（农技推广站）。建设农业科技示范基地，提升农业项目区建设标准，农业信息化服务创新发展。全市探索生态循环农业建设方法，实施农村新五件实事工程，初步实现综合利用。2010年，全市有镇级农技推广服务机构99家，农业科技进步贡献率62.1%，居全省第二位；江苏（武进）水稻研究所钮中一参与研究的抗条纹叶枯病高产优质粳稻新品种选育及应用项目获国家科技进步一等奖。1986—2010年，全市水稻育种、畜禽水产良种繁育取得丰硕成果，育成水稻新品种（品系）30多个，组织实施农业“三新”工程1000多项，促进适用农业科技成果的转化应用，土地产出率、资源利用率和劳动生产率大幅度提高。

第一节　植物保护

1985年以后，常州植保系统从简易的查治到对应用测报灯进行系统监测，由系统观测与田间普查相结合，研究分析主要害虫的发生趋势，提出防治技术意见，据此编发病虫情报，发布防治信息，组织并指导各地及时准确开展防治工作。21世纪初叶，防控工作由侧重于保障农产品数量安全向数量安全与质量安全并重转变，由侧重于临时应急防治向源头防控、综合治理长效机制转变，由侧重技术措施向技术保障与政府行为相结合转变，促进农业的持续、快速、稳定和健康发展。

一、病 虫 害

常州水稻病虫主要有褐飞虱、纵卷叶螟、二化螟、三化螟、纹枯病、条纹叶枯病、稻瘟病、恶苗病和稻曲病等，麦子病虫主要是赤霉病和蚜虫。

褐 飞 虱　是常州水稻种稻史上发生危害频率最高的迁飞性害虫之一，常年发生。大发生的年份有1987—1988年、1990—1991年、1993年、1997年、2005—2007年计9年，其中1987年、1991年、1997年、2005—2006年为特大发生年份，仅1999—2002年、2004年、2009年为轻发生年份，基本未发生“冒穿”危害[①]；

① 成虫、若虫群集于稻丛基部刺吸茎叶组织汁液，刺吸取食时分泌的凝固性唾液形成口针鞘，阻碍稻株体内水分和养分输导。虫量大、受害重时引起稻株基部变黑，水稻瘫痪倒伏。

其余年份中等发生至中等偏重发生，10月上中旬都零星或局部出现“冒穿”。

水稻植保专业化防治（摄于2007年4月）

稻纵卷叶螟 为常州水稻种稻史上重要的迁飞性害虫之一，常年发生。1989年、1990年、1993年、2002—2007年9年大发生，2003年、2007年为特大发生，二、三代蛾高峰期持续约15天，防治差或未治田白叶率高达80%～90%，致抽穗受抑、灌浆不足。2003年受灾10.24万亩，成灾3万亩，绝收500亩。

二化螟 为常州水稻重要的内源性害虫之一，常年发生。1991年、1992年为偏重至大发生，1993年起明显减轻，1995—1997年零星发生。随着95系列壮秆大穗型水稻品种的推广种植，1998—1999年明显加重。2000—2004年连续5年偏重至大发生，其中2000年发生248.9万亩，严重田块白穗率37.4%，当年越冬残留虫量为1980年以后最高。2005年以后，随着新型特效药剂锐劲特的推广应用及水稻品种更新，一直为轻发生。

三化螟 为常州水稻重要的内源性害虫之一，常年均有发生。1995年、1996年、2001年、2002年大发生，1989—1992年中等发生，1987—1994年、2003—2007年轻发生，2007—2010年稻田难觅三化螟踪影。1996年，发生面积达水稻面积的9.5%，未治田白穗率约15%，最高约达30%。2001年，金坛4000余亩单产损失40%，武进魏村、孟城、小河、芙蓉等镇3000余亩稻田后期白穗率约30%，单产损失40%～50%，低洼淹水田特重，全市受害110万亩，1000亩绝收。

条纹叶枯病 是以灰飞虱为媒介传播的一种病毒病。灰飞虱是内源性害虫，由于免少耕栽培面积扩大和暖冬频率大，1999年呈发生势头，武进病株率0.25%；2000年起虫量逐年累积，加上2000—2007年全市种植的优质高产水稻品种均为感病品种，2004—2007年灰飞虱带毒率约20%～30%，2004—2007年为大发生至特大发生，其中2007年麦田、水稻秧田亩均虫量分别达162.3万头、92.2万头，均达历年最高值，少数手栽稻秧田灰飞虱危害“冒穿”。2006年、2007年手栽稻、防治不力的田块分别损失10%和约50%，少数早播早栽的在大田分蘖期因死苗严重而耕翻重种。此后大面积推广机插稻并用无纺布覆盖育秧、淘汰手栽稻、药剂防治及推广抗病品种武运粳23号，该病得到控制，危害逐年减轻。

水稻纹枯病 为常州水稻常发性病害。1992—1995年、2001—2003年、2005年、2006年共计9年大发生，1986—1989年、1991年、2000年为轻发生，其余年份为中等或中等偏重发生程度。其中2005年是2000年以后发病最重的年份。

稻瘟病 属气候型病害。全市以穗瘟为主，常年发生较轻。1989年、1995年、1998年、1999年发生较重，与种植8618、9325等感病品种、抽穗期遇低温及连阴雨天气密切相关，其中1995年、1998年、1999年，武进安家、潘家、运村等地一些田块病穗率高达90%～100%，2000年后一直轻发生。

恶苗病 1996年偏重发生，1997—1999年全市大发生，自然发病率15%～30%，大面积种植武运粳7号和示范推广肥床旱育栽培模式是大发生的主要因素。1997年全市药剂浸种177万亩，占总面积的82.6%，药剂浸种防效达95%。至2010年，坚持药剂浸种，恶苗病发生较轻。

稻曲病 属气候型病害，1998年、1999年大发生，未治田病穗率达25%～70%，种植武运粳7号和抽穗扬花期遇低温天气是大发生的主要因素。

小麦赤霉病 属典型的气候型病害，病害大发生的年份有1989年、1998年、2003年，1991年、1995年、1996年、2000年、2004—2009年较轻度发生，其余年份为中等偏轻至中等偏重。

蚜　　虫 小麦蚜虫在常州市以穗蚜致害，1992年、1999年为特大发生年份，1997年、2000年、2002年为大发生，1991年、1996年、1998年、2003年、2006年、2007年为轻发生年份，其他年份为中等至偏重发生。

二、草　　害

稻田杂草 主要是稗草、千金子、鸭舌草、野荸荠、鸭跖草、李氏禾及蓼科杂草，其中以稗草危害最重。90年代起，直播稻面积扩大，千金子上升快，危害重。2005年以后，随着机插稻面积扩大，鸭舌草发生危害加重。

麦田杂草 主要是看麦娘、网草、早熟禾、猪殃殃、大巢菜、繁缕、野老鹳草，以网草危害最重。90年代，网草危害最重，沿江地区硬草发生危害趋重，猪殃殃、繁缕发生危害明显减轻。

油菜田杂草 主要是看麦娘、网草、猪殃殃。

三、预防治理

农业防治 1986年以后，常州通过选用水稻抗病品种，优化品种布局，推广新型栽培方式并适当推迟播栽期等农业防治措施，控制、减轻水稻二化螟、三化螟及条纹叶枯病发生与危害。90年代末，随着小麦品种更新，控制了小麦梭条花叶病的发生与危害。

物理防治 2004年，武进横山桥镇试点机插稻育秧采用无纺布覆盖，阻隔灰飞虱与秧苗接触传毒。2006年逐步推广至全市，应用覆盖率达98%，大大减轻水稻条纹叶枯病危害，经济作物田园应用黄板诱杀蚜虫等。

化学防治 治　　虫 **稻飞虱** 1983年，常州开始示范推广应用甲胺磷防治，控害保产效果显著。90年代末因产生抗药性，更因甲胺磷具高毒性，2007年全国禁产禁用。1991年、1997年先后示范推广扑虱灵、吡虫啉防治稻飞虱，效果显著，成为稻飞虱的主治药种，至2005年产生严重抗药性，被迫在水稻上全面停用。2006年起，示范推广新药吡蚜酮，防效优，对稻谷、水产品安全性好。

螟　　虫 以秧田期和"破口药"为重点防治螟虫。90年代，用甲胺磷防治二化螟、三化螟，2000年前后用三唑磷及其复配剂防治三化螟。2002年起，用锐劲特防治二化螟，效果特佳，连续多年使用后，螟虫危害降至最低值。2009年，农业部因锐劲特对蜂、水产生物的负面影响严重，颁文禁用。

纵卷叶螟 抓住孵化高峰至低龄幼虫高峰期施药防治纵卷叶螟。80年代末，淘汰高效、长效、高毒药剂杀虫脒。连续多年用速效药杀虫双、长效药杀虫丹及其复配剂，渐现抗药性，防效骤降。2002年起，推广苏云菌杆菌和阿维菌素复配剂，2009年开始示范应用氯虫苯甲酰胺防治。

灰飞虱与条纹叶枯病 运用适当推迟播期、推广机插稻及秧田期实施无纺布覆盖和新药剂吡蚜酮适期施药等综合防治措施，控制灰飞虱与条纹叶枯病发生程度，其带毒率、危害损失率显著降低。

蚜　　虫 1987年以后，先后用乐果、快杀灵、吡虫啉等药剂防治小麦蚜虫。

防　　病 80年代末，推广巴丹浸种控制干尖线虫病。1990年以后，井冈霉素一直是防治水稻纹枯病的主要药种。1997年起，用咪鲜胺浸种控制恶苗病危害，防治赤霉病以多菌灵为主，后示范咪鲜胺，效果不佳。2000年起，示范推广芽孢杆菌及其复配剂。2006年起，用苯丙醚环唑，防效提高，防治稻曲病药剂史与纹枯病基本相同，苯丙醚环唑防效优异，防治穗颈稻瘟病以三环唑为主。

除　　草　稻田化学除草　以播栽后立即土壤处理为主，搁田后茎叶处理为辅。80年代初推广除草醚，1987年起推广丁草胺，以逐步取代除草醚，示范2甲4氯防治阔叶草。90年代，推广乙草胺+苄磺隆，兼除禾本科杂草及阔叶杂草，稻田野荸荠、千金子、水花生等恶性杂草分别用草灭星、千金、使它隆防治；种植直播稻后用扫弗特除草；推广机插稻后用苄·二氯、苯噻酰胺除草。1993年，用苄·二氯中期化学除草，武进滆湖农场因用水量严重不足，致800余亩稻田发生药害。1997年，应用乙草胺栽后施药化除，因药后小秧淹水发生大面积药害，全市2万余亩受害严重。

麦田化学除草　以播后立即土壤处理为主，次年早春茎叶处理为辅。原来以绿麦隆为主，80年代末，超低量、超低价的特效药绿磺隆迅速普及应用，后发现其残效期长、下茬作物水稻生长明显受抑、玉米全面死亡的严重药害，经3～5年，由限用至全面禁用。90年代初，示范推广骠马、异丙隆沿用至今，因逐渐产生抗药性，二者防效不同程度下降。

油菜田化学除草　用精稳杀得、高效盖草能防除禾本科杂草达10年，近年后期效果不佳，未见新药。旱田荒地除草以克无踪、农达、草甘膦等灭生性药剂为主，施药时药液飘移易伤害其他作物。

专业化防治　1987—1994年，常州辖县（市、区）先后实施弥雾机购置补贴，建立“补机、供油、维修、服务”四结合的植保服务新体制，大规模发展专业队、专业户实施以代治为主要形式的施药服务，1993年达最高峰，全市计有专业队200余个、专业户约1万户，其中武进县有专业队150个、专业户4588户，服务面积170万亩次，机防覆盖率约72%。1994年起，因停止补贴，专业队、专业户处于无组织状态，专业化服务很快停止并消失。2007年起，全市实施大型高效植保器械购置补贴政策，在武进前黄镇坊前村、金坛直溪镇天湖村、溧阳后周村和新北西夏墅镇池上村等7个示范点，选择素质较高的机插大户，开展病虫专业化防治有偿服务，每个专业队服务面积达2000亩，取得良好效果。2010年底，全市拥有植保大型机械5357台，注册的植保专业化防治服务组织122家，拥有植保大型机械2164台。

四、预测预报

武进、金坛、溧阳植保站各个阶段均在办公楼附近设立病虫系统观察圃和普查区，开展预测预报工作，根据平原、圩区、丘陵山区、沿江沿湖地区的特点，选择有代表性乡镇设置病虫测报点。80年代末至90年代中期，各县级植保站有测报技术人员8～10人，后逐年减少；1995—2000年，测报人员跌至最少；至2010年，全市19人，其中武进5人、金坛7人、溧阳7人。市植保植检站随市农业局成立建站，2003年机构改革撤销植保站并入市农技推广中心，保留市植物检疫站。

测报内容与方法　灯　　诱　各县植保站每年4月20日开始，9月底结束，逐日检查毒瓶中诱集的灰飞虱、褐飞虱、白背飞虱、大螟、二化螟、三化螟、纵卷叶螟成虫数量及雌雄比例，分析外源害虫的迁入情况、内源害虫的发育进度，预测防治适期及发生程度。2000年以前，武进、金坛、溧阳各设诱测灯2～3盏；2000年以后，武进仍有3盏灯，金坛、溧阳各存1盏灯。2007年起，改用自动测报灯，淘汰毒瓶。至2010年，武进区减至2盏灯。

赶　　蛾　纵卷叶螟由南方迁入本地，从6月20日前后开始至8月底结束，各点选择两块长势嫩绿、有代表性的早栽稻田，每块田固定0.1亩（宽度1米、长度66.7米），每天早晨用竹竿逆风赶蛾，清点起飞成虫数量，明确迁入高峰期，预测防治适期，各辖县视不同地形设5～10个赶蛾点。

系统观察　选择有代表性的田块，始终不施农药，观察自然情况下某一种病虫发生、消长、危害动态，最终确定发生程度。系统观察的病虫种类有：稻飞虱、纵卷叶螟、水稻纹枯病、小麦纹枯病、赤霉病等，稻田从大田移栽活棵至10月上旬止，麦纹枯病从冬前至5月上旬，赤霉病从齐穗至收割前结束，每5天调查一次，数据为决策防治提供依据。

剥查螟虫基数　每年4月、12月两次剥查稻桩内螟虫数量，了解越冬基数及越冬死亡率。在螟虫发生危害偏重年份，乡镇同时剥查，查清螟虫的区域分布和特点。

黏虫草把诱卵　选清洁稻草5根扎在杨树枝上，插于麦田并高出麦苗，每块田插20个把，从3月1日到4月15日，每隔5天查1次落卵情况，每10天换1次草。查见卵后，将诱得的卵标明日期扎在短枝上，插于麦丛间，观察孵化进度，确定防治时间。

镜　　检　常用于显微镜下检查纵卷叶螟卵巢的发育，校正孵化高峰期，鉴别飞虱种类。

带毒率测定　采集越冬代和一代灰飞虱成虫或高龄若虫样品，采用斑点免疫结合法检测灰飞虱携带水稻条纹叶枯病毒情况，帮助防控水稻条纹叶枯病。

网络会商　2007年，省植保站开发出农业有害生物监控信息系统，全市植保站通过该系统及时联系通报粮油作物病虫发生情况，对重大病虫发生趋势开展网络会商。每年县、市发布病虫情报约25期，到2010年全市累计发布2000余期，测报准确率由1987年约90%提高到95%以上。

五、植保服务

2010年底，常州县级农技推广服务机构有在编人员513人，主要为农民提供政策咨询、农技推广、信息服务。全市有镇级农技推广服务机构99个，其中农业服务综合站50个、畜牧兽医站34个、农机服务站15个。全市镇级农技推广服务单位有在岗人数959人。

信息服务　1986年以后，该项服务由辖市区植保植检站承担，主要作物为水稻、小麦、油菜，信息内容为虫害、病害、草害、鼠害。主要手段是通过系统观察、调查、对比、分析做出病、虫、草害发生趋势、动态及危害程度的预测预报，提出防治时间、农药品种、浓度、施药技术等，为农民和农业服务组织及时防治提供信息。

技物结合　1986年以前，常州植保物资服务主要由县区、乡镇两级供销社的农资公司和农资门市部承担。1986年，各地根据省政府《关于农药生产经营有关问题的通知》，开始探索农技推广部门经营化肥、农药、农膜等农业生产资料的改革。此后，省、市、县3级农业部门把植保服务体系改革作为农业推广的重要内容。武进、金坛、溧阳三县农业局于1985年组建了县农业服务公司，1987年组建植保公司，为农民提供农药和植保机械服务。乡镇相继建立农业服务公司或农业服务部，开展农药、化服、种子、农膜等农用物资的经营服务。1990年，县市、乡镇两级农技服务部门提供的农药占全市所需农药总量的60%。1999年，全市农技推广部门供应的农药达456万亩次。2000年起，农技推广部门供应的农药占全市植保所需农药的80%以上。2004年，农技推广体系改革，经营性职能逐步剥离，此后农技部门供应植保所需农药份额逐年下降。2010年，全市重大病虫害专业化统防统治覆盖率达45%，稻麦高产创建万亩示范区内配方药实现全覆盖。

专业服务　1990年以前，常州以村委会主任、村农技员为骨干，组建村农技综合服务站。服务内容有农业技术咨询，统一供种供药（含为农户以田配药）、农机耕耙作业等综合服务。1991—2005年，植保产业化服务继续发展，市财政对购买弥雾机的农民实行财政补贴，引导农民积极购机。2005年，全市植保机械发展到1.4万台，植保专业户大量涌现，植保作业服务专业化。2007年，植保机械新机型在常州出现，高压水枪功率更大，射程更远，可在田埂上完成对全田的施药作业，植保专业化服务开始与水稻机械化全程作业相结合。2010年底，全市大型植保机械发展到5357台。

第二节 肥料施用

一、有机肥料

绿　肥　是常州市缩减最快的有机肥。80年代绿肥种植面积大幅减少，90年代中期以后种植绿肥的水稻秧田也基本歇冬，只有少数农户作为蔬菜肥料还在小面积种植。2007年开始，农业部门启动绿肥种植以奖代补项目，引导农户恢复绿肥种植，全市绿肥种植面积逐步回升。2010年全市绿肥种植面积5.51万亩，种植品种主要有紫云英、豆科作物和肥饲兼用的青菜，大部分位于设施农业和高效农业园区。

秸秆还田　80年代中后期，常州作物秸秆还田代替绿肥、草塘泥等，成为主要的有机物来源。1996—2000年，全市累计秸秆还田面积1090万亩次，秸秆使用总量159.58万吨，亩均还草量146.4公斤。90年代后期，随着液化气的推广使用，农作物秸秆不再作为农民烧饭的主要能源，焚烧秸秆现象开始普遍，秸秆还田面积减少，并使肥源流失。2001年起，随着收割机械的推广应用，机收面积稳步增加，切草长5～10厘米，利于还田，加上政府禁止焚烧秸秆、补助秸秆还田，群众环保意识逐步增强，还田量和还田面积开始回升。2005—2007年，秸秆还田面积都稳定在作物播种面积的60%以上。2010年，全市秸秆机械化还田面积近100万亩次，秸秆还田总量约35万吨。

商品有机肥　原料主要有畜禽粪便、菌渣、菌包、作物秸秆等。80年代之前，畜禽粪便作为农家肥，就地积制、就地使用，80年代后开始逐年减少。90年代后期，畜禽粪便作为商品有机肥原料，得到推广和利用，起初的年推广量在数百吨。进入21世纪，农家肥实现商品化、工厂化和颗粒化，全市先后涌现多家商品有机肥生产企业，推广应用量逐年增加，品种日趋丰富。2006年，开始推行商品有机肥推广应用补贴试点项目以后，商品有机肥的推广量有了较大的提高。2010年，全市补贴商品有机肥2.18万吨，而农户自行购买的商品有机肥数量远大于此。

二、化学肥料

常州施用化肥主要品种有尿素、碳酸氢铵、过磷酸钙、氯化钾和复合(混)肥。80年代开始较快增长，10年间年均氮肥投入量(纯量)近6.4万吨，比70年代增2.7倍，磷肥(纯量)投入量近1万吨，钾肥用量较少。当时化学肥料投入的增加，明显带动了粮食产量的增长。进入90年代，化肥投入量继续增加，年均氮肥(纯量)投入量约7万～8万吨。随着有机肥料投入减少和化学肥料用量增加，土壤有机质下降，养分失衡，土壤理化性状恶化，环境污染加重。80年代初推广配方施肥技术后，复合(混)肥使用量增加，使氮磷钾的比例逐步合理。1986—1990年，复合(混)肥约占化肥总量的17%。1991—1995年，实施增肥补钾工程，复合(混)肥约占化肥总量的28%，每年钾肥用量3000～4700吨。1986—2000年，复合(混)肥约占化肥总量的30%。其间，由于化肥用量过大，造成对水体的污染。

90年代中期，常州采取多种措施引导农民科学用肥，推广缺素补素与看苗诊断相结合的施肥技术，在第二次土壤普查基础上摸清土壤养分的底细，提出控氮增磷钾的施肥策略。结合作物的栽培叶龄模式，按其需肥规律，提出看苗诊断施肥，尤其是氮肥施用，在作物不同生长期确定不同的用量。2006年，全市开始深化配方施肥技术，推广测土配方施肥技术，农业部门实施测、配、产、供、施一条龙服务，每年采集耕层土样分析化验，了解土壤养分状况，制定肥料配方，发给农户测土配方施肥建议卡，研发推广主要粮食作物专用配方肥。2007年太湖蓝藻事件发生后，全市各级重视农业面源污染防治，开始削减化肥用量，整合测土配方施肥、秸秆还田、商品有机肥和绿肥补贴项目，逐年减少化肥使用量。2010年，全市测土配方施肥面积199.6万亩，配方肥4.02万吨，农作物平均约增产5%；全市施用化肥总量7.29万吨、氮肥（纯量）4.97万吨，分别比21世纪初削减24.3%和16.2%。常州市除经常使用的氮、磷、钾肥料外，还引进和使用一些微量元素肥料，主要有硼肥、锌肥、硅肥、锰肥、铜肥、稀土微肥等，但大多停留在试验示范阶段。

第三节 动植物检疫防疫

1986年，常州市畜牧兽医站成立，隶属市多种经营管理局管理。至1998年，常州市郊区和武进、金坛、溧阳3个县市所辖乡（镇）畜牧兽医站皆为集体性质，自负盈亏。1998年，基层畜牧兽站改为自收自支全民事业单位。1992年，市兽医卫生监督检验所成立（与市畜牧兽医站合署），辖县市相继成立兽医卫生监督检验所，逐步开展产地、运输、市场、屠宰检疫。2001年，畜牧兽医站归口市多种经营管理局与市农业局合并组建的市农林局管理，全市设乡（镇、街道）畜牧兽医站79个，市植保站（农技推广中心）负责全市粮食经济植物检疫工作。2006年，全市乡镇设有独立的25个畜牧兽医站。2008年3月，常州市畜牧兽医局成立。2010年6月，市畜牧兽医局变更为市农委内设的畜牧兽医处，金坛、溧阳两市和武进、新北、天宁、钟楼、戚墅堰5区分别由农林局、农业局主管畜牧兽医工作，全市设置乡（镇）畜牧兽医站37个，年末有植检员16人，其中市级3人、县级13人。

一、动物检疫防疫

检　疫　1992年，常州市兽医卫生监督检验所成立，辖县市相继成立兽医卫生监督检验机构。1994年，全市开始推行动物检疫工作责任制，分为产地检疫、屠宰检疫。1996年，开始实施生猪定点屠宰，设立生猪定点屠宰场100家。此后定点屠宰场点随经济社会发展和行政区域调整，规模逐步扩大、数量逐步减少，机械、半机械化屠宰场开始出现。2010年底，全市45家生猪定点屠宰场点皆有兽医检疫人员驻点检疫。

防　疫　**组织体系**　80年代，常州乡（镇）畜牧兽医站推行分片包干技术责任制，由站内兽医分片承包防疫，包片完成疫苗预防注射任务。1988年，常州爆发牲畜五号病，市政府成立防治牲畜五号病指挥部。1999年以后，随着动物诊疗市场的日益放开，各级兽医防疫机构职能日趋明确，推行双轨责任制，即政府与政府、条线与条线层层签订防疫责任状，确保国家规定防疫病种的防疫密度达100%。防疫主要形式是常年防疫加春秋两季的集中突击防疫，常年防疫主要由辖区内责任防疫员完成，突击防疫由基层政府部门组织发动，由乡镇站兽医、村防疫员和村委会人员组成防疫小组，进行拉网式集中防疫，确保村不漏户、户不漏畜禽，对免疫后的畜禽登记立档，对家禽打上防疫标识。2003年，市防治牲畜五号病指挥部变更为市防治重大动物疫病指挥部，在农牧部门设办公室，由农业、卫生、工商、质监、国检等20多个部门组成，市、辖市区、乡镇的畜牧兽医部门组织实施免疫检疫、疫情监测和动物卫生监督等工作。

疫苗与防疫种类　1990年以后，随着新疫病的出现，不断增加鸡传染性法氏囊、鸡传染性支气管炎、兔瘟等疫苗的预防注射。90年代中后期，开始大量使用油乳剂灭活疫苗。2001年、2004年，先后使用禽流感油乳剂灭活疫苗、H5N1亚型重组禽流感灭活苗预防禽流感。2005年，开始对肉禽、奶牛、猪分别使用禽流感—新城疫二联灭活苗、亚洲—Ⅰ型口蹄疫灭活苗、链球菌Ⅱ型灭活苗。2007年，开始使用蓝耳病疫苗预防猪高致病性蓝耳病。2006—2010年，常州市确定的重大动物疫病病种主要有猪瘟、牲畜口蹄疫、猪蓝耳病、高致病性禽流感，做到强制免疫、应免尽免。

二、植物检疫防疫

检　疫　**粮食经济作物检疫**　有害生物普查　2001—2002年，常州市农林局组织开展有害生物普查，调查 17 种(类)作物，调查代表面积 7.3 万亩，查见有害生物 140 多种，其中常见 96 种(以杂草最多)，基本摸清主栽作物上有害生物的种类，确认蔗扁蛾、美洲斑潜蝇、烟粉虱、毒麦 4 种检疫性有害生物在全市已有发生，其中以美洲斑潜蝇、烟粉虱在经济作物上时有发生。

水稻种子检疫　武进是全省有名的水稻种子育种繁殖基地，每年有南繁种子回常州种植，并大量外调种子。1987—2007 年，全市累计实施水稻种子产地检疫 10 余万亩，未发现稻水象甲、细菌性条斑病入侵，调运检疫 500 余批次未发现检疫对象。至 2010 年底，常州仍是水稻无疫区。

森林苗木检疫　包括产地检疫、调运检疫，以产地检疫为主。1986 年起，省农林厅多次组织、委托南京林业大学进行检疫专业培训，考试合格者成为森林植物检疫员，常年开展森林苗木检疫。至 2010 年，全市经考试取得江苏省森林植物检疫员资格并在职的森林植物检疫员 52 人。

防　　疫　森林苗木防疫　常州市每年苗木调出签发森林植物检疫证书 3 万～4 万份，农林部门采取严格规范松材线虫病发生区松木采伐、调运审批手续，森林防疫检疫机构参与采伐设计，对木材加工利用企业进行监管等方式做好检疫，禁止疫区松材外运，严控疫区范围，防止检疫性有害生物传入传出。

加拿大一枝黄花防治　具极强繁殖和竞争能力。2002 年秋，在武进湖塘镇等地首先发现，虽经连年大力防治，发生面积仍不断扩大。2010 年，全市所辖两市五区 53 个镇(街道)均有发生，遍及 295 个村，武进、新北两区发生面更广。全市春秋两季发生面积 4.26 万亩，折实面积逾 4200 亩。全市当年组织防除专业队 29 个，出动 3485 人次，开展大规模人工防除和药剂防除，遏制加拿大一枝黄花快速蔓延的态势，连片发生区基本清除，但新的发生点仍在增多。

第四节　农技培训教育

80 年代，常州市各地办起农业广播学校、农业干部学校［简称“农广(干)校”］，入学者无需脱岗，利用业余时间，通过广播电台、电视台，学习农业科学知识。农广(干)校开办 10 多年，先后举办中专教育、农民培训等农业技能继续教育，促进了常州农业发展。90 年代初，全市农广(干)校开始合署，成为全市农业学历教育和农业技能培训的中心。1995—2000 年，各地采取辖市区与乡镇联合办学的方法推进学历教育，采取岗位培训、短期培训、以会代训等方式，培训了一大批乡镇村干部和后备干部。21 世纪初叶，金坛、溧阳、武进以农业广播电视学校与农业干部学校作为阵地，承担农业实用技术、农民创业培训、新型农民培训与“致福工程”培训。2006 年，市委、市政府把农民培训工程列入全市新农村五件实事，出台新农村建设三年行动纲要。市本级设立农民培训专项资金，市财政划拨农民培训工程专款 100 万元，推进全市农民培训全面深入开展。各级农民培训机构围绕区域主导产业、农民需求和农时季节，开展“一镇一业”“一村一品”培训，成效明显。2006—2010 年，全市完成农业实用技术培训 30 多万人次、农民创业培训近 1.5 万人次，其中 2009—2010 年完成农业技术培训 11.15 万人次。

第五节　农业科技示范

1996—2000 年，常州市启动农业科技示范园区建设。1999 年，认定首批农业科技示范园 5 家，2002 年末增至 10 家，累计投入 3.7 亿元，武进现代农业科技示范园区等两个园区通过省科技厅验收。2003 年，全市农业科技示范园区总面积达 5800.5 亩，进区入园农业科技型企业 36 家，花卉苗木、食用菌、茶叶及特种水产养殖4个农业特色产业基地建设启动，市级重点园区探索以1～2家科技型龙头企业带动相关企业和农户参与、互动互惠的发展模式。武进现代畜牧公司、三新园艺公司、江南春米业公司、立华畜禽公司等10家科技型农业企业完成销售收入3亿多元，带动6个基地建设，受益农户300多户。培养了蔬菜专家王雪珍、水稻育种专家江琪祥、河蟹养殖专家周建立等在行业内有较高声誉和影响的学科带头人，农业科技示范园区成为农业科技成果研发、转化、试验示范的基地。2004年，全市建设省、市级涉农工程技术研究中心3家，建成省级农业科技示范园区8个，武进现代农业科技示范园区、金坛特种水产科技示范园区等重点园区成为带动一方经济发展的特色产业基地。翌年，市科技局在全省率先制定《常州市农业高新技术企业认定管理办法(试行)》，农村信息化工作试点顺利，实施国家星火培训学校建设和江苏省现代农民远程教育培训专项、"致福工程"及市农业信息化工程，重点在乡镇推广国产网络计算机。2008年，省科技厅开始认定江苏省现代农业科技园。到2010年底，溧阳天目湖镇政府、金坛科技局、武进农博园投资发展公司分别承建的溧阳高效农业科技园、金坛茶叶科技园、常州现代花木科技园先后被认定为江苏省现代农业科技园，市级农业科技示范园区发展到20家。

2010年常州市农业科技示范园一览表

表14-11-1

园区名称	依托单位	园区名称	依托单位
常州市观赏植物科技示范园	常州市华余园林花木公司	常州市生态观光农业科技示范园	江苏陶峰观光农业发展公司
常州市特种水产科技示范园	金坛绿源特种水产科技公司、金坛市水产技术指导站	常州市茶果复合栽培科技示范园	溧阳市天目湖玉枝特种茶果园艺场
常州市丘陵山区综合开发科技示范园	溧阳社渚镇（山丘村）、溧阳山源茶果开发公司	常州市"四大家鱼"良种养殖科技示范园	溧阳市长荡湖水产良种科技公司
常州市现代农业科技示范园	金坛市农技推广中心	常州市优质茶果良种科技示范园	常州阳湖新月茶业公司
常州市名、特、优蔬菜品种科技示范园	常州市天宁区勤丰园艺场	常州市生态农业科技示范园	江苏天目湖生态农业公司
常州市生态畜牧科技示范园	常州市武进现代畜牧公司	常州市谷、茶深加工科技示范园	金坛麦宝食品公司
常州市珍稀食用菌科技示范园	常州市三新园艺公司	常州市无花果科技示范园	江苏无花果酒业公司
常州市优质葡萄科技示范园	常州市新绿高科技农业公司	常州市鲜食葡萄科技示范园	金坛市马钢鲜食葡萄公司
常州市设施农业科技示范园	焦溪镇园艺专业合作社	常州市凌峰农业科技范园	溧阳市凌峰生态农业开发公司
常州市生态茶业科技示范园	金坛市鑫品茶业公司	常州市高效林果科技示范园区	常州市金土地农牧科技服务公司

一、武进现代农业科技示范园区

位于武进西部嘉泽、邹区两镇，东北横山桥镇和东南部雪堰镇等地，2001—2005年为省级重点农业科技示范园区，以发展设施农业、生态农业为主要特色，规划总面积15.4万亩，建设面积13.08万亩，已建成核心区7.3万亩，建设4个万亩级园区、14个千亩级园区。2006—2010年，武进区对农业园区实行项目申报、扶持资金的政策倾斜，总投资9.5亿元，其中财政扶持资金5890万元，建成以武进农博园、江南花都产业园、邹区设施蔬菜产业园、龙潭湖农业生态园、常州太湖银鱼良种示范园等现代农业园区。园区特色明、规模大，效益高、机制新，辐射带动能力强。至2010年底，累计立项省、市级项目65个，其中省级高效农(渔)业项目18个。

二、溧阳高效农业科技园

位于溧阳天目湖地区，2009年成为全省首批现代农业科技园，依托南京农业大学、南京林业大学、江南大学开展苏南早熟甜油桃、苏茶早茶树、桂花和苏南地区优质雄蚕等新品种的选育研究，开展双亲材料改良提高研究，研发糯玉米和黑莓、蓝莓深加工技术，研究实施鲜果贮藏保鲜技术，向市场常年供应鲜果。

三、金坛现代渔业产业园区

2009年启动建设，2010年入选全省首批省级现代农业产业园区。总面积1.1万亩，核心区水面8586亩，其中池塘5586亩、网围3000亩，辐射面积3万亩，主要发展无公害河蟹。至2011年底，实施金坛市水产站、金坛市绿源特种水产科技公司沿北干河南侧的池塘改造、网围生态养殖小区、水产品市场配套设施、河蟹出口打包车间改造及环境在线监测系统建设、园区产品销售中心等8项工程，建成生态养殖、良种培育、水产品市场、河蟹出口打包、产业研发等7个功能区。长荡湖创建成为全国中华绒螯蟹养殖标准化示范区。

第十五卷　工　业

Volume XV　Industry

80年代初，常州抓住发展机遇，坚持把国家战略与常州市情相结合，以调整工业结构为主线，重点扩大开放开发，工业经济快速发展，经济总量规模与日俱增，实力显著增强。1985年，常州乡镇企业迅速崛起，并领先全国，在工业经济中占有"四分天下有其三"的相当份额，全市工业总产值首次突破100亿元。1987年3月至1990年，全市建立80多个以名特优新产品为中心，跨城乡、跨行业的企业协作群和企业集团。境外合资、独资和合作企业（简称"三资"企业）从无到有，经济结构趋向多元。80年代全市有91种产品获国家金、银质奖，有929种产品获部优质奖，一些主导工业产品迅速发展起来，产能列国内同行业前列，规模经济初显成效。戚墅堰机车车辆厂成为中国内燃机龙头企业，常州柴油机、拖拉机被誉为中国农机行业的两颗璀璨明珠，万头气流纺、灯芯绒生产印染工艺达到世界先进水平，塑料材料成为全国生产基地，精密电容测量仪、叶酸、巴丹农药等15种产品国内独家生产，小型柴油机、手扶拖拉机、微型电池、聚酯薄膜等13种产品产量居全国首位。常州成为以轻纺工业为主，拥有机械、农机、电子、化工、医药、塑料、服装、建材等产业的新兴工业城市，工业产值占工农业总产值的比重达80%。

90年代初，常州工业以城市为依托、以资本重组为重点，化解历史包袱，实行标本兼治，提升企业竞争能力。1991年全市注册有外资、中国港澳台资企业205家，与民营企业等非国有经济成为常州工业增长的主力。常州工业结构由重点发展纺织、轻工、电子和加工工业转向机械、电子等技术密集型产业，提升轻纺传统产业，重点培育农机制造、输变电设备、汽车（摩托车）、工程机械、计算机通信、现代视听设备、纺织服装、基础化工及精细化工、合成新药及生物制药等优势产业。1995年，全市拥有年产值达1亿元企业72家、销售收入达1亿元企业75家、利税达2000万元企业23家。1998年，全市工业总产值跃上1000亿元台阶。2000年常州轻重工业比重发展到四六开，全市形成工业企业集团100多家，有11家企业年销售收入达10亿元。常州成为国内中小功率柴油机、高速内燃机车，牛仔布等产品的重要生产基地，电子工业高速发展，轻纺工业得到提升，高新技术工业崭露头角，农机制造、输变电设备、工程机械、车辆及配件、新型纺织服装等成为工业支柱产业，支柱产业规模以上企业的销售收入、利税、工业增加值占全市的比重分别达46.9%、36.9%和40.9%。

进入21世纪，全市工业转变经济增长方式，在增量投入、有效投入与科技投入中实施结构调整和优化升级，加快发展个私经济，加快发展新能源、新材料、高端装备制造、生物技术和新医药、节能环保、软件和服务外包、物联网等新兴产业，大力发展电子信息等高成长性产业，改造提升冶金、轻工、纺织服装、化工等传统产业，初步建成以名牌产品为龙头、以骨干企业为核心、以支柱产业为支撑的现代工业体系。2001年，全市规模以上工业总产值突破1000亿元。2010年常州工业总产值突破8000亿元，规模以上工业总产值达7387亿元；营业收入达100亿元的工业企业有中天钢铁、申特钢铁、常林集团、天合光能、亚邦集团、金源铜业、常发集团7家。但产业结构偏重，产业层次偏低，产业链还不够完善。

第一章 工业综述

常州工业源远流长。晋代有梳篦，唐代有绢绸，近代民族工业发展史上也有“罕见的奇迹”。新中国成立后，常州通过“母鸡下蛋”、“滚雪球”、“小桌子上唱大戏”、“一条龙”专业化协作等生产模式，开辟了自力更生兴办地方工业的新路子，为全国中小城市的早期工业化探索成功之路，在工业化发展道路上创出常州经验，享有“中国工业明星城市”的赞誉。80年代以来，常州工业在改革中发展，在发展中调整，以优化结构为主线，使常州名副其实地成为长三角地区重要的现代制造业基地。跨入21世纪以后，常州坚持走新型工业化道路，朝着世界知名的现代化制造业名城的目标奋进。2003—2007年，有30个产品被认定为中国名牌产品，至2007年底，累计有中国名牌产品26个（含复评4个）。2008—2010年，常州市有181个产品被认定为江苏省名牌产品；2001—2010年，累计有78个产品被评为国家免检产品。2010年，全市规模以上五大产业（装备制造、新能源、新材料、电子信息、生物技术及医药）产值占全市规模以上工业比重达64%、规模以上高新技术产业比重达51.4%，产业结构进一步得到优化。

第一节 规划布局

1986年，常州市开始编制《常州市城市总体规划(1989—2000年)》。1990年8月8日，获省政府批准实施，确定了工业的发展方向、产业重点和结构布局。1995年4月，武进县龙虎塘、新桥、百丈和圩塘4乡镇划入常州市区，新编制的《常州城市总体规划(1996—2010年)》(含工业发展规划)1996年末获省政府批准实施。1996年、2001年和2006年，常州市“九五”计划、“十五”计划和“十一五”规划先后编制完成，明确了常州工业的发展方向、产业重点和结构布局。

一、工业发展方向规划

1990年，编制工业振兴计划，首批确定44种重点产品，其中市区14种、县(市)区30种。1991年编制的常州市“八五”计划提出，“发展机电、提高轻纺、开拓化医、外向结构”的基本思路，采用先进技术装备，培育和发展以机械、电子、精细化工为主体的主导产业；改造和提高以出口导向为主的纺织、轻工等传统产业；加强能源、原材料等基础产业，有重点地开发新兴产业，促进产业结构的优化。1996年编制的常州市“九五”计划提出，“调优、调大、调高、调外”的总体要求，发展壮大机冶、电子行业，提高纺织、轻工行业，努力开拓化工、医药、建材行业，加快培育十大优势产业，加大技改力度，加强外向带动，推动常州工业经济向高科技、轻型化方向转换，逐步形成“名牌产品、支柱产业、集团经济、城乡一体”的新格局。优化工业产业结构，优先发展动力机械、工程机械、汽车(含摩托车)及输变电设备、电子信息及现代视听设备、新型纺织服装和新型材料、生物医药、精细化工等产业。

2001年编制的常州市“十五”计划提出，把常州发展成为现代制造业基地。重点发展农用机械、输变电设备、工程机械、车辆(汽车、摩托车、机车等)及其配件制造业和新型纺织服装业，培育以高新技术为基础的电子信息设备制造及软件业、新型材料、生物医药及精细化工等新兴产业。发展城市型工业，实现城区传统工业向占地少、污染轻、耗能低、就业多的城市轻型工业转变，完成制造业结构的战略性调整和产业升级。扶持名牌产品、骨干企业发展壮大，既发展大型企业集团，又培植小而专、专而精、精而优的中小企业，加快建设技术创新体系，推广运用高新科技，用电子信息技术改造提升制造业，促进高新技术产业化。

2006年，编制的常州市"十一五"规划提出，加快现代制造业基地建设，以《常州市制造业升级纲要》为目标，重点发展电子信息、新型材料、生物医药及精细化工产业，重点扶持输变电设备、工程机械及机车车辆等有技术、产品和市场优势的产业；做大做强装备制造业、石油化工和能源产业，改造农业机械、纺织服装、金属冶炼及深加工产业，向高新技术和关键适用技术升级。培育生物、新型环保等战略性产业，以优势企业为重点，培育壮大一批主业突出、拥有自主知识产权和知名品牌、核心竞争力强的大企业大集团，争创一批中国名牌产品和驰名商标。以信息化带动工业化，加强信息化基础设施建设，提高企业生产自动化、产品智能化和商务电子化水平。

二、工业结构布局规划

《常州市城市总体规划(1989—2000年)》提出，原则上外环路内侧不再新建工厂，城区内公害严重的工厂实行分期搬迁，运河上游禁止建有化工、电镀等水污染的工厂。规划圩塘、魏村沿江工业区，发展新建或从市区迁建的化工、冶炼、造船等运量及用水量大的工业；开发三井—龙虎塘综合工业区，发展轻型机械、电子、仪表等污染少的工业；在德胜河以东、沪宁铁路以北、凤凰河以西建设新闸工业区，发展机械等无水污染工业；西环一路以西、常金路两侧发展西部工业区，发展电子、仪表、服装、轻型机械等加工工业；乡村办工厂进入乡村工业小区，在北郊建立钟楼、天宁工业小区。

《常州城市总体规划(1996—2010年)》提出，形成高新技术产业区、西北机械冶金工业区、新港能源重化工基础原材料工业区、戚墅堰工业区、东南(雕庄、茶山)工业区、西南轻工工业区和城南电子工业区7个工业区，把常州建设成为以高新技术产业为先导的长江三角洲重要的经济中心城市。1996年编制的常州市"九五"计划提出，调整产业布局，逐步使城市环境、用地结构和功能结构趋向合理，实现市区严重污染的企业特别是化工企业分步向江边转移；高新技术企业、高新技术项目向高新区、戚墅堰区东方、郊区东南、金坛华罗庚和溧阳昆仑等经济开发区转移；棉纺织加工企业等受资源、原材料供应制约的加工企业向资源、原材料产地转移，劳动密集型企业向乡村企业转移。

2002年4月，常州市区行政区划重大调整，新编制的《常州市城市总体规划(2008—2020年)》提出，发展机电、高新产业、轻纺三大产业群，农机、输变电设备、工程机械车辆、电子设备与机电一体化、新型材料、生物医药与精细化工、纺织服装7个专业化制造业基地，规划主城区建立滨江、高新、城西、城东、武南5个工业区。常州城区外围20余个乡镇规划建设孟河、奔牛、卜弋、湟里、漕桥、洛(阳)横(林)、横山桥7个片中心工业集中区。

第二节　行业结构

1990年，常州市轻工业与重工业的比例从1985年的54.3：45.7转变为49.8：50.2。1991—1995年，按照"发展机电、提高轻纺、开拓化医、外向结构"的工业发展方略，培育发展以机械、电子、精细化工为主体的主导产业，改造提升以出口导向为主的纺织、轻工等传统产业，加强能源、原材料等基础产业，开发新兴产业。1995年轻、重工业之比为40.52：59.8。2000年，输变电设备制造业、汽车摩托车及配件制造业、电子信息及现代视听设备制造业、工程机械制造业、农业机械制造业、新型纺织服装业六大支柱产业的销售收入、利税、利润总额分别占全市规模以上企业总额的46.9%、37.7%和36.3%。市区重工业与轻工业的比例为58.5：41.5。2005年常州工业进入工业化中后期发展阶段，重工业与轻工业的比例是70.3：29.7，民营企业占工业企业总数比重达70%，骨干行业的产业集中度提高，总产值前10位的行业的经济总量占全市工业的8成以上。2007年常州市工业经济产、销、效同步快速增长，利润、利税增速高于销售、产值增速，利润增速高于利税增速。

2010年常州市轻重工业规模以上企业主要经济指标统计表

表15-1-1 单位：亿元

类别	企业单位数(个)	年均从业人数(万人)	固定资产净值年均余额	所有者权益	工业总产值	产品销售收入	利税总额	利润总额
轻工业	2024	34.26	292.23	467.50	1596.56	1560.24	120.88	76.51
重工业	4351	63.09	1084.29	1642.09	5799.53	5714.64	499.30	336.96

一、轻 工 业

1990年常州的传统支柱工业纺织工业年平均递增5.4%，而电子、机械、化工等行业分别平均增长18.6%、15.1%和17.6%，发展成为新的支柱行业。1995年全市有3家工业企业年利润达1亿元，金狮集团年产自行车250万辆，销售收入10亿元。2000年常州市培育纺织服装工业等重点行业，市区规模以上轻工业总产值占市区规模以上工业总产值的7.2%。2001年市委、市政府把新型纺织服装业列入四大支柱产业，黑牡丹牌牛仔布成为代表常州形象的优势产品。2005年纺织行业应用高新技术改造提升传统产业，全市规模以上轻工业完成总产值744.2亿元。2010年常州进一步改造提升轻工、纺织服装等传统产业。

二、重 工 业

以农机制造、冶金机械、工程机械等为主的重工业一直是常州的支柱工业。1995年常柴集团跨入全省十大省级集团行列，年销售收入21.5亿元，柴油机产量达122万台。2000年，全市紧抓重点行业和重点产品，壮大机械、电子行业，加快培育动力工业、输变电设备工业、汽车摩托车工业、工程机械工业、计算机通信工业、现代视听设备工业、基础化工及精细化工、合成新药及生物制药、新型建材工业9个优势行业。30家重点企业的销售收入、利税、利润分别占全市规模以上工业企业总量的31.1%、31.7%、39%。全市有11家企业年销售收入达10亿元，21家企业利税达5000万元。市区规模以上工业总产值中，纺织业占11.8%、化学工业占7.2%、机械工业和电子业占18.59%、医药业占1.03%、矿务业占0.53%、服装业占2.75%、塑料工业占3.03%。2001—2005年，产业结构趋向重工业化。装备制造业比较优势明显，新兴产业占全市工业的比重达30%。重工业中，列全市工业行业总量前5位的化工、通用设备、钢铁、电气机械行业加属于轻工业的纺织行业占全市工业总量的份额超过5成。2005年，全市重工业的比重达70%，以每年1～2个百分点的速度递增，规模以上重工业完成产值1760亿元，机械行业应用高新技术改造提升传统产业效益显著。2006年，全市主要工业行业中机械、冶金行业发展较快，尤其是机械制造业，年销售收入达1000亿元，产销效增速全面超过全市平均水平；全市重工业所占比重达72.4%。2007年，机械冶金行业规模以上工业产销占全市工业总量的53.7%，对全市工业增长贡献份额达57.5%，重工业所占比重达75.8%。2010年，常州改造提升冶金、化工等传统产业，开展化工企业专项整治，关停高能耗、重污染、安全隐患多的化工企业900多家，淘汰落后技术装备和产品。

三、高新技术产业

2001年起，常州的支柱产业在工业化进程中由轻向重、由浅加工向深加工、由低技术含量向较高技术含量逐渐演变。2002—2005年，新兴产业电子信息设备制造及软件、生物医药及精细化工、新型材料的规模继续壮大，增势迅猛。2005年，新兴产业完成总产值398.4亿元、销售收入391.9亿元，实现工业增加值95.3

亿元、利税33.7亿元;高新技术产业完成产值1140亿元,占全部工业总产值的比重达33%。电子信息设备制造及软件、生物医药及精细化工和新型材料三大新兴产业年产值现行价398.4亿元。2010年常州加快发展新能源、新材料、高端装备制造、生物技术和新医药、节能环保、软件和服务外包、物联网、电子信息等高成长性产业,全市工业结构转型升级取得重大进展。高新技术产业实现产值3798亿元,占规模以上工业产值的51.4%。节能环保、软件和服务外包、物联网三大新兴产业规模以上企业实现销售收入451亿元,其中节能环保产业286亿元、软件和服务外包业100亿元、物联网产业65亿元。

四、重点产业

2001年,市委、市政府提出重点发展农用机械、输变电设备、工程机械车辆汽车、摩托车、机车等及其配件制造业,确定为四大支柱产业。翌年,四大支柱产业规模以上企业实现销售收入、利税、利润和工业增加值分别占全市规模以上企业的比重为40.2%、35.9%、37.5%和36.35%,支柱产业主要企业新产品产值率达30%,高出全市10个百分点。2007年,全市装备制造、电子信息、新材料、新能源、生物医药五大产业产销快速增长,新能源产业增速超过50%。2010年,全市装备制造业、电子信息产业、新能源产业、新材料产业、生物医药产业五大产业规模以上企业贡献份额不断提升,完成工业总产值4731亿元、销售收入4641亿元,均占全市规模以上工业的64%。

第三节　产业规模

1986—2010年,常州工业先后经历市场起伏、治理整顿、亚洲金融危机和国际金融危机等考验,坚决贯彻稳定经济、深化改革的方针和调优、调大、调高、调外的总体要求,加大技改力度,加快产品创新和企业科技进步,大力调整产业结构。经过多轮治热、治胀、治乱行动,培育形成十大优势产业,一大批投资规模较大的内资、外资项目稳步推进,全市工业经济向重型化、高科技方向发展,逐步形成"名牌产品、支柱产业、集团经济、城乡一体"的新格局。

1986—2010年常州市乡及其以上独立核算、规模以上工业企业主要经济指标统计表

表15-1-2　　　　单位:亿元

年份	工业总产值				产品销售收入	利税总额	利润总额	固定资产(原价)
	总额	国有工业	集体工业	其他工业				
1986	97.12	45.18	45.24	6.70	82.63	12.93	8.10	40.16
1987	118.20	51.26	57.91	9.03	103.18	14.33	9.07	49.73
1988	154.15	57.82	84.79	11.54	136.36	17.02	10.48	58.09
1989	179.47	71.09	93.11	15.27	151.55	15.44	7.99	68.26
1990	196.20	78.17	100.57	17.46	160.85	13.21	5.26	80.42
1991	220.70	79.98	112.50	28.22	199.51	11.81	2.58	95.17
1992	311.05	101.52	172.73	36.80	264.13	17.80	6.46	115.28
1993	464.02	129.02	272.32	62.68	399.13	24.64	9.63	145.96
1994	595.27	137.73	333.96	123.58	429.87	25.63	6.22	193.91
1995	579.62	143.96	312.42	123.24	542.82	34.65	11.83	252.19
1996	640.69	143.43	355.54	141.72	562.96	32.28	-8.76	282.65
1997	615.36	127.14	316.39	171.83	558.17	31.29	7.69	314.77

续表 15-1-2

年份	工业总产值				产品销售收入	利税总额	利润总额	固定资产(原价)
	总额	国有工业	集体工业	其他工业				
1998	693.43	118.85	209.13	365.45	635.22	35.98	8.25	343.40
1999	769.93	116.83	216.86	436.24	718.07	46.05	16.31	378.43
2000	874.63	101.47	175.35	597.81	836.10	59.64	25.44	395.90
2001	1001.25	91.41	159.55	750.29	944.65	68.25	31.25	323.00
2002	1167.02	80.49	99.28	987.25	1135.55	86.03	45.89	508.89
2003	1527.28	69.63	75.56	1382.09	1510.77	114.41	65.62	584.71
2004	2127.20	49.40	89.49	1988.31	2064.71	136.24	82.49	697.26
2005	2504.19	70.11	76.92	2357.16	2459.56	161.84	96.23	796.70
2006	3293.77	55.51	103.00	3135.26	3243.79	228.91	142.26	992.68
2007	4253.90	71.30	120.60	4062.00	4171.08	301.73	188.78	1198.27
2008	5200.12	94.21	99.50	5006.41	5089.94	371.12	221.44	1370.82
2009	5982.91	63.95	26.76	5892.20	5868.05	450.07	276.77	1576.26
2010	7396.08	91.67	14.20	7290.21	7274.88	620.18	413.47	2219.00

说明：1. 表内总产值为当年价格。2. 规模以上工业口径：1986—1997 年为乡及其以上全部独立核算工业企业，1998 年起为全部国有企业及年销售收入达 500 万元的工业企业

一、总 产 值

1986 年常州市完成工业总产值 116.4 亿元，1990 年达 209.8 亿元，5 年间年均递增 15%。1990 年，全市乡镇工业发展迅速，7618 家乡镇企业完成工业总产值 114.55 亿元，占全市工业总产值的比重由 1985 年的 32.9% 提高到 54.6%。全市涌现出工业总产值达 1 亿元的乡镇 46 个、达 1000 万元的乡村 90 个，达 500 万元的骨干企业 494 家。1995 年全市工业（含村级）企业总产值完成 1127 亿元，全市乡及其以上工业企业完成销售产值 1192 亿元。支柱产业、大型企业集团的规模经济发展取得明显成效。全市 38 家重点企业、33 种重点产品的销售收入分别占全市的 28%、20.1%。常柴集团跨入全省十大省级集团行列，年销售收入 21.5 亿元，柴油机年产量达 122 万台；金狮自行车集团自行车产量达 250 万辆，销售收入达 10 亿元。1996—2000 年，常州工业生产增速稳中趋快。2000 年全市完成工业总产值 1253.4 亿元，其中规模以上工业企业 875 亿元；30 家重点工业企业完成销售收入 260.3 亿元，金源、大成、华源化纤、常化、托利多、国光、亚邦、华朋、药业、新华昌等重点企业集团产销增幅均达 30% 以上。

2005 年全市完成工业总产值（现行价）3400 亿元。其中规模以上工业企业完成 2504.19 亿元，增速基本保持在 25% 左右，完成产品销售收入 2459.56 亿元，实现工业增加值 579 亿元，占全市地区生产总值的 55%，对地区生产总值增长的贡献份额升至 65.3%。电子信息产业部分骨干企业产品进入调整期，影响全市高新技术产业的发展速度。大企业大集团发展势头良好，有 30 家企业年销售收入达 10 亿元，中天钢铁集团成为全市首家产销规模超 100 亿元的工业企业；300 个新增长点项目年新增销售收入 335 亿元，占全市工业新增总量的 2/3。股份制企业和“三资”企业成为全市工业增长的主力，分别完成工业总产值 1365.6 亿元、721.2 亿元。轻重工业之间增速差距继续拉大，重工业增速比轻工业高 28.8 个百分点。

2006—2010 年，全市规模以上工业累计完成总产值 2.8 万亿余元，累计实现工业增加值 6000 亿元。

2006年全市工业完成总产值3567.06亿元。2010年，全市规模以上工业完成总产值7396.08亿元，其中高新技术产业完成总产值3798亿元，占全市规模以上工业总产值的51.4%；完成工业产品销售收入7290.21亿元；实现工业增加值1698亿元，占全市地区生产总值的57.1%，比2005年提高11个百分点。全市规模以上民营企业完成总产值4400亿元，占全市规模以上工业的60%，有7家工业企业年产值达100亿元。

二、经济效益

1995年，常州市38家重点企业实现利税、利润分别占全市的36%和61%，有23家乡及其以上独立核算工业骨干企业利税达2000万元，其中达5000万元的4家，年利润达1亿元的3家。33种重点产品实现利税和利润分别占全市的28.3%、49.3%。2005年，常州规模以上工业企业实现利税总额161.84亿元，其中利润96.23亿元，有28家企业利税达1亿元。2010年，全市规模以上工业企业实现利税620.18亿元，其中利润413.47亿元。

2010年常州市规模以上工业企业按登记类型分产销、利税指标统计表

表15-1-3　　单位：亿元

登记注册类型	工业总产值	产品销售收入	利税总额	利润总额	登记注册类型	工业总产值	产品销售收入	利税总额	利润总额
全　市	7396.09	7274.88	620.18	413.47	合资经营	422.62	414.93	39.79	27.82
内　资	4943.23	4856.87	384.47	234.51	合作经营	33.95	32.34	1.49	0.89
国　有	91.67	99.72	7.87	4.26	独资经营	386.86	386.65	37.37	30.55
集　体	14.57	14.12	1.26	0.74	股份有限	45.04	46.31	2.18	1.90
股份合作	96.59	93.61	6.73	3.03	外商投资	1564.39	1537.78	154.89	117.80
有限责任	507.70	497.92	41.87	25.95	中国港澳台商投资	888.46	880.23	80.82	61.16
私　营	4073.17	3997.22	310.21	187.22					

第四节　企业发展

1985年常州市区有国有、集体企业497家。1990年市区工业企业发展到728家。1991—1995年组建完善以产品为龙头的天马、多棱、变压器、星球、连环、牛仔布、齿轮等企业集团，1995年全市有工业企业3174家。2000年全市有工业企业2.01万家，其中规模以上工业企业2059家。2005年全市规模以上工业企业发展到3593家。2008年，全市工业企业总数增至2.79万家，其中内资企业2.62万家，占工业企业总数的93.8%；市区4132家（武进2372家）、溧阳403家、金坛495家。2010年，全市工业企业发展到3.93万家，其中规模以上工业企业6375家、内资企业5470家。

一、企业规模

1990年，市区有大型企业43家、中型企业69家、小型企业616家，分别占总数的5.9%、9.5%和84.6%，大型、中型企业分别完成工业总产值54.5亿元、38.4亿元。1995年，全市有大型企业51家、中型企业168家、小型企业2955家，分别占总数的1.6%、5.3%和93.1%。2000年，全市规模以上工业企业中大型企业43家、中型企业162家、小型企业1854家，大型、中型企业分别完成工业总产值182.6亿元、181.9亿元。2005年，全市纳入统计的规模以上工业企业数量增至3593家，有大型企业16家、中型企业246家、小型企业3331家，分别占总数的0.4%、6.9%和92.7%，大型、中型企业分别完成工业总产值387.5亿元、736.9亿元；有年产值

超10亿元企业27家、1亿至10亿元企业431家，利税达1亿元企业26家、利润达1亿元企业18家。2006年，规模以上工业企业产销总量占全市工业的比重达52.5%，对全市工业增长的贡献份额达61.8%。2007年，规模以上工业经济总量占全部工业的81.1%；729家企业年销售收入达1亿元，总额3066亿元，占全市规模以上工业的73.5%。超100亿元工业企业(集团)达5家，中天钢铁以销售额200亿元和利税10亿元居全市百亿元企业集团的榜首。

2010年，全市大企业大集团加速扩张，规模以上工业企业发展到6498家；有大中型企业440家，大、中、小型企业年工业总产值分别占全市工业总产值的20.7%、28.9%和50.4%；全市产值达1亿元企业完成总产值5747亿元，占全市规模以上工业总产值的77.8%，其中年总产值达100亿元企业7家、50亿至100亿元企业15家、10亿至50亿元企业86家和1亿至10亿元企业1123家，中天钢铁集团成为常州首家营业收入达500亿元企业。全市规模以上工业企业发展到6375家，拥有总资产5159亿元、所有者权益2049亿元。

2010年常州市工业企业按规模类型主要经济指标统计表

表15-1-4 单位:亿元

指标	企业单位(家)	年均从业人数(万人)	固定资产净值年均余额	所有者权益	工业总产值	产品销售收入	利税总额	利润总额
大型企业	36	17.92	293.06	544.96	1742.96	1729.12	161.69	114.13
中型企业	478	30.30	555.77	752.76	2301.41	2254.60	230.99	161.51
小型企业	5861	49.13	527.69	811.88	3351.72	3291.16	227.49	137.83

二、所有制结构

国有企业、集体企业 1985年市区有国有企业160家、集体企业337家。1990年全市有国有企业254家、集体企业2549家，分别占企业总数的8%、80.3%，分别完成销售总额173.95亿元、442.92亿元，总产值分别占全市工业总产值的24.8%、53.9%。全市股份制等其他经济类型企业完成销售总额128.3亿元。1995年国有、集体工业企业总产值分别占全市工业总产值的28.8%、53.9%。2000年全市有国有、集体企业分别为116家、1514家，工业总产值分别占全市工业总产值的8.1%、17.1%。2005年有国有企业33家、集体企业574家，分别占企业总数的0.5%、1.5%；规模以上国有、集体企业工业总产值分别占全市工业总产值的2.8%、3.1%。2008年全市有国有企业38家、集体企业319家，其中规模以上的国有企业20家、集体企业108家，工业总产值分别占全市工业总产值的1.8%、1.9%。2009年全市有国有企业16家、集体企业28家。2010年规模以上国有、集体工业企业总产值分别占全市工业总产值的1.1%、0.4%。

私营企业、个体企业 2000年，常州私营企业与个体企业较快发展，年末分别达4609家、6139家，私营企业工业总产值占全市工业总产值的12.2%。2005年全市私营企业、个体企业分别达1.67万家、1.71万家，私营企业工业总产值占全部工业总产值的43.9%，有规模以上私营工业企业2209家，完成总产值1098.6亿元。2008年全市私营工业企业发展到2.44万家，其中规模以上3414家；私营企业工业总产值占全市工业总产值的45.2%。2010年全市规模以上私营工业企业发展到4942家，私营企业工业总产值占全市工业总产值的56.3%。

股份制企业 2000年常州市有股份合作制企业6228家，总产值占全市工业总产值的26.7%。2008年全市有股份合作制企业791家、股份公司12家，其中规模以上股份合作制企业291家、股份公司12家。2010年全市有规模以上股份合作制企业97家、股份公司9家。

外资和港澳台资企业 2000年常州市有外资和港澳台资企业461家，工业总产值占全市工业总产值的14.2%。2005年发展到1018家，外资、港澳台资工业企业分别完成总产值721亿元、708亿元，合计占全部工业总产值的28.8%；规模以上企业有607家。2008年全市有外商投资企业987家、港澳台商投资企业743家，分别占全市工业企业总数的3.5%、2.7%，合计工业总产值占全部工业总产值的20.5%；有规模以上外商投资企业487家、港澳台商投资企业379家。2010年，全市有规模以上外商投资企业590家、港澳台商投资企业419家；完成工业总产值2434.85亿元，占全市工业总产值的33.2%。

其他企业 2008年常州市有有限责任公司588家、联营企业1家，其中规模以上有限责任公司307家。2010年全市有规模以上有限责任公司45家。

三、地区布局

2000年，市区、武进、金坛和溧阳分别有规模以上工业单位727家、905家、180家和247家。2001—2005年，10个省级及其以上开发区和15家重点产业集中区，在工业结构调整中的集聚作用加强，软件开发、电子信息、纺织印染、滨江化工等专业园区初具规模，工业布局趋于合理。2005年市区有规模以上工业企业2729家，其中武进1367家、新北485家、天宁415家、钟楼342家、戚墅堰120家；金坛、溧阳分别有规模以上工业企业372家、336家。市区、金坛、溧阳工业总产值分别占全市工业总产值的81.2%、11.1%、7.7%。2010年市区有规模以上工业企业5343家（其中武进3192家），金坛、溧阳分别有规模以上工业企业504家、528家。

2010年常州市按地区分规模以上工业企业主要经济指标统计表

表15-1-5 单位：亿元

地区	企业单位（家）	年均从业人数（万人）	固定资产净值年均余额	所有者权益	工业总产值	产品销售收入	利税总额	利润总额
总计	6375	97.35	1376.52	2109.60	7396.09	7274.88	620.18	413.47
市区	5343	78.66	1140.77	1806.94	5873.16	5789.68	442.32	297.35
武进	3192	46.16	485.71	880.58	2954.82	2889.66	213.25	131.86
新北	1041	15.87	392.48	532.33	1401.80	1374.62	118.77	92.72
天宁	438	7.25	93.48	155.41	626.20	626.88	37.83	26.74
钟楼	505	6.74	109.09	151.20	684.09	684.03	51.29	31.68
戚墅堰	167	2.65	60.07	87.43	206.26	214.48	21.19	14.36
金坛	504	9.51	79.30	129.67	590.27	569.65	71.46	52.78
溧阳	528	9.17	156.44	172.98	932.65	915.55	106.40	63.33

第五节 产品结构

常州工业企业坚持科技进步，研制开发市场适销对路的高新技术产品，加快产品结构调整优化步伐，提高产品质量。

一、主要产品

1986—1990年，常州推进工业产品结构调整和更新换代。实施振兴计划，在约100种主产品中选择44种市场容量大、产品关联度大、技术水平较高、效益较好的产品为首批重点扶植项目，重点培育发展柴油机、出口胶鞋、电视机、压缩机、拖拉机、自行车、布洛芬药品等24种产品。1990年重点发展的64种产品中，印

1986年与2010年常州市工业主产品产量比较表

表15-1-6

产品名称	单位	1986	2010		产品名称	单位	1986	2010	
		全市	全市	市区			全市	全市	市区
大　米	万吨	—	2.39	—	钢　材	万吨	12.81	989.00	750.00
饲　料	万吨	5.75	39.26	6.18	铁合金	万吨	—	14.00	14.00
精制食用植物油	万吨	—	1.21	0.54	单晶硅	吨	—	119.00	—
味　精	万吨	—	3.23	3.23	金属集装箱	万立方米	—	544.00	544.00
饮料酒	亿升	5.32	4.26	1.81	金属切削机床	台	—	1700	1700
纱	万吨	18.00	—	15.00	滚动轴承	亿套	—	3.83	3.32
布	亿米	4.36	13.14	12.54	衡器（秤）	万台	—	68.10	68.10
印染布	亿米	2.83	3.35	3.33	挖掘机	万台	—	1.64	1.64
服　装	亿件	—	3.75	1.66	装载机	台	—	5523	5523
复合木地板	万平方米	—	8000	8000	金属冶炼设备	万吨	—	1.50	1.50
焦　炭	万吨	6.60	17.07	17.07	金属轧制设备	万吨	—	2.94	2.94
硫酸（折100%）	万吨	3.31	20.26	20.26	大中型拖拉机	万台	—	5.57	5.57
盐酸（含量达31%）	万吨	4.26	8.21	3.48	小型拖拉机	万台	4.95	11.80	11.80
烧碱（折100%）	万吨	3.50	23.34	9.65	铁路机车	辆	—	204	204
化学肥料（折纯）	吨	23.20	498.00	498.00	汽　车	万辆	—	1.53	1.53
化学农药原药（折合有效成分100%）	万吨	—	4.77	2.63	摩托车整车	万辆	—	16.00	16.00
涂　料	万吨	—	18.19	17.76	两轮脚踏自行车	万辆	115	245.00	245.00
颜　料	万吨	—	3.72	3.72	电动自行车	万辆	—	21.00	21.00
染　料	万吨	—	1.75	1.29	民用钢质船舶	载重吨	—	5877	—
初级形态的塑料	万吨	—	98.74	97.40	风力发电机组	兆瓦	—	67.00	67.00
化学药品原药	吨	486	1.30	1.30	交流电动机	万千瓦	—	47.00	47.00
化学纤维	吨	688	39.88	6.62	变压器	亿千伏安	0.04	1.22	0.66
水泥熟料	万吨	—	1869.00	—	通信电缆	万对千米	—	3.83	3.83
水　泥	万吨	2447.00	101.55	138.00	电力电缆	万千米	—	58.96	36.93
生　铁	万吨	—	629.00	474.00	原电池（折R20标准）	亿只	—	6.09	2.22
粗　钢	万吨	—	878.00	737.00	太阳能电池	兆瓦	—	1521.00	1208.00

续表 15-1-6

产品名称	单位	1986	2010		产品名称	单位	1986	2010	
		全市	全市	市区			全市	全市	市区
空 调	万台	—	19.43	19.43	彩色电视机	万台	—	53.68	53.68
显示器	台	—	12.78	12.78	激光视盘机	万台	—	83.67	83.67
半导体分立器件	亿只	2.00	171.78	171.78	发电量	亿千瓦时	8.46	141.60	127.94

说明：资料分别来源于1987年《常州社会经济统计年鉴》、2011年版的《常州统计年鉴》

染布、丝绸、自行车、装载机、机床、铜及铜材、柴油机、拖拉机、录音机等38种产品产值比1985年增加1倍以上，工业主产品质量稳定提高率达90%；生产柴油机总动力417.96万千瓦、录音机116.03万台、合成纤维1.34万吨、手扶拖拉机8.32万台、自行车160.1万辆，自行车发展到8个系列130多个品种。冰箱压缩机达10.25万台，无缝钢管达3.92万吨。

1991—1995年，全市建成一批高起点、上规模、具有领先水平的重点项目，全市形成以计算机、柴油机、装载机、摩托车及发动机、电子衡器、城市客车、通信设备、新型建材、自行车、牛仔布等产品为代表的优势产品群。1992年，机电工业产值占全市工业总产值的比重达36.9%，全市产品质量稳定提高率93.75%。1996—2000年，全市"产学研"联合有序推进，形成一批销售收入在5亿～10亿元及10亿元以上的产品。至2005年底，全市有104个产品在国内同行业中市场占有率第一，有9个产品在国际同行业中市场占有率第一。

2009年，一大批企业产品产量、质量、技术含量和销量在国内甚至国际同行业中占重要地位。全市变压器产量1.53亿千伏安，约占全国总产量的15%，市场占有率居国内之首；35千伏及以下交联电缆在国内市场的占有率居首位；城市轨道交通牵引传动控制系统占全国同类产品总量的45%，车辆内装饰产品占80%；光伏产品规模居全国第二位；单缸柴油机国内市场占有率51%，列全国销量首位；25～40马力轮式拖拉机产量居国内首位；数控机床国内同行排第十位，大中型龙门加工中心产量居全国同行业第五位；冶金成套设备在同行业中居前3位，连铸连轧设备国内领先，锻钢冷轧辊产销量居亚洲首位；喷丝板、钢筘、罗拉等纺机部件产品市场占有率达60%；精密电声器件销量居世界首位；电子称重仪器和影碟机DVD、CBHD销量居全国首位；聚酯切片产量国内市场占有率第二位；全国独家生产的中西药品有19种，单品种产品市场占有率居世界首位的产品有1个、国内首位的有2个、国内前3位的有45个。

二、新 产 品

1986—1990年，常州市工业企业开发新产品1705个，年均投放新产品200多个，新品产值率达13%，新产品代表如冰箱压缩机、大型电子衡器、岩盐、激光研制、信息工程、生物工程、微机控制和管理系统、录像机等。1990年新产品的产值率达10%。1990—1995年，全市开发新产品4637个，投产2518个。1995年开发新产品1040个，被列为国家和省重点新产品开发计划项目20项，新产品销售产值占全市销售产值的17.4%，新产品实现利税11.8亿元。1996—2000年，全市开发新产品5280个，投产3930个。1998年、1999年、2000年，先后有29个、21个、10个新产品被列入年度国家级重点新产品试产项目。2000年，全市开发新产品1000个，投产600个，新产品产值率达26%，优势新产品代表如五坐标数控龙门加工中心、ZL60F轮式装载机、CJ9003E读写磁卡机等。2001—2003年，全市开发新产品3101个，投产1990个，华蕾牌聚酯切片、长江牌城市客车成为代表常州形象优势产品。2004年新产品产值率达30.5%。2009年全市获得认定的高新技术产品2887个。

三、名牌产品

1990—1995年，常州市36个产品获评为江苏省名牌产品。1996—2000年，全市222个产品获评为江苏省名牌产品及常州市名牌产品。1997年常包牌瓦楞纸板纸箱、五叶牌液压启闭机、天目湖牌啤酒等51个（种）产品被认定为首批常州市名牌产品。1998年常柴牌柴油机、黑牡丹牌牛仔布及牛仔服装、新科牌激光视盘机被认定为江苏省重点名牌产品。2001年红星集团、晨风集团等8家企业的产品成为江苏省名牌产品，全市有57家企业的产品被评为常州市名牌产品，54家企业的产品被评为江苏省名牌产品，其中5家企业的产品被评为江苏省重点名牌产品。2003年江苏新科电子集团的新科牌激光视盘机、鸿联集团的红联牌室内灯具获中国名牌产品称号，2004年上上牌聚乙烯交联电力电缆、新科牌家用分体空调、长龄牌装载机、香雪牌

至2010年底常州市25个中国名牌产品一览表

表15-1-7

单　　位	产　　品	评定年份
新科电子集团公司	新科、Shinco牌激光视盘机	2003
江苏鸿联集团公司	红联牌室内灯具	2003
江苏上上电缆集团	上上牌交联聚乙烯电力电缆	2004
黑牡丹（集团）股份公司	黑牡丹牌牛仔布	2005
常州月夜灯芯绒公司	月夜牌灯芯绒	2005
常柴股份公司	常柴牌单缸柴油机	2005
江苏常发集团常州常发动力机械公司	常发牌单缸柴油机	2005
江苏华鹏变压器公司	华鹏牌干式电力变压器	2005
江苏华鹏变压器公司	华鹏牌110千伏及以下油浸式电力变压器	2005
常州华电变压器集团公司常州变压器厂	常州牌110千伏及以下油浸式电力变压器	2005
常州天马集团公司	天马牌无碱玻璃纤维短切原丝毡	2005
江苏多棱数控机床股份公司	SDL牌重型数控镗铣床	2006
常州东风农机集团公司	东风牌手扶拖拉机	2006
江苏常发集团常州常发动力机械公司	常发牌手扶拖拉机	2006
江苏康泰氟化工公司	蓝色星球牌HFC-134A制冷剂	2006
江苏常隆化工公司	天宁牌吡虫啉杀虫剂	2006
江苏同大股份公司	全无敌牌气雾杀虫剂	2006
月星集团公司	月星牌实木家具	2006
常州天马集团公司	天马牌玻璃纤维土工格栅	2006
江苏金鼎电动工具集团公司	金鼎牌电动工具	2007
常州市永明机械制造公司	常明牌PP编织物机	2007
常州市武进不锈钢管厂公司	阳湖牌锅炉用不锈钢无缝钢管	2007
江苏常隆化工公司	天宁牌乙草胺	2007
常林股份公司	常林牌装载机	2007
新科电子集团公司	新科、Shinco牌家用分体空调	2007

味精4个产品获得中国名牌产品称号。中国名牌数6个，名列全省第三位，占到全省总量的1/6。全市年末拥有78个江苏名牌产品、205个常州市名牌产品。2005年常柴牌、常发牌单缸柴油机，华鹏牌、常州牌110千伏以下油浸式电力变压器，华鹏牌环氧树脂浇注干式电力变压器，黑牡丹牌牛仔布，月夜牌灯芯绒面料，天马牌无碱玻璃纤维短切原丝毡均评为中国名牌产品。年末常州的中国名牌产品增至14个，江苏省名牌产品增至71个，居全省地级市前列。省级及以上名牌产品生产企业的经济总量占全市规模以上工业企业的比重达25%。2006年、2007年，全市先后有10个、6个产品被认定为中国名牌产品。2008—2010年，常州市有181个产品被认定为江苏省名牌产品。至2010年底全市有效期内的中国名牌产品增至25个。

四、驰名、著名商标产品

1995年，常柴牌柴油机被评为中国驰名商标，2005年全市有中国驰名商标6个、国家免检产品21个、江苏省著名商标73个。2009年全市拥中国驰名商标16个和省著名商标188个。2010年中国驰名商标的产品有常柴牌柴油机、东风牌拖拉机、新科牌收音机、正昌牌农机、常发牌内燃机、黑牡丹牌色织布、华鹏牌变压器、全无敌牌杀虫剂（蚊香）、上上牌电线（电缆）、鸿联牌灯具、亚邦牌燃料（涂料、油漆）、兰陵牌涂料、顶瓜瓜牌内衣、溧化牌农药、光辉牌涂料（油漆）、爱家牌杀虫剂（蚊香）、旷达牌装饰布、三鑫牌轴承、五洋牌毛纺针织机械、江海牌水质稳定剂、国茂牌减速机、天目湖牌地毯、天容牌农药、洛基牌地板及铺地材料等24个，江苏省著名商标增至269个。

五、优质产品

1986—1990年，全市累计有13个产品17次获国家金质奖，60个产品获国家银质奖，700多个产品获部省优质奖；获工艺美术百花奖金杯奖和银杯奖各1个。1986年三方牌11076涤棉细布获国家金质奖，锦纹绣获工艺品金杯奖，双喜牌四季系列多功能枕套获工艺品银杯奖。1990年6月达立牌扣式氧化银电池和金狮牌24、26英寸自行车获中国妇女儿童用品40年博览会金牌奖，呈祥牌牛津布软包、双喜牌石英钟、TG-Ⅱ型立式彩色电视游戏机、佳嘉乐牌和90型夏梦牌微风吊扇同获银牌奖。常州柴油机厂、常州拖拉机厂、常州林业机械厂荣膺国家质量管理金奖。1991—1995年，全市工业系统创国优产品17个、部优产品88个、省优产品107个，其中省优质名牌产品4个，优质产品产值率达23.9%，有2个产品和15个产品分获国家金质奖、银质奖，80多个产品获部优质产品奖，有100多个产品被评为省优质产品。90年代中期，国家停止开展相关产品评比活动。

六、国家免检产品

2001年前后，全市30种重点产品和30家重点企业的产品质量连续多年合格率保持在90%及其以上。2001年新科挂壁式空调、盘固水泥2个产品获国家免检产品称号。2002年新科DVD视盘机、创佳平开推拉系列门窗型材、新科落地式空调、仙鹤酱油和满天星面粉5个产品成为国家免检产品。2003年新增扬子水泥、鸿联灯饰、德威地板、上上电缆4个国家免检产品。2004年有20种产品被评为国家免检产品，列全省第三位；获国家免检产品的生产企业完成年销售额近160亿元，实现利税8.5亿元。新科公司、常林公司等两家获中国名牌产品企业的年销售收入超过60亿元。2001—2010年常州累计有78个产品被评为国家免检产品。

第六节　技术进步

1986—2010年，常州坚持“加快发展，加快提高”的方针，着力助推高新技术、高附加值产品发展，开展重点产业和高新技术产品与项目的调研、规划编制及论证，推进跨行业、跨地区联合，组建企业集团，提高技术密集型产品的比重，提高出口产品质量和档次，开辟工业小区，加快乡镇企业经济的国际化进程。

一、技术改造投资

1986—1990年，常州市完成工业技术改造投资39.8亿元，完成投资1000万元及以上的技术改造项目46项。1990年这些技改项目新增工业产值65.5亿元，创造利税11.1亿元，创造外汇2.1亿美元。1991—1995年，全市完成技术改造投资额178.59亿元，其中国有企业完成38.86亿元、集体企业完成23.09亿元、乡镇企业完成116.64亿元；利用外资2.08亿美元。1995年，全市工业系统完成技改投入54.9亿元，其中国有企业完成12.39亿元、集体企业完成5.41亿元、乡镇企业完成37.14亿元。1996—1999年，全市完成工业技术改造投入318.02亿元，其中国有企业完成74.1亿元、集体企业完成22.6亿元、乡镇企业完成147.9亿元。2000年全市30项重点技改项目完成投资7.3亿元，市区完成技术改造投资27亿元。2001—2003年，全市工业技术改造投资451.5亿元。2005年，全市工业完成固定资产投资459.8亿元，其中基础设施投资335.1亿元、高新技术产业投资56亿元。2006—2010年，常州工业投资连年保持较快增长，投入结构持续优化，完成工业投资总额4226.4亿元，约占同期全社会固定资产投资总额的60%。2010年，全市完成工业投资1180.4亿元，其中五大产业完成投资823亿元，占总量的69.7%。

常州化工厂6万吨离子膜烧碱车间（摄于2010年1月）

二、技术改造项目

1986—1990年，常州市全民和城镇集体工业企业建成技术改造项目1592项，其中引进项目175项，步进电机生产线、光亮铜杆连铸连轧生产线等项目达国外70年代末80年代初的水平。1994年常州酒精厂利用世界银行贷款建设年产两万吨优质食用酒精及联产蛋白饲料的项目开工建设。1995年小松常林装载机、东芝变压器等总投资达3000万美元的大项目相继签约投入建设。1997年，常州化工厂年产6万吨离子膜烧碱项目一次试车成功，投料试生产；东芝大容量电力变压器、金源铜业年产10万吨连铸连轧光亮铜杆项目竣工投产。常柴集团年产10万台多缸机项目经省计经委批准开工建设。1998年常州水泥厂10万立方米加气混凝土项目获省计经委批准。2000年总投资8亿元的、利用金坛盐矿建设天然气地下储气设施及带动真空制盐等项目顺利推进。

2001年与金坛大型储气库项目配套的年产60万吨真空制盐项目获国家计委批准，总投资1.91亿元。2004年全市工业投入占全社会固定资产投资的65.8%，面广量大的民营企业成为投资主体，投入占总量的67%；电子信息工业完成投资增长77%，纺织面料、农药、汽车零部件、装备国产化4个工业国债专项中，有8个项目获资金1548万元。2005年全市工业投资结构改善，电子信息、轨道交通、光伏等高科技产业成为投资热点，电子信息产业投入增长93.9%。高新技术改造提升机械、纺织等传统产业项目达375个。投资资金来源多元化，民营企业投资占比达67%。2006—2010年，推进千红制药公司等瓦姆大钢管增资、常牵中心风力发电机组和机床、中石油化纤原料基地、天合光能500兆瓦太阳能光伏产业垂直一体化、柳工东部研发制造基地、玉柴东部基地和光宝二期等重大项目顺利推进。2010年全市192个重点工业项目总投资达1亿元。

第七节　能源消耗

经济的发展使生产、生活的能源消费大大增加。80年代，常州工业以纺织、机械为主要产业，此后，机械、冶金、化工逐步成长为工业的支柱产业。进入21世纪，全市工业经济仍以重化工业为主导，冶金、水泥等重点耗能行业呈现快速发展势头，支撑全市工业企业产量销售效益指标快速增长的同时，能源消费量也随之迅速增加，生产用能源从以煤炭、电力为主转向更多地使用石油成品油、液化石油气和天然气。居民生活用能源也从柴草（农村）、煤炭（城市）、电力为主转而更多地使用液化石油气和天然气。常州用于生产的能源以煤炭、石油成品油为主。1980年2月，常州炼焦制气厂开始供应人工煤气。到2004年3月，使用人工煤气的居民客户12.3万户，工商客户180户，年消耗气5500万立方米。与此同时，常州也较多地使用液化石油气、热力为能源。2004年4月，天然气能源进入常州，常州开始人工煤气与天然气置换工程，到2005年6月工程结束。

一、规模以上工业企业消耗

1986年，全市规模以上工业企业消费煤炭167.48万吨，其中市区消费煤炭120.55万吨。2010年全市消耗1223.55万吨(其中精洗煤192.54万吨)，其中市区消耗煤炭786.69万吨(其中精洗煤91.39万吨)，分别比1986年增6.3倍、5.5倍，其他能源消费也大幅度增长。

1986年、1998年与2010年常州市及其市区规模以上工业企业化石能源消费量比较表

表15-1-8　　单位:万吨

年份	区域	煤炭	焦炭	燃料油	汽油	煤油	柴油	洗精煤	液化石油气	热力(百亿千焦)	天然气(亿立方米)
1986	全市	167.48	7.93	10.67	3.09	0.17	2.74	—	—	—	—
	市区	120.55	2.46	9.16	2.49	489	1.84	—	—	—	—
1998	全市	401.50	15.49	4.23	3.52	0.23	6.03	—	0.35	242.44	—
	市区	198.02	2.6913	2.3177	1.63	1766	3.89	—	0.32	105.42	—
2010	全市	1223.55	332.37	0.99	6.18	0.31	7.83	192.54	1.09	2484.58	7.46
	市区	789.69	224.71	9070	5.70	2701	6.78	91.39	1.04	2110.36	6.97

说明:资料来自1987年、1999年、2011年《常州统计年鉴》。1998年增加热力和液化石油气统计指标，2010年开始统计天然气消费量，此前天然气已进入常州多年

二、分地区、分行业消耗

工业消耗的煤炭最多。80年代中期至2010年，煤炭消耗以纺织、电力、矿产、冶金、机械、建筑材料等行业为主，服务业以消耗汽油、柴油为主，其中交通运输业是消耗大户。2010年，在全市规模以上工业企业所涵盖的20多个行业中，有10个行业的综合能源消耗量呈上升趋势，其中综合能源消耗量增幅前5位的行业分别是非金属矿采选业，通信设备、计算机及其他电子设备制造业，塑料制品业，黑色金属冶炼及压延业，有色金属冶炼及压延业。综合能源消费量列前3位的行业是黑色金属冶炼及压延业500.24万吨标准煤、非金

属矿物制品业260.35万吨标准煤、电力和热力的生产和供应业227.88万吨标准煤，消耗总量占全部规模以上工业企业综合能源消耗总量的73.4%。

2010年常州市分地区规模以上工业企业化石能源消耗量统计表

表15-1-9　　单位：万吨

地区	企业(家)	综合能耗	原煤	洗精煤	焦炭	天然气(亿立方米)	汽油	煤油	柴油	燃料油	液化石油气	热力(百亿千焦)
全　市	6471	1346.97	1031.01	192.54	332.37	7.46	6.18	0.31	7.83	0.99	1.09	2484.58
市　区	5471	847.26	695.30	91.39	224.72	6.97	5.70	0.27	6.78	0.90	1.05	2110.36
武进区	3320	465.50	180.09	68.80	207.83	1.15	1.47	0.03	2.37	0.07	0.13	637.78
溧阳市	505	419.77	257.18	100.75	106.84	0.43	0.05	0.02	0.42	—	—	75.41
金坛市	495	79.94	78.53	0.40	0.81	0.06	0.43	0.02	0.63	0.09	0.04	298.81

说明：资料来自2011年《常州统计年鉴》。综合能耗单位为万吨标准煤。市区数据包括武进区

2010年常州市分行业规模以上工业企业化石能源消耗量统计表

表15-1-10　　单位：万吨；天然气：亿立方米；热力：百亿千焦

指标	企业(家)	综合能耗	原煤	洗精煤	焦炭	天然气	汽油	煤油	柴油	燃料油	液化石油气	热力
非金属矿采选业	19	10.68	1.79	—	—	—	…	—	0.06	—	—	255.86
食品饮料制造业	53	5.99	4.64	0	0	0.03	0.14	0	0.01	0	0	24.48
纺织服装工业	846	74.37	10.38	0.21	—	0.24	0.45	0.02	0.20	0.06	0.02	1215.69
造纸及纸制品业	75	5.37	1.94	0.11	—	0.01	0.05	—	0.05	0.13	—	57.34
印刷与文体用品制造业	76	1.17	0.44	0	0	0	0.08	0	0.05	0	0.03	0.87
石油加工、炼焦及核燃料加工业	24	3.60	0.81	22.57	—	0.02	0.01	—	0.03	…	—	—
化学原料及化学制品制造业	609	100.20	67.91	0.24	0.20	0.50	0.91	0.17	0.39	0.25	0.20	464.87
医药制造业	65	6.03	3.35	—	—	0.02	0.31	—	0.06	…	—	39.63
化学纤维制造业	35	2.86	0.84	—	0.03	—	0.02	…	0.01	—	—	—
橡胶塑料制品业	362	9.96	2.55	0	0	0.04	0.42	0	0.16	0	0	24.46
非金属矿物制品业	233	260.35	221.21	75.90	0.33	0.29	0.23	—	1.93	0.41	0.14	4.98
黑色金属冶炼及压延加工业	155	500.24	87.85	92.90	324.10	0.49	0.08	—	0.56	0.01	0.01	253.34
有色金属冶炼及压延加工业	166	12.40	3.49	…	0.13	0.31	0.12	0.06	0.21	0.02	0.25	1.81
金属制品业	392	18.79	11.64	0.01	0.35	0.07	0.31	…	0.29	—	0.06	—
通用设备制造业	977	30.98	4.64	0.53	6.43	0.06	0.75	0.03	1.24	0.01	0.01	2.51

续表 15-1-10

指标	企业(家)	综合能耗	原煤	洗精煤	焦炭	天然气	汽油	煤油	柴油	燃料油	液化石油气	热力
专用设备制造业	458	11.39	0.80	0.01	0.62	0.06	0.40	…	0.53	…	0.03	13.30
交通运输设备制造业	376	11.84	0.57	0.01	0.06	0.07	0.44	0.06	1.06	0.02	0.27	34.85
电气机械及器材制造业	685	23.73	3.06	0.02	0.11	0.51	0.76	0.02	0.55	—	0.06	12.93
通信设备、计算机及其他电子设备制造	327	15.56	1.02	—	…	0.05	0.27	…	0.12	—	—	0.22
仪器仪表及文化、办公用机械制造业	66	0.59	0.43	—	…	0.01	0.05	—	0.02	…	…	0.05
电力、热力、燃气和水的生产供应业	34	229.57	596.81	—	—	4.62	…	—	0.10	—	—	33.37

说明：1. 资料来自 2011 年《常州统计年鉴》。综合能耗单位为万吨标准煤。2. 表中“…”符号表示数值较小，此处省略

三、单位产值平均能耗水平

由于大多数行业的工业品价格明显上升，全市规模以上工业企业的单位产值平均能耗水平明显下降。2005 年，全市 3593 家规模以上工业企业综合能源消耗量 964 万吨标准煤，实现工业总产值 2504.19 亿元，万元产值能耗为 0.39 吨标准煤。2010 年，全市 6471 家规模以上工业企业综合能源消耗量 1347 万吨标准煤，完成工业总产值 7396.09 亿元，每万元产值综合耗能 0.18 吨标准煤。

第二章　装备制造业

机械工业、装备制造业一直是常州工业的主导产业、龙头产业。21 世纪初，市委、市政府提出发展输变电设备、轨道交通设备、工程机械及车辆、新型农业装备、数控机床及基础装备等装备制造业。常州柴油机厂（常柴集团、常柴股份公司）、常州拖拉机厂（常拖集团）、常州冶金机械厂（宝钢常州冶金机械公司、宝菱重工公司）、常州计算机厂（国光电子信息集团）在 80 年代后期 90 年代初期相继获国家一级企业称号，常州金狮、柴油机拖拉机、常林、星球、东风、飞天等机械工业企业集团在国内同行业中享有较高的知名度。

第一节　行业综述

1987 年 10 月，常州市撤销机械冶金工业公司，设立市机械冶金行业管理办公室。1989 年 8 月撤销市机械冶金行业管理办公室，成立市机械冶金工业局。2000 年 8 月撤销市机械冶金工业局、常州机械冶金控股（集团）、柴拖集团，整合机械冶金工业局、电子工业局所属企事业单位及资产，组建常州机电国有资产经营公司。

一、经济规模

1986—1990年，全市机械冶金行业完成工业总产值(1980年不变价)46.15亿元、销售收入42.72亿元，实现利税7.43亿元、利润5.1亿元。1989年8月市机械冶金工业局27家企业拥有固定资产原值7.48亿元，生产设备6805台(套)，职工总数3.09万人，专业技术人员5278人。1990年，常州市乡镇机械工业有国家机电产品出口基地企业14家。1991—1995年，常州柴油机厂、武进柴油机厂、常州齿轮厂、武进电机厂、江南机具厂入选全国农机工业销售收入百强企业，常州柴油机厂、常州齿轮厂、武进柴油机厂入选全国农机工业利税总额“百强”企业。成立机冶行业首家合资企业常州常丰照相机公司。先后组建以常州客车制造厂为核心的常州长江客车集团、以常州齿轮厂为核心的常州飞天集团、以常州变压器厂为核心的常州华电变压器集团。1995年常柴股份公司、常州拖拉机厂、常州飞天集团、常州长江客车集团、常州林业机械厂、常州变压器厂、常州冶金机械厂、常州钢铁厂、常州江南机具厂、常州绝缘材料总厂、常州机床总厂、日升有色铸造公司和常州锻造总厂等企业销售收入均超1亿元，其中常柴股份公司、常州拖拉机厂和常州飞天集团进入全市工业企业销售前10名行列。常柴股份公司、常州林业机械厂、常州飞天集团公司、常州长江客车集团公司、常州变压器厂、常州拖拉机厂等企业利税总额均超2000万元，常柴股份公司和常州林业机械厂位列全市工业企业利税的第一名和第四名。

1996—2000年，市机械冶金工业系统有归口管理的工业企业53家，其中大一型企业2家、大二型企业6家、中一型企业6家、中二型企业11家。2000年，全市机械工业有总产值和销售收入超1亿元的企业16家。利税超2000万元、利润超1000万元的企业5家，实现利税达1000万元、利润达500万元的企业5家。全市机械工业完成工业总产值75.88亿元，销售收入76.18亿元，实现利税3.26亿元、利润1.19亿元；自营出口额1.15亿美元，新批利用外资1.64亿美元，实际利用外资1.14亿美元。

2001—2005年，机械工业克服土地资源紧缺、电力能源供应不足、银行信贷紧缩等制约因素，发展迅猛，占全市工业比重逐年上升。2005年，机械工业生产总值占全市工业比重达35%，约占六大支柱行业的45.9%，总量居各行业之首，拥有春江机械电器业、横山桥机电电器业、邹区机电电器业、芙蓉电动车及电机业、洛阳机电电器业、遥观机械电器业、新北电子业、庙桥机电电器业、戚墅堰电机业、礼嘉电子电器业、湟里电动工具制造业、焦溪干燥设备制造业、鸣凰模具业、新闸精密机械业、礼嘉农用机械业、潘家精密机械业、西夏墅刀具制造业、金坛河头油嘴油泵业等18个机电电子电器产业集聚区。2005年，全市有规模以上机械工业企业1393家，实现工业总产值847.8亿元、销售收入835.2亿元、利税55.6亿元、利润34.7亿元，分别占规模以上工业的33.9%、34%、34.4%和36.1%。江苏常发实业集团、中国南车集团戚墅堰机车车辆厂、江苏上上电缆集团工业总产值列行业前3位。全市有规模以上机械冶金工业企业222家，实现工业总产值395亿元、销售收入381.2亿元、利税22.5亿元、利润12亿元，分别占规模以上工业企业的15.8%、15.5%、13.9%和12.5%。2006—2008年，全行业在国家政策的刺激下保持较快增长。2008年下半年开始的全球性金融风暴逐步演化成经济危机，机械行业特别是输变电产业受到影响最大，国家采取家电下乡、农机补贴、加大基础设施建设、加快高速铁路建设等措施，轨道交通、农业装备、工程机械等行业进一步发展。机械工业初步形成总量规模、产业集聚、技术创新、对外合作四大优势，形成特色输变电设备、轨道交通设备、工程机械和车辆、现代农业装备、数控机床及基础装备等门类齐全、上下游配套的产业体系。2010年全市有规模以上机械工业企业2966家，完成工业总产值2827.71亿元、销售收入2760.15亿元，实现工业增加值659.03亿元、利税251.06亿元、利润170.23亿元，销售总额占全市规模以上工业企业的38.3%。

二、主要产品

1986年常州产品获江苏省“金牛奖”21个、部省科技进步奖5个、市科技进步奖22个。有55种产品获优质产品称号，其中国优金奖2项、银奖6项、部优19项、省优28项。获金质奖的产品有龙城牌武钢1.7米轧机8种冶金专用刀片、大象牌直径8毫米光亮圆铜杆；获银质奖的产品有双环牌LZJ6-15(气液)玻璃转子流量计、大象牌电解铜、龙城牌直径≤250毫米锻钢有色冷轧工作辊、长龄牌ZLM30型木材装载机、长龄牌HJ3型双筒绞盘机、兰翼牌0.5吨液氯钢瓶。1989年市机械冶金工业产品有23个大类114个品种。1995年数控铣床、数控立钻、汽轮机等39种产品首次走出国门，出口产品增至59种。1996—2000年，重点发展农业机械、动力机械、输变电设备、工程机械、精密组合机床及加工中心和汽车等装备制造业产品。

1998年常州市机械工业主产品产量统计表

表15-2-1

产品名称	单位	产量	产品名称	单位	产量
起重设备	台/吨	109/2748	客车改装车	辆	867
钢　瓶	只	7263	输变电铁塔	吨	13819
标准坚固件	吨	1139	其中：7500千伏安及其以上	万千伏安	263.30
弹　簧	万件	3327.55	直流电动机(总功率)	万千瓦	19.79
铸钢件	吨	5772	高压开关板	面	449
铸铁件	吨	3328	低压开关板	面	191
有色金属铸件	吨	6787	铝包钢线	吨	3800
矿山设备	吨	4220	钢芯铝绞线	吨	749
其中：液压支架	架/吨	230/3480	自动化仪表	万台(套)	14.84
研磨设备	台/吨	29/508	锻　件	万吨	1.21

三、技术改造创新

1996—2000年，常州机床总厂数控机床技改项目、常林股份公司WA470装载机技改项目、常州机床总厂数控机床技改项目被评为国家“八五”技术改造优秀项目，常州牵引电机厂电力机车电机技改项目，被评为国家一期加大投资力度、加快技术改造步伐工程技术改造优秀项目。通过技术改造引进一批具有国际先进水平的大型、精密设备。1996—2005年，常州先后引进先进生产线、数控设备，发展精密铸件、特种电缆等，推广采用数控切割、二氧化碳气体保护焊、TIC涂层技术等新技术、新工艺、新材料。

第二节　通用设备制造业

一、液压设备

常州液压设备骨干企业主要有常州液压成套设备厂、武进液压启闭机厂和常州威诺德机械制造公司等。2006—2010年，江苏武进液压启闭机公司与河海大学研制的数字行程控制陶瓷涂层活塞杆液压启闭机获省科技进步三等奖。2009年底，常州液压成套设备厂研制的中国第一台海洋钻井平台液压设备在渤海油田运行。2010年3月常州威诺德机械制造公司研制出全球最大的封头压制机器(全球超过6000吨的封头油压机仅3台，美国和日本各1台)；7月常州液压成套设备厂研制出金沙江洛溪渡水电站70万千瓦桩机用液压油杆(这套机组是世界上容量和直径最大的机组),以及国内第一个用于核工业、达1000吨的超高压油缸。

2010年常州市通用设备制造业主要经济指标统计表

表15-2-2 单:亿元

指标	规模以上企业	其中:民营企业	主营收入达2000万元企业
企业(家)	959	860	431
年均从业人数	104317	87210	78700
固定资产净值平均余额	102.01	73.54	84.05
所有者权益	179.76	116.80	151.13
工业总产值	565.32	435.30	447.77
产品销售收入	549.48	420.75	434.85
利税总额	49.83	33.69	42.44

指标	分项	规模以上企业	其中:民营企业
利润总额		33.70	20.42
每百元固定资产原值(元)	实现利税	27.36	26.21
	其中利润	18.51	15.89
平均每位从业人员(万元)	实现利税	4.78	3.86
	占有固定资产原值	17.46	14.74
	工业总产值	54.19	49.93

二、精密机械

常州精密机械工业以常州机床厂、常州多棱机床公司、江苏新瑞机械公司等企业为重点龙头企业,中小企业主要集聚于武进区潘家工业集中区。2005年末,潘家拥有精密机械制造企业225家,其中年销售收入达5000万元企业5家、1000万~4999.99万元企业25家;完成工业总产值9.3亿元、销售收入8.8亿元。

三、模　具

90年代初,常州成立模具协会,带动一大批模具企业相继兴起。2000年4月戚墅堰机车车辆工艺研究所与清华大学合作完成的CAD / CAE系统在模锻工艺和模具优化设计中的应用研究通过铁道部科技成果鉴定。2005年,常武地区有模具企业428家,主要分布在武进的鸣凰、马杭、潘家、湟里,天宁的雕庄,戚墅堰的潞城和新北的西夏墅、孟河等。鸣凰模具产业拥有模具研制企业117家,其中规模以上企业23家,同年完成工业总产值11.68亿元、销售收入10.59亿元,分别占全市模具业经济总量的55.8%、51.4%。

四、齿　轮

常州齿轮行业骨干企业主要有常州齿轮厂(常州飞天集团)、武进齿轮厂和常州天山重工公司等。

常州飞天集团齿轮加工车间(摄于2008年8月)

五、企业选介

常州飞天集团　1993年9月28日,常州齿轮厂、常州市农机机械设备进出口公司和泰国DNM机械公司合资创办的常州飞天机械公司及常州飞天集团成立,包括紧密层企业6家、半紧密层企业10家、松散层企业12家。1996年2月,常州齿轮厂被认证为国家大型二档企业。1996年6月,飞天集团自行设计制造,融清洗、脱脂、碳氮共渗、淬火、回火等

8道工序为一体，用电子计算机控制的新一代滴注式碳氮共渗齿轮热处理自动线，1997年6月，常州飞天集团成建制划归常柴集团公司。2001年飞天集团开发出高速柴油机齿轮、纺机齿轮、机床齿轮等精度高、技术含量高的产品。2002年5月，飞天集团生产的17H汽车齿轮600台（套）交付南京汽车集团。2003年，飞天集团公司产品向纺织机械、工程机械、汽车等行业延伸，产品进入南京汽车集团、北汽福田等知名汽车制造企业，有78种机型的690多种齿轮、8种变速箱集成。

常州液压成套设备厂有限公司　位于武进高新区北区，1990年创建，2001年9月转制成有限公司，是水利部、建设部定点生产液压油缸的专业化工厂。公司的产品主要用于发电站及船闸工程闸门的启闭，为冶金、军工、船舶（公司有CCS船检证书）、海事、油田等行业生产配套液压油缸和动力站。自主研发单机容量81.2万千瓦、每分钟75转速的大型水轮机组导叶接力器，突破三峡工程70万千瓦的单机容量，成为国内乃至世界上的第一台自主研发的超大型接力器。

第三节　专用设备制造业

一、矿用机械

常州采矿机械研制企业有煤炭科学研究总院常州自动化研究所（院）（简称“常州自动化所”）、煤炭科学研究总院常州科试中心、江苏三恒科技集团公司、常州联力自动化科技公司等。1987年4月，常州科试中心研制完成煤炭部重点科研攻关项目F-1卡轨车运输系统。1988年9月，该中心研制完成SZL-1000／300型液压支架寿命试验台，承载能力达1000吨，且具有300吨水平加载能力，填补中国大吨位液压支架试验项目空白，结构强度、使用性能均达国际先进水平。1991年10月，研制成功全国第一台CK-66柴油机胶套轮齿轨卡轨车。1999年，常州电力修造厂、戚墅堰发电厂等研制的电站入厂煤机械采样装置获1998年度省科技进步三等奖。2000年，常州自动化所承担的“九五”国家攻关项目矿井抢险救灾指挥系统关键技术与装备研发的子项目KTW2矿用救灾无线电通信装置、矿井固定与流动综合通信系统研究、矿用光纤工业电视处理装置研究和高产高效采煤工作面无线电通信系统研究等成果通过部级鉴定；同年6月，KJ58型选煤厂集控调度系统获煤炭工业第十七次科技进步三等奖。

2010年常州市专用设备制造业主要经济指标统计表

表15-2-3　　单位：亿元

<table>
<tr><th>指标</th><th>规模以上企业</th><th>其中：民营企业</th><th>主营收入达2000万元企业</th><th>指标</th><th>分项</th><th>规模以上企业</th><th>其中：民营企业</th></tr>
<tr><td>企业单位（家）</td><td>474</td><td>390</td><td>252</td><td>利润总额</td><td></td><td>46.15</td><td>14.84</td></tr>
<tr><td>年均从业人数</td><td>66305</td><td>44916</td><td>54187</td><td rowspan="2">每百元固定资产原值（元）</td><td>实现利税</td><td>26.28</td><td>32.11</td></tr>
<tr><td>固定资产净值平均余额</td><td>148.07</td><td>48.57</td><td>140.31</td><td>其中利润</td><td>19.43</td><td>19.85</td></tr>
<tr><td>所有者权益</td><td>228.07</td><td>89.93</td><td>216.36</td><td rowspan="4">平均每位从业人员（万元）</td><td>实现利税</td><td>9.41</td><td>5.39</td></tr>
<tr><td>工业总产值</td><td>605.18</td><td>280.24</td><td>553.34</td><td rowspan="2">占有固定资产原值</td><td rowspan="2">35.81</td><td rowspan="2">16.77</td></tr>
<tr><td>产品销售收入</td><td>594.74</td><td>279.25</td><td>544.73</td></tr>
<tr><td>利税总额</td><td>62.41</td><td>24.01</td><td>59.42</td><td>工业总产值</td><td>91.27</td><td>62.66</td></tr>
</table>

DYZ-96型井下动力钻具　为国家“六五”科技攻关项目子项目，煤炭科技研究总院常州科研试制中心

经近8年攻关研制完成。该钻具能定向打井，实现海上石油开采伞状定向钻孔，钻具的特殊材料轴承采用电脑控制加工定子模具曲面、转子工作曲面，性能参数达国际水平，全世界仅3个国家掌握这项技术。

F-1卡轨车运输系统 常州科试中心承担的煤炭部重点科研攻关项目，1987年通过技术鉴定。该系统是中国当时功率最大、牵引力最强的钢丝绳牵引运输系统主机，能进行1公里遥控操纵运行。

二、干燥设备

常州干燥设备制造业主要位于武进郑陆、焦溪地区，是国内规模较大的干燥设备集中生产地。80年代末全镇有干燥设备制造企业19家。2000年，焦溪干燥设备企业发展到23家，完成工业总产值13亿元，其中超1亿元企业3家，年销售收入11.8亿元。2000年以后，郑陆、焦溪地区干燥设备制造企业全部改制为民营企业。2001年，兴办首家干燥设备合资企业，至2005年全镇有规模型干燥设备企业39家，其中达1亿元企业17家，所有干燥设备企业拥有固定资产50亿元，年产干燥设备近两万台(套)。同年，全行业完成工业总产值35亿元，实现销售收入35.17亿元，骨干企业有江苏范群干燥设备制造公司、江苏长江干燥设备制造公司、常州先锋干燥设备公司、常州健达干燥设备公司等。

三、油嘴油泵

常州油嘴油泵工业主要位于金坛市河头镇。2001年河头镇工业园区规划建设后，油嘴油泵业开始由手工作坊向机械化、规模化转型。2003年一批上规模的油嘴油泵企业开发了技术含量较高的汽车P系列油嘴等新产品。2005年，河头油嘴油泵业拥有生产企业118家，实现销售收入9亿元，其中规模以上9家。

四、其他专用设备

1986年3月11日，常州皮革机械厂研制的国家“六五”科技攻关项目GJ3H2-160型振荡拉软机通过部级鉴定。1988年11月，常州化工机械厂和南化公司化工机械厂等单位制造的年产52万吨尿素装置获化工部1988年科技进步一等奖。1991年常州塑料机械厂是国内生产规模最大、唯一生产塑料编织袋成套设备的企业。常州市长江耐腐蚀设备厂研制成功FP系列增强聚丙烯耐腐蚀泵系国内首创，获国家专利。1994年常州长江电子机械厂研制的CNJ型发电锅炉检修平台达国内领先水平。常州石油化工学院开展的新型轴流搅拌器的研究应用项目获1999年度省科技进步三等奖。2009年3月17日，查特深冷工程系统(常州)公司制造的亚洲第一、世界第二出口到以色列的低温液体贮罐启运。2010年，江苏保龙机电制造公司的保龙牌木材加工机械被认定为江苏省名牌产品。江苏智思机械公司建成江苏烟草成套设备工程技术中心。

PL240／48型门式耙料机 常州化工机械厂1978—1982年研制，为年产52万吨尿素装置设备国产化的65种设备中8个重大项目之一，为人字形门式箱形结构，自重120吨，生产能力每小时240吨，门架行走可手控、自控、遥控，装置计算机控制技术。1986年通过技术鉴定，达国际先进水平，1987年被化工部评为优质产品，获国家重大技术装备嘉奖，1989年获国家科技进步一等奖。

空气等离子切割机 1987年11月，武进自动化设备厂与戚墅堰机车车辆工艺研究所联合研制的空气等离子切割机通过铁道部鉴定，1990年研制出新型割炬，为国内首次实现大电流接触切割作业，达到厚板切割和无污染、低噪音、易损件消耗少的效果，扩大空气等离子的使用范围，在全国180多家工矿企业使用，出口德国、泰国、新加坡、澳大利亚等10多个国家和地区。1993年，常州东方焊割设备厂研制的“宇球”牌空气等离子切割机产品获中国公认名牌产品，曾10次获国家和部省级荣誉和奖励，6次获国内外博览会奖励。

第四节　工程机械制造业

常州工程机械制造业发轫于常州林业机械厂。1986年10月，常州林业机械厂获国家质量管理奖金牌。1996年5月8日，常州林业机械厂与韩国现代重工业株式会社合资经营的常州现代工程机械公司开业。2001年起，市政府以常林及外资工程机械制造企业为依托，把工程机械作为支柱产业给予重点支持。2002年12月20日常林工程机械集团在常州组建成立，以常林股份公司和常州现代工程机械公司、小松(常州)工程机械公司为骨干企业，有工程机械整机制造及配套件生产企业38家，生产装载机、挖掘机、平地机、压路机等工程机械主机及工程机械配套件，市场占有率在全国同行中均排列前位。

2004年常州工程机械制造产业，形成完整的工程机械产品群和较完善的产业配套链，重点发展大马力柴油发动机和工程机械，完成销售收入总额69.08亿元。2005年，常林集团和常松工程机械公司、华骏机械公司、长江工程机械公司等民营工程机械骨干企业，完成工程机械销售总额100亿元，成为国内第二大工程机械生产出口基地。薛家地区初步形成常州高新区工程机械产业集群。2007年常州工程机械制造业有规模以上企业85家，形成较具竞争力的产业集群，销售总额151亿元。

2010年，常州形成常林股份、小松(常州)、江苏现代等骨干企业。6月2日、21日，广西玉柴重工公司东部基地、广西柳工东部研发制造基地先后在常州武进高新区开工，从事工程机械及配套部件研发、生产，武进高新工程机械产业集群初现雏形。年底，常州市工程机械拥有规模以上企业268家，常林工程机械集团、常林股份公司发展成为全国工程机械行业知名企业。2010年，全市工程机械行业完成销售收入总额448亿元、营业收入193亿元，连续两年增幅达20%；工程机械占全市工业比重为6.1%，占全市装备制造业比重为18.8%。

一、装载机

1985年9月，常州林业机械厂以技贸结合方式引进日本小松制作所(KOMATSU)的技术，合作生产全国同行业第一个WA300-1轮式装载机。1991年6月，常州林业机械厂与天津工程机械研究所联合研制的ZLM60型轮式木材装载机通过由林机总公司主持的部级鉴定；10月，获省优质产品、林业部优质产品称号；12月21日，该厂成功制造WA470-17吨级大型轮式装载机。1994年，引进日本小松制作所技术，合作生产长龄WA470-1型轮式装载机。1995年1月，常州林业机械厂与日本株式会社小松制作所和小松美克株式会社、日本丸红株式会社等5家日本企业合营小松常林工程机械公司，生产具有世界90年代先进水平的WA-3系列轮式装载及相关部件。1997年7月装载机铲刃板中频淬火生产线在常林股份公司建造成功，填补国内同类生产线空白。2000年4月，常林股份公司的ZLM50E轮式装载机被列入国家级和省级火炬计划新品，新型装载机液控系统被列入国家级重点新产品计划。2004年，全市销售装载机7137台，居全国首位。2004年、2007年，常林股份公司的长龄牌装载机被评定为中国名牌产品。2010年，常州市生产装载机5523台，销量占全国总销量的5%。

二、挖掘机

2000年6月，常州现代工程机械公司首次向欧洲市场出口ROBEX系列挖掘机两台。2004年，全市产销挖掘机4653台，居全国第三位。2007年，常州生产的大中吨位挖掘机占国内市场的10.2%，居全国城市同类产品产量首位。2010年，全市生产销售

现代工程机械(江苏)公司生产的挖掘机(摄于2007年7月)

挖掘机 1.64 万台，占全国挖掘机市场总销量的 9%。

三、其他工程机械

1994 年，常州林业机械厂研制的 CPD3 型蓄电池叉车通过省机械工业厅的产品鉴定，成为中国率先出口中小型内燃机车的厂家。2000 年 4 月，常林股份公司的 PY 平地机被列为国家级和省级火炬计划新品。2007 年，常州工程机械制造业形成由平地机、压路机、道路养护机械、大吨位自卸车和搬运设备等其他工程机械产品体系，平地机占国内市场销量的 9.7%。

四、企业选介

常林股份有限公司 前身为 1961 年始建的常州林业机械厂。1987 年，常州林业机械厂与天津工程机械研究所、中国计量科学研究院联合设计建成中国第一个轮式装载机整机性能出厂检验试验台。10 月，常州林业机械厂以名优产品木材装载机、装车绞盘机为龙头，组建跨地区、跨行业的经济联合实体常州林业工程机械实业公司。1990 年 9 月 27 日获得国家质量管理奖，成为林业部和全国装载机行业首家获得此奖的企业。1996 年 7 月，改制为全国林业系统首家股份制企业常林股份公司（简称“常林股份”），股份总额 1.1 亿股，其中国有法人股 7000 万股、个人股 4000 万股，在上海证券交易所挂牌上市，成为常州市第二家 A 股上市公司。2002 年 12 月 20 日，常林工程机械集团成立，同年销售规模近 50 亿元，3 家骨干企业年销售收入达 33.5 亿元，利税总额近 3 亿元。2010 年，完成营业收入 20.9 亿元，实现利润总额 2.82 亿元。

常林股份有限公司（摄于 2010 年 2 月）

第五节　交通运输设备制造业

交通运输设备制造是常州工业的支柱产业之一，骨干企业有常州黄海汽车公司、常州东风汽车公司、常州东风农机集团、常州客车厂（常州长江客车集团公司）、常州麦柯长电动汽车公司、常州星宇车灯公司、江苏旷达汽车织物集团股份公司、常州盛士达汽车空调公司、常州朗锐铸造公司和溧阳科华机械制造公司等 10 多家。1996—2000 年，戚墅堰机车车辆工艺研究所研制出内燃机车司机室操纵台合成材料面板，开发出铁路科技研究开发计划项目铁路机车车辆关键零部件热处理专家系统。2000 年 6 月，城际及城市轨道动车组牵引齿轮研制项目通过铁道部鉴定。2001—2002 年，研制出满足新型提速车安装要求的两种新型单元制动缸，达进口产品水平。2003 年，研制出调质 C 级钢，用调质 C 级钢试制的 13 号车钩和钩尾框通过拉力试验，申报轴承零件磁粉探伤实物试块、动力分散式列车动力驱动齿轮箱的箱体结构，高速列车动力车驱动齿轮箱的密封装置 4 项成果发明专利。2010 年 6 月，位于常州的中铁建电气化局集团轨道交通器材公司研制出立柱式全自动张力补偿装置、绝缘护套、铁轨钢扣弹簧装置等高速铁路接触网关键零部件 31 种，基本实现中国高铁接触网零部件生产国产化。

2010 年常州市交通运输设备制造业主要经济指标统计表

表 15-2-4 单位：亿元

指标	规模以上企业	其中：民营企业	主营收入达 2000 万元企业
企业（家）	371	302	199
年均从业人数	67449	37750	57327
固定资产净值平均余额	91.21	35.74	85.56
所有者权益	156.90	66.42	148.14
工业总产值	417.44	203.97	379.40
产品销售收入	414.02	194.94	377.36
利税总额	47.72	28.30	45.54

指标	分项	规模以上企业	其中：民营企业
利润总额		32.99	19.58
每百元固定资产原值（元）	实现利税	35.33	52.07
	其中利润	24.42	36.01
平均每位从业人员（万元）	实现利税	7.08	7.50
	占有固定资产原值	20.03	14.40
	工业总产值	61.89	54.03

一、燃油汽车

常州汽车工业骨干企业有常州客车厂、常州东风汽车公司和常州星宇车灯公司等。1994 年 9 月，常州客车厂生产的长江客车被评为全国用户满意汽车品牌。1995 年 3 月，建设部和中国城市车辆总公司宣布常州客车制造厂制造的轻型无人售票车、大中型后置式柴油机无人售票车和中国福莱西宝车辆公司制造的豪华团体客车为全国城市车辆推荐产品。

1992 年 12 月 23 日，常州客车厂试制的 CJ6600S 等 4 种型号豪华型客车通过部级鉴定。1996 年 3 月，常州的中国福莱西宝车辆公司试制成功全国第一辆集办公、生活、娱乐于一体的豪华工作座车。常州机床厂、常州客车制造厂与中国福来西宝车辆公司联合研制的 CF6110T1DK 系列高速客车、CJ6110D 系列高速客车底盘分获 1998 年度省科技进步三等奖。2000 年 11 月 9 日，常客集团 CIMS 应用示范工程在全国客车行业首家通过科技部评审验收；12 月常州长江客车集团公司与意大利依维柯公司合资设立常州依维柯客车公司。2004 年 12 月 16 日，常州依维柯客车公司为北京城市快速公交系统研制的首批 4 辆新一代豪华低踏步城市客车启程发运北京，被专家赞誉为中国城市公交第一车。

CJ6151 铰接式城市客车 常州客车制造厂研制生产，1990 年获建设部科技城市车辆委员会颁布的一等奖。1991 年 12 月，再次被建设部评为优质产品。长江牌 CJ 6151 铰接式城市客车是该厂的第一代产品，采用 1985 年获国家科技进步三等奖的长江牌底盘，以 100 千瓦汽油或柴油机为配套动力，车身和底架均采用全异型钢管焊接结构，车体结构强度高、刚度大，采用行车安全的双管路制动系统，双回路循环球转向器及结构简单、使用可靠的球铰装置等。整车性能良好，操作轻便安全，载客量大，大修里程达 30 万公里。

大型豪华工作座车 1996 年 3 月，中国福莱西宝车辆公司在新开发按用户要求试制成功国内第一辆自行研制生产的集办公、生活、娱乐等功能于一体的豪华工作座车，尾部设有车用厨房间、洗手间；车厢后部为办公、娱乐区，设置工作台、沙发，配影碟机、录像机等全套音响设备，设单人高级席梦思床铺，车厢前部为乘坐区，装配车用电视机。

10 米城市双层客车 1996 年 9 月，常州客车制造厂、中国福莱西宝车辆公司研发试制，采用高速客车底盘，配备后置 210 马力柴油发动机，其中超低地板的底盘操纵系统属国内首创。车身选用美国福莱西宝的先进制造技术，车厢内上、下层空间高度为国内之最。

CJ645B 型旅游车 常州客车制造厂设计和生产，1986 年 12 月获全国城市建设科技成就成果展览会

常州客车制造厂研制的CJ645B型旅游车（摄于1986年12月）

新产品金杯奖。车长10米，宽2.5米，高近3米，驾驶区采用落地窗，坐在最后排也能从窗中看到前景；装有空调、高靠背航空座椅、双管路可靠制动，后置140马力发动机，行驶安全、平稳、噪音低。

CFC6110GD低地板空调城市客车 1998年11月，常州长江客车集团研制，被科技部、国家税务总局、对外贸易经济合作部、国家质量技术监督局、国家环境保护总局批准为国家级重点新产品。

豪华低踏步城市客车 常州依维柯客车公司专门为北京城市快速公交系统研制开发，车身长18米，被誉为“陆地巡洋舰”。2004年12月16日，首批4辆启运北京。

18米后置豪华铰接式城市公交车 常州依维柯客车公司采用世界先进技术研制，额定乘员200人，车身为国内城市客车最长，车速快，操作轻便，乘坐舒适，安全可靠，在首届全国客车大赛上被专家称为中国城市公交第一车。

矿山用车辆 1986—1995年，常州冶金机械厂联合有关科研院所研制国家“六五”重大科技攻关项目千万吨级大型露天矿成套设备，对RHC型乳化炸药及HYC型粒状铵油炸药混装车展开联合攻关，研制成功11项主要设备，配上10米井电铲，形成千万吨级大型露天矿的穿爆、装载、运输、修路、边坡修整等全工艺流程整套装备体系。2006—2010年，常州科研试制中心和中国矿业大学研制完成的安全高效无极绳连续牵引车、煤矿安全高效无轨运输工程装备分获省科技进步二、三等奖。

CYS30型矿山多用洒水车 1986—1995年，常州冶金机械厂与国内有关科研院所成功研制。该型矿山多用洒水车采用微机—液压控制，国产化率超95%，技术性能达到当时国际先进水平，获1987年国家重大技术装备表彰嘉奖和1989年度国家科技进步特等奖。

154吨电动轮自卸汽车 常州冶金机械厂联合有关科研院所承担的国家重点科技攻关项目，成功研制翻斗、举升油缸、前悬挂、逻辑控制系统等主要部件20个，与美国尤尼特·瑞格公司联合制造出首批成品车12台，并返销美国，用于大中型露天矿山高效运输。1990年获国家科技进步一等奖。

CK-66型柴油机胶套轮齿轨卡轨车 国家“七五”重点科技攻关项目，1987—1992年，煤科总院常州科试中心承担，整体设计采用胶套轮、齿轨、卡轨、柴油机—液压驱动等结构，增大爬坡能力，采用计算机控制，达80年代国际先进水平。1992年11月获第四届中国新技术新产品博览会金奖。

二、新能源汽车

2008年，常州新能源汽车特色产业基地在常州科教城启动建设。建有以新能源电动汽车研究院、新能源电动汽车整车关键技术研发基地及常州黄海麦科卡电动汽车公司、江苏益茂纯电动汽车公司为主的新能源电动汽车生产单位基地。2010年，常州新能源车辆产业园在罗溪镇启动建设，是常州建设国家创新型科技园区“一核八园”的重点特色专题园区，总规划面积12.9平方公里。4月，常州黄海汽车公司与南车时代电气股份公司研发的第一辆12米长纯电动豪华客车下线。同年底，常州新能源汽车产业有规模以上汽车整车及零部件生产企业178家，其中整车生产资质企业3家、改装车生产资质企业7家，纯电动整车研发企业6家，有电池、电机、电控等关键零部件企业160余家，基本形成以黄海汽车、东风汽车、英田汽车、麦科卡、江苏益茂等整车企业为龙头，以常柴股份、远东连杆、盛士达汽车空调管道、星宇车灯、光洋轴承、高博能源、锰克伊思达、易控汽车电子、旷达汽车织物等零部件生产企业为支撑的新能源汽车产业发展格局。主产品有电动客车、混合动力客车、低速乘用车、电动观光车、警用巡逻车、道路垃圾清扫车、农用电动四轮车及电动汽车用电机、电池等，在电池、电机、电控核心技术及整车设计、集成技术等方面拥有多项自主知识产权。2010年，常州新能源车辆产业园完成工业投入7.8亿元、销售总额21.7亿元，实现利税2.5亿元。

三、汽车摩托车配件

常州汽车摩托车配件工业主要位于新北区孟河镇小河片区（原小河镇），起源于70年代末80年代初。到80年代中期小河乡汽摩配件生产企业发展到10多家，主要为汽车制造厂配套生产反光镜镜片和车灯。1985年，小河汽摩配生产总产值1703万元。1990年底，小河镇政府与石陆村委会联合投资100万元，创办汽摩配件产品销售市场，小河汽摩配件产品同年销售额达1.2亿元。1994年初，镇政府与石陆村委会再次联合投资500万元筹建大型汽摩配件市场，采用前店后厂方式扩大生产规模。当年小河汽摩配件生产企业猛增至1000多家，实现工业总产值、销售同时突破10亿元。

2000年小河汽摩配件业拥有生产企业近3000家，生产汽车、摩托车灯具、转向器、轮胎、汽摩配件，年产汽摩灯具4亿件（套），占全国汽摩灯具市场销售量的1/3以上，汽摩配件约占国内市场拥有量的50%，为国际近20个著名品牌汽车、摩托车厂家、国内30余家大型汽车、摩托车生产集团和汽摩品牌配套，成为国际国内知名的汽摩配件设计、制造基地。2005年，小河汽摩配件业拥有省级及其以上名牌9个、市知名品牌16个，代表性企业有小河民政福利厂、常州飞拓模塑公司等，全行业完成工业总产值87.6亿元、销售收入88亿元。小河汽摩城入驻企业1400余家，完成销售收入56亿元；10月12日，世界知名汽车零部件集成供应商美国伟世通公司与中国台湾堤维西交通工业股份公司在新北区合资组建常州大茂伟世通车灯公司。

1989年6月，常州金狮自行车工贸集团所属摩托车厂试制的YH50Q-2B型轻便摩托车通过国家级鉴定。1992年12月，常州摩托车厂研制的金狮JS50Q-1型轻便摩托车、金狮JS50-1型摩托车通过国家级鉴定。1995年8月，中国台湾光阳工业股份公司、常州金狮集团合资3000万美元兴建的常州光阳摩托车公司在常州高新技术产业开发区新厂址开工。兰翔机械总厂生产的长江750D-GB型摩托车发动机，被评为江苏省1991年度优质产品、航空航天工业部1991年度优质产品。1993年4月，兰翔机械厂研制的50毫升排量的LX50T-1、LX50T-2型两种踏板式轻便摩托车和IE41FMBD型强制风冷电启动发动机（简称“两车一机”）。获得江苏省优秀新产品新技术应用项目金牛奖。

常州光阳摩托车公司生产线（摄于2010年2月）

LX50T型摩托车 1993年7月，兰翔机械总厂生产的LX50T-3、LX50T-4型轻便摩托车和IE41FMD2型电启动发动机通过部级鉴定，造型新颖，功能良好。1993 年 11 月，LX50T 型摩托车获得在南京举办的中国高新技术新产品博览会金奖。

LX750 型系列摩托车　兰翔机械总厂研制生产，1996 年 7 月获首届中华全国名优产品博览会金奖。

四、飞机及其零部件

1998 年 6 月，国内首架地效飞机在常州飞机制造厂大机库开铆，中国地效飞机研制取得新进展。2002 年 1 月，常州飞机制造厂承担试制的国家重点项目 11 号工程燃气涡轮起动机 2 号试车台一次点火成功。该试车台可用于多种燃气涡轮起动机的试车，可对起动机故障进行分析。2 月，经解放军总装备部、陆军航空兵、海军装备部及中航第二集团公司批准立项的前掠大小叶片轴流压气机 KT1 项目试验成功。

五、企业选介

常州飞机制造厂　1970 年创建，起初生产直升机，1979 年起改为生产一、二、三类压力容器。1988 年 12 月，制造的 1 吨液氯钢瓶被航空航天部评为优质产品。1989 年 11 月，0.5 吨液氯钢瓶获国家银质奖；12 月，R 型溶解乙炔设备获航空航天部科学技术进步二等奖。1990 年 10 月，兰翼牌溶解乙炔被化工部评为优质产品。该厂自行设计研制成功 CYSW200、314、350、367 液化气汽车车用瓶 4 个系列、多种规格，分别供助力车、轿车、大巴士改装使用，改装后的汽车尾气排放量减少率达 90%。2000 年 3 月，试制成功属国内首创的罐式集装箱，经中国船级社技术鉴定后投产；8 月，与船舶系统无锡 702 研究所联合开发、合作生产的两吨级用于海关缉私的地效飞行器（水上飞机）厂内试车成功。

常州兰翔机械总厂　始建于 1970 年，是直升机发动机专业制造企业，隶属于中国航空工业集团公司。1991 年 2 月，常州兰翔机械总厂与日本浜二涂料株式会社合资开办常州兰翔玻璃钢游艇公司，生产经营玻璃钢游艇。1991 年 8 月，常州兰翔机械总厂、中国华能集团总公司江南办事处、常州机械冶金工业供销公司和香港必进公司合资成立常州华能汽车零件公司，生产汽车零部件及配套件，销往国际市场。1992 年 9 月，以兰翔机械总厂与金城摩托车厂、玉河摩托车厂为核心的江苏摩托车集团在南京成立。1993 年 12 月，与在英国注册的中国航空基金(370)公司合资成立常州兰翔天利机械公司，主要制造生产摩托车及其发动机。1995 年 10 月 12 日，兰翔厂与长春一汽集团汽车研究所研制开发成功家庭轿车 CA375 型发动机。1997 年 12 月，兰翔厂研制生产的救生艇系列产品通过上海船舶检验局的论证验收。2003 年 1 月，兰翔机械总厂在全国玻璃钢行业 21.8 米水政艇竞标中获胜，研制出该产品。2006 年 9 月，研制的 10.5 米航政快艇建造工程通过竣工验收。2010 年底，变更为常州兰翔机械有限责任公司，为隶属中国航空工业集团的直升机发动机专业制造企业、中国军用玻璃钢船艇定点生产企业，主要生产涡轴 6 系列发动机等国内大吨位的多用途直升机动力装置。

常州客车制造厂（常州长江客车集团有限公司）　1956 年创建，前身系震华机器厂等，1979 年变更为常州客车制造厂，主营汽车底盘、汽车零部件、汽车客车等。1990 年 5 月 10 日，常州客车厂制造的长江牌 CJ660B 通道车获在上海召开的全国车辆展评会最高奖金马奖，CJ642B 中级团体车、CK420N 轻型客车获银马奖。CK420N 轻型客车于 1990 年 8 月 9 日首次出口苏丹，开创常州市小型客车出口创汇的历史。1992 年 3 月，常州客车制造厂研制开发的 CJ6922TCH、CJ6922TCHK、CJ6922CH 型客车新品通过部级鉴定；8 月，与常州市第二煤矿机械厂联合成立常州市长江客车底盘厂；11 月，与中国城市车辆总公司、美国亚洲福莱西宝车辆技术公司合资兴办的中国福莱西宝车辆公司成立，总投资 2990 万美元。1993 年 2 月 22 日，以常州客车制造厂为核心的常州长江客车集团成立，有紧密层企业 8 家、半紧密层企业 7 家、松散层企业 51 家。1997 年 12 月，集团制造的 CFC6110T2DK 豪华高速客车通过新产品鉴定。1999 年 7 月，集团的以液化石油气取代汽油燃料、降低汽车尾气污染、属绿色城市客车的 CFC6900GQY 双燃料客车及底盘项目被列为 1999 年国家级火炬计划项目。

江苏旷达汽车织物集团股份有限公司 1993年创办，是专业从事汽车内饰面料、座套研发、生产和销售及新能源开发与应用的多元化高新技术企业集团，设有全资和控股子公司17家，是国家火炬计划重点高新技术企业和江苏省高新技术企业、信息化与工业化融合试点企业。建有省级工程技术中心、省级工业设计中心、国家级实验室和江苏省博士后科研工作站，承担多项国家级、省级科技研发、攻关项目，获授权专利61项，其中发明专利1项、实用新型专利22项，是国家标准《汽车装饰用机织物及复合机织物》的主要起草单位。在国内最早进入汽车内饰面料行业，拥有从有色差别化纤维生产到座套成品的完整产业链生产体系和先进的生产技术装备，主导产品为汽车内饰面料，部分被高铁、动车所采用。是国内率先通过德国大众BMG认证的全球汽车内饰布料供应商，获得美国通用公司全球供应商资格。

第六节　轨道交通设备制造业

常州轨道交通车辆及部件产业以戚墅堰机车车辆工厂（简称"戚机厂"）、戚墅堰机车车辆工艺研究所（简称"戚研所"）和新誉集团、今创集团、长青埃滩公司等大企业为龙头，初步形成轨道交通产品研发制造配套产业链，主产品包括轨道交通的内燃机整车、转向架、牵引传动、电气控制、辅助设备及车内装饰系统。2003年常州轨道交通车辆及部件产业基地获科技部批准挂牌建立，2005年被认定为国家级特色产业基地，2007年被商务部、科技部确定为科技兴贸创新基地。2005年11月19日，德国虎伯拉集团在中国首家合资企业常州虎伯拉今创交通设备公司开业。

2009年5月，中铁电气化局集团公司与德国力倍公司签订高速铁路电气化技术和合资合作项目，双方技术成果产业化基地选定武进区。2010年3月15日，戚墅堰轨道交通科技产业园获省科技厅批准设立；3月17日，美国通用电气（中国）公司与戚机公司签订生产柴油机协议，总投资1亿美元。至同年底，常州轨道交通车辆及部件产业基地有企业50余家，其中高新技术企业20家，拥有中铁建铭隆、长青埃滩、奥通车辆等骨干企业，有国家级研发平台3家，省级企业技术中心和工程技术中心、重点实验室7家和市级企业技术中心、技术服务平台13个，工程技术人员5500余人。戚墅堰轨道交通科技产业园有重点规模企业10家、省级以上高新技术企业5家，国家级检测平台1个、省级工程技术中心2个，初步形成轨道交通产品研发、制造、配套产业链。东风11型、11G型客运内燃机车和东风8B型货运内燃机车成为中国铁路大提速主力机车，牵引传动系统在城市轨道交通中占有45%的市场份额，初步形成轨道交通产品研发、配套、制造产业链。同年，常州轨道交通产业有企业68家，实现销售收入238亿元。新誉集团、戚机公司、今创集团和戚研所分别完成销售收入50.6亿元、46.6亿元、40.1亿元和18.3亿元。1986—2010年，全市动力机械行业累计获省科技进步奖10项，其中二等奖、三等奖各4项和四等奖两项。

一、内燃机车

1986年，戚机厂引进国外气阀生产技术，到1993年底累计生产240气阀23万多支，产品合格率达92.3%，研发成功新产品280系列气阀，合作开发船用柴油机、柴油发电机组的STL合金阀面结构气阀40余种规格；研制具有90年代国际先进水平的超级镍基合金双金属气阀。1991年8月，东风11型准高速客运内燃机车通过铁道部组织的技术设计审查；10月，戚机厂气阀生产制造技术获江苏省优秀新技术推广应用金牛奖。2000年6月，戚研所引进美国7FDL型内燃机车柴油机曲轴技术，研制成功ND5内燃机车曲轴。2004年10月，戚机厂向柬埔寨出口两台GKD6D型米轨内燃机车，机车产品首次走出国门。2006年12月，东风

戚墅堰机车车辆工厂研制的东风型内燃机车出厂（摄于1992年12月）

8CJ型交流传动内燃机车通过铁道部阶段验收。戚机公司的东风11型、东风11G型客运内燃机车和东风8B型货运内燃机车为中国铁路大提速做出了突出贡献，所产HXN5型内燃机车达国际先进水平，具备每年新造内燃机车300台、货车1000辆的生产能力。

东风9型客运内燃机车 戚机厂研制，其牵引电动机全悬挂轮对空心轴驱动装置的转向架适应调整运行，能满足时速达140公里调整运行的平稳性和低动力作用，轮对空心轴驱动装置、高柔圆弹簧等均为国内首次设计试制。东风9型客运内燃机车研制技术及工艺于1991年获江苏省优秀新技术推广应用金牛奖。1992年11月起，东风9型内燃机车正式担当广深线旅客运输的牵引任务。

东风11型内燃机车 戚机厂研制，1992年12月完成试车，1996年2月通过国家专题验收。机车标定功率达3040千瓦，填补中国铁路干线大功率快速客运内燃机车的空白，是国内牵引及电制动功率最大的单节内燃机车，最高试验速度达每小时186公里，产品获国家“八五”科技攻关重大科技成果奖和铁道部1996年度科技进步特等奖。

东风11G型准高速客运内燃机车 2002年7月，戚机厂研制，机车双机重联，分别装有1台16V280ZJA型柴油机，牵引功率2×3610千瓦，牵引20节客车时速达160公里仍动力有余，机车装有辅助柴油发电机组，可向列车供电，最大供电功率为2×400千瓦，满足了铁路第五次提速的需要。

HXN5型交流传动内燃机车 2008年11月25日在戚机公司研制成功，为中国功率最大的最新一代交流传动内燃机车，成为中国铁路干线货运的主型内燃机车。

C10Q1(N)型100型全钢铁敞车 1992年7月由戚机厂研制成功，是该厂自行设计制造的新型大吨位货车，主要用于厂矿装运矿石、钢材等货物。产品填补中国冶金企业用铁路大吨位货车的空白。

二、轨道交通设备配件

牵引传动系统 常州生产的城市轨道交通牵引传动控制系统占国内城轨市场份额50%，龙头企业为新誉集团与今创集团。新誉集团承担国家“十一五”科技支撑项目高速火车牵引变流器研制任务，先后单独或联合成功投标长春市轻轨、资阳地铁车辆厂、大连机车厂，上海、广州、深圳地铁线及伊朗地铁等有关牵引传动系统项目。

制动系统 戚机公司在铁路机车车辆制动系统方面有较强的研发能力，对城市轨道交通车辆的制动系统有一定技术储备，产品类别包括城市轨道交通车辆用空气制动、再生制动、电阻制动和轻轨车辆用磁轨制动装置。

高磷铸铁闸瓦 1980年，戚研所研制成功含磷量高于2%的高磷铸铁闸瓦，相对原来的含磷量1%及其以下的中磷闸瓦具有制动性能稳定、制动力衰减小、对车轮无损伤、制动时火花少的特点，使用寿命提高3～5倍，达国际先进水平，1988年、1990年先后获铁道部科技进步奖、国家科技进步二等奖。

高速铁路用制动夹钳、踏面清扫器 2005年，南车青岛四方机车车辆股份公司牵头研制时速为250公里动车组高速列车转向架及应用技术，戚研所负责研发制动夹钳、踏面清扫器。制动夹钳采用油压制动，踏面清扫器可改善车轮与钢轨之间的粘着系数，修整车轮型面并降低运行噪声，项目单位申请专利9项，获2009年度国家科技进步一等奖。

万吨级重载单元列车成套设备 国家"七五"科技攻关计划项目，与重装转动车钩、C63型运煤专用敞车配套。戚研所参与承担完成耐候钢工艺、车辆除锈防腐、转向架B级钢、转向架磨耗件、轮对注油压装工艺、13号车钩改进与提高、转向架铸钢用的溃散剂、E级钢等课题的研究，获得成功并受到嘉奖。大秦铁路万吨重载单元列车1992年通车。该项成果1991年6月获国家"七五"科技成果特等奖和一等奖。

转向架及其配件 戚研所是中国铁路机车车辆材料与制造工艺的专业研究机构，在铸造、锻压、热处理、焊接、表面处理、机械加工等方面处于国内同行业领先水平，形成年产转向架关键部位齿轮传动系统400辆的能力，为法国阿尔斯通公司的上海地铁项目和加拿大庞巴迪公司的伦敦地铁项目提供转向架。

转向架B级钢 为国家大秦铁路重载列车与成套设备关键科技攻关项目。1986年11月，戚研所应用微量元素合金化机理研制出的新型铸钢，应用B级钢生产的摇枕、侧架能提高转向架承载能力，满足大秦线单元重载列车的运输要求，延长货车检修周期，性能指标达国际先进水平；获1991年度国家科学技术进步二等奖。

K900焊轨机 1997年戚研所、上海铁路局科研所共同对铁道部从乌克兰引进的技术进行焊轨机国产化。1998年至1999年，戚研所研制机头部分并取得成功。部分技术具有自主知识产权，可调整多项工艺参数、记录焊接参数和质量评估。2000年12月，K900焊轨机通过铁道部鉴定，技术水平达到或部分超过国外同类焊机，改变中国焊轨设备依赖进口的局面。

内装饰和其他辅助设备、附件 今创集团是中国轨道交通装备定点生产企业，主要研制车辆内装饰、车载视频VOD点播系统、PIS旅客信息系统、地铁站台屏蔽门、车钩、风挡、高速列车座椅等产品共10大系列、1000余种，在国内铁路和城轨配件领域占45%和70%的市场份额。常州长青埃滩交通设备公司为庞巴迪、西门子等知名轨道车辆制造商提供广州、上海和深圳地铁车辆的地板、顶板系统和应急逃生门系统。

三、企业选介

戚墅堰机车车辆工厂（南车戚墅堰机车有限公司） 1898年创建。1998年11月18日，以中国铁路机车车辆工业总公司所属的戚墅堰机车车辆厂、资阳内燃机车厂、成都内燃机车车辆厂为核心与北京铁工经贸公司出资组成的南方铁路机车（集团）有限责任公司暨南方铁路机车集团在常州成立，成为经铁道部批准、国家工商管理局核准的中国铁路工业系统首家跨地区大型企业集团，注册在常州高新区。1992年4月，16V280ZJ柴油机被列为国家系列产品。1999年9月23日，由铁道部立项、戚机厂研制的NZJ1型新型准高速内燃动车正式出厂。2002年4月1日，戚机厂研制生产出拥有自主知识产权的首组两台东风11Z型专用内燃机车交付北京铁路局使用，结束专用机车长期依赖进口的历史。2008年8月6日，戚机公司设计制造的NDJ3型"和谐长城号"准高速内燃动车组在北京开通运营。2008年，具备各型内燃机车年新造配套300台、总组装500台，修理400台的综合生产能力，拥有雄厚的机械加工及铸造能力和齐全的理化试验、计量和测试手段。

戚墅堰机车车辆工艺研究所有限公司 前身为1959年成立的铁道部戚墅堰铸工工艺研究所。1998年，变更为中国南车集团戚墅堰机车车辆工艺研究所。2008年，成立南车戚墅堰机车车辆工艺研究所有限公司，随中国南车公司整体上市。主要研发轨道交通活塞环、制动盘、风缸等产品，开发高速动车组零部件、

戚墅堰机车车辆工艺研究所有限公司机车组装车间（摄于2010年10月）

大功率电力机车和内燃机车、提速客车、重载货车、城市轨道交通装备等新技术、新产品。该所建有江苏省轨道车辆材料工艺工程研究中心，所研制的车钩缓冲系统、基础制动系统应用于时速200公里动车组，齿轮传动系统成功应用于世界最大功率交流传动6轴9600千瓦电力机车，完全替代进口设备，形成轨道交通装备关键零部件、齿轮传动系统、工程机械、汽车零部件4个产业板块。在戚墅堰区、常州高新区、武进高新区建立总占地近80万平方米的3个科技成果产业化基地。其轨道交通无缝线路大型装备现场接触焊轨车产业化项目应用于广州地铁、京津城际、胶济客运专线、武广客运专线等铁路建设。承办的国家“863计划”项目高速列车用制动盘、闸片材料及其制备技术的研究顺利完成。至2010年底，该所累计获国家级、省部级等科研成果500多项，参与的时速200公里动车组转向架科技项目获国家科技进步一等奖。曾获160多项专利技术，制订一批轨道交通装备新材料、新技术、新工艺、新装备的行业标准。

第七节　农业机械制造业

一、农机研制

农业机械制造业是常州的传统优势产业，主要生产柴油机、拖拉机、粮食饲料加工设备、种植机械、收割机械、排灌机械等产品，形成从农作物耕作、收获到农副产品深加工机械制造的完整产业链。1991年3月

1995—2009年常州农业装备制造业获得的省科技进步奖一览表

表15-2-5

获奖项目名称	奖项等次	获奖年度	承担研制研发单位
N85Q系列（N485Q、N285Q）柴油机	四	1995	常柴股份公司
160F型柴油机	四	1995	金坛柴油机厂、江苏工学院
165、165F型柴油机	三	1997	常柴集团金坛柴油机总厂
JC165N型柴油机	三	1997	常柴集团金坛柴油机总厂
JC168、185、185N型柴油机	三	1998	常柴集团金坛柴油机总厂
五菱—ZN490Q型柴油机开发	三	1999	江苏五菱柴油机股份公司
高性能节能环保型发动机的激光珩磨技术与装备	二	2008	江苏大学、常柴股份公司等4家单位
动力机械燃烧理论与燃烧系统的研究及应用	二	2009	江苏大学、常柴股份公司、常州常发动力机械公司等5家单位

19日，金坛县柴油机厂成功研制160F、1.47千瓦(2马力)超小型柴油机，填补了国内空白。翌年2月21日，金坛柴油机总厂与江苏工学院研制的国内首创最小型冷风式天鹅牌160F柴油机通过省级鉴定。翌年10月，武进柴油机厂的五菱牌S1110型直喷式柴油机获首届中国农业博览会金奖。1995年10月16日，常柴股份公司生产柴油机达500万台。翌年6月，常柴股份公司入选全国300家重点企业(其中江苏省19家)。2002年5月，常州常发动力机械公司的常发牌商标被认定为中国驰名商标。至此，全市农机行业拥有中国驰名商标5个。

2010年3月7日，常柴股份公司开发的ZN390T柴油机通过美国环保总署(EPA)认证，取得进入美国市场绿色通行证。同年，常州农业机械产品约占全国销量的15%，其中单缸柴油机和25～40马力轮式拖拉机国内市场占有率第一；新型农业装备制造业骨干企业常发集团、常柴股份公司、常州东风农机集团和正昌集团分别实现销售收入106.8亿元、28.3亿元、18.7亿元和16.4亿元。

常州农机行业获得的中国名牌产品、国家免检产品和江苏省名牌产品一览表

表15-2-6

类别	数量(个)	年份	品牌(均用简称)	品　名	研制生产企业
中国名牌产品	4	2005	常柴	单缸柴油机	常柴股份公司
		2005	常发	单缸柴油机	江苏常发集团常州常发动力机械公司
		2006	常发	手扶拖拉机	
		2006	东风	手扶拖拉机	常州东风农机集团公司
国家免检产品	9	2006	东风(DF)	农林机械(农用拖拉机)	常州东风农机集团公司
		2006	大网	农林机械(节水灌溉设备)	金坛市旺达喷灌溉机公司
		2007	常柴、CHANGCHAI	内燃机	常柴股份公司
		2007	天鹅图案	内燃机	金坛柴油机公司
		2007	常发、常发王	内燃机	常州常发动力机械公司
		2007	常发、常发王	36旋耕机	常州常发动力机械公司
		2007	亚美柯	单缸柴油机、内燃机	常州亚美柯机械设备公司
		2007	常通	单缸柴油机、多缸大柴油机	江苏常通高科重工集团公司
		2007	东风	36旋耕机	常州东风农机集团公司
江苏省名牌产品	11	2008	常联发	单缸柴油机	常州联凯动力机械公司
		2008	金田	单缸柴油机	金坛市峨嵋农机动力机械厂
		2008	天鹅	单缸柴油机	金坛柴油机公司
		2008	常瑞	气体发动机	常州常瑞天力动力机械公司
		2008	大网(图形)	轻小型喷灌机	金坛市旺达喷灌机公司
		2008	天鹅	轻小型喷灌机	金坛天鹅喷灌机械公司
		2009	金动	柴油机	金坛市金动柴油机厂
		2009	麦重	破碎机	溧阳市重型机械厂
		2009	常发	轮式拖拉机	常州常发农业装备公司
		2010	常发	柴油机、系列旋耕机	常州常发动力机械公司
		2010	联发凯迪	轮式拖拉机	常州联发凯迪机械公司

续表 15-2-6

类别	数量（个）	年份	品牌（均用简称）	品　　名	研制生产企业
江苏省名牌产品	4	2010	亚美柯	柴油机	常州亚美柯机械设备公司
		2010	常动	单缸柴油机铸铁机体	江苏鑫和泰机械集团公司
		2010	常柴	柴油机	常柴股份公司
		2010	国农	自吸泵	金坛市农用水泵厂

二、企业选介

常柴股份有限公司（常柴集团） 常柴股份公司前身为中国最早内燃机专业制造商之一的厚生制造机器厂，由晚清秀才奚九如在1913年创立，是常州首家机械工厂，后变更为国营常州机器厂、常州柴油机厂。1988年4月，常州柴油机拖拉机集团联合公司、常州柴油机集团先后成立。1991年11月23日，常州柴油机厂D180、D185柴油机获国家型谱评选第一名。1993年，常州柴油机厂开始进行股份制改组。1994年5月6日常柴股份有限公司成立，6月28日“苏常柴A”在深圳证券交易所上市交易。1995年12月15日，江苏常柴集团有限公司、江苏常柴集团成立。江苏常柴集团有限公司是以机械制造业为主，集工业、科研、贸易和金融为一体的跨地区综合性经济实体。江苏常柴集团由23个省（直辖市、自治区）的267家单位组成，以江苏常柴有限公司为核心，是江苏省第八家重点大型企业集团。1995年，常柴集团实现利润2.2亿元。

1996年1月，收购兼并福州柴油机总厂。9月13日，常柴发行的1亿元B股股票在深圳证券交易所上市。1997年6月，常州东风农机集团、常州飞天集团及常州市农业机械销售公司成建制划归常柴集团，常柴产品扩展到动力机械、农田作业机械、行走机械、关键零部件4个门类、14个系族。1997年7月1日，常柴与泰国金海集团合资开办的境外首家合资企业苏姆达柴油机装配厂投产。常柴单缸柴油机是中国名牌产品，企业通过ISO9000质量体系认证、ISO14001环境管理体系认证、ISO/TS16949汽车产品质量管理体系认证。2003年11月，公司研制的多缸机CZ480Q柴油机与东风汽车公司的轻型载货汽车配套。2005年，公司自主开发研制的4L68柴油机成功配套长城汽车股份公司的长城柴神皮卡车。2007年8月，常柴股份公司开发满足欧Ⅲ排放标准的2.8升4B28TC共轨电喷柴油机成功点火。常柴股份公司拥有国内先进的内燃机制造设备和技术，拥有国家级企业技术中心和博士后科研工作站。至2010年底，常柴集团累计生产柴油机2700多万台，国内市场占有率居行业第一，先后出口到78个国家和地区。常柴股份有限公司获得国家专利授权74项，取得科研成果及“四新”项目500余个，多款多缸柴油机通过美国EPATier4认证、欧盟ECIIIA排放认证，进军欧美市场。

东风农机集团 始建于1952年，前身为常州拖拉机厂。1986年12月，常州拖拉机厂获得国家质量管理金牌奖。1995年9月，以东风牌农机产品为龙头，依托常州拖拉机厂等骨干企业联合组建的常州东风农业机械集团成立，2003年8月改制为民营企业。东风牌轮式拖拉机产品产销居全国同行业第三位，25～60马力轮拖产销量和出口量居全国同行首位。2010年，销售收入从改制初期的1.8亿元增至25亿元，成功跻身中国机械工业百强企业。产品涉及手扶拖拉机、轮式拖拉机、联合收割机、插秧机、柴油机、旋耕机、驾驶室、传动零部件、系列机具等领域。

江苏常发农业装备股份有限公司 位于武进区武进大道常发工业园，是常发集团集农机研发、生产、销售于一体的大型农业装备制造企业。设计研制的2ZS-4型手扶插秧机在国内市场迅速推广，全喂入、半喂入式稻麦联合收割机整体性能达国际领先水平，发电机组90%出口欧美等60多个国家。研发出新型沼气发电机组、立式直联单缸柴油机、金冠系列精品柴油机、CF4108系列多缸柴油机、CF220系列单缸直联轮拖、CF150系列轮拖等高品质农机产品。常发农装公司通过并购重组现形成以拖拉机、联合收割机、插秧机、发电机组、柴油机等产品组成的产业链。在全国大中型城市建立一级经销机构600多个、二级经销机构2000余个，售后服务人员1500多人。

第八节　数控机床和基础装备制造业

常州数控机床和基础装备制造业起步于六七十年代发展的公有制机械工业。1986—1990年，常州金属切割机床产量逐年减少。2009年，常州机器人及智能装备产业园在武进高新区启动建设，规划总面积6.15平方公里，核心区规划7232亩，分为科研成果转化基地、智能装备产业生产基地，重点发展机器人、数控机床、智能纺机等，是常州“一核八园”的重要组成部分。至2010年底，集聚了玉柴重工、柳工机械、铭赛机器人、新瑞机械、南方轴承、国茂减速机、恒立油缸、常矿起重机械等重点企业75家，其中上市企业（含间接上市）5家，全产业同年实现营业收入总额65亿元。常州数控机床和基础装备制造业主要生产立卧加工中心、龙门加工中心和五轴联动镗铣床等数控机床，大中型数控专用加工机床初具集聚规模，形成常州新瑞机械公司、江苏新瑞机床（集团）公司等骨干企业。其他有清梳机、整经机、经编机和精梳机等纺织机械、港口机械、建材机械和传动齿轮、轴承等产品，高速多用途经编机产量国内领先。形成常州宝菱重工机械公司、宝钢集团常州轧辊制造公司、常州港口机械公司、常州天山重工机械公司、常州光洋轴承公司和江苏国茂减速机集团等骨干企业。

常州机床和基础装备制造业获得的中国名牌产品和江苏省名牌产品一览表

表15-2-7

类别	数量（个）	年份	品牌（均用简称）	品　　名	研制生产企业
中国名牌产品	1	2006	SDL	重型数控镗铣床	江苏多棱数控机床股份公司
国家免检产品	5	2005	常　威	电动机	江苏常武起动电机公司
		2006	裕　成	电动机（中小电机）	常州市裕成富通电机公司
		2006	常　乐	电动机	常州市武起汽车电机公司
		2006	祥　明	电动机（微电机）	常州祥明电机公司
		2006	竹机、ZJ	阀　门	江苏省竹箦机械厂
江苏省名牌产品	8	2007	金　鼎	电动工具	江苏金鼎电动工具集团公司
		2008	球　星	滚动轴承	江苏省社渚轴承厂
		2009	NRB	滚动轴承	常州光洋轴承公司
		2009	ZJ	阀　门	江苏省竹箦阀业公司
		2009	上　溧	汽车及工程车螺旋锥齿轮	江苏上齿集团公司
		2009	正　昌	成套工程设备 饲料压制机 粉碎机	江苏正昌集团公司

续表 15-2-7

类别	数量(个)	年份	品牌(均用简称)	品　　名	研制生产企业
江苏省名牌产品	5	2010	国　茂	减速机	国茂减速机集团公司
		2010	南　方	滚针轴承	江苏南方轴承股份公司
		2010	恒　立	液压油缸	江苏恒立高压油缸公司
		2010	M	房间空调器用电动机	常州市永安电机公司
		2010	金　鼎	电动工具	江苏金鼎电动工具集团公司

一、数控机床

戚墅堰机车车辆工艺研究所研制的桑塔纳轿车仪表板生产所需的冲切专用机床达80年代国际先进水平，填补国内空白，1989年获上海市科技结合生产重点工业项目会战振兴一等奖。常州机床厂研制的ZK52110型数控龙门双轴钻床获1998年度省科技进步二等奖。2000年，常州数控机床产量达273台。2005年以后，数控机床产业成为常州市新兴产业，位于武进高新区的常州机器人及智能装备产业园，重点发展数控机床。园区内外集聚有新瑞机械、创胜特尔、精华数控等6家数控机床企业及博世力士乐、南方轴承、容天乐机械等8家零部件配套企业，江苏省数控机床工程技术研究中心、常州市柔性制造FMS重点实验室、常州数控技术研究所等创新平台相继建成，新瑞机械、宁夏长城、江苏多棱3个国内知名品牌的12个系列数控产品畅销全国。2010年，江苏多棱数控机床股份公司与东南大学、南京汽车集团等5家单位联合完成的结构动态优化设计技术研究与新产品研发获省科技进步三等奖。2010年，产业园实现销售收入约16亿元，主产品有数控机床立卧加工中心、龙门加工中心和五轴联动镗铣床等。

二、机 器 人

常州机器人及智能装备产业园集聚有铭赛机器人、远量机器人、汉笛机器人、新平机器人等企业。至2010年底，铭赛机器人拥有1个省级技术研究中心、4个技术实验室及1个院士工作站，拥有专利技术29项，自主研发的DS-200点胶机器人、DY-100点胶机器人被认定为江苏省高新技术产品，成为国内最早开展机器人技术研究的单位，点焊机器人产品达国内领先水平；园内拥有机器人与智能装备关键技术创新服务平台、江南现代工业研究院等创新创业平台，江苏省机器人与智能装备产业技术创新战略联盟(48家联盟单位)，组织开展机器人与智能装备的关键技术研究和标准研究。2010年，常州机器人产业实现销售收入1.7亿元。园区多数机器人产品系通过与国内大校、大所的合作技术引进而成，铭赛、快克电子公司具备一定的工业机器人自主研发能力，形成小批量生产能力，其他企业多处于研制机器人样机阶段，初步探索服务机器人研究。

三、智能纺机

纺织机械工业和仪器器材制造是武进的传统产业，后发展成为智能纺机产业，集聚卡尔迈耶纺织机械公司、武进五洋纺织机械公司、润源经编机械公司等企业，21世纪初发展成为华东集科研、生产、销售、服务于一体的纺机产业基地。2008—2010年，产业产值年均增速达23%。卡尔迈耶公司是引领世界经编行业的德资企业；五洋纺机公司是江苏省专利百强企业，主导产品GE288A型经编机被评为江苏省名牌产品，GE288A型双针床经编机被评为国家重点新产品、江苏省高新技术产品，获国家专利及新产品金奖；润源经编公司的全电脑控制缝编机技术达到世界先进水平。常州纺机制造业在机电一体化的自动化、连续化、高速化、智能化等纺织机械新品种与新材料、新工艺、新制造技术等方面与世界先进国家尚有较大差距。

四、企业选介

常州机床厂 1956年始建，是机电部机床工具行业重点企业之一。1987年，经国务院机电出口办公室批准为机电产品扩大外贸自主权企业；5月15日，常州机床厂与联邦德国合作生产的MC118型立式加工中心机床通过国家级鉴定，1990年1月被评为省级优质产品。1988年被批准为国家二级企业。1989年与常州航海仪器厂联合成立常州机床总厂。主产品组合机床及自动线、立式加工中心、注塑机、方柱立式钻床、数显方柱立式钻床、经济数控立式钻床、铣端面钻中心机床、摇臂铣床、增音式声力电话、艇用指挥电话系统、连续监视报警装置、机舱集中控制台等。1994年，常州机床总厂总试制成功ZH5340钻削中心，达80年代国际先进水平。1999年研制成功发达国家长期对中国实行禁运的五轴联动数控龙门加工中心。2000年10月18日，组建江苏多棱数控机床股份公司。

常州锻造总厂 始建于1952年10月，是常州首批国家一级节能企业和国家二级企业、江苏省锻造专业化生产中心。1987年，常州锻造总厂挂索桩锻件首次出口加拿大，是常州首次锻件产品成批出口。1989年5月，全市第一台500吨水压机在常州锻造总厂研制投产。1991年10月，常州锻造总厂的精锻生产线“七五”技改项目通过机电部验收，总投资315万元，通过以引进液气锤为主机的精锻机组及供油系统改造等配套改造项目，形成年产精锻件2000吨的能力。

第九节　输变电设备与电线电缆制造业

常州是全国最大的超高压、特高压输变电制造基地，输变电设备企业主要生产变压器、电力开关设备、电线电缆和输变电相关产品等。至2010年底，常州输变电设备产业集聚常州西电变压器公司、常州东芝变压器公司、江苏华朋集团、常州太平洋电力设备（集团）、江苏上上电缆集团、江苏金牛线缆集团、常州绝缘材料总厂公司等骨干企业为代表的企业615家，从业人员达3.05万人。全产业完成工业总产值795.9亿元，实现净利润26.67亿元，出口创汇5亿美元。

一、输变电设备

1989年12月，常州变压器总厂的主导产品常州牌SFSZ7-31500／110电力变压器评为机电部优质产品。1990年11月，110千伏系列无激磁调压电力变压器和低损耗中小型配电变压器SL7、SLZ7及110千伏低损耗电力变压器获机电工业部节能产品称号。1991年10月，常州变压器厂生产的SFSZ7-31500／110大型电力变压器获机电工业部优质产品称号。1995年5月，常州市低压电器厂研制出DW15及DWX15-200、400、630A以下断路器双机杠杆联锁、双机软线联锁、三机软线联锁装置，替代进口机型，为国内自动化发电机组生产厂家设计微机控制自动电源切换系统服务。同年，常州市低压电器厂开发成功GGD型交流低压配电柜，1996年1月通过省级鉴定。常州变压器厂的SFPSX9-18000/220有载调压变压器获1994年度省科技进步三等奖；7月10日，常州变压器厂与日本东芝集团签约合资组建常州东芝变压器公司，总投资2999万美元。1997年12月25日，江苏输变电设备集团暨江苏输变电设备集团公司在常州市钟楼区成立。

1999年，常州变压器厂的FPSZ9-18000有载调压电力变压器、江苏华鹏特种变压器厂的SFSX8-31500/110有载调压变压器获1998年度省科技进步三等奖；7月23日，常州东芝变压器公司开发的750兆伏安／500千伏超高压大容量电力变压器交付使用。2003年常州企业研发的轨道交通动力电源等关键技术取得重大进展，常州瑞华电力电子器件公司的MTXD电力半导体交流开关模块，江苏华鹏变压器厂的SC-Z -2000/35三相树脂绝缘干式电力变压器获2002年度省科技进步三等奖。2004年1月常州东芝变压器公司开发的 OSFPS-750 兆伏安 / 500 千伏(ASA 型)超大型电力变压器交付，填补国内同类型号变压器空白。

2006 年常州太平洋电力设备(集团)公司的常太牌输变电设备被认定为国家免检产品。2009 年 6 月，常州西电变压器公司的首台 750 千伏超高压电力变压器通过全部试验，成为全球投入商业运行的最高输电电压等级变压器。2010 年 9 月，世界首台 1000 千伏、1000 兆伏安双柱结构特高压自耦变压器在常州西电变压器公司通过例行、型式试验，各项性能指标达国际先进水平。2010 年，常州输变电产业主产品有变压器、电力开关设备等，年产变压器总容量 1.52 亿千伏安，约占全国变压器总产量的 13%，变压器最高电压等级直流 ±800 千伏、交流 1000 千伏，具备 2000 千伏变压器生产技术。常州西电变压器公司研制出“双百万”特高压变压器，性能指标达国际先进水平。

常州钟楼特高压变压器科技产业园 2009 年在钟楼区运河沿岸建立，集聚有西电常变、东芝变压器等企业 47 家，其中年产值超 10 亿元的 3 家，形成高压、超高压、特高压等完整的变压器系列产品及配套体系。2010 年 3 月，常州英中电气公司与中国电力科学研究院等单位联合研制的全国首台国产 1000 千伏特高压交流出线装置连同 BKDF-240000/1000 并联电抗器，通过绝缘试验考核，替代进口同类产品；9 月 5 日，常州西电变压器公司设计研制的世界首台 1000 千伏、1000 兆瓦双柱结构特高压自耦变压器在常州通过试验，达到国际先进水平。2010 年，完成输变电产业总产值 110 亿元，被认定为省级科技产业园。

溧阳输变电科技产业园 2010 年成立，分北区昆仑工业集中区、西区城北工业园区和南区天目湖工业园，集聚有江苏华朋变压器集团、江苏上上电缆集团等规模企业 60 余家，拥有省级技术中心 4 个，设立国家级工程中心及博士后工作站，产品涵盖变压器、电机、电缆、配电柜(箱)及其配套产品等。江苏上上电缆集团、江苏华鹏集团、西电常州变压器公司年销售收入分别达 81.8 亿元、43 亿元、15.6 亿元。

二、输电线缆

常州输电线缆产业起步于七八十年代。1986 年 1 月，常州市无线电材料厂为彩电国产化生产的配套定型产品 CQA 彩色聚氨酯漆包线通过部级鉴定。1990 年 12 月，常州无线电材料总厂开发的 QACH、QANIW 型号漆包线分获国家银质奖、部优质产品称号。1994 年 9 月，常州市电线电缆厂研制生产的铝包钢线系列产品通过机械工业部鉴定，被认定为国内铝包钢线系列产品首家生产、投放市场和实现出口的企业。2000

常州输变电和电气行业的中国名牌产品、免检产品和江苏省名牌产品一览表

表 15-2-8

类别	数量(个)	年份	品牌(均用简称)	品　　名	研制生产企业
中国名牌产品	3	2004	上　上	交联聚乙烯电力电缆	江苏上上电缆集团
		2005	华　鹏	干式电力变压器、110 千伏及以下油浸式电力变压器	江苏华鹏变压器公司
		2005	常　州	110 千伏及以下油浸式电力变压器	常州华电变压器集团常州变压器厂
江苏省名牌产品	5	2008	精　科	通信电缆	常州南方通信科技公司
		2009	上　上	电线电缆	江苏上上电缆集团
		2009	金　牛	电线电缆	江苏金牛线缆集团
		2009	华　鹏	电力变压器	江苏华鹏变压器公司
		2009	金　低	电流互感器	金坛市金榆互感器公司

续表 15-2-8

类别	数量(个)	年份	品牌(均用简称)	品名	研制生产企业
江苏省名牌产品	5	2009	联力 LIANLI 及图形	矿用隔爆兼本质安全型真空组合开关	常州联力自动化科技公司
		2010	常州拓源	低压成套开关设备和控制设备	常州市拓源电气制造公司
		2010	常　太	高低压开关柜	常州太平洋电力设备(集团)公司
		2010	安　靠	高压及超高压交联聚乙烯绝缘电力电缆附件系列产品	江苏安靠超高压电缆附件公司
		2010	凯　灵	汽车组合开关	江苏凯灵汽车电器公司
国家免检产品	1	2005	华　鹏	变压器	江苏华鹏变压器公司

年起，常州重点培育新型输变电设备产业群，全市同年生产电力电缆 3320.8 千米。2006 年，江苏金牛线缆集团的金牛牌电线电缆及器件（中低压开关柜）、江苏上上电缆集团的上上牌电线电缆被认定为国家免检产品。2010 年，全市电线电缆产业有江苏上上电缆集团、江苏金牛线缆集团、常州绝缘材料总厂公司等骨干企业，江苏上上电缆集团完成销售收入 81.8 亿元。

三、企业选介

常州绝缘材料总厂　前身是始建于 1958 年的常州化工建筑器材厂，是生产电工绝缘材料的专业厂。1986 年 4 月，组合常州市第二绝缘材料厂等 9 家企业成立常州绝缘材料总厂。1987 年 2 月，所产金龙牌 CJ1753L 聚酯酰亚胺漆包线漆、CJ1736 聚氨酯漆包线漆被评为省优质产品；12 月，金龙牌 CJ1753L 聚酯酰亚胺漆包线漆获江苏省优秀新产品金牛奖。1989 年底，金龙牌 CJ6020 聚酯薄膜、CJ1730 聚酯漆包线漆、二芳基乙烷绝缘油被评为部优质产品。1995 年 2 月，常州绝缘材料总厂与奥地利投资方合资建立常州依索沃尔塔电气绝缘材料公司。1996 年 2 月，与中国科学院上海有机化学研究所共同承担的国家“八五”科技攻关项目新型聚丙烯合成纸通过国家中试鉴定。12 月，该公司分为常州特种电机电器厂（含常州市机电研究所）和常州市第二绝缘材料厂。1997 年，金龙牌 CJ1730 聚酯漆包线漆、8020 二芳基乙烷绝缘液体被评为机械工业部优等品。21 世纪初改制为民营企业。

常州变压器厂　1958 年创建，为国家大型变压器专业定点生产厂。1991 年研制成功为国家“八五”重点工程戚墅堰发电厂二期扩建工程生产的 SFP7-24 万 / 220 大型变压器、SSP3-12 万 / 220 等 6 种规格的 220 千伏级、容量 9 万～12 万千伏安电力变压器和 SQ-200 / 10 气体绝缘变压器。1994 年 9 月，试制的 SFPSZ9-180000 / 220 高电压大容量有载调压电力变压器和 SZ9-20000 / 35 低损耗、低噪声有载调压电力变压器通过鉴定。1993 年 12 月 8 日，以常州变压器厂（常州华能变压器厂）为核心的常州华电变压器集团成立，包括紧密层企业 14 家、半紧密层企业 3 家、松散层企业 16 家。1996 年 3 月，常州变压器厂设计、试制的新一代节能型变压器高电压大容量的 SFPSZ8-150000 / 220 有载调压电力变压器通过测试。2002 年，常州变压器厂相继研制成功 220 千伏 4 万千伏安轴向分裂变压器、15 万千伏安自耦有载变压器和 18 万千伏安现场组合式变压器等。具有自主知识产权的现场组合式变压器，解决西部地区和边远山区公路大吨位运输困难问题，比同电压、同容量的一般三相变压器减少重量近 50 吨。2010 年，被省政府列为重点扶持的民营企业，是国家中小企业创新 100 强，实现总产值 5 亿多元。

江苏输变电设备集团（江苏输变电设备集团公司） 1997年12月25日成立。集团核心企业江苏输变电设备(集团)公司由常州机械冶金控股集团、常州经济贸易发展总公司和常州市郊区工业公司、天宁区工业公司、东南电力设备厂出资组建，紧密层有常州华电变压器集团、江苏神鸡集团和常州绝缘材料厂、开关厂及常州市电线电缆厂、光辉变压器厂，有半紧密层企业4家、松散层企业17家。集团有职工近7000人，净资产5.68亿元。

江苏上上电缆集团 创建于1967年。2010年拥有资产总额50亿元，经济效益综合指数在中国电线电缆行业名列前茅。为国家大型企业、国家火炬计划重点高新技术企业，拥有国家博士后科研工作站、国家级企业技术中心和江苏省特种电线电缆工程技术研究中心。产品涵盖500千伏及以下超高压、高压、中压、低压电缆，及塑料、橡胶等特种电缆，服务于新能源、输配电、海工及船舶、军工、矿用、建筑工程、工业制造、轨道交通等领域。

常州市电线电缆厂 1966年7月建厂，是生产特种电缆的专业厂家。1987年12月，钢芯铝绞线生产线项目竣工并通过验收。1998年2月，与上海电缆研究所联合研制的光纤复合架空地线(OPGW)在上海浦东国际机场输电线路、山东临沂电力局某输电线路上架设并投运成功。OPGW可用于电力系统内部的通信及输电线路维护保养信息传送，兼具电力线路、光纤通信双重功能。2004年改制为民营企业。

常州东芝变压器有限公司 1995年7月，常州变压器厂与日本企业合资组建常州东芝变压器公司，成为长江以南首家生产超高压大容量电力变压器的中日合资企业。1999年7月28日，常州东芝变压器公司开发生产出的750兆伏安／500千伏超高压大容量变压器，为国内最大容量、最高电压等级变压器，重达370吨。该公司成为国内生产和出口单台变压器容量最大、电压等级最高的变压器专业制造厂家。2008年为北京奥动会制造2台世界首创的绿色环保气体绝缘变压器。2010年研制世界首台三相一体800千伏ASA型变压器；公司拥有发明专利3项、实用新型专利24项。

第十节　电机及配件制造业

一、电机制造

常州的电机制造业起步于80年代，主要企业有常州牵引电机厂、低压电器厂等。1998年，全市交流电动

2010年常州市电气机械及器材制造业主要经济指标统计表

表15－2－9　　单位：亿元

指标	规模以上企业	其中：民营企业	主营收入达2000万元企业
企业(家)	676	554	394
年均从业人数	115762	80709	101379
固定资产净值平均余额	124.70	64.33	115.82
所有者权益	272.56	159.03	252.69
工业总产值	921.18	596.54	844.85
产品销售收入	895.11	579.17	819.67
利税总额	76.93	50.70	72.43

指标	分项	规模以上企业	其中：民营企业
利润总额		52.44	33.46
每百元固定资产原值(元)	实现利税	37.41	50.90
	其中利润	25.50	33.78
平均每位从业人员(万元)	实现利税	6.65	6.44
	占有固定资产原值	17.77	12.66
	工业总产值	79.58	74.49

机总功率达 4.43 万千瓦。1999 年，常州东南电机电器公司研制成功 40ZYQ001 摩托车永磁直流启动电机，达 90 年代国际先进水平。2001 年 10 月 26 日，美国通用电气公司的合资企业常州通亚电机公司启动建设，一期工程投资 600 万美元。2005 年，常州雷利电器公司的雷利牌步进电动机被评为国家免检产品。

二、戚墅堰电机产业集群

位于戚墅堰区，1985 年形成，主要生产工业、家用电器电机及微型电机。2000 年电机业产业已形成规模整齐、品种齐全的产品系列。2005 年末，戚墅堰电机业拥有集群企业 117 家，其中规模企业 11 家；完成工业总产值 6.27 亿元，实现销售总额 6 亿元。2010 年，以常州祥明电机有限公司为代表研发的全集成智能化无刷直流电机打破德国公司垄断；戚墅堰区小而散的电机企业由“多”转“尖”。

三、企业选介

常州牵引电机厂　1979 年 5 月创建，主要经营铁道机车牵引电机及配件、工矿机车牵引电机及配件、蓄电池车辆电机及配件等。1986 年 9 月，常州牵引电机厂试制完成 ZQDR-410 直流牵引电机两套 12 台和 TQFR-3000 型同步牵引发电机两台。1991 年 2 月 21 日，常州牵引电机厂研制并投入批量生产的 ZXCQB-7.5／90、7.5／90-1 隔爆型直流牵引电动机通过部级鉴定为国内首创产品。1995 年，常州牵引电机厂承接国际中标项目巴基斯坦铁道部 416 台美国产 GE-761 牵引电机改造升级项目。1993 年 8 月 1 日，常州牵引电机厂与香港中银集团投资公司合资创办的常州常银电机电器公司开业，生产经营直流电机，年产电机 2.5 万台。1997 年 1 月，该厂开发的 GE761A19 国产化系列新产品 ZQDR-310、250、200 直流牵引电机通过省级鉴定，被列入国家重点新产品计划。ZQDR-310 直流牵引电机组与机车配套，出口到尼日利亚、坦桑尼亚；ZQDR-250 电机散件远销到美国。4 月试制的东风 4C 型牵引电机组通过中国铁路机车车辆工业总公司和机务局组织的验证评审。1998 年 12 月 7 日，被认定为江苏省高新技术企业。

常州市低压电器厂　筹建于 1958 年，前身是常州东风纱罩厂；1967 年改名为常州市低压电器厂。1986 年 12 月，与遵义长征电器九厂、上海人民电器厂等单位联合开发的 DWX15 万能式限流断路器通过省级批试鉴定，1987 年获国家科技进步三等奖。与上海电器科学研究所联合开发的 FD10-QZ／SOF2 获 1987 年江苏省首届优秀新产品金牛奖；1989 年获机械电子部科技进步奖。1996 年 12 月，常州市机械冶金科技发展公司分立为常州特种电机电器厂（含常州市机电研究所）和常州市第二绝缘材料厂。分立后的常州特种电机电器厂与常州市低压电器厂合并为国集合营，常州市机械冶金科技发展公司保留常州市低压电器厂厂名。

常州科勒电力设备有限公司　2004 年 10 月 19 日，美国科勒公司投资 6000 万美元的常州科勒电力设备公司、常州科勒发动机公司在常州高新区新桥镇开工兴建。2010 年，两家公司年产发动机 96 万台、交流发电机 2.1 万台、发电机组 950 台，年销售额达 1 亿美元。

第十一节　金属工具制造业

一、湟里电动工具制造业

主要集聚于武进区湟里工业集中区内。湟里电动工具业兴起于 80 年代初，主要生产砂轮机、充电电钻、砂光机 3 个系列电动工具产品。90 年代初，开始出口，远销欧美、亚洲的 60 多个国家和地区，覆盖国内除西藏外所有省、直辖市、自治区，年产电动工具 1800 万台，居国内同行业首位。2005 年末，有电动工具生产及其配套企业 16 家，完成工业总产值 26.8 亿元，实现销售收入 26 亿元，成为国内电动工具行业三大生产基地之一及大型出口基地。2010 年，以金鼎集团为代表，不断提升行业技术水平，行业经济保持稳中有进的良好态势。

二、西夏墅刀具制造业

工业刃具刀具是西夏墅的传统工业产业，起源于60年代后期，发展于80年代中期。擅长制作精良的硬质合金钻头、铣刀，年产量占国内市场的10%以上。2005年底，西夏墅镇有刀具工具企业300多家，其中上规模的57家骨干企业均位于新北区西夏墅镇工业园区，同年完成工业总产值9.13亿元，实现销售收入9亿元。2010年，削刀具、铣削刀具、滚压工具等产品在全国市场覆盖率达90%，其中硬质合金可转位铣刀的全国工具市场占有率达30%，形成“西夏墅工具”品牌。

第三章　新材料和橡胶塑料制品业

常州塑料工业起源于50年代。经过多年的发展，逐步形成工程塑料、汽车塑料配件、新型包装材料、新型塑料机械、新型建材及无机非金属材料6个系列产品。2010年，全市塑料工业有规模以上企业297家，完成工业总产值126.8亿元，占全市规模以上工业总产值的1.9%；产品销售收入125亿元，实现利税8.2亿元，其中利润4.6亿元。

第一节　行业综述

1986—1990年，常州塑料编织总厂、常州塑料集团与台湾开美企业股份公司，常州市勤丰塑料厂与美国南方塑料公司，常州塑料集团与香港钟山公司等兴办3家合资企业。1991—1995年，常州塑料行业兴办外资和中国港澳台资企业18家，总投资5577万美元，注册资本3464万美元，累计吸引外资1404.7万美元。1991年，先后新办红丰、兰鸿、亚太、合和公司4家合资企业，出口塑料制品1.25万吨。1992年，先后新办红翎、利卡多、勤慰、集成、神力、兰鹏、光明等橡塑制品合资企业7家，总投资2582万美元。1994年，常州塑料集团公司出口17种塑料制品1.42万吨，完成出口交货值1.6亿元。

1991—1995年，建材二五三厂等研制出纤维薄毡、不饱和聚脂树脂等功能新材料产品。90年代中期至2010年，常州纺织新材料和新型复合材料产业开始起步。1995年，常州塑料行业经济外向化程度增大，新办外资和中国港澳台资企业3家，总投资1020万美元，实际利用外资297.47万美元；6月，日本三和化工株式会社与常州兰和塑料化工公司等5家企业投资的常州协和塑料化工公司成立，经营开孔型、闭孔型泡沫塑料及其制品，为日本三洋等企业配套，产品返销率50%；11—12月，常州塑料编织总厂与中国汽车总公司、新加坡苏威集团、意大利威士道克公司合资的常州威士道公司成立，以汽车内装饰板材为主产品，与中国汽车总公司与日本河西企业、日本伊滕忠合资的常州河西公司成立，以汽车用塑料内装饰制品为主产品。2000年，常州塑料集团与韩国新湖集团、常州新区新港公司合资2996万美元，启动年产5万吨ABS项目。常州增强塑料厂与奥地利派莱夫公司合资1200万美元建设1.5万吨塑料管材项目。

2001—2005年，国有、集体及工贸合营企业全面改制，一批民营企业迅速发展。2002年，市勤业塑料厂改制成公司。常州市光明塑料厂、塑料编织总厂、塑料彩印厂、天马公司完成资产的审计评估，启动改制。常州塑料研究所成为全市首家规范改制的市级科研单位。5月，常州塑料集团公司和香港钟山公司合资的常州海企塑业公司成立，主要生产工程塑料合金膜片。6月，天马集团改制为常州天马集团公司，常州塑料集团在新公司保留20%的股份，其余80%的股份全部由自然人持有。9月，巨力塑料集团完成二次改制。2004年，常州塑料厂、编织袋总厂、兰和公司、光明塑料厂先后改制为民营公司制企业；12月，常州建材研究所由事业改制为公司制企业。

2005年起，钟楼区新材料产业开始发展新型环保建筑材料、新型合成材料等新材料产品，2006年常州塑料集团新材料公司、常州海企塑业公司完成改制，常州塑料集团成立托管中心，安置关闭企业的人员分流。2007年初钟楼区开始创建钟楼节能生态建筑及新材料工程技术研究中心。2007年9月，市政府对国资（集团）公司进行整合，常州塑料集团与其他8个国资（集团）公司整合为常州工贸国有资产经营公司。至2010年，市属企业改制进入扫尾期。

第二节 新材料制品业

1991年，常州玻璃钢厂以年产不饱和树脂1万吨、玻璃纤维5000吨的产能，居全国同行业首位。2006年，钟恒新材料公司全套引进的双向拉伸聚酯薄膜(BOPET)生产线投产，年生产能力2.5万吨。2007年，常州越浩软塑新材料公司引进德国布鲁克纳公司的8.2米宽幅的双向拉伸聚丙烯(BOPP)薄膜生产线及德国康普的大小分切机，开发生产功能性BOPP薄膜，核心产品是BOPP烟用包装薄膜，年产包装用薄膜2.5万多吨。常州金海塑业公司引进调试成功两条德国布鲁克纳机械公司生产的五层共挤BOPP薄膜高速生产线、两台进口高速分切机，生产多层共挤薄膜。2008—2010年，百兴集团的百兴牌软聚氯乙烯压延薄膜和片材、聚氯乙烯人造革，华润包装材料公司的安德利、华蕾牌瓶用聚对苯二甲酸乙二醇酯(PET)树脂和江苏力强化工公司的力洋牌酚醛模塑料被认定为江苏省名牌产品。2010年8月，金海塑业公司成立的功能性BOPP薄膜工程技术研究中心通过验收，成为周边城市唯一专业BOPP技术研究中心。天晟复合材料公司是国内首家自主研发、全球产能第三的结构泡沫生产供应商。2010年，常州规模以上新材料企业在新型高分子合成材料、特种纤维及复合材料、新型金属材料、光伏及电子信息材料等领域形成产业优势，初步形成武进、新北和钟楼3个新材料特色产业基地，拥有一批具有自主知识产权的专利技术和专利产品，拥有省级企业技术中心5家、市级企业技术中心15家，完成销售收入1377亿元。

一、纺织新材料和新型复合材料

1995年，龙虎塘聚氨酯制品公司研制的复合绝缘材料获国家发明四等奖，2003年11月，武进新材料产业基地获科技部批准建立，2005年被认定为国家级特色产业基地，重点培育完善纺织新材料、新型复合材料两大产业链，组织基地内的骨干企业和配套企业联合攻关，完成年产值162亿元。以矿达集团为龙头的汽车内饰面料产业链、以东华集团为龙头的天然纤维面料与服饰产业链初具规模，建成湖塘纺织生产力促进中心等。2010年，武进新材料产业基地有生产企业158家，其中年销售收入达1亿元企业35家；新标准高新技术企业32家，其中重点高新技术企业15家；有企业博士后工作站4家；拥有省级企业技术中心6家、工程技术研究中心7家和市级企业技术中心13家。2005—2010年，基地企业实施火炬计划项目59项，其中国家级25项，实施科技型中小企业技术创新基金项目17项，培育国家重点新产品30种。

二、功能新材料

1991—1995年，建材工业部二五三厂（简称“建材二五三厂”）完成的0.50DB玻璃和0.4纤维薄毡、TM-103不饱和聚脂树脂项目分获省科技进步二、三等奖。1992年5月15日，国家“八五”高科技攻关项目发光涂料在武进江南新型发光材料厂通过国家级鉴定并投产。1995年7月25日，建材二五三厂与大日本油墨化学工业株式会社、伊藤忠集团合资在常州兴办的中国不饱和聚酯树脂行业最大合资企业——常州华日新材公司开业，总投资2990万美元。2003年3月28日，韩国新湖油化株式会社与常州塑料集团、新北区常州新港经济发展公司合资的新湖（常州）石化公司一期工程竣工投产，总投资2996万美元，设计年产ABS工程塑料树脂5万吨。2004年，常州钟恒新材料公司与德国布鲁克纳公司合作，总投资1.8亿美元，从德国引进国际上最先进的生产线，生产软塑料新材料和医用包装材料产品，具有强度高、挺度好、透明度高、阻隔性好、使用温度范围大、电器绝缘性能优良和无毒环保等性能。2005年，常州塑料集团新材料公司通过省级高新技术企业认定。9月，民营企业常州越浩软塑新材料公司引进德国布鲁克纳公司世界一流先进水平的8.2米宽幅的双向拉伸聚丙烯(BOPP)薄膜生产线试生产。

2005—2010年，钟楼区新材料产业以新型环保建筑材料基地、钟恒新材料公司、奥地利依索沃尔塔公司、兆隆合成材料公司等企业为代表。2007年2月，中国科学院广州能源研究所与钟楼区签约共建钟楼节能生态建筑及新材料工程技术研究中心。5月，常州功能新材料产业园在武进经济开发区启动建设，是常州创建的国家级创新型科技园区专题园区之一，包括孵化加速科技园西太湖国际智慧园和新型功能高分子材料基地、新型复合材料基地、新型金属材料基地、新型能源材料基地。至年底，集聚安格特复合材料、天常玻纤等新材料企业40多家，建成常州聚合物改性与应用技术研究院、省级阻燃材料技术研究中心等公共技术平台8个和研发孵化用房22.5万平方米；实现销售总额31.5亿元。2006—2010年，常州灵通展览用品公司完成的采用三卡锁及其组件结构的节能环保智能室内建筑系统获省科技进步三等奖。2006年9月20日，常州钟恒功能性环保节能型BOPET新材料项目竣工典礼在钟楼经济开发区申达新材料工业园举行，具有世界水平的三层共挤、双向拉伸聚酯薄膜生产线投产。2008年，常州伯龙三维复合材料公司、北京航空航天大学联合承担的三维间隔连体织物及其复合材料，江苏工业学院与仪征市热缩制品公司、泰兴市试剂化工厂完成的二聚酸聚酰胺树脂接枝交联改性技术与工程应用项目同获省科技进步二等奖。2010年，常州华日升反光材料公司完成的高光学逆反射、高耐候性高分子复合膜产业化技术开发获省科技进步三等奖。常州天晟新材料公司年产4500吨新型发泡材料项目开始建设。

三、企业选介

百兴集团公司 1983年创办，是集工业制造、房地产、商贸、金融、物业、物流、酒店等于一体的大型企业集团（简称“百兴集团”）。公司2009年营业总额221亿元。主产品有PVC软质、半硬质及硬质胶布，银行信用卡及IC卡卡基材料，PU及PVC箱包面料，涤纶牛津布，环氧增塑剂等，是全国最大的塑料压延制品生产基地，塑料制品的年生产能力达12万吨；箱包面料年产超1亿平方米。集团下属公司和控股公司有常州市江南塑料公司、百兴塑胶制品公司、合资企业常州江南塑胶制品公司、常州市常武橡塑制品公司、武进百兴塑胶制品公司、百兴纺织公司、百兴制衣公司、百奇生物科技公司等20余家。2009年位列中国企业500强第301位、全国民营企业500强第41位、中国综合制造业企业500强第七位。

常州金海塑业有限公司 2000年8月创建，是生产双向拉伸聚丙烯薄膜(BOPP)的专业厂家。公司拥有两条德国布鲁克纳机械公司生产的五层共挤BOPP薄膜高速生产线和两台进口高速分切机。年产5.5万吨五层共挤特种BOPP薄膜，其中纸塑复合用预涂塑料膜获得国家专利，标贴膜成为可口可乐、百事可乐两大瓶标膜国内定点供应商，取得国外专营资格。2010年8月成立的功能性BOPP薄膜工程技术研究中心通过验收，成为周边城市唯一专业BOPP技术研究中心。

常州钟恒新材料有限公司 江苏中达新材料集团股份公司与香港鹏隆实业公司出资组建，全套引进具有当代国际一流的双向拉伸聚酯薄膜(BOPET)生产线，2006年7月6日投产，产品注册商标申达牌，应用于食品医药等包装、绝缘、彩印、复合、真空镀铝、烫金、粘胶带、激光防伪、反光基材、护卡等领域，销往国内近30个省市自治区，出口美国、英国、韩国、墨西哥等10多个国家和地区。

第三节 塑料制品业

常州塑料工业初创时期，以手工操作生产低档的日用制品为主，后通过设备改造、技术革新，实现半机械化生产。至“六五”末期，初步形成塑料制品、塑料专用设备和模具制造及科研、培训等生产加工体系。2010年，全市有规模以上企业288家，年均从业人员2.31万人，拥有固定资产净值20.99亿元，所有者权益32.63亿元；完成工业总产值128.83亿元、销售收入127亿元，实现利税总额8.26亿元、利润总额4.6亿元。

2010年常州市塑料制品业主要经济指标统计表

表15-3-1　　单位：亿元

指标	规模以上企业	其中：民营企业	主营收入达2000万元企业	指标	分项	规模以上企业	其中：民营企业
企业（家）	288	248	120	利润总额		4.60	3.48
年均从业人数	23083	17479	1.51	每百元固定资产原值（元）	实现利税	23.68	26.92
固定资产净值平均余额	20.99	13.66	16.84		其中利润	13.19	15.07
所有者权益	32.63	21.89	24.23	平均每位从业人员（万元）	实现利税	3.58	3.56
工业总产值	128.84	98.81	88.61		占有固定资产原值	15.10	13.24
产品销售收入	127.00	96.69	87.81				
利税总额	8.26	6.22	5.99		工业总产值	55.81	56.60

一、产业规模

1986—1990年，全市塑料工业企业主要以国有、集体、工贸合营为主，相继组建常州塑料集团公司、常州塑料编织袋厂与中国化工、包装两大进出口总公司、常州市勤丰塑料厂与中国化工进出口总公司及其江苏省分公司、常州市东方红塑料厂与中国化工进出口总公司。5年中签约引进5个项目，总投资3039万元。1990年，常州市勤业塑料厂从台湾引进三贴合复合机组，批量投产聚氯乙烯复合膜和强力布，年生产能力8.8万吨。

1991—1995年，常州塑料集团完成技改项目25项，总投资3.03亿元。1996—2000年，随着一批大项目的投产达产，行业结构调整初见成效。1996年完成技改投入5000万元。1999年完成技改投入5112万元。巨力公司引进国际先进水平的2.1米共挤板生产线，常州编织总厂建成6.3米宽幅针刺无纺布生产线，常州市光明塑料厂研制开发出PE流延压花薄膜，永盛公司采用CAD技术使涂布机转速提高到每分钟170米。

1990—2010年部分年份常州塑料制品业规模以上企业经济指标统计表

表15-3-2　　单位：万元

年份	企业数(家)	工业总产值	销售收入	利税	其中：利润	年产塑料制品(万吨)
1990	150	98402	87430	7555	—	8.8
1995	159	219800	208956	9912	1947	21.22
2000	104	277310	270569	20092	7700	19.69
2005	166	640294	630523	38089	20220	41.40
2010	288	1288334	1270044	82697	45708	44.72

2001年，常塑集团、常州新区新港公司与韩国新湖油化株式会社合资2998万美元的年产5万吨的常州新湖ABS项目奠基，巨力丰盛公司的PC阳光板与PC中空板项目投产。常州市光明塑料厂引进PVB膜片生产线。2002年，民营企业金氏集团投资建设的BOPP高档薄膜生产线建成投产。2003年，常州塑料集团与德国吉玛公司合资注册成立常州安德利聚酯公司，建设年产20万吨农膜用PET切片项目。

2008年，江南百兴集团总投资3亿元扩大PVC压延膜生产能力，改造磁卡片生产线。6月，华润集团整合常州聚酯产业资源，把华润化工控股公司全资子公司华润聚酯（常州）公司（原华源蕾迪斯公司），常州安德利聚酯公司合并成立华润包装材料（常州）公司。2009年，常州越浩软塑新材料公司投资3亿元建设超薄型宽幅BOPP薄膜生产线。2010年，溧阳市乔森塑料公司3万吨氨基模竣工投产。

二、产品开发

1986—1990年，常州塑料工业加快新品开发，开发SOF增强复合袋、丙纶短纤维针刺土工织物、药用PVC硬片、塑料编织水泥袋、塑料棉条筒、HIPS板材等新品35种，新创11种部、省优产品，1990年产品优质品率70%。1986年4月，常州塑料编织总厂百花牌编织袋获国家银质奖和轻工业部优秀出口产品银质奖。1987年无纺织物获江苏省新产品金牛奖。常州市塑料厂生产PE吹塑中空容器、PE软塑折叠箱，年生产能力居全国首位，1988年在全国塑料制品质量评比中获中规格全国第一名、大规格全国第二名。1990年，百花牌塑料编织袋产品获首届全国轻工业博览会金奖。

1991—1995年，全行业的产品质量出现飞跃。大项目相继投产，形成一批具有一定规模的拳头产品，其中年销售额达1亿元1种、5000万～9999.99万元2种、3000万～4999.99万元5种和1000万～2999.99万元8种，1991年投产18种新产品。1991—1992年，六梭圆织机、软聚氯乙烯复合膜、特种保护膜蒸煮膜基材、CGP工程、抗静电阻燃改性PE管材、60升磷酸桶、导热塑料材料、PE-D开口性母料等19种新产品通过鉴定。1993年，常州塑料编织总厂利用引进设备研制的ZYT柔性集装袋通过省级鉴定。1995年，巨力塑料公司生产冰箱板材9586吨，全国市场占有率达25%；常州光明塑料厂生产共挤CPP和真空镀铝膜1400吨，年产威康特的密封桶92万只、922吨。

1996年，常州塑料工业开发新品15种，巨力塑料公司研发出PC板、PE土工片、塑料合金板、油品桶，永盛公司研发的高速化、自动化新型涂布机打入国际市场。江苏石油化工学院、扬中市有机化工厂的硅烷交联聚乙烯电缆料，工贸合营常州塑料编织总厂的加筋软体排分获1998年度、1999年度省科技进步三等奖。2000年，常州建材机械厂的蒸压釜国内市场占有率达80%。2001年，常州塑料工业开发新品19种，巨力塑料公司PC中空板、板材月产量达1000吨，EVA防水卷材在南京地铁的投标中中标。2003年，常州丰盛塑料公司的HIPS冰箱板材、PEEVA土工膜通过省科技厅成果鉴定。2004年，巨力塑料公司的HIPS冰箱板材项目通过省级鉴定。

FLH聚烯烃防老化母料 常州塑料研究所承担的省科委下达项目，1993年通过省科委的产品鉴定，采用塑料共混复合方法和技术，以聚乙烯(PE)或聚丙烯(PP)为载体树脂，筛选出光稳定剂、抗氧剂及加工稳定剂等，使144小时紫外线荧光灯人工加速老化(UV)后的拉伸强度保持率≥50%，经鉴定，产品主要性能达世界著名的瑞士汽巴嘉基公司同类产品的水平。

防老化聚丙烯织物 常州塑料编织总厂研制生产，1988年通过省轻工业厅组织的产品鉴定，该产品的耐老化寿命是普通聚丙烯织物的20多倍，耐候性能指标居国内同类产品首位。

塑料四梭圆筒织机 常州塑料机械厂研制生产，飞轮牌塑料四梭圆筒织机先后获轻工业部优质产品奖、国家银质奖，被国家机械委列入首批替代进口的设备，占国内同类产品市场的40%。

塑料异型材挤出生产线 1994年，常州塑料机械厂研发成功飞轮牌塑料异型材挤出生产线，该生产线以PVC树脂为原料，整机达国外80年代末90年代初先进水平。

三、企业选介

常州塑料集团有限公司 1978年7月，常州市塑料工业公司成立。1988年，由17家企事业单位组建成立常州塑料集团公司，具有生产经营开发与服务等功能，实行双层经营、统分结合的管理体制，归口市经委管理。1996—2000年，集团完成技改投入5亿元，引进具有90年代国际先进水平的生产线或关键设备30台（套）。组建常州合和塑料公司、常州安德利聚酯公司、新湖（常州）石化公司、常州海企塑业公司等一批有影响力的合资企业，逐步形成以塑料原料、塑料制品加工、塑料建材机械制造为主，集科工贸为一体的大型企业集团。1997年3月，包装公司成建制划归常州塑料集团。2000年3月常州市建材工业局被撤销，其企业和资产、债权债务及人员划归常州塑料集团；2007年9月，市政府对国资（集团）公司进行整合，常州塑料集团与其他8家国资（集团）公司整合为常州工贸国有资产经营公司。

常州巨力塑料集团有限公司 简称巨力集团，成立于1979年，是常州塑料集团的骨干企业、生产塑料制品、多种经营共存的集团型企业，拥有5家投资企业常州丰盛塑料公司、常州威康特塑料公司、常州市红岭塑料公司、常州亚太塑料公司和常州宏裕塑料公司。主产品有塑料冰箱板材、PC耐力板、PC中空板、PC/ABS合金板、PE防渗片材、土工格栅、压克力洁具板、灯箱广告板、家电塑料配件、塑料密封桶、硅胶管、塑料周转箱、办公文具用品、淋浴房、体育座椅等约20种，长期为国内外知名企业和跨国公司西门子、海尔、三星、伊莱克斯、LG、春兰、夏普、埃索、壳牌、加德士、长城等配套服务，产品远销东南亚、欧美等市场。

第四节 橡胶制品业

常州中小型橡胶工业企业集中在金坛市水北镇。1986—1990年，常州橡胶行业总产值年均增长率达40%。1991年，常州曙光化工厂生产的橡胶黏合剂（三组份）销售324吨，约占全国同类产品的92%。橡胶密封件是金坛市水北镇传统工业产业，起步于70年代，为家庭和作坊式小厂，人员少、技术落后、产品科技含量不高、产业发展缓慢。90年代末，橡胶密封件业开始快速发展，并孵化发展了一大批新的橡胶密封件企业和配套企业，特色产业优势日益明显，产品档次升级，技术含量提高，品种规格也发展到100多个。2005年末，

2010年常州市橡胶制品业主要经济指标统计表

表15-3-3　　单位：亿元

指标	规模以上企业	其中：民营企业	主营收入达2000万元企业	指标	分项	规模以上企业	其中：民营企业
企业（家）	62	48	41	利润总额		1.65	1.12
年均从业人数	9356	5502	8339	每百元固定资产原值（元）	实现利税	32.36	37.48
固定资产净值平均余额	5.69	3.22	5.18		其中利润	19.31	21.34
所有者权益	10.11	5.32	9.38	平均每位从业人员（万元）	实现利税	2.96	3.56
工业总产值	30.97	21.83	27.21		占有固定资产原值	9.14	9.49
产品销售收入	30.71	21.29	27.08				
利税总额	2.77	1.96	2.62		工业总产值	33.10	39.68

水北橡胶密封件业拥有企业近100家，实现销售收入3.5亿元。2010年末，全市橡胶制品业有规模以上企业62家，完成年总产值30.97亿元，销售产值30.23亿元，年均从业人员9356人，拥有固定资产6.03亿元(净值5.69亿元);所有者权益10.11亿元;完成销售收入30.71亿元，实现利税总额2.77亿元、利润1.65亿元。

第四章　电子信息产业

常州电子工业起始于50—60年代。其间，常州电子军用产品发展较快，有常州无线电厂生产的性能超过苏联进口同类产品的多谐振荡器；有成为常州电子工业史上第一只出国参展、代表当时常州电子工业技术水平的WCC-1C电容温度系数测量仪。90年代，是常州电子工业发展最辉煌的时期，电子信息及现代视听设备制造业占全市工业的比重达8%。进入21世纪，常州电子制造业基本形成以行业龙头企业为中心，大批中小企业配套支撑的产业格局。

第一节　行业综述

1986—1990年，常州电子工业呈现出多种经济共同发展、军品民品相互结合，产品品种多门类、宽领域的发展态势。1990年，全市电子工业企业完成工业总产值13.86亿元，其中市属企业10.03亿元，在全市工业系统中仅次于纺工、机械冶金，居第三位；实现销售收入8.85亿元；利税总额6612.3万元，其中利润2738.4万元。常州无线电总厂年产值突破2亿元，常州电视机厂、常州电子计算机厂年产值突破1亿元，有6家企业年产值达5000万元，有3家企业实现利税达500万元。跨入全国电子工业“百家企业”行列的企业有4家；其中常州市第五无线电厂是全市的县乡企业首次进入“百家企业”行列(97位)。1990年末，全市电子工业有市属企业26家，县乡归口企业16家。市属企业职工2.08万人，其中工程技术人员2849人；拥有固定资产原值3.63亿元、净值2.58亿元。全市电子信息产业形成数字视听设备、计算机及通信设备、电子元器件、电子仪器、软件产业5个大产业大类，全市乡镇企业电子仪器产值占乡村工业总产值的4.9%。

1991年，市区电子企业完成产品销售收入10.09亿元。1995年市区电子企业产品销售收入增至32.27亿元，实现利税1.29亿元，其中市属企业完成18.82亿元、实现利税7954.9万元;外贸供货值完成9.69亿元，创汇1.13亿美元，居全省电子工业出口创汇首位，其中市区完成外贸供货值4.89亿元、创汇6390万美元。全市有6家企业入选全国电子工业百强企业。

1991—1995年常州市区电子工业主要经济指标统计表

表15-4-1

年份	企业数(户)	工业产值(亿元)	销售收入(亿元)	实现利税(万元)	外贸供货值(亿元)
1991	32	12.27	10.09	6712	1.32
1992	34	16.08	11.59	8737	1.25
1993	46	19.63	16.24	11792	2.86
1994	57	23.11	16.07	9404	3.62
1995	—	25.04	32.27	12900	4.89

1996—2000年，电子工业坚持“市场导向、内外结合、以外促内、加速发展”的战略，主要发展现代通信和计算机应用为主的投资类产品，提高以高档组合音响和视像设备为主的消费类产品，扩大微特电机和新型电子元器件为主的基础类产品，开发和培育新一代高新技术产品。随着经济体制改革和民营经济的崛起，市场化程度的提高，电子工业在面向市场化的过程中不断调整产品结构。常州电子工业在原由军工产品技术支持的基础上，逐步向国内和国际两个市场贴近，民用电子产品和基础元器件产品发展较快，到1999年消费类产品比重由1995年的5.9%上升至32.2%。2000年，全市机电工业完成工业总产值75.88亿元(市属企业，以下口径同)，销售收入76.18亿元，实现利税3.26亿元，利润1.19亿元。电子工业成为全市工业经济六大支柱产业之一。

进入21世纪，常州电子制造业基本形成以行业龙头企业为中心、中小企业相互配套支撑的产业格局。2005年，常州电子制造业有规模以上工业企业192家。产品主要有数码影视DVD、液晶电视、电声器件、电子定位系统、电子元件(电容器、电阻、电感)、分立器件(二极管等)、通信柜和电子衡器等。江苏新科电子集团、江苏远宇电子集团、伟创力(常州)电子公司等企业在国内外享有较高声誉。电子工业完成销售收入158亿元。电子工业为乡镇企业支柱产业，2005年乡村电子仪器制造业占全市乡村工业总产值的4.9%。

1991—2000年常州市电子工业主要产品产量统计表

表15-4-2

年份	录放音机(万台)	电视机(万台)	电子元件(亿只)	半导体分立器件(亿只)	微型电机(万台)	中西文终端(万台)	电话机(万部)	组合音响(万部)	电子计算外部设备(万部)	终端显示设备(万部)	激光视盘机(万部)	电子琴(万架)
1991	181.72	31.03	9.56	—	280	1.15	—	—	—	—	—	—
1992	220.18	37.31	11.78	—	348	1.94	—	—	—	—	—	—
1993	180.13	42.02	43.60	3.05	616	—	8.14	69.46	3.35	1.94	—	3.93
1994	214.60	35.07	28.58	7.46	716	—	6.48	102.14	2.92	2.91	—	3.86
1995	121.80	32.12	53.38	7.84	1222	—	12.03	67.82	3.19	3.11	—	4.72
1996	25.44	19.41	13.85	7.68	1129	—	10.13	66.26	2.39	2.39	—	1.28
1997	3.97	14.21	26.56	4.93	1447	—	12.88	22.56	7.41	7.30	—	2.24
1998	8.96	17.96	31.14	7.33	1536	—	35.63	14.75	8.12	1.84	182.87	—
1999	17.30	15.13	28.26	10.46	1464	—	37.95	19.63	9.58	2.49	282.61	—
2000	12.45	9.81(彩电)	30.65	13.44	1001	5.13	38.66	19.42	16.72	5.13	327.24	—

2005—2010年，常州市电子信息产业总产值年均增长25.6%，约占全市工业总产值的15%，形成电子元器件、电线电缆(光缆)等优势产品集群。武进集聚有全市50%以上的电子信息企业，产值超过全市总量的40%，新北区企业数、产值分别占全市总量的20%、25%左右；电子元器件、家用视听设备行业主要集中于武进区和新北区；电线电缆(光缆)行业以溧阳市最有特色和实力。电子元器件行业产业链完善，涉及电声器材、二极管、电容器、电位器等产品门类，品种众多；新一代绿色节能照明光源——LED半导体照明的衬底材料料—外延片—芯片—封装—应用产业链开始建设。2009年，常州信息产业园在常州科教城建成，占地150亩，建成建筑面积7万多平方米，成为省经信委评定的江苏省软件和信息服务产业园；建有公共技术支撑、中

小企业公共服务、知识产权保护和融资保障等6个公共服务平台，集聚有常州安卓网络科技公司、江苏思瑞科技公司等企业13家。2009年常州液晶电视机产销量88万台，销售汽车导航仪器19.7万台，生产显示器24.27万台。与消费类终端电子产品配套的中间产品小幅增长，印制电路板产量达54.62万平方米，生产电子元器件123.64亿只。太阳能产业发展迅速，2009年太阳能组件生产能力达1350兆瓦，实现跨越式发展。

2010年7月，国家半导体照明及背光应用产品质量监督检验中心在武进高新区兴建，至年底常州信息产业园集聚了光宝、晶元等龙头生产企业和欧密格光电、东南联发彩屏等配套企业64家，初步形成芯片、封装和应用产品生产及荧光材料、金丝/硅铝丝封装材料等新型电子材料和模具制造等上下游完整的产业链，成为全球LED产业重要基地。同年，武进半导体照明产业园组建。常州电子信息产品制造业拥有国家级企业技术中心1家，中国驰名商标1件，中国名牌产品2个，上市公司3家。受国际市场逐步回暖和国内拉动内需的共同作用，电子工业销售增幅保持在40%以上，电子工业完成销售收入514.13亿元，规模以上企业（不含光伏产业）实现销售收入445亿元，占全市规模以上工业的6.1%，占全省电子信息产业比重约5%；电子工业实现利税60.32亿元、利润51.61亿元，销售收入、利税、利润增幅均居全市首位。常州电子行业诞生首家超100亿元企业——常州天合光能股份公司，完成营业收入112.12亿元；电子产业年销售收入达10亿元的企业7家、5亿～9.99亿元的企业11家；这19家企业实现销售收入344.8亿元。全市电子工业有11家企业实现利税超1亿元，实现利税总额42.71亿元，其中森萨塔科技（常州）公司实现利税1.13亿元。

一、产业布局

横山桥电子电器业 位于武进横山桥镇工业园区，形成于90年代中期，以横山桥镇生产电源线的中宏公司和工矿灯具的亚达公司为龙头企业。到2000年末形成规模化生产，主产品电源线占国内总产量的15%，出口20多个国家和地区；工矿灯具的产量占全国的近1/3，成为国内最大的矿灯生产基地之一，出口数十个国家。2005年横山桥电子电器拥有生产企业47家，从业人员2900余人，实现销售收入8.17亿元。2010年，横山桥镇芙蓉工业区有“电子之乡”美誉。

邹区电子电器业 位于武进邹区镇工业集中区，以生产电子元器件为主。产业形成于2000年，依托龙头企业常州华盛电子公司，实行产业链紧密的集约化生产、规模化经营，是全国最大的电子元器件生产基地之一。常州华盛电子公司年产电子元器件50亿个。2005年邹区电子电器业有集聚企业62家，其中规模企业38家，年销售总额6.11亿元。2010年，工业园区有企业215家。

礼嘉电子电器业 位于武进礼嘉镇电子产业园。电子电器业是礼嘉的传统产业，起步于70年代，礼嘉与毗邻的庙桥、坂上、洛阳等乡镇属国内最早开发、最大规模的电子电器元件生产密集区。90年代快速发展，礼嘉电子电器企业由简单的元器件生产逐步向电子接插件、电线电缆、电子冰箱、电位器、移动空调等技术含量较高的产品拓展。中国加入世界贸易组织后，大部分企业获得进出口自营权，外贸出口迅速增长。2005年礼嘉电子电器业拥有企业156家，其中70%以上为自营出口企业，完成工业总产值5.1亿元，实现销售收入4.5亿元。

国光信息工业园 2010年9月，国光信息工业园在钟楼科技产业园竣工投产，主要产业为软件开发与系统集成、计算机外设、网络通信设备、金融机具设备、电磁屏蔽设备的生产和服务外包，集聚江苏国光信息产业股份公司和常州雷宁电磁屏蔽设备公司、国光数据通信公司等骨干企业。

二、技术改造和开发

1986—1990年，常州电子工业依托军工技术力量，累计完成技改投资1.87亿元，用汇3958万美元。有70%的企业完成第一轮技术改造，部分企业进入第二期改造。通过技术改造和技术引进、消化、吸收，产品的技术水平、工艺装备水平、生产规模能力有较大提高。实施国家、部、省科技攻关项目13项，获国家、部、省科技进步成果奖27项，其中星球牌收录机、汉字显示终端、调制解调整器、电磁屏蔽设备、步进电机、电磁线、出口电位器、固定电感器、电话继电器、印制线路板、TN21录音机机芯等11种产品的产销量名列全国前茅。新型计算机系列终端、CD唱机、录像机机芯、激光条形码识别器、程控用户交换机、微型打印机等新产品、新门类项目开始起步。

1986—1990年，开发新品496项，获得国家、部、省优质产品奖牌总数从1985年的49块增至165块，1986—1990年创金质奖1项、银质奖6项、部优42项、省优82项(其中含复评14项)。1990年，FM2400A调制解调器获行业第一块国优金质奖；油污水分离装置、数字电报终端机、SL858星球牌收录机、SXD宽照度摄像机、QACC特种漆包线等产品获国优银质奖。90年代，常州电子工业的新产品产值占电子工业产值的比重达50%。1994年电子新产品产值12亿元，销售收入9.8亿元，实现利税达6300万元。同年，电子工业部公布1992—1993年优等品和一等品产品名单，常州市电子行业有73个产品榜上有名，其中30个产品为优等品、43个产品为一等品。

1999年，电子工业受市场影响，发展缓慢。新产品增加值占电子工业增加值的比重达56%，新科商标被认定为中国驰名商标。市电子工业局所属省级高新技术企业9家，国光总公司入选首批103家国家级高新技术企业。2000年，省科技厅认定常州103个产品为省高新技术产品。2005年，常州电子制造业新产品产值达57亿元。2007年，江苏国光信息产业股份公司入选全国电子计算机制造业自主创新能力“十强企业”。2010年，电子工业完成技改投入114.35亿元，电子工业实现新产品产值73.72亿元，常州宏大电气公司被工信部授予首批国家级两化融合促进节能减排试点示范企业。1986—2010年，全市电子信息与通信、网络设备行业获省科技进步奖11项，其中二等奖3项、三等奖7项、四等奖1项。

1986—2010年常州电子信息与通信网络设备行业获省科技进步奖项目

表15-4-3

项目名称	奖项	时间	承担研制、完成单位
CJ2000A中西文彩色智能图形终端	三等奖	1994	常州电子计算机厂
DSJ-128数字电报交换系统	四等奖	1995	常州电子计算机厂
CJ900SB中西文终端和CJ320H中西方文图形终端	二等奖	1997	常州电子计算机厂
GPR核磁共振电磁屏蔽室	三等奖	1998	常州电子计算机厂
CY2693、CY2693ALRC数字电桥	三等奖	—	常州电子仪器厂
YH-5551型煤气自动抄表及其用户管理系统	三等奖	1998	常州银河电器公司、常州市银河电子实业公司
CJ6000中西文图形终端	三等奖	1999	常州国光电子总公司
CJ6610中西文液晶终端	三等奖	2002	江苏国光信息产业股份公司
国光金融自助统一平台软件	二等奖	十一五	常州国光软件系统工程公司
UT3000T智能客户机	二等奖	十一五	江苏国光信息产业股份公司
NB2031B+、E银行自助终端	三等奖	十一五	江苏国光信息产业股份公司

三、外向型开拓

常州外向型经济是从电子工业开始的，常州电子工业是对外开放度最高、对外依存度较高的产业。1984年，由常州继电器厂和香港好利来公司总投资288万美元创办的常州首家合资企业常利电子公司诞生。到

1990年，常州电子工业外向型经济取得较快发展，初步形成一批出口重点企业，年出口创汇额超过100万美元的有7家企业，全系统77%的企业有产品出口。出口产品的结构形成元器件和整机并重的局面。90年代初，电子行业出现厂厂有出口、厂厂办合资的局面。1991年，市区25家企业中有16家企业35种主产品进入国际市场，完成外贸收购值1.32亿元，创汇2489万美元，电子工业出口产品产值占工业总产值的17.1%。其中，电视机厂、继电器总厂创汇分别达804万美元、525万美元。1991年，全市新批的电子行业外商投资企业有21家，其中市属电子工业创办13家合资企业，总投资1842万美元。年底，市属累计有22家合资企业，其中有13家投产。同年，常州东方实业公司、常州外贸建设发展公司与新加坡金易行公司在新加坡合资20万美元开办常新企业发展公司，主营电源线、电子产品等。开启常州电子工业境外办企业的先例，项目多以技术作价占股。

1993年11月，常立电子电器集团公司成立，以常立电子电器公司为核心，下辖6家合资企业和5家内资企业，是全市首家以合资企业为主组成的企业集团。1994年11月，常立电子电器公司被列入1993年中国最大的500家外商投资工业企业。市属电子工业实际利用外资1883.98万美元，新批外资项目7个，投资总额达1000万美元的企业有华爱微电子公司(1200万美元)、伺服电机公司(1200万美元)、港泰电子公司(1200万美元)3家；总投资500万～999.99万美元的有宝泰电机电器公司(500万美元)、鸿瑞电子公司(700万美元)2家。达500万美元的大项目技研精工、伺服电机、宝兴电机等开业投产。1995年，全市电子工业完成外贸供货值9.69亿元，创汇1.13亿美元，居全省电子工业创汇首位，有18家企业出口达100万美元，市属企业自营出口额2822.2万美元。市区有自营出口权的企业5家，常州常立电子电器公司自营出口2598万美元。江苏奥普集团投资100万美元在罗马尼亚兴办独资企业，成为常州电子行业首家在海外投资办厂的民营企业。

1996年，电子工业系统新批合资企业1家，累计达60家，是全市合资企业数量最多的工业行业，有9家企业实际利用外资1366.65万美元，其中宝马集团565万美元、幸福集团246万美元。“三资”企业完成销售收入8.14亿元，利税总额4275万元。1999年，常州电子行业最大的外商独资企业卡特门—瑞福公司落户常州高新区，一期总投资1250万美元，当年投资、当年生产盈利，被瑞典政府评为1999年在华投资最佳项目。1996—2000年，自营出口额1.15亿美元，新批利用外资1.64亿美元。1996—2000年，随着市场经济的发展和企业商品生产能力的提高，常州电子产品走向世界。1999年，全市自营出口创汇8446万美元，其中市属企业自营出口4400万美元，市属出口达1000万美元的有国光总公司(1370万美元)、中电江苏常州公司(1366万美元)、高见泽电子公司(1134万美元)、无线电总厂(1114万美元)。2005年，常州电子制造业出口交货值68亿元。至2010年末，全市有7家电子企业在海内外上市，先后募集资金47.09亿元。

第二节 电子元器件制造业

1986年5月，常州市无线电材料厂、无线电元件六厂被电子工业部评为经济效益先进企业。1993年9月，武进庙桥乡的江苏南华电子元件厂与美籍华人王秀发创办的全市首家境外合资电子企业美国华纳实业公司在洛杉矶开业。1999年，元器件基础产品比重由1995年的5.3%上升至41.9%。2000年生产半导体分立器件13.44亿个、电子元器件30.65亿个。

一、电子元件

1987年，常州市第二砖瓦厂研制的彩电电阻出口，1993年，“长征2号E”运载火箭测控系统中的集成电路LCB4013、4051、4071、4098，LCB063、210，LCL102、002等9个产品由常州半导体厂生产。2000年，全市电子企业生产金融商业电子器具2.33万台、雷达32架、打印机261台、激光视盘13.14万片、精密小轴1.03亿支。2002年常州市华诚常半微电子公司研制的空间环境探测器抗辐照专用集成电路获省科技进步三等奖。2005年12月26日，全国第一条具有自主知识产权的新型电力电子功率模块生产线在江苏宏微科技股份公司投产。2009年，全球光电元件及电子产品领军企业台湾光宝集团华东营运中心落户武进高新区。2010年，光宝集团旗下的半导体照明示范工程、薄膜太阳能、科技产业园3个项目陆续入驻常州，安费诺(常州)连接系统公司、江苏华威电子公司分别实现利税3.13亿元、1.13亿元。2010年，常州电子元件主产品有精密电声器材、铝电解电容器、线路板、二极管、压敏电阻、热敏电阻、电子连接器等。

电子器件 1993年5月，常州变频器厂与陕西机械学院研制的节能高科技产品CCVF-A系列交流电动机变频调速器通过电子部产品技术鉴定；9月底，江苏南华电子元件厂产品WS、WK系列接插件获第二届中国国际电子贸易博览会金奖。武进县特种电子器材厂的FTBS-31T-25AI双面超薄型压电陶瓷换能器获1994年度省科技进步三等奖。1998年，全市生产微型电机1536万台。金坛电子配件厂的FB全封闭放电器获1998年度省科技进步三等奖。2000年，全市生产电感器6.13亿个、电容器5334.71万个、继电器7226万个。2003年，金坛市电子元件厂研制的电磁干扰(EMI)抑制器获2002年度省科技进步三等奖。2009—2010年，常州华威电子公司的铝电解电容器被认定为江苏省名牌产品，常州星海电子公司的灵杰牌硅半导体二极管被认定为江苏省名牌产品。2010年，常州电子器件主产品有铝电解电容器、二极管、压敏电阻、热敏电阻、电子连接器等。

电　　池 1998年，常州电池厂的达立牌碱性电池销量列全国前3名，桂牌碱性电池销量列全国首位，常州电池厂经改制后成立常州达立电池公司。2007年，达立牌锌锰电池、碱性电池被认定为国家免检产品。

二、电声器件及其他器件

1986年4月，常州市第四无线电厂职工毕寿平发明的薄型电动吸尘黑板擦获国家专利；10月，常州电子计算机厂的国光牌FM2400A型调制解调器获国家优质产品金奖。1987年5月，常州市第十六中学教师刘汉成研制的物理教具静电粒子获全国优秀自制教具一等奖。1990年9月，常州无线电元件二厂的江南牌滤波器替代进口产品，被用于长征三号运载火箭。1991年3月，常州市利达屏蔽室厂生产的DH型电话滤波器通过鉴定，填补国内空白。1992年，武进电子设备二厂开发生产的波峰焊机替代进口，获农业部科技进步二等奖。武进县特种电子器材厂HCM12X高性能讯响器、常州市轻工电子应用研究所的CXH型称重显示控制器获1998年度省科技进步三等奖。4月，常州第二电子仪器厂研制成功国家重点企业技术开发项目条形码手提式激光扫描器和光笔。2005年，90%的器件为摩托罗拉、索尼、爱立信、西门子等世界跨国公司配套。2010年，以瑞声科技为代表的精密高档电声器件销量世界第一。江苏裕成电子公司的YC牌微型动圈式受话器与扬声器被认定为江苏省名牌产品。瑞声科技(常州)公司、常州市武进凤市电子集团公司和常州安费诺福洋通讯设备公司分别实现利税7亿元、1.16亿元和1.12亿元。

三、电子仪器

1990年常州第四无线电厂等研制的XQR-1型船用导航雷达，技术达80年代中期国际先进水平，适用于内河和近海中小型船舶。1990年3月，江苏省丝绸总公司和常州市钟楼无线电元件厂研制的YJG-1型全自动蚕茧干壳量测试仪通过省级鉴定。1993年，常州电子仪器厂承担的国家"八五"重点技术开发项目条形码激光扫描系统中的LS-911型条形码手持式激光扫描器填补国内空白。2003年，江苏新科集团研发的汽车卫星多媒体导航系统等关键技术取得重大进展。2010年，常州电子仪器厂主产品有电子称重仪器、激光测距仪等。

四、企业选介

瑞声扬声学科技控股有限公司 1993年成立，是全球著名的电声器件制造商之一。产品种类涵盖移动通信、IT产品、消费电子、家用电器、汽车和医疗仪器等行业，主产品包括手机扬声器、受话器、微型马达、耳机等微型电声产品。曾与诺基亚、摩托罗拉、三星、欧珀、苹果、戴尔等近30个世界著名品牌配套。2005年8月于香港证券交易所上市（股票代码2018.HK），2009年销售收入突破3.23亿美元，至2009年底获得专利214项。生产基地、销售点分布在北京、上海、苏州、香港、台北和韩国、新加坡、日本、德国、美国等，在全球建有4个生产基地、7个研发中心。常州地区的子公司有瑞声精密制造科技（常州）公司、瑞声声学科技（常州）公司、瑞声光电科技（常州）公司等几家子公司，拥有新产品专利权近100个。

常州华威世纪电子集团有限公司 1987年成立，专业从事全系列铝电解电容器设计、研究、制造和销售，为省级高新技术企业。2007年9月在香港主板成功上市。2010年，企业实现销售收入9.16亿元、利税1.13亿元。产品通过美国UL等认证，获国家火炬计划重点高新技术企业等称号。chang®牌产品被评为江苏名牌产品和中国著名品牌。获得8项国家专利，建有省级企业技术中心和工程中心及省级博士后工作站和省级合格例行试验室。

常州市薛巷电讯元件有限公司 1985年创建，是专业生产电子接插件、电线、电缆、插头电源线等电子产品的厂家，是国内外专业生产接插件的生产基地之一，产品广泛应用于家电、摩托车行业；产品出口率达30%，为新科电子、新飞电器、三星电子、美的集团、LG电子、格力电器等知名电器商配套。2010年，完成工业产值8.54亿元、销售收入7.73亿元，实现利税8254万元。

第三节　数字视听设备和家用电器制造业

家用电器是常州市传统支柱产业。2007年12月3日，土耳其考奇集团在中国建立的第一个家电生产基地——常州倍科电器公司在武进洛阳镇开业。2010年，有规模以上企业167家，实现销售收入125.4亿元，其中销售收入达1亿元的企业29家，骨干企业为江苏新科电子集团公司、江苏丰润电器公司、江苏常州德莱仕电器公司、常州西玛特电器公司、常州信力燃气设备公司、常州倍科电器公司等。

一、电 视 机

1989年10月，常州电视机厂的工业电视机出口印度尼西亚，是中国工业电视机首次出口国外。1990年，常州电视机厂为上海宝山钢铁总厂配套研制第一台SG-FV型炉用高温工业电视设备。常州电视机厂是全省首家生产电视机整机的厂家，所产幸福牌电视机畅销全国，1991年生产31.03万台，其中出口12.8万台，创汇803.7万美元，1992年该厂在加拿大兴办常鹿电子公司。1994年，与常州无线电厂等企业联合在罗马尼亚兴办合资企业。1995年，全市生产电视机53.38万台，常州永新电器公司的SC-FD电动大户用高温工业电视设备获1994年度省科技进步三等奖。2005年，常州电子企业生产液晶电视20万台。

二、影音播放设备

激光视盘机和DVD 1995年，江苏新科电子集团公司（简称“新科集团”）开发的DVD数字激光视盘机获1999年度省科技进步二等奖。2000年，新科集团生产激光视盘机327.24万台，国内市场占有率28%。2005年，新科集团等企业的DVD、CBHD影碟机国内销量第一，DVD年产销量528万台，占全球市场的50%，是国内最大的DVD制造基地。2010年，常州激光视盘机主产品有台式、便携式视盘机（DVD）、数字音视频。

组合音响和收录音机 1991 年，星球牌收音机销售 175 万台，销量位于全国同行业首位。1995 年，江苏新科集团生产的组合音响、收录机年销售量均居全国首位。90 年代常州生产收录音机近 1000 万台。1991—1995 年间，常州无线电总厂的星球 SL-858 型收录机获省科技进步三等奖。

常州数字视听产品和家电行业的名牌产品、免检产品一览表

表 15-4-4

类别	年份	数量（个）	品牌	品名（均为简称）	研制生产企业
中国名牌产品	2003	4	新科	激光视盘机	江苏新科电子集团公司
	2004		新科、Shinco	家用分体式空调	江苏新科电子集团公司
	2007				
	2006		Shinco	激光视盘机	江苏新科电子集团公司
江苏省名牌产品	2008	5	常蒸	家用电冰箱蒸发器	常州市常蒸蒸发器公司
			新科、Shinco	DVD 视盘机	江苏新科电子集团公司
				房间空气调节器	
	2009		常发	冰箱、空调用蒸发器	江苏常发制冷股份公司
				冰箱、空调用冷凝器	江苏常发制冷股份公司
国家免检产品	2001	3	新科	落地式空调	江苏新科电子集团空调器制造公司
	2002		新科牌、Shinco	DVD 视盘机	江苏新科电子集团公司
	2007		新科	分体壁挂式空调	江苏新科电子集团空调器制造公司

三、冰箱空调

90 年代中期，芙蓉电机生产企业凭借电机产业优势，转向开发生产物美价廉的水温空调。1998 年，水温空调年产量达到顶峰的 1800 万台。1998—2003 年，新科集团开发出新科牌空调，产销量突破 150 万套，位居行业前五强，跨入国内主导品牌行列，产销均以 50% 的速度增长，出口至欧洲、非洲、东南亚等地区的几十个国家。2010 年底，冰箱和空调成为常州电子信息产业的主体，骨干企业有江苏常发制冷集团公司、常州市常蒸蒸发器公司、江苏常发制冷股份公司、常恒集团公司，所产冰箱、空调用蒸发器和冷凝器等家用电器系列产品均居全国同行业前列。

四、企业选介

江苏新科电子集团有限公司 1980 年创办，1994 年组建省级企业集团。1999 年，Shinco 新科品牌被认定为中国驰名商标。新科坚持数字化和国际化发展战略，拥有消费电子、新型家电两个支柱产业，产品链包括液晶电视、GPS 卫星导航器、移动 DVD、歌王 DVD、硬盘录像机、数码相框及空调、滚筒洗衣机等。新科集团拥有一支技术创新团队，包含超越

江苏新科电子集团激光视盘机生产线（摄于 2005 年 6 月）

号数字实验室、本部国家级企业技术中心和博士后工作站。在全国主要大中城市设立营销分公司60多家、技术服务中心300多个，在新加坡、美国、欧洲、澳洲、俄罗斯等地建起营销网络，成为百盛集团、沃尔玛等国际连锁巨头及诸多世界知名品牌的战略合作伙伴。2010年，完成销售收入31.44亿元，实现利税1940万元。

江苏常发制冷股份有限公司 位于武进礼嘉工业园2002年12月成立，主导产品有冰箱、空调用蒸发器、冷凝器，形成7个系列、1300多个品种，具有3000万套的年生产能力。2008年投资建设铝箔项目（一期），年产量达3万吨。公司产品为三星、海尔、美的、西门子、LG、海信、松下等国内外知名品牌配套，所产蒸发器、冷凝器远销澳大利亚、印度尼西亚、巴基斯坦、意大利等23个国家和地区，出口额排名全国首位。2010年成功在深交所上市，全年销售收入15.3亿元。

江苏丰润电器（集团）有限公司 1995年创立，专业生产移动空调、制冰机、除湿机及空调、冰箱用蒸发器和冷凝器，移动空调、制冰机、除湿机年生产能力72万台，产品全部出口。

第四节 计算机与通信设备、软件制造业

常州计算机及通信设备制造业集聚于江苏国光信息产业公司和常州创意产业基地（常州软件园）等地。1999年，常州软件园在常州高新区启动建设，是省科技厅批准的首批省级软件园。翌年，常州博成通信公司等8家企业被认定为省首批软件企业，国光银证系统等3个软件被认定为省首批软件产品。2002年，软件园二期开工建设。2004年常州软件园通过科技部验收，成为国家火炬计划软件产业基地，翌年被认定为国家级特色产业基地。2005—2010年，常州软件和信息服务业业务收入年均增45%；经认定的软件企业有冲电气软件、上海微创、北大众志等218家；登记的软件产品597个；软件业务收入达1亿元的企业有22家。2010年，常州市软件和信息服务业完成业务收入总额101亿元。9月底，钟楼经济开发区与南京联创集团签约共建钟楼科技创业园联创集团软件和服务外包项目。同年底，物联网产业有瑞声科技、托利多、新科电子等20多家骨干企业和科研院所，致力物联网技术研发和产品制造，常州新传感网产业技术创新联盟成立。

2010年常州市通信设备、计算机及其他电子设备制造业主要经济指标统计表

表15-4-5 单位:亿元

<table>
<tr><th>指标</th><th>规模以上企业</th><th>其中:民营企业</th><th>主营收入2000万元及以上企业</th><th>指标</th><th>分项</th><th>规模以上企业</th><th>其中:民营企业</th></tr>
<tr><td>企业(家)</td><td>328</td><td>223</td><td>171</td><td>利润总额</td><td></td><td>54.60</td><td>8.44</td></tr>
<tr><td>年均从业人数</td><td>104385</td><td>30465</td><td>95058</td><td rowspan="2">每百元固定资产原值(元)</td><td>实现利税</td><td>37.12</td><td>36.46</td></tr>
<tr><td>固定资产净值平均余额</td><td>114.40</td><td>21.55</td><td>109.54</td><td>其中利润</td><td>31.86</td><td>23.63</td></tr>
<tr><td>所有者权益</td><td>236.23</td><td>39.23</td><td>227.14</td><td rowspan="4">平均每位从业人员(万元)</td><td>实现利税</td><td>6.10</td><td>4.27</td></tr>
<tr><td>工业总产值</td><td>558.99</td><td>163.38</td><td>511.17</td><td rowspan="2">占有固定资产原值</td><td rowspan="2">16.42</td><td rowspan="2">11.73</td></tr>
<tr><td>产品销售收入</td><td>551.03</td><td>157.95</td><td>504.85</td></tr>
<tr><td>利税总额</td><td>63.63</td><td>13.02</td><td>61.34</td><td>工业总产值</td><td>53.55</td><td>53.63</td></tr>
</table>

一、计算机及通信设备、软件研制

国光信息产业公司（原常州电子计算机厂）70年代末开始研制国产计算机及数据通信产品。CJ220中西文终端等两项成果获1988年度市科技进步一等奖。1990年，FM2400A调制解调器获国家质量金奖，为常州

电子产业和全省计算机行业首块金牌。90年代中期，常州电子计算机厂等单位研制的CJ3178中西文终端达国际先进水平。1993年4月底，常州邮电局开发的载波维护微机管理系统和AT&T光端机监控系统的汉化及扩展软件通过省级技术鉴定，填补全省邮电行业微机应用空白。1996年，江苏国光信息产业股份公司技术中心被认定为江苏省重点支持的技术中心。翌年，所研制开发生产的中西文显示终端产量达7.41万台，位居全国同行业前三位。2005年，江苏国光信息产业股份公司生产中西文终端2.9万台，全市通信设备企业生产通讯柜3.57万台。2010年，主产品有自助收费系统、金融商贸器具、通信交换机、网络计算机等。

KJ2002胶带运输机微机防爆电控成套装置 部级重点项目。常州自动化研究所跟踪国际煤矿井下相关先进技术，在中国首次应用微机、可编程技术自行设计研制，由矿用本安型控制机、电源继电器箱、真空磁力启动器、保护传感器、信号联络和话音通信装置，组成具有控制、保护、通信、信号综合功能的电控装置；达德国西门子公司同类产品水平，获1991年度国家科技进步三等奖。

矿井移动与应急通信技术与系统 煤炭科技研究总院常州自动化研究院、江苏三恒科技集团、常州联力通信科技公司联合研制开发，是基于小灵通技术及其设备的企业无线通信系统，在固定电话网上通过数据接口，把本地交换机与个人手持电话系统相连接，与空中话务控制器进行结合开发的移动业务，使井下实现地面的全部通信功能，用于煤矿企业生产指挥调度、抢险救灾、安全救护等。获2010年度国家科技进步二等奖。

二、企业选介

江苏国光信息产业股份有限公司 位于钟楼区清潭路93号，是在常州国光电子总公司基础上组建的高科技企业，国家一级企业、国家大二型企业和国家重点高科技企业。主要研发、产销计算机及外部设备、通信设备、机电一体化产品及成套电子设备、软件开发与系统集成、金融机具设备、电磁屏蔽设备，应用于政府、部队、金融、铁路、海关等领域。主产品分别获国家质量金、银奖，多次获国务院、中央军委的通令嘉奖。在全国建立了32个销售分公司和办事处，形成从机具、设备到软件系统的完善产品体系。

常州国光电子总公司厂区（摄于2005年10月）

国光公司跻身2006年度全国大中型企业自主创新能力行业"十强"。2007年，通过CMMI1ML三级软件能力评估认证。2010年，获得计算机信息系统集成二级资质，跻身工信部评比的全国软件"百强企业"。至同年底，国光公司承担国家级攻关项目6项、国家火炬计划项目4项，研制出国家重点新成品6项，获得省部级以上技术奖项27项。2008—2010年，通过省级鉴定产品12个，获得省高新技术产品13个，申请专利77项，获得授权54项，其中发明专利申请14项、获授权3项。累计获得100多项专利和软件著作权和部、省、市科技进步奖20多项。国光公司具备同时开展10个以上大型系统集成项目的系统分析和设计能力。有研究员级高级工程师2名、高级职称人员50人，具有国家系统集成高级项目经理资质人员12名、国家系统集成项目经理资质人员11名。2010年，占地11万平方米的国光信息工业园竣工并投入使用，拥有年产制造行业桌面设备、金融卡机、自助设备等产品200万台的能力，成为国内重要的自助终端生产基地、最先进的电磁屏蔽设备生产基地和重要的军工产品生产基地。

第五节 灯具制造业

常州灯具制造业集中于武进邹区镇，起步于1986年，时逢312国道常州段竣工通车，为邹区地区灯具工业的发展创造了优越条件。邹区镇政府着力发展灯具业，建立邹区灯具市场，1987年初开张，武进薛家后肖灯具厂、横林红联灯饰厂等本地和上海、浙江、湖南、湖北、广东等地颇具生产规模的知名灯饰企业进驻。1990年底，邹区乡村灯具企业发展到21家，完成年工业总产值175万元，周边的礼河、牛塘、卜弋、湖塘及邻县丹阳地区的乡镇企业纷纷转产灯饰灯具，形成以邹区为中心的灯具制造业。90年代，邹区灯具市场吸引了国内上千家企业进驻。1992年，邹区镇有灯具企业37家，年工业总产值1.5亿元，辐射到周边地区的灯具业企业近100家，产值近5亿元。2005年，邹区灯具业从业企业45家，年产值近5亿元。2007年，市场成交额21.43亿元。

江苏鸿联集团公司创办于1969年，1979年涉足灯饰行业，1991年进入家具行业。下设16家子公司，主要生产户外休闲家具系列、室内钢管家具系列，照明灯具、装饰材料等。2010年，民用灯具发展成为常州照明电器、电子工业的主体，全市照明电器企业完成销售收入10.7亿元。红联牌室内灯具多次被评定为江苏省名牌产品、中国名牌产品及国家免检产品，年产灯具1600万套。

第五章 新能源和环保产业

常州光伏产业是新能源产业中发展最快的行业之一，产业链完整。2010年全市太阳能光伏企业发展到150家，23家规模以上企业完成销售收入261.25亿元，实现利税38.54亿元、利润35.34亿元。太阳能电池年产量达1.5千兆瓦，占全国总产量的19%，形成从拉晶、切片、薄膜、背板、光伏EAV、减反射玻璃、切割钢丝、切削砂浆、焊接丝、拉晶设备、电池封装组件到太阳能安装工程垂直一体化完整太阳能产业链。全市从事节能环保产业的企事业单位达400多家。2010年，节能环保产业包括节能装备与环境保护产品制造、资源综合利用、洁净技术产品制造业和环保技术服务业4个大类。2010年，全市新能源产业规模以上企业实现销售收入296亿元。新能源产业主要包括太阳能光伏、智能电网、风电设备、动力电池、电动汽车、生物柴油、核能设备等领域，涌现一批具有自主知识产权和自主品牌的龙头企业和重点骨干企业。数十家企业从事与新能源汽车和有关配件的生产，产品涉及整车制造（改装）、动力电池、电机、电控、动力电池关键材料等领域。生物柴油生产规模和技术实力位列全省前茅。

第一节 行业综述

70年代末期，常州环保产业从工业污染防治起步，一些企业特别是乡镇企业开始开发环保产品，发展环保产业。80年代，部分专业环保产品生产企业开始兴办。2008年4月，常州高新区成立常州光伏产业园，是常州"一核八园"的重要园区，规划发展为千亿级光伏产业基地，总体结构为通江路城市发展轴珠链状公共服务功能带，天合总部核心和三江口公共服务核心与三江口综合区、光伏生产区、产业配套区和龙虎塘生活区，总面积 11.24 平方公里，以天合光能等为龙头形成垂直一体化产业链，规划建成中国光伏产业之都。从单晶硅拉棒（多晶硅铸锭）到切片、电池、组件封装、系统集成、光伏应用和专用设备制造等各个环节实现垂直一体化覆盖，尤其是电池和专用设备生产技术与能力国内领先。同年，金坛光伏产业园开始筹建。2009 年，全市太阳能电池组件产能达 1000 兆瓦，产量超过 600 兆瓦。2010 年全市太阳能光伏行业形成多晶硅（单晶硅）—切片—太阳能电池及组件—光伏照明（发电）较完整的产业链，拥有光伏企业近 150 家，实现销售收入约 315 亿元。

2010 年 8 月，武进风电装备科技产业园在武进高新区启动建设，核心基地面积 1341 亩，是常州市“一核八园”之一，设研发综合、风电总装、叶片专用树脂生产、物流配套区等功能区域，重点发展整机及核心零部件，集聚有江苏新誉重工科技公司、江苏卓润重工机械公司等 25 家企业，初步形成研发—制造—组装的兆瓦级完整风机产业链。至同年底，常州拥有风力发电整机及部件制造企业 40 多家，生产风电整机、电机、电缆、变压器、齿轮、齿轮轴、塔筒、底座、轮毂、叶片及填充料等产品。

第二节　光伏产业

1997 年，全国最早的光伏集成系统生产企业常州天合光能公司在常州新区新桥镇设立。2003 年，常州天合光能公司在西藏完成第一个系统安装项目，安装太阳能发电站 39 座，被确定为参与西部光明工程的首家私营企业。2004 年起，金坛的常州亿晶光电科技公司、常州美晶太阳能材料公司、常州华盛恒能光电公司、常州华盛天龙机械公司、江苏正信新能源科技公司、常州益鑫新能源科技公司等光伏企业迅速崛起。

一、产业规模

2009 年，常州高新区和金坛市被省发改委评为江苏省光伏高技术特色产业基地。常州天合光能公司设立国内首家光伏技术国家重点实验室。金坛市光伏产业同年总产值达 100 亿元，其中光伏产业园内企业总产值 85 亿元。2009—2010 年，常州亿晶光电科技公司的 EGNG 牌晶体硅光伏组件、常州天合光能公司的天合光能牌太阳能电池组件、常州市龙泉太阳能设备厂的龙泉牌太阳能热水器、常州而今太阳能设备制造公司的而今牌家用太阳热水系统和江苏太阳宝新能源公司的太阳宝牌太阳能热水器被认定为江苏省名牌产品。2010 年 10 月，民营清洁能源发电企业汉能控股集团在武进高新区投资 120 亿元，建设 1000 兆瓦、光电转化率大于 9% 的硅基薄膜太阳能电池研发制造基地。同年，常州天合光能股份公司、亿晶光电科技公司、江苏格林保尔光伏公司、江苏顺风光电科技公司分别实现利税 14.01 亿元、9.41 亿元、1.65 亿元和 1.45 亿元。天合光能、天龙光能、顺风光电、亚玛顿科技股票先后上市，产品涵盖拉晶、切片、电池片封装、组件、系统开发及安装、产品研发测试、光伏设备制造、光伏配套耗材等环节，产业链较为完整。常州光伏产业园集聚天合、协

常州企业建设的光伏发电站(摄于 2010 年 8 月)

鑫、创大、有则科技、千进研磨等企业46家，完成营业收入129亿元，实现工业利税总额16.6亿元；实际到账外资和港澳台资1.05亿美元。金坛光伏产业园集聚有亿晶光电科技公司、华盛天龙光电设备公司等光伏企业19家，其中国家火炬计划重点高新技术企业1家、年销售收入达20亿元企业3家，创成国家级工程技术研究中心，光伏电池和组件产能达1000兆瓦，实现销售收入120亿元。

二、企业选介

常州天合光能股份有限公司 1997年创办，是中国最早的光伏系统集成商之一和专业从事晶体硅太阳能组件生产的制造商。2000年8月，成功建成中国首个太阳能光伏建筑；9月10日，下属的常州天合铝板幕墙制造公司研制成功中国首座太阳能能源建筑系统样板房，被中央有关部委选定为参与西部光明工程的首家私营企业。2005年8月生产出首批单晶硅棒；2006年2月开始制造硅片，年末产量达28兆瓦，销售到意大利、法国、比利时、荷兰、挪威、韩国、澳大利亚、美国等国家。12月天合光能在纽约证券交易所上市。2008年，天合光伏园在常州成立，20多家供应商和商业伙伴入驻园区建立制造基地，联合研发新工艺、测试新材料等。2010年被科技部认定为国家级技术实验室。

亿晶光电科技有限公司 2003年创办，是专业从事光伏发电产品的研发、生产和销售的高新技术企业，集晶棒拉制、硅片切割、电池制备、组件封装和光伏发电系统于一体，单(多)晶太阳能电池组件年生产能力1000兆瓦，先后建立江苏省(亿晶)光伏工程研究院、江苏省太阳能用材料工程技术研究中心、组件实验室和电池实验室江苏省企业技术中心、国家博士后科研工作站。亿晶光电与上海交通大学、江苏大学共建联合研发中心和产学研基地。2007年，生产出的太阳能电池光电转换率达17%，居全国同行业前列，成为国内光伏产业链最完整的企业。2009年，福布斯2008中国潜力企业榜跃居第二位，居全国入选的光伏企业首位。2010年，公司研发中心承担多项国家级科技研发项目，拥有170多项专利成果。亿晶光电产能500兆瓦，成为全球最大的单晶(硅)垂直一体化光伏企业，“EGing PV”成为国内外光伏行业的知名品牌。

第三节　风电装备制造业

2007年7月，江苏新誉风力发电设备公司成立，发展具有自主知识产权的风电机组整机设计平台，建成国家级EMC电磁兼容实验室、国家级风力发电重点试验室，与华能电力集团合作开发了吉林四平市400平方公里的风场资源；自主研发的装机1.5兆瓦级双馈式风力发电机组形成批量生产能力，开创中国民营企业实现兆瓦级机组产业化先河。实现2兆瓦直驱机组样机小批量生产，研发3兆瓦的海上风力发电机组，初步发展成为兆瓦级风力发电机组研发、检测及专业化制造基地，规模居国内同行业民营企业首位。2009年2月，位于武进遥观镇的常州卓润风能设备公司投产，生产2.5兆瓦风力发电成套设备、风力发电铸件与成套设备机械零部件，免热处理低温铁素体球墨铸铁在零下40℃的性能指标达到甚至超过欧美国家标准，具备年产1～3兆瓦风力发电铸件10万吨的能力。同年进驻溧阳风电设备产业园的风电装备与零部件制造企业逾20家，实现产销总额约40亿元。华鹏变压器、上上电缆、金源锻造、保龙塔筒4家企业产品跻身世界风能一流厂商的供应链。2010年8月，武进风电装备科技产业园在武进高新区启动建设，重点发展整机及核心零部件，集聚有江苏新誉重工科技公司、江苏卓润重工机械公司等25家企业，初步形成研发—制造—组装的兆瓦级完整风机产业链。2010年底，常州有风力发电整机及部件制造企业40多家，产品有风电整机、电机、电缆、变压器、齿轮、塔筒、底座、轮毂、叶片及填充料等。天晟复合材料公司自主研发的Strucell泡沫芯材在风机叶片静态载荷实验中取得成功。

常州风电产业既能生产风力发电整机，又具备发电机、叶片、齿轮箱、轮毂、主轴、变流器、塔架、控制系统等风电设备部件较完整的配套生产体系。江苏新誉重工科技公司立足国家863计划项目技术基础，专业从事大型风力发电机组整机、叶片、塔筒的研制和销售，是风电行业关键设备国产化程度最高的企业之一，拥有国家级EMC电磁兼容实验室、国家级风力发电重点试验室、3.8兆瓦机组出厂地面全性能检测试验台。集成创新、自主研发、批量生产1.5兆瓦双馈式风力发电机组，配套生产风力发电机组叶片、发电机、塔筒和控制系统等部件，成为国内少数几家能批量交付兆瓦级机组的企业，机组成功在内蒙古、吉林省、山西省等地风场实现并网发电并运行良好；1.5兆瓦风力发电机组成功出口美国、泰国，开创中国兆瓦级机组出口的先河。2兆瓦新型直驱风力发电机组进入小批量生产。公司与吉林白城市签署了规划容量为200万千瓦风场资源开发权，在当地建设风力发电机组的制造基地，2010年，研发出2兆～3兆瓦的海上风力发电机组。风力发电重点基础建设项目投资23亿元的风电工业园二期启动建设。新誉风电技术研究院是江苏省科技厅授权的唯一风电产业的研究院。

第四节　核电配件制造业

常州核电配件工业骨干企业有常州飞机制造厂、常州电力修造厂和常州电力机械厂等。1995年8月，常州电力修造厂在48B型中频弯管机上，采用附加反弯矩新工艺，弯制了R=2D(即弯管半径为2倍钢管直径)的小R弯管，属国内首创。9月，该厂通过中国核工业总公司的核电工程弯配管加工质量保证能力审查评估，具备巴基斯坦恰希玛300兆瓦核电站提供核级弯配管加工的实力，获得进入国际核电管道加工项目市场的合格供应商证书。1997年3月，常州电力机械厂取得国家核安全局颁发的核承压设备制造资格许可证，常州电力修造厂的压水堆核电厂弯配管道、低温核供应堆弯配管道、高温气冷实验堆弯配管道等获国家核安全局颁发的证进入核电市场资格证书。10月，上海核工业设计院设计、常州飞机制造厂试制的压力容器金属保温层在巴基斯坦恰希玛核电站现场安装成功，项目获国家制造发明专利。

1998年2月，常州电力机械厂承接秦山核电站大规格液压阻尼器测试台的技术改造任务，重新设计系统，选配关键元器件、仪器仪表，采用计算机控制记录，使秦山核电站这台保证核电站安全运行的重要测试设备满足对大规格液压阻尼器的测试技术要求。4月，获得管道支吊架获核承压设备设计与制造资格许可证书，成为全国电力系统首家独具两项资格的管道支吊架制造企业。5月国家“八五”重点攻关项目核级支吊架项目通过竣工验收，并在秦山核电站二期工程中使用，部分产品进入广东岭澳核电站。12月，该厂核级标准支吊架被国家经贸委评为国家级重点新产品。1999年，承制广东岭澳核电站核岛NSSS系统汽水管道预制工程，2001年6月顺利完成。

第五节　节能环保设备制造业

常州市环保部门和节能环保设备器件制造企业投入大量科研开发经费，提高环境科技水平和产品科技含量。2003年，江苏华虹新能源公司研制成功生态厕所系列产品，授权发明专利和新型实用专利8项。2008年，全市完成38家单位的强制性清洁生产审核，每年产生直接经济效益6351万元，减少废水835万吨和大量废气及工业废物排放；新增3家单位3个系列产品获得环保标志。2010年，常州节能环保产业实现营业收入总额294亿元，其中28家节能装备制造企业、31家节能产品制造企业、20家环保装备生产企业、18

家资源综合利用产品企业和5家环保产品生产企业，分别完成营业收入87.7亿元、147.8亿元、7.4亿元、37.9亿元和2.4亿元。

一、产业规模

90年代，常州环保产品有废水和净水处理设备、工艺废气和烟气治理设备、噪声治理设备和固体废弃物处理设备、环保分析计量仪器仪表和多种水处理药剂等200余种，其中20多种产品获国家银质奖和部、省"优质产品"等称号。常州第二航海仪器厂的系列油污水处理装置、常州能源设备总厂的分离和反渗透水处理设备和载热体加热炉、常州市锅炉总厂辅机分厂的多管除尘器、溧阳市活性炭厂的活性炭材料、金坛市环保设备厂的电镀物排放生产线、常州面粉厂的电控脉冲布筒滤尘器等产品达到或接近80年代国际水平。常州焊割工具厂的铜及其合金表面处理无污染工艺等项技术获国家专利或并列为国家环保最佳实用技术推广项目。1994年底，常州环保产业单位发展到137家，其中从事环保产品生产的有54家，年产值7.79亿元，实现利润4156.7万元。1999年8月13日，戚墅堰发电公司与东南大学在国内首创的煤粉浓度反馈的锅炉主蒸汽压力控制系统通过部、省科委鉴定。

2004年，全市有135家环保企业，环保及相关产业完成收入总额64.53亿元，实现利润总额4.19亿元，上缴税金3.61亿元，产品向15个国家出口，主要指标名列江苏省第四位；环保产业成为全市重要的经济增长点。2007年，常州环保相关产业从业人员3万人，完成总产值202.6亿元，实现利税8.6亿元，出口31.9亿元。2008年底全市环保相关产业单位发展到315家，其中企业单位305家、事业单位10家，专业单位248家、兼业单位67家。2010年从事环保产业的企事业单位发展到400多家，逐步形成环保项目开发、咨询、设计、成套设备制造、工程建设、安装调试和项目营运的综合能力，主产品包括水污染治理设备、空气污染治理设备、固体废物处理处置与回收利用设备、噪声与振动控制设备、药剂材料等5大类。常州环保产业实现销售收入156亿元，工业废水处理单位除城市污水处理厂外完成总产值2亿元，实现销售收入1.37亿元，水处理剂生产量约占全国总量的60%。江苏河海新能源公司成为国内小区热水集中供应系统的最大供应商，江苏维尔利环保科技股份公司成为国内垃圾渗滤液处理设备的主要供应商，及中国渗滤液处理行业首家上市公司，研发的垃圾渗滤液污染防治技术及设备获省科技进步三等奖。

二、技术推广

1989年，常州环保产业开始依靠科技进步，健康发展。1992年2月，市环保部门兴办经济实体常州环保服务公司，开业3年承接环保工程22项。1994年，常州环保科技开发推广中心成立，研究开发推广无废、少废、节水、节能的新技术、新工艺、新产品，开展环境工程设计。1993年，《常州市环保产业发展规划》编制完成。1995年，常州市向全国推广应用埋地式无动力生活污水净化装置。1996年，市环保局发布了《环境保护最佳使用技术推广管理办法》，组织申报推荐并推广国家和市的最佳实用技术推广项目。

2002年，全市17家环保产业单位参加江苏国际环保产业和环境标志产品展览会，江苏同大集团、常州光辉造漆公司和安莉芳服饰公司的5种产品被评定为中国环境标志产品。全市有6家企业获得国家级或省级环境保护设施运营资质，208家单位的固体废弃物、178家单位的废水实现市场化处理。2005年，市排水管理处与常州热电公司研发成功利用热电厂循环流化床锅炉焚烧城市污水处理厂脱水污泥专利技术，在常州率先实现规模化应用，解决污泥处置的行业难题。3月，通过省建设厅专家的项目评审和技术鉴定。2005年3月，循环流化床锅炉焚烧城市污水处理厂脱水污泥技术被建设部确定为科技示范工程。翌年3月、8月，该技术相继获国家实用新型专利、发明方法专利。2005年10月起，常州市区所属5座城市污水处理厂产生的脱水污泥采用该项技术处理。2006年，市环保局与德国专家合作，在新北区孟河镇通江花园社区对300多户、1000多人的生活污水开展垂直潜流人工湿地处理方式试点。2007年11月，市环保局重点推广4种分散处理技术模式：张家港模式采用有动力埋地式装置处理生活污水，通江花园模式采用人工湿地处理生活污水，骨干河模式采用有动力处理装置就地处理排入相对封闭河塘的生活污水和五一村模式采用埋地式无动力装置处理生活污水。

2008年，市环保局组织召开全市印染废水提标及回用使用技术推荐会。在武进区雅浦村、雪东村、南山村和新北区王下村、石庄里村建成5个分散式农村生活污水处理示范工程。6月，全省首家污水治理实用技术超市在常州开设，23家技术单位集中展示，农村生活污水、城镇生活污水、工业污水、中水回用、生产新工艺等污水处理实用技术，2009年，从由单一的污水处理实用技术超市向综合性环保实用技术超市转变。进驻超市的技术依托单位由23家发展到清华大学等大专院校、轻工业环保研究所等科研机构和10家工程公司等50家，帮助完成污染治理项目203个，提供清洁生产工艺350余项。至2010年底，累计为1000多家治污单位或企业免费提供治污技术和方案。同年5月17日，常州市首届环保技术创新成果推介暨产学研对接洽谈会举办，展示环保技术创新成果119个，发布常州市环保产业及技术需求项目150个。

三、常州环保产业园

2001年2月23日，国家环保总局批准建立常州国家环保产业园，规划建设面积10平方公里；由环保工业园、环保生态园、环保科研园、环保产品展销中心和环保产业咨询中心组成，是国内首家多功能的国家级环保产业园区，重点发展节水和水处理、大气污染治理、环境监测管理、生态环境、废弃物处理、节能和绿色能源、资源综合利用、清洁生产等高科技、高附加值的绿色环保高科技产业。9月开园，被国家环境保护总局列为重点扶持的国家级环保产业示范区。至2002年底，常州三立环保设备工程公司等20多家国内外企业入驻。2006年，入园企业逐渐从孵化期进入逐步成长期，入园企业常州河海水环境工程公司是国内小区热水集中供应系统的最大供应商，德国维尔利公司是国内垃圾渗滤液处理设备主要供应商。2010年，常州国家环保产业园建成面积8.3平方公里，129家入园企业建成投产，集聚有爱思特净化设备等企业20多家。同年，常州环保产业园完成工业总产值112.3亿元、销售收入114.1亿元，实现利税5.2亿元。

四、环保产业集群

武进环保产业集群　主要分布于武进东部、南部地区，涵盖环保及相关产业，形成以生产水质稳定剂为主的横山桥镇、冷库材料为主的洛阳镇、净化塔为主的前黄镇、干燥设备为主的郑陆镇等环保产业特色镇。

溧阳环保产业集群　溧阳活性炭产量占全国市场的比例近1/3，成为全国活性炭生产基地，尤其是溧阳的木质活性炭占常州乃至全国市场的重要地位。溧阳除尘器产业占全市半壁江山，形成产业规模。

位于武进区的光大环保能源（常州）公司（摄于2009年4月）

第六节 新型涂料制造业

常州具有从原材料、辅料、助剂、涂料产品到涂料研发基地、信息基地等完整的产业链，以高固体涂料、水性涂料、粉末涂料等新型涂料为主体，以高档工业涂料、民用涂料为特色，实现高水平研发、规模化生产建筑涂料、工业防腐涂料、卷材涂料、汽车涂料、特种功能性涂料等，成为中国工业涂料重要的产业基地。2003 年，科技部批准建立全国首家以涂料产业命名的国家级特色产业基地常州新型涂料产业化基地；8 月 5 日，常州市国家涂料工程技术研究中心通过科技部组织的专家组可行性论证。2005 年以后，市政府陆续出台系列优惠奖励政策，常州涂料工业驶入快车道。

2006—2010 年，常州新型涂料产业化基地内企业承担国家级科技项目 18 项、省级科技项目 48 项、市级科技项目 52 项，申请发明专利 73 个、实用新型专利 6 个。2010 年，集聚科研机构和江苏兰陵化工集团等企业 70 家，其中江苏省高新技术企业 15 家；有全国性涂料研究开发专业机构与国家级工程技术研究中心各 1 家、企业院士工作站 1 家、企业博士后工作站 2 家、省级企业技术中心 8 家和市级企业技术中心 6 家，形成以中海油常州涂料化工研究院为研发龙头，26 家骨干企业为支柱，20 余家培育企业为重点，10 余家涂料原材料、辅料等相关企业为紧密层的产业集群。2010 年 4 月，中海油常州涂料化工研究院年产 5 万吨绿色环保新材料产业基地（一期）项目在新闸街道玉龙中路开工，主要生产水性工业涂料、防腐涂料、特种和功能涂料。同年，常州新型涂料产业化基地生产涂料 82.6 万吨，占全国总产量的近 10%，防火涂料、防腐涂料等功能性涂料占国内市场的 87.2%；完成工业总产值 120.93 亿元，销售收入达 1 亿元的企业 15 家；全产业实现工业增加值 32.82 亿元，上缴税收 19.64 亿元。

第六章 生物技术和医药产业

1980 年，常州市建立政企合一的医药统一管理机构常州市医药公司，实施对常州市、县 11 家药厂、2 家医疗器械厂、4 家医药公司的行业管理。1987 年 10 月，市医药公司改为市医药行业管理办公室。1989 年 8 月，撤销市医药行业管理办公室，成立市医药管理局。1988 年，常州有 6 家医药生产企业（常药、二药、武进药厂、溧阳药厂、三药、四药）被江苏省医药总公司（后改为江苏省医药管理局）列入全省 21 家重点企业名单。80 年代后期至 2010 年，常州初步形成科研与生产相结合，药品、药用包装及医疗器械等门类较完备的医药工业体系。2010 年底，拥有药物研发机构 14 家，拥有省及其以上医药工程技术研究中心 12 家。

第一节 行业综述

常州生物技术和医药产业不但企业产品数量多，而且实力强大，全省 3.5 种被列入国家“七五”重大科技攻关的新药类项目中 3 种由常州承担并如期完成。

1986—1990 年，常州医药工业每年有 20 种医药新产品投产。90 年代，常州医药工业成功研发一批国内首创的奥美拉唑、加贝酯、洛美沙星、氟西汀、氟康唑、硫普罗宁、恩丹西酮等创新药物，结束单纯生产仿制药的时代。常州生物技术和医药产业从纯化工生产逐渐发展到生产药物中间体，再转变到研制原料药、成品药、生物药，形成以医药为主，农药、兽药为辅、工业生物并行。千红、四药、华生、巴尔斯多夫、常药等合资、独资制药企业相继成立。1996—2000年，生物技术和医药产业重点发展合成新药、生物工程药物、中成药、营养滋补保健品、新型再生材料、医疗器械产品。2000年，全市重点培育新型高效农药高新技术产品群，省级医药、农药、兽药（简称"三药"）产业示范基地拥有国家"863"计划成果产业化基地两个、骨干单位8家、"三药"产业化项目12个、拥有自主知识产权"三药"创新项目17个。

2001年6月，常州市药品监督管理局成立，对全市药品生产销售行业实施监督管理。2002年，江苏亚邦药业集团成立，主要生产销售抗感染类、心血管类、呼吸系统类化学原料药及其制剂10多个剂型、200余个品规产品，发展成为集新药研发、原料药生产、药品生产与医药流通于一体的大型医药集团。2003年，常州医药企业开发出重组人蛋白酶、左旋长尼汀、联苯菊酯、D-氨基酸、阿斯巴甜等新产品。2005年6月，市药品监督管理局改为江苏省常州食品药品监督管理局。

亚邦集团、方圆制药等6家"三药"企业被认定为省高新技术企业，盐酸赛庚啶、嘧霉胺等26个"三药"新产品被认定为省高新技术产品。全市有生物技术及医药产业企业523家，涉及生物制药、化学药品、中药、医疗器械和医用材料、生物能源、生物工业、生物农业、生物环保8个领域；其中医药生产企业305家，分药品、医疗器械、药品包装材料3个大类。拥有重点实验室4家(1家省级、3家市级)，企业院士工作站7家，博士后科研工作站3家，建成工程技术研究中心31家，其中国家级1家、省级10家、市级20家，外资研发机构4家；开发高新技术产品近50种，拥有国家一类新药8个、二类新药30个，申请专利2800余项；拥有药品注册批文的产品901种、医疗器械产品注册证的产品1019种、药用包装材料产品注册证的产品72种。骨科植入物、医用手术吻合器等6个品种市场份额居全国首位，有10个品种医疗器械在国内市场占有率排名前3位。可生产2200余种经药监部门注册批准的医药产品。企业申报近20个国家重大专项和"863"计划专项项目，获国家支持3项、资金支持1700万元和"863"计划项目支持1项、资金支持700万元。

2010年，全市生物技术及医药产业178家规模以上企业完成工业总产值360亿元，其中年产值、销售收入过1亿元的生产企业20家；出口医药生产企业100余家，其中23家年出口值达500万美元。药品与医疗器械产值之比为1.13：1；销售收入比为1.15：1，接近发达国家水平。全市规模以上生物技术和新医药产业实现销售收入186亿元。全市形成一批竞争能力强、质量优、市场信誉好的医药产业集群，拥有药品注册批文的产品900余种、医疗器械产品注册证的产品860余种、药用包装材料产品注册证的产品72种。常州有全国独家生产的中西医药品19种，市场占有率居全国前3位的药品有45种，获得新药证书的药品116种；41种药品拥有专利(其中发明专利29种)，医疗器械产品达10个大类、111个品种。

第二节　生物技术产业

常州生物技术产业主产品有生物技术新药及试剂、工业生物产品等。2000年，全省首家省级"三药"科技产业示范基地在常州高新区建立，2003年被科技部批准为国家火炬计划科技产业基地。2006年，进驻基地的生物技术产业相关企业有70多家，南京大学常州高新技术研究院在常州科教城设立医药生物技术国家重点实验室研发基地。翌年，中国科学院上海药物研究所在武进高新区成立常州研发中心。2006—2010年，常州千红生化制药公司突破生化药物大生产技术瓶颈，将现代分子膜超滤、蛋白质亲和层析、分子螯合、病毒灭活等技术集成运用于大规模生产生化酶药物、多糖类药物，先后开发成功胰激肽原酶、弹性酶、L-门冬酰胺酶和复方消化酶等酶制剂产品，在世界上首次成功将胰激肽原酶用于防治糖尿病并发症。2008年3月，常州方圆制药公司(简称"方圆制药公司")与俄罗斯益姆基(ImDi)公司合资组建常州凯尔生物科技公司，主要研制世界领先水平的免疫酶检测诊断系统试剂及生物芯片。至2010年底，常州生物医药领域引进创新创业人才92名。同年，市科技局成立市生物医药办公室，开通常州生物医药在线网。方圆制药公司承建的常州生物医药孵化器同时奠基，15家孵化企业入驻，省级企业院士工作站同时揭牌。

一、常州生物医药产业园

2010年，市委、市政府决定建立生物医药产业集聚区常州生物医药产业园，是“一核八园”的重要组成部分，规划面积1.62万亩，重点发展生物技术药物、小分子制剂、医疗器械、设备及医用材料、现代中药及生物技术食品、添加剂等，集聚有千红生化、常茂生化、康辉医疗器械、方圆制药、太平洋美诺克等生物医药及相关企业93家，其中产值达1亿元企业12家、高新技术企业29家(国家重点高新技术企业5家)，初步形成覆盖生物制药、化学原料药及制剂、医药中间体、中药提取及中成药、医疗器械、生物能源等多门类、多品种的产业体系，被省科技厅认定为省级科技产业园。

二、西太湖国际医疗产业园

2010年启动建设，占地1.07万亩，主要发展医疗器械及生物医药产业，设国际医疗器械城、亚邦药业为龙头的生命技术产业区、研发孵化外包区、办公展示交易区、产业服务平台区与健康服务体验区、生态居住区。引入的亚邦生命科技园项目占地1300亩，总投资35亿元。

三、企业选介

常州千红生化制药股份有限公司　1971年1月，常州生物化学制药厂成立。1987年12月，该厂与江苏省食品总公司、江苏省医药保健品进出口(集团)公司、日本丸红株式会社和日本千叶生化学株式会社合资组建常州千红生化制药公司。1997年1月，变更为常州生化千红制药公司。2003年4月，常州生物化学制药厂与常州生化千红制药公司合并成立民营常州千红生化制药公司，主要生产冻干粉针剂(含抗肿瘤药)、小容量注射剂、片剂、胶囊剂、原料药，代表产品有胰激肽原酶、胰弹性蛋白酶、L-门冬酰胺酶等，全部通过GMP认证。同年，胰酶两酶联产项目获省科技进步二等奖，L-门冬酰胺酶成为科技部创新基金项目。2007年被科技部高科技产业中心认定为重点高新技术企业。2008年3月，常州千红生化制药股份公司成立。2010年，公司完成工业销售收入12.16亿元，出口1.06亿美元，实现利税2.17亿元、利润1.57亿元。

常州方圆制药有限公司　是杭州爱大制药公司、江阴高新科技发展公司及硫酸依替米星专利发明人合资组建的高新技术医药股份企业，2000年4月由江阴迁至常州高新区“三药”科技产业示范基地。2002年4月，江苏省微生物研究所独立研发、具有自主知识产权的国家一类新药硫酸依替米星获国家药监局药品批准文号，成为常州方圆制药公司主导产品，获国家科技进步二等奖和江苏省科技进步一等奖，获中国、美国、英国等多国专利，其原料药国内市场占有率达75%，注射液、冻干粉针占有率达30%。公司主产品有：硫酸依替米星(原料药、小容量注射剂、冻干粉针剂)、氨曲南(无菌氨曲南、非无菌氨曲南)和更昔洛韦、帕米膦酸二钠、地氯雷他定的原料药及其冻干粉针剂片剂等。公司先后承担国家发改委高技术产业化示范工程、国家科技攻关计划项目、科技部中小企业创新基金、国家“火炬”计划等重大项目，建有江苏省微生物研究所、中俄合资常州二十一世纪生物技术研究所和江苏省半合成抗生素工程技术研究中心、微生物制药工程技术研究中心和陈洪渊院士工作站及中国药科大学研究生工作站。2010年，完成工业总产值1.65亿元，实现销售收入1.57亿元、利税8600万元、利润5050万元。

江苏亚邦药业集团　隶属于亚邦集团，位于武进牛塘镇，是集新药研发、药品生产与医药流通于一体的大型医药集团，占地32万平方米，总资产近10亿元。集团以江苏亚邦药业集团股份公司为核心；拥有全资子公司江苏亚邦强生药业公司、江苏亚邦爱普森药业公司、江苏亚邦生缘药业公司、常州亚邦制药公司、常州亚邦医药研究所公司。2008年、2009年均入选“中国制药工业企业百强”。主要生产、销售以抗微生物药物为主的化学原料药及制剂，常年生产注射剂、片剂、颗粒剂、胶囊剂、糖浆剂、口服液、软膏剂等10多个剂型、100余个品规，有50个品种被列入国家基本药物目录。

第三节 药品及药包材制造业

1986年初，全市有常州制药厂、常州市第二制药厂、常州第三制药厂、常州市第四制药厂、常州健民制药厂、常州生物化学制药厂、武进制药厂、金坛制药厂、溧阳制药厂，仅生产化学合成原料药、制剂、中成药等门类500余个品种，以化学合成类药物为主，常州药品及药包材制造业工业总产值1.16亿元，外贸收购总值不足1亿元。随着药监机构监管的强化，欧美等外资企业的示范带动，1998年药品GMP实施细则的公布和2001年新版药品管理法明确规定“药品生产企业必须推行GMP”，药厂生产质量管理走上依法生产、规范管理的道路。2000年7月，中国首家股份制工程技术研究中心江苏省农用激素工程研究中心在常州市新区成立。

21世纪初，民营医药工业企业快速崛起，新药开发由以仿制为主逐步转向创仿结合、仿中有创。常州四药公司率先高标准通过国家药品GMP认证，被国家药监局推荐代表中国中资医药企业接受世界卫生组织的考察，获得好评。全市药品质量市场抽检合格率常年保持在98%～100%。2004年9月24日，江苏省第一条全自动联动式针剂生产线在常州四药制药公司投产。2007年，常州一些重点制药企业的制剂产品打入欧美等国家市场，常州三维工业研究所与中国科学院上海药物所等共建的善美药物研究所落户武进。

1985—2010年部分年份常州药品及药包材制造业主要经济指标统计表

表15-6-1　　　　单位：亿元

年份	产值(现行价)	销售收入	利税	利润	出口值
1985	1.78	1.70	0.35	0.24	0.52
1990	3.78	3.15	0.58	—	—
1995	8.84	6.15	0.30	0.05	1.21
2000	9.41	8.69	1.11	0.33	3.56
2005	40.64	33.15	6.56	3.92	10.14
2009	71.63	70.58	13.38	9.04	21.28
2010	92.59	89.02	15.95	10.56	25.71

说明：表内数据仅含常州市规模以上、经药监部门认定的药品、医疗器械生产企业及药包材企业的指标

2010年底，常州药品及药包材制造业有持药品生产许可证的药品生产企业39家、持药包材注册证的药包材生产企业25家，生产门类涵盖所有的药品子行业，能生产中成药、中药饮片、中药提取物、化学原料药及其制剂、抗生素、生化药品、疫苗、医用氧、诊断药品等类药物。生产化学药物、制剂7个大类，能生产预防性药物(如疫苗等)，拥有药品注册证900余个。同年，常州持证的药品及药包材制造业完成工业总产值(现行价)49.16亿元。涌现出千红生化、四药、常药、佳尔科、天禾、方圆、亚邦、康丽、兰陵、南方、润德等年产值达1亿元的企业。完成外贸出口值2.34亿美元，千红生化、佳尔科、康丽、常药、四药、武新、阳光、泰康等企业年出口额达500万美元。1986—2010年，全市医药工业企业承担或参与研制开发的项目累计获省科技进步奖11项，其中二等奖3项、三等奖8项。

1986—2010年常州市药品及药包材制造业获江苏省科技进步奖项目一览表

表 15-6-2

获奖项目名称	奖项	时间	承担研制开发单位和主要研制人
布洛芬新工艺技术	二等奖	“八五”期间	常州制药厂
奥美拉唑及胶囊制剂(奥克)	二等奖	“八五”期间	常州市第四制药厂
抗抑郁剂盐酸氟西汀	二等奖	1996	常州第四制药厂(参与)、上海医药工业研究院
MIC清洁生产新工艺改造氨基甲酸酯农药(甲萘威、异丙威、灭多威)	三等奖	1998	常州市农药三厂
食管颈部吻合器研制及临床应用技术研究	三等奖	2002	江苏省肿瘤防治研究所、常州市新能源医卫器材总厂的倪庆增、冯纯伟、刘建良等5人
清洁工艺生产双甲脒研制	三等奖	2002	江苏华夏动物药品厂、武进市华夏农药厂的史荣根、金锡良、张金堂等5人
开展的两用紫外线杀菌灯研制与应用氏	三等奖	“十五”期间	南京军区南京总医院、江苏武进消毒设备厂和江阴市紫外线消毒器械厂
绿色工艺生产富马酸	三等奖	“十一五”期间	常州大学、常茂生物化学工程股份公司
仿生农药杀螟丹、杀虫环产业化开发	三等奖	“十一五”期间	江苏天容集团股份公司、江苏中意化学公司等4家单位
精噁唑禾草灵的制备新工艺及产业化开发	三等奖	“十一五”期间	江苏天容集团股份公司、江苏中意化学公司等4家单位

2010年常州市药品及药包材制造业主要经济指标统计表

表 15-6-3　　单位:亿元

指标	规模以上企业	其中:民营企业	主营收入达2000万元企业	指标	分项	规模以上企业	其中:民营企业
企业(家)	70	46	53	利润总额		10.31	6.29
年均从业人数	16709	10899	15591	每百元固定资产原值(元)	实现利税	39.04	36.94
固定资产净值平均余额	20.22	10.72	19.56		其中利润	26.88	27.15
所有者权益	39.63	19.79	38.53	平均每位从业人员(万元)	实现利税	8.96	7.86
工业总产值	110.34	75.80	107.31		占有固定资产原值	22.95	21.27
产品销售收入	105.48	72.56	102.58				
利税总额	14.97	8.56	14.90		工业总产值	66.04	69.54

一、产品开发创优

1986—1990年，常州在全省率先承担3种国家“七五”科技攻关项目马洛替酯、马来酸依那普利、盐酸阿米洛利的研制。1991—2000年，常州制药企业相继抢仿一批国内首创的奥美拉唑、盐酸氟西汀、恩丹西酮、甲磺酸加贝酯、盐酸洛美沙星、氟康唑等二类新药。2003年，抗艾滋病新药GFP-1研制取得突破性进展。2008—2010年，常州药品药包材产业有常药牌卡托普利系列、复方利血平片、盐酸多西环素，奥克牌奥美拉唑系列、缬克牌缬沙坦胶囊、兰苏牌盐酸氨溴索系列，创成牌硫酸依替米星，常生千红牌肝素纳系列产品、怡开牌胰激肽原酶及其制剂产品，润德牌注射液用卤化丁基橡胶塞等13个产品被认定为江苏省名牌产品。至2010年底，常州单品种市场占有率名列全国前茅的药品有氢氯噻嗪、卡托普利片、奥克、缬克、肝素钠、怡开、硫酸依替米星、流感疫苗、悉敏、盐酸伐昔洛韦等40余个，独家生产的药品有沙利度胺、乌司它丁、复方地芬诺酯片、环吡酮胺、黄芪精、阿米洛利片、关节克痹丸等近20个；盐酸多西环素、盐酸赛庚啶、肝素钠系列、黄体酮、西米替丁等原料药可供出口，盐酸氟西汀胶囊、叶酸片、盐酸多西环素片等制剂产品开始出口欧美市场。

2008—2010年常州药品生产企业的江苏省名牌产品一览表

表15-6-4

年度	数量(项)	品牌	品　　名	研制生产企业
2008	2	缬　克	缬沙坦胶囊	常州四药制药公司
		怡　开	肝素钠	常州千红生化制药公司
2009	2	创　成	硫酸依替米星制剂	常州方圆制药公司
		常生千红	肝素系列产品及其制剂	常州千红生化制药股份公司
2010	6	常　药	卡托普利系列、盐酸多西环素、复方利血平片	常州制药厂公司
		奥　克	奥美拉唑系列	常州四药制药公司
		兰　苏	盐酸氨溴索系列	
		缬　克	缬沙坦胶囊	
		常生千红	肝素系列产品及其制剂	常州千红生化制药股份公司
		怡　开	胰激肽原酶及其制剂系列产品	

奥美拉唑　常州第四制药厂与中国医学科学院药物研究所开发，为国家二类新药，1992年5月3日通过国家级评审，12月17日入选国家“火炬”计划项目。

硫酸依替米星　常州方圆制药公司研制，2005年8月19日通过科技部、省科技厅专家组验收，成为新中国成立后唯一由科研人员独立研发、具有自主知识产权的国家一类抗生素类新药。

二、企业选介

常州制药厂有限公司　前身为1949年创办的常州制药厂，是国家医药行业的骨干企业、国家定点心脑血管药物研制、生产基地。1997年与常州药业公司实行资产重组。2002年1月完成股份制改造，主产品为心血管药物、解热镇痛药物、维生素、抗生素、保健品5个系列，所产原料药及制剂品种达100种。氢氯噻嗪、盐酸强力霉素、强力霉素一水物通过美国FDA认证，固体制剂车间、瑞苏伐他汀钙通过欧盟GMP认证。2006年12月，常药牌卡托普利系列、盐酸多西环素被评为江苏名牌产品。2009年3月，被科技部火炬高技术产业开发中心认定为国家火炬计划重点高新技术企业。2010年，拥有总资产4.7亿元，完成工业销售收入5.06亿元，出口1596万美元，实现利税1.79亿元、利润1.18亿元。

常州四药制药有限公司　前身为常州市第四制药厂。1996年3月整体与美国华生股份公司合资组建集科研、开发、产销于一体的综合型制药企业常州四药制药公司，拥有口服、冻干、小容量注射剂、透皮贴剂、乳膏剂、口服固体、液体制剂及原料药等剂型；具有年产25亿粒片剂、胶囊，1亿支冻干粉针及水针和5000万贴贴剂及乳膏剂的能力。拥有注册产品138种。1999年，固体制剂车间通过GMP认证。常州四药制药公司拥有江苏省名牌产品奥克(1996年)、兰苏(2007年)、缬克(2008年)3种，盐酸氨溴索、溴西泮取得CEP(欧洲药典适用性认证)证书；盐酸氟西汀胶囊、盐酸氟西汀、盐酸赛庚啶通过美国FDA(美国食品药品监督管理局)认证。承担并完成国家“863计划”项目芬太尼贴剂。2010年，完成销售收入10.1亿元，实现利税2.15

亿元、利润9835万元，出口1513万美元。

常州佳尔科药业集团有限公司 1993年成立，原名常州医药原料厂，2000年转为民营股份制企业常州医药原料公司，2004年变更为今名。专营甾体激素产品及其他有机化工产品，主产品有皮质激素、孕激素等系列产品，90%以上的产品出口。2010年完成工业总产值2.63亿元、销售收入2.55亿元，实现利税3430万元、利润2750万元，出口值3769万美元。

常州康丽制药有限公司 1986年11月创办，是化学原料药、药物中间体的专业生产企业。主产品有核苷类抗病毒原料药、沙坦类抗高血压原料药及其中间体。1996年10月改制为民营股份制企业，盐酸伐昔洛韦、环吡酮胺、雷贝拉唑钠国内市场占有率名列前茅，拥有产品注册证8个。2010年，公司完成销售收入1.15亿元，实现利税1740万元、利润1368万元，出口491万美元。

常州兰陵制药有限公司 前身为1962年7月成立的戚墅堰兽药厂。1985年，与中国科学院上海药物研究所联合开发具有自主知识产权的聚醚类抗生素国家一类新型兽药海南霉素，成为全市唯一拥有人药、兽药、农药3类产品生产资质的企业，1995年被国家经贸委评为国家大型二类企业。2001年5月改制为民营企业，2006年8月与常茂生物化学工程股份公司、英国BONUS SKY INVESTMENTS LIMITED等企业出资改组为合资企业，发展成为生产抗生素、化学合成原料药及制剂的综合性药企。2010年，完成销售收入1.05亿元，实现利税3928万元、利润2900万元。

第四节 医疗器械器材制造业

一、医疗器械

1985年，常州医疗器械制造业仅有常州注射器厂、常州为民卫生材料厂和武进邹区手术器械厂，主产品为医用卫生材料、全玻璃注射器两个大类、13个品种及医用外科常规手术器械10余种。全市医疗器械产业工业总产值不足3000万元。“七五”期间，常州市有16家一次性无菌医疗器械企业。1988年5月13日，常州照相机总厂总工程师祖志翔参与开发的两自由度肌肉电控制前臂假肢科研项目获国家发明三等奖。

1991—2000年，常州有大批民营企业进入医疗器械产业，先后开发骨科植入物、医用手术吻合器等产品，企业自主创新能力增强，全市拥有医疗器械专利120余项。创生牌被评为中国驰名商标，创生公司、康辉公司的骨科植入物等产品质量达欧美发达国家同类名牌产品的水准，出口海外。1998年3月，金坛市科达医疗器械厂研制的SLC集光束冷光源深部手术灯获联合国发明创新科技之星奖。2001年全市医疗器械生产企业发展到128家，拥有医疗器械注册产品329种，同年完成工业总产值4.5亿元。

2008—2010年常州医疗器械生产企业获江苏省名牌产品一览表

表15-6-5

年度	数量(项)	品牌	品　名	研制生产企业
2008	2	润德(图形)	注射液用卤化丁基橡胶塞	江苏润德医用材料公司
		常　宝	一次性使用无菌注射器、输液器	江苏康华医疗器材公司
2009	1	健尔康	脱脂纱布	江苏省健尔康医用敷料公司
2010	3	康　友	一次性使用无菌注射器	江苏康友医用器械公司
		康　进	一次性使用无菌注射器、输液器（带针）	江苏康进医疗器材公司
		乐　伦	一次性使用无菌注射器输液器	常州医疗器材总厂公司

2010年1月，江苏朗生生命科技公司研制出一次性使用空心纤维血液透析器及滤过器，产品性能达国际先进水平。2010年全市医疗器械生产企业发展到241家，涌现出创生、康辉、健尔康、康华、南方、华联、宝利、京林、朗生、钱璟等年销售达1亿元企业；拥有医疗器械注册产品1200余种，骨科植入物、医用手术吻合器、医用血液透析器等医疗器械产品在全国市场占有率高、质量信誉好，出口量大；全市医疗器械产业完成工业总产值43.43亿元，占医药产业总产值的46.9%，实现利润4.91亿元、利税7.13亿元。同年，创生、康辉分别在香港、美国证券市场上市；健尔康医用敷料公司、南方卫材公司销售收入分别达5亿元、2.8亿元。健尔康医用敷料公司出口6607万美元，居全市医疗器械生产行业首位。

二、医用器材

常州一次性医用器材业主要集中于武进郑陆镇三河口工业区，起步于80年代初，生产玻璃注射器等医用器材。1986年，卫生部推行一次性输液、注射、输血等新型医用器材，三河口乡开始试制转产一次性注射器。1988年，三河口生产一次性注射器的企业猛增到9家，年产一次性注射器超过1亿个。翌年，三河口试制成功一次性输液器、输血器，获得省卫生厅鉴定。1990年，试制出一次性尿袋。1992年6月26日，常州市新能源器材厂生产的一次性使用药液过滤器通过国家医药管理局医药产品许可证评审，成为国内较早获准生产的定点企业。

1995年，三河口镇及周边的武进郑陆、焦溪、新安、横山桥及江阴县的月城镇等形成当时国内最大的一次性医疗器材生产基地。高峰时期，年产一次性医用器材（主要为一次性输液器）40亿件（个）。1997年，卫生部、国家质检总局实行一次性医用器材生产准入制度。1998年起，三河口一次性医用器材生产步入正常的发展轨道，年产量稳定在20亿件（个）左右。2005年末，三河口医疗器材一次性输液器材用品生产企业有60余家，主产品为一次性输液器、一次性注射器、一次性输血器和一次性尿袋等，年生产能力22亿件（只），约占全国医疗市场需求的20%。同年完成工业总产值29亿元，实现销售收入27.8亿元。三河口一次性医用器材业拥有省级名牌产品5个，骨干企业有江苏回春医用器材公司、江苏鹤寿医疗用品公司等。至2010年，一次性使用无菌医疗器械、医用卫生材料、药用辅料等门类产品在全国市场反映良好。

三、企业选介

创生医疗器械（江苏）有限公司　1986年创办武进县牛塘医疗器械厂，后变更为武进第三医疗器械厂，1991年注册“创生”商标，2001年改制为股份合作制企业。2003年，注册成立常州市第三医疗器械厂公司，生产经营范围扩大为三类植入材料及人工器官、二类矫形外科（骨科）手术器械。2006年变更为创生医疗器械（江苏）公司。2007年主产品获CE认证证书、2008年获FDA 510K许可。2009年，成立创生控股公司，全资控股创生医疗器械（江苏）公司和常州奥斯迈医疗器械公司。2010年6月29日，在香港联交所主板（股票代号：HK0325）上市。2010年公司产品拥有注册证数66份、专利35项，生产创伤和脊柱植入物及相关手术工具等2000多个品种，产品覆盖30个省、直辖市及自治区的各级医院，远销29个国家和地区。2010年，完成工业总产值2.6亿元、销售收入1.9亿元，实现利润9000万元，出口580万元。

常州市康辉医疗器械有限公司　1997年成立，现为康辉控股（中国）公司在中国常州投资的外商独资企业，主要生产骨科医疗器械，4000多种产品覆盖骨科治疗的全部领域。公司产品销往欧盟、印度、俄罗斯、东南亚、中东、南美等24个国家和地区。2010年10月，该公司在美国证券市场成功上市。2010年，公司实现工业总产值2.5亿元，销售收入1.6亿元，利润7000万元。

常州市南方卫生器材厂有限公司　前身为1994年创办的常州市南方卫生器材厂。1998年，改制为有限公司，是生产国家二类卫生材料、医用敷料、橡胶膏剂的规模企业，主要产品有妙手牌医用胶布系列、创可贴系列、透气胶带和南卫牌伤湿解痛膏、关节止痛膏等，远销欧美、东南亚、南非等国家和地区。2010 年完成工业销售收入 2.64 亿元，实现利润 1350 万元，出口 1.35 亿元。

第七章　冶金工业

80 年代起，常州冶金工业持续发展。2001—2005 年，冶金工业继续呈调整增长态势，中天钢铁、申特钢铁、金源铜业、兴荣美乐等企业快速发展，带动全行业年均产销增速达 50%，冶金工业占全市工业经济总量的比重升至 16%，仅次于机械行业，居第二位。中天钢铁集团成为全市首家产销规模超百亿元的工业企业。2010 年，全市有规模以上冶金工业企业 323 家，完成工业总产值 1476 亿元、销售收入 1463 亿元，总产值、销售收入分别占全市规模以上工业总量的 20%、20.4%。

第一节　行业综述

常州金属冶炼及压延加工业产品主要集中在钢铁冶炼、轧材、铜加工及铁合金领域，骨干企业有中天钢铁、申特钢铁、金源铜业、兴荣美乐、常宝钢管、江南铁合金、江苏国强镀锌、武进不锈钢等集团公司。2003 年，全市冶金行业规模以上工业企业完成工业总产值 169.8 亿元，占全市规模以上工业的比重为 11.1%，完成工业增加值 33.4 亿元，产品销售收入 170 亿元，实现利税 10.6 亿元，其中利润 5.27 亿元。2010 年，冶金工业发展成为全市工业的第二大行业，油井管、石油输送管、高压合金锅炉管等主要中高档产品远销国外，部分关键品种技术、质量达国际先进水平，附加值明显提高；规模以上企业完成销售收入 1463 亿元，占全市规模工业总量的 20.4%。乡镇冶金工业已形成横山桥冶金产业、溧阳上兴金属加工制造业、郑陆不锈钢业 3 个特色产业集群。

2010 年常州市金属制品业主要经济指标统计表

表 15-7-1　　　　单位：亿元

指标	规模以上企业	其中：民营企业	主营收入达 2000 万元企业	指标	分项	规模以上企业	其中：民营企业
企业（家）	380	331	169	利润总额		14.31	20.99
年均从业人数	54815	47226	44042	每百元固定资产原值（元）	实现利税	33.87	11.42
固定资产净值平均余额	47.70	35.03	41.74		其中利润	19.10	21.26
所有者权益	72.03	49.10	63.25	平均每位从业人员（万元）	实现利税	4.63	4.45
工业总产值	370.29	308.62	320.11		占有固定资产原值	13.67	11.38
产品销售收入	366.16	308.62	317.16				
利税总额	25.38	303.39	22.65		工业总产值	67.55	65.36

一、横山桥冶金产业集群

集聚于武进区横山桥镇五一村及镇工业园区。冶金工业是横山桥的传统优势工业，起步于 1987 年，由江南实业集团带动发展壮大。1994 年江苏江南实业集团成立，成为全国首批乡镇企业集团之一，销售总额突破10亿元。横山桥机械冶金产业集聚企业31家，完成工业总产值14.5亿元。2005年横山桥冶金产业拥有企业78家、配套企业50余家，其中江南实业集团拥有企业54家，同年实现销售总额41亿元。2010年，这个产业集群稳步发展。

二、郑陆不锈钢产业集群

集聚于武进区郑陆镇工业集中区东区，1995年郑陆工业园区开始建设，经连续多年的基础设施投入和招商引资，引进80多家合资企业入区。其中，不锈钢管制造企业数量众多，成为主导集聚产业。2001年，首家民营不锈钢企业创办。2005年全镇不锈钢产业集聚企业17家，完成销售收入17.8亿元。其中年销售收入达1亿元企业11家。龙头骨干型企业较多，实力雄厚。2010年，江苏不锈钢管厂被列入五大产业省级企业技术培育计划。

三、上兴金属加工产业集群

集聚于溧阳市上兴镇工业集中区，发轫于80年代乡镇工业发展期。2002年，上兴工业园区建成，金属加工制造特色产业集群初步形成。2005年底，有年生产80万吨焊管、60万吨热镀锌和70万吨带钢生产企业与汽车部件加工、工程机械部件制造、钢结构件制作、金属桥架生产等金属加工制造企业30余家。其中销售收入达1亿元的企业有11家，江苏福鑫、天日钢结构、盛杰机械等骨干企业年销售收入达3亿元。同年，该产业完成销售收入30亿元。2010年，江苏国强公司年销售收入超25亿元。

第二节　黑色金属冶炼及压延加工业

1993年11月18日，位于金坛朱林镇的常州热浸镀铝厂成为中国大陆最大的热浸镀铝钢材生产基地。2000年，江苏江南铁合金公司完成国家中小企业创新基金项目高冰镍加硅融熔生产镍铁合金研究项目。以江南实业集团为代表的常州铁合金生产企业的产品进入全国各大钢厂，部分产品出口海外。2004年，全市铁合金生产企业销售收入达30亿元。2005年黑色金属冶炼及压延加工业产值占民营制造业的17.3%，居首位。2005—2010年，全市冶金企业针对节能环保压力加大、国家对冶金行业的能耗管理要求提高的形势，加快技改和科技创新，开发新品，调整优化产品结构。中天钢铁集团公司（简称“中天钢铁集团”）成为常州市首家年营业收入达500亿元的工业企业。

2010年常州市黑色金属冶炼及压延加工业主要经济指标统计表

表15-7-2　　单位：亿元

指标	规模以上企业	其中：民营企业	主营收入达2000万元企业
企业（家）	154	142	110
年均从业人数	50946	43129	49121
固定资产净值平均余额	141.50	106.21	140.28
所有者权益	173.13	156.12	171.64
工业总产值	993.13	676.52	984.29
产品销售收入	981.39	669.58	973.01
利税总额	69.12	35.45	68.62

指标	分项	规模以上企业	其中：民营企业
利润总额		39.05	17.89
每百元固定资产原值（元）	实现利税	32.95	22.03
	其中利润	18.61	11.12
平均每位从业人员（万元）	实现利税	13.57	8.22
	占有固定资产原值	41.18	37.31
	工业总产值	194.94	156.86

一、重大技改项目

1996年7月，小松常林铸造公司机械铸件项目一期工程完成投资8000万元，添置安装主要设备200多台（套）。2000年7月25日，江苏武进钢铁集团与中国香港邦益实业公司签订80吨高功率电炉连铸连轧合作项目，总投资5960万美元。2002年10月22日，中天钢铁大型技改项目90吨超高功率电炉连铸生产线工程建成投产，总投资5.8亿元，为国内最先进、自动化程度最高。2004年，溧阳国强镀锌公司投资2亿多元建设年产60万吨的带钢生产线。

二、产品研发创优

1991—1995年，常州热浸镀铝厂的钢材热浸镀铝产品获省科技进步三等奖。2000年，溧阳国强镀锌公司开发出高速公路护栏、钢管。2006年，江苏常宝钢管公司的环球牌无缝钢管和常州中天钢铁公司（中天钢铁集团）的钢筋、热轧盘条被认定为国家免检产品。2007年、2009年，常州市武进不锈钢管厂公司的阳湖牌锅炉用不锈钢无缝钢管、江苏常宝钢管公司的环球牌无缝钢管先后被认定为江苏省名牌产品；2009年，中天钢铁集团的中天牌热轧光圆钢筋、热轧带肋钢筋被认定为江苏省名牌产品；2008年，常州华通焊丝公司的华通牌碳钢焊丝公司被认定为江苏省名牌产品。中天钢铁集团与钢铁研究总院联合开发的500兆帕、700兆帕级高强度带肋钢筋通过鉴定，填补国内空白。2010年江苏武进不锈钢管厂集团的阳湖牌锅炉用不锈钢无缝钢管被认定为江苏省名牌产品。

三、企业选介

中天钢铁集团有限公司 2001年9月成立，前身为武进钢厂，是一家具有炼铁、炼钢、轧材、焦化、水泥、发电、供热、物流、外贸等综合能力的企业集团，位居2004年度中国企业500强第356位、冶金行业第49位。2005年，中天钢铁完成销售收入108.6亿元，上缴税收2.12亿元。2010年，销售收入超500亿元。主产品有6.5～12毫米低碳钢热轧圆盘条，8～25毫米HRB 335、HRB 400热轧带肋钢筋，30～180毫米热轧圆管坯，130～180毫米方、圆连铸坯等。拥有年产铁水160万吨、炼钢300万吨、轧材300万吨、发电12亿千瓦时、蒸汽100万吨、焦炭30万吨、水泥25万吨的能力。生产过程全部采用可编程中断控制器（PIC）控制系统，自动化程度达国内先进水平。基本实现清洁生产和循环经济。

江苏常宝钢管股份有限公司 是中国最早生产无缝钢管的企业之一、锅炉业三大龙头企业的A级（优秀）供应商，生产石油开采业用管、大型电站用高压锅炉管、天然气输送管、核电用管四大能源管材，重点制造油井管、小口径合金高压锅炉管。产品应用于石油、电力、核电、天然气等能源行业，出口到欧美、中东、独联体、东南亚和非洲等国家和地区。建有江苏省院士工作站、江苏省专用特种钢管工程技术研究中心。2008年2月变更为股份公司，2010年9月21日在深圳中小板发行上市（股票代码002478）。装备有中国首套引进CPE（氯化聚乙烯材料）工艺的直径102顶管热轧钢管机组。自行研发多项国家、省级科研成果，C90抗H2S腐

常宝钢管公司油螃管加工线（摄于2008年9月）

蚀油管被省科技厅认定为高新技术产品。

江苏申特钢铁有限公司 位于溧阳经济开发区，是由申特集团公司与香港昌兴物料(国际)公司兴办的合资企业，集焦化、烧结、球团、石灰、炼铁、炼钢、轧钢、制氧、发电、洗煤于一体的钢铁联合企业，总投资100多亿元。主产品有40锰、45锰钢坯、圆管坯，规格150×150～220×220；HRB335、335E、400、400E、500、500E螺纹钢及线材，直径6～40毫米；HPB235、300光圆钢筋，直径6～22毫米。申特牌螺纹钢获“上海名牌”等称号，成为上海期货交易所交割品牌。2009年跻身江苏省330家重点工业企业行列。

江苏武进不锈钢管厂集团有限公司 位于武进区郑陆镇，1970年成立，前身为常州市武进不锈钢管厂，主要生产不锈钢无缝管、不锈钢焊接管和钢制管件。2001年，大口径不锈钢焊接钢管被列入国家“火炬”计划项目，2003年被评为国家优秀火炬项目。2007年，被评定为国家重点高新技术企业。2006—2010年，获得国家特种设备制造许可证(压力管道)、中国船级社认证(CCS)和挪威、美国、法国、韩国、意大利、德国船级社认证。2007年，锅炉用不锈钢无缝钢管被评为中国名牌产品。

常州铸造总厂 1989年10月，所产ZQ 21千瓦铸钢件机座获全国铸造产品评审委员会金鼎奖，Z535立式钻床铸铁件工作台获银鼎奖。1991年10月，铸铁树脂砂、铸钢气冲造型技改项目通过机电部验收，铸造工艺手段达到或接近80年代国际先进水平。

第三节 有色金属冶炼及压延加工业

一、产业规模

常州市有色金属冶炼及压延加工产业产品主要集中在铜加工业。1986年10月，常州冶炼厂的大象牌光亮圆铜杆获国家优质产品金奖，连环牌QACC型特种漆包圆铜线获国家优质产品银质奖。1990年，武进电解铜厂全部以废杂铜为原材料，加工生产出优质再生铜产品，比以矿铜为原料的冶炼企业节能减排效果显著，受到国家产业政策的支持和鼓励。

二、企业选介

常州金源铜业有限公司 位于常州市区中吴大道776号。是由常州工贸国有资产经营公司、五矿资源公司、日本吉坤日矿日石金属株式会社等投资方组建的铜线材生产企业。1998年，从德国曼内斯曼·德马格公司引进全套Contirod水平浇铸生产工艺设备，每小时产能30吨，可年产直径8毫米低氧光亮杆18万吨。2003年，引进意大利SAMP公司双头大拉机，使可供产品规格延伸到直径3.5～1.13毫米以下各种规格软、硬裸铜丝。2004年销售收入突破30亿元。2009年，公司实施扩产项目，将原生产线能力扩至15万吨，完成年产值116亿元，金线牌电工用铜线坯(直径8毫米光亮铜杆)被认定为江苏省名牌产品。2010年，从美国南线公司引进SCR轮式浇铸生产工艺设备，每小时产能48吨，可年产直径8毫米低氧光亮杆30万吨。先后通过ISO 9001—2000国际质量体系认证，连续多年被评为江苏省高新技术企业，金线牌低氧光亮铜杆先后被评为江苏省高新技术产品名牌产品。

常州市盛洲铜业有限公司 位于武进洛阳镇，前身为武进电解铜厂，1988年筹建，1990年初投产，回收废线缆、紫杂铜、黄杂铜和含铜废料为原料，生产阳极铜、电解铜、低氧生产光亮铜杆和直径1.2～3.5毫米铜丝。2001年6月18日转为股份合作制企业，主产品有电解铜、直径8毫米无氧铜杆、直径3毫米无氧铜线。2010年，形成年产10万吨电解铜、10万吨低氧光亮铜杆、3.5万吨铜丝的生产能力，在再生铜行业中居首位。同年完成销售额60亿元，纳税达1亿元，跻身中国民营企业500强行列。

1998 年常州冶金工业有色金属主产品产量统计表

表 15-7-3

品名	单位	产量	品名	单位	产量	品名	单位	产量
电焊条	吨	3108	冶金刀片	吨	324	黄　金	千克	251
焊　丝	吨	2020	冶金成台设备	吨	4281	白　银	千克	7116
无缝钢管	吨	21072	光亮铜杆	吨	68739	铜加工材	吨	3822
冶金专用轧辊	吨	3354	电解铜	吨	15094			

2010 年常州市有色金属冶炼及压延加工业主要经济指标统计表

表 15-7-4　　单位：亿元

指标	规模以上企业	其中：民营企业	主营收入达 2000 万元企业	指标	分项	规模以上企业	其中：民营企业
企业（家）	180	162	108	利润总额		10.97	6.73
年均从业人数	20207	15558	15584	每百元固定资产原值（元）	实现利税	39.41	52.31
固定资产净值平均余额	28.57	13.86	26.03		其中利润	24.07	31.02
所有者权益	48.98	27.46	44.50	平均每位从业人员（万元）	实现利税	8.89	7.29
工业总产值	389.03	217.12	364.31		占有固定资产原值	22.56	13.94
产品销售收入	383.38	213.61	358.90				
利税总额	17.96	11.34	16.63		工业总产值	192.52	139.56

常州有色铸造厂（常州日昇有色铸造有限公司） 1992 年 12 月成立，是常州有色铸造厂、香港日昇实业（中国）公司、美国甘地博士合资经营的中国铸造行业首家全厂性合资企业，生产有色金属铸件、通用机械零部件、不锈钢制品和建筑用金属制品，年产有色金属铸件 3500 吨。同年生产的 S195 柴油机压铸齿轮室盖的铸造工艺获金鼎奖银奖。

第四节　冶金机械制造业

常州冶金机械制造业以冶金工业部常州冶金机械厂为主，产品有冶金刀片（国家金质奖）、轧辊（其中锻钢辊获国家银质奖）、曲轴、高炉、烧结、焦化、冷轧、热轧等冶金设备件等工矿产品，无缝钢管穿孔机顶头等制管工具和连铸机、烧结车、轧机、移盖机、悬臂吊、圆盘拉管机等冶金成台、成套设备 3 个大类。2010 年，全市冶金成套设备产量居全国第三位，锻钢冷轧辊产量居亚洲首位。

一、产品研制

1988 年 1 月，常州冶金机械厂的龙城牌 1.7 米轧机 8 种冶金专用刀片获国家金质奖章。1989 年 9 月，RHC12-8 乳化炸药混装车、CYS-30 多功能洒水车获国家科技进步特等奖。1993 年 5 月，常州冶金机械厂与美国尤尼特·瑞格公司合作生产的 154 吨电动轮自卸车获国家科技进步一等奖。1994 年常州冶金机械厂逐步向研制关键设备、成套设备发展；8 月，研制成功离心铸造复合针状球墨铸铁辊环，为国内首家。1996—1997 年，宝钢集团常州冶金机械厂的 1580 毫米热轧带钢设备板坯和和钢卷输送系统、1630 板坯连铸机铸坯导向系统和1990板坯连铸扇形段先后获省科技进步1995年度三等奖、1996年度二等奖。1998年6月，研制的宝钢250吨转炉筑炉机、40吨排渣机国产化重大技术装备研制项目和常林技术中心、常柴公司国产数控系统柴油机柔性生产线推广应用项目被列为1998年首批国家技术创新项目。2000年8月12日，成功制造CSP薄板坯连铸连轧设备卡罗塞尔卷取机，代表世界钢铁冶金工业革命性前沿技术。2002年5月7日，研制成功全国首台、世界第五台热轧超薄带高速地下卷取机。12月23日，研制成功国内首台4100滚切式双边剪，拥有自主知识产权，代表世界先进水平。2010年，宝钢集团常州轧辊制造公司的大型特种精密轧辊技术产业化项目获2009年度省科技进步二等奖。

1420冷轧辊 1996年8月底，通过宝钢集团、重机公司、德国西马克公司等企业联合检验(A检)，由德国西马克公司设计，宝钢集团常州冶金机械厂试制，质量符合图纸和检验大纲要求，为宝钢三期1420冷轧项目配套，机械加工精度和原材料、热处理等要求都很高，代表国内轧辊行业的最高水平。

40吨排渣台车和250吨转炉筑炉机 1998年10月通过省冶金工业厅的新产品鉴定，常州冶金机械厂为宝钢三期工程自行设计和制造，被列为国家技术创新项目，达国际先进水平。

二、企业选介

宝钢集团常州冶金机械厂 1960年创办，是国家大型一类企业、全国500家最大机械工业企业之一，冶金机械的重点骨干企业。1991年1月晋升为国家一级企业。1997年4月，常州宝菱冶金设备制造公司开业，为中国最大的冶金成套设备制造基地。拥有设备1437台，其中重、大、精、稀设备130台，数显、数控设备28台；工厂计量理化检测手段齐全，工艺技术装备先进，设有铸铁、铸钢、锻造、热处理、金属切削加工、铆焊、装配、工具、机修等分厂。

常州宝菱重工机械有限公司 是2006年3月上海宝钢工程技术公司、日本三菱日立制铁机械株式会社、三菱商事株式会社合资，在宝钢集团常州冶金机械厂、常州宝菱冶金设备制造公司基础上合并组建的企业，注册资本7300万美元。建有轧机制造中心、连铸机制造中心、轴承座制造中心、开卷机卷取机制造中心等专业化冶金装备生产线，主产品为炼钢设备、轧制设备、工艺线设备和冶金备品备件，形成连铸设备系列化、热轧设备核心化、冷轧设备成套化、备品备件精品化4个系列；产品畅销国内外。

宝钢集团常州轧辊制造有限公司 1994年成立，是宝钢全资子公司，专业从事锻钢冷轧辊的研发设计、生产制造和技术服务，是全国锻钢冷轧辊行业最大的企业，曾主持编制、修订国家标准GB/T13314《锻钢冷轧工作辊通用技术条件》，形成Cr2、MC3、MC5、半高速钢材质系列和超深淬硬层轧辊、高耐磨轧辊、抗辊印轧辊、抗氢蚀轧辊、合金高强度轧辊等特性系列。2001年，MC5锻钢冷轧辊被国家经贸委评为国家重点新产品。

国内最大的2400铝板带热轧机(摄于2007年12月)

第八章　纺织服装工业

纺织服装产业是常州的传统优势产业。全市纺织服装行业克服原料价格起伏、融资环境紧缩、生产要素和用工成本提高、外需增长低迷、行业运行风险增加等负面因素影响，坚持优化产业结构，走国际化、品牌化发展道路。1996—2000 年，纺织工业加快全行业特别是骨干企业的装备更新和技术改造，提高纺织、染整及化纤深加工技术水平，重点发展超细化纤、仿真织物、中高档服饰和一体化的纺机、纺仪产品。2010 年全市纺织服装业规模以上企业完成销售收入 791 亿元，占全市规模以上工业总量的 10.8%。牛仔布、灯芯绒在全国占有重要地位，蓝豹西服、顶呱呱彩棉服饰、精梳联合机、喷丝板、钢筘、罗拉等产品在国内具有较高知名度。拥有中国驰名商标、中国名牌产品各两项和江苏省著名商标、江苏省名牌产品多项。

第一节　行业综述

1985—2005 年，常州市乡村纺织服装工业始终占据乡镇民营工业的主导地位。1985 年常州市乡村纺织工业完成总产值 6.1 亿元，乡村服装工业完成总产值 0.76 亿元。1990 年，全市乡村纺织、服装工业分别完成总产值 24.8 亿元、2.53 亿元。1996 年起，推广采用差别化纤维生产和丝绸、服装加工等新技术、新工艺、新材料。2004 年，全市规模以上纺织服装企业发展到 646 家，从业人员达 28 万人。2005 年，纺织服装工业规模居全市民营乡镇工业第二位，主要有湖塘纺织织造业、雕庄纺织印染业、青龙纺织印染业、金坛金城纺织服装业、春江静电植绒业、西夏墅纺织印染服装业 6 个乡镇工业产业集群。2006 年，全市纺织服装工业有规模以上企业 948 家，完成销售收入 541 亿元，占全市规模以上工业企业的 16.7%，拥有中国驰名商标“黑牡丹”和黑牡丹牌牛仔布、月夜牌灯芯绒面料两项中国名牌产品。2010 年，全市有规模以上纺织服装企业 1062 家，完成工业总产值 773.6 亿元，实现销售收入 765.37 亿元、利税 43.21 亿元、利润 25.26 亿元。

2010 年常州市纺织业主要经济指标统计表

表 15-8-1　　单位：亿元

指标	规模以上企业	其中：民营企业	主营收入达 2000 万元企业	指标	分项	规模以上企业	其中：民营企业
企业（家）	778	679	354	利润总额		13.65	6.79
年均从业人数	84890	63993	63448	每百元固定资产原值（元）	实现利税	17.16	16.41
固定资产净值平均余额	81.77	52.49	66.92		其中利润	9.39	7.52
所有者权益	124.14	58.25	103.69	平均每位从业人员（万元）	实现利税	2.94	2.46
工业总产值	515.60	344.41	396.07		占有固定资产原值	17.11	14.97
产品销售收入	510.96	340.29	393.43				
利税总额	24.92	15.23	20.07		工业总产值	60.74	55.34

常州制革产品主要有常州皮革总厂生产的猪皮革和牛皮革，主产品为箱包和皮鞋。1986 年生产猪皮革和牛皮革量 31.4 万张，因受环境治理等影响，企业全面停产。2010 年，全市有规模以上皮革、毛皮、羽毛（绒）

及其制品企业31家，实现销售收入23.6亿元，其中销售收入达1亿元的企业7家，主要企业有溧阳军荣旅游用品公司、常州港华丝绢工艺制品公司。

一、湖塘纺织织造业

集聚于武进湖塘镇区及马杭、鸣凰集镇区。计划经济时代，纺织业是湖塘镇集体经济的主要部分。80年代中期，湖塘依托纺织业的优势，率先成为常州市、武进区第一个亿元镇。1989年，湖塘有纺织企业57家，纺织工业总产值首次突破10亿元。2005年，湖塘纺织业产值突破100亿元，拥有省级及以上名牌产品17个，其中国家级名牌2个；规模纺织企业54家，其中达1亿元企业11家。2002年，湖塘镇被中国纺织协会、中国色织行业协会联合授予“中国织造名镇”称号，纺织行业拥有企业2948家，企业固定资产近90亿元，从业人员8万余人。2005年，湖塘纺织织造业拥有喷气织机3000多台、剑杆织机3万多台、经编机500多台、喷水织机124台，有上规模的印染后整理企业30余家，年产棉布1.8亿米，形成灯芯绒、色织布、牛仔布、针织布、工业用布等系列，完成销售收入104亿元，约占全镇工业经济总量的75%，成为全国颇具影响的织造工业基地。

二、雕庄纺织印染业

集聚于天宁区雕庄街道的东南开发区及周边，是依托常州纺织印染传统产业发展起来的特色产业，初步形成于1992年。常州郊区政府在雕庄乡建立省级开发区东南经济开发区，重点规划布局纺织印染产业。2005年末，有纺织印染及服装企业67家，拥有印染、后整理生产线27条，年印染、后整理能力13.7亿米，主要产品有纯棉染色布、花布、灯芯绒、牛仔布以及针织布等。从业人员1.3万人。同年完成销售总额65亿元。

三、青龙纺织印染业

集聚于天宁区青龙街道青龙纺织工业园区。2001年起步，常州市郊区政府与青龙乡政府投资兴建纺织园，是全市较早在工业园区招商引资、扶持发展的特色产业，通过引进、孵化企业，实现传统产业、重点企业、重点产品集约化生产、规模化经营。2005年末，青龙纺织印染业拥有企业46家，从业人员3000余人，同年完成工业销售总额37亿元。

四、西夏墅纺织印染业

集聚于新北区西夏墅镇工业园区。2002年园区开建，2005年西夏墅纺织印染业有企业71家，产品主要以中高档面料和增强用布为主，其中增强用布产量占全国增强用布总量的20%以上。同年完成销售总额8亿元。

五、金城纺织服装业

集聚于金坛市金城镇，初步形成于1995年，依托金坛波仕曼制衣、亚达服装、高高制衣等骨干企业发展起来。2000年，拥有高高、波仕曼两个江苏著名商标及高高、波仕曼、金松、飞洋鱼、奥尔高斯5个省、市名牌及数十家服装企业，主产品有羽绒服、衬衫、西服、全棉短裤、休闲服等，出口日本、美国、韩国等国家。2002年金城纺织服装工业集中区开工建设。2005年金城纺织服装业拥有企业136家，其中服装企业118家；从业人员1.96万人；拥有剑杆织机650台，年产布匹3000余万米；拥有缝纫设备平缝车1.45万台、附属制作设备3000台，年产服装8000万件；同年完成销售总额22亿元。

第二节 纺织印染工业

1986—1990年，常州纺织行业大力开发适销对路的新产品，花类、绒类、弹力、无纺织物及针织化纤与具有“纺、防、阻、抗”风格和性能的高档产品涌现。1990年开发新产品220种，获国家金质奖2个、银质奖3个、部优质奖59个、省优质奖14个。常州纺织企业参与国际市场竞争，形成纺织生产与纺织产品的外贸出口相配套的以外贸出口为主的生产格局。全市纺织工业完成总产值89.98亿元，实现利税10.81亿元、利润6.29亿元，出口26.41亿元。1990年底，在港澳等地区建有棉纺、印染、针织、复制等行业的合资企业7家，在常州地区创办合资及补偿贸易合作企业5家。组建灯芯绒(集团)股份公司。

1991年，常州市割绒厂与灯芯绒印染厂合并建立常州灯芯绒厂。全行业兴办合资企业9家，利用外资和中国港澳台资575.53万美元，签订履约外经合同542.7万美元，居全市各行业首位，完成出口交货值8.39亿元。完成技改投资8641万元。创部优质产品24个；有9种产品获评省优质产品。至1979年底，纺织工业(含服装工业)有132种产品获评省优质及其以上产品，其中金牌4个、银牌19个、部优质产品88种、省优质产品21种。1993年，全行业完成企业技改资金1.39亿元，非棉产品比重占34.7%，完成销售收入36.64亿元、出口交货值12.5万元，实现利税1.49亿元、利润3480万元。市区纺织工业完成工业销售收入31.97亿元、外贸出口额12亿元，实现利税1.43亿元、利润3783.2万元。

1998年，全行业受亚洲金融危机影响，加快技改投入、开发新品，开拓市场，扭亏增效，实际利用外资7693万美元，完成工业总产值27亿元、销售收入32亿元、自营出口额8761万美元，实现工业增加值7.5亿元、利税1.4亿元。2000年，常州市撤销市纺织工业局，组建常州纺织国有资产经营公司。全市纺织行业利用外资3998万美元；完成工业销售收入51.24亿元，自营出口创汇1.11亿美元、外经营业额284.2万美元，实现工业增加值12.62亿元、利税总额5.56亿元、利润3.19亿元。2001年，黑牡丹公司通过证监会审查，成为常州市纺织行业首家上市公司。2004年，重点发展高档织物、新型化纤长丝、装饰及产业用纺织产品、汽车安全产品、系列品牌服装，大多数生产企业获得ISO 9000国际产品质量体系认证及ISO 14000国际环保体系认证；实现销售收入362亿元。黑牡丹(集团)股份公司、江苏晨风集团股份公司年销售收入均达10亿元。

2005—2010年常州纺织印染行业江苏省名牌产品和国家免检产品一览表

表15-8-2

类别	年份	产品名称	研制生产企业
中国名牌产品	2005	黑牡丹牌牛仔布	黑牡丹(集团)股份公司
	2005	月夜牌灯芯绒	常州月夜灯芯绒公司
江苏省名牌产品	2007	义龙牌服装面料(色织布、牛仔布)的服装	常州市武进南洲色织厂
	2009	黑牡丹牌牛仔布	黑牡丹(集团)股份公司
	2010	旷达牌汽车内饰面料	江苏旷达汽车织物集团股份公司
国家免检产品	2007	索易特牌服装面料	江苏索易特纺织公司
	2007	众恒牌服装面料	江苏众恒染整公司
	2007	七彩经纬牌服装面料	常州市武进经纬纺织服装公司
	2007	瓯堡PINYTEX牌服装面料	江苏瓯堡纺织染整公司
	2007	金标牌服装面料	江苏金标毛纺公司
	2007	银林开普牌服装面料	常州银林开普纺织品公司
	2007	迪邦牌服装面料	常州迪邦纺织公司
	2007	伊思达牌服装面料	江苏伊思达纺织公司

2006年，常州纺织行业基本形成化纤、棉纺织、毛纺织、丝绢纺织、亚麻纺织、针织、产业用布、纺机及关键零部件等门类齐全、品种繁多的生产体系。全市纺织行业完成工业总产值376.73亿元；公司统计口径内企业完成工业总产值35.01亿元、产品销售收入37.86亿元，实现工业增加值7.41亿元、利税总额2.82亿元、

利润1.09亿元。公司有9家企业完成工业总产值达1亿元。黑牡丹(集团)股份公司、恒基纺织公司、毛条厂公司实现利润达1000万元。2007年，江苏老三集团、黑牡丹(集团)股份公司、东华纺织集团公司、常州华利达服装集团公司销售收入均达10亿元，常州大诚纺织集团、常州月夜灯芯绒公司、常州市宏发纵横新材料科技公司完成国家纺织行业加快结构调整、转变外贸增长方式专项资金项目；江苏伊思达纺织公司、江苏众恒染整公司和顶呱呱彩棉服饰公司等11家纺织服装企业生产的12种(类)产品获国家免检产品资格。

2010年，常州市纺织行业完成销售收入560.4亿元，实现利润18.1亿元。江苏旷达集团公司、常州市万顺纺织集团销售收入超10亿元。中国纺织工业协会发布2009—2010中国纺织服装企业竞争力500强名单中，江苏金昇实业股份公司、江苏伊思达纺织公司、常州市毛条厂公司、常州大诚纺织集团分列第107位、第391位、第393位和第416位。

一、棉纺织业

1986年10月，常州的双双牌精梳涤棉细布获国家优质产品银质奖。1988年起，纺织企业先后为孟加拉国、巴基斯坦、苏丹、牙买加、阿曼等国援建棉纺织厂。到1990年底，常州帮助国内8省7市改建、扩建棉纺企业9家、织布企业14家、针织企业16家。1991年，完成常州最大的经援项目坦桑尼亚纺织经援项目4106万元；技术改造有87台槽筒加装电子清纱器，淘汰、改造1511型44英寸织布机456台，更新淘汰老环锭2.5万枚，全局万锭配套精梳机达1.2台，平均支数(含转杯纺)由上年的28.3S拉细到30.5S；常州灯芯绒厂的月夜牌印花灯芯绒获国家金质奖，东风印染厂的涤棉印花布、第二色织厂的靛蓝劳动卡获全国同类产品评比第一名。1993年，市区纺织工业引进自动络筒机32台，加上自制2台，配备率达每万纱锭1.1台；引进配备精梳机35套，牛仔布年生产能力2000万米。通过技术改造和技术进步，行业结构和产品结构发生变化，高支纱比重达6.05%，高密细支卡其批量生产，特细条灯芯绒开发并批量生产，开发高密仿羽布、长毛绒等新的名优产品等。1996—2005年，纺织行业引进纺织丝绸喷水、喷气、无梭、箭杆织机等先进设备技术。1998年，黑牡丹(集团)引进包覆和倍捻机，购进二手剑杆织机69台，开发新品90余种；所产竹龙防缩牛仔布获1997年度省科技进步二等奖。月夜灯芯绒公司开发仿毛灯芯绒等新品100余种；黑牡丹(集团)、纺兴、华源化纤实现利润在全行业名列前3位。1999年，常州兰陵色织厂研制出40×40＋40D弹力米通布，达国内领先水平。2000年，全市棉纺织业生产棉纱4.39万吨、布1.37亿米、呢绒668.92万米、棉绒毯148.84万条、床上用品26.47万条。棉纺织业生产主导产品牛仔布5997.92万米、灯芯绒5114.57万米。

2003年，常州开始引进智能化高产梳棉机。2004年，常州棉纺织产品逐步进入无结化、无梭化，发展重点为高档牛仔布服装面料及其系列产品、新型灯芯绒及其系列产品，牛仔布、灯芯绒、呢绒产量分别占全国总产量的20%、28%和5%。2006年，全市纺织行业年产纱16.68万吨、布11.52亿米，恒基纺织公司、常新纺织公司分别完成销售收入2.57亿元、8823万元，分别实现利税3008万元、737万元和利润1373万元、171万元。2007年，黑牡丹(集团)股份公司生产的牛仔布系列产品获国家出口免验资格，所完成的对染色机染液组分进行在线检测和控制系统获省科技进步三等奖。

二、毛纺织业

骨干企业有常州市毛纺织厂(新毅毛纺织公司)、第二毛纺织厂(迪尔毛纺织公司)和第三毛纺织厂(三毛纺织集团)及武进华喜毛纺织公司等。1989年7月12日，全国首家引进联邦德国兔毛气流纺纱生产线在武进向阳布厂试产。到1990年底，常州帮助8省7市发展毛纺织业，改建、扩建毛纺企业3家。1993年，毛纺行业生产规模得到扩大，实现利税占全系统的42.7%。毛纺织业主要集聚在常州城区东南和横山桥、洛阳等地区产业集聚区。

三、丝绸工业

1986年10月，常州的梅花牌JCA生丝获国家优质产品银质奖。1991年11月11日，常州丝绸厂与南斯拉夫环球公司签订合资开展丝绸印染和生产服装项目协议，总投资2200万美元。1992年，常州振华绸厂在全国率先运用涂料发泡彩色印花丝绒新工艺生产丝绒，1993年获农业部科技进步三等奖。

四、染整工业

1988年开始，蝶球纺织印染集团、东方水月纺织印染公司形成常州染整工业紧密型集团联合体。1990年12月，常州灯芯绒印染厂开发的全国首条180厘米特阔幅灯芯绒生产线投产。到1990年底，常州帮助八省七市发展印染工业，改建、扩建印染企业6家。1991年，成立常州蝶球纺织印染集团，常州东风印染厂与国棉三厂实行资产合一、经营一体化，与5家企业组成紧密型经济实体。1992年6月，全国中厚织物印染技术开发中心常州市印染科学研究所印染科研试验基地建成。年底，全市印染行业享有外贸自营权生产经营企业11家。1993年，印花双面绒形成阔幅生产能力，开发出印花纯棉绒毯。2000年，印染企业生产布9956.05万米。2001年，常州蝶球纺织印染集团破产清算。2006年，全市印染企业生产印染布4.46亿米。2007年5月，常州东高染整公司与东华大学、上海长盛印染化工公司联合，取得国家“八五”攻关计划项目织物变性涂料连续染色新技术，实现涂料变性、上染与固色一步法，获2008年度国家科技进步二等奖、中国纺织工业协会2009年底科学技术进步一等奖。2006—2010年，常州市东霞纺织印染公司的活性染料一步法无盐染色、印染废水深度处理及中水回用技术研究获省科技进步三等奖。

五、化纤工业

1991年，常州喷丝板厂的飞霞牌熔融纺丝圆形孔喷丝板获国家银质奖，常州第五毛纺厂的三色腈纶提花毯及腈麻提花毯、常州喷丝板厂的圆形孔喷丝板和常州合成纤维厂的涤纶低弹网络丝均获全国同类产品评比第一名。1993年，市区涤纶长丝年产能达1.25万吨。1998年11月，华源雷迪斯6万吨瓶级聚酯切片项目投入试生产；华源化纤8000吨长丝项目，当年投资，当年收效，新增FDY长丝生产能力1100吨。2000年，全市化纤企业生产化学纤维2.6万吨、聚酯切片6.04万吨、喷丝板1184万孔。2000年，常州华源雷迪斯公司完成销售收入5.23亿元、实现利税总额8985万元。

六、企业选介

常州大诚纺织集团有限公司 前身是由著名民族资本家刘国钧1921年创建的常州大成一厂。1994年改制成有限公司大诚纺织集团。2000年，接收第二棉纺织厂并调整重组，完成销售收入5.84亿元、利税总额6932万元。2003年转制成民营企业，主产品为棉纱和棉布，年产6～120支纯棉、涤棉混纺纱线1.3万余吨，灯芯绒、府绸、卡其、直贡、牛仔布等棉布110万米。公司生产的六鹤牌纱、线、布为江苏省名牌产品。

黑牡丹（集团）股份有限公司 1940年创办，黑牡丹商标于1979年获准注册，是一家集牛仔面料、服装、色织布等制造业与城市综合功能开发、创新产业投资等新型业务于一体的国有控股型上市公司，国内牛仔布行业首家出口免检企业，国家行业标准《色织牛仔布》的主要起草单位，具备从纺纱、染色、织造到整理、服装加工完整的产业链，总资产逾百亿元。2000年，黑牡丹（集团）完成销售收入10.03亿元，实现利税总额1.45亿元，利润1.01亿元；2002年在上海证券交易所A股上市。2005年黑牡丹牌被认定为中国驰名商标、中国名牌产品。2010年，集团迁扩建项目完成投资1.5亿元，前织车间、后整理车间、后织车间建成投用，拥有对染色机的染液组分进行在线检测和控制的方法等发明专利及核心技术。

江苏新光纺织有限公司 位于武进纺织工业园区，是具备自营进出口权的棉纺织及印染、后整理加工企业，入选全国纺织品出口百强企业，自主开发新品种多功能面料。拥有环锭纺纱机12万锭、紧密纺纱机4万锭、转杯纺纱机3000头、进口喷气织机300台、剑杆织机1000台，年生产棉纱3万吨，主产品有10—100S

纯棉普梳纱、纯棉精梳纱、气纺纱、棉与XLA纤维混纺及氨纶弹力纱、莱卡弹力纱、T400高弹织物XLA纤维混纺织物；年产棉布4500万米，主要有府绸、卡其、提花、灯芯绒类织物。星光牌提花布是江苏省名牌产品，远销北美洲、欧洲等大洲16个国家和中国香港地区。

江苏阳湖纺织集团股份有限公司 是集纺纱织布一体化的省级集团，位于武进城区。年产值达3亿元，创利税2000万元。拥有环锭纺6万枚，其中国内先进的清梳精纺纱锭2万枚，多臂双喷式和剑杆式无梭织机250台，技术装备基本达到纺织无结和织布无梭的水平，培育阳湖牌纯棉纱、涤棉纱、氨纶纱系列和灯芯绒、纬弹布、中长布、提花布系列高档产品。其中8种主导产品被评为部优、省优，拥有自营进出口权。

第三节 服装制造业

80年代中后期，常州纺织企业开始延长加工深度，开发服装生产。1993年，服装工业生产、营销经济效益明显，完成服装工业总产值2.09亿元。常州服装集团完成工业总产值3.9亿元、销售收入4.4亿元，实现利税3623万元。1998年，牛仔服在全省重点名牌35种产品中榜上有名，绅士公司、罗曼奴公司被评为全省服装行业销售优秀企业。常州服装集团完成销售收入7.28亿元，实现工业增加值2.32亿元、利税5791万元、利润3127万元。

2010年常州市纺织服装鞋帽制造业主要经济指标统计表

表15-8-3　　单位：亿元

<table>
<tr><th>指标</th><th>规模以上企业</th><th>其中：民营企业</th><th>主营收入达2000万元企业</th><th>指标</th><th>分项</th><th>规模以上企业</th><th>其中：民营企业</th></tr>
<tr><td>企业（家）</td><td>253</td><td>127</td><td>143</td><td>利润总额</td><td></td><td>10.25</td><td>3.33</td></tr>
<tr><td>年均从业人数（人）</td><td>87496</td><td>36323</td><td>74512</td><td rowspan="2">每百元固定资产原值（元）</td><td>实现利税</td><td>35.02</td><td>33.04</td></tr>
<tr><td>固定资产净值平均余额</td><td>26.77</td><td>11.66</td><td>24.90</td><td>其中利润</td><td>22.37</td><td>20.68</td></tr>
<tr><td>所有者权益</td><td>42.50</td><td>13.96</td><td>39.01</td><td rowspan="4">平均每位从业人员（万元）</td><td>实现利税</td><td>1.84</td><td>1.92</td></tr>
<tr><td>工业总产值</td><td>233.96</td><td>85.42</td><td>204.30</td><td rowspan="2">占有固定资产原值</td><td rowspan="2">5.24</td><td rowspan="2">5.80</td></tr>
<tr><td>产品销售收入</td><td>230.81</td><td>84.23</td><td>201.75</td></tr>
<tr><td>利税总额</td><td>16.06</td><td>6.14</td><td>14.31</td><td>工业总产值</td><td>26.74</td><td>26.10</td></tr>
</table>

一、服装生产

1990年底，常州服装生产企业发展至7家，面料成衣率达11.3%。1991年，纺织系统提出成品厂须厂厂搞服装，其他企业力争创造条件搞服装的要求，加快发展服装生产。全系统服装生产企业增至18家，其中合资企业5家。生产品种有西服、夹克、牛仔系列、内衣、羽绒服、桃皮绒服装、童装等，完成产值6400多万元。1993年，飞月服装公司开发出牛仔、真丝绸服装，增加水洗、石磨、砂洗等后整理项目。

2000年，全市服装行业生产服装426.04万件。常州服装集团完成工业总产值11.22亿元，销售收入11.17亿元，实现工业增加值3.54亿元、利润6006万元、利税1.12亿元。2001年，重点骨干企业远东、华利达、溢达、服装一厂合计完成销售收入9.3亿元，实现利税1.06亿元、利润5337.4万元，分别占全行业销售收入、利税和利润总额的73.2%、81.1%和90.5%，其中华利达服装集团净增销售收入9096万元、利润1401万元，远东公司全年净增销售收入1760万元。

2004年，常州服装设计进入CAD时代，规模以上服装企业年产服装3.5亿件(套)，名列国内城市前茅。常州服装集团年产服装3773万件(套)，完成工业销售收入16.05亿元、出口创汇2.04亿美元，实现工业增加值4.11亿元、利润1794万元、利税3308万元。华利达服装集团、溢达服装公司、溢达针织品公司、圣奥服装进出口公司、好特曼时装公司、蕴尔芬服饰公司和太平洋时装公司出口创汇均达1000万美元，其中华利达服装集团创汇突破7000万美元。2006年，全市服装生产体系门类齐全、品种繁多，江苏老三集团、黑牡丹(集团)、东华纺织集团、华利达服装集团销售收入超10亿元，常州纺织国有资产经营公司统计企业年产服装3.52亿件。2006—2007年，安莉芳(常州)服装公司的安莉芳、芬狄诗Fandecie牌纺织品(针织品)和常州市新升瑞服饰公司的zomaI热唛牌针织保暖内衣、顶呱呱彩棉服饰公司的顶瓜瓜牌针织保暖内衣被认定为国家免检产品。2008年，常州金松时装公司的G & P牌女装被认定为江苏省名牌产品。

2010年，常州老三集团、黑牡丹(集团)、华利达服装集团、常州金松时装公司、常州三毛纺织集团、常州市服装一厂公司和常州旭荣针织印染公司分别被中国纺织工业协会评定为2009—2010中国纺织服装企业竞争力500强第54位、第175位、第223位、第270位、第291位和第310位。常州成业服饰公司的CY牌短裤、江苏波仕曼制衣公司的波仕曼牌羽绒服装和顶呱呱彩棉服饰公司的顶瓜瓜牌天然彩棉内衣被认定为江苏省名牌产品。黑牡丹(集团)的电子商务品牌ERQ和中高端休闲服饰品牌ROADOR的品牌知名度增强，有线下店铺和品牌专卖店18家。黑牡丹(集团)、常州老三集团、常州华利达服装集团、江苏金昇实业股份公司、东华纺织集团销售收入均达10亿元。2010年，全市服装行业销售收入231.1亿元，实现利润9.9亿元。

二、企业选介

常州华利达服装集团有限公司　位于劳动东路958号，1989年成立，江苏省首家国家出口服装免验企业，中国海关AA类管理企业。主要生产品牌运动装、高级休闲装和汽车安全气囊。产品主要为国际服装品牌企业配套，安全气囊产品是丰田集团认定的国内汽车部件制造供应商。服装品牌为王子甲。2010年，拥有年生产服装1200万件(套)、安全气囊1500万只的产能，为全国服装行业双百强企业。

常州老三集团有限公司　前身为1989年开办的常州第四针织厂，是集织造、染整、印花、绣花、水洗、成衣流水生产的民营企业，1994年成立以常州第四针织厂为核心，拥有11家中外资企业，集工、商、贸于一体的常州雄鹰针织集团公司，年销售额突破两亿元，获得“全国出口创汇先进乡镇企业”和“全国最强500家乡镇企业”的称号。1996年8月改名为江苏老三集团，当年完成销售收入2.7亿元，出口2077.6万美元。1997年7月改制为集团有限公司。主要生产针织服装和针织、梭织面料坯布，自主品牌是玮尼维希。21世纪初在日本和澳洲成立子公司。2009年完成销售收入18.3亿元，实现利税1.78亿元。

东华纺织集团有限公司　1991年成立，是集科、工、贸于一体的大型民营企业集团。业务遍及欧美、日本等几十个国家和地区。在彩棉育种、纺纱、后整理及彩棉制品产业化一条龙开发方面拥有核心技术，其中绿色抗虫棉的选育、彩棉面料整理工艺两项获国家发明专利。集团品牌顶瓜瓜彩棉系列服饰是国内纺织服装业首家获得ISO14024国际环境标志的产品，是全国彩棉行业唯一的中国驰名商标，其天然彩棉纬编环保功能性面料及其制品被列为国家火炬计划项目。2006年，集团与东华大学成立东华大学顶呱呱彩棉技术研究中心，2项工艺获国家发明专利。

第四节　纺织服装机械器材制造业

1985年4月，常州第二电子仪器厂与上海纺织科学研究院合作研制出新型多通道电容式YH-401多功能电子清纱器，具有检测和清除短粗、长粗、长细等纱疵功能，连获1988年度常州市科技进步一等奖、1989年度江苏省科技进步奖和1990年度国家科技进步二等奖。缝纫机械骨干企业主要有常州服装机械厂，主产品有工业缝纫机、摺景机、手套机等，2001年破产。1998年，常州纺织机械厂开发中国首条特阔幅练漂联合机，常州纺织仪器厂开发FK 6-900 J高速弹力丝机电控箱。2001年，常州纺织机械厂进行分立改制，常州纺织器材厂破产关闭。2006年，纺织机械行业形成纺机与关键零部件相配套的生产体系，常州纺兴精密机械公司实现利润1000万元。

2007年，常州纺兴精密机械公司完成国家纺织行业加快结构调整、转变外贸增长方式专项资金项目。2007年、2010年，常州永明机械公司的常明牌PP编织物机先后被评定为中国名牌产品、江苏省名牌产品。2010年，常州市润源经编机械公司的润源牌经编机、常州市武进五洋纺织机械公司的五洋牌GE-288A型中绒双针床经编机被认定为江苏省名牌产品。常州市润源经编机械公司与江南大学、东华大学等联合研发完成数字化经编装备的关键技术研究与应用项目，达国际先进水平，获2010年度国家科技进步二等奖。2010年，常州市第八纺织机械公司、常州同和纺织机械制造公司、常州钢筘公司、常州武进五洋纺织机械公司、常州市润源经编机械公司进入中国纺织工业协会发布的2009—2010中国纺织服装企业竞争力500强行列，分列第152位、第169位、第199位、第353位和第366位。

1989—2010年常州市纺织机械行业获江苏省科技进步奖情况表

表15-8-4

获奖项目名称	奖项	获奖时间	承担研制开发单位
YH-401多功能电子清纱器	四等奖	1989	常州第二电子仪器厂、上海纺织科学研究院
GE202型全自动控制高速整经机	二等奖	1996	常州市第八纺织机械厂
GE203型全自动控制高速整经机	三等奖	1999	常州市第八纺织机械厂
S-YZJ-D6/2200大六梭塑料圆织机	三等奖	1998	武进永光机械厂
SMJ-I高速双针床遮阳网经编机	三等奖	2002	武进市五洋纺织机械公司
GE2-M2多轴向经编机	三等奖	“十一五”期间	常州市第八纺织机械公司

1987—2010年，全市纺织服装机械企业获江苏省科技进步奖6项，其中二等奖1项、三等奖4项、四等奖1项。2006—2010年，常州五洋纺织机械公司开发出数控多梳经编机、贾卡压纱板经编机、双针床提花经编机、全自动无缝内衣经编机、智能数控凸轮磨床和龙门加工中心等系列产品，被列入国家、江苏省火炬计划项目2项和省创新科技产品2项、高新技术产品11项；自主研发应用智能化集成控制、高性能电子贾卡提花、三维针织产品控制软件等先进技术，创造电脑圆机、横机、袜机等装备无法完成的全成形织造技术。

第九章　化学原料制品制造业

化学工业是常州的传统优势产业之一。90年代初，全市化工行业亏损企业增多，整个行业加快转变增长方式，推进改革改制。1996—2000年，化学工业优化结构布局，重点发展支农产品、化工原料、化工中间体、精细化工、橡胶制品，实现集约经营，提高整体素质。经过“十五”“十一五”期间的结构调整，常州化工行业产业结构日趋合理，基本形成化工原料、精细化工、高分子合成材料、化工机械等行业协调发展的化工生产体系，走上高端发展、转型发展、绿色集约发展之路。2010年，全市规模以上化工企业完成工业总产值894.4亿元，占全市规模工业总量的12.1%，有10家企业销售收入达10亿元，其中达100亿元的企业1家。

第一节 行业综述

一、经济规模

1986—1990年，常州市化学工业遇到极大困难，年平均递增率4.85%。累计完成利税4.48亿元，完成技术改造投资2.42亿元。1986年10月，兰陵牌苯乙烯等3种产品复评为国家优质产品银质奖。同年，全市化学工业总产值约3亿元，约占工业总产值的5%。此后，随着化工企业数量的逐年增加和产销规模的逐步壮大，全市化工经济总量逐年攀升。1990年常州化工行业企业完成工业总产值4.26亿元，销售收入5.99亿元，实现利税8387万元，完成外贸收购额8177万元，1995年，全市化工行业县级及其以上企业完成工业总产值13.3亿元、销售收入13.33亿元。常州化工厂、合成化工厂产值分别达2.35亿元、2.33亿元。

1996年，常州造漆厂发起组建集科工贸于一体的常州光辉集团。2000年，全市化学工业完成工业总产值（现价）21.02亿元，销售收入22.79亿元，实现工业增加值4.55亿元、利税2.01亿元、利润1.12亿元，出口产品交货值5.26亿元。2003年，化学工业首次取代通用设备制造业，跃升为全市第二大工业行业。2004年，化工行业产值增幅达4成。2005年，全市有规模以上化工企业442家，化学工业完成总产值358亿元，占全市工业总产值的14.3%，化学工业成为民营乡镇工业的主体产业，总产值占全市民营乡镇工业总产值的13.7%。

2006年，全市化工行业拥有企业2401家，其中江苏亚邦集团、江苏江东化工公司、常州华源雷迪斯公司、江苏常隆化工公司、常州康美化工公司、常州曙光化工厂、常茂生物化工股份公司、江苏兰陵化工公司、北美颜料化工集团、常州化工研究所公司和中化建常州涂料化工研究院等65家企业销售收入均超1亿元。是年，江苏省启动化工整治专项行动，特别是太湖蓝藻事件爆发后，常州加大整治力度，关停并转、搬迁一批化工生产企业，部分化工企业实施转产。对新建和改扩建化工项目实施严格的行业准入门槛；推动全市5个化工园区建设。先后建成化工铁路专用线和专用危险品库，长江万吨级石化专用码头和化工专业储罐区等。2010年，常州规模以上化学工业企业完成工业总产值894.4亿元，占全市规模以上工业的12.11%；完成销售收入883亿元，实现利税71.6亿元，其中利润总额45.7亿元。

二、技术创新

1986—1995年，常州市化学工业固定资产投资增幅年均约20%，化工企业技术改造和新建、改建、扩建项目增速加快。1990年，常州化工研究所和常州助剂厂成功研制已酸新工艺，获省科技进步二等奖。1991年，常州涂料研究所成功研制GS-1塑料涂料和金属防腐装饰涂料，塑料涂料替代进口。1996—2000年，全市化工行业开展产学研合作，开发功夫菊酯、低温容器、螯合剂、L-苹果酸、工程机械专用漆等新产品。1991—2005年，全市化工企业每年都有数十种新产品通过鉴定投入批量生产。1996—2005年，全市化学工业投资额继续平稳、快速增长。其中1997—1998年，常州化工厂离子膜烧碱项目、美国亚什兰公司树脂项目建成投产。1997年，常州农药厂被评为省高新技术企业。2008年，亚邦染料公司研制出拥有自主知识产权的分散红60产品，被科技部列为重点新产品。2010年，国家发改委批准卡特新能源公司生物柴油项目为清洁发展机制(CDM)项目。

1986—2010年常州化学原料及化学制品业获江苏省科技进步奖项目一览表

表 15-9-1

项目名称	奖项等次	获奖时间	承担、研制、完成单位
200t/a10%灭草王与灭草神可湿性粉剂中试项目	三	“八五”期间	武进县焦溪陈巷化工厂、化学工业部常州涂料化工研究院
TH-2、TH-7DFFG硅酸锌防腐涂料	三	“八五”期间	溧阳市冶建防腐材料厂
X53-1、X52-10高氯化聚乙烯防腐涂料	三	1997	江苏兰陵防腐涂料厂
间层高密度聚乙烯液体化学品包装容器专用料及成形加工的研究	三	1997	江苏石油化工学院
PU-186电缆屏蔽复合带专用黏合剂	三	1997	金坛市胶粘剂厂
酚醛型聚酯黏结剂(铸造树脂)	三	1997	常州农药厂
彩色生物树脂的研究开发	三	1997	江苏石油化工学院
对氨基苯甲酰胺	三	1997	常州化工研究所
二乙烯三氨五甲叉磷酸(DTPMP)	三	1998	南京化工大学武进水质稳定剂厂
双斜波Ⅰ型淋水填料	三	1998	江苏省南方冷却水联合测试研究中心
催化氧化—工程菌法处理高浓度有机废水技术	三	1999	常州石油化工学院
连续化生产三氯化异拟于氰尿酸、联产三氯异氰尿酸钠	三	1999	常州化工厂
杀螟丹生产工艺技术	三	1999	溧阳市化工厂
高性能工程机械专用涂料的研制	三	2002	江苏荣昌化工公司、中国化工建设总公司和常州涂料化工研究所
TH-22型改性环氧沥青玻璃片涂料	三	2002	溧阳市冶建防腐材料厂
环境友好型成套水处理剂APSC工业化开发	三	2002	南京工业大学、南京化工学院、武进水质稳定剂厂
乙(丙)二醇醚酯清洁生产技术研究	二	“十一五”期间	南京林业大学、江苏怡达化工公司、常州大学
低消耗软化学方法在超细催化剂制备中的应用	二	“十一五”期间	南京理工大学学、江苏工业学院、华润包装材料公司(常州)
新型水性树脂合成及环保型水性涂料的研究	二	“十一五”期间	中海油常州涂料化工研究院
低温固化阴极电泳涂料的研制	三	“十一五”期间	江苏鸿业涂料科技产业公司
纳米透明隔热涂料	三	“十一五”期间	江苏晨光涂料公司等
年产500吨纳米二氧化钛低温晶化、高分散生产线研制和原位表面处理工艺	三	“十一五”期间	江苏工业学院等
新型代糖产品集成创新及产业化	三	“十一五”期间	常州市牛塘化工厂公司等

三、产品结构

常州化学工业最初只能生产液碱、漂白粉、氯碱、“六六六”粉等品种。1986年，全市化学工业可生产基本化学原料和材料、化肥、农药、除草剂、有机化学与合成材料、化学药品、石油和煤化工、涂料、染料、颜料、精细化学品等多形态、多系列的化工产品1000多种。1999年常州山峰化工公司成为国内最主要的螯合剂生产和出口企业，2000年常州化工厂新产品氯代异氰尿酸生产规模达亚洲第一。到2005年，培育发展春江精细化工业、牛塘化工医药业、横山桥精细化工业、金坛水北橡胶密封件业、溧阳绸缪精细化工业 5 个产业集聚集群。2010 年，常州化学工业产业结构日趋合理，主产品涉及氯碱、化肥、无机化学品、有机化工原料、精细化工、农药、涂料、染料、化工机械等门类，精细化工类占总规模的比例达 55%，产品品种超过 2000 种。其中水处理剂系列产品产销量占全国的 2/3，不饱和树脂、氯碱、顺酐、分散红 346(PC)、酞箐绿、恶草酮、叔丁醇钠、铂碳催化剂、氯代异氰尿素系列消毒剂、高效低毒农药、C 4 系列食用有机酸、聚碳酸酯、环胺、EDTA 螯合剂系列、铸造用 PU 黏合剂、聚酯类系列产品、聚酰胺膜等化工产品的产销量居同行业前茅，基本形成具有化工原料、精细化工、高分子合成材料、化工机械等相互配套协调发展的化工生产体系。2010 年常州规模以上化工企业完成工业总产值 894.4 亿元。

常州化学工业获中国名牌产品、国家免检产品和江苏省名牌产品一览表

表 15-9-2

类别	数量(个)	年份	品牌	品名	研制生产企业
中国名牌产品	4	2006	蓝色星球	HFC-134A 制冷剂	江苏康泰氟化工公司
		2006	天宁	吡虫啉杀虫剂	江苏常隆化工公司
		2006	全无敌	气雾杀虫剂	江苏同大股份公司
		2007	天宁	乙草胺	江苏常隆化工公司
江苏省名牌产品	24	2008	通明	反光膜	常州华日升反光材料公司
		2008	常恒	1-萘胺、1-萘酚系列产品	江苏华达化工集团公司
		2008	溧化	精恶唑禾草灵	江苏天容集团股份公司
		2009	溧化	苄嘧磺隆除草剂	江苏天容集团股份公司
		2009	隆坛	高分子防水材料	金坛市鑫隆防水塑胶制品公司
		2009	瑞阳	工业用季戊四醇	江苏瑞阳化工股份公司
		2009	天宁	乙草胺等酰胺类除草剂	江苏常隆化工公司
		2009	天宁	拟除虫菊酯类杀虫剂	江苏常隆化工公司
		2009	天宁	氨基甲酸酯类农药	江苏常隆化工公司
		2009	天宁	吡虫啉	江苏常隆化工公司
		2009	天宁	磺酰脲类除草剂	江苏常隆化工公司
		2009	光辉	油漆涂料	常州光辉化工公司
		2008	天虎	硅酸锌车间底漆	江苏治建防腐材料公司
		2009	兰陵	涂料	江苏兰陵化工集团公司
		2009	晨光	内外墙涂料	江苏晨光涂料公司
		2009	亚邦	分散染料	亚邦化工集团公司
		2009	常茂（图形）	酒石酸	常茂生物化学工程股份公司
		2009	RUNTECURE	光引发剂	常州华钛化学股份公司
		2009	颂歌	水处理剂	南京化工学院武进水质稳定剂厂
		2009	华润	稀油润滑装置	常州市华立液压润滑设备公司
		2010	中东	复混肥料	江苏中东集团公司
		2010	亚邦	顺丁烯二酸酐	常州亚邦化学公司
		2010	金珠	除草剂	江苏省激素研究所股份公司
		2010	金珠	杀虫剂	江苏省激素研究所股份公司

续表 15-9-2

类别	数量(个)	年份	品 牌	品 名	研制生产企业
江苏省名牌产品	8	2010	金 珠	植物生长调节剂	江苏省激素研究所股份公司
		2010	丰 登	三唑类杀菌剂	江苏丰登农药公司
		2010	瑞 邦	75%苯磺隆水分散粒剂	江苏瑞邦农药厂公司
		2010	溧 化	苄嘧磺隆除草剂	江苏天容集团股份公司
		2010	天 容	杀虫双（单）	江苏天容集团股份公司
		2010	天 容	杀螟丹	江苏天容集团股份公司
		2010	天 容	精噁唑禾草灵	江苏天容集团股份公司
		2010	玉 宇	硝酸银	常州市国宇环保科技公司
国家免检产品	5	2006	光 辉	涂 料	常州光辉化工公司
		2006	晨 光	涂 料	江苏晨光涂料公司
		2007	中东、佳馥	复混肥（高、中浓度化肥）	常州中东化肥公司
		2007	晨成、CHENCHENG	建筑防水卷材	江苏成松防水材料公司
		2007	瑞尔、东顺、双得福、高志、嘉田	化 肥	江苏中东集团公司

第二节 化学原料制造业

1991年9月，全国最大的乙醇胺生产线在东南化工集团常州石化厂建成投产。1996年9月，常州上美化工厂与武进市南菁化工厂联合研制成功农药、医药、染料及感光材料中间体6-氯邻硝基甲苯产品，获国家专利及新产品博览会金奖。江苏省激素研究所参与的新型旋光性农药(敌草强、双爱士)获1998年度国家技术发明三等奖。1997年5月，常州化工厂6万吨离子膜烧碱项目投产，可年产氯碱12万吨，居江苏省首位。2000年10月，世界500强企业在常州唯一的化工独资企业亚什兰(常州)化学公司一期工程建成投产，总投资1500万美元。2009年10月，中国石油地跨常州、镇江两市的江苏长江项目在扬中市孢子洲奠基，项目总投资200亿元。1986—2010年，全市化学原料及化学制品业获省科技进步奖23项，其中二等奖3项、三等奖20项。

2010年常州市化学原料及化学制品制造业主要经济指标统计表

表 15-9-3　　单位:亿元

指标	规模以上企业	其中:民营企业	主营收入达2000万元企业	指标	分项	规模以上企业	其中:民营企业
企业(家)	607	523	344	利润总额		44.23	30.79
年均从业人数	72741	59376	59198	每百元固定资产原值(元)	实现利税	24.87	29.35
固定资产净值平均余额	159.75	100.70	150.54		其中利润	16.16	18.04
所有者权益	240.15	160.24	222.45	平均每位从业人员(万元)	实现利税	9.36	8.45
工业总产值	838.81	605.17	767.51		占有固定资产原值	37.63	28.78
产品销售收入	827.05	594.46	758.17				
利税总额	68.10	50.1087	63.34		工业总产值	115.31	101.91

一、技术进步

1990年，常州长江耐腐蚀设备厂FP系列增强聚丙烯耐腐蚀泵达国内先进水平。2003年，常州企业开展的汽车尾气净化用铈基催化剂材料研究取得重大进展，江苏石油化工学院完成的直径30毫米组合式双转子连续混炼机，江苏石油化工学院、中石化股份公司金陵分公司完成的柴油调合软件，江苏石油化工学院、扬子石化公司和杭州科达信息系统公司完成的扬子石化公司经营计划优化系统同获2002年度省科技进步三等奖。常州市化工研究所、常州市助剂厂完成的仲辛醇／2-辛酮生产己酸新工艺达国际先进水平，获江苏省专利佳利奖金奖。

高效利用反应热副产工业蒸汽的热法磷酸生产技术　2003年，常州与云南省化工研究院、清华大学、江苏工业学院等联合研究完成，该技术通过吸收黄磷燃烧生成的气体获得产品，每燃烧1吨黄磷产生的热量相当于燃烧833千克标准煤，是世界上唯一利用普通自然空气燃烧黄磷并产生蒸汽的产业化技术，解决了热法磷酸废热排放的问题，获2008年度国家技术发明二等奖。

钴酸镧等高性能超细氧化物催化剂的制备和应用技术　常州大学、华润包装材料公司与南京理工大学联合研发，建立在较温和条件下制备超细氧化物催化剂的方法，研发了改进的溶胶凝胶法、醇—水结构控制法、自蔓延燃烧法等软化学方法，制备出钙钛矿型等超细氧化物催化剂，合成温度比原有技术降低200℃～300℃，产品纯度高、粒径小、分布窄。相关基础研究成果得到国际权威专家的肯定，在12家大中型企业实现产业化。获2010年度国家科技进步二等奖。

二、企业选介

中盐常州化工股份公司　前身为始建于1952年的常州化工厂，是常州地区早期生产化工产品的3家工厂之一。80年代中后期，常州化工厂引进技术较领先的金属阳极电解槽及氯碱生产工艺，烧碱生产装置产能达6万吨／年。1988年，销售收入首次突破1亿元，翌年利税首次突破2000万元。1985年，建成6兆瓦自备热电站，配套35吨／时次高压锅炉两台，成为常州首家自备热电站和国内最早配套使用次高压工业锅炉的工业企业。2001年11月，在常州高新区成立新东化工发展公司。12月，常州化工厂发起设立江苏江东化工股份公司，随后由江东公司、新东公司、常化厂成立常化集团。2003年10月，先期年产聚氯乙烯10万吨装置建成投产。2004年后逐步建成年产离子膜烧碱8万吨装置和其他系列生产装置。2007年12月底，江东公司老厂区全部停产搬迁，在金坛市经济开发区建设规划用地66.67公顷。2010年3月，中国盐业总公司收购江苏江东化工股份公司的国有股，重组成立中盐常州化工股份公司，总资产13亿元，拥有年产烧碱(100%)30万吨、聚氯乙烯28万吨、氢气576万标立方和液氯、盐酸各20万吨的能力。

江苏亚邦集团公司（亚邦化工集团公司）　始建于1984年，前身为1970年创办的牛塘化工厂，主要进行精细化工、生物化工产品的研发。1993年12月以常州市合成材料厂为核心，组建江苏亚邦集团公司。1994年，产品开始远销亚洲、欧洲、北美洲等30多个国家。2003年，江苏亚邦集团公司成立博士后科研工作站，由股份合作制规范为有限责任公司，更名为亚邦化工集团公司，成为跨地区、跨行业，集科工贸于一体，从事精细化工、医药、物流、房产等产业的大型企业集团，在江苏、安徽、福建、天津等地建有生产基地。曾获专利77项，起草行业标准28项，其中国家标准10项，行业标准18项。亚邦牌商标和光辉牌商标被国家工商总局认定为中国驰名商标。2005年，亚邦集团下属企业40余家，横跨苏浙皖闽等省，完成工业总产值33.32亿元、销售收入32亿元，为国家级重点高新技术企业。2010年，集团完成营业收入201亿元，名列中国企业500强第458位、中国制造业500强第250位、中国民营企业500强第90位、中国化工企业500强第40位。蒽醌型分散染料、不饱和聚酯树脂、顺酐产量位居行业第一，分散红60、分散蓝60等产销量位居世界第一。

常州曙光化工厂 前身为1959年5月创建的常州炼油厂，1965年8月变更为常州曙光化工厂。1993年1月，投资成立合资企业常茂生物化学工程公司，2001年6月转制为常茂生物化学工程股份公司，2002年6月18日在香港联合交易所创业板上市。常州曙光化工厂年产顺丁烯二酸酐3万吨、橡胶黏合剂系列产品5000吨、金属加工助剂系列产品及丁二酸7000吨。

第三节 精细化学制品制造业

常州精细化学工业主要集中于横山桥、春江和金坛等地，以横山桥地区的防腐涂料、水质稳定剂等产品在国内外市场最为著名。

一、横山桥精细化工集聚区

位于武进横山桥镇，起步于80年代。1980年，横山桥首家社队化工企业武进化工防腐材料厂成立，开始试制生产防腐材料与涂料产品。此后，横山桥相继兴办精细化工集体企业武进水质稳定剂厂、武进精细化工厂，主要生产水质稳定剂产品。1986年武进化工防腐材料厂研制的防腐涂料形成工业涂料、建筑涂料和船舶涂料3个系列，成为国家20家重点涂料企业之一。1993年以武进化工防腐材料厂为主体的江苏兰陵化工集团成立，成为横山桥精细化工业的核心企业。至2005年末，横山桥精细化工业拥有精细化工企业37家，同年完成产品销售收入10.17亿元。主产品有防腐涂料、水处理剂和烟气脱硫脱硝装置环保产品等。骨干企业有江苏兰陵化工集团、常州武进水质稳定剂厂、武进精细化工厂、江苏华耐环保公司等，横山桥精细化工业拥有省级名牌产品3个。

二、春江精细化工集聚区

位于新北区春江江边化工集中区，是新北区政府、春江镇政府依托常州沿江开发规划和高新技术开发区的辐射优势，打造特色工业经济集聚地培育的特色产业行业。春江所辖的原魏村、百丈、圩塘等乡镇及周边的新桥、龙虎塘等地的精细化工业较为发达，2002年市政府扩大高新技术产业开发区的区域面积，新北区确立将江边化工集中区升级为精细化工产业集聚的优势平台区。2005年，江边化工集中区集聚精细化工企业84家，其中龙头企业、规模型企业37家；同年完成工业总产值72.7亿元、销售收入70亿元。

三、金坛精细化工集聚区

2004年9月，金坛精细化学品产业基地经科技部批准设立。2005年，被认定为国家级特色产业基地，集聚有企业100余家，实施火炬计划项目32项、国家重点新产品11项和江苏省科技攻关项目8项、高新技术产品142项，初步形成以农药、化工中间体、电子化学品、合成材料及新型助剂为主的精细化学产品群和产业群。骨干企业有江苏天容集团股份公司、江苏丰登农药公司等。

第四节 其他化学制品制造业

一、化肥农药制造业

常州化肥农药骨干企业有武进化肥厂（江苏新亚化工集团）、江苏中东集团、江苏常隆化工公司、江苏天容集团等。2001—2005年，江苏省农用激素工程技术研究中心承担中国—俄罗斯政府间合作项目化学植物保护剂开发和试生产项目，以新型磺酰脲类农药技术合作为突破口，引进俄方先进技术和人才，共建研发机构，建成以成果转化为中心的产业化基地，使该中心成为国内最大的新型磺酰脲类除草剂研发和出口基地之一。2003年，常州企业开发出新型生物农药施氏假单胞菌。

二、日用化学产品制造及油墨、动物胶制造业

2010年，常州日用化学品制造及油墨、动物胶制造业有规模以上企业22家，实现销售收入11.6亿元，其中销售收入达1亿元的企业4家，主要企业有江苏开元国际集团常州友谊鞋业公司等。

三、企业选介

江苏常隆化工有限公司 是常州农药厂于2000年4月改制组建而成的国家大二型企业和国家光气、农药重点生产企业，中国农药工业十强企业。主要农药品种有拟除虫菊酯类、烟碱类、氨基甲酸酯类及其他具有特异性杀虫效果的杀虫剂系列，磺酰脲类、脲类、酰胺类等除草剂系列，杀菌剂系列、植物生长调节剂系列等产品。农药原药年生产能力5万吨，原药品种40余个、制剂60余个，具有农药“三证”（农药生产许可证、农药标准和农药登记证）的产品120多个。聚氨酯树脂年生产能力10万吨；聚氨酯合成革年生产能力1500万米，乙草胺、噻嗪酮、吡虫啉等产品在国内市场占有率居前5位，乙草胺、噻嗪酮、吡虫啉、聚氨酯树脂等产品年销售收入达1亿元。天宁牌吡虫啉杀虫剂、乙草胺除草剂分别于2006年、2007年被国家质量监督检验检疫总局认定为中国名牌产品。

江苏中东集团有限公司 前身为1986年建立的武进县复合肥厂，是以农业、化工为主的省级产业化集团和江苏省级贸、工、农一体化重点龙头企业。1997年，转制为私营企业江苏中东集团公司，拥有名优产品10种，2007年中东牌（复合肥）被评为中国驰名商标。2009年底，主产品为年产系列复合肥210万吨、硫酸钾复合肥50万吨、磷铵30万吨、磷肥20万吨、生态缓释长效肥10万吨，复合肥料产量居江苏省首位、全国第三位。2010年，完成销售收入16.18亿元、实现利税6066万元。

第十章　建筑材料制造业

80年代中期，常州建材工业以黏土砖瓦、水泥和烧制石灰为主导产品。1985年，全市有独立核算建材企业375家，完成工业总产值4.54亿元，占全市工业总产值的3.44%。市属企业有常州砖瓦厂、第二砖瓦厂、硅酸盐厂、常州水泥厂、第二水泥厂、建材机械厂等，县属骨干企业有武进县水泥厂、建材（炼铁）厂，金坛县水泥厂、钢铁（水泥）厂和溧阳县水泥厂等。全市年产水泥77万吨、砖19亿块、瓦2200万片。80年代后期，水泥需求量较快上升，乡镇企业蓬勃发展，先后兴办金坛柚山水泥厂、薛埠水泥厂、溧阳南渡水泥厂、联合水泥厂、上黄水泥厂等企业。1992年，常州市建材工业局改组成立，市属企业先后试行厂长（经理）任期目标制、承包经营等形式。2010年底，全市建材行业有规模以上企业201家，同年，完成销售收入263亿元，占全市规模工业总量的3.6%。全市累计淘汰水泥生产线61条、落后产能700万吨。水泥厂余热发电技术得到推广，发电量可达水泥综合电耗的1/3。

第一节　行业综述

1985年，常州建材行业完成总产值4.81亿元。1987年2月，全省唯一生产稀有硅灰石粉的溧阳县平桥乡江南硅灰石厂投产。1990年，全市乡村建材行业完成总产值10.32亿元。90年代初，武进崔桥、横山桥、芙蓉等地的乡镇企业设计开发出美观实用的第一代计算机操作台，推向市场后受到欢迎，很快成为市场的热销货，带动了一大批计算机操作台生产企业的兴起和发展。1992年崔桥乡计算机操作台的生产量达100万

张，生产企业近100家；1993年成为崔桥乡的特色产业，年产量200多万台，完成工业总产值1.5亿元、销售收入1.3亿元；1994年进入生产兴盛期，崔桥乡计算机操作台生产企业达400多家，形成从原料到成品的产业链，年产能突破1000万台，产品销售网点3000多个，成为全国最大的计算机操作台生产基地。1995年崔桥计算机操作台制造业发展到顶峰，年产3000万张，年销售收入16亿元，此后因市场饱和，产量开始回落。同年全市乡村建材工业完成总产值38.94亿元。1996—2000年，建材工业企业大力采用先进工艺和技术，开发新型建材，重点发展玻璃钢基材及其制品、新型建筑材料和装饰材料。1997年，大部分企业转产强化地板。2000年5月市建材工业局撤销，建材企业资产划归常州市塑料集团管理。改革市属建材企业管理制度，企业内部经营承包责任制有新的发展，逐步由利润承包转向资产承包，由个人承包转向全员抵押承包；2005年，全市有规模以上建材工业企业115家，完成销售收入71.8亿元。

第二节 水泥及其制品业

一、产业规模

八九十年代，常州水泥企业有常州水泥厂、常州砖瓦厂和武进水泥厂、武进建材厂、武进水泥制品厂、武进砖瓦厂与金坛县水泥厂、金坛砖瓦厂、金坛水泥制品厂及溧阳水泥厂、溧阳石灰厂、溧阳水泥制品厂、溧阳砖瓦厂等，水泥生产方式以小型机立窑为主，仅有常州水泥厂1条年产5万吨余热发电的小旋窑和武进县水泥厂两条5万吨立筒预热小窑旋。以立窑水泥、轮窑烧制砖瓦和石灰等传统产品为主。90年代末推进企业体制改革，至21世纪初期建材行业企业均改制为民营企业。

1991—1995年，水泥产业快速扩张，成为常州建材工业的支柱。1993年，常州硅酸盐厂与香港旭达发展公司合资兴办常州建达混凝土外加剂公司，主要生产配套商品混凝土使用的系列产品。1996—2000年，常州水泥厂、武进水泥厂、武进建材厂、金坛水泥厂、溧阳水泥厂等国有企业扩产改造项目加快；乡镇水泥企业如雨后春笋般涌现，新建溧阳三维水泥公司、戴埠水泥厂、建郧特种水泥厂、亚峰水泥厂等企业，新建水泥厂均为机立窑生产线。建材产品品种增加，新发展商品混凝土、混凝土外加剂、铺地材料等数十种。水泥生产工艺进入调整期，盘固水泥率先建设两条日产300吨熟料湿法旋窑生产线，随后溧阳振东水泥一条、力强建材两条同规格生产线相继落成，全市水泥工业走上旋窑生产之路。

常州水泥及其制品企业获国家免检产品和江苏省名牌产品一览表

表15-10-1

类别	年份	品牌	产品名称	研制生产企业
国家免检产品	2001	盘　固	P.032.5R、P.042.5R水泥	常州盘固水泥公司
	2005	濑　江	水　泥	溧阳市濑江水泥公司
	2006	力　强	水　泥	溧阳市力强水泥公司
	2007	金　峰	P.042.5、P.032.5水泥	溧阳市金峰水泥公司
	2007	苏　特	P.042.5、P.032.5水泥	溧阳市汉生特种水泥公司
	2007	鼎　强	P.032.5、P.042.5水泥	溧阳市振东水泥公司
	2008	长荡湖	P.032.5水泥	溧阳扬子水泥公司
江苏省名牌产品	2009	金　峰	水　泥	江苏金峰水泥集团公司
	2010	长荡湖	P.042.5水泥	江苏扬子水泥公司
	2010	盘　固	通用硅酸盐水泥	盘固水泥集团公司

2001—2005年，建材工业调整结构，建设新型干法水泥生产线，转变以机立窑水泥为主的格局。2005年水泥产销量近1700万吨，其中新型干法水泥产量占比达80%，在全省处于领先水平。随后溧阳市扬子水泥公司、金峰水泥公司各建成1条同类型生产线，汉生水泥公司、濑江水泥公司、亚峰水泥公司和振东水泥公司各建成1条日产1500吨熟料生产线。随着房地产业走向兴旺及推广散装水泥力度不断加大，市区混凝土搅拌企业迅速成长，涌现出巨凝集团、建筑工程材料供应公司等上规模的混凝土供应商。2005年全市散装水泥供应量838.5万吨，比2000年增10倍；散装率51%，比2000年高38个百分点。

2006—2010年，常州水泥工业生产发生深刻变革，机立窑、小型干法窑、湿法窑等高耗能、高污染、低效益生产装备完全退出历史舞台，在有资源地区建成金峰水泥公司、盘固水泥公司、扬子水泥公司和天山水泥公司等生产水泥熟料企业，总产能达2000万吨；在城市周边建设水泥粉磨站，全市水泥总产能约3000万吨。盘固水泥集团率先建成日产5000吨水泥熟料生产线1条和配套纯低温余热发电装置，改建日产2500吨水泥熟料生产线两条，水泥总产能达500万吨；在安徽建成日产5000吨熟料生产线两条。溧阳汉生水泥公司建成日产5000吨熟料生产线1条，后被中国建材集团南方水泥公司收购，成为全市水泥行业中唯一的中央企业。金峰水泥集团建成日产5000吨熟料生产线8条和日产2500吨熟料生产线1条，总产能达2000万吨；所有生产线均配置余热发电设备，其发电量占企业用电总量的30%。金峰水泥集团跃升为全国同行业中同产地水泥产能最大的企业，在江阴建成200万吨水泥粉磨站。全市水泥总产能近4000万吨，居全省首位。2010年底，全市淘汰所有机立窑水泥生产线，构成以金坛市和溧阳市为熟料生产基地、城区周边合理配置水泥粉磨站、满足城镇建设市场需求的生产格局，全部采用新型干法水泥生产，水泥散装率达96%，为全国最高水平。水泥产业强劲的发展带动了水泥装备制造业的发展。

二、企业选介

江苏金峰水泥集团有限公司　1980年始建，前身是溧阳市金山水泥厂，2004年10月创建江苏金峰集团。建有新型干法旋窑水泥熟料生产线9条和配套纯低温余热发电，年水泥生产能力超2000万吨。为江苏省最大的水泥生产企业、全国最大的单个水泥生产基地。生产金峰牌52.5号、42.5号、32.5号硅酸盐水泥。在江阴市投资1.8亿元建设江阴金峰月城水泥公司，形成年产200万吨的水泥粉磨能力。

盘固水泥集团有限公司　国家级大型水泥生产企业。集团公司先后投资建设盘石水泥公司、华阳水泥公司、安徽盘景水泥公司、盘固山东水泥公司、盘固物流公司、盘固采石公司、盘固化工公司、上海盘固投资发展公司等子公司，涉及水泥、采矿、物流、化工、投资、旅游等行业。2001—2005年，重组合资企业华阳水泥，率先建成日产2500吨水泥熟料生产线1条，采用新型干法水泥生产技术，生产全过程由中央控制系统控制，具备年产1500万吨优质高强度水泥的产能，其中金坛境内的产能500万吨。

第三节　新型建材制造业

一、产业规模

80年代后期，依托建材工业部属企业建材二五三厂的技术和产品，常武地区的礼河玻璃钢厂、运村玻璃钢厂等企业快速成长，玻璃钢冷却塔、冷库成为武进运村、洛阳地区的新型建材行业主导产品。1986—1990年，建成塑料地板、玻璃纤维薄毡、抗静电活动地板、建筑涂料、化工建材、人造玛瑙卫生洁具等新型建材生产线6条。1988年建材二五三厂与中国新型建筑材料公司合资引进1条联邦德国舒拉公司的玻璃纤维薄毡生产线，1989年12月试生产，年产量7000万平方米。

1991—1995年，塑料弹性卷材地板、半硬质防静电地板成为新型建材的代表。1993年，以建材二五三厂为核心跨地区、跨部门的大型企业集团天马集团成立，引进玻纤薄毡长丝加筋设备，1995年，湿法薄毡原丝生产线和日本合资生产树脂、SMC项目投产。1994年，丽宝第集团公司与日本东理株式会社合资经营的丽宝第东理建材公司从日本东理公司引进设备技术。年产量400万平方米的塑料弹性卷材地板生产线投产。1999年，溧阳市冷却塔厂研制的YLT-方形隔热壳体组合式冷却塔获省科技进步奖1998年度三等奖。

1996—2000年，新型建材发展到新型墙体材料、玻璃钢原材料及制品、建筑涂料、建筑塑料、防水材料、保温材料、新型建材机械等7个大类、约200个品种。1996年，以不饱和树脂为代表的新型建材发展速度加快，华日新材、亚邦集团及常武地区部分乡镇企业加入树脂产品制造行列，带动玻璃钢冷却塔、玻璃钢造船、冷库、玻璃钢贮罐，并配套汽车、家电产品。天马集团开发成功玻璃纤维土工格栅，广泛应用于铁路、公路、地下工程等施工领域；该集团和中国新材料公司合资生产经营玻纤薄毡及相关制品和原材料，形成年产玻纤薄毡1.7亿平方米的能力。1998年10月常州被选入全国20个发展新型建材及制品试点城市。

江苏金峰水泥集团有限公司（摄于2007年7月）

2001—2005年，常州新型建材工业随着墙体材料改革的深入，兴起一批混凝土空心砌块、加气混凝土砌块、钢丝网复合板、彩钢泡沫塑料复合板、GRC轻质墙板等产品生产企业。2003年常州涂料厂、常州玻璃钢厂等新型建材企业相继改制为民营企业。墙改工作由禁用实心砖全面转向禁用黏土砖，全市60家新型墙材企业产能达45亿标块砖。2005年，全市新型墙材产量达17.7亿块，占墙材总量的76.3%；新墙材建筑竣工面积417万平方米，占总建筑面积的85.8%。常州市长海玻纤公司新建3万吨池窑拉丝项目，产品覆盖汽车制造、

常州新型建材企业获中国名牌产品、江苏省名牌产品一览表

表15-10-2

类型	年份	名牌产品名称	研制生产企业
中国名牌产品	2005	天马牌无碱玻璃纤维短切原丝毡	常州天马集团公司
	2006	天马牌玻璃纤维土工格栅	常州天马集团公司
江苏省名牌产品	2009	天目湖牌地毯	溧阳开利地毯材料公司
	2009	HRCT牌化纤仿毛毛毯	江苏鸿瑞昌泰纺织公司
	2009	新元牌窗帘	溧阳新元窗帘制品公司
	2009	PGTEX牌连续树脂基预浸料用多轴向经编增强复合材料	常州市宏发纵横新材料科技公司
	2009	环球牌阿克敏斯特地毯（手工剪花）	常州环球地毯制造公司
	2009	天马牌不饱和聚酯树脂、玻璃纤维制品	常州天马集团公司
	2010	常海牌薄型玻璃纤维短切毡	江苏长海复合材料股份公司

建材装饰、道路交通、石油管道等领域。天马集团建成3万吨池窑拉丝项目，全市形成天马、长海玻纤和天常玻纤3家玻纤生产骨干企业。

2005—2010年，天马集团搬迁至常州高新区，玻纤土工格栅、玻纤薄毡、玻纤壁布3类产品连续多年居国内市场份额第一。常州天常玻纤复合材料公司在武进经济开发区建设年产6万吨玻纤复合材料生产装备，其高性能增强复合材料及多轴向增强织物产品广泛应用于风力发电、车船制造、休闲运动器械等行业领域。全球500强之一的法国圣戈班集团于2006年在新北区建成全市首家石膏板生产线。

二、企业选介

常州天马集团有限公司 前身为始建于1960年的建材工业部直属企业建材二五三厂，1993年成立集团公司。2003年，改制为民营企业，成为国内产量最大、质量最优、品种最多、产品覆盖面最广的玻璃钢原材料基地。拥有江苏省省级技术中心和工程中心，是国家火炬计划重点高新技术企业，主要生产玻璃纤维制品、不饱和聚酯树脂类辅料系列、玻璃钢复合材料、交通建设土工材料、精细化工类玻璃纤维黏结剂等。

江苏长海复合材料股份有限公司 位于武进遥观镇，成立于2000年5月，主要研制玻纤制品及玻纤复合材料，是国家火炬计划高新技术企业，具有年产2.5万吨玻璃纤维制品的能力，2010年销售收入达3亿元。

第四节 地板制造业

1987年12月至1989年1月，常州建材设备厂、建筑塑料厂与中国新型建筑材料公司合资从法国杰尔

2005—2007年常州地板工业企业通过认定的国家免检产品一览表

表15-10-3

年份	品牌	产品名称	研制生产企业
2005	洛基(带图案)牌	强化木地板	江苏洛基木业公司
2005	凯　莱	强化木地板	江苏凯莱木业公司(原常州市富丽佳木业公司)
2005	玉兰(图案)、玉兰林、帕伦克	强化木地板	常州市玉兰木业公司
2005	洁　丽	实木地板	常州市洁丽木业公司
2006	创　佳	门窗框用硬聚氯乙烯(PVC)建筑型材	常州创佳塑料型材公司
2006	欧运、欧太	木地板(复合木地板)	常州市欧太装饰材料公司
2006	科利达、欧也妮、顺象、星雅莱、尚榜、良敏、香树	木地板(复合木地板)	江苏科利达装饰材料公司
2006	德赛、嘉仕堡、荣登	木地板(复合木地板)	江苏中鑫德赛木业公司
2006	圣　力	木地板(复合木地板)	常州市赛力木业公司
2006	森　尼	木地板(复合木地板)	常州市森尼装饰材料公司
2006	好佳好	木地板(复合木地板)	常州市佳安装饰材料公司
2006	伊普莱思	木地板(复合木地板)	江苏明盛木业公司
2006	大欧、瑞克思(图案)	木地板(复合木地板)	常州市赛欧地板公司
2006	绿意、圣踏	木地板(复合木地板)	常州市绿意木业公司
2006	格林思宝(有图案)	木地板(复合木地板)	常州市格林思宝木业公司
2007	德　威	强化复合木地板	常州市德威木业公司

兰德公司引进弹性塑料地板生产线批量投产，年产600万平方米，丽宝第牌弹性塑料地板在全国率先实现原材料全部国产化，质量指标达国际先进水平，当年获省优产品称号，销量居全国首位。

90年代后期，强化地板业崛起，集聚在武进横林镇和崔桥集镇。1999年10月，首家强化木地板企业常州华利装饰材料公司创办，全镇随后新建强化木地板生产及配套企业400多家，拥有洛基、凯莱、玉兰、科利达等品牌的国家免检产品企业15家和江苏省出口检验检疫一、二类企业11家，28个江苏省名牌产品、江苏省著名商标及常州市名牌产品。2003年，横林镇成立全省首家镇级行业协会常州市地板协会和新型装饰板材生产力促进中心，在崔桥地区投入近16亿元，规划建设地板工业园。2005年，横林地板业拥有企业400余家，从业人员3万余人，年地板产能达1.5亿平方米，完成总产值65亿元，实现销售收入58亿元，出口地板1800余万平方米，创汇7800万美元，地板业已占有国内市场45%的份额，出口地板数量占全国地板出口总量的38%。

2010年，横林强化木地板行业拥有规模以上企业98家，实现销售收入74亿元，江苏贝尔装饰材料公司、江苏洛基木业公司、常州华通新立地板公司、江苏德威木业公司、常州市赛力木业公司和江苏欧龙地板公司等24家企业销售收入达1亿元。

2008—2010年常州地板工业企业获评的江苏省名牌产品一览表

表15-10-4

年份	名牌产品名称	研制生产企业
2008	欧塞牌浸渍纸层压木质地板	江苏欧龙地板公司
2008	申嘉牌浸渍纸层压木质地板	江苏亿家美木业公司
2008	源恩牌聚氨酯胶粘剂	常州市源恩合成材料公司
2008	东家牌浸渍纸层压木质地板	常州市东家装饰材料公司
2008	常科牌彩色涂层钢卷板	常州市常科彩钢板公司
2008	荣登牌浸渍纸层压木质地板	江苏中鑫德赛木业公司
2009	凯莱牌浸渍纸层压木质地板	江苏凯莱木业公司
2009	斯诺比牌浸渍纸层压木质地板	江苏好佳好木业公司
2009	双奇牌浸渍纸层压木质地板	江苏双奇木业公司
2008	南洋(图形)牌实木地板	江苏南洋木业公司
2009	博瑞得牌热固性树脂浸渍纸高压装饰层积板	江苏博大木业公司
2009	洁丽牌实木地板	常州市洁丽木业公司
2009	东方玉兰牌浸渍纸层压木质地板	江苏玉兰木业公司
2009	德威牌强化木地板	常州市德威木业公司
2010	洛基牌浸渍纸层压木质地板	江苏洛基木业公司
2010	好佳好牌浸渍纸层压木质地板	常州市佳安装饰材料公司
2010	圣力牌浸渍纸层压木质地板	常州市赛力木业公司
2010	科利达牌浸渍纸层压木质地板	江苏科利达装饰材料公司
2010	大欧牌浸渍纸层压木质地板	常州市赛欧地板公司
2010	森尼牌浸渍纸层压木质地板	常州市森尼装饰材料公司
2010	欧运牌浸渍纸层压木质地板	常州市欧大装饰材料公司

稻麦秸秆人造板制造技术与产业化研究。2005年，江苏洛基木业公司（武进横林镇崔桥）与南京林业大学等5家单位研制完成的稻麦秸秆人造板的强度为每立方米1840千克，比普通地板高960千克，开辟出农业资源利用新路，获中国专利多项和2009年度国家科技进步二等奖。2009年9月1日常州洛基公司起草制定的秸秆地板、秸秆饰面地板产品国家标准实施。

第五节　建材机械制造业

80年代中后期，常州建材机械厂（锅炉厂）、金坛钢铁厂（今康达建材）等建材机械企业均为国有企业。常州建材机械厂引进蒸压釜技术，完成上开门釜的设计和样机，通过省级技术鉴定，首批口径2.86米×26米4台蒸压釜销往香港地区。溧阳市重型机械厂主要生产小型水泥机械，2005—2010年，该企业与中材国际南京水泥设计院合资组建溧阳市中材重型机器公司，建成水泥装备制造基地，年加工水泥生产设备约21万吨，产品出口国外，成为全市建材行业骨干企业。

一、常州锅炉公司

前身为原常州建材机械厂、常州锅炉厂，创办于1970年，是劳动部、社会保障部、国家建材局定点设计、制造A级工业锅炉和一至三类压力容器的专业工厂，国家二级企业、江苏省高新技术企业，全国唯一的建材行业蒸压釜技术培训中心。生产燃煤系列、全自动燃油、燃气锅炉系列、蒸压釜系列、电炉、有机热载体加热炉、余热锅炉及一、二、三类压力容器7大类产品100多个品种，所生产蒸压釜是江苏省名牌产品，获得国优银质奖，国内市场占有率达80%。公司获全球环境基金会（英文简写GEF）项目中标首选企业支助206万美元，引进国外先进技术装备，提高设计制造水平和煤炉的运行效率，减少向大气排放污染物。

二、溧阳中材重型机器公司

为中材国际南京水泥工业设计研究院与溧阳市重型机械厂公司合资企业、江苏省高新技术企业，主要设计、研制、生产和安装水泥机械、冶金机械及路桥用破碎筛分等全套设备。拥有国内外先进生产设备528台（套），形成年加工能力约21万吨水泥装备制造大型基地。水泥机械设备畅销全国，出口到沙特、秘鲁、巴基斯坦、越南、缅甸、孟加拉等国。

第十一章　能源工业

80年代，常州能源工业的基本建设投资增长迅速。90年代中期，能源开始由供不应求转变为供大于求，能源消费总量在1996年达顶峰后逐年下降。1996年起，煤炭产能出现大量过剩，煤炭生产总量和消费总量均出现持续下降。进入21世纪，能源消费产品结构、耗能工业发生重大变化，西电东送工程、西气东输工程促进常州市能源消费向高效、清洁的方向发展。

第一节　电力工业

常州电力工业企业主要有江苏华电戚墅堰发电公司（简称“戚电公司”）、国电常州发电公司（简称“常电公司”）两家主力电厂，总装机容量1480兆瓦。1992年，常州地方电厂装机容量227.54万千瓦，同年发电6.84亿千瓦时，电力部门组织加工电10亿千瓦时，约占全市用电量的1/3。1997年全市各企业上网自发电量4.9

亿千瓦时。2005 年，常州市地方公用电厂及企业自备电厂发电 34.04 亿千瓦时，其中上网电量 20.07 亿千瓦时。全市有发电企业 23 家，总装机容量 110.56 万千瓦，其中戚墅堰发电公司直属华电集团，装机容量 44 万千瓦；常亚、赛德、亚能、中天等省调发电企业 4 家，总装机容量 40.16 万千瓦；常州第一热电厂等地方发电企业 11 家，总装机容量 22.6 万千瓦；江东化工等企业自备电厂 7 家，总装机容量 3.8 万千瓦。2005 年，常州完成供热量 2780 万吉焦、电力需求侧项目 6 项，总投资 2616 万元；完成震华、新东、广达、广源、昆仑等 5 个热电项目，新增发电能力 6.9 万千瓦。2006 年，国电常州发电公司一期两台 600 兆瓦机组投运，装机容量 120 万千瓦。2007 年，地方发热电企业发电量 31.53 亿千瓦时。2008 年，地方发热电企业发电量 25.91 亿千瓦时。2009 年，地方发热电企业发电量 37.88 亿千瓦时。

2010 年底，常州市有地方发电热、电企业 29 家，其中公用发电、热电企业 17 家，自备电厂 12 家。29 家企业发电机组总容量 726.6 兆瓦；按机组性质分，热电联产机组 601 兆瓦，资源综合利用机组 124.5 兆瓦、新能源机组 1.1 兆瓦。同年，戚墅堰发电公司燃机热电联产天然气支线建设方案落实开工建设，天然气燃机二期两台 400 兆瓦机组扩建工程前期工作展开。

2010 年常州市电力、热力的生产和供应业主要经济指标统计表

表 15-11-1　　　　单位:亿元

指标	规模以上企业	其中:民营企业	主营收入达 2000 万元企业	指标	分项	规模以上企业	其中:民营企业
企业(家)	21	9	20	利润总额		5.49	1.01
年均从业人数	4438	1270	4390	每百元固定资产原值(元)	实现利税	7.40	0.76
固定资产净值平均余额	77.37	10.07	77.31		其中利润	4.62	4.37
所有者权益	45.90	6.44	45.91	平均每位从业人员(万元)	实现利税	19.83	9.46
工业总产值	70.66	14.97	70.46		占有固定资产原值	267.89	162.16
产品销售收入	70.24	14.97	70.04				
利税总额	8.80	14.75	8.80		工业总产值	159.22	117.27

一、江苏华电戚墅堰发电公司

位于常州市东郊常戚路南秧街特 1 号，前身是江苏省电力工业局管辖的部属全民所有制企业戚墅堰发电厂（简称“戚电厂”），主营火力发电，兼营供热，所发电力并入华东电网。戚墅堰发电厂原为 1921 年中德私商合股兴建的震华制造电气机械厂。2000—2001 年，戚电公司被国家电力公司评为一流火力发电厂。2002 年 12 月至 2003 年 8 月，划归中国华电集团，变更为江苏华电戚墅堰发电公司，是华东电网的骨干调峰电源之一。

发电设施建设　戚电厂 1990 年末装接容量 203.74 万千瓦。1991—1995 年，建成两台 20 万千瓦发电机组，1992 年底建成投运。2002 年，Ⅰ站期末总容量 44 万千瓦，Ⅱ站期末总容量 4.9 万千瓦。

1999 年，戚电厂技改项目被省计经委作为首选项目列入规划并上报国家计委，计划总投资 26 亿元，2000—2002 年完成两台 30 万千瓦燃气机组工程。2003—2005 年同步建设“西气东输”2×390 兆瓦燃气—蒸汽联合循环发电机组，动态总投资 28.6 亿元；2005 年 11 月 10 日 1 号机组投入商业运行，12 月 7 日 2 号机点火启动成功，年用气量约 9 亿立方米，年发电量约 40 亿千瓦时，对完善江苏的能源结构，增强江苏电网的调峰能力，缓解常武地区乃至江苏电力紧缺状况具有重要作用。2007 年，戚电公司推进燃机热电联产项目，工程获国家优质工程银奖。2009 年，戚电公司与江苏省国信资产管理集团动态投资 14.5 亿元合作建设“川气东送”2×220 兆瓦燃机热电联产项目，供热能力达每小时 200 吨。

技术进步与节能减排 1991 年，戚电厂完成节能技术改造项目 6 项。1995 年，完成技术改造投资 116 万元，与江苏电力中心试验研究所等单位合作在 20 万千瓦机组汽轮机上研制安装胶球清洗装置，在输粉燃烧系统上试制煤粉齿索输粉机，在输煤皮带上安装计量检验装置，锅炉排粉机研制变频调整装置等。1997 年，戚电厂投资 800 万元建设信息管理系统网络，燃料子系统通过验收，投用发电生产实时子系统、消缺管理子系统；改造 20 万千瓦机组锅炉喷燃器，实现低负荷稳燃，做到机组 10 万千瓦负荷时不投油枪，节约燃油 948 吨，218.04 万元。1998 年投资 512 万元，改造对省公司下达的重点科技项目及工厂自定科技项目。2009 年，戚电公司贯彻落实节能减排政策，实施江苏最大的减排项目 9F 燃机清洁发展机制项目，每年有 10 多亿千克二氧化碳碳减排当量，12 月 17 日，该项目在联合国 CDM 执行理事会注册成功（注册日追溯到 11 月 9 日）。2010 年 12 月，戚电公司与江苏省国信资产管理集团投资建设燃机热电联产工程，年均减少二氧化碳排放约 52 万吨、二氧化硫排放约 5900 吨、氮氧化物排放 4500 吨，无烟尘灰渣排放，对改善大气环境作用重要。

戚墅堰发电公司 015 9F 燃机 CDM 项目（摄于 2006 年 10 月）

1991—2010 年戚墅堰发电厂、华电戚墅堰发电公司部分年份主要经济指标统计表

表 15-11-2

年份	发电量（亿千瓦时）	实现税收（万元）	年份	发电量（亿千瓦时）	实现税收（万元）
1991	4.70	—	2001	23.48	—
1992	4.81	—	2002	28.00	—
1993	18.20	—	2003	—	—
1994	26.12	—	2004	27.71	—
1995	29.02	—	2005	—	22000
1996	29.04	—	2006	50.30	—
1997	27.55	—	2007	50.19	23600
1998	26.13	—	2008	42.76	14800
1999	23.39	—	2009	45.29	11800
2000	22.61	9017	2010	45.93	15000

发电与效益 1990 年，戚电厂发电 4.72 亿千瓦时。1994—2005 年，戚电厂年均发电量突破 20 亿千瓦时。2000 年，戚电公司发电量提高到 22.61 亿千瓦时，实现利润 8034 万元。2001—2005 年，煤炭资源紧张、铁路运力不足引起燃煤供应紧张，戚电公司通过强化运行和节能管理，降低综合消耗，加强发电经济调度，参

与竞价上网等方式，提高在运机组负荷率，完成发电生产任务。2001年，Ⅰ站(2台20万机组)发电20.48亿每千瓦时、Ⅱ站发电3亿每千瓦时；完成销售收入5.8亿元，实现利润总额6255.1万元。2008年供电煤耗每千瓦时由2004年的362.98克下降至288.4克。2010年，戚电公司发电45.93亿千瓦时，其中燃机发电26.13亿千瓦时，上缴税收1.5亿元。

二、国电常州发电公司

1998年6月，常州电厂可行性研究报告通过电力规划设计总院评审。常州(江边)电厂建设规模为装机容量240万千瓦，一期工程2×60万千瓦，动态投资62.76亿元。2003年5月，国电常州发电公司成立，由中国国电集团、江苏昆仑投资公司、江苏省国信资产管理集团和常州投资集团分别按51%、25%、20%和4%的比例出资组建，规划总装机容量扩大到420万千瓦，一期、二期工程建设60万千瓦机组各两台，三期工程建设100万千瓦机组两台。2006年5月23日、11月30日，一期工程1号、2号机组先后正式投产发电，同年发电27.62亿千瓦时。2007年，国电常州电厂二期工程实施。

位于长江南岸的国电常州发电公司(摄于2007年8月)

三、其他发电企业

常州第一热电厂 始建于1991年，常州第一热电厂被列为国家“八五”规划期间常州市重点建设项目，是全国较早成立的以工业热用户为主的区域性电厂之一，装机容量20兆瓦，热用户100多家。

常州常电调峰电厂 位于常州新区澡港河畔，是常州市常供电力公司与新加坡中华电力公司合资组建的合作经营企业。拥有36兆瓦燃汽轮发电机组、15兆瓦汽轮发电机组各1台。1998年为常州市高峰用电缺口调峰发电1503小时，发电6013万千瓦时。

第二节 煤炭工业

常州地区煤矿始建于60年代末期，投产于70年代，调整于80年代，终止于90年代。因受资源及其他多种因素的制约和影响，上黄、卜弋、厚余、儒林等煤矿在90年代初期逐步实行关停并转，1987年常州矿务局成立。1995年常州煤炭行业实施全面调整、二次创业。1986—1990年，常州煤炭行业产量逐年递减，完成工业总产值1.25亿元，累计生产原煤92.3万吨。1991年，全行业实施组建多元经济联合体的发展战略，调整产品结构，加快产品升级换代，提高产品档次，开发新2号岩石炸药、全无敌杀虫剂、中草药空气清新剂、电热蚊香片、SJB深井泵综合保护器、真空开关等8只新产品，完成新产品产值2575万元，占全系统工业总产值的43.1%。1992年完成工业总产值7689万元，煤矿亏损734万元。1995年，常州煤炭行业完成工业总产值1.23亿元，实现利税872万元、利润155万元，扭亏为盈。1996年，继续调整产业结构，全行业初步形成气雾制品、化工、建材、机电、服装、包装等10个门类、200个产品。1997年，全局坚持适应性调整和结构性调整并重的指导方针，盘活存量资产，合理配置资源，优化经济结构。电器厂与自然人联合成立东成电气公司等。2001年，常州矿务局13家局属企业完成工业总产值1.94亿元，实现销售(劳务)收入1.78亿元，实现利税3456万元、利润2208万元，完成技改投入200万元。局属基层国有企业及机关人员分流基本结束。康达公司、晨强公司、天乐公司、勘察公司、物资公司、煤机厂等企业改革改制基本结束。

一、上黄煤矿

1969年创建，1973年投产，至1990年生产原煤112.5万吨。但因地质构造复杂，煤层赋存条件差，开采困难，矿井向深部开采瓦斯含量高，事故隐患大，安全可靠性差，年产量只能维持在2万吨左右，成本高，亏损大。1991年，经省、市有关部门原则同意暂停开采。

二、儒林煤矿

该矿井自1970年投产至1995年生产原煤88万吨。1993年，儒林矿被评为部级质量标准化矿井。1995年4月，儒林煤矿由于地质构造复杂，断层多、煤层薄、储量少、开采难度大、安全可靠性差等诸多因素，停止原煤生产，6月19日封井，全面转产调整。1997年，儒林煤矿托管给广业实业公司。

三、厚余煤矿

该煤矿1971年投产至1990年累计生产原煤80.5万吨。80年代初，厚余煤矿开始改变以往单一的原煤产品结构，发展多种经营。1984年12月筹办常州三菱节能材料厂，开始生产硅酸铝纤维，1990年产值达316.4万元，创利70万元。1990年6月，厚余煤矿与农行常州市分行中等专业学校联合创办同大气雾剂实业公司，生产全无敌杀虫剂及中草药清新剂等产品。1993年11月停止原煤生产并封井。1997年，厚余煤矿托管兼并给胜利化工厂。

第十二章　食品加工制造业

1986年，全市食品饲料工业完成总产值5.53亿元。2000年，全市有规模以上食品工业企业66家，完成工业总产值22.61亿元、销售收入22.41亿元，实现增加值4.67亿元、利税1.08亿元、利润1988万元。全市乡村农副产品加工企业长足发展，总数达1000家，年销售收入达108亿元。江苏天目湖啤酒集团、江苏中东集团、常州天香集团公司等10家市级龙头企业完成销售总收入11.3亿元，喜临门、好太太等食品加工企业成长势头良好。2010年，全市食品饲料工业(含农副产品加工业)有规模以上企业48家，完成工业总产值48.96亿元、销售收入47.79亿元，实现利税5.17亿元、利润1.96亿元。

第一节　农副食品加工业

1986年，常州仅有数家粮油加工企业，主要生产大米、压榨油。2000年10月，金鹿牌特级茅山青峰茶获国家优质产品银质奖。1994年全市农副食品加工企业生产大米22.88万吨、食用植物油7.17万吨、小麦粉11万吨，完成工业总产值9.77亿元、销售收入12.39亿元，实现增加值1.7亿元、利税2128万元、利润807万元。2001年9月，加拿大美洲金融基金会天润国际高科投资公司在常州市外向型农业综合开发区食品工业园投资5000万美元，独资开发茶叶超临界萃取高科技项目。2003年，常州食品企业提高了茶叶等高附加值农产品的保鲜、超临界萃取等新技术促进了虫草素等农产品深加工技术开发。2008年，金坛市江南鸽业公司的华阁牌乳鸽、金坛市江南春米业公司的苏牌大米被认定为江苏省名牌产品。2010年，江苏常州城北国家粮食储备库的诚百牌大米、江苏南顺食品公司的满天星牌小麦粉和挂面、金坛市江南制粉公司的沁雪牌水磨糯米粉及常州长江水产公司冷冻加工厂的江南牌太湖冻银鱼被认定为江苏省名牌产品。2010年底，全市有规模以上农副食品加工企业27家，完成工业总产值30.19亿元、销售收入29.1亿元，实现利税总额2.63亿元、利润1.45亿元。有7家企业销售收入超1亿元，主要企业有江苏全福农牧实业公司、江苏南顺食品公司、金坛市肠衣厂公司、金坛市江南制粉公司和常州正大粮油工业公司。

2010年常州市农副食品加工业主要经济指标统计表

表15-12-1　　单位：亿元

指标	规模以上企业	其中：民营企业	主营收入达2000万元企业
企业（家）	21	20	13
年均从业人数	1900	1520	1589
固定资产净值平均余额	3.29	2.32	3.18
所有者权益	3.72	3.15	3.54
工业总产值	24.13	19.45	22.77
产品销售收入	23.21	18.74	21.91
利税总额	2.17	1.63	2.10

指标	分项	规模以上企业	其中：民营企业
利润总额		1.19	0.85
每百元固定资产原值（元）	实现利税	47.15	49.88
	其中利润	25.86	26.19
平均每位从业人员（万元）	实现利税	11.42	10.71
	占有固定资产原值	24.21	21.47
	工业总产值	126.97	127.93

第二节　食品制造业

食品制造业是常州的传统企业。1986年，全市食品制造业（包括农副食品加工业）完成总产值（现价）4.47亿元。常州味精厂的月兔牌味精较具知名度，年产味精1850吨、柠檬酸1104吨，完成销售额2221万元，后因污水排放量大、治理成本高破产。2000年，常州食品制造业有规模以上企业18家，完成总产值（当年价）6.57亿元，销售收入6.53亿元，实现增加值1.74亿元、利税2769万元、利润1158万元。2010年，全市食品制造业有规模企业21家，完成工业销售收入14.06亿元，实现利税总额7494万元、利润3601万元。骨干企业江苏天香集团、常州超级食品公司、江苏德盛食品公司全年销售收入均超1亿元。

2010年常州市食品制造业主要经济指标统计表

表15-12-2　　单位：亿元

指标	规模以上企业	其中：民营企业	主营收入达2000万元企业
企业（家）	21	18	14
年均从业人数	2828	1499	2441
固定资产净值平均余额	4.21	3.16	4.04
所有者权益	4.43	3.44	4.07
工业总产值	13.95	8.09	12.47
产品销售收入	14.06	8.38	12.61
利税总额	0.74	0.49	0.62

指标	分项	规模以上企业	其中：民营企业
利润总额		0.36	0.26
每百元固定资产原值（元）	实现利税	10.75	10.02
	其中利润	5.27	5.35
平均每位从业人员（万元）	实现利税	2.63	3.30
	占有固定资产原值	24.46	32.90
	工业总产值	49.32	53.94

一、产品开发

2002年8月30日，江苏仙鹤食品酿造公司的仙鹤牌酱油获首批食品及生产企业国家免检资格。2004年9月，溧阳德盛食品公司率先通过欧盟IFS(国际食品标准)认证。同年，江苏天香集团的99%结晶度香雪牌味精被评定为中国名牌产品。2009—2010年，中盐金坛盐化公司的金赛盐业牌盐、江苏天香集团的香雪牌味精、江苏吉祥贺盛食品公司的贺盛牌鸡精调味料和江苏德盛食品公司的德盛牌米果被认定为江苏省名牌产品。

班产四吨挂面生产设备生产线 80年代中后期常州面粉厂研制成功按照辊轧制面中温中速烘干挂面的技术原理，按和面、熟化、轧片、烘干切面各道工序要求设计，由LK型全自动给水装置、HMGL-300和面机、PSHY150圆盘熟化机、DYDF6×32组合轧片机和PSH360×4000隧道式烘房组成，烘房输送及其温湿度自动控制，班产量4吨，正品率达85%。1989年，获1988年度国家科技进步三等奖。

二、洛阳保健品业

以武进洛阳镇为集散地，辐射周边的戴溪、前黄、南宅、运村、礼嘉等乡镇。1986年，第一代珍珠美容粉、美容霜系列以及珍珠口服液在洛阳镇研制成功。洛阳中华多宝保健品公司生产的中华多宝口服液保健品，盛销一时。1987年，洛阳镇及周边乡镇拥有生产珍珠系列保健品企业100余家，当年保健品销售收入突破1亿元。1990年，洛阳镇成为国内珍珠系列保健品最大集散地和生产基地。1991年，洛阳镇保健品业开发以甲鱼为基本原料的中华鳖系列营养保健品。1994年最高峰期，洛阳镇保健品业年销售收入16.3亿元。中华多宝珍珠口服液被评为江苏省名牌产品，完成销售收入5.8亿元，中华鳖精保健品年销售收入达3.2亿元。乡镇保健品生产企业经工商登记的287家，自发生产商近千家。1997年以后，洛阳镇大多数保健品生产企业转产。2005年洛阳镇保健品企业减至11家。

第三节 饮料制造业

1986年，全市饮料制造业完成总产值9114万元，其中市区5696万元，有独立核算工业企业27家。1987年，常州酒厂研制的高麦芽糖浆填补国内空白。2000年，常州饮料制造业有规模以上企业13家，全市年产饮料酒12.87万吨，其中啤酒11.5万吨，白酒6670吨；完成工业总产值4.05亿元、销售收入3.49亿元，实现增

2010年常州市饮料制造业主要经济指标统计表

表15-12-3 单位：亿元

指标	规模以上企业	其中：民营企业	主营收入达2000万元企业
企业（家）	6	4	4
年均从业人数	2199	1618	2150
固定资产净值平均余额	3.98	2.06	3.92
所有者权益	4.96	2.53	4.66
工业总产值	10.89	6.87	10.54
产品销售收入	10.52	7.31	10.18
利税总额	2.25	1.68	2.24

指标	分项	规模以上企业	其中：民营企业
利润总额		4072	3477
每百元固定资产原值（元）	实现利税	35.29	47.83
	其中利润	6.38	9.90
平均每位从业人员（万元）	实现利税	10.25	10.39
	占有固定资产原值	29.04	21.72
	工业总产值	49.50	42.47

加值1.23亿元，利税5880万元、利润23万元。2010年，全市有规模以上饮料制造业企业6家，完成工业销售收入10.5亿元、主营业务收入10.52亿元，实现利税总额2.2537亿元、利润4072万元。

一、白酒、黄酒

1986年，全市饮料酒产量5.32万吨，其中白酒1.4万吨、黄酒1.2万吨。1992年9月常州酒厂生产的古运河牌黄酒获中国优质保健产品金奖。2001年，常州地方传统品牌常州白酒由常州金氏集团收购。2009年，金坛丰登酒业公司的丰登牌黄酒（封缸酒）被认定为江苏省名牌产品。

二、啤　　酒

1986年，全市年产啤酒2.33万吨，骨干企业为常州天目湖啤酒公司。2001年，常州天目湖啤酒公司被重庆啤酒集团收购后，通过扩大生产规模，兼并收购，年生产能力35万吨。2004年，华润集团收购常州酿酒总厂，更名为“华润雪花啤酒（常州）公司”，年产能扩大到30万吨。2009年，重庆啤酒集团常州天目湖啤酒公司的天目湖啤酒被认定为江苏省名牌产品。

重庆啤酒集团常州天目湖啤酒有限公司位于溧阳埭头镇。是“产学研”结合的现代科研型企业，经过20年的发展，建立常州、盐城、湖州等5个生产基地，年生产能力突破60万吨，成为江苏省最大的绿色食品啤酒生产企业，所产纯生啤酒、低醇啤酒、无醇啤酒、螺旋藻绿啤、全麦芽啤酒、易拉罐啤酒等系列产品畅销，其中8.8度全麦芽啤酒被评为国家优质产品，6度低醇啤酒3项技术达国内领先水平。天目湖啤酒成为江苏中高档啤酒的主产品，平均市场占有率达20%。2007年9月，天目湖啤酒纳税额位居全国食品饮料行业纳税百强第三十八位、江苏省食品饮料行业首位。2010年完成销售收入6.8亿元。

第四节　饲料制造业

1986年，常州饲料工业基础和实力均较薄弱，仅生产家禽饲料，年总产值1464万元。80年代后期，溧阳正昌粮油饲料机械总公司研制的SSCJ1000特种饲料机组（含SWFM60×36微粉碎机）获省科技进步二等奖。1994年，江苏正昌集团公司与国内贸易部无锡科学研究设计院研制的SZLH63制粒机获1997年度省科技进步三等奖，独立研制的SKLB10摆式逆流冷却器获1998年度省科技进步三等奖。2000年9月22日，正昌牌商标被认定为中国驰名商标。同年，常州神龙饲料公司的水神牌水产饲料被认定为江苏省名牌产品。2003年，常州饲料企业开发成功饲用微囊化鱼油。

江苏正昌集团成立于1918年，是以饲料工业为主体的中国最大的饲料机械加工设备和整厂工程制造商。正昌牌系列产品和成套工程已覆盖全国各省、市、自治区，并远销60多个国家和地区。涉及畜禽饲料、水产饲料及特种水产饲料、宠物饲料、牧草饲料、预混合饲料、浓缩饲料、酶蛋白生物饲料、啤酒花颗粒生产线、复混肥、物料仓储干燥等。2010年销售收入16.4亿元。

江苏正昌集团（摄于2009年10月）

第十三章　其他工业

常州轻工行业具有厚实的产业基础，许多轻工企业都是从生产家具、印刷品、梳篦、造纸、搪瓷、玻璃、塑料、刀剪、制钉等手工业产品和衡器、自行车、轻工机械等产品发展演变而来，涉及行业门类较多，企业规模较小，大部分属中小企业。1985年以后，全市轻工业产品结构由原来的半机械化生产的家具、日用生活用品、工艺品为主，发展到以高技术、高附加值的仪器仪表、中高档家具、印刷包装为主的门类齐全的产品结构。生产工艺从手工艺、传统工艺发展为先进技术、先进工艺与高新科技融合的状况。1996—2000年，轻工业加快结构调整，开发优质实用、新颖适销的新产品，引导市场、促进消费，重点发展电子衡器、中高档自行车与特种功能性玻璃、新型高效微电池、节能光源及包装材料产品。2010年，全市轻工业拥有规模以上企业873家，完成工业总产值614.2亿元，占全市规模以上工业的8.3%；完成主营收入599亿元，实现利税43.4亿元、利润26.1亿元。

第一节　行业综述

1986年，常州轻工行业经济结构是以单一的集体、全民为主的公有制经济。1987年常州市轻工行业管理办公室成立，1989年常州市轻工业局成立，2000年常州市工业机构改革，市轻工局被撤销，与市化工局、医药局合并成立常州市化轻国有资产经营公司。至2003年经过多轮改制改革，全市轻工企业发展为以民营经济和“三资”经济为主、多种经济成分共同发展的经济结构。

2010年常州市规模以上轻工业细分行业主要经济指标统计表

表15-13-1　　单位：亿元

行　业　分　类	企业数(家)	工业总产值	主营业务收入	利税总额	利润
全市合计	873	614.20	598.99	43.43	26.14
皮革、毛皮、羽毛(绒)及其制品业	32	24.08	23.64	2.24	1.36
木、竹、藤、棕、草制品业	6	0.97	0.95	0.04	0.02
家具制造业	33	11.61	11.17	0.56	0.27
造纸及纸制品业	75	36.83	35.55	2.16	1.20
文教体育用品制造业及本册印制	76	41.04	40.43	2.88	1.70
日用化学产品制造及油墨、动物胶制造	22	11.38	11.61	0.42	0.16
玻璃、陶瓷制品制造业	2	0.32	0.29	-0.01	-0.01
金属制轻工业产品制造业	148	90.17	88.14	3.92	2.34
缝纫机械、衡器及轻工专用设备制造业	77	85.00	84.48	11.58	8.32
自行车制造业	52	37.01	36.51	1.36	0.70
电池、家用电力器具及照明器具制造业	167	131.39	125.40	7.84	5.18
钟表、眼镜及其他文化办公用机械制造业	2	0.30	0.28	0.01	0.01
工艺美术品、日用杂品及制帽制造业	27	13.38	13.20	1.30	0.75
建筑装饰业	101	75.71	74.05	3.49	1.93

说明：部分次要行业未列入统计。

1986年，全市轻工业完成总产值(现行价)2.92亿元。1990年，全市乡村的轻工业完成总产值12.59亿元。1995年，全市轻工业完成总产值(现行价)24.93亿元。1996—2005年，轻工行业引进先进设备和工艺流程等，提高了产品内在质量和包装外观。2005年，灯具业销售收入突破30亿元。轻工业形成邹区灯具业、溧阳埭头轻工饮料业、卜弋旅游用品业、横林灯具业4个特色产业集聚区。

2007—2010年常州市轻工行业企业获评的国家免检产品和江苏省名牌产品一览表

表15-13-2

类别	数量(项)	年份	品　牌	品　名	研制生产企业
国家免检产品	4	2007	天目湖	地　毯	溧阳开利地毯材料公司
		2007	环球、HUANQIU	地　毯	常州环球地毯制造公司
		2007	梅特勒·托利多、METTLER TOLEDO、JAGUAR、Wildcat山猫、TransWeight、IND、MTX	电子秤	常州梅特勒—托利多称重设备系统公司
		2007	金鼎图案	手持式电动工具	江苏金鼎电动工具集团公司
江苏省名牌产品	9	2008	海　鸥	冷却塔	江苏海鸥冷却塔股份公司
		2009	墅　乐	家用制面机	常州市墅乐厨具公司
		2009	CONTIN	指针式石英钟	常州市第二石英钟表厂
		2009	利洋四方	不锈钢卫生级管阀件	溧阳市四方不锈钢制品公司
		2009	METTLER TOLEDO	电子衡器	梅特勒—托利多(常州)测量技术公司
		2009	星　怡	汽车车灯	常州星宇车灯公司
		2010	JUNRONG	旅行箱包	溧阳军荣旅游用品公司
		2010	小白豚	相　册	江苏太平洋印刷公司
		2010	灵通LINGTONG	展览展示器材	常州灵通展览用品公司

第二节　自行车制造业

常州是全国自行车生产重要基地，1997年以前形成完善的整车和配套生产体系。

一、人力自行车

金狮牌自行车曾在全国享有很高的声誉，市场占有率列全国前3位。1997年开始，金狮集团内企业受摩托车、轻骑、燃油助力车的冲击相续转产或破产，常州自行车工业企业结构由金狮集团一统天下变为外资和中国港澳台资企业、民营企业平分天下。具体为永祺(常州)车业公司、常州普利司通自行车公司两家外资台资企业，常州市富利华车业公司、常州市亚波自行车公司等民营企业。自行车市场由国内市场转向国际市场，80%产品出口境外。

二、电动自行车

常州电动自行车产业从90年代后期起开始发展，迅速成为全国电动自行车三大生产基地之一。2006年，江西洪都航空工业集团的洪都牌电动自行车、常州新区奔神自行车公司的尼科尼亚牌自行车(电动自行车)和上海汽车齿轮总厂溧阳公司的上溧牌汽车摩托车零配件(车用齿轮)被认定为国家免检产品。2009年，江西洪都航空工业集团常州洪都电动车公司的电动自行车、常州鸿尔达车业公司的电动自行车和常州市裕成电子公司的电动自行车用轮毂电机被评为江苏省名牌产品。2010 年，常州电动自行车行业有规模以上企业 52 家，实现销售收入 36.5 亿元，其中销售收入达 1 亿元的企业有 6 家，骨干企业有永祺（常州）车业公司、常州普利司通自行车公司、常州速派奇车业公司、江西洪都航空工业集团常州洪都电动车公司、江苏高新金狮车业公司、常州速派奇车业公司。

芙蓉电动车及电机业集群位于武进区芙蓉镇区，电机产业是芙蓉镇的传统优势产业，2000 年起转向配套电动车开发，同年底兴办首家电动车生产企业。2005 年集群拥有企业 57 家，其中整车企业 11 家，电动车年生产能力 30 万辆，月销量 2.5 万辆；电机、控制器、轮壳电机、里程表、速度器、车架、充电器、塑件等配件生产企业 30 多家。2004 年起，芙蓉电动车产业中生产的部分电动车开始出口韩国、日本和东南亚等地。2005 年芙蓉电动车实现销售总额 6.6 亿元。

三、企业选介

金狮自行车（集团）股份有限公司 前身为始建于 1976 年的常州自行车厂，1981 年成立工贸合营常州自行车总厂，1987 年成立常州首家集团股份公司金狮自行车（集团）股份公司。1988 年 9 月，66 厘米金狮牌自行车获轻工业部金龙腾飞奖金质奖，同年被列入全国 500 家大型企业，1990 年名列全国最大经营规模企业第 150 位。1992 年常州金狮自行车工贸集团成立，1993 年生产自行车 232 万辆，全年工业总产值、销售收入突破 10 亿元，成为全市首家产销达 10 亿元企业。1986—1989 年连续 4 年创全市工矿企业利税第一名，1987 年实现利税 5355 万元。1998 年 5 月常州金狮股份公司成功上市。2000 年公司停产改制。

常州普利司通自行车有限公司 1995 年在常州高新区内建立独资企业，主要生产高档自行车、电动自行车，产品 90% 及其以上返销到日本。2002 年被评为常州市十佳外商企业。2010 年完成销售收入 7.5 亿元。

第三节 印刷包装工业

1986 年，常州印刷工业骨干企业有常州人民印刷厂、武进人民印刷厂、武进第二印刷厂和金坛人民印刷厂等，主要以塑料彩印、包装印刷和书刊资料印制为主，随着城市化改造进程加快，原厂址大多转为第三产业用地。此后，常州印刷业出版物印刷重点放在提高质量和档次上，发展精品印刷和高档彩色印刷；包装装潢印刷向注重美观、环保、防伪方向发展，更多采用新材料，其他印刷品印刷向专业、精细、特种、新型的方向发展，一批有特色、竞争力强的企业脱颖而出。如江苏太平洋印刷公司、常州正文印刷公司、特耐王印刷包装公司、旺达印刷公司、常州市大华印刷公司等。金坛市古籍印刷公司坚持古籍精装、仿古线装为特色，线装书质量、产量步入全国前列，连续多年摘得新闻出版总署举办的质量评比优质产品奖。该公司的《水浒传人物图像》于 2009 年获美国第 59 届印制大奖最高奖项 Benny Award（班尼奖），为全省首次获奖项目。

1999 年全市有印刷企业 1394 家，其中出版物印刷企业 34 家、包装装潢印刷企业 386 家、其他印刷品印刷企业 974 家。2004 年 5 月 21 日世界包装界巨子日本特耐王集团在新北区创办的特耐王包装（常州）公司投产，总投资 1392 万美元。

2010 年，江苏太平洋印刷公司、常州时代包装公司分别以 7.09 亿元、4.99 亿元的销售额排名中国印刷企业百强第 27 位和第 50 位。2010 年常州印刷包装工业（含文化用品制造行业）有规模以上企业 76 家，实现销售收入 40.4 亿元，其中销售收入达 1 亿元企业 7 家；全市有印刷企业 1080 家，其中出版物印刷企业（含专项）29 家、包装装潢印刷企业 685 家、其他印刷品印刷企业 366 家；印刷企业完成印刷总产值 68.5 亿元。

2010 年常州市印刷业和记录媒介的复制业主要经济指标统计表

表 15-13-3　　　　单位:亿元

指标	规模以上企业	其中:民营企业	主营收入达 2000 万元企业	指标	分项	规模以上企业	其中:民营企业
企业(家)	52	45	26	利润总额		0.67	0.45
年均从业人数	4989	4129	3692	每百元固定资产原值(元)	实现利税	12.46	13.1
固定资产净值平均余额	5.71	4.18	4.43		其中利润	6.14	5.95
所有者权益	6.03	3.51	4.67	平均每位从业人员(万元)	实现利税	2.74	2.38
工业总产值	19.04	14.85	14.14		占有固定资产原值	22.02	18.16
产品销售收入	18.34	14.27	13.64				
利税总额	1.37	0.98	1.01		工业总产值	38.16	35.96

一、企业选介

江苏太平洋印刷集团有限公司　70 年代后期创办，1992 年 8 月组建成立合资企业。主要从事印刷、纸制品、生物医药等行业，拥有世界一流水平的德国海德堡全 UV 五色等系列胶印机 12 台、曼·罗兰 4 色超全张胶印机 1 台，被评为江苏省重合同、守信用企业等先进集体。

江苏省邮电印刷厂　创建于 1970 年，省邮政公司直属企业，中国邮政集团公司定点印制企业。具有邮资封(片)、书报刊、特快封套、标准信封、邮筒、商标、防伪产品、保密载体、税务监制章印制等印刷资质。1996 年起，承印历年的中国邮政贺卡业务后，成为中国邮政集团公司邮资封(片)定点印制主力企业。2005 年起，投资近 4000 多万元实施技改，拥有富士 Luxel Vx-9600 CTP 直接制版机和方正飞腾印前排版软件、方正写真等硬件、软件;拥有德国曼·罗兰五色胶印机、海德堡折页机等印刷、印后加工设备约 70 台(套)。2008 年，企业开发和承印“幸运邮天下”600 万枚、奥运会金牌运动员个性化邮票 63.21 万枚等重要业务。承印的邮资广告明信片《吉林风光·冬》获得 2004 年第四届中国邮政普通邮资广告明信片评选最佳印刷奖。2010 年，完成业务收入 8630 万元，实现利税 902 万元。

常州市大华印刷有限公司　位于常州钟楼经济开发区，是集印前、印刷、印后于一体的印刷专业公司，江苏省印刷行业协会常务理事单位和常州市印刷行业协会会长单位，1992 年成立。90 年代后期主攻商业快印，21 世纪进入快速发展期，成长为规模型企业。拥有德国、日本和美国著名品牌的印制设备数十台(套)，印刷出版物、期刊、样本等高档精美印品。2010 年完成销售收入 1.3 亿元，实现利税 800 万元。

常州日报社印刷厂　1958 年建立。1989 年 12 月，全省市级报社首套激光照排系统华光 IV 型电子出版系统在该厂安装联机。2006 年在新北区建成印务中心，购置法国高斯 45 型印刷机等先进的无轴印刷机，产能达每小时 20 万对开张，先后承印《常州日报》《常州晚报》《常州广播电视报》《现代快报》等，成为常州最大的报业印刷基地。2008 年 6 月，成为全省首家实施企业资源计划(ERP)管理系统的印刷企业，2010 年完成销售额 6000 万元。

常州市正文印刷有限公司、兰陵年画社有限公司　省级书刊定点印刷企业、常州印刷行业协会会长企业。兰陵年画社于 80 年代初创立，组稿、编辑、印刷与装裱、发行一体化，首创超大幅面年画印刷，成为继天津杨柳青等四大年画基地后的著名年画品牌，在全国曾创年画销售额 3000 万元的业绩。1996 年，常州市正文印刷公司成立，引进德国曼·罗兰全张四色胶印机等先进设备。2000 年以后，在全省率先从事大幅面胶印专业印刷,拥有全张超大幅面进口胶印机4台。2006年引进德国高宝162超大幅面胶印机,成为江苏大幅面胶印机数量多、型号全、印幅大的企业。2010年,在天宁开发区建成新的绿色环保印刷基地,完成销售额1.2亿元,创汇350万美元。

常州元太印务有限公司 前身是1956年1月成立的国营武进印刷厂,主营票据、零件印刷。80年代成为省级书刊定点印刷企业。1995年以后,主营印刷《扬子晚报》《武进日报》。1999年、2002年先后转制为股份合作制、有限责任公司,2003年变更为现名。2010年底,拥有印刷设备30余台(套)。

金坛市古籍印刷有限公司 1978年创办。1985年起转向古籍印刷和复制项目,是集古籍珍本、孤本、善本印装与精装、平装、报刊、彩盒包装于一体的印刷企业。主要设备有海德堡四色机、双面BP机和制版等设备,具有年产150万册线装书、50万册精装书及150万份报纸杂志的印装能力。用特色手工传统工艺与高科技数码印刷结合,开发传承古代文化产品,是国家文化工程大型线装书《中华再造善本》和精装本《清史》定点印制厂家。线装书《易中天读史》获上海印刷大奖银奖。印装产品连年获得新闻出版署的优质产品奖。

溧阳市鑫宇印刷有限公司 前身为溧阳市印刷厂,2002年改制为股份制企业,变更用今名。2005年,拥有德国海德堡大对开四色胶印机等设备40余台套,为江苏省国税局、地税局、财政厅发票与财政票据定点印制厂和江苏省邮政局信封定点印制厂。

常州万丽隆印业有限公司 1997年创办,江苏省出版物定点印刷企业。主要从事彩色包装装潢印刷、书刊印刷、UV(通过紫外光干燥、固化油量方法)印刷。2005年,由商务快印向多元化包装产品转变,进口德国海德堡五色UV印刷机、四色印刷机3台。2010年底拥有固定资产3000多万元。

第四节 仪器仪表制造业

1986年11月8日,常州钟表总厂研制的全国第一台SSX-3型石英式授时系统在全国首届钟表博览会展出,1983—1988年连续5年名列全国石英钟产品质量检测排名首位。1990年9月,武进曙光机械厂研制的Y2T-2型真空脱酸处理机通过文化部、国家文物管理局鉴定;11月8日,常州市爱胜电子仪器厂研制的煤

2010年常州市仪器仪表制造业主要经济指标统计表

表15-13-4　　单位:亿元

指标	规模以上企业	其中:民营企业	主营收入达2000万元企业
企业(家)	72	58	34
年均从业人数	7627	5474	4757
固定资产净值平均余额	5.18	3.71	3.17
所有者权益	11.46	8.45	8.97
工业总产值	31.39	23.83	21.50
产品销售收入	30.96	23.29	20.87
利税总额	3.21	2.63	2.81

指标	分项	规模以上企业	其中:民营企业
利润总额		2.12	1.69
每百元固定资产原值(元)	实现利税	36.93	42.65
	其中利润	24.37	27.40
平均每位从业人员(万元)	实现利税	4.21	4.81
	占有固定资产原值	11.39	11.27
	工业总产值	41.16	43.53

说明:表内包含仪器仪表制造业和文化、办公用机械制造业统计数据

气泄漏报警自动控制器获全国首届美化生活商品大赛金奖。1991—1995年，常州第二电子仪器厂的DCH-2G型红外测距仪、WCJ-1型激光测距仪，常州热工仪表总厂智能仪表厂的XDL型小长图智能流量计算记录仪均获省科技进步三等奖。2004年12月16日，美国德克萨斯州仪器公司在常州兴建的全资子公司德州仪器（常州）公司开业。同年常州钟表总厂破产。

一、衡器制造业

电子衡器是常州的特色工业产品。1987年，梅特勒—托利多（常州）公司成立，后裂变发展成由梅特勒—托利多（常州）称重设备系统公司、梅特勒—托利多（常州）精密仪器公司、梅特勒—托利多（常州）测量技术公司组成的集团公司。常州公司是梅特勒—托利多集团在亚洲最大的衡器、研发制造基地，主要生产称重传感器、称重模块、称重显示控制器、电子衡器及相关的实验室分析仪器，产品覆盖实验室、工业、商业用的衡器和专用称重，连续19年主要技经指标为行业榜首，连续15年进入中国500家最佳经济效益工业企业行列，获评为"全国高新技术百强企业"称号。主要生产电子汽车衡、平台秤、轨道衡、防爆秤、轴重秤、称重配料系统等系列产品，其中数字式传感器技术、仪表控制器技术、防爆秤技术、防振动技术及相应产品等均达国际先进水平。2003年，梅特勒—托利多（常州）称重设备系统公司的模块化汽车衡研究获2002年度省科技进步三等奖。2010年，常州衡器工业主要企业有梅特勒—托利多（常州）称重系统设备公司、梅特勒—托利多（常州）精密仪器公司、梅特勒—托利多（常州）测量技术公司，梅特勒—托利多（常州）集团完成营业收入26.6亿元。

二、照相机制造业

常州照相机总厂1986年1月成立。1989年9月16日研制出第一架国产化红梅牌PT6(D)自动相机，具有外观流线型、镜头全封、自动装卷、自动走片、日期自动打印等性能，达80年代中期国际先进水平。1990年9月，第二代红梅牌自动相机试制成功，增加DX编码自动识别、近距离闪光摄影自动调焦功能。1991年2月，常州照机总厂与香港丰达仪器公司合资建立常州常丰照相机公司，主要生产经营AF7平视取景全自动照相机和DX、MD35、MD135等系列照相机，年产量30万架，其中80%出口。12月25日PZ11(D)-UF全程对焦照相机和AF8(D)全自动照相机通过机电部鉴定。1992年11月，常州照相机总厂与香港资源电子科技公司、深圳华源实业股份公司合资建立华源电子实业公司。1996年10月，常州市机械冶金工业供销公司、常州飞天集团、东风农机集团、常柴股份公司、常州机械设备进出口集团等9家企业作为股东，出资筹建常州红梅照相机公司。2000年，常州生产照相机14.77万架、一次性照相机33.5万架。

第五节　家具制造业

一、产业规模

家具是常州市传统产业，主要企业有常州家具总厂（下属木一厂、木三厂和金属家具厂）、武进市第二家具厂、武进市第三家具厂等，生产木制家具和金属家具。1986年，全市家具产量81.5万件。随着市场经济的发展，原家具企业相继改制、转产和倒闭，基本退出市场。鸿联集团鸿联家私公司从2002年起创立瑞丽户外休闲家具系列，生产欧美风格的户外休闲家具产品，年产仿藤编织、编织布、铝架桌椅及铸铝等户外休闲家具35万套，销往德国、法国、荷兰、美国等国家和南美、澳洲地区。2006年，月星集团的月星牌实木家具被评定为中国名牌产品。2009年，月星集团生产的月星牌实木家具被评定为江苏省名牌产品。2010年，常州家具制造业有规模以上企业33家，实现销售收入11.2亿元，其中销售收入超1亿元的企业3家，主要企业有月星集团、红星集团等。

2010年常州市家具制造业主要经济指标统计表

表15-13-5　　　　单位：亿元

指标	规模以上企业	其中：民营企业	主营收入达2000万元企业
企业（家）	30	29	12
年均从业人数	1842	1739	1336
固定资产净值平均余额	0.87	0.76	0.61
所有者权益	2.97	2.36	2.32
工业总产值	11.52	10.93	8.44
产品销售收入	11.10	10.51	8.14
利税总额	0.56	0.49	0.45

指标	分项	规模以上企业	其中：民营企业
利润总额		0.27	0.24
每百元固定资产原值（元）	实现利税	35.04	33.49
	其中利润	16.98	16.48
平均每位从业人员（万元）	实现利税	3.02	2.79
	占有固定资产原值	8.61	8.33
	工业总产值	62.54	62.87

二、企业选介

红星家具总厂有限公司　80年代末创办，是红星家具集团（红星美凯龙）下属的专业生产厂家，是以家具、沙发专业生产为主体的国内大型企业。2005年完成总产值5200万元。拥有现代化的木材烘房和油漆喷房，先后引进德国、意大利等国先进的木工机械设备；主要生产宾馆、办公、会议台、餐饮、豪华沙发等系列品牌家具，红星·莱特斯丹沙发专卖店遍及北京、上海、天津、江苏、安徽等诸多省市，远销海外。红星牌家具获得中国公认名牌产品奖、江苏省著名商标等称号。

月星集团有限公司　前身为位于光华路的常州月星家具厂。月星家居集团是以海内外品牌家具集成为主体，集购物、休闲、服务、鉴赏等功能于一体的大型家具综合体。1995年起，集团在江苏、上海、浙江、辽宁、吉林、黑龙江等地投资兴建了集购物休闲、餐饮服务、鉴赏娱乐等功能于一体的大型家居广场近20家，总营业面积达300万平方米，建成汇集世界顶级家具品牌的月星卢浮宫国际精品家具馆。经营板式、实木、藤制、玻璃、布艺、皮艺、大理石等家具，产品进入中国香港、台湾和美国、加拿大、韩国、新加坡等20多个国家及中东等地区，集团连续多年应邀参加全球最大规模家具展美国High Point国际家具博览会，成为江苏省重点民营企业、中国家具家居业的航母，2010年规划建设中的常州月星环球家饰博览中心总面积达42万平方米。

常州鸿联家具集团有限公司　位于武进横林镇，1991年成立鸿联（家具）集团公司，Honland为中国家具业著名品牌。1998年起，集团进入国际家具市场，成为多家国际家具品牌的中国生产基地、江苏省家具重点出口企业。2010年底，集团有7家直属企业，生产车间12万平方米，设备精良，具有年产金属家具、实木板式家具、户外家具、办公家具、医疗家具、沙发等600万套的能力。

第六节　其他产品制造业

常州玻璃总厂曾是玻璃行业的代表，1986年日用玻璃产量达2.92万吨，其中啤酒瓶1.32万吨。1986年10月，海鸥牌5TNB-100型低噪声玻璃钢冷却塔获国家优质产品银质奖。1988年9月，常州市梳篦厂生产的篦箕、木梳获银质奖，工贸合营常州箱包拉链公司、常州市绣品手帕总厂、常州市印铁制罐厂、金坛县螺钉厂、溧阳县南渡农机具厂被评为全国轻工产品出口创汇先进企业获得铜牌奖，另有21种产品获铜质奖。

旅游用品生产企业主要有以常州侨裕旅游用品公司、溧阳军荣旅游用品公司等，生产救灾帐篷、旅游野营帐篷、海滩椅、折叠桌椅、秋千椅、花园椅等旅游用品及其原辅材料、相关皮件、箱包。2010 年，全市工艺美术、日用杂品制造业有规模以上企业 27 家，实现销售收入 13.2 亿元，其中销售收入达 1 亿元企业两家；木竹藤棕草制品规模以上生产企业有 6 家，实现销售收入 1 亿元。

一、轻工专用设备制造业

1986 年，常州市轻工机械行业主要生产企业有常州轻工机械厂、常州第二轻工机械厂、常州市塑料机械厂、常州皮革机械厂、武进第四轻工机械厂、武进木工机械厂，主要生产造纸机械、印刷机械、服装机械、制革机械、塑料机械、木工机械、饲料机械等轻工机械。常州第二轻工机械厂改制成立常州市橡塑机械公司，专业生产橡胶和塑料机械。1998 年，常州涂塑机械厂的 ZFZ-B 中封制袋机获 1997 年度省科技进步三等奖。2010 年，全市有规模以上轻工机械企业 77 家，以江苏正昌集团和布勒（常州）机械生产的饲料机械、江苏智思机械集团生产的烟草机械为龙头。规模以上企业完成销售收入 84.5 亿元，其中销售收入达 1 亿元企业 13 家。

二、造纸及纸制品业

1986 年，常州市造纸工业有常州造纸厂、武进造纸厂、溧阳造纸厂和溧阳第二造纸厂等企业，生产草木纸浆，年产纸浆 1.41 万吨、机制纸及纸板 1.22 万吨，因企业分散、生产能力偏小、污水难治理、成本甚高，加上国家政策鼓励淘汰落后企业，4 家造纸厂全部破产或转产，此后常州造纸及纸制品产业主要由用外购纸浆生产纸及纸板和包装纸箱企业组成。1986 年 11 月，常州包装装潢厂生产的七层瓦楞纸箱获 1986 年度全国纸品科技成果二等奖。1993 年 6 月常州拖拉机厂研制成功全国第一台普令特胶印机。2010 年，全行业有规模以上企业 75 家，实现销售收入 35.5 亿元，其中销售收入超 1 亿元的企业有 6 家，主要企业有马鞍山天福纸箱纸品公司金坛分公司、常州市时代包装公司、江苏旺达纸业公司、特耐王包装（常州）公司。

2010 年常州市造纸及纸制品业主要经济指标统计表

表 15-13-6　　单位：亿元

指标	规模以上企业	其中：民营企业	主营收入达 2000 万元企业	指标	分项	规模以上企业	其中：民营企业
企业（家）	70	62	42	利润总额		1.16	0.63
年均从业人数	5396	4101	4165	每百元固定资产原值（元）	实现利税	16.18	19.25
固定资产净值平均余额	7.44	3.32	6.66		其中利润	8.91	9.38
所有者权益	10.97	4.61	10.30	平均每位从业人员（万元）	实现利税	3.91	3.13
工业总产值	34.53	23.88	28.79		占有固定资产原值	24.19	16.24
产品销售收入	27.85	23.17	27.85				
利税总额	2.11	1.28	1.86		工业总产值	64.00	58.24

三、五 金 业

七八十年代，常州五金工业占全市轻工业较大比重，代表企业有常州市日用五金公司，下属常州市印铁制罐厂、焊割工具厂、卷尺厂、铝制品厂、拉链厂等 10 家企业，1988 年常州市日用五金公司解散，所属企业基本转停关。1986 年 3 月 17 日，常州市首项专利磁力科学玩具魔盘交由天宁五金机械厂生产，1988 年获国际发明展览会铜奖。2010 年，全行业有规模以上企业 148 家，实现销售收入 88.1 亿元，其中销售收入达 1 亿元的企业有 17 家，骨干企业有江苏裕惠轻工机械公司、常州凯翔医用不锈钢公司、常州市大华锁厂公司和常州通用铝板材料制造公司。

四、工艺美术工业

工艺美术是常州的传统特色产业，历史悠久。常州梳篦于1915年获得美国旧金山世博会银奖、1926年获得费城世博会金奖。1978年3月常州市工艺美术公司成立，下属常州梳篦厂、绣品用帕厂、帽厂、工艺雕刻厂、地毯厂、金属工艺品厂、包装装潢厂。1983年以后兼管全市工艺美术行业，1988年改为经济实体。1988年所产篦箕、木梳获全国轻工业出口展览会银质奖。翌年，白象牌工艺梳篦获第二届北京国际博览会金奖。1997年，造型工艺梳篦、梳篦钥匙圈分获首届中国旅游纪念设计大赛金奖、银奖。2005年，京剧脸谱梳被评为中国国内旅游交易会最受欢迎的旅游纪念品工艺品。2010年底，常州工艺美术工业仍有梳篦、乱针绣制作及少数雕刻企业，全市有规模以上企业25家，完成销售收入11.4亿元，实现利税5548万元。

2010年常州市工艺品及其他轻工产品制造业主要经济指标统计表

表15-13-7　　　　单位：亿元

<table>
<tr><th>指标</th><th>规模以上企业</th><th>其中：民营企业</th><th>主营收入达2000万元企业</th><th>指标</th><th>分项</th><th>规模以上企业</th><th>其中：民营企业</th></tr>
<tr><td>企业（家）</td><td>25</td><td>18</td><td>11</td><td>利润总额</td><td></td><td>0.55</td><td>0.48</td></tr>
<tr><td>年均从业人数</td><td>3306</td><td>2917</td><td>2535</td><td rowspan="2">每百元固定资产原值（元）</td><td>实现利税</td><td>22.89</td><td>22.98</td></tr>
<tr><td>固定资产净值平均余额</td><td>2.72</td><td>2.48</td><td>2.34</td><td>其中利润</td><td>12.51</td><td>12.53</td></tr>
<tr><td>所有者权益</td><td>4.06</td><td>3.37</td><td>3.23</td><td rowspan="4">平均每位从业人员（万元）</td><td>实现利税</td><td>3.07</td><td>3.02</td></tr>
<tr><td>工业总产值</td><td>11.48</td><td>9.77</td><td>8.50</td><td rowspan="2">占有固定资产原值</td><td rowspan="2">13.41</td><td rowspan="2">13.12</td></tr>
<tr><td>产品销售收入</td><td>11.40</td><td>9.77</td><td>8.53</td></tr>
<tr><td>利税总额</td><td>1.02</td><td>0.88</td><td>0.84</td><td>工业总产值</td><td>34.72</td><td>33.49</td></tr>
</table>

五、日用杂品制造业

1986年，常州环球地毯制造公司由地毯厂改制后成立，引进阿克明斯特和威尔顿织机，生产宾馆、公共娱乐场所及高档船用地毯的地毯配套，此后常州地毯行业发展迅速。1994年，江苏开利地毯股份公司成立，集地毯及其材料的专业设计、研发、生产、销售于一体，产品远销海外。2010年产值达4亿元。

六、企业选介

江苏智思机械集团有限公司　位于武进高新区，1996年创办，是中国烟草机械集团下属3家烟草机械制丝设备制造企业之一。集团下设宝应智思机械制造公司、淮安智思房地产开发公司等成员企业9家，有29项科研新品获得国家专利；SH8型梗丝膨化干燥系统和SH9型叶丝高速膨化干燥系统、FT112型烟包微波加热松散系统等产品成为中国烟草行业新型、安全、节能、高效的更新换代产品，主机性能替代同类进口设备，应用于国内大型卷烟厂的重大技改项目。2010年销售收入6.2亿元。

常州市侨裕集团有限公司　位于武进邹区镇殷村，以旅游产品为主营产业，以酒店、房地产为辅营产业；为世界上最大的折叠式户外家具制造商，产品拥有折叠桌椅、野营床、帐篷、秋千椅、花园桌等10大系列、500多个品种，销售区域遍布全球，以美国、加拿大市场和欧洲市场为主，是美国沃尔玛、K-MARKET、TARGET等世界几大跨国连锁零售商的全球采购供应商。2010年，侨裕集团完成工业产品销售收入5.2亿元。

常州梳篦厂有限公司　位于常州勤业路17号，1951年始建。常州木梳、篦箕是中国著名的传统手工艺品；白象牌商标注册于1925年以前，享誉世界。梳篦恪守天然材料，手工制作，选料精细、工艺考究，主产品有人物梳、花式梳、生日礼品梳、婚庆礼品梳、篦箕、实用黄杨梳等。

第十六卷　乡镇企业　民营经济

Volume XVI

Township Enterprises & Non-state-owned Economy

常州的私营个体经济、民营经济肇始于清末民初地方人士兴办的民族工商业，起初多涉足于商业零售业。改革开放后，常州乡镇企业蓬勃发展，成为城乡经济的主体和重要支柱，私营个体经济逐步恢复，进入快速发展期。常州私营个体经济历经3个发展阶段。1987—1991年为提速发展阶段，允许非公有制经济实体存在；1992—1996年为政策确定期、快速扩张阶段，非公经济稳定快速发展；1997—2010年为政策稳定期、转型提高阶段，非公经济持续健康发展。1978年，全市社队工业总产值跃升至4.56亿元。1983—1991年，常州乡镇工业发展迅速，总产值占全市工业总产值的55.8%，成为常州工业的半壁江山，农村出现农林牧副渔全面发展，工商运建服五轮齐转的局面。市政府制定实施鼓励个体经济发展的政策，私营个体经济进入第一个快速发展期。1990年末，全市乡镇企业发展到7618家，拥有固定资产原值32.36亿元。90年代初，常州被国务院发展研究中心列为重大课题全国乡镇企业发展战略与政策研究探索唯一的中等城市。1991—1995年，常州乡镇企业、个体私营经济加快发展、协调发展，特别是1992年邓小平南方谈话发表后，市委、市政府相继出台了《关于进一步促进个体经济发展的若干意见》等文件，私营个体经济加快发展，私营个体经济占全市经济总量的比重越来越大，贡献份额越来越高，乡镇开发建设工业小区、集中区，成为乡镇经济发展的新引擎。1996—2000年是常州乡镇企业经“二次改制”、与民营经济此消彼长的快速发展时期。乡镇企业由以集体工业为主体的公有制企业转变为非公有制企业为主，经济总量是四分天下有其三，常州乡镇企业的起步与发展，为“苏南模式”的形成与发展做出了重大贡献。全市城乡民营企业走向集群集聚集约式科学发展，形成“新苏南模式”。2000年，全市个体私营经济从业人员总数增至34.83万人，完成工业总产值216亿元，社会消费品零售额101亿元。2001—2005年常州改制后的民营乡镇企业与个体私营经济同步快速发展。2001年，省委、省政府《关于加快发展私营个体经济的意见》出台后，常州个体私营经济迸发出巨大活力，成为推动全市经济快速发展的重要力量。2005年底，民营经济成为城乡经济顶梁柱，全市有规模以下民营内资企业1.82万家，年末从业人数28.06万人；同年完成工业产品销售收入654.34亿元，实现利税33.32亿元。其间，逐渐形成以大型专业市场为载体、产业和地域特色明显、优势产业集聚的横林镇强化木地板、邹区镇灯具、湖塘镇纺织、夏溪镇花木、西夏墅镇的刀具和小河镇的汽摩配件等产业集群，横林地板、湖塘纺织、邹区灯具、溧阳输变电等8个产业集群被省经贸委确认为省重点产业集群。2006—2010年，常州民营经济快速提质发展，经营领域从餐饮业、零售业等传统服务业拓展到电子信息、生物医药、精细化工等资金技术密集的高新技术产业，经济规模日益扩大。2010年，常州民营经济产值、销售总额均超千亿元，同年底，全市有乡镇工业集中区38个，私营企业、个体工商户从业总人数增长到152.2万人，注册资金总额1688.2亿元。

第一章 乡镇企业

常州乡镇企业萌芽于1956年以前农村和城郊的工场、作坊。农村个体手工业、家庭作坊在农村合作化和公私合营的社会主义改造运动中，全部被改造为集体手工业生产合作社，成为早期的社队工业，常州社队企业、乡镇企业从此艰难萌发。常州乡镇企业的发展经历了社队企业波浪式发展期（1953—1983年）、乡镇企业规模扩张转型发展期（1984—2000年）和民营乡镇企业提质增效发展期（2001—2010年）3个阶段。社队企业波浪式发展期（1956—1983年）。这个时期为社队企业发展时期；1957—1983年，手工业生产合作社分别改造、转变和扩大为县属大集体企业、社队企业。1969年以后，一批被下放到农村的城镇干部、工人、知识青年与农村的工匠、社队干部等能人开始艰苦创业，领头兴办为农服务的小型农机、电子、化工、塑料、五金（合称新"五小"）等企业，成为社队企业主体，缓慢起步，顽强成长。1978年，全市社队企业发展到3103家，有职工15.58万人，工业总产值4.56亿元。1979年7月，国务院颁发新中国成立后第一个鼓励社队企业发展的重要文件《关于发展社队企业若干问题的规定》，常州乡镇企业迈入持续快速发展高潮期。乡镇企业规模扩张转型发展期（1984—2000年）。80年代初，常州以乡镇工业为主体的乡镇企业异军突起，很快发展成为城乡经济的主体。1984年3月，中央把社队企业正名为"乡镇企业"，明确对乡镇企业与国营企业一视同仁，给予必要的扶持。各级党委、政府重视乡村工业，全市各乡镇迅速铺摊办厂，开始向各行业进军。1995年，全市乡镇企业经济总量发展到"三分天下有其二"，全市个体私营企业（简称"个私企业"）在产业结构、运营方式、经营取向、市场开发等方面呈现新的态势，在工业、建筑业、种植养殖业、交通运输业等行业发展迅速。武进县名列1991年度中国乡镇企业产值"十大百强"（县市）第三位。1996—2000年，全市乡镇工业企业实施外向型、高科技、大项目、新产品发展战略与科技带动、外向带动发展战略，深化产权改革，优化经济结构，质量上水平，产品上档次，企业上规模，产品创优、出口创汇。民营企业提质增效发展期（2001—2010年）。常州乡镇企业转变为民营企业后，国家和地方陆续出台政策举措，扶持民营经济发展，全市民营乡镇企业全面融入市场，与国际贸易体系接轨，依靠科技创新，逐步由劳动密集型向技术密集型、由粗放经营型向集约经营型、内向发展型向外向开拓型、外延扩张型向质量效益型转变，探索了民营经济"新苏南模式"，职工队伍整体素质、技术创新水平和综合经济效益同步提高，质量技术、经济规模、综合实力明显增强。

第一节 经济规模

1983年，常州市社队工业局成立，辖县（区）、乡镇先后建立社队企业主管部门，社队企业开始纳入政府管理，迅速发展壮大。1984年，市社队工业局更名为市乡镇企业管理局。1993年全市乡镇企业改制开始起步，经过两次重大改制，至2000年，全市1.15万家乡村集体工业企业完成产权制度改革，改制为民营企业，规模发展与质量提高同步实现。2001年，市乡镇企业管理局被撤并入市经济贸易委。2003年，市中小企业局与民营经济发展联席会议办公室合署，开始推进城乡一体、统筹发展的结构调整，创建乡镇工业集中区，打造特色化产业集群，加快城乡企业和区域经济统筹发展。

一、企业发展

常州社队企业从修理制造农机具、为城市工业配套起步，通过加强与城市工业和科研单位、大专院校的经济联系，发展壮大。1978 年，全市乡镇企业突破 3000 家。1986 年初，常州乡镇企业初步发展成为企业、行业结构较为完善、以工业为主体的经济体系，乡村工业包括乡镇级、村级和村级以下工业，全市乡镇企业发展到 5.51 万家，其中工业企业近 6000 家，约为 1978 年的 1.8 倍。1986—2000 年，全市乡镇企业进入以外延扩张为主的高速发展阶段。1990 年，全市乡镇企业发展到 7618 家，其中乡村工业企业 7043 家，占乡镇企业总数的 92.5%。1991—1995 年是全市乡镇企业超常规发展的黄金时期。1993 年，全市乡镇企业发展到 2.26 万家。1995 年末，乡、村两级工业企业 7589 家。其中，乡镇办工业企业 2551 家，市区和武进、金坛、溧阳分别有 304 家和 1431 家、393 家、423 家；村办工业企业 5038 家，市区和武进、金坛、溧阳分别有 826 家和 3366 家、393 家、453 家。2001—2010 年，常州乡镇企业转制为民营企业后，数量在起伏中快速增长。2002 年，全市有民营乡镇企业 1.55 万家，其中私营个体企业 1.23 万家，占 79.4%，居全市各类所有制企业数量首位。2003—2005 年，全市民营乡镇企业净增 3.01 万家，2005 年末达 4.56 万家，产业集聚效应明显，有 9000 余家企业纳入产业集群发展。2005—2007 年、2008—2010 年，进入集约集群式持续发展的新型工业化阶段，市政府先后组织实施两个《常州市民营经济三年跃升计划》，构建促进民营经济发展的宽松政策环境，完善产业配套，民营乡镇企业提高管理水平，参股控股国企，加入国际竞争，由分散外延扩张向内涵提高素质发展。

武进马杭村小建红木雕刻社（摄于 1986 年 8 月）

1978—2002 年部分年份常州市乡村工业企业数统计表

表 16-1-1　　单位：家

年份	企业	年份	企业	年份	企业	年份	企业
1978	3103	1989	6899	1992	7565	1997	14161
1980	3499	1990	7043	1993	8695	1999	11600
1985	5512	1991	7045	1995	7589	2002	15500

集团型企业　1986—1995 年，常州乡镇企业开始组建企业集团，向专业化、特色化、批量化、市场化、国际化方向发展。1990 年，常州市有 25 家企业进入全国 500 家最大乡镇企业行列。1992 年，组建了武进华喜毛纺总公司、武进芙蓉电子实业总公司、溧阳市毛针织总公司、金坛县晨风丝绸服装集团公司等 8 家集团型企业。1995 年，全市乡镇企业集团快速发展，达 87 家，其中改制组建企业集团 73 家，全国性、省级、市级乡镇企业集团分别有 6 家、8 家、26 家；87 家乡镇集团企业总产值、利税、外贸收购值分别占全市乡镇企业的 13.8%、18.4%、26.5%。1996—1997 年，重点骨干企业调整改组上规模，全市新批乡镇企业集团 21 家，其中全国性 8 家、省级 8 家、市级 9 家、县（市）级 10 家。1997 年末，全市有县（市）级以上乡镇企业集团 181 家，其中全国性 13 家、省级 23 家、市级 82 家、县（市）级 63 家。2000 年，江苏新科电子集团、江苏亚邦集团分别实现年销售收入 27.64 亿元、11.38 亿元，连续多年保持全市领先。

2002年，全市有11家乡镇企业被列为市重点企业，亚邦、常发、金鼎、江南实业、常恒等企业集团销售收入达5亿元。2003年，全市乡镇工业大集团发展势头良好，对乡镇经济起到强大的支撑作用，江苏铁本钢铁公司、江苏常发集团年营业收入分别达34亿元、14亿元，完成出口产品交货值280.95亿元。2005年，江苏常发集团、亚邦集团等18家企业营业收入突破20亿元，12家企业突破10亿元；江苏远宇电子集团、常州森源开关公司、常州三维技术成套设备公司境外上市，累计有8家乡镇企业上市。江苏新科电子集团等15家企业跨入江苏省百强民营科技企业行列。2006—2010年，亚邦集团、江苏常发集团等企业成为全市销售额达50亿元的大企业、大集团，对全市工业经济发挥较强的支撑作用。2007年，全市有销售收入达100亿元的民营乡镇企业两家，50亿～99.99亿元的4家。

规模企业　1987年、1989年两度评选明星企业，常州有157家企业被省、市政府表彰为明星企业。1990年，全市有年产值达500万元的乡村工业规模企业496家，完成总产值65.6亿元，其中年产值达1000万元企业581家。1991年，85家部、省、市级先进企业完成总产值18.72亿元。1993年，全市乡镇企业涌现出143家明星企业，其中省级30家。1995年，全市营业收入达1亿元、5000万元的乡镇企业分别为45家、95家；新增大中型乡镇企业62家，其中大型企业9家；年末累计131家。1996—2000年，一批优势骨干乡镇企业利用资金、人才、区位优势，通过跨地区、行业和所有制兼并或重组，扩大企业和产品规模，成为当地经济发展的领头羊和排头兵。1996—1997年，规模企业注重高科技、创名牌、上规模、集团化，支撑作用日趋明显，按国家标准新认定大中型乡镇企业110家。1997年底，全市累计有大中型乡镇企业172家，其中大型一档2家、大型二档37家，中型一档48家、中型二档85家，实现销售收入137亿元、利润2.96亿元。2000年，129家大中型乡镇企业年销售收入达5000万元，完成销售收入总额227.33亿元，户均1.76亿元；实现利税13.89亿元、利润5.7亿元、税金8.19亿元。

2001—2005年，乡镇骨干企业增势强劲。2005年末，全市规模以上乡镇民营工业企业增至2842家，年销售收入达1亿元的乡镇工业企业增至294家，同年完成营业总收入893.6亿元，实现利税62.2亿元、利润40.4亿元，约占全市乡镇工业总量的五分之二。同年，有35家民营乡镇企业名列全市销售收入前50位，其中12家达10亿元，实现利税总额104.5亿元。2010年，全市规模以上乡镇工业企业发展到5291家，占全市6375家规模以上工业企业的83%。

二、从业人员

1985年末，全市乡镇企业职工总人数增至46.3万人，比1978年增29.84万人，增长1.81倍。1986—1990年，全市乡镇企业职工总人数净增15.96万人，通过委托培养、学历教育、岗位培训等途径，累计培养中

1978—2005年部分年份常州市乡镇工业企业职工总人数统计表

表16-1-2

年份	职工总人数(万人)	比上年末±(%)	年份	职工总人数(万人)	比上年末±(%)	年份	职工总人数(万人)	比上年末±(%)
1978	16.46	—	1990	62.26	2.7	1994	59.80	-19.0
1980	25.45	54.6	1991	70.89	13.9	2000	52.66	-11.9
1985	46.30	81.9	1992	65.80	-7.2	2005	71.00	34.8
1989	60.60	30.9	1993	73.82	12.2			

说明：1992—1993年为乡村工业职工数；1994年为乡村两级工业企业职工数；2000年为乡镇企业吸纳农村职工人数

专以上人才1万余人，其中大专以上占40%。1990年末，全市乡镇企业职工总人数62.26万，其中乡村工业企业职工55.16万人，比1985年增长36.3%，但大量新进厂的农村职工文化普遍偏低；同年，乡镇企业引进技术人才8204人；年末拥有工程技术人员1.38万人。1991—1995年，全市乡镇企业职工总数占全市农村总劳力的比例上升至46%，培训乡镇企业专业技术人员3.6万人。1991年，85家部、省、市级先进企业全员劳动生产率平均为4.99万元，年人均创利税4211元。2000年末，全市乡镇工业企业吸纳农村职工52.66万人。2005年，全市民营乡镇企业职工总人数发展到71万人。

三、固定资产和净资产

1978年，全市乡镇企业固定资产原值突破1亿元。1985年，全市乡镇企业拥有固定资产原值总额8.25亿元。1986—1990年，全市乡镇企业固定资产原值净增约25亿元。1990年，全市乡镇企业拥有固定资产原值总额32.36亿元，户均42.48万元；年产值达500万元的496家规模以上企业固定资产原值总额提高到18.97亿元，占全市乡镇企业总量的59.8%。1993年，全市乡村两级工业企业拥有总资产224.79亿元，其中固定资产净值59.45亿元。1994年，全市8437家乡村工业企业户均拥固定资产原值154.08万元。1999年，全市乡村集体工业企业所有者权益增至154.63亿元，资产负债率68%。2000年，全市乡村工业企业平稳健康发展，拥有资产总额95.57亿元，所有者权益165.6亿元，其中个体私营工业企业36.11亿元。2002年，全市1.55万家乡镇企业拥有总资产759.6亿元，户均固定资产原值198万元。在全部资本金中，个人资本金106.4亿元。全市乡镇企业转制为民营企业后资本实力日渐雄厚，2005年注册资本总额达558.25亿元。

1978—2002年部分年份常州市乡镇工业企业固定资产(原值)统计表

表16-1-3

年份	总额(亿元)	比上年末±(%)	年份	总额(亿元)	比上年末±(%)	年份	总额(亿元)	比上年末±(%)
1978	1.14	—	1990	32.36	24.1	1994	130.00	63.7
1980	2.09	83.3	1991	42.50	31.3	2002	306.90	136.1
1985	8.25	294.7	1992	52.92	24.5			
1989	26.08	216.1	1993	79.43	50.1			

第二节 经济结构

一、行业结构

常州乡镇企业从创办初期的50—60年代，至2010年逐渐形成以工业为主体、以农业为基础的工商运建服与农林牧副渔“十轮驱动”全面发展的“苏南模式”产业结构。1986—1995年，全市乡镇工业加快横向经济联合，深化改革发展，逐步形成以机电工业为主，与冶金、纺织、化工、轻工、建材形成六大支柱工业体系，与城市工业体系趋同。乡镇企业以中小企业为主，依托重点骨干企业和名优新特产品，发展外向型经济，组建企业集团，形成专业特色产业。

1986—1990年，乡镇企业产品向“小、专、精”发展，走出一条小商品、大规模、专业化、集团化经营，专业化配套协作、拾遗补阙，带动乡镇企业调整行业结构、组织结构及技术结构之路。1990年前后，全市乡镇企业在治理整顿中保住产值达500万元的重点企业和拳头产品496个，年均开发市场占有率较高的新产品100个以上，产品向大批量、专业化集结的整体结构优化趋势发展。在国内外市场有一定影响力的空气等离子切割机、国际标准集装箱、稀土氧化钇、冰箱蒸发器等新产品产值约占当年产值的10%。1990年，全市乡镇企业有30余种产品的产量、销量、质量、技术、品种等居全国同行业首位。全市乡镇企业完成工业总产值114.5亿元，分别占全市工业总产值、乡镇企业总产值的54.6%、92.9%，占全市农副工3业比重的89.3%；乡镇工业中轻工业、重工业分别占总量的47.2%、52.8%。到1995年，全市乡村工业企业完成工业总产值778.84亿元；全市乡镇工业中，轻、重工业分别占乡镇工业总量的52.8%、47.2%，分别比1990年提升5.6个百分点、下降5.6个百分点。到1995年，常州乡镇企业产业结构以第二产业为主，与城市工业大致相同。

至2000年，常州民营制造业仍处于资本密集的重工业化阶段。1996—2005年，常州乡镇企业深化企业改革，调整优化产品产业结构，转变经济增长方式，经济结构在调整中提升，呈现行业特色化、产品集约化、企业集群化、市场国际化的特征。乡镇工业企业加速特色产业、企业和产品的集中集聚，推进工业化，实施信息化。行业结构呈现工业集聚化、行业规模化和产业集群化的特征，特色经济发展迅猛。1999年，全市有16个产品国内市场占有率达30%，34个产品国内市场占有率达10%～29.99%。2000年，乡镇企业有24个产品被认定为江苏省乡镇企业名牌产品。2002年，全市有31家乡镇企业的38个产品被评为江苏省乡镇企业名优产品。2005年，全市乡镇民营工业产业集群完成销售收入1050亿元，年销售收入3亿元以上集群有42个。2006—2010年，全市乡镇民营经济实现跨越式发展，一、二、三产业的结构更趋合理。

1996—2010年，常州乡镇企业重点发展输变电、工程机械及车辆、农用机械、金属冶炼及深加工，家用多媒体电脑、现代通信设施等电子信息产业，高性能电缆、基础元器件、机电一体化纺机、节能变压器、冷却塔、环保设备、超细纤维、特种性能纺织面料、高级汽车内饰织物、高纯度稀土氧化物、高品质水处理剂、高效低毒农药、高效复合肥、绿色食品、特种水泥等高新技术产品20多类，逐渐形成支柱产业。

二、区域布局

常州乡镇企业具有以武进、郊区为核心向金坛、溧阳散布的特点。1990年末，武进、金坛、溧阳、郊区、戚墅堰区乡镇工业总产值分别占全市总量的60.1%、10.5%、13.3%、13.3%、2.8%。2008—2010年，全市民营乡镇企业以乡镇工业集中区为载体，初步形成产业集群，彻底改变早期盲目无序发展的状况。

武　进　1990年，武进有乡村工业企业3904家，全县工业总产值首次突破百亿元，达109.87亿元。其中，乡镇村两级工业总产值完成74.11亿元、销售收入45.31亿元，连续4次超过国有、集体工业企业的产值、销售总额。全县60个乡镇中有41个乡镇的工业总产值突破亿元，湖塘、横山桥等8个乡镇均达3亿元。全县乡镇企业组建企业集团(总厂)12家，全县370种销售额超千万元的产品中，乡镇企业占263种，19种达1亿元产品中乡镇企业占14种。1991—1995年是武进乡镇工业持续稳定发展时期。1992年，武进乡镇企业开始注重扩大以产品为终端支柱的特色产业，以特色产业造就乡镇工业区域经济。1993年，武进规模以上乡镇工业企业上升到450余家，涌现出一批产销达1亿元的集团型企业，形成湖塘纺织、牛塘化工医药、横林灯具、横山桥冶金机电、芙蓉电子电机、洛阳电子家电、遥观集装箱、礼嘉农机、湟里电动工具、奔牛粮机、小河汽摩配件等特色产业集群的雏形。1996—1999年是武进乡镇工业持续快速发展时期。1999年，该市乡镇工业完成工业总产值341.21亿元，占其工业总产值的87.4%，对工业经济的支撑作用非常明显。乡镇企业改制后，有99.5%的企业完成改制融入民营经济。乡镇行政区划调整后，扩大了区域工业经济和特色产业的发展空间，工业集中区建设蒸蒸日上，该市30个乡镇建立27个工业集中区。

1999年以后是武进乡镇工业融入民营经济后强势发展阶段。乡镇民营企业发展空间日益扩大，得到飞速发展。2002年4月武进撤市设区后，工业集中区、特色产业集群成为全区乡镇工业的主要载体。2005年，全区工业总产值1303.41亿元，居辖市区首位，产品销售收入1265.23亿，实现利税80.69亿元。全区20家

1978—1991年部分年份武进乡镇企业基本情况和经济指标统计表

表16-1-4

指标	单位	1978年	1980年	1985年	1989年	1990年	1991年
企业数	家	1564	2233	3235	3970	4080	4292
其中：工业企业	家	1564	1784	2984	3782	3904	4096
职工总人数	万人	9.36	14.00	29.88	35.09	35.25	39.80
其中：工业企业职工	万人	9.36	12.47	26.26	32.43	32.74	39.46
占农村劳动力的比重%		15.4	23.0	42.8	51.1	51.7	57.8
工业企业资产原值	万元	6506	11338	50602	144832	182664	257691
工业总产值	万元	30376	55210	236214	543257	741170	997893
工业销售收入	万元	22240	20614	178255	415515	453092	703092
出口产品总额	万元	—	—	473	30632	44738	73920
兴办境外投资企业	家	—	—	—	4	8	43
工业企业利税总额	万元	6752	5772	39450	38212	35496	40837

市重点企业完成销售收入340亿元，其中9家企业产品销售额达10亿元，常州中天钢铁集团达108亿元，成为全市首家销售达百亿元的企业；湖塘、遥观两镇工业产销均达百亿元。武进的镇级工业集中区完成工业总产值、销售收入570亿元，均名列全市首位。

金　坛　1987年，金坛有乡镇办工厂474家、村办工厂670家，乡村工业职工总数6.46万人，拥有固定资产1.67亿元。完成工业总产值5.68亿元，占全县工业总产值的63%，实现利润1908万元，上缴国家税金2027万元，初步形成以机械冶金、医药化工、轻工纺织、建筑材料等12个工业行业为主的格局，生产3000余种产品。1988—1993年是金坛乡镇工业长足发展时期。1993年底，乡镇企业数1131家，职工总数7.81万人，占全县农村总劳力的30%以上，拥有固定资产原值5.6亿元，完成工业总产值43.9亿元。1989年，以金坛县丝绸服装厂为基础组建的江苏晨风丝绸(集团)公司成为全县首家由乡镇企业组建的省级企业集团，

1978—1991年部分年份金坛乡镇企业基本情况和经济指标统计表

表16-1-5

指标	单位	1978年	1980年	1985年	1989年	1990年	1991年
企业数	家	713	916	1163	1333	1186	1120
其中：工业企业数	家	713	590	1075	1200	1122	1052
职工总人数	万人	24747	44266	72770	84709	83095	90508
其中：工业企业职工	万人	24747	33818	54654	67113	67104	73237
占农村劳动力的比重%		11.6	19.4	28.4	31.3	30.5	33.8
工业企业固定资产原值	万元	1333	2715	8330	28024	22912	37976
工业总产值	万元	5410	9738	30829	101838	129218	162646
工业销售收入	万元	4610	6007	23984	81832	78408	113170
出口产品总额	万元	—	—	94	6121	8453	15323
兴办“三资”企业	家	—	—	—	2	1	2
工业企业利税总额	万元	893	1079	3155	5525	4065	5073

继1992年成为全县首家亿元厂后，1993年实现产值2.24亿元，连续5年翻1番。直溪镇坞家村成为全县第一个亿元村，双眼搪瓷灶、消音隔热材料等7种产品被评为农业部优质产品，粉末冶金轴承、间隙式放电器等17种产品被评为江苏省优质产品。到同年底，累计兴办外资及港澳台资企业77家，实际利用外资和港澳台资946万美元。是年，乡镇企业实现利税1.86亿元，上缴税金7702万元。

1994—1996年，金坛乡镇企业克服市场需求偏少、增本减利因素增多等困难，稳中求进。1996年，完成总产值61.2亿元。有18个镇销售收入超1亿元，比1993年增加7个，销售收入达37亿元，占乡镇工业销售额的85%；有3家企业销售收入达1亿元，33个村销售收入达千万元；组建企业集团9家，其中全国乡镇企业集团1家、省级集团2家、大中型企业12家。1997—1999年，乡镇工业以改革改制为创新动力，经济总量稳步增长。1999年底，有企业总数2486家，其中集体企业728家、私营个体企业1758家，职工总数7.7万人，固定资产原值19.1亿元，完成工业总产值83亿元。乡镇企业改制面95.2%。2000—2002年，金坛基本形成纺织服装、医药化工、建筑材料、机械电子四大支柱产业。到2002年底，该市乡镇工业完成总产值129亿元，实现销售额112亿元、工业增加值29亿元。规模企业较快发展，占乡镇工业经济总量的45%。2002年12月，金坛被中国纺织工业协会授予“中国出口服装制造名城”称号。2003—2005年是金坛乡镇工业发展最快的时期，发展速度、投入力度均较大幅度提高，乡镇工业经济结构优化，纺织服装、精细化工、机械电子、新型材料四大支柱产业快速发展。2005年，乡镇工业完成工业总产值217亿元、销售总额199亿元，实现工业增加值51.5亿元、利税19.7亿元、利润12亿元。

溧　阳　1985年，溧阳有乡镇工业企业1241家，职工5.3万人，完成总产值3.47亿元，占全县工业总产值的64.2%，首次超县市属工业总产值。1991年，年产值达500万元的乡镇工业企业由上年的66家增至97家，年产值达1000万元的企业由1990年的25家增至48家。1993年，全市乡镇工业企业利润首次超1亿元，达1.06亿元。骨干企业围绕主厂、主要分厂组建总厂或总公司，扩大了企业的规模，强埠力强公司、马垫稀土总厂、泓口锅炉公司3家乡镇企业率先成为亿元厂。

1994年，乡镇企业溧阳庆丰化工厂、上兴兴隆实业公司、清安江南钢厂、竹箦装饰用品厂进入亿元厂行列。1995年，乡镇工业总产值突破100亿元，达118亿元，分别占工业总产值、工农业总产值的74.8%和69.3%。2000年，乡镇工业总产值100.6亿元，利税总额4.92亿元，利润总额1.2亿元。2001—2005年是溧阳乡镇工业产销与利税同步高速增长时期。2005年，该市乡镇工业企业发展到3461家，职工总人数9.73万人，完成工业总产值265.54亿元、销售收入245.88亿元，实现利税总额216.6亿元、利润总额80.26亿元。全市规模以上乡镇工业企业增至281家，其中年产值达10亿元、1亿元、5000万元和1000万元的规模企业分别有3家、4家、79家和246家。溧阳的重庆啤酒集团常州天目湖啤酒公司被评为常州市五星企业，国强镀锌、三元钢铁、金锋集团、力强集团、天目湖啤酒、开利地毯等7家乡镇工业企业被列为常州市“十一五”期间重点培育企业。

新北（新区）　1992年7月，市委、市政府批准成立常州市城北开发区，管辖由武进龙虎塘镇和郊区三井乡划出的北塘桥村、王家村和许家村；11月，国务院批准常州高新区为国家级高新区。1992年，全区4个村有企业43家，其中王家村、许家村、北塘桥村有工业企业25家，全区完成工业总产值2.7亿元、销售收入2.3亿元。1993年3月，郊区三井乡划归常州高新区，带入乡村两级企业106家。年末全区有工业企业总数287家，其中乡村工业企业223家；全区完成工业总产值6.17亿元，实现销售收入5.98亿元，其中乡村工业企业分别占34.18%和29.7%。1995年5月，省政府批准武进县的龙虎塘镇、新桥镇、百丈乡和圩塘镇4个乡镇划归常州高新区管辖。同年，全区乡村工业完成总产值15.7亿元、销售总额12.22亿元，占全区工业的比重分

1978—1991年部分年份溧阳乡镇企业基本情况和经济指标统计表

表16-1-6

指标	单位	1978年	1980年	1985年	1989年	1990年	1991年
企业数	家	706	1273	1492	1293	1171	1303
其中：工业企业数	家	706	979	1241	1096	1010	975
职工总人数	万人	23868	45462	54504	82047	93009	124092
其中：工业企业职业	万人	23868	32858	52996	61086	70603	74148
占农村劳动力的比重%		9.1	16.6	18.5	26.4	29.2	38.4
工业企业资产原值	万元	1547	3124	10702	35174	40627	46426
工业总产值	万元	3869	7402	34654	124016	164013	198618
工业销售收入	万元	3318	4060	25772	88339	87065	121316
出口产品总额	万元	—	—	3206	14155	13667	11802
工业企业利税总额	万元	644	780	3834	5477	4857	7038

别达68%、63.64%，乡镇工业成为全区工业经济的基础。

1996年5月，成立河海街道；年末新区管辖5个乡镇、1个街道，乡镇企业423家。划入新区管辖的5个乡镇的工业均起步于六七十年代，到80年代渐成气候。1995年划归新区后，全区乡镇工业进入高速发展阶段。到1998年，乡镇工业经济保持持续快速健康发展，形成以光机电一体化、电子信息、医药生物、新型建材、化工、纺织服装等为主的产业门类，乡镇工业对全区经济发展的贡献份额逐年提高。同年，全区乡镇工业完成总产值26.35亿元、销售收入总额21.6亿元，培育出一批规模型企业。1995—1998年，常州新区管委会通过招商引资，聚集了一批国内外著名大企业落户新区，承担了国家一批重点科研项目工程，引进国内外多项先进技术和新颖先进的管理经验。规划、布局了全区产业结构，建立产业企业聚集、产业特色鲜明、产学研链紧密的工业集中区，形成集聚效应。突出新体制新机制，构建新型政企关系和管理模式，改国有集体企业为股份制企业，企业劳动用工与分配制度全部放开，初步形成新型的管理模式和政企关系。抓好产权制度改革推进企业股份制改革，新区推进乡村集体企业改制。到1998年底，全区乡镇、村集体企业改制430家，改制面96%；组建市级企业集团2家，股份合作制企业160家，有限责任公司180家，转让企业86家，兼并2家，租赁3家。1999—2000年，新区乡镇企业开始超常规的高速发展。

武进圩塘公社滨港渔业大队造船厂（摄于1998年3月）

2002年4月，新北区成立，武进的安家、薛家、罗溪、西夏墅、孟河、小河和魏村等7个乡镇划归新北区，全区总面积从原来的115.85平方公里增至439.16平方公里，全区乡镇工业企业由487家增至2138家。2005年末，新北区有乡镇企业2687家，企业从业总人数7万余人，其中工业规模以上企业520家，全区乡镇工业完成工业总产值342.49亿元、销售收入333.45亿元，均占全区经济总量的68.3%。

天　宁　乡镇企业起源于原郊区的社队工业。1996年1月，天宁区被农业部评为全国乡镇企业先进县(区)。1999年3月，区政府把13家区属企业下放给乡镇管理。同年，天宁区外经委连续两年被农业部、外经贸部评为全国乡镇出口创汇管理先进单位。2000年末，全区拥有工业固定资产(原值)31.55亿元，完成工业总产值(现价)120.55亿元、销售收入总额118.15亿元、外贸交货总额32.95亿元，实现利税总额4.83亿元。2001年底，全区有乡镇企业1095家，其中规模以上企业312家、企业集团15家，形成纺织、机电、轻工、建材四大支柱产业并举，具有一定规模特色的工业体系，特别是纺织工业技术装备水平显著提高，企业规模壮大，主要产品有牛仔布、灯芯绒坯布、针织服装、交流电动机、农用运输车、变压器、柴油机、电子玩具、家具、塑料制品、塑编袋、电脑连接线、真空干燥烘箱、电子衡器等。2002年4月，原郊区所属茶山、雕庄(东南开发区)、红梅、青龙4乡划归天宁区。同年末，全区企业总数1371家，其中规模以上企业达211家；完成工业总产值113.71亿元、销售收入总额112.6亿元。2005年底，天宁区纳入统计的420家规模企业中，年产值达1亿元的有60家，年产值5000万～9999.99万元的有68家。4个乡镇完成工业总产值231.4亿元，实现利税10.25亿元、利润6.54亿元。

钟　楼　2002年4月，常州郊区撤销后，原郊区的五星、永红、西林、北港和新闸4乡1镇划归钟楼区。2002年末，全区有乡村工业企业574家，其中规模以上企业192家，规模工业完成总产值54.7亿元、销售收入总额53.45亿元。全区工业总产值和年销售收入双双跃至80.67亿元；实现工业利税4.06亿元，自营出口6200万美元。2005年，全区乡镇工业企业的产销比重占全区工业经济总量的一半以上；全区完成工业总产值247.16亿元、销售收入246.85亿元，实现利税总额12.73亿元、利润总额7.6亿元。

戚墅堰　1986年末，全区有乡村工业企业108家，其中乡办企业21家、村办企业87家；同年完成工业总产值7170万元、销售收入7154万元，实现利税2457万元。1987—2001年是戚墅堰乡镇工业大发展，民营经济崛起时期。1987年，戚墅堰行政区划调整，原属郊区和武进的丁堰、潞城两乡划归戚墅堰。年末，全区乡镇企业达150余家，职工人数2800余人，初步形成机械、纺织、电子、化工、轻工等产业门类。全区工业总产值突破1亿元，达1.07亿元。1988年，全区乡镇工业加快开发新产品，发展外向型经济，开发新产品42个，新增工业产值3000多万元。1991年末，全区拥有乡镇企业148家，其中乡村工业企业139家；有企业职工1.24万人，完成工业总产值4.21亿元、销售收入总额3.74亿元，实现利税总额2546万元。

1992年，戚墅堰掀起兴办乡镇企业的新一轮高潮，开始发展外向型经济，乡镇工业开始进入持续快速发展时期。潞城镇的中新合资企业常州超级食品公司成立，是当时常州与新加坡合资的最大企业。全区的乡村工业规模型企业自1993年的9家增至1998年乡镇企业改制前的26家，产销、利税比重均约占全区经济总量的60%～65%。1992—1993年，潞城的大树村、新河村的工业产值先后跃上亿元。1994年，戚墅堰潞城、丁堰两镇跨入常州市十强工业乡镇行列。1994年、1996年，常州区乡镇工业总产值先后突破10亿元、20亿元。2001年以后，乡镇企业全部转为民营企业。2005年末，戚墅堰经济开发区有“三资”企业42家，民营企业26家，年完成自营出口1260万美元，完成工业总产值19.17亿元。2005年末，全区乡镇工业行业有轻纺服装、电机电器、机械制造、电线电缆、化工、食品等，形成以规模型企业为支撑、依托的产业集聚群。

郊　区　1984—1996年，全区乡镇企业由166家发展到1075家，固定资产原值由1.01亿元增至

25.09亿元，工业总产值由3.05亿元(1980年不变价)增至75.39亿元(1990年不变价)，销售收入由2.96亿元增至80.04亿元，利税总额由4700.05万元增至2.91亿元，外贸交货值由8503万元增至20.37亿元，分别增长23.92倍、23.72倍、26.04倍、5.19倍和22.96倍。至2001年底，郊区有乡村企业1095家，其中销售额达500万元的企业312家(含企业集团15家)。全区个体私营民营企业发展到1998家，注册资本7.53亿元，从业人员1.98万人。列入统计的个私企业累计完成总产值30.26亿元、销售总额29.54亿元、利税总额1.35亿元、利润总额5025万元。郊区乡村企业主要产品有牛仔布、灯芯绒坯布、针织服装、交流电动机、农用运输车、变压器、柴油机、电子玩具、电子闪光灯、家具、塑料制品、塑编袋、电脑连接线、真空干燥烘箱、电子衡器等，形成纺织、机电、轻工、建材四大支柱产业并举，具有一定规模特色的工业体系。

1978—1991年部分年份常州郊区乡镇企业基本情况和主要经济指标统计表

表16-1-7

指标	单位	1978年	1980年	1985年	1989年	1990年	1991年
企业数	家	203	196	271	1006	1012	1129
其中：工业企业数	家	120	146	212	702	706	783
职工总人数	万人	22370	24824	36865	76973	81477	87294
其中：工业企业职工	万人	13562	21361	34380	68629	74286	77707
工业企业资产原值	万元	2022	3710	12896	46837	53522	71872
工业总产值	万元	5896	13131	39048	134325	177567	217210
工业销售收入	万元	5441	9063	35954	106341	125391	171791
出口产品总额	万元	—	—	5615	13239	23178	29227
兴办三资企业	家	—	—	—	—	4	8
工业企业利税总额	万元	758	1648	6644	10176	9448	3156

第三节 经济总量

1986—2010年，全市乡镇企业深化产权制度改革，调整行业产品结构，促进产品产业升级，实现经济体制、经济增长方式的转变，提高产业层次，投入产出的规模与效益大幅度提高。

一、生产销售

总产值 1978年，全市乡镇企业工业总产值突破4亿元。1985年，全市乡村工业企业完成工业总产值(1980年不变价，下同)34.5亿元。1986—1990年，全市乡村两级工业总产值比1981—1985年多增72.79亿元，占全市工农业总产值净增额的67.7%。1990年，全市乡村工业完成工业总产值114.5亿元。1991—1995年，全市乡村工业总产值高速增长，净增664.29亿元(1990年不变价，下同)，比1986—1990年多增长8.13倍。1994年，全市乡村工业总产值占全市工业总产值的比例提升到75%。1995年，全市乡村工业企业工业总产值达778.84亿元，占全市工业总产值的比例降至71%。1996—2000年，全市乡村工业总产值低速增长，净增67.85亿元(90年不变价，下同)。2000—2001年，全市乡村工业成为全市工业经济的重要支柱，占农村社会总产值的比例提高到80%。2005年，全市乡镇工业企业完成总产值2531.06亿元。

1978—2005年部分年份常州市乡镇工业总产值统计表

表16-1-8 单位:亿元

年份	总产值	比上年±(%)	年份	总产值	比上年±(%)	年份	总产值	比上年±(%)
1978	4.61	—	1991	170.80	49.2	1999	744.92	11.5
1980	9.72	110.8	1992	302.77	77.3	2000	846.69	13.7
1985	34.50	254.9	1993	492.23	62.6	2001	969.30	14.5
1986	46.09	33.6	1994	685.75	39.3	2002	1239.80	27.9
1987	67.62	46.7	1995	778.84	13.6	2003	1538.26	24.1
1988	82.38	21.8	1996	614.72	-21.1	2004	2006.36	30.4
1989	97.08	17.8	1997	636.64	3.6	2005	2531.06	26.2
1990	114.50	17.9	1998	668.23	5.0			

亿元乡镇 1992年，全市有工业亿元乡镇96个。1993年，全市新增工业亿元乡镇21个，累计117个；10亿元乡镇9个；武进县湖塘镇工业产值达18亿元。1995年，全市95%的乡镇工业总产值达1亿元。1996年，“十强”乡镇完成营业收入总额134亿元，实现利税总额8.1亿元。

亿元村 1992年，全市有工业总产值亿元村9个，1993年增至27个，武进剑湖乡前杨村工业总产值达5.23亿元，居全市乡村之首。1996年，“十强”村完成营业收入总额10.5亿元，实现利税总额6900万元。

亿元企业 1992年，全市有年产值达亿元乡村企业16家。1993年，全市乡村亿元企业发展到38家，武进洛阳镇的常州市第五无线电厂产值3.97亿元，为全市乡村企业之冠。1996年，全市“十强”企业(集团)完成营业收入总额36亿元，实现利税总额2.7亿元。

销售收入 1985年，全市乡村工业企业完成销售收入33.78亿元，比1978年增5.99倍。1986—1990年，乡村工业企业销售收入总额净增50.37亿元，1990年达111.7亿元。1991—1995年，全市乡镇企业销售收入总额净增346.65亿元，1995年乡村两级工业企业销售收入总额提高到452.33亿元，占全市工业销售收入总额的61%。1996—2000年，全市乡村工业企业销售收入总额净增300亿元，2000年全市乡村工业销售收入总额达752.36亿元。2002年，全市乡镇企业销售收入总额首次突破1000亿元，户均707.2万元。2005年，全市民营乡镇企业完成销售收入总额2358亿元，占全市工业销售收入的71%。

1978—2005年部分年份常州市乡镇工业销售收入统计表

表16-1-9 单位:亿元

年份	销售收入	比上年±(%)	年份	销售收入	比上年±(%)	年份	销售收入	比上年±(%)
1978	4.23	—	1991	119.25	6.8	1999	644.40	11.9
1980	8.38	98.1	1992	279.67	134.5	2000	752.36	16.8
1985	33.78	303.1	1993	314.75	12.5	2001	875.20	16.3
1986	45.18	33.7	1994	352.75	12.1	2002	1092.79	24.9
1987	64.04	41.7	1995	452.33	28.2	2003	1441.10	31.9
1988	79.71	24.5	1996	507.62	12.2	2004	1920.76	33.3
1989	95.45	19.7	1997	525.10	3.4	2005	2358.11	22.8
1990	111.70	17.0	1998	575.97	9.7			

营业收入 1995年，全市有10个乡镇营业收入达10亿元，30个乡镇达5亿～9.99亿元，28个村达1亿～4.99亿元。1996—2003年，全市乡镇工业营业收入大幅度增长。2003年，全市乡镇企业完成营业收入总额1441亿元。2006—2010年，全市乡镇民营工业企业快速发展，营业收入净增3013.31亿元。2009年，全市乡镇企业完成营业收入5371.1亿元。2010年，全市规模以上乡镇民营工业企业完成营业收入总额3931.8亿元，占全市乡镇工业总营业收入的73.2%。

二、创造财富

增加值 1986—2000年，全市乡镇工业在曲折中发展，综合实力迅速增强。1998年，实现工业增加值129.6亿元(此前很少统计乡镇企业增加值)，拉动全市地区生产总值增长1.4个百分点。2000年，全市乡村工业实现工业增加值提高至165.5亿元。2002年、2003年、2004年和2005年，全市乡镇企业相继实现工业增加值270.5亿元、356.1亿元、468.1亿元、524.7亿元。2005年，全市乡镇企业工业增加值占全市地区生产总值的62%，对全市规模以上工业增长贡献份额近70%。2006年，全市乡镇企业工业增加值增长到748.1亿元；2009年增长到1311.8亿元。

利润 1985年，全市乡村工厂实现利税总额3.79亿元。1991—1995年，乡村两级工业效益明显提高，利税同步增长。1991—1993年，全市乡村两级工业实现利税总额39.39亿元，1992年扭转利润多年徘徊回落的局面。1994年，全市乡村两级工业企业因物价上涨，税金增加，贷款利率提高，工资成本上升，企业管理不善，产品结构不适应市场变化等，仅实现利润总额6.33亿元，有2972家乡镇企业亏损，总计亏损1.91亿元。1995年，全市乡村两级工业企业实现利润9.9亿元，其中5038家村办工厂实现利润4.87亿元。1996—2000年，全市乡镇工业企业效益增幅高于生产速度，总资产报酬率、资本收益率和平均利税率等均有所提高，2000年利润总额比1995年净增10.74亿元，实现利润总额20.64亿元。2005年，全市乡镇企业年度利润比1995年净增74.86亿元，民营乡镇工业企业实现利润95.5亿元，规模以上民营乡镇工业企业实现利税总额102.6亿元、利润总额40.4亿元。2008年，全市乡镇企业利税总额达330.77亿元。2010年，全市规模以上民营乡镇工业企业利税总额比2005年增62.6亿元，达165.2亿元。

1978—2005年部分年份常州市乡村工业企业利润统计表

表16-1-10　　单位：亿元

年份	利润总额	比上年±(%)	年份	利润总额	比上年±(%)	年份	利润总额	比上年±(%)
1978	0.59	—	1993	9.48	123.1	2000	20.64	33.9
1980	0.44	-25.4	1994	6.33	-33.2	2001	29.80	44.4
1985	3.79	761.4	1995	9.90	56.4	2002	77.70	160.7
1989	2.99	-21.1	1996	30.00	203.0	2003	59.60	-23.3
1990	2.00	-33.1	1997	9.88	-67.1	2004	79.00	32.6
1991	1.38	-31.0	1998	11.10	12.3	2005	95.50	20.9
1992	4.25	208.0	1999	15.42	38.9			

第四节 技术创新

1986—1990年，随着数量的扩张和科技的进步，乡镇企业开始重视技术创新，提高产品质量，依靠科技进步，提高整体素质，创成市科研型工厂7家。1991—1995年，科技进步因素对经济总量的贡献比重约占35%。2007年底，全市民营乡镇企业有省级及其以上高新技术企业245家，被列入省高新技术产业统计的企业1018家，户均产值1.18亿元，比全省户均产值2.24亿元低1.06亿元。

一、新产品开发

1991—1995年，全市乡村工业企业开发新产品1300个，占乡镇企业产品总数的30%；有7只产品获国际奖，有440个产品被评为优质产品，其中国优1个、部优59个、省优126个。1991年，全市乡镇企业新产品开发鉴定投产的有179个，其中两个产品被列为国家重大新产品试产计划项目。1993年，全市乡镇工业开发出科技含量较高的新产品400个，其中40个产品达国内外先进水平，培育了大多数邮电通信电缆、物理发泡射频电缆、高精密度含油轴承等拳头产品。1996—2000年，全市乡镇企业引进和开发市级以上新产品900只，申报部省级乡镇企业名牌产品38个。1996年，江苏新科电子集团与日本索尼公司联合开发的VCD影碟机和数码组合音响高科技，销量居全国首位，完成年销售收入9亿元，成为常州乡镇企业形象产品；江苏远宇电子集团开发的压电陶瓷换能器(蜂鸣片)被评为国家级新产品，打入国际市场。2001—2005年，全市乡村工业重点发展机电仪一体化、新型工程塑料、新型建材、特种水泥、超细纤维、特种性能面料、高级汽车内饰织物、高纯度稀土氧化物、高品质水处理剂、高效复合肥、绿色食品等高新特优产品，年均开发新产品1000个。

二、技改扩能

投　　入　1986—1990年，全市乡镇企业完成技术改造投资总额24.6亿元。1991年，市批准乡镇企业技改项目总投资1.92亿元，达500万元的技改项目投资总额1.38亿元，最高的武进丝织厂技改项目总投资2520万元。1992年，全市乡村工业企业达500万元的项目完成总投资4.56亿元，乡镇企业规模明显扩大。1993年，全市乡镇工业投资达500万元项目完成投资总额24.58亿元，有6个乡镇技改扩能投入达1亿元。至1995年末，全市乡镇企业累计完成技改投入125亿元。

今创集团技术中心、生产车间（摄于2010年）

1986—2005年部分年份常州市乡镇企业技改投入总额统计表

表16-1-11　　单位：亿元

年份	投入总额	年份	投入总额	年份	投入总额
1986—1990	24.60	1995	37.14	2002	92.70
1991	6.45	1998	34.10	2003	121.80
1992	20.8	1999	38.20	2005	239.00
1993	35.37	2000	44.90		
1994	31.36	2001	52.22		

1996—2000年，全市乡镇企业技改投入的科技含量逐年提高，达1000万元的117个项目实际投入17.48亿元。1998年，全市乡镇企业争取到省乡镇企业发展基金、轻纺工业发展资金500万元，省市财政贴息资金200万元扶持29家企业。2001—2005年，全市民营乡村工业企业累计完成投资1260.4亿元，年均递增44.5%。2003年，武进工业企业技改投大幅增长，实施技改项目655个，实际投资80.63亿元。2005年，民营乡村工业企业完成技改投入总额239亿元，占全市工业技改总投资的52.1%。

项　　目　1986—1990年，批准技改招标项目9项，争取国家贴息贷款1603万元。1991—1995年，全市乡镇企业完成技改投资达1000万元的项目53个、500万～999.99万元的项目350个。1991年，优化技改投入，培育一批高技术含量的项目，组织实施县(市)区工业振兴计划项目，全市乡村企业获批技术改造项目976项。市批准技改项目33个，其中达500万元的技改项目14个。武进铜粉末冶金厂引进的精密粉末冶金生产关键设备、常州市第二合成纤维厂引进的丙纶高强工业丝先进技术和设备、武进丝织厂引进的日本喷水织机等项目技术起点高，投资规模均达900万元。1992年，全市乡村工业企业新批技改项目2646个，其中达500万元项目67个。武进邮电电缆厂引进全塑市话电缆关键设备、武进丝织厂引进喷水织机项目、常州市第二合成纤维厂引进丙纶高强工业设备等43个项目投资规模达1000万元。1993年，全市乡镇工业企业实施技改、新建项目3186项，竣工投产项目2558项；投资达1000万元的项目92个。武进县第二塑料制品厂在中国大陆首次引进日本用于开发生产汽车专用大型注塑件的1.3万克注塑机，武进第一耐火材料厂引进意大利设备开发仿花岗岩瓷质砖，武进铜管厂引进日本先进设备开发内螺纹铜管等项目，投资均达5000万元。

1996—2000年，全市乡村工业企业实施投资额达1000万元的项目117个，竣工77个。江苏新科电子集团的高清晰影碟机及洗衣机、江南铁合金集团的塑钢型材、常恒集团的塑钢门窗、江南运输机械公司的农用车辆等项目投资均达1.5亿元。1996年，江苏远宇电子集团耗资1000万元组建模具加工中心，配备CAD/CAM模具设计加工系统，技术开发水准与世界先进水平同步。

2001—2005年，全市乡村工业企业(民营乡镇企业)加快技改投入步伐，技术装备水平明显提升；全市99个达亿元的技改项目中，民营乡镇企业占了60个。金坛、新北增速高于其他辖市区，均达35%。2002年，老三集团、旷达、亚邦、鸿联、盘固水泥、天目湖啤酒6家企业各自完成技改投入达1亿元，投资额最高的鸿联嘉裕家饰项目达2.49亿元，有131个技改项目超1000万元；万顺集团、常州钢箔厂、常州市第八纺织机械厂等8家乡镇企业技改项目被列为市重点项目。武进有65家个私企业被确定为省级民营科技企业，其中高科技企业有15家。2003年，全市乡镇工业16个项目被列为市重点项目，其中达1亿元项目11个。2006—2010年，民营乡镇企业加快自主创新升级，快速更新装备技术，延伸加工深度。但企业科技投入总量仍不足，自主创新能力相对薄弱，高新技术产业发展缓慢。

技术设备引进　1987—1990年，全市乡镇企业获准引进国外先进技术、装备项目45项，用汇总额1681.14万美元。1993年，戚墅堰的中南丝绸集团引进西欧先进织造和后整理设备，总价值800万美元。1996—2010年，全市乡镇工业企业以机电和信息、新材料、节能、环保、生物工程等高新技术为重点，引进国内外80—90年代的先进装备技术，更新和改造轻纺、丝绸、服装、食品、建材等传统产业六七十年代的落后装备，开拓和发展机械、冶金、电子、化工等新兴主导产业。

三、技术提升

1986—1990年，全市乡村工业企业大力提高技术及其装备水平，进而提升产品档次，获市级及其以上科技进步奖69项，其中部级10项、省级6项、市级53项。1991—1995年，全市乡村工业企业有近70个新产

武进自行车接头厂车间(摄于1999年8月)

品获部、省科技进步奖。武进的自动化等离子切割机、水质稳定剂、防腐涂料、电子接插件、拉杆天线和溧阳的稀土等技术含量较高的产品占产品总数的20%,技术程度均达较高水平。1991—1992年,全市乡镇企业获市级及其以上科技进步奖75项,其中部级6项、省级20项、市级49项。1994—1995年,全市乡镇企业获中国乡镇企业科技进步奖17项。1995年,全市获全省乡镇企业科技进步奖13项,4家企业被评为农业部“八五”期间科技进步先进单位。

1996—2000年,全市乡镇企业重点发展信息、微电子、新材料、生物工程、环保、节能和机电仪一体化等高新技术,有174家企业建立科研开发机构,申报专利560项;与100家科研院所、大专院校达成合资合作项目300个,完成产品开发、科研、试验项目200个。1996—1997年,全市乡镇企业科技进步的贡献份额约35%,获省乡镇企业科技进步奖23项、农业部科技奖14项。1997年,获中国乡镇企业科技奖项目11项。

21世纪初期,常州乡镇企业加快研究推广新技术。2001—2005年,常州郊区组织实施市级及其以上科技计划项目47项,争取上级支持资金577万元,国家中小型企业创新基金项目2项、国家重点新产品计划5项、国家火炬计划项目6项和省火炬计划项目14项;实施重大“产学研”项目20项,完成技术贸易合同7950万元。组织申请专利764件,其中授权380件。但到2010年末,常州民营乡镇企业中的高新技术企业总数仍偏少、规模小,仅占全部工业企业的9‰。

第五节　企业管理

常州市乡镇企业及其管理服务机构注重学习推广企业管理的先进经验,解决管理薄弱环节,推行、强化基础管理,加强乡村集体企业的资产管理。21世纪初叶,常州乡镇企业坚持提高经营管理素质和水平。2000年5月,市乡镇企业管理局被农业部表彰为全国地市级有为有利乡镇企业管理局。

一、基础管理

1986年起,全市乡村工业企业开始强化以现场、生产、安全、技术、质量、财务、培训(简称“七基”)管理为重点的企业管理,以调整产业、产品和企业结构,以提高产品质量、降低物质消耗为中心,强化企业管理。同年,举办六项基础管理,开办专题培训班160多期,达1.5万人次。至1987年,郊区累计有52家企业“六基”(有时考评称“六基”)管理合格,长江塑料机械厂在全市率先被评为省级先进企业,被评为国家二级企业。翌年,郊区有39家企业升级合格,至1990年底,累计有合格企业916家,其中市一级达标企业574家;创国家二级企业1家,85家企业被评为市级以上先进企业,其中省级13家、市级72家。1991—1995年,全市乡村工业企业七项基础管理,逐步推行能源、设备、档案、财务等单项管理达标措施,全市有2000余家创成管理合格(先进)企业。1991年,常州的5家乡镇企业被农业部命名为全国乡镇企业系统先进企业。1994—1995年,全市乡镇企业创成管理先进企业230家，其中管理先进企业112家、累计207家，有168家企业通过安全生产管理合格达标考评。1994年，开展部级、市级质量管理达标活动，创成部级达标企业37家。1992—1997年，全市开展创新管理合格（先进）企业活动，县（市）区搞好现场管理、安全管理、质量管理、设备管理等专项管理，郊区开展了现场管理示范企业竞赛等活动。1996—2000年，市乡镇企业管理局组织企业开展“七基”管理达标、创管理先进企业活动，加强对成本、财务、现场、安全和劳动力等的管理，控减企业负担5400万元。1997年，全市乡镇企业创成“七基”管理一级达标企业10家、二级12家，管理先进企业15家，合格企业10家。2002—2003年乡镇企业完成转制后，转入规范化企业管理。

二、质量管理

1986—1990年，全市乡村工业企业创国优产品1个、部优59个、省优126个、市优251个。至1990年底，有73家乡镇企业质量达标，45家次企业获得质量管理奖，其中部级3家、省级12家、市级42家。1991—1995年，全市有2000余家乡村工业企业开展全面质量管理。1994年，全市有32家企业通过农业部全面质量管理达标验收，年末累计220家；有66家企业通过市级质量管理达标验收，年末累计380家；全市有6家乡镇工业公司和10家企业跨入省级质量管理先进单位行列。1997年，全市乡村工业企业有32个小组被表彰为优秀QC（质量控制）小组，其中国家级1个、部级2个、省级8个、市级21个；21家企业成为农业部全面质量管理达标企业，累计266家；被评定为中国乡镇企业名牌产品、江苏省“二十大名牌产品”各3个，15个产品被评为江苏省乡镇企业名牌产品，累计37个。2001年，有31家企业被农业部评为全面质量管理达标企业。

质量体系认证 1996—2000年，全市有300家企业通过ISO9001国际质量管理体系认证。市乡镇企业发展中心成立后，提供认证咨询等服务，帮助6家企业通过认证。1996年，市制定《乡镇企管站质量管理工作实施细则》，加强基层企业的质量管理和ISO 9000系列国际标准质量认证，采用国家、国际质量标准的企业日益增多。1997—1999年，全市有115家乡村工业企业通过ISO 9000系列质量认证，1999年末累计174家。2001年底，全市通过ISO 9000国际质量体系认证的乡镇企业累计300余家。

产品创优 常州乡镇企业产品创优起步于80年代末，发展迅速，成效显著。乡镇企业重视新技术、新材料、新工艺的运用，产品科技含量提高快。1989年，兰陵牌防腐涂料、鸿联牌灯具灯饰、新科牌家电、骆驼牌丝绒织物等产品在农业部首次举办的全国乡镇工业产品博览会上脱颖而出。1993年，常州在国家最后一次“全国质量月”名优产品的评比中有37个产品被评为全国名优产品，其中乡镇企业21个；乡镇企业名优产品的科技含量逐年提高，发展后劲足，被认定为专利产品、高科技含量的18个。到1995年，乡镇企业新产品层出不穷，农业部首次公布中国乡镇企业1994—1995年度名牌产品，常州的骆驼牌丝绒织物成为全市乡镇企业第一个全国乡镇企业名牌产品。常州乡镇企业有3个产品被省政府公布为省乡镇企业名牌产品。1996年，常州乡镇企业的产品创优进入鼎盛期。

2000年以后，全市从政府到企业推行“名牌振兴”战略，市委、市政府出台措施扶持企业创建名牌。培育有地域特色的常州名牌群，提升企业竞争力，乡镇企业经过全面改制步入民营经济的快速发展轨道。市委、市政府连续出台《关于提升提速发展民营经济的若干意见》《常州市民营经济发展三年跃升计划》等文件，支持奖励名牌企业，建立扶持基金，对获得中国名牌的企业重奖50万元。至2001年，常州乡村工业企业创中国乡镇企业名牌产品6个、江苏省乡镇企业名牌产品38个。2002—2005年，全市乡镇企业产品创成中国名牌12个、江苏省名牌44个。2005年末，全市有中国名牌产品19个、省名牌产品85个。2003年，武进区的新科、鸿联两个产品率先获得“中国名牌”称号。翌年，上上牌聚乙烯交联电力电缆、新科牌家用分体空调、长龄牌装载机、香雪牌味精创成中国名牌产品，到同年底，全市中国名牌产品总数增至 6 个。2005 年，常州创成中国名牌 8 个、中国驰名商标 1 个，全市累计创成中国名牌产品 14 个、中国驰名商标 6 个。在 14 个中国名牌产品中，属乡镇企业的有 8 个。

第六节　社会贡献

常州乡镇企业通过以工补农、以工建农、以工养农、以工富农措施，为全市农村的村镇建设、环境卫生、社会治安、老有所养等事业提供了大量资金，基本解决了常州农村、农民、农业（简称“三农”）方面的问题，为创造和发展“苏南模式”做出了重大贡献。

一、增创财政收入

1986—1990 年，全市乡村两级工业上缴税金净增 1.58 亿元，累计上缴税金 14.72 亿元，占全市财政收入净增部分的 54.5%。1990 年上缴税金 3.64 亿元，占全市财政收入的 27.8%，成为地方财政收入的重要来源。1991—1995 年，全市乡镇企业累计上缴税金 59.03 亿元，分别占同期利税总额和全市财政总收入的 67%、60%，比 1986—1990 年净增 3 倍。1993 年，全市乡镇企业上缴税金占全市财政收入的比重由上年的 38.7% 提高到 53%。有 17 个财政收入达 1000 万元乡镇，其中武进湖塘镇、横林镇和郊区茶山乡财政收入达 2000 万元。1995 年，全市乡镇企业上缴税金 17.06 亿元，其中 5038 家村办工厂上缴 5.46 亿元。1996—2000 年，常州乡村工业企业年上缴税金净增 10.48 亿元，2000 年达 27.58 亿元。2001—2005 年，全市乡镇企业年上缴税金净增 50.72 亿元。2002 年，部分乡镇企业发达的乡镇工业对财政的贡献率达 90%。2005 年，全市乡镇工业企业实现利税 102 亿元，上缴税金 78.3 亿元，规模以上民营乡镇工业企业上缴税金 62.2 亿元，2010 年上缴税金增至 114.2 亿元。

1986—2010 年部分年份常州市乡镇企业上缴税金统计表

表 16-1-12　　单位：亿元

年份	税金	比上年末±(%)	年份	税金	比上年末±(%)	年份	税金	比上年末±(%)
1986—1990	14.72	—	1995	17.06	1.0	2003	46.84	1.6
1990	3.64	—	1998	25.51	49.5	2004	57.60	23.0
1991	4.48	23.1	1999	24.78	-2.9	2005	78.30	35.9
1992	6.08	35.7	2000	27.58	11.3	2006	89.40	14.2
1993	10.54	73.4	2001	30.50	10.6	2010	114.20	27.7
1994	16.89	60.2	2002	46.09	51.1			

二、安置农民就业

常州乡镇企业是农村劳动力就业的主渠道，也是农村职工和农民家庭收入的主要来源。1986—1990 年，全市乡镇企业通过吸收农民进厂就业，累计发放职工工资 26.04 亿元。1993 年，全市乡村工业企业职工占全市农村总劳力的 49.8%。1991—1995 年，全市乡村工业企业累计发放职工工资 89.93 亿元，1993 年全市乡村工业企业职工人均收入达 2715 元。1996 年，全市乡村工业企业发放职工工资总额 34 亿元。1999 年，全市乡镇企业职工人均年收入由上年的 7649 元提高到 8300 元。2000 年，全市乡镇工业企业吸纳农村劳动力 52.66 万人，占农村总劳力的 40.9%；全市农民年人均纯收入 4430 元，其中 40% 以上的纯收入来自乡镇工业。2002年，全市乡镇企业职工人均年收入9500元。2005年，民营乡镇企业职工总人数占全市农村劳动力的56%，全市农民人均收入7002元，其中4481.28元来源于乡镇企业，对农民纯收入增长的贡献份额达64%。2006—2010年，民营骨干乡镇企业快速向乡镇工业集中区集聚，优先安置农村劳动力，转移农村剩余劳力，提高农村职工家庭收入。2010年，全市农民人均纯收入达1.26万元。民营乡镇企业成为农民增收致富的主渠道，促进了小城镇建设和新农村建设的发展。

三、促进农村发展

1990年，全市乡镇企业经济总量占全市经济的“半壁江山”，涌现出工业产值达1亿元乡镇46个、达1000万元村90个。1986—1990年，乡村两级工业企业上缴乡村税后利润2.52亿元，提取教育附加费1.26亿元，提供建农基金1.71亿元，为村镇建设、文化教育、老有所养等方面提供了物质基础，成为农村经济和“以工补农”的重要支柱。1991—1995年，全市乡镇企业累计上缴建农基金1.6亿元、教育附加费2.95亿元，1995年全市有130个乡镇工业总产值达1亿元。2000年，全市乡村工业企业工业总产值占农村社会总产值的比重近80%。2002年，全市民营乡村工业企业上缴支农、建农资金1.15亿元。乡镇企业尤其是乡村工业（包括村以下工业）对农业、农村基础设施建设和21世纪初叶的小康村建设、社会主义新农村建设做出了重要贡献，推动了常州农村社会健康协调发展。

第二章　乡镇工业集中区

常州乡镇工业园区（小区）、集中区的建设始于80年代中后期乡镇工业起步阶段。乡（镇）政府委托工业公司负责规划、布局当地乡镇工业的发展，分散在农村的乡镇企业开始向集镇集中。90年代初，乡镇企业整体布局仍不够合理，土地等资源浪费严重，设施综合利用率低，企业配套性差，环境保护能力薄弱。1992年以后，乡镇工业园区（小区）、集中区开发建设成为常州乡镇经济发展的重点。1995年初，市委、市政府同意设立乡镇工业园区，5月全市首批17个试点乡镇工业园区规划启动，此后乡镇工业园区随乡镇区划调整而调整发展。1999年，常州进行新中国成立后最大幅度的乡镇区划调整，全市乡镇数由119个撤并为63个，乡镇资源优势的整合拓展了工业园区的空间，武进市洛阳新科工业园区同年被评为国家级科技示范工业园区。乡镇企业的全面改制推动以个体私营企业为主的民营经济迅速崛起。2000年底，全市乡镇建成工业园区48个，10个市级乡镇工业示范园区运行良好，一大批实力型乡镇企业相继进入工业园区，运用工业园的区位、资金、技术、人才和信息等资源优势，实现优势互补，联动发展。2002年，新区百丈、武进遥观和焦溪工业园被农业部命名为全国乡镇示范园区。常州行政区划进行重大调整后，乡镇工业园区向更高层次、更高水平加速发展。2004年，全市乡镇工业园区统一改称乡镇工业集中区。2010年底，全市有乡镇工业集中区38个，完成销售收入4035.4亿元，实现工业增加值938.3亿元、利税330.1亿元。

第一节　规模布局

1983年，常州的142个人民公社陆续恢复为乡、镇建制，此后全市乡镇工业企业主要集聚在乡（镇）政府、集镇、大型村落等交通便利的地区，新办企业按乡（镇）政府制定的规划有序建厂发展。1993—1999年，大批乡镇集体企业完成改制，壮大以个体私营企业为主体的民营经济，进区新办企业、扩大投资发展热情高涨。

常州高新区、省级经济技术开发区的开发建设，对乡镇工业小区土地资源、区域经济、社区布局、环境保护及乡镇企业布局与结构调整发挥了示范效应。

一、开发规模

1995年初，市委、市政府在全市农村经济会议上要求辖市区抓好乡镇工业园区建设试点，5月市政府批准全市首批17个试点乡镇启动工业园区规划，获准用地总面积2000多公顷，新办企业一律进入园区，老企业逐步搬进园区。1996年，首批17个乡镇工业园区有进园企业372家，其中引进外资和港澳台资企业12家、合资企业28家，新办私营企业72家。1997年5月起，市委、市政府推广乡镇工业园区试点经验，推进工业园区建设，乡镇工业园区迅速发展，推动乡镇工业持续稳定增长。由于行政区划的限制与乡镇工业经济的地区差别，影响了乡镇工业园区的规划建设。市委、市政府确定10个乡镇工业园区为全市重点示范工业园区，进区企业拥有固定资产6.89亿元。传统优势特色产业的核心骨干企业、龙头规模企业纷纷迁入工业园区，新科电子集团等企业凭实力优势开发建设专题工业园区，工业园区成为乡镇工业发展的主要载体。同年底，全市规划、建设有乡镇工业园区52个（含村级），进区企业887家，职工总人数2万多人；其中10个市重点示范工业园区进区企业185家，从业人员1.94万人。1999年，武进、金坛、溧阳进行新中国成立后幅度最大的乡镇区划调整，整合乡镇资源优势，为工业园区的扩张发展拓宽了空间。

1997—2010年常州市示范、重点工业集中区(园区)一览表

表16-2-1　　单位：个

批准年份	级别、名称	个数	批准园区名称
1999	国家级科技示范工业园区	1	武进市洛阳新科工业园区
2005	国家级示范工业园区	3	武进区洛阳工业园区、遥观工业园区，新北区百丈工业园区
	省级重点工业集中区	1	武进区邹区灯具制造集中区
	省级示范工业园区	5	武进区洛阳工业园区、遥观工业园区、焦溪工业园区、礼嘉工业园区，新北区百丈工业园区
1997	市级重点示范乡镇工业园区	10	武进市洛阳工业园区、横山桥工业园区、小河私营工业园区、遥观工业园区，金坛市下丘民营工业园区，溧阳市竹箦轻工业园区，郊区茶山勤丰工业园区、红梅工业园区，戚墅堰区潞城富民工业园区，新区百丈工业园区
2003	市级重点乡镇工业园区	15	金坛市金城镇工业园区，溧阳市埭头镇工业园区，武进区洛阳镇工业园区、遥观镇工业园区、横林镇工业园区、横山桥镇工业园区、焦溪镇工业园区、礼嘉镇工业园区、邹区镇工业园区、湟里镇工业园区、东安镇工业园区、牛塘镇工业园区，新北区春江镇工业园区、西夏墅镇工业园区，钟楼区新闸镇工业园区
2007	市级重点乡镇工业园区	1	武进区郑陆镇工业集中区
2008	市级重点乡镇工业园区	1	武进区湖塘镇工业集中区

说明：郑陆镇工业集中区、湖塘镇工业集中区为2007—2008年新增的市重点工乡镇工业园区

2001年，市政府出台《关于进一步加快建设乡镇工业小区的意见》，同年末全市乡镇工业园区入园企业总数达1602家。2002年，乡镇工业小区逐渐成为生产要素的集聚区、经济发展的战略高地和重要增长极，成为招商引资、农村产业结构调整和增加农民收入的主要载体，至同年末全市初步规划建立77个乡镇工业

小区，累计进区企业4436家，职工总人数27.45万人。2003年底，市政府认定市级重点乡镇工业园区15个。乡镇工业园区集聚能力增强，入园企业增加561家，年末总数达4997家；其中武进乡镇工业集中区新进区企业548家，年末累计2665家。2005年底，全市乡镇工业集中区调整合并为63个，企业总数增至6599家。

2007年末，全市实施新一轮镇行政区划调整，全市乡镇合并为37个，列入统计的乡镇工业集中区为39个，重点工业集中区由15个调整为14个。乡镇工业集中区进区企业数增至6086家，是2001年同期的3.8倍，比2005年同期少513家。2008年，市重点工业集中区增至15个。2009年，全市乡镇工业集中区调整为37个。全市年末进区企业增至7704家，其中规模以上企业3191家、外资和港澳台资企业607家；职工总人数45.3万人，其中科技人员3.8万人。2010年，全市乡镇工业集中区增至38个，其中国家级示范区3个、省级5个、市重点工业集中区15个；新增进区企业978家，年末累计8682家，其中规模以上企业3477家；职工总人数71万人，其中科技人员3.9万人。

二、布　局

1992年前后，常州郊区的红梅、五星、茶山和雕庄等乡，武进的湖塘、马杭、横山桥、小河、郑陆、横林、洛阳和魏村等乡镇纷纷开始规划、筹资建设以特色产业为主体的工业园区，调整工业产业布局。1999年，常州工业园区建设取得重大突破，90%以上完成改制的私营企业选择在工业园区创业发展。新区推进乡镇工业园区建设，初步形成国家高新技术开发区加5个乡镇工业园区的格局，全年进园企业25家，总投资2.2亿元，其中外资和港澳台资企业10家，总投资1500万美元。2000年以后，百丈工业园区、洛阳工业园区、遥观工业园区相继被评为全国乡镇工业示范园区。2001年，市委、市政府确定规划较科学、基础设施投入大、开发建设效果好的15个乡镇工业小区为全市重点乡镇工业小区。2002年，国务院批准大幅度调整常州市行政区划，撤销郊区、武进市，新设置武进区、新北区，常州乡镇工业集中区的空间布局随之调整。2005年起，全市各级党委、政府把工业集中区作为调整企业布局、促进民营经济发展的加速器加快开发，规划建设乡镇工业集中区，以15个重点工业集中区为主，通过资源整合、技术集合、资金聚合、内引外联和招商引资，调整产业布局，建设以发展民营经济为主体、以规模经济为主导、以区域特色产业为主题的新型工业经济发展载体，带动了乡镇企业、民营经济乃至全市经济的快速发展。2007年，焦溪与郑陆镇合并，郑陆镇工业集中区被增列为市重点工业集中区，东安、湟里两镇的市级重点工业集中区合二为一。2008年，湖塘镇工业集中区被增列为市重点工业集中区。2009年，薛家镇工业集中区增列为市重点工业集中区，全市重点工业集中区仍为15个。

三、发展模式

1995—2010年，在常州乡镇工业园区（小区）集中区的发展中，逐渐形成依托特色产业规模型龙头企业发展形成的乡镇特色工业集中区，依托国家重点项目重大产品优势发展形成的乡镇特色工业集聚区、乡（镇）政府筹集资金创立的新型乡镇特色工业集聚区与依托特色专业市场集结企业发展形成的乡镇特色工业集聚区4种发展模式。

特色龙头企业依托型　武进的洛阳、遥观和新北的薛家等镇以一家或数家规模实力较雄厚的大企业为主体，集聚一批为其配套协作服务的乡镇企业，形成紧密产业链的工业集中区，规划布局合理，前后道配套紧密，且社会化分工，协作生产，规模化经营，推动集群产业做大做强。

重点项目产品依托型　1983—1991年，常州乡镇工业企业获得国家名牌产品17个、省名牌产品82个，完成国家和省级重点项目172项，常州成为国内电子电器元件、精细化工、一次性医用器材、铁合金生产、防腐涂料、灯具灯饰、纺织服装等17大类产品和重点产品方面，规模最大的生产基地。这些国家、省级重点项目的竣工投产，带动一大批重点产品的规模升级，促成一些乡镇形成工业产业特色，逐步建成由重点项目重点产品带动发展的乡镇工业集中区。

乡（镇）政府自创型 武进雪堰、新北西夏墅等乡（镇）政府多渠道筹集资金，通过招商引资、引进项目，发展新的乡镇特色产业，利用空闲的土地、厂房设施等资源，采用政府短期举债、集资或引进外资和港澳台资合作开发建设工业集中区（园区）。

特色市场依托型 武进的邹区、横林和新北的孟河（2002 年 4 月前为武进小河镇）等镇分别依托邹区灯具城、小河汽摩配件城等大型特色市场，利用市场的位置优势、产品销售渠道、信息和市场规模效应，集聚生产市场主产品的企业，市场带动企业发展，市场与产业互补配套，兴建工业集中区（园区），具有"先有市场贸易，再有生产企业"的特点。

第二节 开发建设

80 年代末 90 年代初，常州一些经济比较发达的乡镇开始规划建设以乡镇特色产业为主体的工业园区，形成富有传统产业特色、初具规模的乡镇区域产业企业集中区，促进了乡镇工业产业结构调整。2001 年，市政府制定《关于进一步加快建设乡镇工业小区的意见》，市委、市政府确定 15 个乡镇工业小区为市重点乡镇工业园区进行扶持。2003—2005 年，各园区纷纷建立独立法人实体，投资、开发、建设和招商等方面进入良性滚动发展轨道。2003 年底，市政府认定 15 个乡镇工业园区为市级重点工业园区，鼓励其做大做强，集约化发展。

一、规　划

1983 年，乡镇恢复建制后，乡（镇）工业公司负责规划、布局当地乡镇工业的发展，统一规划乡镇企业的用地、厂房建设和发展规模。1992—1997 年，全市 10 个重点示范工业园区获批用地 780 公顷。1995—1997 年，全市累计规划建设乡镇工业园区（含村级）52 个，总计获批规划总用地 73.33 平方公里。2001 年，武进加强乡镇工业园区的规划，由市乡镇企业管理局、土管局等 5 个部门组成乡镇工业园区规划工作小组，在 30 个镇规划工业园区 36 个。2002 年末，全市设有乡镇工业园区 77 个，累计获批规划总面积 162.8 平方公里，其中启动区总面积 78.58 平方公里。翌年，武进有 22 个镇规划 26 个镇级工业集中区，规划总面积 146.8 平方公里，建成区面积 38.07 平方公里。2005 年末，全市乡镇工业集中区撤并调整为 63 个，获批规划发展总面积调减为 64.4 平方公里。此后，全市乡镇工业集中区规划发展面积大幅度调整增加，2007 年末全市 14 个重点乡镇工业集中区累计获批规划总面积 127 平方公里。2010 年末，全市设有乡镇工业集中区 38 个，累计开发总面积为 163 平方公里。

2010 年常州市级及其以上重点乡镇工业集中区规划总面积统计表

表 16-2-2　　　　单位：平方公里

集中区名称	规划总面积	集中区名称	规划总面积	集中区名称	规划总面积
春江工业集中区	47.90	邹区工业集中区	10.00	湟里工业集中区	10.67
遥观工业集中区	6.50	洛阳工业集中区	6.87	西夏墅工业集中区	5.00
湖塘工业集中区	6.62	郑陆工业集中区	8.00	薛家工业集中区	14.60
横山桥工业集中区	8.57	礼嘉工业集中区	3.53	金城工业集中区	20.00
横林工业集中区	3.33	牛塘工业集中区	8.00	埭头工业集中区	7.00

二、投资建设

1992—1997 年，全市 10 个重点示范工业园区累计完成基础设施建设投资 3.44 亿元，建成厂房 52.47

万平方米。1995—1997年，全市52个乡镇工业园区（含村级）累计投入开发资金11.67亿元，其中31个工业园区完成一期工程，有887家企业进区。1997年末，工业园区累计批准土地近7300公顷，园内企业拥有固定资产原值6.89亿元。1995—2002年，全市77个乡镇工业小区完成投资142.77亿元，1997—2002年基础设施建设投资快速增长，园内土地通过一级开发后，具备给水、排水、通电、通路、通信、通暖气、通天然气或煤气及场地平整（简称“七通一平”）的条件，公益设施、标准厂房、环境绿化等有序推开，至2002年末累计完成总投资142.77亿元，其中基础设施投资42.75亿元。2003年，全市65个乡镇工业园区完成投资总额141.1亿元，基础设施建设投资增速提高，投资总额37亿元，2005年全市工业集中区完成投资78亿元。

2006—2010年，全市全镇工业集中区完成基础设施建设投资423亿元。2006年，茅山老区工业集中区建设全面推进，有13家常州市区企业搬迁或投资茅山老区8个乡镇，当年完成工业固定资产投资8349万元；全市15个重点乡镇工业集中区完成工业投资112.3亿元。至2007年末，全市乡镇工业集中区建设标准厂房610.5万平方米，其中多层标准厂房332.3万平方米，累计建成污水处理设施55个，年处理污水总能力2.13亿吨；15个重点乡镇工业集中区完成工业投资134.4亿元，占全市乡镇工业集中区总投资的41.6%。至2010年末，全市38个工业集中区累计投资2125.5亿元，累计开发面积163.16平方公里，建成标准厂房1011.5万平方米，其中多层469.6万平方米。

三、产业发展

1986—2010年，全市乡镇工业区、园区和集中区涉及产业逐渐由全面开花向专业化、特色化、规模化的方向转变和发展。1997年，全市10个工业园区完成总产值39.62亿元，实现利税2亿元。2001年，市政府制定《关于进一步加快建设乡镇工业小区的意见》提出，到2005年末全市乡镇工业小区（园区）营业收入占全市乡镇工业营业收入的比重超50%，区内年营业收入超过100亿元、50亿元、30亿元和20亿元的企业分别为1家、2家、5家和10家。2003年，专业化、特色化发展实现新突破，纺织、印染、服装、强化地板、化工、电子、钢铁、机电等特色专业园区相继兴起，洛阳镇周边地区的电子机械产业群、湖塘镇周边地区的纺织印染产业群均形成年销售总额达30亿元的产业集群，集聚效应逐渐显现。2005年，乡镇工业提高产业集聚度，15个市级重点乡镇工业集中区成为全市乡镇现代工业发展的主要载体，特色经济规模化发展迅速，传统的湖塘纺织、洛阳机电等产业更加成熟，横林地板、小河汽配、西夏墅刀具、新闸精密机械、埭头轻工食品等板块经济，市场化运作更加规范。依托邹区灯具市场新建的灯具制造集中区成为全省十大重点工业集中区。至同年末，全市累计创建成国家级示范区3个、省级示范区5个、市重点工业集中区15个。2006—2010年，辖市区采取加大招商引资力度等措施，推进乡镇工业集中区建设，产业集聚度提高，产业发展档次提升，产业链拉长。

四、科技创新

至1992年，常州市乡镇工业企业累计完成国家和省级重点科技项目172项，一批国家、省级重点技改项目竣工投产，带动一大批重点产品上规模、升级换代，促使一些乡镇工业形成重点产品和特色产业，形成以重点项目、重点产品带动乡镇工业区发展的良性循环，常州相继成为中国大陆电子电器元件、精细化工、一次性医用器材、铁合金生产、防腐涂料、灯具灯饰、纺织服装等17大类产品重要的生产基地，累计获评为国家名牌产品17个、江苏省名牌产品82个。2003年，全市有13个乡镇工业园区组织开展ISO 9000和ISO 14000认证工作。至2005年，横林镇地板产业的主产品质量达国际同类产品技术水平，自主研发的生产工艺和技术累计获得国家专利32项；邹区镇形成新材料产业、电容器产业。2010年，全市乡镇工业集中区新增科技人员1000人，年末总人数达3.9万人，科技创新能力、潜力持续增强。

第三节 产出效益

2008年，全市39个乡镇工业集中区销售收入、工业增加值、实现利税增幅比全市乡镇工业分别高8.67、10.84和21.93个百分点，19个乡镇工业集中区销售收入达50亿元，其中7家达百亿元。

一、经济产出

乡镇工业园区（集中区） 1996年，全市乡镇工业园区完成工业总产值26亿元，其中洛阳工业园区、遥观工业园区工业总产值均超3亿元。1997年，全市10个重点示范工业园区完成总产值39.62亿元。2003年，武进工业集中区企业完成工业总产值330.9亿元。2005年，全市乡镇工业集中区完成总产值1256.9亿元，占全市乡镇工业总产值的46.8%。2007年达2161.7亿元。

营业收入、销售收入 2002年，全市77个乡镇工业小区完成销售收入432.87亿元。翌年，武进工业集中区企业完成销售收入313亿元，实现利税26.69亿元。2003—2004年，全市乡镇工业集中区销售收入增长293.23亿元；2005年，全市工业集中区工业总产值、营业总收入分别突破600亿元和500亿元，分别占全市乡镇工业总量的46.8%、51.1%，营业收入达100亿元1个、50亿～99.99亿元5个和30亿～49.99亿元8个。全市乡镇工业集中区营业收入1141亿元。2005—2007年，全市63个乡镇工业集中区营业（销售）收入增长1325.02亿元，2007年达2051.13亿元。2008年，乡镇工业集中区有销售收入达百亿元企业7家、50亿～99.99亿元企业19家。2008—2010年，全市乡镇工业集中区销售收入净增1984.27亿元，2010年达4035.4亿元，占全市乡镇工业销售收入的比重提高到60%。

增 加 值 2003年，全市乡镇工业园区实现工业增加值129.6亿元，占全市乡镇工业经济总量的36.4%；2003—2005年，全市乡镇工业园区工业增加值净增92.4亿元，2005年达222亿元。2006—2010年，全市乡镇工业集中区增加值净增716.3亿元。2010年，全市乡镇工业集中区实现工业增加值938.3亿元，占全市乡镇工业总量的比重由2003年的36.4%提高到59.6%。

2003—2010年常州市乡镇工业集中区(园区)销售(营业)收入、增加值统计表

表16-2-3 单位：亿元

年度	营业收入、销售收入			工业增加值		
	总额	占全市乡镇工业的比重(%)	比上年±(%)	总额	占全市乡镇工业集中区的比重(%)	比上年±(%)
2003	559.70	37.5	—	129.60	36.4	—
2004	726.10	37.4	29.7	159.60	34.3	23.1
2005	1141.00	45.6	57.1	222.00	36.7	39.1
2006	1694.60	53.6	48.5	411.10	54.9	85.2
2007	2051.13	51.2	21.0	477.50	49.7	16.2
2008	2589.31	55.0	26.2	613.93	52.0	28.6
2009	2885.70	53.7	11.4	667.07	50.9	8.7
2010	4035.40	60.0	39.8	938.30	59.6	40.7

说明：2002—2004年、2008—2010年为销售收入，2005—2007年为营业收入

重点乡镇工业园区(集中区) 营业收入、销售收入 2003—2006年，全市15个重点乡镇工业集中区销售收入增速保持在34%～46%之间，横林、湖塘、西夏墅和邹区等乡镇工业集中区特色更趋鲜明。2006年，春江、礼嘉、牛塘、新闸等乡镇工业集中区产销利指标增幅达50%，全市重点乡镇工业集中区营业收入总额突破780亿元。2007—2010年，全市重点乡镇工业集中区销售收入(营业收入)始终保持在1000亿元以上，增速除2009年受国际金融危机的影响降至15.5%外，其余年份均保持在33%～48%。2007年，重点乡镇工业集中区营业收入总额占全市乡镇工业集中区的56.1%，有4个集中区达100亿元，最高的新北春江工业集中区达161.1亿元，13个集中区达50亿～99.99亿元。2008年，全市重点乡镇工业集中区销售收入达100亿元、50亿～99.99亿元的乡镇工业集中区分别有7个、19个。2010年，24个市级重点培育产业集群营业收入突破2500亿元，达2541.33亿元。

增加值 2004年，全市重点乡镇工业集中区工业增加值突破100亿元，达105.11亿元，占全市乡镇工业集中区的65.9%。2010年重点工业集中区工业增加值占全市乡镇工业集中区工业增加值的64%；除2009年受到国际金融危机严重影响增幅降至11.2%外，其余年份增幅在29.8%～53.8%。

2003—2010年常州市重点工业集中区工业营业收入、增加值统计表

表16-2-4

年份	营业收入、销售收入			工业增加值		
	总额(亿元)	占全市乡镇工业的比重(%)	比上年±(%)	总额(亿元)	占全市乡镇工业集中区的比重(%)	比上年±(%)
2003	292.00	52.2	—	65.90	50.8	—
2004	423.60	58.3	45.1	105.11	65.9	59.5
2005	582.90	51.1	37.6	133.80	60.0	27.3
2006	781.50	46.1	34.1	205.80	50.1	53.8
2007	1151.36	56.1	47.3	267.05	55.9	29.8
2008	1540.66	59.5	33.8	360.12	58.7	34.9
2009	1779.00	33.1	15.5	400.48	30.5	11.2
2010	2541.33	63.0	42.9	600.60	64.0	50.0

二、经济效益

乡镇工业集中区 2002—2006年，全市乡镇工业小区利税逐年跨上新的台阶。2002年实现利税总额30.8亿元，占全市乡镇工业总量的43.8%。2004年、2006年，先后突破50亿元和100亿元，占全市乡镇工业实现利税总额的比重由2002年的43.8%提高到2006年的51.8%。2007—2010年，全市工业集中区经济效益快速增长，实现利税总额倍增。2010年国家实施4万亿元保增长的宏观政策，产生强烈的拉动效应，2010年突破330亿元。2009年受国际金融危机的影响降至32%，2010年回升至60.9%，利税净增116.1亿元，总额达330.1亿元。

重点(示范)乡镇工业集中区 1997年，全市10个重点示范工业园区实现利税2亿元。2008年、2009年和2010年，利税总额先后突破90亿元、110亿元和220亿元。2010年，全市24个市级重点培育的乡镇工业园区实现利税总额227.9亿元、利润总额158.6亿元。2005—2010年，全市重点乡镇工业集中区利税总额占全市乡镇工业集中区的比重保持在41%～61%。

2003—2010 年常州市乡镇工业集中区和重点乡镇工业集中区利税总额统计表

表 16-2-5

年度	乡镇工业集中区			重点乡镇工业集中区		
	利税总额(亿元)	占全市乡镇工业总量的比重(%)	比上年±(%)	利税总额(亿元)	占全市乡镇工业集中区的比重(%)	比上年±(%)
2003	47.30	44.5	—	—	—	—
2004	51.36	39.5	8.6	—	—	—
2005	95.00	51.4	85.0	42.20	44.4	—
2006	116.8	51.8	22.9	48.10	41.2	14.0
2007	141.00	49.3	20.7	66.52	47.2	38.3
2008	194.22	58.7	37.7	96.27	49.6	44.7
2009	214.00	32.0	10.2	114.70	53.6	19.1
2010	330.10	60.9	54.3	227.90	69.0	98.7

第四节 重点示范工业集中区

1997 年，市委、市政府确定 10 个乡镇工业园区为全市重点示范工业园区。1999 年，武进市洛阳新科工业园区被评为国家级科技示范工业园区。此后，新区百丈工业园、武进遥观工业园、武进焦溪工业园相继被农业部命名为“全国乡镇示范园区”。重点园区的规模经济效应日益彰显，逐步成为乡镇工业园区中的主角，带动全市乡镇工业园区的规范化建设。2010 年，全市有乡镇企业集中区 38 个，市重点乡镇工业集中区 15 个。

一、春江工业集中区

是经江苏省政府批准、国家发改委备案的省级工业集中区，又名春江镇工业集中区。到 2005 年，化学工业成为春江经济特色。2009 年末，该集中区规划 80 平方公里，包括滨江化学工业园、环保产业园、新材料产业园、智能电网产业园和临港物流产业园 5 个产业板块，总面积 47.9 平方公里；集聚企业 1100 家，其中外资及港澳台资企业 110 家、规模以上企业 263 家，重点发展化工新材料和生物医药产业、植绒、机械、机电一体化等配套产业，有华润包装材料、东昊化工、瓦卢瑞克不锈钢管、龙宇颜料、亚邦化学和瓦姆特种设备等销售额超 1 亿元的龙头企业 70 余家。2010 年，全区实际利用外资、港澳台资 1.82 亿美元，完成工业总产值 378.75 亿元；完成销售总收入 373.7 亿元、出口交货值 33.37 亿元，实现利税 21.45 亿元。

滨江化学工业园 是省环境保护厅批准的专业化工园区，面积 11.6 平方公里，重点发展以苯、氯碱为核心的基础化工原料、生物化工及精细化工。至 2010 年底，引进泰国正大、德国朗盛、伍尔特、林德气体、澳门新阳、中国盐业、江苏诚达、建滔化工、亚邦化工、常茂生化等知名企业 80 多家。

国家环保产业园 是经环境保护部批准建立和重点扶持的国家级环保产业园区、中国环境保护产业协会认定的环保产业示范基地，面积 8.3 平方公里，重点发展绿色无污染和清洁项目、资源再生及综合利用、节能绿色产品、环保材料及设备产业。

新材料产业园 分新材料工业园、中石油新材料基地两区。新材料工业园面积 7.1 平方公里，重点发展高科技、高附加值、发展空间大的新型材料产业，至 2010 年末已引进玻璃纤维、碳纤维、新型建材等项目。中石油新材料基地面积 11.2 平方公里，中国石油天然气集团公司规划江苏长江项目，投资 200 亿元建设成品油集散中心、化工产品集散中心和化工原料生产基地，其基地一期规划建成年产对二甲苯 100 万吨、聚碳酸酯17万吨和燃料乙醇30万吨的装置与设施。

智能电网产业园 规划总面积4.7平方公里，重点发展特高压坚强电网和智能电网所需超高压、特高压的开关、换流变压器、变压器、电抗器、高中压电力电缆、互感器、电容器等相关产品。至2010年底，国家电网公司大功率电气设备检测中心、塞尔克瑞特、太平洋集团等知名企业已入园。

临港物流产业园 规划总面积5平方公里，包括录安洲港区、圩塘港区，重点发展码头、仓储等物流产业。至2010年底，常州长江港口累计建成生产泊位27个，同年完成货物吞吐量3155.85万吨，其中外贸货物341.61万吨；装卸集装箱10.62万标准箱(TEU)，接卸船舶9705艘，其中外贸船舶1713艘。

二、遥观工业集中区

位于武进遥观镇，邻近沿江高速戚墅堰道口，2000年4月创办，规划总面积6.5平方公里，其中启动区5.8平方公里、建成区4.8平方公里。2002年，被农牧渔业部命名为全国乡镇示范园区，2003—2004年被评为常州市重点乡镇工业园。2010年末，区内集聚海运集装箱、轨道交通铁路客车配件、碎纸机、钢管和焊丝机等主产品生产企业160多家，其中合资企业11家、国家级高新技术企业1家、省级高新技术企业5家，有年销售收入达1亿元的规模企业10余家；拥有省级技术中心2个，国家免检产品1个、江苏省名牌产品2个和常州市名牌产品4个。2010年，区内企业实现营业总收入269.69亿元、利税总额23.29亿元、利润总额17.41亿元。

三、湖塘工业集中区

位于武进湖塘，由武进纺织工业园、城西工业集中区和鸣凰工业集中区组成。2005年，湖塘镇的棉纱市场、染纱业、织造业与内外销售经营企业组合成产业集群，染色、织造成为湖塘镇经济的特色行业，销售总额达80亿元。至2010年末，规划总面积6.62平方公里，已开发6平方公里；区内有企业505家。累计完成投资149.38亿元，其中基础设施投资8.64亿元、企业投资140.74亿元、开发建设投资9亿元。同年完成工业总产值261.14亿元，实现销售收入总额257.13亿元、工业增加值48.96亿元、利税总额15.06亿元。

四、横山桥工业集中区

位于武进横山桥镇，由东区、南区和北区组成，分别规划建设综合工业发展区、电子行业发展区和冶金机械精细化工发展区，规划总面积分别为3.17平方公里、1.87平方公里和3.53平方公里。至2010年末，基础设施建设累计投资2.73亿元，建成道路14条11.98万平方米、桥梁5座、绿化6.39万平方米，道路、电力、通信、供排水和蒸汽供应、宽带网、污水处理等设施基本配套到位，建成标准厂房10.6万平方米，初步形成以机械冶金、铁合金集群为龙头，以精细化工、电子电器和电动助力车为骨干行业的产业集群，累计引进企业297家，产品涵盖冶金机械、化工、电子、电动车等多个行业门类，有重点项目35个、高新科技项目7个。2010年，区内企业完成总产值189.01亿元、销售总收入181.81亿元，分别占横山桥镇总量的80.5%和80.6%。

五、横林工业集中区

位于武进横林镇。90年代初，崔桥乡电脑操作台制作业兴盛，此后带动了强化木地板、办公家具、钢木家具等行业发展。横林镇的镇北工业园区调整和优化功能划分，围绕地板、新型装饰材料招商建设，江苏国际家具园规划以品牌家具终端企业为主体，实行整体集约化管理，同步引入国际先进的家具生产企业2～3家，引领横林家具业提升进入国际高端家具产业行列；规划建设大型地板装饰市场、家具装饰市场、现代物流产业园、功能性物流配送中心。2005年，横林镇强化木地板终端企业发展到130余家，配套企业、研发机构、检测机构、物流企业近300家。2009年，销售总额达40亿元，同类产品产量占全国市场的份额达45%，其中强化木地板占全国市场销售总额的40%，向85个国家和地区出口1800万平方米，约占全国出口总额的1/3。2010年末，该区分江苏国际家具园、镇北工业园区两个集中区，总规划面积3.33平方公里；历年投资102亿元，其中家具产业56.25亿元、地板产业40亿元。2010年，全区完成营业总收入149.22亿元，实现利税8.46亿元、利润4.29亿元。

六、邹区工业集中区

位于武进邹区镇，规划总面积10平方公里，分南、北两区。至2005年底，依托邹区灯具市场发展起来的灯具制造产业成为该镇区域经济特色。2010年末，区内道路、电力、通信、路灯等基础设施配套齐全，进区企业有255家，以电子元器件、新材料和灯具为产业特色。同年，区内企业完成工业总产值90.67亿元、销售总额87.69亿元，实现利税4.45亿元，占邹区镇工业经济总量的比重达80%，安置1万余名农民就业。

七、洛阳工业集中区

位于武进洛阳镇，创建于1993年，以电子、家用电器为特色产业。2005年，机电产业成为洛阳区域经济特色。至2010年末，获准规划总面积6.87平方公里，其中建成区3.29平方公里，完成基础设施投资1.74亿元，建成主次干道形成环通的路网和供电、供气、通信、供排水、有线电视、道路绿化等配套设施。产业发展定位为以电子、家用电器、机械、制药、制冷设备为主导。2010年末，区内有企业131家，其中以新科电子集团为龙头的8家企业年销售收入达1亿元，主要产品有全国驰名商标—新科数字高清光盘播放机(DVD、EVD、液晶显示一体机)、空调、洗衣机、微电机、压力容器、烘干设备等。该集中区分别被农业部、省经贸委命名为全国乡镇企业科技园区和乡镇企业示范园区。2010年，区内企业实现营业总收入68.5亿元，利税总额2.12亿元、利润总额1.35亿元。

八、郑陆工业集中区

位于武进郑陆镇，创建于1995年。由东区、西区和焦溪工业集中区3个板块构成。规划总面积8平方公里，至2009年底建成4.4平方公里，有200余家企业落户区内，形成不锈钢、干燥设备、化工、电子、纺织、内燃机连杆等行业共同发展的产业格局。至2010年末，全区完成基础设施建设投资3.93亿元，区内企业同年完成工业总产值112.41亿元、销售总额101.16亿元。

九、礼嘉工业集中区

位于武进礼嘉镇，1999年10月获准建立，2002年10月被评为省级示范工业小区。至2010年末，规划总面积3.53平方公里，启动区3.33平方公里，区内累计投资40亿多元，其中基础设施投资2.86亿元，建成骨架道路近20公里。企业累计投资52亿元，其中技改投入43.72亿元。区内有机械、家电配件、塑料和纺织等行业的企业197家。同年，区内企业完成总产值116亿元、销售总额112亿元，实现利税9.9亿元。

十、牛塘工业集中区

位于武进牛塘镇的湖滨路两侧，以湖滨路为界分东、西两区，2002年5月创建，总规划面积8平方公里，分为轴承工业、纺织工业、化工工业、机械工业功能小区。至2009年末，启动开发建设4.33平方公里的集中区，完成基础设施投资2.15亿元，有进区企业281家。集中区内企业同年完成营业总收入111.6亿元，实现利税总额5.46亿元、利润总额4.97亿元。2010年，区内企业完成营业总收入135.4亿元，实现利税总额6.61亿元、利润总额5.67亿元。

十一、湟里工业集中区

位于武进湟里镇，2001年开始规划建设，至2005年底湟里镇的电动工具产业集聚，形成区域经济特色。2009年末，有进区企业101家，从业人员2.09万人，基础设施投资7600万元。区内企业覆盖冶金、机电、化纤、石油加工、纺织等行业，主产品有电动工具、摩托车整车、汽车配件、电动车整车等。建成道路总长30公里，完成电力、自来水、天然气等管线管网的铺设，建成配套齐全的基础设施。至2010年末，集中区分南、北两区，规划总面积10.67平方公里，启动建设5公里，其中建成3.13平方公里，区内企业同年实现营业总收入165.5亿元，利税总额3.87亿元、利润总额2.01亿元。

十二、西夏墅工业集中区

位于新北西夏墅镇，总面积3平方公里，聚集有德国、瑞士、美国、澳大利亚等国家的设备供应商，汇集美国肯达、山特维克和湖南株洲、江西南昌及台湾春保等国内外大型材料供应商50余家，与金属切削刀具相关的行业在西夏墅都设有窗口和经销点，初步实现"研产学用"一体化目标，集聚工具研制企业400多家，从业人员1万余人，主要生产非标刀具、焊接刀具、硬质合金刀具等1000余个产品系列，硬质合金可转位铣刀占全国市场总量的50%，形成品牌效应。建成公共服务平台两个和产业载体、专业市场各1个，办有《工具商情》杂志和中国西夏墅工具网站，配套计量、检测、研发、培训、展览和财税代理等服务功能。2010年，区内企业实现营业总收入54.7亿元，占全国刀具市场的30%。

十三、薛家工业集中区

位于新北薛家镇，2003年5月创建，规划总面积14.6平方公里。至2009年底，完成基础设施投资5.5亿元，开发实施13.5平方公里，建成工业标准厂房286万平方米，集中区企业完成销售收入136.6亿元。2010年，主要研制生产挖掘机、装载机、汽车零部件、矿用机械及高新产品，形成以现代（江苏）工程机械公司为龙头的工程机械制造加工业，以东京制纲（常州）公司为龙头的汽车零部件制造加工业，以美国查特深冷工程系统（常州）公司为龙头的制冷设备业。入驻企业200余家，其中年销售额达20亿元企业1家、1亿～19.99亿元企业39家、1000万～9999.99万元企业128家，完成销售总额191.8亿元。

十四、金城工业集中区

位于金坛金城镇，始建于2002年，至2005年底，服装制造成为金城区域经济特色。2010年末，规划面积20平方公里，投资15.3亿元建设基础设施，道路纵横贯通，水电气等基础设施配套完善，建成区5.59平方公里，累计总投资153.9亿元，进区企业近600家，形成以纺织服装、机械电子、农产品加工企业为主的产业集群，其中年销售达500万元的规模企业156家、外资和港澳台资企业59家。区内建有标准厂房92.74万平方米，其中多层标准厂房77.4万平方米。区内企业完成营业总收入79.74亿元，实现工业增加值20.99亿元、利税总额8.5亿元、利润总额4.79亿元。

十五、埭头工业集中区

位于溧阳埭头镇，2001年8月创建，主要以食品轻工机械产业为特色。2004年12月，集中区通过ISO 9000质量管理体系认证，2008年通过ISO 14001环境管理体系认证。到2009年底，累计投入基础设施建设资金1.5亿元。2010年底，总规划面积7平方公里，开发建设2.83平方公里，基础设施全部建设到位，被认定为省级、市级乡镇示范工业园。同年区内入驻有企业139家，其中销售额达5亿元的2家、达1亿～4.99亿元企业6家，有专业生产搪玻璃设备、稀有金属压力容器、热交换器的国家级高新技术企业江苏云龙化工设备公司，溧阳四方不锈钢制品公司与世界"500强"企业瑞典阿法拉伐公司合作创建的不锈钢流体设备研发、制造中心，国内行业领头企业江苏军荣集团和江苏省最大的绿色食品生产企业重啤集团常州天目湖啤酒公司等重点企业。2010年，全区实现营业总收入74.98亿元、利税总额7.19亿元、利润总额2.86亿元。

第三章　乡镇产业集群

改革开放初期，乡镇企业应运而生，在发展初期遵循的是就地办厂、离土不离乡的布局原则，随着企业的发展壮大，依村傍户的离散型空间布局成为其加快发展的严重阻碍，企业因同行业、同类化进行空间集聚，逐步向产业协作、配套成链式的产业集中发展。2007年10月，省经贸委、中小企业局公布全省“十一五”期间重点培育的100个产业集群名单，常州有8个产业集群入选。2008年2月，市经贸委、中小企业局制定《常州市重点乡镇产业集群申报和实施意见》，明确了全市乡镇产业集群发展的目标和市级重点产业集群的申报和认定管理办法。2010年，全市24个市级重点培育产业集群实现营业总收入2541.33亿元、工业增加值600.6亿元、利税总额227.9亿元、利润总额158.6亿元，其中8个省级重点培育产业集群实现营业总收入901.5亿元、工业增加值190.9亿元、利税总额67.8亿元、利润总额39.6亿元。

第一节　布局与模式

一、布　　局

90年代，常州乡镇企业开始自发性集中布局，构成企业群落，工业开发区、小区开始出现，乡镇企业的集聚步伐加快。初期，开发区、工业小区的企业集聚只是空间上的集中布局，企业之间未建立较紧密的产业关联和分工协作关系，处于地理空间上集中、产业关联上离散的状态。常州出现湖塘工业区、横林工业区、洛阳工业区等企业群落。90年代中后期，常州乡镇企业开始从集中办企业到集中做产业、由企业集聚走向产业集群转变，出现仿效性竞争和产业链延伸，出现产业集群的雏形，通过优胜劣汰，一批企业脱颖而出，形成规模、创出品牌，成为产业龙头，带动中小企业发展；部分企业因降低生产成本、提高技术水平的需要，逐步把生产流程中可剥离的环节剥离出来，走专业化生产道路，强化配套需求，产生产业链上下延伸、相关行业逐步配套的拉力，逐步促进产业集群形成和最终成型，横林的强化木地板、湖塘的纺织、西夏墅的刀具、孟河汽摩等产业集群应运而生。2007年10月，金坛纺织服装、溧阳输变电、武进区横林强化木地板、湖塘纺织、邹区灯具产业集群、洛阳家用电器产业集群及新北区的西夏墅刀具、孟河汽摩配件8个产业集群被省经贸委、中小企业局列入全省“十一五”期间重点培育的100个产业集群名单。2008年2月，市经贸委、中小企业局确定全市乡镇产业集群发展的目标、市级重点产业集群的认定管理办法。至同年6月底，全市较具规模的24个

2008—2010年评定的常州市重点培育乡镇产业集群一览表

表16-3-1

地区	数量(个)	产业集群名称	年份
金坛市	3	纺织服装产业集群、光伏产业集群、盐化工产业集群	2008—2009
溧阳市	2	输变电产业集群、新型建材产业集群	2008—2009
武进区	10	横林强化木地板、湖塘纺织产业集群、邹区灯具产业集群、洛阳家用电器产业集群、郑陆不锈钢管产业集群、雪堰精密机械产业集群、遥观轨道交通产业集群、横山桥铁合金产业集群、礼嘉农用机械产业集群、奔牛液压产业集群	2008—2009
新北区	4	西夏墅刀具产业集群、孟河汽摩配件产业集群、薛家工程机械产业集群、春江精细化工产业集群	2008—2009
天宁区	1	天宁区纺织服装产业集群	2008—2009
钟楼区	1	钟楼区输变电产业集群	2010
武进区	1	武进高新区电子元器件产业集群	2010
钟楼区	1	钟楼农机产业集群	2010
戚墅堰区	1	戚墅堰轨道交通产业集群	2010

产业集群累计完成投资总额 715.35 亿元，开发土地 106 平方公里，集群内有企业 6041 家。2010 年底，全市 24 个重点培育乡镇产业集群累计集聚企业 6968 家，占全市乡镇工业企业总数的 23.6%；其中规模以上企业 2004 家，占乡镇规模以上工业企业总数的 34.4%。

二、集聚模式

90 年代，常州乡镇产业集群聚合力日趋显现，集聚大量企业，经济规模化程度明显提高，总体规模扩大，形成特定地理范围内多家企业相互融合、相互联结的共生体和区域性竞争优势，特色产业集群成为区域经济的主体，重点产业集群支撑力强，推动区域经济和乡镇经济快速发展。全市产业化、集约化、专业化生产经营体系的形成和完善，促进常州产业集群的提升和发展，形成专业市场带动型、科技驱动型、龙头带动型、区域传统型、资源依托型、园区集中型 6 种模式。

专业市场带动型 横林强化木地板产业、邹区灯具产业等产业集群先出现自发性的专业市场，市场发展扩大后再带动一大批中小企业发展同类产品，反过来推动市场发展，市场扩大后依靠专业化市场集聚起来的企业加速向提供专业化服务的市场集聚。

科技驱动型 溧阳输变电产业集群、金坛光伏产业集群、遥观轨道交通产业集群、奔牛液压产业集群、西夏墅刀具产业集群、雪堰精密机械产业集群等在高新技术成果的带动下，依托技术人才优势，研制生产高科技产品，形成电子信息、先进制造技术、新材料、新能源等高新技术产业集群。

龙头带动型 湟里电动工具、洛阳家用电器、礼嘉农用机械等产业集群先有一批企业持续发展壮大，技术层次提高，从各行业、企业中脱颖而出，成长为各特色产业的骨干企业，通过骨干企业的衍生、裂变、创新和被模仿，逐步形成产业集群。

区域传统型 湖塘纺织产业集群、金坛纺织服装产业集群、天宁纺织服装产业集群等产业集群，通过挖掘利用传统产品、技术和市场优势形成。

资源依托型 溧阳、金坛等地拥有丰富的原材料，吸纳、集中一批投资者到当地投资发展，逐渐形成溧阳新型建材、金坛盐化工等资源消耗型产业集群。

园区集中型 春江精细化工产业集群、薛家工程机械产业等乡镇产业集群由政府划定区域，建设厂房和配套设施，关联产业企业集中形成。

第二节 产业发展

2009—2010 年，乡镇产业集群尤其是特色产业集群的兴起，调整优化了乡镇工业经济的产业、企业布局结构，加速了同类产业、企业的区域集聚，成为区域经济的主体，产业链发展完善，产业趋成熟，开始形成区位品牌。2010 年，全市 24 个市级重点培育产业集群实现营业收入总额 2541.33 亿元、工业增加值 600.6 亿元、利税总额 227.9 亿元、利润总额 158.6 亿元；24 个重点培育乡镇产业集群创造全市乡镇工业营业收入总额的 37.8%，其中营业收入达 100 亿元的 14 个、50 亿～99.99 亿元的 8 个，有 17 个市级重点产业集群占当地工业经济的份额超过 50%，湖塘纺织、洛阳家电、孟河汽摩配、西夏墅刀具等产业集群占区域经济总量的份额达 70%。

一、规模品牌效应

常州产业集群通过专业化分工和社会化大协作，逐步实现集约生产，专业化程度提高，形成规模经济实力，产生规模效应。横林强化木地板产业集群有为 175 家地板成品生产企业协作的配套企业、研发机构、检测机构、物流企业近 300 家，年销售额达 55 亿元，占全国同类产品市场销售总额的 45%；湖塘的棉纱市场、染纱业、织造业、内外销售经营企业等组成的产业集群，年销售额200亿元；邹区依托灯具市场筹划发展灯具制造产业；一批外商投资企业、高新技术企业、国际知名品牌企业加入常州产业集群，项目多，投入大，上马快，收效好。2010年，8个省级重点培育产业集群实现营业总收入901.5亿元、工业增加值190.9亿元、利税总额67.8亿元、利润总额39.6亿元，分别占市级重点培育产业集群的35.5%、31.8%、29.7%和25%。全市24个重点培育乡镇产业集群有企业6968家，其中规模以上企业2004家；拥有年营业收入分别达200亿元、100亿～199.99亿元和50亿～99.99亿元的产业集群1个、13个和7个，形成特定地域多家企业相互联结、相互融合的共生体，市场份额占全国45%的横林强化木地板产业集群、市场份额占全国30%的孟河汽摩配件产业集群、在国内非标刀具领域地位重要的西夏墅刀具产业集群及金坛光伏产业集群、遥观轨道交通产业集群等具有较高的知名度，初步形成产业集群品牌。

二、产业链条延伸

常州有湖塘纺织、洛阳机电、横林强化木地板、孟河汽摩配件、西夏墅刀具、湟里电动工具等规模较大的15个产业集群形成紧密协作的产业链，形成各工序部件的专业化分工和配套协作，由产品研发、专利技术、市场信息、检测检验、专业市场向物流运输、原材料供应、协会管理、专业经纪人等方面延伸，形成一定的服务功能，产业集群的发展促进了差别化发展，礼嘉的大型农用机械制造、尧塘的光伏产业、庙桥远宇的手机配件、郑陆的不锈钢产业、卜弋的野外旅游系列用品等产业升级，一批外商投资企业、高新技术企业、国际知名品牌企业加入常州产业集群阵营，推进了新材料、新能源、数控机械与机电仪一体化、信息技术(IT)等新兴产业逐步替代传统产业，形成集群和区域经济的产业基础。

三、促进就业发展

2010年末，全市24个市重点乡镇产业集群安置劳动者62.3万人就业，带动农村劳动力转移18.2万人，促进农民向工人转变。24个重点产业集群中，职工年人均收入最高的产业集群达3.55万元。各地把产业集群、工业集中区规划建设与小城镇建设有机结合，促进了农村工业化、农村城市化的协调发展和小城镇发展。

第三节　金坛市产业集群

一、金坛纺织服装产业集群

位于金城工业集中区及其周边地区，2001年形成，以金城镇纺织服装企业为主体，规划面积20平方公里，形成以丹金溧漕河改道金城段、盐港路、良常路等“一河六路”为重点的基础设施整体格局。有纺织服装企业799家，其中规模企业460家，年销售500万～9999.99万元的企业147家、达1亿元的21家，从业人员6.2万人，年产服装3.8亿件(套)，成为以服装出口制造、正装、时装、休闲装、运动装、儿童装等系列产品为特色，集印染、绣花、加工等配套延伸能力为一体的产业链集群地。同年完成工业总产值125亿元、销售收入总额120亿元，实现工业增加值35亿元、利税总额10.5亿元、利润总额6.8亿元。2010年，有纺织服装企业797家，实现营业总收入125.1亿元、利润总额7.14亿元。

二、金坛光伏产业集群

位于省级光伏产业园、光伏科技园金坛光伏产业园及其周边地区。2002年，金坛建成国内第二家拉晶企业，此后出现光伏生产及配套企业30多家，金坛成为国内较早实现光伏技术产业化、太阳能产业集聚的城市。2007年以后，金坛加快光伏新能源产业集聚升级，逐步构建以光伏新能源为特色的低碳产业支撑体系，成为江苏省光伏高技术特色产业基地、国内产业链最完整的光伏产业集聚区。2009 年，金坛光伏电池组件实际产能 350 兆瓦，集群内企业实现营业总收入 63 亿元、利税 9.5 亿元、利润 5.3 亿元。至 2010 年，该市有常州亿晶光电、华盛天龙、华盛恒能、江苏正信、江苏正晖、常州裕鑫、常州帅能等规模以上光伏企业 15 家，组建光伏行业商会，常州亿晶光电、华盛天龙入选为《江苏省新能源产业调整和振兴规划纲要》重点项目。金坛光伏产业园分为硅材料加工、光伏产品生产、光伏设备制造、研究和开发服务中心、光伏配套 5 个功能区。

三、金坛盐化工产业集群

位于金坛开发区，东至金湖路、北至柘荡河、西至丹金溧漕河、南至盐港河，规划总面积 3.9 平方公里。集群利用金坛地下蕴藏 163 亿吨岩盐、2 亿吨石灰石矿山的资源优势，采用基地型布局和集约化发展模式建立，产业定位为盐化工、深加工、精细化工、高科技型专业化工基地。2009 年，集群内企业实现营业收入 64 亿元、利税 10.8 亿元、利润 5.6 亿元。至 2010 年，中盐金坛盐化公司设计形成年产 1000 万吨精制卤水、180 万吨精制盐的产能，60 万吨真空制盐建成投产，100 万吨真空制盐项目启动实施。

第四节　溧阳市产业集群

一、溧阳输变电产业集群

位于溧阳经济开发区，规划占地 5 平方公里，以北区、西区为核心，通过产业集聚形成输变电核心产业区，南区规划主要引进输变电研发机构，规划科技创业园、新材料试产中心、产品设计中心等，为输变电产业集群配套的生产性服务业布局于西区。溧阳市电缆厂（江苏上上电缆集团前身）、溧阳市华鹏变压器厂（江苏华鹏集团前身）等大型企业迁入开发区，产品涵盖变压器、电机、电缆、配电柜（箱）及配套产品等大类，拥有国家驰名商标 2 个、中国名牌产品 3 只。2009 年，溧阳输变电产业实现销售收入 115 亿元，实现工业增加值 19.3 亿元、利税 12.8 亿元、利润 9.5 亿元。2010 年底，集群内有输变电企业 58 家，其中规模以上企业 29 家，年产值达 50 亿元企业两家、销售达 1 亿元企业 6 家；拥有省级技术中心 4 家，设有国家级工程中心及博士后工作站。江苏上上电缆集团入选中国民营企业综合竞争力 50 强，江苏华鹏集团连续多年排名全国变压器行业综合经济效益前 5 位。

二、溧阳新型建材产业集群

始建于 2002 年，规划面积 6.4 平方公里，开发完成 4.38 平方公里，累计投入 29.58 亿元。2009 年，集群拥有企业 18 家，以江苏金峰水泥集团、溧阳市汉生特种水泥公司为龙头。4 家企业通过 ISO 9000 认证，2 家企业通过 ISO 14000 认证，有名牌产品 2 个。集群企业累计投入 13.12 亿元，实现营业收入 56.3 亿元、工业增加值 12.84 亿元、利税 7.1 亿元。

第五节　武进区产业集群

一、横林强化木地板产业集群

位于武进东部，2004 年建立，形成以强化木地板为中心，钢地板、防火板、铝塑板为配套的板材特色产业。2009 年，强化木地板生产能力达 1.8 亿平方米，约占国内市场销售量的 45%，覆盖 300 多个大中城市。集群成为全国强化木地板行业中产能最大、配套最全、成本最低、集聚效应最好的生产（出口）基地，生产强化木地板 1.25 亿平方米。2010 年，集群拥有地板终端生产企业 188 家、配套企业 200 多家，从业人员 3 万余人，产业规模达100亿元，出口5.64亿美元。

二、湖塘纺织产业集群

位于武进中东部，由武进纺织工业园、城西工业集中区和鸣凰工业集中区等以纺织服装为主导产业的专业园区和企业组成，分别位于武进核心区东部、西部和中南部。至2010年底，累计投入149.4亿元，规划总面积6.62平方公里，已开发6平方公里，设有3个企业服务平台。集群拥有企业505家，其中年销售额达1亿元企业75家；拥有100万锭纺纱能力、无梭织机3万台和进口经编、纬编织机等先进纺织设备4000台，形成以灯芯绒、色织布、牛仔布和经编布等为代表的特色产品，培育出江苏新光、浩华纱罗、顶呱呱天然彩棉等品牌企业、品牌产品，纺织经济规模占全镇经济总量的80%，年产纱5万余吨、布12亿米、印染布2亿米，85%的产品远销国外。2010年，集群企业完成工业总产值261.14亿元、销售收入257.13亿元，实现工业增加值48.96亿元、利税15.06亿元。

三、邹区灯具产业集群

位于武进西北部，创建于2006年，规划总面积3.33平方公里，拥有灯具制造企业80余家。邹区灯具市场创建于1987年，1993年营业面积26万平方米、仓储面积45万平方米，有灯具经营户1000多家，经营工业灯、景观灯、民用灯上万种。2005年交易额25亿元，2009年升至45亿元，占全国灯具市场销售总额的15%。灯具产业集聚区规划总投资56.57亿元，2007年被省发改委列为江苏重点建设项目，培育了泰通、永佳、名家汇、华龙、蓝鸟、台中等优秀灯具经销商，菲利浦(Philips)、欧司朗、佛山照明、广州九佛、TCL照明、江苏鸿联等知名品牌都在市场内设立专卖点或代理商，发展为中国大型灯饰批发销售市场之一，同年被中国照明电器协会授予“中国灯具城”称号，曾被评为中国消费品市场最具影响力市场、江苏省文明市场、常州市十大重点市场等。2010年，完成商品成交额64亿元。

四、洛阳家用电器产业集群

位于武进东南部，在洛阳镇机电产业的基础上发展而成，形成包括江苏新科电子集团、常州倍科电器公司、常州亚通杰威电机公司、常州市永安电机公司等30余家重点机电制造企业及百余家相关配套企业的家用电器产业集群，该产业集群主要集中于以洛阳镇工业集中区为中心的方圆3公里范围内。2009年，集群内企业实现营业总收入107.6亿元、利税总额2.85亿元，外资和港澳台资到账资金2028.3万美元。

五、郑陆不锈钢管产业集群

位于武进东北部，2005年，依托原常州武进不锈钢管厂逐渐形成，在全国享有较高知名度。产业集群规划用地1.67平方公里，建成以江苏武进不锈钢管厂集团为龙头的集群企业34家，其中规模企业26家。阳湖牌无缝不锈钢管2007年被评为中国名牌产品。2009年，集群内企业实现营业总收入48.67亿元、利税总额3.85亿元、利润总额1.75亿元。

六、雪堰精密机械产业集群

雪堰镇精密机械产业集群发轫于90年代初，主要产品包括齿轮、弹簧、油缸、轴承、水利机械、纺织机械等，2009—2010年初具规模，渐显特色，拥有精密机械类企业610家，其中加工类企业140家、制造类470家。2009年，产业集群内销售达1000万元的企业有148家，实现营业收入72.94亿元、利税总额5.73亿元、利润总额3.55亿元。

七、遥观轨道交通产业集群

位于武进遥观工业集中区内，建立于2008年初，集群规划面积2平方公里，开发建成1平方公里。集群有以今创集团及常州轨道车辆牵引传动工程技术研究中心为主的企业10多家。该集群涉及轨道交通车辆内饰系统、电气控制系统、信息系统、车载视频点播(VOD)系统、PIS(旅客信息系统)、地铁站台屏蔽门，工矿车辆等几十个系列及传动工程的研制开发。2009年，产业集群内企业实现营业总收入71.87亿元、利税总额11.23亿元、利润总额8.41亿元。

八、横山桥铁合金产业集群

位于武进东北部横山镇工业集中区，规划于2002年，规划面积2.67平方公里，建成区1.47平方公里。该集群内有企业74家，其中规模企业39家，职工总数2.27万人。2009年，集群内企业实现营业收入90.28亿元、实现利税总额6.73亿元、利润总额3.91亿元。

九、礼嘉农用机械产业集群

位于武进中南部礼嘉工业园，创建于2003年，该集群以常发集团为主体，是专业从事农业装备生产的产业集群。2008年被市列为市级重点乡镇产业集群。2009年，集群内企业实现营业总收入62亿元、利税总额4.4亿元、利润总额2.79亿元。

十、奔牛液压机械产业集群

位于武进西北部，创建于2007年，在70年代初创的奔牛液压成套设备制造业基础上发展起来。2010年，集聚以武进液压启闭机公司为龙头的56家液压机械生产企业。集群内企业实现营业总收入14.56亿元、利税总额0.74亿元、利润总额0.49亿元。

第六节　新北区产业集群

一、西夏墅刀具产业集群

位于新北西部，创建于2002年10月，是江苏省首批重点产业集群之一，集群规划总面积3平方公里。集群内刀具制造、材料供应和营销企业有380多家，产品覆盖全国刀具市场的10%，其中硬质合金可转位铣刀的全国市场占有率达50%。这个集群是全国品种最全的刀具产业集群，生产特点是小批量、多品种、全系列，在全国非标准刀具领域占有一席之地。2009年，集群内有年产值达1000万元的规模企业35家、500万～999.99万元的企业200家，职工总数1万余人，科技人员占10%；有出口企业58家，2009年该集群刀具销售收入总额21.9亿元，占全国的刀具市场的15%。

二、孟河汽摩配件产业集群

位于新北孟河镇，规划面积3.3平方公里。孟河汽摩配件产业发轫于70年代，90年代末至21世纪初孟河汽摩配件产业迅速发展，企业数量居全市前列，常州市明宇交通器材公司、曙光车业公司、飞拓模塑公司等骨干企业年产值达1亿元。2005年5月，常州高新区批准孟河镇设立孟河汽配件产业基地。2007年9月，省经贸委将孟河汽摩配件产业集群列入全省100家重点培育的产业集群。2009年8月，被认定为江苏省产业集群品牌培育基地；11月，中国机械工业联合会授予孟河镇“中国汽摩配名镇”称号。孟河汽摩配件产业覆盖了轿车、重型、轻型、微型和农用汽车系列，主要产品包括汽车灯具、后视镜、车门铰链、汽车内外装饰件、仪表台和摩托车灯具、塑料件等。2010年，集群拥有企业632家，有省高新技术企业1家，注册商标560件，其中江苏省著名商标2件。

三、薛家工程机械产业集群

位于新北薛家镇，2006年底在薛家镇工业集中区的基础上成立，总规划面积10.8平方公里，至2009年底开发8.2平方公里，集聚工业企业102家，投产规模企业52家，其中年销售额达20亿元的1家、1亿～19.99

亿元的16家、5000万～9999.99万元的6家，职工总数1.25万人，形成以韩国投资的现代(江苏)工程机械公司为龙头的工程机械制造、加工配套产业群，有省级名牌产品1个。集群企业完成销售收入100.53亿元，占全镇工业经济总量的65%。

四、新北工业园（春江镇）精细化工产业集群

位于新北春江镇长江沿岸，总面积约5.5平方公里，开发面积3平方公里，以化工新材料和生物医药产业为主要的发展方向，有华润包装材料、东昊化工、诚达石化、龙宇颜料、亚邦化学、明谛树脂、临江化工、常茂生物等销售达亿元的龙头企业20多家。2009年，集群企业完成销售127.85亿元，占全镇销售收入的46.8%；实现利税总额8.5亿元，其中实现利润总额4.53亿元，出口交货值11.07亿元。2010年，集群拥有企业89家，其中规模以上的企业有75家。形成年产顺酐25万吨、富马酸酐2万吨、苯酐14万吨、苯乙烯45万吨、不饱和树脂18万吨及特种树脂15万吨等的生产能力，规划形成约130万吨新材料的吞吐量，顺酐产量居亚洲首位，树脂产量和规模居全国前列。

第七节　其他产业集群

一、天宁纺织产业集群

在常州纺织工业园的基础上建立，2003年3月市政府批准在郊区青龙乡(后变更为天宁区青龙街道)设立专题生活园区常州纺织工业园，规划占地10平方公里，作为全市提升纺织产业层次、发挥板块带动效应的特色园区，重点发展新型纺织材料、先进纺织织造、印染及后整理、品牌服饰。集群内有企业126家。知名上市公司黑牡丹集团、森源开关、帝商服饰、声荣纺织、旭荣针织等外资和港澳台资企业与三毛集团、东方伊思达、强民纺织等知名内资企业相继进区落户。2010年，集群企业拥有环锭纺5万锭、气流纺24台、印染线10条、织机1300台(其中进口喷气织机380台)，服装机械4200台。集群内企业日均纺纱52吨、织布20.5万米、染布25万米，日产服装4.78万件。2009年，集群内企业实现营业收入115.32亿元，自营出口1.71亿美元，实缴税金3.36亿元。

二、钟楼输变电产业集群

位于钟楼新闸街道等地。拥有企业38家，2009年完成工业总产值115.88亿元，实现营业收入115.42亿元、利税11.8亿元、利润10.9亿元。集群产业链较为完整，生产变压器、断路器、开关柜、电线电缆、绝缘材料、电力电容器、自动化控制设备、铁塔及构支架等13类输变电设备主产品，产业集群的优势产品有变压器、电抗器、铁塔及构支架、绝缘材料、矽钢片加工等产品，规模较大的产品有中低压开关柜、电线电缆等；规模较小的产品有变压器用互感器、避雷器、自动控制设备等，在超高压、特高压变压器、配电开关控制设备、绝缘材料等领域涌现出一批竞争优势突出的核心骨干企业，东芝变压器、西电常变、电力装备、绝缘材料总厂、英中电气等成为国内输变电行业的重点企业。

第四章　私营经济

常州私营经济的发展经历了1988—1994年加速发展和1994—2010年多元化稳步发展两个阶段。1988—1994年，是常州私营企业加速发展时期。1988年6月，国务院继1950年12月29日政务院通过《私营企业暂行条例》后再次颁布该条例，常州私营经济开始加快发展。1992年，邓小平南方谈话发表后，引领

常州私营企业飞速增长。是年，市政府批转市工商局制定的《关于进一步促进个体、私营经济发展的若干意见》。11月，常州市私营企业协会成立。1994—2010年，是常州私营企业多元化稳步发展时期。1997年，中共十五大首次把"以公有制为主体、多种所有制经济共同发展"确定为社会主义初级阶段的基本经济制度，促进了私营经济快速发展，同年底全市私营企业发展到8025户，从业人员87.43万人，注册资本金24.2亿元。此后，全市各级党委、政府及其部门为个体私营经济发展创造环境，扶持个体私营经济快速健康发展。2000年，乡镇工业企业实施产权制度改革，大部分改制为私营企业，壮大了私营企业群体。2010年底，全市私营企业发展到6.72万户，从业人员增至120.16万人。私营企业逐渐从市场经济的有益补充成为市场经济的主体，对拉动经济增长、繁荣城乡市场、增加财政收入、扩大就业渠道、推进富民强市作出了重要贡献。

第一节　经济规模

1988年7月，常州在改革开放后的首家私营有限责任公司常州市高达实业公司(后变更为常州市高氏企业公司)诞生，注册资本70万元。同年12月，全省首家与台商合资的私营企业常州裕达塑料制品有限公司登记注册成立，总投资35万美元。1988—1992年，常州私营企业数量保持10%以上的速度增长，连续5年居全省首位。至2010年末，全市私营企业6.72万家，注册资本1628.78亿元，从业人员120.16万人。

一、企业发展

1989年底，常州市登记注册有私营企业881家。1990年，全市设立私营企业1442家，占全省总数的37%，居全省地级市首位。1992年底，全市私营企业数增至1924家。1993年12月15日，市商会与市信托投资公司联合筹措的常州市商会基金建立，解决私营企业资金困难。同年末，全市私营企业达2248家。1996年，市委、市政府印发《关于加快发展个体私营经济的若干意见》，把个体私营经济发展纳入地方经济和社会发展的总体规划和政府工作目标，推动个体私营经济发展。翌年，市工商局推出鼓励个体私营业多吸收下岗待业人员、促进个体私营经济发展的8项扶持优惠措施。1998年1月9日，全市个体私营经济工作会议召开。1999年，全市私营企业单位突破1万家。2000年前后，部分私营企业抓住国有企业改革的机遇，参与国有企业的产权优化和结构调整，生产型私营企业占私营企业总数的61%，出现一批从事计算机应用咨询服务等技术含量较高的私营企业，私营经济开始加速发展。2000年2月29日，武进市工商局、郊区工商局率先颁发辖区第一张个人独资企业营业执照。同年全市新发展私营企业4285家，其中个人独资企业1244家。2002年、2004年、2006年，全市私营企业单位总数相继突破2万家、3万家和4万家。

1994—2010年常州市私营企业单位数量统计表

表16-4-1　　单位：家

年份	企业数	年份	企业数	年份	企业数	年份	企业数	年份	企业数	年份	企业数
1994	3403	1997	8025	2000	14331	2003	29252	2006	44792	2009	59659
1995	4985	1998	9856	2001	17825	2004	33828	2007	48169	2010	67203
1996	6400	1999	12197	2002	24008	2005	39624	2008	56828		

2004年8月，常州工商局制定《促进加快民营经济发展二十八条服务举措意见》，尝试颁发个体连锁营业执照，放宽对注册资本、私营企业名称核定、经营场所、外地私营企业到常州投资兴业、民间资本设立投资公司、准入领域和投资者资格及私营企业组建集团的限制。常州市财政从同年起每年拿出500万元，建立民营经济发展基金，支持市重点民营企业创新机制、建设技术创新体系。同年末，全市有私营企业及其分支机

构3.8万家(其中分支机构4138家)。2005年底,全市有规模以上私营工业企业2209家。翌年起,一批留学归国人员回到常州兴办私营企业,年末私营企业单位达4.48万家。2006年、2008年、2010年,全市新登记私营企业数分别为8851家、7842家和11377家。2009年,全市私营企业中有企业集团125家、有限公司4.95万家、个人独资企业9498家、合伙企业701家。2010年末,全市私营企业单位达6.72万家。

二、从业人员

1992年底,全市私营企业从业人员近2万人,1993年增至2.6万人。2000年,全市新发展的4285户私营企业增加从业人员5.03万人,年末私营企业有从业人员18.23万人,其中个人独资企业新增就业人数9368人,户均7.5人。2001—2005年,全市私营企业增加从业总人数48.54万人。2005年,全市2209家规模以上私营工业企业及其中778家轻工业企业、1431家重工业企业年均分别有从业人员27.62万人、9.65万人和17.97万人。2008年末,全市在私营工业企业、建筑企业、批发零售企业和住宿餐饮企业就业的总人数分别为68.89万、10.88万、13.7万和1.63万人。2010年,全市私营企业从业总人数发展到120.16万人。

1995—2010年常州市私营企业从业人员统计表

表16-4-2　单位:万人

年份	年末总人数	年份	年末总人数	年份	年末总人数	年份	年末总人数	年份	年末总人数
1995	4.88	1999	14.26	2002	33.35	2005	72.08	2008	106.91
1997	7.43	2000	18.23	2003	48.25	2006	80.01	2009	110.99
1998	11.44	2001	24.77	2004	53.99	2007	89.47	2010	120.16

三、注册资本

1991年底,常州市私营企业注册资本总额仅9800万元。1992—1995年净增10.41亿元,1995年为11.39亿元。1996—2000年净增62.35亿元,2000年末达73.74亿元,其中近20家企业注册资本达1000万元。2001—2005年,全市私营企业规模不断壮大,注册资本较大的私营企业增速更快,私营企业注册资本总额以年均100亿元的速度增长。2001年、2003年、2004年和2005年,全市私营企业注册资本总额先后突破100亿元、300亿元、400亿元和500亿元,2005年底达558.25亿元。2001年底,全市私营企业户均注册资本63.38万元,其中达1亿元的3家、1000万~9999.99万元的68家、100万~999.99万元(或职工百人以上)的1430家。2005年,户均139.5万元,其中达1亿元、1000万~9999.99万元、500万~999.99万元和100万~499.99万元的私营企业分别有29家、984家、2469家和8707家。2005年,全市私营企业完成固

1991—2010年常州市私营企业注册资本统计表

表16-4-3　单位:亿元

年份	注册资本	年份	注册资本	年份	注册资本	年份	注册资本	年份	注册资本
1991	0.98	1995	11.39	1999	54.10	2003	310.71	2007	852.99
1992	1.33	1996	16.47	2000	73.74	2004	430.95	2008	1000.31
1993	2.31	1997	24.19	2001	112.97	2005	558.25	2009	1202.20
1994	5.81	1998	35.59	2002	177.18	2006	695.95	2010	1628.78

定资产投资168.25亿元，其中城镇投资83.6亿元、农村投资84.65亿元。2006—2010年，全市私营企业注册资本总额净增1045.53亿元。2006年末达695.95亿元，占全市总量的41.7%，户均155.4万元；注册资本达百万元的私营企业突破1万家，其中达1亿元、1000万～9999.99万元、500万～999.99万元的私营企业分别有36家、1272家和3150家。2008年，全市私营企业注册资本总额突破1000亿元，2010年末提高到1628.78亿元。

第二节 经济结构

一、产业结构

行业结构 常州市私营企业的分布和构成随着国家对个体私营经济的政策和市场发展的变化而变化。80年代起步阶段，主要涉及零售业，其他服务业与制造业占的比例很小。到1995年，全市个体私营企业在产业结构、运营方式、经营取向、市场开发等方面呈现新的态势，工业、建筑业、种植业、养殖业、交通运输业等行业的私营企业发展迅速。1998年，全市农村个体私营工业企业从上年的5093家发展到5284家。21世纪初叶，长期限制个体私营经济进入的一些领域陆续放开，私营企业从消费领域到生产领域，初步涉及广告、信息等行业，科技型、外向型企业增多。2000年，全市一、二、三产业分别注册发展个人独资企业3家、989家和252家。2002年，全市一、二、三产业私营企业数分别增至116家、1.41万家和9835家。2005年底，全市有规模以上私营轻工业企业778家、重工业企业1431家，限额以上私营商贸企业54家（含批发贸易、零售贸易企业各27家），私营房地产开发企业77家。2005年，全市有1090家合资企业含有民营资本，占全市外资、港澳台资企业的56%。

2006年，全市私营企业中有制造业2.52万家、批发零售业1.1万家、租赁和商务服务业1908家。2007年，民间资本从传统制造业、批发零售贸易业、餐饮业等向除个别垄断行业外的所有行业延伸，快速进入房地产业等新兴行业。在服务业领域，民营企业成为商贸流通、住宿餐饮、房地产等行业的主力。随着城市化进程的加快，全市科技进步、外向型经济战略的实施，部分私营企业开始涉足咨询、经纪、评估等市场中介领域和担保、典当、拍卖等准金融行业，向电子信息、生物医药、精细化工、机电一体化、新材料等众多领域和产业发展。私营企业兴办的合资企业和拥有自营进出口权的企业不断增多。2010年底，常州私营经济行业门类齐全，产业特色明显，纺织、服装、化工、医药、塑料、建材、冶金、机械、电子9个行业成为主体行业，制造业、批发零售贸易业、住宿和餐饮业、建筑业、交通输运仓储和邮政业及其他行业分别有私营企业3.1万家、2.03万家、592家、2866家、1007家和9419家，装备制造、电子信息、新能源、新材料、生物医药“五大产业”成为私营经济新的投资发展行业。

80年代初的武进牛塘化工厂（翻拍于2009年8月）

从业人员构成 2002年，全市一、二、三产业私营企业从业总人数分别为0.16万人、25.62万人和23.03万人，分别占全市私营企业从业总人数的0.3%、52.5%和47.2%。2005年，全市242家私营建筑企业、77家私营房地产开发企业、53家限额以上私营住宿餐饮企业分别有从业人员8.33万人、1830人、7053人。2010年，全市私营企业从业就业的前3位是制造业、批发零售贸易业、建筑业，全市制造业、批发零售贸易业、建筑企业(不含劳务企业)、其他行业和社会服务业，分别有从业人员72.83万人、15.3万人、14.44万人、10.15万人和3.17万人。

1994—2010年常州市私营企业单位数量分行业统计表

表16-4-4 单位:家

年份	制造业	批发零售贸易业	社会服务业	住宿和餐饮业	建筑业	交通运输、仓储和邮政业	农林牧渔业	其他行业
1994	2477	712	118	15	14	6	3	58
1995	3318	1313	222	34	50	16	4	28
1996	4105	1820	273	56	61	19	5	61
1997	5036	2365	398	66	63	28	5	64
1998	6127	2981	424	59	97	29	16	123
1999	7279	3603	608	317	181	63	25	121
2000	8194	4056	850	717	201	93	36	184
2001	10143	4509	1260	1118	351	139	55	250
2002	13566	6836	1951	423	478	204	116	434
2003	16600	7626	2704	459	762	317	170	614
2004	19569	8285	2476	199	1018	443	232	1606
2005	23040	9392	4213	318	1242	515	302	602
2006	25153	10981	1085	354	1456	624	371	4768
2007	26545	12018	1104	353	1595	676	407	5471
2008	28305	16456	1354	534	2166	846	456	6711
2009	28819	17489	1366	563	2369	891	455	7707
2010	31044	20296	1441	592	2866	1007	538	9419

说明:资料来源于《常州统计年鉴》2006卷、2011卷;1995—1999年住宿和餐饮业仅统计"餐饮业",2000—2005年、2006—2010年统计口径分别为"社会服务业""居民服务和其他服务业"

1995—2010年常州市私营企业单位从业人数分行业统计表

表16-4-5 单位:人

年份	制造业	批发零售贸易业	建筑业	社会服务业	住宿和餐饮业	交通运输、仓储和邮政业	农林牧渔业	采矿业	其他行业
1995	34047	11388	530	2020	381	140	63	0	253
1997	48663	19846	582	3694	684	221	40	—	571
1998	74627	30031	2501	4925	619	325	176	—	1238
1999	90545	35266	4229	6880	2992	623	284	10	1727
2000	109177	40535	12479	9685	6176	1217	399	10	2648

续表 16-4-5

年份	制造业	批发零售贸易业	建筑业	社会服务业	住宿和餐饮业	交通运输、仓储和邮政业	农林牧渔业	采矿业	其他行业
2001	155005	47021	16869	13430	9647	1780	626	10	3358
2002	208944	68822	22831	19361	5103	2611	1437	147	4407
2003	337528	74854	19448	28177	5961	4935	2692	584	8360
2004	410797	60772	22815	19142	3457	5181	3456	1446	12867
2005	493949	79702	69833	46538	10023	8130	4531	1103	7038
2006	538639	93883	73331	18832	11171	9061	6653	1141	47400
2007	596157	104608	84355	17270	14370	11619	7456	1039	57780
2008	688938	136975	108822	23300	16317	15366	6818	1188	71401
2009	692579	140132	139444	20093	15530	15159	5847	981	80117
2010	728323	152998	144368	31688	17825	16411	7568	874	101508

说明：资料来源于《常州统计年鉴》，缺1996年数据

投资结构 注册资本 1994—2010年，常州市私营企业在制造业、批发零售贸易业的投资规模和注册资本始终居各行业投资的前两位。1994—1998年，私营企业在社会服务业的注册资本总额高于建筑业；1999—2010年，除2000年、2005年外，建筑业私营企业注册资本总额高于社会服务业。

1994—2010年常州市私营企业注册资本分行业统计表

表 16-4-6　　单位：亿元

年份	制造业	批发零售贸易业	社会服务业	建筑业	住宿和餐饮业	交通运输、仓储和邮政业	农林牧渔业	其他行业
1994	3.31	2.07	0.23	0.04	0.03	0.02	0.01	0.09
1995	5.69	4.63	0.48	0.32	0.09	0.08	0.03	0.08
1996	8.01	6.53	0.76	0.48	0.27	0.19	0.03	0.20
1997	12.43	9.02	1.35	0.57	0.35	0.22	0.01	0.25
1998	19.60	12.22	1.47	0.96	0.36	0.23	0.08	0.69
1999	30.92	15.94	2.10	2.71	1.11	0.39	0.13	0.80
2000	42.66	19.65	3.11	2.91	2.75	0.92	0.19	1.55
2001	62.17	24.78	5.13	10.96	4.39	1.16	0.30	4.08
2002	105.24	39.57	7.14	12.56	2.02	1.10	0.71	8.81
2003	176.37	58.60	14.03	28.10	2.99	2.71	1.80	26.12
2004	233.73	80.84	20.23	41.41	2.36	4.77	2.65	44.96
2005	302.31	101.51	76.32	51.37	3.86	5.88	4.37	12.63
2006	363.41	126.02	13.63	62.17	4.87	8.14	5.57	112.15
2007	435.17	145.28	14.55	75.05	5.22	9.10	7.30	161.32
2008	497.52	168.28	15.98	91.76	5.25	9.55	8.93	203.30
2009	570.89	200.74	15.59	112.11	6.31	12.12	12.20	272.25
2010	697.75	297.82	16.48	139.88	7.61	21.95	16.88	430.41

说明：社会服务业在2006年后因统计口径、范围变化，注册资本总额数据变小

固定资产　2005年以前,私营企业固定资产较少。2005年,全市1.45万家规模以下私营工业企业拥有固定资产原值121.36亿元;242家私营建筑企业(不含劳务企业,下同)年末自有机械设备2.75万台,年末净值8.92亿元;53家限额以上私营住宿餐饮企业、市区36家同类企业分别拥有餐饮营业面积9.08万平方米、5.9万平方米,餐位2.7万个、1.89万个和床位3148张、1181张。2010年末,全市4942家规模以上私营工业企业拥有固定资产总值660.11亿元;510家私营建筑企业拥有固定资产原值46.99亿元、自有机械设备6.56万台、总功率146.56万千瓦。71家私营餐饮企业、44家私营住宿企业分别拥有餐饮营业总面积20.65万平方米、6.81万平方米,餐位5.89个、2.03万个和床位2775张、1.09万张。

净 资 产　2005年以前,私营企业固定资产较少。2005年,全市242家私营建筑企业拥有所有者权益34.32亿元、无形及递延资产1.25亿元;77家私营房地产开发企业、53家限额以上私营住宿餐饮企业分别拥有所有者权益17.94亿元、1.58亿元。2010年末,全市4942家规模以上私营工业企业拥有总资产2673.85亿元、所有者权益总额960.13亿元,全市241家大中型私营工业企业、71家私营餐饮企业分别拥有所有者权益489.59亿元、2.98亿元;510家私营建筑企业拥有所有者权益158.83亿元、无形及递延资产5.7亿元。

二、地区分布

企业单位　1989年,市区天宁、钟楼和郊区有私营工业企业95家,2000年发展到1057家,比1989年增长10.13倍。2003—2005年,辖市区私营发展迅速,数量快速增加。

1989—2000年天宁区、钟楼区、郊区私营工业企业户数

表16-4-7　　单位:家

年份	合计	天宁区	钟楼区	郊区	年份	合计	天宁区	钟楼区	郊区
1989	95	—	5	90	1995	273	16	49	208
1990	121	2	8	111	1996	387	17	54	316
1991	156	3	13	140	1997	352	19	72	261
1992	228	5	17	206	1998	612	35	96	481
1993	248	10	34	204	1999	805	59	247	499
1994	251	12	41	198	2000	1057	—	400	657

2005年末,金坛、溧阳两市和武进、新北、天宁、钟楼和戚墅堰5区私营企业数分别比2003年同期增加854家、728家、5851家、1587家、2944家、1440家和303家;市直属私营企业940家,因管理体制和统计口径改变比2003年同期减少1406家。全市有规模以上私营工业企业2209家,其中金坛271家、溧阳249家、武进939家、新北206家。2010年,武进、新北、天宁私营企业最集中,全市6.72万家私营企业,位于城镇、农村的分别为6.49万家和2293家;按地区分布,市区、金坛、溧阳分别为5.76万家、4983家、4665家。

1994—2010年常州市私营企业单位分地区统计表

表16-4-8　　单位:家

年份	全市	城乡分布		地区分布			
		城镇	农村	金坛市	溧阳市	武进区	市区
1994	3403	864	2539	355	327	2051	670
1995	4985	1993	2992	548	575	2615	1247
1996	6400	2659	3741	910	719	3021	1750

续表 16-4-8

年份	全市	城乡分布		地区分布			
		城镇	农村	金坛市	溧阳市	武进区	市区
1997	8025	3710	4315	1099	834	3569	2523
1998	9856	4664	5192	1233	963	3934	3726
1999	12197	6848	5349	1490	1205	4116	5386
2000	14331	8703	5628	1599	1150	4610	6972
2001	17825	12798	5027	1654	1467	5881	8823
2002	24008	18215	5793	2181	1867	19960	
2003	29252	24868	4384	3864	2940	22448	
2004	33828	26584	7244	2828	2228	28772	
2005	39624	33200	6424	3200	2534	33890	
2006	44792	40681	4111	3418	3098	38276	
2007	48169	44749	3420	3789	3165	41215	
2008	56828	54237	2591	4665	4073	48090	
2009	59659	57272	2387	4725	4075	50859	
2010	67203	64910	2293	4983	4665	57555	

说明：原市区2002年4月以前指天宁区、钟楼区、戚墅堰区、郊区；2002年前武进县（市）不统计入“市区”，2002年武进区划调整划入市区后统计入“市区”

从业人员　1995年，全市有个体工业户7086户，从业人员3.8万人。其中城镇344户、4342人，农村6742户、3.37万人。1996—2000年，全市私营企业从业人员增加14.84万人，2000年全市私营企业从业人员发展到18.23万人，其中城镇、农村分别为9.82万人、8.41万人，市区、金坛、溧阳私营企业分别有从业人员10.9万人、2.95万人、1.45万人。2005年，辖市区私营企业从业总人数发展到72.08万人，全市私营工业企业年均从业总人数为27.62万人，其中金坛4万人、溧阳3.84万人、武进12.96万人、新北2.14万人、天宁2.04万人、钟楼1.81万人、戚墅堰0.48万人。2010年，全市城镇、农村私营企业从业人员分别达110.92万人、9.24万人；市区和金坛、溧阳私营企业分别有从业员89.44万人、14.7万人和16.01万人。

注册资本　1995年，全市私营企业注册资本11.39亿元，其中城镇5.01亿元、农村6.38亿元。2005年，全市私营企业注册资本总额增至558.25亿元，私营工业企业拥有所有者权益总额211.74亿元。2010年，

1989—2000年天宁、钟楼、郊区私营工业从业人数统计表

表 16-4-9　　　　单位：人

年份	合计	天宁	钟楼	郊区	年份	合计	天宁	钟楼	郊区
1989	1041	—	27	1014	1995	3526	21	513	2992
1990	1185	16	44	1125	1996	4199	154	695	3350
1991	1760	27	97	1636	1997	5631	174	804	4653
1992	2496	52	130	2314	1998	14505	335	936	13234
1993	2539	128	225	2186	1999	20950	527	2033	18390
1994	3113	132	371	2610	2000	21593	—	2758	18835

全市私营企业注册资本1628.78亿元，其中城镇1577.22亿元、农村71.56亿元。全市私营工业企业完成固定资产总投资623.99亿元，其中城镇投资226.57亿元、农村投资237.47亿元；全市私营房地产企业投资159.95亿元，市区私营企业完成投资总额393.15亿元，其中投资房地产业135.7亿元。

2000—2010年常州市私营企业从业人员地区分布情况表

表16-4-10　　单位：万人

年份	按城乡分				按地区分					
	城镇		农村		市区		金坛		溧阳	
	人数	比重(%)	人数	比重(%)	人数	比重(%)	人数	比重(%)	人数	比重(%)
2000	9.82	53.9	8.41	46.1	12.98	71.2	3.52	19.3	1.73	9.5
2001	17.99	72.6	6.78	27.4	18.37	74.1	3.85	15.6	2.55	10.3
2002	13.79	41.4	19.56	58.6	25.38	76.1	4.66	14.0	3.31	9.9
2003	36.34	75.3	11.92	24.7	36.34	75.3	5.20	10.8	6.72	13.9
2004	46.52	86.2	7.47	13.8	41.32	76.5	5.51	10.2	7.16	13.3
2005	55.18	76.6	16.90	23.4	52.25	72.4	9.64	13.4	10.20	14.2
2006	68.99	86.2	11.02	13.8	57.85	72.3	10.87	13.6	11.29	14.1
2007	79.82	89.2	9.65	10.8	65.43	73.1	11.61	13.0	12.43	13.9
2008	97.06	90.8	9.85	9.2	79.17	74.1	14.33	13.4	13.41	12.5
2009	102.98	92.8	8.01	7.2	82.27	74.2	13.80	12.4	14.92	13.4
2010	110.92	92.3	9.24	7.7	89.45	74.5	14.70	12.2	16.01	13.3

说明：为便于比较，2002年前武进县（市）的数据计入市区

1995年和2000—2010年常州市私营企业注册资本分地区统计表

表16-4-11　　单位：亿元

年份	城镇	农村	金坛	溧阳	武进	新北	天宁	钟楼	戚墅堰区	市直属
1995	5.01	6.38	1.87	2.32	3.85	3.35				
2000	43.72	30.02	9.53	5.77	23.17	35.27				
2001	86.57	26.40	10.31	12.29	40.20	50.17				
2002	72.18	105.00	16.48	21.30	139.40					
2003	278.42	32.29	22.28	32.19	115.77	53.15	28.35	15.85	5.87	37.25
2004	317.71	113.24	29.06	43.60	162.09	72.49	36.95	21.22	7.76	57.78
2005	441.64	116.61	36.56	55.44	219.81	95.02	51.33	34.26	10.78	55.05
2006	617.20	78.75	46.85	75.80	255.08	127.86	59.93	43.48	14.00	72.95
2007	783.23	69.76	60.42	96.33	312.09	145.26	67.44	49.61	15.73	106.11
2008	939.82	60.49	79.35	115.94	365.23	176.58	75.12	52.84	16.60	127.65
2009	1136.51	65.69	92.10	142.99	438.29	217.13	85.69	58.34	19.51	148.15
2010	1557.22	71.56	108.21	204.49	603.84	296.36	101.00	67.15	28.59	219.14

第三节 经济总量

1995年，常州市私营企业单位完成总产值7.41亿元、销售总额或营业收入5.67亿元，私营服务业完成销售总额（营业收入）3409万元。2000年，全市私营企业社会消费品零售额增至101亿元。2010年，全市私有经济（含其他非公经济类型的私有成分）实现增加值164.1亿元，占全市地区生产总值的24.4%。

一、工　　业

总产值　1995年，常州市有证个体私营企业完成总产值13.98亿元，其中城镇344家、农村6742家个私工业企业分别完成工业总产值（现价新口径）7463万元、13.23亿元。1999年，全市农村个私工业工业产值从上年的101.66亿元增至155.62亿元，拉动全市乡镇工业增长10.7个百分点。21世纪初叶，全市私营工业企业经济总量迅速扩大。翌年，全市个私工业完成总产值216亿元，约80家私营企业年产值或销售达1000万元、缴税达100万元或出口创汇达100万美元，近20家企业产销达1亿元。2002年，全市列入统计的乡镇个私企业累计完成营业收入573.3亿元，占全市的比重为52.5%。农村个体私营企业35种产品获评江苏省乡镇企业名牌产品。2003年，全市乡镇个私工业企业实现营业收入827.9亿元，占全市乡镇工业总量的62.4%，实现增加值213.7亿元。2005年，全市1.67万家私营工业企业完成工业总产值1642.64亿元，其中市区1.35万家、金坛1563家、溧阳1631家分别完成1264.24亿元、174.83亿元、203.57亿元；全市2209家规模以上私营工业企业及其中778家轻工业、1431家重工业私营企业，分别完成工业总产值1098.6亿、304.73亿元和793.87亿元。2010年，全市4942家规模以上私营工业企业完成工业销售产值4009.15亿元。

销售收入　1997年，常州市农村个私工业完成销售收入39亿元，2000年增至216.95亿元。翌年，全市列入统计的乡镇个私工业企业完成销售收入336.2亿元，全市有904家私营工业企业销售收入500万元。2005年，全市有规模以上私营工业企业2209家、轻工业企业778家、重工业企业1431家，分别完成产品销售收入1067.6亿元、296.85亿元和770.76亿元。2010年，全市4942家规模以上私营工业企业完成销售收入3997.22亿元，其中241家大中型私营工业企业完成1819.08亿元。

二、建筑业

施工量　2005年，常州市242家私营建筑企业施工房屋建筑面积1350万平方米，竣工房屋建筑面积653万平方米，其中住宅309万平方米。至2010年底，全市私营建筑企业施工房屋、竣工房屋及其中住宅的总面积分别增加4651万平方米、1921万平方米和1232万平方米。2010年，全市510家私营建筑企业（不含劳务企业）施工房屋、竣工房屋及住宅总面积分别达6001万平方米、2574万平方米和1541万平方米。

总产值　1995年，常州市私营建筑企业完成总产值621万元。2005年，全市242家私营建筑企业完成建筑业总产值117.24亿元，其中建筑工程106.23亿元、安装工程11.01亿元；完成竣工产值83.45亿元，全员劳动生产率每人每年14.88万元，实现建筑业增加值24.04亿元。2010年，全市510家私营建筑企业（不含劳务企业）完成建筑业总产值684.45亿元，其中建筑工程600.03亿元、安装工程78.23亿元；完成装饰装修产值50.15亿元、其他产值6.19亿元；全市私营建筑企业竣工总产值600.81亿元，其中在外省完成总产值166.27亿元。

三、商贸业

1995年，常州市私营商业单位完成销售总额5.16亿元。2005年，全市54家限额以上私营商贸企业和27家批发贸易、27家零售贸易企业分别完成销售额116.54亿元和76.64亿元、39.9亿元；市区37家限额以上批发和零售私营企业完成商品销售总额109.73亿元。2010年，全市685家私营贸易企业和市区的619家分别完成销售总额1334.16亿元、1281.52亿元。

批发总额 2005年以前，常州私营企业从事批发业者较少。2005年，全市商贸业54家限额以上私营企业及其中27家批发贸易、27家零售贸易企业分别完成批发总额87.47亿元、76.02亿元和11.45亿元；市区37家限额以上批发零售私营企业完成批发总额83.65亿元。2010年，全市685家限额以上私营贸易企业、市区619家同类企业分别完成批发总额1054.46亿元、1024.06亿元。

零售总额 2005年，常州市54家限额以上私营商贸企业及其中27家批发贸易、27家零售贸易企业分别完成零售总额29.07亿元、0.61亿元和28.46亿元。市区37家限额以上批零兼营私营企业完成零售总额26.08亿元。2010年，全市685家私营贸易企业和市区的619家同类企业分别完成零售总额279.7亿元、257.46亿元。其中，467家批发贸易私营企业、市区438家同类企业分别完成零售总额6.22亿元、6.17亿元，218家零售贸易私营企业完成零售总额273.49亿元。

四、住宿餐饮业

营业收入 1995年，常州市私营公共饮食业完成销售总额(营业收入)958万元。2005年，全市53家限额以上私营住宿餐饮企业完成营业收入8.1亿元，其中市区36家完成5.72亿元；全市私营限额以上12家住宿企业、41家餐饮企业分别完成营业收入1.63亿元、6.46亿元。2010年，全市44家私营住宿企业、71家私营餐饮企业分别完成营业收入9.85亿元、19.6亿元。

餐费收入 2005年，常州市53家限额以上私营住宿餐饮企业完成餐费收入5.81亿元，其中市区36家私营企业餐费收入4.68亿元；全市私营限额以上12家住宿企业、41家餐饮企业分别完成餐费收入0.67亿元、5.14亿元，其中市区33家私营餐饮企业完成4.47亿元。2010年，全市住宿业44家、餐饮业71家私营企业分别完成餐费收入4.76亿元、18.48亿元。

客房收入 2005年，常州市53家限额以上私营住宿餐饮企业完成客房收入1.04亿元，其中市区36家私营企业客房收入0.38亿元；全市12家限额以上私营住宿企业完成客房收入0.74亿元，其中市区3家限额以上私营住宿企业完成2799万元；全市41家限额以上私营餐饮企业完成客房收入0.3亿元。2010年，全市44家私营住宿企业完成客房收入4.2亿元。全市71家私营餐饮企业完成客房收入8465万元。

五、房地产开发业

2005年，常州市77家私营房地产开发企业开发土地44.39万平方米，完成经营收入25.03亿元，其中商品房屋销售收入24.75亿元。2010年，全市有私营房地产开发企业171家，年均从业人数4012人，拥有所有者权益94.01亿元，完成主营业务收入209.77亿元、商品房屋销售收入209.43亿元，实现主营业务税金及附加14.94亿元、主营业务利润30.91亿元。市区有私营房地产开发企业111家，年均从业人数2662人，拥有所有者权益73.58亿元，完成商品房屋销售收入174.67亿元，实现主营业务税金及附加12.56亿元，主营业务利润26.05亿元。

第四节 社会贡献

一、创造就业

1997年，全市个体私营企业吸纳7300多名下岗职工就业。2005年，全市1.45万家规模以下私营工业企业安置从业人员23.18万人，6163家个人独资企业安置职工就业10.91万人。2010年，全市4942家规模以上私营工业企业吸纳56.21万名职工就业，其中241家大中型私营工业企业吸纳职工20万人；每位员工完成工业产值72.46万元。全市510家私营建筑企业(不含劳务企业)应付从业人员工资福利费总额94.84亿元。全市44家住宿私营企业安置就业人员6423人。私营企业在吸纳社会人员就业、安置下岗失业人员和失地农民、吸收外来农民工等方面发挥了主渠道作用。

二、增创税收

1995年,全市城镇344家个私工业户上缴税金604万元,农村6742家个私工业户上缴税金7744万元。2000年,全市约有80家私营企业缴税达100万元。2005年,全市非公有制经济的增值税、消费税(简称“两税”)贡献率近90%。全市非公有制经济入库“两税”71.54亿元,其中私营企业入库“两税”26.72亿元,分别占全市“两税”总额的89.6%、33.5%,成为非公经济税收增长“排头兵”。2005年,全市私营经济入库地方税收20.99亿元,规模以上私营工业企业上缴产品销售税金及附加3.91亿元,其中轻工业0.93亿元、重工业2.98亿元,武进2.05亿元、溧阳0.71亿元、金坛0.45亿元。规模以上私营工业企业人均利税2.27万元;规模以上轻工业、重工业及大型、中型和小型私营企业人均分别实现利税1.29万元、2.79万元、1.83万元、7.91万元和2.54万元。全市1.45万家规模以下私营工业企业实现产品销售税金及附加3.7亿元。全市242家私营建筑企业实现利润总额2.99亿元、工程结算税金及附加3.4亿元。2006年,全市私营经济入库税收27.51亿元。2010年,全市4942家规模以上私营工业企业实现产品销售税金及附加增值税122.89亿元,每百元固定资产原值实现利税31.45元,其中利润18.98元;全市510家私营建筑企业(不含劳务企业)工程结算税金及附加18.54亿元;53家限额以上私营住宿餐饮企业实现主营业务税金及附加4411万元、其中市区36家2984万元;全市115家私营住宿餐饮企业实现主营业务税金及附加1.56亿元;全市77家私营房地产开发企业经营税金及附加1.55亿元。

三、创造利润

2005年,全市2209家规模以上私营工业企业和778家轻工业、1431家重工业私营企业分别实现利润33.03亿元、5.74亿元和27.29亿元。全市1.45万家规模以下、4942家规模以上私营工业企业分别实现利润总额21.32亿元、187.22亿元。2006年,全市规模以上私营工业企业实现利润13.61亿元。2010年,全市4942家规模以上私营工业企业实现利润总额187.22亿元,人均创利18.98万元;其中241家大中型企业实现利润99.96亿元。全市53家限额以上私营住宿企业利润总额1686万元,其中市区36家私营企业实现利润总额1487万元;全市71家私营餐饮企业实现利润总额6722万元;全市77家私营房地产开发企业完成主营业务利润2.83亿元。

第五章　个体经济

1987年8月,国务院颁布第一部关于个体经济的法规《城乡个体工商户管理暂行条例》,改善了个体私营经济的发展环境,加上民众日益迫切的致富愿望,常州市个体私营经济发展速度逐年提高,大致经历了1978—1987年的快速发展阶段、1988—1992年的徘徊发展阶段和1993—2010年的稳步发展阶段。

第一节　经济规模

一、经 营 户

1986年3月,常州市召开第一次个体劳动者大会时,全市注册有个体户4.1万户。翌年末,全市个体户发展到4.93万户，比1978年增27.23倍。1987—1992年，个体工商户快速发展，1992年末全市个体户发展到5.62万户。1993年，市委、市政府出台加快发展第三产业的政策规定，动员全社会力量兴办第三产业。1996年，全市个体工商户发展到8.6万户。1997年，市工商局出台推进再就业工程工作8项措施，鼓励下岗待业人员从事个体经营活动和个体私营业主多吸收就业。2000年，全市新发展个体户1.83万户，年末达8.75万户，其中城镇3.32万户、农村5.43万户。2001—2005年，个体经济发展成为继乡镇企业、合资企业后全市新的重要经济增长点，全市净增个体户2.25万户，城镇净增6.16万户、农村净减3.91万户。2005年末发展到11万户，其中城镇、农村分别发展到9.48万户、1.52万户。2006年，全市新登记注册个体工商户2.16万户，年末全市实有个体工商户11.99万户。据第二次全国经济普查，2008年末全市有个体经营户19.06万户，其中第二产业2.14万户、第三产业16.92万户。至2010年底，全市个体工商户发展到15.75万户。

1986—2010年常州市个体工商户数量统计表

表16-5-1　　单位：万户

年份	总户数	年份	总户数	年份	总户数	年份	总户数	年份	总户数
1986	4.10	1991	5.26	1996	8.60	2001	9.02	2006	11.99
1987	4.93	1992	5.62	1997	8.70	2002	8.98	2007	12.34
1988	4.43	1993	6.82	1998	9.14	2003	10.03	2008	19.06
1989	4.29	1994	7.34	1999	10.04	2004	9.95	2009	14.33
1990	4.43	1995	7.91	2000	8.75	2005	11.00	2010	15.75

二、从业人员

1978年，全市个体工商户从业人员仅2010人。1986年，全市个体工商户从业人员发展到5.79万人。1987年，全市个体工商户从业人员比上年增加近1万人，年末达6.69万人。1991年，全市个体从业人员增至9.17万人，1995年末发展到12.76万人。2000年末，全市有个体从业人员16.59万人，其中城镇6.57万人、农村10.02万人。2001—2005年，全市净增个体工商户从业人员3.05万人，其中2002—2004年逐年递减。2005年底，全市个体从业总人数增至19.65万人。2008年末，全市个体工商户从业总人数23.81万人，其中从事工业的12.2万人。2010年底，全市个体工商户从业人员队伍发展到32.04万人。

1994—2010年常州市个体工商户从业人员总数统计表

表16-5-2　　单位：万人

年份	总人数	年份	总人数	年份	总人数	年份	总人数	年份	总人数
1986	5.79	1991	9.17	1996	15.95	2001	17.71	2006	22.48
1987	6.69	1992	9.47	1997	16.22	2002	15.45	2007	23.11
1988	6.11	1993	11.24	1998	17.20	2003	15.00	2008	23.81
1989	6.47	1994	12.14	1999	18.56	2004	14.34	2009	26.89
1990	6.58	1995	12.76	2000	16.59	2005	19.65	2010	32.04

三、投资状况

1987年，常州市个体工商户注册资本0.8亿元。1996年末，全市个体户注册资本增至6亿元。2000年，全市新增注册资本4.05亿元，年末注册资本总额达12.29亿元。2001—2005年，全市个体户注册资本净增12.72亿元，2005年末达到25亿元。同年，全市个体经营企业完成固定资产投资6500万元，其中城镇投资2300万元、农村投资4200万元；个体户完成固定资产投资5500万元，其中城镇投资1300万元、农村投资4200万元。2006—2010年，全市个体户净增注册资本34.36亿元。2007年末，户均注册资本由2002的1.51万元提高到2.9万元。2010年，全市个体经营户完成固定资产投资3.09亿元，其中城镇1.84亿元、农村1.25亿元；市区个体户完成投资2.79亿元，其中城镇1.84亿元、农村0.95亿元。同年末，全市个体户注册资本总额提高到59.4亿元。

第二节　经济结构

一、经营户构成

地区分布　1995年底，常州市区和武进、金坛、溧阳3市分别有个体户2.03万户、2.83万户、1.44万户和1.6万户。全市登记有证个体工业7086户，其中城镇344户、农村6742户。2000年底，全市有8.75万户个体工商户，城镇、农村分别为3.32万户和5.43万户；市区和武进、金坛、溧阳3市分别有个体户2.23万户、3.24万户、1.63万户和1.65万户。2001—2005年，武进、新北两区个体户增长迅速，其他区小幅增长或有升有降，金坛、溧阳两市稳中有降。2001年，全市有个体经营工业企业1.7万户，其中市区(含武进)1.3万户、溧阳0.17万户、金坛0.23万户。2005年，溧阳市和武进、新北两区分别由2002年的1.8万户、2.23万

1994—2010年常州市个体工商户分行业统计表

表16-5-3　　　　单位：万户

年份	制造业	批发零售贸易业	居民服务和其他服务业	住宿和餐饮业	交通运输、仓储和邮政业	其他行业
1994	0.90	4.21	0.94	0.68	0.57	0.03
1995	0.94	4.68	1.05	0.70	0.51	0.01
1996	0.98	5.10	1.10	0.73	0.69	0.01
1997	0.92	5.25	1.22	0.73	0.58	0.01
1998	0.85	5.61	1.27	0.71	0.64	0.05
1999	0.88	6.34	1.29	0.69	0.72	0.11
2000	0.76	5.52	1.08	0.64	0.65	0.10
2001	0.85	5.61	1.13	0.71	0.64	0.09
2002	1.04	5.61	1.05	0.67	0.48	0.12
2003	1.22	6.39	1.21	0.69	0.46	0.06
2004	1.18	6.72	1.18	0.53	0.20	0.15
2005	1.28	7.36	1.39	0.68	0.22	0.07
2006	1.39	7.95	1.33	0.77	0.22	0.32
2007	1.38	8.20	1.42	0.89	0.14	0.32
2008	1.35	8.55	1.47	0.98	0.13	0.31
2009	1.48	9.41	1.80	1.15	0.14	0.37
2010	1.72	10.12	2.04	1.27	0.14	0.47

说明：此表资料来源于《常州统计年鉴》2006、2011卷

户和0.76万户增至1.87万户、3.91万户和1.14万户，金坛市由2002年的1.65万户减至1.49万户，天宁、钟楼、戚墅堰3区分别由2002年的1.11万户、0.6万户、0.23万户增至1.4万户、0.88万户和0.3万户。2006—2010年，全市城镇个体户数逐年加速上升，2010年末总数由2006年末的10.52万户升至14.87万户；农村个体户数逐年下降，2010年末总数由2006年末的1.47万户降至0.88万户。市区和金坛、溧阳两市分别有个体工商户11.91万户、1.62万和2.22万户。

行业分布 1986年底，全市有从事商业和饮食服务业的个体户2.39万户，其中商业零售1.42万户、饮食业0.35万户、服务业0.62万户。1995年，全市餐饮业有个体工商户7029户。2000年，全市8.75万户个体户中，从事商业零售、制造业、住宿餐饮业、社会服务业、交通运输和仓储业的分别为5.52万户、0.76万户、0.64万户、1.08万户和0.65万户。2001—2005年，全市从事住宿和餐饮业的个体工商户发展到0.68万户。2006年，全市个体户中，从事批发零售业7.95万户、制造业1.39万户、居民服务和其他服务业1.33万户，分别占总数的66.3%、11.6%和11.1%。据第二次全国经济普查，2008年末全市有工业个体户1.9万户、餐饮业个体户1.18万户。2010年底，全市15.75万户个体工商户主要集中在批发零售业、居民服务和其他服务业、制造业、住宿和餐饮业，分别为10.12万户、2.04万户、1.72万户和1.27万户，分别占总数的64.3%、13%、10.9%和8.1%。全市有从事住宿和餐饮业的限额以上个体户192户。

二、从业人员构成

地区分布 1995年末，全市个体工商户从业总人数12.76万人，城镇、农村分别为2.24万人、10.52万人，市区和武进、金坛、溧阳3市从业人员总数分别为3.16万、4.79万、2.22万和2.59万人。2000年末，全市个体工商户从业人员总数16.59万人。2002—2004年，全市个体从业人员城乡分布起伏较大。2002年，全市城镇个体从业者从2001年末的17.71万人骤减2.26万人，农村从2001年的5.48万人骤增4.06万人，城乡年末从业人员分别为5.91万、9.54万人。2003—2005年，城镇连续3年剧增11.27万人，农村连续3年剧减7.07万人，2005年末全市有个体从业者19.65万人。据2008年第二次全国经济普查，2008年末全市个体经营户有从业人员23.81万人。2010年底，全市有个体从业者达32.04万人；其中市区和金坛、溧阳两市城镇个体从业总人数分别为23.09万人、2.53万人和4.67万人，农村从业总人数分别为0.18万人、0.7万人和0.87万人。

1995—2010年部分年份常州市个体经营户从业人员分地区统计表

表16-5-4 单位：万人

年份	全市	城镇	农村	市区	武进	金坛	溧阳
1995	12.76	2.24	10.52	3.16	4.79	2.22	2.59
2000	16.59	6.57	10.02	3.94	6.17	3.65	2.83
2005	19.65	17.18	2.47	13.93		2.95	2.77
2008	23.80	—	—	16.76		3.00	4.05
2010	32.04	30.29	1.75	23.09		3.23	5.54

行业分布 1995年，全市个体从业人员主要分布于批发零售贸易、制造业、餐饮业、社会服务业，年末总人数分别为6.62万人、2.42万人、1.47万人和1.42万人。2000—2005年，全市个体从业人员主要集中在批发零售贸易业、制造业、社会服务业、住宿和餐饮业与交通运输仓储和邮政业，其中批发零售贸易业从业人员总数由2001年9.79万人逐年下降到2004年的8.04万人，2005年回升至10.92万人，住宿和餐饮业从业人员数呈波浪式增长，其他行业小幅增长。2006—2010年，全市个体工商户从业人员主要集中在批发零

售贸易业、制造业、社会服务业、住宿和餐饮业，总人数分别为15.87万人、6.65万人、4.42万人和3.81万人。2010年末，批发零售贸易业个体从业总人数占全市个体从业总人数的49.5%。

1994—2010年常州市个体工商户从业人员主要行业分布统计表

表16-5-5　　单位：万人

年份	批发零售贸易业	制造业	居民服务和其他服务业	住宿和餐饮业	交通运输、仓储和邮政业	其他行业
1994	6.24	2.22	1.33	1.42	0.87	0.06
1995	6.62	2.42	1.42	1.47	0.78	0.04
1996	8.75	2.56	1.93	1.62	1.06	0.03
1997	9.05	2.42	2.10	1.63	1.00	0.03
1998	9.59	2.79	2.16	1.48	1.09	0.07
1999	10.84	2.88	2.15	1.31	1.13	0.26
2000	9.46	2.52	2.01	1.35	1.06	0.19
2001	9.79	3.36	2.09	1.40	0.93	0.14
2002	8.95	2.42	1.85	1.32	0.67	0.23
2003	8.54	2.04	2.00	1.56	0.76	0.09
2004	8.05	3.16	1.61	1.06	0.22	0.23
2005	10.92	4.17	2.39	1.77	0.28	0.12
2006	12.72	4.08	2.55	2.11	0.34	0.67
2007	12.98	4.03	2.71	2.44	0.25	0.69
2008	13.38	4.02	2.80	2.66	0.25	0.71
2009	14.55	4.68	3.34	3.26	0.27	0.79
2010	15.87	6.65	4.42	3.81	0.29	0.99

说明：1.此表收录历年从业人员数曾达1000人的行业，资料来源于《常州统计年鉴》历年卷。2.“居民服务和其他服务业”2000—2005年统计为“社会服务业”。3.“批发零售贸易业”1997年前统计为“商业”

三、投资结构

1995年以前，因个体户及其总体规模均较小，投资总量偏小。1995年末，全市农村6742户有证个体工业自有资本总额3.58亿元，城镇344户有证个体工业户自有资本3823万元。2010年末，全市个体工商户注册资本总额列前3位的是批发零售业27.5亿元、制造业11.6亿元、住宿和餐饮业7.4亿元，分别占全市总量的46.3%、19.5%和12.5%。2010年底，个体工商户注册资本金总额排名前3位

2002—2005年常州市辖市区个体工商户注册资金统计表

表16-5-6　　单位：亿元

区域	2002年	2003年	2004年	2005年	区域	2002年	2003年	2004年	2005年
全　市	13.95	18.47	20.54	25.01	新　北	1.31	2.11	2.23	2.55
金　坛	2.44	3.47	3.18	3.69	天　宁	1.89	2.25	2.38	2.97
溧　阳	2.37	2.82	3.59	4.13	钟　楼	0.60	0.81	1.05	1.62
武　进	4.95	6.54	7.78	9.68	戚墅堰	0.39	0.47	0.31	0.36

说明：资料来源于《常州年鉴》2003—2006卷

的区域分别是武进20.8亿元、溧阳10.5亿元、新北8.1亿元，分别占总量的35.1%、17.8%、13.7%。

第三节 经济总量

据2008年第二次全国经济普查省抽样调查推算，2008年全市个体经营户完成营业收入1132.06亿元，其中金坛、溧阳、武进、新北、天宁、钟楼、戚墅堰7个辖市区的个体经营户分别完成营业总收入165.02亿元、161.49亿元、512.13亿元、97.66亿元、88.31亿元、99.18亿元和8.27亿元。

一、工　　业

1986年，全市个体有证工业完成工业产品销售额1068万元，其中市区28万元。1995年，全市344户城镇有证个体工业完成工业总产值(现价新，不含金坛)7463万元，其中市区完成7339万元；全市6742户农村有证个体工业完成工业总产值(现价新，不含溧阳)13.23亿元，其中市区、武进和金坛分别完成0.24亿元、10.87亿元和2.12亿元。2001年，全市个体户工业完成工业总产值71.18亿元，其中市区和武进、金坛、溧阳3市分别完成1.19亿元、30.69亿元、11.17亿元和5.47亿元。2005年，全市1.71万家有证个体经营工业企业完成工业总产值156.49亿元，其中市区70.08亿元、溧阳27.58亿元、金坛58.83亿元。据2008年第二次全国经济普查，全市1.91万户个体户工业完成营业总收入183.57亿元、营业总支出164.08亿元。

二、商 贸 业

1986年，全市有证个体商业户完成商品零售总额1.64亿元。1987—1990年，全市有证个体商业户完成社会商品零售总额净增2.85万元，1990年总额达4.49亿元。1991—1995年，全市个体商业户完成社会商品零售总额增24.51亿元，1995年总额达29亿元。1996—2002年，全市个体商业户完成社会商品零售总额净增61.17亿元，2002年总额达90.17亿元。2003—2005年，全市个体商业户的社会消费品零售快速增长，2005年总额比2002年净增119.62亿元，攀升至209.78亿元，分别比1986年(有证个体商业)、1995年和2002年增126.9倍、6.2倍和1.3倍。2006—2010年，常州个体商业户的社会消费品零售呈加速度增长，净增248.4亿元。2010年，全市个体商户完成的社会消费品零售总额攀升至458.18亿元；其中市区和溧阳、金坛两市分别完成284.27亿、96.12亿和77.79亿元；全市834户限额以上个体企业完成商品销售总额158.46亿元，其中市区的643户、金坛市的76户和溧阳市的115户分别完成商品销售总额140.8亿元、4.5亿元和13.16亿元。

1986—2010年部分年份常州市有证个体工商户社会商品零售总额统计表

表16-5-7　　　　单位：亿元

年份	全市	市区	武进	金坛	溧阳	年份	全市	市区	金坛	溧阳
1986	1.64	0.27	—	—	—	2002	90.17	55.25	9.90	25.02
1990	4.49	0.72	—	—	—	2005	209.78	132.83	42.17	34.78
1995	29.00	5.06	12.21	5.76	5.97	2010	458.18	284.27	77.79	96.12

说明：市区均不包括武进

三、住宿和餐饮业

1986年，全市有证饮食业个体户完成营业收入总额3157万元，其中市区694万元。1987—1990年，全市有证饮食业个体户营业收入总额净增6993万元，1990年达1.02亿元，其中市区3023万元，分别比1986年增2.22倍和3.36倍。据第二次全国经济普查，2008年餐饮业的1.18万户个体户完成营业总收入63.73

亿元。2010 年，全市住宿餐饮业的 192 户限额以上个体户完成营业收入 12.45 亿元，其中餐费、客房、商品销售收入分别为 8.69 亿元、0.59 亿元和 3.17 亿元。

第四节　社会贡献

一、增加就业

个体经济的发展吸纳了大量社会人士就业，向从业人员支付了巨额的工资报酬总额。据第二次全国经济普查，2008 年全市个体经营户支付从业人员工资报酬 53.65 亿元。金坛、溧阳、武进、新北、天宁、钟楼、戚墅堰 7 个辖市区个体户分别支付从业人员工资报酬 5.78 亿元、7.21 亿元、24.25 亿元、3.88 亿元、6.3 亿元、5.82 亿元和 0.41 亿元，其中全市工业 1.91 万户、批零贸易业 10.12 万户、餐饮业 1.18 万户个体户分别向从业人员支付工资报酬 16.99 亿元、18.46 亿元和 5.82 亿元。

二、创造利税

1995 年，全市农村 6742 户有证个体工业户上缴税金 7744 万元，城镇 344 户有证个体工业户上缴税金 604 万元。2001 年，全市个体经济入库"两税"1.72 亿元，个体经济入库地方税收 1.49 亿元。2006 年，全市个体经济入库税收 2 亿元。据第二次全国经济普查，2008 年全市个体经营户向国家缴纳税费 13.68 亿元，其中金坛、溧阳、武进、新北、天宁、钟楼、戚墅堰的个体户分别向国家缴纳税费 3.38 亿元、2.26 亿元、3.82 亿元、1.12 亿元、1.33 亿元、1.73 亿元和 0.05 亿元。全市 1.91 万户工业个体户、10.12 万户批零贸易个体户和 1.18 万户餐饮业个体户分别向国家缴纳税费 3.23 亿元、4.54 亿元和 1.79 亿元。

三、回报社会

全市从 1995 年起开始开展光彩事业活动，个体工商户的先进代表积极参与光彩事业，回报社会。徐伟华被评为全国先进青年个体劳动者，工商业者救火英雄符建浩、革命烈士张志康被评为江苏省见义勇为积极分子。1996 年 12 月，个体工商户主响应市委、市政府发出的开展扶贫济困活动的号召，向市扶贫济困慈善基金会捐赠价值 31.24 万元的款物。同年，全市个体工商户、私营企业资助社会公益事业、希望工程和拥军优属等的款物价值 100 万元。常州市光彩基金会自 1999 年成立至 2006 年组织个体、私营企业会员 2331 人次，实施光彩项目 200 余项，直接扶贫帮困或捐资达 6.97 亿元，安置就业人员 20 多万人，其中吸纳城镇下岗职工 8 万多人，14 家民营企业设立百万光彩助困基金。2005 年底，常州市成立慈善总会，并开展劝募活动，不到一年时间募集到 10 亿元慈善基金，每年可以动用资金达 2000 万元，慈善资金总额为全省第一，全国领先。是年，动用 1113.5 万元，对全市 2918 户困难家庭实施大病医疗救助，用 49 万元开展敬老助老活动，用数十万元资助常州西藏民族中学等学校 100 多名贫困家庭的学生。至 2009 年底，全市百万元以上光彩基金有 28 个，基金总额合计 9280 万元。

第六章　其他民营经济

常州除私营企业、个体工商户以外的其他民营经济同样是常州经济建设和社会发展的重要推动力量（包括有限责任公司、股份有限公司、股份制合作公司等，部分经济形式包含公有制经济成份，但大部分为民营经济成份。但不包括外商和港澳台商投资企业）。全市股份合作公司、有限责任公司和股份有限公司等其他民营经济取得良好的经济社会效益，对常州经济社会发展做出了重大贡献。2005—2006年，全市股份制经济入库地方税收55.44亿元。2010年末，全市有规模以上民营工业企业（含私营企业和个体企业）5297家，拥有所有者权益1125.78亿元，年均从业人员64.74万人。同年完成工业总产值4618.51亿元、产品销售收入4526.63亿元，实现利税总额352.78亿元、利润总额212.68亿元；"以民引外"实际到账外资和港澳台资11.5亿美元；新核准40家境外投资企业中有29家的投资主体中有民营企业，中方对外投资额的3.42亿美元中有民营企业的投资2.28亿美元。全市民营企业完成外贸进出口总额94.6亿美元，其中出口72.1亿美元、进口22.5亿美元。全市规模以上股份合作、有限责任和股份有限的工业企业员工人均分别完成工业产值71.97万元、72.65万元和68.2万元，分别实现利税5.02万元、5.99万元和7.06万元；每百元固定资产原值分别实现利税24.63元、16.93元和22.82元，利润11.08元、10.49元和18.4元。

第一节　股份企业

一、股份有限公司

2005年，常州市股份有限公司有从业人员3.13万人，向从业人员支付劳动报酬7亿元，其中市区6.22亿元、溧阳0.44亿元和金坛0.34亿元。全市股份有限公司完成固定资产投资35.12亿元，其中城镇25.47亿元(房地产业4.2亿元)、农村9.65亿元。2010年，全市股份有限公司固定资产投资额增至41.86亿元，市区股份有限公司完成投资总额37.29亿元。

工　业　90年代中期，常州股份工业企业以大成纺织集团、常柴股份、黑牡丹集团3家企业最为知名。2008年末，全市工业股份有限公司有从业人员1.13万人。2010年末，全市有工业股份有限公司21家，年均职工数2.75万人，拥有所有者权益123.05亿元；完成工业总产值190.94亿元、产品销售收入186.32亿元，实现利税22.48亿元、利润16.97亿元。其中，有规模以上工业股份有限公司18家，年末拥有所有者权益113.99亿元，年均从业人员2.34万人，完成工业总产值159.53亿元、产品销售收入154.28亿元，实现利税16.52亿元、利润13.31亿元。

建筑业　2005年，常州市建筑业有股份有限公司15家，年均从业人员1.06万人，年底拥有所有者权益5.38亿元，其中固定资产2.92亿元、无形及递延资产0.94亿元，自有机械设备3878台、自有施工机械年末总功率6.15万千瓦、年末净值2.22亿元。同年施工房屋建筑141万平方米，竣工房屋建筑76万平方米，其中住宅40万平方米；完成建筑业总产值17.32亿元、竣工产值14.64亿元。实现建筑业增加值3.04亿元、利润3792万元、工程结算税金及附加4257万元，全员劳动生产率每人每年17.41万元。2010年末，全市建筑业股份有限公司减至1家，年均从业人员仅65人，拥有所有者权益1216万元，同年完成建筑工程产值820万元、竣工产值820万元，实现利润33万元。

商贸业　90年代中期至2001年，常州股份制商贸企业以常州药业股份公司、百货大楼股份公司最为知名。2005年，全市商贸业有限额以上股份有限公司5家，其中批发贸易4家、零售贸易1家，分别完成销售额45.56亿元、45.47亿元和0.09亿元，零售额分别为8.7亿元、8.61亿元和0.09亿元。2008年末，全市股份有限批发零售企业有从业人员4200人。2010年，全市有限额以上股份贸易公司6家，完成销售额49.31亿元，其中批发21.82亿元、零售27.49亿元。全市从事批发、零售贸易的股份公司分别为4家、2家，分别完成批发销售额14.87亿元、6.95亿元和零售额1.26亿元、26.22亿元。市区有从事批发、零售贸易的股份批零贸易企业5家，完成销售额45.14亿元，其中批发18.89亿元、零售26.25亿元。

住宿餐饮业 2005年，常州市区有1家限额以上的股份制餐饮企业，年均从业人员40人，拥有所有者权益42万元，年末餐饮营业面积2000平方米，拥有餐位450个、床位72张；全年完成营业收入357万元，其中餐费收入295万元、客房收入57万元，实现利税23万元。

房地产开发业 2005年，常州市房地产开发业有股份有限企业1家，年末从业人员117人，拥有所有者权益8.19亿元，完成商品房屋销售收入6.16亿元；实现利润总额3.32亿元；向国家上缴经营税金及附加4140万元。2010年，全市股份有限公司开发企业11家，拥有所有者权益18.98亿元，完成商品房屋销售收入23.78亿元，实现主营业务税金及附加2.45亿元，利润1.44亿元，净亏损3500万元，待开发土地面积13.28万平方米，购置土地面积3.5万平方米，支付工资福利费总额5290万元。市区有股份有限公司开发企业9家，年均从业人数511人，拥有所有者权益18.24亿元，完成商品房屋销售收入22.38亿元，主营业务税金(含附加)2.39亿元，净亏损1.25亿元，支付工资福利费总额5077万元。

二、股份合作企业

2005年，常州市有股份合作制企业2698家，有从业人员1.2万人，其中市区1.07万人、溧阳782人、金坛523人；全市股份合作制企业支付劳动报酬总额1.86亿元，其中市区1.55亿元、溧阳0.18亿元、金坛0.13亿元；完成固定资产投资24.52亿元，其中城镇投资9.52亿元、农村投资15亿元。2008年末，全市有股份合作企业920家。2010年末，全市股份合作制企业全部在市区，同年完成固定资产投资总额7.59亿元，其中城镇2.2亿元、农村5.39亿元。

工　业 2005年，常州市有规模以上股份合作工业企业2661家，其中市区2620家、溧阳4家、金坛37家；完成工业总产值228.84亿元，其中市区224.33亿元、溧阳2.81亿元、金坛1.7亿元。全市有规模以下股份合作工业企业2363家，年末从业人数3.07万人，固定资产(原价)21.18亿元，完成工业产品销售收入75.32亿元，实现利税总额3.52亿元。2008年末，全市有股份合作制工业企业791家，从业人员3.49万人。2010年末，全市71家规模以上股份合作工业企业拥有所有者权益30.5亿元，年均从业人员1.34万人，完成工业产品销售收入93.61亿元，实现利税6.73亿元、利润3.03亿元。其中4家大中型股份合作工业企业，年均职工总数7600人，拥有所有者权益21.3亿元；完成工业产品销售收入58.4亿元，实现利税4.28亿元、利润1.77亿元。

建筑业 2005年末，常州市建筑业有股份合作企业23家，年均从业人员7764人，自有机械设备2977台，自有施工机械年底总功率2.38万千瓦；全年施工房屋148万平方米，竣工房屋85万平方米，其中住宅29万平方米，完成建筑业总产值8.68亿元、竣工产值7.52亿元；全员劳动生产率每人每年11.56万元。拥有所有者权益2.31亿元，其中固定资产8169万元、无形及递延资产165万元，实现建筑业增加值1.87亿元、实现利税总额4897万元。2008年末，全市有股份合作制建筑企业5家，有从业人员400人，占同行业0.1%。2010年，全市已无股份合作制建筑企业。

商贸业 1995年，常州市有股份合作制贸易企业8家，完成社会商品零售总额10.83亿元。2005年，全市有限额以上批发贸易股份合作制企业1家，完成销售额5125万元，其中批发额4763万元、零售额361万元。2008年末，全市有批发零售贸易业股份合作企业31家，从业人员600人。2010年，全市有股份合作贸易企业6家，分别完成销售额8.65亿元，其中批发7.75亿元、零售9039万元。其中市区有从事批发贸易的股份合作企业1家，完成批发销售额34.93亿元。

住宿餐饮业 2005年，常州仅市区有1家限额以上的股份合作制餐饮企业，年均从业人员74人，拥有所有者权益2200万元，年末餐饮营业面积1950平方米，拥有餐位400位、床位50张；全年完成营业收入508万元，其中餐费收入396万元、客房收入67万元，亏损44万元。2010年，全市已无股份合作制住宿餐饮企业。

房地产开发业 2005年，常州市有股份合作房地产开发企业5家，年末从业人员数137人，拥有所有者权益5026万元，完成房地产开发投资1.03亿元、经营收入1.31亿元，其中商品房屋销售收入1.28亿元，实现经营税金及附加773万元，主营业务利润2453万元，完成土地开发面积1.95万平方米。2010年，全市已无股份合作制房地产开发企业。

第二节 联营及其他企业

1995年，常州市有联营企业22家，完成社会商品零售总额1.33亿元。2005年，全市除私营、股份合作、股份有限、联营等性质以外的其他民营企业约有1096家（不含外资和港澳台资企业，概念下同），有从业人员9186人，其中市区7529人、溧阳1478人、金坛179人；完成固定资产投资11.18亿元，其中城镇6.51亿元、农村4.67亿元。全市联营企业有从业人员3569人，其中市区3050人、溧阳519人；全市联营企业支付劳动报酬总额5996万元，其中市区5413万元、溧阳583万元。联营企业完成固定资产投资1.35亿元。2008年末，全市有规模以上其他民营企业142家，其中工业29家、建筑业30家、批发零售贸易业80家、住宿和餐饮业3家。2010年，全市其他民营企业完成固定资产投资总额18.66亿元，其中城镇9.62亿元、农村7.05亿元、房地产1.99亿元；市区其他民营企业完成投资17.45亿元，其中城镇9.33亿元、农村6.3亿元、房地产1.82亿元。

一、工　　业

90年代中期，常州联营工业企业以常州能源设备总厂、无线电总厂、宝马集团、连环集团、照相机总厂、金狮自行车集团等最为知名。2005年，全市有联营工业企业178家，其中市区177家、溧阳市1家；完成工业总产值20.3亿元，其中市区18.81亿元、溧阳市1.49亿元。全市有规模以下联营企业170家，年末从业人数1800人，年末固定资产原值8748万元，实收资本7840万元；完成工业总产值7亿元、产品销售收入6.77亿元，实现产品利税总额（含附加）3290万元。2005年，全市有其他民营工业企业1087家，其中市区676家、溧阳18家、金坛393家；完成工业总产值447.32亿元，其中市区374.86亿元、溧阳44.49亿元、金坛27.97亿元。全市有规模以下其他企业195家，年末从业人数2084人，拥有固定资产原值1.52亿元，实收资本9512万元；全年完成工业产品销售收入4.64亿元，实现利税总额2823万元。2008年末，全市工业有其他有限公司587家，从业人员总数7.31万人，占同行业的6.3%。

二、建 筑 业

2005年，常州市有其他民营建筑企业1家，年均从业人员326人；年末有自有机械设备49台，自有施工机械年底总功率2138千瓦；拥有所有者权益4726万元，其中固定资产590万元、无形及递延资产220万元；同年竣工房屋5万平方米，其中住宅3万平方米；竣工建筑工程产值8000万元，实现建筑业增加值3974万元、利税总额2468万元；全员劳动生产率每人每年33.27万元。全市有建筑业联营企业两家，年均从业人员1359人；年底拥有所有者权益1623万元，其中固定资产952万元、无形及递延资产89万元，拥有自有机械设备198台、总功率1.3万千瓦。同年施工房屋建筑面积11万平方米；完成建筑业总产值8600万元、竣工产值4800万元；实现建筑业增加值2069万元、利润总额129万元，全员劳动生产率每人每年6.57万元。2010年底，全市已无列入统计的建筑业联营企业。

三、商 贸 业

2005年，常州市有限额以上批发贸易联营企业69家，完成商品销售总额150.39亿元，其中批发额

89.52亿元、零售额60.87亿元。2008年末，全市有从事批发零售贸易的其他民营企业80家，从业人员总数8300人。2010年，全市有其他贸易企业6家，完成销售总额11.28亿元，其中批发10.49亿元、零售7930万元；有从事批发贸易的其他企业5家，完成批发销售额10.49亿元；市区有4家批发贸易的限额以上其他企业，完成批发销售额9.81亿元。

四、住宿餐饮业

2005年末，常州市有限额以上其他住宿餐饮企业两家，餐饮营业面积1580平方米，拥有床位360张、餐位600位；同年完成营业总收入2298万元，其中客房收入1366万元、餐费收入838万元。2008年末，全市住宿餐饮业有其他有限责任公司3家。2010年，全市无限额以上其他住宿餐饮企业。

第十七卷 建筑业

Volume XVII Construction Industry

80 年代初，常州建筑工业化试点在住宅小区综合开发建设过程中取得初步成功。80 年代中期，经改革重组，形成以国有建筑企业为主导、集体企业为骨干、乡镇建筑队伍为补充的队伍结构，以教育科研、设计、施工、安装、材料供应、制品为要素的紧密联系的行业群体，基本适应经济社会发展的建设需求。随着城市建设和旧城改造步伐的加快，新建、改造拓宽延陵西路等道路和一批临街公共建筑及红梅新村、翠竹新村等配套设施齐全的住宅小区，城市面貌从此焕然一新。常州市逐步加强对建筑市场的管理，对进市施工企业实行准入制，考核并发放进市施工许可证。1986 年起对工程项目实行建筑工程施工许可证制度。常州建筑业改变分散落后生产方式，稳步发展，初显活力。1989—1999 年是常州建筑业不断调整、探索发展阶段。1989 年以后，常州建筑企业内部实行经理负责制，推行项目法施工，完善经济承包制。90 年代初，常州建筑企业适应常州城市“重点向北”发展的需要，积极参与常州高新区的开发建设。主动对外开拓，金坛建筑企业率先进入京津沪等外地建筑市场，市属企业和溧阳、武进的建筑企业纷纷进入上海等地承接工程，1995 年进沪企业达 37 家、1.38 万人，施工面积 85.4 万平方米。1996—2000 年，常州按国家整顿规范建筑市场的统一部署，开展工程建设专项治理行动，与施工现场综合执法检查相结合，组织开展全市性创建优质工程、安全文明工地活动，建立健全企业资质、从业人员资格市场准入许可制度与招投标组织机构和工作制度。

2000—2010 年是常州建筑业快速发展阶段，工程建设向高、大、新方向发展。全市建成节能达标住宅 4078.45 万平方米、公共建筑 1512.83 万平方米，建成常州市政公用地理信息集成系统等重点项目，获建设部华夏科技奖 4 项和省建设科技奖 10 项；市区建成常州奥体中心、国际会展中心、常州大剧院等大型文化体育、教育卫生公共建筑，成为常州的新地标。2003 年，国有、集体、建筑企业全部改制为股份制、私有、民营等形式的企业，建筑队伍具备勘察设计、科研、施工、安装、构配件生产、材料供应、装饰装修、楼宇智能化等综合施工能力，总承包、专业承包、劳务分包企业有序竞争、专业分工、协作配套的行业格局。2010 年底，全市有建筑企业 987 家、工程技术人员 4 万多人，有工程勘察设计单位 118 家，从业人员 7418 人，同年完成房屋建筑施工总面积 6620.77 万平方米，完成建筑总产值 852.45 亿元，勘察设计年总产值 9.8 亿元。招标代理、建设监理、造价（审计）咨询、检测机构等建筑业中介服务发展迅速，建设科技进步和建筑中介、行业监督管理得到加强。2010 年底，全市有建设招标代理、监理和造价咨询机构 134 家，其中造价咨询企业 45 家、检测机构 16 家。全市建设工程质量获国家鲁班奖、国家优质工程质量奖 6 项和省优（扬子杯）226 项。推广应用新型围护结构、太阳能光热光电建筑一体化应用，浅层地能热泵系统、绿色照明、新型结构体等实用技术和产品。全市建设管理部门改进工程监管方式，完善工程质量现场动态监督，住宅工程全部实行分户验收，基本形成预防建设工程款特别是农民工工资款拖欠的长效机制。加强工程施工质量管理，推广质量示范工程、特色工程，推进安全生产、文明施工和绿色环保工程，强化监督管理，探索形成主场、联动、渗透、互补的常州安监模式。

第一章 勘察设计

1986年，常州市勘察设计单位有16家，勘察设计开始采用静力触探、电脑、绘图仪等技术装备，工作效率提高。同年，市城建委、财政局决定在全市勘察设计单位全面试行技术经济责任制。1992年起，部分勘察设计单位实行绩效挂钩考核办法。90年代中期，勘探测试设备改为大钻机、静力触探、成套土试和特殊测试装备等，建筑设计项目向大体量、大跨度、高层建筑发展，大量采用新技术、新材料、新工艺，促进城市现代化。2002—2003年，常州市勘察设计单位除市规划设计院外，全部改制为股份制民营企业，随着城市现代化步伐加快，勘察设计行业进入大发展时期。推行节能建筑，加快建设新科技的研究和推广应用，建成常州市政公用地理信息集成系统、快速公交系统建设与管理示范项目。2010年底，全市工程勘察设计单位发展到118家，从业人员7418人，同年完成市政公用工程勘察设计约3000万平方米，完成勘察设计总产值9.8亿元。

第一节 勘察设计企业

1986年，常州市有勘察设计单位16家，其中甲级2家、乙级4家、丙级6家、丁级4家，大部分为全民事业单位，少数为市城乡建设委主管的国有企业、集体企业。2010年底，全市工程勘察设计单位发展到118家。其中，具有勘察资质单位23家、设计资质单位49家、专项设计资质单位64家，分别包括甲级资质单位9家、13家、30家；具有设计施工一体化资质单位22家，包括一级5家；拥有从业人员7418人，其中专业技术人员4598人，含高级职称人员759人。全市勘察设计行业同年完成市政公用工程勘察设计约3000万平方米，项目投资总额近100亿元，完成勘察设计总产值9.8亿元。

一、常州市建筑设计研究院有限公司

前身是常州市建设工程局设计科，成立于1953年2月，1957年12月常州市建设局设计室成立，1984年、1993年先后变更为市建筑工程管理局下属的全民事业单位常州市建筑设计院、常州市建筑设计研究院，2003年10月改制为常州市建筑设计研究院有限公司，具有建筑工程甲级资质。完成的优秀勘察设计工程有常州大厦塔楼项目、常州市红梅西村住宅小区、常州信息职业技术学院大学城后勤区食堂工程等。2010年末，有专业技术人员101人、高级工程师18人、注册执业资格人员11人。

二、常州市规划设计院

1989年4月，常州市城乡规划设计室成立，是全民事业单位，具有建筑工程甲级、工程勘察专业类岩土工程（勘察、咨询、监理）甲级、工程勘察劳务类（工程钻探）、市政行业（道路工程、给水工程、排水工程）专业乙级和风景园林工程设计专项乙级资质。完成的优秀勘察设计工程有钟楼商厦工程勘察、常州市清真寺、常州市中心广场地下工程岩土工程勘察和香梅花园二期、天宁商都、常州体育会展中心、钟楼开发区管理服务中心、东坡雅居等项目。2009—2010年，进入全省勘察设计企业综合实力排序前30位。2010年末，有专业技术人员142人，其中研究员级高级工程师3人、高级工程师40人、注册执业人员37人。

三、江苏筑森建筑设计有限公司

前身为1984年7月成立的常州市民用建筑设计室，1989年8月与常州市园林设计室合并成立全民事业单位常州市第二建筑设计院，2003年5月改制为常州市第二建筑设计院有限公司，2005年3月更用今名，具有建筑工程甲级资质。设计的优秀工程项目有常州怡康花园小区、常州市行政中心、常州博物馆与规划展示馆、奔牛机场民航站区改扩建航站楼工程、常州客运中心及综合配套系统工程等。2010年进入省勘察设计企业综合实力前30位、勘察设计企业综合实力（建筑设计）前10位。2010年末，有专业技术人员185人，其中高级工程师26人、注册执业人员30人。

四、江苏筑原建筑设计有限公司

1980年10月，常州市住宅建筑设计室成立，1991年4月变更为全民事业单位常州市民用建筑设计院，2003年10月改制为常州市民用建筑设计院公司，2004年12月变更为江苏筑原建筑设计公司，具有建筑工程甲级、工程勘察专业类岩土工程（勘察、咨询、监理）甲级、工程勘察专业类岩土工程（设计）乙级资质。优秀设计工程有红梅新村住宅小区项目、红梅西村住宅小区项目等。2010年末有专业技术人员108人，其中高级工程师18人、注册执业人员25人。

五、常州市市政工程设计研究院有限公司

1981年12月，成立常州市城建局市政设计室，1984年2月变更为常州市规划处市政工程设计院，1991年更名为常州市市政工程设计院。2003年改制为股份制公司，拥有建筑工程甲级、市政公用（燃气、地铁轻轨除外）甲级、风景园林工程设计专项甲级、公路行业（公路）乙级和照明工程设计专项乙级资质，完成的优秀设计工程有常州红梅西村市政工程、关河西路和外环路城市化改造工程、青洋路工程、常州大学城（西区）市政工程和常州市高架道路一期、二期工程等。2010年末，有专业技术人员108人，其中研究员级高级工程师2人、高级工程师32人、注册执业人员32人。

六、江苏华源建筑设计研究院有限公司

2003年10月，江苏华源城市建筑设计公司成立，2005年10月更用今名，具有建筑工程甲级和岩土工程勘察、设计乙级资质。2009年被评为江苏省工程勘察设计行业诚信单位，2010年进入全省勘察设计企业综合实力排序前30位、勘察设计企业综合实力排序（建筑设计）前10位。2010年末，有专业技术人员121人，其中研究员级高级工程师2人、高级工程师50人、注册执业人员25人。

七、常州市中元建设工程勘察院有限公司

2005年4月成立，由常州市建筑设计研究院有限公司工程勘察研究所分立，为独立法人企业，具有工程勘察专业类岩土工程（勘察、咨询、监理）甲级、工程勘察劳务类（工程钻探）资质，完成的优秀勘察工程有金色新城三期(45、46、47及48号楼)、九洲广场、常州供电公司生产调度大楼、沈家弄安置区1号楼等住宅、天宁宝塔等。2009年被评为全国工程勘察与岩土行业诚信单位。2010年末，有专业技术人员21人，其中研究员级高级工程师1人、高级工程师9人、注册执业人员7人。

八、常州市东华岩土工程有限公司

2001年11月，由常州地质勘察工程公司改制而来，具有岩土工程勘察、咨询、监理甲级和工程勘察劳务类（工程钻探）资质。优秀勘察项目有常州怡康花园三期D座、太湖明珠花苑1～13号住宅楼及地下车库、三井大厦等。2010年末，有专业技术人员22人，其中高级工程师3人、注册执业人员4人。

九、常州市园林设计院有限公司

1993年10月，常州市园林设计室成立，2003年8月改制为常州市园林设计院有限公司，具有风景园林工程设计专项甲级、建筑工程乙级资质。优秀设计工程有晋陵北路城市景观道路工程、红梅公园敞开扩建工程、四川红梅公园、绵竹公园和东坡公园、荆川公园、圩墩遗址公园等改造工程。2010年末，有专业技术人员30人，其中高级工程师6人、注册执业人员6人。

第二节　勘察设计技术

80年代，常州勘察业务以市政工程小型项目、单层工业厂房和小区规划阶段配套的工程地质勘察为主，钻探测试手段只有勺钻、轻便触探及少量的土工试验，深度大多小于15米。90年代，常州市勘察设计院开始以民用住宅、公建和市政工程的岩土工程勘察为主，勘探测试手段改进为大钻机、静力触探、成套土试及特殊测试设备等，其中钻探最大深度达150米，静力触探测试最大深度达80余米。该院技术人员开展了岩土工程和常州粉土承载力、静力触探应用、密砂沉桩对策、地基变形估算、基坑方案等多项研究，常州市工程地质数据库建立，在总体规划、控制性规划和城市抗震防灾规划研究中应用，提高了技术水平和成果质量；结合常州地基特性，发表了《深基坑工程的勘察特点》《常州市工程地质数据库智能系统的建立和应用》等论文70多篇，参与编写江苏省工程建设标准《CM三维高强复合地基技术规程》，均在勘察设计中应用。1991年开工建设的红梅西村设计研究开发、应用了铁路边防噪音措施、室外环境整体设计、无障碍设计、改进型推拉门、不串油烟的子母烟道等新技术、新设计、新材料、新产品39项。

21世纪初，钟楼大厦勘察项目实施单位在全省首次采用螺旋板载荷试验测定承压水下地基承载力，常州建成使用的第一高楼——凯纳商务广场勘察在全市首次进行扁铲侧胀试验，静力触探测试深度达80余米，成为常州地区静探深度之最；常州在建第一高楼——现代传媒中心勘探深度达150米，为常州市最深的工程钻探深度；常州客运中心及综合配套系统工程勘察中首次进行深层工程抽水试验，基坑平面9万平方米，通道挖深22米。常州市工程地质数据库智能系统中的全市土层标准化在常州市高架路勘察与地铁工程可行性勘察项目中率先应用。至2010年底，市勘察设计院完成的勘探测试工作量达100万标准米，勘察项目质量的优良品率保持在90%以上，成果质量和服务质量赢得社会信誉，其中两项工程获全国勘察设计行业优秀工程勘察奖，钟楼大厦等10项工程获省级优秀勘察奖，16项工程获市优秀工程勘察奖。

第三节　工程勘察

80年代中期至90年代末，常州勘察设计单位大多承担完成中小型勘察工程项目。1986年常州市勘察设计院完成常州齿轮厂车间工程勘察，建筑面积5000平方米，1987年完成市人防环保劳动大楼的工程勘察，大楼高7层、地下1层，建筑面积1.3万平方米。1989年完成的常州大厦塔楼(常州大酒店)工程勘察，地上26层，地下1层，引进客车式、液压全自动触探车勘察，1991年获建设部优秀勘察二等奖。90年代勘察完成的常州国贸大厦高130米，地上36层、地下2层，是常州超高层建筑中第一项使用预制桩的工程，桩长30米。常州市小河沿3号地块商业中心(含金鼎公寓、路桥市场等)地上最高31层、地下2层，是常州地区第一项采用地区桩基设计参数经验公式确定单桩承载力的工程，第一个采用超短预制桩(截面500×500毫米，桩长仅6.5米)的高层建筑，获全省第九届优秀工程勘察二等奖。

2000年以后，建筑业大量采用新技术、新装备，勘察能力大幅度提高，勘察项目逐渐大型化。2000年勘察完成的世纪明珠园住宅小区为地上6～11层、地下1层，总建筑面积10万平方米；2002年勘察完成的天宁宝塔工程采用预制方桩，使用当时常州地区最大静压桩机(750吨)施工；2004年勘察完成的武进区鸣凰模具工业园，建筑面积10.5万平方米；2006年勘察完成的御源林城住宅小区地上11～28层、地下1层，住宅总建筑面积60万平方米，是常州地区住宅小区勘察量最大的项目。完成勘察的香梅花园住宅小区总建筑面积虽仅5万平方米，地上4～25层、地下1层，但采用钻探、静力触探、标准贯入、螺旋板载荷试验、旁压测试、土工试验等手段，成果准确，经济、社会效益良好，获全国优秀工程勘察设计二等奖。

2008年，常州勘察完成的常州亚泰财富中心主楼42层，地下2层，总建筑面积12万平方米；2008年勘察完成的常州现代传媒中心主楼高58层、地下3层，总建筑面积28万平方米，是公共建筑中勘察量最大的项目。1986—2010年，常州规划设计院承担常州地区主要勘察任务，完成全市重要公共建筑工程勘察项目19项，总面积112.1万平方米；完成主要居住小区勘察项目49个，累计建筑面积588.4万平方米；完成工业建筑勘察项目5个，总建筑面积16.1万平方米。

1987—2010年常州市规划设计院勘察设计的主要公共建筑工程项目一览表

表17-1-1

类别	项目名称	位置	完成年份	建筑面积（万平方米）	项目特征和建筑层数
公共建筑	市人防环保劳动大楼	局前街	1987	1.30	高7层，地下1层
	邮电214微波塔	西大街	1988	—	高约80米
	惠济桥	戚墅堰	1989	—	新址初步勘察
	城北加油站	龙虎塘	1992	0.10	含半地下
	市规划国土局大楼	娑罗巷	1993	0.80	高6层
	常州高级技工学校教学楼	翠　竹	1994	0.50	高5层
	钟楼区房产办公楼	劳动路	1996	0.60	高6层
	瞿秋白纪念馆	延陵路	1998	0.10	主体2层
	延陵东路天宁商都	延陵路	2001	2.80	2～3层高商业用房
	常州市博物馆、规划展览馆	龙城大道	2005	3.70	2～5层展览馆建筑
	常州三院门急诊病房综合大楼	兰陵路	2005	4.78	4～22层综合大楼
	常州出入境检验检疫局实验大楼	龙锦路	2005	2.70	3～19层实验大楼
	常州亚泰财富中心	滆湖路	2008	12.00	主楼42层，地下2层
	常州现代传媒中心	龙锦路	2008	30.40	主楼58层，地下3层
	常州客运中心及综合配套工程	竹林西路	2009	18.00	公建3～8层，地下1～2层
	常州高架道路二期Ⅲ标段	主城东部	2009	—	高架道路长2400米，公路—Ⅰ级，标准桥跨3×30米、桥宽25米
	龙江路高架南延工程Ⅱ标段	武进牛塘	2010	—	高架道路长2300米，公路—Ⅰ级，标准桥跨3×30米、桥宽25米
	新加坡文化城一期	花园街	2010	11.50	4栋31～33层，地下1层
	江苏技术师范学院新校区	新北区	2010	25.50	2～11层建筑群
居住小区建筑	世纪明珠园	兰　陵	2000	10.00	地面6～11层，地下1层
	金谷花园	西新桥	2001	10.50	2～6层住宅小区及配套公建
	莱茵花园二期	勤业路	2001	15.00	5～6层的住宅小区
	聚和家园	博爱路	2002	10.20	3～11层住宅小区
	金谷华城东区A组团	金坛市	2002	12.50	6～9层住宅小区
	新魏花园	安家集镇	2004	40.00	6层住宅小区

续表 17-1-1

类别	项目名称	位置	完成年份	建筑面积（万平方米）	项目特征和建筑层数
居住小区建筑	常州市纺校地块改造（诺城高第）	中吴大道	2005	11.60	住宅 18～24 层，商业 2～4 层
	东坡雅居小区	延陵东路	2005	12.40	住宅 2～6 层
	北港御源林城	星港大道	2006	60.00	住宅 11～28 层，地下 1 层
	新城长岛居住小区	湖　塘	2006	18.50	住宅 6～18 层，地下 1 层
	新丰小区	新丰村	2006	30.00	住宅 11～18 层，地下 1 层
	凯纳商务广场	西新桥	2006	12.00	主楼 54 层，地下 2 层
	新城尚东区	竹林路	2007	20.00	住宅 11～28 层，地下 1 层
	青枫公园西侧地块改造	星港大道	2007	22.00	住宅 11～28 层，地下 1 层
	常州压缩机厂地块（改造）	花　园	2007	22.90	住宅 17～28 层，地下 1 层
	天宁区政府地块（改造）	中吴大道	2007	12.50	住宅 21～32 层，商业 2 层
	常州纺织机械厂地块（改造）	劳动路	2008	15.20	主楼 19 层，地下 2 层
	清水湾花园（新桥）	长江北路	2008	32.00	住宅 5～32 层，地下 1 层
	潞横路地块二期（1～10 号住宅）	东方大道	2009	13.20	8～26 层，地下 1 层
	翡翠锦苑	通江路	2010	15.60	4 栋 18～34 层、地下 1～2 层
	新城域 1～16 号住宅	武进湖塘	2010	17.80	27～34 层高层住宅、地下 2 层车库
	紫云苑三期勘察	东方大道	2010	18.20	20 栋 11～18 层建筑
	华林家园二期	邹傅路	2010	12.00	2～18 层、地下 1 层
工业建筑	常州齿轮厂车间	劳动路	1986	0.50	1～2 层车间
	常州摩托车厂车间	永　红	1991	2.00	单层
	常州柴油机厂龙虎仓库	龙虎塘	1993	0.60	单层
	常州金源铜业有限公司车间	雕　庄	1995	2.50	新厂区及其配套工程

说明：1. 江苏技术师范学院于 2012 年 12 月更名为江苏理工学院。2. 居住小区收录总建筑面积 10 万平方米及其以上的项目共计 23 个

第四节　施工图审查

2000 年前，国家基本建设程序中没有建设工程施工图设计审查这一项。1998 年重庆发生彩虹桥垮塌严重质量事故后，常州勘察行业认真吸取事故教训，严格执行国家相关规范、标准。2000 年，国务院发布《建设工程质量管理条例》《建设工程勘察设计管理条例》，建设部发布《房屋建筑和市政基础设施工程施工图设计文件审查管理办法》，把建设工程施工图审查依法纳入基本建设程序。2001 年 10 月，常州市建设工程施工图设计审查中心成立，具有房屋建筑工程一类、市政工程（道路、桥梁、给水、排水）一类审查资质，能独立审查建设工程（含建筑装饰装修）施工图的结构安全和强制性标准、规范执行情况等。2001—2005 年，武进、金坛、溧阳、新北相继成立施工图设计审查中心。2010 年底，常州市 5 家施工图审查机构有审查人员 126 名，其中专职 53 名、兼职 73 名。2001—2010 年，常州市 5 家施工图审图机构完成施工图审查面积 1.51 亿平方米，纠正违反强制性条文 8.69 万条、违反强制性标准 14.94 万条。施工图审查制度实施后，施工图审查机构促

使勘察设计质量提高，建设行政主管部门加强对勘察设计市场的监管。

第二章 建筑安装业

1986—1990年，常州建筑企业配合城市建设承建了延陵西路等街道临街多层公共建筑和红梅新村、北环新村、翠竹新村等住宅小区，1987年施工总面积91.06万平方米，完成建筑安装总产值1.67亿元。80年代末期，常州建筑企业改革经营机制，完善经济承包制，大力对外开拓，走出常州承接施工项目。90年代，常州建筑业企事业单位主动参与常州高新区的建设，承建城北工业村，先后建成常州大酒店、亚细亚影城等公共建筑和红梅西村等示范性住宅小区，推广应用建筑新技术、新工艺、新装备，施工与技术能力提高。2000年以后，通过改革改制，社会资本大量进入建筑业，建筑企业迅速发展，专业分工细化，技术装备更新，综合实力大幅度提高，满足了常州城市现代化建设和社会经济发展的需要，建成天宁宝塔和常州奥体中心、大剧院等规模大、技术含量高的标志性建筑。凯纳广场大厦高58层、252米，成为常州第一高楼。2010年末，全市有建筑企业987家，工程技术人员4万余人，施工总面积6620万平方米，完成建筑安装总产值852.45亿元，为常州社会经济发展做出了显著贡献。

第一节 施工队伍

80年代中期，常州建筑企业主要以市建工局管理的国有企业为主体，集体企业为骨干，乡镇建筑队伍为补充，单纯从事建筑施工，任务靠国家分配，适应市场的能力较差。90年代大力改革经营机制，全面实行项目部经营及项目经理承包责任制。21世纪初，常州建筑企业全面完成改制；至2010年底，逐渐形成以工程总承包企业为龙头、专业与劳务分包结合的企业结构，施工综合能力大幅度增强。

一、队伍规模

1986年，常州市建筑工业化模式成型，建成以市属全民建筑企业为骨干，以教育科研、设计、施工、安装、材料供应、制品为要素紧密联系，中外合营、城乡联营的建筑企业群体；搞活物质供应和用工机制，建立科研基地和人才培训基地。市属建筑企业经过改革重组，形成以常州市第一建筑公司（由原常州市第一、第四、第六建筑公司合并）、第二建筑公司（由原常州市第二、第三建筑公司合并）、第四建筑工程公司（1987年由省建筑工程公司第二公司下放常州市，属市建工局管理，编为四公司）和常州建筑构件厂、建筑工程材料供应公司、机械施工公司、设备安装公司、中外合资常泰建筑装璜工程公司、建筑设计院、建筑科学研究所、建筑职工大学、建筑工人医院、建工幼儿园等为龙头的结构体系；但由于计划经济条件下施工任务由国家分配，企业内部机构臃肿，一线人员少，包袱沉重，在转向市场经济过程中经营困难。90年代初，市第一、第二、第四建筑工程公司等企业任务不足，效益滑坡，难以支撑。此后，常州市建筑企业坚持改革开放，走上改制改革求生存、促发展之路。首先改革经营机制，政府对企业简政放权，扩大企业自主权；企业内部实行经理（厂长）负责制，推行项目法施工，完善经济承包责任制，对外开拓市场，开展横向联合联营，实行一主多副、多种经营，企业内部经营层与作业层分离，优化组合人财物等生产要素，建立以项目经理部为单位的经营管理班子，作业班组划归劳务公司，实现经营管理与劳务作业双层分离。到1996年，市区国营与集体建筑企业全面实行项目部经营、项目经理承包责任制，安置富余人员上岗就业等举措，逐步摆脱困境，自主经营。

二、建筑企业

2001年，常州市有限责任建筑企业60家，员工总数8961人；自有机械设备2796台(套)、总功率4.58万千瓦；实施单位工程施工项目195个，新开工项目367个，竣工工程项目328个；施工房屋面积73.28万平方米，竣工房屋面积39.86万平方米，其中优良工程148个、总面积7.23万平方米；完成建筑业总产值9.12亿元，其中省外施工产值2.36亿元、装饰工程产值7.01亿元、安装工程产值2.08亿元；全员劳动生产率每人每年10.81万元。2005年末，全市有限责任建筑业企业124家，年均从业人员4.3万人，拥有固定资产6.83亿元、无形及递延资产1.39亿元、所有者权益21.66亿元，自有机械设备1.2万台、总功率18.38万千瓦。房屋建筑施工总面积887万平方米，竣工面积418万平方米，其中住宅面积210万平方米；完成建筑业总产值73.06亿元，其中建筑工程65.36亿元、安装工程7.64亿元，完成竣工产值63.03亿元，全员劳动生产率每人每年18.04万元。实现建筑业增加值14.65亿元、工程结算税金及附加1.93亿元、利润总额3.29亿元，职工工资福利费9.09亿元。2010年末，全市建筑业有限责任公司因企业性质改变减少到41家，有从业人员1.59万人，拥有固定资产2.58亿元、所有者权益16.05亿元。房屋建筑施工面积178万平方米、竣工总面积84万平方米，完成建筑业总产值43.44亿元，竣工产值37.49亿元，实现利润总额3.82亿元、工程结算税金及附加1.56亿元，员工工资福利费3.71亿元。

2010年常州市建筑业企业按登记注册类型生产情况统计表

表17-2-1

指标	单位	合计	按投资所有制分						按地区分		
			国有企业	集体企业	有限责任公司	股份有限公司	私营企业	港澳台投资企业	市区	溧阳	金坛
企业数(不含劳务企业)	家	565	3	3	41	1	510	7	434	74	57
房屋建筑施工面积	万平方米	6187	—	4	178	—	6001	4	3241	1807	1139
房屋建筑竣工面积	万平方米	2659	—	—	84	—	2574	1	1191	886	582
其中:住宅	万平方米	1559	—	—	17	—	1541	1	598	521	440
自有施工机械设备年末净值	万元	26.94	0.20	0.04	1.08	—	25.52	0.10	14.43	9.66	2.85
自有机械设备年底总数	万台	6.97	0.03	0.02	0.33	—	6.56	0.03	2.98	2.93	1.06
自有施工机械设备年底总功率	千瓦	154.63	1.66	0.31	5.13	—	146.56	0.97	84.66	52.63	17.34
平均从业人员	万人	33.34	0.10	0.03	1.59	0.01	31.43	0.18	18.18	10.68	4.48
建筑业总产值	亿元	735.61	3.01	0.42	43.44	0.08	684.45	4.21	375.24	256.33	104.04
装饰装修产值	亿元	54.17	—	0.01	1.71	—	50.15	2.30	44.48	6.705	2.99
在外省完成的产值	亿元	171.43	0.05	0.10	3.05	—	166.27	1.96	42.65	97.89	30.89
建筑工程	亿元	638.17	2.95	0.41	31.32	0.08	600.02	3.39	343.35	193.19	101.63
安装工程	亿元	91.25	0.05	—	12.10	—	78.23	0.87	29.67	59.55	2.03

续表 17-2-1

指标	单位	合计	按投资所有制分						按地区分		
			国有企业	集体企业	有限责任公司	股份有限公司	私营企业	港澳台投资企业	市区	溧阳	金坛
其他产值	亿元	6.19	—	—	—	—	6.19	—	2.23	3.58	0.38
竣工产值	亿元	645.44	3.84	0.25	37.49	0.08	600.81	2.97	318.62	226.24	100.58

2000—2010 年，常州建筑企业完成改制，所有制形式变为股份合作、民营私有、个体资本等形式。企业按资质标准就位，形成以总承包为龙头，专业和劳务分包的协作配套的组织结构，专业施工队伍迅猛发展，主要有幕墙、钢结构、建筑智能化、防腐保温、环保工程、电子工程、起重安装、附着式升降脚手、爆破拆除等专业分包。到 2010 年初，全市有建筑企业 987 家，其中总承包企业 266 家、专业承包企业 575 家、劳务分包企业 115 家；全市有工程技术人员约 4 万余名，注册建造师 6831 名，为工程建设的专业配套施工做出了贡献。

2010 年度常州市完成建筑业产值 20 强企业一览表

表 17-2-2　　单位：亿元

企业名称	建安总产值	企业名称	建安总产值
江苏武进建筑安装工程公司	30.57	江苏苏南建设集团	12.38
江苏天目建设集团公司	26.86	江苏瑞峰建设集团	11.23
金坛建工集团	25.84	常州市兴源电力建设公司	11.08
江苏龙海建工集团	24.58	江苏正方园建设集团	11.00
江苏华能建设工程集团	22.03	常州苏源集团电力公司	10.70
江苏五星建设集团	20.18	江苏金土地建设集团	10.48
江苏宏大建设集团	18.22	江苏圣通建设集团	10.22
常州第一建筑集团	15.78	江苏茂盛建设公司	10.05
常州市武进建设工程公司	14.01	常州二建建设公司	9.11
江苏溧阳建设集团	12.75	江苏城东建设工程公司	8.37

三、施工能力

1985—1990 年，常州建筑业试点建筑工业化，施工能力和综合生产能力迅速提高。1987 年，全市建筑企业施工总面积 91.06 万平方米，完成建筑安装总产值 1.67 亿元。1989 年起由于治理整顿，压缩基本建设规模，施工队伍缩减 20% 左右。1992 年恢复到 1989 年水平。1991—2000 年，全市建筑企业全面改制改革，推行经理（厂长）负责制，转换经营机制，实行一业为主、多种经营，企业施工能力显著提高。2000 年以后，常州市区国有建筑企业先后完成改制，变成股份制和私有制经济。随着社会资本大量进入建筑业，建筑企业迅速发展，企业总量、专业门类、技术装备、人才聘用及施工能力和业绩等，均创新中国成立后的最高水平，满足了常州市经济建设和社会事业发展的需要。2010 年，全市建筑企业施工面积 6620.77 万平方米，完成建筑安装总产值 852.45 亿元。

1987年、1991年和2010年常州市建筑业施工能力主要指标表

表17-2-3

指标	单位	全市			全民		集体		武进、金坛、溧阳	
		1987年	1991年	2010年	1987年	1991年	1987年	1991年	1987年	1991年
施工人数	万人	1.67	3.12	37.95	0.72	0.66	0.15	0.11	0.80	2.35
施工面积	万平方米	91.06	139.6	6620.77	43.06	36.00	10.60	7.20	37.40	96.40
施工总产值	亿元	1.67	4.56	852.45	0.83	1.22	0.16	0.21	0.68	3.13
技术装备力	元/人	512	1768	13151	512	2009	—	—	—	1526
动力装备力	千瓦/人	0.76	2.5	8.96	0.76	3.00	—	—	—	2.00
劳动生产率	万元/人	1.02	1.45	24.65	1.16	1.62	1.08	1.31	0.84	1.43

第二节　工程建设

一、工业建筑

1986—1990年，常州市第一建筑工程公司（简称“一建公司”）承建的常州皮革机械厂金加工车间、化工机械厂总装车间（框架3层、5458平方米），常州市第二建筑工程公司（简称“二建公司”）承建的常州第九织布厂1万平方米织造车间、常州兰翔机械厂1号厂房（螺栓球网架结构），常州市第三建筑工程公司（简称三建公司）承建的常州友谊胶鞋厂硫经鞋车间是这个时期的代表工程项目。90年代开始，国民经济经过调整整顿，特别是1992年邓小平南方谈话发表后，国家经济发展加快，带来了建筑业发展的春天。1992年，常州市一建公司、二建公司分别承建的城北工业村1号、2号工业厂房，是常州高新区的第一个工业建筑项目，框架结构5层，建筑面积102万平方米，国家定额工期600天。常州市一建公司、二建公司在工地开展劳动竞赛，采用塑壳模板等新工艺，加快施工进度，用180天按期按质完成施工任务。90年代后期至2010年，常州市二建公司在新北区先后承建华源蕾迪斯、天合光能新能源公司等企业的多座生产车间及办公用房，常州市一建公司承建了毛纺厂厂房、托利多新区厂房等工程，为当代工业厂房建筑的代表工程。

二、住宅建筑

90年代起，常州市住宅小区工程多为多层建筑群。90年代末，常州住宅建设开始向小高层、高层住宅建筑发展。市区建成怀德苑、怡康花园、金色新城、新天地花园、香江华亭、青山湾等，及早期精装修理念的奥林匹克花园、南大街云庭公寓等小区工程项目，多为剪力墙及框架结构、深基础、高层和超高层(40层以上)，应用10项新技术，采用悬挑脚手架、附墙式爬架、深基础开档支模支护等新装备，使用外墙隔热保温、内墙隔断加气混凝土轻质砌块等新材料，达到高层住宅工程优质安全、美观舒适、用户满意的水平。凯纳商务广场大厦高58层、252米，为常州市第一高楼。

三、公共建筑

1986—1990年，常州市第一建筑工程公司、第三建筑工程公司等企业在原东大街（延陵路）改造中，分别承建中联大厦、副食品大楼、五交化大厦、新龙大厦、交通银行大楼、良茂大厦等临街公建项目。常州市二建公司和市工业设备安装公司承建的5000座体育馆工程，采用51米跨度钢桁架结构技术。1200平方米常州工业展览馆（位于兰陵）采用焊接式球形网架结构，开创常州市球形网架结构施工的先例，是当时具有影响的代表工程。90年代，有代表性公共建筑工程主要有常州购物中心一期工程、常州信托投资大厦、常州保险大

厦、常州大酒店、工贸大厦、亚细亚影城、中油国际大厦、常州图书馆等。常州市二建公司承建的亚细亚影城1.8万平方米，总高度35米，总投资4165万元，是当时全国首家电影娱乐综合设施和功能配套齐全的娱乐公建工程。21世纪初叶，南大街商业步行街、莱蒙都会国际街区改造工程刷新了城市面貌，一批提升城市功能的配套工程陆续完成，有代表性的公共建筑主要有市一建公司承建的天宁宝塔工程、常州奥体中心、常州大剧院、市民广场等工程。

第三节　建筑材料

80年代中期，市建筑质量检测站(简称“市质监站”)对全市使用的建筑材料质量进行监督。通过检查，1986年向20家构件厂家颁发了生产许可证。随着建筑业的发展，管理方式转变为通过深化对第三方检测机构的管理，加强对建筑材料的管理与现场监管。

一、钢　　筋

80年代起，施工现场使用的钢筋原材料坚持实行见证取样、送检的方式实施管理，参建单位严格原材料报验程序，做好钢筋取样送检的见证取样工作。2009年8月15日起，建设单位、检测机构根据钢筋混凝土用钢相关国家标准、规范的要求，对工程所用钢筋进场复试参数除力学性能和工艺性能外，增加钢筋重量偏差和尺寸(内径、横肋高、间距)偏差的复试，以杜绝“瘦身钢筋”的出现。质监站在监督检查过程中，将施工现场发现的不合格退货钢材批次及其供应商的信息及时通报，质量技术监督局把市场上检查出的不合格钢材供应商或生产商信息及时告知市质监站，实行施工场内、场外联合监管。

二、预拌混凝土

2000年以后，随着城市建设的快速发展，工程建设对混凝土的需求不断增长，预拌混凝土可以保护生产环境，降低生产成本，在工程建设中开始广泛应用。预拌混凝土属于技术含量不高而资金占用比例较大的行业，进入市场的门槛不高，行业竞争加剧。市质监站根据市城乡建设局《关于加强建筑市场与施工现场联动管理的通知》要求，每季度对市区所有混凝土生产企业进行质量检查，开展多种形式的检查。市质监站开发常州市预拌混凝土和预拌砂浆质量信息管理系统，利用信息化手段，构建混凝土和砂浆质量控制管理信息共享平台，为混凝土和砂浆企业建立企业管理信息系统，通过网络可随时检查混凝土生产和质量信息，掌握生产企业及整个地区全行业生产和质量控制状况。通过该系统进行合同备案、信用等级考评，对混凝土企业实行诚信、质量、管理、价格、服务等方面信用等级考核制度，建立承担政府投资和重大、重要工程目录，考评主要依据主管部门的定期督察情况和动态抽查结果，定期向社会公布全区预拌混凝土企业诚信等级考评结果。加强建设工程混凝土及砂浆试块管理，对混凝土现场交接、施工及混凝土、砂浆试块处理都提出明确的要求。2010年，常州市区35家预拌混凝土企业拥有生产线111条。

三、预拌砂浆

常州预拌砂浆生产行业从2007年开始发展，是全国发展最早的城市，曾受到全国同行业的广泛关注。市政府及有关部门加大推广力度，全市砂浆企业由6家增至2010年的14家。设计生产能力为505万吨，主要生产普通预拌砂浆，品种有砌筑砂浆、抹灰砂浆、地面砂浆、普通防水砂浆和冬季的抗冻砂浆。2010年生产型号水泥的预拌砂浆107.4万吨。市城乡建设局依托建设工程质量管理系统平台，委托软件公司开发出预拌砂浆信息管理系统，对企业的基本信息、质量保证书系统的出具、企业供货合同和生产日报表管理进行监管，随时了解企业的基本情况；预拌砂浆的质量保证书系统包含的预拌砂浆质量信息量相当丰富，包含工地质量验收的所有信息量，质量保证书完整的信息量处于全国同行业的前列。

江苏尼高科技有限公司成立于2003年9月。2007年4月更用今名。有员工80余人，工程技术人员50余人。2008年在武进邹区镇卜弋工业集中区建成建筑节能材料与预拌砂浆研发中心，预拌砂浆自动化生产线年产30万吨。同年被中国建筑业协会材料分会评为预拌砂浆与墙体保温十大民族品牌。公司与东南大学联合成立了东大—尼高科技研发中心，承担国家火炬计划项目。企业自主研发的环保型预拌砂浆、聚合物EPS保温系统及其配套材料等6个产品被评为省级高新技术产品。2009年与江苏省建工集团合作的工业固体废弃物在节能建材中的资源化应用项目，被列入住房和城乡建设部2009年科技项目计划。

第四节　施工机械

80年代，常州建筑业设备管理由市建筑工程局负责，常州建筑施工由现场搅拌混凝土改用商品混凝土，大多数工程仅用料（车）兜垂直运送，效率低下。1990年起，市区建筑工程的深基坑施工和桩基施工逐步改用静力压桩设施，减少噪音污染。90年代初，全市开始安装、检测、验收塔式起重机，逐步在全市推行高扬程混凝土泵，提高了生产效率。

2002年初，原市建筑工程局的行政管理职能划归市建设局，设备管理与检测职能转归常州建筑业安全监督站（简称“建筑安监站”）。同年，常州在全省率先实施建筑起重机械编号管理，建立设备档案，跟踪设备使用情况，对每台机械发放1个设备管理号码。常州建筑安监站建立单机档案与设备管理号码联动机制，通过电脑登记备案。市建设局、安监局与建筑安监站开始每年联合举办建筑起重机械司机、指挥和装拆人员等特种作业人员安全培训，编写塔式起重机、建筑垂直运输机械的安全技术专业培训教材。常州市天任建设公司研发的TD02-A型附着式电动整体升降脚手架，通过建设部科技司和省建管局的技术鉴定，批量生产，推广应用，拥有脚手架机组1517套，在170多个高层建筑项目中使用。2003年，常州市确立“建筑起重机械每5年必须大修”的原则，每年初公布大修机械名单，被列入名单的起重机械设备必须有大修厂家的合格证明，严格的管理促使全市在用起重机械设备状况明显好转。2005年，常州建筑安监站将设备检测职能转给市场。

2006年7月，《常州市建筑施工起重机械设备安全监督管理实施细则》出台。翌年5月发布《常州市建筑施工起重机械设备使用登记实施细则》，规范了各方设备管理的行为。2008年5月，《常州市建筑起重机械保养暂行规程》出台，规定全市安装于施工现场并用于建设工程施工的塔式起重机、施工升降机、物料提升机、附着式升降脚手架等设备的使用单位、产权管理单位应建立建筑起重机械保养制度；建筑起重机械的保养主要分为建筑起重机械使用中的日常保养、转场保养。常州建筑安监站对全市建筑起重机械保养情况进行监管。10月，《关于塔式起重机安全使用的监督意见》出台，凡是在类型、形式、规格上存在增加或变更的塔式起重机均须经特种设备制造许可证原受理机构认可后方可安装使用，10月15日起对全市建筑起重机械实行网络管理。

2010年，常州市区有附着式升降脚手架专业施工企业5家，高层建筑普遍采用这项新装备。下半年，市城建局与大连理工（常州）工程机械研究中心联合研发SEEMS起重机械安全监控管理系统，利用电子信息技术采集和处理监管信息、安全运行参数，实现对特种设备实时监控，具有远程控制、报警、故障诊断、短信通知等功能，先后在常州创意园、常州天隽峰、平岗新苑、龙城大道地下隧道等建设项目中试用，经100余次反复的试验和技术改进，增加机群防碰撞、幅度预知、吊载量预知、报警实时统计、远程智能控制及短信实时报警等实用功能10余项。

第五节　施工管理

80年代，常州建筑施工实行施工队、生产班组的传统管理模式。90年代，推行项目法施工，项目经理负责制。2008年起实行建造师负责制。

一、项目法施工管理

1992年4月，常州市建工局部署推行项目法施工工作，改革传统施工方式，实行以项目为对象、优化生产要素组合的动态管理，到1996年全部推行。2000年以后，施工企业普遍实行项目经理承包制、项目经理负责制的管理模式，项目经理对工程实行全员风险承包，全面负责施工进度、质量、安全、文明、环保等管理。2008年起，项目经理向建造师负责制转变，实行施工项目建造师负责制，项目经理资格证书转换成注册建造师。2010年，全市建筑业企业有注册建造师9822人，其中一级1485人、二级5328人和小型项目管理师3009人。

二、信息管理

施工方信息管理　常州市施工企业的施工方信息管理起步较晚、水平较低。90年代中期，项目部管理模式确立后，施工方信息管理开始起步。常州市一建公司、二建公司和武进建安公司等一级资质企业，建立以项目部技术负责人为首的技术资料管理体系，配置专职文档资料员，应用计算机处理信息，内容涉及项目参与党组织信息、物资设备信息、技术质量安全生产信息、法规类信息、合同造价信息等，对项目施工的目标控制、经济核算收效明显。

施工文件档案管理　1991—1995年，常州市区建筑施工企业开展管理升级活动、档案管理分别达到市级、省级、国家级的标准，强化工程施工文件档案管理。项目部管理机制确立后，项目部配置专职档案资料员，收集整理施工文件，工程竣工验收后交送市城建档案馆。市区一、二级施工企业管理执行比较规范，部分小型施工企业聘用社会人员做资料档案，业务水平参差不齐。

三、质量管理

80年代中期起，常州建筑企业坚持普及质量管理小组活动，成效明显。1989年，常州工业设备安装公司完成压力容器焊接试板开裂分析质量管理成果。翌年，常州市建筑构件厂网架球加工质量管理小组被评为全国工程建设优秀质量管理小组。2003年，常州市一建公司、二建公司和建筑构件厂等企业的质量管理成果分别获得省、市质量管理成果奖。

第六节　外出施工

80年代末，金坛建筑企业率先走出常州，到市外承揽工程项目。此后，市属国有、集体和乡镇建筑企业纷纷走出去，出市、出境出国施工成为常州建筑企业承接工程量的重要部分，促进了常州建筑业快速发展。

一、出市境内施工

80年代末，常州市建筑施工企业受国民经济调整、压缩基建的影响，开始把目光投向出市施工，尤其是乡镇施工企业率先跨出常州承揽业务。金坛市以金坛建安总公司为龙头，县属集体企业为骨干，乡镇企业为依托，采用独立双包、联合分包和劳务一起上的方式，打入京津唐地区建筑市场。1992年以后，常州进沪施工队伍不断扩大，到1995年末，进沪施工企业37家，其中市属企业6家、溧阳21家、武进9家、金坛1家，队伍扩大到1.38万人，施工总面积85.4万平方米，完成施工总产值5.3亿元。90年代末，常州部分装饰施工企业主动开拓外部装饰市场，以优良的施工质量和完善的服务赢得市场。金坛市建筑企业在北京参建了北京奥体中心等重点工程建设，被北京市建委称作为进京施工最佳队伍。2000年，金坛市第三建筑工程公司、建昌建筑工程公司参建的首都机场航站楼(2.78万平方米)和建昌建筑工程公司参建的北京大学理科楼(4.5万平方米)，获国家鲁班奖(参建奖)。

2000年以后，常州装饰施工企业相继开拓北京、新疆、陕西、吉林、天津、安徽等省、直辖市的装饰市场，建成大量的装修精品工程，为当地社会的发展做出了重要贡献。常州市建筑企业出市施工遍及全国各地，取得可喜业绩。2001年11月3日，市建筑总公司成立援藏建设指挥部，由施荣平任总指挥，芮永升、杨大伟任副指挥，他们率队援助建设西藏自治区政协礼堂、拉萨生态园会议中心、拉萨实验幼儿园、拉萨市人民医院等项目，施工总面积3.74万平方米，总造价1.13亿元。常州市一建公司和江苏省建设装饰工程公司分别负责土建、装修施工，克服高原气候、天寒地冻等诸多困难，保质保量完成施工任务，受到西藏自治区领导的好评。拉萨生态园会议中心被西藏自治区评为建设厅建筑工地样板工程，政协礼堂工程被评为建筑工地安全样板工程，获全国建筑工程装饰奖。

2008年8月四川汶川特大地震发生后，常州建筑企业迅速组织人员、器材赴四川灾区参加搭建抗震临时房及灾后重建工作，共搭建活动样板房1000多套、2万余平方米。同年，派遣建筑质监、安监等技术人员参与绵竹市遵道镇的对口援建工作。2009年，江苏伟业建设集团在西宁承建的香格里拉·城市花园工程获得鲁班奖。2010年，常州建筑企业在省外完成建筑安装总产值190.94亿元、在省内市外完成建筑安装总产值209.21亿元，两项合计占全部产值的40%以上。

二、出国出境施工

关岛上风村住宅工程　1985年3月18日，常州市建筑工程总公司与中国国际咨询公司工程项目部签订《关于承建美国关岛住宅工程合同》，中国国际咨询公司工程项目部与香港TACKO公司联合在美国关岛承包228幢住宅，委托常州建筑工程总公司负责工程的土建承包，首批人员施工第一期工程96幢、1.5万平方米，1985年一季度由屠盛龙、许寿南等带领78人前往施工，1987年回国(未能全部完成首期工程)。1988年1月由束敖林、杨汉琪带领第二批66人前往施工，继续完成首期的未完项目及修缮扫尾工作，进行第二期22幢住宅施工，1988年底工程完成。

科威特417套住宅项目　1987年5月26日，市政府批准以常州市建筑工程总公司为主，组织人员到科威特为417套住宅工程提供建筑劳务，赵瑞清任项目经理。同年约1200多名施工人员前往施工，其中常州450人(含金坛)、镇江350人、东海县350人，施工分成3个区展开(常州、镇江、东海)，由现场项目部统一指挥协调，工程进展顺利，基本达到预期要求。1990年由于伊拉克与科威特爆发战争，项目未全部完工，施工人员提前撤退回国。

南也门等国家大使馆修缮　1989年12月9日，市委组织部同意市建筑工程总公司选派市一建公司袁金渭等16人，修缮中国驻南也门大使馆。1990—1991年施工，完成任务。1995年，市建筑工程总公司与中国信托投资公司合作，杨大伟带领40多人修缮中国驻格鲁吉亚大使馆。1998年，市建筑工程总公司与交运公司合作，选派40多人修缮中国驻墨西哥大使馆。

香港国际机场　1995年4月底，常州市建筑工程总公司与中国航空技术国际工程公司合作，联合承接香港新国际机场902C/A标段工人宿舍、食堂、高级职员宿舍及配套设施31幢、3万平方米，为单层及多层钢架组装结构，总造价600万港元。由市建筑工程总公司束敖林负责，施工队伍99人，其中溧阳建筑总承包公

司73人、常州机械化施工公司22人，施工历时1年，1996年初完工。

以色列劳务　1999年3月，市建总公司与中国交远国际经济技术合作公司合作，选派约100人到以色列提供建筑劳务，中方劳务人员组织纪律好，技术熟练，作业进度快，受到业主称赞，以色列国家电台、报纸报道了中国劳务人员的事迹。

第七节　企业选介

一、常州第一建筑工程有限公司

前身为50年代兴办的常州市建筑工程公司一工区，1984年7月改为常州第一建筑工程公司。1985年10月，常州第一建筑工程公司与常州第四、第六建筑工程公司组建为新的常州第一建筑工程公司。2003年7月，改制成有限公司。2004年成立控股企业——常州钢构建设工程公司。2005年投资设立常州常益建设工程构件公司。公司拥有房屋建筑工程施工总承包、钢结构等多项一级资质和对外经济合作经营权。承建的常州市第二人民医院门急诊大楼获鲁班奖，500千伏政平换流站和天宁宝塔工程获国优银质奖，魏村水厂工程获国家市政金杯奖。先后承建参建伊拉克库特医院、科威特艾哈迈迪炼油厂、美国关岛228幢别墅住宅，援建了几内亚医院、刚果共和国欧罗摩波(OLLOMBO)市机场等项目。

二、常州二建建设有限公司

1953年成立，前身为常州建筑工程总公司二工区、第二工程处、第二建筑工程公司。1986年1月，常州第二、第三建筑工程公司合并为常州第二建筑工程公司。2003年7月改制成立常州二建建设有限公司，拥有施工总承包一级等多项资质，曾承建常州体育馆、工业展览馆、常州大酒店、亚细亚影城、中油国际大酒店等项目，多项工程获国家级安康杯和文明工地奖，红梅西村住宅小区获国家鲁班奖；曾承建、参建科威特哈瓦利中学、美国关岛上风村别墅、加蓬共和国翁布韦学校、塞拉利昂政府办公大楼、司令部大楼等项目。

三、常州三建建设有限公司

原为常州郊区修建站与郊区运输站合并成立的集体建筑企业。1985年3月、1986年11月先后变更为常州龙城建筑公司、常州市第三建筑工程公司，2005年5月改制为有限公司，启用今名。拥有房屋建筑施工总承包一级等多项资质。参建的常州红梅西村工程获鲁班奖，常州泰富世纪大厦(RC28层)等多项工程获江苏省扬子杯奖。

四、江苏武进建筑安装工程有限公司

始建于1955年10月，前身为武进建筑安装工程公司，2012年9月组建集团公司，控股子公司有常州金建混凝土公司、常州市武建投资公司、常州武建项目管理公司、常州武建建筑科技公司。具备房屋建筑工程、市政公用工程施工总承包一级资质和地基与基础工程、机电设备安装工程专业承包一级资质及消防设施工程、钢结构工程、建筑装修装饰工程专业承包二级资质，拥有对外签约权。2010年，公司拥有大型机械设备300余台(套)，技经人员736人，其中工程技术人员493人、中高级职称人员192人。参与施工的常州红梅西村住宅小区工程获国家鲁班奖，常州魏村水厂、江边污水处理厂获国家市政金杯示范工程奖。

五、常州丰臣建筑工程有限公司

1987年12月成立，该公司前身是基建工程兵第301团。1983年8月，经国务院、中央军委批准集体转业，改编为江苏省第二建筑工程公司，隶属江苏省建筑工程局，本部设在常州市常澄公路西侧(今通江大道丰臣国际商务广场)。1987年12月，整建制就地下放，变更为国有中型施工企业常州第四建筑工程公司，拥有房屋建筑工程施工总承包二级资质和土石方工程、建筑装饰装修工程钢结构工程专业承包二级资质，曾承建常州钢铁厂 CPE 工程、戚墅堰电厂生产教育楼、南京农用车厂车间、长江贸易中心、黑牡丹集团染整车间等建筑，参与承建红梅西村、荷花池公寓、阳光花园、文亨花园、鹤苑新都等 10 多个高层、多层住宅小区。其中常州照相机总厂总装车间和戚墅堰电厂生产教育楼被评为江苏省优质工程；参建的红梅西村工程获得国家鲁班奖。2005 年 12 月改制变更用今名。

六、常嘉建设有限公司

组建于 1993 年 6 月，前身是常州苏源集团勤丰建筑安装公司，拥有建筑工程施工总承包一级资质及房地产开发、建筑装饰装修、市政工程、地基与基础、园林古建筑等专业资质。先后组建常州广信置业发展公司、常州华科建筑安装公司和合资企业常州普威电器设备公司等子公司。曾承建江苏省电力公司横林 220 千伏变电站、勤丰 220 千伏变电站、550 千伏茅山变电站、青海柴达木 750 千伏茅山变电站、沪宁城际铁路电缆沟、常熟电厂两台 1000 兆瓦发电机组扩建等电力建筑工程及常州晋陵电力集团办公楼、常州玉隆花园、中吴雅苑、九洲花园等工业与民用建筑工程，多次获省优质工程扬子杯奖及文明工地奖。

七、江苏伟业建设集团有限公司

2002 年成立，前身为武进建设工程总公司第三分公司，总部设在常州。有员工 1500 名，具有房屋建设工程总承包一级和建筑装饰装潢、市政工程二级资质，在西安、西宁、镇江等地建成多项大型建筑，2008 年西宁公司承建的香格里拉·城市花园一期工程获得鲁班奖。

八、金坛建工集团有限公司

1978 年创办，前身为金坛市建筑安装工程公司，2009 年 6 月变更用今名，集土建、装饰、设备安装、市政道桥、园林古建、地基与基础、防腐保温等于一体，具备房屋建筑工程施工总承包及装饰装修一级等资质，拥有对外承包工程签约权；先后在北京、天津等地设立分公司，曾参加阿尔及利亚、阿联酋等国家的工程建设和劳务合作，参建的工程项目获鲁班奖 36 项、专利多项。

九、江苏天目建设集团有限公司

1958 年创办，1995 年 10 月组建为省级集团公司，2002 年 10 月由全民企业改制为民营企业，具备机电安装施工总承包、房屋建筑总承包一级等资质和对外承包工程经营权，拥有 8 家公司、总资产 8 亿元。曾获国家级优质工程奖 8 项、市政金杯工程奖 3 项，曾参加印尼、越南等国家的工程建设。完成北京奥体中心鸟巢项目钢结构和电梯安装、变配电室改扩建、奥运中心枢纽等工程。

十、江苏华能建设工程集团有限公司

1976 年创办，拥有机电安装工程施工总承包一级等资质、独立的对外承包工程经营权，与实验室检验检测资格等 RT、UT、MT、PT、ET5 大类、29 项及焊工考试资格 SMAW、GTAW 等，承建的多项工程获得国家优质工程银奖、中国安装之星，研发的循环流化床锅炉安装工法被建设部评为国家级一级工法，循环流化床锅炉施工技术及其垃圾焚烧锅炉安装技术、900 吨龙门起重机整体提升施工技术获中国安装协会科技成果一等奖。2010 年，机械装备总值达 2 亿元。

十一、常州工业设备安装有限公司

1958 年成立，是综合性建筑企业，下设全资子公司常州市第一建筑装潢工程公司和常州顾我商贸公司、惠我机械设备租赁公司、复我图文设计公司，具备国家机电设备安装总承包一级等多项资质和国家电力监管部门颁发的承装（修、试）电力设施许可证。作为参建单位施工工程多次获得建设工程鲁班奖、安装工程国优奖，多次被评为全国优秀施工企业、全国安装行业先进企业等先进集体。

十二、常州机械施工有限公司

前身为常州机械施工工程处，1984 年 6 月改名为常州机械施工公司，2003 年 7 月改制为有限公司，启用今名。拥有地基基础工程施工二级等多项资质，拥有静力压桩机、履带式打桩机、钻机、粉喷桩机等大中型施工机械。承建的代表工程有常州市行政中心静力压桩工程、常州国贸大厦打入桩工程、魏村自来水厂深层搅拌桩工程、常州市第一人民医院病房大楼基础支护工程、常州中天体育馆等工程，参与了香港新国际机场 902C 工程和科威特国家炼油厂管道铺设等工程施工。

十三、常州钢构建设工程有限公司

前身为常州建筑构件总厂、常州网架厂，2004 年由常州一建公司控股，改制为常州钢构建设工程公司，具有钢结构专业承包一级等资质，拥有先进的中重 H 型生产线、型材卷弯机、箱形梁生座线等钢结构网架生产线，有配套的化验、探伤、检测、试验中心。代表工程有北京亚运会水球馆、北京海洋馆、上海东方明珠广播电视塔、常州奔牛机场航站楼、常州高架一期、二期立交钢箱梁工程。海外工程有卡塔尔多哈女子学校、加纳和加蓬国家体育场等，参建的亚运工程获特别鲁班奖 1 项、鲁班奖 4 项，获中国钢结构协会颁发的金奖两项。2008 年跻身全省钢结构十强企业行列。

十四、常州市建筑科学研究院有限公司

1959 年成立，与常州市建设工程质量检验测试中心合署，现为省建设厅认定的建设工程质量检测资质机构，是省高级人民法院建筑质量鉴定入册机构。2008 年被省经贸委评定为省级中小企业技术服务示范平台。2010 年有持证上岗人员 97 人，其中高级工程师 9 人，仪器设备先进，独立承担常规建筑材料、建筑节能、结构安全鉴定、环境、建筑水电、市政工程、钢结构、桩基、基坑监测、岩土勘察、沉降观测等项目的检测，为工程项目及时提供技术数据。

十五、常州天任建设有限公司

2002 年 4 月成立，是从事附墙式升降脚手架专业承包一级企业。2002 年 12 月，研制开发的 TD02-A 型附着式电动整体升降脚手架通过江苏省建筑工程局鉴定，2004 年 11 月通过建设部科技司的技术鉴定。拥有 1517 套附着升降脚手架机组，累计承担高层建筑的附着升降脚手架工程施工项目 170 多项。

十六、金坛市圣恒建筑安装劳务有限公司

1978 年创办，是建筑安装施工一级资质企业，技术力量雄厚，机械设备精良，企业管理制度完善，在北京先后施工过国家行政学院，人民大会堂改建，中国藏族高级佛学院校舍楼等国家和解放军重点大型建设项目，创建了一大批名优工程。

十七、常州建筑工程材料供应有限公司

1976 年成立，是建设部确定的全国中小城市发展商品混凝土试点单位，原主要从事建筑工程原辅材料的配套供应和商品混凝土开发应用。2000 年转型为商品混凝土生产专业企业。其商品混凝土生产和成套技术的开发应用项目获建设部科技进步二等奖、国家科技进步三等奖。2003 年改制为股份制企业。2009 年有员工 323 人，拥有钟楼开发区、青龙港两个生产基地、仕高玛生产线 5 条和搅拌车 76 辆、汽车泵 12 台，同年供应商品混凝土 120 万立方米。

十八、常州金莎混凝土有限公司

1994 年成立，2008 年搬迁至机场路侧扩建改造，同年通过股份制改革成为国有控股企业。2009 年有员工 188 人，拥有德国原装生产线 3 条，年供应商品混凝土 50 万立方米。

十九、常州巨凝集团有限公司

2001 年 7 月成立，2009 年有员工 200 人，建有采菱路 505 库、薛家、遥观 3 个生产基地及原辅材料码头

3个，拥有利勃海尔生产线11条、搅拌车120辆、汽车泵20台，供应商品混凝土215万立方米。

第三章　园林建筑业

1990年以后，一些绿化单位的综合性园林绿化工程不仅要求种植树木草坪，还要求建造亭台楼阁、假山、雕塑和喷泉等景观，常州花木、园艺企业应运而生，不断发展壮大，相继组建花木集团公司，创成一批园林绿化、园林建筑企业，经营范围拓展到绿化施工、园林施工领域，在全国参与投标、承接大中型园林绿化工程建设。至2000年末，全市园林绿化企业发展到130多家，绝大多数从事园艺园林设计施工。此后，常州园林绿化企业主动拓展外地园林绿化工程市场。至2010年底，全市园林、景观设计三级及其以上资质企业发展到170家，承建园林绿化工程遍及全国大部分省市自治区。

第一节　园林绿化企业

1980—1985年，武进的夏溪、嘉泽、成章、湟里、东安、厚余、卜弋和金坛的尧塘、花山等乡镇相继在多种经营服务公司、技术推广站成立花木公司。武进县多种经营管理局、建委相继成立武进县花木公司、园林建筑安装公司，园林建筑安装工程公司以园林建筑为主，兼营绿化施工。80年代后期，常州的花木公司由以绿化施工为主逐步转向花木繁育、生产、销售，建假山、盆景、园林设计、绿化施工"一条龙"的综合经营。1990年以后，乡镇花木公司相继成立花木集团公司，大公司设有设计部、工程施工部、项目部、财务管理办公室、苗圃和喷泉设备厂、雕塑厂、假山造型等配套工厂，资质、硬件得到完善。2000年以后，全市的县、镇两级花木公司全部转制为民营企业。2004年，武进区从事花卉苗木种植、园林绿化行业的私营企业、个体工商户有87户，注册资金总额1.91亿元，在北京奥运会场馆建设中承揽了大量的绿化工程；当年完成销售和施工总产值10亿多元。2007年，武进有民营园林资质企业61家，嘉泽镇有52家。2010年底，全市拥有园林、景观设计三级及其以上资质的公司制企业170家，其中一级9家、二级55家、三级106家。

2010年常州市园林绿化一级、二级资质企业情况表

表17-3-1

企业名称	工商注册地	资质核准时间	法定代表人	地　址
一级(9家)				
常州市绿美艺园林绿化工程公司	武　进	2004.09	潘玉林	武进邹区常金路新华桥20号
常州第二园林建设工程公司	武　进	2007.02	钱炳华	常州市关河西路180号
江苏八达园林建设公司	武　进	2007.02	王仁年	钟楼区新闸镇新庆路558号
江苏锦盛园林建设工程公司	武　进	2009.12	谢建新	武进区嘉泽镇厚余西街
江苏江南园林建筑工程公司	新　北	2009.12	杨建国	新北区珠江路111号
江苏金苗园林建设发展公司	武　进	2009.12	施　林	嘉泽镇夏溪森茂街38～39号
常州环艺园林绿化工程公司	武　进	2010.06	许玉方	武进区嘉泽镇成章街
常州市绿洲园林建筑工程公司	武　进	2010.06	韩金梅	武进区嘉泽镇成章街
江苏尧塘园林绿化公司	金　坛	2010.10	周国平	金坛市尧塘镇金武路66号

续表 17-3-1

企业名称	工商注册地	资质核准时间	法定代表人	地址
二级(55家)				
常州市武进园林建筑安装工程公司	武进	1997.01	王庆忠	武进淹城常乐坊79-6号
常州市武进华夏花木园林集团公司	武进	1997.01	袁辉	嘉泽镇夏溪新东街
常州市嘉泽园林绿化公司	武进	1997.10	屈银根	嘉泽镇嘉兴路195号
江苏省武进公路苗圃公司	武进	2001	谢健	湖塘金鸡中路
常州市环亚园林绿化建设公司	武进	2003.01	成亚忠	横山桥镇省庄村农产品批发市场
常州宏盛园林绿化公司	武进	2004.12	周益洪	嘉泽镇成章街
江苏华夏园林建设公司	武进	2005.06	刘建刚	夏溪花木市场总部西楼
江苏通达园林工程公司	武进	2006.08	黄烨星	邹区镇卜弋常金东路170号
江苏艺林园花木公司	武进	2006.01	戴锁方	嘉泽镇厚余街
江苏森洋环境建设集团公司	武进	2006.01	冯曲波	嘉泽镇跃进村马塘38号
常州市华辰园林绿化工程公司	武进	2006.06	沈方金	湟里镇桃园路28号
常州市新景园林建设公司	武进	2006.06	王海林	武进区嘉泽镇成章街
常州桃源园林绿化公司	武进	2006.07	吴新明	延陵东路兆丰花苑工行三楼
江苏金腾园林建设公司	武进	2006.08	王菊明	嘉泽镇夏溪森茂街
江苏创景园林建设有公司	武进	2006.12	顾琴霞	市区晋陵北路217号现代城8楼
江苏华昊园林绿化公司	武进	2007.02	严丰	嘉泽镇成章街
常州华艺市政园林公司	武进	2007.10	庄鸿斌	嘉泽镇夏溪跃进村
江苏天开景观工程公司	武进	2007.12	李国平	成章人民北路65号
常州市武进苏南园林绿化公司	武进	2008.03	李国忠	嘉泽镇夏溪新东街
常州市旭升景观园林工程公司	武进	2008.05	蒋志华	嘉泽镇成兴路21号
江苏省金叶园林建设工程公司	武进	2008.10	谈建州	嘉泽镇夏溪西路400号
常州市宏图园林绿化工程公司	武进	2008.12	郭明南	湟里镇白洋村
常州市神州园林建设公司	武进	2008.12	朱锡荣	湟里镇桃园路15号
常州天一仿古园林装潢公司	武进	2008.12	钱明伟	湖塘镇淹城常乐坊79号
常州景胜园林绿化工程公司	武进	2008.12	黄卫军	湖塘镇府北新村商铺8号
常州金茵园林绿化公司	武进	2009.05	朱富政	湟里镇桃园路76号
常州森茂园林绿化公司	武进	2009.05	周国勤	钟楼区华景大厦1810
常州夏溪园林绿化工程公司	武进	2009.06	史伯明	嘉泽镇夏溪花市路32号
常州创新园林工程公司	武进	2009.11	汤建跃	湟里镇金水岸A区1号
常州天成景观工程公司	武进	2009.11	史武军	嘉泽镇夏溪花市路60号
常州江天景观工程公司	武进	2010.01	冒银方	嘉泽镇夏溪花溪路5幢
常州市中艺园林绿化公司	武进	2010.01	徐建忠	嘉泽镇人民路50号
常州虹景园林绿化工程公司	武进	2010.01	许肖雄	湖塘镇
江苏富隆奇园林景观工程公司	武进	2010.06	蒋立	嘉泽镇夏溪森茂街35～38号
常州市华景花木园林建筑工程公司	武进	2010.08	陈国民	嘉泽镇夏溪森茂街
江苏中道园林建设公司	武进	2010.08	蒋新明	夏溪花溪路11-3号

续表 17-3-1

企业名称	工商注册地	资质核准时间	法定代表人	地　址
江苏西太湖园林绿化工程公司	武　进	2010.08	王建平	嘉泽镇花都嘉园1幢丁单元1～11号
金坛市园林绿化工程公司	金　坛	1997.05	宗清庆	江南路16号
金坛峨嵋园林绿化公司	金　坛	2006.07	陈新庚	华城商业广场1-1401室
江苏天汇环境工程公司	金　坛	2007.06	郭春荣	东环一路金彩花园5楼
江苏世邦园林工程公司	金　坛	2007.11	常　霞	金坛常溧收费口16号
常州市恒雅园林绿化公司	金　坛	2007.12	谭丽君	尧塘镇公路花园和谐北路29号
常州环美园林建设公司	金　坛	2008.04	栾国良	常州市劳动西路213号
常州市万年青园林市政建设工程公司	金　坛	2009.05	冯荷华	南门大街155号
金坛市华盛园林装潢公司	金　坛	2009.06	朱留洪	金坛大道88号华商培训中心
常州豪景园林绿化公司	金　坛	2010.06	张小俊	金坛下坵路22-57号
江苏绿景园林建设公司	新　北	2006.08	顾雄健	怀德北路142-1、2号
江苏润绿园林工程公司	新　北	2008.10	左黎红	太湖中路19号楼502
常州绿诚园林绿化公司	新　北	2009.05	沈　芳	富都商务公寓1016室
常州市春绿花木公司	新　北	2010.03	李红春	通江路中创大厦3号楼
常州市博大环境工程公司	天　宁	2006.10	王建民	市区武青路138-3号
江苏金世纪建设公司	天　宁	2007.04	张　斌	聚博花园1号楼1号
常州碧海景观工程公司	天　宁	2009.09	金白云	厚余镇朝东村
常州市苗圃公司	钟　楼	2009.06	王祖顺	五星街道平岗村陆家村90号
常州市钟楼区园林绿化公司	钟　楼	2009.06	胡跃强	市区劳动西路23号

说明：表内企业“有限公司”均省略“有限”两字

一、常州市艺林园花木有限公司

前身为武进厚余花木公司、常州市华余园林花木公司，为造林绿化施工一级资质、园林建筑施工二级资质企业。1996年，厚余花木公司转制为常州市华余园林花木公司，董事长、总经理戴锁方筹资200万元，在4个村的7.2公顷土地上兴建苗木基地4个，逐渐承接造林绿化、园林绿化工程。1998—2001年创建成常武地区珍稀大规格苗木基地，重点培育名、特、奇、珍大规格苗木。2002年5月，被国家科委评为全国农村科普示范基地；2003年6月建成占地8公顷多的艺林园。2010年末，拥有苗木基地72公顷，有工程技术人员60人（其中高中级职称技术人员26人）、花木经纪人2000人。曾获省、市授予的江苏省农产品营销大户50强和常州市现代农业科技示范园等荣誉。

二、常州市武进华夏花木园林集团有限公司

前身为1983年5月在夏溪乡多种经营服务公司成立的夏溪花木公司。1994年，夏溪镇政府统筹建立集团公司，2000年改制成股份制企业，是集生产销售、科技服务与园林建设于一身的园林绿化二级资质企业。2007年拥有固定资产2000万元，有专业技术人员100余人、技术工150余人、销售员（经纪人）1000余人。曾承接国家和地方园林建筑工程项目数百个，参与、承建100余个名优工程。1990—2007年，先后被评为全国花卉先进企业、花卉生产示范基地、农业产业化十强龙头企业、百强经纪企业和江苏省优秀龙头企业、林业产业四十佳企业等先进集体。1996—2000年，连续5年被评为常州市农村贸工农十强龙头企业（集团）。

三、常州市嘉泽园林绿化有限公司

前身为1979年成立的武进嘉泽花木公司。1997年，取得城市园林绿化三级资质，同年底更名为常州市嘉泽园林绿化公司，产品注册嘉园牌商标。2002年3月改制为民营企业，2005年晋升为二级资质企业。2007年末，拥有固定资产1000万元，有职工650人，技术人员130人，其中高级技术人员30人。2003—2006年，销售额加施工产值之和连续4年突破2亿元。曾被评为全国花木行业十佳企业、花木优秀企业、花木先进企业和江苏省明星企业。2010年末，有固定资产1200万元，花木生产基地4500余亩，生产、经营各类花卉苗木1000余种。

四、武进区园林建筑安装工程有限公司

1985年2月成立，位于常州市永宁路61号，是武进县建委成立的全县首家园林建筑企业，占地约3.73公顷。1991年更名为武进县园林建筑安装工程总公司，下设分公司。1996年以后，业务遍及全国18个省市自治区，建成一大批上规模、高难度、有重大影响的工程项目。2001—2007年，绿化、建筑、施工年产值均超1亿元。2010年末，拥有固定资产1000万元，是园林绿化资质二级企业、建筑安装总承包三级资质和古建、装潢三级资质企业。有职工140人，其中技术人员58人，包括高、中级职称人员34人。

五、常州市第二园林建设工程有限公司

前身为1981年成立的武进花木公司，位于常州市常新路1号恒远大厦。1992年6月变更为常州第二园林建设工程总公司，2002年转制为民营企业。2007年2月，晋升为园林绿化一级资质和施工、古建筑、装修装饰二级施工企业，拥有专业技术人员185人，有资质的项目经理65人。2010年，建有花木苗圃、基地106.67公顷，同年完成施工产值9261.8万元。

第二节 园林设计施工

一、设　　计

1987年以后，常州园林绿化企业拓展花木产业功能，逐渐开展园林艺术施工。夏溪花木市场的建成推动出园林绿化工程设计实体的发展。21世纪初，规模较大的花木园林企业一般设有设计部，逐渐培养一支有专业技术职称的设计人员队伍，常州市绿扬花卉公司等企业设有庭院设计办事处之类的机构，成为具备园林规划、设计、建筑、施工能力的园林绿化、园林建筑设计资质企业。2000年以后，规模较大的园林企业纷纷引进园林绿化工程设计人才，取得参与园林绿化工程建设的竞标资质。2007年，金坛市有江苏尧塘园林绿化（集团）公司、金坛市华盛园林装潢公司、金坛市园林绿化工程公司等园林绿化设计省二级资质企业6家，有三级园林绿化资质企业8家。至2009年底，全市有常州市园林设计院有限公司、常州市风景园林设计公司和常州市鸿图园林景观设计中心等三级及其以上园林设计资质专业单位138家，在全国所承接数以千计的园林绿化工程，设计多数由承接工程的企业自主承担，达到较高的规划设计水平。常州夏溪园林绿化工程公司等园林公司设计的园林建筑作品巧妙融合中国北方园林之长、江南园林之巧与西方园林造景之优，品位较高，具有特色。武进园林建筑安装工程公司有两名高级技术人员擅长古典建筑设计。2010年底，仅夏溪集镇就有园林工程设计室25家。

二、施　　工

1987年以后，武进县对乡（镇）花木公司设计员、施工员、质检员、安全员、会计员进行系统性、多层次的业务技术培训，实行统一考试考核，持证上岗。乡（镇）花木公司采取聘请专家教授现场指导、现场培训的方式，派出技术骨干参加脱产短期培训，提高业务素质和施工水平。1991年以后，常州花木、园林企业承建的部分园林工程分别被陕西、辽宁、青海、江西、北京等省、市和交通部、建设部评为优质工程。2000年以后，常州上规模的花木、园林企业纷纷设立工程项目部、施工部，开拓绿化和园林建筑市场。金坛尧塘镇抓住北京申奥成功的商机，组织400多名花木经纪人到北京开拓市场，至2002年累计签订花木种植和绿化施工业务合同1亿元。常州市艺林园花木公司在全国20多个省、直辖市、自治区承接城市园林绿化、古典建筑、庭院绿化、厂矿学校、住宅小区等的绿化及园林工程的设计和施工，其中承接国家及地方重点工程的园林绿化工程设计、施工业务数百个。2002年以后，公司承建的工程项目曾获陕西、辽宁、青海、江西、北京等省、直辖市和交通部、建设部等单位授予的优质工程奖。2002年，嘉泽镇开工建造钦风沟紫薇园，常州市嘉泽园林绿化公司具有较高的设计施工水平，注重工程质量和养护管理，承建了一批具有民族风情特色、现代风格的园林绿化工程。常州市华辰园林绿化工程公司武进分公司是园林绿化二级资质单位，在全国承接承建园林附属亭台楼阁、叠石、喷水及园林绿化等工程。常州造林绿化、园林建筑的规模化、产业化发展带动了雕塑、石材加工和花盆制作行业，2010年仅夏溪地区就有这类工厂20余家，从事花木业运输的车辆和吊车500余辆，从事花木运输、搬运等职业的劳动者达1万人。

第四章　装饰装修业

1985年，常州市首家合资装饰施工企业常泰建筑装璜工程公司成立，常州建筑装饰装修行业作为相对独立的专业从建筑土建中分离出来，逐步兴旺。80年代中期至90年代初期，随着社会进步和建筑业的发展，装饰装修在建筑业中所占的比重逐年上升，迅速成为一个企业数量庞大、蓬勃发展的新兴行业。

第一节　装饰装修企业

80年代中期到90年代初，由于规模普遍较小，常州市大部分装修企业的工程管理基本上采取企业对人财物集中统一管理、风险抵押承包或个人承包等模式。90年代中期，以常州常泰建筑装璜工程公司（简称“常泰公司”）为龙头的本市装饰行业蓬勃兴起，改革传统施工方式，以装修工程项目组建项目经理部，实行以进度、质量、安全、成本和文明为主要内容的项目经理承包制。90年代末到21世纪初，常州市装修企业推行经理负责制和项目法施工，完善经济承包责任制，装修企业以经营管理为主，施工选用弹性劳务队伍。2003年9月，江苏建设装饰公司率先完成改制，常州装修企业全面完成改制，外资、国有和集体资本全部退出，改为有限公司制民营装修企业。2005年底，全市经工商注册的从事公共建筑装修、幕墙门窗和家庭装修的施工装饰企业近1000家，具有专项施工资质的装饰施工企业108家，其中具有装饰装修主项专业承包一级施工资质的企业11家；全行业同年完成施工（不含家装）总产值14.4亿元，占全市建筑业施工总产值的5.2%。

2008年起，装饰和幕墙资质企业全面实行项目建造师负责制，项目经理资格证书转换成注册建造师。2009年，全市有建筑装饰施工资质企业142家，其中装饰装修主项一级施工企业20家、建筑幕墙一级资质施工企业6家、金属门窗企业1家、园林古建筑企业1家；全市具有建筑装饰一体化资质企业13家，具有建筑装饰施工及一体化资质的家装企业30家，其中二级资质2家。全行业完成施工总产值49.6亿元。

1989年初，常泰公司成立不久通过墨西哥驻华大使的牵线和中国外交部的推荐，承接华人在墨西哥投资建设的长城饭店中餐馆装修工程，常泰公司派出少数技术施工管理人员到墨西哥负责，装修材料从国内运去，劳务就地解决，工程历时半年顺利完成，成为常州装修企业承建的第一个海外工程。1995年，市建筑工程总公司与中国信托投资公司合作，指派江苏建设装饰工程公司承建中国驻格鲁吉亚大使馆装修工程。2004年该公司与中国江苏国际经济技术公司合作，承建中国驻坦桑尼亚大使馆签证楼、经商处装饰工程，总造价490万美元。2008年，江苏华艺装饰工程公司与国外建筑承包商签约，承建沙特考巴达兰大厦外墙装饰工程，总造价350万美元。2009年2月，在阿联酋与穆哈迈德本卜迪哈密德承包集团签订乌姆阿纳宝马(BMW)展厅扩改建铝合金／玻璃幕墙工程项目，合同额2280.01万迪拉姆（折合616万美元），为期39个月，项目如期竣工。该公司与国内对外总承包公司合作，相继承建马达加斯加公路局、埃塞俄比亚职业学院、马达加斯加五星级宾馆、科特迪瓦议员之家、缅甸国际会议中心、萨摩亚游泳馆、莫桑比克外交部等建筑的外墙装饰工程。2010年末，全市建筑装饰装修的从业人员约3.8万人，年初全市建筑装饰施工企业有专业技术职称人员3541人，其中注册一级建造师351人。全市具有一级装饰装修主项专业承包资质的施工企业基本同时具备建筑幕墙、机电安装、钢结构、消防工程等专业承包的辅项施工资质。随着建筑装饰市场队伍整体素质的上升，施工水平稳定提高。2002—2010年，江苏建设装饰工程公司连续4年、江苏环亚建设工程公司连续两年被评为全国建筑装饰行业百强企业。

一、常泰建筑装璜工程有限公司

1985年7月，由常州建筑工程总公司、常州市投资银行、常州市中国旅行社与澳门泰兴建筑公司合资成立，是常州地区首家合资建筑装饰施工企业。2006年6月原合营澳方转让股份，企业变更为内资企业。同年7月企业改制为有限公司，具有建筑装饰工程专业承包一级等施工资质和建筑装饰工程专项设计甲级等设计资质。参建上海世博会世界气象组织馆、中共云南省委办公楼、延安革命纪念馆、常州富都商贸酒店、山东大厦、上海豪客斯豪金珊威大酒店、常州大酒店、苏宁电器集团办公楼、中国科学发展馆展示馆、北京欢乐谷大剧院、常州奥体中心、常州中华恐龙园、上海申通地铁公司、周恩来纪念馆、解放军第四军医大学、中央戏剧学院等。其中云南省委机关办公大楼、常州市第二人民医院门诊楼工程获国家鲁班奖，公司连续7年被评为全国建筑装饰行业百强企业。

二、江苏建设装饰工程有限公司

1992年12月成立，2003年9月改制为江苏建设装饰工程公司，具有建筑装修装饰工程专业承包一级等施工资质、建筑装饰专项工程设计甲级与建筑幕墙专项工程设计甲级资质。参建北京奥运会国家体育场（鸟巢）A区看台贵宾室、国家游泳馆（水立方）、解放军电视宣传中心（中央电视台第七频道）、长春南湖宾馆、西安（江苏大厦）紫金山大酒店和常州市天宁寺宝塔、清真寺等项目，公司参建的奥运项目——鸟巢和水立方的装饰施工获鲁班奖，西藏自治区政协礼堂等9项工程获全国建筑工程装饰奖，长春南湖宾馆7号楼两项工程获全国建筑工程装饰设计奖，23项工程分别获得江苏省扬子杯优质工程奖、建筑装饰优质工程紫金杯奖。

三、久信医疗科技集团有限公司

1995年成立，原名江苏久信医用净化工程公司，与德国、日本的企业开展技术合作，是专业从事医疗净化工程的企业。拥有现代化生产车间1.2万平方米，专业从事高标准净化手术室系统设计、制造及安装，先后为上海、安徽、贵州、四川、宁夏、银川、云南等省市的国内350多家和国外多家医院建设高标准净化手术室、ICU病房5000多间。2005—2006年，公司参建的北京友谊医院门诊、急诊教学综合楼工程、中南大学湘雅第二医院大楼工程获国家鲁班奖，2008年获江苏省高新技术企业称号，2010年成立集团。

四、江苏环亚建设工程有限公司

1993年成立，是集装饰装修、医疗净化工程设计施工和医疗产品配套生产销售、保温材料生产施工、建筑智能化工程施工于一体的集团化企业，具备国家建筑装饰装修、机电设备安装、建筑智能化等一级资质。承建常州富都商贸饭店、常州宾馆、电信大楼、武进城市建设展览馆和西安水晶岛大酒店、河北承德山庄宾馆、南通珠算博物馆等。公司承接的常州大剧院、北京协和医院门急诊楼及手术科室楼改扩建等多项工程获国家鲁班奖、国优奖。建立与净化工程相配套的设计团队、研发中心、生产基地和专业施工队伍。至2010年末，净化业务遍布全国近千家医疗机构，先后承建解放军总医院、海军总医院、302医院、哈尔滨医科大学附属第四医院等近100项的净化工程及相关医疗器械和制药企业的GMP净化车间。2010年，江苏环亚建设工程有限公司被评为江苏省建筑业百强企业。

五、常州通用幕墙装饰工程有限公司

1998年4月成立，原名常州市西飞装饰安装工程有限公司，2000年9月更用今名。拥有建筑幕墙工程专业承包一级等施工资质和建筑幕墙专项设计甲级等设计资质。参建的浙江大学新校区图书信息中心楼A楼、C楼工程获2004年度国家鲁班奖，常州红梅大厦、浙江大学附属医院外科楼外立面装饰、常州莱蒙都会等幕墙工程获江苏省建筑装饰优质工程奖。

六、江苏华艺装饰工程有限公司

1986年创建，是从事建筑外部装饰工程的专业设计施工企业，是全市首个取得建筑幕墙一级资质的专业企业和全市首家获鲁班奖(参建奖)的幕墙装饰企业。代表工程有盐城市行政中心一期办公大楼、黄岛海关综合业务技术用房、常州九洲花园大酒店、青岛新天地、凤凰谷、常州九洲广场等。

第二节　质量信息管理

常州装饰装修行业质量信息管理经历由早期的散乱到逐步制度化、规范化的过程，总体上公共建筑装饰装修强于家庭装饰装修细分行业。

一、施工质量管理

常州公共建筑装饰行业较为重视质量管理。2005年，市建设局授权常州市装饰装修行业协会组织开展常州市建筑装饰优质工程(金龙杯)评选活动。此后装修工程创优成为常州市装修行业的经常性活动。2005年，江苏建设装饰工程公司承建的江苏拉萨高原生态园会议中心装修工程获常州市装修行业第一个全国建筑工程装饰奖。2007年，江苏建设装饰工程公司率先在企业中开展了质量、职业健康和环境3个管理体系的贯标认证。2010年10月，卫生部主办的第十一届全国医院建设大会在常州召开。至2010年，常州市具有施工资质的装饰装修企业均通过质量管理体系的认证。2010年，常泰建筑装璜工程公司承建的上海世界博览会世界气象组织馆，由上海世家装饰公司(常州企业)承建的常州大剧院等具有代表性的装修工程分获全国建筑工程装修奖、中国建筑工程鲁班奖(参建)。江苏建设装饰公司、常泰装璜公司先后于2009年、2010年被评为全国建筑工程装饰奖明星企业。

二、企业信息管理

2008年，常州市装饰施工企业的网络化信息系统管理开始起步，江苏环亚建设工程公司建立网络在线式信息化管理系统，依托先进的网络在线式音视频管理系统，对在建项目实行远程有效管控，确保各项目实施全过程及时得到公司总部的精确指挥和管理。江苏恒晶装饰公司、江苏米多装饰公司探索家装企业6S数字管理系统，效益显著。

第三节 装饰新材料新产品

2008年，江苏环亚建设工程公司根据医院净化市场的需求，研制、开发和制作标准化装配式手术室，把手术室墙体、手术室器械设备、风管机组在工厂车间内按标准模块生产成型，到施工现场进行简单的一体化安装即可，施工质量可靠可控，建设周期短，效率高，安全环保，降低了建设成本，该产品广泛应用于医院的净化工程。江苏建设装饰工程公司采用高性能新型材料替代传统建材。2012年，在常州现代传媒中心项目动漫创意园工程中，采用康纳天花、金强复合墙板替代传统的轻钢龙骨纸面石膏板吊顶与隔墙。康纳天花是一种健康环保的高科技产品，是由20多种原料经特殊工艺加工而成的无机复合板，内含负离子光触媒原料，纳米TiO_2在光的作用下，表面释放出活性极强电子对，可与空气中的有机物及细菌发生降解反应，达到净化空气、抗菌防霉、防污除臭等功能。

第五章 建筑科技应用

1988年，市城乡建委颁发《常州建设业科技项目管理办法》，对科研、科技情况和推广应用新产品、新设计、新工艺等方面的立项、实施、成果鉴定、奖励等作了明确规定。推进标准化设计技术、工业废料利用技术、混凝土集中预拌技术、以钢代木技术、混凝土预制构件的成型及养护工艺的改造、金属制品加工、微电脑、化工建材的应用等项技术。1989年、1990年，市城乡建委两次召开常州城乡建设理论研讨会，探讨住宅商品化、公用事业发展、城镇规划管理等城市建设的热点问题，评选优秀理论研究论文91篇。90年代，建设部门在住宅建设、市政建设等领域大力推广新产品、新材料，新建建筑用硬聚氯乙烯塑料管代替铸铁下水管，空心砖替代实心黏土砖，新三级钢筋替代老三级钢筋，推广使用轻质墙体材料。2000年以后，常州建设单位加快创新，推广应用新型围护结构、太阳能光热光电建筑一体化技术、浅层地能热泵系统、绿色照明和新型建筑结构体系等适用技术和产品，提高建设科技水平，促进建设事业健康发展。1986—2010年，全市组织实施科技项目共110项，其中部级6项、省级9项、市级9项和市建设系统项目86项，获得建设部华夏科技奖4项和江苏省建设科技奖、常州市科技进步奖各10项。

第一节 建筑节能技术

2002年，建设部颁发冬冷夏热地区居住建筑节能设计标准，常州地区建筑保温隔热首次实施国家标准。此后常州市启动建筑节能推广工作。2005年起，市建设局加强新建民用建筑节能工作。翌年11月，市质监站对2006年元旦后新开工的民用建筑工程节能质量开展监督检查。2007年，市政府颁发《关于节能工作的意见》。7月，常州被建设部列为节能监管体系建设试点城市；10月，市建设局委托市城调队调查2006年7月至2007年6月常州市机关办公建筑和大型公共建筑的能源消耗情况，调查对象683个、建筑2097栋、总面积1331万平方米。此后，严格执行《民用建筑能耗统计报表制度》，开展民用建筑能耗统计、审计、公示，每年年报摸底调查民用建筑样本基本信息3000多栋、1900多万平方米，基本建立起建筑节能监管体系。2006—2008年，全市建筑节能完成的目标任务分别为4.89万吨、10.42万吨、18.89万吨标准煤，开展可再生能源建筑应用，组织相关单位申报国家可再生能源建筑应用示范工程、太阳能光电建筑应用项目和江苏省建筑节能专项引导资金项目等。

2002—2010年，常州市建成符合节能标准的住宅4078.45万平方米、公共建筑1512.83万平方米，应用可再生能源建筑750万平方米，改造既有建筑50万平方米，应用太阳能光电3200千瓦，组织申报实施建筑节能示范项目18项，建筑节能考核名列全省地级市前茅。2003年，市建设局协调常州河海水环境公司、常州天合光能公司等单位开展了省建设厅科技项目城镇建筑集中利用太阳能技术和管理政策研究，项目于2005年完成。2005年起开展城镇住宅新能源集中利用关键技术研究及工程示范项目，依托建设部康居示范工程金谷华城项目，建设单位会同常州市河海水环境工程公司、金谷房地产公司联合投标，开展光热集中供热系统研究，同步编制《江苏省住宅建筑太阳能热水系统一体化设计、安装及验收规程》《江苏省住宅建筑太阳能热水系统一体化设计标准图集》，分获2006年、2009年江苏省建设科技成果奖、三等奖。

2008—2010年，常州被列入省级建筑节能项目的有可再生能源低能耗建筑示范、建筑节能监管体系建设、建筑节能与绿色建筑示范区等7个大项、15个小项，申报获得省级专项引导资金2072万元。2008年6月，《常州市建筑工程统一设计和安装太阳能热水系统应用范围（暂行）》公布，推广太阳能热水系统的应用。2009年6月，市建设局开始推进既有建筑节能改造，明确机关办公建筑、大型公共建筑进行外墙装修、改扩建时应同步实施节能改造，改造项目要达到建筑节能设计标准等事宜。同月，市政府印发《关于加强建筑节能工作的意见》，提出建立规划、设计、施工、监理、质监验收、房屋销售等管理部门闭合管理体系。2009年、2010年目标分别为28.07万吨、38.04万吨标准煤。2010年，常州被列入江苏省国家机关办公建筑和大型公共建筑能源监测平台建设第二批试点城市，启动建设常州市建筑能耗监测数据中心，建筑节能的专项设计、专项施工图审查、专项施工方案、专项监理、专项质量监督、专项验收有效执行，建筑节能监管成为常态工作。

第二节 建筑工艺技术

80年代中期，常州建筑企业推广采用新材料、新技术、新工艺和新设备，推进标准化设计，初步形成单一多层工业厂房体系、砌块住宅体系、大板住宅体系等4种工业化建筑体系，常州建筑工业化模式由建设部向全国推广。1986—1990年，全市建设系统单位承担省、市科技及新产品开发项目37项，完成22项，为部、省（编制）颁发的专业技术标准（图）4项，市建工局下达给下属单位指令性计划21项，完成16项。获得市级及其以上科技成果奖28项，其中国家科技进步三等奖和建设部科技进步二等奖、全国计算机应用优秀项目三等奖各1项，省建工局科技进步三等奖1项及市科技进步二等奖1项、三等奖3项、四等奖1项。这些成果大部分应用于工程建设和生产管理，提高了常州建筑施工技术水平。

一、工艺工法

国家级、省级工法 1990年以后，市建委、建工局组织研究编写《施工技术操作规程》（工法），组织对市级工法的评审、汇编、发布和应用，使施工操作科学规范，细部接管处理统一标准，促进了施工技术水平和工程质量的提高。市建设局组织，市第一建筑工程公司和安装工程公司参加编写《江苏省建筑工程施工技术操作规程研究》，其中第10分册《防水工程》、第16分册《工业管道工程》均获2000年度江苏省科技进步二等奖。2009年，江苏华能建筑集团、江苏天目湖建筑集团联合开发的900吨龙门起重机安装施工工法，江苏武进建工集团研发的MLC多功能轻质混凝土保湿屋面施工工法等3项工法被评为国家级施工工法。2001—2010年，由常州建设单位编写并经评审发布的省级工法有63项。

市级工法 2003年，市建设局颁发《常州市建筑业施工工法管理细则》，将施工工法与企业信用考评、资质年检、招投标等管理工作相结合，编印《市级施工工法汇编》。2009年，市建设局汇编了《施工工法实务手册》，鼓励企业创新施工技术。2001—2010年，常州编写经评审发布的市级工法188项。

二、商品混凝土成套技术

1989年，常州市建筑工程材料供应公司研发的商品混凝土生产和应用成套技术研究，获建设部科技进步二等奖、国家科技进步三等奖。推进工业废料利用，累计推广应用粉煤灰硅酸盐砌块40万立方米。90年代起，推进混凝土集中预拌技术，建立、推广应用水泥生产厂—商品混凝土搅拌站—施工现场散装水泥的新体制，形成现代商品混凝土供应模式。对搅拌楼前后台工艺进行技术改造，应用计算机配料控制系统自动控制，全部使用散装水泥，引进外加剂掺和技术和泵送新技术，实行科学的管理方法和严格的质量保证体系，提高了生产计量精度和自动化程度，实现搅拌、运输、泵送配套供应。2010年初，市区有预搅拌商品混凝土生产企业26家、基地33个、生产线88条，拥有混凝土搅拌车1100辆、分类泵车180台，年设计生产能力3000万立方米，2010年实际生产供应1300万立方米，实现供应全覆盖。

三、十项新技术

1995年，全市普遍推广应用商品混凝土散装水泥应用技术、新型模板与脚手架应用技术，达到全国先进水平。钢筋锥螺纹连接技术在常州研制成功，填补省内空白。常州的高强混凝土技术、高强钢筋和预应力技术、建筑节能技术、硬聚乙烯塑料管应用技术、粉煤灰综合利用技术、计算机应用技术在全省处于领先位置。全市在新技术推广应用中，完成冷挤压接头20万个，节约钢材400吨；电渣压力焊10万多个，节约钢材300多吨；锥螺纹1000多个，节约钢材3吨。市一建公司施工的国贸大厦和市二建公司施工的工贸大厦被列为省级新技术示范工程，这两项示范工程利用粉煤灰节资50多万元，利用悬挑、爬升脚步手架节约150多万元，利用胶合板节约30多万元。市一建公司施工、2007年竣工的天宁宝塔和2009年竣工的常州大剧院应用了10项建筑新技术，其中深基坑支护及降水、工程测量定位控制、大跨度超高结构高支模施工、清水混凝土模板施工等先进技术经济合理、效果良好，为同期建筑施工代表作，获全国新技术应用示范工程奖。

四、新 材 料

1989年，常州市建筑工程材料供应公司建成年产25万块小砌块简易生产线，生产符合国标的3种规格、4种级别的混凝土空心小型砌块30万块，用于高层框架填充墙和小砌块住宅工程；在清潭新村小区进行了5层小砌块住宅工程试点，建筑面积3000平方米。常州市建筑工程总公司（后改称常州市建筑工程局）研制完成商品混凝土生产应用成套技术研究，被选定为全国施工新技术优先项目商品混凝土生产设备，均实现国产化，应用微机配料控制系统(WZP)、快速检测混凝土质量、外加剂掺加等新技术，提高计量精度和自动化程度，所产商品混凝土质量符合新标准(GBJ107-87)，能满足建筑工程各季节的需要。1987年底通过部级鉴定，翌年获建设部科技进步二等奖，1989年获国家科技进步三等奖。至1990年底，常州市年产商品混凝土10万立方米，占全市现浇混凝土总量的55%，接近国际先进水平。1986—1990年，市建筑构件厂的新产品螺栓球网架、SMC片材制品达到规模生产和批量生产，螺栓球网架制作安装形成年产1500吨能力，业务遍及国内20多个省市，SMC片材及制品是以化工合成材代钢、代木，建成年产500吨片材、150吨制品的生产线，产品从普通型向高强型、电工型、耐酸型多品种发展，促使建筑产品更新换代。

90年代，常州建设单位开发运用推进以钢代木技术，开发应用钢模板、钢门窗等产品，累计节约木材1.5万立方米；推进混凝土预制构件的成型、养护工艺的改造，建立的生产线有平模固定、成组拉张、流水浇灌、腹腔加热养护的大型屋面面板生产线，热介质定向循环槽型板生产线，地下平窑、干热养护的大板生产线，双向预应力张拉、真空吸水、腹腔加热的大楼板生产线，拉模小孔板等生产线。金属构件公司、材料供应公司等企业先后开发研制出空实腹钢门窗、纸质蜂窝板、塑钢门窗、玻璃幕墙等新产品。1994年，市建委、建工局开始落实推广冷轧带肋钢筋，要求逐步淘汰低碳冷拔钢筋丝在构件和工程中的使用。翌年，市建筑构件厂开发成功冷轧带肋刻痕钢筋，经测算，直径4～5 LL650级用于混凝土多孔板，可节约钢材5%～10%，每立方米构件节约水泥40千克，节省费用18～20元，经济社会效益明显。2000年以后，常州市建筑行业主要在住宅工程外墙施工中推广应用聚苯颗粒保温隔热材料。2008年，常州市着手试点预拌砂浆，在京杭运河新线服务区等工程项目中试用，逐渐改进完善并推广。

五、建筑幕墙

90年代，国际上幕墙工程兴起，常州建筑幕墙行业紧跟发展趋势，常州亚细亚影城是此期的代表性工程。一批幕墙施工企业随着建筑业的快速发展迅速成长，规模和资质等级得到长足发展，产生江苏华艺装饰工程公司、常州黎明玻璃幕墙公司、江苏后肖公司、江苏晶天公司、常州通用幕墙公司和常州苏南公司等代表性幕墙施工企业。90年代后期至2010年，建成的代表性工程有中国银行常州分行、上海展讯中心、常州九洲环宇商务广场、常州大成大厦、江苏大学附属医院、常州博物馆规划展示馆、常州市疾控中心、莱蒙都会A7项目等金属、玻璃和石材幕墙工程。

六、电站建设技术

90年代中期，河海大学常州校区、福建省尤溪县青印溪二级水电站工程与内蒙古自治区红山水库管理局联合开展的水电站用爆破膜代替调压井的过滤过程和工程措施研究，该项研究于1998年获得水利部科技进步二等奖，获1999年度国家科技进步三等奖。课题组多年来研究设计用爆破膜代替调压井，原理是将人为给定的薄弱环节一组金属膜片安装在压力管道末端，当机组突甩负荷，膜片处水压力上升到整定值时，膜片爆破，泄流减压，保护机组和引水系统安全。成果成功应用于内蒙古红山水电站、福建青印溪二级水电站，节省工程投资250万元，红山水电站爆破膜投入运行第一年增加发电量1250万千瓦时。

第三节　装饰工艺技术

一、施工技术

常州装饰施工企业顺应建筑装饰业发展趋势，组织工程技术人员研发装修新工艺、新技术，针对装修工程项目编制施工工法，开展质量小组活动，推动常州市装修企业的科技进步，增加了装修工程的科技含量，提高了装修工程的质量。1995年，常州华艺铝型材公司设计的建筑幕墙通风装置获得国家专利局实用性新型专利证书。2000年以后，常州建筑装修工程广泛采用新技术、新工艺、新材料。2009年，常州华艺铝型材公司挤塑聚苯板抹灰外墙保温系统被列为全省建设科技成果推广项目。江苏环亚建设工程公司研发出具有自主知识产权的净化自控系统，通过先进的硬件系统设备及优化的软件管理思维，对电力、照明、空调等设备进行最优化节能控制，安全节能。

二、工艺工法

常州市第二人民医院门急诊大楼工程于2001年10月至2002年10月建设，总建筑面积3万平方米，地下1层、地上15层，2002年获得鲁班奖。设备自动化系统总监控点为390点，配备XL500控制器2个、XL100控制器3个，总控室设置在地下室，构成先进的集散控制系统。2003年，常州华新技术开发公司的民用建筑设备自动化系统施工工法是智能化施工行业最早评定的江苏省建设施工工法，这是一项复杂的系统工程，涉及暖通空调、给排水、供配电、自动控制、计算机应用、图形显示等专业技术，与众多的国内外仪器、仪表和设备联系紧密，而某些方面又无国家标准，这项工法的实施避免了设备重复投资，保证系统间联动控制、系统顺利开通，节省能耗、节约人力，延长设备寿命。建筑设备自动化系统使各子系统采用多种节能措施、能量控制软件，一个运行良好的自控系统建筑设备预计可节省能耗20%～30%。用建筑设备自动化系统对机电设备集中统一管理，让BAS系统自动管理设备，可节约大量管理人员。利用BAS系统的软件功能，自动累计机电设备的运行时间，可自动循环使用常用设备和备用设备。

2004年，常泰公司探索的室内美国白麻挂贴施工工法，是装饰施工企业第一个常州市级工程建设施工工法。翌年，江苏后肖幕墙装饰公司探索的扭曲面铝板幕墙施工工法，是幕墙施工企业第一个常州市级工程建设施工工法，应用的建筑幕墙工程有上海东方城市花园、3500平方米，黑龙江省科技馆、4080平方米和上海静安中华大厦、4300平方米。主要特点是现场制模，减少板块图纸绘制计算难度；灵活多变，模型用材普遍，成本价格低；安装方便，难度系数小。

2008年，江苏环亚建设工程公司探索的一体化洁净手术室施工工法，是常州市装饰行业第一项获全国建筑装饰行业科技示范工程科技创新奖的施工工法，应用于云南省第一人民医院、海军总医院和常州第一人民医院等医院的净化工程，一体化洁净手术室施工法的主要特点是依据科学合理的手术流程，进行二次设计和施工，使洁净手术室环境系统的运行始终处于安全可靠有效的状态。该工法凸显对手术洁净环境的控制：如对空气压差、尘埃粒子数、湿度、温度、截面风速、送风量、回风量、新风量、排风量、麻醉废气、二氧化碳浓度实行动态监控，设置故障实时报警等关键控制点，保障手术室洁净环境处于受控状态，适用于医院洁净手术室、DSA手术室、MRI手术室、ICU和层流病房的施工建设。

2010年，常州通用幕墙装饰工程公司的莱蒙都会国际商业街区幕墙工程质量管理成果《提高外墙干挂陶土板幕墙的施工质量》，解决了外墙干挂陶板松动、翘曲、陶板板面变形的质量问题，没有出现结构受力安全隐患，保证了外立面的整体观感效果。外墙干挂陶板的整体质量不合格率由16%降为7.5%。6月，上海世家装饰实业公司承建常州奔牛机场航站楼的室内装修。采取科学的施工工艺铺贴超大面积的石材，取得显著成效。航站楼的办票大厅、候机厅地面石材面积分别长155米、宽88米和长270米、宽24米，总面积近1.5万平方米。项目部全面进行水平实测，利用远程红外线、经纬仪测出纵横多处控制线、关键控制点，做好硬标记，留有影像资料以便过程复核，铺贴交接水平基本实现无误差对接，石材晶面打磨单位精细施工，地面犹如一块巨大的灰镜，装饰效果突出。

第六章　建筑市场管理

1986年，常州市建筑安装工程管理处（隶属常州市建筑工程总公司，内设为建筑管理科），负责全市建筑市场管理资质管理、建筑业企业和外来施工队伍的质量管理与安全文明现场管理和乡镇建筑企业、外来队伍进市施工许可及出市施工许可管理。翌年，全市有建筑施工企业200多家，施工人员1.67万人，完成总产值1.67亿元。1988年6月，常州市建筑工程总公司驻沪管理处成立，负责指导、协调和服务常州在沪施工队伍，管理常州27家进沪施工企业、9000多名施工人员。2001年12月，市建筑安装工程管理处更名为常州市建筑业管理处，隶属市建设局领导。常州市政府和各级管理部门针对建筑业劳动密集、技术含量较低、投入较小的特点，强化企业资质、从业人员资格管理，把好建筑市场准入关，规范建筑队伍用工制度，加强使用管理，推动建筑业成为城市重要的物质生产部门和基础产业，随着城乡经济社会的发展而迅速发展。2010

年末，全市有建筑资质企业855家，施工企业从业总人数37.95万人，完成建筑安装总产值852亿元。

第一节　资质资格信用管理

常州的建筑市场及队伍管理主要是对建筑企业实行资质就位、复验及动态管理，对建筑行业人员实行项目经理（建造师）执业资格管理，结合使用考评，实施动态管理。

一、企业资质管理

1984年底，常州市有资质的建筑企业有201家，其中房屋建筑施工资质企业一级1家、二级6家、三级22家、四级172家。1995年，按建设部修改的资质标准第二次进行资质就位，2001年进行第三次资质就位。2002年起劳务分包企业资质由市建设局统一审批，市建筑业管理处具体受理，根据建设部《建筑业企业资质管理规定》《建筑业企业资质等级标准》和《江苏省建筑业企业资质就位实施意见》，到7月31日常州市建筑业企业资质就位工作结束，全市建筑业企业从8月1日起全部使用建设部新版资质证书。2005年，全市实施家装企业资质套改，家装企业资质统一套改为建筑装饰装修工程专业承包企业资质。2010年底，常州市具有建筑业资质企业855家，其中房屋建筑总承包企业176家（一级38家、二级72家、三级66家），专业承包企业532家（一级46家、二级134家、三级352家），劳务企业131家。

2010年常州市建筑业分资质等级企业生产情况表

表17-6-1

指标	单位	施工总承包	其中			专业承包	其中		
			一级	二级	三级及以下		一级	二级	三级及以下
企业个数（不含劳务企业）	家	245	27	90	128	320	27	84	209
建筑业总产值	亿元	621.21	259.46	252.69	109.06	114.40	51.14	32.61	30.65
装饰装修产值	亿元	8.33	4.80	2.72	0.81	45.84	30.95	8.49	6.40
在外省完成的产值	亿元	135.36	72.75	53.11	9.50	36.07	19.32	9.79	6.96
建筑工程产值	亿元	553.44	208.44	246.83	98.17	84.72	42.70	18.75	23.27
安装工程产值	亿元	62.32	46.91	5.33	10.08	28.93	8.44	13.62	6.87
其他产值	亿元	5.44	4.11	0.53	0.80	0.75	—	0.24	0.51
竣工总产值	亿元	549.28	224.89	221.61	102.78	96.15	43.09	23.63	29.43
房屋建筑施工面积	万平方米	6041	2630	2401	1010	147	—	15	132
房屋建筑竣工面积	万平方米	2584	947	1178	459	76	—	15	61
其中：住宅	万平方米	1517	568	726	223	41	—	6	35
自有机械设备年末净值	亿元	22.01	6.04	10.08	5.89	4.94	1.34	1.47	2.13
自有机械设备年底总台数	万台	5.20	2.12	2.07	1.01	1.77	0.38	0.61	0.78
自有机械设备年底总功率	万千瓦	131.57	48.11	57.48	25.98	23.06	7.92	4.50	10.64
平均从业人员	万人	27.32	10.41	11.34	5.57	6.02	2.34	1.78	1.90

二、项目经理（建造师）资格管理

1995年起，江苏省实行建筑施工企业项目经理资质管理办法，对建筑企业从业人员实行项目经理和资质管理制度，分为一级、二级、三级，一级资质项目经理由建设部审批发证，二级、三级项目经理由省建设厅（建管局）审批发证，项目经理凭资质资格承接相应的工程项目。市建管处在办理施工手续时实行项目经理押证制度，原则上1个项目经理只能承建1个工程项目。2002年3月，市建设局等部门出台《常州市建筑施工核准登记操作暂行规定》，从4月1日起在市区承接工程的施工企业凭承接工程核准书、项目经理注册证书参加工程投标，实行项目经理注册证书、资质证书的押证，辖市区从7月1日起实施这项规定。2003年2月27日起至2008年2月27日，为建筑业企业项目经理资质管理向建造师执业资格过渡期，2003年常州市开始建造师考核认定。2004—2006年，75名一级项目经理通过考试认定为一级建造师，1614名二级项目经理通过考核认定为二级建造师（一、二级由建设部发证）。2007年，根据建设部《注册建造师管理规定》，常州市开始开展建造师初始注册工作。2010年末，全市有注册建造师6813人，其中一级1224名、二级4580名。

三、企业信用管理

2004年，常州市建管处开始将建筑业企业信用管理和建筑市场准入、建筑业企业资质动态管理相结合，建立常州市建筑业信用管理体系，制订《常州市建筑业信用考评办法》，及时动态地记载企业实施工程中的信用情况，用计算机处罚、记录建筑市场主体、违规违法等不良失信行为。2008年初，市建筑业管理处开始筹建建筑企业信用监管平台软件系统。2009年，全省第一个第二代身份证识别系统的建筑业企业信息平台建成，可及时动态地记载企业在施工中的信用情况，对企业违反国家强制性标准等违法违规行为起到遏制作用，让建设单位了解承包商的信用情况、诚信状况。市建设局通过信用平台全面加强建筑市场监管，与建工口其他职能部门联动，及时把因农民工工资问题引发群体性事件而被清出常州建筑市场的市外建筑业企业、注册建造师告知市招标投标管理办公室，限制其市场准入；把取得安全资格证的A、B、C 3类人员纳入建筑业企业信息平台，加强监管。全市建筑业企业信用考评系统建立，采用市场监管系统对企业进行信用考评，对337家建筑业企业的诚信进行全方位、多元化评价。至2009年10月，进入常州建筑市场信息网的建筑企业达972家，其中主城202家、戚墅堰11家、新北130家、武进183家、金坛97家、溧阳111家、市外企业238家，21841名技术经济管理人员进入平台，其中建造师4153人。

第二节 招标投标

1989年12月，市建设工程招标投标办公室成立，隶属市建委管理，负责组织和审查招标文件，办理招标手续，审查编制标底单位资质和审定标底，监督开标、评标和定标，对中标项目实行跟踪管理。1996年，市体改委、计委批准成立常州市建设工程招标投标市场，1997年9月更名为常州市建设工程交易管理中心。2000年8月，设立全民事业单位常州市建设工程交易中心（简称“市交易中心”），业务包括房屋建设、市政、园林绿化等工程。2000—2001年，常州市交通、电信、水利和电力建设工程被要求进入市交易中心进行交易。2004年8月，常州市建设工程服务管理办公室在招投标交易中心服务大厅成立，实施建管、造价、质监、安监及银行、保险等相关职能部门和单位工程建设统一管理、流水作业的“一条龙”集中办公形式，工程建设管理实现简化、明确、快速、见效的效果。2006年、2008年、2010年，市交易中心被江苏省建设厅认定为一类交易中心。2000—2010年，常州市区（不含武进）完成发包项目约1万个标段，发包总建筑面积1亿平方米，中标标的总额约1000亿元，通过招标降低工程造价近100亿元，降幅约10%。

一、招标代理机构

常州首家从事招标代理业务的企业是1993年注册成立的常州建设投资咨询公司。2002年，全市仅有工程招标代理机构两家。随着常州市建设工程招投标管理的规范，建设工程招标代理机构快速发展。2004年11月，市建设局出台《常州市建设工程招标代理管理暂行办法》。2007年11月，《常州市工程招标代理机构及其从业人员信用管理实施细则（试行）》出台，提出对招标代理机构、从业人员的不良行为作出量化考核，规定每项不良行为的扣分标准和市招标办的行政处罚办法。2010年，市建设局、监察局开始建立常州市政府投资工程预选招标代理机构名录，制定出台名录管理试行办法和实施细则，成立名录评审领导小组及其办公室，分别负责审查、发布名录和承办名录具体工作，9月1日名录在全省率先对外公布，有25家招标代理机构进入名录，从10月1日起政府投资工程必须从名录中选择招标代理机构，至同年底，市区有10个项目从名录中选择招标代理机构，全市有招标代理机构40家，其中甲级招标代理资质5家、乙级招标代理资质10家、暂定级25家，招标代理机构在省注册的招标代理专业人员近600人，全部经省招标办培训合格。

常州建设投资咨询有限公司　1993年3月成立，是全民中介咨询服务机构、全市首家取得工程招标代理甲级资质的中介机构，主要从事工程造价咨询、资信评级技术咨询、工程招标代理等。前身为建行常州分行工程造价审核管理处，参与全市建设工程的造价编审和招投标，招标代理业务量居全市第一。2006—2010年，完成招标代理业务标的130多亿元，主要项目有常州市行政中心、天宁宝塔、常州体育会展中心、常州大剧院、常州科教城等重点项目。有专业技术人员25名，其中中高级技术职称人员23名和注册造价工程师10名、注册咨询工程师5名、注册监理工程师4名和注册房地产评估师3名、招标师5名。连续多年被省审计厅评为全省工程建设专项治理工作先进单位，曾被省建设厅评为优秀工程招标代理机构等先进集体。

2010年常州市建设工程招标代理机构一览表

表17-6-2　　单位：家

资格等级	合计	机构名称
甲级	5	常州建设投资咨询公司、江苏安厦工程项目管理公司、常州中信造价咨询公司、常州环宇投资咨询公司（武进）、江苏阳湖建设项目管理公司（武进）
乙级	10	常州建安造价师事务所公司、江苏东方建设监理公司、江苏嘉越工程项目管理公司、江苏安邦南汇工程咨询公司、常州国联佳信造价师事务所、溧阳市众诚工程咨询房地产估价公司、常州市城建校工程咨询公司、金坛信达建设工程咨询公司、常州开天工程造价咨询公司、常州武晋工程造价咨询公司
暂定级	25	常州嘉威工程造价咨询公司、常州中房建设监理咨询公司、常州中正建设工程咨询公司、常州峰润咨询工程公司、常申会计师事务所公司、常州建工监理咨询公司、常州金谷建设工程咨询公司、常州市三维建设监理公司、常州诚誉工程咨询公司、常州国瑞工程造价咨询公司、常州晟泽工程造价咨询公司、常州广信造价师事务所公司、常州中瑞工程造价咨询公司、常州广厦建设监理咨询公司、江苏国联建设工程管理公司、常州营特鑫洋工程造价咨询公司、常州新阳光建设工程监理公司（武进）、常州华嘉投资咨询公司（武进）、常州公诚建设咨询公司（武进）、常州永瑞投资咨询公司（武进）、江苏方升投资管理咨询公司（武进）、常州信达房地产评估造价咨询公司（武进）、金坛恒信工程咨询公司、金坛金信工程建设咨询公司、溧阳天诚房地产估价事务所公司

说明：表内“有限公司”均省略“有限”两字

常州安厦工程项目管理有限公司　1997年成立，为大型综合性项目管理企业，拥有房屋建筑及市政公用工程监理、工程招标代理、工程造价咨询甲级资质和工程咨询、人防工程监理乙级资质等，曾被评为江苏省示范监理企业、优秀招标代理机构和优秀工程造价咨询企业，2004 年通过 ISO 9001-2000 质量体系认证和方圆认证，2007 年被江苏省审计厅指定为外审机构备选库成员单位。有员工 315 人，其中教授级高级工程师 2 人、高级工程师 45 人、高级经济师 3 人，工程师 79 人、会计师 2 人，注册监理师 45 人、注册造价师 18 人、注册咨询师 8 人和江苏省注册咨询专家 6 人。

常州中信造价咨询有限公司 2001 年 3 月，经省建设厅批准脱钩成立，从事工程造价咨询、工程招标代理，具有工程造价咨询企业、工程招标代理机构的甲级资质，有专职技术人员 35 名。

二、招标管理制度

1987 年 9 月，市城建委对 1983 年 10 月颁发的《常州市建筑安装工程招标投标办法实施细则（试行）》进行补充修改，颁发《常州市建筑安装工程招标投标办法实施细则》，规定建设项目总建筑面积达 1000 平方米、建安工作量概预算达 20 万元的工程必须由市招标办公室组织招标。1989 年 10 月，市政府批准建设项目达到上述条件的工程必须通过公平竞争择优确定施工单位，建设和施工单位不得擅自委托、承接施工项目，未经市招标办办理手续自行签订的合同无效。1990—2010 年，市政府和市建委（建设局）相继颁发《常州市建设工程招标投标管理实施细则》《常州市建设工程施工招标开标、评标、定标规则》《常州市建设工程担保实施办法》《常州市工程建设项目货物招投标实施意见》《常州市建设工程勘察招投标实施办法》等规范性文件 10 多个，为规范常州市建筑市场行为提供了依据，推进了建筑活动的法制化、规范化。

三、招标实务管理

1986 年，常州红梅新村工程（建设房屋 124 幢，建筑面积 25 万平方米），在全市公开招标；推进建设项目设计招标，常州的东西大街北侧改造工程公开招标，建筑面积 3.5 万平方米，投资 2100 万元。招标形式主要有公开、邀请和定向议标 3 种，招投标报价规定报价与标底相差不能超过正负 5%，否则属于废标，每月公开招标信息，鼓励竞争。1989 年，关河中西路拓宽工程利用世界银行贷款建设，市政工程项目首次实行招投标，1990 年 8 月 25 日，世界银行同意无锡市政工程公司为中标单位，成为常州市区第一个按国际规程招标的建设项目。90 年代，探索出许多具有常州特色的招投标模式。2010 年 1 月，市建设局、监察局联合下发《关于加强常州市工程勘察管理工作的若干意见》和《常州市建设工程勘察招投标实施办法》，符合条件的建设工程勘察项目从此必须依法进行招标。全年有 37 个勘察项目招标。

建设工程担保 2002 年 8 月，中国建设银行常州分行率先出台《中国建设银行常州分行出具建设工程业主支付担保、承包商履约担保业务实施办法》。2003 年《常州市建设工程担保实施办法》颁发。2005 年 10 月，常州市被建设部列为工程担保全国 7 个试点城市的唯一地级市，专业担保企业模式得到建设部肯定。至 2009 年底，7 年累计办理 2391 个项目的担保手续，担保合同总额 465.5 亿元，保证金总额 27.21 亿元。2010 年 1 月，住房和城乡建设部工程担保试点工作座谈会在厦门召开，常州作为试点城市的代表作了主题发言，住房和城乡建设部招标处领导肯定了常州的担保模式，认为常州市在工程担保试点中理论研究先行，特色突出、效果较好，同年担保项目 806 个，担保合同总额 102.56 亿元，保证金总额 9.23 亿元；办理保函 797 份，已退保函 305 份、在押保函 492 份。2003 年 10 月至 2010 年，常州担保工程项目 3613 个，担保合同总额 733.38 亿元，保证金总额 48.24 亿元。

投标保证金集中管理 2008 年以前，投标保证金是由招标人或委托的代理机构收取，递交、收取方式五花八门，部分招标人或代理机构未依法公开公平公正、诚实守信地收取保证金。2008 年上半年发生天宁区围墙透绿工程招投标虚开保证金收据事件，工程延误 1 个多月。2008 年 3 月，市建设局加强建设工程招投标保证金管理，实行在市建设工程交易中心公开招标的房屋建筑、市政工程基础设施、园林绿化工程及其材料、设备、监理等招标项目均应缴纳保证金的措施，规定投标保证金的缴纳、退还及管理办法。9月，市财政局同意市建设工程交易中心设立建设工程招投标保证金银行专用账户，用于建设工程招投标保证金的缴纳和退还。至2010年底，市交易中心累计收缴投标保证金40.33亿元，退还39.29亿元，年末投标保证金专户余额1.04亿元。资金由市纪委、监察局、建设局和财政局共同监管，运作与财务管理未发生差错，基本遏制了围标串标行为。常州的投标保证金集中管理制度得到省建设厅、监察厅认可，在全省推广。

远程评标监控系统 2008年，市建设工程交易中心投资70万元，在全省率先建成远程评标和远程监控系统，增加语音和文字询标系统，实现全省通知，支持多个专家对投标单位询标并进行录音录像，所有监控资料、招投标资料能够自动保存并长期存放，对评标的全过程进行严格监督控制。2010年12月，金坛市建设工程交易中心首次实现远程异地评标，常州市在全省率先实现远程异地评标对辖市区和政府投资工程项目的全覆盖。至2010年底，全市有82个项目、93个标段进行远程评标，覆盖率86.2%，其中市区(不含武进)有34个项目、41个标段进行远程评标，覆盖率94.4%。同年为南京、苏州、无锡、扬州、镇江、泰州等市的114个项目提供了远程评标服务。

评标专家管理 2001年，常州建立评标专家库，此后每年吸收德才兼备的新评标专家入库，至2010年底9次增补续聘。2004年7月，市建设局下发《常州市评标专家名册管理考核暂行办法》，明确评标专家的权利、义务和工作纪律及质疑、投诉、处理办法。2006年，市招标办建立严格的评标专家工作质量跟踪考核制度和责任追究制度，对评标专家实行动态管理，每次评标对评委进行1次考核。2007年，市招标办与市纪委、监察局、检察院在每个项目评标前向参与评标的专家评委进行诫勉谈话、现场教育。2008年，开发了评标专家的语音通知系统，实现评标专家随机抽取与语音自动通知。翌年，市招标办采用保密信封打印评标专家电脑抽取结果，防止电脑抽取的评标专家信息在开标前泄露。2010年，江苏省建设工程评标专家库常州分库建立，涉及房屋建筑类、市政基础设施工程类、建设工程材料、设备类、工程造价、经济类、建设监理类、建筑智能化(综合布线)设计与施工类和交通水利类9个大类、26个专业、679名评标专家。常州的专家名册分市区(含新北区)、武进、金坛、溧阳4个分册，人员既可独立使用，又可互相借用。远程评标时，可通过全省的网上协调系统直接抽取其他城市的专家评委。

招标代理机构监管 2000年以后招标代理机构逐步发展起来。2004年11月，市建设局下发《常州市建设工程招标代理管理暂行办法》，对招标代理资格、委托代理合同、代理业务操作、招标代理机构监督管理等提出明确要求，规范工程招标代理机构及其从业人员行为，提高建设工程招标代理水平。2007年11月，市招标办分别对招标代理机构、从业人员的不良信用和行为作出量化考核。2010年，市建设局和监察局开始建立常州市政府投资工程预选招标代理机构名录，提高了市政府投资工程代理工作质量，规范工程招标代理机构及从业人员行为。

第三节 工程造价咨询

计划经济下的工程预算审计主要是对工程价格定额的管理，随着社会主义市场经济的不断发展，工程造价咨询机构、从业人员逐渐成为建筑行业的重要参与者。1984年7月18日，市建筑安装工程预算审计站建立。2001年11月23日，市工程预算审计站更名为常州市工程造价管理处(简称“造价处”)，探索工程造价管理的新路子，从单纯、传统的定额管理向系统、全方位、全过程的工程造价管理转变，完善工程造价计价依据，改革工程价格体系，重视科学的造价技术管理和市场管理手段，及时发布造价信息，为工程建设提供保障。常州工程造价管理长期处于全省领先地位。

一、造价咨询机构

80年代，建设、审计部门成立从事工程预结算审核的机构。工程定额预算的机构除市工程预算审计站外，只有建设银行常州分行等少数几家。随着建筑业的发展，2000 年前后，常州成立了一批民营、股份制造价咨询机构，相关单位纷纷建立工程造价咨询机构、企业。1998 年，全市工程造价咨询企业发展到 23 家，其中甲级企业 1 家、乙级企业 4 家、丙级企业 7 家、临时丙级企业 11 家。同年，常州首次组织参加工程师执业资格考试，合格者取得全国“造价工程师执业资格证书”。1999 年，全省进行造价从业人员资格认定，常州有 2086 人通过考试取得“江苏省工程建设概预算人员资格证书”。2000 年，全国实施造价工程师初始注册，常州市年末有注册造价工程师 153 人。2006 年，根据《全国建设工程造价员管理暂行办法》证书更名为“全国建设工程造价员资格证”。至 2010 年底，全市工程造价咨询企业发展到 45 家，其中甲级 11 家、乙级 34 家。有注册造价师 804 人，在册造价员 3948 人。

中国建设银行股份有限公司常州分行　1954 年 10 月成立，是常州市首家也是唯一受财政部门委托从事工程预结算审核工作的单位，是常州市首家获建设部批准的工程造价咨询甲级资质机构，长期作为纪检监察机关、人民法院、人民检察院、仲裁委员会和工商行政管理系统指定的造价鉴定部门，为江苏省工程造价管理协会常务理事会会员单位，为行业检查提供专家。有员工 40 余人，具有完善的质量保证体系和先进的科学技术装备，被评为江苏省 2006—2007 年度优秀工程造价咨询企业、2009 年江苏省工程造价咨询 AAA 级企业。

至 2010 年底常州市造价咨询机构一览表

表 17-6-3　　单位：家

资质等级	合计	单　位　名　称
甲级	11	中国建设银行股份公司常州分行、江苏安厦工程项目管理公司、常州国联佳信造价师事务所公司、江苏武晋工程咨询公司、江苏安邦南汇工程咨询公司、常州常申会计师事务所公司、常州建安造价师事务所公司、常州中信造价咨询公司、常州广信造价师事务所公司、常州环宇工程项目管理公司、江苏阳湖建设项目管理公司
乙级	34	江苏城建校工程咨询公司、江苏国联建设工程管理公司、常州国瑞工程造价咨询公司、常州中瑞工程造价咨询公司、常州广厦建设监理咨询公司、江苏广通工程造价事务所公司、常州嘉威建设项目管理公司、常州华嘉建设投资咨询公司、常州杰灵建设投资管理咨询公司、常州广翰建设工程咨询公司、金坛信达建设工程咨询公司、金坛金信工程建设咨询公司、金坛恒信工程咨询公司、江苏开天工程咨询公司、江苏鑫洋建设项目管理公司、常州安信会计师事务所公司、常州中正建设工程咨询公司、常州诚誉工程咨询公司、常州峰润工程咨询公司、常州金谷建设工程咨询公司、江苏三维项目管理公司、常州物业房地产评估事务所公司、江苏晟泽工程造价咨询公司、常州天常孜信房地产评估咨询公司、江苏上田工程项目管理公司、常州兰丰工程造价咨询公司、常州嘉德工程咨询公司、常州永瑞投资咨询公司、常州公诚建设咨询公司、江苏方升投资管理咨询公司、常州信达房地产评估造价咨询公司、常州市新阳光建设工程监理公司、溧阳市众诚工程咨询房地产估价公司、溧阳天诚房地产估价事务所公司

常州常申会计师事务所有限公司　1987 年成立，前身为常州市审计师事务所，1999 年改制，有员工 50 名。具有建设部批准的工程造价咨询甲级资质、省建设厅批准的工程招标代理和省司法厅批准的工程造价纠纷司法鉴定等资格。2009 年被省工程造价管理协会评定为工程造价咨询信用 AAA 级企业，被省建设厅评

为2006—2007年度江苏省优秀工程造价咨询企业。

江苏武晋工程咨询有限公司 2003年成立，为中国建设工程造价管理协会、省工程造价管理协会会员单位。具有工程造价咨询、工程招标代理甲级资质和工程咨询丙级资质，有员工47人。被评为2006—2007年度江苏省优秀工程造价咨询企业、2009—2010年度江苏省工程造价咨询信用AAA级企业。

江苏阳湖建设项目管理有限公司 2003年取得工程造价咨询和招标代理资质，是常州市首批取得工程造价咨询、工程招标代理甲级资质的公司，参与许多重点项目的招标代理、标底编制、跟踪审计和结算审计。是江苏省建设工程招投标协会理事单位、省工程造价管理协会会员单位，连续被评为江苏省工程招标代理优秀单位等先进集体。

二、工程预算定额管理

1986年，江苏省建筑工程统一执行省综合预算定额，各市不再编制单位估价表，只测定地区调整系数。5月，市建筑安装工程预算审计站编制《常州市工程建设概预算文件资料汇编(一)》，此后每年编制预算文件资料汇编，作为建设工程预算依据。1990年11月至1993年3月，市建委发布《常州市建筑工程补充预算定额》及其修编本。1997年1月起，市建筑安装工程预算审计站编发材料价格信息双月刊《常州工程造价管理》。1998年4月，市建委发布《常州市建筑工程补充预算定额》。2000年1月起，《常州工程造价管理》与《常州工程造价信息资料》合并为《常州工程造价信息》刊物，指导市场。2001—2007年，市建设局发布《常州市建筑工程补充预算定额(2001年)》《常州市市政工程补充预算定额(2001年)》《常州市建设工程补充预充计价表》《常州市建筑工程使用预拌砂浆调整相关计价定额》。2008—2010年，市工程造价管理处发布《专用砂浆贴面砖勾缝补充计价表》《水平定向钻进敷设管道补充计价表》《路灯工程手控井补充计价表》。

三、信息管理

1986年，市建筑安装工程预算审计站首次编印《常州市工程造价信息资料》，发布常州市建设工程材料指导价格，月发布数量约150份，活页装订。1988年4月至1992年5月，市城乡建设管理委员会、建委先后发布《常州市安装工程主要材料预算价格》和《常州市建筑安装工程主要材料预算价格》的第一册《土建工程材料》、第二册《安装工程材料》。2005年，《常州工程造价信息》设置栏目20余个。2006年起，该刊每年增加信息量、发行量。2010年，月发行数量达4300份，年发布建设工程材料指导价格4万多种，满足了常州市建设市场主体的计价需要，《常州工程造价信息》连续5届被评为全国工程造价管理类优秀期刊，连续多次获全省工程造价信息综合优秀奖。

第四节 规范建筑用工与维权

21世纪初，常州市全民、集体建筑企业相继完成所有制改革，建筑企业实行管理层与劳务层分离的经营模式，企业不再拥有固定作业队伍，总承包、专业承包、劳务分包独立进入市场，农民工成为劳务分包企业的用工管理重点，也成为建筑市场管理中的重点、难点。2003年12月，常州认真贯彻落实《国务院办公厅关于切实解决建设领域拖欠工程款问题的通知》，成立常州市解决建设领域拖欠工程款和农民工工资问题工作领导小组，由市建筑管理处协调负责。同年，按全国开展清欠债务的总体部署，市建筑业管理处相继出台《民工权益告知牌》《农民工劳动计酬手册》《农民工工资保证金》3项制度，制订《常州市建设领域农民工工资保证金管理暂行办法》《常州市建筑行业农民工工资拖欠投诉处理暂行办法》，得到省建设厅赞同，在全省建筑行业推广。2004年，常州市建筑劳务分包市场成立，市建管处制订《常州市建筑业劳务企业和劳务人员从业管理暂行办法》，编印《常州市建筑业劳务人员常识读本》。

2006年，市建设局、劳动和社会保障局、总工会联合在全市建设领域全面实行农民工劳动计酬手册、民工权益告知牌、劳务人员培训上岗3项制度，规范建筑业企业用工行为，维护农民工合法权益，得到部、省领导的充分肯定。6月2日，省建设厅、劳动和社会保障厅、总工会在常州联合召开全省建设领域实行农民工劳动计酬手册现场会，推广常州向农民工发放劳动手册的经验，布置手册发放工作，7月1日江苏省全面实行农民工劳动计酬手册制度。9月，《常州市建设领域劳务工程款和农民工工资支付管理暂行办法》颁发，10月1日起施行。2008年，市建设局发布《常州市建设领域农民工工资保证管理办法》。10月，常州市建筑业管理处被住房和城乡建设部评为全国解决建设领域拖欠工程款工作先进单位。12月，市建设局与中国建设银行常州分行联合建立农民工工资应急贷款制度。2009年，常州市两家企业应急贷款800万元，及时支付农民工工资。同年底，市建设局与常州市中级法院联合天宁区法院试点开展建筑业农民工欠薪法律诉讼，启动绿色通道试点，实行工作联动，为农民工依法追薪开启绿色通道。2010年，市城乡建设局、人力资源和社会保障局、总工会联合执行《江苏省建设领域农民工工资保证金实施办法》，印制《新市民张小刚》光盘，免费发给建筑业企业用于农民工教育。至年底，累计受理农民工投诉1362件，人数1.59万人次，处理解决农民工工资1.35亿元，协调解决被投诉工程款1.06亿元。

第七章　质量安全管理

80年代，全市建筑业安全监管主要由市建筑工程局（简称“建工局”）负责，内设机构为建工局安全科，安全生产管理的主要方式是逐步在市属建筑企业建立安全管理机构，开展安全生产、文明施工检查等活动。1984年7月，市建筑工程质量监督站成立，隶属市城乡建设委，1989年6月更名为“常州市建设工程质量监督站”。市区还设有常州市郊区建筑工程质量监督站、常州戚墅堰区建设工程质量监督站。工程质量监督以实体质量为主，同时把创建优质工程与治理劣质工程相结合。2001年6月，市建设工程质量监督站下设钟楼、天宁、戚墅堰3个区质量安全监督分站。受市城乡建设局委托，对工程实体质量和工程建设、勘察、设计、施工、监理单位等工程质量责任主体和质量检测等单位的工程质量行为实施监督。市建设工程质量监督站坚持探索新的管理模式，通过动态考核、分类监督及工程质量通病的专项治理方式，使常州市工程质量长期保持全省第一方阵，多次被评为全国、省建设工程质量监督站先进单位。进市建筑队伍的安全监管主要由市建筑安装工程管理处负责。1998年9月15日，常州建筑业安全监督站成立，属市建工局管理。2000年12月28日，市建筑起重设备检测站成立，实施对全市建筑起重设备的技术性能检测、鉴定等管理业务。2002年1月，常州建筑业安全监督站划归市建设局，9月10日起征收安全监督费。2002年2月，常州市建设材料设备技术咨询站与常州建筑业安全监督站合署办公。市建设局、建筑业安全监督站针对建筑业发展迅猛的状况创新监管方式，强化在不同季节和不同生产环节的巡查，开展安全生产、文明施工达标创优活动，提升全市建筑行业安全生产、文明施工水平。2010年，全市建筑安全生产监督管理的模式为层级管理、分级负责，属地管理与层级监督相结合，市建设行政主管部门负责对辖市区建筑安全生产进行业务指导，辖市区建设行政主管部门具体负责本辖区的建筑安全生产管理。

第一节　建设监理

1990年，关河西路拓建工程在常州市建设工程中首次设立监理处。1992年，常州首家监理企业常州建材设计所（中国新型建筑材料公司常州建材研究设计院）成立。2010年底，全市监理企业发展到29家、持证监理人员2699人，全市同年监理新开工项目978项、建筑面积2259万平方米。

一、监理机构

1987年，常州和河南洛阳、湖北沙市争取到世界银行中国中等城市发展项目的贷款，世界银行贷款项目按国际惯例必须实行监理制度，常州市工程建设管理从此引入监理制度。1990年初，省建委下发《江苏省建设监理实施细则》，对政府监理组织及职责和社会监理组织的建立作出明确的规定，常州被列为全省开展建设监理试点城市之一。9月，常州市关河西路拓宽改造工程开工，常州市综合开发公司牵头组建关河西路拓宽建设办公室，下设监理处。此后在试点期内，常州市炼焦制气工程、长江引水工程、住宅小区工程等建行贷款项目均采用由建设单位下设监理组的模式实施工程监理。1992年3月，常州红梅西村工程监理处是以开发建设单位中国房地产开发常州总公司工程技术人员为主体组建监理处，从规划入手编写《红梅西村住宅建筑统一技术要求及内外装饰标准》，实行监理员、监理工程师、总监理工程师3级质量认证（监理人员配备）制度，坚持按国家规范、标准逐项验收、定量实测，对不符合国家标准的坚决返工，红梅西村工程建设试行监理管理模式，质量、进度、造价上得到有效控制，取得丰富的实践经验，得到各方好评。7月，常州首家监理企业中国新型建筑材料公司常州建材研究设计院成立。8月，市建工局、建筑科学研究所和建筑设计院组建常州市建筑工程咨询监理公司。1993年3月签订龙城大厦项目监理合同，是常州市监理行业较早签订的规范化建设工程委托监理合同。1993—1995年，陆续成立监理企业3家。1997年常州建设工程监理咨询公司获得常州市第一个监理甲级资质。1998—1999年，武进、金坛、溧阳相继成立监理公司。

2001年起，常州监理公司陆续完成改制，与投资主体剥离，企业数量有所增加。2004年，建设部试行建设工程项目管理制度，2006年以后，江苏东方建设项目管理咨询公司、江苏安厦工程项目管理公司、江苏阳湖建设项目管理公司、江苏嘉越工程项目管理公司、常州中房建设监理咨询公司、常州建工监理咨询公司、常州市盛信建设监理公司被省建设厅评为项目管理（试点）企业。2010年末，全市有监理企业29家，其中甲级13家、乙级10家、丙级6家，分布在市区17家、新北3家、武进4家、金坛3家、溧阳2家，全市有持证监理人员2699人，其中国家注册监理工程师510人和江苏省注册监理工程师350人、注册监理员1839人。监理业务范围扩大到市政、公路、园林绿化等行业，向人防、水利等行业延伸，企业整体规模、素质不断提高，资质向高等级、多专业方向发展。

二、监理业绩

1989年以后，常州监理行业完成一大批重大工程建设项目的监理，代表性工程有红梅西村、怡康花园、怀德苑、金色新城、蓝天花园等住宅小区；常州市第二人民医院门急诊大楼、第一人民医院病房楼、中华恐龙园、市民广场、大剧院、奥林匹克体育会展中心、城市规划馆与博物馆、凯纳商务广场、国贸大厦、南大街商业步行街、常州国家动漫产业基地、常州市国家（地方）粮食储备库、常州大学城、天宁寺宝塔、淹城遗址工程、香格里拉大酒店等政府和社会投资工程和同济立交桥、外环路城市化改造、延陵东路改建、青洋路、高架二期、晋陵北路等重点市政建设工程项目。红梅西村获得建设部城市住宅小区建设试点综合奖和鲁班奖，常州市第二人民医院门急诊大楼、怡康花园分别获得鲁班奖、国家小康住宅示范小区质量优秀奖，晋陵北路获中国市政工程金杯奖，还有其他多项工程获省扬子杯、紫金杯、金龙杯等奖项。实行工程建设监理制度，提高了工程管理的科学性和公开性，起到了提高工程质量和投资效益、缩短建设周期的作用。2008年，全市监理企业有从业人员2623人，监理专业人员2461人，监理劳动生产率每人每年6万～8万元。2010年，全市监理企业承担新开工项目监理978项，总建筑面积2259万平方米，建安总投资339.56亿元，合同总额4.05亿元，完成监理总产值3.68亿元，监理业务产值3.37亿元，其中出市监理产值1896.07万元、出省监理产值810.43万元、人均监理产值10.4万元。

三、监理企业选介

江苏东方建设项目管理咨询有限公司 1993年成立，前身为常州建设工程监理咨询公司，2001年改制用今名，具有房屋建筑工程监理、市政公用工程监理甲级资质，有员工280人，被评为2003年、2005年、2007年、2009年度江苏省建设工程监理示范企业。

常州安厦工程项目管理有限公司 1997年成立，具有房屋建筑工程监理、市政公用工程监理甲级资质，有员工315名，被评为2003年、2005年、2007年、2009年度江苏省建设工程监理示范企业（参见本卷第六章“建筑市场管理”第二节“招标投标”）。

常州中房建设监理咨询有限公司 1995年成立，前身为常州建设工程监理公司，2001年改制，具有房屋建筑工程监理甲级资质、市政公用工程监理丙级资质，有员工120余人，被评为2007年度江苏省建设工程监理优秀企业。

2010年常州市监理企业一览表

表17-7-1 单位:家

资质	合计	单位名称
甲级	13	江苏东方建设项目管理咨询公司、常州安厦工程项目管理公司、江苏阳湖建设项目管理公司、江苏嘉越工程项目管理公司、常州市江南建设监理咨询公司、常州中房建设监理咨询公司、常州市诚真建设工程监理公司、常州建工监理咨询公司、溧阳市建设监理公司、常州市三维建设监理公司、常州常建建设监理公司、金坛市建设工程监理咨询公司、武进创业建设工程监理咨询公司
乙级	10	常州广景建设工程监理公司、常州市华阳建设工程监理公司、常州市盛信建设监理公司、常州市苏建工程建设监理公司、江苏天宁建设项目管理咨询公司、常州市新阳光建设工程监理公司、溧阳市建功工程监理公司、常州龙城工程项目管理公司、常州广厦建设监理咨询公司、常州市交通建设监理咨询公司
丙级	6	常州杰灵建设投资管理咨询公司、金坛市恒基建设工程监理公司、常州市金土木监理咨询公司、常州开元建设工程监理公司、金坛市万通建设工程监理公司、常州市风景园林建设工程监理公司

常州建工监理咨询有限公司 1992年成立，前身为常州市建筑工程监理咨询公司，2002年改制用今名，具有房屋建筑工程监理甲级资质、市政公用工程监理乙级资质、公路工程监理乙级资质，有员工130余人，被评为2005年度江苏省建设工程监理优秀企业。

常州常建建设监理有限公司 2000年成立，具有房屋建筑工程监理、市政公用工程监理甲级资质，有员工180人，被评为2007年、2009年度江苏省建设工程监理示范企业。

江苏嘉越工程项目管理有限公司　1997年成立，前身为常州新区嘉越建设工程监理公司，具有房屋建筑工程监理甲级资质、市政公用工程监理乙级资质，有员工200余名，被评为2005年、2007年、2009年度江苏省建设工程监理优秀企业。

江苏阳湖建设项目管理有限公司　1999年成立，前身为武进市建设监理公司，2002年改制用今名，具有房屋建筑工程监理甲级资质、市政公用工程监理甲级资质、公路工程监理甲级资质，有员工230余名，被评为2005年度江苏省建设工程监理示范企业（参见本卷第六章“建筑市场管理”第三节“工程造价咨询”）。

金坛市建设工程监理咨询有限公司　1998年成立，为江苏凯联建筑设计公司下属的控股公司，是金坛首家建设工程监理专业企业。2005年初改制用今名，具有房屋建筑工程监理甲级资质，有员工70余人。

溧阳市建设监理有限公司　1998年成立，具有房屋建筑工程监理甲级资质、市政公用工程监理丙级资质，有员工70余人。

第二节　工程质量创优

1988年，市建设局、建工局开始开展优质工程和金龙杯优质工程评选（后合并为金龙杯优质工程），把工程质量创优与治劣相结合，具体落实为“五不准、三突出”。“五不准”：未经设计单位审批或设计不合格的工程不准施工，无出厂合格证和没有按规定进行复试的主要材料不准使用，不合格的建筑构配件不准出厂，开工条件不符合要求者不准开工，施工队伍技术资质未经核查者不准承包工程。“三突出”：突出重点工程、工程重点部位和不同季节不同阶段质检重点，将重点工程列为重点监督对象，提高监督深度，推进创优治劣，创建成一批优质工程。1989年1月，省建委在常州召开了全省工程建设质量工作会议，推广常州的经验。1992年，市质监站以常州红梅西村示范小区建设为重点，对屋面渗漏、水电安装等质量通病进行改善和管控，在全省树立工程质量样板。1999年，市建委、建工局制订《常州市建设工程优质主体结构评选办法》，每年评选优质主体结构工程。翌年，市建设局组织质量示范工程、特色工程观摩活动两次，推动工程质量提升。2001年11月，全省建筑业质量工作现场会在常州召开，肯定了常州的做法。2008年，市建设局组织建筑企业总工程师、工程技术负责人数百人现场观摩常州大剧院清水混凝土工程。这些举措显著提升了工程质量。

一、质量管理体系贯标认证

1996—2000年，市建工系统的企业开展质量管理体系的贯标认证工作（ISO 9000）。市一建公司于1998年3月率先通过建设部质量管理认证，市二建公司、构建总厂、材供公司和安装及设计、科研等单位相继达标。2000年以后，骨干企业均通过OHSAS18001:1999职业健康安全体系认证。

二、质量创优活动

80年代，常州建筑业企业开展高标准、高质量、高效率和现场管理好、工程质量好、完成定额好劳动竞赛，80年代后期演变为创全优工程活动。1988年9月，市城乡建设委、建筑总公司和建筑业联合会联手开展常州建筑业（一市三县）检查评审金龙奖活动，全市建筑企业从此开展了创金龙杯（市优质）、创扬子杯（省优质）和创国家级工程质量奖（金牌、银牌和鲁班奖）的质量创优活动。80年代后期，市二建公司施工的常州市中联公司营业楼、新龙大厦；溧阳杨庄建安公司施工的宜兴精陶厂陶器成型车间均获省扬子杯奖；市一建公司、二建公司、三建公司等施工的常州林业机械厂食堂、纺工飞月大厦等20多个工程项目，获市金龙杯奖。1995年中房常州公司开发建设的红梅西村住宅小区获建设部鲁班奖。2003年市一建公司总承包、宜兴工业设备安装公司专业承包的市二院门急诊大楼，获建设部鲁班奖。

1986—2010 年常州建筑工程获奖项目一览表

表 17-7-2

奖项	年份	工程名称	承建单位	参建单位
鲁班奖	1996	常州市红梅西村住宅小区	常州市红梅西村指挥部	武进建筑安装工程总公司、常州第二建筑工程公司、江苏金澄建筑集团公司常州分公司、常州市第三建筑工程公司、常州市企业基础设施工程公司
	2002	常州市第二人民医院门急诊大楼	常州第一建筑工程公司	宜兴市工业设备安装公司、常泰建筑装璜工程公司
	2010	常州大剧院	常州第一建筑集团公司	常州工业设备安装公司、江苏合发集团公司、江苏环亚建设工程公司
国家质量奖	2008	江苏常州九洲广场	江苏南通三建集团公司	常州华艺铝型材公司
	2009	天宁寺宝塔	常州第一建筑工程公司	江苏沪宁钢机股份公司
	2010	京杭运河常州市区段改线工程	江苏省常州市航道管理处	常州市航务工程公司、江苏恒基路桥公司、苏州大通工程建设公司、江阴大桥工程公司、江苏常鑫路桥工程公司

1988—2010 年常州市获得江苏省建筑工程“扬子杯”奖统计表

表 17-7-3　　单位:项

年份	数量	年份	数量	年份	数量	年份	数量	年份	数量	年份	数量
1988	1	1992	2	1996	3	2000	8	2004	30	2008	24
1989	—	1993	3	1997	3	2001	20	2005	38	2009	28
1990	1	1994	3	1998	5	2002	16	2006	40	2010	21
1991	1	1995	3	1999	—	2003	16	2007	37		

第三节　质量监督管理

80 年代中期至 90 年代初期，常州建立健全建设工程质量政府监督机制，政府直接参与工程质量管理，以实体质量的监督检查为核心，监督的时段限于施工阶段。1987 年，市城乡建委和建筑工程总公司(后为建工局)组织质量大检查，对 28 家企业给予黄牌警告，收回 10 家企业的施工许可证。加强工程质量和建材产品的监督，开展工程创优活动。至 1988 年底，市区受监工程 460 个 145 万平方米。两年评出市优质工程 32 个，中联大厦、飞月大厦等 9 项工程被评为省优质工程。1993 年 11 月，《建设工程质量管理办法》出台，常州建设工程质量监督进入法制化轨道。其间，监管的主要方式和内容是基础、主体、竣工验收到位，质量监督的范围仍停留在以实体质量抽查检查、竣工工程质量等核验，仍未把责任主体的质量行为作为监管重点。

一、监管检测机构

1978 年 2 月，常州首家建设检测机构常州市建筑科学研究所成立。1986 年，常州地区检测机构仅 5 家，其中市区 2 家，武进、金坛、溧阳各 1 家，检测设备仅有老旧机械式设备几十台，多采用人工操作控制设备停靠、人工录入信息、计算数据的方式。2000年7月，建设部发布《关于建设工程质量监督机构深化改革的指导意见》，规定了建设工程质量监督机构的设立、责任、管理等。2003年，随着检测市场向民营资本开放，陆续有新的检测机构成立，市建设工程质监站承担检测机构的行业管理职能。2005年7月，常州市建设工程质监站成为全省最早实行网上申报、建立动态巡查工作模式的质量监督机构之一。随着省建设工程质量管理的深入，工程建设分工越来越细化，工程质量检测机构成为参与工程建设管理的第六方责任主体。市建设工程质监站对在常州开展检测业务的检测机构实行资质管理、资质备案登记制度，对工程质量检测机构实行信用等级管理。2007年起，省建设工程质监总站每年对检测机构进行信用等级考核，根据考核结果，将检测机构分为A、B、C 3个等级，建立检测机构质量行为不良记录，严肃查处检测机构违法违规行为。2010年，全市有检测机构16家，其中材料检测12家、桩基检测8家（有4家既有材料检测、又有桩基检测资质），产权多样。常州建筑质量检测机构逐渐增加建筑节能、环境污染物、通风与空调、建筑智能化、桥梁结构、安全防护、市政工程、建筑水电、水利工程等方面的检测项目，检测能力由最初的30多个产品近100个参数，发展到可为用户检测150余种产品、1134个参数，除幕墙、空调系统和智能建筑外，其余所有项目均有能力检测，基本满足常州地区工程建设的需要，形成覆盖全市、涉及各专业的质量检测网络。检测设备增至精度高的先进设备上千台，实行电脑自动控载和传输，由检测软件完成信息密码管理、自动采集数据、自动计算、最终生成检测报告，检测室实行视频实时监控、客户的检测信息通过网络上传至主管部门监控平台，检测结果真实准确。

二、质量监督检测

常州建筑业质量检测机构成立之初仅有建筑材料、地基基础、建筑结构与构件专业检测。2000年1月，《建设工程质量管理条例》发布，明确在市场经济条件下政府对建设工程质量监督管理的基本原则、主要目的、主要依据、主要方式、主要内容、主要手段；市建设工程质监站努力探索、开拓新的质量监督模式。2010年，市建筑工程质量监督站完成监督模式从核验制到备案制、监督机构从责任主体到执法主体的重大转变，监督效能提高，通过实行分类监管、差别化监督，建设监督信息化系统，加强监督巡查和抽查，专项治理工程质量通病，推行住宅工程的分户验收监督制度，规范工程建设各方主体质量行为，常州市工程实体质量稳步提升。

隐蔽工程质量监管 2004年9月，常州作为省实施建设工程质量监督模式改革的试点，率先运用现代网络技术，开发常州市建设工程隐蔽工程网上通知系统软件，建立施工现场隐蔽工程网上即时通知制度、及时记录制度，改变单一检查施工实物质量的监督检查方式，减少缺乏实效的形式性验收。2005年7月，市建设局试行建设工程质量监督改革模式，钟楼、天宁两区实行建设工程隐蔽工程网上申报制度。

动态考核分类监督 2005年12月，市建设局开始对建设工程质量实行现场动态考核和分类监督，动态巡查建立工程数据库，按巡查评分统计分析结果把在建工程分为A、B、C类进行监督，A类工程不再派员参加中间验收现场监督，B类工程进行常规监督，C类工程将及时通知建设单位，增加监督检查和抽测频率，参加验收的现场监督。工程分类根据检查评分统计分析情况动态变化。

住宅工程质量控制 2006年10月，市建设局严格执行《住宅工程质量通病控制标准》，从10月15日起对基础、主体在建和未开工住宅工程全面严格执行通病控制。2007年起按《江苏省住宅工程质量分户验收规则》的要求，对在建住宅工程试行分户验收。到2010年7月全部实行。

地基基础检测管理 2007年，常州成为全省唯一的地基基础检测管理系统试点城市，全面推广使用这个系统。至2010年，常州市所有桩基检测机构都使用江苏省基桩检测业务软件，实时上传静载检测数据，所有检测报告从业务软件中出具，在全省处于领先水平。

第四节 安全监督管理

80年代末90年代初，各级管理部门逐步加强建筑业安全生产管理。1999年，常州一建公司承建的常州和平大厦获全国建筑安全奖，是常州企业获得的第一个全国性安全生产奖项。2002年，常州一建公司获得“2002年度全国建筑施工安全生产之最”称号。

一、安全管理制度机制

80年代中期，市建筑工程管理局对全市施工企业进行安全生产资格审查核准。90年代，按建设部文件规定，凡具有施工资质的施工企业必须申领安全生产许可证，企业必须设立安全生产管理的专职机构并配备经过培训合格的安全生产管理人员，实行持证上岗(简称A、B、C类人员)。企业内部普遍建立安全生产管理制度，申领了安全生产许可证。初期，市建工局制订《建筑企业安全生产工作条例实施细则》，开始实行安全施工许可证制度；末期，市建设主管部门开始加强装饰施工企业的安全生产管理，健全安全生产文明施工制度，推动行业安全生产文明施工逐步走向规范。2000年，建设部颁布《建筑施工安全检查标准》，实行工程开工条件的认证，市安监站编制并推广应用《建筑施工安全验收表》《单位工程安全生产管理台账》，细化落实安全检查标准。2002年，市建筑业安全监督站制定《常州市建设工程安全监督工作程序》，并开始实行安全员押证制度。2004年1月，常州市施行《安全生产许可条例》，实行安全生产准入制度，建筑施工企业未取得安全生产许可的不得从事建筑施工活动。企业负责人、项目经理、安全管理人员(简称A、B、C 3类人员)必须持证上岗。2月，《建设工程安全生产管理条例》施行。

2006—2010年，常州市相继制定《常州市建筑施工企业、监理单位安全生产职责告知承诺实施意见》《常州市建筑工程安全生产形势分析制度》《常州市建筑工程安全生产预警提示制度》《常州市建筑安全生产监督执法人员培训考核制度》《常州市建筑工程安全生产信用监督和失信惩戒制度》《常州市建筑工程开工安全条件审查制度》《常州市建筑工程重大危险源安全监控管理暂行办法》《常州市建筑施工起重机械设备安全监督管理实施细则》《常州市建筑施工现场特种作业人员持证上岗制度》等规定，安全生产管理制度逐步健全。至2010年，常州市建筑施工企业普遍实行安全生产文明施工制度，企业内部建立健全安全生产管理体系，形成安全生产管理人员纵到底、横到边的安全生产责任制，实行建筑工程重大危险源网络监控制度和安全隐患网上公示、短信告知制度，在工程开工时告知安全责任，以超过一定规模的分部分项工程为重点，及时掌握危险性较大的分部分项工程情况，用常州建设工程安全监督管理系统软件在常州建筑安全网上公示，持续提醒工程建设责任方单位加强工程安全管理。

二、安全监督管理行动

2006年，市建设行业主管部门针对特殊时期、不同范围、不同专项，采取专项治理的安全监管。在迎新年时实行春风行动，高温暑期实施迅雷行动，冬季寒冻实施暖冬行动。此后每年坚持开展安全生产专项监管行动。2008年，针对建筑领域生产安全事故高发种类，全市安监部门按季度分重点时段，开展专项执法检查。针对危险性较大的分部、分项工程，抓好深基坑、高支模、脚手架和建筑起重机械设备等方面的安全专项治理；对事故多发、易发的重点部位、重点环节加强调查、研究，查找原因，有针对性预防，防范和遏制建筑生产安全事故，全市建筑安全生产形势持续稳定好转。常州市建设工程安全监管信息管理系统建立，实行建筑安全隐患网上告知制度，提高安全预警、预控、处置效率，开展数字化工地、远程视频监控试点。实施建筑起重机械转场保养和网络化管理，提高其安全可靠性。2009年，市建筑业安全监督站与大连理工(常州)工程机械研究中心联合研发起重机械安全监控管理系统(SEEMS)，通过科技手段控制现场违章。同年，市安监站建立常州建筑安全网，宣传报道国家及省、市建筑业安全生产工作，受到基层建筑企业的好评。2010年，常州新增配备建设安全监督执法车13辆，提高了安全监督巡查执法和应急处理能力。坚持“技术促安全，文化促安全”的路子，推广、应用模板搭建等安全新技术，推进《建筑施工模板安全技术规范》的应用，研究应用建筑起重机械超载报警系统，通过科技手段控制现场违章。建立建筑起重机械转场保养制度，减少现场建筑起重机械的故障率和安全隐患。加强对安全生产专项方案论证监管，当场否决不符合要求的方案12项，对存在问题的专项提出整改要求738项，排除安全隐患1285项，网上发布建筑安全重大隐患1232条，曝光存在严重安全隐患问题的企业19家。

三、安全生产事故

1985年12月24日，常州市一建公司民航站的施工地发生火灾，烧毁工棚48间，计1560平方米，损失财产4.2万元、大米2021公斤，起火原因是民工在工棚内用碘钨灯取暖过热着火，分管领导、施工队长等责任人受到处分。2001年4月26日，常州建筑构件厂施工的西安高压电器研究所工地发生脚手架坍塌事故，造成7人死亡、1人重伤，项目负责人李洪喜受刑事处罚。

第五节　文明施工管理

一、管理制度机制

80年代，常州市区文明施工管理按市建委、城市管理办公室联合下发的《常州市市区施工现场管理暂行规定》执行。1995年，市政府印发《常州市市区建设工程文明施工管理暂行办法》，明确由市建委监督检查市区建设工程围墙内的文明施工，与施工单位签订文明施工责任书。1998年，市政府颁发《常州市市区文明施工管理办法》，从此文明施工管理纳入政府的管理目标，实施每季度检查考评的日常监管制度。2001年，市建设局规定城区的工程禁止现场搅拌混凝土，统一使用商品混凝土。对夜间超时施工实行申报制，降低城市粉尘和污染，净化城市空气质量，减少噪音，提高建设工程质量，创建文明城市。2002年3月，市建设局发布《常州市建设工程市级文明工地评审办法》，规定市级文明工地的评审组织、评选范围、申报办法、工程考核、工程评审、奖励等评审程序，后几经修改不断补充完善。2003年5月，市建设局颁发建设工程现场安全、文明施工措施费实施办法。2006年，市建设局相继出台《常州市建设工程现场安全文明施工措施费计价管理办法》《常州市区建设工地文明施工长效管理措施》，规定建设工程现场安全文明施工措施费分为基本费、现场考评费和奖励费，着重解决影响市容的问题，规范工地围护、车辆运输进行为，落实文明施工长效管理机制。

二、施工监督管理

1998年8月7日，常州一建公司承建的国贸大厦、常州二建公司承建的轻工商厦等6个建设项目被评为首批江苏省省级文明工地。2000年，市建设局针对市区脚手架搭设取材不统一，存在钢、竹混搭及毛竹脚手架搭设不达标等问题，易发事故，影响城市市容，市建设局遂发文禁止市区使用毛竹脚手架，此后工地安全文明情况大为改观。2003年5月，开始收取建设工程现场安全、文明施工措施费，计费标准按房屋建筑工程、市政基础设施工程分别按定额直接费的0.5%～1.5%和0.5%～0.8%收取。2009年，市建设局、公安局、城管局联合提升、规范市区建设工地文明施工管理。1999—2010年，常州市建筑领域安全监管工作成绩突出。全市有2214个项目获得市级文明工地称号，648个项目获得省级文明工地称号。常州第一建筑工程有限公司承建的常州天宁宝塔土建工程项目获得全国建筑施工安全文明工地之最称号。

1999—2010年常州获江苏省建筑施工文明工地项目数量统计表

表17-7-4　　单位:个

年度	省级	市级	年度	省级	市级	年度	省级	市级	年度	省级	市级
1999	55	47	2002	—	91	2005	73	175	2008	104	240
2000	—	89	2003	21	180	2006	86	267	2009	125	246
2001	—	145	2004	—	169	2007	56	349	2010	126	216

三、文明工地创建活动

常州市建筑企业创文明工地活动起步于80年代，随着创建文明城市的深化而不断完善提升，1995年，全市开展“学习张家港”活动和创优良工程竞赛，确立竞赛内容、标准、评分细则、活动形式、奖惩措施等文明工地安全生产检查内容38条，每个季度组织1次检查评分，半年总结表彰1次。1995年检查工地102个，评出文明样板工地8个、文明工地42个；合格工地48个、不合格工地4个。市一建公司施工的信保大厦、二建公司施工的工贸大厦获文明样板工地称号。21世纪初叶，创文明工地活动升级，市区临街工程的文明施工实现标准化、制度化、长效化。随着施工现场标准化管理的健全，装饰施工企业将创建文明工地的工作摆到企业管理的重要议事日程中，2008年，江苏鑫洋装饰工程公司、江苏华淳建设工程公司、江苏环亚建设工程公司、常州华隆建筑装饰工程公司和中泰装饰工程公司的10项装修工程首次入选为常州市市级文明工地。2010年，全市创建成省文明工地126个、市文明工地216个。

2008—2009年常州获全国AAA级安全文明标准化诚信工地一览表

表17-7-5

时间	工程名称	承建单位
2008	怀德名园居住小区西北角商住楼	江苏武进建筑安装工程公司
	乐颐大厦	江苏宇盛建筑安装工程公司
	常州方圆云山诗意花园工程二标段（4号、9号、10号及D1地下车库）	四川华西集团公司
	云山诗意花园一标段	常州二建建设公司
	朗诗国际街区12号、13号房	常州市成章建筑安装工程公司
	京杭运河常州服务区	江苏金土地建设集团公司
	解放军第102医院综合病房楼	宜兴市建工建筑安装公司
	常州市九洲豪廷花园大酒店	常州市成章建筑安装工程公司
	东方国际公寓	常州第一建筑工程公司
	金水湾21号～26号楼	江苏城东建设工程公司
	常州软件产业基地二期B栋	常州第一建筑工程公司
	常发大厦1号、2号住宅及人防地下室	常州第一建筑工程公司
2009	惠民大厦A楼及A楼裙楼、地下室	常州第一建筑工程公司
	惠民大厦B楼	常州二建建设公司
	道生中心	常州市成章建筑安装工程公司
	香缇湾花园一标段1号、2号、3号房及地下室	江苏武进建筑安装工程公司

第八章　标志性建筑

随着常州城市建设快速发展，城市生活的人对建筑的形式和理论的探索越来越深入。现代建筑不再停留在过去居住的生活空间，也不再仅仅是砖木钢筋的堆积，人们开始意识到现代建筑具有的社会、历史文明和地方特色的表现及都市人情感、精神的寄托等功能。标志性建筑就像是常州城市的印章标示着常州，给常州市的历史烙印，这些建筑在一定的空间区域具有独特之处，像红梅西村、常州大酒店、中华恐龙园、天宁宝塔、常州大剧院等，它们成为常州历史的写照、时代的象征。

第一节　公共建筑

一、常州奥体中心及国际会展中心

位于晋陵北路与龙城大道交会处东北侧，是常州规模最大、功能最全、技术标准最高、环境最优美的综合性大型体育会展建筑群和体育公园，总建筑面积达20万平方米，包括体育场、游泳馆、体育馆和国际会展中心4座主体建筑。2006年11月至2008年9月建设，总建筑面积16万平方米，地上1～4层，地下1层，体育馆6000座、游泳馆2000座，工程用PHC管桩10余万平方米，项目实施时为常州历史上用桩量最多的一个工程。包括3.56万座体育场、2000座游泳跳水馆、6000座综合体育馆及1000个展位的大型会展中心。体育场、游泳馆为一个单位工程组织施工，总建筑面积7.52万平方米，建筑高44米，地上5层，为框架结构。体育场内设3.56万个座位，由中国建筑西南建筑设计研究院设计，中国建筑总公司第八工程局总承包施工，2006年11月26日至2008年9月23日建设。游泳馆超长大面积混凝土楼面无缝施工创出新工艺、新技术应用的最新成果，工程于2009年获国家优质工程银奖。体育馆和会展中心为连体建筑，总建筑面积8万平方米，由西南建筑设计研究院设计，上海宝冶建设公司总承包。2006年11月至2008年9月建设，体育馆的椭球形悬支穹顶为80×120米的索承单层多壳，会展中心的主体结构为国内领先的官桁架结构。2009年，该工程获得江苏省扬子杯优质工程奖，由常州市规划设计院、中国建筑西南设计研究院有限公司合作设计。2010年获江苏省第十四届优秀工程设计项目二等奖。

常州奥林匹克体育中心、国际会展中心（摄于2008年9月）

二、常州博物馆、规划馆

由常州市规划设计院勘察、江苏筑森建筑设计公司设计、武进建筑安装工程公司施工总承包，2005年5月20日至2007年3月23日建设。常州博物馆为国家二级博物馆，占地1.5万平方米，总建筑面积（包括规划展示馆）3.7万平方米，地下1层、地上4层，为框架结构，外形新颖，平面呈圆弧形，弧心是市民休闲广场的中心，与常州大剧院一起环抱广场。该项工程大量应用建筑新材料新技术，采用了新型墙体材料、具有节能功能的开缝式石材幕墙和LOW-E中空钢化玻璃幕墙。2008年，获江苏省第十三届优秀工程设计二等奖，2009年被评为江苏省扬子杯优质工程。

常州博物馆、常州市规划馆（摄于2006年10月）

三、常州大剧院

常州大剧院工程是常州市文化设施的标志性建筑，由常州民防建设投资公司投资4.2亿元建成，地下1层、地上7层，由1470座大剧场、400多座的多功能小剧场和6个电影厅、1个视听室及地下室组成，总建筑面积4.31万平方米，建筑总高35.3米，为钢混框架结构。小剧场玻璃穹顶为钢结构，共享大厅、观众厅屋面为网架结构，大厅东西两边为12米高吊式全玻璃幕墙，外形俯视如同一座流淌着的音符，造型独特。工程结构复杂，科技含量高，施工难度大。由上海现代建筑设计公司设计，常州第一建筑工程公司总承包，2006年12月31日至2009年8月建设。施工中应用建筑新技术10项，被评为全国新技术应用示范工程，其中实施的深基坑支护及降水、工程测量定位控制技术、大跨度超高结构高支模施工技术、清水砼模板施工技术等技术先进经济合理、安全可靠、效果良好。2010年，该工程获国家优质工程鲁班奖。

四、常州现代传媒中心

位于惠国路与龙锦路、太湖东路交会处，占地3.6万平方米，总建筑面积30.4万平方米，其中地下室9.2万平方米， 共3层（局部有夹层），地上建筑面积21.2万平方米，包括广电主塔楼（58层）及酒店裙房（5层）、技术用房（7层）、千人演播厅、酒店公寓（21层）、动漫办公（21层）等建筑单体6栋，其中主塔楼结构高度245.05米，上面架设88米高钢发射塔，总高度333米。上海建筑设计研究院公司设计，2009年5月底建设，中建三局建设工程股份公司施工。

五、江苏省常州高级中学整体改造工程

2006年2月至2007年9月建设。江苏省纺织工业设计研究院设计，分别由溧阳城建集团公司、常州第一建筑集团公司、江苏武进建工集团公司等企业施工，总建筑面积7.2万平方米，包括教学楼、图书实验楼、行政楼、多功能文体中心、后勤生活楼。

江苏省常州高级中学（摄于2010年9月）

六、常州奔牛机场

始建于1963年，1986年民航常州站建成使用，1995年停航，对飞行区进行改扩建，规划用地360公顷，概算投资18亿元。保障包括波音A737～A767、空客A340在内的大型客机的起降和备降，常州奔牛机场跨入国内中型机场行列，成为苏南国际航空客货运中心。改造工程按照满足机场到2020年的使用要求实施，其中航站区新建航站楼、停车场、货运仓库等设施，新增建筑面积约10万平方米；航站楼建筑规模为一类公共建筑，工程等级Ⅰ级，主体为框架结构，主要屋盖为实腹钢梁，铝镁锰直立锁边板屋面，大厅和指廊交接处局部屋面为钢筋混凝土屋面，陆侧屋面檐口标高23.8米，空侧屋面檐口标高19.6米，钢结构最大跨度为36米。飞行区按照机场飞行区等级4D的标准、设计满足A340—600等E类飞机起降的要求，把2800米跑道往西北端延长至3400米，配套建设相关附属设施。工程由上海城建集团公司采用BT模式投资18亿元建设。民航站区改扩建工程航站楼由江苏筑森建筑设计公司设计。2008—2011年1月建设，占地1.9万平方米，总建筑面积3.8万平方米，建筑外围护结构采用外遮阳设施、通过光敏感应器获得阳光的照射强度，结合智能型的操作系统，实现遮阳的高度自动化，连接整个建筑的管理系统，将空调和照明系统作为一个联动的整体进行调控；安装有150千瓦光伏发电系统，采用雨水收集系统，非传统水源利用率60%，卫生器具节水率22%，热水系统太阳能保证率50%。

七、天宁宝塔

位于天宁寺北侧偏西、红梅路东侧，由常州建筑设计研究院公司勘察、上海同济大学建筑设计研究院设计、常州第一建筑工程公司施工总承包。2003年1月3日至2007年1月3日建设，地上13大层、28小层，地下1层，总建筑面积2.7万平方米；塔尖高153.79米，塔体净高108米，钢混结构的塔身高为世界佛塔最高。宝塔呈正八边形，每边长13.7米，外形采用唐代古塔风格，八角飞檐。塔基台采用印尼婆罗浮屠佛教建筑形式。钢结构制作塔身骨架，墙体飞檐由楠木、岫玉砖、青铜铭文瓦等精雕细作而成。工程采用预制方桩，使用当时常州地区最大(750吨)的静压桩机施工，促进了常州地区大吨位静压桩机的迅速发展。2003年，工程施工获全国建筑施工安全文明工地之最，钢结构制作安装单项获国家钢结构协会金钢奖；2009年获全省城乡建设系统优秀勘察设计三等奖，工程质量获国家优质工程银奖。

八、常州亚细亚影城

位于延陵西路与怀德北路交会处，由常州市建筑设计院设计，1992年10月竣工落成，总建筑面积1.8万平方米，采用30米跨部分预应力，项目实施时为全国首家、亚洲一流的多功能电影娱乐中心，超大屏幕(高29.8米)为亚洲之最，1993年获江苏省优秀工程设计一等奖。

九、新四军江南指挥部纪念馆

常州客运中心(摄于2010年10月)

位于溧阳上兴镇水西村，由溧阳市现代建筑设计院公司、南京大学建筑规划设计研究院联合设计，2009年10月竣工。总建筑面积4000平方米，主体3层，平面方正，形似基石，建筑设计以字母和院落空间作为设计前提，新四军(N4A)概念和形象融入纪念馆的平面与立面中。2009年获全国优秀工程勘察设计行业二等奖。

十、常州客运中心

位于关河中路与竹林西路之间、

沪宁铁路与城际铁路线上。2008年常州客运中心及综合配套系统工程由江苏筑森建筑设计公司设计，是集常州火车站、城铁常州站、长途客运站、轨道交通1号线车站、公交枢纽站等交通功能及商业、商务办公于一体的现代化大型综合交通枢纽。2011年1月竣工，地面总建筑面积10.6万平方米，地下总建筑面积8.8万平方米。按南北一体、无缝换乘、人车分流、公交优先的设计理念，创新构筑的地上地下一体化立体交通模式和水平交通无缝一体化模式成为全国交通模式创新推广5个项目之一、交通综合枢纽国家性规范编制的调研项目。

十一、常州市第二人民医院门诊住院楼

该工程由常州第一建筑公司总承包，1999年4月至2002年12月建设，房屋建筑面积2.7万平方米，长80.3米，宽41米，总高度57.3米，主楼高12层，局部14层，裙房3层，全为框架结构。施工中应用土钉墙支护，预拌砼及泵送，冷轧扭高效钢筋，粗直径钢筋套筒挤压，直螺纹连接、新型模板、悬挑脚手、节能墙体、新型建筑防水材料等建筑技术。针对施工细节易产生质量通病的问题改进施工工艺，效果明显。2000年获得江苏省优秀设计奖、新技术应用示范工程和扬子杯优质工程奖，2002年获得国家鲁班奖。

十二、常州市中医医院门诊病房综合楼

位于院内中部，2006年6月28日开工建设，地上24层（裙房6层、局部7层）、地下2层，总建筑面积6.96万平方米，由常州第一建筑工程公司承建。

常州市中医医院（摄于2010年10月）

十三、常州市第三人民医院门急诊病房大楼

2009年底，该院21层新门急诊病房综合大楼建成，总建筑面积4.78万平方米，由常州市规划设计院勘察、北京国安电气总公司设计、溧阳建筑装璜工程公司承建施工。

十四、常州市第一人民医院门急诊大楼

位于院内北部中间，总建筑面积7万平方米，由同济大学建筑设计院设计、常州第一建筑集团和常州工业设备安装工程公司施工、江苏东方建设项目管理咨询公司监理。2005年6月1日开工，2007年12月1日投入使用。

第二节　商务办公建筑

一、常州大酒店

位于市区中心延陵西路小营前段南侧，是常州首家具有五星级功能的旅游饭店。由江苏省建筑设计院设计、常州二建公司施工，1990年8月落成，主楼高17层，建筑面积1.96万平方米，建筑高度58.6米。2002年，西侧28层主楼建造竣工，设有商务楼层、无烟楼层、女性楼层等，有房间398间（套），26间中西餐厅、酒吧，风格各异，具有同声翻译系统等先进设施的多功能大厅、多款会议室、夜总会、游泳馆、健身馆等。

二、凯纳商务广场

位于市区万福路与关河路交会处北侧，由常州洛察纳房地产开发公司投资建设。2007 年 4 月 10 日至 2010 年 9 月建设，总建筑面积 11 万平方米，由 56 层主楼、13 层的裙楼及 3 层的辅楼组成。裙楼与主楼 1～5 层为酒店，主楼高 228 米，6 层以上为酒店式公寓，辅楼是常州第一座地上三层停车场。该建筑物采用曲线构图，公寓由超高层点式建筑与弧形板式建筑组成，酒店及酒店公寓整体造型成 S 型，正南偏东 6 度，达到减少视觉疲劳、使建筑整体更美观的效果，该建筑是 2010 年底以前常州市区的最高建筑。

三、武进大厦

位于市区新丰街东侧，由中国船舶总公司第九设计院设计、武进县建筑安装工程公司承建，1987 年 1 月竣工交付使用，主楼 13 层，高 53.8 米，全现浇框架结构，总建筑面积 1.5 万平方米，造价 540 万元，1987 年建成时为常州市区最高建筑。

四、迎春大楼

位于局前街药皇庙弄与粮贸市场之间，是中国房地产开发总公司常州公司 1986—1988 年开发建设的综合性大楼，是常州市区当时的高层建筑之一。为现浇混凝土剪力框架结构，主楼高 13 层，局部 15 层，箱形基础，总建筑面积 9374 平方米（含地下室），设舞厅、咖啡厅、屋顶花园等，屋顶花园小巧雅致，成为常州市内鸟瞰古城的一个景点。

五、南大街商业步行街

东至公园路，西至南大街，南自青果巷、北临延陵西路，常州之江置业公司投资建造、常州市建筑设计研究院公司设计。2005 年 1 月竣工，东西宽 120 米，南北长 600 米，总建筑面积 24 万平方米，其中商业区 12 万平方米、商务办公区 3.5 万平方米；有 31 层住宅 1 幢、29 层住宅 2 幢，总建筑面积 4.5 万平方米；地下停车场 4 万平方米。南大街商业步行街由一条"S"形步行街把 3 个地块串联起来，集购物、餐饮和休闲娱乐等功能于一体。2007 年获江苏省城乡建设系统优秀勘察设计三等奖（参见第十八卷和第十九卷"商贸服务业""房地产业和住房保障"）。

六、常州行政中心、会议中心

该建筑群为常州市党政机关办公的所在地，由 A、B、C、D、E、F6 幢单体建筑组成。由常州建筑设计研究院勘察，常州市第二建筑设计院（江苏筑森建筑设计公司）设计，2003 年 11 月 11 日至 2006 年 8 月 28 日建设，由 5 幢楼组成，总建筑面积 17.98 万平方米，建筑布局采用中国传统空间布局手法，以南北为轴线对称布局，南端 A 楼为整个建筑群的主体建筑，为 99.6 米高层双塔办公楼，南北两者之间用一天桥连接。2008 年获江苏省第十三届优秀工程设计项目一等奖，工程质量达到优质工程水平。主楼 A 楼由江苏宏大建筑装璜工程公司施工总承包，总建筑面积 7.8 万平方米，地下 1 层、地上 26～29 层（设计 28 层），高 130.3 米（设计高约 108

常州行政中心、会议中心（摄于 2006 年 10 月）

米)，框架结构，桩筏基础；B楼由江苏武进建筑安装工程公司施工总承包，建筑面积2.6万平方米，地上6层，高29.35米，框架结构，桩基基础；C楼、D楼由常州一建公司施工总承包，均为框架结构，桩基基础，均高27.15米，地上分别为5层、6层，建筑面积分别为2.36万平方米、2.34万平方米；E楼、F楼由常州二建建设公司施工总承包，均为框架基础，桩基基础均高23.3米，建筑面积均为1.43万平方米，E楼地上4～5层，F楼地上4层。

七、九洲环宇大厦

位于市区关河东路38号、火车站南广场东南侧，是一座集酒店、会议、休闲于一体的大型综合性商务办公楼。由常州市建筑设计研究院与江苏纺织工业研究院设计，江苏南通三建集团施工总承包，上海世家装饰实业公司、常州华艺铝型材公司参建。2004年5月至2006年9月建设，占地4002平方米，总建筑面积9.39万平方米，地上24层、地下2层，高97.5米。工程为框架结构，大楼外主面采用玻璃幕墙，应用了高性能砼、高效钢筋与预应力、新型模板及脚手架，建筑防水技术，建筑节能、施工监控、信息化应用等技术。2008年获全国纺织行业工业优秀工程勘察、设计建筑工程一等奖，2008年12月获国家优质工程银奖。

第十八卷　房地产业和住房保障

Volume XVIII　Real Estate and Housing Security

常州房地产业发轫于70年代末至80年代中期，以居民住宅小区建设为主的城镇建设开发，经历了计划性的居住小区建设时期，房地产供给逐步市场化、管理逐步社会化时期和房地产全面市场化且波浪式发展、住房保障体系初创时期3个主要阶段。1986—1991年是计划性的居住小区建设时期，1986年全市有城镇建设开发企业12家，1988年常州市按筹资调租、实转起步的思路，拟定了住房制度改革（简称“房改”）实施方案。1992—1998年是房地产供给逐步市场化、管理逐步社会化的时期。1992年《常州市住房制度改革实施意见》出台，全市展开深化房改工作，通过优惠出售公房，逐步实现住房自有化，加快住房建设资金回笼和全市住房建设，逐步实现住房管理社会化。1995年7月，《常州市深化城镇住房制度改革实施方案》颁布，城市住房基金、企业住房基金、住房维修基金、统筹基金和管理基金开始建立；同年底，实现基本解决人均4平方米以下困难户有房居住的目标。1999—2010年是常州房地产全面市场化且波浪式发展、住房保障体系初创时期，1999年3月底常州市《关于进一步深化城镇住房制度改革的实施方案》及4个配套文件出台后，逐步实行住房分配货币化，建立职工购房补贴制度，加快转变住房分配机制，推进住房商品化进程，住房新制度逐步建立。各级党委、政府日益注重培育发展房地产业，房地产开发、评估、代理等中介企业迅速发展，开发建设了怀德苑、怡康花园、润德半岛花园等环境较好的商品住宅小区数百个，逐渐形成房地产开发业和交易市场。2000年以后，常州房地产业进入加速发展期，开发投资大幅度增长，开发建设规模持续扩大，市场运行逐步规范，促进了常州城市发展和城镇化进程。2006—2010年，常州完成房地产开发投资1458.17亿元，全市房地产市场良性发展，供应充足，销售旺盛，竞争充分，市区商品房销量稳居全省省辖市前三位，价格较为理性，均价长期低于苏南平均水平，改善了市民的居住环境和生活质量，居民住房幸福指数相对较高，带动了相关产业发展，提升了城市整体功能。2010年，全市房地产业增加值提高到143.54亿元，对全市地区生产总值增长的贡献率达3%。

第一章 房地产开发

改革开放后，常州房地产开发业随着经济快速发展、城市建设规模和城区规模的不断扩大，逐渐发展壮大。1986年，市城乡建设管理委员会（简称“城建管理委”）所属的市城市改造办公室（简称“市城改办”）负责市区旧城改造的拆迁管理和征地。90年代，房地产开发行业管理开始日渐规范。1994年11月，建设部发布《城市商品房预售管理办法》，翌年常州市开始实施“商品房预销售许可证”管理。1999年常州市出台《市区新建住宅区竣工综合验收和交接管理实施细则》等规定，开始实行《住宅质量保证书》和《住宅使用说明书》制度，推行住宅小区等群体房地产开发项目综合验收。2000年以后，多家外地房地产开发品牌企业相继进入常州，推动了常州房地产业的良性发展。2002年市建设局保留房地产开发行业管理、小区综合开发管理两项职能，“商品房预销售许可证”管理职能划归市房管局。2005年，全市房地产业实现增加值45.97亿元。此后，世茂、和记黄埔、龙湖、华润、绿地、绿城、万达等著名房产开发企业陆续入驻常州，促进了常州房地产市场和产业规模迅速壮大。

第一节 房地产开发企业

常州房地产开发企业数量呈加速增长趋势，由1986年的12家发展到2010年的420家。1986年，市城改办下设动迁管理组、统一征地组、财务材料组，负责市区旧城改造的拆迁管理和征地。翌年底，征地工作转由市土管局办理。1988年，市城建管理委开始对全市开发企业实施资质审查，颁发证书，开始实施全市房地产开发企业的资质管理。翌年，市政府发布《常州市房屋建设开发公司管理暂行办法》。

一、企业发展

1986—1992年，常州房地产开发企业主要从事机关企事业单位房屋的代建，少量开发商品房屋，发展缓慢。1986年，全市有从事房地产开发的城镇建设开发企业12家，其中市区9家，武进、金坛、溧阳三县各1家。1992年末，全市有房地产开发资质企业13家，其中一级1家、二级2家、三级4家、四级6家。其间，市区房地产开发企业保持在9～11家，金坛、溧阳分别仅有四级资质房地产开发企业1家。

1986—1992年常州市及其市区房地产开发资质企业统计表

表18-1-1 单位：家

年度	总数		一级		二级		三级		四级		暂定三级		暂定四级	
	全市	市区	全市	市区	全市	市区	全市	市区	全市	市区	全市	市区	全市	市区
1986	12	10	0	0	1	1	1	1	2	0	4	4	4	4
1987	12	10	0	0	1	1	1	1	2	0	4	4	4	4
1988	12	10	1	1	0	0	5	5	6	4	0	0	0	0
1989	12	10	1	1	1	1	4	4	6	4	0	0	0	0
1990	12	10	1	1	1	1	4	4	6	4	0	0	0	0
1991	12	10	1	1	1	1	4	4	6	4	0	0	0	0
1992	13	11	1	1	2	2	4	4	6	4	0	0	0	0

说明：市区包含新北、天宁、钟楼、戚墅堰4个区，武进根据下限时的行政区划统计到市区

1993—2002年，随着经济社会的快速发展，市区和金坛、溧阳房地产业均进入快速稳定发展期，开发企业数量较快增加，但发展较为无序。2000年3月29日，建设部颁发《房地产开发企业资质管理规定》。2001年，省建设厅发布《江苏省实施〈房地产开发企业资质管理规定〉细则》，根据上述规定和有关文件精神，未参加全省资质审查、年检、换证或未取得资质等级证书的房地产开发企业不能从事房地产开发经营业务。建设部门对取得资质证书的房地产开发企业实行年检，清理整顿已登记注册、但未取得资质证书的房地产开发企业200多家，省建设委员会核定了常州78家房地产开发企业的资质等级，其中一级1家、三级9家、暂定三级68家，资质管理从此步入制度化、规范化轨道。2002年底，全市房地产开发资质企业发展到140家，金坛、溧阳各净增企业10家，有资质的开发企业数均为11家。

2003—2010年，常州房地产开发行业高速发展，规范有序，市区净增房地产开发企业178家。2008年8月1日起，资质管理模式发生根本转变，由年检制核查转变为电子化申报，实行日常动态管理，建立健全了企业、开发项目档案，金坛、溧阳两市房地产开发企业的资质初审开始由省建设厅直管。至2009年末，市区有资质开发企业达到高峰期的304家。2010年末，全市房地产开发资质企业比2002年净增280家，总数达

420家；市区房地产开发资质企业降至296家，其中武进91家、新北70家和天宁、钟楼、戚墅堰3区135家，金坛、溧阳房地产开发企业进入高速发展期，分别达到峰值的59家、65家。

1993—2002年常州市房地产开发资质企业分地区统计表

表18-1-2　　单位：家

年度	区域	总数	比上年±	一级	二级	三级	四级	暂定二级	暂定三级	暂定四级
1993	全市	41	28	1	2	4	0	2	32	0
	市区	36	25	1	2	4	0	0	29	0
	金坛	2	0	0	0	0	0	1	1	0
	溧阳	3	0	0	0	0	0	1	2	0
1994	全市	94	53	1	0	13	0	0	75	5
	市区	78	42	1	0	9	0	0	68	0
	金坛	7	5	0	0	3	0	0	4	0
	溧阳	9	6	0	0	1	0	0	3	5
1995	全市	95	1	1	0	14	0	0	75	5
	市区	80	2	1	0	9	0	0	70	0
	金坛	6	-1	0	0	4	0	0	2	0
	溧阳	9	0	0	0	1	0	0	3	5
1996	全市	114	19	2	3	13	0	6	83	7
	市区	99	19	2	3	8	0	6	78	2
	金坛	6	0	0	0	4	0	0	2	0
	溧阳	9	0	0	0	1	0	0	3	5
1997	全市	119	5	2	3	13	0	6	88	7
	市区	104	5	2	3	8	0	6	83	2
	金坛	6	0	0	0	4	0	0	2	0
	溧阳	9	0	0	0	1	0	0	3	5
1998	全市	120	1	2	5	46	2	5	55	5
	市区	104	0	2	5	40	2	5	50	0
	金坛	6	0	0	0	4	0	0	2	0
	溧阳	10	1	0	0	2	0	0	3	5
1999	全市	125	5	4	7	48	6	5	55	0
	市区	109	5	2	5	40	2	5	55	0
	金坛	7	1	0	2	5	0	0	0	0
	溧阳	9	-1	2	0	3	4	0	0	0
2000	全市	108	-17	2	6	48	1	6	41	4
	市区	91	-18	1	4	41	0	5	38	2
	金坛	7	0	0	1	3	0	1	2	0
	溧阳	10	1	1	1	4	1	0	1	2

续表 18-1-2

年度	区域	总数	比上年±	一级	二级	三级	四级	暂定二级	暂定三级	暂定四级
2001	全市	121	13	2	6	50	1	6	50	6
	市区	104	13	1	4	43	0	5	47	4
	金坛	7	0	0	1	3	0	1	2	0
	溧阳	10	0	1	1	4	1	0	1	2
2002	全市	140	19	2	7	51	1	8	64	7
	市区	118	14	1	5	42	0	7	59	4
	金坛	11	4	0	1	5	0	1	4	0
	溧阳	11	1	1	1	4	1	0	1	3

说明:市区包含武进、新北、天宁、钟楼、戚墅堰5个区

2003—2010年常州市房地产开发资质企业分地区统计表

表 18-1-3 单位:家

年度	区域	总数	比上年±	一级	二级	三级	四级	暂定二级	暂定三级	暂定四级
2003	全市	167	27	2	17	64	3	32	49	0
	市区	139	21	2	15	49	1	32	40	0
	金坛	14	3	0	1	5	0	0	8	0
	溧阳	14	3	0	1	10	2	0	1	0
2004	全市	206	39	2	17	65	3	47	72	0
	市区	169	30	2	15	49	1	44	58	0
	金坛	18	4	0	1	6	0	1	10	0
	溧阳	19	5	0	1	10	2	2	4	0
2005	全市	223	17	2	29	58	0	70	64	0
	市区	177	8	2	26	41	0	68	40	0
	金坛	24	6	0	2	10	0	1	11	0
	溧阳	22	3	0	1	7	0	1	13	0
2006	全市	280	57	3	31	47	0	111	88	0
	市区	218	41	3	27	32	0	102	54	0
	金坛	32	8	0	3	10	0	5	14	0
	溧阳	30	8	0	1	5	0	4	20	0
2007	全市	327	47	4	37	45	0	156	85	0
	市区	251	33	4	32	30	0	142	43	0
	金坛	42	10	0	3	10	0	9	20	0
	溧阳	34	4	0	2	5	0	5	22	0
2008	全市	379	52	6	41	43	0	195	94	0
	市区	295	44	6	36	31	0	172	50	0
	金坛	46	4	0	3	7	0	15	21	0

续表 18-1-3

年度	区域	总数	比上年±	一级	二级	三级	四级	暂定二级	暂定三级	暂定四级
2008	溧阳	38	4	0	2	5	0	8	23	0
2009	全市	421	42	7	46	47	6	217	88	10
	市区	304	9	6	37	27	0	187	47	0
	金坛	56	10	1	4	8	1	21	20	1
	溧阳	61	23	0	5	12	5	9	21	9
2010	全市	420	-1	8	45	23	4	248	81	11
	市区	296	-8	7	34	8	0	208	39	0
	金坛	59	3	1	5	7	1	22	22	1
	溧阳	65	4	0	6	8	3	18	20	10

说明：市区包含武进、新北、天宁、钟楼、戚墅堰5个区

二、一级资质企业

2010年末，常州有房地产开发一级资质企业8家，其中主城区3家、武进4家、金坛1家。

新城控股集团公司 是全省首家房地产开发上市公司。1993年王振华创立武进县新城投资建设开发公司。1998年在常州市区成功开发万博花苑。2001年收购江苏五菱柴油机股份公司股权后资产重组，更名为江苏新城房产股份有限公司，股票简称新城B股（代码900950）。2002—2005年，业务从常州拓展至上海、南京、苏州、无锡等城市，在常州开发了新城逸境、新城枫景、新城尚景等规模小区。2005年销售收入达20亿元，跨入全国房地产“百强”企业行列，且连续4年稳居江苏房地产开发企业综合实力50强首位，2007中国华东房地产公司品牌价值前10名首位，成为全国工商联房地产商会副会长单位。2008年底，有从业人员622名，其中技术人员230名；在建面积298万平方米，竣工交付超过110万平方米，实现预售收入48亿元。2009年1月更名为江苏新城地产股份公司。至2010年底，在常州先后开发了金色新城、新城南都、尚东区、新城域、新城金郡等规模小区40多个，为沪宁线城市5万户、15万名业主提供较高品质的居住物业。新城房产公司率先成立标准化研究基地，推进住宅产业化建设，探索规模化、集约化、工业化发展之路。

金新控股集团有限公司 原名常州金新房地产建设发展公司。原为1998年12月成立的合资企业，2004年5月转为内资企业，2010年10月底更名为金新控股集团公司，法定代表人吴伟良。2010年底有员工75人，专业管理人员46名，相继开发了新天地花苑、青山湾花园、金鸡花园、金百花园、金百商业广场、金梅花园、香缇湾花园等商住项目，累计开发170多万平方米。新天地花苑获全国人居经典综合大奖，青山湾花园、金百花园、金百商业广场和香缇湾花园被评为江苏省优秀住宅小区。2005—2010年，企业连续6年进入江苏省房地产业综合实力50强行列。

江苏武房集团有限公司 1984年9月成立，前身为武进县房屋建设开发公司，2001年改制为武进房地产开发公司，法定代表人刘建伟，2004年更名为江苏武房集团公司。2010年底，发展成为以房地产开发为龙头，集建筑工程、基础施工、监理、物业管理、典当、房产中介、酒店服务于一体的省级企业集团，拥有参股控股企业20余家，从业人员370名，其中管理技术人员256名，曾被评为全国房地产领先企业、中国房地产诚信企业，跨入江苏省房地产业综合实力50强企业行列。开发建成常州规模最大的翠竹新村和永宁园、花东三村、阳湖世纪苑、聚景苑、聚丰公寓、聚和家园、聚博花园、聚缘雅居、聚怡花园、聚盛花园等居住小区，承建了

四星级酒店明都大饭店、常州武进人民医院等标志性建筑。累计综合开发面积达300万平方米，年销售额达10亿元。先后设立武房光彩基金、武房助学基金、慈善基金等，被评为中国房地产慈善企业。

江苏百兴房地产开发集团有限公司 创建于2002年6月，是全国百强民营企业中国百兴集团旗下房地产开发企业。2004年10月，被评为质量服务信誉AAA级优秀房地产公司。总投资2.2亿元，建成总建筑面积18万多平方米的常州长江自由贸易中心；投资1.2亿元，建成总建筑面积10万平方米的江南五金机电城；投资建成总建筑面积25万平方米的江苏长江塑料化工交易市场；投资建成横林国际地板家具城、中国湖塘纺织城等标志性大型市场，总占地2500余亩。该集团着力发展住宅及旅游地产，已开发百兴华府、百兴澜庭等10余个住宅小区，累计开发总建筑面积300余万平方米。获得常州市房地产20强、江苏省慈善企业等荣誉。

金桥房地产开发股份有限公司 1992年10月成立，前身为常州高新区房地产综合开发公司，1998年6月改制为常州市金桥房地产开发公司。相继开发了常州河海新村、燕兴新村、富都花苑、金桥机电五金市场、美林国际村别墅区、玲珑花园、天山花园等住宅区及18万平方米的太阳城商业购物广场。2007年11月，变更为金桥房地产开发股份有限公司，下设全资子公司常州市金桥机电五金市场管理公司、金达置业公司等6家。2009年进入江苏房地产业综合实力50强行列。

常州宏骏房地产开发有限公司 2005年6月成立，是香港路劲地产集团在常州的子公司，总投资1.5亿美元，有员工55名，开发的御城小区竣工总建筑面积87.5万平方米。曾被评为常州市房地产开发十佳企业。

三、二级资质企业

2010年末，常州市有房地产开发二级企业45家，其中天宁、钟楼和戚墅堰3区13家，武进9家、新北12家、金坛5家、溧阳6家；有暂定二级企业248家。

2010年末常州市房地产开发部分二级资质企业一览表

表18-1-4 单位：万元

企业名称	区域	注册资本	有效期截至	法定代表人	企业类型
常州中亿房地产开发公司	城区	2000	2009.08	朱晓初	有限责任
常州福来房地产开发公司	城区	1500（万美元）	2009.10	叶黎成	合资经营
常州市怡康房地产开发公司	城区	2001	2009.12	俞渊琼	有限责任
常州市铁路建设开发公司	城区	2000	2009.12	章全大	有限责任
常州市新世纪房地产开发公司	城区	2000	2010.07	赵国伟	有限责任
常州华丰建设开发公司	城区	2000	2010.07	金　强	有限责任
常州市万联房地产开发公司	城区	3100	2010.08	杨祥生	有限责任
江苏武进创业房地产公司	武进	2000	2009.12	赵　明	有限责任
常州市武进建设房地产开发公司	武进	2000	2009.12	王建东	有限责任
常州伟业房地产开发公司	武进	6000	2009.12	王伟明	有限责任
江苏兰新房地产开发集团公司	武进	3158	2009.12	王建新	有限责任
江苏百盛房地产开发公司	武进	2000	2010.09	茹伯兴	有限责任
常州市武进房地产公司	武进	3300	2010.12	沈剑海	有限责任
常州市欣达房地产开发公司	武进	2600	2010.12	姜定仙	有限责任
常州市三优房地产开发公司	新北	2000	2009.08	黄建芳	有限责任
常州天禄建设开发公司	新北	2000	2009.08	陈祖伟	有限责任

续表 18-1-4

企业名称	区域	注册资本	有效期截至	法定代表人	企业类型
常州市金城房地产开发公司	新北	2000	2009.10	孙心易	有限责任
常州广景房地产开发公司	新北	2000	2009.12	卢国斌	有限责任
常州市高宏房地产开发公司	新北	2008	2009.12	高盘方	有限责任
常州新区新业房地产开发公司	新北	2018	2009.12	花勤生	有限责任
常州广安房地产开发公司	新北	2000	2009.12	胡　翌	有限责任
江苏中天凤凰集团公司	新北	5000	2009.12	恽忠浩	有限责任
常州火炬置业公司	新北	50000	2010.07	李里千	有限责任
常州奥林匹克花园房地产开发公司	新北	2000	2010.09	肖　武	有限责任
常州兴桥房地产开发公司	新北	2000	2010.11	花田生	有限责任
金坛市城市建设开发总公司	金坛	—	2001	—	国有企业
金坛房屋建设开发公司	金坛	—	2006	—	有限责任
江苏金谷房地产集团公司	金坛	—	2006	—	中外合资

常州常惠发展有限公司　1992 年成立，投资开发了荷花池公寓、新荷花园、商贸中心等住宅、商用房，近 16 万平方米。拥有邮电路 8000 余平方米办公大楼、河海路首 22 层的新惠大厦 2 万余平方米等 2 幢综合性商办用房，拥有土地储备近 20 万平方米。

常州中房实业股份有限公司　1994 年，省体改委批准中国房地产开发总公司常州公司成立全省首家股份制房地产开发企业。2003 年底，亚邦化工集团收购该公司控股重组，子公司有常州亚邦中房置业股份公司、常州亚邦置业股份公司、常州龙涛房地产开发公司等 6 家。2004—2010 年，先后开发建成香江华廷、香江庭院、香江康桥、香江壹品项目，总占地 29.44 万平方米，总建筑面积 78.86 万平方米。2009 年，跨入常州房地产开发“20 强”企业行列。

常州天禄建设开发有限公司　2002 年 11 月成立。2004 年公司开发的府琛花园被省建设厅评为江苏省优秀住宅。主要开发常州本地商业、住宅、办公等房地产物业，在常州新区、武进新城区、江阴等地开发府琛花园、府琛商务广场、富琛苑、南甸苑等住宅、别墅和综合性写字楼项目，先后获得全国质量服务信誉 AAA 级示范单位等先进荣誉。积极参与慈善捐款活动，获得中国人口福利基金会、全国工商联房地产商会授予的“2005—2006 年度房地产慈善企业”称号。

江苏常发置业集团有限公司　总部位于常州，2003 年创办，是集房地产开发、商业运营、物业服务于一体的房地产开发企业。在上海、南京、常州、无锡、苏州等长三角城市开发了“豪”“湾”系列高端住宅、城市综合体、别墅、写字楼和高档酒店项目 20 余个，年开发量达 200 万平方米。2006—2012 年进入江苏房地产业综合实力 50 强行列。所开发楼盘曾被评为最佳居住品质楼盘、十大精品楼盘等。

江苏高成房地产投资集团有限公司　1993 年 8 月成立，为综合性大型地产集团，前身系常州高成房地产开发公司，2002 年度跨入江苏省房地产业综合实力 50 强企业行列。2010 年底，集团下设南京高成房地产开发有限公司、常州高成物业管理公司等子公司 10 多家；至同年底，先后开发常州高成天鹅湖、莱茵花园、水晶城、南京高成世纪东山、苏州高成上海假日、盐城高成金水湾花园等 10 多个项目，所开发小区被评为中国国际花园社区、建设部健康生态住宅和江苏省绿色住区等，累计建成房屋 200 余万平方米。

常州御源房地产有限公司　2003 年 8 月成立，房产开发区域涉及常州、江阴、成都等城市，在建项目有成都御花园小区、江阴皇冠假日酒店、常州御源林城、常州篦箕巷商业项目等，累计开发面积达100万平方米。

四、三级资质企业

2010年末，常州市有房地产开发三级企业23家，其中市区8家、金坛7家、溧阳8家；有暂定三级企业81家。

2010年末常州市房地产开发部分三级资质企业一览表

表18-1-5 单位：万元

企业名称	区域	注册资本	有效期至	法定代表人	企业类型
常州金谷房地产开发公司	城区	1000	2009.12	方显利	中外合资
常州市钟楼区危积陋房屋改造开发公司	城区	1020	2009.12	彭泽民	有限责任
常州康兴房地产开发公司	城区	800	2009.12	王跃民	有限责任
常州市高氏企业公司	城区	2000	2009.12	高　钧	有限责任
常州市益丰房地产开发公司	城区	2000	2009.12	朱协峰	有限责任
常州市商业网点开发公司	城区	800	2009.12	曹坚铭	有限责任
常州市新润房地产开发公司	城区	800	2009.12	冯根洪	有限责任
常州市城市综合开发公司	城区	848	2009.12	蒋曾平	有限责任
常州市丽宝第房地产开发公司	城区	800	2009.12	徐志泉	有限责任
常州市机械冶金房屋开发公司	城区	800	2009.12	潘金勇	有限责任
常州市中房房地产开发公司	城区	1000	2009.12	杨树初	有限责任
常州市天宁城市建设开发公司	城区	800	2010.12	冯金海	有限责任
常州德亿房地产开发公司	城区	800	2010.12	巢予芬	有限责任
常州龙涛房地产开发公司	武进	1018	2009.08	陆秋明	有限责任
常州市湖港房地产开发公司	武进	800	2009.08	董道超	有限责任
常州市武进城区新苑房地产开发公司	武进	818	2009.12	马荣希	有限责任
常州市武进城区房产开发公司	武进	1000	2009.12	许寿昌	有限责任
常州市广成房地产公司	武进	1005	2009.12	岳云龙	有限责任
常州明都房地产开发公司	武进	825	2009.12	姜祖明	有限责任
常州市新家园房地产开发公司	武进	818	2009.12	陆贤良	有限责任
常州市常信房地产开发公司	新北	2000	2009.12	卞流成	国有企业
常州市双源房地产开发公司	新北	1000	2009.12	李　宏	有限责任
常州市鑫众房地产开发公司	新北	800	2009.12	沈继和	有限责任
常州市江南房地产发展公司	新北	800	2009.12	张昉曜	有限责任
常州新亿房地产开发公司	新北	1000	2009.12	张　波	有限责任
常州市建安房地产开发公司	新北	800	2009.12	周曙光	有限责任
常州长江房地产发展公司	新北	2000	2010.07	江金芳	有限责任
常州光亚房产开发公司	新北	2000	2010.07	周文玉	有限责任
常州嘉新房地产开发公司	新北	2000	2010.12	王克非	有限责任

说明：中心城区房地产开发企业仅包括天宁、钟楼、戚墅堰三区的企业

第二节　商品房开发

常州住宅建设始于七八十年代大规模的居民新村建设。80年代中期，常州城区先后建成花园新村、清潭新村、朝阳新村、红梅新村、北环新村、丽华新村、桃园新村等数十个居民新村，劳动新村、工人新村成为建设部向全国推广的居民住宅小区建设先进典型。2003年，建设部门出台加强住宅小区公建配套建设的管理规定。2004年，主城区开始实行在地块出让前出具《住宅开发项目公建配套建设要求意见书》的管理制度，将其纳入土地出让文件、土地出让合同，对住宅小区公建配套建设实行从土地出让、建设交付的全过程跟踪管理。

一、开发投资

1986—1990年，常州市房地产业刚刚起步，投资规模甚小，市区城市综合开发企业完成开发投资6.35亿元。1991—1995年，全市开发企业完成开发投资50.24亿元，其中市区住宅开发投资42.84亿元，全市投资最高的年份为1995年的18.47亿元，市区最高年份为1994年的16.43亿元。1996—2000年，全市完成房地产开发投资111.94亿元，其中市区完成住宅开发投资78.26亿元，分别为1991—1995年的2.23倍、1.83倍；全市、市区投资总额最高年份均为2000年，分别为29.98亿元、24.35亿元。2001—2005年，全市完成房地产开发投资338.14亿元，其中市区完成住宅开发投资243.9亿元，分别为1996—2000年的3.02倍、3.12倍。2001年以后，一批实力较强的外资和港澳台资、外地企业加盟常州房地产业，市场竞争激烈，开发结构发生变化，商业地产加速发展，全市完成房地产开发投资52.8亿元，其中商品住宅、办公楼和商业营业用房建设分别完成投资37亿元、3.1亿元和9.9亿元；全市实际到位资金105.6亿元，超过同期房地产开发完成投资额。此后，土地资源竞争更加激烈，土地竞标、拍卖价格屡创新高，常州建筑构件厂地块每平方米出让价超过2000元，个别地块价格接近2500元。2005年，全市完成房地产开发投资114.27亿元，其中分别完成住宅、商业营业用房和办公楼开发建设投资额78.62亿元、13.39亿元和4.94亿元。

2006—2010年，全市土地市场活跃，累计完成房地产开发投资1458.17亿元，相当于2001—2005年的4.3倍，其中市区998.45亿元；投资最高年份均为2010年的446.96亿元、305.03亿元，达到10年间的峰值，全市投资总额占全社会固定资产投资的21.3%，市区规划单项投资最大的项目是总投资80亿元的世茂香槟湖。2010年，全市成交土地985.74万平方米，仅次于2006年的1212.34万平方米，全市土地出让金总额创历年高峰，达301.99亿元，每平方米成交均价3064元。同年末，全市房地产贷款余额634.44亿元，其中房地产开发、个人住房贷款余额分别为140.63亿元、493.81亿元。

1991—2010年常州市房地产开发投资额统计表

表18-1-6　　单位：亿元

年度	全市	市区	年度	全市	市区	年度	全市	市区	年度	全市	市区
1991	1.83	1.60	1996	15.36	7.46	2001	32.17	26.20	2006	171.04	123.38
1992	3.46	2.51	1997	18.78	9.81	2002	41.02	30.06	2007	225.05	159.15
1993	10.69	11.28	1998	22.32	16.19	2003	52.78	36.97	2008	308.92	210.94
1994	15.79	16.43	1999	25.50	20.45	2004	97.90	72.05	2009	306.20	199.95
1995	18.47	11.02	2000	29.98	24.35	2005	114.27	78.62	2010	446.96	305.03

二、建设标准

1980年前后，常州西郊相继统一规划建成整齐的居住小区清潭新村、花园新村，得到党和国家领导人的肯定，在全国影响很大，参观者络绎不绝。90年代，常州房地产业特别是住宅建设稳步发展，逐步转向以功能全、质量优、环境美的住宅小区为开发建设标准，其中红梅西村获中国建筑业最高奖鲁班奖。1995年以后开发建设较大规模的新村、小区住宅多为钢筋混凝土、砖混结构板楼，规模较大的小区均配建幼儿园、小学和居委会、商业用房等公共设施，环境整洁优美，多数小区开始实行封闭式物业管理。北直街小区（三期）有8幢条式住宅，外墙局部用马赛克贴面并首次采用奶黄色细砂喷涂，素雅别致，美观大方。2000年以后，兴建的河景花园(1379户)、盛世名门(1200套)等中高档商品住宅小区多为小高层、高层住宅，多层住宅较少见。2009年兴建的凯旋城有27幢小高层、高层住宅及10幢商业楼。红梅假日花苑(900套)、聚缘雅居(800户)、金百国际(2000套)、天安河滨花园(400套)、银河湾星苑(1031套)、金梅花园(900套)、永宁雅苑(500套)、青山湾花园(1500套)分别建有小高层、高层住宅，银河湾明苑、荆溪福院则为多层，高层住宅与低密度独栋、双拼、联排别墅的组合。

进入21世纪后，常州住宅小区开发设计理念实现由满足基本居住需要向舒适、美化、环保、安全转变，建设标准日趋完善，向设计观念新、居住环境美、配套设施全、科技含量高、综合质量好的综合开发转变。2000年以后规划建设的住宅区、商务区一般都配套建设大中型地下停车场。朗诗、泰和之春等高档住宅小区应用毛细管平面辐射供冷暖系统、中央新风循环系统、地源热泵等高新住宅科技，倡导恒温、恒湿、恒氧的节能低碳生活。2005年以后，新建住宅小区推广采用多层超厚外墙外保温系统，部分采用高科技保温，隔音效果强；采用成熟户外轴帘系统技术，将房屋保护延伸到户外，隔热、隔音、防盗、遮挡风雨，保持外立面统一美观。武进阳湖名城住宅小区由双拼别墅与小高层、高层组成，景观错落分布，由香港海文嘉德设计，强调人与环境的互动。陆续建成国家小康住宅示范工程怡康花园和省级园林式住宅小区怀德苑、天安新城市花园、溧阳昆仑东苑、金坛春风小区（杏园）等中高档住宅小区，逐渐配套商业街、大型超市、综合菜场、幼儿园、小学和健身休闲等设施，管道天然气、有线电视入户，光纤网络、楼宇对讲、单元门锁、摄像头同步配套。中高档小区环境绿树葱郁、鸟语花香，市民纷纷乔迁到新型居住小区生活，安居乐业。2006年以后开发的中高档住宅小区规划设计建造为由多层、小高层和高层住宅与商业用房组成的复合型小区；新城长岛花园等小区每户都拥有灵活的空中景阁，景观设计精致细腻、温馨舒适，多植名贵花木；新城域花园等小区按标准化建造，形成雅致景观与小高层结合，草坪种植在起伏的坡地，喷泉水景、园林小品错落分布。

三、开发面积

施工面积 1990年，全市商品房施工面积34.15万平方米，其中住宅30.86万平方米。1995年分别增至258.48万平方米、181.25万平方米，其中住宅新开工面积97.35万平方米。2000年，全市商品房、住

常州高新区的商品房开发（摄于2010年10月）

宅施工面积分别提高到407.39万平方米、343.75万平方米，其中住宅新开工面积176.06万平方米。2003年，全市在建商业营业用房施工93.6万平方米、办公楼施工33.4万平方米，其中新开工面积分别为59.5万平方米、20万平方米，大大高于同期住宅商品房的增速。2005年，全市商品房、住宅施工面积分别提高到1246.07万平方米、953.78万平方米，分别比2000年增205.9%、177.5%；其中住宅新开工376.4万平方米。2010年，全市商品房、住宅施工总面积分别提高到3208.11万平方米、2192.94万平方米；商品房新开工面积大幅增长，达1322.84万平方米，其中住宅891.1万平方米。

1991—2010年常州市商品房施工面积统计表

表18-1-7　　单位：万平方米

年度	施工总面积	其中：住宅		年度	施工总面积	其中：住宅	
		总面积	新开工面积			总面积	新开工面积
1991	61.87	57.60	43.20	2001	487.47	398.14	198.19
1992	125.50	91.10	60.30	2002	526.05	439.66	196.72
1993	206.39	180.00	125.21	2003	645.00	489.23	278.51
1994	316.28	189.58	78.01	2004	991.33	744.99	444.25
1995	258.48	181.25	97.35	2005	1246.07	953.78	376.40
1996	248.16	151.19	61.40	2006	1706.26	1346.27	685.83
1997	241.81	138.26	74.04	2007	2190.26	1707.5	616.08
1998	315.52	234.31	148.61	2008	2577.34	1844.19	551.23
1999	346.92	288.73	151.92	2009	2748.89	1995.22	623.00
2000	407.39	343.75	176.06	2010	3208.11	2192.94	891.10

竣工面积　1991—1995年，全市和市区分别竣工商品房432.94万平方米、380.44万平方米。1996—2000年，全市和市区分别竣工商品房762.03万平方米、588.74万平方米。2001—2005年，全市和市区分别竣工商品房1481.99万平方米、1172.39万平方米。2006—2010年，常州房地产开发规模呈恢复性快速扩大、强劲攀升的态势，全市、市区分别竣工商品房3181.48万平方米、2348.13万平方米，其中2010年分别竣工商品房732.5万平方米、486.98万平方米。1991—2010年，全市和市区分别竣工商品房5858.44万平方米、4489.9万平方米。

1991—2010年常州市商品房竣工面积统计表

表18-1-8　　单位：万平方米

年度	全市	市区	年度	全市	市区	年度	全市	市区
1991	28.53	24.86	1998	132.77	104.08	2005	520.72	397.84
1992	40.27	31.61	1999	169.31	143.19	2006	397.78	297.58
1993	99.08	106.94	2000	204.02	160.96	2007	616.25	474.80
1994	144.78	115.82	2001	192.98	169.51	2008	685.14	541.65
1995	120.28	101.41	2002	268.79	226.73	2009	749.81	547.12
1996	134.28	101.83	2003	249.17	190.56	2010	732.50	486.98
1997	121.65	78.68	2004	250.33	187.75	累计	5858.44	4489.90

第三节　居住小区选介

部分乡镇利用依山傍水的自然资源和独特的区位优势，建造花园式住宅和别墅群，吸引农民集中居住，随着城乡一体化进程加快和村村通公路目标实现，乡镇住宅日渐旺销。80—90年代，主城区兴建的白云新村(3876户)、颐和家园、世纪明珠苑等居住小区多为钢筋混凝土、砖混板楼板塔结合式多层、小高层、高层住宅，中山苑公寓等小区大多沿街配建商铺。

一、武 进 区

2001—2005年，武进城区相继建成阳湖世纪苑、四季新城、阳湖名城、新城南都、南甸苑等中高档住宅小区，环境设计较为别致，景观优美。2006—2010年，御城、新城公馆、莱蒙城、天隽峰等高档住宅小区陆续建成，具有较浓的现代文化气息、异域风情和审美情趣。

四季新城　位于常武北路东、金鸡路北，为常州新城房产公司开发的大型园林式居住小区。始建于2000年，总建筑面积30万平方米，可居住1.1万人。策划设计以生态、环保、绿色为基调，人造景观与自然景观有机结合，春花、夏荫、秋实、冬青，四季景观分明，园林低密度、大绿洲。2005年10月，被评定为武进第一个省级园林式居住区。

新城南都　位于湖塘镇花园街西、长虹中路北，常州新城房产公司(后变更为江苏新城房产股份公司)2003—2007年开发建设，占地50.23万平方米，容积率1.78，总建筑面积86.86万平方米，住宅为80～190平方米的多层、小高层、高层，总户数6000多户，绿化率30.1%;配建有游泳池、网球场、篮球场和购物超市等;超前采用大落地飘窗、空中花园、景观阳台等设计，较早采用双层中空玻璃，建有三重绿色生态圈。

御　　城　位于武进核心区延政路北、常武路东，为香港路劲地产集团公司2005年起开发的大型绿色生态社区。总投资额约41亿元，占地47.8万平方米，容积率1.8，总建筑面积87.5万平方米，绿化率达51%。设计体现古淹城“三城三河”环城配套三道河理念，内环为帝湖堡组团独栋别墅、联排叠加别墅与小高层、高层建筑错落分布，外环为凡尔赛花园、格林童话、天鹅堡、温莎花园4个组团式小高层、高层公寓。总户数6045户，可住18100余人。建有园林景观20万平方米、中央生态湖2.1万平方米、社区高尔夫练习场1.8万平方米和多功能运动中心等。

新城公馆　位于长虹路以南花园街两侧，是新城房地产开发公司的低密度、高绿化率住宅小区，2006年开始建设，占地25.8万平方米，总建筑面积46.4万平方米，容积率(首期)0.7，绿化率40%，为西班牙建筑风格。至2007年末，建成联排双拼别墅100多套，沿1万平方米的生态湖岸弧形分布、海湾式布局，湖岸线长达1000米。

莱 蒙 城　位于延政中路与武宜中路交会处东南，常州莱蒙水榭花都房产开发公司始于2006年开发建设，占地57.59万平方米，容积率2.24，总建筑面积96.27万平方米，绿地率38.2%。有中型商业中心、五星标准假日酒店、国际双语幼儿园，建有艺术装饰风格(即Art DECO)美景公寓、空中别墅、时尚SOHO公寓等建筑样式，建有入口绿地公园12公顷。

紫 金 城　位于武宜路西侧、定安西路北，常州紫金房地产公司开发。占地18万平方米，容积率3.0，总建筑面积60万平方米，绿化率30%，分南区住宅、北区商业。建筑为艺术装饰风格(Art DECO)，外观挺拔大气。

武进城区总建筑面积50万平方米以下的部分居住小区一览表

表18-1-9　　　　单位:万平方米

名称	位置	开发企业	竣工年份	占地面积	总建筑面积	容积率	绿化率(%)
中凉新村、中凉小区、中凉花园	兰陵路东、中吴大道南	常州新城房地产开发股份公司等企业	—	—	48.00	—	—
阳湖世纪苑	常武中路东、古方路两侧	武进房地产开发公司	1998	8.3	16.60	2.0	21.5
阳湖名城	常武中路东	武进建设房地产开发公司	2007	—	35.00	—	—
新城长岛花园	新312国道与长江南路交会处	常州新城房产开发公司	2009	33.80	—	—	—
太湖湾度假村	太湖湾度假区	常州太湖湾度假村公司	2009	10.97	7.00	—	—
德禾文慧苑	武宜路东、延政路南	常州德禾置业公司	2009	1.20	8.34	7.0	30.0
新城域花园	阳湖大桥南堍	新城万佳房地产开发公司	2010	21.0	45.0	2.2	35.0
峰云汇花园（绿地白金汉宫）	武宜路西、聚湖路南	常州绿地云峰置业公司	2010	11.62	42.5	2.9	38.0

二、新 北 区

藻江花园　位于龙城大道北、天目山路东，被列入新北区百万住宅工程项目，常州广安房地产开发公司1998—2000年开发，占地16.67万平方米，建造欧式住宅46幢、1694户，总建筑面积21万平方米，建有菜场、文化娱乐中心等，绿化率40%，中心花园达1.2万平方米。

美林国际村　位于河海东路南、巫山路西，常州市金桥房地产开发股份公司于2001—2003年开发建设，占地10.98万平方米，由独立别墅、双联别墅、联排别墅及公寓组成，总建筑面积约6万平方米，绿化率60%。借鉴国外乡村别墅风格，形成16种典雅自然的别墅建筑风格，配套有幼儿园、美林商业街和电子巡更、红外线监控等安保系统，曾被评为首届江苏省明星楼盘等。

常州高新区90年代中后期开发的别墅住宅小区（摄于2007年5月）

天安新城市花园　位于晋陵北路西、珠江路北，是新北区第一个高档涉外小区，常州天安城市发展公司于2003—2006年开发。占地13.8万平方米，总建筑面积25万平方米，率先在常州推出全明、复式、全套房、家庭厅、入户花园等舒适型住宅，景观环境优美，被评为江苏省园林绿化居住小区。

怀德名园　位于晋陵北路东侧、珠江路北侧，常州市常信鑫源房地产开发公司于2008年建成。占地14.36万平方米，容积率1.62，总建筑面积35万平方米，建有情景别墅和小高层、高层住宅等，绿化率40%；建筑采用新砌体材料、外保温材料、节能门窗，配套红外线周界报警、安防监控、智能车管等智能化系统。2005年获中国典型文化地产金奖，翌年一、二期工程获江苏省扬子杯优质工程奖；2008年7月，被评为江苏省生态园林居住区。

中央花园 南临常州市三河三园旅游线的北塘河，北临龙城大道，西临晋陵中路，常州三井村房地产开发公司开发，为亚热带园林式景观生态社区。占地20万平方米，容积率2.28，总建筑面积60万平方米，绿地率39%，建有27幢高层住宅，中央景观区达4.5万平方米，其中水景区1万平方米。2006年8月入围全国60个中国人居环境建设试点项目。

世茂香槟湖 位于东经120度路与河海东路交会处西南侧、太湖东路两侧，为居住与休闲相结合的大型综合社区。常州世茂房地产开发公司开发，占地89万平方米，容积率1.6，规划总建筑面积150万平方米，总投资额近80亿元，绿化率65%；拥有350亩香槟湖水面、湿地，住宅由全球十大建筑设计公司之一的澳大利亚柏涛墨尔本建筑设计公司设计，有高层、小高层、Townhouse住宅组成，中小学校等配套齐全。至2010年底，银河幼儿园、常州第二实验小学等配套单位相继入驻。

滨江明珠城 位于新桥镇东北贺兰山路、新四路交会处，常州奕淳房地产开发公司开发，占地38.73万平方米，容积率2.0，总建筑面积100万平方米，为小高层、高层普通住宅和别墅，绿化率50%。

绿都万和城 位于长江路西、龙城大道南、飞龙西路北，常州绿都房地产公司开发，是常州城区超大规模城市宜居集群、第一大楼盘。占地78.98万平方米，规划总建筑面积220万平方米，容积率1.8，绿化率31%。分12个地块，建有高档住宅、别墅、洋房等业态，配建大型菜场、公交中心、环带公园等设施，景观由荷兰NITA集团设计。

新北区总建筑面积50万平方米以下的部分住宅小区一览表

表18-1-10　　　　单位：万平方米

名称	位置	开发企业	竣工年份	占地面积	总建筑面积	容积率	绿化率(%)
府琛花园	通江大道东、太湖路北	常州天禄建设开发公司	2005	—	8.50	2.00	—
阳光花园(全别墅)	晋陵北路东、河海东路南	常州嘉新房地产开发公司	2004	—	—	2.30	35.0
东南花园(伊莎士花园，全别墅)	太湖东路北、巫山路西	常州伊莎士房地产开发公司	2004	—	—	1.00	40.0
太湖花园	大渡河路北侧	常州市丰臣房地产开发公司	2004	—	5.00	2.04	37.6
玲珑花园	龙虎塘街道龙业路东	常州市金达置业公司	2006	18.00	40.00	2.20	45.0
聚博花园	飞龙东路北、晋陵北路东	江苏武房集团公司	2006	9.80	13.60	1.40	30.0
太湖明珠苑	通江中西、太湖中路两侧	常州市三优房地产开发公司	2008	20.71	41.00	1.98	41.0
玉龙湾花园	飞龙路东、飞龙中路南	常州鼎佳房地产开发公司	2009	12.00	23.00	1.90	38.0
奥林匹克花园	薛家镇黄河西路北	常州奥林匹克花园房地产开发公司	2008	—	29.25	1.35	40.0
香树湾花园	恐龙园西北侧	常州九洲福源房地产开发公司	2008	6.56	12.47	1.60	35.0
香树湾花园别墅	恐龙园北侧	江阴高成房地产公司	2009	45.00	29.16	0.60	35.0

续表 18-1-10

名称	位置	开发企业	竣工年份	占地面积	总建筑面积	容积率	绿化率(%)
锦海星城	新龙居住区	常州新业房地产开发公司	2010	10.19	16.22	1.60	35.0
金梅花园	泰山路西、飞龙中路北	常州金新房地产建设发展公司	2006	15.00	33.00	2.20	25.0
绿洲家园	北塘河路西侧	常州丰臣房地产开发公司	2000	2.50	4.50	—	30.0
御花园	黄山路与珠江路交会处	常州百老汇置业公司	2000	—	—	1.80	35.0
蓝色港湾	新区公园西北	江苏高成房地产公司	2001	4.24	7.20	1.70	30.0
腾龙苑	华山路北郊中学东	常州市新北区龙虎项目推进办公室	2002	7.50	11.00	1.50	30.0
珠江花园	珠江路黄山路交会处	常州南英房地产开发公司	2002	3.57	8.20	2.30	20.0
百草苑	龙锦路北侧、北塘河路西侧	常州黑牡丹置业公司	2006	24.30	47.16	1.80	40.0
百馨苑	长江路与友谊路交会处	常州黑牡丹置业公司	2008	27.42	40.24	1.47	30.0

说明：蓝色港湾兴建小高层住宅700套。珠江花园建多层住宅540套。玲珑花园、玉龙湾花园分别建有住宅2000套、2138套。府琛花园可住800户

三、天 宁 区

红梅新村 为常州市综合开发建设的实验小区，常州市住宅建筑设计室(现江苏筑原建筑设计公司)等设计，1987年竣工。小区占地25公顷，总建筑面积27万平方米，住宅124幢，可居住1.5万人。小区道路骨架为“人”字形加“环”形，分为日、月、星、辰、环、川、塔7个江南水乡风格的组团，各具特色，组团单体设计形式多样，高低错落、点条结合，平坡相配，既有江南特色又各有创新，形成丰富多彩、风格迥异的造型，有住宅博览之称。1991年获建设部二等奖。

翠竹新村 位于市区北侧青龙乡翠竹，为市区最大的新村，武进房地产综合开发公司(后变更为江苏武房集团公司)于1986—2002年开发，建成住宅260余幢，总建筑面积81.7万平方米，住宅布局合理，公寓、别墅等建筑套型齐全，绿树成荫，小桥流水，环境优雅。有幼儿园、中小学和绿化环卫、管理用房等配套设施1.05万平方米，入住总人口近3万人。

斜桥巷高层住宅 位于市中心区和平北路西、局前街南，中国房地产开发总公司常州公司于1989年11月至1990年2月综合开发，是全市80年代末90年代初唯一的两幢高层住宅，为内浇外砌现浇剪力墙结构，箱形基础，主楼16层，局部14层(含人防地下室1层)，高47米，总建筑面积1.39万平方米，共192套，每幢楼均安装自动电梯2台，外墙为面砖贴面，铝合金门窗。

红梅西村 位于常州城区东部，是全国第二批城市住宅小区建设试点项目、常州首次部分利用世界银行贷款建设的住宅小区，中国房屋开发公司常州公司于1991年12月至1994年5月开发建设，常州市建筑设计院、常州市住宅建筑设计室等设计，工程项目指挥部组织数家建筑企业施工。占地14.86万平方米，总建筑面积16.1万平方米，其中住宅58幢，由中心区与琴棋书画4个组团组成，建筑新颖，配套齐全，具有江南

水乡风貌，环境优美舒适，可居住 2777 户。小区的公建配套设施有 23 项，建筑群为 6 层以下多层建筑；应用铁路边防噪声措施、室外环境整体设计、无障碍设计等新技术、新材料、新设计 39 项，1994 年 8 月获全国城市住宅小区建设试点综合金牌奖、优秀管理奖和规划设计、建筑设计、施工质量和科技进步一等奖等 7 项，1995 年获国家优质建筑工程鲁班奖。

怡康花园 位于关河西路北、永宁路西，常州怡康房地产开发公司于 1998 年 12 月至 2000 年 9 月分 3 期开发建设，常州市第二建筑设计院（现江苏筑森建筑设计公司）设计；占地 23.28 万平方米，总建筑面积 33 万平方米，其中住宅 28 万平方米。配建小学、幼儿园和菜场等设施。小区规划设计立意新颖，整体规划，分期实施，探索在不规则的用地上采用规则和对称的小区结构，住宅朝向、功能布局合理，工程质量、环境绿化、科技含量、物业管理与住宅的适用性能、安全性能、耐久性能指标达到小康示范小区的标准和 AA 级商品住宅标准。2000 年 10 月，该小区是全国首批第三个通过建设部、科技部认定的 AA 级住宅性能小区。该小区被建设部、科技部评为国家小康住宅示范小区及 2000 年小康型城乡住宅科技产业工程示范小区规划设计、科技进步、环境质量、工程质量、物业管理 5 项优秀奖；2001 年，获建设部环境质量优秀奖、科技进步优秀奖。

天宁区总建筑面积 50 万平方米以下的部分居住小区一览表

表 18-1-11　　单位：万平方米

名称	位置	开发企业	竣工年份	占地面积	总建筑面积	容积率	绿化率(%)
北直街小区三期	大小火弄	常州市城市综合开发公司	1994	—	2.80	—	—
城市花园二期	和平中路正素巷	天安投资公司	1995	—	0.78	—	—
中山苑公寓	中山路东	常州新民房地产开发公司	1995	—	1.14	—	—
北环二村	飞龙东路北、新塘路南	常州华光城市建设开发公司、常州城市综合开发公司	1995	—	1.68	—	—
红梅东村	飞龙东路东北侧		1998	—	—	—	20.0
新天地花苑	关河中路	常州金新房地产开发公司	1999	—	9.09	2.0	25.0
丽景花园	太平桥路与常面路、关河之间	常州南开房地产发展公司	1999	6.50	10.00	—	30.0
红梅公寓	飞龙东路西南、竹林路西北	武进市顺达经济发展公司顺达房产开发分公司	1999		18.20	1.6	35.0
桃园公寓	桃园路史家村	常州龙晶房地产开发公司	2000	—	—	—	30.0
锦绣花园	飞龙东路北、健身北路东	常州新区新业房地产开发公司	2001	—	18.20	—	30.0
润德半岛(二期)	晋陵中路西、飞龙路北	常州润达房地产开发公司	2002	4.43	5.76	1.3	30.0
奥韵家园	晋陵中路与北环路交会处	常州锦隆房地产开发公司	2002	—	8.00	2.18	26.0
聚和家园	北太平桥路西侧	武进房地产集团公司	2003	5.49	7.68	1.4	20.0
聚景苑	竹林西路北	武进房地产集团公司	2004	8.10	10.50	1.3	30.0
红梅假日花苑	竹林北路西北侧	常州新世纪房地产开发公司	2004	5.00	9.50	1.9	30.0
锦绣东苑(三期)	晋陵中路西侧	常州新业房产公司	2005	1.35	2.10	2.3	35.0

续表 18-1-11

名称	位置	开发企业	竣工年份	占地面积	总建筑面积	容积率	绿化率(%)
聚缘雅居	竹林南路东南	江苏武进房地产集团	2006	5.57	15.00	2.1	30.0
金百国际	通江大道西、飞龙西路北	常州金新房地产开发公司、江苏百兴集团	2007	7.20	22.00	2.9	—
盛世名门	晋陵北路西北、沪宁铁路东北	常州盛业房产发展公司	2007	10.00	20.00	2.0	48.0
香梅花园	关河东路西	常州金泰房地产发展公司	2007	7.39	15.00	2.2	35.9
国泰新都	桃园路南城脚与和平路之间	常州国泰建设发展公司	2007	11.87	12.00	2.9	25.0
东坡雅居	延陵东路北	长盛置业发展公司、巨兴置业公司	2008	3.05	8.00	2.82	25.0
银河湾星苑	永宁北路与北环路交会处	常州华光房地产开发公司	2008	5.00	11.00	2.75	60.0
青山湾花园	青山路与健身北路之间	常州金新房地产开发公司	2008	6.00	15.00	2.5	30.0
新城蓝钻	通江大道西、龙城大道南	常州新城房地产开发公司	2009	2.94	7.00	2.38	35.0
采菱公寓	青洋路与运北路交会处	常州东南经济开发总公司	2009	25.00	45.50	1.45	30.0

九洲新世界花苑 2007年10月开工，江苏九洲投资集团房产开发公司实施常州主城区拆迁体量最大的旧城改造拆迁项目，拆迁单位6个、住户3916户，拆迁总建筑面积达34万平方米。改造后总建筑面积达120万平方米。

天鹅湖花园 位于城区丽华商圈核心，常州高成莱阳置业公司开发，设计为集迷你住宅、观景住宅、星级酒店、青少年体验式教育培训、别墅、主题商业于一体的社区。占地20万平方米，容积率2.8，总建筑面积52万平方米，绿化率30%，建有5000平方米生态湖泊、水景步行林荫道、缓坡流水园林的立体园景。

阳光龙庭 位于永宁北路北、龙锦路东、北塘河路南，常州北辰置业公司开发。占地23.24万平方米，容积率2.2，总建筑面积51.14万平方米，绿化率30%，建有大型绿化2万平方米，建筑密度21%，配建小学、幼儿园各1所。

乾盛兰庭 江苏筑森建筑设计公司设计。2008年6月竣工，总面积19.6万平方米，由7栋26～28层的高层住宅组成。在满足结构计算及建筑使用功能后，结构布置作了比较及优化，构件配筋均精确计算，既省料又安全。2010年获江苏省第14届优秀工程设计二等奖。

四、钟 楼 区

怀 德 苑 位于怀德南路南侧。占地25万平方米，容积率1.56，建有多层、小高层、高层住宅46幢，入住居民2050户，可住6050人。苑内草坪、树景、瀑布、游泳池、小学、幼儿园等配套设施齐全，环境优美、安全舒适。设有常州图书馆分馆。

金色新城 位于怀德北路、新市路与关河、芦墅路之间，常州新城房地产开发股份公司于2001年开始开发。占地38万平方米，容积率1.31，总建筑面积50万平方米，绿化率35%，建筑类型为高层、小高层住宅，建有林荫步道、生态植物和丰富水景。金色新城曾被评为亚太村生态住宅品牌和江苏房地产成功开发模式典范等荣誉。

朗诗国际街区 位于长江中路西、南运河东，常州朗诗房地产开发公司开发。占地5.5万平方米，总建筑面积约18.38万平方米，其中地上建筑13.8万平方米、地下建筑4.58万平方米，总户数1060户。沿西侧运河规划有20米宽滨河景观带，规划设计强调绿色建筑理念，利用地块周边自然景观资源，建筑错落布局；应用了朗诗的地源热泵、混凝土顶棚辐射制冷制热、智能新风、外墙、外窗、屋顶地面等科技系统10项。

香江华廷花园 位于马公桥畔怀德路与长江路交会处，常州中房实业股份公司开发。占地18.15万平方米，容积率2.1，总建筑面积47.38万平方米，绿化率38%，可居住8000人。历时7年建成环境优美、配套齐全的大型现代化宜居社区。住宅建筑形态中有全市较早建造的33层大高层、11～18层的中小高层和独栋别墅；在常州较早利用车库屋顶营造坡地立体景观。2005年8月获江苏省优秀住宅金奖，2008年被评为江苏省园林式居住区。香江华廷为全配套国际景观社区总投资12亿元，获江苏省优秀住宅金奖。

钟楼区总建筑面积50万平方米以下的部分居住小区一览表

表18-1-12 单位：万平方米

名称	位置	开发企业	竣工年份	占地面积	总建筑面积	容积率	绿化率(%)
白云新村	白云路	—	1999	22.00	30.00	2.2	25.0
世纪明珠园	劳动西路东	常州润隆房地产开发公司	2000	16.00	20.00	—	28.0
天安河滨花园	兰陵北路西侧	天安投资公司	2000	3.88	5.00	—	30.0
莱茵花园	勤业路西南	常州高成房地产开发公司	2001	5.00	6.50	0.77	50.0
河景花园	劳动西路东侧	常州华丰建设开发公司	2002	6.93	21.00	2.5	30.0
颐和家园	荆川东路	常州市新润房地产开发公司	2002	8.20	50.85	1.2	30.0
银河湾花园	怀德南路北侧	江苏华光房地产开发公司	2004	25.10	50.00	1.7	20.0
中意宝第	怀德路南侧、怀德苑西	常州中亿地产公司	2005	9.26	26.41	2.8	40.0
都市桃园	星湖路	常州福来房地产开发公司	2009	29.92	38.00	1.27	40.0

贯家塘北区 位于郊区五星乡，是常州市第一个农民高级住宅区，由常州林业机械厂、所在村委会、村民集资291.91万元，常州市建材实业公司承建，1990年9月10日建成，当时为全省规模最大、建筑造型新颖、用地节约、美观文明的农民住宅建筑群。占地1.48万平方米，总建筑面积8786平方米，有住宅40幢，为点式、拼接式布局，户型有独立户两层三室一厅、三层五室一厅和拼接式两层两户三室一厅，56套，户均265.07平方米。小区布局合理，绿化、水电等同步配套，住宅外墙粉饰淡红、淡黄、乳白3色，改变了农村住宅模式老、功能少、面积利用系数低的状况，树立了农村住宅建设的样板。

南大街云庭住宅区 常州之江置业公司投资建造，2005年1月竣工交付使用，是常州较早与商业步行街同步建造的高层住宅，高33层，其中A栋精装修房是常州市区较早的精装修公寓。

陈渡新苑 常州市规划设计院设计。2008年10月竣工，用地约15.7公顷，建筑面积32万平方米，是最早统一安装太阳能热水器的住宅之一，是解决低收入群体住房问题的国家级康居示范工程，2008年获住房和城乡建设部建筑设计金奖。

新城首府 位于通江南路（万福路）与大红旗路交会处通江中央商务区(CBD)，是新城集团在常州主城区开发的第一个精装修项目，占地4.36万平方米，建筑呈六星围合式布局，总建筑面积10.48万平方米，配建AAAAA甲级写字楼、区域商业中心、省级标准实验小学等项目。绿化率70%，有1400平方米长的溪流、40米宽跌水坡地景观。该项目获2010年度精瑞科学技术奖、绿色生态建筑奖、建筑规划设计奖、景观规划设计奖。

五、戚墅堰区

福康宁花园 位于常州市区东方东路，占地12.18万平方米，总建筑面积12.18万平方米，住宅1987年元旦竣工，住宅为多层、小高层塔楼10栋、别墅20栋，住宅总户数350户，绿化率35%。

新城公园壹号 位于戚墅堰区东方大道北、毓秀园东，常州新城东昇房地产公司开发。利用水域把水系引入小区，水系景观渗透至整个小区。小区内部的中心花园、景观林荫、宅间庭院多种植物、小品搭配，构成立体的空间环境。总建筑面积近50万平方米，2006年起分4期开发，配套大型菜场及社区自建幼儿园。

蔚蓝天地花园 位于市区东部，由常州嘉宏东都置业发展公司开发，占地16.29万平方米，总建筑面积88万平方米，绿化率30%。

六、金 坛 市

1995年以后，金坛城区商品房逐步向建设规模小区转变，相继建成春风一村、华城一村等小区。2000年以后，小区开发建设规模和档次较快提升，建成景潭花园一期、文萃园等小区。2006—2007年，开始开发小高层、高层住宅，先后建成城市花园、滨河广场等规模较大、品位较高的小区。至2007年底，金坛城区20年间累计开发商品房住宅1265幢，总建筑面积377.68万平方米，别墅202幢、总建筑面积6.48万平方米。

虹桥新村 位于金坛市旧城中心东环一路与南环一路交会处，1980—1999年开发。占地12.52万平方米，建筑面积20.16万平方米，建有住宅88幢，绿化率16.6%，可居住2112户、7392人。配建有商店、居委会、文化活动中心、老年活动用房、卫生所等设施，电信、电视、宽带网络等到户。

河滨新村 位于金坛城区，东至北戴新村，北至南环一路。占地11.1万平方米。1986—2005年开发建设，建有住宅楼54幢、别墅53幢，建筑面积25.67万平方米，可居住1556户。1995—1996年集中整治后绿化总面积3.48万平方米，环境优雅，1996—1997年相继被评为江苏省、全国优秀住宅物业管理小区。

文化新村 位于金坛城区西部龙山路与西门大街交会处，占地28.56万平方米。1984年起由金坛县房屋建设开发公司分批开发，至2004年累计建成房屋120幢，分为一、二村，建筑面积25.89万平方米，可居住2716户。1996—1998年大规模整治改造，绿化总面积2.72万平方米。

春风新村 位于金坛市区沿河西路西北侧，是1992年后按新一轮城市规划实施建设的第一个规模小区、老城区改造拆迁房与经济适用房主要安置区，至2006年基本建成。占地28.8万平方米，由一至三村组成，建筑面积52.92万平方米，建有楼房162幢，可居住3475户，配建有公园、社区活动中心、购物超市、医疗所等设施，环境优美。

景潭花园 位于金坛城区南环二路与东环二路交会处，金坛市华城房产开发公司于2001—2007年开发，为金坛城区第一个高档住宅区，占地16.19万平方米，分5个组团，建住宅54幢，建筑面积22.67万平方米，可居住1690户。监控安保、宽带网络、智能化管理等配套设施较齐全，中央建有绿化2万平方米，绿化率40%，配建有篮球场、网球场等。

华城新村 位于华城中路南侧。1993—2000年开发建设，占地21.13万平方米，建成住宅78幢、别墅76幢，建筑面积27.26万平方米，可居住2634户。中心绿化带配建假山、休闲长廊等景观，绿化覆盖率达35%，1997年被评为全国城市物业管理优秀小区。

金谷华城 位于金坛城区东北下塘河与北环路交会处，2002—2007年开发，占地230.73万平方米，建筑面积49.6万平方米。分金桂园、金禧园、紫金园3个组团，共建住宅56栋、别墅46栋。紫金园是国家康居示范工程，建有别墅46栋、住宅12栋。小区绿化覆盖率40%，是省级园林式居住小区。

金坛城区总建筑面积50万平方米以下的部分居住小区一览表

表18-1-13 单位：万平方米

名称	基本建成年份	幢数(幢)	总建筑面积	名称	基本建成年份	幢数(幢)	总建筑面积
翠园新村	1996	58	14.46	金水湾	2006	—	26.00
仓房小区	1998	20	5.43	景阳花园	2006	44	14.80
东园新村	1998	18	5.20	滨河广场	2006	3	5.63
愚池新村	1999	55	14.63	徐塘新村	2007	16	5.28
刘家塘	1999	34	9.63	城市花园	2007	8	8.31
城北小区	2000	33	7.60	丹丽花园	2007	13	7.91
虹桥小区	2000	88	15.99	五星家园	2007	29	14.55
文萃园	2001	14	5.86	阳光花园	2007	22	8.41
东园新村	2002	54	17.20	东城宜景苑	2007	7	5.77
文荟园	2002	19	6.70	金海湾	2007	21	10.84
城北新村	2002	33	7.60	金城花园	2007	22	8.42
金溪小区	2002	17	5.31	金河花园	2007	18	11.30
华苑二、三村	2003	50	14.96	金湖花园	2007	17	7.47
朝阳新村、司马坟步行街	2005	13	6.24				

七、溧 阳 市

昆仑花园 位于溧阳市区北郊，1992—1996年开发。占地20.86万平方米，建筑面积29万平方米，居住3000余户，配建小学、市实验幼儿园、游泳池，绿地系统由组团绿地、中心游园构成。1996年，被建设部评为全国城市物业管理优秀示范住宅小区。

燕山东苑 位于溧阳市政府东侧。1994—1996年开发，占地6.54万平方米，投资5000万元，建有住宅楼29幢，总建筑面积8.1万平方米，可居住852户。绿化面积2.6万平方米，人均9.29平方米，绿化率40%。曾被建设部评为全国城市物业管理优秀示范住宅小区。

燕山南苑 位于溧阳市人民广场东南侧，2000年开发，占地11.7万平方米，建筑面积12.8万平方米，投资8500万元。户型有错层、跃层住宅、联排别墅，面积80～300多平方米，可居住878户。配套有智能化停车系统、老年活动室、阅览室、健身房等设施，曾被评为江苏省首家康居示范小区、园林式居住小区、优秀住宅区。

昆仑南苑 是2002年开发建设的旧城改造项目，占地9万平方米，建筑面积12万平方米，配套公建面积8760平方米。区内建有老年活动室、居委会办公楼室等配套设施，小区旁有滨河景观。

天目国际村 位于燕山南麓，占地34.7万平方米，总建筑面积11万平方米，2004年开发建设，投资4200万元。区内有自然湖泊，绿化率达70%，山清水秀，环境清幽；300多户低层独立式住宅，以北美简约风格为主。2004年，获得全国人居经典综合奖。

溧阳城区和天目湖旅游度假区总建筑面积50万平方米以下的部分居住小区一览表

表18-1-14　　单位:万平方米

名称	建造时间	占地面积	总建筑面积	名称	建造时间	占地面积	总建筑面积
西园新村	1989	2.40	5.72	天目星城	2005	11.62	6.00
东方花园	1995	—	5.60	龙泉山庄	2005	1.59	7.96
燕山南村	1996	8.10	10.25	南大街广场	2005	3.34	5.36
昆仑东苑	1996	13.00	15.00	东华园	2005	9.32	7.23
城中花园	1997	—	5.03	东尼·中央花园	2006	9.46	8.32
南安新村	1997	3.96	6.50	金水苑	2006	—	6.30
荷花新村	1997	—	5.91	龙亭苑小区	2006	4.78	5.49
文化新村	2000	—	6.94	清溪花园	2007	—	15.00
金谷广场	2002	—	5.77	天目花园	2007	4.80	5.10
天目湖香樟茗岸	2003	15.32	9.00	美景天城	2007	11.90	11.69
锦绣花园	2004	8.00	7.62	嘉丰新城	2007	32.25	29.00
景鸿花园	2004	12.04	13.05				

第四节　商业地产

一、主 城 区

80年代建成的清潭、花园、北环、翠竹、朝阳、丽华、红梅等新村住宅小区配套有商铺、超市等商业网点与文化中心、邮电通信设施，形成沿路临街商业街。2004—2010年，南大街地块改造，按照欧美较流行的Shopping Mall设计理念，规划设计、新建成南大街、莱蒙都会两个商业步行街，成为常州最高端、最聚人气的商业中心。

南大街商业步行街　南大街是常州有百年历史的商业老街，汇聚众多常州老字号和知名商家。商业步行街由常州之江置业公司投资改造，西至南大街、南自青果巷、北临延陵西路，建成后申报成为国家级AAAA级旅游景区，由一条"S"形步行街把3个地块串联起来，东西宽120米、南北长600米，集休闲、购物、餐饮、旅游、办公、娱乐等功能于一体，总建筑面积24万平方米，其中商业、商务办公、住宅、地下停车分别为12万平方米、3.5万平方米、4.5万平方米和4万平方米，一、二层为精品店铺，三层为新华书店和风味美食街，地下一层为2万平方米的大型卖场乐购超市，地下停车泊位600个，步行街设置自动扶梯30台、垂直电梯35台。

莱蒙都会商业街　位于南大街、西瀛里与早科坊、延陵西路之间，是常州莱蒙都会置业公司开发的市级重点旧城改造工程、大型城市综合体。占地10.2万平方米，总建筑面积58万平方米，容积率5.69，具有购物、休闲、娱乐、餐饮、商务、居住、酒店、文物公园等功能。分A、B、C 3个区域，2010年底A、B两区交付，居世界500强之首的沃尔玛购物中心、中影东方影城、百胜餐饮等知名品牌入驻，西瀛里集聚有威图、芭芘、百乐门、菲芘等酒吧，形成酒吧一条街。C区莱蒙时代于2010—2013年建设，建有高层、超高层住宅475套、SOHO公寓274套、主题商业街1万平方米。内部商业院街与传胪第相呼应，外部高层建筑高低错落、布局开合有致，彰显常州城核心区深厚的商业文化积淀。

正方京城　位于局前街原市政府大院地块及周边地区，常州正方置业公司于2007年开发，是集高端购物中心、商业步行街、服务式公寓、高档住宅、星级酒店和甲级办公楼于一体的多元化商业居住休闲社区，为常州主城区地标性建筑。占地6.85万平方米，容积率5.1，建有41～172平方米公寓住宅2000套，总建筑面积47.79万平方米，绿化率35%。首期高档住宅京城豪苑建有32～33层的高层住宅6栋，总建筑面积约13万平方米。

二、武 进 区

2007—2010年，武进城区相继兴建落成新天地不夜城、天禄商务广场、茂业泰富城（销品茂）、吾悦广场等大型商业综合体，下部多层均为综合商业，与上部二三十层高的商住楼交相辉映，初步形成武进城区的中央商务区（简称CBD），展现了武进城区的都市景观。常州新城房地产开发公司开发的新城南都、新城公馆和常州绿城置业公司开发的绿城玉兰广场、常州绿地香颂置业公司开发的香颂花园等住宅区均配套商业街区，常州绿地云峰置业公司开发的峰云汇花园（绿地白金汉宫）沿聚湖路沿街商铺、小型商业等。

武进新天地不夜城 位于广电路与花园街交会处东南侧，218米高的武进电视塔矗立于街区中心，是江苏创业房地产集团于2007年开发建设的大型商业综合体。占地7.26万平方米，总建筑面积30万平方米，其中大型公寓、商办楼3万余平方米，超市、休闲、娱乐、健身、旅游和餐饮、酒吧等商贸服务设施总面积26万余平方米，配建地下汽车泊位1650个。

天禄商务广场 位于常武路与定安交会处，是常州天禄中创建设开发公司于2006—2010年开发建设的大型综合体，总建筑面积56万平方米，周边商业氛围浓郁。建有商业用房16万平方米、住宅28万平方米，形成集居住、时尚消费、休闲娱乐、商务办公于一体的现代商务区，分为精品大型百货、特色餐饮、少儿娱乐等功能区。

茂业泰富城 位于花园街与广电路交会处，是集商业与住宅于一体的大型综合体，总建筑面积31万平方米，采用Shopping Mall与步行街相结合的形式，按现代商业主题街区理念规划建设，集商业零售、餐饮娱乐、休闲观光等功能于一体，主要有茂业百货、超市、影视城、电器城、停车楼等商业业态。

吾悦广场 位于人民路、武宜路交会处西北侧，是常州新城宏业房地产开发公司开发的超大型综合体。占地21.39万平方米，总建筑面积80万平方米，容积率3.99，绿化率24.7%。内设2万平方米家乐福超市、5万平方米超级购物中心、5000平方米嘉禾影院，千余家品牌餐饮、健身、美容、文化娱乐及苹果公寓、高端住宅。

三、新 北 区

2004—2008年开发建设的奥林匹克花园等均配建有商业街、健身娱乐设施。2008—2010年开发建设的常发豪庭国际等高档住宅区均建有商业步行街、购物广场，配置大型主题商业、星级酒店，建有商务办公楼；常州三井村房地产开发公司开发的中央花园建有“L形”商业街。2009年开发的万达广场、丰臣国际商务广场与府琛商务广场、2008年建成的太阳城商务广场，共同构成北部新城（新北区）的中央商务区（CBD）。

府琛商务广场 位于通江大道中段东侧，常州天禄建设开发公司于2003—2005年开发建设，容积率3，建筑面积约11万平方米，其中办公房7万多平方米、商业配套3万多平方米，绿化率30%。

太阳城商务广场 位于通江中路中段东侧，常州金桥房地产发展公司于2004—2006年开发。占地1.17万平方米，总建筑面积3.5万平方米，容积率3，绿化率30%。下部为商业步行街，开设有四星级海阳大酒店和大型商场、书店、歌城、眼镜市场、服装商铺等。

常发广场 位于常州市行政中心东、晋陵北路与龙锦路交会处，江苏常发置业集团公司开发，是具有居住、商务、购物、餐饮娱乐等功能的商业中心，2010年前后开发建设。

丰臣国际商务广场 位于通江中路与河海中路交会处，常州市鼎峰房地产开发公司于2010年开发建设，占地4.23万平方米，容积率5.3，总建筑面积26.16万平方米，绿化率28%。下部为商业步行街，地下开设有乐购大型超市等商场，上部为270套住宅。

通江中路地下商业街 位于通江中路太湖路至河海路段，2010年建设。东连太阳城商务广场，西接万达广场、丰臣国际广场两大商业综合体，呈“L”形，建筑面积6000平方米，中间为地下过街通道，两侧为商铺，主要经营服装、百货和手机等数码用品。

四、金坛、溧阳

金坛城区的金谷华城、紫金园配建有农贸市场、大型购物中心、健身房、游泳馆、大型卡拉OK(KTV)等商业、文体、娱乐设施，文化新村配建有购物中心和商业网点房。溧阳天目国际村建有百米商业街，设有网球场、露天游泳池、壁球馆等设施，其他大型居住区均配建有商业设施。

第二章　城镇住房改造

1986年以后，常州在经济、社会快速发展的同时，优先解决群众的住房问题，以环境整治、专项整治、公建配套设施整治、综合执法和转入物业管理为主要内容，整治老小区，改善城镇住房人居环境，提高市民的居住质量。2004年，常州的老小区改造工程作为全国唯一的小区整治项目，获建设部授予的中国人居环境范例奖。2010年，武进区投资80亿元，启动了市政规划重点项目武宜路片区9平方公里的大规模改造，把武进的历史、文化、经济等相融合，打造一条水墨江南风格的都市景观大道。

第一节　危旧房改造

新中国成立后，由于多种历史原因，常州旧城改造一度进展非常缓慢，基础设施落后，城市面貌破旧，改造任务繁重。80年代末，市房管局与市有关部门、钟楼、天宁两区政府对一些拆迁密度高、投入费用大、开发价值低、收支难平衡、群众反映强烈的项目分批实施改造，完成北直街小区、五角场西村等项目的改造，拆迁总量约15万平方米。1995年以后，组织投资改造了五角场东村、安阳里、吴家场、唐家湾、怀德桥、斗巷、坎宫弄、中玉带桥等危积陋地区的危旧房6000余户，拆迁总量20余万平方米。1996年，市区实施旧城改造项目52个，实际完成拆迁居民2811户、单位149个，拆除旧房144万平方米，完成娑罗巷、清凉南路、文化宫广场改造等重点工程的拆迁，完成邮电路市场改造、中山门市场、斗巷市场等临街建筑、市场的拆迁和天宁寺改造、刘海粟纪念馆扩建、元丰桥岔路口等12个绿化、旅游项目的拆迁，市区现房安置居民2719户，其中拆迁私房1449户。

2000年，市房管局组织区房管局重点调查市区以不成套住房为主的危旧房情况，市区存有因改造难度大、涉及文物保护和建筑密度大、投入产出难平衡等原因形成的危旧房3.68万户，总建筑面积154.26万平方米，集中在64个片区，其中天宁区的乌衣浜、青果巷、前北岸、东下塘、小东门、大圩沟等片区有1.45万户、72.95万平方米，钟楼区的南河沿、三堡街、双桂坊、横兴弄、杨柳巷、县直街等片区有1.82万户、68.31万平方米，戚墅堰区有4136户、13万平方米。2001年6—7月，投资250万元综合整治改造了750米长的迎春步行街。

2002年，市政府出台《常州市市区危旧房改造管理暂行办法》，市区危旧房改造领导小组成立，负责拟定危旧房改造政策、项目的审定、重大问题的协调、决策，市房管局负责全市危旧房改造管理。优先改造沿河、沿街、沿道路景观的危旧房，结合市政基础设施建设、拆房建绿、社会事业项目、历史文化街区保护和商品房开发带动动迁改造，改造建设成片危旧房2万多平方米。2000—2010年，常州市区改造了危旧房片区30余个，拆迁总量284.78万平方米，改造4.14万户。一些矛盾突出、投诉集中、易淹易涝地区基本得到改造，美化了城市面貌，改变了环境脏乱差的状况，改善市民的居住条件。

一、红星新村一期改造

该小区是1991年洪灾重灾区之一。钟楼区危积陋房屋改造办公室组织实施，1994年1月竣工。改造总面积5万平方米，可住居民694户。改造后室内地坪达青岛标高4.5米，室外主干道标高4.5米，比原来地基平均加高60厘米。住房配套独立厨卫和水电气设施，闭路电视、电话线均到户，配套3000平方米商业用房和居委会、文化站、车库、幼儿园等。

2002年12月危旧房改造工程天王堂新寓奠基（摄于2002年12月）

二、兰陵片旧城区改造

兰陵片旧城区位于常州南大门，有劳动新村、浦北新村等老小区，其中劳动新村始建于六七十年代，99幢成套居民楼及相邻的5个城中村地势低洼，道路破损、设施落后、地下管线年久失修，环境脏乱差，当地居民曾联名写信给市领导要求尽快改造。2007年4月，市政府把兰陵片旧城区改造项目列为市区城市建设重点项目，进行连片开发整体改造。总投资超过40亿元，改造后建筑面积约100万平方米，惠及3900多户居民，建成集居住、办公、购物、娱乐、休闲于一体的新型生态生活区，彻底改变了常州南大门的形象。

第二节　老小区整治

1997年，市政府开始把市区老小区整治并转入物业管理列入每年为民办实事的年度目标任务，由市房管局组织实施。2002年9月底，市房管局开展了老小区整治转轨的专项调查与综合调查、指导督促与实施、方案会审论证。翌年3月20日，市老住宅小区综合整治与转入物业管理领导小组成立，在市房管局设办公室。

一、综合整治提升

2003年，市区老小区整治转轨原则是以块为主、条块结合，责任分担、联合整治，协调配合、市场化运作，主要对单元楼道内墙涂料刷新，修补、整修外墙面和管理服务用房、车库及破损道路道板；封闭或增设围墙、栅栏及门岗，铺设主入口彩色道板，地坪平整硬化；调整修整园林景点、健身休闲场所等环境整治；专项整治市政雨污水管道、7米宽以上主干道路，增建公交站场；增设并维修路灯设施，实施自来水一户一表改造；河道河塘清淤、修建驳岸、污水截流，拆除违法建筑设施；清理整顿马路市场，整修更新电力电视通信邮政等设施设备等；清理清退或调整公建配套设施，明晰部分公建配套设施产权。3月25日，市区按“二级政府、三级管理、重心下移、立足基层”的城市管理新机制，实施老住宅小区整治转轨。11月5日，省建设厅在常州市召开老住宅小区综合整治现场会，向全省推广常州的经验。2004年12月、2005年1月，常州市老住宅小区综合整治工程相继获中国人居环境范例奖和江苏省人居环境范例奖。

2010年，市房管局界定、登记和移交了市区老住宅小区的公建配套设施权属，清退、回购、移交公建配套199处，总建筑面积2.79万平方米，其中车库87处、总建筑面积1.88万平方米，管理用房和值班房85处、总建筑面积4593平方米。市政府启动《常州市市区老住宅区整治提升工程实施方案》，市房管局与各区政府、相关部门组织实施老住宅区新一轮整治提升工程，把补充完善和提升小区基础设施功能与构建平安小区、缓解停车难矛盾相结合，整治内容包括小区出新、停车设施建设、安防设施建设3类10多个方面。整治提升后的老住宅区实施物业管理或准物业管理，实现物业管理全覆盖，公共保洁、绿化养护、秩序维护和维修管理4项到位。4月10日，市老住宅区综合整治提升工作领导小组成立，副市长朱晓敏任组长，在市房管局设办公室，老住宅区综合整治提升工程被列入2010年政府为民办十件实事。市区整治提升老住宅小区61.62万平方米，惠及231幢住宅楼、748个单元、8554户市民。2003—2010年，常州累计综合整治老小区110个、747.59万平方米和散居楼181处、113.24万平方米，涉及3439幢住宅楼、9402个单元，惠及11.89万户。

城区老小区环境综合整治施工场景(摄于2003年4月)

二、停车设施改建

2000年以后，住宅区停车难矛盾日益突出，与物业管理的矛盾逐渐增加。2006年3月29日起，以出让方式取得土地的房地产开发项目按每10户不低于3个车位的标准配套非营业性公建的汽车位，加快新建住宅小区汽车库(位)建设，提高使用率，加强管理。5月29日，市停车设施建设与管理领导小组成立，副市长俞志平任组长，在市建设局、房管局分别下设社会公共、住宅小区两个停车设施建设与管理办公室。2009年1月4日，市委书记范燕青批示“花几年时间解决好这一问题……这也是为民造福、建设和美小区的一件好事”。同年，市委、市政府把住宅小区停车设施建设列入50项重点工程(工作)，作为常州城市畅通工程的重

2010年老住宅区综合整治提升工程完成整治的小区一览表

表18-2-1

小区名称	总建筑面积(万平方米)	幢数	单元数	总户数	所属辖区
故园路小区	2.10	10	21	360	天宁区
通济新村	5.00	19	75	672	天宁区
北环新村	22.68	103	309	3668	天宁区
荆川里小区	14.79	40	135	1531	钟楼区
龙船浜新村	2.82	12	50	398	钟楼区
花园南村	9.22	28	98	1184	钟楼区
站北新村	5.01	19	60	741	戚墅堰区
合　计	61.62	231	748	8554	

要内容。5月，市政府办公室印发《常州市住宅小区停车设施建设与管理实施意见》，明确总体思路是分类指导、区别对待、按片规划、先易后难、多措并举、整合资源，通过小区内部改造、外部配建和利用社会资源，小区内道路、草坪砖停车泊位建设由政府投入，纳入小区长效管理，停车收益归小区全体业主所有，优先用于住宅小区内共用部位、设施设备的维修养护；住宅小区外道路、道板停车泊位建设由政府投入，公安交警部门组织实施，停车收益纳入财政专户；新建停车楼（场）通过政府投入、社会投资和区域改造配套等渠道组织建设，鼓励、吸引社会资金投资建设，周边企事业单位与住宅小区共享停车设施。2009年4—7月，天宁区翠竹北区、钟楼区体育花苑试点成功，增加停车泊位912个。至2010年底，市区对109个住宅小区投资4350万元，增建停车泊位1.47万个，明显改善了住宅区停车难的状况。

三、平屋盖修缮

2004—2009年，市政府投资2012.59万元，由市房管局组织对常州城区北环新村、朝阳新村、工人新村、白云新村、站北新村等小区的3725户房改房的平屋盖，实施防渗隔热修缮工程，铲除原屋面防水卷材、铺设防水卷材、盖隔热板等，修缮面积30.2万平方米，解决了老住宅区顶楼住户屋面的防渗隔热问题，基本遏制"平改坡"现象。

四、单元楼道整改

2008年，市政府投资1200万元，实施常州城区老住宅小区单元楼道整改工程，改造了老城区32个小区、150幢房屋无扶手和照明设施的单元楼道400余个，新增扶手、单元楼道粉刷出新、更换楼道窗、安装楼道感应灯等，解决了老住宅小区居民上下出行不便等问题。

第三章　房地产市场

1993—1994年较大规模优惠出售公有住房前，常州房地产市场发育程度低、交易量小，主要是小规模的商品房交易及零星的二手房交易，国家的法律法规和地方的相关政策规定尚不健全。1994年以后，随着经济社会的快速发展，房地产开发和城市建设规模的迅速扩大，常州市地产市场、房产市场规模日益扩大，交易量不断扩大，居民向房地产开发、项目经营企业购买商品房进行交易，市政府逐步建成有形的房产交易市场，商品房交易双方进场交易，中介机构、贷款银行进场服务。常州房地产市场总体稳定协调发展，1993—2010年，全市商品房销售累计成交5468.23万平方米，其中商品住宅4752.83万平方米。全市房地产市场呈逐年中速增长趋势，连续18年举办常州市房产展示交易会，2002年、2009—2010年为交易高峰年份。2010年，全市成交商品房915.75万平方米，其中商品住宅775.14万平方米。

第一节　市场建设

房地产交易启动之初，常州尚未建立固定的专业市场，交易秩序一度较为混乱，少数单位、个人擅自转让、出租、抵押房地产，使国家在房地产方面的收益严重流失。80年代，常州的房屋买卖、租赁、调换及与房屋相关的土地使用权转让等交易活动开始日趋活跃。1990年，常州成交房产交易608起，总面积3.35万平方米，成交额1058.79万元。1992年11月20日，市政府发出《关于清理市区房地产市场的通告》，组织清理整顿市区未按国家规定办理手续的房屋买卖、租赁、抵押、典当、赠予、交换行为，擅自转租转借转让承租公房，商品经营性质房地产开发项目和外商投资企业的用地及手续不全、擅自转让、出租、抵押国有土地使用权等违法违规交易行为。同时制定出台房地产交易办法，在常州城区吊桥路20号设立常州市房产市场，面积约150平方米，提供政策咨询，开展房产交易立契，房屋收购、拍卖，房产价格评估，商品房出售及市场行情信息展示、房产交易中介、办理房产转移登记和颁发房屋所有权证等服务，常州房地产交易从此从无序走向有序，市场功能日趋完善，多次承办常州市房产展示交易会，开展房产买卖、中介、评估、客户委托、房地产抵押登记等业务。

1996年，常州市房产市场办理买卖、继承、赠予等交易2600起，成交总建筑面积27万平方米，成交总额2.3亿元；办理房产抵押登记470起，贷款总额2.3亿元。1997年，《常州市城市房产中介服务管理实施细则》出台，规范了房产中介服务，向从事房产中介服务的单位和个人核发资质证书和资格证，要求持证执业，全市完成交易2751起。市政府颁布《常州市贯彻城市房屋租赁管理办法实施细则》，明确市房产管理局主管全市房屋租赁。3月，有102人通过市房管局业务培训后取得房产经纪人资格证，两家房地产中介服务机构取得三级资质证书，房产中介服务逐渐走向规范。8月18日，常州市房产市场设立房屋租赁分市场，城区各工商分局设房屋租赁办理点，对厂房等房屋的租赁实行统一规范管理，发放统一印制的房屋租赁证。至同年底，验证房屋租赁合同1899份，租金总额3084.8万元，发放租赁许可证938份、房屋租赁证1902份，租赁总面积15.27万平方米。市房管局开始规范管理房产中介服务，实施房产经纪人资格证和资质等级证书管理。

此后，市房管局重点加强对房产中介服务和房屋租赁的管理。1998年，市房管局、工商局、物价局联合清理中介单位56个，吊销营业执照两份。同年底，全市有注册房地产估价师73人，4家房地产中介服务机构取得资格证书，6家房地产评估机构取得临时资格证书。同年，办理租赁合同证8212份、面积90.15万平方米，租金总额1.4亿元；完成交易6420起、72.7万平方米，完成房屋评估72万平方米。

2000年11月21日，投资5000多万元在延陵东路新建的常州市房地产市场投入使用，总建筑面积2万平方米，提供房产交易、权证办理、土地发证、价格评估、抵押贷款、房产测绘、中介代理、房屋租赁和咨询等服务，是全市房产交易和权属登记中心；大型电子显示屏、多媒体电视触摸屏等设备滚动播出信息，市规划国土、财政、工商、金融、公证等部门进场联合办公，房地产开发商和中介机构进场销售和代理。2003年，常州房地产市场快速发展，需求日趋旺盛，投资稳步增长，建设规模扩大，价格明显上涨。全市完成房产交易2.41万起，年末商品房空置面积大幅降至25.2万平方米。2004年，国家连续推出强化土地管理、严控信贷增长等项宏观调控措施，但常州房地产市场仍然供销两旺，全市90%以上竣工的房屋顺利销出，销售商品房236.6万平方米，完成产权登记4.98万件、房产抵押登记2.59万宗，办理房产交易4.47万起；完成房屋贷款担保额度23.2亿元，其中商业性贷款担保7.7亿元，且保障中低收入家庭购房贷款。2005年，中央出台了一系列房地产宏观调控政策，房地产市场高扬的态势有所控制，增幅明显回落。

常州房地产交易市场（摄于2000年11月）

2006—2010年，全市房地产市场总体上保持平稳健康、积极向好的发展态势。2010年，全市土地市场繁荣活跃，房产交易量高价升，开发规模加速扩大，信贷总量继续攀升，涉房税收大幅增加，房产交易基本处于高位运行，商品房、二手房成交量虽有所回落，但仍处高位，成为常州房产交易史上的第二个高峰年，全市商品房、商品住房累计可售余量分别为969.38万平方米、487.37万平方米，略有下降。全市完成房地产税收总额87.35亿元，占全市一般预算收入的30.5%，其中房地产契税收入为27.22亿元，增长49.2%。

第二节 房地产交易

1986—2000年，常州房地产交易呈现前温后火的局面。1986—1992年，房地产交易因计划分配处于温和增长阶段，1993—2000年因市场化程度提高逐渐进入火热阶段。2000年以后，全市各级贯彻房产市场调控政策，推进住房结构调整，商品房销售量保持较快增长，房价稳中有升，大量新楼盘推出，满足居民的住房需求，改善居民的居住条件，促进了全市房地产市场的快速发展。

一、商品房销售

1986—1990年，全市销售商品房170.7万平方米。90年代，随着常州商品房建设规模逐渐增大，销量逐渐增大。2002年3月29—31日、7月12—14日、10月18—20日，常州市春季房产展示交易会、夏季房产展示交易会暨第二届房产夜市和秋季房产展示交易会相继举办，全市20多家房地产开发商和数十家中介机构参展，展示楼盘数十个、1.72万多套房屋、总建筑面积175.5万平方米。2003年在秋季房产展示交易会开幕式上颁发“市民最喜爱的楼盘”奖，30多家房地产开发商、44家房产中介机构参展，参展商品房总面积163万平方米。

1993—2010年常州市房产展示交易会成交指标统计表

表18-3-1

年份	成交(套)	总建筑面积(万平方米)	成交金额(万元)	年份	成交(套)	总建筑面积(万平方米)	成交金额(万元)
1993	27	0.10	1134.90	2003	128	1.12	5198.80
1994	36	0.29	433.60	2004	134	1.61	5141.70
1995	1941	15.04	11893.40	2005	74	0.98	4252.50
1996	70	0.64	1529.60	2006	163	1.71	7292.00
1997	67	0.63	4496.30	2007	487	5.54	28772.60
1998	209	1.96	3363.40	2008	163	1.77	7876.50
1999	103	0.98	1158.90	2009	154	1.70	9990.90
2000	293	2.64	3296.50	2010	32	0.30	2343.30
2001	400	4.33	7363.60	累计	4857	45.60	124164.50
2002	376	4.25	18626.00				

2004—2010年，全市累计增加商品房预售面积4781.26万平方米，其中市区3923.41万平方米；全市累计新增商品住宅预售面积2617.3万平方米，其中市区2826.51万平方米；全市商品房累计销售备案面积4006.61万平方米，其中商品住宅3102.74万平方米；市区商品房累计销售备案面积2814.8万平方米，其中商品住宅2190.95万平方米。2010年，全市商品房、商品住宅销售备案面积分别为910.93万平方米、711.25万平方米，其中市区两项指标分别为744.32万平方米、574.02万平方米，销量居全省首位。

1991—2010年常州市商品房销售总面积统计表

表18-3-2 单位:万平方米

年度	商品房	其中:住宅	年度	商品房	其中:住宅	年度	商品房	其中:住宅
1991	16.91	16.61	1998	103.61	93.67	2005	422.53	363.29
1992	24.32	20.02	1999	135.36	123.15	2006	519.42	400.90
1993	44.95	48.37	2000	149.26	133.59	2007	664.67	495.43
1994	61.19	69.96	2001	172.85	162.39	2008	523.47	406.28
1995	70.74	61.20	2002	248.61	223.82	2009	1082.87	849.28
1996	80.78	68.44	2003	205.91	170.48	2010	910.93	711.25
1997	93.16	75.28	2004	236.56	196.68	累计	5768.14	4690.09

说明：从2005年起销售面积统计口径变化，将当年预售面积一并计入销售面积中

2004年以后，常州市商品房销售量总体逐年大幅增长，2004年中心城区商品房销量占市区的66.7%，新北占22.5%，武进仅占10.4%。2005年，全市办理房产交易2.2万起，其中商品房9983起、存量房6551起，办理房产抵押登记9543起；中心城区二手房成交8659套，每平方米均价3127元；全市销售商品房122万平方米，空置商品房55.3万平方米，其中住宅23.5万平方米。2004—2007年年均增幅达41%。武进、新北随着城市化进程不断加快，由2006年以前中心城区（天宁、钟楼、戚墅堰）一枝独秀转变为各占一席之地。到2007年，中心城区、武进、新北分别占35.4%、29%和17.1%。2005—2010年，全市商品房成交总面积4123.93万平方米，其中住宅3226.43万平方米。2008年受国际金融危机的影响，商品房销售量略有下降；2009年受各级政府“保增长、促销费”政策的影响，居民消费信心回升，住房需求集中释放，全市商品房销量达1000万平方米，单日商品房最大交易量535套，商品房销售总量和单日商品房最大交易量均创历年之最。1991—2010年，全市累计销售商品房5168.14万平方米，其中商品住宅4690.09万平方米。

二、商品房价格

90年代，常州商品房价格较为低迷。2000年以后，随着常州房地产市场的快速发展，商品房价格持续上扬。2004年，全市商品房平均成交价格升至每平方米3678元，商品住宅均价每平方米3457元。此后，常

2004—2010年常州市和市区商品房销售预售、备案面积统计表

表18-3-3 单位:万平方米

年份	全市				市区			
	批准预售		销售备案		批准预售		销售备案	
	商品房	住宅	商品房	住宅	商品房	住宅	商品房	住宅
2004	229.89	159.85	68.18	57.52	217.43	153.87	67.84	57.19
2005	497.34	361.43	237.06	201.37	421.20	295.04	236.95	194.37
2006	778.29	568.04	519.43	400.90	611.77	450.67	423.27	330.19
2007	863.50	595.22	664.67	495.43	706.18	502.70	528.49	404.70
2008	802.41	552.62	523.47	406.28	646.97	434.57	386.99	299.36
2009	762.79	576.45	1082.87	849.28	625.76	467.92	886.63	695.87
2010	847.04	637.00	910.93	711.25	694.10	521.74	744.32	574.02

州长期对楼市实行扎实稳妥的宏观调控，住房保障措施完善有力，商品房成交均价始终保持“稳中有升、小幅上涨、总体稳定”的状态，始终位于长江三角洲地区的价格洼地。2008年，商品住宅成交每平方米均价常州为3886元，南京、苏州、无锡三市分别为5734元、7399元和5953元，分别比常州高1848元、3513元、2067元。2004—2009年，全市商品房、商品住宅年均增幅分别为6.2%、5.3%，低增幅、低房价保障了常州房地产市场的稳定可持续发展。2010年，全市商品房价格逐步上涨，商品房、商品住宅均价分别为每平方米6307元、5818元。

2004—2010年常州市和市区商品房平均价格统计表

表18-3-4　　单位：元/平方米

年份	全市				市区			
	商品房	比上年±(%)	住宅	比上年±(%)	商品房	比上年±(%)	住宅	比上年±(%)
2004	3678	—	3457	—	3687	—	3467	—
2005	3864	5.1	3634	5.1	4068	10.3	3836	10.6
2006	4004	3.6	3654	0.6	4272	5.0	3877	1.1
2007	4293	7.2	3891	6.5	4555	6.6	4107	5.9
2008	4629	7.8	3886	-0.1	4983	9.4	4089	-0.4
2009	4969	7.3	4479	15.3	5236	5.1	4724	15.5
2010	6307	26.9	5818	29.9	6745	28.8	6303	33.4

第四章　住房制度改革与住房保障

80年代起，市委、市政府采取多种措施，陆续兴建花园新村、清潭新村、北环新村、丽华新村、红梅新村等经济适用房，满足市民需求。1982年4月，郑州、沙市、四平、常州4个城市被国务院列为住房制度改革住房补贴出售试点城市，常州开始在住房建设、分配、消费、流通等方面探索、推进和深化城镇公有住房制度改革（简称“房改”），基本建立起与社会主义市场经济体制相适应的社会化、市场化管理体制和运行机制，始终走在全国房改前列，常州在改革中探索的政策、措施和经验推动了全国的房改。各级党委、政府重视解决城镇中低收入家庭的住房保障问题，建成由廉租住房、经济适用住房、政策性租赁住房构成的住房保障体系，保障中低收入家庭的住房需求，重点解决低收入家庭的住房问题。1992年，常州在全省率先实施住房公积金制度，形成国家、集体、个人共同筹资机制，促进房地产建设，多提供房源。1995年，常州入选国家“安居工程”首批59个实施城市。2000年以后，住房制度房改革彻底改变过去以公有住房（简称“公房”）为主、单一的住房产权形式，逐渐形成以自有住房为主的多样化产权结构。市政府把安居工程列入为民办实事重大事项，重点解决困难群众和低收入家庭的住宿困难。2007年，市房管局成立市住房保障办公室，天宁、钟楼、戚墅堰3区房管局随即成立区住房保障办公室，展开住房保障工作。2009年，市政府出台《关于加快推进常州市市区住房保障工作的实施意见》，争取在近两年内力争完成6000套廉租住房、公共租赁住房实物房源，实施经济适用住房货币化补贴，对低收入家庭购置经济适用房每户补贴8万元，提供经济帮助，住房保障力度不断增强。2010年，全市城镇居民住房条件和生活水平大为改善，住房自有率达90%，商品房私人购买率达98%，住房成为职工家庭最重要的财产。住房制度改革培育发展了房地产市场主体，促进了住房规划设计、开发建设和管理整体水平的提高。市区有1.1万多户低收入住房困难家庭通过廉租住房、公共租赁房、经济适用房改善居住条件，累计为全市提供廉租住房资金1.9亿元。

第一节 公有住房出售

1986年3月，国务院计划在江苏的常州、镇江两市按“提高房租，增加工资，促进个人买房”的思路试点出售公有住房，但未付诸实践。6月，市住房制度改革领导小组成立，分管副市长任组长，下设办公室，负责拟订全市住房制度改革方案和政策规定。1988年，常州市政府按“筹资调租，实转起步”的思路，拟订常州住房制度改革实施方案，提出采取筹集房改基金、调整租金，实行新房新办法、住宅出售、成立房地产储蓄银行、逐步实行住宅社会化等改革措施，初步实现住宅的生产、交换、分配和消费的良性循环。但由于新中国成立后长期实行低租金、无偿分配的住房制度，人们的观念难以转变，常州深化房改缺乏经济基础、群众基础，阻力大、困难多，常州的房改方案上报省政府后仍未贯彻实施。1992—1998年，常州优惠出售公房进入全面推进、深化改革阶段。1992年4月，因深化住房制度改革的需要，常州成立隶属于市房管局的市住房基金管理中心，与市住房制度改革办公室合署。5月，市政府根据国务院《关于继续积极稳妥地进行城镇住房制度改革的通知》和《关于全面进行城镇住房制度改革的意见》及《江苏省城镇住房制度改革实施意见》，颁发《常州市市区住房基金管理办法》等5个配套文件。1998年4月，市住房制度改革办公室更名为常州市人民政府住房制度改革办公室。2001年，市政府针对房改后维修工作滞后的实际，开始改革房屋维修制度，2002年初出台《常州市共用部位、共用设施设备维修管理暂行办法》，明确了住房共用部位、共用设施设备维修责任人、维修经费来源等具体规定。2009年，全市城镇居民人均住房总建筑面积达33.2平方米，住房成套率达70%。至2010年底，常州市累计出售公房10.2万户，总建筑面积633.39万平方米；市区向4.57万名老职工发放住房补贴，总额11.34亿元；同年，市区居民人均住房使用面积24.91平方米。

一、公房补贴优惠出售

1985年10月，国务院鉴于相关配套方案和政策措施未跟上等原因，停止常州等试点城市开展的补贴出售公房试点。1992年8月，市政府颁发《常州市市区优惠出售公有住房的暂行规定》等两个文件。1993年7月1日至1994年3月31日，常州市区在全省率先以总建筑面积每平方米300元的基价向职工优惠出售成套公房，实行现住房折扣、工龄折扣、一次性付款折扣等优惠措施，购房人取得部分产权、住满5年后可出售，原产权单位有优先购买权。出售公房5.7万套，总建筑面积344万平方米，回收售房资金4.87亿元，出售面积占可售公房总面积的60%。1994年7月18日，国务院颁布《关于深化城镇住房制度改革的决定》，规定职工以成本价购买公房，产权归个人所有。至同年底，常州市住房制度改革取得重大突破，市区70%以上的成套公房出售给职工个人，房屋产权结构彻底改变。常州市随即出台《常州市深化城镇住房制度改革实施方案》和市区的实施细则，规范公房出售，1996年起以成本价出售公房，出售基价为建筑面积每平方米700元，此后各房改年度调整1次基价，逐年提高成本价标准，降低直至取消折扣优惠。

常州市区优惠出售公房政策和标准一览表

表18-4-1　　单位:元/平方米

房改年度	基价	优惠折扣(%)				保底价			是否成套
		年折旧	现住房优惠	工龄优惠	一次性付款优惠	甲单元	乙单元	丙单元	
1993	300	2.0	10.0	0.5	25.0	120			—
1995	700	2.0	5.0	1.2	19.0	170	160	150	—

续表 18-4-1

房改年度	基价	优惠折扣(%)				保底价			是否成套
		年折旧	现住房优惠	工龄优惠	一次性付款优惠	甲单元	乙单元	丙单元	
1997	805	2.0	3.0	1.2	14.0	190	180	170	—
1999	830	2.0	2.0	1.2	8.0	200	190	180	—
2000	860	2.0	0.0	1.2	0.0	210	200	190	成　套
	830	2.0	2.0	1.2	8.0	170	160	150	不成套
2001	900	2.0	0.0	1.2	0.0	260	230	200	成　套
	860	2.0	2.0	1.2	8.0	200	180	160	不成套
2002	936	2.0	0.0	1.2	0	270	240	210	成　套
	895	2.0	2.0	1.2	8.0	230	200	170	不成套
2003	980	2.0	0.0	1.2	0.0	280	250	220	成　套
	938	2.0	2.0	1.2	8.0	240	210	180	不成套
2004	1030	2.0	0.0	1.2	0.0	300	270	240	成　套
	985	2.0	2.0	1.2	8.0	260	230	200	不成套

说明：1.2000—2004 年，不成套公房再优惠 15%。2.1997 年开始购房超标部分面积购房款按市场价计算

售房面积标准　1995 房改年度，开始明确规定干部职工购房的总建筑面积标准，对购房面积控制标准以内的部分可以享受房改优惠折扣，从 1997 房改年度起，超标准部分按市场价计算，享受住房折旧、楼层系数和一次性付款折扣等优惠。

1995 年、1997 年房改年度常州市区执行的干部职工购房面积标准与超面积部分售房价格一览表

表 18-4-2

购房控制面积标准(平方米)				超面积标准部分的住房出售价格(元)			
级别	总建筑面积	级别	总建筑面积	竣工年份	价格	竣工年份	价格
厅级干部	140	科级干部	90	1991年底前	800	1994年	1100
处级干部	110	一般干部职工	75	1992年	900	1995年	1200
				1993年	1000	1996年	1300

楼层系数　常州各房改年度、各种层高楼房均以一楼的系数为 0 计算。1996、1997 房改年度先后以乙等、甲等的地段等率为 100 计算。

1996 年常州市房改售房楼层系数一览表

表 18-4-3　　单位：%

楼层＼层次	一层	二层	三层	四层	五层	六层	七层	八层
三层楼	0	+5	-5	—	—	—	—	—
四层楼	0	+5	+10	-15	—	—	—	—
五层楼	0	+5	+10	+5	-20	—	—	—

续表 18-4-3

楼层＼层次	一层	二层	三层	四层	五层	六层	七层	八层
六层楼	0	+5	+15	+10	0	-30	—	—
七层楼	0	+5	+15	+15	+5	-5	-35	—
八层楼	0	+5	+15	+15	+10	0	-10	-40

说明：+号、-号分别表示在基数上增加、减少；凡坡屋面住房的顶层另加5%的系数

地段等级率 1996 房改年度及其以前，常州市区甲等、乙等、丙等地区的房改地段等级率分别为115%、100%、85%；1997 房改年度（含 1997 年度）房改地段等级率分别为 100%、90%、80%；戚墅堰地区均属乙等地段。

调整换购 1996 年起，常州已购公房的职工家庭有条件地享受一次调整换购政策，按市政府 1993 年的文件规定，已购公房的家庭因居住困难等原因，职工可把原购买的住房返售给重新安排住房的单位，按房改政策购买调整后的住房；原住房和调整换购的住房均按换购当年房改政策的公房出售计算规定核定基价，分别计算，补足差价。2000 房改年度起调整换购政策停止执行。

二、公房租金改革

1995 年以前，公房租金水平低，租售比价不合理，公房难以出售，住房商品化难以实现。同年 5 月，市政府出台了《常州市市区公有住房租金改革实施细则》，启动公房租金改革，推行住房商品化，适当提高租金水平，逐步达到折旧费、维修费、管理费、投资利息、房产税构成的成本租金标准，同年 10 月起按房屋结构等级分类确定租金基价，将砖混一等公房月租金标准提高至每平方米 0.9 元，公房租金支出接近于职工家庭当时平均收入的 5%。1996 年 7 月 1 日起，以上年度双职工平均工资收入为基数，每年递增两个百分点，提高月租金支出占双职工家庭月均收入的比例，1996 年、1997 年、1998 年、1999 年、2000 年 5 个年度先后提高到 7%、9%、11%、13% 和 15%。常州市在租金改革的同时发给职工住房补贴，市区在职职工、离退休职工分别按上年月平均工资收入的 1.5% 和 2.5% 计发。1999 年 5 月 1 日，住房补贴发放标准调整为每人每月在职职工 12 元、离休人员 17.5 元、退休（职）人员 8.5 元。

1995—2002 年常州市公房租金标准调整情况表

表18-4-4　　单位：元/平方米(使用面积)

结构	等级	1995年10月1日起	1997年9月1日起	1998年12月1日起	2000年7月1日起	2002年10月1日起
钢混	未分	1.10	1.60	1.90	2.30	2.65
砖混	一	1.00	1.45	1.75	2.20	2.50
	二	0.90	0.90	0.99	1.09	1.09
	三	0.70	0.70	0.77	0.85	0.85
砖木	一	1.00	1.45	1.75	2.20	2.50
	二	0.90	0.90	0.99	1.09	1.09
简易	未分	0.50	0.50	0.55	0.60	0.60

三、房改房上市交易

1998 年 4 月 27 日，市政府颁布市区房改房上市交易试行办法，从 7 月 1 日起，常州市区职工按房改政

策以成本价购买、取得“房屋所有权证”的房改房可以上市出售、出租、交换和抵押等，以非成本价购买的房改房须按成本价接轨后上市交易。2000 年 2 月，市政府出台市区房改房上市交易暂行办法，调整了出售房改房时买卖双方应缴纳的税费。1996 年前按房改政策以优惠价、“三三制”（政府、单位和个人共同出资）补贴价购买的公房按一定价格标准，由产权人一次性补缴差价后，视作成本价购房，部分产权变更为全部产权。2000 年接轨费补差标准为：1982—1984 年、1985—1992 年和 1993 房改年度购买的房改房，按建筑面积每平方米分别补差 10 元、20 元和 30 元。2002 年元旦起，成本价接轨补差标准每平方米再增加 10 元。至 2002 年 10 月，常州市累计审批房改房上市 1.67 万户、总建筑面积 105.2 万平方米。

四、住房货币化分配

1998 年，省政府出台《关于进一步深化城镇住房制度改革的实施方案》。12 月 1 日常州市停止住房实物分配，逐步实行住房分配货币化，建立职工购房补贴制度；1999 年，常州房改进入机制转换、实行货币化分配政策的阶段；3 月 31 日，市政府出台《关于进一步深化城镇住房制度改革的实施方案》和《常州市市区职工住房分配货币化实施办法》，对 1998 年 11 月 30 日前参加工作的“老职工”，一次性购房补贴标准为按建筑面积每平方米基本补贴 400 元，每年工龄补贴 7.3 元；对 1998 年 12 月 1 日后参加工作的“新职工”逐月发放购房补贴，补贴额为职工月工资额（基数同缴存住房公积金的基数）与购房补贴率之积，1999 年起购房补贴率为 13%，2002 年 7 月起购房补贴率调为 15%。

2000 年 12 月 1 日，市区开始出售厨卫设施不齐全的公房承租人一户独用、产权清晰的住宅楼房（简称“不成套公房”），基价从每平方米总建筑面积 830 元开始，逐年调整至 2002 房改年度的 896 元。2002 年 10 月 16 日，市政府出台繁荣房地产市场的意见，规定按房改成本价购买的公房（含解困房、安居房、集资建房）符合国家规定的可直接上市交易。至同年底，市区累计出售不成套公房 1724 套，总建筑面积 7.66 万平方米，回收售房资金 1271.2 万元；市房改办累计批准市区 488 家单位的房改方案，其中行政机关 64 家、事业单位 233 家、企业 191 家；全市有 1998 年 11 月 30 前参加工作的 12860 名“老职工”享受购房补贴，总建筑面积 61.18 万平方米，补贴总额 2.85 亿元；为 1998 年 12 月 1 日后参加工作的 6321 名“新职工”建立住房补贴制度。

2003 年，市政府调整市区同年度房改政策，机关事业单位、职工个人缴存住房公积金的比例均调为 10%，企业和自收自支事业单位、职工个人缴存住房公积金的比例在 10%～12% 幅度内确定，“老职工”购房补贴的基本补贴标准调为每平方米 600 元，公房的房改成本价基价提高 5%。成套公房调为每平方米 980 元，甲、乙、丙等地区最低限价分别调为每平方米 280 元、250 元、220 元；不成套公房调为每平方米 938 元，甲、乙、丙等地区最低限价分别调为每平方米 240 元、210 元和 180 元。2004 年 8 月 12 日，规定未租住公房且未按房改政策购买过公房、安居工程房、解困房、拆迁安置房、集资合作房、经济适用房等房屋的职工家庭认定为无房户，机关事业单位 30 年以上工龄的科员工资待遇比照副主任科员标准执行；明确了长病假职工的住户补贴享受标准等问题。2004 年，常州市将公房的出售成本价比上年度提高 5%，此后未作调整。

第二节　住房公积金制度

1992 年 6 月 1 日，常州在全省率先实施住房公积金制度之前，城镇职工住房基本由政府、单位以实物形式分配。1992 年 5 月，市政府把建立住房公积金制度作为城镇房改的重要内容和中心环节，出台《常州市市区住房公积金管理办法》，规定了建立住房公积金的范围和对象、公积金数额的核定、缴存、使用、管理。6 月，开始在全市建立住房公积金制度，推进了房改，促进了常州市住房建设。实行公积金制度后，开始由国家、集体、个人共同负担，在银行设个人专用账户，按工资比例每月由个人和单位缴纳住房公积金，存到专用账户，为日后买房积累资金。6月，市区有1741家单位的26.67万名职工缴存住房公积金363.93万元。至年底，市区1801家党政机关、群众团体和企事业单位有城镇常住户口27.8万名固定职工、劳动合同制职工建立并缴存住房公积金。当年向市安居工程、经济适用住房及单位自建房发放贷款2170万元。1993年，武进、金坛、溧阳实行住房公积金制度。1995年7月，市政府明确住房公积金具有社会保障长期储金性质，明确个人存储、单位资助、统一管理、专项使用。单位住房公积金全部汇缴到市住房基金管理中心在银行开设的专用账户，金融业务由市住房基金管理中心代表政府委托中国人民建设银行常州分行承办。9月，常州发放第一笔住房公积金职工个人住房抵押贷款。

2002年12月23日，常州市住房公积金首届管理委员会成立，按住房公积金管理委员会决策、住房公积金管理中心(简称"公积金中心")运作、银行专户储存、财政监督等原则严格管理。2003年1月，市公积金中心设立，直属市政府管理，负责运行业务；10月，接收金坛、溧阳、武进住房公积金资产，实行统一管理和核算。2004年，公积金中心制订出台两个管理方案，实行管营分离，在全国同行中首家引入ISO 9001国际质量标准体系，把住房公积金管理由结果控制转向过程控制，完成全市管理部门及委托银行统一软件和联网，与省建设厅和建设部住房公积金监管系统联网。

2007年，住房公积金被列入市区住房保障规划，企业缴存住房公积金列入常州市企业社会责任考核标准，新增单位登记1033家、开户职工5.15万人；归集公积金19.7亿元，为279家单位的1.18万名职工追缴公积金3893.71万元；发放个人住房贷款12647户22.5亿元。其中，首次向53名引进人才发放贷款1100万元、向56位个体工商户发放贷款942.6万元；批准患大病、特别困难职工、享受最低生活保障职工为解决生活困难提取住房公积金8.6万元。2009年，全市住房公积金累计缴存、贷款双超100亿元，其中累计缴存151.27亿元，累计发放个人住房贷款137.9亿元。2010年，全市归集住房公积金32.38亿元，累计归集183.6亿元；全市提取住房公积金20.49亿元，累计提取92.13亿元；全市发放个人住房贷款23.94亿元，年末余额86.23亿元，累计发放总额161.84亿元。国家两次调升利率、存贷款利差下降，仍实现增值收益1.61亿元，收益率1.92%。

一、公积金管理体系

2001年9月，市政府进行机构改革，房改职能划入市房管局，审核基层单位房改方案等。翌年3月，国务院颁发《关于修改〈住房公积金管理条件〉的决定》，决定加强住房公积金管理。8月，市政府调整住房公积金管理机构，设立直属市政府、不以营利为目的、独立的事业单位市住房公积金管理中心，管理运作全市住房公积金。12月，首届住房公积金管理委员会成立，由政府负责人、房管、财政、人民银行等部门的领导、专家和工会代表等组成，住房公积金管理体系形成。

二、公积金缴存

1992年，全市职工个人和所在单位公积金缴存率分别为职工基本工资的5%。1995年，市区住房公积金开始统一汇缴到常州市住房基金管理中心，实行统一专户储存和管理。1997房改年度(指同年7月1日至下年6月30日)，住房公积金缴存率调整为12%，职工个人和所在单位各为6%。此后缴存比例基本不变。利用住房公积金支持安居工程、经济适用房、危旧房改造等住房建设项目，支持总面积达200万平方米。

缴存对象 公积金制度实施时，市区有常州城镇常住户口的机关、群众团体和企事业单位固定职工、合同制职工、计划内临时工，中央及外省市驻常机关、企事业单位和驻常部队所属企事业单位职工，原具有市区城镇常住户口、仍由原单位发工资的公派出国人员都在缴存范围。1995年，明确新参加工作的职工从下月起缴纳住房公积金。1999年7月1日，范围扩大到乡镇所属行政、事业单位及其具有常州城镇常住户口的在职职工。2004年9月2日，扩大到城镇私营企业、股份有限公司、有限责任公司及其他城镇经济组织、民办非企业单位和其他经济组织常驻本市代表机构。2007年5月，自由职业者、个体工商户及其雇佣人员也可以个人缴存住房公积金。2008年8月，明确劳务派遣企业在与用工单位签订劳务派遣协议时，应明确劳务派遣人员的住房公积金承担和缴存方式。未明确被派遣的劳动者住房公积金由劳务派遣企业缴存。

缴存比例和基数 1992年5月规定，单位和职工缴存住房公积金的比例均为标准工资的5%，合计10%，缴存基数为职工月工资基数乘以比例，月工资超过1300元的以1300元为基数，但外资和港澳台资企业缴存基数上不封顶。6月缴存时全部按1991年6月底职工月工资额确定，在当年6月至下年6月1年内不变。此后以当年12月月工资额为基数计算缴存定额，在下年7月执行。1995年7月，当年缴存基数国家机关、事业单位以1993年12月底工资为基数，企业单位按职工本人上年度工资总额除以12个月平均工资核定。1997年起，缴存基数为国家机关和事业单位按缴存养老保险费计提基数为缴存住房公积金基数，企业单位按国家统计局规定工资总额口径为基数，实行"按实调整，上下限额"的办法，对缴存基数核定最低和最高数。2003年8月，全市机关、事业单位按单位和职工个人各10%执行。企业(含自收自支事业单位)和职工个人缴存比例根据自身承受能力和条件在10%～12%的幅度内确定。2007年5月，自由职业者、个体工商户及其雇佣人员等个人缴存者，缴存比例统一为20%，缴存基数为职工本人上年度月平均工资。

资金来源 个人承担的部分由个人支付，企业承担的部分在住房折旧费中列支，不足部分经财税部门核定进入成本。全额预算行政事业单位承担的部分列入预算，差额预算和自收自支事业单位承担的部分在单位收入或其他预算外资金中解决，均须报经上级财务主管部门核准。1999年，单位为职工缴存住房公积金，机关在预算中列支，事业单位由财政部门核定收支后在预算或费用中列支，企业在成本中列支。

1992—2010年常州市住房公积金缴存指标统计表

表18-4-5

年份	单位(家)	职工(万人)	比例(%)	基数(元)	金额(万元)
1992	2102	29.45	5	120	2698
1993	2909	32.37	5	120	4756
1994	3242	33.71	5	120	6193
1995	3600	32.31	5	120	8001
1996	3806	35.39	5	400～1500	15116
1997	3860	34.16	6	400～1500	18680
1998	4413	35.47	6	400～1500	30087
1999	1135	34.76	6～7	450～1500	34776
2000	3598	33.5	7～8	450～2500	41457
2001	3874	31.68	7～8	450～2800	51877
2002	4212	32.12	8	450～3200	71020
2003	4462	31.17	10～12	460～5000	82970
2004	5537	30.38	10～12	540～5000	110953
2005	6166	31.38	10～12	620～5000	132568
2006	8695	32.28	10～12	690～5700	163392

续表 18-4-5

年份	单位(家)	职工(万人)	比例(%)	基数(元)	金额(万元)
2007	9548	34.41	10～12	750～6600	196772
2008	10850	41.94	10～12	850～7600	250796
2009	12314	41.94	10～12	850～8700	275505
2010	12663	41.64	10～12	960～9800	323831

三、公积金抵押贷款

1995年，常州市按“先缴后贷，抵押加保，一次整贷，按月均还”的原则，开始开展专项、长期、低息的政策性贷款公积金职工个人住房抵押贷款，采取“先息后本、按月均还”的方法偿还贷款本息，最高额度为5万元，最长期限为10年，支持按规定缴纳住房公积金的职工家庭购买、建造、大修自住住房。从1997年起，贷款最长期限延长为15年，最高额度调整为8万元。1997年以后，住房公积金个人住房抵押贷款政策按降低门槛、增加可贷额度等办法，曾经几次大调整。至2002年底，全市累计向1.66万户家庭发放住房公积金个人住房贷款，总额12.5亿元，总余额9.12亿元。至2010年底，全市住房公积金累计发放个人住房贷款161.84亿元，年末个贷余额86.23亿元。

贷款对象　1992—1998年，住房公积金贷款主要用于支持单位购建职工住房，支持北环南村、藻江花园、红星新村等解困解危房、经济适用房、国家安居工程、危旧房改造和单位购建房等项目贷款，累计发放21.1亿元，支持住房建设141.2万平方米。1995年9月，按照“先缴后贷，抵押加保，一次整借，按月均还”的原则，开始发放专项、长期、低息住房公积金职工个人住房抵押贷款，支持职工家庭购买、建造、大修自住住房。对象为按规定缴存住房公积金的职工，购建自住住房产权人，具有市区城镇常住户口且能提供购建住房有效证明、有关资料，自筹资金达购建房费用的50%，有稳定经济收入和按时偿还贷款本息能力，同意办理抵押和综合保险。每对夫妇只能享受1次住房公积金贷款。1999年起，基本停止住房公积金项目贷款，对已放贷款逐步清收，至2003年8月31日全部收回项目贷款。

常州市区住房公积金项目贷款支持的部分住房建设项目一览表

表 18-4-6

类别	项目名称
安居工程项目	丽华三村、北环南村
经济适用房建设项目	藻江花园、花园南村、花园西村、勤业五村、朝阳小区补建等
危旧房改造项目	红星新村、五角场东村、安阳里、下街、西新桥一村等
单位住房建设项目	戚墅堰机车车辆工厂、常州冶金机械厂、常州拖拉机厂、常州柴油机厂、常州制药厂、常州客车厂、常州兰翔机械厂等

2002年3月25日，调整为建立住房公积金制度1年以上正常汇缴职工，原贷款已还清的可再次申请贷款。2006年7月1日，扩大到高层次人才、现役军人配偶、转业和退伍军人等9种，不受缴存时间限制。2008年9月26日，可异地贷款，在常州购买但在外市缴存住房公积金的职工，享受同等政策。2009年8月，开办住房公积金贷款补息贷款，凡符合条件的职工可到指定商业银行办理，贷款利息高于公积金利息的，由公积金中心直接向借款人补偿利息差。当年有3841户办理住房公积金补息8.85亿元，发放2500户共计5

亿元，补贴贷款利息 172.5 万元。

贷款房源　1995 年 9 月，对职工购买丽华三村、北环南村等安居工程住房为公积金贷款房源试点。翌年 11 月，扩大到安居工程房、经济适用房和一般商品房、单位出售公有住房、职工建造自住住房。1998 年 11 月 10 日，将职工购买私房（二手房）列入贷款房源。1998 年 11 月，商品房期房列入贷款房源。2001 年 5 月 8 日，单位按政策规定自行建造经济适用住房、毗邻市区的武进国有土地上的商品房，都可申请住房公积金贷款。2007 年 11 月 1 日，对购买别墅或均价超过每平方米 1 万元住房，暂停发放住房公积金贷款。实施贷款期房项目轮候制度，对取得商品房预售许可证但未达规定工程进度要求的期房项目，实施住房公积金贷款轮候制度。2008 年 8 月 21 日，开办商业性住房贷款转住房公积金贷款业务，享受住房公积金贷款优惠条件。2009 年 4 月，联排别墅或房价超过每平方米 1 万元的住房，可比照普通住房列入贷款房源。同年底，批准贷款住房中一般商品房期房占 70%、二手房占 17%、经济适用房占 7%，商业性住房贷款转为住房公积金贷款占 2%，其他住房占 4%。当年公积金贷款买房 2200 余套。

贷款年限　1995 年，购房贷款年限一般为 10 年，购买现住公房或大修自住房最长 5 年；贷款年限加借款人年龄不超过规定退休年龄。1997 年 1 月 1 日，职工购买自住住房贷款期限最长延长到 15 年。1998 年 7 月 1 日起，购买安居工程、经济适用住房最长贷款期限可达 20 年。2001 年 3 月 28 日起，贷款期限调整为 30 年。2002 年 3 月 25 日起，购买经济适用房、危旧房、改造安置房，贷款期限最长放宽到法定退休年龄后 5 年，贷款期限最长不超过 30 年。2006 年 6 月 21 日起，贷款最长期限仍为 30 年，且不超过法定退休年龄。2009 年 4 月起，规定购买经济适用住房申请住房公积金贷款，贷款年限放宽至法定退休年龄后 5 年，但最长不超过 30 年。

贷款额度　1995 年 9 月，贷款额度规定为借款人及配偶计缴住房公积金月工资总额 ×40%×12（月）× 贷款期限（年），同时控制在购建房实际应付总额 50% 以内，最高额度为 5 万元。1997 年 1 月 1 日起，由原购建房实付阶段 50% 调整为 65%，最高不超过 8 万元。1998 年 6 月 30 日起，不超过缴存住房公积金余额两倍；占购建房价比例由 65% 调至 70%。1999 年 6 月 24 日起，由夫妻双方住房公积金存款余额两倍扩大到 20 倍。2000 年 9 月 12 日起，借款人及其配偶仅一人建立并正常缴存住房公积金的，贷款额度不超过最高额度 60%。2001 年 5 月 8 日起，最高贷款额度为 16 万元，贷款比例最高为购建住房实际应付总价的 80%（二手房为 70%）。2002 年 3 月 25 日起，建立住房公积金制度 1 年以上正常汇缴职工，贷款额度不得超过借款人及配偶住房公积金存款余额 30 倍，最高额度 22 万元；借款人贷款后，可提取公积金存款，允许职工多次申请贷款，原贷款已还清的可再次申请贷款。

2006 年 6 月 21 日起，贷款额度不超过购建住房实际应付总价款 70%，对购买经济适用房和建筑面积 90 平方米以下商品住房，放宽到不高于房价 80%，借款额度不超过公积金存储余额 20 倍，对首次申请贷款且从未提取过住房公积金放宽到 30 倍，最高额度 30 万元，借款人仅本人符合条件不超过 18 万元。2007 年 11 月 1 日起，申请两次及以上住房公积金贷款首付款比例从 30% 提高到 40%，融资倍数由不超过住房公积金 20 倍降至 10 倍，最高贷款额度不超过市住房公积金管委会确定的最高限额 80%。2008 年 8 月 21 日起，贷款最高额度由 30 万元调整为 40 万元；夫妻只有一方符合条件的由 18 万元调整为 24 万元，申请人两次及以上贷款首付款比例由 40% 降为 30%，购买经济适用房等保障性住房及 90 平方米以下小户型住房的首付款比例降为 20%；取消对两次及以上贷款最高额度限制，与首次贷款相同；购买普通商品住房，住房公积金贷款首付款比例不低于实际应付房款 20%，购买二手房，首付款不低于 30%。2009 年 4 月起，购买经济适用住房申请住房公积金贷款最高额度，为借款人及有产权人公积金存储余额的 20 倍，从未使用过住房公积金的放宽至 15

万元，贷款额度不超过扣除经济适用房货币补贴后实际应付房款的80%；夫妻双方均满足条件最高额度40万元，只有一方满足条件为24万元；首付款比例不低于扣除经济适用房货币补贴后实际应付房价的20%；购买144平方米以下二手房住房贷款最高比例由住房总价的70%提高到80%。

贷款委托银行及利率 1995年，贷款利率由市公积金中心审批，委托市建行住房信贷部办理。后中国农业银行常州郊区支行、中国工商银行常州分行、交通银行常州分行、常州商业银行受市公积金中心委托，分别于1998年1月1日、7月1日、8月1日、9月1日办理住房公积金个人贷款业务。2000年9月1日，增加中国银行常州分行。

1995—1997年常州市住房公积金贷款月利率统计表

表18-4-7

开始执行时间	年数	利率（‰）	年数	利率（‰）	年数	利率（‰）	年数	利率（‰）	年数	利率（‰）
1995.09.01	1	4.2	4	5.1	7	6	10	6.9	13	7.8
	2	4.5	5	5.4	8	6.3	11	7.2	14	8.1
	3	4.8	6	5.7	9	6.6	12	7.5	15	8.4
1997.01.01	1～5	4.275	8	4.599	11	4.923	13	5.139	15	5.535
	6	4.383	9	4.707	12	5.031	14	5.247	—	—
	7	4.491	10	4.815	—	—	—	—	—	—
1997.12.21	1～3	3.9	4～5	4.35	6～10	4.8	—	—	—	—
1998.07.01	1～3	3.825	4～5	4.125	6～10	4.275	11～15	4.725	16～20	5.175
1999.06.10	1～3	3.15	4～5	3.45	6～9	3.60	10～15	4.055	16～20	4.5

1997—2010年常州市住房公积金贷款月利率统计表

表18-4-8

开始执行时间	1～5年（‰）	6～30年（‰）	开始执行时间	1～5年（‰）	6～30年（‰）	开始执行时间	1～5年（‰）	6～30年（‰）
1999.09.21	3.45	3.825	2007.05.19	4.41	4.86	2008.10.27	4.05	4.59
2002.02.01	3.60	4.05	2007.07.21	4.50	4.95	2008.11.27	3.51	4.05
2004.10.01	3.78	4.23	2007.08.22	4.59	5.04	2008.12.25	3.33	3.87
2005.02.01	3.96	4.41	2007.09.15	4.77	5.22	2009.10.20	3.50	4.05
2006.05.01	4.14	4.59	2008.09.16	4.59	5.13	2010.12.27	3.75	4.30
2007.03.18	4.32	4.77	2008.10.09	4.32	4.86			

贷款担保 1995年9月，职工申请住房公积金贷款担保方式为抵押和质押。抵押的为抵押加保险，抵押由职工及建行住房信贷部办理房产抵押登记，申领房屋所有权证和他项权证由建行住房信贷部执管；借款人还须与指定的人民财产保险公司签订职工个人住房抵押综合保险合同，确定保险费率为5年以下4‰、6～10年3‰、11～15年2‰，保险费金额等于贷款金额×保险费率×贷款年限，保险财产损失和保险人意外事故或疾病致使残废、死亡赔偿。办理有价证券质押，有价证券金额不得低于贷款额，质押物亦由建行住房信贷部保管。1998年4月15日，针对住房公积金贷款年限延长后保险费较高，保险费率下降到2.5‰。1999年7月1日，将个人贷款综合保险改为房屋保险和贷款保证保险两部分，加强风险管理，借款人用以贷款抵

押房屋均必须办理房屋保险，保险费为房屋总价 × 保险费率 × 贷款年限，保险费率 0.8‰。但贷款保证保险由借款人自主选择，要求借款人所在单位承诺保证在职工贷款逾期时，帮助从职工工资中直接扣还，同时借款人必须办理第二居所承诺手续。2000 年 12 月，住房公积金个人住房贷款实行保证担保，指定常州房屋担保置换公司作为住房公积金贷款保证人，提供连带责任保证，担保公司须与借款人、公积金中心、受托银行签订保证合同，借款人将住房抵押给担保人，作为担保人提供信用保证的反担保。借款人未按合同约定偿还贷款本息的，由担保公司向公积金中心承担债务清偿责任。担保费为贷款金额 × 担保费率 × 贷款年限，担保费率为 1.2‰。

2005 年，担保费收取办法改为贷款金额 × 担保费率，费率下降为 1～5 年 0.75‰、6～15 年 0.8‰、16～30 年 0.85‰。2009 年 9 月，中心对职工办理住房公积金贷款补贴担保费，职工在办理担保时按贷款 1～5 年 0.5‰、6～15 年 0.55‰、16～30 年 0.6‰标准收取，与原标准的差额由公积金中心直接补贴给担保公司。当年有 6500 户职工享受到住房公积金贷款担保费降低的实惠，公积金中心共贴费 301.77 万元。通过公积金中心贴费和担保公司挖潜，减少贷款职工担保费用支出 359.25 万元，户均节省担保费支出 553 元，降幅为 31%。

1995—2010 年常州市住房公积金个人贷款统计表

表 18-4-9　　　　单位：万元

年份	贷款户数	发放总额	户均贷款	总余额	最高限额	年份	贷款户数	发放总额	户均贷款	总余额	最高限额
1995	5	14.50	2.90	14.50	5.00	2003	6869	88391	12.87	167280	22.00
1996	523	1599	3.04	1501.24	8.00	2004	7213	111401	15.44	221207	22.00
1997	1310	5131	3.92	6131.33	8.00	2005	8472	150552	17.78	307440	22.00
1998	2488	10332	4.15	14991	8.00	2006	12071	212076	17.57	435410	30.00
1999	3304	15069	4.56	26792	12.00	2007	12647	225062	17.80	558502	24.00
2000	4241	26742	6.31	46592	12.00	2008	10132	184035	18.16	642008	40.00
2001	4242	32886	7.75	67876	16.00	2009	12350	264884	21.45	766343	40.00
2002	6510	63849	9.81	111465	22.00	2010	10185	239414	23.51	862314	40.00

说明：1995 年的数据仅为 11—12 月份数据

贷款结构　1996 年，各银行相继开办商业性个人住房贷款业务。2008 年，全市公积金贷款所购住房平均房价每平方米 4016.39 元，比同期商品住房均价 4500 元低 484 元；组合贷款占公积金贷款户均比为 20%，形成低价房以政策性贷款为主、中价房以政策性和商业性组合贷款为主、高价房以商业性贷款为主的常州特色的住房消费及住房保障格局。住房公积金个贷率达 95.7% 新高的情况下，政策性低息住房公积金个人贷款凸显了住房公积金制度优势。1995—2009 年，全市住房公积金累计投放个人贷款 137.9 亿元，支持 9 万余户职工购房 910 多万平方米，其中 85% 是中低收入家庭；单套平均面积 105 平方米，其中 90 平方米以下的占 34%。累计为融资购房职工节约贷款利息支出 3 亿多元，成为常州市民融资购房的首选。平均 4 个购房者中有 1 个使用住房公积金个人贷款，常州市住房公积金个贷比率居全省地级市首位，贷款优质率达 99.99%，高于商业性贷款质量。

贷款品种　先后创新职工异地贷款、自愿缴存贷款、公积金转商业性贷款、商业性贷款转公积金贷款、质押贷款等额本息还款、等额本金还款。2009 年底，户均贷款额 21.45 万元，贷款额占房价比 48.6%；户均贷款年限 13.37 年，户均面积 109.85 平方米；年末逾期率为 0。同年，建行代为发放个贷 5929 户、12.78 亿元，工行发放2888户、5.97亿元，农行发放1514户、3.27亿元，分别占总量的48.3%、22.5%和12.3%；中行、交行、江苏商业银行、江南农村商业银行、招商银行、中信银行占发放贷款的16.9%。

四、公积金提取

提取允许范围 1992年，职工家庭在购买、建造、大修自住住房，职工离退休、出国定居、职工去世时可提取住房公积金；1998年规定，提前退休、退养、内退人员必须达国家法定退休年龄才能提取住房公积金，职工因购、建、大修自住住房需要提取公积金的，职工及所在单位建立住房公积金制度必须满1年且按时足额缴存。1999年，完全丧失劳动能力并与单位终止劳动关系的，户口迁出所在市、区，偿还购房贷款本息，房租超出家庭工资收入规定比例的，职工死亡或被宣告死亡的，可提取用于一次性偿还贷款本息余额。2000年增加拆迁安置可提取条件。

2001年起，已申请住房公积金贷款职工家庭在最后一次性偿还贷款本息的，可提取住房公积金存款归还贷款本息。2004年，属最低生活保障对象或特困职工用于支付房租的，完全丧失劳动能力并与单位终止劳动、人事关系的，家在农村的职工与本市单位终止劳动、人事关系回原籍的，职工因失业住房公积金已转入托管户连续两年且离法定退休年龄不满5年的，均可提取住房公积金。2005年6月1日，实行住房公积金逐月提取还贷办法，对已办理住房公积金个人贷款，按借款合同正常还贷一期以上，其公积金账户中存储金额超过6个月应还贷款本息额，且信用良好、无逾期贷款的职工可委托公积金中心逐月提取本人住房公积金账户中存储余额，直接抵还其贷款月应还贷本息额。当年有2388人提取2956.58万元按月转账还贷，其中有13%的贷款职工家庭依靠住房公积金可以支付每月应还款额，有75%的贷款职工家庭依靠住房公积金可支付每月应还款额的一半。

2007年，扩大低收入家庭和困难职工住房公积金使用范围，最低生活保障对象、特困职工及因本人或直系亲属患重大疾病造成生活困难职工，允许其提取住房公积金，明确重大疾病10种范围，外来务工人员租住农民工公寓允许提取住房公积金支付房租。2008年，明确11种情形可以提取住房公积金：购、建、大修自住住房；偿还购买自住住房贷款本息；在本地无自有产权住房的新就业人员、外来务工人员用于支付租赁本市自住住房；属最低生活保障对象或特困职工；失业且男性年满50周岁、女性年满40周岁；与单位终止劳动关系且户籍不在本市或户籍迁出本市；出境定居；退休(职)；职工本人、配偶、未成年子女患重大疾病治疗造成家庭生活严重困难；职工死亡或被宣告死亡等。2009年10月，开办公转商补息贷款逐月提取还贷业务，对已办公积金贷款转商业贷款的借款人及配偶，在住房公积金账户中存储余额达6个月以上应还贷款本息的借款人，可委托公积金中心逐月提取住房公积金，归还贷款月应还本息。

1992—2010年常州市住房公积金提取情况一览表

表18-4-10　　单位：万元

年份	提款金额	提取率(%)	年份	提款金额	提取率(%)	年份	提款金额	提取率(%)
1992.06—12	30	—	1999	8084	23.30	2006	83478	51.10
1993	38	—	2000	11749	28.40	2007	113598	57.70
1994	118	—	2001	18076	34.80	2008	125442	50.00
1995	626	—	2002	28972	40.80	2009	189093	68.63
1996	1642	—	2003	34153	41.20	2010	204934	63.28
1997	2734	—	2004	45344	40.90			
1998	10586	—	2005	46627	35.20			

提取审批 1992年，提取公积金应向单位提出申请，提供有关证明，开具住房公积金支取申请书和转账凭证，由本人携带身份证件到市建行住房公积金结算点办理申请取款手续。1996年5月9日，无归属（即无单位）职工向公积金中心申请即可提取，同年提取30万元。1999年1月1日，职工持所在单位证明经中心批准即可。2004年2月1日，减少单位审核环节，在全国为第一个实行职工直接申请经中心审核批准即可办理，全国各地住房公积金管理中心纷纷到常州学习。1992—2009年，全市累计提取住房公积金71.63亿元。2009年，全市有46.71万人次提取住房公积金18.91亿元，占当年全部缴存住房公积金的68.6%。有2.54万人次提取7.71亿元直接用于购建大修住房，有41.08万人次提取6.71亿元直接用于按月还贷，有4615人提取9806.62万元用于最后一次还清，有2.59万人因退休、迁移到外地、死亡等注销账户提取3.45亿元，用于支付房租、重大疾病医疗的416人提取526.61万元；分别占提取总额的40.8%、35.5%、5.2%、18.3%和0.3%。

第三节　廉租住房和公共租赁住房制度

2000年，常州市区开始廉租住房制度试点，2001年正式实施。至2010年底，常州市区通过实施廉租住房制度，解决了7212户低收入家庭的住房困难，其中实物配租1444户、租金补贴4968户、租金减免800户。

一、廉租住房政策

1999年3月，市政府印发市区廉租住房管理试行办法，建立最低收入家庭租住廉租住房的申请、审批、轮候制度，住房保障体系开始逐步建立健全，社会贫困户、特困职工两类最低收入家庭分别由市民政局、市总工会认定。廉租住房只租不售，由政府制定低廉的租金标准，保障具有市区常住居民户口、家庭人均收入在最低生活保障线以下的无房和人均住房使用面积在6平方米以下（含6平方米）的职工、居民家庭。翌年，常州市试点安排了20户实物配租的家庭租住廉租住房。2001年，市政府出台市区廉租住房管理暂行办法，采取租金补贴、租金减免和实物配租3种方式实施保障，申请对象的人均住房使用面积标准由6平方米提高到8平方米，解决了住房困难的双特困家庭111户：向29户家庭发放了租金补贴，45户只租住1处公房的特殊家庭享受租金减免，33户孤老、残疾家庭和4户特殊对象住上租金低廉的住房。此后，随着城市的发展和城镇居民居住条件的改善，市政府适时调整保障水平，廉租住房保障覆盖面逐步扩大，最低收入住房困难家庭居住条件逐步得到改善。2006年，廉租住房扩面到家庭人均月收入420元以下、人均住房使用面积11平方米以下的双困家庭，其中属于享受大病救助、烈属、市级以上劳动模范，及取得经济适用房准购证但因经济原因放弃购买的家庭，均被纳入当年廉租住房保障范围，有75户家庭从10月起按每人12平方米享受每月每平方米8元的住房保障租金补贴。2007年起，随着实物房源的增加，往年享受租金补贴的低保、特困无房家庭可以申请调整为实物配租。2008年，原享受租金补贴的453户低保、特困无房家庭调整为实物配租，市区实物配租家庭653户。2009年，基本实现申请廉租住房租金补贴的家庭应保尽保。

二、实物房源建设

2007年，市政府出台《常州市市区廉租住房公共租屋配建办法》，在市区普通商品住房、经济适用房开发项目中分散配建的比例不低于项目住宅总建筑面积的5%、套型建筑面积约50平方米的廉租住房、公共租屋，同步配备基本生活设施。2009年，配建比例调整为项目住宅总建筑面积的3%，房地产开发企业对有配建指标的地块可选择在该地块自行建设，也可通过向政府缴纳廉租住房、公共租赁住房异地移建款置换指标，异地移建款纳入政府非税收入专户，专门用于住房保障支出。7月20日，规定市区廉租住房、公共租赁住房一室、一室半和二室户型的套数分别约占总套数的40%、50%、10%，建筑面积分别约50平方米、65平方米、75平方米，生活设施基本齐全。2009 年 8 月 1 日，《常州市市区公共租赁住房管理办法》开始施行，公共租赁住房的房源筹集渠道主要包括政府直接投资建设、收购的公共租赁住房，政府在中低价位、中小户型商品房开发项目中配建的公共租赁住房，廉租住房转过来的公共租赁住房和社会捐赠及其他渠道筹集的公共租赁住房。具备市区城市常住户口且实际居住 3 年以上、家庭人均年收入低于上年度市区人均可支配收入的 80%、无房的低收入住房困难家庭申请公共租赁住房，符合前 3 项条件满 35 周岁的单身人士亦可申请。同时具备大专以上学历，自毕业的次月起计算毕业不满 5 年，已与用人单位签订劳动（聘用）合同，本人及其父母在常州市区无私有房产且未租住公房的新就业人员由所在单位同意申请公共租赁住房。市政府提出市区两年筹集到廉租住房、公共租赁住房实物房源 6000 套，其中集中建设、市场收购分别占 40%、60%，由市房管局下属的常州市公共住房建设投资发展公司实施。市房管局、发改委、国土局、规划局、建设局等部门选定华康家园、华盛家园、金润家园、金泽家园为首批廉租住房、公共租赁住房集中建设项目，规划总建筑面积约 16.8 万平方米，可建廉租住房、公共租赁住房约 3100 套。

三、实物房源管理

常州市区廉租住房的最初来源为从城区老住宅区收购的二手房，实行属地管理，委托给各区房管局管理。随着政府新建廉租住房逐年增加，开始实行专业化物业管理。2005 年起，规范廉租住房户的年审和退出，对享受租金补贴、实物配租的廉租住房家庭分别发放“廉租住房租金补贴证”“廉租住房实物配租证”，年审不符合条件的家庭退出。2007 年 5 月，《常州市市区住房保障规划（2007—2011 年）》出台，确定“全面覆盖、应保尽保，统筹规划、分步实施，适时调整、动态管理”的原则，规划用 3～5 年时间探索解决常住常州、有稳定工作的外来务工人员的住房问题，建立健全以廉租住房、经济适用住房和公共租屋为主要形式，满足群众基本居住需求、具有常州特色的住房保障体系。2008 年 10 月 1 日起，市区享受廉租住房政策的租金补贴家庭建立租金补贴家庭账户，定期发放，用于租赁自住住房或者购买二手房、经济适用房、普通商品房和拆迁安置房。

廉租住房管理 市区建立申请家庭三级审核二级公示、实物配租安排会审、租金补贴家庭回访和工作问责 4 项制度，公开确定实物配租家庭，实行应保尽保。1999 年，市政府制订出台廉租房政策，向具有城镇常住户口且住房困难的最低收入家庭给予租金补贴、租金减免或提供租金低廉普通住房。廉租房来源主要有腾退的旧公有住房和由政府或单位新建的住房。租住廉租房的最低收入家庭由市民政局、总工会调查认定，实行只租不售，租金标准等于最低收入线除以全市职均收入乘以租金标准，月低廉租金额等于低廉租金标准乘以使用面积。保障对象为具有常州市区常住居民户口、家庭人均收入在市政府规定的最低生活保障以下无房和人均住房使用面积不超过 6 平方米的职工家庭和居民家庭。2000 年试点，安排 20 户实物配租家庭租住廉租住房。2001 年起全面实施，市政府出台《常州市市区廉租住房管理暂行办法》，分租金补贴、租金减免和实物配租 3 种方式。申请对象人均住房使用面积不超过 8 平方米，当

常州城区廉租住房申请场景（摄于 2008 年 7 月）

年解决111户双特困家庭的住房困难，其中租金补贴29户，租金减免45户和孤老、残疾家庭与特殊对象提供租金低廉住房37户。此后随着城市发展和城镇居民居住条件改善，保障标准有所调整。

2006年，覆盖面扩大到家庭人均月收入低于420元、人均住房使用面积不超过11平方米的双困家庭。其中享受大病救助、烈属、市级以上劳动模范及取得经济适用房准购证，但因经济原因放弃购买家庭，列入当年保障范围。全年有75户家庭享受廉租房扩面政策，10月开始享受每月每平方米8元、每人12平方米住房保障面积的租金补贴。2007年，随着实物房源增加，根据保障对象需求，将往年享受租金补贴低保（特困）无房家庭调整为实物配租。2008年10月1日起，市区廉租住房申请受理、走访核实、资格初审、补贴发放、年度审核等环节实现信息化管理。同年，扩大实物配租，把2008年度以前享受租金补贴的453户低保（特困）无房家庭全部调整为实物配租，全市实物配租家庭累计653户。至2009年底，常州累计解决6150户低收入家庭住房困难，其中实物配租1016户、租金补贴4334户、租金减免800户，基本实现申请廉租住房租金补贴家庭应保尽保。

2000—2009年常州市廉租住房保障情况统计表

表18-4-11　　　　单位：户

年度	租金补贴	实物配租	租金减免	小计	年度	租金补贴	实物配租	租金减免	小计
2000	—	20	—	20	2005	116	17	177	310
2001	29	57	45	131	2006	353	38	176	567
2002	80	15	43	138	2007	890	31	120	1041
2003	72	22	106	200	2008	1621	453	—	2074
2004	67	18	133	218	2009	1952	363	—	2315

实物房源收购　市住房保障办公室每年选择专业房地产经纪机构代理等单位，收购市区未列入拆迁范围的二手房、空置商品房为廉租住房，作为政府的国有资产，每套建筑面积约60平方米。

四、公共租赁住房

2009年8月1日，市政府制定出台《常州市市区公共租赁住房管理办法》，按照合理标准筹集，限定套型面积和出租价格，面向城市低收入住房困难家庭及新就业人员，实行公共租赁保障住房政策。房源筹集渠道主要有政府直接投资建设和收购，政府在中低价位、中小户型商品房开发项目中配建，廉租住房转型，社会捐赠及其他渠道筹集。具有市区城市常住户口且实际居住3年以上，家庭人均年收入低于上年度市区人均可支配收入的80%，无房，申请人与共同申请人之间有法定赡养、抚养或者扶养关系的低收入住房困难家庭，均可以申请公共租赁住房，其中符合前3项条件且达35周岁的单身人士也可以申请。具有大专以上学历，自毕业次月起计算毕业不满5年，已与用人单位签订劳动（聘用）合同，本人及其

首批公共租赁房保障对象拿到钥匙（摄于2010年12月）

父母在常州市区无私有房产且未租住公房也可申请。新就业人员申请由所在单位统一向市房产管理部门提出，不受理个人申请。两年内市区完成廉租住房、公共租赁住房实物房源6000套，其中2400套通过集中建设、3600套通过市场收购，由市房管局下属常州市公共住房建设投资发展公司实施。

第四节　经济适用住房

1994年，建设部、国务院住房制度改革领导小组、财政部出台《城镇经济适用住房建设管理办法》，常州市政府提供政策优惠，开始建造政策性商品住房经济适用住房，市区统一建成丽华南村、北环南村、藻江花园等解危解困房、经济适用住房，限定建设标准、供应对象和销售价格，解决了一批低收入家庭的住房难问题。但经济适用住房建设仍存在管理主体不明确、项目管理错位，重建设、轻管理，建设标准控制不严，优惠政策未落实到位和价格优势未充分发挥；个别不符合经济适用住房条件的项目冒名上报，争取低息贷款、优惠政策；个别高收入者购买经济适用住房等问题。至1998年停止，全部实行市场购房；很多中低收入家庭因经济承受能力较低买不起房，社会矛盾突出，市政府决定继续推进经济适用住房建设。2000年，市房管局开展了全市经济适用住房调查研究。

常州市区经济适用房货币化补贴资格认定书发放仪式（摄于2009年4月）

2002年6月28日，市政府在全省率先颁布《常州市市区经济适用住房建设管理办法》，明确建设规划、用地、扶持政策、价格、购买对象条件和申请审定程序等，经济适用住房建设管理走上规范化、法制化的轨道。同年7月，市经济适用住房发展中心组建成立，负责经济适用住房的建设和日常管理。2009年2月22日，市政府出台了加快推进市区住房保障工作的实施意见，对全市经济适用住房保障方式进行重大改革，变暗补为明补，由补助开发单位的“补砖头”改为补助购房家庭“补人头”，向市区符合经济适用房申请条件的约1万户家庭每户发放购房货币补贴8万元，实现经济适用房保障应保尽保。2010年，继续通过货币化补贴实施经济适用房保障，市区经济适用房货币补贴申请家庭人均月可支配收入由1440元（含）以下调整为1590元（含）以下。至2010年底，市区有5469个家庭每户享受货币补贴8万元，建成蓝天花园、陈渡新苑、景秀世家、飞龙新苑等规模较大的经济适用房小区6个，总建筑面积141.01万平方米。

一、蓝天花园

位于钟楼区五星公园西南侧，是市区第一个经济适用房小区，2003年12月至2006年6月分两期开发建设，总建筑面积31.7万平方米，其中经济适用房1692套、廉租住房360套、安置房247套及部分小高层商品房，主要解决市区常澄路改造、延陵西路拓宽，历史文化街区改造和部分地段旧城改造，拆迁及国有土地收储中被拆迁的低收入家庭的住房问题，先后于2005年1月和2006年6月竣工交付。该项目被市委、市政府评为2004年度为民办实事工程、十件好事之一。

国家康居示范小区陈渡新苑经济适用房小区（摄于2007年8月）

二、陈渡新苑

位于钟楼区清潭路延伸段南侧、南运河西侧，规划用地236亩，2005年11月至2008年8月开发建设，总建筑面积33.21万平方米，建有住宅52幢及会所、超市、菜市场等公共配套设施，可入住2212户，配套超市、菜市场等公共设施，精心营造生态、环保、节能型住宅，采用外墙墙体材料自保温隔热、塑钢双玻门窗节能、太阳能利用、雨水收集与河水综合利用、残疾人住宅无障碍设计、智能化管理等先进成套技术。2007年8月25日，省长梁保华视察陈渡新苑后，称赞陈渡新苑小区价格不高质量水平高。11月底，陈渡新苑被建设部、省建设厅专家评为省地节能环保型住宅国家康居示范工程，囊括成套技术应用、规划设计、建筑设计、施工组织管理4项金奖。

三、景秀世家

位于天宁青龙生活区龙锦路西侧、永宁路北侧，是市委、市政府2007年为民办实事项目，2007年初至2009年11月开发建设，总投资6.5亿元，占地137.2亩，总建筑面积24.1万平方米，建有小高层、高层21幢，有经济适用房、廉租房、农民安置房。2007年9月18日，全国建设工程质量监督执法检查组认为景秀世家工程建设达全国一流工程建设管理水平。

四、蓝天新苑

位于钟楼区勤业路与三堡街之间，2008年8月开工建设，总建筑面积约24.5万平方米，建17幢房屋及配套设施，分两期开发建设，一、二期先后于2011年10月、2012年底交付。

五、飞龙新苑

位于新北区飞龙中路西南、飞龙路东南，2008年8月至2012年建设，总建筑面积22.1万平方米，建19幢房屋及配套设施，分两期开发建设。

六、丽华三村

位于天宁区丽华南路西侧、中吴大道南侧，2004年6月至2009年6月，分两期开发建设，总建筑面积5.4万平方米，建成经济适用住房202套。一期、二期总建筑面积分别约3.1万平方米和2.3万平方米，先后于2005年9月和2009年6月18日完成交付。

第五章　房产管理

1988年，常州市开展了新中国成立后首次房屋所有权登记发证，收效颇佳。此后，全市房管部门加强公房管理，统一租金标准。整顿租赁管理秩序，查处了擅自转租、转让等违反公房管理规定的行为。市房管局先后拟订《常州市城镇房地产管理暂行办法》《常州市市区房产交易管理暂行办法》《常州市城镇危房管理实施细则》等，房产交易管理机构、危房鉴定机构相继建立，做好“文化大革命”中被挤占的私房落实政策工作，开展了房屋普查，加强了产权产籍管理、物业管理和白蚁防治。2010年，常州中房物业公司管理的常州钟楼经济开发区投资管理服务中心被评为国家优秀示范项目。

第一节　产权产籍管理

1984年2月1日，常州市政府批准市房管局增设全民所有制事业单位产权监理处，由该局私房管理科与常州市私房交易所、房产档案室和测绘队合并组成，负责市区房屋产权产籍管理。1990年起，市房管局产权监理处承担了编辑发行中国房地产产权产籍研究会会刊《房地产权产籍》，是中国房地产产权产籍研究会常务理事单位。1992年，依托常州市房地产交易所设立常州房产市场，建立起以房产交易、权证办理、抵押贷款、价格评估、中介代理、房产测绘和法律咨询、金融服务等于一体的房地产大市场，设施齐全，国土、财政、工商、公证、金融等相关部门进场联合办公；30多家房地产开发商、中介服务机构同时进场销售和代理房地产，形成涉房业务“一门式”服务、一条龙办理的运作模式。1999年12月27日，市调房服务所并入产权监理处。2002年3月下旬，该处更名为常州市房产产权监理处。2006年12月底，市房地产交易所更名为常州市房地产登记中心，与市房产产权监理处合署。2007年，市房地产登记中心依托常州房屋产权产籍管理的雄厚基础和金绍达等专家，成立全国房产权属登记管理培训基地，对全国房屋产权登记人员进行业务知识培训。2009年1月，市房产产权监理处与合署的市房地产登记中心合并，更名为常州市房产登记中心，内设信息管理科、法规督查科、租赁市场科、受理科、登记科、综合档案馆、房产测绘管理科、房产测绘队等11个机构，核定管理人员40人、专业技术人员70人。1993—2010年，市房地产登记中心每年筹备承办两次房产交易（住宅产品交易）会。自行研发的常州市房产地理信息管理系统于2008年获建设部华夏科技进步二等奖。

一、房屋登记制度

改革开放后，随着住房制度改革的深入和住宅商品化的推行，房产产权纠纷占人民法院受理的民事诉讼案件中很大比重，房地产越来越多介入其他经济活动，以契代证的模式明显不适应社会经济发展的需要。1987年4月21日，城乡建设环境保护部颁发《城镇房屋所有权登记暂行办法》，要求2～3年内在全国城镇开展房屋所有权总登记，核发所有权证。翌年2月25日，市政府颁发城镇房屋所有权登记暂行规定，部署全市国有土地范围内的房屋登记工作，明确登记范围为市区、县城、建制镇和独立工矿区范围内全民、集体和个人所有的公私房屋；登记权利包括房屋所有权、典权和抵押权，登记种类包括总登记、新建登记、变更登记、他项权利登记；并对当事人申请登记具有强制性。至1991年底，常州市和武进、金坛、溧阳三县（市）房屋所有权总登记基本结束，房屋所有权登记开始日常化。翌年，市房产管理局产权监理处被建设部评为全国城镇房产产权登记发证先进单位。房屋登记制度的建立和巩固，为常州市的住房制度改革、房地产行业的发展和企业改革改制、融资创造了条件。1993年6月，市政府重新颁布《常州市城镇房屋所有权登记暂行规定》，着重解决《中华人民共和国行政诉讼法》实施后房产登记中的新问题。2007年10月，《中华人民共和国物权法》开始实施，其中关于不动产登记的规定对房屋登记产生了积极影响。翌年7月，建设部颁布的《房屋登记办法》实施后，带来了中国房屋登记制度最大的变革，明确了房屋登记机构、登记类型、登记程序及房屋登记的收件要求。

交易立契制度　1999年以前，常州房屋登记一直沿用交易立契制度。1999年，市房管局在全国率先废除交易立契制度，采用房屋交易、产权登记一体化操作流程，提高了办证效率。

房屋实名登记制　2000年修订的《中华人民共和国婚姻法》颁布后，夫妻之间的财产关系趋于复杂化。

2004年1月起，常州市开始审核自然人的婚姻状况，实名登记自然人的房产，2004年以前登记的房产当事人可以自愿办理变更登记，在处分房产时登记机构要审查婚姻状况，依据原登记资料确认产权是否有配偶的共有份额。2004年，市政府颁发《常州市城市房屋权属登记管理办法》，对登记类型、登记程序等工作提出新要求，集体土地上的房屋权属登记管理参照执行。

二、房屋权属登记

国有土地上房屋 房产转移登记 1993年7月1日，市政府发布的《常州市市区优惠出售公有住房实施方案》实施。1993—1994年，因绝大部分成套公房被居住的市民购买，其他转移登记数字突然增大，成为登记高峰年。1998年以后，许多市民把购得的优惠住房接轨后转变为成本住房出售。

1986—2010年常州市区房产转移登记分类统计表

表18-5-1 单位：套

年份	合计	比上年±(%)	商品房	房屋买卖	继承	赠予	分割	交换	其他
1986	618	—	0	491	64	4	44	12	3
1987	871	40.9	0	772	54	11	26	6	2
1988	351	-59.7	0	166	111	18	38	18	0
1989	648	84.6	0	449	105	12	52	30	0
1990	325	-49.8	0	125	114	35	27	24	0
1991	1138	250.2	0	642	280	108	42	65	1
1992	1126	-1.1	0	738	205	92	38	52	1
1993	7685	582.5	0	875	88	75	17	70	6560
1994	57578	649.2	0	783	132	65	43	61	56494
1995	2528	-95.6	0	610	212	55	74	23	1554
1996	2556	1.1	782	228	122	66	122	710	526
1997	2751	7.6	572	613	211	65	337	602	351
1998	6420	133.4	2804	898	315	217	221	1182	783
1999	17068	165.9	10306	4546	186	53	284	585	1108
2000	14208	-16.8	7410	5725	115	49	73	55	781
2001	22367	57.4	8254	7757	270	52	205	55	5774
2002	20132	-10.0	9294	9062	208	19	121	38	1390
2003	24113	19.8	8589	13803	326	32	140	48	1175
2004	27142	12.6	9120	16579	354	55	161	31	842
2005	27241	0.4	14644	10653	565	137	341	33	868
2006	23178	-14.9	12331	9354	350	40	151	39	913
2007	33514	44.6	22274	8939	710	261	583	20	727
2008	31619	-5.7	23517	6482	345	45	145	35	1050
2009	61891	95.7	35619	20719	1307	212	882	45	3107
2010	68191	10.2	48545	16632	1014	219	947	27	807
累计	455259	—	214061	137641	7763	1997	5114	3866	84817

说明：1995—2010年其他转移登记中包括公房出售的数据

初始登记、抵押登记 1986—2010 年，市区国有土地范围内房屋初始登记累计 2 万套，其中私房 1.32 万套、单位房 0.68 万套；市区抵押登记 17.45 万套。初始登记的高峰期为 1999—2000 年，次高峰期 2007—2008 年；抵押登记高峰期 2009—2010 年，次高峰期 2007—2008 年。

常州市区历年房产初始登记、抵押登记情况表

表 18-5-2　　　　　　　　　　　　　　　　　　　　　　　　　　单位：套

年份	新建房初始登记			抵押登记	年份	新建房初始登记			抵押登记
	合计	私房	单位房			合计	私房	单位房	
1986	688	687	1	0	1999	2634	1303	1331	2600
1987	313	313	0	0	2000	1586	600	986	4617
1988	221	221	0	0	2001	1205	611	594	8440
1989	484	484	0	0	2002	932	639	293	10530
1990	376	376	0	0	2003	1050	740	310	13982
1991	485	485	0	0	2004	1063	738	325	11933
1992	412	412	0	0	2005	1396	845	551	8109
1993	135	135	0	0	2006	1060	720	340	12809
1994	265	265	0	3	2007	1503	650	853	14497
1995	234	234	0	69	2008	1486	752	734	15831
1996	372	372	0	470	2009	746	583	163	31882
1997	268	268	0	1418	2010	828	552	276	34538
1998	248	248	0	2767	累计	19990	13233	6757	174495

集体土地上房屋 1988 年 2 月，《常州市城镇房屋所有权登记暂行规定》颁布实施后，郊区房产登记发证办公室成立，常州市同步开展集体土地上的房屋登记，武进、金坛两县随即开展房屋登记。1997 年，溧阳、戚墅堰启动房屋登记。2002 年 4 月，常州市行政区划重大调整后，市区集体土地上房屋登记分别由武进、新北、天宁、钟楼、戚墅堰 5 区的房产登记机构负责。2008 年 7 月，《房屋登记办法》颁布实施，规定由市、县人民政府房产主管部门统一办理国有土地和集体土地上的房屋权属登记。9 月，市政府出台《关于促进房地产市场稳定健康发展的若干意见》，明确全市统一房产权属登记及其操作规程，建立全市统一的登记簿，推进城乡国有土地、集体土地上房屋登记一体化。

第二节 直管公房管理

常州市按照深化城镇住房制度改革实施方案，在稳步推进住房商品化的同时，加强直管公房的管理。

一、市区公房租金改革

公房提租 1995 年，市区开始在公房住户家庭合理支出的范围内，实行公房新租金标准，分步达到按折旧费、维修费、管理费、投资利息、房产税 5 项因素构成的成本租金标准，主要改革市区房管部门直管公房和行政机关、企事业单位自管公房。市区 1995 年 9 月 30 日前已租住的公房月均租金自次日起提高到使用面积每平方米 0.9 元，公房住户平均支出接近于市双职工家庭平均收入的 5%。翌年起每年以上年双职工平均工资收入为基数，把市区月均租金支出占双职工家庭平均收入所占比例提高 2 个百分点，即 1996 年为 7%、

2000年提高到15%。2002年租金标准在2000年的基础上再提高15%，即砖混一等公房每平方米使用面积月租金标准调整为2.5元，一直执行到2009年。

租金补贴与减免 1937年前参加革命工作的人员、市民政部门确认的社会优抚对象1处住房提租后净增支部分全免，享受离休待遇人员、已故离休人员的配偶1处住房提租后净增支部分减免20%；市总工会核定的特困职工按本人及家庭随住人员全部住房补贴抵缴房租后的净增支出额，由户内职工的单位适当补助。

二、市区直管公房维修

2003年房管体制改革前，直管公房维修每年由市房管局下达直管公房维修计划，实行分级负责、分工组织维修。房管体制改革后，公房实行委托经营管理，直管公房的日常养护维修由区房管局负责，市房管局按每平方米1.5元拨付维修经费给区房管局。同步建立市区房屋维修网络，维修业务由区级房管系统事业单位改制后成立的企业及物业公司承担，在各区设立维修受理点，受理住宅的公共部位，公共设施的维修，形成覆盖市区的房屋维修网络。2010年底，常州主城区房屋维修网络企业有新北的常州嘉丰物业管理公司，天宁区的常州市兰陵物业公司、北环物业公司、朝阳物业公司、同济广厦房屋维修公司，钟楼区的常州市城西物业发展公司、城中物业公司和戚墅堰区的常州市齐盛房产发展经营公司。

三、市区房管系统事业单位改制

1993年实行住房制度改革后，区级房管体制改革开始实施。2003年6月，天宁、钟楼和戚墅堰3区房管系统事业单位改制，将人员、资本、技术等重新优化组合，国有资产全部退出，按现代企业制度组建11家民营股份制企业，其中物业管理公司7家和中介公司、水电安装公司、拆迁公司、五交化经营公司各1家。改制后，成立的企业有常州嘉丰物业管理公司、常州市兰陵物业公司、常州市北环物业公司、常州市朝阳物业公司、常州同济广厦房屋维修公司、常州市城西物业发展公司、常州市城中物业公司、常州市齐盛房产发展经营公司。

四、落实私房政策

2001年，常州市落实私房政策办公室变更为常州市房产管理局落实私房政策办公室，挂在市房管局房屋管理处。1986—2009年，常州市落实私房政策工作主要是继续处理“文化大革命”房产、全面复查处理市区私改遗留问题及逐年处理宗教房产。

“文化大革命”房产处理 “文化大革命”房产是1966年5月16日至1976年10月被冲击挤占、接管、“上山下乡”被低价收购的房产等。2000年基本处理结束。查出“文化大革命”期间市区有被冲击、挤占的私房1850户，采取发还产权、腾退住户的办法落实1838户；“上山下乡”被低价收购房1060户，回城后给予住房安置、合理经济补偿，有1007户领取补偿款。

市区私改遗留问题复查 常州市从1958年开始进行私房改造，其后在“文化大革命”中补改了部分，有档可查的3313户。至2004年底，在拆迁过程中处理解决70平方米以下的错改户528户，基本完成处理。2005年以前，常州仅在拆迁过程中处理对私改遗留问题，对已拆、未拆的房屋暂未处理，处理方法只对房屋进行残值补偿，市区一直未全面处理私改遗留问题。随着旧城改造步伐的加快，原私改房屋大量被拆迁拆除，而落实政策发还产权后，在拆迁过程中形成两个事实上的所有人，拆迁人不愿意接受，群众信访频繁，甚至到北京上访，焦点集中在改造起点、补偿标准、公开档案等方面的矛盾。市委、市政府批准市房管局提出的通过资源整合、市场化运作的方式，全面处理市区私房改造遗留问题的意见，常州市落实私房政策办公室在市房管局恢复，制定了实施办法。

2005年5月13日开始全面处理市区私改遗留问题，市落实私房政策办公室和市、区两级房管部门成立全面处理私房改造遗留问题工作协调小组，私改起点为出租房屋100平方米。对非住宅用房和原地主、富农、资本家成分的房主出租房屋不受起点限制。对按政策应发还的房屋、已拆除未处理房屋等私改房屋根据具体情况、不同时段、不同年份和区位地段给予数百元至两三千元的经济补偿。市区处理错改户951户，补偿总额5100万元。至2009年底，已发放635户、3685万元，有88户由于继承纠纷原因、产权不清、等待拆迁等原因未办理领款手续，其余228户继承人下落不明。

宗教房产处理 至2010年底，宗教房产中天主教、基督教、伊斯兰教的房产处理结束，佛教房产由房管部门以定包租的形式代为管理，如遇拆迁由房管部门代收产权补偿款，再转移支付给市佛教协会，每年给予3.5万元的定包租金。

第三节 物业管理

1992年，常州开始引入物业管理，逐步建立符合市场经济发展需要的住宅区管理模式，成为全国物业管理发展较早、较好的城市。11月，全市首家物业公司常州天安物业管理分公司在常州高新区成立。1994年8月，随着住房产权私有化地推动，实行房产的专业化、市场化、社会化管理势在必行，全市新建住宅小区开始实行物业管理，红梅西村随后创成首批实施物业管理的国家级示范小区。2003年起，常州率先针对老住宅小区物业管理的全国性难题，按照“政府花钱建机制，百姓花钱买服务”的思路，累计投资3亿多元，综合整治了市区62个老住宅小区，总面积800万平方米，受益人口40多万人，创造在全国推广的老小区综合整治并转入物业管理的“常州经验”。2004年底，常州市老小区综合整治被建设部授予中国人居环境范例奖，翌年初获得省政府授予的江苏省人居环境范例奖。至2010年底，常州市区物业管理经过19年的发展，社会化、市场化、专业化程度提高，大量新建住宅小区、拆迁安置小区和工业厂区、写字楼、学校、医院等非住宅物业和经济发展较快的乡镇集镇实施物业管理；物业管理覆盖面扩大，形成包括房屋及其设施设备维修养护、秩序维护、保洁、绿化等公共服务和家政、中介等配套服务的庞大体系，渗透到百姓的生活中。物业管理对常州市改革住房维修与管理体制，减轻政府负担，提高城市化管理水平，促进住宅建设，扩大就业和再就业发挥了重要作用。全市有物业服务企业238家，其中一级企业4家、二级企业17家、三级企业217家；有物业服务从业人员2.5万人，持物业管理岗位证书人员2000人；全市有物业管理项目763个，总建筑面积7427万平方米，物业覆盖率为65%，服务对象达200万人。住宅小区成立业主大会及业主委员会170家，占小区物管项目的35%。全市物业管理项目累计获得国家示范项目称号5个、省级优秀项目22个，市级优秀项目89个。同年行业经营总收入3.13亿元，创造增加值1.93亿元。

一、制度机制建设

1993年11月，市政府明确市房管局为全市物业管理公司的行业主管部门。1994年8月，市政府出台《常州市市区住宅区物业管理暂行办法》，明确了住宅区物业管理委员会和物业管理公司的权利义务，物业管理的主要内容、管理方式，建立房屋共用部位设施和自用部位设备维护基金及来源，为深圳市人大常委会颁布住宅小区物业管理办法后内地最早由政府颁发的物业管理办法之一，也是常州第一个物业管理规范性文件。1995年，市政府办公室印发了优秀管理住宅小区考评细则。翌年，全市物业管理会议召开，决定在市区全面推进住宅小区物业管理，市住宅小区物业管理领导小组成立，分管副市长任组长，在市房管局设办公室。1998年，市政府出台加快推进住宅区物业管理的若干意见。

2000年6月，《常州市市区住宅小区非营业性公建配套用房产权管理暂行规定》出台，明确了住宅小区物业管理服务用房的配备，公建配套设施与住宅建设必须同步实施，同时交付使用。2007年，物业管理重心开始下移，探索建立“二级政府、三级管理、重心下移、条块结合”的城市物业管理新机制。2002—2009年，国务院《物业管理条例》和《江苏省物业管理条例》及其配套办法颁布实施后，常州市陆续出台物业服务收费管理、前期物业管理招标投标、企业资质管理、业主大会、长效管理等方面的系列规范性文件。2007年，市房管局开始构建城市长效综合管理机制，制定了加强住宅小区物业管理的实施意见、考核管理办法、四级投诉网络办法、市场主体进退规范、专项经费管理办法及业主大会、业主委员会工作指导规则等配套政策，构建了市区住宅小区联合监管、日常考核、经费保障、社区共建等7项长效管理机制，确定市区住宅小区停车收费标准，设立住宅小区物业管理专项经费，补贴整治后老住宅小区的长效管理。天宁、钟楼、戚墅堰3区物业管理实行属地管理，所属16个街道、143个社区建立四级物业管理网络，各区政府落实193名物业行业管理人员。各区相继成立物业管理工作领导小组，区房管局、街道成立物业管理组，社区设立物业管理联席会议制度。

二、物业管理企业

1992年6月，市房管局和工商银行常州分行筹资建立常州物业公司，主要从事房地产开发建设与物业管理；11月，合资企业常州天安物业管理分公司成立，主要管理城北开发区天安工业村，成为全市首家管理工业厂房的物业企业。1994年5月，常州市物业管理公司，常州市天宁物业总公司等首批16家物业企业联合成立，各区房管部门均成立物业企业。

资质管理　1993年，常州建立物业管理企业资质管理制度，规定设立物业管理公司资质基本条件，拥有或受托管理总建筑面积达5万平方米的物业；有30万元以上的货币注册资金，有独立健全的管理相应物业所必需的管理机构和人员，企业专业管理人员配置按总建筑面积10万平方米计算，平房及多层房屋为6人，高层建筑配8人，不足10万平方米的配5人以上，有完备的房屋管理、修缮与养护的保障措施。市房管局房屋管理处增挂物业管理处牌子，监督全市物业管理行业。2004年10月，市房管局贯彻实施建设部《物业管理企业资质管理办法》，出台《常州市物业管理企业资质管理实施细则》，物业管理企业资质分为一级、二级、三级，明确了新设立物业管理企业申请暂定资质的条件，组织检查了全市115家物业管理企业的资质，其中合格企业96家、整改企业16家，注销3家企业资质。同年设立物业管理行政审批窗口，规范物业企业资质审批制度、程序和物业管理市场主体进退行为，建立由街道办事处牵头的物业管理市场主体进退指导工作组，明确业主委员会之间的交接、业主大会按市场化方式选聘物业管理企业的进退交接等环节的条件、内容和程序。

服务合同管理　常州从2000年开始逐步规范物业服务合同的文本，物业企业在业主购房或入住时，与其签订前期服务协议与临时管理规约。2007年，市房管局修改物业管理服务合同的条款，印发了《常州市前期物业服务合同》和《常州市前期物业管理服务协议》示范文本。到2008年底，全市有513个住宅项目备案服务合同，进入全市物业管理信息系统。

从业人员培训　市房管局从1997年开始每年组织物业管理从业人员上岗培训，规范物业保安的准入和服务行为，2004年开始进行物业保安上岗培训。2007年起，每年组织各区、街道办、社区负责物业管理的分管领导和工作人员参加业务培训。2004年起，全市开始推行业主大会制度，市房管局每年对住宅小区业主委员会主任进行政策法规、业务培训。

就业用工管理　1998年3月，市房管局、劳动局联合成立市物业管理行业就业服务中心，加强物业管理行业劳动管理，鼓励物业管理企业优先录用下岗失业人员。市政府出台《关于加快推进住宅区物业管理的若干意见》。落实物业管理企业用工方面的财税优惠政策。市房管局、物管协会印发《常州市物业管理行业劳动用工与管理细则》。

诚信品牌建设　2003年，加快建立和完善房地产信用档案系统，把物业企业诚信记录列入行业管理范畴，常州嘉丰物业管理公司被评为江苏省优秀物业管理企业。翌年5月起，组织开展诚信物管评比竞赛，综合考评物业企业的自身建设、服务管理制度、合同履约效果及业主满意程度等方面，人民家园、白云东苑等10个住宅小区获得首批市级诚信物管项目称号。

三、物业管理服务

收费规范管理 2000年6月，市房管局、物价局对怀德苑、红梅西村、北环南村、体育花苑、西新桥三村5类不同的物业管理小区进行了物业管理服务收费等级的试点考评，常州市房地产市场在全市第一个进行物业管理公开招投标。2005年，《常州市物业服务收费管理办法》出台，物业服务收费实行政府指导价与市场化议价双轨并行的机制，实行住宅项目前期物业管理中标价格备案制。2006年，市房管局、物价部门联合出台了《常州市市区住宅电梯运行维护收费管理办法(试行)》，改变由开发商一次性向业主收取电梯费用的做法，规定电梯运行维护费与电梯的大修更新费分列，每平方米每月收取电梯运行维护费0.4元。2009年8月，住宅电梯运行维护收费管理办法出台，加强住宅电梯的收费规范管理。同年，《常州市市区普通住宅物业公共服务分项目收费标准》出台，按综合管理服务和公共区域秩序维护服务、清洁卫生服务、绿化日常养护服务、共用部位共用设施设备的日常维护保养服务5类，设定不同的服务等级、若干服务项目，实行相应的收费标准，实行自由组合、菜单式选择收费项目，物业服务消费更透明规范。

服务项目创优 市房管局从1994年开始每年组织物业管理项目开展创优评比。翌年，全市首批18个住宅小区(工业区、大厦)分别通过国家级、省级和市级的创优验收，红梅西村、天安工业村被建设部评为全国城市物业管理优秀示范住宅小区优秀工业区，浦南新村等5个住宅小区被评为江苏省城市物业管理优秀住宅小区，溧阳市燕山南村成为第一个获省级优秀称号的县级市住宅小区。1997年9月，全省首次物业管理现场会议在溧阳市召开，全省250多名代表出席。1999年11月，全省物业管理会议在常州召开。翌年11月，常州市物业保安大队成立。2009年起，开始探索构建和谐物管，创建和美小区，提高人居质量。2010年，新建住宅项目物业管理服务用房的配建指标调至规划总面积的0.7%。至同年底，全市有116个物业管理项目被评为物业管理优秀项目，其中国家级优秀示范项目5个、省级优秀项目22个、市级89个。2007年起，市房管局复查验收了创优满3年的优秀项目，撤销国家示范项目10个、省优项目12个、市优项目49个，3个项目保留国优，4个国优项目降为省优，12个项目保留省优。

市场秩序整顿 1994年10月，常州市首次物业管理交流会召开，建设部房地产业司司长谢家瑾肯定常州的物业管理是“后来居上，在江苏省是一枝独秀”。2002年7月初，市房管局、物价局、监察局、经贸委等部门联合整顿规范全市物业管理市场，处理了运作不规范的企业13家，6家企业被吊销物管资质、7家企业被要求限期整改。2003年，全市物管行业推行服务公示制，倡导阳光服务。随着2000年12月《江苏省物业管理条例》、2003年6月国务院《物业管理条例》相继颁布，物业管理逐渐进入法制化轨道。2007年，常州市房管局、建设局、物价局等部门按照建设部、国家发改委等部门的统一部署，开展了房地产市场秩序专项整治行动，清理检查全市物管企业、相关开发建设单位150家，物管项目235个，责令22家物业企业整改，注销8家企业资质，对拖欠维修资金的3家企业进行了行政执法。2009年，市和辖市区两级房管部门开展了物业服务专项检查，检查一级、二级资质企业21家、抽查三级资质企业12家及其所管理的项目。8月6—7日，省建设检查组到常州进行物业服务专项检查，对常州市专项检查工作予以了较高评价。

高层住宅二次供水 物业管理快速市场化后，业主委员会的法律地位、高层住宅小区二次供水损耗大分摊难等方面的矛盾逐年增多。2005年，市房管局、建设局、物价局与自来水厂等单位联合出台《常州市新建高层住宅二次供水设施管理办法》，规范新建高层住宅二次供水的管理与收费行为。2005年底，把住宅小区物业管理服务用房的最低配建指标由小区总建筑面积的 0.3% 调整到 0.4%。2006 年，市房管局、规划局、建设局联合发文，规定住宅小区物业管理服务用房验收的执行标准、计算基数、主要用途和商办住混合项目中物业用房配置等问题，完善新建住宅小区非营业性公建配套设施的验收管理。2007—2009 年，市建设局、房管局组织对市区有二次供水设施的 63 个老小区实行水表一户一表改造，解决了高层住宅物业管理的难题。

四、物业维修资金管理

1993 年 7 月 1 日，常州市开始实行优惠出售公房政策，明确由售房资金建立市统筹基金、房屋公共部位维修基金三项基金和住房发展基金，其中房屋公共部位维修基金与用于全市解危解困的市统筹基金各占 10%，住房发展基金占 80%。售房资金由市住房基金管理中心统一管理，专户存储，专款专用。1994 年，常州部分物业服务企业开始参照房改房维修资金的标准归集当时开发的商品房维修资金。1995 年，全市建立房屋维修管理基金，按售房面积每平方米 70 元提取，用于房屋共用部位和设施的维修养护与管理部分各占 50%。1998 年，《常州市住宅小区共用设施维修资金管理办法》《常州市住宅楼房屋本体共用部位设备维修资金管理办法》出台，房屋本体共用部位、设备维修资金由业主委员会或委托物业企业代收，归集标准为总建筑面积每平方米 35 元。2000 年，综合交接费明确为总建筑面积每平方米 15 元，市房管局清理和规范了住宅区两项维修资金的归集行为，把两项维修资金纳入市住房基金管理中心进行统一管理。翌年，市房管局开设维修资金专户，所有资金统一解缴专户。2002 年 10 月，常州市物业管理中心成立，专门管理市区物业维修资金。2003—2005 年，该中心组织 3 家会计师事务所审计了全市代收代缴本体维修资金的 64 家物业公司，催缴被拖欠的维修资金 6127 万元。2008 年，常州市计算首期维修资金缴存基数的建安造价配备、不配备电梯的房屋分别为每平方米 1500 元、1000 元。至 2010 年底，市区有 29.7 万户业主缴存维修资金，累计归集维修资金 14.12 亿元，使用拨付资金 0.2 亿元，维修资金余额 14.6 亿元。

首期维修资金缴存比例和调整后的住宅专项维修资金交存标准一览表

表18-5-3　　　　单位：元/平方米(建筑面积)

房屋条件	缴存比例(%)	购房人缴存标准	房屋条件	缴存比例(%)	购房人缴存标准
配备电梯房屋	8	120	配备电梯的经济适用房	—	75
不配备电梯房屋	6	60	不配备电梯的经济适用房	—	50
经济适用房等保障性住房	5	—			

五、前期物业管理招投标

2005 年 1 月，市区住宅小区前期物业管理招投标制度建立。《常州市市区前期物业管理招标投标管理暂行办法》规定，新建住宅区的开发建设单位必须通过招投标的形式确定前期物业管理单位，住宅物业规划总建筑面积达 5 万平方米、3 万～4.99 万平方米的分别采取公开招标、邀请招标方式。同年，监管了滨江明珠城等 24 个新建住宅项目、总建筑面积近 400 万平方米的前期物业管理招投标过程。2006 年 5 月，市物业管理协会受市房管局的委托，出台《常州市物业公共服务劳动工时定额指导标准》，首次提出把物业公共服务的内容单项量化，向服务对象、社会公开物业服务的成本构成，同年被市房管局确定为前期物业成本测算的指导标准，在前期物业管理招投标中使用。7 月 10 日，市物业管理中心完善前期物业管理项目招投标文件和监管措施，健全前期物业管理招投标机制、监管规程。市物价局、房管局加强对普通住宅前期物业公共服务收费行为的规范管理。2009 年 4 月，市物业管理中心开始公开发布前期物业管理招投标公告。至 2010 年底，市区有 171 个新建住宅项目、总建筑面积 3471.58 万平方米通过投标方式，选聘前期物业服务企业。

第四节 白蚁防治

1992年以前，白蚁防治机构主要承担全市直管公房及机关、团体、企事业单位、私有房屋白蚁危害的灭治工作，基本方法是蚁害发生后的事后处理，实现局部的蚁害控制，每年灭治费收入不超过10万元。2000年6月21日，常州市政府出台《常州市城市房屋建筑白蚁防治管理办法》，全市白蚁防治走上法制化轨道。房管、白蚁防治部门常年开展白蚁预防治理，承担并开展了多项白蚁防治研究课题，起草了江苏省地方标准，探索白蚁防治的综合治理之路。1992—2010年，全市实施白蚁预防总建筑面积达9830万平方米，预防费收入1.85亿元。

一、白蚁危害普查

80年代中期，市区开展了大规模白蚁危害普查，对周线巷、天皇堂弄和钟楼区的11所幼儿园共计549户、2.76万平方米房屋进行普查，查出平均白蚁危害率约35%，新建住宅白蚁危害有上升趋势；21处文物保护建筑（含省级7处、市级14处）有蚁害17处，白蚁危害率80%。根据普查结果，依据白蚁生活、生存、危害和常州气候特征，结合常州市白蚁危害的发生率，判定常州地区为白蚁危害重点地区。2000—2003年，市房管局与安徽农业大学专家组联合开展了大规模的白蚁危害种类调查和区系分布与危害研究，查明常州有白蚁2科、4属、24种，其中圆唇散白蚁、褐缘散白蚁、黑胸散白蚁、黑翅土白蚁和囟土白蚁为危害房屋、树木、水库堤坝的优势种白蚁。

二、白蚁防治

80年代末期，对中天钢铁体育馆、亚细亚影视城等重点工程探索实施白蚁预防处理，提出新建房屋白蚁预防的新理念，由此推动了常州乃至全省、全国实施新建房屋白蚁预防工作的开展和有关政策法规的出台。1992年起，常州开始全面推广新建房屋白蚁预防。1999—2000年，建设部72号令《城市房屋白蚁防治管理规定》、市政府《常州市城市房屋建筑白蚁防治管理办法》相继出台，对新建、改建、扩建房屋在设计、建设、装饰装修过程的白蚁防治提出了明确的规范和要求，全市白蚁防治走上法制化轨道，白蚁危害治理同步向装饰装修、古建筑等领域延伸。1992—2010年，全市实施新建房屋白蚁预防6139项、9830万平方米，预防覆盖率达98%。2000—2010年，登记并消除白蚁危害3730户，实现白蚁危害报治处理率100%。

1992—2010年常州市房屋白蚁预防面积与预防费收入统计表

表18-5-4

年份	预防面积（万平方米）	预防费收入（万元）	年份	预防面积（万平方米）	预防费收入（万元）	年份	预防面积（万平方米）	预防费收入（万元）
1992	43	76	1999	108	188	2006	1170	2018
1993	49	86	2000	132	232	2007	1016	1975
1994	120	209	2001	430	861	2008	1064	2105
1995	87	153	2002	580	1153	2009	1145	1914
1996	91	159	2003	870	1739	2010	1284	2433
1997	90	157	2004	660	1319	累计	9830	18483
1998	95	168	2005	796	1538			

三、防治技术研究

2000 年以后，常州房管部门重点组织开展锐劲特用于房屋建筑白蚁防治的研究、常州市城市害虫种类及其区系分布研究、城市白蚁预防工程土壤化学屏障质量检测评价体系研究等课题研究，成果均通过专家评审组的鉴定。常州以城市白蚁预防工程土壤化学屏障质量检测评价体系研究的成果为依托，作为第一起草单位起草了省级地方标准《房屋白蚁预防工程土壤化学屏障检测和评价技术规范》（标准号 DB32/T 1075-2007），通过省质量监督局组织的评审，2007 年 9 月 30 日实施，2009 年编写制订了解释细则，作为完整的地方标准付诸实施。同年，常州市白蚁防治药物检测中心实验室通过省质量技术监督局资质认定一计量认证评审。加强城市公共绿化地带的白蚁防治、白蚁预防 15 年包治期满后的再治理两项课题研究；组织实施世界银行赠款的中国白蚁防治氯丹灭蚁灵替代示范项目，选择奥林匹克花园、常州工学院等大型住宅区、校区作为示范区域，安装地下型饵剂系统 1.19 万个，促进了全市的白蚁综合治理工作。

第十九卷 商贸服务业

Volume XIX Business Services Industry

常州商贸业持续快速发展。1985 年 6 月底，常州市区有商业网点 5578 个，从业人员 3.11 万人，商业营业面积 50.71 万平方米，拥有固定资产原值 5211 万元。80 年代中期至 2001 年，零售商业、批发商业企业和全市商贸管理体制所有制结构发生重大变化，消费品市场逐步向特色化、规模化、多元化和规范化发展。1996 年 8 月，市商业局与市贸易办公室合并成立常州市贸易委员会；2001 年 11 月，市贸易委员会、物资局行政职能划归市经济贸易委员会，同时组建常州贸易国有资产经营公司，建立发展规模经济的新型流通管理体制。2002 年，全市初步建成以老城区为中心，以各重镇为副中心，以乡镇为集散地，遍布全市、辐射周边的商品流通网络体系。至 2005 年，商贸流通企业基本完成产权制度改革，国有资本全部退出；零售业转变为百货商店、超级市场、专卖店、货仓式店、购物中心、邮购店等多种业态并存的格局。同年，全市完成社会消费品零售总额 444.94 亿元，流通产业实现增加值 160.27 亿元，占第三产业增加值的比重升至 35.6%。2010 年，组建市商务局，将市经贸委的内贸管理职责划入市商务局，不再保留市经贸委。常州商品交易市场体系逐步完善，形成一批超百亿元的大型市场，消费品市场繁荣，商品流通业活跃，全市完成社会商品零售总额 1054.39 亿元，786 家限额以上贸易企业完成销售额 1667.77 亿元。

住宿餐饮业经历 1986—1990 年传统服务业单核向外溢散，1990—2000 年以传统服务业为主、现代服务业萌芽和由主城单核向北重点发展及 2001—2010 年传统服务业与现代服务业协同发展、“一核两翼 + 几大集聚区雏形” 3 个阶段①。80 年代中期常州开始兴建中高档饭店、酒店和宾馆，1995 年全市住宿餐饮业开始兴旺。2000 年，全市限额以上住宿餐饮企业拥有固定资产原值 22.99 亿元，完成商品销售收入 196.16 亿元，上缴税金和附加 5.43 亿元，实现利润总额 2.11 亿元。2004 年，常州城区初步形成以城中路、通江路、蓝天花园、花园街等餐饮街区为特色，以多元化餐饮企业、菜品、菜系为亮点的住宿餐饮业业态。2010 年，全市有限额以上住宿餐饮机构和个体户 338 家，完成主营业务收入 51.91 亿元。至 2010 年末，全市社会服务业从业人员增至 1.53 万人，全市社会服务业实现增加值（当年价）17.43 亿元。

2001—2010 年，全市加大固定资产投资，改造提升传统服务业，发展现代服务业，优化服务业空间布局、内部结构。2003 年，市政府开始加快发展服务业，提升信息服务等现代服务业和社区服务业，全市服务业实现增加值 333.8 亿元。2005 年，全市服务业完成固定资产投资 303.3 亿元，实现增加值 450 亿元，实现税收总额 57.9 亿元。2010 年，全市实现服务业增加值 1261.43 亿元，拉动地区生产总值增长 6.1 个百分点，对地区生产总值增长的贡献比例达 52.5%。

第一章　商品交易市场

1982 年，国务院确定常州为国家综合配套改革试点城市后，市场体系建设步伐加快。1983 年 7 月，建立常州最早的商品批发市场——迎春小商品市场，随后陆续兴建了农副产品、工业品、粮油、生产资料 4 个大型贸

① 史料来源于《提升常州现代服务业的策略研究》，2009 年度《常州市优秀调研成果汇编》。

易中心和一批集贸市场，在全国率先建立起物资综合商场，突破了生产资料计划配供模式，实行敞开门市供应。90年代初起，进入市场快速发展期，相继建立凌家塘农副产品批发市场、湖塘针纺织品市场、苏浙皖边界市场等全国知名的大型市场。2010年底，全市有年成交额达亿元商品交易市场56个，其中消费品市场44个、生产资料市场12个，年成交额达10亿～49.99亿元的20个、50亿元～99.99亿元的8个、100亿元的5个。江苏凌家塘市场、江苏湖塘纺织城、长江塑料化工交易市场、钢材现货交易市场等影响力大、辐射面广的知名大型交易市场，成交额分别为180.2亿元、165.1亿元、163亿元和103.9亿元。① 全市基本形成以全国性、区域性大型批发交易市场为龙头、以大中型专业市场为骨干、以中小型市场为基础，门类齐全、布局合理的市场体系。

第一节　市场体系

改革开放后常州的市场体系建设大致经历3个阶段。第一阶段(1986—1992年)是集中发展工业消费品和生产资料市场时期，着重解决工业生产原料和产品销售“两头在外”的矛盾；第二阶段(1993—1997年)是加快发展要素市场、培育市场体系时期；第三阶段(1998—2010年)是市场协调发展、市场体系完善阶段。2000年末，全市有市场457个，其中商品交易市场431个、生产要素市场26个，商品交易市场含消费品市场375个、生产资料市场56个。

2000年常州市商品交易市场成交额分地区统计表

表19-1-1　　单位:亿元

指标	合计	市区	武进	金坛	溧阳
一、市场总数(个)	457	167	144	69	77
二、商品成交总额	322.68	122.26	97.28	46.74	56.40
消费品市场	282.29	100.61	91.28	44.54	45.86
综合市场	26.78	—	15.09	—	11.69
农副产品市场	138.60	68.27	10.82	39.32	20.19
工业消费品市场	107.86	29.68	65.37	3.65	9.16
其　他	9.06	2.66	—	1.56	4.84
生产资料市场	40.39	21.64	6.01	2.20	10.54
综合市场	0.25	—	—	0.25	—
工业生产资料市场	34.93	18.02	5.32	1.95	9.64
农业生产资料市场	2.80	2.80	—	—	—
其　他	2.42	0.82	0.70	—	0.90

2005年末，全市商品交易市场减至411个，其中消费品市场344个、生产资料市场67个；年成交额达1亿～4.99亿元的51个、5亿～9.99亿元的21个、10亿～19.99亿元的12个、20亿元的6个。2007年，全市有年成交额达1亿元的市场57个，其中江苏凌家塘农副产品批发市场和长江塑料化工交易市场年成交额均达100亿元。2010年，全市有56个市场成交额超1亿元，成交总额1337.35亿元。

① 资料引自《常州市现代服务业现状、问题与发展方向》。

2005—2010 年部分年份常州市成交额达 1 亿元市场分类统计表

表 19-1-2

类别	指标	单位	2005 年	2006 年	2007 年	2009 年	2010 年
总计	个　数	个	51	51	57	54	56
	摊位总数	万个	2.84	2.90	3.33	3.26	3.73
	营业面积	万平方米	225.37	243.41	275.80	286.33	407.24
	商品成交总额	亿元	458.99	561.77	676.73	1010.98	1337.35
批发市场	个　数	个	23	23	28	29	29
	摊位总数	万个	12265	13186	17373	18463	21877
	营业面积	万平方米	174.41	192.38	224.70	248.87	339.16
	商品成交总额	亿元	360.74	455.32	565.57	920.80	1220.14
零售市场	个　数	个	28	28	29	25	27
	摊位总数	个	16108	15852	15933	14137	15393
	营业面积	万平方米	50.96	51.03	51.10	37.46	68.08
	商品成交总额	亿元	98.25	106.45	111.16	90.17	117.21
综合市场	个　数	个	22	20	21	19	19
	摊位总数	个	11622	10610	10772	10914	11343
	营业面积	万平方米	49.63	43.21	43.92	60.27	79.78
	商品成交总额	亿元	142.51	141.37	160.61	244.99	286.53
专业市场	个　数	个	25	27	33	35	37
	摊位总数	个	13686	16563	20267	21686	25927
	营业面积	万平方米	148.13	179.30	202.28	226.06	327.46
	商品成交总额	亿元	246.07	318.26	339.31	765.98	1050.82

说明:2005—2007 年有少数市场未统计到综合市场、专业市场中

按批发与零售类别划分:2005 年,全市有 23 个批发市场成交额超 1 亿元,拥有摊位 1.23 万个,总营业面积 174.41 万平方米,商品成交总额 360.74 亿元;有 28 个零售市场成交额 1 亿元,拥有摊位 1.61 万个,营业面积 50.96 万平方米,年成交总额 98.25 亿元。2008 年,全市成交额达 1 亿元的批发、零售市场从业人员分别达 4.49 万人、2.22 万人。2010 年,全市有成交额达 1 亿元的市场 56 个。其中,批发市场 29 个,商品成交总额 1220.14 亿元;零售市场 27 个,商品成交总额 117.21 亿元。

按综合与专业类别划分: 2000 年,全市有综合市场 71 个、专业市场 304 个,分别完成成交总额 27.03 亿元、295.65 亿元。2005 年,全市有成交额达 1 亿元商品交易市场 47 个,其中综合市场 22 个、专业市场 25 个,拥有摊位 2.84 万个,营业面积 225.37 万平方米,成交总额 388.58 亿元。2008 年,全市成交额达 1 亿元市场从业总人数 6.71 万人,其中综合市场 1.98 万人、专业市场 4.73 万人。2010 年,全市年成交额达 1 亿元的商品交易市场发展到 56 个,其中综合市场 19 个、专业市场 37 个,拥有摊位 3.73 万个,营业面积 407.24 万平方米,成交总额 1337.35 亿元。

按市场环境类别划分: 2005 年,全市分别有成交额达 1 亿元露天式市场 22 个、封闭式市场 3 个、其他市场 26 个。随着经济条件改善和投资扩大,露天式市场逐年减少,封闭式市场逐年增多。2008 年,全市成交额达 1 亿元露天式、封闭式和其他商品市场分别拥有从业人员 1.05 万人、4.15 万人和 1.51 万人。2010 年,全

市露天式减少到5个，封闭式市场发展到38个。

2005—2010年常州市成交额达亿元市场按经营环境分类统计表

表19-1-3

年份	露天式				封闭式				其他			
	市场个数（个）	摊位总数（个）	营业面积（万平方米）	商品成交总额（亿元）	市场个数（个）	摊位总数（个）	营业面积（万平方米）	商品成交总额（亿元）	市场个数（个）	摊位总数（个）	营业面积（万平方米）	商品成交总额（亿元）
2005	22	14094	59.02	121.38	3	178	7.25	16.78	26	14101	159.10	320.83
2006	3	178	7.25	17.69	23	14523	69.09	139.22	25	14337	167.08	404.87
2007	3	181	6.95	18.04	32	20601	131.11	211.91	22	12524	137.74	446.78
2008	7	3606	160.84	70.29	35	19457	455.94	111.23	13	5909	215.54	80.46
2009	7	3616	62.73	194.23	34	21950	140.82	602.36	13	7034	82.78	214.39
2010	5	1822	36.27	76.35	38	27896	286.39	968.14	13	7552	84.58	292.86

第二节　生产资料市场

改革开放后，常州物资流通体制改革开始起步。1981年4月，常州开办全国最早的物资百货公司物资综合商场，随后成立两个物资综合商场。1984年7月建立的常州市生产资料贸易中心是常州最早的生产资料专业交易市场。从1985年起，全市先后建成长江自由贸易中心、农机市场、江苏凌家塘装饰城、苏南汽配交易市场、钢材市场、摩托车市场、东南陶瓷城、废旧金属交易市场、武进生产资料交易市场、金桥机电物资交易市场、金坛市儒林镇木材交易市场、丽宝第新型建材交易市场、连江煤炭交易市场、汽车交易市场等，成为供方驻场经营、供需直接见面、进行大宗买卖的生产资料交易场所。90年代，物资流通体制发生深刻变革，常州物资批发业务萎缩，批发主渠道企业逐渐淡出市场，生产资料交易市场逐渐兴旺。至2000年底，全市有生产资料市场56个，其中有综合市场1个、工业生产资料市场30个、农业生产资料专业市场2个、其他23个。21世纪初叶，市和辖市区政府出台扶持现代服务业的系列政策，长江塑化城、万商商贸城(原江苏塑化市场)、万都金属城等超大型市场相继开业，其中长江塑化城、万商商贸城年营业额达100亿元。2010年，全市有12个生产资料市场成交额达1亿元，拥有摊位7732个，营业面积110.52万平方米，完成成交总额572.71亿元。

2005—2010年常州市成交额达亿元生产资料市场统计表

表19-1-4

年份	类别	市场个数（个）	摊位总数（个）	营业面积（万平方米）	商品成交总额（亿元）	类别	市场个数（个）	摊位总数（个）	营业面积（万平方米）	商品成交总额（亿元）
2005	合　计	5	693	17.96	64.37	木材市场	2	132	3.68	6.54
	农资市场	1	358	1.83	5.27	煤炭市场	1	23	5.45	7.52
	金属材料市场	1	180	7.00	45.04					
2006	合　计	6	3890	36.72	105.29	木材市场	3	3132	19.68	37.91
	农资市场	1	550	4.59	5.18	金属材料市场	2	208	12.45	62.20

续表 19-1-4

年份	类别	市场个数(个)	摊位总数(个)	营业面积(万平方米)	商品成交总额(亿元)	类别	市场个数(个)	摊位总数(个)	营业面积(万平方米)	商品成交总额(亿元)
2007	合　计	6	4111	38.16	127.35	农业生产用具市场	1	475	5.10	4.30
	木　材	3	3415	20.61	40.35					
	金属材料市场	2	221	12.45	82.70					
2008	合　计	8	4328	299.69	70.46	木材市场	3	3411	41.26	29.76
	化工材料及制品市场	2	653	166.25	27.00	金属材料市场	3	264	92.18	13.70
2009	合　计	10	6292	71.65	398.68	农业生产用具	1	550	4.59	5.26
	化工材料及制品市场	2	1712	22.10	194.44	木　材	3	3421	29.76	39.23
	金属材料市场	4	609	15.20	159.75					
2010	合　计	12	7732	110.52	572.71	金属材料市场	3	843	21.85	246.31

说明:农资市场指农业生产资料市场

一、金属材料市场

金属材料市场是1984年7月建立的常州市生产资料贸易中心下设市场之一。1995年11月,郑陆三河口兴建的华拓物资再生市场开业,经营面积3100平方米,主营废旧机电、废旧金属。1996年,常州钢材现货交易市场成立。1997年7月、1999年9月和2002年3月,在礼嘉走马塘、常焦路5号和湖塘镇,先后兴建了武进废金属交易市场、常州市海联青龙炉料市场和武进钢材市场,营业面积分别为2.97万平方米、2万平方米和2.1万平方米,主营废金属、金属构件、生铁、焦炭、耐火材料、钢材等。2000年,全市市场成交钢材2.75万吨,其中武进2.37万吨。2008—2010年,全市投资68.1亿元,新建、改建钢材市场9个,总数达10个,占地287.27万平方米,经营主体1790户,年销钢材800万~900万吨。2008年末,金属市场从业人员达1783人。2010年,有3个金属材料市场成交额达1亿元,成交总额246.31亿元。

常州钢材现货交易市场　1996年1月,在天宁区采菱路68号成立,初名常州船厂钢材现货交易市场,2000年9月更名为常州钢材现货交易市场,由常州轮船运输公司主办。2010年8月,总投资1.6亿元,搬至天宁区友谊路16号,占地由5.33万平方米扩大到10.67万平方米,商铺数由200间增至318间,为全市最大的钢材现货交易市场、华东地区最大的冷轧板集散中心,从事冷轧、镀锌、硅钢、热卷、中板等工业用钢材的采购仓储、运输和加工等。全国300家钢材经销商和钢厂办事处进场,钢材远销到华东、中原地区,配套建有钢材交易中心、储运中心、加工中心、配送中心、信息中心。2010年,市场成交额104亿元。

万都金属城　位于天宁区青洋中路1号,2006年9月成立,香港宝丰集团投资公司投资建设,总投资3000万美元,占地约30万平方米,是长江三角洲面积最大、品种最全的金属材料交易市场,建有金属交易区、信息展示中心、商务办公、综合配套、港池码头、物流仓储堆场等,成为重要的销售、采购、展示、集散中心,拥有新京杭大运河常州市区段的码头港口。主要经营建筑钢材、工业钢材、不锈钢制品、铝合金制品、金属材料。万都金属城曾获"常州百亿元市场"称号,2010年销售70亿元。

常州鼎诚钢材市场　位于戚墅堰区延陵东路586号,始建于2007年1月,是市区唯一利用铁路专用线装卸运输，集仓储、收发、精加工、配送等服务于一体的大型物流市场。规划用地总面积约10万平方米。2010年末，市场签约进驻商户100多户，拥有室内外仓储面积约8万平方米，大吨位行车22台、货车10辆，6条精加工进口设备。2010年，市场钢材成交额约13亿元。

二、化工材料市场

1985年7月，常州市生产资料贸易中心成立，化轻市场成为其下属的8个交易市场之一，由于种种原因，常州化工市场发展相对缓慢。2006年，长江塑化城开业，成为全市第一个销售额超百亿元的市场。2010年，全市有2个化工材料和制品市场成交额达1亿元，拥有摊位1712个，营业面积22.1万平方米，完成成交额241.92亿元。

江苏长江塑料化工产品市场 位于新北区通江中路600号，由中国百兴集团、常州华东房地产开发公司开发建造，2006年6月11日开业。长江塑化城是市政府重点扶持的十大专业市场之一，是国家“三药”科技产业基地产品贸易中心、常州市“十一五”重点现代服务业项目。总占地15.4万平方米，总建筑面积15.2万平方米，主营塑料原辅材料与成品、塑料机械、化工原辅材料及成品、橡胶及橡胶制品、医药中间体等。2006年销售额突破50亿元，2007年度应税销售达106.4亿元，上缴税收5200万元，成为全市首家年应税销售超百亿元的专业市场，跃居全国同类专业市场第二名。2010年底，市场有经营户800余家，英国BP公司、德国巴斯夫、中国石化、中国石油、中化国际等世界石化巨头的地区代理商相继入驻，有10多家企业年均销售额达2亿元，同年成交总额163亿元。

位于新北区龙虎塘街道江苏长江塑料化工产品市场(摄于2007年7月)

江苏万商商贸城 位于新北区罗溪镇239省道与新机场路交会处，由江苏燕进石化公司投资建设。规划建筑面积40万平方米，至2010年底完成投资4亿元，建设面积9.86万平方米，总摊位数540个。该市场是一个集展示交易、会展、电子商务、信息交流、仓储、货运、检测、金融结算、人才交流及商务、生产和生活等配套服务于一体的大型综合塑料化工全产业链的商贸平台。拥有9.8万立方米的液体储罐和10万平方米的固体仓库，2010年完成成交额78.9亿元。

三、农业生产资料市场

2006年，全市有1家农业生产资料市场常州农机机电市场成交额达1亿元，拥有摊位550个，营业面积4.59万平方米，成交总额5.18亿元。2010年，完成成交额5.51亿元。常州农机机电市场位于沪宁高速公路常州道口，1998年8月开业，占地7万多平方米，营业面积近5万平方米，入驻全国农机机电经营企业近300家，主营农机及农机配件，是华东地区大型农机商品集散地，辐射苏浙沪皖赣闽鲁冀等地。

四、木材市场

1990年3月、1991年10月和1992年4月，武进木材市场、奔牛港木材交易市场和漕桥木材交易市场先后兴建，营业面积分别为2.87万平方米、1.3万平方米和1.37万平方米，主要经销木料、板材和装修材料等。长江自由贸易中心、武进装饰市场等建材装饰材料市场亦附设木材市场。2000年，全市成交木材63.43万立方米，其中市区27.34万立方米、武进36.09万立方米。2010年，全市有3个木材市场成交额达1亿元，完成成交额45.55亿元。

第三节　农副产品和食品市场

改革开放后，常州流通领域农副产品市场最先起步，表场农副产品批发交易市场、中山路粮油市场相继建成开业。各级政府及其部门把农副产品市场作为“菜篮子”工程的重点项目给予重点扶持。2000年，全市农副产品市场发展到214个，完成商品成交总额138.6亿元，其中市区和武进、金坛、溧阳3地分别完成68.27亿元和10.83亿元、39.32亿元、20.19亿元。

2000年常州市农副产品市场数和成交总量分地区统计表

表19-1-5

总项	类别	单位	合计	市区	武进	金坛	溧阳
市场总数	总　数	个	214	49	83	42	40
	其中：综合市场	个	154	48	45	37	24
	专业市场	个	60	1	38	5	16
成交总量	粮食类	万吨	36.94	12.71	2.75	18.93	2.55
	油脂油料类	万吨	17.68	6.72	1.95	8.52	0.49
	肉禽蛋类	万吨	41.79	19.53	5.92	6.53	9.81
	其中：猪　肉	万吨	15.72	5.19	3.30	1.92	5.31
	牛　肉	万吨	1.39	0.79	0.15	0.42	0.03
	羊　肉	万吨	1.61	1.34	0.03	0.20	0.04
	鲜　蛋	万吨	7.75	4.82	0.63	2.17	0.13
	家　禽	万吨	9.21	5.65	0.89	1.81	0.86
	水产品类	万吨	36.15	24.50	3.03	4.39	4.23
	蔬菜类	万吨	77.09	17.20	16.72	14.08	29.09
	干鲜果类	万吨	155.72	89.83	10.89	10.39	44.61

2000年以后，农副产品市场继续繁荣发展，产生了江苏凌家塘农副产品批发市场、江苏苏浙皖边界市场等在全国有较大影响的市场；市政府实施菜市场改造工程，改善设施设备和购物条件，改造升级大批集贸市场（菜市场）。2010年，全市有3个农副产品综合批发市场成交额达1亿元，成交总额243.47亿元。

一、大型批发市场

1984年9月建成的常州市农副产品贸易中心是常州当时最大的农副产品批发市场，最高年销售额曾突破3亿元。同年，郊区太滆乡建立常州太湖水产品交易市场，营业面积500平方米。1987年5月，武进漕桥镇投资80万元，开办总面积2500平方米的金三角农村产品批发市场。1992年，常州凌家塘农副产品批发市场（简称“凌家塘市场”）、全市首家水产品交易市场中粮桥水产批发市场相继建成开业。此后，横山桥农副产品批发市场、苏浙皖边界市场和宣塘桥水产品市场陆续建成开业。1995年，凌家塘市场被省体改委认定为省级市场，更名为江苏凌家塘农副产品批发市场。市区的宣塘桥水产批发市场、常州水产批发市场、马公

2005—2010 年常州市农副产品成交额达 1 亿元批发市场情况表

表 19-1-6

年份	个数(个)			摊位数(个)			市场营业面积(万平方米)			商品成交总额(亿元)		
	合计	综合	专业	合计	综合	专业	合计	综合	专业	合计	综合	专业
2005	19	19	0	9744	9744	0	39.88	39.88	0	117.3	117.3	0
2006	19	19	0	9739	9739	0	42.76	42.76	0	129.08	129.08	0
2007	19	19	0	9390	9390	0	42.62	42.62	0	145.86	145.86	0
2008	17	15	2	8936	7406	1530	146.17	32.94	113.23	38.61	8.76	29.85
2009	16	15	1	7216	7096	120	9.26	8.60	0.66	37.24	31.79	5.45
2010	3	3	0	3490	3490	0	71.33	71.33	0	243.47	243.47	0

桥水产批发市场和武进马公桥副食品市场水产交易区重组为常州宣塘桥水产批发市场；此后，凌家塘市场兼并了宣塘桥水产批发市场、中山路粮油市场。2006 年，全市有 19 个农副产品综合市场成交额达 1 亿元，拥有摊位 9739 个，营业面积 42.76 万平方米，完成成交总额 129.08 亿元。2010 年，全市有 3 个农副产品综合市场成交额超 1 亿元，成交总额 243.47 亿元。

常州市农副产品贸易中心 位于关河中路，1984 年 9 月建成，营业面积 1.85 万平方米，设有交易厅、农副产品交易市场、信息咨询、银行、邮电、招待所、停车场、香蕉烘房等服务设施，实行联营、自营、代购代销、代储代运等方式经营，经营杂粮等 11 大类 1000 多种，年上市成交鲜果等农副产品 10 多万吨，约占常州市场的 1/3；成交额达 3.5 亿元，成为 1984 年至 90 年代后期全市最大的农副产品批发市场，1995 年跨入全省百强市场行列。

江苏凌家塘农副产品批发市场 位于 312 国道、常金公路、市外环路交会处，1992 年 9 月 28 日开业，一期工程占地 4.5 万平方米，主营蔬菜、果品、粮油、副食品、肉禽蛋和水产品，兼营日用百货。1993 年完成成交额 1.5 亿元。1994 年，二期工程建设占地扩大到 14 万平方米。1995 年 6 月更名为江苏凌家塘农副产品批发市场。1996 年交易额突破 10 亿元。2000 年 11 月，被农业部列为定点市场，成为全国大型农副产品集散中心。2001 年 8 月建设三期工程，占地扩大到 25.7 万平方米。2002 年 3 月，市场收购兼并宣塘桥水产品交易市场，经营品种增加螃蟹、鱼虾鲜活水产品及冷冻海产品。2003 年、2007 年，交易额连续突破 50 亿元、100 亿元。2004 年底至 2008 年 1 月，总投资 20 亿元，整体迁建到武进邹区镇，占地 87 万平方米，竣工建筑面积 30 万平方米。分蔬菜、果品、粮油副食品、冷冻食品、水产交易区，商业、冷库和生活、环保等配套设施到位，经营蔬菜、果品、粮油、水产品等 10 大类 1000 多个品种。至 2010 年，

苏浙皖边界市场（摄于 2006 年 8 月）

市场总建筑面积达55万平方米，营业总面积达66.6万平方米，常驻经营户2000多户，有服务型企业300多家，同年成交额达180亿元，成为服务设施齐全的特大型综合批发市场、华东最大的农副产品集散中心。

江苏苏浙皖边界市场 位于苏浙皖3省交界处的溧阳市，始建于1991年，原为溧阳老城区农副产品交易中心，主营竹木、粮油、茶叶、土畜产、水产、家禽、蔬菜等。1993年10月，被省体改委、江苏电视台评为江苏"十大"农副产品市场第一名。至2010年底，累计投资10余亿元，发展到占地达30万平方米，总建筑面积27万平方米，农副产品市场占地8.65万平方米。经营蔬菜水果、粮油茶叶、水产品和装修装饰材料、钢材型材等近20个大类约2万个品种，成为华东辐射全国10多个省市的超大型农副产品综合批发市场。有经营户1000余户，从业人员近6000人，相关源头产业及配套用工5万人。同年，完成农副产品成交量118.4万吨，成交额78亿元，上缴税费1500余万元。

横山桥农副产品批发市场 位于沪宁高速公路横山道口，1999年至2000年10月兴建，总投资1200万元。占地11.7万平方米，其中建筑面积7.2万平方米，设蔬菜、瓜果、粮油、副食品、水产和禽蛋6个交易区，有固定店摊500多个，主要经营鲜肉、蔬菜、瓜果、粮油、副食品、豆制品、水产等产品，2010年，成交额6.01亿元。

江苏省滆湖水产品批发市场 位于武进前黄镇坊前，1992年11月开业。该市场占地2.68万平方米，营业面积2500平方米，建有水上码头500多米，可停泊船只300多艘，武进、金坛、宜兴等地90%以上的淡水鱼通过该市场销往10多个省市。2010年成交总额4.32亿元。

二、菜场农贸市场

80年代中期，城区主要有小河沿、青山桥、兰陵等国有菜市场。1997年3月，市政府针对市区菜市场设施陈旧、营业条件简陋的状况，制定了《常州市区菜市场改造方案》，分期对城区的老菜场和集贸市场改造，逐步形成以中心菜市场为依托、中型菜市场为骨干、小型菜市场为补充的蔬菜副食品经营格局。至2005年底，累计改造城市中心区域菜市场24个，建成室内市场建筑面积8.88万平方米。2007—2009年市政府对市区建成内的菜市场进行新一轮改造。至2010年底，全市改造提升了70个菜市场的硬件，整合撤销关闭小型菜市场29个。改造提升后，市区77个菜市场布局规模更科学合理，其中大型14个、中型48个、小型15个。

表场农贸市场 位于西门京杭大运河畔，1978年底建立，经营水产、猪牛肉、禽蛋等荤食品和豆制品、南北杂货，有固定商贩134家和水产品、果品和蔬菜商贩临时经营户600余户，辐射面远达苏北和浙江、福建、安徽、江西、山东等地，是80年代至90年代初全市大型农贸市场之一，90年代后期因城市改造停业。

花园综合市场 位于钟楼区花园路，1990年8月建成。市场大楼4层，经营面积3264平方米，设摊位500余个。2007—2008年，市政府投资4000万元整合改造原花园市场和周边大棚市场、马路市场。改造后总建筑面积8800平方米，营业面积6000平方米，设摊位357个、场内门店36个，从业人员近400人。年成交营业额约1200万元。

清潭菜市场 位于钟楼区长江路与荆川路交会处，原建于1987年，2007年6月，钟楼区政府投资近800万元完成改造提升，总建筑面积9000平方米，营业面积

整修一新的室内菜市场——清潭市场（摄于2007年6月）

6000平方米，年成交额达3亿元。

小河沿菜市场 位于局前街嘉乐广场副食品中心一二层及部分地下室，约6000平方米，1997年12月28日设立，有摊位470个，主要经营肉类、水产、蔬菜、禽蛋、豆制品、卤菜、水果、副食品、炒货、饮食杂品等。

湖塘消费品综合市场 前身为湖塘农贸市场，始建于1987年。2005—2007年，湖塘镇投资8600万元，在定安路与花园路交会处新建综合市场，同年11月开业，成为常武地区规模最大、设施最好的农贸市场。总建筑面积3万平方米，一层为菜市场，经营面积约8600平方米，分为10多个经营区，有经营店摊500多个、经营户600个；二层为大型超市。

光华路菜市场 位于天宁区红梅南路999号，前身为光华路农贸市场。2009年，市政府投资3500万元，整合改造光华路农贸市场、周边大棚市场和马路市场，总建筑面积6000平方米，营业面积4000平方米，总摊位数150个，从业人员近300人，年销售总额约7亿元。

三、副食品市场

新中国成立后，常州副食品行业分别由常州市食品公司、水产公司、副食品公司、蔬菜公司4家国有公司实行分类归口统一领导。改革开放后，副食品市场逐步形成多种经济成分、多种流通渠道、多种经营方式的格局。2000年以后，随着大型超市的发展，副食品市场开始向集约化、多元化方向发展。2010年，全市有5个食品饮料烟酒市场成交额达亿元，拥有摊位3714个，营业面积88.48万平方米，完成成交额200.51亿元。

2006—2010年常州市成交额达1亿元食品饮料和副食品市场统计表

表19-1-7

年份	市场个数(个)				摊位总数(个)				营业面积(万平方米)				商品成交总额(亿元)			
	合计	食品饮料	茶叶	其他	合计	食品饮料	茶叶	其他	合计	食品饮料	茶叶	其他	合计	食品饮料	茶叶	其他
2006	1	—	—	—	400	—	—	—	4.00	—	—	—	1.25	—	—	—
2007	2	—	—	—	629	—	—	—	4.90	—	—	—	4.01	—	—	—
2008	4	1	1	2	2321	229	421	1671	126.30	2.71	1.60	121.99	20.47	0.50	4.00	15.97
2009	4	1	1	2	2383	227	420	1736	52.50	0.50	4.00	48.00	145.82	2.87	1.80	141.15
2010	5	2	1	2	3714	729	420	2565	88.48	36.50	4.00	47.98	200.51	12.50	1.81	186.20

说明：2006年无副食品市场分类统计数据。其他市场指除食品饮料、茶叶以外的食品副食品市场

斗巷食品城 原位于钟楼区青山桥西首。80年代，聚集大量小型食品、小商品批发店。1996年，钟楼区商业网点办公室、常州国泰建设公司投资5亿元，全面改造斗巷，改建食品城，占地5.6万平方米，总建筑面积11.2万平方米，翌年9月30日开业，经营食品、百货、服装和办公用品，服务设施齐全，同年成交额达1亿元。2002年4月，上海农工商超市公司进驻开业。

小东门商城 位于天宁区小东门路166号，1992年由常州食品公司创办。分为荤食品、副食品、日用品、调剂品和花鸟古玩5个经营区，占地4万平方米，经营总面积3.5万平方米。荤食品经营区于1992年建成，以5000吨冷库为依托，主营鲜冻、生熟肉、禽蛋和水产品，主要为机关、企事业单位提供初加工荤食品和配送服务。副食品经营区于2003年10月开业，主营南北货、调味料、食油和糖果，日用品经营区于同日开业，调剂品区、花鸟古玩区先后于1996年12月、2002年12月开业。至2010年底，投资总额达1.55亿元，门店、摊位发展到556个，经营业主362户，同年总成交额25.6亿元。

新阳光国际食品城 位于钟楼区西林，2006年7月注册成立，占地26.7万平方米，总建筑面积36万平方米，一期2010年10月开业，是集食品批发、销售、仓储、运输、展示、信息服务、商务办公、餐饮娱乐、博览会展等于一体的第五代食品专业市场。2010年，市场成交额9.79亿元。

金坛茅山茶叶市场 位于宁常高速、扬溧高速金坛交会处道口，1998年6月开业。占地4.5万平方米，建筑面积4万平方米，设摊位420个，以茶叶批发交易为主，兼营茶叶机械、茶叶包装、茶具、茶文化交流，配套物流、餐饮、娱乐等服务业。2007年，市场成交额2亿元。

四、土畜产品市场

改革开放后，常州农村集镇尚存在生猪交易市场。1988年，常州市首家猪肉批发市场西新桥猪肉批发市场建成开业。1999年9月，投资210万元的武进畜产品交易市场在奔牛镇董墅建成开业。2008年，有从业人员3029人，摊位由2005年的410个增至1410个，营业面积由4万平方米增至105.74万平方米，成交总额由2005年的1.25亿元增至29.17亿元。

第四节　花木交易市场

80年代后期，农户种植的花木主要靠在周边乡镇集贸市场、农村传统集场设摊销售。1987年，市区局前街开设全市首家鲜花零售店迎春鲜花店，营业面积14平方米，经销鲜花10多种，年销售额6万～7万元。90年代初，随着产业化经营的发展，夏溪、嘉泽、尧塘等乡镇相继建立从事花木综合经营的花木、园林绿化公司，武进成立园林绿化公司100多家，在全国承接园林绿化工程，扩大花木销售；花木经纪人队伍逐渐形成，成为在全国推销花木的主体。1995年夏溪花木市场建成并逐步发展成辐射全国的大型花木批发市场。

1999年以后，花木交易市场迅速发展，1999年3月、2000年10月和2007年9月，夏溪镇成章、邹区镇、前黄镇先后兴建了常州振兴花木市场、发得花鸟宠物市场和前黄花鸟综合市场，营业面积分别为2.5万平方米、0.3万平方米和0.36万平方米，经销花卉苗木、盆景雕塑、宠物狗、猫、鸟类和水果、杂品等。2010年，形成内联花木生产基地1万公顷、5万多户农民，外联全国20多个省市产供销一条龙的经营格局，直接辐射周边地区30多个乡镇。全市有成交额达亿元花鸟鱼虫市场2个，拥有摊位1610个，营业总面积27万平方米，成交总额61.78亿元。

1998—2010年常州市花木业销售总额统计表

表19-1-8　　单位：亿元

年份	常州市花木销售额		武进市(区)花木销售额					夏溪花木市场销售额		
	销售额	比上年±(%)	小计	花卉	苗木	盆景	草坪	销售额	比上年±(%)	成交量(亿株)
1998	1.12	—	—	—	—	—	—	—	—	—
1999	1.37	22.3	—	—	—	—	—	1.50	—	4.83
2000	1.96	43.1	—	—	—	—	—	1.20	-20.0	4.57
2001	6.00	206.1	4.00	0.24	2.48	0.35	0.93	3.50	191.7	6.96
2002	7.50	25.0	5.87	0.82	3.08	0.90	1.07	8.00	128.6	19.31
2003	7.80	4.0	6.63	1.24	3.08	1.25	1.06	13.00	62.5	24.63
2004	8.00	2.6	7.90	0.96	4.38	1.40	1.16	15.00	15.4	26.89

续表 19-1-8

年份	常州市花木销售额		武进市(区)花木销售额					夏溪花木市场销售额		
	销售额	比上年±(%)	小计	花卉	苗木	盆景	草坪	销售额	比上年±(%)	成交量(亿株)
2005	8.80	10.0	7.73	0.49	5.38	0.65	1.21	17.00	13.3	29.66
2006	12.87	46.3	8.05	0.44	5.46	0.82	1.33	20.35	19.7	31.51
2007	13.10	1.8	9.74	0.49	5.36	2.56	1.33	25.03	23.0	35.06
2008	13.76	5.0	—	—	—	—	—	30.35	21.3	43.14
2009	15.32	11.3	—	—	—	—	—	45.62	50.3	56.89
2010	15.70	2.5	—	—	—	—	—	60.32	32.2	63.95

说明：武进区仅统计 2001-2007 年销售额

一、武进夏溪花木交易市场

位于武进夏溪常溧公路东侧，起源于 80 年代后期花农自发形成的路边集贸市场，又称江苏华夏花木城。1994 年，当地农户花木销售遇到困难，武进夏溪镇政府投资 800 万元兴建夏溪花木市场，1995 年底建成。占地 1.33 公顷，投用的营业用房 171 间，经营面积 5000 多平方米，吸引当地和外地 200 余名花木大户进场设摊，成为华东地区最大的花木集散地。1998—1999 年，夏溪镇政府投资扩建，市场占地 3.32 万平方米，建筑面积 1.48 万平方米。1999—2000 年，夏溪镇政府、武进华夏花木园林集团公司再度投资，在常溧公路东侧完成二期工程建设，总面积 3.32 万平方米，建成营业房 200 间和 13.3 公顷的观赏植物园，引进观赏植物、盆景 7 万盆和观赏苗木 10 万株。成为集新品研发、培育、推广与产品展示、交易为一体，科普教育、旅游观光等相配套的综合型交易平台，成为全国花卉苗木的重要交易集散地。

全国大型花木交易市场——夏溪花木市场(摄于 2006 年 3 月)

2002—2007 年，累计投资 7500 多万元进行改扩建，征地 16 公顷。新建营业用房 660 间、标准钢架大棚 5 万多平方米，建成花卉交易洽谈馆 3600 平方米、科技综合大楼 2350 平方米和苗木交易场地、停车场等。市场占地总面积 23.5 公顷，交易面积 20 公顷，拥有固定摊位 1200 个、流动摊位 10 万平方米、标准钢架温室大棚 5 万平方米，内设花卉盆景交易区、观赏苗木交易区、园艺资材交易区、信息服务中心区、旅游观光休闲区 5 个功能区。

2010 年，市场启动南扩工程。年底市场交易总面积扩大至 43.5 公顷。拥有商家 1200 户，聚集花木经纪人 1 万余人，内联花木生产基地 2 万公顷、花农 12 余万户，外联全国 20 多个省、市的花木产销中心，经营 1800 多个品种。同年完成交易额 60.32 亿元，成为中国最大的苗木交易市场。

二、金坛市花木盆景市场

位于武进、金坛、丹阳 3 市交界的尧塘镇，又名江南花木市场。1994—1995 年投资 200 万元兴建，占地

0.67公顷，营业面积3500平方米，以大型专业苗圃58家为支撑，经销高中低档花卉、苗木、假山、盆景，建有门面房80间。1996年，江南花木市场成交额达1.51亿元。2010年，市场完成成交额10亿元，成为常州西部地区除夏溪花木市场外又一重要的花木交易市场。

第五节　日用工业品市场

计划经济时代，常州的日用消费品市场主要由常州百货采购供应站、常州百货公司等国有企业主导经营。1983年建成开业的迎春市场是常州首家大型小商品综合市场。1984年，位于东门五角场的常州工业品贸易中心建立，内设五交化、百货、纺织品和综合4个批发市场，西新桥综合市场建成营运。1992年，常武地区规模最大、以经营日用小商品为主要特色的武进九龙小商品批发市场建成。2001年，浙江路桥中国日用品市场在江苏开设的唯一分市场——路桥中国日用品商城常州市场开张，时为常州经营面积最大、品种最全的日用品专业市场。此后，日用品市场受到大型超市的较大冲击，开始调整转型，实行多元化经营、商城化管理。2007年10月，常州浙商小商品市场（即路桥小商品市场武进市场）在湖塘镇广电东路开业，经营日用小商品和服装。2008年6月，常州规模最大的小商品市场万都义乌小商品城开业。2010年，全市有年成交额超亿元日用品市场4个，拥有摊位5010个，营业面积6.74万平方米，完成成交额约37亿元。

2005—2010年常州市成交额超亿元日用品市场情况表

表19-1-9

年份	类别	市场数(个)	摊位数(个)	市场营业面积(平方米)	商品成交总额(万元)	年末市场业主、从业人员(人)
2005	合　计	5	3044	11.75	35.71	—
	工业品综合市场	3	1878	9.75	25.21	—
	小商品市场	2	1166	2.00	10.50	—
2006	小商品市场	2	1130	2.00	10.03	—
2007	合　计	4	3445	3.10	28.28	—
	工业品综合市场	2	1382	1.30	14.75	—
	小商品市场	2	2063	1.80	13.53	—
2008	合　计	3	1255	8.33	2.04	2270
	小商品市场	2	1025	6.18	1.24	1070
	其他市场	1	230	2.15	0.80	1200
2009	合　计	3	2558	2.44	14.51	—
2010	合　计	4	5010	6.74	37000.00	—

一、工业品综合市场

常州市城中城百货交易市场　为常州百货批发总公司开办的大型日用工业品交易市场，位于常州市钟楼区原同安桥堍，1992年12月28日建成开业。总面积1.14万平方米，汇集了全国的服装鞋帽、针棉织品、五金交电、名优食品及小商品，附设邮电、仓储、银行、运输、保安等配套设施，是融批零经营、购物、娱乐于一体的商业中心，90年代后期关闭。

路桥中国日用品商城常州市场 位于常州市天宁区晋陵中路400号嘉乐广场1～4层。2001年1月1日开业。营业面积约4.3万平方米，设摊位2462个，主要经营服装、鞋帽、箱包、针织、家纺、办公用品及日用百货等商品近两万种，从业人员约8000人，是主城区经营面积最大、品种最全的日用品专业市场。2010年市场成交额11.74亿元。

二、小商品市场

常州各乡镇集镇均建有与农副产品综合市场连体经营的或单独建立的小商品市场，市场规模、摊位数和成交额不等。2005年，全市有两个小商品市场年成交额超1亿元，拥有摊位1166个，营业面积2万平方米，完成商品成交额10.5亿元。2009年，全市有3个小商品市场成交额超1亿元，拥有摊位2558个，营业面积2.44万平方米，完成成交额约25亿元。

常州迎春市场 是常州市第一个大型小商品综合市场，始建于1983年，原称惠民桥小商品市场。1982年，市政府在钟楼区后北岸中间经迁移扩建该市场，全长630米，总面积1.06万平方米；分4个区段，第一区段以小吃、裁缝、修理店为主，第二区段以个体经营小商品为主，第三、四区段以国营、集体为主，经营百货等商品。全场有国营、集体、个体摊位642个，商店近百家，经营食品、服装、针织品、床上用品、家电等26个大类3000多个品种，实行商品自由挑选，颇受百姓欢迎，曾被市民称作“香港市场”，在周边城市乃至全国具有一定影响，曾被评为1988年度全国文明集贸市场。1991年市场成交额1.13亿元，是全市第一个年成交额达1亿元的专业市场。90年代末，因城市建设被拆除。

80年代初常州市中心的迎春小商品市场(摄于1984年3月)

武进九龙小商品批发市场 位于天宁区飞龙东路2号。1994年9月18日建成开业，1995年12月和1997年9月两次扩建，累计投资1800多万元。占地1.5万平方米，营业面积1.5万平方米，拥有店铺摊位1500余个，从业人员1400多人，主营百货、纺织服装鞋帽、电子与塑料产品、箱包五金、副食品等10大类商品。2010年成交额8.6亿元。

金三角小商品批发市场 位于常州市天宁区飞龙东路6号，创办于1997年9月，注册资金50万元，总经营面积2.5万平方米，总停车场地约4500多平方米，分北区、一区、南区、大户区、副食品区，有摊位380个，经营户315户。2010年成交额3亿元。

湖塘小商品市场 位于湖塘花园街北段，湖塘镇投资850万元兴建。1995年7月18日开业，设有小商品摊位、家具店等摊位400余个，是集购物与娱乐、休闲于一体的综合性市场。同年，商品成交额6000万元。

万都义乌小商品城 位于戚墅堰东方中路8号，是江苏万都实业公司开发建设的市重点工程，总投资约5亿元，总建筑面积近20万平方米。2008年6月开业，是常州规模最大、品质较高的小商品市场，经营服装纺织、烟酒副食、日用百货、五金家电等，包括小商品批发、精品展示、展示中心、商务酒店及综合配套5个功能区，入驻经营户3000多户。2010年市场成交额10亿元。

金坛市金海小商品批发中心 位于金坛东门大街五角场南侧，金坛市金海物资公司投资1275万元兴办，

1997年5月18日开张营业。营业面积1.76万平方米，内设经营摊位687个，从业人员1164人。主营日用百货、针纺织品、服装鞋帽、文化用品、糖烟酒、副食品等10多类商品1万多种，交易辐射周边市县。市场年均总营业额约1.2亿元、上缴税费约70多万元。

第六节 纺织品服装市场

80年代，常州纺织品市场主要有江苏省纺织品公司常州采购供应批发站等国有企业支撑。1984年建成的西新桥综合市场成为当时常州主要的坯布交易中心。90年代，纺织服装专业市场开始发展，大部分农副产品综合市场、日用工业品市场都经营服装及其布料、面料等商品。1997年开业的武进九洲服装城成为常州最早的纺织服装市场之一。营业面积1.8万平方米，分服装、针纺鞋类、小百货3个区，设商位2000余个，2010年销售额11.95亿元。1991—2001年湖塘针纺织品市场和湖塘棉纱市场相继兴建，湖塘成为全国纺织类物流的大型集散地和重要产销地。2005年，全市年成交额达亿元的纺织服装鞋帽市场发展到4个。2006年，经过资源整合后组建的湖塘针纺城动工建设，2010年成交额达165亿元。2010年，全市成交额超亿元纺织品服装鞋帽市场有3个，拥有摊位5116个，营业面积10.8万平方米，完成成交总额39.9亿元。

2005—2010年常州市成交额超亿元的纺织品服装鞋帽市场情况表

表19-1-10

年份	市场个数（个）	摊位数（个）	营业面积（万平方米）	商品成交总额（亿元）	年份	市场个数（个）	摊位数（个）	营业面积（万平方米）	商品成交总额（亿元）
2005	4	5083	11.16	67.50	2008	2	3162	9.30	13.22
2006	4	5019	11.16	76.19	2009	3	5116	10.80	35.03
2007	2	4226	6.10	18.12	2010	3	5116	10.80	39.90

湖塘纺织城 位于湖塘镇长虹村。2005年至2007年6月，中国百兴集团、江苏益联集团等单位整合湖塘棉纱市场、湖塘针纺织品市场、湖塘装饰市场及常武地区其他相关市场资源，联手开发建设湖塘纺织城，总投资23.3亿元，占地66.67万平方米，建筑面积60.08万平方米。主要经营棉纱、纺织品和纺织机械配件。2010年，有经营户2300户，从业人员1万多人，成交总额（含建材）165亿元，上缴税费4.8亿元。曾被评为全国十大纺织品专业市场。

全国性大型纺织品交易市场——湖塘纺织城（摄于2009年8月）

武进湖塘针纺织品市场 位于武进区武宜中路，1991年9月建成开业，投资990万元，经营总面积6.8万平方米，进场客商1000多家，经营色织布、汽车装饰布、服装面料、纺织原料、沙发席梦思面料、地毯皮革、床上用品、服装鞋帽和纺机配件等类，辐射全国28个省、直辖市、自治区和中国香港与东南亚、欧美等地区。

湖塘棉纱市场 位于湖塘镇常武北路58号，2001年3月建成开业，江苏益联集团(原武进第二物资公司)投资1500万元建设，占地3万多平方米，营业总面积2.1万平方米，有大型仓库1万平方米。主要经营棉纱、纺织机械及配件，高峰年棉纱交易量约20万吨，成交额20多亿元(含纺织机械及配件)，曾被中国纺织协会确定为全国最大的纯棉纱市场。2006—2008年整合拆建到湖塘纺织城。

第七节 家具五金机电建材装饰市场

一、家具市场

常州早期没有专业的家具市场，1984年建成的西新桥综合市场曾于市场东端专设一个以经营家具为主的专业性市场，1985年家具成交金额167万元。90年代初，红星家具、月星家具相继兴起，此后，家家爱、时代等家具市场相继成立。2010年，全市有3个家具市场成交额超亿元，拥有摊位1388个，营业面积31.7万平方米，完成成交额18.35亿元。红星家具跨入中国家具品牌市场前三甲，成为中国民营企业30强；月星家具跻身中国民营企业百强行列。

2005—2010年常州市成交额超亿元家具机电五金建筑装饰材料市场一览表

表19-1-11

年份	家具市场				机电五金市场				建筑装饰材料市场			
	个数(个)	摊位总数(个)	营业面积(万平方米)	商品成交总额(亿元)	个数(个)	摊位总数(个)	营业面积(万平方米)	商品成交总额(亿元)	个数(个)	摊位总数(个)	营业面积(万平方米)	商品成交总额(亿元)
2005	2	827	19.60	16.40	—	—	—	—	5	4237	66.21	51.97
2006	2	848	19.60	18.05	3	2520	26.20	40.00	4	1439	52.54	28.49
2007	2	870	19.60	19.33	7	3771	33.02	52.05	4	1230	48.21	27.60
2008	2	149	2.20	4.60	3	935	11.60	14.61	4	732	36.59	31.05
2009	2	490	8.64	13.20	3	973	10.21	18.48	3	546	32.95	23.11
2010	3	1388	31.7	18.35	4	970	9.91	46.59	4	847	40.95	38.87

红星美凯龙家居市场 是全国性的大型家居连锁型企业集团，总部位于常州市天宁区北环路，原为1986年车建新借资600万元投资创办的一家作坊式小厂。1991年，红星美凯龙家具市场建成开业，此后走出常州，辐射全国，经营规模逐步扩大。商品由中低档向高档发展，建成家具市场、建材市场、装饰用品市场，在中国家具业率先推行品牌捆绑经营策略。1999年以后，红星相继在上海、无锡、北京建设红星美凯龙第四代品牌大卖场。2003年，红星实行品牌卖场一体化经营，新开精品店8家。至2010年7月，红星美凯龙在北京、上海、常州、天津、南京等45个城市开办商场70多家，率先实施家居市场30天无理由退货、三项服务承诺。2009年，销售总额突破313亿元。2010年，排名中国民营企业500强第19位。位于常州飞龙路的超大型一站式家居购物广场红星美凯龙营业面积22万平方米，年销售额15亿元。

月星家居广场 前身是丁佐宏1988年领头创办的常州郊区茶山月星家具厂。1993年，位于光华路的常州月星家具大厦落成，开始以产销并举的做法进军家具零售业，先后在南京、镇江、扬州、武汉等地创办家具商场，在国内最早将“Shopping Mall”业态和家居关联商品引入家居商场，成为以海内外品牌家具为主体，集购物、休闲、服务、鉴赏等功能于一体的大型商业综合体。在上海、江苏、浙江、辽宁、吉林、黑龙江、甘肃、青

海等省、直辖市、自治区拥有近20家大型连锁家居广场，总营业面积超过300万平方米。主营高中档家具和家居用品，连续15年跻身中国民营企业500强。2003年6月28日，位于通江中路588号的常州月星环球港项目一期月星国际家居广场开业，总面积8万平方米，2010年拥有展位170个，主营国内外软体、板式、实木、欧式及红木等家具，成交额2.68亿元。

江苏家家爱家居市场 位于钟楼区怀德中路166号，前身为常州水产公司家家爱家具装饰市场，成立于1998年6月，以经营家具、建筑材料、陶瓷、灯具及提供市场设施服务和管理服务为主。1998年6月至2010年10月，累计投资1亿元，先后建成常州家家爱家具装饰市场、湖塘家家爱家居市场和常州家家爱国际家居广场（龙城大道东，竹林北路南），经营面积分别为7500平方米、5000平方米和5万平方米。2010年市场成交总额1.8亿元。

时代家具城 位于武进湖塘镇常武路与人民东路交会处，1999年10月开业。总投资500万元，营业总面积3500平方米，主要经营住宅家具、办公家具。2010年6月，常州时代家具集团投资3亿元，在夏城路与长虹路交会处新建新时代家具广场，占地6万多平方米，总建筑面积12万平方米，商业主体为4层，能容纳500多户商家。翌年10月底开业，主营品牌家具、家居用品、精品装饰建材等，兼具休闲娱乐功能。

二、机电五金市场

计划经济时代，常州机电五金产品由常州市物资局机电公司进行计划分配和供应。90年代初，常州五金机电市场仍然以机电公司为主导。在机电公司所在的博爱路逐渐聚集多家机电五金店面，常州五金机电市场初现雏形。1995年11月，郑陆镇焦溪建成武进机电拆旧市场，面积8000平方米，主营废旧金属回收利用。1998年，位于博爱路的常州金桥机电物资交易市场建成开业，成为当时常州市区规模最大、品种最全的机电五金市场。2000年以后，江南五金机电城、怡康五金机电广场、德嘉美吉特科技五金城相继建成。2010年，全市有4个机电五金材料市场成交额超亿元，拥有摊位970个，营业面积9.91万平方米，完成成交额46.59亿元。

常州金桥机电物资交易市场 位于天宁区博爱路。1998年12月28日开业，市场总建筑面积1.3万平方米，设商位400多个，主营机械设备、五金工具、仪器仪表、电子电器、电子计算机及配件、汽摩配件、工业消费器材等，2010年，市场交易额4.8亿元。

江南五金机电城 位于新北区黄河东路88号，由中国百兴集团投资兴建，2004年9月建成开业，总建筑面积10万平方米，由11幢商铺、办公楼和大型机电超市组成，主营五金工具、工量刃具、轴承阀门、电线电缆、橡塑制品、电工材料、机电设备等国内外名优产品、知名品牌。2010年商户数近550户，交易额17亿元。

怡康五金机电广场 位于天宁区关河中路68号，常州市怡康房地产公司投资3.2亿元创办。2006年4月建成开业，总建筑面积6.8万平方米。经营五金机电、电子电器等产品。2010年市场完成成交额8.5亿元。

常州德嘉美吉特科技五金城 位于天宁区青洋路与青龙北路交会处。2008年11月开业，总建筑面积18万平方米，主营五金机电、灯具照明、酒店用品、文体用品、家居用品、通信器材等。

三、建筑装饰材料市场

1984年成立的常州生产资料交易中心设有建材市场，是常州市最早的建材市场。1994年常州最大的综合性建筑装饰材料市场常州长江自由贸易中心开业。2006年11月，牛塘镇常鹏装饰材料市场开业，石材经营总面积5.3万平方米。2007年，横林国际地板城建成营业。2010年，全市有成交额超1亿元建筑装饰材料市场4个，拥有摊位847个，营业面积40.95万平方米，完成成交额38.87亿元；其中建材市场两个，营业面积29.33万平方米，摊位386个，成交额24.93亿元。

位于常州高新区的长江自由贸易中心（摄于2004年8月）

常州长江自由贸易中心 位于新北区黄山路555号，1994年11月开业。次年实现交易额2.6亿元。1996年市场成交额5.26亿元，跨入全省百强市场行列。1998年，调整新增板材、木材交易区。至2010年，占地总面积20万平方米，建筑面积18万多平方米，经营户总数800余户，品牌商品达数百种。同年成交额38亿元。

湖塘装饰市场 位于武进湖塘镇常武北路（后更名和平南路），1998年7月建成开业，总投资2400万元，营业总面积1.94万平方米。主要经营窗帘、地毯、床上用品等针纺织品、原辅材料和木材、油漆等建筑装饰材料。2005—2007年整合拆迁到湖塘纺织城。

江南石材市场 位于武进雪堰镇漕桥集镇东沪宜公路两侧。2004年4月试营业，总面积36.63万平方米。主营天然大理石、花岗岩、玉石板材、石雕工艺品等石材、建材产品。2010年有经营户120多家，成交额13亿元。

横林国际地板城 位于武进区横林镇长虹路与横洛路交会处。中国百兴集团投资开发，总建筑面积70万平方米，主营地板、家具。2010年，地板城交易额27.5亿元。

位于武进横林镇区的横林国际地板城（摄于2009年8月）

四、灯具市场

80年代，武进邹区镇兴起加工灯具的手工作坊。1993年，邹区灯具城的雏形邹区镇商城营业，1995—2004年，邹区灯具城相继进行三次扩建，带动邹区光辉灯具城、邹区发得灯具广场的兴起，成为同类市场全国第二、华东地区第一的大型灯具市场，总占地34.67万平方米，总建筑面积51万平方米。2007年，邹区镇荣获中国照明电器协会授予的“中国灯具城”称号。2008年，邹区3家灯具市场从业人员达5115人。2010年，3个灯具市场拥有摊位2738个，营业面积32.6万平方米，完成成交额64亿元。

邹区灯具城 位于武进邹区镇312国道北侧，是国内创办最早、规模最大、经营户最多、品牌最集中的灯具专业市场之一。1993年，武进邹区镇农业机械管理站投资600万元创办，1994年3月28日建成开业，主要经营民用、工矿、舞台、建筑、庭院、节日霓虹灯等灯具配件，商品辐射全国。1996年成交额2.5亿元，成为全国三大灯具市场之一。此后经过4次扩建、3次改建，至2010年底，累计投资4.3亿元，占地15万平方米，设店面1390间，入场经营户745户，营业面积20万平方米，成为国内面积最大的灯具市场。1999

年成交额突破10亿元，2010年增长到35.8亿元。

江苏光辉灯具市场　位于武进区邹区镇，创办于1997年，2003年3月8日改扩建项目开业，总投资2000万元，营业总面积6.6万平方米，主要经营诺克、飞利浦、雷士等知名品牌的大众花灯、照明电器、工矿灯、电子产品。2010年成交额20.21亿元。

全国大型灯具广场——邹区灯具城发得灯具广场(摄于2010年7月)

邹区发得灯具广场　位于武进邹区镇北大街88号，1996年5月建成开业，总投资8000万元，营业总面积6万平方米，雷士、欧普、斯华路、华艺、澳克士、千丽、莹辉、华泰等几十家国际国内知名品牌进场开设专卖店，主营民用灯具、工矿灯具、大众花灯、照明电器等。

第八节　汽车摩托车及其配件市场

2000年，全市首家二手车交易市场常州市旧机动车交易市场开办。2002年建成的新北国际汽车城为常州首家汽车超市。2005年，位于常锡路的常州市苏南旧机动车交易市场开张营业，并带动常锡路一带成为常州旧机动车交易的中心。2006年，集4S店、二手车、汽配为一体的大型综合性汽车消费市场武进汽车城开始营业。成为常武地区最大、最先进的二手车交易市场和最大的汽车零配件及相关产品集散市场。

2005—2010年常州市成交额超亿元的汽车交易市场情况表

表19-1-12

年份	市场类型	市场(个)	摊位(个)	营业面积(万平方米)	商品成交总额(亿元)	年末交易业主从业人员(人)
2005	汽车交易市场	4	30	1.00	4.69	—
2006	汽车交易市场	4	32	1.00	4.94	—
2007	汽车交易市场	4	347	4.20	11.60	—
2008	汽车交易市场	4	60	4.67	1.50	156
	零配件交易市场	2	295	12.50	3.20	466
2009	汽车交易市场	4	60	1.50	2.44	—
2010	汽车交易市场	4	60	1.50	5.65	—

一、汽车交易市场

常州国际汽车城　位于新北区通江大道沪宁高速公路出口，由常州外事旅游汽车集团公司投资，2002年12月30日建成开业。经营面积近3万平方米，可同时展示汽车2000余辆，是常州市首家大型汽车超市。周边集聚了上海大众、一汽大众、丰田、福特等20余家知名品牌汽车4S店。2010年销售额达1.98亿元。

武进汽车城　位于武进常武路(和平路)东侧、延政中大道南侧，2003年开始规划建设，2006年从纯粹的4S店集中区扩大调整为集4S店、二手车、汽配为一体的大型综合性汽车消费市场。总用地80公顷，规划总建筑面积58万平方米。至2010年底，城内有品牌汽车4S店37家，二手车交易市场入驻商户400余家，汽配市场入驻商户800余家，成为常武地区最大的二手车交易市场、汽车零配件及相关产品集散中心和华东地区特色汽车市场，4S店规模领先全国。2010年，销售总额80亿元，其中4S店销售汽车3.8万辆，销售额78.7亿元。

常州市旧机动车交易市场 位于天宁区中吴大道1267号。2000年10月，由常州外事旅游汽车集团和常州市汽车流通协会出资成立。市场占地8700多平方米，有旧机动车经销户39家，工商、物价、车管等部门进驻市场办公，为车主提供评估、审核、办证等服务，配有年审检测中心，2010年成交车辆1.1万辆。

常州市苏南旧机动车交易市场 位于天宁区中吴大道1350号，2005年1月由常州市苏南汽车公司投资建立，是以二手车交易为核心的专业市场。经营旧机动车、汽车美容装潢、汽车出租服务等，提供二手车交易、汽车检测、过户、办证和信息化服务。2010年，总营业面积2万平方米，有实际经营户83户，成交车辆2.29万辆，成交总额8.47亿元。

二、汽摩配件交易市场

常州市中凉亭汽车摩托车配件交易市场 位于常州天宁区兰陵北路52号，由茶山乡、荡南村委会与常州市第三建筑公司投资1000万元，于1996年9月建成开业，1998年成交额2.5亿元。至2010年，面积扩展到3.5万平方米，有经营户188家，年成交额6亿元。

常州市小河汽车摩托车配件市场 位于新北区孟河镇兴镇路(汽摩二路8号)，依托孟河镇五六百家汽车摩托车配件生产企业兴建，2000年4月成立，主营汽车覆盖件、摩托车配件、电动自行车全套塑件、灯具等产品，2005年成交额8500万元。

第九节 计算机与电子产品市场

一、计算机市场

1998年7月12日常州电脑城建成开业。占地近3万平方米，进场经营单位1500多家，主要经营整机、电脑配件、软件、办公设备、消耗材料、多媒体配件、电脑图书等品种。2002年7月，宏图三胞数码城在兰陵路开业，经营面积5380平方米。2005年商品成交总额1.97亿元，2007年增至4亿元。2008年，宏图三胞数码城搬迁至劳动路，陆续在常州地区开设6家分店。2010年1月，百脑汇电脑城试营业，经营面积2.6万平方米。2009年6月莱蒙数码城营业。部分闲置厂房1万平方米，自筹资金1350万元改建，因旧城改造拆除常州电脑城，2008年11月，原址开发建设市现代服务业重点项目银河湾电脑数码城，总建筑面积近16万平方米，其中零售面积6万平方米，有1200余家商户，成为常州规模最大的电脑市场。2009年9月30日部分开业。2010年完成销售额11.9亿元。

二、电子产品市场

城区曾经开办有博爱路67号的机电集团电子电器市场，主营冷水机、机柜空调、油冷机等换热、制冷空调设备。博爱路的金桥市场电子产品市场、关河中路65号怡康机电广场的怡康华开电子市场和赛格电子市场等，主营燃气灶具、家用电器与配件、电子元件、灯具、电工配件配料、电脑配件、五金工具、线材接头、厨卫水暖等10多个大类电子产品。

第二章　商业街区与业态

1986年以后，常州城镇相继兴建和形成一大批商业街区，带动了城镇商业规模的发展壮大。到2010年底，全市逐渐形成和促进了百货店、大中型超市、专业专营店和零售等商业业态的迅速发展。

第一节　商业街区

90年代，常州自发形成延陵西路综合商业街、博爱路机电一条街、城中路美食一条街、怀德路火锅一条街等商业街区。进入21世纪常州商业街区快速发展时期，一批集购物、餐饮、娱乐、休闲于一体的商业街区相继兴建。2010年，全市有已建或在建长达600米的商业街区约20条，既有以南大街步行街、延陵西路商业街为代表的综合性商业街区，也有以化龙巷家纺特色街、庐山路汽车专业街为代表的专业街区；既有市场自发形成的传统商业街，也有政府培育改造建设的新兴商业街。

一、南大街商业街区

南大街位于钟楼区，是一条迭经兴衰的百年老街，是常州城最早的商业聚集区之一，明清时期称大街，民国初年始称南大街。2003年3月，南大街步行商业街项目启动。2005年1月29日，改造后南大街商业步行街开街，由一条“S”形步行中心干道、两条复合式内街和三大商业地块组合而成，一、二层为精品店铺，三层为风情美食街，地下一层为2万平方米的大型卖场乐购超市，总建筑面积24万平方米，其中商业12万平方米、商务办公3.5万平方米、住宅4.5万平方米，地下停车场4万平方米。2005年12月，南大街美食街成为常州首条餐饮综合治理示范街。2010年，有商家750余家，平时日均人流量5万～6万人，双休日达10万人。

南大街商业步行街(摄于2005年11月)

二、莱蒙都会国际商业街区

位于钟楼区，东起南大街，西至早科坊，南至西瀛里，北靠延陵西路，是常州市重点旧城改造工程，占地10.2万平方米，总建筑面积58万平方米。由香港莱蒙鹏源集团投资20亿元兴建，是一个集购物、休闲、娱

莱蒙都会国际商业街区(摄于2010年8月)

乐、餐饮、商务、居住、五星级酒店、文物公园等多功能于一体的大型城市综合体项目。项目分A、B、C3个区域，分4期开发。A区为8幢商业建筑，其中一期6幢为全商业建筑，建筑面积近16万平方米，二期商业裙房5.4万平方米，两幢塔楼4.2万平方米，为精装修公寓；B区为6幢高档住宅及主题商业，其中商业部分面积3.5万平方米，住宅面积8.57万平方米；C区总建筑面积约11万平方米，包括两幢高层及1幢超高层建筑，规划有豪华精装修酒店公寓、高档住宅、五星级皇冠假日酒店及奢侈品专卖店等。2007年11月8日，莱蒙都会国际商业街区开街试业。

三、花园街商业街区

1994年，武进湖塘镇花园街从人民路向南改造至滆湖路，全长4.3公里。1999年，北段、中段形成商业规模，入驻商家230余户，主要有湖塘花园广场、湖塘消费品综合市场、中诚大药房、上官银楼、新华联商场等。2007年，花园街广电路段投资1.5亿元改造。至2010年底，商业街区以花园街为中轴线，由人民路以南、延政路以北与常武路以西、武宜路以东围合而成，属于武进区商业核心商圈，包括泰富城、新天地不夜城、又一城、新城上街等大型商业项目。

四、人民中路商业街区

原名湖塘镇东风路，东起常武路，西至武宜路，全长1.55公里，1976年建成，为湖塘最繁华的街市。1988年，东风路更名为人民路。1997年，人民中路建成霓虹灯一条街。2007年，全街除人民商场外，还有华联超市、联华超市、上海罗马婚纱摄影、五洲手机连锁、中诚大药房、新时空服装城、武进金店等商家200余家，被称为“湖塘的延陵路”。

五、定安路商业街区

地处武进城区湖塘镇定安路中段，东起常武路，西至武宜路，全长1.4公里。有商户250余家，主要商家有乐购购物中心、富克斯流行广场、湖塘消费品综合市场、新世纪大酒店等。餐饮小吃众多，有湟里蒋汉平牛肉馆、马氏牛肉拉面、京城烤鸭、绿岛咖啡等。2002年底，五星电器大卖场在东段三阳步行街开业。2007年9月，常武中路与定安路交会处的天禄商务广场兴建，总建筑面积16万平方米。

六、通江中路商业街区

通江中路原为工业聚集地，随着常州行政中心的北移，商贸业逐渐兴盛，集聚了富都商贸、金陵江南、凤凰大酒店等高档饭店、宾馆和服装、百货等商店及其他商户数百家。2000年11月底，通江中路196号开办了华联吉买盛超市。2005—2010年，中段先后建成太阳城商业广场、时代商务广场、新惠大厦、商会大厦和道生中心。2005年，韩国著名的农心集团下属公司每家玛(MEGA MART)在通江中路318号开设常州首家外商独资商业零售企业——每家玛超市。2009年起，华联吉买盛超市及其邻近地块拆迁后，改建为40万平方米的新北万达广场、27万平方米的丰臣国际广场和88万平方米的月星环球商业中心等城市综合体。商业街内有大型购物中心、星级酒店、国际品牌商业、著名连锁超市、国内一流电影院线一线品牌商业。

七、市区集镇商业街

90年代，全市小城镇建设步伐加快，先是在湖塘、横林、奔牛、小河、魏村、新闸、雕庄、潞城等重点镇铺设混凝土路面，建设农民街，随之各乡镇政府所在集镇陆续投资建设商业街。地处长江边的“眼镜之乡”魏村镇(2002年划归新北区）建有水晶街，有250家眼镜经营部，营业面积3.4万平方米，经营天然水晶镜、人造水晶镜、太阳镜、变色镜、光学玻璃镜片和水晶工艺品。2000年，江苏省重点中心镇前黄镇投资1400余万元，改造景德东路、景德西路和西新街。2002年1月，市政府指导乡镇重点推进商业街建设，横林镇明清遗风商业步行街一期工程年底竣工，建成明清建筑与现代建筑风格相融合的商住楼。奔牛镇金牛路全长2.5公里，店铺门面796间，经营户449家，其中超市8家，为市区集镇最长、店铺最多的商业街。2004年，夏溪步行街、遥观政和路商业街等特色街区建成。2010年，市区主要集镇大多形成规模较大的商业街。

2010年常州市区集镇主要商业街一览表

表19-2-1

街名	坐落	形成年份	长度(米)	商户数(个)	主要商家
武进(24条)					
雪新街	雪堰集镇	1991	500	165	九洲宾馆、苏果超市、中诚药店等
振兴路	漕桥集镇	1993	1200	96	漕桥农贸市场等
景德路	前黄集镇	1988	2300	197	景德宾馆、康普药店、天都大酒店、商贸中心等
振兴路	寨桥集镇	1995	600	115	明月大酒店、南阳家电城、新世纪休闲中心等
政兴路街	走马塘集镇	1991	895	161	废金属交易市场、明都超市等
礼政路街	礼嘉集镇	1983	680	60	华联超市等
建坂路街	坂上集镇	1993	700	135	笑宇购物、瑞华五交化百货店、安安超市等
南塘路商业街	南夏墅集镇	1996	520	204	天天超市、农贸市场、南苑大饭店、仙乐渔舫等
府前路商业街	庙桥集镇	1995	500	162	新怡华超市、恒泰药店、火云网吧等
卢市街	卢家巷集镇	1997	500	150	苏惠超市、新世纪服饰等
大桥南路	横林集镇	1990	1150	251	苏果超市、综合市场、金阳光大卖场等
明清街	横林集镇	2004	600	100	天仁消费品市场、立新家具城、林海超市等
临津路商业街	遥观集镇	1995	800	129	锦缘大酒店、东方家具城、农贸市场等
东都西路	洛阳集镇	1997	1250	108	东都楼、粮管所等
洛阳大街南路	洛阳集镇	1977	900	50	影剧院、镇政府等
荷花路	戴溪集镇	1985	1900	98	戴溪农贸市场、明珠饭店等
新民街	新安集镇	1994	650	109	如海超市、聚丰楼酒楼、新安菜市场等
金牛路	奔牛集镇	民国	2500	449	恒泰浴室、雅栖楼大酒店、万家富商城等
邹区南、北大街	邹区集镇	1983	1320	1300	明都、家乐福、信特、华联超市等
顺昌街	厚余集镇	1995	700	160	民康药店、麦香需食品、李宁专卖店等
嘉兴路	嘉泽集镇	1998	2500	95	北京鞋业、庆兰楼酒店、金阳光服装等
新东街	夏溪集镇	1985	800	104	苏果超市、金阳光鞋服大卖场等
湟里大街	湟里集镇	明朝	1200	180	联华超市、小商品市场、湟里牛肉店等
迎宾路	东安集镇	1990	1200	120	苏果超市、紫玉大酒店、金太阳家电城等
新北(8条)					
兴镇路	小河集镇	1996	2200	150	新百商厦、方益楼宾馆、小河宾馆、鹏通商厦等
河庄街	孟河集镇	明清	1000	120	中诚药房、红枫宾馆、全羊席酒家、移动营业厅等
沿江东路	魏村集镇	1995	2000	200	德胜宾馆、紫豪宾馆、魏中超市、同福食府等
巴黎街	魏村集镇	1995	2000	180	中港商务、联想专卖、聚香园、思味香餐庄等
兴业街	圩塘集镇	1996	2700	220	广州商城、晓东大饭店、东兴酒楼、鹏翔宾馆等
永安东路、西路	安家集镇	1995	2500	150	苏杭时代购物广场、阳光旅馆、明都超市等
武夷山路	新桥集镇	1996	1600	160	萝城川菜、川淮园菜馆、鹏居大饭店等

续表 19-2-1

街名	坐落	形成年份	长度(米)	商户数(个)	主 要 商 家
育龙路	龙虎塘集镇	1998	950	100	友朋饭店、金都食品、春晓酒家、百寿堂药店等
天宁(1条)					
离宫路	雕庄集镇	1995	3100	250	沁园春饭店、川福楼火锅、颍州菜馆、嘉友宾馆等
钟楼(2条)					
新昌路	新闸集镇	1996	2800	230	维昌、怡浓、蓝天旅馆，口口香、南国园菜馆等
西林路	西林集镇	1998	1300	120	胖胖饭店、金三峡火锅、温床旅馆、风彩广告等
戚墅堰(3条)					
戚大街	戚墅堰	明清	1800	250	馨雅楼宾馆、贵宾楼饭店、康博酒家、柏非酒业、世纪超市、物美超市、金星大厦、工行、建行等
劳动东路(东段)	戚墅堰	2000	1710	200	福兰特旅店、红红饭店、麦香村蛋糕、华豪饭店等
华丰路	潞城集镇	1998	700	100	金福酒楼、新怡华超市、为康药店、海波大酒店等

说明：本表收录市区集镇500米以上、集聚商户50户以上的商业街，湖塘集镇商业街已记入常州城区商业街

第二节　经营业态

1986年，常州零售商业主要有百货店、南北杂货店、食杂店、烟草专卖店等经营业态。90年代，商贸流通企业改革逐步深化，常州商贸企业所有制结构发生重大变化，逐渐调整经营结构与业态。2001年末，市委、市政府提出“调整经营业态，商品销售多元化”的商贸业发展策略，推行货仓式商场、便利店、专卖店、超市等的发展，2010年，全市百货店、超市、大卖场等零售业有法人单位870家，个体便利店、折扣店、小型超市、专营店遍布城乡。

2010年常州市区3000平方米以上商店业态分类统计表

表 19-2-2

区域	类别	数量(家)	面积(万平方米)		
			占地	建筑面积	营业面积
合计	百货店	17	12.65	61.19	49.68
	大型超市	40	25.03	60.91	41.11
	专业店	26	26.12	60.93	39.05
武进	百货店	6	3.54	19.80	15.65
	大型超市	13	7.26	11.80	10.43
	专业店	9	10.10	26.61	18.66
新北	百货店	4	3.80	13.81	13.81
	大型超市	8	4.55	7.63	7.58
新北	专业店	3	0.25	1.05	0.94
天宁	百货店	4	3.43	16.60	11.52
	大型超市	12	8.64	24.30	15.73
	专业店	9	13.73	29.00	16.18
钟楼	百货店	3	1.88	10.98	8.70
	大型超市	7	4.58	17.18	7.37
	专业店	5	2.04	4.27	3.27

说明：戚墅堰区无3000平方米以上的大型商店(百货店、大型超市、专业店)

一、百 货 店

1987 年，零售商业下放至各区。至 1990 年，市区除百货大楼股份公司为市直管外，第二至第十百货商店划归各区管理，百货店进货方式由只能从二级百货采购供应站进货调拨改为多渠道、多品种自主进货，多采用承包经营。1992 年，传统百货业逐步向现代百货业转变，投资额大幅增加。9 月，常州市百货大楼、百货公司进入全国百家最佳经济效益商业零售企业行列。1993 年，常州商业大厦成立，与常州百货大楼、新世纪商城成为常州百货零售业的三大骨干店。各区纷纷投资成立大中型百货零售企业，天宁区组建国际商城、大洋百货等百货企业，钟楼区成立天龙、天润、天元百货商厦等。2000 年，全市限额以上综合商店拥有固定资产原值 7.12 亿元，完成商品销售收入 15.46 亿元，实现利税 3633 万元。进入 21 世纪，随着百盛、金鹰等零售巨头相继进驻常州，加剧了常州百货零售业的竞争。百货零售企业调整结构、改善经营，向现代百货业转型。常州普灵仕集团先后并购常州百货大楼股份公司、新世纪商城，常州商厦改制为泰富集团。购物中心逐步转型以经销高中档商品为主；泰富百货向以穿着类为主，以白领、时尚流行消费为主的中高档百货的都市型主题百货转型，常州新世纪商城定位为都市型时尚百货经营。2005 年，全市有限额以上百货商店 11 家，完成销售额 24.55 亿元，实现利税总额 8370 万元。2010 年，常州有限额以上百货企业 12 家，完成销售总额 43.5 亿元，实现利税总额 4.17 亿元；常州百货大楼股份公司、常州新世纪商城公司和常州泰富百货集团，完成销售总额 29.21 亿元，分列长江三角洲百货单体店销售 50 强第 14、第 29 和第 37 位。同年全市有限额以上个体百货店 41 家，其中市区 26 家，分别完成销售额 3.79 亿元、2.71 亿元。

常州百货大楼　前身为常州百货支公司所属的门市部，1951 年迁至南大街，1955 年新建 3 层大楼，改称常州百货大楼。80 年代人均劳动效率超过北京王府井百货大楼，费用水平低于上海第一百货商店，后来发展成为常州国有商业企业代表、全省商业系统的排头兵。

常州购物中心　位于钟楼区延陵西路 1-7 号，是常州地区最大的百货零售企业，前身为常州百货大楼。1989 年开始筹建，1992 年底以百货大楼为基础定向募股，改制成股份制企业常州百货大楼股份公司，翌年 8 月 26 日建成营业。2003 年，调整经营方针，逐步向高中档商品经营并举转变，定位于时尚高档百货店，引进国际一线品牌，提升经营品牌层次。2006 年被江苏普灵仕集团并购。2010 年，经营面积达 7 万余平方米，构建了国际名品、服装配饰、餐饮、美容 SPA 等多种业态。销售额 14.86 亿元，居全国单体百货店第 40 位。

常州购物中心（摄于 2010 年 11 月）

常州新世纪商城　位于北大街 2-8 号，前身为 1952 年创办的第一百货公司，1996 年更名为常州新世纪商城，2001 年改制成常州新世纪商城公司。2007 年 7 月，被江苏普灵仕集团公司并购，总经营面积扩展至 8 万平方米，面向中等收入家庭。2010 年，完成营业额 7.63 亿元。

常州泰富百货　位于延陵西路与南大街交会处，前身为 1993 年创建的常州商业大厦。2001 年 8 月至

2007年4月，历经3次改制，由常州商业大厦责任公司更名为常州泰富百货责任公司，2007年8月成立常州泰富百货集团。经历从综合百货到主题百货、再到高档百货的嬗变。2010年，集团投资8000万元改造百货商场，营业面积扩展至3.5万平方米，完成营业额6.72亿元。

武进人民商场 位于武进区人民中路20号，1998年1月1日开业，2000年7月改制为股份制武进人民商场公司，历经4次跨越发展，资产和经营规模快速扩张。2010年，经营面积8000平方米，设置购物、娱乐、美食、休闲4个经营区域，完成销售额1.1亿元。

富克斯流行广场 位于武进区定安中路16号，2007年12月20日试营业，翌年1月16日开业。是富克斯在大陆的首家旗舰店、武进区首家高档次综合性百货商店，营业面积6万平方米，有百货品牌350余家，包括餐饮、KTV、数字影院、健身、书店等项目。2010年利税总额3500多万元。

华润商业大厦 位于金坛中心商务区，1992年12月开业，拥有营业面积1万余平方米。1993年组建全省基层供销社首家省级集团，2000年以后升级改造为商业大厦。2007年经营黄金首饰、针纺织品、手机、名贵钟表、精品服饰等上万种商品，年销售额近1.5亿元。

二、超　　市

90年代，超级市场(简称“超市”)开始在常州兴起。1996—1997年，信特、联华、新怡华等超市纷纷设立，常州超市开始迅速发展。2000年，首家大型超市时代购物中心在怀德南路怀德苑西侧开业。12月，位于关河东路的大润发超市开业，成为常州首家以内资形式登记的外资大型超市。同年，全市限额以上超级市场完成商品销售收入1.07亿元，实现利税2278万元。2001年，罗溪镇设立兰生机床超市，国内100多家知名机床生产企业进驻，成为全国首家机床超市。12月，上海百联集团在城区通江大道与巢湖路交会处开设华联吉买盛购物中心，经营面积1.3万平方米。2002年4月、11月，上海农工商、乐购相继在关河西路斗巷弄、武进湖塘定安中路开设大型超市，经营面积分别为0.9万平方米、2万平方米。2004年1月、12月，台湾好又多、台湾乐购分别在城区劳动西路、南大街开设大型超市，经营面积分别为1万平方米、2万平方米。同年底，常州大润发超市、乐购湖塘店、好又多超市、农工商超市、华联吉买盛超市、时代超级购物中心、溧阳大统华超市，实现年销售总额达10亿元。

2005年，全市限额以上超级市场年均从业人员5314人，拥有固定资产原值2.65亿元、所有者权益1.46亿元，完成营业收入21.96亿元，上缴税金和附加7772万元。全市大型超市21家，完成销售额25.06亿元。至2007年底，韩国每家玛、法国欧尚、德国麦德龙和美国沃尔玛等15家大型超市相继落户常州，同年完成销售总额23亿元。2010年，连锁超市成为常州零售业的主要业态之一。全市限额以上大型超市企业、中小型连锁超市分别发展到19家、13家，年均从业人员分别为6791人、2300人，分别拥有固定资产原值7.8亿元、0.92亿元和所有者权益2.82亿元、0.23亿元，分别完成销售总额42.76亿元、6.88亿元，分别亏损1541万元和盈利682万元，上缴税金和附加8522万元、1397万元。全市有限额以上个体超市5家，其中4家在市区，分别完成销售额3875万元、2985万元。

信特超市 1996年7月成立，是常州地区最早的连锁超市，前身为武进县土产棉麻公司，主要经营食品、生鲜制品、生活日用品、书刊音像制品、五金、小家电等20大类近1万种商品。至2010年，拥有常州连锁店42家、加盟店近百家，员工总数1400余人，总经营面积约5.5万平方米，年销售额超6亿元。

联华超市 1996年12月成立，首家门店开业于城区新丰街14号，2010年，拥有连锁门店29家，总营业面积1.7万平方米，年销售额2亿元，累计上缴税收4000多万元。

明都超市　2000年4月，以明都商城为基础，改制成立常州市武进明都超市公司。2007年5月，更名为江苏明都超市公司，成为以日用百货、五金家电、定型包装食品为主的连锁超市。至2010年底，开办直营店50余家、运动品牌连锁店10余家，加盟店30多家，资产总额1亿多元，覆盖常州30多个乡镇及周边地区。2010年，明都超市营业总面积8.6万平方米，完成销售总额6亿多元，上缴税费1500万元。

新怡华超市　1997年创建，是一家经营日用消费品、生鲜农副产品及餐饮、时尚旅店、网络购物的综合性零售连锁企业。旗下有直营连锁店43家、品牌餐厅3家和时尚旅店、专业购物网站各1家，营业总面积15余万平方米。2010年实现商品销售1.8亿元。

大润发超市常州城区怀德路连锁店（摄于2010年10月）

关河大润发超市　位于常州城区关河东路38号，2000年12月开业，是全市首家台商投资的大型超市，原名常州九洲超市公司。经营面积1.8万平方米，一楼商店街设品牌专卖店、美食街，二楼卖场主营生活用品、家电、鞋帽服饰、日用杂品、面制品、熟食、肉类水产、蔬菜水果等商品有近5万余种，实行开放式、会员制自助购物。2005年底，大润发在溧阳市燕山路与罗湾路交会处开设分店。2008年9月、2009年9月，大润发超市武进店、怀德店相继在长虹中路、怀德路开业。2010年，完成销售额5.85亿元。

乐天玛特常州店　位于钟楼区怀德南路89号，前身是2000年8月底香港肇丰集团投资创办的常州时代超级购物中心，为全市首家大型超市，经营面积7000平方米。2008年5月，在市区竹林南路开设常州二店，建筑面积2.08万平方米。2009年10月，江苏时代超市公司被韩国第五大财团乐天集团收购。2010年5月，时代超级购物中心常州店变更为江苏乐天玛特商业公司常州店。

金坛大统华购物中心　位于金坛市中心金沙广场地下一层，地处中心商圈主要商业步行街，2003年9月，由实力雄厚的香港华地国际投资公司投资成立。是一家现代化大型连锁购物中心，占地1.2万平方米，有效销售面积8000余平方米。2007年完成销售额2.2亿元，实现利税3000多万元。

三、家电大卖场

1995年，常州家电城成立。此后，苏宁电器、永乐家电、世纪家电、五星电器等国内著名家电连锁专业店纷纷落户常州。2005年，常州家电大卖场形成国美、苏宁、五星三大电器卖场三足鼎立的局面。到2010年底，全市有家电专业连锁店38家。

常州华鹰集团（原常州五交化商场）（摄于2010年5月）

常州华鹰集团公司　位于城区大庙弄3号，前身为1956年成立的常州五金交电化工采购供应站。80年代末，转型为以经营五交化商品为主，更名为常州五交化批发总公司，成为常州最大的国有五交化商品批发流通企业，最高年销售额达7亿多元。1998年公司改制为股份制企业常州华鹰集团公司。2010年，年销售额约3700万元。

国美金太阳电器连锁店 位于城区和平北路6号，前身为常州家电城，1996年1月开业，是常州最早的家电专业商场。营业面积8000平方米，经营音视、大家电、日用电器、厨房电器和信息家电5个大类8000余种商品。2000年9月，改制为常州金太阳家电城公司。2005年12月，被中国最大的家电连锁集团国美电器并购。2010年底，公司总面积近8万平方米，有专业门店16家和物流仓储中心近1万平方米。同年，完成销售总额9亿元。

苏宁电器连锁店 1998年12月，苏宁电器进驻常州，在博爱路上开设空调专营店。2002年10月1日，常州苏宁电器公司成立，开设广化桥店。2007年8月18日，苏宁电器在南大街创办顶级旗舰店，营业面积1.5万平方米，成为苏宁电器在苏南地区开设的首家自行购置的旗舰店。2010年底，苏宁电器在常州设店14家，年销售额突破10亿元，经营品种涵盖家电、3C电器、图书、百货、日用品、化妆品及母婴用品等，既有线下的实体店，又有线上的苏宁易购，实现线上线下互动。

五星电器连锁店 成立于1998年，为全球最大消费类电子零售商百思买旗下独资公司。2002年12月27日，五星电器进入常州，在湖塘乐购商业街开设首家专卖店，经营彩电音响、数码产品、空调冰箱洗衣机、厨房设备、精品小家电等品种。2008年10月，五星关河路旗舰店开业，总投资800万元，营业面积6000平方米，营业额1亿元，2010年营业面积扩大至8000平方米，营业额增至1.5亿元。2010年，五星电器在常州开设连锁店8家，完成销售总额8亿元。

四、专业专卖店

专 业 店 2000年，全市限额以上专业店拥有固定资产原值7962万元，完成商品销售收入7.64亿元，实现利税总额1435万元。2005年，全市限额以上专业店发展到36家，年均从业人员5294人，拥有固定资产原值4.08亿元、所有者权益4.12亿元，完成销售额56亿元，实现利税总额6409万元。2010年末全市限额以上专业店发展至141家，年均从业人员8799人，拥有固定资产原值9.39亿元、所有者权益16.19亿元，完成销售总额164.14亿元，实现利税总额4.56亿元。

专 卖 店 2005年，全市有限额以上专卖店3家，完成销售额3.51亿元，实现利税总额1440万元。主要专卖店有贝拉维拉(BELLVILLES)、伊丝艾拉(YISELLE)内衣、雪歌(XCUEGE)服饰、唯美女装、利郎(LILANZ)商务男装、波司登(BOSIDENC)羽绒服、七匹狼服饰、动感媚美服饰、衣衣不舍、老人头服饰等。2010年，全市限额以上专卖店发展到82家，完成销售额129.43亿元，实现利润1.8亿元，上缴税金和附加9114万元。

五、其他业态

2000年，全市限额以上除百货店、超市、家电大卖场、专业店和专卖店以外的其他商店完成商品销售收入1013万元，上缴税金和附加137万元。2005年，全市有限额以上其他贸易企业3家。完成销售额1.81亿元，实现利税总额286万元。2010年，全市3家限额以上家居建材店完成销售额2.44亿元。全市有限额以上食杂店企业、厂家的直销中心各1家，分别完成零售额1451万元、3907万元。全市有限额以上个体家居建材商店364家，其中市区265家，分别完成销售额50.84亿元、40.62亿元。全市有限额以上个体食杂店41家，其中市区25家，分别完成销售额3.75亿元、2.28亿元。全市有限额以上个体自动售货亭单位43家，完成零售总额2.57亿元。

第三章　商品贸易

21 世纪初叶，常州零售业由过去的单一业态转变为百货商店、超级市场、专卖店、便利店、货仓式商店、购物中心、邮购商店等多种业态并存的局面。老城区 4 个商业副中心，东部商业副中心以购物中心、家电城和文化宫广场为主，西部商业副中心以金太阳家电城、江南地下商场为主，南部商业副中心以九洲服装城、兰陵大厦为主，北部商业副中心以大润发超市、火车站广场、大洋百货为主。同时形成博爱路机电一条街、延陵西路品牌服装街、北大街装饰一条街、常新路机配一条街等商品特色街区，城市商业地产城市综合体开始在常州出现。2010 年底，常州市区大中型商业零售网点营业面积达 129.84 万平方米，年销售额突破 300 亿元，零售商业网点平均创效 2.47 万元。

第一节　行业综述

改革开放后，常州商贸业为常州经济的主体产业，长期占全市经济总量的 1/5 至 1/4。据第二次全国经济普查，2008 年末全市法人贸易企业完成销售额 2426.4 亿元。

一、经济规模

2000 年，全市贸易企业分别完成销售总额 490.86 亿元、批发总额 352.72 亿元和零售总额 165.13 亿元。全市限额以上批发企业完成商品销售总额 222.54 亿元，其中批发额 192.94 亿元、零售额 29.6 亿元，实现利税 3.41 亿元。限额以下贸易单位完成销售总额 268.31 亿元，其中批发额 132.78 亿元、零售额 135.53 亿元。

1986—2010 年常州市社会消费品零售总额分地区统计表

表 19-3-1　　单位:亿元

年份	全市	市区	金坛	溧阳	年份	全市	市区	金坛	溧阳
1986	20.29	13.32	2.99	3.98	1999	184.43	120.84	27.15	36.44
1987	24.81	16.53	3.61	4.67	2000	202.32	133.88	29.27	39.17
1988	32.36	21.36	4.90	6.10	2001	222.61	148.02	32.01	42.58
1989	36.33	24.26	5.70	6.37	2002	248.80	165.98	35.84	46.98
1990	38.19	26.21	5.33	6.65	2003	280.64	190.75	40.49	49.40
1991	43.69	30.02	6.02	7.65	2004	324.05	219.36	46.50	58.19
1992	55.89	40.27	5.89	9.73	2005	444.95	329.21	50.44	65.30
1993	78.22	54.80	10.22	13.20	2006	517.83	384.02	58.43	75.38
1994	100.24	67.32	13.81	19.11	2007	614.42	458.11	68.19	88.12
1995	131.78	84.99	18.27	28.52	2008	764.06	574.08	82.71	107.27
1996	157.60	101.66	22.90	33.04	2009	891.54	674.55	95.10	121.89
1997	167.96	111.07	23.46	33.43	2010	1054.40	790.65	116.21	147.54
1998	173.93	114.40	25.40	34.13					

说明:2005—2008 年数据已按照经济普查结果重新进行了修订

2001—2005年,全市限额以上贸易企业销售总额增加20.71亿元。2005年,全市批发销售总额1355.77亿元。全市143家限额以上贸易企业完成销售额243.25亿元,其中批发额231.94亿元、零售额11.31亿元;完成营业收入313.37亿元,实现利润总额4.47亿元,上缴税金和附加4.64亿元。全市限额以下企业及个体完成销售总额1001.59亿元。

据第二次全国经济普查,2008年末全市贸易单位发展到11.23万个,占全市基本单位、服务业单位总数的46%、58%。其中,全市有批发和零售业法人企业1.11万家,包括批零产业活动单位1.25万个;从业人员总数33.58万人,其中法人单位从业人员11.23万人,占服务业总量的23.9%。批发零售业个体户10.12万户,从业人员22.35万人。全市批发零售业实现增加值217.1亿元,占全市服务业增加值的25.1%;其中法人单位、个体户分别实现增加值185.4亿元、31.7亿元,分别占批零业增加值的85.4%、14.6%。2010年,全市786家限额以上贸易企业年均从业人员3.92万人,拥有固定资产原值59.87亿元、所有者权益119.14亿元,完成销售总额1667.77亿元,实现利润总额36.58亿元,上缴税金和附加26.54亿元。全市批发零售贸易企业完成社会商品零售总额972.38亿元、住宿餐饮业完成零售总额82.01亿元;全市个体私营经济完成社会商品零售总额458.18亿元。

二、经营方式

独立商店 2000年,常州市限额以上独立商店拥有固定资产原值8.28亿元,完成商品销售收入23.54亿元,实现利税5273万元。2005年,全市限额以上独立商店36家,年均从业人员6542人,拥有固定资产11.46亿元、所有者权益5.21亿元,完成销售额56.78亿元,实现利润7007万元,上缴税金和附加9058万元。2010年,全市有限额以上独立商店企业218家,年均从业人员1.56万人,拥有固定资产原值28.68亿元、所有者权益32.72亿元,完成销售额304.47亿元,实现利润3.53亿元。

连锁商店 2000年,常州市限额以上连锁商店拥有固定资产原值261万元,完成商品销售收入7312万元。2005年,全市限额以上连锁商店发展到32家,完成销售总额48.59亿元。2010年,全市限额以上连锁商店31家,完成销售总额68.6亿元。

总　店　2005年,常州市有限额以上连锁商店总店19家,年均从业人员5150人。拥有固定资产原值2.17亿元、所有者权益1.7亿元,完成销售额36.47亿元,其中批发额8.11亿元、零售额28.35亿元,实现利润850万元,上缴税金和附加2149万元。2010年,全市有限额以上连锁商店总店企业14家,年均从业人员4067人,拥有固定资产原值2.48亿元、所有者权益2.25亿元,完成销售额28.99亿元,实现利税总额1.41亿元。

分　店　2005年,常州市有限额以上连锁商店分店13家,年均从业人员2005人,拥有固定资产原值9657万元、所有者权益9431万元,完成销售额12.12亿元,其中批发额0.85亿元、零售额11.27亿元,亏损536万元,上缴税金和附加4633万元。2007年,全市连锁经营门店1116家,从业人员1.6万人,完成销售额146.7亿元,零售额占全市社会消费品零售总额的15%。2010年,全市有限额以上连锁商店分店17家,年均从业人员4019人,拥有固定资产原值4.82亿元、所有者权益4.62亿元,完成销售额39.61亿元,实现利税2.61亿元。

其他商店 2005年,常州市有限额以上其他商店6家,年均从业人员428人,拥有固定资产原值8747万元、所有者权益6370万元,完成销售额5.55亿元,亏损1069万元,上缴税金和附加870万元。2010年,全市限额以上其他商店增至23家,年均从业人员659人,拥有固定资产原值1.2亿元、所有者权益1.95亿元,完成销售额16.61亿元,实现利税4136万元。

第二节 经济结构

一、行业结构

批发贸易企业 2000年，常州市限额以上批发贸易企业拥有固定资产原值20.07亿元，完成批发销售额192.94亿元，实现利税总额3.41亿元。2005年，全市限额以上批发贸易企业69家，年均从业人员5741人，拥有固定资产原值11.07亿元、所有者权益15.42亿元，完成批发销售总额231.94亿元；限额以下企业及个体批发单位完成销售总额752.9亿元，实现利税总额6.77亿元。2008年，全市有批发业单位1.91万个，从业人员10.32万人。其中法人企业0.87万家、个体经营户1.04万户，从业人员分别为7.01万人、3.31万人。批发企业主要集中于矿产品、建材及化工产品批发和机械五金交电产品批发业等。2010年，全市786家限额以上批发零售贸易企业完成批发额1293.27亿元。其中批发企业514家，年均从业人员1.48万人，拥有固定资产原值22.7亿元、所有者权益77.6亿元；完成销售额1278.09亿元，实现利润总额30.27亿元，上缴税金和附加20.43亿元。市区有限额以上批发贸易企业514家、个体户256户，分别完成销售额1278.09亿元、90.13亿元。

零售贸易企业 2000年，常州市贸易单位完成零售销售额165.13亿元。其中，内资零售企业拥有固定资产原值8.3亿元，完成商品销售收入24.07亿元，实现利税7564万元。2005年，全市有限额以上零售企业74家，年均从业人员1.41万人，拥有固定资产原值15.47亿元、所有者权益8.49亿元，完成销售额110.92亿元，实现利润总额6251万元，上缴税金及附加1.67亿元；全市限额以下企业及个体零售单位完成销售总额248.7亿元。2008年，全市有零售业单位9.32万个，从业人员23.25万人。其中法人企业2392家、个体经营户9.08万户，从业人员分别为4.22万人、19.04万人。2008年，全市商贸业法人单位完成社会消费品零售总额420.1亿元，年均增21.8%；全市个体零售户营业收入是2004年的1.9倍。2010年，全市786家限额以上批发零售贸易企业完成零售额374.5亿元。其中，零售企业272家，年均从业人员2.44万人，企业拥有固定资产原值37.17亿元、所有者权益41.54亿元，完成销售额389.68亿元，实现利润总额6.31亿元，上缴税金和附加6.11亿元。

二、所有制结构

2005年，常州市有限额以上内资贸易企业138家，年均从业人员1.9万人，分别拥有固定资产原值26.19亿元、所有者权益22.79亿元，完成销售总额346.59亿元，实现利润总额4.2亿元，上缴税金及附加4.45亿元。2010年末，全市限额以上内资企业增至772家，年均从业人员5.03万人，拥有固定资产原值76.81亿元、所有者权益194.4亿元。完成销售总额1631.72亿元，实现利润总额66.94亿元，上缴税金和附加46.77亿元。

国有及国有控股企业 2000年，常州市国有及国有控股批发企业、零售企业分别完成商品销售收入97.16亿元、16.02亿元，实现利税总额5.1亿元、0.48亿元。2005年，全市有限额以上国有及国有控股贸易企业10家，完成销售总额18.64亿元，实现利税总额2.13亿元。2010年全市限额以上国有及其控股贸易企业完成营业收入63.62亿元。

集体企业 2000年，常州市限额以上集体批发企业、零售企业分别拥有固定资产原值0.65亿元、1.46亿元，分别完成商品销售收入25.41亿元、3.03亿元，实现利润311万元和负322万元，分别上缴税金和附加8085万元、2925万元。2008年，全市集体贸易企业202家，占贸易企业总数的1.8%。2010年，全市有限额以上集体贸易企业2家，完成销售额35.01亿元，实现利润总额1345万元，上缴税金和附加286万元。

私营企业 2000年，常州市私营批发贸易企业拥有固定资产原值1825万元，完成商品销售收入4.15亿元，实现利税1061万元。2005年全市有限额以上私营贸易企业54家，年均从业人员6302人，拥有固定资产原值5.03亿元、所有者权益5.51亿元，完成销售总额116.54亿元，实现利税总额8298万元。2008年，全市所有私营贸易企业1.03万家，占贸易企业总数的93%，法人单位从业人员占全市贸易企业从业总人数的81.1%。2010年，全市有限额以上私营贸易企业685家，年均从业人员2.84万人，其中批发467家、零售218家，年均从业人员1.16万人和1.68万人；分别拥有固定资产原值38.03亿元、16.14亿元、21.89亿元和所有者权益77.42亿元、49.39亿元、28.03亿元；分别完成销售额1334.16亿元、1041.97亿元和292.19亿元，实现利税42.46亿元、33.35亿元和9.11亿元。

有限责任公司 2000年，全市有限责任批发企业、零售企业分别拥有固定资产原值4.9亿元和3951万元，分别完成商品销售收入49.74亿元、4.38亿元，实现利税2.05亿元、89万元。2005年，全市有限额以上有限责任贸易企业69家，年均从业人员9880人，拥有固定资产原值14.75亿元、所有者权益7.18亿元，完成销售额150.39亿元，实现利润总额1.07亿元，上缴税金及附加3.03亿元。2008年，全市有限责任贸易公司发展到328家，占贸易企业总数的3%。2010年，全市有限额以上有限责任贸易企业62家，年均从业人员3821人，拥有固定资产原值4.12亿元、所有者权益6.24亿元，完成销售额145.15亿元，实现利税总额(含附加)6.74亿元。

股份制企业 股份公司 2000年，全市股份有限批发企业、零售企业分别拥有固定资产原值2.97亿元、2.72亿元，分别完成商品销售收入30.88亿元、5.5亿元，实现利税6705万元、1418万元。2005年，全市有限额以上股份公司5家，年均从业人员2043人，拥有固定资产原值4.15亿元、所有者权益5.58亿元，完成营业收入39.39亿元，实现利税总额(含附加)1.61亿元。2010年，全市有限额以上股份公司6家，年均从业人员2257人，拥有固定资产原值6.94亿元、所有者权益9.49亿元，完成销售额49.31亿元，实现利税总额(含附加)2.2亿元。

股份合作公司 2000年，全市股份合作批发企业、零售企业分别拥有固定资产原值5569万元、2033万元，完成商品销售收入6.86亿元、0.84亿元，实现利税负36万元和66万元。2005年，全市有限额以上股份合作批发贸易企业2家，年均从业人员158人，拥有固定资产原值5307万元、所有者权益2047万元，完成销售额17.19亿元，实现利税总额(含附加)625万元。2010年，全市有限额以上股份合作贸易企业6家，年均从业人员111人，拥有固定资产原值5665万元、所有者权益2287万元，完成销售额8.65亿元，实现利税总额(含附加)716万元。

其他内资贸易企业 2005年，全市有限额以上联营批发企业1家，年均从业人员52人，拥有固定资产原值16亿元、所有者权益94亿元，完成销售额0.51亿元，完成营业收入4380万元。2010年，全市仅市区有限额以上其他内资贸易企业6家，年均从业人员164人，拥有固定资产原值2893万元、所有者权益3623万元，完成销售额11.28亿元，实现利税总额(含附加)8637万元。

外资和港澳台资企业 2000年，全市港澳台商投资零售企业拥有固定资产原值56万元，完成商品销售收入2020万元。2005年，全市有限额以上港澳台资贸易企业3家，年均从业人员663人，拥有固定资产原值1428万元、所有者权益8792万元，实现利润总额1132万元，上缴税金及附加1015万元。2008年，全市有港澳台商投资贸易企业23家、占贸易企业总数的0.2%，法人单位从业人员占贸易企业从业总人数的2.9%。2010年，全市有限额以上港澳台商投资贸易企业5家，年均从业人员1825人，拥有固定资产原值2.85亿元、所有者权益负3447万元，完成销售额11.03亿元。2005年，全市贸易企业有限额以上外商投资零售企业2家，年均从业人员190人，拥有固定资产原值2114万元、所有者权益2433万元，完成销售额2.97亿元，实现利税总额2456万元。2008年，全市外商投资贸易法人单位40家，从业人员占全市贸易企业从业总人数的1.6%。2010年，全市有限额以上外商投资贸易企业9家。年均从业人员1747人，拥有固定资产原值2.73亿元、所有者权益2.17亿元，完成销售额25.03亿元，实现利润总额2439万元。

个体户　2008年，全市批发零售业个体户发展到10.12万户，占全市个体户总数的53.1%。2010年，全市有限额以上贸易个体户834户，完成销售额158.46亿元，其中批发额80.95亿元、零售额77.51亿元；限额以上零售个体户578户，完成销售额68.33亿元。市区有个体独立商店384家、连锁商店分店1家和其他个体户5户，分别完成销售额51.08亿元和965万元、3381万元。

三、区域商贸总量

市　区　2000年，常州市区贸易企业完成销售总额223.07亿元，其中限额以上、限额以下分别完成销售额120.21亿元、102.86亿元；批发企业完成149.63亿元，其中限额以上、以下分别完成98.18亿元、51.45亿元；零售企业完成73.44亿元，其中限额以上、以下企业分别完成22.03亿元、51.41亿元。2000年，武进贸易企业完成销售总额140.37亿元，其中限额以上、限额以下分别完成68.09亿元、72.28亿元；批发企业完成101.81亿元，其中限额以上、以下分别完成64.36亿元、37.45亿元；零售企业完成38.56亿元，其中限额以上、以下企业分别完成3.73亿元、34.83亿元。

2010年，市区完成社会消费品零售总额790.65亿元，其中批发零售贸易企业完成社会商品零售总额732.46亿元、住宿餐馆业完成58.19亿元。市区有限额以上贸易个体户643户，其中批发个体户253户、零售个体户390户，分别完成销售额140.8亿元、89.28亿元和51.52亿元。

金　坛　2000年，金坛贸易企业完成销售总额51.32亿元，其中限额以上、以下企业分别完成22.32亿元、29亿元。批发企业完成28.58亿元，其中限额以上、以下企业分别完成21.48亿元、7.1亿元；零售企业完成22.74亿元，其中限额以上、以下企业分别完成0.84亿元、21.9亿元。2005年，金坛完成商品销售总额75.15亿元。其中，限额以上贸易企业增至17家，年均从业人员1679人，拥有固定资产原值7833万元，所有者权益1.2亿元，完成销售总额11.58亿元，实现利税总额3128万元；限额以下企业及个体户完成商品销售63.57亿元。2010年，完成社会消费品零售总额116.21亿元，其中批发零售贸易企业完成社会商品零售总额105.38亿元、住宿餐馆业完成10.83亿元。有限额以上贸易企业61家，年均从业人员3419人，拥有固定资产原值1.97亿元、所有者权益4.47亿元，完成销售额26.83亿元，实现利税总额1.93亿元。有限额以上贸易个体户76户，完成销售额4.5亿元。

溧　阳　2000年，溧阳贸易企业完成销售总额76.11亿元，其中限额以上、以下企业分别完成11.93亿元、64.18亿元；批发企业完成销售总额45.7亿元，其中限额以上、以下企业分别完成8.92亿元、36.78亿元；零售企业完成30.4亿元。2005年，溧阳有限额以上贸易企业15家，年均从业人员1545人，拥有固定资产原值6807万元、所有者权益8339万元；完成商品销售总额76.29亿元，其中限额以上贸易单位、限额以下企业及个体户分别完成10.87亿元、65.42亿元；实现利税总额4517万元。2010年，溧阳限额以上贸易企业发展到25家，年均从业人员2235人，拥有固定资产原值2.73亿元，所有者权益3.24亿元。完成社会消费品零售总额147.54亿元，其中批发零售贸易企业134.54亿元；完成销售额41.39亿元，其中批发额21.49亿元、零售额19.9亿元；实现利税总额1.91亿元。115户限额以上贸易个体户完成销售额4.5亿元。

第三节　纺织服装日用品和综合贸易

一、批发业

2000年，常州市限额以上纺织服装及日用品批发企业拥有固定资产原值8203万元，完成商品销售收入27.27亿元，实现利税总额1.51亿元；全市限额以上日用百货批发企业拥有固定资产原值1.04亿元，完成商品销售收入4.69亿元，亏损309万元，上缴税金和附加214万元。2005年，全市限额以上纺织服装和日用品批发企业7家，年均从业人员394人，拥有固定资产原值3061万元、所有者权益7276亿元，完成批发销售额38.82亿元、营业收入38.5亿元，实现利税总额1.25亿元。2008年，全市纺织、服装及日用品批发业法人单位发展到1268个，从业人员1.13万人。2010年，全市限额以上纺织服装和日用品批发企业发展到46家，年均从业人员2504人，拥有固定资产原值1.39亿元、所有者权益6.73亿元，完成销售额120.89亿元，实现利润总额2.57亿元，上缴税金和附加2.67亿元；市区有限额以上纺织服装和日用品批发企业42家，完成销售额118.39亿元。全市有限额以上纺织、服装及日用品批发个体户87户，其中市区86户，分别完成销售额25.04亿元、24.75亿元。

二、零售业

综合零售业　2005年，全市有限额以上综合零售企业31家，年均从业人员8358人，拥有固定资产原值10.91亿元、所有者权益3.77亿元，完成销售额47.91亿元，实现利税总额1.18亿元。2008年全市综合零售法人单位发展到253家，从业人员1.82万人。2010年，全市有限额以上综合零售企业44家，年均从业人员1.11万人，拥有固定资产原值21.12亿元、所有者权益11.21亿元，完成销售额93.14亿元，实现利税总额5.08亿元；全市限额以上综合零售个体户增至26户，完成零售额1.9亿元。市区有限额以上综合零售企业33家、个体8户，分别完成销售额75.68亿元、0.56亿元。

纺织服装和日用品零售业　2000年，全市限额以上日用百货零售企业拥有固定资产原值7.48亿元，完成商品销售收入15.9亿元，实现利税总额3839万元。2005年，全市有限额以上纺织服装和日用品零售企业3家，年均从业人员281人，拥有固定资产原值655万元、所有者权益448万元，完成销售额2.6亿元，实现利税总额3624万元。2008年，全市纺织服装及日用品零售有法人单位261个，从业人员1976人。2010年，全市限额以上纺织服装及日用品零售企业发展到14家，年均从业人员494人，拥有固定资产原值1987万元、所有者权益3786万元，完成销售额4.94亿元，上缴税金和附加803万元；全市有限额以上纺织服装和日用品专门零售个体户48户，完成销售额10.71亿元。市区有限额以上纺织服装和日用品零售企业14家、个体户46户，分别完成销售额4.94亿元、10.54亿元。

第四节　农副产品和食品饮料贸易

改革开放初期，由于物质生产、生活水平较低，常州贸易规模、交易价格和销售额均较低。90年代中期全面实行市场经济后，交易价格和销售额逐年快速增长。至2000年，全市农副产品和食品饮料销售总额30.04亿元，2005年，限额以上企业销售总额28.9亿元。2010年，限额以上企业和个体户销售总额94.35亿元。

一、批发业

2000年，全市限额以上农畜产品批发企业、食品饮料制品批发企业分别完成商品销售收入5.53亿元、

23.47亿元，实现利润280万元和1.21亿元，上缴税金和附加1010万元和1.31亿元。2005年，全市有限额以上食品饮料（含烟草制品）批发企业8家、农畜产品批发企业4家，分别完成销售额19.53亿元、7.47亿元，实现利润1.67亿元和366万元。2008年，全市有食品饮料批发法人单位330个、农畜产品批发法人单位148个，从业人员分别为4899人、2834人。2010年，全市批发业有限额以上食品饮料制品企业24家、农畜产品企业13家，分别完成销售额70.49亿元、14.58亿元，实现利税总额11.36亿元、0.51亿元；全市批发业有限额以上食品饮料制品个体户95户、农畜产品个体户29户，绝大多数在市区，分别完成销售额41.4亿元、11.93亿元。

二、零 售 业

2000年，全市限额以上食品饮料制品零售企业完成商品销售收入1.04亿元，实现利税2023万元。2005年，全市有限额以上食品饮料制品零售企业两家，完成零售额1.9亿元，实现利税396万元。2008年，全市食品饮料零售业法人单位发展到215家，从业人员1596人。2010年，全市有限额以上食品饮料制品零售企业15家，完成销售额3.3亿元，实现利税1622万元。全市63户限额以上食品饮料零售个体户，完成销售额5.98亿元。

三、生猪屠宰管理

80年代，常州市取消生猪统购统销，生猪养殖、屠宰和经营得到了发展，肉类市场日渐繁荣，肉食品短缺状况得到改变，肉食品供应日趋丰富，但生猪屠宰点遍布城乡，生猪肉品安全质量堪忧。1995年，国务院办公厅下发关于畜禽屠宰管理工作有关问题的通知，加强对上市猪肉的管理。1996年4月1日，按照“定点屠宰、集中检疫、统一纳税、分散经营”的原则，开始推行生猪定点屠宰管理。辖市区设固定场点163个，其中主城区（天宁、钟楼）2个、武进76个、金坛31个、溧阳40个、新区5个、戚墅堰3个、郊区6个。1999年，《常州市生猪定点屠宰税费管理规定》颁布；2001年，《常州市生猪定点屠宰场点设置规划》出台。各地整顿压缩生猪定点屠宰场点。2002年，常州在全省率先设立清香源清真牛羊屠宰场，搬迁三井手工屠宰场，成立常州市三泉食品公司机械化屠宰场，金坛、溧阳相继建成机械化屠宰场。2003年7月，市经贸委牵头成立生猪屠宰管理办公室（简称“市屠管办”），组建由工商、卫生检疫、公安等部门人员参加的生猪屠宰管理执法队，辖市区相继成立执法队伍，经常化监管屠宰加工企业和肉品市场。至2010年底，全市生猪定点屠宰场点整合压缩到54家。同年，全市屠宰量约150万头，其中市区约60万头、武进约50万头、金坛10余万头、溧阳约20万头。年屠宰量约10万头的场点主要有三井屠宰场和湖塘食品站，猪源主要来自苏北及安徽、河南和山东，本地猪约占1/10。

第五节　文体用品和器材贸易

80年代中期，常州文体用品器材贸易企业开始加速发展。2005年，全市限额以上文体用品器材批发和图书报刊零售业完成销售总额4.61亿元。2010年，限额以上文体用品器材贸易企业和个体户销售总额增长到15.13亿元。

一、批 发 业

2005年，常州市有限额以上文体用品器材批发企业1家，完成销售额1.03亿元。2008年，全市文体用品器材批发法人单位发展到122家，有从业人员828人。2010年，全市限额以上文体用品器材批发企业1家，完成销售额1.29亿元，实现利税总额3235万元。

二、零 售 业

2000 年，常州市限额以上图书报刊零售业完成商品销售收入 2.13 亿元，实现利税 1111 万元。2005 年，全市有限额以上文体用品器材零售企业 6 家，完成销售额 3.58 亿元，实现利税 2356 万元。2008 年，全市文体用品和器材零售法人单位发展到 151 家，从业人员 1611 人。2010 年，全市限额以上文体用品和器材零售企业发展到 17 家，完成销售额 13.35 亿元，实现利税总额 1.33 亿元。

第六节　机械五金交电产品贸易

2000 年，全市限额以上机械五金交电产品贸易企业完成销售收入 23.04 亿元。2005 年，限额以上机械五金交电产品贸易企业完成的销售总额增长到 73.04 亿元。2010 年，全市机械五金交电产品销售总额（含限额以上个体户）增长到 328.79 亿元。

一、批 发 业

1995 年，全市有列入统计的机械五金交电产品批发企业 122 家，完成商品销售总额 56.85 亿元。2000 年，全市限额以上机械五金交电产品（含汽车摩托车及其零配件和五金交电化工）批发企业完成商品销售收入 18.92 亿元，实现利税 2153 万元。2005 年，全市限额以上机械五金交电产品批发企业 11 家，完成销售额 26.47 亿元，实现利税 3669 万元。2008 年，全市有批发法人单位 2065 个，从业人员 1.44 万人。2010 年，全市限额以上批发企业发展到 47 家，完成销售额 107.54 亿元，实现利税总额 2.57 亿元。

二、零 售 业

汽车摩托车及其零配件与燃料　1995 年，全市 26 家列入统计的汽摩及其零配件、五交化零售企业，完成销售总额 6.12 亿元。2005 年，全市有限额以上零售企业 14 家，完成销售额 32.53 亿元，实现利税总额 2576 万元。2008 年，全市全行业法人单位发展到 467 家，从业人员 7889 人。2010 年，全市限额以上零售企业发展到 114 家，完成销售额 178.17 亿元，实现利税总额 2.47 亿元；全市有限额以上零售个体户 35 家，绝大多数在市区，完成零售额 2.75 亿元。

家用电器和电子产品　2000 年，全市限额以上五金交电化工产品零售业拥有固定资产原值 1662 万元，完成商品销售收入 4.12 亿元，实现利税 33 万元。2005 年，全市有限额以上家用电器和电子产品零售企业 10 家，完成销售额 14.05 亿元，实现利税总额 1085 万元。2008 年，有零售法人单位 393 家，从业人员 4926 人。2010 年，全市限额以上零售企业发展到 37 家，完成销售额 42.13 亿元，实现利税总额 1.96 亿元。

第七节　医药和医疗器材贸易

1985 年，药品流通基本上沿用计划经济年代的三级批发的经营体制和模式。常州市仅有江苏省医药公司常州医药采购供应站 1 家（二级批发站）和武进、金坛、溧阳 3 个县级批发站及所属的零售药店从事医药产品的流通，全市总销售规模 1.7 亿元。80 年代后期，常州药品流通业原有的体制、模式被打破，逐步向连锁经营、跨地区经营联盟、物流公司、科工贸一体、集团型经营等多种模式转变，形成常州恒泰医药连锁公司、常州亚泰五洲医药公司、常州药业股份公司等优势企业。2000 年，全市限额以上医药和医疗器材贸易企业完成销售收入 14.3 亿元。2005 年，全市限额以上医药和医疗器材贸易企业完成销售总额 19.46 亿元。2010 年，销售总额增长到 67.26 亿元。至 2010 年，常州市有限额以上药品和医疗器材批发企业 6 家、零售企业 15 家，年销售额67.26亿元。有医疗器械批发企业225家，年销售额达4.58亿元。除常州药业为股份公司外，其余所有医药批发企业均为有限责任公司和民营个体企业。

一、批 发 业

2000年，全市限额以上医药和医疗器材批发企业完成商品销售收入13.32亿元，实现利税总额5415万元。2005年，全市有限额以上企业4家，年均从业人员871人，拥有固定资产原值7604万元、所有者权益3.81亿元，完成销售总额11.26亿元，实现利税总额7277万元。2008年，全市全行业法人单位发展到127家，从业人员2466人。2010年，全市限额以上批发企业增至6家，有4家在市区，年均从业人员2318人，拥有固定资产原值1.34亿元、所有者权益5.47亿元，完成销售额17.98亿元，实现利税总额5144万元。

二、零 售 业

2000年，全市限额以上医药和医疗器材零售企业拥有固定资产原值958万元，完成商品销售收入9846万元，实现利税498万元。2005年，全市有限额以上零售企业7家，年均从业人员1585人，拥有固定资产原值5407万元、所有者权益5449万元，完成销售总额8.2亿元，实现利润总额1476万元。2008年，全市零售法人单位发展到163家，从业人员2985人。2010年，全市限额以上零售企业发展到15家(市区13家)，年均从业人员2264人，拥有固定资产原值1.01亿元、所有者权益6.97亿元，完成销售额49.28亿元，实现利润总额1.28亿元。

三、药品销售企业

常州药业股份公司 前身是中国医药公司无锡支公司常州药房，1980年1月更名为江苏省医药公司常州采购供应站，1993年11月变更为常州药业股份公司。2010年7月拥有总资产13.25亿元。同年医药流通部分完成销售额18.23亿元，实现利税总额3763万元。

常州市武进药业公司 2000年8月改制成立，前身为武进市医药总公司，由江苏省医药公司武进市公司改组而成。2003年，原下辖的108家零售医药商店组建成立常州中诚医药连锁公司。2006年9月，武进药业与亚邦集团资产重组，武进药业与中诚医药连锁公司分离。2009年完成销售额8.74亿元，实现利税939万元。

常州市恒泰医药连锁公司 2002年创办，属全国最早的大型医药民营企业之一，有连锁门店近100家，主要分布在常州、武进地区及金坛市、江阴市。2009年，年销售额突破2亿元。

第八节 其他商品贸易

一、矿产品和建材化工产品贸易

1995年，常州市有列入统计的矿产品和建材贸易企业70家，完成销售总额10.78亿元。2000年，全市限额以上矿产品和建材化工产品、金属材料批发业拥有固定资产原值2.89亿元，完成商品销售收入32.52亿元，实现利税7966万元。2005年，全市有限额以上矿产品和建材化工产品批发企业30家，年均从业人员2574人，拥有固定资产原值6.25亿元、所有者权益4.99亿元，完成销售额133.07亿元，实现利税总额1.99亿元。2008年，全市矿产品和建材化工产品批发法人单位发展到3412家，从业人员2.42万人。2010年，全市限额以上批发企业发展到359家，年均从业人员5880人，拥有固定资产原值12.39亿元、所有者权益34.66亿元，完成销售额909.1亿元，实现利税总额27.43亿元。全市有限额以上批发个体户44家，完成销售额11.51亿元。2010年，全市197户煤炭经营企业销售煤炭1000多万吨。全市电力和热力生产消耗煤炭约650万吨，建材生产消耗煤炭250万吨，钢铁生产消耗煤炭近100万吨，合计占消费总量的80%。

二、五金家具和室内装修材料贸易

2008年，常州市五金家具及室内装修材料零售有法人单位311个，从业人员1659人。2010年，全市有限额以上五金家具及室内装修材料专门零售企业9家，年均从业人员210人，企业拥有固定资产原值4259万元、所有者权益1871万元，完成销售额3.93亿元；完成营业收入3.76亿元，实现利税934万元。全市有限额以上个体五金家具及室内装修材料专门零售企业343家，完成销售额42.88亿元；其中市区有限额以上零售个体户245家，完成销售额32.77亿元。

三、其他批发零售贸易

80年代中期，常州贸易经纪与代理业、其他批发业、无店铺和其他零售业开始起步，90年代中期开始加速发展。2000年，全市其他批发零售业完成销售收入14.3亿元。2005年，全市限额以上医药和医疗器材贸易企业完成销售总额19.46亿元，2010年销售总额增长到67.26亿元。

贸易经纪与代理业 2008年，常州市有贸易经纪与代理法人单位247家，从业人员2883人。2010年，全市有限额以上企业9家，年均从业人员197人，拥有固定资产原值3941万元、所有者权益4533万元，完成批发额8.5亿元、营业收入8.34亿元，实现利税总额2918万元。

其他批发行业 2000年，常州市限额以上再生物资回收批发业、农业生产资料批发业和其他批发业分别完成商品销售收入26.27亿元、3.47亿元和2.49亿元，实现利税总额9617万元。2005年，全市有限额以上其他批发企业4家，完成批发额5.62亿元，实现利税4036万元。2008年，全市其他批发业法人单位发展到1016个，有从业人员6268人。2010年，全市有限额以上其他批发企业9家，完成销售额27.72亿元，实现利税2.58亿元。

无店铺和其他零售业 2000年，常州市限额以上其他零售业完成商品销售收入945万元，利税负58万元。2005年，全市有限额以上无店铺及其他零售企业1家，完成零售额1495万元。2008年，全市有无店铺及其他零售法人单位178个，从业人员1349人。2010年，全市有限额以上零售企业增至7家，完成销售额1.45亿元，利税万元。全市有限额以上无店铺和其他零售个体户43家，完成零售额2.57亿元。

第四章　粮油贸易

1986年至90年代中后期，中央到地方各级政府逐级下达粮食合同定购、国家定购和议购计划，按合同计划收购粮食。随着粮食市场的逐步放开，定购、议购计划逐年减少直至取消，不同市场主体逐渐入市收购。1993年4月，国家放开粮油经营和销售价格，实行购销同价，取消城镇居民粮油定量供应。1999—2000年，省政府不再下达油脂指导性收购计划，实行油脂议购；2000年红小麦退出国家定购品种。2001年9月后，常州实行粮食购销市场化，收购价格随行就市。

第一节　粮油收购

1984年以前，常州实行粮食统购统销政策。1985—1990年，实行粮食合同定购、统销和议购议销并行的政策，从单一的计划调节转变为计划与市场双轨制运行。1991年，粮食合同定购恢复为粮食定购。1993年，实行粮食指导性合同订购、议购议销并行的政策。1994—2000年，恢复国家粮食定购收购。1996—1997年，杂交籼稻、小麦和晚粳稻实行保护价收购。2001年9月起，国家推行粮食购销市场化，国家粮食定购取消，

1986—2005年常州市国有及其控股粮食企业粮油纯收购总量统计表

表 19-4-1

年度	粮食(万吨)			油脂(吨)		年度	粮食(万吨)			油脂(吨)	
	合计	定购	议购	合计	议购		合计	定购	议购	合计	议购
1986	52.54	33.76	18.78	8699	4857	1997	65.05	24.73	40.32	7184	7184
1987	43.89	31.92	11.97	6787	2316	1998	39.28	22.38	16.90	1440	1440
1988	39.93	31.78	8.15	2658	1426	1999	44.22	8.73	35.49	3234	3234
1989	51.42	33.03	18.39	4753	2477	2000	44.90	7.48	37.42	4552	4552
1990	43.45	33.59	9.86	12066	1767	2001	28.85	—	28.85	4567	4567
1991	26.76	26.76	—	7187	—	2002	21.89	—	21.89	50	50
1992	37.28	27.31	9.97	4993	6	2003	31.07	—	31.07	17	17
1993	41.89	25.20	16.69	5322	5322	2004	36.28	—	36.28	851	851
1994	35.14	25.00	10.14	2285	2285	2005	44.16	—	44.16	12674	12674
1995	37.92	25.00	12.92	8616	8616	累计	809.12	381.67	427.45	102398	68104
1996	43.20	25.00	18.20	4463	4463						

说明：1. 粮油纯收购总量指从生产者处直接收购的粮食总量，不包括省内外、系统内外经营性粮油购进。2. 油脂议购为指导性收购价格。3. 1986—1990年、1991—1992年、1993年和1994—1998年先后为合同定购、国家定购、议价和指导性收购的收购量；2001年开始为纯市场化收购量，再无定购量

粮食收购开始进入市场化轨道。2004年开始实行粮食最低价收购政策。2006年6—9月，首次启动小麦最低收购价执行预案。2007年，全市夏粮增产丰收，粮食部门鼓励引导多元购销主体参与夏粮收购，全市收购小麦29.3万吨。2008年，全市粮食部门执行国家稻谷临时收储，国有粮食企业采用上门收购、预约收购等办法，让农民放心售粮。全市收购小麦30.6万吨、稻谷49万吨，其中国有企业分别收购20.8万吨、20.7万吨。2009年收购期间，全市收购粮食71万吨，其中国有粮食企业收购37万吨，最低收购价收购小麦7万吨。

一、粮食收购体制

1986年初，常州有粮食收购任务的所有乡镇均设有粮油管理所，负责粮油收购、储存、供应及户粮管理，无粮食收购任务的乡镇设有专职户粮管理员。市粮食局直属粮食收购企业有市第一至第五粮库、面粉厂、郊区粮油管理所及戚墅堰区粮油管理所8家企业，其中郊区的雕庄、丁堰、新闸、五星4家乡镇粮管所承担粮食收购任务。1987年，常州市规定以县为单位在未完成国家粮油合同定、议购任务前，任何单位和个人不得插手收购和外运粮油。1988年，省规定粮食合同定购一包3年，从4月1日开始提高小麦、粳稻、玉米和油菜籽定统购收购价格；10月，按照国务院《关于加强粮食管理、稳定粮食市场的决定》，从秋季开始稻谷、大米由粮食部门统一收购，其他部门、单位和个人不得经营。

1993年4月1日，国家放开粮油经营和价格，收购价格和定量、定(统)销价格放开，由指令性计划改为指导性计划，常州开始实行粮食指导性订购收购价，油脂收购不再下达指导性计划。1994—2000年，国家粮食定购收购恢复执行。1994—1998年，油脂再次实行指导性收购，取消1985年开始实行的粮食收购比例计价办法，实行定购价一价收购，只允许承担国家粮食收购任务的单位和具备规定资格并核准的粮食批发企业到农村直接收购粮食，销区粮食批发企业、用粮单位必须到产区县及其以上粮食批发市场购买，严禁场外交易。1995年9月，市政府发布《关于加强粮食市场管理的通告》。1999年，油脂改为由市场议购，省政府确定粮食定购价与保护价同价，实行优质优价政策。

2002年，粮食定购价格实行中央指导下的省政府定价，首次实行议购杂交籼稻保护价收购政策。至2005年底，全市累计审批具有粮食收购资质的企业和个私工商户185家，其中市区26家。新北区和原郊区的21家乡镇粮管所重组改制为民营股份制常州诚百贸易公司。2006年下半年承担托市收购业务的收储企业合理布局，延伸收购点，采取措施敞开收购农民余粮。

二、粮油合同定购

1985年至1990年夏粮收购前，实行粮食合同定购。1986年，全市粮食部门与56.74万户农户签订粮食定购合同，至1992年3月底实行粳稻20%按统购价、80%按合同定购价和红小麦按“倒四六”（指四成按原统购价，六成按原超购价）比例计价的政策。1987—1993年，实行粮食合同定购与柴油、化肥、预购定金挂钩政策；1987年全市兑现挂钩化肥、柴油4.33万吨，预付购粮定金836万元。1989年，国家调高粮油合同定统购收购价，全市购粮最多的武进县前黄粮管所收购粮食8270吨，被农业部评为全国粮食收购先进单位。1999年，规定以县为单位在完成国家粮食收购任务后，开放定购品种粮油市场，合同定统购油菜籽收购价格大幅提高，农民种油售油积极性提高，全市油脂合同定购量恢复到1986年的水平。

1986—2000年常州市粮食、油脂合同定购完成指标统计表

表19-4-2

年度	粮食(万吨)			油脂	年度	粮食(万吨)			油脂
	合计	小麦	稻谷	(吨)		合计	小麦	稻谷	(吨)
1986	33.76	12.65	21.11	3842	1994	25.00	8.71	16.29	2285
1987	31.93	7.68	24.25	4471	1995	25.00	12.44	12.56	8616
1988	31.78	8.84	22.94	1232	1996	25.00	8.00	17.00	4463
1989	33.03	8.87	24.16	2276	1997	24.73	8.57	16.16	7184
1990	33.59	7.78	25.81	10299	1998	22.37	3.43	18.94	1440
1991	26.76	7.07	19.69	7187	1999	8.73	1.62	7.11	3234
1992	27.31	10.45	16.86	4987	2000	7.48	—	7.48	4552
1993	25.20	8.62	16.58	5332					

说明：1.粮食1986—1990年粮食合同定购，1991—2000年为国家收购价。2.油菜籽1986—1990年为粮食合同定购，1991—1992年为国家定购收购，1993年为议购，1994—1998年为指导性计划收购，1999年开始为实行市场收购

三、国家粮食定购

1991年秋粮收购开始，合同定购改为指令性的国家粮食定购。1991年，实行粮食购销调包干制，稻谷、油菜籽收购分别执行1989年、1990年出台的收购价，保证完成国家定购任务后常年放开粮食经营，常州市因遭受百年未遇的特大洪涝灾害减免国家粮食定购任务6.25万吨。1992年，国家粮食定购统购价格再次调高。1993年，国家放开粮食经营和价格，取消国家粮食定购，实行粮食指导性合同订购政策1年。

1994年，国家再次大幅度提高定购粮油收购价格，另按省规定价外加抗旱补贴。1995年，恢复粮肥挂钩收购政策，1996年，政府再次大幅度提高粮食定购价。1997年，由于粮价下跌，购销倒挂，调销不畅，库存增加，经营困难，省政府对议购的红小麦、杂交籼稻和晚粳稻实行按保护价敞开收购，实行户交户结，现金兑付。1998年，实行夏秋两季定购统算，夏粮定购未完成的农户以秋粮抵算夏粮。1999年11月21日起，全市粮食敞开收购，秋粮收购突破10万吨。2000年，常州粮食总产量减少，国家允许和鼓励经县以上工商部门批准

的用粮企业和粮食经营企业直接收购、经营粮食。

四、保护价收购

1996年，省政府在新中国成立后首次对议购杂交籼稻实行保护价收购，作为定购粮管理。1997年，保护价收购品种扩大到红小麦、杂交籼稻和晚粳稻。全市对52万农户的红小麦补贴差价款1204.57万元，敞开收购粮食总量创1986—2000年期间最高议购量。1999—2000年，国家粮食定购收购价与议购保护价同价。2000年，红小麦、常规籼稻、早籼稻、玉米退出保护价收购，晚粳稻、杂交籼稻实行议购保护价收购，全市议价收购小麦6.47万吨。2001年开始，常州取消国家粮食定购、保护价收购，实行粮食购销市场化，粮食收购价格从此随行就市。

五、议价收购

1986—1988年，实行议购粮转平价的临时性政策措施确保城镇居民平价粮供应，实现粮食购销总量平衡。1986年，省政府向常州市下达合同议购任务8万吨；1990年，省政府规定以县为单位在完成国家粮食收购任务后开放定购品种粮油市场。1994年，国家、省规定，除承担国家粮食收购任务的单位和经核准的粮食批发企业外，不允许其他任何单位和个人到产区直接收购，参与粮食议购企业需资格审批。1998年，国务院颁布《粮食收购条例》，规定任何单位和个人未经批准不得直接向农民和其他粮食生产者收购粮食。2000年，国家允许和鼓励经县以上工商部门批准的用粮企业和粮食经营企业直接收购、经营粮食，农村集贸市场常年开放。2001年，取消国家粮食定购，实行粮食购销市场化，仍实行粮食收购资格审批管理，议购粮油收购价

1986—2000年常州市粮油定购、统购价格一览表

表19-4-3　　单位：元/50公斤

年度	小麦		杂交籼稻		晚粳稻		油菜籽	
	统购价	定购价(比例价)	统购价	定购价(比例价)	统购价	定购价(比例价)	统购价	定购价(比例价)
1986	16.30	21.20	11.90	16.10	13.60	19.00	36.00	46.80
1987	16.30	21.20	13.11	17.70	14.82	20.75	36.00	46.80
1988	17.40	23.50	13.11	17.70	15.37	20.75	38.80	50.40
1989	18.52	25.00	17.04	23.00	19.85	26.80	41.38	53.80
1990	18.52	25.00	17.04	23.00	19.85	26.80	54.15	70.40
1991	18.52	25.00	17.04	23.00	19.85	26.80	54.15	70.40
1992	22.96	31.00	19.26	26.00	23.56	31.80	54.15	70.40
1993	—	31.00	—	30～35.00	—	40～45.00	—	70.40
1994	—	51.00	—	—	—	54.00	—	120.00
1995	—	51.00	—	—	—	54.00	—	120.00
1996	—	72.00	—	73.00	—	81.00	—	130.00
1997	—	72.00	—	73.00	—	81.00	—	130.00
1998	—	70.00	—	70.00	—	76.00	—	120.00
1999	—	56.00	—	54.00	—	61.00	—	—
2000	—	—	—	54.00	—	61.00	—	—

说明：1.1986—1990年粮油合同定购价为比例价。2.粮食1991—2000年为国家定购收购价。3.油菜籽1991—1992年为国家定购收购价，1993年为议购价，1994—1998年为指导性计划收购价，1999—2000年为市场收购价

经历了指导性议购价、保护价和随行就市三个阶段。

1986—2000年常州市国有(国有控股)粮食企业议购粮油统计表

表 19-4-4

年度	议购粮油		年度	议购粮油		保护价收购粮食						
						收购总量(万吨)				收购价格(元/50公斤)		
	粮食(万吨)	油脂(吨)		粮食(万吨)	油脂(吨)	总量	小麦	稻谷	杂交籼稻	杂交籼稻	晚粳稻	红小麦
1986	18.78	4857	1994	10.14	2285	—	—	—	—	—	—	—
1987	11.97	2316	1995	12.92	8616	—	—	—	—	—	—	—
1988	8.15	1426	1996	18.20	4463	3.66	—	3.66	3.66	65.00	—	—
1989	18.39	2477	1997	40.32	7184	40.30	12.70	27.60	2.47	65.00	70.00	67.50
1990	9.86	1767	1998	16.90	1440	16.87	0.90	15.97	1.11	62.00	67.00	60.00
1992	9.97	6	1999	35.49	3234	35.48	6.71	28.77	1.70	54.00	61.00	56.00
1993	16.69	5322	2000	37.42	4552	30.84	—	30.84	4.96	54.00	61.00	—

说明:1.议购总量包括小麦、稻谷和玉米、大豆等少量杂粮。2.议购总量包括1996年议购保护价杂交籼稻收购量,1991年无议购粮油,1997—1999年小麦、粳稻、杂交籼稻议购保护价收购及2000年粳稻、杂交籼稻议购保护价收购量

六、市场化收购

2001年,全国从秋粮收购起全面推行粮食购销市场化改革。2002年以后,省政府开始实施粮食购销调控工作预期目标与考核,全市国有及其控股粮食购销企业采取增设网点和上门、预约、订单、基地、委托、外地收购等措施参与市场竞争。2004年4月30日,国家启动中籼稻和粳稻最低收购价政策,每50公斤最低收购价中等标准中籼稻72元、粳稻75元。2005年5月,省物价局、粮食局等单位联合公布当年最低收购价:中等标准杂交籼稻每50公斤72元、晚粳稻75元,秋粮收购实际价格一路走高,中等标准晚粳稻每50公斤90元。

2001—2005年常州市国有及其控股粮食企业市场纯购进粮油统计表

表 19-4-5　　单位:万吨

年度	粮食购进总量	小　麦		稻　谷		油脂购进总量
		市场收购	其中:订单收购	市场收购	其中:订单收购	
2001	28.75	3.46	—	25.29	—	0.46
2002	21.88	5.24	0.09	16.64	—	…
2003	31.06	11.20	1.88	19.86	3.25	…
2004	36.27	13.21	0.50	23.06	2.00	0.09
2005	44.16	13.29	1.40	30.87	7.85	1.27

说明:1.市场收购总量指从生产者处直接购进量,其中还包括玉米等杂粮收购量。2.符号"…"表明数值较小,此处省略

第二节　粮油供应

1986—2010年,合同(国家)定购粮油销售按性质分为对非农业销售和对农业销售,对非农业销售包括

城镇居民口粮定量销售和食品业、副食业、酿造业、事业、侨汇、饲料等销售，对农业销售包括农业人口定销口粮、救灾粮、饲料等销售。1990年起行业用油由平价供应改为议价供应。非农饲料粮主要用于全市生猪销售补贴，市区每销售和上调1头生猪补贴饲料粮15公斤；农业饲料粮主要供应县属种猪场、种禽场、家畜改良站、鱼种生产基地和畜、禽、乳商品生产基地。城镇居民口粮供应销售经历1986—1992年的凭票、记证、定量统销和1993—2005年的市场化供应两个阶段。

1986—2005年常州市粮食定购和国有及其控股粮油企业粮油纯销售量统计表

表19-4-6

年度	粮食销量(万吨)				油脂销量(吨)			
	总量	定购	比例价	议价	总量	定购	比例价	议价
1986	35.55	24.40	2.55	8.60	6929	6400	226	303
1987	33.71	23.04	3.56	7.11	9692	5506	567	3619
1988	31.76	23.72	1.83	6.21	11386	4869	245	6272
1989	28.89	22.60	1.75	4.54	8687	4125	310	4252
1990	34.36	23.97	2.13	8.26	11255	4972	90	6193
1991	40.02	32.74	7.28	—	3815	3716	99	—
1992	32.83	26.99	—	5.84	18562	15603	—	2959
1993	21.83	—	—	21.83	7170	—	—	7170
1994	37.51	21.76	—	15.75	7747	—	—	7747
1995	29.72	15.32	—	14.40	7771	—	—	7771
1996	26.06	19.86	—	6.20	9249	—	—	9249
1997	19.79	12.55	—	7.24	11329	—	—	11329
1998	21.24	18.01	—	3.23	5793	—	—	5793
1999	15.13	7.31	—	7.82	8424	—	—	8424
2000	1.97	0.85	—	1.12	2467	—	—	2467
2001	2.11	0.18	—	1.93	451	—	—	451
2002	5.83	—	—	5.83	1203	—	—	1203
2003	4.47	—	—	4.47	1024	—	—	1024
2004	9.54	—	—	9.54	84	—	—	84
2005	0.44	—	—	0.44	8353	—	—	8353
合计	432.76	273.3	19.1	140.36	141391	45191	1537	94663

说明：1.销售量仅指销售给消费者及直接用粮、用油单位(企业)，不包括省内外、系统内外经营性粮油销售。2.1991年比例价销售中含救灾供应粮4.42万吨。3.1986—1990年、1991—1992年销售的油脂先后为合同定购、国家定购粮油。4.1986—2000年为合同定购、国家定购和议购粮食纯销售总量，1993年为纯议价销量，1995年以后的议价销售包括议价及市场化销售。5.1993年、1994—1998年和1999—2000年销售的油脂分别为议价、指导性收购油脂和议购销售(1992年以后无定购油脂销售)，2001年后为市场化纯销售量

一、国有粮油网点门店

计划供应时期，城镇居民粮油消费主要凭票证从国有粮油食品店购买。1986年初，全市有国有粮油供应网点200家，其中市区88家，包括粮油综合经营商场、食品加工场和餐馆各3家和粮油食品店56家、生面供应店10家、自选粮油商店1家、议价粮店7家、售货亭5个，职工总人数384人。此后国有粮油供应网点

在城市建设中有建有拆。1989年，常州首家粮油食品自选商店天宁粮油食品自选店经销全国名特优新粮油食品近千种。1990年，全市有国有粮店(所)221家，177家开展养殖业和粮油食品综合经营；市区57家国有粮油食品店有53家为前店后坊式生产粮油食品，销售粮油食品3.74万吨，其中自产自销1.57万吨。1993年4月1日，国家放开粮食经营和价格，市区国有粮油食品店推行资产国有、租赁使用、自筹资金、自主经营的国有民营改革。1995年，推行便民连锁经营，建立粮油便民连锁店、商品配送中心31家。1998年，市区57家国有粮店公开招标竞聘，实行租赁经营、自筹资金、自谋发展的经营机制。2000年，市区把国有粮油食品店经营主体推向市场、把国企身份的职工推向市场，实施产权改制与关系置换、存量资产变现与人员补偿分流置换。至此，市区国有粮油食品店完全退出粮食零售领域。

二、非农业销售

粮　　食　1986—2001年，非农业销售粮食呈现先增后降的趋势。1991年达到历年顶峰值的22.56万吨；1992—2001年呈逐年下降趋势，其中定量口粮和食品用粮减少最多，2001年降至5.12万吨。

城镇居民口粮供应　1986—1992年，城镇居民口粮供应实行国家统一的凭票、记证、定量的计划统销模式。城镇居民口粮销售价格分为统销价和比例价。统销价是国家对应统购价制定的粮油销售价格，即城镇居民定量粮油供应的价格，俗称“平价”；比例价粮油供应是国家对应当时定购价制定的销售价格，按一定比例供应城镇居民和农村定销人口口粮、口油，以弥补定量供应的不足，1992年改为议价粮油供应。1993年4月粮食经营和价格放开后，粮油计划供销转变为市场化供销，比粮食收购提前8年实行市场化。1994—1996年，市区临时实行凭券限量、稳价保供的办法，1997年因粮食库存丰盈而取消。

1986—2001年常州市定购粮食向非农业纯销售量统计表

表19-4-7　　单位：万吨

年度	合计	定量(口粮)	食品业	副食业	酿造业	事业	侨汇	饲料	其他
1986	16.47	13.18	1.87	0.63	0.43	0.13	0.04	0.16	0.03
1987	16.37	14.76	0.28	0.53	0.46	0.12	0.06	0.05	0.11
1988	20.07	17.33	2.26	—	0.30	0.14	0.03	—	0.01
1989	19.20	16.01	2.65	—	0.38	0.15	0.01	—	—
1990	19.94	16.50	2.92	—	0.37	0.14	0.01	—	—
1991	22.56	19.55	2.81	—	—	0.16	0.04	—	—
1992	20.59	20.11	0.36	—	—	0.09	0.03	—	—
1993	13.64	11.29	1.97	0.19	—	0.13	—	0.06	—
1994	15.94	14.04	1.03	0.34	—	0.19	—	0.34	—
1995	15.86	13.92	—	—	—	0.12	—	—	1.82
1996	14.17	13.99	—	—	—	0.18	—	—	—
1997	5.39	4.74	—	—	—	0.07	—	—	0.58
1998	11.69	6.49	—	—	—	0.08	—	—	—
2000	3.93	—	—	—	—	—	—	—	3.93
2001	5.12	—	—	—	—	—	—	—	5.12
合计	215.82	181.91	16.15	1.69	1.94	1.70	0.22	0.61	11.60

说明：缺1999年数据

1986 年常州市城镇人口粮食定量标准表

表 19-4-8　　单位：公斤 / 月

类别		定量	类别	定量	类别		定量
工人职工	重体力	24.0	居　民	12.5	儿　童	6～10 周岁	11.0
	一般体力	18.5	退休干部职工	14.0		3～6 周岁	7.5
	轻体力	15.5	大中学生	15.5		3 周岁以下	4.5
	职　工	14.0	其　他	14.0			

1988 年上半年，因部分副食品调价，常州市引发 4 次较大规模的粮油抢购风潮，5 月 25—31 日，粮食日销量由 17.5 万公斤猛增至 75 万～90 万公斤。从 6 月 1 日起临时实行凭票、记证、定点、限量的供应办法。8 月开始，对城镇定量人口、菜农、渔民和常年定销人口在粮食定量计划内，凭粮食品种备用券供应粳米 6 公斤，其余计划供应籼米或面粉。1989 年 4 月起，适当提高城镇居民粳米供应数量，定量供应计划实行面米“三七”比例供应，取消定点记证的供应办法，大米券全市通用。

1986 年至 1993 年 3 月底常州市定量粮油主要品种统销价格一览表

表 19-4-9　　单位：元 /50 公斤

价格种类	时段	杂交籼米		晚粳米		粳糯米		面粉	菜油	豆油
		标一	标二	标一	标二	标一	标二	标准	二级	二级
统销价格	1986.01—1991.04	13.20	12.60	14.70	14.00	17.40	16.60	16.10	79.00	84.00
	1991.05—1992.03	27.00	26.00	30.00	29.00	36.00	34.00	27.00	208.00	215.00
	1992.04—1993.03	40.00	38.00	47.00	45.00	52.00	49.00	39.00	208.00	215.00
比例价销售价	1986	24.20	23.00	27.30	26.00	30.90	29.40	26.00	138.00	—
	1987	27.00	26.70	30.50	29.10	34.00	32.40	26.00	138.00	—
	1988	27.00	26.70	30.50	29.10	34.00	32.40	29.40	148.40	—
	1989	34.60	32.90	39.20	37.30	43.70	41.60	31.50	158.40	165.00
	1990	34.60	32.90	39.20	37.30	43.70	41.60	31.50	208.00	215.00
	1991	34.60	32.90	39.20	37.30	43.70	41.60	31.50	208.00	215.00

说明：1986 年至 1991 年 4 月底为市区统销价，1991 年 5 月至 1993 年 3 月为全市统销价。1992 年比例价销售粮油退出粮油供应范围

1985 年至 1991 年 4 月，常州城镇居民定量粮油供应均执行国家于 1985 年制定的统销价格。1991 年 5 月和 1992 年 4 月，因粮油定、统购收购价格的提高，国家连续两年调高统销价，1991 年 5 月调价时取消市内粮油统销价格的市县差，实行全市一个价。1992 年实行购销同价，以粮食定购价为统销价，结束粮食购销价格多年倒挂的历史。统销价调整时对每人每月发放粮贴 3.5 元。

市区临时凭券限量供应　1993 年底至 1994 年初，市场粮油价格持续上涨。1994 年上半年，市粮食局组织人员到东北、安徽等地采购稻谷 860 万公斤、大豆 750 万公斤、菜油 150 万公斤、豆油 70 万公斤，经批准及时抛售刚建立的市级储备粮 250 万公斤、市级储备油 60 万公斤，化解市场冲击风波。4 月 1 日起，对市区城镇居民（含大中专学生）、渔民、常年定销人口每人每月凭券供应油脂 0.5 公斤，价格为每 500 克二级菜油 3.3 元、二级豆油 3.5 元。从 1994 年 9 月 1 日起，对市区城镇居民粮油供应临时采取凭券、限量、稳价、保供办法，每

人每月供应粳米 8 公斤、每公斤 2.08 元，新特粳米每公斤 2.7 元；供应二级豆油 0.5 公斤，每公斤 8.4 元。凭券限量外的粮油按市场价正常供应。1995 年，实行“米袋子”省长负责制下的市县长分级负责制后，市区对属国家定购性质的粮油继续实行“凭券、限量、稳价、保供”的临时性供应办法，每人每月再增供 2 公斤特等面粉。1996 年 8 月 1 日始，大米零售价格调整为每 500 克特等杂交籼米 1.33 元、标一杂交籼米 1.26 元、特等粳米 1.58 元、标一粳米 1.48 元、特二面粉 1.23 元、特一面粉 1.33 元、二级豆油 3.8 元。粮食销售价格提高后，对享受民政部门定期发放生活费的城镇优抚对象、享受民政部门定期发放生活费的社会救济对象、大中专院校和技工学校学生及省定城镇最低生活保障线以下的居民 4 类人员每人每月发给 5 元补贴。

1986—1998 年常州市城镇定量人口统销供应粮油、销售口粮统计表

表 19-4-10

年度	向城镇定量人口统销供应粮油				年度	国有及其控股粮油企业销售口粮粮油			
	粮食		油脂			粮食(万吨)		油脂(吨)	
	统销(万吨)	比例价(吨)	统销(吨)	比例价(吨)		合计	市区票限量	合计	市区票限量
1986	13.18	980	1941	40	1992	20.11	—	13716	4
1987	14.76	490	3148	30	1994	14.04	7.00	6217	3580
1988	17.33	740	3126	14	1995	22.15	8.26	6730	—
1989	16.01	500	2585	—	1996	16.33	7.64	7479	—
1990	16.50	1030	3890	310	1997	6.31	—	7496	—
1991	19.55	580	3358	7	1998	8.13	—	4867	—

说明：1992 年油脂供应中含降价处理油脂 767 吨，省定比例价粮油供应改为议价供应。粮油销售指国有粮油食品店销售；1995 年开始，城镇居民口粮销售含定购粮、议购粮口粮销售；1999 年粮食年度不再统计城镇居民口粮供应，改为纯销售统计

定量统销 1955 年 8 月，常州市执行国务院《市镇粮食定量供应暂定办法》，市镇居民实行粮食分等定量供应，工商行业用粮实行定额供应，定量标准分 7 大类 23 项不同工种及性别、年龄市镇居民。到 1986 年调整为 6 大类 11 项定量标准，直至 1992 粮食年度末定量统销取消时基本维持不变。

油　脂 1986—1992 年，国有粮油企业对非农业销售定购油脂总体平稳、基本平衡，1986 年为 3566 吨，至 1992 年猛增至 1.38 万吨。1986 年、1988 年先后销售工业用油脂 347 吨、18 吨。

1986—1992 年常州市定购油脂向非农业纯销售量统计表

表 19-4-11　　单位：吨

年份	合计	定量	食品业	副食业	酿造业	事业	侨汇	其他
1986	3566	1941	1452	91	11	52	8	11
1987	4721	3148	1378	117	14	49	—	15
1988	4423	3126	1133	—	5	53	10	96
1989	3644	2585	983	—	15	55	4	2
1990	4699	3890	746	—	4	52	6	1
1991	3465	3358	30	—	—	40	8	29
1992	13764	13716	—	—	—	46	—	2

三、农业销售

1991 年 5 月，常州取消市县统销价差，全市按统销价统一销售面向农业人口的粮油。

1986—1998 年常州市定购粮食向农业纯销售量统计表

表 19-4-12

年度	粮　食(万吨)						油　脂(吨)			
	合计	口粮	其中：农村定销人口比例价粮	饲料	救灾粮	其他	合计	定销	农村定销人口比例价油	其他
1986	5.39	2.05	1.33	3.11	—	0.23	215	214	—	1
1987	3.11	2.05	1.50	0.72	—	0.34	218	211	537	7
1988	1.81	1.78	1.73	—	—	0.03	183	183	107	—
1989	1.65	1.65	1.70	—	—	—	171	171	—	—
1990	1.90	1.90	2.03	—	—	—	183	183	8	—
1991	2.89	2.84	2.81	—	0.05	—	152	152	840	—
1992	6.40	5.47	—	—	0.93	—	1839	1810	—	29
1993	6.36	3.05	—	3.27	—	0.04	—	—	—	—
1994	5.25	3.19	—	1.84	—	0.22	—	—	—	—
1995	1.28	1.04	—	—	0.10	0.14	—	—	—	—
1996	5.69	1.22	—	—	0.03	4.44	—	—	—	—
1997	3.82	0.60	—	—	0.05	3.17	—	—	—	—
1998	6.33	1.06	—	—	0.18	5.09	—	—	—	—

说明：1. 销售仅指合同定购粮、国家定购粮销售。2. 比例价粮食、油脂销售包括城镇定量人口和农村定销人口及其他比例价粮食、油脂销售，不含 1986—1987 年比例价饲料粮供应。部分年份部分品种无销售量

四、救灾救济粮油供应

1986—2010 年，粮食部门 6 次组织救灾救济粮食供应，合计供应粮食 6.6 万吨。1991 年，常州遭受百年未遇的特大洪涝灾害，粮食部门组织人员深入灾区乡村、组户摸清农户存粮情况并分户造册，动用定购粮库存 4.47 万吨供应灾民，其中比例价 4.42 万吨、平价 500 吨，实行发证到户，分批分月供应，确保灾民有饭吃、不外流。1992 年上半年，再次动用定购粮库存 9350 吨，平价供应夏粮基本抢收和被洪水围困地区的灾民，直至 6 月 30 日接上新粮止。1995—1996 年，动用国家专项储备粮 8500 吨、市定购粮库存 1250 吨，安排给金坛、溧阳两市受灾农户的生活用粮。1997—1998 年，动用国家定购粮库存 2267 吨，救济缺粮群众生活。

五、应急保供

2003 年初，省委、省政府发出要求做好市场供应的紧急通知，市粮食局密切配合防治非典型肺炎，制定《粮食应急保供预案》，市区设零售粮店跟踪调查点 7 个、大米加工厂跟踪调查点 3 个，掌握市场粮价、销售动态、加工周转库存等情况，确定粮食应急保供加工点 7 个、粮食应急保供批发点 4 个，18 家改制后的原国有粮油食品店、超市为粮油零售保供第一梯队，其余 624 家粮店为零售保供第二梯队，必要时全面启动应急保供。2005 年，常州完善粮食应急保供预案，全市粮食应急保供批零企业增至 36 家、加工企业增至 18 家，保障突发事件期间粮食供应不脱销、不断档。

第三节 粮油储备

一、国家粮油储备

1986—2010年，常州市存储的国家储备粮油分为战备粮、国务院市场调节粮、国家专项粮油储备和中央直管储备粮。

战备粮 1986年前，常州市储存的国家粮食储备主要是战备粮，分为“506粮”（又称“203粮”）和“甲字粮”。“506粮”储备是1964年由粮食部和解放军总后勤部联合下达、南京军区和省政府商定布局，实行军政共管的储备粮。“甲字粮”储备是1979年由粮食部下达的储备粮，主要储备小麦、稻谷和大豆。

国务院市场调节粮 是国家下达各地委托代购议购储备的粮食，是国家调节市场供求的重要粮食储备。常州市承担国务院市场调节粮储备任务始于1989年，主要在1989年、1990年和1993年存储，1990年后逐步由国家专项储备粮取代。

国家专项粮油储备 1990年，国家建立专项粮食储备制度，常州开始承担国家专项储备粮存储任务，由国家通过省下达，收购计划完成后，由各收购点集并至大中粮库集中储存。1995—1999年，常州市承担国家一次性下达的国家临时油脂储备存储2500吨任务。1999年，常州市城北、奔牛两家国家粮食储备库获中央储备粮承储资格。2004年以后，常州存储的国家专项储备粮改由国家专项储备粮存储库直接上报中储粮总公司江苏分公司。

中央直管储备粮 1997年，全国出现粮价下跌、购销价格再次倒挂、调销不畅、库存增加等情况。常州市执行国家的中央直管储备粮收储计划，直到2000年结束。

二、省级粮食储备

常州市进行省级粮食储备始于1962年7月，常州市武青路粮库（市第一粮库）被确定为省直属粮库，更名为1606库。1986—1989年，常州市承储省级储备粳稻5000吨。2001年金坛、溧阳两市粮食局的直属仓库及常州湟里粮食购销公司成为江苏省湟里粮食储备库。

三、市县粮油储备

1993年7月，市政府适应粮食购销市场化形势，开始建立市县专项储备粮。1994年开始建立市级油脂储备。2001年，市政府办公室转发市粮食局等部门《关于2001年度全市地方储备粮扩储工作意见》，市县储备粮每两年必须轮换1次，每年的轮换数量不得低于市、县储备粮总规模的1/2。2002年市政府批准从同年起不再保留市级储备油脂，市区市级储备粮品种结构由2.5万吨粳稻调整为粳稻和小麦各半。2004年，市、县粮食储备总量中，粳稻比例分别不低于62%和70%。2005年6月，市财政局、发改委、粮食局等4家单位联合出台《常州市级储备粮管理暂行办法》。2007年，市粮食局、常州城北国家粮食储备库组织地方储备粮轮换，换出2006年期的市

常州城北国家粮食储备库（摄于2010年1月）

储小麦、粳稻，实现销售顺差近100万元。2008年，常州建立成品粮油应急储备，分别在上半年、年底前完成成品粮、成品油应急储备任务。2009年，市粮食局与承储企业适时开展储备粮轮换运作，市级储备粮轮换连续6年保持顺差销售。

第四节 粮油经营

一、议价销售

1985年7月前，常州城镇居民议价粮按季发券，凭证计划供应。此后，计划议价粮停止供应，居民可到粮油议价销售商店自由选购。议价粮油的销售除补充居民定量供应缺口外，主要是销售工业及行业用粮，调剂粮油品种余缺。2001年开始，议价粮油销售退出粮油销售范畴。

1986—2005年常州市国有及其控股粮食企业粮油销售量统计表

表19-4-13　　单位：万吨

年度	国有及其控股粮食企业议价粮油纯销售量		国有及其控股粮食购销企业经营性粮油购销量				国有粮食购销及其附营企业粮油纯销售量	
	粮食	油脂(吨)	粮食		油脂		粮食	油脂(吨)
			购进	销售	购进	销售		
1986	8.60	303	—	—	—	—	—	—
1987	7.11	3619	—	—	—	—	—	—
1988	6.21	6272	—	—	—	—	—	—
1989	4.54	4252	—	—	—	—	—	—
1990	8.26	6193	—	—	—	—	—	—
1991	—	—	—	—	—	—	—	—
1992	5.84	2959	—	—	—	—	—	—
1993	21.83	7170	19.06	32.08	0.67	0.77	—	—
1994	15.75	7747	33.85	36.77	2.14	0.94	—	—
1995	14.40	7771	33.23	36.84	3.04	1.93	—	—
1996	6.20	9249	36.79	50.72	3.10	3.47	—	—
1997	7.24	11329	31.86	64.24	1.44	1.59	—	—
1998	3.23	5793	19.34	34.48	1.41	1.07	—	—
1999	7.82	8424	48.65	81.84	3.40	3.17	15.14	8424
2000	1.12	2467	64.95	10.66	2.83	3.34	1.98	2454
2001	—	—	25.18	50.85	0.86	1.48	2.11	451
2002	—	—	22.23	51.82	0.08	0.09	5.83	1203
2003	—	—	19.28	38.08	—	—	4.47	1024
2004	—	—	12.90	25.05	—	0.04	9.54	84
2005	—	—	14.76	45.01	0.52	0.40	0.44	8353

说明：1.1996年开始议价粮油销售统计为市场周转粮油销售。2.议价粮食销售已折合为原粮。3.议价粮油销售指国有粮食系统企业议价直销给群众、用粮企业，不含销售给省内外、系统内外经营企业数。4.经营性粮油购销量包含国有及其控股附营粮食购销企业从江苏省内外、粮食系统内外购销的粮油购销量，不含从生产者处直接收购的纯购进量。5.纯销售指销售给直接用粮企业和居民（含居民口粮），不含售给粮食经营企业和粮食经营者。6.1986—1992年无经营性粮油购销，1986—1998年无粮油纯销售，2001—2005年无议价粮油纯销售

二、市场化供销

1993年4月1日，除军供粮油仍按国家原有规定执行外，对定量、定(统)销供应的粮油价格放开，随行就市，不再使用粮食食油票券，全市城镇居民口粮粮油供应开始市场化，全部改为议价供应销售。常州市从4月1日起对城镇职工、大中专学生每人每月分别补贴6元、4元。1992—1993年，全市国有粮食企业议价销售城镇居民口粮粮食11.78万吨、油脂5630吨。1997年实行3年的临时供应办法取消，恢复市场化供应。2000年初，市区有国有粮油食品店57家、个私粮油经营户近800家，国有粮油食品店粮油销量占总销量的10%～15%，形成社会化、多渠道的大流通框架。2001年5月起，《市镇居民粮食供应转移证明》取消，粮油关系退出历史舞台。

三、压库促销

1997—2000年，常州市开展库存粮食压库促销。1997年，全市国有粮食收储企业压库促销定议购粮57.57万吨，其中市区压库促销4.63万吨。但由于当年按保护价敞开收购农民余粮，全市议购粮创纪录达40.3万吨，定购粮稳定在24.73万吨，全市定议购粮食库存不降反增。1998年，压库促销、顺价销售定议购粮食37.27万吨，其中市区压库促销4.34万吨，但到粮食年度末，全市定议购粮食库存仍高达46万吨，其中定购粮库存高达29.42万吨。1999—2000年，全市国有及其控股企业促销定议购粮食106.68万吨，其中市区压库促销11.15万吨，实现周转粮零库存，购销企业压库促销定议购粮食56.55万吨。到2000年末，全市国有及其控股企业定议购粮食库存降至28.46万吨，其中定购粮库存6.82万吨，市区周转粮继续保持零库存。

1999—2005年常州市国有粮食购销及附营企业粮油纯销售量统计表

表19-4-14

年度	粮食(万吨)	油脂(吨)	年度	粮食(万吨)	油脂(吨)	年度	粮食(万吨)	油脂(吨)
1999	15.14	8424	2002	5.83	1203	2005	0.44	8353
2000	1.98	2454	2003	4.47	1024	合计	39.51	21993
2001	2.11	451	2004	9.54	84			

说明：纯销售指销售给直接用粮企业和居民（含居民口粮），不包括销售给粮食经营企业和粮食经营者

四、陈化粮销售

1998年常州粮食部门开始对库存陈化粮进行销售处理。1999年5月，全市检测所检测鉴定陈化粮2.39万吨，同年实际处理销售陈化粮670吨。2000—2001年，新增陈化粮9.84万吨，其中市县储备新增陈化粮3.06万吨，处理销售陈化粮5.59万吨，2000年市级储备的2.5万吨陈化粮全部作销售处理。2002年，全市通过省粮食交易市场拍卖，销售陈化粮2.63万吨，新增陈化粮5500吨，年度末国有及其控股粮食购销企业陈化粮库存4.47万吨。2003年，全市国有及其控股粮食购销企业陈化粮库存处理销售结束，仅县级储备尚余陈化粮3500吨。2004年，县级储备陈化粮全部处理销售完毕。

五、经营性粮油购销

1993年国家放开粮食经营和价格后，国有及其控股粮食购销及附营企业从经营性企业购进和销售粮油。2008年4月18日，常州粮食现代物流中心启动建设。物流中心地处市物流发展规划区内，总投资3.5亿元，占地15.53公顷，具备粮油储备、粮食加工、交易配送、质量检测、电子商务和信息服务功能，是2008年市服务业重点建设工程。至年底建成12.5万吨平房仓、运输码头和部分辅助设施，12月2日粮食接收启动。

2009年，常州粮食现代物流中心与中粮集团、北大荒等中央企业、上市公司紧密合作，开展粮食代收、代储、代加工业务，经营总量达7500万公斤。至2010年，常州经营性粮油采购点遍及全国10多个粮食主产省和省内主产市，保障了市场粮食需求。

2010年，常州粮食现代物流中心增强物流中心的功能配置，基本实现“数字化粮库，信息化物流，社会化平台”的目标。

第五章　供销合作商业

全市供销社系统以为农服务为根本，做好棉花、茶叶、蚕茧、土畜产品、废旧物资等产品的购销、加工、储存、调运工作，保障农资供应，扩大农副产品经营，支持农村发展多种经营，推广科学技术，做好产前、产中及产后服务。1986—1990年，市供销合作总社代管的集体企业累计完成销售总额16.65亿元，实现利润1790万元。1990年，全市供销系统有经营网点1751个、商业社127家、县商业公司3家、职工6015人，人均劳动效益、费用水平、资金周转、销售增长幅度等主要经济指标均居全省集体商业系统首位，武进县、溧阳市供销合作社销售总额超亿元。2002年，市供销合作总社11家直属企业完成改制。辖市区调整基层供销社、商业公司组织体制，溧阳市40家基层供销社整合为17家，36家商业公司整合为4家；金坛市26家基层供销社整合成13家。2010年，全市供销社系统完成商品销售额99.25亿元，其中消费品零售64.65亿元、农副产品收购2.49亿元、连锁销售1.16亿元；建设为农服务社804家，发展农民专业合作社88家（其中省级农民专业社示范社29家），开展农产品经纪人、评茶员、物资供应员等农民职业技能培训22期3451人次。

第一节　农副产品购销

1985年，国家调整农副产品购销政策，缩小计划管理，实行议购议销，猪、肉禽与鲜蛋实行合同订购与市场收购相结合，水产品放开经营。90年代初，农副产品购销开始由计划经济向市场经济转轨，农民、商贩参与竞争，国有、集体经营逐步淡出市场。1986—1990年，全市供销社农副产品收购总额6.39亿元。1992年，取消禽蛋、猪肉凭票供应。2003年，武进区供销社的农业产业化龙头企业中意食品厂、喜临门食品加工厂，建立谷物基地53.3公顷，发展订单农业带动农户280余户。

1986—2010年常州市供销系统农副产品购销总额统计表

表19-5-1　　单位:亿元

年份	总额	年份	总额	年份	总额	年份	总额	年份	总额
1986	0.77	1991	1.49	1996	1.59	2001	0.99	2006	1.17
1987	0.93	1992	1.46	1997	2.04	2002	1.23	2007	1.71
1988	1.48	1993	1.74	1998	1.72	2003	1.29	2008	1.90
1989	1.59	1994	2.29	1999	1.28	2004	0.84	2009	2.51
1990	1.62	1995	2.36	2000	1.22	2005	0.85	2010	2.49

一、棉　花

1986年，常州市供销系统收购棉花280.86万公斤。1990年以后，全市棉花种植面积逐年递减。1998年，全市供销系统棉花收购量回升至661.7万公斤。2006年，常州棉麻公司拓展进口棉业务，扩销增盈，完成商品销售额3.15亿元。

二、茶　　叶

80年代至90年代初，常州供销社茶叶收购业务较为繁忙，许多基层供销社采取保护价，实行代理制，试行厂站挂钩，让利于农，解决卖茶难问题，收购量最高的1988年达58.89万公斤。1986—1990年累计收购茶叶211.4万公斤。此后茶叶市场逐步放开，茶场自销比例扩大，茶场扩大自主经营，个体私营企业茶叶经营稳步增长，供销社茶叶经营逐年萎缩。1994—1998年收购量连年下滑，1998年降至700公斤。

三、蚕　　茧

1986年底，常州市供销系统有68个茧站作为蚕茧代收代烘点。1986—1991年，全市供销系统蚕茧收购量，最高为1991年达792.37万公斤，此后一路下滑。90年代末，蚕茧收购划归地方政府管理，由丝绸公司负责收购；1998年供销系统的蚕茧收购量降至7.9万公斤。2002年，市政府把全市蚕茧经营业务划归供销社系统。2003年，市政府批准溧阳市新源茧丝绸公司、溧阳市华丰集团公司收购蚕茧，供销社不再单独收购蚕茧。

1986—1998年常州市供销系统棉花、茶叶、蚕茧收购总量统计表

表19-5-2　　　　单位：万公斤

年份	棉花		茶叶		蚕茧	
	收购总量	比上年±(%)	收购总量	比上年±(%)	收购总量	比上年±(%)
1986	280.86	—	42.43	—	600.73	—
1987	269.11	-4.2	56.00	32.0	515.91	-14.1
1988	330.34	22.8	58.89	5.2	630.99	22.3
1989	202.94	-38.6	37.13	-37.0	771.19	22.2
1990	250.04	23.2	38.03	2.4	753.25	-2.3
1991	201.94	-19.2	43.04	13.2	792.37	5.2
1992	281.56	39.4	39.36	-8.6	651.16	-17.8
1993	218.20	22.5	45.15	14.7	544.28	-16.4
1994	121.40	-44.4	28.86	-36.1	232.80	-57.2
1995	188.30	55.1	36.30	25.8	92.90	-60.1
1996	205.60	9.2	24.90	-31.4	74.60	-24.0
1997	334.00	62.5	12.70	-49.0	58.60	19.7
1998	661.70	98.1	0.07	-99.4	7.90	-86.5
合计	3545.99	—	462.86	—	5726.68	—

四、种　　子

1986—1990年，常州市供销社供应种子67.23万公斤。2003年起，金坛市供销社重新开展种子经营，建立和发展种子连锁店25家，供应种子10余万公斤。溧阳市供销社恢复发展种子连锁网店41家，供应种子20余万公斤。2004年，金坛、溧阳两市供销社种子连锁店增至69家，引进新品2105、98-3号稻种，供应种子44.5万公斤。2005年，市供销合作总社开展“红盾护农”活动，农资企业实行农资供应信誉卡、质量承诺书等

责任制，防范假冒伪劣农资商品，规范农资行业经营，金坛、溧阳两市供销社销售，组织供应种子24.5万公斤。

第二节 农业生产资料购销

80年代中期至90年代后期，市、县农资公司和基层供销社负责全市乡镇化学肥料、农药、农药械、农膜、毛竹、木材、桐油等农业生产资料的采购供应，各基层供销社及“双代店”（指代购代销店）常年供应镰刀、脱粒机、喷雾器等铁制农具100多种。1990年，供销社有农资经营网点308个，经营人员1700人。1986—1990年，全市农资销售总额10.96亿元，年均递增13.9%。1998年常州供销系统与武进化肥厂与基层供销社挂钩，常州市农资公司委托武进农贸公司管理，全市56个乡镇农技站和滆湖良种繁育场、运村农场申领农资经营执照，全市实现农资一体化经营。2007—2008年，常州供销系统化肥、农药的市场占有率稳定在70%以上。

武农农资公司乡村连锁店（摄于2010年6月）

1986—2010年常州市供销系统化学肥料、化学农药和农用薄膜销售量统计表

表19-5-3　　单位：万吨

年份	氮肥			磷肥	钾肥	复合肥	化学农药（吨）	农用薄膜（吨）
	合计	尿素	碳酸氮肥					
1986	26.00	5.74	20.26	4.14	0.18	1.32	7871	925
1987	29.74	5.72	24.02	3.81	0.32	3.41	9190	903
1988	31.57	7.49	24.08	4.30	0.34	3.66	7265	1159
1989	31.07	8.31	22.76	3.40	0.44	1.10	5648	893
1990	30.76	18.12	12.64	4.05	0.76	2.37	4985	977
1991	30.95	18.59	12.36	4.14	1.42	9.12	4076	1172
1992	28.88	17.21	11.67	3.90	1.93	7.38	3100	1304
1993	30.18	20.74	9.44	5.47	2.58	10.22	3395	1150
1994	21.32	12.75	8.57	1.03	0.16	5.09	2962	830
1995	42.80	19.07	23.73	1.66	3.45	6.23	6253	3133
1996	34.84	17.10	17.74	0.95	3.02	7.14	6568	2232
1997	29.30	14.77	14.53	0.59	3.63	7.79	6427	1508
1998	23.91	14.38	9.53	2.30	1.29	8.03	6190	1918
1999	20.61	13.59	7.02	3.02	1.09	7.28	8721	1347
2000	15.43	11.35	4.08	3.09	0.69	5.74	4394	75

续表 19-5-3

年份	氮　肥			磷肥	钾肥	复合肥	化学农药（吨）	农用薄膜（吨）
	合计	尿素	碳酸氮肥					
2001	17.99	13.68	4.31	2.75	0.45	4.27	4033	254
2002	12.57	8.19	4.38	0.43	0.30	3.35	4005	75
2003	11.86	7.03	4.83	0.18	0.18	2.64	5133	91
2004	9.16	6.01	3.15	0.17	0.17	2.27	4573	28
2005	6.58	3.95	2.63	0.15	0.11	2.12	4103	3
2006	7.63	3.80	3.83	0.12	0.10	2.16	3511	0
2007	6.67	4.84	1.83	0.15	0.23	2.11	3565	4
2008	2.69	1.67	1.02	0.10	0.05	0.91	2516	0
2009	12.70	10.99	1.71	0.19	0.04	3.56	5091	222
2010	12.79	11.04	1.75	0.15	0.04	7.02	3877	151

说明：氮肥合计数除尿素、碳酸氮肥外还包括少量其他氮肥，未列出

一、化学肥料

1986—2008年，供销社化学肥料的供应经历了敞开供应、自由购买，以“三定”面积计划分配、发票定期供应到队，承包农户分散购买、分户记账，凭粮肥挂钩合同购肥与恢复敞开供应4个阶段。1986—1990年，组织供应化肥182.74万吨，其中尿素45.38万吨、碳铵103.76万吨、磷肥19.7万吨、钾肥2.04万吨、复合肥11.86万吨。2002年起，供销社系统改制建立为农综合服务社，增设村级供应点，农资企业开展连锁经营，采用电话预约、送肥下乡等方法方便农民购肥。2010年，全市供销系统销售化肥20.06万吨，其中氮肥12.85万吨、复合肥7.02万吨、磷肥0.15万吨、钾肥0.04万吨。

二、化学农药、农膜

1986—1990年，供应农药3.5万吨，农膜4857吨。其中，1986年，全市供销社销售农药7871吨、农用薄膜925吨。1995年，全市农用薄膜销售达最高峰3133吨。2010年，全市供销社销售农药3877吨、农用薄膜151吨。

第三节　生活资料购销

改革开放后，常州供销系统的生活资料购销品种增至1万余个，经销网点日益增多，销售额快速增长。1986年销售额3.11亿元，1997年达到小高峰，为14.71亿元。供销系统的日用消费品连锁企业武进明都超市、信特超市、武农农资和溧阳扬子广场、溧阳农资5家企业先后开展“万村千乡市场工程”试点。至2008年底，明都超市、信特超市、金坛金果超市、溧阳扬子广场总计发展连锁店724家，覆盖全市60%以上的行政村。2010年，全市供销社生活资料销售总额54.03亿元。

金坛金果超市（摄于2008年9月）

1986—2010 年常州市供销社生活资料销售总额统计表

表 19-5-4　　单位：亿元

年份	总额	年份	总额	年份	总额	年份	总额	年份	总额
1986	3.11	1991	4.50	1996	13.96	2001	10.10	2006	24.36
1987	3.67	1992	5.12	1997	14.71	2002	11.43	2007	30.02
1988	4.87	1993	6.63	1998	11.34	2003	13.61	2008	37.08
1989	5.11	1994	9.62	1999	11.53	2004	18.28	2009	41.44
1990	4.38	1995	11.57	2000	11.25	2005	15.93	2010	54.03

第四节　废旧物资回收

废旧物资收购是供销社传统业务之一，主要由物资回收公司及其收购站负责，分废旧有色金属、废纸、麻制品等 13 个种类，以代购为主、自营为辅。1986 年，全市供销社废旧物资收购总额 1800 万元。1999 年，重新获得 1979 年前经营的报废汽车回收拆解资格，同年完成废旧物资收购总额 14.19 亿元。2003 年常州常联报废汽车回收拆解公司成立。2010 年，全市供销社废旧物资收购额为 200 万元。

1986—2010 年常州全市供销社废旧物资收购总额统计表

表 19-5-5　　单位：亿元

年份	总额	年份	总额	年份	总额	年份	总额	年份	总额
1986	0.18	1991	0.68	1996	9.32	2001	9.78	2006	0.57
1987	0.24	1992	1.16	1997	11.23	2002	5.55	2007	0.03
1988	0.40	1993	2.19	1998	12.51	2003	10.84	2008	0.01
1989	0.50	1994	2.32	1999	14.19	2004	5.13	2009	0.02
1990	0.68	1995	7.51	2000	0.72	2005	0.05	2010	0.02

第六章　专营专卖品贸易

1986—2010 年，国家对盐品、石油和烟草制品实行专卖经营管理，常州分设有专卖经营企业——江苏省盐业公司常州分公司、江苏省石油公司常州分公司和江苏省常州烟草公司等专营专卖企业，与行政管理执法机构常州市盐务管理局、烟草专卖局，分别对市域内的盐业和烟草进行专卖经营。

第一节　盐业

1984 年，江苏省盐业公司常州分公司（简称“常州盐业公司”）批发开始单列，执行国家盐业运销指令性计划管理和食盐专营政策，保障市场供应。1992 年，常州市盐务管理局成立。2000 年，江苏省盐业集团常州公司成立。2009—2010 年，常州盐业公司开展企业资源计划基础建设，启动掌控终端市场、开发非盐商品经营的转型发展战略。

一、购进销售

1986—2004年，盐产品购进分为计划内、计划外两种，计划内按核定的计划数购进，计划外自主采购。1988年，常州盐业公司实行首轮承包经营管理。1998年起销售新品250克活性钙盐、500克低钠盐、500克精品海盐、350克桶盐。翌年，实际销售5225吨。2000年，销售小包装食盐2.33万吨，其中复合膜精制盐1.7万吨、复合膜海精盐4100吨、腌制盐1300吨。2003年，常州盐业公司对原110家食盐转批户重新审核整顿，压缩建设成47家食盐专营服务站。2004年，常州盐业公司细分市场，建立61家超市、254户企业用户、6300余个食盐零售网点和535家卤菜店摊及443家腌制炒货店的档案，同年销售小包装总量1.64万吨、散食盐0.97万吨、工业盐4.84万吨、非盐产品0.94万吨。2005年，江苏盐业公司开始全面实行统一采购、统一配送、统一结算、统一价格和统一营销的“五统一”政策。

1993—2010年常州市盐品实际购销量统计表

表19-6-1

年份	实际购进		实际销售		销售额(万元)	利润(万元)
	总量(万吨)	比上年±(%)	总量(万吨)	比上年±(%)		
1993	3.44	—	3.85	—	—	140.00
1994	3.95	14.8	3.42	-11.2	1911	336.31
1995	3.20	-19.0	3.40	-0.6	2200	410.00
1996	3.82	19.4	3.66	7.6	2578	465.00
1997	3.86	1.0	4.31	17.8	3161	758.00
1998	4.42	14.5	4.98	15.5	3852	850.83
1999	5.44	23.1	5.73	15.1	5217	1186.30
2000	6.45	18.6	6.42	12.0	6225	1668.85
2001	6.91	7.1	7.08	10.3	7003	2179.59
2002	7.66	10.9	7.48	5.6	7157	1982.00
2003	5.87	-23.4	6.29	15.9	5447	1085.81
2004	8.40	43.1	7.46	18.6	6628	1067.00
2005	8.10	-3.6	8.20	9.9	6750	623.20
2006	7.74	-4.4	9.19	12.1	7721	680.00
2007	7.50	-3.1	7.51	-18.3	8316	846.00
2008	8.10	8.0	7.66	2.0	10142	897.60
2009	9.29	14.7	7.48	-2.3	11100	784.00
2010	6.41	-31.0	6.16	-17.6	10000	511.00
合计	110.56	—	110.28	—	105408	16471.49

说明：销售额累计数不含1993年

2005—2007年，常州盐业公司在全省率先获得国家食盐批发AAA级企业资格，开通800免费送货热线，实行直配直送到零售网点。2010年起，常州盐业公司开展连锁经营体系建设，取消中间经销商，建立城乡食盐直配直送体系，推行客户经理制，建立客户信息资料库、编制客户代码和客户手册。同年，全市销售盐品6.16万吨，销售额1亿元，利润511万元。

二、加碘盐推广

1986 年常州盐业公司配合常州地方性甲状腺肿大病流行重点防治，执行国家食盐加碘防治碘缺乏病措施，在全省率先加碘分装小包装碘盐，在全市城乡普及供应。2004 年，完善内部监测，投入数万元更新检测设备，把住碘盐产区直接进货质量关，对碘盐购、存、销、消费实行全过程质量检测监控，全市批发环节碘盐合格率 99.4%，居民消费环节碘盐合格率 98.7%。2008 年 4 月，在全省率先引进上市采用更环保美观的新包装材料的 320 克纸塑袋装精制食盐，每袋采用物流信息技术，方便消费者快速辨别真伪，专业人员可查询到每袋食盐的生产、流通、销售等环节。2010 年，全市碘盐合格率 97.8%，普及率 96.8%，覆盖率 98.9%。

三、流通现代化建设

2002 年，常州盐业公司与江苏省盐业集团银宝公司共建北港海精盐加工配送中心，构建苏中、苏南小包装分装配送基地；投资 300 多万元，在武进芳庄新建驳岸、仓储设施和小额工业盐销售中心。2010 年 8 月，总投资 7500 万元、建设规模 2.8 万平方米的常州盐业配送中心投入运营，其中食盐库容 1.2 万平方米，改善了食盐仓储条件，常州地区食盐储运、直接配送能力由保证 100 万人增至 200 万人。

四、盐业市场监管

执法检查 1990—1998 年，市盐务管理局严防劣质盐流入市场，坚决制止违法行为，打击盐贩。1995 年 1 月，常州启动系列净化食盐市场行动，盐务与公安、工商、卫生、计量等部门联合开展盐业市场执法大检查，主要检查食盐零售商店，确保春节前后市场无假冒伪劣私盐，重点检查处运输环节行业用盐单位，在河港、闸口和主要公路对盐产品的非法运输进行稽查；以打点端窝为重点，打击私盐惯犯，铲除私盐地下加工场，防止私盐进入生产企业。1999—2000 年，市盐务管理局查处食盐违法案件 222 起，罚没私盐 344 吨、罚没款 22.45 万元。2001—2005 年，市盐政执法部门查处制售假冒食盐、制售私盐等违法案件 1755 起，罚没私盐 349.5 吨，罚没款 98.19 万元。2001 年，市及辖市盐务管理局加入 110 社会服务联动，配专用警车 3 辆。

2006—2010 年，市盐务管理局查处食盐违法案件 554 起，罚没私盐 246.86 吨，罚没金额（不含 2008—2010 年）50.79 万元。2006 年，该局针对市场出现假冒小包装食盐问题，端掉从事加工、销售假冒小包装食盐加工窝点两个，现场查缴盐产品 10 余吨、包装物 10 万余件。2007 年，组织开展迎春净化食盐市场、食盐保安护考和江浙沪边界、苏皖边界、旺季食盐市场净化秋风行动等专项行动。2010 年，全市成立 4 个执法大队，坚持日常巡查与专项检查相结合，对城乡超市、农贸市场、饭店食堂开展日常走访检查，与公安、工商、卫

1993—2010 年常州碘盐合格率、普及率、覆盖率统计表

表 19-6-2

年份	合格率 (%)	普及率 (%)	覆盖率 (%)	年份	合格率 (%)	普及率 (%)	覆盖率 (%)
1993	95.3	93.2	98.4	2002	94.6	94.2	99.8
1994	97.9	95.4	99.2	2003	98.7	98.6	99.9
1995	100.0	94.1	98.5	2004	99.4	99.3	99.9
1996	93.9	94.4	98.4	2005	99.1	98.1	99.0
1997	91.9	95.5	99.3	2006	98.6	97.9	99.3
1998	93.6	97.7	99.5	2007	98.9	98.6	99.6
1999	98.5	97.2	98.6	2008	98.0	97.4	99.4
2000	96.4	95.8	99.6	2009	98.6	98.0	99.7
2001	98.1	98.0	99.8	2010	97.8	96.8	98.9

生等部门联合执法，打击走私贩私行为；在新闻媒体上报道盐业打假活动，曝光不法分子的违法行为，打击制售假冒食盐的猖獗势头。

第二节　成品油贸易

1979年3月，江苏省石油公司常州分公司成立，石油经营业务从物资部门划出，主营汽油、柴油、润滑油等，主要通过所属加油站零售，兼营批发。1988年，全市成品油社会供应量23万吨。1994年4月，全国成品油流通体制改革，取消指令性计划，实行导向配置；取消平价油，实行价格并轨；成品油实行市场化经营。此后，全市成品油经销企业调整优化加油站布局，成品油供应与经营市场总体稳定有序。2010年，全市成品油销售量132.2万吨。

一、经营企业

1986年6月，中国石化销售公司江苏省石油公司常州分公司（简称“江苏石油常州分公司”）成立，从商业部门划归市计委代管。1991年5月，随省公司变更为江苏省石油总公司常州分公司。1996年，全市有成品油批发企业41家，其中市区26家、武进6家、金坛5家、溧阳4家。1997年10月，常州分公司随省公司改制变更为江苏省石油集团公司常州分公司。1999年，规范全市成品油批发企业，批发企业调整为38家；1998年7月，按照石化股份公司规定，常州分（支）公司变更为中国石油化工股份公司江苏常州石油分公司（简称“中石化股份常州分公司”）、中国石化集团江苏石油有限责任公司常州分公司（简称“中石化责任常州分公司”）。2005年，全市成品油批发企业13家，其中中国石化4家、中国石油1家、社会批发企业8家。

二、经营设施

成品油管线　2009年6月，成品油苏南管线在常州开工，2011年2月建成投用，金陵石化生产的汽油开始管输苏南沿线城市。管道输油成为苏南地区成品油供应的重要方式。

油　　库　1986年，常州市油库总容量4.3万吨。1999年前，江苏石油常州分公司拥有湾城油库、五星桥油库、白龙荡油库和后袁油库4座。2000年、2003年，湾城油库、白龙荡油库先后停止运营。2009年，全市吞吐量最大的五星桥油库总容量2.6万立方米，年均吞吐量达110余万吨，日最大发货能力约1800吨；溧阳后袁油库总容量1.2万立方米年吞吐量约40万吨。2010年底，钟楼油库建成投产运营，设计有油罐10个，一期容量5.8万立方米，设计容量9万立方米，年吞吐量200万吨，日最大发货能力3000吨。全市有成品油油库8座，分布在钟楼区五星桥、新北区魏村、戚墅堰区丁堰、金坛市薛埠、南车戚墅堰机车公司、溧阳市后袁等地，总容量11.37万吨。

加油站点　1986年，常州市区仅有文在桥、五角场两个加油站和南大街石油门市部、五角场燃料商店两个加油点。1996年，全市加油站发展到221个，其中市区43个、武进102个、溧阳39个、金坛37个；零售网点增至274家，其中武进87家、金坛95家、溧阳92家。1999—2000年，全市新增加油站34个。2004年增至133座。2005年，全市加油站发展到336个，其中中国石化管理125个（含自有站93个）、中国石油管理的加油站有27个（含自有站7个）、社会加油站184个；全市加油点111个，其中中国石化19个、中国石油1个、社会加油点91个。2006—2010年，全市新建加油站7个，2010年末达343个，其中中国石化公司管理145个、中国石油公司管理30个、社会加油站168个。全市加油点增至123个，其中中国石化公司20个、社会加油点103个。

三、供应销售

1983年至1994年4月，成品油销售实行双轨制，1988年全市成品油社会供应量23万吨，1993年成品油社会供应量增至 44.7 万吨。

1994 年 4 月,取消平价油,实行价格并轨,成品油实行市场化经营,1995—1996 年销售成品油 15.6 万吨。2000 年成品油销售量、零售量分别增至 29.7 万吨、9 万吨。2004 年,全市成品油销售量 52.69 万吨,其中批发 40.39 万吨。2010 年,全市成品油销售总量 132.2 万吨,其中汽油 50.9 万吨、柴油 81.3 万吨;江苏石油常州分公司销售 97.7 万吨,占全市成品油总销量的 73.9%。

1995—2010 年常州市成品油销售量分类统计表

表 19-6-3　　单位:万吨

年份	全市销售总量	其中:中石化、中石油		年份	全市销售总量	其中		
		销售量	又其中:零售量			汽油	柴油	中石化、中石油销售量
1995	7.50	7.50	—	2003	40.39	—	—	42.30
1996	8.10	8.10	1.30	2004	52.69	—	—	54.78
1997	9.60	8.48	1.40	2005	91.90	34.10	57.80	64.74
1998	—	—	4.60	2006	98.30	36.10	62.20	66.73
1999	—	24.7	6.00	2007	106.50	35.80	70.70	70.85
2000	29.70	29.64	9.00	2008	107.10	38.90	68.20	69.49
2001	31.20	—	—	2009	111.60	45.00	66.60	69.74
2002	34.00	—	—	2010	132.20	50.90	81.30	97.70

说明:1998—1999 年的销售量和 2001—2004 年汽油、柴油销售量无统计数据

1986—1993 年常州市成品油计划分配和社会供应量统计表

表 19-6-4　　单位:万吨

年份	全市成品油计划分配量	全市社会供应量	其中:中石化、中石油	年份	全市成品油计划分配量	全市社会供应量	其中:中石化、中石油
1986	7.70	—	6.18	1990	6.60	26.40	11.47
1987	4.30	—	7.90	1991	5.70	29.10	—
1988	—	23.00	—	1992	4.20	30.50	—
1989	7.30	25.00	—	1993	—	44.70	—

说明:1986—1993 年因成品油计划分配和社会供应量均较小,部分年份部分数据无法统计

四、市场监管

1986 年后,常州市加油站点实行审批管理。1995 年后,经贸、规划、计委、国土、交通、消防、测绘院等部门按照加油站设置规划原则,制订全市加油站行业发展规划、年度发展计划,调整新建加油站布局。1998 年,全市开始实行"石油经营许可证"制度。1999 年,国务院办公厅转发国家经贸委等部门出台的《关于清理整顿小炼油厂和规范原油、成品油流通秩序的意见》。2001 年,市石油市场清理整顿工作领导小组调整由分管贸易的副市长任组长,市政府副秘书长和经贸委分管领导任副组长,公安、工商、财政、技监、国税、环保、海关、消防等部门组成成员单位,办公室设在市经贸委,2007 年商务部颁发的《成品油市场管理办法》实施,省 10 个职能部门联合发布《江苏省成品油市场管理暂行办法实施细则》,2008 年 12 月,《国务院关于实施成品油价格和税费改革的通知》出台。

第三节 烟草专卖

1983年、1984年，江苏省烟草公司常州分公司（简称"常州烟草公司"）、常州市烟草专卖局相继成立，主要履行全市卷烟的批发销售、网络建设、专卖监督管理等职责。计划经济时代，逢年过节按人口核发票证供应名烟，1988年达销售峰值14.65万箱。90年代票证取消后，卷烟消费档次、销量随居民消费水平的提高而逐步提升。2010年，全市卷烟销量16.3万箱。

一、销售模式

1996年，常州烟草公司拓展和销售地产烟，设立烟草代理商71个、直供店21个。1998—2000年，南京、一品梅、红杉树、东渡等省内地产品牌烟销售较快增长。开始设立下伸批发部，变"坐商"（指有固定店铺）为"行商"（指居无定所，流动性大），扩大卷烟销售，经营业绩大幅增长。2001—2004年，实施大品牌、大市场战略，市场品牌压缩至31个，省内南京、一品梅、红杉树、东渡4个名烟销量增长，销售比例达52%。2002年，实行电话订货、电子结算的现代销售模式。2003年，电话订货率达81%、电子结算率75.2%。2007年，常州烟草公司开展按订单组织货源服务。2008年，全市烟草物流中心建成，对卷烟实行统一管理、集中配送。订制统一柜台，全市零售终端柜台统一率达95%。2010年，推行网上订货、网上结算为主的电子商务，抓好订单供货、市场销售、网上结算，强化零售终端建设，开展精益物流管理，提高服务质量。

二、烟草经营

1986年，全市销售卷烟10.03万箱。1984—1990年，批发销售卷烟80万箱，完成销售总额13亿元。90年代，与省内烟厂联合开发出红梅阁、美丽、太白等卷烟品牌，实行联产联销，设立昆烟、省内烟专卖店等专销点。1991—1994年，累计销售卷烟51万箱，完成税利近8000万元。1994年，重点培育省内烟市场。1995年实现税利6760万元，其中利润5124万元。1996年7月，溧阳市烟草公司与南京卷烟厂联合开发的天目湖牌卷烟面市。1998年，"天目湖"系列卷烟销售量达1.02万箱，毛利983万元。1986—2010年，全市累计销售卷烟323.29万箱。2010年销售16.3万箱。

1986—2010年常州市烟草销量统计表

表19-6-5 单位：万箱

年度	销量	年度	销量	年度	销量
1986	10.03	1995	12.15	2004	12.90
1987	12.82	1996	10.92	2005	13.50
1988	14.65	1997	12.00	2006	14.00
1989	14.53	1998	10.42	2007	14.80
1990	14.27	1999	10.44	2008	15.30
1991	12.74	2000	12.18	2009	15.80
1992	13.17	2001	11.89	2010	16.30
1993	11.74	2002	11.91	累计	323.29
1994	12.79	2003	12.00		

三、专卖执法监管

执法机制 1991年8月，溧阳市率先成立烟草专卖管理所40个；10月中旬，金坛县26个乡镇分批成立乡镇烟草专卖管理所;12月中旬,武进县建所42个。乡镇专卖管理所主要负责证件管理、运输检查、查处违章案件等,参与打击长途倒卖卷烟、取缔卷烟黑市场、稳定卷烟市场等工作。1997年2月,市烟草专卖局稽查大队成立。1998年,常武地区烟草专卖管理部成立。1999年12月,市烟草专卖局稽查支队成立,下设武进、金坛、溧阳3个稽查大队,队员总数100余人。2002年9月5日,常州市政府颁布全省第一份地市烟草规范性文件《常州市烟草专卖管理实施办法》,11月1日起施行。

许可证管理 1986年,市烟草专卖局执行国家烟草专卖政策,加强烟草专卖许可证的审批和发放,对供销社等委托转批单位经常监督检查,督促其按专卖法规经营。1992年,全市1.05万户经营户中有9881户换发烟草专卖许可证。2001年,全市通过年检,2.48万户经营户持零售许可证, 8608户停歇业、缓检。溧阳组织开展争创卷烟经营信得过商店,金坛率先引用专卖稽查POS系统。2003年,全市卷烟零售户由年初的2.02万户降至1.36万户。

打假打私 1991年7月6—9日,市烟草专卖局、市公安局、市交通局出动40人,查获浙江烟贩运往丹阳、孟城的走私卷烟2万条,价值20万元。7月22—26日,市打击走私办公室统一打击和查禁走私外烟,突击检查了国营、集体和个体商店340家,查扣走私境外香烟1809条,价值5万余元。1993年,市烟草专卖局联合公安、工商、交通等部门进行运输检查和市场检查,查处违章违法运输、销售伪劣卷烟案件384起。1997年,加强路查和市场检查,查获烟案180起,其中走私烟1262.9件、假冒烟221.44件,罚没款719.77万元。1998年,按国家、省烟草专卖局对清理取缔非法卷烟市场和集散地的要求,对常武地区卷烟市场进行为期半年的拉网式检查,在全省率先关闭和取缔武进孟河卷烟集散地、溧阳苏浙皖边界市场卷烟调剂中心、溧阳江南春商城卷烟摊位等卷烟交易市场。1999年3月中旬,全市开展卷烟销售网络无假烟行动,查处假冒烟案163起,收缴假冒香烟8.5万条。2000年,市稽查支队查处假烟案、走私烟案205起,查获假烟1148.49件,总标价290万元。

2001年市烟草专卖局加入市110社会服务联合行动小组,建立重大案件移送制度。2002年,开展以"春雷"、"闪电"、"大扫荡"和"四无"达标4个阶段为重点的卷烟"打假年"活动,全面整治卷烟市场。2005年,全市查获违规经营案值达5万元的大案58起,行政拘留132人,刑事处罚6人。2006年,捣毁制售假烟窝点84个,破获售假网络2个,移送司法机关案件20起,移送其他机关案件30起。2010年,全市查处涉烟案件1648起,其中案值5万~99.99万元案件116起、100万元及其以上案件11起,不法烟贩被公安、司法机关拘留34人、逮捕11人、判刑30人;破获符合国家级标准的售假网络案件4起,其中1起案件的查处受到国家烟草专卖局通报表彰。

假冒香烟销毁 1992年6月17日,常州市烟草局举行了公开销毁假冒伪劣卷烟行动,销毁假冒"红塔山"卷烟200箱。1993年4月,常州市、溧阳市烟草专卖局在三井袁家塘、溧城夏桥公开销毁假冒云烟、红塔山等假冒伪劣卷烟291.88箱。1994—1995年,全市组织公开销毁假烟6次,总计14.49万条,为消费者避免损失近2000万元。1999—2000年,市烟草专卖局集中销毁假冒香烟2320件,标值480余万元。2007年3月15日,市烟草局在金坛市白龙荡垃圾处理场大规模公开销毁假烟,熊猫、中华、苏烟、芙蓉王、南京、一品梅等80个牌号卷烟2800余箱,标值850余万元。

第七章 住宿餐饮业

常州住宿餐饮业历史悠久,随着改革开放和经济社会的发展而日益兴盛,产业规模和整体素质实力不断提升。1991年,全市旅馆业有服务门店556家,从业人员3046人。1999年,全市个体旅馆增至618家,从业人员 1544 人，完成营业收入 3237 万元。2001 年 4 月 29 日，常州市政府颁发《常州市旅游住宿业（饭店）管理暂行办法》，规范对旅游涉外、星级饭店和宾馆、酒店、公寓、别墅、度假村等旅游饭店的管理。2005 年全市限额以上住宿企业发展到 48 家、餐饮企业增至 86 家，完成营业收入 7.61 亿元。全市限额以上餐饮个体户兼营住宿业务，床位总数 1100 张。2010 年，全市有限额以上住宿单位 60 家，完成营业收入 14.63 亿元。

第一节　住宿业

2004 年，常州个体住宿业完成营业收入 1.4 亿元。2005 年末，全市有限额以上住宿门店 48 家，其中市区 30 家，年均从业人员分别为 7048 人、5117 人，分别拥有床位 1.01 万张、0.71 万张和餐位 2.47 万个、1.65 万个，餐饮营业面积 9.63 万平方米、6.41 万平方米。分别拥有固定资产原值 14.87 亿元、11.66 亿元和所有者权益 6.25 亿元、4.82 亿元。分别完成营业收入 7.61 亿元、5.84 亿元，实现主营业务税金及附加 4012 万元、3011 万元。2008 年末，全市正餐服务企业拥有客房 3689 间、床位 6134 个，餐饮业客房同年实际出租 50.3 万间 / 天。2010 年，全市住宿企业（单位）完成营业收入总额 28.4 亿元，其中市区和金坛、溧阳两市分别为 19.17 亿元、1.87 亿元和 7.36 亿元；限额以上、以下单位分别完成 14.63 亿元、13.77 亿元。全市有限额以上住宿单位 60 家，年均从业人员 8818 人，拥有床位 1.43 万张，固定资产原值 27.82 亿元、所有者权益 4.41 亿元，完成营业收入 14.63 亿元，实现利税负 2383 万元。

一、所有制企业规模

国有及其控股企业　1998 年，常州市区国有住宿企业有客房服务师 34 人，其中特级 1 人，一、二、三级分别为 5 人、4 人和 24 人。2005 年，全市有限额以上国有宾馆 15 家，其中市区 11 家，年均从业人员 1885 人、1601 人。分别拥有床位 3034 张、2392 张、餐位 6351 个、5207 个，餐饮营业面积 2.34 万平方米、1.82 万平方米，分别拥有固定资产原值 5.03 亿元、4.3 亿元和所有者权益 3.28 亿元、2.4 亿元；分别完成营业收入 1.65 亿元、1.36 亿元，分别实现主营业务税金及附加 789 万元、626 万元。2010 年末，全市有限额以上国有及其控股住宿企业 6 家，其中市区 3 家，年均从业人员分别为 476 人、322 人，分别拥有床位 1098 张、747 张和餐位 2100 个、1420 个，餐饮营业面积分别为 6928 平方米、4580 平方米，分别拥有固定资产原值 1.63 亿元、1.26 亿元和所有者权益 1.04 亿元、0.98 亿元，分别完成营业收入 6909 万元、5629 万元，实现主营业务税金及附加 345 万元、272 万元，效益均不佳。

私营企业　2005 年末，全市有限额以上私营宾馆 12 家，其中市区 3 家，年均分别有从业人员 1465 人、363 人，餐饮营业总面积 2.46 万平方米、0.55 万平方米，拥有床位 2425 张、847 张和餐位 6333 个、1310 个，分别拥有固定资产原值 2.21 亿元、0.37 亿元和所有者权益 0.55 亿元、0.17 亿元，分别完成营业收入 1.63 亿元、0.53 亿元，实现利税 1387 万元、972 万元。2010 年末，全市有限额以上私营宾馆 44 家，其中市区 23 家，年均从业人员分别为 6423 人、3449 人，餐饮营业总面积分别为 6.81 万平方米、3.48 万平方米，分别拥有床位 1.09 万张、6018 张和餐位 2.03 万个、0.92 万个，分别拥有固定资产原值 18.67 亿元、11.67 亿元，所有者权益 1.26 亿元、927 万元，分别完成营业收入 9.85 亿元、5.39 亿元，分别实现利税总额 5067 万元、2504 万元。

有限责任公司　2005 年末，全市有限额以上有限责任宾馆 16 家，其中市区 14 家，年均分别有从业人员 2833 人、2605 人，分别拥有床位 3362 张、3097 张，餐位 9284 个、8354 个，餐饮营业面积分别为 3.49 万平方米、3.24 万平方米；分别拥有固定资产原值 6.63 亿元、6.46 亿元和所有者权益 2.23 亿元、2.21 亿元；分别完成营业收入3.27亿元、3.08亿元，实现主营业务税金及附加1802万元、1696万元。2010年，全市有限额以上有限责任宾馆5家，年均有从业人员1029人，拥有床位1086张、餐位3222个，餐饮营业面积1.21万平方米；拥有固定资产原值4.97亿元、所有者权益2.29亿；完成营业收入1.09亿元，实现主营业务税金及附加4846万元。

港澳台资企业 2005年末，全市仅市区有限额以上港澳台商投资企业1家，有床位240张，拥有固定资产原值960万元，总资产895万元、所有者权益68万元，完成客房收入986万元，实现利税总额64万元。2010年末，全市有3家限额以上港澳台商投资住宿企业且均位于市区，年均从业人员639人，拥有床位893张、餐位799个，年末餐饮营业面积4214平方米，拥有固定资产原值8387万元、所有者权益负5594万元，完成营业收入1.98亿元，实现主营业务税金及附加1027万元。

外资企业 2005年，全市有限额以上外商投资住宿企业3家，年均从业人员774人，有床位856张、餐位2520个，餐饮营业面积1.22万平方米；拥有固定资产原值892.9万元、所有者权益1755万元，完成主营业务收入9243万元，实现主营业务税金及附加465万元。2010年，全市有限额以上外商投资住宿企业两家，年均从业人员降至243人。拥有床位301张、餐位1050个，餐饮营业面积2000平方米，拥有固定资产原值1.63亿元、所有者权益0.39亿元，完成营业收入5885万元，其中客房收入2055万元、餐费收入3059万元，实现主营业务税金及附加201万元。

二、五星级宾馆

2002年，在延陵西路重新装修开业的常州大酒店是常州市首家五星级宾馆。2005年，全市两家五星级宾馆均位于市区，年均从业人员1030人，年末有床位1109张、餐位2573个，餐饮营业面积9356平方米，拥有固定资产原值4.01亿元、所有者权益1亿元，完成主营业务收入1.47亿元，实现主营业务税金及附加769万元。2010年底，全市5家五星级宾馆分别是常州大酒店、常州富都商贸饭店、溧阳天目湖国际酒店、溧阳天目湖宾馆和金陵溧阳宾馆，年均从业人员1859人，拥有床位2084张、固定资产原值9.34亿元，完成营业收入4.45亿元，实现主营业务税金及附加2364万元，亏损2650万元。

常州富都商贸饭店（摄于2007年7月）

常州富都商贸饭店 位于新北区通江大道398号，2003年，武进侨裕集团购下常州富都大厦后，与香格里拉酒店集团签署管理合作协议，合资3亿余元建设五星级宾馆常州富都商贸饭店，2005年7月1日开业。主楼高32层，建筑面积5.8万平方米，2006年6月被国家旅游局评定为五星级饭店。2010年，拥有客房378间（套）。

常州大酒店 位于常州市中心延陵西路65号，酒店大堂曾获中国建筑室内设计、装饰效果一等奖。占地1.92万平方米，拥有28层、18层楼各1幢，建筑面积6.03万平方米。设有中西餐厅、酒吧20间和带同声翻译系统等先进设备的多功能大厅，提供保龄球、游泳、健身、桑拿等体育娱乐项目。2003年被评为常州首家五星级旅游饭店。2010年拥有客房391间（套）。

江苏天目湖宾馆 位于国家AAAA级旅游景区天目湖旅游度假区，是溧阳市首家集餐饮、住宿、娱乐、会议于一体的五星级旅游饭店和江苏省十佳旅游饭店。前身为1979年始建的沙河水库招待所，1993年更名为天目湖宾馆，1997年被评为涉外旅游三星级宾馆。2002年7月企业改制，占地1.5万平方米，主楼高8层，总建筑面积1.8万平方米。拥有600平方米的会议大厅和会议室9个，配备双语同声传译系统、歌舞厅、KTV包厢、健身房、美容美发、乒乓室、桌球室等服务设施。2004年10月被评为五星级宾馆。2010年拥有客房171间（套），客房出租率59.3%。

金陵溧阳宾馆 位于溧阳市西大街118号，前身为60年代成立的县政府招待所，现为五星级宾馆。2005—2007年扩建，总建筑面积3.33万平方米。2010年底，拥有客房290间（套），设有多个中西餐厅和咖啡、酒吧、健身、桑拿、游泳等康体娱乐项目。

溧阳天目湖国际酒店 位于溧阳天目湖中心大道8号，2007年开业。设有演艺吧、桑拿房、健身房、网球场等服务设施，2009年1月被评为五星级酒店。2010年，拥有客房304间（套）。

三、四星级宾馆

2000年1月，金坛首家四星级宾馆九九宾馆开业。2005年，全市有四星级宾馆5家，年均有从业人员1037人，年末有床位1320张、餐位3472个，餐饮营业面积1.55万平方米。分别拥有固定资产原值、所有者权益1.75亿元、0.65亿元，完成营业收入1.29亿元，其中客房0.51亿元、餐费0.58亿元，实现主营业务税金及附加744万元。2010年，全市四星级宾馆发展到17家，其中市区8家，年均从业人员分别为3189人、2319人，分别拥有床位3926张、2596张，拥有固定资产原值13.02亿元、11.47亿元和所有者权益2.06亿元、1.7亿元，分别完成营业收入4.74亿元、3.91亿元，其中客房收入分别为1.92亿元、1.48亿元，餐费收入分别为2.67亿元、2亿元，分别实现利税负1697万元、1950万元。

德泰恒大酒店 位于官保巷与小河沿路的交叉口，2008年3月开业，是一家集住宿、餐饮与休闲、旅游、会议、办公于一体的酒店，主楼高15层，建筑面积1万多平方米。2010年底，拥有客房116间（套）。

中天凤凰大酒店 位于通江大道555号。2003年10月11日开业，是一家综合性酒店，建筑面积3.7万平方米，2005年9月被国家旅游局评定为四星级旅游饭店。2010年设客房211间、会议室4个。

位于通江大道的中天凤凰大酒店（左）、富都商贸饭店（中）、金陵江南饭店（右）（摄于2007年7月）

华天度假村 位于溧阳市天目湖度假区。是该市首家四星级饭店、首家AAA级中国绿色饭店，依山傍水，建筑别致。2010年底拥有客房203间。

香树湾花园酒店 位于汉江路2号。2000年开业，是一家股份制酒店，是沪宁线唯一以泰式风格为主、融异域文化旅游与高尔夫等度假元素的园林式休闲度假村，毗邻恐龙园，占地8万平方米，总建筑面积2万余平方米，总投资8000多万元。2010年底拥有客房121间。

溧阳静泊山庄 位于国家AAA级旅游景区天目湖湖景半岛，为别墅式四星级花园式酒店，三面环水，欧式建筑风格，拥有豪华别墅湖景房160间，总统套房功能的贵宾楼、4国语音同声传译、无线表决系统的国际会议中心、电视电话会议、会客室等会议室10个，2010年有客房160间。

金坛颐丰大酒店 位于金坛丹阳门中路，毗邻金坛汽车客运中心北站。2007年4月18日开业，总投资近1亿元，主楼高7层，建筑面积1.08万平方米。2010年拥有客房66间(套)、豪华客房床位100张、餐位400个。

金陵江南大饭店 2003年6月，新江南大饭店以股权形式转让，由江苏加华投资公司和上海泓邦投资发展公司以1.25亿元的出让价格收购其全部资产，聘请南京金陵饭店管理，变更为常州金陵江南大饭店。2010年拥有客房165间。

天目湖御水温泉 是一家设施豪华的度假酒店，设有商务、家庭、会所等套型客房250间及单栋别墅酒店17栋。2010年有中餐厅1个、中餐包房10个和500人的多功能会议室等。

2010年底常州市其他四星级旅游涉外饭店宾馆一览表

表19-7-1

名　　称	地　　址	客房数(间)	客房出租率(%)
常州金色南都国际大酒店	武进区湖塘环府路58号	70	89.8
常州淹里金鼎国际大酒店	武进区淹里镇金鼎路8号	147	48.2
常州海阳大酒店	新北区通江大道371号	118	62.7
常州锦江国际大酒店	新北区通江中路599号	261	79.9
金陵明都大饭店	常州市和平北路39号	236	61.9
常州和平假日大饭店	常州市和平北路132号	172	76.6
常州万豪花都国际大酒店	常州市晋陵北路168号	184	60.1
常州九洲环宇大酒店	常州市关河东路38号	110	62.6
常州新都大酒店	常州市飞龙东路66号	126	59.6
中油(阳光)国际大酒店	常州市怀德北路35号	333	50.7
金坛市九九宾馆	金坛市横街16～18号	81	77.4
金坛樱花大酒店	金坛西门大街88号	123	35.1
常州皇廷国际大酒店	溧阳市燕山中路9号	145	59.5
溧阳假日酒店	溧阳罗湾路99号	146	57.2
溧阳扬子国际大酒店	溧阳市安顺路9号	118	—
常州明都师源宾馆	常州市中吴大道1803号	163	—
武进假日酒店*	武进区延政中路33号	280	57.2
常州金陵江南大饭店*	新北区通江路466号	165	61.3

说明：带*号的武进假日酒店、常州金陵江南大饭店等级为准评星

四、三星级宾馆

1991年10月18日，常州大酒店成为全市首家三星级宾馆(2003年升级为五星级宾馆)。1999年1月，金坛市首家三星级宾馆金坛樱花大酒店开业。2001年，武进新苑宾馆被批准为三星级旅游涉外饭店。2002年，武进宾馆被批准为三星级旅游涉外饭店。2005年，全市有三星级宾馆23家，其中市区14家，年均有从业人员分别为3258人、2376人，分别拥有餐饮营业面积4.93万平方米、3.48万平方米，床位4449张、3083张和餐位1.25万个、8785个，分别拥有固定资产原值7.38亿元、6.12亿元和所有者权益4.4亿元、3.64亿

元，分别完成营业收入 3.01 亿元、2.34 亿元，分别实现利润总额负 163 万元和负 316 万元。2010 年末，全市有三星级宾馆 17 家，其中市区 9 家，年均有从业人员分别为 1365 人、760 人，分别拥有床位 3448 张、1885 张，分别拥有固定资产原值 2.58 亿元、1.33 亿元，分别完成营业收入 2.09 亿元、1.45 亿元，实现税金及附加 924 万元、565 万元。

2010 年常州市三星级旅游涉外饭店宾馆一览表

表 19-7-2

名称	地址	客房（间）	客房出租率（%）	名称	地址	客房（间）	客房出租率（%）
溧阳市水悦山庄	溧阳市天目湖旅游度假区	135	24.7	武进新苑宾馆	武进区湖塘环府路	160	65.5
常州宾馆	常州市晋陵中路 418 号	118	—	长兴楼宾馆	常州市邮电路 8 号	101	74.9
新锦江商旅酒店	常州市和平北路 111 号	188	71.6	常州国瑞宾馆	武进区横山桥镇	150	48.9
武进兰新大饭店	武进区常武北路 2 号	99	87.3	天目水庐宾馆	溧阳天目湖度假区	69	39.7
溧阳江南大酒店	溧阳市平陵中路 268 号	102	61.0	武进金龙大酒店	武进区湖塘人民路 1 号	86	76.3
金坛市南天宾馆	金坛市东环二路1-1号	32	62.3	常州宫苑宾馆	常州市延陵西路 73 号	106	72.5
溧阳望湖岭山庄	溧阳市天目湖度假区环湖东路 1 号	50	35.0	常州馨雅楼宾馆	常州市戚机公司工房 1 区	113	63.1
溧阳虹枫美食休闲度假村	溧阳市天目湖环湖东路 2 号	242	46.1	溧阳云海宾馆	溧阳市燕山路 33 号	92	42.8
亚细亚影视城明星宾馆	常州市怀德中路 21 号	53	36.6	常州常瑞宾馆	常州市浦南路 8 号	126	61.3
常州椿庭楼宾馆	常州市局前街 27 号	125	63.6	金坛市九龙宾馆	金坛市东环二路 39 号	68	77.4
常州鸣凰大酒店	武进区湖塘鸣新西路 89 号	49	56.2	苏南枫泽山庄大酒店	武进区夏溪章庄村	49	23.3
常州春秋假日酒店	常州市和平中路 167 号	127	53.3	溧阳翠谷庄园	溧阳市戴埠镇徐家圩村	60	—
常州锦海城市大酒店	常州市会馆浜路 11 号	82	74.6	常州市大成假日酒店	常州市关河东路 68 号	168	—
常州世纪长安大酒店	常州市青果巷 198 号	136	—	常州星港中信国际商务酒店	常州市星港路 88 号	77	—
溧阳市李家园大酒店	溧阳市南山竹海李家园村 388 号	53	—	常州市竺山湖小镇度假酒店	武进区太湖湾旅游度假区	139	—

五、其他宾馆

二星级宾馆 2005 年末，全市有二星级宾馆 16 家，其中市区 12 家，年均有从业人员分别为 1549 人、1255 人，分别拥有固定资产原值 1.52 亿元、1.36 亿元和所有者权益 1837 万元、1578 万元；分别完成营业收入 1.61 亿元、1.41 亿元，实现利税总额 1374 万元、1206 万元。2010 年，全市二星级宾馆减少到 4 家，年均从业人员 575 人，拥有床位 734 张，餐饮经营面积扩展到 6409 平方米，餐位 2312 个，拥有固定资产原值 5813 万元、所有者权益 1.17 亿元，完成营业总收入 4886 万元。

一星级及其他宾馆　2005年，全市有限额以上其他宾馆2家（含一星级，计入其他宾馆），年末有床位360张、餐位600个，餐饮营业面积1580平方米，完成营业收入2298万元。2007年，一星级宾馆开始单独统计，全市有一星级宾馆1家和限额以上其他宾馆10家，分别拥有餐饮经营面积1380平方米、6134平方米和餐位320个、1696个，床位150张、1367张；分别完成营业总收入1268万元、9418万元。2010年，全市有限额以上一星级宾馆2家（均位于市区）、其他宾馆18家、无星级宾馆和个体旅馆28家，年均从业人员分别有135人、1695人和1990人，分别拥有餐位200个、4042个、5391个和床位351张、3785张、4421张，拥有固定资产原值5823万元、1.73亿元（仅18家其他宾馆）和所有者权益998万元、1.12亿元（仅18家其他宾馆）；完成业务收入1984万元、1.88亿元、2.3亿元，分别实现税金及附加106万元、835万元（仅18家其他宾馆）。市区有限额以上无星级宾馆个体旅馆19家，年均有从业人员1192人，拥有床位3248张、餐位3106个，餐饮营业面积（不含个体）6992平方米；拥有固定资产原值1.1亿元、所有者权益1.05亿元，完成营业收入1.45亿元。

普通旅馆　1986年，天宁区有爵乐、东方、经光3家市属旅馆，钟楼区有清泉、健康、人民等5家市属旅馆，有人防、红星、西横街、新民、西上街、钟楼6家区属旅馆、招待所。乡镇政府驻地和规模较大的社队工厂大多建有招待所。武进县有旅馆招待所189个，其中县级招待所3家。1988年金坛县有旅馆108家、床位1842张，从业人员236人。其间，常州中小旅馆大多设施简陋陈旧，除夏天有电风扇外，均无电话电视、卫生洁具等设施，旅客需自备洗漱用品。此后，随着大型高档宾馆的不断开办和城市拆迁，城区中小型旅馆举步维艰，逐渐为商旅、假日酒店、连锁旅店所代替。随着农村经济和集镇建设的快速发展，常州农村集镇开办了大批中低档旅馆，大镇多达数十家，小乡镇少则两三家。1998年，全市个体旅店发展到462家，从业人员达4798人，实现营业收入4361万元。2010年，全市5家限额以上个体旅馆均在市区，从业人员162人，有床位275张、餐位888个，同年完成营业收入1697万元。

第二节　餐饮业综述

七八十年代，民营餐饮业异军突起，在全市餐饮业中占据了主导地位。常州城区餐饮以小作坊为主，餐饮网点近3000个，全民、集体、个体的模式皆有。府前楼、三鲜美食城、银丝面馆等是当时餐饮业的代表。随着旅游、工业、商贸业等行业的快速发展为饮食服务业发展创造了广阔的空间，不同档次、风味的餐饮店如雨后春笋般出现。全市餐饮业既有高档酒店、中档餐馆，又有连锁店、家常风味店、休闲餐厅，还有快餐店、小吃排档等，满足了多层次消费者需求。1995年以后，常州餐饮业进入持续高速增长时期，零售额年均增长29.5%，比同期社会消费品零售总额增幅高17个百分点。90年代后期，民营经济在餐饮业发展中占主导，涌现出长兴楼、好福记等品牌餐饮店。1998年，全市餐饮业完成销售额10.97亿元。2001—2005年，常州餐饮业平稳增长，特色餐饮快速崛起，餐饮网点增多，经营方式灵活，业态丰富，适应居民多层次、多元化的消费需求，餐饮业零售额连续多年保持快速增长，新北区通江中路与汉江路交会处、城中路饮食一条街都是知名餐饮业集群。2006—2010年，常州城区餐饮业呈现出“三大板块十条美食街”的产业格局。2010年，全市餐饮网点数量和人员队伍继续扩大，连续多年保持两位数的高速增长。限额以上餐饮业年均有从业人员2万人，实收资本4.27亿元，拥有固定资产原值9.07亿元、总资产19.9亿元、所有者权益3.17亿元，完成营业收入24.59亿元，实现主营业务利税（含附加）总额2.07亿元。

一、餐饮网点

1986—1993年，全市多数餐饮单位规模小，设施差。1995年，全市餐饮业经营网点总数达7235家，其中大型企业2家、中型企业36家、小型网点7128个、附营单位44个；按企业性质分国有74家、集体90家、私营34家、个体7029家。90年代中期至2000年，常州餐饮供需两旺，连锁快餐迅速发展，民营餐饮业异军突起，长兴楼、福记、大娘水饺、丽华快餐、菜根香等本土民营餐饮品牌脱颖而出，赢得较高的知名度和影响力，成为支撑餐饮业发展的重要力量；同时吸引上海、浙江、广东、内蒙古等地的餐饮企业纷纷到常州投资开店。2000年末，全市餐饮业经营网点总数增至7393家。同年，全市餐饮业完成营业收入14.41亿元，其中限额以上、以下和个体分别完成2.73亿元、11.68亿元和6.01亿元。2003年底，全市餐饮经营网点总数突破1万家，其中高中档饭店100家。2008—2009年，常州餐饮业受国际金融危机影响增幅回落，2010年有所回升，同年末全市有餐饮机构网点2.5万家，有限额以上餐饮企业86家，其中私营71家、有限责任6家、港澳台资4家、股份合作2家和集体企业、外商、其他企业各1家；其中独立饭店79家、连锁饭店总店3家、连锁饭店分店1家、其他饭店3家。全市有全国百强餐饮企业2家、中华餐饮名店12家、江苏餐饮名店41家、常州餐饮名店42家，自主品牌餐饮连锁企业5家。

1986—2010年常州市餐饮业经营单位(网点)数量统计表

表19-7-3

年份	全市	市区	年份	全市	市区	年份	全市	市区
1986	4212	1104	1995	7235	2068	2004	5838	—
1987	4994	1426	1996	7583	2187	2005	7153	4635
1988	5101	1336	1997	7495	2448	2006	8130	—
1989	—	—	1998	7250	2263	2007	9372	6754
1990	—	—	1999	7870	2744	2008	10400	—
1991	5662	1707	2000	7393	2855	2009	12118	—
1992	5851	1804	2001	8220	5625	2010	13451	10355
1993	—	—	2002	7141	4951			
1994	7014	2044	2003	7341	5737			

说明：1994—2000年统计全市餐饮业网点数，2001—2004年为私营企业、个体户数；2005年及其以后为限额以上住宿餐饮经营单位加限额以上个体户数

二、从业人员

1986年，全市餐饮企业从业人员1.17万人，其中市区4097人。1989年，全市餐饮业从业总人数增至2.5万人，其中市区1.37万人。1987—1995年，全市餐饮业从业人员总数净增0.67万人，1995年达1.84万人。1996—2000年，全市餐饮业从业人员净增7325人。1998年，全市个体餐饮店有从业人员1.48万人。2000年，全市餐饮业从业人员总数达2.57万人，其中市区1.43万人、武进3927人、金坛2624人、溧阳4839人。2001—2005年，全市限额以上餐饮企业净增2620人。2005年，全市限额以上餐饮企业有从业人员6743人，其中私营企业5588人、有限责任公司603人、港澳台资企业231人、外资企业142人；全市限额以上餐饮企业从业人员独立饭店3969人、连锁总店1229人、分店384人和其他饭店1161人。2006—2010年，全市限额以上餐饮企业净增从业人员946人。2010年，全市182家限额以上餐饮个体业户有从业人员7689人，其中独立饭店7340人、连锁饭店分店334人；市区136家限额以上餐饮个体业户有从业人员6098人。

三、资产规模

改革开放后，常州餐饮业投资主体、资金来源和投资结构日趋多元化。1995年，全市私营餐饮企业有注册资金901万元。全市大中型餐饮企业拥有固定资产原值（下同）5919万元，市区餐饮业拥有固定资产1805万元。2000年，全市限额以上餐饮企业拥有固定资产2.92亿元，其中市区和溧阳、金坛、武进分别为1.21亿元、1.51亿元、0.12亿元和0.08亿元。据2004年全国经济普查，全市餐饮企业法人单位拥有总资产12.7亿元、所有者权益4.9亿元。2005年，全市和市区限额以上餐饮企业分别拥有固定资产3.22亿元、1.95亿元和所有者权益1.87亿元、1.24亿元。2010年，全市限额以上餐饮企业拥有固定资产原值9.07亿元、所有者权益3.17亿元，市区限额以上餐饮企业拥有固定资产原值7.62亿元、所有者权益2.93亿元。

四、经营场所

营业面积 2005年，常州市56家限额以上餐饮企业拥有餐饮营业面积9.2万平方米。其中市区45家拥有7.43万平方米。2007年，全市2家五星级、10家四星级、20家三星级饭店分别拥有餐饮营业面积0.94万平方米、2.03万平方米和4.03万平方米。2010年，全市限额以上餐饮企业86家，营业面积25.33万平方米，其中市区71家23.81万平方米。全市5家五星级、14家四星级、17家三星级宾馆餐饮营业面积分别扩大到1.29万平方米、3.62万平方米、2.2万平方米。全市60家限额以上住宿单位餐饮营业面积9.27万平方米。

餐　位 2005年，常州市56家限额以上餐饮企业有餐位2.6万个。2007年末，全市2家五星级、20家三星级宾馆分别拥有餐位2650个、1.17万个。2008年末，全市正餐企业餐位总数达9.83万个。2010年，全市86家限额以上餐饮单位、市区71家分别拥有餐位7.33万个、6.85万个。全市60家限额以上住宿单位餐位2.73万个，其中5家五星级、14家四星级、17家三星级宾馆分别有餐位0.4万个、1.07万个和0.61万个。市区34家限额以上住宿单位有餐位1.32万个。

五、经营状况

营业（销售）收入 1986—1995年，常州市餐饮业完成营业收入6.11亿元、大中型餐饮企业完成销售收入8581万元。1998年，常州市长兴集团、武进市明都大饭店、溧阳市天目湖宾馆、溧阳宾馆和常州市福记大饭店餐饮业营业收入居全市前5名。2000年，全市餐饮业完成营业收入14.41亿元，其中限额以上2.78亿元、限额以下11.68亿元；限额以上餐饮机构实现利税总额784万元。2005年，全市餐饮业完成营业收入40.06亿元，占社会消费品零售总额的比重从2000年的7%提高到14.1%。其中限额以上、以下单位和个体餐饮业分别完成零售总额7.04亿元、33.02亿元。全市51家限额以上民营餐饮企业完成零售总额10.73亿元。2007—2010年，全市餐饮业始终保持两位数的高速增长。2007年餐饮业完成营业收入62.44亿元。2010年，全市餐饮业完成营业额82.82亿元，其中限额以上、限额以下企业和个体分别完成营业额37.28亿元、45.54亿元。全市人均餐饮消费达2000元，居全省13个辖市前列。86家限额以上餐饮企业完成营业收入25.21亿元，其中餐费收入23.37亿元。

利税总额 1995年，常州市大中型餐饮企业实现利税429万元。2000年，全市正餐业实现利税782万元，其中国有及其控股企业、集体企业、私营企业、股份合作企业、有限责任公司和港澳台商投资企业实现利税总额214万元、84万元、892万元、负214万元、负178万元和负14万元。长兴集团公司、溧阳市天目湖宾馆、天目湖华天度假村、明都大钣店、德泰恒菜馆分列全市餐饮业利税前5名。2010年，全市限额以上餐饮企业完成税金（含附加）1.32亿元，完成利润总额7475万元。

2005年、2010年常州市限额以上餐饮企业经济效益比较表

表 19-7-4　　　　单位：万元

大类	分项	2005				2010			
		主营业务税金及附加		利润总额		主营业务税金及附加		利润总额	
		全市	市区	全市	市区	全市	市区	全市	市区
总　计		4246	3247	907	-12	13152	12087	7475	7805
所有制	内　资	3993	3182	995	571	11532	10577	5905	6736
	集　体	24	—	—	—	18	—	34	—
	股份合作	33	33	-77	-77	99	99	77	77
	有限责任公司	394	394	-119	-119	493	420	-932	-990
	股份公司	19	19	4	4	—	—	—	—
	私　营	3523	2736	1187	763	10787	10058	6722	7649
	其　他	—	—	—	—	135	—	4	—
	港澳台商投资	127	65	-629	-583	1448	135	1111	4
	外商投资	126	—	541	—	172	1375	459	1065
经营方式	独立商店	2383	2044	-329	-436	7472	6590	-1122	-307
	连锁商店总店	770	770	1391	1391	5111	4938	8573	8114
	连锁商店分店	252	126	419	-122	155	155	-98	-98
	其　他	841	307	-574	-845	414	404	122	96

六、所有制结构

公有制餐饮单位　80年代中期至90年代初，常州餐饮单位大多为国有、集体的公有制。1988年，全市有公有制餐饮机构676家。此后随着企业经营体制、所有制改革的推进，全市公有制餐饮机构迅速减少，1992年降到579家。至1995年底，全市国有、集体餐饮网点分别为74家、90家。市区和武进、溧阳、金坛分别有国有集体餐饮网点48家和29家、52家、35家。2000年，全市限额以上国有及国有控股餐饮企业、集体餐饮企业分别拥有固定资产原值1.36亿元、0.05亿元，分别完成营业收入8188万元、655万元。2005年，全市限额以上集体餐饮企业1家，拥有固定资产原值78万元、所有者权益22万元，餐饮营业面积1000平方米，拥有餐位205个，完成营业收入439万元。2010年末，全市仅有限额以上国有集体餐饮企业6家，餐饮营业总面积6828平方米，拥有餐位2270个，完成营业收入7304万元。

私营餐饮单位　1995年，常州市有私营餐饮单位34家，其中市区、武进、金坛和溧阳分别有13家、6家、10家和5家。全市私营餐饮企业完成营业收入958万元，其中市区、溧阳、金坛和武进分别为341万元、52万元、492万元和73万元。1998年，全市私营餐饮企业发展到59家，其中市区39家。1999年，全市私营餐饮企业猛增至317家，其中市区增至286家。2000年，全市限额以上私营餐饮企业拥有固定资产原值7000万元，完成营业收入6976万元。2005年，全市有限额以上私营餐饮企业41家，拥有固定资产原值1.92亿元、总额4.82亿元、所有者权益1.03亿元，餐饮营业面积6.62万平方米，餐位2.07万个。其中市区33家私营餐饮企业营业面积5.35万平方米，有餐位1.76万个。2007年，全市限额以上私营餐饮企业增至54家，其中市区42家、金坛55家。2010年，全市限额以上私营餐饮企业增至71家，拥有固定资产原值8.07亿元、总资产16.67亿元、所有者权益2.98亿元，餐饮营业面积20.65万平方米，拥有餐位5.89万个，完成营业收

入 19.6 亿元。其中市区 60 家私营餐饮企业营业面积 19.57 万平方米，有餐位 5.6 万个。

股份制餐饮单位 2000 年，常州市限额以上股份合作餐饮企业拥有固定资产原值 0.19 亿元，完成营业收入 1995 万元。2005 年，全市限额以上股份合作餐饮企业拥有固定资产原值 0.21 亿元、所有者权益 0.22 亿元，市区限额以上股份合作餐饮企业固定资产原值 0.21 亿元、所有者权益 0.22 亿元。2010 年，全市限额以上股份合作餐饮企业 2 家，拥有固定资产原值 0.31 亿元、所有者权益负 500 万元，营业面积 0.3 万平方米，拥有餐位 800 个，完成营业收入 0.21 亿元。市区限额以上股份制餐饮单位拥有固定资产原值 0.31 亿元、所有者权益负 0.05 亿元。

有限责任餐饮单位 2000 年，常州市限额以上餐饮企业拥有固定资产原值 0.59 亿元，市区企业拥有固定资产原值 0.5 亿元，全市有限责任餐饮企业完成营业收入 9373 万元。2005 年，全市限额以上有限责任餐饮企业 7 家(均在市区)，拥有固定资产原值 0.3 亿元、所有者权益 400 万元，餐饮营业面积 9300 平方米，有餐位 2700 个。2010 年，全市有限额以上有限责任餐饮企业 6 家，拥有固定资产原值 0.13 亿元、总资产 1.16 亿元、所有者权益 600 万元，餐饮营业面积 1.04 万平方米，拥有床位 684 张、餐位 3160 个，完成营业收入 9393 万元。其中市区 5 家拥有固定资产原值 0.11 亿元、所有者权益 500 万元，餐饮营业面积 9600 平方米，有餐位 2760 个，完成营业收入 7603 万元。

港澳台资餐饮单位 2000 年，常州市限额以上港澳台资餐饮企业拥有固定资产原值 0.03 亿元，完成营业收入 0.06 亿元。2005 年，全市有限额以上港澳台资饭店 4 家，拥有固定资产原值 0.73 亿元、所有者权益 0.5 亿元，餐饮营业面积 1.07 万平方米，有餐位 0.26 万个。市区限额以上港澳台资餐饮企业 3 家，拥有固定资产原值 0.66 亿元、所有者权益 0.51 亿元，餐饮营业面积 0.77 万平方米。2010 年，全市有限额以上港澳台资餐饮企业 4 家，拥有固定资产原值 5000 万元，餐饮营业面积 2.77 万平方米，拥有床位 575 张、餐位 7861 个，完成营业收入 3.46 亿元。其中客房收入 0.23 亿元、餐费收入 3.13 亿元。其中市区 3 家拥有固定资产原值 4400 万元，拥有餐饮营业面积 2.55 万平方米、餐位 7286 个。

外资企业 2005 年，常州市限额以上外资餐饮企业拥有固定资产原值 400 万元、所有者权益 1000 万元。2010 年，全市限额以上外资餐饮企业 1 家，拥有固定资产原值 500 万元、所有者权益 1100 亿元，营业面积 2500 平方米，完成餐费收入 0.72 亿元。

个体餐饮 1986 年末，常州市有个体餐饮网点 3487 个。1987—1995 年，全市个体餐饮网点迅速发展，净增 3542 个。1995 年底，全市个体餐饮网点发展到 7029 个。1996—2000 年，全市餐饮个体户减少 581 户。1998 年，全市有个体餐饮店 7072 个，其中市区 2471 个，分别完成营业收入 7.58 亿元、4.06 亿元。2000 年末，全市有餐饮个私户 6448 户，其中城镇 2488 户、农村 3560 户。2001—2005 年，全市餐饮业个体户数起伏不定，2001 年末为 7102 户，2005 年末为 6779 户。2010 年，全市有限额以上餐饮个体户 182 户，其中独立饭店 176 户、连锁饭店分店 5 户；完成营业收入 12.08 亿元。

七、经营方式

独立饭店 2005 年，常州市有限额以上独立饭店 40 家，拥有固定资产原值 1.29 亿元、所有者权益 0.58 亿元，餐饮营业面积 6.33 万平方米，餐位 1.74 万个。2010 年，全市限额以上独立饭店 79 家，拥有固定资产原值 6.8 亿元，总资产 14.16 亿元，所有者权益 0.9 亿元，餐饮营业面积 13.74 万平方米。其中市区拥有固定资产原值 5.4 亿元，总资产 11.88 亿元，所有者权益 0.77 亿元。完成营业收入 11.84 亿元，其中餐费、客房、商品销售分别为 0.35 亿元、8.34 亿元和 3.15 亿元。

连锁饭店 2005 年，常州市限额以上 6 家连锁饭店拥有固定资产原值 0.29 亿元、所有者权益 0.59 亿元，餐饮营业面积 1.37 万平方米，有餐位 0.51 万个。市区 5 家连锁店拥有固定资产原值 0.25 亿元、所有者权益 0.5 亿元，餐饮营业面积 1.28 万平方米。2010 年，全市限额以上 4 家连锁饭店拥有固定资产原值 2.14 亿元、所有者权益 2.1 亿元，餐饮营业面积 9.98 万平方米，有餐位 2.71 万个。连锁饭店分店完成营业收入 1918 万元，其中餐费、客房、商品销售收入分别为 148 万元、1572 万元、113 万元。其中市区 3 家拥有固定资产原值 2.09 亿元、所有者权益 1.99 亿元，餐饮营业面积 9.92 万平方米。

其他饭店 2005 年，常州市有限额以上其他饭店 10 家，拥有固定资产原值 1.63 亿元、所有者权益 700 万元，餐饮营业面积 1.5 万平方米，餐位 0.48 万个。其中市区 6 家拥有固定资产原值 6700 万元，餐饮营业面积 9100 平方米。2010 年，全市有限额以上其他饭店 3 家，拥有固定资产原值 1300 万元、所有者权益 1700 万元，餐饮营业面积 1500 平方米，餐位 100 个，完成餐费收入 271 万元。

八、经营布局

常州市区餐饮业经过多年的发展，主要集聚区基本形成“三大板块十二街区”的格局。三大板块为城中板块、城南武进板块和城北新北板块。

城中板块 主要集聚在晋陵中路、南大街、劳动西路、光华路、星园路 5 个街区。晋陵中路中式餐饮街为中式餐饮特色街，以福记、红宝石、楼上楼、张生记、三品苑等饭店为代表的大中型饭店汇集于此，以淮扬菜、杭帮菜、粤菜、川菜为主，设施齐全，服务水平较高。南大街商业步行街美食街位于 3 楼，引进餐饮企业 28 家，餐饮各具特色风味。90 年代初，劳动西路出现千禧红火锅店、自助火锅，劳动西路逐渐形成火锅一条街。还有状元楼、紫缘饭店等正餐饭店。光华路中式鱼类菜肴特色餐饮街集中在西段，有民族鱼坊、王胖鱼头、江南人家、湖边人家、七鱼村等特色店，风味独特、价格低廉，鱼类菜肴特色鲜明。

新北板块 2000—2010 年，新北区形成以特色餐馆、连锁酒店为主的餐饮业格局，餐饮层次丰富，分布密集，高度集聚于通江大道、晋陵北路(原黄山路)两条街区。通江大道 2000 年以后既有香格里拉—富都商贸饭店、金陵江南大饭店、凤凰大酒店、新福记饭店、锦江国际大酒店等五星级、四星级高档酒店，还有新江鲜楼、满堂红、菜根香、恒记饭店等特色餐饮。晋陵北路集聚有新福记、长兴楼、香树湾花园酒店、杭州人家、上海人家、韩中阁、御隆楼、公园玖号等上规模、高档次的连锁酒店。

武进板块 2000—2010 年，武进新城区的餐馆主要集聚在常武中路(包括古方路)、人民中路、淹城仿古街，形成 4 个餐饮街区。滆湖中路由西向东有龙园菜馆、星期五餐厅、川渝酒家、味觉盛宴、辣妹子川菜馆等 10 多家中小饭店餐馆，价廉物美，主要服务于常州大学城的学生。常武南路两侧曾集聚兰新大饭店、步步高、金色光华、长兴园、金悦、锦海国际、川福楼等 10 余家大中型饭店，古方路有陆师傅老鸭煲等特色餐馆和民族鱼舫、小绵羊、肥牛火锅等餐饮集团的连锁店。定安中路曾开设新世纪大酒店、紫观酒店和草原兴发涮羊肉店。人民中路 21 世纪初曾集聚了金龙、皇悦、南方火锅等大中型饭店酒店，还有老胖宵夜、石婆婆烧公鸡、高雄今日美食等特色餐馆。花园街两侧包括府东路，曾聚集金色南都、豪廷皇悦、南都紫悦酒店、家缘大酒店等大中型饭店、餐馆；还有创牌艺术餐厅公馆 8 号、王新华家乡菜和五六家经营龙虾、海鲜等的特色餐馆。淹城仿古美食街 2009 年形成，集聚有旺阁渔村、皇冠、福记皇宫等大中型饭店酒店和长兴华美达、寨桥老鹅、太湖三白馆等特色餐馆。同年底，美食街内有经营户 15 家，其中餐饮饭店 12 家。

九、餐饮企业

2003 年 6 月，经省经贸委组织专家评审，常州市有常州宾馆、长兴集团、张生记大酒店、常州饭店、福记大饭店、菜根香酒楼、天一楼大酒店、府前楼餐饮、园外园大酒店、北乐大酒店、金三鲜餐饮、金坛樱花大酒店、溧阳天目湖宾馆和静泊山庄 14 家餐饮企业被评为江苏餐饮名店。2005 年，全市有 1 家中华餐饮名店常州菜根香酒楼，长兴楼、福记、大娘水饺、丽华快餐等常州餐饮龙头企业规模较大，社会知名度较高。全市年营业额前10名的餐饮企业均为民营企业。

宾馆餐饮企业　常州大酒店　位于常州城区延陵西路。设宴会大厅和20多个风格各异的豪华包厢，能容纳900余人同时就餐，提供大型宴请、西式自助、中餐服务，菜肴风味以淮扬菜、杭帮菜为主，天香仔排、复味海蜇头、茯苓大麻糕、蟹肉小云吞（即馄饨）等为名菜名点。

富都盛贸饭店　位于通江大道398号，酒店设有600平方米和500平方米大宴会厅，10个多功能厅。25个特色餐厅采取中国古典园林的装修，中餐厅拥有513个餐位；主要特色菜肴有天香元宝肉、红汤蒸鲥鱼、油焗南瓜等。

江苏天目湖宾馆　位于溧阳天目湖旅游度假区。可同时接待1200多人就餐。中国烹饪大师朱顺才等用天目湖花鲢、天目湖水研创出著名菜肴天目湖砂锅鱼头等鱼文化菜肴。2009年，天目湖牌砂锅鱼头及真空包装鱼头被认定为江苏省名牌产品。

状元楼大酒店　位于城区劳动西路兰亭苑，2001年9月成立，为中华餐饮名店、江苏“十佳”餐饮名店。建筑面积1万平方米，设以中国古代状元命名的包厢29个、2个豪华宴会厅；发掘杏园宴、鹿鸣宴、恩荣宴、烧尾宴等与状元有关的名宴，开发出独占鳌头、蟾宫折桂、五子登科等特色菜肴，形成系列状元宴。2007年，状元宴获江苏省第五届烹饪技术大赛特别金奖，成功申报中国名宴，被中国烹饪协会录入《中国名菜大典》。

金陵饭店连锁酒店　是常州餐饮业引进的餐饮著名品牌金陵连锁酒店，先后开办3家。

金陵明都大饭店　位于城区和平北路，拥有27个贵宾包厢，聚会大厅拥有300个餐位，特色菜有鸡汤凤爪、日式蒸鲥鱼和精品农家菜。

金陵江南大酒店　位于通江中路与汉江路交会处，设6个餐厅，一品圆中餐厅汇聚淮扬菜系，江南潮菜馆宽敞雅致，设有10个宴会包厢，特色菜肴有海马滋补盅、冬瓜煮膏蟹等。

金陵太湖湾大酒店　位于武进区太湖湾旅游度假区竺山路8号，后更名为嬉戏谷开元度假村，按五星级标准设计建造，设中餐厅5个，餐位300余个。

溧阳静泊山庄　位于溧阳天目湖旅游度区。可同时容纳700多人就餐，设有西餐厅、咖啡厅等，极品砂锅鱼头曾获全省第三届烹饪大赛特金奖。

新长兴楼饭店　位于常州城区晋陵北路，前身为清光绪年间（1875—1908）创办的长兴楼菜馆。2003年12月开业，营业面积2.5万平方米，设餐位1366个，菜肴以粤菜、川菜、淮扬菜为主。2003年被评为江苏省优秀餐饮企业。主要特色菜肴有天目湖鱼头汤、味噌银鳕鱼等。

鸣凰大酒店　位于湖塘镇鸣新西路，1994年1月开业，为三星级旅游饭店和全国绿色餐饮企业、江苏省消费者满意饭店。2010年底，经营面积达8000平方米，设宴会大厅2个、餐饮包厢28个，热菜群鲜聚会获第六届全国烹饪技能比赛优秀奖，葱油嫩鸡被认定为江苏名菜。

馨雅楼宾馆　前身为戚墅堰机车车辆厂招待所。2005年10月改制为馨雅楼宾馆，设有宴会大厅、20个包厢，有餐位450个，创制有卜味虾两吃、松花玉竹、绣球鲈鱼、海狮献宝迎奥运、罗汉观肉等菜肴，曾获江苏省第五届烹饪技术比赛团体特金奖。

专业餐饮　德泰恒菜馆（大酒店）　位于城区县直街48号，是一家百年餐饮老店。1996年9月18日设立美食城。2008年3月，易地重建后重新开业，中餐设2个大厅、21个豪华包厢及自助餐厅，菜系以淮扬菜和粤菜为主，可容纳600人同时用餐。

常州菜根香酒楼　位于城区通江大道541号，1994年创立，是常州首家中华餐饮名店和江苏省餐饮名店。菜肴地方风味特色鲜明，原汁羊骼、荷香白汁鮰鱼分别被评为常州金牌农家菜、江苏名菜，开发了中国名点江南八宝粥、中华名小吃常州豆斋饼等名菜名点。

常州饭店　位于劳动中路537号，1966年6月创办，为中华餐饮名店、江苏省餐饮名店。2000年8月由国有改制为全市首家民营餐饮企业。2010年，总店营业面积4200平方米，设3个宴会大厅、29个大包厢，可接纳近千人就餐。以淮扬菜为主，创新烹制红烧青鱼、多味卤鸭、炒鳝糊、网油卷等特色菜肴。通过合股、租赁等形式发展如缘、广缘、来缘、佳缘等中高档饭店10多家。

银河湾大酒店　位于怀德南路126号，为中华餐饮名店。营业面积3000平方米，设包厢40个、餐位500个。菜肴以中高档粤菜和淮扬菜为主，鲍参翅肚、一品大皇鸽、招牌砂锅鱼头、晓红木瓜酥、养生功夫汤、农家焗鱼嘴、腌菜焖肉等成为特色菜点。

红叶大酒店　创办于1980年10月，2008年被评为中华餐饮名店。总店位于清潭路274号，分店位于长江中路88号，营业总面积3500平方余米，设包厢23个、餐位500个。推出营养扣肉、香芹目鱼仔、杭式三白（白鱼白虾银鱼）、满园春色、麻香仔鸭、腊味鸭舌等传统特色菜肴。

凯洲大饭店　位于劳动西路明珠世纪苑，1997年创办，前身为小天鹅火锅城，2002年发展成为综合性饭店常州凯悦大饭店。2006年被评为中华餐饮名店。菜肴以经典粤菜、淮扬菜为主，兼收并蓄常州传统特色菜肴，布袋和尚、松鹤延年、凯悦一品包、黄金木瓜酥、蜂巢炸芋角等成为其特色菜点。

福记餐饮集团　1999年3月在晋陵中路开办首家福记饭店，后发展为福记餐饮集团。常州福记餐饮集团拥有福记大饭店、好福记大饭店、新福记大饭店、福记皇宫大饭店、艺风会餐饮会所等连锁企业。2008年居全省餐饮业主营业务收入前30强第10位。2010年底，餐位总数达6500多个，营业总额近2亿元。较知名的菜肴有极品贵宾翅、风沙鸡、日式冻鲍等。2010年2月，在南大街莱蒙都会开办时尚休闲餐饮大城小爱餐厅。在世纪明珠园开办的高端餐饮会所“艺风会”。

江苏盛世桃园金坛店　位于金坛市沿河东路148号，前身为1993年2月开业的王子饭店，是江苏盛世桃园酒店的分店。营业面积2800平方米，设宴会包间20个和多功能大厅，拥有餐位400个，尖椒炖泥鳅、酱牌卤鸽被评定为常州名菜。

紫缘大酒店　位于劳动西路205号，成立于2001年1月，设有包厢25个，经营面积1000平方米。菜肴以燕鲍翅、淮扬菜为主。特色菜肴有农家野生小鲫鱼、卤水海蛰、椒盐富贵虾、草鸡横山桥百叶盅等。

常州府前楼餐饮公司糕团店　常州糕团店是常州餐饮老字号之一，开发制作有近100多个品种，莲心夹沙重阳糕、八宝饭、龙凤金团、朱伯记菜肉馄饨、四喜汤团、五色方糕、素火腿、马蹄酥等名点获“中华名小吃”等称号。府前楼餐饮公司由百年老店国营改制，下设府前楼饭店、常州糕团店，为江苏省餐饮名店，营业面积1500平方米，主营淮扬菜、本帮菜及地方传统小吃。研制出常州乡土风情点心、菜肴100多道，有8道点心在厦门举行的全国点心汇展上被评为中华名小吃。

常州马复兴餐饮面馆　常州餐饮老字号之一，创办于1937年，老店新址在常州河景花园56号。传承的百年名点有：加蟹小笼包、常州大麻糕、糖醋排骨、软煎双面黄、红烧大肉、特色盖浇等。马复兴的面，汤色清纯，条索清晰。

常州迎桂馒头店　常州餐饮老字号之一，位于博爱路。特色菜肴有加蟹小笼馒头、常州大麻糕、加蟹大肉包等。

生态酒店　夏岩三勤生态酒店　位于武进区青洋路与鸣新路交会处，占地1.5万平方米，园内古木参天，奇花异木，小桥流水。设包厢35个、散台45个。主推红烧肉、土鸡煲、焦店扣肉、寨桥老鹅、土家酱骨头、清余戴溪青鱼、地衣炒韭菜等地方农家菜。

青龙骏生态大酒店　位于河海东路9号，是一家集热带雨林主题餐厅、无公害绿色食品基地、垂钓休闲、江南景观于一体的特色酒店，占地6.7万平方米。设有特色水景包厢34个和1个生态大厅，餐位600个，菜系主要为特色野味（本式、粤式）、粤菜、淮扬菜和本帮菜。

金坛农耕生态酒店　位于金坛市晨风路216号，是一家自然生态园林酒店。设有千金休闲、果品采摘、喂养观赏鱼、攀岩、趣桥等休闲项目，有餐位1000个。有黑胡椒牛排、豆腐煲、红烧肉、酸汤牛肉西芹、双椒鱼头、烧鹅肉等特色菜。

常州市望湖岭山庄　位于天目湖旅游度假区水电科普园内，由江苏沙河抽水蓄能发电公司投资兴建。占地约6000平方米，有客房50套，餐位200余个。

休闲农庄　碧春缘　位于新北区罗溪镇，占地20公顷，是一座集旅游、休闲、观光、娱乐于一体的绿色生态园林，园内分古树名木区、盆景艺术区、集宝艺术区、休闲娱乐健身区、特色水产垂钓区、野生动物圈养区、百味宫餐厅和会议中心等，有餐位250个。

翠谷庄园　位于溧阳市戴埠镇南山竹海度假区，主营溧阳传统特色菜肴及乡野风味。

江南孔雀园　位于金坛市薛埠镇，占地40多公顷，是一家具有孔雀[①]特色的休闲山庄，有以养殖孔雀入菜的阿波婆私房孔雀套餐和相思孔雀卷、双味孔雀丝等特色菜肴。

第三节　正餐业

一、经济规模

机构网点　1995年，常州市有正餐经营网点145个，其中市区和溧阳、金坛、武进3市分别有41个、36个、40个和28个。2004年，全市正餐法人企业发展到200家。武进区新开张的有福记皇宫大饭店、金悦大酒店、民族鱼舫等餐饮店。城区老牌餐饮企业通过重新装璜，改造硬件设施，创设菜肴品种等方式，招徕顾客。2005年，武进区政府出台扶持城区和乡镇餐饮业发展的政策，横山桥红太阳大酒店、雪堰阳光大酒店、横林昌盛大酒店、洛阳东城大酒店等20多家中型餐饮企业相继开业。2007年，武进区有经营兼营正餐业务的单位3057家，零售额11.46亿元。据第二次全国经济普查，2008年末，全市有正餐机构228家，所属经营单位298家。2010年，全市有限额以上正餐企业80家，有限额以上个体户165户，其中市区122户。

从业人员　1995年，常州市正餐业从业人数2935人，其中市区940人。2004年，全市正餐业有从业人员1.09万人。2005年，全市限额以上正餐企业年均有从业人员5868人，其中市区4532人。2006—2010年，全市限额以上正餐企业年均从业人员净增3519人，2010年末全市达9387人，165户限额以上个体户有从业人员6574人。

投资规模　2000年末，常州市限额以上正餐业拥有固定资产2.89亿元，其中市区1.19亿元。2001—2005年，全市限额以上正餐企业固定资产原值净增1.79亿元。2005年末，全市限额以上正餐企业拥有固定资产原值2.98亿元、所有者权益1.33亿元。2006—2010年，全市限额以上正餐企业固定资产净增4亿元，所有者权益减少0.49亿元。2010年末，全市80家限额以上正餐企业拥有固定资产6.98亿元、所有者权益0.84亿元。其中，市区限额以上正餐企业拥有固定资产5.58亿元、所有者权益0.71亿元。

① 绿孔雀为国家一级保护动物，蓝孔雀及春变种白孔雀、黑孔雀为集食用、观赏与保健为一体的动物，非保护动物。法律规定养殖孔雀可以食用。

经营场所 2005年，常州市50家限额以上企业有餐饮营业面积8.6万平方米，拥有餐位2.47万个；2010年，80家限额以上企业有餐饮营业面积15.36万平方米，拥有餐位4.36万个。

经营状况 据2004年全国经济普查，全市正餐法人单位完成主营业务收入9.5亿元、利润总额683.9万元；2005年，全市限额以上正餐企业完成营业收入6.59亿元，其中客房、餐费收入分别为0.44亿元、5.39亿元，市区41家限额以上正餐企业完成营业收入5.16亿元。全市限额以上正餐企业实现业务税金及附加3669万元，亏损939万元。据2008年第二次全国经济普查，常州市正餐企业完成营业收入189.62亿元。2010年，全市14家四星级、17家三星级宾馆分别完成餐费收入2.67亿元、1.04亿元。全市80家限额以上正餐业企业完成营业收入13.08亿元，其中餐费、客房收入分别为11.24亿元、1.39亿元；全市限额以上个体户165户完成营业收入8.4亿元；市区限额以上正餐企业、122户个体户分别完成营业收入11.73亿元、6.71亿元。全市和市区限额以上正餐企业分别实现主营业务税金及附加7657万元、6774万元，分别亏损1126万元、311万元。

2001—2010年常州市正餐业主要经济指标统计表

表19-7-5 单位:万元

年份	全市		市区		年份	全市		市区	
	税金及附加	利润总额	税金及附加	利润总额		税金及附加	利润总额	税金及附加	利润总额
2001	2302	-238	1415	-108	2006	5084	-1227	4177	-1791
2002	3174	-385	2371	-752	2007	5580	-2202	4576	-2411
2003	3280	10587	2305	6775	2008	—	—	—	—
2004	4223	-1356	3571	-2013	2009	7534	-3394	6292	-1825
2005	3669	-939	2796	-1316	2010	7657	-1126	6774	-311

二、菜　　系

常州菜长期以淮扬菜为基本菜系。80年代初，兰州拉面、苏北黄桥烧饼、山西刀削面、新疆烧烤等外地特色小吃先后进入常州。90年代初，粤菜、川菜、杭帮菜和海派菜等外来菜系渐受青睐，开始盛行。到90年代中后期，常州本地菜和外帮菜系百花齐放，讲究色香味形意，逐渐形成多元化、大融合、兼容全国主要菜系的特色。到2010年前后，外地菜系营业额约占全市餐饮业营业额的40%。

本邦菜 俗称土菜(非上海本邦菜)，又称本地菜、家乡菜，包括常州城区土菜、武进农家菜、金坛土菜、溧阳土菜等。常州本邦菜具有选料自然、讲究原生态的特点，多用本地出产的江鲜、湖鲜和农家喂养的家禽家畜、种植的绿色蔬菜为食料，烹制方法采用炒、煎、炖、煮、煨、氽等法，讲究香、形、味和色彩搭配。

淮扬菜 80年代，常州的淮扬菜主要有鱼香肉丝、网油卷、松鼠鳜鱼、扣莲心、蹄髈、扣肉等传统菜，各大宾馆、酒店大多主供淮扬菜。

粤　菜 90年代初，粤菜在常武地区逐渐兴起。明都大饭店是较早制作鱼翅、鲍鱼等高档粤菜的饭店；福记皇宫大饭店特色佳肴有红烧鳄鱼、鳄鱼炖鱼翅、鳄鱼小汤包等。

川　菜 90年代，川菜在常州受到青睐，到2000年前后成为常州餐饮的重要菜系。有延陵中路的民族鱼舫，晋陵中路的多利川菜馆，北大街的巴蜀人家，通江路的香满楼，及重庆特色酸菜鱼、鱼火肴、水煮鱼等川菜馆；武进城区有常武中路的老乡村、湖塘乐购的辣缘麻辣香锅及民间老屋等川菜馆。

湘　　菜　常州的第一代湘菜馆以毛家菜等为代表，其他有常州城区怀德路的江南公社、通江路等的望湘园、飞龙路的佤岗寨、钟楼区的湘楚味道，武进路劲又一城的湘色满园、新天地的乡里湘气、新城上街的湘淮缘主题餐厅等。

火　　锅　1990年冬季，川味火锅始在常州兴起，自助火锅在劳动西路出现。最知名的川式火锅、南方火锅以毛肚、羊肉卷等为原料，实行点菜式，千禧红火锅店开业填补高档火锅的空白，把火锅餐饮推向正式化，形成中高档火锅一条街。2000年前后，火锅遍布常州城镇和乡村各地，此后逐渐变得不温不火。至2010年，城区有陈娟火锅、川禧楼、老四川、红宝石、老妈、千禧红等火锅品牌店，以经营牛肉为主的有肥牛火锅等火锅店，以经营羊肉为主的有小美羊、小肥羊、小尾羊等火锅店，以经营鱼肉火锅为主的有百岁鱼庄、渔家洋、渔蒙家等火锅店；武进城区约有川味火锅店40多家。

西　　餐　常州西餐店数量有数十家之多，主要有独立西餐店、大型宾馆酒店附设的西餐厅两种业态形式，主要品种为西式牛排。主要经营点有西部牛排（扒）、常州富都商贸饭店西餐厅、常州金陵明都大饭店香榭西餐厅及溧阳宾馆的太平洋西餐厅等。

日韩料理　常州城区的日韩料理主要集中于新北区阳光花园南侧的韩中阁、南大街步行街区内，部分高档酒店、宾馆兼顾在常日韩人士的口味，内设日韩料理餐厅。2000年前后，城区开设有化龙巷的东翔日式料理店、红星大剧院旁的九洲料理店，及2005—2010年南大街商业步行街、飞龙路欧尚店面街等地开设的日本味千拉面等。

三、名　　菜

2005年底，全市有中华名小吃24种。2006年7月初，常州有以常州东坡宴为代表的4种宴席、70道热菜入选《中国名菜大典·江苏卷》，入选热菜囊括常州天目湖鱼头、菜根香狮子头、水晶虾仁等招牌菜、热门菜；横山桥百叶、周城羊肉火锅、红焖牛脚、金花菜烧昂公等百姓喜闻乐见的乡土特色菜也占有重要份额。2010年底，常州有经典名菜200多道，

宴 席 类　常州宴席类名菜有5个，分别是常州宾馆的东坡养生宴、常州大酒店的庄家御宴、江苏菜根香酒楼的龙城风情宴、江苏天目湖宾馆的天目湖鱼王宴、常州状元楼大酒店的状元宴。

东坡养生宴　常州宾馆与市文联根据历史文献资料研究苏东坡的饮食文化艺术，90年代开发出龙城东坡宴。包括苏东坡最喜欢的酒、茶、稻、果、竹5种冷菜，精心制作眉山独秀、琼林集趣、苏堤春晓、红袖添香、藤花野绿、江上清风、雪里红梅、报恩罗汉等4个系列、32道热菜和1道主食，选料、工艺、造型均与东坡生平、诗词或饮食习俗有关。东坡茶点的绿茶、红茶分别选用东坡最喜欢的阳羡贡茶和他在岭南自植的白鹤乌龙，茶点有东坡茯苓饼、东坡鹿茸糕、朝云菊花酥等8个品种；东坡宴酒白酒选用四川历史悠久的泸州老窖、郎酒、绵竹大曲等名酒，甜酒选用东坡在杭州任上喜喝的绍兴陈酿、岭南自酿的天东门酒或桂酒；东坡宴菜分为东坡生平系列名菜、东坡诗词系列名菜、常州传统系列名菜与东坡命名的菜肴4个系列，主菜有眉山独秀、千里共婵娟、文笔大观、东坡肉等32道。

庄家御宴　主要菜肴有八方朝颂（明虾围蛇段）、天地祥和（太极护国菜）、诗礼银杏（银杏炒虾仁）、金钱鱼肚、铁锅凤脯（铁锅鸡脯）、神农尝草（明炉涮野菜）、五宝炖雪莲果（核桃仁、桂圆、银耳、红枣、枸杞、雪莲果）、清蒸鲥鱼（红汤蒸鲥鱼）、麦糊烧（主食南瓜泥）；七味冷碟是油爆长荡虾、太湖银鱼松、湟里白切牛肉、溧阳拌白芹、鸡汤横山桥百叶丝、寨桥酱鸭脯、庄味蛰头。

状 元 宴　常州状元楼大酒店开发创制。热菜有蒜蓉蒸大龙虾、佛跳墙、清蒸赤目鱼、椒盐元宝虾、清炒手剥河虾仁、滑炒羊里脊、笼仔糯米鸡、炸脆奶、麦香牛肉羹等炒菜，汤羹类14个，冷菜有风味烤鸭、包公鱼、

老卤牛腱、红枣板栗等10个。

龙城风情宴　江苏菜根香餐饮连锁公司发掘地方乡土风味特色菜肴，其中的常州豆斋饼、堆花糕团经过菜根香酒楼创新后，成为常州地方风味浓厚的菜肴，有龙城糟扣肉、白汁鮰鱼、灯盏布袋鸭、八宝甜饭、田园三宝等美味佳肴。主要大菜有：中华恐龙景、双味大虾、蛋塔鸽松、乡村烤兔肉等。

天目湖鱼王宴　江苏天目湖宾馆创制。天目湖宾馆以砂锅鱼头为龙头产品，开发出一系列天目湖鱼类菜肴，推出了天目湖鱼王宴。主要有鱼鳞冻、鱼糕、鱼皮丝、手撕咸鱼、砂锅鱼头、碧影红裙、群鱼鲜花、明月高钙骨等名菜。

山珍海味类　常州山珍海味类名菜有7个，分别是常州大酒店的万寿滋补盅和西汁贵妃翅、常州好福记大饭店的雪映红梅鲍、常州宾馆的椰浆官燕、常州状元楼大酒店的金汤极品翅和状元涮鲜鲍、常州皇悦大酒店的竹海野山笋。

水产类　至2010年底，常州市有水产类名菜32个。其中，综合类名菜9个：常州大酒店的茶香迎贵宾、沛公馨脯，江苏天目湖宾馆的碧影红裙、明月高钙骨，金坛园林大酒店的翠塘三鲜，常州状元楼大酒店的五彩榄珠，常州宾馆的春蚕吐丝，金坛樱花大酒店的一品脑黄金、春色裙边。鱼蟹类名菜21个：江苏天目湖宾馆的天目湖砂锅鱼头、天目鱼虾情和群鱼献花，常州宾馆的浮油鱼球、珍珠玉米鱼，状元楼大酒店的靓彩珊瑚鱼、双菇目鱼仔，常州大酒店的金蒜烤鳝，富都商贸大饭店的菊花青鱼、脆皮鱼条，菜根香酒楼的荷香白汁鮰鱼、香烤味中鱼，常州饭店的葱烤鲈鱼，金坛园林大酒店的黑白鲻鱼卷，塘桥老哥餐饮店的碧绿鱼圆，润德花园大酒店的龙井灌汤鱼球，长兴园大酒店的金花菜烧鳜鱼，红叶酒店的南乳脆鳗；蟹类有国瑞宾馆的稻香糯米蟹、常州宾馆的和合虾蟹和西林职业高级中学的雪堰炒蟹。常州饭店的菊花墨鱼被评为省市名菜。虾螺类名菜两个：常州川良美食城水晶虾仁、江苏天目湖宾馆的蛳螺面糊。

天目湖砂锅鱼头　2002年被评为中国名菜。又称沙河煨鱼头，创始人为天目湖宾馆的江苏省特级名厨朱顺才。鱼头选用天目湖盛产的天然生养四五公斤重的活鳙鱼（俗称大灰鲢、鲢胖头、胖头鱼）的鱼头，去鳞去鳃去内脏，洗净剁下鱼头，将鱼头煎黄后捞出，放入砂锅后注入纯净的天目湖水，辅以葱结、生姜、料酒、香醋、胡椒等8种佐料，撇除浮油后煨煮数小时。配料鱼丸鲜美有弹性，鱼头与鱼丸组合巧妙。上桌时汤色浓白如牛乳，鱼头肥美鲜嫩，鱼肉白里透红，细嫩似豆花，肥而不腻，入口滑爽，清香扑鼻。

日式蒸鲥鱼　金陵明都大饭店制作。冰鲜鲥鱼洗净切作两份，不去鳞，放入调料，封盘上笼蒸制，出菜时在鱼上放上三丝淋油。此菜咸甜适口、回味微甜、鲜美。

金花菜烧鳜鱼　长兴园大酒店制作，活鳜鱼入油锅煎至两面略黄，加绍酒、调料，把用鱼汤、猪油烧烂的金花菜倒在鳜鱼上面，肉质鲜嫩，香味浓醇。1999年入选《江苏名菜谱》。

畜肉类　至2010年底，常州市有畜肉类名菜12个。

禽和禽蛋类　有名菜5个，为常州状元楼大酒店的至尊皇鸭舌、常州润德花园大酒店的糯米稻草鸭、常州川良美食城的出骨八宝鸭、常州蒋老大熟食行的无油烤鸭和常州口福餐饮店的乡巴佬草鸡，还有枫泽山庄的红头鸭、国瑞宾馆的滋补土鸡、鸣凰大酒店的葱油嫩鸡等名菜。常州饭店的多味卤鸭2008年入选“十大江苏名菜”，墨西哥烤排被评为省、市名菜。

冷菜和汤类　冷菜有4个名菜，为常州大酒店的南乳炝青虾，江苏天目湖宾馆的鱼鳞冻、天目鱼糕和常州饭店的多味卤鸭。

素菜类　全市有素菜类名菜13个，以九重天大饭店、锦海国际大酒店制作的青豆泥和常州菜根香酒楼选用冬瓜、莴苣、胡萝卜为原料制作的田园三宝最具特色。

2010年常州市畜肉类名菜一览表

表 19-7-6

菜 名	研制开发饭店	菜 名	研制开发饭店
菜根香狮子头、枣香东坡肉	江苏菜根香酒楼	干烤牛仔骨	常州状元楼大酒店
黄焖牛脚、老卤牛弯弯	常州塘桥老哥餐饮店	溧阳扎肝	江苏天目湖宾馆
周城羊肉火锅	溧阳周城火锅店	铁板樱花	金坛东方大酒店
粽香乌米骨	溧阳静泊山庄	糖醋排骨	常州市马复兴面馆
糯果火腿	武进新时代娱乐城	元宝肉	常州市富都商贸饭店

2010年常州市素菜类名菜一览表

表 19-7-7

菜 名	研制开发饭店	菜 名	研制开发饭店
清炒横山桥水芹	横山桥红太阳大酒店	特色青豆泥	九重天大饭店
横山桥鸡汤百叶	横山桥口大酒店	网油枣泥卷	川良美食城
苏堤春晓、瓜盅翡翠银针	常州宾馆	翅汤娃娃菜	银河湾大酒店
飘香黄垫菇	金坛樱花大酒店	奇香荷包	状元楼大酒店
南瓜芋头	塘桥老哥餐饮店	古法烙白玉	江苏天目湖宾馆
田园三宝	常州菜根香酒楼		

农家菜 2006年，武进区相继推出横山桥百叶、湟里牛肉、焦店扣肉、寨桥老鹅、芙蓉螺蛳等地方特色菜。2009年，市旅游局主办常州市乡村美食大赛，招牌鳄鱼尾等8道菜肴被评为常州市乡村美食大赛金牌农家菜。

2010年常州知名农家菜一览表

表 19-7-8

菜 名	形成时期或制作传人	烹制工艺与味道特色	说 明
横山桥百叶	明清，周家	世代相传，纯手工制作	2001年注册横山牌百叶商标
湟里牛肉	清末	采用家传、独特的用料配方、烧制技艺，口感香醇	2010年有红星、汉民、汉平、王氏4家注册专卖店
焦店扣肉	当代	选用“二花脸”猪肉，皮厚可口，分为酒糟扣肉、干菜扣肉	为地方传统宴席大菜
嘉泽阿兴鸭头	当代，嘉泽潘氏	凭卤菜技艺研究创制，五香透骨，香而不腻，咸淡适中，色香味俱佳	
泰村小杏鱼圆	当代，陈岳明	色泽鲜亮，口感细腻嫩滑	有腰形、元宝菱等形状鱼圆
寨桥老鹅	90年代，石氏	鹅肉烂而不散，味浓肉嫩	
芙蓉螺蛳	2006年	壳薄肉厚、鲜嫩清香，色香味齐全	
卜弋猪头肉	20年代初，周文炳创制		多次调整配方，1982年始设专卖店
礼嘉毛氏蟹糊	当代，毛氏	采用独特的炒蟹糊技艺，味道鲜美	毛氏为厨艺世家
滋补土鸡	武进国瑞宾馆	用荷叶烂泥封住瓦罐口，香气扑鼻	
溧阳扎肝	溧阳农家	酥烂的猪肝加调料扎制，味道独特	
上黄羊糕	溧阳上黄镇	肉嫩味鲜，香而不膻	
溧阳白芹	溧阳农家菜饭店	晶莹素雅、洁白如玉，香甜清爽脆嫩	

续表 19-7-8

菜　名	形成时期或制作传人	烹制工艺与味道特色	说　明
竹箦风鹅	溧阳竹箦镇	把当地山区的农家土鹅，用高温高压工艺制成，瘦肉多脂肪少、肉质鲜美	
周城羊肉火锅	溧阳周城镇	地产优质山羊为原料，色香味俱佳，风味独特	

四、名　　点

常州的名特优点心历史悠久，风味独特，种类繁多。南大街常州麻糕、义隆素菜馆的净素月饼和素火腿、银丝面馆的银丝面入编《中国小吃谱》，迎桂馒头店的小笼包入编《江苏省小吃食谱》。2006 年 7 月，常州有朱伯记馄饨、常州大麻糕、四喜汤团、马蹄酥、桂花糖年糕、加蟹小笼包、净素月饼等传统点心和南瓜饼、江南八宝菜粥、像生胡萝卜等创新性点心入选《中国名菜大典·江苏卷》。2003 年 6 月，常州市有 24 种小吃被认定为中华名小吃，品种数居全省首位。府前楼餐饮公司有四喜汤圆等 7 种入选，川良美食城、菜根香餐饮各有加蟹小笼包、三鲜豆腐汤等 6 种入选。至 2010 年底，全市累计获得命名的省级、市级名点 34 种。

2010 年常州市名点、名小吃一览表

表 19-7-9

名点、名小吃	创制单位	名点、名小吃	创制单位
全国名小吃（24 种）			
常州豆斋饼、三鲜豆腐汤、龙城一口酥、香酥蟹壳黄、农家乐糕团、奶香茶叶蛋	常州市菜根香餐饮公司	马蹄酥、莲心夹沙重阳糕、五色方糕、四喜汤团、八宝饭、素火腿、朱伯记鸡汤菜肉馄饨	常州府前楼餐饮公司
桂花糖年糕、蟹黄汤包、常州大麻糕、五色小圆松糕、水晶包、加蟹小笼包	常州川良美食城公司	萝卜丝酥盏、凉瓜汤丸、奶香南瓜饼	常州福记餐饮投资公司
		龙城蟹黄包、菜肉汤团	常州食品公司园外园大饭店
省、市级名点（34 种）			
龙城一口酥、农家乐糕团、南瓜饼、江南八宝菜粥、金钱饼、菊花汁汤团	常州市菜根香餐饮公司	莲心夹沙重阳糕、四喜汤团、朱伯记鸡汤菜肉馄饨、八宝饭、蟹粉虾仁面	常州府前楼餐饮公司
常州大麻糕、水晶包、加蟹小笼包	常州川良美食城公司	马蹄酥、银丝面	状元楼大酒店
罗汉香菇月饼、白果月饼	常州义隆素菜馆	茯苓大麻糕、翡翠毗陵团	常州大酒店
乌饭糕、家乡板栗糕	江苏天目湖宾馆	三菇饺、松仁三鲜饺	大娘水饺店
金丝蛋黄饺、江南豆花	九重天大酒店	虾米紫菜馄饨	馨雅楼宾馆
香脆韭菜饼	横山桥红太阳大酒店	菊叶薄饼	金陵江南大饭店
黄金木瓜酥	凯洲大饭店	大丰收	江苏盛世桃园大酒店
椒盐网油卷	长兴园大酒店	油煎菜肉馄饨	常州饭店
鳜鱼肉馄饨	润德花园大酒店		

第四节 快餐业

1992 年以后，常州连锁快餐业开始发展。江苏大娘水饺公司、常州丽华快餐公司大力发展中式连锁快餐业。餐饮消费多元化趋势日益明显，连锁中西式快餐不断开设，肯德基、麦当劳、大娘水饺等大型快餐企业营业网点快速增加。2008 年，全市快餐业完成营业总额 31.84 亿元，其中餐费收入 23.23 亿元，实现利税 1.05 亿元。

一、行业规模

机构网点 1995 年，常州市有快餐经营网点两个。2004 年，全市有快餐服务法人企业 8 家，年末从业人数 421 人，年末餐饮营业面积 4047 平方米，餐位 1795 个，完成营业额 0.5 亿元，实现利润总额 688.7 万元。2008 年末，全市有快餐企业 13 家，其中限额以上 2 家、限额以下 11 家。2010 年末，全市快餐业有限额以上企业 3 家，拥有餐位 7152 个，餐饮营业面积 2.56 万平方米，完成餐费收入 3.44 亿元。

从业人员 1995 年，常州市快餐业处于起步阶段，从业人数仅 32 人。1996—2005 年，全市限额以上快餐企业年均有从业人员 278 人，2005 年末 310 人。2006—2010 年，全市快餐业从业人数净增 2820 人，2008 年末达 2591 人，2010 年末达 3130 人。

投资规模 据全国首次经济普查，2004 年常州市快餐法人单位拥有所有者权益 1000 万元。2005 年，全市限额以上快餐企业拥有所有者权益 1226 万元，其中市区快餐企业拥有所有者权益 357 万元。2006—2010 年，全市限额以上快餐企业所有者权益增加 1174 万元。2010 年末，全市限额以上快餐企业拥有固定资产 4800 万元、所有者权益 2400 万元。

二、中式快餐

1992 年 3 月，武进县物资经销服务公司在常州市常新路投资建成武进快餐公司，有经营场所 350 平方米，烹制有海南鸡汁菜饭、骨头汤、炒菜、咸泡饭等快餐品种，价格 5～20 元不等，由 1 辆面包车、60 辆摩托车 24 小时提供送餐服务。2000 年，常州城区有丽华、大娘水饺、菜根香、武进等快餐企业。2002 年至 2010 年，大娘水饺、丽华快餐等快餐业名店采用连锁经营方式向外扩张，在全国分别开办连锁门店 75 家、36 家。至 2010 年，江苏大娘水饺公司、常州丽华快餐公司、江苏菜根香餐饮连锁公司等快餐连锁企业经营规模和资本实力不断壮大，开始走向品牌化、集团化和产业化，创立自主品牌，拓展餐饮市场。另有 7+7、亿家乐等快餐企业。

2001—2010 年常州市限额以上快餐企业实现税金及附加和利润总额统计表

表 19-7-10 单位：万元

年份	全市		市区		年份	全市		市区	
	税金及附加	利润总额	税金及附加	利润总额		税金及附加	利润总额	税金及附加	利润总额
2001	36	48	9	1	2006	5084	-1227	4177	-1791
2002	772	556	727	478	2007	332	610	170	11
2003	281	1042	180	541	2008	4998	731	—	—
2004	218	620	95	41	2009	1046	-3	887	-497
2005	256	549	130	8	2010	1310	740	1138	280

常州丽华快餐集团公司 创立于1993年，在北京、上海、广州等12个大中城市设立快餐配送连锁店80多家，2008年实现销售5亿元，送餐量居全国首位。丽华快餐率先探索、推行营养配餐行业标准，开创中式快餐标准化、工厂化、科技化生产的发展之路，率先采用无店铺销售的商业模式，实现中式快餐工业化生产。糖醋小排被认定为中国名菜，糖醋小排套餐获全国第五届烹饪大赛快餐赛金奖。跻身中国十大快餐连锁著名品牌企业、全国百强餐饮企业行列。

常州大娘水饺餐饮公司 1996年4月创办，到2005年底，大娘水饺在南京、上海、北京等100多个城市开设了300多家连锁店，年消费者达5000万人次，跻身中国十大快餐连锁著名品牌企业、全国百强餐饮企业行列，在印尼和澳洲开设两家连锁店。“吴大娘”及其图形商标被认定为江苏省著名商标。大娘水饺在水饺行业率先实施标准化，从饺皮的重量、大小到整只的重量、馅料的多少，再到调味料的配比都有严格的量化标准。素三鲜饺、松仁三鲜饺、三菇饺曾被评为中国名点，水饺品种有素三鲜、韭菜肉、青菜肉、芹菜肉、野山珍肉等20多个，汤类品种有牛肉、骨头粉丝汤和鸭血汤、牛杂汤等近10个，冷菜类有野山珍、肫肝、夫妻肺片等10多个。2010年完成销售额3.35亿元，其中市内销售额3300万元。

三、西式快餐

改革开放后，肯德基、麦当劳、德州炸鸡、必胜客、葡京小站、澳克士等西方快餐纷纷抢滩常州，西式快餐店达数十家。

肯 德 基 1994年，南京肯德基公司常州分公司在延陵西路7号楼经营西式快餐，此后在广化街、新丰街、新北区中创时代广场及部分大型超市中开设分店。2000年，肯德基在武进、金坛、溧阳3市城区开设分店。主餐有上校鸡块、老北京鸡肉卷、劲脆鸡腿堡、香辣鸡腿堡、田园脆鸡堡等，套餐有外带全家桶、儿童餐ABCD等，配餐有土豆泥、胡萝卜餐包、薯条等，甜品有草莓圣代、巧克力圣代、脆皮甜筒等，饮料有热咖啡、热红茶、热美禄等，一般辟有儿童游乐场所。至2005年底，常州市区有肯德基门店8家。2010年，常州有肯德基分店40余家。

麦 当 劳 2005年底，市区有麦当劳门店4家。2010年，麦当劳门店发展到10家左右。

四、早　餐

90年代中后期，市政府实施“放心早餐”工程，选择亿家乐早餐工程公司实施。2003年9月，金坛早安餐饮公司开业，无店面房仅设制作间，用25辆流动推车供应早点。同年底，常州(城区)设有早餐摊点350个，实现销售额3500万元，安置下岗职工500多人。2006年3月，湖塘现代早餐公司开办，自制八宝粥、南瓜粥、绿豆粥、鲜肉粽等食品，同年底经营网点增至15个，经营品种50余种，年销售额近100万元。

第五节　饮料及其他餐饮业

80年代以后，常州饮料及其他餐饮业主要有茶馆(包括茶楼、茶庄等)、酒吧、咖啡馆(屋)和冷饮店等。至2005年，常州的品牌咖啡、茶座等饮料类休闲场所网点快速增多。据第二次全国经济普查，全市2008年末有饮料冷饮及其他服务法人企业31家，所属经营单位56个；营业总面积1.18万平方米，拥有餐位5572个；年均从业人员1512人；同年完成营业总额15.1亿元。其中有饮料冷饮业企业14家，营业总面积3246平方米，拥有餐位1174个，同年完成营业总额1.86亿元。2010年，全市有限额以上饮料冷饮和其他餐饮服务机构16家，营业面积7.41万平方米，拥有餐位2.65万个，完成营业收入12.28亿元。

一、行业规模

饮料及冷饮服务 2004年，常州市有饮料及冷饮服务法人企业11家，年末从业人数156人，有餐位688

个，餐饮营业面积2047平方米，完成营业额1000万元。2010年末，全市限额以上饮料及冷饮服务企业拥有餐位150个，餐饮营业面积320平方米，完成餐费收入908万元。市区有限额以上饮料及冷饮服务业个体户10户，有从业人员742人，拥有餐位1390个，完成营业收入3.14亿元。

其他餐饮业 **机构网点** 1995年，常州市其他餐饮业（除正餐、快餐饮料及冷饮服务业以外）有经营网点7088个，其中市区和溧阳、金坛、武进3市分别为2026个、1771个、1357个和1934个。2004年，全市有其他餐饮服务法人企业21家，年末从业人数1058人，餐饮营业面积7034平方米，餐位3616个，完成营业额8000万元。2010年末，全市有限额以上其他餐饮业企业3家，全市3户限额以上其他餐饮个体户均在市区，拥有餐位1267个，完成营业收入4540万元。

从业人员 1995年，常州市其他餐饮业从业人数1.54万人，其中市区5208人。2010年末达7479人，其中市区7450人。

经营状况 据首次全国经济普查，2004年全市其他餐饮（含饮料及冷饮业）法人单位完成主营业务收入9000万元，实现利润676.6万元。2005年，全市4家限额以上企业完成营业收入7807万元。2010年，全市限额以上企业完成营业收入8.49亿元。2005年，全市限额以上其他餐饮业完成税金含附加321万元，利润总额1298万元。市区限额以上其他餐饮企业实现税金及附加321万元、利润1296万元。2010年，实现税金及附加4184万元、利润总额7862万元，其中市区其他餐饮业限额以上企业实现税金及附加4175万元、利润总额7836万元。

二、茶　馆

1988年9月，常州城区有茶馆13家，其中个体7家。2000年前后，常州城乡茶馆、茶楼、茶室、茶座等发展到数百家，城区有关河西路的方圆木草人茶庄、光华路的红玫瑰憩园等茶馆。2010年前后，常州市和金坛、溧阳两市城区知名的茶馆、茶楼、茶室有260家，城区知名的茶馆有天语雅阁、九碗茶、溢壶茶等，三星级及其以上的高档宾馆饭店均有茶吧、茶室。农村集镇上均有不同规模的茶馆，少则数家，多则一二十家。

天　宁 2000年，红梅地区有雅悦茶庄、忘不了茶庄，劳动东路有龙游河茶庄。2010年前后，天宁区约有茶馆73家，较知名者有红梅公园内的春晖茶馆、鹤园路的雅韵茶楼、化龙巷的清风茶语、关河中路的三香、迎春花园的世纪心缘等茶艺馆。

钟　楼 2000年前后，钟楼区开设有南大街大观园红雪莲音乐餐厅、勤业新村的新乐茶室及永红陈渡的开心茶座等茶馆。2010年前后，钟楼区约有茶馆67家，较为知名的有山国饮艺钟楼店、蓝天店和悠悠茶饮莱蒙分店、双桂坊分店及鹏欣丽都的红茶馆、玉隆花园的七碗茶等10余家。

武　进 2000—2010年，武进区约有茶馆25家，主要有常武中路的忆江南茶楼、姊妹茶楼和天然居茶楼，人民中路的福源茶庄，定安中路的乐鸣茶坊，定安路武宜路交会处的春意茶庄，古方路的德缘茶楼，金鸡东路的沁苑茗洲休闲茶庄，广电中路的上岛阁茶楼，春秋淹城乐园的春秋茶楼，丰乐公寓的天外新阁茶庄，广电中路创业大厦的云香阁茶楼等。

新　北 2000—2010年，新北约有茶馆25家，主要有位于通江中路的颐和会馆、太湖中路的茗仁茶坊、巢湖路的天都茶楼、燕园路的东方休闲茶馆、河海大学常州校区北门的xin xin茶坊、香缇湾花园的红馆茶坊和黄山路的山水木茶楼等。

戚墅堰 2000年，戚墅堰有潞城的天天茶座。2010年，戚墅堰有中街的恒丰茶室等5家茶馆。

金　坛 2000—2010年，金坛城区约有茶馆20家，主要有丹阳门中路的紫藤阁茶楼、金秋茶语、雨轩茶楼，东风桥的水木清华茶馆，鸿余路的田园茶庄，丹荆路的闲庭茶楼，北门大街的艺茗轩茶楼，沿河西路的金沙茶楼及东环一路城市花园的聚园轩茶庄等。

溧　　阳　1985年，溧阳城区有茶馆8家、桌子122张，个体户茶摊近百个。2000年，溧阳市注册有茶馆15家，2010年增至约50家，知名的茶馆有好运阁、天方夜谭、茶酒年代、伍福、俊辉、北固、古道、开心、升昌、和平、山水、艺昌等。

三、咖 啡 店

90年代中期以后，咖啡馆逐渐引入常州地区，上岛咖啡、星巴克、名典等咖啡馆相继在常州开设，金坛城区有上岛、老树等咖啡店。常州富都盛贸饭店分别开设有水榭花都、阁楼半岛咖啡厅。2006年12月，常州金陵明都大饭店开设了台湾两岸咖啡连锁店。2007年底，溧阳市有咖啡馆19家，其中规模较大的有星岛、哥顿、莱茵等全国连锁咖啡企业。2010年，常州城区主要的咖啡馆约六七十家，知名的有公园路的迪欧咖啡、常州大酒店咖啡厅、通江路的五月天、湖塘的星期天咖啡、西瀛里的天语雅阁咖啡以及半岛、绿岛、名典等连锁店。

四、酒　　吧

2000年，常州城区酒吧有化龙巷的豪情啤酒屋、延陵西路的德威啤酒广场、老房子啤酒屋，以及常州富都盛贸饭店的巴克斯酒廊和雪茄吧。常州酒吧从最初的清吧、慢摇吧发展到动感音乐酒吧，常州主城区首家音乐酒吧为东栏梨花。2009—2010年，主城区先后初步形成西瀛里酒吧街和莱蒙都会酒吧街。其他酒吧主要集聚在南大街、公园路，有SOS、激情百度、公园32音乐会所、拉斯维加斯及vip house等。富都商贸饭店、鸣凰大酒店等高档宾馆、饭店开设有巴克斯酒廊等酒吧。2010年，常州城区约有酒吧25家。武进新天地不夜城初步形成酒吧街，主要有云顶VV酒吧、乌克兰风情酒吧、盛隆泰咖啡酒吧及怡乐坊的大象堡酒吧。溧阳市城区有位于燕山中路的SOS酒吧、激情百度酒吧和三和路的宫时代酒吧。

2005—2010年常州中心城区部分酒吧分布情况表

表19-7-11

酒吧名称	地段	酒吧名称	地段	酒吧名称	地段
MT酒吧、菲芘酒吧、苏荷酒吧、芭比酒吧	莱蒙都会酒吧街	激情百度酒吧、风暴超越神话酒吧、飞之酒吧	公园路	DM酒吧 空白格咖啡酒吧	新区公园 三堡街141号运河五号创意街区
富隆酒窖	红梅公园听松楼花园酒店	富隆酒窖通江大道店	通江大道富都饭店	君临酒吧 交点情感酒吧	南大街2-16号 新天地商业广场
盛世佳人	晋陵中路339号	北斗七星酒吧	长江东路246号	乾宫99演艺酒吧	和平中路366号
吉姆酒吧	侨光苑3幢2号	阿曼尼酒吧	延陵东路488号	富丽华酒吧	怀德中路11-13号
皇后酒吧、九号公馆	和平北路	怡心园酒吧茶座	关河中路38号	第9频道音乐酒吧	勤业路285号

五、餐饮管理公司

常州福记餐饮投资管理公司是常州地区规模最大的餐饮企业之一，旗下拥有福记大饭店、好福记大饭店、福记皇宫、艺风会、大城小爱等饭店。居2008年度全省餐饮企业主营业务收入30强中第10位。常州庆阳等餐饮管理服务公司在传统食堂承包的基础上，嫁接现代管理手段，初步形成以上海、常州为中心，辐射南京、泰州、镇江等长江三角洲地区城市，承包管理企业、医院、学校等的职工食堂，配送蔬菜、粮油、肉类、大米、调味品等主副食品和快餐、营养餐等餐饮服务并开展厨房设计、食堂从业人员培训等业务。宇翔餐饮管理公司、新尚餐饮管理公司主营托管咖啡加盟店。常州文华餐饮管理公司主要输出酒店管理、前台管理和厨部管理。

常州市部分餐饮管理服务公司一览表

表 19-7-12

企业名称	地址	成立时间
常州豪享来餐饮娱乐公司	和平北路198号、湖塘镇定安中路	—
常州市海海餐饮公司	西直街281号	1991年
常州百事得餐饮管理公司	新北区滨江路118号	1998年
常州和信餐饮管理公司	天宁区晋陵中路	1999年
常州蓝华餐饮管理服务公司	武进区武进大道	2002年
上海怡源餐饮管理公司常州分公司	勤业路与星园路交会处	2002年
江苏绿健餐饮管理公司	武进高新区	2002年
常州台友餐饮管理公司	新北区港区中路	2005年
常州中锐餐饮管理服务中心	武进区南洋商贸广场8号楼	2006年
常州双兴餐饮管理公司	钟楼常锡路105号	2006年
常州信发餐饮管理公司	武进人民路88号	2009年
常州庆阳餐饮管理公司	武进经济开发区荷香路	2010年

第六节 餐饮人才队伍建设

一、技能培训

1986—2010年，常州餐饮业管理部门和大中型餐饮机构较注重从业人员技术培训和行业管理。1988年，市商业局、供销合作社、劳动局等单位成立市饮服人员中级业务技术考评委员会，对全市饮服人员进行二、三级技术职称考核评定，市饮服公司所属饮服业技术培训中心开设烹调、面点、餐厅服务、旅店服务等基础知识与操作培训班。1992年，市饮服公司加大投资，改造店堂环境，提高菜肴质量和服务档次。此后，常州餐饮机构持续改进优化对餐客的服务，成长出一批餐饮管理企业，在长江三角洲地区具有较高知名度。大娘水饺等餐饮企业建成经营管理、连锁店营收、仓储物流管理等先进管理系统，成为中式快餐领头羊。部分饭店实行计算机联网、推广点菜机、平板电脑(IPAD)等点菜，管理服务逐步信息化、智能化。

1986—1990年，举办一级烹调师和三级烹调师、面点师、餐厅和旅店服务师培训班24期，学员803人，学员成为社会饮服行业的技术骨干力量。1989年进行三级烹调师、三级餐厅服务师等级考核。翌年4月，常州市饮服业统一颁发和换发技术等级证书，全市饮食服务业的技术考评授证开始规范。同年，常州第四期承包阿尔及利亚餐馆，派出厨师、服务人员16人，同年收益2.5万美元。

二、技能比赛

常州曾成功承办、举办美食节80多届，其中常州首届金鲍玉翅美食节、量贩式海鲜推广节被评为江苏省最具创意美食活动。1989年举办常州市第二届青工大赛烹调技术比赛，90全国青工大赛烹调技术比赛。2007年12月，常州获全省第二届餐饮业成果展暨第五届烹饪技术比赛参展城市最佳展区奖第二名，6个单位获团体赛特别金奖和主题筵席赛特别金奖，常州状元楼大酒店、富都商贸大酒店同获特别金奖；万豪花都国际大酒店的宋小康获两枚金牌，83名选手获得奖牌69块，其中金牌10块、银牌22块、铜牌37块。2010年9—11月，常州有10名选手进入全省创新菜比赛总决赛，常州旅游商贸高等职业技术学校教师蒋楠、田君、韦舟平夺得特金奖，包揽冠军、季军，常州淹城喜来登餐饮业公司获亚军。

常州美食节　1992年4月11—15日在文化宫及其广场举办第一届，展出34家食品工厂的10类产品362个，其中名优菜点126个，设展位480个，展销食品600多种，销售180万元。第二届常州市口福餐饮公司的太湖野鸭、大娘水饺馆的三菇饺分别被评为名菜、名点。

常州市“香江华延杯”餐饮比赛　2005年10月27日在太阳港婚庆典礼广场举行，举办弘扬名点展示活动，40家企业展销了传统名点、风味小吃，30名选手获奖，香格里拉富都商贸饭店的袁时平、常州宾馆的高建庆、徐行之分获中式烹饪、面点和餐厅服务第一名。

三、技能人才

1998年，全市国有饮服企业有烹调师、面点师138人，其中特级9人、一级33人、二级46人、三级39人；有餐厅服务师92人，其中特级5人、一级18人、二级25人、三级41人。2003年6月，常州市有6人分别被江苏省餐饮行业协会、烹饪协会评为江苏烹饪大师、名师。2006年9月，常州有4人被评为中国烹饪大师，江苏菜根香餐饮连锁公司的巫克艰（女）被中国烹饪协会评为中国餐饮服务大师。2009年9—10月，全市有23人分别被评为江苏烹饪大师、烹饪名师。同年末，全市有江苏烹饪名师9人、江苏烹饪大师18人和江苏服务大师3人。全市有餐饮技能比赛、考核国家级评委15人、省级评委44人，菜根香餐饮连锁公司董事长周泽清为中国烹饪协会专家委员会委员；全市有高级技师37人、技师63人、高级技工120人。2010年末，全市有国家级、省级名厨100多人，烹饪高级技师和技师增至130多人。

2010年末，全市有中国烹饪名师5人、中国烹饪大师12人和中国服务大师1人、中国面点大师1人。

中国烹饪协会评定的中国烹饪大师和面点大师一览表

表19-7-13

姓名	授予时间	任职企业	姓名	授予时间	任职企业
周文荣	2006.09	常州饭店	陈启行	2006.09	常州椿庭大酒店
史国生	2006.09	溧阳天目湖宾馆	朱顺才	2006.09	溧阳天目湖宾馆
陈开法	2009.10	常州中天凤凰大酒店、常州白金大酒店	陶志刚	2010.04	常州如缘大酒店
潘国庆	2010.04	常州工学院	毕爱雷	2010.04	高淳荣华楼大酒店
王　劲	2010.04	常州市旅游学校、常州旅游商贸高等职业技术学校	周文炳	2010.04	常州皇悦大酒店、常州香缇湾大酒店
伏立新	2010.04	金坛饮食服务公司、金坛开一天酒家	陆亚静	2010.04	常州绿杨饭店、江苏菜根香餐饮连锁公司
周泽清	2010.06	江苏菜根香餐饮连锁公司			

说明：除陆亚静为女性、中国面点大师外，其他人均为男性、中国烹饪大师

江苏省烹饪协会、餐饮行业协会评定的江苏烹饪大师、烹饪名师一览表

表 19-7-14

姓名	授予时间	任职企业	姓名	授予时间	任职企业
江苏烹饪大师					
朱顺才	2003.06	溧阳天目湖宾馆	唐志卿	2003.06	菜根香酒楼
史国生	2003.06	溧阳天目湖宾馆	谈晓鹏	2003.06	福记餐饮投资管理公司
蒋达矾	2003.06	金坛樱花大酒店	蒋卫东	2003.06	国瑞宾馆
高金荣	2009.10	德泰恒大酒店、马复兴面馆	戚双喜	2009.10	江苏天目湖宾馆
邹剑锋	2009.10	峰鹤楼大酒店	谢　峰	2009.10	峰鹤楼大酒店
裴建敏	2009.10	常州饭店	贺建玉	2009.10	常州饭店
何卫国	2009.10	青龙来缘大酒店	云　平	2009.10	常州饭店
陈洪强	2009.10	常州饭店	卞吟枫	2009.10	常州饭店
高毅伟	2009.10	紫缘饭店、常州饭店	刘华顺	2009.10	西林职业高级中学、武进职教中心
江苏烹饪名师					
张复金	2009.10	富都商贸饭店、马复兴面馆	官文洪	2009.10	润德花园大酒店、鸣凰大酒店
洪建锋	2009.10	文苏饭店	裴旭旻	2009.10	常州饭店
陈　峰	2009.10	红叶大酒店	陈　骏	2009.10	银河湾大酒店
刘国钧	2009.09	文苏饭店、状元楼大酒店	陈文辉	2009.09	江苏天目湖宾馆
吴建坤	2009.09	江苏天目湖宾馆	蒋　力	2009.09	江苏天目湖宾馆
狄春良	2009.09	江苏天目湖宾馆			
江苏餐饮服务大师、名师					
巫克艰	2003.06	菜根香楼酒	何倩萍	2009.10	常州饭店
沈华芳	2009.10	常州饭店	孙俊彦	2009.10	常州饭店
张亭花	2009.10	常州饭店	李伟琴	2009.09	江苏天目湖宾馆
朱迪强	2009.08	常州饭店	周　琴	2009.09	江苏天目湖宾馆
沈　琴	2009.09	江苏天目湖宾馆			

说明：1. 江苏烹饪名师刘国钧、吴建坤、狄春良、陈文辉、蒋力为省餐饮行业协会评定，其他人均为江苏省烹饪协会评定。2. 沈琴、周琴、李伟琴为省餐饮业协会评定的江苏餐饮服务名师，其他人均为省烹饪协会评定的江苏省服务大师

第八章　创意产业

至 2010 年底，常州创意产业基地有入驻企业 400 余家，集聚规模位居全国同类园区前列，有软件企业 169 家，软件产品 465 种。通过 CMMI3 级认证企业 74 家，数量居全省第一；涌现出联创科技、新科软件、冲电气软件、金仕达卫宁软件等知名软件企业，医疗信息化产业居全省前列；制作了《炮炮兵》《小虫三宝》《恐龙宝贝》《小卓玛》等形成品牌的动漫产品；5 家动漫企业为国家文化出口重点企业，5 个项目为国家文化出口重点项目，占江苏省的 70%；31 部作品获得国家动画精品一等奖、华表奖、美猴奖、戛纳电视节作品征集一等奖等 50 余个。2009 年全国首批认定的百家动漫企业中，常州占据江苏的全部 15 席。2010 年 9 月，全国首

批认定的35款重点动漫产品，江苏3款上榜产品再次被常州包揽。先后被文化部认定为国家文化产业示范基地、国家数字娱乐产业示范基地，被科技部评定为国家“火炬”计划软件产业基地、国家现代服务业文化创意产业化基地，被国家广电总局选入首批国家动画产业基地。入选中国最佳创意产业园区、中国十佳最具投资价值创意基地，被评为中国最具竞争力数字娱乐产业基地。

第一节　软件和服务外包业

2004年，常州创业产业基地软件园园区先后吸引日本OKI、上海微创、南大苏富特、用友软件等产业关联度较高的大企业入驻，实现技术、人才、资金等要素的集聚。2007年，常州被省政府认定为首批省级国际服务外包基地城市；4月，市国际服务外包基地工作领导小组成立，负责对服务外包发展的指导和协调，建立市发改委、经贸委、信息办、科技局等相关职能部门联席会议制度，形成协作推进机制；市外经贸局为全市发展国际服务外包的牵头部门，设立外包办公室。2010年底，全市拥有服务外包注册企业321家，通过服务外包国际资质认证企业128家，从业人员2.45万人。全市服务外包合同额、执行额分别达2.8亿美元和2.2亿美元，其中离岸合同额、离岸执行额分别为1.8亿美元和1.5亿美元。

一、扶持政策

2004—2005年，常州市先后出台扶持软件、动漫产业发展的两个政策，设立软件和动漫专项扶持资金，鼓励和扶持软件、动漫产业的发展。2007年6月，市政府出台《关于进一步加快常州软件园发展的若干政策意见》和《关于鼓励和扶持动漫产业发展的若干规定》，对软件和动漫专项扶持资金分别增至每年2500万元、2000万元。2008年11月，《关于鼓励和扶持创意产业发展的若干意见》出台，市、区两级自2009年起5年内每年安排5000万元创意产业发展扶持资金，省财政每年支持资金1000万元，对常州创意产业基地的入园企业给予专项资金扶持。市政府出台《引进研发机构、中介服务机构和企业研发总部的若干优惠办法》，对引进研发机构、服务外包等高层次人才进行扶持。

二、产业建设

2007年5月，常州软件园、常州国家动画产业基地被认定为首批江苏省国际服务外包示范区。常州软件园一期建成软件开发用房10万平方米，建有软件公共测试平台，拥有一批以嵌入式软件应用、企业管理、集成电路设计及软件增值服务为主的软件企业，从业人员约为5000人。常州国家动画产业基地建成8万平方米的研发创作用房，建有远东、保纳、创业3个动画园区，进入全国十佳最具投资价值创意基地行列，70多个动画题材项目经国家广电总局批准立项。常州国家动画西太湖基地首期启动500亩开工建设。同年，常州软件园相继获批省现代服务业集聚区，完成销售2.2亿元，其中软件销售收入7000多万元。从事GPS通信软件开发的香港华科导航器公司，在常州软件园注资500万美元组建新公司，实现软件销售1亿元。

2008年，市政府整合原常州国家动画产业基地、常州软件园和国家AAAAA级旅游景区常州中华恐龙园等资源，成立常州市创意产业基地，重点发展软件、动漫、网络游戏、国际服务外包、设计服务、创意旅游等创意文化产业。2010年底，常州市创意产业基地拥有创意、创业、常新、常裕、保纳5个产业园区，二期规划建筑面积30万平方米，集聚服务外包企业200多家，建有软件公共测试平台、软件和信息技术服务外包国际通信专线。拥有动漫企业138家，列全国15个国家级动画产业基地之首。创意产业基地获得文化部授予的首批国家文化产业示范基地和国家数字娱乐产业示范基地，被科技部评为国家火炬计划软件产业基地，成为中国产业集群品牌50强。

2009年，常州科教城被认定为国家大学科技园、江苏省国际服务外包示范区，规划用地5平方公里，建筑面积190万平方米，建成集教育培训、研发设计、外包商务及生活配套的综合型服务外包产业园区。12月，钟楼开发区被认定为江苏省国际服务外包示范区。园区建有国家级高新技术创业中心、国光信息产业园、壹地创意设计产业园等服务外包载体，形成以中国计算机行业十强企业、国家重点软件开发企业江苏国光信息产业股份公司为核心的服务外包和软件开发企业集群，拥有服务外包企业50多家。2010年，常州科教城入驻服务外包企业60多家，拥有1所高校、5所高等职业技术学院，NIIT软件服务外包实训基地、PTC常州学院等服务外包人才培训机构及中科院常州先进制造研发和产业化中心、现代工业设计中心、现代设计与制造中心等近20个国内外科研开发服务机构。6月，省商务厅、市政府和常州创意产业基地、常州意工厂创意产业发展公司4方签订战略合作协议，共建江苏国际服务外包公共服务平台(CNITO)项目，通过业务承揽、产业招商、合作研发、人才交流，建设综合性公共服务平台，推动常州市服务外包行业发展。9月，联创软件和服务外包产业园项目签约。

2010年底，园区入驻企业200余家，拥有软件著作权登记88件、国家级科技项目11项。通过省级认定的软件企业106家，软件产品287种，占全市总量的81%、76%。冲电气软件技术（江苏）公司、常州微创博维软件公司等7家企业先后被认定为省承接国际服务外包重点企业。有9家软件企业通过软件能力成熟模型集成(CMMI)3级认证，12家企业具备CMMI认证资格。同年，软件园实现软件业销售收入100亿元。常州软件和服务外包产业主要产品有富深协通和星北公司的财务软件、煤矿自动化控制、网络通信软件、GPS导航等方面软件，部分产品优势明显。全市拥有软件企业600家，其中经认定的软件企业180余家，开发有软件产品500余种。国光股份公司进入全国软件企业百强，江苏国光信息产业股份公司完成销售收入1.26亿元。冲电气软件技术（江苏）公司成为国家规划布局的重点软件企业。冲电气在VOIP和CTI技术领域具有世界领先水平，华文印刷公司的汉字字型库、新科软件开发公司的GPS软件、国光信息的银证系统软件、计算机终端软件、POS终端软件等知名度较高。

第二节　动漫产业

2004年，市委、市政府作出发展动画产业的战略决策，成立发展动画产业领导小组，制订实施常州市动画产业发展规划，把动画产业作为调整优化产业结构的突破口和文化产业的增长极重点发展。市政府投资3亿元征用1平方公里土地，规划建设动画产业基地。2004年开始的中国（常州）国际卡通数码艺术周（又称动漫艺术周）活动的成功举办，为常州构筑动画产业招商引资平台，促进了动画产业发展。2009年，常州市将常州软件园、国家动画产业基地和环球恐龙城等资源整合成立常州创意产业园，形成以动漫创意研发、网络游戏开发等14个子产业为主体的多元创意产业体系。2010年底，常州创意产业园有400多家企业入驻，其中动漫类企业数量23.7%。建有二维无纸动漫技术服务平台、中韩游戏人才培训平台、常州国际动漫艺术周交易平台、3D公共技术服务平台、国家标准委员会动漫服务标准推行平台等。2010年，园区企业销售收入总额首次突破100亿元，创意产业总产值达109亿元。常州有19家动漫企业通过全国动漫企业资格认定，居全国地级市首位，11家企业获省文化产业引导资金扶持1200万元。动漫作品《炮炮兵》获国家原创作品扶持奖，《恐龙宝贝》《晶码战士》等5部动漫作品在中央电视台播出。

一、常州国家动画产业基地

2004年，国家动画产业基地在常州挂牌。2005年，常州动画产业基地园区建设全面启动。建有8万平方米动画产业生产用房，下设创业、保纳、远东3个动画产业园区，配置能满足玩具、服装、旅游用品、文化用品等4类动漫衍生产品研发的软硬件设备。2006年起相继列入全国4个动漫公共技术平台，被评为全省原创影视动画生产示范园区、现代服务业集聚区和国际服务外包示范区、国家数字娱乐产业示范基地、二维无纸动漫公共技术服务平台、中韩游戏人才培训基地和中国最具投资价值的十大创意产业基地、产业集群50强等国家级基地（平台）。至2010年底，基地吸引卡龙影视动画、山石卡通、视金石、金色十方、宏图、仁永等颇具实力的100多家规模企业入驻，注册资本总额达5亿元，入驻企业中百人规模的有10家，建成国家级数字动漫公共技术服务平台、恐龙园动漫产业交易市场和保纳卡通数码娱乐城等，逐步形成动画原创、动画产品生产加工、动画衍生产品开发的产业链，实现数字动漫产业产品及衍生产品销售收入50亿元。

二、动漫创作企业选介

常州电视台早在1983年开始制作动画节目、开发动画产业。1994年建立动画工作室，1996年购置三维动画制作设备。2005年4月，由常州广播电视发展总公司、常州电视台、常州电视实业发展公司合资组建常州影视动画产业公司。2010年3月，公司完成股份制改造，更名为江苏卡龙动画影视传媒股份公司（简称“卡龙公司”），拥有完整的创意、生产、市场团队和全过程设计生产二维、三维、三维立体和二维无纸动画片的能力，是常州国家动画产业基地的龙头企业。

卡龙公司承担常州国家动画产业基地公共技术服务平台的搭建和服务，承担其二维无纸动画公共技术平台的搭建和运营，被国家动画产业部际联席会议办公室列入国家级四大动漫服务平台。该公司作为亚洲动画联盟发起成员，与韩国、美国、日本等著名动画公司开展广泛合作，每年与美国迪士尼、华纳兄弟公司、尼克动画、卡通网络频道和韩国江原情报文化振兴院等机构联合举办中国原创动画题材征集活动，组建联合动画制作系统，共同推广动画合作项目。

三、动画漫画作品选介

动画片《小卓玛》（摄于2010年）

2005—2010年，卡龙公司在国家广电总局立项原创动画题材116部，完成动画片31部、动画电影5部，其中有11部在中央电视台播出，两部在全国各大影院上映。拥有《小卓玛》《奇奇颗颗》《十万个为什么》《浩昊文字国历险记》等知名原创动画品牌，拥有《炮炮兵》等网络游戏、手机动漫品牌。26部动画作品获得国家优秀国产动画片一、二等奖，“白玉兰奖”、“美猴奖”等国家级奖项50余个，16部动画片进入欧美、中东、东南亚市场，8个项目与国外开展合资合作，12个动画项目签订国际服务外包协议。动漫精品数量、比例居全省首位，居全国同类基地第一方阵。江苏卡龙公司完成52集《布兰迪和他的怪物》、26集《太空足球》等系列动画片，《桃花扇》《偶像》《恐龙谷蚊子大骚动》《风信》《火龙果》等动漫作品分获中国常州国际动漫艺术周国际比赛评审团特别奖、特别荣誉奖和中国动画学会奖优秀短片奖。2010年12月7日，动画片《太空足球》被文化部认定为首批重点动漫作品。2009—2010年，卡龙公司开始制作大型原创动画《面具战士》《经济学园》《云彩面包》《朋朋的世界》，总计234集、3500分钟，并走向国际市场。

四、中国（常州）国际动漫艺术周

2003年，常州市与文化部对外文化交流中心签订连续3年在常州举办中国国际卡通数码艺术周的协议。

2004年、2005年两届为中国国际卡通数码艺术周，由文化部中外文化交流中心、常州市政府和江苏省政府新闻办公室共同主办，以动漫为媒，招商引项，培育产业。2004年5月，中国国际卡通数码艺术周期间，常州电视台牵头与常州广电网站、瞭望常州网站联合建立中国国际卡通数码艺术周网站赛达网，当年艺术周期间点击率达120万人次，此后每届艺术周期间点击率均超过200万人次。该活动成为全国动漫界的盛会，成为推进常州动漫产业发展的国家级、国际性的交易平台。2007年实行市场化运作，由中华恐龙园承办动漫艺术周博览会，特色展馆常年留驻，把展览与主题公园游乐、演出等项目结合，成为全国同类展会的独创。中国(常州)国际动漫艺术周成为常州经济文化发展的一个重要窗口，每年度重点推介常州创意产业基地建设发展情况和动漫重点项目，举办国际动漫交易会、国际动漫作品大奖赛、国际动漫产业论坛和中外优秀动漫影片展映等活动。

中国(常州)国际动漫艺术周开幕式(摄于2008年9月)

2004—2010年，常州国家动画产业基地连续举办7届中国(常州)国际动漫艺术周活动。2010年艺术周升格为国家级，年交易总额达28.6亿元。

第九章　其他服务业

1986年以后，常州租赁、广告、会展等商务服务业，法律、人才劳务和房地产等中介服务业，美容美发、沐浴等居民服务业和歌舞健身等文体、娱乐业迅速发展。

第一节　租赁和商务服务业

90年代中期，全市广告业、知识产权服务、市场管理和其他商务服务发展较快，调查论证、形象设计、战略策划、资产评估、投资顾问、公证等商务专业服务，与企业管理服务、咨询和调查业开始起步与发展。2008年末，全市有租赁和商务服务业法人单位2914个，其中商务服务业有2860个，多种经济成分并存，私营企业迅速发展，占据优势，占法人企业总数的84.1%。其他依次是集体企业、股份制公司和国有企业，分别占21.5%、2.5%和2.1%。有从业人员5.24万人，拥有固定资产原值199.87亿元，其中商务服务业198.59亿元，民间投资占商务服务业投资的比重接近90%。但全市商务服务业法人单位专业人才总量偏少，素质总体不高。拥有技术职称的从业人员多数为初中级职称，占13%。同年，全市租赁和商务服务业企业法人完成营业收入113.55亿元，人均21.4万元，其中商务服务业完成营业收入112.52亿元，实现增加值60.3亿元、利税总额38.72亿元。2010年，常州新兴服务业发展势头良好，集群态势明显，逐渐推广信息、网络技术及由其形成的服务业信息化平台，但文化创意、科技教育增加值比重和对经济增长的贡献率仍低于传统行业。

一、租 赁 业

全市租赁业主要有场地租赁、机械设备租赁，文化及日用品出租。2008年，全市租赁业有法人单位53个，年均从业人员696人，拥有固定资产原值1.28亿元、所有者权益1.53亿元，完成营业收入1.04亿元，实现利税3855.3万元。租赁业处于小、弱的境地，农业机械租赁等租赁业务均亏损，文化及日用品出租业的经营情况稍好。

机械设备出租 据第二次全国经济普查，2008年末，全市机械设备租赁行业有法人单位52个，年均从业人员694人；实收资本1.4亿元，拥有固定资产原值1.28亿元、所有者权益1.53亿元；同年完成营业收入1.04亿元，实现利润3087.2万元，其中营业利润1547.8万元，上缴税金92.5万元。

汽车租赁 主要从事汽车尤其是旅游汽车的出租业务。2000年，全市有常州市公共交通总公司第三汽车公司、旅游出租汽车公司、常州外事旅游总公司、常州苏南汽车集团客运汽车、常州保时汽车租赁公司、常州三瑞汽车租赁公司、常州汽车贸易总公司和武进市捷安汽车客运等租赁企业10家。2007年，溧阳市有两家汽车租赁公司。2010年，全市主要有常州明都汽车租赁公司、长城汽车旅游出租公司、嘉顺汽车租赁服务中心和金坛市城市公交出租公司等汽车租赁企业。

设备与原料出租 2000年前后，市区从事机械设备、金属、电器器材、计量衡器和化工原料等综合性设备、原料出租业务的有中国租赁公司常州代理部。从事建筑机械设备出租业务的单位众多，市区主要有恒丰、凌志等建筑设备租赁企业及几家建筑钢模租赁站，武进有凯达建筑设备租赁、正大钢模租赁等3家租赁单位，金坛有联友钢模租赁、桥东钢模出租等建筑设备租赁机构5家，溧阳有建筑机械设备租赁、建筑设备租赁和永强钢模租赁3家机构。2010年，全市有江苏正和达丰、友谊、百佳和金坛的广浩建筑等设备租赁企业多家，有建筑设备与原料租赁站、经营部11个。

文化及日用品出租 2000年，全市书刊音像出租大多为个体小店，大多销售、出租书刊、音像制品等，有八方书刊、三辰影库音像电子连锁、慧慧音像等店铺。2008年末，全市仅有文化及日用品出租法人单位1家，完成营业收入20.8万元。

二、广 告 业

常州的广告经营一般与印刷业紧密相连，分为广告设计制作业、广告媒体业和广告装璜材料业。1987年10月，国务院发布了修订后的《广告管理条例》，允许个体户经营广告业务。2008年，全市有广告业机构549个，拥有固定资产2.04亿元、所有者权益5.13亿元，完成营业收入总额6.3亿元，实现营业利润2.32亿元、税金及附加2989.1万元，实现税金447万元，全行业职工工资和福利7769.4万元。2009年底，全市广告业经营单位达1013家。

经营单位 1986年底，全市有广告业务经营单位54家。1988年1月，常州市开始执行国家工商行政管理局重新颁布的《广告管理条例施行细则》，严格审批登记广告管理范围、经营资格。翌年，工商部门对全市广告经营单位换发广告经营许可证。1990年，溧阳市有工商注册的电脑打印、复印店1家。1995年，常州工商局开始户外广告登记；同年末，全市广告经营单位发展到259家。2002年末，全市广告经营单位增至621家。2008年末，全市有广告法人单位549个，从业人员3298人，拥有固定资产2.04亿元、所有者权益5.13亿元。2009年底，全市广告业经营单位达1013家，其中广告经营单位843家、其他广告业务单位170家。

经营管理 1986年，全市广告总营业额1066.2万元。1995年，全市广告年营业额达1.36亿元。2001年3月11日，《常州市户外广告登记管理办法》开始施行，常州工商局、常州市广告协会同年举办了首届广

1986—2010 年部分年份常州市广告业营业额统计表

表 19-9-1

年份	营业额(亿元)	比上期末±(%)	年份	营业额(亿元)	比上期末±(%)
1986	0.11	—	2008	6.30	-40.1
1995	1.36	1136.4	2009	12.00	90.5
2002	5.19	281.6	2010	13.9	15.8
2007	10.52	102.7			

告节。1996—2002 年，全市广告业营业收入净增 3.83 亿元，2002 年达 5.19 亿元。2003 年 9 月，市委宣传部与常州工商局、常州市广告协会联办“龙城之韵”广告作品展，举办公益广告大赛。2004 年，常州工商局建立广告监测中心，配备了监测设备和监测软件，从 10 月起开始实施广告监测制度，全面监测媒体广告。2007 年全市广告营业总额达 10.52 亿元。2008 年 9 月，举办了首届常州市大学生平面设计大赛，全市 549 家广告业法人单位完成营业收入 6.3 亿元，实现营业税金及附加 2989 万元、营业利润 9320 万元。2009 年，全市广告营业额 12 亿元。2010 年末，全市广告经营企业单位发展到 901 家，同年全市广告营业额 13.9 亿元。

三、会 展 业

90 年代，常州市政府开始积极发展会展业，建成常州工业展览馆、武进工业展览中心、常州国际展览中心和常州国际会展中心等大型展馆。从 1997 年开始连续举办了常州国际中小企业博览会、中国常州科技经贸洽谈会、中国(常州)国际动漫艺术周博览会、中国光伏会议暨展览会等展会项目均为市政府主办或参与主办。2008 年初，常州灵通展览用品公司被中国展览馆协会评定为展览工程一级资质企业。至 2008 年底，常州专业展览场馆室内展览总面积达 3.3 万平方米。

1992 年 9 月，常州新产品交易会开幕式(摄于 1992 年 9 月)

会展场馆设施　常州国际会展中心　位于新北区市民广场、常州大剧院东侧。与常州奥林匹克体育中心设计为组合式建筑群，是全市单体

2010 年常州市展览设施一览表

表 19-9-2

名 称	规模(万平方米)			启用时间
	总计	室内	室外	
常州国际会展中心	2.00	2.00	—	2008 年
常州人力资源市场	3.20	2.00	1.20	1997 年
常州恐龙园动漫展馆	0.95	0.95	—	2007 年
常州科教城展厅	0.30	0.30	—	2006 年
总 计	6.45	5.25	1.20	

投资最大的社会事业项目，总投资14亿元。2008年8月建成投用，总面积约2万平方米，设有5个展厅、标准展位1000个。举行大型会展时展位可拓展到体育馆比赛大厅和训练馆，总数可达1300个。曾举办2008中国常州科技经贸洽谈会、第二届中国太阳能节暨第六届中国国际太阳能秋交会、第十届中国太阳能光伏会议暨展览会。

常州市人力资源市场 位于常州高新科技园内，前身为常州国际展览中心，1997年建成，总建筑面积2万平方米，分A、B、C 3个馆及1.2万平方米的露天展场。B、C两馆可分别布设标准摊位112个、318个。可承办大型展会和举办多个独立展会。

常州恐龙园动漫展馆 位于中华恐龙园，2007年建成。展区内有8个展馆，总占地9500平方米，可容纳500个标准展位。展区划分为产业区、互动体验区和动漫衍生产品交易区，可满足参展城市、参展商、专业买家和普通观众的需求。

常州科教城展厅 位于常州科教城，2006年建成，是常州展示先进科技创新成果、促进产学研结合的平台。展馆总面积约3000平方米，可分两层布展。

会展活动 90年代中期以后，随着国际经济一体化进程的加快，有实力的常州企业开始自发参加一些国际知名展会，中国对外贸易促进委员会（简称“贸促会”）常州分会积极组织常州企业参加境外展览。2004年以后，中国贸促会常州分会每年组织三四个30人以上的规模团队参加德国科隆五金展、美国花园五金用品展、巴西电子元器件展等世界知名展会。2005年，本地展览主要集中在家具、照明灯饰、自动化及仪器仪表、汽车、摩托车及配件等行业。常州会展从2006年开始延伸到地板、太阳能、动漫等产业。2007年，全市举办展出面积达3000平方米的展览22场，总展览面积20万平方米。2008年，规模以上展览因经济形势严峻降至18场，总展览面积25万平方米。2005—2008年，全市举办建筑装饰、照明灯饰、家具、机床及模具制造、动漫及高新技术、人才招聘等10多个领域的展会近100场。

中国国际中小企业商品博览会在常州举办（摄于2003年3月）

2008年在常州市举办的部分会展统计表

表19-9-3

产业类别	总量		产业类别	总量	
	项目数(场)	所占比率(%)		项目数(场)	所占比率(%)
合　计	18	100.0	建筑装饰	1	5.5
综合类	3	16.7	房产交易	2	11.1
能源产业	1	5.5	服装产业	4	22.3
动漫产业	1	5.5	汽车产业	1	5.5
磨具与机械制造	5	27.9			

中国常州科技经贸洽谈会 2005年开始举办，由常州市政府主办，每年9月下旬在常州国际展览中心、国际会展中心和常州科教城等展馆举行，为期3天，至2010年连续举办6届。集中展示常州制造业发展成果，推介开发园区和重大项目，成为常州对外交流、创业创新和产业升级的平台和规模最大、档次最高的会展项目。

中国（常州）国际地板博览会 2007年开始举办。博览会打造集产品展示、采购洽谈、资讯传播、宣传推广于一体的国际产业展示平台，展会与横林地板城联动。2009年的展览和交易场所设在全国大型交易市场横林地板城内。

中国湖塘纺织首届博览会 2007年6月10—12日举办。有中国纺织产业集群经济与专业市场发展论坛、“新光之星”世界超级模特大赛及153家本地企业参加的面料、服装、纺织机械展等6项主题活动。1000多位海内外客商参加，签订纺织品贸易、纺织企业合资合作、产品科技开发领域24个项目，其中合资合作项目5个、协议注册外资5290万美元，科技合作项目4个，供货合同5个，交易额15亿元。

2007中国武进·邹区灯具节 2007年11月2—3日举办，有10多个省市和国外客商代表，全国知名灯具市场、灯具企业的负责人及1000多名客商参加，展览和交易场所均设在邹区灯具城内。

中国国际太阳能秋季交易会 由大美国际资讯从2004年开始举办，中国太阳能光伏展览会自2007年起与中国太阳能节、太阳能秋交会同期举行，每次举办行业高峰论坛、技术创新论坛、人才交流会、科普展等系列活动，至2010年连续在常州举办8届。2009年的第三届太阳能节（第七届中国太阳能光伏展览会）首次将光热、光伏产业紧密结合，500多家企业参展，展出新产品、新技术300多种。

中国（常州）国际电动车自行车及零部件展览会 由青岛美奥文化传播公司主办，2007年6月在常州人力资源市场（原常州国际展览中心）举行。该展览会旨在为电动车相关企业提供展示产品、宣传企业形象、开拓市场的平台。

常州国际印刷包装工业展览会 由常州市包装行业协会主办，常州领越展览服务公司、常州新达展览服务公司等企业承办，至2009年已连续举办七届。展会立足常州，直接面向无锡、苏州、南通、杭州、嘉兴等苏南及环太湖地区的广阔市场。

常州住宅产品交易会 由常州市房管局主办，1993年开始至2010年常州房地产市场累计举办了17届。2005年开始由较为单一的房交会升格为包括多个行业的住宅产品交易会。2010年5月20—24日举办的第六届交易会，36家房地产开发企业、14家房地产中介机构和17家建材装饰企业参展，参展楼盘45个，展示总面积675.5万平方米，为历届住房产品交易会之最。

四、其他商务服务

信息咨询与调查 2004年，全市有信息咨询服务法人机构446个，拥有从业人员2302人，资产总额6.44亿元。同年完成总收入2.77亿元。2008年，全市有咨询与调查业法人单位524个，从业人员3812人。

投资开发、建设环境工程咨询 2005年，全市有投资开发、建设环境工程咨询机构14家。主要提供编制投资估算，建设投资项目策划、可行性研究，编制和审核建设工程估算预算决算，建设工程招投标技术、造价、材料、设备等咨询与代理服务，工程建设监理，环境工程设计、设施运行管理、设备销售等论证、培训，工业园区投资开发和管理。

财务会计、资产评估咨询服务 2005—2010年，全市有财务会计、资产评估咨询服务机构10家，主营企业策划、投资、商务、财税政策、审计和管理等方面的咨询培训，建账建制，财务会计代理记账、管理咨询与培训，土地和房地产评估，征地代理，土地权属变更代理，企业产权经纪等业务。

科技咨询服务 2005—2010年，全市有公司制科技咨询服务机构近20家，主要开展电子通信技术、计

算机技术、多媒体、电力技术等的开发、改造、转让、咨询服务及维修；软件产品开发测试，计算机系统集成及网络工程咨询；铁路专用设备、液压件、开关、环保等设备的研制、检测、安装调试和维修及中央空调技术与综合技术服务等。

第二节　中介服务业

80年代，常州地区律师、会计师事务所等中介服务组织逐渐兴起。90年代初，拍卖、典当、审计、税务、资产评估、工程造价、产权交易和商会等中介服务性的事务所、交易所在常州开始快速发展，中介服务机构主要有自律性行业组织、市场交易中介服务组织和市场监督鉴证机构。职业经纪人逐渐在武进、金坛农村和城市部分行业产生。21世纪初叶，粮食、蔬菜、证券、房产等行业纷纷出现经纪人。2002年7月26日，武进区成立经纪人协会。该区同年发展注册经纪人692人，其中农村经纪人300余人，撮合商品成交额25.6亿元。2004年底，全市法人中介组织发展到2489家，其中自律性行业组织（专业性团体和行业性团体）640家、市场交易中介服务组织878家（主要集中在旅行社、运输代理、广告业、房地产中介、职业中介服务等行业）、信息咨询服务机构446家、市场监督鉴证机构294家。全市中介组织从业人员总数1.91万人，其中市场交易中介7214人、市场监督鉴证中介5518人、自律性行业组织2042人。全市中介组织拥有总资产71.33亿元，其中市场交易中介43.49亿元、市场监督鉴证中介17.52亿元、自律性行业组织1.28亿元。全市法人中介组织完成营业收入27.82亿元，其中市场交易中介、市场监督鉴证中介分别完成13.19亿元、8.52亿元。2007年，武进区有注册经纪人814人，促成交易额28.6亿元。金坛有中介机构301家，从业人员1000余人。2009年，全市法律服务、知识产权、职业中介等中介服务机构完成营业收入1.9亿元。

一、法律中介

2002—2004年，全市法律服务人员累计办理法律案件、事务11.38万件，为社会挽回和避免经济损失约12亿元。2003年，全市法律服务完成业务收费7000万元、利税1800万元。2004年，全市有法律服务法人机构231家，从业人员2030人，完成总收入2.32亿元，实现法律服务业务收费9862万元、利税1300余万元。

律师事务　1980年，中国律师制度开始恢复运行，常州当时仅有6名律师。1985年，全市专职律师增至49人。1986年9月、1988年10月和1990年8月，司法部组织3次全国律师资格统考，常州市有94人经考试合格取得律师资格。80年代初，常州成立首家全民事业专职律师事务所。1988年7月，常州市成立全省首家合作制律师事务所。1993年，全市新增律师事务所6家，年末总数增至11家，律师发展到55人，其中专职律师48人。1994年12月，全市首批合伙律师事务所天罡律师事务所、新联律师事务所经省司法厅批准成立。1995年，常州延陵、金坛诚德、溧阳天目湖3家合伙制律师事务所开业。前黄镇法律服务所改制成立全市首家乡镇律师事务所前黄律师事务所，全市律师事务所年底增至26家。2000年，全市7家国资律师事务所脱钩改制，新组建为6家律师事务所。同年全市律师事务所发展到34家，其中合作所5家、合伙所29家。2002年5月28日，江苏博爱星律师事务所在上海设立常州首家市外律师事务所。2003年3月3日，常州律师网开通，成为省内首家地级市律师网站；4月11日，常州市WTO实务咨询中心在市律师协会成立。2004年，全市律师在法律事务中挽回和避免经济损失3亿多元，完成法律业务收费9862万元、利税1300余万元。2005年，全市有律师事务所47家，律师483人。2005—2010年，全市律师办理法律事务10.81万件。2010年，全市有律师事务所74家，有执业律师813人，其中兼职律师30人。2009—2010年，全市律师累计自办法律援助案件1864件。

法律服务 1987年，武进出现常年法律顾问，在民事案件、刑事案件和其他案件中，为原告、被告双方提供法律代理服务，为一般民事纠纷提供法律咨询与服务。1996年，武进市律师事务所担任291家大中型企业、外资企业和乡镇骨干企业的常年法律顾问，办结诉讼代理案件1269件，挽回或避免经济损失2.4亿元。2005年，全市有基层法律服务所62家，办理法律事务2637件。2005—2010年，全市基层法律服务工作者累计办理法律事务2.47万件。2007年，全市实现法律服务收费849.89万元。2009—2010年，基层法律服务工作者累计担任单位法律顾问1701家次，最高的2007年办理法律事务5393件。2010年，全市57家基层法律服务所有从业人员329人，办理法律事务4639件。

2005—2010年常州市法律服务机构与活动一览表

表19-9-4

年份	机构(家)	执业人员(人)	法律顾问(家)	办理案件(万件)	年份	机构(家)	执业人员(人)	法律顾问(家)	办理法律事务(万件)
2005	47	483	—	1.55	2008	—	—	4255	2.07
2006	—	—	—	1.57	2009	68	712	3405	1.89
2007	—	—	—	1.59	2010	74	813	3827	2.14

公证服务 2005年，全市有公证处6家，办理公证案件2.45万件。2006—2010年，全市公证机构办理公证业务15.14万件。2007年，全市公证机构完成公证业务收费1011.58万元。2010年，全市有5家公证处，有公证员31人，办理公证业务3.65万件。

司法鉴定 2004年，全市有64人持司法鉴定人执业证书，业务收费突破100万元。2006—2010年，全市司法鉴定机构办理司法鉴定案件1.52万件。2006年，全市新设司法鉴定机构2家、司法鉴定人员17人。2007年全市司法鉴定案收费达291.8万元，最高的2008年办理3319件，为社会避免和挽回经济损失5.6亿元。2010年，全市6家司法鉴定机构有从业人员72人，鉴定案件2935件。

二、人才劳务中介

人才中介 1992年11月，常州市人才市场成立，3个辖县市相继建立人才市场。1998年以后，人才市场招聘形式日渐多样化，开创了“网络＋现场＋媒体＋委托”全方位招聘模式。每周六、周日分别举办综合性人才招聘会、专场人才招聘会各1场，每月下旬举办大型人才招聘会1场，每季度举办网上人才招聘会、公益性大中专毕业生就业洽谈会各1场，每年举办高层次人才招聘会1～2场。年均有6000家用人单位现场设摊，提供职位10万多个，应聘者达20万人次。人才市场开拓猎头服务、人才派遣、人事外包等服务，满足民营、外资、独资企业快速发展对总经理，财务、人力资源总监(经理)，生产、采购、供应链、客户、品质管理、工程部经理和资深工程师等“高、精、尖、偏”精英人才的需求，受到客户欢迎。2002年开始，常州人才派遣公司开展人才派遣业务，为近百家企业提供派遣服务5000余人次。至2004年底，常州建成常州人才网站、《常州日报》“人才市场”专版、常州电视台图文频道《人才市场》专栏、常州广播电台《人才供求双通道》节目、人才信息咨询热线1602260和招聘现场彩色电子显示屏6个信息传播渠道，基本形成多层次、立体化人才信息发布系统。

2007年前后，年均引进人才1.5万名，基本满足经济社会发展对人才的需求。至2010年，该市场累计举办招聘会1500场次，交流人才50万人次，常州市90%以上的引进人才通过市场配置完成。

劳务中介 1988年，常州市开始建立劳务市场，有11.66万人次到市、县区劳务市场进行待业登记、就业报名，其中7.95万人次通过劳务洽谈交流就业。1993年12月8日，市劳动局举办全市首次企业富余职工余缺调剂活动，探索用市场机制安排企业富余职工就业。32家企业参加洽谈协商，293名富余职工当场办理调动手续，162名职工签订跨行业、跨单位借用协议。90年代中后期，常州公有制企业全面转制，城镇和社会待业人员增多，促进了劳务中介服务发展。

1996—2000年，市政府培育、建设和完善全市劳动力市场，实行职业介绍机构人员持证上岗制度，规范市场运作秩序，各区相继开办了社区服务业专项劳动力市场。1996年，市劳动局举办下岗职工专项招聘会4场，504家单位进场调剂办理用工需求手续。全市同年取缔非法中介机构16个，举办劳动力市场用工活动227次，其中招聘下岗职工专项活动19次。1365家单位进场招聘，提供岗位1.94万个，累计有4.14万名下岗、失业职工进场应聘。2000年，市再就业服务中心市场每周四组织较大规模招聘活动，组织大型招聘下岗、失业人员洽谈会，提供就业岗位1.18万个，有1.02万人与用人单位达成意向，全市劳动力市场提供岗位4万余个。

2001年，全市劳动保障部门促进多渠道、多形式就业，组织3600家用人单位提供就业岗位4.9万个，其中市区举办大型下岗、失业人员再就业援助劳务招聘洽谈会7场，组织700余家用人单位进场，提供就业岗位1.2万个，使8000余人再就业。在社区就业、劳服企业、小企业、生产自救基地和个私经济组织等开发就业岗位1.3万个，在社区服务岗位就业2万余人。2004年，开发餐饮娱乐、商贸流通等行业就业岗位，市职业介绍中心组织2240家单位进场，招聘5.2万人次。推动常州、盐城两市加快劳务对接，举办大型劳务输出招聘会4次，帮助4299名盐城劳动力达成就业意向。全市吸纳苏北劳动力4.88万人，其中盐城2.46万人；实现跨地区劳务输出1.18万人。2005年，全市公共职介机构组织5678家用人单位进场招聘，提供岗位12万余个，推荐介绍2.2万人。至年底，全市有职业介绍机构160个，其中公共职业介绍机构9个、镇(街道)劳动保障所办机构90个、社会力量办61个，劳动力中介机构信息网络覆盖到全市。全市完成农村劳动力转移输出就业1.2万人，吸纳苏北劳动力4.89万人。

三、房产中介

2005年，常州房屋担保置换公司作为全市首家房产交易中介机构备案。2006年，常州始有注册的房地产经纪人，至2010年，全市有18人获得房地产经纪人资格，开展房地产咨询、代理、物业、经纪和综合服务。2010年，全市备案的房地产中介机构发展到80家，其中武进6家、新北20家、天宁29家、钟楼23家、戚墅堰2家。

武　进　2010年末，武进共有东亚房产、乐购房产、凌峰房产、信文服务、明星房产、神通房产6家备案的房地产中介机构房产代理公司。

新　北　2005年，常州滨江房地产代理公司在新北区巢湖路成立。至2010年末，新北区还有灵通房地产代理、联盟房地产咨询等20家备案的房地产中介机构。

天　宁　2005年，常州房屋担保置换公司在延陵东路麻巷东首成立。2010年末，天宁区有东亚、灵鸽、美联、兰陵、诚信、真诚美好家园等29家备案的中介机构。

钟楼区　2005年，常州市鸿安房地产营销公司成立。至2010年末，钟楼区备案有中信、新时代、快乐、乐居、阳湖、中天、天润、新联盟、顺驰等23家房地产咨询、代理经纪公司。

戚墅堰　2010年共有两家备案的房地产中介机构，分别是常州市常居房地产营销策划公司与常州市恒丰房产经纪公司。

溧　阳　2000年，溧阳市有房屋租售中介服务注册机构5家，2007年发展到83家。如金点中介、爱家房产、恒大房产、天成房产、欣欣中介、金润投资咨询等。

四、会计税务审计中介

会计师事务所　1985年12月，常州会计师事务所建立。到2005年，全市会计师事务所发展到20多家。2007年，武进区有会计事务法人单位10家，溧阳市注册会计师事务所4家。2010年，全市有会计师事务所30多家。

常州会计师事务所　1985年12月成立，有专职人员70余人，其中具有注册会计师资格达50%。1990年底，在城区设3个分部和戚墅堰区办事处，在武进、金坛两县和溧阳市、郊区各设分所1个；有人员63人，其中注册会计师10人、会计师和经济师以上职称的41人，年业务收入35万元。1995年4月，该所获得财政部、中国证监会批准，成为常州首家具有证券相关审计业务、取得上市公司审计资格的会计师事务所和中华会计师事务所(群体)成员。1998年，成立常州正大会计师事务所，撤销常州会计师事务所。

常州恒盛会计师事务所　1997年5月成立，为全民所有制中介机构，主要承办会计查账验证、会计咨询服务、资产验证、资产评估、财务会计培训、税务代理等业务。

武进永嘉会计师事务所　前身为武进审计事务所，2003年更此名，从事会计报表审计、注册资本验资、代理纳税申报、代理记账、资产评估、培训管理人员等。

溧阳众诚会计师事务所　成立于1986年，前身为江苏溧阳会计师事务所。有注册会计师10人、资产评估师和造价工程师各6人、房地产估价师3人。具有审计验资、资产评估、工程造价咨询等资质。

税务事务所　1992年6月，常州市税务事务所成立。1997年5月8日，具有独立法人资格的常州恒盛会计师事务所挂牌成立。该所为全民所有制事业单位，隶属于常州市地税局，主要负责承办会计查账验证、会计咨询服务、资产验证、资产评估、财务会计培训、税务代理、受聘会计顾问、设计会计核算办法、受理建账建制等业务。1999年，武进市税务事务所改制。2000年后，武进市中税税务师事务所改制为常州市国瑞税务师事务所公司。到2005年，全市有常州市税务师事务所和金瑞、开元、永佳、国瑞、德威、泰瑞等近10家税务师事务所。

1999年，税务代理中介机构开始实行市场化运作。2000年起，根据国家税务总局关于清理整顿税务代理行业的总体要求，常州市的所有税务代理机构全部与税务管理部门脱钩改制。6月，脱钩改制后的首家税务事务所常州开元税务事务所成立。开元税务事务所是原常州市地方税务事务所中具有中国注册税务师及有关执业资格的职工出资组成的有限责任公司。至2010年，在常州从事税务代理的税务中介机构发展到23家。

常州市地方税务事务所　1995年11月成立，为全民事业单位。开展代理业务有办理、变更和注销税务登记，纳税申报或扣缴税款报告，缴纳税款、申请退税，建账建制，开展税务咨询，受聘税务顾问，申请税务行政复议或诉讼。

常州市税务事务所　1992年6月成立，为全民所有制事业单位。执业人员主要有执业税务师和高中级经济师、会计师等，主要代理税务登记，申报纳税，减免税申请，建账清账，税务查证，税务评估认证，申请税务行政复议，进行税务行政诉讼；担任有关单位常年税务财务顾问；承办税务、账务、财务咨询培训、查证等服务。

审计事务所　1987年，常州市审计事务所成立。1992年10月，常州市新区审计事务所成立，下设常州新区三井乡审计办事处、常州市基建审计事务所开发区分所、常州新区农村集体资产评估事务所。1999年，武进市审计事务所改制。到2005年，市区有常州市审计事务所、基建审计事务所、破产清算审计事务所和武进、新北、天宁、钟楼、戚墅堰5个辖区审计事务所。

常州市审计事务所　1987年2月成立，有专业技术人员75人，其中注册审计师和注册会计师25人。1995年，完成资产评估项目57个，评估资产总值6.3亿元，通过评估增值2.15亿元。在对常州东风印染厂的整体评估、常州制药厂的“火炬”基金项目评估等10余个重大项目的评估中，得到客户、国资和体改部门的好评，跨入全国“百强”审计事务所行列。

常州市基建审计事务所 1993年9月成立，原为市审计局下属的全民所有制事业单位，有高中级工程师6人、会计师和审计师4人。主要开展房地产、桥梁、道路和房屋拆迁等项目的审计查证、审计咨询和工程咨询等业务。1995年9月，设立新区分所。

常州市破产清算审计事务所 1996年8月成立，主要是受托承办企业因破产、兼并、解散、停业所需的审计事务，代理承办破产申请，编制破产企业人员流向、财产分配、拍卖、转让、变现等方案。

五、资产评估中介

1991年，常州资产评估事务所成立，主要从事资产评估、会计查账、财务咨询等业务。1994年4月，该所成为中国资产评估协会会员，8月获得从事证券业务的资产评估资格，为全省第五家获得该项资格的评估事务所。同年，常州市资产评估事务所成立。1997年4月，该所被省工商局、科委、科技咨询协会联合认定为

2010年常州市土地房地产评估机构一览表

表19-9-5 单位：人

机构名称	法定代表人	从业人数	机构名称	法定代表人	从业人数
一级（5家）					
江苏中证土地房地产评估造价咨询公司常州分公司	王　军	12	江苏金宁达恒土地房地产估价咨询公司常州分公司	王俊国	—
江苏鑫洋土地房地产评估公司	潘建春	17	常州物业房地产评估事务所公司	孔　群	26
江苏首佳房地产估价咨询事务所公司常州分公司	叶亚舟	—			
二级（16家）					
常州基建土地房地产评估咨询公司	陈卫华	11	常州市嘉和房地产评估咨询公司	周秋芬	—
常州江南房地产评估事务所公司	周　俊	11	常州永申房地产评估公司	顾秋平	25
常州市延陵房地产评估事务所公司	丁顺皋	10	常州中瑞房地产估价公司	戴志平	10
常州滨湖土地房地产评估测绘公司	谈　伟	10	江苏常度房地产评估咨询公司	汤　立	—
常州正信房地产评估事务所公司	张仁育	4	江苏国联土地房地产评估公司	袁　杰	12
金坛市金房房地产评估事务所公司	李小兵	17	溧阳市天目房地产评估咨询公司	潘勇超	7
常州鲲鹏土地及房地产评估咨询公司	卜伟兴	11	常州信达房地产评估造价咨询公司	姚江涛	7
常州新大陆房地产估价事务所公司	吴小准	—	江苏常地土地房地产评估公司	舒友林	16
三级（9家）					
常州市常联房地产估价公司	徐文元	—	常州中南房地产评估公司	吴伟健	5
常州普华开瑞房地产资产评估公司	姜逸峰	5	金坛市易和土地房产评估公司	于　燕	8
常州天常孜信房地产评估咨询公司	顾风林	13	金坛金鼎房地产估价公司	陈建新	—
常州常申房地产估价与资产评估公司	李德标	13	溧阳市众诚工程咨询房地产估价公司	史　俊	—
常州市武进建苑房地产价格评估事务所公司	巢学勤	12			

AAA 级咨询机构。到 2005 年，市内有江苏中天资产评估公司和常州资产评估公司、国联资产评估事务所、无形资产评估、普华资产评估、戚墅堰区农村集体、金大地土地、信达房地产等 10 余家资产评估事务所。常州资产评估事务所累计评估立项项目 167 个，评估资产原值 13.23 亿元，净值 10.4 亿元，重估值 23.99 亿元，净增值 13.58 亿元。2010 年末，全市拥有三级以上资质的资产评估机构 30 家，其中一级 5 家、二级 16 家、三级 9 家。

六、造价咨询中介

常州工程造价咨询服务始于 50 年代。80 年代中期，全市仅有中国建设银行常州分行开展这项业务。到 2005 年，全市工程造价咨询企事业单位发展到 40 多家，其中甲级资质 3 家、乙级 36 家、省甲级驻常分支机构 1 家；主城区 26 家、武进区 8 家、金坛市 4 家、溧阳市 2 家。

中国建设银行股份公司常州分行 为甲级咨询中介服务机构，是常州最早、唯一获得建设部批准的造价咨询和招标代理双甲级资质的造价咨询机构，也是常州纪检监察、审判、检察、仲裁和工商机关指定的工程造价鉴定部门。拥有专业技术人员 32 人，其中注册造价工程师 20 人、注册咨询工程师 8 人、注册监理工程师 4 人、注册房地产评估师 9 人，高中级技术职称人员 28 人。2001—2005 年，累计完成工程造价咨询业务 280 亿元、招标代理业务 60 多亿元，影响较大的项目有常州市行政中心、体育中心、常州大剧院、常州大酒店、国贸大厦、富都盛贸大酒店、天宁宝塔、南大街改造工程、常州科教城等省、市重点项目。

常州安厦工程项目管理公司 甲级资质咨询服务企业，原隶属常州高新区建设局，2001 年改制脱钩。有国家和省注册监理工程师 68 人、国家注册造价师 15 人、高级工程师 45 人。

常州建安造价师事务所公司 原隶属常州市工程造价审核服务中心，2001 年 7 月改制，为乙级资质。有注册造价工程师 11 人、中高级职称人员 22 人。

七、产权交易中介

1996 年 7 月，常州市产权交易所组建成立，隶属常州市财政局。至 2004 年，市产权交易所为全市唯一的产权交易机构，累计完成产权交易项目 734 个，盘活资产 360 亿元，安置职工 9.63 万人。2005—2010 年，常州产权交易所探索开展产权、债权、金融和行政事业资产处置等业务。交易品种从传统的股权、物权向债权、拆除权、租赁权等品种扩展，与中国银行常州分行在全市率先开展并购贷款业务。设立股权托管中心，为非上市股份公司提供股权登记托管服务。制定实施《低值废旧物资竞价交易办法》，在全省率先采用互联网电子竞价方式处置行政事业资产。2009 年完成省市区行政事业单位资产项目 65 项，处置收入 7007.24 万元。2009 年底，建成综合性交易服务平台，包括企业和技术产权交易，专利展示、动漫产权和金融资产交易，招标投标服务、资产拍卖、投融资服务、电子竞价、股权托管和立体化信息发布 11 个子平台。2009—2010 年，常州产权交易所累计完成产权交易、招标采购项目 1235 项、总额 26.05 亿元。

八、婚姻中介

2010 年，全市有婚姻服务中介机构 27 家，其中武进 3 家、新北 1 家、天宁 8 家、钟楼 8 家、溧阳 7 家。天宁区分别是位于周线巷 24 号的惜缘婚介所、市老年活动中心中老年婚介所和劳动南村的惜缘婚介所、关河东路大成大厦的逑缘婚介中心关河东路店、延陵东路 518 号天宁商都的家缘天地婚介服务公司、武青北路听松大厦的感岛之恋婚介所、康云明居的花轿喜庆及晋陵中路新天地的商业广场安琪尔婚介所。钟楼区分别是位于清潭路和劳动中路的两家惜缘婚姻介绍所、荆川东路的双喜婚介所清潭分所、广成路的圆婚介交友中心、清潭路的人杰婚介所、青果巷长安大厦的玫瑰园婚介所、西直街 48-25 号的鹊桥婚介所、公园路的庄老师婚介所及广化街天禧商务楼的维情婚姻服务公司。武进城区分别是武宜北路的聚湖桥婚介中心、湖塘街 219

号的牵手婚介所和武宜北路的华泰婚介所。新北区主要有河海东路的相爱婚介所。溧阳市有爱心鹊桥、爱琴海、扛天婚介、映山红婚介服务部、第一红娘玫瑰之约婚介中心等。

第三节　居民服务业

1988年9月8日，市政府召开新中国成立后首次全市城市浴室、理发、茶水行业工作会议，颁布《常州市扶持浴室业、理发业、茶水业的若干规定》，推动全市居民服务业较快发展。此后，居民服务业行业门类不断增加，中介、修理、家政服务、医疗诊所、药店、车辆美容、干洗店等行业迅速恢复和发展，小吃店、小商店、修理店遍及各社区。1998年，全市理发、修理等社会服务业个体工商户发展到1.27万户、私营企业424家，从业人员总数达2.56万人，实现营业收入总额9.55亿元。2000年以后，全市修理、家政服务、医疗诊所、药店、车辆美容、干洗店等新兴行业迅速增加。2010年，全市居民服务等行业增加值比重和对经济增长的贡献率仍低于传统行业。

一、美发美容

80年代前，常州美容美发店甚少，大多为理发店或者剃头店，服务对象主要是男性顾客。1985年，溧阳城区有集体所有制理发店4家，铁盘转椅74张，职工80人，乡区(含个体)有378家，从业人员520人。1986年，武进县各街镇有理发店(俗称剃头店)552家，从业人员718人。1988年，常州城区明星理发厅开张，改造华安等6个理发店。至同年9月，城区有理发店263家，其中个体238家，理发难矛盾有所缓和。1990年，全市工商注册有美容美发店27家。1991年，全市理发业有服务机构2453个，其中市区688个；从业总人数3069人，其中市区947人。1992年，小高美发、马玉美容店等私营美容美发店发展迅猛，大多兼营理发、烫发、染发和美容，服务对象侧重女性顾客，后来发展到专业美容院、连锁经营店。1998年，市区美发企业有美容美发师11人，其中特级、一级各两人。

2000年以后，男性美容美发成为时尚。2000年，全市工商注册的美容美发店发展到473家，2007年达到1330家，较有名的有张华美发、王小凤美发、朝晖美容等，出现了扬子一把剪、超妍美容等连锁企业。到2005年，全市有美发美容店近4000家，美容美发经济逐步成为继房地产、汽车、电子通信、旅游之后的第五大消费热点。2007年，全市有美容美发师10人，其中特级6人、一级2人。2010年，全市有美发美容企业、个体户近4000家。

技术水平　2005年，全市美发美容行业有中国美容大师1人、国家级评委2人、省级评委6人，高级技师9人和技师15人，有省优秀企业家8人、省明星企业家3人。2006年10月，省劳动和社会保障厅、省总工会等部门与省美发美容协会联合举办第十二届江苏美发美容节暨第八届江苏省美容美发美甲大赛，常州的小高美发连锁店、杨氏美容、剪易坊大昇造型连锁店、马玉美容中心、陈燕美源空间等10多家单位20位选手参赛，获得时尚发型、新娘妆、绣眉、美甲等项目的金奖5枚、银奖4枚和铜奖、名师名店奖7枚。2007年6月，常州参赛选手摘得全省首届发型化妆大赛金奖2项、银奖5项、铜奖4项和最佳表演奖1项；11月，花之裕的马翠翠、杨氏美着色中心的李明真、小高美发连锁的朱长亮和杨飞，罗军发型的罗文荀获得全省美容美发行业年度大赛金奖，杨飞获得全场总冠军，常州选手获银奖、铜奖各2项；朱志英、高庆峰、马玉、王军、罗军、陈红梅、陈燕担任大赛裁判长、裁判员。至2010年，常州市美容美发业选手摘得全省、全市6次大赛金奖15个、银奖19个、铜奖19个。

二、沐 浴 业

90年代常州地区沐浴业开始兴盛，此后称呼众多：浴室、浴场、洗浴中心、休闲中心、温泉会所、娱乐休闲会所、水疗馆等。主要经营洗澡、擦背、按摩等服务，兼营足摩足疗、自助餐、客房、棋牌等服务。

浴　　室　分为普通（普浴）和高档（桑拿）两种，一般设有大池、淋浴。1988年，常州城区有浴室14家，浴位2918个，初步缓解了市民洗澡难的问题。1992年，全市浴池业有服务机构141家，其中城区20家；从业总人数757人，其中城区311人。2007年，武进区规模较大的浴室浴场有湖塘太阳岛、奔牛恒泰、焦溪民乐、普天浴洗、南都假日等16家。2010年，常州主城区较知名的浴室浴场有美林（山水店、兰陵店）、东方盛世、天德、地中海、水立方、北乐等数十家。溧阳市区有新华盛会、铭洋御浴、热带雨林、大浪淘沙、在水一方等。

桑拿浴　2000年以后，常州浴室纷纷引进桑拿浴。2010年，城区有铭源康（清潭路、和平北路）、御丽丰（韩式，湖塘乐购、劳动西路）、尚源等汗蒸养生会馆。

温泉浴　常州城区有恐龙谷温泉、花都水城等温泉浴场，溧阳有天目湖御水温泉等。

恐龙谷温泉　位于新北区河海东路。占地18.67公顷，一期开发4.67公顷，投资近2亿元，设温泉主题公园、会议中心、餐饮会所、温泉定食餐厅、SPA芳疗美体康娱等项目，生态温泉群包括主题龙池、林雾温泉、草坡温泉、贵宾温泉别院4个汤区，设有精油池、花瓣池、漩涡池、云涌池、亲亲鱼池、火岩床、泉蒸浴等露天泡池近40个。园区分布泉石亭榭、花树果草，有金玉环壁、龙池生烟、灵雀暖巢、三叠漱玉、苔壁水镜、雀林清音、洞天日归、幽潭积雾八景。

花都水城温泉　位于武进区青洋南路与延政东大道交会处南侧，起伏的山丘上分布着按泡制药材艾叶、当归、薄荷、灵芝、人参、芦荟、红花等命名的16个药疗池。建有以稻、黍、稷、麦、菽五谷命名的5栋传统建筑风格的生态别墅，古树参天，环境幽静，融于自然生态，内含单独温泉池。

天目湖御水温泉　位于溧阳市南山竹海景区，属碳酸氢钙型温泉，占地11.73公顷，分为温泉综合区、五星级度假酒店区、诊疗与体育区4区，设有加料池、动感池、情侣池等5个大泡池区、52个户外泡池及贵宾SPA区、15个带独立温泉池的SPA房。

足浴店　2000年左右，常州渐现足浴之风，足吧、足浴门店遍布城乡商业街区、居住小区。较有名的规模化足浴店有重庆富侨和家贵富侨、江南和江南良子等，提供洗脚、扦脚、足摩、刮脚、修脚、挖耳和按摩等服务。2007年，溧阳市有注册登记足浴机构174家，其市区较有名的足浴店有大汉松骨足浴店、上德足疗会所、新紫霞足浴休闲会所等。至2010年，城区的常州大酒店、富都商贸饭店、金陵明都大饭店等高中档的宾馆、酒店（饭店）均设足浴房，宾馆附设浴室亦提供足浴服务。

三、汽车服务

改革开放后，随着经济的发展和百姓收入的提高，汽车成为人们常用的交通代步工具，常州汽车服务业迅猛发展。2000年以后，部分知名4S店、汽修企业组织的汽车俱乐部、车友会开始组织车友自驾旅游，体验驾驶乐趣和生命运动的感觉。

维修检测　90年代中后期，汽车逐渐进入寻常百姓家。2000年前后，随着4S店的兴起，几乎所有4S店都开展汽车维修服务。2002年，全市有一类维修企业68家、二类维修企业256家、三类维修企业1558家。2005年底，全市有维修企业1096家，其中一、二、三类维修企业（业户）分别为97家、327家和672家，分别占总数的8.9%、29.8%和61.3%。2010年，全市有机动车维修业户2152家，其中一类企业176家、二类406家、三类995家，另有摩托维修店575家。全市增加AAA级维修企业26家。

清洗装潢　2000年左右，部分知名维修企业4S店成立汽车俱乐部，专业从事轿车装潢美容业务，并组织车友会。2003年以后，汽车清洗业逐渐兴起，常州城乡主要街镇、要道口、居民新村大多有汽车清洗店，4S店等汽修机构也多提供洗车服务，2005年前后平时每车次价格为5～15元。2010年前后，平时每车次价格为10～20元；条件较好的洗车点有自动洗车机，先由机器慢速冲洗，开出后再由人工擦拭干净，价格在20～30元，法定假日期间价格上浮50%～100%。2010年，全市约有洗车站点3000多个。

加油加气　1990年前，常州武进地区有加油站14家，溧阳市有3家，金坛市在20世纪90年代初开始陆续兴建加油站。2000年，溧阳市加油站发展到60家。2005年底，常州武进地区加油站发展到237家，其中武进区发展速度最快，有177家。全市有加油站336家（包括金坛、溧阳市）、加油点118个，其中中石化自有站93家、租赁站32家，中石油自有站7家、租赁站20家。其间，随着部分出租车从燃油改为烧气，部分加油站开始提供加气服务。

四、家政服务

80年代中后期，常州家政业开始迅速发展。服务对象由居民家庭，向企事业单位扩展，服务行业出现多样化和专业化。有保洁、保姆、水电维修、搬家、陪护、钟点服务、家庭教师等，服务专业方便及时。一批家政服务行业率先建立家政服务网站、网业，实现服务信息网络化。

保姆月嫂　进入21世纪，雇用家庭保姆开始在常州盛行。保姆的主要工作是清洗、做饭，带孩子。大多数保姆是个体行为，2005年前后，保姆佣金每月500～2000元。专门护理产妇的保姆专称“月嫂”，时间1个月左右，主顾对月嫂要求较高，但佣金也较丰厚，2010年前后每月2000～3000元。

护工钟点工　子女为身体欠佳的父母雇请保姆作为护工，专门照顾老人的起居、饮食、服药等，每月佣金约800～1000元，随着劳务市场价格不断增长，至2010年底，涨至每月2000～3000元。进入21世纪，雇请钟点工较为盛行。钟点工有定期钟点工和临时钟点工之分，定期钟点工是每天固定几个小时到家服务，有的是每天负责做一顿饭，有的是每天到家清洗；临时钟点工是主人家有事临时雇请人员，约定时间上门服务一次，工资按时计。常武地区每小时30～50元；金坛、溧阳地区佣金约每小时10～20元。

家教补习　90年代开始在常州城镇地区盛行，一般家庭喜欢请有教学经验的在职教师或退休教师，将孩子定期送至教师家中，或由孩子定期前往老师家中。家教普遍按时计费，价格从数十至数百元不等；大学生利用暑假、寒假做短期家教的每小时每生约50元。

搬家清洗　常州较知名搬家清洗企业有青山搬家清洗服务公司、惠好搬家清洗服务公司。溧阳市最大的专业保洁企业为阳光保洁公司。

五、其他生活服务

摄影业　1991年，全市摄影业有服务机构193个，其中市区63个。1992年，全市摄影业有服务机构178个，其中市区57个。进入21世纪，各个乡镇都有了相馆、影楼。随着数码相机的普及，居民拥有数码相机的人数越来越多，很多人自己拍了照片后去彩扩中心洗印，但也有很多人拍照后存放在电脑里，需要时才扩放洗印。

2010年底，全市约有摄影照相公司、店铺62家。如安妮哥蒂摄影馆、王开照相服务部、芝麻开门阿里巴巴摄影店等。

婚纱摄影　80年代开始，青年人结婚时兴去照相馆、影楼拍婚纱照片，一般花费3000元左右。90年代末出现婚纱摄影专业店，化妆、礼服、内外景、相册、裱装等一条龙作业模式，为新人提供结婚留影服务，且拍摄手法日新月异。如台北新娘婚纱摄影店、蒙娜丽莎影楼等。婚纱摄影一次花费上千元，到无锡、杭州、南京等地拍摄外景则需上万元。2010年底，全市约有婚纱摄影机构21家。

儿童摄影　2010年底，全市有儿童摄影公司、店铺10余家。武进区有东风桥头的可爱宝贝专业儿童影苑和定安中路大庆桥堍的金色童年摄影城；天宁区有金宝贝儿童摄影公司、晋陵中路的二千家作聪明宝贝摄影室、武青北路听松大厦的天使贵族儿童摄影店、关河西路的爱你宝贝儿童摄影店4家；钟楼区主要有小豆丁专业儿童摄影会所、延陵西路的金色童年少儿摄影店和双桂坊的常州金宝贝儿童摄影公司；金坛有北京爱你宝贝儿童摄影开设的连锁店。

婚庆服务业 2000年以后，随着人们生活的不断富裕，办婚礼大多请亲朋好友到饭店，婚庆喜庆服务逐渐发展成为独立行业，包括前期的婚纱摄影、喜糖订制，婚礼期间的店堂布置、摄影录像、视频制作、节目设计与主持、文娱表演等服务。2010年底，市区喜庆婚庆服务机构主要有艺苑喜庆、爱之约婚庆礼仪、吉吉木婚庆、好好喜庆文化艺术、罗曼婚庆、红娘喜庆、家有喜事婚庆等。

洗 染 业 1985年，溧阳市有洗染业店铺3家，其中乡区2家。1992年，全市洗染业有服务机构17个，其中市区2个；2007—2010年，全市较知名的干洗店有正章、福奈特、依威特、卡柏等。

修 理 业 改革开放前，常州城乡都有修鞋、修锅、补碗、修伞、修席(凉席)、开锁修锁等修理业个体户，且大多无固定营业场所。80年代起，城乡群众住楼房、住高层住宅者逐年增多，催生了室内马桶、淋浴房、浴缸、洗面池、菜池等专业维修疏通管道、清洗保洁等新兴行业。疏通下水管道以个体为主。90年代，家用电器日益增多，相应出现专业拆装维修空调、热水器保养、检修安装行业。1991年，全市日用修理业有服务机构4059个，其中市区935个；从业人员总数5628人，其中市区1475人。2000年起，摩托车、电动自行车在常州普及，城乡大街小巷、集镇随处可见修理摊点，维修业向摩托车、电动自行车和家用电器、电脑、手机等代步工具、电器电子产品修理业转变。2007年，个体维修业有维修汽车、摩托车、自行车、农机、家电、钟表、电脑、手机、数码设备，及修鞋、屋面防水、配钥匙、缝补等众多行当，总户数约1500户。21世纪后，逐渐专业化，设立几家管道疏通清理公司。

随着常州城镇化的发展和房地产的不断开发和汽车的普及，锁具修理、开启服务需求旺盛。2010年底，全市有开锁、修锁机构17家，其中市区12家，金坛市有1家，溧阳市有4家。

第二十卷 旅游业

Volume XX Tourism

1986 年，常州被国务院列为全国重点旅游发展城市，常州市旅游业从外事接待型逐步转向经营服务型，接待境外游客 9205 人（包括不过夜游客），此后境外到常州旅游的游客逐年增加。1994 年，境外在常州过夜的游客（含港澳台 6125 人）增至 1.65 万人。2000 年中华恐龙园建成开放，被誉为“东方侏罗纪”。进入 21 世纪后，常州相继兴建了新区中心公园、青枫公园等开放式公园，经济社会发展及人文环境的改善吸引大量境外客人到常州旅游。2001 年 9 月常州创建成为中国优秀旅游城市。2004 年、2006 年，溧阳、金坛相继成为中国优秀旅游城市。至 2010 年底，国际动漫游戏体验博览园环球动漫嬉戏谷、春秋文化主题梦幻乐园淹城春秋乐园先后建成开放，常州初步形成以主题公园为特色，乡村旅游、休闲旅游、文化旅游同步发展的旅游产品体系，在中国旅游研究院发布的《中国区域旅游发展 2010 年度报告》中，常州和苏州、南京、无锡跻身“全国二十大绩效高的旅游目的地城市”。全市有国家 AAAAA 级旅游景区 1 个、AAAA 级旅游景区 9 个、省级旅游度假区 1 个、工农业旅游示范点 17 个，国家龙舟竞赛基地 1 个；有旅游饭店 65 家，星级饭店客房总数达 8541 间、床位 1.39 万张；常州民航机场运营常州飞往北京、广州、深圳、沈阳等 10 个城市的航线 10 条，每周执飞航班 162 个。同年，全市接待境外过夜游客 35.91 万人（包括港澳台 4.77 万人）。全市实现旅游总收入 349.72 亿元，实现旅游业增加值 163.98 亿元。

第一章　旅游规划建设

1985 年以后，常州各级党委、政府在旅游业发展过程中，以规划统筹全市旅游业发展，逐步形成包含全市旅游发展总体规划、辖市区旅游发展规划和重点景区总体规划、景区项目规划的全市旅游规划体系。其中，2003 年通过国际招标编制的《太湖湾旅游度假区总体规划》《中华龙城现代休闲旅游区总体规划（2004—2020）》，2007 年获得江苏省旅游规划奖。在推进旅游业项目建设中，采取政府主导、市场化运作的策略，加大对旅游基础设施的建设投入和对部分旅游重点项目的先期投入，迅速打造一批旅游拳头产品；探索旅游景区开发的市场化运作，通过加强招商引资，吸引外资和民间资本进入旅游业，2006 年以后全市旅游项目建设投入保持高位运行，旅游新景区新项目不断涌现。

第一节　旅游发展规划

1994—1995 年，常州市成立旅游规划编制小组，按照国际旅游业的发展趋势，组织编制了全市旅游发展规划，规划发掘和开发新的旅游资源，提出利用和开发市域内自然景观资源，规划建设天目湖旅游度假区、茅山风景旅游区、淹（城）滆（湖）风景旅游区、横山风景旅游区、天宁寺—古运河风光旅游区、新区现代文化旅游休闲区 6 个风景旅游区，搞好景点建设，形成高品位、高价值的旅游地，力争在规划期内把常州建成国内较具吸引力的旅游区。保护利用淹城遗址，逐步修复古运河、近园等古园林，苏东坡终老地藤花旧馆等名人故居和青果巷等传统民居，陆续向国内外游客开放，展现常州悠久灿烂的历史文化。振兴常州旅游事业，建设市域一体化的大旅游框架，先后进行溧阳天目湖旅游度假区、金坛茅山风景区、武进淹城遗址和城北现代旅游区、以天宁寺为中心的老城游览区等景区的规划论证。筹建综合性现代化大型博物馆，继承城市历史文脉，搞好城市景观设计与建设，形成常州城市特色。建设设施先进、服务优质的旅游宾馆。在规划的东经120路与河海路交叉口附近，构思建造表现常州优越的地理位置的东经120度标志塔。2000年9月，市旅游规划专家咨询组成立。2001年，《常州市旅游发展规划》开始编制，3年后正式实施。2003年开始，溧阳、金坛、武进相继组织编制本地总体旅游发展规划，全市主要景区（点）编制了建设规划，武进太湖湾旅游度假区、中华龙城现代休闲旅游区、天目湖旅游度假区（三期）规划通过国际招标，由国外知名设计公司中标编制。2009年4月，开始编制《常州市休闲度假旅游发展规划（2010—2020年）》，次年6月通过专家评审。

一、总体规划

常州市旅游发展总体规划 1995年，市旅游局编制完成《常州市旅游业发展规划（"九五"计划和2010年规划大纲）》，经市政府常务会议讨论通过。2001年，市旅游局委托南京师范大学、北京大学、中山大学等高校联合编制《常州市旅游发展总体规划（纲要）》。2003年12月，以中国工程院院士、东南大学建筑系教授钟训正为组长、多名国内著名专家组成的专家组对规划进行论证评审。该规划涉及范围包括金坛、溧阳两个辖市和武进、新北、天宁、钟楼、戚墅堰5个区，期限为2003—2020年，分近期、中期、远期3个阶段。根据规划，常州将重点实施"2468工程"，即围绕城市商务与景点观光度假两大重心和观光游览、商务会议、休闲度假、文化旅游4个主题，建设天宁风景名胜区、城北现代旅游休闲区、春秋淹城遗址文化旅游区、天目湖旅游度假区、太湖湾旅游度假区、茅山旅游度假区6个重点景区，最终把常州建成以观光游览、休闲度假、商务会议为主导，以"中华龙城"为品牌，以龙城文化与江南湖山之旅为特色，以东亚、东南亚和长江三角洲地区为核心客源市场，具有国际影响力的旅游目的地和华东地区重要的休闲度假胜地之一、全国文化旅游名城，力争进入中国最佳旅游城市行列。该规划2004年11月2日经市政府常务会议批准通过，11月25日经市政府批准实施。

《常州市风景旅游发展规划(2004—2020年)》 21世纪初期，《常州市风景旅游发展规划(2004—2020年)》由南京师范大学和常州市规划设计院共同编制完成。规划利用常州市域江、河、湖、山等自然景观资源和历史文化遗产，以观光旅游和商务旅游为主体，逐步发展休闲度假旅游，争创国家文化旅游名城和知名的休闲度假旅游目的地。规划至2020年旅游总人次达2500万人次，旅游总收入达415亿元，旅游业增加值约200亿元，约占全市地区生产总值的4.2%。旅游资源开发利用规划建设重点景区6个，建设市区游憩商务区、小黄山高尔夫旅游度假区、横山风景区、溧阳历史文化旅游区、金坛城南旅游区、洮湖（长荡湖）旅游区6个次重点景区。发展人文景观与革命传统观光旅游，开辟革命传统教育的观光旅游线，保护、建设革命先烈瞿秋白、张太雷、恽代英的故居，史良、李公朴的故居和新四军江南指挥部旧址陈列馆、常州革命史纪念馆、烈士事迹陈列馆等。保护和建设清代文字训诂家段玉裁、经学家洪亮吉、诗人黄仲则、教育家庄蕴宽、史学家吕思勉等常州名人故居，与数学家华罗庚纪念馆、美术家刘海粟美术馆和吴青霞艺术馆、藤花旧馆、常州博物馆、书画馆、花木盆景馆、屠一道根雕馆、科技博物馆等展馆。建设与旅游区（点）联网运行的常州旅游集散中心与江浙沪各大城市旅游集散中心无缝对接，互送客源。整合并合理布局旅游宾馆饭店、旅游用品市场等设施，开发有特色的旅游纪念品。

《常州市旅游业"九五"计划和2010年规划》 1994年，市旅游局委托南京大学编制《常州市旅游业"九五"计划和2010年规划》。经反复论证修改，八易其稿，同年12月经市政府常务会议审查原则通过，1998

年9月再度修订。规划提出了常州古城文化旅游区、常州新区现代旅游区、春秋淹城和滆湖旅游区、横山风景区、茅山游览区、天目湖游览区和武进太湖旅游度假区(1998年增加)的开发指导思想、市场定位和开发建议,制定"九五"期间和至2010年旅游接待设施发展计划及旅游路线设计方案。

《常州市旅游业发展第十个五年计划和2020年长期规划纲要》 2000年10月编制完成。规划提出要高起点、全方位发展常州旅游经济,突出旅游规划和景区建设,实施旅游倍增计划,扩大旅游市场需求,提高行业管理的宏观指导水平;建成中国优秀旅游城市和旅游强市,提升常州旅游业作为全市经济优先发展的重点产业地位,培育和发展成为支柱产业。制定了接待国内旅游者、接待海外旅游者、旅游总收入、旅游增加值、旅游景区、旅游住宿接待设施、旅行社及旅游交通、旅游商品、旅游娱乐等主要发展目标,对总体布局、项目建设、市场开发、要素发展进行了总体规划。

《常州市旅游业发展"十一五"规划及2020年远景目标纲要》 2005年3月委托南京师范大学旅游系编制,9月编制完成。规划提出以建设旅游经济强市为目标,以加快发展为主题,以优化结构、转型升级、提质增效为主线,核心是提升旅游产业素质和综合竞争力,加快旅游景区建设、产品开发,加强旅游品牌培育、市场拓展,强化旅游要素配套完善,创新旅游体制机制,优化旅游环境和发展环境,实现常州由旅游大市向旅游经济强市的提升。

二、分区规划

市区风景旅游休闲规划 2000年以后,市旅游局、规划局等单位先后组织编制了天宁风景名胜区等4个市区风景旅游休闲区规划。规划建设常州名人苑,把常州几千年的文化名人、思想家、教育家、科学家、革命家的简历及雕塑融于一苑之中,展现常州悠久历史、灿烂文化和光荣的革命传统。天宁风景名胜旅游区规划主要景点为天宁寺、文笔塔、舣舟亭公园和青果巷、前后北岸等常州古文化遗迹景观,建设天宁宝塔和南市河历史文化长廊,重点突出常州历史人文景观。中华恐龙园现代休闲旅游区规划以中华恐龙园为主景点,结合园艺博览园、东经120景区(东经120度标志塔、天文馆和公园等)、常州国际外商俱乐部等,建设以现代旅游景点和生态科普旅游为主题的现代休闲旅游区。淹城遗址公园和西太湖生态休闲区规划利用淹城地面城池遗址建设淹城遗址公园,形成春秋历史文化景观旅游基地;充分利用滆湖水面,建设西太湖风景旅游区,形成湖滨旅游胜地。常州环太湖湾旅游度假区规划以竺山为核心,包括竺山植物园、大小椒山、孝子洞等景点,建成太湖国家旅游度假区的重要组成景区。

武进区旅游发展规划 2007年6月通过专家评审,2008年11月完成修改并定稿。规划远景到2020年,把武进建成华东地区具有一定影响力的旅游目的地,长江三角洲地区重要休闲度假旅游胜地之一,打造成为浓缩千年春秋文化、凝聚现代都市文明的江苏旅游胜地。规划的重点是以城市旅游区为核心,西部乡村花木为旅游带,太湖湾休闲度假、滆湖生态休闲、横山宗教文化与乡村旅游区为开发重点,沿江高速公路、沿太滆运河为人文景观、自然景观两轴,用城市旅游区核心的整体牵动,带领"区轴"联动。

金坛市旅游发展规划 2003年开始编制,2004年11月通过专家评审,2004年12月由金坛市政府批准实施。该规划提出,利用金坛山水景观和文化旅游优势,大力发展休闲度假、观光旅游和文化旅游,开发高品位旅游景点,形成以茅山、长荡湖(洮湖)、城南3个景区为重点,以养生度假、水乡休闲和宗教文化为特色的旅游格局,建成在长江三角洲具有较大影响力的道教文化中心、养生度假胜地和湖滨休闲新区,成为江苏县级旅游强市和在华东地区有较高知名度的优秀中国县级旅游城市,使旅游业成为金坛的支柱产业之一。茅山旅游度假区规划依托著名道教胜地茅山和茅东区域的景点和旅游设施,利用三星堆文化遗址、城南人文景观、乾元观等景点资源,建成集道教名山、文化旅游、山岭观光、休闲旅游为一体的风景区。

溧阳风景旅游休闲规划 《溧阳市旅游发展规划》2002年开始编制，2003年7月通过专家评审，10月由溧阳市政府批准实施。规划目标是发挥天目湖的品牌效应，开发天目湖二期项目，延伸开发以南山竹海为代表的南部丘陵山区绿色生态旅游产品，适度挖掘春秋以来数千年的历史积淀和文化底蕴，合理配置旅游要素，实现旅游产业协调发展，把溧阳建成以生态休闲为主、融入文化体验的具有较高知名度的国家优秀旅游城市，使旅游业成为溧阳国民经济第三产业的龙头产业。天目湖旅游度假区规划以天目湖、大溪水库、南山竹海、平桥石坝等为主，建成以自然生态景观、休闲度假旅游为主题的全省乃至华东地区最佳旅游度假区之一。

三、专题规划

《常州古运河—关河水上旅游专项规划》 市旅游局委托广东旅游发展研究中心编制，2007年9月通过专家评审。规划范围西起西环路（长江路），东至政成桥，河道总长约20公里。规划提出，根据常州古运河、关河的资源特色，坚持以人为本、强化特色、保护为先的规划理念，以运河为主线，以文物古迹、历史名胜与龙文化为核心，深入挖掘古运河的文化内涵与景观元素，整合沿岸旅游资源，与市河、关河组合成环线进行整体开发，将古运河—关河区域建设成为京杭大运河最具代表性的节点。规划把古运河—关河及滨河地带划分为文化休闲旅游带、城市观光旅游带。文化休闲旅游带重点建设东坡公园、桃园绿地、大成一厂、嘉宏花园、世纪明珠园、篦箕巷（西瀛里）、西直街、运河公园、青果巷、红梅公园等10个节点；城市观光旅游带重点建设东坡公园、红梅公园、两站（火车站、汽车站）广场、青山桥、西新桥、运河公园、常柴桥和中华恐龙园8个节点。

《常州市休闲度假旅游发展规划（2010—2020年）》 2009年4月，市旅游局委托南京师范大学旅游系、南京大学城市规划设计研究院旅游研究所联合编制，2010年6月通过专家评审。规划范围为常州市区与金坛、溧阳两市。规划提出，围绕建设长江三角洲地区休闲中心城市、中国休闲名城的战略定位，突出龙城文化魅力、江南湖山休闲特色，开发休闲度假旅游产品，率先把常州建成江苏休闲强市和具有国际影响力的国内一流休闲度假旅游目的地。根据规划，常州将重点打造以环球恐龙城为中心的核心休闲旅游区，以天宁风景名胜区为中心的文化休闲观光区，以春秋淹城为中心的访古休闲旅游区，以天目湖为中心的生态休闲度假区，以武进太湖湾为中心的商务休闲度假区，以茅山为中心的养生文化旅游度假区，启动建设西太湖（滆湖）生态休闲旅游区、溧阳瓦屋山旅游区、金坛龙山风景区、长荡湖休闲旅游区、丫髻山生态旅游区、孟河（小黄山）旅游区，形成古运河休闲文化旅游带、延陵游憩商业旅游带、城郊休闲旅游带，构建"六主六副三带"的城市、乡村休闲度假旅游发展格局。

四、景区景点规划

1993年，溧阳市政府委托上海同济大学、苏州城建环保学院编制《天目湖旅游度假区总体规划》。1995年10月，委托加拿大西风资源集团公司进行调整完善。2001年，中华恐龙园、天宁寺景区（点）总体规划编制工作启动。2003年，溧阳市组织编制天目湖旅游度假区二期开发总体规划，启动编制其三期开发总体规划；武进区委托世界旅游组织编制武进太湖湾旅游度假区总体规划；是年，完成茅山旅游度假区、淹城遗址两个重点景区总体规划编制、专家评审和政府审批。12月，中国首家养生文化旅游区金坛茅山旅游度假区总体规划方案通过专家评审。2004年，《武进太湖湾旅游度假区总体规划》《天目湖旅游度假区（三期）总体规划》《溧阳瓦屋山休闲旅游区总体规划》编制完成，通过专家评审。2005年，《春秋淹城遗址旅游区整体提升策划》和《春秋淹城遗址旅游区总体规划及修建性详规》启动编制；丫髻山旅游区、金坛城南旅游区、南山竹海温泉度假项目、中华恐龙园龙汤温泉、天宁旅游休闲商务区及美食一条街等旅游项目规划编制完成。2007年，《丫髻山生态休闲旅游度假区总体规划》编制完成。2008年，恐龙谷温泉、江苏环球动漫嬉戏谷、中华孝道园、春秋淹城旅游区南入口广场、东方盐湖城、天目湖景观提升、三河三园旅游线等旅游项目规划编制完成；《春秋淹城旅游区总体规划》《西太湖生态休闲区总体规划》《金坛茅山风景旅游区总体规划》编制完成，通过专家评审，并开始实施；南大街商贸休闲旅游区总体规划启动编制。

《中华龙城现代休闲旅游区总体规划(2004—2020)》 2005年初，市委、市政府决定以中华恐龙园为基础，组建龙城旅游控股集团公司，规划建设总面积300万平方米的现代休闲旅游区。通过国际公开招标，确定由日本泉阳兴业株式会社和丹下都市建筑联合体承担规划编制。该规划于当年8月1日通过专家评审。规划提出，建设、完善中华恐龙园、TAT冒险乐园、宝盛园、六龙潭、多普勒时光城、水上街市、城市高尔夫球场、迎宾馆8个旅游功能区，建成集旅游、文化、休闲、娱乐、人居于一体的都市旅游社区。该规划获得江苏省旅游规划奖。

《武进太湖湾旅游度假区总体规划》 2003年10月，武进区政府在北京召开的世界旅游组织第十五届大会上，与世界旅游组织签订委托编制太湖湾旅游度假区总体规划的合作协议书。该规划成为中国第一个邀请世界旅游组织编制的旅游景区规划，2004年12月编制完成。规划控制范围39.6平方公里，东至雪马公路，南至太湖(包括沿湖500米水域和大、小椒山岛)，西至宜兴分水镇，北至锡宜公路，规划保护范围为19平方公里，开发建设年限为2005—2020年，计划总投入73亿元。规划提出，把太湖湾旅游度假区建设成为国内首家按国际水准开发管理的湖滨度假胜地，主要面向长江三角洲地区高消费层次商务休闲市场，重点建设永丰水街区、龙湾度假区、河流文化区、盘古中心区、数字文化区、城镇发展控制区6个功能区。

《天目湖旅游度假区总体规划》 天目湖旅游度假区从1992年启动开发建设后编制了3个旅游规划。第一个是1993年委托同济大学、苏州城建环保学院编制18平方公里的《天目湖旅游度假区总体规划(一期)》，主要是指导以沙河水库为中心区域的开发建设。1995年聘请加拿大西风集团进行修编和完善。第二个是2002年聘请深圳度假湾、美国HHCP等单位合作编制60平方公里的二期规划，主要围绕两大水库之间及大溪水库、天目湖新镇等区域提出总体规划思路，为常州首次以中外合作方式编制旅游规划的景区。第三个是2004年委托澳大利亚ANZ GROUP设计公司、江苏省旅游局发展咨询中心编制的《天目湖旅游度假区总体规划(三期)》，总规划面积320平方公里，规划期限为2004—2020年。规划提出，以休闲度假、商务会议为主导，以山水乡村、户外运动、康复美食为特色，以长江三角洲地区为核心客源市场，重点构建“一镇五区”(天目湖新镇和沙河会议观光旅游区、大溪滨水休闲度假区、平桥乡村旅游区、南山竹海康体健身度假区、龙潭森林生态观光旅游区)大旅游发展格局，把天目湖建成国际知名的国家AAAAA级旅游景区和长江三角洲地区的首选湖滨乡村休闲度假地。

第二节 政策与项目

1986年以后，常州在旅游业发展过程中，落实省政府、国家旅游局出台的优惠政策和扶持措施，制定鼓励发展旅游业的若干政策、意见。通过与各辖市区、有关局签订旅游项目建设责任书、推进管理体制改革、举办旅游主题年活动等形式，促进旅游规划的实施，加快景区景点的建设，组织设计、筛选旅游项目，通过互联网、驻外机构和参加招商展示活动宣传推介，引进境外资本投入文化旅游项目开发，引导社会力量参与文化旅游资源开发和经营。

一、旅游业发展政策措施

《常州市鼓励发展旅游业的若干政策》 1995年12月，常州市政府常务会议讨论通过。文件提出，各级要把发展旅游业纳入国民经济和社会发展计划，对重点旅游景点建设项目实行专项拨款补助，建立常州市旅游发展基金，开征涉外宾馆饭店床位附加费，在税收规费方面对各行各业开发的旅游景点、项目给予优惠，以观光农业为主的景点建设可享受农业基本建设的优惠政策，调整旅游景点门票价格，对所辖3市5区景点建设实行目标责任制考核等。

《关于进一步加快旅游业发展的实施意见》 2002年1月市政府颁发，共7条22款，提出把旅游业作为常州国民经济的支柱产业来培育发展，科学规划，规范审批，促进旅游业可持续发展；广开资金来源渠道，加大对旅游业的投入；加快旅游产品开发，提高旅游产品的市场竞争力；深化改革，扩大开放，加强对旅游业的领导和管理，促进旅游企业健康快速发展；大力宣传促销，开拓旅游客源市场。

《常州市旅游业发展奖励暂行办法》 2005年9月，市旅游事业指导委员会制定。奖励对象为全市从事旅游经营和管理，对发展常州旅游业作出突出贡献的单位和个人，具体项目有旅游项目开发、取得国家级和省级荣誉、旅游地接工作、举办旅游节庆活动和宣传促销，奖励的申报、评审、报批和授予由市发改委、财政局和旅游局具体负责。

二、重点旅游项目建设

1996年5月，市政府与8个辖市区和4个部门签订旅游景点（项目）建设责任书，同年实施35个项目。经考核，13家单位被表彰为全市旅游景点建设先进单位。1998年3月，市政府与辖市区、有关局签订25个旅游项目的目标责任书，实施项目21个，完成投资2.23亿元，4家单位获景点建设优秀组织奖，两家单位获景点建设优秀奖。2004年，市政府与辖市区、有关局签订14个重点旅游项目目标责任状，其中3个规划项目、11个景区点开发项目，计划完成投资5.4亿元。市旅游局建立重点责任项目领导挂钩联系、工作例会和现场观摩等制度。至年末，实际完成投资7.1亿元，天目湖旅游中心大道、南山竹海景区基础设施、茅山道教文化博览中心、太湖湾旅游度假区总体规划、淹城遗址二期工程5个项目被授予全市重点旅游项目建设优秀项目。

2006年，市政府对6个大型重点景区的17个旅游建设项目实行领导挂钩制和部门责任制，与责任单位签订年度目标责任书。计划总投资20.74亿元，实际完成投资24.79亿元，红梅公园扩建工程、恐龙园二期（鲁布拉）改造、太湖湾旅游度假区基础设施及污水处理厂、溧阳天目路（省道241）工程、金坛茅东旅游公路改建工程5个项目被评为年度优秀旅游项目。2007年，有17个旅游建设项目列入市政府目标考核，计划总投资16亿元。7月《常州市旅游重点项目管理暂行办法》出台。至年末，总计完成投资17.21亿元。中华恐龙园综合设施改造、太湖湾广场和太湖湾大道、淹城野生动物园、金沙湾体育休闲中心、天目湖旅游度假区基础设施、天目湖山水园改造6个项目被评为年度优秀旅游项目。2010年，市政府与13个重点旅游项目建设责任单位签订责任书。总投资22.4亿元，实际完成投资27.87亿元。中华恐龙园库克苏克峡谷区建设、养生天地（一期）、江苏环球动漫嬉戏谷、中华孝道园、宝盛园、南山竹海御水温泉（二期）和运河五号创意街区7个项目被评为年度优秀项目。

第三节　主题招商活动

一、旅游主题年活动

1997年起，市政府每年确定1个旅游主题，围绕主题开展一系列活动，促使常州旅游业发展进入新的高潮。同年，围绕中国旅游年主题，组织举办了天宁寺除夕听钟声吉祥祝福、武进淹城国际风筝邀请赛、茅山登山节、溧阳茶叶节、常州籍港人游故乡、全国根雕艺术展、常州旅游摄影大奖赛和常州民俗风情旅游节等10项活动，开展了旅游市场专项治理整顿。1998年，围绕华夏城乡游主题，组织举办了旅游节庆活动7项，重点拓展上海、南京、合肥及华东旅游市场，全市接待海外旅游者首次突破3万人次，达3.4万人次；接待国内旅游者401.5万人次。1999年，围绕生态环境游主题开展活动，先后举办除夕天宁寺听钟声吉祥祝福、第四届金坛茅山登山节、第七届中国溧阳茶叶节、中美滑水明星对抗赛、常州民俗风情旅游节、国庆50周年文艺巡演、旅游摄影大赛、“迎千禧龙年，听世纪钟声”等大型活动。2000年，围绕“神州世纪游”主题开展“千禧龙年游龙城”活动，先后举办迎新年天宁寺听钟声吉祥祝福、金坛茅山登山节、常州旅游节等大型活动。

2001年，以国内旅游促销为重点，形成“龙城常州—华东旅游新亮点”促销主题，策划包装生态旅游、工业旅游、农业旅游、修学旅游、健身旅游等专项旅游线路10多条，组织迎接新世纪万人长跑、新世纪常州旅游大巡展和天宁寺“听世纪钟声、祈百年吉祥”祝福、中国常州旅游节、“世纪震撼——恐龙园之春”群星演唱会、天目湖亚洲滑水锦标赛、龙舟竞渡古运河、千骑游龙城等系列活动。2004年，围绕“旅游项目开发推进年”主题，重点推进旅游项目开发。当年，旅游建设项目争取市级及以上政府扶持资金累计2430万元，创历年之最。其中天目湖旅游中心大道项目申报并落实旅游国债资金1000万元，成为全省最大的国家旅游国债项目。2005年，开展“旅游宣传促销年”活动，加强境内外旅游宣传促销，在南京禄口机场、沪宁高速公路常州入口、火车站等地竖立常州旅游形象大型户外广告牌，在上海市居民小区进行产品、线路推介和形象宣传800次，在上海、浙江的新闻媒体、交通站点投放形象及产品宣传广告；组织旅游企业参加国内外旅游交易会，在山东、安徽、辽宁、北京、河南等省、直辖市及韩国、东南亚等国家和地区宣传促销，编辑出版《常州旅游》画册。

2006年，推进旅游项目建设，政府考核的6个大型重点旅游景区项目完成投资24.79亿元；围绕“中国乡村旅游年”主题，推进农业旅游开发和市场推广，新增溧阳玉枝旅游农庄、大石山农庄、吴楚农耕文化园、武进嘉泽镇、金坛江南农耕园5个全国农业旅游示范点；金坛南海山庄成为首批江苏省农家乐专业村，7—12月推出“农家游”线路10多条。2008年，常州市实施“旅游品质提升年”计划，推进景区建设精品化、旅游要素产业化和管理服务社会化建设，在人民大会堂举办常州旅游推介会，在北京、天津、河北、山东等地开展大型巡回促销，客源市场从长江三角洲向环渤海京津冀鲁等远程市场提升；成功举办国际旅游文化盛装巡游、国际龙舟邀请赛等活动。恐龙园创AAAAA级旅游景区通过省级验收。常州选手在全国饭店行业技能大赛中获中式铺床冠军。2010年，围绕“常州文化旅游年”，重点推进文化旅游发展，排出“十大文化旅游项目”进行旅游重点项目考核，被市政府列入全市60项年度重点工程（工作）。组织参与世博会“中华龙文化日”活动，与市文化局联合印发《常州市文化娱乐旅游推荐场所评定管理办法》，举办了首届旅游形象大使选拔赛。

第十一届中国溧阳茶叶节暨第六届天目湖旅游节开幕（摄于2010年4月）

二、招商引资活动

1996年4月，常州市枪弹物证研究所与南斯拉夫优精国际贸易公司等单位合资建设的长江国际射击城开张试营业，射击城占地30万平方米，投资2000多万元，拥有50米长靶道、20个激光枪室、2000多平方米的彩弹射击场、4000多平方米的飞碟射击场及8道保龄球馆、网球场、射箭场、高尔夫球练习场等。

2002 年，常州市提出要用多元化、新机制来加大旅游业建设投入。2003 年，通过强化旅游招商引资，吸引一批外资、民资投资旅游景区点开发。新北区招商的由新加坡太阳岛俱乐部公司投资的太阳岛综合娱乐项目，溧阳市招商的由台湾商人投资的天目湖高尔夫俱乐部项目、金坛市招商的由江苏中孚集团投资的茅山旅游度假区高尔夫项目开工建设；溧阳市招商的香港欣宇集团发展公司参与投资的天目湖二期开发项目，新北区招商的由泰国是拉差龙虎园、大丰工业股份有限公司投资的泰国风情龙虎园项目签订开发协议。2005 年，市旅游局组织有关单位参加全市服务业招商会和 2005 中国常州科技经贸洽谈会等招商活动。常州市服务业招商会期间推出旅游项目 36 个，有 8 个旅游项目正式签约。全市重点旅游景区项目协议利用外资 6500 多万元。太湖湾旅游度假区开发和滆湖综合开发引资项目签订框架性协议。2006 年，市旅游局收集筛选 44 个旅游招商项目，及时更新 2006 年度全市旅游招商项目库，组织有关单位参加常州的香港城市产业推荐会等招商活动，全市旅游重点项目实际到账外资 6855.8 万美元。

2007—2009 年，市旅游局组队参加常州连续 3 年在香港举办的中国常州（香港）城市产业推介会招商引资活动，太湖国家时尚球类运动中心计划总投资两亿美元，成为 2007 常州（香港）城市产业推介会上最大的引资项目；金坛市首届乡村旅游节期间，日本、新西兰等客商投资项目签约，计划总投资近 6 亿美元。2009 年中国常州（香港）城市产业推介会期间，举办了旅游专题推介会，重点推介 6 个旅游重点景区的 12 个旅游合作项目，太湖湾旅游度假区管委会与莱蒙国际太湖湾开发有限公司签订了太湖湾西湾地块综合开发项目投资意向。

第二章　旅游景区景点

1986—2010 年，常州规划建成（或在建）一大批特色鲜明的旅游景区景点，主要有环球恐龙城、天目湖旅游度假区、春秋淹城旅游区、环球动漫嬉戏谷、天宁宝塔、南大街商贸休闲旅游区等，并建成一批历史文化街区、工农业旅游示范点、旅游村镇、纪念馆等。

第一节　天目湖旅游度假区

天目湖旅游度假区位于溧阳市区南 8 公里处，苏浙皖 3 省交界地带，被誉为“江南明珠”。1993 年被列为省级旅游度假区，秀美、野趣、三绝是天目湖旅游区的三大特色。景区始建于 1994 年，是一处集森林度假、农业观光、环境保护和湖上娱乐于一体的国家 AAAAA 级旅游景区。

1992 年，天目湖旅游区管委会以沙河水库为中心，开发建设天目湖旅游区，当年建成水上游艇、湖滨浴场、报恩禅寺等 8 个景点，1994 年 7 月，度假区被省旅游局确定为全省 5 个重点旅游度假开发区之一。投入两亿多元建设天目湖蓄能电站及道路、电力供应等基础设施。2001 年 1 月，经国家旅游局旅游区（点）质量评定委员会批准，天目湖旅游区成为首批国家 AAAA 级旅游景区。2003—2006 年，投入 1.5 亿元建成乡村俱乐部标准 18 洞高尔夫球场及配套设施。2004 年，先后启动和完成天目湖旅游中心大道、戴埠—南山竹海旅游道路等重点旅游建设项目。天目湖旅游中心大道总投资约 1 亿元，始于镇广公路、终于宁杭公路，总长 22.8 公里，其中 2.5 公里为宽 25 米的 6 车道中心大道，其余为路宽 16 米的 4 车道旅游道路。戴埠—南山竹海旅游道路总投资 2500 万元，总长 12.8 公里，路面宽 9 米。2005 年，天目湖旅游区重点引导建成一批以生态农业开发为依托的农家乐旅游项目，项目总投资3.6亿元，总面积1.76万亩。2006年，天目湖旅游区加大旅游基础设施建设投入，投资6.8亿元，建成市区到天目湖路段道路，改造了241省道溧阳段。2008年，中欧经济论坛永久性会址落成，总投资4亿元。2010年，总投资4.2亿元的御水温泉项目完成一期、二期建设。

一、山 水 园

是天目湖旅游区的核心游览景区，由湖里山景区、乡村田园景区、山水绝佳景区和海洋世界等子景区和景点组成，1993年3月至2001年3月建成，累计投资4.9亿元。1994—2000年，天目湖旅游区先后建成湖滨广场、白花广场、彩虹桥、逍遥桥、狩猎场、状元阁，投资1500万元建成水上乐园。

二、龙 兴 岛

位于天目湖中游东岸，状如长条枫叶，规划面积44.5平方公里，东与陆地相连，怡心岛在其北端，隔水相望，东南与江苏沙河抽水蓄能电站相连。该景区是集生态观光、山林活动、健身休闲于一体的旅游区，分为半月潭休闲区、黑松林探险区、三湾湾亲水娱乐区。2001年8月至2004年3月建成开放，总投资1500万元。

三、太 公 山

位于天目湖主坝东侧，原名钓鱼台，因传姜太公在此钓鱼而得名。太公山景点于2003年9月开工兴建，2006年10月竣工，先后投入资金9000万元。

四、报恩禅寺

始建于南朝梁武帝天监年间(502—519)，原位于溧阳城西北25公里处的旧县村，曾几度兴废，抗日战争期间毁尽，1992年溧阳市政府批准重建，迁于天目湖畔。1994年1月至2001年建设，投资1000余万元。重建殿宇占地3.34万平方米，中轴线上的主体建筑有山门、天王殿、大雄宝殿。寺内存有文物石乌龟(即赑屃)，体积7.5立方米，原用作碑座，重建后重新立碑，上刻《重修报恩禅寺记》。

五、天目湖水电科普园

位于东南岸，属江苏沙河抽水蓄能发电公司，是全省首家集水电科普、自然环境、资源利用、生态保护和旅游观光为一体的水电科普园，水电科普园主体为1998年9月兴建的全省第一座抽水蓄能电站江苏沙河蓄能电站，2002年7月并网发电，装机容量10万千瓦，总投资6亿元。由主入口、发电站上下库区、龙岕沟自然风光带、唐宋遗址、龙兴亭、尾水渠自然风光带及配套设施望湖岭山庄等部分组成，可参观可逆式抽水发电机组，有野营区、竹林历险、野外拓展训练、网球场、高尔夫练习场等项目，2005年获评全国工业旅游示范点。

第二节　环球恐龙城休闲旅游区

位于常州市新北区汉江路1号。1999年至2000年9月建设，占地40余公顷，是以恐龙为主题的融博物、科普、娱乐、休闲及表演于一体的综合性游乐园。2000年9月20日中华恐龙园开放，同时以之为中心进行周边约20万平方米的第二期工程建设。《中华龙城现代休闲旅游区总体规划(2004—2020)》2005年公布，8月1日通过专家评审，规划建设现代休闲旅游区200万平方米。

一、中华恐龙园

位于新北区汉江路1号，主要是保护和展示1996年第四届世界地质大会各与会国的地质博物馆向东道主中国赠送的一批珍贵远古动植物化石。常州争取到建馆项目后的1997年2月1日，市政府与地矿部在江南春宾馆签订建造中华恐龙园合作协议，由常州新区管理委员会、市财政局、旅游局、信托投资公司和常州证券公司等单位出资兴建。一期工程占地约27万平方米，投资总额1.5亿元，1997年9月20日开建，2000年

9 月 20 日建成对外开放。园区内设有 20 余项娱乐项目，种植珍贵树木数十种，置有形态各异、种类多样的仿真恐龙，展现远古时代的恐龙生存场景。大门用酷似一块浑然天成的“飞来奇石”作为入口，高 17 米，总跨度 42 米，有“龙城第一门”之美誉。二期工程总投资 8000 万元，建设完善中华恐龙园、冒险乐园、城市高尔夫球场、迎宾馆等 8 个旅游功能区，2006 年 9 月底建成开放。2007 年 1 月 18 日《中华恐龙园概念总体规划》通过。至同年底，园内栽有树 70 余种、4000 多株，恐龙馆内和附近建有穿越侏罗纪、恐龙山探险、动感立体电影、高空滑索、高空弹射、夏日雪橇、龙海探秘、模拟攀岩及水上自行车等数十项刺激、动感的游乐项目。中华恐龙园陆续获得国家 AAAAA 级旅游景区、全国科普教育基地、中国文化产业示范基地等称号，享有“东方侏罗纪”美称，成为常州对外开放交流的一张亮丽“名片”和集博物、高科技声光电、影视特效与多媒体网络等完美结合的景区，融展示、科普、娱乐、休闲及表演于一体的综合性主题乐园。园艺博览园建成后中华恐龙园总面积增至 53.6 公顷。

2001 中国常州旅游节开幕暨中华恐龙园开园（摄于 2001 年 9 月）

中华恐龙馆 为中华恐龙园的主题核心建筑和中国规模最大的恐龙博物馆，总面积 1.4 万平方米，穹顶最高处 36 米，龙首最高处 71 米，馆内设有 5 个主厅和 6 个辅助厅。外观采用现代仿生建筑风格。内设影视特效厅、地球演化厅、海洋生物厅、廊厅、丛林厅、溶洞厅、恐龙陈列厅、中华龙鸟厅、恐龙灭绝厅等，各厅之间通过逻辑路线相互呼应，运用高科技声光电及影视成像、卡通动画、网络游戏等手段，突破传统博物展示概念。在陈列空间设计上，以生物演变为背景，重点突出恐龙从生存、繁衍、演化直至毁灭历程。运用飞溅的瀑布、冷峭的山岩、无水的海洋、茂密的丛林、洪荒的洞窟等仿真空间，体现古地质年代恐龙的生存环境。另模仿美国侏罗纪公园“恐龙历险”和 6 维立体动感电影《恐龙毁灭》等，集博物、科普、观赏、动感参与于一体。

地球演化厅占地 130 平方米，高 4.5 米。天顶周围镶嵌有罗马数字的巨大表盘，以倒计时方向不停息地运动，4 个瞭望口展示距今两亿多年前直至现在陆地的变化过程，揭示恐龙及人类共居的地球 46 亿年来的演变史及自然规律。海洋生物演化厅展示光怪陆离海底龙宫景致，展示海洋生物以单细胞初级生命体到多细胞生动多姿的生物群体的演化史实。恐龙陈列厅面积 2000 平方米，陈列永川龙、马门溪龙、山东巨龙、巴克龙、霸王龙、沱江龙、三角龙、亚洲古似鸟龙、云南许氏禄丰龙等地质年代的恐龙化石骨架 50 多具，中华龙鸟厅展示世界级国宝中华龙鸟化石。2002 年 4 月，常州中华恐龙园名誉馆长、中国地质研究所季强博士等人在辽宁北票四合屯地区早白垩世义县组，发现这个极为完整的初鸟类化石，这具化石被命名为东方吉祥鸟（新属、新种），成为恐龙馆的镇馆之宝。

一期游乐项目 穿越侏罗纪是恐龙园长盛不衰的经典游乐项目，小木船从 18 米高处呼啸而下，惊险刺激。热带雨林的标志是一棵苍劲古朴的巨树，由巨杉、古银杏、榕树等基本与恐龙生活在同一时代的 26 棵仿真大树组成一片微型森林。炫彩风车让游客在风车扇叶上旋转。疯狂火龙钻是亚洲最高的顶级摇摆游乐项目，摆动最大高度是 44.5 米。海狮表演馆内 3 只来自美国加利福尼亚的海狮表演水中顶球、跳圈、踢踏舞和旋转舞、顶球倒立行走、算算术和打篮球等节目，小鸟表演有花样溜冰、骑脚踏车、投篮等节目。

鲁布拉景区 探秘飓石阵是鲁布拉人成年后获得火龙石的庇佑必须经历的考验，每个参与飓石阵考验的人将经过风、火、冰三重难关。穿梭时空。瞬间的强刺激给乘客或观望者淋漓尽致的感受。超级秋千侏罗纪坚实、高大的植物是小朋友们最好的玩具。

热舞恐龙车是滑行车类项目，每个独立运行的车体可旋转部分在沿轨道运行时因离心力作用，产生各异的旋转动作使滑行车在滑行过程中的动作更加丰富。极度深渊高 30 米，外形像个大喇叭，攀爬在大喇叭口的巨型恐龙，让游客从高台乘坐一个滑筏经过一系列曲折回转，在惯性的作用下加速前进，沿着圆弧形的角度连续振荡、旋转。超级大滑板，这座全新的家庭式大滑板囊括以往大滑板的全部刺激感受：乘坐滑筏从提升塔中缓缓前进，超级大滑板入滑道，高倾斜的转弯瞬间从一侧转向另一侧，强大的重力加速度让游客在几乎垂直的滑道上来回滑行，从 18 米的高空俯冲而下。

大海啸设计为当游客乘坐的超大型游船滑至 25 米高空后，会突然沿着轨道向下滑落并冲入水中，瞬间平均速度可达每秒 22 米，堪比 F1 赛车，当船冲入水如同一场壮观的海啸。飓风湾，游客可以尽情戏水玩乐，汹涌的波涛让游客感受波峰与波谷之间瞬间变换时的快感。极速旋风滑道，从 10 多米的高空、70 多米陡长的滑道呼啸而下，犹如剑鱼般矫健滑行。

圣殿骑士能让游客融入电影情节中，影院的座椅是一匹匹类似骏马的骑式座椅，每张都配有一把激光手枪，当游客坐上坐骑，戴上眼镜，手持激光枪，立体眼镜让影片中的场景触手可及。过山龙 4D 集合过山车悬挂式、座位式等特点于一体，采用两翼外延式的座位仓，游客坐在轨道两侧的座位仓中完全悬空，座位仓采用非固定的形式，在过山车上下翻转的轨道运行中可以进行 360 度自由摆转。

库克苏克大峡谷 为恐龙园三期工程，2010 年 4 月 27 日建成对外开放，占地 6 万平方米，分为旱谷区和湿谷区，逼真的环艺效果让游客仿佛亲临美国科罗拉多州，前后体验的项目都集中在旱谷区，所有项目都带有浓郁的军营色彩，设有两个出入口，分别与中华恐龙馆、鲁布拉区相通。峡谷内巍峨的崖壁、险峻的地势、恐龙主题雕塑随处可见。库克苏克中还有龙神古塔、童子军训练营等游乐项目。峡谷区最大的峡谷餐厅可容纳近千人同时就餐。暴风眼是距离库克苏克主出入口最近的项目，是关于离心力的考验，每次 10 人同时围坐在座位上，运转时高速运转的巨型转盘产生巨大的离心力，能坚持到最后的人就是赢家。翼飞冲天可同时乘坐 32 名游客，必须俯趴在设备上，随着机器的转动游客将被带到高空，左右摇摆，一会俯冲向下，一会又被垂直拉升，水火动力半隐于峡谷间，引进自意大利，每次可乘坐 36 人，运行时游客会被带至十多米的高空，开始激烈地扭转起来，悬空的座位开始 360 度转动，仿佛天翻地覆，设备像波浪一样不停翻滚着。

中华恐龙园库克苏克大峡谷（摄于 2010 年 4 月）

通天塔是园内三期项目中最刺激的项目，这套设备是世界上最著名的游乐设备美国 S&S(STEW ART & STEVENSON) 公司为库克斯克定做的高刺激游乐设备，高达 80 米，每次容纳乘客 16 人，游客悬空坐于塔身四面，启动后游客在几秒内被弹射到80米的高空，随着自由落体的失重感受，几秒后落回原处。通天塔是国内首创的同时体验超重失重双重感觉的游乐项目。地心历险是当时国内顶级的4D电影院，游客们戴上特制的眼镜可感受到光怪陆离的色泽，探究奇妙的地下构造，挑战随时发生的惊险与刺激。迷幻魔窟是峡谷仅有的异度空间，占地1000余平方米，由变异恶龙、木乃伊复活、恶灵蝙蝠、生化危机、夺命墙等10多个恐怖场景组成。金刚是世界著名游戏设备生产商德国HUSS公司的最新作品，(当时世界上仅两套，恐龙园是世界第二套、国内第一套。)在陡峭的黑色岩石下，身材高大壮硕的金刚造型逼真，凶悍威武，手捧一辆观光车，举到20米的高空，不停地上下左右摇晃，金刚还把车辆举到嘴边，嘴里不时喷出白烟。

园艺博览园 位于恐龙园南侧。为2003年6月在常州举办的第三届江苏省园艺博览会而建。园区由绿之乐章、水之乐章、缤纷乐章组成主题空间，由生命绿轴、健康休闲轴两条主题轴线构成，园内新建热带植物温室，分别由地级市承担建设蝶恋花舞、滨水休闲园、知鱼乐境、嬉水园、湿地生态园、疏林花境、田园牧归、聚景园、鲜花标本园、流音溪、绿荫园、寿彭石园、竹景园等景点。

二、恐龙谷温泉

位于新北区中华恐龙园东800米的河海东路58号。2008年，由龙城旅游控股集团公司投资近两亿元兴建，2009年建成开业。占地18.67万平方米，一期开发4.67万平方米，为中国首家史前主题温泉度假中心，以“生态、健康、时尚、浪漫”的经营理念，建有温泉主题公园、汤屋中心、顶级餐饮会所、温泉定食餐厅等项目，各池与花树果草、泉石亭榭相互交融。泉水采自地表以下2009.7米处、距今约2.5亿年前的三叠纪地层，日涌泉量500立方米，井底温度82℃，终年出水平均温度超过55℃。温泉中的矿物质含量丰富，尤为珍奇的是锶、偏硅酸等含量超过国际医疗热矿泉标准浓度和国家饮用天然矿泉水标准，质、量、温居华东地区温泉景区前列，被省国土资源厅地热中心列为苏南第一温泉观测中心。设有龙池、情侣池、鱼疗池等各具特色的泡池近40个，植被总面积1.3万平方米。

环球恐龙城休闲旅游区恐龙谷温泉(摄于2010年3月)

第三节　春秋淹城旅游区

位于常州西南8公里的武进武宜中路588号，紧邻淹城遗址，总投资5亿元，2007年10月1日建成对外开放，占地133.3万平方米。淹城野生动物园内分步行观赏、车行观赏、表演等3个区，园内散养节尾狐猴、麋鹿、盘羊、剑羊、斑马、蛇、非洲狮、金钱豹、大黑熊、棕熊、草原狼、缟鬣狗、牦牛等野生动物200多种近万头(只)，有全球独有的白狒狒、印度国宝白虎、泰国国宝亚洲象、秘鲁国宝驼羊、芬兰国宝棕熊、澳大利亚国宝袋鼠及鸸鹋、非洲国宝级动物长颈鹿、黑猩猩、大羚羊、火烈鸟、山魈、斑马、狮子等，是江苏唯一的国家AAAA级动物园和江苏唯一的超大规模野生动物园，集动物野趣观赏、休闲娱乐、科普教育和野生动物文化展示于一体，绿化覆盖率达 90%。

一、淹城春秋乐园

春秋乐园于 2008 年开始建造，总投资 10 亿元，2010 年 5 月 1 日建成，是全球首家春秋文化主题梦幻乐园，占地 66.67 万平方米。乐园以春秋时期政治、军事、经济、文化等为主题，分诸子百家园、春秋文化演艺、春秋主题体验和春秋民俗文化区。园内山、水、草、木、雕塑等都体现出春秋文化元素，其中兵家区采用孙子时代的庭院式布局，以春秋战国时期残破的小型城池为蓝本，再现古战场的弥漫硝烟。

淹城春秋乐园（摄于 2010 年 4 月）

诸子百家园 占地 7 万多平方米，以春秋文化为基调。它由五六米高的古韵竹简造型构成，12 根景观柱陈列于“春秋版图”周围，象征儒、道、阴阳、法、名、墨、杂、农、小说、纵横、兵、医十二家，园区依十二家造景。春秋丽人区有烽火戏诸侯的褒姒夫人及江南美女西施等。儒家区依山塑有 23.8 米高的孔子像，建有 1 座孔子学堂。

春秋文化演艺区 位于淹城春秋乐园中心地带，设置国内唯一的大型水影秀演出《烟雨春秋》，每晚演出 1 场，约 50 分钟。演出水下升降舞台长 140 米、宽 60 米，剧中的淹城三道城墙通过轨道围合相连，根据场景自动开合，属国内首创。采用影像视频与多媒体互动技术和世界先进的灯光、音响、舞美等表现手段，让观众感受大气磅礴、摄魂夺魄的视觉震撼，体验春秋战国时代波澜壮阔与五彩缤纷的情景。

春秋主题体验区 位于淹城春秋乐园西北侧，占地 5.4 万平方米，是春秋乐园里最富动感和活力的区域，设置户外大型游乐项目孙武点将台、伍子胥过昭关、歌舞升平、烽火连天、九龙问鼎等，每个项目都是一个历史故事，这些项目的技术水平均为世界一流。

春秋民俗文化区 由两街一宫构成，两街一宫为春秋九坊、春秋商街和春秋王宫。王宫占地7000 多平方米，集中展示春秋时期宫廷莺歌燕舞场景，让人体验春秋王宫的风情和奢华。

二、淹城野生动物园

车行观赏区位于园区西南部，总面积 53.3 万平方米，动物均仿原野散养，内设狮园、熊园、虎园、狼园、猎豹园等展区。步行观赏区设国宝展区、天鹅湖、孔雀园、澳洲原野、猿猴岛和灵长类展区，动物表演区设海洋剧场、综合表演场、鸟类表演场等，海洋剧场中的海豚表演馆投资 2000 万元建造，设观众席 3000 个，是国内当时最大的海豚表演馆。动物表演区每天有海豚海狮表演、综合表演、鸟类表演，海豚、大象、猛兽、鸟类杂技表演。

三、传统商业街坊

位于淹城保护区外东部，占地 15.67 万平方米，仿汉唐式建筑，总建筑面积 4.5 万平方米，由中医街、文化街、美食街等 3 条仿古街组成。3 条古街均临巷背河，有临河水阁、水墙门、旱踏渡、长驳岸、石河桥、河埠廊坊等建筑，体现江南水乡集镇民居建筑的特色。

第四节　武进太湖湾旅游度假区

武进太湖湾旅游度假区位于武进南部雪堰镇，为省级旅游度假区。东临国家旅游度假区无锡马山、西接陶都宜兴分水，规划面积39.6平方公里，控制范围30平方公里，东至雪马公路，南至太湖(包括沿湖500米水域和大、小焦山岛)，西至宜兴分水镇，北至锡宜公路。区内以低山丘陵为主，山脉为天目山余脉，山丘占土地面积的66%，植物茂盛，植被良好，有乔木、灌木、草本植物百余种，鸟类70多种，太湖的白鱼、白虾、银鱼(太湖三白)久负盛名，阳湖水蜜桃、阳湖新月绿茶备受青睐。规划由永丰水街区、龙湾度假区、河流文化区、盘古中心区、数字文化区及城镇发展控制区组成。2002年8月太湖湾旅游度假区管理委员会成立后，太湖湾开发4年完成旅游度假区的基础设施建设，2006年进入旅游产品的开发阶段，相继建成竺山湖小镇、开元度假村、太湖湾全国龙舟竞赛基地、万泽太湖庄园一期。

一、竺山湖小镇

竺山湖是太湖西北角的湖湾，东连无锡马山国家级旅游度假区，西接旅游城市宜兴的渎边农业观光区。竺山湖小镇坐落在万木葱茏的秦皇山下竺山湖畔，是常州市2007年度推出的重点旅游项目，商业区为江南传统建筑风格的休闲商业一条街，主要有酒吧、茶馆、咖啡馆、浴室、SPA等休闲娱乐设施。小镇两侧是酒店式度假公寓，游乐区有800亩内湖水面，湖中有白鹭洲、芦花岛、聚龙岛等岛屿，湖边有汇龙桥、渡仙桥、栖凤亭、沧浪滩、香樟林等景点，充满美丽传说。

二、桃　　林

雪堰是江南水蜜桃原产地，栽培历史有七八百年，有白花桃、朝晖桃、白凤桃、湖景桃、裕红桃、雪蜜露、雨花露等数十个品种，2003年被认定为常州市第五届名优农产品、江苏省无公害农产品，2005年被认定为中国绿色食品A级产品。2010年，雪堰桃树种植面积近两万亩。4月初，谢家村桃苑、雅浦公园、城西陡门塘等地成为看桃花地点，并有乡村体验游等活动。

三、万泽天海太湖庄园

规划为湖景高档社区，占地3840亩，规划总投资约16亿元，总开发面积约64万平方米，以绅士运动为主题，内部配套有绅士运动体验馆、时尚球类运动中心、18洞标准高尔夫球场、游艇俱乐部、白金五星级酒店、湿地马场、主题商业街及其他高端配套设施。公建区和A岛组团别墅于2009年9月封顶，建筑采用摩洛哥风格，新亚洲主义风格则注重于东方人对意境的崇尚。

第五节　其他旅游景区

一、南大街商贸休闲旅游区

该区位于钟楼区怀德北路以东、延陵西路以南、晋陵中路以西、南市河以北，为常州主要特色街区，占地0.52平方公里。商贸部分包括南大街商业步行街、莱蒙都会国际商业街区。总建筑面积100万平方米，以传统商业业态为主，辅以住宿、餐饮、娱乐、休闲等。南大街商业步行街于2005年1月建成开街。2007年11月，莱蒙都会商业街西瀛里段开街。2009年11月，莱蒙都会商业街二期开街。南大街休闲旅游区设有入口综合服务中心，建有滨水休闲景观带，街区内有明城墙、篦箕巷、古运河、人民公园、青果巷、传胪第、毗陵驿、季子亭、落星亭、浩然亭、皇华亭、文亨桥、清真寺、翰林公社、蒋氏贞节牌坊等名胜古迹；有商铺800余个，除服装、服饰和特色餐饮，还有影视文化、电玩、溜冰场（真冰）、茶座等休闲游乐设施，日均人流量5万多人次。街区服务设施完善，有地下停车场4万平方米，车位600多个；有电梯65台，其中自动扶梯30台。

常州南大街商业街中心广场（摄于2010年6月）

二、南山竹海景区

该景区原属溧阳横涧镇，总面积约32平方公里，东自宜兴乾云村、西至镇广公路，南起浙江横岗山村，北达黄桥公路。2004年3月由天目湖旅游公司控股经营。该公司同年投资7000万元，开发以“竹文化、寿文化”为内涵的特色旅游。2006年7月，南山竹海景区通过全国旅游景区质量评定小组的综合评审，成为AAAA级旅游景区。投入5000万元对南山竹海鸟语林、寿星园、吴越第一峰观景亭等景观和观光车道、游步道等基础设施进行改造完善。2009年11月，总投资4.2亿元的御水温泉项目建成营业。南山竹海一望无际的毛竹千姿百态，情趣别致，千年参天古松高耸挺拔，稀少神奇；民间传说中的仙山头、金牛岭、锅底山、古宫道等人文历史增加了南山竹海的神秘。有“鸡鸣三省”的官道，相传这条昔日的官道是官府运输、邮传的要道。明建文帝朱允炆从京都（今南京）皇宫的暗道逃到溧阳，再从这条官道翻越过山，逃亡到云南。登山道旁有八角竹亭，亭中有口古井水深4米，登山路上有卧虎石、观潮亭、野猪林、吴越第一峰等景点。深溪岕古松园中有清乾隆年间种植的松树24棵，其中最大的一棵粗需俩人合抱，高约30多米，园内还有块护林古石碑，碑上字迹已难以辨认。

竹文化博物馆　占地约4000平方米，分为前后两个馆，建筑格局勾勒出一个“竹”字造型，展厅集中展示了翻黄竹刻、徽派竹刻、嘉定竹雕、金陵竹雕等精品艺术。镇馆之宝天下第一竹寿星，用竹子按竹海寿文化广场的老寿星以1∶6的比例缩小制作而成。

历史文化区　是南山竹海二期开发的核心景点。南山竹海所在区域自春秋战国时期就是兵家必争之地，竹林中残存一些断壁残垣的遗址，有黄金沟、梅花墩和烽火台、营房等。

古官道　东南方的竹林间有数百年前修建的古代驿道，总长约1.5公里，是江苏通往安徽的越境古道，古道顶端即为同官岭，翻过同官岭就进入安徽广德境内。传说明朝建文帝朱允炆在靖难之役后南下避难，曾从此小道经过，部分陪同的官员定居在山岭附近，因曾同朝为官，故此岭名为同官岭。

竹文园　分竹之品、竹之用、竹之境3个展馆，全面展示竹文化，把竹的文化底蕴、历史知识和用途呈现给游客。

长寿文化区　寿文化作为南山竹海文化内涵的一种引申。《尚书》曰：“福有五种：一曰寿，二曰富，三曰康宁，四曰做好德，五曰中榜。”而民间认为五福是指“福、禄、寿、喜、财”。

南山寿翁　老寿星是长寿文化区的标志性建筑，头部高12.8米，由纯铜制作而成，身体是整个山坡，故被称为中国第一寿星，其后方的照壁上有68种不同字体的“寿”字，据说景区内有100种不同字体的“寿”字。老寿星身旁的石雕猴子每3只叠罗汉而形成灯座。一猴掩耳，一猴蒙眼，一猴捂嘴，寓意“不听、不看、不说”，表现佛教超然处世的境界。

万 寿 堂　雕刻有“寿比南山”4个大字的4扇旋转式红木大门，每扇木门的正反两面都刻有1个字，从正面读或从反面读都是“寿比南山”。拜寿台是万寿堂的主体建筑，表现的是一个富裕家庭为家中长者祝寿前的堂屋布置情景。

天下第一寿　是清高宗乾隆皇帝手书，卷面上有“御笔”下款，“寿”字由“长、生、不、老”4字组合而成，故称“天下第一寿”。

登山游览区　有两条线路可登上吴越第一峰，一为乘坐南山索道，二为步行登山游览。

吴越第一峰　“弟”而不是“第”，没有“竹”字头是因为漫山的竹子就是其最好的注脚。山顶就是“一脚踏三省”，因为这里是江苏、安徽、浙江三省交界之地。山顶有口大钟，供游人撞钟祈福，故吴越第一峰是“鸡鸣三省，钟鸣六合”的地方。

鸡 鸣 村　地处苏浙皖三省交界之处，因鸡鸣响三省得名“鸡鸣村”。这里有清代的祠堂、明代的古民居。鸡鸣村地理位置特殊，建筑体现三省建筑风格，除有着白墙黛瓦、马头墙的徽派风格，同时又不失江南小桥流水人家的韵味，以及浙江园林宅第建筑中的“缩天之美”。

熊 猫 馆　占地1000多平方米，是以熊猫为核心的集观光、游览、科普等为一体的观光场所，不仅为熊猫提供舒适的安乐窝，更为游客全方位观赏大熊猫提供了方便。

三、武进横山风景旅游区

紧靠沪宁高速公路常州段芳茂山出口。区内群山逶迤起伏、青松翠竹围绕，环境幽静，空气清新，有大林寺、白龙庙、龙井、龙亭、一壶泉等名胜古迹。

大 林 寺　又称大林庵，位于横山桥镇横山西麓南坡黄猫岭之西。南朝梁代王八百在此修道。陈代(557—589)筑馆，名登仙，后毁圮。唐乾宁初，道观得到营缮。宋代开宝七年(974)重修。大中祥符年间(1008—1016)改名冲虚观。元初毁于兵乱。明洪武年间有僧人在废基上重建，更名大林寺。清同治十三年(1874)扩建，规模宏大，有金刚殿、大雄宝殿、东西经楼、白云精舍及放生池等。金刚殿塑四大金刚，雄伟庄严，可与常州天宁寺四大金刚相媲美；千手观音、十八罗汉、释家牟尼像塑艺精湛。寺院内有银杏3株，古井1口，其中一棵银杏有800余年树龄，古井相传为梁代王八百炼丹处。1988年经批准，大林寺恢复佛事活动，大雄宝殿被修缮一新，殿后新建万佛楼。1982年大林寺被武进县政府公布为县级文物保护单位。2004年大林寺被常州市政府公布为市级文物保护单位。

武进横山风景旅游区的大林禅寺及其宝塔(摄于2010年10月)

白 龙 庙　位于紫霞峰南坡，与大林寺隔岭相望，始建于宋绍兴年间，相传有项女误食仙桃而孕，含羞自尽，胎化白龙，因此建庙奉祀，供奉白龙娘娘。清光绪四年(1878)重建玉皇大殿、东岳殿、十王殿、圣母殿、接官厅、欢楼等主要建筑，有屋百楹。有龙母井1口，传为项女投井之处，建有井亭，井亭有对联“井养飞龙，神胎天赋；峰移出震，圣迹地传”。

第六节 旅游示范点

一、全国农业旅游示范点

嘉泽镇 位于常州市武进区西部，是“中国花木之乡”。建有钦风沟紫薇园、红月亮农家风情园、益农草盆花科技示范园、嘉泽镇千亩名贵水产示范园、西太湖湿地生态园、国家农业综合开发无花果科技示范园等6个生态园。有大帝庙、姬山遗址、茶母庵等名胜古迹，开展紫薇园农家乐、红月亮水庄休闲娱乐、品尝湖鲜美食等特色旅游项目。2006年获评全国农业旅游示范点。

牟家农业旅游观光园 位于常州东部郑陆镇，面积2.1平方公里，园内有农业生产、农产品销售、休闲旅游、科普教育为一体的两条旅游线路。一条线路以农业观光为主，提供高档盆栽花卉园、种苗组培中心、葡萄园、梨园、苗木场、植物迷宫、灰天鹅等项目；农业风情旅游线，开展农村生活用具展示、石文化展示、农家菜、垂钓中心、奶牛场、跑马场、森林卡丁车、成人攀岩、水上步行球等项目。2005年获评全国农业旅游示范点。

全国农业旅游示范点牟家农业旅游观光园（摄于2010年8月）

横山桥镇 位于武进东北部、常州城东10公里处，有独具传统风格的明清古街及建筑，有始建于南朝梁代的大林禅寺和始建于宋代的白龙庙及龙井、龙亭、一壶泉、千年银杏等名胜古迹，还有以五一村为代表的现代新农村景观，舞龙灯、舞马灯、荡湖船等是当地最盛行的民间娱乐活动。特产以横山桥百叶、肉松闻名。主要景点有大林寺、白龙观、横山桥老街、五一村、砂梨观光园、栝楼园等。2004年获评首批全国农业旅游示范点。

春江镇新华村 是全国农村现代化建设试点村。投资1000多万元，建成多功能、开放型的农民广场，室外健身区、网球场，花卉苗木基地、葡萄长廊、河豚养殖基地，休闲垂钓，长江蟹养殖基地，江边果林带，别墅区，公寓楼，工业园区等，开展品尝江鲜美食、观赏长江风貌、体验社会主义新农村生活等旅游项目。2005年获评全国农业旅游示范点。

三勤农业生态园 位于武进湖塘镇三勤村。首期开发53.33万平方米，生态园集农业观光、休闲旅游、科普教育、健身娱乐于一体，有农具展览馆、菊花收藏馆等。主要开展葡萄、玉米采摘，孔雀、奶牛养殖，菊花展，休闲垂钓等旅游服务；2005年10月、2007年先后被评为全国农业旅游示范点、国家AA级旅游景点。

天目湖玉枝农庄 位于天目湖旅游度假区沙新村，占地146.67万平方米，建有珍稀有机白茶园33.33万平方米、名特优新无公害时令果林40万平方米、自然防护林73.33万平方米、智能温控大棚3600平方米、农家餐饮区3880平方米和10万立方米水库1座，有特种水产养殖场、禽类养殖场等，开展水果采摘、果树认栽、野外垂钓、竹筏漂流等旅游项目。2006年获评全国农业旅游示范点。

江南农耕园 位于金坛开发区晨风路东首，占地13.33万平方米，是集农业科技、示范推广、科普与教育培训、休闲观光和旅游于一体的综合园区，建有水果采摘区、农耕文化展示区等，开展农耕文化展示、趣味桥游乐、鳄龟天鹅观赏、葡萄采摘等旅游项目。2006年获评全国农业旅游示范点。

天目湖生态农业示范园 位于天目湖旅游度假区三胜村茶馆岭，以茶叶、水果为主题，规划开发3万亩。至2010年底，种植白茶2000亩、绿茶600亩、精品水果2000多亩。富子天目湖白茶成为人民大会堂特供茶，2010年入选上海世博会"十大"名茶。特色精品水果有葡萄、梨、板栗、枣、橘子、樱桃、杨梅等品种40多个，绿化观赏花木100多个品种。设有观赏湖光山色、水果采摘、垂钓、果树认养、苗木观光、品农家菜肴等项目。2007年被评为全国农业旅游示范点。

碧春缘 位于新北区罗溪镇，为集现代生态农业、科普教育、观光旅游于一体的生态园，占地20万平方米，分为古树名木区、根雕艺术区、盆景艺术区、休闲健身娱乐区、特种水产养殖垂钓区、野生动物圈养区，开展垂钓、溜旱冰、稀有盆景花卉观赏等旅游项目。2007年获评全国农业旅游示范点。

溧阳花果山农庄 位于溧阳天目湖镇中西村西侧的半岛上，规划开发33.34万平方米，果园内有桃园、李子园、梨园、杏园、葡萄园、桑果园、樱桃园，有垂钓中心、珍稀家禽养殖场、盆景园、古树林和毛竹园等景点，农家餐厅有150个餐位。开展新鲜水果采摘、捉鸡拾蛋、果树认栽、参与农事活动、垂钓、品尝天目湖野生杂鱼、甲鱼及野生的竹笋、马兰、香椿等旅游项目。2007年获评全国农业旅游示范点。

2010年常州市其他全国农业旅游示范点一览表

表20-2-1

景点名称	地址	特色旅游项目
大石山旅游农庄	溧阳新昌镇西郊大石山	登山、观赏摩崖石刻、休闲垂钓、采茶品茶、水果采摘（杨梅、葡萄、梨、桃子）等
吴楚农耕文化园	溧阳横涧镇黄岗岭村	古代农耕文化展示（农居生活用品展）、水果采摘、采茶制茶、陶艺制作、林中捉鸡等
翠谷庄园	溧阳戴埠镇	滑草、田园采摘、钓鱼、钓龙虾、夜间篝火卡拉OK
江南孔雀园	金坛薛埠镇上阮村	田园采摘、孔雀生态观赏、孔雀食用膳肴、江南马会等
久红农业生态园	金坛尧塘镇	龙虾垂钓、河虾扳网、农家艺廊、生态采摘、无公害水产养殖

二、工业旅游点

运河五号创意街区 位于钟楼区三堡街141号，北临运河，东靠西仓桥。2008年起，围绕运河文化、工业遗存、创意产业主题，将原有的老街、老巷、老厂进行改造和利用，具备历史遗存保护、传统工艺传承、创意企业运营、产业项目对接等综合功能。一期建设主要对恒源畅厂、第五毛纺厂的工业遗存加以保护和利用，占地3.6万平方米、建筑面积3.2万平方米，厂区内多为30年代到80年代的建筑，主要是具有纺织企业特色的连排锯齿形厂房。2010年5月，部分项目对外开放，包括常州工业历史博物馆、创意和设计工作室和商业配套等，当年被评为江苏省工业旅游景区、国家AAA级旅游景区。

常州梳篦博物馆 位于勤业路17号。常州梳篦有1500多年历史，被誉为"宫梳名篦"，1915年获旧金山世博会银奖，1926年获费城世博会金奖，2002年成为上海申办世博会的专用礼品，2008年6月被认定为第二批国家级非物质文化遗产。2001年9月18日，市旅游局、文化局、园林绿化管理局、化轻国资公司筹建的全国首家梳篦专题博物馆常州梳篦博物馆在红梅公园开馆。2009年3月，常州梳篦厂与常州工贸国资公司合作，在厂内建成梳篦博物馆，展示常州宫梳名篦的历史渊源、传统手工制作过程和历代珍奇梳篦，成为集参观、生产、销售为一体的常州工业旅游示范点和国家AA级旅游景区。

第三章　旅游服务

1978年以前，常州的旅游机构设施很少。改革开放以后，由于常州市被列为对外开放城市，到常州考察、访问、旅游的外宾逐年增加，常州市开始加大对旅游基础设施建设的投入，重视服务设施和质量的提高。1989年，常州开始推行星级评定制度，公园路宾馆成为常州市首家一星级宾馆。1991年1月，常州市外事办公室增挂“常州市旅游局”牌子。常州在发展旅游业的过程中不断加强“吃、住、行、游、购、娱”六要素的配套发展，完善旅游公共信息服务体系，努力延长旅游服务的产业链，在增加游客的综合消费、提高游客满意度的同时，大大提升了常州旅游的影响力。至2010年底，常州已经形成设施配套齐全、服务规范的旅游服务体系，全市有星级饭店65家，其中五星级5家、四星级22家，客房总数8541间（套），床位总数13856个；旅行社99家，其中全国百强国内旅行社4家。

第一节　服务机构

一、旅行社

1977年3月，常州市革命委员会接待处增挂“常州市中国旅行社”牌子，成为全市首家旅游机构。1991年，全市旅行社发展到4家。1993年，全市增加9家旅行社。1997年，全市进行旅行社类别转换，中国国际旅行社和中国旅行社转为国际旅行社，青年旅行社、金坛市旅行社、武进市旅行社、溧阳市旅行社等15家旅行社均转为国内旅行社，原一、二、三类旅行社标准取消。1998年12月，常州国旅等14家旅行社组成的龙城旅游联合体成立，统一旅游线路、价格、质量标准和宣传促销，进行有序竞争。1999年10月，常州市旅行社协会成立，常州国旅等8家旅行社为理事单位，全市21家会员单位缔结《自律公约》，约定共同坚持市场竞争原则，保障国家、企业和游客利益不受损害。常州青年旅行社成为常州首家全国百强国内旅行社。2000年12月，全市首家由个人出资建立的旅行社常州市阳光假期旅游公司营业，年末全市旅行社发展到27家，其中国际旅行社2家、国内旅行社25家。

2004年，全市实行网上审批旅行社，新批准设立国内旅行社6家。2005年，常州国旅国内旅游公司、常州青年旅行社、溧阳天目湖旅行社进入全国百强国内旅行社。常州爱建旅行社、常州国泰旅行社、常州华夏旅行社、常州原野旅行社、常州金陵旅行社、常州新天地旅行社、常州山外山旅行社和武进职工旅行社8家旅行社出资，成立全省首家紧密型旅行社联合体联合旅行社。2008年，溧阳天目湖旅行社进入全国利税十强国内旅行社。2009年2月，全市23家旅行社参加首批星级单位评定，21家单位分别被评为三星、四星、五星级旅行社。年底，全市有旅行社96家，其中国际旅行社1家、国内旅行社95家；按地区划分，常武地区70家、金坛12家、溧阳14家。全市有持证导游2207名。2010年，实行旅行社服务网点备案管理制度，完成首批22家星级旅行社的评定授牌工作；常州国旅旅行社进入全国百强旅行社，溧阳天目湖旅行社进入全国国内游十强社；有7家旅行社进入全省国内旅游突出贡献奖50强，3家进入前10强，其中溧阳天目湖旅行社、常州国旅旅行社分居全省第一、第三位。全市新增旅行社8家，年末总数99家。

1998—2010年常州市旅游业主要经济指标统计表

表20-3-1

年份	接待游客(万人次)		旅游收入(亿元)			旅游增加值(亿元)	
	海外	国内	总额	旅游创汇(亿美元)	国内收入	总值	占全市地区生产总值(%)
1998	3.40	401.47	26.25	0.23	24.36	9.70	1.92
1999	2.80	385.89	36.68	0.22	34.87	13.90	2.58
2000	3.31	428.33	38.10	0.24	36.10	15.50	2.58
2001	4.74	504.14	47.02	0.34	44.17	18.20	2.71
2002	8.10	680.21	61.25	0.61	56.19	24.90	3.27
2003	11.07	817.10	76.99	0.83	70.13	31.30	3.47
2004	14.32	1040.66	101.49	1.12	92.16	41.42	3.76
2005	18.20	1282.78	126.18	1.44	114.42	51.53	3.95
2006	21.86	1502.00	154.37	1.81	140.01	70.84	4.51
2007	25.77	1746.95	199.28	2.27	182.06	93.07	4.95
2008	29.42	2037.05	233.98	2.76	214.91	109.53	4.97
2009	30.56	2342.81	282.37	2.94	262.29	132.32	5.25
2010	35.91	2802.43	349.72	3.47	326.13	163.98	5.51

常州国旅旅行社 前身为中国旅行社常州支社，1978年7月成立。1979年与常州市中国旅行社、市政府外事办公室外宾接待科合署办公。翻译语种有英、法、柬。1983年9月，中国国际旅行社常州支社（简称“国旅社”）、常州市中国旅行社（简称“中旅社”）从机关编制中划出成为独立核算的事业单位，属市政府外事办公室领导。国旅社下设有欧美科、亚大科、综合科等，翻译语种有英、法、日、德、俄、西班牙、意大利语。1993年5月国旅社更名为常州中国国际旅行社。2000年3月常州国旅集团公司成立，将常州宫苑宾馆及武进、金坛、溧阳等3个旅行社并入集团，集团所属有旅行社、星级宾馆、航空服务公司、旅游商品公司、广告公司、翻译事务所等子公司15家。2002年12月，集团事业单位编制被撤销，实施企业化改制，变更为常州国旅旅行社（简称“常州国旅”）。同年，取得出境旅游组团社许可证，成为集出入境旅游、国内旅游、因私出入境服务于一体的旅游企业。常州国旅积极发展多元化经营，投资建造旅游饭店，运营常州旅游集散中心，控股房地产开发子公司，成为集旅游、宾馆、航空服务、房地产开发于一体的集团型企业。2010年底，常州国旅拥有中、英、日、法等语种专业导游200余人，中级导游65人，出境游领队112人。接待海外旅游者1.02万人次，外联5006人次，组织出境游9.14万人次、国内游23.34万人次，完成营业收入6.45亿元。

常州中旅旅行社 前身为常州市中国旅行社，成立于1977年3月（同时挂牌常州市华侨旅行社）。1978年7月增挂“中国国际旅行社常州支社”牌子。两社与市政府外事办公室外宾接待科合署办公，翻译语种有英、法、柬等。1983年9月中国国际旅行社常州支社和常州市中国旅行社从机关编制中划出，成为独立核算的事业单位，隶属市政府外事办公室领导，下设欧美科、亚大科、综合科等，有闽南话、广东话、潮州话方言陪同。1993年5月常州市中国旅行社（简称“常州中旅”）隶属于市政府侨务办公室，负责接待海外华侨、港澳同胞、外籍华人、华裔外国人等，经营常州市民赴港澳旅游业务。最初员工6人，其中粤语、潮州语、日语导游各1人。2006年6月，常州中旅改制为企业，被常州国旅旅行社收购变更为常州中旅旅行社，有员工25人，有英、日等语种导游3名。2010年，常州中旅完成营业收入1506万元，国内旅游组织和接待3.23万人次，接待境外游客587人次。

2010年常州市旅行社一览表

表20-3-2

旅行社名称	成立年份	地址	旅行社名称	成立年份	地址
武进(7家)					
常州市武进群星旅行社	2001	丽宝第花苑17幢	常州市中瑞旅行社	2006	武进区横山桥镇
常州市明都国际旅行社	2003	中凉亭武进供销干校	常州市广电高塔国际旅行社	2008	武进湖塘广电中路1号
常州淹城旅行社	2006	湖塘武宜南路588号常乐坊79号	常州嬉戏族国际旅行社	2010	武进区雪堰镇城湾村
常州华都商务旅行社	2007	湖塘人民西路2号中源大厦			
新北(5家)					
常州环球恐龙城旅行社	1996	汉江路1路	常州永新国际旅行社	2008	黄河中路88号
常州开心佳期旅行社	2008	府琛大厦2号楼305-2室	常州发现之旅旅行社	2006	通江中路268号世纪广场C座
常州朋友旅行社	2009	府琛商务广场3号楼			
天宁(36家)					
常州中旅旅行社	1977	晋陵中路275号	常州国旅旅行社	1978	晋陵中路353号
常州旅行社	1981	局前街223号	常州国旅国内旅游公司	1998	晋陵中路353号
常州青年国际旅行社	1987	北直街139号青山娱乐城4楼	常州交通国际旅行社	1992	永宁路11号交建大厦304
常州教育旅行社	1998	东坡雅居9幢509	常州长城旅行社	1999	新丰街16号
常州华东国际旅行社	1996	周线巷24号金秋大厦603～605室	常州市国泰友好国际旅行社	2001	博爱路50号诺亚方舟城市旅店
常州锦江国际旅行社	1997	武青北路5号	常州民航航空旅行社	2001	博爱路35号
常州市常虹国际旅游服务公司	2001	和平北路17号	常州龙之旅天天游国际旅行社	2001	关河西路33号7楼
常州康辉旅行社	2002	武青北路19号新丰大厦407室	常州光大国际旅行社	2002	晋陵北路新天地商业广场A座
常州春秋国际旅行社	2002	斗巷商务中心8楼	常州市鸿运假期旅行社	2004	关河中路6号
常州和平国际旅行社	2003	关河东路大成大厦	常州原野国际旅行社	2004	斗巷1号8楼
常州中北国际旅行社	2004	新天地C座2402室	常州市环球旅行社	2005	劳动中路24号
常州金旅旅行社	2005	新天地商务B座17楼	常州外事旅游旅行社	2005	晋陵中路400号
常州万豪商务假期旅行社	2005	博爱路76号603室	常州青鸟商务国际旅行社	2006	关河东路大成大厦

续表 20-3-2

旅行社名称	成立年份	地址	旅行社名称	成立年份	地址
常州市绿缘旅行社	2007	罗汉路1号	常州老年旅行社	2008	北直街139号
常州远大商务国际旅行社	2007	大成大厦17A703	常州风情国际旅行社	2009	红梅南路6号金属大厦609
常州中青旅国际旅行社	2009	和平北路国泰新都7栋	常州金色新华旅游服务公司	2009	光华路38-10号
常州中吴国际旅行社	2009	红梅南路75号	常州运通旅行社	2009	博爱路49号
常州中航国际旅行社	2010	嘉宏盛世10-808号	常州天涯旅行社	2010	局前街新都大厦
钟楼（21家）					
常州市联合国际旅行社	1988	南大街步行街5楼	常州天马国际旅行社	1992	广化街247～249号
常州假日旅行社	1993	清潭路202号	常州海外旅行社	2001	新市路180号
常州轻松假期国际旅行社	2001	广化街218号天禧商务楼4楼	常州神州国际旅行社	2003	机场路75号化工学院宾馆2楼
常州市华夏国际旅行社	2001	早科坊大厦甲-402	常州山水国际旅行社	2002	丰臣海悦818室
常州市风光国际旅行社	2004	汇金置业广场3幢	常州市国瑞旅行社	2005	延陵西路66号新龙大厦8楼
常州市观光旅行社	2005	怀德北路35号	常州百合花旅行社	2006	南大街68-405
常州易游游国际旅行社	2006	化龙巷18-1号	常州飞扬旅行社	2007	香江华庭18幢
常州市永安假期国际旅行社	2006	南大街28-320	常州舜天商务旅行社	2007	世纪明珠园1幢21号
常州市乐游旅行社	2007	汇金置业广场5幢	常州春天旅行社	2008	青果巷长安大厦6楼
常州龙旗旅行社	2008	世纪明珠园1-1-39号	常州永乐旅行社	2009	怀德中路42号恒鑫大厦9楼
常州文笔商务国际旅行社	2010	三堡街141号			
戚墅堰（1家）					
常州东方国际旅行社	2010	戚墅堰成济路15号			
金坛（13家）					
金坛康辉旅行社	1994	县府路8号	金坛市交通旅行社	2001	东环二路39号
金坛市中国旅行社	1997	金城镇虹桥路4号	金坛市天乐旅行社	2001	南门商业街154号
金坛市青年旅行社	2003	金坛市横街1-2号	金坛市教育国际旅行社	2005	北环西路56号
金坛市南天旅行社	2006	东环二路1-1号	金坛市春秋旅行社	2006	沿河西路67号
金坛市山水国际旅行社	2006	华城商业广场2幢	金坛市阳光旅行社	2007	南园9幢13-1号
金坛市金色太阳旅行社	2008	东门大街500号	金坛市环球旅行社	2009	南环一路116号
金坛市凯旋旅游公司	2010	幸福新村22-93号			

续表 20-3-2

旅行社名称	成立年份	地址	旅行社名称	成立年份	地址
溧阳（16 家）					
溧阳市天目湖旅行社	1998	天目湖度假区	溧阳市蓝天国际旅行社	2000	平陵中路218号
溧阳市交通旅行社	2000	西大街142号交通大酒店	溧阳市华天假日国际旅行社	2001	溧城镇东大街182号
溧阳市春秋旅行社	2002	燕园路88号	溧阳阳光国际旅行社	2004	平陵中路251号
溧阳东方旅行社	2006	溧城镇清溪路B区19～20号	溧阳市瓦屋山旅行社	2008	燕山路98号粮食局6楼
溧阳市山水旅行社	2005	平陵中路232号	溧阳市青年国际旅行社	2007	天目路85号
溧阳市天马旅行社	2008	平陵中路214号	溧阳市康辉旅行社	2008	燕园路55号
溧阳市金旅旅行社	2009	溧城镇新华街1号	溧阳奔马假日旅行社	2009	天目路41号
溧阳市九洲国际旅行社	2010	育才路山水名门4幢	溧阳市天目湖探索旅行社	2010	天目湖商业广场牌楼东侧

常州国旅国内旅游有限公司 1989 年 5 月开始，中国国际旅行社常州支社在从事外宾及港澳台和外籍华人接待服务的同时，开展了国内旅游业务。初期，仅由少数人员探索性组团，开辟北京 7 日游、杭州两日游、普陀山 4 日游和苏州、无锡、南京、镇江 1 日游等较简单的路线。此后，成立国内旅游部，开辟更多各具特色的旅游线路，在市内外增设若干门市部(营业部)，专门从事国内旅游的宣传和招徕活动。1998 年 6 月，常州国旅国内旅游公司成立，下设 10 多个旅游门市部。2000 年，全资收购武进、金坛、溧阳等 3 家旅行社。2002 年，获得江苏省国内旅游经营业绩第一名。公司有门市部 20 个，分布在常州市区和各个郊县；有专业导游 117 人，其中中级导游 35 人。2010 年，常州国旅国内旅游公司接待旅游者 29.28 万人次，组团游客 31.82 万人次，完成营业收入 2.44 亿元。

常州青年国际旅行社 前身为 1987 年 10 月成立的中青旅常州支社，1996 年更名常州青年旅行社，2000 年改制为股份制的常州青年旅行社(简称“常州青旅”)，2009 年初经国家旅游局批准升级为国际旅行社。2010 年底，常州青旅有职工 70 多人，管理常州老年旅行社，设有小东门路、晋陵中路等营业部，总部设 10 个部和办公室；当年组织旅游者 21.2 万人次，完成营业收入 7760 多万元。

溧阳市天目湖旅行社 位于天目湖旅游度假区交通要道的牌楼游客中心，1998 年 1 月成立。独家负责天目湖旅游度假区、南山竹海景区及御水温泉的游客招徕、接待和组织国内旅游业务，主要为游客提供旅游咨询、导游服务、票务办理、食宿安排、会务安排、精品旅游线路等旅游服务。2002 年首次进入全国百强国内旅行社，2002—2008 年连续 6 次被评为全国百强国内旅行社(2003 年因“非典”未评)，2008 年进入全国利税十强国内旅行社，2009 年被评为全国利税十强旅行社，2010 年被评为全国国内游十强社。2010 年，接待旅游者 185.96 万人次，营业收入 2.14 亿万元。

交通设施 2003 年 8 月，溧阳市天目湖旅游公司天目湖游船分公司成立，经营水上旅游业务项目。8 月 28 日，溧阳市公路运输公司开通溧阳市区至天目湖旅游区、南山竹海旅游区旅游专线车。

经营管理 天目湖旅游区由度假区管委会所辖的天目湖旅游公司控股统一经营管理。2002—2006 年连续 4 年入选全国百强旅行社，2004—2005 年度被评为江苏省诚信旅行社。

常州春秋国际旅行社 前身是常州春秋旅行社，成立于2002年1月。2009年12月，更名为常州春秋国际旅行社（简称“春秋国旅”），下属分支机构20个，在市中心南大街莱蒙都会拥有3000平方米的春秋国际旅游广场。2010年底，春秋国旅拥有员工100多名，固定资产5000万元，其中拥有自有产权的营业用房5000多平方米，业务涉及旅游、航空票务、旅游咨询、会展等领域。2010年，外联和组织游客36.22万人次，接待国内游客26.09万人次，完成营业收入1.63亿元。

常州光大国际旅行社 前身为常州光大旅行社，成立于2002年2月。2009年11月，变更为常州光大国际旅行社，是集旅行、票务、租车、会议、会展、商务、广告等业务于一体的综合性旅行社。2010年底，拥有全资公司旅行社、广告传媒、汽车租赁子公司，市区设有多家营业厅，在武进、新北等区的人口密集区设有营业网点18个。多次被评为江苏省诚信旅行社。2010年，接待旅游者6.4万人次，完成营业收入3272万元。

二、旅游宾馆饭店

常州的旅游饭店业起步较晚，1986年在原小营前招待所的基础上新建扩建为常州大酒店。到1989年底，江南春宾馆、金坛宾馆、公园路饭店（后改为宫苑宾馆）、溧阳宾馆、常州大酒店、武进宾馆和常州宾馆7家成为常州首批旅游涉外饭店。1989年开始，旅游饭店开始推行星级评定制度，全市旅游饭店逐步形成以星级饭店为主、社会饭店为补充的较为合理的住宿行业结构，1989年、1990年、1991年公园路宾馆（宫苑宾馆）、江南春宾馆、常州大酒店相继成为常州首家一星级饭店、首家二星级饭店、首家三星级饭店。1993年起，天目湖旅游度假区相继建成一批档次较高的宾馆饭店（酒店）。2000年底，全市旅游涉外饭店发展到24家。2002年底，全市有星级饭店50家，其中四星级饭店4家、三星级饭店17家。

2003年，常州大酒店、江南春宾馆、常州宾馆等国有制企业的改制工作陆续展开，影响常州宾馆饭店业20多年的国有旅游涉外饭店成为历史，开始进入民营资本时代。是年，常州大酒店被国家旅游局评定为五星级旅游饭店，成为常州首家五星级旅游饭店。2005年1月，由香格里拉酒店集团管理的常州富都商贸饭店开业，这是常州首家引进国际品牌的旅游饭店。2006年，全市新增3家四星级饭店，星级饭店达59家。2007年，常州富都商贸饭店和江苏天目湖宾馆进入“江苏省十佳饭店”行列。2010年底，全市星级饭店发展到65家，其中五星级5家、四星级22家。五星级饭店为常州大酒店、溧阳天目湖宾馆、常州富都商贸饭店、金陵溧阳宾馆、溧阳天目湖国际饭店（五星以下星级旅游宾馆饭店参见第十九卷“商贸服务业”第七章“住宿餐饮业”）。其中天目湖旅游度假区累计建成星级饭店13家，其中华天度假村、静泊山庄为四星级宾馆，天目水庐宾馆、水悦山庄、虹枫美食休闲度假村、望胡岭山庄、李家园大酒店、翠谷山庄为三星级饭店。

第二节 项目线路

1993年以前，常州市旅游管理部门和旅行社推出古运河旅游、自行车旅游、蒸汽机车游和农村旅游等特色旅游项目。此后，常州推出更多特色旅游项目和旅游线路。至2010年底，形成具有常州本土特质的特色旅游产品体系。

一、项　目

1991年常州旅游部门推出东坡遗迹游、延年益寿游、做一天常州人等旅游项目。1994年，针对实行新工时制后休息日增加的特点，开展“常州人看常州”特色旅游活动，组织城里人开展田园风光旅游，组织农村人开展都市风景旅游，先后推出天目湖一日游、杭州二日游等国内旅游线路22条。2000年，重点推出4条精品线：以天宁寺、文笔塔、东坡公园等为主要景点的古寺古塔古运河访古线，以天目湖、茅山为主要景点的好山好水好地方山水线，以中华恐龙园、春秋淹城为主要景点的龙城龙园龙文化旅游线和以瞿秋白纪念馆、刘海粟美术馆、屠一道根艺馆为主要景点的名人名馆名建筑旅游线，向南京、上海、北京、乌鲁木齐、苏州等地宣传促销；推出新马泰港澳、海南、桂林、昆明、北京、上海、天目湖等旅游线路10多条，其中出境游和国内长线倍受青睐，推出生态旅游、工业旅游、农业旅游、修学旅游、健身旅游等旅游专线10多条。

2002年12月，常州在全省率先启动信息之旅，在国内旅游交易会（南京）期间推出常州二日游，邀请全国800多家旅行社的负责人到常州进行体验游。同年，与上海旅游集散中心在上海联合推出以天目湖、中华恐龙园为主要景点的常州二日游。2003年，市旅游局组合国家AAAA级旅游景区中华恐龙园、天目湖、天宁寺和红梅公园、瞿秋白纪念馆、亚细亚影视城等景点，形成"龙城二日游，休闲到常州"特色旅，实行联票制，门票价格优惠幅度超过40%。2005年，武进区政府、市旅游局联合主办龙城农家乐旅游线，推出农家乐项目看农村新貌（横山桥镇五一村）、观花木之乡（夏溪镇艺林园、花木市场）、游鳄鱼世界（金坛奥金鳄鱼园）。

2006年7—12月，开展"常州人游常州"系列活动，先后推出溧阳农家游、金坛农家游、武进农家游和龙城自驾游等线路，组织开展一月一线免费体验游等活动。2008年春节，常州旅游集散中心与上海新乐等旅行社首次在上海推出到常州过大年旅游，合作组团2000多人游常州；"五一"期间，北京天马国旅等系列团到常二日游；利用杭州湾大桥开通，开展江浙"万人跨海大行动"，第一个到常二日游的宁波团超过1000人；11月，开展第二届常州旅游感恩回报月活动，对市民半价特惠；市民旅游日推出万人免费游龙城活动，惠及市民10万人次。12月，组织千家中外旅行社相约龙城活动，邀请东南亚旅行商买家团、美国旅游作家协会、华东旅游联合体和首届"笑傲江湖"旅游论坛等1800多家旅行社的负责人到常州考察踩线。

2010年4月，"三河三园亲水之旅"开通，成为常州第一条夜游线路。2010年上海世界博览会期间，常州市与上海静安、徐汇等10个中心城区旅游局合作，推出环球恐龙城精品旅游线路；全市旅行社组织近100万名常州市民参观世博会。"腾飞的龙城（新北区）""江南第一城（淹城）""审美江南盈盈处（天目湖）""古运河新貌""福孝圣地（茅山）"旅游产品被评为"长三角"世博主题体验之旅示范点；中华恐龙园、天宁名胜等10多个景点被纳入新江南水乡体验7日游、朝圣祈福5日游线路，常州苏州无锡4天3晚游线入选10条最受欢迎的"长三角"世博主题体验之旅线路。

二、线　　路

2005年常州旅游集散中心成立后不久，开通旅游专线车，为散客自助游览提供便利，主要有溧阳天目湖和溧阳南山竹海两条线路。

休闲常州一日游　A线（溧阳）：先后游览南山竹海、吴楚农耕文化园、天目湖。B线（金坛）：先后游览金坛奥金鳄鱼园、江南农耕园、茅山茶庄、乾元观。C线（武进）：先后游览春秋淹城、野生动物园、三勤农业生态园、红月亮农庄。D线（市区）：先后游览中华恐龙园、天宁寺、天宁宝塔、红梅公园。

2009年9月，常州"三河三园"旅游线路开通仪式（摄于2009年9月）

休闲常州二日游　A线：先后游览国家AAAA级旅游景区绿色仙境天

目湖(船游)、南山竹海(索道观竹海)、天宁禅寺、神州大佛塔天宁宝塔、红梅公园和中华恐龙园。B线:先后游览天宁禅寺、天宁宝塔、红梅公园、瞿秋白纪念馆、篦箕巷、中华恐龙园,夜游南大街步行街。

俊俏江南五日游 2008年7月推出,先后游览常州天宁禅寺、天宁宝塔、中华恐龙园,苏州江南古城木渎、西山景区、灵屋洞,扬州瘦西湖,镇江西津古渡,溧阳南山竹海、天目湖山水园、金坛茅山、东南孔雀园或鳄鱼园。

休闲常州三日游 2008年7月推出,先后游览常州天宁禅寺、天宁宝塔、红梅公园、中华恐龙园;溧阳南山竹海、天目湖山水园,茅山、孔雀园或鳄鱼园和春秋遗址淹城。

江南新景四日游 2008年7月推出,先后游览常州中华恐龙园,无锡蠡湖湖滨广场、江阴长江大桥,常州天宁禅寺、天宁宝塔、红梅公园和春秋遗址淹城,溧阳南山竹海、天目湖山水园,茅山、孔雀园或鳄鱼园,常州瞿秋白故居、古运河畔篦箕巷、东坡公园。

龙城精华二日游 2008年7月推出。先后游览常州天宁禅寺、天宁宝塔、红梅公园、中华恐龙园,溧阳天目湖山水园和农庄大石山或红月亮农庄。

赏南山竹海千亩荷园一日游 2008年7月推出。先后游览溧阳南山竹海、常州新闸千亩荷园。

天目湖一日游(轻松假期) 2008年7月推出。早晨乘汽车至天目湖游览,傍晚返回常州。

环球恐龙城休闲一日游 2010年3月推出。A线游览中华恐龙园;B线为环球恐龙城休闲游,先后游览东坡公园,乘船体验三河三园亲水之旅,下午游恐龙谷温泉;C线游览中华恐龙园、恐龙谷温泉。

环球恐龙城休闲二日游 2010年3月推出,先游览东坡公园,乘船体验三河三园亲水之旅,再游恐龙谷温泉、中华恐龙园。

第三节 导游服务

常州市旅游局和旅行社注重对导游的培训教育和管理,提升导游服务质量。

1992年,组织二类旅行社的18名导游员参加全省统一笔试年审,组织导游资格考试32人次。1993年,39名三类社导游人员经省旅游局考核,全部取得导游资格合格证。加强导游审核监管,1996年取消26名导游的年检资格。1999年,全市评选10名优秀导游员,在2000年全市旅游工作会议上予以表彰;组织270人参加省旅游局组织的导游员资格考试,有105人获得合格证书;下发《常州市旅游局关于兼职和业余导游的管理规定》《关于加强导游证件管理办法的通知》。2002年,举办了“锦绣龙城”导游词大赛。7月8—9日,江苏省首届优秀导游员、文博讲解员电视大赛在南京举行,常州选派的常州山水旅行社导游员史剑峰、常州国旅导游员周怡获金牌,被表彰为江苏省金牌导游员,常州代表队摘取导游员类4个金奖中的两个,获团体总分第二名。同年,爱建旅行社的刘良菁、常州中国旅行社的张洁、常州国旅集团有限公司的沈伟峰、常州青年旅行社的朱霆、常州国旅集团金坛市旅行社的吴卫琴被评为江苏省最佳导游。针对社会(兼职)导游队伍占全市导游总数有相当比重的情况,9月常州市导游人员服务管理中心成立,统一管理所有社会导游,负责社会导游人员的注册登记,代办导游证件,组织社会导游人员参加年度审核、教育培训等,考核监督社会导游人员的服务质量。

2003年,全市导游员总数达500人,其中社会(兼职)导游达346人。同年起,实行导游IC卡管理和接待旅游团队单位推荐制度,将旅行社经理、导游人员的个人档案纳入网络化管理。年底,市导游服务管理中心注册登记的社会兼职导游人员达363人,占全市持证导游员总数的57%。2005年11—12月,导游服务技能比赛首次被列入常州市职工职业技能大赛，比赛由景点讲解、导游知识问答、导游才艺表演等3部分组成。2006年，组织全国导游员年审、新导游员培训，新增导游员260人。2009年，制定并实施导游人员《安全职责告知承诺书》制度。全市持有导游IC卡的专职、兼职导游2207名，其中旅行社专职导游698人，在册挂靠导游服务管理中心兼职导游1509人；有高级导游两人、中级导游50人和初级导游2155人，有英语导游21人、日语导游3人、韩语导游和法语导游各两人，具有大专以上学历的导游占60%，30岁以下的年轻导游占70%。2010年1月，市旅游局等单位组织举办2009年度常州导游服务技能比赛。6—9月，开展常州景区（点）导游词征集活动，叶丽娟的《淹城》获一等奖，决出二等奖2名、三等奖4名。2010年末，全市有导游2435名，其中兼职1365名。

第四节　配套服务

一、交通出行

90年代后，随着旅游业的大发展，市交通、旅游部门改善交通设施，增加交通运力。市和辖市区相继成立一批经营国内旅游业务的客运服务单位。进入21世纪，常州大规模建设旅游交通设施，完善路网结构，把打造文明畅通的城市交通环境提升为政府工程、市长工程和民生工程，开通快速公交、旅游专线车和观光巴士等，方便游客出行。

旅游交通线　常州民航机场　2000年2月，常州国旅与新疆航空公司就开通常州—张家界—常州旅游包机航线签订合作协议。4月，第一架法国产ATR（区域运输机）旅游包机成功首航张家界，常州游客不必再转道南京乘机。两个月里，常州国旅包租13架次，运送游客1346人次，居常州航站出港客座率首位。2003年，常州国旅与大连的旅行社推出常州—大连对开包机游。2008年，常州接待多批台湾直航南京的包机团队300多人。

常州火车站　2000年7月，常州国旅和常州火车站联合推出暑期旅游专列常州—泰山、青岛6日游，开专列旅游之先河。该旅游专列有630个硬卧铺位，每位游客可节省旅费450元。

常州长途汽车站　1995年1月，开通常州—杭州、常州—上海虹桥机场的豪华长途客运班车，随车配有乘务小姐，为班车航空式服务先例。2001年8月，上海旅游集散中心开通上海—常州一日游旅游专线车，每周六、周日8时左右从上海体育馆开往常州中华恐龙园、天宁寺、屠一道根艺馆和东坡公园等景点。2002年5月，上海旅游集散中心开通休闲常州二日游专线车，上午7:30从上海虹口体育场出发开往常州天目湖，次日游览天宁寺和中华恐龙园后返回上海。“五一”黄金周，上海发送休闲常州二日游专线车3班、常州一日游专线车6班，此后每周双休日分别开出1班。

市区公共交通　2001年曾短暂开通旅游观光巴士。2010年5月，开通旅游公交线游1线（Y1），从红梅公交中心站始发，经武青路、洗米弄、延陵路、文化宫站，环绕公园路、青果巷、西瀛里、早科坊，再绕行至文笔塔、武青路，返回红梅公交中心站，将常州主城区的红梅公园、人民公园、西瀛里、早科坊等主要景点囊括在线路中，往返全程6.2公里，平均站距443米。

常州旅游集散中心　2005年12月，常州旅游集散中心在延陵东路天宁商都成立并投入运营，设有接待服务区、茶座和常州地方旅游纪念品展示、销售、现场加工表演等。2005年，上海、杭州、舟山、丽水、南京、扬州、无锡、苏州、常州等14个旅游城市的旅游集散中心负责人汇聚常州，参加长三角旅游集散中心合作发展研讨会，通过《江浙沪旅游集散中心合作与发展（常州）行动纲要》，就相互间资源、信息共享和服务、管理的标准以及共同对外发展等达成协议。

自驾游基地　2005年前后，常州自驾车旅游迅速兴起。2008年，常州推出自驾游龙城产品，吸引上海、南京自驾车队近2000人到常游览。5月，“上海千万市民看风尚，风尚自驾到常州”大型自驾游系列活动，首批吸引100辆上海自驾车参加。相关服务单位相继建立，形成自驾游基地、自驾车旅游俱乐部及汽车特约维修站、加油站、停车场和汽车租赁等自驾游服务体系。至2010年底，常州创建的江苏省级自驾游基地有望湖岭山庄、翠谷庄园。

望湖岭山庄自驾游基地　位于天目湖旅游度假区环湖东路1号，占地约6000平方米，有客房50间，其中标准双人房33间，豪华别墅3栋6套。餐饮豪华包厢6间，大厅可容纳200余人同时就餐。配备多功能厅、卡拉OK厅、乒乓球室、CS野战和网球场、足球场、篮球场等活动场所。停车场面积2000平方米，专设房车停放区域，建有车辆救助站。基地内可乘坐观光车游览，途中设有休息、观景平台，观光项目有水电科普园、天目湖及其乡村俱乐部等，蒙古园和云顶烧烤场地可容纳350人同时烧烤，4.5万平方米大草坪可容纳1500人露营野餐。2010年4月成为全省首批省级自驾游基地。

翠谷庄园自驾游基地　位于溧阳市戴埠镇，距离国家AAAA级旅游景区南山竹海5公里，占地106万平方米，是一处集自然山水、星级接待、田园观光、休闲娱乐、拓展培训等于一体的农业生态型休闲庄园。拥有112个床位、300多个餐位和风格不同的会议室。特色旅游项目有田园果林采摘、湖边垂钓、篝火晚会、登山休闲、烧烤、乡村游戏园、拓展运动训练等。配有5500平方米停车场，停车位100个，距离最近的加油站、汽车修理厂、医院、超市5分钟车程。2010年底成为江苏省自驾游基地。

旅游车船企业　1985年，常州市外事旅游汽车公司成立，主要服务于市政府和外宾用车。1989年5月，该公司“龙城号”游船开设水上旅游项目。1996年8月，常州公路运输总公司成立长城旅游出租公司。2009年，龙城旅游控股集团购置游船，设立管理机构，负责经营“三河三园”亲水之旅。12月，天宁宝塔置业公司成立天宁名胜旅游公司，负责开发古寺古塔古运河水上游系列产品。2010年底，市区旅游车辆经营单位主要有常州公路运输公司、市外事旅游汽车出租公司等15家，拥有游船144艘、座位2146个。水上旅游经营线路有古运河营运线路，从篦箕巷大码头至东坡公园御码头；环球恐龙城“三河三园”亲水之旅旅游线，从东坡公园到中华恐龙园。

2010年常州市旅游客运企业和水上旅游经营单位一览表

表20-3-3　　单位：辆、艘

单位名称	地址	成立时间	旅游车辆、游船数
旅游客运企业（12家）			
常州公路运输集团公司	竹林西路51号	2010.06	60
常州外汽集团	中吴大道1267号	1985.07	38
常州国宇旅游汽车公司	唐家湾7号	2003	56
常州夏日旅游汽车服务公司	武进大桥下随缘小区北门常安汽修厂	2006.12	33
常州市中侨旅游客运公司	中斗巷综合楼甲201室	2006.11	13
常州市公共交通集团公司	博爱路70号	1960.05	79
常州市益濠吉祥商务汽车公司	洪庄路10号	2000.07	8
武进凯凯出租汽车公司	武进区湖塘马杭广电东路263号	1996.11	40

续表 20-3-3

单位名称	地址	成立时间	旅游车辆、游船数
金坛市公路运输公司	金坛市金城镇东环二路39号	2002.02	8
金坛市华夏汽车运输公司	金坛市北环西路56号	2001.11	13
溧阳市新世纪汽车运输公司	溧阳市溧城镇西大街142号	2003.06	13
溧阳市公路运输公司	溧阳市天目湖大道88号	1999.01	
水上旅游经营单位(4家)			
常州天宁宝塔置业公司天宁名胜旅游公司	延陵东路636号	2009	—
龙城旅游控股集团	汉江路1号	2009	—
溧阳市天目湖旅游公司	天目湖旅游度假区	1992	—
常州市红梅公园	罗汉路1号	1987	—

二、旅游餐饮

90年代起，常州启动旅游餐饮市场开发。1992年，首届美食节举办，旅游系统有11种菜肴、6种点心被评为常州市名菜名点。1993年3月，首家美食中心常州宾馆近园美食中心成立，主营淮扬菜肴，兼营粤菜川菜。1994年，金秋美食月活动在常州大酒店、常州宾馆、江南春宾馆、宫苑宾馆进行，常州宾馆推出传统特色的民间风味小吃和创新菜肴。1999—2004年，常州连续举办美食节、龙城美食展演节，餐饮企业推出名菜、名宴和特色菜、招牌菜、本邦菜等。2005—2007年，市旅游局、经贸委、烹饪协会联合开展常州名菜名点评选活动。2005年评出常州名菜名点热菜64道、冷菜5道和点心15道，2006年推出名点名小吃42道，2007年评出金牌农家菜、银牌农家菜、特色农家菜各10道。金陵明都大饭店、国瑞宾馆、湖塘紫悦酒店、天目湖碧波园大酒店等15家入选常州农家菜推介饭店。

2008年，常州开始创建特色餐馆，综合评估饭店的菜肴特色、服务特色、店堂装饰特色和企业文化特色，有23家饭店被评为首批常州旅游特色餐馆。福记餐饮集团开发本地特色菜肴，被省旅游局评为江苏十佳旅游餐饮企业；常州富都商贸饭店餐饮年营业收入达7000多万元，名列香格里拉酒店集团同业之首。2009年，南大街、双桂坊、春秋淹城、星湖路、新区公园和延陵东路等6条街区被评为常州美食特色街区，横山桥的滋补土鸡、十思园的一锅鲜、嘉泽镇的菊花银鱼圆等10道农家菜获首届江苏省乡村美食大赛1金、7银、2铜，常州获团体冠军。2010年3—5月，市旅游局与上海市静安、徐汇、卢湾等10个中心城区旅游局合作，联合沪常两地50多家宾馆饭店开展“常州美食走进上海、走进世博”活动。同年评选出第二批常州旅游特色餐馆20家。

王新华家乡菜馆 位于天目湖景区明珠大道旁。菜馆分主副两座院落，经营面积1000多平方米，可同时容纳200人用餐，菜馆主要经营溧阳土菜，菜肴选料坚持“有机、绿色、自然”原则，制作坚持独门标准，精工细作，特色菜肴有肉圆酱剥子、烹炒河虾、鲶鱼烧豆腐、湖鲜螺蛳等。

常州竺山湖渔村 位于武进区雪堰镇，餐饮主要以太湖三白等湖鲜为特色，特色菜肴中以“三白一鲜”最为出名。活炝大虾采用太湖鲜活的野生白虾，加以独特的配料炝制，在武进首届名菜名点评选活动中被评为特色冷菜。

十思园 位于天目湖三胜村，由江苏天目湖生态农业公司开发建设，菜肴以农家土菜为主，所选原料均为农家饲养家禽、野生水产、园区自种的绿色蔬菜等，主要特色菜肴有生态全鱼、思园本鸡等，招牌菜生态全鱼以天目湖的整条大鳙鱼为原料，以徽系的红汤制作而成，鲜美可口。

金坛泽盛江南农耕园生态酒店 位于金坛晨风路99号，是一家自然生态园林酒店，设有千金休闲、果品采摘、喂养观赏鱼、攀岩、趣桥等休闲项目。有风格各异的江南风情包厢、古城堡包厢、民族包厢、通透森林包厢及现代特色包厢，两个多功能宴会厅，有餐位1000个，有缅甸软香黄鱼、生态酒香肉、鸡汁婺源笋、酸汤牛肉西芹等特色菜肴。

溧阳天目湖碧波园大酒店 位于天目湖旅游度假区内。以精品农家菜、野生湖鲜、特色山珍为主打菜肴，环境优雅，景致迷人。酒店分3层，有800多个餐位，拥有豪华湖景房、山景房9间，特色菜肴有天目双味鸡、五湖争鲜、茶香竹韵、锅贴煎炖小白条等。

溧阳市横涧快乐家园饭店 位于南山竹海景区门口。总面积950平方米，拥有餐位800个，分设宴会厅、大餐厅和28个以“竹”命名的包厢，特色菜肴有椒盐竹虫、双椒竹毛肚、青菜地衣等。

三、旅游购物

常州手工艺品除传统的梳篦、微雕、根雕、乱针绣、留青竹刻、丝绸等外，开发出许多新式工艺品，尤以景泰蓝工艺画、恐龙旅游纪念品、鸵鸟蛋工艺品等最为出名。1992年，常州旅游商品公司开张营业，为游客购物提供了方便。1997年，常州地毯厂成为全市首家旅游商品定点生产企业。2004年开始，常州旅游购物场所建设步伐加快，中华恐龙园、天目湖景区均开设大型购物商场。加强旅游购物行业管理，成立常州旅游协会商品分会，12家旅游商品设计、生产、销售单位成为首批会员单位；市旅游局制订实施常州旅游商品开发三年（2004—2006年）计划，新开发龙城大礼盒、旅游扑克牌、卡通系列旅游纪念品等10余个系列100余个品种。2007年，中华老字号瑞和泰等8家购物点成为首批常州市旅游购物推荐商店。

购物场所 2003年起，常州开展特色旅游商品进三星级旅游饭店和AA级旅游景区活动，市区10多家

2010年常州市区主要旅游购物商店一览表

表20-3-4

商店名称	地　址	商店名称	地　址
常州龙城旅游礼品公司	武进淹城常乐坊79号、市行政中心6号楼负1楼、延陵西路85号A117	常州市名仁生态农产品销售中心	长江路贾家塘69号、小河沿4号楼、府琛广场257号、湖塘安定中路28号
中华恐龙园礼品超市	汉江路1号、长江东路1号	常州梳篦厂公司	勤业路17号
常州市立发商贸公司	通江中路77号府琛商务广场1号楼4349号	瑞和泰商场（百年老店）	南大街142号
天目湖宾馆土特产购物中心	溧阳市天目湖旅游度假区	溧阳南山竹海南山特产商店	溧阳市横涧镇
常州市工艺美术研究所	杨柳巷39号金成大厦6楼	常州工艺美术公司工艺品商场	延陵西路101号
常州典藏工艺美术品公司	公园路100号南大街商务馆B座	和合轩东方艺轩	新奥佳园3幢
吴楚农耕文化园购物商店	溧阳市横涧镇	狄静乱针绣展馆	大庙弄30号广电楼3楼
常州市延龄工艺厂	武进区横林镇	卜恒顺梳篦店	篦箕巷28号
陈亚先大师乱针绣工作室	迎春步行街唐家湾2-2-3号		

三星级以上的旅游星级饭店、AA级旅游景区均设常州特色旅游商品专柜。2004年、2005年，常州旅游咨询中心、旅游集散中心专设常州旅游商品专柜；2007年，莱蒙都会国际商业街区开设常州旅游商品展示中心。2008年，常州旅游协会组织评选旅游购物推荐商店，出台了《常州市旅游购物商场(店)服务质量推荐标准》，评选出信誉好、规模大的商场为首批常州市旅游购物推荐商店，共8家。

常州工艺美术研究所有限公司　位于杨柳巷39号金成大厦6楼，是国内最早由政府倡办成立的乱针绣艺术研究机构，主要产品有乱针绣、留青竹刻、麦秆画等工艺美术品。

常州梳篦厂有限公司　前身为1951年建立的常州市梳篦厂，位于勤业路17号，占地1万平方米，建筑面积9000平方米。该公司专业生产梳篦，年产能力达300万张。2009年3月，在厂内建成梳篦博物馆，展示销售梳篦，在市区设有多家梳篦专售店。

狄静乱针绣工作室　1999年由狄静创立。狄静为江苏省文化艺术名人、研究员级高级工艺美术师、常州工艺美术家协会副主席兼秘书长，获联合国教科文组织授予的"民间工艺美术家"称号，乱针绣作品以绣工精到、形象逼真、色彩丰富、立体感强等特点而闻名，被众多收藏家收藏。

旅游商品开发　2003年起常州每年变换主题举办旅游商品大赛。同年6—10月，举办首届中华龙城旅游纪念品设计大赛，收到参赛作品(含设计稿)75类近300件，常州梳篦公司的黄杨工艺梳获特等奖，常州陈亚先乱针绣工作室的乱针绣《龙城景点》、中华恐龙园选送的中华恐龙园系列钥匙扣获金奖，留青竹刻笔筒、"凝香"红木浅刻盘、砖刻屏、纸烙画天宁寺等获银奖。2004年，开始实施常州市第一个旅游商品开发三年(2004—2006年)行动计划。2005年，常州旅游商品创新大赛举办，评出最佳旅游商品设计方案9个，金奖为恐龙系列梳，银奖为太极对杯、小龙系列挂件、沉香系列对梳；评出最佳旅游新品14个，金奖为常州老房子系列乱针绣，银奖为竹制天宁寺吉祥挂摆件、脸谱系列工艺梳、景泰蓝微雕；评出最佳旅游商品包装9个，金奖为龙城五彩包装，银奖为沉香对梳系列包装、单张人物梳包装、天目湖鱼袋。常州举办了以恐龙园、天目湖为主题的旅游纪念品新品大赛，推出罗汉图梳子、留青竹刻水屏文具盒、虚实乱针绣及麦秆画、烙画等旅游新品。2007年，举办历时半年的常州旅游商品创新大赛，收到旅游商品新品近300件，评出暖手抱抱龙系列、钟声如意壶两个金奖，天宁宝塔水墨乱针绣、恐龙头骨化石系列、《十子戏佛》木梳等5个银奖。

2008年2—9月，常州开展以茅山、春秋淹城、天目湖为主题的旅游商品大赛，收到旅游商品新品84种近200件，评出旅游商品创新大赛金奖两个、银奖4个。11月，常州旅游商品研发中心揭牌，由市旅游局和常州科教城现代工业中心投资设立，是集旅游商品开发设计、制作、小批量生产与产品营销、学术研讨于一体的综合性开发式平台。2009年1—8月，举行常州旅游商品创新设计大赛，收到旅游新品、旅游商品设计和旅游商品包装作品303种近500件，常州旅游商品研发中心设计制作的梳篦装饰画、常州纺织服装职业技术学院史茜设计的龙形公交吊环、常州工艺美术研究所设计制作的留青竹刻台屏盒分获最佳旅游新品金奖、最佳旅游商品设计金奖、最佳旅游商品包装金奖。10月24日，江苏旅游装备品集散中心在常州月星集团挂牌。2010年1—9月，举办了旅游商品创新设计大赛，150余件作品参赛。

旅游商品参赛　2002年，组织参加首届中国旅游纪念品设计大赛，常州市11件参赛作品分别获得两项金奖、7项银奖和两项优秀奖，获奖作品数量和等级名列全省第二。2006年，江苏省首届旅游商品博览会在常州举行，常州参展商品获得博览会旅游商品金奖两个、银奖6个、优秀奖6个、特别奖5个和"最受欢迎的江苏旅游商品"11个，获奖总数列省辖市第一；组织参加中国国内旅游交易会，常州工艺梳新品、麦秸画被评为中国有特色的旅游纪念品工艺品。2009年，常州梳篦厂的琵琶、静瓶工艺梳获全国旅游商品博览会江苏省唯一的金奖。2010年，"龙城三宝"大礼盒获得中国国际旅游商品博览会铜奖，常州市获得第四十五届全国工艺品旅游纪念品“金凤凰”创新产品设计大奖赛金奖5个，银奖、铜奖各4个，优秀奖2个，获奖数居江苏省地级市首位。

四、信息咨询服务

从2000年开展创建中国优秀旅游城市活动以来，市政府和各级旅游主管部门逐步改善城市旅游环境，建立和完善旅游公共服务设施，为到常州的海内外游客提供便利。2002—2010年，连续制定3个旅游信息化三年行动计划。至2010年，已建成旅游咨询服务中心、旅游呼叫中心、旅游集散中心和(常州客运中心)旅游接待服务中心等服务设施，开发、运行了旅游目的地营销系统，开设城市旅游专线，设置中英文对照的景区(点)指示牌和大量的公共信息图形符号牌，完善旅游厕所、自驾车旅游服务等设施，初步形成比较健全的全市旅游公共服务体系。

信息网络系统　常州旅游“三网一库”　2000年，市旅游局建设常州旅游网、旅游行业管理网、旅游局办公局域网和内部数据库(合称“三网一库”)。9月，开发完成常州旅游网(www.cztour.com)。2002年5月，开通常州旅游业管理网。2003年8月，常州旅游人才信息平台(www.cztour.cn)开发完成投用，成为全市导游员学习、交流、培训信息服务和人才招聘的平台。9月，常州大酒店、亚细亚影视城、江南春宾馆等20多家单位设立电脑触摸屏，提供旅游信息查询。至此，常州在全省旅游系统中率先建成网上旅游局，创下多个全省第一：第一个开通宽带网络视频会议，第一个实现旅行社及门市部网上审批，第一个开通旅游行业短信群呼。2010年，常州旅游网被中国旅游电子商务大会评为优秀旅游目的地网站。

常州旅游目的地营销系统　2000年9月，市旅游局主办的政府网站常州旅游网上线开通运行，辟有旅游概况、旅游景点、风土人情、旅游企业、精品旅游线路、旅游新闻、业界动态、旅游文摘、旅游咨询、旅游投诉等栏目。市旅游局为本市多家旅游企业建立网站或网页。2004年10月，常州在全国率先自行开发的常州旅游目的地营销系统(简称常州DMS)投入运行，针对公众用户、政务用户、企业用户、商务用户和媒体用户等5类用户群，开发游客直通车、预定服务台、媒体零距离、企业博览会、网上旅游局5个板块，提供旅游信息服务、网上旅游营销、互联网电子商务。

信息化标准规范　2008年6月，市旅游协会与常州标准化协会编制完成《旅游企业信息化服务规范》，被省质量技术监督局公布为江苏省地方标准。市旅游局从2008年起开展旅游企业信息化服务试点和推广工作。2010年5月，常州金陵明都大饭店《旅游企业信息化服务规范》试点通过省质监局、省旅游局的验收，成为全省首家旅游企业信息化服务规范达标(示范)单位。

咨询服务　各大景区游客中心均设有旅游咨询服务点。2007年，常州旅游咨询中心与常州旅游呼叫中心合并，为游客和市民提供更为便捷的旅游信息服务。2007年9月，《旅游时尚》彩信杂志向常州移动部分用户发送，每周1期，至2010年底每期手机用户近20万。至2010年底，常州旅游集散中心、常州旅游接待服务中心设立旅游咨询服务点，全市旅游咨询服务网络形成。

常州市旅游咨询服务中心　2004年12月，在化龙巷18—1号成立，投入运行，负责常州旅游网的开发建设和管理维护、局机关网络和信息安全、常州旅游信息化推进工作，具有咨询服务、旅游产品预订、订票服务、导游服务、投诉受理、旅游商品展销6项功能，通过触摸屏、宣传册、广告画、户外电子显示屏、网络、等离子(液晶)电视等多种媒体进行旅游宣传，是当时全省规模最大、功能最多、技术最先进的咨询服务窗口。

常州旅游呼叫中心　2006年12月，常州旅游呼叫中心投入试运行，是江苏省第一个旅游呼叫中心，24小时旅游热线号码“0519-86188666”，设有12个座席。利用旅游信息综合服务系统，通过旅游门户网站和24小时声讯服务，提供信息咨询、投诉受理、便民援助、游客产品选购、预定、旅游订单处理等服务，委托常州春秋旅行社负责运营。

第四章　旅游市场开发

1991年前，是常州旅游业从外事接待型的初创阶段向经营服务型转轨发展时期，重点是拓展国际旅游，国内旅游尚未起步。常州没有外联权，不能直接向境外旅行社招徕客源，以接待中央、各省一类社的旅游团队为主，宣传促销主要是面向各地一类旅行社。通过加强对国际旅游市场的宣传，开发适应境外游客的特色旅游产品和积极参加旅游展销会等形式，扩大常州旅游在国内外的知名度。1992—2001年是逐步开发国内旅游市场时期，通过大量编印宣传资料、加强媒体宣传、邀请国内外记者采访、到主要客源地直接促销、参加旅游展览会交易会等方式宣传促销，促进客源快速增长。2002—2010年是国内旅游、境外旅游快速发展的时期，常州旅游业步入产业化发展阶段，围绕常州城市特色，精心开展旅游整体形象设计，采用媒体宣传、网络营销、推介促销、以旅拉旅和节庆活动等促销方式开展宣传促销，形成政府主导、部门协作、行业联手、区域合作的市场开发新局面，使常州旅游产品优势转化为旅游市场优势。2010年，全市接待境外过夜游客35.91万人次(包括港澳台游客4.77万人次)，其中市区接待34.25万人次(包括港澳台游客4.52万人次)。全市完成旅游总收入349.72亿元，其中国内收入326.13亿元，旅游创汇3.47亿美元，实现旅游业增加值163.98亿元。

第一节　市场拓展

一、旅游产品宣传

常州市重视旅游宣传促销，1991年为国家旅游信息库采集提供常州旅游信息表46份。此后，通过编印旅游宣传品、参加国际国内旅游交易会、组织专题促销团组、强化与国内外重点旅游机构及新闻媒体合作等形式，多层次、全方位开展宣传促销，扩大常州旅游的知名度。2003年，全市旅游宣传工作会议召开，市旅游局出台加强旅游宣传工作的意见，成立旅游宣传工作协调领导小组，建立健全两级旅游宣传网络。

宣传平台建设　2004年起，在星级宾馆、部分社会大型饭店等场所放置常州旅游宣传展架。常州旅游推广中心于2010年1月在莱蒙都会星聚广场成立，主要功能有开发并推广常州旅游产品、线路，为市民和外地游客提供旅游服务，组织和开展常州市民赴外地旅游的促销活动和外地到常旅游的推介活动，协助做好常州旅游宣传促销和旅游节庆活动等。4月，龙城旅游控股集团公司与国内铁路媒体旗舰运营商华铁传媒在上海金茂君悦大酒店发布“环球恐龙城休闲旅游城——常州环球恐龙城旅游品牌专列启动”新闻。环球恐龙城冠名的T33、T34次列车每日往返于天津—杭州之间，全程1512公里，连接津冀鲁皖苏沪浙，旅客可从列车上的海报、票卡、台布等渠道了解环球恐龙城的最新信息。6月，位于常州火车站、汽车站北广场地下一层的常州旅游接待中心正式营业，由常州国旅、青旅、春秋旅行社、环球恐龙城、淹城春秋乐园、天宁宝塔置业公司、环球动漫嬉戏谷7家旅游企业共同出资，常州国旅负责具体经营业务。7—11月，举办首届常州旅游形象大使选拔赛，经过8轮海选、4轮复赛，孙傅芸获得冠军，被授予“太湖之星”称号，姚叠、洪夏晶分获亚军、季军。

旅游宣传品编印　1986—2010年，常州市编印旅游宣传品60余种。1994年的宣传品《常州》介绍皇帝运河游、马可波罗旅游线、鉴真东渡探访游、江南游、保健游特色线路。1999年编印中英文对照的《常州旅游指南》，介绍了城区、武进、溧阳、金坛旅游资源及常州特产等。2001年编印的折页《常州专项旅游》，介绍茅山、天目湖休闲度假二日游、运河访古游、自行车自助游及一日游等线路。2002年7月，创办《旅游时尚》杂志，免费向各行政机关、社会各界和外地同行赠阅，2004年编印了第一本全面介绍常州旅游的书籍《中华龙城—常州》，卡通宣传片《龙城来历》包含卡通动漫版常州二日游VCD（英文、日文版）。2009年制作的幻灯片《龙城常州俏江南》，以宗教之旅、仿古之旅、修学之旅、山水之旅、美食之旅为主线，介绍常州旅游特色，《常州美食》分为“名菜篇”“名点篇”“农家菜篇”“名店篇”“特色餐馆篇”“美食街区篇”。2010年，编印了《看省运，游常州》（常州旅游导览图）等，至同年底《旅游时尚》发行100期100多万份。

旅游展销会推介 1986年12月，参加在北京举办的中国国际旅游展销会，推介常州的自行车、古运河、蒸汽机、苏南农村等特色旅游产品和项目。1990年10月，参加中国上海旅游展览会，展出蒸汽机、常州梳篦及专项旅游的模型、照片和资料。此后，在国内举办的各次旅游展销会、交易会常州市都主动组团参加，宣传常州整体形象、联系客户，成为旅游宣传促销的重要形式之一。1994年，组织参加16家旅游企业江苏省旅游展览会和旅游商品展销会、旅游摄影展览会。1998年，组团参加在上海举办的中国国际旅游交易会，与国内外旅行社签订客房销售协议书和意向书70份，市旅游局举办了常沪旅游联谊会。2002年，组团参加在南京举办的中国国内旅游展销会，设标准展位50个，总面积500平方米。2007年，组团参加在苏州举行的中国国内旅游交易会，市旅游局组织布置了“中华龙城、江南常州”和旅游商品等特展区，组织主要景区点、旅游商品企业和部分旅游饭店、旅行社参展。2008年中国国际旅游交易会期间，邀请70多位境外成员组成的国际买家团考察了常州。

专项旅游促销 1995年，举行上海—常州金秋旅游恳谈会，是常州市首次组织的大规模市场促销活动。上海市旅游局、旅游协会和上海17家旅行社负责人及10家新闻单位的记者等近100人参加。1996年9月，市旅游局设计制作的“好山好水好地方”彩车赴上海参加上海旅游节开幕式并在上海市内巡展，获得上海旅游节白玉兰纪念奖。1997年，组团参加“江苏旅游万里行”促销活动，先后在济南、天津、石家庄举办了3次旅游说明会。1998年，全市重点旅游企业组成促销团，先后在本省南京、福建泉州、安徽合肥等城市举办旅游促销交易会。

2000年，组织全市近20个旅游景区（点）、旅行社、饭店分别赴北京、上海、南京、乌鲁木齐等10多个城市宣传促销，推荐“千禧龙年游龙城”旅游专线。是年7月，在上海、苏州、无锡、扬州、南京等7个城市举办旅游说明会。2001年6月，市旅游局提出实施常州旅游地接“一接一”工程，全市旅行社同年完成地接18万余人次。组织近100家旅游企业、160多人参加2002中国国内旅游交易会南京主会场展销活动。5月，上海旅游集散中心开通“休闲常州二日游”专线车。全年地接游客25万人次。2003年3月，参与“江浙沪旅游年”活动，加强与长江三角洲地区15个城市的旅游合作与交流，在苏北泰州、盐城、靖江3市开展“江浙沪旅游

“常州美食走进上海，走进世博”活动在沪启动（摄于2010年3月）

大巡展”活动，进行花车巡游、广场咨询，召开常州旅游说明会；与连云港、扬州等城市开展互相输送游客、共推旅游产品活动；赴杭州、嘉兴、湖州、绍兴、宁波等浙江一线，举行旅游现场说明会、大型广场旅游咨询、小型花车巡游表演及业内交流等，促销常州旅游产品。“非典”疫情过后，推出6月阳光特惠月活动，主要旅游景区点、常州二日游大幅降价。全市同年地接36.5万人次。

2006年4月，常州旅游推介会在哈尔滨举办。5月，在台湾首次采用公交车广告促销，20辆绘着“中华龙城，江南常州”等主题广告的公交车穿行在台北市繁华街道，在台湾同胞中反响热烈。9月，分别在上海徐汇区港汇广场、鲁迅公园举行促销活动，休闲常州二日游产品进入上海旅行社100多个门市网点，开通天天发班车；常州国旅、溧阳天目湖宾馆投资组织上海市民到常旅游的上海龙之旅旅行社在沪成立；10月28—29，组织了千名上海人休闲游龙城大型活动。2008年3月下旬，组织全市20多家企业到北京、天津、石家庄、济南开展巡回促销活动，重点突破北方市场。首次在北京人民大会堂举办了“华东旅游新亮点，龙城常州俏江南”旅游推介会，4月参加全省在北京举办的大型广场促销会。同年，与盐城市联办经典盐城二日游、休闲常州二日游活动。

2009年举办5次促销活动。2月，在上海举行常州市世博旅游精品线路推介会，组织本市10多家知名景区（点）、7家宾馆饭店在上海徐家汇举办大型广场促销活动，现场向上海市民派发总价值100万元的景区、工农业旅游示范点门票和宾馆饭店住宿抵用券。12月，赴澳大利亚、新西兰开展旅游推介活动。是年，联合苏州、无锡、扬州、南通、泰州、盐城市旅游局开展“七城互动游”活动。2010年，抓住世博会、省运会的机遇，3月赴上海开展“上海看世博，轻松到常州”促销活动，组织全市旅游景区（点）、旅行社、媒体、宾馆饭店等在上海宾馆举行“常州美食走进上海，走进世博”活动启动仪式，与上海十大中心城区的旅游部门签订战略合作协议，在静安广场发放宣传资料，在上海国际会议中心举办图片展，参加由国家旅游局组织的“2010走进世博—旅游大篷车”宣传推广活动，从上海出发，行程3000多公里，途经宜兴、江阴华西村、南京、合肥、宿州、开封、郑州等地。

新闻媒体宣传　1987年开始，常州重视利用新闻媒体宣传旅游。同年，与常州电视台联合摄制的常州市专项旅游电视片在中央电视台转播后，外界反映强烈。1989—1990年，接待了到常州采访的《中国旅游报》、《人民日报》（海外版）、国际广播电台等媒体记者12人，邀请部分国家的摄影家、记者编辑访问常州，邀请香港《中国旅游画报》等单位的摄制组拍摄了常州大酒店保健膳食电视片、常州风光片和乾隆帝江南游踪迹照片。1991年，在《江海侨声》杂志开辟常州专版，介绍常州的文化、旅游和投资环境。1993—1994年，香港新闻团17人应邀到常州参观采访、朝鲜代表团7人应邀访问常州；1994年，世界旅游日江苏环省行摩托车记者团考察常州。

1995—1996年，中央和上海、省内的主要报社、电视台等22家新闻单位的编辑记者45人，考察采访了天目湖旅游度假区，新加坡电视机构拍摄了《江苏趣味知识》常州旅游部分，在新加坡电视台黄金档《超级幸运之夜》节目播出。1997年，市旅游局出资27万元，买断15/16次列车1年的广告发布权和随车读物《东方快车》的广告发布权，《1997中国旅游年·常州》专辑首期刊出。上海各大报社、东方电视台和江苏卫视等媒体的31位记者应邀考察常州，拍摄专题片3部，在上海各大报刊上发表介绍常州古寺（天宁寺）、古塔（文笔塔）、古运河的文章12篇，专题片《古寺古塔古运河》《名人名馆名建筑》《好山好水好地方》在上海东方电视台播放，市旅游局局长童方云、副局长苏伟走进上海电台直播室，向上海市民推介龙城访古游。

2001年，邀请省委宣传部、省新闻单位及全省13个地级市的市委宣传部、新闻单位的领导和各省（市、自治区）旅游局市场处处长考察常州。在报刊、杂志上发表宣传报道500多篇。2002年，邀请央视《金苹果》、上海卫视《走进古运河》、江苏卫视《梦江苏》摄制组和上海申博新闻采访团、《人民日报》、日本 SUN-PROJEOT 株式会社等媒体的记者到常采访，在报刊和电视台、电台宣传报道近 500 篇次。2004 年，首次在央视黄金时段开展常州旅游节和常州城市旅游形象的广告宣传，策划 5 分钟的常州旅游主题片，“五一”黄金周期间在央视五套的各准点新闻中播出；结合常州旅游节的举办，制作常州旅游和旅游节的 4 分钟专题片，在全国 36 个城市频道联播。当年，接待央视海外中心专题部《走遍中国》栏目组到常拍摄金坛、溧阳、武进有关景点。全年在报刊和电台、电视台进行新闻宣传 617 篇次。次年，江苏卫视“2005 走遍江苏”大型外宣活动采访团到常州采访报道，江苏电视台来常拍摄常州主要景点及金坛刻纸，制作中英文双语专题节目，集中介绍、展示了常州的旅游资源。

2006 年，与新浪网旅游频道联合举行“龙聚之城，常乐之州：常州旅游大型网络展播”活动。该频道免费提供 360 万元商业广告资源，宣传常州旅游的城市形象和旅游产品，访问量达 505 万人次；在上海《新民晚报》刊出“休闲常州二日游”广告，将该产品纳入上海旅游网销售终端。与浙江电视台合作，摄制系列专题片和形象广告，半年播出 180 次。2007 年，接待新加坡亚洲新闻台旅游栏目摄制组、江苏电视台，摄制的常州旅游专集及常州 7 个乡村旅游点电视片分别播出；2009 年，接待出席全国旅游广播网年会的 20 余家主流广播媒体代表 50 余人考察东坡公园等景点，“海峡之声”旅游广播节目全程跟踪，6 次连线直播，现场向千里之外的福建地区的听众介绍常州旅游资源及常州旅游的规划建设。在中央电视台四套《走遍中国》栏目段投放 15 秒常州旅游形象广告。2010 年以上海世博会的举办为契机，在中央电视台、东方卫视和《文汇报》《新民晚报》等媒体进行“上海看世博，轻松游常州，一小时到达”宣传。在中央电视台四套《中国新闻》栏目及《新闻 1+1》栏目段投放 10 秒常州旅游形象广告；与常州电视台《DV 拍新闻》栏目的风景子栏目《DV》全年合作；上海世博会期间，上海地铁 LED 广告屏幕播放常州市旅游形象宣传内容的视频宣传资料，在 ICS 上海国际频道投播“龙城世博游”风尚自驾游活动电视广告，在上海东方卫视投放常州旅游形象广告。

邀请接待外地旅游团体 2002 年 4 月，京津沪浙皖湘粤等省市的旅行社负责人 800 余人应邀考察常州旅游线路。2003 年，全省各大旅行社的 200 多位负责人考察常州二日游线路，邀请杭州、宁波、绍兴、台州等地的旅行社老总 160 多人和上海新闻界人士到常考察旅游线路。2004 年，接待台湾旅游行业经理人协会买家团、国际旅游营销专家到常考察景点。2005 年，接待“十运会”记者团 300 多人采访常州。4 月，邀请来自上海旅游协会和旅行社分会的负责人及 60 多家旅行社的总经理考察常州旅游资源。2006 年 5 月，上海旅行社、大世界国旅、上海中旅、上海锦江、长江旅游公司等多家实力雄厚的上海旅行社 40 多名门市网点经理考察常州二日游产品线路。2008 年 12 月，精心组织“千家中外旅行社相约龙城”活动，邀请东南亚旅行商买家团、美国旅游作家协会、龙之旅全国旅游协作网十三届年会、华东旅游联合体、长三角旅行社及媒体(16+2)峰会和首届笑傲江湖旅游论坛等 1800 多家中外旅行社负责人考察常州。2009 年，分别接待澳洲旅行商考察团考察天目湖等景点，接待美国迪斯尼总部、美国大陆航空公司、夏威夷州旅游局、加利福尼亚州旅游局、拉斯维加斯旅游局、纽约市旅游局、佛罗里达州旅游局的代表组团考察天宁宝塔等景点。

二、旅游节庆活动

90 年代中期起，常州各级部门开始举办多种主题突出、特色鲜明、社会影响面较广、群众参与度较高的节庆活动，既满足市民求新、求异、求奇的旅游需求，又吸引大批外地游客，对丰富旅游产品、繁荣旅游经济、提高城市知名度、提升城市形象产生积极的促进作用。

天宁寺听钟声祈福活动 1996 年起，常州市每逢除夕夜或元旦前夜都举办天宁寺听钟声祈福活动。1996 年 2 月，首届天宁寺除夕听钟声祝福活动在大雄宝殿进行。1999 年 12 月，举办了世纪钟声贺千禧活动，常州市“2000年神州世纪游——千禧龙年游龙城”活动开幕。2001年1月，举办“听世纪钟声、祈百年吉祥”活动，5000余名游客、香客在天王殿前钟亭依次撞钟。“2001体育健身旅游”活动开幕，其间有威风锣鼓、舞龙和中华恐龙园的卡通表演。2007年，除举办天宁寺除夕撞钟祈福活动外，在元旦举办撞钟迎奥运活动。4月，被誉为“神州第一高佛塔”的天宁宝塔落成，举行“和睦和谐·至善至上”天宁宝塔开光大典，推出大型梵乐激光烟火晚会、首届佛教文化艺术精品展等系列活动。此后每年举行撞钟仪式。

常州旅游节　1995—1999年，常州旅游节每年由市政府主办，市各有关部门联合承办。1995年4—5月，常州举办首届常州民俗风情旅游节，是常州首次组织的大型旅游节庆活动。旅游节以常州地区民俗风情特色为主，主要包括民间文艺展演、民间工艺品展示、水上民间活动、民间美食品味、民俗风情旅游专线等6部分，全市的25支代表队的民间文艺表演和12个门类的民间工艺品在节庆上展示，西藏、广西等少数民族地区文艺团队应邀到常表演，接待中外游客15万人次。2000年，常州旅游节以“千禧千骑游龙城——走近恐龙”为活动主题，举办“千禧千骑游龙城”国际摩托艇暨水上摩托超级明星争霸赛、金坛龙山垂钓节、武进淹城·自贡大型艺术灯会、夜游古运河、国庆龙城游园和“我的恐龙世界”征文赛等活动。2003年，因“非典”疫情，常州旅游节停办。2005年，常州旅游节改名为中华龙城（常州）旅游节。2010年，改名为中华龙城（常州）文化旅游节，以“文化之旅”“世博之旅”为主题，推出开幕式、亚洲龙舟锦标赛、天目湖旅游节和月季花展等18项特色系列活动。

龙舟竞赛　从明代起，每年农历五月常州就有划龙舟的民间习俗，传说常州别称“龙城”，就是源于“六龙竞渡白云溪”的传说。2001年，市政府决定恢复龙舟竞赛。5月，首届龙舟竞渡活动在大运河常州市区怀德桥段举行，由天宁、钟楼、新区、郊区、戚墅堰区和旅游、体委、武警、交通、建委、常工院、河海大学常州校区等系统（单位）的赛船好手组成的12支龙舟队参加比赛，龙舟竞渡竞猜和摄影比赛等活动同时举办。2002年的龙舟竞赛活动邀请上海、无锡参加，举办沪锡常龙舟竞渡，同时有舞龙、走钢丝和鼓乐、管乐表演，“小吃一条街”、福利彩票销售和旅游宣传、咨询、展示活动，举行常州高校双人水上自行车比赛和龙舟竞渡。2003年，因“非典”疫情取消龙舟竞赛。2004年，常州市首次举办全国性龙舟赛事。5月，在天目湖旅游度假区举办全国龙舟精英赛，由国家体育总局社体中心、中国龙舟协会联合主办，常州市政府承办，吉林、湖北、江苏、广东、上海、天津和香港等地的代表队与由加拿大、美国、澳大利亚等外籍人员组成的国际联队共16支龙舟队参赛。2005年，全国龙舟精英赛在金坛城南风景区举行，江苏、福建、浙江、香港、上海、广东、北京等地的11支龙舟劲旅展开4个项目的激烈角逐，有10万余人次观看龙舟赛和民俗表演活动。首届龙城大学生龙舟赛在2006年5月成功举办，12所在常高校组织12支大学生龙舟队参赛，万余名市民观摩比赛。2007年，全国龙舟精英赛在武进太湖湾水上休闲乐园举行，全国的12支龙舟队参加角逐，2008—2010年，国际龙舟邀请赛均在武进太湖湾景区举行。

2001年5月，在京杭大运河怀德桥段举办的龙舟竞渡（摄于2001年5月）

茅山登山节 创办于1996年，每年举办1次。1996年3—5月，首届茅山登山节在茅山风景名胜区举办，有登山、乘坐索道、朝圣、狩猎、知青故地重游、游览八卦阵、欣赏阿诗玛歌舞表演等活动，接待游客20万人次，活动收入200万元。1999年，登山节保留登山、朝圣等传统项目，推出赏泉品茗、山野探秘等项目，吸引中外游客近20万人次。2003年第八届茅山登山节改名为登山锦标赛，2004年改名第九届茅山登山锦标赛。2005年，茅山登山节被省体育局作为迎接十运会的重大活动而列入全省十大城市健身景观。2008年茅山登山节，美国、法国、澳大利亚、韩国及东道主中国常州的180名登山健儿和万名踏青观光游客参加。

风筝比赛 1997年4月11—12，国际风筝邀请赛在武进淹城举行，美国、德国、英国、法国等11个国家和地区及香港、北京、上海、天津、广东阳江、四川王泗等地组成的23支风筝代表队参赛，吸引海内外观众

1996—2010年常州旅游节主要活动一览表

表20-4-1

旅游节庆活动名称	年份	主 要 活 动
常州民俗风情旅游节	1996	少数民族风情表演、吴桥杂技表演、大世界吉尼斯纪录绝技表演、延陵西路一街十店旅游购物等主题活动16项
	1998	舞龙大赛、铜管乐大赛、民歌民舞大赛、中老年健身舞表演等活动
	1999	新中国成立50周年群众文化精品回顾展演、常州访古旅游线旅游、民俗民风游园、旅游系统美食展等活动
中国根雕艺术博览会暨常州民俗风情旅游节	1997	全国26个省市自治区的500多家根雕艺术团体和根雕爱好者参展、成立屠一道艺术基金会、根艺创作学术交流会等活动
常州旅游节	2000	“千禧千骑游龙城”活动、“天目湖啤酒杯”国际摩托艇暨水上摩托超级明星争霸赛、“我想象中的恐龙世界”征文比赛等活动
	2001	溧阳茶叶节暨天目湖亚洲滑水锦标赛、首届龙舟竞渡、自驾车旅游、龙城“五一”游园活动等
	2002	中国国内旅游交易会常州分会场暨常州旅游节开幕式、“沪锡常龙舟竞渡”、千骑游龙城、常州市华东地区民间艺术品收藏展卖会、龙主题风筝节等活动
中华龙城（常州）旅游节	2004	全国龙舟精英赛、恐龙复活节、青春激扬之夜主题夜公园、“龙城市民欢乐广场”、上海国际茶文化节等活动
	2005	旅游节开幕式、周边地区旅游交易会、全国龙舟精英赛、全国百名晚报记者龙城采访等活动
	2006	万人游龙城、千名老人骑游龙城、龙城大学生龙舟赛等活动
	2007	旅游节开幕式暨中华恐龙园·鲁布拉盛典、“花都水城·浪漫武进”首届武进旅游节、第十届中国溧阳茶叶节暨第三届天目湖旅游节、天宁宝塔开光大典等活动
	2008	南大街中外盛装大游行、“万人跨海大行动”、首届“欢乐时尚、魅力钟楼”休闲旅游节等活动
	2009	旅游节开幕式（“江苏国际旅游周”系列活动）、“花都水城·浪漫武进”旅游节、“春满金沙”乡村旅游系列等活动
中华龙城（常州）文化旅游节	2010	旅游节开幕式、亚洲龙舟锦标赛、钟楼旅游节暨海峡两岸美食周等活动

近8万人。国内队的风筝以龙、鸟、鱼、蝶等形象为主，民族特色浓郁，其中武进市横山桥队一条巨龙风筝长达168米，由220节组成，30多名选手齐心协力使巨龙风筝扶摇直上。国外队则以大色块和几何图形风筝为主，用复线操纵，可在空中做各种动作表演。邀请赛分境外、国内评出奖项7个，其中最佳风筝奖为香港中华电力公司队、北京队，最大风筝放飞奖为美国队、吉林队，最佳放飞效果奖为英国二队、南通队。1998年3月，江苏省农民体育协会主办，市旅游局、淹城管委会等承办的江苏乡镇风筝赛在武进淹城举行，全省10个城市的13支代表队参加比赛，有龙类、板子类、软翅类、硬翅类、立体类、硬翅串类、软翅串类7个大项、11种型号的风筝。武进横山桥镇代表队、武进遥观镇代表队分获龙类大型、立体中型风筝赛第一名，曾获18项世界冠军、100多项全国冠军的江苏省技巧队进行专场技巧表演，南京航空航天大学航模队进行单机特技、双机特技、飞机编队、飞机空战、花样飞行等表演。2001年，举办了武进淹城风筝邀请赛。2006年，武进在淹城遗址公园举办了常州风筝节。

第二节　产品开发

一、特色旅游

常州特色旅游从80年代接待中外政党、经贸访问团起步。随着旅游业的不断发展，以市场为导向，经多年开发完善，至2010年底形成水上旅游、红色旅游、修学旅游、乡村旅游、工业旅游、老年人旅游、文博旅游、休闲旅游、夜间旅游等特色旅游产品。

古运河旅游　古运河旅游始于1986年，主要接待西欧的英促进(BHY)和美国及日本的旅行团。为此，市外事办公室专门从上海海星造船厂订制了1艘豪华游船"龙城号"，主要线路西起篦箕巷大码头，东到东坡公园御码头，途经明城墙、广化桥、同安桥、同济桥，全长约5公里。每周接待1～2个旅行团，每团约30人，月均接待约200人。运河两岸的美好风光和热情周到的服务吸引了众多游客。后因受1989年"6•4风波"影响，古运河旅游频率明显下降。此后，古运河旅游以国内游客为主。1999年，市旅游部门推出"古寺(天宁寺)、古塔(文笔塔)、古运河"访古游项目，同年仅上海到常访古游的团队游客就超过1200人。2009年4月，以天宁名胜旅游公司为营运主体的古运河游开放，除上述古运河线外，推出市河线：东起东坡公园，北至天宁寺(观音苑)，途经九华桥、通吴门、东太平桥、龙晶桥、隧道、观音苑，全长约两公里，往返30分钟。首批投入的船型有画舫船、高速艇、自驾船、仿古船等船型，画舫船提供水上KTV、导游讲解、视频光盘、茶水、船艺等服务。2010年，首次推出大型综合性夜游项目，有两条航线，一是古运河夜游，二是"三河三园"水上游，向市民和游客展示常州市区的美丽夜色。

红色旅游　常州是一座红色旅游资源丰富的城市，孕育了被誉为常州三杰的中共早期3位重要领导人瞿秋白、张太雷、恽代英。新四军在溧阳水西村设立江南指挥部，统一指挥第一、第二支队和地方抗日武装，巩固和发展了苏南抗日根据地。中共苏皖区第一次代表大会在金坛建昌镇的蔡甲村丁家塘曹江临家中召开，此后建昌圩被誉称为"小莫斯科"。1984年11月，新四军江南指挥部纪念馆对外开放。1999年瞿秋白100周年诞辰之际，市委、市政府拨款兴建瞿秋白纪念馆。2004年，在常州烈士陵园建立常州革命史纪念馆、常州革命烈士纪念馆，占地6.42万平方米。

2005年，市旅游局实施《2004—2010年全国红色旅游发展规划纲要》，组织推出"东进序曲"、常州三杰两条红色旅游线路。前者由溧阳市新四军江南指挥部旧址纪念馆和金坛市茅山风景名胜区金牛洞(新四军临时指挥所旧址)、乾元观(新四军一支队司令部、政治部旧址)等组成；后者包括瞿秋白纪念馆(故居)、张太雷故居和常州革命史纪念馆、常州革命烈士纪念馆等；中共苏皖地区第一次代表大会会址修复后对外开放；11月，恽代英纪念广场被中共中央宣传部公布为第三批全国爱国主义教育示范基地。2007年起，陆续建成新四军江南指挥部新展览馆、纪念广场等，发展了红色旅游。

工农业旅游　2002年，常州开始创建工农业旅游示范点。2004年，武进横山桥镇通过国家旅游局验收，成为全国首批工农业旅游示范点。翌年，金坛奥金鳄鱼乐园等5家单位创建为全国工农业旅游示范点。2006年，参加“中国乡村旅游年”主题活动，推进农业旅游开发，溧阳玉枝旅游农庄、大石山农庄、吴楚农耕文化园及武进区嘉泽镇、金坛江南农耕园创成全国工农业旅游示范点，全市总数达11个；金坛南海山庄进入首批江苏省农家乐专业村。7月27日，举办了农家乐创新论坛；7—12月推出农家游线路10多条。2007年，江南孔雀园等5家单位创成全国农业旅游示范点，全市全国农业旅游示范点16个。2009年，江苏首届乡村旅游节在溧阳翠谷庄园开幕。2010年，常州“清凉夏日”生态乡村游活动举办，乡村旅游点以瓜果采摘为主，结合开展垂钓、赏茶、骑马、游船、农业科普等参与性项目；梳篦厂（二期）龙城三宝博览园、运河五号（一期）等工业旅游点建成对外开放。9—11月，常州市评选第二届常州最具魅力十佳乡村旅游点。评选以公布的28家乡村旅游点为候选对象，以乡村旅游的知名度、市场、社会效应、景点服务质量、投诉处理效率、历史人文价值和景观特色为评选标准，评出第二届常州最具魅力十佳乡村旅游点。

老年人旅游　1999年是国际老人年，市旅游部门组织“龙城万名老人游四方”活动。4月，常州国旅组织北京、上海、广西和省内曾经在常武地区战斗过的部分革命老人参加“纪念常州解放50周年，老革命看新常州”活动。9月，长城旅行社推出老年人免费乘车游天目湖。全市大型旅行社为老人安排专题旅游线路，包括国旅“万名老人上茅山”“百位老人游三峡”，青旅“万名老人游灵山”，假日旅行社“常州老人看新农村”，长城旅行社“海南欢乐游”，中旅北京、桂林、江阴长江大桥、韩国游等，全年吸引2.6万名老人外出旅游。2001年，组织百名老人游浙江及百名老人登泰山、逛北京、游北戴河、看天津等活动。2007年5月，组织举办全国第十五届老年骑游健身文化展示大会，包括台湾、澳门地区在内的23个省、直辖市、自治区的108支骑游队5000多名正式和非正式代表参与。活动为期5天，举办骑游赏龙城、骑游文化展示、支持奥运签名、会旗封存天宁宝塔地宫等活动。2008年5月，组织开展“千骑游武进，万里迎奥运”主题活动，千余名全国老年骑友在常3天参观游览春秋淹城、武进新天地等常州景区景点，30名代表骑自行车沿大运河北上北京为奥运会加油。

修学旅游　1992年，日本高槻市金光第一高校修学旅行团师生500人到常州修学旅行，这是常州首次接待的国外大型修学旅行团。日方师生与常州师范学校、常州旅游学校的师生进行了对口交流和联欢活动，参观常州的景点。1993年11月，日本高槻市金光第一高校修学旅行团185人，到常州开展校际交流活动，与常州师范学校师生交流联谊。2000年以后，常州旅游学校、常州刘国钧职教中心、常州市技师学院等学校被省旅游局纳入日本到江苏修学旅游交流的推荐学校。

二、旅游黄金周

1999年，国务院决定增加法定节日，加上调整的两个双休日，连续假期7天，形成春节、“五一”“十一”假日旅游“黄金周”。2000年，常州市成立假日旅游协调委员会及其办公室，建立“黄金周”旅游统计监测制度。2000年“五一”“十一”旅游“黄金周”期间，全市接待游客77.6万人次，完成旅游总收入7.3亿元。春节期间，全市有1万多名市民通过旅行社外出旅游。2003年因受“非典”的影响，国家取消“五一旅游黄金周”。2005年“五一旅游黄金周”期间，全市旅游取得历史性的突破，接待游客超过100万人次，达106.87万人次；旅游收入达11.07亿元。2008年，国家调整休假制度，受年初雪灾、汶川大地震、全球金融危机等因素影响，全市旅游部门加大旅游营销力度，假日旅游经济仍保持一定增长。

2001—2010 年常州市“黄金周”旅客和旅游收入统计表

表 20-4-2

年度	春节		劳动节		国庆节	
	接待游客（万人次）	完成旅游收入（亿元）	接待游客（万人次）	完成旅游收入（亿元）	接待游客（万人次）	完成旅游收入（亿元）
2001	17.41	0.02	—	5.18	47.12	4.20
2002	29.15	0.03	57.36	0.08	64.69	6.82
2003	28.19	2.26	—	—	70.44	7.50
2004	38.53	3.13	80.00	8.34	78.39	8.30
2005	45.49	3.85	106.87	11.07	89.22	9.61
2006	53.24	4.78	123.77	13.33	107.47	11.55
2007	62.75	5.78	148.31	16.00	130.82	14.19
2008	62.75	5.78	—	—	158.74	17.25
2009	76.41	7.44	—	—	213.47	24.52
2010	87.61	8.99	—	—	230.17	28.03

第五章　旅游行业管理

1991 年 1 月常州市旅游局成立，按照规范、监督、指导、服务的基本原则，开始对全市旅游业经营单位和个人实施行业管理，认真贯彻国家、省旅游部门制定的行业管理规定和标准，加快旅游法制化、标准化建设和管理，抓好旅游从业人员的教育培训和旅游行风建设，开展服务质量达标、升级评定，提高旅游服务质量；建立健全管理制度，经常开展旅游执法和监督检查，发现问题及时处理，协同有关部门综合治理旅游市场，规范旅游市场秩序。1999—2010 年，先后有 5 家旅行社获得全国百强国内旅行社或全国百强旅行社称号；2006—2010 年，常州龙城旅游控股（集团）等单位负责编制的《主题公园服务规范》和《旅游企业信息化服务规范》分别成为国家标准和省级标准。2010 年，常州国旅名列全国百强旅行社第 25 位，天目湖旅行社跻身全国国内旅游十强社。先后建立常州旅游教育培训基地和旅游职业教育集团，实施“百千万工程”，旅游教育培训不断加强。通过组织举办旅游知识大赛、导游演讲比赛、食品雕刻技能大赛、导游服务技能大赛、饭店服务技能大赛、景区点讲解员技能大赛、厨师烹饪技能大赛等，一批优秀人才脱颖而出，常州成为全国唯一 4 次在全国旅游饭店服务技能大赛中每届都夺得 1 枚金牌的城市；开展“诚信旅游年”“品质提升年”“两迎两创一提升”“文明旅游、优质服务”等活动，提升旅游服务质量。

第一节　标准化建设

常州在六七十年代接待外宾和自费旅游者中，旅行社、饭店（招待所）、旅游车队都制订有旅游服务的程序、规定和质量标准。1993 年，市旅游局开始组织开展旅游饭店星级创建、申报和评定工作。1994 年 11 月，市政府制订、颁发《常州市旅游行业管理规定》，这是第一个由市政府颁发有关旅游业的行政法规性文件，对全市旅游企事业单位的审批管理和处罚程序等作了明确具体的规定。同年，市旅游局举办了标志类图形符号国家标准培训班，统一规范全市旅游涉外饭店特别是星级饭店标志类图、符、指示牌等。市旅游局、物价局、财政局联合启动征收旅游行业管理费工作。1996 年，常州旅游国家职业技能鉴定所成立。进入 21 世纪后，随着行政许可法的实施和政府职能的转变，市旅游局加强标准化建设，引导规范旅游经营行为。2007 年，开展平安旅游景区、旅游饭店消防安全管理达标创建活动。2008 年，市旅游局编制的《旅游企业信息化服务规范》经审批后在全省实施。2010 年，中华恐龙园作为全省唯一的景区单位入选全国首批旅游标准化试点单位。

一、旅行社达标建设

2001 年，市旅游局结合创建中国优秀旅游城市活动，组织开展国内旅行社达标建设活动，对旅行社经营场所、从业人员素质、经营资格、资本金等作了详细规定，以改变旅行社小、散、乱、差的状况。9 月、12 月，市旅游局组织两次检查验收。至年底，全市 38 家旅行社达到规范要求的有 28 家，达标率 73.7%。同年，常州国旅集团国内旅游公司名列全国国内旅游百强社第 19 位。至 2002 年底，全市有 42 家创成达标旅行社，占全市旅行社总数的 97.6%；注销经营资格、暂缓通过年检的国内旅行社各 1 家，关闭门市部（营业部）8 家。2009 年，在全省率先开展旅行社星级评定，编制完成江苏省工农业旅游示范点精神文明建设标准；中华恐龙园编制的《主题公园服务规范》通过省级评审。2010 年，贯彻江苏省地方标准《旅游企业信息化服务规范》。

二、旅游区（点）评定

常州国家等级旅游区（点）评定始于 2000 年，天目湖旅游度假区同年入选首批国家 AAAA 级旅游景区。2010 年，环球恐龙城休闲旅游区被评定为国家 AAAAA 级旅游景区，成为常州首家 AAAAA 级旅游景区。至 2010 年底，全市有 29 个旅游景区被国家旅游局评定为 AA 级以上旅游景区，其中 AAAAA 级 1 个、AAAA 级 9 个、AAA 级 4 个、AA 级 15 个。

常州市旅游区(点)被评定为国家级旅游区(点)情况表

表 20-5-1

评定等级	评定年份	所评定的旅游区	评定年份	所评定的旅游区
AAAAA	2010	环球恐龙城休闲旅游区		
AAAA	2000	天目湖旅游度假区	2001	天宁禅寺、茅山风景名胜区
			2004—2005	亚细亚影视城
	2006	天目湖南山竹海景区	2007	红梅公园
AAAA	2009	常州博物馆	2010	青枫公园、武进中国春秋淹城旅游区
AAA	2004—2005	金坛市华罗庚公园	2006	金坛奥金鳄鱼乐园
	2006	金坛顾龙山公园	2007	新区中心公园
AA	2001	东坡公园、荆川公园	2002	张太雷纪念馆、武进横山白龙观
	2002	武进艺林园、溧阳市新四军江南指挥部纪念馆、高静园、凤凰公园	2006	溧阳市瓦屋山休闲旅游区、常州市戈小兴中外烟标烟具博物馆
	2007	三勤农业生态园	2009	江南美术馆、常州梳篦博物馆、江苏华夏工美产业博览园
	2010	常州运河五号创意街区		

三、饭店餐馆评定

旅游涉外饭店由省政府批准。1987年常州金坛宾馆成为涉外饭店。1989年，常州旅游饭店开始推行星级评定制度，对饭店的设施、管理、服务、安全等诸方面按标准评分，评定一星至五星级旅游饭店，可接待入境旅游、外商等各类客人。1993年11月，市旅游局成立常州市旅游涉外饭店星级评定委员会。2001年，市旅游局加快旅游饭店星级评定步伐，出台《关于进一步加快我市饭店星级评定工作的意见》和《常州市旅游住宿业(饭店)管理规定》，全市新增星级饭店13家，市旅游局批准设立国内旅游定点餐馆3家、定点饭店2家，至同年底全市旅游涉外饭店达40家，其中星级饭店36家、涉外饭店4家。到2004年底，星级饭店逐步取代涉外饭店，成为旅游行业住宿设施管理的基本形式。2004年以后不再审批旅游涉外饭店。2007年，中油国际大酒店被评为国家金叶级绿色旅游饭店，12家饭店被评为国家银叶级绿色旅游饭店。2008年9—12月，开展常州旅游特色餐馆的创建活动，围绕饭店的菜肴特色、服务特色、店堂装饰特色和企业文化特色等标准体系进行综合评估。2009年2月，常州塘桥老哥勤业分店、常州银河湾大酒店等23家饭店成为常州市首批旅游特色餐馆。2010年底，全市有五星级酒店5家、四星级酒店22家。

常州市涉外饭店、星级饭店与定点餐馆评定情况表

表20-5-2

类别	评定年份	所评定饭店、餐馆	评定年份	所评定饭店、餐馆
旅游涉外饭店	1987	金坛宾馆	1993	常州民航大厦
	1990	溧阳宾馆、常州大酒店、武进宾馆	1995	迎春酒店、良茂商厦、水悦山庄、溧阳静泊山庄
	1996	江南大饭店、金龙大酒店、金农宾馆、阳光酒店	2000	常州和平假日大饭店、天元宾馆、中油国际大酒店
	1997	明都大饭店	2001	溧阳华天度假村
	2002	天安城市酒店、丰泽宾馆、溧阳和平宾馆、溧阳江南大酒店、金坛苏源宾馆、武进国瑞宾馆、兰新大饭店、阳湖大厦	2003	常州状元楼大酒店
国际旅游定点服务单位	1988	江南春宾馆、常州宾馆		
国际旅游定点餐馆	1995	常州水中仙大酒楼	1998	常州重庆小天鹅大酒店
国家绿色旅游饭店	2007	金叶级：常州中油国际大酒店 银叶级：常州明都师源宾馆、溧阳天目湖宾馆、金坛九九宾馆、金陵明都大饭店、常州椿庭楼宾馆、常州新锦江商旅酒店、常州锦海国际大酒店、常州中天凤凰大酒店、溧阳假日酒店、常州香树湾花园酒店、溧阳望湖岭山庄、溧阳静泊山庄		

四、其他评定

旅行社分类评级 1996年，常州市中国国际旅行社晋升为一类旅行社，成为全市首家一类旅行社；武进市旅行社、溧阳市长城旅行社、常州新区旅行社、常州市爱建旅行社、常州新华旅行社、金坛市中国旅行社被批准为三类旅行社。翌年，完成全市旅行社的类别转换工作，常州中国国际旅行社、常州市中国旅行社转为国际旅行社，其他16家旅行社均转为国内旅行社，原有的一、二、三类旅行社标准取消。2002年，常州国

旅旅行社被批准为出境游组团社，填补常州空白。2009 年 2 月，从基本条件、经营业绩、管理状况和企业声誉 4 个方面对旅行社进行等级划分和星级评定。当年，全市 23 家旅行社参加首批星级单位评定，22 家旅行社被评为三星以上旅行社，其中五星级 4 家、四星级 6 家、三星级 12 家。

服务单位定点推荐 1988 年 12 月常州市外事旅游汽车服务公司被省政府批准为全省首批国际旅游定点服务单位。1989 年 5 月，常州文物商店、常州华侨友谊商店被省旅游局批准为国际旅游定点服务单位。1997 年，常州地毯厂成为常州首家旅游商品定点生产企业。2000 年省政府进行行政审批制度改革，全省国际旅游定点饭店、餐馆、商店的评定改为备案制，至同年底全市有旅游定点单位 5 家。2001 年市旅游局批准设立旅游购物定点商场(店)4 家。2003 年 8 月，常州市金龙旅游运输公司被省旅游局批准为江苏省涉外旅游汽车定点单位。2004 年以后不再审批涉外旅游定点单位。2007 年，全市旅游部门组织开展旅游购物推荐商店评选活动，出台《常州市旅游购物商场(店)服务质量推荐标准》，规定旅游购物推荐商场(店)硬件和软件的基本服务质量要求，硬件方面包括营业厅、接待厅、参观厅或演示表演厅及公共区域和设备的质量标准，软件方面包括管理和服务人员、营业人员、接待人员、参观服务及食品卫生、质量监督等项规范服务质量标准。9 月，中华恐龙园礼品超市等 8 家旅游购物商店成为首批旅游购物推荐商场(店)。2010 年 11 月市旅游局发布《常州市旅游休闲娱乐推荐场所评定标准(试行)》，从旅游交通、安全、卫生、综合管理、环境氛围、游览、购物、电信服务 8 个方面，规范旅游休闲场所的环境和服务质量要求。12 月底，评定市区首批 18 家旅游休闲娱乐推荐场所，其中武进 4 家、新北 5 家、天宁 3 家、钟楼 6 家。

第二节　市场监管

常州旅游部门从 90 年代初期开始，常年联合公安、工商、物价、城管等部门联合执法、监督检查，对旅游市场进行有效监管与专项治理，建立旅游投诉受理平台，接待处理旅游者的来信来访，聘请社会监督员监督检查旅游经营活动环节，做到打击与疏导相结合、明察与暗访相结合、日常与突击相结合，形成旅游市场的长效管理机制。

一、市场监管体系

1991 年起，市旅游局内设旅游管理处，对旅行社、旅游定点企业实施监督管理。1996 年 12 月，常州市旅游市场专项治理协调领导小组成立，对旅游市场进行专项治理整顿。1997 年 12 月，常州市旅游质量监督管理所(简称“市旅游质监所”)成立，与旅游管理处合署办公，主要职责是对全市旅游经营单位进行质量监督，受理旅游者投诉，管理旅行社质量保证金，承办赔偿案件，协助市旅游局开展旅游市场检查。2000 年 12 月，市旅游质监所增挂“常州市旅游监察大队”牌子。2002 年 7 月，溧阳市设立旅游监察大队和旅游质监所。10 月 1 日，市旅游局加入常州市 110 社会服务联合行动网络，全面启动旅游咨询、投诉和应急处理联动体系。市旅游质监所同年聘请社会监督员 34 名，向社会公布旅游行风监督电话，建立旅游团队游客监督员制度。2003 年，全市旅游企业建立健全旅游质监网络，旅游投诉处理及时畅通。2005 年金坛市成立旅游执法大队和旅游质监所。

二、旅游市场秩序整治

1992 年，全市旅游价格协调会议召开，提出按市场规律调整旅游服务价格。1993—1994 年，全市组织服务质量和安全大检查 18 次，考核检查常州大酒店、江南春宾馆、常州宾馆和旅游商品公司等旅游企业的服务质量。1999 年 5 月，市旅游局编印了《国内旅游组团标准合同》《旅行社服务质量跟踪表》《常州市兼职和业余导游管理规定》等文件，加强对旅行社的监督管理。2001 年 6 月起，组织开展国内旅行社达标建设，规范和整治旅行社经营行为，促进中国优秀旅游城市创建。至年底，全市有 28 家旅行社达到规范要求，达标率 73.7%。

2003 年，全市旅游部门开展以打击“黑社”“黑车”“野导”为重点的市场规范整顿，查处和曝光两家严重扰乱旅游市场秩序的违法单位，注销、暂缓通过年检的国内旅行社和取消涉外旅游运输公司资质及摘掉二星级饭店牌子各 1 家，注销门市部(营业部)经营资格 8 家；市旅游局出台《常州市“一日游”价格规则》。2004 年，旅游、公安、工商等部门联合开展旅游市场整顿“春雷行动”，查处小河一家冒充常州国旅的地下黑社，取缔台湾联裕旅行社、北京京都阳光旅行社在常设立的非法办事处。全市旅游部门处理旅游投诉近 100 起，为游客挽回经济损失近 15 万元，罚没金 4.2 万元。注销两家旅行社，关闭 3 家旅行社门市部。2006 年，对 100 多名导游员进行 IC 卡检查，对 4 家租用黑车的旅行社在全行业通报批评；对照旅行社百分制考核表，对 4 家责任单位扣分通报，受理旅游投诉 69 起。2007 年，全市旅游部门组织开展市民和游客最满意的旅行社评选活动，市旅游质监所接到投诉 21 件，其中有效投诉 17 件，全部结案。2010 年，全市旅游部门受理投诉 9 件，其中投诉旅行社 5 件和投诉饭店、景区(点)各两件；全部投诉被受理并结案，其中赔偿结案 4 件；开展旅游服务质量、规范旅游市场集中检查两次，检查旅行社 17 家、饭店 30 家、景区(点)3 家。

第二十一卷 金融业

Volume XXI Financial Business

1986年1月，常州被列入全国金融体制改革试点5个城市之一，常州金融业进入深化改革、加速发展时期。此后，随着金融体制改革的深入，交通银行、中信实业银行、招商银行、华夏银行、浦发银行、兴业银行、民生银行、光大银行等股份制商业银行相继在常州设立分支机构。1991年6月，江苏省首家常州市城市信用合作联社成立。1993年12月，国务院做出《关于金融体制改革的决定》。1995年3月，《中华人民共和国中国人民银行法》（简称《中国人民银行法》）实施，首次确定了中国人民银行的中央银行法律地位。1998年10月，中国人民银行撤销省级分行，按经济区划在全国设置9大分行（营管部）。中国人民银行常州分行于1999年1月更名为中国人民银行常州市中心支行。1996年9月，农业发展银行常州市分行成立。其间，地方法人银行机构和农村金融机构的改革逐步推进。1996年6月，常州市农村信用社与常州市农业银行脱离行政隶属关系，农村信用社的业务管理、金融监管分别由县联社、中国人民银行承担。1998年3月，股份制地方商业银行常州市商业银行挂牌营业。2000年以后，对保险业、证券业和银行业等行业的监督管理职能逐步从中国人民银行分离出去。2003年12月，中国银行业监督管理委员会常州监管分局分设成立。保险业和证券业监管在常州无分支机构。2007年1月，常州市商业银行改建为江苏银行常州分行；2月，常州被列入江苏省两个金融创新试点城市之一。此后数年，一些村镇银行和小额贷款公司相继成立，为“三农”和中小企业发展提供金融服务。金融市场开始多元化发展，保险、证券、股票、债券等在规范治理中迅速发展。经过多年的改革发展，常州市基本建立起符合现代市场经济要求的市场金融体制模式。

第一章　银行业

80年代初期，国务院决定中国人民银行专门行使中央银行的职能，形成以中国人民银行为领导、国有专业银行为主体的银行体系。随着金融体制改革的深入，1986年以后，交通银行、中信实业银行、招商银行、华夏银行、浦发银行、兴业银行、民生银行、光大银行等股份制商业银行和中国农业发展银行相继在常州设立分支机构，地方法人银行机构改革逐渐推进。1991年4月，13家城市信用合作社整合组建、成立常州市城市信用合作联社。1993年12月，国务院发布《关于金融体制改革的决定》，拆分政策性业务和商业性业务，建立以国有商业银行为主体的金融体系，国有银行改革逐步推进。由于受计划经济和经济转轨过程的影响，加上银行风险管理和内部控制薄弱及银行监管滞后，国内银行业体系信用风险、操作风险突出，市场风险开始显现。1997年7月，中国人民银行常州分行组建成立常州市金融监管委员会。1998年3月，股份制地方商业银行常州市商业银行挂牌营业，以常州市城市信用合作联社及市区20家城市信用合作社为基础，由市财政、企业和个人投资入股组建。2003年12月，中国银行业监督管理委员会常州监管分局（简称“常州银监分局”）成立，专事银行业监管。2005年1月，武进农村信用合作联社改建为武进农村商业银行。2007年1月，常州市商业银行改建为江苏银行常州分行。2009年12月，全国首家地市级农村商业银行江南农村商业银行成立。

第一节　银行机构

1986年，常州辖内有工商银行、农业银行、中国银行、建设银行4家国有专业银行的支行。1987年，交通银行常州支行建立并试营业。1995年，中信实业银行常州分行设立。1996年，中国农业发展银行常州市分行设立。1998年，常州市商业银行开业。至2003年，常州银监分局成立时，常州辖内有1家政策性银行即中国农业发展银行常州市分行、4家国有商业银行即工商银行（简称“工行”）常州分行、农业银行（简称“农行”）常州分行、中国银行（简称“中行”）常州分行、建设银行（简称“建行”）常州分行，2家股份制商业银行交通银行（简称“交行”）常州分行、中信实业银行常州分行，1家城市商业银行常州市商业银行，1家邮政储蓄常州邮政储汇分局的储蓄业务和5家法人金融机构市区、新北区、武进、金坛市、溧阳市的农村信用合作联社，共14家银行业金融机构，网点总数987家，监管银行业资产业务1219.1亿元，负债业务1206.19亿元。

2004年起，工行、农行、中行、建行、交行5家大型银行实施基层营业机构差别化战略，通过营业机构升格、撤并等方式，收缩低产低效网点，实行机构扁平化管理，提升机构综合竞争力。2004—2006年，5家银行大规模精减亏损营业机构，终止营业机构132家。2004—2010年，大规模进行机构升格，有283家储蓄所、分理处升格为支行，其中2009年有100家储蓄所、分理处升格为支行。

2005年起，农村地方法人银行实行机构改革、新型农村金融组织创新。1月，武进农村信用合作联社改建为武进农村商业银行（简称“武进农商行”）。8月，招商银行常州分行成立。2007年1月，常州市商业银行改建为江苏银行股份有限公司常州分行。2007年9月，华夏银行常州分行成立，是全市首家全国性股份制商业银行一级分行。2008年，中国银监会放开对股份制银行设立机构的准入政策，常州银行业新机构设立步伐加快。11月、12月，中信银行溧阳支行、江苏银行溧阳支行先后成立。2009年8月，江苏银行金坛支行成立。2009年1月，上海浦东发展银行常州支行和兴业银行常州支行相继成立；6月，民生银行常州支行成立。2010年5月，光大银行常州支行成立。2010年7月、10月，华夏银行溧阳支行、中信银行金坛支行相继成立。2008年3月，在常州市邮政储蓄机构基础上改建成立的中国邮储银行江苏省常州市分行挂牌。2009年12月，武进农商行、溧阳农村合作银行、常州市区联社、新北联社、金坛联社5家农村中小金融机构组建成立全国首家地市级农村商业银行江南农村商业银行。

2010年银行业金融机构主要统计指标一览表

表21-1-1　　　　单位：亿元

项目	年末机构网点(个)	总资产余额	总负债余额	所有者权益余额	税后利润余额	中间业务累计收入	不良贷款	
							余额	比例(%)
银行机构合计	871	5332.12	5206.61	125.51	82.17	25.80	25.57	0.83
其中：大型银行	446	3141.26	3104.71	36.55	57.79	22.97	11.63	0.59
股份制商业银行	24	542.42	530.95	11.47	7.68	1.09	1.25	0.30
农村中小金融机构	221	1189.14	1119.73	69.41	11.93	0.56	7.24	1.41

2004—2010年，全市累计批准新增银行机构10家，批准新设立分支机构25家，批准新设立离行式自助银行77家，储蓄所、分理处升格为支行283家，批准终止营业机构94家。2010年末，常州银监分局负责监管的银行业金融机构达18家。全辖机构网点总数871家，监管银行业资产业务5332.12亿元、负债业务

5206.61亿元。

2010年末常州银行业机构网点、人员、自助银行和自动柜员机一览表

表21-1-2　　　　单位：机构：个；人员：人；柜员机：台

银行名称	机构总数	人员总数	分行		支行		分理处		自助银行	自动柜员机
			机构	人员	机构	人员	机构	人员		
工商银行	9	1607	1	351	63	1008	27	248	5	201
农业银行	125	1893	1	281	120	1589	4	23	2	331
中国银行	83	1764	1	489	78	1248	4	27	14	178
建设银行	97	1792	1	409	41	992	55	391	11	305
交通银行	35	720	1	198	34	522	—	—	12	116
农业发展银行	4	98	1	43	3	55	—	—	—	—
中信银行	9	285	1	157	8	128	—	—	3	25
招商银行	6	232	1	107	5	125	—	—	13	46
华夏银行	4	149	1	113	3	36	—	—	—	22
浦发银行	2	66	—	—	2	66	—	—	—	4
兴业银行	1	100	—	—	1	100	—	—	9	25
民生银行	1	107	—	—	1	107	—	—	1	5
光大银行	1	49	—	—	1	49	—	—	—	3
江苏银行	29	788	1	235	28	553	—	—	1	57
江南银行	219	3072	1	487	167	2294	51	291	2	292
邮储银行	80	583	1	96	79	487	—	—	—	106
村镇银行	2	41	2	41	—	—	—	—	—	—
合　计	789	13346	14	3007	634	9359	141	980	73	1716

一、中国工商银行股份有限公司常州分行

1984年12月，中国工商银行常州市支行成立。实行集中统一和垂直领导的管理体制。始建时，常州支行有基层储蓄网点32个，武进、金坛、溧阳三县同时设立工商银行县支行。工行常州市支行在成立的第一个10年间，较好地完成国家赋予的配合宏观调控、发放政策性贷款、统管国营企业流动资金、监管企业现金管理等政策性任务。1984年末，工行常州市支行本外币存款6.68亿元，其中企业存款3.09亿元、储蓄存款2.57亿元、其他存款7689万元；贷款余额16.25亿元，其中流动资金贷款15.11亿元、固定资产贷款1.02亿

1984—1988年工商银行常州分行西瀛里旧址（摄于1988年12月）

元、信托类贷款1160万元及其他贷款59万元。1989年1月，工行常州市支行更名为中国工商银行常州分行。2005年10月，更名为中国工商银行股份有限公司常州分行。2010年末，工行常州分行下辖1个营业部、9个一级支行和93个基层网点，本外币存款余额734.75亿元、贷款余额514亿元，实现中间业务收入7.1亿元、拨备前利润22.18亿元；本外币5级分类不良贷款余额8495万元，占比0.165%。工行常州分行先后获全国金融五一劳动奖状、江苏省五一劳动奖状，连续多年被工行江苏省分行评为精品分行，实现全国工行系统二级分行经营30强首位“五连冠”，连续11年居省分行绩效考核首位。

二、中国农业银行股份有限公司常州分行

1983年3月，中国农业银行常州市支行成立。1989年1月，农行常州市支行更名为中国农业银行常州分行。2009年1月，农行常州分行随总行名称变更统一变更为中国农业银行股份有限公司常州分行。1983年成立到1996年9月，农行常州分行一直承担着领导和管理农村信用社的职责，当时的农村信用社与农业银行基层营业所实行“一个机构、两块牌子、统一经营、分别核算”的联合经营模式。1992年，农行常州分行发行金穗准贷记卡，至年末发卡543张。1996年6月，常州市农村信用社与农业银行常州分行脱离行政隶属关系，农村信用社的业务管理与金融监管分别由农村信用合作县联社和中国人民银行承担。9月，农业发展银行常州市分行成立。10月，武进、溧阳、金坛农业发展银行相继成立，同时农村信用社与农业银行脱钩，常州农村金融体制“一分一脱”改革全面完成，农业银行常州分行开始向商业银行转轨。2010年末，农行常州分行下辖120个支行、125家网点，设自动取款机、自动存取款机等自助机具331台，发卡总量227.77万张，其中借记卡209.57万张、准贷记卡1.63万张、贷记卡16.57万张，银行卡存款总额167.87亿元，当年实现卡消费总额178亿元，个人网银签约客户26.57万户、企业网银签约客户5305户、手机银行签约客户8.73万户，在全市金融同业中率先推出的特色服务产品转账电话总量2.56万台，是常州地区网点最多、自助机具最多、发卡量最多、客户基础最广泛的大型银行。同年，常州分行被农业银行总行列入全国农行20家重点二级分行；年末，农行常州分行本外币存款余额714.33亿元，其中储蓄存款余额396.92亿元，居四大国有控股商业银行首位，贷款余额415.71亿元，实现拨备前利润14.82亿元、拨备后利润14.12亿元。

位于和平北路的中国农业银行常州分行大厦（摄于2010年6月）

三、中国银行股份有限公司常州分行

1980年7月，中国人民银行常州市支行国外业务科从中国人民银行划出，成立中国银行常州支行。1984年12月升格为中国银行常州分行。同年，全行人民币存贷款分别为2056万元、1.65亿元，外币存贷款的余额分别为823万美元、1842万美元。1988年，中行武进支行、中行金坛支行和中行溧阳支行相继成立。3月，常州开始发行中行人民币长城卡，其中公司卡37张、个人卡13张，首批长城卡特约单位18家。1993年，人民币存贷款双双突破10亿元。1998年，外币存贷款双双突破1亿美元。2005年更名为中国银行股份有限公司常州分行。2010年末，中国银行常州分行本外币一般性存款余额430亿元，全口径市场份额9.3%；本外币贷款（不含贸易融资）余额317亿元，全口径市场份额10.2%；实现中间业务净收入4.24亿元，中间业务毛收入市场份额20.2%；不良资产余额本外币合计1.25亿元，不良率0.4%；实现账面营业净收入14.95亿元、账面拨备前利润9.14亿元、账面净利润6.85亿元。

位于和平北路的常州国际金融（中国银行常州分行）大厦（摄于2010年6月）

四、中国建设银行股份有限公司常州分行

1954年10月，中国人民建设银行常州支行成立。1983年更名为中国人民建设银行常州市中心支行，辖武进、金坛、溧阳3个县支行。1989年1月，更名为中国人民建设银行常州分行。1994年9月，国家开发银行成立，建设银行向财政部移交财政职能，成为履行单一商业银行职能的金融企业，1996年3月更名为中国建设银行常州分行。1994年11月，建行常州分行开办购房按揭贷款业务。1995年，在常武地区率先建成开通龙卡消费、取现自动授权和实时转账系统（即POS系统），成为全市通存通兑区域最大的银行。2000年10月，建行常州分行在全市率先推出循环式个人住房抵押贷款业务。2005年3月，更名为中国建设银行股份有限公司常州分行。2006年，作为全国建行零售网点转型项目试点，化龙巷支行启动网点转型试点。2007年10月，成立常州地区首家财富管理中心。2009年2月，建行常州分行成立常州地区首家镇江模式小企业专业经营机构；8月，与市公积金管理中心联合推出个人住房"公转商"贴息贷款业务，属全省首创。10月，分行通过全国电子商业汇票系统成功办理省内第一笔电子银行承兑汇票出票业务。11月，成功办理全国建设银行系统第一笔电子银行承兑汇票贴现业务。是年，建行常州分行个人类贷款突破100亿元，成为常州地区首家个贷余额超100亿元的商业银行。至同年底，全行110个营业网点全部完成一代转型，网点平均工作效率提高约25%。2010年底，全行有营业网点110个，员工1800多人；信用卡客户数累计28.39万户。存款总量在区域内首家突破800亿元，达813.08亿元；一般性存款余额782.19亿元，贷款余额501.65亿元；中间业务收入占主营业务收入的比重28.3%；实现账面利润15.97亿元，不良贷款额降至3.17亿元，不良贷款率降至0.63%。

五、交通银行股份有限公司常州分行

1987年5月，交通银行常州支行试营业，隶属于交通银行上海分行管辖。次年6月，交行常州支行正式营业，全行职工61人。1991年2月，交行常州支行升格为交行常州分行。1997年，下辖36个营业网点，实现储蓄通存通兑。1999年4月，交行常州分行升格为交通银行总行的直属行。8月，开通太平洋卡"一卡通"业务。2004年10月，交行常州分行划归南京分行管理。2005年9月，更名为交通银行股份有限公司常州分行。2008年1月，交行溧阳支行开业。2009年1月，第二家异地支行交行金坛支行开业。8月常州分行入选市公积金中心"公转商"业务合作银行。2010年6月，总行明确10家省辖分行列入重点省辖行，交行常州分行入围。至2010年末，交行常州分行个贷余额在交行132家城市分行中排名第25位，个贷增量排名16位。办理

的交行系统第一单私募股权投资项目常州长青埃潍私募股权投资项目，获总行2010年度投行业务创新一等奖。管理个人资产余额在省内交行中率先突破100亿元。代理保险产品销售1.54亿元，排名辖行首位。贷记卡在册卡量14.42万张，净增发卡2.6万张，净增卡量在辖内排名首位。率先发行江苏省交行系统首张薪联卡太平洋薛巷联名薪金卡，成功发行数款联名薪金卡，发卡总量在江苏省辖内处于领先。同年末，全行有营业网点35个，员工总数720人；本外币资产规模347.25亿元、存款规模332.39亿元、贷款规模213.54亿元，存款规模在全国132家城市分行列第25位，人民币对公存款规模居全国132家城市分行第24位，均居全国95家省辖分行首位；个贷增量在全国132家城市分行列第16位，居全国95家省辖分行第二位。

六、中国农业发展银行常州分行

1994年以前，常州涉农金融业务主要由中国农业银行常州分行负责。1994年4月，国务院决定成立农业发展银行（简称“农发行”）承办农业政策性金融业务。6月底，农业银行常州分行向农发行划转信贷资产7.11亿元，划转企业存款1901万元；同时代组建中的农发行承接工商银行常州分行划转的信贷资产1.75亿元、企业存款1722万元。业务划转后，常州市农发行代理农行在常州辖内的农业政策性金融业务。1996年9月，农发行常州市分行成立。同年10月，农发行在武进、溧阳、金坛的支行相继成立。11月底，农业银行系统代理的农发行业务全部移交给同级农发行，共移交存款3966万元、贷款14.87亿元。1998年5月起，农发行调整业务职能，农村扶贫、农业综合开发、粮棉企业附营业务贷款全部划转至相关商业银行。1999年起，农发行常州市分行对粮棉油政策性贷款实行封闭管理。2001年起，配合常州政府和有关部门，全程参与国有粮食购销企业改革改制，参与和配合政府部门清理认定粮棉新、老财务挂账。自2005年起，农发行常州市分行贷款种类及范围由单纯的粮棉油购销调储传统业务领域，逐步扩大到粮棉油生产和加工、农林牧渔产业化龙头企业、农村基础设施、农业综合开发、农业小企业、农业科技等多个领域，信贷服务品种增加31个。2010年，农发行常州市分行辖武进区、金坛市、溧阳市支行和市分行营业部4家营业机构，有在职员工98人。年末贷款余额48.04亿元，其中商业性贷款余额37.59亿元、存款余额6.4亿元，实现账面利润1.02亿元、中间业务收入126万元、国际结算6371万美元。

七、江南农村商业银行股份有限公司

2009年12月，武进农商行、溧阳农村合作银行、常州市区农村信用合作联社、新北农村信用合作联社、金坛农村信用合作联社等5家农村中小金融机构组建成立全国首家地市级农商行江南农商行。2010年，江南农商行根据常武地区、溧阳和金坛“三农”业务特点，先后推出个人经营性联保贷款、农户联保贷款、农机贷款等系列产品。至年末，新增“三农”贷款户数4626户，“三农”贷款余额67.46亿元。江南农商行专门设立中小企业部，建立一支近300人的专职中小企业客户经理队伍；推进流程优化改造，建立差别化中小企业信贷授信、授权机制，简化中小企业贷款手续，缩短审批时间。设立微贷中心，不超过200万元的微小贷款审批更

2009年12月，江南农村商业银行开业（摄于2009年12月）

灵活高效。至2010年末，江南农村商业银行拥有中小企业贷款户6500户，中小企业贷款余额367.41亿元，中小企业贷款户数和总量、增量贷款规模均居全市银行业金融机构首位。全行资产总额突破1000亿元，达1178.43亿元；存款余额742.5亿元，分别比年初增加450.25亿元、143.83亿元；资产质量逐步优化，按5级分类统计口径，不良贷款余额比年初减少0.23亿元，下降3.07个百分点；实现利润总额16.43亿元，资金业务净收益5.08亿元，占利润总额的30.9%。年末，资本充足率12.2%，核心资本充足率11.6%，拨备覆盖率为261.7%，以5级分类为基础的贷款损失准备充足率达382.7%，均超监管标准。

八、江苏银行股份有限公司常州分行

1985年1月，全省最早的城市信用合作社常州南大街城市信用社成立，次年，常州北大街城市信用社挂牌。1991年，全省首家城市信用合作社联社常州市城市信用合作社联社成立，1993年末，常州市有24家城市信用社，从业人员600余人，年末资产总额14亿元，存款余额10亿元，贷款余额6.3亿元。1998年3月，常州市商业银行挂牌开业。常州市商业银行是以城市信用合作社联社及市区20个城市信用合作社为基础，由地方财政和全市272家企业、1838名居民投资入股组建的地方股份制商业银行，注册资本金2.15亿元、资产规模46.53亿元，开业当年拥有21家支行、815名员工。同年，全省首家代收行政罚没款系统在江苏银行常州分行投入营运。2000年完成月季卡软件系统的开发测试和投产。2005年末，江苏省内无锡、苏州、南通、常州、淮安、徐州、扬州、盐城、镇江、连云港10个城市商业银行有对外营业网点413家，其中常州26家。2006年1月，江苏银行合并重组启动，10家城市商业银行参与合并重组。2007年1月，江苏银行开业，常州市商业银行更名为江苏银行常州分行。2008年12月，江苏银行常州分行溧阳支行开业，成为分行首家县域支行。2009年8月，江苏银行金坛支行开业，分行实现辖内县域全覆盖。2010年末，江苏银行股份公司常州分行存款余额230.01亿元、贷款余额147.42亿元，完成国际结算量6.81亿美元，实现中间业务净收入5008万元、拨备前利润4.47亿元。

九、中信银行股份有限公司常州分行

1995年11月，中信实业银行常州分行成立，是首家进驻常州的股份制商业银行。2002年，中信实业银行常州分行推出以仓单质押、工商银、保兑仓、汽车金融为代表的物流融资业务，成为常州市场首家开展供应链金融业务的银行。经过多年的发展，物流金融存款规模占对公存款的比例达15%。凭借中信钢铁金融，中信实业银行常州分行与近百户商家开展合作，覆盖国内主流钢厂，最高时期客户数占到南京分行全辖的25%，存款总量占南京全辖的20%。依托汽车金融，中信实业银行常州分行通过总行建立全国汽车金融网络，建立生产商、销售商、银行合作的物流融资模式。2008年12月、2010年10月，中信实业银行溧阳支行、金坛支行先后开业。2010年，中信实业银行常州分行清收现金4851万元。存贷款总量、企业存款总量、对公存款增量、国际业务结算量在常州全国性中小股份制商业银行中均排名首位。

十、招商银行股份有限公司常州分行

2005年8月，招商银行常州分行成立。至2010年底，下辖1个营业部、5家支行以及13家离行式自助银行，初步形成立足市区，辐射全市及周边的服务网络。全行拥有总资产77.76亿元，自营存款余额75.76亿元，自营贷款余额71.99亿元；中小企业贷款户270户；中小企业贷款余额28.98亿元，比年初增7.39亿元。同年，招商银行常州分行中小企业贷款业务迅猛增长，中间业务收入大幅增长，累计实现营业净收入3.31亿元、经营利润2.06亿元、经济利润1.26亿元；实现中间业务收入3730万元，其中零售条线、批发条线分别为1793万元、1913万元；完成国际结算11.7亿美元，实现中间业务收入698万元。

十一、邮政储蓄银行

1986年4月1日，西大街邮电支局正式开办邮政储蓄业务，12月31日开办邮政储蓄异地存取业务。翌年12月22日，横林邮电支局在农村率先开办邮政储蓄业务。1989年，农村自办邮政支局、所全部办理储蓄业务，开始代办国库券的发行和兑付业务。1990年1月1日起，邮政储蓄由代办改为自办。1991年底开办新储种存本取息、礼仪储蓄。1998年末有自动柜员机30台。4月下旬在开办外币储蓄业务的网点销售储汇聚财系列外币储蓄产品。5月11日开办定期存单小额质押贷款业务。同年3月投入使用的绿卡工程竣工，至年底城乡54个邮储网点接入绿卡网，与京、沪、津、宁、苏、锡、杭等全国30个大中城市实现通存通兑，当年发放绿卡6.5万张，安装自动柜员机29台。2001—2008年，添置、安装自动柜员机74台。2008年8月开办中国与澳大利亚两国邮政基于万国邮联系统的个人国际电子汇款业务。至2010年底，全市邮储网点达147个，拥有ATM自动柜员机106台，邮政储蓄总余额142亿元。

第二节　存款贷款

1990年，人行总行下调存贷款利率，扩大货币供应和信贷规模，刺激投资增长。1992年，常州市人民币存款、贷款余额双双突破100亿元。1997年，亚洲金融危机爆发，人行实行稳健的货币政策。2007年，人行总行针对国内较为严峻的通货膨胀形势，实施稳中适度从紧的货币政策，年末起实施从紧的货币政策。2008年，国际金融危机爆发后，人行总行调整金融宏观调控措施，连续3次下调存贷款基准利率，两次下调存款准备金率。年末起人行实施适度宽松的货币政策，保障经济平稳较快增长。

一、存　　款

1986年末，常州市银行人民币存款余额25.21亿元。1990年末，全市银行人民币存款余额升至59.37亿元。1992年末，全市人民币存款达104.84亿元。2003年末，全市银行人民币存款余额超过1000亿元，达1170.56亿元。2008年，人行总行连续3次下调存款基准利率，两次下调存款准备金率。2010年末，常州市银行人民币存款总余额4550.47亿元。

二、贷　　款

1986年末，常州市银行人民币贷款余额40.66亿元。当年，中国经济发展过热，人行实施紧缩货币政策。人行常州市中心支行在控制贷款总量的前提下，实行“紧中有活、区别对待”的信贷原则，按国家产业政策调整贷款投向。1988年，全国商品物价迅速攀升，国务院实行“强行着陆”宏观调控政策，人行加强信贷规模控制，区别轻重缓急，实行扶优限劣的信贷政策。翌年起，贯彻治理整顿方针，以“调整结构、支持重点”为信贷导向。1990年末，全市银行人民币贷款余额74.24亿元。1992年末，全市人民币贷款总余额升至112.46亿元。1993年，人行开始实行适度从紧的货币政策，加强金融秩序整顿力度，取消计划外贷款，限制地区间贷款。1997年亚洲金融危机爆发后，对国有商业银行取消贷款限额控制。

2003年起，人行常州市中心支行先后与市财政局、劳动和社会保障局等部门联合印发《常州市下岗失业人员小额担保贷款实施办法及其小额担保贷款基金管理办法》《微利项目小额担保贷款财政贴息管理办法》等规定，完善小额担保贷款实施办法，明确常州市商业银行作为常州市区小额担保贷款的承办银行，对小额担保贷款的贷款条件、贷款程序、贷款担保的操作手续、担保基金的来源、管理责任和微利再就业项目的贷款贴息等做出具体规定，支持下岗失业人员创业和再就业。当年，全市发放小额担保贷款121.1万元。至2010年累计发放4802.2万元。

1986—2010年常州市人民币存款余额统计表

表 21-1-3　　单位：亿元

年份	存款总额	企业存款	财政存款	机关团体存款	储蓄存款	农业存款	信托存款
1986	22.82	6.92	1.05	0.77	9.41	2.32	2.35
1987	28.37	8.77	0.41	0.73	13.42	2.45	2.59
1988	32.28	9.84	0.84	0.81	15.79	3.24	1.76
1989	40.28	9.26	2.63	1.01	23.10	3.15	1.13
1990	65.85	13.94	1.12	0.97	44.95	3.94	0.93
1991	100.58	20.40	1.17	1.24	62.51	5.41	9.85
1992	98.67	29.08	0.79	1.09	56.87	9.15	1.69
1993	117.69	36.71	1.71	1.17	67.23	9.37	1.50
1994	167.39	61.56	2.00	—	90.94	8.99	3.90
1995	178.58	8.69	4.12	—	128.65	10.35	26.77
1996	325.47	111.50	3.46	—	172.18	13.15	25.18
1997	388.94	143.04	2.39	—	224.66	16.77	2.08
1998	462.35	152.42	2.76	—	284.14	20.53	2.50
1999	542.01	179.59	2.52	—	332.61	25.51	1.78
2000	602.67	209.95	2.14	—	355.57	33.69	1.32
2001	699.33	242.55	3.05	—	412.65	39.97	1.11
2002	851.62	295.83	7.02	—	499.54	49.23	—
2003	1092.45	398.82	6.46	—	622.92	64.25	—
2004	1238.46	434.03	12.24	—	724.36	67.83	—
2005	1438.06	473.88	15.67	—	865.39	83.12	—
2006	1700.99	563.78	24.16	—	1014.01	99.04	—
2007	1908.63	675.68	19.06	—	1092.14	121.75	—
2008	2346.28	777.21	14.56	0	1431.2	123.31	—
2009	3267.12	1168.08	18.13	177.74	1756.24	146.93	—
2010	3964.68	1286.02	29.62	438.56	2009.24	201.24	—

说明：当年取消机关团体存款科目，所列分项为主要存款项目

2003—2010年常州市小额担保贷款发放金额统计表

表 21-1-4　　单位：万元

年份	发放金额	年份	发放金额	年份	发放金额	年份	发放金额
2003	121.1	2005	144.0	2007	434.0	2009	222.0
2004	220.3	2006	183.8	2008	235.0	2010	3244.0

2005年，全市贷款余额突破1000亿元，达1113.25亿元。2008年，人行总行调整金融宏观调控措施，连续3次下调贷款基准利率，取消对商业银行信贷规模的约束。2007年，人行常州市中心支行组织全市金融机构增强“绿色信贷”导向和金融对节能减排的支持力度，与市环保部门合作，实现金融系统内部企业环境信息

共享，建立企业环境行为与信贷风险预警模式，定期公布的企业环评信息作为金融机构发放贷款和贷后管理的重要依据，实现信贷政策与环境政策的协调联动。人行常州市中心支行与市科技局等部门联手增加科技贷款，出台《常州市专利权质押贷款实施意见》等规定，指导辖内金融机构对高新技术企业、民营科技企业、科技园区、科教城等加强信贷支持，鼓励金融机构创新金融产品，发挥专利权的融资功能，促进专利技术产业化。

2008年，市政府发布《关于促进房地产市场稳定健康发展的若干意见》，人行常州市中心支行选择11家房地产开发企业作为特约联系单位，建立健全常州市房地产市场银企特约联系制度，加强政府、银行、企业三者协调联动和对房地产市场、房地产金融的动态分析监测。2010年3月，人行常州市中心支行建立全市信贷政策导向效果评估报告制度，定期监测评估银行业金融机构执行人行信贷政策的情况，建立定量和定性评价指标体系，督促金融机构落实人行制定的信贷政策，调整优化信贷结构。通过对金融机构支持先进制造业、现代服务业、中小企业等6大类29项定量指标及定性指标的综合评价，向地方政府、监管机构和金融机构通报，保障人行信贷政策导向落实到位。5月，人行常州市中心支行和市房管局、物价局联合规范常州市商品房预（销）售管理，集中检查房地产开发企业经营行为、房地产企业贷款项目的资本金、贷款条件和贷款使用等情况，规范全市房地产销售资金的监管。2010年末，常州市银行人民币贷款总余额增至3011.67亿元。

1986—2010年常州市人民币贷款总余额统计表

表21-1-5　　单位：亿元

年份	贷款总额	工业贷款	商业贷款	建筑业贷款	乡镇企业贷款	农业贷款	基本建设贷款	技术改造贷款
1986	40.66	14.32	11.28	0.38	7.00	1.17	0.36	2.17
1987	51.50	17.20	13.01	0.59	9.43	1.49	0.50	2.87
1988	55.74	18.88	14.38	0.74	10.74	1.67	0.71	3.81
1989	60.69	21.17	16.73	0.87	12.10	1.83	0.73	3.83
1990	74.24	25.88	20.17	1.06	14.62	2.56	1.35	4.15
1991	93.10	32.61	22.99	1.40	17.66	3.82	2.82	5.50
1992	112.46	35.18	30.24	1.64	21.89	4.73	3.93	6.99
1993	131.58	40.07	34.39	1.83	26.76	5.11	4.74	8.79
1994	161.03	40.35	34.20	2.23	29.58	5.02	5.19	11.73
1995	211.88	43.93	38.79	2.59	36.62	5.58	5.31	17.12
1996	257.71	49.95	44.97	3.08	44.07	6.67	5.10	20.96
1997	304.83	82.61	59.10	4.96	54.85	9.12	4.52	20.72
1998	342.13	86.47	61.26	5.55	60.46	12.60	6.30	19.20
1999	369.06	79.04	57.77	7.97	69.40	12.54	7.20	16.17
2000	389.26	78.53	53.52	9.12	72.85	13.09	8.50	16.09
2001	444.54	89.76	56.69	11.23	80.64	15.03	15.58	16.23
2002	559.85	127.95	61.15	19.11	94.64	17.13	32.67	1.22
2003	799.14	170.46	71.51	25.30	125.69	19.63	68.63	3.92
2004	956.38	220.71	64.56	17.34	148.72	21.60	97.33	7.29
2005	1113.25	262.17	65.83	22.73	183.17	27.20	122.54	8.81
2006	1348.6	350.57	67.26	29.49	190.76	32.05	184.21	7.63

续表 21-1-5

年份	贷款总额	工业贷款	商业贷款	建筑业贷款	乡镇企业贷款	农业贷款	基本建设贷款	技术改造贷款
2007	1590.11	411.85	63.08	26.85	231.55	27.80	259.73	7.84
2008	1851.69	419.22	56.23	27.54	251.70	32.17	312.70	8.70
2009	2513.97	498.66	73.17	31.60	290.84	36.70	479.40	7.33
2010	3011.67	—	—	—	—	—	—	—

说明：2010年增加中期流动资金贷款科目，当年取消中期流动资金贷款科目，当年终止原有贷款分类，增设具有主体分类标志的贷款指标：单位普通贷款及透支、普通并购贷款、银团贷款、贸易融资等统计指标

三、现金收支

1986年，常州市银行人民币现金总收入34.83亿元、总支出36.89亿元，净投放现金2.06亿元。2010年，常州市银行人民币现金总收入增至8030.21亿元、现金总支出增至8170.24亿元，净投放现金140.03亿元。

1986—2010年常州市金融机构现金收入统计表

表 21-1-6　　单位：亿元

年份	收入总额	商品销售收入	服务事业收入	税款收入	城乡个体经营收入	储蓄存款收入	汇兑收入	其他收入	债券收入	净投放、净回笼
1986	34.83	16.92	1.66	0.14	0.05	6.28	0.28	1.46	0.39	2.06
1987	47.38	20.55	2.09	0.21	0.12	9.79	0.41	3.10	0.59	3.24
1988	65.41	27.43	3.01	0.29	0.17	14.56	0.60	3.37	0.61	7.63
1989	74.78	29.47	3.58	0.44	0.19	19.41	0.60	5.17	0.52	2.47
1990	89.18	34.85	4.37	46.00	24.00	23.13	0.58	4.89	0.95	-0.78
1991	117.02	48.24	5.80	0.56	0.41	31.67	0.99	6.73	1.48	1.70
1992	174.93	58.95	8.45	0.65	0.66	50.49	1.51	11.70	2.36	8.77
1993	273.16	83.44	13.27	0.97	1.00	79.13	2.63	29.49	3.03	12.27
1994	406.23	113.03	17.41	1.25	2.86	131.95	3.23	37.75	6.51	5.01
1995	549.54	137.62	23.52	1.85	7.52	203.99	7.02	53.86	8.34	-6.42
1996	627.90	144.65	27.65	1.92	13.57	268.10	8.55	67.51	6.41	2.05
1997	721.05	145.58	33.97	1.98	20.12	328.05	7.82	84.72	8.07	21.07
1998	1057.12	222.18	67.76	4.76	4.49	587.55	15.91	76.84	14.69	29.25
1999	1271.16	256.03	69.95	6.02	48.33	749.14	19.42	89.88	6.58	42.18
2000	1529.51	318.42	79.63	8.14	67.01	875.01	22.62	117.72	5.74	43.62
2001	1827.22	348.90	88.35	12.05	92.83	1066.29	29.95	148.58	5.78	42.30
2002	2196.30	423.44	99.99	12.92	93.82	1328.22	32.35	164.79	7.26	69.51
2003	2886.59	564.29	114.54	14.17	112.51	1788.69	42.62	203.40	4.53	76.18
2004	3868.00	720.88	133.60	19.14	158.52	2501.90	46.19	241.03	6.25	66.25
2005	4511.51	771.63	120.96	28.53	209.31	3036.77	41.16	258.95	5.26	66.18

续表 21-1-6

年份	收入总额	商品销售收入	服务事业收入	税款收入	城乡个体经营收入	储蓄存款收入	汇兑收入	其他收入	债券收入	净投放、净回笼
2006	5357.57	904.24	112.78	26.81	279.32	3519.10	42.91	422.52	4.05	75.67
2007	6304.06	1048.34	115.05	37.04	290.87	4164.79	42.94	555.98	2.21	86.65
2008	6138.23	956.11	143.72	26.89	230.49	4195.84	35.85	494.72	3.08	98.09
2009	7293.06	1178.25	127.41	21.44	263.01	4998.55	40.07	598.29	4.28	102.01
2010	8030.21	1067.74	152.17	38.29	251.14	5574.60	34.37	841.90	8.62	140.03

说明：1998 年的债券收入 14.69 亿元为有价证券收入，所列分项为主要现金收入项目，未列全

1986—2010 年常州市金融机构现金支出统计表

表 21-1-7　　单位：亿元

年份	支出总额	工资性支出	农副产品收购支出	工矿产品收购支出	行政企管费支出	城乡个体经营支出	储蓄存款支出	汇兑支出	债券支出
1986	36.89	8.82	3.33	0.14	1.44	0.11	4.88	0.52	—
1987	50.62	10.54	3.09	0.25	2.04	0.22	7.50	0.56	0.37
1988	73.04	13.48	3.89	0.37	3.05	0.48	13.54	0.72	0.30
1989	77.25	15.15	5.00	0.30	3.86	0.58	14.95	0.84	0.64
1990	88.40	18.11	5.35	0.47	4.82	0.54	16.45	0.91	0.60
1991	118.72	21.57	5.04	0.70	6.08	0.85	24.41	0.99	1.08
1992	183.70	28.11	5.66	1.23	10.19	1.82	45.39	1.41	1.23
1993	285.43	38.25	6.37	3.17	21.33	3.56	74.13	2.31	1.89
1994	411.24	51.55	7.72	3.25	31.22	5.96	121.35	2.86	4.67
1995	543.12	60.38	8.86	4.63	37.71	10.32	185.82	3.88	7.19
1996	629.95	61.45	7.16	7.58	44.55	16.15	249.75	5.24	7.61
1997	742.12	56.35	8.91	8.04	49.47	25.56	313.31	4.82	9.67
1998	1086.37	130.14	12.81	45.34	116.73	77.11	556.81	7.72	19.44
1999	1313.34	146.76	35.82	28.81	13.11	90.39	732.41	12.98	8.79
2000	1573.13	173.92	39.22	33.99	157.20	113.99	885.16	13.05	7.13
2001	1869.52	192.43	46.28	37.92	179.12	143.34	1057.29	15.04	5.08
2002	2265.81	241.93	45.45	50.12	229.82	163.67	1314.75	14.98	5.09
2003	2962.77	333.93	72.37	80.87	290.97	180.29	1730.93	24.04	3.48
2004	3934.25	457.77	91.46	107.19	355.71	199.07	2438.94	21.50	4.15
2005	4577.69	497.54	94.19	87.76	368.65	236.37	3001.11	25.40	4.77
2006	5433.24	547.47	133.88	170.13	392.12	287.16	3429.63	27.12	4.07
2007	6390.71	644.91	150.33	223.71	410.87	375.54	4005.73	21.40	2.26
2008	6236.32	645.63	182.68	202.84	390.88	273.08	4051.75	23.79	2.81
2009	7395.07	766.50	133.63	217.18	348.52	226.00	5039.94	16.36	2.43
2010	8170.24	581.57	127.04	180.07	313.21	404.23	5799.04	17.14	6.23

说明：1998 年的债券支出 19.44 亿元为有价证券支出，所列分项为主要现金支出项目，未列全

第三节 银行业务

进入21世纪，常州银行业金融机构改进存款、贷款、汇款等传统金融业务，根据经营状况、地区经济发展规模和金融业务市场潜力，利用资金、技术、网络等方面的优势，拓展中间业务，银行业务品种不断丰富。2006年，中国银监会对银行业务的准入进一步放宽，分支机构经上级行授权即可开办新业务，无需行政许可，需要审批的业务仅包括发行银行卡、开办除结汇、售汇以外的外汇业务和增加外汇业务、开办企业年金基金受托业务、开办股票质押贷款业务、开办个人理财业务等14项，提供了银行机构加强业务创新、拓宽业务范围的有利条件，使支付结算、银行卡、代理、担保、承诺、交易、咨询顾问业务等中间业务得到蓬勃发展，中间业务收入占比逐步提高。

2006—2010年，银行中间业务步入快速发展时期。常州银行业机构以融资性保函、循环授信额度、信用证、贷款承诺等为代表的表外授信业务创新推动表外业务5年间增长310.6%，年均增32.6%。以财务规划、融资顾问等为代表的投行业务收入5年间增长649.2%，年均增49.6%。网银业务飞速发展，2010年末，常州大型国有商业银行企业网银客户达2.6万户，个人网银客户达130万户。全市银行机构借记卡、贷记卡发卡数量分别从2006年初的570.66万张、9.4万张增至2010年末的1216.89万张、123.93万张，年均增16.35%和67.5%，2010年银行卡刷卡消费额累计466.4亿元，占社会零售消费总额的44.6%，比2005年同期提高37.42个百分点。常州银行业融资业务发展迅速，各银行为客户量身打造金融产品，开辟融资新渠道，推出机器设备置业及知识产权、股权质押贷款、法人账户透支、付汇理财通、存货质押贷款、经营性物业抵押贷款、随借随还贷款、营业用房置业贷款、融资链贷款、展业通贷款、保理业务及小企业、小商户、小农户联保贷款、农业担保基金担保贷款、可循环使用的个人授信卡等贷款业务品种及信托理财、委托贷款、融资租赁等综合性融资业务。2007年开始，全市银行业金融机构开始较大规模地增设离行式自助设备，以此作为机构网点的补充。当年，全市设立离行式自助银行10家，2008年设立离行式自助银行18家，2009年设立离行式自助银行17家，2010年设立离行式自助银行26家。

第四节 小企业金融服务

常州银行业金融机构支持小企业金融服务起步于21世纪初叶，具有良好的基础。2004年，工行常州分行作为全国系统内小企业贷款试点行，设立中小企业中心，实行单独审批、单独定价、单独考核，成为常州地区银行业金融机构推动小企业金融服务的样板。2005年，中国银监会出台《银行开展小企业贷款业务指导意见》。2006年4月，常州银监分局在全市银行业建立小企业贷款推动工作联系机制，牵头建立小企业贷款违约信息通报机制；9月，常州银监分局与市经贸委联合召开常州市小企业金融服务推进会。同年，交行常州分行被总行列为小企业贷款重点试点行，武进农商行被中国银监会评为全国银行业金融机构小企业贷款工作先进单位。2006年末，全市小企业贷款余额(银行口径)454.03亿元，占贷款总余额的33.03%；小企业贷款不良率7.43%。中央电视台《新闻联播》、《经济日报》、《金融时报》等新闻媒体对常州推进小企业贷款工作特别是工行常州分行开展小企业贷款工作均作了专题报道。

2007年2月，省委、省政府在全省金融工作会议上将常州列为以改善中小企业金融服务为主要内容的金融改革创新试点城市。市委、市政府出台《关于金融改革创新试点的若干意见》，建立推进联动机制，制定

27条推进措施；7月，武进农商行作为全国唯一的合作金融机构代表在国家发改委、中国银监会联合举办的全国小企业融资高层研讨会上作交流发言；8—9月，江苏电视台、新华社、中央电视台相继到常州采访小企业金融服务经验及做法。2007年末，全市小企业贷款余额（银监会口径）211.41亿元，高于全市贷款增速10个百分点，不良贷款率5.27%。2008年受国家紧缩性宏观调控政策和全球性金融危机影响，年末常州辖内小企业贷款余额232.88亿元，低于全市贷款增速2.92个百分点。2008年，经省财政厅审核认定，常州银行业金融机构首次得到财政拨付的微小企业贷款风险补偿资金554万元；12月，中国银监会出台《关于银行建立小企业金融服务专营机构的指导意见》，华夏银行常州分行作为总行唯一试点，率先在常州设立小企业营销部。武进农商行经首次全省银行业金融机构小企业金融服务考核，被评为江苏省银行业金融机构小企业金融服务先进单位。2007—2008年，农行常州分行、中行常州分行、建行常州分行、中信银行常州分行、招商银行常州分行相继被其总行或省分行列为系统内小企业贷款试点行或先进行。

2009年，工行常州分行、农行常州分行、中行常州分行、建行常州分行、交行常州分行和浦发银行常州支行相继成立小企业金融服务专营机构。4—5月，金坛、溧阳两市和武进、新北、戚墅堰3区举办了5场银企对接活动，有19家银行业金融机构、1600多家企业参加，对接金额630亿元。9月，常州银监分局和市科技局联合转发《关于进一步加大对科技型中小企业信贷支持的工作意见》，推动银行加强对科技型中小企业的金融支持。新组建的江南农商行被江苏银监局评为江苏省银行业金融机构小企业金融服务先进单位。2008—2010年，中小企业金融服务开展较好的交行常州分行、华夏银行常州分行、江苏银行常州分行获准在溧阳、金坛开设7家支行。同年末，常州辖内小企业贷款余额688.26亿元，不良贷款率2.25%。2010年1月，华夏银行常州分行成立中小企业信贷部常州分部，成为华夏银行全国系统内第六家、江苏系统内第二家事业部制小企业专营机构。江南农商行、中信银行常州分行等5家银行业金融机构新设立小企业金融服务专营机构。同年末，全市12家银行设立小企业金融服务专营机构，小企业信贷审批管理人员140人、客户营销人员1174人，小企业金融服务产品累计203个，品牌化小企业金融服务产品54个。常州银行业金融机构小企业贷款余额913.9亿元。

第五节　行业监管

一、信用风险监管

2001年，各政策性银行、国有商业银行、股份制商业银行均推行贷款风险分类。2004年，常州银监分局制定下发《银行业金融机构不良资产管理考核暂行办法》。2005年，常州银监分局推进辖内农村信用社贷款五级分类试点，常州市农村合作金融机构开始实施贷款风险分类。至此，常州市所有银行业金融机构都实施贷款风险分类，信用风险程度得到较真实、全面的评价与反映。2004—2008年，常州5家大型银行利用股改上市契机，通过财务重组、打包划转、核销等措施处置不良资产37.2亿元，其中工行常州分行8.76亿元、农行常州分行18.69亿元、中行常州分行5.48亿元、建行常州分行3.08亿元、交行常州分行1.19亿元。常州银监分局围绕贯彻落实国家宏观调控政策，组织商业银行开展对国家宏观调控行业贷款情况的检查和对在建项目、拟建项目固定资产贷款的清理，建立热点行业预警监测体系，对不符合政策规定的贷款坚决清理退出，加强对过热行业的授信和审批，提高行业准入标准，贷款扩张势头减缓，限制性行业的贷款退出步伐加快，部分银行相关行业贷款出现负增长，重点行业得到积极的信贷支持，贷款集中度、关联交易风险识别和风险管理水平得到提高，不良资产风险管理进一步强化，资本充足率管理得到加强。

2004年起，随着国家多年宏观调控政策效应的逐步显现，常州市大额授信风险暴露频繁，此后3年间铁本、华源蕾迪斯和依维柯、常州大酒店等大型企业先后陷入困境，涉及信贷资金高达53亿元，常州多家银行陷入大额信用风险危机。2006年，常州银监分局牵头建立常州辖区银行业资产风险管理（债权管理）联席会议制度，构建常州辖内行际间最高协调机制，为各成员单位提供交流沟通资产风险管理信息的平台，把风险管理由事后处置转变为事前防范，控制大额贷款的信用风险损失。2006—2009年，常州深化银行业地方法人机构改革，常州商业银行（江苏银行常州分行）由地方政府支持置换不良资产2.17亿元，江南农村商业银行（简称“农商行”）打包处置不良资产10.77亿元。

2007年，按照客户风险监测预警系统，常州银监分局对单户贷款余额超过5000万元且不良率超过50%的大客户贷款建立台账逐户跟踪，持续监测大额不良贷款变化、清收处置、资产保全等情况，督促银行做好处置、化解、核销工作。2008年，中国银监会颁布《商业银行信用风险内部评级体系监管指引》和《商业银行信用风险缓释监管资本计量指引》。常州银监分局重点加大对房地产、信贷资金违规流入股市风险防范力度，督促商业银行对典当机构加强贷款管理，筑牢跨界风险“防火墙”，各商业银行逐步建成与风险承受能力、管控能力相适应的授信管理体制。

2009年，常州银监分局督促辖内银行业金融机构落实宏观调控政策，加快信贷结构调整，密切关注信贷投放大起大落、过多涉足房地产和资本市场、联行和同业大量拆借的银行业金融机构，鼓励银行业金融机构自主创新中小企业金融服务模式和业务流程，提高中小企业贷款审批效率和服务质量，优化支持中小企业发展的金融服务。2010年，常州银监分局成立地方政府融资平台贷款“解包还原”工作领导小组，针对辖内政府融资平台数量及贷款快速增长，部分融资平台资本金少、负债率高、公司治理不完善、偿债能力不佳等问题，要求银行机构按照“逐包打开—逐笔核对—重新评估—整改保全”的流程，对常州市61户地方政府融资平台贷款开展历时1年的自查清理、分类落实、整改保全工作，实现银行体系内对政府融资平台贷款信息的共享，建立贷款风险预警、定期通报等信息交流机制，强化了地方政府融资平台贷款的规模管控和风险防控。

2003—2010年常州市银行业金融机构不良贷款统计表

表21-1-8　　单位：亿元

年份	不良贷款余额	不良贷款占比(%)	年份	不良贷款余额	不良贷款占比(%)	年份	不良贷款余额	不良贷款占比(%)
2003	89.17	10.61	2006	68.24	4.96	2009	33.04	1.29
2004	94.69	9.55	2007	58.93	3.62	2010	25.57	0.83
2005	72.66	6.37	2008	46.55	2.48			

二、操作风险监管

2004年，常州银监分局成立常州仲裁委员会常州银监分局联络处，以仲裁的方式解决与银行相关的经济纠纷。2005—2007年，常州银监分局在全辖银行业组织开展为期3年的案件专项治理，成立案件专项治理督察领导小组，以案件专项治理为突破口，指导和督促银行业金融机构加强操作风险管理和案件风险排查，提升风险防控能力，推进案件防控长效机制建设。2006年，溧阳市农村信用合作联社原理事长兼党委书记受贿案被查处。常州银监分局建立辖内银行业金融机构案件专项治理情况统计制度，对辖内银行业金融机构开展了督察巡访、飞行检查和重点抽查，会同市公安局建立常州市银行业金融机构平安创建暨案件专项治理机制；把辖内银行业金融机构安全保卫、治理商业贿赂纳入案件专项治理，建立常州市银行业金融机构安全保卫联席会议制度，接受社会监督。到2007年底，总体实现案件总数下降，不发生100万元以上人案要案的案件专项治理目标。2009 年，辖内银行业继续实现“零案件”和严重违规事件持续下降的操作风险防控目标，银行业金融机构对重点机构、环节和人员加强管理，巩固案件防控成果。2010 年，辖内银行业组织开展银行业内控和案件防控制度执行年活动，初步建立银行业案件防控长效机制。

三、市场风险监管

2004 年 12 月底，中国银监会颁布《商业银行市场风险管理指引》，对商业银行构建市场风险管理体系的 5 个基本要素提出系统性的要求和指导性意见，辖区内大型银行和股份制银行资金自营业务基本集中在总行和省分行层面，分支机构均无市场投融资业务，因此常州银监分局市场风险监管对象主要是农村中小法人金融机构。2005 年，常州银监分局要求辖区内 5 家农村中小法人金融机构尽快成立由前台、中台、后台、科技部门等参加的项目小组，建立配套的管理信息统计系统。2006 年，常州银监分局对辖区内 5 家农村中小法人金融机构设置市场风险监管指标，包括累计外汇敞口头寸比例和利率风险敏感度，将辖区内 5 家农村中小法人金融机构外汇风险敞口情况和利率重新定价风险情况纳入银监会“1104”非现场监管信息系统，实行按季动态监测。2008 年，常州银监分局首次把市场风险状况纳入监管评级体系，对辖区内原武进农商行、原溧阳农村合作银行两家农村中小法人金融机构实行“CAMELS+”评级方式，市场风险状况要素在评级 6 个要素中权重为 10%。2009 年，辖区内 5 家农村中小金融机构合并成立江南农商行，该行建立健全市场风险管理体系，确立市场风险管理框架，制定市场风险管理制度，设定市场风险限额；监管部门就同业负债依存度、卖出回购增幅超出临界值和同质同类组平均等问题向其提出预警。4 月起，江南农村商业银行停止购买他行理财产品，购买企业债券必须在 3A 级以上，严禁无真实贸易背景等违规票据贴现和转贴现业务。

四、流动性风险监管

常州银监分局成立初期，对流动性风险的监管主要是根据《商业银行资产负债比例管理办法》的规定，定期监测分析存贷款比例、短期流动性比例、备付率 3 个监管指标。2004 年，中国银监会颁布《股份制商业银行风险评级体系（暂行）》，首次将流动性风险状况纳入银行评级体系。2006 年，中国银监会颁布《商业银行风险监管核心指标（试行）》，对流动性监管指标进行增补和修订。常州银监分局要求辖内法人银行机构根据银监会非现场监管信息系统的报表模板收集、报送存贷款比例、流动性比例、备付率、核心负债比例和流动性缺口率等定量指标在内的数据信息。2007 年，银监会颁布《商业银行压力测试指引》，制定流动性压力测试办法和应急预警机制。翌年，常州银监分局选择常州市区农村信用合作联社试点，首次开展流动性压力测试。2009 年，常州银监分局要求辖内法人银行机构健全流动性风险管理体系。2010 年，常州银监分局流动性风险单元监管组履行监管职责，按季分析、报告辖内银行业金融机构流动性风险及其管理状况。12 月，中国银监会要求银行业对流动性覆盖率、净稳定资金比率进行测算，常州银监分局年末启动新增指标报表数据报送。

五、法人银行业监管

2003 年 12 月常州银监分局挂牌成立时，地方农村中小法人银行机构有常州市区、新北区、武进区及金坛市、溧阳市的 5 家农村信用合作联社。2004 年 6 月，常州市区农村信用合作联社开展完善法人治理结构试点，建立社员代表大会、理事会、监事会组织架构和议事制度、决策程序。同年，常州市新北区、金坛市和溧阳市农村信用合作联社逐步建立理事会、监事会和社员代表大会等组织机构及相关议事制度，武进区农村信用合作联社率先进行股份制改造。2005 年 1 月，常州首家股份制农商行江苏武进农村商业银行股份公司挂牌成立。2006 年，武进农村商业银行股份公司率先建立健全股东大会、理事会、监事会和高级管理层议事规则，董事会、监事会履职评价制度和授权经营管理机制。常州市区和新北区农村信用合作联社先后增补独立理事，优化理事会的人员结构，提高理事会的独立性。至此，辖内农村中小法人银行机构法人治理机制初步形成。常州银监分局检查了武进农商行的内控制度，全面检查溧阳市农村信用合作联社。

2007年，常州银监分局按“准确分类—提足拨备—做实利润—资本充足”的持续监管路径，加大资本充足率、授信集中度和拨备充足率的监管，督促辖内农村中小法人银行机构建立资本约束机制。2008年5月，经中国银监会批准，溧阳农村信用合作联社改制为农村合作银行。翌年12月，以武进农村商业银行、溧阳农村合作银行、常州市区农村信用合作联社、常州市新北区农村信用合作联社和金坛市农村信用合作联社为基础组建的全国首家地市级农村商业银行江苏江南农商行成立；同年，常州银监分局对新设立的金坛常农商村镇银行、溧阳浦发村镇银行实行差别化监管政策，强化贷款集中度监管，放开存贷比指标限制，鼓励对农村地区的信贷支持。

2010年，常州银监分局设立江南农商行监管组加强监管，江南农商行年末存款余额750亿元，贷款余额503亿元，资产规模达1000亿元，同年实现税后利润11.5亿元，资本充足率升至12.5%，拨备覆盖率达180%，不良贷款率降至1.7%，监管指标良好，经营规模、绩效列全省农村中小金融机构首位，居全国农村中小金融机构第九位，跨入中型银行行列。至同年底，两家村镇银行贷款余额达6.7亿元，支持了县域中小企业发展和农户创业。

六、处置非法集资案

1990年以后，以非法集资为代表的非法金融活动逐渐呈现高发趋势，影响到正常的经济金融秩序，容易引发集中上访等群体性事件。2007年中央部委层面的处置非法集资部际联席会议建立，中国银监会承担处置非法集资部际联席会议办公室职能。2008年，江苏省处置非法集资联席会议正式成立。8月，常州市处置非法集资联席会议成立，联席会议办公室设在常州银监分局，成员单位包括常州银监分局和市金融办、发改委、公安局、民政局、财政局、人行常州市中心支行、保险协会及市法院、检察院等单位。2009年3月，常州完成非法集资风险全面排查，发现2008年全市发生非法集资案件3起，总金额6704万元。同年，常州非法集资案件形势严峻，发生非法集资案件8起，涉案金额1.27亿元，参与集资人数超过200人，部分非法集资案件引发了集中上访等事件。其中多为典型的涉众型案件，涉案群众从几人到几十人不等，部分涉案企业为地方知名企业或规模企业。2009年4月建立非法集资案件月报制度，5月建立常州市银行业处置非法集资监测联络员制度，6月开展“万里大造林”非法集资案跟踪维稳工作，9月常州配合内蒙古警方开展了“万里大造林”非法集资案后续处置工作。2010年，全市发生个人集资诈骗性质的非法集资案件两起，涉案金额144万元，参与集资人员22人。

第二章 保险业

1980年1月，中国人民保险公司常州支公司恢复重建并开展保险业务。同年，全市保费收入只有432.2万元。至1989年，常州市的保险业务由中国人民保险公司常州分公司独家经营。同年6月，交通银行常州支行保险部设立。此后，中国太平洋保险公司、平安保险公司相继在常州设立保险机构。1996年4月，中国人民保险公司常州分公司分设为中保财产保险公司常州分公司、中保人寿保险公司常州分公司。至2003年底，太平洋保险常州分公司、平安保险公司常州中心支公司产寿险先后完成分设经营。随着常州经济的快速发展和金融体制改革的深入，国内外众多商业保险公司和保险代理公司相继在常州设立分支机构。2010年底，常州市保险市场有市级保险机构49家，其中财产保险机构24家、人寿保险机构25家。同年，全市商业保险完成保费收入86.53亿元。

1986—2010 年常州市保险业发展指标统计表

表 21-2-1

年份	保费总收入(万元)	保险深度(%)	保险密度(元/人)	年份	保费总收入(万元)	保险深度(%)	保险密度(元/人)
1986	4615.2	0.843	14.90	1999	95692	1.776	281.69
1987	5454.2	0.821	17.41	2000	106084	1.766	310.66
1988	7757.2	0.945	24.47	2001	165604	2.46	484.90
1989	8633	0.989	26.84	2002	257060	3.379	748.92
1990	10032.3	1.057	33.88	2003	321368	3.565	928.22
1991	13836	1.354	42.33	2004	353219	3.209	1012.21
1992	21622	1.497	65.81	2005	378807	2.909	1077.29
1993	30024	1.341	91.17	2006	426140	2.732	1201.41
1994	37499	1.191	113.14	2007	474293	2.523	1322.03
1995	47779	1.292	143.20	2008	616496	2.799	1718.70
1996	54521	1.265	161.52	2009	725698	2.881	2016.95
1997	93311	1.985	283.42	2010	865333	2.91	2438
1998	93599	1.854	274.68				

说明：保险深度为当年保费收入／地区生产总值 ×100，保险密度为当年保费收入／常州市户籍人口数

第一节　保险机构

一、中国人民财产保险股份有限公司常州市分公司

1980 年 1 月，中国人民保险公司常州支公司恢复。1985 年 1 月，升格为常州分公司，由中国人民保险公司江苏省分公司和常州市人民政府双重领导。1990 年，公司实现保费收入 1.0 亿元，首次登上亿元台阶，其中企业财产险保费 2478 万元、机动车辆险保费 2050 万元、人身保险保费 3414 万元。1991 年，由于发生特大洪涝灾害，公司全年赔款 2.63 亿元，其中特大洪涝灾害赔款 2.2 亿元。1994 年，中国人民保险公司江苏省分公司停止经营人身保险业务，全省中国人民保险公司系统既有人身保险业务和人员成建制划归南京人寿保险股份公司。1996 年 4 月，中国人民保险公司常州分公司产险、寿险分业经营，原南京人寿保险股份公司常州代理处的人员和资产全部先归编到中国人民保险公司常州分公司，再进行机构分设和人员及资产分流，中国人民保险公司常州分公司分设为中保财产保险公司常州分公司、中保人寿保险公司常州分公司，分别由省分公司垂直管理。1998 年 10 月，中保财产保险常州分公司恢复原名中国人民保险公司常州分公司。2003 年 6 月，中国人民保险公司发起成立中国人民财产保险股份公司，成为内地首家完成股份制改造、在境外上市的国有金融企业。常州分公司更名为中国人民财产保险股份有限公司常州市分公司。2003 年，人保武进支公司实现保费收入 1.04 亿元，跻身全省中国人民保险公司系统突破 1 亿元的县级支公司行列。2010 年，完成保费收入 7.9 亿元，占常州市场份额 32.3%；赔付支出 4.09 亿元，赔付率 63.3%。

二、中国人寿保险股份有限公司常州市分公司

1994年2月，南京人寿保险股份公司成立。10月，南京人寿保险股份公司常州市代理处筹备组成立。翌年4月，常州市代理处挂牌营运，当年实现寿险业务收入1.53亿元。1996年3月，南京人寿保险股份有限公司常州市代理处的人员和资产全部回归编到中国人民保险公司常州分公司，然后进行产、寿险分设。4月，中保人寿保险股份公司常州分公司成立，承担原中国人民保险公司常州分公司、南京人寿保险股份公司常州市代理处的全部人身险未了责任，并依法享有和承担其权利与义务。常州分公司下设武进、金坛、溧阳、戚墅堰、新区、天宁和钟楼7家支公司和市分公司营业部。1999年4月，公司更名为中国人寿保险公司常州分公司，公司上市后更名为中国人寿保险股份有限公司常州市分公司。2010年，完成保费总保收入20.88亿元；寿险首年新单10.26亿元，其中首年期交3.04亿元、10年期及以上期交9358万元；团体保险业务，实现寿险首年保费8945万元、短险保费5214万元、短期意外险3182万元，企业年金规模5500万元。

三、中国太平洋财产保险股份有限公司常州分公司

1989年6月，交行常州支行设立保险部，代办交通银行上海分行保险业务。1993年11月，撤销交通银行常州保险部，成立中国太平洋保险公司常州分公司。1994年1月，中国太平洋保险公司常州分公司挂牌营业。同年完成财产保险费收入5000万元，1995年保险业务收入近1亿元。2000年11月，中国太平洋保险公司实施产险、寿险分业经营和机构改革。中国太平洋保险公司常州分公司分设为中国太平洋财产保险股份公司常州分公司、中国太平洋人寿保险股份公司常州分公司。2001年11月，公司更名为中国太平洋财产保险股份有限公司常州中心支公司。2003年7月，升格为常州保险行业首家总公司直属的中心支公司。2004年，太平洋财产保险公司常州中心支公司首席承保“风云二号C”气象卫星发射，保险金额3.95亿元，是常州保险市场首张大型商业系统统括保险单，也是常州及江苏保险业首家涉足航天器保险的保险公司。2006年，公司承保“风云二号D”气象卫星，承保比例81.4%。2006年1月，公司升格为中国太平洋财产保险股份公司常州分公司，下辖武进、溧阳、金坛、天宁、钟楼、新北、戚墅堰7家支公司和7个营销服务部。2010年，全公司完成保费收入5.89亿元，其中车险占比76.3%、非车险占比23.7%。

太保财险常州公司给付常州涉及汶川特大地震的第一笔赔款（摄于2009年3月）

四、中国太平洋人寿保险股份有限公司常州分公司

2000年11月，中国太平洋保险公司常州分公司实施产、寿业分业经营和机构改革，中国太平洋人寿保险股份公司常州分公司成立。2001年11月，变更为太保寿险常州中心支公司。2001年，公司实现保费收入3.42亿元。2007年8月升格为分公司，成为常州寿险业首家总公司直属的分公司。2010年7月，该公司与常州市医保中心实施职工医疗保险、商业医疗保险实时联网结算，市区本级城镇职工基本医疗保险参保人员个人账户结余超过1500元部分即可用于购买本人商业医疗保险。同年，全公司完成保费收入8.03亿元，其中营销新保1亿元、直销新保0.94亿元、银邮新保1.72亿元、续收保费4.3亿元。处理赔案6875件，支付理赔款2864.77万元，满期给付4.11万件，累计给付1.16亿元。

2010年常州保险业机构一览表

表21-2-2　　单位：万元

公司名称	在常设立年月	保费收入	公司名称	在常设立年月	保费收入
中国人保财险常州市分公司	1950.01	79046	中宏人寿保险常州营销服务部	2007.01	1932
中国人寿保险常州市分公司	1950.01	208806	海尔人寿保险常州营销服务部	2007.02	641
中国太平洋财产保险常州分公司	1993.11	58932	大地财产保险常州中心支公司	2007.05	14785
中国太平洋人寿保险常州分公司	1993.11	80322	海康人寿保险常州营销服务部	2007.06	7266
中国平安财产保险常州中心支公司	1997.12	25770	阳光财产保险常州中心支公司	2007.06	2918
人保人寿常州中心支公司	2008.03	—	国泰人寿保险常州营销服务部	2007.07	3684
新华人寿常州中心支公司	2002.07	50825	华泰人寿保险常州中心支公司	2007.08	10623
泰康人寿常州中心支公司	2002.04	38112	中银保险常州中心支公司	2007.08	1229
平安产险常州中心支公司	1997.12	25770	和谐健康保险常州中心支公司	2007.10	—
中国平安人寿保险常州中心支公司	1997.12	90515	平安养老保险常州中心支公司	2007.11	1792
天安财产保险常州中心支公司	2002.02	4950	民安保险常州中心支公司	2007.11	1745
泰康人寿保险常州中心支公司	2002.04	38112	渤海保险常州中心支公司	2007.11	306
新华人寿保险常州中心支公司	2002.07	50825	华农保险常州中心支公司	2007.12	1213
大众保险常州中心支公司	2002.07	3123	恒安标准人寿保险常州营销部	2007.12	1992
中华联合财产保险常州中心支公司	2004.01	12937	友邦人寿常州保险营销服务部	2008.01	1420
永安财产保险常州中心支公司	2004.04	4703	中国人寿财产保险常州中心支公司	2008.02	8403
太平财产保险常州中心支公司	2004.06	1467	中德安联人寿保险常州营销服务部	2008.03	2711
华安保险常州中心支公司	2004.08	304	安诚财产保险常州中心支公司	2008.03	2263
太平人寿保险常州中心支公司	2004.09	13343	中国人民人寿保险常州中心支公司	2008.03	58132
生命人寿保险常州中心支公司	2004.12	7801	长安责任保险常州中心支公司	2008.08	5027
安邦财产保险常州中心支公司	2004.12	5643	华夏人寿保险常州中心支公司	2008.08	1659
中国出口信用保险公司常州办事处	2005.04	1520	金盛人寿保险常州营销服务部	2008.10	4379
合众人寿保险常州营销服务部	2005.07	6897	阳光人寿保险常州中心支公司	2008.10	12647
都邦财产保险常州中心支公司	2006.02	3873	信泰人寿保险常州中心支公司	2009.05	8947
民生人寿保险常州中心支公司	2006.08	1310	天平保险常州中心支公司	2009.06	1476
永诚财产保险常州中心支公司	2006.11	1942	紫金财产保险常州中心支公司	2010.02	2351
信诚人寿保险常州营销服务部	2006.12	5156			

说明：中国出口信用保险常州办事处保费单位为万美元

第二节　财产保险

一、机动车辆保险

1980—2000年是常州市机动车辆保险业务的成长期，1980年车辆保险保费仅有47万元，1990年保费2050万元，2000年保费提高到2.16亿元，在财产保险业务中的占比逐年提升。2001—2010年是常州市机动车辆保险业务的高速发展期，2009 年起摆脱多年经营亏损的状况，经营效益逐步改善，偿付能力增强。2010 年，全市车辆保险完成保费收入 19.4 亿元，占财产保险保费总额的 79%。

二、企业财产保险

1980 年 4 月 5 日，中国人民保险公司常州支公司签发了全省恢复国内保险业务后的第一笔企业财产保险业务，被保险人是常州市棉纺织一厂，保费 4.61 万元。1991 年，常州发生百年未遇的特大洪涝灾害，企业财产损失惨重，中国人民保险公司常州分公司全力以赴组织抗洪理赔，出动 2 万多人次、2580 多车次，行程 12 万公里，拍摄照片 7.56 万张，记录统计数据 25 万个、查勘企业 2239 家、居民 5.5 万户，洪涝灾害赔款 2.2 亿元，是当年常州分公司企业财产保险保费的 8 倍，其中武进柴油机厂、常州针织总厂分别得到 968 万元和 633 万元的赔款，是常州历史上企事业单位获得的洪涝灾害最大赔款。中国人民保险公司常州分公司快速和足额的理赔得到省委和省政府的表彰。1999 年 7—8 月，常州遭遇特大暴雨，中国人民保险公司、太平洋保险公司和平安保险公司在常州的机构快速查勘和理赔，赔付 8200 万元。2008 年 1 月，常州发生特大冰冻雪灾，在常州的保险机构启动大灾预案，为受灾企业和居民赔付 2.1 亿元，是常州保险史上冰冻雪灾赔款最多的一次。2004 年，太平洋财产保险常州分公司参与承保“风云二号”气象卫星，单项保额高达 3.95 亿元，是常州保险史上单项保额最大、技术含量最高的保险项目，得到太平洋财产保险总公司的开拓奖。

三、其他财产保险

2008 年后，常州保险业积极参与医患纠纷调解、道路交通事故赔偿纠纷调解等工作，探索商业保险与辅助社会管理的有机结合，引导和促进保险业服务地方经济社会发展，取得显著成效，常州医疗责任保险的推广促使医患纠纷调解机制快速建立。2008 年 11 月起，医患纠纷调处中心在全国首创市区联动保障机制、公安引导调解机制、专业人员调解机制、专家支持调解机制和调保对接理赔机制的“4+1”新型人民调解模式，化解医患纠纷矛盾，受到社会公众的好评。2010 年 3 月，以武进区为试点，构建道路交通事故损害赔偿纠纷联动调解机制，调解撤诉率达 79.6%。

1986—2010 年常州市财产保险保费收入统计表

表 21-2-3　　单位：万元

年份	保费收入	年份	保费收入	年份	保费收入	年份	保费收入	年份	保费收入
1986	2203	1991	7338	1996	31034	2001	45069	2006	112191
1987	2963	1992	11872	1997	35860	2002	57744	2007	139781
1988	4562	1993	18551	1998	35962	2003	58803	2008	155272
1989	5406	1994	22652	1999	37340	2004	82682	2009	188015
1990	6618	1995	29021	2000	38702	2005	82912	2010	244407

第三节　人寿保险

人寿保险业务类别主要分为意外险、健康险、一般寿险、分红寿险、万能寿险和投连险。1986 年，全市人寿保险保费 2412.1 万元。1993 年超过 1 亿元，达 1.15 亿元。1997 年超过 5 亿元，达 5.75 亿元，比上年增 1.45 倍。2001 年超过 10 亿元，达 12.05 亿元。2003 年全市人寿保险保费突破 20 亿元，达 26.26 亿元，比 2001 年增 1.18 倍。2006 年，全市人寿保险保费突破 30 亿元，达 33.45 亿元，比 2001 年增 1.78 倍。2010 年，全市人寿保险保费 62.09 亿元。其中，意外险保费 1.4 亿元、健康险保费 1.09 亿元；分红保险保费 44.5 亿元，万能保险保费 6.2 亿元，分别占全市寿险保费规模的 72%、10%。投资投连险风险较大，2005 年前后，因保险公司未及时明白地告知客户投连险的风险，产生了一些负面影响，2006 年以后投连险保费规模逐渐减少。

1986—2010 年常州市人寿保险保费收入统计表

表 21-2-4　　单位：万元

年份	保费收入	年份	保费收入	年份	保费收入	年份	保费收入	年份	保费收入
1986	2412	1991	6498	1996	23487	2001	120534	2006	313949
1987	2491	1992	9750	1997	57450	2002	199316	2007	334512
1988	3195	1993	11473	1998	57637	2003	262565	2008	461224
1989	3227	1994	14847	1999	58352	2004	270537	2009	537683
1990	3414	1995	18758	2000	67382	2005	295895	2010	620926

第四节　其他保险

一、政策性农业保险

2007 年，常州市以中国人民财产保险公司常州分公司为主、中华联合保险公司常州中心支公司为辅，开始开展政策性农业保险。按照“政府组织推动，农民自愿参保，财政资金补助，保险公司经营”的方针进行。2008 年，全市的政策性农业保险由上年的代办模式改为政府与商业保险公司联办共保模式，承保范围包括涉农县区，全市近 1 万农户受益。同年，承保水稻 8.8 万公顷、小麦 5.1 万公顷、油菜 2 万公顷、能繁母猪 5.4 万头。2010 年，承保种植业面积 15.9 万顷，覆盖率 98%；承保能繁母猪 4.14 万头，实现全覆盖，农业保险赔款 617 万元，受益农户 1.25 万户次。

二、国际保险

1984 年起，中国人民保险公司常州分公司恢复办理国际保险业务，主要险种为进出口货物运输保险。1987 年 12 月 5 日，“卡松”轮在西班牙海域发生爆炸，中国人民保险公司常州分公司对承保的常州市第一织布厂和常州针织总厂由该轮运输的货物遭受损失，及时赔付 25 万美元。随着对外贸易的不断扩大，国际业务的险种和保费规模迅速增加。2004 年以前，常州市出口信用保险由中国人民保险公司常州分公司国际部经办。2005 年 4 月，中国出口信用保险公司常州办事处成立，2009 年承保 206 家企业，承保金额 17 亿美元，完成保费收入 734 万美元，一般贸易渗透率 24%，名列江苏首位。2010 年完成保费收入 1520 万美元。

第五节　行业监管

1980—2001 年，常州保险业由人行常州分行负责监督管理。2001 年起，常州保险业改由中国保监会江苏监管局负责监督管理。同年 10 月，常州市保险行业协会成立，在全行业开展自律、协调、维权、交流、宣传等方面的工作。自 2004 年起，市保险行业协会受市政府的委托，对全市保险公司进行年度目标管理考核。该协会按照保险监管部门的要求和常州保险市场实际，采取多项措施维护常州保险市场的秩序。产险方面以车险市场秩序自律为重点，牵头各产险公司签订车险自律公约，对代理手续费、车险费率作出明确规定。车险兼业代理单位、各产险公司在支付代理手续费时，必须据实全额出具《保险中介服务统一发票》，严格执行见费出单。成立车险自律执行小组，引入第三方会计事务所注册会计师参与检查。建立车险代理手续费结算中心、车险信息共享平台，从源头上遏制违规现象。在寿险方面，针对营销人员在销售、流动、招聘中的不规范现象，及银行代理业务中的无序竞争导致代理手续费居高不下的状况，牵头组织寿险公司签署相应的自律公约，重点解决人员流动不合规等引发的矛盾，改善银行代理业务的经营状况，促使常州银行代理业务既有规模又有效益。

第三章　证券业

1986年1月常州市被列入全国5个金融体制改革试点城市，常州市金融业进入新的改革发展时期。此后，常州信托投资业快速发展，为常州地方经济发展提供大量的资金，典当、拍卖和创投与企业债券等行业在政府的规范指导和相关政策的配套支持下发展迅速，为地方经济特别是中小企业发展提供了大量的资金支持。1993年1月常州证券公司成立，注册资本为3000万元。常州证券公司先后加入上海证券交易所、深圳证券交易所，先后设立上海业务部、深圳代表处。1993年4月18日常州市首家期货经纪公司中外合资常州建证国际期货服务公司成立，注册资金50万美元。2006年10月常州投资集团将其拥有的建证期货股权(93.34%)全部转让给东海证券，建证期货同时更名为东海期货有限公司，注册资本增至1.2亿元。2010年，全市有证券营业部18家，证券成交额6659.84亿元，其中华泰证券股份公司常州和平北路证券营业部的交易量、市场份额、客户数量长期位居常州各证券经营机构首位。

第一节　企业上市

常州企业上市始于1994年苏常柴在深圳证券交易所公开发行上市交易，开创了常州企业上市的历史。常州早期的几家上市公司均为国有企业，2002年以后随着民营经济的迅猛发展，新增上市公司全部为民营企业，行业结构由原来的纺织服装、柴油机等行业扩展到装备制造、新能源、房地产等行业。2009年12月25日，常州境内上市取得突破，天龙光电成功登陆深圳创业板，首次公开发行5000万股，募集资金9.09亿元。境内上市公司从国际金融危机造成的影响中强势复苏，7家境内上市公司实现销售收入120.3亿元、净利润12.03亿元，比上年增38.4%和186.4%。

2010年，常州市康辉医疗器械公司、常州市创生控股公司、江苏常发制冷股份公司、江苏常宝钢管股份公司和江苏旷达汽车织物集团股份公司分别在纽约证券交易所、香港联合交易所和A股创业板上市，总融资额39.28亿元人民币，其中常宝股份、旷达股份IPO融资超过10亿元。常州天晟新材料股份公司、常州千红生化制药股份公司和常州星宇车灯股份公司通过中国证券监督管理委员会发行审核委员会的审核，7家企业向中国证监会申报IPO材料或重组材料。至2010年底，全市境内外上市公司达21家，其中10家在沪深股市挂牌；21家上市公司总融资153.49亿元。

一、内地上市企业

常柴股份有限公司　1994年7月1日在深圳证券交易所发行上市，简称苏常柴，股票代码000570，首次公开发行4000万股，发行价为每股3.9元，募集资金1.56亿元。1995年，苏常柴实现年产超一百万台柴油机，“常柴”牌商标被认定为中国驰名商标。1996年9月13日，苏常柴发行的10000万股B股在深圳证券交易所上市，股票代码200570，每股发行价4.97港元，募集资金4.97亿港元。

常林股份有限公司　1996年5月30日，公开发行4000万股，每股发行价4.58元，募集资金1.83亿元，

7月1日在上海证券交易所挂牌上市，简称常林股份，股票代码600710。2002年，以常林股份为核心组建常林工程机械集团。2007年，常林股份定向增发4400万股A股，募集资金2.5亿元，用于小型多功能工程机械和高档次结构件等项目建设。

远东实业股份有限公司 1997年1月21日，在深圳证券交易所挂牌上市，简称远东，股票代码000681。因2006—2008年连续亏损，股票自2009年3月24日起被暂停上市。退市后公司积极重组，因故未恢复上市，原服装主业停顿，2009年下半年开始转向影视产业，先后合拍《革命人永远是年轻》、《老爸的美好年代》（又名《筒子楼》）、《直隶风云》等影视作品。

江苏炎黄在线物流股份有限公司 原为1998年5月29日在深圳证券交易所上市的常州金狮股份公司，股票代码为000805。2000年10月公司名称变更为江苏炎黄在线股份公司，原公司的自行车相关业务和资产剥离上市公司。2003年2月，变更为江苏炎黄在线物流股份公司，简称炎黄，股票因公司2003—2005年连续亏损，从2006年5月15日起暂停上市。

江苏新城地产股份有限公司 1997年10月16日，江苏五菱柴油机股份公司在上海证券交易所挂牌上市，股票代码为900950，发行B股10000万股，每股发行价0.52美元，募集资金5200万美元，约合人民币4.31亿元。2001年8月6日，公司第一大股东武进柴油机厂分别与江苏新城实业集团公司等公司签署《股权转让协议》，公司名称由江苏新城房产股份公司变更为江苏新城地产股份公司，简称变更为新城B股，主营业务柴油机相关业务和资产被置换为新城集团的房地产业务。

黑牡丹（集团）股份有限公司 前身为常州第二色织厂。2002年6月18日在上海证券交易所挂牌上市，简称黑牡丹，股票代码600510。首次公开发行3800万股，每股发行价14.49元，募集资金5.5亿元。2009年，黑牡丹国有股权划转给常高新集团，进行定向增发，将大股东常高新集团旗下的部分资产与业务装入上市公司，年主营业务收入增长179%，净利润增长97.9倍。2010年，人均利税、主营业务收入分列中国牛仔布产业第一位、第二位，社会贡献率入全国牛仔布产业前十强。

亿晶光电科技股份有限公司 原为2003年在上海证券交易所上市的浙江海通食品集团公司，股票代码600537。亿晶光电科技股份公司是中国首家在上海A股上市的纯太阳能电池组件的高新技术企业，集晶棒拉制、硅片切割、电池制备、组件封装和光伏发电系统于一体，年可生产单（多）晶太阳能电池组件1000兆瓦。2009年，由原来福布斯2008中国潜力企业榜第十三位跃居第二位，居入选的全国光伏企业首位。研发中心承担多项国家级科技研发项目，拥有170多项专利成果。2011年12月，上市公司变更为亿晶光电科技股份有限公司，简称亿晶光电，住址为金坛市尧塘镇。

江苏华盛天龙光电设备股份有限公司 2009年12月25日在深交所上市，简称天龙光电，股票代码300029，为全国光伏生产设备制造行业首家上市公司、常州首家成功登陆创业板的企业和金坛首家上市公司。公司前身成立于2001年12月，是国内太阳能电池硅材料生产加工设备领域产品种类最全的企业之一，主产品包括单晶硅生长炉、单晶硅切断机和单晶硅切方滚磨机等光伏设备，覆盖人工晶体生长和加工的多个工序，累计承担省、市级科技项目3项，获得国家知识产权专利10项。2008年，公司所产85A型单晶炉获得江苏省科技进步三等奖。

江苏旷达汽车织物集团股份有限公司 2007年12月7日，江苏旷达汽车织物集团股份公司在中小板上市，简称江苏旷达，股票代码002516，首次公开发行5000万股，发行价20.1元。江苏旷达汽车织物集团公司前身是1988年7月设立的常武太湖医院社会福利环保设备配件厂，2007—2009年汽车内饰面料连续居国内市场占有率首位。

江苏常发制冷股份有限公司 2010年5月在中小板上市，简称常发股份，股票代码002413，首次公开发行3700万股，发行价18元。该公司是一家制冷器件生产销售企业，主产品有冰箱、空调用蒸发器、冷凝器(简称两器)7大系列、1300多个品种，2006—2008年生产的常发牌蒸发器、冷凝器在国内市场的占有率分别达13.3%、16.5%和13.8%，连续3年排名国内首位，2008年产量达1604万套，2009年两器出口额居全国首位。

江苏常宝钢管股份有限公司 2010年9月21日在中小板上市，简称常宝股份，股票代码002478，首次公开发行6950万股，发行价16.78元。公司主要生产石油油井管、高压锅炉管等专用钢管产品，是国内最早生产无缝钢管的专业企业、油管行业第二大制造商和前三大锅炉企业的A级(优秀)供应商，是全球领先的小口径合金高压锅炉管制造商。

二、香港上市企业

常茂生物化学工程股份有限公司 2002年在香港创业板成功挂牌上市，简称常茂生化。该公司成立于1992年，是江苏省高新技术企业、外商投资先进技术企业和双密集型企业，2006年收购常州兰陵制药公司，投资2000万成立上海常茂生物化学工程公司，2007年收购上海医学生命科学研究中心。公司专业研制、销售四碳系列高品质有机酸及其盐类食品添加剂，70%以上销往日本、欧洲、澳洲、美国及中东等国家和地区。

森源国际控股有限公司 2005年7月11日正式在香港交易所挂牌，简称常州森源，股份代号为3333。公司于2004年10月在开曼群岛注册成立，全资子公司森源国际投资公司2004年10月通过股权收购方式取得常州森源开关公司全部股权。中外合资常州森源创始于1997年，2004年11月变更为外商独资企业。常州森源专业生产高压真空断路器、SF6负荷开关和高压开关设备柜体，畅销于全国29个省、直辖市和自治区。2004年，公司完成工业产值3.05亿元。

瑞声科技控股有限公司 2005年8月在香港证券交易所上市，简称瑞声科技，股票代码2018.HK。瑞声集团(英文全称Acoustic Technologies Holdings INC.简写AAC)成立于1993年，AAC总部设在深圳，是全球最大的声学元器件制造商和全球领先的通信及消费类电子产品的微型元器件及整体方案提供商，在国内外拥有超过30家子公司，生产基地、销售以及售后点分布上海、北京、常州、香港等城市与韩国、新加坡、日本、瑞典、德国、芬兰、美国等国，在深圳、常州、南京、台湾、韩国、日本和新加坡设有7大研发中心，在武进高新区建有瑞声科技园。

中国瑞风银河新能源控股有限公司(常州银河电器公司) 于2006年6月9日在香港联交所主板上市，股票简称中国瑞风，股票代码00527.HK。常州银河电器公司是中国瑞风银河新能源控股公司的全资核心子公司，是中国主要的半导体分立器件研制、销售和技术支持的制造商，年生产销售SOT/SOD系列等半导体分立器件120亿只与表面贴装和轴向插接系列二极管及整流桥、汽车整流器及其他特种器件等1000余个品种。

德普科技发展有限公司常州华威电子公司 为主体2007年9月6日在香港联交所主板成功挂牌上市，简称华威电子。华威电子此次发行上市，共发行1.5亿股，募集资金1.95亿港元。华威电子是专业从事铝电解电容器产品生产经营的高新技术企业，年产40多亿只，位列中国电子元器件百强企业第53位，产品销往西欧、南亚，为国内著名整机厂商供货。其CHANG牌铝电解电容器被评为江苏名牌产品和中国著名品牌。

创生控股有限公司 2010年6月29日，成功于香港联交所主板上市，简称创生控股，股份代号325.HK。始建于2002年12月，是中国骨科市场的首批进入者之一。主要从事设计、制造及销售多种创伤及脊柱骨科植入物，以及相关手术工具，以市场份额计为中国骨科产品生产商中最大的创伤产品生产商及三大脊柱产品生产商之一。

三、境外上市企业

英特曼电工（常州）有限公司 2003年9月在挪威奥斯陆证券交易所的交易板上市，简称英特曼，成为中国第一家欧洲上市企业。2007年10月成功在挪威奥斯陆证券交易所主板上市。英特曼电工(常州)公司是总部位于挪威森德斯市的ETMAN INTERNATIONAL AS于1991年8月创办的外资企业，生产电工电料、低频连接器、电源线、开关、电源转换器(插头、插座)、自动化信息管理系统产品、节能产品、防盗报警装置等系列电工产品，制造基地位于武进礼嘉镇。

常州市三维技术成套设备有限公司 2006年1月，重组为上海动力发展公司，在新加坡证券交易所上市，简称三维成套。该公司位于钟楼经济开发区，占地约150亩，拥有固定资产1.5亿元，年产叶片50万片，在中国叶片制造领域处于领先地位，是中国大型电站汽轮机叶片的燃机压气机叶片、工业汽轮机叶片、鼓风机、压缩机叶片等透平机械叶片专业制造商，为大型电站汽轮机、工业汽轮机、燃汽轮机，大型压缩机、发电机等设备提供成套及维修用叶片。

天合光能有限公司 2006年12月19日，在美国纽约证券交易所成功挂牌上市，简称天合光能，发行价每ADS 18.5美元。该公司前身是成立于1997年的常州天合光能公司，是专业生产晶体硅太阳能组件的美资跨国企业，总投资3.075亿美元，是常州最大的引进外资项目之一，是中国光伏行业的领军企业，光伏组件给世界各地并网、离网状态下的民用、商用、工用及大规模的公共设施带来洁净、可靠的太阳能。

常州市明景电子有限公司 2008年10月，随中国安防技术公司(英文简写CSST)在迪拜国际金融交易所上市，中国安防技术公司是首家在迪拜国际金融交易所上市的中国公司，股票代码CSR。2007年10月30日，安防科技(中国)公司在纽约证券交易所上市，交易代码“CSR”，成为全球首家同时在迪拜国际金融交易所、纽约证券交易所上市的公司。常州市明景电子公司成立于2001年，是CSST公司安防物联网板块子公司，是国内最早研制闭路电视监控设备的企业，在智能数字监控、传统闭路电视监控领域技术领先。

常州市康辉医疗器械有限公司 2010年8月11日在纽交所上市，简称康辉医疗，股票代码为KH，每ADS 10.25美元，首日涨幅18.06%，被评为“本月美国市场表现最佳新股”。常州市康辉医疗器械公司创立于1997年，曾被《新财富》杂志评为国内最具成长中小企业第一名，为国内本土骨科医疗器材行业的领军企业。

第二节 证券交易

1993年2月常州证券公司为常州市首家股份制商业企业常州百货大楼股份公司代理募集社会法人股88万股。2月28日华泰证券股份公司常州和平北路证券营业部成立，为常州地区首家证券营业部；4月9日常州证券首家营业部常州博爱路营业部开始受理上海证券交易所上市股票委托买卖业务；4月12日为地方企业首次代理发行短期融资券。10月28日常州证券上海业务部大连路营业部开业。

一、常州证券有限责任公司

1993年1月常州证券有限公司成立。同年代理沪深两市股票交易额7.2亿元，完成经营收入769.7万元，实现利润412.72万元；为7家单位代理承销社会定向募集股份1.62亿元，为常州煤气公司、常旅集团发行企业债券2400万元。开展融资业务，为24家单位解决资金不足的问题，全年融资1.58亿元。1994年3月，常州证券公司承销了常州地区第一只上市股票常柴股份公司A股。年内先后在戚墅堰区、溧阳市及城中设立营业部，在深圳组建证券营业部，12月，常州证券公司深圳分公司成立。是年，常州证券公司在全省首家开通内部股上柜转让业务，在全市率先开通国债期货经纪业务，代理股票、债券交易额1.62亿元，实现经营收入3921.54万元、利润801.23万元。1996年，常州证券公司在股票发行方面取得历史性突破，完成常柴B股发行、A股配股和常林、远东A股发行及金狮A股规范上市，全年公司代理交易债券1.9亿元、股票181.06亿元，实现经营收入4030.49万元、利润1222.32万元，净资产1.34亿元。1998年，经中国证监会批准，常州市证券公司注册资本增至8000万元，更名为常州证券有限责任公司，实现经营收入9024.27万元、利润657.05万元。2001年，公司完成证券交易量160.17亿元，实现经营收入8783.19万元、利润6551.03万元，实现利润率排名全国97家券商第14位。2002年8月受让原常州市信托投资公司的两家证券营业部，营业部增至9家。2002年，常州证券公司完成营业收入5687万元，实现利润仅287万元。至年底，常州证券累计亏损近4000万元，加上超额不良资产，成为监管机构的重点监管对象。

常州证券公司开业（摄于1993年4月）

二、东海证券有限责任公司

2003年5月19日，中国证监会批准常州证券有限公司注册资本从8000万元增至10.1亿元，同时更名为东海证券有限责任公司。常州证券增资扩股改制成功，资本金扩大12倍，迈入中型券商行列。2003—2005年，上证指数由1748点跌到998点，整个市场亏损达1万多亿元，132家证券机构近1/4面临破产清算。其间，东海证券公司取得证券公司的所有业务资格，成为首批第十家创新试点类券商，实现脱胎换骨式的大转型。2005—2010年，该公司收购3家证券营业部，托管并受让证券营业部18家、证券服务部4家，公司证券营业部数量由9家增至43家。2007年，完成营业收入34.83亿元，实现利润25亿元，总资产升至141.59亿元，其中经纪业务代理交易量7147.82亿元，市场占有率1.33%。2010年，完成营业收入19.85亿元，实现利润8.18亿元，计提税收3.09亿元，实现净利润6.14亿元。公司净资产46.37亿元，总资产152.56亿元。其资产管理业务收益居全国证券首位，债券业务排名全国前7位，东海证券研究所蝉联最具潜力研究机构第三名。

第四章　其他金融行业

1986—2010年，常州期货业主要是建证期货、东海期货两家公司经营。90年代初期市与辖市成立的信托投资公司后来纷纷改制合并，转营创业投资、风险投资和证券等业务。创业投资、债券、拍卖和典当行业或兴起或恢复，在90年代以后稳步发展，尤其是创业投资在2000年以后发展迅速，创造了良好的经济社会效益。

第一节　期货业

一、常州建证期货经纪有限公司

1993年4月18日，全市首家期货经纪合资公司常州建证国际期货服务公司经常州市工商行政管理局核准注册登记，注册资金50万美元；7月29日，更名为常州建证期货经纪有限公司；11月23日，变更为中资企业。1994 年 3 月 7 日，公司第一笔国内盘（苏州商品所）交易指令成交。1993 年 11 月，国务院印发《关于制止期货市场盲目发展的通知》。此后几年内，监管部门对期货市场进行持续严格的清理整顿，期货市场陷入数年的低迷。1999 年 5 月 13 日，根据《国务院关于进一步整顿和规范期货市场的通知》，常州建证期货经纪公司与后期常州市成立的江苏常信期货公司，在市政府的支持下达成合并增资重组协议，成立新公司建证期货经纪公司，建证期货经纪公司成交总额 435.16 亿元，排名全国期货交易所会员总成交金额在前 200 名中，名列第二位。1999 年 7 月 23 日前，原省体改委批准设立的建证期货经纪公司武进、宜兴、溧阳、昆山、金坛办事处完成清理，全部停止运行。2000 年 12 月 29 日，中国期货业协会成立，建证期货经纪公司当选为协会 25 家理事单位之一。2006 年 10 月，建证期货经纪公司因股权改变，变更为东海证券有限责任公司。

二、东海期货有限责任公司

2006 年 10 月，常州投资集团将其拥有的 93.34% 建证期货公司股权转让给东海证券。建证期货公司同时更名为东海期货有限公司，注册资本金增至 1.2 亿元。2007 年 11 月，东海期货公司正式获得金融期货全面结算业务资格，是国内第七张、全省第一张金融期货全面结算业务资格牌照。东海期货成立后，业务全面拓展。2010 年，公司再次增资扩股，注册资本由 1.2 亿元变为 2 亿元，新开业营业部 4 家，南京、北京营业部获得筹建批复，公司在全国的营业网点数增至 21 家（含总部营业部和筹建营业部）。同年完成期货成交量 7042.01 万手，占全国市场份额的 2.25%；代理成交额 5.25 万亿元，商品期货成交额占全国市场份额的 1.96%。完成收入 1.69 亿元，实现利润总额 3601.67 万元、净利润 2701.25 万元。

第二节　信托与投资

1987 年 8 月 26 日，股份制非银行金融机构常州市信托投资公司成立，由市财政局、计委和建设银行常州分行出资组建，注册资本 2000 万元。1990 年 6 月，市信托投资公司被列为市政府直属单位，业务受人行常州市分行的领导和管理，实行董事会领导下的经理负责制。12 月，常州市信托投资公司增资至 5000 万元。1991 年 10 月 3 日，市政府批准常州市投资公司成立。常州市投资公司与常州市信托投资公司实行统一领导管理，采用一个机构、两块牌子、各自独立核算、自负盈亏的运行模式，均为市政府直属全民事业单位，实行企业化管理。市政府委托人行常州市分行领导管理公司的金融业务，委托市计委领导管理公司的投资方向和结构。1998 年 5 月 25 日，市政府批准组建常州常信集团公司，受市政府委托，对受托的国有资产进行经营管理并承担相应的保值增值责任。

常州市信托投资公司的业务主要为承办信托存款、贷款，财产保管，经济担保、咨询，代理收付，证券及人行批准经营的其他金融业务。至 2000 年末，常州市信托投资公司资产规模约 16.5 亿元，经清产核资评估净资产 2.38 亿元，累计实现利税约 3.5 亿元，发放贷款超 100 亿元，发行企业融资债券 12 亿元，投资地方企业 4000 多万元。

2001 年初，根据国务院清理整顿信托投资公司方案精神，常州市信托投资公司与建设银行常州分行就建设银行接受公司基本存贷业务事宜达成协议，公司剥离信贷资产，分离银行业务，共转移贷款 8000 万元，分流人员 14 人，2002 年 6 月 20 日银行结息日完成交接。常州市信托投资公司实施证券业与信托业分业经营、分业管理，对下属两家证券营业部的证券资产与常州证券公司相应的非证券类资产进行置换；11 月，常州市投资公司注册资金由 1000 万元增资为 5 亿元，经营范围由单一的电力投资变更为投资与管理、经济担保、资产管理等。2002年2月20日，常州投资集团公司成立，整体接收常州市信托投资公司、常州市投资公司和常州常信集团公司，注册资本5亿元。集团公司直属市政府，由市政府授权负责实施国有资产投资、经营和资产管理。同年，常州投资集团公司围绕综合性产业投资、国有资本运作开展业务，从事土地开发与运营，参与国有企业的重组，拓展资本运作等业务空间。

2006年5月，市政府公布常州投资集团公司为市国资委首批履行出资人职责的14家企业之一。从同年起，企业进入发展快车道。投资集团调整产业结构，寻求进入发展前景广阔、发展势头良好、有潜在能力的行业和项目，先后投资设立信辉创业投资公司、长江龙城公司、北京投资公司、香港投资公司和担保公司。2008年6月10日，常州投资集团公司注册资本增至10亿元。2010年，投资集团参与上市公司的定向增发，对成熟的拟上市公司进行股权投资，参与投资私募股权(PE基金)，参股银行金融机构，开展创投业务，开展股票二级市场自营业务。依托新成立的证券部，从事定增解禁股票二级市场减持套现、二级市场买卖及新股网下询价申购和网上申购等工作。香港投资公司投入运行并开展实际业务操作。完成科技园区建设投资4.56亿元，累计完成投资13.1亿元。2010年，常州投资集团公司所属控股单位12家，主要参股单位14家，实现净利润5亿元，创历年最高水平。

第三节　创业投资

常州市创业投资企业起步较早，1994年常州首家创业投资主体常州高新技术创业服务中心成立。2000年12月，常州市成立首家以公司为主体的创业投资机构常州高新技术风险投资公司，注册资本6966万元。此后，因受国家相关法规条例出台相对滞后、税收等激励力度小、资本市场发展低迷及地方扶持措施不配套等因素影响，常州创业投资发展相对缓慢。2005年以后，国家相继出台一系列扶持政策措施，加快创业投资事业发展，常州推出一系列相关配套措施。2007年5月，《关于加快创新创业投资发展的若干意见》出台，全市创投企业进入快速发展期。

2008年，常州在全省率先设立市级创业投资引导基金，制定《常州市创业投资引导基金管理暂行办法》。引入江苏高科技投资集团及深圳市创新投资集团两家国内知名创投企业。到2008年底，常州市有创业投资企业16家，其中民营企业10家、国有企业2家、国有和民营混合所有制企业3家，注册资本15.4亿元。通过政府的强力推进，江苏高科技投资集团、深圳创新投资集团等国内知名创业投资机构在常州发起设立4个创投基金。至同年底，常州16家创投企业累计投资51个项目，投资总额6.1亿元。但16家企业的平均注册资本不足1亿元，累计投资项目51个，每个项目平均1000万元。投资企业的资本主要来源于企业自有资金，规模庞大的民间资本投资尚未全面启动，境外资本引入规模更小，银行等金融机构涉足创投的还较少。

2007年起，常州连续举办了4届企业成长与创新资本合作洽谈会(简称“创洽会”)，累计现场签订45个项目，总金额17亿元。在2010年第四届“创洽会”期间，常州组织70余家境内外创投、银行、证券等机构、126家本地股权融资意向企业参会。组织创投机构深度介入千名海外人才集聚工程，至2010年底，全市有14家创投企业获得省发改委备案，并全部通过2010年度备案检查。全市有6家海归创业型企业获得8家创业机构投资，吸纳资金1.65亿元。仅2010年，常州就有4家海归创业企业获得5家创投企业的投资，金额9345万元。2010年底，全市有创投企业28家，注册资本总额30.5亿元，其中民营资本超过25亿元。常州市还支持鼓励创投企业参加全国备案管理，规范创投企业运作。据国家发展改革委统计，2010年，全市备案创投企业数量居江苏省第二位、全国第四位，投资活跃度排名居全国前列。

第四节 企业债券

2007年9月13日，经国家发展改革委批准，常州高新区发展(集团)总公司规模为10亿元的企业债券(简称“07常高新债”)成功发行。07常高新债为常州第一笔企业债券，债券采用实名记账式，期限10年，固定利率，票面年利率5.35%。工商银行授权其江苏省分行为本期债券提供全额无条件不可撤销的连带责任担保，华林证券公司为主承销商。经联合资信评估公司评定，本期债券的信用级别为3A级，发行人长期信用级别为2A⁻级，债券募集资金主要用于常州高架桥一期工程、长江路工程项目。2007年，全市企业债券进入快速发展期，常州先后发行金额25亿元期限7年的08常城建债、金额15亿元期限10年的09常高新债、金额22亿元期限7年的09武进创投债、金额20亿元期限7年的09常州投资债和金额8亿元、期限7年的10金坛债。常州市发展中小企业集合债券市场，2010年6月，常州中小企业集合债券申报材料上报至国家发展改革委。至2010年底，全市发行6只债券，累计融资100亿元，发债资金主要运用于市政污水处理、常州港录安州港区化工码头工程和太湖流域武进水环境综合治理工程等城市基础设施建设。

第五节 拍卖

1992年7月，常州首家拍卖行常州市拍卖行(1996年12月改制为常州拍卖公司)成立。10月，苏浙皖边界市场拍卖中心挂牌(1996年8月更名为溧阳市拍卖行，2005年7月改制为溧阳拍卖公司)。1994年10月，武进市拍卖行成立(2002年12月改制为常州市拍卖公司)。1996年12月，金坛市拍卖行开业(2002年4月改制为金坛市拍卖公司)。这4家拍卖企业的相继开业，拉开了常州拍卖业的发展序幕。其间，拍卖企业的拍卖标的主要以执法机关的缉私罚没物资为主，每年拍卖成交额不足千万元。1997—2001年，常州拍卖业的业务领域广泛拓展，拍卖标的也扩大到国家政策允许的动产、不动产、无形资产和文化艺术品等，拍卖企业的规模逐步壮大，常州、武进等企业的年拍卖成交额达到5000万元的较高水平。常州市三和拍卖公司2000年3月登记注册。2002年后，常州拍卖业进入快速发展期，拍卖公司总计10家，拍卖成交金额每年以成倍的速度增长。2004年9月，江苏省常产拍卖公司成立，注册资本845万元，控股股东为市财政局所属常州产权交易所。2010年，江苏省常产拍卖公司举办拍卖会25场，成交总额2302万元，完成业务收入210.62万元。该公司开展拆除权竞价，完成常州市第一人民医院房屋拆除权等项目的公开竞价，成为全市首家利用公开竞价方式处置市级行政事业单位房屋拆除权的拍卖机构。创新竞价方式，引进国内领先的互联网电子竞价系统，开办空中竞价会。2010年底，全市有拍卖企业22家，同年拍卖成交额达10亿元。

第六节 典当

1992年，常州市政府贸易办公室和人行常州分行批准成立新中国成立后常州市首家典当行常州典当行，经营业务以个人质押典当为主，当物主要有黄金首饰、通信设备、家用电器、交通工具、字画、红木家具及部分生产资料。1996年4月，人行总行颁布《典当行管理暂行办法》，明确典当行为非银行金融机构。2000年以后，人行总行取消典当行非银行金融机构资格，将其作为特殊的工商企业移交给国家经济贸易委统一归口管理。2001年8月，国家经济贸易委根据典当行发展的情况，制定并颁布《典当行管理办法》。此后两年，常州相继成立3家典当行，注册资本达2500万元，经营业务不断扩大，房地产、有价证券、机动车等成为主要质押物，服务对象由原来的以个人为主逐步转向以中小企业为主。2003年党政机构改革后，国家将典当业的监督职能划归商务部负责。2005年2月，商务部、公安部颁布新的《典当管理办法》。同年底，常州投资集团公司和常州市产权交易所共同投资设立的常州宝祥典当行公司开业，注册资本3000万元。2006—2010年，常州典当业进入快速发展期，企业规模不断扩大，典当总金额逐步上升，为解决中小企业融资难发挥了重要作用。2010年5月，常州宝祥典当行注册资本金增至4800万元，成为常州注册资本最大的典当企业。同年，宝祥典当行累计向中小企业发放当金超过3亿元，达历年最高水平，新推出名家字画艺术品典当业务，在常州市乃至江苏省开创字画典当的先河。至同年底，全市有典当行24家，其中含分公司4家，注册资本3.8亿元，注册资本达3000万元的6家；全市典当企业典当总金额30亿元。

第五章　金融管理服务

1986年1月，常州市政府批准成立中国人民银行常州分行理事会。4月，中国人民银行（简称“人行”）常州、无锡、苏州、南通、扬州、镇江6个市分行《跨地区拆借资金协议》开始试行。翌年3月，由人行常州分行主办的常州资金市场开业，为江苏省首家有形资金市场，先后与全国150多家银行建立融资关系，为常州的经济发展提供了大量的周转资金。1988年7月，常州开放证券市场。1991年6月，常州市金融市场成立，与全国11个省（市）的40多家金融机构建立资金拆借关系，先后为10家企业代理发行企业融资债券2600万元。1991年末，全市证券交易点发展到24个。1993年10月，常州市资金市场改组，更名为江苏省融资中心常州办事处。2004年，常州市金融稳定工作协调小组成立，人行常州市中心支行与市发改委、经贸委和司法部门、银监、保险、证券及银行机构之间协调配合，建立金融稳定协调、信息共享机制和风险监测预警体系。2006年，市反洗钱工作协调领导小组建立，构建常州地区政府部门和金融监管部门共同参与的反洗钱工作协调机制。到2010年底，人行常州市中心支行履行中央银行职责，加强对常州地区货币政策实施情况的监管，维护金融稳定，提供良好的金融服务。

第一节　货币管理

1988年9月起，人行常州分行开始对常州地区开户银行的现金管理进行监督和稽核，加强对社会经济活动的监督。1997年7月，常州市金融监管委员会组建成立。2000年2月，人行常州市中心支行在常州地区全面实施人民币管理，稳定金融秩序。

一、中央银行再贷款、再贴现

1993年，中央金融工作会议决定改革信贷资金与规模的分配体制，收回人行分行供应和调剂再贷款规模的权力。1998年，人行取消对商业银行贷款规模的指令性计划，金融宏观调控方式由直接向间接转变，再贷款开始成为真正的间接调控工具。再贷款继续发挥投放基础货币、影响商业银行信贷扩张能力的作用，人行作为最后贷款人，通过向中小金融机构发放再贷款，维护了金融稳定。1998年，金坛农村信用合作联社因存款化股金兑付和部分储户挤提存款出现资金困难，人行常州分行发放再贷款3000万元，动用法定存款准备金2000万元，缓和联社兑付资金紧缺矛盾。1994年3月，人行常州分行恢复开办再贴现业务。2009年9

月，人行常州市中心支行重新修订《再贴现业务操作规程》和《再贴现业务管理办法》，优化再贴现业务流程，通过再贴现推进全市商业票据业务的发展。

1998—2010 年中国人民银行常州市中心支行再贷款发放额统计表

表 21-5-1　　　　单位：万元

年份	再贷款	再贴现	年份	再贷款	再贴现	年份	再贷款	再贴现
1998	3000	0	2003	20000	78536	2008	0	0
1999	10500	33953	2004	5000	31870	2009	0	233575
2000	9000	111737	2005	0	0	2010	0	580589
2001	5000	1434363	2006	0	0			
2002	15000	16093	2007	0	18541			

说明：2005 年、2006 年、2008 年未发放再贷款、再贴现；2007 年、2009 年、2010 年未发放再贷款

二、存款准备金管理

1984 年，人行按存款种类规定了存款准备金率，企业存款为 20%，农村存款为 25%，储蓄存款为 40%。1985 年起，法定存款准备金率统一调整为 10%，1987 年第四季度起调整为 12%，1988 年 9 月起调整为 13%。1998 年 3 月，人行总行对存款准备金制度进行改革，2003 年 9 月 21 日起实施差别化的存款准备金率。2004 年 12 月，人行总行印发《中国人民银行关于加强存款准备金管理的通知》，明确金融机构动用法定存款准备金的审批权限及动用法定存款准备金的条件，明确 2006 年 7 月 5 日后新组建的农村合作银行、农村商业银行，挂牌后给予 1 个季度的过渡期，结束后的次月 5 日起，农村合作银行统一执行 7.5%、农村商业银行统一执行 8% 的存款准备金率；执行低于 7.5% 准备金率的农村合作银行从 2006 年 11 月 25 日起执行 7.5% 的准备金率，2007 年 3 月 5 日起执行全国统一的农村合作银行存款准备金率；2007 年 1 月 1 日后新组建的农村合作银行给予一定宽限期，按每季 0.5 个百分点的步长逐步调整到位。其间如遇存款准备金率调整，上述农村合作银行同时等幅调整。2008 年和 2009 年，人行常州市中心支行依据人行总行的规定，对江苏溧阳农村合作银行在上述两个年度执行比一般商业银行低 1 个百分点的存款准备金率。2010 年，人行总行 6 次调整存款准备金率，12 月 20 日起大型银行存款准备金率为 18.5%。

1985—2010 年人民币存款准备金率调整情况表

表 21-5-2

<table>
<tr><th rowspan="2">调整日期</th><th colspan="2">商业银行(%)</th><th rowspan="2">财务公司(%)</th><th colspan="3">农村合作银行(%)</th><th rowspan="2">城市信用社(%)</th><th colspan="2">农村信用社(%)</th><th rowspan="2">差别存款准备金(%)</th></tr>
<tr><th>大型</th><th>中型</th><th>普通</th><th>A类</th><th>区别</th><th>普通</th><th>A类</th></tr>
<tr><td>1985</td><td colspan="9">10.0</td><td>—</td></tr>
<tr><td>1987</td><td colspan="9">12.0</td><td>—</td></tr>
<tr><td>1988.09.01</td><td colspan="9">13.0</td><td>—</td></tr>
<tr><td>1998.03.21</td><td colspan="9">8.0</td><td>—</td></tr>
<tr><td>1999.11.21</td><td colspan="9">6.0</td><td>—</td></tr>
<tr><td>2003.09.21</td><td>7.0</td><td>7.0</td><td colspan="4">7.0</td><td>6.0</td><td colspan="2">6.0</td><td>—</td></tr>
<tr><td>2004.04.25</td><td>7.5</td><td>7.5</td><td colspan="4">7.5</td><td>6.0</td><td colspan="2">6.0</td><td>8.0</td></tr>
<tr><td>2006.07.05</td><td>8.0</td><td>8.0</td><td colspan="4">7.5</td><td>6.5</td><td colspan="2">6.0</td><td>8.5</td></tr>
<tr><td>2006.08.15</td><td>8.5</td><td>8.5</td><td colspan="4">7.5</td><td>7.0</td><td colspan="2">6.0</td><td>9.0</td></tr>
</table>

续表 21-5-2

调整日期	商业银行(%)		财务公司(%)	农村合作银行(%)			城市信用社(%)	农村信用社(%)		差别存款准备金(%)
	大型	中型		普通	A类	区别		普通	A类	
2006.11.15	9.0	9.0	8.0				7.5	6.5		9.5
2007.01.15	9.5	9.5	8.5				8.0	7.0		10.0
2007.02.15	10.0	10.0	9.0				8.5	7.5		10.5
2007.04.16	10.5	10.5	9.5				9.0	8.0		11.0
2007.05.15	11.0	11.0	10.0				9.5	8.5		11.5
2007.06.05	11.5	11.5	10.5			11.5	10.0	9.0		12.0
2007.08.15	12.0	12.0	11.0			12.0	10.5	9.5		12.5
2007.09.25	12.5	12.5	11.5			12.5	11.0	10.0		13.0
2007.10.25	13.0	13.0	12.0			13.0	11.5	10.5		13.5
2007.11.25	13.5	13.5	12.5			13.5	12.0	11.0		14.0
2007.12.25	14.5	14.5	13.5			14.5	13.0	12.0		15.0
2008.01.25	15.0	15.0	14.0		13.5	15.0	13.5	12.5	12.0	15.5
2008.03.25	15.5	15.5	14.5	13.5		15.5	14.0	13.0	12.0	16.0
2008.04.25	16.0	16.0	15.0	13.5		16.0	14.5	13.5	12.0	16.5
2008.05.20	16.5	16.5	15.5	13.5		16.5	15.0	14.0	12.0	17.0
2008.06.16	17.0	17.0	16.0	13.5		17.0	15.5	14.5	12.0	17.5
2008.06.25	17.5	17.5	16.5	13.5		17.5	16.0	15.0	12.0	18.0
2008.09.25	17.5	16.5	16.5	15.5	12.5	16.5	15.0	14.0	11.0	17.0
2008.10.15	17.0	16.0	16.0	15.0	12.0	16.0	14.5	13.5	10.5	16.5
2008.12.05	16.0	14.0	14.0	13.0	12.0	14.0	11.5	11.5	10.5	14.5
2008.12.25	15.5	13.5	11.0	11.0	10.0	11.5	11.0	11.0	10.0	14.0
2010.01.18	16.0	14.0	11.0	11.0	10.0	11.5	11.0	11.0	10.0	—
2010.02.25	16.5	14.5	11.5	11.0	10.0	11.5	11.0	11.0	10.0	均附加0.5个百分点
2010.05.10	17.0	15.0	12.0	11.5	10.5	12.0	11.5	11.0	10.0	
2010.11.16	17.5	15.5	12.5	12.0	11.0	12.5	12.0	11.5	10.5	
2010.11.29	18.0	16.0	13.0	12.5	11.5	13.0	12.5	12.0	11.0	
2010.12.20	18.5	16.5	13.5	13.0	12.0	13.5	13.0	12.5	11.5	

说明：1. 大型银行指工商银行、农业银行、中国银行、建设银行、交通银行、邮储银行。2. 中型银行指中国农业发展银行、股份制商业银行、城市商业银行、农村商业银行和有关外资金融机构。3. 村镇银行存款准备金率参照当地农村信用社执行

三、利率管理

1986年，金融机构人民币存款基准利率执行1985年的标准，分别为活期6.12%、3个月7.2%、6个月8.28%、1年9.36%。9月21日起，金融机构人民币贷款基准利率6个月以内(含6个月)7.92%，6～12个月(含12个月)7.92%。2004年1月1日起，贷款利率浮动区间不再根据企业所有制性质、规模大小分别制定，商业银行、城市信用社贷款利率浮动区间扩大到0.9～1.7倍；农村信用社贷款利率浮动区间扩大到0.9～2倍。个人住房贷款、政策性银行贷款、优惠贷款及国务院另有规定的贷款，利率不上浮。10月18日，人行总行放宽金融机构利率浮动区间，允许存款利率下浮，规定金融机构(城乡信用社除外)贷款利率不再设上限，下浮幅度不变；城乡信用社贷款利率最大上浮系数为基准利率的2.3倍，下浮幅度不变。金融机构人民币存款利

率下限为0，上限为各档次基准利率。2007—2008年，人行常州市中心支行加大对上海银行间同业拆放利率的宣传和推广力度。人行常州市中心支行要求各金融机构自2008年1月起按月向人行报备利率监测报表。2010年7月起，建立本外币利率定价动态信息及利率政策执行情况报告制度。10月26日起，金融机构人民币存款基准利率分别调整为活期0.36%、3个月2.25%、6个月2.5%、1年期2.75%，人民币贷款基准利率分别调整为6个月以内（含6个月）5.35%、6～12个月（含12个月）5.81%、1～3年（不含1年含3年）5.85%、3～5年（不含3年含5年）6.22%、5年以上6.4%。

第二节　外汇管理

1985年6月，国家外汇管理局常州分局（简称“外汇局”）成立，负责监管市域内外汇业务。1998年10月，依据人行总行对金融机构外汇业务监管职责划分，国家外汇管理局常州分局不再承担金融机构外汇业务市场准入审批职能及对金融机构外币资产质量和风险监管职能。翌年1月，国家外汇管理局常州分局改建为国家外汇管理局常州市中心支局。

一、经常项目外汇管理

1985年，外汇管理实行贸易和非贸易外汇留成制度。1988年5月，国家外汇管理局常州市外汇调剂中心成立。1991年起，外汇管理实行出口收汇核销制度。同年4月9日起，对官方汇率的调整由以前大幅度、一次性调整的方式转为逐步缓慢调整的方式，即实行有管理的浮动。1994年外汇体制改革，实现人民币经常项目有条件可兑换，同年建立进口付汇核销管理制度。1996年12月，中国宣布实现人民币经常项目可兑换，2001年底中国加入世界贸易组织后，不断简化核销手续，提高核销监管效率。2003—2004年，国家外汇管理局陆续取消行政审批项目34项。2005年7月21日，改革人民币汇率形成机制，实行以市场供求为基础、参考一篮子货币调节、有管理的浮动汇率制度。国家外汇管理局常州分局改进和完善服务贸易外汇管理，对服务贸易外汇收支进行实时监管。逐步调整经常项目外汇账户管理政策，提高企业经常项目外汇账户限额，最终取消开户事前审批，允许企业全额保留外汇资金。1997年，放宽经常项目外汇账户的开户条件和限额管理，允许大型外贸公司和生产型企业开立经常项目外汇账户，保留一定额度的外汇，对中外资企业实施统一待遇。2007年，再次对外汇账户管理政策做出重大调整，不再限制企业保留外汇的额度，允许企业根据自身经营需要自行保留经常项目外汇收入。2010年，国家外汇管理局常州市中心支局启动跨境贸易人民币结算试点，改进、简化个人外汇管理手续和凭证，对个人结汇和境内个人购汇实行年度总额管理，外汇局根据国际收支状况调整年度总额，2010年分别为每人每年等值5万美元。

二、资本项目外汇管理

1996年12月实现人民币经常项目可兑换后，推进资本项目对外开放就成为我国外汇管理体制改革的重要内容。近年来，常州外汇局根据国内经济发展、对外开放及国际收支发展变化，积极进行政策调整和制度创新，推出一系列资本项目外汇管理改革和政策措施，资本项目对外开放度明显提升。国家外汇管理局常州市中心支局稳步推进资本项目简政放权改革，优化服务实体经济，支持涉外经济转型发展。2008年，国家外汇管理局直接投资外汇管理信息系统上线，常州辖内2000余家外商和港澳台商投资企业实现外汇登记信息电子化采集；2009年，常州外汇局取消境外直接投资外汇资金来源审查，简化手续支持境内企业“走出去”；2010年，推行外商和港澳台商投资企业年检数据网上报送，实行无纸化年检；该支局加强资本项目事后监管，促进监管的常态化、科学化和规范化，防范资本项下跨境资金双向流动风险。

三、国际收支统计与监测

1994 年 4 月 1 日，实行外汇指定银行结售汇制度后，常州外汇局开始统计和分析辖区银行结汇售汇情况；9 月起，常州外汇局开办美元外币票据清算业务。1995 年 10 月起，开办港币清算业务。1996 年起，常州市的国际收支统计申报逐步开展起来。1997 年，金融机构对外资产负债及损益、汇兑、直接投资和证券投资统计申报正式实施。1999 年 4 月起，实行国际收支统计间接申报与出口收汇核销挂钩；7 月起执行“先申报、后解付”的规定，单位和个人必须在收到涉外收入款项之日起 25 个工作日内申报，2001 年 9 月起，申报期限缩短为 10 个工作日，2003 年 1 月起缩短为 5 个工作日。2003 年，全市实施出口换汇成本样本企业监测。翌年，实施贸易信贷调查制度；同年 8 月起，常州市同城外币清算业务进入常州金融区域网实时清算。2006 年，国家外汇管理局制定《银行结售汇统计制度》，推行银行结售汇统计系统，对数据实行大集中管理。2009 年 6 月 1 日起，常州市外币清算业务关闭。2010 年样本调整后，常州市 84 家涉外企业定期通过国家外汇管理局网上服务平台参加调查。

1994—2010 年常州市银行累计结汇售汇总额统计表

表 21-5-3　　　　单位：万美元

年份	结汇	售汇	年份	结汇	售汇	年份	结汇	售汇
1994	32085	12125	2000	149988	64791	2006	761547	135430
1995	65515	24966	2001	178405	65471	2007	1022731	159739
1996	76375	30593	2002	215316	64653	2008	1323490	277367
1997	92002	34293	2003	298197	81033	2009	1109661	261684
1998	82564	36067	2004	393096	119797	2010	1512416	405612
1999	99548	43019	2005	557631	107003			

四、外汇业务检查

1986—1990 年，国家外汇管理局常州分局查处外汇案件 88 起，罚款 23.49 万元。2002 年 1 月，常州外汇局成立外汇案件审议委员会。2003 年 1 月，中国人民银行发布《金融机构大额和可疑外汇资金交易报告管理办法》，该局具体承担常州市外汇反洗钱职责。2005 年起，外汇反洗钱职能由中国人民银行反洗钱部门统一实施，该局继续承担外汇市场信用体系建设、外汇违法（负面）信息披露、打击地下钱庄和非法网络炒汇等工作。2007 年 8 月，成立行政复议委员会。同年，常州外汇局配合总局调查深圳“杜氏”地下钱庄案件，对涉及该案件的金坛两家房地产企业各处罚 100 万元。2008 年，常州外汇局与常州市公安局经侦支队联手，成功办结公安部督办的“2•7”地下钱庄案件，对涉及该案的常州某企业处罚 95 万元。2010 年，该局查处外汇案件 27 起，罚款 337 万元。1988—2010 年累计查处外汇案件 229 起。

第三节　金融秩序调控

2004 年，常州市金融稳定工作协调小组成立，在金融监管协调、生态环境建设、风险防范与处置、金融信息共享方面发挥有效作用。2005 年起，人行常州市中心支行建立金融稳定评价制度，每半年度发布《常州市金融稳定报告》，全面评估金融风险因素、金融改革成果、金融稳定状况，分别实施《常州市突发金融风险事件应急处置预案（试行）》《法人金融机构风险监测系统》《常州市金融稳定评价暂行办法》。至 2010 年末，全市 7 家银行业金融机构加入人行常州市中心支行金融管理与服务体系。

一、金融生态建设

金融生态环境 2007年,市政府印发《常州市创建金融生态县活动方案》,统筹规划全市金融生态县创建活动开展,常州市金融稳定工作协调小组办公室同时出台《常州市县域金融生态环境考核评价办法》,定期对县域金融生态环境状况以量化形式进行考核评价。武进区被评为2008年全省首批金融生态达标县(区),2009年又成为全省四个金融生态示范县(区)之一;溧阳市被评为2009年江苏省金融生态达标县,开始创建2010年江苏省金融生态示范县;金坛市作为第三批金融生态创建试点单位,申报2010年江苏省金融生态达标县。2009年2月,市政府转发人行常州市中心支行《常州市金融生态镇创建考核办法(试行)》,启动常州境域乡镇(开发区)申报市级金融生态镇的评选工作,全市同年有遥观、湖塘、牛塘、横山桥、邹区、牛塘、埭头、社渚、竹箦9个镇被评为常州市首批金融生态良好镇。2010年,市金融稳定工作协调小组办公室启动常州市金融生态示范镇的评选,湖塘、牛塘、奔牛和埭头4镇入选常州首批市级金融生态示范镇。

平安金融创建 2007年,常州开展全市综合治理和系列平安创建活动。7月,人行常州市中心支行与市公安局联合制定《关于开展平安金融创建活动实施意见》,启动常州市平安金融创建活动。至2010年1月,全市144家银行(一级支行以上机构)、14家证券公司营业部、48家保险公司(分公司、中心支公司、营销服务部)达到平安金融创建活动标准。

二、反假货币

1993年,人行常州分行首次借助电视教育片《真假人民币识别》,向辖内金融系统及企事业单位的财会人员介绍真假人民币知识。1998年,常州市反假货币工作联席会议建立。2000年,常州开展反假货币和综合治理联合行动,破获出售、使用、贩卖假币案33起,涉案金额73.82万元,为江苏省之最。其中一起贩卖假币案为新中国成立后常州最大的贩卖假币案,收缴假币48万元,抓获犯罪嫌疑人两人,捣毁贩卖假币窝点1个。2003年后,人行常州市中心支行与有关部门建立区域性反假货币合作联动机制,联合开展反假货币宣传活动,社会效果良好。2005年,针对外币假币增多的情况,举办面向社会的外币知识培训班,组织18家外资、合资企业的财务主管、会计和出纳及外币代兑点人员100余人参训。2007年6月13日,常州市第一个城市反假货币宣传服务站——红梅西村社区服务宣传站成立,全市反假货币宣传网络建设正式启动。至2010年底,全市建成城市社区反假货币宣传网络站点91个,农村乡镇反假货币宣传网络站点29个,聘请696名村级义务宣传员。2009年,江苏省开展反假货币的"壁垒行动",人行常州市中心支行联合市公安局全年收缴假币792.41万元,协助破获假币案件5起,涉案金额300万元。2010年,收缴假币390.22万元。

1986—2010年常州市假货币收缴数量统计表

表21-5-4

年份	张数(万张)	金额(万元)	年份	张数(万张)	金额(万元)	年份	张数(万张)	金额(万元)
1986—1990	1.38	11.50	1997	0.57	35.22	2004	5.31	447.78
1991	0.04	2.07	1998	2.00	108.94	2005	17.61	461.41
1992	0.04	2.45	1999	1.78	110.53	2006	5.80	501.14
1993	0.26	14.85	2000	1.40	99.65	2007	14.44	568.39
1994	0.41	30.86	2001	3.73	271.43	2008	12.24	522.07
1995	0.62	43.96	2002	3.94	335.73	2009	15.82	1120.39
1996	0.63	42.09	2003	9.30	350.35	2010	4.62	390.22

三、反 洗 钱

2004年，人行常州市中心支行开始承担组织协调常州辖区反洗钱工作的职责。2006年，常州市反洗钱工作部门协调领导小组成立，建立由18个政府部门和金融监管部门参与的反洗钱工作协调机制。人行常州市中心支行和市公安局联合制定《常州市可疑交易线索核查合作规定》。2008年，人行常州市中心支行与常州海关缉私分局签订《共同预防、遏制和打击涉嫌走私、洗钱等违法犯罪活动的合作备忘录》。2009年，人行常州市中心支行与常州市国家安全局签订《共同预防、遏制和打击涉嫌恐怖融资、洗钱等违法犯罪活动的合作备忘录》，搭建起常州地区反恐融资合作的制度平台。2005—2010年，人行常州市中心支行开展反洗钱行政调查60余次，协助侦查机关破获大案要案5起，涉案金额达数亿元。

第四节　金融服务

一、结算管理与服务

账户管理　1988年起，常州市各商业银行实行客户可以选择银行，银行可以选择客户的账户管理模式，许多企业在几家银行多头开户、多头贷款和多头领现，影响银行的结算、信贷和现金管理。1990年自上而下进行账户整顿，清理多头开户，规定1家企业只能开立1个基本账户，工资、现金只能在开立基本账户的银行领取，并接受银行监督。1996年，人行常州分行建立起完整统一的银行账户数据库，改变账户管理系统账户数据从各商业银行每月通过软盘报送的方式，新的账户管理系统与同城实时清算系统连接，各商业银行开立的所有结算账户每天向人行网上报送，经账户管理系统合规性审查后进入账户数据库，账户更新信息每天及时向各商业银行发送。2003年9月1日起，新的《人民币银行结算账户管理办法》正式施行。2005年，人行南京分行实行人民币银行结算账户管理系统江苏省试点工程，人行常州市中心支行规范账户系统相关制度和账户管理操作要求，组织全辖银行开展银行结算账户核查、睡眠户清理等工作，核查账户10.42万户，其中基本账户5.87万户、一般存款账户4.34万户、专用存款账户1936户、临时存款账户120户，规范了常州银行结算账户管理。2007年6月22日，人行总行和公安部共同搭建的联网核查公民身份信息系统在全市金融机构上线运行，为全市银行机构办理人民币银行账户和支付结算业务提供信息支持，实现对客户姓名、身份证号码和照片真实性的核查，落实银行账户实名制。2009年，组织核实存量单位银行结算账户的法定代表人或单位负责人及代理人公民身份真实性，辖内各银行业金融机构核查常州辖区内符合条件的13.62万户单位银行结算账户法定代表人或单位负责人及代理人公民身份信息。

结算服务　1987年9月1日起，常州实行《华东三省一市票汇结算试行办法》，停止办理三省一市及省内(县内)限额结算。1989年起，实行人行总行新颁发的《银行结算办法》。6月1日，人行常州分行通知在常州市区和武进金融系统推行单联转账支票。同年2月，常州作为结算改革试点城市，对结算服务体制先行改革，主要有废除异地、同城托收承付结算、托收无承付结算、国内信用证和付款委托书等4种结算方式，建立“三票一卡”的结算机制，重新确立银行汇票、商业汇票、支票、信(电)汇、委托收款、信用卡6种结算方式。结算原值作了较大改变，原来“钱货两清，维护收付双方的正当权益和银行不垫款”三原则，改为“恪守信用、履约付款，谁的钱进谁的账，由谁支配和银行不垫款”三原则，多联转账支票改为单联转账支票。对全市凡属同城劳务款项结算，收付款单位签有合同或协议，不简单套用全国统一办法，以前采用托收无承付方式结算的均改为委托收款方式结算。在委托收款凭证上加印红色“劳务”字样戳记，处理手续与原托收无承付结算基本相同，实行“见单即付、收妥抵用、无款退回”，不办三方交易、直达结算的做法，以简化劳务委托结算手续，减少环节。

同期变更和推行的其他结算方式还有：1986年起，与全国同步推行个体经济户和个人使用支票结算的办法；1987年9月1日起，华东三省一市限额结算改为银行汇票方法；1988年10月1日，汇兑业务中的电话汇款范围扩大到全市金融机构资金的划拨和财政款项；全市180家企业同年进行支付密码试点。1999年7月，常州市首先在票据凭证上推广应用支付密码进行印鉴辅助验证，防范资金风险，使用支付密码的票据种类包括转账支票、现金支票，信汇、电汇凭证，银行汇票申请书、银行本票申请书、购买重要空白凭证领用单7类。2000年底，同城票据实时清算系统建成并实际运行，实时清算实现票据交换全辖大同城。2007年，人行常州市中心支行在全市推动银行本票管理，并开展商业承兑汇票推广试点。

票据交换 1986年7月1日，人行常州分行组建成立常州市同城票据交换所，直接办理同城票据交换业务，采用“直接交换、收付轧差、辖内汇总、差额清算”的办法，坚持先付后收，收妥抵用，银行不垫款和清算资金当天补齐，人行不透支、不垫款的原则。1988年10月，同城票据交换所开始运用计算机进行业务的数据处理。1992年8月，常州市成功开发并运行同城票据软盘交换清算系统，在全省率先实现同城票据交换清算电子化，使参加交换地区的资金抵用率由63%提高至100%。1993年，人行常州市分行被列入全国第五批电子联行试点单位，11月、12月成功进行模拟试验。实现纵向往来、随收随发、即时核对、每日结平、存欠反映，汇划款项与清算资金同步。1997年10月，全省第一个同城清算系统常州金融区域网同城清算系统经开发调试后运行，电子联行“天地对接”（通过人行的同城清算网络将人行发报行和专业银行相连接以实现转汇业务）试运行，常州同城票据交换清算电子化达国内领先水平。2000年12月，常州同城票据实时清算系统投入运行，票据当日抵用率提高20%。

2001年9月，常州财税库联网系统经改造与同城票据实时清算系统对接，在全国率先实现财税库行全程联网；11月，实现电子联行天地对接系统与同城票据清算系统实时联网，实现常州市辖区大同城交换。2002年10月，实现常州地区银行卡POS联网联合，实现常州市公用事业缴费“一卡通”。2004年8月，常州市金融区域网同城票据实时清算系统开通同城外汇清算业务，实现同城票据本外币一体化清算。2005年9

1986—2010年常州市同城票据清算业务统计表

表21-5-5　　单位：万元

年份	笔数(万笔)	清算金额	票据金额	年份	笔数(万笔)	清算金额	票据金额
1986	126.07	55.92	17.09	1999	402.06	2341.26	1856.60
1987	274.94	155.59	99.31	2000	401.30	2994.27	2406.68
1988	346.06	281.43	205.61	2001	433.23	3767.03	3722.77
1989	344.80	280.64	175.78	2002	487.45	4805.79	4739.25
1990	318.98	257.00	162.54	2003	591.15	6054.23	5917.88
1991	305.53	377.76	247.75	2004	636.44	7507.53	7323.24
1992	381.63	695.44	404.92	2005	641.60	7740.41	7558.20
1993	405.63	1397.47	702.81	2006	641.19	7787.35	7595.46
1994	400.76	1410.66	840.27	2007	843.91	10081.33	9818.49
1995	411.83	1606.24	1035.17	2008	909.27	10774.02	10469.56
1996	404.07	1620.00	1062.52	2009	855.60	12968.29	12644.67
1997	403.73	2093.78	1453.77	2010	822.68	15537.22	15141.02
1998	397.18	2065.67	1654.47				

月，实现同城票据清算系统银行卡实时转账清算业务。2006 年 7 月，同城票据清算系统实时借记业务开通。2008 年 10 月，开通同城票据清算系统支票影像交换系统，实现同城清算票据完全截留。2010 年，全市同城票据清算 822.68 万笔，清算金额 1.55 亿元。

二、经理国库

1985 年，人行常州分行依据《中华人民共和国国家金库条例》，改中央金库常州支库为国家金库常州市中心支库。1987 年 10 月和 1990 年 7 月，相继设立郊区金库、戚墅堰区金库，由人行常州分行委托农业银行常州郊区支行、戚墅堰办事处分别代理国库业务。1989 年 10 月起，国家金库常州市中心支库分别在武进牛塘镇、金坛薛埠镇、溧阳上黄乡设立由专业银行（信用社）代理乡（镇）金库的试点。1998 年，国家金库常州市中心支库收回由商业银行代理的郊区、戚墅堰区、开发区代理金库。2002 年，国家金库常州市中心支库设立的市区乡镇（街道）直接经理金库为 29 个。

1989 年，人行常州分行开发并运行国库业务处理系统，1990 年增加开发微机划解上划库款的软件，实行一市三县国库微机联网。1994 年，国家金库常州市中心支库适应财政分税制改革，分别设立国家金库和地方金库，按不同的征收对象划分收入，对国库会计核算、统计程序进行升级。1995 年，人行常州分行开发并运行了退税和库款支拨系统。1999 年，全市实现财政、国税、地税和国库联网，信息共享。2001 年实行税票截留，常州市区财、税、库、行全程联网运作。2002 年，常州辖区相继联网成功并正式运行，常州全辖财、税、库、行实现信息资源共享的国库会计核算网络化。常州市区推行税款征收新模式，由征收机关受理纳税申报并产生应征信息，通过联网系统传递给国家金库常州市中心支库，由国库通过同城票据清算系统直接从企业提供签约的存款账户上实时扣划税款。2003 年，国家金库常州中心支库全面参加同城票据交换，市区预算收入的支拨与退库业务直接从国库部门提出交换，实现国库资金实时清算。国家金库常州市中心支库实现横向联网系统与“一卡通”两个系统对接，纳税人可用银行卡划缴税费，常州市区税务征收系统对公对私均实现网上划缴。2005 年，常州市中心支库与辖属支库启动国库内部往来，中心支库参加现代化支付系统，国库拥有相对独立、安全高效的资金汇划渠道。

2005 年，国家金库常州市中心支库受地税委托，将养老保险、失业保险、医疗保险、工伤保险、生育保险统一纳入借方扣缴模式征收，平均征缴速度加快 1 个月，在途时间减少 10 天以上。2006 年，国家金库常州市中心支库在钟楼区开展直接办理财政预算内外国库直接支付业务的试点改革。2007 年，新北区财政会计核算中心实行向国家金库常州市中心支库办理直接支付模式。

国家金库常州市中心支库在全省率先创新非税收入征收由国库实时扣划入库的模式，改革后非税收入的扣缴入库率 90%。国家金库常州市中心支库与社保机构实现联网，直接办理机关事业单位养老保险基金收支业务和市区企业统筹失业保险金退付业务。

三、代理发行和兑付国债

1981 年起，国家金库常州市中心支库代理发行国库券，开办国库券代保管业务。1986 年起，国家金库常州市中心支库组织市各银行机构对 1981 年及以后年度发行并陆续到期的国家债券，采取增设兑付网点、组织上门兑付、集体兑付等多种形式兑付。随着兑付量的减少，国家金库常州市中心支库在市区（含武进）、金坛、溧阳各指定 1 家商业银行（社）为无记名实物券的常年兑付点，国库券收款单仍由中心支库和武进、金坛、溧阳 3 个支库直接承兑。1987 年，国家金库常州中心支库代理发行国家重点建设债券，期限 3 年，单位购买年利率 6%，个人购买年利率 10.5%，全市发行 2600 万元，其中个人购买 280 万元。1988 年，代理财政部发行 2 年期财政债券 2718 万元，5 年期财政债券 272 万元，主要由市各专业银行、其他金融机构认购。还发行国家建设债券1235.11万元，主要面向城乡居民。1988年，停办国库券贴现业务，允许未到期国库券可在国家指定的场所进行转让交易。1989年起，国库券只向个人发行，不向单位发行。

1986—1994年国家金库常州市中心支库(市区部分)收支统计表

表21-5-6　单位:亿元

年度	收入总额	其中		支出总额	其中		年末存款余额	其中	
		中央	地方		中央	地方		中央	地方
1986	7.93	0.52	7.41	7.40	0.52	6.88	0.62	—	0.62
1987	8.28	0.53	7.75	8.82	0.53	8.28	0.09	—	0.09
1988	7.90	0.12	7.78	7.81	0.12	7.69	0.19	—	0.19
1989	8.52	0.23	8.29	8.32	0.23	8.09	0.39	—	0.39
1990	9.08	0.21	8.87	9.21	0.21	9.00	0.26	—	0.26
1991	7.50	0.19	7.31	15.12	—	15.12	0.27	—	0.27
1992	14.42	0.40	14.02	4.87	—	4.87	0.08	—	0.08
1993	11.78	-0.07	11.85	6.97	—	6.97	0.47	—	0.47
1994	14.63	8.53	6.10	3.67	—	3.67	0.27	—	0.27

1995—2010年国家金库常州市中心支库(全辖)收支统计表

表21-5-7　单位:亿元

年度	收入总额	其中			支出总额	年末存款余额
		中央	省级	地方		
1995	24.81	13.37	3.77	7.67	10.03	3.22
1996	32.08	12.85	6.07	13.16	14.34	2.34
1997	39.48	18.30	4.81	16.37	13.32	3.67
1998	44.36	20.12	5.23	19.01	17.30	2.54
1999	47.22	20.07	5.45	21.70	23.19	1.04
2000	56.91	22.11	6.35	28.45	35.20	1.45
2001	75.45	30.51	7.57	37.37	42.73	1.93
2002	99.50	39.52	3.52	56.46	48.50	6.30
2003	132.26	49.75	3.97	78.54	65.19	5.94
2004	139.75	37.12	4.98	97.65	88.89	9.71
2005	206.00	61.79	5.95	138.26	109.69	14.75
2006	251.83	71.60	7.96	172.27	128.55	22.65
2007	389.83	95.85	16.17	277.81	178.00	18.34
2008	511.38	109.10	25.19	377.09	231.36	12.21
2009	645.73	114.07	22.98	508.68	309.62	15.36
2010	789.14	128.87	22.97	637.30	396.58	26.41

四、征信管理

2003年，国务院明确“推动社会信用制度及体系建设，规范和促进信贷征信业的健康发展”为中国人民银行的职能之一。2006年，全国统一的企业和个人征信系统分别联网运行。翌年，人行运行推动应收账款质押和融资租赁登记公示系统。2008年，人行常州市中心支行在县域推动开展农村信用体系建设，引导农村金融机构建立和完善农户信用档案，探索符合农户特征的信用评价方法，推进"征信+信贷"的业务模式，加大对"三农"信贷投入。2010年7月，人行南京分行与常州市政府在全国率先签订《中小企业信用体系建设合作备忘录》。至同年末，常州市有14家金融机构在应收账款质押登记公示系统中开通常用户。全市建立农户信用档案21.4万户，评定信用农户5万多户；全国征信系统纳入常州6.8万户企业、132万名自然人的信用档案。

五、金银管理

1983年，国务院发布《中华人民共和国金银管理条例》，重申中国人民银行是国家管理金银的机关。人行常州分行承担常州辖区具体的金银管理职能，对从事金银生产的企事业单位、部队、个人所采炼的和出土无主、司法机关没收的金银统一收购，对企事业、科研单位、部队和饰品加工需用的金银计划配售。2000年起，国家取消白银统购统配的管理体制，人行常州市中心支行不再办理白银的收购配售业务。2002年起，人行总行取消黄金收购计划。2002年10月上海黄金交易所正式运行后，人行常州市中心支行即停止供应首饰用金，军工、科研等特殊项目用金需求由中国人民银行总行逐笔核批，人行常州市中心支行的金银管理由收售管理职能向市场监督和服务职能转变。

第二十二卷　财政　税务

Volume XXII　Finance & Tax

改革开放30多年，常州财政税务体制发生两次大的变化，财税收入快速增长。80年代初，常州被国务院确定为全国首批综合改革试点城市。1983—1985年，经财政部、国家体改委批准常州市确立财政递增包干体制，实施中市级财政结算财力出现负数；1986年全市财政总收入10.33亿元，财政支出3.13亿元。此后，经过两次利改税，国家与企业的利益分配关系用法律的形式确定下来，开征流转税、所得税、资源税、财产税、行为税5个大类31个税种。1993年，全市财政总收入19.89亿元，财政支出9.94亿元。1986—1994年，税务主管机关是常州市税务局，1994年实行分税制后，财政递增包干体制使市级财政结算财力出现负数的影响逐步消除。以1993年为基数年，新税制明确划分中央税和地方税，市税务局分设为市国税局和市地税局，市国税局主要负责增值税、消费税等中央税和共享税的征收；市地税局主要负责营业税、企业所得税、个人所得税等地方税和共享税的征收。2000年，全市财政总收入增长到60.23亿元，其中公共财政预算收入32.25亿元；财政支出增长到32.5亿元，其中公共财政预算支出31.83亿元。2002年起，新增企业所得税由国税局征收。此后，随着经济社会的快速发展，全市各类税收、财政收入和支出大幅度快速增长。2010年，全市完成财政总收入841.67亿元，财政支出638.21亿元，其中公共财政预算收入286.18亿元、预算支出281.44亿元。

第一章　财政

1986—2010年，常州财政部门坚持依法行政、依法理财，推进财政改革和制度创新，加强和改进财政、财务、会计、资金、国有资产等方面的监督管理，逐步构建公共财政管理体系。1986年，常州市财政总收入仅10.33亿元、财政支出仅3.13亿元。此后，各级财政部门在国家和省、市财政法规政策的指导下，努力促进经济发展，开辟财源，涵养税源，加强征收管理，财政收支快速增长，财政收支保障了中央和省级财政收入，对国家和省做出了重要贡献，促进了全市经济建设和社会事业持续健康发展。2010年，全市财政总收入增长到841.67亿元，财政支出增至638.21亿元。各级财政部门履行财政监督职能，发挥严肃财经纪律，维护财经秩序，保障财政改革顺利实施的应有作用，促进了全市改革和经济社会健康发展。

第一节　财政收入

1986—2010年，常州市财政收入持续增长。2002年起，行政性收费和政府性基金逐步纳入财政预算管理，列进财政收入统计。2004年起，财政收入从规模上区分为财政总收入和地方一般预算收入。地方一般预算收入加上政府性基金、社会保险基金收入为地方收入；地方收入加上上划中央四税（增值税75%部分、消费税全部、企业所得税和个人所得税60%部分）为财政总收入。2007年起，地方一般预算收入仅分为税收收入和非税收入（各税种、规费及附加征收额参见本卷第二章“税务”第七节“税收收入”）。

1986—2010 年常州市财政总收入统计表

表 22-1-1　　单位：亿元

年份	财政总收入	年份	财政总收入	其中：地方一般预算收入	年份	财政总收入	其中：地方一般预算收入
1986	10.33	1995	28.50	—	2003	136.10	56.67
1987	10.99	小计	98.44	—	2004	144.77	67.34
1988	11.57	1996	34.30	—	2005	220.45	94.99
1989	12.67	1997	40.18	18.92	小计	679.55	307.30
1990	13.10	1998	45.09	22.25	2006	277.27	118.88
小计	58.66	1999	49.21	25.17	2007	414.38	158.07
1991	11.72	2000	60.23	32.25	2008	542.68	185.19
1992	13.65	小计	229.01	98.59	2009	681.73	215.89
1993	19.89	2001	75.33	42.10	2010	841.67	286.18
1994	24.68	2002	102.90	46.20	小计	2757.73	964.21

说明：1997 年起统计地方一般预算收入，此前未统计地方一般预算收入

一、工商税收

工商税收一直是财政收入的主体，由税务部门（1994 年分为国税、地税部门）负责征收。1986—1990 年，全市完成工商税收 54.85 亿元，占全市财政总收入（下同）的 93.5%；1991—1995 年，完成 91.32 亿元，占 93.8%；1996—2000 年，完成 211.05 亿元，占 92.2%；2001—2005 年，完成 448.24 亿元，占 66%；2006—2010 年，完成 605.7 亿元，占同期地方一般预算收入的 62.8%。

二、农 业 税

1985 年，国务院决定农业税由征收粮食为主改为折征代金，省政府决定折征代金统一按粮食“倒三七”比例收购价（30% 按原统购价、70% 按原超购价）计算。1986 年，全市征收农业税 2325.6 万元。2004 年江苏免征农业税时，全市农业税计划任务 4919 万元。1986—2004 年，全市累计征收农业税 10.3 亿元。农业税实行折征代金后，由乡（镇）财政所组织征收，或委托粮食收购部门在收购环节代征。财政部门执行农业税灾情减免、对优待对象和贫困户等社会减免的政策，落实到户。

三、农业特产农业税

1987 年，江苏省开征农林特产农业税，1994 年改为农业特产农业税，常州市按规定明确农业（林）特产农业税由乡（镇）财政所负责征收，或委托收购单位在收购时代征代扣。2003 年不再单独征收该税，对农特产品收入统一按农业税标准计征。1987—2002 年，全市累计征收农业（林）特产农业税 6928 万元。

四、耕地占用税

1987 年，全省开征耕地占用税。常州市政府规定对在常州市境内占用耕地，包括种植农作物的土地及鱼塘、菜地、园地（桑园、茶园、果园、苗圃、花圃等），用于建房或者从事其他非农业建设的单位和个人，按实际占用耕地面积及核定税额一次性征收耕地占用税；明确县、区不同税额，减免税范围和审批事项。2008 年起税额为市区每平方米 45 元，金坛、溧阳两市每平方米 40 元，耕地占用税由各级财政部门负责征收。市财政局 1989 年与土地管理部门建立联合办公制度，加强征收管理。1991 年实行耕地占用税预收保证金制度，即

申请用地单位在土地管理部门批准占用耕地前，先向当地财政部门按当地征收标准的10%预缴税款，待批准文件下达后再行结算。1991年在全省率先成立耕地占用税稽查大队。2010年，耕地占用税管理机构划归地税部门。1987—2010年，全市累计征收耕地占用税22.65亿元。

五、契　　税

1992年以前，常州市级契税由市财政局委托市房管局下属的房产交易所代征，每年入库额仅约8万元。1992年6月，市政府明确由财政部门直接征收契税，财政派员驻房产交易所收税，房管部门凭税票或减免凭证办理房屋产权证。1992年后，契税收入逐年大幅增长，1994年从1992年的91万元增至379万元。1994—1995年，全面清理外资和港澳台资企业房屋投资契税，征收374万元。1995年设立常州市契税征收管理所，恢复对行政、企事业单位征收契税。全市完成契税收入1295万元。1998年12月，市政府颁发新的《常州市契税征收管理办法》，规定在常州市行政区域内转移土地、房屋权属，承受单位和个人为契税纳税人。1999年，市财政局出台《常州市商品房契税委托代征管理办法》，与首批49家房地产开发经营单位签订契税代征协议书，委托其从购房源头代征契税。1999年，对1990年以来契税欠税进行清理，清理期间办理欠税1.14万件，征收4820万元。2000年委托中介机构检查代征单位代征情况。1996—2000年，全市累计征收契税3.08亿元，比“八五”时期增长14倍多。

2001—2005年，市财政局两次委托中介机构开展契税代征单位检查，两次清理土地契税欠税。2005年起由市契税所负责市区（不含武进）契税直征，在新北、戚墅堰两区设立直征点。5年全市累计征收契税20.19亿元。2006年起，市财政局会同市房管局、物价局每年公布市区各住宅小区二手房交易平均价格，对申报二手房成交价明显低于市场均价的按市场均价核定征收契税；各辖市、武进区契税所同年起实行直征，不再由各乡镇征收。2010年，契税由地税部门征收。2006—2010年，全市累计征收契税86.99亿元。

六、基金和行政性收费

1997—2001年，全市基金收入总额2.86亿元。1986—2001年常州绝大多数基金和行政性收费作为预算外资和港澳台资进行管理，2002年起逐步纳入财政预算管理后，成为财政收入的重要组成部分。2010年，全市基金和行政性收费收入367.36亿元，占同期财政总收入的43.7%，其中社会保险基金71.74亿元、政府性基金285.24亿元（含土地类基金271.93亿元）、行政性收费10.38亿元。

1997—2010年常州市行政性收费、基金收入统计表

表22-1-2　　单位：亿元

年份	合计	行政性收费	基金收入			年份	合计	行政性收费	基金收入		
			总额	政府性基金	社会保障基金				总额	政府性基金	社会保障基金
1997	—	—	0.78	—	—	2004	36.26	5.95	30.31	10.06	20.25
1998	—	—	0.40	—	—	2005	49.60	6.33	43.27	16.40	26.87
1999	—	—	0.41	—	—	2006	59.82	6.42	53.40	21.20	32.20
2000	—	—	0.67	—	—	2007	130.90	9.13	121.77	82.85	38.92
2001	—	—	0.60	—	—	2008	208.05	8.35	199.70	122.21	77.49
2002	13.24	2.97	10.27	4.73	5.54	2009	307.79	8.49	299.30	244.21	55.09
2003	25.96	4.09	21.87	5.98	15.89	2010	367.36	10.38	356.98	285.24	71.74

说明：1997年起统计地方基金收入，2002年起统计行政性收费，此前两项均未统计

七、罚没收入

1986—1990年，全市累计征收罚没收入3634万元。1991年，市财政局出台办法，加强罚没凭证管理。1992年，市财政局会同有关部门制定罚没物资进行市场公开处理的意见，全省首家拍卖罚没物资的常州市拍卖行成立。1995年，各级公安、检察、审判机关在办案中暂行收缴的款项物资统一存入财政部门开设的过渡专户，待法院判决生效后按判决结果将款项、物资交入国库或返还给当事单位、个人。1991—1995年、1996—2000年，全市先后征收罚没收入3781万元和2.78亿元。1998年6月，常州市区在全省率先实行罚款决定与罚款收缴分离。1999年各辖区，2000年金坛、溧阳市开始全面实施罚缴分离。2006年起，财政部门在银行开设专户，统一缴存暂扣职务违纪违法犯罪案件涉案财物款项，在案件审结后予以缴库或退还。2001—2010年，全市征收罚没收入25.27亿元。

第二节　财政支出

常州财政支出主要用于经济建设、城市建设维护、支农和农林水利事业、社会事业、社会保障和行政管理。1986年，常州市财政支出3.13亿元。1997年开始运用地方一般预算支出概念，当年全市地方一般预算支出18.67亿元，2000年31.83亿元，2001—2005年累计329.54亿元；2006—2010年累计959.2亿元，其中2010年281.44亿元，为1997年的15.07倍。

一、经济建设支出

常州财政对经济建设支出扶持地方电力设施、经济技术开发区建设和新兴产业、高新技术及重点企业发展，增强了常州经济发展后劲和实力。

1986—1990年，市区经济建设支出9844万元，支持戚墅堰发电厂扩建、热电站建设等重点项目。1991—1995年，全市财政支出用于工业振兴、支持企业挖潜改造和新产品开发等4.69亿元。1996—2000年，全市经

1986—2010年常州市财政支出总额统计表

表22-1-3　　单位：亿元

年份	支出总额	年份	支出总额	其中		年份	支出总额	其中	
				地方一般预算支出	基金支出			地方一般预算支出	基金支出
累计	2603.25	1995	13.33	—	—	2004	104.88	75.66	29.22
1986	3.13	小计	46.49	—	—	2005	140.28	97.85	42.43
1987	3.26	1996	15.38	—	—	小计	432.41	329.54	102.87
1988	3.83	1997	19.38	18.67	0.71	2006	171.04	117.69	53.34
1989	4.76	1998	22.41	21.94	0.47	2007	274.40	154.64	119.76
1990	5.11	1999	25.71	25.41	0.30	2008	384.41	186.68	197.73
小计	20.09	2000	32.51	31.83	0.68	2009	520.81	218.75	302.06
1991	5.70	小计	115.39	97.85	2.17	2010	638.21	281.44	356.76
1992	6.08	2001	41.48	41.16	0.32	小计	1988.87	959.20	1029.65
1993	9.94	2002	61.01	51.82	9.19				
1994	11.44	2003	84.76	63.05	21.71				

说明：1998年起统计基金地方一般预算支出、基金支出，此前未统计

济建设支出13.84亿元。其中1996年市级财政支出1.26亿元，主要用于市高新技术开发区2.8平方公里工业园区5条道路。2001—2005年，全市经济建设支出41.44亿元，主要培育、扶持大企业大集团，成长型、规模型、创新型科技企业，影视动画产业、现代服务业、旅游业等新的经济增长点，促进外向型经济、民营经济发展，支持高新区发展。2006—2010年，全市用于支持企业自主创新、新技术新产品研发等经济建设支出27.66亿元，支持发展现代服务业14.18亿元。2009—2010年，市级财政每年筹集6亿元，扶持先进装备制造业、新能源产业、信息产业、新材料产业和生物技术及医药产业（简称“五大产业”）、重点企业增强竞争力。

二、城市维护建设支出

常州财政对城市建设维护的支出扶持了大批市政道路、给排水、桥梁、燃气和环境治理保护基础设施建设，使常州城乡面貌焕然一新，保障了城乡群众对现代生产生活设施的需要。

1986—1990年，全市城市维护建设支出3.16亿元，促进改善城镇面貌。其中市区2.6亿元，支持拓宽东、西大街（后改名延陵西路），改建人民公园，建设白家桥，疏浚京杭大运河等重点工程，支持市区41.3平方公里烟尘控制区通过省级验收，新增城市绿化面积13.66万平方米。1992年为缓解城市维护建设资金短缺矛盾，市区开征城市人口增容费，至1995年累计征收1.11亿元；为筹集外环路建设资金，按摩托车每辆每年300元开征机动车辆地方事业附加费，至1995年累计征收1.46亿元。

1991—1995年，通过预算安排和多种渠道投入10.3亿元，支持外环路一期工程，同济立交、竹林立交、火车站高架桥，常州民航机场扩建，长江引水二期工程，炼焦制气一期工程竣工或正常进展，支持开发区建设和市政建设加快步伐。

1996—2000年，全市城市维护建设支出10.61亿元，其中市区7.14亿元。加上利用国债和多渠道筹资，支持建成沪宁高速公路常州段，改建怀德桥、广化桥、五星大桥，新建新闸等铁路立交桥及外环路东段，拓建常澄路、城中路（即晋陵中路）、延陵东路，完成城北污水处理一期、二期工程和煤气二期工程，兴建武进、金坛、溧阳城市污水处理厂，建设城市绿化，整治城郊自然村、环卫基础设施、市容市貌等18个项目，促进改善城市交通和环境，提升城市综合功能。

2001—2005年，全市城市维护建设支出43.32亿元，其中市区40.9亿元，支持建成宁杭高速公路常州段、城市大外环公路等重大交通设施和市政设施，创建为国家卫生城市、国家环保模范城市和省级园林城市。2006—2010年，全市城市维护建设支出（含预算安排、划拨土地出让收益等渠道投入）882.83亿元，其中市区752.23亿元，支持建成城市高架道路、西绕城高速公路等重大交通设施，新改扩建红梅公园、青枫公园等57个公园和大批公共绿地，公园免费开放，创建成国家园林城市。

三、支农和农林水支出

1986年以后，常州各级财政按照财政预算内支农资金当年预算安排数高于一般预算安排数增幅，每年财政支农资金增量高于上年，确保每年财政支农资金支出进度不低于96%的规定，加大支农投入。1986—1995年，重点用于支持粮食生产、副食品基地建设、农业致富工程和农业基础设施建设。1986年，国务院决定每年由各级财政预算内安排发展粮食生产专项资金，分担比例为中央财政40%，省、市、县、乡财政60%。江苏省政府明确省财政负担24%，苏州、无锡、常州3市的市、县、乡财政负担36%。1986—1990年，常州各级财政安排农业发展专项资金两亿元，投向农业、水利、农机3个方面，重点用于直接为稳定增产粮食最急需、最关键、最适用的有效项目。1987年，财政预算新设农业发展专项资金支出科目，至1990年底的4年中全市财政筹集该项资金8036万元，主要用于改造中低产田，开垦、复垦土地，中小型水利工程配套，优良品种、农机具、新技术推广等。1986—1990年，全市财政预算内支农和农林水支出2.22亿元。

1991—1995年，全市累计使用农业发展专项资金1.88亿元，其中防洪工程1.09亿元；全市财政预算内支农和农林水支出5.07亿元。1992年开征防洪保安资金。1996—2005年，重点用于支持粮食自给工程、建设省级农业现代化示范区、农业产业化建设和丘陵山区农业综合开发。1996—2000年，全市财政预算内支农和农林水支出8.34亿元，集中用于重点项目。筹集6668万元，支持沪宁高速公路和新常溧线两侧乡镇建成7个千亩以上高标准粮食自给工程示范区。

1986—2010年常州市财政预算内支农资金投入情况表

表22-1-4　　单位：亿元

时期	投入	年均增幅(%)	时期	投入	年均增幅(%)
1986—1990	2.22	11.4	2001—2005	23.76	19.1
1991—1995	5.07	14.3	2006—2010	44.21	21.1
1996—2000	8.34	15.8	累　计	83.60	16.4

2001—2010年，重点用于支持水利工程、高效农业等，全市支农和农林水支出67.97亿元，重点支持水利工程建设、高效农业和产业化经营、新农村建设等。2002年起，全市财政部门调整支农投入政策和结构，集中资金支持农业结构调整和产业升级，重点解决农民关心的热点、难点问题。对能够量化到一家一户的项目资金，采取多种形式直接补助农户，引导农民加大生产性投入。对农机、救灾化肥等补贴资金实行公示制、合同制、财政报账制，确保补贴足额发放到农户。运用财政贴息、融资担保奖励等方式，引导民资、外资和中国港澳台资开发农业。通过投资、参股等形式，支持建立农业贷款担保中心，为农业企业和农民种养大户融资贷款提供担保服务。2007—2010年，各级财政累计安排1.32亿元，建立市、辖市(区)两级财政巨灾风险准备金，促进逐步构建农业支撑保障体系。2009年把50多个专项资金整合为6大类29项，重点支持现代高效农业和优势特色产业。制定、完善专项资金管理制度，市级重点项目试行市级财政直接报账制。通过日常检查、委托中介机构审计、绩效考评等加强资金监管。1986—2010年，全市财政累计投入预算内支农资金83.6亿元。

水利工程建设支出　2001年，经5年建设的澡港河枢纽工程交付使用(市级财政每年投入1800万元)，各级财政五年累计投入8000多万元的长江江堤达标工程基本竣工。之后，支持实施雅浦港、丹金闸、横塘河南北枢纽，武南河、肖龙港拓浚，溧阳北河、武宜运河南段、市区“三河三园”景观和水环境整治等重点工程，支持小型农田水利设施建设。

高效农业和产业化经营支出　2001—2010年，全市财政累计投入2.7亿元，其中2006—2010年市级财政设立1.2亿元现代高效农业专项资金，加上农业产业化龙头企业建设等专项资金2.3亿元，支持、促进现代高效农业和农业产业化发展。全市高效农业累计面积84.94万亩，占全市耕地面积的35.2%。以市为单位在全国率先基本实现水稻生产全程机械化。新增家禽业产值突破10亿元。

新农村建设支出　2006年起，市级财政共安排专项资金9700万元，支持新农村示范点建设和整治村庄环境、共建小康家园专项行动。安排以奖代补资金7260万元，支持、促进333个村成为村庄环境达标村，20个村成为小康家园村。投入生态农业资金1550万元，支持新增绿化达标镇、村816个，建成畜禽粪便处理沼气工程162个，用户4000户。

茅山老区发展支出　2006—2008年，市级财政每年安排专项资金1000万元，金坛、溧阳两市财政每年配套1000万元，重点扶持14个乡镇工业集中区基础设施建设，支持45个农村水利工程建设；给予1939家农户产业化致富经营贷款贴息，资助426家散居农户搬迁，1.14万家农户安装自来水。

农业灾后重建支出 2007—2010年，各级财政安排1.32亿元，建立市、辖市（区）两级财政巨灾风险准备金。2008年冰雪灾害后，各级财政安排3000多万元，其中市级财政1020万元，支持70多家企业、350多家农户灾后重建恢复生产。

农民培训支出 2006—2010年，市级财政安排4140万元，扶持建设农村劳动力转移信息服务网络，开展农村劳动力转移对接等活动，对农民接受职业技能培训给予补贴。

四、科教文化卫生体育支出

常州教育文化体育行政财务管理主要是加大投入，支持科教文卫体事业基础设施建设，保障科教文卫体事业健康发展和人员工资福利与社会保障支出。

科技支出 1989年起，科技经费列入市区财政预算。1991—1995年，全市科技支出5846万元，2006—2010年30.24亿元。市级财政安排6900万元，扶持建立“五大产业”重大公共技术平台、重点创业平台和骨干企业创新平台，其中对25个新建国家级、省级创新平台各分别奖励100万元、60万元。5年安排2.7亿元支持科教城建设和发展，2006年起每年安排2000万元，用于科教城管委会贷款利息、项目引进、科技活动等开支；2007年起每年安排“金凤凰”资助经费500万元，用于引进高层次人才。59个项目争取省科技成果转化专项资金6.08亿元，其中拨款3.06亿元、贷款贴息1.89亿元、有偿资助1.13亿元。将防震减灾经费纳入财政预算，5年投入2492万元，支持完成市防震减灾应急指挥中心、孟城地震台建设，提升地震监测、预报和应急指挥水平。全市科普经费预算内总投入3646万元，年均递增26%。

教育支出 1985年，常州市开征农村教育费附加、城市教育费附加。1986年扩大城市教育费附加征收范围，成为教育支出的重要资金来源之一。1986—1990年，全市财政性教育经费支出5.32亿元，支持常州工业技术学院、教育学院和牛塘文教区建设，提高学校经费开支标准和教师工资福利待遇，新建、翻建校舍和修建危房30多万平方米，新增、更新课桌椅，增加现代化教学设备。1991—1995年，常州市多渠道拓宽教育资金来源，全市财政性教育经费支出14.01亿元。适当提高学杂费标准，五年间全市义务教育和非义务教育阶段学杂费收入8355万元。1993年起将市区职工教育经费提取比例，由占职工工资总额的1.5%提高到2.5%，增加部分统筹用于职工技术教育就业前培训，改善技工学校、职业中学办学条件和重点项目建设。扶持校办企业创收，五年间校办企业创收用于教育事业的经费1.13亿元。1995年开征教育地方附加费和人民教育基金，用于市教育重点项目工程。同年对购买小汽车等专控商品，加征5%专控商品教育费附加，专项用于市少年科学艺术宫建设。利用世界银行贷款424万美元。1991—1995年，全市财政性教育经费支出14.01亿元，支持易地新建常州教育学院、常州师范学校，建设1所特殊学校、8所中学、4所小学，改造1所技工学校、4所职业中学；新建中小学校舍66万平方米，改造危房35万平方米；购置课桌椅30万套，添置教育仪器设备6839万元，购买图书资料1178万元。

1996—2000年，全市财政性教育经费支出36.45亿元，组织教育费附加、人民教育基金10.88亿元，社会力量捐资助学4.37亿元，用于教育事业。全市普及九年义务教育，市区基本普及十二年教育，新创建一批国家级重点中专、职高和省级重点高中、小学，学校校舍、教育设施普遍得到很大改善。2001—2006年，全市财政性教育经费支出70.22亿元，比“九五”时期增长近1倍。2006—2010年，全市财政性教育经费支出171.71亿元，比“十五”时期增长1.5倍。2006年，市政府决定从秋季新学期开始，全市义务教育阶段学生免收学杂费（小学生每学年220元，初中生每学年320元），该项费用由各级财政按体制负担。市财政足额安排、拨付市属中小学该项资金，对辖市（区）财政补助1156万元。翌年，支持教育布局调整和重点学校建设，提高教育行政费开支标准。全市清理核实义务教育债务，总额4.65亿元，至2008年底全部化解。2009年，市财政局会同市人事局、教育局，制定、落实义务教育阶段教师绩效工资方案，各级财政为此新增支出9.8亿元。实施中等职业教育国家助学金政策，当年发放助学金9163万元，其中市级财政支付6525万元。2010年，市财政对高中阶段残疾学生、中等职业学校家庭经济困难学生和涉农专业学生免收学费；筹集9270万元建立市级中小学校校舍安全专项资金，推进校舍安全工程；设立民办中小学校专项资金，发展民办学校。2010年，市本级小学、初中、高中生均公用经费基准定额分别为500元、730元、460元，比1985年增加数十倍。

文化支出 1986—1990年，市财政支持修复张太雷故居、新建青年锡剧团团部，修建市体育场辅助设施和网球场，增加、更新电视发射机。1994年、1995年分别建立市宣传文化事业发展资金、市社会发展基金等专项资金。1994年起建立常州市宣传文化事业发展专项资金，主要统筹用于扶持“五个一工程”项目，支持文艺创作活动，奖励文艺、新闻、社科优秀成果。建立常州市文化发展基金，主要用于文化事业单位专项购置和维修。1996—2000年，全市文化事业费比1991—1996年增加167.9%，支持市图书馆增购图书、期刊、电子出版物和刘海粟美术馆、广电中心等重点项目建设，办好大型艺术节，全面修缮乡（镇）文化站等。1997—1999年通过省、市财政补贴，辖市、区和乡镇财政自筹，资助乡镇无房、危房文化站建设，3年建成500～1000平方米的文化站21个，1000平方米以上的文化站6个。2000年，市图书馆藏书量在苏南5市中排名第二位。2001—2005年，市级财政预算每年安排宣传文化发展专项资金400万元，重点用于艺术创作、演出和精品生产。2006—2010年，全市财政预算文化事业投入由2006年的9563万元提高到2010年的3.35亿元，年均递增36.8%，其中市级财政投入由4491万元提高到1.9亿元，年均递增43.4%。市级财政安排宣传文化发展专项资金8560万元，扶持创作生产文艺精品，举办动漫艺术周等重大节庆活动；支持建成常州大剧院、博物馆等重点项目，安排专项经费2000万元，补助乡镇文化站送戏、送电影、送书下乡，资助14个贫困边远农村开通有线电视；投入1290万元，支持市图书馆、博物馆等公共文化设施免费开放。

卫生支出 1994年起，常州市建立市卫生事业发展基金，着重扶持市级重点卫生项目建设；1995年起建立市中医事业发展基金，主要用于加快重点中医专科建设，资助更新中医机构大型设备等。1996—2000年，市财政局增加防治、防疫、院前急救和乡镇卫生院建设等事业投入，按常州市区域卫生规划安排基本建设和大型设备购置费。2001—2005年，各辖市、区财政设立专项资金，用于乡、村卫生机构提供基本公共卫生服务及人员培训。2007年，常州市在全省率先出台城市社区卫生服务补助资金考核办法，规定市、区财政设立补助专项资金，实行政府购买服务，至2010年，市财政累计补助社区卫生机构9491万元。为2003年防范“非典”疫情，2008年处置婴幼儿奶粉事件，2009年防控甲型H1N1流感，各级财政投入7818万元。2006—2010年，财政投入医疗机构基本建设补贴1.9亿元，用于卫生重点项目贷款贴息3200万元，支持市二院在湖塘新建阳湖医院，市四院在新北区新建新北医院，市中医院兼并钟楼口腔医院，在钟楼开发区设立分院等。

体育支出 2001—2010年，市级财政投入12.41亿元，支持建成常州市奥林匹克体育中心，整修市体育馆，建设一批体育设施，支持建成常州市奥林匹克体育中心等重点项目，保障第十七届省运会成功举行，分别安排第十六届、十七届省运会备战和奖励经费1900万元、1.13亿元。按常州市承办第十七届省运会实现“环境优美、设施优良、服务优质、成绩优异”的总体目标要求，加大支出保障力度。支持开展全民健身活动，2002—2006年，常州市连续5年获国家全民健身优秀组织奖。

计划生育支出 1986—2010年，全市累计投入计划生育经费8.15亿元。2006—2010年，全市财政预算内计划生育投入由2006年的6772万元提高到2010年的1.8亿元，年均递增27.7%。市级财政2007—2010年安排800多万元，支持将市计划生育指导所改建成市生殖健康家庭保健服务中心，推广“世代服务”工程。建立人口与计划生育公益金、生育关怀项目资金，支持免费婚检，救助计划生育特困家庭，推广计划生育系列保险。对市区企业职工 1996—2007 年间办理退休手续时未享受（或未足额享受）独生子女加发 5% 养老金待遇的近 5 万名人员（含终生无子女者），一次奖励（总额）1.55 亿元，从 2009 年起分 4 年由市、区财政承担。

五、社会保障支出

80 年代中期以前，社会保障支出主要是抚恤和社会福利救济费支出。随着社会保障制度的建立，支持社会保障日益成为财政的重要职能。1986—1990 年，全市社会保障支出 3.46 亿元，1991—1995 年 2.54 亿元，1996—2000 年 7.68 亿元，2001—2005 年 97.25 亿元，2006—2010 年 363.87 亿元。

六、行政管理支出

常州行政管理支出主要是保障党政群团机关和事业单位的工作管理正常开展和人员工资福利社保支出。1986—1990 年，全市行政管理支出 2.2 亿元，1991—1995 年 6.76 亿元，1996—2000 年 19.04 亿元，2001—2005 年 62.54 亿元，2006—2010 年 142.72 亿元。

支出管理 1986—1990 年，继续实施 1985 年开始的市区行政事业单位经费"包干使用，结余归己，超支不补"的管理办法，除工资调整等必不可少的增支因素外，其他各项开支压缩 10%。对 8 家有收入的事业单位推行企业化管理，其中对市广播电视局实行"吃饭"靠自己增收、建设靠国家补助；对常州日报社实行"定收定支，超额分成"，定收定支结余和超收部分按一定比例上缴财政。针对公费医疗经费增长过快的状况，1986 年起金坛试行"分级管理、定额包干、责任到人、节约有奖、超支个人适当负担"，取得较好效果。1990 年，郊区在永红乡进行公费医疗经费医院、单位、个人"三挂钩"试点，人均支出比试点前减少 55%。

1993 年，市级机关和直属事业单位实行工资总额包干，1994 年起实施行政经费预算总额包干。1995 年将会议分为三类，分档确定综合定额标准。1996—2000 年，改革市级行政事业单位公费医疗和儿童统筹医疗管理，对实行公费医疗"三挂钩"的单位适当增加定额经费，鼓励单位推行"定额包干，现金看病，与个人适当挂钩，节余奖励，超支少量自负"办法，有 50% 的单位实行内部改革，试行儿童统筹医疗"现金看病、适当挂钩、共同负担、住院保险"的办法。1996 年起，市级单位公务用车实行定点统一维修，当年同口径对比节约维修费 18.7%。1998 年起，公务用车实行统一保险。翌年起，组织市级行政事业单位编制年度综合财务收支计划，推进市级单位公费医疗内部改革，改革面扩大到 80%，加强"优待证"享受人员医疗费用管理和单位公费医疗经费审核检查，控制人均支出增幅。2001—2005 年，部门预算执行时压缩对半公益性、半经营性事业单位的投入，硬化预算约束，严控支出追加。市体育局、教育局设立会计结算中心，实行单一账户、统一核算，市文化局对下属单位财务集中管理、统一核算。2004 年，在全市党政机关及财政拨给经费的事业单位、社会团体中，清理用公款为个人购买商业保险、借用、拖欠公款行为，整顿统一着装。2006—2010 年，通过政府采购，为财政部在常州市确定党政机关出差和会议定点饭店，出台市级机关公务员津贴补贴实施方案，规范公务员收入分配。

出国用汇管理 1994 年下半年起，财政部门负责审批和核销非贸易非经营性用汇，市财政局加强出访团组用汇管理，凡违反规定者一律不予报销。1999 年，市财政局制定《常州市党政机关出国人员用汇申请、购买、审批、核销办法》，实行人民币预算限额下经财政部门审批后购、售汇制度。明确各辖市财政部门必须统一管理本地区非贸易非经营性用汇。2009 年出台全市党政机关因公出国出境经费管理办法，对经费预算和用汇额度实行双控制。

第三节　收支平衡

1986 年起，市级财政由于受递增包干体制约束造成负财力状况等因素，预算每年均有赤字，至 1992 年底累计赤字 2.12 亿元。除积极向上争取调整体制外，1992 年 4 月，根据市十届人大五次会议关于财政预算决议中“多渠道筹集资金，积极平衡财政预算赤字”的精神，市政府颁发《关于在市区征收行政事业经费附加的通知》，至1995年底累计征收2.0亿元。1993年、1994年，抓住分税制财政体制改革契机，市级财政摆脱负财力状况，在实现当年预算收支平衡的同时，两年采取措施压缩历史老赤字2538万元，但至1994年底仍有老赤字1.82亿元。1995年5月，市财政局提出各级财政实现当年预算收支平衡，市级财政通过3年努力基本消除老赤字。同年下半年全省财政平衡工作会议后，加大预算平衡工作力度，全年压缩老赤字9737万元，超额完成年度压缩目标。1996年、1997年，市级财政分别消除老赤字6578万元、1922万元，完成消除历史老赤字的目标任务。

第四节　财政预算和国库管理

一、收入预算管理

市财政局每年依据全市经济社会发展计划，提出财政收入预算草案，经市政府确定并提请市人代会审议通过后，分解下达到各级财政、税务部门。在预算执行过程中，按月提出目标进度，落实分工负责制，加强财税部门和银行金库的协调配合，及时组织入库；对财政部门直接负责征收的各项收入实行目标管理，进行考核奖惩，促进计划完成。1986—1995年，市财政局多个年度，每逢年末积极调度资金，借予资金有困难的企业缴税，以利完成年度收入任务。1997年，该局制定《区外高新技术企业所得税先征后返财政返还审核管理办法》，对开办在国家级、省级开发区外而注册在区内的高新技术企业税收先征后返，严格按规定办理。翌年，制定《市区预算收入退库管理办法》，明确政策性退库和有关征收单位的手续费、业务费退库，必须先经财政部门审批，规范退库行为，防止收入流失。1999年，按上级要求清理实行分税制财政体制后的税收先征后返

1986—2010年常州市财政预算完成指标统计表

表22-1-5　　单位：亿元

年份	预算总额	执行总额	完成率(%)	比上年±(%)	年份	预算总额	执行总额	完成率(%)	比上年±(%)
1986	11.19	10.48	93.7	0.9	1999	48.46	49.21	101.5	9.1
1987	11.26	10.98	97.5	4.8	2000	55.30	60.23	108.9	22.4
1988	11.93	11.57	97.0	5.4	2001	65.80	75.33	114.5	25.1
1989	12.29	12.67	103.1	9.5	2002	84.79	102.90	121.4	36.6
1990	13.50	13.10	97.0	3.4	2003	118.34	136.10	115.0	32.3
1991	11.54	11.72	101.6	-10.5	2004	65.21	67.34	103.3	50.5
1992	13.68	13.65	99.8	16.5	2005	76.88	94.99	123.6	41.1
1993	15.71	19.89	126.6	45.7	2006	109.25	118.88	108.8	25.2
1994	24.50	24.68	100.7	24.1	2007	136.72	158.07	115.6	33.0
1995	28.17	28.50	101.2	15.5	2008	186.52	185.19	99.3	17.2
1996	34.00	34.30	100.9	20.3	2009	203.70	215.89	106.0	16.6
1997	39.21	40.18	102.5	17.1	2010	241.80	286.18	118.4	32.6
1998	44.87	45.09	100.5	12.2					

说明：2004年起为地方一般预算收入

政策，次年全部停止执行。同年起开展市区财政收入企业入库前10名、个私经济上缴财政收入前10名(2002年均扩大为前20名）以及国有及国有控股工业企业上缴财政收入专项奖励等表彰奖励活动。2002年起，开展辖市、区财政收入上台阶表彰奖励活动，激励企业、地区努力增加财政收入。1986—2005年，预算执行总体情况良好，大多数年度超额完成预算计划，财政收入持续稳定增长，占地区生产总值的比重逐步提高。2010年，全市财政收入占地区生产总值的比重为28.3%，比1985年提高8.2个百分点。

二、支出预算管理

各级财政部门按地方财政预算收支平衡的原则，编制每年财政支出预算草案及年中追加支出预算草案，经同级政府确定并提请同级人代会、人大常委会审议通过后执行。财政支出预算编制执行过程中，保证机关事业单位正常运转经费，严格控制一般性支出；逐步调整和优化支出结构，突出重点，增加对农业、教育、科技和社会保障、民生的投入，支持经济发展和城镇基础设施、社会事业重点项目建设。注重提高财政支出执行进度，从1997年起，每年支出预算完成进度均达90%。1986—2010年，全市累计执行财政支出1479.73亿元。

1986—2010年常州市财政支出完成指标统计表

表22-1-6　　单位：亿元

年份	预算总额	执行总额	完成率(%)	比上年±(%)	年份	预算总额	执行总额	完成率(%)	比上年±(%)
1986	3.67	3.13	85.3	24.2	1999	27.75	25.72	92.7	14.8
1987	3.80	3.26	85.8	3.9	2000	34.18	32.50	95.1	26.4
1988	4.47	3.83	85.7	17.7	2001	43.77	41.48	94.8	27.6
1989	5.46	4.76	87.2	24.3	2002	64.05	61.01	95.3	47.1
1990	5.98	5.11	85.5	7.2	2003	88.27	84.76	96.0	38.9
1991	6.43	5.70	88.6	9.3	2004	80.76	75.66	93.7	10.7
1992	6.93	6.08	87.7	6.8	2005	104.39	97.85	93.7	29.3
1993	11.05	9.94	90.0	67.8	2006	125.13	117.69	94.1	20.3
1994	12.82	11.44	89.2	15.4	2007	163.31	154.64	94.7	31.4
1995	14.81	13.33	90.0	16.5	2008	196.18	186.68	95.2	20.7
1996	17.37	15.38	88.5	15.4	2009	234.43	218.75	93.3	17.2
1997	20.87	19.39	92.9	22.0	2010	307.77	281.44	91.4	28.7
1998	23.97	22.41	93.5	13.2					

说明：2004年起为地方一般预算支出

三、预算国库管理体制变革

1999年起，各级财政部门推进预算、国库管理制度多项改革，逐步构建公共财政体系。

国库集中收付　2004年7月1日起，市司法局、市规划局、团市委等6个部门14个预算单位进行国库集中支付改革试点，10月1日试点扩大至53个预算单位。2005年起，各辖市、区陆续推行国库集中收付。同年市级分两批全面推开，纳入部门预算管理的282个预算单位中有269个单位的预算内外资和中国港澳台资金全部纳入国库单一账户管理，由财政通过国库集中直接(或授权）支付。在全省率先开发财政国库集中收付管理系统，保障资金支付安全、畅通、快捷。2007年7月1日起，对原由各预算单位解缴的职工住房公积金、新职工住房补贴和工会经费，改由市财政局按照“统一基数、统一标准、统一支付”的方式，通过国库分别直接汇交市住房公积金存款专户和市总工会专户。

2008年9月，市财政局开发公务卡结算管理系统及预算单位公务卡消费信息查询系统，在市级党政机关、人民团体和实行全额预算管理的事业单位全面推行“银行授信额度，个人公务刷卡，单位报销划款，财政实时监控”的结算方式。2010年5月，深化和完善国库单一账户体系改革，市级239个预算单位清理银行账户554个，除保留必要的专用账户外，核销账户316个，核定划转财政专户资金7.3亿元，其中历年结余2.25亿元，基本实现预算单位财政资金活动全部纳入国库单一账户体系。至2009年底，所有乡镇（街道）全面实施国库集中收付，武进区试行公务卡结算方式。

综合预算和部门预算 1999年，市财政局制定《常州市综合财政预算管理暂行办法》，按预算内外“收支统管，量入为出，统筹安排，综合平衡”的原则，组织市级行政事业单位、社会团体编制2000年综合财务收支计划，在此基础上汇编2000年市级综合财政预算。2000—2001年，加强预算内外资和中国港澳台资金管理，提高财政资金使用效率。2001年，市财政局确定市教育局等6个部门及其所属68个二、三级预算单位进行编制2002年部门预算试点。2002年，在市级行政事业单位、社会团体全面推行部门预算。2003年，率先在全省试行各单位（团体）基本支出预算由财政部门按照定编、定员、定额标准、结合工资统发等基础资料进行直接编制。

常州市级公务卡结算方式改革启动（摄于2008年7月）

2004年实行具有地方特色的项目支出预算分类编制办法，确保国家、省、市有关政策规定及事关全市经济和社会事业发展的重大项目编入部门预算。2005年，建立财政供养人员管理系统和单位（团体）车辆、办公设备等基本信息库，根据实际及时调整公用经费分类分档定额标准、车辆综合费用，进一步提高部门预算编制准确性、完整性、合理性。各辖市、区从2003年开始陆续推行部门预算。

行政事业单位工资统发 2001年，常州实行行政事业单位财政统一发放工资，由编制部门核准编制、人员，组织、人事部门核定人员工资，财政部门核拨经费，银行代发到人。当年106个市级单位和市教育局所属学校，武进市、金坛市、郊区、戚墅堰区实行工资统发。2002年，增加91个市级单位工资统发，溧阳市、钟楼区实行工资统发。2003年7月，规范和完善机关事业单位津贴（补贴）发放制度，8月市级离退休（职）人员等纳入工资统发范围，新北区、天宁区同年实行工资统发。

第五节 综合财政管理

综合财政管理主要是不断加强预算外资和中国港澳台资金管理；参与推进住房制度、土地使用制度改革，加强住房、土地资金管理；加强国债、证券和彩票管理。2006年起协调市国税局、地税局、社会保障中心等，对10项基金、费实行委托征收，按月解缴，月结月清。

一、预算外资金管理

常州市预算外资金管理历经专户储存、收支两条线、综合财政预算（综合财务收支计划）和部门预算、逐步纳入预算管理和非税收入改革等阶段。在纳入预算管理后，2002年起，预算外资金改称基金和行政性收费，2004年起改称非税收入。1986年，预算外资金实行专户储存。在所有权不变的前提下，对行政事业单位的预算外资金原则上采取“财政部门专户储存，计划管理，财政审批，银行监督”的方式；对企业的预算外资金采取“计划管理、政策引导”的方式。当年27个行政事业性收费项目实行财政专户储存。1990年10月，市财政局全面清理行政事业单位预算外资金，纳入财政专户储存。与人民银行和有关银行的分支机构，为328户行政事业单位办理预算外资金专户储存手续，存入5634万元。对应存未存、借贷在外的资金委托审计部门审计重点大户后收回纳入专户。

1991—1995年，全市行政事业单位预算外资金累计缴存财政专户16.68亿元，累计拨款15.25亿元；市区预算外资金专户储存单位由368户增加到468户，累计融通间歇资金10.5亿元，支持市工业振兴计划和其他经济社会事业的重点项目。1996年底，预算外资金市财政专户储存余额2.63亿元。1998年，强化预算外资金收支两条线管理。1996—2000年，全市乡以上3537户行政事业单位、社会团体纳入财政专户的预算外资金累计74.9亿元。2001年，110个单位（团体）201项经营性收费停止使用财政收费票据，改用税务发票，照章纳税。同年底，全市乡以上行政事业单位、社会团体进入财政专户的预算外资金达19.8亿元，其中市区15.3亿元。2010年，全市公共财政预算收入中非税收入48.44亿元，其中市本级15.58亿元。

二、住房资金管理

1992年，常州市区住房基金管理办法出台，做好原有住房资金的核定转换，财政、房管和公积金管理等部门建立城市、单位、个人三级住房基金，加强对市住房基金中心和市建设银行住房信贷部财务监管。1995年，住房公积金由市建行住房信贷部负责归集改为住房基金中心专户管理，市财政局监督双方交接，并根据上级有关出售公有住房收入按比例上缴财政的规定，将售房收入的一部分和公积金增值收益收缴财政专户。1996—2000年，制定市区职工住房分配货币化实施办法、出售公有住房实施细则等，推进住房分配货币化改革。1999年建立行政事业单位住房基金收支预决算制度，2000年起将单位住房基金预算纳入单位综合财务收支计划。调整市区职工住房公积金缴存基数，至2005年5年归集公积金9亿元，贷给个人4.77亿元。

2001—2005年，市政府及相关部门制定职工住房公积金、新职工住房补贴年度缴存比例和公积金归集、管理办法，审核年度公积金归集使用计划和财务收支计划。全市累计归集住房公积金62.57亿元，公积金增值收益2.23亿元。2002年，常州市根据省政府明确的各省辖市只建立1个直属市政府的住房公积金管理中心的规定，对调整后的市住房公积金管理中心和分中心采用“统一管理、分级核算”的财务管理模式，对市管理中心住房公积金归集和增值收益进行目标考核。建立住房公积金风险基金，按公积金增值收益的60%提取，防范公积金贷款风险。市级财政拨付廉租房资金4424万元，市区有762户住房困难家庭享受租金补贴。2006—2010年，市住房公积金归集、增值收益继续保持省内领先地位。制定市区住房保障2007—2011年规划和廉租住房保障办法，通过从土地出让金收益中提取一定比例（2007年为5%，2008年起为10%），运用住房公积金增值收益，筹集廉租住房保障资金；建立市住房保障资金专户，加强监管。至2010年底，市区有1.96万户低收入住房困难家庭享受相应的住房保障。

三、土地资金管理

1991—1995年，市政府和财政、国土等部门先后制定、实施城镇国有土地使用权出让、转让及其收入管理暂行办法，清理土地隐形市场意见及财务管理办法；征收国有土地批租收入，实行收支两条线管理。5年共征集国有土地批租收入1.11亿元。1996—2000年，财政入库土地出让金1.29亿元。制定国有企业改制改组中国有土地使用权处置办法，试行国有土地资本金注入制度，为企业注入、增加国有资本金2.37亿元，允许负资产较大的企业以土地资产抵补8090万元，返还企业土地出让金4725万元，促进企业改革、改组、改制和脱困。2001年制定市区土地收购储备制度，成立土地收购储备中心。至2005年，市区征收土地出让金39.06亿元。2006—2010年，加强新增建设用地土地有偿使用费征缴管理，市区共征缴13.8亿元。出台《常州市中心城区土地储备资金管理办法》，完善土地收储成本费用核算，审计清算收储地块资金，规范管理。

四、国债证券管理

1986—1990年，常州市推销国库券和特种国债2.25亿元、保值公债5332万元。1988年7月，市财政局以常州市信托投资公司证券业务部名义创办国库券交易机构，开展国库券转让和个人兑付业务，为全省首家由财政部门开办的国债证券机构。1989年新增国库券发行和常年兑付业务。1990年，该部更名为常州市国债服务部。1988—1990年，该部办理国库券转让业务4.48万笔，成交券面金额1729万元；发行国库券340万元；兑付国库券本金198万元。1991—1995年，国债发行方式由行政摊派逐步改为承购包销、多渠道发行，国债品种由单一化趋于多品种化。1992—1995年，财政部门发行国债4.05亿元，兑付国债本金1.8亿元。1996—2000年，组织发行特种定向债券9305万元、凭证式国债3482万元、实物券2500万元。5年中兑付到期国库券本息3.44亿元。1998年起，对地方证券机构实行属地管理，市属和外地驻常证券机构建立财务登记和报表制度，加强监管。1999年起清理整顿国债中介机构，对符合条件的经审核、规范后转为证券经营专业机构，对不符合条件的机构进行撤并处理。2001年，常州市撤销所有财政国债中介机构，但财政部门仍承担相关国债的兑付工作。至2005年底，累计兑付凭证式国债本息4816万元、特种定向债券本息1.07亿元。

五、彩票管理

2000年，市财政局接收民政福利彩票、体育彩票管理，制定彩票管理制度，规范彩票市场管理；对彩票发行机构加强财务监管，实行收支两条线管理。2001—2005年，组织市福彩中心、体彩中心自查、财政部门核查和年报审计。彩票公益金做到专款专用。2005年，常州市按规定停止即开型彩票集中销售活动。2000—2005年，两中心累计发行福利彩票4.12亿元、体育彩票9.94亿元，筹集公益金1.06亿元。2006—2010年，建立健全彩票公益金筹集、分配及使用情况报告制度和社会公告制度，每年审计两中心财务收支情况，打击取缔非法发行私彩，两中心累计发行福利彩票15.93亿元、体育彩票23.72亿元，筹集地方公益金3.42亿元。

第六节　政府采购管理

常州市政府采购始于1999年。当年通过招标采购、询价采购等方式，采购金额3074.19万元，比市场平均价节约489.98万元，节约率13.8%。政府采购实行管采分离模式，市财政局负责拟订全市政府采购政策，编制年度目录、审核计划和管理监督等，另设政府采购中心负责政府采购具体事项的组织、实施。各辖市、区相继开展政府采购。1999—2010年，政府采购目录和范围不断扩大，由期初的8项扩大到期末的119项，每年有新增项目；政府采购金额年均递增58.3%。至2010年，全市累计实施政府采购221.34亿元，比预算金额节约34.66亿元，平均节约率13.5%。

1999—2010年常州市政府采购金额统计表

表22-1-7　　单位：亿元

年份	预算金额	完成金额	节约金额	节约率(%)	比上年±(%)	年份	预算金额	完成金额	节约金额	节约率(%)	比上年±(%)
1999	0.36	0.31	0.05	13.8	—	2006	33.99	30.41	3.58	10.5	112.7
2000	1.83	1.47	0.36	19.7	374.2	2007	35.83	31.98	3.85	10.7	5.2
2001	2.96	2.43	0.53	17.9	65.3	2008	37.15	33.66	3.49	9.4	5.3
2002	4.46	3.86	0.60	13.4	58.8	2009	46.89	41.99	4.90	10.4	24.7
2003	6.95	5.93	1.02	14.7	53.6	2010	61.81	47.95	13.86	22.4	14.2
2004	8.05	7.05	1.00	12.4	18.9	合计	256.00	221.34	34.66	13.5	—
2005	15.72	14.30	1.42	9.1	102.8						

一、社会集团购买力控制

1986年，常州市按上级部署恢复社会集团购买力指标控制；1989年1月成立市控制社会集团购买力领导小组，在市财政局设领导小组办公室（简称“市控办”），县（市）相继组建控购机构，加强控购指标管理，严格执行专控商品审批制度和定点供应规定。1986—1990年，全市社会集团购买力和专控商品执行额均未突破省下达指标。同年市控办会同有关部门清理504辆私人自备车，清出名为私车实为公车的违纪车127辆，对89辆补征小汽车附加费79.7万元。1991—1995年，市控办分解下达省控办下达的年度社会集团购买力指标，不准突破。1991年起将200人以上乡镇企业、城市街道企业社会集团购买力纳入直接管理。1992年改进小汽车审批方法，实行购车资金先存后批。1993年，对212辆未批先购或公款购置上私人牌照的车辆补征消费附加费863万元，罚款227万元。1996—2000年，从严控制行政事业单位（社会团体）、国有和国有控股企业购置专控商品；从紧审批单位（团体）用预算外资和中国港澳台资金购置小汽车，严禁购置进口小汽车；严禁亏损、欠税、拖欠职工工资的企业购置小汽车。1996—1999年根据上级文件规定，对社会集团购置小汽车、大轿车、摩托车、空调、音响、照相机、摄像机、寻呼机和无线电话9种专控商品及私人购置小汽车征收消费附加费、教育附加费共计3.3亿元，筹集资金支持教育和其他社会事业。1997年开展专控商品执纪检查，共查出违纪金额2392万元，补征消费附加费358万元。1999年12月至2001年，对社会集团和私人购置小汽车征收解困资金5015万元，作为下岗职工基本生活保障资金来源。1999年根据中央扩大内需、促进消费政策，除小汽车仍需审批外，其余项目全部放开，不再控购。

二、制度建设和监管

1999年市政府颁发《常州市政府采购管理暂行办法》，市财政局制定常州市政府采购管理实施细则等一系列规章制度，加强制度建设，规范管理秩序。

特定方式监管　财政部门严格控制单一来源采购方式，原则上先公示后审批。2006年、2008年先后制定部门集中采购管理暂行办法和办法，统一集中采购操作程序，实行年度考核。2009年制定部门分散采购管理办法，规定适用范围，严格采购程序，定期监督检查。2009年开展政府采购单位自筹资金安全情况自查、抽查，向上级报送检查报告。

政府采购预算和国库集中收付　行政事业单位须在单位综合财务收支计划、部门预算中编列政府采购预算；未列入预算的采购事项，原则上不予采购；确有特殊情况需要采购的，必须通过预算追加、审批程序后方能采购，资金通过国库集中支付。

2008 年全省乡镇财政国库集中收付制度改革现场会在常州召开（摄于 2008 年 11 月）

评审专家管理 市财政局建立并不断扩大全市统一的政府采购评审专家库，纳入全省政府采购专家库。至 2010 年底，专家库有专家近 500 人。制定评审规则，规范专家使用程序，采用抽取人、记录人、监标人相分离的方式确定专家人选，保证专家使用的公正性和公平性。加强对专家的培训、评价和考核，实行优胜劣汰。

投诉处理 市财政局对招标项目通过江苏省政府采购网、常州市政府采购网进行公告，征集供应商，规范投诉处理程序。依法受理投诉、质疑，维护采购活动的公开、公平、竞争性和当事人合法权益。针对重大、疑难和复杂的投诉事项，在 2008 年试点基础上，2009 年建立政府采购投诉处理论证机制，由市财政局、法制办、监察局等部门的人员和专家对有关投诉进行论证，妥善处理。

执行情况检查 2001 年，财政部门在开展市级行政事业单位预算外资和中国港澳台资金收支两条线管理重点检查时，结合进行政府采购执行情况检查，核减 30 个违纪单位的拨款。2008 年组织政府采购执行情况专项检查。2009 年起，市财政局、监察局、审计局建立政府采购执行情况年度督察和通报制度，每年按不低于市级行政事业单位总数的 20% 进行抽查。

三、模式创新

2003 年，市财政局在全省率先将使用财政资金的园林绿化工程、建设工程项目等纳入政府采购。2007 年起，在全国率先实施“统一标准、实物配发”的政府采购模式，即一年两次（每年 4 月、9 月）对市级机关常用的计算机、打印机、空调、汽车 4 类办公物品，在省政府采购协议供货价格基础上进行第二次竞价，集中采购后实物配发，提高采购效率和节约财政资金。2008 年建立优先或强制采购节能环保、自主创新产品制度。2009—2010 年，积极扶持中小企业自主创新产品的措施，促进政府采购向中小企业自主创新产品倾斜；搭建中标中小企业融资桥梁，促进银行全年向其融资近 4000 万元。

第七节　经济建设财务管理

1995 年，市财政局根据财政部规定收回委托市建设银行行使的财政管理基本建设财务职能，掌握有财政投资的基本建设项目单位概况，理清管辖范围；新设财政基建专户，规范各项目单位存款户；建立项目单位及其主管部门项目资金季报、年报和项目决算报告制度等。此后不断加强政府性投资建设项目财务管理，城市建设、社会事业等专项资金管理。

一、政府性投资建设项目管理

1998 年，市财政局制定财政投资基建项目资金管理、竣工决算及资产交付管理办法，加强基建财务制度建设，抓好实施。1998—1999 年委托中介机构，对有财政投资的 13 个基建项目进行决算审计，总金额 2.9

亿元，审计后核减金额1626万元，平均核减率5.6%，其中最高核减率26%。2001年起进一步加强政府性投资项目决算审查和监督。通过市政府采购中心两轮招标，确定31户中介机构为政府性建设项目从事审计服务，开展快速公交(BRT)、南北高架、市政道路和园林建设工程等70多个重点项目审计。进入21世纪尤其是2004年以后，全市城市和交通基础设施建设政府性投融资数额大幅增加，政府性负债不断上升。2006年，市政府出台城市建设投融资管理暂行规定，建立市级政府性建设投融资管理协调机制，加强政府性建设负债管理，形成债务预警机制。2007年起每年通过市级财政预算安排和非税收入统筹等（当年5亿元，此后逐年增加），建立城市建设偿债准备金，防范债务风险。2010年，市财政局向7家市级投融资公司派驻财务总监。

二、国债项目资金管理

1998年，中央在应对亚洲金融危机时决定扩大内需，发行国债并对地方政府转贷国债。市财政局同有关部门向上争取国债转贷资金。1998—2005年，全市利用国债转贷资金2.24亿元，主要投入城市污水处理、燃气、路网改造等工程，提升城市功能，改善人民生活环境和投资环境。2003年会同市发改委、市监察局重点检查3个国债资金项目，针对查出问题督促相关单位整改。2005年组织市级项目单位和有关辖市(区)财政局开展专项调查，掌握市财政转拨、转贷国债资金使用和项目实施情况、还本付息情况和预期偿债能力，加强国债项目由建设期转入偿债期后的财政管理。

三、专项资金管理

城市维护建设资金管理 城市维护建设资金主要由城市维护建设费(税)、排污费(城市生活垃圾费)、水资源费和财政专项资金组成。市财政局会同相关部门每年编制、下达资金收支计划，加强资金管理和跟踪问效。2007年，城市维护建设资金改为城市长效综合管理资金，翌年集中市级城市生活垃圾费、环保罚没收入和污染防治资金等，设立环保专项资金；2009年制定该项资金使用和项目管理办法，至2010年末，市级财政累计安排18.02亿元，支持提升长效管理水平。至2010年安排使用1.5亿元，支持创建生态城市。

社会事业专项资金管理 2006年以前，由市级财政预算中切块给市发改委安排使用，每年2000万～2500万元。2007年起，市发改委侧重于项目管理，资金由国库直接支付项目单位，财政部门派专人全过程跟踪、监管市行政中心、奥体中心、常州大剧院等重大项目资金使用和财务核算。2006—2010年，市级财政累计安排社会事业专项资金16.28亿元。

专项资金争取督查 2003—2010年，常州市除国债资金外争取到中央、省专项资金32.9亿元，其中污染治理及环保引导资金10.97亿元、建设用地有偿使用费8.37亿元、惠民补助6.87亿元、扩大内需项目补助2.73亿元、推广节能空调补贴8423万元、基本建设贷款贴息7744万元、节能减排引导资金7430万元、产业技术研发资金6400万元、服务业引导资金3971万元、新疆棉补贴资金3220万元、商业连锁企业做大做强资金1400万元、新能源技术推广和新能源产业发展资金1079万元，支持常州经济发展。2003—2007年，常州市对金坛市、溧阳市获省下达专项资金的两个土地开发整理项目实施检查，配合省财政厅等部门，开展服务业引导资金、环保专项资金监督检查和项目绩效评价；对省财政安排商业连锁企业做大做强资金项目实施、资金使用效益进行检查；配合完成常州有关“三河三湖”（淮河、海河、辽河，太湖、巢湖、滇池）治理中央专项资金的核查工作。2008—2010年，市财政局配合国家审计署昆明特派员办公室审查2001—2007年常州环保资金筹集、使用情况，配合财政部驻江苏专员办公室检查中央财政投资污水处理项目建设运行和资金使用管理情况，配合省财政厅检查“三河三湖”水污染防治专项资金，接受省财政投资评审中心对2003—2007年老旧汽车报废更新补贴资金的审查。

专项补助办理 从2003年开始，特别是2008年全球金融危机发生后，常州市贯彻执行中央扩大内需的财政补贴的系列政策。2008—2010年，累计发放家电、汽车、摩托车下乡、家电、汽车以旧换新补贴3.25亿元；向有关行业发放成品油价格改革补贴2.19亿元；发放粮食综补、直补资金1.71亿元；向单位和个人794辆老旧汽车发放报废更新补贴474万元。

专项财务处理 2004年，常州机场下放管理，常州市调查核实奔牛机场有关财务问题。至2010年，市财政等部门争取、拨付中央亏损补贴866万元、机场建设资金227万元、民航管理费及补贴4083万元。2005年，根据国家发改委、财政部对供销合作社1992年以后新增财务挂账的处理意见，经清算、审核，上报常州供销社系统中央政策性亏损挂账613万元，上级核复后处理挂账损失593万元。2003—2007年，市财政局对历史遗留的外环路借款审核退付2298.5万元，其中内资企业969万元、外资和港澳台资企业286万元、出租汽车公司96.7万元、个人946.8万元。另对市区220辆出租车超收的解困资金审核退付121万元。

第八节 外经金融财务管理

外经金融财务管理主要是对世界银行贷款、外国政府贷款、外商和中国港澳台商投资企业及涉外金融企业的财务等实施管理。

一、世界银行贷款管理

常州市利用世界银行贷款涉及中等城市发展项目、“星火计划”项目、苏南环保项目。“星火计划”项目有12个单位贷款1146万美元，1991年开始用款，省财政厅直接管理。苏南环保项目中常州市有5个子项目，至2000年底全部完成，累计投资7.96亿元(世界银行贷款3.52亿元、配套资金4.44亿元)，省财政厅直接管理，常州市负责向上申请报账、提款。1987年，常州的中等城市发展项目由国家计委批准立项。1991年4月10日，常州市政府与财政部签订转贷协议，规定常州市接受世界银行贷款计划总额为软贷款2524万的特别提款权和硬贷款3222万美元，按当时协议汇率折合为6527万美元；贷款期限20年(其中宽限期5年)，1996年6月开始归还本金；转贷利率为年外汇利率5%，外汇汇率风险由常州市承担。世界银行贷款中等城市发展项目分为社会基础设施项目、城市基础设施项目、环保项目和工业项目4类。至1995年底向世界银行32次申请报账、提款6731万美元，完成项目投资8.42亿元。世界银行贷款进入还款期后，1998年、2000年，市政府先后颁发《关于在企业改制过程中加强世行贷款债权管理的通知》《关于加强世行贷款回收管理的通知》，后者被省政府办公厅全文转发省内各地参照执行。市财政局强化贷款回收，对拖欠贷款单位依法实施财产保全和诉讼。1996—2000年，以项目单位厂房、土地等作抵押，实施财产保全2000多万元，依法诉讼回收贷款1531万元。2001—2005年，加大贷款回收力度，仅2001年即回收贷款本息566万美元，通过财产保全、诉讼和外债转内债等回收3715万元。市级财政建立还贷准备金，至2009年全部还清世界银行贷款本息。清理回收项目单位欠款，至2010年末回收逾期贷款4270万元。

二、外国政府贷款管理

1999年5月起，常州市和辖市财政局按财政部要求，开始管理外国政府贷款，相应划转接收，建立项目库，健全财政管理网络。至2000年6月底，全市有12个项目利用外国政府贷款，贷款本息余额1838.48万美元，其中财政担保的本息余额1392.15万美元。市财政局组织新项目贷款担保论证，为常州自来水公司、红梅棉织厂担保贷款1000万美元。积极回收贷款，至2009年底市级财政还清外国政府贷款本息。

三、外商和港澳台商投资企业财务管理

1988年起，市财政局帮助外资和中国港澳台资企业健全财务管理制度，开展中方财务检查。1990年

起征收外资和港澳台资企业场地使用费，建立外资和港澳台资企业生产周转金，当年贷出1390万元，回收1295万元。1992年上半年起，辖市（县）境内外资和港澳台资企业由辖市（县）财政部门归口管理；1994年下半年高新区、1995年上半年常州郊区外资和港澳台资企业由两个区财政部门归口管理。1996—2000年，常州市在全省率先将外资和港澳台资企业年报核查方式，由财政部门直接检查改为主要核查注册会计师审计报告，外资和港澳台资企业全面建立内部财务管理制度，建制备案率100%，外资和港澳台资企业场地使用费改为委托国税部门代理征收。对外商和港澳台商投资企业增资扩股实施所得税返还政策，1998—1999年返还659万元，带动外商和港澳台商增资、投资8000万美元。2001年，常州市在全省率先对外资和港澳台资企业场地使用费改按内资企业土地使用税标准计征，平均减负率80%。推行财政登记网上申报。2001—2010年，继续对外资和港澳台资企业增资扩股返还所得税，累计返还2789万元，带动外商和港澳台商增资、投资28.8亿元。

四、金融企业财务管理

地方金融企业财务监管 1998年起，市财政局对常州市信托投资公司、常州市商业银行进行财务监督管理，1999年完成市信托投资公司清产核资和资产评估。2001年建立地方金融企业重大事项反馈、财务分析例会和年报审计3项制度。2005年完成市商业银行、东海证券公司、信用联社等7家地方金融机构国有资产产权登记、变更年检。

支持金融改革创新 争取部、省级专项资金 2008—2010年申报常州科教城国际化先进制造技术创新基地项目、中华恐龙园三期动漫创意项目、环球数字文化体验项目、常州软件园二期建设工程项目等18个项目，共获省现代服务业发展专项引导资金2806万元、银行贷款28.72亿元。2009—2010年获部、省级扶持地方金融发展资金7000多万元。争取省财政促进农村金融改革发展奖励补偿资金，支持本地农村金融体系建设。

引进外地银行 市财政对外地银行在常州设立分支机构给予一次性奖励，至2009年底促成上海浦东发展银行、兴业银行、中国民生银行到常州设立分行，3家银行2009年投放信贷近108亿元。2010年，光大银行常州分行开业。对组建江南农村商业银行和引进金坛常农商村镇银行、溧阳浦发村镇银行给予专项奖励。

扶持金融担保行业 2007年起，市级财政每年预算安排1000多万元扶持担保行业发展，对各担保机构注册资本增加和业务量增长进行考核奖励。向省财政等部门推荐常州金汇担保公司等11家担保机构，获得风险准备金和担保费补助5276万元。至2010年底，全市列入统计的45家担保机构注册资本总额40.1亿元，其中24家注册资本达1亿元。2007—2010年，全市各辖市、区相继组建国有控股（参股）担保公司，担保机构担保贷款总额327亿元。至2010年底有15家担保公司注册资本合计17.78亿元，其中国有资本10.4亿元。2009年，市级财政设立1亿元专项资金，对担保机构在2009—2011年为“五大产业”企业提供融资担保给予奖励和补助。

第九节 社会保障财务管理

常州社会保障财务管理主要是参与建立、完善养老保险制度、基本医疗保险制度和最低生活保障等其他社会保障制度与筹资机制。自社会保险基金由地税部门征收后，市财政加强财政专户、收支两条线管理。2004年，实行“统一专户，分项管理，分险种计息、核算”办法；建立财政、地税部门和银行、社会保险经办机构按月对账制度，加强资金监管。2005年，推进养老保险、医疗保险、失业保险、工伤保险、生育保险基金“五险合一”，实行一个窗口登记申报、一个基数缴费、一个账户征收、一张清单核对，取消地税部门的社会保险基金征缴过渡户，实行养老保险基金即时直接解缴国库，其他四项基金即时解缴财政专户。2006—2010年，市级财政投入3800万元，用于“金保工程”信息化建设，提高基金征缴率，加强基金监管。

一、养老保险

企业职工养老保险 1987年10月起，市区企业职工试行退休养老费用社会统筹。1992年起，全市建立国家、企业、个人共同负担的企业职工养老保险制度，企业职工养老保险基金实行统一筹集、统一支付、统一核算、分级管理。1991—1996年，基金征收率达90%，累计征收12.3亿元。1997年，实行常州市企业职工养老保险基金财政专户收支两条线管理。1998年，基金由差额征缴改为全额征缴，当年10月起全市企业退休人员养老金实行社会化发放。2000年，基金改由地税部门征收，提高了征缴率。2001—2005年，市财政局通过预算安排和筹措调度资金3.07亿元，缓解基金收支矛盾，保证及时足额拨付。2006年起，将改制、破产、关闭市属国有企业离休干部纳入财政供养范围，至2010年底支付1.42亿元。推进养老保险扩面，至2010年底市级养老保险参保人员68.21万人，基金结余13亿元，备付能力4.8个月。

城乡居民养老保险 1992年起，常州市实行农村养老保险制度。2008年建立新型农村养老保险制度，全市农民进入保障体系。各级财政部门筹措资金用于农民缴费补助，建立统筹账户，保险覆盖面达95%。常州采取劳动年龄段人员参加企业职工养老保险，老年人员发放保养金方式，解决被征地的农民保障问题。2006—2010年，全市被征地农民中，参加职工养老保险30.81万人，享受基本生活保障15.77万人(16周岁以下人员一次性补偿6000元)，保障覆盖率98%。2007年，市、区财政筹措资金600万元，对市区本人无养老保障收入的“知青半家户”、60年代精简下放职工等城镇老年居民，每人每月发给养老补贴150元。2010年，补贴标准提高到200元，享受人员达6000余人。其间财政累计补贴资金4100万元。2010年把未参加职工养老保险的城市居民纳入保障范围。

二、基本医疗保险

城镇职工基本医疗保险 2000年4月，全市实施城镇职工基本医疗保险制度。市财政局、劳动保障局等9个部门制定城镇职工医疗保险基金管理办法，规定用人单位按上年职工工资总额的8%、职工个人按上年本人收入的2%缴纳基本医疗保险费用；确定基本医保统筹基金起付标准、最高支付限额和定点医院定额偿付暂行标准；成立市区职工医保基金管理中心，选定首批定点医疗机构35家、定点零售药店3家。全市19万名职工参保，占应参保职工的31%，基金收缴率72%，其中市区收缴率100%。医保基金纳入财政专户，实行收支两条线管理。2001年，市属机关和企事业单位离休干部医疗费统筹金，统一管理，单独核算，按人均8000元标准缴入市医保中心。当年参加统筹1437人，医疗费按规定实报实销。2002年8月，全市机关公务员、事业单位职工参加医保。此后不断扩大医保覆盖面，解决破产关闭企业退休人员、城镇灵活就业人员参保问题。至2005年底，全市参保在职职工55.42万人，退休职工24.32万人；当年基金收入8.24亿元，支出7.22亿元。市政府针对部分城镇参保职工负担过重问题，降低医保统筹基金住院起付标准，提高医保救助基金最高支付限额；实行退休人员个人账户保底，扩大门诊特种病药费补助范围，提高其标准，减轻个人负担。至2010年末，市区参保职工门诊个人自付比例降至20%，住院个人自付比例降至30%左右。

新型农村合作医疗保险 2003年11月，常州市推进新型农村合作医疗保险，市和辖市、区财政部门相继出台本地区新型农村合作医疗基金管理办法。按参保人数，每人每年按市级财政不低于5元、辖市区乡镇财政不低于15元的标准给予补助。至2004年6月底，全市有185万名农民参保，占应参保人数的91.3%。2006年起，各级财政对参保人员增加补助。2010年，市级财政按参保人数每人每年20～30元的标准，分别给予辖市、区财政补助，同年全市农民参保率100%。2003—2010年，各级财政和其他渠道累计用于新型农村合作医保13.32亿元。2010年对参保人员住院补偿率45.6%。

城镇居民基本医疗保险　2007年，市政府将市区无工作单位人员，包括老年居民、未成年居民、特困居民纳入医保范围。筹资标准为老年居民每人每年350元，财政补助200元，参保人员缴纳150元；未成年居民每人每年100元，财政补助50元，参保人员家庭缴纳50元。享受最低生活保障和重度残疾人员等特困居民应缴费用由财政全额补助。2010年，财政补助标准提高到老年居民250元，未成年居民和新纳入医保范围的非从业居民、大学生120元。2007—2010年，财政累计补助6000余万元。

三、失业保险

1986年10月，常州市建立失业保险制度。1998年10月，市财政局、劳动局提高失业保险基金征缴比例和实行个人缴费，企业按上年全部职工工资总额（乡镇企业为城镇户口职工工资总额）的2%，个体工商户1999年底前按1%（1999年后按2%），职工个人按上年工资的1%缴纳失业保险费。当年全市基金筹集率90%，有6.3万人次领取失业救济金，其中市区5.3万人次领取985万元。1999年市区事业单位实施失业保险。当年全市参保职工47.6万人，征缴基金8429万元，向9.5万人次发放失业救济金2130万元。2001年，调整农民合同制工人失业保险待遇。当年全市参保职工49.6万人，征缴基金1.31亿元，向40.8万人次发放失业救济金1.07亿元；失业保险基金（连同工伤、生育保险基金等）改由地税部门征收。2005年6月起，实行农村户籍职工与城镇职工统一的失业保险制度。2009年下半年，将单位按上年全部职工工资总额的2%缴纳失业保险费降为1%（2010年改为1.5%），减少缴费1.04亿元，帮助企业应对全球金融危机冲击。适时调整失业保险待遇，按城镇低保标准1.3倍设立保底下限。2006—2010年，市级累计发放失业救济金4.08亿元。

四、企业下岗职工基本生活和再就业保障

1997年，市政府决定在纺工、轻工行业试行建立再就业服务中心。建立解困资金，其筹资渠道为财政拨款，从市区征收的购置汽车、摩托车附加费中提取10%，对部分企业征收帮困资金，社会捐赠等。翌年，常州市按国务院规定的“三三制”（企业、财政承担和从失业保险金中调剂各占1/3）原则筹集、落实国有企业下岗职工基本生活保障和再就业资金，主要用于保障下岗职工基本生活和为其代缴社会保险费。1998—2000年，全市累计拨付2.9亿元，其中财政安排、筹集1.14亿元。市区主要对105家企业近1.5万名下岗职工按月发放基本生活补贴；每年元旦、春节、国庆节期间，对部分停产、半停产企业职工及年收入较低的职工发放解困资金。2001—2005年，市财政局拨付下岗职工基本生活保障、再就业和解困资金2.97亿元。2003年建立下岗失业人员贷款担保基金，对其自主创业小额贷款全额贴息。2005年，服务型企业招用1万余名下岗失业人员，社区开发公益性岗位安排“4050”下岗失业人员9000余名，给予补贴6000万元。2006—2010年，筹措5.38亿元，延续扩展原有扶持政策，累计11.95万人次受益。

五、最低生活保障

1997年1月起，常州市对城市居民中的相关人员实施最低生活保障，最低生活保障资金由市、区两级财政各承担50%，每年列入市、区财政年度支出预算，专款专用。同年保障标准为每人每月140元。全市建立农村村民最低生活保障制度，低保标准为市区家庭月人均100元，金坛市、溧阳市家庭月人均85元。建立保障标准自然增长机制，每年按全市上年城市居民人均可支配收入、农民人均纯收入20%～25%的比例分别确定当年低保标准。1999年，最低生活保障资金市级财政分担比例提高到70%。2004年，市财政局、民政局、卫生局出台农村困难群众医疗救助办法，确定由辖市区、乡镇两级财政资助所有农村和部分城镇低保人员参加当地新型农村合作医疗，免去个人应缴费用；对因患大病而医药费用负担高的酌情给予医疗救助3000～1万元。2005年出台市区城市居民低保对象医疗救助办法，对未参加医保的低保人员实施医疗救助，资金由财政、民政部门按低保对象年人均300元筹措。2007年，低保对象被纳入医保。2008年起实行价格上涨动态补贴。至2010年，月人均收入低于390元的城市居民和低于260元的农村居民均纳入低保，每年年底增领1个月全额低保金。将人均收入高于低保线，低于低保标准2倍的家庭，界定为困难家庭，年终一次性救济；2009年提高门诊和住院报销比例，取消住院押金费，补助最高限额提升到5万元。用市慈善资金增值部分，对低保对象和困难家庭中患有癌症、白血病、尿毒症者，一次补助7000～8000元。

六、其他社会保障

残疾人事业　2001年7月，市财政局、民政局和残联制定市区城镇居民特困残疾人助残金管理办法，为首批173名特困残疾人每人每月发放40元助残金。2005年投入260万元，在全省率先实施“三助一免”（助听、助视、助行和贫困精神病患者免费服药）工程，5000余名残疾人获益；按人均600元安排专款，解决1505名贫困精神病患者的看病就医困难。翌年起对安排残疾人就业达不到规定比例的单位征收残疾人就业保障金，至2010年征收3.38亿元。2009年，市财政局对自主创业的残疾人给予补贴和奖励。2010年，将残疾人服务提升工程中的“三进家庭”（康复服务、居家安养服务、无障碍设施进家庭）项目列入部门预算；拨付1250万元支持市区有1个残疾人康复中心、就业培训中心、庇护托养中心、辅助器具服务中心、文体活动中心建设。

老龄事业　2005年5月起，市政府把敬老院列入“关爱工程”项目建设范围，至2007年，各级财政投入1.8亿元，支持完成建设项目49个，新增床位4916张，使集中供养能力达90%。2007年，市政府制定加快发展养老服务事业的意见。市财政局出台养老服务财政补贴办法，对民办养老机构新建床位，分等级给予每张床位补助3000元、3500元、4000元，按入住老人数给予运行补助；对每个街道居家养老服务中心给予5万元启动补贴，服务达50户的给予运行补贴；对年届90周岁及其他有特殊困难的老人发给送时服务费；对百岁以上老人按月发放尊老补贴。

农村草危房改造和改水　1997—2007年，全市投入4177.8万元，先后改造农村草危房2747户。2008年起加快改造步伐，至2009年6月投入5487.69万元，其中市财政857.19万元、辖市区财政1172.3万元，乡镇（街道）财政666.9万元，由辖市区财政专户专账管理。完成草危房改造3535户，总面积23.3万平方米。市财政按新增38万自来水受益人口目标、每人10元的标准建立农村改水补助资金；辖市区财政按每人15元配套，支持农村改水。财政部门设立改水资金专户，专款专用。2008年受益13.66万人，2009年新增受益35.4万人，自来水普及率达98%。

第十节　基层财政管理

1984年，武进县的牛塘乡等9个乡镇试点建立财政所，至1985年底，全市141个乡镇均建立财政所。2010年，全市有58个基层财政所（局），其中财政分局34个、财政所24个。1985年，全市乡镇财政收入2.26亿元，支出0.5亿元。2010年，全市基层财政总收入309.3亿元（一般预算收入163.2亿元），总支出108.9亿元（一般预算支出56亿元），分别比1985年增135.9倍、216.8倍。

一、乡镇国库建设和财政改革

1990年，常州市试点建立乡镇级国库，至年底有23个乡镇建立国库。1997年，金坛所辖乡镇均建立国库。2001年，溧阳由人民银行统一办理镇级国库业务。2003年起，全市乡镇相继推行部门预算，建立会计结算中心。2005年，新北区薛家镇开展会计集中核算制度改革试点，2006—2009年，全市推行并完成乡镇财政（国库）集中收付制度改革。2010年进行乡镇参与式改革试点。

1985—2010 年部分年份常州市基层财政收支统计表

表 22-1-8 单位:亿元

年份	财政收入	其中一般预算收入	财政支出	其中一般预算支出	年份	财政收入	其中一般预算收入	财政支出	其中一般预算支出
1985	2.26	—	0.50	—	2000	31.06	10.70	16.11	7.46
1990	5.21	—	2.16	—	2005	108.88	39.64	42.30	21.20
1995	14.79	—	7.40	—	2010	309.30	163.20	108.90	56.00

说明:1995 年及以前未统计一般预算收入、一般预算支出

二、农村税费和综合改革

2000 年,溧阳市作为全省 4 个试点县(市)之一推行农村税费改革,改革后该市农民合同内负担总额(不包括劳动积累工、义务工)4195 万元,比改革前减少 2174 万元;人均负担从 102.2 元减至 67.3 元。2001 年 3 月,常州市全面开展农村税费改革,取消向农民征收的行政性收费和政府性基金、集资,取消屠宰税等,到 5 月底改革告一段落,减少农民负担总额 2.05 亿元,人均减负 94 元。2002—2003 年,全市深化改革巩固成果,推进化解村级债务,至 2003 年底全市近 12 亿元村级债务基本化解完毕。2006 年启动国有农场(林场)税费改革,职工年人均享受补助 571 元。2004 年 3 月起,在全市免征农业税及其附加(2006 年取消农业税),全市免征 1.18 亿元。市财政对金坛市、溧阳市因免征、取消农业税而影响财力较大的给予补贴,2004—2007 年累计专项补助 3189 万元。为支持茅山老区经济薄弱村发展,2006 年起每年补助由 2003 年的 199 万元提高到 367 万元,村均保障水平 8 万元,高于省定标准。2004—2006 年,全市累计发放水稻直接补贴 8600 万元(其中市财政承担 40%,辖市区财政承担 60%),其中 2006 年发放农资综合补贴 2903 万元。2007 年继续发放水稻直接补贴,扩大农资综合补贴发放范围并提高标准,至 2010 年底,全市累计发放两项补贴 5.68 亿元,户均受益近 1100 元。村级资金保障水平由村均 8 万元提高至 12 万元。2008 年统一清偿乡镇教育负债。2009 年,金坛、溧阳两市开展村级公益事业建设"一事一议"财政奖补试点,奖补和"一事一议"筹资等合计 4200 万元,投入村级公共设施建设和公益事业。2010 年,全市推进"一事一议"财政奖补试点,完成 217 个项目。各级财政投入奖补资金 1800 万元,带动项目投资 5500 万元。

三、乡镇财力培育与扶贫

乡镇财政综合财力培育 1996—2005 年,常州市开展乡镇财政综合财力上台阶活动,至 2000 年全市有 56 个乡镇财政收入达 1000 万元,其中 2 个达 1 亿元、12 个达 5000 万~9999.99 万元。全市乡镇财政预算内、外收入,分别比 1995 年增加 2 倍、2.3 倍。2004—2006 年,市财政每年安排 400 万元扶持资金,帮助乡镇发展 10 个农业重点项目和以奖代补。2001—2005 年,全市有 95 个乡镇财政综合财力登上新台阶,2005 年有 28 个乡镇财政收入达 1 亿元,9 个乡镇一般预算收入达 1 亿元。

乡镇财政扶贫 1997 年,全市乡镇财政所开展"双百"扶贫活动,帮助百个以上贫困村、贫困户脱贫,累计投入 1500 万元,其中无偿资金 300 万元、乡镇财政干部捐款捐物 20 余万元,扶持项目 200 个,帮助贫困户修建危房,资助贫困学生。至 2000 年底,帮助 106 个贫困村和 150 户贫困户脱贫。

第十一节 企业财务管理

一、支持企业改革

1986 年市属 8 户工业公司和 2 户商业批发企业试行企业所得税递增上缴、超包分成的承包经营责任制。

1987年，市属43户企业试行包上缴税利，包技术进步，工资总额与上缴税利挂钩的承包经营责任制。1988年起全面推行，至1990年全市有95%以上的国有企业实行承包。各级财政会同有关部门确定承包形式和承包基数。市财政局根据国家调整经济政策等影响企业经济效益的因素，两次调减部分市属企业承包基数，使总上缴任务从1.64亿元先后降至1.27亿元和1.04亿元。1988—1990年，全市有158户次企业超额完成承包任务6370万元。

1991—1992年，市区146户国有企业实行第二轮承包，核定承包基数1.05亿元，增加考核国有资产保值增值等项指标，要求企业建立承包风险基金，继续完善多种形式的工效挂钩分配办法。市财政局对1991年因遭受特大洪灾短包的企业调减基数2007万元，豁免首轮承包短包应赔补数5631万元。此后根据国务院决定，全市不再实行企业承包经营责任制。1992年，国有工业企业分别开始进行股份制、投入产出总承包、税利分流、比照“三资”企业放开经营和企业内部制度改革试点，国有流通企业放开经营、价格、用工、分配。市财政局等部门确定建材253厂等6户企业试行投入产出总承包，每年上缴产品税、增值税、营业税的70%，自留30%，实现利润按规定上缴所得税，执行3年。6户企业3年应缴税收1.21亿元，实际返还2268万元。1994年，常州被列为全国“优化资本结构，壮大企业实力”试点城市，市政府确定20户企业进行现代企业制度试点，市财政局审核处理试点企业资产损失3.5亿元，资金挂账1亿元，企业资产负债率较大幅度下降。把企业上缴所得税的15%拨还补充流动资本，允许企业在提取盈余公积金前用税后利润补充流动资本。1994—1995年豁免企业此前欠交的基金、费5472万元。

1996—2000年，财政部门对全市近30户企业在破产清算时清偿债务6150万元，对20多户企业兼并中核销不良资产9850万元，对近40户企业改制中处理不良资产5.84亿元。2001—2005年，全市有221户企业改制、破产时政策性剥离资产约10亿元，土地使用权抵补负资产约9.1亿元。2006—2010年，常州变压器厂、百货大楼、江边污水处理厂等19户企业完成改制或股权、经营权转让，转让收益10.03亿元。财政部门对审核拨付常州客车集团、常州染料化工厂等20户企业分流职工补偿金、偿还内债等费用5.91亿元；征收国有资产收益23.31亿元，建立职工经济补偿资金4.58亿元。

二、扶持企业发展

1986—1990年，企业受能源、原材料短缺，市场疲软等因素制约，生产经营出现困难。市财政局分别实行能源与原材料节约奖、紧缺原材料采购奖、降低原材料采购成本奖等单项奖励，促进企业增产节约、增收节支。1991—1995年，该局明确企业提取技术开发费、流动资金占用费和加速折旧，在规定比例内不需报批；企业用足政策造成短包可减少赔补或挂账，影响工效挂钩可适当照顾处理，放宽还贷标准。1993年7月，企业技术开发费改为按实列支，不再提取流动资金占用费和税前还贷。5年间，企业提取技术开发费1.89亿元，提取流动资金占用费5098万元，加速折旧7323万元，税前还贷2.54亿元。1998年，国家对1994年底前签约的外汇借款项目恢复以税还贷，至2004年全市有68户企业以税还贷1.04亿元。2007年，市政府鼓励企业上市，实行税收、收费、专项资金、募股奖励等方面的优惠政策，推进企业上市和利用资本市场做优做强。翌年，市财政局制定企业技术开发费奖励办法等，引导企业加大研发投入，提高竞争力。

三、资金支持

1986—1990年，财政部门通过向上争取、向外拆借和运用财政周转金、预算外专户储存间歇资金等，累计调度融通3.1亿元，支持企业技术改造、新品开发和流动资金短期急需。1991—1995年，全市财政部门安排企业挖潜改造和新产品试制经费预算4.69亿元，向财政部、省财政厅争取支持，对非生产性专用基金结余较多的企业实行有偿集中、先存后贷等办法，用好财政周转金、预算外专户储存间歇资金等，累计筹措融通资金45亿余元，支持企业技术进步、开发新品、增产适销对路产品。1993年建立外贸发展基金，专项扶持外贸企业。1997年，市财政局建立工业发展资金。至1999年底，累计筹集2亿元，其中财政预算安排1.47亿元，用于企业技改项目贴息、新产品补助和扶持支柱产业；建立第三产业发展引导资金，用于重点市场建设和重点项目贴息。1998年建立中小企业贷款担保资金，至2000年先后为40户企业提供担保贷款1.6亿元，至同年底外贸发展基金拨付1800万元，用于扶持外贸出口基地建设和招商引资。

2001—2005年，全市财政预算安排、向上争取资金14.22亿元，支持企业实施重点技改、新品开发项目。对1000余户出口企业兑现财政贴息、奖励1.71亿元。市级财政下达服务业引导资金2800万元，支持中华恐龙园、凌家塘市场等项目的建设。2005年起，市级财政设立动漫专项资金2000万元，扶持动漫企业发展。2006—2010年，全市财政拨付资金40.14亿元，用于“五大产业”和重点企业，促进提升核心竞争力；拨付部、省、市国际服务外包专项资金、出口信用保险和机电产品出口技改贷款贴息等4.59亿元，促进外经贸可持续发展；市级财政安排发展外向型专项资金1.77亿元，资助企业在境外投资；拨付服务业专项资金1.04亿元，促进软件、旅游等现代服务业发展。2007—2010年，市级财政拨付专项资金9.44亿元，用于公交公司更新车辆及弥补公益性亏损。2007年，市级财政设立创业投资引导基金，参与组建总规模3.56亿元的3家创投基金公司，拓宽企业融资渠道。市财政从2009年起，5年内每年安排4000万元，常州高新区财政每年安排1000万元作为创意产业发展专项资金，扶持软件、网络游戏、动漫等创意产业发展。至2010年底，市财政拨付该项资金(含2005年设立的动漫专项资金)2.1亿元。

食品、蔬菜企业财政补贴管理 1986年，市财政对市食品公司实行“核定单亏，定额补贴，超亏不补，减亏全留”和削减冻肉库存奖励措施。1988年，进行蔬菜产销一体化改革，采取措施把亏损金额控制在省财政补贴指标范围内。翌年，对食品公司经营猪肉、鸡蛋实行“亏损总额包干、减亏全留”办法，控制亏损补贴的过快增长。1992年取消豆制品财政补贴。1993年，国家取消食品、蔬菜补贴后，常州市财政采取税费减免、退库和拨付市场物价调节基金、副食品基金等措施，继续扶持企业。翌年，市财政局核准部分冲销食品、蔬菜公司亏损挂账。1996—2005年，对食品、蔬菜和其他关系人民生活、社会安定的政策性亏损企业，每年减免税费和补贴约6000万元。

支持纺织压锭 1998年起，国家压缩淘汰落后棉纺锭，常州市压锭任务9.1万锭，其中市区4.03万锭。市财政安排补贴266.52万元，落实省财政配套补贴266.52万元，衔接国家财政补助资金到位，支持企业兴办第三产业安置职工。2001年支持毛纺企业完成压锭任务，落实、拨付国家、省、市补贴资金304.05万元。

四、管理服务

企业财务管理 1986年，常州市有60%以上的国有工业企业推行目标利润、目标成本、量本利分析、划小核算单位等管理形式。1990年落实省在常州柴油机厂召开的“双增双节”(指增产节约、增收节支)现场会精神，促进企业加强财务管理，扭亏增盈。1992—1993年，财政部门贯彻企业转换经营机制条例，落实企业财务自主权、企业财务通则、企业会计准则及相应的财务制度、会计制度，为企业卸下潜亏挂账、福利基金超支等历史包袱6.97亿元。1994年，市财政局进行企业内部财务管理制度规范化试点，至1995年底有30%的工交企业、92%的商贸企业建立内部财务管理制度，至1997年有93户工交企业获省财政厅颁发的企业内部财务管理合格证书。2010年，在全省率先制定公交客运服务成本规制方案，界定其合理成本，规范企业核算。

粮食财务管理 1989年，省内下放粮食商业财务，常州市争取下放指标7266万元，分配到粮食商业企业，制定新老补贴差价拨补过渡办法，不影响企业经营。1992年起，常州市执行省财政厅确定的粮食商业亏损补贴“盈亏统算、定额补贴、超支不补、节余留用”的办法，至1995年每年均实现规定目标。1993年，市区国有粮油零售企业实行“财产国有，租赁使用，资金自筹，个体经营”。落实地方储备粮6500万公斤、食油150万公斤计划，及时审核拨付储备费用和利息支出。1995年起，粮食部门实行政策性业务与商业性经营两条线运行，至1999年消化1991年底前粮食财务老挂账2.03亿元。1997年起市财政对粮食企业超额收储定购粮、议价粮产生的利息、费用实行补贴，至2000年市财政拨付3601万元。1999—2001年，市区粮食企业实行财政补贴包干办法，市财政局审核拨付财政补贴4259万元。2003—2010年，市财政局加强市级粮食风险基金管理，资金封闭运行，以保障完成粮食年度征收计划(2008年9月起取消征收)和市级储备任务，消化历史挂账亏损，落实粮食种植直补政策等，支付粮食风险基金1.48亿元，其中市级储备粮存储费用等1.08亿元、粮食种植直补资金1480万元和仓储设施维修费用及粮食监测机构建设资金等398万元。

旅游企业财务管理　1998年，市财政局在全省率先编制旅游企业统一的内部财务管理制度，指导企业执行。1996—2000年，市级财政安排1500万元，争取省财政厅贴息贷款，给予财政周转金贷款，征收省定的旅游事业发展费和市定的旅游发展基金920万元，支持发展旅游事业。2001—2010年，市级财政预算每年安排的旅游专项资金逐步提高到1000万元，用于项目贴息、旅游宣传、促销、节庆奖励等。2009年、2010年先后争取到省现代服务业(旅游产业)专项资金330万元、550万元。

培植财源　1986—1995年，市财政局以年税利达500万元企业和亏损企业为重点，建立联系点，给予资金、政策支持，促进企业增产增效、扭亏减亏。1995年，15户重点企业盈利4.53亿元，占全市89户盈利企业利润总额的85%。1996—2000年，市财政局每年选择10户左右年利润达500万～800万元的盈利工业企业作为财源建设重点，签订“财企互促”责任书。5年中投入资金2.5亿元，促进企业扩大生产，提高效益。每年这些企业的销售收入、利润均占市区国有工业企业总量的比例达80%。同期每年选择亏损、微利企业约10户，签订扭亏增盈责任书，通过向上级财政争取、市级财政匹配贴息资金，落实银行贷款，帮助企业扭亏增盈。5年中这些企业获国家、省、市扭亏贴息933万元，落实银行贷款1.17亿元。2000年，签订责任书的10户企业盈利1.3亿元。2001—2003年，落实、拨付国家级重点技改项目常柴股份公司环保节能多缸柴油机、黑牡丹集团高档牛仔布转贷国债贴息4080万元。2005年，金坛和中盐金坛盐化公司分别被列为省“扶持重点企业发展、加强财源建设”试点县、试点企业，获省财政重点支持。

第十二节　会计事务管理

1986—1990年，常州财政部门组织广泛宣传、学习、贯彻《中华人民共和国会计法》(简称《会计法》)，指导、督促各单位建立健全会计机构，配齐会计人员，执行会计制度，加强会计档案管理，全市清理会计档案66.5万册。1996—2010年，财政部陆续出台《企业会计准则》、多项具体会计准则及行业会计制度。常州财政部门组织全市财税干部、会计人员40多万人次参加准则、制度学习培训。1996年10月，全市开展会计工作秩序整顿，自查2.09万户，自报违纪金额9459万元；重点检查3587户，查出违纪金额1.24亿元，实施有针对性的整改措施。2001年，全市开展会计法执行情况检查，自查8948户，重点检查20户样本单位和4户中介机构，查出违纪金额6842万元。2006年市财政局组织开展市级行政事业单位会计法执法检查，自查527户，进行上门检查，责成有问题的单位整改。2008—2010年对387户市级行政事业单位(社会团体)开展会计法执法检查，向14户下发整改意见书。

一、会计基础工作

1989年起开展会计工作达标升级活动，1990年向43户企业颁发合格证书。至1991年底，全市有184

家单位会计工作达标，其中二级17家、三级66家，1992年全国中止活动。1998—2001年，财政部门组织开展会计基础工作规范化活动，1999年、2000年分别有255户、146户市级单位被确认为会计基础工作规范化单位。2000年，常州市开展会计建账监管，至翌年底，全市有1.11万户企业、行政事业单位、社团办理会计建账监管注册登记，2003年根据上级规定停止此项工作。

会计电算化 1993年，市财政局制定《常州市会计电算化管理试行办法》，举办首期新财务会计制度电算化培训班，1994—1995年办班241期，6024人参加学习，3329人参加全省统考，合格率97%。至1995年底，市财政局根据《江苏省企事业单位采用电子计算机替代手工记账进行会计核算的审批办法》，批准4家单位实行会计电算化。1996—2001年3月，全市452户企事业单位经审批实现计算机替代手工进行会计核算，4.64万名会计人员取得初级合格证书。2001年4月起由单位自行决定采用计算机处理会计业务，不再报批。

代理记账机构管理 1999年，市财政局等部门出台《常州市代理记账管理暂行规定》，至2000年底全市批准设立代理记账机构29户。2001年起，每年开展代理记账机构年检。至2009年底，全市代理记账机构发展到109户。

二、人员管理

从业资格管理 1991年市财政局印发《常州市会计证管理办法》，对会计人员实施会计证管理，至1992年底，全市财政部门核发会计证（或临时会计证）两万多张。同年该局制定会计证考试考核办法，组织有关会计人员参加会计证上岗培训和考试，至1995年末发证1.4万多张；同年首次进行会计证年检，注销、作废2189张。1996—2000年，换发新证，至2000年底，全市累计有3.5万人取得会计证。2001年起换发财政部统一印制的会计从业资格证。2006—2010年，全市有2.61万人领取会计从业资格证书。

注册会计师行业管理 1997年8月，常州市注册会计师协会成立，对会计师事务所、注册会计师行使服务协调和监督管理职能。同年撤销不具备开办会计师事务所条件的分支机构48个。1998—1999年，常州市完成18户会计师（审计）事务所脱钩改制，2000年清理整顿经济鉴证类中介机构，11个行业的45户中介机构脱钩改制。对注册会计师实行注册管理和年检，2009年底全市有注册会计师执业会员297人、非执业会员511人。

第十三节　财税物价检查

一、税收财务物价大检查

1985年起，常州市每年1次组织开展税收财务物价大检查（简称“大检查”）。1989年，常州市设立税收财务物价大检查办公室（简称“大检查办”），挂靠市财政局，归口管理。1986—1990年，大检查先由各单位自查，再由大检办组织检查组重点检查抽查，全市查出违纪金额2.2亿元。1989年结合大检查清理“小金库”、清理账外资金和清理个人拖欠公款，其中清理回收个人拖欠公款1624万元。1991—1995年，全市大检查自查24.2万户次，大检查办抽调1.48万人次组成3765个次检查组，对5.63万户次企业、行政事业单位重点检查，检查面达42.6%（不含个体工商户），查出违纪金额2.26亿元，对有严重违纪问题的单位157户、51人给予经济处罚，移交司法机关立案处理63人。1996—1997年大检查取消自查，直接进行重点检查。市财政局、大检查办两年抽调5948人次组成检查组1610个次，重点检查行政、企事业单位3.95万户次，重点检查面达43%；查出违纪金额1.12亿元。结合大检查，1997年对中介机构参与大检查的执业质量抽样检查，促使其提高执业水平。1998年，国务院决定不再进行大检查。

二、专项检查

清理整顿公司 1988—1989年，全市集中清理整顿公司，市财政局对属财政分管范围的公司逐户清理，对市区决定关停并转的19户党政机关办的企业进行复查，除1户由总公司统一清算外，其余18户属清理范围的资金260.4万元，核定转作国有资金238.9万元、抵补亏损1.5万元、其他20万元；对面上公司进行验资和财务登记。1996—2000年，全市开展清理党政机关和军队、武警经商办企业工作，经清理有1042户企业办理注销、停业、改制、划转、兼并、破产等手续，分流安置职工3862人。

清理“小金库” 1989年9月至1990年6月，全市集中清理“小金库”，清理出1988—1989年“小金库”发生额1583万元。1995年6—10月，全市全面清理检查“小金库”，自查1.63万户，查出违纪的341户；重点检查210户，查出违纪的43户。查出违纪金额1835.68万元，其中1992年底“小金库”滚存余额178.02万元、1993年后发生的“小金库”各项收入1657.66万元。清查后应缴财政493.71万元，上缴财政468.91万元。2009年再次治理“小金库”，市区各单位普遍自查，有13户上报存在16个“小金库”，自查期末资金滚存余额459万元；另有56户市级单位自查出应调账违规资金7340万元，应缴财政专户资金4040万元。重点检查行政事业单位50户，未发现私设“小金库”，但有17家单位存在其他违反财经纪律行为，违纪金额1.12亿元，均按有关规定处理，其中上缴收缴给财政2168万元、补缴财政专户2777万元、调账6213万元。

清理“三乱”行为 1991年1—7月，常州市集中清理1988—1989年乱收费、乱罚款和乱摊派(简称“三乱”)情况，3998户独立核算的执收执罚单位全部自查，重点抽查999户，对省定66个重点项目、单位进行清查，查出违纪案件393件，处理178件，没收上缴财政223.03万元，取消收费项目56个，调整收费项目401个，同年减轻社会负担945万元；清出违规罚款项目38个，收缴财政2599.6万元；统一罚没凭证，建立罚没凭证管理制度，停止集资项目1个。1993年再次专项清理乱收费，有关单位进行自查，重点抽查644家单位。全市有行政性收费部门59个、纳入物价管理的收费单位364户；收费项目486个大类、5193项；1992年收费总额5亿多元。经过梳理和审核，分3批公布取消收费项目120个，停止收费项目12个，调整收费项目12个。1994年向社会公布取消收费196项，停止收费12项，调整超标准收费12项。

其他专项治理 1992年4—5月，常州集中清理整顿有关部门统一着装行为，查出全市有26个部门、46种人员、2.22万人着装。符合国务院规定着装范围的1.44万人，着装费总额459.31万元，其中个人应补缴工料费28.11万元；擅自着装和扩大着装范围的7823人，着装费总额276.33万元，其中个人应补缴工料费29.16万元。清理整顿后不属于统一着装范围的人员于规定时间内全部脱装，个人应补交工料费全部收回。2001年，分两次检查市区380户企业养老保险缴费基数和参保人数，查出236户企业少报、漏报缴费基数6024万元，敦促企业补办参保2021人，补缴基金1310万元。2001—2005年，每年进行会计信息质量、养老保险缴费方面的专项检查。2006年，市财政局受省财政厅委托，开展全市注册会计师执业质量检查，对存在问题较多的会计师事务所及注册会计师进行诫勉谈话，限期整改。2008年，市财税等部门检查11户企业2007年度会计信息质量，查补税款、养老保险金等1160万元；进行彩票发行销售和财务管理专项检查，纠正违规金额512万元。

三、日常检查监督

1987年，全市财政部门建立兼职财政监察员和通讯员队伍，向有关部门、单位及民主党派聘请兼职财监员98人、财监通讯员116人。1992年，试点组建乡镇财政监察网络，在全市推广。1994年分税制财政体制改革后，财政监督重心逐步转移到促进和保障财政改革，强化财政收支日常监管。1991—1995年，全市财政部门对财政支农资金、财政支农周转金、农业税、乡镇计划外生育费等的收支减免情况进行重点检查。

1996—2000年，主要检查监督预算外资金及罚没收入收支两条线管理情况，综合财务收支计划和政府采购计划执行情况，农业特产税、防洪保安资金征管情况，市级社会保险机构财务收支情况，乡镇财政财务管理等情况。2001—2005年，全市财政部门对部门预算执行情况与预算外资金管理情况加强日常监督；对国债资金、城市基础设施项目资金、社会保障资金实行全过程监督检查，跟踪管理问效，开展政府采购效能监察。2006—2010年，继续检查监管部门预算执行、国库集中收付的情况，治理政府采购、产权交易领域商业贿赂现象，完善事前审核、事中监控、事后检查与整改反馈、跟踪问效、绩效评价相结合的财政管理监督机制。

第二章　税务

1984年，税制改革把简化的工商税细分为若干税种，税务机关征收33个税种，常州市实际征收31个税种；市税务局征收能源交通重点建设基金、预算调节基金等中央和地方的若干基金。1986年起，全市税务部门坚持优化完善税款征收方式，通过出口退税，鼓励企业出口，落实税收优惠政策，扶持企业发展，吸引外商和中国港澳台商投资，发展高新技术产业，税收收入不断增长，加强税务管理和税务稽查，严格依法征税，各项税收工作正常开展；通过中介机构开展代理服务，为纳税人提供便利。1988年起，常州税务机关坚持“依法治税，内外并举，重在治内”的方针，坚持执法与服务并重，强化内部税收执法责任制的落实，保障全市依法纳税秩序、税收与基金费征收到位，为经济社会协调发展保驾护航。1994年新税制改革实施，国税、地税分设，税种简化，税务机关征收16个税种，常州市实际征收14个税种。1997年起，个别调整了金融保险业营业税、储蓄存款利息个人所得税等税种。2010年，耕地占用税和契税划归地税系统统一征收管理，市地税局同时受委托代征教育附加、企业管理费等基金及规费20多项。全市国税、地税部门共计征收税款484.94亿元。

第一节　流转税

流转税主要包括产品税、增值税、营业税、消费税、关税、流转税附加税(城建税与教育费附加)等。1986—1993年，常州市多次调整、缩小产品税征税范围，扩大增值税征税范围。1994年分税制财政体制改革后，增值税、消费税等成为流转税的主体税种。同年，常州市征收增值税、消费税收入17.81亿元，比上年增60%。2010年，全市完成增值税、消费税收入169.74亿元。

一、产 品 税

产品税是以产品销售收入或采购金额的全额征税，是1984年实行第二步利改税时从原工商税中划分出来的税种，应税产品分别为工业品和农、林、牧、水产品两大部分。国家决定从1986年起，把原征收产品税的部分工业产品陆续改征增值税，应税产品除大型电力一项采用定额税率外，其他产品均实行产品差别比例税率，最高税率为60%，最低税率为3%。产品税征税范围随着增值税征税范围增大而逐渐缩小。1986年，市税务局征收产品税1.37亿元。1993年，产品税的征税范围缩小到9类，征收产品税1.05亿元。1994年新税制实施后产品税税种被取消。

二、增 值 税

增值税是对销售货物或者提供加工、修理修配劳务及进口货物的单位和个人就其实现的增值额征收的税种。常州市从1983年1月1日起试行增值税，以增值额为征税对象，通常采用购进扣税法或实耗扣税法。

1986年，市税务局征收增值税1.85亿元，此后，增值税的征税范围、税目税率、计税方法和征收办法等方面不断调整。1988年，常州市扩大增值税征税范围，对有色金属矿采选产品、非金属矿采选产品、其他非金属矿采选产品、建筑材料、有色金属产品、电线电缆6个税目、24个子目所涉产品试行增值税，对常州市水泥厂、冶炼厂、无线电材料厂等30户企业改按增值税征收。1989年10月起，市税务局在5家棉纺织厂进行增值税价税分流购进扣税法试点。1993年增值税税目增至31个，累计征收增值税4.97亿元。1994年9月分税制实行后，增值税由国家税务局负责征收，是国税征收的主要税种，属于共享税，增值税收入中75%为中央财政收入，25%为地方收入。进口环节的增值税由海关负责征收，税收收入全部为中央财政收入。2009年起，增值税由生产型转为消费型。

分税制改革后，增值税成为全市收入最多的税种，1994年全市完成增值税收入17.56亿元，比上年增长69%，占全市国税收入的73%。2002年，全市完成增值税收入超50亿元。2007年，全市增值税收入超100亿元，达108.59亿元。2010年，全市增值税收入142.3亿元。

三、营业税

营业税是对在中国大陆提供应税劳务、转让无形资产或销售不动产的单位和个人，就其所取得的营业额征收的税种。国、地税分设后，营业税由地税系统征收，成为地方税务主体税种之一。1995年，常州市地税征收的营业税的范围和税率为：交通运输业、建筑业、邮电通信业、文化体育业按3%征收；金融保险业、服务业、转让无形资产、销售不动产按5%征收；娱乐业按5%～20%征收。1997年2月起，国家对金融保险业税收政策做出调整，将原来5%的营业税税率调整为8%，其中调高的3%部分由国税系统统一征收。2001年起，金融保险业营业税税率调整，每年下调1个百分点，分3年将税率从8%降至5%。2004年起，市国税局不再征收营业税。地税开征的营业税起征点为：按期纳税的为月营业额200元；按次纳税的为每次（日）营业额50元。2000年起对电子游戏厅一律按20%的税率征收。2002年6月起，全市娱乐业税率为：歌厅、舞厅、卡拉OK厅、音乐茶座、游艺厅（室）税率为20%；网球、碰碰船、乒乓球、羽毛球、钓鱼、棋牌室、划船、游泳、滑（溜）冰（真冰、旱冰）、健身房和游艇（船）按3%征收；陶吧按5%征收。2003年1月起，全市网吧税率为20%，农村信用社的营业税按3%的税率征收；营业税按期纳税的起征点调整为月营业额5000元，按次纳税的起征点调整为每次（日）100元。2004年7月起，保龄球馆、台球室税率为5%。20多年来，常州市营业税收入增长较快，1986年完成收入1.46亿元，1993年增至5.42亿元。2010年，全市完成营业税收入64.97亿元。

四、消费税

消费税是以消费品（消费行为）的流转额作为课税对象的各种税收的统称。特别消费税是为调节消费对特定的消费品征收的由消费者直接负担的流转税。征税范围，包括生产、进口的轿车和彩色电视机，采取定额税率。具体单位税额为：彩色电视机，14英寸以下每台400元，14英寸以上每台600元；小轿车分别按进口和国产确定单位税额，最高的每辆4万元，最低的每辆0.5万元。市税务局自1989年2月1日起，对彩色电视机和小轿车在销售价格以外征收一道消费税。随着市场供求情况的变化，常州市从1990年3月起相继下调国产彩色电视机和小轿车的税额，并从1991年4月起停止对国产彩色电视机征收特别消费税。1994年1月1日正式开征消费税，取代特别消费税，只对烟、酒、化妆品、贵重首饰、小汽车等11类产品征税，属于中央税。国税、地税分设后，消费税由国税局收取，全市消费税主要来自啤酒、摩托车、贵重首饰销售等行业，税源相对较少。1994年，全市征收消费税0.24亿元；1995年征收0.33亿元；1996—2000年累计征收2.34亿元，2001—2005年累计征收3.62亿元，2006—2010年累计征收8.61亿元。

五、车辆购置税

车辆购置税是由交通部门收取的车辆购置税附加费通过“费改税”方式改革而来的，2001 年 1 月 1 日开征，征收对象为在中国境内购置规定车辆的单位和个人，税率为 10%。车辆购置税开征后，委托交通部门代为征收。2005 年 1 月，划归国税局征收，同年全市征收车辆购置税 4.44 亿元。2010 年，全市征收车辆购置税 13.55 亿元。

第二节 所得税

1983 年以后，国有企业所得税、集体企业所得税、城乡个体工商户所得税、个人收入调节税、私营企业所得税等先后开征。1986 年，常州市完成所得税收入 1.56 亿元。1991 年以后先后合并形成企业所得税（内资企业）、外商和港澳台商投资企业所得税、个人所得税三大税种。到 1993 年税制改革前，所得税收入呈减少趋势，1993 年所得税收入仅 7783 万元，其中主要原因是集体企业所得税逐年递减。1994 年分税制改革后所得税收入增长缓慢，1998 年进入快速增长期，同年征收 1.22 亿元，为上年的 153%。2006 年，所得税收入 14.74 亿元。2007 年 3 月，国家颁布《中华人民共和国企业所得税法》（简称《企业所得税法》），内外资和港澳台资企业适用统一的企业所得税法，现行中国所得税主要包括企业所得税和个人所得税。2007 年，全市内资企业所得税增长 135%，涉外涉港澳台企业所得税增长 78.4%，两项所得税合计增收 16.66 亿元，比上年增 113%，占全部增收额的 40.33%，2010 年全市完成所得税收入 98.96 亿元，是 1994 年的 90 多倍。

一、国营企业所得税、调节税

1983 年起，国家对国营企业开始征收所得税，1984 年 10 月起对国营企业征收调节税。国营企业所得税的纳税人为实行独立经济核算的国营企业，大中型企业实行 55% 的比例税率，小型企业等适用 10%～55% 的 8 级超额累进税率。国营企业调节税的纳税人为大中型国营企业，以纳税人年度应纳税所得额为计税依据，税率由财税部门和工商企业主管部门核定，以核定的基期利润扣除按 55% 的比例税率计算的所得税和 1983 年合理留利后余额占核定基期利润的比例为调节税税率。1993 年 12 月，国务院发布《中华人民共和国企业所得税暂行条例》，把原来的国营企业所得税、集体企业所得税、私营企业所得税合并，统一内资企业所得税。国营企业调节税于 1994 年 1 月起正式取消。

二、集体企业所得税

1985 年，开征集体企业所得税，实行“按年计征、按季或按月预缴、年终汇算清缴、多退少补”的征收方法，实行 10%～55% 的 8 级超额累进税率，原来对集体企业征收的工商税（所得税部分）停止执行。1986—1994 年税制改革前，常州市集体企业所得税呈负增长，1986 年征收集体企业所得税 15436 万元，1993 年降至 5261 万元。1994 年分税制改革时，取消集体企业所得税，改为企业所得税。

三、私营企业所得税

1989 年，开征私营企业所得税，税率为 35% 的比例税率，按年计算，分月或者分季预缴，年终汇算清缴，多退少补。1989 年，全市征收私营企业所得税 14 万元，1991 年为 96 万元，1993 年为 133 万元。1994 年分税制改革时，私营企业所得税取消，改为企业所得税。

四、城乡个体工商业户所得税

1986 年起，市税务局征收城乡个体工商业户所得税，按 10 级超额累进税率计算征收，最低一级是全年所得额不满 1000 元以下的，税率为 7%；最高一级是全年所得额达 3 万元的，税率为 60%，对纳税人全年应纳所得额超过5万元的超过部分的应纳所得税额加征10%～40%的所得税款。1986年，全市征收城乡个体工商业户所得税收入90万元。1990年有所减少，但之后仍保持逐年增长。1993年全市征收额增至462万元。1994年分税制改革后，城乡个体工商业户所得税取消，并入个人所得税征收。

五、个人收入调节税

1987年，常州市开始征收个人收入调节税，根据收入来源分别按超额累进税率和比例税率计算征收，实行由报酬支付单位代为扣缴和纳税人自行申报纳税两种方法。市税务局从1988年度起，对私营企业投资者从私营企业税后利润取得的收入，按规定征收个人收入调节税。1987年，全市个人收入调节税收入仅4万元。1989年，市税务局进行专项检查，全市个人收入调节税增至578万元。1993年，全市征收个人收入调节税735万元。1994年分税制改革后，个人收入调节税取消，并入个人所得税征收。

六、企业所得税

1994年1月1日起，全国实行统一的《中华人民共和国企业所得税暂行条例》，内资企业统一缴纳企业所得税，实行33%的比例税率；对小型企业减按18%、27%的税率征收，国营企业不再执行承包上缴所得税的做法。分税制财政体制实施后，常州市的中央企业所得税由财政部门划归国税机关征收管理，115户中央在常州的企业和65户所属第三产业企业，当年完成税收1152万元。分税制改革后，企业所得税收入逐年增长。1998年，全市完成企业所得税收入1.22亿元。2002年起，新增企业所得税由国税局管理。2005年全市企业所得税收入增至9.87亿元，2006年突破10亿元，达14.74亿元。此后进入快速增长期，2008年1月1日起，统一内、外资和港澳台资企业所得税，按一般企业、高新技术企业、小型微利企业分别执行25%、15%、20%的税率。2009年1月1日起，新增企业所得税纳税人中，应缴纳增值税企业的企业所得税由国税局征收管理；应缴纳营业税企业的企业所得税由地税局征收管理。新增企业中，企业所得税全额为中央收入的企业和在国税局缴纳营业税的企业及银行（信用社）、保险公司的企业所得税由国税局管理。2010年，全市征收企业所得税62.63亿元，累计收入227.66亿元。

国税部门宣传贯彻新《企业所得税法》在线访谈（摄于2008年5月）

七、个人所得税

常州市从1980年12月依法对外籍人员开征个人所得税，1987年1月起对本国公民开征个人收入调节税。1994年1月1日起施行的《中华人民共和国个人所得税法》（简称《个人所得税法》），将原个人所得税、个人收入调节税、城乡个体工商业户所得税合并成新的个人所得税，适用范围包括按税法规定有纳税义务的中国公民和从中国境内取得收入的外籍人员。1994年1月起依照个人所得税法开征个人所得税，当年全市征收个人所得税1898万元。1999年、2005年、2007年全国人大先后3次修订《个人所得税法》。

国地税分设后，个人所得税由地税部门负责征收。全市入库个人所得税，1996年6761万元，比上年增收3540万元。1997年突破1亿元，2001年突破3亿元。2007年，全市推行个人所得税全员全额明细申报，1.24万家扣缴单位上报90余万个人所得税纳税人明细数据，征收税款11.63亿元；全市开展年收入达12万元的个人自行纳税申报，全市受理自行申报1.07万人，申报所得30.82亿元。常州市从1999年11月起由国税局征收管理储蓄存款利息个人所得税，依存款利息所得20%的税率征收个人所得税。

2001年1月1日起，对财产租赁所得中的个人出租房屋取得的所得暂按10%的税率征收。2007年1月1日起，财产租赁所得中的个人出租房屋的税收综合征收率为5%，其中个人出租房屋的征收率0.5%。2007年8月15日起，储蓄存款利息个人所得税的适用税率由20%调减为5%。2008年10月9日起，对储蓄存款利息所得暂免征收个人所得税。2010年，全市完成个人所得税收入36.31亿元。常州市执行个人所得税的税率为：工资、薪金所得的税率为5%～45%的9级超额累进税率；个体工商户的生产经营所得和对企事业单位的承包经营、承租经营所得的税率为5%～35%的5级超额累进税率；劳务报酬所得、稿酬所得、特许权使用费所得、财产租赁所得、财产转让所得和利息、股息、红利所得及偶然所得、其他所得一般适用20%的比例税率。

第三节　涉外税种

1994年分税制改革前，涉外企业、外籍个人与内资企业和中国个人适用完全不同的税收制度。1994年的分税制改革尽管统一了内外资和港澳台资企业增值税、消费税、营业税和内外籍人员适用的个人所得税，对外资和港澳台资企业与内资企业一样开征资源税、土地增值税、印花税等，但企业所得税仍存在两套不同的税制，适用于涉外涉港澳台企业的城市房地产税、车船使用牌照税与适用于内资企业的房产税、车船税等地方税种尚未统一，城建税、土地使用税、教育费附加等对内资企业开征的税种，涉外企业暂不征收，内外税制仍存在较大差别。同年全市涉外税收仅1.38亿元，此后开始逐年增长。2006年起，涉外税收连续3年先后突破30亿元、40亿元和50亿元。2008年，全市征收涉外涉港澳台税收56.29亿元，其中有7家涉外涉港澳台企业税收达1亿元。2010年，全市征收涉外税收80.6亿元，是1994年的58.41倍。

一、工商统一税

1986—1993年，常州采用1958年全国人大立法通过的工商统一税制。随着涉外企业的增加，工商统一税不断增长。1986年，全市征收34万元；1987年增至121万元；1990年突破1000万元，达1180万元；1993年提高到9115万元，是1986年的268倍。1994年1月1日起，外商和中国港澳台商投资企业和外国企业统一适用于增值税，不再征收工商统一税。

二、外商和港澳台商投资企业与外国企业所得税

《中华人民共和国外商和港澳台商投资企业和外国企业所得税法》从1991年7月1日起正式施行，外商和港澳台商投资企业与外国企业所得税税率30%，另按应纳税所得额征收3%的地方所得税；外国企业（非居民企业）以20%的税率征收预提所得税。1994年以后，外商和港澳台商投资企业和外国企业所得税由市国税涉外税务分局负责征收和管理。2008年1月1日，《中华人民共和国外商投资企业和外国企业所得税法》和《中华人民共和国企业所得税暂行条例》两法合并，按新的《中华人民共和国企业所得税法》征收所得税。

三、车船使用牌照税

车船使用牌照税是沿用1951年中央人民政府政务院发布的《车船使用牌照税暂行条例》，对行驶于中国公共道路的车辆，航行于中国国内河流、湖泊或领海口岸的船舶，按种类、吨位大小等实行定额征收的一个税种。1986年以后，车船使用牌照税仅适用于涉外企业和个人，应纳车船使用牌照税的外商和港澳台商投资企业、外侨须根据自有车船情况，按计税标准和税额计算应纳税额。2006年12月，国务院制定《车船税暂行条例》，对包括外资和港澳台资企业和外籍个人在内的纳税人统一征收车船税。

四、城市房地产税

根据1951年8月政务院颁布的《城市房地产税暂行条例》，对城市拥有房产、地产的单位和个人按标准房价、地价征收城市房地产税，属于财产税。城市房地产税的纳税人为中外合资经营企业、中外合作生产、经营企业与外商和港澳台商独资企业及外商和港澳台商、外侨。1986年10月1日起，国内企业和个人按新的《房产税条例》缴纳房产税，不再缴纳城市房地产税，对外商和港澳台商、外侨拥有的房产仍沿按《城市房地产税暂行条例》征收。计税价格和税率：有标准房价的按标准房价的1.2%计算缴纳，或按标准房租价的18%计算房产税，企业的应税房屋按房产原值的70%计算全年房产税。2003年1月1日起，城市房地产税比照房产税的规定执行。2009年1月1日起，外商和港澳台商投资企业、外国企业和组织以及外籍个人依照《中华人民共和国房产税暂行条例》改为缴纳房产税。

第四节　其他税种

一、资 源 税

1986年起，常州继续按1984年10月1日国务院颁布的《中华人民共和国资源税暂行条例》征收资源税，纳税人为在中国境内从事原油、天然气、煤炭、金属矿产品和其他非金属矿产品资源开发的单位和个人，但对金属矿产品和其他非金属矿产品暂缓征收，计税依据为应税产品的销售收入，采用超额累进税率征收。1986年下半年，资源税改为从量定额征收。1992年，对金属矿产品中有代表性的铁矿石征收资源税，纳税地点为资源开采地。1993年12月，国务院修订《中华人民共和国资源税暂行条例》，规定在中国境内开采条例规定的矿产品或生产盐的单位和个人，为资源税的纳税义务人，征收范围包括原油、天然气、煤炭，其他非金属矿原矿、黑色金属矿原矿、有色金属矿原矿、盐，实行以量计征，纳税地点为开采或生产所在地。

二、建 筑 税

1987年6月25日，国务院发布《中华人民共和国建筑税暂行条例》，1983年的《建筑税征收暂行办法》同时废止。市税务局自1987年7月1日起按新规定征收建筑税。1991年随着固定资产投资方向调节税的开征，建筑税条例废止。1986—1991年，全市征收建筑税6713万元。

三、固定资产投资方向调节税

1991年4月，国务院发布《固定资产投资方向调节税暂行条例》。翌年，常州市开征固定资产投资方向调节税，税率分为0%、5%、10%、15%和30%，共5档。1994年起，城乡房地产开发公司经营出售的商品房由购买单位或个人按建筑面积每平方米商品住宅房30元征收、其他商品房90元征收。1998年5月，专项清理检查1656户纳税户的投资方向调节税，补缴4418.91万元。2004年起暂停征收固定资产投资方向调节税。

四、奖 金 税

奖金税是依照国务院修订发布的《国营企业奖金税暂行规定》《国营企业工资调节税暂行规定》《集体企业奖金税暂行规定》《事业单位奖金税暂行规定》等法规征收的税种。1987年国务院出台有关规定，降低企事业单位奖金税税率，对乡镇企业、街道企业暂缓征收奖金税。1989年度起，恢复征收乡镇企业奖金税。1988年，常州市对企事业单位奖金税免税限额作适当放宽，企业奖金税免税限额由4个月放宽到4.5个月的标准工资，事业单位免税降额平均放宽半个月基本工资。

五、城市维护建设税

城市维护建设税是对从事工商经营，缴纳消费税、增值税、营业税的单位和个人征收的税种，是地方税收中规模较大的一个税种，1985年起，常州市征收城市维护建设税，具体税率按纳税人实际缴纳的产品税、增值税、营业税额为计算依据，税率依纳税人所在地有别，市区7%，县城、镇5%和其他地区1%。市地税局统一征收管理。2010年12月1日起，征收范围扩大到外商和港澳台商投资企业、外国企业及外籍个人。

六、房 产 税

1986年9月15日，国务院发布《房产税暂行条例》，1986年10月1日起，常州市在城区、县城、建制镇和工矿区征收房产税，产权所有人、经营管理单位、承典人、房产代管人或者实际使用人为房产税纳税人。常州市房产税的征收依房产原值一次扣除30%后的余值计算缴纳，税率为1.2%；以房产租金收入为房产税的计税依据，税率12%；房产税按年征收、分期缴纳。企业按季缴纳，个人按半年缴纳，由地税部门征收管理。2009年1月1日起，外商和中国港澳台商投资企业、外国企业和组织、及外籍个人（包括港、澳、台资企业和组织、以及华侨、港澳台同胞）依《中华人民共和国房产税暂行条例》缴纳房产税。

七、盐　　税

盐税是以盐为征税对象的税种，纳税人是在中国境内从事生产经营、进口盐的单位和个人。盐税税率根据生产（加工）和销售等环节的不同而税率不同。常州市继续实施1984年国务院发布的《盐税暂行条例（草案）》。1986—1993年未有大的调整，1986年全市完成盐税收入54万元，6年完成收入179万元。1994年分税制改革时，盐税被并改为资源税的一个税目。

八、城镇土地使用税

1989年11月1日起，常州市根据《城镇土地使用税暂行条例》及市政府的规定，开征城镇土地使用税，适用地区幅度差别定额税率。全市税额分3类标准执行：甲、乙、丙3类地区税额分别为每平方米1.2元、0.7元和0.4元，建制镇为每平方米0.3元。2007年1月1日起执行新的条例，征收范围扩大到外商和港澳台商投资企业和外国企业，税额标准为：市区（含武进）一、二、三等分别为每平方米8元、6元和4元，金坛一、二、三等分别为每平方米5元、3元、2元，溧阳一、二等分别为每平方米5元、3元。2007年，全市征收土地使用税2.6亿元。至2010年底，全市累计征收土地使用税12.25亿元。

九、印 花 税

1988年10月1日，根据《中华人民共和国印花税暂行条例》，常州市开征印花税，实行纳税人根据规定自行计算应纳税额，购买并一次贴足印花税票（简称“贴花”）的缴纳办法，税率采用比例税率和定额税率，比例税率有1‰、0.5‰、0.3‰、0.05‰和0.03‰。适用定额税率的是权利许可证照和营业账簿税目中的其他账簿，单位税额均为每件5元。全市印花税的征收采取自行贴花、汇总缴纳、委托代售、核定征收的征管方式进行。1998年6月，全市首次开展印花税专项检查，市区检查9231户，缴纳税费1015万元。2009年，市地税部门与金融、保险等机构建成委托代售印花税票关系，加强对委托代售印花税票的管理，规范印花税征收管理。

十、屠 宰 税

1985年以后，全市继续实施1950年政务院发布的《屠宰税暂行条例》，屠宰税按牲畜的种类和头数，按定额税率征收。2006年2月《屠宰税暂行条例》废止，取消屠宰税。

十一、牲畜交易税

1985年以后，常州市继续实施1982年国务院发布的《牲畜交易税暂行条例》，牲畜交易税的税率按牲畜成交额征收，起征点1头，税率为5%。1994年《牲畜交易税暂行条例》废止，牲畜交易税取消。

十二、烧油特别税

1985年以后，常州市继续实施1982年国务院批转财政部制定的《关于征收烧油特别税的试行规定》。

烧油特别税采用定额税率，即按每吨油规定的税额从量计征。1994年《关于征收烧油特别税的试行规定》废止，烧油特别税取消。

十三、土地增值税

1993年11月，国务院颁布《中华人民共和国土地增值税暂行条例》。1995年12月，财政部颁布《中华人民共和国土地增值税暂行条例实施细则》。1996年1月，常州市开征土地增值税，实行4级超额累进税率，增值额未超过扣除项目金额50%的部分税率为30%，超过扣除项目金额50%、未超过100%的部分为40%，超过扣除项目金额100%、未超过200%的部分为50%，超过扣除项目金额200%的部分为60%。

第五节　纳税人登记与管理

一、税务登记

税务登记分全面登记、专项清理和税种登记几种类型。1986—1994年，常州全面税务登记有3次。1988年，全市开展税务登记核查核证，办理换发税务登记证4.67万户，其中市区1.17万户。1992年清查换发纳税户的税务登记证件，全市核发2.63万户国集企业、3.27万户个体工商户和1497户私营企业的税务登记证件，基本核实全市户管情况。1994年建成新税制征管底册和台账，开展税务登记的清查换证和进行增值税一般纳税人认定，市区向2.09万户纳税人清理核发新的税务登记证。1994年9月国税、地税机构分设后，市国税部门依法对登记企业进行税种认定和增值税一般纳税人、小规模纳税人认定，并进行相应的税款征收和管理工作，先后对常州市区2.09万户纳税人清理核发新的税务登记证；地税部门依法对外商和港澳台商投资企业和外国企业、个体工商户和属主营营业税项目的内资企业开展税务受理，按规定核发税务登记证件，纳入地税部门管理的征管户有3.42万户，其中纯地税户3098户。2005年6月，常州在全省率先推行国税、地税联合办理税务登记，实现税务登记范围、税务登记受理、税务登记代码、税务登记的表证章、税务登记资料传递、逾期办理税务登记处罚、税务登记的信息技术支撑"七"个统一，首创全省税务登记管理的新模式。税务登记率、入库率均为100%，申报率达98.4%。2010年底，税务登记全部实现网上办理。

二、纳税鉴定

纳税鉴定是在纳税人办理税务登记时，税务机关以书面形式明确该企业应纳税种、适用税率、征收方式、纳税地点与期限、可以享受的税收优惠政策等。国家新订、修订税收法规时，主管税务机关应当通知纳税人按变动后的规定执行，修订纳税鉴定书。1991年，市税务局出台《企业税收征管工作规范》，规定纳税人因生产经营活动等发生变化和国家税收政策等发生变化而产生的纳税人纳税项目的变动，需重新进行纳税鉴定，修订流转税纳税鉴定内容4517户。

三、纳税申报

1986年，常州市改变税收专管员保姆式管税的传统做法，逐步完善纳税人自行申报纳税制度。1991年，常州市试行征收、管理、检查分离，分局内征管与稽查一人兼任，改为征、管、查分离或征管与检查分离。

国税申报方式　1994年国税、地税部门分设后，市国税局采取一般纳税人和小规模纳税人每月申报期内直接或由税务事务所代理到国税机关申报纳税的方式，个体户实行简易申报、税收管理员上门收缴税款方式。一般纳税人准期申报率达98%，小规模纳税人准期申报率达95%。2000年以后，纳税申报逐步由书面申报向电子申报发展。至2004年，全市所有纳税人基本实现网上申报。2010年3月，企业网上报税系统成功运行，一般纳税人销项增值税专用发票可实行网上报税。

地税申报方式 市地税局采取的纳税申报方式主要有:直接申报、代理申报、电子申报等。2000 年以后，采用纳税人自行到税务机关办理纳税申报或委托税务事务所代理申报的方式。2001 年在市区一、二分局试行推广二维条码申报，在新区分局试行远程电子报税。2003 年 1 月起，对具备条件的纳税人用网上电子自动报缴税系统申报缴税。不具备电子申报条件的纳税人可以委托社会中介机构代理电子申报。至 2010 年，全市自行网上申报和代理网上申报户数 6.45 万户，网上申报户占全市正常征管户的 93.8%。

四、税款缴纳

纳税人向国库及其所属经收处缴纳税款，分为纳税人直接缴库、税务人员向纳税人收取现金、国库经收处直接从纳税人账户划解等形式。常州市税务机关主要采取查账缴纳、查定缴纳、查验缴纳、定期定额等方式。1994 年以后，市税务机关对一般纳税人和小规模纳税人的税款征收均为纳税人直接缴库。对实行定期定额征收的个体工商户及定期定额征收的小型企业全面实行税收专管员上门收取税款，保证税款的及时入库。1996 年试行个体工商户银行卡纳税办法。1998 年 5 月，试行由银行根据税务部门提供的当期应纳税户信息，直接从应纳税户的银行卡账户存款中划缴入库。至年底，常州市区有 5179 户个体工商户使用银行卡划卡缴税。2003 年 7 月，常州市及武进、金坛、溧阳的国税纳税系统分别与银行国库实现联网，在全省率先实施由税务机关通过税银库联网系统，把税款应征信息发送当地人民银行，银行国库通过结算中心到纳税人委托的账号上划解税款。至 2010 年底，常州市区 98% 以上的企业通过委托的结算账户直接划解税款。

第六节　征收方式

一、查账征收

查账征收是按照纳税人提供的账表所反映的经营情况，依照适用税率计算缴纳税款的方式，适用于账簿、凭证、会计等核算制度比较健全，能据以如实核算生产经营情况，正确计算应纳税款的纳税人。常州市税务部门对查账征收户中一贯遵章纳税的国营、集体、外资和中国港澳台资企业的流转税，采取自报核缴税款的办法，对个体工商业户中的重点建账户采取自报核缴的方法，对不符合查账征收的企业改为核定征收。

二、核定征收

核定征收是税务机关对不能完整、准确提供纳税资料的纳税人，采用特定方法确定其应纳税收入或应纳税额，纳税人据以缴纳税款的征收方式，主要有查定征收、查验征收、定期定额征收等形式。1993 年 1 月，常州市根据《江苏省城乡个体工商户税收征收管理办法》和《实施细则》规定，对饮食、理发、缝纫行业的个体工商户实行起点定额核定征收办法。1997 年，市地税局出台《常州市部分纳税人试行个人所得税核定征收的办法》。2006 年，市税务部门完善所得税核定征收管理，适当调整部分企业所得税应税所得率，对符合查账征收的企业改为实行查账征收。

三、代扣代缴

代扣代缴主要适用于税务机关不易直接控管、比较分散的零星税源。1993 年，《常州市农村股份合作制试行办法》明确规定，股份合作制企业对职工的劳动报酬、奖金等收入由企业按国家规定代扣代缴个人收入调节税。1997 年，市地税局结合企业所得税汇算清缴、金融保险企业专项检查，开展重点检查，组织入库个人所得税 1.49 亿元。1998 年，对外商和港澳台商投资企业中的中方职工应缴纳的人民教育基金、防洪保安资金等实行由企业代扣代缴。1999 年，市地税局与 853 家企事业单位签订《委托代征税款协议书》，换发委托代征税款证书，办理 3.91 万名纳税人、156 家单位纳税人等代扣代缴个人所得税税款的登记手续。2000—

2010年，市地税局完善"工资、薪金所得"项目代扣代缴个人所得税的ABC分类管理办法，对个人所得税代扣代缴加强基础管理，建立健全代扣代缴管理体系，拓宽扣缴面，对全市扣缴单位进行户管清理和核发个人所得税代扣代缴核定通知书，将绝大部分行政事业单位纳入正常代扣代缴征管体系，全市95%的扣缴义务人被纳入正常管理。

四、自核自缴

1997年起，常州市企业所得税汇缴推行建立由纳税人为主体的自核自缴、自行申报或由纳税人委托中介机构代理汇缴、代理申报纳税和税务机关依法征税，强化检查制度。

五、委托代征

1994年以前，市税务局主要对交通运输业、建筑行业中的部分外来经营者、个人收入调节税等采取委托代征方式。1996年，市国税局出台《常州市国税局零星分散税收委托代征管理办法》，在全市建成150个代征点，代征税款189万元。2006年2月，常州市区全面实行由主管税务机关依法委托地方政府机构，在镇、街道设立委托代征点，对个体、市场、零星分散税源实行委托代征。2007年以后，市地税局在属地管理的税务分局（所）设开票征税窗口，零星、小规模的纳税人就近提供纳税办税服务。2010年，市地税局成功开发出安利税款委托代征软件，在全国率先推行安利委托代征服务。

第七节　税收收入

一、分税制改革前税收收入

1986—1993年，全市税收收入平稳较快增长，工商税收从8.08亿元增加到18.75亿元，年均增11%。从税收总量看，除1991年常州市遭遇特大洪涝灾害负增长10%以外，其他年份均为正增长。特别是1993年，比上年增49%，增收3.52亿元，市区税收首次突破10亿元。从税种看，产品税、增值税、营业税三大税稳定增长，年递增率为9.8%。因企业改制，集体企业所得税逐渐萎缩，而城乡个体所得税、个人收入调节税及私营企业所得税逐年增加。由于外商和港澳台商投资企业不断增多，工商统一税和涉外所得税逐年成倍增长。

1986—1993年常州市工商税收收入分地区、分税种统计表

表22-2-1　　　　单位：万元

类别	地区或税种	1986	1987	1988	1989	1990	1991	1992	1993
按地区分	全市工商税收	80844	85625	97175	108390	115281	107407	124603	187456
	市　区	51793	55504	61711	67052	69479	62545	71892	107102
	武　进	21094	21039	24572	28591	31911	31340	36711	53074
	金　坛	3635	4093	4991	5775	6378	6078	7149	11905
	溧　阳	4322	4989	5901	6972	7513	7444	8851	15375
按税种分	产品税、增值税	45544	45756	50925	55808	63303	57829	66603	103710
	营业税	14556	17504	24762	28542	27654	29079	35786	54202
	工商统一税	34	121	474	864	1180	2009	3446	9115
	集体企业所得税	15436	16066	13637	13132	11356	7107	6445	5261
	城乡个体所得税	90	80	78	194	108	122	151	462

续表 22-2-1

类别	地区或税种	1986	1987	1988	1989	1990	1991	1992	1993
按税种分	个人所得税	6	4	8	8	12	18	19	54
	个人收入调节税	—	4	44	578	459	507	548	735
	私营企业所得税	—	—	—	14	74	96	175	133
	涉外所得税	3	20	48	147	175	326	584	1135
	城建税	3204	3324	4053	4533	4798	5082	5974	7816
	车船使用税	20	477	360	508	720	594	578	668
	房产税	170	922	1068	1251	1534	1462	1661	1802
	土地使用税	—	—	—	836	510	803	645	657
	屠宰税	32	32	37	43	52	41	11	11
	奖金税	447	129	127	153	177	76	92	25
	印花税	—	—	505	416	725	683	819	928
	投资方向调节税	—	—	—	—	—	—	503	611
	国营企业工资调节税	46	17	8	87	141	107	158	3
	盐　税	54	43	14	25	31	12	—	—
	建筑税	972	1041	866	960	1396	1172	306	—
	滞纳金罚款	64	82	112	216	133	108	93	120
	其余各税	166	3	49	75	743	174	6	8

二、分税制改革后国税收入

1994 年，全国实行分税制财政体制改革，常州市完成国税收入 23.97 亿元。1996 年，全市国税部门采取以票控税等办法，清理当年欠税，压缩陈欠税。1998 年，全市新增破产户、停业户的死欠和不良欠税等欠税比上年减少 6900 万元，当期入库率普遍提高 10 个百分点以上；清理陈欠税 1.48 亿元，比上年多清理 9359 万元。1999 年，全市压缩年初可清欠税额达 50%，清理欠税 2.01 亿元。2001 年，当年新欠税款减少，相应增加收入 2.73 亿元。2002 年，准期入库率达省国税局目标，当年新欠税款 1041 万元，比上年少欠 1103 万元，清理欠税 6188 万元。

1994—2002 年常州市国税收入完成情况表

表 22-2-2　　　　单位：亿元

项目	1994年度	1995年度	1996年度	1997年度	1998年度	1999年度	2000年度	2001年度	2002年度
税收收入合计	23.97	21.47	25.35	28.83	32.96	36.18	43.25	53.56	59.91
一、考核口径收入合计	17.92	20.52	24.24	27.70	31.69	33.79	39.12	47.86	54.09
（一）国内“两税”合计	17.80	20.23	23.80	27.22	30.47	32.14	37.02	44.18	50.64
国内增值税	17.56	19.90	23.39	26.71	29.89	31.80	36.52	43.51	50.05
国内消费税	0.24	0.33	0.40	0.51	0.59	0.34	0.50	0.68	0.59
（二）企业所得税合计	0.12	0.29	0.44	0.48	1.22	1.65	2.10	3.68	3.45
二、税务部门其他罚没收入	0.24	0.04	0.07	0.10	0.01	0.01	—	—	0.10

续表 22-2-2

项目	1994年度	1995年度	1996年度	1997年度	1998年度	1999年度	2000年度	2001年度	2002年度
三、海关代征收入	0.26	0.36	0.40	0.50	0.54	1.60	2.43	3.50	3.58
四、个人所得税	0.19	0.17	0.10	—	—	—	0.82	1.52	1.81
五、营业税	2.88	0.30	0.40	0.53	0.72	0.78	0.88	0.68	0.32
六、城市维护建设税	1.05	0.04	0.84	—	—	—	—	—	—
七、车船使用税	0.07	—	—	—	—	—	—	—	—
八、房产税	0.28	0.03	0.05	—	—	—	—	—	—
九、土地使用税	0.10	—	—	—	—	—	—	—	—
附：出口退税	1.24	2.59	6.02	4.26	4.50	7.55	11.50	11.10	15.45

2003年，全市国税税款入库率达99.8%，由于可清欠税减少，清理陈欠税款3852万元。2009年，全市完成国税收入首次突破200亿元，达204.7亿元，增幅超全省和苏锡常平均水平。2010年，全市国税收入267.57亿元，是1994年的11.2倍。1994—2010年，全市完成国税收入1669.76亿元。

2003—2010年常州市国税收入完成情况表

表 22-2-3　　单位：亿元

项目	1994—2010年累计	2003年度	2004年度	2005年度	2006年度	2007年度	2008年度	2009年度	2010年度
税收收入合计	1669.76	76.24	103.97	111.00	136.61	177.34	207.98	222.03	267.57
一、考核口径收入合计	1485.56	64.72	88.42	92.062	125.14	166.44	195.66	204.70	246.07
(一)国内“两税”合计	1199.83	59.26	80.18	79.82	101.93	124.99	145.00	155.40	169.74
1. 国内“两税”	1067.63	59.26	70.12	67.18	85.93	109.79	121.50	124.90	145.44
国内增值税	1052.49	58.59	69.32	66.31	84.90	108.59	120.29	122.87	142.30
国内消费税	15.14	0.68	0.80	0.87	1.02	1.20	1.21	2.04	3.14
2. 出口免抵调库数	132.20	—	10.06	12.64	16.00	15.20	23.50	30.50	24.30
(二)企业所得税合计	227.66	5.46	6.20	9.87	14.74	31.40	42.22	40.73	62.63
(三)个人利息所得税	14.71	—	2.04	2.37	3.05	3.82	2.28	1.01	0.15
(四)车辆购置税	43.36	—	—	4.44	5.42	6.23	6.16	7.56	13.55
二、税务部门其他罚没收入	1.01	0.16	0.15	0.02	0.02	0.02	0.02	0.01	0.02
三、税务行政性收费	0.66	—	—	0.10	0.11	0.11	0.11	0.10	0.12
四、海关代征收入	125.43	9.61	15.40	14.38	11.35	10.76	12.20	17.21	21.36
五、个人所得税	47.85	1.68	—	—	—	—	—	—	—
六、营业税	7.56	0.07	—	—	—	—	—	—	—
七、城市维护建设税	1.17	—	—	—	—	—	—	—	—
八、车船使用税	0.07	—	—	—	—	—	—	—	—

续表 22-2-3

项目	1994—2010年累计	2003年度	2004年度	2005年度	2006年度	2007年度	2008年度	2009年度	2010年度
九、房产税	0.36	—	—	—	—	—	—	—	—
十、土地使用税	0.10	—	—	—	—	—	—	—	—
附：出口退税	454.19	24.39	30.78	34.15	42.76	52.00	56.50	58.40	91.00

1994—2010 年常州市增值税、消费税分地区完成情况表

表 22-2-4 单位：万元

年度	全市	市区	武进	金坛	溧阳	年度	全市	市区	武进	金坛	溧阳
1994	17.81	10.37	4.90	1.13	1.41	2003	59.26	29.45	20.05	4.50	5.26
1995	20.24	11.89	5.39	1.33	1.63	2004	70.31	35.15	23.35	5.21	6.60
1996	23.79	13.58	6.77	1.55	1.89	2005	79.83	40.19	26.03	5.81	7.80
1997	27.22	15.16	7.87	1.87	2.32	2006	101.92	52.45	32.68	6.84	9.95
1998	30.47	16.23	9.28	2.18	2.78	2007	125.00	63.41	40.68	8.29	12.62
1999	31.83	16.58	10.40	2.14	2.71	2008	145.00	69.98	49.79	9.67	15.56
2000	37.01	18.75	12.50	2.52	3.24	2009	155.40	70.95	56.94	10.16	17.35
2001	72.08	22.53	14.85	31.00	3.70	2010	169.74	74.06	65.93	10.74	19.01
2002	50.64	26.09	16.59	3.70	4.26	累计	1217.55	586.82	404.00	108.64	118.09

说明：2003—2010 年市区不含武进区

三、分税制改革后地税收入

1994 年 9 月以后，常州地税部门负责征收的地方税税种主要包括营业税、城市维护建设税、资源税、土地使用税、固定资产投资方向调节税、印花税、土地增值税、房产税、车船使用税、屠宰税等，当年征收地税 4.79 亿元。2001 年，全市组织入库市县级地方税收首次突破 20 亿元，达 25.84 亿元。2002 年，突破 30 亿元。2007 年，常州市地方税收突破 100 亿元，达 114.77 亿元，成为江苏省第四个税收超百亿元的省辖市。2010 年，常州市地税部门组织总收入 318.74 亿元，其中税收收入 216.37 亿元，基金、费收入 102.37 亿元。2006—

1994—2010 年常州市地税总收入统计表

表 22-2-5 单位：万元

年度	合计	税收收入	基金、费	年度	合计	税收收入	基金、费	年度	合计	税收收入	基金、费
1994	4.88	4.78	0.10	2000	22.42	18.69	3.73	2006	143.67	85.46	58.21
1995	7.80	7.10	0.70	2001	44.59	25.84	18.75	2007	184.67	114.77	69.90
1996	10.25	9.26	0.99	2002	53.91	31.90	22.01	2008	220.55	135.25	85.30
1997	12.30	11.52	0.78	2003	68.28	39.92	28.36	2009	245.20	153.80	91.40
1998	13.79	12.98	0.81	2004	92.19	53.42	38.77	2010	318.74	216.37	102.37
1999	15.62	14.56	1.06	2005	116.97	68.79	48.18	累计	1575.83	1004.41	571.42

2010年，累计组织收入突破1000亿元，达1112.74亿元，年均增长22.2%。1994—2010年，全市地税部门组织总收入1575.85亿元，其中税收1004.41亿元。

第八节 税收优惠

1986—1990年，常州市政府鼓励企业出口创汇，实施税收优惠，规定凡出口创汇企业出口值达企业当年产值的50%，经税务部门批准可适当减免所得税；对生产出口机电产品的企业可增发一个半月的奖金，免征奖金税。1991年，在工业振兴计划的重点产品中，市区各税务分局落实促产措施的有18种产品，37个技改项目；全市批准办理新产品减免税的有125户、133种产品、2362.63万元，批准以税还贷37户、3571.22万元。市税务局为应对特大洪灾灾害，迅速恢复生产和开展生产自救，会同财政部门制定《对受灾企业在抗洪救灾、恢复生产中若干财务税收问题的处理意见》。全市审批受灾企业4061户，列营业外支出3.51亿元；减免1470户纳税户的产品税、增值税、营业税1.79亿元，减免土地使用税、房产税568.2万元；对受灾造成的微利企业减免所得税55户、371.9万元；减免能源交通基金119户、1690.73万元和预调基金115户、955.73万元。1992年，常州市制定出台《常州市农业服务系统经济实体管理意见》，规定对乡镇农业服务单位联办的综合性农业技术学校的校办工厂，经批准可减免所得税，产品税和增值税比照乡镇工业办理，对经营有困难和新办实体给予税收优惠，建农基金、农林特产税可返还给乡镇服务组织；对农资部门批发生产资料给有关经济实体经营的与供销社同样免征营业税。

1994年税制改革后，取消新产品和新办企业减免税等税收优惠政策，但继续对校办、福利企业和“菜篮子”工程等实行先征后返，对外商和港澳台商投资企业和高新技术产业开发区实行税收优惠政策。1995年，市税务机关根据国家有关规定对铸锻重点骨干企业常州铸造总厂、常州锻造总厂和常州可锻铸铁厂两年内实行先按规定征收，后按实际纳税额返还50%的办法，给予增值税先征后返的政策优惠；对校办福利企业、“菜篮子”工程、外商和港澳台商投资企业和高新技术产业开发区等实行先征税后返还、出口退税、期初存货处理等优惠政策。1998年为鼓励外商和港澳台商到常州投资和出口创汇，常州市出台《常州高新技术产业开发区鼓励外商和港澳台商投资的税收优惠政策》《关于加快发展个体私营经济的若干意见》等规范性文件，对到常州投资的外资和港澳台资企业、出口创汇的个体私营企业给予税收优惠政策。2000年根据国务院和省有关文件，常州市停止对校办企业的先征后返税收优惠，对全市8家软件企业的12种产品给予有关税收优惠。

从2001年起，市税务部门先后对房地产企业销售的空置商品房和经济适用房、上市房改房、技术改造国产设备投资项目、高新技术企业、民政福利企业、安置失业下岗职工企业、从事个体经营的再就业人员等落实税收优惠政策，2003年，对受“非典”疫情影响的餐饮、旅馆、旅游、公共交通、出租汽车、娱乐行业实行税收减免政策。2005年，全市有46家软件企业的142种软件产品，享受到国家有关税收的优惠政策。

2009年，国家为应对国际金融危机，出台“扩消费、促转型”系列结构性减税政策。全市税务机关通过税收政策咨询日、专题讲座、税收政策沙龙等形式加大政策宣传力度，税收优惠政策审批由原来的30个工作日缩短为7个工作日，对重点扶持的科技创新企业税收优惠实行备案制，与有关部门协调解决政策执行中的问题，确保税收优惠落实到企业。2010年，市国税局出台《“一核八园”适用税收优惠政策及工作规程》，为常州“一核八园”（“一核”是指常州科教城；“八园”是指创意、光伏、生物医药、新能源车辆、风电、半导体照明、机器人及智能装备、功能新材料等八大新兴产业专题园区）企业落实软件产品增值税即征即退、出口退免税、高新技术企业所得税政策优惠等税收优惠，合计17.8亿元。1994—2010年，市地税局累计落实税收优惠政策

176亿元，其中2001—2007年每年分别减免税3.55亿元、4.85亿元、6.1亿元、9.9亿元、10.16亿元、8.57亿元和17.01亿元，2010年减免17.95亿元。1994—2010年，市国税局累计落实税收优惠政策225亿元，其中1996年、2000年、2005年和2010年分别减免税收5.06亿元、6.55亿元、21.71亿元和23.37亿元。

第九节 出口退税

常州市出口退税工作从1985年底开始起步，全市仅地方外贸和数家生产企业有出口退税业务。1993年起，全市税务机关加强对出口产品征税和退税环节管理，实行源泉控制，推行出口退税户管管理制度，使出口退税管理工作制度化、规范化。当年全市办理出口退税7254万元，比上年增162.5%。1994年，分税制财政体制实施后，新实施的《中华人民共和国增值税暂行条例》规定，纳税人出口货物，税率为零。对企业报关出口的货物给予退还或免征其在国内各生产环节和流转环节已经缴纳的增值税和消费税。常州市当年出口产品按所征税款全额退还，退税率13%～17%，全市有40家出口企业申报出口退税，办理退税1.24亿元。

2001年起，国家逐步差别化调整退税产品的退税率，鼓励和支持出口的产品继续实行13%～17%的全额退税，对限制和不支持出口的产品部分取消退税，有的适当降低退税率。为鼓励出口，常州对生产型出口企业实行“免、抵、退”税管理办法，即对生产企业出口自产货物，免征本企业生产销售环节增值税；生产企业出口自产货物所耗用的原材料、零部件、燃料、动力等所含应予退还的进项税额抵顶内销货物的应纳税额，生产企业出口的自产货物在当月内应抵顶的进项税额大于应纳税额时，对未抵顶完的部分予以退税。2003年10月，国务院决定改革现行出口退税机制，退税率开始成为国家宏观调控政策手段。从2004年起，实行以2003年出口退税实退指标为基数(2003年常州的实退基数为22.59亿元)，对超基数部分由中央和地方按75∶25的比例共同负担。2005年1月1日起，国务院继续完善中央与地方出口退税负担机制，对超基数部分的退税额，由中央和地方改按92.5∶7.5的比例负担。2006年9月、2007年4月和7月3次大幅调整出口退税率，对高能耗、高污染、资源性产品连续下调直至取消出口退税率，对重大技术装备、部分IT产品等高科技产品上调出口退税率。2008年起，国家为缓解金融危机对中国经济的影响，连续7次上调出口退税率。

1994—2010年常州市国税局出口货物退(免)税统计表

表22-2-6　　单位：亿元

年度	税额	年度	税额	年度	税额
1994	1.24	2000	11.73	2006	58.76
1995	2.59	2001	11.22	2007	67.20
1996	6.02	2002	15.53	2008	80.00
1997	4.27	2003	24.39	2009	88.90
1998	4.59	2004	30.78	2010	115.30
1999	7.61	2005	46.79	累计	576.92

市国税局作为出口退(免)税的主管机构，1996年起推行出口退税采用计算机管理的办法，制定《常州市出口退税电子化管理办法》。2001年率先在全省使用退(免)税管理系统，同步开发并使用出口退税网上申报系统。2006年起，针对出口退税政策变化对税收及经济的影响，在全省率先进行出口退税数据运用分析。2010年，市国税局承担全国金税三期出口货物退(免)税信息管理系统试运行任务，7—9月实行双轨运行，

10月执行单轨运行取得成功，成为全国第一个使用该系统的省辖市。1994—2010年，常州市出口退税企业由40户发展至4500余户，出口退税额由1.24亿元增至115.3亿元，累计出口退税额576.92亿元。

第十节　发票管理

一、增值税专用发票

1994年，随着税制改革的实施到位，增值税扩大到全部货物的所有流转环节开始使用增值税专用发票。增值税专用发票分为手写千元版、万元版、十万元版和百万元版。1997年5月，随着金税工程防伪税控系统和电脑版增值税专用发票的使用，常州国税系统运用金税工程防伪税控系统为纳税人代开100万元增值税专用发票，1998年扩大到10万元版增值税专用发票，100万元版相继取消。1999年逐步开始在企业安装金税工程防伪税控系统，改用电脑版增值税专用发票。2000年1月，使用10万元以上发票的企业安装金税工程防伪税控系统，改用电脑版增值税专用发票。2003年6月，金税工程防伪税控系统全部安装到位，手写增值税专用发票全部改为电脑版增值税专用发票。

金税工程　全称是全国增值税专用发票计算机稽核网络系统。1994年，常州市区9个录入点参加全国50个城市计算机交叉稽核模拟运行，至1995年初录入稽核清单5.4万份。1999年8月，作为全国首批3个试点城市之一的国税系统，为587户企业安装防伪税控开票子系统。2000年，加快金税工程防伪税控、认证、交叉稽核、协查4个子系统建设步伐，全市有5618户增值税一般纳税人接受防伪税控业务培训，4828户安装防伪税控系统，占一般纳税人总户数的23.5%，交叉稽核和协查两个子系统开始试点。2001年，增值税专用发票存根联数据采集率达100%。2003年，全市有4255家企业实行网上认证，有52%需认证的抵扣联实行网上认证。2004年，全市71%的增值税专用发票抵扣联实现网上认证。2005年，税务机关为小规模纳税人代开增值税专用发票被纳入防伪税控系统管理。2006年，全市推行防伪税控一机多票系统，加强货物运输发票、废旧物资收购发票、海关代征增值税专用缴款书的监控，落实以票控税。2006年10月，金税防伪税控系统实现省级集中。

增值税专用发票集中售票和管理　1996年起，常州国税局推行增值税专用发票集中售票办法，实行微机售票，全市专用发票发售点由上年的98个减至32个，市区由25个减至4个。全市国税系统存储增值税专用发票的仓库完成与公安局110报警台的联网安装，建立专用发票防伪税控和丢失报警微机监控系统。1998年，在全市推行纳税人统一凭购票专用IC卡(内部存有纳税人1年内购票和未销号发票信息)购票制度，原持有申报纳税资料IC卡的用户可一卡两用。至1999年底，一般纳税人全部采用IC卡购买发票。2003年7月，全市所有领购发票的单位和个人实现储值IC卡领购发票。2010年10月，实现增值税专用发票网上报税，注册用户为1.39万户。

二、通用发票

市税务部门监管的普通发票主要有普通销售统一发票、农副产品收购凭证和废旧物资收购凭证3种。普通发票由市税务局在省税务局指定的印刷厂统一印制，纳税人填开使用后只需每月报送购进、使用、作废、结存情况。农副产品和废旧物资收购凭证，只限于供核准的独立收购企业购买使用。1987年9月，常州市税务局颁布《常州市发票管理施行办法》。1990年，该局出台《关于明确发票管理若干问题规定的通知》《关于加强对交通运输业发票负责制管理的通知》等发票管理规定。1993年1月1日起，根据国家税务总局要求，在发票上加盖全国统一发票监制章和使用发票底纹，江苏省内单位同时规定使用发票防伪纸和防伪油墨，实行从纸张到发票印制都由定点厂商生产。1994 年国税、地税部门分设后，市国税局使用的普通发票由省国税局定点印制，市国税局制定印制计划，并负责保管和发放；市地税局对营业税行业所需的发票进行发放和管理（统称营业税发票），1995 年 1 月起启用由市地税局监制的新版普通发票。1997 年 5 月、2005 年 1 月，市国税局使用的普通发票两次换版；1998 年起市地税局在饮食行业启用剪额发票，1999 年对服务业发票试行抽奖。2002 年，市国税局在全省率先开发应用纳税人购领发票身份识别卡（IC 卡），持卡人与购票人身份相符方可购领发票；服务业、娱乐业纳税户推广使用电脑发票和税控发票，初步形成以税控发票和远程系统为主的发票管理体系。2006 年，取消手工发票，推广电脑发票；7 月起在饮食业、住宿业、娱乐业、沐浴业使用有奖定额发票。2009 年 1 月 1 日起，普通发票增加区域性防伪标识"江苏国税"水印图案。2010 年 5 月，全省首台自助发票发售机在市国税局投入使用，纳税人可在自助机进行发票验旧和刷卡购买机打发票。

维权 360° 发票咨询服务活动（摄于 2009 年 3 月）

第十一节　税务稽查

1986 年 8 月，市税务局成立稽查队。1993 年 6 月，市税务局成立检查分局，与稽查队合署办公，负责全市的各项税收检查和对县（市）局、分局稽查系列的指导、监督与考核。1994 年常州国税局、地税局分别成立稽查分局，后更名为稽查局。

一、日常检查

常州市在"征管查"合一阶段，日常检查以税务专管员为主，税务稽查一般由市、县税务局统一组织。1994 年稽查分局成立后，各分局实行二级稽查模式，主要负责对辖区内纳税人进行重点抽查、对重大税务案件的检查和承办人民来信、举报，查处税务违章案件。1995 年，市国税稽查部门对 4300 户纳税户开展税务检查，查出问题户 3450 户，查补税款和收缴罚款、滞纳金 7036 万元，其中市区检查 2355 户，查补税款和收缴罚款、滞纳金 4486.26 万元。1996 年，全市税务稽查机构按对选案、检查、审理、执行实行专业化管理的要求，设立相应的内部机构，稽核稽查人员比例占到基层分局征收人员的 38%，税务稽查开始由粗放型向集约型转变。1997 年，市税务部门根据国家税务总局提出的"以纳税申报和优化服务为基础，以计算机网络为依托，集中征收，重点稽查"的征管模式，率先在直属分局进行税收征管模式改革试点，实行征、管、查三分离，取消专管员，实现由管户到管事的转变，形成征管专业化分工管理体系。

1999 年，市国税局出台《避免对纳税人重复检查办法》，稽查局与辖管分局按税务管理要求实行二级稽查，按分工协作原则划分日常检查的范围。对全市纳税户的日常全面性检查原则上每年 1 次；当年，全市各级稽查部门检查纳税户 7978 户，比 1998 年的 1.06 万户下降 25.1%，查补入库税款增 20.4%。2000 年 7 月起，市国税局实行税务稽查建议制度。税务稽查部门及工作人员在检查中，发现的违法违规情况及征管中带有普遍性的问题，应向有关职能处室（科）、分局或纳税人（扣缴义务人）发出《税务稽查建议书》，提出所发现的情况、问题及整改建议。2001年4月，市国税局、地税局在全省率先联合出台《税务稽查免检企业认定办法》。2003年起，开始实行一级稽查模式，做到选案、检查、审理、执行四分离，实施查前预告、查中辅导、查后建议、税案公告制。

2010年，全市税务部门开展以查处涉税大案要案为主的税务稽查活动。市地税局在全省首次推出对纳税人采取无过错推定原则，强化税务部门的举证责任，实施人性化执法，维护纳税人的合法权益。税务部门围绕依法治税示范单位创建活动，规范内部执法行为，完善执法制度、执法监督机制，进行严格的评议考核和执法过错追究，开发运用行政处罚软件专用模块、执法检查电子考核系统，实现人机结合的考核监督体系，执行稽查工作规程，制定重大税务稽查案件审理制度等稽查管理制度。

二、专项检查

1986年以后，常州市税务部门按市政府的统一部署，每年都组织参加全市税收、财务大检查。1989年3月，市税务局对个体工商户、个人租赁承包户和个人收入调节税纳税人进行专项检查，查补税款2057.88万元。1990年，市税务局开展税收大检查，通过对1642户企业及个体户的抽查，查补税款821.16万元。1992年，全市开展税收、财务大检查，查出违纪金额727万元，查补个体税收近10万元。1994年税收大检查，查补增值税、消费税1228万元。1986—1994年，全市查补税款和罚款1.26亿元。国税、地税分设后，1995年，市税务部门首次联合组织税收大检查，全市地方税收大检查查补地方税税款685.93万元。

国税检查 市国税局探索采用纳税评估的方法加强税源管理，对发现的一般问题或偏差督促纳税人自行纠正，严重涉税违法问题移送稽查部门查处。2000年7月首次开展增值税纳税评估。2004年，采取所得税与增值税纳税评估相结合、个案评估与行业专项评估相结合的方式，组织对全市年销售额超过5000万元的重点企业、防伪税控系统产生的异常企业、责任区管理和日常征管信息系统直接产生及稽查预警产生的评估对象开展纳税评估。2007年，实施包括增值税、消费税、所得税、出口退税在内的多税种联合纳税评估。2008年，实施纳税评估项目化管理，开展多税种纳税评估联评。

地税检查 市地税局按照全省统一部署，持续开展专项检查，加大重点稽查力度，在全市开展对交通、餐饮、旅游行业和营业税、个人所得税、企业所得税专项检查；对证券公司的营业税、境外购买无形资产的工业企业的营业税、国有企业和事业单位的企业所得税、会计师事务所和律师事务所纳税情况等重点领域和行业进行专项检查。至1999年，共检查纳税户535户，查出有问题的432户，查补税款2202.66万元，加收滞纳金27.7万元，处以罚款26.98万元。

三、案件查处

1988年4月，市检察院派驻税务局检察室成立。1989年3月，在市税务局对纳税人进行的税收专项检查中，查出一批重大偷税漏税违法案件，依法逮捕常州市新中国成立以来最大的偷税犯罪嫌疑人袁某某、同案犯杨某及抗税犯罪嫌疑人张某某。

1991年，税务检察室首次查处两起集体偷税案。市检察院驻市税务局检察室受理的龙港实业公司（天宁区新丰街道集体企业）偷税案，经过3个多月的检查核实，决定对龙港公司所偷税款19.85万元处以1倍罚款，对发票违章处以5000元罚款，补缴偷漏税（费）罚款67.79万元。龙港公司法人代表章某某、副总经理章某某、会计周某某以涉嫌偷税罪被批准逮捕。武进县税务检察室受理县税务局稽查队移送的武进县洛阳橡胶制品厂偷税案。经查，该厂厂长陈某某于1990年至1991年10月间，偷逃税款8.95万元。鉴于被告人陈某某认罪态度好并积极组织资金退补税款，武进县检察院决定对被告人陈某某免予起诉。

1992年，全市5个税务检察室受理案件106件，经调查决定立案8件，其中偷税6件、抗税1件和贪污、挪用公款1件，全部侦查终结，移送审查起诉或免予起诉，直接追回税款74.4万元。还协助税务部门查处税务违章案件46件，查补税款及罚款198.75万元，其中市区77.26万元。1992年3月，市公安局率先在全省成立公安局驻税务民警办公室。1993年12月，市中级人民法院税务法庭成立。至此，常州市由公安、检察、法院和税务稽查组成的“四位一体”税收司法保卫体系初步形成。税务民警办公室重点加强对集贸市场、车站码头、个体税收治安环境的治理整顿。1993年，全市税务机关检查257户出口退税企业及相关生产单位的出口退税证明686份、发票25.35万份。查实市某出口公司虚假销售额计483万元，偷漏税款82万元。经侦查，依法处理涉案单位、主管责任人员和直接责任人员。

1995年，全市税务检察部门、公安驻税务民警办公室、税务法庭、税务检查部门以查补偷骗抗税特别是利用增值税专用发票违法犯罪为工作重点。税务检察部门受理涉税案件线索126件，立案侦查28件30人，挽回流失税款1200余万元。开展护税协税，查补税款870余万元，追缴非法所得220余万元。税务民警办公室，查处涉税刑事案件和治安案件40余件，收缴发票14.9万份；处理违法人员45人，其中逮捕7人，直接查补税款60万元，协助查补税款100余万元。税务法庭对故意拖欠税款的单位实行强制执行，执结案件12件，入库税款31.81万元。1997年8月25日，市中级人民法院依法对全市最大的一起虚开增值税专用发票、走私、偷税、投机倒把、非法购买伪造的增值税专用发票案作出一审判决，认定李某某在1995年7月至1996年5月期间虚开增值税专用发票罪、走私罪、偷税罪投机倒把罪和非法购买伪造的增值税专用发票罪名成立，情节特别严重，数罪并罚被判处执行无期徒刑，剥夺政治权利终身。1998年，市国税局、地税局分别成立税务举报中心，公开举报电话，制定举报奖励办法。

2001年，在打击伪造、倒卖假发票的专项斗争中，市国税系统摧毁假发票窝点两个，抓获票贩13人，收缴假发票2万余份，现金2.5万元，有两人被逮捕；并摧毁1个“地下税务所”，两名犯罪嫌疑人被刑事拘留。全市受理涉税举报679件，查结618件，查补税款1862.94万元，罚款499.77万元，滞纳金62.98万元。通过举报查处案值达10万元的大案要案27件。8月，市地税稽查局应珠海市国税局要求协查2张运输发票。通过对郊区东海运输服务中心的检查，发现这两张发票均为“大头小尾”的假发票。在常州公安部门的配合下，终于破获该虚开运输发票犯罪团伙，该团伙从1999年1月至2001年11月，虚开运输发票2242份，虚开金额1365.24万元；虚开伪造的运输发票282份，虚开金额225.48万元。地税部门对有关当事人分别给予补税、行政处罚，补税、罚款107.69万元全部入库。犯罪团伙人员因触犯刑法，被移送司法机关处理。9月上旬，市地税局出台重大税务案件审理制度，市地税局和3个辖市地税局分别成立重大税务案件审理委员会。

2002年，市国税稽查部门与公安部门配合，开展以打击变造、虚开增值税专用发票违法犯罪为目的的猎狐行动。相继破获“远达”“周群伟”“明磊”“博亚”“七二三”“八一九”等较大规模的有组织、团伙型伪造、变造、贩卖、虚开、代开增值税专用发票违法犯罪案件。其中破获涉税额60万元的大要案7件；查获变造增值税专用发票721份、假票666份、虚开专用发票316份，追缴税款1374万元，罚款731.15万元；有104名犯罪嫌疑人被公安机关采取刑拘、监视居住、取保候审，执行逮捕等刑事强制措施；薛某某、周某某等人分别被判处有期徒刑。2003年，市地税局举报中心受理举报案件195件，结案138件。查补税款285.6万元、罚款90.57万元、滞纳金14.31万元，计390.48万元全部入库。其中查补税款50万～99.99万元、达100万元及以上的各两件。

2007年，市国税部门查处涉税违法犯罪金额达60万元的大案75件、达100万元的要案36件，查补税款2.7亿元。市地税部门移交司法机关处理的偷税案件73件。2008—2010年，全市税务稽查部门和驻税公安、检察院、法院等部门，查处涉税案件1300多件。其中案值60万～100万元(不含100万元)大案26件、达100万元的要案19件，查补罚税款总额18.41亿元；捣毁发票犯罪团伙38个、窝点51处，缴获假发票1200.6万份；因发现涉税违法犯罪，向公安机关移送案件85件，逮捕32人，取保候审98人，依法判处有期徒刑以上人员28人。

第二十三卷

Volume XXIII

经济综合管理

Comprehensive Economic Management

改革开放后，常州市工商、统计、物价、审计等管理机构相继恢复和新建，逐步健全，形成较为系统的工商、统计、物价、标准计量和审计管理网络，综合管理行为逐步市场化、信息化、法制化、规范化。市计委每年编制年度计划，编制国民经济和社会发展五年计划及其他中长期发展规划，对重点项目进行监控，并且研究经济形势，发布预测信息。1982年8月，《中华人民共和国工商企业登记管理条例》颁布实施，市工商部门开展登记管理试点，逐步放宽企业经营范围、经营方式的限制，市工商局开展外资和港澳台资企业的登记管理，对个体工商户、私营企业的登记管理进行教育引导。80年代中后期起，全市消费者协会等机构与工商等部门广泛开展放心消费等活动，保护消费者的合法权益。全市推行工农业生产标准化和计量标准化，推动企业采用国际标准和国外先进标准；统计部门改革创新调查统计的方式、手段、项目，每年发布国民经济和社会发展公报，经常对部分经济社会发展专题发布分析预测报告。90年代，市场经济体系逐步建立健全。市质量技术监督局、食品药品监督管理局与市工商局监管企业的生产经营，维护市场秩序，制止垄断和反不正当竞争，查处、打击投机倒把、制售假冒伪劣商品、走私贩私、传销等违法违章活动，保护消费者和经营者的合法权益，服务业、安全生产先后推行标准化。政府相关部门对市场主体的制售产品、服务及其质量等严格监管，全市价格总体水平基本稳定。21世纪初叶，全市先后建立农村与城镇食品安全监督责任网、现代流通网和群众监管网，全市开展食品安全专项整治；各级政府把安全生产纳入经济社会发展规划，建立政府领导、部门监管、企业主体的安全生产责任体系，工矿商贸、交通运输、建筑施工等企业开展了安全质量标准化活动。全市综合管理机关、部门拓展监管服务的领域和范围，覆盖全市经济社会生活各方面，监督管理制度体系更加完善，监管服务手段、方式和过程日益法制化、长效化、信息化和规范化，保障常州经济社会持续快速健康发展。

第一章　发展规划计划

改革开放后，计划管理体制发生一系列变化，国家指令性计划逐步减少。1986年，工业产品指令性计划仅占常州市工业总产值的5%，95%实行市场调节；农副产品不再实行指令性计划，主要通过合同定购形式把国家计划与生产者相联系。此后，国家取消一些主要物资的分配基数，废钢铁的指令性上交任务改为扣减钢材分配指标；过去由中央和省进口的原材料、元器件、散装件改由地方外汇进口。计划工作的重心开始从直接下达转向宏观指导，从单纯的计划管理转向全社会的综合平衡，从直接管理转向重要、宏大、长远问题的协调。

第一节　计划规划编制

1986—2010年，常州市坚持组织编制常州市国民经济和社会发展年度计划、五年计划和十年规划等，并督促实施。1986年起，市计委、经委、物资局与行业主管部门参加的每月两次物资平稳调剂会制度建立，对物资投向进行计划指导，加强进口物资管理，每年底进行综合平衡，统筹安排物资的进口。同年8月国家科委批准，常州市进行为期3年的城镇社会发展综合示范试点。

一、国民经济和社会发展规划计划

国民经济和社会发展“七五”计划 1986年，常州市计委组织编制常州市国民经济和社会发展第七个五年计划，明确“七五”期间全市经济社会发展的目标任务。1989年根据国民经济治理整顿的要求，编制常州市3年治理整顿计划。

国民经济和社会发展“八五”计划 1989年6月，常州市计委开始编制以调整和发展为主要内容的“八五”计划，1990年12月形成“八五”发展纲要。1991年12月，市十届人大第二十六次常委会议审议通过《常州市国民经济和社会发展“八五”计划》。计划提出“八五”时期的主要目标：保持国民经济的持续、稳定、协调发展，计划1995年全市实现国民生产总值127亿元、国民收入102亿元，完成工农业总产值423.3亿元。全市计划利用外资和港澳台资3亿美元，新办合资（合作）企业300家。逐步建成城北工业村；推进科技兴市发展战略，建设好苏锡常火炬带常州开发区，实施“星火计划”和“燎原计划”；加快培育发展市场，发展金融保险、房地产、旅游等第三产业，其增加值占国民生产总值的30%；人民生活接近或达小康水平，城市居民人均居住面积达7.35平方米。

“九五”计划及2010年远景规划 1996年初，常州市计委组织编制的《常州市“九五”计划及2010年远景规划》完成，提出了常州基本实现现代化的总体目标，确立科教兴市、外向带动、城乡协调发展3个战略，明确了“九五”期间的十大任务。同年1月，该规划经市十一届人大四次会议批准。

“十五”计划和2010年远景规划 2000年，常州市发展计划委起草完成《常州市国民经济和社会发展第十个五年计划和2010年远景规划纲要（草案）》（征求意见稿）。完成支柱产业“十五”计划草案，编制《2000年支柱产业推进工作要点》。编制完成《常州市“十五”可持续发展规划（草案）》，组织专家论证评议。2001年，修改完善常州市“十五”计划纲要。

“十一五”规划 2003年，常州市发展计划委制定《关于常州市开展“十一五”规划编制工作的建议》。翌年，提出开展全市“十一五”规划编制工作的意见，明确全市“十一五”规划25个重点前期调研课题和19个专项规划及编制重点，形成《常州市国民经济和社会发展第十一个五年规划基本思路（讨论稿）》，提请市政府常务会议审议通过。2005年，编制完成《全市“十一五”发展规划纲要（草案）》；2006年，常州市“十一五”规划编制完成，通过市委、市政府审议和市十三届人大第五次会议审议批准。与总体规划相衔接的19个专项规划除《土地资源开发利用和保护规划》外全部编制完成。

常州市在北京举办“十二五”发展汇报咨询会（摄于2010年7月）

“十二五”规划 2008年，常州市发展改革委开展“十二五”规划编制方案研究，形成全市“十二五”规划编制初步建议方案。2009年，开展15个“十二五”规划前期重点课题研究，征求社会意见和建议，向全市开展“我为常州发展献一策”活动，提出

“十二五”规划思路、“十二五”专项规划编制目录，“十二五”规划编制工作启动。2010年，《“十二五”规划纲要（草案）》提交市人代会审议，建立“十二五”发展重大项目库，汇总148个重大项目，总投资4400亿元。

二、专项发展规划

1992年，常州市社会发展综合实验区第三阶段（1993—1995）规划通过国家评审，规划主要分析试点后社会发展工作现状和趋势；确立1993—1995年的指导思想、工作思路和奋斗目标；市计委组织编制教育、卫生、文化、城市建设等13个主要部门的工作规划；提出常州市社会发展管理指标体系12大类80个子目标及将组织实施的62个重点项目。1997年，编制完成《常州21世纪议程》送审稿，1998年组织编制《UNDP① 常州21世纪议程能力建设项目》，1999年，组织编制《常州市“十五”投资及重大项目》，起草《常州市支柱产业升级工作意见》，提出总量指标、新产品销售比重、技改投入、企业集团发展、新增长点培育等6个大类41项目标；修改完成全市农业产业化发展规划，提出全市农业产业化龙头企业发展的指导思想和“十五”发展目标。2000年，市计委汇编完成“三湖一河”碧水工程规划纲要（讨论稿），滆湖、长荡湖生态规划和运河常州段保护规划通过辖市与相关部门联合组织的专家评审。2003年、2005年，先后编制《常州市沿江开发详细规划》和“十一五”重大项目专项规划初稿。2009年，市发展和改革委完善主体功能区规划，确定有关辖市区限制开发区面积，参与修改《长三角区域规划纲要》《江苏省沿江开发总体规划》。

三、专业规划计划

工业经济 1995年，市委、市政府选定工业“六大支柱产业”，即以柴油机、汽油机为主体的动力机械制造业，以装载机、挖掘机为主体的工程机械制造业，以高电压大容量变压器为主体的输变电设备制造业，以城市客车、光阳摩托车及零部件为主体的汽车（摩托车）及配件制造业，以金融商贸电子化系列产品、数字音视设备为主体的电子信息及现代视听设备制造业，以灯芯绒、牛仔布、化学纤维及其服饰制品为主体的新型纺织服装业。1996年，市计委形成含“六大支柱产业”的“九五”发展规划纲要。1999年8月，市计委与国家计委产业发展研究所联合完成《常州制造业竞争力及规划》课题研究报告。2002年，市发展改革委编制完成《常州现代制造业基地发展纲要》。2005年，依据“十一五”制造业发展纲要，编制《常州市鼓励外商和港澳台商投资产业群指导目录》，首次提出常州市鼓励外商和港澳台商投资的15个产业群。启动常州装备制造业发展规划研究。翌年，市发展改革委组织编制的《常州市制造业升级三年行动纲要》等8个纲要由市委、市政府印发实施。该委撰写出常州光伏产业、平板显示产业发展课题研究和常州装备制造业发展规划研究初稿；出台关于常州化工产业发展调整的意见，调整新北区化工产业规划。2008年，编制完成《西夏墅机械刀具产业集群发展战略规划》。

第三产业 1993年，常州市计委编制、颁布《常州市“八五”后三年加快发展第三产业规划纲要》，明确“八五”后3年全市商品流通、交通运输、邮电通信、房地产、金融保险、科技信息咨询和旅游、文化娱乐7个行业的发展规划，市政府相继颁布《关于加快发展第三产业的若干政策规定（试行）》《常州市鼓励个体私营经济兴办第三产业的若干规定》等文件。1996—1997年，市发展计划委起草《关于全市加快发展第三产业的若干意见》《关于加强第三产业发展规划导向的意见》。2002—2003年，市发展计划委组织论证、编制了《常州市现代物流业发展规划》《常州市基础通信管道建设规划》。2005—2007年，市发展改革委组织编制完成《关于加快发展现代服务业的实施纲要》《常州机场物流园区概念性规划》《常州市现代服务业50项重点项目计划》《常州市动漫产业发展规划》，编制横林地板产业服务区发展规划、常州综合物流园区规划、邹区灯具产业集群服务区发展规划和常州市动漫产业发展规划等重点园区发展规划，引导生产性服务业发展。

① UNDP为联合国开发计划署（United Nations Development Program）英文名称简写。

社会发展 2003年，常州市发展计划委编制完成《常州市社会事业领域资源调整规划纲要》初稿。2005年，市发展改革委研究提出《“三年行动”纲要编制目录》，选择若干领域和行业编制“三年行动”纲要。编制完成“长三角区域规划”（常州部分），完善《常州市沿江开发详细规划》，编制完成《常州市沿江产业与空间布局规划》。启动城市轨道交通线网规划、《常武地区社会事业资源整合规划》等重点规划的编制，修订完善《常州市社会信用体系建设三年(2005—2007年)行动纲要》，3月经市政府批准实施。翌年，编制完成细化落实“十一五”规划的15个“三年行动”纲要。2007年，编制完成《奔牛机场总体规划和空域规划(初稿)》，《常州城市快速轨道交通建设规划(第二稿)》和《常州市太湖水环境综合治理专项规划》等工作。2008年，开始编制《常州市轨道交通建设规划》，2009年《常州市城市快速轨道交通建设规划》分别通过省发展和改革委、建设厅组织的专家评审。

其他专题 1997年，常州市计委组织编制环境保护、丘陵山区综合开发等17项专项行动计划，编制完成《常州市区域卫生发展规划》，组织编制常州市农业产业化发展规划。2002年，市发展计划委制定《常州市支持参与西部开发规划(2002—2005年)》。编制下发《2003年常州市市区国有土地使用权出让计划》。2008年，编制完成《常州市饮用水安全保障规划》《常州市太湖水污染防治专项规划》《常州市嵌入式软件产业规划》。

第二节 重大项目管理

1986年前，全市投资超过财力、物力的承受能力，采取清理固定资产投资规模、加强固定资产投资管理的措施，保证经济的正常运行。1992年8月，市政府重大项目办公室获准成立，归口市计委管理，主要负责开发培育工业基本建设、技术改造、利用外资和港澳台资、基础设施建设等方面的重大项目；牵头组织重大项目的前期准备，直至完成项目的立项报批和审批。常州市计划部门每年编制常州市年度固定资产投资计划、重点项目计划。1997—1998年，市计委制定了推进支柱产业发展总体思路，研究制定《1999—2000年常州市支柱产业升级工作意见》，提出《常州市“九五”后三年优化投资结构的意见》。1998年，市政府同时实行投资许可证制度，批转《常州市重点建设项目管理办法》，强化固定资产投资方向调节税征收管理；市计委加强固定资产投资与项目管理，建立月报制度。2001年，市发展和计划委建立重大项目储备制度。2002年，提出《常州市重大项目储备工作实施办法》。2004年建立项目管理工作机制，按季对全市投资情况进行分析预测。2005年，建立重点项目管理机制，对重点项目的实施进行跟踪检查、分析和协调；建立重点项目挂钩联系责任制度，确定市发展改革委领导班子全体成员为项目责任人。2006年，市发展改革委建立市重点项目挂钩联系责任制度。翌年，全市推行重点项目网上联报、领导挂钩联系和现场督察制度。2009年，编制《常州市代建制项目管理办法(试行)》，试行《社会事业建设项目管理办法》，开展代建制试点。

一、项目计划

1998年，市计委编制下达全市固定资产投资计划和重点项目建设计划。21世纪初叶，发展改革部门常年开展投资运行分析，督察项目实施进度。2001年，开展“十五”重大项目储备，编报“十五”重点基础设施和城市建设项目71项。翌年，市发展和计划委编制、分解实施《常州市2002年重点项目建设计划》245项。2005年，全市有98个项目被列入市级及其以上重点建设项目计划。翌年，编制下达《常州市2006年重点项目计划》。2007年，全市有17个项目列入省重点建设计划，其中以常州市为主的有9项，市发展改革委分析跟踪重点项目158个。2008年，常州有30个项目被列入省重点建设计划，市发展和改革委编制印发全市投资计划、172 个市重点项目建设计划。2010 年，编制下达全市重点建设项目年度计划 160 个。

二、用地计划

1998 年，市计委对建设用地实行严格的指令性计划，从项目审批即强化用地的扎口管理，全市非农业重点建设项目向省争取到用地计划 132.03 公顷，35 项重点项目争取到非农建设项目用地指标 286.61 公顷。2004—2005 年，市发展和改革委组织编制常州市中心城区 2004 年、2005—2007 年经营性用地收储出让计划和重点急需建设项目用地计划，其中 2004 年编报重点急需用地建设项目 44 个、2005 年全市土地利用计划项目 37 个，用地总面积分别为 3729 公顷、3200 公顷。2005 年，中心城区收储地块 45 宗、出让地块 19 宗，总面积分别为 386 公顷、80.6 公顷；编报能源、交通、水利和农业、城市重大公共设施等领域重点急需建设项目用地计划项目 30 个，用地总面积 4198 公顷。2006 年，完成 2003—2005 年市区经营性用地出让基本情况分析报告，编制落实年度土地出让计划。

三、建设资金计划

1991 年，市计委等部门发行地方企业债券 3300 万元，支持戚墅堰发电厂扩建改造和常州第一热电厂的建设。1996 年筹措 500 千伏武南变电所项目 7000 万元资金。1997—2000 年，市发展计划、财政等部门争取到国债资金 1.88 亿元。1997 年落实常州地区供水一期工程法国政府贷款 3000 万美元，1998 年外环路二期工程发行 2000 万元建设债券。1999 年城市路网工程、金坛市第一污水处理厂、武进市城区污水处理厂、溧阳市城区污水处理厂等项目争取到 2000 年国家财政债券项目资金 5000 万元，其中国债 1700 万元、地方转贷资金 3300 万元。2001 年，全市 71 个重点基础设施、城市建设项目总投资 557 亿元，常州市污水处理三期工程、金坛市第一污水处理厂分别争取到中央财政预算内专项资金 2500 万元、国债 1500 万元。2002 年度重点项目计划投资 156.8 亿元，其中列入年内目标考核的 15 项重大储备项目总投资 174 亿元。2003 年，龙澄污水处理厂一期工程获国债资金 600 万元，戚墅堰污水处理厂一期工程继 2002 年得到国债资金 400 万元后，又得到国债资金 800 万元。2004 年，全市固定资产投资稳定增长，投资总额 588.6 亿元，凌家塘农副产品批发市场扩建、天目湖旅游度假区基础设施建设等 3 个服务业国债项目获资金 1650 万元，“三河三湖”水污染治理等基础设施项目累计争取到位国债资金 5300 万元。2007 年，常州争取到上级扶持重点项目的资金 3900 多万元。2008—2009 年，市发展和改革委组织编制重点项目投资计划、政府性城市建设项目投资计划；2009 年，全市 169 个重点项目累计完成投资 410.6 亿元。2010 年，全市 160 个重点建设项目完成投资总额 500 亿元。

四、重大投资项目

交通设施　1996 年起，常州市计划部门主要推进新长铁路、北货场等建设项目。1999 年，沪宁铁路武进段 6 个平交改立交改造项目全部完成。完成延陵东路、城中北路、新机场路新建改拓建的前期工作。2001 年，常州市城市道路工程落实国家地方财政性专项资金计划 2500 万元；常澄高速公路常州—江阴段前期工作全部结束，妥善解决东外环线三跨桥同步实施问题。2002 年，西环一路道路规划及两侧地块控制性详细规划编制完成并组织审查论证；常宁高速公路常州段前期工作进展顺利；编制市中心区停车场规划，研究提出招商建设的政策建议。2003 年，312 国道与京杭大运河同步改线，开始编制可行性研究报告。2006 年以后，推进常州城市高架道路工程等重点交通建设项目。

常州民航机场　1994 年，常州市计委完成民航常州机场扩建工程可行性审查，被列入海军 1995 年三大扩建机场。1996 年 3 月 15 日，民航机场复航，达 4D 级标准，油库工程按时竣工投运。2005 年，常州机场改扩建被列入国家和省“十一五”民航发展规划，前期工作同步展开。2007—2009 年，推进并完成民航常州奔牛机场对外开放、改扩建工程的前期工作和航站楼基础施工。

铁路及其场站　1997年，常州市计委完成京沪高速铁路常州段线路走向及站址方案选择。1999年，通江铁路通过工程预可行性评审，接轨方案获得铁道部批准；翌年通江铁路通过省计委立项，工程可行性研究报告编制完成，2001年，通江铁路可行性研究报告获省计委批准。2005年推进沪宁城际铁路前期工作；2007—2008年，论证沪宁城铁常州交通枢纽建设项目。2009—2010年，京沪高铁场站建设顺利推进。

高速公路　2000年，常州市发展计划委与泰州市多次沟通协商，委托综合（深圳）开发研究院开展常泰过江通道前期工作。2001年，常泰过江通道被省计委列入江苏“十五”重大储备项目。2003年，常泰过江通道选址意见基本统一。市发展计划委完成西绕城高速公路可行性研究报告，通过省计委组织的审查。2004年，常澄、宁杭高速常州段建成通车；常宁、扬溧高速先导段开工建设，推进沪宁高速拓建工程，当年分别完成投资8亿元、6亿元。2005年，常泰过江通道预可行性研究报告通过专家审查。2007年，西绕城高速公路等重点项目顺利推进。

常州港　1996年，常州港建设工程可行性研究报告及初步设计获省批准，完成围堤吹填。翌年，常州港万吨级石化码头及储运工程得到省计经委批准，开始围堤吹填，与美国联合石油化工储运公司签订合作协议书。1999年，万吨级通用泊位改扩建工程可行性研究得到省计经委批准。2003年，录安洲开发按“建设夹江桥，开发录安洲，形成港口群”的思路开展前期工作，连接录安洲的夹江大桥预可行性研究报告通过省发展和改革委审查。2007年，录安洲化工码头及储罐区建设顺利推进。

城市轨道交通　2002年，常州市发展计划委开展市区轨道交通发展前期研究；2003年，着手编制城市轨道交通线网规划；2007—2010年，常州城市快速轨道交通项目前期工作顺利推进。

电力设施　1994年，常州市计委推进240万千瓦江边发电厂、西湾抽水蓄能电站、500千伏常州变电工程等项目前期工作。2007年，金坛压气蓄能电站启动。

戚墅堰发电厂　1999年，戚墅堰发电厂技改项目被省计经委作为首选项目列入规划并上报国家计委，计划总投资26亿元，新建两台30万千瓦燃气机组。2001年，燃气机组项目获国家计委立项批件。2002年，可行性研究报告通过中国电力工程咨询公司的审查。2007年，推进江苏华电戚墅堰发电公司燃机热电联产项目。2010年，戚墅堰发电公司燃机热电联产天然气支线建设方案落实开工建设，天然气燃机二期两台400兆瓦机组扩建工程前期工作展开。

常州电厂　1996年，常州电厂立项和工程可行性研究由电力部上报国家计委。1997年，常州电厂一期工程完成可行性研究报告及煤码头工程可行性研究报告、温排水模型中间试验报告、河势分析及河工模型定床试验报告、电厂环境影响评价报告等，与中国神华集团公司签署供煤协议，提出筹措工程建设资金的意见。2003年，常州电厂规划总装机容量420万千瓦，其中一期工程2台60万千瓦，总投资56亿元，项目建议书经国务院总理办公会议批准，项目可行性研究报告、初步设计、厂区拆迁等前期工作基本完成。2004年，一期工程项目建议书经国务院同意。2005—2007年，推进国电常州电厂二期工程建设。

供水设施　1996年，常州地区供水一期工程可行性研究报告委托上海市政设计院编制完成，国家计委批准市县联合建设长江第二水厂，常武供水工程领导小组及办公室成立。1998年，常武水厂一期工程可行性研究获国家计委批准。1999年，常州地区供水一期工程初步设计通过省建委组织的审查。2003年，武进区乡镇供水管网工程获国债资金800万元。

燃气设施　2000年，常州市计委委托中国市政工程华北设计研究院编制《常州市2003—2020年天然气利用专业规划》，通过省级审查，向省计委编报《常武地区2001—2005年城市管网改造工程项目建议书》。2001年，常州市天然气利用一期工程（城市燃气部分）项目建议书获省发展计划委批准，金坛大型储气库项目被列入西气东输建设计划。2002年，该项目被纳入国家西气东输总体规划，常州市天然气利用一期工程（城市燃气部分）可行性研究报告经省发展和计划委批复，初步设计编制完成。编制全市2005年天然气利用项目投资计划，戚电公司燃机二期工程、港华燃气公司二期高压管网、公交公司天然气公交等项目进行前期准备。2005年，推进天然气利用二期前期工作。

生态环境设施 1997年，常州城市污水处理一期工程投运后开始扩建。2007年，推进滆湖水环境综合整治项目，论证城市市容环境综合整治、青枫公园建设和生活垃圾填埋场续建工程等重大项目。2008年，论证城市市容环境综合整治、紫荆公园、"三河三园"等生态环境重大项目。

工业技改项目 1986年，常州重点扶植客车、变压器、电子衡器、铜材一条龙等11种产品，确定24种产品作为"七五"期间的发展重点，重点培育柴油机、出口胶鞋、电视机、压缩机、拖拉机、自行车、布洛芬药品等产品。1990年，编制工业振兴计划，首批确定44种重点产品，其中市区14种、县(市)区30种。1994年，中荷合资年产150万吨精制盐项目得到国务院、国家计委批准立项；常州化工厂利用世界银行贷款建设年产6万吨离子膜烧碱项目得到世界银行评估团认可；常州酒精厂利用世界银行贷款建设年产2万吨优质食用酒精及联产蛋白饲料项目开工建设。1996年，常州化工厂6万吨离子膜烧碱项目2000万元债券由省计经委报请国家计委核准列入1996年度发行计划，国家开发银行2300万元贷款通过评估，推进玻纤薄毡、光亮铜杆、聚酯切片等项目。

1997年，重点项目年产6万吨离子膜烧碱项目试车成功，东芝大容量电力变压器、金源铜业年产10万吨连铸连轧光亮铜杆项目竣工投产，常柴集团年产10万台多缸机项目经省计经委批准开工建设。1998年，常柴集团与常拖厂、常州车身厂签订共建常州车辆公司合资合同；常州水泥厂10万立方米加气混凝土项目获省计经委批准。开展对新型建材、新型纺织纤维、电子信息及网络产品等6个重点产业和产品的调研、规划编制和论证，其中新型建材发展规划通过专家评审，被省、市体改委推荐作为境外B股上市项目。2000年，总投资8亿元的利用金坛盐矿建设天然气地下储气设施及带动真空制盐等项目取得实质性进展。

2001年，金坛大型储气库的配套项目年产60万吨真空制盐项目获得国家发展和计划委正式批准，总投资1.91亿元，翌年可行性研究报告由国家发展和计划委批准。2004年，常州发展改革部门组织申报纺织面料、农药、汽车零部件、装备国产化4个工业国债专项，有8个项目获资金1548万元。2006—2009年，实施推进千红制药、瓦姆大钢管增资、常牵中心风力发电机组和机床、中石油化纤原料基地、天合光能500兆瓦太阳能光伏产业垂直一体化等重大项目。2010年，推进柳工东部研发制造基地、玉柴东部基地、光宝二期等重大项目，瓦卢瑞克大钢管、天合光能500兆瓦与280兆瓦太阳能电池和组件、玉柴重工、常林、光宝、瑞声等15个重大项目通过省发展改革委核准(备案)。

"三农"发展 1986—1990年，常州相继建成武进商品粮区域型基地、金坛食用菌基地、金坛长荡湖和武进西太湖水产品大水面围养基地、金坛和溧阳的茶叶基地、溧阳干果区域性基地、年出栏10万头商品猪和年上市蛋禽18.75万公斤等15个集约型基地。2003年，农村电网改造工程等项目如期完成。2004年，省级农业产业化经营龙头企业发展专项资金、天目湖现代农业示范项目等农业项目，累计到资金1170万元，申请到1.02万吨棉花、1.29万吨玉米、0.7万吨小麦的进口关税配额，棉花进口配额首次突破1万吨。2010年，推进曹山现代农业示范园、龙潭湖农业生态园、礼嘉农牧结合生态示范园等现代农业示范项目建设。

第三产业项目 1994年，常州市计委推进凌家塘农副产品批发市场二期扩建工程前期工作。翌年，市政府认定市区的江苏凌家塘农副产品批发市场、常州迎春综合市场、常州长江自由贸易中心、常州市农副产品贸易中心等8个市场为首批市级重点市场，制定减轻市级重点市场经营者负担的相关政策。2002年，市发展和计划委组织调查市区房地产开发情况，对开发总量、结构及布局等提出初步意见。2006年，常州钢材市场搬迁、江苏国际塑化城、凌家塘市场等重大项目顺利推进，中国物流常州综合物流中心、常州保税物流中心(B型)、亚邦药品物流市场、武进横林地板交易市场获得省发展改革委批准备案，或开展前期工作。2007年，全市有12个服务业项目被省发展改革委列为服务业重点项目。2009年，12个重点市场中有10个市场项目在建，凌家塘市场、长江塑化市场和湖塘纺织城等3个市场年成交额超过100亿元。

社会事业项目 1997年，常州市文化艺术学校二期工程学生宿舍楼竣工投用，教学楼完成主体，市检察院工程、看守所迁扩建工程、少年宫艺术楼等全面建成启用。2003年，市发展计划委争取到常州市拘留所、收教所、戒毒所建设国债资金100万元，探索政府投资项目管理新模式，以常州革命史纪念馆和常州革命烈士纪念馆工程为第一个试点项目，推行政府投资项目招标代建，该工程土建部分代建招标的中标价比标底造价节约83万元，节约比13.2%。市发展和计划委开展社会事业项目后评价和重大项目稽查，实行项目全过程管理，对市妇女儿童活动中心、水产良种引繁中心、蔬菜研究所实行项目后评价考察。2004年，落实大学城轻工职业技术学院等4项社会事业国债项目资金360万元。翌年，市发展改革委参与常州体育中心、大剧院、省常中、医院建设等重点社会事业项目的决策、协调和服务。2006年，常州市体育中心、会展中心、大剧院、博物馆等重大项目顺利推进，江苏数字文化产业振兴基地建设等项目获省发展改革委批准备案，或开展前期工作。2008年，戚墅堰机车车辆工艺研究所科技成果产业化基地、常州科教城三期、奥体(国际会展)中心、现代传媒中心、阳湖医院等重大项目顺利推进。翌年，技工学校5校整合等重点建设项目顺利推进。2010年，推进常州科教城三期、钟楼科技创业园、环球动漫嬉戏谷等重大项目建设。

第三节 经济形势预测

常州发展计划(改革)部门坚持通过调查研究，分析研究、预测地方经济形势，为党委、政府决策提供参考。1991年12月25日始，市政府计算机局域网投入试运行，是市政府辅助经济决策管理信息系统的首期工程。同年，市政府办公室和市经济信息中心联办的要闻信息发布系统上网运行，8个部门提供的25项数据库资源作为指标查询、计算、时间序列分析、经济预测和图形分析之用。1992年，市政府批准建设常州市辅助经济决策管理信息系统，被国家信息中心列为国家信息系统原型试点项目。工程分两期，第一、二期工程分别是市政府微机局域网和经济动态监测系统、信息调控模型等辅助决策系统。一期工程自1992年初投入运行，每日24小时工作。分析处理市委《每日快报》文字信息，经济指标分析和预测信息，由市政府18个综合部门提供的信息源及实时信息。1996年，常州市中长期宏观计量模型研制成功，模型利用现代化的计算手段和数量经济学方法，对常州市经济发展的现状和未来经济结构及变化趋势进行仿真模拟。

2001年，全市召开4次经济形势季度分析会和两次年度经济形势分析会，对全市经济运行情况进行分析预测和监测，形成报告材料。2004年，市发展计划委分析国家宏观调控对常州市的影响，形成《当前我市经济形势及有关热点问题的分析》和《关于国家宏观调控政策的影响分析和保持我市经济社会持续协调发展的对策建议》等专题分析文章；先后完成《2003年我市全面建设小康社会的进程分析》《常州市服务业发展总体思路研究》《综合实力明显提升有亮点有差距有希望——解读常州在全国百强城市中的排名》等调研报告，按季对全市投资情况进行分析预测。

2008年，市发展和改革委开展经济运行形势研究，提出2009年主要指标调控目标建议和经济工作思路，起草2009年度计划报告。监测“富裕常州”建设进程，完成《2001—2007年我市投资情况分析》《我市优质企业选择评估》《产业化带动公益性社会事业发展思路研究》《我市电动汽车产业基本情况调查报告》《常州市农业产业化龙头企业辐射带动情况》《近阶段我市创业投资企业发展简述》《加快发展常州会展经济的对策研究》等调研及其报告。2009 年，加强经济运行分析，建立部门经济形势分析联席会议制度，定期召集人行、国税、地税、供电公司、房管、经贸等相关部门，座谈分析全市宏观经济走势；重点抓住投资、重大项目、重点企业等先行指标的研究，及时跟踪，每月形成分析报告。多次在市委常委（扩大）会议、市政府专题分析会上作汇报，所做判断基本符合运行走势，所提观点基本被市领导采纳。深化对优质企业的调研，加强优质企业运行动态跟踪。起草《关于加快转变经济发展方式的决定》，形成《常州人民的富裕道路越走越宽广》的 2008 年“富裕常州”建设总结报告。对 2009 年“富裕常州”展开季度监测。2010 年，加强分析预测，每季度形成全市经济形势分析报告，起草下年经济工作思路和主要指标安排建议；建立经济口联席会议制度和数据平台，每季度召开联席会议。数据平台包括常州先行性指标、主要经济体的重点动态数据和经济运行指标等。

第二章　工商行政管理

常州工商行政管理与改革开放同步发展。1985 年以后，工商行政管理机关历经 6 次机构改革，逐步确立了市场监管和行政执法的职能定位。1986 年，常州市工商行政管理局（简称“常州市工商局”）内设机构由建局之初的 4 个科室调整为市场管理科、经济合同管理科（仲裁委）、企业登记管理科、外资企业登记管理科、个体经济管理科、商标广告管理科等 7 个科室。1986 年，城区共有天宁、钟楼、广化、戚墅堰、郊区 5 个区工商局，11 个工商所。1994 年 8 月，根据国务院统一部署，常州市城区工商行政管理体制进行调整，4 个区工商行政管理局改为分局，作为市工商局的派出机构，由市工商局统一领导、统一管理。1998 年底，省以下工商行政管理系统实行垂直管理，以上级工商局管理为主，常州市工商局更名为江苏省常州工商行政管理局（简称“常州工商局”）。2002 年 8 月，机构改革后常州工商局内设法制处、登记注册处、公平交易处（消费者权益保护处）、企业监督管理处、外资企业监督管理处、个体私营经济监督管理处、市场合同监督管理处、商标广告监督管理处等 11 个处室，另设直属行政机构经济监督检查支队。2002 年 8 月，省编办核定的常州工商局“三定”方案出台，核定了天宁、钟楼、新北、戚墅堰、高新技术产业开发区（新区）、东南开发区、外向型农业综合开发区 7 个派出机构；保留武进、金坛、溧阳工商局为市工商局的直属机构。2003 年，全市系统核定 45 个工商所。2009 年单设消费者权益保护处。1986—2010 年，全市工商部门全面监管市场主体准入行为、市场交易行为和竞争行为，维护了市场秩序，促进常州经济社会发展。

第一节　内资企业登记管理

一、企业登记

企业登记管理恢复后，常州市工商局开展登记管理试点，逐步放宽企业经营范围和经营方式的限制。1989 年，市工商局根据《企业法人登记条例》和国家工商局《关于做好企业法人登记注册和换照工作的通知》，对全民所有制企业全面换发“企业法人营业执照”，对其他企业分别核发“企业法人营业执照”或“营业执照”。至 1990 年底，全市应换照 3.74 万户；已换照 3.55 万户，占应换照数的 95%。各级工商行政管理登记部门妥善解决超经营范围、资金不足等问题，作出变更登记和限期改正的处理。1996 年 7 月，市工商局设立企业注册大厅，变分散受理为集中受理内资、外资和中国港澳台资、私营企业的等级注册审批，公开办事制度、收费标准，接受监督，将等级办照的时限比法定时限缩短2/3，同时推出服务承诺，受到企业的欢迎和好评。1998年2月1日，市工商局委托城区工商分局对所辖企业改制为有限责任公司进行登记注册管理，授予城区分局对改制为有限责任公司的企业进行登记初审，负责颁发营业执照的权限。同年，制定、印发规范性文件《关于改制企业登记管理若干意见》《关于当前企业登记管理中若干问题的答复意见》，提出放宽政策、简化手续、规范程序的30条政策措施，规范全市登记机关对改制企业的登记管理。

2001年，常州工商局出台支持服务20条措施，降低企业进入市场的门槛，内部简化企业登记程序，对重点项目提前介入，跟踪服务。2003年，出台《发挥工商职能，服务地方经济的30条措施》，实现一审一核制和部分登记事项的直接核准登记制，在全省百家牵头实施告知承诺制，创优登记服务制度；在全省率先组织登记注册核准员资格考试，推行明白登记服务卡、工商招商顾问和等级服务10项标准。2004年，《关于规范全市企业登记的若干意见》出台，落实行政许可法的规定。2006年，落实《江苏省公司登记管辖规定》，把注册资本在500万元以下3338家企业的登记权限下放到各区局，简政放权。2007年，工商部门加强常州引进领军型海外留学归国创业人才投资创业企业注册登记工作，把个体工商户名称登记远程受理全部拓伸到各基层工商所（分局）登记窗口，赋予武进、新北分局集团登记权；出台《常州局合伙企业登记管理指导意见》和《常州局农民专业合作社登记管理指导意见》，规范各级登记机关的登记管理。2008年，《市工商局关于扶持企业加快上市工作的意见》出台，成立全市重大项目工商登记服务组，实行内资企业名称的远程核准，授权城区分局行使个体工商户名称核准权。2009—2010年，《农民专业合作社联社登记指导意见》《关于支持个体工商户升级为企业的登记指导意见》《关于实施〈江苏省城乡规划条例〉有关问题的若干意见》出台，规范全市市场主体的住所。

二、监督检查

1985年，中共中央、国务院印发《关于严禁党政机关和党政干部经商、办企业的决定》。1988年，中共中央发出《关于进一步清理整顿公司的决定》，市工商局会同市纪委、计委等部门开展清理整顿。1989年，全市开展清理整顿公司工作，把党政机关办的公司和流通领域的公司作为撤并的重点，对市属公司逐一审核，确定撤、并、留方案。全市原有公司1381家，经两年清理整顿，至1990年底撤并和改名的公司有477家，其中撤并394家，改名为商场、经营部的83家。1990年，开始清理假集体企业，落实企业登记回访制度，防止企业在领取营业执照后不开业或违章经营。1991年，市工商局按国家工商局提出的“拓宽广度、增加深度、强化力度”和“放而有度、活而有序、管而有法”的要求，开展企业登记的治理整顿行动，发展市场体系，支持企业改制、产业结构调整，扶持以重点产品为核心、以大中型骨干企业为龙头的企业集团发展，帮助中小企业挂靠、联合大集团、大企业，依法增设网点，扩大销售。1999年，参与国有企业改制的产权界定、规范登记等工作。2007年5月，太湖蓝藻事件发生后，与有关部门联合执法，关停一批违反规定的小化工企业。

第二节　外资和港澳台资企业登记管理

一、登记授权

1986年5月，市工商局成立外资企业登记管理科，开展外商和中国港澳台商投资企业登记管理初审工作。1989年8月，国家工商总局授权常州市工商局为外商和港澳台商投资企业登记管理授权局，全面负责本地区外商和港澳台商投资企业的登记管理。2001年11月，常州工商局外资和港澳台资登记窗口进驻市行政服务中心办公。2005年，经国家工商总局授权，溧阳工商局成为全市首家外商和港澳台商投资企业登记管理县级授权局。至2010年底，常州市形成以常州工商局、溧阳工商局为外资和港澳台资登记管理授权局，武进、新北分局为外资和港澳台资登记管理委托局，金坛局为远程核准登记局，戚墅堰分局为外资和港澳台资登记管理初审局的登记管理工作格局。

二、企业发展

1984年6月，经江苏省工商局核准，全市首家外商和港澳台商投资企业常利企业公司成立。1984—1990年，为常州市外商和港澳台商投资企业的起步阶段，外资和港澳台资企业发展步伐较为缓慢，年发展数量较少；1992—1995年，常州进入外商和港澳台商投资企业超常规、快速发展阶段，鼎盛期年登记767家。1996—1999年，全市外商和港澳台商投资企业发展进入平稳发展阶段，年发展数量稳定在100余家。2000年后，外商和港澳台商投资企业发展进入新的发展高潮，企业发展数量平稳增长。2005年末，全市外商和港澳台商投资企业实有数突破2000家。2007年末，实有外商和港澳台商投资企业的注册资本总额超过100亿美元。2008年末，实有外商和港澳台商投资企业的外方认缴总额超过100亿美元。

1985年7月1日，市工商局核准登记全市首家中外合资企业常泰建筑装璜工程公司。1987年6月7日，核准登记全市首家中外合作企业梅特勒—托利多(常州)称重设备系统公司。1988年6月4日，核准登记首家独资企业常州星光电子公司。1998年9月10日，批准登记首家外资股份公司远东实业股份公司。2002年6月5日，组建首家外资和港澳台资集团常州华利达服装集团公司。2006年4月，首家注册资本超1亿美元的港澳台商投资企业常州豪爵铃木摩托车公司核准登记。2009年，注册资本达1亿美元的外商和港澳台商投资企业达12家。2009年3月5日，核准登记全市首家中外合作非法人创投企业常州傲扬创业投资公司。2010年7月27日，核准登记全市首家外商和港澳台商投资合伙企业常州市瑶路化学品经营部。

三、企业监管

联合年检　1996年下半年，国家工商总局等8个局委联合下发关于开展外商和港澳台商投资企业联合年检的工作通知。1997年，常州市外商和港澳台商投资企业联合年检办公室设在市工商局外资和港澳台资处。2004年，建立联合年检部门工作例会制度，加强联合年检各部门的信息共享。2006年，全市实施外资和港澳台资企业网上年检，同年网上年检参检率达88%，2008年、2009年、2010年先后提高到93%、98%和100%。

出资管理　2003年，常州工商局对外资和港澳台资企业均实施实缴资本明示制。2004年，实施提醒出资、催缴出资和信用出资制度，形成“三管齐下”的出资监管局面。2005年，自行开发出资管理统计软件，强化出资统计的准确性和时效性。2007年，组织开展出资专项纠正行动，对虚假出资、虚报资本首次处罚。2008年，以属地化、常态化为目标，建立完善科学合理、行之有效的出资管理模式，首次吊销零出资企业。2009年，实施外商和港澳台商出资动态管理，制定《外商和港澳台商投资企业登记管理信用记录报告及约束惩戒制度》，强化信用管理。2010年，出台《常州市外商和港澳台商投资企业出资信用公示管理办法》，保障社会公众对外资和港澳台资企业出资的知情权。

第三节　私营个体经济管理

一、发展规模

80年代初，常州私营个体经济开始加快发展，主要涉足商业零售业，服务业、制造业占的比例很小。

1988年8月，改革开放后在常州市设立的首家私营企业高达实业公司创立。1990年末，全市个体工商户、个人和合伙企业注册资本总额达1.22亿元，比1985年同期增181%(个体私营企业及其经济发展状况参见第十六卷“乡镇企业 民营经济”)。90年代，社会主义市场经济体系初步建立，个体私营经济(简称“个私经济”)作为公有经济补充的社会地位确立，常州个私经济发展步伐加快。至2005年底，全市个体工商户、私营企业注册资本总额达583.3亿元。2006年底，全市个体工商户、私营企业总数达17.05万户；全市个体工商户、私营企业注册资本总额达726.27亿元。2007年，全市民营企业(大部分为私营企业)总产值由2002年的676亿元上升至2450亿元，完成销售收入总额2413.1亿元，占全市销售收入总额的57.9%，民营经济对全市工业增长的贡献率达85.4%。至2010年，全市民营企业经营领域从餐饮业、零售业等传统服务业拓展到电子信息、生物医药、精细化工等技术和资金密集型的高新技术产业，民营经济总量规模日益扩大。同年底，全市私营企业、个体工商户总户数达22.47万户，从业人员总数达152.19万人，注册资本总额达1688.15亿元。

二、监督管理

1987年起，常州工商部门定期举办的对私营个体业主的法制教育和职业道德教育走向规范化。1989年7月，对问题突出的重点行业进行清理整顿。同年12月，市工商局与市交通局联合牵头，由公安、税务、运输管理、物价等15个部门派员组成个体运输检查整顿办公室，整顿运输市场混乱状况。1990年，全市工商部门对个体私营企业、个体工商户开展日常检查和突击检查。2002年9月，国务院印发《互联网上网服务营业场所管理条例》，明确工商部门负责管理互联网上网服务营业场所经营单位登记注册、营业执照，依法查处无照经营活动。全市工商部门把查处黑网吧纳入平常工作，与文化、公安等部门联合下发一系列整治黑网吧的文件，牵头开展一系列专项整治。2003年1月，国务院颁布《无照经营查处取缔办法》，全市工商部门清理无照经营工作取得明显成效。2006年7月25日，市政府印发《关于进一步推进个体工商户发展的意见》，明确由工商部门负责查处无须取得许可或已经取得相关许可而未依法领取营业执照等违法生产经营行为。2008年3月、5月，全市组织开展证照规范化管理，提出持照率、亮照率、登记事项与实际经营情况相符率的指标。2008年11月，印发《关于进一步推进证照规范化管理工作的意见》。2009年4月，完善无证经营抄告制度及依托辖区责任制，建立证照规范化管理操作规范(参见第十六卷“乡镇企业 民营经济”)。

第四节 市场监督管理

改革开放初期，常州工商部门坚持管理与服务相结合，培育建设市场，搭建棚顶，增加固定设施，逐步改造马路市场、露天市场，为集市贸易买卖双方交易提供较好的条件。1992年后，各级政府加强市场建设，支持社会兴办市场，大批商品专业市场如雨后春笋般涌现，商品交易市场管理体制随着市场建设进程的推进逐步建立。1993年7月16日，国家工商总局出台《商品交易市场登记管理暂行办法》，1997年印发《商品交易市场管理办法》，工商部门开始对市场进行有序监管，对市场发放市场登记证，建立市场登记档案，对新办市场严格实行联合论证制度。1995年，市工商局在全国较早尝试市场管办脱钩，组建常州市市场建设服务处，成立专业市场管理分局，赋予其对城区生产资料、生活资料市场的登记、发照、监管等职能。专业市场管理分局先后更名为兰陵分局、直属分局。金坛、溧阳先后成立市场建设服务中心，负责管理所辖直管市场。全市工商部门重点整治市场经营行为中的突出问题及群众关心的热点问题，实施长效管理。1998年1月1日起，全市工商部门根据国家工商局发布的《商品展销会管理办法》的规定，依法对在常州市举办商品展销会进行登记管理。2002年9月，在全市实施肉菜粮放心工程。2004年，对市场实行企业登记，已领取市场登记证和新办的市场分别进行企业登记，领取营业执照。2005年，武进雪堰消费品综合市场、金坛市东城集贸市场被评为全省肉菜粮放心工程示范市场，江苏凌家塘农副产品批发市场等10个市场被评为全省肉菜粮放心工程先进市场。2008年，常州工商部门增强对网络商品交易及有关服务行为管理职能。2010年11月30日，国家工商总局废止《商品展销会管理办法》，工商系统取消商品展销会登记。

一、市场建设发展

1990年底，常州市有集贸市场241个，经营总面积41万平方米，市场成交额11.6亿元。2001年底，常州工商局将市场建设服务处（中心）改制为企业，曾经由工商局所直属事业单位直管的36个市场彻底脱钩，其中城区18个、武进1个、金坛7个、溧阳10个。2007年，全市年成交额1亿元及其以上的商品交易市场57个，其中超10亿元市场13个，超20亿元市场9个。2010年末，全市市场总数达317个，其中消费品市场275个，生产资料市场32个，生产要素市场10个，市场成交额2736.74亿元（市场分类与发展状况参见第十九卷“商贸服务业”第一章“商品交易市场”）。

二、先进市场培育

文明诚信市场 1985年，常州工商局部门开展以市场设施完善，亮照经营，明码标价，制止哄抬物价、短斤缺两等为主要内容的“文明市场”评比活动。到2000年底，全市有86个市场跨入文明市场行列，其中全国文明市场4个、省级文明市场16个。常州市迎春综合市场被评为常州市第一个“全国文明市场”。2004年，工商部门最后一次单独评比文明市场，常州有113个市场被评为2003—2004年度“常州市文明市场”。2006年，市文明办、常州工商局联合开展星级文明诚信市场评比。到2008年底，全市有星级文明诚信市场125个，其中五星级6个、四星级13个、三星级36个、二星级38个、一星级32个。2010年，全市有6个市场被省工商局、文明办评为文明诚信市场，80个市场被评为市文明诚信市场。

工商管理人员检查农资市场经销情况（摄于2010年10月）

平安市场 2008年12月起，工商、公安、农林、卫生、安监等9个部门开展“平安市场”创建活动。2009年，全市有75个市场被评为平安市场创建达标单位，其中25个市场被评为平安市场创建先进单位。2010年，有25个市场被评为平安市场创建先进单位，50个市场创建平安市场达标。

第五节 经济合同监督管理

一、经济合同鉴证

1980年，常州市工商局开始对经济合同实行鉴证。1986—1990年，市、区工商局鉴证经济合同3.31万份，合同金额计35.23亿元。1991年，免费为企业办理经济合同鉴证902份，金额214亿元。1993年，全市鉴证经济合同3323份。1994年，全市鉴证经济合同4558份，合同金额4.08亿元。1996年，开展对建筑工程合同、房屋租赁合同的鉴证，全市鉴证经济合同5800份，合同金额10.09亿元，其中购销合同1419份、建设合同194份。1997年，全市鉴证经济合同6049份，金额12.88亿元。1998年，全市鉴证经济合同9524份。2000年，全市鉴证经济合同1.2万份。2003年起，市工商局根据上级要求，停止合同鉴证。

二、合同纠纷仲裁

1986年起，常州市工商局开展经济合同纠纷仲裁工作。到1990年底，全市批准设立市、县(市、区)经济合同仲裁委员会8个，派出仲裁庭20个，配备专职仲裁干部91人。1996年，随着仲裁法的实施，市工商局经济合同仲裁委员会终止工作。全市工商系统经济合同仲裁机构累计仲裁经济合同纠纷案件3176件，合同金额4.1亿元，争议金额1.56亿元。

三、经济合同管理

1991年，常州工商部门以大中企业为重点，加强经济合同管理。全市112家市属大中型企业有111家推广使用统一示范合同文本，96家企业签订的承包合同全部登记备案，建立档案。1992年，全面推广经济合同示范文本，督促1829家市属企业使用合同文本，分别与市建委、交通局联合制定《建筑工程承包合同文本》和《运输合同文本》。1994年，拓宽合同管理范围，探索研究新型合同管理，设计《企业租赁经营合同》《企业承包经营合同》《商品房购销合同》等新型合同文本。1996年，全市工商机关查处合同违法案件105件，其中合同欺诈案件11件。协助建委组建建筑工程招投标市场；接待企业咨询8651次，帮助企业办理资信777件。1998年，全市接待办理咨询、资信2718件次，为企业避免损失3.75亿元，行政调解45件，协助追款99件，培训人员1.6万人次，受益企业1400余家。开展打击合同欺诈违法行为专项斗争，查处利用合同进行的违法行为137件，捣毁欺诈窝点34个，为企业挽回经济损失725万元。2000年，全市接待、办理咨询、资信近4000件次、行政调解500余件，协助追款130余件，为企业避免可能发生的经济损失18亿多元。开展“反欺诈讲诚信”合同专项执法检查，查处建筑工程、商品房交易、加工承揽、生产资料买卖、居间和拍卖交易等方面合同的欺诈违法行为212件。

2003年，全市工商部门提供合同咨询、资信1500件，为企业避免经济损失1亿多元。2006年，免费举办信用合同知识培训班117期，培训营销和管理人员1.18万人，提供合同事务咨询、资信调查916件。2008年，在全省率先开展合同行政指导服务，启动“合同进企业、进乡村、进社区”行动，成立武进横林地板企业、钟楼消费等6个合同行政指导站。2009年，全市检查工业品买卖、建设工程、租赁等10多种合同4631份，合同涉及金额达21.26亿元，查处合同违法案件6件，涉案金额281.89万元。2010年，全市检查工程建设、货物运输和借款等10多种合同1.32万份，涉及金额54.6亿元，查处合同违法案件14件，罚没入库7.6万元。聘请市政府法制办和市司法局、中级法院、仲裁委、消协、常州大学等单位的专业人员，成立常州市合同格式条款备案评审委员会，负责全市日常合同格式条款备案的监督审查。完成全市供用水、燃气格式合同条款备案，规范全市供用水、燃气合同。

四、动产抵押物登记

1996年3月起，常州工商部门全面开展企业动产抵押物登记。至同年底，全市工商部门办理企业动产抵押物登记132件，主合同金额4.46亿元。1997年，全市办理抵押物登记496件，主合同金额8.5亿元。1998年，全市工商部门企业办理动产抵押登记1072件，帮助贷款16亿元，促进企业尤其是大型国有工业企业盘活资产、调整产品结构和扩大再生产。2000年，全市办理动产抵押物登记942件。2003年，全市办理动产抵押物登记近1000件，企业贷款22亿元。2005年，全市办理动产抵押物登记702件，抵押物总值近88亿元，帮助企业融资39亿元。2007年，全市办理动产抵押登记750件，帮助企业融资56亿元。2009年，全市办理动产抵押登记521件，抵押物价值109.28亿元，为企业争取到用于扩大再生产能力的投资资金和流动资金60.37亿元。2010年，全市办理动产抵押登记581件，担保主债权133.51亿元，其中利用浮动抵押成功为常州天合光能公司单笔融资15.25亿元、8000万美元，为当年全省利用浮动抵押为企业单笔融资的最大数额。

五、拍卖监督管理

1997年1月1日起，《中华人民共和国拍卖法》施行。2001年1月，国家工商总局公布《拍卖监督管理暂行办法》，规定县级及其以上工商行政管理机关对拍卖企业及拍卖活动实施监督管理，拍卖企业的拍卖活动应当到拍卖活动所在地工商部门备案。2009年底，常州市有拍卖企业21家，同年拍卖备案512次，成交总额达90.12亿元。2010年，全市拍卖备案登记294次，成交合同392份、总额16.3亿元。

六、"重合同守信用"活动

1986—1990年，常州市计委、经委和工商局联合组织在全市企业开展"重合同守信用"活动，全市1121家企业参加活动，1055家企业被市、县(市)政府命名为"重合同守信用"企业。至1994年，全市"重合同守信用"企业超过2000家，其中209家企业获得"重合同守信用"六连冠景泰蓝纪念杯。1996—1997年，"重合同守信用"企业年检审核制度建立，两年撤销290多家未通过审核企业的"重合同守信用"称号。2002年，推进全市企业信用工程，9月，新命名103家"重合同守信用"企业和95家连续10年"重合同守信用"企业，全市累计有"重合同守信用"企业省级62家、市级1353家。2007年，开发出企业信用管理软件、信用企业复查软件，建成全省首创的企业信用评价系统。2008年，开通信用企业QQ群，与700多家企业实现网上即时交流。2009年，全市有信用企业2981家，其中国家级信用企业30家、省级信用企业153家、市AAA级信用企业1199家、市A级信用企业1599家。2010年，加大对信用企业的服务力度。完成全市153家省级、1157家市AAA级和1005家市A级信用企业的复查工作，新认定信用企业86家。

第六节　商标监督管理

一、商标注册

1986年初，常州市实有注册商标1269件，1990年底达2321件。1993年，全市新增注册商标504件、注册服务商标53件，5件商标在10个国家和地区申请注册；全市拥有注册商标3677件，商标注册数列全省第四位。2003年，新增注册商标3186件，增幅列全省首位；首次申请"溧阳白芹"等3件证明商标。2005年8月，全市首个集体商标"夏溪花木市场"商标注册成功。2006年、2007年，溧阳白芹、金坛雀舌相继通过国家工商总局商标局核准注册，成为全市第一、第二件证明商标。2008年，全市拥有注册商标2万件；焦溪舜山二花脸母猪、焦溪舜溪猪肉注册成为地理标志证明商标，全市有同类商标4件，数量居全省首位；全市农副产品注册商标首次突破1000件。翌年，商标申请注册3403件，全市拥有注册商标2.24万件；新增"阳湖水蜜桃"证明商标，全市有证明商标5件。2010年，申请商标注册5120件，注册商标6861件，全市注册商标达2.7万件。

二、商标培育

1998年10月30日，江苏的宁镇扬与苏锡常6市工商局的负责人在常州签署《联合保护知名商标和名牌产品商标协议》，打破地域界限，联合保护各地知名商标和名牌产品商标。2005年11月29日，市政府颁布《常州市企业品牌建设奖励办法》，决定对被认定为中国驰名商标、省著名商标的企业分别奖励50万元、2

万元。2010年12月，市政府颁布《关于大力实施商标战略，推进创新型城市建设的意见》，加快品牌强市建设。《常州市产业集群品牌培育基地确认和管理办法(试行)》，“高新区创意”等5个产业被首批确认为市级产业集群品牌培育基地。

中国驰名商标 1995年，常柴股份公司的“常柴”商标被认定为中国驰名商标。1999年，常州的“东风”“新科”商标被认定为中国驰名商标。2000年，“正昌”商标被认定为中国驰名商标，全市拥有中国驰名商标4件，居全省第二位。2002年，“常发”商标被认定为中国驰名商标。2005年，“黑牡丹”“华鹏”商标被认定为中国驰名商标，全市中国驰名商标增至7件。2006年，“全无敌”“上上”“红联”3件商标被认定为中国驰名商标，全市拥有驰名商标10件。2007年，“亚邦”商标被认定为中国驰名商标。2008年，“顶呱呱”“兰陵”“溧化”被认定为中国驰名商标，全市拥有中国驰名商标14件，中国驰名商标数继续保持全省第二位，名列全国地级市第十位。2009年，“光辉”“爱家”被认定为中国驰名商标，全市有中国驰名商标16件。2010年，“武洋”等8件商标被国家工商总局认定为中国驰名商标，全市累计有中国驰名商标24件。

江苏省著名商标 1992年，常州市工商局组织34家企业35件商标参加江苏省著名商标评选活动，经消费者投票评选，“金狮”“长江”“红梅”等10件商标获“江苏省著名商标”称号。2009年，孟河汽摩配件产业集群、横林强化木地板产业集群被首批确定为省产业集群品牌培育基地。2009年底，全市有江苏省著名商标188件，2010年末增至205件。

常州市知名商标 1991年5月，常州市工商局、广告协会在全省率先举办以“运用商标策略，促进经济发展”为主题的常州名牌商标评选活动，经消费者投票，评出金狮(自行车)、星球(收录机)、常柴(柴油机)、红梅(照相机)、广玉兰(啤酒)、丽宝第(塑料地板)、白象(梳篦)、东风(手扶拖拉机)、月夜(灯芯绒)、维达(饮料)商标为常州十大名牌商标。1998年，制定《常州市知名商标认定管理暂行办法》。2000年4月7日，市政府颁发《常州市知名商标认定和管理办法》。2009年底，有常州市知名商标547件。2010年12月，市工商局印发《常州市知名商标认定标准(试行)》。同年末，常州市知名商标达625件。

三、商标管理

1986—1990年，常州市工商部门为企业设计、变更、转让、补证商标188件，帮助80余家企业建立健全商标管理制度。1991年7月1日，常州市商标事务所经国家工商局批准，挂牌开业。至12月底，商标事务所代理商标342件，变更商标53件，转让商标5件，设计商标121件。全市查处商标侵权案件17起，收缴商标标识113万套(张)。1995年，通过对自行车、摩托车、电子衡器和营养保健品等行业调查，向市委、市政府上报《关于建议在我市实施名牌工程的报告》，受到市委、市政府的重视；全市查处假冒注册商标案件113件，查处违反商标印制管理规定案件25起，收缴假冒商标标识144.5万套(件)、假冒印制模具(板)177块(套)。2007年，常州工商部门组织10多家驰名、著名商标企业的相关人员参加中华商标协会组织的中国企业走向世界战略经验交流会。2008年，查处商标侵权案件93起，罚没金额104.73万元，其中侵权奥林匹克标志案件29起、罚没金额11.6万元。2010年，全市查处商标违法案件105起，罚没金额424.66万元。

第七节 广告管理

改革开放后，常州的广告业迅速发展，广告监督管理逐步加强。1986年，帮助80余家企业建立健全广告管理制度，举办法规培训班100余次；同年底，全市经营广告业务的单位有54家，总营业额1066.2万元。1989年，市工商局对全市广告经营单位换发广告经营许可证。1995年，市工商局开始户外广告登记，全市有广告经营单位259家,完成广告年营业额1.36亿元。1998年,全市工商部门开展广告帮扶促进发展活动,组织广告经营单位发布扶贫广告,为1400余名下岗职工免费发布求职广告,减免广告费70万元。2001年,市工商局、广告协会举办首届广告节。2001年3月11日,《常州市户外广告登记管理办法》施行。2002年,全市有广告经营单位621家,广告年营业额首次突破5亿元,达5.19亿元。

2001年7月28日首届常州广告节开幕(摄于2001年7月)

2003年9月,市委宣传部和市工商局、广告协会联合举办广告作品展,授予24家广告企业"常州市诚信广告经营单位"称号;举办了公益广告大赛。2004年,市工商局建立广告监测中心,配备监测设备和监测软件,制定广告监测工作制度,从10月起对媒体广告全面监测。2005年,培育4家广告公司获得广告行业三级资质证书。2007年,全市广告年营业额首破10亿元,达10.52亿元;5月,首次举办常州市广告高层论坛。2008年9月,组织沪宁高速沿线广告牌专项整治,举办了首届常州市大学生平面设计大奖赛。2009年,联合常州邮政局和常州市中邮广告公司举办常州首届"直邮与传媒"论坛。2010年11月,市文化体制改革领导小组与市工商局联合举办常州市文化产业引导资金的引导培训,天仁、天人合一、三有、霍克4家公司获得引导资金110万元。至年末,全市有广告经营单位901家,广告年经营额13.9亿元。

第八节　经济监督检查

常州工商部门的经济监督检查职能随着社会的发展不断变化。1986年,重点查处倒卖主要生产资料、走私贩运进口货和制销假冒伪劣商品方面的案件。4月,成立市工商局经济监察队,全年查处假冒伪劣商品100余个品种,价值近100万元。1988—1990年,清理公司1630家,其中583家撤销或合并。1989年3月,成立常州市经济监察大队,重点打击垄断性行业的投机倒把活动和制售假冒伪劣商品的行为。1991—1995年,重点打击制售假冒伪劣商品、走私贩私,制售非法出版物等违法活动,开展专项斗争,狠抓大、要案件查处。打击扰乱社会经济秩序的违法行为,为大中型企业的发展提供较好的外部环境。5年间查处违法活

工商、质监等部门集中销毁假货行动(摄于2003年)

动6000余件，打击经济违法活动。

2001年，全市工商部门开展“红盾闪光”执法突击行动，重点检查集贸市场、超市、商店、生产企业、个体经营户等。2002年，市工商局经济监督检查支队成立，负责全市条线经济监督检查。组织开展了以“打假护农”为主题的农资市场打假行动。2003年5月，针对“非典”疫情，严查以利用防治“非典”名义从事违法经营活动，市工商局立案查处约100件与疫情有关的案件，查处非法制造口罩约21万只，其中1件移送公安部门处理，成为当年全国法制办查处的十大制假售假案件之一。2007年8月29日，《中国工商报》刊登全国治理商业贿赂“十大典型案件”的评比结果，常州工商局查处的常州钟楼医院商业贿赂案名列榜首。2009—2010年，全市开展打击传销联合执法行动，开展联合执法清查144次，清查场所4420处，捣毁疑似传销窝点152处，查获传销人员约2500人，解救被骗参与传销人员约120人，抓获传销组织领导者和骨干分子40人，移送公安机关追究刑事责任，教育遣返964人。全市工商系统推行直销企业活动登记备案回执制度，按“一户一档”的要求，建立健全账目及其检查制度。

第九节　消费者权益保护

一、消费者协会

1985年7月18日，常州市消费者协会(简称“市消协”)成立。1987年9月29日，常州首家监督站常州百货大楼消费者监督委员会成立。1988年3月16日，武进县消费者协会成立，6月20日金坛市消费者协会成立。1990年7月5日，溧阳市消费者协会成立。1994年12月20日，常州市消费者协会的派出机构天宁分会、钟楼分会、戚墅堰分会、郊区分会、高新技术产业开发区分会同时成立。2002年8月，市工商局消保处与公平交易监督局合署办公，负责流通领域商品质量监测，2009年1月消保处单设。2007年10月9日，全省首家金融行业消费者维权的监督站江苏银行常州分行消费维权监督站、12315联络站成立。至2010年底，全市建立基层消协分会47个、乡村投诉站1195个、企业监督站367个，推动常州消费者权益保护工作。

制定“三包”规定　1987年5月18日，市消协与7家政府职能部门联合起草常州市保护消费者权益的暂行规定，由市政府发布。1991年11月，与相关部门联合对鞋类商品实行“三包”规定，对销售录(放)像机、组合音响实行“三包”(暂行)规定。2000年7月，市消协拟定洗染行业服务规范实施办法(试行)。2001年5月，修订鞋类商品实行“三包”的规定。2004年12月，修订全市电动自行车修理更换退货责任实施办法。2006年12月，印发《常州市平板电视商品修理更换退货责任实施办法(试行)》。

化解消费纠纷　1987年2月，市消协处理台湾产劣质“纯涤纶花呢”案件，为消费者挽回经济损失60余万元。2001年9月，全国首例购买OK镜受害案经过市消协调解后圆满解决，最终使消费者得到近1.5万元的赔偿，成为全国首例投诉OK镜受害案获赔的案例。2007年，市消协及时化解“汤氏事件”引起的群体消费纠纷，挽回749名消费者、957张消费卡近20万元的经济损失。

拓宽维权渠道　2005年3月，市消协成立人民调解委员会。随后，各地消协相继成立人民调解委员会。2008年3月开通常州消费维权网。2008年12月，苏州、无锡、常州、湖州市消保委(消协、消委会)达成协议，决定建立环太湖四地市消费者维权投诉(协作)网，建立四地消费者组织合作机制；同月，市中级法院、市工商局、市消协联合下发《关于委托、邀请消费者协会调解消费者权益纠纷案件的实施意见》，首创“双向诉调对接”工作机制。至2009年底，“诉调对接”工作实现县、市区全覆盖。2009年3月，在全市开展消费和解

承诺企业联盟活动，至2010年底有350余家企业加入，被省消协向全省推广，2010年，市消协指导和监督相关行业成立诚信同盟，家装行业、美容美发行业、装饰建材行业等建立诚信同盟，交纳诚信保证金。市消协成立金银珠宝饰品消费维权专家委员会；成立汽车维修消费维权专家委员会。

工商人员向消费者传授维权知识（摄于2007年10月）

二、流通领域商品质量监测

常州工商消费者权益保护机构以食品安全监管为重点，推进流通领域商品质量监管关口前移和交易者自律制度、社会监督网络和食品安全检测体系建设。2006年，印发《常州工商系统流通环节食品安全应急预案》。2007年8—12月，在全市集中开展流通环节产品质量和食品安全专项整治行动。2008年，印发食品快速检测工作规范及商品检测不合格后处理意见，开展奶制品清查和食品安全示范店创建活动。2009年，《中华人民共和国食品安全法》颁布实施，消保部门增加核发食品流通许可证职能，印发常州食品安全监管规范，同年抽检商品1338批次，发放许可证2251本，快速检测4944批次。2010年，推广食品安全电子信息监管系统，建立食品经营主体、食品质量信息化远程监管平台，信息化系统应用率达80%。

三、“12315”消费维权热线

2000年2月28日，“12315”热线开通试运作。10月，“12315”消费者投诉举报台（站）成立。2003年，在全省首家创办《常州消费者》杂志，免费赠阅。2008年构建食品安全快速反应机制。2009年，修订《消费者申诉举报工作规范》，推行电话零漏接服务，制定完善“12315”10项工作制度。

四、放心消费创建活动

2007年6月27日，常州市放心消费创建活动办公室成立；7月，市政府组织开展放心消费创建活动。同年，常州市有20家企业被省创建办评为江苏省放心消费创建活动示范（先进）单位。2008年，全市有10家企业被省创建办评为江苏省放心消费创建活动示范（先进）单位，5个行业被评为江苏省放心消费创建活动示范（先进）行业。2009—2010年，全市有73家企业、13个行业、24个乡镇（社区）被评为江苏省放心消费创建活动示范（先进）单位；2009年，全市有988家企业被评为常州市放心消费创建活动先进单位。翌年，新北区被评为全省首批放心消费创建活动先进区。

第三章　质量技术监督管理

1986—1990年，常州标准计量部门重点宣传贯彻《中华人民共和国计量法》（简称《计量法》）、《中华人民共和国标准化法》（简称《标准化法》），建立健全计量监督员队伍，推行法定计量单位，废除市制、限制英制、改革米制，开展计量强制检定；查处生产、销售非法定计量单位计量器具及伪造计量数据、破坏计量器具准确度、使用不合格计量器等违法行为。开展对国家强制性标准《食品标签通用标准》执行情况执法检查，查处严重违反标准规定的预包装食品。1991—2001 年，执法监督的重点是宣传贯彻《中华人民共和国产品质量法》（简称《产品质量法》）、《江苏省打假条例》，治理区域性产品质量问题，集中打击制售假冒伪劣产品的违法行为。2002—2010 年，全市重点实施质量兴市和推进名牌战略，确保食品等产品生产的质量和特种设备的安全。

第一节　标准监督管理

一、工业标准化

1980—1985 年，常州市标准局批准发布常州市企业标准 1238 个。1987 年，原常州市企业标准改为常州市地方标准。是年，根据全市经济发展快、新产品投产多的情况，市标准局同市经委、科委等部门规定凡新产品必须有标准，否则不予鉴定、不准投产，杜绝新的无标准产品生产，制定修订常州市地方标准 308 个。至 1989 年 3 月底，累计发布常州市地方（企业）标准 2192 个；4 月 1 日，《标准化法》正式实施，市标准计量局对标准由直接微观管理改为间接宏观管理，不再审批发布企业标准。同年，5 个县（市、区）和 17 个工业局（公司）清理整顿地方标准，有国家标准、行业标准或地方标准的原常州市地方标准转为执行相应标准；无国家、行业（或地方）标准的原常州市地方标准转为企业标准，向市标准计量局办理备案手续。1991 年 10 月 1 日起，由市标准化行政主管部门批准发布的常州地方标准一律废止。市标准计量局从 1992 年开始登记发放企业产品执行标准证书，至 1994 年末，累计对全市 28 个行业、707 家规模以上企业的 2877 种产品登记发证，其中执行国家标准、行业标准、企业标准的分别为 835 个、653 个、1172 个。1995 年，对市区 647 家企业 1877 个产品执行标准情况进行执法大检查，标准覆盖率 84.4%，查出无标准生产（简称“无标生产”）产品 390 个，标准覆盖率县属及其以上企业 97.6%、区乡镇属企业 92%、村（居委会）办企业 41.4%。

1997 年，市政府把创建省级消灭无标生产市列为政府考核目标，与 27 个地区行业主管部门签订消灭无标生产责任书；11 月，基本摸清市区工业企业的家底，核定工业企业 2320 家，其中应有产品标准企业 1658 家、产品 4967 个，实有标准的产品 3192 个，标准覆盖率为 64.3%。经过整改补课，帮助企业制定修订标准或查找相应的国家标准和行业标准，增发企业执行标准证书 1320 份，市区工业产品标准覆盖率提升至 99%，提高 34.7 个百分点。翌年，常州市成为省消灭无标生产市。1997—1998 年，茶山、雕庄、东安镇、横山桥、剑湖、三河口、罗溪、戴溪、城西、建昌、城东、汤庄、马垫、戴埠、城南 15 个乡镇被评为江苏省执行标准优秀乡镇。1999 年以后，工业标准化管理进入消灭无标生产长效动态管理，巩固消灭无标生产成果，全市产品标准覆盖率保持较高水平。2005 年 6—10 月，常州质监局专门检查全市工业企业执行标准情况，累计抽查企业 243 家、产品 6147 个，执行标准覆盖率为 95.1%。1991—2010 年，全市办理企业标准备案 3.87 万个。

二、采用国际先进标准

1985 年，常州市政府批准发布《常州市采用国际标准和国外先进标准实施细则》。“七五”期间，全市工业企业采标验收产品 355 个，比“六五”期间增加 8.2 倍；采标产品完成总产值 41.21 亿元，占全市工业总

1986—2010 年各个时期常州市采标产品数量统计表

表 23-3-1

时期	年份区间	采标产品(种)	时期	年份区间	采标产品(种)
“七五”期间	1986—1990	355	“十五”期间	2001—2005	396
“八五”期间	1991—1995	309	“十一五”期间	2006—2010	756
“九五”期间	1996—2000	336	累　计	1986—2010	2152

产值的20%。1993年，市政府把采标工作列入全市经济社会发展重大项目重点工作目标。1994年，常州有3个采标产品被国家科委、国家技术监督局列入国家级新产品鉴定计划，享受免税等优惠；常州机床厂等14家企业被评为江苏省采标先进集体，常州连环集团等4家企业的6个采标产品首批获准使用采标标志，常茂生物化学工程股份公司在研发、设计、生产和检验中采用英美等国的标准，2006年实现人均利税23万元。2006—2010年，全市采标产品756个。

三、农业标准化

农业标准化工作始于新中国成立后。1995年，国务院发布《关于发展高产优质高效农业的决定》，全市农业标准化工作有新进步。1996—1997年，市标准计量局同市农业局对全市水稻、小麦原种良种繁育基地的田间纯度进行抽查，确保种子的质量。1998年3月，经省技监局、农林厅、水产局审批同意，金坛市种子繁育与加工示范区被确定为省首批农业标准化示范区。至2000年，该示范区1.5万亩稻麦种子亩均增收超200元，带动当地优质大米生产；江苏省江南春米业公司成立，按国际标准的要求，从原粮生产、收购、加工、包装等全部标准化运作。1996—2000年，全市陆续制定糯甜玉米、苦瓜茶、河蟹、桑茶、酱鸭、无公害白芹、金针菇等农副产品的标准40多个。1998年，常州市开展名优农副产品认定工作，加速农业标准化步伐。2001—2005年，常州市农业标准化快速发展。2001年，江苏省名牌产品认定委员会首次把名牌产品认定从工业品牌扩大到农业名牌，常州市的红梅牌牛奶、江南牌冻银鱼、金鹿牌茅山青峰茶叶、沁雪牌水磨糯米粉、尊龙牌酱鸭等7个农产品被认定为江苏省名牌产品。2004年，市政府出台《关于进一步做好农业标准化工作的意见》，设立农业标准化奖励基金，指前、竹箦、潘家等22个镇创建成为常州市首批特色农业标准化示范乡镇，其中金坛10个镇，溧阳、武进各6个镇，示范项目覆盖常州市特色水产品、蔬菜、瓜果、茶叶、板栗等经济作物。武进优质水稻标准化示范区、金坛长荡湖中华绒螯蟹标准化示范区分别增收1270万元、152万元。至2005年末，全市累计制定涉农产品技术标准619项，覆盖产地环境、种子(种苗、禽、畜)农业投入品，从生产技术到最终农产品。

2001—2005年常州市农业产品技术标准制定推广情况和成效一览表

表23-3-2

项目	单位	数值	项目	单位	数值
累计制定标准	项	619	辖市级农业标准化示范区	个	41
江苏省农业地方标准	项	12	江苏省名牌农产品	个	11
常州市农业地方标准	项	39	江苏省无公害农产品	个	181
涉农企业标准	项	568	江苏省绿色食品	个	55
国家级农业标准化示范区	个	4	江苏省有机食品	个	12
省级农业标准化示范区	个	5	常州市名优农产品	个	127
市级农业标准化示范镇	个	23			

全市建成武进雪山草鸡、优质水稻、金坛食用菌和溧阳茶叶国家级农业标准化示范区，金坛稻麦种子标准化繁育、长荡湖中华绒螯蟹、茶叶、溧阳白芹和武进无公害团头鲂省级农业标准化示范区，形成国家、省、市与辖区四级农业标准化示范区的梯形结构，示范区的经济效益显著提高。2005年，武进雪山草鸡示范区实现销售收入2.1亿元，带动农民增收5087万元。

2006—2010年，常州质量监督部门组织制定溧阳白芹、翠柏茶等江苏省农业地方标准，《无公害农产品板栗生产技术规程》《无公害农产品红香芋生产技术规程》等常州市农业地方标准，《袋泡茶》等涉农企业产品标准；新增金坛茶叶和中华绒螯蟹国家级农业标准化示范区，新北区无花果、溧阳双低油菜、武进水蜜桃等省级农业标准化示范区。全市农业标准化示范区累计产生经济效益7.95亿元，带动近150万农业人口就业，人均增收逾5000元。至2010年末，全市有8家农业生产企业通过危害分析与关键点控制体系（英文简写HACCP）认证，2家企业通过良好农业规范(GAP)认证，50家企业通过ISO 9000质量管理体系认证，14家企业通过ISO 14000环境质量体系认证。凌家塘农产品、夏溪花木两个国家级批发市场标准化试点通过省级验收。

2006—2010年常州市农业标准制定推广及其成效一览表

表23-3-3

项目	类型	单位	数值
江苏省农业地方标准	新制定	项	31
	累　计	项	50
常州市农业地方标准	新制定	项	10
	累　计	项	49
涉农企业产品标准	新制定	项	152
	累　计	项	720
国家级农业标准化示范区	新　增	个	2
	累　计	个	6
省级农业标准化示范区	新　增	个	11

项目	类型	单位	数值
农业标准示范区覆盖	种植总面积	万　亩	149.00
	养殖总水面	万　亩	18.43
	养殖畜禽	万头（羽）	3300
名牌农产品	省　级	个	19
	市　级	个	77
名优农产品	市　级	个	173
无公害农产品		个	464
绿色食品		个	279
有机食品		个	131

说明：名牌农产品、名优农产品、无公害农产品、绿色食品、有机食品为2010年末全市拥有数量

四、服务标准化

1994年，常州市标准计量局与旅游局联合举办《标志用公共信息图形符号》国家标准培训班，监督检查常州大酒店、常州宾馆等5家涉外酒店的标志用公共信息图形符号贯标情况。2001年，常州质监局协助常州中华恐龙园制定企业标准《中华恐龙园旅游服务规范》。2003年，常州质监局等部门起草江苏省地方标准《洗染服务规范》。2005年，常州质监局和江苏省特种设备管理协会起草江苏强制性地方标准《电梯维修保养安全质量信用评定》。2007年，常州制定了江苏省地方标准《住宅装饰装修服务规范》《房屋白蚁预防工程土壤化学屏障检测和评价技术规范》。江苏恒晶装饰工程公司、常州市明都大饭店管理公司通过审查，成为江苏省服务标准化试点单位。2008年，常州制定《人才公共服务规范》的江苏地方标准。2008年，常州承担制定江苏省地方标准《旅游企业信息服务规范》，帮助和指导中华恐龙园取得“主题公园旅游服务规范”江苏省地方标准和国家标准的立项。2009年，为常州旅游局、苏州旅游局合作起草《乡村旅游区（点）等级划分与评定》把关，规范农家乐旅游业的发展。在全省率先完成《家用电器购销管理》服务标准的制定，在市百货大楼股份公司、常州家电城进行标准宣贯的试点。2009年，常州市创意产品产业基地被确定为国家级动漫服务标准化示范点，开展标准提升服务质量行动。2010年8月，常州电梯工程公司通过省质监局、发展和改革委的验收，成为江苏省唯一的电梯维保服务标准化示范单位。同年，江苏恒晶装饰工程公司、常州市明都大饭店管理公司创建成为江苏省服务标准化示范单位。

五、技术标准战略

2004—2010年，常州市有108家企业参与134项国家标准、127项行业标准的制定修订，企业作为主要起草单位的有207项。但从总体上来讲，拥有自主知识产权、高新技术产业的产品标准不多。2006年9月，

市政府出台《关于加快推进技术标准工作的意见》，成立市加快推进技术标准工作领导小组，颁布了《常州市技术标准项目奖励评定办法》。自实施加快推进技术标准战略至2010年，全市有68个标准项目获得市政府的奖励累计1990万元，除3个国家级农业标准化示范区外，其他的65个均为制定、修订国家标准、行业标准、地方标准的前3名起草者(2010年起提升为前2名)。2007年，全国弹簧标准技术委员会同6个国家的标准化组织，向国际标准化组织提交所制定的《热卷簧》国际标准方案获得立项，常州市铭锦弹簧公司作为国内弹簧生产龙头企业、工作组主要成员单位，全程参与立项申请，成为首家参与制定国际标准的常州企业。

第二节 计量监督管理

1986年7月1日，《计量法》正式实行。1986—1995年，常州计量工作主要是贯彻国家法定计量单位，实施计量器具强制检定，在全市工矿企业开展计量定级升级工作。1996—2010年，计量工作重点为民生计量、能源计量。

一、法定计量监督

采用法定计量单位 1986—1990年，常州市标准计量局将全市社会公用计量标准器、企事业单位最高计量标准器中的非法定计量单位改为法定计量单位；企事业单位工作用计量器具全面改制，把压力的计量单位由千克力/平方厘米、血压计的毫米汞柱均改为帕斯卡，衡器计量单位由市斤改为千克，材料试验机计量单位由公斤力改为牛(顿)等，市制木杆秤从1987年起停止生产销售。市粮食局投入30万元对计划供应的市制票证进行改制，市供电局等单位把贸易结算用的票据改用法定计量单位。市内工艺文件、图级及食堂饭票相应改制。1990年，全市基本完成法定计量单位的过渡。

强制检定 常州市标准计量局对计量标准器及用于贸易结算、安全防护、医疗卫生、环境监测等且列入强制管理目录的工作计量器具实施强制检定。1986年，全市属于强制检定的计量器具49项66种，常州计量检定机构拥有的检定能力为26项46种，1988年末扩大到33项56种。其余的需送外地计量机构强制检定。全市计量行政部门加大对强制检定仪器设备的投入，至1991年末，市区有749家单位被纳入强制检定，强制检定计量器具13.08万台(件)，强制检定计量标准器具、工作计量器具受检率分别达98.8%和94.2%，全部按期检出。

1997年6月，常州市政府颁发《常州市市区民用水表、电能表、煤气表(简称“三表”)监督管理的有关规定》，要求新建住宅时对民用“三表”必须实行一户一表，执行首次强制检定、限期使用、到期轮换制度。电能表的使用期限和检定日期不得超过5年，水表(直径大于25毫米的为4年)、煤气表(天然气、液化气)不得超过6年。2000年，市建委、房管局和常州质监局等5部门批准市自来水公司对全市老住宅楼进行水表出户、一户一表、计量到户改造。1998年起，常州质监部门推进民用“三表”的强制检定，到2003年末，强制检定率电能表、煤气表达100%，水表为95%。2009年，开始对村级卫生机构等使用的医疗计量器具实行免费检定，强制检定596家村级卫生机构使用的血压计(表)、心电图机、心电监护仪、尿液分析仪等6种医疗计量器具1526台(件)。2010年末，强制检定覆盖燃气加油机、验光仪、电话计时计费装置、屈光度计、水质污染监测仪、分光光度计、火焰光度计、瓦斯计、酸度计、有害气体分析仪、声级计、超声功率计(含医用超声源)、激光能量功率计(含医用激光源)、照射量计(含医用辐射源)、心脑电图仪、绝缘电阻、接地电阻测量仪、测量互感器、电能表、出租车计价表、血压计、压力表、流量表、水表、煤气表、糖量计、密度计、酒精计、食用油售油机、液体量提、燃油加油机、计量罐、计量罐车、容量器、定量包装机、秤、天平、砝码、谷物水分测定仪、体温计、玻璃温度计、尺等，共计 40 项 80 种，分别是 1986 年末的 1.54 倍和 1.74 倍。2010 年，免费检定 591 家村级卫生机构、71 家计生站使用的医疗计量器具 12 种 1813 台(件)。

2005 年、2010 年常州质监局强制检定计量器具情况比较表

表 23-3-4

检定项目	单位	2005 年	2010 年	检定项目	单位	2005 年	2010 年
首检电能表	万只	11.05	2.18	眼镜制配计量器具	台(件)	251	635
首检水表	万只	3.00	5.11	电话计时计费器	台(件)	9787	95
首检燃气表	万只	3.64	8.17	计量标准器	台(件)	1976	1212
强制检定医疗卫生计量器具	台(件)	4521	10408	强制检定四大类工作计量器具	万台(件)	16.77	19.84

说明：四大类工作计量器具为涉及贸易结算、安全防护、医疗卫生、环境监测类的计量器具

计量行政许可 1988 年，常州市标准计量局按《制造、修理计量器具许可证管理办法》，对全市凡生产、修理列入《中华人民共和国依法管理的计量器具目录》的计量器具进行考核、审查，符合申请条件和满足规定要求的，颁发制造(修理)许可证，有效期 3 年。1988 年起，市标准计量局对全市建立的社会公用计量标准和企事业单位内最高计量标准进行考核，合格者颁给计量标准证书，有效期 4 年；对全市的计量检定人员进行资质考核，考核合格后颁发计量检定员证书。1989 年，全市有考核发证的计量检定员 1272 人，市标准计量局考核批准 351 家企事业单位建立最高计量标准 1259 项。至 1993 年，经省、市两级批准建立在政府计量行政部门的社会公用计量标准 189 项，其中市区 97 项、武进 38 项、溧阳 26 项、金坛 28 项，授权建立在企事业单位的社会公用计量标准 24 项。至 1993 年底，全市有 176 家企业、40 户个体工商户获得制造、修理许可。1988—1993 年，38 家获证企业因违反法律法规和有关规章的规定被吊销制造计量器具许可证，立案查处 12 起未取得许可擅自制造计量器具，制造、销售非法定计量单位的计量器具，未经出厂检定或检定不合格仍然销售等计量违法行为。

常州市技监局针对 90 年代中后期计量产品质量滑坡的状况，1999—2000 年，在全市计量产品制造行业中组织开展“计量器具质量年”和“创名牌、创新品、上规模、上水平”(简称“两创两上”)活动，培训 163 家企业的法人代表。对计量产品加强质量监督检查，重点抽查市确定的电子衡器、温控仪、压力表、玻璃转子流量计、双金属温度计 5 种产品，抽查 111 家企业生产的 410 批次产品，合格 385 批次，产品抽样合格率 93.9%，对监督抽查不合格企业采取措施进行后处理。1999 年，温度仪表的抽查合格率比 1998 年上升 26 个百分点。2005 年，国家质检总局发布《中华人民共和国依法管理的计量器具目录(型式批准部分)》，制造计量器具许可目录被大幅度压缩，由 485 种减至 208 种。目录调整前，常州市有市管(不包括省级管理)制造计量器具许可证企业 180 家，目录调整后至 2010 年，常州市管制造计量器具许可企业剩 71 家，集中分布在液位计、流量计、互感器、测绘仪器等项目。常州有除市管产品外，属省质监局直接管理的制造计量器具许可企业 65 家，主要生产民用“三表”、电子衡器、出租车计价器、有毒有害气体测量仪等。

经过 90 年代的企业大规模改制改组改造，把计量器具的检定、校准委托给专门机构。至 2010 年末，全市累计批准建立社会公用计量标准 272 项，其中市区 196 项、溧阳 39 项、金坛 32 项，授权事业单位建立 5 项；常州质监局批准建立企事业单位最高计量标准 145 家、665 项；全市有持证计量人员 1284 人。

二、工业计量监督

1985 年末，常州市 96 家工业企业建立专门计量机构，其中有 25 家企业建立由厂长或总工程师直接领

导的独立职能机构。1986 年，市计量局在经济管理部门和工业主管部门的支持下，帮助和指导工业企业做好计量定升级工作。市计量所组织 800 余人次深入工厂服务，帮助检修计量器具，尤其是对创一级计量的企业进行重点帮助服务，先完成其检定传递任务。全市 127 家企业开展计量定级，其中 4 家企业达一级计量合格标准，占全省的一半，二级 15 家、三级 108 家。至 1992 年底，全市累计有一级计量企业 14 家、二级计量企业 160 家、三级计量企业 894 家，通过计量验收和评估的企业 444 家，142 家小型乡镇企业通过合格认定。是年，国务院下发《关于停止对企业进行不必要的检查评比和不干预企业内部设置的通知》，计量定级、升级工作停止。1993 年以后，工业计量有所滑坡。全市产品质量因企业计量保证体系的缺失，监督抽查合格率有所下降。1995 年，市标准计量局组织监督检查 81 家企业的计量工作，发现有 33% 的企业计量机构已撤销，计量人员大部分被调离，标准器和工作器具不按周期检定，计量工作处于停滞状态。1990 年以后，ISO 9000 质量管理体系认证在常州推开，至 1996 年，常州通过管理体系认证的 8 家企业都是通过计量一级或二级企业。ISO 9000 贯标与认证，推动工业计量工作，ISO 10012-1:1992《测量设备质量保证要求—第一部分：测量设备计量确认体系》标准是 ISO 9000 标准的成员，企业的质量管理体系包括这个子系统。1996 年起，工业计量重点是宣传贯彻 ISO 10012-1 的标准，对企业开展计量体系确认、计量保证确认、计量合格确认。至 2010 年末，全市累计有通过计量体系确认企业 6 家、计量保证确认企业 262 家、计量合格确认企业 1308 家。

三、民生计量监督

商贸业计量监督 1989—1990 年，常州市标准计量局根据省、市政府关于加强对流通领域个体工商户计量管理的通告要求，对钟楼、天宁、戚墅堰区及迎春市场等持证个体工商户在用计量器具进行登记、检定、发卡，将 2171 户个体工商户纳入强制检定范围。1986—1993 年，监督检查农贸市场个体工商户的衡器 520 次，查获计量违法行为 169 起，收缴违法衡器 1371 台（件）。1992 年起，常州标准计量局授权委托市职工市场监督总站（简称“总站”），对个体工商户所用于贸易结算的木杆秤、字盘秤、案秤、50 公斤以下台秤、秤砣等依法进行计量监督检查与强制检定。市标准计量局为“总站”及各分站配备计量标准器，经培训考核，向 40 人颁发兼职计量监督员证和计量检定员证。至 1995 年末，“总站”累计检定衡器 5.81 万台（件）次，没收违法使用的衡器 2040 件，执行现场小额处罚 7000 余起。1996 年，《中华人民共和国行政处罚法》颁布实施后，该项授权委托终止。

1995 年，国家技监局发布在公众贸易活动中限制使用木杆秤的规定，市技监局制定监督实施意见，从 1996 年起木杆秤在农贸市场中逐渐被电子秤、字盘秤所替代。2000 年后，电子秤大量使用，在农贸市场开始出现经营户使用作弊功能的“鬼秤”欺骗消费者的现象。2002 年，常州质监局对市区 57 家农贸市场的 1969 台电子秤进行检查时，发现经过加装作弊功能的电子秤 15 台，依法进行处罚。2004 年 9—11 月，常州质监局 3 次组织突击检查，在 34 家农贸市场中

质监部门技术监管人员在常州西藏民族中学教质量小卫士识别“鬼秤”（缺斤短两的秤）（摄于 2009 年 9 月）

查到“鬼秤”108台，近70%的市场出现作弊的“鬼秤”，主要集中在水产、家禽等现场宰杀后不能复秤的专营摊位，作弊的手段从加装手动作弊的按钮到使用遥控器操作，蔓延到在主板上设置作弊功能，检查时难以察觉，情节恶劣。2007—2009年，全市查获“鬼秤”146台，查处专销“鬼秤”的经营户1家，当场扣押“鬼秤”4台。2009年，常州质监局向市民赠送5000只100克重的维权小砝码，发现“鬼秤”即可举报。同年起，不再收取农贸市场的衡器强制检定的检定费，同年免费检定全市208家农贸市场的在用衡器1.57万台(件)，受检率提高近30个百分点。2010年，免费检定214家集贸市场的计量器具1.59万台(件)。

液化气计量监督　1994—2002年，常州技术监督部门累计检查瓶装石油液化气经销企业和供应点117家次，定量灌装石油液化气的综合抽样合格率为50%。缺秤少量现象较严重，有的单位标15公斤的液化气，瓶均少2.1公斤，最多的达2.5公斤；还有液化气瓶不抽残液，称重计量器具未经检定等。执法监督人员依法查处计量违法行为，采取教育、帮促等措施，至2002年，全市液化气计量专项监督检查合格率上升到91%。

农业生产资料计量监督　1990年，常州标准计量部门检查农资生产企业7家，随机抽样产品计量称重，误差在允许范围的合格企业仅2家。1993年，检查化肥销售企业39家，计量称重合格率77%。2001年，检查73家单位农资定量包装商品，抽查净含量110批次，合格率80%。2009年，对春耕农资定量包装商品开展计量监督检查，在24家经销企业中抽查85批次，净含量合格率94.9%。2010年，抽查农资销售企业26家、商品169批次，合格率98.8%。

定量包装产品计量监督　1993年，常州标准计量部门检查生产、销售定量包装食品的企业77家，抽样173批次，综合合格率65.9%。2001年，抽查43家销售企业的定量包装食品134批次，合格率74.6%。2002年起，在定量包装生产企业中开展定量包装商品计量保证能力质量体系的确认，此后定量包装商品净含量抽查合格率逐年提高。2004年，在粮食市场计量大检查中，检查72家单位的袋装大米、面粉101批次，合格率78.2%。至2010年底，全市累计有30家企业通过确认，获准加贴“C标志”(欧洲市场为“E标志”)。同年，常州质监局抽查生产企业153家、产品300批次，销售企业27家、产品200批次，合格率分别为97.3%、98.5%。

出租车计程监管　1992年，常州开始出现客运出租车。市交通局、标准计量局、物价局等5部门联合发出《关于小型出租汽车安装“出租汽车里程计价器”的通知》，加强对出租车按里程计价收费的监督管理。是年末进行首批安装、检定，至1993年累计完成373辆。出租车运行初期，出现不安装计价器，安装后不使用或不按周期履行强制检定义务等不规范行为，市交通局、标准计量局联合开展执法监督，对不安装、不使用计价器的由交通部门处罚，对超过检定周期的由标准计量局依法处理。经过3年的整顿规范，出租车经营秩序大为好转。市计量所实行一年364天(年初一休假)随到随服务的工作制度，保证出租车计价器的检定、调试和维修。2005年检定出租车计价器1740台，2010年检定2540台，计价器安装、使用及执行强制检定全部到位。

电话计时计费器检定　2003年，常州质监局对全市5大通信公司在用的663台电话计时计费器进行计量专项检查，合格率仅为79%。2004年，对各公司主动申报的电话计时计费器进行强制检定，合格率比上年提高7.36个百分点，仍存在电话超市等经营网点瞒报漏报电话计时计费器数量的问题，各公司申请强制检定的总数为3391门，实际使用8538门；有3841门在用计时计费器未取得计量器具制造许可证，为非法产品；有691门计时计费器计时超差。

眼镜计量监督　常州质监局从2001年起，利用“6·6”全国爱眼日开展“光明工程”服务活动，主要检查督促眼镜配制企业配备屈光度计、验光仪、验光镜片组等保证眼镜质量的计量测试仪器，按周期执行强制检定；成立技术服务队，为院校师生提供眼镜免费检测修理，开展现场咨询等服务，监督抽查眼镜质量。

商品房销售面积计量监督　1998年，常州市和辖市两级技监部门均成立商品房面积公正计量站；9月15

日至10月底，市技监局组织对全市场商品房销售面积开展计量监督检查。抽查中国房地产开发常州总公司、常信房地产开发公司等43家单位，其中20家单位存在销售面积计量不准和建筑面积计算不规范行为；抽查43家单位的65幢商品房，其中有23幢存在计量问题。还存在不按国家房产测量规范和建筑面积计算规范测算面积，而是把使用面积乘以系数(1.40～1.46)作为建筑面积予以销售；销售房不按竣工后实测面积销售，而是以设计图纸计算面积销售，有的房屋实际结构、尺寸作改变而图纸未经规划、设计部门审批，仍按原始设计图纸计算面积销售；个别开发商为降价促销减少面积等等现象。市技监局上门宣贯法规和技术规范，责令企业限期整改；常州市区清退多计算的面积1500余平方米、185万元，其中自查自纠清退430平方米、51万余元，监督检查清退1100平方米、130万余元。1999年，市公正计量站接受房屋面积测量的委托、投诉66起，测量商品房119幢，涉及房屋面积16万余平方米。市技监局监督检查30家房屋开发公司，立案7起，没收违法所得和罚没款上缴国库30余万元，为消费者挽回经济损失约240万元。2000年1月起，计量行政部门不再监督商品房计量面积。

四、能源计量监督

1992年前，常州市标准计量部门规模以上企业普遍开展能源计量定级升级工作。2004年起，在对供热企业蒸汽流量计实施全面强制检定的基础上，利用管理优势和技术优势，参与企业蒸汽流量全过程的管理，解决贸易结算方面的计量纠纷。2006年，国家把节能列为“十一五”约束性指标，国家发展和改革委等部门下发《关于印发千家企业节能行动实施方案的通知》，常州质监局同年6月派专家在常州中天钢铁集团公司调研，形成《调研报告》。省质监局在常州召开全省能源计量研讨会，推广常州的能源计量经验，促进能源计量工作在全省开展。是年，市经贸委组织专家对常州地区列入国家千家节能行动方案的6家企业开展能源审计。2007年，对9家省重点耗能企业进行调研，对中天钢铁等6家企业节能降耗工作提供跟踪服务，指导企业按GB 17167—2006标准配置计量器具，提供能源统计和能源审计技术保障。

2008年，组织开展“千家企业节能行动回头看”活动，检查节能降耗增效责任制落实情况，将计量节能服务对象扩大到年耗煤达5000吨及其以上的26家重点企业，指导、帮助用能单位利用能源计量数据调度生产用能、工艺改进和设备改造。全市15家省级及其以上重点耗能企业的能源计量工作得到加强，能源计量器具的配备率、合格率都基本达国家标准的要求。2009年，常州的能源计量工作在省政府节能目标责任评价考核中被评为满分；在15家试点企业中开展单位产品能源消耗与国际、国内先进水平相比的“对标活动”，提出节能技改建议15份，出具重点耗能设备的能效测试报告20余份，企业通过技改项目，全市可节约标煤1.06万余吨。2010年，常州质监系统对全市207台在用燃煤锅炉进行免费热效率测试，分析1925台次锅炉的水质、介质、向企业提出节能减排合理化建议620余条，督促单位整改锅炉970余台次。全市对2200余名司炉工、水处理工及管理人员进行免费节能培训，推动523家锅炉使用单位完成安全与节能双达标。联合有关部门淘汰改造小锅炉118台。对重点耗能企业开展能源计量诊断，提供计量节能方案，完成15家企业的能效对标评价报告，测试20台重点耗能设备的能效状况。华润材料包装公司对重点耗能设备进行技术改造，年节约电量569.5万千瓦时、电费483.2万元，平均节电20.7%。

第三节　质量监督管理

80年代起，国家实施工业产品生产许可证制度。1984年，常州有87类产品列入生产许可证目录，至1992年增加到487类。1987年4月，《国家优质产品评选条例》颁布，推动常州质量管理全面发展。全市工业系统积极投入“质量月”活动，质监部门制定了产品质量创优的5年规划，推行全面质量管理，建立和健全标准化管理体系、计量检测体系等产品创优的质量保证体系和目标管理系统，按“计划—执行—检查—纠正”的质量循环法组织实施。2001年，国家将生产许可证目录减为138类。至2010年，生产许可证发证范围缩减到84类，常州有61类产品仍被纳入生产许可目录，持有许可证1243张。

一、产品质量认证

1993年12月，常州柴油机厂在全市企业中首家通过ISO 9000认证。1994—1995年，常州托利多电子衡器公司、常州连环集团公司、常州拖拉机厂等7家企业通过ISO 9000认证；至1998年底，常州有196家企业通过质量管理体系认证。与大中型骨干企业配套的中小型企业必须随骨干企业通过质量管理体系认证，除工业企业外，商业、餐饮、交通、运输、邮政、电信、建筑等第三产业企业、社会团体、事业单位加入贯标和通过质量管理体系认证的行列。1999年起，全市每年抓100家企业的贯标，滚动实施。2001年12月，国家质检总局发布《强制性产品认证管理规定》，规定2002年5月1日起，对首批19大类132种涉及健康、安全的产品实行强制性认证，将以前实施的长城认证、CCIB认证等安全认证统一为中国强制认证，即“CCC”认证。至2010年底，常州生产电线电缆、低压电器、机动车辆和安全附件、安全玻璃、电动工具、照明设备、小功率电机等产品的700家企业，取得“CCC认证”证书4419张。全市获得体系认证证书5706张，其中质量管理体系(QSM)4456张、环境管理体系(EMS)947张、职业安全管理体系(OHSMS)303张。

二、名优产品争创

1979年，常州灯芯绒印染厂的荷花灯舞牌杂色灯芯绒获得全国同行业第一块、常州市第一块国家产品金质奖牌。到1991年，在全国停止企业产品评奖评级活动，常州有15个产品获得国家金质奖。常州建材二五三厂的196不饱和树脂等76个产品获得国家银质奖，848个产品被评为部、省优质产品，全市优质产品的产值占当年工业总产值的20%及其以上。其间，国家开展质量管理奖评审，常州柴油机厂、常州林业机械厂和常州拖拉机厂获得国家质量管理奖，被评为国家质量效益型企业；常州电池厂、常州齿轮厂等34家企业获得部、省级质量管理奖。常州金狮自行车集团公司等15家企业被评为江苏省质量效益型企业。

1996年12月，国务院颁布《质量振兴纲要(1996—2010)》。1997年，市经委、技监局联合下发贯彻国家《质量振兴纲要》的意见。1998年8月，市政府印发《常州市质量振兴计划》，明确全市重点实施名牌发展工程、产品质量上台阶工程、第三产业质量改进工程、打假治劣工程、质量管理贯标工程、标准化和计量推进工程“六大工程”，实施名牌战略，振兴常州产品质量。2005年，市政府成立质量振兴工作领导小组，市政府办

至1991年底常州市获国家金质奖产品一览表

表23-3-5

获奖产品	研制企业	获奖产品	研制企业
荷花灯舞牌杂色灯芯绒	常州灯芯绒印染厂	S195柴油机	常州柴油机厂
东风12型手扶拖拉机	常州拖拉机厂	WQ204产品(军工产品)	江苏工模具厂
16支气流纺起绒纱	常州国棉一厂	涤棉浅色印花布	常州东风印染厂
11076精梳涤棉细布	常州国棉三厂	1.7米轧机专用刀片	常州冶金机械厂
S1100柴油机	武进柴油机厂	13号车钩	戚墅堰机车车辆工厂
光亮圆铜杆	常州冶炼厂	FM2400型调制解调器	常州电子计算机厂
梳　篦	常州梳篦厂	印花灯芯绒	常州灯芯绒印染厂
ZFY(LM)-120型煤矿用反井钻机	苏南煤矿机械厂		

公室印发《常州市2005年质量振兴工作意见》。是年11月，市政府出台《常州市企业品牌建设奖励办法》，决定对获得中国名牌产品的由市政府一次性奖励50万元；被评为国家免检产品和江苏省名牌产品的，一次性奖励2万元。至2010年末，创成常州市名牌产品337个，市政府对名牌产品累计发放奖励近1500万元。

中国名牌产品 1991年停止全国性产品质量评比后，2001年，国务院按《质量振兴纲要》实施名牌战略，启动中国名牌产品认定工作。2003年，江苏新科电子集团公司的DVD视盘机、江苏鸿联灯饰公司的室内灯具首获中国名牌产品称号。2004—2007年，上上牌交联聚乙烯电力电缆、新科(Shinco)牌家用分体空调、香雪牌味精(99%结晶度)、黑牡丹牌牛仔布、常发牌单缸柴油机、月夜牌灯芯绒、华鹏牌干式电力变压器、常柴牌单缸柴油机、天马牌无碱玻璃纤维短切原丝毡、华鹏牌110千伏及以下油浸式电力变压器、常州牌110千伏及以下油浸式电力变压器、SDL牌重型数控镗铣床、新科牌激光视盘机、东风牌手扶拖拉机、常发牌手扶拖拉机、蓝色星球牌HFC-134A制冷剂、红联牌室内灯具、天宁牌吡虫啉杀虫剂、全无敌牌气雾杀虫剂、月星牌实木家具、天马牌玻璃纤维土工格栅、金鼎牌电动工具、常明牌PP编织物机、阳湖牌锅炉用不锈钢无缝钢管、天宁牌乙草胺、常林牌装载机24个产品被评定为中国名牌产品。2008年起，中国名牌产品、国家免检产品的评定暂停或停止。至2010年末，常州市累计有中国名牌产品26个(常州产品获评中国名牌产品情况参见第十五卷“工业”)。

江苏省名牌产品 1994年，江苏省名牌产品认定委员会开始认定江苏省名牌产品，常州市有10个产品入选。至1997年，常州市累计有58个产品被认定为江苏省名牌产品。2004年，常州的江苏省名牌产品数亦升至74个。2008年、2009年、2010年全市先后有31个、78个、72个产品被评定为江苏省名牌产品。至2010年末，常州市累计有江苏省名牌产品181个。是年，输变电设备、轨道交通设备、数控机床及基础装备、新能源、新材料和生物医药等支柱产业，创建江苏省和常州市名牌产品(2008—2010年常州市获江苏省名牌产品及名牌企业情况参见第十五卷“工业”)。

三、质量监督管理

1986年4月，国务院颁布《工业产品质量责任条例》(简称《质量责任条例》)，规定质量监督机构对产品的生产、储运和经销等环节实行经常性的监督检查，质监部门对产品质量监督检查主要有监督抽查、统一监督检验、定期监督检验、日常监督检验4种方式。1986—2010年，国家对常州的化工、机械、冶金、电子、轻工、建材、纺织、医药、食品、丝绸、劳护、粮食、消防、煤炭、建设等行业的产品实施监督抽查累计2713批次。江苏省对常州产品实施的监督检查(含统一监督检验和定期监督检验)累计1.62万批次。在全省13个地级市中，常州市受检产品数量通常排在全省的第三、第四位。1992—2000年，常州受检产品的数量呈上升趋势，受检产品合格率呈下降趋势，在低水平徘徊；1997—1998年，平均合格率低于全省平均合格率；2001—2010年，

1986—2010年常州市产品质量受检情况表

表23-3-6

时　期	受检产品总量(批次)	年均受检产品(批次)	增长(%)	合格产品(批次)	年均合格率(%)
“七五”期间(1986—1990年)	616	123	—	445	72.2
“八五”期间(1991—1995年)	1195	239	94	884	74.0
“九五”期间(1996—2000年)	2620	524	119	1907	72.8
“十五”期间(2001—2005年)	3840	768	47	3249	84.6
“十一五”期间(2006—2010年)	10599	2119	176	9839	92.8

呈上升趋势，保持较高的水平。

质量专项整治 质监部门针对常州地区产品质量状况，采取坚持公告制度、建立通报制度、实施黄红牌警告制度、重点抓好区域性产品质量专项整治等措施，扭转产品质量水平低的局面。1993 年，常州标准计量局与市经委、工商等部门针对常州中华鳖制品质量较差，市场无序竞争，甚至出现植物蛋白冒充中华鳖的状况，成立整治领导小组，综合检查全市 80 多家生产企业的产品标准、生产条件、产品质量等，40 家“三证”齐全的生产企业中有 32 家获准继续生产，4 家被吊销营业执照，受到行政处罚和被追究刑事责任各两家，责令其他不具备生产条件的企业停止生产。1997 年，全省一次性使用输液器专项检查，常州产品在省内 137 家医疗单位被抽查 144 批次，检验合格的仅 4 批次。在全省液压油缸专项检查中，常州被抽查 13 个批次产品仅 6 个批次合格。1998—2001 年，全市连续开展专项整治、打假治劣及质量振兴、质量兴市等活动，武进地区的一次性输液器、液压油缸、保健食品，金坛地区的油泵油嘴、橡胶密封件等区域性产品质量状况得到根本好转。90 年代后期，横林镇引进强化木地板后快速发展，但产品质量的总体水平与国家标准的要求差距较大。2001—2003 年，国家和省监督抽查该地区的强化木地板合格率一直较低，假冒知名品牌、伪造和冒用质量标志的现象屡有发生，国内地板行业把横林强化木地板看作劣质产品的发源地。2003 年下半年，质监部门与武进区横林镇党委、政府和常州市地板行业协会联合开展长达半年的专项整治，采取企业自查，政府检查，执法部门抽查和巡查的方式。2007 年 10 月，常州、武进质监部门指导该镇开始创建国家强化木地板优质产品生产基地。2008 年 3 月，该镇通过国家质检总局的考核，被评为全国优质强化木地板生产示范区。

产品质量免检 2001 年，国家质检总局开始实施产品免于质量监督检查制度（简称“免检制度”）。2001—2010 年，常州累计有 78 种产品被评为国家免检产品。

2001—2010 年常州市获国家免检产品数量统计表

表 23-3-7

年份	数量	年份	数量	年份	数量	年份	数量
2001	2	2005	10	2007	31	2009	1
2002	3	2006	30	2008	1	2010	0

说明：2003—2004 年常州市无国家免检产品

棉花质量检验 1986—1990 年棉花年度，常州纤维质量检验所监督检验需方或供方报检的棉花 14.5 万吨，品级、棉纤长度相符率平均为 77.2%，级差和量差金额 1000 万元。1991—1998 年各棉花年度，棉花放开经营，多种经济成分进入棉花市场，棉花质量监管发生变化。1991 年度，监督检验棉花 603 批次 2.87 万吨，品级相符率 91.7%，其中降一级、降二级的 2394 吨，升级 3 吨，升降金额 127.5 万元。1992—1993 年度，棉花价格大涨，供不应求，纺织企业为获得原料饥不择食，采取付款提货制结算方式，工商双方回避监督检验，往往通过“私了”解决质量纠纷。两年中监督检验棉花 1.07 万吨，品级相符的 9173.84 吨，相符率 86%，检验总量、相符率均比 1991 年度下降。1994 年，全国棉花质量大幅下降，纤检所检验棉花 1853 吨，品级相符 1544.66 吨，相符率 83.4%，级差 27.81 万元，部分经营者趁棉花减产、供求矛盾突出之机，采用虚高等级，短秤少两，掺杂使假等手段，给国家和企业造成很大的损失。全国开展棉花打假治劣活动，常州纤维质量检验所依法查处两起棉花质量违法案件。

1991 年，常州恢复终止 8 年的棉花进口，市纤维质量检验所检验进口棉 1000 吨，1994 年检验进口棉 2600 吨。1995—1997 年度，市纤维质量检验所监督检验棉花 1.23 万吨（含全国百万担棉花质量大检查任务），品级相符8931吨，相符率72.3%，级差318.18万元。1997年检验进口棉59批1.35万吨，常州纺织企业使用进口棉数量大幅上升。1998年，市纤维质量检验所监督检验棉花101批次9000吨，首次在全市19所大中院校开展棉胎质量大检查，抽查棉胎30批次，经检验合格的仅11批次，合格率36.7%。1999年1月，国家质量技术监督局决定逐步开展经营性棉花公证检验和国家储备棉出、入库的强制性公正检验（简称"公检"），同年在国有大中型棉纺织企业进行试点，对其申报的棉花实施免费质量公检（所需费用由国家财政支付），在江苏省首批6家试点企业中，市纤维质量检验所承担常州大成纺织公司、仪征化纤常州大明公司、丹阳棉纺织厂3家棉花工商交接申报性公检任务。1999年，棉花公检178批次、6568.8吨，品级相符率95.3%，其中升级15批次，降级7批次。2000年，市纤维质量检验所承担棉花公检500批次，计1.65万吨，国储棉出库公检3500吨。

2000—2004年，市纤维质量检验所连续5年组织学生公寓用品及校服质量专项检查，抽样检验93所大中专院校、幼儿园等的棉胎、蚊帐、被套、床单等产品128批次，综合抽检合格率60.16%，55批次校服合格率16.4%。2001—2008年，常州棉花公检试点增检阳湖纺织集团、黑牡丹（集团）公司、常新纺织公司、常州伊思达公司、常州恒基公司、常州迪邦纺织公司、常顺纺织印染公司、常州天虹纺织公司和常州名力纺织公司，棉花公检点保持10家。2007年，再次组织学生公寓用品专项检查，抽查52批产品，合格率上升到94.2%。

四、非公有制企业质量管理

1996年5月，常州标准计量局与市工商业联合会（简称"工商联"）出台《关于加强非公有制企业标准化、质量、计量工作的意见》，提出包括消灭无标生产、贯标、采标、强化计量检测体系、抵制假冒伪劣、创名牌等强化质量的举措，建立双方联席会议制度。2000年，召开非公经济质量工作会议，确定红星家具集团公司等50家企业为常州质监局重点帮扶的民营企业，引导重点民营企业贯彻ISO 9000族标准并通过认证。2002年起，常州质监局在全市开展工业企业（重点是民营企业）质量普查。至2003年底，累计建立6500余家企业质量普查档案，向有关企业发出问题整改通知书1100份，提出整改建议2000多条，基本建立起全市民营企业的质量数据库。

2004年起，扶持10家民营企业争创中国名牌产品，100家民营企业采用国际标准和国外先进标准组织生产，争创江苏省名牌产品；帮助1000家企业健全标准、计量检测、质量管理3个体系；为万家民营企业的厂长（经理）和管理人提供质监法律和业务知识的免费培训。与市工商联联手建立重点民营企业质监绿色通道，明确对10家重点民营企业提供实施名牌战略、减收服务收费、质量技术专家上门会诊、简化行政审批手续等8项服务措施。绿色通道服务小组走访重点民营企业67次，实际解决企业提出的23个问题。举办免费培训班8期，980家民营企业的1076名厂长（经理）、管理人员参加培训。其间，针对新北区小河镇汽摩配件生产企业举行专题培训，专项整治汽摩灯具及配件产品。2005年4月，市政府办公室印发常州质监局与常州市工商联制定的《重点民营企业质量技术三年培育工程实施方案》。至2008年7月，全市民营企业新增中国名牌产品13种，累计22种；新增江苏名牌产品39种，累计132种；新创江苏省服务质量奖2个，累计3个；常州国旅旅行社和江苏大娘水饺餐饮公司成为江苏服务业名牌企业；武进区横林镇的强化木地板产业新创江苏名牌产品9种，累计11种；民营企业参与制（修）订国家标准3个、行业标准18个。2009年，常州质监局在全系统选出25名工作人员担任商会的质量技术顾问（专家）。

五、质量兴市战略

21世纪初叶，武进、溧阳、金坛和新北先后实施"质量兴市（区）"战略。2001年，武进市作为江苏省首批3个试点县（市、区）之一，开展"质量兴区"活动。自2001年起，该市（区）政府每年制定、下发年度"质量兴市"

或“质量振兴”实施意见。2003年，该区政府把质量振兴的目标任务分解落实到乡镇和有关部门，签订目标责任书。至2003年末，武进区国家、省产品质量监督抽查合格率由过去的75%左右提高到85%，培育出以新科、鸿联、常发为代表的中国、江苏省名牌产品群体，域内企业拥有22种国家名牌产品和驰名、著名商标，企业质量基础明显增强，消灭无标生产进入长效化管理，产品标准覆盖率达95%，“采标”产品持续增加，计量检测体系通过确认的企业近400家，全区有650家企业通过ISO 9000族质量管理体系认证，建立两个国家级农业标准化示范区，18种农产品获“无公害农产品”称号，一次性医疗器械、保健营养食品造假现象得到彻底根治且未发现反弹。2004年，武进获得省质监局授予的“质量兴市先进区”称号；2006年，获得国家质检总局颁发的“全国质量先进市（县、区）”奖牌。2007年和2008年，溧阳、金坛两市与新北区相继通过省级“质量兴市”考核验收。

第四节 特种设备安全监察

1983年，常州市劳动局设立劳动保护矿山安全监督科，负责锅炉压力容器以外其他特种设备的安全监察工作。1999年末，特种设备安全监察职能整体划转到质量技术监督部门。

一、特种设备普查管理

2001年6月至2002年10月，常州质监局在全市开展特种设备普查，检查特种设备使用单位7515家。至2002年9月末，全市在用锅炉3712台、压力容器（不含气瓶）2.38万台、电梯1771台、起重机械6658台、场（厂）内机动车辆2493台、大型游乐设施180台，客运索道1条，对现场发现的重大安全隐患逐项治理。2004年4—12月，常州质监局组织开展全市压力管道专项普查，查明全市有压力管道560.79公里，分布在1389家企业。按工业管道输送介质的毒性程度、腐蚀性和火灾危险性的高、中、低划分，GC1（高度）压力管道26.95公里、GC2（中度）74.25公里、GC3（低度）459.9公里。2005年，再度开展特种设备重大危险源普查，确定全市有重大危险源802个，涉及使用单位70家。2008年4月，在常州市特种设备检验管理系统平台上，开发出特种设备使用登记行政许可软件，办理锅炉、压力容器、电梯、起重机械和场（厂）内机动车使用登记，在全省率先实现网上即时办理特种设备使用登记行政许可。

至2010年末，全市有396家单位获特种设备设计、制造、安装、改造、维修行政许可；其中，锅炉制造单位20家，安装、改造、维修单位8家；压力容器设计单位8家、制造单位58家，压力管道设计单位7家、安装单位6家、元件制造单位72家；起重机械制造单位34家，安装、改造、维修单位23家；电梯制造单位2家，安装、改造、维修单位58家；场（厂）内机动车辆制造单位8家、大型游乐设施制造单位4家、气瓶充装单位88家。全市特种设备使用单位总数为1.92万家，有特种设备9.57万台（不含气瓶），其中在用设备7.56万台、停用

质监局技术人员检验低温气瓶（摄于2009年6月）

设备2.01万台。按类型分：在用的锅炉2783台、压力容器2.91万台、电梯1.64万台、起重机械2.4万台、场(厂)内机动车辆3223台、客运索道2条、大型游乐设施71台。在用的气瓶68.37万只、压力管道1189.6公里。全市特种设备拥有量占全省总量的10.8%。

二、安全监察管理

1986—1990年，常州市劳动局完成全市锅炉压力容器设计、制造、安装单位的整顿和资格审查，先后对已领取锅炉压力容器制造许可证的20家锅炉压力容器制造厂实施驻厂监督检验，监检锅炉产品2247台，固定式压力容器注册发证率60.4%，锅炉和压力容器的年检率96.6%。1991年，全市检验在用压力容器1.02万台，检验率94.5%、整治率91.3%。继续综合治理锅炉房，全市776个锅炉房、1674台锅炉，验收594个，合格锅炉房有530个，占验收总数的89.2%。2000年，常州质监局组织对全市中小学、浴室、工业企业使用的锅炉、压力容器进行安全检查35次，检查特种设备使用单位838家1370台件，查出"土锅炉"906台，其中被责令停止使用或报废219台、改为常压使用687台；发出《安全监察意见书》554份；对市区1133台锅炉进行换证，列出市区49个重点锅炉房作为安全监察重点。组织开展锅炉房达标创先活动，对未达合格锅炉房的单位，责令限期整改；逾期未改的，依法严肃处理。

2005—2010年常州市特种设备运行情况表

表23-3-8

级别	类别	单位	2005年	2006年	2007年	2008年	2009年	2010年
省级监察设备	特种设备数	万台	50.20	50.75	55.86	66.68	76.39	88.99
	发生事故起数	起	20	12	19	15	13	14
	万台设备事故率	/万	0.398	0.236	0.34	0.225	0.17	0.157
	死亡人数	人	13	8	19	9	8	12
	万台死亡率	/万	0.258	0.158	0.34	0.135	0.105	0.135
市级监察设备	特种设备	台	55918	75909	82901	84153	85937	95671
	气　瓶	只	665312	665312	667564	579527	577527	683736
	管　道	公里	562.57	1065.59	1065.59	1065.59	1189.60	1189.60
	发生事故数	起	1	0	0	1	1	2
	万台设备事故率	/万	0.179	0	0	0.11	0.116	0.209
	死亡人数	人	1	0	0	0	1	1
	万台死亡率	/万	0.179	0	0	0	0.116	0.105

2001年，全市各级查处"土锅炉"810台，其中拆除、停用的508台，改为常压使用的201台，经改造符合安全规范的101台；查处未获许可使用的锅炉203台，其中非法制造的72台。查处未获得许可使用的压力容器4720台，其中非法制造的296台。查处未获许可的起重机械和场(厂)内机动车辆1335台。2002年8—9月，常州质监局组织承压气瓶安全检查两次，在46家工业气体、液化石油气的充装、经销单位，查封627只超过检验周期、超过使用年限的钢瓶，立案查处行政违法案件42起。2003年，常州质监局重点组织对全市公共娱乐场所、宾馆、商场、住宅小区等人口密集场所特种设备安全大检查。安全监察人员利用白天、晚上两个时段，对部分电梯使用单位模拟突发故障，检查使用单位、维修单位、维修人员在故障发生后的应对措施、承诺制度落实情况。2003年的"春风行动"和"安全月"活动中，在76家使用单位查封未注册登记和未经定期检验的特种设备85台，全市查处特种设备行政违法案件149起。2005年，针对部分起重机械，尤其是"工

字钢加装电动葫芦”起重机非法安装和违章使用情况，对纺织、机械行业进行专项检查，检查使用单位62家、起重机械580台，发出《安全监察意见书》20余份，及时消除事故隐患。

2006年起，特种设备安全监察进入长效和常态管理，每年对5%的使用单位、25%的制造单位、100%的气瓶充装单位、100%的重点监控设备所在单位进行现场安全监察。严格安全监察的闭环制度，对发现的违法行为或事故隐患发出《安全监察指令书》，责令限期改正，逾期未改的移交稽查部门立案处理，对存在重大事故隐患且逾期未改的及时通报当地政府和有关部门，合力消除安全隐患。

2005—2010年，全市未发生特种设备重大安全事故，万台设备事故率、死亡率始终保持较低水平。

第五节　质量执法监督管理

1989年11月，常州市政府组织为时近两个月的全市商品质量执法大检查，5855家企业开展自查，抽查企业2284家，查处假冒伪劣商品（简称“打假”）16大类，总货值750万元，依法对存在严重质量问题的企业作出行政处罚。1993—1995年，常州质监部门先后组织对农药、食品、建材、家电、黄金珠宝制品、服装、鞋类等专项执法打假行动107次，查处假冒伪劣商品货值1076万元，立案查处475起，端掉制假售假窝点或集散地11个。1996—2002年，重点治理、打击区域性制售假冒伪劣产品行为和区域性的产品质量问题。1992—2010年，常州市标准计量、技术监督和质量技术监督部门的稽查所、稽查支队立案查处行政违法案件4485起。

一、农业生产资料打假

80年代，金坛制售的假冒伪劣农药销往华北，造成一些地区棉花减产甚至绝收的事件，在全国造成极为恶劣的影响。市标准计量局多次与武进、金坛和溧阳市标准计量局联合组织开展农资打假。1995年，金坛市标准计量局对两家生产企业、56家化肥销售企业进行质量大检查，查出劣质化肥7个批次40余吨，质量不符合国家标准规定的55批次近400吨。溧阳市标准计量局查获溧阳市农药化肥公司、农业服务中心、竹箦农业公司销售劣质“井岗霉素”农药83吨、货值40余万元。

二、一次性医疗器械打假

武进地区生产一次性使用医疗器械始于1984年，年销售量约占全国总销量的50%，制售假冒伪劣一次性医疗器械的现象时有发生。1996年，江苏省打假办将武进地区的一次性医疗器械产品列为全省打假的重点。1998年，武进市进行首次清理整治，强制关闭不具备生产条件的75家企业。2000年，质监系统针对焦溪及周边地区开展执法检查100余次，立案查处制假售假案件20起，捣毁制假售假窝点26个。一次性医疗器械产品专项整治行动历时近8个多月，全市刑事拘留违法犯罪嫌疑人9人，4人被判处刑罚；纪检监察部门对镇村两级打假失职、工作不力的4名干部分别给予撤职、记过和警告处分，基本遏制制售假冒伪劣一次性医疗器械泛滥的势头。

三、劣质钢材等建材打假

1994年，常州标准计量部门重点查处一批劣质建材产品。4月，常州标准计量局查处溧阳某水泥厂生产的劣质水泥27吨；7月，某建筑工地在施工过程中发现螺纹钢弯曲受力断裂，执法人员现场调查取证发现属劣质钢材，挖出武进第二轧钢厂生产销售劣质螺纹钢6000余吨的大案。2008年，常州质监局针对建筑工程中的偷工减料行为，立案查处11起调值拉伸、改变原钢筋直径案，依法扣押钢筋211.86吨，并书面函告市建设主管部门，警惕建筑工程领域的潜规则，确保建筑工程质量。

四、汽车摩托车配件打假

小河镇（2002年4月前属武进管辖，此后属新北区管辖）是常州非公经济发展较早的地区，汽车、摩托车灯具及塑配件是其传统产业。90年代，小河地区的车灯产业规模小、档次低，质量较差，甚至制售假冒伪劣产品，曾受全国汽车摩托车行业抵制。2000年11月，小河镇党委、镇政府与市、区质监部门联合开展专项整治工作，镇政府专门成立整治工作机构，制定包含10项内容26个要点的工作方案，与21个行政村、39个行业单位和275家企业签订打假责任书；与江苏大学合作建立车灯产品质量检测站，实行产品出厂检验制度和不定期抽检制度，责令产品检验不合格的企业限期整改。2001年，市、区质监部门与镇政府调动镇企业管理站50多名工作人员，联合开展大规模的执法打假行动，检查全镇136家重点企业和所有车灯、配件销售商，查处涉嫌生产销售假冒伪劣产品企业45家、销售商26家。2002年3月，省、市、区3级质监部门捣毁制假窝点3个，查获生产假冒伪劣产品的模具8套，汽摩灯具及配件、制成品、半成品4800余只(套)、1万多个假冒包装标识。市、区质监部门开展企业标准化从业人员岗位培训，帮助企业制定产品标准179项，宣传贯彻ISO 9000族标准，2002年有30家企业通过质量管理体系认证，引导企业注册商标128件。至2002年末，小河地区汽车、摩托车灯具和塑配件专项整治取得成效，遏制了制假售假泛滥的势头，一些规模企业拥有自主品牌，成为大汽车集团的配套供应商，产品质量监督抽查合格率由1998年的30%逐年提高，2010年达90%。

第四章 食品药品监督管理

2000年以前，食品归属工业产品质量监管范围。2001年7月，成立江苏省常州药品监督管理局(简称“药监局”)和江苏省常州药品检验所，统一监督管理全市药品质量，负责对辖区内药品的研究、生产、流通、使用进行行政监督和技术监督。2004年，国务院就食品安全监管各部门的职责做了明确分工，质监部门负责对食品生产加工实行生产许可、强制检验等市场准入制度。2001年7月以前，药品监督管理职能分别由卫生局、医药管理局等部门承担。2005年8月，江苏省常州食品药品监督管理局(简称“食药监局”)在江苏省常州药品监督管理局基础上组建成立，对辖区内药品进行监督管理以及食品、保健品、化妆品安全管理的综合监督工作。2010年6月，江苏省常州食品药品监督管理局由省以下垂直管理机构改为市政府工作部门，更名为常州市食品药品监督管理局。

第一节 食品生产监督管理

2000年以前，常州食品属于工业产品质量监管范围。2000年以后，食品安全质量问题日渐突出。2002年7—10月，常州质监局对市场销售的蔬菜、水果、豆制品等与人民生活密切相关的食品质量安全状况进行抽样调查3次，在农副产品批发市场、集贸市场、超市抽取的60个批次的蔬菜中，经检验有18批次农药残留(简称“农残”)超标，18批次瓜果中有6批次农残超标，5批次豆制品卫生指标无一合格。2004年，国务院对参与食品安全监管的部门的职责做了明确分工，质监部门负责对食品生产加工实行生产许可、强制检验等市场准入制度。2007年5月，常州质监局设立食品生产监管处。

一、普查建档

2005年8—11月，常州质监局对全市所有食品生产者及食品添加剂、食品容器、食品包装材料、食品用工具与设备、洗涤剂、消毒剂的生产企业进行普查和建档，普查70个乡镇、24个街道、1300个行政村和2155

家企业（含个体户），基本摸清全市食品生产企业的总体情况。至2005年末，全市有食品生产企业和个体工商户（简称“小作坊”）1491家，主要加工生产大米、茶叶、纯净水、肉制品、豆制品、糕点、炒货等产品。其中年销售额3000万元至2.99亿元的大中型企业有30家，年销售额达500万元的规模企业有170家，占全市食品企业总数的11.4%。生产设备简陋、无标生产、卫生许可证和营业执照不齐全、卫生环境较差的食品小作坊就有699家，占全市食品生产加工单位的46.9%。从普查情况看：大中型食品生产企业主导整个食品行业，其中30家大中型食品企业在固定资产、年销售额、年缴税金、年利润等方面均已占到全市食品企业总量的60%及其以上，企业员工总数约占全市食品企业员工总数的37%。总体上，全市的食品生产加工企业规模普遍较小，699家小作坊中，619家无卫生许可证，646家无营业执照，占小作坊总数86.8%。其中豆制品生产者有552家，生产条件较好、证照齐全的企业仅15家。豆制品生产者中无证无照的占总数的88.8%。

二、市场准入

2003年起，国家质检总局对28大类食品实施生产许可证制度，未取得食品生产许可证的企业不得生产和销售。常州质监局实施食品市场准入制度，严把材料受理关、现场核查关和审验上报关，促进生产企业增添必备的生产和检验设备，强化质量安全管理，淘汰一批不符合准入条件的食品生产者，乳制品生产企业从6家减至3家，大米生产企业从140家减至80多家，酱油生产企业从16家减至10家，提升企业整体水平和准入门槛。至2010年末，全市有616家企业获取823张“食品生产许可证”，塑料制品、纸质包装容器、餐具洗涤剂等与食品相关的82家生产企业获得“生产许可证”。

三、专项整治

常州食品质量安全监督除对食品生产者的常规巡查和食品生产许可的现场核查与年度审查外，主要任务是开展对重点产品、重点地区和重点行业的食品质量安全的专项整治。2008年9月，“三鹿奶粉”事件爆发后，市质监局出动执法人员300余人次，检查乳制品及含乳制品生产企业106家次。2009年9月，常州质监局在例行巡查中，发现某豆制品小作坊在豆制品中添加不明白色粉末，追问后得知为豆制品添加剂，购自常州市。质监部门迅速开展调查及检测分析，结果证实为偶氮甲酰胺、复合磷酸盐、苯甲酸钠、碳酸钠等违法添加物。常州质监局与工商、卫生部门联合行动，端掉常州制售豆制品违法添加剂的窝点。同年末至2010年3月，组织开展黄酒食品添加剂的专项整治，通过专项整治，黄酒生产中食品添加剂的使用得到规范，黄酒标签标注内容不全等问题得到纠正，违法生产企业受到查处，黄酒生产质量安全管理水平得到提升。2009—2010年分别组织开展饮用水、饮料、豆制品、葡萄酒、蜜饯、肉制品、调味品、腌渍食品、蜂蜜、淀粉制品、大米、“地沟油”等20大类30余次专项检查。完成常州市供上海世博会食品监管、供省运会食品监管等专项行动。累计检查食品生产企业、食品添加剂生产企业、食品生产加工小作坊3398家次，开具责令整改通知书333份，涉及管理制度、人员健康、厂区卫生等问题800余条。2010年，检查1280家次生产企业使用食品添加剂情况，除1家肉制品生产企业违规外，其他企业都能遵守相关规定。

四、食品质量监督检验

2006年起，常州质监部门监督抽查食品生产企业的产品质量，当年抽查食品543批次，合格率80.4%；食品生产监管部门对每次监督抽查结果作分析，召开不合格产品生产企业负责人分析会，查找造成产品不合格的原因，组织不合格产品整改后的复查检验，查处质量严重违法企业，防止出现区域性食品质量问题。2007年，抽查456批次，合格率86%。2008年抽查585批次，合格率为93.3%；同年9月，检验地产成品液态奶22批次、原料奶9批次，均未检出三聚氰胺。常州质监局按国家质检总局的部署，对常州3家液态奶生产企业实施全天候派员驻厂监管。至2009年3月撤出驻厂监管，累计驻厂150天，免费为企业检验原料奶及奶粉

1320批次，成品奶1394批次。2009年3月，组织食品添加剂专项监督抽查，抽取食品馅料、罐头、膨化食品、饮料、面粉等15个品种220批次，经检验，总体合格率91.8%，不合格的18批次主要是糕点中铝、炒货中二氧化硫、糖精钠、酱菜及蔬菜制品中防腐剂超标。同年4月至2010年12月，常州质监局连续19个月跟踪地产乳制品及含乳食品质量安全，抽查样品179批次，均未检出三聚氰胺。2009年，抽查食品685批次，合格率89.7%；2010年，抽查658批次，合格率95.7%。至2010年末，常州地产食品未发生过重大质量事故。

第二节　食品安全综合监督

一、食品安全专项整治

2008年，国务院、省政府决定开展为期两年的食品安全整顿，常州政府立即组织食品监督等部门开展学校食品安全专项整治，对649所学校进行拉网式检查，对其中87所重点学校进行专项督察，开展秋季学校食品卫生专项行动和学生奶联合检查，校园内及周边区域食品店的营业执照持有率达96%。2009年，在全市组织开展打击违法添加非食用物质和滥用食品添加剂专项整治行动，出动检查人员近3万人次，检查食品生产经营单位1.84万家。推进豆制品安全专项整治，规范豆制品生产企业64家，是整治前的4倍。全市所有菜市场均有证照齐全的豆制品企业摊位，证照齐全企业占有豆制品市场的45%，总量为整治前的3倍。2010年，制定《常州市2010年食品安全整顿工作方案》，明确11项工作任务和责任部门，落实措施和责任。

二、食品安全示范创建

2005年12月，江苏省食品安全综合评价组检查考核常州市食品安全工作，对常州市红梅乳业公司、三井屠宰场、乐购超级购物中心、常州信息职业技术学院食堂等8家生产经营单位和基层监管单位武进卫生监督所、戚墅堰区东城工商所进行现场检查，结果表明常州食品安全工作政府责任、协调制度、监管措施到位，源头控制严格。2007年，全市示范创建的重心下移，启动食品药品安全示范镇和食品药品安全社区创建活动。全市有10个镇、102个社区达食品药品安全示范镇和食品药品安全社区创建标准，建成1258家规范农产品基地、食品店、餐饮店、药房和药店。溧阳、武进开展创建省级食品安全示范县(市、区)活动。2008年，开始在农村组织创建食品药品安全示范镇，在城区组织创建食品药品安全社区和争创规范农产品基地、规范食品店、规范餐饮店，当年创成食品药品安全示范镇28个、食品药品安全社区192个，1792家单位通过规范店验收。溧阳、武进创成常州市首批省级食品安全示范县(市、区)。2009年，在全省食品安全综合评价中，常州市被省食品安全委员会评为食品安全工作优秀城市。至2009年末，溧阳、武进、新北创建成省级食品安全示范县(市、区)，全市37个镇、21个街道(开发区)全部分别创建成食品药品安全示范镇、街道(开发区)，294个社区创成安全社区，覆盖率88%，累计创建成食品药品规范单位4315家。2010年，金坛、天宁、戚墅堰通过省食品安全委员会验收，建成省级食品安全示范县(市、区)。

三、食品安全监管流通网建设

2006年，江苏省农村食品安全监管责任网、现代流通网和群众监督网(简称“三网”)建设现场交流会召开后，市食安委率先在全省提出城镇“三网”和农村“三网”同步建设的工作思路。2007年，全市20个相关部门明确分管领导和联络员，7个辖市区成立工作机构，37个镇建立食品安全协调机构，1038个行政村设立食品安全信息员，逐级签订食品安全责任书，食品安全监管责任网逐步完善。引导支持大型零售企业向农村发展连锁经营网点，鼓励食品经营单位规范化经营；全市37个镇全部建成食品安全镇级店，839个行政村创成食品安全村级店860家，覆盖面80.8%；所有镇均建立消费者维权机构，在重点市场和行政村还专门设立

食品药品监管人员进行食品质量自动检测分析(摄于2008年9月)

消费者维权站，聘请食品药品安全镇(街道)协管员或行政村(社区)信息员负责食品安全监督维权。2008年，全市建立健全监管责任网，确定食品安全协管员60人，所有行政村确定食品安全信息员1330人；实现现代流通网全覆盖，建立57家镇级放心超市和1265家村级放心店，覆盖全市所有镇和行政村，全市行政村聘请食品药品安全群众义务监督员1358人。2009年，全市食品药品监管部门与经贸、供销合作等部门联手引导支持大型零售企业发展连锁经营网点，创成镇级放心超市57家、村级放心店1265家，覆盖所有镇、行政村，食品集中配送率超85%；聘请群众义务监督员1297人，在各镇、行政村设立受理点，公布举报投诉电话，现场受理、解答食品安全投诉、举报和咨询。

第三节　药品准入管理

一、药品医疗器械生产经营许可

2002年，常州停办3年多的零售药店设置工作重新启动，药品监管部门(简称“药监部门”)同年验收审批零售药店242家，验收并通过一次性无菌医疗器械经营企业资格确认检查14家，对27家药品批发企业、110家零售药店进行二类精神药品经营企业的资格确认。至年末，全市新增零售药店带动社会投资2400多万元，新增就业岗位1000多个。一类医疗器械产品注册准入48种；21家企业全部通过一次性无菌医疗器械生产验收。新增药品生产企业6家，包括中药饮片生产企业4家和医用氧生产企业、活性炭生产企业与大容量注射剂生产企业各1家。2002年起开始换发批准文号，全市上报34家企业的708种品规的药品批准文号，获批准660个品规，获批率93.2%。

2003年，常州药品监管部门为67家隐形眼镜销售店办理医疗器械经营许可证，为57家计生用品店办理乙类非处方药药品经营许可证，新办零售药店373家，办理448家医疗器械零售企业经营许可证，新批办医疗器械经营企业16家。辖市区的56个镇卫生院和867个村卫生室实行药品集中采购；镇均(含已撤掉的镇)拥有药店6.5家，其中村级药店占全市零售药店总数的17%，全市零售药店达979家；零售连锁门店覆盖将近90%的镇，武进、金坛、溧阳的零售连锁门店覆盖到每个镇。全市审批核发一类医疗器械产品注册证134张，“非典”时期开启医疗器械注册绿色通道，加快审批进程，为金坛健尔康卫生材料公司等3家单位办理医疗器械产品注册证，缓解市场口罩供应紧张的局面。药监部门配合市非典型肺炎防治工作办公室，调运口腔表、防护镜、呼吸机等药品和医疗器械17个品种、20.63万件。办理医疗器械一类产品注册准入审批76种，二类产品注册准入初审37种，新申报122种一类产品的注册标准全部备案。药品生产企业统一换发新版药品生产许可证。第一至八批换发批准文号的药品于2003年7月10日前更换新的包装、标签和说明书。全市23家制剂单位向省药品监督管理局上报换发制剂批准文号品种602个。

2004年，常州市获批新开药店176家，国家对一次性使用无菌医疗器械骨科植入物等重点监控产品实行《生产实施细则》检查，全市43家企业一次通过省食品药品监督管理局组织的《生产实施细则》考核，3家医院换领新的放射性药品使用许可证，8家药品批发企业和24家药品零售企业分别取得医疗用毒性药品与罂粟壳的经营资格。至2005年底，全市有44家生产企业的5大类23种产品列入国家、省重点监控，为36家药品生产企业和16家医疗机构制剂单位换发许可证。

2005年常州市医药生产经销单位和品种统计表

表23-4-1

企业类别	单位	新批办	年末累计	企业类别	单位	新批办	年末累计
药品生产企业	家	3	39	医疗器械经营企业	家	32	184
药品包装材料生产企业	家	1	24	医疗器械生产企业	家	21	201
药品批发企业	家	2	25	一类医疗器械产品	种	48	191
零售药店	家	260	1220	药品品种	个	51	826
医疗器械零售企业	家	247	1114	药品包装材料品种	个	17	64

说明：医疗器械零售企业统计数中包括药店

2006年，常州市有麻醉药品区域性定点经营单位1家。2007年，药监部门清理核查全市一类医疗器械产品。2009年，药品、医疗器械经营行政审批从筹建、许可、变更到换证、注销所有环节实施网上申报审批。2010年，换发药品生产许可证和医疗机构制剂许可证。2006—2010年，全市批办零售药店931家、注销554家，净增377家；累计批办医疗器械经营单位495家、注销255家，净增240家；批办药品生产企业9家、医疗器械生产企业97家，分别注销10家和29家；审批注册一类医疗器械产品777种；累计办理零售药店变更1085家、换证485家，医疗器械经营企业变更2873家、换证1883家。

2006—2010年常州市医药生产经销企业和单位变动情况表

表23-4-2

项　目	类别	单位	2006年	2007年	2008年	2009年	2010年
零售药店	新批	家	255	154	165	175	182
	注销	家	130	67	135	133	89
	净增	家	125	87	30	42	93
医疗器械经营企业	新批	家	289	77	88	117	173
	注销	家	94	55	104	108	47
	净增	家	195	22	-16	9	126
药品生产企业	新增	家	3	1	2	2	1
医疗器械生产企业	注销	家	4	15	17	5	0
一类医疗器械产品准产注册	新批	张	110	95	170	180	222

二、认证管理(GMP、GSP)

2002—2003年，常州市有23家药品生产企业、81个剂型通过《药品生产质量管理规范》(GMP)认证，分别占总数的76.7%和77.1%；8家医药流通批发企业、4家药品零售连锁企业通过《药品经营质量管理规范》

(GSP)认证，全市医药流通批发企业和药品零售连锁企业GSP认证完成。2004年是药品制剂和原料药生产企业必须通过GMP认证的最后一年，全市有31家应通过认证，除2家放弃、1家易地搬迁外，28家生产企业的98个剂型、120个品种的原料药均通过认证，全市GMP认证任务完成，24家通过认证的药品生产企业接受GMP跟踪检查；有203家零售药店(含新开药店)通过GSP认证现场检查，179家县级及其以上零售药店全部完成认证现场检查。未按计划通过的药品零售企业中的22家药店加盟连锁公司、16家药店年底停业。2005年，12家企业的25个新增剂型、12个原料药通过GMP认证。

2006年，常州药监部门实施医药生产零售企业GSP认证和认证后监管，对156家新开办的药品零售企业进行GSP认证，对220家2004年末前认证的药品零售企业进行跟踪检查，考核46家医疗器械生产企业组织质量体系，有14家次药品生产企业的23个剂型(品种)接受国家和省级的GMP认证。对28家药品生产企业全部进行GMP跟踪检查，对产品风险度较高、产品抽查不合格、有不良行为和被举报的企业进行两次现场检查、整改核查。2007年，10家药品生产企业的15个剂型通过GMP认证。完成对全市11家注射剂类药品生产企业的注射剂飞行检查。2008年，跟踪检查全市145家2006年度通过GSP认证的药品零售企业，实现全覆盖。责令19家零售企业限期整改，9家注销(停业)；对新开办的158家药品零售企业进行GSP认证，责令3家限期整改，1家认证不合格停业。对9家药品批发、2家零售连锁企业进行GSP认证，全市有16家次、54个剂型(品种)通过省级、国家级GMP认证现场检查。2009年，对3家药品批发、3家零售连锁企业及新开办的235家零售企业进行GSP认证，20家次的83种剂型(品种)通过国家级、省级GMP认证现场检查。2010年，全市有13家药品生产企业的29种剂型(品种)通过国家级、省级GMP认证检查，药品生产企业GMP跟踪检查80家次；464家药品零售企业通过GSP认证。

三、诚信体系建设

2001年，常州食品药品监管部门组织一次性无菌医疗器械生产企业人员学习责任状，在《常州日报》上发表公开承诺。2002年，在武进焦溪、郑陆镇等原制假售假重灾区开展建立镇村两级药品医疗器械监督信息员队伍试点，聘请40人担任药品医疗器械监督信息员的举措经《中国医药报》刊登后在全国各基层药监机构推广。至同年末，辖市区、镇聘请农村药品、医疗器械监督信息员168人，初步形成基层药品监督信息网络。在全市医疗器械生产经营企业中开展“讲诚信、讲法制、讲质量、讲规范”活动，18家企业联合倡议，70多家企业参与。2003年，常州药监局、常州医药质量协会及GSP认证专家组成的“放心药店”评定组审核参评药店307家，其中152家得分超90分；148家零售药店被评为2003年度“放心药店”，其中市区38家、武进56家、金坛18家、溧阳36家。全市药品生产企业开展“讲诚信，制好药”活动，评出诚信企业4家。

2006年，常州食药监局建成市与辖市两级信息监控平台，形成由市、辖市和企业两级平台三级站点构成的远程监控系统，全市500多家单体药店完成与远程监控网的对接。制定常州市药品和医疗器械生产经营企业《质量安全信用等级评定管理办法》，开展质量信用等级认定。建立企业信用档案，在全省率先建立企业属地监管、一企一档、一年一评的质量安全信用等级管理制度。全市开展“龙城千店无假药”行动，培训食品药品从业人员9000余人次。全市有20家、4家企业分别被评为全省医疗器械生产诚信企业、诚信优秀企业。2007年，常州食药监局统一药品、医疗器械生产经营企业评定标准，完善近2000家药品、医疗器械生产经营企业的诚信档案，评定企业的信用等级。建立医疗器械生产企业法人代表约谈制度，约谈问题较多的30家企业法人代表，与药品、医疗器械生产企业签订质量安全承诺书，督促经营企业做出诚信经营12项公开承诺。常州市神力医疗器械公司通过美国FDA认证，常州制药厂公司固体制剂通过欧盟GMP认证，被国家确认为首批城市社区和农村基本用药定点生产企业。2008年，该局组织对全市1686家药品医疗器械经营企业进行信用等级评定，评定守信级企业1507家、警示级企业120家、失信级企业47家、严重失信级企业12家。2010年，评定2009年度正常生产的30家药品生产企业、21家药品包装材料生产企业、243家医疗器械生产企业、1493家流通企业的质量信用等级，重点监管95家失信药品零售企业。

第四节　药品生产监督管理

一、基本药物监管

2002年，常州食药监部门强化对特殊药品管理和医疗机构制剂配制的日常监管，规范企业行为。开展药品专项检查，重点抓好退货药品、不合格品、特殊药品、药品包装、标签和说明书的管理。2003年，统一更换药品生产许可证；清理整顿、重新评价全市医疗机构配制制剂品种，在全市专门组织药品包装、标签和说明书专项检查。2004年，开展委托加工和批号管理专项检查、地标转国标、药品分类管理及企业产品检验情况专项检查。2005年，认定药品生产企业质量安全信用等级，制定《常州市药品生产企业质量安全信用等级认定和管理办法（试行）》，规定信用等级、认定程序、认定标准、奖惩措施，开展委托加工、不良反应报告与监测、制剂单位换发批准文号后包装更换、药品分类管理、药包材质量、丁基胶塞使用等普查和专项检查。

2006年，市食药监局制定《关于对药品生产用有关物料加强监督管理的指导意见（试行）》，对主要物料供应商审计、生产用原料管理、生产用辅料管理、原料药生产用物料管理等做出明确要求。开展原辅物料使用情况、疫苗、制剂委托加工、整顿和规范药品市场秩序等专项检查。2007年，完成对有关药品的注册现场核查，核查25家原料药与制剂生产企业的标签、说明书，药品说明书和标签均通过省食品药品监督管理局备案，原标签和说明书全部销毁。对1家疫苗生产企业、11家注射剂生产企业进行飞行检查，向企业派驻现场监督员，监督检查32家药品生产企业105家次；建成特殊药品监控网络，实现特殊药品实时监控，实施药品生产企业药品包装、说明书备案制度，建立计算机信息查询系统，建立假劣药品包装信息库，开展药品生产企业整顿等专项检查。

2008年，常州食药监部门建立健全全市注射剂类药品生产工艺和处方档案，组织对10家小容量注射剂类药品生产企业140个品种规格的产品进行生产工艺和处方核查；对14家医疗机构申请再注册的329个制剂品种资料进行形式审查，现场检查11家医疗机构的配制条件、检验条件等，完成医疗机构制剂再注册；监督检查全市30家正常生产的药品生产企业98家次，向企业书面反馈意见390余条；派驻10名监督员进驻14家高风险产品生产企业进行驻厂监督，发现问题150余个；开展麻黄碱类产品等5项专项检查，防止发生特殊药品流弊事件。2009年，建立药品生产企业负责人约谈制度、加强药品生产企业药品不良反应监测的意见等8项制度和规定，实施药品生产企业质量受权人制度，约谈企业负责人，督促企业做好对产品的安全风险评估。监督检查25家药品生产企业139家次，药品包装材料生产企业24家监督检查企业委托加工情况29家次，向企业书面反馈问题569条。对全市11家注射剂类药品生产企业全部进行飞行检查或跟踪检查，开展全市高风险类药品生产企业飞行检查和原料药专项检查，建立注射剂类药品品种监管档案182份。2010年，建立基本药物基础数据库，督促企业对基本药物品种处方工艺核查，两度现场核查基本药物生产及委托生产企业15家。

二、医疗器械监管

制度规范　2002年，常州食药监局制定《常州市实施医疗器械生产、经营企业不良行为登记管理办法》。2003年，对医疗器械生产企业实行书面告知制，涉及质量管理4个方面26项内容的动态变化。2006年，实施一次性使用输液器新标准。2007年，开通一类医疗器械注册进度查询系统，制定常州市医疗器械生产企业法人代表约谈制度。2008年，出台医疗器械生产企业产品出口备案管理办法，规定医疗器械生产企业须每季度将产品出口情况报县级及其以上食品药品监管部门备案；制定《医疗器械生产企业质量管理体系检查指南》，发布一类医疗器械注册产品标准编写格式示范模板。发布医疗器械产品无菌检验操作规程模板和《常州市医疗器械原辅材料采购使用管理规定（试行）》，统一规范医疗器械产品无菌检验仪器、环境要求、作业流程、检验结果判定等操作内容和台账，设立原辅材料使用标准技术门槛，规范医疗器械生产企业采购使用行为。2010年，推进首批92家企业实施《医疗器械生产质量管理规范》（简称《规范》），制定《常州市医疗器械生产监督管理业务指导意见》《常州市医疗器械生产监督管理业务考评办法（试行）》及相应的考评细则，与《医疗器械生产企业日常监督检查指南》，通过制度层面的业绩评价来提高监管效能，推动落实"地方政府负总责"的要求。

日常监管 2001年，全市128家医疗器械生产企业许可证（备案表）发放到位。2002—2003年，国家和各省药监部门分别在企业、市场和使用单位抽样检验常州市20家输液器、注射器和输血器医疗器械生产企业的54批次产品，合格率94.4%；2家外科植入物（骨科）医疗器械生产企业的5批次产品、3家麻醉包医疗器械生产企业的4批次产品全部合格。2004年，省药监局公布《2003年江苏省医疗器械生产企业产值前50名企业名单》，常州的健尔康医用敷料公司等9家医疗器械生产企业上榜。2006年，全市20家一次性使用输液器生产企业全部通过省食药监局组织的换证检查。考核38家医疗器械生产企业的质量体系，其中22家企业被责令限期整改，2家停产整改；核发一类医疗器械产品注册证110张。2006—2007年，监督检查全市医疗器械生产企业195家。2007年，3家企业完成全国首批医疗器械生产企业质量管理体系规范试点。2009年，全市有医疗器械生产企业220家、医疗器械注册产品997种、国家和省重点监控产品生产企业66家，为江苏13个省辖市最多。当年检查全市医疗器械生产企业427家次，其中重点监控产品生产企业44家次；检查企业许可证现场70家次、质量体系考核54家次。

专项检查 2002—2003年，重点抓好对被国家和省药监局列为重点监控的5个大类产品、23个品种和涉及的37家生产企业的医疗器械监管。2006年高温期间，常州食药监部门专项检查一次性无菌医疗器械生产企业30家。对市内15家血管支架、骨科植入物等重点产品生产企业进行专项检查。2007年，开展重点监管医疗器械产品生产企业供方评价、"产品关键工序，特殊过程控制"、一次性使用输液器产品质量状况摸底、产品质量安全隐患企业4次专项检查。2008年，专项检查出口医疗器械生产企业65家次，向海关、商检等部门作出口医疗器械产品质量安全风险提示。组织开展重点监管企业检验真实性、二类医疗器械生产企业供方评价、无菌器械生产企业净化车间日常运行管理、医疗器械出口生产和医疗机构器械使用5次专项检查。2009年，开展医疗器械生产企业原辅材料、无菌检验专项检查。5月，在全市开展防控甲型H1N1流感医疗器械专项督察，检查29家防控甲型H1N1流感器械生产企业质量管理体系运行情况，对口罩、防护服等防控器械生产企业及产品库存情况进行调查摸底、统计汇总上报，保障疫情器械供应。对吻（缝）合器生产企业、一次性注（输）液器具生产企业和医疗机构在用分子筛制氧设备开展专项检查。

三、药品不良反应和医疗器械不良事件监测

2003年，常州市药品不良反应监测中心成立，收到报告表88张，涉及单位19家。2004年，启动乡级卫生院药品不良反应监测(ADR)报告机制，实行在线呈报制。全市ADR报告数为529份；参与ADR工作的单位发展到29家，其中镇医院6家。2006年，市药品不良反应监测中心加强对药品不良反应监测，在全省率先出台药品不良反应监测工作规范；修订完善特药邮寄和经营申报程序，邮寄麻醉药品和精神药品申办程序及

药品零售企业第二类精神药品、医疗用毒性药品和罂粟壳经营资格的申办程序。全市监督检查特殊药品(特药)定点生产经营企业77家次，参与ADR监测的单位增至92家，收到药品不良反应监测报表1524份。2008年，在全省率先出台医疗器械不良事件监测管理办法，出台《常州市药品不良反应(事件)应急处置制度》。组织12家市、区级医院和21家骨科植入物等产品的医疗器械生产企业开展医疗器械不良事件监测试点，确定骨科植入物等7个品种为重点监测品种，确定198名监测人员开展医疗器械不良事件监测。是年，常州市填报的药品不良反应病例报表名列全省药品不良反应报告质量评比首位。2010年，常州市药品不良反应监测中心在市食药监局培训中心成立。开展药品不良反应监测及产品召回工作专项检查，ADR在线呈报单位增至82家，报告数量1865例。

第五节　药品流通监督管理

一、药品销售管理

2002年，常州药监部门对药品生产企业采购与销售渠道，医疗机构药品、医疗器械采购与管理，中药饮片质量等进行专项检查。2003年，重点加强农村药品供应网络建设；在药品零售企业开展“放心工程”活动；在医疗机构药品采购、储存、使用方面进行规范化管理；对药品批发企业进行GSP认证。2004年，重点开展农村药品“两网”建设，药品零售企业开展GSP认证，规范医疗器械经营行为，在药品流通领域推行软件管理，在监管中试行企业诚信监管。2005年，重点在农村医疗机构中开展创建“规范药房、合格药房”活动，完成农村药品零售企业GSP认证药品诚信体系全面启动，实施药品流通信息远程监控。2006年5月，制定《整规药品市场秩序专项行动实施方案》，组织开展整顿和规范药品市场秩序专项检查。9—11月，对全市675家药品、医疗器械经营企业开展大检查，发出整改通知书61份，吊销11家企业的经营许可证，查处有严重违规行为的企业19家。12月，出台实施《关于加强常州市药品零售企业监督管理的暂行规定》，要求药品零售企业加强对药品销售、驻店药师在职在岗、药品购进票据及购进验收记录和广告宣传药品、医疗器械的监督管理。

2007年，全市食药监部门检查药品医疗器械经营单位2052家次，全部覆盖，组织企业对超经营方式、出租许可证等违规经营行为进行自查自纠，抽查355家次，整体状况良好。2008年5月，出台《常州市药品零售企业药学技术人员管理办法》，全市药学技术人员实行12分信用计分管理，常州食药监局网站设置药学技术人员任职情况数据库网上查询系统，向社会公布药技人员的执业信息和信用记录。2009年，对25家外地中药饮片经营企业、28家生产企业给予备案，监督检查全市228家中药饮片经营和使用单位。全市1420家药品零售企业实现药品购进验收数据上传，1230家安装并使用销售凭证打印机，分别占全市药店总数的93.2%、80.7%。2010年，完成全市药店GSP认证464家，责令限期整改3家，跟踪检查122家。对2009年度正常生产经营的1787家企业评定质量信用等级，其中药品流通企业1493家。

二、药品广告管理

2004年，常州药监局对《扬子晚报》《常州日报》《常州晚报》及常州电视台图文频道和武进电视台、常州广播电台等新闻媒体药品广告进行专题调查，检查涉及经销广告药品的零售企业268家次，查出24个假劣药品。2005年，开展药品、医疗器械、保健食品广告监控月活动和“关爱生活、关爱健康、拒绝虚假药品医疗器械保健食品广告”宣传日活动，查出违法广告48条，移交工商部门查处。2006年，监测广告947条，发现违法广告597条，其中药品广告612条中364条违法。2007年，向各主要媒体发放违法药品和医疗器械广告告知书426份，对违法情节严重的广告药品销售单位进行网上曝光，提请省食药监局作出暂停销售9种严重违法广告药品的处罚。2008年，监测违法药品、医疗器械、保健食品广告430条，12种违法广告药品被暂停省内销售。2009年，监测涉及77种药品的违法广告476条、7种医疗器械的违法广告97条、66个保健食品的违法广告162条，移交工商部门查处，其中广告严重违法的16种药品被停止省内销售。2010年，监测广告2516条，其中涉嫌违法广告636条，全部移送工商部门处理，发布关于违法药品广告的公告7期，对132种药品发布消费警示，提请省食药监局暂停销售违法广告药品5个品种。

三、执业药师管理

常州食药监局负责执业、从业药师资格考试与注册管理的部分事项。2008年7月开始，受省食药监局委托承办常州市执业药师注册行政许可事项。至2010年末，全市累计受理、审核、发放注册材料364人次，其中92%来自药品流通领域。2010年，常州有执业、从业药师1133人。

四、农村药品流通监管

2001—2010年，常州药监部门把创建农村医疗机构"规范药房、合格药房"（双创）作为加强农村药品市场监管的重要内容，完善农村供应网络。2003年，加强对医疗机构药品采购、储存管理，与市卫生局联合下发《关于在全市乡镇医疗机构开展创建规范药房、合格药房活动的意见》，对农村地区卫生部门扎口集中采购管理，村卫生室的药品由所在乡（镇）卫生院统一代购。全市103家镇卫生院、685个村的卫生室，全部进入农村医疗机构的药品供应网络，实现镇卫生院一体化管理的新模式，镇、村的455家零售药店方便农民购药。2005年，创建的直接投入近1000万元，改善农村医疗机构药品储存条件，基本建成药品质量管理体系。2006年，组建由辖市区和镇、村3级药品监督信息员1323人组成的农村药品监督网络，信息员提供信息482条，立案查处34起。推进农村药品供应网络建设，全市1098个行政村卫生室实现镇村一体化管理或药品代购。建成首批12家农村医疗机构"双创"示范单位。农村药品监管网和供应网建设实现全覆盖，村卫生室药品由镇卫生院统一招标采购配送；85家镇卫生院全部通过规范药房验收，489家村卫生室通过合格药房验收，"双创"全部合格。2007年，聘请106名食品药品安全群众义务监督员，跟踪检查农村医疗机构规范药房、合格药房，与卫生部门联合监督检查个体诊所的药品管理。2008年，各辖市区陆续创建成农村药品"两网"建设示范区。

第六节　药品检验稽查

1985年，常州市药品检验所首次取得江苏省质量技术监督局颁发的计量认证合格证，此后连续多年通过计量认证换证检查。2006年5月，通过国家实验室认可评审委员会的现场评审，确认其具有药品、医疗器械、药品包装材料、洁净室（区）环境检测4个类别140项参数的检测能力。2009年1月，通过中国合格评定国家认可委员会第二次实验室现场监督评审，11月通过省质量技术监督局组织的计量资质认可复评审。2010年6月成立质保室，由专人负责全所的质量保证。

2002年，全市药监部门相继开展一次性使用无菌医疗器械的专项整治"春季行动"和"回头看"检查、整顿规范市场的"正源行动"及清查过期失效药品等专项行动，检查全市管理对象2563家，立案查处503起，涉案金额1300余万元，严厉查处无证生产、经营医疗器械、药品，销售添加药品成分的保健品，涂改生产批号等违反规定生产销售的行为。查处常州某化工公司无证生产卡托普利、溧阳药贩等涉案金额较大的制假售假案，捣毁窝点5个，取缔制假售假团伙4个，集中销毁假劣药品、医疗器械600多个品种、936箱，价值260余万元。2003年，主要实施正源行动在农村活动和药品放心工程，开展药品、医疗器械等专项检查15项，销毁假劣、过期失效药品、医疗器械650余万元，查获捣毁无证经营药品、医疗器械的地下窝点26个，缴获药品、医疗器械价值40多万元。4月，制定防治“非典”工作方案和相关制度，严格监管防治“非典”药品和医疗器械，严厉打击经营假劣口罩的违法行为，缴获假劣口罩5000余只，检查相关生产经营和使用单位443家次，查处相关案件9起，受理相关投诉294件。出台制（汤）剂和零售药店禁止出售止咳解热药的有关规定，配合做好“非典”预防工作。

2004年，全市药监部门开展以“正源行动保健康”为主题的药品市场监督执法检查行动，在22项专项检查中，重点抓取缔无证经营窝点、大案要案的查处。与公安等部门联合查处勤业新村地下设库销售颈痛颗粒、劳动西路无证经营高高医疗器械等无证经营药品、医疗器械的地下窝点49个，缴获非法药品、医疗器械价值100多万元。先后破获溧阳地下药贩孙某无证经营药品、常州某有机化工厂无证生产销售盐酸美西律原料药、黑龙江人时某生产销售美国礼来公司产品Cialis（希爱力）片等大案要案，规范常州药品市场秩序，保护合法企业的利益。2005年，常州食药监部门开展对农村基层用药质量、零售药店执行《药品经营质量管理规范》情况、医疗器械说明书、标签和包装标识、区及其以上医疗机构等的专项检查；组织广告药品、疫苗采购使用管理、非药品冒充药品、打击非法邮递假劣药品等专项整治行动。

2006年，常州食药监部门开展15项专项检查，处理贩卖回收药品举报63件，立案39件，没收过期药品2435种，金额23万元。2008年，全市开展基层药品质量大检查，以农村地区、城郊接合部为重点区域，以假劣血液制品和疫苗类药品、假冒国内外知名品牌药品、虚假广告药品等为重点品种，开展专项执法检查10多项。2009年，完善稽查执法协调机制，明确药品应急处置程序，健全常州市药品生产企业药品外包装资料库和假劣药品信息资料库。以农村和城乡接合部为重点地区，以高风险药品、擅自添加药物活性成分药品、假冒知名品牌药品等为重点，开展体外诊断试剂、打假保名牌、基层药品质量等专项检查。2010年，开展基本药物、广告药品、非药品冒充药品、打击药品非法交易，打击工业氧（或压缩气体）冒充医用氧违法行为等专项检查；组织打击利用互联网进行非法药品交易、打击侵犯知识产权和伪劣商品，药品安全、违法药品广告等专项整治行动。2003—2010年，全市食药监部门检查单位2.99万家，受理举报1970件，立案2921件，现场行政处罚1696件，涉案违法物总标的3863.48万元，罚没款到账5006.97万元；没收违法的药品医疗器械总价值1097.35万元和管理对象违法所得2075.67万元，罚款2924.58万元，取缔无证药品销售点180个，向公安机关移交案件9起。

2003—2010年常州市药品稽查情况统计表

表23-4-3

项目	单位	2003年	2004年	2005年	2006年	2007年	2008年	2009年	2010年
检查单位	家次	4603	4703	3540	3346	3770	3750	4153	1991
受理举报	件	339	280	256	310	252	209	177	147
立　案	件	561	491	563	341	340	225	288	112
当场行政处罚	件	24	64	224	135	253	483	388	125
总案值	万元	798.00	856.74	435.58	531.28	403.96	560.73	277.19	—
罚没到账款	万元	531.36	667.48	797.15	566	615.53	575.85	499.9	753.70
没收假劣药品医疗器械价值	万元	221.06	491.95	63.29	110.28	62.57	41.18	59.88	47.14
没收违法所得	万元	166.18	364.79	329.92	512.43	319.47	272.21	86.31	24.355

续表 23-4-3

项目	单位	2003年	2004年	2005年	2006年	2007年	2008年	2009年	2010年
罚款总额	万元	409.14	549.91	519.34	367.70	321.20	463.84	187.15	106.30
取缔无证药品销售点	个	38	10	0	103	2	13	10	4
移交公安机关案件	起	0	2	1	1	2	1	1	1

第五章　安全生产监督管理

1990—2010年，常州市一直设有安全生产委员会（简称“安委会”），下设的办公室2001年前设在市劳动局，2001年后设在市安全生产监督管理局。1991年至1999年12月，市劳动局代表市政府对全市企业、事业单位的安全生产进行综合管理，实行国家监察。市经委对工业、交通系统进行行业安全管理，市纺工、机械、轻工、化工、无线电、交通、煤炭、建筑工程、医药、建材等局都对企业实行行业管理。90年代后期，工业行业局全部撤销，改建为工业资产经营公司，负责指导服务转制企业的安全生产工作，市总工会开展安全生产和劳动保护的群众监督。1999年12月，市劳动局承担的锅炉、压力容器、特种设备（电梯、行车、厂内机动车辆）安全监察职能、机构、人员成建制划归新组建的常州质量技术监督局，实行省以下垂直管理，职业卫生监管职能划归市卫生局，市劳动和社会保障局保留事故调查处理、安全宣传教育等职能。2001年8月，市安全生产监督管理局（简称“安监局”）成立，承担和履行全市安全生产的日常监管、专项监管与应急救援等工作职能，统筹全市安全生产监督管理。

第一节　宣传教育

一、特种作业人员培训教育

1987年，常州市劳动保护教育中心建成，从此每年公布电工（分维修电工、安装电工、高配电工）、焊工（分电焊、气焊、气割）、起重工（分行车工、港口吊机工、司索工）、架子工、场内机动车辆驾驶员（分铲车工、叉车工、汽车吊、装载机工）的初审和复审计划，各企业组织人员参加培训，通过应知应会考试后，市劳动局发放特种作业操作证。1991年9月《特种作业人员安全技术考核管理规定》发布后，特种作业人员的培训考核和持证上岗开始规范化。1991—2010年，年均举办培训50～60期，每年初培人员、复审人员近1万人。2001年8月以后，市劳动保护教育中心隶属新成立的市安全生产监督管理局管理，特种作业人员的考核发证改由市安监局负责。

二、安全生产月活动

1990年、1991年5月份的第二周开展“安全生产周”活动。1992—2010年，全市每年组织开展“安全生产月”活动，其中1992—2001年每年的“安全生产月”为5月份。2002年起，按国家的统一安排，“安全生产月”活动改为6月份。企业在“安全生产月”中，采用广播、专栏、板报、参观、案例分析会、安全生产竞赛等形

市委书记范燕青（后排左三）检查企业安全生产（摄于 2010 年 8 月）

式开展安全教育活动。2002 年 6 月是第一个全国“安全生产月”，常州电视台《特别关注》栏目组现场录制《平安是福》节目，《社会写真》栏目组拍摄《安全生产行政追究》节目，以常州的两起爆炸事故为题材，以案说法，教育和警示各级干部履行安全生产职责。2004 年 6 月是第三个全国“安全生产月”，市安委会办公室同市委宣传部和市公安交巡警支队、消防支队、总工会、质监局、建设局、劳动保障局、交通局、卫生局（疾控中心、卫生监督所）等 16 个部门，在市工人文化宫广场联合开展以宣传、咨询、现场征求意见和接受投诉举报、安全谜语竞猜及万人签名等 6 项内容为主的安全生产大型咨询宣传活动。2005 年，市安委会组织企业参加“安全生产月”大型广场宣传咨询活动，发放安全宣传资料 3 万多份。市安监局与市总工会联合开展“安康杯”安全生产竞赛，参赛职工 11.96 万人。与团市委联合开展创建“青年安全生产示范岗”活动，推进青年职工安全质量标准化作业。

2006 年，全市安监部门在“安全生产月”活动中，围绕“安全发展，国泰民安”主题，开展群众性安全文化宣传活动及全市安全生产月咨询日活动。《常州日报》和电台等媒体开辟活动专栏、举办安全生产知识有奖竞赛等。2007 年，全市 100 家生产经营单位的代表进行安全诚信承诺宣誓。组织参加省安全生产知识答题活动。2009 年，在《常州日报》设立安全专版，通过设立安全生产举报电话、安全生产月局长电视访谈、悬挂横幅标语和张贴安全警示标语、举办安全文艺晚会等形式，开展安全宣传活动。常州市、新北区和薛家镇三级政府联合在薛家镇中心广场举办常州市第八个安全生产月启动仪式暨大型广场文艺晚会，近 1 万人参加。市安监局、卫生局、总工会联合组织企业职工参加全国职业安全健康知识竞赛活动，参赛者达 6 万人，市安监局获全国竞赛优秀奖。2010 年，全市围绕“安全发展，预防为主”主题开展“安全生产月”活动，开展安全文化“五进入”（进入企业、工地、校园、社区、家庭）活动，把安全生产法律法规知识和安全知识送到基层、送进家庭。市总工会牵头在全市企业开展以“加强班组安全建设、强化一线教育管理”为主题的“安康杯”竞赛。市安监局和总工会在全市全面推进“1+3”① 安全监控体系建设，形成“事故隐患群防群控，生产安全共建共享”的局面。

三、劳动保护知识培训

常州市劳动局、经委、总工会每年对市属企业进行厂长（经理）劳动保护知识培训。1990—1996 年，市劳动局、经委、公安局、总工会每年联合组织劳动保护知识竞赛，组织市属企业参加。1993—1998 年，与市属企业负责人消防安全知识培训班合并进行，每期培训 5 天，实行闭卷考试，及格的分别由市劳动局、公安消防支队颁发常州市厂长（经理）劳动保护知识合格证和常州市消防安全知识合格证。对车间主任、分厂厂长、设备科长、生产科长等企业的中层干部，规定分别由各工业（行业）局组织培训和下发培训证书。对企业的员工尤其是新员工、换岗人员，由企业实行厂部、车间、班组（岗位）三级安全教育，由企业劳资科编制计划，企业的安

① “1+3”指事故隐患和职业危害监控法加上事故隐患和职业危害的动态管理机制、持续改进机制与系统评价机制。

技科组织和督促实施。市总工会联合市劳动局组织对全市企业班组长轮训，开展创建“合格班组”活动。

第二节　日常监管

一、目标管理和责任制

1989—2005 年，全市每年根据省政府下达的安全生产控制指标（地区职工死亡人数、千名职工死亡率、重伤率、亿元地区生产总值死亡率、万公里公路死亡率、万车死亡率等），向辖市（区）政府和主要行业（部门）分解控制指标。每年初，市政府以签订目标责任书的形式，部署年度安全生产控制指标和重点工作任务，每年年终通报表彰目标管理完成情况。2002 年，全市评选先进地区（行业）10 个、先进工作者 80 人，市财政奖励每个先进地区（行业）2 万元、先进工作者每人 100 元，对完成目标的考核单位奖励 1 万元。经市安委会考核全市 39 个地区（单位），有 37 个合格、2 个不合格。

1991 年起，市安委会要求各级政府、各行业主管部门和企业，每年排查事故隐患，按定措施、定资金、定责任人；班组能解决的不推给车间、车间能解决的不推给厂部、厂部能解决的不推给主管部门、主管部门能解决的不推给市政府（简称“三定四不推”）要求，层层组织隐患排查和整改。市政府每年解决 1～2 个重大事故隐患。市级重大隐患一般由企业主管部门上报，市安委会办公室组织专家召开研究论证会，提出防范措施和解决方案，责成行业主管部门和企业挂牌落实，个别重大隐患还提请省级行业主管部门结合技术改造和新建项目一并考虑实施。90 年代初，湾城油库储罐因建造时间长，发生罐体腐蚀渗漏，被列为省级隐患，通过不增库容、不增品种、不再改扩建被控制使用，直至彻底关闭。1995 年，市政府发出《关于进一步落实企业法定代表人安全生产责任制的意见》，市安委会对市企业法定代表人落实安全生产责任制的年度考核。1996—2005 年，每年分地区考核各生产企业安全生产工作落实情况。考核分优良、合格、不合格 3 个等次，对优良、不合格等次的企业分地区通报。评选劳动模范、先进集体必须从优良单位中产生，不合格单位无评选先进的资格。2000 年以后，常州市要求辖市（区）每年排查确认上报至少 1 个年度挂牌整改的隐患，纳入年度工作目标考核，市安委会对完成整改的单位给予适当资金奖励和补助。2005 年前后，市政府用于重大隐患整改奖励、补助资金每年 60 万元。

2007 年，市委、市政府集中下发《关于进一步加强全市安全工作的意见》《常州市“十一五”安全生产规划》《关于在全市推行“一岗双责”完善安全生产责任制的实施意见》《安全生产监督管理职责规定》《关于加强乡镇（街道）安全生产监督管理规范化建设的意见》等重要文件，加强安全生产及其监督管理工作，杜绝重特大事故。2008 年 6 月，市政府印发《关于建立安全生产长效管理机制的意见》《常州市企业安全生产达标考核办法》，安全生产长效管理起步。2010 年 11 月，《常州市企业安全生产长效管理考评办法》和《常州市企业生产现场安全监督检查规定》出台，常州首次以规范性文件对企业生产现场安全检查提出要求，规范长效管理的工作机制。2008—2010 年，各级政府和职能部门累计对 2 万多家企业进行达标考核，有 80% 的企业被评为二级及以上达标企业。

二、安全质量标准化长效化

2004 年 1 月 9 日，国务院颁发《关于进一步加强安全生产工作的决定》，要求全国所有工矿商贸、交通运输、建筑施工等企业开展安全质量标准化活动。2005 年 11 月，江苏省非煤矿山安全质量标准化试点现场会在金坛召开。2006 年，常州有 33 家化工企业被确定为全市首批危险化学品从业单位安全标准化试点单位；江苏江东化工股份公司通过国家安监总局的考评验收，取得“安全标准一级企业”证书。2008 年，全市有 27

家企业进行安全标准化预评估。2010 年 4 月起，全市在非煤矿山、危险化学品、烟花爆竹、建筑施工、冶金铸造等高危行业推行安全生产标准化达标工作。是年，5 家危化企业向省安监局申报二级标准化，30 多家非煤矿山企业推进安全标准化。全市建立安全生产专项资金制度，设立安全生产长效管理考评奖励资金，奖励成绩突出的辖市区、市相关职能部门和基层监管一线人员。完善企业安全生产分级挂牌督办制度，对安全管理混乱、事故隐患突出的不达标企业进行挂牌督办。推行安全生产长效管理通报制度，安监部门将企业达标考核结果向社会公布，抄告相关行政管理部门和金融管理机构，作为对企业依法管理、信用评级的重要依据。实行评先评优联动制，一级达标企业作为市级安全生产诚信企业，参加省级安全生产诚信企业评选；不达标企业不得评为先进企业，其法定代表人不得作为劳动模范等评先评优的候选人。

三、监管规范化信息化

2005 年 12 月，常州市安监局制定颁发《关于进一步规范全市安全生产行政执法工作意见》《常州市安全生产监督检查暂行规定》。2008 年，市政府安排 650 万元专项资金，建设市安全生产综合监管暨重大危险源监测预警信息平台，该局制定《常州市安全生产行政执法质量考核评议试行办法》。3 月 10 日起启用常州市安全生产处罚文书和行政许可文书，有行政许可文书 17 种、涉及安全生产执法全过程的处罚文书 51 种。2009 年，市安监局出台《常州市生产经营单位安全生产监督管理规范行政处罚自由裁量权的实施意见》。4 月开通市安全生产综合监管暨重大危险源监测预警信息平台。各辖市区从 2009 年开始筹措资金建设安全生产两级信息平台。2010 年，出台《行政权力网上公开透明运行系统管理办法》《安全生产行政许可和行政处罚案件内部程序规定》等规范性文件，确保公正公平执法。至同年底，市安监局编印安全生产法律法规规章文件汇编 6 册。年初，常州预警信息平台在全省第一个完成市、区安监局与国家安监总局、省安监局远程视频系统对接。全市安全生产信息平台实现应急响应联动化，系统通过专网接入常州市城市公共安全应急救援指挥中心，与公安、消防、城管等部门应急联动、资源共享；日常监管实现网络化，市、辖市区、镇三级安监机构可通过互联网或政府外网登录信息系统分级查询相关监管信息；企业信息集成化，通过互联网登录安全生产申报系统查询信息、申报业务，安全生产基础数据库自动分类汇总，形成企业“一企一档”电子数据库。

第三节 专项监管

1999 年 12 月以前，常州市劳动局承担作为安全生产监管重要组成部分的锅炉、压力容器、特种设备安全监管，锅炉、压力容器的监管被列为专项监管，特种设备中的电梯、升降机、行车、厂内机动车辆的监管被列为劳动保护监管范围。1999 年 12 月，对锅炉、压力容器和特种设备的安全监管职能划给常州质监局。2002 年起，市安监局开展危险化学品、非煤矿山、烟花爆竹、冶金等行业（领域）的专项治理和重点监管。

一、建筑施工和化工安全生产监管

建筑和化工行业是常州事故高发多发行业。90 年代初，常州的建筑、化工企业发展迅速，伤亡事故也易发多发。1992 年起，市劳动局、建委和建筑工程管理局抽调部分施工企业专职安全员，组成审查组，对全市提出申报的建筑安装施工企业对照审查标准进行资格审查。符合分值要求的经省劳动厅、建设厅审核同意，发给江苏省建筑安装施工企业安全生产许可证。至 1995 年底，完成审查许可工作，650 多家企业取得安全生产许可证。江苏省从 1996 年起实行化工企业领取化学危险物品安全生产许可证制度，至 2001 年底全市累计发证 1511 张。

2004 年，全市安监部门突出检查“五类危化品”（爆炸品、压缩气体和液化气体、易燃液体、易燃固体和遇湿易燃物品、氧化剂和有机过氧化物）生产经营单位，违规者一律责令停产整顿：生产工艺和设备、储存方式和设备不符合国家规定标准的；压力容器未按期检测或经检测检验不合格的；企业主要负责人、特种作业人员、关键岗位人员未经正规安全培训，没有取得任职和上岗资格的；经安全评估，确认没有达安全生产条件的；当年发生重特大事故的。对非法从事危化品生产、储存、经营、运输等活动和经停产整顿后仍然不具备安全生产条件的两类危化品生产经营单位一律关闭（简称“五个整顿、两个关闭”）。2005 年，市安监局制定出台《常州市化工企业小试、中试（扩试）安全管理的意见》，指导化工企业在产品试制中落实安全防范措施；开展因周边安全防护距离不足的危险化学品从业单位搬迁调查，明确全市 24 家限期搬迁企业名单。加强对危险化学品储存经营企业的安全监管，对 25 家剧毒化学品经营单位实施年检，1 家企业被要求停止经营。

2006 年，市政府出台《关于加快常州化工产业调整和发展的意见》，初步划设金坛 10.4 平方公里、溧阳 2.15 平方公里、武进 10 平方公里、新北 13 平方公里的 4 个化工集中区。全市加强对危险化学品生产企业的安全监管，随机抽查领证和申报领证的危险化学品生产企业 112 家次，提出隐患整改要求 448 条。2007 年，市安监局发布《常州市危险化学品生产企业分类分级监督检查的实施意见》，对全市 679 家危化品生产企业按红色、橙色、蓝色划分企业危险监管等级，实施不同频次的监督管理。加快危险化学品生产、储存专用区域的规划和建设，加强危险化学品从业单位的“关、停、搬、转”安全监管。确定全市保留 8 个化工园（片）区，关闭 490 家化工生产企业。2008 年，市安监局编制印发《危险化学品建设项目安全许可审查标准》，对危险化学品生产、储存建设项目严格执行“三同时”制度，把好设立、设计审查和竣工验收关，防止新上项目存在安全距离不足、安全生产隐患等问题。历年坚持整治、淘汰不具备安全生产条件的化工生产企业，强化对关闭企业的考核验收，全市关停并转化工生产企业 397 家。2010 年，危险化学品专项整治突出规范行政许可、落实监管制度、整改事故隐患等方面工作，对全市地下化工管道开展走访排摸，做到基础情况清、管理责任清、标志标识清。2006—2010 年，全市累计关闭化工生产企业近 1000 家，主城区化工生产企业全部搬迁、关闭。

二、非煤矿山安全生产监管

2006 年，常州市安监局明确了申领非煤矿山安全生产许可证的有关问题，出台《砖瓦企业安全评估标准》，指导企业依法申领安全生产许可证，建立非煤矿山企业电子档案。在审查发放非煤矿山安全生产许可证时，把好安全评价、资料审查、现场审查和申报时间关。开展非煤矿山安全标准化工作，全市有 15 家非煤矿山企业被评为三级标准化企业。2007 年，280 家企业领取非煤矿山企业安全生产许可证。全市露天采石企业三级及其以上达标率 80%，地下矿山企业全部达标。2008 年，安监部门继续以规范开采行为为重点开展非煤矿山专项整治活动，组织编制了常州市小型露天采石场开采方案，督促矿山企业对照开采方案整改，确保先剥后采、采剥并举、自上而下、分台阶（或分层）开采及台阶高度、边坡角度等安全标准化要求落到实处。溧阳露天采石场全部编制方案。按《国家安全监管总局关于在中小型露天矿山推广中深孔爆破开采技术的指导意见》要求，推广中深孔爆破等先进开采技术，重点突出对露天矿山高陡边坡、地下矿山等重点部位和重要场所的隐患排查，全市关闭不具备安全生产条件金属非金属矿山 8 家，51 家采石企业获得省安监局核发的安全生产许可证。2010 年，非煤矿山专项整治重点抓矿山爆破作业安全。

三、烟花爆竹经营监管

2006 年 1—3 月，常州市安监局联合市公安、工商、交通等部门在全市开展为期 60 天的烟花爆竹安全专项行动，检查全市 72 个乡镇（街道）的批发企业 12 家、零售单位 467 家，取缔无证无照摊点 30 多个，限期整改零售单位 30 家，扣押非法爆竹 994 只、鞭炮 230 余条和烟花、礼花弹、散装爆竹近 560 只（件），有 1438 家零售单位通过评估，领取烟花爆竹临时许可证。对未通过评估、不符合安全条件的单位坚决不发证。全市

1200多名从业人员通过区级安监局培训考试，获得资格证书。宣传贯彻国务院《烟花爆竹安全管理条例》，向群众普及烟花爆竹安全燃放常识，各级安监部门设立举报电话，做到有报必查，及时消除隐患。市安监局与12家烟花爆竹批发企业签订《常州市生产经营单位安全生产职责告知承诺书》。2007年，完成烟花爆竹批发企业的安全标准化登记申报，全市有从事烟花爆竹批发企业12家、零售经营单位1765家。发《常州市烟花爆竹零售许可实施细则》，培训烟花爆竹经营负责人和安全管理人员2000人次，取缔无证无牌摊点100个，暂扣、罚没非法销售、储存、运输的烟花爆竹总数1991箱(件)。

2008年，常州市安委会以打击烟花爆竹销售非法经营为重点，推进烟花爆竹经营单位的安全标准化，建立由公安、安监、工商、质监、交通、城管等部门和烟花爆竹行业协会负责人组成的联席会议制度，严厉打击烟花爆竹私自生产、私自销售、私自储存、私自运输行为，全市收缴烟花爆竹非法制品4071件(箱)，依法注销和吊销证照7张，规范烟花爆竹市场经营秩序。2009—2010年，公安、安监、工商和城管等部门针对烟花爆竹安全监管的薄弱环节，开展烟花爆竹旺季市场安全专项整治行动，打击非法生产、运输、储存和销售烟花爆竹制品行为，消除一批事故隐患。查获非法储存烟花爆竹仓库(窝点)9个，收缴非法烟花爆竹7850箱(件)、礼花弹7箱252颗，查处非法运输烟花爆竹案件3起，4人被行政拘留。

四、冶金行业安全生产监管

2008年，常州市安监局制定《常州市冶金行业分级监管工作实施意见》《常州市冶金行业安全生产分级检查标准》《常州市铸造企业安全生产检查标准》，采取分级监管检查评估形式，全面排查全市440家冶金企业存在的隐患。到2010年底，300多家冶金企业全部完成分级考核和监管。

第四节　应急救援工作

安全生产应急管理是常州安全生产工作的重要组成部分。根据法律法规的规定，全市各地区、有关部门都根据各自承担的安全职责，编制相应的事故应急处理预案。2006年，国务院出台《国务院关于全面加强应急管理工作的意见》，国家安全生产监督管理总局出台《关于加强安全生产应急管理工作的意见》，常州市认真贯彻执行，坚持加强应急管理。

一、应急救援预案

2003年，常州市安委会印发《常州市安全生产工作目标管理考核标准》，将应急预案分别纳入辖市区、行业主管部门、直属单位的年度安全生产目标管理考核标准中。各级行政主管部门针对不同危险源制定应急救援预案，指导应急演练，增强处置突发事件的能力，并根据演练中反映出来的问题，及时进行评估、总结，提出改进措施，修订预案文本。2006年，修订完成《水上事故或险情救援应急预案》《常州市内河交通安全应急预案》《常州市危险化学品事故应急救援预案》等。2007年，完善工矿商贸企业安全生产事故、道路交通、火灾事故、特种设备事故、处置电网大面积停电事件、通信保障、食品安全事故等预案。2008年，修订完成《常州市工矿企业生产安全事故应急预案》，制定发布市级非煤矿山、危险化学品、陆上石油天然气储运等部门应急预案，辖市区完成相关预案的制定编报。全市1242家危险化学品从业单位(含重大危险源388家)编制上报应急预案，初步形成由市级专项预案、部门预案和地区预案及生产经营单位预案组成的预案体系。2009年，重点抓好高危行业和规模以上企业的应急预案备案，督促高危企业建立应急救援队伍、配备专兼职救援人员。2010年，市安监局出台《关于加强全市安全生产基层应急队伍建设的意见》，加强安全生产应急预案与应急资源数据库建设，注重预案与安全生产规章制度、规程标准的衔接。2010年底，全市大部分重点企事业单位完成应急预案编制，报市、辖市区备案；危险化学品从业单位有3000多家报市安监局及各辖市、区安监局备案。

二、应急救援演练

常州安监、公安、消防等部门按“立足实际、整合资源、真演实练、部门联动”的指导思想，全市应急演练采取模拟实战的方法，重点对事故报告程序、预案的启动、救援队伍拉动和现场救援处置等环节进行演练，系统检验事故应急指挥能力、快速反应能力、实施救援能力及协同作战能力。2005 年 6 月 28 日，由市卫生局主办，市消防支队、安监局协办的常州市卫生系统 2005 年“安全生产月”重大安全事故与医疗救护应急救援预案演练在江苏常州卫生学校举行，卫生、消防、安监、公安等部门的近 200 人参加演练。2006 年 9 月 21 日，市政府牵头常州机场成功举行应急救援综合演练，提高处置突发航空器紧急事件的快速反应能力、综合保障能力。2006 年“8·23”亚邦火灾事故发生后，市公安、消防、安监等相关部门快速反应，协同作战，妥善处置该起危险化学品事故。同年 11 月 9 日，市政府在新北区常州电子工业园区举行大规模应急救援预案演练，科目为危险化学品泄漏和爆炸事故。

2008 年“安全生产月”期间，常州市组织开展应急救援演练 141 场次，调集动用救援装备(设备)800 余台件。在常州华昊化工公司铁路专用线 2 道北侧进行常州首次铁路沿线危化品突发事故应对演练。2009 年“安全生产月”期间，市政府组织市应急办、公安局、环保局、安监局、人防办、急救中心、气象、供电、电信、自来水公司、消防支队、港华燃气公司等单位和部门，在新北区滨江化工区的常州市双志石油化工储运公司举行石油化工灾害事故处置联合演练，150 余人参加演练活动。6 月 17 日，常州市和金坛市的应急、安监、公安、消防等部门在位于金坛市直溪镇的国家西气东输重点配套项目工程储气库，举行西气东输应急救援实战演练。2010 年 6 月 18 日，市政府与新北区政府在江边化工园区内联合举办危险化学品事故应急救援演练。

2010 年 6 月，危险化学品应急救援演练在江边化工园区举行(摄于 2010 年 6 月)

三、应急救援保障

2008 年，常州市政府投入 650 万元，建设并升级完善常州安全生产综合监管暨重大危险源监测预警信息平台，提高第一时间的应急处置水平和能力。2010 年，调整补充市级安全生产应急救援专家组，成员覆盖化工、冶金、安全工程、动力机械及工程、建筑、消防、医学、采矿、计算机应用、水电等专业。编制建立常州市安全生产应急救援装备信息库，突发事件发生后的应急处理能力大为增强。2010 年 11 月 5 日，市综合应急救援支队成立。至 2010 年末，全市建有应急救援队伍 237 支、8270 人。

第五节 典型事故

1986—2010 年，常州市安委会及其办公室坚持组织安监、公安、劳动、消防、工会等相关部门认真细致地开展安全生产事故的调查处理工作。

1991年5月16日上午，戚墅堰区戚墅堰发电厂内安徽省电力建设二公司承建的电厂扩建工程工地，在吊装11号锅炉水冷壁时，100吨DDQ-300型塔吊发生倾覆倒塌，造成9人死亡。1993年5月18日，武进县横林镇的横林化工助剂厂在生产2,4-二氯氟苯产品时发生爆炸，造成4人死亡；7月7日，位于钟楼区西新桥房屋建设工地，汤庄乡建筑安装公司在施工过程中发生井字架倒塌，造成4人死亡。1998年6月12日，武进罗溪镇的武进第三农药厂辛硫磷车间发生爆炸，造成3人死亡，1人受伤；8月26日，常州市第一人民医院住院部2号楼4楼发生火灾，造成14人死亡，14人受伤；12月6日，郊区北港乡的常州高尔登染整厂在清理污水池时发生硫化氢中毒事故，造成4人死亡，3人受伤；12月26日，溧阳上黄镇的夏林采石场发生采石坍塌事故，死亡4人。

2001年4月12日，常州郊区西林乡的常州城南钢瓶检测站，发生环氧乙烷钢瓶爆炸，死亡4人；4月18日，武进牛塘镇竹园村的个体化工经营户发生危化品爆炸事故，死亡4人。2002年7月27日，武进礼嘉镇庙桥的个体户建造厂房发生坍塌，造成4人死亡。2003年3月8日，位于武进焦溪镇的常州麦德宝食品添加剂公司在生产食品添加剂时发生爆炸，房屋倒塌，造成6人死亡；8月26日，武进的湖塘东恒染整厂在清理污水池时，发生硫化氢中毒事故，造成4人死亡。2004年4月10日，武进湟里镇的常州铭兴印刷厂在建造厂房落水天沟时，发生整体垮塌，造成3人死亡，7人受伤；5月1日，武进鸣凰镇的常州振东钢结构材料厂在厂内移动汽车吊时，发生触碰高压线触电，造成3人死亡，2人受伤；12月26日，武进横山桥镇的常州春江化学公司，在中试时反应釜发生爆炸，造成3人死亡。2005年1月17日，新北江边的常州国电厂工地在浇注冷却塔时，发生坍塌事故，造成5人死亡；2月20日，武进嘉泽镇的常州华夏钢铁公司发生煤气发生炉爆炸，造成4人死亡；12月27日，溧阳戴埠镇的溧阳巨凝矿山公司在采石宕口处发生炸药爆炸事故，造成5人死亡。

2006年8月24日，溧阳上黄镇的溧阳扬子水泥公司在建项目发生坍塌事故，造成4人死亡，2人受伤。2007年5月12日，天宁的常州杰宇塑胶公司改造聚氯乙烯发泡板烘房发生爆炸事故，造成5人死亡，2人受伤；6月17日，溧阳新光实业公司炼钢车间内的6号钢水包发生钢水喷溅事故，造成4人死亡，1人受伤。

2008年6月27日，武进湖塘镇的常州市虹北消费品综合市场工程，在浇筑屋面时模板支撑系统失稳发生坍塌，造成5人死亡，11人受伤；12月7日，新北区的常州市世茂香槟湖一期7号房建筑工地，悬挑式卸料钢平台侧翻，发生高空坠落事故，造成3人死亡。2009年9月14日，武进区南夏墅街道在组织疏通西湖路污水管道过程中，发生硫化氢中毒窒息事故，造成4人死亡。2010年4月30日，武进区湖塘镇鸣凰北庙桥村的常州市迪龙纺织公司在清洗污水池时，发生硫化氢中毒事故，死亡4人。

第六章　物价

改革开放后，常州价格工作职能由管理监督为主，拓展为调控、管理、监督、服务4项职能。政府对价格的管理方式由直接定调价为主转向以间接调控价格总水平为主，管理内容由管理具体商品和服务价格为主转向以规范市场价格行为为主，管理手段由单纯的行政干预措施为主转向经济、法律、行政手段并用，以经济、法律手段为主。1986—1988年是价格体制改革展开阶段，以放为主，重点是打破高度集中的价格管理体制，放开大部分副食品、少数日用工业品价格，大幅度提高基础产业产品价格，对生产资料全面推行双轨制价格。1989—1991年是治理整顿阶段，以控为主，重点是治理通货膨胀，健全价格调控体系，抑制价格总水平过度上涨；运用价格杠杆和收费政策，开展清费治乱减负，支持常州基础设施建设；调整部分重要商品价格，放开绝大部分政府定价的商品价格和服务价格，以市场形成价格为主的价格机制初现雏形。1992—2001年是市场价格体制创建阶段，以建为主，重点是放弃计划形成价格的机制，开始创建市场价格体制。2002—2010年是市场价格体制完善阶段，以促为主，重点是围绕经济工作中心，深化资源环境及公共服务产品等价格体制改革，服务地方经济结构调整，完善城乡价格监管网络，强化价格公共服务，促进经济社会和谐发展；保持市场价格总水平基本稳定，规范市场价格秩序。

第一节　市场价格调控

常州市的市场价格水平先后经历"经济过热、通货膨胀"、"高增长、低通胀"、价格总水平持续走高和涨幅趋于平稳4个阶段。全市价格总水平总体上持续上涨，不同时期表现出不同的阶段性特征。

一、控涨治乱

1986—1990年，常州市的市场物价受宏观环境影响，变化较大。按环比计算，全市5年中市场零售物价指数依次是6%、10.4%、23.8%、16.1%、3.4%。1987年起，常州的市场物价连续3年居高不下，群众恐涨心理明显，市场一度出现抢购风，尤以1988年5—8月为甚。抢购的商品主要是日常生活用品和高档家电产品。各级党委、政府按国家、省、市"治理整顿"目标要求和省政府下达常州市的控制目标，制定实施若干项控涨治乱的措施，控制价格上涨，稳定市场，改善经济。1988年，"控、管、查"三措并举，扎紧涨价口子，对价格实行"权收一级""调价特批"、加强监督和检查等半冻结的严厉政策，严格控制价格；1988年下半年，市管商品不提价；指导价格的商品实行提价申报制，对部分放开商品临时实行提价备案制；加强对市场物价的管理、监督和检查，对违反价格法规、市场管理的不法行为坚决查处打击。1989年起，市场物价日趋稳定，5月以后未再出现抢购现象，市场零售物价指数逐步开始回落。1989年，围绕"控上游、保生活、稳农资、疏回笼、活创汇"的思路进行结构调整，建立价格调节基金，增强调控手段。1990年，落实"控制水平，调整结构，大力治乱"3项任务：市政府对商业、粮食、供销、工商和物资等业务主管部门和4个区政府实行市场物价控制目标责任制；加快副食品基地建设，增加供给；1989年、1990年常州市的物价指数分别是16.1%和3.4%，低于省政府下达的18.5%、12%的目标。

二、治理通胀

1991—1996年，常州价格改革进入全面放开阶段，因经济过热和改革步子过大，1993—1995年全国出现恶性通货膨胀，常州市场物价出现较大波动。这6年里市区居民消费价格指数依次为108.4、108.2、121.7、122.4、114.9和110.2。1993年，通货膨胀较严重。1994年，受国家多次调整能源、原材料等基础产品价格、固定资产投资规模过大、消费基金增长加快、主要农副产品供求矛盾较为突出等因素的影响，常州物价指数居高不下，通货膨胀压力较大，物价部门重点采取保障"米袋子""菜篮子"等措施，稳定物价，抑制通货膨胀。

治理机制　1991—1996年，常州价格改革健全价格监测网络，分析和预警预报，开展价格监审，实行提价申报、备案制度和差率管理。1992年，市物价部门认真测算、平衡、编制年度市区零售物价升幅控制目标方案，实行目标责任制，从单纯的静态管理向动态管理过渡。翌年，市物价局对粮油等21种与人民生活密切相关的日用消费品实行提价备案制度，建立价格监测网络，实行重要商品价格变动的监测和预警预报制度。1996年，全市物价部门重点强化5项物价调控措施，健全物价调控目标责任制，全市零售物价控制目标从11%调整为9%，列入市国民经济和社会发展10大目标考核。市物价局出台《常州市蔬菜基地保护管理暂行规定》《加强农贸市场价格管理意见》等文件，建立重要商品储备制度，抓好米、油、肉、糖、盐、煤球等物资储备工作。

价格管控 1991—1996年，常州物价部门坚持抑制通货膨胀，抓好“米袋子”“菜篮子”，出台对餐饮业、衣着类、猪肉、蔬菜等的反欺诈、反暴利价格管理规定，开展价格执法检查，落实明码标价规定，规范市场价格行为。1991年特大洪涝灾害期间，全市采取5条严格控制物价的紧急措施，对木材、毛竹、麻袋、草包、铁丝、柴油、水泵等抢险救灾主要物资严格执行国家规定的价格，其余物资按保本服务的原则作价供应；对化肥、农药、农膜等主要农业生产资料和抗洪救灾中紧急调用的排灌设备及维修配件的销售价格，一律按市规定价格执行；稳定“菜篮子”价格，保持大路品种价格相对稳定。市物价局严格控制食盐、火柴、肥皂、洗衣粉、酱油、卫生纸、民用煤油等日用品价格和糕点、饼干、面包等副食品的销售价格；加强市场物价监督检查，严肃处理趁洪涝灾害之机哄抬物价行为，保障了洪涝灾害期间市场物价稳定，全市减免灾区的村镇规划建设管理费、土地征用管理费等10项费用总额152.4万元。1993年，物价部门对少数放开商品加强行业价格管理，采取价格调控措施，严控物价调整新项目的出台，对农业生产资料实行最高限价；同有关部门发布粮油市场指导价，实行指导性的蔬菜价格差率管理措施，抑制了年底常州市场粮油、蔬菜等商品价格持续过度上涨的势头。

主副食品价格稳定 1994年初，常州市区粮油行业议价组织建立，通过组织议价活动，发布主要粮油品种议价水平，引导市场粮油品种价格，稳定“米袋子”价格。4月起，在全省率先对市区主要蔬菜、副食品实行指导价管理，6月放开的主要粮油品种价格重新纳入管理，实行国家定价，9月，制定凭票、限量、稳价供应粮油措施。在新粮收购开秤前，制定一步到位、一价到底的粮食收购政策，遏制“米袋子”价格上涨过快的势头。市物价局每月发布列入指导价管理的主要蔬菜品种、差率，由市经济广播电台每天早晨定时播出凌家塘批发市场这些品种当天的批发成交价，各集贸市场工商管理办公室按作价办法计算当日蔬菜零售价并挂牌公布执行。对豆制品主要品种按月制定和发布指导零售价格。对猪肉适时组织行业议价，制定分部位议价水平，发布执行。在各集贸市场对固定摊位推行明码标价制度。上述措施的实施平抑了“菜篮子”价格。

价格监测监审 1992年，常州物价部门建立价格监测、预警预报系统，加强对蔬菜、肉禽蛋、水产品、粮油4大类53种农副产品价格水平的监测，对生产资料和生活资料6大类43个品种进行监测监报，及时掌握市场动态。1993年，市物价局对市区144种主要商品价格和服务收费实行经常性的价格监测。翌年7月起，对食盐、居民生活用电、粮油、自来水、民用燃料、蔬菜副食品、市内公共交通、房租等28种居民基本生活必需品和服务项目价格，分别以政府定价、指导价、差率管理、行业议价、提价申报等形式进行监审，对监审品种的市场价格采取定期跟踪监测措施，把物价涨幅控制在多数群众能够承受的范围。1996年，市物价局健全价格监测网络，市内监测点86个，监测品种191种，全市编报监测报表341期次，对市场上出现的苗头性和突发性价格问题及时预警预报。

物价基金 1991年特大洪涝灾害发生期间，物价部门动用价格调节基金22万元，加强对市场价格的调控。1993年，建立和完善市民生活必需的粮、油、糖、盐、肉等专项商品储存和物价风险调节基金。1994年，全市对一些居民基本生活必需品和服务项目价格补贴452万元，其中补贴民用燃料230万元、蔬菜副食品128万元、牛奶37万元、农业生产资料27万元。1996年，市政府出台《关于常州市加强副食品风险基金管理的办法》，物价部门完善价格风险基金征收和管理，改善物价调节基金的使用结构，加快“菜篮子”工程的建设步伐。全市动用物价调节基金908万元，用于市场稳价保供；采取还本贴息办法投资230万元，建成5个大型净菜超市及荤食品、水产品、鲜菜配送中心3个。

三、调控抗缩

1997—2003年，常州经济发展出现通货紧缩的迹象，7年中市区居民消费价格指数先后为101.9、101.6、98.3、99.5、100.1、98.5和100.7。1997年，市政府首次把物价调控目标作为专项目标列入对辖市(区)

政府、市有关部门的目标责任考核，由市物价局、贸易委组织实施和考评。1998年，全市价格总水平低位运行；9月，市物价局、财政局联合出台《规范使用市场物价调节基金申报审批程序和办法》，实行物调基金使用扎口管理。全市使用物价调节基金829万元，主要用于人民生活必需品生产经营企业补贴和物价调控。1999年，物价部门重新梳理价格监测品种和编制价格指数的代表规格品种，适时调整重点；完善农本调查网络。全市落实物价调节基金拨补金额900万元，支持重点副食品基地的生产。年初，动用市场物价调节基金对市区下岗特困家庭每户补助100元。制定落实《常州市农贸市场价格和收费管理考核评比办法》；中山门等3个农贸市场和凌家塘、宣塘桥两个专业批发市场增设价格显示电子屏，全市累计15个市场设立电子屏。

2000年，常州物价部门推出“菜篮子”价格信息网上超市——江南菜市。2001年，全市市场物价总水平止跌趋稳，扭转前两年负增长的态势。2002年，全市物价系统深化价格机制改革，规范热点价格行为，整顿市场价格秩序，价格总体平稳运行，全市消费价格指数比上年降低1.6个百分点。2003年，常州物价部门开辟涉及“非典”药品价格审批绿色通道，对21种涉及“非典”药品和部分防护商品、生产原料实行临时价格干预措施，加强价格监测，及时预警预报市场供应，预报涉及“非典”价格信息7万余价次；加强市场价格督查，及时处置市场价格突发事件，常州市市场价格秩序总体规范。

四、稳价安民

2004—2010年，常州经济发展进入新一轮上升期，但经济过热的趋势有所增加。2007年开始，宏观经济增速过快、居民消费价格指数上涨幅度持续走高，猪肉、粮油价格高位运行，全市物价工作紧扣稳价格、促发展、推改革、安民生等重点，全面服务地方经济平稳较快发展与和谐社会建设。7年里市区居民消费价格指数分别为：104.3、102.8、101.8、103.3、105.2、99.5和103.4。2004年，市物价局制定《常州市价格监测制度》《常州市价格监测考评办法》，经市政府转发《常州市价格监测管理暂行办法》，形成规范运作体系和保障体系。首次设立凌家塘农副产品批发市场、苏浙皖边界市场等省、市级价格监测直报点，加强了价格监测力量，完善了监测网络系统。开展粮油、肉禽蛋菜、农资、种子、煤炭、石油等监测，提高市场监测力度。编发《常州价格监测》近80期，反映价格变动情况，分析价格运行走势。下半年，停止出台政府调价项目，政府定价调整影响价格指数下降0.27个百分点。2005年，全市物价部门加强价格监测和分析，突出加强对影响价格指数上涨幅度较大的粮食主副食品、住房、生产资料等价格监测，做好预警预报。疏导部分价格矛盾，实施煤电价格联动政策，为全市经济发展提供能源支撑；5次调整成品油价格，适当联动上调全市农村公交车班线票价、市区公交部分线路票价。严控涨价项目，连续7个月停止出台地方政府涨价项目，全市价格指数上涨逐步趋缓，居民消费价格指数比上年回落1.5个百分点，价格总水平基本稳定。

2006年，常州市居民消费价格总水平运行平稳，居民消费价格指数呈现“温和上涨，涨幅降低”的特征。2007年，全市居民消费价格指数为103.3，涨幅为全省各辖市最低。全市价格调控主要措施：强化市场价格监管，针对猪肉、粮油等价格异动形势，在全省率先启动副食品价格“一日一报”制度，扩大监测点和监测品种，增加监测频率，加强数据分析和发布，适时组织专项调查，帮助领导科学决策和调控价格；对开展食品价格和相关收费专项检查突出重点行业、重点品种、重点行为进行检查监督，并建立主要农副产品及食品价格检查信息日报制度，及时反馈情况，制止苗头性涨价行为。清费降本保障供应，对涉及生猪生产流通领域的11项收费落实减免政策，全市减轻相关负担117万元。强化调控和舆论引导，制定《常州市价格异动应急预案》，严控调价措施的出台，全市未出台大的政府提价项目，缓解涨价压力。

2008年，常州市贯彻落实国家和省关于加强宏观价格调控的指示，抓好稳价保供，促进价格稳定、市场稳定、人心稳定。全市居民消费价格指数从年初同比上涨7.5%左右逐月回落至12月的1.8%，全市价格总水平上涨5.2%，低于全省平均水平0.2个百分点。1月30日起，常州市实施临时价格干预措施，对全市12家主副食品经营企业的6大类商品28个品种实行调价备案制度。严格控制政府定调价项目出台，全市未出台涉及企业和群众负担的新提价项目；完善价格异动应急机制，市政府出台《常州价格异动应急预案》，各级分别出台应对价格异动工作办法，提高处置价格突发事件的能力。强化重要商品市场监管，加强对主副食品、液化气等生活必需品巡查，开展农资、成品油、抗震物资等敏感商品的专项检查，坚决打击不法行为。扶持生产促进供应，出台和落实化肥、柴油等市场保供稳价的紧急措施。落实鲜活农产品销售环节收费减免政策，全市批发、农贸市场减免相关收费150余万元。2009年，出台《常州市对低收入居民实行基本生活消费价格上涨动态补贴办法》，完善对困难群体的水价改革补贴机制，减轻价格改革对困难群体的生活影响。及时落实小麦、蚕茧最低收购保护价等政策。强化日常重要商品市场监测分析、预警预报，灵敏反映市场热点，开展甲型H1N1流感防治商品、生猪、家电汽摩下乡、家电以旧换新等专题价格监测，运用价格信息引导和稳定市场，服务企业和群众。2010年，常州市受国际金融危机和国内通胀预期的双重影响，出现主副食品大面积、高幅度价格异动性上涨，价格调控和稳价安民受到各级政府的高度重视；11月，市政府公布实施《关于稳定消费价格总水平保障群众基本生活的通知》，建立市场价格调控联席会议制度，实现价格调控工作的长效化、规范化管理。物价部门组织向9类低收入居民发放价格临时补贴。

1986—2010年部分年份常州市区居民消费价格指数统计表

表23-6-1

年份	居民消费价格指数	食品饮料类	衣着服饰类	家庭设备及用品类	医疗保健类	交通和通信工具类	娱乐文教用品类	居住消费类	服务项目类
1986	106.1	108.5	101.0	102.6	100.8	—	101.5	—	106.6
1988	123.3	130.2	120.3	111.0	117.5	—	107.7	—	117.6
1990	104.2	102.3	110.0	101.3	101.0	—	97.2	—	114.1
1992	108.2	109.9	103.5	103.7	109.6	—	90.4	—	121.1
1994	122.4	131.1	115.3	111.8	103.3	105.7	109.6	113.5	117.6
1996	110.2	108.9	114.1	101.6	108.7	97.2	113.0	126.0	112.3
1998	101.6	97.8	101.5	95.9	98.7	100.5	101.5	117.7	112.8
2000	99.5	95.5	95.3	99.7	101.8	97.6	101.7	103.8	111.7
2002	98.5	97.8	99.5	97.5	100.3	98.2	97.5	100.7	99.5
2004	104.3	113.2	98.5	98.3	93.6	100.2	99.2	103.3	100.8
2006	101.8	104.7	99.7	101.6	101.1	99.3	96.2	106.3	101.8
2008	105.2	112.3	102.4	103.8	102.0	99.2	97.9	106.5	102.0
2010	103.4	107.4	102.4	101.8	101.5	100.1	99.7	104.1	102.2

说明：以上年价格为100计算

第二节 产品价格监管

1986—2010年，常州的价格改革不断深化，商品价格逐步从由政府单一定价到以市场调节价为主、政府定价与政府指导价和市场调节价并存的转变。至2010年底，常州97%及其以上的商品价格已经放开，由市场进行调节，物价部门仅对与国民经济发展和人民基本生活关系重大的商品、资源稀缺的商品、自然垄断经营的商品等极少数商品的价格进行制定和调整。物价工作重点向商品价格监管和提供价格服务转移。

一、农副产品价格监管

常州的价格改革从农副产品始，坚持市场取向，循序渐进提高农产品收购价格，逐步放开价格制定，基本解决农产品价格总水平偏低和价格结构不合理的矛盾，提高了农产品的生产效益，促进了农业生产的发展。

粮食价格 1985年以前，常州实行粮食统购统销。1985年，粮价改革启动，粮食由统购改为合同定购，定购品种调减为稻谷、小麦、玉米、大豆4种。1985—1990年，常州粮价改革以放权、转换价格机制为重点，粮食购销价格形成国家定价、国家指导价、市场调节价并存的格局，逐步发挥市场引导粮食生产和经营的功能。1979年以后，国家多次提高粮食收购价格，但定量供应城市居民的粮食销售价格长期未作调整，粮食购销价格倒挂严重，财政补贴逐年增加。为此，国务院决定从1991年5月1日起，大幅度提高粮食统销价格。常州市根据国务院和省政府调整粮油统销价格的统一部署，1991年，全面调整粮食统销价格，平均每500克提高0.131元，提价幅度达90.4%。1992年，常州市再次大幅度地提高粮食购销价格，定购价格平均每50公斤提高4.65元，提价幅度18.7%，统销价格平均每500克由0.27元提高到0.41元，提价幅度48.6%；同时对职工每月补贴5元。1993年，常州市全面放开粮食购销价格，取消粮食定购任务和对居民的定量供应，不再使用粮票。不过价格放开后，从1993下半年开始，市场粮价逐月上涨，至同年末累计涨幅超过60%，粮价上涨带动市场价格整体上升，引发新一轮通货膨胀。国务院决定从当年12月31日起，对粮食销售实行挂牌限价。1994年，市场粮价继续上涨。为抑制通货膨胀，国务院决定恢复粮食定购，定购粮食购销价格实行国家定价，定购以外的粮食由市场调节，对粮食价格实行国家管理与市场调节结合的“双轨制”。由于粮食连续大幅度提价，种粮收益明显改善，农民种粮性提高，粮食连续丰收，粮食供求矛盾缓解，出现相对过剩局面。

1996年下半年开始，市场粮价出现持续下跌的状况。翌年，国务院制定按保护价敞开收购粮食的政策，按保护价敞开收购粮食政策出台后，粮食市价有所回升。1998年，国务院推进粮食流通体制改革，市场粮价逐渐上升。1999年，江苏启动新一轮粮食流通体制和粮食价格改革，决定夏粮定购价与保护价并轨。2001年，常州全面推进粮食购销市场化改革，从2001年秋粮上市起，取消粮食定购任务，粮食价格全面放开，粮食购销价格由市场形成，随行就市，粮食经营者按市场价格收购和销售粮食。2002—2003年，常州市粮食价格初步建立由市场供求决定的价格形成机制。2004年以后，常州市落实国家调高粮食最低收购水平的措施，市场粮价平稳上升，农民种粮积极性得到保护。

副食品和蔬菜价格 1985年，常州市分别放开生猪收购价和水产品购销价格，开始实行指导性议价。1987年，蔬菜价格全面放开，开始逐步提高猪肉售价，缓解生猪收购价与猪肉零售价格之间的价格矛盾。1988年，豆制品和节日供应粉丝取消平价定量供应，改按议价供应；放开猪肉销价，对干部职工、离退休人员、大中专院校学生等增发生活补贴。1991年，取消猪肉和节日250克鸡蛋凭票定量供应。1992年，缩小政府定价范围，先后放开酱油、牛奶、食醋等绝大多数食品的价格。

棉花蚕茧价格 常州是棉花和桑蚕茧重要产区。1985年，常州市取消棉花统购，改为合同定购。1989年起，常州市开始多次大幅度提高棉花收购价格，调整棉花与粮食等农产品的比价，调动农民的植棉积极性。1992年前，蚕茧价格实行严格的政府定价。1993年，实施鲜茧收购价格改革，仍执行全省统一定价，但明确将蚕茧收购和经营权下放到县。1996年，棉花产销供大于求，国家规定棉花收购价格不变，推进棉花价格体制改革，棉花供应价格由政府定价改为政府指导价，保护棉农利益。1998年，受亚洲金融危机的影响，纺织品出口受阻，棉花实际销售价格继续下跌，国家深化棉花价格改革，棉花收购价由政府定价改为政府指导价，棉花供应价实行市场调节价。1999年，棉花收购价格放开，购销价全部实行市场调节价。从2001年秋茧收购起，鲜茧收购价格和干茧销售价格开始实行政府指导价管理，蚕茧收购经营单位依据省定指导价和规定的浮动幅度，根据市场供求状况自主定价。至2010年底，农副产品，除蚕茧收购继续实行政府指导价、粮食收购实行政府保护价外，其他类价格实行市场调节价，农副产品以市场调节为主的价格形成机制基本建立。

二、生产资料价格监管

农业生产资料价格 1986年，常州物价部门对地产农药、化肥和农用型塑料薄膜等农业生产资料价格严加控制和管理，对计划外生产资料销售实行最高限价。1988年，出台《常州市饲料价格管理办法》，对农膜价格管理进行改革，取消统一出厂价，由企业按作价公式自定，销售价格实行综合价，调拨价格、零售价格由省物价局统一制定，农膜零售价格全省统一。1992年，调整农药管理目录，省管品种减至8种，其余品种价格由产地市、县物价部门管理，少数次要品种由企业自行定价；修改农机产品目录，纯农业用的机引农具、脱粒机等商品价格由省物价局、省机械工业厅管理，碾米机、磨粉机、小型收割机等由市、县物价局、业务主管部门管理，其余农机商品价格管理权下放给企业，由企业自主定价。1995年，原先放开的碳铵、复合肥价格被重新纳入管理，从紧核价，进口尿素和国产尿素实行"批次计价，综合销价，相对稳定，差价调节"的综合销售价管理措施；对挂钩肥严格按规定价格兑现给农民。1999年，国家计委深化化肥价格管理改革，化肥出厂价由政府定价改为政府指导价，放开零售价，建立政府指导下主要由市场形成化肥价格的机制。

2004年，常州物价部门落实对农资价格稳价保供干预措施，对化肥等农资采取差率管理和限定最高零售价格"双控"措施，对化肥批发、零售环节实行进销差率、批零差率管理，对化肥出厂价格采取最高限价或提价申报制度、调价备案制度等进行监管；在价格控制取得成效后对化肥等农资价格采取差率控制，取消限定最高零售价格措施，稳价保供。2009年，国家发展和改革委、财政部联合下发《关于改革化肥价格形成机制的通知》，决定推进化肥价格改革，将国产化肥出厂价格、除钾肥外的进口化肥港口交货价格由政府指导价改为市场调节价，建立以市场为主导的化肥价格形成机制；《常州市农资经营者价格行为规范》出台，明确农资价格管理范围，规范农资价格行为。2009年11月16日，省物价局出台《江苏省农药价格管理办法》，规定对7种常用农药实行政府指导价管理。

工业生产资料价格 1985年，常州市放开计划外生产资料价格，全面实行双轨制价格。1988年，针对工业生产资料供求矛盾突出、价格既高又乱的状况，国务院发布计划外生产资料全国统一最高限价。1990年，仍对钢材制定临时价，超产自销执行最高限价。1991年，取消统配水泥企业生产的水泥价格双轨制，实行计划内外统一出厂价格。1992年以后，除个别机械产品实行政府定价，少数大型机电设备等实行政府指导价外，其余产品价格全面放开、由市场调节。1993年，钢铁产品价格放开，除国防、军工、农业水利、铁道专用钢材实行国家指导价，其他钢铁产品价格全面放开；省调水泥出厂价格、包装费标准下放给生产企业，由企业自主定价。1994年，对基本建设和生产用螺纹钢、线材、板材、矽钢片等10种钢材实行国家指导价。1998年，10种钢材由国家指导价改为企业自主定价，形成完全以市场调节为主的钢材价格新机制。

三、能源资源价格监管

1985年以后，常州市逐步推进自来水、民用燃料、电力等公用事业能源资源价格改革，根据成本变化适时调整价格，规范价格构成。1991年12月1日起，行政、事业（不含所属经营企业）单位、民政福利单位、社会团体、学校、幼儿园、医疗卫生（不含制剂）单位执行民用自来水价格。1992年，大部分煤炭品种价格放开。1993年，除军队和农业用成品油外，实施计划内高价成品油的多种价格并轨；自7月1日起执行国家颁布的新目录电价，对中、小化肥企业生产用电继续实行优惠电价。1994年，实施成品油价格并轨。1996年，制定实施《常州市液化石油气价格管理暂行办法》，规定完善计划外瓶装液化石油气计价办法。1998年，市区7500多户的平价液化气价格放开，改按市场价供应，理顺油品价格，实行全市城乡一价，成品油批发价由石油、石化企业自主定价，零售价格实行政府指导价。1999年，常州市在全省率先出台农村统一销售电价，全市农村电价统一后，电价总水平下降10%。2000年，对全市农村医院、学校、敬老院的用电改按农村居民照明电价执行，农网改造竣工的武进、金坛两市农村居民用电从12月1日起按城市居民照明电价执行。2001年，全市城乡居民生活用电同网同价工作全面完成。2003年，全市首批在6万居民用户中试点实行峰谷分时电价，原实行分时电价的工业用户峰谷时限做出调整。2004年，采取煤炭和蒸汽价格联动的管理办法，落实国家对电煤价格实行临时干预措施；对电解铝、铁合金、电石、烧碱、水泥、钢铁等高耗能行业实行差别电价，大力推行峰谷分时电价，推进天然气置换，制定天然气分类销售暂行价格。2005年，贯彻落实"煤、电、气"价格联动政策，从5月1日起实施煤电价格联动。2006年，工商业水电气价格并轨。2007年，服务节能减排，实施市区部分重点企业差别电价和燃煤发电机组脱硫电价政策。2009—2010年，推行阶梯式水价、实施差别征收污水处理费等节水减排措施，建立工业企业计划外用气价格协调机制，修订完善煤热价格联动办法，缓解了经济社会发展中的能源价格矛盾。

四、工业消费品价格监管

1986年，常州市大面积调整火柴、肥皂、洗衣粉、食糖、盐、铝制品、搪瓷制品、纸张、部分中高档烟酒价格；分批放开自行车、缝纫机、手表、洗衣机、化纤布等几十种商品销售价格；改变纺织品作价办法，实行按质论价，拉开质量差价和花色差价。1988年，放开13种名酒、名烟价格，对彩电价格实行浮动价，对电子产品试行政府指导价，对服装、纺织行业实行质量差价、品牌差价和花色差价等鼓励性价格政策，妥善应对工业生产资料价格上涨的连续反应。翌年，调整并整顿棉纺织品价格；对全市25种金、银牌产品和省优质产品实行加价，拉开差价2%～5%。1991年，食糖、卷烟零售价格全面放开，卷烟三级批发价格（包括委托转批价格）实行浮动，出厂价、调拨价不放开。1992年，工业消费品价格全面放开，继续缩小国家定价范围，先后放开纺织品、家用电器、食糖、卷烟、酒类等产品价格，卷烟三级批发价全面放开。1992年常州的市管价格商品由913种压缩到11种，按商品种类计算，市场调节价比重达95%。除中央省明确管理与省指定市必须管理的商品外，其余商品价格全部放开，由企业自主定价。1992年以后，常州加快理顺工业消费品价格关系，扩大市场调节比重。至2010年，除食盐等极少数品种外，其余价格全部放开，市场形成价格机制全面确定。

五、药品价格监管

国家对药品价格始终进行适度管理和干预，药品价格的改革大致经过3个阶段。80年代末期以前的计划经济时代为第一阶段。常州药品生产企业少，流通渠道也比较单一，流通领域为三级批发、一级零售。国家对绝大部分药品价格从出厂、批发和零售3个环节进行严格控制，药品价格基本稳定。80年代末期至1996年为第二阶段。随着经济的快速发展和价格市场化改革进程的加快，物价部门对药品价格的管制逐步放松，药品价格管理体制由全部为省及其以上政府管理，转变为统一领导，中央、省、市和企业分级管理的模式。90年代中期，绝大部分药品价格由市场调节。1996—2010年为第三阶段。1996年9月，市物价局根据国家计委发布的《药品价格管理暂行办法》，针对药品市场价格放开后的混乱状况，加强新一轮药品价格管理。1996年，江苏省明确纳入国家定价和省定价范围药品价格的管理权限及定、调价程序，制定医疗单位自制药品计价办法，化学、生化、中成药等药品的作价办法及药品零售环节的新作价执行办法。其间，常州除少数临床应用面广量大的基本治疗药品仍由政府管制外，大多数药品价格仍由企业自定。

1996年以后，市物价部门认真贯彻落实国家和省管药品价格调整和降低政策，整顿药品价格，制止乱加价，制止部分药品的“高定价、大回扣”现象；同时加强对医院自制制剂的价格管理和审核，明显减轻病患者用药负担。2001年，常州市首次实行药品招标采购，向社会药品经营单位实行公开招标采购，以7家医院中标药品总价570万元测算，首批招标采购药品可减轻病员医药费用69万元。2002年，《常州市集中招标采购药品价格管理实施细则》出台，调整医疗机构的合法进销差价和医疗机构药品招标让利分配系数的最低标准，扩大招标药品价格执行范围。2004年，常州市首次开展招标采购药品价格开标前最高零售价确认；2005年实施集中招标采购药品价格管理新办法，招标代理服务费下降。物价部门强化中标药品零售价格的监管，配合卫生部门做好药品集中招标采购。

第三节　服务价格监管

常州服务价格管理改革范围主要涉及公路运输、公共交通、旅游业、有线电视、电信邮资、停车收费及其他服务价格等，物价部门对这类价格深化管理体制改革，加强监督管理。

一、公路客运价格监管

1986—1989年，主要是改革运价管理体制，推进以政府定价为主、市场调节价为辅，集权和放权相结合的公路运价管理体制改革。1989—1992年，由于全国价格水平大幅度上涨，主要是提高运价水平。1992年以后，主要是大力调节公路运价市场，规范运输市场价格行为。2001年春运价格改变过去省定幅度、市定价格水平的管理办法，由经营者在省定20%的浮动幅度内视市场情况自行确定。2002年11月24日起，全市汽车客运价格由政府定价调整为政府指导价，调整汽车的作价办法，对符合国家标准的卧铺客运汽车，实行价格放开。2006年，常州市建立城市公交、出租车和交通客运行业油价上涨预案，实施公交补贴和客运价格调整方案，实施客运出租汽车燃油附加政策、公路客运燃油附加政策。2009年，常州市贯彻落实省物价局、省交通运输厅的《江苏省汽车运价规则》，完善公路客运运价与油价联动方案，以2009年1月1日国家公布的常州市0号柴油每升价格为计算基数，公路客运价格与该油品价格涨跌作同向调整。

二、公共汽车票价调整监管

1986年7月1日起，常州市的1路、6路、7路、10路4条城市公交车票制从3分进级制改为5分进级制。1988年5月1日，公共汽车票价每人每公里由0.017元提高到0.025元。1991年9月1日，常州市区公交汽车客票改为1角起售，5分进制改为1角进级制。月票价格城区由7.5元调整为9.5元，郊区由13元调整为15元；学生月票城区2.8元、郊区5.6元，未作调整。1993年，城市公交票价：普遍客票，市区线路每人每公里由0.055元调整为0.07元（其中含油料差价0.01元），票制调为0.2元起售、0.2元进级，市区月票调为18元，郊区月票调为28元；学生月票市区调为5元，郊区调为10元。1998年，市区首次开通一元一票制公交线路。3月1日起，市区、郊区普通月票分别由每张20元、36元调整为30元、46元，学生月票分别由每张10元、18元调整为15元、23元。翌年，市区13条公交线路除7路车外全部实行一元一票制，合理核定新开空调车票价。2000年，对市郊部分公交线路试行翻牌降级式无人售票制，公交票制趋向多样化、科学化。

2001年4月1日起调整市区公共汽车月票价格：A票（市区）普通月票价格由每张30元调为40元，B票（郊区）普通月票由每张46元调为每张60元，学生月票实行半价优惠。2007年1月15日起，市区空调公交车票价与普通车并轨，实行一元一票制；3月1日起，市民刷卡乘坐公交，票价实行6折优惠，老年卡2折优惠；4月1日起，学生刷卡乘坐公交票价3折，月票卡都可作为电子钱包卡使用；7月1日起再增加32条线路安装刷卡机，实行票价优惠。全年减轻市民负担8000万元。2008年12月29日，根据市公交优先发展实施方案和公交运营线路调整情况，集中出台139条公交线路票价，其中4条快速公交线路、92条城区线路、28条近郊线路实行无人售票制，全程票价分别为1元、1元、2元；15条远郊线路实行有人售票制，1元起价5角进级，全程票价3～6元。至2010年底，常州市区公交对乘车刷卡优惠统一为：电子钱包卡6折、学生卡3折、60～69周岁老人卡5折；盲人、残疾军人、烈属、常州市离休老干部、年满70周岁老年人、现役军人凭相关证件免费乘车。

三、出租汽车运价调整监管

1998年7月1日零点起，常州市区客运出租汽车起租价、起租里程、每公里单价调整为：超豪华型（原高档型并入超豪华型）起租价分别由18元、13元统一降低为8元，起租里程3公里不变，每公里单价2元；豪华型起租价由10元降低为8元，起租里程3公里，每公里单价1.8元；标准型起租价8元不变，起租里程由3公里调整为4公里，每公里单价1.6元；普通型起租价6元不变，起租里程由3公里调整为4公里，每公里单价1.4元。同年，《常州市客运出租汽车企业收费管理办法》出台，明确客运出租汽车企业的收费项目和标准：为挂靠车辆提供代理服务的收费总额按每月最高不超过700元收取，事故赔偿保证金每辆挂靠车最高不超过1万元，车辆不再租赁承包或挂靠时应如数退回本息；收费必须实行明码标价，不得擅自立项收费和提高收费标准，不得以任何名义收取押金、车辆维修预交金等费用，也不得为任何部门代收费用。

2009年8月，常州市区出租汽车运价与成品油价格联动机制方案听证会召开（摄于2009年8月）

1999年，市物价局规范客运出租车经营企业的经营方式及收费标准，规定采用一次性全额承包方式的，承包期内经营企业向承包人收取的保证金每辆车不得超过1万元，每月收取的代理服务费不得超过700元；采用租赁经营方式的，购车款、车辆营运前一次性发生的费用、经营权有偿使用金由经营企业支付，营运中税费由承租人支付，经营企业向承租人收取的保证金每辆车不得超过4万元，每月收取的租金不得超过4500元。自行经营的企业须为客运出租车安装税控计价器，按营业收入每日与驾驶员结算，不得收取其他费用。承包期和租赁期满后，经营企业应退还承租人保证金（不计利息），车辆及证照由经营企业收回。出租车经营企业应按规定的收费项目和标准逐月收取费用。任何企业不得巧立名目向承租人、承包人收取其他担保金、抵押金、风险金等费用。

2009年起调整执行后，出租汽车公司收取的管理服务费、租赁承包费每辆每月由不超过700元、8250元分别调整为不超过500元、7500元，为市区出租车驾驶员减负961万元，每年车均少支出4622元。2009年8月，市物价局举行市区出租汽车运价与成品油价格联动机制方案听证会；10月10日，市区出租汽车运价与成品油价格联动机制启动实施，依据油价变动情况同向调整运价，缓解成品油价格波动对常州市区出租汽车行业的影响。

四、旅游服务价格监管

1986—1996年，常州旅游参观点门票价格实行差别待遇，实行甲、乙两种票价，对国外游客分别实行高价、低价政策。1996年底至1998年，重点对旅游参观点门票价格进行并轨。1999—2010年，主要规范旅游参观点门票价格和行为。对天宁寺、天宁宝塔、中华恐龙园、天目湖山水园、南山竹海景区等旅游参观点门票价格进行规范和疏导，合理制定门票价格和临时性优惠门票，维护旅游景点和旅客的价格权益。2000年，加强旅游价格管理，启动假日消费，制定以中华恐龙园为主的公园门票价格，召开调价听证会，调整以红梅公园千禧龙年大型灯会为代表的各旅游景点节假日活动门票价格标准，针对节日放假时间较长的特点，临时调整部分公园门票价格。2002年，《常州市游览参观点门票价格管理规定》出台，规定对外开放的游览参观点门票价格实行政府定价和政府指导价，由各游览参观点提出定价、调价申请方案，经业务主管部门同意后，报同级价格主管部门审批。2004年，博物馆、纪念馆、展览馆、烈士陵园等爱国主义教育基地对中小学生集体参观一律实行免票，对学生个人参观实行半票。至2010年，全市执行《常州市游览参观点价格管理规定》，金坛、溧阳属地管理，由价格主管部门与有关部门定价，公共的历史、文化展馆等设施基本免费开放。

五、有线电视、电信邮资价格监管

有线电视收费 1990年国家《有线电视管理暂行办法》出台后，常州有线电视收费项目主要包括有线电视初装费、基本收视维护费，常州市有线电视收视维护费每月每终端14元。2007年下半年，常州市区有线数字电视基本收视维护费收费标准经听证后出台，住宅用户每户每月城镇24元、农村用户22元，非住宅住户在住宅用户收费标准内双方协议确定，对社会福利机构减半收费，对市民政局审定的低保户和市总工会审定的特困户有线数字电视基本收视维护费标准按每户每月8元执行。对其延伸服务项目收费实行政府指导价。

电信邮资价格 1988年4月20日起，常州计价电话费由每分钟0.04元调为0.05元。1990年7月31日起全面提高邮政、邮电资费，20克平信邮费本埠从0.04元调到0.1元，外埠由0.08元调到0.2元，100克印刷品邮资费本埠从0.015元调至0.04元，函件挂号费每件由0.12元调到0.3元，邮政包裹资费和机要邮件资费提高150%，其他邮政资费相应提高。1991年12月20日起，在全市收取通信建设费，相应提高邮电资费，长途电话由每分钟加收0.1元调整为加收0.2元，市内电话（含公用电话）由每次0.1元调整为0.2元，私人住宅电话免收建设集资费。农村电话建设费参照长途电话市内电话标准执行。2000年，深化电信资费改革，降低无线寻呼、移动通信建设费、移动电话SIM卡等电信资费标准，市区年减轻消费者支出1.5亿元。

六、停车收费行为监管

1995年8月1日，常州市区开始实行摩托车及自行车停车收费政府定价。1997年整顿小区停车收费秩序，从8月1日起小区停车收费标准调整为每月每辆自行车5元、助力车和轻骑12元、二轮摩托车18元、小三轮车9元、残疾人车12元（非机动残疾人车按小三轮车标准执行）。1999年，市物价、城管、公安等部门制定《常州市区停车场收费管理办法》，规定在市区对外提供有偿服务的机动车、非机动车停车场收费实行政府定价，机动车停车场分为一级、二级收费，非机动车停车场不分等级均按车种收费，室内外停车场实行不分类型、同级同价计次收费。2007年，市物价局、公安局、房管局等单位出台《关于进一步规范汽车停放管理、维护城市交通秩序的意见》，确定市区车辆停放新收费标准，其中住宅小区室外停车指导价为包月每月120元，比室内停车指导价高20元。

七、其他服务价格

1991年，常州市物价局会同外事办公室制定《三县（市）涉外宾馆客房租金标准》，制定出台了社会办学、自行车修理、家电维修及洗染等收费项目管理办法。1992年12月1日起，对理发、照相、洗染、家用电器修理、钟表修理、非机动车修理、复印打字、电视录像、溜冰场等收费和戏剧票价、体育竞赛票价实行市场调节，对放开的13项经营性收费价格，实行企业自主定价后，物价部门通过组织行业议价等形式，进行价格政策指导和宏观间接调控。3 月初放开舞厅、卡拉 OK 厅的收费标准。1995 年，市物价局扩大价格监审范围，调整部分品种监审方式，公布普通理发指导价，出台照相业、理发业价格管理办法，实施《常州市禁止照相业不正当价格行为和牟取暴利实施细则》。1996 年，出台涉外宾馆、公用电话、照相业、理发业、液化石油气、水路货物运输、搬家服务等价格及收费管理办法。1997 年，规范服务行业及公用事业价格秩序，整顿理发业价格秩序，首批对市区 40 家理发企业实施分等定级；整顿客运方便车收费秩序，制定统一运价，实行明码标价；出台煤气营业安装、家电维修、国内旅游服务、汽摩配销售、电力工程设备及器材等行业的价格和收费管理办法；制定《常州市餐饮业饮料价格管理办法》。1998 年，整治服务行业乱收费行为。对旅游经营企业实行明码标价和服务收费报价备案制度，对市区主要旅游景点的周边价格环境和价格秩序进行综合整顿、整治。

第四节 房地产价格监管

1986—2010 年，常州市物价部门改革完善房地产价格管理形式，通过管放结合、政策疏导，为全市土地和住房价格、物业服务收费等秩序的规范提供了支持。

一、土地和住房价格监管

1986—1990 年，常州市对一批商品房实行核价销售，市物价局核定红梅、西新桥、浦北、清凉等新村商品房售价。红梅小区 105 幢商品房，平均销售价格每平方米 430.74 元；西新桥三村 22 幢商品房，平均销售价每平方米 473.52 元；浦北商品房每平方米 542.8 元；丽华二村商品房每平方米 427.8 元。1990 年，根据国家、省要求，常州市政府明确将房地产价格纳入价格体系管理。1992 年，房地产价格实行政府定价管理，一律经价格主管部门审核，严格控制一般标准商品房价格，放开高标准住宅（豪华、别墅）商品房价格和非住宅商品房销售价格，对商品房销售价格的构成作原则性规定。配合公有住房制度改革，合理制定房改房成本价，常州市区房改房成本价为每平方米 250 元。1993 年起，对商品房价格实行统一管理，严格控制一般标准的住宅商品房和非住宅商品房销售价格；一般住宅商品房价格实行经营单位开工前报审、竣工后报批制度；放开销售价格的商品房在工程结束、商品房基本售完后，由市物价局会同市建委、建行常州市分行一次性审核基准价格。1994 年，市物价局、建委联合制定《常州市商品房预销售许可证制度》，商品房预售须经市建委、物价局审批同意并办理许可证后方可销售。1997 年，常州市调整 1997 房改年度市区公有住房租金和售房成本价，自 9 月 1 日起市区公有住房租金基价等级标准以房屋结构分类，租金按使用面积计算，标准为每平方米一级 1.6 元、二级 1.45 元、三级 0.9 元、四级 0.7 元、五级 0.5 元。公有住房出售成本价：1997 房改年度售房成本价比 1996 年提高 6%，每平方米建筑面积 805 元。

1998 年，全市取消和降低收费 25 项，其中降低商品房价每平方米 70 元，将煤气建设费、有线电视初装费等经营性收费每平方米 40 元，从商品房价中剥离；针对住房拆迁货币化安置实施后投诉增多的状况，强化商品房价格管理，将商品房预（销）售价格纳入管理轨道，制定加强商品房预（销）售管理的规定和商品房销售面积、层次差率计算办法及商品房销售的补充办法。普通住宅商品房、经济适用房实行政府指导价，高档住宅商品房和非住宅商品房实行市场调节价，经济适用房和普通住宅商品房，房地产开发经营单位按价格部门核定的价格或在规定的基准价格 3% 浮动幅度内执行预售、销售价格，商品房价格必须实行明码标价制度。经济适用房的利润率最高不超过 3%，普通标准商品住宅的平均利润率最高不超过 8%。1999 年，市物价部门规定，进入市内土地市场（交易中心、交易所）成交的土地二、三级市场交易行为，必须向土地交易市场缴纳土地交易综合服务费，采取差额定率累进计费，由双方各承担 50%；土地交易价格总额 500 万元以下、500

万～999.99万元、1000万～2999.99万元和3000万元及其以上计费率分别为5‰、4‰、3‰和1.5‰。2000年，制定常州市市区成套住宅拆迁安置、转居房屋拆迁补偿安置两项暂行规定；制定市区新建住宅区综合交接费及新建住宅商品房进户收费办法；对房改房上市交易收费、交易综合服务收费实行降低和定额收取；市物价、房管、工商、税务部门清理整顿市区180余家房地产中介机构的收费行为。

2002年3月1日起，常州改革房屋交易收费管理办法，取消房地产交易综合服务费，分设房屋产权登记费和房屋交易手续费，住房、非住房的产权登记费分别为房屋成交价格（市场评估价格）的0.15%、0.25%，经济适用房、首次上市的房改房减半收取。2003年，常州市实行省物价、建设部门出台的《关于全面实施住宅商品房销售“一价清”制度的意见》，在住宅商品房销售中对购房者最终结算时实行一个价格，开发企业不得收取未经价格主管部门批准的、价格外的任何费用，政府行政部门不得擅自立项、超标准、超范围向开发企业收取费用。开发企业在住宅商品房开发建设过程中按规定交纳的行政事业性收费、已进入建安招投标项目的费用及在销售合同中统一明示的面向全体业主（购房者）的经营性收费均纳入住宅商品房价格。2007年，常州开发企业开始执行商品住房价格“一房一价”标价公示制度，标价及调价情况及时报物价部门备案。2009年起，暂停普通商品住房销售前的价格审批，给企业自主定价权利。常州市在省内率先出台公共租赁住房租金标准，明确公共租赁住房基本生活设施设备及装修标准。2010年，常州市强化商品房销售价格备案、“一价清”和一套一标明码标价“三项制度”的执行，厘清房价构成，遏制房价频繁上涨，促进透明消费。

二、住宅物业服务收费监管

1997年5月，《常州市市区住宅小区物业管理服务收费实施细则》出台，规定物业管理收费的范围、项目、标准，明确物业经营收费单位的资质、收费时须具备的条件和收费的审批程序、监督事项。物价部门作为物业管理服务收费的行政主管部门，会同市有关部门制定、调整市区物业管理收费标准，监督检查全市物业管理企业的收费情况，查处违法违纪行为。1998年，明确物业管理收费包括公共服务费、代收代办费和特约服务费。2000年，市物价局制定常州市区物业管理服务收费暂行办法、普通住宅区物业管理公共服务费等级收费实施细则和普通住宅区物业管理公共服务和收费等级标准评分细则，物业管理公共服务费标准逐步向成本标准靠拢。2003年，《常州市市区物业收费管理实施细则》出台，规定物业服务收费应当区分不同物业的性质和特点，分别实行政府指导价、市场调节价。2005年，市物价、房管部门出台新的《常州市市区物业服务收费管理实施办法》。2009年，市政府办公室转发市物价局、房管局《常州市市区普通住宅物业公共服务实行分项目收费办法（试行）》，从5月1日起，实施物业公共服务分项目收费。2010年9月，市物价局出台《住宅室内装饰装修管理服务实行“一费清”制度》，明确物业服务企业对住宅室内装饰装修全过程管理服务发生的费用，按统一规定标准向业主或使用人收取装饰装修管理服务费后，不得收取装饰装修方面的其他费用，规定了住宅室内装饰装修管理服务、装饰

2008年11月，常州市区普通住宅物业服务分项目收费标准（试行）价格听证会（摄于2008年11月）

装修管理服务费收费标准、装修保证金等内容。

第五节 行政事业收费监管

1986—2010年，常州市行政事业性收费管理体制的演变大致经历了3个阶段。80年代中期为治乱整顿时期，随着财政体制的变化，出现收费管理权限分散、项目越来越多、收费总额急剧膨胀等问题。1987年，常州市组织清理整顿公安、交通、城建、工商、计量、司法、审计等16个部门和单位的行政性、事业性收费项目及其标准。1987年，国务院决定全面清理乱涨价、乱收费，将行政事业性收费统一纳入政府价格主管部门管理，颁发收费许可证。1988年，省政府颁布首部收费地方性规章《江苏省收费管理规定》，市物价部门全面清理行政、事业和经营性收费。1989年1月20日公布《常州市首批行政性、事业性收费管理目录》，开始实行收费许可证制度。1988—1990年，常州逐步形成以物价部门为主、财政部门配合的收费管理格局。90年代初期为管理制度初步建立时期。1992年，常州市首次对全市行政事业性收费单位年检，改进收费管理制度。1994年起，进入收费管理制度完善期，逐年开展行政事业性收费单位年度验审。1995年开始推行中小学付费登记制度，1996年建立企业负担登记卡制度。1997年，市物价、工商部门出台《常州市市区市级重点市场付费登记制度》；物价部门制定和实施培训收费管理办法，抓好重点企业和试点医院付费登记制度的落实。经过20多年的改革实践，常州逐步形成比较完整的行政事业性收费管理体制，实施一系列收费管理的配套性制度，主要有收费许可证、收费年审、收费审批、集体审议、价格听证、票据管理、付费登记卡、收费公示、收费目录管理、收费统计报告等制度；出台涉及多个方面的行政事业性收费管理办法，如《常州市对外商和中国港澳台商投资企业行政事业性收费管理规定》《常州市社会力量培训办学收费管理办法》《常州市幼儿园收费管理办法》《常州市民办中小学校收费管理办法》等。

一、教育收费监控

常州各级政府及其物价部门坚持整治教育乱收费的行为。1997年，对河海大学常州校区擅自向学生收取1996年度毕业生教育补偿费总额23万元进行查处清退。2000年，推进教育收费改革，实施高中阶段收费和大中专、职校收费并轨。

义务教育收费 主要是调高收费标准，在教育体制改革展开后实施。1985年，省政府批转省教育厅《江苏省实行九年制义务教育的意见》，开征教育事业附加费。1987年，省教委、财政厅、物价局重新明确中小学杂费标准。1989年，常州调整学校偏低的收费标准，提高中小学生学杂费标准。1992年，常州市从秋季起调整中小学学杂费和借读费的标准。1994年和1996年，常州两次调整中小学收费标准。1995年，市区推行中小学付费登记制，减轻学生家庭负担30多万元。2002年，实行全市中小学代办费分级测算、统一平衡、分头实施的办法，规范教育收费行为，并公布市区中小学代办费预收标准。2007年，全市实行义务教育杂费减免政策，年减免杂费1.1亿元，清理中小学补课收费行为。

一费制收费改革 2004年8月29日，江苏省教育厅、物价局、财政厅决定从2004年秋季新学年开始，在全省公办义务教育阶段学校推行一费制收费办法，统一收取杂费、课本费和作业本费，市物价部门从严核定和规范中小学有关收费，治理教育乱收费行为，开展义务教育阶段一费制有关费用和成本的调查，制定“一费制”实施意见报市政府批准后全面执行。2005年，市物价局、教育局联合发文明确常州市2005年春季班小学、初中课本费和高中代办费预收及其他收费标准。

免费义务教育 2006年，国家将义务教育全面纳入财政保障范围，明确义务教育不收学费、杂费。常州从2007年春季开始，全市农村义务教育阶段公办学校除向学生收取课本费、作业本费和寄宿生住宿费外，其他项目一律不得收取。物价部门严格审定春、秋两季全市义务教育学校“一费制”和免杂费政策，取消全市中小学特色教育收费，减轻全市学生家长负担1.1亿元。全省城乡从2008年春季学期起免收课本费，从同年秋季学期起，取消城市义务教育服务性收费中的体检费和蒸饭费。至2010年底，农村义务教育学校只收作业本费和寄宿生住宿费，城市义务教育学校除上述费用外收取少量服务性费用。

非义务教育阶段收费　学前教育收费　1994年，常州市财政局、物价局、教委等部门调整市区幼儿园（班）的分类收费标准，明确幼儿园（班）的分类和收费项目、标准、办法及经费管理等有关问题，决定从春季开学起调整市区全日制公办幼儿园收费标准。1998年、2001年、2005年，常州市3次调整市区幼儿园（班）分类收费标准，对经认证的烈士子女、解放军边防指战员和单亲（丧父或丧母）幼儿入园的保育费减免一半，对特困家庭或夫妻双方均下岗的职工家庭进行部分减免。2006年，市物价局、教育局、财政局统一整合归并幼儿园收费项目为保育教育费，实行“一费制”，适当提高收费标准，规定相关优惠政策、幼儿父母单位报销标准等内容，规范幼教收费行为。

高中教育收费　1989年，常州市调整偏低的高中收费标准，规定高中阶段的学费每生每学期从15元提高到20元，省批准的重点中学可上浮20%。1992年，从秋季起调整高中学杂费和借读费的标准，从每生每学期学杂费36元，调整为每学期学杂费70元，其中经省批准的省重点中学的高中，可在调整的基础上再上浮20%，在校住宿的，每生每学期收取住宿费20元。1993年，开展制止部分中小学乱收费、规范学校收费秩序的工作，对秋季招收的录取分数线以下的高中自费生择校借读费的最高标准为每生每学期一般高中500元，省级、市级重点高中分别为650元、600元，职业高中文科600元、理科700元、艺术类800元，不再收自费生学杂费；对与入学挂钩收取的捐资集资款一律要求清退。

职业教育收费　1994年，常州市教委、财政局、物价局联合下发《关于调整中等专业学校、职业中学和中小学收费标准的通知》，相应调整职业教育的收费标准，每生每学期学杂费标准为技工学校不超过200元、职业高中不超过120元、中等专业学校不超过240元。1996年，清退处理市区17所大中专院校违反规定收取的学杂费、住宿费72.17万元，重点查处群众反映强烈的省商业技工学校的乱收费行为，处理清退8.26万元。2007年，《常州市中等职业技术教育特殊专业实习材料费管理试行办法》出台，规定实习材料的管理原则、申报程序与要求及制定程序等，规范中等职业院校收费行为。

二、医疗服务价格监控

1985年以后，常州医疗服务价格改革分为3个阶段。1986—1995年为提高价格阶段，实施两种价格，改全民免费为病人合理付费成本补偿。常州市自1981年开始采取双轨制医疗服务价格制度，即对享受公费医疗和劳保医疗待遇的病人实行较高的价格，对城镇居民和农民等自费病人仍执行原来的低价格，价格不提高。1986年，按国家政策规定，市物价局会同卫生局、财政局对医疗收费进行清理整顿，取消加床、一次性手续费等10个收费项目，降低CT、体外冲击波碎石机等82个项目的收费标准，在执行服务价格水平上缩小公费、自费之间的差距。1987年、1989年、1993年3次调整部分基本医疗收费。1993年医疗收费调整后，对公费、自费等不同就医对象均实行同一标准的收费并轨办法。1996—1999年为调控结合阶段，实施“总量控制、结构调整”，引导医疗机构“控制医药费用、调整收入结构”。从1998年4月1日起，适当提高医疗技术劳务收费标准，降低大型设备检查治疗项目收费标准，涉及8大类274个项目，增减相抵全市提价总额2600万元。1999年，对医院病房床位费进行全面清理，重新核定全市各级医院的床位费标准，统一境内外患者医疗服务收费标准，明确CT等大型医用设备收费管理办法及具体收费标准。

2000—2010年为深化改革阶段。2001年起，常州全面改革医疗收费体制，市物价局在全国率先开发应用常州医药价格管理信息系统，对医疗服务价格实行分类管理，对全市的5875项医疗服务价格和收费项目进行归并；推行医疗费用结算清单制度，提高收费透明度。翌年，放开个体诊所、私立医院等营利性医疗机构医疗服务收费标准。2003年，放宽非营利性医疗机构特需医疗服务价格，改革特需医疗服务价格的审批制度。2005年，常州市新的医疗服务价格改革方案开始实施，全面改革价格形成机制，规范医疗服务收费行为，实施针对特殊群体的收费减免优惠政策。2006年，常州市医院试行单病种限价收费。据测算，核定的单病种收费标准比前3年平均费用下降7.7%。

三、收费行为专项治理

80年代中期，常州随着财政体制的变化，出现收费管理权限分散、收费项目越来越多、收费总额急剧膨胀等问题，社会负担越来越重，要求治理乱收费减轻负担的呼声越来越强烈。1987年，物价部门分别对公安、交通、城建、工商、计量、司法、审计等16个部门和单位的行政性、事业性收费项目和收费标准进行清理整顿。1989年1月20日公布《常州市首批行政性、事业性收费管理目录》，全市有39个部门、系统的510家单位有行政事业性收费486个大类，收费项目5913个，收费总金额2.43亿元。1991年，全市清理整顿乱收费现象，着重解决行政事业性收费中“滥、乱、散”的问题，按“边整、边纠、边改”的原则，取消不合法收费项目56个。1992年，市物价局、财政局组成年检办公室，对全市54个系统3782家单位的行政事业性收费进行年检，检查收费金额5.22亿元，验证3576本、补证560本、变更证照1649本；取消不合理或不合法收费57项，为企业和群众减轻负担257万元。1993年，针对部分中小学乱收费状况，常州市从9月起开展制止部分中小学乱收费、规范学校收费秩序专项工作。1994年，全市清理、公布3批104项取消收费项目，年度验审54个系统的410家行政事业性收费单位，吊销收费许可证12本、降低收费标准12项。1995年，选择38家重点工业企业试行涉企行政事业性收费一卡制付费登记制度；撤销河道、公路上擅自设立的22个检查站和2个收费站，清退、没收不当收费罚款40多万元；对450家行政事业性收费单位进行年度验审，清理、取缔不合理收费、乱收费53项，减轻企业和群众负担3720多万元。

1996年，全市物价部门对510家行政事业性收费单位收费进行年检，变更收费项目134项，取消不合理收费45项，降低收费标准31项；落实省公布的首批取消和降低标准的行政事业性收费项目，做好跟踪检查，查出违规金额540.18万元，清退291.76万元。1997年，市物价局调整和核定收费标准74项。整顿电力、药品、中介服务收费行为，降低电力建设基金、电力综合差价标准，为全市企业每年减少电费支出7540多万元；调查涉企行政事业性收费、基金、罚款、集资项目600多项，全市取消涉企负担收费、基金项目152项，每年可减轻企业负担总额近2亿元。

1998年，常州高新区在全省率先公布一个窗口收费操作办法，所有涉企行政事业性收费由新区管委会规费征收中心统一收缴；制定和落实企业改制涉及的收费优惠政策，降低企业改制成本，由市政府发文明确规定一律按收费标准下限减半收取，最高不超过2万元；支持下岗再就业工程，落实下岗职工在自谋职业、就业介绍、再就业培训等方面的30余项收费减免政策；全市公布取消和降低收费项目、标准142项，年减轻企业负担6.5亿元，审批时核减涉企收费项目12个。规范对外资和港澳台资企业的收费行为，清理了全市涉及外资和港澳台资企业收费的部门和项目，收费部门从43个减到39个，收费项目从292个减到252个。1999年，分3批公布取消和降低标准涉企收费项目15个，降低收费标准25个，出台并落实对改制企业的收费减免政策，为企业减负6000余万元；为458家收费单位和435名收费人员换发收费许可证、收费员证，清理79个系统的行政事业性收费资质、项目、标准和依据等，取消收费项目38项。2000年，市政府建立清费治乱减负目标责任制，被列为重点目标；推行涉农收费公示制度，全市农村建成政府公示栏79个、部门栏1329个、村委公示栏1913个，清理取消涉农收费项目63项，降低收费标准19项，合并收费项目1项，停止执行要求农民出工出钱出物项目47个，年减轻农民负担1000多万元；全市同年取消行政事业性收费项目21项，年减轻企业和群众负担1.55亿元；取消医院电梯收费，清理规范全市中介服务收费。

2001年，重点清理涉企和涉农收费，公布取消涉企收费22项、降低收费标准9项，年减轻企业负担763.29万元；清理整顿涉及外企的收费，取消8项，降低标准2项；清理各级政府及其部门出台的涉及农民负担的行政事业性收费、政府性基金、附加、集资和摊派等，公布取消乡镇“五项统筹”、村级“三项提留”、农民教育附加及其他向农民收取的行政事业性收费、政府性基金和集资，完善涉农收费公示制，遏制公示项目外的其他乱收费行为。翌年，清理整顿全市涉及外来和外出务工人员的收费、公安收费、劳动职业技能鉴定和培训收费、工商行政事业性收费行为。全市公布取消收费项目8大类17项，年减轻企业负担7000万元；清理压缩和规范党政机关培训收费，取消和降低办班收费项目、标准33期次，减轻企业和社会负担80万元；落实对城市居民最低生活保障对象、下岗职工再就业减免的12大类30余项收费优惠政策，年减免收费金额约800万元；对全市涉及下岗再就业的收费项目进行清理，减免并公示66项优惠收费，减少下岗失业人员从事个体经营的支出负担6136万元。2003年，全市物价部门大规模清理、重新审核确认市级部门涉企行政事业性收费、基金，提出取消、降低、暂停涉企收费（含基金）92项（其中部分取消、降低、暂停24项）建议，比清理前减少23.9%，每年可减轻企业负担总额8400万元；落实国家和省涉企收费政策力度，公布取消17个收费项目，年减轻企业及社会负担776万元。

2004年，组织涉车收费清理，对33个大项142个收费项目进行清理，涉及收费金额4.87亿元；清理市级部门656项行政许可事项中涉及收费的162项；清理取消涉企培训收费150多项；开展农民负担专项检查，抓好农业税免征、补贴及涉农收费减免政策的落实，突出清理涉农行政事业性收费、三轮农用运输车收费等，全市减轻农民负担约790万元，农民合同内实现零负担；落实价格服务农村的举措，核定农村自来水改造费用，规定只收取入户材料成本费；取消、免收或降低农民建房5项收费；推行开发区扎口收费管理，市政府出台《关于全面实施省级以上开发区扎口收费管理的工作意见》，新北除工商、税务等垂直管理部门外，其他区属22家行政事业性收费单位及国土等垂直管理的3家行政事业性收费单位全部纳入扎口收费体系，武进在武进高新区试点后，逐步向武进农发区、行政审批中心、10大专业市场扩展，向各镇工业园区推进。2005年，全市物价部门开始对涉企收费部门、单位进行“收费一卡制”监管，变涉企收费“两证一簿”为“两证一卡”制度，市物价局、财政局制发《常州市涉企收费登记卡》1.5万本，覆盖全市乡镇及其以上所有涉企收费单位；重新大规模清理涉企收费，清理出涉企收费215项；制定常州高新区、武进高新区“零收费”及涉企收费执行下限标准的政策，明确常州高新区、武进高新区为“零收费区”，实行市级行政事业性“零收费”，即免收进区企业登记手续、证照工本、日常管理3个大类行政事业性规费，规定涉及企业的行政事业性收费、中介服务性收费全部执行下限标准，全市经清理取消（免收）收费53项、减半和降低收费标准55项、执行下限收费标准20项，常州、武进两个“零费区”每年减免企业费用负担7100多万元。

2006年，全市物价部门以认证、考试、培训收费为重点，开展涉及现代服务业收费的清理，取消和降低25个收费项目，减轻服务业负担1500余万元，解决影响投资软环境建设的涉企乱收费问题，突出规范涉企办班收费行为，取消涉企培训班30期次。翌年，落实对下岗人员、残疾人等弱势群体的就业收费政策，再就业收费优惠减免800余万元，惠及2万多人次；对生猪生产流通的11项收费实行减免。2009年，建立重点企业涉企收费观察点，改革和规范房产市场测绘收费，开展涉企收费大检查，全市企业减轻生产成本和负担

5.18 亿元。2010 年，严格涉企培训收费审批，全市审核 440 期培训班，核减 49 个班次的培训费 24 万元，惠及 6600 余人次；对全市 2046 本收费许可证进行年度审验，注销收费许可证 271 本，年审率 100%。组织专门清理全市 421 家社团、中介机构的收费行为，取消收费 12 项，整改收费项目 52 项。

第六节　成本调查监审

1984 年，常州市农产品成本调查队成立，隶属市物价局领导，1991 年更名为常州市工农业产品成本调查队。

80 年代末，全市成本调查为发展稻米、蔬菜生产提供决策服务，重点调查油菜籽、小麦、中籼稻、棉花、粳稻、桑蚕茧、生猪和蔬菜、副食品的成本收益情况。90 年代，政府直接管理的农产品越来越少。1992 年以后，常州成本调查范围拓宽到与成本相关的其他内容。1994 年，全市物价涨幅过高，仅上半年居民消费价格总水平和商品零售价格总水平涨幅累计平均分别达 24.1% 和 22.1%，对群众生活产生较大的影响。从 7 月起，对 28 种居民基本生活必需品和服务项目的价格实行监审。决定对食盐、城乡生活用电、粳米、籼米、面粉、二级菜油、普通住宅房价、房租、学杂费、医疗费、市内公共交通、普通浴室、自来水、液化石油气、煤球、煤气和托儿费 17 个基本生活品和服务项目价格由政府定价，对二级豆油、粮食复制品执行市规定挂牌价格，对食糖、洗衣粉、学生簿本实行差率管理，对酱油、牛奶、啤酒、自行车和猪肉与蔬菜、豆制品分别实行提价申报、行业价管理、指导价管理。

1995 年 8 月 1 日起，市物价局扩大价格监审范围及调整部分品种监审方式。1997 年以后，农户种植意向调查、农户购买农资情况调查、农户存粮情况调查等专项调查成为农本调查的制度性内容，开展主要农产品的成本预测等调查。2004 年，实行新的农产品成本调查核算体系，成本工作体制机制不断完善。2009 年，市工农业农产品成本调查队变更为市成本调查监审分局。2005—2010 年，常州成本调查监审机构开展了以幼儿教育、天然气、自来水、药品及医院自制药品、景点门票、公交客运、客运出租车等价费调整为主的成本监审 30 余项，核减成本近 15 亿元，常州市成本调查监审分局，连续 6 年被评为全国农产品成本调查工作先进集体。

第七节　价格监督监测

1984 年，常州市物价检查所成立，1999 年增挂“常州市价格举报中心”牌子。2002 年，常州市物价检查所更名为常州市物价局检查分局，2005 年更名为常州市物价局价格检查局。20 多年来，常州市价格监督检查部门履行价格和收费监督检查职能，大力整顿和规范市场价格秩序，严肃查处乱涨价和乱收费行为，抑制通货膨胀，控制物价上涨，维护经营者和消费者的合法权益。1998 年贯彻《价格法》以后至 2010 年底，市价格监督检查机构查处价格违法行为和案件 1.7 万件，实行经济制裁超 1.7 亿元，上缴财政 1.33 亿元，退还消费者 3900 多万元。常州市价格监督检查工作促进了市场经济秩序的整顿规范，保障了消费者的价格权益，促进常州经济持续又好又快发展。市物价局价格检查局先后多次被市政府评为常州市行政执法优秀单位等优秀集体，多次被省物价局评为案卷制作、综合工作、明码标价、价格举报等工作先进集体，2005 年 12 月被国家发展和改革委评为全国规范化物价检查分局。

一、价格监督检查

常州物价部门根据国家和省部署，连续开展了教育、医药、房地产、电力、土地涉房收费、涉企收费、涉农收费、农资价格、成品油价格、工商收费、质检收费等专项检查。1996—1999年，全市物价系统围绕物价调控的重点和群众关心的热点，以"清费、治乱、减负"为主题，把依法治价和规范自身执法行为结合，强化价格监督检查。2000年，价格监督检查以治乱减负为主题开展专项检查，以"明码标价普及年"活动为重点全面整顿市场价格秩序，创建规范化检查所，加强基础建设。

2002年，全市物价部门围绕社会反映强烈的价格和收费热点问题，先后开展以土地和住房建设收费、铁路和公路客票价格、涉农价格和收费、下岗再就业收费、监理公司收费、工商和集贸市场收费、街道收费、药品和医疗服务收费、涉及机动车辆和路桥收费等为主的专项检查。2003年，开展以涉车和路桥、涉农、电力、商品房、教育等为主的价格和收费专项检查。2004年，开展涉农价格收费、农民进城务工和城市下岗再就业收费、教育收费、医疗服务和药品价格、涉房收费、涉煤收费、粮食化肥铁路运输价格、电力价格等10项专项检查。开展市场价格巡查，加强节日检查，在商业流通企业、餐饮业、汽摩配市场、药品及医疗门诊机构等6大热点领域开展反价格欺诈系列整治。2005年，突出查处权力部门和垄断行业的价格违法行为，围绕热点开展价格督查、价格诚信创建等活动，强化专项整治，重点整治服务行业、服务窗口的价格欺诈行为。

2006年，全市物价部门专项重点治理成品油、电力、涉车、人力资源等价费。2007年，通过宣传价费政策、公布点评价格维权案例、强化价格举报等形式，纠查侵害群众利益的价格违法行为。以案说法引发出的房地产开发商违规收取单元防盗门费事件，短期内受理举报上百件，有8家房地产开发公司向1265户业主退还多收的单元防盗门费用总额75万元。2008—2010年，先后开展教育、医疗、电力、房地产、化肥、惠农价格和收费政策落实情况和电力、化肥、涉农、涉企价费等专项检查，重点查处以涉农、涉企、电力、成品油和教育、医疗、交通运输等领域为主的价格违法案件。

1996—2010年常州市物价检查查处案件结果统计表

表23-6-2　　单位:万元

年份	全市物价部门				其中:市级物价部门			
	查处案件(件)	经济处罚	收缴罚没、上缴财政	清退价款	查处案件(件)	经济处罚	收缴罚没、上缴财政	清退价款
1996	1060	1425	—	—	—	—	—	—
1997	5210	1285	—	—	4540	809	—	—
1998	5283	1287.95	1066.68	221.27	4823	819.43	643.85	175.58
1999	4270	1461.48	1250.57	210.91	3849	713.00	546.54	166.46
2000	2231	1425.00	1272.00	153	1923	911.00	845.00	66
2001	1669	3430.45	1930.67	1499.78	1312	2080.55	1116.78	963.77
2002	580	1595.45	1276.16	319.29	327	926.26	868.61	57.65
2003	739	1145.53	1014.38	131.15	468	782.23	706.59	75.64
2004	441	1045.95	968.86	77.09	213	725.34	656.74	68.60
2005	364	968.06	854.88	133.18	193	652.20	565.88	86.32
2006	386	1087.85	966.50	121.35	194	708.15	661.08	47.07
2007	290	888.08	700.79	187.29	153	591.08	477.35	113.73
2008	257	757.63	707.56	50.07	81	502.46	480.89	21.57
2009	185	668.37	645.63	22.74	85	503.70	488.54	15.16
2010	178	976.15	804.02	172.13	94	468.81	451.13	17.68

二、价格监测网络

1993年，常州市物价局建立起价格监测网络。1994年，完善市内价格监测网络，与苏州、无锡、南京和杭州、合肥、武汉等城市实现跨市信息交流。1995年，扩大监测范围，将监测网延伸到3个辖市。1997年，在全省率先实现与省、3个辖市3级物价系统微机联网，建立常州建筑装饰材料名优产品价格监测网。2000年，物价部门建设并开通嘉信网站，推出《药品价格》《医疗收费》《房产超市》《江南菜市》等栏目，融发布、查询、浏览于一体。同年底，开通常州医药价格信息网，通过该网络系统，对市区医药价格执行情况进行全天候动态监测，向医疗机构及时传输最新医药价格政策和信息。2001年，市区17家医院相继入网，信息网络延伸到各辖市。2003年暴发"非典"疫情期间，及时启动一日二报制，开发防治"非典"商品价格监测和分析系统，实现监测单位在线上报、查询和统计。2004年上半年突发"禽流感"疫情和粮食、生产资料价格异动，及时增设相关监测网点50余个，掌握市场价格变动情况；首次设立凌家塘农副产品批发市场、苏浙皖边界市场等省、市级价格监测直报点。2007年，在全省率先启动副食品价格一日一报制度。2010年底，价格监测网络日益完善，覆盖全市，设有监测点180个，其中市区116个、金坛31个、溧阳33个，有10家单位被列为国家级监测点，测报商品涉及主副食品、能源、建材材料、商品房等10个大类、2300多个规格。

第七章　审计

1983年6月，常州市政府批准成立市审计局。翌年1月1日，市审计局挂牌并对外办公。同年，武进、金坛、溧阳三县成立审计局。至1988年12月，天宁、郊区、钟楼和戚墅堰4个区相继组建审计局，履行法律赋予的各项审计职责，1983—2010年，全市审计机关按照《中华人民共和国审计法》（简称《审计法》）规定的职责和相关法律法规，完成审计和审计调查项目7405个，查出违规金额40.21亿元，管理不规范金额261.91亿元，应上缴财政25.81亿元，减少财政拨款和补贴0.57亿元；查出并移交违法案件53起，提交的专项或综合性报告和信息有2505篇被各级党委、政府、新闻单位和上级审计机关批示或采用。

第一节　财政金融审计

一、财政审计

财政审计分为对下级政府预算的执行情况和决算进行审计（简称"上审下"）和对本级预算执行情况进行审计监督（简称"同级审"）。常州财政审计始于1984年对天宁区政府及所属部门预算外资和中国港澳台资金的审计；1985年对武进县1984年度财政决算审计，开始上审下；1987年开始增加对地方税务机关的审计。1995年以后，财政审计坚持上审下与同级审双轨并行，全面开展上审下工作，同级审工作逐步完善和深化。1995—1996年为起步阶段，审计主要对象是财政、地税部门，主要内容是预算收支的真实性、合法性。

1997—2000年为发展阶段。市审计局提出"账户入手、下审一级"和"全面审计、突出重点"的审计要求，审计的主要对象扩大到国库及与预算执行有关的部门单位，主要内容从预算资金向预算外资和中国港澳台资金拓展，从财政审计、税务审计向重点专项资金审计拓展，从"小财政"家底向部门预算外资和中国港澳台资金、建设资金缺口、政府负债等"大财政家底"拓展。市审计局1997年和1998年实施的同级审项目，分获全省评比一等奖和第一名；1998年的同级审工作报告被选为范本在全省推广。2000年，市人大常委会对同级审计报告专门发文，督促对有关问题的查处。

2001—2006年为深化和提高阶段。2002年，常州市审计部门应对新形势，提出再监督、全程跟踪审计、绩效审计和专业协作等新的审计理念，2003年开展的同级审，在上年尝试财政资产负债净资产审计后，实施资产负债审计。2005年的"同级审"结果首次向市政府常务会议汇报，从市长到各位分管副市长，对审计报告中涉及的有关问题齐抓共管，主动负责落实整改措施。市财政局根据市审计局提出的审计意见，向政府提出资金账户清理及账务调整的请示，使多年存在的单位暂存款项与预算外收入、支出、结余统收混支的专款得到扭转。

2007—2010年为创新阶段。2007年，常州市审计机关深化财政审计。以预算执行审计为重点，加强对重点支出执行情况的审计，分析、反映本级预算执行的总体情况。以部门预算审计为重点，加强对二、三级预算单位的预算执行及非税收入管理情况审计。以资金使用效果审计为重点，将绩效审计理念引入预算执行审计，首次对市"科技三项费用"三年倍增计划实施情况进行绩效审计探索。以涉民资金审计为重点，加强对农村道路通达工程、教育培训工程、农民健康工程、环境整治工程、文化建设工程新五件实事和社会保障、土地出让、教育等涉及群众切身利益的专项资金的审计和调查。审计中以财政管理审计为核心，开展本级财政预算执行审计、部门预算执行审计、专项资金审计、经济责任审计、绩效审计"五位一体"的大财政审计工作。2009年，市审计局首次集中公告6个审计项目的审计结果，将行政处罚纳入市政府"三合一"平台，首次实行权力网上公开运行。按"关注民生、注重绩效"的工作思路，审计内容增加公共产品、公共服务领域和重点专项资金，审计重点增加资金使用效果的反映。至2010年，连续16年对本级预算执行情况和其他财政收支进行审计。

二、金融审计

常州金融审计参与金融案件查处，为打击金融犯罪提供审计服务。金融审计从1985年起开展后经历3个阶段。至1994年，金融审计以财务收支与信贷业务审计为主，累计审计23个单位，查出违纪违规行为金额674万元，上缴财政294万元。1995年《审计法》颁布施行后，金融审计进入资产负债损益审计阶段。1998年以后，金融审计的资产负债损益审计发展到以金融资产质量为主要内容，以查处重大违法犯罪案件和严重违纪案件为重点，以促进防范和化解金融风险为目的的成熟阶段。1999年9月，市审计部门审计发现"7·12案件"原建行常州新区支行行长、国际业务部经理葛某某特大贪污案，审计查证为检察院提供大量的资料，后葛某某等3人被逮捕。常州市中级人民法院依法一审判处葛某某死刑。2002年，市审计部门在对中国农业发展银行常州分行2001年资产负债损益情况的审计中，针对粮棉油贷款情况，延伸审计31个粮棉油贷款单位。审计查出违规金额4666万元，发现有问题资金4629万元，揭示有账无物、贷款未能及时收回、贷款监督不力、改制企业自行核销贷款、呆滞贷款不能正常收息、挤占费用购建固定资产、购买商业保险未交个所税等问题，提出审计建议17条。2003年，组织实施对中国人寿保险公司常州分公司及所属溧阳市、金坛市、武进区支公司2002年度资产负债损益审计，查出违规金额6826万元，提出改善经营管理、完善相关制度的6条建议；完成对商业银行的定期审计任务和对市证券公司领导人任期经济责任审计；开展对投资集团公司的资产负债损益审计。

第二节　行政企事业审计

一、行政事业审计

1986年，常州各级审计机关遵照国家审计署《关于对行政事业单位推行定期审计制度》，开始试点行政事业单位的定期审计；6月，市政府批转《关于对机关行政事业单位实行定期审计的报告》，行政事业审计进入制度化阶段。1989年起，行政事业审计围绕治理整顿开展，突出对执法执纪部门的审计。1995年实施同级审后，配合财政同级审成为行政事业审计的重要内容。2002年，开始实行部门预算执行情况审计，每年在年初计划时均安排对部分行政事业单位进行部门预算及其他财政财务收支情况审计。2003年，市审计局对地税、公安和质监部门进行财政财务收支审计，把收费问题作为审计重点，查找实际收费标准与法规依据的差距，剖析带有倾向的共性收费问题，促进规范管理，实事求是地反映困难，向省审计厅提出统一处理的审计建议，得到采纳。2009年起，在对市旅游局、市人事局、市外经局等行政事业单位审计中，开始实施独立型、结合型绩效审计项目，部分单位根据各自的特点和性质实施成为渗透型绩效审计项目（不单独出具绩效报告）。2010年，市审计局在对市发展和改革委审计时，选择资金量大的社会事业建设补助资金和涉及面广的全市服务业引导资金开展独立型绩效审计，审计以相关资金分配管理制度是否完善为切入点，反映其制度上存在的问题，市发展和改革委随即根据审计建议，重新修订出台《全市服务业引导资金管理办法》。

二、企业审计

改革开放初，常州审计机关针对企业违纪现象较为普遍的状况，重点开展财经法纪审计，开展的滥发服装和购物券审计被中央电视台采访报道。从1986年开始，配合企业实行厂长（经理）负责制和资产承包经营责任制的改革，重点开展厂长（经理）任期经济责任审计和承包经营责任审计。1986年，市审计局会同市体改委、市委组织部发出《关于对厂长（经理）离任试行经济责任审计的通知》，此后5年开展51户工交、商贸企业厂长（经理）离任经济责任审计。1988年11月，市政府颁发《常州市全民所有制企业承包经营责任审计试行办法》，把承包经营责任审计纳入规范化轨道。至1991年底，审计机关对61户企业开展承包经营责任审计，累计查出资产和盈亏不实企业35户，金额分别达2.25亿元和3520万元。

1992—1994年，企业审计突出重点企业和骨干企业的财务收支审计，探索延伸审计企业内部控制制度、延伸审计与财务收支相关的经营活动和以真实性为主要目标的资产负债损益审计。1993年实施的9户亏损额达100万元亏损企业的扭亏审计，首次召开新闻发布会向社会公布审计结果。

1995年《审计法》施行后，常州企业审计转变为资产负债损益审计。1995年，市审计局制定《常州市企业资产负债损益审计操作规程》。1998年在全省率先出台指导企业审计实践的规范性文件《企业资产负债损益审计实施细则》《关于对被审计单位资产价值进行合理评价反映的暂行规定》，正确界定和实施资产负债损益审计、财务收支审计，促进资产负债损益审计的迅速发展与企业审计水平的提高。常州审计机关建立企业年度审计制度，对市管企业、年薪制企业实行年审。1999年2月，市审计局《深化企业审计实务研究》一书由中国商业出版社发行；3月，全省深化企业审计试点工作经验交流会在常州召开，市审计局企业审计获特别奖；12月，市审计局作为全国唯一的地市级审计机关代表参加国家审计署在北京召开的全国企业审计工作研讨会，作了交流发言。

常州审计机关在国有企业的破产和改制中，事中参与、事后抽审，避免国有资产流失。1995年，受市政府、中级法院委托，市审计局成功组织国有企业常州市第二物资公司的破产。1998年，对1996—1997年16户市属破产企业情况开展审计调查。2000年审计提出加强投资管理、建立财政监督机制、降低资金运作风险等15条整改建议，就有关问题向政府提交两份审计专题报告。根据全省2000年50家重点企业审计计划，市审计局从工业交通、商贸系统各选两家企业进行资产、负债、损益审计。对常州市汽车运输总公司的审计调整企业资产不实3381万元、负债不实1916万元、损益不实326万元，揭示其资产预计变现减值或潜利因素1664万元，对其部分资产管理混乱、财务核算不规范、债权债务不清、擅自调节利润、私设小金库等问题提出处理意见。商贸企业审计把不良资产审计作为重点，在对常州进出口总公司、常州市燃料总公司1999年度资产负债损益审计中，查出不良资产5000多万元。

2002年，市审计局开展江南运输机械公司农用运输车投资项目审计，揭示该投资项目可行性方案缺乏投资回收期和市场风险分析，工艺路线不合理、实际生产能力达不到设计生产能力等问题，提出对策和建议，工程审计揭示该投资项目存在工程结算高估冒算严重和未进行招投标、超付工程款等不正常现象。配合纪检监察部门对有关违纪违规线索进行深查。常州飞天集团资产负债损益审计对薄弱环节提出的整改措施被采纳后，企业月均增收节支180万元。2003年，审计部门对常州拖拉机厂虚盈实亏及潜在亏损情况、常州可锻铸铁厂地块转让和新厂重建情况进行审计调查，1998—2002年，常州拖拉机厂财务账面反映盈利1737.37万元，审计确定为亏损6096.96万元。拖拉机厂净资产为负3321.42万元，处于资不抵债局面，查出一批案件线索。全市开展审计调查17项，涉及单位213家，审计调查总金额77.84亿元，调查发现有问题金额5.49亿元，提交审计综合报告5份、专项审计调查报告16份。

2004年，在亚细亚影视城审计中揭示高负债和亏损问题，后其主管部门常州市广电局通过调整经营班子等措施，使得该影视城经营状况逐渐好转。2005年，市审计局对常州变压器厂实行资产负债损益审计，企业改制领导小组采纳审计建议，对公开转让企业的国有资本竞标底价进行调整。同年，完成市属8家行业公司的资产清查审计，查出违规金额7.68亿元，对发现的问题和存在的历史遗留问题提出处理建议。市审计部门对常州齿轮厂及其5个控股子公司、所属3个独立核算的公司进行经济责任审计，查出违规金额2398万元，查出大量不良资产及潜亏问题，提出审计机关的整改意见和建议。2007—2008年，连续两年对常州市公交集团公司进行审计和审计调查，剖析公交集团公司的亏损原因，为后来市政府出台《常州市公交发展实施意见》和《常州市公交补贴机制》提供依据。

第三节　经济责任绩效审计

一、经济责任审计

1986年4月，溧阳县审计局对溧阳县轧钢厂厂长钱洪金任期内的实绩进行考核，为厂长做公正审计，常州市企业领导干部经济责任审计工作起步。1987—1991年，全市审计机关主要开展对企业承包经营责任审计、企业领导干部经济责任审计。1992年起，根据市委、市政府关于深化企业改革和搞好国有大中型企业的要求，开展企业领导干部的经济责任审计，1997年首次对非银行金融机构（常州市证券公司）经理进行任期内经济责任审计。1999年5月，中共中央办公厅、国务院办公厅颁发《县级以下党政领导干部任期经济责任审计暂行规定》后，常州开始对县级及其以下党政领导干部的经济责任进行审计。

1996年，市审计局对中国房地产开发常州总公司总经理进行经济责任审计，查明境外投资损失和被骗资金2400万元的事实，后该公司总经理王某某因经济问题被判刑。1998年，市审计局受托对常州连环集团公司原法定代表人徐某某进行任期经济责任审计，查出该企业资产不实、隐匿亏损、调节损益、虚报指标、管理混乱等10多个问题，违规行为金额9000多万元，审计结果报市委组织部后，有关部门对经济责任人徐某某给予党纪政纪处分。2003年，市审计局出台《经济责任审计项目计划管理办法》。2004年12月，金坛市审计局被评为江苏省经济责任工作先进集体。金坛市经济责任审计工作经验《履行审计监督职能，促进成果转化利用》于2007年1月为中央5个部委设立的经济责任审计工作联席会议办公室向全国通报表扬。2009—2010年，全市领导干部经济责任审计内容更加丰富，更加经常化、规范化。

2008年，市审计局开展对4个辖市区党政领导干部经济责任审计，突出绿色审计，科学评价领导干部业绩。2010年，对江苏技术师范学院、常州工学院领导干部经济责任审计项目，对高校科研经费的管理使用和科研项目建设、成果转化等内容进行绩效分析，最终出具的审计结果报告反映两位院长应负主管责任的问题7个，应负领导责任的问题11个。是年，全市审计机关完成88家单位(94名党政领导干部)的经济责任审计工作，查出涉及违规和管理不规范金额22.88亿元。审计机关与组织部门、编制部门探索开展用人、用编、用财三项责任联审项目24个。

1986—2010年，全市审计机关对793名领导干部进行经济责任审计，其中2001—2010年审计党政领导干部596人、国有企业领导人员19人，查出涉及违纪违规行为金额16.06亿元、管理不规范金额38.17亿元。

二、绩效审计

常州绩效审计始于2007年，市审计局实施常州市2004—2006年“科技三项费用”三年倍增计划项目绩效审计。2008年，市审计局选择市区5个大型公园建设及管养情况专题开展绩效审计，把资金、政策、管理目标的实现程度作为重点，提出的5项审计建议得到市政府肯定，被管理部门采纳。2009年，实施市级技改专项资金、信息化引导资金、创业投资引导资金、人才专项资金和兑现扶持经济政策资金等8项专项资金的绩效审计后，《常州市技术改造专项资金管理办法》《常州市市级信息化建设引导资金管理办法》两个办法修订出台。7月25日，市委办公室、市政府办公室印发《关于加快推进绩效审计工作的意见》。

2007—2010年，全市审计部门完成绩效审计项目580个，促进增收节支1.82亿元。2010年，出台《关于加强协税护税工作的通知》等制度规定，全市绩效审计首次实行审计项目组长招标制，起点高，项目选择精。审计实施中采取“借技借智”等办法，加强与职能部门的合作，分别与市统计局、科技局等单位联合开展节能减排政策执行情况审计调查、新能源产业运用和发展情况绩效审计调查，绩效审计报告受到市委、市政府和相关部门的高度重视，常州市创意产业发展情况及财政扶持资金绩效审计项目获全省绩效审计典型案例评比一等奖，市委书记范燕青对审计报告作出批示。多条审计建议被采纳，有关部门制定《〈关于鼓励和扶持创意产业发展的若干意见〉的实施细则(试行)》和《常州市创意产业专项资金使用操作规则》。常州科教城年绩效审计(调查)是市审计局实施审计项目组长招标制的第一个项目，完成审计报告1万多字，市委书记范燕青作了批示，市委、市政府随即出台《关于支持国家创新型科技园区建设的政策意见》《常州国家创新型科技园区建设目标、主要任务、保障措施》《关于进一步促进常州科教城研发机构建设和发展的若干意见》等9个文件。审计机关同年完成绩效审计项目135个，查出账外资产5.02亿元，促进增收节支4579万元。

第四节　专项专案审计

1986—2010年，常州审计机关围绕全市经济工作中的重点、干部群众关心的热点和改革发展中的难点问题，通过专项审计、专项审计调查和专案审计，向本级党委政府和上级机关提供有价值、高质量、针对性强的综合报告，服务于常州经济发展和深化改革中的宏观调控。

一、固定资产投资审计

1990年以前，常州市审计机关逐步开展基本建设审计。此阶段工程审计力量较弱(仅有工程技术审计人员1名)，先后对常州市树脂厂、清凉寺修复工程、常州卫生材料厂危房翻建等16个工程项目进行审计，核减工程造价123万元。1991—2000年，是固定资产投资审计快速发展的10年，市审计局的工程技术人员由

1 人增至 7 人，固定资产投资审计由一般的竣工结算审计发展到对大中型重点项目的竣工决算审计，审计项目发展到几十个，从单一的土建工程审计发展到装潢、市政、桥梁、水利、电力、园林、拆迁、安装等多个领域的审计。1993—1994 年，《关于加强对固定资产投资项目审计监督的若干意见》《常州市固定资产投资审计项目竣工决算审计的实施办法》《常州市固定资产投资项目竣工决算审计计划安排及实施意见》等文件相继出台。1996 年下半年起，常州审计机关牵头开展全市工程建设项目专项治理审计。

2001 年，市审计局改变以往的竣工决算审计方法，选择常州市中心区商业步行街建设等 3 个项目，尝试在项目建设的过程中进行跟踪审计。2002 年，开始对政府投资项目实行全过程跟踪审计（简称“跟踪审计”），被审计署和省审计厅作为绩效审计模式大力推广。2003 年，市审计部门在对常州市生活垃圾填埋场、常州地区供水一期工程的跟踪审计中，分析原建设方案的合理性和效益性，提交两份审计调查报告经市领导批示后，经过重新论证，最终确定常州市生活垃圾填埋场由原定的新建改为在原武进填埋场的基础上改扩建，按原库容造价计算节约建设投资 1400 万元。

2007 年，市政府发布《市政府投资项目审计监督办法》，市审计局会同财政部门研究制定《市级政府性建设项目聘用社会中介机构审计考核办法（试行）》，促进投资审计行为的规范。2009 年，市审计局选择常州市陈渡小区经济适用房审计项目，开展第三方监督，邀请盐城市审计人员对跟踪审计质量进行抽查、复核。2006—2010 年，全市审计机关跟踪审计建设项目 631 个，审计总额 421 亿元，审核工程结算 7039 份，通过对上万份招标文件、建设合同、设计、施工方案等变更的事前审计，出具审计意见单 882 份，提出审计意见（或建议）3855 条，有 3118 条得到采纳或落实，促使政府及相关部门制定出台 100 多项规章制度，节约建设资金 46 亿元，其中核减工程款 27.61 亿元，工程财务审计查出违规及纠正金额 10.3 亿元。城市高架一期工程跟踪审计获市政府高架路工程建设重大贡献奖的突出贡献奖，红梅公园建设、市容环境整治等多个项目审计获支持服务奖。

至 2010 年底，全市审计机关完成专项治理审计工程项目 825 个，审计投资总额 43.85 亿元，核减投资 2.96 亿元，其中核减高估冒算工程款 2.69 亿元，查补投资方向调节税等项税费 957.76 万元，通过审计减少财政拨款 2200 万元，核减工程款留给建设单位 2.38 亿元，归还原渠道资金 2800 万元，发现并向纪检、监察部门提供疑点线索 50 条，有 13 人分别受到党纪、政纪处分和刑事处理。

二、外资和中国港澳台资利用审计

常州外资和中国港澳台资利用审计主要是接受上级审计机关的授权对世界银行贷款项目、联合国救援组织贷款和援助项目开展审计。1986—2010 年，市审计局累计完成外资和中国港澳台资利用审计项目 16 个，其中利用世界银行贷款项目审计 3 个、利用亚洲开发银行贷款项目审计 4 个、国际组织援款项目 3 个和外国政府援助、贷款项目 5 个，审计合资合作企业 26 家，其间接受企业董事会的委托，对 5 家合资企业经营情况及中方经理任期内经济责任进行审计。1986 年，市审计局受上级审计机关授权完成常州工业技术学院世界银行贷款项目审计，该项目被省审计厅立为全省同类项目样板，在常州召开现场会进行交流推广。1998 年对转贷的世界银行贷款中等城市发展项目、苏南环保项目还本付息情况专项审计后，市政府根据审计建议，出台《关于在企业改制过程中加强世行贷款债权管理的通知》。2009 年，市审计局对世界银行多边基金环保项目的扶持对象蒙特利尔多边基金环保项目进行公证审计时，发现溧阳鑫海化工公司因末提供真实全面的财务和业务资料，存在继续销售协议中规定应被淘汰的化工产品的可疑行为，以《审计要情》的形式向市委、市政府报告，市委书记和市长均作出批示，督促有关部门整改。

三、专项资金（基金）审计

1986 年 10 月，常州市政府决定对 1986 年 6 月底前竣工投产达 6 个月的部分技术改造与引进项目进行经济效益审计，市长亲自布置45个技改项目的审计任务，市审计局在全市开展技改项目经济效益审计。审计报告提交后，市政府领导要求相关部门认真抓好，随后市相关部门出台6项奖惩制度。国家审计署和省政府肯定常州市对技术改造和引进项目提高经济效益的做法，分别发简报和参阅件，肯定常州市的这项工作。2002—2007年，市审计局连续对养老保险基金、失业保险基金、医疗保险基金、工伤保险基金、职工生育保险基金(合称五大社会保险基金)进行审计。2002年，查出市就业管理处利用基金委托贷款、收取利息不入账形成的“小金库”1个；自查出1995年以前市劳动局动用养老保险基金8289.98万元建造常春大厦的情况后，连续的审计追踪不断建议和协调，后经市政府批准，常春大厦以7500万元的协议价转让给常州民投公司，出让款全部充实社会养老保险基金。2009年，市审计局开展市技改专项资金、民营经济专项资金、“科技三项费用”、节能及循环经济专项资金、信息化引导资金、创业投资引导资金、人才专项资金等8项专项资金绩效审计，后市财政局、经贸委根据建议修订出台《常州市技术改造专项资金管理办法》；市财政局、发展和改革委修订出台《常州市市级信息化建设引导资金管理办法》，相关单位完善项目评审、项目公示等程序。

四、重要专项审计

1998年，江苏省开展粮食系统政策性亏损、库存情况的交叉审计，清查审计粮食财务挂账，市审计局查清扬州市粮食企业的真实情况，查出违规问题款7009万元，提出6条建议。2000年，省审计厅部署常州市审计局对1997—1999年竣工的装饰工程进行专项治理审计，全市完成专项治理装修工程审计项目53个，送审金额7389.5万元，实际审定投资6539.3万元，核减投资850.2万元，平均核减率11.5%。2006年，审计署及省审计厅授权常州市审计局对常州烟草行业审计，查出某烟草公司违纪金额383.99万元，揭示该公司一些资产管理滞后和烟草购、销、存经营活动中违反有关烟草专卖政策的问题，提出尽快出台对烟草网销人员劳务费和因经济效益增长带来的存量资金管理问题的相关政策或规定等5条审计建议。该项目获省审计厅烟草审计项目评比第一名。

五、援川援疆资金审计

2009年，常州援川审计始终与市援建工作同步进行，派驻援建现场工程审计主审1人，后方审计组3次赶赴四川，对援建项目建设管理情况和资金状况实施阶段性现场审计。审计援建项目资金5502万元，核减工程造价1403万元，促进节约投资1729万元，提出的72条审计建议均被采纳。2010年，采用前方跟踪、后方联动、前后一体的审计模式，对常州援川援疆建设项目实施全程跟踪审计，完成常州援川建设项目的审计。市审计局审定项目投资5.56亿元，促进节约资金4579.16万元，审计提交审计情况报告、通报被采用353份，审计建议被采用476条。相关单位根据审计建议建立规章制度14项。武进区审计局同步完成对口援建工程项目的审计。

六、专案审计

1986—2010年，常州市审计机关参与查处武进化肥厂财务科科长蒋某某特大贪污案、金某某国际期货诈骗案、“8·11”(原常州高新区管委会主任许某某)特大贪污受贿案件、“6·18”原中房公司常州分公司总经理王某某案件(后涉及到杭州市周某某案件，属中纪委交办大案)、“7·18”戚墅堰电厂原厂长杨某某案件、“12·6”原城市信用社主任黄某某案件、“7·12”建行常州高新区支行葛某某与新桥联营公司总经理左某某案件和常州大酒店改制案等多起案件。

2000年，市审计局配合纪检、司法等部门对杭州周某某案件和“7·12”专案的审计查证结案，周某某被判处有期徒刑15年，“7·12”案件主犯贪污2100万元，属于江苏巨贪之一。2004年，市审计局根据省审计厅安排，组成并协调7个清查组，培训、抽调65名审计人员，审计淮安市158户国有粮食购销企业、相关部门和农业发展银行，审计总金额达32亿元，通过审计，揭示该市挤占挪用粮食专项资金、粮食专项资金未及时拨付到位、粮食企业突击虚列费用和粮食经营虚购虚销等4大问题，查出违纪违规金额6418.38万元，查出并移交案件线索9条，1人被逮捕。

2005年，市审计局受市纪委、市委市级机关工委和市检察院、钟楼区检察院的委托，参与和配合专案审计3项，其中在溧阳市粮食(集团)总公司整体改制情况专案审计中，查出该公司隐匿资产4465.65万元的重大问题，移交有价值的案件线索20余条(涉及有问题资金6500余万元)。该案结束，有3人被捕，其中1人被处有期徒刑10年，收回国有资产7000余万元。配合市纪委进行专案审计，查实1名领导干部涉嫌经济犯罪的事实。2006年，市审计部门参与市劳动和社会保障局专案、常州金品物资公司案件、常州大酒店专案和金坛市教育局下属单位财务收支情况审计，查出小金库资金2000余万元(其中直接提取现金122万元)，涉及问题资金4000余万元，提供案件线索60多条。

第五节　审计调查

1991年起，常州市审计局将审计调查报告汇编成册。同年完成常州市区商品房屋价格审计调查后，市政府针对审计调查结果责成有关部门做好清理整顿工作；市审计局的代表在全省商品房价格立法调查会上作专题发言，为全省房价改革提供决策依据。1992年，市审计局提交的常州市工业企业外债偿还情况审计调查报告受到省领导重视，省委书记沈达人、副省长高德正指示常州市政府予以高度重视。

2007年，市审计局首次对常州市2004—2006年科技“三项费用”三年倍增计划项目实施绩效审计，市审计局对部分项目单位管理使用科技资金及自筹资金的到位情况、科技资金的财务核算情况、项目进展情况、验收情况及项目实施效果等进行实地调查和问卷调查。审计结果显示，2003年科技“三项费用”投入1400万元。2004—2006年，市级财政科技投入每年递增100%，合计投入1.96亿元，实现“三年倍增计划”目标；科技投入占市本级一般预算支出的比重逐年提高，3年平均占比2.2%。3年组织实施科技项目949项，取得较好的经济效益和社会效益。2008年，开展的常州市公交集团公司盈亏情况审计调查报告为市委、市政府提供全面翔实的分析，根据公交集团公司剖亏审计建议和市长批示，市政府出台《常州市公交发展实施意见》《常州市公交补贴机制》。

2009年，全市审计机关开展审计调查4项。市审计局实施的常州市区城市建设负债情况和京杭大运河及312国道南移改建工程建设情况的审计调查得到市人大常委会、市政府领导及有关部门的高度重视；两篇审计报告均被市委《动态与建议》全文采用。城建负债情况的审计调查客观反映出城建资金投入所产生的效果，揭示出城市建设过程中融资难度大、本市财力与偿债风险问题及国有投资公司运作中存在的问题等，提出建立城建负债预警机制、强化城建资金筹集和使用的监管力度、建立吸引民间资金参与城市建设的机制、适当压缩或延缓部分城建项目等5条审计建议；京杭大运河及312国道南移改建工程建设情况审计调查揭示地方配套政策和资金不到位、征地拆迁矛盾大、沿线部分乡镇自行和强行取土问题突出、融资难度大等问题，提出要加强领导，及时解决工程建设的矛盾，落实配套政策等建议。

2010年，市审计局组织开展的这项审计调查通过对电子信息、装备制造、纺织、石化、农林牧渔、建筑业、交通运输等16个行业的100户规模以上中小企业的重点调查，反映常州规模以上中小企业受金融危机冲击的程度、生产经营状况、面临的矛盾和困难、企业的意见和建议；通过对市财政、经济贸易、对外经济合作、发展和改革、国税、地税等13个部门的调查，反映中央和省、市出台的系列扶持中小企业发展政策落实情况、部门承诺履行情况。审计调查引起市委主要领导的高度关注。事后，有关部门加强了对中小企业的扶持。

第六节　内部审计

常州的内部审计机构始建于1986年，至同年末全市建立内部审计机构98个，配备内审人员136人；至1993年末，全市内部审计机构发展到218个，配备内审人员895人。至此，全市基本形成一个较为完整的内部审计网络。1986—2005年，市区内部审计机构完成审计项目2.94万个，查出损失浪费金额1.73亿元，促进增收节支2.46亿元，纠正违规金额2.15亿元，向司法机关移送案件15起。2006—2010年，全市内部审计机构完成审计项目5.72万个，审计后增加效益29.76亿元，向司法机关移送案件19起，移送司法机关处理15人，9334条内部审计建议和意见被采纳。2010年，全市内审机构完成审计项目1.01万个，其中财务审计792个、效益审计74个、经济责任审计370个、基本建设审计7092个、专项审计926个、内控评审166个、风险评估106个、其他593个；查出损失浪费2.3亿元，发现大案要案1起，增加效益3.92亿元，提出意见建议被采纳2782条，向司法机关移送案件5件，建议给以行政处分5人，财务决算审签4892个。

第八章　统计

1984年，常州市组建农村和城市两支抽样调查队。1985年起，常州统计部门开展的工业、农业、交通运输、邮电通信、固定资产投资的统计范围扩大，此后逐渐增加新的统计项目。1992年，市政府发布施行《常州市贯彻〈江苏省统计管理奖惩办法〉实施细则》，加强统计管理，逐步增加信息网络装备，实行统计定报远程通信数据传输，实现统计手段现代化。1998年，常州市企业调查队组建成立。2008年，常州市按国家和省调查队管理体制改革方案，撤销常州市城市调查队、企业调查队和农村调查队，组建国家统计局常州调查队、江苏省统计局常州调查局。市政府决定从下半年起改革统计管理制度，全市法人单位及产业活动单位实行在地统计，2008年下半年到年底实行双轨制运行，2009年1月起全市实施在地统计，所有统计数据按在地统计口径公布。

第一节　综合统计

80年代，常州社会经济统计随着国民经济转型发展，不断增加和细化统计项目。80年代初，国民经济核算以国民收入核算为主，1985年起建立国内生产总值年报制度，细化原统计项目。1986年，建立市县社会经济基本情况统计年报制度。1998年，建立企业景气调查制度。2004年起，省统计局建立全省民营经济统计报表制度。

一、国内生产总值核算

1985年以前，国民经济核算以国民收入核算为主，仅核算物质生产部门农业、工业、建筑业、交通运输业和商业。1985年起，常州市根据省统计局制定的《1985年国内生产总值年报制度》，实施国内生产总值核算，按一、二、三产业及国民经济行业分列增加值，增加值的构成要素分为劳动者收入、福利基金、利润、税金、其他、当年提取折旧基金和大修理基金。1990年起，按季度核算国内生产总值，及时反映国民经济的发展趋势和变化，加强宏观管理和分析。1991—1993年，省统计局对核算的年定报制度进行较大幅度修订，按收入法计算的增加值开展可比价核算，增加值构成要素由6个变为劳动者报酬、生产税净额、营业盈余和固定资产折旧4个；增加总产出报表、按支出法计算的国内生产总值报表。1994年，实行按可比价计算季度国内生产总值，对外公布季度数据，省统计局建立乡镇国内生产总值核算制度。1996年，金融保险业统计核算制度建立，开始统计金融保险财务收支核算、金融保险业非金融资产核算和保险业务经济指标3张报表。

2003年年报起，按国家新颁布施行的国民经济行业分类试算地区生产总值。翌年，省及其以下的地区生产总值称为地区生产总值，人均地区生产总值按常住人口计算。2005年，常州市对首次经济普查的结果，核算普查年度的地区生产总值；根据国家对历史数据的调整方案，调整2000年以后的地区生产总值历史数据。2007年一季度起，省统计局对各辖市的建筑业增加值实行下算一级，统一反馈给各地。2009年第二次经济普查后，国家出台《依据普查资料对2008年地区生产总值初步核算数修订方法》，调整工业、个体增加值的计算方法，市统计局根据第二次经济普查的结果核算2008年全市的地区生产总值，调整2005年以后核算的历史数据。

二、市县社会经济基本情况统计

1986年，常州建立市县社会经济基本情况统计年报，填报内容包括人口、就业及土地面积、综合经济、固定资产投资、工业和建筑业、交通运输、邮电通信和电力、批零贸易、外经和旅游、教育科技、人民生活11个方面400多个指标，填报范围包括全市、市区、武进、金坛和溧阳。2000年，市县经济年报增加市辖区社会经济基本情况表、县级市市区社会经济基本情况表，填报人口、就业及土地面积、综合经济等11个方面的指标。2003年，武进按年报制度要求、比照县（市）填报全部指标，其他区填报部分指标。2007年，县级市市区的社会经济主要指标改由地方调查局农村调查处上报，调整区级填报指标，市辖区应填报年报制度所有指标。

三、民营经济统计

2004年，常州开始建立民营经济统计报表制度，包括私营企业、股份合作企业、其他联营企业、其他有限责任公司和股份公司（均剔除国有控股公司）、其他内资企业和个体经营户，设16张报表，反映民营经济增加值、固定资产投资、税收等综合数据，及私营个体的户数、人数和注册资金等发展规模、结构和效益情况。2004—2006年民营经济报表实行季报，2007年起改为半年报。

四、企业景气调查

1998年，国家统计局企调总队建立企业景气调查制度，常州统计部门开始编制企业景气指数、企业家信心指数。2001年，企业景气调查的行业由6个增至工业、建筑业、交通运输仓储和邮政业、批发和零售业、房地产业、住宿和餐饮业社会服务业、信息传输计算机服务和软件业8个，调查对象为法人企业及其负责人，调查企业基本情况，企业家对行业景气状况、对企业生产经营状况和生产经营问题的判断与建议等，设基本情况调查表1张、基层调查问卷8张。

第二节　第一产业统计

改革开放后，随着农村产业结构调整和新农村建设的发展，农村企业资产、企业发展情况、农户资产、农业科技、能源消费、农产品价格、农村劳动力转移、农村区域社会经济等相继列入农业统计范围。1991年年报起，全省推行农村统计一套表，反映农村生产、流通、消费、积累等再生产过程和社会进步与科技发展变化情况，分为农村社会统计、生产条件统计、生产成果统计、经济效益统计、经济形式和经营方式统计，年报表种有农业公报指标、农村基层组织情况、耕地面积、农作物面积和产量、农业总产值和增加值、农村经济收入分配和效益等15种。

1992年，常州农业统计年报增加乡镇企业基本情况及现价总产值达1000万元企业一览表、乡村企业主要财务指标。1993年，农业年报报表取消乡镇企业基本情况、农业净产值、农村经济收入分配和效益等6种，增加农村非农行业总产值、农村基层组织情况。1998年，增加常州市农村国内生产总值年报表。2003年，农业统计年报试算农村生产总值，2009年后改为正式核算，列入农业统计制度。2004年，全省试行新农业发展速度计算方法，调查农产品生产者、批发市场、集贸市场的价格和主要农产品中间消耗。2005年，开展农村劳动力转移调查。2008年，国家采用农产品价格指数缩减法计算农业发展速度，年报的农业产值由不变价统计改为按现行价格、可比价格计算。

第三节　第二产业统计

1986年，常州工业部门商品零售统计报表改为工业部门对集体、个体商业商品销售和零售统计表，增加集体所有制商品购销存数量报表。1987年，国家统计局制定大中型工业企业技术开发年报制度。1989年，建筑业年报从固定资产投资统计报表中分立出来，形成单独的建筑业统计制度。

一、工业统计

1986—1991年，常州工业年报主要有全部工业总产值、独立核算工业企业总产值、净产值、非独立核算工业生产单位和总产值、劳动生产率和主要财务成本指标、独立核算的乡办工业净产值、大中型企业基本情况、外资和中国港澳台资经营工业企业基本情况，主要统计工业企业基本情况和分行业总产值，个体工业、村及以下工业总产值等主要指标与主要工业产品产量。1992年，常州工业年定报制度作较大的改革，工业总产值及主要产品产量月报改为工业生产销售总量及主要产品产量月报，增加按现行价计算的工业总产值、工业销售产值；建立主要工业产成品（实物量）库存季报。1993年，工业统计与新财务会计制度接轨，统计报表和指标变动较大，独立核算工业企业主要经济指标增至70个。1994年一季度起，重点乡镇工业经济指标季报直接报市统计局，有销售收入、税金及附加，利润或亏损总额、工业总产值、技改投入等指标19个。1995年，全市建立重点工业产品月报制度。1998年，市统计局增加工业企业集团主要经济指标季报，原料、能源统计开始并入工业统计。1999年8月起，市统计局实行工业主要指标预报。同年以12月的月报代替年报，增加工业企业主要经济指标（补充表）。2002年，全市建立乡镇企业统计报表制度，建立乡镇及村统计机构设置和队伍，年报有表种5张，内容涉及乡镇企业主要经济指标、固定资产投资、规模以上工业企业生产销售及年营业收入达1亿元的乡镇企业（集团）经营等情况。2007年起，年报新增成本费用调查表，调查对象由国家统计局按全部大中型企业及部分小型企业抽样的原则统一抽取，涉及146个指标，主要汇总各行业分配法和生产法增加值率。2010年，全市建立百户重点企业网上直报制度，规模较大、成长性强、主导作用显著的109家工业企业首批入选，定期开展网上调查，市统计局、经信委每月编印《百户重点企业经济运行情况》，供市委、市政府领导决策参考。

二、建筑业统计

1989年，建筑业年报从固定资产投资统计报表中独立出来。1992年，建筑装饰企业纳入建筑业统计。1993年起，年报统计县及其以上独立核算的建筑业企业，包括国有、城镇集体、联营、股份制、外商和中国港澳台商及其他经济类型的独立法人建筑业企业。季报仅统计建工系统外的全民、城镇集体建筑业企业，不再包括勘察设计活动，设建筑业企业生产情况、财务状况两种表。1994—1995年，年报增加农村建筑业增加值综合、建筑业企业房屋建筑工程生产情况和统计调查单位情况3表。1996年起，年报上报口径由城镇集体及其以上建筑业企业扩大到村级及其以上建筑业企业，四级及其以上资质等级专业施工类建筑业企业全部纳入年报和定报。1997年、1998年年报起，先后增设法人单位调查、建筑业企业建筑材料消耗情况两表，取消建筑业活动单位生产情况表。2000年起自行完成施工产值改为建筑业总产值统计。2002年，定报对象由一、二级资质等级及其以上扩大到四级及其以上资质企业。2003年年报增加建筑业企业产品产量完成情况、出省生产情况两表。2005年，定报开始实行全部资质等级企业超级汇总。至2006年，年报增加产业活动单位基本情况表，定报增加建筑业企业出省(市)生产情况表。

第四节　第三产业统计

1993年度起，全国开展首次第三产业普查，全面调查第三产业的单位、人数、经营等情况。此后，常州建立第三产业统计报表制度，实行第三产业统计汇总表季报，设增加值、固定资产原值、单位数和从业人数等指标。2003年度，以部门全行业统计为主的模式建立，第二季度市政府第三产业办公室组织47个市级部门和单位试行服务业统计报表制度，系统内单位以全面报表为主，系统外单位可采用抽样调查或典型调查进行科学推算，调查财务收支、资产和机构人员情况，设汇总表4张。2006年度，承担服务业统计的市级部门由47个减至20个，设服务业调查汇总表、基层表各3张，推行基层单位网上直报；装卸搬运和其他运输服务业、仓储业、计算机服务业、软件业、租赁业、商务服务业、科技交流和推广服务业、居民服务业、其他服务业、社会福利业、体育和娱乐业建立抽样调查制度。2009年度，调整统计11个行业，市统计局把部门服务业、服务业抽样调查合并，仍实行网上直报，调查报告期由季报改为1—2月、1—5月、1—8月、1—11月和年报。

一、商贸服务业统计

1986年度，常州工业部门商品零售报表改为工业部门对集体、个体商业商品销售和零售统计表，增加集体所有制商品购销存数量表。1987年，增加商业、饮食业、服务业横向主要指标表(1989年停止执行)；增加社会商业商品购销存总额年报与数量年报、其他全民所有制商业商品购销存总额年报与数量年报，商业统计年报表有社会商业商品购销存总额与数量、零售总额，集体所有制商业商品购销存总额与数量、商业机构和零售机构及饮食服务业机构的人员，全民所有制商业机构与人员等12种。1988年第二季度，开始执行省统计局布置的《全民所有制商业企业实行承包经营责任制和租赁经营情况》表。翌年，增加常州市商业企业体改情况表、其他集体所有制商品购销存总额与数量表。1990年7月，社会商品零售总额月度预测制度建立。1993年，国家统计局改革商业统计报表制度，商业年报改为批发零售贸易餐饮业年报，基层企业(单位)实行一套表，包括批发零售贸易业商品销售、库存的总值和实物量、机构、网点人员情况及财务状况。1996年第二季度起，开始市重点批发零售贸易企业主要经济指标季报。

1997年度，常州贸易年报的批发零售贸易商品购销存总额表调整为大中型、小型和个体批发零售贸易业商品购进销售库存总额表，增加餐饮业销售情况表，年报表有社会消费品零售总额和大中型批发零售贸易业、小型和个体批发零售贸易业商品购进销售库存总额、餐饮业销售情况、大中型批发零售贸易企业、活动单位商品销售库存数量，批发零售贸易、餐饮网点、人员8种。1998—1999年，贸易统计部分表种以定报代年报，增减批发零售贸易业、餐饮业统计的部分表种和指标，开始统计年成交额达1亿元商品交易市场成交情况。2001年度，年报增加连锁店(公司)经营情况基层表年报，增加个体批发零售贸易、餐饮业样本单位和经营户数基本情况表。2002—2003年，定报增加批发零售贸易业、餐饮业样本经营单位(摊位)经营情况与总体经营情况、连锁总店(总公司)门店等分布情况基层表及连锁总店(公司)、分店经营情况半年报，与限额以下和个体批发零售贸易业、餐饮业抽样调查推算表综合表月报。2003年，调整门类、大类、中类和小类，两张表列入调查制度。

2004年度，常州列入经济普查的批发零售业、住宿餐饮业统计年报用经济普查表代替，不再设年报。至2006年底，增加限额以上住宿餐饮业经营情况月报、达1亿元商品交易市场基本情况季报、住宿业行业分组统计，限额以上（重点）批发和零售业企业主要财务指标表（重点企业月报），原进度抽样调查的限额以下和个体批发和零售业、住宿和餐饮业抽样调查推算资料汇总表纳入制度。2007年，抽样调查把批发和零售业、住宿和餐饮业样本单位（户）基本情况基层表从一次性调查表调整为年报，增加批发和零售业、住宿和餐饮业样本单位（户）经营情况基层表年报，限额以上及限额以下和个体餐饮业能源消费情况季报，及餐饮业能源消费情况分类年报。2008年，批发业和零售业、住宿业和餐饮业的统计限额标准修改，批发业、零售业与住宿和餐饮业为年主营业务收入分别达2000万元、500万元和200万元。2009年，全国开展贸易统计改革，按法人在地的原则统计，达限额标准的个体（简称“大个体”）被纳入定报，成品油统计被纳入贸易统计制度。

二、城乡建设统计

1985年度，常州市城建委向省建委、建设部计财局报送城市建设用地情况统计报表等29种、村镇建设统计报表等6种。1990年度，城乡建设统计包括城市建设专业统计、固定资产投资统计、城镇和工矿区私人建房统计、村镇建设统计等5大类、报表81种，有城市设施水平、公用事业、市政设施和园林绿化、城市规模和建设用地、城市维护建设资金及经营性收入、城市维护建设资金支出、城市房屋面积、城市住房和房产经营管理、自来水、公共交通（公共汽车）、出租汽车、煤气、液化石油气等22种年报表。有基本建设本年施工规模和新增生产能力（或效益）等13种年报与基本建设投资完成情况等8种、半年报表21种，有城镇和工矿区私人建房情况和建制镇住房及人口情况等29种年报。2004年度，市建设局提出加强城市建设统计的意见，由市政府发文执行。同年与市统计局联合颁发《常州市区城市建设统计报表实施办法》，对城市建设统计指标的范围、口径、数据来源、统计方法、责任单位、统计时间、上报要求等做了统一规定。2010年度，市建设局通过省建设厅报建设部的统计报表主要为城市（县城）和村镇建设统计报表。城市（县城）建设统计内容包括人口和建设用地、城市维护建设资金收支、市政公用设施建设固定资产投资、供水、节约用水、燃气、集中供热、轨道交通、道路桥梁、排水和污水处理、园林绿化、风景名胜区与市容环境卫生等方面；村镇建设统计内容包括村镇建设基本情况、规划管理、房屋建筑、市政公用设施投资和市政公用设施基本情况等方面。

三、房地产业统计

1987年度，常州固定资产投资统计定报增列商品房投资统计指标，增加商品房购置指标。1990年度，商品房建设统计纳入全民所有制固定资产投资统计，统计有资格的商品房屋开发公司为出售而建造的全部商品房屋。1993年度，商品房投资改为房地产开发投资，扩大到各经济类型的房地产开发公司。1995年度，房地产开发统计从固定资产投资统计基层标准表中独立出来单设包括各类开发公司、商品房建设公司与其他房地产开发单位开发的统建代建、拆迁还建的住宅、厂房、仓库、饭店、宾馆、度假村、写字楼、办公楼等房屋建筑物和配套的服务设施及土地开发工程，覆盖非房地产开发企业实际从事的房地产开发或经营活动。1996年度，房地产开发投资的综合范围增加房地产开发单位统建代建、拆迁还建工程和非房地产开发企业实际从事房地产开发和经营活动的投资行为。1999年度，增加安居工程指标，反映安居工程的开发及销售情况。翌年起，12月份定报代替年报。2001年6月起，全国3000家重点房地产企业联网直报。2003年，房地产开发企业联网直报制度建立，定报实行企业超级汇总上报。2004年、2008年年报由经济普查代替。2004年，全国3000家联网直报房地产企业法人单位基本情况被纳入国家统计制度。2005年度，房地产统计在固定资产投资统计报表制度中内容单列，新建房地产开发统计报表制度，同年年报起商品房销售按现房、期房分别统计。2007年，全国3000家联网直报房地产企业增至5000家。2008年度，商品房销售面积、主营业务成本、利润、税金及附加、费用等统计指标与销售收入口径一致。2009年度，增加房地产开发财务半年报。

四、交通运输邮电业统计

1986年度，常州交通统计年报填报全社会客货运输(吞吐)量、独立核算运输邮电单位产值、非交通系统载货运输情况综合表3张；建立非交通系统独立核算运输单位基层统计制度，统计非交通系统拥有载货汽车达10辆、经济独立核算(含内部独立核算)的单位。1987—1988年度，增加交通运输横向经济联合组织情况年报，运输邮电企业产值和主要财务指标表。1991年度，统计年报扩大到乡镇独立核算的运输企业，设公路、水路运输企业基本情况表。1993年度，运输邮电企业基层年报实行一套表制度，由县及其以上公路、水路港口、邮电企业填报，由7个指标群组成；综合年报设公路、水上运输企业运营情况，内河(沿海)港口企业主要设备及吞吐量等报表5种。1994年度，年报综合表增至民用车辆、运输船舶拥有量和全社会客货运输(吞吐量)等8种。1996年度，政府统计部门定报为独立核算的交通运输企业主要生产财务指标，业务部门定报为运输(邮电)生产完成情况季报；年报综合表增至17种，其中政府统计部门上报6种、业务部门上报11种。2008年度起，增加交通运输企业分类统计及其能源消费情况年报表3张，统计从事营业性运输的载客与载货汽车、从事水路客货运输的部分重点法人企业、按交通厅划分的全部规模以上沿海和内河港口。

第五节　固定资产投资和能源统计

1986年，常州物资能源统计从物资统计中分列，成为独立的统计专业，同年起增报全民所有制基本建设和更新改造措施按资金来源分的财务拨款额情况表。

一、固定资产投资统计

80年代，常州全民所有制单位基建(更新改造)措施项目、集体固定资产投资项目、社员建房、城镇居民私人建房均被列入统计，全民所有制油田、矿山、城市的维护费、商业部门简易建筑费及公路养路费等内容也作为全民所有制其他固定资产投资被纳入统计。1986—1989年，年报增加全民所有制基本建设和更新改造措施按资金来源分的财务拨款额情况表；增加全民所有制基本建设新开工项目情况表，引进技改项目签约、付款情况及全部建成投产引进技改项目一览表，取消基建引进项目、城镇集体固定资产投资引进项目等部分报表。

1992年度，常州增加农村集体固定资产投资完成情况年报。1993年度，固定资产投资按用途分组由生产性投资、非生产性投资改为第一产业投资、第二产业投资、第三产业投资和住宅投资。1994年度，未列入基建和更新改造的项目作为其他固定资产投资纳入统计，投资用途分组由一、二、三产业投资和住宅投资，改为农林牧渔业用投资、工业建筑业用投资、商业运输邮电业用投资、住宅投资和其他投资。1995年度，固定资产投资统计年报由固定资产投资、农村固定资产投资、城镇和工矿区私人建房情况与房地产开发投资4种报表构成。1996年度，增设农村集体固定资产投资完成情况季报，统计村及其以上农村集体单位固定资产投资达5万元的项目。1998年度，全社会固定资产投资完成情况统计定报制度建立(全省1999年开始建立)，统计基本建设、更新改造、其他登记注册类型、房地产开发、城镇集体、农村集体、城镇工矿区私人建房投资、农村个人等项投资。新开工500万元以上项目由半年报改为季报，基本建设大中型项目、更新改造限额以上项目由季报改为月报。1999年度，全社会固定资产投资统计口径扩大，城乡私营个体投资被纳入统计，投资达200万元的项目定报实现超级汇总。2000年起，实行12月定报代年报。

2001年度，常州农村私营个体投资项目被纳入年报统计，开始实行城镇投资达50万元、农村投资达200万元项目定报的超级汇总，国债项目投资情况表、省重点技术改造竣工项目效益跟踪调查被纳入固定资产投资统计，增设城镇私营个体固定资产投资完成情况年报，统计其5万～50万元的固定资产投资，增加国债项目投资统计基层标准表半年报。2002年度，年报建立规模以上固定资产投资统计报表制度，包括城镇投资达50万元、房地产开发投资和农村投资达500万元的项目。全社会投资由规模以上、规模以下投资组成；从年报起实行城乡固定资产投资一套表，增设固定资产投资构成调查表年报。2003年度，增加固定资产投资构成一次性调查表。2004年度，年报全面统计农村非农户投资达50万元项目。2005年度，年报规模以上投资调整为达500万元项目投资和房地产开发投资，全社会投资口径调整为达50万元项目投资和房地产开发投资，实行超级汇总(报省)。2006年度，定报规模以上投资由50万元提高到500万元。2007年度，增设固定资产投资构成调查表(一次性)，统计计划总投资达3000万元的项目。2008年度，建立投资达1亿元新开工项目定报(月报)制度。2010年度，部门信息抄送工作被纳入投资统计季报制度。

二、能源统计

1986年以前，常州能源统计包括在物资统计报表制度中。1986年度，能源统计从物资统计中分列，统计内容增加能源消费、库存和节能情况，15种能源物资报表单列，成为主要物资、能源消费与库存报表。1987年度，新增供销机构物资购销存总值表。至1990年，月报有全民所有制单位主要物资消费与库存、重点工业企业能源消费报表，季报有集体所有制单位主要物资消费与库存、供销机构物资购销存总值、工业企业能源加工转换情况表，年报有主要物资地区调拨。1992年度，增物资供销业购进、销售和库存报表。1993年度，物资能源统计年报改名为原材料、能源统计年报，调设为工业企业、建筑企业、交通、商业、服务、行政单位原材料、能源消费与库存、批发零售贸易企业商品销售、批发零售贸易企业商品库存4种表。1994年度，工业、建筑、交通运输业等的原材料、能源消费与库存表被合并为主要原材料、能源消费与库存、总值及其按行业分组消费量及工业企业能源加工转换情况等7种表，增加重点工业企业产值综合能耗报表。1995年度，定报精简为主要原材料、能源消费与库存月报与重点工业企业产值综合能耗季报，年报取消重点工业企业产值综合能耗表。

1996年度，主要原材料消费与库存月报和主要能源消费与库存合并为主要原材料、能源消费与库存报表，原材料、能源消费与库存总值合为一表。翌年，季报重点工业企业产值综合能耗改为重点工业企业能源消费与库存。1998年度，原材料、能源统计报表被列入工业统计报表制度。2002年度，能源统计品种增至21个品种，主要工业产品单位产量能耗及综合能耗表统计8大行业32个目录产品的能耗。2005年度，增加全社会能源消费量统计，开始编制地区能源平衡表，设地区能源消费实物量、能源消费标准量、分行业消费实物量、火电投入产出、供热投入产出等报表16张。2008年度，增设重点耗能工业企业能源购进、消费及库存表与重点耗能工业企业能源购进、消费及库存附表月报，地区生产总值能耗核算预测表。2009年度，主要耗能工业企业单位产品能源消耗情况年报被12月月报取代。2010年度，地区能源平衡表被取消。

第六节　社会发展统计

1985年度起，常州城市住户统计范围扩大，1988年开始编制生活费用价格指数，2003年起进行全面建设小康社会监测统计，2008年科学发展评价考核体系建立。

一、劳动工资统计

1986年度，常州劳动工资统计年报增加离休、退休、退职人数表，按全民、集体、其他所有制单位分组。

此后，劳动工资统计分为劳动人事、统计部门分工负责的专业性劳动工资统计和宏观反映国情国力的劳动工资统计。1990—1991年，增加城镇集体所有制全部职工、其他所有制单位工资总额构成情况、劳动合同制职工情况统计表等4张报表。1992年度，粮油价格放开后发给城镇职工的粮油价格补贴及发给城镇职工的房改补贴被计入工资总额统计。翌年，实行新的统计报表制度，原全民所有制、集体所有制、其他所有制劳动工资年报的13种正表、2种附表合并为全部职工人数与工资、工业建筑业企业职工人数和工资、职工人数变动情况等报表4种。1994年度，年报的全部职工人数和工资、其他从业人数与劳动报酬综合表合并为从业人员和劳动报酬情况表。1996年度，从业人员和劳动报酬年报增加下岗职工及其生活费指标。下一年度，原由劳动部门承担的劳动工资统计划归统计部门承担。2005年度，年报、半年报增加规模以上工业、资质及其以上建筑业、房地产业、限额以上批发零售住宿餐饮业私营企业的从业人员和劳动报酬情况综合表、劳动情况基层表。2007年度，建立、试行私营单位工资统计调查年报制度，调查全部私营法人单位。2009年，私营单位工资统计调查改为正式制度，对从业人员达100人、20～99人和19人及以下的单位分行业全面调查、抽样调查和典型调查。

二、科技统计

1987年度，国家统计局制定大中型工业企业技术开发年报制度（简称“大中型工业企业科技年报”），设企业概况、企业办科技开发机构、从事技术开发人员构成、技术开发项目等5种基层表。翌年，大中型工业企业科技年报增加企业办技术开发机构、技术开发项目、专利申请、专利获准等统计，增加技术开发统计电讯年报。1990年，年报增加新产品情况表。1991年度，大中型工业企业开发统计报表纳入工业统计报表制度，增加大中型工业企业科技开发成果和获奖情况表。下一年度，年报由大中型工业企业技术开发基本情况表与开发项目（课题）情况表组成，前者统计6个部分、57个指标。1994年度，年报合并为大中型工业企业技术开发基本情况表，增加研究与发展部分，指标增至75个。1996年度，年报分成企业科技活动人员、经费筹集与使用、产出与项目（课题）情况4种表。2000年度，全国开展首次科技清查，范围包括大中型工业企业、有科技活动的国有小型工业企业和销售收入达500万元（含）的非国有小型工业企业、部分非工业企业和事业单位等。

2001—2008年除2004年外，年报由大中型工业企业科技活动情况、科技项目和企业办科技机构一览表组成。2004年是全国首次经济普查，规模以上工业企业填报科技项目一览表和科技活动情况表分别有统计指标13个、49个。2008年，省委、省政府建立科学发展评价考核体系，对所辖13个市进行科学发展年度评价考核，考核体系主要包括经济发展、科技创新、社会进步、生态文明、民生改善5类28项指标及辅助指标人民群众对科学发展成果满意度。省统计局制定江苏省科学发展评价考核统计报表制度，市统计局与市相关部门汇总了常州科学发展情况。2009年，全国第二次科技清查，统计系统填报规模以上工业企业、符合条件的非工业单位，包括企业科技活动及相关情况、科技项目和事业单位科研活动及相关情况、项目（课题）情况4种表。

三、住户统计

1980年度，常州职工生活家计调查恢复。1984年市城市调查队成立后，调查范围扩展到城市非农业居民家庭及其成员，职工家计调查改成城市住户调查，1996年以前调查主要指标是生活费收入。2000年以后，指标体系逐步健全，更符合居民家庭实际，调查内容包括家庭成员的文化程度、婚姻状况等基本情况，住房面积、房屋设施等住房基本情况，行业、职业等就业情况，家具、电器等主要耐用消费品拥有情况及现金收支、消费支出等，主要调查可支配收入。2010年度，可支配收入指家庭总收入扣除个人所得税、个人交纳的社会保障支出和记账补贴。

四、价格统计

1988年度，常州统计部门开始编制生活费用价格指数。1989年4月，国家统计局开始试算新的物价指数，在月度物价指数统计中增加按月环比物价指数指标。从1994年第四季度起按月公布物价指数。从2000年度起，中国价格指数由以商品零售价格指数为主改为以居民消费价格指数为主。从2003年、2006年起，省（区、市）先后开始编制以2000年、2005年为固定基期的商品零售价格指数、居民消费价格指数。2008年1月，国家统计局决定全国90个市县编制城镇居民基本生活费用价格指数。

五、小康监测统计

2003年度起，省统计局制定、建立江苏省全面建设小康社会监测统计报表制度，包括全面建设小康社会的经济发展、生活水平、社会发展和生态环境4个方面、18项25个具体指标，市统计局组织对常州市及其所辖武进、溧阳、金坛进行年度小康监测统计。

第七节　统计调查

一、国情国力调查

1986—2010年，常州市按国家的统一部署，组织开展了第四至六次全国人口普查（参见第三卷“人口”），第三产业普查、第一至二次农业普查、第一至二次基本单位普查、第一至二次经济普查、第一至二次研究与试验发展资源清查等重大的国情国力普查与调查。

全国基本单位普查　国家建立基本单位普查制度，规定基本单位普查每5年开展1次，逢尾数为1、6的年份进行。1996年、2001年先后开展首次、第二次全国基本单位普查，摸清了基本单位数，掌握其行业、经济类型、规模结构和地区分布情况，建立完整的全社会基本单位名录库，规范了工业、农业、第三产业等普查和年报、定报的调查单位。

首次普查　1996年开展首次全国基本单位普查，标准时点为1996年12月31日，调查年度为1996年，对象和内容为全市法人单位的名称、法人代码、法定代表人、详细地址、通讯号码、经济类型、行业类别、从业人员、企业规模、营业状态、隶属关系等基本属性和主要标识。

第二次普查　2001年开展第二次全国基本单位普查，标准时点为2001年12月31日，普查年度为2001年度，对象和内容为除城乡住户、个体工商户外的法人单位及其所属的产业活动单位的基本标识、主要属性、基本状态和主要经济总量指标等。普查结果显示：2001年末，常州市拥有法人单位35246个，产业活动单位39139个，其中多产业法人所属的产业活动单位5096个。

全国经济普查　**首次普查**　标准时点为2004年12月31日，时期资料为2004年度。普查对象和内容为在常州市内从事第二产业、第三产业的全部法人单位、产业活动单位和个体经营户的基本属性、就业人员、财务状况、生产经营情况、生产能力、原材料和能源消耗、科技活动情况等。普查结果显示：2004年末，全市有从事第二、三产业的法人单位3.82万个，个体经营户17万户，第二、三产业就业总人数为185.6万人，其中法人单位、个体经营户的从业人数分别为141.6万人和44万人。

第二次普查　标准时点是2008年12月31日，时期资料为2008年度，普查对象和内容同于首次全国经济普查。普查结果显示：2008年末，全市有从事第二、三产业的法人单位5.37万个、产业活动单位5.78万个和个体经营户19.06万户，分别比2004年首次全国经济普查增加1.55万个、1.57万个、2.06万户；全市第二、三产业从业总人数为251.8万，比首次经济普查增66.2万人。

全国农业普查　首次普查　1996—1998年，市政府组织实施首次全国农业普查，普查对象和内容是全市农业生产经营单位、农村住户、乡镇企业、行政村和乡镇及非农村住户类农业生产经营单位、非农乡镇企业的基本情况、农业用地情况，设4种调查表和2种卡片。分时点指标、时期指标，标准时点是1996年12月31日，标准时期是1996年全年。普查结果显示，常州市非农业从业人员随农村经济全面发展和产业结构调整，比重提高，劳动力流动范围扩大，农村住户结构变化很大，农业户的比重下降，非农业户的比重提高，农业机械化水平得到提高。1996年末，全市农村有从业人员170.45万人，户均2.44人，其中从事农业人员65.57万人、非农业人员104.88万人；又其中，在本乡劳动的134.79万人、在本乡以外劳动的35.66万人，外来从业人员6.85万人；全市从事生产经营活动的农村住户69.78万户，其中纯农业户11.89万户、非农业户25.18万户，纯农户仅占17%；全市农村拥有大中型拖拉机、小型拖拉机、联合收割机、机动脱粒机、农用运输车5种，主要农业机械17.92万辆，平均每3.7名农业从业人员拥有1台农机。

第一次全国基本单位普查填报场景(摄于1997年9月)

第二次普查　2005—2008年在全市组织实施，普查范围和对象是全市从事农业生产经营和服务的单位、农村住户、从事农业(第一产业)生产经营活动的非农村住户、行政村和乡镇的生产经营，乡镇、村委会及社区环境，农业土地利用，农业和农村固定资产投资，农村劳动力就业及流动情况和农民生活质量等情况。普查标准时点是2006年12月31日，普查时期为2006年度。普查摸清了全市农业、农村和农民的基本情况，掌握农业机械、农村社会服务及农村劳动力资源等方面的信息，填补常规统计在农业生产方式、农村基础设施及环境、村级经济和农村组织、农民家庭住房等方面的空白，全面反映农业、农村和农民的状况。

全国工业普查　1995年5月至1996年底，常州按全国的统一部署，开展第三次工业普查，普查对象和内容是国有、集体、私营、联营、股份制、外资和中国港澳台资等工业企业从事工业生产销售、库存和成本、费用、价格、盈利等基本情况，资产负债状况及其构成、生产能力利用及技术装备状况等情况。填报时期为1995年，普查查清了工业的所有制结构、行业结构、产品结构、技术经济结构，为制订实施中长期工业发展规划、调整产业结构提供依据。1995年末，全市有工业企业和生产单位19182个，其中大中型企业219个，比1985年增144个；从业人员92.85万人，比1985年增21.62万人；资产总额693.1亿元，企业户均资产894万元，分别比1985年增2.9倍、2倍。同年完成工业总产值835.3亿元，实现工业增加值202.8亿元，占地区生产总值的54.9%，按可比价计算分别比1985年增5倍、6.2倍；完成工业产品销售751.1亿元、上缴税金32.2亿元，分别比1985年增7.9倍、2.7倍。

全国第三产业普查　1993年，常州按国务院统一部署组织开展第三产业普查。普查年度为1991年、1992年，对象、内容是全市专门从事第三产业的企业、事业和行政单位，第一、第二产业企业中附属的第三产业单位和从事第三产业的个体户的机构、人员与营业收入、营业成本或费用、销售(营业)税金、经营利润，事业单位、政党机关、社会团体等的经费收支、业务(事业)收支、预算外收支和专项资金收支等经营活动情况的指标及固定资产原值、净值、库存总值等实物资产情况。

全国研究与试验发展资源清查 2000年、2010年，常州先后开展了全国首次、第二次研究与试验发展（简称R&D）资源清查。2000年开展的首次R&D资源清查，查明2000年全市有R&D活动的单位388个，R&D经费支出7.7亿元；有科技活动的企业636家，从事科技活动的人员2.93万人，支出科技活动经费19.2亿元，清查获得全社会R&D资源总量和重要的结构数据，为国家制定科技发展规划提供重要基础信息。国务院决定2009年开展第二次全国R&D资源清查，标准时点为2009年12月31日，时期资料为2009年度，清查对象是国民经济中R&D活动相对密集的农业、工业、建筑业和科教文卫等14个行业的国有科研院所、高校、大中小型工业企业及网络、软件服务企业等法人单位，清查R&D活动人员数量、素质及其工作量，经费支出、用途及来源，研发用仪器设备等固定资产，研发机构基本情况，项目（课题）研究类型、组织方式及社会经济目标等情况，专利等自主知识产权的拥有及使用，技术引进、消化吸收和技术改造，政府减免研发活动税收等情况。查明2009年全市有R&D活动单位1608个，R&D经费支出58.68亿元，有科技活动人员6.46万人，其中R&D人员3.75万人。

全国投入产出调查 1987年起，常州按国务院的统一部署，每逢2、逢7的年份开展全国投入产出调查，市（县）完成国家和省下达的抽样调查。2002年，第四次全国投入产出调查，常州有332家企事业单位被省统计局统一抽取为全国调查单位，其中工业232家、建筑业4家、服务业96家。全面调查大型工业企业，抽样调查规模以上中小型工业企业及其他单位，对运输费、差旅费、会议费构成进行典型调查。2007年，开展第五次全国投入产出调查，常州有222家企事业单位被省统计局统一抽取为全国调查单位，其中规模以上工业163家、建筑业2家、服务业57家，市属44家、金坛18家、武进73家、新北25家、天宁20家、钟楼14家、戚墅堰5家、溧阳23家。采用全面调查、重点调查和典型调查相结合的方法，调查内容与第四次调查基本相同。

二、专项调查

1984年，常州城市调查队（简称“城调队”）成立，主要开展城镇居民家庭收入与支出抽样调查，研究城镇居民的收入消费状况，组织编制居民消费价格指数、商品零售价格指数、工业品出厂价格指数等常规抽样调查。90年代后期，受地方政府和相关部门委托开展城市社会经济专项调查。2000—2010年，常州城调队对城建、规划、房产、质监、电力、通信、环境、交通、科技等行业开展专项调查300余项，涉及民生民意、组织干部、党风廉政、社会治安、环境保护等领域。

行风评议问卷调查 2000年5月，常州城调队按省城调队的统一部署，首次组织开展行风评议类调查，对市公安、交通、教育系统进行行风评议抽样调查，调查对象涉及居民家庭、服务对象和内部职工，调查样本2140个。2001年和2002年，先后对常州财政、工商、建设、司法、质量技术监督、劳动和社会保障、物价、旅游等系统开展行风评议社会调查，调查结果得到相关部门的重视和认可。

城镇居民家庭教育消费、住房状况问卷调查 2000年底，常州城调队随机抽样调查全市588户城镇居民家庭，组织开展《常州市城镇居民家庭教育消费情况调查》和《常州市城镇居民家庭住房状况调查》，掌握房改政策实行后，常州居民家庭的住房现状、购置住房及由此所引起的住房装修消费与今后的住房消费意愿。调查了解常州居民家庭培养一个孩子从幼儿园到大学毕业所投入的教育费用、支出内容等。

公众安全感及对政法综治工作满意度调查 2000—2010年常州城调队连续开展11年。调查范围从城镇居民覆盖到农村居民，调查内容从最初的公众安全感调查扩大到对政法综治工作满意度情况调查，调查样本规模大、范围广、内容多，11年调查城乡居民近1万人。

公安基层民警工作现状调查 2002年4月，常州城调队受市公安局委托开展公安110接处警情况调查、基层民警工作负荷及生活调查、基层派出所实际工作量调查、基层民警连续每周1天24小时跟踪调查、民警个别访谈、基层派出所现场观察等系列调查。对当时的朝阳、茶山两派出所作典型调查，调查报告在《江苏公安政治工作》第17期摘要刊登。

行业文明创建成效民意调查 2003年6月，常州城调队受市文明办委托开展。调查供电、邮电、国检、质监、交通、公安、地税、旅游、建设、工商、铁路、国税、房管、国土、海关、司法、卫生、银行、保险等25个窗口行业的服务态度、服务质量、服务承诺、便民措施、廉洁自律，调查对象涵盖居民家庭、企事业单位、窗口单位现场、旅客上千人，25个参评行业按满意度排名，结果引起较大的社会反响。

公众科学素养调查 2004年2月，常州城调队受市科协委托，首次组织开展公众科学素养调查，了解全市公众科学素养状况。总样本量为1000个城乡居民，调查首先采取分层随机抽样方法抽取样本家庭，再用二维随机数表选取家庭调查对象，调查员上门直接对指定调查对象进行访问记录。2005年、2007年和2010年连续调查3次，2005年的调查报告得到市委书记范燕青的批示。

争创文明城市测评问卷调查 2005年5月，按省市的统一部署，常州城调队组织开展常州市文明城市测评问卷调查。在组织好1500份问卷调查的同时配合省测评组完成另1500份问卷的实地调查。

城区低收入家庭住房保障问卷调查 2006年7—9月，常州城调队受市房管局委托，在常州城区组织开展万户居民家庭住房保障问卷调查，调查对象为人均月收入低于700元的家庭。通过调查，了解和掌握常州城区低收入家庭的人口、就业、收入、社会保障、家庭住房等状况和对住房保障制度的看法等。这是常州市首次以低收入家庭为主体的调查。

企业公积金制度建立情况问卷调查 2006年2季度，常州城调队受市住房公积金管理中心委托在全市开展。调查主要以从业人员达20人的企业为主要调查对象，采取普查和重点调查相结合的方法，由调查员直接上门对被调查单位开展调查。共走访企业8323家，收回问卷8260份，最终形成《常州市企业住房公积金制度建立情况调查报告》。

公众对城市环境保护满意率问卷调查 2006—2009年，常州城调队按国家和省调查总队统一部署，连续4年在市区开展，每次调查样本量为600个居民对象，及时了解公众对城市环境保护满意度及对环保工作的看法，为提升常州市在“十一五”期间城市环境综合整治定量考核的满意率，及环保模范城市的创建、复查提供数据参考。

快速公交乘客满意度问卷调查 2008年元旦，常州市快速公交(BRT)正式通车营运。常州城调队受常州公交集团公司委托，于1月10—11日，组织开展《常州市快速公交BRT乘客满意度问卷调查》。调查采取现场随机拦截调查方式，在常州市快速公交B1线、B12线、B13线的29个站台，分不同时段对出入乘坐快速公交的530个乘客进行面对面访问。形成《常州市快速公交乘客满意度调查报告》，为常州市实施优先发展公交战略和快速公交的发展提供参考依据。

第九章　国有集体资产管理

1990年，市财政局设立国有资产管理机构。1992年11月，市政府成立市国有资产管理局（二级局，隶属市财政局管理，简称“市国资局”），1996年，市国资局增挂“常州市集体资产管理办公室”牌子。2001年党政机构改革时，不再保留市国资局，其行政管理职能并入市财政局。2005年8月，市政府成立市国有资产监督管理委员会，市财政局保留行政事业单位、市级文化企业和地方金融企业等国有资产管理职能，其他经济类型的国有资产由市国有资产监督管理委员会（简称“市国资委”）履行监督管理。

第一节 国有资产管理

一、基础管理

产权登记年检 1991年，常州首次开展企业国有资产产权登记，383家企业和38户实行企业化管理的事业单位登记资产总额82.76亿元，其中国有资产28.95亿元。1992年，全市617户企业、单位登记资产总额127.92亿元，其中国有资产41.22亿元。1992年开始国有企业产权年度检查，1995年起对行政事业单位进行产权年检。随着改制深入，国有企业户数逐步减少，2001年重新进行国有企业占有国有资产情况登记，至2000年末全市523户国有企业占有国有资产总额82.7亿元。2005年底，全市168户国有企业占有国有资产总额94.49亿元，其中第三产业企业126户占有国有资产总额81.73亿元。

国有资产评估 1990年，常州资产评估中心成立。1992年，改编成立常州资产评估事务所，为全市国有资产的拍卖、转让、企业兼并、联营、股份经营、中外合资、中外合作、企业清算等经济行为提供服务，防止国有资产流失。1996年，常州资产评估事务所成为获江苏省首批获国家证券业务资产评估资格的中介评估机构。1999年底，常州资产评估事务所改制为市场化运作的中介机构。

行政事业单位资产管理 2008年，市财政局、国资委组织清理全市党政机关、事业单位公有房屋、土地使用情况。市财政局等部门抽样核查有经营性资产的100户市级单位，共出租出借房屋23万平方米，出租土地3500平方米，2006—2008年6月应收租金1.43亿元，实收租金1.37亿元；闲置房产2.17万平方米，大多是行政中心北迁后剩余未租出房产和零星办公用房。另有32户国有及其控股单位对外投资8.58亿元，收益3769万元。调查后组织整改，收缴37户单位违纪处罚金额175万元。2010年，市政府出台《市级事业单位对外投资管理暂行办法》，严格审批单位对外投资，市财政局制定《市级事业单位国有资产出租出借管理暂行办法》，对单位闲置资产实行公开招租。全年招租394项，出租房产4.33万平方米，租金成交价5380万元。市建立联合审批机制，对市级事业单位注册资本、房产、土地和车辆产权变动加强管理。

二、清产核资

1992—1993年，常州市行政事业单位开展国有财产清查登记，1558户资产账面总额21.84亿元，核实总额24.82亿元，升值率13.8%。1993—1995年，全市开展国有企业清产核资，782户拥有资产总额264.58亿元，其中国有资产总额72.49亿元。1996—1997年，全市城镇集体企业、单位清产核资，963户企业拥有资产总额134.56亿元，负债总额97.72亿元；183户事业单位占用资产5.17亿元、资金3.62亿元；166户城乡信用社有资产总额139.3亿元，负债总额133.53亿元。2001年，全市2033户预算单位清产核资，至当年5月31日，各单位拥有总资产138.75亿元、净资产90.67亿元。2006年市行政中心北迁后，399户市级行政事业单位进行清产核资，审核处理盘盈盘亏和坏账4.5亿元，调配处置剩余资产1.5亿元，实现资产变现收入847万元。2007年，全国开展行政事业单位资产清查，常州市清查1978户，账面资产总额406.5亿元，总盘盈10.07亿元，总盘亏4.36亿元。市政府决定调整驻上海、南京办事机构，撤销驻深圳、厦门办事机构，进行资产清算，其中委托中介机构公开拍卖房屋，成交价493.3万元，全部缴入财政专户。

三、授权经营

1993年起，市财政局对国有企业实行颁发国有资产授权占用证书，明确企业须持有授权占用证书方可从事经营活动。当年向241户企业颁发证书。1995年，市委、市政府制定《常州市国有资产授权经营试行办法》（简称《试行办法》），要求资产控股公司既要承担资产保值增值的职责，着力优化增量，盘活存量，指导企业提高资产的利用效益，又要注意保护和发挥企业的积极性，落实好企业的经营自主权。常州市机械冶金工业局、纺织工业局开始按《试行办法》制定国有资产管理与运营方案，常柴集团国有资产授权经营经省政府批准实施。常州市国有资产管理和经营体系试点启动，开展全市工业企业清产核资，核定资产占有量，调查全市国有资产总量分布和结构，实行国有资产授权经营，把资产占有量、资本保值增值、生产经营效益与经营者报酬挂钩，探索国有资产管理、监督、运营、保值、增值新机制，建立国有资本冲破条块部门分割、实现国有资本有效流动的体制保障。1997年，市财政局实施行业国有资产授权经营试点。7月5日，市政府批准设立全市首家国有资产授权经营试点企业常州市机械冶金控股（集团）公司，注册资本9.58亿元，机械冶金工业系统由产品经营转向产品经营与资产经营并举，市相继组建机电、化轻、纺织3家国有资产经营公司。

2000年，市政府出台《关于我市市属国有企业改革中若干问题的处理意见》，对资产调整、剥离、国有企业划拨土地使用权处置等问题作明确规定。根据行业结构和产品结构调整的需要，常州建材工业局成建制划归常州塑料集团公司，常州丝绸公司成建制划归常州市纺织工业局，对市级工业管理机构进行改革与调整，促进国有经济战略性调整。8月18日，市委、市政府召开市级工业管理机构改革工作会议，宣布撤销常州市机械冶金工业局、电子工业局、化学工业局、轻工业局、纺织工业局，组建常州机电国有资产经营公司、常州化轻国有资产经营公司、常州纺织国有资产经营公司，2001年组建常州贸易国有资产经营公司、常州建工国有资产经营公司，实行国有资产授权经营。至2005年底，全市168家企业办理国有企业产权登记，占有国有资本94.49亿元，其中国有独资企业60家、控股企业90家、参股企业18家，分别占有国有资本54.36亿元、38.28亿元和1.85亿元，分别占市属国有资本总额的57.5%、40.5%和2%。占有国有资产的级次，有一级企业45家、二级企业94家、三级企业29家。国民经济行业分布，有第一产业企业1家、第二产业企业41家、第三产业企业126家。全市的国有资本主要分布在第三产业，占有国有资本81.73亿元，占全部国有资本的86%。2009年，常州市歌舞团、青年锡剧团等9家单位注销事业单位法人资格，成为企业法人公司，实行国有资产授权经营。

四、产权交易

1996年7月，常州产权交易所成立，翌年3月成为全市唯一取得省财政厅、国资局等部门产权转让资格证书的单位。1997年，常州市产权交易市场投入运行，举办常州市首届企业产权交易会，推出80户企业资产挂牌交易，完成15个交易项目，成交资产总额3.36亿元。1997—2000年完成交易项目242个，及盘活资产108.6亿元；在省内率先推出破产企业财产上市交易，完成常州针织总厂、国棉二厂等27户企业交易业务。2000年，常州承办中国国际中小企业商品博览会，常州产权交易所负责国有资产产权转让、租赁、承包的展览、洽谈，展示特色项目576个，经洽谈有55个项目达成初步意向，该所获国家经贸委、中国国际贸易促进会、省政府颁发的优秀组织奖。2006年9月组建常州首家技术产权交易机构常州技术产权交易中心。所建技术和知识产权项目数据库汇集科技成果转让项目1.54万项，技术需求项目2390项。2007年初组建全国首家动漫产权交易服务中心，翌年建成全国第一个动漫产品产权交易公共网络服务平台常州动漫网，常州技术产权交易中心被国家知识产权局确认为国家专利技术（常州）展示交易中心，该中心网站收集专利信息11万余条。2010年，常州在全省率先采用互联网电子竞价方式处置行政机关实物资产。至同年底，全市累计完成产权交易2405项，成交金额80亿元。

五、绩效评价

1999—2001年，常州市国资局选择黑牡丹（集团）公司、常州化工厂等9家企业开展国有资本绩效评价试点，综合评价企业资产运营、财务效益状况，促进其改善经营管理。2006年，市财政局与有关部门组织全市公办义务教育阶段的320多所中小学开展财政支出绩效评价。2007年，开展常州市未成年人思想道德建设专项资金绩效评价。2008年在全省率先开展旅游财政支出绩效评价；2009年开展服务业引导资金绩效评价、市级道路桥梁管养资金绩效评价、城市社区卫生服务财政支出绩效评价、中等职业教育财政支出绩效评价。2010年，市财政局出台《市级财政专项资金绩效管理暂行办法》，对财政预算总额安排达500万元的专项支出进行绩效目标管理。

六、市级机关国有资产管理

房地产管理 清　理　2002—2005年，常州市机关事务局3次组织普查核查市级机关办公用房及相应土地，重点清查来源、数量、权属登记、使用管理、租赁及办公用房装修等情况，建立办公用房管理档案。对企事业单位占用行政办公用房情况分类清理，非全额拨款事业单位占用行政办公用房根据其工作职责和经费来源，与市机关事务局签订使用或租赁协议。打破因历史、体制、机制等原因造成的机关资产部门化、部门资产利益化格局，使市级机关及其下属单位办公用房管理逐步规范化，构建所有权与使用权相分离，统一规划、统一建设、统一调配、专业化服务的管理体制。2003—2004年，市机关事务局组织清理全市干部职工住房，全市有1680个乡科级以上单位、20.43万名干部职工全部参加清房，除部分下岗职工和破产企业的一般职工外，全市清房登记全部申报和公示。全市核查出的895个住房违规问题全部整改。清房收缴的资金和退出的住房都按规定上缴处理。2003年8月通过省清房检查组检查验收。

分　配　常州市机关事务局统一管理市级中共机关、人大机关、行政机关、政协机关、审判机关、检察机关、民主党派、人民团体、驻外机构及直属事业单位占有使用的办公用房及相应土地的所有权，办理土地使用权登记，统一规划建设市级机关办公用房，从严控制办公用房的建设管理，因增设机构、调整职能或业务发展需增加办公用房的先从现有办公用房中调剂解决；新建、扩建、翻建、改建办公用房纳入办公用房建设整体规划，统筹安排，分步实施。按规定标准合理核定、分配、适时调整各部门、单位的办公用房，被撤销单位限期上交办公用房。搬迁到市行政中心后，腾出的办公用房安置了市级群团组织及事业单位84个。

综合管理　常州市机关事务局推进办公用房使用部门与管理单位分离，建立并完善内部结算制度，完善管理制度和相关配套办法，探索办公用房管理制度化、专业化、规范化、科学化。集中搬迁到市行政中心办公后，市机关事务局注重维护和完善房屋使用功能，制定实施办公用房维修管理办法，严格控制房屋修缮、装修和设备设施改建的标准和要求等，基本形成市级机关房地产权属管理和办公用房规划建设、分配、调整、维修、物管及房地产处置体系。

公务车辆管理　2004年，常州市级机关13辆超编公务用车清退处理后，《常州市级党政机关小汽车配备和使用管理规定》等4个政策性文件相继出台，规定厅级以下（含厅级）干部不配专车，现任市委书记、市人大常委会主任、市长、市政协主席和辖市区的党委书记、市长区长可相对固定用车，其他厅级领导干部保证工作用车；市级党政机关和领导干部配备价格21万元以下的国产小轿车。市级党政机关各部门按“三定”方案定编在职15～25人核定配备1辆小汽车，现职处（县）级领导干部按60%的比例配备工作车辆。市级党政机关、领导干部不得利用职权向下级机关、企事业单位和其他服务对象借车与换车，不准公车私用，车辆购置严格执行政府采购制度、国库集中支付制度。

第二节　集体资产管理

1994年8月，中共常州市委办公室、常州市政府办公室转发市委农工部《关于加强农村集体资产管理的意见》，要求乡镇集体资产管理机构承担起改制企业的集体资产审计和监管责任，加强集体企业清产核资、造册登记，摸清家底；在乡村集体企业进行股份合作、租赁、兼并、拍卖，企业产权发生变动时，搞好资产评估；对资产拍卖款、资产租赁费、集体股红利等集体资产实行统一管理，防止改革中低估漏估集体资产，低价变卖企业，造成集体资产流失。至 1995 年 9 月底，全市由乡村集体企业改制实行租赁制（风险抵押承包）企业 1838 家，乡村企业中有合资企业 1071 家，组建企业集团 61 家。

一、管理机构

1994 年，常州开始建立乡（镇）集体资产管理办公室，加强农村集体资产管理。1994 年 8 月起，市县乡三级建立健全集体资产管理机构，防止改革中低估漏估集体资产，低价变卖企业，造成集体资产流失，对改制企业的集体资产进行审计和监管，在企业改制时搞好资产评估，统一管理资产拍卖款、资产租赁费、集体股红利等集体资产。到翌年底，全市有近半数的乡镇建立集体资产管理机构。1996 年，市、县两级在党委农工部增挂“政府农村集体资产管理办公室”牌子，市、辖市区、乡镇 3 级集体资产管理体系基本健全。其间，武进湖塘、牛塘等乡镇较早建立集体资产经营公司，其他乡镇随后相继成立集体资产经营公司，专门经营管理集体资产，运作良好。

二、资产资金管理

常州加强农村集体资产的产权管理和企业改制回收资金的清理清收和管理，乡村集体企业改制回收资金的回收、使用和管理由各乡（镇）集体资产管理办公室负责，统一管理、统一建账，单独核算，建立健全回收资金管理使用制度，实行专户储存、专款专用，主要用于发展再生产；探索创新改制回收资金的规范管理、保值增值运作机制和途径，投资支持技术含量高、产品销路广、发展前景好的乡镇企业，使改制回收资金保值增值。2000 年底，全市乡村集体企业改制应回收资金 23.58 亿元，收回资金 16.03 亿元，占到期应回收资金 19.41 亿元的 82.6%。

第二十四卷　出入境管理

Volume XXIV　Entry and Exit Administration

1985 年以后，常州出入境管理部门加强对出入境人员、动植物和商品的检验检疫、监管服务与对船舶的查验稽核及搜救工作，保障和促进了常州外向型经济、对外开放的发展。1962 年 3 月、1974 年 11 月，南京商检局在常州先后设立检验组、常州商品检验处。1986 年 1 月，常州进出口商品检验局成立，负责常州地区进出口商品检验。1988 年 9 月，中华人民共和国常州海关（简称“常州海关”）获国务院批准设立，1991 年 12 月 26 日正式开关。1996 年 4 月至 2009 年，常州海关先后增设驻溧阳办事处、驻出口加工区办事处、驻武进办事处和驻金坛市综合业务科。1997 年 8 月，市口岸管理办公室设立。至 2010 年底，常州先后建成设立长江常州港水运一类口岸与常州高新区直通式海关监管点、常州铁路货栈类海关监管点和常州出口加工区、武进出口加工区等具有陆路口岸功能的海关特殊监管区。1999 年 11 月 20 日，中华人民共和国常州出入境检验检疫局（简称“常州检验检疫局”）成立。翌年 7 月、2004 年 11 月，中华人民共和国江苏常州海事处、常州市水上搜救中心先后获准设立。2004 年 3 月至 2009 年 5 月，常州检验检疫局相继成立溧阳办事处、武进办事处和金坛办事处。2007—2010 年，常州海关实施属地申报、口岸验放和监管通关风险信息网上报送系统等区域通关业务改革。2008 年 1 月 28 日，交通部批复常州海事处管辖长江干线上水域的范围，所辖干线总长 10.5 公里，涉及长江常州段全部和镇江扬中段、泰州泰兴段部分水域。2010 年 2 月，全市口岸管理职能划归市商务局。2001—2010 年，常州海关、检验检疫局出台促进常州开放型经济平稳健康发展的多项措施，提高了监管通关、检验检疫效率，查处了一批走私案件，构建和维护了良好的进出口秩序。

第一章　口岸

常州的口岸从无到有，从少变多，20 多年坚持不懈地投资建设发展。1997 年 8 月，市口岸管理办公室设立，作为市政府负责管理和协调处理本地区口岸工作的办事机构，与市对外开放办公室合署。2001 年，市口岸管理职能划归市经济贸易委员会（挂“市口岸管理办公室”牌子）。2004 年，市口岸管理办公室职能划入市外经贸局。2010 年 2 月，组建市商务局（挂“市口岸管理办公室”牌子），负责口岸综合协调管理。至 2010 年末，常州拥有长江常州港水运一类口岸，以及常州高新区直通式海关监管点、常州铁路货栈类海关监管点、常州出口加工区、武进出口加工区等具有陆路口岸功能的海关特殊监管区。

第一节　水运口岸

一、港口建设

常州港(沿长江港区)位于新北区(原常州新区)境内，上距南京长江大桥 167 公里，下至上海吴淞口 180 公里，包括录安洲、圩塘和德胜港等 3 个港区，其岸线上起新六圩，下迄桃花港，全长 16.4 公里，其中可利用

长江常州港万吨级码头(摄于1997年)

深水岸线约10公里。1995年9月，常州决定在新北区圩塘镇投资建设常州长江港。先后投资3亿元，建造万吨级通用码头。1997年12月，建成的通用码头、石化码头正式开港。首期万吨级通用码头建成投产，码头长327米，宽30～32米，引桥长892米，设计年吞吐量135万吨，其中散货80万吨，件杂货55万吨，具备集装箱年吞吐能力3万标箱。1999年，常州港改建通用码头。2000年2月，交通部批准常州港口岸开通常州—上海的外贸集装箱内支线班轮，营运船舶为“武家嘴1022号”，每周1个航班。6月，镇江长江港监局常州站挂牌成立，履行常州港口岸的海事查验和监管职责；7月，省政府向国务院上报《关于常州港对外国籍船舶开放的请示》，交通部批准设立常州港口岸海事机构江苏常州海事处。2001年1月18日，江苏常州海事处挂牌成立。4月25日，国务院批准常州港为一类开放口岸，开放范围和允许航行国际航线船舶进行装卸、过驳作业的常州港口岸水域和陆域范围为北纬31°57′10″、东经120°00′12″，北纬31°57′49″、东经120°00′58″，北纬32°00′50″、东经119°57′14″，北纬32°00′12″、东经119°56′28″的4点连线区域，国务院批准设立常州港口岸边防检查机构。

2004年11月18日，常州港通用码头二期扩建工程通过竣工验收，扩建后通用码头全长527米，可同时停靠2万吨级船舶2艘、5000吨船舶1艘，设计年吞吐能力185万吨。2006年12月，录安洲港区建设工程启动，同年总投资1.14亿元的录安洲夹江大桥建成通车。2008年，建成化工码头水工结构工程，投资1亿元建成录安洲联检大楼6056.5平方米、边防营区3339.5平方米，配合录安洲码头口岸开放。12月，录安洲码头一期工程通过由省口岸办组织的验收交付使用。翌年10月28日，录安洲港区夹江集疏运码头建成投入试运行。2008年12月2日，常州港口岸录安洲港区一期工程码头(2号、3号泊位)对外开放通过省级验收。2010年底，常州港口岸拥有开放码头深水泊位6个，设计年通过能力1100万吨。

二、港口运行

1998年3月23日，江苏省政府批准常州港为二类水运口岸。5月6日，常州港口岸经省口岸办及有关部门验收合格后正式运作。7月14日，承运从韩国进口的塑料粒子的镇江海运公司“江天”轮靠泊常州港，成为口岸二类开放后的第一条外贸远洋船舶。8月25日，经海关总署和其他有关部门同意，交通部批准承运机电产品的新加坡籍“特莎”轮靠泊常州港，成为二类口岸开放后靠泊的第一条外国籍船舶。1999年9—12月，常州港获批第一期临时靠泊外国籍船舶，成为一类临时开放口岸。2000—2003年常州港一类口岸临时开放期间，连续7次分期申报临时靠泊外籍轮，均获批准，期限均为半年。2000年9月，常州港被交通部批准为一类临时开放口岸，可临时接靠外国籍船舶。2001年4月25日，常州港被国务院批准为国家一类开放口岸，对外籍船舶开放。

2002年6月25日，经省口岸办批准，总投资8400万元的常州港石化码头可实施一类临时口岸开放，该码头有8500吨级石化海轮泊位1个(水工结构兼顾两万吨级海轮)、300吨级内河驳船泊位2个，设计年吞吐量一期65万吨、二期80万吨；9月28日，常州港口岸通过江苏省口岸办公室组织的一类口岸开放省级预验收。至同年底，常州港口岸外贸吞吐量累计161.8万吨。2003年3月，常州港进行经营机制改革，由常州长江港口开发公司、江苏新华发集团公司、新加坡佳联控股集团合资组建常州新长江港口公司，收购经营常州港通用码头资产。2003年12月至2004年11月18日，建成常州港通用码头二期工程，通过省口岸办公室验收后对外开放。2003年3月6日，常州港口岸通过国家验收组正式验收。2003年4月1日，常州港一类口岸获准正式对外开放。2004年4月20日，常州边防检查站成立，常州港口岸的海关、出入境检验检疫、海事、边防检查等4个查验机构至此全部建成。是年，常州港口岸完成货物总吞吐量409万吨，其中外贸运量189.3万吨。完成集装箱运量2.70万标准箱，到港外贸船舶1261艘，其中外籍轮326艘。

常州港首次靠泊两万吨级货轮（摄于1998年）

2005年，常州港口岸外贸运量252.8万吨，进口金属矿石运量超90万吨、液体化工品运量超75万吨。2008年11月，常州港被国家列为大陆与中国台湾直航的63个港口之一。2010年，货物总吞吐量3155.85万吨，其中外贸运量341.61万吨；集装箱运量10.62万标准箱，其中外贸集装箱6.12万标准箱；到港国际航行船舶952艘次，其中外籍轮875艘次；出入境人员4402人次。

2004—2010年常州港口岸运行指标统计表

表24-1-1

年份	货物吞吐量（万吨）	外贸运量（万吨）	集装箱运量（标准箱）	外贸集装箱运量（标准箱）	年份	货物吞吐量（万吨）	外贸运量（万吨）	集装箱运量（标准箱）	外贸集装箱运量（标准箱）
2004	409	189.3	26997	—	2008	2288	199.5	32311	13035
2005	553	252.8	33237	—	2009	2724	322.2	65266	26580
2006	1575	227	16101	—	2010	3155.85	341.6	106222	61153
2007	2018	180.1	22791	—					

第二节 空运口岸

常州奔牛机场位于常州市新北区罗溪镇，距市中心27公里。机场始建于1963年，产权属海军。1985年，被国务院和中央军委批准为军民合用机场。同年，建设候机楼5500平方米，飞行区等级为4C，跑道长2200米，可供伊尔18、B737及以下机型起降。1986年3月，常州民航正式通航。1986—1994年，常州机场旅客吞吐量累计72.5万人次，货邮行吞吐量累计1.18万吨。1995—1996年，常州机场进行改扩建，飞行区等级升至4D，跑道长2800米，可供A300、B767、MD82及以下机型起降，机场通信、导航、气象、灯光、油库等配套设施齐全。1997年，南京军区复函省政府同意常州机场“开通日本、韩国、中国香港及东南亚地区客货包机业务”。常州机场运营航线增至16条，每周航班数55个，当年机场旅客吞吐量26.9万人次。

2004年12月，市政府向省政府上报《关于常州机场口岸开放的请示》，再次请求批准常州机场对外开放。2006—2008年，常州机场旅客吞吐量分别为43.8万人次、51.0万人次和55.1万人次，连续3年强劲上升。2009年8月，《江苏省外经贸发展纲要(2009—2012)》提出“加快常州机场、兴东机场、涟水机场建设和对外开放步伐”，支持常州机场加快争取口岸开放。9月，常州机场按近期4D、远期兼顾4E标准启动改扩建工程，设计年旅客吞吐量490万人次、年货邮吞吐量20万吨，高峰小时起降飞机19架次。2010年3月，市政府成立常州民航机场口岸开放工作领导小组，5月省口岸办及南京海关、江苏出入境检验检疫局、民航江苏监管局等省级查验部门、主管部门同意常州奔牛机场申报国家航空一类开放口岸。2010年，常州机场旅客吞吐量在省内机场位列第三位。

1986—2010年常州机场客货运统计表

表24-1-2

年份	旅客吞吐量(万人次)	货邮吞吐量(吨)	起降(架次)	环比增减(%)	年份	旅客吞吐量(万人次)	货邮吞吐量(吨)	起降(架次)	环比增减(%)
1986	2.20	315	224	—	1999	22.42	5231	3988	6.8
1987	4.61	1070	556	148.2	2000	18.74	5527	3096	-22.4
1988	5.64	1080	560	0.7	2001	12.65	3084	2052	-33.7
1989	5.35	1007	580	3.6	2002	14.88	2919	2228	8.6
1990	6.48	1055	802	38.3	2003	16.12	3080	2542	14.1
1991	6.48	1002	812	1.2	2004	24.14	2774	3004	18.2
1992	8.95	1226	1040	28.1	2005	27.55	3623	3176	5.7
1993	12.12	1873	1496	43.8	2006	43.84	4299	4546	43.1
1994	20.63	3178	2582	72.6	2007	50.97	5454	5628	23.8
1995	14.75	2198	1786	-30.8	2008	55.08	6393	6091	8.2
1996	23.81	2989	3032	69.8	2009	53.52	6173	5798	-4.8
1997	26.92	4513	3766	24.2	2010	65.80	6720	6764	16.7
1998	23.16	4821	3734	-0.8					

第三节　陆路口岸

一、常州高新区直通式海关监管点

常州高新区直通式海关监管点是海关总署批准设立、由常州海关实施监管的特殊监管点，具有报关、报检、查验和货物交付等陆路口岸清关功能。2002年，常州高新技术产业开发区发展总公司投资3600万元在泰山路建设常州高新区直通式海关监管点。2003年1月8日，通过南京海关验收，3月28日正式封关运作。2005年，常州高新区开工建设常州出口加工区，常州高新区管委会决定把直通式海关监管点整体搬迁至常州出口加工区对面创新大道西侧(设于常州嘉迅物流公司内)，利用其陆路口岸清关功能对出口加工区进行功能互补。新建的海关监管点规划用地86亩，紧邻嘉迅保税仓库，建有标准型库房1.1万平方米、室外集装箱堆场1万平方米、综合办公楼3000多平方米，设有海关报关厅和检验检疫报检厅，具有报关、清关、三检和办理货物交接手续等口岸功能。2006年再次通过南京海关验收。2009年7月，直通式海关监管点主营单位常州嘉迅物流公司与常州高新区出口加工区投资开发公司重组，联合建设常州保税物流基地。2010年，直通式海关监管点进出口集装箱5634标准箱，进出口货值6.6亿美元，货运量4.6万吨。

二、出口加工区

江苏常州出口加工区 位于常州高新区，是常州第一个出口加工区，规划面积1.66平方公里。2005年6月经国务院批准设立，2006年10月通过国家9个部委联合验收组验收，2007年1月1日正式封关运行。2009年4月，拓展保税物流、加工生产、研发、检测、维修等功能，由单一加工贸易区域向综合保税区域发展。7月，联合常州高新区直通式海关监管点建设常州保税物流基地。常州出口加工区开展的业务有出口退税、出口拼箱、进出口分拨、转口贸易、保税仓储和“区港联动、区库联动”等近10种。2010年，区内引进常州高博能源材料公司、雅柯斯发电机（常州）公司、巴奥米特医疗器械公司、瑞声通讯科技（常州）公司等外资和港澳台资企业9家，累计吸引外资和港澳台资2.67亿美元，实际到账外资和港澳台资1.06亿美元；加工区工业总产值9.1亿元，销售总收入8.88亿元，全部工业利税0.6亿元；完成进出口3.27亿美元，其中进口1.76亿美元、出口1.51亿美元。

位于常州高新区的常州出口加工区卡口（摄于2006年7月）

江苏武进出口加工区 位于武进高新区，规划面积1.15平方公里。2009年6月经国务院批准设立，12月通过国家9个部委组织的联合验收。2010年3月15日封关运作，分为加工贸易生产区域、保税物流仓储区域、公路转关监管点、商贸服务区域，分别占地约1300亩、209亩、110亩和105亩，建成保税仓库3万平方米。同年，区内有生产企业光宝科技、光宝光电、晶品光电、久元光电，总投资3.63亿美元，实际到账2.6亿美元；区内完成工业总产值23.76亿元、产品销售额22.45亿元，完成工商税收2647万元；区内实际进出口1.98亿美元、境内区外5.8亿美元，进出区货物量4.4万吨，报关单量累计14374票，海关税收及代征税373万元。

三、铁路口岸及铁路货栈类监管场所

90年代中期，常州火车站开展的集装箱出口多式联运业务主要出口口岸有深圳笋岗、满洲里、绥芬河、二连浩特、阿拉山口、丹东等口岸。2005年起，常州火车站开始运作俄罗斯到常州的集装箱进口联运业务，呈快速发展势头。常州火车站至中亚地区的外贸集装箱运量一直保持在江苏至中亚地区集装箱运输总量的前三位。2008年1月30日，《中华人民共和国海关监管场所管理办法》颁布实施。2009年2月，常州火车站向南京海关递交设立铁路货栈类监管场所的注册登记申请书，未通过南京海关验收。2010年，常州火车站做好铁路货栈类监管场南京海关复查验收的整改工作。2007年、2008年、2009年和2010年，常州火车站先后完成铁路联运进出口集装箱3053标准箱、2134标准箱、1322标准箱和5515标准箱。

第二章　海关

1988年9月，中华人民共和国海关总署根据《国务院关于设立苏州、常州海关的批复》精神，决定设立常州海关。1990年3月18日，常州海关筹备处成立，筹备期间常州地区的海关业务暂时由南京海关派员协办。1991年12月26日，常州海关正式开关，为正处级行政机构，隶属于南京海关，对外全称“中华人民共和国常州海关”，主要负责监管常州地区进出境运输工具、货物和物品，征收关税和其他税费，查缉走私，编制海关统计等。1996年4月，增设常州海关驻溧阳办事处。1999年8月，常州海关走私犯罪侦查支局成立。2001年，常州海关出台支持地方外贸出口10项措施。2006年，增设常州海关驻出口加工区办事处。2007年，增设常州海关驻武进办事处，推行属地申报、口岸验放和监管通关风险信息网上报送系统等区域通关业务改革，参与海运舱单到港确认试点，提高了监管通关效率。2009年，常州海关在金坛市设立综合业务科，印发促进常州开放型经济平稳健康发展的8项措施，支持地方经济发展。

第一节　监管

常州海关监管对象包括进出口转关货物，进出口集装箱，进出境货物堆场、仓库，及从事加工贸易企业的生产活动等，兼有通关现场型和属地管理型海关的双重特点。

一、货运监管

常州地区监管货物主要是进口的铁矿、电解铜、锅炉管、有机化工品、多晶硅原料、工程机械零件、废钢等，出口的太阳能电池、复合地板、纺织物和服装、电动机、液晶电视机、自行车等大宗散货。常州海关进出境运输工具监管主要包括国际航行船舶监管和国际联运列车监管。1992年，常州海关在外运三官塘仓库和火车站建立海关监管仓库，与笋岗、上海、南京、二连、瑞丽、青岛、丹东等10多个口岸海关办妥进出境货物转关运输事宜。1994—1995年与上海虹桥机场海关和广西防城海关、广西凭祥海关达成转关运输联系配合办法。1999年为适应常州港一类口岸临时开放要求，成立外勤监管小组驻港监管，在临时一类开放的10—12月，进境国际航行船舶18艘次，其中外国籍船舶14艘次，货运量3.6万吨，监管进出口货物9.39万吨。

1991年12月26日常州海关开关（摄于1991年12月）

进入21世纪，常州开放取得新突破。2000年，常州海关监管直接进出口货物37万余吨，是上年的4倍；监管进出境（港）国际航运船舶136艘次，比上年增85%；监管中转内支线船舶120艘次，进出口集装箱2465标准箱2.9万吨货物。2001年7月19日，常州海关查获首例知识产权侵权案件，在常州火车站现场查验时，发现一批出口俄罗斯的2.2万双旅游鞋涉嫌侵犯NIKE、ADIDAS的商标专用权，经权利人确定为侵权货物，同年11月8日，常州海关在常州废弃物处置中心公开销毁。

2003 年 3 月，常州港一类口岸开放通过国家级验收，正式对外开放，促进了常州港业务量的大幅上升，全年进口货运量比上年增 183%。3 月 28 日，常州高新区直通式海关监管点正式开通，推出一站式报关模式。全年监管进出境(港)国际航行船舶 537 艘次，监管进出口货物 152 万吨。2004 年开通上海—常州的批量空运进口转关业务。2005 年，常州海关监管进出境货物 271 万吨、船舶 982 艘次、集装箱 1.71 万标准箱，监管国际航运船舶、货运量两项指标均比上年增 40%，直通点海关监管进出口货物增 95.5%。2006 年 11 月 21 日，常州至洋山港海铁联运业务启动，除将出口货物提前报关模式变为直接转运、加快物流速度外，本地出口企业的物流成本大为降低，同年为常州“十五”计划重点项目宝马公司引进国外生产线设立临时监管仓库。

2009 年，常州港对出口加工区的转关业务、对直通点和火车站的物流分流分拨业务、对溧阳和武进办事处的小区域通关业务开通，开辟出口货物空运直转新业务。与上海浦东国际机场海关签订《出口直转货物监管联系配合办法》，对体积小、交货期急的转关出口快件实行邮袋式运输监管模式。开展出口加工区保税物流业务，实行大宗散货、液化品船边验放作业新模式，为出口集装箱量大的重点企业提供上门监装服务，从常州港出口的企业 137 家。2010 年，常州海关监管进出境货物 295.54 万吨，监管进出境集装箱 4.49 万箱次，办理减免税货物审批 679 份，货物总值 2.42 亿美元。常州出口加工区实际进出口总值 3.29 亿美元，其中保税物流业务实现货值 1.49 亿美元。武进出口加工区自 3 月 15 日正式封关运作，至年底，审结报关单 1.44 万份，监管进出区货值 7.78 亿美元，其中实际进出口 1.97 亿美元。对重点企业、交货急的企业提供出口货物的上门监装和提前报关支持。全年累计办理船边验放货物 17.82 万吨，货值 10.1 亿美元。

二、通关管理

1992 年，常州海关试运行 H883 通关自动化报关系统。1993 年，在货管、征税、统计岗位全面运用 H883 报关自动化程序，将货管、征税、统计、查验、放行作业 5 个环节合并为审单、验放两程序。1996 年，推行报关单数据检查分析系统、加工贸易和统计等 H883 子系统及企业档案数据库。翌年 9 月，成立监管小组，对常州国际中小型企业商品博览会实行 24 小时服务。1998 年 9 月 1 日，金关工程辅助项目——LIC、RTX 许可证电子管理和进、出口结关 3 个系统运行。2001 年，推进通关作业改革，“两水两路”（指长江水域、珠江水域与深圳至广州黄埔为主的广东陆路、上海至南京为主的长江沿线）跨关区快速通(转)关监管模式从 1 月 1 日起实施，快速转关和便捷通关措施出台。4 月，常州海关牵头组织市外经贸局等部门，对首批申领中国电子口岸 IC 卡企业集中开展联合审查。首批通过联合审查的企业 704 家，发放企业法人卡、操作员卡 1600 余张。最先投入使用的出口收汇核销子系统开通运行，电子口岸初具雏形。8 月 1 日，中国电子口岸执法系统启用。11 月 23 日，顺利切换使用 H883/EDI5.0 版海关业务信息化系统，提高通关效率。2003 年 3 月 28 日，开通常州高新区直通式海关监管点，拓展和延伸常州陆路口岸功能。2004 年 3 月 1 日，H2000 系统切换运行，为原 H883 系统的升级换代系统，适应全国范围海关通关管理要求。

2006 年，常州海关重点改造升级常州港海关物流监控信息化平台等监管信息化平台，基本实现港口海关办公现场与新华罐区、建滔罐区、船舶代理、货运代理、外供等企业的数据联通，对国际航行船舶、液体化工品、进出口货物、外供物资等的监控管理基本实现信息化。2007 年 3 月 13 日，常州高新区直通式海关监管点通过移址后的验收。2008 年 5 月 15—22 日，快速验放雅柯斯发电机公司向四川地震灾区捐赠的柴油发电机组 8 台，常州天合光能公司向灾区捐赠 100 套用户供电系统。2010 年，市政府决定加快建立常州口岸（常州港口岸、陆路口岸、出口加工区等），构建查验部门与辖市区、开发区、重点企业等之间的联动机制和互动平台，常州海关、常州检验检疫局等查验部门深化口岸与各辖市区的互动合作，推行多点申报、码头放行，属地申报、口岸验放和直通放行等便利通关查验措施。

三、加工贸易保税监管

1992年4月1日，常州海关开始承接全市进出口企业保税货物进境监管业务。4月15日，江苏省首家大中型企业保税集团常州金狮自行车保税集团获南京海关批准成立，成为全国自行车行业首家保税集团。8月26日，常州塑料编织袋总厂成为常州海关批准的首家保税工厂。常州海关同年办理外商和港澳台商合资、独资和合作企业登记备案289家，减免税手续507笔，减免税金1.06亿元，加工贸易合同备案813份，合同总额6.37亿元，其中来料加工合同137份、进料加工合同672份、补偿贸易合同4份，合同额分别为1.46亿元、4.89亿元和236万元。全市建立保税集团1家、保税工厂18家、保税仓库4个。1993年，全市加工贸易迅速发展，在常州海关注册加工贸易合同1392份，备案进口料件总值8亿多元。针对进口汽车数量和档次猛增的情况，海关严格汽车减免税的审批，对806辆进口机动车辆进行年审。改进核销制度，着重简化零星辅料、包装物料的核销手续。开展保税业务管理网络建设，探索以主管海关为主、有关海关协同和委托管理的制度，方便企业在加工贸易方面的深加工、精加工。采取限制进口口岸、运输方式等措施，防止以来料加工的名义飞料走私，加强对保税货物的监控。1994年，常州海关办理保税备案合同2029份，保税备案料值25亿元，分别比上年增46%和213%。办理来料、进料加工2000多笔，价值超25亿元。

1996年，常州海关加强保税货物监管，对到期、逾期的“老大难死”合同，发放告知书催核，核销手册3575本。加强对部分不规范企业管理，启用保证金台账管理程序办理业务，降低税收流失风险。加强前期验厂和中期核查，把监管重心前移，在保税科增设核查组，对初次申办加工贸易业务的企业实行全部验厂，对不具备加工生产能力的一律实行“否备制”。1998年1月8日，国家海关总署同意常州嘉迅仓储公司在原有自备型保税仓库的基础上，在常州新区设立公共保税仓库，面积4400平方米，专门存放供加工贸易企业及外资和港澳台资企业为加工复出口产品所需进口的生产性原材料及境外一般转运货物，保税仓库由南京海关监管。常州海关同年出台备案核销审批制度、中期核查操作规定、银行监管账户制度等，“三保”（保税集团、保税工厂、保税仓库）企业全部受到核查。2000年，常州海关核查企业156家，发放加工手册4354本。扶持正常规范的保税仓库，保税仓库入库18票计3179吨。

2003年，常州海关主动做好对常州新科数字技术公司等有条件实现电子账册+联网核查的企业联网监管，对江苏新科科技公司、伟创力电子（常州）公司等4家企业实施“大手册”管理。12月，常州出口加工区管委会与常州海关签订组建常州出口加工区协助海关监管队的合作备忘录，协管队在常州出口加工区海关业务现场协助海关进行卡口值勤、查验货物、区域巡逻、施封关封等海关监督。2004年，常州海关推进以数字化、网络化为特点的“E管理”，向江苏新科电子集团发放首本电子账册。2006年10月，常州海关驻出口加工区办事处挂牌，设备案科、监控科办理海关业务。2008年5月28日，开始推广电子化手册和H2000深加工结转管理系统，9月10日签发第一本加工贸易电子化手册。12月10日、19日，常州海关驻武进办事处、驻溧阳办事处先后签发第一本加工贸易电子化手册。至12月，常州海关全部应用电子化手册，全部联网监管。2009年，40多家企业通过保税港区开展保税物流业务595票，货物金额4740万美元。2010年，常州出口加工区保税物流业务实现货值1.49亿美元。

第二节 税款征管

一、征　　税

1992年，常州海关征收总税款0.15亿元。1999年突破2亿元，达2.4亿元。2003年突破10亿元，达

13.09亿元。2009年突破20亿元，达20.55亿元。2010年，常州海关征收税款23.1亿元，其中关税3.87亿元、代征税19.13亿元。1992—2010年，常州海关累计征收税款155.95亿元，代征进口环节税款占所收税款比重一直高于关税款，代征进口环节税以增值税和消费税为主，船舶吨税占很小比例。常州口岸的主要税源商品，本地化、集中化和单一化状况十分明显。

二、减免税

常州海关主要对常州高新区、出口加工区等区域的外商和港澳台商投资企业的机电设备、基建物资、建筑材料、生产和管理设备等予以税收减免。1992年，常州海关减免税款1.93亿元。1993年，常州海关针对进口汽车数量和档次猛增的情况，严格汽车减免税审批管理，增设减免税后续管理岗位，强化下厂核查，全市减免税款6.06亿元。2004年，审批外资和港澳台资企业进口免税设备2.82亿美元，为常州地区外资和港澳台资企业减免税款5.37亿元。2009年，减免税款14.14亿元，是减免税金额最高年份。2010年，常州海关减免税款1.47亿元。1992—2010年，常州海关累计减免税款89.01亿元。

1992—2010年常州海关征税和减免税统计表

表24-2-1　　单位：亿元

年份	税款总额	其中		减免税款	年份	税款总额	其中		减免税款
		关税	代征税				关税	代征税	
1992	0.15	0.07	0.08	1.93	2002	5.11	1.54	3.57	4.40
1993	0.16	0.10	0.06	6.06	2003	13.61	3.27	10.34	3.75
1994	0.45	0.19	0.26	4.34	2004	19.40	4.00	15.40	5.37
1995	0.64	0.28	0.36	6.93	2005	17.72	3.35	14.37	5.20
1996	0.62	0.22	0.40	2.81	2006	14.14	2.79	11.35	5.86
1997	0.77	0.29	0.48	7.00	2007	13.63	2.87	10.76	8.74
1998	0.75	0.25	0.50	0.64	2008	14.98	2.78	12.20	1.51
1999	2.40	0.75	1.65	1.84	2009	20.56	3.35	17.21	14.14
2000	3.70	1.16	2.54	3.60	2010	23.00	3.87	19.13	1.47
2001	4.84	1.42	3.42	3.42	累计	156.63	32.55	124.08	89.01

第三节　缉私

1991年12月26日，常州海关正式开关，查缉走私职能由调查部门履行。1999年10月，常州海关走私犯罪侦查支局成立。1991年，常州海关在常州市烟草专卖局、公安局、工商局、交通局的配合下，摧毁一批香烟走私团伙。1993年，查获来自福建的专营走私船，查获外烟160箱，价值37万元，是常州海关建关后查获的首起香烟走私案。1999年，常州海关缉私分局查获价值900多万港币的假结转嫌疑案，废钢船案、氯仿案的调查引起上级高度重视，国务委员对氯仿引起的易制毒化学品的监管问题作批示。侦破1起案值650万元、偷逃税款240余万元的走私案件，罚没收入310万元，协助市人民检察院侦查走私犯罪案件1起。2000年3月，常州海关缉私分局对常州翔达纺织印染公司涉嫌走私犯罪立案侦查，查明翔达公司擅自内销保税货物900余吨，为逃避海关监管采用假结转手段骗取海关核销，货值990余万元，法院判决补缴税款245万元。

2002年，常州海关缉私分局立案侦查溧阳市交通工程公司以虚假合资骗取免税进口机械设备并有倒卖

常州海关走私犯罪侦查支局成立（摄于1999年8月）

走私嫌疑案件，逮捕相关犯罪嫌疑人，追缴赃款1000万元，案值2840万元，涉嫌偷逃税款810万元。2003年1月1日，常州海关调查部门变更为常州海关缉私分局，负责查办关区内走私犯罪、违规案件，行政级别为正处级，隶属于南京海关走私犯罪侦查局（后更名为南京海关缉私局）。2003年6月，常州海关缉私分局立案查处1起以低报价格为手段的价格瞒骗类走私大案，案值900多万元，偷逃关税180万元，其申报完税价格仅为实际成交价格的18.3%。2004年连续侦破3起篡改技术参数指标走私大案，先后对常州市华威模具公司、常州市新江浪减速机公司、江苏国茂国泰减速机集团等单位立案侦查，案值计1020万元，查获偷逃税款219万元。2007—2010年处理违规案件19起，总案值2.37亿元。

第四节　海关统计

1999年1月起，地方政府部门以海关统计数据口径对各地进出口完成情况进行检查和考核，制定进出口调控目标。常州海关主要综合统计常州口岸进出口业务和常州地区进出口贸易情况，运用统计调查和统计分析方法，反映常州口岸和常州市对外贸易的运行态势，及时提供统计信息和咨询服务，实施统计监督。常州海关组织编制多种统计报表和统计月报及统计分析类简报，既供海关内部使用，又向地方党政主要领导和外经贸主管部门提供。统计应用、统计分析主要形式有《常州海关业务统计月报》，供海关内部使用，主要记录当月常州口岸进出口货值和货运量、集装箱量、进出境船舶艘次、验放行李物品人次、征收关税和进出口环节税量、审批减免税笔数和金额、加工贸易备案合同量及金额、核销手册量、稽查征税量、查处走私违规案件数量及案值、报关单量、新办企业注册数等。常州海关编印《常州海关工作专报》，向市委、市政府主要领导和有关部门提供的统计分析简报，主要分析常州地区进出口情况、减免税情况、商品结构及国家政策调整后对常州地区对外贸易影响。2008年9月4日报送的《今年6月份中国磷矿石出口量环比出现回落，国际市场价格走强挑战国家调控效果》和9月28日报送的《今年上半年中国纯碱出口量增价扬，中西部地区出口量激增》两篇统计分析报告，得到国务院总理温家宝的批示。

常州海关统计工作项目范围和指标体系一览表

表24-2-2

列入统计范围的项目	采用的统计指标体系
一般贸易、对外承包工程出口货物	进出口贸易总值指标
国家间、国际组织无偿援助和赠送的物资，租赁贸易	经营单位指标
华侨、港澳台同胞、外国华人捐赠物资，外资和港澳台资企业作为投资、进口的设备、物品	境内目的地指标

续表 24-2-2

列入统计范围的项目	采用的统计指标体系
补偿贸易、出料加工贸易	国别地区指标
来料加工装备贸易、易货贸易	贸易方式指标
进料加工贸易、免税外汇商品	运输方式指标
寄售代销贸易、保税仓库进出境货物	商品分类指标
边境小额贸易、保税区仓储转口货物	商品数量和价值量指标
来料加工装配进口的设备、其他进出口货物	

第三章　出入境检验检疫

1962 年 3 月，南京商检局在常州设立检验组。1974 年 11 月，成立常州商品检验处。1986 年 1 月，更名为常州进出口商品检验局（简称“商检局”）。至 1999 年，常州商检局的职责是负责所辖区域的进出口商品检验，卫生检疫、动植物检疫统一由镇江动植物检疫局、卫生检疫局代管。1999 年 11 月 20 日，常州出入境检验检疫局（简称“常州检验检疫局”）在扩充常州进出口商品检验局职能后挂牌成立，是国家出入境检验检疫局设在常州地区的分支机构，隶属江苏出入境检验检疫局领导，负责常州地区出入境的人员、交通工具、动植物及其产品和进出口商品的检验检疫。2004 年 3 月、2007 年 12 月、2009 年 5 月，常州检验检疫局溧阳办事处、武进办事处和金坛办事处相继成立。2001—2005 年，海关出台多项措施促进常州外贸出口，查处一批走私案件，维护进出口秩序。

第一节　国境卫生检疫

常州检验检疫局承担着辖区国境口岸卫生检疫工作，包括国境口岸区域的出入境交通工具、人员、货物检疫查验，卫生监督。1999 年，实行“三检合一”，传染病监测及卫生处理、卫生检疫、动植物检疫业务于当年 12 月底开检。2001 年，江苏国际旅行卫生保健中心常州分中心成立，负责辖区出入境人员和口岸从业人员的健康检查及传染病监测，承担辖区出入境人员旅行咨询、预防接种、健康验证等工作。2003 年，常州检验检疫局设立常州港口办事处，开展港口卫生检疫。2003 年 4 月在防治“非典”期间，该局宣传防“非典”知识，加强口岸的检验检疫，保证常州口岸的安全。2004 年，常州检验检疫局牵头与市卫生局、疾病预防控制中心、边防检查站等部门联合防控常州口岸禽流感疫情并组织应急演习，成为全国第一个进行 H5N1 疫情防控演练的单位。2009 年，该局开展甲型 H1N1 流感疫情防控行动，落实口岸防控措施，对来自疫区的 2792 标准集装箱、2927 吨的猪肠衣原料作了消毒处理，监测从常州口岸出入境的 442 艘次船舶上的船员 4270 人的体温，未发现输入病例。2010 年，体检出入境人员 4850 人次，体检发现病例 1200 例，截获疫病疫情 197 种、1116 批。至 2010 年底，检疫出入境船舶 4257 艘次，出入境交通工具员工 67737 人次；出入境人员传染病监测体检 32074 人。

第二节　动植物检验检疫

常州检验检疫局成立以前，常州地区的动植物检疫业务由镇江动植物检疫局负责。常州检验检疫局成立后，开始受理常州地区的动植物检疫业务，主要业务范围包括动植物及其产品、交通工具和集装箱检疫 3

个大类。2000—2010年，常州地区的动植物检疫业务量发展迅速。由2001年的检疫917批次、货值1.67亿美元，发展到2010年检疫35316批次、货值9.03亿美元。

2001—2010年常州市进出境动植物检疫指标统计表

表24-3-1

年份	批次	货值(万美元)	运输工具(艘次)	集装箱(标准箱)	年份	批次	货值(万美元)	运输工具(艘次)	集装箱(标准箱)
2001	917	16696	81	—	2006	9262	50683	454	7911
2002	1523	15633	84	—	2007	13972	60714	367	11816
2003	2640	34720	200	—	2008	20056	75623	372	10687
2004	4087	31712	430	10173	2009	21549	62800	697	28323
2005	7215	42511	576	14635	2010	35316	90300	567	58284

一、动物检验检疫

入境动物检疫 主要包括原羊毛、废丝（蚕茧），其他品种包括鳄鱼、长颈鹿、皮张类、非食用动物油脂等动物及其产品进口。2004年，常州首次检疫从泰国进口的1批暹罗鳄鱼500条。2005年，常州恢复羊毛进口，对生产加工存放定点企业实施后续监管，当年进口83批次、803.73万美元，先后在进境羊毛中截获法国野燕麦、龙爪茅、刺苍耳、硬雀麦等有害生物近50种、400种次。2007年，江苏淹城野生动物世界从南非引进10只长颈鹿，检验检疫部门首次对长颈鹿进行隔离检疫。

检验检疫人员检疫出口螃蟹（摄于2006年8月）

出境动物检疫 主要检疫水生动物、饲料、非食用动物产品及少量的伴侣动物、肝素等。2000年，常州出口螃蟹10余吨。2002年，江苏地区出口螃蟹养殖场实施注册登记制度，常州两家企业获得注册资质，当年出口30余吨。其间，除2009年外，每年都有螃蟹出口，主要出口到中国香港、台湾地区、新加坡和韩国。2003年5月，常州牛蛙首次出口美国，后因药物残留超标被暂停出口。2004年9月，近10吨牛蛙经检验检疫合格后再次发往美国，恢复了暂停近1年的牛蛙出口。2007年，常州首次出口河蚬，当年出口57批次、35.05万美元，之后每年都保持200多批次出口，至2010年累计出口766批、292.95万美元，主要出口到韩国。2009年12月，金坛金谷牧业公司万头猪场通过注册。2010年，常州检验检疫局首次对出境宠物出具动物卫生证书。

二、植物检验检疫

2001—2010年，在进出口植物及其产品中截获松材线虫、小杆线虫、云杉八齿小蠹、落叶松八齿蛸蠹、四纹豆象等多种有害生物。从2000年起每年承担常州地区20～32个监测点的检疫性实蝇监测。至2010年11月，诱捕到桔小实蝇、具条实蝇等实蝇科害虫2.25万只。

2001—2010年常州市进出境植物检疫及产品疫情截获数统计表

表24-3-2

年份	截获种数	截获次数	年份	截获种数	截获次数
2001	18	75	2006	103	340
2002	27	120	2007	113	350
2003	51	244	2008	106	365
2004	48	212	2009	115	491
2005	73	257	2010	206	1069

出境植物检疫 主要以木地板为主，还包括粮谷类、种苗及种子、竹木草制品、木质包装、中药材、植物性原料。常州木地板2001年首次实现出口，并逐渐进入快速增长时期。2008年，江苏出口地板产业集聚监管示范区建成，对辖区内160余家木制品生产加工企业实施注册登记与分类管理制度。虽然历经了2009年土耳其的反倾销调查后的禁止入境及美国的木制品反倾销调查，但常州地板出口始终保持快速增长。到2010年末，木地板累计出口2.01万批、5.64亿美元，出口份额占全国65%以上，出口国家120余个。2003年，常州首次检疫出口东南亚地区的大米。2007年首次检疫出口美国的6000株红叶石楠种苗。

入境植物检疫 常州地区入境木质包装占绝大部分，包括原木、板材、棉花、亚麻等植物及植物产品。2010年8月，常州检验检疫局在入境的一批来自澳大利亚的原羊毛中，检出鬼针草、黄花、硬崔麦等7种杂草种子。该货物重20.65吨，价值89.2万美元。

三、交通工具与集装箱检疫

常州口岸的运输工具检疫主要是船舶的动植物检疫，包括装载动植物、动植物产品和其他检疫物的船舶及来自疫区的船舶。2001—2010年，常州检验检疫局累计检疫进出境船舶3828艘次，2004—2010年累计检疫进出境集装箱14.18万标准箱。多次检出危险性病虫害，发现船员违规携带进境的生猪肉、水果等禁止进境物品，截获动植物疫情200余种、近3000种次，查封来自疫区的肉制品252批次、1.25万公斤。2000年3月，在进境俄罗斯船舶“安德利”号轮食品舱内检疫截获的马铃薯白线虫，在全国植物检疫史上尚属首次。此后检出被称之为“豆类杀手”的菜豆象、灰豆象等危险性有害生物，防止危险性有害生物的传入传出。

第三节 进出口商品检验与鉴定

一、进口商品检验

机电产品 1985—2010年，常州商检局（检验检疫局）对进口机电产品的检验监管从最初的批批检验转变为抽批检验，再到模式转换、过程检验、分类管理。1989年检验进口机电类产品270批次、货值4802万美元。2004年5月，在对某企业拟从韩国进口二手织机的装运前检验中，查出外方虚假备案的欺诈行为，帮助国内进口商避免了600余万美元的巨额损失，该把关成效受到省检验检疫局、国家质检总局通报表扬。2007年，常州检验检疫局检验发现进口设备配套的旧电机存在严重的能耗问题，案例上报后得到省检验检疫局、国家质检总局高度重视，形成专报上报国务院。2009年，华电戚墅堰发电厂进口美国通用公司的发电机发生严重质量问题，常州检验检疫局及时检验出证，为企业对外索赔提供技术支持，帮助企业减少直接经济损失600余万美元，出具对外检验证书37份，挽回直接经济损失860万美元。2010年，检验进口机电类产品4887批次、货值8.53亿美元。

1989—2010年部分年份常州市进口机电产品检验数量统计表

表 24-3-3　　单位：万美元

年份	批次	货值	年份	批次	货值	年份	批次	货值
1989	270	4802	2002	698	14333	2007	4196	46265
1997	121	4299	2003	1380	40197	2008	—	—
1998	100	1493	2004	2140	27325	2009	3437	57909
1999	237	3661	2005	3045	30518	2010	4887	85300
2001	680	24780	2006	3680	38299			

轻纺产品　1974年以前，常州地区进出口轻纺产品由南京商检局负责检验。2000年，常州检验检疫局检验进口轻纺类产品421批次、货值2143.36万美元。2004年检验439批次、货值5394.74万美元，为进口金额最多的年份。2009年检验712批次、货值1415.37万美元，为检验批次最多的年份。2010年检验590批次、货值1070.23万美元。

2000—2010年常州市进口轻工纺织产品检验数量统计表

表 24-3-4　　单位：万美元

年份	批次	金额	年份	批次	金额	年份	批次	金额
2000	421	2143.36	2004	439	5394.74	2008	450	1838.32
2001	332	3862.12	2005	403	1023.82	2009	712	1415.37
2002	246	2864.50	2006	414	1284.32	2010	590	1070.23
2003	473	2137.54	2007	439	1589.23			

食品和化妆品　1985—1999年，常州商检局负责常州口岸出口食品的检验业务。1985—1993年，部分食品如粮食制品由镇江商检局负责检验。1993年以后，常州商检局开始全面负责常州地区出口食品的检验检疫。1999年“三检合一”后，常州检验检疫局负责常州口岸进出口食品及其添加剂、化妆品的检验检疫业务。2000年以后，常州检验检疫局开始对来料加工肠衣等进口食品的检验业务。2002年3月，常州检验检疫局检出一批进口荷兰的盐渍猪肠衣氯霉素残留超标，该批产品共86桶、2.7万公斤、4.23万美元，信息上报后，国家质检总局、外经贸部发布36号公告，决定停止从荷兰进口动物源性食品，对该批超标肠衣实施销毁处理。2005年，常州的进口食品种类逐渐丰富，数量日益增加，包括肠衣、鱼油、葡萄酒、六宝素、果蔬脆片、蛋白粉、咖啡、花生酱、蜂花粉胶囊、蜂王浆冻干粉胶囊等，其中肠衣、鱼油为原料，其他产品均为预包装食品，以葡萄酒为主，葡萄酒的进口量年年递增，从2005年的1批、9.52吨增加到2010年的30批、118.73吨。常州口岸进出口化妆品的历史短、品种少。2007年5月，牙膏二甘醇事件爆发以后，牙膏开始纳入种类表实施管理，常州检验检疫局开始检验进口牙膏。2007—2010年，检验进口牙膏79批、181.67吨、217.21万美元。

化工产品和矿产品　1995年起，常州地区开展进口化工品检验业务，开始仅是机电企业进口设备或其产品配套用的润滑油、润滑脂等产品，检验方式一般为验证其外观、规格、数量等，进口批次数量较少。2004年，常州港对外开放后，进口的大宗资源性矿产品主要包括铁矿、钢坯、废钢、煤炭。2005—2010年，进口大宗资源性矿产品747.2万吨，常州检验检疫局通过对进口化矿类产品的严格监管，维护国内生产企业的合法权益。2010年2月20日，常州检验检疫局港口办事处对一批来自墨西哥的重达4.15万吨、货值399.5万美元的铁矿石实施取样检验，发现其全铁含量仅49.2%，远低于质保证书规定的62.3%和合同规定的62.5%，常州检验检疫局对该批货物出具品质检验证书，为进口商挽回经济损失 1274.9 万美元。

二、出口商品检验

机电产品　1992 年，常州电机电器总厂首次出口埃及 1 条分马力电机生产线，是常州首次检验出口成套设备。至同年末，检验出口机电类产品 4680 批次、货值 6263 万美元。1993 年，常州地区首次出口粮食机械和化工机械，开展出口玩具产品质量许可工作。2004 年，出口机电化矿产品首次突破 10 亿美元，达 15.38 亿美元。“三检合一”后，常州检验检疫局开始在出口机电企业中推广过程检验监管模式，对自行车及零件、灯具、洗衣机、收录机及插头插座开展型式试验 + 抽批检验 + 工厂质量体系监管的新模式。2009 年，开始实施《出口工业产品企业分类管理办法》，对辖区内出口机电企业开展分类管理，分类出口企业 707 家，其中一类 26 家、二类 483 家、三类 198 家。2010 年，检验出口机电类产品 7.22 万批次、货值 26.25 亿美元。

1992—2010 年常州市检验出口机电产品数量统计表

表 24-3-5　　单位：万美元

年份	批次	货值	年份	批次	货值	年份	批次	货值
1992	4680	6263	1999	8781	28229	2006	56157	212242
1993	4321	7750	2000	—	—	2007	73821	279099
1994	5238	18388	2001	14612	38740	2008	—	—
1995	6610	18313	2002	20537	46739	2009	55508	199619
1996	6632	15863	2003	34964	84822	2010	72160	262500
1997	4199	13550	2004	45975	153776			
1998	5519	16764	2005	50736	166964			

说明：2000 年、2008 年未统计机电类产品出口量

轻纺产品　80 年代后，常州地区纺织、服装业发展迅猛，出口量逐年递增，业务量占全常州商检局业务量的比重达 60%。常州商检局首创企业认可检验员制度，发挥企业检验力量。1985 年，该局首创对重点出口轻纺企业实行驻厂检验监管模式，先后有常州灯芯绒厂、常州东风印染厂、常州东方印染厂实施驻厂检验监管模式。2003—2009 年，常州检验检疫局开展常州地区企业出口免验的创建和申报工作，常州华利达服装集团、黑牡丹（集团）股份公司、晨风（金坛）服饰公司的出口产品先后获出口免验证书。2009 年，对常州地区 641 家出口轻纺企业开展分类管理，其中一类 41 家、二类 283 家、三类 317 家。2010 年，检验出口轻纺类产品 8.04 万批次、货值 23.94 亿美元。

1999—2010 年常州检验出口轻纺类产品统计表

表 24-3-6　　单位：亿美元

年份	批次	金额	年份	批次	金额	年份	批次	金额
1999	17506	5.93	2003	52171	13.13	2007	73865	16.16
2000	25273	9.23	2004	60973	14.21	2008	54443	14.83
2001	32147	11.44	2005	70893	16.98	2009	80240	22.01
2002	44563	14.73	2006	73374	17.05	2010	80433	23.94

食品和化妆品　中国于 1984 年起推行食品厂、库的注册登记制度，未经注册或登记的食品厂、库不得生产、贮存出口食品，出口食品厂、库必须符合《出口食品厂、库最低卫生要求》。90 年代中期，常州地区出口食

品基本是初级农产品，主要产品有冻猪肉、冻银鱼、肠衣、盐水蘑菇、蒜苗、板栗、冻鸭肉和大米及少量的保健食品（中华多宝）。90年代后期，出口食品开始有膨化食品、鱼油、固体饮料、调味品（酱油、味精、食用盐）、植脂末、速冻水果（黑莓、草莓）、茶叶、保健饮品、保鲜水芹、面粉、米粉干等产品，主要以肠衣和膨化食品为主。常州口岸出口食品添加剂检验业务始于2000年，当时只有1个品种，为阿斯巴甜。2002年5月，江苏检验检疫局实施出口食品添加剂卫生登记制度。2005年以后，常州口岸出口食品添加剂品种扩展至甜味剂（阿斯巴甜、安赛蜜、三氯蔗糖）、酸度调节剂（酒石酸、苹果酸、富马酸）、胶姆糖基础剂（胶基、聚醋酸乙烯酯）、营养强化剂（维生素B1、叶酸）等。至2010年底，常州检验检疫局备案出口食品原料种植基地7个，品种包括无节水芹、茶叶、黑莓、草莓、大麦、无花果、生猪。出口生猪养殖备案基地2009年被评为江苏出口农产品示范基地。2005—2010年，常州检验检疫局检验出口食品添加剂1878批、2.30万吨、1.06亿美元。

化矿类产品 1987年，常州开始出口化工品检验业务，主要针对中国土畜进出口公司经常州仓库中转出口的柠檬酸、樟脑等产品，年检验批次不到10批。90年代起，常武地区特别是武进辖区小化工企业的出口业务发展较快，出口化工品检验扩展到氧化钇、氧化铈等单一稀土氧化物、钛白粉、白油等法定检验产品。常州对本地区生产出口的苯佐卡因等医药中间体类非法定检验产品实施检验，并出具英文品质证书，满足企业结汇要求。化工品对外出证业务一度成为出口化工品检验业务的主体，随着常州对外贸易的成熟扩大，2003年起几乎再无凭证结汇需求。2007年，国家质检总局与商务部、海关总署发布124个相关HS编码纳入法检目录，对工业、食品和动物饲料用的出口产品采用不同的检验监管方式，江苏亚邦染料股份公司、常州市临江化工公司出口的分散染料，武进精细化工厂公司、江海环保股份公司等出口的羟基乙叉二膦酸等工业用水处理剂产品均在此范围，化工品出口报检量由此前的年约1600批激增到年约4000批。

三、实验室

危险货物与包装检测中心 1985年5月20日，国家经委、经贸部、交通部和国家商检局要求中国商检系统在全国对海运出口危险货物包装进行检验和管理。常州商检局遵照国家商检局和江苏商检局指示，在常州市桃园路2号组建了全国第一个出口危险货物包装检测实验室——中华人民共和国常州进出口危险货物包装检验所。同年7月起，该检验所开始为全国商检系统提供检测服务，检测危险货物包装。1991年起，承担江苏省和全国部分地区出口普通货物包装的检测。1991年3月，实验室搬迁到常州市浦南路1号，面积扩大到1000多平方米，9月通过国家商检局组织的一级实验室考核。1996年，常州进出口危险货物包装检验所被国家商检局命名为国家商检局常州危险货物包装检测中心和情报中心，同年被国家科委、国家商检局指定为科技成果检测鉴定国家级检测机构，成为中国知名度最高的包装检测实验室之一。1999年11月，在“三检合一”时，实验室更名为常州出入境检验检疫局危险货物与包装检测技术中心。2002年9月，省检验检疫局整合全省实验室资源，将全省实验室整合成六大中心，常州出入境检验检疫局危险货物与包装检测技术中心变更为江苏出入境检验检疫局危险货物与包装检测中心。2003年抗击“非典”疫情过程中，常州检验检疫局包装检测中心用两天三夜，突击完成国家标准化委员会下达的过氧乙酸消毒剂包装的3项强制性标准，为全国抗击非典型性肺炎做出突出贡献，被国家质检总局记一等功。2007年7月，实验室搬迁到常州市龙锦路1268号，面积扩大到近2000平方米，设备全面更新，取得7项专利，业务涉及全国20多个省、直辖市、自治区，年检测批次达4000余批。2008年11月，通过国家质检总局专家组验收，成为首批国家危险货物包装检测重点实验室。

化学危险品实验室 2002年10月，常州检验检疫局在危险品包装实验室的基础上建立化学危险品实验室，面积200多平方米，主要职能是危险品的定级分类和化工品的品质检验。2007年7月，化学危险品实

验室搬迁至常州市新北区龙锦路1268号，进行危险品定级分类，编制危化品的GHS（全球化学品统一分类和标签制度）规定的标签和SDS（化学品安全数据单），业务范围涉及全国20个省市自治区，年批次达1万多个。

食品接触材料实验室 2006年初，国家质检总局对食品包装实施检验。8月，常州检验检疫局在化学危险品实验室的基础上，开展食品包装和食品接触材料的检测业务，承担江苏和部分省份的食品包装和食品接触材料的检测任务。2007年7月，实验室搬迁至新北区龙锦路1268号，成立食品接触材料实验室。2009年，食品接触材料实验室被规划为国家质检总局重点实验室。

纺织品实验室 1977年，常州进出口工业品及消费品安全检测中心轻纺实验室成立。1990年7月，代表江苏进出口商品检验公司被国际羊毛局指定为测试中心。1991年9月，通过国家出入境检验检疫局一级实验室考核认可，成为国家纺织一级实验室。1992年、1995年、1999年，先后应邀参加国际羊毛局在中国及东南亚地区测试中心的比对试验活动，均获国际羊毛局总部的好评。1996年3月，国家科委、国家商检局联合授权为科技成果检测鉴定国家级检测机构。1997年，参加国际亚太实验室认可组织（简称APLAC）进行的涉及22个国家81个实验室的全球性008号纺织品比对试验，试验结果数据均在中心分布带。1999年2月，通过中国国家实验室认可委员会（简称CNAL）认可，获国家出入境检验检疫局注册。1999年，通过国家出入境检验检疫实验室认可委员会（简称CCIBLAC）认可，2000年3月成为全国首批受理有关消费争议商品的检验机构。2001年，国际羊毛局对其指定试验中心重新认证，轻纺实验室签订认证协议。2003年，再次通过中国国家实验室认可委员会的复评审和国家认证认可监督管理委员会的首次计量认证。2008年3月，对木制品检测的13个项目50个方法标准全部通过中国合格评定国家认可委员会的评审。

四、鉴定业务

1994年开始，常州进出口商品检验局开展对外贸易公证鉴定，主要是外资和港澳台资资产价值鉴定，出具价值鉴定证书，对外资和港澳台资财产进行分析、鉴定并确定其价值。1998年11月，常州港码头首批接卸货轮从俄罗斯进口的钢坯两万吨，商检局开始受理重量鉴定业务，承担国际远洋货轮运输业务的鉴定。2001年4月常州港口岸对外开放后，公证鉴定业务扩大，包括对进口商品的数量、重量、包装鉴定、监视卸载、验残、海损货物鉴定及其他公证鉴定业务。2003年，常州港码头进口锰矿，常州建滔石化码头进口乙二醇，检验检疫部门陆续开展对外贸易货物的水尺计重、容量计重等鉴定业务，扩展进口铁矿、废钢、冷轧卷板等业务。

第四节 认证监管与产地证管理

一、认证监管

2005年5月，常州检验检疫局设立认证监管科，负责常州地区出口食品生产等企业认证认可的备案监督管理、出口商品注册登记（出口商品质量许可）管理等。至2010年底，该局先后向13家出口食品企业发放出口食品生产企业备案证明，向本地区115家企业发放128张出口产品质量许可证书。

二、产地证管理

常州检验检疫局签发普惠制原产地证有20多年的历史，为常州上千家出口企业减免进口国关税近10亿美元。2010年底，该局可签发一般原产地证、普惠制原产地证、区域性优惠原产地证和专用原产地证4类16种，其中区域性优惠原产地证7种：《亚太贸易协定》、中国—东盟自贸区、中国—智利自贸区、中国—巴基斯坦自贸区、中国—新西兰自贸区、中国—新加坡自贸区和中国—秘鲁自由贸易区优惠原产地证。专用原产地证5种：转口证明书、加工装配证明书、日本进料加工证书、输欧盟特定产品原产地证书、输欧盟烟草真实性证书。1989—2010 年，常州检验检疫局签发原产地证 28.4 万份。

2007—2010 年常州市原产地证书签证统计表

表 24-3-7

种类	项目	单位	2007 年	2008 年	2009 年	2010 年	合计
普惠制原产地证	份数	份	11890	27255	27624	29480	96249
	金额	亿美元	4.79	11.92	10.08	11.56	38.35
	减免费用	亿美元	0.19	0.48	0.40	0.46	1.53
一般原产地证	份数	份	5554	14125	14564	16592	50835
	金额	亿美元	5.46	7.99	6.86	7.52	27.83
	减免费用	亿美元	0.22	0.32	0.27	0.30	1.11
亚太贸易协定原产地	份数	份	553	1182	1377	1242	4354
	金额	亿美元	0.14	0.35	0.34	0.43	1.26
	减免费用	万美元	56.80	138.67	134.44	172.43	502.34
中国—东盟自贸区原产地证	份数	份	421	1080	2699	6188	10388
	金额	亿美元	0.14	0.28	0.74	2.31	3.47
	减免费用	万美元	54.05	111.34	294.11	922.84	1382.34
中国—巴基斯坦自贸区原产地证	份数	份	45	144	395	869	1453
	金额	万美元	123.39	363.48	882.37	2934.17	4303.41
	减免费用	万美元	4.94	14.54	35.29	117.37	172.14
中国—智利自贸区原产地证	份数	份	349	854	945	1454	3602
	金额	万美元	1740.48	3149.96	2854.27	4050.12	11794.83
	减免费用	万美元	69.62	126.00	114.17	162.00	471.79
中国—新西兰自贸区原产地证	份数	份	0	3	154	216	373
	金额	万美元	0	17.56	315.44	415.70	748.70
	减免费用	万美元	0	0.70	12.62	16.63	29.95
中国—新加坡自贸区原产地证	份数	份	0	0	22	32	54
	金额	万美元	0	0	124.23	144.77	269.00
	减免费用	万美元	0	0	4.97	5.79	10.76
中国—秘鲁自贸区原产地证	份数	份	0	0	0	116	116
	金额	万美元	0	0	0	340.88	340.88
	减免费用	万美元	0	0	0	13.64	13.64
总计	份数	份	18812	44643	47780	56189	167424
	金额	亿美元	10.71	20.89	18.44	22.60	72.64
	减免费用	亿美元	0.43	0.84	0.73	0.90	2.90

说明：减免费用按金额 ×4% 税率计算

第四章　海事

2000年7月，中华人民共和国江苏常州海事处（简称"常州海事处"）获交通部批准设立，2001年1月18日挂牌成立，统一监督管理所辖长江水域的水上交通安全，防止船舶污染水域。2004年11月，常州市水上搜救中心成立，在常州海事处设立办公室。2008年1月28日，交通部批复把中华人民共和国江苏常州海事处由副处级调整为正处级，管辖范围为长江干线上自五圩过河标与五十五圩过河标的连线，下至桃花港与界河口连线及孢子洲捷水道和录安洲捷水道，干线总长10.5公里。

第一节　船舶管理

常州海事处成立前，常州长江段的船舶管理由交通部镇江长江港监局常州监督站负责。常州海事处成立后，开始对进出常州港的船舶进行进出口岸、船舶签证、船舶安全检查等方面的管理。

一、船舶进出口岸管理

1998年3月23日，省政府批准常州港为二类口岸，对中国籍远洋船舶开放，7月14日第一艘中国籍远洋轮"江天号"停泊常州港，8月25日第一艘外籍轮新加坡籍"TEYSHA"（泰沙）号停泊常州港。1999年9月15日，交通部批准常州港为临时一类开放口岸。2001年4月，国务院批准常州港口岸为对外开放的一类口岸。是年，常州口岸查验船舶106艘。2009年查验1062艘。2010年查验951艘。2001—2010年，常州口岸查验船舶4702艘。

2001年1月常州海事处成立，市长李全林（中）参加揭牌仪式（摄于2001年1月）

二、船舶签证

常州海事处自2001年开始负责进出常州港船舶的进出口签证，设政务中心及其所辖港区办事处、德胜港办事处签证点，录安洲港区建成后，2009年设立录安洲办事处签证点。2001年，常州海事处办理船舶签证2729艘次。2007年，办理船舶签证3.13万艘次。2010年，办理船舶签证4.36万艘次。2001—2010年，累计办理船舶签证24.86万艘次。

三、船舶安全检查

船舶安全检查分为船旗国监督检查（简称FSC）和港口国监督检查（简称PSC）。2003年4月14日，江苏海事局正式授权常州海事处开展PSC检查。2006年以后，常州海事处招录多名经验丰富的远洋甲类船长和轮机长，实施的船舶安检平均缺陷数、滞留率均有较大幅度提高。2007年12月17日，常州海事处PSC检查人员对巴拿马籍"M. NAGOYA"号外轮进行例行港口国监督检查，发现该轮存在应急发电机空气瓶不能保持压力、机舱左侧通风筒防火挡板失效等17项缺陷，依法对此轮进行滞留。2009年7月24日，常州海事处船舶安检人员对“浦旺海”号货轮进行安全检查，发现该船存在主机倒车有时不能启动、主甲板水密门不水密、重要舱室机械通风不能应急关闭、防火分隔不符合规定等严重影响海上生命安全和防止船舶污染等缺陷，依法对该船进行滞留。2001—2010年，常州海事处实施船舶安检1003艘次，其中国际航行船舶79艘次、国内航行海船234艘次、内河船690艘次；滞留61艘次，其中国际航行船舶9艘次、国内航行海船20艘次、内河船32艘次；查出缺陷8812项，其中国际航行船舶695项、国内航行海船2639项、内河船5478项。

2001—2010年常州市进出口岸查验、签证船舶统计表

表24-4-1　　单位:艘

年份	查验	签证	年份	查验	签证	年份	查验	签证	年份	查验	签证
2001	106	2729	2004	345	29167	2007	347	31317	2010	951	43572
2002	119	6461	2005	458	30979	2008	612	35449			
2003	278	13776	2006	424	25252	2009	1062	29884			

第二节　通航管理

2000年7月，常州海事处成立后，管理辖区通航秩序、通航环境，开展通航功能水域划定、航行安全信息发布、巡航管理和水上水下活动管理等工作。

一、岸线使用审批

常州海事处负责通航水域岸线安全使用许可申请的受理、初审，江苏海事局负责复审、审批和决定文书的发放等。2000年，省水利厅批准常州港开始危险化学品码头运输装卸。2003年，水利部长江水利委员会批复同意投资建设国电常州发电公司码头，该码头获岸线使用许可。2009年，省交通厅批复同意录安洲夹江港区投入新一轮开发建设。2000—2010年，岸线安全使用许可包括国电常州发电公司码头建设、建滔石化码头建设、德胜港码头改扩建工程等5起。

二、水上水下活动管理

2001—2010年，常州海事处重点服务常州港开发和对外开放活动，服务保障常州港录安洲港区一期多用途码头、港区化工码头建设开发通航安全，服务保障圩塘港区新长江通用码头结构加固改造、国电常州电厂码头及建滔石化码头建设开发通航安全等重大开发项目，服务保障夹江通航开发建设，保障录安洲大桥、新润石化管线桥水上、水下活动通航安全，处理辖区沉船沉物打捞、魏村取水口头部移位工程、水上科学考察测量等其他水上、水下活动，累计办理水上、水下活动许可75件，保障通航环境秩序、航路畅通和锚泊安全。

三、事故调查

2001—2010年，常州辖区水上交通事故数及其调查数逐年微增。2001年，发生两起，沉船两艘。2008年，发生水上交通事故12起，沉船两艘。8月3日，安徽省当涂县博望镇个体船舶“皖马货1075”轮与中国长江航运集团南京油运股份公司所属“大庆454”轮在长江72号黑浮上游约500米处分隔带内发生碰撞，事故导致“皖马货1075”轮当即沉没，船上6人全部落水，死亡1人、失踪5人，该事故成为常州海事处成立后发生死亡失踪人员最多的水上交通事故。2010年，发生水上交通事故10起。2001—2010年，常州辖区发生水上交通事故76起，其中涉及一般等级及其以上事故30起，沉船37艘，死亡失踪34人。

2001—2010 年常州辖区水上交通事故统计表

表 24-4-2

年度	事故(起)	其中:一般等级及其以上(起)	沉没船舶(艘)	死亡、失踪(人)	年度	事故(起)	其中:一般等级及其以上(起)	沉没船舶(艘)	死亡、失踪(人)
2001	2	2	2	2	2006	10	1	1	1
2002	5	5	3	3	2007	11	6	6	4
2003	3	3	4	3	2008	12	2	2	6
2004	3	3	1	4	2009	10	2	7	4
2005	10	4	3	4	2010	10	2	8	3

第三节 水上搜救

2001 年 1 月常州海事处成立,长江常州段辖区无搜救组织的历史结束。2004 年 11 月 19 日,市政府召开第一届水上搜救工作会议,宣布成立市水上搜救中心。2007 年 12 月 28 日,市政府印发《常州市水上搜救应急预案》,建立组织指挥体系,确定预警预防行动、水上突发事件应急反应程序,强化应急保障。2001—2007 年是航运发展的黄金时期,船舶运量呈井喷式发展,船员素质的提升速度赶不上船舶大型化的趋势,造成事故频发,船舶沉没事故逐年增长。2008—2010 年,险情发生呈下降趋势,遇险人数稳中有降。2001—2010 年,辖区发生一般及其以上事故 30 起,沉没船舶 35 艘,遇险 853 人、死亡失踪 30 人,市水上搜救中心接警 239 起,平均搜救成功率 96.5%。

2001—2010 年常州市水上搜救工作统计表

表 24-4-3 单位:人

年份	施救次数	事故等级	沉没船舶(艘)	遇险人数	死亡失踪人数	搜救成功率(%)
2001	4	2	2	17	2	88.2
2002	13	5	3	24	3	87.5
2003	16	3	3	54	4	92.6
2004	6	3	4	33	1	97.0
2005	67	4	4	115	3	97.4
2006	17	1	0	15	1	93.3
2007	22	6	6	109	4	96.3
2008	49	2	3	237	6	97.4
2009	33	2	6	184	4	97.8
2010	12	2	4	65	2	96.9

第四节 规费征收

常州海事处征收的规费逐年上升，2001 年，征收规费 87.83 万元。2005 年，突破 1000 万元，达 1283.95 万元；翌年达 2015.71 万元。2010 年，征收 2580.42 万元。2001—2010 年，累计征收规费 1.39 亿元。

2001—2010 年常州海事处规费征收额统计表

表 24-4-4 单位：万元

年度	金额	年度	金额	年度	金额	年度	金额
2001	87.83	2004	917.35	2007	2148.44	2010	2580.42
2002	214.71	2005	1283.95	2008	2032.13		
2003	515.25	2006	2015.71	2009	2059.52		

中国志书精品工程
High Quality Project of China's Local Records

常州市志

(1986—2010)

(第三册)

常州市地方志编纂委员会 编

方志出版社
Publishing House of Local Records

目　　录

（第三册）

第二十五卷　中国共产党

第二十六卷　人民代表大会

第二十七卷　人民政府

第二十八卷　政治协商会议

第二十九卷　民主党派

第三十卷　人民团体

第三十一卷　政　法

第三十二卷　军　　事

第三十三卷　科学技术　社会科学

第三十四卷　教　　育

第三十五卷　常州科教城

第三十六卷　文化　艺术

第三十七卷　大众传媒

第三十八卷　艺文　著述

第二十五卷 中国共产党

Volume XXV

The Communist Party of China

1986—2010 年是常州实施改革开放，经济快速健康发展，社会迅速转型的历史时期。中共常州市委坚持组织、带领全市各级党组织和广大党员干部认真贯彻执行中共十一届三中全会召开以后党和国家的路线方针、各项政策和重大部署，贯彻“党要管党，从严治党”的党建工作要求，通过开展三年整党、社会主义教育与讲学习、讲政治、讲正气（简称“三讲”）教育，保持共产党员先进性教育和学习实践科学发展观及争先创优等主题教育实践活动，切实加强和改进了党的组织建设、思想建设、作风建设、廉政建设和执政能力建设，累计发展党员 13.12 万名。加强领导班子、党员干部队伍与新经济和新社会组织党的建设，扎实推进党的纪律检查、宣传教育、统一战线、台湾工作、信访、党校、党史等项工作，使党组织成为常州经济建设、政治建设、文化建设、社会建设和生态建设的坚强领导核心。各级党政组织坚持深化改革、扩大开放，探索实施、完善农村家庭联产承包责任制、企业经营责任制和企业产权制度改革，逐步建立现代企业制度，到 2002—2004 年基本完成公有制企业改制，激发了民营经济的发展活力；着力培育生产要素市场、商品交易市场，深化财政、税收、物价、外贸、投融资、住房、教育、卫生、养老、医疗和失业等领域体制机制的综合改革，基本构建社会主义市场经济体系，加快了城乡一体化发展的进程。对外贸易、外资和港澳台资经济与外经合作发展迅速；组织实施沿江开发战略，以常州国家高新区为主的各级各类经济开发园区、工业集中区拉开建设框架。全市各级党组织紧紧以经济建设为中心，把握改革、稳定、发展的大局，抢抓机遇，集中力量推进社会主义现代化建设，建成一大批交通、邮电、电力、水利、道路、桥梁、市政等基础设施和教育、文化、卫生、体育、民政与福利设施，提高城市综合服务功能和人民生活质量。工农业经济在产业结构调整中优化提升，农业机械、工程机械、轨道交通等优势产业逐步发展壮大，打造出一大批集团型工业企业、全国著名品牌和产业集群；第三产业快速发展，一大批商品市场、商业服务和旅游设施建成投运，房地产、旅游、金融和信息服务等新兴产业方兴未艾。各级坚持“科教兴市”发展战略，推进火炬计划和星火计划，科技创新走在全省前列，开创了常州在全省乃至全国率先发展、科学发展的良好局面，常州经济社会持续健康发展，综合实力显著增强，在江苏 13 个地级市中始终保持在第一方阵。加强民主法制建设，逐步完善人民代表大会制度、多党合作和政治协商制度与基层民主制度，实行社会治安综合治理，社会秩序始终保持稳定良好的态势。加强社会主义精神文明建设，广泛开展了群众性爱国主义教育、政治思想教育和普法教育，深入开展创建文明城市（区）、文明单位、文明行业和文明村镇活动，干部群众精神面貌、市民文明素质和生态环境、生活水平大幅度提升。

第一章　机构队伍

1985—2010 年，中共常州市代表大会先后召开 5 次（第六至第十次代表大会），出席会议的代表由基层党组织选举产生。大会的主要议程为审议上届市委的工作，提出今后五年的目标任务，组织动员全体中共党员带领全市人民团结奋进；选举产生新一届中共常州市委员会和中共常州市纪律检查委员会。每次代表大会召开后马上召开中共常州市委员会、中共常州市纪律检查委员会的第一次全体会议，分别选举产生市委常委会委员、书记和副书记及中共常州市纪委的常委会委员、书记和副书记。

第一节　党员队伍

1986 年末，全市有中共党员 131220 人，占全市总人口的 4.24%。1988 年起，各级党组织按照“坚持标准，保证质量，改善结构，慎重发展”的方针发展党员。1986—1990 年，全市发展中共党员 1.96 万人。1991 年起，重视在企业、农村生产一线发展党员。1995 年起，重视在生产、工作一线发展党员，重视发展青年党员和女党员，重视在中学生中办好业余党校、培养中共后备力量，抓好多年不发展的单位、党员力量明显薄弱单位和外来务工人员的党员发展工作。1991—1995 年，全市发展中共党员 2.13 万人。1997 年起，按“均衡发展，适度增长”的原则发展党员。1996—2000 年，全市发展中共党员 2.49 万人。2001 年建立发展党员公示制，对拟发展为预备党员的对象和拟转为正式党员的预备党员进行公示。2003 年，建立发展党员的民主推荐、培训考试、预审考察、发展公示、讨论票决、责任追究、预备党员跟踪教育、预警督查等制度。翌年起，重点在新经济和新社会组织等其他社会阶层发展中共党员。2001—2005 年，全市发展中共党员 2.44 万人。2010 年起，全市党组织大力在非公企业和社会组织中发展党员。2006—2010 年，全市累计发展中共党员 4.08 万人。至 2010 年底，全市中共党员发展到 259240 人，占全市总人口的 5.64%，比 1986 年底增加近 1 倍。

1986—2010 年常州市发展中共党员人数和总数统计表

表 25-1-1　　　　单位：人

年份	发展中共党员人数		年末中共党员总数		其中					
					35 岁及其以下党员		大专及以上文化程度党员		女性党员	
	人数	占总数的(%)	总数	比上年同期±(%)	人数	占总数的(%)	人数	占总数的(%)	人数	占总数的(%)
1986	4878	3.7	131220	—	37634	28.7	8846	6.7	16924	12.9
1987	5120	3.7	138655	5.7	37992	27.4	30522	22.0	18139	13.1
1988	3582	2.5	143569	3.5	36064	25.1	12616	8.8	19149	13.3
1989	3004	2.0	147494	2.7	32740	22.2	13784	9.3	19874	13.5
1990	2986	2.0	151041	2.4	30894	20.5	14964	9.9	20499	13.6
1991	3593	2.3	154611	2.4	29350	19.0	16013	10.4	21259	13.7
1992	4024	2.5	158750	2.7	28921	18.2	17414	11.0	22072	13.9
1993	4496	2.7	163866	3.2	29559	18.0	18987	11.6	23103	14.1
1994	4394	2.6	168373	2.8	29730	17.7	20661	12.3	23970	14.2
1995	4761	2.7	173287	2.9	30843	17.8	22800	13.2	25125	14.5
1996	5235	2.9	178807	3.2	33090	18.5	25507	14.3	26391	14.8
1997	5238	2.8	184035	2.9	34856	18.9	28060	15.2	27740	15.1
1998	4959	2.7	185844	1.0	33534	18.0	30334	16.3	28549	15.4
1999	4893	2.6	190660	2.6	31118	16.3	34827	18.3	30291	15.9
2000	4539	2.3	195269	2.4	31115	15.9	38003	19.5	31612	16.2

续表 25-1-1

年份	发展中共党员人数		年末中共党员总数		其中					
					35 岁及其以下党员		大专及以上文化程度党员		女性党员	
	人数	占总数的(%)	总数	比上年同期±(%)	人数	占总数的(%)	人数	占总数的(%)	人数	占总数的(%)
2001	4486	2.3	199309	2.1	31260	15.7	41177	20.7	32938	16.5
2002	4317	2.1	202857	1.8	31486	15.5	43728	21.6	34491	17.0
2003	4351	2.1	206449	1.8	32912	15.9	46999	22.8	35951	17.4
2004	5358	2.5	213113	3.2	35234	16.5	51907	24.4	38682	18.2
2005	5863	2.7	219165	2.8	37960	17.3	56859	25.9	41581	19.0
2006	6740	3.0	226069	3.2	40723	18.0	62555	27.7	44189	19.6
2007	7945	3.4	233901	3.5	44450	19.0	70228	30.0	48555	20.8
2008	8098	3.4	241407	3.2	48838	20.2	76571	31.7	53867	22.3
2009	8959	3.6	250241	3.7	53222	21.3	86112	34.4	56943	22.8
2010	9012	3.5	259240	3.6	58275	22.5	94628	36.5	61643	23.8

第二节　中共常州市代表大会

一、第六次代表大会

1985 年 11 月 29 日至 12 月 2 日在市政府会场举行。1985 年末全市有中共党员 12.41 万名。会前全市选举产生大会代表 455 名，全部出席大会，部分老同志列席会议，市各民主党派主要负责人应邀参加。市委书记陈玉英作了工作报告《加强党的领导，坚持改革开放，为建设社会主义现代化的常州而奋斗》，报告回顾总结了 1980—1985 年开创常州社会主义现代化建设新局面的历程，提出了 1986—1990 年工作的指导原则：贯彻中共第十二次全国代表大会精神，坚持把改革放在首位；以提高经济效益为中心，推进技术进步和智力开发，努力增强出口创汇能力，促进城乡经济全面发展；切实加强精神文明建设，不断提高人民的物质文化生活水平，为全市 90 年代经济振兴创造良好的物质技术基础。市纪委副书记庄桂棣作了市纪委工作报告。大会选举产生市委委员 33 名、市委候补委员 7 名、市纪委委员 20 名。

二、第七次代表大会

1990 年 12 月 11—14 日在市政府会场召开。1986—1990 年，全市发展党员 1.96 万名。全市各地的 442 名正式代表出席大会，代表全市 15.1 万名(1990 年末)中共党员；列席代表 22 名、特邀代表 34 名出席大会。市委书记陈玉英作了工作报告《坚持党的基本路线，切实加强党的领导，夺取常州社会主义现代化建设的新胜利》，报告肯定了第六届市委所做的工作，确定了今后 5 年市委工作的指导思想：坚持党的基本路线，贯彻“稳定、鼓劲、发展”的方针，集中精力搞好经济建设，抓好党的建设，组织和依靠全市共产党员、人民群众艰苦奋斗、开拓进取，夺取社会主义物质文明和精神文明建设的新胜利，为常州建设成社会安定、经济发达、科技先进、文化繁荣、环境优美、城乡协调发展的社会主义现代化城市奠定基础。市纪委书记吴春生作了市纪委工作报告。12 月 14 日，大会选举产生市委委员 31 名、市委候补委员 6 名、市纪委委员 21 名。

三、第八次代表大会

1995 年 9 月 15—18 日在红星大剧院召开。1991—1995 年，常州市发展党员 2.13 万名。全市 452 名代表全部出席大会，代表全市17.33万名(1995年末)中共党员。市委书记虞振新作了工作报告《团结实干，开拓争先，为建设社会主义现代化新常州而奋斗》，报告回顾过去5年工作，提出此后5年的奋斗目标和任务，提前实现第三步战略目标，把常州建设成为现代化城市。市委常委、市纪委书记吴春生作了市纪委工作报告《坚持从严治党方针，加强党风廉政建设，努力为全市的改革、发展和稳定服务》。9月18日，大会选举产生市委委员35名、候补委员6名、市纪委委员21名；同时选举产生出席中共江苏省第九次代表大会的代表47名：丁浩生、王如青、王海清、王霞林、毛小平、田泰武、史萍萍(女)、包文霞(女)、冯仁清、朱荷英(女)、任竹君(女)、刘立祥、刘祥康、刘冠明、汤德胜、许培箴、李福洪、吴春生、沈国桢、张国忠、张晓霞(女)、张德俊、陈玉英(女)、陈胜海、周大刚、周季平、周柏清、周顺安、周起留、孟金元、姚永方、赵顺盘、赵耀骥、俞志平、倪世旺、顾汉萍(女)、钱锡华、高德正、曹锦成、龚健华、程九度、韩洪俊、虞振新、潘永和、潘雪艳(女)、薛奕干、戴顺瑞。

四、第九次代表大会

2001年8月31日至9月3日在红星大剧院召开。1996—2000年，全市发展党员2.49万名。全市各地的488名代表出席大会，代表全市19.53万名(2000年末)中共党员。市委书记李全林作了工作报告《实践"三个代表"，推进富民强市，为率先基本实现现代化而努力奋斗》，报告评价常州市第八次党代会召开以来的6年是常州改革开放和现代化建设取得重大进展的时期，指出今后5年将是常州实现富民强市、率先基本实现现代化的关键5年，号召全市中共党员和干部群众抓住新机遇，为推进富民强市、率先实现基本现代化而努力奋斗。市委副书记、市纪委书记于超作了市纪委工作报告《实践"三个代表"重要思想，以党风廉政建设的实际成果取信于民》。9月3日，大会选举产生市委委员34名、市委候补委员7名、市纪委委员21名；同时选举产生出席中共江苏省第十次代表大会的代表48名：于超、王霞林、毛伟明、孔云生、孔建华、尹国新、乔梓、朱龙虎、朱伟中、朱剑伟、刘立祥、刘建英、汤玉娇(女)、许亚萍(女)、杨平平、李全林、吴建兴、沈小平、张琪(女)、张仁大、张国忠、张国富、张晓霞(女)、张富强、陆琴琴(女)、陈明、陈玉英(女)、陈伟昶、陈章浩、范丽萍(女)、范燕青、周祥荣、居丽琴(女)、赵敖祥、哀霞、贾宝中(女)、顾黑郎、徐峻范、高清、诸志洪、曹锦成、曹德法、盛克勤、韩九云、储江、虞振新、廖晓明、潘小维。

五、第十次代表大会

2006年8月28—31日在红星大剧院召开。2001—2005年，全市发展党员2.44万名。全市各行各业的493名正式代表出席大会，代表全市21.92万名(2005年末)中共党员。市委书记范燕青作了工作报告《加快发展，科学发展，和谐发展，为实现"两个率先"和富民强市目标而奋斗》，报告回顾总结了2001—2006年全市取得的主要成就和基本经验，动员全市中共党员、干部贯彻落实科学发展观，创造加快发展、可持续发展、和谐发展的新业绩，实现基本现代化和富民强市的目标，为把常州建成产业先进、人民富裕、文化发达、城乡繁荣、人居环境优美的长江三角洲

2006年8月31日，中共常州市第十次代表大会胜利闭幕(摄于2006年8月)

名城而努力奋斗。市委副书记、市纪委书记于超作了市纪委工作报告《全面履行党章赋予的职责，不断开创党风廉政建设和反腐败工作新局面》。8月31日，大会选举产生市委委员51名、市委候补委员9名、市纪委委员35名；同时选举产生出席中共江苏省第十一次代表大会的代表49名：于超、王伟成、王定新、王雪峰、尹国新、邓建军、朱剑伟、刘持平、刘新玲（女）、米如群、许仲林、孙健、严国强、李全林、吴志强、邹宏国、汪永健、沈瑞卿、张跃（女）、张琪（女）、张卫国、张学飞、陈玉英（女）、陈玉萍（女）、范丽萍（女）、范燕青、杭天珑（女）、周萍（女）、邵开成、金钰如（女）、金焯贤、赵建军、钟建堂、阎晓东、徐缨（女）、徐惠中、高清、郭志贤、郭建冬、曹锦成、常青、韩涛、董才平、储江、虞振新、廖晓明、潘雪平、戴船龙、戴锁方。

第三节　中共常州市委员会

1986—2010年，通过召开中共常州市第六至第十次代表大会，选举产生5届中共常州市委员会和常务委员会（第六届委员会、常委会为1985年12月2—5日选举产生），届中亦有书记、副书记和常务委员会委员的任职调整和变动。

一、市委委员

第六届　市委委员有丁文南、丁学南、王如青、庄桂棣（女）、汤惠南、陈三林、陈玉英（女）、陈宏道、陈鸿昌、张年清、张留芳、李祥行、李德泉、李镇瀛、吴春生、肖缀成、周珥（女）、周立群、金培清、洪文鑫、赵顺盘、郭兴中、徐峻范、顾焕炳、曹锦成、程九度、韩兆春、蒋惠良、蒋溢涛、潘宗白、薛明、薛锋、戴顺瑞33人，市委候补委员有陈新民、徐田保、张东桂、谭保娣（女）、庄毓皖（女）、孙刚若、杨大伟7人。

第七届　市委委员有王如青、毛小平、朱保钧、许津荣（女）、杨大伟、杨晓堂、杨锦良、李林生、李镇瀛、吴春生、肖缀成、张东桂、张年清、陈三林、陈玉英（女）、陈伯鹏、陈胜海、周亚瑜、周顺安、孟金元、赵国桢、赵顺盘、洪文鑫、倪世旺、徐峻范、郭兴中、曹锦成、阎道经、韩兆春、谭保娣（女）、薛锋31人，市委候补委员有刘祥康、管又铭、戴顺瑞、朱勤兆、孙刚若、张桂华（女）6人。

第八届　市委委员有于温、王如青、毛小平、刘国仁、刘祥康、江忞、李林生、杨大伟、吴春生、吴铁岳、邹宏国、汪鹤鸣、宋诚宇、张东林、张东桂、张晓霞（女）、陈伯鹏、陈胜海、周亚瑜、周顺安、孟金元、赵顺盘、赵耀骥、俞志平、顾汉萍（女）、顾黑郎、徐峻范、郭兴中、曹锦成、蒋峰、虞振新、谭保娣（女）、潘永和、薛锋、戴顺瑞35人，市委候补委员有王悦林、叶高东、朱勤兆、倪世旺、戴源、马振方6人。

第九届　市委委员有丁国良、于超、于温、毛伟明、朱龙虎、朱剑伟、孙国建、杨建、杨平平、李文、李全林、吴铁岳、邹宏国、汪永健、张力航、张仁大、张晓霞（女）、陆洪生、范燕青、周亚瑜、周祥荣、居丽琴（女）、赵敖祥、俞志平、贾宝中（女）、顾森贤、顾黑郎、徐峻范、徐惠中、徐嘉南、盛克勤、韩九云、蒋峰、蒋新光34人，市委候补委员有陈伟昶、卢进南、吴建兴、赵忠齐、练月琴（女）、陈俊杰、孙仲华（女）7人。

第十届　市委委员有于超、王伟成、朱龙虎、朱剑伟、米如群、江心宁、孙健、孙国建、严国强、李小平、杨平平、吴晓东、吴新法、邹宏国、汪永健、汪秋霞（女）、沈海斌、沈瑞卿、张跃（女）、张力航、张东海、张金富、张晓霞（女）、张骏原、陆洪生、邵长生、范燕青、杭天珑（女）、金建勇、金钰如（女）、居丽琴（女）、赵忠齐、赵建军、俞志平、钱建林、徐缨（女）、徐伟南、徐惠中、徐新民、高清、黄欣、常青、蒋自平、蒋新光、韩涛、韩九云、韩立明（女）、路浩、蔡骏、戴源、戴忠良51人，市委候补委员有赵唯强、荣长春、陈国辅、周炳荃、殷仲达、朱雄华、王洪年、陈志刚、戚惠明9人。

二、市委常委会委员

1986—2010年，选举产生5届中共常州市委员会常务委员会。

第六届 任期为1985年12月至1990年12月，陈玉英（女）任市委书记，历任副书记有程九度、陈鸿昌、张留芳、曹锦成、杨晓堂，历任常委有陈玉英（女）、程九度、陈鸿昌、张留芳、杨晓堂、曹锦成、张年清、王如青、赵顺盘、陈三林、潘宗白、孟金元12人，秘书长徐峻范。

第七届 任期为1990年12月至1995年9月，陈玉英（女）、虞振新先后任市委书记，历任副书记有杨晓堂、曹锦成、孟金元、赵顺盘，历任常委有陈玉英（女）、虞振新、杨晓堂、曹锦成、孟金元、赵顺盘、王如青、张年清、吴春生、徐峻范、李林生、周德兴、杨大伟、于温14人，秘书长徐峻范。

第八届 任期为1995年9月至2001年9月，虞振新、李全林先后任市委书记，历任副书记有李全林、孟金元、曹锦成、赵顺盘、吴春生、范燕青、于超，历任常委有虞振新、李全林、孟金元、曹锦成、赵顺盘、吴春生、范燕青、于超、王如青、徐峻范、李林生、于温、赵耀骥、张晓霞（女）、杨大伟、何祖大、邹宏国17人，历任秘书长有徐峻范、邹宏国。

第九届 任期为2001年9月至2006年8月。李全林、范燕青先后任书记，历任副书记有范燕青、徐建明、王伟成、徐峻范、于超、邹宏国，历任常委有李全林、范燕青、徐建明、王伟成、徐峻范、于超、邹宏国、于温、张晓霞（女）、何祖大、杨建、朱龙虎、毛伟明、盛克勤、杭天珑（女）、邵志明、俞志平、戴源、路浩、沈瑞卿20人，历任秘书长有邹宏国、盛克勤、戴源。

第十届 任期从2006年8月开始（至本志下限2010年12月）。书记为范燕青，副书记有王伟成、于超、邹宏国，历任常委有范燕青、王伟成、于超、邹宏国、张晓霞（女）、杭天珑（女）、朱龙虎、俞志平、戴源、路浩、沈瑞卿、孙国建、季忠正、徐缨（女）、邓志兵、刘建国16人，历任秘书长有戴源、常青。

第四节　市委机构设置

1989年，市委完善工业管理机制，撤销了所属3个工业行业工委，设立6个工业行业工委，均作为市委派出机构，分别管理该系统企事业单位的基层党组织。至1994年12月，市委下设工作机构19个（其中派出机构6个）、直属单位3个。1987—1994年，市委下设机构有办公室、组织部、宣传部、统一战线工作部、农村工作部、政法委员会、研究室、老干部局、保密委员会办公室、信访局、台湾工作办公室、轻纺工委、机电工委、电子工委、轻工工委、化建工委、医药工委、机关党委、文明城市建设协调委员会办公室。

1996年，常州市全面推进市级党政机构改革，市委机构改革的重点是理顺关系，调整内设机构，提高工作效率。改革后市委下设工作机构8个：办公室、组织部、宣传部、统一战线工作部、农村工作部、政法委员会、台湾工作办公室、市级机关工作委员会；设部门管理机构3个：老干部局、保密委员会办公室、机要局。

2001年，常州实施市级党政机关机构改革，市委部门改革的重点是理顺职能关系。经过调整，市委设工作机构8个：办公室、组织部（企业工委与其合署办公）、宣传部（挂“市文明办”牌子）、统一战线工作部、政法委员会（市社会治安综合治理委员会办公室与其合署办公）、研究室（农村工作办公室与其合署办公）、台湾工作办公室（挂“常州市人民政府台湾事务办公室”牌子）、市机构编制委员会办公室（与市人事局合署办公）、市级机关工作委员会。市委设部门管理机构3个：老干部局（由市委组织部管理）、市信访局（由市委办公室、市政府办公室管理）、保密委员会办公室（挂“市国家保密工作局”牌子，由市委办公室管理）。后来市委逐步增设新经济和新社会组织工作委员会、对外宣传办公室（市政府新闻办公室）等机构，市依法治市领导小组办公室划归市委政法委，市机构编制委员会办公室单独设置，撤销市委企业工委，市委机要局调整为部门管理机构。

2010年底，市委下设工作机构有办公室、组织部、宣传部、统一战线工作部、政法委员会、农村工作办公室、台湾工作办公室、机构编制委员会办公室、市级机关工委9个，设有部门管理机构老干部局、信访局、保密委员会办公室、机要局。市委派出机构有中共常州高新技术产业开发区工作委员会、中共常州市科教城工作委员会、中共常州市创意产业基地工作委员会。直属事业单位有中共常州市委党史工作委员会(1995 年 6 月 29 日撤销中共常州市委党史资料征集研究委员会办公室时建立)、中共常州市委党校、常州市档案局(常州市档案馆,2001 年起为市委办公室管理的二级机构)、常州日报社、常州市社会主义学院(2007 年,明确机构规格相当于处级)。

第五节　基层组织

1986 年,常州市有中共基层组织 8378 个,其中党委 256 个、党总支 208 个、党支部 7914 个。1994 年,条件成熟的 8 家私营企业在全市非公有制企业中率先建立中共组织。2007 年,市委成立新经济和新社会(简称"两新")组织工作委员会,全市"两新"组织党建工作全面启动。到 2009 年底,全市非公企业和符合条件的新社会组织中共党组织做到应建尽建。至 2010 年底,全市非公企业党组织组建率达 40%,规模以上非公企业全部单独组建党组织,全市中共基层组织发展到 18726 个,其中党委 455 个、党总支 986 个、党支部 17285 个,分别比 1986 年增 1.24 倍、0.78 倍、3.74 倍和 1.18 倍。

1986—2010 年常州市中共基层委员会统计表

表 25-1-2　　单位:个

年份	总数	乡镇、村党委	城市街道、社区党委	机关单位党委	事业单位党委	企业党委			社会组织党委	其他单位党委
						合计	国有企业	非公企业		
1986	256	140	—	146	14	96	—	—	—	—
1987	282	141	—	161	14	107	—	—	—	—
1988	295	141	—	169	14	112	—	—	—	—
1989	308	141	18	170	15	123	—	—	—	—
1990	319	141	18	171	16	132	—	—	—	—
1991	329	141	18	172	16	141	—	—	—	—
1992	332	137	18	170	17	145	—	—	—	—
1993	342	139	18	171	17	154	—	3	—	—
1994	343	139	18	157	21	165	—	4	—	—
1995	353	140	18	152	22	174	—	6	—	5
1996	363	148	18	152	22	188	—	7	—	1
1997	363	148	19	153	21	188	—	7	—	1
1998	366	148	19	157	19	186	—	3	—	4
1999	368	147	19	155	20	193	—	2	—	—
2000	316	89	19	99	23	193	—	9	—	1
2001	326	84	21	101	25	194	—	5	—	6
2002	328	86	21	104	26	191	—	7	—	7
2003	354	65	11	95	35	183	102	71	—	41
2004	380	64	15	100	35	197	88	86	—	48

续表 25-1-2

年份	总数	乡镇、村党委	城市街道、社区党委	机关单位党委	事业单位党委	企业党委			社会组织党委	其他单位党委
						合计	国有企业	非公企业		
2005	374	70	17	101	34	179	72	95	—	60
2006	369	68	18	95	36	170	67	97	1	67
2007	380	79	36	74	55	158	61	92	1	92
2008	415	78	43	100	63	158	62	91	1	93
2009	433	82	43	102	79	155	52	96	3	94
2010	455	54	46	107	85	154	47	96	3	106

说明：乡（镇）党委计入机关单位党委，城市街道党委未全部计入机关单位党委

1986—2010 年常州市中共总支部统计表

表 25-1-3　　　　单位：个

年份	总数	乡镇、村党总支	城市街道、社区党总支	机关单位党总支	事业单位党总支	企业党总支			社会组织党总支	其他单位党总支
						合计	国有企业	非公企业		
1986	208	7	—	44	24	140	—	—	—	—
1987	232	14	—	37	31	164	—	—	—	—
1988	223	17	—	34	36	153	—	1	—	—
1989	250	16	—	31	34	185	—	—	—	—
1990	255	19	—	35	32	188	—	2	—	—
1991	266	24	—	40	36	190	—	2	—	—
1992	293	31	—	46	37	209	—	3	—	1
1993	350	49	—	60	51	238	—	18	—	1
1994	384	75	—	63	52	268	—	18	—	1
1995	404	88	—	64	57	279	—	18	—	4
1996	457	95	—	78	64	313	—	28	—	2
1997	479	98	—	73	70	334	—	29	—	2
1998	458	96	—	74	67	311	—	13	—	6
1999	458	99	—	82	68	302	—	8	—	6
2000	515	137	20	102	69	317	—	446	—	27
2001	532	188	20	96	70	343	—	20	—	23
2002	595	240	33	107	80	363	—	19	—	45
2003	638	135	111	109	130	197	53	113	1	201
2004	697	146	110	109	130	200	40	121	1	257
2005	696	163	125	109	149	171	36	116	1	266
2006	728	183	161	104	156	192	32	109	—	276
2007	1039	454	190	110	146	197	35	86	—	586
2008	1073	448	213	118	147	483	29	83	1	324

续表 25-1-3

年份	总数	乡镇、村党总支	城市街道、社区党总支	机关单位党总支	事业单位党总支	企业党总支			社会组织党总支	其他单位党总支
						合计	国有企业	非公企业		
2009	1112	460	213	126	157	486	18	105	5	338
2010	986	449	196	118	125	176	19	108	4	563

说明：乡镇、村党总支计入机关单位党总支总数，城市街道、社区党总支未全部计入机关单位党总支总数

1986—2010 年常州市中共支部统计表

表 25-1-4 单位：个

年份	总数	乡镇、村党支部	街道、社区党支部	机关单位党支部	事业单位党支部	企业党支部			社会组织党支部	其他单位党支部
						合计	国有企业	非公企业		
1986	7914	4905	—	586	782	6346	—	5	—	200
1987	8385	5050	—	601	823	6625	—	6	—	336
1988	8716	5197	—	714	856	6933	—	9	—	213
1989	9072	5280	175	755	903	7143	—	13	—	271
1990	9294	5307	183	823	914	7272	—	21	—	285
1991	9277	5440	198	865	947	7159	—	37	—	306
1992	9901	5537	225	938	983	7625	—	102	—	355
1993	10108	5645	225	1008	999	7744	—	247	—	357
1994	10481	5691	234	1047	1031	8005	—	339	—	398
1995	10717	5736	262	1086	1077	8078	—	366	—	476
1996	10792	5749	268	1184	1094	8052	—	311	—	462
1997	10898	5753	296	1131	1143	8118	—	303	—	506
1998	10629	5624	305	1216	1117	7709	—	163	—	587
1999	10563	5529	336	1346	1166	7519	—	308	—	532
2000	10063	5171	298	1294	1082	7097	—	339	—	590
2001	9141	4332	250	1259	1089	6238	—	706	—	555
2002	9296	4285	299	1361	1123	6250	—	841	—	562
2003	9058	3423	582	1344	1984	3899	334	1832	21	1810
2004	10166	3598	849	1437	1984	4820	243	2089	21	1904
2005	9628	3736	915	1326	1994	4164	381	2167	21	2123
2006	9258	3687	1118	1300	2085	3796	264	1937	7	2070
2007	10989	4355	1605	1323	2088	4723	192	3295	42	2813
2008	11573	4312	1725	1317	2071	6051	170	4180	66	2068
2009	11824	4321	1769	1347	2113	6241	82	4151	91	2032
2010	17285	4294	1693	1130	2260	10830	51	8257	72	2993

第二章　重要会议与决策

中共常州市代表大会闭会期间，中共常州市委主要通过召开全体（扩大）会议、常务委员会会议的形式实施组织领导。1986—2010年，先后召开中共常州市委员会全体（扩大）会议62次、常务委员会会议299次，讨论、研究并决定召开历届历次中共常州市代表大会、市委全体（扩大）会议，从常州的改革、建设和发展的实际出发，讨论、研究了常州市实施“科技兴市”“科教兴市”、率先实现全面小康和基本实现现代化与“富民强市”等发展战略，深化经济体制改革、政治体制改革，加快开放开放步伐，推进经济建设、政治建设、文化建设、社会建设和生态建设与党的自身建设、民主法制建设、精神文明建设，组织实施重要工作、重大项目、重要人事安排等事项，集思广益，进行民主科学决策，研究制定组织带领全市干部群众付诸于实践的政策措施。

第一节　第六届市委

一、市委全体（扩大）会议决策

第一次会议　1985年12月3日召开，会议选举陈玉英、程九度、陈鸿昌、张留芳、曹锦成、张年清、王如青、赵顺盘、陈三林为市委常委，选举陈玉英为市委书记，程九度、陈鸿昌、张留芳为市委副书记。

第二次会议　1985年12月19—20日召开，会议总结了1985年全市的主要工作，研究部署了1986年全市的主要工作。

第三次会议　1986年8月14—16日召开，会议传达贯彻国务院关于改革劳动制度的规定，讨论通过了《中共常州市委关于制定经济和社会发展第七个五年计划的建议（草案）》。会议决定将建议（草案）提请市人大九届四次会议审定批准后颁布实施。

第四次会议　1987年2月20—23日召开，会议讨论了全市精神文明建设的实施规划和关于坚持四项基本原则、反对资产阶级自由化斗争的意见及关于在全市开展增产节约、增收节支活动的意见等文件。会议决定由市委常委会将《规划》和《意见》修改后下发贯彻执行。

第五次会议　1987年4月4日召开，会议同意推荐市委书记陈玉英、市商业局局长马振方、常州自行车总厂副厂长陈新民、中共武进县湖塘镇委书记施与竞为常州市出席中共第十三次全国代表大会的建议候选人。

第六次会议　1987年11月30日至12月3日召开，会议学习贯彻中共十三大文件，传达贯彻省委七届六次全体（扩大）会议、省委工作会议的精神，研究部署深入学习贯彻中共十三大精神的意见。

第七次会议　1988年11月2—5日召开，会议传达贯彻学习中共十三届三中全会和省委七届七次全体（扩大）会议的精神，研究部署了全市主要工作。

第八次会议　1989年7月3—5日召开，会议传达贯彻学习中共十三届四中全会和省委七届八次全体（扩大）会议的精神，研究部署了全市的主要工作。

第九次会议　1989年11月3日召开，会议经讨论后无记名投票表决，通过常州市出席中共江苏省第八次代表大会代表候选人预备名单（50名），决定召开中共常州市党代表会议。

第十次会议　1989年12月8—9日召开，会议主要研究并确定常州市贯彻中央关于治理整顿、深化改革的意见和工作部署。

第十一次会议　1990年4月20—21日召开，会议传达贯彻学习中共十三届六中全会和省委八届二次全体(扩大)会议的精神，部署下一阶段全市的主要工作，审议并通过《中共常州市委关于学习和贯彻执行〈中共中央关于加强党同人民群众联系的决定〉的意见》，决定中共常州市第七次代表大会于同年12月召开。

第十二次会议　1990年11月30日召开，会议讨论并修改了中共常州市第六届委员会工作报告和市纪委工作报告，讨论第七届市委、市纪委人选安排的原则意见；决定原则同意中共常州市第六届委员会工作报告，由市委常委会根据会议讨论提出的意见修改后，提请中共常州市第七次代表大会审议；决定于同年12月11日召开中共常州市第七次代表大会。

二、市委常委会会议决策

1986—1987年，市委召开了10次常委会会议，研究决定成立市退休职工管理委员会、劳动保险制度改革机构，听取了人武部改归地方建制交接工作、贯彻改革劳动制度4个暂行规定、公安工作、社会治安突出问题等方面情况的汇报，讨论研究了统战、纪检、农村和农业、土地管理、老干部和对台湾事务等工作。1988—1990年，召开了13次常委会会议，讨论研究了物价、科技、史志、政法、统战、宣传、党校、群众团体、人民武装、报纸、广播电视等工作。1988年12月5—6日的常委会议提出了“科技兴市”的战略思想；1990年2月6日的会议研究常州贯彻落实《中共中央关于加强和改善党对工会、共青团、妇联工作领导的通知》的意见。

第二节　第七届市委

一、市委全体（扩大）会议决策

第一次会议　1990年12月15日召开，会议选举陈玉英、杨晓堂、曹锦成、孟金元、王如青、赵顺盘、张年清、吴春生、徐峻范为市委常委，选举陈玉英为市委书记，杨晓堂、曹锦成、孟金元为市委副书记。

第二次会议　1991年2月7—9日召开，全会传达贯彻学习省委八届三次全体(扩大)会议精神；审议并通过《中共常州市委关于制定常州市国民经济和社会发展十年规划和“八五”计划的建议》；讨论《中共常州市委1991年工作要点》。

第三次会议　1991年10月22日召开，全会学习中央和省委工作会议精神，原则通过《常州市社会主义精神文明建设“八五”规划》。

第四次会议　1991年12月26—28日召开，全会学习中共十三届八中全会和省委八届四次全体(扩大)会议精神，审议并通过《中共常州市委、常州市人民政府关于贯彻八中全会精神，进一步加强农业和农村工作的意见》。

第五次会议　1992年2月21日召开，会议听取了市委副书记曹锦成关于酝酿推荐常州市出席中共十四大代表候选人建议名单的说明，同意市委书记陈玉英、中共武进县委书记赵耀骥和刘延禄、周大刚为常州市出席中共十四大代表建议候选人。

第六次会议　1992年5月15日召开，会议听取了市委副书记曹锦成关于酝酿推荐常州市出席省党代表会议代表名单的说明。经讨论并以无记名投票表决，同意丁纪庚、王兆平、刘小莺、邵振声、林伯喜、曹宏发为常州市出席中共江苏省代表会议的代表。

第七次会议　1992年11月25—27日召开，会议学习中共十四大文件，传达贯彻省委八届六次全体(扩大)会议精神，回顾总结1992年全市工作，研究部署1993年全市工作。

第八次会议　1993年7月23—24日召开，学习传达贯彻中共中央、国务院关于经济工作的一系列重要指示和省委经济工作会议精神，总结上半年全市经济工作，部署下半年全市工作。

第九次会议 1994 年 1 月 4—5 日召开，会议传达贯彻中共十四届三中全会、全国经济工作会议和省委八届七次全体(扩大)会议精神，总结 1993 年工作，部署 1994 年目标任务。

第十次会议 1994 年 10 月 7 日召开，会议讨论、确定常州市出席中共江苏省第九次代表大会代表候选人预备名单，讨论并决定召开下一次中共常州市代表会议的有关事项。

第十一次会议 1995 年 1 月 14—15 日召开，会议按照中共十四届三中、四中全会和省第九次党代会、全省计划经济工作会议精神，总结 1994 年全市工作，部署 1995 年度工作任务。

第十二次会议 1995 年 4 月 24 日召开，市委副书记曹锦成作了《关于我市召开第八次党代表大会提请市委全体会议讨论的几个问题的说明》，全会决定 9 月召开中共常州市第八次代表大会，确定了大会的主要议程。

第十三次会议 1995 年 8 月 1—2 日召开，会议学习贯彻省委九届二次全会精神，分析全市改革开放和经济建设形势，总结、部署全市工作。

第十四次会议 1995 年 9 月 2 日召开，会议审议了第七届市委和市纪委的工作报告，作出第八届市委、市纪委人选安排的原则意见。市委副书记曹锦成对第八届市委、市纪委的候选人酝酿情况作了说明。会议原则同意中共常州市委第七届委员会工作报告，提请中共常州市第八次代表大会审议，决定于 9 月 15 日召开中共常州市第八次代表大会。

二、市委常委会会议决策

1991—1992 年，市委召开了 5 次常委会会议，讨论研究人民武装、国家安全、公安、民兵、法院、检察等工作。1993 年至 1995 年 8 月，市委召开 17 次常委会会议，先后讨论研究了审判、检察、民兵和预备役部队基层建设、人民武装、维护政治稳定和社会安定、组织、反腐败、宣传思想、统一战线、党史、国家安全、人大及其代表评议公检法机关、企业民兵与预备役、“城市管理年”活动、扭亏增盈、高新区建设、党校、外经外事、民主集中制及领导干部廉洁自律等工作，决定相关的贯彻实施意见。1994 年 3 月 25 日、5 月 20 日的会议，先后议定领导班子思想作风建设和规范常委会议题的意见，确定建立市领导分区挂钩联系城管工作制度。

第三节　第八届市委

一、市委全体（扩大）会议决策

第一次会议 1995 年 9 月 19 日召开，会议选举虞振新、孟金元、曹锦成、赵顺盘、王如青、吴春生、徐峻范、李林生、于温、赵耀骥、张晓霞为市委常委，选举虞振新为市委书记，孟金元、曹锦成、赵顺盘为市委副书记。

第二次会议 1995 年 12 月 27—29 日召开，会议审议并通过《关于制定常州市国民经济和社会发展“九五”计划和 2010 年远景目标的建议》。

第三次会议 1996 年 8 月 1—2 日召开，会议总结、部署全市上、下半年的主要工作，审议市委书记虞振新所作的工作报告《坚定信心，奋力开拓，夺取全年各项工作的新胜利》和市委、市政府《关于深化国有企业改革的意见》《关于加快乡镇企业改制工作的意见》《关于加快发展个体私营经济的意见》3 个文件。

第四次会议 1996年11月4—5日召开，会议学习贯彻中共十四届六中全会和省委九届五次全体(扩大)会议精神，研究部署全市今后一个时期的精神文明建设工作。

第五次会议 1997 年 5 月 28 日召开，市委书记虞振新作了工作报告《深入学习邓小平建设有中国特色社会主义理论，为实现常州初步现代化宏伟目标而奋斗》，要求领导干部带头学习邓小平理论及其革命风格、科学态度和创造精神，提高思想水平和工作水平；讨论并通过常州市出席省党代表会议代表候选人预备人选，表决通过王海清、韦国桢、孔繁蕾、石永福、包文霞、何巧英、居亦琴为常州市出席省党代会的代表。

第六次会议 1997年10月20—22日召开，市委书记虞振新作了工作报告《认真贯彻落实中共十五大精神，夺取常州改革开放和现代化建设新胜利》，提出全市各级党政组织要把握好中共十五大的灵魂，以邓小平理论武装干部群众，指导全市各项工作。

第七次会议 1998年7月16—19日召开。会议总结、部署全市上半年、下半年的主要工作，动员全市干部群众努力完成年度经济增长等各项工作目标任务。

第八次会议 1998年11月19—20日召开，会议学习贯彻中共十五届三中全会和省委九届九次全体(扩大)会议精神，市委书记虞振新作了工作报告《以十五届三中全会精神为指导，再创我市农业和农村工作的新局面》，肯定常州农村改革20年的成就和基本经验，分析农业和农村工作面临的新形势，确定到2010年全市基本实现农业和农村现代化的奋斗目标及1999年全市农业和农村经济的主要发展目标，明确1999年和此后一个时期农业和农村工作的指导思想与主要措施。

第九次会议 1999年11月15—16日召开，会议学习、落实中共十五届四中全会和省委九届十一次全体(扩大)会议精神，研究提出推进市国有企业改革和发展的目标任务、总体思路和主要措施。

第十次会议 2000年11月10—11日召开，会议学习贯彻中共十五届五中全会和省委九届十二次全体(扩大)会议精神，市委副书记、市长孟金元作了《关于制定〈常州市国民经济和社会发展第十个五年规划建议(草案)〉的说明》，市委书记虞振新作了工作报告《认真贯彻落实中共十五届五中全会精神，努力开创我市“十五”期间各项工作新局面》。

第十一次会议 2001年6月18日召开，会议审议并通过《关于召开中国共产党常州市第九次代表大会的决议》《关于中国共产党常州市第九届委员会、纪律检查委员会组成原则》。

第十二次会议 2001年8月25日召开，会议作出8月31日召开中共常州市第九次代表大会的决定。

二、市委常委会会议决策

1995年8月至1998年底，市委召开了36次常委会会议，先后讨论研究了常州开放开发与经济发展、领导班子思想政治建设、宣传工作、人民武装、统一战线、科协工作、对台工作、法制宣传教育、企业改革、检察、环护、旅游、干部队伍建设、农村基层组织建设、知识分子工作、文化、政法、史志、教育、老干部、工业发展、粮油生产、依法治市、经济发展、金融、再就业、组织建设、农业和农村工作、水利、国有企业党建、医疗制度改革等项工作；还研究了对外宣传、新区开发建设、常州国际中小企业经济合作及贸易洽谈会与商品博览会、亏损大户、国有企业财产监管、再就业工程、国有企业领导班子建设、调整城郊行政区划与小河沿地段2号地块详细规划、怀德桥改扩建、《常州21世纪议程》、利用外资、减轻农民负担、住房制度改革、防汛防旱、旅游项目境外招商、常州高新区财政体制与管理职能、外环路建设、申报历史文化名城、工程建设专项治理、治理太湖水污染、冬春水利建设、报刊与广播电视治理、创建国家卫生城市、重点企业与项目发展、企业下岗职工基本生活保障与领导干部管理制度改革、太湖水污染防治、治理乱收费减轻企业负担、冬春水利建设、组建预备役通信团、增收节支、农村干部精简与基层民主建设、创建文明城市(区)、市行政中心北移、规划建设东方侏罗纪乐园和中华恐龙馆等重大事项，作出了相应决策。其间，多次召开常委会民主生活会。

1999—2001年，市委召开了38次常委会会议，先后讨论研究了防汛抗灾、计划生育、政治协商、教育、经济建设、宣传与思想政治、农业和农村、对外交往、党史征编、技术创新、财政、人民武装、禁毒、群众团体、安全生产、人口与计划生育、人民防空、党校建设、水利、计划、纪检监察、政法、统一战线、文化、人大等工作；先后专题研究、决定了清理整顿农村合作基金会、发展高效农业、水利建设、粮食定购、机关企事业单位职工工资调整、乡镇行政区划调整、教育现代化、天主教、国有企业领导班子建设、人事制度改革、城镇职工基本医疗保险制度建设、依法治市、清理干部住房、县处级及其以上领导干部“三讲”（讲学习、讲政治、讲正气）教育、挂钩帮扶经济薄弱镇、干部交流、农村危桥改造、交通运输安全、市级工业管理机构改革、武进一次性医疗器械专项整治、市新行政中心建设、农业结构调整、农村税费改革、国有企业改革、基层党组织建设改革创新、市县乡镇机构与党政机关机构改革、劳动模范评选、企业军转干部解困、土地批租专项治理、市中心步行街和天宁寺（天宁宝塔）扩建工程、常州市第九次党代会人事安排等重大事项。2000 年 3 月 15 日的会议确定在全市开展“致富思源、富而思进”教育活动；2000 年 6 月 13 日的会议决定试行市级机关科级领导职务任期制。

第四节　第九届市委

一、市委全体（扩大）会议决策

第一次会议　2001 年 9 月 3 日召开，会议选举李全林、范燕青、徐峻范、于超、于温、张晓霞、邹宏国、朱龙虎、毛伟明、盛克勤为市委常委，李全林为市委书记，范燕青、徐峻范、于超为市委副书记。

第二次会议　2001 年 10 月 11 日召开。市委书记李全林作了市委工作报告，传达贯彻中共十五届六中全会和省委九届十四次全体会议的精神；会议研究部署加强和改进党的作风建设工作，审议并通过全会决议，原则通过《中共常州市委关于建设学习型城市的决定》。

第三次会议　2002 年 1 月 15—16 日召开，会议学习贯彻中央和江苏省经济工作会议精神；市委书记李全林作了工作报告，总结 2001 年全市主要工作，部署 2002 年全市任务；市委常委、宣传部部长张晓霞作了《关于编制〈常州市社会主义精神文明建设“十五”规划纲要〉的说明》；会议审议并通过《常州市社会主义精神文明建设“十五”规划纲要》。

第四次会议　2002 年 7 月 22 日召开，会议学习贯彻中共中央总书记江泽民 5 月 31 日的重要讲话；市委书记李全林作了工作报告《以迎接和贯彻十六大为动力，再创常州现代化建设新佳绩》，总结上半年全市经济工作，部署下半年全市工作任务。会议表彰了 2001 年度“团结、廉洁、开拓”好班子 66 个。

第五次会议　2002 年 11 月 26 日召开，会议传达贯彻中共十六大文件和省委十届三次全会精神，部署全市干部群众学习贯彻中共十六大精神工作。市委书记李全林作了工作报告《认真学习贯彻落实中共十六大精神，再创我市改革开放和现代化建设新局面》，市委副书记、市长范燕青传达贯彻了中共中央总书记胡锦涛在中共十六届一中全会上的讲话精神。（第六次会议因内容涉密未记）

第七次会议　2003 年 7 月 17 日召开，市委书记范燕青作了工作报告，部署学习贯彻“三个代表”重要思想，加快推进“两个率先”的工作，提出下半年全市的工作目标和任务。会议表彰了防治非典型性肺炎的先进集体和个人。

第八次会议　2003 年 9 月 11 日召开，市委书记范燕青作了工作报告，会议审议并同意市委《关于力争“两个率先”，实现富民强市的目标和实施意见》。

第九次会议　2003 年 11 月 23 日召开，会议对金坛市市长两名推荐人选进行投票表决，以无记名投票表决方式，产生金坛市市长正式推荐人选 1 名。

第十次会议　2003 年 12 月 23 日召开，市委书记范燕青作了工作报告《加快“两个率先”、富民强市伟大进程，实现全市经济社会发展更大跨越》，市委副书记、代市长徐建明部署2004年经济工作，市委副书记、市纪委书记于超通报了中共常州市委常委会落实党风廉政建设责任制和领导干部廉洁从政的情况。

第十一次会议 2004年7月15—16日召开，总结分析上半年全市经济社会发展总体形势，明确下半年工作思路。市委书记范燕青作了工作报告《牢牢把握科学发展，全面加快“两个率先”，把富民强市的伟大事业继续推向前进》，市委副书记、市长徐建明作了题为《全面贯彻落实科学发展观，促进经济持续快速健康发展》的讲话，市委副书记徐峻范、于超、邹宏国向会议报告了专题工作。

第十二次会议 2004年12月16—17日召开，会议学习贯彻中共十六届四中全会、省委十届十次全会和全省可持续发展会议的精神，市委书记范燕青作了工作报告，市委副书记、市纪委书记于超报告了贯彻落实《中国共产党党内监督条例(试行)》《中国共产党纪律处分条例》和全市推进廉洁从政的情况。会议总结了2004年全市的工作，部署了加强中共执政能力建设和2005年全市经济社会发展工作。

第十三次会议 2005年7月15日召开，市委书记范燕青代表市委常委会作了工作报告，总结、部署了全市上、下半年的主要工作。

第十四次会议 2005年12月19日召开，市委书记范燕青作了工作报告《高举科学发展大旗，落实率先发展举措》；市委副书记、代市长王伟成作了《关于制定〈常州市国民经济和社会发展“十一五”规划建议〉的说明》，并传达贯彻了全省经济工作会议的精神，部署了2006年全市经济工作；会议审议并通过市委《关于制定常州市国民经济和社会发展第十一个五年规划的建议》。

第十五次会议 2006年5月17日召开，会议审议并通过《关于召开中国共产党常州市第十次代表大会的决议》和《关于中共常州市第十届委员会、纪律检查委员会组成原则的建议》。

第十六次会议 2006年8月16日召开，会议审议并通过第九届市委和市纪委向中共常州市第十次代表大会提交的工作报告，听取了中共常州市第十次代表大会代表产生情况的报告，通过表决确定常州市出席中共江苏省第十一次代表大会代表候选人的预备人选。

二、市委常委会会议决策

2001年8月至2003年，市委召开了18次常委会会议，先后学习贯彻中央和上级关于“三个代表”重要思想学习教育、干部教育培训、科技发展、科协等工作的会议和文件精神；先后讨论研究了医疗保险、经济发展、人口与计划生育、环境保护、国土资源、科技、人才、武装、组织、城市总体规划、党风廉政建设、农业和农村、粮食等项工作；先后研究决定了文化名城建设、常州市行政区划调整、常州大学城建设、市人大政府政协新一届领导班子组成、保持共产党员先进性教育、纪检监察案件检查、筹备全国第二届创建学习型城市论坛、沿江开发、筹建市行政中心、防治非典型性肺炎、党政领导干部选拔任用首选提拔责任制、党政领导信访接待日制度、建设项目计划、新北天宁钟楼3区乡镇街道区划调整、农村五件实事等重大事项，决定出台《关于力争“两个率先”、实现富民强市的目标和实施意见》等政策措施。

2004年至2006年8月，市委召开了60次常委会会议，先后学习贯彻中央和上级关于《中国共产党党内监督条例(试行)》《中国共产党纪律处分条例》、中共十六届四中全会与宣传思想、统战、干部及其任免、信访等工作的会议和文件精神；先后讨论研究了妇女工作、对台工作、党校工作、法院工作、干部任用、农业与农村、经济建设、目标管理考评、民营经济发展、利用外资、科技创新、教育、人民武装、政法工作、统一战线、城区工作、国土资源管理、计划生育等工作；先后专门研究决定了常州高新区发展、常州军分区工作、社保扩面征缴、工业产业结构升级、发展现代服务业、文化体制改革、市委换届、“万人评议机关”活动、清理处理党政干部在企业兼职、公开选拔部分领导干部、法治江苏建设、未成年人思想道德建设、高新技术产业化、村委会换届选举、调整区级财政体制、建设卡通产业基地、市政府机构改革、保持共产党员先进性教育、“十一五”规划思路、法治常州建设、经营城市、建设生态常州与全面小康社会、实施科教兴市战略、率先基本实现教育现代化、市属国有企业改革、市慈善总会创始基金劝募、筹备常州科技经贸洽谈会与中国国际卡通数码艺术周、红梅公园开放规划、开发区三年发展纲要、国民经济和社会发展第十一个五年规划、武进区加快发展、常州大学城东区建设、市四套班子公务用车管理、五星街道“城中村”改造、凌家塘农副产品批发市场移建扩建、江苏技术师范学院校园扩建、辖市(区)党委换届、道路与水环境整治、年度重点工作目标、建设节约型社会、干部下访，与科研机构和高校(中国科学院、南京大学、东南大学)对接和产学研结合，市“十一五”重点工程等重大事项，审议决定出台《关于省落实党风廉政建设责任制检查考核反馈意见的整改方案》《常州市公推公选党政领导干部工作暂行办法》和《关于加强和改进人大工作的意见》等政策措施。

第五节　第十届市委

一、市委全体(扩大)会议决策

第一次会议　2006 年 8 月 31 日召开，会议选举范燕青、王伟成、于超、邹宏国、张晓霞、杭天珑、朱龙虎、俞志平、戴源、路浩、沈瑞卿为中共常州市委常委，选举范燕青为市委书记，王伟成、于超、邹宏国为市委副书记。

第二次会议　2007 年 1 月 8 日召开，会议部署 2007 年全市经济工作重点任务，市委书记范燕青作了工作报告《迎接更新更大挑战，实现又好又快发展》，市委副书记、市长王伟成作了题为《又好又快发展经济，着力提升小康水平》的讲话。会上下发《关于加强市委市政府重点工作督查的实施意见(讨论稿)》等文件。

第三次会议　2007 年 7 月 9 日召开，会议总结上半年全市工作，落实完成全年目标任务的要求；市委书记范燕青作了工作报告《攻坚克难，完成当年任务，又好又快推进全面小康》，市长王伟成作了题为《把握大局，创新思想，确保我市经济又好又快发展》的讲话。

第四次会议　2007 年 12 月 10 日召开，市委书记范燕青作了工作报告《贯彻落实中共十七大精神，向基本实现现代化进军》，总结了 2007 年全市主要工作，部署了 2008 年全市工作目标和任务。

第五次会议　2008 年 7 月 16 日召开，市委书记范燕青作了工作报告《奋力攻坚克难，推进五大建设，全面完成今年目标任务》，总结了上半年全市主要工作和市第十次党代会召开后建设创新型城市、全国生态城市、全国文明城市、社会主义新农村、富裕常州(合称“五大建设”)的进展情况，部署下半年全市主要工作，提出了推进“五大建设”的目标任务和措施。

第六次会议　2008 年 12 月 29 日召开，会议总结 2008 年全市工作，部署 2009 年全市经济工作；市委书记范燕青作了工作报告《攻坚、克难、攀登，创新、发展、提高》，市委副书记、市长王伟成作了题为《打好经济增长的保卫战》的讲话。

第七次会议　2009 年 7 月 17 日召开，市委书记范燕青作了工作报告，总结了全市上半年主要工作，分析了全市经济发展面临的形势，提出下半年重点推进 50 项重点工程和生态建设、振兴五大产业、开展学习实践科学发展观活动、建设历史文化名城等工作。

第八次会议　2009 年 12 月 11 日召开，会议学习贯彻中共十七届四中全会和省委十一届七次全会精神；市委书记范燕青作了工作报告《坚持科学发展，实现率先发展，为超额完成“十一五”目标而努力奋斗》，总结了 2009 年全市主要工作，部署 2010 年度全市的目标任务；市委副书记、市长王伟成对抓好当前和 2010 年全市工作提了要求，市委副书记邹宏国作了市委《〈关于加强和改进新形势下党的建设的实施意见(讨论稿)〉

的说明》。

第九次会议 2010年7月5日召开，会议贯彻全省加快转变经济发展方式工作会议精神，市委书记范燕青作了工作报告《全力推进转型升级，全面完成奋斗目标》，总结、部署了全市主要工作。

第十次会议 2010年12月10日召开，会议学习贯彻中共十七届五中全会、省委十一届九次全体会议的精神，总结了2010年工作和“十一五”期间取得的成就及基本经验，部署了2011年的目标任务，审议并通过市委《关于制定〈常州市国民经济和社会发展第十二个五年规划〉的建议》。

二、市委常委会会议决策

2006年8月至2010年12月，市委召开了102次常委会会议，先后学习贯彻了中共十七大、省第十一次党代会等会议的精神；先后讨论研究了常州“十二五”规划、工业经济、开发区建设、创新型城市建设、五大产业振兴计划、服务业发展政策、财政收支预算等经济工作议题，研究了现代传媒中心、常州机场、青洋路高架道路等重要基础设施项目，交通畅通工程、医疗惠民工程、农村环境整治、民生工程等重大事项，讨论实施《中华人民共和国公务员法》、法院检察院工作、构建和谐社会、法制宣传教育、文化体制改革、文化发展、创建全国文明城市、“道德讲坛”实施意见、法治城市创建等政治政法和社会建设议题与意见；先后听取了党代会选举工作、建设国家生态市、备战第十七届省运会、对口援建四川地震灾区、“好班子”与“优秀班子”情况等专项工作汇报，审议了市委常委会会议议事决策规则，其间召开了学习和实践科学发展观专题民主生活会。

第三章 组织工作

1986—2010年，常州各级党委组织部门面对全市经济社会发展的新形势、新任务和新要求，以中共执政能力建设和先进性建设为主线，紧紧围绕常州率先发展、科学发展的大局，更新理念、改进方法，健全制度、完善机制，立足基层夯实组织基础，探索规律抓实工作创新，着力建设干部队伍，选拔领导干部，配备领导班子，聚集发展人才，深化干部人事制度改革，加强党员教育培训，相继实施“831”人才培养计划、“千名海外人才集聚工程”，为常州的党建工作、改革开放、经济建设、社会发展和民主法制建设提供了坚强的组织保障和人才支撑。县处级领导班子和领导干部年度考核制度，创建“团结、廉洁、开拓”好班子活动（连续开展10年），与县处级领导干部谈话提醒制度、党政领导干部素质能力测试系统和电子业绩档案管理系统、“常州金秋人才活动周”系列活动、“831”人才培养计划、城市社区专职工作者规范化管理、村级和社区中共党员组织活动场所建设、乡镇和县区党代表常任制试点、“中共党员进老区，万人帮万户”结对帮扶活动等工作，在全省乃至全国产生积极的影响。

第一节 党员队伍建设

一、党员主题教育

全市各级党组织坚持落实定期召开支部党员大会、支部委员会会议、党小组会和按时上党课（简称“三会一课”）制度，做好经常性党员教育工作，同时在规定时期内开展专项主题教育活动。1989年起，开始用电教手段开展党员教育工作。1993年起，在常州电视台开办《风采录》栏目(2008年7月更名为《党旗飘扬》)，围绕先进基层党组织和优秀共产党员事迹开展宣传报道。1995年，市委组织部会同市委宣传部提出党员学习建设有中国特色社会主义理论和党章“三年规划”，全市300多个基层党委开展学理论、学党章活动，各级党委举办党员培训班961期，组织宣讲员深入基层宣讲600多场次，培训骨干8000多名，轮训党员近8万人。1999年，在全市党员中开展了“学习理论、武装头脑”的主题教育和“在新的历史条件下保持共产党员先进性”系列教育活动。

2000年起，市党员电教中心制作《党员视点》音像光盘，发放至基层电教播放点用于开展党员教育，累计自制5万余张，组织发行党员教育光盘4万余张。2006年7月起，常州按中央和省委的统一部署，开展党员干部远程教育工作。至2007年初，建成覆盖全市村、社区与部分新经济和新社会组织的远程教育接收站点1369个，建立基层站点管理员队伍2600人，实现党员教育信息化、网络化，每年培训党员30万人次。至2010年底，全市建立基层电教播放点1600多个，累计摄制、放映专题片200余部，党员电化教育网络覆盖全市。

整党工作 1984年7月至1987年2月开展，全市有12.54万名党员（含预备党员5230名）参加整党活动，通过整党登记党员11.94万名，占全市党员总数的95.2%、正式党员总数的99.3%，受到处理、缓登、不登、延长预备期和取消预备党员资格的6065名，占全市中共党员总数的4.8%。

“三讲”教育 1999年8—10月，常州开展“讲学习、讲政治、讲正气”教育，首先在市级领导班子、领导干部中开展党性党风教育。翌年4—8月，全市县处级领导班子、领导干部开展教育，听取了意见和建议2800多条，深入179个村调研并帮助解决实际问题163个，大多数领导班子、领导干部接受党性党风整顿，经问卷调查，群众满意与基本满意比例达90%。

“三个代表”重要思想学习教育活动 2000年12月至2001年12月，在全市党员干部中开展“三个代表”（代表中国先进生产力的发展要求，代表中国先进文化的前进方向，代表中国最广大人民的根本利益）学习教育活动。其间，全市各级投资2.2亿元，为群众办实事、好事9600多件，与贫困户结成共同致富对子7200对，解决和基本解决突出问题1万多个。

保持共产党员先进性教育活动 2003年，常州市作为全国17个试点单位之一，率先在全市农村开展保持共产党员先进性教育活动，历时半年。其间，开展10万件好事实事竞赛等活动，构建了农村党员学习教育和党员分类管理、权利保障、激励考评、吐故纳新、作用彰显6个方面的长效管理机制32项。2005年，分别以市及辖市区机关、企事业单位和街道社区、学校、医疗卫生单位党员为主要对象，先后分两批开展保持共产党员先进性教育活动。

常州市深入学习实践科学发展观活动动员大会（摄于2009年3月）

深入学习实践科学发展观活动 2009年3月至2010年3月，全市机关、社会团体、直属企事业单位和镇、村（社区）等近7000家单位、22万余名党员参加深入学习实践活动，开展了“政策惠民、实事利民、服务为民”和“三走进三服务”[①]等主题活动，实施了街道社区和谐工程、学校医院满意工程、非公有制经济组织创新工程、社会组织诚信工程等“五大工程”，为群众办实事好事3.5万件，解决群众反映强烈的问题1.6万个。

① 走进企业、走进社区、走进农村，服务科学发展、服务城乡基层、服务人民群众。

二、党员扶贫济困

2006年，市委组织开展“党员进老区，万人帮万户”活动。3月，市委组织部、农工办、市级机关党工委为帮助茅山老区脱贫致富，加快实现常州市全面建设小康社会的目标，组织市级机关和全市企事业单位、高等院校、部分金融系统和驻常部队党组织及党员干部集中3年时间，结对帮扶茅山老区14个镇(2007年调整为8个)的63个经济薄弱村、1.23万户低收入农户。至2008年底，全市党员干部捐助资金5559万元，实施帮扶项目698个，年均扶持低收入农户7100户次。2009年，启动新一轮“三年帮扶计划”，重点转向扶助集体经济薄弱、农民生活水平偏低、公共社会事业发展滞后的20个经济薄弱村和绝对贫困线以下及家中有重大困难的贫困农户。2008年，四川汶川特大地震发生后，市委组织部立即向全市中共党员发出“交纳特殊党费，支援抗震救灾”的号召，到8月底全市有20.7万名党员自愿交纳“特殊党费”3877.6万元，用于救助汶川特大地震灾区受灾的党员和群众。

第二节　党组织建设

1985年以后，常州的基层党组织建设随着改革开放形势的发展，面临新出现的国有企业党组织建设需要适应实行厂长经理负责制，非公有制企业党组织建设相当薄弱的问题和农村改革后分散状态下基层党组织有待加强等新情况、新问题，各级党委及其组织部门在新形势下主动探索中共基层组织建设，做出了有益的尝试，积累了党组织建设的许多经验。

一、基层党组织建设探索

国有企业　1984年，常州国有企业逐步打破了原来的领导体制，实行厂长经理负责制，中共组织如何在企业中发挥积极作用成为新课题。1990年8月，常州市探索建立企业党组织参与企业重大问题讨论和决策制度、企业党组织定期听取厂长报告工作制度和企业党组织管理干部制度。2000年，中共常州市委企业工委成立，负责加强国有企业党组织建设。2002年6月起，强化国有企业党建工作，以增强国有企业的竞争力。2004年，市委企业工委撤销，职能划归常州市国有资产监督管理委员会党委。

非公企业　80年代中期，常州非公有制企业(简称“非公企业”)发展迅速，成为党组织建设的薄弱环节。1987年8月，市委制定出台《中外合资企业党组织工作暂行条例》，全省率先在合资企业开展党建工作。1992—1995年，市委组织部先后出台加强私营企业和外商与港澳台商投资企业党建工作的文件4份。1999年12月，市委召开全市新经济组织党建工作会议，推动在股份合作制企业、私营企业、外商与港澳台商投资企业、混合所有制企业及市场等新经济组织党建工作的开展。2000年，市委提出加强非公有制经济组织党建工作的意见，明确规定非公有制经济组织建立中共组织及其工会、共青团等群众团体。2002年，市委提出《关于加强非公企业党建工作的意见》，明确新经济组织党建重点在非公有制企业领域，同时启动“双支持、双争创”①活动。2008年，全市开展“凝聚人心、促进发展、让党旗高扬”主题活动和国有企业与非公企业中共组织“统筹共建”活动，促进党建资源共享，优势互补。

党代会代表常任制　2003年8月，市委出台乡镇党代会代表常任制实施意见，在乡镇党委换届时全面施行。2006年，金坛的7个乡镇全部开展党代会代表常任制试点，探索党代会闭会期间代表发挥作用的途径，建立党代会代表年会、代表权利与义务、提案办理、代表联系党员群众、党委成员联系党代会代表等制度。

① 支持业主依法进行企业管理与生产经营活动，争创非公企业先进中共组织；业主支持中共组织独立开展中共组织的工作和活动，争创支持非公企业中共组织建设工作的先进业主。

2010年，市委组织部制定、推行党代会代表任期制，探索建立党代会代表联络机构，有两个辖市区的17个镇党委、街道党工委实行党代会代表常任制。

二、党组织活动载体建设

80年代开始，常州农村土地实行承包经营，农村中共党员的结构分布和活动方式大变，农村基层党组织建设面临新情况。1995—1997年，市委及其工作部门在全市农村建立县处级及其以上干部党建联系点122个、乡镇干部党建联系点874个，落实市委常委、地方党委、部门党组（党委）等主要领导干部基层党建工作责任制，加强农村基层党组织建设。2002年起，市委和辖市（区）党委、街道党工委、镇党委组织创建社区党建工作“五有”（有一个坚强的党组织领导班子、有一套健全的工作机制、有一支过硬的中共党员队伍、有一套有力的保障体系和有一个良好的工作局面）示范点。2003年，全市启动学习型党组织建设活动，《2005—2007年学习型党组织三年建设规划》随后出台。翌年，市委建立市委常委、中共党员副市长基层党建工作联系点，重点联系帮扶单位18个。全市开始开展农村基层党组织“三级联创”（创建组织建设先进县市、“五好”乡镇党委和“五好”村党组织）活动。2007年，全市开展基层党建品牌创建活动，创成基层党建工作品牌66项。2010年，全市实施基层党建“一镇（街道）一品”工程，促进了基层党组织的建设和工作。

第三节　领导班子建设

一、党政部门领导班子

选拔任用　80年代起，市委及其组织部门按照中共中央关于党政领导干部选拔任用坚持德才兼备、以德为先的要求，加强选人用人的民主化、科学化、制度化，把政治上靠得住、工作上有本事、作风上过得硬、人民群众信得过的干部选拔到领导岗位上来。1995年起，实行中共中央颁发的《党政领导干部选拔任用工作暂行条例》。1997年起，向全国公开选拔市级机关处级党政领导干部。翌年，全市开始实行中层领导职位竞争上岗制度。1999年起，对新提任市级党政机关副处级职务的干部实行1年试用期制度，对试用期内干部的岗位适应性和综合表现进行在岗在职考察；同年，建立市政府工作部门党委议事规则，规范部门选拔任用干部的程序。至2001年底，先后两次面向全国公开选拔市级机关处级党政领导干部26名。

常州市公开选拔县处级领导干部任用仪式（摄于2001年8月）

2002年起，全市建立党政机关领导干部任前公示制，征询群众意见，让知情群众参与监督。11月起，实行领导干部个人向党组织推荐干部人选署名制。2003年，建立党政领导干部选拔任用首次提名推荐责任制；向全国公开选拔处级、科级领导干部76名。首次通过公推公选方式选拔金坛市市长推荐人选，此后逐步扩大试点范围。11月，讨论干部任用事项首次实行投票表决制，规定辖区党政正职，市委、市政府工作部门正职的拟任人选或推荐人选由市委常委会提名，提交市委全体会议无记名投票表决；全委会闭会期间，事先征求市委全体成员的意见，由市委常委会无记名投票表决。12月，干部考察适度公开，建立考察预告制，实行民主推荐、民主测评和民主评议等制度。2004年，组织部门制定《党政领导干部生活圈、社交圈考核办法(试行)》，对领导干部8小时以外的生活和社交情况延伸考察。在公推公选优秀年轻干部时，引入人机对话素质能力测试的方式，此后这种方式进一步运用于党政领导干部选拔、机关事业单位竞聘、企业经营管理人才招录、大中专毕业生择业指导等领域。9月，在金坛市洮西镇试行公推直选镇党委、纪委领导班子成员。2005年，《常州市公推公选党政领导干部工作实施办法》出台，公推公选成为常州市选拔干部的重要方式。

2009年，市委组织部建立县处级领导干部选拔任用优选模型，探索规范提名、综合评价、量化比选的干部选拔新方式，通过定量分析与定性评价、量化积分与综合评估相结合，进行量化积分、显性比选，提名、推荐、考察、酝酿、票决过程全部差额选拔。2010年起，全市采用优选模型提拔县处级副职干部，市级机关提任科级领导职务全面实行竞争上岗。5月，市委组织部制定《基层党组织领导班子公推直选实施办法》，全市村、社区等的基层党组织换届选举普遍推行公推直选。

管理考核 1983年起，常州各级党委及其组织部门按干部革命化、年轻化、知识化、专业化(简称“四化”)的要求，调整领导班子。此后适时改革下属干部管理权限、试行厂长负责制、破除领导职务终身制等项干部制度。1991年，市委组织部采用分级管理、下管一级的方式变更干部管理权限，对部分职务实行备案管理，对条线单位实行协助管理。1992年7月起，市委组织部再次调整干部管理权限，县(市)区和市部委办局、直属公司(单位)、群团组织的中层干部和二级局的中层正职一般由单位党委(党组)自行管理，实行登记备案制度。2004—2006年，全市建立党政机关县处级干部岗位职责规范，界定党政领导班子成员的职数审定、职位设置、岗位职责、任职资格、素质能力等条件，完善干部管理配套制度，优化领导班子结构。1994年，全市建立县处级领导班子和领导干部年度考核制度，对正副职领导干部实行分层分类考核。1999年起，全市县处级领导班子开展创建“团结、廉洁、开拓”好班子活动，加强考核。2002年，全市党组织建立民主评议制度，量化考核指标，实行计算机量化测评考核。市委组织部建立定期分析、谈话提醒制度，由组织部长定期约谈县处级领导干部。2007年，市委、市政府建立重点工作督查制度，市委组织部牵头相关部门参加，督查全市重大建设、重点工程、有效投入、招商引资、人才引进等工作，督查与考察并举，在工作一线考察、考核和评价干部。2008年，市委组织部建立领导干部电子业绩档案管理系统，对工作业绩差、群众认可度低和不胜任现职的18类领导干部制定调整的方法和程序，畅通领导干部“下”的渠道。2009年，《常州市促进科学发展的县处级领导班子、领导干部及市级机关公务员综合考核办法》出台，不再进行“好班子”的考评。

监督管理 1995年，《党政领导干部选拔任用工作暂行条例》颁布实施，常州市率先引入知识测试、民主测评等方法，建立干部选拔任用工作情况监督检查、组织部门与执纪执法部门定期联系通报制度；常州开始实行党政机关县处级及以上领导干部收入申报制度。1997年，实行领导干部谈话、诫勉制度，试行领导干部回复党组织函询制度。1998年起，建立干部个人重大事项报告制度，市委组织部建立特邀监督员队伍。2003年，市委探索建立干部选拔任用责任追究制度、干部选拔任用监督责任制。市委组织部建立部长谈心日制度，以领导干部的权力运用、履行岗位职责和自身廉洁情况为主要内容，加强对领导干部的日常监督。翌年，实施县处级领导干部签订廉洁自律承诺书制度，设立举报电话“12380”，在党建网站上开通部长信箱和干部监督信箱等，强化监督效能。2007年，实施中共党员领导干部个人有关事项报告制度。翌年起，建立并实行市和辖市区两级党委常委会向全体会议报告年度干部任用情况制度和全体会议对年度干部选拔任用工作、年度新提拔的党政正职进行民主评议的制度。2009年起，建立用人审查、用编审核、经济责任审计三责联审制度。2010年，对市教育局、团市委、民防局主要领导进行了三责联审。

二、农村党组织领导班子

1987 年，市委组织部对全市 176 个后进村党支部采取加强教育、调整班子、健全制度等方法进行整顿。1990—1993 年，全市整顿后进村党支部 390 个，其中 346 个转化明显。1995—1997 年，整顿帮扶后进村和经济薄弱村党支部 150 个，有 138 个实现转化。2001 年，溧阳在农村党组织换届选举中试行党员与群众分别推荐候选人、党员选举村党组织领导班子（简称“两推一选”），市委组织部于 10 月在全市推广。2002 年，全市村党组织换届选举普遍实行“两推一选”。2004 年，市委组织部建立村党组织书记选拔任用、教育培训、激励保障和考核约束的规范化管理机制。翌年，金坛有 50 个村党组织领导班子选举率先试行公推直选。2009 年，全市落实村党组织书记“职责有目标、收入有保障、干好有希望、退后有所养”政策，全部参加社会养老保险，村干部除少数人基本报酬略低外，总报酬基本达到省定标准。

三、企业党组织领导班子

改革开放后，常州国有企业实现厂长经理负责制，非公企业日益壮大，给企业党组织领导班子建设带来新课题。1995 年，市委组织部提出企业董事长、总经理、党委书记 3 个职位由 1 人兼任的课题。1998 年，国有企业改组改制，同步建立健全企业党组织，调整其隶属关系。2002 年，全市有 29 家国有控股企业实行董事会与党组织成员双向进入、交叉任职的组织形式，即董事会成员与党组织成员、董事长与党组织书记进行兼任。2004 年 3 月，溧阳市金峰水泥公司采用“两推一选”方式，产生企业党委委员和领导成员。

第四节 干部队伍建设

1986—1993 年，常州市组织部门坚持革命化、年轻化、知识化、专业化的方针，配备领导班子人员，选拔任用优秀年轻干部，完善干部离退休制度，实现新老干部的交替，建立起下管一级的干部管理体制，加强干部队伍建设。1994—2000 年，贯彻落实中央扩大民主、完善考核、推进交流、加强监督的方针，初步构建干部人事制度改革的总体框架。2000 年，市委制定《关于推进和深化干部人事制度改革的意见》，建立干部年度考核制度，完善后备干部制度和干部选拔任用工作程序，探索公开选拔、竞争上岗等考察选拔干部的方法。2005 年，市委制定《关于深化干部人事制度改革的贯彻实施意见》，以科学化、民主化和制度化为目标，在实施竞争性干部选任、推进领导干部岗位职责管理、加强领导干部经常性考核评价、分层分类选拔培养后备干部等方面取得突破。2010 年，《常州市 2010—2020 年深化干部人事制度改革实施意见》出台，重点健全和完善后备干部机制、选拔任用机制、考核评价机制、激励保障机制，建成较为完备的干部人事制度体系。

1986—2010 年常州市党政群团机关与企事业单位干部人数分类统计表

表 25-3-1　　　　单位：人

年份	总人数	单位类别		干部政治面貌			干部性别		干部民族	
		党政群团机关	企事业单位	中共党员	民主党派人士	无党派人士	女性	男性	少数民族	汉族
1986	72794	13007	59787	29526	544	32439	19943	52851	186	72608
1987	78343	14268	64075	31777	585	34912	21153	57190	200	78143
1988	86361	15038	71323	32766	729	37289	25271	61090	192	86169
1989	98083	15545	82538	35831	815	41890	30099	67984	188	97895

续表 25-3-1

年份	总人数	单位类别		干部政治面貌			干部性别		干部民族	
		党政群团机关	企事业单位	中共党员	民主党派人士	无党派人士	女性	男性	少数民族	汉族
1990	100693	15731	84962	35501	859	41678	30563	70130	233	100460
1991	108175	16419	91756	36903	887	44852	33802	74373	213	107962
1992	113285	16753	96532	37760	838	47690	36479	76806	208	113077
1993	116934	16980	99954	37946	859	48833	38538	78396	239	116695
1994	119646	16275	103371	38115	819	50124	39362	80284	235	119411
1995	124709	17081	107628	39600	916	50685	42060	82649	261	124448
1996	131682	17755	113927	37873	1005	48456	39756	91926	245	131437
1997	115479	17930	97549	38714	1032	47033	40749	74730	230	115249
1998	114480	17120	97360	39420	1034	46588	41668	72812	239	114241
1999	110247	15409	94838	37976	—	—	40999	69248	242	110005
2000	104984	15124	89860	36872	—	—	40000	64984	232	104752
2001	95521	14760	80761	34546	1208	—	37323	58198	284	95237
2002	88091	14450	73641	32582	1054	—	35939	52152	222	87869
2003	81984	14799	67185	30698	—	—	34987	46997	200	81784
2004	79103	15144	63959	30552	—	—	34523	44580	210	78893
2005	79368	15309	64059	26626	—	—	35562	43806	232	79136
2006	80496	15693	64803	32931	—	—	36464	44032	236	80260
2007	80508	15968	64540	33957	—	—	37188	43320	232	80276
2008	80387	16256	64131	34690	—	—	37616	42771	248	80139
2009	80425	16446	63979	35302	—	—	38088	42337	287	80138
2010	94563	16908	77655	37448	—	—	42780	51783	363	94200

说明：1. 党政机关包括党委、政府及其部门与群众团体机关。2. 分别从 1999 年、2003 年起，不再统计无党派人士、民主党派人士中的干部

一、后备干部选拔

1986 年，市委组织部建立后备干部年度考核、滚动式管理机制，逐步建立一支有质量、结构较合理、门类较齐全的县处级后备干部队伍。1990 年，市委组织部充实县处级后备干部特别是正职领导干部后备名单。2003 年，制定《常州市县处级后备干部工作实施细则（试行）》，对后备干部选拔原则、条件资格、数量结构、选拔程序、培养、管理、任用以及组织领导和工作纪律等作出明确规定，按领导班子正职职数 1∶2、副职职数 1∶1 的要求建成县处级后备干部队伍。2007 年，建立县处级后备干部单位民主推荐、组织推荐、综合素质测试、组织考察和组织审定的选拔机制。2008 年，选拔新一轮后备干部，建成经济、政法、城建、社会事业、辖市区、党群综合和女干部与党外干部 7 个县处级后备干部库，储备干部 361 名。2010 年，《2010—2020 年常州市党政领导班子后备干部队伍建设实施意见》出台。

二、年轻干部培养

1992 年，市委组织部按照中共中央关于抓紧培养教育青年干部工作要求，启动市、辖县（市、区）干部交

流挂职和抽调机关干部到企业挂职工作。1995 年和 1997 年，分别选调青年干部到机关、基层企业挂职锻炼和选派优秀年轻干部到国家有关部委挂职锻炼，实施机关与企业青年干部双向挂职的锻炼机制。1997 年起，常州市开展与新疆伊犁州互派干部对口支援工作（至 2010 年底选派 6 批 41 名干部）。2000 年，常州市建立干部交流机制，开展轮岗交流、异地交流、任职交流、回避交流等工作。2003 年、2007 年和 2008 年，先后启动与江苏盐城及西藏、四川汶川地震灾区的干部对口支援工作。2007 年，面向应届大学毕业生，首次选拔 100 名大学生到村（社区）担任干部。2008 年，市级机关 102 名中层干部通过组织配置、竞争上岗方式，实行跨部门、跨地区交流轮岗。2010 年，组织部门建立年轻干部组织培养、理论培训、基地锻炼和考核管理等工作机制，至同年底累计选拔 793 名大学生到村（社区）担任干部。1986—2010 年，常州组织部门接受省委组织部选派的 242 名选调生到常州工作，进行多岗位锻炼。

三、妇女干部培养

1995 年，市委组织部落实中共中央关于加强培养选拔女干部工作的要求，制定《常州市贯彻〈江苏省 1995—1999 年培养选拔女干部发展女党员工作规划〉实施意见》，明确培养选拔女干部的工作目标和措施。2001 年，市委组织部与市妇联等相关单位细化女干部培养选拔目标，规定市和辖市（区）党委、人大、政府、政协领导班子各配备女干部 1 名以上，两级党委、政府工作部门配备女干部的领导班子要超过 50%。2002 年，市委组织部与市妇联等职能部门组织推荐优秀女性人才，建成县处级后备女干部、科级后备女干部、女专业人才、女经营人才 4 个人才库，储备优秀女性人才 750 余名。

四、党外干部培养

2000 年，市委组织部、统战部商定党外干部后备干部管理程序和办法，选荐 39 名党外县处级后备干部。2005 年，市委出台《关于进一步加强中国共产党领导下的多党合作和政治协商制度建设的实施意见》，落实在人大、政协等机构中安排党外干部担任领导职务的数量和比例规定。至 2010 年底，全市任用县处级党外领导干部 66 名，推荐党外县处级后备领导干部 49 名。

五、干部培训教育

80 年代初期，市委组织部开始依托市委党校举办学历班、岗位培训班，解决干部知识层次较低、能力欠缺等问题。2003 年，市委组织部按照《干部教育条例》和中央关于大规模培训干部的要求，制定《干部教育培训“十五”规划》，要求县处级领导干部每 5 年脱产轮训 1 次。建立领导干部学习积分考核制，量化完成组织规定的学习任务、在职自学、自主选学和其他学习情况的分值，进行积分考核。2004 年起，县处级干部进修班采取由市委党校与知名高校两阶段培训的模式，中青年干部培训班采取由市委党校、清华大学与境外培训三阶段培训的模式，以培养眼界宽、思路宽、胸襟宽的党政领导干部；教学方式由传统的课堂讲授为主、自学研讨为辅，发展为课堂讲授为辅、自学研讨为主，再发展到课堂讲授、互动研讨、现场教学、案例教学、情景模拟等方式综合运用的教学模式。开通县处级领导干部网上学习城，提供“百千万工程”指定教材、第二批全国干部学习培训教材、市情市策等方面的视频课件约 700 种，实施干部“多层次、分类别、互动式”学习教育培训。

2006 年，市委组织部启动实施《2006—2010 年常州市干部教育培训规划》和《“十一五”期间县处级干部脱产轮训计划》，展开新一轮大规模的干部培训工作。翌年起，对县处级干部量化积分考核内容拓展为参加组织选调的脱产培训、中心组学习、学历（学位）教育、在职自学与自主选学等方面，考核结果作为其个人年度考核、评先评优、选拔任用及班子评比的重要依据。2009 年，市委组织部首次在美国马里兰大学举办高级公共管理硕士(EMPA)学位班，在全市选拔 15 名优秀年轻干部在该校学习 1 年。至 2010 年底，市委组织部等单位累计在境外举办培训班37期，培训780余人次。2003—2010年，全市举办干部进修、专题研讨和轮训等培训班2830期，培训51万余人次；举办专题讲座、报告会960场，19.1万人次参加听课。

六、干部审查监管

80年代，全市组织部门干部审查工作重点是清理查核“文化大革命”中造反起家的人、帮派思想严重的人和打砸抢分子（简称“三种人”），通过对干部历史问题的鉴别，搞清其政治立场和政治表现，纯洁、巩固中共组织和干部队伍。1993年10月1日，《国家公务员暂行条例》试行，中共常州市委和市人大常委会、政协、法院、检察院、民主党派、群众团体等机关干部参照公务员制度由市人事局管理。1997年，参照公务员制度管理的干部调整为市委组织部管理。2001年9月，干部审查的重点转到干部监督。2003年5月，市委适当调整干部的管理权限，将部分委托管理的职务调整为备案管理，部分备案管理的职务调整为由各主管部门直接任免。2005年《公务员法》实施后，全市党委、人大、政协、法院、检察院、民主党派和工商联的机关干部被列入公务员管理，群众团体和部分直属事业单位的机关干部仍参照公务员管理。

第五节　老干部工作

1987年2月起，常州市组织部门、老干部工作部门严格执行干部离退休制度。1997年起，实行县处级退休干部与离休干部统一管理。2009年2月，把市管退休干部的服务管理纳入市委老干部局的职责，以统一指导、原单位负责、属地管理与社会化服务相结合为原则，推进服务管理制度化、规范化。

2010年底常州市离休干部分类统计表

表25-3-2　　单位：人

<table>
<tr><th colspan="3">项　目</th><th>人数</th><th colspan="3">项　目</th><th>人数</th></tr>
<tr><td colspan="3">离休干部总数</td><td>1812</td><td rowspan="3">享受待遇级别</td><td rowspan="3">医疗乘车待遇</td><td>副县处级</td><td>557</td></tr>
<tr><td rowspan="3">分布</td><td colspan="2">机　关</td><td>636</td><td>正副科级</td><td>413</td></tr>
<tr><td colspan="2">事业单位</td><td>456</td><td>其　他</td><td>311</td></tr>
<tr><td colspan="2">企　业</td><td>720</td><td rowspan="2" colspan="2">年龄结构</td><td>80岁及其以上</td><td>1390</td></tr>
<tr><td rowspan="6">享受待遇级别</td><td rowspan="3">医疗待遇</td><td>副省级</td><td>4</td><td>70～79岁</td><td>422</td></tr>
<tr><td>地厅级</td><td>3</td><td rowspan="5" colspan="2">参加革命时间</td><td>1927年8月1日至1937年7月6日</td><td>3</td></tr>
<tr><td>副地厅级</td><td>94</td><td>1937年7月7日至1942年12月底</td><td>110</td></tr>
<tr><td rowspan="3">医疗乘车待遇</td><td>厅局级</td><td>144</td><td>1943年1月1日至1945年9月2日</td><td>358</td></tr>
<tr><td>副司局级</td><td>259</td><td rowspan="2">1945年9月3日至1949年9月底</td><td rowspan="2">1341</td></tr>
<tr><td>正县处级</td><td>27</td></tr>
</table>

一、活动场所

1982年，市委、政府投资54万元，在双桂坊70号建立市老干部活动室，建筑面积800平方米，为公益性事业单位，服务对象为市区离休干部、市管退休干部和在常州异地安置的老干部等。1994年，市属企事业单位集资200万元，建成老干部活动大楼，建筑面积1360平方米。1999年，市老干部活动室通过招商引资，合作建成高5层的活动大楼，增加使用面积1100平方米。2001年5月28日，市老干部活动中心在双桂坊70号注册成立。2006年以后，市老干部活动中心多次改造扩建，至2010年底占地约达2000平方米，总建筑面积3578平方米，设立活动项目近20个，基本保证老干部活动对室内场地的需求。各辖市区及老干部人数较多的委办局和公司先后建立老干部活动中心(室),全市老干部活动场所基本形成网络。

二、待遇安排

政治待遇 离休干部有阅读一定级别文件、听报告、参加重要会议和重大活动等政治待遇,市委、市政府每年向离休干部通报情况,组织离休干部就近就地参观学习,定期举办中央精神、时事政治、健康养生、心理调节等方面的专题报告会。市委老干部局坚持走访慰问离休干部制度,做到重大节日必访、生病住院必访、困难必访、亡故必访。通过局长接待日、网上局长信箱、聘请专职律师,成立老干部法律咨询服务室,提供义务法律服务等。2005 年起,针对离休干部进入高龄期、高发病期的特点,通过送学上门、书面通报、就近组织学习和开展活动等形式,落实并保障离休干部的政治待遇。2008 年起,实施县处级退休干部“三年轮训计划”,举办县处级退休干部读书班。2009 年起,打造晚霞系列品牌活动,创设晚霞讲坛,建立晚霞讲坛专家库,邀请全国著名的专家学者为老干部作理论辅导、形势报告和健康知识讲座;开办面向老干部的公益性晚霞书场,丰富老干部的业余生活;组建晚霞合唱团,组织老干部到群众文艺广场排练演唱经典歌曲。2010 年,创办晚霞画廊,常年展示离退休干部书画、摄影作品。

生活待遇 1989 年,常州老干部工作部门为 508 名离休干部的农村户口配偶及其未成年子女办理城镇户口,其原来的自留地、责任田由所在乡(镇)政府、村委会收回和转让,转户口后的城镇粮油供应和财政补贴由户口所在地区粮食、财政部门在包干范围内承担。随着全市经济的发展,离休干部生活待遇按略微从优的原则,离休费、生活补贴费、护理费、交通费、特需费等补助费逐步提高,无固定收入的离休干部遗属的生活补贴费同步提高,已故离休干部无工作的配偶被纳入基本医疗保险,对离休干部在参观、探亲、医疗、保健、丧葬、抚恤等方面给予相应的政策倾斜。1995 年 7 月起,企业离休人员参照机关同职务同条件离休人员大致相当的水平调整,增发离休金。1998 年 1 月起,企业离休人员的离休金每月经社会保险机构核拨后,委托银行按月足额发放。2004 年 7 月,在全市由福利分房转变为货币分房的改革中,对离休干部住房差额面积进行货币补贴,住房补贴资金原则上由离休干部原工作单位解决。至 2005 年底,离休干部住房差额面积货币化补贴全部到位,全市 1780 名离休干部领取住房补贴 4852 万元。2008 年,组织发放市级行政事业单位退休人员住房补贴,对退休人员住房未达规定面积的部分按每平方米建筑面积补贴 600 元、工龄每年补贴 7.3 元的标准,于 6 月底前全部一次兑现。

医疗待遇 1989 年 5 月 1 日,常州市第一人民医院建成老干部病房楼。此后,市第二、第三人民医院和中医医院、解放军 102 医院相继设立老干部病区。2001 年 1 月起,市属离休干部医药费实行统筹管理,统筹金由市医保中心统一管理,专款专用,适当减免市认定的特困企业离休人员的医药费统筹金。辖市区金坛、溧阳、武进、新北、天宁、钟楼出台离休干部医药费报销管理办法,保证其及时得到治疗。2002 年,建立离休干部离休费保障、医药费保障、财政支持 3 项机制,确保制度规定范围内的医药费实报实销,杜绝拖欠现象。2003 年 9 月,出台管理意见,按单位自愿、整体加入和单位承担统筹金的原则,解决驻市区部省属机关企事业单位 267 名离休干部(人员)的医药费问题。2005 年起,离休干部健康体检从每两年一次调整为一年一小检、两年一大检,以保证常见老年性疾病得到预防和及时治疗。2010 年底,全市设老干部病床 220 张。

三、管理服务

归属管理 2004 年 3 月起,市委、市政府要求在产权制度改革中关闭、破产、撤销、国有资产全部退出及国有资本参股的企事业单位,其离休干部(人员)的管理服务与原单位分离,由改制企事业单位的原主管部门负责管理,在改制中 11 个系统、45 家单位剥离提留涉及 166 名离休干部的 2215 万元经费,缴入市财政专户。

2006年，改制为非国有控股企业或实施关闭、破产、撤销的市属国有企业，离休干部管理服务按系统归口管理，对无主管单位的离休干部按就近对口的原则管理；离休干部经费筹措有困难的市属国有企业由主管单位统筹解决，纳入市财政专户管理、统一发放，不足部分全部由财政承担。上述措施解决了2000年以后相关企业发放离休干部经费前清后欠的问题。原常州建工局、中国房地产开发常州总公司的离休干部（人员）归市建设局管理；常州机电、化轻、纺织、贸易4家国有资产经营公司和常柴集团、服装集团、塑料集团、矿务局等单位被撤后，429名离休干部（人员）转入常州市工贸国资公司管理。

就近服务 1994年，常州市举办“爱心献老人”大型系列活动。2007年，市委老干部局利用社区资源改进离退休干部服务，逐步建立家庭、单位、老干部工作部门与社区、医疗机构相互配合的服务管理体系，实现老干部就近学习、就近活动、就近关心照顾、就近发挥作用。部分社区建立老干部社区课堂、学习小组和基本信息库，发放联系服务卡，组织开展离退休干部文体活动。2008年起，老干部工作部门借助民政部门居家养老服务工作体系，把具有本市户籍、住在当地1年以上的市区孤老、独居及属于介助和介护对象的离休干部纳入居家养老服务体系，每月享受价值100元(2009年起200元，2010年起90岁以上的300元)的送时服务，费用由市财政、离休干部居住地所在区财政各承担50%。2010年，建立老干部居家养老服务示范点6个，推动老干部居家养老服务。同年底，全市有827名老干部享受社区服务，其中享受居家养老送时服务135人。

特困帮扶 2010年起，市委老干部局对市直属单位因病因灾致贫返贫、导致生活特别困难的离休干部、县处级退休干部给予关心照顾，重点对2009年度医药费自费超过2万元的离退休干部给予经济援助，老干部所在单位和社区对其予以生活、出行等方面的特殊照顾，做好精神慰藉工作。

四、作用发挥

1991年6月14日，常州市精神文明建设老干部督察团成立，聘请35名离退休干部组成，参与全市性精神文明建设活动，对基层单位进行调查督导，协助学校、街道对青少年开展道德教育和革命传统教育。1992年1月19日，常州市关心下一代工作委员会（简称“关工委”）成立，组织老干部参与、开展青少年热爱共产党、热爱祖国、热爱社会主义教育等系列活动，教育引导青少年健康成长。1993年5月20日，市关工委与市精神文明建设老干部督察团合署办公，此后市老年人体育协会、老科技工作者协会、老年大学、炎黄文化研究会等团体积极发挥作用，让老干部力所能及，老有作为。全市老干部工作部门和有关社会团体经常组织老干部开展主题活动。1998—1999年，组织开展了“两学三创”“让晚霞更绚丽”等主题活动。

21世纪初，市老干部活动中心先后组建艺术团、书画、集邮、棋牌、台球、乒乓、麻将、垂钓、健身等老干部活动团队10个，每年组织多种老干部比赛活动，多次在全国、省、市老干部活动中获奖。2002—2010年，先后组织老干部开展了“传承红色经典，弘扬爱国主义”“老干新枝展风采”和“迎省运、健身心”等主题系列活动，组织老干部学习新知识，接受新观念，发扬新风尚。2008年，在老干部中开展“回眸三十年，共谱和谐曲”系列活动，《常州日报》开辟“我参与、我见证、我分享”老干部征文专栏，市委老干部局、常州电视台联合摄制“见证三十年”老干部专题访谈节目12集，举办了“盛世欢歌”老年文艺会演，全市45支老年文艺团队近2000名老年文艺爱好者参加演出。2009年，围绕常州解放60周年和新中国成立60周年，组织老干部开展“共建和谐社会，共创美好常州”主题活动；举办“今日江南”常苏锡镇四市老干部摄影联展；参加“回首激情岁月”全省离退休干部庆祝新中国成立60周年征文活动和全省“祖国颂”老干部文艺会演。2010年，组织老干部开展“迎省运，健身心”主题活动，13支健身队的600名离退休干部参加太极拳、健身操、秧歌、花鼓、排舞、扇舞等体育健身展示活动；承办了全省老干部桥牌友谊比赛，12个省辖市队的86名老干部参赛。

第六节　市级机关党组织建设

1984—1994 年，市委设有中共常州市直属机关委员会（简称“市机关党委”）。1994 年 12 月 29 日，中共常州市机关党委更名为中共常州市委市级机关工作委员会（简称“市级机关党工委”），作为市委的派出机构，负责市级机关党建工作。1986 年，市机关党委所属党组织 58 个，其中代管党委 1 个、机关分党委 2 个、党总支 12 个、党支部 41 个、临时党支部 2 个；中共党员总数 2108 名。1986—2010 年，市级机关党工委围绕市委中心工作，推进机关党的建设，提高机关党员干部整体素质，加强机关党风廉政建设，发挥机关党组织和党员干部在推进常州改革开放和现代化建设中的核心堡垒作用和先锋模范作用。2010 年，市级机关党工委辖党组织 65 个，其中机关部门党委 34 个、党总支 29 个（含独立党总支 17 个）、党支部 432 个（含独立党支部 14 个）；中共党员总数 7973 名。

一、党员队伍建设

1986—2010 年，市级机关党委、党工委每年举办入党积极分子培训班 1 期，累计举办 25 期，培训学员（入党积极分子）3700 多人次。把好中共党员发展入口关，实行公示制、票决制，吸收新中共党员 3000 名。每年组织中共党员学习和短期培训 1 次。从 2001 年起，制定实施市级机关科级以下（含科级）党员干部教育培训计划，3 年 1 轮，组织党员干部学习马克思主义中国化的最新理论成果和推动经济社会发展所需的创新思维、工作理念和实践知识。

二、基层组织建设

1993 年起，中共常州市委按照省委组织部有关文件的要求，每个机关党委（总支）选拔配备专职党务干部 1～2 名，机关党组织书记由单位行政副职兼任，党务干部任专职副书记。2005 年，对市级机关各部门的党建工作实行目标管理考核，内容包括组织建设、思想建设、作风建设、廉政建设等，市级机关党工委从考核达标党组织中择优评选表彰优秀基层党组织。基层党组织考核有效期与其任期同步，新建党组织及当年换届的党组织须进行重新考核。2006 年，市级机关启动中共党员示范岗创建活动，分类制定中共党员示范岗标准，创建活动每两年 1 轮。2008 年 8 月，市物价局机关党委换届选举，率先以不提名候选人的方式，从 73 名中共党员中直选产生机关党委委员和正、副书记。2010 年，市环保局机关党委换届率先直选产生专职书记；市级机关党组织全面推行换届直选。至同年底，市级机关有 150 个处室和党员干部被命名为“中共党员示范岗”。

第四章　纪律检查

1986—2010 年，常州市各级党委、纪检机关围绕改革开放与稳定、建设、发展的大局，坚持“标本兼治、综合治理、惩防并举、注重预防”的方针，一手抓服务科学发展不动摇，一手抓反腐倡廉建设不放松，把党风廉政建设与反腐败斗争作为关系党和国家生死存亡的大事来抓，建立健全党委统一领导、党政齐抓共管、纪委组织协调、部门各负其责、依靠群众支持参与的反腐败领导体制和工作机制。全市纪检机关坚持以改革的办法、创新的思路破解工作难题，积极构建具有常州特色的惩治和预防腐败体系，坚持不懈地开展全市党风廉政建设与反腐败斗争，加强各级领导班子和党员干部的党风廉政建设，坚决查处和纠正行业不正之风，累计受理人民群众的信访举报 10.84 万件，查处腐败渎职案件 12395 件，查处违反党纪党规、政纪和法律法规的党员 10785 人，维护了全市党组织和党员干部的先进性、纯洁性，保护和调动了党员干部干事创业的积极性和创造性，为常州的改革开放和现代化建设营造良好的环境，为全市经济建设和社会发展保驾护航，发挥了积极作用。其间，全市有4名纪检干部分别受到中共中央纪律检查委员会（简称“中纪委”）、中共中央组织部的表彰，受到省纪委表彰的纪检组织有17家次、纪检干部47人次。

第一节　组织机构

1985年11月，中共常州市第六次代表大会选举产生由20名委员组成的市纪律检查委员会。1990年12月14日，中共常州市第七次代表大会选举产生由21名委员组成的市纪委委员会。1993年2月，市纪委与市监察局合署办公，实行一个机构、两块牌子，履行纪检监察职能。至2010年底，市纪委随市委换届而换届。

一、第 六 届

委员有卢绍钦、许人淑（女）、庄桂棣（女）、陈胜海、张俊、李汉清、吴金堂、吴济焕、吴祥兴、时传霖、余效明（女）、周复新、赵寿堂、赵耀骥、耿桂芳、阎道经、程九度、储敏渊、越德本、戴焕林20人。1985年12月3日，市纪委召开市第六次党代会后第一次全体委员会议，选举产生市纪委常委6名，选举程九度为市纪委书记，庄桂棣（女）、赵寿堂为市纪委副书记。至1990年12月15日，常委会历任委员有程九度、庄桂棣（女）、赵寿堂、赵耀骥、许人淑、戴焕林、蔡建业7人，历任书记有程九度、张留芳、吴春生，历任副书记有庄桂棣（女）、赵寿堂、张俊。

二、第 七 届

委员有上官仪、杨光华、李海、李仁坤、李良宝、李冠玉、吴春生、肖平（女）、余效明（女）、张俊、张锁祥、陈超、姜亚明、耿桂芳、钱峰、徐尧兴、徐浩清、陶兆金、曹永生、蔡建业、戴焕林21人。1990年12月15日，市纪委召开市第七次党代会后第一次全体委员会议，选举产生市纪委常委5名，吴春生为市纪委书记，张俊、蔡建业为市纪委副书记。至1995年9月19日，常委会历任委员有吴春生、张俊、蔡建业、戴焕林、姜亚明、姜玉祥、李良宝7人，书记吴春生，历任副书记有张俊、蔡建业、李良宝、姜玉祥。

三、第 八 届

委员有于宪平、王安娜（女）、王玲君（女）、朱国强、刘菊生、李海、李良宝、李冠玉、李耀忠、杨黎明、吴春生、何祖大、张金富、陈超、金钰如（女）、姜亚明、钱峰、殷剑雄、曹永生、彭留双、戴耀南21人。1995年9月19日，市纪委召开市第八次党代会后第一次全体委员会议，选举产生市纪委常委6名，吴春生为市纪委书记，曹永生、李良宝、姜亚明为市纪委副书记。至2001年9月3日，常委会历任委员有吴春生、曹永生、李良宝、姜亚明、王安娜（女）、殷剑雄、孙永明、盛克俭、周广菊（女）、车小力（女）、石木金11人，书记吴春生，历任副书记有曹永生、李良宝、姜亚明、孙永明、盛克俭、周广菊（女）。

四、第 九 届

委员有于超、于宪平、王龙宣、韦东生、石木金、朱小明、孙永明、张火炫、张水荣、张宏伟、张金富、陆宏伟、金钰如（女）、周广菊（女）、袁金彪、徐伟南、高峰、陶甫初、黄彩华（女）、曹慧明、盛克俭21人。2001年9月3日，市纪委召开市第九次党代会后第一次全体委员会议，选举产生市纪委常委7名，于超为市纪委书记，孙永明、于宪平为市纪委副书记。至2006年8月31日，常委会历任委员有于超、孙永明、于宪平、石木金、盛克俭、周广菊、王龙宣、陆文虎、吴全清、洪炳忠10人，于超任书记，副书记孙永明、于宪平。

五、第 十 届

委员有于超、于宪平、王龙宣、王家祥、王燕萍（女）、韦东生、叶明华、齐敦品、汤建龙、许明新、孙雯（女）、孙亦莺（女）、孙罗银、孙春伟、时永才、吴全清、张超、张火炫、张哲浩、陆文虎、范璞、周忠、周雯（女）、周广菊（女）、周建伟、周效华、赵庆、赵国和、胡小伟（女）、洪炳忠、徐建伟、高胜华（女）、盛克俭、葛树明、臧建中 35 人。2006 年 8 月 31 日，市纪委召开市第十次党代会后第一次全体委员会议，选举产生市纪委常委 9 名，于超为市纪委书记，于宪平、盛克俭、周广菊（女）为市纪委副书记。至 2010 年底，常委会历任委员有于超、于宪平、盛克俭、周广菊（女）、陆文虎、吴全清、洪炳忠、赵庆、孙雯（女）、季忠正、祁新 10 人，历任书记有于超、季忠正，副书记有于宪平、盛克俭、周广菊（女），历任秘书长有姜亚明、车小力（女）、盛克俭、陆文虎。

第二节　党风廉政建设

1985 年以后，常州市纪检机关面对由计划经济向市场经济快速转型、党员干部思想观念受到复杂多元的市场观念影响的大环境，始终坚持把党风廉政建设作为党的建设的重要工作抓实抓好，坚持以教育为主线，制度建设为重点，实行多措并举，加强党风廉政建设。

一、党风廉政教育

1985 年以后，中共常州市纪委贯彻“标本兼治，综合治理，惩防并举，注重预防”的方针，把党风廉政教育放在突出位置。从 1987 年起每年确定 1 个主题，运用正反两方面的典型对全市党员干部进行党风党纪教育。1987—1990 年，开展了“讲党性、做先锋”教育。1988 年，市纪委牵头举办“讲廉洁、拒腐蚀、作表率”展览，宣传全市 200 多位共产党员在改革开放中拒腐防变的事迹，参观学习的观众近 5 万人次；市纪委、常州电视台联合摄制教育片《百万特大贪污案的反思》，全市放映党风党纪教育录像片 3050 余场次，22.56 万人次受到教育；组织优秀共产党员和先进人物巡回报告团、先进事迹报告会，召开了党风建设经验交流会、案例分析会等。市纪委创办《常州纪检》杂志。1990 年 7 月，常州市纪委在全国党风党纪教育座谈会上介绍了党风党纪主题教育活动开展情况，教育片《百万特大贪污案的反思》被中纪委选中，向全国推荐，常州被省纪委确定为“普纪教育”试点城市。

1991—1995 年，全市纪检机关与党委组织、宣传等部门联合，在每年开展的主题教育活动中推广党风廉政建设典型经验材料 300 余份，在新闻媒体上宣传党员、干部的先进事迹 600 余件次，举行以党风廉政为主题的讲座、党课、报告会等 5 万余场次，举办党员、干部培训班 4400 余期，组织党员收看党纪教育录像片近 2 万场次，170 余万人次受到教育。1993 年，《常州纪检》杂志更名为《党风》。

1996—2000 年，全市纪检机关按照中央、省的统一部署，组织全市党员、干部学习《中国共产党纪律处分条例（试行）》《中国共产党党员领导干部廉洁从政若干准则》（简称《廉政准则》）等党纪政纪条例规定，汇编、发放廉政条例规定知识手册 3 万多册，开展党纪政纪条例规定教育知识测验和竞赛。举办了勤政廉政先进事迹演讲比赛、巡回演讲和常州市倡廉惩腐成果展览，开办了电视专栏“廉政聚焦”，用成克杰、胡长清的贪腐案例及发生在身边的典型案件，对党员干部开展警示教育，发放典型案例剖析材料 1.5 万册，摄制了重大反腐案件电视专题片《常州风云》。

2001—2005 年，全市纪检机关与宣传、组织、文化、广播电视、出版等部门联合在报刊、电视、广播等新闻媒体上开设专栏与专题节目，推动党风廉政建设舆论宣传，开展“牢固树立正确的权力观”主题教育，在县处级领导干部中开展廉政教育活动，主要内容为学廉、述廉、评廉、考廉、督廉、奖廉，组织 71 名市厅级领导干部、1336名县处级领导干部和5000多名科级干部参加“廉洁从政”知识测试。

2006—2010年，全市纪检机关探索突出重点、区分层次、创新载体、因人施教的反腐倡廉宣传教育模式，组织全市党员干部开展“弘扬新风正气，建设廉洁常州”和“加强党性修养，坚持廉洁从政”的党性党风党纪主题教育活动，市与辖市区两级建立党风廉政教育宣讲团和辅导员队伍，举办党章宣讲活动40余场，近1万名党员、干部接受教育。邀请中纪委、中国纪检监察报社的专家为全市党员领导干部作了中纪委全会和《廉政准则》精神的辅导。全市开展创建廉洁和谐好乡村、廉洁环境好社区、廉洁勤政好机关、廉洁教育好学校、廉洁明理好家庭活动，有35家机关、社区、企业创建成为省级廉政文化示范点。组织开展“廉政关系你我他，党风廉政宣传咨询进社区”活动，编排、公演大型反腐倡廉滑稽戏《天地良心》。与市文联联办清风笔会，创作出反腐倡廉作品540余幅，30余幅作品参加全省反腐倡廉美术作品展。开展“扬正气、促和谐”全国优秀廉政公益广告展播活动，常州的动漫作品《毛毛熊》获全国优秀反腐倡廉公益广告作品一等奖，全市中小学校开展“廉洁诚信”征文。开展“增强纪律观念，自觉接受监督”主题教育和学习郑培民、梁雨润等先进典型等活动。开通常州纪检监察龙城清韵网站，开设网上廉政课堂，组织党员干部通过廉政知识题库，进行网上情境式《廉政准则》自学自测，发送党风廉政动态、格言警句、党纪条例规定电子邮件和节日提醒短信等，增强反腐倡廉宣传教育成效，促进廉政文化建设。

二、惩治和预防腐败体系建设

1985年以后，常州市纪委每年制定《党风廉政建设工作责任分解意见》，逐项逐级分解反腐倡廉任务，采取措施加强党风廉政建设。2004年起，按照中央和省委的统一部署，探索、创新惩治和预防腐败体系（简称“惩防腐败体系”）建设。同年9月，市委出台《关于构建教育制度监督并重的惩治和预防腐败体系的意见》，开始建立教育防范、公共权力配置和运作、公共财政管理、干部选拔任用与监督管理、查案惩处和预警7项机制。2005年以后，连续开展反腐倡廉制度建设年、推进年、提高年、规范和执行年与制度框架构建年等主题活动。

2007年2月，市委、市政府出台《关于进一步完善落实惩治和预防腐败体系构建的指导意见》，提出当年全市建立惩防腐败体系制度的目标。12月，市纪委制定常州市反腐倡廉制度建设评估体系，主要包括反腐倡廉制度建设目录、市级部门重点制度建设任务目录、成效评估表与问卷调查表。2008年6月，市委出台贯彻落实中央《建立健全惩治和预防腐败体系2008—2012年工作规划》的实施意见，提出到2010年建成惩防腐败体系基本框架。翌年9月，市委成立惩防腐败体系建设工作领导小组，由市委书记任组长，在市纪委设办公室，开始每年检查考核惩防腐败体系建设。同年起，连续3年在市纪委全会上组织辖市区、市级党政部门负责人向市委、市政府主要领导递交年度“党风廉政建设责任书”，各级、各部门层层签订党风廉政建设责任书，落实执行任务分解工作汇报制、党政主要领导报告制度和市纪委常委定片联系制度，进行动态分析评价，市纪委制定《落实党风廉政建设和反腐败重点工作成效考评细则》进行百分制量化考评，由市委常委和中共党员副市长带队检查考核，督促职能部门落实。2006—2010年，全市纪检机关考核单位47家、干部392名，个别访谈320人，反馈整改意见建议137条，从失教、失管、失察、失究、失误5个方面追究507名党员领导干部的责任，其中给予党纪政纪处分114人、组织处理3人、诫勉谈话323人。

2010年，市委实施制度执行力提升工程，成立由市委书记任组长的领导小组，市纪委制定《常州市反腐倡廉制度执行力评价实施办法（试行）》，从执行环境、执行基础、执行状况、执行保障4个方面，明确评价标准、量化评价内容，确定评价程序。根据《关于党委（党组）领导班子实施“三重一大”事项集体决策制度的若干意见（试行）》（“三重一大”指重大决策、重要干部任免奖惩、重大事项安排和大额资金使用），专项巡查5个市级机关执行“三重一大”事项集体决策制度情况，这项工程获省纪委创新奖二等奖、被评为市委优秀重点工程。市委制定下发《关于进一步加强全市党务公开工作的意见》和《关于进一步加强基层党内民主监督的实施意见》。辖市区搭建工作平台，创新党内监督工作机制，市和辖市区两级建立党务公开工作联系点81个，强化分类指导、督导抽查，开展示范点创建，推动工作落实，全市53个镇（街道）、845个行政村党组织和76个县处级、477个乡科级党组织实行党务公开。金坛市儒林镇、新北区孟河镇试行镇党代表询问质询工作。全市形成以反腐倡廉教育、权力运行监控、预防腐败、纠风工作、惩治腐败五项机制为主的惩防体系基本框架。

三、基层党风廉政建设

农　　村　2006年，常州市农村党风廉政建设领导机构成立，贯彻落实中央《关于加强农村基层党风廉政建设的意见》。2007年，市委制定《关于进一步加强全市农村基层党风廉政建设的意见》，把60项工作任务分工落实到市级机关31个部门。同年起，连续3年在全市开展“做勤廉好干部，建和谐新农村”活动。2008年，全市纪检机关建立农村党风廉政建设联系点16个、制度规范执行示范点43个；市纪委出台《常州市村级党风廉政建设责任追究办法》，将责任追究向村级延伸，组织开展村干部和基层站所负责人干部勤廉双述、村民询问质询、干部绩效考评活动，全市评出农村勤廉好干部49名。2010年，常州市《关于开展农村集体“三资”信息化管理试点工作的实施意见》出台，在金坛儒林镇、溧阳上黄镇和武进邹区镇试点。

国有企业　1991—1995年，全市纪检组织建立企业基层联系点490余个，进行调查研究，向企业党政领导提出工作建议，总结推广“党风正、管理严、效益好”的经验；牵头剖析、整顿非正常亏损企业270余家，查处违纪案件52起，处分违纪中共党员16人，挽回和避免经济损失2100余万元，帮助企业清理财务、健全制度，堵塞经营管理漏洞，促进企业廉洁经营，帮助20家企业扭亏为盈。1995年，市纪委出台《常州市国有企业领导干部廉洁自律的若干规定》《常州市国有企业公费住宅电话和手持机管理规定（试行）》《常州市国有企业领导干部不准利用职权为配偶、子女及亲友经商办企业提供便利条件的若干规定》，贯彻落实《关于国有企业实行业务招待费使用情况向职代会报告制度的规定》，促使国有企业领导干部廉洁自律。至2001年，企业招待费使用情况向职代会报告的制度得到全面落实，企业领导干部配置通信工具、物资采购等行为也得到规范。2008年，全市开展“做廉洁从业好干部，创诚信守法好企业”活动，建立国有企业党风建设联络员制度，聘请国有企业党风廉政建设联络员40名，对全市国有企业反腐倡廉建设加强监督。

城市社区　市纪委从2008年起，在全市选取南大街街道、荷花池街道建立城市社区党风廉政建设联系点，探索构建城市社区资金、资产、资源管理制度和民主议事决策等党风廉政建设制度体系，重点是改进服务、加强管理、强化监督，推进社区政务、财务、党务公开。钟楼、戚墅堰两区建立社区党风廉政建设监督岗、廉政志愿者队伍，加强对社区党员干部的监督，构建和谐廉洁社区。

全市“提升机关效能，优化发展环境”大会（摄于2010年10月）

四、机关作风廉政建设

作风建设　1988年，常州市级机关党委对机关作风进行集中整顿，促使机关作风好转。90年代，市级机关作风建设进一步增强，机关各级党组织引导党员干部牢记党的宗旨，增强群众观念，改进工作作风，加强廉洁自律，转变工作方式，提高工作质量和效率。21世纪初叶，重点围绕群众和基层反映的突出问题，建立健全规章制度，开展机关作风评议等工作，维护为民、务实、清廉的机关形象。

民主评议党员　1989年，市委组织部、机关党委在26个机关党支部中进行民主评议中共党员工作制度化试点，1990年在市级机关推广。至1990年9月，市级机关67个单位的2879名中共党员参加民主评议中共党员活动。之后，民主评议中共党员成为常规性党建工作。

民主评议机关　1997年，常州市市级机关党工委向75个市级机关单位发放征询表1000余份，开展机关整体形象评议。2002年8—9月，首次开展民主评议市级党政机关活动，近800人从精神面貌、工作效率、服务水平和队伍素质4个方面评议81个市级党政机关，评价结果，89%的党政机关获80%以上的满意评价。2004年，市纪委牵头市委组织部、机关党工委和市人事局等单位，开展“万人评机关”活动，发放表格1.1万份，组织代表综合评议机关单位在创新机制、推进发展、依法行政、提高效能、改进作风、服务群众等方面工作。2005年，成立常州市机关作风建设领导小组，办公室设在机关党工委。2006年3月，针对机关服务态度、依法行政、工作创新、兑现承诺、工作效率，机关廉政建设和机关干部形象等方面进行评议，采取特邀监督员评价和常州日报社发行评议征询表的方式进行，评议结果与评优评先、年度考核和个人奖金挂钩。2007年，继续围绕服务意识、服务态度、服务效率、兑现承诺、依法办事、创新创造、廉洁自律方面的评议考核标准，采取千人专项评议、组织考核的方式，评议考核市级机关81个参评单位。

2008年，市级机关作风建设察访中心成立，组织开展季度评、网上评、重点评和集中评活动，向社会公布81个市级机关、127个重点处室、64个重点窗口和73个公共服务单位的职能及其负责人的信息，设立《网上投诉》《网上直通车》等栏目，组织市级机关部门和银行业金融机构选树服务企业、支持企业的先进典型机关部门5个和处级领导、中层干部科员各5名。2009—2010年，市级机关作风评议对象由81个调整为85个，5000人参评。评议结果纳入市委、市政府综合考核，占综合考核总分的15%。对涉企涉民的53个机关单位的服务态度、依法行政、业务素质、政策执行、工作流程、办事效率、收费情况、廉洁自律等方面，开展网上民调，征求网民的意见和建议。

创建服务品牌　2009年起，市级机关党工委在市级机关组织开展“打造服务品牌，提升服务效能”实践活动，引领机关部门和党员干部紧扣全市工作大局，服务推动重点工程(工作)。2010年，市级机关党工委对市国税局“易佳捷”等优秀服务品牌进行命名和宣传推介。市级机关开展“进重点项目、进工业园区、进骨干企业、进居民社区、进贫困农村，送政策、送科技、送信息、送服务、送温暖”(简称“五进五送”)活动，53个机关单位走进常州科教城，向1500余家企业提供人才支撑、政策咨询、资金扶持等服务，助推常州科教城发展和创新型园区建设。

廉政建设　1985年以后，反腐倡廉教育成为常州市级机关党建工作的重要内容，采取学习辅导、参观展览、观看录像、分析案例等形式，加强对机关党员干部的教育。90年代，市级机关党组织开展《中国共产党纪律处分条例》《行政监察法》学习考试，抓好党性党纪、反腐倡廉教育。1986年8月，市直属机关党委按市委提出的“全市党风根本好转”的要求，制定了实现党风根本好转的规定。1988年，贯彻市委《关于保持党政机关廉洁作风的规定》，加强机关党员干部思想、作风和制度建设。1991年，在机关中共党员干部中开展清理违反规定用公款买房、超标准装修住房、户口“农转非”活动，处理机关干部45名。1993年，市直机关开展“廉洁从政、廉洁经营、廉洁为人，转换政府职能、转换企业经营机制”的主题教育活动，市直机关27名县处级及其以上领导辞去在经济实体兼任的30个职务，37名领导清退持有企业的内部股13.48万元。

1995 年，市级机关开展“三讲三坚持”教育，市级机关党工委举办党风廉政教育学习班 43 期，组织党风廉政先进事迹报告会、交流会 18 场，宣传先进典型 30 个，组织观看反腐倡廉教育片 169 场，组织机关 318 名县处级以上领导干部参加党的民主集中制基础知识书面测试。1999 年，协同市委组织部、纪检部门重点抓好中共党员领导干部双重民主生活会，提高专题民主生活会质量。2000 年，市级机关全体党员干部参加党性党风党纪警示教育，市级机关党组织通报机关党员干部的违纪违法案例；组织 5200 名党员干部和县处级及其以上领导干部的家属观看反腐倡廉教育影片，开展“以案说纪”讨论，过好民主生活会。

2003 年，市级机关开展务必继续地保持谦虚、谨慎、不骄、不躁的作风，务必继续地保持艰苦奋斗的作风（简称“两个务必”）主题教育活动，市级机关 900 余名干部到常州监狱接受警示教育，县处级领导干部参加廉洁从政知识测试。有 297 人次机关干部上交礼品、礼金价值 23.75 万元，市级机关取消或压缩会议、庆典、评比、出国（境）活动节支 67.7 万元。2006—2010 年，市级机关开展廉政建设专题教育月活动，举办了廉政建设报告会、反腐倡廉典型案例教育、党纪条例规定学习、民主生活会和党小组会等活动，以有健全的组织和制度、活动场所和设施、经常性的反腐倡廉教育和有丰富的廉政文化活动为标准，创建廉洁勤政好机关。2006 年，市级机关党工委编印《党员干部廉洁自律手册》1000 本和廉政警示卡 5000 份。至 2010 年底，市级机关有 6 个单位被评为省级廉政文化建设示范点，26 个单位被评为市创建廉洁勤政好机关先进集体。

五、领导干部廉洁自律

2001 年以前，常州纪检监察机关始终严明纪律要求，督促领导干部贯彻执行《中央纪委关于严格禁止利用职务上的便利谋取不正当利益的若干规定》《廉政准则》等，开好专题民主生活会，建立检查考核责任制，要求领导干部述职述廉、接受群众评议，严肃查处违反廉洁自律规定的案件。2001 年，中纪委关于党政领导干部不准收受礼金礼券的规定颁布实施后，市和辖市区均设立“510”廉政账户，要求收受人自觉把收受的礼金上缴入账。至 2010 年底，全市党员干部累计主动缴入“510”廉政账户现金、有价证券等 886.88 万元，其中 2006 年以后缴入 445.8 万元，有 95 人因收受现金、有价证券未及时上缴受到查处。坚持领导干部诫勉提醒制度，新任县处级领导干部必须接受廉政谈话，通读《廉洁从政手册》，签订“廉政承诺书”，观看警示教育片。2003 年，市纪委建立廉政谈话、诫勉谈话和市纪委领导班子成员与下级党政领导班子主要负责人定期谈话制度（简称“三项谈话”制度）。2001—2010 年，全市各级严格执行领导干部个人重大事项报告制度，对县处级及以上领导干部 5155 人次作了勤廉公示；开展地厅级干部述职述廉、县处级干部勤廉公示、乡科级干部勤廉双述活动。

2006 年 6 月，常州市《关于县处级领导干部个人重大事项报告制度的实施办法》出台，辖市区将报告对象由中共中央办公厅规定的副县处级及以上干部延伸到乡镇（科）级及以上干部，市纪委与市委组织部联合建立县处级领导干部电子勤廉档案。2010 年底，市与辖市区、镇街道、村和基层站所 4 级联动的领导干部述职述廉体系健全，有 388 家单位建立领导干部廉政档案，建档的领导干部 3782 人。2006—2010 年，全市各级纪委负责人与下级党政主要领导谈话 1654 人次，领导干部任前廉政谈话 3878 人次，其中县处级领导干部 647 人，对 392 名干部进行诫勉谈话。

第三节　信访办理与案件查处

1986—2010 年，常州纪检监察机关通过加强群众性民主监督，坚持工作日接待处理群众信访和来电，大力查处惩治腐败案件，立案查处违纪违法案件 2098 件，遏制了腐败现象，规范市场经济秩序，维护了党员干部队伍的纯洁性。

一、信访办理

1986—2010 年，常州纪检监察机关加强党内监督和信访举报工作，认真接受处理信访举报，累计受理人民群众的信访举报 10.84 万件次，其中 1986—1990 年、1991—1995 年、1996—2000 年、2001—2005 年和 2006—2010 年，先后受理信访举报 1.84 万件次、2.01 万件次、4.77 万件次、1.58 万件次和 0.64 万件次。

检举控告 1991—2010 年，常州纪检监察机关累计受理人民群众的检举控告 8.15 万件次，其中 1991—1995 年、1996—2000 年、2001—2005 年和 2006—2010 年，先后受理 1.78 万件次、4.45 万件次、1.37 万件次和 0.55 万件次。

受理申诉 1991—2010 年，常州纪检监察机关受理申诉 794 件次，解决了一些历史遗留问题，慎重处理部分党员干部。其中 1991—1995 年、1996—2000 年、2001—2005 年和 2006—2010 年，先后受理 197 件次、387 件次、140 件次和 70 件次。

失实信访处理 1991—1995 年、1996—2000 年，常州市纪检监察机关先后处理失实信访 2400 余件次、2769 件次。1996—2000 年、2001—2005 年和 2006—2010 年，先后为受到不实举报、错告诬告的党员干部 3250 人次、3941 人次和 1000 多人次澄清事实。

批评建议 2001—2010 年，常州市纪检监察机关受理批评建议 284 件次，其中 2001—2005 年、2006—2010 年先后受理 232 件次和 52 件次。

二、案件查处

1986—1990 年，常州纪检监察机关累计立案查处中共党员违纪案件 2135 件，处分有违纪行为的中共党员 1754 人，其中严重官僚主义的 77 人，严重以权谋私、挥霍浪费的 114 人。复查复议中共党员申诉案件 115 件，维护中共党员的民主权利和党纪的严肃性。

1991—1995 年，全市纪检监察机关按照中共中央关于反腐败斗争的总体部署，以党政机关、司法机关、行政执法机关与经济管理部门及其工作人员（简称“三机关一部门”）违纪案件和经济案件为查处重点，全市累计查处党内违纪案件 1622 件、处分违纪中共党员 1438 人；其中 1993 年 8 月至 1995 年 6 月查处党内违纪案件 931 件，涉及“三机关一部门”144 人、县处级及以上中共党员领导干部 16 人。

1996—2000 年，全市纪检监察机关主要坚持“查清问题、惩治腐败、挽回损失、维护稳定、促进发展”的办案方针，以涉及“三机关一部门”和县处级及以上领导干部的贪污受贿、挪用公款、失职渎职、贪赃枉法、腐化堕落等案件为重点，立案查处违纪案件 3447 件，累计为国家和集体挽回经济损失近 4 亿元，给予党纪政纪处分 3380 人，其中党纪处分 2752 人。

2001—2005 年，全市纪检监察机关重点查处发生在领导机关和领导干部中滥用权力、谋取私利，破坏经济发展环境和市场经济秩序的违纪行为及基层以权谋私的案件，立案查处违纪案件 3093 件，其中查处县处级及以上领导干部 75 件；违纪干部受到党纪政纪处分 2275 人，其中党纪处分 2261 人。

2006—2010 年，全市纪检监察机关建立健全查办案件组织协调制度和联动机制，强化办案全程监督，运用现代科技手段，大力查处惩治腐败案件，做到依纪依法、安全文明办案，立案查处违纪案件 2098 件，给予 1938 人党纪政纪处分，其中党纪处分 1529 人。

1986—2010 年常州市纪检监察机关查办违法违纪案件统计表

表 25-4-1

项目	单位	1986—1990 年	1991—1995 年	1996—2000 年	2001—2005 年	2006—2010 年	累计
查办案件	件	2135	1622	3447	3093	2098	12395
查办经济案件	件	—	676	1863	1383	887	4809
其中：100 万元以上	件	—	—	85	79	52	216
10 万～99.99 万元	件	—	—	354	290	252	896
1 万～9.99 万元	件	—	114	1162	660	342	2278
处分违法违纪中共党员	人	1754	1438	3380	2275	1938	10785
其中：开除党籍	人	324	381	1044	779	522	3050
留党察看	人	392	275	—	—	—	667
撤销党内职务	人	43	29	—	—	—	72
严重警告	人	447	377	—	—	—	824
警　告	人	548	376	—	—	—	924
处级及其以上	人	24	19	82	59	43	227
科级干部	人	141	—	—	—	—	—

说明：1. 累计数中的 100 万元以上、10 万～99.99 万元的案件数不包括 1986—1995 年度数据。2. 累计数中 1 万～9.99 万元的经济案件数不包含 1986—1990 年度数据。3. 1996—2010 年未分类统计留党察看、撤销党内职务、严重警告和警告人数，累计数均不包含。4. 1991—2010 年未统计处分的科级干部人数

三、案件类型

经济案件 1986 年 1 月至 1990 年 10 月，常州纪检监察机关立案查处中共党员犯有贪污受贿、弄权勒索、徇私枉法等错误情节严重的 561 人，严重以权谋私和挥霍浪费的 114 人。1991—1995 年、1996—2000 年、2001—2005 年，全市纪检监察机关先后查处经济案件 676 件、1863 件和 1383 件。2006 年 3 月，常州市治理商业贿赂领导小组成立，重点围绕工程建设、土地出让、产权交易、医药购销、政府采购和资源开发经销等重点领域，严肃查处国家机关工作人员在商业活动中收受贿赂、利用职权谋取非法利益的案件。2007 年 9 月、2008 年 2 月，常州在全省率先出台《治理商业贿赂工作责任制暂行规定》《治理商业贿赂工作责任制考核办法》。2006—2010 年，全市纪检监察机关查处经济案件 887 件，其中 2006 年至 2010 年 9 月全市办结商业贿赂案件 443 件，其中大案要案 347 件，涉案金额 9132.13 万元。

赌博案件 1991—2010 年，全市纪检监察机关立案查处中共党员参与赌博案件 1388 件，其中 1991—1995 年 192 件，1996—2000 年 205 件，2001—2005 年 491 件，2006—2010 年 500 件。

腐化堕落和道德败坏案件 1986 年 1 月至 1990 年 10 月，全市纪检监察机关立案查处中共党员生活上腐化堕落的 335 人；1991—1995 年，全市立案查处同类案件 343 件。

其他案件 1986—1990 年，市委在整党工作中按照中央的统一部署，开展清查“三种人”工作。在民主评议中共党员工作中，纪检机关、组织部门联合处理了违纪党员和不合格党员。1991—1995 年，全市纪检机关加强对中央的方针政策和省、市关于改革开放、发展经济重大决策贯彻执行情况的监督检查，制止、纠正违法违纪行为 167 起，查处违纪案件 27 件，避免和挽回经济损失 400 余万元，查处其他案件 411 件。

第四节　纠正不正之风

党政部门和党员干部队伍中存在的不正之风现象侵害群众利益，破坏党和政府的形象。1986—2010年，常州市对群众反映强烈的不正之风现象，先后进行行业治理、专项整治，纯化社会环境，保障人民群众合法权益，促进经济社会稳定健康发展。

一、行业不正之风治理

1988年，常州市按照全国统一部署，开展治理经济环境、整顿经济秩序工作。1991年，全市纪检组织监督检查了救灾钱物的接收、保管、分配和发放情况。1991—1995年，全市取消不合理收费项目196项，停止执行收费项目12项，调整超标准收费项目12项。各级纪检组织针对群众反映的突出问题，重点强化窗口行业的纠风和职业道德建设，清理行业性乱设卡、乱收费、乱罚款（简称“三乱”）问题。1996—2000年，按照中共中央、国务院对纠正行业不正之风工作的统一部署，对群众关注的热点问题和反映强烈的行风问题开展持之以恒的专项治理，1998年开展了全市清理计划外生育费工作，维护和保障了良好的经济软环境。

公路河道“三乱”治理　1991—1995年，全市撤销违反规定在公路、河道上设立的收费站(卡)24个，清理整顿汽车冲洗站，强行拦车冲洗的行为得到纠正。1995年，治理公路河道“三乱”问题。1996—2001年，全市撤销违规设置的收费站和检查站46个、干线航道寄泊站3个、汽车站2个，整顿规范站卡32个，常州进入江苏省首批基本无“三乱”的城市行列。

医疗购销和服务领域不正之风治理　1991年起，全市纪检组织纠正医药购销中的不正之风，让群众用药安全有效，降低社会医药费用不合理负担。1996年，专项检查药品购销活动中的回扣行为。1996—2001年，全市多次开展整顿医药市场秩序、打击假冒伪劣药品、取缔无证生产企业、降低药品虚高定价等专项检查，清理整顿药品生产、批发企业89家，清理销毁过期、假劣药品281种，降低虚高药价357万元，查处医药购销活动中的违纪案件83件。2000年，清理取缔无证照或证照不全的药品生产、批发企业，在市级医院推行药品集中招标采购和医药分开核算，实行药品价格公示制。2001，推行药品和医疗器械集中招标采购，至同年底全市80%的医院实行集中招标采购。2003年，全市二级及其以上医院和市区医保定点医疗机构均实行药品集中招标采购，至2006年底完成药品和医疗器械集中采购额5亿元，向患者让利1.2亿元。

中小学收费行为清理整顿　1991年起，常州市纪检监察机关开始加强对中小学收费的监督检查，规范学校收费项目和标准。1996—2006年，全市累计清退中小学违规收费350万元。2003年，推行中小学义务教育“一费制”。翌年，市治理教育乱收费联席会议建立，由市监察局、教育局、物价局等单位为成员。2006年，全市学校实行收费公示，创建成教育收费规范学校300余所。2010年7月，常州创建成为全省规范教育收费示范市。

二、专项清理整顿行动

清理整顿公司　1988—1991年，常州市开展清理整顿党政机关办企业、办公司行动。1988—1990年，全市1381家公司按规定撤并401家，在公司任职的157名党政干部除4人调离机关到公司任职外，其余均辞去公司职务。1992年起，全市党政机关随着全国的大形势兴办许多公司，90年代中期进行了全面清理整顿。

节日请客送礼防治　2005年，常州市纪检监察机关针对元旦、春节、国庆等重要节日期间违规收受礼金礼券（卡）、公款吃喝等现象，与酒后驾车、公车私用、私驾公车和工作日午间饮酒等不良风气，连续多年重点治理“节日病”，公布举报电话，营造廉洁过节的社会氛围。2006—2010 年，市和辖市区两级纪检监察机关派出节日专项检查组，进行明察暗访 1266 批次，调查处理信访举报和检查中发现的问题。

减轻社会负担 农村实施税费改革后，各级纪检组织采取措施，保证税费改革政策落实到位。1995 年，从 9 个方面检查减轻农民负担落实情况。1996 起，落实农民负担预算审批制、监督卡制和使用统一票据制，1998 年，在部分企业中实行《交费登记卡制度》。2000 年，全市农民负担监督卡入户率达 90%，建立农民负担监测点 250 个，收费公示制监测点 29 个。翌年，全过程监督税费改革，建立农村“一事一议”筹资、以资代劳等制度，到同年底全市取消、降低农民负担项目 129 项，减轻农民负担 6093 万元；取消、降低涉企收费 350 项，减轻企业负担 9.5 亿元。2006—2010 年，全市通过纠风治乱，减轻企业、群众及基层负担约 30 亿元。2009 年，推行收费监督卡制度(参见第二十三卷“综合经济管理”第六章“物价”第五节“行政事业收费监管”)。

清理公费通信工具 1996—2001 年，常州市清理公款配置的手机 3484 部、传呼机 5853 只，公款安装的住宅电话 1.01 万部，收回折价款 527.35 万元，全市党政机关自 2001 年起停止为个人用公款购买、更新手机和住宅电话，不再报销电话费；当年节约话费 2098.5 万元。2008 年，清理党政机关事业单位小灵通一号双机，清理纠正个人小灵通捆绑办公电话 631 部，纠正 60 人用公款支付的通信费用 1.6 万元。

清理领导干部住房 1989 年，市委、市政府决定办理坚决制止干部在住房问题上的以权谋私行为、严肃查处经济违法犯罪案件等群众关心的 10 件实事，常州市纪委与行政监督部门集中清理党员干部在建房、分房、购房和装修房屋中以权谋私的问题和党政机关、党政干部经商办企业的问题。1990 年起，清理干部违规建私房、违规用公款为干部购买商品房和超标准装饰住房及空关房。至同年底，全市清理农村党员干部建私房 5951 户，处理 3455 户，其中乡级及其以上干部 214 户；拆除违法建筑 2.79 万平方米，罚缴补缴款 77 万余元。1996—2003 年，全市开展清房工作，建立领导干部住房档案，完善领导干部住房的规定，处理违规住房 163 套，补交房款 455 万元，纠正 26 名党员干部的住房违规违纪行为，清退占用的军地两处住房 168 套。1999 年，市廉政办下发《县处级以上领导干部住房管理规定》，实行领导干部住房情况登记和申报制度。翌年，全市清查 80 名省管干部、2878 名县处级干部、13.85 万名普通干部职工的住房情况，清退住房 22 套，退缴补缴房款 43.08 万元。2002 年，县处级在职领导干部住房全部实行公示。2003 年，常州市清房工作通过省检查组验收。

清理党政机关超标用车 1993 年 8 月至 1995 年 10 月，常州市处理领导干部违规使用的豪华轿车 67 辆。1996 年起，全市清理党政机关超标准用车，开展遏制用公车扫墓、用公款公车参加高消费娱乐活动的治理工作，突击检查市区部分歌舞厅、浴室停车场和鱼塘前的公车，至 1997 年新闻媒体公开曝光、查处违规公车 107 辆。至 2001 年 7 月，全市制止违规购车 23 辆，清理超范围违规使用的军警车号牌 69 副，通过处理领导干部乘坐的超标准公务车，收回资金 6702 万元。

清理公款旅游与吃喝玩乐 90 年代后期，常州市开始加强对公费出国(境)和去外地学习、考察的管理和审批，实行严禁党政机关到庐山等 12 个风景名区开会的规定。1996—2001 年，全市累计制止和减少不必要的公务出国活动 4 批 32 人，查处违反规定出国出境活动 2 批次；制止公费旅游 1351 人次，制止公款吃喝玩乐 2522 人次。2009 年，开展制止党政机关干部公款出国出境旅游专项工作，查处因公出国出境违纪违规行为 5 起，有 1 人受到党纪政纪处分。

清理“小金库” 1990 年起，常州市组织清理单位或领导私自设立的“小金库”。1998 年，全市各级党政组织落实《廉政准则》和中央、国务院关于厉行节约、制止奢侈浪费行为的规定。实行并规范预算外资金收

支“两条线”管理，市直属单位取消过渡户，纳入财政专户管理。2009年开始，开展落实厉行节约十项要求专项工作、“小金库”专项清理，同年清理出“小金库”违规资金2234万元。2010年，清理发现“小金库”19个、总额129.14万元，重点查处违纪违规金额8141.28万元。2009—2010年，全市党政机关节约经费1.17亿元。

其他清理整顿行动 1986—2000年，市纪委先后印发《关于禁止使用发放代币购物券的通知》《关于禁止发放使用代币购物券和刹住公费过年等歪风的通知》。1988—1990年，常州纪检监察机关清理整顿党员收受礼品等不正之风。1990年，开展清理个人宕欠公款和干部子女亲属上学自费公报等问题。翌年，清理纠正党政干部利用职权弄虚作假违反政策规定搞户口“农转非”。1993年8月至1995年10月，纪检、组织部门推动党员领导干部廉洁自律，51人清退所持企业内部股金25万余元，26人退出兼职所得酬金5万余元，党员领导干部上缴礼金、有价证券18万余元、信用卡81张，有68人主动辞去所兼任经济实体职务82个。2003年，禁止领导干部利用职权违反规定干预市场经济活动。翌年，全市清理用公款为个人购买商业保险、党政机关工作人员借用公款和党政机关领导干部在企业兼职的违规行为。2006—2008年，先后集中清理、纠正了群众反映强烈的党员干部参加赌博、修建楼堂馆所、党政机关公有房屋土地使用等方面的违规违纪行为。

公务用车改革 2003年，常州市按照职务消费货币化改革的思路，在镇街道、辖市区机关先后实行公务用车货币化改革，取消镇街道、辖市区机关公务用车，对编制内在职人员公务交通费用实行货币化定额包干。2005年，全市乡镇公务用车改革结束，各辖市区出台《公务用车制度改革实施意见》《机关公务车辆管理办法》和公车改革中驾驶员分流安置意见、改革纪律规定等制度，金坛、武进完成直属机关公务用车改革，解决超标超编配车、公车私用、效率低下等问题。全市公开拍卖纳入改革的公车1180辆，评估总价7356.05万元，成交总价9181.35万元。公车改革前，7个辖市区有公车1475辆，年交通费支出总额1.32亿元。改革后的2007年，7个辖市区公务用车减至290辆，年交通费用总支出1.23亿元，年均节约财政开支约900万元。

三、行风政风评议监督

机关行风评议 1987年起，常州市级机关开展行风评议活动。1991—1995年，着重抓工商、税务、卫生、邮电等部门和行业的行风建设，重点解决利用特权“吃、拿、卡、要”等以权谋私问题。1997年，市纪委在媒体上公布交通、邮电等13个全市纠风重点单位纠风内容、实现目标和举报电话，组织群众开展监督评议。各有关单位建立行风建设责任制、行风评议承诺制、一次投诉待岗制等。全市选聘行风评议代表40名，对13个重点行业实行行风万人民主评议，向社会公布评议结果。2003年，中国常州网开通行风评议专栏。

政风热线监督 2003年，市纪委在常州广播电台开通《行评热线》。2004年8月，常州广播电台设立《政风热线》栏目。中吴网、常州电视台、《常州日报》分别于2008年5月、2008年12月、2010年1月先后加入热线，在全省率先实现电台直播、电视录播、网络互动、报刊点评的联动模式。与电信合作开通12小时“89612345”热线电话，与移动联合开通手机短信平台“13092512345”。每周一至周五的中午，组织上线单位负责人在直播室解答疑问，接受咨询投诉，周六敞开接听市民电话，周日播出一周回顾集锦，电台和网络进行现场解答、同步直播，电视于当天进行深度追踪、实况录播；《常州日报》每周以“民声调查”形式进行专题点评，每月以问政形式解读热点问题，由第三方专家剖析典型案例，通过手机报平台发送传播；《党风》《新闻阅评》等刊物定期以“热点评析”“一家之言”“热线点滴”栏目和形式阅评。至2010年底，“政风热线”节目举办770期，受理咨询投诉3.13万件，为民办实事1.16万件。10月，全省政风行风热线工作经验交流会在常州举办，常州市政风“四位一体”媒体联动模式获2010年度全省纪检监察工作创新奖，并向全省推广。

第五章 宣传工作

1986—2010年，常州处于社会转轨变型期，思想活跃，宣传工作面临复杂局面。常州各级宣传部门围绕全党全国工作大局和市委、市政府的中心工作，深入开展理论宣传、形势政策宣传、新闻宣传、文艺宣传等宣传教育工作，采用丰富多彩的形式，组织开展了中国特色社会主义理论、党和政府在各个历史时期的路线方针政策、常州精神等理论宣传教育活动与群众性主题教育、先进典型宣传等活动，抓好常州形象宣传、大众媒体宣传和境外媒体交流报道等对外宣传工作，加强对新闻媒体和新闻工作者的教育和管理，正面引导、监督网络舆论，组织搞好思想政治工作，凝心聚力，统一了全市干部群众的思想，为常州改革开放、现代化建设提供坚强有力的思想保证、舆论支持和精神动力。

第一节 理论宣传

1986年，常州宣传部门围绕常州市的经济工作，深化政策形势教育，在工厂开展“七五”立志立功活动，在农村开展“振兴中华，建设家乡”主题教育等活动。1987年，全市广泛深入地开展“增产节约，增收节支”（简称“双增比节”）运动。1988—1989年，围绕宣传贯彻中共十三届三中、四中、五中全会精神，开展形势任务教育、基本路线教育、“怎样做一个新时期的好中共党员”和“讲信念、讲传统、讲奉献”等主题教育活动。1991年，市委认真组织开展党员干部《马克思主义哲学纲要》《社会主义若干问题纲要》的学习教育，在中共党员中开展马克思主义基本理论和党的基本路线、党的基本知识（简称“三基本”）教育和党史党建理论学习，在职工中开展基本国情、基本路线（简称“双基”）教育和城乡社会主义思想教育活动，提高了党员和干部群众的素质。7月初，市委组织各级通过召开报告会、讨论会、座谈会与撰写学习心得、征文等形式，深入学习贯彻江泽民在庆祝中国共产党成立70周年大会上的讲话。1992年初，邓小平发表视察南方谈话，全市宣传部门迅速印发学习讲话辅导材料，开展了“深化改革，扩大开放，努力使经济再上新台阶”大讨论，组织党员干部开展“讲团结比精神状态，讲贡献比工作实绩，讲廉洁比工作作风”主题教育活动，组织全市干部群众学习邓小平视察南方谈话，统一思想认识。1993年，全市党组织在学习教育活动中着力解决思想认识、改革开放方面的现实问题，围绕学习中的热点难点问题，在新闻媒体上播发、刊登理论和学习体会文章500余篇。

1994—1996年，常州宣传教育的主要任务是深化对建设中国特色社会主义理论的学习领会，增强改革意识、开放意识、机遇意识和发展意识。1996年起，市委宣传部、组织部和市纪委等15家单位连续14年在全市开展“季评十件好事，年评十佳好事”活动，弘扬“常州精神”。1997年7月，市委组织全市党员认真学习邓小平理论，加大理论学习指导力度，修订完善《市委中心组学习制度》；分别制订市、县区两级党委（党组）中心组理论学习计划和县处级及以上干部理论学习安排意见，联系实际学理论，理清加快发展的工作思路，中心组学习实现制度化、经常化、规范化。中共十五大召开后，市委中心组成员撰写学习中共十五大精神的心得体会，探讨研究如何加快常州跨越发展、率先发展的思路和对策。机关、企事业单位和农村基层党组织采取多种形式开展邓小平理论教育，引导党员干部解放思想、转变观念，掀起理论学习的新高潮。

1998年11月，根据中共十五大确定的任务，全党县处级及其以上党政领导班子、领导干部分期分批集中开展党性党风教育活动，主要内容为讲学习、讲政治、讲正气（简称“三讲”）。翌年初，市委制订市和辖市区两级党委中心组年度理论学习计划、在职干部理论学习安排意见。下半年，市和辖市区两级“三讲”集中教育陆续展开。江泽民关于“三个代表”重要思想发表后，市委要求全市党组织把学习贯彻“三个代表”重要思想纳入干部理论学习计划，按照“三个代表”重要思想要求深化“三讲”教育。2007年，全市宣传部门按市委、市政府的统一部署，组织开展“推进五大建设，构建和谐常州”教育实践活动，主要抓好学习教育、舆论引导、社会宣传、文化活动等。2008年，市委组织全市各级、各部门开展“解放思想找差距，科学发展创新业”大讨论，对照先进找差距、定措施，争创率先发展的优势。

第二节　群众教育宣传

一、主题教育活动

爱国主义教育　1994年，市委在全市组织开展“爱我常州，建设家乡”主题教育活动，市委宣传部等10多个单位联合组织“爱我常州，建设家乡”知识竞赛，对市民进行常州基本概况、发展历史和建设成就的教育。中共中央印发《爱国主义教育实施纲要》以后，常州的爱国主义教育进一步深入，市委宣传部组织全市青少年学生、青年干部、职工参加省委宣传部组织的“爱我中华”读书活动，市教委在全市师生中开展爱国主义歌曲卡拉OK大赛，组织学生收看百部爱国主义教育影片。1995年，各级机关和学校等企事业单位开展抗日战争暨世界反法西斯战争胜利50周年大型系列爱国主义教育活动，普及国旗国歌知识，农村组织万名青少年参加写史立标活动。1997年7月1日，香港回归祖国，常州市开展爱国主义教育系列活动，主要内容是国情、国魂、国格、国运、国威宣传教育。2005年，全市开展“弘扬民族精神，实现两个率先”8项教育活动，召开了纪念中国人民抗日战争胜利60周年各界人士座谈会，举办知识竞赛等系列纪念活动。2008年，组织张太雷110周年诞辰纪念系列活动，选拔产生张太雷纪念馆及瞿秋白、张太雷、恽代英纪念地的义务宣讲员，举行“贯彻中共十七大精神，颂英烈，促和谐”展演活动。市委宣传部开通常州爱国主义教育网，与江苏电视台等联合摄制了常州10个省级爱国主义教育基地的电视专题片。瞿秋白、张太雷、恽代英纪念地被中共中央宣传部选入第三批全国爱国主义教育示范基地。

市委副书记曹锦成（中）等市领导参观《锦绣常州》图片展（摄于1999年6月）

“我为常州添光彩”教育　1995—1997年在全市开展。1995年，市委组织全市干部群众开展“常州精神”大讨论，收到征文100余篇和“常州精神”用语150多条。3月4日，市委常委会讨论、确定“团结实干、开拓争先、富民强市、再创辉煌”16字的“常州精神”。宣传部门相继举办“爱祖国、爱常州、爱家乡”展览，开展干部学孔繁森、青少年学吴海军、全社会学张家港等活动，组织创业报告团巡回演讲和“我为‘九五’献一计”征文活动，开展了“九龙杯”竞赛。

“致富思源，富而思进”教育　2000年，全市开展“致富思源，富而思进”（简称“双思”）教育活动，至8

月中旬，各级党组织在基层党校等组织举办“双思”培训班1000多期，培训党员干部5万余人次，开展“思想再解放，观念再更新”大讨论、“职工岗位技术创新工程”“十镇百村千户结对帮扶”“双十佳农民致富带头人评选”和“青少年新世纪读书计划”等活动，助推了全市经济社会发展。

“为党旗增辉”教育 2001年，市委宣传部牵头在全市中共党员中开展，主要内容有“三个代表”重要思想、中共历史和理想信念、弘扬新时代精神和党性党风党纪4个专题；2月中旬至年底，全市举办主题教育培训班2000余期，培训党员干部8万余人次，印发辅导材料1.1万册，开展“千名中共党员进社区”“过好一次党日”和群众性文艺演出、演讲、朗诵、歌咏比赛等活动。

创新创业教育 2004年，全市开展“全民创业，自主创业”“增创新优势，创造新业绩”等主题教育和大讨论，引导全市干部群众解放思想，创新创业，科学发展。2005年，全市开展弘扬创新创业创造(简称“三创”)精神教育，举办了百场“三创”报告会、百名市民话“三创”电视系列论坛和百名“三创”之星选举等活动。2006年，重点开展“十一五”美好前景、常州市民精神、自主创新成果展示等活动。

二、典型事迹宣传

学习抗洪救灾先进典型 1991年9月，市委宣传部组织“大地的回声”演讲团，报告在常州抗洪救灾斗争中涌现出的先进典型，在全市作巡回报告6场，现场听众5700余人次，其中4个典型参加江苏赴京报告团赴北京作了汇报演讲。

学习人民卫士吴海军 1994年12月10日，担任海南省海口市机场夜班跑道警卫领班的武进籍战士吴海军，为保卫机场安全拦截乱冲机场跑道的危险车辆而英勇牺牲。1995年，市委在红星大剧院召开了吴海军事迹报告会，开展向新时期的“欧阳海式英雄人物”吴海军学习活动，《常州日报》刊载了报道吴海军英雄事迹的长篇通讯，常州电台、电视台分别播放反映吴海军英雄事迹的广播剧《青春的音符》和电视专题片《金色年华》。

学习优秀警察李峥 2002年4月，常州市推选的青龙公安派出所副所长李峥成为省、市级的人民警察榜样。2003年，李峥获得全国优秀人民警察和江苏省新长征突击手标兵、优秀青年卫士称号，常州市开展向李峥学习活动，组织由李峥等先进参加全省先进典型事迹报告团，作了巡回演讲。

学习知识型职工邓建军 2005年，常州黑牡丹集团的知识型职工代表邓建军被中共中央宣传部列为全国先进典型。4月4—10日，中央电视台、人民日报社等12家中央新闻媒体的记者到常州集中采访邓建军和相关单位、个人；市委宣传部与省委宣传部联合组织编写、出版了《本色与超越——邓建军》一书，作为全市干部群众学习的读本。

学习英雄教师殷雪梅 2005年，金坛市城南小学教师殷雪梅舍己救学生英勇献身事迹发生后，殷雪梅被人事部、教育部授予“全国模范教师”称号。9月3—4日，新华社、中央电视台等24家中央及省新闻媒体组成新闻采访团，到常州联合采访殷雪梅的感人事迹，作了广泛宣传。教师节期间，殷雪梅被中共中央宣传部、中央保持共产党员先进性教育活动领导小组办公室确定为重要典型向全国宣传，美国《华人时报》等数十家海内外媒体、网站报道了殷雪梅的事迹。全市通过举办殷雪梅先进事迹报告会、学习座谈会等形式，广泛开展学习活动。金坛有关单位创编、演出了儿童剧“殷雪梅”，摄制了20集电视连续剧“殷雪梅”。12月，殷雪梅当选为感动中国十大人物候选人。

三、纪念活动

1986—2010年，全市开展了迎接、庆祝重大节日、纪念日等宣传教育与文化活动，内容和形式丰富多彩。1994年，中共常州市委宣传部等单位举办了庆祝常州解放45周年大型文艺晚会。1996—1997年，举办了纪念中国共产党成立75周年、红军长征胜利60周年系列活动和“迎香港回归”爱国主义教育系列活动。1998年，全市开展纪念中共十一届三中全会召开20周年文艺创作新节目会演等系列活动，开展“话改革、聚人心、促发展”主题教育活动，“走访创业者，服务创业者，争做创业者”青年志愿者集中行动，召开了纪念真理标准讨论20周年座谈会、理论研讨会，举办了“我看这二十年”职工演讲比赛、“我家的二十年”家庭摄影图片展评和“灿烂的春天”大型文艺晚会；摄制专题片“回眸二十年”，反映常州改革开放20年辉煌成就。1999—2000年，机关和厂矿、学校等企事业单位举行迎庆新中国成立50周年、迎接澳门回归、迎接新世纪等文化活动。先后举办了纪念瞿秋白诞辰100周年、英勇就义65周年活动，召开了全国性的瞿秋白生平和思想研讨会，开展“弘扬秋白精神，建设美好家乡”主题教育活动、“光明行”大型文艺演出活动，编写《开拓光明之路的先驱者——纪念瞿秋白诞辰100周年》纪念文集。

2001—2002年，市委召开纪念中国共产党成立80周年大会，组织举办了“母亲之歌”大型文艺演出和“开天辟地”——中国共产党创建史图片展等活动。举办了常州三杰理论研讨会等研讨会、座谈会，组织电视电影周和“光辉的历程”读书活动暨第四届常州市读书节活动；举办了“龙城巨变”摄影展，展出“龙城新貌”“经济建设”“社会发展”“人民生活”“世纪展望”系列照片268幅，反映中共十五大召开后常州建设发展的成就。2005年，开展了瞿秋白英勇就义70周年纪念暨学术研讨会系列纪念活动，6月11日觅渡文碑在瞿秋白纪念馆落成。2008—2009年，先后举办了纪念张太雷诞辰110周年，庆祝中华人民共和国成立60周年、常州解放60周年和纪念改革开放30周年等系列活动。

常州市纪念中国共产党成立80周年《母亲之歌》文艺晚会（摄于2001年6月）

四、群众性文艺宣传活动

1991—1995年，中共常州市委宣传部等单位相继组织开展“七一”报告会、亚细亚影城落成暨广播电视电影部全国优秀影片奖颁奖仪式。1996—2000年，组织举办了“欢腾的龙城”“龙城神韵”文化巡展等活动。2001—2005年，组织举办了“快乐学习、文化龙城”群众文化展示月活动、卡通文化推广月系列活动和首届常州市社区文化节等活动。2006—2010年，组织开展了“先进文化润万家，文艺百花艳社区”活动，打造常州市“幸福广场文艺周周演”品牌，由文艺演出队、特色文化家庭、文艺兴趣组参演，向干部群众进行思想道德宣传，丰富观众的精神文化生活；推动以送戏、送电影、送书下乡为主要内容的基层文化服务活动，组织“文化帮扶，结对共建”活动，举办了市第四届精神文明建设“五个一工程”颁奖典礼暨“常州之歌”演唱会，千台文艺节目走进社区村镇活动与江苏省第十七届运动会倒计时300天、200天、100天和30天的庆祝活动。2009—2010年，提升“幸福广场”文艺周周演品牌活动，每年4—11月的星期六晚上，分别在武进的新天地水上舞台、新北的薛家中心广场、天宁的时代红梅中心广场、钟楼的莱蒙都会广场和戚墅堰的东方广场举办广场文艺演出，市和辖市区文艺团队、专业院团、行业和条线文艺演出团队及外请文艺团队参加演出。

常州市建设学习型城市动员大会(摄于2002年2月)

五、群众性读书学习活动

1991—1995年，全市宣传、文化部门积极倡导市民读书，举办了首届常州读书节，组织评选出全市“十佳”藏书家庭。1996—2000年，举办了第二届、第三届常州读书节系列活动。2001—2005年，举办了“光辉的历程”读书活动暨第四届常州市读书节。2004年，市委宣传部开始打造文化品牌“龙城讲坛”，举办系列性讲座。至2007年底，全市“龙城讲坛”发展到干部课堂、企业家课堂和市民课堂3个板块，开设春江课堂等3个分课堂。2008年，“龙城讲坛”发展成由市民课堂、企业家课堂、干部课堂、学生课堂加上春江课堂、薛家广场课堂的“4+2”格局，传播载体整合成现场版、报纸版、电视版、广播版、网络版，举办讲座27场，现场听众达2万人次。2009年，“龙城讲坛”发展到系列课堂、专业教室和专题报告会3个板块，举办讲座39场，编印出版《智慧的光芒——龙城讲坛精彩讲座(一)》。2010年，“龙城讲坛”体系分为市民课堂、企业家课堂、干部课堂、学生课堂与“人文常州”系列讲座，有理财、法律、收藏、健康4个题材，出版《智慧的光芒——龙城讲坛精彩讲座(二)》。市委宣传部等单位承办了全国讲师团团长年会、首届全国讲坛建设论坛。

第三节　对外国和港澳台宣传

1986—2010年，常州宣传部门紧密结合常州市重大国际性交流活动与境外经贸招商活动，积极开展经贸外宣、文化外宣、旅游外宣、龙城外宣和对台湾的宣传，扩大常州在国外和港澳台地区的影响。

一、常州形象宣传

市委宣传部长期重视城市形象宣传。2005年，牵头组织设计《中国常州》《十大名片》《中华龙城》《激情龙城》等城市形象宣传邮册，制作“中国常州”锡盘、“翡翠龙牌”“翡翠玉兰花”等外宣赠品，出版摄影画册《中国常州》和多语种宣传手册《掘金宝地》《中国常州》等；组织摄制了《余光中》《我的企业在常州》《日本友城市民的常州情结》等专题外宣片，在美国、韩国、日本、新加坡等境外电视媒体播出；制作《常州投资展望》《常州外向型经济大观》和《投资热土，掘金宝地》(DVD碟片)等招商外宣资料，在全市经贸文化活动、重要来宾接待、领导出访等活动中赠送。2006年8月15—29日，市委宣传部在常州国际展览中心举办“建设全面小康、推进全面小康、实现全面小康”图片展，参展照片750多幅，展示了常州2000—2005年经济发展、生态建设、社会发展的成就成果。同年11月起，市委宣传部组织征集、提炼常州城市形象宣传总体用语，最后归集为“千载读书地，现代创新城——中国常州”“中华龙城、江南常州”“季子故里、诚信常州”，常州十大城市名片宣传用语是“近代工业发祥地，现代装备制造城”“银领摇篮、科教名城”等，体现常州城市内涵、市民精神、文化特色、经济特征和发展定位。

2007年，《中国常州十大名片》邮册发行，为全国首次发行城市特色名片的主题邮册，从同年起每年更新、发放中英文对照的《中国常州》手册近2万册。2009年2月10日，“喝彩常州”——纪念改革开放30周年大型图片展在常州国际会展中心揭幕，用800多幅图片反映常州改革开放30年的沧桑巨变，为"奋进的江苏"庆祝新中国成立60周年成就展布设的"幸福常州"地方展，辅以快速公交体验、和谐号机车模型、新誉风电等实物模型，采用声光电等手段，展示新中国成立后60年常州的发展成就。2009年，摄制了常州外宣形象片《中国有个城市叫常州》。2010年，制作、发送《锦绣龙城》(摄影图册)和《影响中国的常州人》等对境外宣传的图书。

二、大众传媒宣传

1985年下半年至1986年初，市委宣传部、常州电视台等单位与中央新闻电影制片厂合作摄制纪录片《常州在改革中》，用英语等10种语言发行到中国100多个驻外使领馆播放。1992年，摄制了对外宣传片《今日常州》《晨钟暮鼓话常州》《常州专题介绍》，在美国和中国台湾地区播出。1996年起，中国国际广播电台英文台每年播出节目《来自中国常州的报道》，常州在美国东方卫视开播多期专栏节目《中国·常州》，凤凰卫视摄制、播出了专题片《纵横中国城市故事——常州》。2000年，《美国侨报》《欧洲时报》《韩国全北道民日报》成立常州新闻编辑部，推出常州专版。2005年，中央电视台与市委宣传部、常州电视台联合摄制7集纪录片《走遍中国·常州篇》。2006—2009年，中央电视台天气预报栏目每天播出常州天气情况和城市景观图，常州电视台、常州日报社分别开办外商和港澳台商看常州、台商巡礼等专栏。2007年起，在东方航空、深圳航空的航班上发放《常州晚报》；与台湾媒体联合制作《京杭运河·两岸行——龙叙龙城》，邀请美国财经资讯电视台(英文简写CNBC)到常州拍摄了招商宣传片5集，组织港台媒体、海外华文传媒高层等境外媒体常州行系列活动。

三、宣传合作

市委宣传部先后与美国财经资讯电视台、新加坡亚洲新闻台和《美国侨报》《欧洲时报》《加拿大环球华报》《韩国全北道民日报》《华人时刊》等外国媒体，中国香港的亚洲电视台、凤凰卫视，台湾"中国电视"和香港《文汇报》《大公报》及《澳门日报》等媒体，中国国际广播电台，中央电视台四套、九套和《中国日报》《今日中国》等国内重点对外宣传媒体，建立长期的对境外宣传合作关系。2009年，常州宣传部门推出境外报道近400篇(幅)，其中图片新闻150多幅、专版报道19个、境外电视新闻10余条、国际广播电台专题节目20个。2010年，开通新加坡《联合早报》网常州频道，每天编发常州信息10条，在香港大公网首页LOGO上推荐常州的重大活动，在中央电视台十套、国际频道播出10集人物传记片《盛宣怀》；摄制常州城市建设十大变化、常州城市形象和江苏省第十七届运动会的电视专题片、宣传片，推荐到中央和省级主要电视台播放；在《深圳航空》《今日中国》两份杂志的第九期作了专题宣传，扩大了常州在境内外的影响。

第四节　新闻宣传管理

1986—2010年，常州宣传部门坚持党的新闻工作以团结、稳定、鼓劲、正面宣传为主的工作方针，加强对报纸、广播、电视、网络等新闻媒体及其从业人员、活动的管理，组织引导新闻媒体大力宣传党和国家的路线方针政策与中央、省、市的重大决策、部署、举措，扩大了常州的影响，树立了常州的形象，凝聚建设发展常州的力量，为常州改革开放和现代化建设创造了良好的舆论环境。

一、传统媒体管理

1987年，常州宣传部门整顿内部报刊，由1986年的54份压缩到42份。翌年底，全市内部报刊数再增至80份。1990年10—12月，对内部报刊再度压缩整顿，保留46份、停办10份，其余改为半年编印1次非营利性图书资料，经清理整顿重新登记驻常记者站26个。1991年，清理整顿全市报刊等出版物和记者站，清查有线电视台(站)180个。1994年,按中共中央宣传部、新闻出版署的统一部署,开展“加强新闻队伍职业道德建设,禁止有偿新闻”教育培训活动。1996年,市委宣传部牵头组建社会舆情调研网络,开展社会舆情调研,编印《社会舆情动态》报送市委;组织阅评市级报纸、广播电视节目,对市级新闻媒介实施审读审听审看制度。翌年4月,表彰一批坚持正确方向、深入反映生活、受到群众喜爱的名记者、名编辑和名主持人。2001年10月,编印发放《新闻管理工作手册》。2007年,《常州市突发事件新闻应急预案》编制出台。5月,市委、市政府设立新闻文化最高奖项广玉兰奖,每两年评定新闻文化作品奖、新闻文化人才奖和创意文化活动奖1次。翌年8月,首届新闻文化广玉兰奖揭晓,常州城市形象“十大名片”宣传、百万武进人民享受免费文化大餐、钟楼文化艺术节等5个项目获得广玉兰创意文化活动奖,4人获广玉兰新闻奖,6人获广玉兰文化奖。

二、新闻发布

2006年,常州市首届新闻发言人培训班举办,新闻发布会制度开始实施。翌年11月,市委对外宣传办公室(常州市人民政府新闻办公室)开始全面负责全市对外宣传、新闻发布工作。2008年,建立健全新闻发布制度,明确市级专职新闻发言人,调整充实全市新闻发言人队伍,在《常州日报》《常州晚报》和中国常州网、常州市政府网上公布85家单位的148名新闻发言人。5月29日,市政府新闻办公室网站上线开通;10月22日,市行政中心惠风厅被改造为专用的新闻发布厅。翌年,《常州市突发公共事件新闻报道应急办法》《常州市新闻发布会管理办法》出台。至2010年底,全市有新闻发言人152名,累计举办新闻发布会51场。

常州市人民政府新闻发布会(摄于2009年1月)

三、网络建设与宣传

新闻网络建设 2000年5月,常州首家外宣网站瞭望常州开通,由市委宣传部主办、市广电局承办。2003年,常州市建设学习型城市网站成立。翌年11月,常州广电网暨常州电视台网站成立,为常州外宣综合门户网站。2005年元旦,常州日报社整合《常州日报》《常州晚报》和《武进日报》等内容,开通常州报业网站龙网。翌年6月19日,常州市互联网新闻中心成立,在瞭望常州网站的基础上筹建中国常州网,常州化龙文化传媒公司同月成立,开通为常州人提供生活信息、消费指导、电子商务等实用服务的网站化龙巷论坛。7月1日,常州龙网创办常州手机报。翌年4月5日,中国常州网正式开通,12月18日武进新闻网上线运行。2008年6月,中国常州网与常州龙网整合。至2009年底,全市互联网用户达82万户,其中宽带网用户70.6万户,互联网出口带宽达150吉;在常州备案的网站达2.94万家,占全省的8.3%,全市网吧增至503家。中国常州网、中吴网、化龙巷论坛的注册用户总数70万户,在线人数稳定在2万人以上,日均发帖回帖6万篇(条),常州手机报订阅量达18万份。中国常州网、中吴网、武进新闻网获得省政府新闻办颁发的互联网新闻信息服务资质。

网络新闻宣传 常州网站加强与国内重点新闻网站、门户网站合作,围绕全市重大活动,推出专题宣传、首页链接、视频直播访谈等形式主动宣传,组织长江三角洲网络媒体行、网络宣传座谈会和百名西祠网友看常州等活动。拓展对外宣传新渠道，与凤凰网、联合早报网、香港大公网等境外媒体开展合作。每天向重点新闻网站、门户网站报送常州新闻，年均网上刊发、转载常州报道近1万篇。2009年，常州被人民网评选为"改革开放30个最受关注的城市"之一。

四、网络新闻监管

2006年4月，市委宣传部（市新闻办）增设网络新闻处，统一管理全市网络新闻、网络舆论和网络文化产业。市委宣传部每年与市公安局、文广新局等部门开展互联网低俗之风专项整治行动，清理整顿网络涉枪、涉暴、诈骗和淫秽色情等违法违规信息。2007年，制定媒体舆情处置、新闻采访安排的工作细则，形成网上舆论引导、多部门互动和网上舆情研判3项机制。1月1日，市委宣传部创办内部刊物《舆情快报》，每周1期，加强网络舆情分析与引导，突发事件发生时及时编印增刊，向市委、市政府主要领导和秘书长通报舆情动态。严格执行全天候值班制度，建立舆情告知、信息反馈、会商研判、快速处置等工作机制。4月，建立市互联网管理联席会议制度，由市委宣传部和市发展改革委、公安局、文广新局等15个互联网监管部门组成，加强全市互联网管理联动机制。7月，首次举办版主沙龙，此后每季度举办1次，成为沟通网络民意与政府工作的平台，至2010年底累计举办近50次。

2008年，市委宣传部出台《常州市网络舆情引导程序》《常州市突发公共事件新闻报道应急办法》等文件。2009年，启用舆情监控系统，实现更规范、科学、及时的监控，年内通报网络舆情1205起，处理市外门户网站涉及常州的舆情信息500余条。5月，市级网络文化协会成立，开展互联网的技术、安全、行业发展研究，实行文明办网等行业自律准则，有57个单位和个人入会。至2010年底，市委宣传部累计处理舆情信息5000余条。

第五节 思想政治工作

中共常州市委及宣传、文化等部门重视和坚持抓好思想政治工作。1984年，常州市思想政治工作研究中心、职工思想政治工作研究会相继成立。1986年，宣传部门与相关部门组织开展全市性的思想政治工作大调查大讨论，工会、共青团、妇联、科技、劳动、教育等行业、条线和大型企业发起成立思想政治工作研究会近300个，会员总人数约5000名。市职工思想政治工作研究会从成立至1990年底，举办了工人阶级的本色传统使命、普法和中共基本路线等职工轮训3轮，参加培训学习人员达70万人次。2000年，市和辖市区建立思想政治工作联席会议制度，形成思想政治工作齐抓共管的格局。2004年4月起，建立思想政治工作联系点制度，翌年开展了全市宣传思想工作大调研。1987—2010年，常州市坚持每年召开思想政治工作会议，举办政工干部培训班，加强对干部群众和学生的思想政治教育。

第六章 统一战线

1984年，天宁、钟楼、广化、戚墅堰与常州郊区5个区党委设置统战科，区级始有统战工作机构，全市基层统战工作全面开展。1986—2010年，常州统一战线（简称"统战"）工作部门立足大团结，促进大联合，整合、凝聚民主党派、各界人士的智慧和力量，促进了常州的经济建设、政治建设、文化建设、社会建设和生态文明建设。1987年，天宁、钟楼、戚墅堰和郊区4个区建立区委统战部。此后，县（市）区逐步建立健全与统一战线工作联系紧密的侨办、侨联、台办、民族宗教工作机构。2001年，辖市区统战部门实行"一个机构、多块牌子"运作体制，形成由党委统战部牵头协调的大统战工作格局。2005—2008年，全市镇（街道）党委、党工委全部配备专职的统战委员，形成基层统战工作网络。2009年4月，中共常州市委统战部组织调查全市外资和港澳台资企业管理人员的情况，逐步建立新社会阶层代表人士信息库，武进试点开展了新社会阶层人士统战工作，全市统战工作更加协调开展。

第一节　推进多党合作

一、处理历史遗留问题

1978—1987年，常州统战部门会同党政有关部门按照“实事求是、有错必纠”的原则，妥善处理历史遗留问题，经调查核实，为错划右派的人士平反，落实对国民党起义投诚人员的政策和台胞台属、侨务政策，恢复小商小贩、小手工业者的劳动者身份，清退在“文化大革命”期间被扣减、挤占和查抄的资产。9年间，累计为民主党派成员、工商界人士、民族宗教界人士、台胞台属、归侨归眷等1960人落实政策1.43万件。1996年，清凉寺修复办公室挂牌，至此宗教房产政策全部落实。

二、支持民主党派建设

1986年初，常州市有中国国民党革命委员会常州市委员会、中国民主同盟常州市委员会、中国民主建国会常州市委员会、中国民主促进会常州市委员会、中国农工民主党常州市委员会、中国致公党常州市委员会6个市级组织，加上1985年10月8日成立的九三学社江苏省委直属小组，有基层组织84个，成员总数1090人。2010年底，常州市有民革、民盟、民建、民进、农工党、致公党、九三学社7个民主党派的市级组织及民盟金坛市委、农工党武进区委两个县级组织及192个基层组织，成员总数4233人。

中共常州市委统战部、常州市社会主义学院和市各民主党派长期重视、加强民主党派的领导班子建设、机关干部队伍建设，每年联合举办民主党派新成员培训班。各民主党派换届时，中共常州市委统战部与各民主党派省委、市委积极物色、考察，将优秀人才选配充实到其领导班子中。2007—2008年，中共常州市委统战部制定出台《常州市各民主党派关于进一步加强履职能力建设的意见》，从加强党派领导班子思想建设、基层组织建设、制度建设、机关建设到履行职能、服务发展等方面建立履行基本职能的长效措施；各民主党派加强自身建设，开展政治交接学习活动。2009年起，中共常州市委统战部组织、推动各民主党派市委开展以政治把握好、参政议政好、促进发展好、社会服务好、合作共事好、自身建设好为主要内容的“创六好”活动，提高民主党派的履职能力。

全市统战工作会议（摄于2002年5月）

三、发挥民主党派作用

1986—2010年，常州的民主党派成员与无党派代表人士的提案紧扣党委和政府的工作重点，突出发展主题，贴近人民群众实际，反映社情民意，推动热点、难点问题的解决，对党政部门工作实施民主监督。对常州贯彻实施国家法律法规情况，改革开放、经济建设和社会发展中重要问题进行专项视察督察，形成建议案、调研视察报告等。围绕全市行政执法部门及其工作人员依法行政、行风建设和廉政建设情况，群众关注的焦点热点问题，参与对公安、工商、城管、规划、环保等部门工作的视察调研、评议活动，参与全市统一组织的党风廉政建设、财务税收物价大检查，提出意见和建议。应聘担任市司法机关、行政执法机关及政府有关部门的特约监督员、党风联络员、教育监督员、城管监察员、行风评议员、特邀检察员、人民陪审员等，发挥民主监督作用。

1990 年 8 月，中共常州市委颁发贯彻《中共中央关于坚持和完善中国共产党领导的多党合作和政治协商制度的意见》的实施意见，规范多党合作制度。翌年 2 月，市政府下发《关于发挥民主党派参政议政和监督作用的通知》，实施发挥民主党派参政监督作用的 8 项措施。90 年代，中共常州市委、常州市政府对全市改革开放、经济建设和社会事业中的重大举措、重要人事安排及人民群众普遍关注的热点、难点问题，与民主党派、无党派人士进行协商座谈，通报情况，听取了意见。1996 年起，常州市 7 个民主党派的市级组织和工商联发挥人才智力优势，成立联合调研小组，每年承担市级重点调研课题。民建会员、市政协副主席、工商联会长卜仲宽在 1998—2002 年担任全国政协委员期间，提交提案 140 件，被誉为“提案状元”。

2005 年 12 月，中共中央颁发《关于进一步坚持和完善中国共产党领导的多党合作和政治协商制度建设的意见》，中共常州市委随即下发相关实施意见，把重点工作内容分解成 23 项工作目标落实到 20 多个部门单位，建立部门单位负责制。2009 年 11 月，中共常州市委出台《关于进一步支持民主党派和无党派人士参政议政的意见》，从制度建设、发挥作用、优化环境和支持民主党派自身建设等方面对民主党派和无党派人士的参政议政作出具体规定。常州市推行调研课题招标措施，组建民主党派参政议政专家咨询团，开展“构筑同心工程，服务参政议政”为主题的品牌服务活动，开展“聚心聚策聚力”优秀项目评选、“统战聚智聚力，校企合作共赢”产学研项目对接和“我为保增长促发展献一计”活动，开辟诤言直通车，非中共人士参政议政的形式和领域得到拓展。到 2009 年底，累计有 86 人应聘担任党政、检察、审判机关和部门的特约监督员、党风联络员、教育监督员、行风评议员、特邀检察员、人民陪审员、城管监察员等职务。至翌年底，联合调研的课题有加快产业制度改革、医疗卫生体制改革、股份合作制改革、古运河保护与开发等事关常州发展的重大热点、难点问题，很多意见和建议被中共常州市委、常州市政府采纳，有的提案直接促成有关政策文件出台。

第二节　扶持非公有制经济

一、服务非公有制经济

2005 年，全市统战部门调查掌握 150 多家民营企业的具体困难和问题，提交市政府研究出台《关于进一步创优发展环境的五项规定》，实施一系列操作性较强的减负措施。与工商、质监、税务、环保、公检法等单位联手优化政务环境，促成市国税、地税等部门为民营企业建立绿色通道，工商、金融等部门出台服务民营企业的若干优惠政策，市公安局、检察院、法院、监察局等部门出台为民营企业维权、营造安定有序的创业环境等措施，严肃查处存在乱收费行为的 5 家单位，设立减负监测点 6 个；统战部门帮助部分民营企业协调解决资金、技术、土地等方面的难题。市工商联组建民营企业服务中心，提供融资、法律、信息、人才、科技等服务；市财政拿出启动资金 500 万元，作为担保金。

2007 年，全市统战部门组织开展了贴近企业、贴近项目、贴近经济建设第一线，为优化发展环境、提升发展水平、破解发展难题服务主题活动。翌年起，实施项目化管理，每年评出统一战线服务经济建设“十佳”项目、优秀项目和入选项目各 10 个。2009 年，以民营中小企业为主要服务对象，开展“统战聚智聚力，校企合作共赢”产学研项目对接活动，195 名省内高校科研院所的专家教授与 156 家企业就 327 个产学研项目进行对接洽谈，促成了一批校企合作项目。至 2010 年底，市财政担保金为民营企业的 7 亿多元贷款作了担保。

二、推进光彩助困事业

1995 年 7 月，常州启动以“先富帮后富，实现共同富裕”为宗旨的光彩事业，市光彩事业推动工作委员会成立，以非公有制经济代表人士为参与主体，由部分私营企业主自愿资助贫困地区和困难人群，从扶贫济困、兴教助学、修桥铺路等做起，资助的企业和项目随着民营经济的发展日益增多。1999 年 2 月，红星家具集团设立全市第一个光彩基金红星百万光彩基金，主要帮助下岗困难职工，资助轻工、纺工行业特困下岗职工 120 名。3 月，市光彩事业促进会成立，倡议建立“百万光彩助困基金”，提倡民营企业自愿捐资 100 万元设立以企业冠名的光彩基金，每年至少开展一次捐助活动。2005 年 12 月，常州天合光能公司的高纪凡获得中国光彩事业奖章。翌年 12 月，常州市光彩事业促进会获中国光彩事业组织奖。至 2009 年底，市级光彩基金每年增加2～3个，相继设立中天钢铁、亚邦、液压成套设备、大娘水饺、鑫瑞特钢等千万元级光彩基金 6 个，常发集团 500 万元光彩基金，丽华快餐、电通电信双百万元光彩基金 2 个，及红星、月星、长兴、新城、秋惠等百万元光彩基金 18 个，光彩基金协议总额 9180 万元。全市工商联系统有 4000 多位民营企业家及其企业参与光彩事业，累计向基金捐赠 20 亿元，实施扶贫帮困、兴办项目、开发资源、发展教育等光彩事业项目 200 多个，捐赠、资助范围扩大到省外边疆地区、贫困老区的对口支援、双拥助学、抗震救灾、新农村建设等。2010 年，全市统战部门组织 3600 多人次参与“感恩行动月”社会服务活动 127 次。至年底，全市设有总额达百万元的光彩基金 83 个，其中达 1000 万元的 16 个，全部基金总额 4.5 亿元。

常发 500 万元光彩基金成立暨首笔捐赠东南大学签字仪式（摄于 2004 年 11 月）

三、非公经济代表人士队伍建设

1991 年 6 月，常州市工商联提出“娘家、服务部、政治学校”的工作思路，坚持进步性和代表性相结合，按照“爱国、敬业、诚信”要求制定非公经济代表人士的 5 条标准，对非公经济代表人士建立分工联系、部门协调、跟踪考察、学习培训、分级管理等队伍建设制度 6 项。1995 年，中共常州市委出台《关于做好非公有制经济代表人士工作的意见》，市委组织部、统战部和市经贸委等 5 个部门启动民营企业家“241”培训计划，每年举办民营企业家高层研修班两期，与清华大学联合举办民营企业高层研修班 4 期，每两个月在常州、北京和境外城市组织 1 次企业创新讲座，培训民营企业的创始人与新一代接班人。2009 年 10 月，中共常州市委发出《关于开展非公有制人士综合评价的意见》，市人大常委会、政协相关专门委员会和市委组织部、统战部与市经贸委、工商联等 19 家单位开始联合评价非公经济代表人士，评价指标为思想政治素质、企业发展与经营管理、履行社会责任、个人修养及公众形象 4 个方面 15 项，综合评价结果作为政治安排、先进评比表彰的依据，作为银行、工商、劳动、税务等部门对其企业进行资质评定、年检及评审的参考。中共常州市委统战部组织开发综合评价信息化管理系统，以 5 年为 1 个评价工作周期。评价工作得到中共中央统战部、中共江苏省委统战部的肯定，中共江苏省委统战部把常州列为评价工作示范区，向全省转发了中共常州市委颁发的工作意见。

第三节　党外代表人士队伍建设

一、学习培训

1993年6月21日，常州市社会主义学校恢复，性质为中共常州市委领导的统一战线性质政治学校。1997年8月，常州市社会主义学院成立，主要对民主党派和无党派、党外中青年干部、非公有制经济、民族宗教界的代表人士开展政治培训。2009年，中共常州市委办公室转发市委统战部《2009—2012年常州市党外代表人士队伍建设规划》，明确此后4年党外代表人士队伍建设的目标，把民主党派和无党派人士，党外干部，民族宗教界、新社会阶层、港澳台和海外的代表人士列为全市重点对象，制定加强教育培养、建立健全监督管理机制等方面的措施，实行目标化管理。建立中共常州市委组织部、统战部领导与党外领导干部联系沟通的制度，常年联系县处级领导干部后备对象约50名。到2010年底，常州市社会主义学院（校）累计举办民主党派、无党派、非公有制经济界、民族宗教界、党外中青年干部等界别的代表人士培训班54期，3100多人次参训。

二、人事安排

常州市无党派知识分子联谊会成立大会（摄于2007年10月）

1985年以后，中共常州市委对党外人士的人事安排越来越重视，建立全市党外代表人士人才库。至2010年底，全市曾选举产生非中共全国人大代表2名、非中共省人大代表9名、非中共市人大代表118名，产生非中共全国政协委员1名、非中共省政协委员18名、非中共市政协委员225名，市和辖市（区）人大常委会、政协委员会均按规定配备非中共副主任、副主席。一批党外干部走上县处级领导岗位，市政府和所辖7个市（区）政府全部配齐非中共副市（区）长；市政府22个部门配备非中共领导干部26名，其中正职2名；全市有72名非中共人士担任了县处级及其以上领导职务。

第四节　海外联谊

常州工商业基础深厚实，境外乡贤侨胞众多，海外统战资源丰富。改革开放后，市工商联恢复活动，1979年常州市归国华侨联合会成立，1985年常州市台湾同胞联谊会成立，全市统战工作重点逐渐转移到服务经济建设。1987年常州海外联谊会（简称“海联会”）应运而生，海外联谊活动主要与常州外向型经济相结合，统战部门与市各民主党派、工商联、侨联、台联共同协作，与台湾同胞、港澳同胞、海外侨胞及其眷属联手，先后组织举办常州市工商界外向型经济联谊恳谈会、常州市对外经贸联谊恳谈会和情况介绍会等活动，为促进常州对外经贸合作、科技文化交流牵线搭桥。1993年，常州市商会成立（2004年更名为常州市总商会）。2009

年9月，中共常州市委建立市海外统战工作联席会议制度，14个具有对外联系、联络的工作部门为联席会议成员单位。

一、海外联谊会

1987年4月，常州海外联谊会成立。会长李镇瀛率团首次访问中国香港，拜访、结交查济民、刘璧如夫妇和刘汉良等新老朋友。2004年6月，以中共常州市委常委、统战部部长、市海联会会长何祖大为团长的5人访问团考察中国香港，拜会爱国爱港人士60多位。市海联会加强对重点对象的联谊工作，特别是做好与唐荆川、盛宣怀、刘国钧等近现代常州籍名人在海外后裔的联谊工作。1987年4月至2009年底，常州接受刘国钧、刘鞠秀、盛毓度、盛菊影等知名人士在海外后裔的捐资，以他们的姓名命名了一批中学、小学、幼儿园、图书馆等。2007年9月，常州市举行纪念唐荆川诞辰500周年系列活动，海内外150多位唐氏宗亲聚集常州；唐氏宗亲出资216万元，成立唐荆川爱国兴学基金，支持家乡常州的教育事业。

二、香港常州商会

2008年4月15日，香港常州商会成立，由香港美维控股公司荣誉创办主席唐翔千、世茂集团董事局主席许荣茂、中共常州市委书记范燕青、市长王伟成任荣誉会长，香港长江实业集团公司执行董事赵国雄任会长，香港常州籍工商界人士、在常投资企业家、常州在港投资企业家和热心港常交流合作的113名人士为商会首届会员；香港商界巨擘李嘉诚特予资助100万元，香港特别行政区政务司司长唐英年为香港常州商会揭牌。香港常州商会在香港与常州之间建立起紧密联系，促进了两地经贸、科技、文化等领域的交流合作。

第七章　政法工作

1985年以后，常州各级党委政法委坚持一手抓建设，一手抓法治，履行执法监督，组织开展平安创建，推动社会主义法治建设。坚持依法严厉打击刑事犯罪分子的“严打”方针，落实社会治安综合治理措施，开展矛盾纠纷排查化解行动，探索流动人口服务管理途径，推进司法体制改革，提高政法干警素质，普遍开展平安、法治创建活动。1996年，常州市和武进市两级政法部门深入剖析武进前黄地区惩治地方流氓恶势力情况中的“重打轻处”等现象，通过《政法内参》反映基层政法部门的看法，引起市委领导的重视。1997年，市综治办史国瑛撰写的《关于社会治安防范产业化服务的理论和实践》在全国首次提出治安防范产业化、市场化、社会化问题，得到中共中央政法委、中央综治委的重视和肯定。9月，市委、市政府转发市委政法委《关于妥善处理社会集资问题的指导意见》。2000年，市委政法委调研重点放在预防社会集资、处理企业运行风险情况。10月，联合市检察院调查全市1998年以后亏损、被骗达500万元的国有企业，提出调整产品结构、建立完善科学的管理机制、搞好破产改制工作的思路。2001年，市委政法委关于治安防范产业化服务的理论和实践经验在《法制日报》《长安》等媒体发表，在全国推广，并在全国社会治安综合治理工作会议上作经验交流，成为工作品牌。2003年，市委政法委专门调查全市艾滋病传播防治情况，形成调查报告，提出对卖淫、嫖娼、吸毒等人群开展综合治理的对策措施。2004年，专门调查1998—2002年常州籍刑满释放人员重新犯罪情况，分析研究重新犯罪问题规律、特点和发展趋势，提出预防和控制措施。2006年，调查研究全市外来流动人口管理成效、存在问题及对策，启动实施新市民关爱工程，提高对外来人员的管理服务水平。至2010年底，全市政法部门深化社会矛盾化解、社会管理创新和公正廉洁执法；扎实开展政法综治“基层基础建设推进年”活动，促进执法规范化建设，重点提升执法公信力。全市各级把综治维稳、平安建设纳入地方经济社会发展总体规划和年度目标，列入党政综合考核项目；全市和谐安民工程领导小组成立，提升社会治安防控体系；

推进社会管理创新，全市建立刑事被害人救助制度、政法干警执法档案记载制度，构建社会稳定风险评估机制、涉法涉诉信访工作长效机制。

第一节　机构队伍

1989年4月，市委决定健全天宁、钟楼、郊区、戚墅堰4个区政法委员会，健全常设办事机构。中共常州市委政法委以执法一线、热点岗位、政法领导干部为重点，长期组织政法机关开展社会主义法治理念教育，引导干警树立、践行“依法治国、执法为民、公平正义、服务大局、党的领导”的法治理念。1990年8月，市委决定加强县(区)政法工作。1992年，市委组织部、政法委在全市选派23名公安干警到乡镇、街道任职工作，优化队伍结构，加强政法机关与地方的联系互动。1993年，市委政法委在队伍建设中开展学习政法干警不准执法犯法贪赃枉法、不准乱收费乱罚款乱摊派、不准利用职权搞创收、不准经商办第三产业、不准搞第二职业、不准有案互相推诿不办、不准以罚代刑、不准搞地方保护主义、不准越权办案、不准擅自设立和撤销机构(简称“十个不准”)规定，学习全国“十杰”检察官蒋峰和全市“十佳”民警行动，对全体干警开展教育整训，整理自办公司、治理“三乱”，查处了政法队伍中贪赃枉法和舞弊、贪污受贿的干警7名。1994年，市委政法委连续出台《委员会议制度》《工作情况报告制度》《协调督查大案要案制度》等规章制度，确定岗位责任、工作例会、保密工作、文印档案、阅文办文、财务管理等11项工作规定。同年起，连续在全市政法队伍中开展集中教育整训活动，重点解决政法队伍中存在的群众反响强烈的问题。1998年，全市政法部门组织开展执法大检查，派出检查组25个，检查案件7723件，查纠执法人员违法违纪案件42件，查出违法违纪人员66人。清理政法部门经商办企业情况和“收支两条线”规定执行情况，至年底，全市政法机关所属49家企业撤销39家，收回国有资产总额1311.23万元，其中资金671.8万元、实物资金636.43万元。经省市审批保留10家掩护性企业、保安服务和后勤保障企业。

1986年起，市委政法委针对社会治安新形势，日益重视政法工作的政策调查研究，逐步运用调研成果强化工作指导，推动政法部门落实法规和政策。与市公安局、检察院、法院下发《关于政法部门处理的历史专案内部复查过滤若干问题的意见》，全面清理和内部过滤“文化大革命”前反革命案件、“文化大革命”遗留问题和其他政治案件，落实干部、知识分子和统战工作中的遗留问题3类历史专案。1989年，与市公安局、市保安服务公司等部门组成联合调查组，深入15家合资企业开展调研，探索企业内保工作成功经验，积极推行治安承包责任制。1992年，市委政法委率先在全省政法委系统设立政策调研科，针对当时社会治安中的突出问题开展调查研究，取得许多优秀成果，被中央政法委确定为调研信息直报点。1994年，市委政法委、市综治委向市委、市政府提交《常州地区社会政治、治安突出问题》《常州市青少年违法犯罪状况及其防治对策》《14家企业要求破产引起5000职工的不安》等专题调查报告，提请在全市建立重大案件防范责任查究通报制度，发出《查究重大案件防范责任通知单》65件，查处有关责任人员27名。90年代中期，中共中央政法委确定由中央和省、市三级政法委在常州市共同筹建并管理全国政法综治干部培训中心，1995年中心(长安大厦)开工建设，总建筑面积9971.97平方米，具有办公、会议、办学等功能。市编委批准中心为全民事业单位，核定编制60人。1997年4月28日培训中心首次开班。1999年初，全市政法队伍开展“争创人民满意政法单位、争当人民满意政法干警”活动。

2003年，全市政法机关开展队伍建设专项教育，有42个集体和86名个人分别受到中共中央政法委和省、市综治委表彰。政法系统有37个集体和93名个人获“人民满意政法干警”称号，分别受到省、市委政法

全市政法工作会议表彰先进集体和个人（摄于2008年2月）

委表彰。2004年4月，市委政法委下发《常州市政法系统"公正执法树形象"集中教育活动实施意见》，重点教育执法部门、热点岗位、窗口单位和各级领导干部。同年，全市无一名政法干警犯罪，违纪干警也明显减少，为政法综治工作提供了良好的组织保障。2007年，开展"岗位练兵风采展示"和常州市"十佳政法干警"评选活动，在江苏地级市中第一个出台《政法干警因工伤亡抚恤补助办法》，开通了"中国常州政法网"网站。2008年，全市突出政治建警，增强干警党的事业至上、人民利益至上、宪法法律至上和服务大局的意识，涌现出以中国青年五四奖章获得者徐峥、全省人民满意公务员王颖为代表的执法为民先进典型。2009年，部署"政法队伍形象提升年"活动，成立市政法队伍形象提升年活动领导小组。市公安局交巡警支队立全国公安系统集体一等功，刘祖明获得"全国公安系统二级英雄模范"称号。至2010年9月，全国政法综治干部培训中心举办培训21期，轮训全国地方党委政法委处级以上领导干部4100余人次。

第二节　执法督察

1986年起，中共常州市委政法委对涉及刑事政策把握和重大、疑难类案件及涉法涉诉上访等方面的问题，组织执法督察，对原已定性的76名历史专案人员进行复查核实、重新批复。1990年，公安、检察、法院联席会议制度建立，协商解决办案中急需解决的问题，三家不能统一的由市委政法委领导主持协商解决。1993年，市委政法委抽调专门力量对全市大案要案开展执法监督，制定、实施治安防范重大责任查究通报制度。1995年，市委政法委向全市政法部门发出《关于严格文明执法严禁刑事审讯的意见》，强调严格执行禁止政法干警接受案件当事人请吃喝、送钱物，禁止对告状求助群众采取冷漠、生硬、蛮横、推诿等官老爷态度，禁止政法干警打人骂人、刑讯逼供等违法违纪行为（简称"三条禁令"）和"十个不准"，制定文明执法的领导责任制，建立执行错案追究制，健全工作报告制度等5方面的规定。1996年，市委政法委建立政法日报制度，依法协调上级交办和政法部门提交协调的重大疑难案件，查究1995年后全市单位内部较大案件的防范责任。1998年4月，市委政法委组织力量对全市政法队伍执法情况进行深入督查，督查协调省、市领导交办案件17件，对涉案信访进行个案调查80多次，抽查政法部门当年办理的刑事、民事、经济等类案件193件。1999年，市委政法委牵头政法部门做好因集资兑付、福利待遇、征地拆迁、城市管理等问题引发的社会矛盾的化解工作。

2002年，常州市综治委、市纪委和市委组织部及市人事局、监察局联合制定《对发生危害社会稳定重大问题的地方实施领导责任查究办法》，加强对政法部门的执法监督，强化社会治安综合治理领导责任机制，实行社会治安综合治理措施。2004年，常州各级建立处理群体性事件联席会议制度，加强化解涉法上访案件。直接排查疑难矛盾纠纷609件，其中重大突出矛盾纠纷374件。组织市公安、检察院、法院和市人大常委会内务司法委检查了辖市区21个基层政法机关办案情况，抽查案件385件850余卷，对发现的问题严格要求整改。2008 年 11 月，全市政法系统建立科级领导干部违纪违法案件报告制度，把加强对司法工作人员渎职行为的监督、深化司法体制改革、加强对权力运行的监督和制约 3 项目标责任分解落实到政法部门。

第三节 法治常州建设

90 年代初，常州探索和创新依法治市，法治建设逐步融入各级各部门的日常工作中。随着 2005 年江苏省法治建设在全国率先实行由党委政法委扎口管理，常州民主法治建设迅速推进，以依法行政、公正司法和法制宣传教育为重点，以法治城市、法治县（市、区）创建等活动为载体，规范公共权力运行，维护群众合法权益，法治常州建设扎实开展。

一、开展依法治市工作

1996 年，常州市按照依法治市五年规划的要求，对 65% 的乡镇（村）和 85% 的大中型企业开展依法治理活动。1997 年，修改完善全市依法治市规划，调整各级依法治市领导班子和工作机构。全市 60% 的乡镇、85% 的行政村、95% 的大中型企业、100% 的学校和 90% 的基层单位都开展依法治理活动。2005 年，市委常委会两次专题研究了法治常州建设，出台《法治常州建设总体规划》，市依法治市领导小组举办了法治常州建设论坛等会议。6 月，市委、市政府全面部署法治常州建设。2006 年，市委常委会专题研究法治常州建设，把依法治市管理职能从市司法局调整到市委政法委。此后，组建公正司法、法制宣传、依法经营、基层民主政治建设、新闻宣传 5 个协调指导办公室。2007 年，开展了各辖市（区）主要负责人“党政领导谈法治”专题活动。2010 年，市委出台开展法治城市创建活动的实施意见，明确开展法治城市创建活动的指导思想、目标、原则和实施步骤，力争 2012 年率先跨入首批法治城市创建工作先进市行列。是年，五星公园建成法治文化公园。

二、探索依法行政机制

1999 年，常州依法行政纳入全市经济和社会发展的总体规划和年度的目标。市委政法委制定《依法治市（区）工作考核办法》及实施细则。全市 47 个地区或部门制定推行“两制”的实施方案，其中 39 家市级行政执法单位建立与之相配套的 13 项制度。全市 137 个乡镇实行政务公开，绝大部分村建立村民自治委员会，制定了村规民约。全市开展以领导干部为主要对象、以《中华人民共和国宪法》《中华人民共和国合同法》为重点内容的普法教育。以行政执法责任制、错案责任追究制为重点，开展依法行政，建立实施细则，完善配套制度，实行政务公开，开通 20 多条服务专线电话，接受群众监督。2007 年，市政府推进行政机关负责人出庭应诉，出庭应诉率明显提升。溧阳市、天宁区和市公安局、城市管理行政执法局、交通局、新北区春江镇被确定为省级依法行政示范点。2008 年，颁布实施《常州市行政执法过错责任追究办法》等规范性文件。2009 年，在全省率先推广说理式执法文书和行政执法全过程说理制度。

三、促进司法公正进程

1998 年起，常州政法机关重点加强廉政建设、健全监督制约机制，采取执法大检查、聘请监督员、批评与自我批评等措施，查处和纠正有法不依、执法不严、执法不公或不文明等群众反映强烈、严重影响政法机关形象的问题。2004 年，全市政法机关开展了“公正执法树形象”集中教育活动。2006 年，市委出台《关于进一步加强和改进人民法院、人民检察院工作的实施意见》。新北区检察院首创全国首家恢复性司法研究基地，以人性化办案模式处置案件。2007 年，市检察院建立健全办案质量考评、办案工作流程管理和讯问职务犯罪案件嫌疑人全程同步录音录像等制度。2008 年，抓住容易发生执法问题、人民群众反映强烈的重点部门、重点岗位、重点环节，加强执法信息化建设。2009 年，常州市开展公正司法“形象提升年”活动。2010 年，市法院在全省率先实行单向退出机制，得到最高院和省高院的充分肯定，在法治江苏建设高层论坛上作经验介绍。

四、实行法治惠民服务

1986年后，常州政法系统开始为外向型企业服务，许可法律工作者在1987年后参加常州外商投资审查决策机构，担任政府法律顾问，为决策提供法律服务。在乡镇（街道）建立法律服务站，逐步覆盖乡镇街道。1992年，常州市法律服务重点突出优先服务大中型企业、农业和涉外经济的特点。1998年，全市开展“三五”普法教育、“送法下乡”活动。全市法律援助中心（站）发展到17个。2001年，政府部门搞好法律保障和法律服务，司法行政机关规范法律服务市场。2004年，全市政法综治在省社会治安综合治理先进市评选中，获得“三连冠”。在省统计中，常州市公众安全感为96.6%，对政府综治工作满意度为97.8%，平安创建知晓率为80.4%，分别比全省平均水平高1.7个、2.6个和15.4个百分点，居苏南地区之首。2005年，常州在全省率先建立民事法律援助先行调查机制，创新法律援助咨询服务机制和办案跟踪机制。2008年，落实当事人权利义务告知制度，加强贫困群众和文化水平较低当事人的口头告知和法律解释工作。在全省率先出台《法律援助办法》，放宽法律援助范围和条件，扩大法律援助覆盖面。贯彻宽严相济的刑事司法政策，对轻微违法、失足青少年和具有依法减轻、从轻情节的被告人，依法减轻、从轻处罚。建立轻微刑事案件快速办理机制、刑事和解机制、“两简”（适用简易程序和普通程序简化审理程序）案件的适用机制。2009年，常州市政法机关在全省率先建立多元矛盾纠纷解决机制，加强了行政调解、行业调解、商事调解组织建设。2010年，法院系统全面建成诉讼服务中心，完善审执“绿色通道”，推行巡回审判，设立7个交通事故巡回法庭、27个巡回审判点。检察系统建立“管护帮教基地”17家，从社区聘任检察联络员200余名，在乡镇设立派驻检察室12家以及巡回接待站、检察官联系点、检察工作站213个，全市办理法律援助案件1850件。

五、法治县（市）区创建

2006年，常州市依法治市领导小组、市委政法委组织开展“法治江苏”合格县（市）区创建活动。2007年，市依法治市领导小组办公室制定《关于进一步加强基层法治建设的意见》，开展了以法治合格镇（街道）创建、民主法治村（社区）创建、法治合格单位创建和规范“法治常州”示范点建设为内容的基层法治建设。2008年，法治县（市、区）创建深入开展，金坛市建立以当面质询、限时反馈、监督落实、实效点评为基本内容的村务决策点评制度，出台村务决策流程图，“两委”班子公推直选成为全省典型。溧阳市建立参事制、票决制、双票考评制的村务民主管理机制，在全省民主法治村（社区）创建现场会上作经验介绍。2010年，全市“民主法治村（社区）”命名率达95.3%，武进区被命名为首批“全国法治县（市、区）创建活动先进单位”。

第八章　对台工作

1978年12月，中共常州市委成立办事机构对台工作办公室，主管涉台对台工作。1985年7月，市委对台工作办公室对外使用“常州市人民政府接待台湾同胞办公室”名称，1987年6月对外改用“常州市人民政府台湾事务办公室”名称。1988年上半年，天宁、钟楼、郊区、戚墅堰4个区相继设立台湾事务办公室。1991年7月，市委对台工作办公室更名为中共常州市委台湾工作办公室（简称“台办”）。市和辖市区两级台湾工作机构认真开展涉台宣传，接待服务台胞，密切与台湾工商界、文化界人士的联系，增进两岸相关机构和民众的互信，促进常州与台湾的经济文化交流与合作，在促进常州经济建设和社会发展中发挥了积极作用。

第一节 涉台宣传

改革开放前两岸处于基本隔绝的时期，常州主要通过广播、《人民日报》（海外版）、海外媒体、传递家信等途径，了解台湾的信息，做台湾人民的工作。1987年，台湾开放民众赴大陆探亲后，涉台宣传渠道得以拓宽。常州台湾工作机构加强与台湾相关机构、人士的交流交往，互换情况信息，宣传中共中央对台工作的方针政策，增进沟通理解，努力促进祖国和平统一。

一、媒体宣传

1985年以后，两岸人员往来大大增加，宣传活动趋于活跃。1991年，常州市遭遇特大洪涝灾害，市委台办组织人员慰问受灾的台胞台属，协助台湾《中国时报》记者到灾区采访，向台湾的武进、金坛、溧阳同乡会通报常州的灾情，这3个同乡会自愿捐赠赈灾款9.61万美元。1992—1993年，台湾《联合报》《中国时报》《自由新闻报》《中国广播公司》《工商时报》等媒体的记者到常州采访，报道常州改革开放后的发展变化。随着常州台资企业的增加，台湾工作机构加强对台资企业的宣传报道。1995年、2002年，市委台办与常州日报社、常州电视台、常州人民广播电台等媒体开展常州台资企业巡礼宣传活动，报道金正电子（常州）科技公司等10多家台资企业。2009年6月30日，12家海峡两岸主流媒体的近20位记者组团，以“携手同心应对国际金融危机”为主题，采访常州台资企业。2007—2010年，市委台办先后摄制了《龙城神韵》光碟、《江苏世纪风·常州篇》电视专题片和18集电视纪录片《京杭运河两岸行·常州集》等，在两岸媒体上播放，让台湾相关人士加深对常州的了解。

台湾《工商时报》是常州去台人员余纪忠创办的报纸，与常州市工商界关系良好，90年代中期起每年组织台湾企业家考察常州。1997年5月10—18日，台湾《工商时报》连续9天用整版，系统报道常州的历史、文化、经济、城建、交通、旅游、投资环境和外向型经济等。2002年4月，台湾媒体采访常州市政府副市长毛伟明，在报纸上发表长篇报道10多篇，向台湾民众介绍常州改革开放成就和投资环境。9月18日，市长范燕青接受台湾媒体采访，介绍常州的发展状况、发展趋向和比较优势。9月20日，台湾工商时报社社长、发行人彭垂铭率代表团45人考察了常州的投资环境。

二、社会宣传

1987年中秋节，市台办举办怀乡思亲诗歌朗诵会，在常台胞台属创作诗歌、散文等90多首（篇），抒发渴望祖国统一之情，编选50首（篇）为《心声集》出版。1988年10月19日起，《常州日报》开辟专栏《台胞寻亲人》，为台胞寻找离散亲人牵线搭桥。市台办针对早期回乡台胞不愿与政府部门人员接触的情况，向回乡台胞进行政策、礼仪、生活等方面的宣传培训，组织他们参观常州工农业生产和城乡新貌，让他们了解祖国大陆；对常州的干部群众进行对台工作方针政策、对台形势方面的教育，对台属进行“自尊、自爱、自重”的爱国主义教育，引导他们做好在台亲属工作，为促进祖国统一共同出力。1989年1月11日，常州市台属联谊会（简称“台谊会”）成立，下设7个辖市区基层台谊会和纺工、教育、青年、化轻4个直属分会。2月，市台谊会举办了台胞台属元宵同乐会。3月，市台谊会组成台属先进事迹报告团，在各县区、基层和大型工矿企业巡回演讲。

1992年10月，在台湾当局开放民众赴大陆探亲5周年之际，举办了台胞常州行图片展，展出照片近百幅。2003—2004年，市台谊会两次举办两岸优秀家书征文评选活动，应征者用书信表达两岸同胞血浓于水的亲情。台湾著名诗人、学者余光中的母亲、夫人祖籍地在常州，余光中少儿时代在常州度过，2003年10月，市委台办在常州举办了余光中作品朗诵音乐会。翌年，常州市派出新闻代表团到台北市采访武进同乡会及旅台常州籍同胞，《常州日报》、常州电视台分别推出在台采访手记和电视专题片《创业心·桑梓情——常州人在台湾》，反映旅台常州籍知名人士的创业经历。2005 年 1 月，市委台办等单位在常州刘海粟美术馆举办“台湾开放民众赴大陆探亲 10 周年”摄影图片展，展出照片 318 张。从翌年起，每天向台北武进同乡会寄送《常州日报》和《武进日报》，定期向武进同乡会寄发稿件。

第二节　交流交往

1987 年 11 月 2 日，台湾当局决定开放居民回大陆探亲。翌年 1 月 22 日，常州市台湾同胞接待站（简称“市台胞接待站”）成立。1995 年，市台胞接待站对外称市台办交流交往处。1988—1997 年，市台胞接待站（交流交往处）接待台湾同胞 2.65 万人次，接待台湾访常团组 11 个 157 人次，为 183 位台胞在常州寻找到亲人，妥善处理涉及台胞的突发事件 56 起，为 98 位台胞解决了住房、子女就读、寻医问药等问题，办结去台老兵遗产继承案 10 例、总金额 302 万新台币，办理常州因公赴台交流 20 批 90 人次、因私赴台交往人员 579 人次，民政部门办理涉台婚姻 124 对。2008 年 11 月 4 日，长江常州港被列入大陆对台湾开放的 63 个直航港口。1987—2010 年，常州市与台湾的交流领域涉及文化、教育、卫生、经贸、宗教、农业、科技、工会、妇联、旅游和学术等层面，接待到常州参访考察、商务活动、旅游观光的台胞 19.21 万人次。

1987—2010 年常州市接待台胞和办理两岸婚姻统计表

表 25-8-1

年份	接待台胞（人次）	两岸婚姻（对）	年份	接待台胞（人次）	两岸婚姻（对）	年份	接待台胞（人次）	两岸婚姻（对）
1987	115	1	1996	2212	16	2005	21270	17
1988	2337	—	1997	2050	19	2006	21806	28
1989	3012	1	1998	2042	30	2007	21547	22
1990	2820	1	1999	2627	29	2008	21934	31
1991	2448	5	2000	2725	27	2009	22047	20
1992	3219	10	2001	2523	21	2010	21875	29
1993	3600	18	2002	2339	30	累计	192111	451
1994	2360	28	2003	2294	18			
1995	2318	26	2004	20591	24			

一、接待服务台胞台属

常州籍台胞周纯娟民国 36 年（1947）随夫到台湾。1987 年 11 月，在台湾当局开放民众到大陆探亲登记首日，在台北红十字会办理返大陆探亲登记，在香港取得签注。11 月 7 日，市台胞接待站（筹建中）接待了周纯娟，她是台湾当局开放民众到大陆探亲后首位获得“台胞证”、回大陆探亲的常州台胞。1990 年 2 月 21 日，常州箱包拉链公司女职工祁竹君赴台奔丧，成为常州因私赴台第一人。1992 年 4 月 20 日，常州籍唐李玲带着刚满百日的儿子经香港赴台与丈夫团圆，是台湾当局同年允许大陆配偶按每年限额 240 名去台定居的首批 20 名定居者之一，其子成为赴台居留者中最小的婴儿。

台北武进同乡会成立于 1968 年，由武进籍在台人员组成，是台湾规模大、业绩佳的同乡会之一。1993 年 7 月，首次组成 12 人的青年返乡团，返乡寻根。2000 年 11 月，台湾中南部地区里邻长首次访问常州。

2005—2010年，蒋孝严、郁慕明、赖士葆、杨丽环、萧万长、应昌期、张昌财等台湾知名人士相继访问常州。2005年5月，组织常州医疗专家免费为120多位台胞台属义诊。2007年9月，台湾中华两岸少数民族文化经贸交流协会海南鑫城开发理事长巴湃拉拉格狮（阿美族）率台湾中南部地区原住民乡（镇）长、里长34人访问常州。2008年10月，市委台办组织医疗专家到在常台资企业义诊。

二、经贸互访活动

1997年5月20—29日，常柴股份公司的3位代表应台湾台中精机厂股份公司之邀，到台湾参观考察、商洽合作。翌年6月，台资企业常州光星精机公司的6人应台湾光阳工业股份公司之邀，到台湾参加技术和管理培训，成为常州首批赴台培训的技术人员。2000年12月，副市长陈伯鹏率常州农业考察参访团到台湾进行农业、经贸考察，成为常州首批考察台湾农业的团队。翌年，中共常州市委书记李全林率常州经贸考察团到台湾开展经贸活动。2005年5月，台湾"中国台商发展协会"理事长蒋孝严首次访问常州。2005年5月18日，常州市举办"共谋发展，实现双赢"对台招商恳谈会，台湾新党主席郁慕明、台北武进同乡会理事长王仲渝等近100位知名人士及全国各地40多个城市的台协会长、负责人300多人参加。5月，副市长俞志平率领常州经贸考察团到台湾招商考察。

2006年5月12日，台湾南投县议会首次组团参观访问常州；11月，台湾南投县副县长陈志清率该县农业参访团63人参观考察常州。此后，南投县农会、农联社、农民团体、妇女团体等机构组团先后考察常州农业投资环境，分别与常州市农林局、妇联进行农业合作恳谈、妇女工作座谈。2008年9月，台中县经贸交流考察团首次到常访问；11月，市长王伟成率由25人组成的常州市考察团到台湾开展了系列经贸活动。翌年11月，中共常州市委书记范燕青率近50人的常州代表团，到台湾参加首届"台湾江苏周"活动，常州市签署合作意向项目8个、采购项目3个，落实利用台资项目3个。其间，常州（溧阳）天目湖与南投日月潭建立交流合作关系。2010年1月，南投县县长李朝卿率该县政府、议会主要负责人访问常州。4月28日日月潭号游船在天目湖首航，6月20日天目湖号游船于台湾南投茶业博览会期间在日月潭首航；9月17日常州—台湾科技园区交流会在常州举行。

"天目湖"号游船在台湾日月潭启航（摄于2010年4月）

三、文化艺术交流

1989年11月，常州市举办了海峡两岸常州书画展。1990年4月，台湾武进籍书法家於世达在常州举办怀乡书法展，常州向台北武进同乡会赠送常州著名书画家的28幅作品。1993年4月28日至5月21日，江苏省化工设备制造安装公司副总工程师、台属邓建德到台湾进行学术交流，成为常州市因公赴台的第一人。5月，中国摄影家协会理事、江苏省摄影家协会副主席、常州市摄影家协会主席汤德胜应台湾摄影艺术大师郎静山和台湾《摄影天地》杂志社邀请，携80幅摄影作品在台湾展出，与台中市摄影学会达成以"两岸情"为主题的摄影艺术交流活动意向。翌年，台中市摄影代表团首次在常州举办"两岸情"摄影作品展、两岸摄影艺术研讨活动。1994年8月，台湾《中国时报》创办人、常州籍旅台同胞余纪忠捐资100万美元，设立常州市华英文教基金会，用于奖励优秀师生和慰问退休的困难中小学教师。1998年11月，余纪忠又向基金会增资

25万美元。常州女书法家沙黎黎携15幅书法作品及论文到台湾参加中国江南书艺邀请展，成为常州首位赴台交流的女书法家。副市长杨大伟率常州教育代表团参观访问台湾，成为常州首位率团访问台的领导。

2004年2月，市委常委、秘书长盛克勤率常州新闻交流团赴台考察交流。7月5—11日，常州书画家代表团在台北中山纪念馆逸仙艺廊举办常州书画名家特展，常州市美术家协会主席、常州书画院院长江可群等14名书画家的100多幅作品参展。至2010年底，常台"两岸情"摄影艺术交流活动累计举办摄影作品展9次、两岸摄影文化交流研讨会7次；华英文教基金累计奖励优秀学生1405位，奖励总额244.56万元；奖励优秀教师325位，奖励总额67.7万元；慰问困难教师810人，款物总计40.5万元。

1993—2010年常州市到台湾交流团组统计表

表25-8-2

年份	总数		经贸交流团体		人文交流团体		商务培训团体	
	团组(个)	成员(人)	团组(个)	成员(人)	团组(个)	成员(人)	团组(个)	成员(人)
1993	1	1	—	—	1	1	—	—
1994	2	7	—	—	2	7	—	—
1995	1	1	—	—	1	1	—	—
1996	5	24	—	—	5	24	—	—
1997	6	37	3	18	3	19	—	—
1998	9	58	3	15	6	43	—	—
1999	26	129	8	21	18	108	—	—
2000	10	43	3	12	7	31	—	—
2001	25	103	13	71	12	32	—	—
2002	81	471	57	337	24	134	—	—
2003	57	391	44	348	13	43	—	—
2004	33	205	23	145	10	60	—	—
2005	36	156	28	103	8	53	—	—
2006	32	160	10	58	6	62	16	40
2007	52	255	15	113	20	99	17	43
2008	44	248	9	93	16	110	19	45
2009	106	429	18	151	28	136	60	142
2010	150	580	36	198	22	164	92	218
合计	676	3298	270	1683	202	1127	204	488

1987—2010年常州籍台湾同胞向常州捐赠情况一览表

表25-8-3

年份	捐款货币		捐赠主要物资	主要用途
	外币(万美元)	人民币(万元)		
1987	—	0.02	—	大兴安岭火灾
1988	0.05(另港元1.1万元)	9.97	—	教育、修路等

续表 25-8-3

年份	捐款货币		捐赠主要物资	主要用途
	外币（万美元）	人民币（万元）		
1989	0.50	14.16	戒指 20 只	教育、修路、民政、安息堂等
1990	1.00	12.62	轮椅 136 辆	教育、残疾人事业、台谊会经费
1991	11.81	31.66	丰田面包车 1 辆、轮椅 200 辆、油压冲床 1 台	赈灾、医疗、残疾人事业、教育、文化活动、修路等
1992	2.57	8.61	轿车、旅行车 17 辆，轮椅 200 辆等	医疗、残疾人事业、教育、福利事业、修路等
1993	11.78	13.37	轿车、旅行车 17 辆，照相机 1 台	医疗、民政福利、农业、教育、修路、体育等
1994	101.62	89.03	轿车 1 辆、轮椅 200 辆、佛经书籍和录音带 50 箱	华英文教基金、教育、慈善、助残、民政福利、修路、医疗等
1995	5.00	25.53	佛经 1 部	教育、民政福利、佛教等
1996	8.20	28.80	—	教育、修路、治安等
1997	7.20（另新台币 600 万元）	6.80	—	教育、民政福利等
1998	6.00	—	彩电 1 台	教育等
1999	—	—	轮椅 200 辆等	残疾人事业、佛教等
2000	—	52.60	佛教用具	佛教、教育等
2001	62.98	—	念祖楼 800 平方米、花园 1002 平方米，电脑等 30 台	—
2002	32.00	—	轮椅 25 辆	—
2003	22.30	—	轮椅 2000 辆	—
2004	0.60	—	轮椅 312 辆、教学设备等	—
2005	220.00	—	残疾人用轮椅、儿童用品	—
2009	—	—	中高档山地车 50 辆	—
2010	—	—	《李炳南老居士全集》301 箱，佛教用具若干	—

第三节　经贸合作

1990 年，有 21 位台商应邀参加常州市第四届对外经济贸易恳谈会，市政府批准成立台资企业 3 家，总投资 290 万美元。1994 年 3 月，全国人大常委会通过的《中华人民共和国台湾同胞投资保护法》颁布后，常州把对台经济工作纳入开放型经济，采取小规模、多批量、以台引台的方式，对台湾招商引资。至 1994 年底，全市累计兴办台资企业 377 家，实际利用台资 2.21 亿美元。1999 年起，台湾劳动密集型产业投资比例下降，对投资大陆态度谨慎的台湾大中型企业逐渐转向到大陆投资。2000 年，一批台湾电子电器业、精密仪器等资金和技术密集型产业投资常州，年内新批台资企业38家，总投资2.11亿美元。从翌年起，全市新批台资企业增长较快，台湾大集团、大公司纷纷投资常州。至2010年底，全市累计批准兴办台资企业1144家，涉及农业种植养殖加工、观光农业，机械设备、非金属矿物、石化、医药及器械制造和特种合金材料、金属制品、电子设备通信、纺织服装、IT产业、LED产业及旅游、教育、房地产业等行业，总投资67.73亿美元，实际利用台资15.41亿美元，台资成为常州仅次于港资的第二大招商引资来源。

一、台资利用项目

1988年8月17日，台商廖世标以香港万大进出口公司的名义在第三地注册，与武进县灯泡厂、武进县灯头厂合资55万美元，成立全市首家台资企业常州大发灯泡公司，合同台资22万美元。至同年底，另两家台资企业常州仁忠纺织品公司、常州裕达塑料制品公司落户常州。1995年1月，台湾著名摩托车生产企业光阳工业股份公司投资的常州光阳摩托车公司成立。翌年11月8日，常州光阳摩托车工业园建成投产。2001—2010年，台湾华新丽华集团投资武进西太湖整治开发项目，总投资4亿美元；台商投资常州特种合金材料项目总投资7亿美元、年产35万吨；台湾电脑服务股份公司总投资1亿美元兴建现代社区项目，台湾光宝集团总投资6亿美元在武进高新区兴建光宝华东营运中心，台湾晶元光电投资6亿美元建设LED外延产品和芯片项目。

二、投资合作机构

台湾区电机电子工业同业公会 简称台湾电电公会，民国37年(1948)成立，是台湾141个产业公会中最大、最专业、科技含量最高的产业公会，拥有会员企业4600多家，该会与常州市有着良好的互动。1998年6月，台湾电电公会首次组团到常州。2004年初，台湾电电公会对大陆62个城市进行2003年度投资环境与风险调查排名，在该公会公布推荐的前10位城市中，常州首次榜上有名。2007—2009年，该会与常州市政府联合主办海峡两岸汽车电子产业合作论坛、中国常州汽车零部件产业对接洽谈会和常州—台湾光电产业论坛。2008年9月，市政府与台湾电电公会在中国常州科技经贸洽谈会开幕式上签订了《常州市政府与台湾区电机电子工业同业公会友好合作备忘录》。

台中县 2008年9月，台中县经贸交流考察团首次访问常州。在2008中国常州科技经贸洽谈会开幕式上，常州市政府与台中县签订《常州市与台中县经贸文化旅游交流与合作关系备忘录》，常州成为大陆第二个与台湾县市全面合作的城市。2010年9月17日，台中县农特产品常州瑞和泰直销专柜揭牌，揭牌仪式中展销台中县农特产品29个品项，主要以深加工产品为主。瑞和泰超市、明都超市分别与台中县新社乡、太平市签订了农产品采购协议，协议总额2000万元新台币。

第九章 保密工作

1978年，市委重新成立保密委员会，负责领导全市保密工作，下设办公室（简称“市委保密办”）。1988年9月，常州市政府设立主管保密工作的职能部门国家保密局，与市委保密办合署办公。市委保密委员会及其办公室、国家保密局坚持加强对《中华人民共和国保守国家秘密法》（简称《保密法》）等法律法规的培训教育，对涉密机构、个人加强警示教育，对涉密行为实施定密管理、保密检查、保密审查等方面的监督管理，严肃认真查处失泄密案件，为常州经济建设和社会发展保驾护航。

第一节　宣传教育

1988年，《保密法》颁布实施，常州市组织开展多层次、多形式的宣传教育活动。2004—2010年，随着国际国内形势的变化、信息化技术的发展，常州保密工作机构不断调整和拓展保密宣传教育的内容、形式和受众对象，逐步把《保密法》等法律法规的宣传教育纳入新招录公务员、军队转业人员、拟提拔干部等人员的学习考核内容。

一、法律法规宣传

1988年10月10日，常州市学习宣传和贯彻落实《保密法》活动启动，各部门、各单位利用报刊、广播等传播媒体，采用知识测验与竞赛、文艺演出、报告会、培训班等形式，普及宣传《保密法》，全市约有52万多人次参加学习普及活动。从翌年起，市委保密委员会将每年5月定为《保密法》宣传月。1997年，《中共中央关于加强新形势下保密工作的决定》（简称《决定》）出台后，保密宣传教育被纳入全市各级党委中心组学习内容。翌年，市委保密委员会印发贯彻《决定》精神的实施意见，推动基层加强保密宣传。2010年10月1日起，新修订的《保密法》颁布实施。11月，市领导干部学习网和公务员学习网开设新《保密法》知识学习专栏，辖市区、市级机关和涉密企事业单位开展新《保密法》宣传教育和培训。至2010年底，全市累计举办保密知识培训560余场次，其中专业培训70余次，举办保密纪律党课40余次，宣传影像播放、图片展览约2000场次，受众约101万人次，制作发放保密常识读本、图片约10万余册（张），促进了全市保密工作。

二、警示教育

1993年起，市委保密办（市国家保密局）针对不同时期的保密形势，结合国内外失泄密案例，通过案例分析，举办保密纪律党课和图片展览等形式，开展保密警示教育活动。1999年，市级机关、企事业单位分别开展保密形势、保密知识及失泄密案例警示教育，有2000余人接受教育。2001年，市委保密办（市国家保密局）组织100余名专兼职保密干部到南京观看国家保密局举办的失泄密案例展。2004年5月，组织全市高考考务人员参加保密培训。2009年，市级党政机关部门、涉密企事业139个单位征订保密警示教育教材3352份，7889人签订了保密承诺书。至2010年底，举办警示教育讲座60余场、保密纪律党课40余节、图片展览150余场次，播放警示教育片200余场，发放警示教育读本、宣传图片3万余册（张），让保密警钟长鸣。

第二节　监督管理与技术应用

1986年起，常州保密部门突出保密重点单位和重点事项，明确保密责任人，开展保密检查，认真查处失泄密案件，加强保密监督管理，保密工作做到慎之又慎。

一、定密管理

1991—1992年，常州各级机关单位对关系国家安全和利益，在一定时间内只限一定范围的人员知悉的每项具体秘密事项，依法确定绝密、机密、秘密3个等级，通过相应的法规制度予以保护。全市有129个县处级单位确定保密要害部门85个、要害部位359个，明确保密责任人，完善保密制度。2004年，再次确定党政机关的保密要害部门（部位），市级机关80%的单位确定保密要害部门（部位），对49个保密要害部门的定密责任人进行相关知识培训。

二、保密检查

涉密载体检查 市委保密办（市国家保密局）每年组织机关单位进行保密自查，对保密要害部门和部位开展保密检查。1986—1993年，涉密载体以纸介质为主，通信主要依靠电话、传真设备和无线电通信设施等，重点检查保密组织活动、保密制度执行和文书档案保密等工作情况，举办重大活动时检查空中信号。1993年起，随着信息技术的飞速发展和办公自动化的广泛应用，涉密载体以计算机硬盘、U盘和光盘等电子介质为主，保密检查重点转变为市级机关、涉密企事业单位的计算机信息系统和移动存储介质等，每天严格审查机关单位门户网站上的信息，确保涉密信息不上网，上网信息不涉密。

重要会议活动保密检查 常州保密部门每年对重要会议、重大活动要进行严格的保密检查，历届常州国际中小企业商品博览会及历次高考、国家司法考试、国家会计职称考试等全国性统一考试，常州市均未发生失泄密事件。2010年，江苏省第十七届运动会在常州举行，保密工作做到万无一失。

专项保密检查 2000年，市委保密办（市国家保密局）开展了绝密级文件管理专项检查。2005年，该办与市公安局、新闻办公室、信息化办公室联合开展了信息网络安全保密管理专项检查。2006年，开展市级机关搬迁保密检查。2008年，组织了邮政机要通信专项检查，统一清理涉密载体。

三、保密审查

国家秘密载体检查年审 1990年，市委保密办（市国家保密局）对印刷复制行业复制国家秘密载体实行统一管理，确定9家单位为国家秘密载体印刷复制定点单位，与市公安局、经贸委、工商局等部门开始每年对国家秘密载体印刷复制定点单位、保密废纸定点回收销毁单位进行保密检查、年审，经常集中清理、取缔废旧物资收购站点、旧书店和集市地摊等场所的涉密文件非法交易行为。1996年、2000年，两度清理调整定点复制单位。2000年7月1日起，全市机关单位复制国家秘密载体一律办理准印手续。2008年，有8家单位通过保密检查和整改，统一申领换发新的“涉密载体印刷复制定点单位许可证”。中国再生资源公司被确定为全市党政机关和涉密企事业单位的保密废纸定点回收销毁单位。

公开资料保密审查 按照“合法、合理、适度”的原则对需要公开的相关资料进行保密审查，包括对司法部门案件材料进行密级鉴定。1992—2010年，市保密部门审查对外提供的文件资料和录音、录像近1万份，其他部门送审的档案、资料1000万余字。

信息公开保密审查 2008年，《常州市政府信息公开保密审查暂行规定》出台，规范全市政府信息公开前的保密审查办法和程序等，防止在政府信息公开过程中发生泄密行为，56个市政府部门确定信息公开保密审查专业人员。辖市区和市政府部门均相继建成政府信息公开保密审查机制，做到可以公开的主动公开，涉及国家秘密等不能公开的坚决不予公开。

四、失泄密案件查处

1986—2010年，常州保密部门通过调查、受理、密级鉴定，配合相关部门查处失泄密事件23起，被纪检机关给予党内警告和通报批评处分的6人、被要求书面检查的7人、受到记过处分的1人、被审判机关判处有期徒刑1人。

五、保密技术应用

1994年，常州市保密技术研究会成立，发展具有保密技术专长的单位团体会员10个和个人会员60名，组织协调常州有关企事业单位研发的保密技术安全产品。此后，市委保密办（市国家保密局）在全市党政机关和涉密企事业单位推广使用保密技术产品，其中保密碎纸机154台、计算机内置网络物理隔离卡364个、信息保护仪400台、保密检查工具41个。

第十章　党校工作

中共常州市委党校坚持服务于党和政府的工作大局，围绕改革开放、现代化建设的实际问题和党委政府的中心工作，运用马克思列宁主义、毛泽东思想和中国特色社会主义理论对实际问题进行理性思考和实践探索，努力提高教学质量和科研水平，培养教育党政领导干部和理论骨干，为常州改革开放和现代化建设事业输送大批人才。2010年底，市委党校占地3.89公顷，在职员工85人，其中教师35名（教授3名、副教授13名）；有兼职师资的216名，其中外聘教授124名。校图书馆藏有纸质文献3.94万种6.1万册、电子图书3.21万册。

第一节　主体培训

1985年以后，中共常州市委党校贯彻落实党在新时期干部教育培训的部署，接受市纪检和市委组织、宣传、统战及市人事等部门的委托，开办多种专题培训班。1988年起，每年举办年轻后备干部培训1期，2009年起改为两年1期，1994—2010年累计举办15期。1995—2001年举办全市乡镇、街道主要领导干部岗位培训等基层干部培训13期，培训558人次。1995—2009年，市委党校举办全市中青年知识分子、青年学术技术带头人和“831工程”培养对象等科技专业人才政治理论培训班16期，培训606人次；举办党外中青年干部培训班11期，增加统一战线、多党合作、民族宗教等教学内容。90年代中期开始，市委党校依托资源优势，加强课程开发，开展对外培训。1995—2010年，完成市部委办局和辖市区干部培训班等近120期；完成外省（市）党委委托的异地培训班次近20期，总计培训1.3万人次。市委党校举办市级和县（市）区机关公务员培训班50期，累计培训3055人次。1997—2007年，举办纪检监察干部培训班6期，培训380人次。1998—2009年，举办中青年女干部培训班6期、青年干部和基层团干部培训班11期。1998年，市委党校举办首期副处级干部进修班，2003年更名为县处级干部进修班；至2010年底累计举办33期，培训县处级干部1734人次，提高县处级干部的政治思想素质和驾驭全局的能力。1985—2010年，市委党校举办主体培训班次374期，参训学员27499人次。

1988—2010年中共常州市委党校委托专题培训一览表

表25-10-1

培训对象	起止时间	培训名称	期数	参训人次
年轻后备干部	1988—2010	年轻后备干部培训	22	544
公务员	1995—1997	市级、县(市)区级机关正科级干部培训	7	314
	1998、2003	公务员初任培训	7	713
	1998—2010	公务员任职培训	36	2028
科技专业人才	1995	中青年知识分子培训	3	116
	1996—2000	青年学术技术带头人后备人员政治理论培训	4	117
	2001—2005	“831工程”培养对象政治理论培训	5	186
	2007—2008	“省333高层次人才培养工程”培训	2	94

续表 25-10-1

培训对象	起止时间	培训名称	期数	参训人次
科技专业人才	2007—2009	社会工作人才培训	2	90
基层干部	1995—1997	乡镇主要领导干部岗位培训	6	240
基层干部	1995—1997	科技乡(镇)长政治理论培训	2	49
	1996	小城镇建设试点镇领导干部培训	1	69
	1999	乡镇党委书记、乡镇长轮训	2	136
	2001	街道党政机关正职社区建设专题和城镇建设与管理研讨	2	64
党外干部	1995—2009	党外中青年干部培训	11	410
妇女干部	1998—2009	中青年女干部培训	6	244
青年干部、基层团员干部	1998—2008	中青年干部培训、轮训	8	530
	2001—2009	基层团干部培训	3	339
纪检监察干部	1997—2007	纪检监察干部培训	6	380
合　计			135	6663

说明：此表不包括短期培训，参训人次累计数不包括 1988—1993 年的年轻后备干部培训数

第二节　学历教育

一、干部大专培训班与进修班

1984 年下半年开始，中共常州市委党校按照教育正规化的要求，举办两年制干部大专培训班和大专进修班。大专培训班主要培养乡、区和相当县级党政领导骨干及其后备人员(其中有部分理论骨丅)，学员均经全国成人高校招生统考入学，列入国民教育计划。学习期满、成绩合格者获得大专毕业证书，承认其大专学历。大专进修班系市委组织部基本按正规化大专的招生条件，推荐入学，学员对象为在职的县区、市部委办局等部门的领导干部，脱产学习。学习期满，成绩合格者，发给大专进修毕业证书。1984—2000 年，共计培养学员 1269 名。

1984—2000 年中共常州市委党校举办的干部大专培训班与进修班一览表

表 25-10-2　　单位：人

级次	名　称	人数	级次	名　称	人数
1984 级	第一届干部大专培训班、进修班	128	1994 级	人事干部行政管理大专班	43
1985 级	干部大专培训班、进修班	96	1995 级	经济管理大专班(焦溪班)	60
1986 级	政工大专班	71	1996 级	金融管理大专班(农行班)	56
1987 级	政工大专班	51	1997 级	经济管理大专班(五星乡班)	95
1988 级	政工大专班	36	1997 级	经济管理大专班(崔桥班)	75
1992 级	政经大专班	44	1998 级	经济管理大专班(郊区班)	126
1993 级	政经大专班	24	1999 级	经济管理大专班	247
1993 级	农行金融大专班	87	2000 级	经济管理春季专转全大专班	30

二、函授教育

1985年，中共常州市委党校成为中共中央党校干部函授学院江苏分院常州学区，运用在职在岗教育形式、开展以党员干部为主要对象的高等文化程度学历教育。1988年，江苏分院与中共中央党校函授学院脱钩，创办中共江苏省委党校干部函授学院，市委党校为其分院。1991年，又作为中共党校函授学院直属学区招生，中共中央党校函授学院1995年停止招收大专生，2008年停止招收本科生。2009年，市委党校停止招收中共江苏省委党校干部函授学院学员。1985—2010年，市委党校累计招收函授学员16042人，毕业15407人，其中1995—2010年招收学员13874人，毕业12390人（含各辅导站）。

本科班 1988—2009年，中共常州市委党校开办函授本科班26届，累计招收学员3999人，毕业3483人。2000—2003年，与省委党校合办经济管理春季本科班，累计招收学员164人。函授本科班办学高峰期为2001—2002年，毕业人数突破500人。

大专班 1985—2009年，中共常州市委党校累计开办函授大专班25届，累计招收学员4647人，毕业4532人；1984级至1992级各届学制均为两年；1993级至1994级学制为1年；此后1995级至2008级大专班学制均为3年。

中专班 1985年以来，中共常州市委党校共开办1988级、1989级、1990级、1991级4届中专研修班和1991级、1992级两届中专专修班转为业余全科班，共计1223人。

三、研究生教育

1998年，中共常州市委党校与苏州大学合作开办研究生课程进修班教育，45人被录取为苏州大学应用社会学研究生课程进修班学员。2000年，成为中共江苏省委党校在职研究生常州教学点。2009年9月，市委党校设立研究生办公室。至2010年底，常州在职研究生教学点累计招收学员863人次。

2000—2010年中共常州市委党校研究生教育一览表

表25-10-3　　单位：人

年份	名称	研究方向	学员数	毕业人数
2000—2001	科学社会主义专业	法学方向、法制建设方向	178	130
2002	区域经济专业	区域经济发展与社会管理研究	55	55
2003	政治经济学专业	市场经济与决策科学化研究	60	57
2004	社会学专业	知识创新与社会发展研究	44	41
2005	宪法学与行政法学专业		65	60
2006	行政管理专业	行政领导方法与艺术	55	50
2007	社会学专业	社会管理与公共服务	117	110
2008	区域经济	区域发展与建设创新型城市	127	125
2009	行政管理专业	社会主义制度创新与执政能力建设	81	80
2010	政治经济学专业	现代化市场经济运行与管理方向	81	学习中

第三节　教学科研

一、教学创新

教学模块 2004年，中共常州市委党校完善教学布局，创新教学方式，形成由基本理论、党性教育、市情市策、公共管理4个基本模块，与行为训练、现场教学、人文心灵养护等选修模块组成的适需课程菜单体系。创新实践深度教学，现场教学初步实现课程化，有行为训练课程10多门。建成市党风廉政教育基地，被确定为全省首批示范基地。建立高端培训基地10多个，市内外现场教学基地30多个，基本形成培训资源供给体系，实现干部培训资源的低成本差别化配置。这些教学模块应用至2010年底。

教学方式 2004年以前，中共常州市委党校多数年份采用我讲你听的灌输式教学方式。2004年以后，倡导现场教学和研究式教学，实行差别化、个性化教学，尝试、推广现代化教学手段，探索实施实证性、案例性、模拟性的专题讲授、互动研讨与现场教学相结合的互补性教学形式。至2010年底，全校专题讲授占50%、互动研讨占30%、现场教学占20%。

二、科研成果

1985年，中共常州市委党校成立学术委员会，1989年、1995年先后设立理论研究室、科研处，组织和推动教师开展教科研究，编写著作，撰写论文，交流发表。1995—2010年，市委党校教师撰写、主编或参与编写著作79部，其中专著1部、著作1部、主编11部和参与编写66部。1996—2000年、2001—2005年和2006—2010年，市委党校教师先后在地市级及其以上报刊上发表论文289篇、360篇和491篇，其中先后在省级及其以上报刊上发表85篇、155篇和355篇。2001—2005年、2006—2010年，先后有37篇、59篇论文获奖。1995—2010年，市委党校教师在地市级及其以上报刊发表论文1187篇，其中省级及其以上报刊发表618篇；2002—2010年有363人次分获94个奖项，其中省级及其以上奖项40项。

第十一章 党史工作

1981年10月，中共常州市委党史资料征集小组及其办公室设立，常州地方党史资料的征集编研工作启动。市委与中共武进县委联合成立常州市、武进县革命斗争史编纂委员会，开展常州武进地区民主革命时期党史资料征集研究工作，全市各级普遍发动，广泛征集，征集、抢救了一大批珍贵革命史料和文物。至90年代初，征编完成中央、省下达的党史专题14个，经过深入的专题研究，编写、出版了《常州武进地区革命斗争史》《常州武进地区革命斗争史大事记资料(1919—1949)》《常州革命英烈》和《常州革命史资料选编》(1～12辑）等党史成果，党史工作重点从此转向征编社会主义时期的地方党史资料。1995年6月，市委党史资料征集研究委员会撤销，成立市委党史工作委员会（简称“党史工委”）。到1998年底，组织编写、陆续出版了社会主义改造、国民经济恢复、社会主义建设和改革开放时期的党史专题资料集《历史性的变革》《正道沧桑录》《奔涌的大潮》等。2000年以后，开始征编《中共常州地方党史(1949—1978)》第二卷，征集改革开放时期的资料，编纂出版《改革开放丛书》等，为征编《中共常州地方史》第三卷作准备。

第一节 党史编写

常州党史部门经对大量史料、资料反复考证、整理和精心研究，编纂出版地方党史书籍，编写、出版了一套较完整的新民主主义革命时期地方党史资料书，包括《常州武进地区革命斗争史》《常州武进地区革命斗争史大事记资料(1919—1949)》《中国共产党常州市组织史资料》《常州革命英烈》《常州革命史资料选编(1～12辑)》，基本完成了新民主主义革命时期地方党史资料征集研究编纂工作任务。1991—1995年，全市党史工作的重点逐步转向社会主义时期党史二卷本、大事记和专题资料征编工作，先后陆续征编出版了一批党史专题书籍，从不同侧面总结了全市社会主义建设和改革开放事业所取得的辉煌成就和丰富经验。2000年以后，加强对改革开放时期的资料征集，组织编纂出版改革开放丛书等，为征编《中共常州地方史》第三卷作准备。至2010年底，全市先后编纂出版党校工作史和统一战线工作史（除列子目介绍的党史书籍外的其他书籍参见第三十八卷“艺文 著述”第四章“历史 地理”第一节“历史”）。

一、资料征集

民主革命时期党史资料　民主革命时期，中共组织长期处于隐秘工作（又称地下工作）状态，资料散佚缺失情况非常严重。党史资料征集时，曾经亲历民主革命的老同志大多年事已高，有的已离世，抢救老同志的口述资料尤显重要和迫切。1981年10月，常州市、武进县党史工作机构成立后，以文档资料为重点发动全市党组织广泛征集资料。通过向老同志发征集信，列出专题约请老同志写回忆录、分区域召开老同志座谈会等，广泛征集口述资料。1983年4月起，党史工作重点转到征集、核实和研究重大事件、重要人物资料上，组织15位同志分别到武汉、九江、南京、上海等市及常州近郊、邻县采访征集资料，采访老同志50余人次，征集到党史资料近100份。6月4日，召开了抗战时期留守坚持金丹武地区斗争的部分老同志座谈会，征集、考证金丹武地区有关史料。11月20—27日，召开了抗日战争、解放战争时期常州武进地区老同志座谈会，50余位老同志参加座谈，审核、修改常州武进地区抗日战争、解放战争时期的党史和革命斗争史资料。至同年底，全市党史部门采访老干部和其他有关人士358次，整理口碑资料221万字，召开老同志座谈会6次、小型座谈会20余次。1985年12月4—5日，召开了抗战时期澄西县和武南县部分老同志座谈会，着重对中共组织史、反日伪“清乡”和反顽斗争、短枪队活动等专题资料进行核实、订正和补充。

1986年，党史部门通过发征集信、上门采访和召开专题座谈会等方式，重点征集第三次国内革命战争时期的史料和专题史料，对第一、二次国内革命战争时期和抗日战争时期的史料按拾遗补缺的要求，继续深入征集。征集到史料64.5万字、照片379张、实物4件和抗战时期老同志日记复印件1本。1987年5月7日，邀请抗战时期苏中五分区特务一团、华中军区第二军分区第四团部分在常老同志举行座谈会，征集到有关特务一团和第四团史料。1988年4月29日和5月3日，先后两次召开老同志座谈会，讨论特务一团和第四团大事记、组织序列表、重大战斗专题初稿。11月10—14日，召开了常州武进地区抗日战争和解放战争时期革命斗争简史审稿会，省委党史工委顾问管文蔚、省政协原副主席韦永义等40余位老同志参加审核，提出补充修改意见。至1991年底，征集到民主革命时期党史文献资料（含报刊）1847份、562.5万字；与曾在常州地区战斗过的300多名老同志保持联系，征集到回忆资料3576份、831万字，革命文物150件、历史照片1312幅，基本澄清常州地区历史上的一些重大事件和历史人物的生平事迹，为开展地方党史、革命史研究、编纂奠定资料基础。汇编出版的《常州革命史资料选编》等书籍收录近80名老同志的文章84篇。金坛、溧阳党史工作机构征集了大量新民主主义革命时期的中共党史和革命史资料。溧阳县委党史办征集到新民主主义革命时期学党史、革命文字、口碑资料300余万字。

常州革命史展陈资料　2003年，常州市革命史纪念馆开始筹建，市委党史工委组织人员到南京、镇江、苏州、无锡和句容、丹阳、常熟、江阴、宜兴、泰兴、浙江长兴等地区的纪念馆、烈士陵园与溧阳水西村新四军纪念馆征集资料；在《常州日报》上刊登《关于征集常州革命史料的公告》，征集到照片1000余张、一批珍贵图表和物品、文告、著作、枪械实物及影视作品等丰富的资料。

社会主义时期党史资料　90年代前期起，常州市党史部门在继续做好民主革命时期党史资料征集的同时，联合档案、组织等相关部门推进社会主义时期党史资料的征集，整理编写大事记、组织史、专题资料、人物传等，为研究编写社会主义时期中共常州地方史积累资料。1991年起，围绕征编社会主义党史专题《历史性的变革》《兰陵春花第一枝》《正道桑沧录》《奔涌的大潮》《常州市中共党史大事记(1949—1994)》等，采访老干部、老领导，征集、考证相关资料。在征编党史大事记时走访老领导、老同志，征集到档案、口碑资料3000余份，充实大事记的内容。至1998年底，完成1949—1995年社会主义时期党史专题资料征集，汇编、出版专题资料集及大事记5种，200余万字。联合市委办公室、组织部、宣传部、统战部、党校、机关党委、老干部局和市纪委、常州军分区及总工会、团市委、市妇联12个单位，分别开展中华人民共和国建国后常州组织史资料、党史大事记或专史资料的征集、整理、编纂工作。

二、基本著作

《常州武进地区革命斗争史》 1959年，中共常州市委、武进县委十年史编写办公室就为《常州武进地区革命斗争史》征集和积累了部分史料。1981年，中共常州市委与中共武进县委协商，决定合编一部常州市与武进县的革命斗争史。1984年，党史部门拟订《常州武进地区革命斗争史》编写纲目，广泛征求老同志和有关部门的意见，后三易其稿，于1987年正式形成编写纲目，着手开始试写；分别由吴之光承担《第一编中国共产党创建和第一、二次国内革命战争时期(1919.05—1937.06)》、包树森承担《第二编抗日战争时期(1937.07—1945.09)》、虞建安承担《第三编第三次国内革命战争时期(1945.09—1949.04)》3个部分的编写工作，并由包树森进行全书统编。1988年春，《常州武进地区革命斗争史》完成初稿。随后，党史部门根据审稿会议上提出的意见，反复修改，至1989年10月，《常州武进地区革命斗争史》定稿。1990年5月，《常州武进地区革命斗争史》由中共党史资料出版社出版，配珍贵历史照片15幅，全书23.7万字。

《中共常州地方史(1949—1978)》第二卷 1991年起，全市党史部门着手开展社会主义时期党史专题及大事记的征编工作。1994年4月7日，市委召开常委会议，决定征编社会主义时期地方党史《常州五十年》。1995—1996年，征编《常州五十年》工作先后被列为20世纪末常州社会主义时期党史工作的主要目标和全市"九五"期间党史工作重点项目。1998年9月，召开研讨会，探讨社会主义时期地方党史的征编研究工作。2004年4月，市委办公室转发《关于编撰出版〈中共常州地方史〉第二卷的意见》，《常州五十年》征编改变为《中共常州地方史》(第二卷)征编工作，党史工委随即组织人员修订《中共常州地方史》第二卷的编写纲目。12月11日，市委党史工委等单位召开了《中共常州地方史》第二卷编写研讨会，交流论文22篇。2000年起，市委党史工委征编《中共常州地方史第二卷》，多次召开座谈会，论证纲目，组织征编人员开展业务培训、研讨，定期召开责任人会议、督促进度等办法，推进征编工作，至2006年形成初稿35万字，并进行反复修改、补充完善。至2006年底，编写出初稿38万字。2010年底，书稿尚在补充、完善和提高。

《金坛革命斗争史》 1996年至1999年3月，中共金坛市委党史工委征集、编写，1999年9月由江苏人民出版社出版发行。主审陆美凤，主编于留春，副主编赵利群，客观地记述1919年五四运动至1949年金坛解放期间，金坛人民在中国共产党领导下，争取民族解放和革命胜利而前仆后继、英勇斗争的光辉历程和精神风貌。这是一部从军事、政治、经济、文化等领域反映金坛革命斗争的简史，按时序分3编12章48节。

《溧阳革命斗争史》 1990年6月至1994年7月，中共溧阳县(市)委党史办征集编写，福州军区原副政委王直、轻工业部科学研究院原顾问葛春霖、海军航空兵司令部领航处原处长缪重光、江苏省农林厅原副厅长张之宜、上海市作家协会原副主席菡子等老同志审阅书稿，帮助订正若干史实。2日，中共溧阳市委召开《溧阳革命斗争史》审稿会，邀请中共江苏省委党史工委，常州、镇江市委党史征研委及宜兴、武进、金坛等市县党史办公室负责人对史稿进行评审。1995年7月，《溧阳革命斗争史》由江苏人民出版社出版。中共溧阳市委书记潘永和作序，路发今审定，奚渭明统编。《溧阳革命斗争史》分中国共产党的创建和第一、第二次国

内革命战争时期、抗日战争时期、解放战争时期3编10章，配8幅图照，前有引言，后附溧阳革命斗争大事记、中共溧阳县组织史资料等，全面地反映溧阳革命斗争的历程，讴歌溧阳人民在革命斗争中创造的辉煌业绩，颂扬了赴汤蹈火、在所不辞的革命先烈和革命前辈。《溧阳革命斗争史》是一部反映溧阳人民自1919年五四运动至1949年4月溧阳解放的30年间在党的领导下进行革命斗争的史书，填补了溧阳革命斗争史的空白。

三、大 事 记

1986—2010年，常州市党史部门累计组织征集、编写《常州武进地区革命斗争史大事记资料(1919—1949)》《常州市中共党史大事记(1949—1994)》等大事记及其资料书籍4部、7册。

《常州武进地区革命斗争史大事记资料(1919—1949)》 1990年7月内部印刷发行，由市委党史办与中共武进县委党史办联合编纂。以编年体为主、纪事本末体为辅，全书13.8万字，按时期、分地区记述1919年五四运动至1949年4月常州武进地区解放的30年间，常州武进人民在中国共产党的领导和影响下英勇不屈地进行革命斗争的主要事件。

《常州市中共党史大事记(1949—1994)》 1996年5月，市委党史工委决定先征编大事记、专题资料。市委党史工委与市档案馆联合编纂，五易其稿，主编包树森，副主编虞建安、陈焕新，全书23万字，1995年12月由江苏人民出版社出版，是全省第一部公开出版的地级市社会主义时期党史大事记，记述1949年4月解放至1994年12月常州社会主义革命和建设的重大事件、重要活动，勾画新中国成立后地方中共组织和经济文化社会及民主法制、改革开放发展的进程和全貌；史料翔实，内容丰富，文字流畅。

《武进市中共党史大事记(1949—1995)》 中共武进市委党史工委编写，1996年12月由苏州大学出版社出版，发行5000册。全书20万字，收录新中国成立后47年间武进政治、经济、文化等方面的重要事件、重大活动等大事1400条，揭示了武进发展的历史经验和教训，展示了中共武进县(市)委在党的路线、方针、政策指引下，领导武进人民奋发图强，进行社会主义建设事业的历史轨迹。

《武进解放60年大事纪略(1949—2009)》 中共常州市武进区委党史工委与区地方志办公室、档案局(馆)联合征编，主编赵小平，副主编杨汉平、王继祖、李俊、张志平、陆飞跃。收录了武进1949年4月至2009年4月的大事、要事及1949—2008年的主要统计数据。客观真实反映了武进从农村土地改革、农业合作化、社会主义改造到全面改革开放、建设社会主义现代化的历史。总字数35万字，收录历史图片127幅，2009年9月由南京大学出版社出版。

《金坛革命斗争大事记(1919—1949年)》 中共金坛市委党史工委、金坛市档案局联合编写，主审陆美凤，主编于留春，副主编赵利群、刘照康。主要记述从1919年五四运动至1949年中华人民共和国成立，金坛地区(金坛市境和曾属金坛的地区)县、区两级党政群团组织、地方武装的建立、发展和主要活动等重大事件。1998年6月24日内部印行，全书9.8万字，是一部新民主主义革命时期金坛地区革命斗争的编年体史纲和研究金坛地方党史、革命史的工具书，内容翔实，具有较高的史料价值。

《中共溧阳市党史大事记(1949—2000)》 1999年至2004年2月，中共溧阳市委党史工委、市档案局联合征编，2004年11月由中央文献出版社出版，共23.2万字，主编朱洪伟、陈黎明，执行主编刘国力，全书客观地记述了中国共产党执政后在溧阳的主要活动、自身建设和全市政治、经济、文化等领域的重要活动、重大事件，反映溧阳解放50多年来的发展历程和辉煌业绩，总结历史经验教训。2005年3月、2007年11月，该书先后获2000—2004年度江苏省党史成果三等奖、江苏省档案编研成果三等奖。

《走在大路上——中共常州市天宁区、钟楼区、郊区、戚墅堰区大事记》 1995年，天宁、钟楼、郊区、戚墅堰四区开始分头征编，历时数年，数易其稿编成，分别独立成册，合为套书，收录1949年4月23日常州解放至

2000年底天宁、钟楼、郊区、戚墅堰四区人民在中共领导下探索社会主义建设道路、推进改革开放的重大事件。

四、组织史资料

1985年、1994年，常州组织、党史部门根据中共中央和省委的统一部署，按照“广征、核准、精编、严审”方针，两度开展中共组织史资料征编工作。1985年下半年至1991年上半年，市委组织部牵头市委党史办、市档案馆征编《中国共产党江苏省常州市组织史资料》，查阅档案753卷，调查走访征集资料1845份、353万字。记录自1926年2月常州地区第一个党支部成立至1987年10月中共第十三次全国代表大会闭幕期间，常州市中共组织建立、发展和壮大的史实，常州解放前后政权系统、地方军事系统、统战系统及群众团体系统的组织机构及其领导人的任职。至1992年3月，市和7个辖县（市）区首轮组织史资料全部编纂完成。1994年，市委根据省委组织部关于续编党史组织史资料工作的意见，市委组织部牵头成立组织史资料第二卷编纂组，市委党史办参与后期审核。1996年10月内部印行，45万字，记录1987年10月至1994年12月常州地区党组织的沿革，政权、地方军事、统一战线和群众团体4个系统及90家企事业单位的组织机构沿革及其领导人更迭情况。中共金坛市委党史工作机构征集了《中共金坛组织史资料》。至1996年上半年，武进、金坛、溧阳3个辖市相继征编完成组织史资料第二卷。

1986—2010年常州市内部出版的组织史资料一览表

表25-11-1

书名	卷次	编者	出版年月	字数(万字)
《中国共产党江苏省常州市组织史资料》	一	市委组织部、党史办公室，市档案馆	1991.06	56.0
	二		1996.10	45.0
《中国共产党江苏省武进县组织史资料》	一	中共武进县委组织部、党史办公室，武进县档案馆	1990.12	58.4
	二		1996.03	35.8
《中国共产党江苏省金坛县组织史资料》	一	中共金坛县委组织部、党史办公室，金坛县档案馆	1991.10	65.0
	二		1996.12	41.0
《中国共产党江苏省溧阳市组织史资料》	一	中共溧阳市委组织部、党史办公室，溧阳市档案馆	1990.12	28.0
《中国共产党江苏省常州市戚墅堰区组织史资料》	一	中共常州市戚墅堰区委组织科、办公室，戚墅堰区编史修志办公室	1990.05	6.0
《中国共产党江苏省常州市郊区组织史资料》	一	中共常州市郊区委组织科、郊区编史修志办公室、档案馆	1990.07	6.0
《中国共产党江苏省常州市天宁区组织史资料》	一	中共常州市天宁区委组织科、办公室，天宁区编史修志办公室	1990.10	6.0
《中国共产党江苏省常州市广化区组织史资料》	一	中共常州市广化区委组织科、办公室，广化区编史修志办公室	1991.03	6.0
《中国共产党江苏省常州市钟楼区组织史资料》	一	中共常州市钟楼区委组织科、办公室，钟楼区编史修志办公室	1992.03	8.7

五、专题资料丛书

金坛市党史工作机构征编、出版了《金坛党史资料》7辑、《江苏人民革命斗争群英谱(金坛分卷)》《金坛革命斗争故事选》等党史资料书，总字数约100余万字。1991年，常州社会主义时期地方党史专题资料征编工作启动。1991 年前后，市委党史工委着手 1953—1956 年常州地方党史专题的征编工作，至 1991 年底成稿 18 个专题。至 1997 年三季度，1953—1978 年的党史专题稿基本定稿。1995 年 10 月，市委办公室转发市委党史工委《关于征集编研社会主义时期党史专题资料规划》，部署组织 1956 年以后的常州地方党史专题资料征编，汇集成常州党史系列丛书。至 1998 年底，市委党史工委与市委研究室、农村工作部等 10 多个部门、单位联合组织征集、编写并出版了党史专题集反映常州市资本主义工商业社会主义改造的资料汇编《历史性的变革》，反映常州市 1949—1952 年国民经济恢复时期的党史专题选《兰陵春花第一枝》、反映常州市 1953—1978 年的地方党史专题选《正道沧桑录》、反映 1979 年至 1995 年间常州城市改革为主的地方党史专题选《奔涌的大潮》，反映新时期常州农村变革和发展道路的地方党史专题集《为了大地的丰收》，武进 1949—1998 年的地方党史专题集《探索的脚印》等辖市党史专题集，完成全市党史工作"九五"计划提出的社会主义时期党史专题 137 个、200 多万字，反映 1949 年 4 月常州解放至 1995 年常州社会主义革命和建设的历史进程。

《兰陵春花第一枝》 中共常州市委党史办公室、常州市档案馆联合组织编撰，1991 年 4 月由江苏人民出版社出版，是反映常州社会主义革命和建设时期党史资料的最早成果之一，黄元裕、包树森主编，全书 12 万字。收录《常州的接管工作与人民政权的建立》《解放初期常州市基层党组织的建立和发展》等 16 篇专题文章，以翔实、丰富的史料，从各个不同的侧面，全面记载了 1949 年 4 月至 1952 年 12 月常州的经济、政治、军事、文化等方面的情况，反映了其间中共中央的路线、方针、政策在常州贯彻、实施的过程。

《历史性的变革》 1988 年 2 月，市委统战部、党史办和市档案馆开始联合征编《中国资本主义工商业社会主义改造》资料丛书江苏卷常州部分，至 1990 年底同时编纂常州市地方党史丛书之一《历史性的变革》。1990 年 9 月由江苏人民出版社出版，共 55 万字，主编李镇瀛、黄元裕，副主编伍尚明、包树森、邵益民。该书反映了常州市对资本主义工商业进行社会主义改造的历史进程和全貌，由综述、历史文献、典型材料、专题、大事记、统计表 6 个部分组成，附有一批珍贵的历史照片。

《为了大地的丰收》 市委党史办、农工部、研究室 1994 年 6 月至 1997 年初联合征编。赵顺盘、陈伯鹏主编，黄元裕、包树森、顾常律、陈溥、苏道善、徐瑞清、周国平、虞建安任副主编，收录专题文章 21 篇，以大事记纵线贯通，客观真实地展示 1978 年中共十一届三中全会后常州农村改革决策贯彻执行的历程和常州农民在这一历史变革时期的创造性实践。1997 年 5 月，收入新时期常州农村的变革和发展道路丛书《为了大地的丰收》由江苏人民出版社出版，全书 31.4 万字。

《正道沧桑录》 市委党史工委、市档案局联合征编，1997 年 12 月内部出版，主编曹锦成、薛锋，副主编徐瑞清、虞建安、吴曦和，收录《常州市党的思想建设和组织建设》《常州市的廉政建设》《常州市的宣传舆论工作》等常州 1953—1978 年的党史专题文章 35 篇，共 23.2 万字。

《奔涌的大潮》 常州市委党史工委、市体改委组织征编，1998 年 7 月内部印行。常州市委副书记、市政协主席曹锦成，副市长张东桂任主编，顾森贤、徐瑞清、虞建安、吴曦和、王宏、钱文龙任副主编。全书 44.5 万字，收录专题文章 60 篇，较全面反映了 1979—1995 年常州人民在各级党委、政府的领导下，以邓小平理论为指导，解放思想，大胆探索，坚持党的基本路线，推进改革开放的艰难历程，实事求是地总结了历史经验。

《中国共产党常州市历次代表大会文献汇编》 市委党史工委、市档案馆联合编辑，编辑组组长虞建安、张敏，副组长叶英姿、周亮，2004 年 5 月内部出版，汇编 1949 年 4 月常州解放至 2001 年 8 月常州市召开的 9 次中共代表大会、2 次代表会议的文献，总字数 61.7 万字。

《探索的脚印》 中共武进市委党史工委编纂，收录专题文章 113 篇，全书 80 万字，1999 年 10 月由中央文献出版社出版。该书是 1949 年 4 月至 1998 年 12 月武进地方党史专题资料书，记述中华人民共和国成立后武进在经济、政治、文化、教育、科技等方面的重大活动、重要成果及经验教训。中共武进市委书记宋诚宇作序。顾问张开明、包树森、吴之光，主审陈才全，主编陈如华，副主编杨汉平、王国新。

《走向辉煌(一、二)》 中共金坛市委党史工委征编，是金坛解放后50年党史专题选，分别于2000年9月、2004年3月被列入金坛解放后的地方党史资料丛书，内部出版，以中共中央《关于建国以来党的若干历史问题的决议》《关于加强社会主义精神文明建设若干重要问题的决议》为准绳，坚持实事求是的原则，以时为经，以事为纬。《走向辉煌(一)》由于留春主编，赵利群任副主编，收录时限为1949年4月至1999年12月，主要记述金坛解放后在经济、政治、文化、城建和社会等方面的重大活动、重要成果与经验教训，共27.8万字。《走向辉煌(二)》由陈书明、于留春主编，选录1949年4月至2002年12月金坛的党史专题、烈士传记。

《奋进的历程》 中共溧阳市委党史工委和溧阳市地方志办公室、档案局联合编纂，收录溧阳社会主义时期党史专题资料60个，全书55万字，277幅随文图照，如实记述1949年4月至2009年6月，溧阳在经济、政治、文化、社会等方面的重要事件、重大活动、主要成果与经验教训，反映了溧阳在探索中走向辉煌的发展历程。主编朱洪伟、周志清，执行主编殷国富，副主编刘国力、徐军芳、于小马，2009年10月内部印行。

六、人物传记

80年代后期，常州市党史部门和民政部门联合征集、编写《常州革命英烈》，以传记、传略和英名录的形式，汇编新民主主义革命时期牺牲的常州籍和在常州地区战斗过的外地籍烈士201位，首列中共早期重要领导人瞿秋白、张太雷、恽代英及革命活动家董亦湘等人的传记，收录烈士遗像及活动照片131幅，印发1万册。其间，金坛党史工作机构汇编、出版了《巍巍丰碑——金坛革命烈士传记》。1997年起，党史部门与有关部门联合征编、出版新中国成立后的全国劳动模范传记集《脊梁》、革命烈士传记集《心祭》、全国“三八”红旗手传记集《巾帼华章》和全市先进青年传记集《风华》，形成褒扬常州市先进模范、英烈人物的系列读物。至2010年底，党史部门组织征编出版人物传记8部，总字数238.9万字。

《常州革命英烈》 1990年5月由中共党史资料出版社出版，常州市委党史征研委和常州市民政局联合编写，主编颜诚，副主编薛晓春、黄元裕、包树森。该书共53.5万字，汇集了牺牲于新民主主义革命时期的201位常州籍和曾在常州地区战斗、工作过的外地籍烈士的光辉一生及其英勇业绩，分传记、传略、英名录三部分，并附有部分烈士遗像及活动照片131幅。篇首中共早期重要领导人瞿秋白、张太雷、恽代英及早期革命活动家董亦湘等人的传记。中共中央顾问委员会委员江渭清题书名，江苏省原副省长韦永义作序。

《张太雷传》 市委党史工委、瞿秋白张太雷恽代英研究会组织编写，丁言模著。该传采用新编年谱资料和档案资料，披露鲜为人知的史事，展现了张太雷短暂而又光辉的一生，还原张太雷高大真实、血肉丰满的革命者形象。全书32.7万字，2011年8月上海辞书出版社出版。中央党史研究室有关专家认为该传是一部反映张太雷不平凡一生的力作，准确、深刻地反映了张太雷的生平和他为中国革命做出的重要贡献，政治导向正确，重要史实准确。

《巍巍丰碑——金坛革命英烈传》 由金坛市委党史征研委、金坛市民政局联合编纂，1994年3月内部出版，张阿罗主编。全书33.2万字，分设传记、传略和英名录3部分，收录新民主主义革命时期、社会主义革命和建设时期108位金坛籍及部分牺牲在金坛的外地籍革命先烈的传记、传略和964名革命烈士名录。

《脊　梁》 市委党史工委、市总工会1997—1999年联合征编，1999年12月由中央文献出版社出版，主编徐嘉南、虞建安，副主编王宏、朱玉林、吴曦和、黄玉生。全书共27万字，汇集了新中国成立后到20世纪末50年间常州地区受国务院表彰的61名全国劳动模范的先进事迹，为37名劳模立传，其余收录简历。

《心　祭》 新中国成立后，常州各行各业有1100余名儿女英勇牺牲。市委党史工委、市民政局组织编

纂，收录为保卫或抢救人民生命、国家和集体财产等利益而壮烈牺牲的52位烈士的英雄事迹，主编虞建安、朱古秀，副主编叶英姿、孙官保。计25.5万字，附烈士照片62幅。2001年6月由学林出版社出版。

七、通俗读物

《江苏人民革命斗争群英谱》（简称“群英谱”）是省委宣传部、党史工委和省关心下一代工作委员会组织实施的浩大工程，全省各市、县各出1个分卷，以普普通通的老百姓和乡及其以下基层干部为主人公。1995年12月20日，“群英谱”常州市编辑委员会成立，市委书记虞振新任主任。1996年2—3月，市委宣传部、党史工委、关工委承担常州的“群英谱”丛书编写工作，收录新民主主义革命各历史时期常州人民在党的领导下与敌人斗智斗勇的革命事迹。经过近3年的努力，征集、整理常州人民群众在革命战争年代的英雄事迹1500多例。至1999年9月，《群英谱》常州、武进、金坛、溧阳4个分卷相继由江苏人民出版社出版，共104万字，在全省地级市中第一个完成征编任务。至2010年底，党史部门利用多年征集的珍贵资料，编写出版革命故事集、征文集、画册等爱党爱国爱家乡教育的读物21部（本）。2009—2011年，市委党史工委组织编印生动活泼的寻访革命历史遗迹、缅怀常州三杰精神、歌颂党的丰功伟绩等常州通俗读物丛书。

第二节　党史研究

1983年12月，常州市中共党史学会成立，与市委党史工委等单位联合，围绕中共的历史、人物和自身建设等方面的课题展开研究和宣传。此后，常州党史界专家学者围绕中共党史、瞿秋白张太雷恽代英（合称常州三杰）及地方史等领域的课题展开研究，成果丰硕。1989年，首次评选表彰全市党史学术研究优秀论文18篇。1996年，市中共党史学会年会表彰1989—1995年常州市中共党史学术研究优秀论文30篇。2003年底，市委党史工委与市中共党史学会等团体开始每5年联合汇编1本党史论文选集（《党史潮花》）公开出版。至2010年底，汇编出版《常州市中共党史论文选》《党史潮花》等论文选集5本，总字数152.9万字。2005年12月，市中共党史学会表彰党史优秀论文10篇。2005—2010年，市委党史工委和市中共党史学会先后在中共常州地方组织建立80周年、红军长征胜利70周年、中共八大召开50周年、抗日战争爆发70周年、改革开放30周年、新中国成立60周年及常州三杰诞辰和英勇就义等重要纪念活动期间，开展相关课题研究。2006年3月10日，市中共党史学会开始资助会员出版个人文选，列入红梅阁文学丛书。至2010年，市中共党史学会历次年会累计征集论文、文章784篇；会员在省内外发表、交流论文600余篇，其中2005—2010年发表文章200余篇。常州市中共党史学会促进党史研究、宣传和教育，组织会员开展学术研讨活动，发表、交流党史学术论文600余篇。

一、党史人物研究

主要是开展瞿秋白、张太雷、恽代英研究，编写、编辑和出版常州三杰研究的专著、编著60种，汪诚国主编的《高山仰止》被列入2001年庆祝中国共产党成立80周年重点图书选题100种，韩斌生著的《瞿秋白与中国现代文化》获常州市首届“五个一工程”奖。

毛泽东研究　1993年12月6日，市委党史工委和市中共党史学会联合召开纪念毛泽东100周年诞辰学术讨论会，收到论文18篇，探讨毛泽东的生平、光辉事迹、思想理论和他对中国革命建设事业的卓越贡献。

瞿秋白研究　1985年6月22—26日，纪念瞿秋白同志就义50周年学术讨论会在常州召开，中国文联、中国作协和省委宣传部等11家单位联合举办，全国160多位专家学者参加，从中共党史、社会学、新闻学、文学等角度研讨瞿秋白的思想，会后编辑出版论文集。12月13日，市委党史工委和市社科联、中共党史学会等

纪念瞿秋白诞辰90周年学术讨论会，市委书记陈玉英(右一)到会讲话(摄于1989年1月)

7家单位联合召开纪念瞿秋白英勇就义50周年理论研讨会，收到学术论文28篇。1989年1月28日，市委宣传部、党史工委、党校和市社科联联合召开纪念瞿秋白诞辰90周年学术研讨会，收到论文16篇，研讨瞿秋白的生平、思想和对中国革命事业、文化事业的卓越贡献。

10月16—18日，中国中共党史学会、省委宣传部和市委在常州联合召开全国纪念瞿秋白90周年诞辰学术讨论会，研讨瞿秋白的生平、思想和对中国革命事业、文化事业的卓越贡献。1999年1月29日是瞿秋白百年诞辰纪念日，市社科联、市委宣传部等在全市组织大规模系列宣传教育活动，开展“弘扬秋白精神，建设美好家乡”主题教育，举办了“光明行”大型文艺演出、全国瞿秋白生平和思想研讨会。翌年5—6月，纪念瞿秋白英勇就义65周年，组织党团干部、学生和其他青少年1.4万人次参观瞿秋白同志纪念馆。2003年9月11日，“瞿秋白与先进文化”学术研讨会在常州召开，江苏省瞿秋白研究会主办，入选论文30篇，与会代表探讨了瞿秋白对中国文学的贡献。2005年6月19日，常州工学院瞿秋白研究中心成立，陈铁健、王铁仙、刘福勤等全国知名瞿秋白研究学者担任该中心特约研究员。2009年1月13日，常州市纪念瞿秋白同志诞辰110周年座谈会在瞿秋白同志纪念馆召开。2003年2月，吴之光编著的《瞿秋白家世》由中央文献出版社出版，总字数28.2万字。

张太雷研究　1987年12月10日，市委党史工委和市社科联、中共党史学会、张太雷纪念馆联合召开张太雷英勇牺牲60周年座谈会，收到论文10多篇，研讨张太雷的革命生涯、革命思想、革命精神和杰出贡献等。1990年11月29日，张太雷研究会暨基金会在常州成立，聘陈铁键等8位专家为特约研究员。1993年5月5—7日，首届张太雷研究学术讨论会召开，中国社会科学院党史研究所与市委宣传部、党史工委和市文化局、团市委、社科联、张太雷研究会联合举办，张太雷的女儿张西蕾与全国的专家学者100多人参加，收到学术论文36篇，研讨张太雷在建党建团、国际共运、反击国民党内右派、广州起义的活动中革命生涯、光辉业绩等。2003年6月17日，市委宣传部、党史工委和市文化局联合组织纪念张太雷105周年诞辰座谈会暨诗歌朗诵会。2008年6月17日，纪念张太雷110周年诞辰研讨会召开，省委宣传部、党史工办和中共常州市委联合主办，省委书记梁保华、中共中央党史研究室副主任章百家，张太雷的亲属代表冯海龙等与常州的代表人士200余人参加，会议研讨了张太雷生平及其思想。

恽代英研究　1986年4月29日，市委宣传部、党史工委与市社科联、中共党史学会、历史学会联合召开纪念恽代英理论座谈会，交流论文5篇，探讨恽代英的政治理论、革命思想、教育思想、文学观点和成就、生平事迹。1992年8月26日，常州市恽代英研究会首届年会在恽代英的祖居地武进小河镇召开，交流论文14篇。1995年8月9—12日，恽代英100周年诞辰系列纪念活动分别在武进市、武汉华中师范大学举办，常州市社科联、华中师范大学、中共武进市委和常州市恽代英研究会联合举办，国务院总理李鹏作重要批示，恽代英的胞妹恽顺芳和全国恽代英研究专家张羽、李良明等发言，600多人参加，收到论文50多篇。2005年8月12

日，纪念恽代英110周年诞辰学术研讨会召开，市委宣传部、党史工委和团市委、常州市瞿秋白张太雷恽代英研究会联合举办，130余人与会，华中师范大学教授李良明、湖北大学教授田子渝作了学术报告，收到论文22篇。2010年8月12日，恽代英115周年诞辰纪念座谈会召开，市委党史工委和市文广新局、瞿秋白张太雷恽代英研究会联合举办，总结交流全市纪念、宣传和研究恽代英的情况、特点和经验。

二、重大历史事件研究

常州的中共历史重大事件纪念活动以中国共产党曲折而辉煌的历史为研究题材，专题探究了红军长征、国共合作、抗日战争胜利、中共十一届三中全会召开，中国共产党和中华人民共和国成立周年，香港、澳门回归中国等中共党史的重大事件、主题活动，发表研究成果，宣传中国共产党光荣传统与伟大成就，认识、剖析地方党史上的是非功过，澄清了部分模糊、误会和曲解，抨击了错误言论和不良思潮。

第三节 调查和纪念活动

80年代至2010年，常州党史部门根据中共中央、省委党史部门的统一部署，先后开展抗日战争时期人口伤亡与财产损失调查、革命遗址普查等专题调研。

一、调查普查

抗日战争时期人口伤亡与财产损失调查 1983—1984年，常州市、武进县委党史办与地方志办公室完成省委党史工委下达的专题调研课题《日寇在常州武进地区的暴行》，汇编成《常州地方史料选编（第10辑）》（日军侵略常州武进地区暴行录专辑）内部出版，收录日军侵略罪行简述、城南日寇暴行录、钱叔陵全家被害记等材料20篇，近10万字。2006年1月，省委党史工作办公室部署在全省开展抗战时期人口伤亡和财产损失的课题调研，市委成立抗战课题调研领导工作机构，市委党史工委联合市公安局、司法局、统计局、民政局等部门组建班子，发动7个辖市区全面调查。同年12月，课题调研完成，资料光盘上报省委党史工作办公室。2007—2008年初，市委党史工委分综述、专题、口述资料、遇难同胞名录、大事记5个部分选录调研获得的资料，汇编成20万字的《常州抗战史料》，被列入国家社科基金特别委托项目中国抗战损失课题成果丛书，2010年1月由中共党史出版社出版。

中国抗战损失课题调研成果《常州抗战史料》（摄于2010年8月）

革命遗址普查 2010年1月下旬，市委党史工委按照省委办公厅转发的省委党史工作办公室《全省革命遗址普查工作实施方案》，组织开展革命遗址普查，组建市、辖市区两级普查工作班子。经普查，全市现存重要遗址49处，其中革命遗址45处、其他遗址4处。按区域分布，金坛5处（含其他遗址2处）、溧阳11处，武进17处（含其他遗址2处）、新北4处、天宁6处、钟楼3处、戚墅堰3处。普查摸清了49处遗址的历史由来及现状，征集文字资料20万字，选用照片资料156幅，为保护利用革命遗址奠定了资料基础。7月20—21日，常州在全省地级市中首家接受省委党史工办组织的革命遗址普查验收检查。

全市47处重要遗址分别为革命遗址44处。天宁6处：药王庙——常州早期党组织成立及活动地、逸仙中学遗址，红梅阁——瞿秋白、张太雷读书地，史良故居，张太雷（故居）纪念馆，瞿秋白、张太雷雕像，常州革命烈士陵园。钟楼3处:常州市觅度桥小学秋白读书处、八桂堂天香楼——瞿秋白诞生地、瞿秋白(故居)纪念馆。戚墅堰3处:第三次武装起义纪念碑、孙津川烈士纪念碑、王寿生烈士纪念碑。武进14处:中共横山桥支部旧址、党农小学旧址、新四军"江抗"东进总指挥部旧址、中共武进(南)县委旧址、澄西县抗日民主政府旧址、舜过山战斗旧址、董亦湘故居、冯仲云故居、王诤故居、胡发坚烈士纪念碑、董亦湘烈士纪念碑、新四军吊桥村突围战遗址纪念碑、澄西革命烈士陵园、武进革命烈士陵园。新北4处:陈巷桥伏击战遗址、天花庄突围战纪念碑、新北区革命烈士纪念碑、恽代英纪念广场。金坛3处:乾元观——新四军第一支队司令部、政治部遗址、中共苏皖区一大会址纪念馆、金坛市烈士陵园。溧阳市11处:中共溧阳特支机关报《溧阳日报》社遗址、中共溧阳县委秘密联络站遗址、安中里战斗遗址、新四军第1支队政治部旧址纪念碑、新四军竹箦桥会议纪念碑、黄金山战斗纪念碑、棠荫二十四烈士纪念碑、周城战役纪念碑、塘马战斗烈士陵园、西山烈士陵园、新四军江南指挥部纪念馆。其他遗址3处:华罗庚纪念馆、李公朴故居、国民党奔牛抗日阻击战遗址。

二、历史事件纪念活动

1989年9月22日,中共常州市委党史工委与市党史学会联合召开庆祝新中国成立40周年学术讨论会,收到论文16篇;联合表彰全市首次党史学术研究优秀成果18篇。1991年6月21日,市委党史工委、市中共党史学会联合举行纪念中国共产党成立70周年学术讨论会,收到论文18篇。1995年8月29日,市委宣传部、党史工委和市社科联、中共党史学会联合召开纪念抗日战争胜利50周年学术讨论会,收到论文32篇,表彰优秀论文12篇。1998年12月24日、2008年11月4日,市中共党史学会先后举办纪念中共十一届三中全会召开20周年、30周年主题征文活动,先后征集到论文16篇、29篇。2009年,市中共党史学会、新四军江南指挥部纪念馆纪念新中国成立60周年、新四军江南指挥部成立70周年,联合开展"水西情"主题征文,收到征文121篇,选出87篇文章汇编成《水西情》,2010年4月由南京大学出版社出版。

第二十六卷　人民代表大会

Volume XXVI　People's Congress

1979年，五届全国人大二次会议作出关于修正《中华人民共和国宪法》若干规定的决议，同时重新制定《中华人民共和国全国人民代表大会和地方各级人民代表大会选举法》（简称《选举法》）和《中华人民共和国地方各级人民代表大会和地方各级人民政府组织法》（简称《地方人大和政府组织法》），在健全和完善人民代表大会制度方面作出一系列重要规定，主要是规定县级及其以上地方人大设立常委会，作为人民代表大会闭会期间的常设机关；把直接选举人大代表的范围扩大到县一级，扩大选民和代表的提名权，等额选举改为差额选举，改革农村人民公社政社合一的体制，设立乡（镇）政府，基层设立居民委员会或村民委员会等，这是中国选举制度和地方政权建设的重大改革，标志着人民代表大会制度进入新的发展阶段。根据修宪决议和《选举法》《地方人大和政府组织法》等相关法律的规定，1980年上半年，市各辖区、乡镇进行了选举。1980年10月15—22日，市第八届人民代表大会第一次会议在市工人文化宫召开，这是"文化大革命"结束后、恢复人民代表大会制度后召开的第一次会议，这次会议揭开了常州市人大工作和民主法制建设新的篇章。1986—2010年，常州市召开了第九届、第十届、第十一届、第十二届、第十三届、第十四届人民代表大会，分别听取和审议了市人民政府、市人大常委会、市中级人民法院、市人民检察院历年的工作报告，审议批准经济和社会发展规划计划、财政预算草案和执行情况的报告；受理市人大代表议案和建议、批评、意见；选举市人大常委会组成人员和市人民政府、市中级人民法院、市人民检察院的领导人员，选举出席江苏省人民代表大会的代表。在市人民代表大会闭会期间，市人大常委会把加强民主法制建设，推动经济发展和社会全面进步作为自己的首要任务，紧紧依靠全体人大代表和全市人民，严肃认真地履行宪法和法律赋予的各项职权，坚持按民主集中制办事，大胆探索有利于社会主义民主和法制建设的形式和途径，扎实有效地工作，保障和促进了常州改革开放、社会主义现代化建设顺利进行。

第一章 人大代表

人大代表按《中华人民共和国宪法》（简称《宪法》）和选举法的规定，经选举产生，既是国家权力机关的组成人员，又是人民行使国家权力的代表。人大代表有审议权、提议权、表决权、质询权和选举权、提出罢免案权、提名权及发言表决免究权等，其义务是模范地遵守宪法和法律、保守国家秘密、联系群众、参加人民代表大会会议。1986—2010年，常州市累计选举产生市人大代表2655人。其中1983年12月至1988年1月的第九届市人民代表大会（简称"人代会"）有代表549人，1988年1月至1993年3月的第十届人民代表大会有代表468人，1993年3月至1998年1月的第十一届人民代表大会有代表470人，1998年1月至2002年1月的第十二届人民代表大会有代表388人，2003年1月至2008年1月的第十三届人民代表大会有代表390人，2008年1月至2010年底的第十四届人民代表大会有代表390人。

第一节 代表选举

1980 年起，常州市人民代表大会代表由各选举单位依法选举产生。人大代表在任期内，调离、迁出本行政区域的，辞职被接受的或病故的等，其代表资格终止。1986—2010 年，全市累计选出市人大代表 2655 人。

一、选举工作机构

常州市人民代表大会每次换届选举，都严格遵守《选举法》、《地方人大和政府组织法》和《江苏省各级人民代表大会选举实施细则》规定，坚持中国共产党的领导，充分发扬民主，严格依法办事。市人大常委会设立选举工作办公室，承担选举省和市人大代表的具体工作，指导辖市区、乡镇两级人大代表的选举工作，指导和保障选举工作有序进行。

二、代表名额分配

常州市人大代表名额由省人大常委会根据《选举法》的有关规定确定。市人大常委会依法根据上年度政府统计的人口数，计算出每一位代表所代表的人口数。根据法律关于农村每位代表所代表人口数 4 倍于城市每位代表所代表人口数的规定(2010 年 3 月 14 日，第十一届全国人大第三次会议通过修改《选举法》的决定，开始实行城乡按相同比例选举人大代表)，将代表名额分配到各选举单位。市选举工作办公室依据法律法规的规定和各级文件精神，对人大代表候选人中的工人、农民、知识分子及妇女、非中共党员人士所占的比例，提出指导性意见，优化人大代表结构，提高人大代表素质。

1986—2010 年常州市人大代表名额分配一览表

表 26-1-1　　单位：人

届次	总数	武进	金坛	溧阳	天宁	钟楼	戚墅堰	新北	郊区	广化	驻常部队
第九届	549	65	25	35	115	114	44	—	29	114	8
第十届	468	68	31	41	136	130	32	—	24	—	6
第十一届	470	74	32	43	143	115	29	—	27	—	7
第十二届	388	68	30	41	93	99	25	—	26	—	6
第十三届	390	60	34	45	100	85	25	34	—	—	7
第十四届	390	75	37	47	82	71	25	47	—	—	6

第二节 代表构成

常州市人大常委会选举工作办公室为较好地体现人大代表的广泛性和代表性，既重视人大代表的素质，又考虑人大代表的合理结构，使工人、农民、干部、知识分子、民主党派人士、无党派人士、妇女等，都有适当比例的人大代表，以充分代表、反映各方面的意见和利益。

1986—2010 年常州市人大代表构成一览表

表 26-1-2　　单位：人

类别	构成项目	第九届	第十届	第十一届	第十二届	第十三届	第十四届
代表总数		549	468	470	388	390	390
性别	男　性	413	359	348	296	303	284

续表 26-1-2

类别	构成项目	第九届	第十届	第十一届	第十二届	第十三届	第十四届
性别	女　性	136	109	122	92	87	106
年龄	中青年	—	—	384	—	304	—
政治情况	共产党员	325	311	313	—	281	268
	民主党派人士	37	29	—	—	—	—
	爱国人士、无党派人士	27	24	157	—	109	122
	群　众	160	104	—	—	—	—
文化程度	大学本科及其以上	164	206	266	—	179	250
	大　专					148	93
	中　专	140	130	121	—	50	37
	高　中	164	115				
	初　中	—	—	83	—	13	10
	小　学	81	17	—	—	—	—
代表构成	工　人	—	—	121	126	121	98
	农　民	190	129				26
	干　部	134	149	143	126	120	116
	知识分子	140	123	131	116	94	99
	现役军人(解放军)	11	6	7	20	7	6
	归侨侨眷台胞	10	8	6		3	4
	民主党派人士、无党派人士	—	—	55		41	36
	少数民族	—	—	7		4	3
	宗教界人士	—	—	—		—	2
	其　他	64	53	—		—	—
民族	汉　族	542	463	463	—	386	387
	少数民族	7	5	7	—	4	3

说明：本科、大专项数据为合并数据时，分别表示本科及其以上、大专及其以上

第三节　代表工作

1986 年，常州市人大常委会为加强与人大代表的联系，制定《常州市人民代表工作试行办法》，初步规范了人大代表工作。1986—2010 年，常州市人大常委会拓宽参政渠道，让人大代表知情知政，奠定人大工作扎实的基础。

一、联系代表

1989 年，市人大常委会按照选举单位和“便于活动、有利工作、条块结合、以块为主”的原则，建立健全人大代表小组，配备人大工作联络员，重新修订了《关于加强同市人大代表联系的暂行办法》，实行常委会组成人员分工联系人大代表和接待日制度。1994 年 4 月，市人大常委会召开代表组组长会议，宣传贯彻《中华人民共和国全国人民代表大会和地方各级人民代表大会代表法》，从 1995 年起，连续 3 年在人代会期间组织

代表开展询问活动，会前向代表发放询问表，由代表广泛听取、收集群众意见、建议，在出席人代会时提交大会秘书处。人代会期间，由市政府及有关部门、市中级人民法院、市人民检察院分成接待组，听取代表的询问。实行代表履职登记卡制度，推进代表活动深入开展。2002 年，各代表团组织对发展外向型经济、工业经济结构调整、城市建设和管理、加快政府职能转变等工作开展视察调研，组织部分代表列席市人大常委会会议，听取和审议上半年政府工作报告。2004 年，采用巡回宣讲等方式，对市人大代表普遍轮训 1 次。同年底，市人大常委会组织 300 多名市人大代表视察了全市基础设施建设、社会事业重点工程，作出《关于加强市人大代表工作的决定》，实行人大常委会主任接待日制度。2005 年，建立市人大常委会组成人员联系市人大代表和市人大代表约见地方国家机关负责人制度。开通市人大常委会主任网上约见代表可视对话系统，邀请市人大代表参加市人大常委会和各工委开展的调研视察、执法检查和万人评议机关活动。2006—2010 年，市人大常委会邀请领导、专家、学者为人大代表开办代表法、选举法、组织法等法律法规辅导讲座；开通代表邮箱，办好人大网站，密切与代表的联系沟通，方便代表知情知政、献计献策，为人大代表在闭会期间开展活动、履行职务提供了必要的条件。

二、联系选民

1986 年起，常州市人大代表通过走访选民、召开选民座谈会等方式，在人代会召开前，针对收集到的热点、难点问题，形成议案和建议。人代会召开后，及时将大会精神传达到选区。1996 年，市人大常委会借鉴上海市的做法，制定了若干市民旁听人代会的暂行规定，邀请基层市民代表旁听了人代会各个工作报告并分组讨论，对国家机关工作提出意见和建议。2008 年，市人大常委会党组制定了《关于在街道建立人大工作机构的意见》，全市街道全部设立人大工作委员会；在乡镇、街道和社区推广创建人大代表之家，建成人大代表学习、接待选民、联系群众、议政督政的重要场所，密切人代会闭会期间代表与选民的联系，丰富代表活动方式，促进基层民主政治建设。2009—2010 年，市人大常委会探索人大代表联系群众的新形式，出台《关于市人大代表联系人民群众的办法(试行)》，市人大常委会领导带头，深入基层联系人民群众。按照市委召开的会议精神，集中开展“联系人民、服务人民”活动。市人大代表通过召开座谈会、个别走访、入户调研等形式，收集意见、建议，做了大量说服解释工作。

三、代表活动

常州市人大常委会重视提高代表素质的基础工作，指导新一届代表建立代表小组，制订年度学习活动计划，培训代表组长和联络员，邀请代表参加有关调查、视察活动，列席常委会会议。2003 年 12 月，市第十三届人大常委会第十八次会议作出《关于加强市人大代表工作的决定》，对密切与代表联系，建立市级国家机关向代表通报重要工作、重大事项制度；加强对议案、建议的督办；发挥代表在闭会期间的作用；增强代表意识和做好保障服务等 6 个方面的工作作了明确规定。2005 年，中共中央转发全国人大常委会党组《关于进一步发挥全国人大代表作用，加强全国人大常委会制度建设的若干意见》。市人大常委会认真组织学习，在代表法颁布 10 周年时组织系列活动。市人大代表分小组开展活动，深入了解情况，勇于发表意见，促进有关工作。2008—2010 年，市人大常委会邀请人大代表列席人大常委会会议和市政府常务会议，邀请市人大代表组长参加市人大代表工作会议。围绕市人大常委会监督议题和重点督办建议，结合产业结构调整升级、“产学研”合作、文物保护等工作，组织代表开展执法检查。市人大代表依托乡镇、街道的人大代表之家，接待群众、倾听群众意见，为群众排忧解难。

视察活动 常州市人大常委会组织的视察活动有市人大常委会统一组织的市人大代表视察活动，各工作

委员会组织部分委员、人大代表参加的专题视察活动，代表小组安排的视察活动和代表个人持证视察活动。视察时，人大代表不直接处理问题，发现、接收到的问题和建议用书面形式向市人大常委会或市人大常委会相关工委提出，由市人大常委会交市政府、法院和检察院（简称“一府两院”）有关部门研究处理，并答复代表。

1986—1987年，市人大常委会协助在常全国人大代表、省人大代表视察全市废气废水废物治理、长江引水工程和高校学生思想状况等；组织市人大代表视察公交、农业、城管、贸易等行业。

1988—1992年，市人大常委会协助全国人大代表薛锋等视察常州改革开放的情况等。组织市人大代表围绕经济和社会发展100项目标的实施情况，视察了煤气工程、自来水工程、高速公路和垃圾处理厂等。

1993—1997年，市人大常委会组织在常全国人大代表、省人大代表及市人大代表视察常州高新区、沪宁高速公路龙虎塘段、新闸煤气工程、长江引水工程三角场增压站、外环路、常新路、火车站高架桥、中凉亭立交桥、同济立交桥、广播电视中心、剑湖垃圾处理厂、红梅西村等基础设施建设工程。

1998—2002年，市人大常委会组织在常全国人大代表视察市中级人民法院、市人民检察院队伍建设情况；组织常州、苏州两市全国人大代表视察常州农村经济结构调整、城乡经济建设及农业、旅游业发展情况。组织在常的省人大代表视察常州高新区、东南开发区建设工程；组织部分市人大代表视察常州经济建设、社会事业发展等，视察市区1个广场地下人防综合工程、怀德路改扩建工程、常州乳品厂、城北污水处理厂、长江常州新区段西大堤达标工程和澡港水利枢纽工程等建设项目。

2003—2007年，市人大常委会组织在常全国人大代表视察江苏晨风集团、常州长春珍珠养殖基地、长青艾德利复合材料公司等，组织部分市人大代表视察常州防治非典型性肺炎、禽流感等工作。

2008—2010年，市人大常委会组织在常全国人大代表，围绕实现中央经济工作会议确定的“扩内需、保增长、调结构、促发展”目标，到溧阳集中视察；组织部分省、市人大代表视察清水工程及整治后的25条内河；组织部分市人大代表视察历史文化名镇名村保护、承办江苏省第十七届运动会、现代农业“双百万亩”工程建设、“三铁六站”① 工程建设、豆制品行业专项整治、社区卫生服务、安居工程等重点工程、工作。

指导活动 常州市人大常委会每年年初召开全市人大代表工作座谈会，交流辖市区人大代表工作经验，部署全年工作。在日常工作中，及时指导辖市区人大常委会开展干部任免、代表补选、组织代表活动等工作。定期组织召开辖市区人大人事代表工作座谈会，协调全市人大人事代表工作。针对镇人大、街道人大工委领导调整频繁、新手多的特点，组织召开镇人大、街道人大工委工作研讨会，通过市人大常委会领导讲话和大会交流发言的方式，对开展镇人大、街道人大工作提供了直接的经验和帮助。市人大常委会领导经常到镇人大、街道人大工委开展联系、调研活动，了解基层人大工作情况，听取镇人大、街道人大工委对市人大常委会工作的意见和建议。市人大常委会经常举办辖市区人大工作人员培训班，辅导法律法规知识，促进贯彻执行。组织镇人大、街道人大工委负责人参加省人大常委会举办的业务培训班。组织有关人员到辖市区人大常委会和镇人大、街道人大工委作工作讲座，宣讲人大工作知识，提高基层人大工作人员的工作能力。

评优活动 2004年，常州市人大常委会开始在全市开展“争创先进代表小组，争当优秀人大代表、优秀人大工作者和代表小组优秀联络员”活动，表彰和奖励了先进集体和优秀个人，评出先进代表小组9个和优秀人大代表25名、优秀人大工作者31名、代表小组优秀联络员9名。2006年，评出先进代表小组9个和优

①“三铁”指京沪高速铁路、沪宁城际铁路和宁杭城际铁路；“六站”指京沪高速铁路常州站、沪宁城际铁路常州站和戚墅堰站、宁杭城际铁路上兴站和瓦屋山站及戚墅堰货场搬迁工程。

秀人大代表25名、优秀人大工作者35名、代表小组优秀联络员9名。

第二章　人民代表大会会议

1986—2010年，常州市人民代表大会累计召开27次全体代表大会（不包括前志已记述的1983年12月20—26日、1984年12月22—26日召开的市第九届人民代表大会第一、第二次会议）。每次大会听取和审议了市人民政府、市人大常委会、市中级人民法院、市人民检察院的工作报告，审议批准了经济和社会发展规划计划、财政预算草案和执行情况的报告，受理市人大代表提出的议案和建议、批评、意见。换届和进行增替补选举时，历次大会依法通过选举办法，以无记名投票方式，选举产生市人大常委会主任、副主任、秘书长、委员；市人民政府市长、副市长；市中级人民法院院长和市人民检察院检察长及出席江苏省人民代表大会的代表。

第一节　第九届人民代表大会

一、第三次会议

1986年3月19—24日在红星大剧院举行，应到代表537人，实到487人。与会人大代表听取和审议了市长陈鸿昌所作的《常州市人民政府工作报告》及其他报告，通过相应决议批准各项报告。大会通过选举办法，补选朱维中、宋文惠为市人大常委会副主任，接受了鲁福昌辞去市人大常委会副主任职务的请求。大会听取了预算委员会的《关于1985年财政决算和1986年财政预算的审查报告》，审议通过议案审查委员会提出的《关于议案的审查报告》。

二、第四次会议

1986年9月24—27日在红星大剧院举行，应到代表534人，实到494人。会议专题审议并通过市长陈鸿昌所作的《关于常州市国民经济和社会发展第七个五年计划的报告》，原则批准《常州市国民经济和社会发展第七个五年计划》，通过《关于常州市国民经济和社会发展第七个五年计划报告的决议》，审议通过议案审查委员会提出的《关于议案的审查报告》。

常州市第九届人民代表大会历次会议报告人一览表

表26-2-1

会议次数	政府工作报告	国民经济和社会发展计划报告	财政预算决算报告	人大常委会工作报告	中级人民法院工作报告	人民检察院工作报告
第三次	市长陈鸿昌	市计划委员会主任蒋经宇	市财政局局长张汝嘉	市人大常委会副主任张金豪	市中级人民法院院长秦怀玉	市人民检察院检察长苏杰
第四次	—	市长陈鸿昌	—	—	—	—
第五次	市长陈鸿昌	市计划委员会主任蒋经宇	市财政局局长张汝嘉	市人大常委会副主任张金豪	市中级人民法院院长秦怀玉	市人民检察院检察长苏杰

说明：第四次会议专题审议、通过市长陈鸿昌所作的《关于常州市国民经济和社会发展第七个五年计划的报告》，未作其他报告

三、第五次会议

1987年3月14—18日在红星大剧院举行，应到代表534人，实到491人。与会代表听取和审议了市长

陈鸿昌所作的《常州市人民政府工作报告》及其他报告，通过相应决议批准各项报告。会议审议通过议案审查委员会提出的《关于议案的审查报告》。

第二节 第十届人民代表大会

一、第一次会议

1988年1月5—12日在红星大剧院举行，应到代表468人，实到455人。与会代表听取和审议了市长陈鸿昌所作的《常州市人民政府工作报告》及其他报告，通过相应决议批准各项报告。审议并通过《常州市第十届人民代表大会第一次会议选举办法》，以无记名投票方式，依法选举常州市出席省第七届人民代表大会代表63人。依法选举市人大常委会主任、副主任、秘书长和委员，汤永安当选为市人大常委会主任，朱维中、江子砺、苏杰、宋文惠、蒋溢涛当选为副主任，卞愉清当选为秘书长，卜仲宽等22人当选为市人大常委会委员。

市十届人大常委会主任汤永安（右三）、副主任蒋溢涛（左三）、宋文惠（左四）在天宁区代表团了解分组讨论情况（摄于1988年1月）

在酝酿大会主席团提出的候选人建议名单时，代表10人以上在原1名市长候选人的基础上联名提出曹锦成为市长候选人。大会主席团将代表联名提出的候选人和主席团提出的候选人一起交全体代表酝酿后，依法提请全体会议选举。选举结果：曹锦成从两名候选人中当选为市人民政府市长，孟金元、韩兆春、洪文鑫、陈三林、张东林当选为副市长，郭兴中当选为市中级人民法院院长，肖缀成当选为市人民检察院检察长。大会通过《关于议案若干问题的暂行规定》和议案审查委员会的《关于议案的审查报告》。

二、第二次会议

1989年3月15—19日在红星大剧院举行，应到代表470人，实到438人。与会代表听取和审议了市长曹锦成所作的《常州市人民政府工作报告》及其他报告，通过相应决议批准各项报告。会议补选李向东、居松珍、许津荣为市人大常委会委员。会议通过议案审查委员会的《关于议案的审查报告》。大会期间，组织人大代表召开了经济、教育、农业生产、法制、城建工作5个专题审议座谈会。

三、第三次会议

1990年3月10—14日在红星大剧院举行，应到代表469人，实到430人。与会代表听取和审议了市长曹锦成所作的《常州市人民政府工作报告》及其他报告，通过相应决议批准各项报告。选举倪世旺、黄文杰为市人大常委会委员。审议通过议案审查委员会的《关于议案的审查报告》。会议期间，19名市人大代表联合提出关于许浩明冤案的质询，大会主席团责成市中级人民法院负责答复。市中级人民法院院长郭兴中作了答复，代表们对答复表示满意。大会期间，组织人大代表就经济科技、城区和武进、金坛、溧阳三县、文教卫、人大等工作召开了5个专题审议座谈会。

四、第四次会议

1991年3月2—6日在红星大剧院举行，应到代表469人，实到443人。与会代表听取和审议了代市长杨晓堂所作的《常州市人民政府工作报告》及其他报告，审议了《常州市国民经济和社会发展十年规划和“八五”计划纲要》，通过相应决议批准各项报告。原则同意《常州市国民经济和社会发展十年规划和“八五”计划纲要》提出的奋斗目标和任务，要求市政府抓紧编制具体计划，提交市人大常委会审批。会议采取无记名投票方式，选举杨晓堂为市人民政府市长。大会主席团审议通过预算委员会《关于1990年财政决算和1991年财政预算的审查报告》、议案审查委员会《关于议案审查的报告》。大会组织部分人大代表对民主法制、辖县区工作、工业交通、文教卫等5项工作进行了专题审议。印发了常州市“八五”期间《工业振兴计划》《农业丰收计划》《科技兴市计划》《社会发展综合示范试点计划》和《城市基础设施计划》等。

五、第五次会议

1992年2月26日至3月1日在红星大剧院举行，应到代表465人，实到434人。与会代表听取和审议了市长杨晓堂所作的《常州市人民政府工作报告》及其他报告，通过相应决议批准各项报告。会议听取了市人大常委会秘书长卞愉清所作的《常州市人民代表大会议事规划（草案）》的说明，审议通过《常州市人大常委会议事规划》，决定自通过之日起施行。大会主席团审议通过预算委员会的《关于1991年财政决算和1992年财政预算的审查报告》、议案审查委员会的《关于议案的审查报告》。大会组织部分人大代表对民主法制、县（市）区工作、城乡建设、科技经济、社会事业5项工作进行了专题审议。

常州市第十届人民代表大会历次会议报告人一览表

表26-2-2

会议次数	政府工作报告	国民经济和社会发展计划报告	财政预算决算报告	人大常委会工作报告	中级人民法院工作报告	人民检察院工作报告
第一次	市长陈鸿昌	市计划委员会主任蒋经宇	市财政局局长张汝嘉	市人大常委会副主任张金豪	市中级人民法院院长秦怀玉	市人民检察院检察长苏杰
第二次	市长曹锦成	市计划委员会主任蒋经宇	市财政局局长张汝嘉	市人大常委会副主任蒋溢涛	市中级人民法院院长郭兴中	市人民检察院检察长肖缀成
第三次	市长曹锦成	副市长兼市计划委员会主任孟金元	市财政局局长张汝嘉	市人大常委会副主任蒋溢涛	市中级人民法院院长郭兴中	市人民检察院检察长肖缀成
第四次	代市长杨晓堂	副市长孟金元	市财政局局长张汝嘉	市人大常委会副主任蒋溢涛	市中级人民法院院长郭兴中	市人民检察院检察长肖缀成
第五次	市长杨晓堂	市计划委员会主任江悫	市财政局局长张汝嘉	市人大常委会副主任蒋溢涛	市中级人民法院院长郭兴中	市人民检察院检察长肖缀成

第三节 第十一届人民代表大会

一、第一次会议

1993年3月5—7日在红星大剧院举行，应到代表470人，实到437人。与会代表听取和审议了代市长孟金元所作的《常州市人民政府工作报告》及其他报告，通过相应决议批准各项报告。大会依法选举市人大常委会主任、副主任、秘书长、委员，陈玉英当选为市人大常委会主任，蒋溢涛、韩兆春、洪文鑫、肖缀成、何华强、蒋惠良为副主任，卞愉清为秘书长，马琴芳等25人当选为市人大常委会委员。依法选举市人民政府市长、副市长，孟金元当选为市长，李林生、陈三林、张东桂、薛锋、张东林、陈伯鹏当选为副市长。依法选举郭兴中为市中级人民法院院长，蒋峰为市人民检察院检察长。依法选举常州市出席省第八届人民代表大会代表63名。大会主席团审议通过预算委员会的《关于1992年财政决算和1993年财政预算的审查报告》、议案审查委员会的《关于议案审查的报告》。

二、第二次会议

1994年3月5—9日在红星大剧院举行，应到代表470人，实到449人。与会代表听取和审议了市长孟金元所作的《常州市人民政府工作报告》及其他报告，通过相应决议批准各项报告。大会主席团审议通过预算委员会《关于1993年财政决算和1994年财政预算的审查报告》、议案审查委员会《关于议案的审查报告》。大会期间，人大代表还对农业、教育、深化大中型企业改革、建立现代企业制度、城市建设和管理等方面工作进行了专题审议。

三、第三次会议

1995年2月14—17日在红星大剧院举行，应到代表470人，实到447人。与会代表听取和审议了市长孟金元所作的《常州市人民政府工作报告》及其他报告，通过相应决议批准各项报告。大会主席团审议通过预算委员会的《关于1994年财政预算执行情况和1995年财政预算的审查报告》、议案审查委员会的《关于议案的审查报告》。选举孙志华为市人大常委会委员。大会期间，开展代表询问活动，市政府46个部门、单位和市中级人民法院、市人民检察院接受代表询问204人次，提出148件意见，经相关单位答复或解释，代表们表示满意的124件。

四、第四次会议

1996年1月25—29日在红星大剧院举行，应到代表467人，实到438人。与会代表听取和审议了市长孟金元所作的《常州市人民政府工作报告》及其他报告，通过相应决议批准各项报告。大会主席团审议通过预算委员会的《关于常州市1995年财政总预算执行情况和1996年财政总预算的审查报告》，议案审查委员会的《关于议案审查的报告》。选举周启龙为市第十一届人大常委会委员。大会期间，市政府53个部门、单位和市中级人民法院、市人民检察院受理代表询问128件，当场答复解决57件，作出解释58件，会后处理13件。

常州市第十一届人民代表大会历次会议报告人一览表

表26-2-3

会议次数	政府工作报告	国民经济和社会发展计划报告	财政预算决算报告	人大常委会工作报告	中级人民法院工作报告	人民检察院工作报告
第一次	代市长 孟金元	市计划委员会 主任江忞	市财政局 局长蒋新光	市人大常委会 副主任蒋溢涛	市中级人民法院 院长郭兴中	市人民检察院 检察长肖缀成
第二次	市长 孟金元	市计划委员会 主任江忞	市财政局 局长蒋新光	市人大常委会 副主任蒋溢涛	市中级人民法院 院长郭兴中	市人民检察院 检察长蒋峰
第三次	市长 孟金元	市计划委员会 主任江忞	市财政局 局长蒋新光	市人大常委会 主任陈玉英	市中级人民法院 院长郭兴中	市人民检察院 检察长蒋峰
第四次	市长 孟金元	副市长 李林生	市财政局 局长蒋新光	市人大常委会 主任陈玉英	市中级人民法院 院长郭兴中	市人民检察院 检察长蒋峰
第五次	市长 孟金元	市计划委员会 主任江忞	市财政局 局长蒋新光	市人大常委会 主任陈玉英	市中级人民法院 院长郭兴中	市人民检察院 检察长蒋峰

五、第五次会议

1997年1月25—28日在红星大剧院举行，应到代表465人，实到445人。会议听取和审议了市长孟金元所作的《常州市人民政府工作报告》及其他报告，通过相应决议批准各项报告。大会主席团审议通过预算委员会提出的《关于常州市1996年财政总预算执行情况和1997年财政总预算草案的审查报告》、议案审查委员会的《关于议案审查的报告》。大会期间，市政府52个部门、单位和市中级人民法院、市人民检察院受理代表询问112件，当场答复解决69件。18名市民旁听大会。

第四节　第十二届人民代表大会

一、第一次会议

1998年1月15—21日在红星大剧院举行，应到代表388人，实到380人。与会代表听取和审议了市长孟金元所作的《常州市人民政府工作报告》及其他报告，通过相应决议批准各项报告。大会依法选举市人大常委会主任、副主任、秘书长、委员，虞振新当选为市人大常委会主任，蒋溢涛、韩兆春、蒋惠良、郭兴中、戴顺瑞、周源为副主任，曹桂清为秘书长，朱严等24人当选为市人大常委会委员。依法选举市人民政府市长、副市长，孟金元当选为市长，李林生、杨大伟、张东林、陈伯鹏、王正平、蒋新光、周亚瑜当选为副市长。依法选举陆洪生为市中级人民法院院长，蒋峰为市人民检察院检察长。依法选举常州市出席省第九届人民代表大会代表45名。大会主席团审议通过预算委员会的《关于常州市1997年财政总预算执行情况和1998年财政总预算的审查报告》、议案审查委员会的《关于议案审查的报告》。

二、第二次会议

1999年1月25—29日在红星大剧院举行，应到代表387人，实到369人。与会代表听取和审议了市长孟金元作的《常州市人民政府工作报告》及其他报告，通过相应决议，批准各项报告。大会主席团审议通过预算审查委员会的《关于常州市1998年财政总预算执行情况和1999年财政总预算的审查报告》、议案审查委员的《关于议案审查的报告》。18名市民旁听大会。

三、第三次会议

2000年1月22—25日在红星大剧院举行，应到代表388人，实到361人。与会代表听取和审议了市长孟金元所作的《常州市人民政府工作报告》及其他报告，通过相应决议，批准各项报告。大会主席团分别审议通过预算审查委员会的《关于常州市1999年财政总预算执行情况和2000年财政总预算的审查报告》、议案审查委员会的《关于议案审查的报告》。大会期间开展代表询问活动。市政府、市法院、市检察院受理意见、建议54件，当场解答处理31件。20名市民旁听大会。

四、第四次会议

2001年2月21—25日在红星大剧院举行，应到代表389人，实到370人。与会代表听取和审议了代市长李全林所作的《常州市人民政府工作报告》及其他报告，通过相应决议，批准各项报告。大会主席团分别审议通过预算审查委员会《关于常州市2000年财政总预算执行情况和2001年财政总预算草案的审查报告》、议案审查委员会《关于议案审查的报告》。选举李全林为市人民政府市长，补选孟金元、吴春生、李林生、陈伯鹏为市人大常委会副主任，吴建平为市人大常委会委员。大会期间，邀请部分人大代表召开关于“十五”规划、外向型经济、农业结构调整和增加农民收入3个专题审议会。20名市民旁听大会。

五、第五次会议

2002年1月30日至2月2日在红星大剧院举行，应到代表384人，实到361人。与会代表听取和审议了代市长范燕青所作《常州市人民政府工作报告》及其他报告，通过相应决议，批准各项报告。大会主席团审议通过预算审查委员会的《关于常州市2001年财政总预算执行情况和2002年财政总预算草案的审查报告》、议案审查委员的《关于议案的审查报告》。会议选举范燕青为市人民政府市长。大会期间，组织部分人大代表参加市河整治、加快发展私营个体经济两个专题审议会。20名市民旁听大会。

常州市第十二届人民代表大会历次会议报告人一览表

表26-2-4

会议次数	政府工作报告	国民经济和社会发展计划报告	财政预算决算报告	人大常委会工作报告	中级人民法院工作报告	人民检察院工作报告
第一次	市长孟金元	市计划委员会主任李文	副市长、市财政局局长蒋新光	市人大常委会主任陈玉英	市中级人民法院院长郭兴中	市人民检察院检察长蒋峰
第二次	市长孟金元	市计划委员会主任李文	市财政局局长陈伟昶	市人大常委会主任虞振新	市中级人民法院院长陆洪生	市人民检察院检察长蒋峰
第三次	市长孟金元	市计划委员会主任李文	市财政局局长陈伟昶	市人大常委会主任虞振新	市中级人民法院院长陆洪生	市人民检察院检察长蒋峰
第四次	代市长李全林	副市长李林生	市财政局局长陈伟昶	市人大常委会主任虞振新	市中级人民法院院长陆洪生	市人民检察院检察长蒋峰
第五次	代市长范燕青	市计划委员会主任李文	市财政局局长陈伟昶	市人大常委会主任虞振新	市中级人民法院院长陆洪生	市人民检察院检察长蒋峰

第五节 第十三届人民代表大会

一、第一次会议

2003年1月20—24日在红星大剧院举行，应到代表389人，实到381人。与会代表听取和审议了市长范燕青所作的《常州市人民政府工作报告》及其他报告，通过相应决议，批准各项报告。依法选举市人大常委会主任、副主任、秘书长、委员，虞振新当选为人大常委会主任，孟金元、吴春生、郭兴中、陈伯鹏、戴顺瑞、周源、蒋峰当选为副主任，曹桂清当选为秘书长，孙仲华等26人当选为市人大常委会委员。选举范燕青为市人民政府市长，选举毛伟明、王正平、蒋新光、周亚瑜、俞志平、张力航、孙国建、居丽琴为副市长，选举陆洪生为市中级人民法院院长，严正华为市人民检察院检察长。依法选举常州市出席省第十届人民代表大会代

人大代表依法投票选举（摄于2003年1月）

表44名。大会主席团审议通过预算审查委员会的《关于常州市2002年财政预算执行情况和2003年财政预算草案的审查报告》、议案审查委员会的《关于议案的审查报告》。20名市民旁听大会。

二、第二次会议

2004年2月5—8日在红星大剧院举行，应到代表389人，实到377人。与会代表听取和审议了代市长徐建明所作的《常州市人民政府工作报告》及其他报告，通过相应决议，批准各项报告。依法补选范燕青为省第十届人民代表大会代表，徐建明为市人民政府市长，顾黑郎为市人大常委会副主任，补选朱志清、杜吉宾、邵志明为市人大常委会委员。大会主席团审议通过预算审查委员会的《关于常州市2003年财政总预算执行情况和2004年财政总预算草案的审查报告》、议案审查委员会的《关于议案的审查报告》。20名市民旁听大会。

三、第三次会议

2004年6月28—29日在红星大剧院举行，应到代表387人，实到357人。会议经全体会议表决通过，决定罢免顾黑郎担任的市人大常委会副主任职务。

四、第四次会议

2005年1月13—16日在红星大剧院举行，应到代表389人，实到369人。与会代表听取和审议了市长徐建明所作的《常州市人民政府工作报告》及其他报告，通过相应决议，批准各项报告。大会主席团审议通过预算审查委员会的《关于常州市2004年财政预算执行情况和2005年财政总预算草案的审查报告》、议案审查委员会的《关于议案的审查报告》。19名市民旁听大会。

五、第五次会议

2006年1月11—14日在红星大剧院举行，应到代表385人，实到代表363人。与会代表听取和审议了代市长王伟成所作的《常州市人民政府工作报告》及其他报告，通过相应决议，批准各项报告。大会选举王伟成为市人民政府市长，周亚瑜为市人大常委会副主任，李文、金钰如为市人人常委会委员，邵长生为市人民检察院检察长。20名市民旁听大会。

常州市第十三届人民代表大会历次会议报告人一览表

表26-2-5

会议次数	政府工作报告	国民经济和社会发展计划报告	财政预算决算报告	人大常委会工作报告	中级人民法院工作报告	人民检察院工作报告
第一次	市长范燕青	市发展计划委主任李文	市财政局局长陈伟昶	市人大常委会主任虞振新	市中级人民法院院长陆洪生	市人民检察院检察长蒋峰
第二次	代市长徐建明	市发展计划委主任李文	市财政局局长陈伟昶	市人大常委会主任虞振新	市中级人民法院院长陆洪生	市人民检察院检察长严正华
第四次	市长徐建明	市发展计划委主任李文	市财政局局长陈伟昶	市人大常委会主任虞振新	市中级人民法院院长陆洪生	市人民检察院检察长严正华
第五次	代市长王伟成	市发展改革委主任赵建军	市财政局局长陈伟昶	市人大常委会主任虞振新	市中级人民法院院长陆洪生	市人民检察院代检察长邵长生
第六次	市长王伟成	市发展改革委主任赵建军	市财政局局长陈伟昶	市人大常委会主任虞振新	市中级人民法院院长陆洪生	市人民检察院检察长邵长生

说明：从第一次会议起作的财政预决算报告为财政总预决算报告；第三次会议未听取、审议报告，本表不列；第五次会议还审议通过代市长王伟成所作的《常州市国民经济和社会发展第十一个五年规划纲要（草案）及说明》

六、第六次会议

2007 年 1 月 22—25 日在市行政中心龙城大厅举行，应到代表 381 人，实到 356 人。与会代表听取和审议了市长王伟成所作的《常州市人民政府工作报告》及其他报告，通过相应决议，批准各项报告。大会补选贾宝中为市人大常委会副主任。大会主席团审议通过预算审查委员会的《关于常州市 2006 年财政预算执行情况和 2007 年财政总预算草案的审查报告》、议案审查委员会的《关于议案的审查报告》。20 名市民旁听大会。

第六节　第十四届人民代表大会

一、第一次会议

2008 年 1 月 9—13 日在市行政中心龙城大厅举行，应到代表 390 人，实到 380 人。与会代表听取和审议市长王伟成所作的《常州市人民政府工作报告》及其他报告，通过相应决议，批准各项报告。依法选举市人大常委会主任、副主任、秘书长、委员，范燕青当选为主任，朱龙虎、贾宝中、陆洪生、陈伟昶、赵忠和为副主任，张水荣为秘书长，丁一等 33 人当选为市人大常委会委员。依法选举市长、副市长，王伟成当选为市长，俞志平、张力航、孙国建、居丽琴、韩九云、王成斌、朱晓敏当选为副市长；依法选举姜洪鲁为市中级人民法院院长、邵长生为市人民检察院检察长，依法选举常州市出席省第十一届人民代表大会代表 45 人。20 名市民旁听大会。

二、第二次会议

2009 年 2 月 16—19 日在市行政中心龙城大厅召开，应到代表 389 人，实到 366 人。会议听取和审议了市长王伟成作的《常州市人民政府工作报告》及其他报告，通过相应决议，批准各项报告。大会补选孙永明为市人大常委会副主任。20 名市民旁听大会。

常州市第十四届人民代表大会第二次会议（摄于 2009 年 2 月）

三、第三次会议

2010 年 1 月 21—24 日在市行政中心龙城大厅召开，应到代表 389 人，实到 360 人。会议听取和审议了市长王伟成所作的《常州市人民政府工作报告》及其他报告，审议了市人民政府提交的《常州市 2009 年国民经济和社会发展计划执行情况和 2010 年计划安排意见的报告》《常州市 2010 年国民经济和社会发展计划主要指标（草案）》和《常州市 2009 年财政预算执行情况和 2010 年财政预算草案的报告》及常州市 2010 年预算草案的书面报告，通过相应决议，批准各项报告。会议补选成国平、赵正斌为市人大常委会委员。20 名市民旁听大会。

常州市第十四届人民代表大会历次会议报告人一览表

表 26-2-6

会议次数	政府工作报告	国民经济和社会发展计划报告	财政预算决算报告	人大常委会工作报告	中级人民法院工作报告	人民检察院工作报告
第一次	市长王伟成	市发展和改革委主任赵建军	市财政局局长陈伟昶	市人大常委会主任虞振新	市中级人民法院院长陆洪生	市人民检察院检察长邵长生
第二次	市长王伟成	市发展和改革委主任赵建军	市财政局局长朱志洪	市人大常委会副主任朱龙虎	市中级人民法院院长姜洪鲁	市人民检察院检察长邵长生
第三次	市长王伟成	市人民政府提交	市人民政府提交	市人大常委会副主任朱龙虎	市中级人民法院院长姜洪鲁	市人民检察院检察长邵长生

第三章　人大常委会

常州市人民代表大会分别于1983年12月、1988年1月、1993年3月、1998年1月、2003年1月和2008年1月，依法进行换届选举，选举产生新一届人民代表大会代表，先后召开了市第九届、第十届、第十一届、第十二届、第十三届、第十四届人民代表大会，依法选举产生常州市第九届、第十届、第十一届、第十二届、第十三届、第十四届人大常委会。常州市人大常委会认真履行法律赋予的职责，审议了市人民政府、市中级人民法院和市人民检察院的工作报告，任免市政府工作人员，组织代表视察调研，为常州经济和社会发展提出意见和建议。

第一节　常委会组成

常州市第九届人大常委会任期为1983年12月至1988年1月，由主任汤永安，副主任李子明、许玉明、段辉鹏、江子励、鲁福昌、张金豪、缪甲三、朱维中、宋文惠，秘书长许玉明、卞愉清，委员王永刚、王兰兰（女）、王润华（女）、仇叔楠、孔德谱、白明辉、吕淮、朱维中、任文彬、刘鹤章、苏晋成、杨大伟、杨堃、邱学华、余忠诚、邹克毅、宋文惠、陈联庆、张富华、赵华宇、荆剑鹏、高凤宽、蒋仕林、蒋志云、康静华（女）、鲁福昌组成。

常州市第十届人大常委会任期为1988年1月至1993年3月，由主任汤永安，副主任朱维中、江子励、苏杰、宋文惠、蒋溢涛，秘书长卞愉清，委员卜仲宽、毛小平、石光远、白明辉、吕振远、任守义、许津荣（女）、杨大伟、杨家政、李汉清、李向东、吴君璧、邱学华、余忠诚、陈荣春、陈联庆、张望、罗耀松、居松珍（女）、范晋明、周源、周敏盛、赵宗昌、倪世旺、黄文杰、康静华（女）、蒋志云组成。

常州市第十一届人大常委会任期为1993年3月至1998年1月，由主任陈玉英（女），副主任蒋溢涛、韩兆春、洪文鑫、肖缀成、何华强、蒋惠良，秘书长卞愉清，委员马琴芳（女）、王文仪（女）、朱文清 、刘小莺（女）、孙仲华（女）、孙志华、孙效祖、杨敖齐、苏扬波、李汉华、吴泓涛、邱学华、余忠诚、张国祥、张晓霞（女）、陈溥、陈成忠、范晋明、罗耀松、周源、周立群、周启龙、周桂生、蒋阳春、蒋茂根、缪荣书、戴源组成。

常州市第十二届人大常委会任期为1998年1月至2003年1月，由主任虞振新，副主任蒋溢涛、韩兆春、蒋惠良、郭兴中、戴顺瑞、周源、孟金元、吴春生、李林生、陈伯鹏，秘书长曹桂清，委员丁冠健、王文仪（女）、朱严、孙仲华（女）、孙志华、杨敖齐、沈如香、陆秋枚（女）、陈溥、罗耀松、周立群、周启龙、周桂生、荣长征、黄人俊、蒋阳春、蒋茂根、谢承武、蔡骏、缪荣书、戴源、瞿汶柏组成。

常州市第十三届人大常委会任期为2003年1月至2008年1月，由主任虞振新，副主任孟金元、吴春生、郭兴中、陈伯鹏、戴顺瑞、周源、蒋峰、顾黑郎、周亚瑜、贾宝中（女），秘书长曹桂清，委员王文仪（女）、王来娣（女）、孙仲华（女）、朱志清、杜吉宾、杜跃华、李文、杨敖齐、吴建平、余晓毅（女）、邵志明、张水荣、张立民、陆秋枚（女）、罗润建、金钰如（女）、鱼国盛、周耀南、练月琴（女）、荣长春、赵旺兔、俞志宏、姚维林、徐嘉南、黄富华、曹玉屏（女）、蒋阳春、路浩、潘震东、薛焕炳组成。

常州市第十四届人大常委会任期为2008年1月至2012年6月（记至本志下限2010年底），由主任范燕青，副主任朱龙虎、贾宝中（女）、陆洪生、陈伟昶、赵忠和、孙永明，秘书长张水荣、周建伟，委员丁一、马正华、王莉（女）、方国强、卢晓光、朱力工、朱志清、朱维平、成国平、许峥（女）、杜跃华、吴建平、余晓毅（女）、陆秋枚（女）、林敏、岳小勇、鱼国盛、周铁成、郑丽萍（女）、赵正斌、赵旺兔、俞申、俞志宏、洪焕忠、恽爽（女）、顾才兴、顾加明（女）、钱文龙、钱建林、郭志贤、陶水明、黄岳汀、黄富华、曹建荣、盛克俭、蒋红霞（女）、薛焕炳组成。

第二节　常委会会议

常州市人大常委会会议每两个月至少举行1次，由主任主持，或由主任委托副主任主持。1986—2010年，市人大常委会累计召开185次常委会会议，听取和审议了市人民政府及有关职能部门、市中级人民法院、市人民检察院所作的工作报告，决定法律规定的重大事项。根据市人大常委会主任、市长、市法院院长和检察院检察长的提请，任命市人大常委会负责工作人员、市中级人民法院、市人民检察院的负责工作人员和决定任命市人民政府组成人员。市人大常委会举行会议时，市人民政府、市中级人民法院、市人民检察院负责人列席会议，听取审议意见，回答有关问题。从市第十届人大常委会起，会议安排邀请部分市人大代表列席。

一、第九届人大常委会

1986年3月至1987年12月期间，累计召开常委会会议16次，听取和审议了“一府两院”工作报告等报告、汇报74项，涉及加强市容管理、整顿城市秩序、文物保护、普法教育、经济工作、经济体制改革、金融工作、城区机构改革（撤销广化区、扩大郊区）、农村土地管理、市场管理和全市依法严厉打击刑事犯罪分子活动及市级工业管理机构改革实施方案等方面的内容，对《中华人民共和国经济合同法》（简称《经济合同法》）等法律法规贯彻实施情况进行执法检查，通过《关于我市与意大利普拉托市缔结为友好城市的决议》等决议、决定。

常州市第九届人大常委会开展的执法检查和通过的决议决定一览表

表26-3-1

类别	执法检查和决议决定名称
法律法规执法检查	中华人民共和国经济合同法、中华人民共和国商标法、中华人民共和国治安管理处罚条例、中华人民共和国义务教育法等法律法规的执法检查
决议决定	关于常州市与意大利普拉托市缔结为友好城市的决议、关于市人大代表视察的试行办法、关于认真学习宣传贯彻全国人大常委会《关于加强法制教育维护安定团结的决定》的决议、常州市与日本国高槻市缔结为友好城市的决议和常州市人大常委会、市人民政府、市中级人民法院、市人民检察院加强工作联系的暂行规定等决议、决定、规定

二、第十届人大常委会

1988 年 1 月至 1993 年 2 月，累计召开常委会会议 34 次，听取和审议了“一府两院”工作报告等 161 项，涉及城市维护和建设资金使用计划、市区住房制度改革实施方案及其说明、农业生产情况、城市总体规划的实施情况和充实调整方案、市场供应和发展副食品基地建设、查处金坛农药事件、社会主义精神文明建设、义务植树运动、实施九年制义务教育、严厉打击严重刑事犯罪活动、老区扶贫工作、“二五”普法教育的意义、常州市国民经济和社会发展第八个五年计划的汇报、常州市城市房屋拆迁管理办法、常州市住房制度改革实施意见、加快改革开放若干政策落实情况等方面的内容，开展了《中华人民共和国企业法》（简称《企业法》）等法律法规的贯彻实施情况执法检查。通过《关于加强市人大代表联系的暂行办法》等决议、决定。1990 年 5 月 22 日，第十七次会议接受曹锦成辞去市人民政府市长职务的请求，决定任命杨晓堂为市人民政府副市长、代理市长。1992 年 4 月 8 日，第二十八次会议接受杨晓堂辞去市人民政府市长职务的请求，决定任命孟金元为市人民政府副市长、代理市长。

常州市第十届人大常委会开展的执法检查和通过的决议决定一览表

表 26-3-2

类别	执法检查和决议决定名称
法律法规执法检查	中华人民共和国企业法、中华人民共和国水法、中华人民共和国森林法、中华人民共和国统计法、中华人民共和国行政诉讼法、中华人民共和国民事诉讼法、中华人民共和国城市规划法和中华人民共和国土地管理法等法律法规的执法检查
决议决定	关于加强市人大代表联系的暂行办法、常州市人大常委会人事任免工作程序、常州市人大常委会工作委员会工作职责与制度、常州市人大常委会议事规则、关于溧阳县人民代表大会改为溧阳市人民代表大会的决定、关于在全市深入开展法制宣传教育的决议、关于常州市与日本国琦玉县所泽市缔结为友好城市的决定等决议、决定、规定

三、第十一届人大常委会

1993 年 3 月至 1997 年 12 月，累计召开常委会会议 35 次，听取和审议了“一府两院”工作报告等 141 项，涉及常州高新区发展、全市农业和农村经济、世界银行贷款项目实施、全市第三产业发展、城市基础设施工程建设、反腐败斗争、“二五”普法工作、全市卫生事业现状和发展设想、金坛撤县建市、市场供应和管理工作、社会发展综合实验区、外向型经济概况、创建全国卫生城市、常州市城市总体规划的实施和修编、武进撤县建市、制定“三五”普法规划、常州拟与荷兰梯尔堡市建立友好城市关系、常州“科教兴市”战略实施、依法治市规划、再就业工程等方面的内容，开展了《全民所有制工业企业转换经营机制条例》等法律法规贯彻实施情况执法检查，通过相应决议、决定。

常州市第十一届人大常委会开展的执法检查和通过的决议决定一览表

表 26-3-3

类别	执法检查和决议决定名称
法律法规执法检查	全民所有制工业企业转换经营机制条例、中华人民共和国环境保护法、中华人民共和国城乡规划法、中华人民共和国教师法、江苏省保护老年人合法权益条例、中华人民共和国工会法、中华人民共和国技术合同法、中华人民共和国产品质量法、中华人民共和国反不正当竞争法、中华人民共和国预算法、中华人民共和国劳动法、中华人民共和国残疾人保障法、中华人民共和国税收征管法、中华人民共和国票据法、江苏省村镇规划建设管理条例、中华人民共和国行政处罚法、中华人民共和国法官法、中华人民共和国检察官法和中华人民共和国人民警察法等法律法规的执法检查

续表 26-3-3

类别	执法检查和决议决定名称
决议决定	金坛县第十二届人民代表大会更名为金坛市第十二届人民代表大会的决定、关于在常州市部分街道、广场试行公安巡警综合执法的决定、武进县人民代表大会更名为武进市人民代表大会的决定、关于设立常州市新区人大工作联络处的决定、关于常州市城市总体规划（1996—2010）的决议、关于常州市与荷兰王国梯尔堡市缔结友好城市的决议和关于加强对法律法规实施情况检查监督的若干规定等决议、决定、规定

四、第十二届人大常委会

1998 年 1 月至 2002 年 12 月，累计召开常委会会议 42 次，听取和审议了“一府两院”工作报告等 129 项，涉及市区城市维护建设资金计划执行及安排意见、个体经济发展、执行全民健身计划和常州市备战省运会、实施再就业工程、社会保障制度改革的情况和解决下岗职工再就业问题的几个建议、全市工业结构调整促进年活动、太湖水污染防治工作、开展依法治市和高等职业教育改革、深化住房制度改革、争创江苏省文明城市、行政机关推进行政执法责任制和评议考核制度、城镇职工基本医疗保险制度实施，常州市与美国罗克福德市、韩国南杨州市建立友好城市，实施教育现代化工程、基本医疗保险制度、医疗卫生体制和药品管理体制改革、“三五”普法教育、农业结构调整和增加农民收入、在严打集中整治中加强法律监督，开展市容卫生、交通秩序、马路市场、违章建筑专项整治等方面的内容，开展了选举法等法律法规的贯彻实施情况执法检查，通过《常州市人大常委会组成人员守则》等决议、决定。2000 年 12 月 29 日，第二十三次会议决定接受孟金元辞去市人民政府市长职务的请求，任命李全林为副市长、代理市长。2001 年 8 月 23 日，第三十一次会议决定接受李全林辞去市长职务的请求，任命范燕青为副市长、代理市长。

常州市第十二届人大常委会开展的执法检查和通过的决议决定一览表

表 26-3-4

类别	执法检查和决议决定名称
法律法规执法检查	中华人民共和国选举法、江苏省各级人民代表大会选举实施细则、中华人民共和国广播电视管理条例、中华人民共和国产品质量法、中华人民共和国科技进步法、中华人民共和国宗教活动场所管理条例、中华人民共和国环境保护法、中华人民共和国商标法、中华人民共和国土地管理法、中华人民共和国律师法、中华人民共和国归侨侨眷权益保护法、中华人民共和国建筑法、中华人民共和国传染病防治法等法律法规的执法检查
决议决定	常州市人大常委会组成人员守则、关于进一步开展法制宣传教育的决议、关于进一步落实《江苏省人大常委会关于在苏锡常地区限期禁止开采地下水的决定》的决议、关于新区所辖 5 个乡镇选举委员会组成人员的任命决定等决议、决定、规定

五、第十三届人大常委会

2003 年 1 月至 2007 年 12 月，累计召开常委会会议 39 次，听取和审议了“一府两院”工作报告 142 项，涉及常州市乡镇工业园区建设、就业再就业和养老保险制度改革、加强法院和检察院队伍建设、城市总体规划编制及历史名城保护规划、全面推进素质教育等提高教育质量情况、常州市利用国家开发银行贷款、失地农民社会保障问题、行政审判工作和预防打击职务犯罪、农村“五件实事”（农村草危房改造、农村公路建设、农村改水、农村税费改革、新型农村合作医疗保险）、现代服务业发展、法院人民陪审员和检察院人民监督员试点工作、实施“四五”普法情况和制定“五五”普法规划等方面的内容，开展了《中华人民共和国环境保护法》

等法律法规的贯彻实施情况执法检查，通过《关于加强市人大代表工作的决定》等决议、决定。2003 年 3 月 7 日，第二次会议接受范燕青辞去市人民政府市长职务的请求，决定任命徐建明为副市长、代理市长。2005 年 3 月 21 日，第十八次会议接受徐建明辞去市长职务的请求，决定任命王伟成为副市长、代理市长。

常州市第十三届人大常委会开展的执法检查和通过的决议决定一览表

表 26-3-5

类别	执法检查和决议决定名称
法律法规执法检查	中华人民共和国环境保护法、中华人民共和国妇女权益保障法、中华人民共和国母婴保健法、中华人民共和国台湾同胞投资保护法、中华人民共和国行政许可法、中华人民共和国宗教事务条例、江苏省宗教事务条例、中华人民共和国民办教育促进法、江苏省法制宣传教育条例、中华人民共和国森林法、中华人民共和国水污染防治法、中华人民共和国安全生产法、中华人民共和国职业病防治法、中华人民共和国教育法、中华人民共和国土地管理法、中华人民共和国科学技术进步法、中华人民共和国工会法、中华人民共和国节能法、中华人民共和国专利法、中华人民共和国道路交通安全法等
决议决定	关于加强市人大代表工作的决定、关于提高市人大常委会会议审议质量的意见、常州市人大代表议案处理办法、常州市人大代表建议批评意见处理办法、关于加强全市检察机关人民监督员制度试点工作的决议、关于进一步加强法制宣传教育的决议、关于加强城市绿化管理的决议等

六、第十四届人大常委会

2008 年 1 月至 2010 年 12 月，累计召开常委会会议 19 次，听取和审议了"一府两院"工作报告 75 项，涉及国民经济和社会发展计划执行情况、省级以上开发区和乡镇工业集中区发展情况、市中级人民法院、市人民检察院和公安局执法规范化建设、城市社区卫生服务、建设国家生态市、人民调解、食品安全、城市建设项目和资金安排、社区矫正试点、放心粮油工程建设、宗教工作和社会治安防控体系建设等方面的内容，及对《中华人民共和国科学技术进步法》等法律法规的贯彻实施情况进行了执法检查，通过相应的决议、决定。首次评议了"一府两院"研究处理市人大常委会审议意见的情况。

常州市第十四届人大常委会开展的执法检查和通过的决议决定一览表

表 26-3-6

类别	执法检查和决议决定名称
法律法规执法检查	中华人民共和国科学技术进步法、江苏省发展高新技术条例、中华人民共和国法律援助条例、中华人民共和国农产品质量安全法、中华人民共和国中小企业促进法、江苏省中小企业促进条例、中华人民共和国城市规划法、中华人民共和国防洪法、中华人民共和国人口与计划生育法、中华人民共和国就业促进法等
决议决定	关于市人大代表联系人民群众的办法（试行）、关于深化检察机关人民监督员制度试点工作的意见、关于授予邹西原等 22 位外籍人士"常州市荣誉市民"称号的决定、常州市人大常委会人事任免办法等

第四章　履行职责

常州市人大常委会认真行使宪法和法律赋予的职责，组织执法检查 100 多部法律法规的贯彻执行情况，听取、审议了市政府和法院、检察院的工作报告及其他工作情况报告；同时围绕市场经济发展阶段和状况，监督"一府两院"的各项工作，广泛开展评议活动，加大监督力度。依法作出了关于重大事项的决定、决议，采取多种形式组织人大代表视察活动，着力提高人大代表的议案与建议，指导辖市区、乡（镇、街道）人民代表大会的开展工作，为常州的经济社会和精神文明与社会发展做出了重大贡献。

第一节　法律监督

1986年起，常州市人大常委会根据全国和省人大常委会的通知，先后组织讨论了《中华人民共和国计量法》等法律法规，开展了相关法律法规的执法检查，市人大常委会改进审议工作的方法。1993—1997年，市人大常委会重视法律法规实施情况的监督检查，每年围绕全市工作重点和人民群众关心的重大问题，按计划检查部分法律法规的实施情况。市人大常委会每半年听取1次政府工作汇报，针对改革开放、经济发展中的重大问题，加强调查研究，掌握实情，适时开展审议监督，坚持监督与促进工作相结合、发现问题与提出解决办法相结合，及时做出决议或决定。1998年以后，市人大常委会根据民主法制建设的实际和常州改革发展的具体情况，每年确定若干个专题，对有关法律法规开展集中执法检查。市人大常委会工作委员会每年选择几项法律法规开展执法检查，市人大常委会把监督重点放在法律法规实施的主管部门、法律法规实施中的突出问题及群众反映较强烈的问题上，力求抓出成效。至2007年，市人大常委会围绕全市改革开放、经济建设的大局，按照“少而精、抓重点、议大事、求实效”的原则，通过听取汇报，强化对关系全市改革发展重大事项的监督，做出决议决定，抓好审议意见的落实和反馈，增强了监督实效。

一、宪法与法律普及监督

1988年，市人大常委会组织张贴了全国人大常委会的《关于加强法制教育维护安定团结的决定》3万份，印发宣传提纲2.4万份，培训宣传骨干3.8万人次，举办宪法电视宣传活动两次。1989年，市人大常委会加强了对法律法规执行情况的监督，在重要法律实施前做好准备，搞好试点，注意纠正有法不依现象。1992年，市人大常委会组织贯彻全国人大常委会的《关于深入开展法制宣传教育的决议》，听取和审议了市政府《关于在全市公民中实施“二五”普法，深化法制教育的意见》的汇报，做出《关于在全市深入开展法制宣传教育的决议》，在新宪法颁布9周年之际，开展了《宪法理论讲话》报告会、企业界依法治厂座谈会、法律咨询等系列活动。

二、产业经济法律监督

1986—1992年，市人大常委会先后组织讨论检查了《中华人民共和国国营工业企业法》《中华人民共和国计量法》《中华人民共和国农作物种子法》《中华人民共和国中外合资企业法》的实施情况。市人大常委会审议了振兴常州经济、经济社会发展100项目标等事关全市经济社会发展大局的重大工作及双增双节的报告。1993—1997年，市人大常委会坚持可持续发展战略，组织讨论了《中华人民共和国产品质量法》《中华人民共和国工会法》《中华人民共和国食品卫生法》《中华人民共和国税收征管法》和《江苏省基本农田保护条例》等法律法规的实施情况。市人大常委会抓住经济运行中的难点、重点对外向型经济、培育和发展支柱产业、深化企业改革、转换经营机制、搞好国有大中型企业、加强宏观调控、社会保险制度改革等工作进行了专题审议，促使市人代会确定的全市经济工作目标顺利实现。1998—2007年，市人大常委会配合全国人大常委会、省人大常委会的执法检查，视察检查了《中华人民共和国土地管理法》《中华人民共和国农民专业合作社法》《中华人民共和国节能法》《江苏省企业技术进步条例》等法律法规贯彻实施情况，突出重点、上下联动，对一些需要较长时间才能解决的问题，连续几年反复检查，做到点面结合、常委会审议与常委会主任会议审议相结合，发挥了人大代表、人大常委会工作机构和执法主管机关的积极性，监督检查收到实效。先后检查了《中华人民共和国产品质量法》《中华人民共和国台湾同胞投资保护法》《中华人民共和国安全生产法》《中华人民共和国农业法》及《江苏省经济技术开发区管理条例》《江苏省发展民营科技企业条例》等法律法规的执行情况。市人大常委会重点围绕发展工业经济、国有企业改制，听取政府各部门的汇报，提出意见和建议。2008—2010年，市人大常委会组织视察调研了《中华人民共和国科技进步法》《江苏省发展高新技术条例》的贯彻实施情况，提出制定和完善高新技术重点产业发展规划，加大科技投入，建立健全多元化投融资体系，强化企业创新意识，支持企业提升创新能力，大力引进和培育科技人才等建议和意见，促进了全市科技创新。市人大常委会每年听取和审议市政府有关经济工作的专题报告，每年围绕发展民营经济、加快发展现代服务业、推动产业结构优化升级、提高自主创新能力、现代制造业基地建设、开放型经济战略、沿江开发、乡镇工业园区建设等重点难点工作进行视察和调研，提出建设性意见和建议。市人大常委会密切关注宏观经济运行中出现的新情况、新矛盾，适时听取和审议市政府工作及计划执行情况的报告，充分肯定政府积极应对复杂的经济形势、保持经济平稳较快发展所做的工作，提出要更加重视解决好经济运行中的突出矛盾和问题，增强做好经济工作的预见性和针对性，确保完成全市目标任务。

三、“三农”工作法律监督

1986—1992年，市人大常委会多次组织代表调研、视察和审议农业工作，作出相应的决议。1993—1997年，市人大常委会把促进农业农村工作的发展、提高农民生活水平作为国民经济和社会稳定的基础予以重视，每年听取市政府关于农业工作的汇报，提出认真落实中央关于发展农业的政策措施，依法治农、科技兴农，加大发展特色农业的投入，严格控制耕地占用，减轻农民负担等意见和建议。1998—2007年，市人大常委会重点听取了市政府相关部门关于农业产业化经营、农村承包土地流转和劳动力转移的汇报，提出相应意见和建议。农业、农村和农民工作(简称“三农”工作)是进入21世纪后产业工业化、人口城镇化发展趋势下一项日益重要的工作。2008—2010年，市人大常委会先后听取和审议了《中华人民共和国土地管理法》《中华人民共和国动物防疫法》《农村生态环境保护条例》等10部与农业、农村工作密切相关的法律法规贯彻实施情况的汇报，对新农村建设、失地农民社会保障、为农民农村办实事、现代农业发展等进行监督和调研，组织人大代表对禽流感预防、发展休闲观光农业、农业产业化龙头企业等进行视察，较好地促进了“三农”工作。市人大常委会每年听取和审议市政府关于发展现代农业的重点难点问题，进行视察和调研，提出建设性意见和建议。

四、社会事业法律监督

1986—1992年，市第九届、第十届人大常委会先后组织讨论了《江苏省医疗事故处理暂行规定》《幼儿教育工作条例》等法律法规，检查了《扫除文盲暂行条例》《普及初等义务教育暂行条例》的实施情况，审议了科技兴市工作。1993—1997年，市人大常委会多次对振兴常州、促进经济发展的跨世纪工程常州高新区建设进行调研、视察，审议后做出相应的决议。市人大常委会把促进社会事业的进步放在重要位置，多次审议科技和教育工作，促进“科教兴市”落到实处；先后审议了体育、卫生、广播电视、文物保护、书刊市场管理和社会发展综合试验区工作，提出建设性的意见和建议。1998—2007年，市第十三届、第十四届人大常委会对《中华人民共和国义务教育法》《中华人民共和国民办教育促进法》进行了执法检查，市政府认真落实市人大常委会提出的审议意见，扩大公办学校吸纳流动学生的数量，减轻流动学生的教育费用负担，整合资源，逐步将民办简易学校改造成公办专门学校和公办民营学校，促进和改善流动少年儿童接受教育的环境和条件。市人大常委会重点听取政府相关部门关于科教兴市的汇报，提出相应意见和建议。2008—2010年，市政府把发展城市社区卫生服务作为缓解群众看病难、看病贵的重要措施，推进10项民生重点工作之一的卫生惠民工程，市人大常委会视察、调研了卫生惠民工程情况，肯定了市、区两级政府及有关职能部门工作，对城市社区卫生的规划布局、资金投入、规范管理、人才培养和延伸服务等提出相应的意见和建议。

五、民生保障工作法律监督

1986—1997 年，市第九届、第十届人大常委会组织检查了《食品卫生法》《保护妇女儿童合法权益的暂行规定》等法律法规的实施情况。市人大常委会组织对市场物价及“菜篮子工程”“米袋子”工程等进行评议、审议。1993—1997 年，市场物价涨情控制在市人代会确定的指标之内，保障了人民群众的利益。1998—2007 年，强化对人民群众普遍关心的减轻农民负担、下岗职工再就业、医疗制度改革、失地农民生活保障、城市交通建设、公共卫生安全、打击假冒伪劣产品和社会治安综合治理等热点难点问题的监督，促使有关问题得到顺利解决。重点听取政府相关部门关于建立社会保障制度的汇报，提出相应的意见和建议。市人大常委会多次检查了全市《工会法》实施情况。2008—2010 年，市第十四届人大常委会组织检查了涉及民生的《中华人民共和国就业促进法》《中华人民共和国人口与计划生育法》等法律法规的执行情况，针对严峻的就业形势，提出实施更加积极的就业政策，多渠道开发就业岗位，突出抓好重点群体就业，与全面落实独生子女父母奖励制度结合，督促企业兑现计划生育奖励政策，采取税务代行征收解决企业独生子女奖励金难落实等情况。“放心粮油工程”被市委、市政府纳入 2010 年全市 60 项重点工程（工作）。市人大常委会听取和审议关于“放心粮油工程”建设的汇报，要求加大知名品牌创建力度，加强与大型粮油品牌企业的合作，强化粮油质量和购销行为的监督，提高常州市优质粮油品牌的市场占有率，让人民群众“安心、放心、健康”消费。

六、城建环保法律监督

1986—1992 年，市人大常委会组织检查《中华人民共和国水污染防治法》（简称《水污染防治法》）的实施情况，审议了市政府关于市政建设、市容、卫生管理、环境保护等方面工作的报告。1993—1997 年，市人大常委会连续 5 年对环境保护进行执法检查，提出了整治意见和建议，对一些污染严重且治理无望的企业，政府按国家有关规定，果断地予以取缔、关停，遏制环境质量恶化的势头，促进环境与经济协调发展，先后对《江苏省村镇规划建设管理条例》等法律法规的实施情况进行执法检查。市人大常委会重点审议了创建全国卫生城市、邮电通信、交通、绿化、旅游等工作，审议批准了年度城市基础设施建设和维护计划，检查了重大建设项目进展情况。1998—2007 年，市第十二届、第十三届人大常委会对《中华人民共和国环境保护法》《水污染防治法》《江苏省太湖水污染防治条例》等法律法规开展执法检查，结合“中华环保世纪行”等活动跟踪督办。市人大常委会重点听取了政府相关部门关于资源开发、环境保护的汇报，提出了意见和建议。2007 年 10 月，《常州生态市建设规划》批准实施 1 周年之际，市人大常委会组织部分代表调研了生态市建设发展情况，向市政府提出统筹实施以水环境整治为重点的生态建设工程、强化工作责任体系和目标考核体系、加快推进生态市建设步伐等建议。

七、公安司法法律监督

1993—1997 年，市人大常委会强化对司法机关的监督，每年听取和审议法院、检察院、公安机关关于开展严打斗争和刑事、民事、经济审判等有关情况的汇报，促使司法机关加强队伍建设，提高执法水平，严格依法办案。市人大常委会作出《关于在我市部分街道、广场试行公安巡警综合执法的决定》，促使政府加强社会治安综合治理，推进城市管理。市人大常委会组成人员自觉遵守中央有关廉政建设规定，多次听取市政府、市人民检察院关于开展反腐败斗争、查办贪污贿赂案件等相关情况汇报，支持和督促执法机关查处大案要案，推进反腐败斗争深入开展。对人大常委会任命的工作人员发现问题的严肃查处，依法免职或撤职。对人大代表发现问题的支持司法机关采取强制措施，维护国家机关形象。2008—2010 年，市人大常委会把加强司法监督、促进司法公正作为推进法治常州建设的重要内容，组织市人大代表视察、调研了全市法院、检察院、公安机关执法规范化建设情况，召开人民陪审员、人民监督员和律师座谈会，察看部分法院、派出所、警务室等，专题听取审判、检察、公安机关规范化建设情况汇报，提出建立健全司法执法规范化建设长效机制，着力解决执法不规范的突出问题，提供规范司法执法必要保障等5个方面的意见和建议。

八、计划财政工作

1986—1992年，市人大常委会审议了常州市国民经济和社会发展“八五”规划编制工作的报告，1993—1997年，审议了常州市国民经济和社会发展“九五”计划、2010年远景目标等跨世纪宏伟蓝图。市人大常委会针对计划编制组织调研，广泛征求意见，听取汇报，最后提请市人民代表大会审查批准。市人大常委会把督促财政预算执行作为一项重要工作，每年都适时审议，抓住财税体制改革的机遇，与市政府联合开展一系列工作调研，使财政体制更趋合理。1998—2007年，市人大常委会强化对计划预算执行情况的监督，听取和审议了计划预算执行情况的汇报和对决算草案的审计报告。制定关于加强本级预算监督的决定，聘请专业人员组成专家咨询组等，促进计划预算由程序性监督向实质性监督的转变。市人大常委会重点听取政府有关部门城市规划修编等内容的汇报，提出意见和建议。

第二节　议案建议

1983年12月，市九届人大一次会议通过《关于议案若干问题的暂行规定》，将提案改为议案和建议、批评、意见（合称建议）。从1984年起，人大代表的建议由承办单位办理后，直接答复人大代表，同时抄报市人大常委会和市人民政府。市人大常委会每年采取走访代表、组织视察等形式，督促承办单位办理代表建议。采用印发代表建议办理情况评议书的方式，了解代表对办理情况的意见，对办理不满意的责成有关部门重新办理，重新答复人大代表。市政府办公室跟踪办理过程，督办部分建议案。1988年，人大代表建议的办理力求做到层层负责、归口办理与督促、开展评议相结合，全面交办与抓好重点相结合，书面答复与直接对话相结合。办理部门开始关注人大代表对办理工作的满意程度，市人大常委会组织全国和省、市人大代表视察了议案、建议办理工作，整理成建议交给各部门办理，收效明显。1990年起，市政府办公室建立由办理分管领导、责任人组成的全市办理工作网络，每年更新，延续至2010年。1992年，市政府出台《关于认真办理人大代表建议和政协委员提案的意见》，建立集中交办、分级负责、催办、跟踪办理、定期通报、评议等制度。

1983—1992年，市人大代表累计提出10人以上联名的议案185件，提出建议4395件。全市累计办理市人大代表建议2711件，其中解决或基本解决的1377件、当时计划解决的843件、条件不成熟或与政策法规不符的491件。

1993—1997年，市人大代表累计提出议案和建议等共计1629件。市人大常委会推行代表参与办理议案、建议的做法，由承办单位约请代表座谈，向代表汇报办理情况与方案，征询代表对办理的意见，共商难点问题办理方案，一些承办单位登门征求代表意见，寻找协调有关人民群众切身利益的途径；对涉及几家承办单位、办理难度较大的建议，组织人大代表与承办单位负责人实地察看，商讨解决办法，加快办理进度，提高办理质量。1994年，《常州市政府办理人大代表建议和政协委员提案暂行办法》出台，市政府办公室制定办理工作考核细则，按百分制对承办部门的各环节进行评分考核。每年初，市政府召开人大代表建议、政协提案联合交办大会，平时由市政府办公室负责议案建议分类汇总、协调、交办催办和统计等工作，年底市政府分别向市人大常委会汇报通报办理情况，听取人大代表对办理工作的意见建议。1997年，市政府办公室设立督查处，负责联系市人大代表人事工委，扎口管理全市议案建议办理工作。1993—2002 年，累计办理 2967 件，其中解决或基本解决(不含 2002 年，下同)1455 件、当时计划解决 893 件、条件不成熟或与政策法规不符的 283 件。

1986—2010 年常州市人大代表建议办理数量统计表

表 26-4-1 单位：件

年份	办理数量	解决或基本解决		当时计划解决		条件不成熟或与政策法规不符		满意率(%)
		数量	占比(%)	数量	占比(%)	数量	占比(%)	
1986	629	314	49.9	195	31.0	120	19.1	—
1987	447	208	45.9	140	30.9	99	21.9	—
1988	503	225	44.7	168	33.4	110	21.9	—
1989	292	191	65.4	64	21.9	37	12.7	—
1990	305	141	46.2	101	33.1	63	34.0	—
1991	259	123	47.0	103	40.0	33	13.0	—
1992	276	175	64.0	72	26.0	29	10.0	—
1993	395	215	55.0	141	35.0	39	10.0	90.0
1994	266	158	60.0	80	30.0	28	10.0	88.1
1995	238	154	65.0	59	25.0	25	10.0	95.0
1996	318	138	43.0	165	52.0	15	5.0	100.0
1997	223	146	66.0	61	27.0	16	7.0	100.0
1998	290	163	56.0	93	32.0	34	12.0	99.0
1999	332	189	57.0	83	25.0	60	18.0	98.4
2000	223	107	48.0	85	38.0	31	14.0	99.1
2001	346	185	53.4	126	36.4	35	10.2	97.6
2002	327	—	—	—	—	—	—	96.7
2003	219	—	—	—	—	—	—	99.0
2004	302	—	—	—	—	—	—	98.0
2005	265	—	—	—	—	—	—	95.7
2006	205	64	31.8	101	50.2	40	18.0	100.0
2007	209	55	26.2	106	50.5	48	23.3	100.0
2008	189	46	24.0	103	55.0	40	21.0	100.0
2009	252	79	30.0	134	52.0	39	18.0	99.6
2010	231	51	22.0	127	55.0	53	23.0	98.6

说明：1986—1992 年未统计满意率，2002—2005 年未进行分类统计

1998—2002 年，市十二届人大会议期间，全市社会经济改革发展进入攻坚阶段，深层次矛盾显露，下岗就业、社会稳定、环境保护等压力加大。新一届政府要求各级各部门高度重视人大代表议案建议的办理工作，不等不拖，主动办理，做到件件有答复，事事有着落。通过办理工作，解决群众反映的许多热点、难点问题。1998—2007 年，市人大代表围绕全市政治、经济、生态和人民群众生活等提出议案、建议等 2868 件。2003—

2007年，办理工作与政府重点工作、为民办实事、科学有效施政和转变机关作风相结合，市政府办公室实行开门办理，通过办理工作督办会、联席会、专题协调会和现场察看等形式，推动办理工作。2005年4月经市编办同意，在市人大常委会人事代表工委设置代表议案建议督办处，提高服务代表的水平和办理议案、建议的质量。12月，市人大常委会制定《关于代表议案的处理办法》《关于代表建议、批评和意见处理办法》，对代表议案、建议的提出及交办、承办和督办作出相应规定，提高了办理成效。市人大常委会每年定期听取、审议政府办理建议工作情况汇报，探索和改进督办形式，建立网上办理系统，建立分工督办代表建议制度，将代表建议办理作为评议"一府两院"工作的重要内容。

2003—2010年，市政府及其部门办理人代表议案、建议1877件，其中2008—2010年解决或基本解决的176件、当时计划解决的364件、条件不成熟或与政策法规不符的132件。2008—2010年，市人大代表累计提出议案、建议632件，市人大常委会及时将议案、建议提交"一府两院"及有关部门办理，健全办理工作责任制，规范和改进办理程序，强化跟踪督办，同时组织代表针对所提建议进行视察，让承办部门与代表见面沟通，提高所提建议的解决率。选择《提高公民道德素质》《加强建筑垃圾渣土管理》等8项建议，由领导牵头重点跟踪督办。通过《常州日报》向社会公布督办结果，接受市民监督。市人大代表提出的议案、建议全部有答复，一大批人大代表和人民群众共同关注的民生、环保、城建和文化等方面的建议得到落实。建议提案网络办理系统启用，从人大代表提交建议到交办、承办、督办、跟踪、反馈、考核全程进行网上运行。市政府办公室每年年底向市人大常委会汇报办理工作，把建议、提案办理进展情况汇总成表，接受人大代表监督。

1986—2010年，累计办理市人大代表建议7541件，其中解决或基本解决的(2002—2005年未统计除外，下同)3127件、当时计划解决的2307件、条件不成熟或与政策法规不符的994件。

第三节　决定决议

常州市人大常委会根据市政府、市政府组成人员、市中级人民法院、市检察院提出的工作报告，市人大代表提出的议案、建议、批评、意见等，组织人大代表进行充分的视察调研后，听取相关方面的意见，在进行全面评估后，作出决定或决议。

一、决　　定

1986—1990年，市人大常委会做出的决定主要有《关于加强法制教育，维护安定团结的决定》《关于市人大代表视察的试行方法》等。

1991—1997年，市人大常委会做出的决定主要有《关于在我市部分街道、广场试行公安巡警综合执法的决定》《关于召开常州市第十一届人民代表大会第三次会议的决定》《关于常州市乡镇人民代表大会换届选举问题的决定》《关于设立常州市新区人大工作联络处的决定》《关于常州市新区各乡镇新一届人民代表大会代表名额的决定》《关于同意调整1995年市级财政预算的决定》《关于召开常州市第十一届人民代表大会第四次会议的决定》《关于批准1996年调整财政支出预算的决定》《关于召开常州市第十一届人民代表大会第五次会议的决定》《关于常州市第十二届人民代表大会代表名额和选举问题的决定》《关于常州市所辖市区人民代表大会换届选举问题的决定》《关于批准调整1997年财政预算的决定》《关于批准调整1997年全市国民经济和社会发展部分计划指标的决定》《关于召开常州市第十二届人民代表大会第一次会议的决定》等。

1998—2002年，市人大常委会做出的主要决定有《关于批准常州市1997—2001年市本级财政决算的决定》(5次)，《关于批准设立常州市新区人民检察院的决定》《关于常州市乡镇人民代表大会换届选举问题的决定》(3次)，《关于召开常州市第二届人民代表大会第二次至第五次会议的决定》《关于授予常州市1996—1998年度、1999—2001年度先进集体、劳动模范标兵、劳动模范荣誉称号的决定》《关于批准调整部分年度财政预算的决定》(6次)，《关于设立常州市人大常委会民族宗教侨务工作委员会的决定》《关于新区所辖5个乡镇选举委员会组成人员的任命决定》《关于召开常州市第十三届人民代表大会第一次会议的决定》等。

2003—2010年，市人大常委会做出的决定主要有《关于加强市人大代表工作的决定》《关于授予邹西原等22位外籍人士"常州市荣誉市民"称号的决定》《关于委托常州市新北区人民代表大会常务委员会行使有关职权的决定》和《关于批准本级政府债券支出预算的决定》等。

二、决　　议

1986—1987年，市人大常委会做出的决议主要有《关于进一步加强城市管理和市场物价管理的决议》《关于按期实现分质供水的决议》等。

1988—1997年，市人大常委会做出的决议主要有《关于加快常州高新区建设的决议》《关于授予1992—1993年度常州市先进单位、先进集体、劳动模范荣誉称号的决议》《关于审查1994年常州市财政预算执行情况的决议》《关于批准1994年常州市财政决算的决议》《关于常州市城市总体规划(1996—2010)的决议》《关于授予常州市1994—1995年度先进单位、先进集体、劳动模范荣誉称号的决议》《关于批准1995年常州市财政决算的决议》《关于继续开展法制宣传教育的决议》《关于中华人民共和国常州市与荷兰王国梯尔堡市缔结友好城市的决议》《关于常州市科教兴市战略实施情况及"九五"总体目标报告的决议》《关于批准1996年常州市财政决算的决议》《关于开展依法治市的决议》等。

1998—2001年，市人大常委会做出的决议主要有《关于加强法院执行工作的决议》《关于进一步开展法制宣传教育的决议》《关于进一步落实〈江苏省人民代表大会常务委员会关于在苏锡常地区限期禁止开采地下水的决定〉的决议》《关于批准〈常州市中级人民法院聘任特邀人民陪审员办法(试行)〉的决议》等。

2002—2010年，市人大常委会做出的决议主要有《关于常州市城市总体规划(2004—2020)的决议》《关于加强全市检察机关人民监督员制度试点工作的决议》《关于进一步加强法制宣传教育的决议》《关于加强城市绿化管理的决议》《关于常州市2009年财政预算执行情况和2010年财政预算草案的报告的决议》《关于批准市级2009年地方政府债券支出预算及市级预算调整方案的决议》等。

第四节　人事任免

1986—2010年，市人大常委会根据宪法和法律赋予的职权，任免市人大常委会机关工作人员、市人民政府组成人员、市中级人民法院和市人民检察院工作人员等。

一、干部任免

1986—2010年，市人大常委会依法任命市人大常委会办事机构工作人员、市政府组成人员及中级人民法院、市人民检察院工作人员等，向被任命人员颁发任命书。1989年，市人大常委会按照宪法、法律的相关规定，改进和完善任免程序，印发获准任命干部的述职报告，采取无记名投票方式表决，首次举行颁发任命书大会，向由市第十届人大常委会第二次会议决定任命的市政府组成人员、市人大常委会各工委负责人、市中级人民法院审判委员会委员颁发任命书。2005年，市人大常委会完善人事任免办法、规范任免程序，实行干部任前法律考试制度，拟任职工作人员发言和现场颁发任命书制度。市人大常委会依法任命国家工作人员，1986—1987年35人次，1988—1992年208人次，1993—1997年180人次，1998—2002年390人次，2003—2007年225人次，2008—2010年201人次，累计1239人次。

二、述职评议

1988年3月，市第十届人大常委会第二次会议召开时，市政府印发21位政府组成人员履行职务情况的报告。1990年2月，市第十届人大常委会第十五次会议听取和评议了市建委、科委、外经委、市政府贸易办公室的主任和市教育局、房地产管理局的局长履行职务情况的汇报，是市人大常委会首次采用述职评议形式监督政府部门工作。1995年起，市人大常委会改进评议方式，组织成员在政府组成人员述职前到有关部门召开座谈会和个别谈话，了解情况，直接听取所在单位人大代表的意见；政府组成人员在述职时，市人大常委会依据调查材料实事求是进行评价，肯定成绩，提出问题，形成评议意见；在政府组成人员述职后，由市人大常委会负责人将评议意见转达给述职人员。1997年起，增加评议市中级法院和市检察院负责人的述职报告。

1998—2007年，市第十二届、第十三届人大常委会总结90年代评议工作的成绩和经验，继续探索实践，促进述职评议工作深入开展。市人大常委会先后对市经委、计委、外经委、司法局、广电局、计生委、民政局、粮食局等政府部门的负责人和市中级人民法院、市人民检察院的副职及部分中层干部进行了述职评议。2000年起，先对述职人员依法行政、工作实效、廉洁自律等情况进行民主测评，会后将评议意见、建议和测评结果反馈给被测评人。采取会前了解情况、会中述职评议、会后反馈评议意见的做法，市人大常委会采用会议评议与到所在单位征求意见相结合、集体评议与小型座谈会相结合、分组评议与大组评议相结合的评议方法。每年制定干部述职评议实施方案，评议工作逐步规范化、制度化。2005—2010年，市人大常委会对市发展和计划委、经贸委、科委、体委、电子(工业)局、医药管理局、司法局、广电局、水利局、财政局、外经贸局、统计局、公安局、外事办公室、人民防空办公室等部门的负责人进行了述职评议。

第五节　工作评议

一、市政府工作评议

1995年起，市人大常委会每年组织市人大代表评议市政府上半年工作情况，邀请部分市人大代表列席市政府上半年工作报告会，听取市长的工作报告。会前，市人大常委会根据市长的建议，组织代表视察、调研全市工业、农业、城市基础设施重大工程等群众关心的问题，让市人大代表了解全市主要工作。评议时，市人大代表分组评议市人代会确定的工作目标完成情况，肯定成绩，指出问题，提出建议；市长、副市长到各组听取评议意见，共同分析情况，研究问题，商议对策。会后，向市人大常委会书面汇报评议意见，交市政府处理，强化人大代表对政府工作的监督。

二、政法工作评议

始于90年代初溧阳市一些乡镇人大机关组织人大代表评议所属机构“七所八站”工作，此后迅速推广到全市。1994年，市人大常委会组织指导县(市、区)人大常委会评议了公安、检察、法院机关的工作情况，效果良好。翌年，市人大常委会组织市人大代表评议市公安、检察和审判机关的工作，代表参评率超过85%，累计走访群众 9600 人次，调查单位 696 家次，召开座谈会 391 次，提出表扬、意见和建议 404 条。市公安、检察和审判机关认真对待代表提出的批评意见，搞好自查自纠，落实整改措施，健全制度，推进了机关作风建设和队伍建设。

三、政府部门工作评议

1996 年，市与辖市区人大常委会联合评议了工商部门工作。1997 年，采用问卷调查、专题调查等形式，组织代表评议了文化部门工作。2000 年以后，以评议小组为主，评议了市建委、规划局、外经贸局的工作，市人大代表积极参加评议活动，认真履行代表职务，提出问题和意见、建议 100 余条，写出评议意见。

第六节　信访办理

1986—1987 年，常州市人大常委会接待代表来信来访 135 件次、群众来信来访 674 件次，收到申诉信件 70 件次、控告揭发信件 25 件次。按照件件有着落、处理有结果的原则，凡给常委会负责人和办事机构的来信，都由市人大常委会负责人或秘书长批办，对重大信访指派专人调查了解，责成有关部门办理。

1988—1992 年，市人大常委会接待处理来信来访 2810 件次。对人大代表和人民群众来信来访采取分类办理办法，对申诉信件定期查办、加强督促，对疑难信件不拖不推、主动查办，对检举揭发信件实事求是、调查清楚，对批办信件重点查处、及时结案。

1993—1997 年，市人大常委会累计接待处理来信来访 2738 件次。按照“分工负责，归口办理”的原则，对属于市人大常委会职权范围并且影响较大的信访案件，坚持由市人大常委会负责人直接批阅、接访，办事机构重点督办，责成承办单位限期报告办理结果；对情况比较复杂的疑难案件组织力量调查处理，与承办单位共同研究协调办理；对一般信访及时转交、督促有关单位处理。

1998—2002 年，市人大常委会接待处理来信 2989 件次，来访 883 批、1913 人次。市人大常委会召开全市人大信访工作会议，贯彻《江苏省信访条例》，要求各级人大常委会抓住人民群众普遍关心和急待解决的问题，加强监督，努力为民排忧解难，缓解矛盾，维护社会稳定。

2003—2010 年，市人大常委会接待处理来信 3968 件次，上级人大常委会交办 271 件次，接待来访 1563 批、4363 人次。市人大常委会成立信访领导小组，建立信访案件联席会议、定期分析制度，健全处理网络，畅通人民群众反映热点、难点问题的渠道。制定了信访咨询日制度，与有关部门协调处理涉法涉诉信访等疑难问题。按照全国人大常委会提出的“分别受理、综合分析、统一交办、定期反馈、严格督查”的原则和件件有登记、件件有人办、件件有交办、件件有回音的工作目标，加强对上级人大常委会交办信访件的督办。通过认真交办督办，化解矛盾，为群众排忧

2009 年 9 月，在常州的全国人大代表开展“保增长、促发展”调研活动（摄于 2009 年 9 月）

解难，维护广大人民群众的合法权益，促进社会和谐稳定。

第七节 调研宣传

一、调研工作

常州市人大常委会针对自身工作和“一府两院”工作的需要，由各工作委员会具体负责开展重点调研。这些调研活动不包括平时举行市人大常委会主任会议、市人大常委会会议前对审议议题的调研及议案处理调研。

1988—1992年，市人大常委会在调查时认真听取专家等各界人士的意见，区分侧重点调查后，认真进行分析研究。后调查了全市农业生产发展、“增粮增棉、保供保收”目标措施落实、农业政策落实、农业服务体系建设与农业丰收计划落实和水利工程修复、设施建设等工作情况。1992年，国家教委、省教委在下达招生计划时，增加自费生计划。招生工作开始后，教育收费失控，引起群众不满，成为社会热点问题。市人大常委会派人深入基层，通过对问题的解剖，写出《支持自费生，制止乱收费》文章。市人大常委会有关工委与政府部门共同制止乱收费，向社会作出解释，消除群众对自费生的种种误解。1993—1997年，市人大常委会在组织调研时，采用市人大常委会专职委员与兼职委员相结合、人大常委会委员与人大代表相结合、人大代表与专业人士相结合的办法，调研取得良好效果。

1998年，市人大常委会组织人大代表调查全市下岗职工再就业工作，听取了市劳动局、总工会、妇联和纺工、轻工两个再就业服务中心的汇报，了解到全市再就业工作已初步形成全社会齐抓共管的局面。但再就业面临的形势仍十分严峻，城镇每年新增劳动力2万人，全市有26万名外来工、农民工，全市年均有5万名下岗失业人员，而原有就业渠道吸纳劳动力的能力逐年减弱。市人大常委会建议市政府加强对下岗职工基本生活保障和再就业工作的指导，形成全社会整体推进合力。2000年，市人大常委会针对常州部分地区生产、经营假冒伪劣一次性医疗器械、农机配件和建筑钢材的实际，两次组织调研了对这些产品生产企业治理整顿情况。

2003年，市人大常委会对沿江及录安州开发情况进行调研，撰写《关于开发录安洲（江心洲）的思考与建议》，被市政府采纳；对京杭运河常州市区段、312国道市区段改线工程进行调研，将相关意见反馈给市政府，为市政府决策提供参考。2006年，市人大常委会将现代服务业发展作为重点课题，听取了市发展改革委、经贸委、旅游局、房管局等部门的汇报，指出尽管常州现代服务业有长足的发展，但仍存在与全市经济社会发展不相适应、投资力度不够、结构不尽合理、区域辐射范围不广的问题，与现代化目标要求、周边地区相比仍有较大差距，难以适应现代城市功能及产业结构升级的新要求，从发展理念、政策引导、体制创新和开放程度4方面提出了建议和意见。

2008—2010年，市人大常委会建立调研工作协调机制，明确每个课题的牵头领导和具体工作小组，注重相关人员与专家学者相结合、普遍调查与重点调查相结合、纵向对比与横向学习相结合的方针，理论与实践并重，立足常州，学习借鉴先进地区经验。各课题组在常委会统一领导和协调下，到各辖市区、市有关部门和有关单位开展广泛深入的调查研究，既注重面上情况的了解，又深入基层解剖典型，点面结合，掌握大量翔实的第一手资料，形成有分析、有创见、有价值的调研报告。关于市区财政增长和内生动力增长的研究，关于常州高新区发展的重点和关键问题的调查研究，关于科研成果产业化绩效情况的调查研究，推进万顷良田建设、促进城乡统筹发展，关于完善城市拆迁协调机制的调查研究，关于公正廉洁司法与执法监督的调查研究等调研课题，对市委、市政府的决策和工作启发、帮助较大，对全市开展相关工作具有很强的指导性，被市委主要领导肯定为“调研范围广、思考分析透、查找差距深、措施建议实、立足把握准”的调查研究。

二、宣传工作

1986—2010年，常州市人大常委会重视人民代表大会制度的宣传，协同中共宣传部门统一部署，对市人大常委会会议、主任会议、执法检查、视察等工作加强宣传报道，扩大人大工作的影响。坚持把法制宣传放在重要位置，促进法律的贯彻实施。1994年是人民代表大会制度建立40周年，市人大常委会举办了座谈会、学习会、笔谈会、法律知识竞赛等，还会同宣传部门和新闻单位，运用多种传播媒体宣传人民代表大会制度的基本知识，人大及其常委会在改革开放、经济发展和民主法制建设中的重要作用，人大代表履行职务情况等，增强全市公民对人民代表大会制度的认识。市人大常委会工作机构联合市委宣传部、新闻单位研究加强人大宣传工作的措施和方法，制定了常州市宣传人民代表大会制度好新闻好稿件评选办法，与新闻单位合办宣传人大工作的专题节目或栏目，改进宣传方式，强化宣传效果，人大宣传工作趋向经常化。2004年2月4日，常州人大网站正式开通，架起市人大常委会与人大代表、人民群众沟通的桥梁。2010年，在常州市人大设立常委会30周年之际，开展大型宣传研讨活动，召开了全市人大工作座谈会、研讨会，印发《关于进一步加强和改进人大工作的意见》，出版纪念画册，在《常州日报》刊发专版。

2009年7月，人大代表进社区开展宣传咨询活动(摄于2009年7月)

三、工作研究

1986—2010年，常州市人大常委会把人大工作研究作为推进社会主义民主政治、加强自身建设的重要工作，每年举办人大工作研讨会，不定期举办其他专题性研讨活动。人大工作研究围绕坚持和完善人民代表大会制度，加强社会主义法制建设和精神文明建设，积极推进依法治市进程等课题，结合人大工作，开展学术探讨和理论研究，1988—2010年，征集到论文或调研报告500多篇，汇编成10多本论文集。其中《关于依法行政若干问题的思考》《我市农村实行村民自治工作的现状及对策建议》《关于依法全面有效行使监督权的几个问题》《积极抓好社区建设，发展城市基层民主》《关于地方人大常委会依法行使重大事项决定权的实践与思考》《强化监督职能必须致力于完善监督机制》《推进万顷良田建设，促进城乡统筹发展》《关于公正司法与执法监督的调查与研究》等数十篇论文或调研报告分获省级、市级奖项，部分研究成果在实际工作中得到推广应用。市人大常委会与有关部门协调，推动辖市区人大常委会增设研究室，促进辖市区人大工作研究。

第二十七卷　人民政府

Volume XXVII People's Government

常州各级政府带领干部群众坚持以经济建设为中心，坚持改革开放，不断解放思想，探索创新，克难求进，经受住特大洪灾旱灾雪灾、经济波动、亚洲金融风暴、铁本事件和国际金融危机等事件的冲击和影响；加快体制改革、社会转型、结构调整和经济发展方式转变，工业化、市场化、国际化、城市化和信息化互动并进，加速推进率先实现全面小康和率先基本实现现代化进程，促进全市城乡经济社会健康快速持续协调发展；综合实力快速提升，城乡面貌日新月异，人民生活水平不断提高。

1984—1987年，是常州积极推进改革、国民经济较快发展时期。全市工农业总产值、国民生产总值、国民收入、外贸收购总值和社会商品零售总额均翻一番；在全国率先实施城市经济体制和社会发展综合改革试点，颁布实施简政放权、搞活企业的措施100多条，乡镇企业和集体经济发展迅猛；对外开放开始起步，国家批准常州实行对外开放，先后开放58个乡镇，经济格局开始向外向型转变；科教事业进展较快，科研机构和科研队伍扩大，累计取得科研成果1228项；分级办学、分级管理新体制逐步建立和完善，高等教育较快发展。1988—1992年，是常州推进改革开放，治理整顿经济、环境秩序，商品经济在曲折中发展的时期。全市实施社会发展综合实验试点重点项目137个，带动近300个地方发展项目。以新兴产业为先导调整产业结构，重点发展高新技术产业，全市实施国家、省级“火炬”计划、“星火”计划项目123项和高新技术项目60项，获国家级科技奖7项。确立“大城市格局，现代化功能，国际化规范”城市发展目标，实施长江引水二期工程、沪宁高速公路常州段、邮电通信等10项重大基础设施工程，市区旧城改造逐步展开。全市工农业总产值、国民生产总值、固定资产净值翻一番。1991年，常州进入国民生产总值超百亿元城市行列，抗击了百年未遇的洪涝灾害，经济建设和人民生活很快恢复。1992年，全市完成工农业总产值518.7亿元，实现国民生产总值144.4亿元、财政收入13.65亿元。常州进入中国城市综合实力五十强和城市投资硬环境四十优。1993—1997年，是全市公有制企业全面改制、经济社会快速协调发展的时期。各级政府积极推进乡村集体企业和国有企业改革改制，全市经济社会健康协调发展。1997年，全市地区生产总值达470.11亿元，完成工农业总产值1081.3亿元，实现工业增加值240亿元、利税31.3亿元，实现第三产业增加值159.9亿元，完成财政收入40.18亿元。

1998—2002年，是常州改革开放力度较大、综合实力提升较快的时期。各级政府全面推进乡镇企业改制，非公有制经济占国民经济的比重大幅提升。全市完成固定资产投资889亿元，调整经济结构，改造提升传统产业，推进现代制造业基地建设，工业经济提速，运行质量显著提高，支柱产业壮大。全市地区生产总值年均增11.3%，2002年全市实现地区生产总值760.6亿元，完成工业总产值1676.4亿元；财政收入突破100亿元，达102.9亿元。全市实际利用外资31.7亿美元，完成外贸出口总额92.69亿美元。以常州国家高新区为龙头的经济开发区快速发展。全市加快建设城乡基础设施，城乡居民收入较快增长，居住、医疗卫生和文化生活等环境条件明显改善，人均预期寿命由1990年的72.2岁提高到75.5岁。2003—2007年，是各级政府落实科学发展观，促进经济又好又快发展的时期。各级政府提升行政效能和依法行政水平，实施两轮街道、乡镇行政区划调整，投资发展环境明显改善，服务业加速发展，常州居全国城市创新环境评价第七位。全市完成固定资产投资近4000亿元，地区生产总值按可比价计算年均增15.2%，2007年达1881亿元，在全省地级市中由第六位升至第五位，人均7000美元；同年全市完成财政总收入414亿元，地方一般预算收入158亿元；全市规模以上工业完成总产值4254亿元；服务业占国民经济的比重达37%，社会消费品零售总额611亿元。常州出口加工区建成投运，5年全市实际到账注册外资和港澳台资52.4亿美元，进出口总额累计434亿美元。完成工业企业、经营性事业单位改革改制，财税、金融和文化体制改革成效明显。民营经济发展迅猛，占全市经济总量的比重超60%。实施常州科教城和教育现代化的建设，累计增加省级以上高新技术企业460家、研发机构126家。区域交通枢纽地位基本确立，城市框架拉开，南北新城初具规模，城市化率达61%；大规模造林绿化，推进新农村建设，城乡面貌焕然一新，实施快速公交（BRT）一号线、公交惠民等大批民生实事。常州成为全省第三个以县为单位达到全面小康目标的省辖市，2007年城镇居民人均可支配收入1.91万元，农民人均纯收入8960元。2008—2010年，是常州经受住国际金融危机严峻考验、经济社会平稳发展的时期。各级政府坚持扩大投资规模与优化投资结构相结合，加速推进现代制造业、基础设施、公共服务等重点领域的重大项目建设，加快产业结构调整，经济总量稳步增长，综合实力明显提升，城乡面貌日新月异，民生大幅度改善，百姓得实惠多。2010年，全市按可比价计算实现地区生产总值3044.89亿元，其中一、二、三产业分别实现增加值99.78亿元、1683.68亿元和1261.43亿元，全市常住人口人均地区生产总值达6.73万元，按当年汇率折算，超过1万美元；规模以上工业完成总产值7387亿元。科教城带动全市经济与科教联动、生产与科研结合，常州连续10年被评为全国科技进步先进城市。常州城区框架拉大，建成区面积扩展至153.05平方公里；清水工程成效明显，环境优化，功能完善，常州市获中国人居环境范例奖，被评为全国社会治安综合治理优秀市。城乡居民收入连续5年以两位数增长，跨入全国相对富裕地级城市前10名。

第一章　政府机构

1978年改革开放至2010年底，常州市开展了5次较大规模的党政机构改革，通过1982年、1996年、2001年的党政机构改革和2004年、2010年的政府机构改革，实现改革由单纯的精减机构编制向转变政府职能与精减机构编制并重的转变，改革重点也由原先的经济管理部门向市场监管部门、社会管理和公共服务部门转变。通过改革，明晰政府各部门的职能，转变了政府机关的工作方式，取得改革的阶段性成效，初步建立与社会主义市场经济相适应，符合常州经济社会发展需要的政府管理体制和管理方式。

第一节　政府领导成员

1986—2010年，经常州市人民代表大会选举，累计产生了常州市第九届、第十届、第十一届、第十二届、第十三届、第十四届人民政府。

一、常州市第九届人民政府

任期为1983年12月至1988年1月，市长陈鸿昌，曾任副市长曹锦成、朱维中、宋文惠、韩兆春、洪文鑫、蒋溢涛、刘鹤章、孟金元、张东桂（1987年7月至1988年1月），秘书长薛明。

二、常州市第十届人民政府

任期为1988年1月至1993年3月。曾任市长曹锦成、杨晓堂，曾任代理市长杨晓堂、孟金元，曾任副市长孟金元、韩兆春、洪文鑫、陈三林、张东桂、杨晓堂、薛锋、李林生，曾任秘书长薛明、李林生、张东林。

三、常州市第十一届人民政府

任期为1993年1月至1998年1月。市长孟金元，曾任副市长李林生、陈三林、薛锋、张东桂、张东林、陈伯鹏、李树萍、唐庆华、杨大伟、毛小平、王正平、蒋新光；曾任市政府党组书记、党组副书记孟金元、李林生，曾任市长助理毛小平、张力航，秘书长周亚瑜。

四、常州市第十二届人民政府

任期为1998年1月至2003年1月。曾任市长孟金元、李全林，代理市长李全林、范燕青，曾任副市长李林生、张东林、陈伯鹏、杨大伟、王正平、蒋新光、周亚瑜、李全林、范燕青、俞志平、张力航、毛伟明、孙国建；曾任党组书记孟金元、李全林、范燕青，曾任党组副书记李林生、杨大伟、范燕青、毛伟明，市长助理张力航，秘书长顾森贤。

五、常州市第十三届人民政府

任期为2003年1月至2008年1月。曾任市长范燕青、徐建明、王伟成，代理市长王伟成，曾任副市长毛伟明、王正平、蒋新光、周亚瑜、俞志平、张力航、孙国建、居丽琴（女）、徐建明、韩九云、王伟成、王成斌，市长助理王成斌；曾任党组书记徐建明、王伟成，党组副书记俞志平，秘书长顾森贤、陆荣方、丁国良、赵忠齐。

六、常州市第十四届人民政府

任期为2008年1月至2012年6月（记至本志下限2010年底）。曾任市长王伟成，副市长俞志平、张力航、孙国建、居丽琴（女）、韩九云、王成斌、朱晓敏、尚建荣、张耀钢、高清、朱锐；曾任党组书记王伟成、党组副书记俞志平，秘书长赵忠齐。

第二节　工作机构部门

一、工作部门

1986年，常州市政府设工作部门38个、二级局机构16个，常州市对台工作办公室、常州市档案局、常州市经济技术协作办公室、常州市标准局、常州市计量局、常州市园林管理处6个保留名义的二级局机构均实体运转。1996年，常州市进行党政机构改革，常州市政府设一级机构47个、部门管理机构7个，有4个机构合署为一个机构、两块牌子，7个机构规范名称、撤销、升格和新组建，两个机构职能转换或保留牌子，4个机构被撤并，3个机构改为经济实体，7个机构改为部门管理机构，另设派出机构7个。

2001年，市委、市政府根据《江苏省常州市县乡机构改革指导意见》和全省市县乡机构改革动员大会上的要求，制定并提出《常州市机构改革方案》和实施意见，并制定与机构改革相配套的严肃党纪政纪、人员分流、定岗定员、防止国有资产流失等政策性文件。常州市政府设工作部门39个，议事协调机构的办事机构1个，不再设置部门管理机构。常州市机冶、电子、化工、轻工、纺织、贸易等工业管理机构从政府工作部门序列中脱离出去，分别组建机电、化轻、纺织、贸易、建工5个国有资产经营公司。2004年10月，市政府按照中央确定的改革目标和原则，启动市（县）政府机构改革，至2005年8月底全面完成。经过这次调整，常州市政府设政府办公室和工作部门39个、直属机构1个。2010年2月，常州市人民政府再次进行机构改革，市政府设工作部门40个：常州市政府办公室（市接待办公室、市政府金融工作办公室、市应急管理办公室）、常州市政府研究室、常州市发展和改革委员会、经济和信息化委员会、教育局、科学技术局、公安局（市维护社会稳定工作领导小组办公室）、监察局、民政局、司法局、财政局、人力资源和社会保障局、国土资源局、规划局、城乡建设局（建筑工程管理局）、交通运输局、农业委员会（林业局、农业资源开发局、农业机械管理局）、商务局、文化广电新闻出版局（版权局）、卫生局、食品药品监督管理局、人口和计划生育委员会、审计局、环境保护局、住房保障和房产管理局、园林绿化管理局、城市管理局（市城市管理行政执法局、城市管理监督指挥中心）、体育局、统计局、安全生产监督管理局、旅游局、物价局、粮食局、市级机关事务管理局、民族宗教事务局、民防局（人民防空办公室）、市政府外事办公室（港澳事务办公室）、市政府法制办公室、市政府侨务办公室、市政府国有资产监督管理委员会。

二、派出机构

1988年8月，建立省政府驻北京办事处常州联络处，属省政府驻京办事处和市政府双重领导管理的处级单位，1996年机构改革时归口市计划委员会管理。1992年8月13日，常州高新技术产业开发区、常州经济技术开发区管理委员会建立。1995年6月27日，常州市人民政府新区管理委员会成立，与常州高新技术产业开发区管理委员会为一个机构、两块牌子。1996年11月22日，市委明确，常州市新区、常州高新技术产业开发区、常州经济技术开发区党政领导机构为一个机构、两块牌子。1999年1月26日，常州高新技术产业开发区管委会的行政级别明确为副厅级。2001年9月29日，建立常州市行政审批服务中心。2004年10月27日，更名为常州市行政服务中心。2006年7月14日，设置常州市科教城管理委员会，挂常州市高等职业教育园区管理委员会牌子。2006年7月，成立常州市国家动画产业基地管理委员会、创意产业基地管理委员会，2008年12月合并，更名为常州市创意产业基地管理委员会。2010年底，市政府设有派出机构、常州高新区管理委员会、江苏常州出口加工区管理委员会、常州市行政服务中心、常州市科教城管理委员会、常州市创意产业基地管理委员会和常州市政府驻北京联络处。

三、直属事业单位

1986年1月至1989年12月，设有常州市供销合作联社，1989年12月更名为常州市供销合作总社。1993年7月5日，常州市行政学院成立，与中共常州市委党校为一个机构、两块牌子。1996年机构改革，市委党史工作委员会与市地方志办公室合为一个机构、两块牌子。1990年以前，设有事业单位常州市老龄问题委员会办公室。1997年7月15日，常州市老龄工作委员会办公室由常州市政府办公室代管，2001年9月调整为市民政局代管。1997年5月，事业单位常州市人民政府地震办公室调整设置为常州市地震局，2010年2月由市科技局代管调整为由市城乡建设局代管。2003年5月，常州市住房公积金管理中心成立，2009年建立党组，规格调整为相当正处级。2010年底，市政府设有直属事业单位常州市行政学院、常州市地方志办公室、常州市老龄工作委员会办公室、常州市供销合作总社、常州市地震局、常州市住房公积金管理中心。

第二章　重要会议

1986—2010年，常州市政府按期召开政府组成人员全体会议（简称“全体会议”）、常务会议和市长办公会议，累计召开全体会议56次、政府常务会议336次、市长办公会议385次，讨论研究了全市政治、经济、文化和社会等方面的重要政策措施、工作事项及其部署，安排了政府重大活动，对经济社会依法进行民主决策，实施科学管理；讨论修改了历年政府工作报告，定期分析经济社会发展形势，部署、检查阶段性工作，克服了建设发展中的各种问题、矛盾和障碍，保障和促进了常州经济社会各项事业持续健康发展。

第一节 市政府组成人员全体会议

1987年，常州市政府制定《关于市政府会议制度的规定（试行）》，明确市政府组成人员全体会议由市长或委托常务副市长召集和主持，市政府全体组成人员参加，每半年召开1次；主要传达贯彻中央、省和市委、市人大及其常委会的重要决定和工作部署，讨论决定市政府工作的重大问题和重要部署，审议市政府工作报告，通报部门工作情况，交流经验。

1986—1987年，市政府召开全体会议6次，传达贯彻了全国各省自治区直辖市负责人会议、省委七届五次全委扩大会议的精神，研究决定了全市经济和社会发展奋斗目标、"七五"计划、"双增双节"运动等事项。

1988—1992年，市政府召开了全体会议5次，传达贯彻了全省市长会议精神，部署落实市十届人大确定的任务，检查了全市国民经济和社会发展目标执行情况，研究决定了全市"十年规划""八五"计划、工业振兴、农业丰收等重大计划和科技兴市、社会发展综合示范试点、城市基础设施、预算外资金管理等重要事项，部署了治理整顿、城北工业村建设、深化工业管理机构改革等重要工作。

1993—1997年，市政府召开了全体会议15次，传达贯彻了中共十四届中央委员会全会精神，研究决定了全市经济和社会发展目标、"九五"计划、2010年远景目标，股份制改造、规模经济、培育市场、基础设施建设机制、农村城市化、政府职能转换和为民办实事等重大事项，部署实施"争上大项目、组建大集团、培育大市场、推进大开放、改善大环境"5项战略。

1998—2002年，市政府召开了全体会议17次，传达贯彻了全省经济工作会议精神，研究部署了全市经济和社会发展奋斗目标、行政机关效能监察、企业改制等重大问题。

2003—2007年，市政府召开了全体会议10次，传达贯彻了国务院和省政府廉政工作会议精神，研究部署了全市廉政工作、经济社会发展等重大问题。

2004年，《常州市政府工作规则》颁布实施，修订了市政府会议制度，规定市政府全体会议每半年召开1次，由市长、副市长、秘书长和市政府各委（办）主任、各局局长组成，必要时安排有关部门、单位的负责人列席；主要传达贯彻中共中央、国务院和省委、省政府及市委的重要指示和决定，市人大及其常委会的重要决议，分析形势，通报情况，决定和部署市政府的重要工作等。

2008—2010年，市政府召开了全体会议3次，讨论并部署了2008年"经济、民生、环境"30项重点工作等重大事项，研究了"出真招、保增长、快发展"等稳定经济的举措。

第二节 市政府常务会议

常州市政府常务会议一般每月召开1次，2004年以后每半月召开1次，由市长或委托常务副市长召集和主持，副市长、秘书长参加，副秘书长、市政府办公室正副主任列席，需要时安排有关部门主要负责人列席。主要讨论决定政府工作重大问题，研究贯彻落实上级政府和市委、市人大及其常委会的指示、决定和工作部署，讨论决定体制改革、对外开放、经济、教育、科技、文化、卫生、城乡建设和财政、民政、公安、司法行政、外事等方面的重大问题，讨论拟报请上级政府和市委、市人大及其常委会审定的重要事项，审议通过由市政府发布重大行政措施的规范性文件，依照法律规定讨论决定行政机关工作人员的任免、培训、考核和奖惩等事项。

1986—1987年，市政府召开了常务会议23次，主要讨论了经济社会发展的重要规范性文件、重要改革改制项目与措施、市政府正副市长的分工和其他重要工作事项等。

1986—1987年常州市政府常务会议主要议题一览表

表27-2-1

类别	审议通过的规范性文件	讨论研究、部署的重点工作、重大事项
综合	《常州市政府5项会议制度的暂行规定》《常州市政府常务会议的若干规定》等	市政府工作会议制度、与意大利普拉托市缔结友好城市、各年度财政预决算、财税大检查等
产业经济	《常州市资金市场的管理试行办法》《常州市工业品生产资料市场的管理试行办法》《常州市工业消费品市场的管理试行办法》和《常州市农副产品市场的管理试行办法》《常州市市级地方财力使用管理暂行办法》《常州市地方留成外汇管理暂行办法》《常州市控制粮食销售暂行办法》《常州市信贷资金管理试行办法》《常州市固定资产投资计划管理暂行办法》等	民航开航、兰翔机械厂人员迁常、纺工系统计划外用工、煤炭工业劳动力调整、厂长负责制试点、工业企业推行承包经营责任制、市级工业管理机构改革、调整蔬菜产销体制等
城乡建设	《常州市环境污染治理设施管理暂行办法》《常州市噪声管理办法》《常州市市容环境卫生管理暂行规定》《常州市蚊蝇孳生场所管理实施细则》等	—
社会发展	《常州市放活科研机构的暂行办法》《常州市放活科技人员管理政策的暂行办法》《常州市控制城市人口增长的暂行办法》《关于整顿和改进全市公费医疗管理办法的意见》等	住房制度改革、人口计划生育、郊区无地队撤队转居、军队转业干部住房、颁发居民身份证、专业技术职务聘任等

1988—1992年，市政府召开了常务会议67次，主要讨论了重要规范性文件、工业与城建重大项目、经济社会等其他全市性重要工作等事项。

1988—1992年常州市政府常务会议研究决定的重要事项一览表

表27-2-2

类别	审议通过的规范性文件	讨论研究、部署的重点工作、重大事项
综合	《常州市政府表彰奖励管理暂行办法》等	全市“十年规划”和“八五”计划纲要、溧阳撤县设市、城市综合改革、世界银行贷款等
产业经济	《关于鼓励企业扩大出口创汇的若干规定》	新一轮经济体制改革、开发区建设、城北工业村建设、清理固定资产投资规模和党政机关经商办企业、建立特区窗口、常州新产品交易会、工业管理体制、技术进步、建立农发基金、金坛盐矿和真空制盐合作项目等
城乡建设	—	市区总体规划调整、城市维护费安排，民航常州站、海关、港口、煤气工程、公路交通与城市基础设施的建设，房地产开发归口管理，戚墅堰发电厂扩建，魏村水利枢纽工程等
社会发展	《常州市“农转非”暂行办法》	文化教育卫生等社会事业发展、劳动制度、蔬菜产销体制改革、生猪价格改革等

1993—1997年，市政府召开了常务会议80次，讨论了经济社会工作及人事任免，审议了一批规范性文件及其贯彻意见，研究部署了历年度财政预算、教育发展和改革、全国城市综合配套改革试点、常州高新区财政体制、常州信息港建设、常柴B股和常林A股发行上市、外环路建设、奔牛机场扩建改造、三峡工程库区移民对口支援、“九五”计划草案、中荷合资江苏常州精制盐项目、解决全市知青半家户问题等重点工作。

1998—2002年，市政府召开常务会议75次，主要讨论研究了推进经济社会发展的重要规范性文件、重要改革改制项目与措施和市政府其他重要工作事项等。

1998—2002年常州市政府常务会议主要议题一览表

表27-2-3

类别	审议通过的政策性文件	讨论研究、部署的重点工作、重大事项
综合	《常州市1998—2000年立法规划》《常州市“两级政府，三级管理”体制改革实施意见》《常州市市级行政机关效能监察暂行办法》《常州市烟草专卖管理实施办法》等	财政预算、行政事业单位预算外资金管理、整顿金融“三乱”、土地供应机制改革、政府采购制度等
产业经济	《常州市政府安全生产职责暂行规定》《常州市统计管理办法》《关于进一步加快发展私营个体经济的实施意见》《关于加快培育和发展具有核心竞争力的大企业大集团的意见》《关于加快信息化带动工业化的实施意见》《关于加强技术创新，促进科技进步的决定》等	农业标准化“十五”发展计划、企业资产重组、乡镇企业改革与发展、控减乡镇企业负担、钟楼经济开发区建设、常州高新技术风险投资公司组建、金狮集团重组等
城乡建设	《2003—2005年常州市城市建设实施纲要》《常州市区河道管理暂行办法》《常州市市区排水许可管理暂行规定》《常州市城镇防洪实施办法》《常州市城市管理相对集中行政处罚权暂行办法》《关于加快推进城市土地经营的若干意见》《常州市航道疏浚打捞管理办法》等	水利建设、环境卫生行业改革、城市建设投资公司组建和运营方案、市行政中心建设、行政审批服务中心筹建、市中心区商业步行街改造、城市道路畅通工程、高速公路建设等
社会发展	《常州市暂住人口管理实施细则》《常州市市区经济适用住房建设管理办法》《常州市市区危旧房改造管理暂行办法》《常州市建立城镇职工基本医疗保险制度的实施办法》《常州市残疾人就业保障金征收管理办法》等	抗洪赈灾、法律援助工作试点、防震减灾、医疗制度改革、市区居民最低生活保障制度、常州大学城筹建、征兵及民兵调整改革、教职工住房等

2003—2007年、市政府召开了常务会议68次，研究了社会稳定、信访、劳动保障和就业再就业、表彰等工作。2004年，《常州市政府工作规则》出台，规定市政府常务会议由市长、副市长和秘书长组成，一般每月由市长召集和主持召开两次，市长外出期间由市长委托常务副市长召集和主持，主要讨论决定市政府工作的重大事项，各部门、辖市（区）政府请示市政府的重要事项，讨论通过提请市人民代表大会及其常务委员会审议的工作报告和议案，向省政府、市委请示或报告的重要事项，市政府计划颁布实施的重要行政措施和政策性文件等。

2003—2007年常州市政府常务会议讨论决定的重大事项一览表

表27-2-4

类别	审议通过的政策性文件	讨论研究、部署的重点工作、重大事项
综合	《常州市政府工作规则》《常州市国民经济和社会发展第十一个五年规划纲要》《常州市国民经济和社会信息化“十一五”发展规划》《常州老龄事业发展“十一五”规划》《常州市“十一五”消防事业发展规划》《“富裕常州”建设纲要及三年行动计划》等	年度计划执行和安排工作、财政总预算、政府工作报告和目标管理，“十一五”规划编制，行政审批制度、财政体制和市县政府机构的改革等

续表 27-2-4

类别	审议通过的政策性文件	讨论研究、部署的重点工作、重大事项
产业经济	《常州市制造业升级三年行动纲要》《常州市国家级省级开发区三年发展纲要》《关于金融改革创新试点的若干意见》《常州市安全生产职责管理规定》《关于加快常州市创新创业投资发展的若干意见》《关于进一步支持高新技术及其产业发展的若干意见》《常州市科学技术奖励办法》《鼓励和扶持动漫产业发展的若干规定》《关于进一步深化市属国有工商企业改革工作方案》《常州市企业品牌建设奖励办法》《关于促进企业上市工作的政策意见》《关于加强节能工作的意见》《关于进一步推进个体工商户发展的意见》等	农村信用社改革、开放型经济、高新技术产业、沿江开发、现代服务业发展、产业结构调整、培育大企业大集团、促进旅游业发展、铁本公司善后处理、深化农村税费改革、免征农业税、政策性农业保险试点、粮食直补和粮种补贴、常州高新区大丰工业园合作开发、环球恐龙城休闲旅游区开发等
城乡建设	《2008—2010年常州市城市建设纲要》《常州市2005—2007年环境保护与建设三年实施纲要》《城市防洪修编报告及三年实施计划》《常州市房屋安全管理办法》《常州市城市房屋拆迁管理办法》《常州市城市房屋权属登记管理办法》《常州市长江防洪工程管理办法》《常州市气象灾害防御管理办法》《常州市航道管理办法》《常州市公园管理办法》《常州市市区道路照明设施管理办法》《常州市市区机动车停车场建设和管理办法》《常州市生态市建设规划》《关于落实环保优先促进科学发展的意见》《关于深化人防工程产权制度改革的意见》《农村新五件实事工程实施方案》等	城市公共安全应急响应系统筹建、城市高架道路建设方案、312国道及运河改线、道路绿化和城市主要出入口绿化美化方案、市行政中心建筑方案和筹建、扶持茅山老区发展、落实城市长效综合管理机制、创建国家园林城市、数字化城市管理试点、公交优先发展战略、主要道路市容与水环境综合整治、市区摩托车综合治理等
社会发展	《常州市住房公积金归集管理办法》《常州市住房公积金提取管理办法》《常州市市区最低收入家庭廉租住房管理办法》《常州市人才市场管理办法》《常州市事业单位实行人员聘用制度暂行办法》《常州市市区住房保障规划（2007—2011年）》《常州市爱国卫生工作管理规定》《常州市市区城镇居民医疗保险暂行办法》《常州市城市低保对象医疗救助暂行办法》《关于常州市按比例安排残疾人就业办法》《常州市公民无偿献血管理办法》等	常州历史文化名城保护规划、突发公共事件总体应急预案、城区环卫体制改革、体育中心投资建设主体、常州博物馆及规划展示馆建设资金落实、武进新城区建设一所现代化医院、加快科技创新、义务教育阶段学生免收学杂费实施办法、"非典"防治等

2008—2010年，市政府召开了常务会议23次，提出新一届政府的工作要求，调整安排市政府领导分工，讨论市政府党组有关人事任免事项，研究部署各阶段的重点工作等。

2008—2010年常州市政府常务会议讨论决定的重大事项一览表

表 27-2-5

类别	审议通过的重要政策性文件	讨论研究、部署的重点工作、重大事项
综合	《关于加快推进创新型城市建设的若干意见》《常州市环境资源区域补偿办法（试行）》《常州市闲置土地处置办法（试行）》《常州市贯彻落实国务院〈关于加强市（县）政府依法行政的决定〉的实施意见》《关于促进以创业带动就业的意见》《常州市测绘管理办法》等	年度市政府工作报告、全市发展计划执行，财政总预算和经济、民生、环境方面重点工程（工作），市县政府机构改革、对外开放等

续表 27-2-5

类别	审议通过的重要政策性文件	讨论研究、部署的重点工作、重大事项
产业经济	《常州市高标准农田建设规划（2010—2020 年）》《关于支持常州高新区建设国家创新型科技园区若干意见》《关于加强产学研合作的若干意见》《关于保持外贸稳定增长的意见》《进一步优化产业结构突破利用外资的工作意见》《常州市民营经济发展 2008—2010 年三年跃升计划》《省级以上开发区三年跃升计划》《全市装备制造业、新能源产业、软件动漫外包业三年跃升计划》《关于推进“万顷良田建设工程”若干政策意见》《常州市水域滩涂养殖规划》等	现代服务业发展、旅游、现代农业产业发展总体规划、投资结构优化、设立常州市化工集中（片）区、中国石油长江项目常州基地、完善市级投融资平台财政管理、促进房地产市场稳定健康发展、江苏江南农村商业银行组建等
城乡建设	《常州市公交优先发展三年实施方案》《常州市区出租汽车服务水平提升工程三年实施意见》《关于进一步加强和完善市级政府城市建设投融资管理的若干意见》《常州市市区环境卫生设施管理办法》《常州市市区公共租赁住房管理办法》《常州市城市绿化管理办法》等	常州机场改扩建和发展、青洋路高架快速路工程规划设计与建设、市区老住宅区整治提升工程、常州东大门道路建设三年会战方案等
社会发展	《常州市中长期教育改革和发展规划纲要（2010—2020 年）》《常州市市区经济适用住房管理办法》《常州市社会治安防控体系建设三年规划》《常州市市区廉租住房保障办法》《常州市住房公积金管理办法》《常州市公共安全技术防范管理办法》《关于建立新型农村社会养老保险制度的指导意见》《关于加快建立城乡居民社会养老保险的意见》《常州市市区城市低保对象医疗救助办法》《常州市市区历史文化名城名镇名村保护实施办法》《关于加快老龄事业发展的实施意见》等	支援四川抗震救灾、第十七届省运会筹备、义务教育学校实行绩效工资、医药卫生体制改革、推行经济适用住房货币补贴、廉租住房公共租赁房建设和市眼耳鼻咽喉医院改造提升、创建国家知识产权示范城市、卫生惠民工程实施方案等

第三节　市长办公会议

1987 年开始，常州市政府市长办公会议原则上每两周召开 1 次，由市长或分管副市长召集，有关副市长和有关秘书长、办公室主任参加，可通知有关部门负责人参加。主要讨论决定各副市长分工职权范围内的重要专题性事项，研究贯彻上级有关专业性的工作部署和市政府全体会议、常务会议的决定，听取所分管部门的工作汇报，协调处理重要问题和上级交办的有关事项。

1986—1992 年，市政府召开了市长办公会议 57 次，主要研究、讨论和审议了蔬菜产销体制改革、跨地区经济联合，供电供水、供煤供气、物资供应、职教中心等项目建设，《常州市志》编修、地产化肥供应安排，常州市与武进县共同开发江边开发区、全市农副产品基地建设、粮棉油生产扶持政策、妇女权益保护、工效挂钩、公交建设、生活垃圾无害化处理厂、小河沿和南大街改造、炼焦制气工程实施、城北工业村二期开发、常州市广播电视中心建设，水产、粮油、蔬菜等专业市场组建，粮食储备库定点，粮食铁路专用线、多功能厅电影中心建设，金坛农药事件处理等重要工作、重大问题。

1993—1997 年，市政府召开了市长办公会议 94 次。1998—2002 年，市政府召开了市长办公会议 85 次。2003—2007 年，市政府召开了市长办公会议 119 次。2004 年，《常州市政府工作规则》制定实施，规定市长办公会议改为不定期由市长或市长委托常务副市长召集并主持召开，研究、处理市政府日常工作中的重要问题。2008—2010 年，市政府召开了市长办公会议 30 次。

1993—2010 年常州市政府市长办公会议研究的重大工作议题一览表

表 27-2-6

时间	产业经济	城乡建设	社会发展
1993—1997	涉外企业税收改革、区划调整后财政的划转衔接、现代企业制度试点、郊区东南开发区规划、郊区三井乡划归常州高新区管辖、进口商品检验和监管、天马集团公司等企业合资、矿务局煤矿调整转产、常州高新技术农业园筹建、常柴10万台多缸发动机改造和常州光阳项目等工作议题	国有住房出售收入管理、城市部分区域整治、民航常州机场改扩建、城北通道建设、常州高新区基础设施建设、外环路建设车辆借款、新常溧线改建、常州港建设、南大街改造、外环路建设、澡港河拓浚新开段工程筹建等工作议题	乡镇及其以上新建房屋征收地方教育费附加、建立再就业服务中心、市区菜市场改造、郊区“菜篮子”工程建设、城区集贸市场改造、常州中华恐龙馆建设、常州老龄大学复建、公费医疗向中医院开放等工作议题
1998—2002	企业改革脱困、江边开发、外贸发展基金、海关直通点及配套物流中心建设、常州港一类和二类口岸开放、扶持农用车发展、纺织工业园建设、一次性医疗用品管理等工作议题	天宁寺及兰园建设、市区危旧房改造、南大街片区拆迁、延陵西路两侧改造、青龙煤场环境治理、关河东路煤场搬迁等工作议题	行政区划调整、广电系统改革、流动人口管理、妇女儿童事业发展、城镇居民低保、常州大学城建设、医保扩面、技工学校调整等工作议题
2003—2007	改善和优化经济发展软环境的决定、提升提速民营经济、沿江开发规划和推进、高层次人才引进、“五一”劳动奖状奖章评选管理、开放型经济发展政策、政府职能转变，财政体制、投融资体制和国有企业改革、加快发展服务业、企业上市、金融改革试点、国家动画产业基地建设、出口加工区规划建设和招商、常州高新区扩区、轨道交通车辆制造业、“蓝天计划”推进、津通国际工业园建设、江苏国际塑化城项目建设等工作议题	京杭运河常州市区段改线、西绕城高速公路建设、“十一五”口岸规划编制、城市轨道交通规划建设、奔牛机场改造建设和规划，常州火车站、沪宁城际铁路常州站和京沪高速铁路常州站相关规划建设，录安洲与沿江开发、城市信息化、快速公交建设、城市交通建设管理、城乡防汛、常州体育中心和会展中心及大剧院建设等工作议题	行业协会改革发展、户籍准入登记暂行规定、食用农产品质量安全管理、市区菜市场改造、消防事业发展、常州工学院建设、前后北岸和青果巷历史文化街区保护整治、农村“五件实事”和促进农民增收、科技工作、安全生产、社会保障、征地拆迁、被征地农民和农村居民基本（最低）生活保障制度等工作议题
2008—2010	常州港录安洲港区建设、2009 年天目湖中欧经济论坛、常客集团公司及所属公司解困、常州染料化工厂改制、月星环球商业中心规划建设等工作议题	东坡公园改造提升、常州机场改扩建、“三河三园”旅游线规划整治和建设、中国太湖国际健康城规划建设等工作议题	青果巷历史文化街区保护规划、卫生惠民、经济适用房货币化补贴、市区廉租房公共租赁房建设等工作议题

第三章　施政纪略

1986—2010 年，常州各级政府在省政府和市委的领导下，带领全市人民深入贯彻邓小平理论、“三个代表”重要思想和科学发展观，学习贯彻中央和省、市历次党代会、人代会和政协全体会议及其他重要会议的精神与部署，推进依法行政，提高行政效能，改进和加强行政监督，转变了机关工作作风；把握创新、发展、提高的工作主线，力促乡镇企业、个体私营经济等多种经济成分共同发展，民营经济在国民经济中的比重大幅提升；积极推进高新技术产业和以常州高新区为龙头的各级工业园区开发建设，加快产业结构调整和经济发展方式转变；改善城乡生态环境，促进社会事业发展，推进和保持全市经济社会、物质文明与精神文明建设、民主法制的健康协调发展。80年代中期至90年代中期，各级政府组织实施治理经济环境、整顿经济秩序，深化经济体制改革，扩大对外开放，加快构建社会主义市场经济体系，积极实施推进“科教兴市”战略，市和县（市、区）两级公有制经济和以乡村工业为主体的乡镇企业得到快速健康发展；全市经济在调整规范过程中持续协调发展，社会事业蓬勃发展，基础设施建设有序推进，城乡面貌日新月异，政府行政行为逐步走上法制化、规范化轨道。1992年，常州市跨入中国城市综合实力五十强和城市投资硬环境四十优的城市，武进县、溧阳市跨入中国农村综合经济实力百强县行列，武进县名列第二。

90年代中期至21世纪初，全市乡镇企业改制基本完成，民营经济快速壮大，对外招商引资和对外经贸快速发展，科技进步和产业结构调整稳步推进，转变经济增长方式，以常州高新区为龙头的三级开发园区建设快速推进，高新技术产业日益兴旺，经济综合实力迅速增强。积极推进社会发展综合实验区试点，科教文卫体和民政、老龄、慈善、残疾人等社会事业健康发展，城乡一体化进程随着工业化发展而加快，城乡面貌大为改观，人民生活水平和质量快速提升。21世纪初至2010年，各级政府坚持扩大投资规模与优化投资结构并举，加快现代制造、基础设施、公共服务等重点领域的重大项目建设，产业结构明显优化，地方财力持续增强，国民经济快速稳步发展。2010年，常州经济走出国际金融危机阴霾，增速稳步回升，动力逐渐增强，经济回到快速发展轨道，经济运行态势良好，社会全面协调发展，全市实现地区生产总值3044.89亿元。市政府率领全市人民取得现代化建设的巨大成就，在富民强市的实践中焕发出催人奋进的精神和力量，凝聚成“勤学习，重诚信，敢拼搏，勇创业”的常州市民精神，积累了宝贵的探索、建设和发展经验。

第一节　经济发展

1983—1987年，常州市工农业总产值、国民生产总值、国民收入、外贸收购总值、社会商品零售总额均翻了1番。全市工业总产值、财政收入在1985年分别突破100亿元、10亿元，进入全国工业总产值超百亿元城市行列。1988—1992年，常州经历了治理整顿、加快发展两个阶段，工农业总产值、国民生产总值、固定资产净值均翻一番；1991年跨入全国国民生产总值超百亿元城市行列。金融保险、信息咨询、房地产等新兴产业相继兴起，传统产业继续发展，经济综合实力显著增强。1991年虽遭受百年未遇的洪灾，灾后经济建设和人民生活快速恢复。1992年，全市经济开始超高速发展，新批第三产业实体5255家，完成工农业总产值518.7亿元，实现地区生产总值(当年价，下同)144.4亿元、财政收入13.65亿元。常州积极实施社会发展综合实验区和世界银行贷款项目，实施社会发展实验试点重点项目137个，带动实施地方发展项目近300个。

1993—1997年，全市地区生产总值年均增16.5%，1997年达470.11亿元，比1992年翻了1番多，人均达1.39万元；全市第三产业快速发展，年均增速达22%；1997年全市第三产业增加值达159.92亿元，占地区生产总值的34%，一、二、三次产业的比重调整为9.4：56.6：34。1997年，财政收入完成40.18亿元，年均增24.1%。1998—2002年，全市完成固定资产投资889亿元，国内生产总值、财政收入年均分别增11.3%、20.7%；2002年三次产业的比重调整为6.4：56.8：36.8。5年间全市累计实际利用外资31.7亿美元，比前5年增145%，外贸出口累计92.69亿美元；以常州高新区为龙头的三级开发园区快速发展，成为常州新的经济增长区域，促进了全市生产力布局的优化调整。218家市属公有制企业完成改革转制，累计上市企业7家。乡镇企业改制基本完成，非公有制经济在国民经济中的比重大幅提升。

2003—2007年，全市经济总量按可比价计算年均增长15.2%，由全省第六位升至第五位，全社会固定资产投资完成3960.5亿元，是1998—2002年总和的4.46倍。2007年，全市实现地区生产总值1881.28亿元，按常住人口计算人均4.46万元；服务业加速发展，增加值（可比价）年均增长16%，占地区生产总值的37%。2008—2010年，各级政府扩大投资规模，优化投资结构，加快现代制造、基础设施、公共服务等重点领域的重大项目建设，全市产业结构明显优化，地方财力持续增强，国民经济平稳发展，总量稳步攀升。全市完成全社会固定资产投资5256.5亿元，其中工业投资2983亿元、服务业投资2237.6亿元。2010年，全市实现地区生产总值3044.89亿元，一、二、三次产业结构调整优化为3.3∶55.3∶41.4；按常住人口计算人均地区生产总值6.73万元，按当时汇率计算超过1万美元。

一、农　业

1983—1987年，常州各级政府普遍推行家庭联产承包责任制，进行以调整产业结构为中心的第二步改革，农村经济向商品化、专业化、社会化方向发展。1988—2002年，农村经济向专业化、商品化转变，常州市每年建设一批农田基础设施和搞一项较大的骨干水利工程，开展以创汇农业、丘陵山区资源利用为突破口的综合开发。2003—2007年，全市农业产业化水平持续提升，高效农业占总种植面积的1/3。2008—2010年，全市加快推进高效农业规模化发展。2010年，全市增加高效农业面积14.1万亩，其中设施农业6.1万亩；年末全市累计有无公害农产品生产基地344个，省级及其以上认证的无公害农产品464个，省级名优农产品39个，绿色标志农产品279个，有机食品131种。

基础设施建设　1988—1992年，常州市以水利建设为重点抓好基础设施建设，城市防洪工程、魏村水利枢纽工程、溧阳沙溪河工程等相继兴建或竣工，土地保护和复垦整治进展较大，全市改造中低产田52.8万亩，建设吨粮田28.5万亩，金坛的节水灌溉居全省领先水平。1993—1997年，溧阳被列为全省第一个国家级丘陵山区综合开发示范县。农业投入机制、社会化服务体制完善，完成魏村水利枢纽工程、澡港河拓浚和一批地方骨干水利工程。

位于德胜港入江口的魏村水利枢纽（摄于1998年7月）

1998—2002年，全市加强农田水利等农业基础设施建设，改造吨粮田、低产田61.54万亩，大力发展高效设施农业；澡港河枢纽、武进环太湖雅浦港等治太重点工程和溧阳北河整治等水利工程建成；魏村水利工程等治江治太重点工程发挥骨干作用，经受住1998年长江特大洪水的考验。治理水土流失和土地复垦整治开发力度加大。2002年，完成水利建设土石方1924万立方米。

2003—2007年，全市完成水利建设土石方9907.7万立方米，加高加固圩堤918公里，疏浚河道1348条、2491公里；兴修防渗渠道1897.5公里。2005—2006年，新建改造水库塘坝508座，增加库容345.6万立方米，恢复治理沙土流失面积110平方公里。2005—2007年，完成水利建设投资19.4亿元，改造中低产田16.85万亩，完成配套建筑物5094座。

2008—2010年，全市农村水利基础设施建设稳步推进，完成水利建设投资28.2亿元，完成水利建设土石方6871.9万立方米，修建配套建筑物5210座，改造中低产田10.2万亩，兴建防渗渠道810公里，治理水土流失面积55平方公里，疏浚农村河道317条、968.1公里，疏浚整治村庄河塘5546个。2009年，全市投资1.8亿元建成标准粮田21.45万亩，清淤土方769.9万立方米。2010年，全市改造水库塘坝173座，增加蓄水量244万立方米；年末高标准农田累计93万亩。

总 产 出 1986—2010年，常州农村经济在小幅波动中稳步发展。1987年，全市农林牧渔业总产值比1983年增90.2%。1993年完成农林牧渔业总产值45.95亿元，1997年增至86.16亿元，2005年全市农林牧渔业总产值突破百亿元。2008年、2009年和2010年，全市农林牧渔业总产值分别为149.77亿元、160.77亿元和174.08亿元，高效农业集聚效应显现。

粮油生产 1984—1987年，常州市累计为国家提供商品粮20.5亿公斤。1987年全市粮食总产量达15亿公斤。1988—1992年，全市逐步建成良种选育、繁殖、推广体系，形成市和辖县（市）区、乡镇三级高产示范方，粮棉油生产稳中有增，粮食年产量基本稳定在15亿公斤以上，累计向国家提供商品粮22.28亿公斤。1993—1997年，全市粮食种植面积减少，却连年丰收，年均总产达15.7亿公斤。1998—2002年，全市粮油生产稳定增长，2002年农作物播种总面积403.65万亩，其中油料72.9万亩；粮食总产量达12.29亿公斤，其中秋粮11.07亿公斤、夏粮1.22亿公斤，油料总产7300万公斤。2003—2007年，常州水稻平均单产连续5年居全省首位。2008—2010年，粮食生产稳定，连年丰收。2009年，全市水稻平均亩产比全省平均水平高81.1公斤。2010年，全市播种粮食242.25万亩，粮食总产量为11.52亿公斤，按播种面积计算平均亩产475.54公斤，其中水稻平均亩产620.1公斤，蝉联全省地级市八连冠。

多种经营 1983—1987年，常州市茶叶、蚕茧、水产、果品等产量逐年增加。1988—1992年，全市多种经营主要品种全面增加，培植了一批具有常州特色的名优商品生产基地，实施了滆湖、长荡湖大水面围网养殖，改革了蔬菜产销体制，以菜、禽、蛋、鱼、猪为重点建设“菜篮子”工程。1993—1997年，农业结构调整步伐加快、成效突显，林牧渔业取得较快发展，多种经营产值占比达76%；全市农副业产值超1亿元的乡镇达19个，规模养殖水平保持全省领先。

1998—2002年，全市特种水产、花卉苗木、经济林果等特色农业快速增长，形成“五大主导特色优势产业”。1999年，全市年销售收入达5000万元的农业龙头企业发展到39家，有11个农产品获得全国农业博览会国家名牌产品称号。2000年，涌现出武进夏溪、嘉泽，金坛指前，溧阳平桥等农业特色乡镇16个、特色经济专业村300多个和规模种养大户5000多个。2001年，全市花卉苗木种植面积占全省的1/3。2002年，全市完成多种经营产值77亿元。

2003—2010年，全市奶业、特种水产、名优畜禽等特色养殖业发展壮大，经济林果业稳定发展，无公害农产品、绿色食品数量不断增加，农业特色产业基地、种养殖大户、龙头企业等持续健康发展，农业产业化步伐加快，2010年全市设施农业面积发展到21万亩。

农业现代化 1985年底，常州市拥有农机总动力105.65万千瓦，1990年增至116.92万千瓦。1993—1997年，全市普遍推广高产高效、省工节本新农艺和新技术，1997年农机化综合水平达65%，农业规模经营面积达50万亩，种粮大户和农场达5400多个，专业村近500个。现代农业示范工程、沪宁高速公路沿线农业示范带等高产量、高附加值、高科技含量（简称“三高”）农业示范区和市级农村现代化先行乡村（8镇15村）的建设顺利推进。2000年，全市农机总动力由1995年的137.19万千瓦增至167.67万千瓦。2003—2007年，常州水稻机械化种植率连续5年居全省地级市首位。2008—2010年，全市高效农业建设取得新突破，大型农业产业园区加快形成。至2010年末，全市累计建成高效农业面积99万亩，占全市耕地总面积的44.6%，拥有农机总动力150.22万千瓦；有县级及其以上农业园区126个，总面积9.9万亩，重点建设武进农业博览园等10个重点产业园区，金坛长荡湖现代高效河蟹产业园区、武进农业博览园成为首批省级现代农业产业园区；农民专业合作经济组织发展到695家，47家市级及其以上农业龙头企业带动基地化种植面积76万亩，带动农户100万户。

二、工　　业

1986—2010年，常州城市工业在结构调整、体制改革、产权改革中优化结构，加快技术进步、新品开发和产业升级，乡镇工业在农村产业结构调整中迅速发展。随着乡镇企业、城镇公有制企业相继改制为民营企业，民营企业、外资和港澳台资企业蓬勃发展，工业经济结构不断优化，产业不断升级，经济规模、经济实力快速增长。

经济总量　1987年，辖县和郊区工业占全市工业总产值的比重由1983年的37.6%升至54.5%，城乡经济不平衡状况开始改变，机械、电子、仪器仪表工业总产值占全市工业总产值的比重由1983年的22.8%升至32.4%。1993—1997年，全市乡级及其以上工业销售收入年均递增18.2%。1997年，全市实现工业增加值240亿元、利税35亿元，国有企业主要效益指标居全省地级市前3位。1998—2002年，工业经济克服亚洲金融风暴的负面影响，总量稳步增长。2002年，全市完成工业总产值1676.4亿元，高新技术产品产值的比重升至24%，规模以上工业实现利税86亿元。

2003—2007年，全市工业经济总量在调整结构、产业升级中快速增长。2007年，全市规模以上工业完成总产值4250亿元、销售总额4178.13亿元，实现工业增加值1004.2亿元。2008—2010年，全市工业经济总体规模扩大，效益改善。2010年，全市规模以上工业完成总产值7387亿元、工业产品销售收入7263亿元，实现增加值1698.6亿元、利税613.7亿元和利润405.8亿元。

产业结构　1983—1987年，常州以生产名优新特产品为中心的企业群体（集团）总产值占全市工业总产值的40%，工业组织结构向适度经营规模的方向转变；轻纺工业经过技术改造，技术水平、产品档次和出口能力提高。1988—1992年，全市以新兴产业为先导，产品产业结构调整优化，初步形成一批骨干企业和柴油机、计算机、收录机、自行车、摩托车发动机、电子衡器、通信设备、新型建材等优势拳头产品，产销规模居全国领先地位。至1992年底，全市累计有1509个产品分获国家和部、省优质产品奖。1993—1997年，全市有78个产品的规模和技术位居全国同行业前5名，形成工程机械、输变电设备、微特电机、VCD等新的优势产品，支柱产业占全市工业总量的比重达26%。

1998—2002年，常州工业结构调整有序推进，开发轮式装载机、网络计算机等大批新产品，常柴、东风、新科和正昌4个商标被认定为中国驰名商标，常柴牌柴油机、黑牡丹牌牛仔布、新科牌VCD等100余个产品被认定为江苏省名牌产品，常柴、黑牡丹、常塑3家集团进入全国520家重点企业行列；高精度硬质合金钻头、25万吨高速线材、农用运输车等重点技改项目竣工投产。2000年，省级高新技术企业达130家，高新技术产值占工业总产值的比重达20%，电子信息设备制造、软件业销售利润增长迅速。2008—2010年，各级政府坚持把保增长与调结构、抓创新紧密结合，产业结构优化提升。

乡村工业　1983—1987年，乡村工业（包括村以下工业）异军突起，县（区）、乡镇、村3级工业总产值以年均32.6%的速度递增，成为常州农村经济的重要支柱，有54万名农民转入或部分转入非农产业。1988—1992年，乡村工业的产值、销售、利税同步增长，1992年全市乡村两级工业完成总产值279.67亿元。1993—1997年，乡村工业的经济规模、技术水平、产品档次均有新的发展和提高，乡村集体企业改制面达90%；1997年全市乡村工业完成销售收入508亿元，拥有重点骨干乡镇企业167家和名优产品37个。1998年以后，乡村工业企业逐步改制为民营企业。

技术进步 1988—1992年，全市全民工业企业完成技改投入23亿元。1993—1997年，全市积极改造纺织等传统产业，加快培育支柱产业，累计完成技改投入260.6亿元，超高压大容量变压器、工程机械、光阳摩托车、10万吨光亮铜杆、6万吨离子膜烧碱、6万吨瓶级切片等总投资达1亿元的大项目成为全市工业经济新的增长点。常州柴油机厂、常州林业机械厂、国光信息产业股份公司、常州机床厂等企业建立国家和省级技术中心。1997年，全市大中型企业完成科技项目497项，其中新产品开发398项；完成新产品销售收入35.67亿元、高技术产品销售收入32.07亿元。2007年，全市高新技术产业快速发展，总产值占全市工业总产值的42.1%。2009年，全市高新技术产业（市口径）完成工业总产值2887亿元，占全市规模以上工业总产值的比重提高到48.3%。2009—2010年，全市高新技术产业（市口径）完成投资920.3亿元。

五大产业 2009年，常州市政府组织实施振兴“五大产业”行动计划，集聚资源，重点提升装备制造、电子信息、新材料、新能源、生物技术及医药产业的竞争力。2009—2010年，常州市“五大产业”增速快、效益优、质量高，完成投资1431.6亿元，实现利税729亿元。2010年，全市“五大产业”规模以上企业完成总产值4731.2亿元，拉动工业经济增长17.4个百分点，占全市工业总产值的64%。

全市振兴五大产业动员大会（摄于2009年3月）

规模企业 1988—1992年，常州各级政府引导骨干企业组建企业集团和企业群体，增强了综合生产能力。1993—1997年，全市销售收入达10亿元的企业有4家，利税达5000万元的企业超过10家，常柴集团跻身省级大型企业集团行列。2007年，全市规模以上工业企业总产值增至5243.37亿元，其中351家大中型企业完成总产值1952.78亿元，实现增加值472.64亿元。2008—2010年，骨干企业、规模企业、百强企业克服外部需求减弱和国际金融危机等不利因素的影响健康发展，对全市经济支撑作用增强。2010年，全市规模以上工业完成增加值1698.6亿元；工业百强企业完成工业总产值3021.3亿元，其中1133家工业企业产值达1亿元，常州中天钢铁集团等4家企业产值达100亿元。

三、建筑业

90年代到21世纪初，常州建筑企业在各级政府的培育扶持和规范监督下，全面完成企业改制，所有制形式转变为私有民营、股份合作、个体资本等形式。随着社会资本大量进入建筑业，常州建筑企业迅速发展，施工能力显著提高。1985年底全市建筑企业有从业人员9万人，到2010年底增至38万人，增长4.2倍；建筑施工企业从1985年底的222家发展到2010年底的855家，增长3.85倍。1987—2010年，全市房屋施工面积从91.06万平方米增至6620.77万平方米，施工产值从1.67亿元增长到852.45亿元。

1988—1992年，常州兴建了百货大楼、物贸大楼、邮电会展中心、国贸中心等临街高层建筑；市第二建筑工程公司承建的亚细亚影城总投资4165万元，总面积达1.8万平方米，是当时全国第一个电影娱乐设施和功能配套齐全的娱乐公建工程。90年代，常州市区代表性的公建工程主要有常州购物中心一期工程、信托投资大厦、保险大厦、常州大酒店、工贸大厦、亚细亚影城、中油国际大厦、常州图书馆等。常州建筑企业一直致力于打造精品工程，1996年常州市红梅西村住宅小区、2002年常州市第二人民医院门急诊住院楼、2008年江苏伟业建设集团在西宁开发并建设的香格里拉城市花苑一期及2010年常州大剧院工程先后获中国建筑工程鲁班奖。1997年常州华艺公司（现为江苏华艺装饰公司）承建的合肥铁路新客站主站房幕墙工程，2010年常泰建筑装潢工程公司承建的上海世博会世界气象组织馆装修工程先后获全国建筑工程装修奖。2008年江苏常州九州广场、2009年天宁宝塔、2010年京杭运河常州市区段改线工程先后获国家优质奖。

“七五”时期，在延陵西路改造中，常州市第一建筑工程公司、第三建筑工程公司等企业分别承建了一大批临街公建项目，其中代表性工程为中联大厦、副食品大楼、五交化大厦、新龙大厦、交通银行大楼、良茂大厦等。市二建公司和市工业设备安装公司承建的5000座体育馆工程，采用了51米跨度钢桁架结构技术，开创了常州市球形网架结构施工的先例，是当时具有影响的代表工程。

21世纪初，常州建筑企业的施工技术再上新台阶，代表性商业工程为南大街商业步行街改造工程和莱蒙都会商业步行街改造工程；代表性公建项目主要有常州奥体中心、常州大剧院、市民广场及钟楼、戚墅堰区的区政府大楼等工程；代表性高层住宅建筑工程为新天地花苑、金色新城、怡康花园、奥林匹克花园、南大街云庭公寓等。2010年，全市建筑企业施工总面积6547.9万平方米，竣工2653万平方米，完成施工总产值835.9亿元，在外省、省内市外分别完成建筑业总产值187.6亿元、269.8亿元；实现建筑业增加值175亿元。

四、交通运输邮电业

常州各级政府高度重视交通运输设施建设及相关产业发展，组织、投入大量资金，实施并建成大批铁路、公路、水路和机场、车站及邮电干支线网络等全国和省、市重点工程，改善了全市交通运输、邮政通信状况，为产业发展奠定了坚实基础。

交通运输业 1993—1997年，沪宁高速公路常州段、常州机场、戚月公路、苏南运河常州段、长江常州港万吨级码头、外环路二期、沪宁铁路常州客运站等重点工程相继建成并投入运行。1997年，全市公路通车里程、航道里程分别达1313公里、1260公里，完成客运量4242.25万人次、货物周转量26.33亿吨公里。2000—2003年，全市建成锡宜、宁杭、常澄、常宁、扬溧等高速公路常州段和新机场线及武金公路、石郎线、常泰公路、金宜公路、232省道、青洋路、中吴大道等高等级公路，沪宁高速常州段扩容，常州大外环公路（长110公里）竣工，基本形成“三环三纵一通道”的大交通格局。2003—2007年，全市新建改建国道、省道331公里和农村公路2600公里，京杭大运河常州市区段改线工程竣工，长江录安洲港区开工建设；城市防洪体系建设取得实效。2008—2010年，全市公路、铁路、水路与航空构成的交通运输网络体系日臻完善。2010年末，全市高速公路通车里程221公里，在建46.8公里，基本建成“两纵四横一环线”高速公路主骨架；同年，全市完成旅

2008年建成的横跨京杭运河的龙城大桥（摄于2009年1月）

客周转量154.1亿人次公里、货物周转量89.8亿吨公里；长江常州港完成吞吐量3155.9万吨，集装箱吞吐量首破10万标准箱，达10.6万标准箱，常州机场进出港旅客65.8万人次，行货邮吞吐量6720吨。

邮电业 1985年，全市有邮电局(所)215个，电话交换机容量1.72万门，完成邮电业务总量2454万元。1993—1997年，全市建成邮电局(所)220个，建成全市东电电话网、移动通信网A网、B网，开通C网数字移动通信。1995年，全市完成邮电业务总量5.76亿元，翌年全市电话交换机总容量达63.3万门，市话普及率达每百人34.2部。2000年，建成信息骨干网二期工程，年末全市有本地固话业务用户75.9万户、移动电话用户56.5万户、网络用户16.6万户，同年全市完成邮电业务总量28.4亿元；翌年完成供电、通信基础设施项目投资17亿元。2005年，全市本地网电话、移动电话总用户数分别达202.1万户、207.5万户，每百户城、乡居民家庭分别拥有电脑49.3台、10.3台。全市完成邮政通信业务总收入34.3亿元。2008—2010年，全市实施"光速常州"4兆提速工程，邮电通信基础设施、技术和服务功能日趋完善，网络信息化步伐加快，移动电话业务飞速发展，居民家庭电脑普及率快速上升。2010年末，全市移动电话、互联网用户分别发展到501.39万户、88.87万户，同年底全市完成邮电通信业务收入55.69亿元。

五、商 贸 业

1986—1992年，全市城乡市场平稳发展，商品流通秩序经过治理整顿有所规范，经营、价格、分配、用工放开的改革扩展到全部商业企业，市场培育步伐加快，江苏苏浙皖边界市场、凌家塘农副产品批发市场等大型市场相继建成，市场繁荣兴旺，成交活跃，商品销售在起伏中增长。1987年，全市有集贸市场264个。1992年，全市完成社会商品零售总额55.89亿元。1993—1997年，商业、粮食、供销和物资系统发挥流通主渠道作用，市区建成一批大型商厦。至1997年底，形成凌家塘、三角场、常澄路3个市场群，全市有3个市场年成交额达10亿元，其中苏浙皖边界市场成交额达30亿元，凌家塘农副产品批发市场年供农副产品相当于新增10万亩蔬菜果品种植面积。1998—2002年，市场建设稳步推进，新型业态竞相发展，汽车、住房、装潢等兴起。2002年，全市完成社会消费品零售总额248.8亿元，其中城镇、农村分别完成212.5亿元、36.3亿元；

常州商业大厦建成开业(摄于1993年10月)

市场总数发展到450个，成交总额342.2亿元。2007年，全市完成全社会消费品零售总额614.41亿元，308家限额以上贸易企业完成批零销售额667.01亿元；亿元市场增至57个，总摊位3.33万个、总面积275.8万平方米，商品成交总额676.73亿元。2008—2010年，国家实施小排量汽车购置税减半征收，家电、汽车以旧换新和家电、汽车下乡等扩大内需、刺激消费的政策，常州加强市场建设，消费品市场繁荣发展，培育出一批大型商品交易市场和年成交额达百亿元的龙头市场；超级市场、精品店、专卖店、便利店等零售业态竞相扩展经营网点，消费市场加速发展，市场销售回升，成交活跃。2008年，集购物、休闲、餐饮、娱乐等多功能于一体的莱蒙都会国际商业街区建成投运。2010年，江苏凌家塘市场、湖塘纺织城、长江塑化交易市场、常州钢材现货交易市场分别完成成交额180.2亿元、165.1亿元、163亿元和103.9亿元；全市完成社会消费品零售总额1054.4亿元。

六、旅 游 业

1986—1991年，常州旅游业开始起步，年均接待国际游客（含华人华侨）和港澳同胞游客不足1万人次，国内旅游收入不足1000万元。1993—1997年，天宁寺、天目湖、淹城遗址公园、茅山等景区初具规模，常州旅游业开始加速发展。1998—2002年，全市旅游景区景点等设施建设投资加大，旅游业提速发展。2001年，中华恐龙园建成开业。2002年，全市有国家A级及以上旅游景区景点5家，其中国家AAAA级旅游景区3家；接待境外游客8.1万人次、国内游客680.2万人次，完成全社会旅游收入61.3亿元，实现旅游增加值24.9亿元。2005—2010年，常州着力打造旅游目的地，建设旅游强市，南山竹海、御水温泉、春秋淹城旅游区、环球恐龙城、环球数字狂欢谷（环球动漫嬉戏谷）、红梅公园、青枫公园、常州博物馆和运河五号创意街区等重点旅游景区相继建成开放，接待服务能力显著增强，相继举办了旅游品质提升年、休闲旅游年、文化旅游年主题活动，全市5家旅行社跨入国内旅游百强社行列，环球恐龙城创成国家AAAAA级旅游景区。全市累计接待境外游客95.9万人次、国内游客7182.2万人次，完成旅游总收入866.1亿元。2010年末，全市有国家AAAAA级旅游景区1家、国家AAAA级旅游景区9家；有旅行社99家，星级酒店宾馆65家，其中五星级5家、四星级22家。 2007年，全市接待旅游总人数1771.77万人次，其中国内游客1746万人次、入境游客25.77万人次，完成旅游总收入199.28亿元，其中旅游创汇2.27亿美元。

环球恐龙城旅游区恐龙大剧场（摄于2010年6月）

七、金 融 业

银 行 业 1986年常州被确定为全国首批金融改革试点城市后，金融市场建设开始起步。1993—1997年，全市金融形势总体稳定。1997年末，全市金融机构存款、贷款总余额分别为403.16亿元、304.83亿元，银行现金净投放21.07亿元。1998—2007年，农村信用社改革取得成效，银行业运行稳健，金融机构存贷款快速增长，2002年末全市金融机构贷款总余额达560亿元。2007年末，全市金融机构存款、贷款总余额分别为2263.84亿元、1590.11亿元，现金净投放86.64亿元；金融机构外汇存款、贷款总余额分别为5.75亿美元、5.24亿美元。2008—2010年，全市金融机构强化金融风险管理，服务体系更加完善，初步形成种类齐全、布局合理、功能完善、运作高效、服务领域较全面的银行机构体系，金融运行总体平稳有序。江苏江南农村商业银行（总部驻常州）成立，浦发银行、兴业银行、民生银行等外地银行在常州增设分支机构，溧阳浦发村镇银行、武进龙城农村小额贷款股份公司、汇通农村小额贷款公司和盛大农村小额贷款公司组建成立。2010年末，全市金融机构存款、贷款总余额分别为4550.5亿元、3011.67亿元。

保 险 业 1986—1997年，常州保险业处于起步和加速发展阶段，机构不断增设，网点陆续铺开，服务覆盖面逐渐扩大。1992年，全市保险公司处理国内赔案8.83万件，赔结款5969万元。1997年，全市保险企业分别完成财产险、人寿险保费总收入2.45亿元、5.77亿元，赔结款金额分别为1.03亿元、1.75亿元。1998—2007年，全市保险业务领域不断拓展，多元快速发展，新险种销售势头良好，保费收入稳步增长。2002年，全市保险机构达11家，完成保费总收入25.7亿元，其中财产险5.77亿元、人寿险19.93亿元；赔结款金额5.67亿元。2007年，全市分别完成财产险、人寿险保费收入13.98亿元、33.45亿元，分别赔付8.11亿元、8.96亿元。2008—2010年，全市保险市场多元有序快速发展，累计实现保费收入220.7亿元，其中财产险58.7亿元、人身险162亿元，保险赔款给付支出累计47.1亿元。2010年末，全市有保险公司49家。

证券业 2008年以前，常州市政府重视支持和规范证券的发展，囿于市域范围较小、社会资金总量和经济辐射面较小，证券业发展较缓慢。2002年，全市5个证券营业部成交证券总量432.3亿元。2007年，全市证券交易总额5961.9亿元。2008—2010年，全市股票市场先萎缩、后活跃，债券市场为先活跃、后回落，企业上市踊跃，全市累计成交证券交易额1.57万亿元；有21家上市公司累计筹资153.5亿元。2010年，全市证券营业部增加到18个，常发制冷、常宝钢管、旷达集团在深圳中小板上市，创生医疗（器械）的股票、康辉医疗（器械）的股票分别在香港联交所主板、纽约证券交易所上市。

八、民营经济

1986年，常州民营经济规模小、影响也小，个体工商户仅4.1万户，完成零售总额2.21亿元，其中工业0.11亿元、商贸业2.1亿元。此后，各级政府加大对民营经济的扶持力度，民营经济发展迅猛。1997年末，全市有个体工商户8.7万户、私营企业8025户，从业人员达24.6万人；个体私营经济完成消费品零售总额56.38亿元、餐饮营业收入6.05亿元。1998—2002年，民营经济快速发展，占全市经济总量的比重大幅提升，支撑作用日益明显。2002年，全市个私经营户达11.38万户，个体私营企业注册资金达191.1亿元，从业人员达33.4万人，完成社会消费品零售总额135.6亿元。2003—2007年，民营经济在调整中发展。2007年末，全市个体工商户、私营企业分别达12.34万户、4.82万户，注册资金总额达888.6亿元。2008—2010年，全市民营经济快速健康发展，经营规模稳步攀升，综合实力显著增强，对全市国民经济发展的支撑作用和地方财政的贡献日益提升，全市增加民营企业（含分支机构）1.28万家、个体经营户3.55万户。2010年末，全市个体工商户、私营企业注册资金总额达1688.2亿元；同年，全市规模以上民营工业企业完成总产值4618.5亿元，民营企业实现增加值1770亿元。

九、财政税收

常州各级政府注重扶持产业经济发展，涵养税源，促使全市国地两税收入和财政收入呈波浪式快速增长。1983—1987年，全市累计完成财政收入46.77亿元。1988—1992年，全市完成财政收入62.71亿元，1992年增至13.65亿元。1993—1997年，全市完成财政收入147.55亿元。1997年，全市财政收入增至40.18亿元，其中中央收入20.47亿元、地方一般预算收入18.92亿元、财政基金收入0.79亿元；完成财政支出19.39亿元。1998—2002年，全市完成财政总收入332.76亿元，其中2002年达102.9亿元。2003—2007年，全市完成财政总收入1192.97亿元，2007年达414.38亿元，其中地方一般预算收入158.07亿元。2008—2010年，地方财力和公共财政保障能力增强，支出向科教、文化、卫生、环保和社会保障等领域倾斜，全市完成地方一般预算收入687.3亿元、一般财政支出686.9亿元。2010年，全市民营企业上缴税收291亿元，对全市地方财税收入的贡献率达63.4%。

第二节　开放开发

1986—1987年，常州经济格局开始向外向型转变，有58个乡镇先后经省政府批准开放。常州先后与意大利普拉托市、日本高槻市等城市结为友好城市，加强了同苏州、无锡、上海经济区和新疆、广西、山西等省区部分城市的经济联合。常州高新区、省级开发区和乡镇工业开发园区等的基础设施、产业开发等建设开始起步并逐步完善，一批企业进区落户，发展壮大了产业规模。常州海关直通点、出口加工区和武进海关、国检办事处相继获批建成并投入运行；市政府组织实施了“加快利用外资，加大民资投入，加速园区建设”工程（简称“三加工程”），对外开放取得新的突破。

一、利用外资和港澳台资

1984—1987 年，常州采用来料加工、来样生产、来件装配、补偿贸易（简称“三来一补”）和举办合资企业等方式，直接利用外资和港澳台资 7875 万美元，引进项目竣工投产 240 个。1988—1992 年，吸引外商投资翻了 3 番，至 1992 年末，全市累计批设“三资”企业 760 家，商业、旅游、房地产等第三产业的合资合作起步。1993—1997 年，利用外资和港澳台资大项目、增资项目、高新技术项目日渐增多，累计批设总投资额达 1000 万美元的合资项目 138 个，日本东芝、韩国现代等 50 家国际大公司落户常州，利用外资和港澳台资领域拓展到基础设施、农业和第三产业等领域。到 1997 年末，全市有外商、港澳台商投资企业 1504 户，全市累计实际利用外资和港澳台资 18.68 亿美元，年均增幅 47.6%。2003—2007 年，全市实际到账注册外资和港澳台资 52.53 亿美元，有 46 家世界 500 强企业落户常州。2008—2010 年，全市优化投资环境，产业招商、项目招商等成效显著，外资和港澳台资结构继续优化，实际到账外资和港澳台资 69.7 亿美元，签订总投资达 1 亿美元或注册外资和港澳台资达 3000 万美元项目 79 个。2009—2010 年，新增世界 500 强企业投资项目 10 个。2010 年，全市制造业、生产性服务业分别实际到账外资和港澳台资 15.3 亿美元、1.9 亿美元；至同年底，世界 500 强中的 51 家企业在常州投资项目 76 个。

二、对外贸易

1983—1987 年，国家批准常州市深化对外开放后，全市出口创汇企业发展到 383 家。1988—1992 年，外贸收购总额年均增速 40%。1993—1997 年，全市完成自营出口总额 38.9 亿美元，年均递增 46.7%；全市有 26 家企业出口达 1000 万美元，64 个商品出口达百万美元。2002 年，全市完成外贸进出口总额 39.2 亿美元。2003—2007 年，全市进出口总额累计 441.6 亿美元，其中出口 321 亿美元。2008—2010 年，全市外贸进出口企业主动化解国际金融危机等不利因素的影响，实现外贸恢复性增长，全市累计完成进出口总额 549.9 亿美元，其中出口 396.7 亿美元、进口 153.2 亿美元。2010 年，全市实现贸易顺差 88.4 亿美元，机电产品出口 87 亿美元，占全市出口总额的 55.9%。

三、对外经济合作

1986 年，常州逐渐形成多渠道开拓、多方位推进、多层次提高的外经合作格局。1988—1992 年，全市签订外经项目合同总额 6554 万美元，兴办境外企业 58 家。1993—1997 年，全市累计完成外经营业总额 2.05 亿美元；常州企业在 47 个国家和地区兴办企业 84 家，建成全省最大的经济援助改革试点项目坦桑尼亚友谊纺织厂。1998—2002 年，全市签订对外承包劳务合同额 5.48 亿美元，完成对外承包劳务合同额 4.27 亿美元，2002 年在外劳务人员 5013 人。2003—2007 年，全市签订对外劳务承包合同额 15.5 亿美元，完成营业总额 10.66 亿美元。2008—2010 年，外经业务领域扩展，外经外包快速增长，成套设备输出明显增加，全市累计完成外经营业额 12.51 亿美元。2008 年，全市新派劳务人数 1863 人，年末在外劳务 3087 人，核准境外投资企业 20 家，中方协议投资 3625 万美元。2009—2010 年，全市新核准境外投资项目 70 家，中方协议投资总额 4.51 亿美元，连续 3 年倍增；实现服务外包合同额 4.84 亿美元。2010 年末，全市外包企业发展到 321 家，通过 CMMI3、ISO 27001 认证企业分别有 72 家、35 家，认证数占全省的 1/3，居全省地级市首位。

四、开发园区

常州开发园区建设起步于1992年。1993—1997年，常州新区规划了高新区、新龙区、新港区3个功能分区，常州高新区建成15平方公里范围内的基础设施；累计引进外资和港澳台资项目200余个，利用外资和港澳台资总额6亿多美元，投资总额达1000万美元项目33个；1997年新区技工贸总值达120亿元。全市7个省级开发区建设抓紧推进。1996—1997年连续举办了两届以中小企业为主题的国际经贸活动。

1998—2002年，全市3级开发园区建设快速有序推进，利用外资和港澳台资大项目、增资项目、高新技术项目增多，规模和质量跃上新的台阶，成为全市新的经济增长极；常州高新区（新区）启动建设江边化工区、电子科技产业园和国家级环保产业园等专题园区，新港区建设框架形成，外资和港澳台资项目增多，发展势头快速强劲。2001年，全市开发区完成业务总收入432.5亿元。翌年，省级钟楼经济开发区成立，重点乡镇工业小区建设步伐加快，全市开发区实际利用外资和港澳台资（原口径）9.8亿美元。

2003—2007年，沿江开发主要实施录安洲开发、通用码头二期工程等重大基础设施项目和江边精细化工区建设；国家级一类口岸、常州高新区海关直通点、出口加工区和海关、国检武进办事处建成投入运行；各级园区建设成效显著，重点乡镇工业园区建设快速推进。2007年，全市省级以上开发区完成基础设施投资101.6亿元，累计开发92.6平方公里，实际到账注册外资和港澳台资13.9亿美元，实现业务总收入3598.4亿元，完成工业产品销售收入2395.4亿元。2008—2010年，全市强势推进产业园区基础和配套设施建设，武进出口加工区通过国家级验收，封关运作；10个省级及其以上开发区累计增加注册外资和港澳台资102.62亿美元。2008年，全市10个省级及其以上开发区完成自营出口65.4亿美元，常州高新区引进总投资达1000万美元外资和港澳台资项目28个。2010年，全市开发区实际到账外资和港澳台资25.2亿美元。

第三节　城乡建设

常州市城市总体规划逐步获准调整为按照大城市格局、现代化功能、国际化规范的建设发展目标，编制了两轮城市总体规划，经国务院、省政府批准后逐步实施；各级政府不断加大城市建设投资，分阶段实施城乡基础设施建设工程，加快老城改造，农村集镇按照各期规划有序推进建设。1986—1992年，市区道路拓宽、住宅和基础设施建设加快，其中1988—1992年城市基础设施投资量相当于前5年的3.22倍。1993—2002年，全市交通、市政、供电和电信等城市基础设施建设投资总额达287.5亿元。2003—2007年，编制完成新一轮城市总体规划，城市框架初步拉开，南北新城初具规模，2007年底城镇化率达61%，常州获得中国人居环境范例奖。至2010年，随着京沪高铁、沪宁城际铁路和沿江高速、扬溧高速及常州大外环公路、环城高架道路等交通干线的建成，城市区域交通枢纽地位更加巩固，现代化特大城市的框架基本形成。加强城市公用事业、环境卫生和市容市貌管理，城乡建设逐步走上规范化、信息化和科学化管理的轨道。

一、基础设施建设

1983—1987年，常州市加强城乡通信和交通设施建设，市话网扩容，乡乡通公路，拓宽改造了城区主干道12条和4级以上桥梁14座，开通了圩塘长江汽渡，新建了民用航空站，扩建了常锡公路东段，实施沪宁高速公路常州段、邮电通信等工程。1993—1997年，沪宁高速公路常州段、苏南运河常州段改造等国家、省级重点基础设施工程建成，同济立交桥、煤气一期、长江引水二期、通江大道、民航机场改扩建、长江常州港区码头、外环路、新常漕公路、火车站客站改扩建等21个重点工程相继建成。

1998—2002年，市委、市政府确定了建设现代化特大城市的总体思路和目标，通过加大建设投资推进城镇化进程，武南输变电工程等重大基础设施建设项目竣工投运；市区城中路、怀德路、劳动路等主干道拓宽，外环路二期、延陵西路、勤业路等道路新建、改造及五星大桥、广化桥改造工程如期完成，拓展优化城市空间布局，拉开了特大城市的框架。

2003—2007年，市政建设投入创历年高水平，建成高架路（西半环）、青洋路、长江路、春江路、龙江路北段、勤业西路等网络型、功能型市政骨干道路，拓宽改造了兰陵路、清凉路、采菱路等市区道路。2007年新建、扩建城市道路近1000公里。

2008—2010年，南部新城初具规模，北部新城全面启动建设；兴建了常州机场新航站楼和京沪高速铁路、沪宁城际铁路、宁杭铁路客运专线及配套场站，西绕城高速、泰州长江大桥南接线等重大基础设施，长虹路、通江大道、239省道改造及中吴大道、新机场路城市化改造等骨架道路建成通车，录安洲夹江港区一期工程及京杭运河东、西港区等基础工程竣工；完成背街小巷整治一、二期工程，建成“三河三园”工程。2010年，国家重点工程沪宁城际铁路的配套工程飞龙东路、站前路等道路建成。同年9月28日，青洋路高架建成通车。

二、公用设施建设

1986—1992年，常州市投资建成长江引水一期、二期工程和人工煤气一期工程。1993—2002年，建成长江引水工程续建、魏村水厂、常武水厂和市区人工煤气二期及城市污水处理一期、城北污水处理厂二三期等重点市政工程。1997年末，市区人工煤气用户累计6.52万户。2003—2007年，一批供水、供气、垃圾、污水处理等市政公用工程建成投运。2008—2010年，投资建成北塘河水利枢纽、“川气东送”工程和江边污水处理厂二期等城市重点防洪、供气等公用设施。2009年，投资20多亿元建设电网。翌年底，市区管道燃气用户达40.7万户，城市燃气气化率达99%；城乡电网建设得到大发展，保障全市生产生活需要。

三、镇村建设

1986—1992年，金城、溧城、湖塘、横林、奔牛等城镇由各县市统一规划建设，初具规模。1993—1997年，横山桥、薛埠、洛阳镇被省政府命名为首批新型示范小城镇，完成苏南路网改造，乡镇全部实现路面黑色化，1997年全市城镇化水平达40%。1998—2002年，随着县级市驻地镇和乡镇经济快速发展，乡（镇）政府积累一定的财力投入镇村建设，新建、改造了一批街道、路灯、供水、环卫、商贸等公共服务设施，逐步开发建成一批功能配套较齐全、环境优美的住宅小区，集镇面貌焕然一新。2003—2007年，全市综合整治农村环境，推进社会主义新农村建设。2008—2010年，实施新农村建设农村道路通达工程、农村教育培训工程、农民健康工程、农村环境整洁工程和农村文化建设工程，组织开展以“三清一绿”（清垃圾、清粪污、清河塘、村庄绿化）和“五化三有”（道路硬化、村庄绿化、卫生洁化、河塘净化、环境美化，有公共服务中心、有长效管理机制、有乡村文化）为主要内容的整治村庄环境专项行动，农村环境明显改善。2008—2009年，全市新建、改建农村公路702.7公里，改造农村危桥660座，疏浚县乡河道98条360公里，清淤河塘4676个。2010年，全市完成“三清一绿”千村整治工作，480个村达“五化三有”标准，建成小康家园示范村30个。

四、城市管理

1993年以前，城市管理尚停留在环卫、市容管理等初级阶段。1993—1997年，连续三年开展“城市管理年”活动，1995年常州创建成为全国卫生城市。1997年，实施市容专项整治项目18项，改造了局前街、清潭路等街道临街设施，整修县直街、常新路等道路20条，推进了市河管理、环卫设施、垃圾袋装化等工作。1998—2002年，新建垃圾处理综合工程、城区粪便集中处理工程，剑湖垃圾处理厂形成日处理堆肥150吨、焚烧垃圾100吨的能力；1998年底，武进市投资2000万元建成的夹山垃圾填埋场投用。2003—2007年，综合整治了主要道路市容环境和市区水环境，落实城市长效管理制度13项，城乡环境面貌显著改善。2008—

2010 年，市政府实施市容环境工程，提升城市主要道路环境，市区新建、改造公厕 176 座。2009 年，建成数字化城管三级平台和视频监控系统，市区数字化城管覆盖到 220 平方公里。2010 年，实现生活垃圾全部无害化处理。

第四节 社会事业

1993—1997 年，常州全面完成社会发展综合实验区第三期试点规划，编制和启动实施了《常州 21 世纪议程》及 16 个专项行动计划，成为全国首批实施《中国 21 世纪议程》的地级试点城市。

一、科技事业

科技人才 1993—1997 年，常州市政府实施跨世纪科技人才培养“831 计划”，重奖有突出贡献的科技人员 18 名。1998—2007 年，各级政府和机关企事业单位大力引进优秀人才，全市专业技术人员净增 15.62 万人，2004—2007 年引进博士 112 名（不含 2006 年），2007 年末全市专业技术人员达 31.26 万人。2008—2010 年，全市深化人才强市战略、人才优先发展战略，建立招商引资与招才引智联动机制，拓宽与海外留学人员的沟通联系渠道，组织海外人才招聘活动，引进高层次创业人才及团队。2008 年，市政府出台《关于加快引进领军型海归创业人才的补充规定》；实施新一轮千名海外人才集聚工程，引进领军型海归创业人才 4 批，签约 82 个项目，59 家企业注册落户；引进专业技术人才 2.5 万人。同年末，全市有专业技术人员 32.9 万人。2009 年，组织实施第五批领军型海归创业人才引进计划，签约引进人才项目 96 个，千名海外人才集聚工程 5 年任务 3 年完成。同年末，全市拥有专业技术人员 35 万人。2010 年，组织引进两批领军型创新创业人才，195 个领军型创新创业人才项目签约常州，全市引进专业技术人才 3.3 万人，其中博士 508 人、硕士 1267 人。至同年底，全市有 12 人入选国家“千人计划”、84 人入选省“双创人才”，均在常州创业；全市专业技术人才队伍发展到 37.2 万人。

创新平台 1992 年，常州高新技术产业起步后，各级政府和科研院所、企业纷纷加大科技投入，创建了一批工厂研究所、企业技术中心、工程技术中心和创业服务中心等孵化器。2001 年，累计建成企业技术中心 27 个。2005 年以后，开始创建博士后工作部站、院士工作站和重点实验室。2008—2010 年，各级政府大幅度增加科技投入，加快高水平科技创新三级平台建设，构建区域创新体系，成效显著。2008 年，全市新增企业博士后科研工作站 4 个和市级工程技术研究中心 23 个、高技术研究重点实验室 6 个，年末全市有市级以上“一站两中心”232 个，孵化器 17 个，其中省级以上孵化器 14 个。2009 年，全市举办“产学研”合作及对接活动 80 余场，签订合作项目 271 项；常州科教城引建机构、企业达 220 个。2010 年，全市新增国家级重点实验室 1 个、企业技术中心 2 个、博士后科研工作站 3 个；新增省级工程技术研究中心 92 个、博士后科研工作站 7 个、企业技术中心 17 个、企业院士工作站 17 个。全市孵化器面积累计 253 万平方米，在孵企业 3130 个。常州科教城引建机构和企业超过 400 个。

技术进步 1983—1987 年，科学技术在改革中与生产结合，取得科研成果 1228 项，其中获国家科技进步奖、科技攻关奖、科技情报成果奖 15 项，培育了技术市场，组织实施星火计划。1988—1992 年，国家科委批准建立苏锡常火炬带常州开发区，常州被确定为星火计划重点推广城市。1992 年，国务院批准常州建立国家级高新技术产业开发区，市政府开始组织实施“科技兴市”战略，发展高新技术产品，把电子信息、光机电一体化、新材料、新能源、生物和医药工程确定为高新技术发展的战略重点，全市累计实施国家和省级火炬计划、星火计划项目 123 项；累计完成高新技术项目 60 项，获国家级奖励 7 项、省级奖励 84 项。农业新技术与成果推广等成效显著。

1993—1997年，全市着力实施火炬计划、星火计划等科研项目，完成国家级新产品开发计划项目78项、省级新产品计划项目1042项；1997年全市科技进步对工业、农业增长的贡献份额分别为40.7%、52.8%。培育省高新技术企业70家，武进进入全国科技进步百强县前10名。

1998—2002年，常州高新技术产业发展迅猛，初步形成以常州软件园为载体的软件企业群，常州被评为全国科技进步先进城市，净增高新技术企业125家，累计实施“火炬”“星火”等市级以上科技计划项目1855项。1998年获省科技进步奖13项。2002年，全市高新技术企业达195家，高新技术产品完成总产值412亿元，占工业总产值的比重达24%。

2003—2007年，全市累计新增省级以上高新技术企业460家、研发机构126家，新增中国驰名商标6件、中国名牌产品25个。2008—2010年，全市高新技术产业投资强劲增长，实施高新技术产业倍增计划，启动国家创新型科技园区和创新型城市建设，初步形成全市创新网络，科技综合实力、自主创新能力和企业承担重大项目的能力明显增强。全市按照国家新的标准新认定省级高新技术企业476家，实施省级及其以上科技项目934项；常州轨道交通、太阳能产业基地被列入全省重点扶持的“双十产业”，常州科教城和亿晶光电科技公司被认定为国际科技合作基地。2008年，全市创成国家级特色产业基地9个。2010年，全市完成高新技术产业投资231.7亿元，实施国家级科技计划项目118项，新增高新技术产品528个，年末累计2915个。

技术专利 1983—1987年，常州实施了专利制度，申请专利141件，获得专利授权41件。1988—1992年，全市取得专利权604件。1998—2002年，全市专利申请、授权量在起伏中提升，申请专利4076件、授权专利3052件。2003—2007年，专利申请量、授权量分别达12981件、6212件。2008—2010年，各级政府、企业更加注重知识产权保护，全市申请专利37134件，获授权16486件。

“产学研”合作 常州从90年代中期开始组织实施“产学研”结合，至1997年底，全市70%的大中型企业与高等院校、科研院所建立“产学研”关系。1998—2002年，全市引进可供转让的有效科技成果2.02万项，完成技术贸易合同额17.7亿元。2003—2007年，与大学、大型科研院所的“产学研”合作成效显著；常州科教城建设取得重大进展。2008—2010年，全市引进和建设高层次研发机构，企业与高校、科研院所深化“产学研”合作。2008年，全市投资9.36亿元，实施重大“产学研”合作项目114项，完成总产值101亿元，增加利税13.4亿元。2010年，全市举办了重大“产学研”合作活动23场和较大规模的国际科技合作对接、技术交流活动4次、专题对接活动45场次，签订“产学研”合作项目368项。

2009中国常州轨道交通技术创新与产业发展国际论坛（摄于2009年9月）

二、教育事业

基础教育 1983—1987年，常州逐步建立和完善“分级办学、分级管理”新体制，高等教育较快发展。

1987年，全市120个乡镇普及九年制义务教育，至年末累计建成校舍24万平方米。1988—1992年，全市向基础教育投资2.36亿元，中小学基本实现校校无危房，建成刘国钧职教中心、聋哑学校等较高标准的示范学校，确立"分级办学、分级管理、社会参与、合力兴教"新体制，初步建成内外开放、功能互补的地方教育体系。1993—1997年，全市全面实施教育现代化工程，有24个乡镇、64所学校达到基本现代化标准，创成国家级职中8所和省级重点中学5所、实验小学2所，学前三年教育普及率达86%。1998—2002年，完成177所薄弱中小学的改造和市区幼儿园的布局调整，普通教育得到加强，乡镇全面达到教育基本现代化标准，教育质量稳步提高，高质量普及十二年基础教育，高考万人本科进线率连续5年居全省地级市首位。1999—2000年，全市新增国家级、省级示范、实验学校55所。2001年，新增国家级、省级示范和实验学校28所。

2003—2010年，常州市教育现代化整体推进，教育均衡协调发展，稳步实施现代化发展、均衡发展、内涵发展、主动发展四大战略，充实优质教育资源，优化教育体系，基础教育稳步提升，全面实现免费教育，高中教育质量稳步提升；深入推进"蓝天计划"，外来务工人员子女全部普及九年义务教育。2008—2009年，全市实施校舍安全工程，累计投资20亿元，实施投资额达千万元教育重点项目44个(含农村中小学)，完成建筑总面积86.8万平方米。2008年，教育质量高位攀升，高考实绩创历年新高，全市二本及其以上达线率44.4%，居全省地级市首位。2009年末，全市中职专业教师"双师型"教师比例达60%，省优质幼儿园达120所，有省优质初中、小学233所；公办高中全部达到省三星及其以上标准，其中四星级18所。2010年，全市新增省优质幼儿园6所、省优质小学21所、省优质初中10所。年末，全市有全日制学校316所，在校学生44.1万人，其中普通中学12.1万人、小学22.2万人、特殊教育761人，在园幼儿9.7万人；至2010年底，全市累计认定教师资格5.7万人，其中专任教师3.1万人。全市学前三年教育、义务教育全部普及，初中毕业生升学率达99.9%，落实帮困助学金2700万元。全市创成省级艺术特色学校9所、健康促进学校25所、绿色学校11所和首批青少年科学教育特色学校5所。

参加高考的考生走出考场与家长激情拥抱(摄于2010年6月)

高等教育　1987年，常州市高校在校学生4578人。1988—1992年，高等教育发展较快，1992年高校在校生5469人。1993—2007年，高等教育规模扩大，常州信息职业技术学院、常州轻工职业技术学院、常州工程职业技术学院、常州机电职业技术学院、常州师范专科学校、常州纺织服装职业技术学院相继成立，常州工学院由专科学院升格为本科学院；全国首家以高等职业教育为显著特色的常州大学城一期建成，带动了武进新城区的建设。2008—2010年，全市高等教育协调发展，科研成果产业化转移力度加大，常州市大学科技园被科技部、教育部认定为国家大学科技园。2010年3月，江苏工业学院更名为常州大学，成为常州第一所综合性大学。2010年末，全市普通高校在校学生12.3万人。

职业教育　1987年，常州的中专、职中、技工等类学校有在校学生2.8万人。1988—2007年，职业教育规模扩大，2001年新确定国家级、省部级重点中专(技)校3所。2003年，整合常州物资学校、旅游学校等学校兴建新北区职教中心(常州旅游商贸高等职业技术学校)；翌年常州高职教育基地西区(即常州大学城)基本建成，有在校学生4万人。2007年，全市职业中专、技工学校在校生达4.4万人。2008—2010年，新增金坛、溧阳两市和武进区的职教中心等省四星级职业学校4所，常州艺术高等职业学校升格为五年制高职校；常州职校学生获全国性技能大赛金牌10枚、省级赛金牌48枚。2009—2010年，新增省高水平示范性职业学校5所。2010年，全市职业学校全部达省三星及其以上标准，秋季全市普通中专(含职业中专)、技工学校和职业高中在校学生7.1万人；拥有省级课改实验点5个、省级示范专业8个；全省普通高校对口单招考试本科录取率51.4%，总录取率98%，蝉联江苏十一连冠。

终身教育 1986—1997年，常州基本形成成人教育网络，运行正常。2008—2010年，终身教育深入推进，基本建成社区大学、社区培训学院、社区教育中心、居民(村民)学校四级社区教育网络。2009—2010年，全市终身教育机构培训300万人次。2009年，全省首家社区大学成立，7个辖市区全部成为省级及其以上社区教育实验区，自主开发课程100门。翌年，常州终身教育在线设立社区教育课程1万门(讲)。全市成人高校及成人中专在校学生4.1万人，新增全国社区教育示范区1个。

三、文化事业

文学艺术 1988—1992年，常州有一批新创作剧目、优秀艺术人才和文化成果获省级以上奖励。1993—1997年，实施文化精品战略，创作出《诸葛亮与小皮匠》等全国、全省获奖文艺作品。1998—2007年，创作了大批优秀文艺作品，编纂完成《常州文化志》《江苏戏曲志·常州卷》等文化专业志。2001年，大型文献纪录片《瞿秋白》、滑稽戏《我要做好孩子》和歌曲《清晨，从田野上走过》获全国第八届精神文明建设“五个一工程”入选作品奖。2001年末，全市有艺术表演团体10个、文化馆站及群艺馆76个、公共图书馆4个和博物馆、纪念馆7个。2002年，成功举办第二届常州艺术节、常州当代书画作品展等文化活动。2003年，18集电视连续剧《天骄》获全国和江苏省“五个一工程”奖。

2008—2010年，全市文化精品创作成果丰硕。2008年，第二届常州戏剧文学奖征集戏剧剧本类作品16个、曲艺小品类作品19个，获2007—2008年度江苏戏剧文学奖评奖第一名；原创舞剧《格桑花·茉莉花》入选2007—2008年度江苏省舞台艺术精品工程初选剧目。2008年末，全市有艺术表演团体10个和文化馆、群众艺术馆(站)8个。翌年，电影《邓稼先》、广播剧《军训日记》获全国“五个一工程”奖，电视剧《郭海的家事》、动画片《太空足球》获省“五个一工程”奖。同年，常州地方曲艺发掘抢救学术观摩展演及研讨活动在北京举行。有13件作品入选省级展览，3件作品入选江苏省重大历史题材美术作品展。常州艺术高等职业学校获全省高职院校技能比赛金牌7枚、银牌铜牌12枚。2010年，《我们成长快乐》获首届全国戏剧文化奖优秀演出奖等奖项7个，有19家动漫企业被认定为全国动漫企业，投拍了电影《秋之白华》《恐龙宝贝》《晶码战士》，5部动漫作品在中央电视台播出。

文化遗产 1993—1997年，全市有40多个文物保护点得到较好保护。2001年，常州被确定为省级历史文化名城。2006年，收集、整理和编辑《常州先哲遗书》，收集整理其中93种书籍的目录。2008—2010年，开展了第三次全国文物普查，新发现文物点1270处。2009年，《常州词派》研究丛书编纂完成。2010年，新中国成立以来常州地区规模最大的古籍整理编纂工程《常州先哲遗书》重版发行。是年，全市修缮了恽氏庭院、前后北岸楠木厅、道台府(将军楼)、庄氏济美堂、星聚堂等文物保护单位76处，抢救性发掘了颐和家苑地块明清墓葬群，恒源畅厂修缮保护被列入全省京杭大运河保护十大重点工程，常州市非物质文化遗产展示馆建成开放；全市新增全国重点文物保护单位3处、省级文物保护单位5处，公布市(县)级历史文化街区1处、历史建筑33处、文物保护单位99处。

博物馆图书馆纪念馆　1993—1997 年，常州市图书馆、刘海粟美术馆、少年科学艺术宫等较先进的社会发展项目建成，其间成立全省首家少儿自然博物馆。1998 年，全市展览馆举办艺术及爱国主义教育展览 40 个（场），接待参观者 15 万人次。2001 年，全市有博物馆和纪念馆 7 个、公共图书馆 4 个。2003—2007 年，常州博物馆新馆、常州规划馆相继建成。至 2008 年，全市有博物馆和纪念馆 10 个、公共图书馆 4 个。至 2009 底，常州在全省率先实现市和辖市区文化馆、图书馆、博物馆等公益文化设施向公众免费开放。2010 年，建成全市博物馆藏珍贵文物数据库，馆藏文物 5.23 万件，其中国家一至三级文物 4047 件（套）；全市图书馆、博物馆、纪念馆等场馆接待参观者 216 万人次，常州市图书馆被评为国家一级公共图书馆和全国重点古籍保护单位。

大众传媒　1993—1997 年，常州广电中心和常州有线广播电视台建成，与武进、金坛、溧阳实现联网，播出广播电视节目 27 套，有线电视网络覆盖城市 85% 的面积。2001 年，全市有线电视网络用户达 54.2 万户。翌年，自办广播电视节目 19 套、有线电视传输节目 30 套；《常州日报》《常州晚报》《常州广播电视》报总发行份数达 6006 万份。2007 年，全市有线电视用户发展到 89 万户，自办广播电视节目 15 套，分别传输模拟、数字有线电视 37 套、85 套；《常州日报》《常州晚报》《常州广播电视》报总发行份数降至 5960 万份。2008—2010 年，常州加大投资改造广电网络，提升网络质量，通过有线电视双向传输改造，累计增加数字电视用户 52.06 万户，实现广播电视节目综合全覆盖。同年末，数字电视用户数达 78.56 万户。

群众文化　1986—2007 年，常州各级文化部门、表演团体利用节假日和重大纪念日，常年组织群众开展了音乐、舞蹈、戏曲、美术书法等专业的文艺表演、会演和送文化下乡活动。2008—2010 年，实施文化惠民工程，惠民演出常态化，常州市级文艺团体组织开展送戏、送书、送电影“三下乡”活动，群众文艺活动丰富多彩。2008 年，开展常州农民读书节活动，建成农家书屋 300 个；金秋书场、戏曲会馆、青果巷百家论坛等群众文化品牌受到市民欢迎。2009—2010 年，累计送戏 2977 场、送电影 2.51 万场，戏曲会馆、小剧场、金秋书场等文化场所累计举办 1685 场。2009 年，实施歌舞演艺品牌化发展战略，常州大剧院建成运营。组织“幸福广场——文艺周周演”暨千台文艺节目走进社区（村镇）活动，组织开展了红歌会、“祖国颂”老年文艺会演、“歌唱祖国”群众广场文艺会演等大型国庆文艺活动。2010 年，全市“三下乡”活动赠送图书 2.3 万册。

第四届农民文化节（摄于 2000 年 11 月）

四、医疗卫生事业

1988—1992 年，常州贯彻“预防为主”的方针，调整卫生布局，推进市和县（市）区、乡镇（街道）3 级医疗卫生网络建设，常州职业病防治、结核病防治及农村合作医疗覆盖面等均居全省第一，金坛创成全国首批初级卫生保健工作达标县。全市人均期望寿命由 1986 年的 72.35 岁增至 73.45 岁。1992 年，常州入选全省“五佳”卫生城市。1993—1997 年，常州市第一人民医院、常州市中医医院和常州市卫生防疫站通过评审达三级甲等标准，精神病防治达全国先进水平；全市婴儿死亡率、孕产妇死亡率和平均期望寿命达中等发达国家平均水平。1998—2007 年，全市卫生基础设施建设加强，医疗水平提高。2008—2010 年，全市推进医药卫生体制改革，优化医疗资源布局，完善基本医保政策，实施卫生惠民工程，提升医疗服务水平，医疗卫生保障体系逐步健全，卫生事业可持续发展。2009年，积极防控甲型H1N1流感。2010年末，全市医疗卫生机构发展到1103个，其中医院、卫生院93家；卫生技术人员2.19万人，其中执业（助理）医师7933人、注册护师护士7777人；每千常住人口拥有卫生技术人员4.77人、执业（助理）医师1.73人、病床3.64张。

社区医疗卫生 2009年，常州城区建成社区卫生服务中心19家、服务站63家，基本装备全部达标，形成15分钟社区卫生服务圈。全市社区卫生服务机构零差率药品品种规格增至300种，向群众让利1564万元，社区门诊“六免二减”（即挂号、诊疗、一类疫苗接种、健康建档、康复训练、计划生育指术指导等服务项目不收费，检查和治疗费用减免10%）减免1258万元。2010年，城市社区卫生服务中心和服务站业务用房、基本装备全部达省定标准。城市社区卫生服务机构全科医生、护士岗位培训率达90%。甲型H1NI流感、手足口病得到有效防控，儿童免疫“五苗”（卡介苗、脊髓灰质疫苗、百白破混合制剂、麻疹疫苗、乙型肝炎疫苗）覆盖率98.6%。

农村医疗卫生 1995年，常州农村提前5年达“2000年人人享有卫生保健”标准。1998—2007年，发展社区卫生服务和农村初级卫生保健，实施农村改水、改厕工作。1999年，全市初保合格乡镇达90%。2000—2001年，全市创建成省级卫生镇、卫生村67个。2005年，全市乡镇提前3年达到省农村初保先进地区标准。2008年末，全市农村社区卫生服务中心（站）等服务机构达570个，翌年农村参保居民平均住院补偿率为40.7%。2008—2009年，全市建成市级农村示范社区卫生服务中心、服务站217个。2008—2010年，农村医疗条件明显改善，卫生服务体系健全，卫生事业全面发展，爱国卫生运动成效显著。至2010年底，全市累计建成镇卫生院66个、村卫生室492个，其中省级示范乡（镇）卫生院4家、市级示范中心39家。同年，武进的雪堰镇、遥观镇和金坛的薛埠镇被评为国家级卫生镇，全市创成省级卫生镇27个、卫生村207个。

五、体育事业

1986—2010年，常州市清潭体育中心、奥体中心等大型体育场馆和大批中小型体育健身场所、设施陆续建成开放，一大批学校体育设施向社会开放，群众体育、竞技体育、体育产业蓬勃发展，全民健身运动普遍开展。1988—1992年，武进、溧阳创建成为全国体育先进县（市）。2004年，常州连续8年被评为全国全民健身先进城市。2008年，常州跻身全省首批体育强市。

竞技体育 1988—2010年，常州运动员累计获得省运会比赛金牌403枚；常州籍运动员参加全运会获金牌17枚、银牌17枚、铜牌21枚；获亚运会金牌10枚、银牌7枚；获世界锦标赛金牌15枚；获奥运会金牌1枚、银牌2枚。产生常州籍世界冠军15人，其中2008年陆春龙夺得北京奥运会男子蹦床网上个人冠军，成为常州首位奥运冠军。2008—2010年，常州成功举办了3届李宁杯中国羽毛球大师赛和第十九届世界女子手球锦标赛、第十七届国际泳联跳水世界杯赛等国际比赛11项次，全国性赛事31项次，省级赛事71项次。2010年，成功承办江苏省第十七届运动会，参赛运动员达1万余人，常州有768名运动员参加27个大项、589个小项的比赛，取得奖牌总数第一、总分第二、金牌总数第三的成绩。

群众体育 1988—2010年，常州市全民健身工作指导委员会成立；市级体育单项协会发展到30个，民办非企业体育俱乐部25个；社会体育指导员总数超过8000名，每万人拥有社会体育指导员达22人；37个乡镇、20个街道的全民健身中心全部建成，形成市、区、街道（乡镇）、社区（行政村）群众体育设施的全覆盖；建成红梅公园、青枫公园、飞龙公园、圩墩公园、西林公园等主题公园，体育主题公园增至13个；公共体育场馆全部向社会开放，35所中小学具备开放条件的体育设施2008年起全部向市民开放；全市体育人口比例达52.3%，连续14年获得全国全民健身优秀组织奖。

体育产业 1988—1992年，常州少体校训练馆、室内游泳馆投入使用。1993—2002年，体育中心一期工程、运动学校综合训练馆等投入使用。2006—2008年，先后建成常州奥体中心、室内网球馆等标志性体育场馆。2007年率先成立体育产业发展公司，主导体育专业比赛、兼营会展、演艺、房地产等相关产业，形成体育产业体系发展格局，承办江苏省第十七届运动会开幕式和闭幕式、演唱会、中国羽毛球大师赛、中国常州科技经贸洽谈会等大型活动，社会和经济效益显著。至2010年底，公司资产由成立之初的3000万元增至5亿元，产值增至14亿元。2008年成立体育发展基金会。2008—2010年，社会投资兴办的体育娱乐机构和设施迅速增加，2010年底体育彩票累计发行销售额突破7亿元。

第五节　人民生活

1983—1987年，常州城乡居民的物质文化生活逐步改善，社会安定团结。1988—1992年，全市居民物质文化生活水平逐步提高，绝大多数人的温饱问题得到解决，部分地区开始向小康目标奋进。1993—1997年，城乡居民生活水平和生活质量都有显著提高。2007年，常州成为全省第三个以县为单位达全面小康目标的地级市。

一、社会保障

1987年10月起，常州开始施行城镇企业职工养老保险费社会统筹。1997年，全市建立养老、失业、工伤、女职工生育等社会保险制度与企业最低工资制度、失业救济保障制度。2000年起，全市企业退休职工基本养老金纳入社保统一发放，城镇职工医疗保险覆盖面达85%，城市低收入困难家庭实现应保尽保。2003—2007年，社会保障体系不断完善，2006年全市新型农村合作医疗保险（简称“新农合”）参保率达98%。翌年，城镇养老、医疗、失业三大保险综合覆盖率升至97%。2007年建立并实施城镇居民基本医疗保险制度，2010年参保人数为22.8万人，参保覆盖率达98%。2008—2010年，全市社保体系日趋健全。2008年、2009年和2010年，全市新农合参保人数分别为201.6万人、190万人和186.8万人，人均筹资标准分别为135元、198元和245元。2008年，新农合实现全部参保，覆盖面居全省地级市第一。2010年，《常州市市区城乡居民社会养老保险实施办法》出台，常州市率先建立城乡居民社会养老保险制度，38万人直接享受基础养老金。经多年连续调整，市区企业退休职工人均基本养老金达每月1661元。2010年，全市净增养老、医疗、失业、工伤和生育五大保险参保人员33.9万人，企业养老保险、职工基本医疗保险和失业保险覆盖率98%；全市征收五大保险基金96.6亿元，支出76.5亿元。

二、慈善救助

2008—2010年，常州市政府组织实施“关爱工程”和老年人“阳光工程”，加强基本养老服务体系建设，创新慈善事业，募集慈善资金，增强救助能力，加强对困难群体的慈善救助，扩大城乡居民最低保障和救助覆盖面。2009年末，全市慈善基金总额达15.43亿元，重点实施助医、助学、助老、助孤、助残、助困6种救助，支出2554.88万元救助1.96万人次。2010年末，全市有31127户、59483人进入低保，其中城镇11620户、22331人，农村19507户、37152人；全市建有养老服务机构93个，拥有床位1.31万张，收养7567人，建成A级及其以上居家养老服务中心407个；全市有1214名大病重病患者获得医疗救助。

三、居民收入

1987年，常州市职工人均工资性收入、农民人均纯收入均比1983年翻了近1番；城乡居民人均储蓄存款比1983年翻了1番多。1992年，城乡人均储蓄比1987年翻了两番。1997年，常州市城镇居民家庭人均可支配收入、农民人均收入分别比1992年增1.73倍和1.65倍；年末城乡居民人均储蓄存款比1992年增2.7倍。2003—2010年，城乡居民收入、储蓄持续稳步增加。2010年底，全市居民储蓄存款总余额2009.24亿元。

1987—2010年主要年份常州市城乡居民收入、储蓄增长统计表

表27-3-1　　　　单位：元

年份	城镇居民人均收入	农村居民人均收入	城乡居民人均储蓄		年份	城镇居民人均收入	农村居民人均收入	城乡居民人均储蓄	
			金额	比上期末增(%)				金额	比上期末增(%)
1987	1236	855	428		2002	9933	5138	14565	127.9
1992	2509	1588	1731	304.4	2007	19089	9033	30560	110.1
1997	6853	4216	6407	270.1	2010	26269	12637	55688	81.8

2010年常州市城乡居民家庭年人均可支配收入(分组)统计表

表27-3-2

农村居民			城镇居民		
年人均可支配收入分组	各组比重(%)	年人均可支配收入(元)	年人均可支配收入分组	各组比重(%)	年人均可支配收入(元)
0.4万元以下	9.2	2258	1.2万元以下	16.8	8965
0.4万～0.6万元	9.7	5278	1.2万～1.8万元	23.2	14587
0.6万～0.8万元	9.5	7060	1.8万～2.4万元	24.4	20452
0.8万～1万元	15.3	8898	2.4万～3万元	10.7	26862
1万～1.2万元	10.0	11023	3万～3.6万元	6.6	32404
1.2万～1.4万元	9.2	13134	3.6万～4.8万元	7.5	40976
1.4万～1.6万元	10.8	14981	4.8万～6万元	4.4	53144
1.6万～1.8万元	4.2	16693	6万元以上	6.4	110535
1.8万～2万元	6.6	18967			
2万元以上	15.5	27329			

四、居民消费

1987年底，常州市有商业网点3.7万多个，城镇每千人拥有量从1983年的5.8个发展到10.8个。1992年，全市社会商品零售总额55.89亿元，比1987年增1.2倍。1993—1997年，以菜、禽、蛋、鱼、猪为重点加强“菜篮子”工程建设，城乡物价稳定，市场繁荣。1998—2002年，城乡居民消费水平迅速提高，2002年全市城镇、农村居民恩格尔系数分别为36.8%、40.4%；每百户城镇、农村居民家庭分别拥有彩电154台、101台，空调95.5台、22台，移动电话88.5部、45部；城镇、农村居民人均房屋使用面积分别达17.44平方米、54.2平方米。2003—2007年，全市完成社会消费品零售总额2182亿元。2008—2010年，以提高家庭生活质量为代表的家居用品、休闲娱乐类、家电等热点商品持续旺销，汽车、高档服装、进口化妆品、金银珠宝等日益成为消费热点，居住出行类商品销售红火，机动车拥有量持续增长，年均约增2～3成。2010年，城镇、农村居民人均消费性支出分别为17124元、9924元，恩格尔系数分别为32.7%、35.1%，居民消费价格指数(CPI)103.4，明显上扬。个人消费贷款增长迅速，其中个人中长期、短期消费贷款总额分别为424.2亿元、13.2亿元。全市汽车、金银珠宝两类商品分别完成零售总额163.1亿元、12.1亿元；年末全市拥有民用汽车45.4万辆，其中私家车33.9万辆。

第四章 政策研究

1983年6月，常州市经济研究中心成立，是市委、市政府的经济决策咨询服务机构，下设工作机构常州市经济研究所，内设综合经济研究室、苏锡常区域经济研究室、经济信息研究室、编辑部等机构。此后，常州市医药经济研究所、物资经济研究所、计划经济研究所、工业经济研究所、农业经济研究所、商业经济研究所、金融经济研究所、城乡建设经济研究所、财政经济研究所和金坛县经济研究中心、溧阳县经济研究所等机构陆续成立，全市经济研究网络逐步形成。1991年，常州市经济研究中心（所）增挂"常州市政府研究室"牌子。1997年2月，市经济研究中心（所）撤销，市政府研究室与市政府办公室合署办公，2001年9月成为市政府工作部门。至2010年底，开展了大量的经济社会发展课题与政策调查研究，为市政府决策提供参考。

第一节 调研活动

1986—2010年，常州市经济研究中心(所)、市政府研究室围绕全市经济社会发展和涉及民生的宏观、微观问题，广泛开展调查研究活动。

1986—2010年常州市市级政府(政策)研究机构主要调查研究成果分阶段统计表

表27-4-1　　单位:项

年份	合计	宏观经济	产业经济	对外经贸	城乡建设	社会建设	年份	合计	宏观经济	产业经济	对外经贸	城乡建设	社会建设
1986—1987	16	8	6	2	—	—	2003—2007	60	21	18	2	8	11
1988—1992	52	23	21	7	—	1	2008—2010	42	6	19	—	9	8
1993—1997	37	18	12	1	5	1	累计	227	84	83	15	24	21
1998—2002	20	8	7	3	2	—							

一、综合调研

1987年，常州市经济研究中心开展了常州搞活城市工作情况调查。1990年，市经济研究中心开展了完善城市区级政府职能的调查。1991—1995年，市经济研究中心、市政府研究室的汤永安、管锦法等开展了常州在长江流域开发开放中的地位和作用、常州沿江岸线利用与开发规划、苏南模式的创新与发展、经济调控与反腐整治等7项调研。2003年，市政府研究室的盛祖祥、赵苏洪等开展了"非典"对常州经济影响的调研。2006年，市政府研究室开展了深化创优发展环境的调查，苑全驰完成常州区域空间结构重组的调研。2007年，朱海山、高平、李亚雄等完成政务信息资源共享、常州实施单项突破战略、做强做大常州品牌经济、提升城市竞争力、国家工业用地土地等别对全市影响等课题调研。2008年，朱海山、陈志良等开展了培育千亿级产业的研究；胡军生等调研了常州历史文化名城建设。

二、经济发展调研

农　业　2006年，杨继洪、陈志良等对新北区薛家镇新农村建设情况进行调研；盛祖祥等调研农村水利存在的突出问题。2009年，完成农村集体土地流转制度调研，提出提高财政支农收益的建议。

工　业　1987—1990年，市经济研究中心主要开展了常州与无锡乡镇工业发展的对比调查、1980—

1989 年常州电子工业技改投入产出情况调查、1990 年常州市区工业情况调查、1980—1990 年资金状况调查和武进县横林地区调整产品结构调查。1991 年、1993 年，孙祖培等先后对电子衡器项目选址定点、常州电池厂和常州发展轻型直升机 3 个项目开展了调研。1991—1995 年，蒋英慧等开展了常州市“七五”工业企业经济效益分析、常州矿务局产业结构调整、全市标准厂房建设情况等 7 项调研。2003 年，盛祖祥等 6 人开展了全市工业企业发展软环境、乡镇企业实施新税制情况两项调研。2007 年，李亚雄等对工业用地土地等别划定对常州经济发展的影响进行调研；蔡楚秋等对常州标准厂房建设和发展作了专题调研；朱海山等对常州打造装备制造业名城进行了研究。2008 年，陈志良等对津通国际工业园作了调研。2009 年，李亚雄、吴颖等开展了常州走科技创新之路的调研，形成海归领军型人才带动、科技孵化器建设、研发机构建设 3 项调研成果。2010 年，朱海山等分别对常州旅游产业、生物医药产业发展状况进行了调查研究。

服务业 1993 年，汤永安调查了凌家塘农副产品批发市场。1996 年，市政府研究室考察调研了厦门公交公司。2004 年，高平、吴颖对全市资本市场建设情况作了调查。2006 年，调查全市房地产及其税收情况；李亚雄等调研扶持常州担保业发展。2007 年，市政府研究室调研常州餐饮文化建设、常州投资集团的经营之路；朱海山等调研溧阳八大措施确保天目湖水清质优的情况。2008 年，市政府研究室调查研究全市规范中介组织发展、物流业与制造业互动发展和创意产业资源状况。

三、开放开发调研

1988 年，市经济研究中心调查了全市乡镇企业发展外向型经济、常州外贸出口企业集团发展情况。2001 年，盛祖祥、李亚雄等开展了中国加入世界贸易组织(WTO)与常州对外开放专题调研。2004 年，朱海山等调查了全市民营企业利用外资情况。2007 年，市政府研究室调研常州对外综合名片(形象)，提出了相应的对策建议。

四、城乡建设调研

1990 年，市经济研究中心组织调查了戚墅堰城乡一体、互利互惠、以区带乡的实践。2003 年，盛祖祥等开展了常武地区公交一体化发展调研。2006—2008 年，高平等完成完善老小区长效管理机制、住房保障体系、市区水环境整治、农村道路绿化和村庄绿化、全市撤村建居情况等 6 项调研。2009 年，李亚雄等调研常州城市建设的发展状况。2010 年，章文玉调研了常州市政公园敞开情况。

五、社会发展调研

1987 年，市经济研究中心开展了常州搞活城市情况和意见的调查，1990 年完成完善城市区级政府职能、全市农村劳动力回流问题的调研，1994 年调查了青山桥庙会。2003—2010 年，市政府研究室调研了德胜河综合开发、建立新型农村基本养老保险制度、外来务工人员居住状况、社会保障体系建设、城镇老年居民和少年儿童参加医保、被征地农民保障情况、政务信息、环保局开放环评市场等 11 个课题。

第二节　调研成果

1986—2010 年，常州市经济研究中心(所)、市政府研究室在广泛深入的调研基础上，编印了部分刊物，形成一大批调研成果。

一、综合研究

发展战略 1986—1990 年，管锦法等撰写《试论发展和完善社会主义市场体系的外部环境问题》，汤永安撰写《经济发展与经济改革》，市经济研究中心(所)开展调整期间常州经济发展目标选择的对策研究，撰写《适应大环境，创造小气候》；杨九如等撰写《论中国城乡一体化的现实途径》。1991—1995年，市政府研究室对常州奔小康目标的若干问题、中等城市制定发展战略需注意的问题等进行研究，形成常州经济发展趋势的预测报告。1996—2000年，市政府研究室取得《走协作联合之路》《常州跨世纪经济与社会协调发展战略》《加入世贸组织与调整政府行为》3项研究成果。2001—2005年，盛祖祥等完成《政府如何面对WTO》《常州实现"两个率先"的主要指标分析及对策建议》《常州人均地区生产总值突破3000美元后经济、人居环境、人民生活的分析与思考》《对当前全市税源问题的分析及若干建议》4项研究成果，2005年向市政府报送关于优化投资软环境5项措施的建议。2007—2008年，胡军生等取得《关于常州在新一轮发展中的战略及选择研究》《关于常州对外综合名片的研究》《对南通、苏州、无锡发展思路的研究》等4项发展战略、策略和路径研究成果。

体制改革 1988—1996年，市经济研究中心(所)、市政府研究室取得《全市以职工入股为主要形式的企业改革试点亟待完善和提高》《财税制度改革对经济发展的影响》《关于加快常州市建设投资体制改革的报告》《中等城市转变经济增长方式初探》等6项体制改革研究成果，提出抓好"十项改革"试点等建议。2001—2010年，取得《推进规范改制，加快配套改革》《关于非政府第三方服务机制的研究》等研究成果。

财政金融 1987—2007年，常州市经济研究中心(所)、市政府研究室取得《关于如何深化全市财政体制改革和解决当前财政困难的研究报告》《关于1987年贷款结构分析和1988年对策建议的报告》《上海国有资产管理体系框架构想》《常州市投融资体制和机制创新研究》4项财政金融研究成果。

二、经济发展研究

经济综合研究 1987—2000年，王有成等完成《常州市产业结构和产业政策初探》《常州市经济发展研究报告》《WTO与常州经济》《常州21世纪战略产业抉择研究报告》《常州经济发展的现状、趋势与对策》5项经济发展综合研究成果。2002—2005年，市政府研究室取得《常州要主动融入世博经济圈的建议》《长江经济协作的障碍及其对策——产业整合与产权交易分析》《开发江边，做强北翼，构建经济社会发展战略平台》和《近几年来常州四项主要经济指标省内排位情况分析》4项经济发展综合研究成果。2007—2010年，市政府研究室完成研究成果《对人均地区生产总值达5000美元后全市经济社会变化趋势的研究》《常州培育千亿级产业的思路与对策》《津通模式对政府管理经济带来的启示》《常州调整产业结构、转变发展方式的创新与实践》《对台湾"前店后作坊"产业转移的研究》。

区域经济 1987—1989年，市经济研究中心(所)取得《关于县域经济几个问题的认识》《对如何建立全市经济区产业政策研究情况的汇报》《关于三县一郊的经济形势和搞好治理整顿的思路》3项区域经济研究成果。

农　　业 1988—2010年，市经济研究中心(所)、市政府研究室取得《常州农业发展的战略选择》《常州都市农业发展》《加入WTO对全市农业发展的影响》《关于发展全市创汇农业设想的建议报告》等6项农业研究成果。

企业发展 1986—1994年，蒋英慧等取得《实施乡镇企业发展战略的转换》《产业结构与市场经济——兼论中等城市经济发展战略》《市场体系与市场经济》等7项企业发展研究成果。1996—2010年，汤建中等取得《常州市国企改革难点及对策》《对企业发展服务中心的设立与运行情况的研究》《企业上市环境分析》等企业发展研究成果。

工　　业 1986—1993年，叶光道等取得《把乡镇工业导向良性循环》《关于录像机机芯上马的经济论证》《常州市“七五”工业投资效益评估、分析与措施》等10项工业经济研究成果，提出了提高市区工业经济效益、开展工业企业规模效益综合评估、改进考核工业企业经营成果指标体系等建议。2001—2010年，盛祖祥等取得《以信息化提升城市工业水平，实现“十五”经济翻番目标》《打假与发展——对全市一次性输液器市场的思考》《全市光伏产业发展研究报告》《由欧美设限看全市纺织服装业的发展与出路》《加快全市模具业发展的研究》《全市民政福利企业的现状问题原因及对策》《提高常州制造业经济效益的思路》等9项工业经济研究成果，提出了常州制造多晶硅迫切需要上级支持、常州装备制造业发展的对策和建议等。

服务业 1991—1996年，管锦法等取得《关于加速发展专业市场的研究报告》《关于证券和证券市场若干问题》《关于江苏国际机电产品交易城研究报告》等9项服务业研究成果，提出了解决全市废金属回收有关问题和加快市场建设及实施凌家塘二期工程、建立常州产权交易市场等建议，向市政府报送了机电城启动阶段、组建宣塘桥水产品批发市场的可行性研究分析报告。2001—2005年，汤建中等取得《中小企业的第二银行——典当行》《浙江传化物流业基地发展的经验和启示》等6项服务业研究成果，提出了常州发展工业旅游的可能及设想、加快发展现代服务业和金融服务业的对策，阐述再造区位交通优势，构建现代物流业发展更高平台的建议。2006—2010年，高平、李亚雄等完成《加快常州生产性服务业发展的对策研究》等3项服务业研究成果，提出了加快全市生产性服务业发展、扶持全市担保业发展等方面的建议。

三、开放开发研究

1989—1994年，杨九如等取得《对全市向外向型工业结构转换的研究报告》《常州市发展外向型经济的初步设想》《新加坡的利用外资政策》《发展外向型经济中处理几个关系的思考》《按照“体制驱动型”模式加快开发区建设》等10项研究成果，提出了加大全市利用外资、推进企业技改步伐、常州适应开放开发浦东和全市“三资”企业对策等构想和建议。2001—2008年，汤建中等取得《台湾产业转移特点及对台招商策略研究》《新形势下工业园区发展问题》等研究成果。2006年，市政府研究室提出破解开发区用地难题10项对策和加大对台商招商力度的建议。

四、科技创新研究

1990—1991年，邵建明等取得《企业技术进步、技术改造与产品结构调整》等研究成果，对常州发展高新技术提出设想和建议。2002—2010年，市政府研究室取得《关于“绍兴经验”对全市发展科技创新服务机构的研究》《对加快全市科技型民营企业发展的思考》《对领导型海归人才的创业环境的思考》等8项科技创新研究成果。

五、城乡建设研究

1987—1994年，杨九如等取得《关于全市城市建设和旧城改造问题的研究报告》《常州市实行土地使用权有偿出让的研究建议》《关于市政建设实施综合开发的建议报告》《中等城市的城建中机制创新研究》等城乡建设研究成果。2001—2010年，吴颖等取得《常州市“两个率先”中城市现代化》《推进城中村改造，加快城市化进程》等7项城乡建设研究成果，探讨常州经营城市中的困境与对策，提出优化城市建设及交通布局、南大街商业步行街建设和解决停车难等建议和方案。

六、社会发展研究

1991年，蒋英慧提出建立防灾体系的设想和建议。2003—2010年，盛祖祥等取得《苏锡常沪人才政策法规的比较研究》《工会组织在和谐劳动关系中的地位和作用》《彰显八大特色亮点，建设历史文化名城》《扩大投资背景下如何巩固常州区域性交通枢纽地位》等7项社会发展研究成果。

第五章　政府法治工作

常州政府法治工作起步于80年代。1990年以后，随着改革开放的深入和社会主义民主法治建设的推进，政府法治建设不断发展，21世纪初期政府法治体系逐渐健全。1986—2010年，全市政府法治工作机构基本形成网络体系，认真贯彻落实依法治国、建设社会主义法治国家的基本方略，以全面推进依法行政为重点，主动参与加强制度建设、转变政府职能、行政审批制度改革、构建科学民主决策机制、完善行政监督机制等方面工作，对保障和促进经济社会发展发挥了重要作用。总体上经历了起步成长、开拓发展、巩固提升3个阶段。1984年至90年代中期，是政府法治建设的起步成长阶段。1989年3月，省政府批准常州市在苏南第一个将法规科升格为法制局，由市政府办公室代管；8月，市政府明确法制局负责市政府的立法、执法监督、行政复议和行政应诉等12项职能。翌年9月，县（市）区政府相继成立法制局（二级局）；12月21日，各乡（镇）政府、街道办事处配备专（兼）职法制工作人员。90年代中期到2000年，是政府法治建设的开拓发展阶段。1996年8月，市政府法制局设立职能处室行政法规处、经济法规处、执法监督处和行政复议处。2001—2010年，是政府法治建设的巩固提升阶段，也是全面推进依法行政、建设法治政府的阶段。2001年机构改革中，市政府法制办公室下设秘书行政处（人事处）、综合处（法制协调处）、行政法规处、经济法规处（行政服务处）、行政执法监督处（行政执法投诉中心）、行政复议处，大多数市级行政机关设立法制处或明确兼管法治工作的职能处室，市级政府法治工作网络基本形成。辖市（区）政府法制工作机构发挥政府法治工作综合职能部门作用，起草、审核规范性文件，做好行政执法监督检查，行政复议、应诉和政府法治宣传咨询等工作，成为政府的行政法治事务顾问、参谋和助手。

第一节　规范性文件审查

2001年4月，常州市政府为贯彻《中华人民共和国立法法》，规范地方立法工作，在全国最早制定、颁布地方立法规范《常州市规范性文件管理办法》，规范性文件制定和管理走上法制化轨道。2004年开始，市法制办公室进行规范性文件备案及其内容、程序的合法性审查，提出意见，保障政府及其部门制定的规范性文件合法有效。

一、制定文件

1986—2010年，常州市政府及其法制局（办公室）坚持立法为民，针对经济社会发展过程中迫切需要用立法加以规范的利益和矛盾，适时制定、发布促进开放型经济发展、转变政府职能、支持改革创新和现代服务业发展等方面的规范性文件，为全市改革开放、经济建设和社会进步提供政策保障。

1986—2010年市委、市政府审核制定的规范性文件统计表

表27-5-1　　单位：件

年份	数量	年份	数量	年份	数量	年份	数量	年份	数量
1986	25	1991	35	1996	56	2001	52	2006	43
1987	60	1992	43	1997	39	2002	60	2007	43
1988	43	1993	39	1998	47	2003	49	2008	38
1989	44	1994	39	1999	42	2004	37	2009	38
1990	41	1995	53	2000	44	2005	32	2010	37

经济建设 主要有市委、市政府《关于增强创新能力，建设创新型城市的决定》《关于进一步规范和促进市属国有企业深化改革的意见》《关于进一步加快小城镇建设的若干意见》；市政府批转市体改委、贸易办等4个部门《关于进一步完善商业、供销企业承包经营责任制的意见》，批转市体改委、市经委等4个部门《关于常州市进一步完善工业企业承包经营责任制的意见》《关于稳定发展乡镇企业的若干规定》。

科教文化卫生 主要有市委、市政府《关于深入实施科教兴市战略，率先基本实现教育现代化的决定》《关于加强技术创新，促进科技进步的决定》《常州市适龄流动儿童少年就学暂行办法》，市政府《大力发展农村成人教育意见》《进一步加强城市社区卫生服务工作的实施意见》。

基础设施建设和环境保护 主要有市委、市政府《关于落实环保优先，促进科学发展的意见》《关于加强环境与发展综合决策的意见》。

地方治安和社会秩序 主要有市政府《关于进一步完善城市长效综合管理机制的意见》《常州市生产经营单位安全生产主体责任若干规定》《常州市企业安全生产长效管理考评办法》。

民生改善和社会保障 主要有市委、市政府《关于加快贫困村脱贫致富的意见》，市政府《常州市市区最低收入家庭廉租住房管理办法》《常州市新型农村合作医疗保险暂行办法》《关于加快推进农村公路建设的意见》《关于进一步加强社会救助体系建设的意见》《常州市市区经济适用住房管理办法》《常州市市区城市低保对象医疗救助办法》《关于加快建立城乡居民社会养老保险的意见》《常州市市区城乡居民社会养老保险实施办法》。

政府自身建设 主要有市委、市政府《常州市"两级政府、三级管理"体制改革实施意见》；市政府《常州市建设节约型社会的实施意见》《常州市城市管理相对集中行政处罚权暂行办法》《常州市行政审批服务中心重大事项联合审批暂行办法》《常州市规范性文件管理办法》《常州市人民政府行政执法投诉规定》《关于制定规范性文件工作程序的规定》《常州市制定规范性文件听证办法》《常州市行政执法过错责任追究办法》。

二、清理文件

2001年，市政府法制办公室根据全国、全省的统一部署，组织清理了不符合世界贸易组织(WTO)规则和中国政府对外承诺的规范性文件及其他政策措施，审查了1949年4月23日常州解放至2000年底，市委、市人大常委会、市政府及其办公室制发的规范性文件和其他政策措施文件4.32万件，清理结果报省清理工作指导小组备案。2005年，市政府法制办公室贯彻实施《中华人民共和国行政许可法》，组织清理了1986—2004年以市委、市政府及其办公室名义发布的规范性文件768件，确认失效废止322件，翌年3月24日市委、市政府联合发文公布。2009年，市政府法制办公室组织清理了1986年元旦至2009年5月31日以市委、市政府及其办公室名义制发的现行规范性文件816件，翌年3月市委发布通知，宣布失效或废止238件。全市按照《国务院关于加强市(县)政府依法行政的决定》规定，建立规范性文件定期清理制度，每隔两年清理规范性文件1次，及时清理、修改或废止不符合法律、法规、规章规定，或者相互抵触、依据缺失及不适应经济社会发展要求的规范性文件，推进依法行政，加快建设法治政府，优化经济社会发展环境。

2001年、2005年和2009年常州市规范性文件清理数量统计表

表27-5-2　　　　单位:件

清理年份	文件年限	清理文件总数	初步清理数	重点清理数	其中			
					有效	失效	废止	修改
2001	1949.04.23—2000.12.31	43153	8000	1281	144	748	179	210
2005	1986.01.01—2004.12.31	768	—	768	248	200	122	198
2009	1986.01.01—2009.05.31	816	—	816	—	238		—

三、文件备案

1997 年，市政府出台行政执法检查制度等 5 项制度，建立常州市政府规范性文件备案审查制度，开始在全市行政机关备案审查规范性文件。2004 年 3 月，市政府法制办公室明确、规范备案审查的范围、程序、职责、组织保障等，按有件必备、有备必审、有错必纠的原则，严格审查辖市（区）政府和市政府工作部门报备的规范性文件。各辖市（区）政府同年陆续开始备案审查规范性文件。2004—2010 年，市政府审查报备规范性文件 169 件。从 2008 年开始，根据《江苏省各级人民代表大会常务委员会规范性文件备案审查条例》和《江苏省规范性文件制定和备案规定》，市政府制定的规范性文件须向市人大常委会和省政府报送备案，至 2010 年，向市人大常委会报备 45 件，向省政府报备 45 件，报备率、及时率、规范率均达 100%。

四、决策听证

2005 年 8 月 1 日，市政府就常州市中心区域限制摩托车通行实施方案举行听证会，全市多个阶层的 20 位听证代表对方案提出意见和建议，市政府根据听证会的意见和建议完善方案后，在全市实施限摩，这是市政府为提高重大行政决策的科学化、民主化水平，保障公民对于重大行政决策的知情权、监督权而推出的重大改革举措。听证会由市法制办公室组织实施，在全市 300 多人中经抽签决定 20 位听证代表、20 多位旁听代表。此后，政府重大行政决策通过听证会、专家论证、座谈会等形式征求意见形成制度。市法制办公室先后组织或参与了城市建设规划、市区出租汽车扩容、物业管理费调整、水费调整、烟草制品零售点合理布局等听证工作，促进了科学民主决策。

五、立法调研

2005 年，常州市政府法制办公室向国务院法制办公室提出的关于《机动车第三者责任强制保险条例（草案）》的意见和建议，受到国务院法制办公室的赞赏和表扬。至 2010 年底，市政府法制部门累计办理全国人大常委会、国务院和省人大常委会、省政府等机关下发的征求意见稿 180 件，为制定相关法律、法规和政府部门规章提出了意见和建议。

第二节　行政执法监督

常州市政府法治工作机构建立后，按照《中华人民共和国行政处罚法》（简称《行政处罚法》）、《中华人民共和国行政复议法》（简称《行政复议法》）、《行政许可法》等法律法规的规定，通过建章立制、加大检查、强化考核等形式，加强行政执法监督，推动全市依法行政进程。

一、执法主体管理

主体公告　1996 年 8 月，常州市政府法制局按照行政处罚法的规定和国务院有关文件的要求，清理了各级行政执法机关的执法主体资格；同年 12 月至 1997 年 11 月，分 4 批在《常州日报》上公告具有行政处罚主体资格的 85 家行政机关单位。2004 年 8 月，按《行政许可法》的规定，清理具有行政职能的行政机关和有关组织，确认、公布 61 家行政机关、相关组织具有行政许可主体资格。

执法证件管理　1994 年 7 月，《常州市人民政府行政执法证件管理办法》颁布，规定从事行政执法活动的人员必须经培训和考试考核，取得由市政府颁发的“行政执法证”“行政执法监督证”，方可上岗，亮证执法。1995 年 8 月，《江苏省行政执法证件管理办法》实施后，全市行政执法人员开始使用由省政府统一印制、市和辖市（区）政府核发的“行政执法证”“行政执法监督证”。

二、执法依据梳理

2001 年起，常州市政府法制办负责推进市级行政机关行政执法责任制，制发了《关于推行行政执法责任制工作有关问题的指导意见》。市政府法制办公室作为市行政权力公开透明运行、行政监察、法制监督“三合一”网络平台建设项目办公室成员单位之一，开展了查清法律依据、理清行政主体、核清权力事项和固化运行流程等基础工作。经梳理，全市进网单位涉及相关执法依据1444部，摸清进网单位法律依据的层级、效力、适用范围和有效性等情况，确定应进网单位48家，有法定行政机关、法律法规授权组织和法律法规规章所委托的组织及挂两块牌子、承担部分行政职能的党委机关和群众团体等主体78个。参照省政府办公厅《关于印发清理审核省级行政权力实施方案》的要求，将行政权力细分为12个大类，界定了事项名称，清理统计为准确行使法律赋予的职能创造了条件。市政府法制办公室组成6个工作小组，对进网单位按照规定报送的权力事项流程分解文本及时审核确认，固化权力流程，转交网络开发公司定制入网，规范了行政执法行为。到系统全面投运，固化权力流程4778个。

三、行政执法投诉

1997年4月，《常州市人民政府行政执法投诉规定》颁布，5月12日市行政执法投诉中心成立。至2010年底，受理公民、法人和其他组织的投诉咨询电话545个、投诉信153封、投诉来访210批309人次，对符合立案条件的及时立案，全部办结，依法保护公民、法人和其他组织的合法权益。

外资和港澳台资企业投诉 市委、市政府出台《关于改善外商投资软环境的决定》，成立市政府外商（港澳台商）投资企业投诉办公室，受理外商和港澳台商投资企业对行政执法行为的投诉，市政府制定《外商投资企业投诉处理规定》，投诉的内容方式、处理、奖励与处罚等方面形成制度。1998年8月至2006年10月底，受理外商和港澳台商投资企业投诉案件90余件，全部办结，改善了常州外商和港澳台商投资的软环境。

个体工商户私营企业投诉 2002年5月21日，市法制办公室、工商局联合成立市个体工商户私营企业投诉中心，制定了个体工商户私营企业投诉规定，明确了涉及行政机关和社会服务机构对个体工商户私营企业执法服务的执法不公、违法执法等问题的投诉范围、投诉处理等。至2010年底，该中心累计收到投诉57件，其中来电24件、来访32件、来信1件，全部办结。

窗口企业制度 1997年5月，市政府法制办公室与市经委、外经委等5家部门在全省率先建立行政执法监督窗口企业制度，工业、流通、外资和港澳台资、乡镇和私营等类35家企业成为窗口企业。通过召开窗口企业的联席会议、设置收费登记簿等措施，了解行政执法情况信息，征求意见，帮助窗口企业解决问题，减轻企业负担。

1998年8月，常州市召开市区全面实行罚缴分离工作会议（摄于1998年8月）

四、行政执法检查

1997年8月29日，市政府根据《行政处罚法》关于“行政机关应当建立健全对行政处罚的监督制度”的规定，颁布行政执法监督检查制度5项，市政府法制办公室每年结合热点问题，开展行政执法专项检查。翌年6月8日，市政府法制办公室根据国务院《罚款决定与罚款收缴相分离实施办法》的规定，在市建委、公安局、工商局等8家行政执法部门进行了罚缴分离试点；8月，在全市所有行政执法机关和单位全面推开，罚缴分离制度遏制了少数行政执法部门、执法人员借罚款搞创收、进行权钱交易的违法犯罪行为。2000年，颁布《关于严格控制行政执法检查，切实减轻企业负担的规定》。

五、相对集中行政处罚权试点

2001年，市委、市政府为贯彻落实《行政处罚法》和《国务院关于进一步推进相对集中行政处罚权工作的决定》，分别召开常委会议、常务会议，研究在城市管理领域开展相对集中行政处罚权试点，市法制办起草试点的请示和方案，请省政府审查并转报国务院审查批准。9月14日，国务院法制办公室根据国务院的授权同意常州开展相对集中行政处罚权试点。翌年8月，市政府决定启动城市管理相对集中行政处罚权试点，明确了相对集中行政处罚权的范围和机关的设置、职责、经费来源及管理体制等，设立常州市城市管理行政执法局，与市城市管理局为一个机构、两块牌子，依法具有独立行政处罚主体资格，行使相对集中的行政处罚职能。各区在城市管理与建设局增挂"区行政执法局"牌子，具有独立的行政执法主体资格。12月7日，市政府颁发《常州市城市管理相对集中行政处罚权暂行办法》。2003年7月1日，市城市管理行政执法局和市城市管理行政执法支队挂牌，试点工作正式展开。2006年3月14日，市政府发出《关于城市规划、绿化部分行政处罚权实行相对集中的决定》，将因技术等原因而未集中的城市规划、绿化部分行政处罚权相对集中。至此，常州市经国务院批准的相对集中行政处罚权试点全部到位。其间，市法制办公室指导金坛、溧阳两市和武进区相对集中行使行政处罚权，行政执法队伍进驻乡镇、街道，开展矛盾纠纷处理等工作。

六、依法行政考核

1998年，市级机关开始试行行政执法责任制、评议考核制，翌年在全市行政执法机关全面推开，取得实效。2004年，市政府把两项制度考核纳入全市行政机关年度目标考核。市政府法制办公室与有关部门制定了《常州市依法行政考核方案》，评议考核更具操作性，渗透到依法行政日常工作。每年，市政府法制办公室和市依法治市领导小组办公室、监察局等部门对依法行政目标落实情况进行全面检查、考核和评分。2007年，市政府建立行政机关负责人行政诉讼出庭应诉制度，规定重大、群体性行政应诉案件，涉及行政赔偿、行政机关当年在行政诉讼中败诉的、以政府名义作出的具体行政行为引起的行政诉讼案件和各级人大、政协组织或者人民法院邀请人大代表、政协委员旁听的等类行政诉讼案件，行政机关主要负责人应当出庭应诉。行政机关负责人直接出庭应诉可改进行政管理和行政执法工作，提高全市行政机关依法行政的能力和水平。

七、行政调解

2009年5月，市政府出台措施加强、规范行政调解工作，全市行政机关建立了行政调解组织，各机关由专门机构负责，聘请了调解员，以预防和化解与人民群众生活密切相关的行政争议为重点，认真开展行政调解；调解中以各方当事人自愿为原则，平等协商，达成协议，妥善解决矛盾纠纷。2009—2010年，全市行政机关调解处理行政纠纷近1万起，调解成功率80%。

第三节　行政复议

常州的行政复议工作起步于1990年。1月19日，市政府明确由市政府法制局承担行政案件复议职责。12月21日，市政府成立行政复议委员会，由市长杨晓堂任主任，副市长孟金元、市政府秘书长李林生任副主任，主要负责市政府的行政复议和行政应诉，监督检查、指导协调市政府工作部门、下级人民政府的行政复议和行政应诉，在市政府法制局设行政复议办公室。市政府办公室通知各级、相关部门建立行政复议机构。1991年元旦《中华人民共和国行政复议条例》（简称《行政复议条例》）施行，县（市、区）人民政府行政复议委员会在1991年2月前相继成立，市主要行政执法机关相继成立行政复议委员会。随着《行政复议法》《中华人民共和国行政复议法实施条例》相继颁布，全市各级行政复议机构纷纷举办行政复议干部培训班，制定行政复议程序、行政复议机构职责和制度，规范行政复议法律文书30余种；认真依法办理行政复议应诉案件，开展行政复议应诉，预防和化解了大量行政争议，推进行政机关依法行政，维护了群众的合法权益和社会稳定。

一、体制机制

2001年7月，市政府法制办与市中级人民法院行政庭在全省率先联合组建了常州市行政执法与行政审判联席会议制度，组织相关行政机关对行政机关自身难以解决的许多难点问题，行政执法中的热点问题及行政执法、行政复议、行政审判中的焦点问题进行调查研究，提交联席会议决定。联席会议成立后，探讨了城市规划、劳动保障、土地征收、工伤认定、城市房屋权属登记等方面的法律问题，纠正了一些地方、部门的违法执法行为。2000年，市政府制定实施《常州市县级地方人民政府转送行政复议申请办法》；市政府法制局建立行政复议工作程序、文书材料立卷归档规定等制度。2008年，市政府法制办根据《行政复议法实施条例》的规定，开始调解行政复议案件，化解行政争议，简化案件审理程序，实现"定纷止争，案结事了"的目的，促进了社会的和谐稳定。2009年，《常州市行政复议应诉人员资格管理制度规定》《常州市行政复议听证程序规定》《常州市行政复议意见书和行政复议建议书制度规定》等4项行政复议配套制度出台。3月，市政府法制办公室门户网站增设行政复议网上申请功能。

二、受理办理

1993年，各级行政复议机关以被告的身份出庭应诉37起，经司法审查，具体行政行为的撤销率为8%。1994年，市政府直接受理案件3件，为行政复议条例1991年实施后市政府首次直接受理复议案件。1995年，全市行政复议案件数量呈持续下降趋势；但撤销变更率上升，达52.2%。翌年，行政复议表现为一升一高，立案受理的案件上升至54件，是1991年《行政复议条例》实施后案件最多的一年。1997年8月，全市开展清临拆违专项整治行动后，市本级受理案件109件，占全市复议案件数的56.2%。8—9月，市政府法制局严格按照法定的程序审理清临拆违复议案件100余件，未发生当事人不服而向法院起诉的情况，对清临拆违处罚不服的多数复议案件审理难度大，市政府法制局分门别类处理，对申请人提出的实际问题释疑解惑。1999年10月1日，《行政复议法》施行，市政府要求加强行政复议机构建设，至翌年9月，全市应建行政复议机构的45个市级行政机关全部建立行政复议机构。2003年3月，常州市选择一起行政执法典型案件在全省率先举行了行政复议听证会。市政府法制办拟定《行政复议听证程序规定(草案)》，提交省政府法制办，为省政府制定全省行政复议听证制度提供了制度框架参考和实践经验。翌年，市政府法制办受理行政复议案件111件，其中涉及治安管理的36件、规划管理的35件、城市房屋拆迁的14件、劳动和社会管理的13件、土地管理的3件、房产管理的5件、其他3件；办结80件。2007年2月1日，市政府召开了全市行政复议工作会议。翌年7月和11月，国务院法制办人员先后两次就其受理的两起行政复议案件到常州调查取证，是行政复议法实施10年常州市首次参与向国务院申请行政复议的案件。1991—2010年，各级行政复议机关、行政处罚主体的执法水平明显提高，累计受理行政复议案件3025件。

三、监督指导

1995年10—12月，市政府办公室、法制局开展了《行政诉讼法》《行政复议条例》实施5周年执法检查，重点抽查了武进、郊区、天宁和市工商局、国土规划局等单位。2002年起，市政府把行政复议列入对辖市(区)政府、市相关部门的目标考核，占20%分值。2009年7月，市政府组织开展辖市(区)政府的行政复议工作专项检查，重点检查受理办理行政复议案件及其规范办理、行政复议责任制、行政复议能力与制度建设等情况。

1991—2010 年常州市行政复议案件受理办理数量统计表

表 27-5-3　　　　单位：件

年份	受理数	办理结果							
		维持	驳回	确认违法	撤销	变更	责令履行	终止	其他
1991	44	24	0	0	5	7	0	8	0
1992	38	18	0	0	7	2	0	11	0
1993	39	15	0	0	8	3	0	13	0
1994	31	14	0	0	11	2	0	4	0
1995	23	9	0	0	10	2	0	2	0
1996	54	29	0	0	11	6	0	8	0
1997	194	157	0	0	18	4	0	15	0
1998	85	57	0	0	9	2	0	17	0
1999	126	76	0	0	10	3	0	37	0
2000	152	82	0	0	12	3	2	49	4
2001	135	86	0	1	4	1	0	32	11
2002	189	114	0	2	13	1	3	45	11
2003	105	60	0	1	3	0	3	30	8
2004	212	111	56	0	3	0	2	28	12
2005	117	78	0	1	9	0	0	16	13
2006	239	163	0	0	5	0	0	55	16
2007	260	165	12	1	3	0	1	70	8
2008	317	224	4	0	5	1	0	79	4
2009	364	218	18	0	0	1	0	127	0
2010	301	206	10	0	2	3	0	68	12
累计	3025	1906	100	6	148	41	11	714	99

检查发现辖市（区）政府高度重视行政复议，复议机构设置基本健全，专职行政复议人员配备到位，制定了行政复议申请转送、重大案件讨论、重大案件备案、行政复议意见书和建议书、行政复议人员培训等制度，规范行政复议的办案程序和行为，办案的质量和效率较高。市政府法制办公室在执法检查、行政复议专项检查、行政执法责任制和依法行政考核中，对相关行政机关提供行政复议、行政应诉的指导、咨询和行政管理法律服务，对常州毛纺厂地块拆迁等影响较大的案件提出法律意见。

第四节　法治宣传教育

常州各级政府法治工作机构通过举办培训班、专题讲座、印发宣传资料、编印发行政府公报、创办法治网站、提出指导意见、开通政务微博、广场咨询、开展理论研讨等形式，采用报纸、广播、电视、网络等媒体，普遍开展法治宣传教育，提高社会公众对政府法治的知晓度和全市行政机关、行政执法人员特别是领导干部的依法行政能力与水平。1995年4月26日，省政府法制局在常州市召开了苏南片重新组建仲裁机构工作座谈会，要求常州市在重组工作中先行；12月15日，经市政府常务会议研究决定，成立常州仲裁委员会，设全民事业单位秘书处为市仲裁委常设工作机构，内设行政事务部、仲裁事务部、研究咨询部，1996年1月3日，常州仲裁委员会成立，市委常委、常务副市长李林生担任首任主任，邵国林担任副主任兼秘书长。

一、宣传活动

1997年4月9日，常州市政府法制局在《常州日报》刊登“公正履行职责”的公示，在全市行政机关率先推行行政管理公示制。10日，市政府法制局、规划国土局联合召开新闻发布会，向社会公开明示行政职责和行政工作内容、程序、标准、期限、责任追究和处罚形式等，接受社会和群众监督，是全市首次以新闻发布会的形式向媒体和社会公众公开行政机关履行职责的情况，自觉接受社会、群众和舆论的监督。1998年3月，市政府法制局、常州人民广播电台交通台联合推出《市民与法律》专题节目，宣传法律法规、关注法律热点、透视法律现象、解释疑难案件、接受法律咨询，节目连续播出两年时间，市法制局全员参与，积极撰写文章、接受咨询、释疑解惑，广泛宣传法律法规，普及法律知识。1999年4月29日，《行政复议法》颁布，10月1日开始实施前夕，市政府法制局组织开展了系列宣传活动。1998年度、1999年度，市政府法制局先后获省政府法制宣传工作先进集体一等奖、二等奖。

1999年9月《中华人民共和国行政复议法》宣传咨询活动（摄于1999年9月）

2002年2月，市政府法制办创办《常州市人民政府公报》，至2010年底累计编辑出版71期，公布市政府规范性文件文本300多件，把《公报》赠送给全市城乡所有行政村、社区，在市行政审批中心、新华书店、图书馆、工商联、外商和港澳台商投资企业协会等单位设立赠阅点，供市民免费查阅。2004年6月，全市各级在报纸、广播、电视等媒体上采用电视讲话、专家访谈、答记者问、知识问答、现场咨询等形式，宣传《行政许可法》。2008年，市政府法制办创立政府法制网站，设有政务公开、规范性文件、行政复议、行政执法监督、法制宣传、仲裁工作等栏目，开设规范性文件意见征询和查阅、行政复议申请、行政执法证件查询等公众互动专栏，成为政府法治工作宣传的窗口，方便市民对政府工作提出意见建议、办理相关事项。市政府法制办在全省率先设置政府公告栏，2010年底增至79块。

二、教育培训

1994年，常州市政府法制局坚持开展多种形式的教育培训，促使全市领导干部、行政执法人员增强法治观念，提高依法行政的能力和水平。5—8月，市政府法制局举办了行政执法人员培训班5期，培训市级和辖县（市）区机关的行政执法人员1326人，考试考核合格者分获市政府颁发的“行政执法证”“行政执法监督证”。常州从此开始实行行政执法人员持证上岗执法，成为全省继南京之后第二个实行这项制度的城市。1996年4—6月，市政府法制局举办了《中华人民共和国国家赔偿法》和《行政处罚法》及行政执法、行政复议应诉、行政执法监督等专题培训班，市级机关法治工作人员和执法业务骨干近1000人参训。9月24日，市人大常委会、市政府邀请国务院法制局曾参与起草《行政处罚法》的李江到常州作了《行政处罚法》专题讲座。翌年3月,市人事局和市政府法制局、依法治市领导小组办公室开始组织全市国家公务员开展法律法规基本知识宣传教育;10—11月,市政府法制局举办了全市国家公务员法律法规宣传教育骨干培训班3期和常州市首期立法培训班。

1998年10月17日,市政府邀请国务院法制办主任杨景宇到常州作了依法行政专题报告,全市领导干部300余人聆听报告。翌年5月,市政府法制局与市委组织部、农工部联合举办了两期全市乡(镇)党委书记、乡(镇)长法律知识培训班,系统培训了《行政处罚法》《行政诉讼法》《行政复议条例》等法律法规知识,150余人参训;8月,市政府法制局举办了《行政复议法》专题培训班4期,600余人参训;11月26日,市政府邀请国务院法制办秘书行政司司长汪永清为市政府组成人员作《行政复议法》专题讲座,辖市(区)政府和市各委办局的近200位领导聆听了讲座。2001年5月,市政府出台加强行政执法人员教育培训的意见,提出3年内对全市行政执法人员轮训1遍。至2003年底,市政府法制办公室累计举办市级行政机关执法人员法治培训13期,轮训1300多人次。

2004年3月,市政府法制办与市委组织部、市人事局开始联合对全市国家公务员、行政执法人员进行贯彻实施《行政许可法》全员培训;4月,联合举办了《行政许可法》培训班6期,培训县处级领导干部、市级机关科级干部3000人次。辖市(区)政府、市级行政机关举办了相应培训,4000余人次参训,全市各级领导干部、行政执法人员全部轮训1遍。6月5日,市委、市政府邀请省政府法制办公室主任孙如林为市委理论学习中心组作了《行政许可法》专题讲座。市委组织部、宣传部把《行政许可法》列入党委(党组)中心组学习内容,市委宣传部和市人事局、市政府法制办在全市组织了行政许可法知识考试,全市领导干部和行政执法人员3000多人参加。2007年10月,市法制办公室举办了规范性文件制定与管理专题培训班,市级机关分管领导、法治工作机构负责人和负责规范性文件制定与管理的102人参训。

三、调研探讨

常州市政府法治工作机构利用市法学会行政法学研究会、市经济法研究会(2010年整合为市行政与经济法研究会),通过研究会年会、专题研讨会、学术研讨座谈会、专题调研、参加全国全省理论研讨等途径,组织开展法学理论研究活动,取得一批理论研究成果,为各级政府及其部门法治工作提供理论支持。1998年10月,市政府法制局撰写了调研报告《强化行政执法监督,全面推进依法行政》《乡(镇)政府行政执法违法现象剖析》,受到市委、市政府的重视,所提建议被市委、市政府相关文件采纳。1985年起,市政府法治工作机构每年编辑印发《规范性文件汇编》1辑,收录上年度市政府制发的规范性文件,供各级政府及其部门使用,至2010年底编辑印发26辑。1998年,市政府法制办与常州军分区政治部联合编印了《军事法规汇编》,与常州高新区管委会、市外经委联合编印了《开放型经济法律法规汇编》,收录法律法规性文件95个。

第六章 监察工作

1988年3月17日,常州市监察局成立,与市纪委合署办公,主要工作是通过行政监察,增强行政部门的依法办事能力,提高行政工作效能,从源头上预防、遏制各类违纪、腐败行为。2002年,武进在建设工程市场率先实行廉政准入规定。翌年,常州市开始在土地批租市场、拆迁市场、重点交通工程市场、政府采购市场和医药招标采购市场（简称“五大市场”）相继实施廉政准入制度，凡是参与五大市场竞争的市场主体必须保证以清廉之身参与竞争，向管理部门作出清廉承诺，或签订保证清廉的“廉政责任书”，从源头上预防、遏制违纪违法及腐败行为的发生。

第一节 执法监察

1993—1994年，常州监察机关开展执法监察和专项检查133项，制止纠正违纪行为158起，挽回经济损失302.47万元，查出违纪金额279万元，纠正退还违纪金额、上缴罚没金额100.8万元；协助39个单位建章立制77项。1995年，检查乡镇的农资供应、价格、质量及市场管理情况。1997—1998年，监察机关参与统计执法检查、个人所得税检查和国债专项资金社会保障基金使用情况检查等执法监察，参与调查处理常州市第一人民医院特大火灾等4起重大伤亡事故。2003年，市纪委、监察局发出紧急通知，严明纪律，建立以各级纪检监察机关为主的防治“非典”工作督察网络，保障非典型肺炎防治工作顺利进行。深化部门预算和国库集中支付改革，清理规范政策外补贴，实行公务员津贴补助入卡发放的阳光工程；对常州市城市建设（集团）公司等3家单位派驻财务总监，强化国有资产的监督管理；对社保资金扩面、市场价格调控、节能减排、固定资产投资、节约集约用地及强农惠农、扩大内需促进经济增长等方面实施执法监察，督察、治理重点建设工程与土地征用、房地产开发、安全生产、环境保护、食品药品安全、公路河道管理等领域重大政策落实情况。2005年，落实取消控制减少收费项目，清理中介和行业协会，控制且规范对企业的检查，推行联合年检、告知承诺、联合审批、一卡收费4项制度和加强效能监察5项规定。

2007年，市纪委、监察局制定《常州市领导干部不作为乱作为问责暂行办法》。翌年，加强对抗震救灾、对口支援资金物资的监管。2008—2010年，围绕中央“扩内需、促增长，调结构、促转型，惠民生、促和谐”等重大决策部署，加强监督检查，确保中央对常州新增的4.56亿元投资依法合规、安全高效落实到位。督促职能部门严格执法，落实经济结构调整、做好“三农”工作、规范和节约用地、节能减排和环境保护等政策措施，严肃查处土地、环保等领域违规违纪行为。会同有关部门治理征地拆迁、安全生产、环境保护、食品药品安全等涉及民生工作存在的问题。2009年，市纪委、监察局出台《关于服务和保障经济发展的若干意见》，牵头建立联合督察机制，重点督察中央和省、市扩大内需、促进经济增长政策和措施执行、项目规划立项审批与资金管理使用的情况，清理48个行政机关的行政权力，上网运行行政权力近6000项。

一、工程建设领域执法监察

1995年、1997年，市监察局组织检查市区投资额达500万元的38个在建工程项目的发包、承包和合同管理行为，监督检查了沪宁高速公路的建设质量和苏南运河常州段治理工程的资金管理使用、征地拆迁与进度质量。到1998年底，市和辖市区两级基本形成公开、公平、公正的有形建筑市场，全市493个工程建设项目全部报建，562个基建项目全部招投标，公开招投标率76.6%；完成工程审计项目260个，审计核减工程款1.16亿元。2001年，全市建立有形建筑市场计算机管理系统和建设工程信息网络，实现省、市、县三级联网。2003年，执法监察农村公路建设、常澄高速公路、运河改道等工程项目。2005年，市监察局制定《关于村镇公有资金投资工程建设管理的若干规定》，成立重点建设工程项目派驻纪检组管理办公室，向常州体育会展中心、常州大剧院、高架道路等重点工程建设项目派驻纪检组，实施驻场监督，加强对政府投资项目的监督。

2008年12月，建设工程远程评标和远程监控系统开通，实现网上全程监督和实时监察。翌年9月，市建设工程专项治理领导小组及办公室成立，建立日常工作督察制、部门联合督察制、重点难点工作领导督办制、综合考评及违规黑名单等制度，逐个排查项目，遏制政府投资工程领域的围标、串标行为。同年起，推行对重点工程招投标、政府采购、土地招拍挂市场的监督，压缩工程总造价8.17亿元；推行政府投资工程网上远程评标和监控，政府投资工程招投标综合评分项目实行网上远程评标达80%，市多家部门联合督察重点工程建设质量安全等情况。2006—2011年，强化政府采购管理，完成政府采购标的总额186亿元，比预算金额节约29.7亿元。

二、土地管理领域执法监察

1995年，市监察局组织检查辖市区土地行政执法、非农业建设用地情况，对乱占乱用耕地和大面积抛荒耕地问题提出整改措施。1997年，全市清理非农业建设用地。2001—2002年，常州深化土地批租专项治理，市土地市场和土地收购储备中心成立，经营性土地转让一律实行招投标拍卖。2003年，常州大学城一期建设及常澄、锡宜高速公路、天宁宝塔建设用的经营性土地使用权实行招标拍卖、挂牌出让。2004年、2008年，先后督查了土地市场秩序专项治理整顿、国有土地使用权出让的监管情况。

三、环境保护领域执法监察

1997年起，监察机关参与环保专项检查。翌年，市监察局对太湖流域水污染治理等环保项目实施执法监察。2005年，环保、监察等部门加强企业违法排污行为整治，围绕集中式饮用水源保护、太湖水环境治理"十五"规划项目落实等环保重大项目、投诉热点开展联合监察。2007年9月，《关于在全市水环境专项行动中实行领导干部问责制的暂行办法》出台。翌年，组织开展了对太湖流域水污染防治工作，治理征地拆迁、安全生产、环境保护、食品药品安全等民生问题的专项督查。2006—2010年，全市监察机关实行突出环境问题挂牌督办63项。

第二节　效能监察

1991年，常州监察机关在特大洪涝灾害发生期间，严格抗洪救灾纪律要求，及时组织人员到灾区检查救灾款物的发放情况。1994年，全国性的财税、金融、外贸、计划、投资等重大改革措施相继出台，常州监察机关、税务部门监督检查增值税制度实施中的问题，严肃查处骗税案件，追回出口退税款160余万元。全市监察机关坚决制止和纠正损农、伤农、坑农的行为，减轻农民负担；执行中央宏观调控决策，参与整顿金融秩序，维护财经纪律；监督检查了住房制度改革、土地征（拨）用与沪宁高速公路、大运河整治等工程的实施情况。

一、机关效能监察

1992年，市监察局组织对全市贯彻执行市委、市政府《关于加快改革开放和经济发展若干问题的规定（试行）》的情况进行监督检查，县（市）区监察机关和基层纪委跟踪检查同级党委、政府和党政机关出台的改革措施的贯彻执行情况。1995年，市委、市政府作出学习张家港、加快常州改革开放和经济发展步伐的决策，市监察局采取加强监督检查、保护38家重点工业企业等措施，保障市委、市政府重大决策的贯彻落实。1996—2000年，全市监察机关对政府机关依法行政、廉洁从政及机关的作风等开展效能监察，创造有利于经济发展的软环境，发挥行风评议、机关评议等载体作用，加强机关作风建设和效能建设。2007年，市纪委、监察局成立效能监察室，履行效能监察职责。翌年，围绕"创优环境兴常州，改进作风促发展"专项行动，开展效能监察，保障经济发展环境，监督检查作风建设情况，重点检查办事推诿、效率低下、行政不作为、乱作为等行为，落实《常州市领导干部不作为乱作为问责暂行办法》。2009年，市监察局建立行政效能观察点、涉企收费观察点、服务承诺监察点30个。

二、行政审批效能监察

2001—2004年，常州市实施行政审批制度3轮改革，贯彻落实《中华人民共和国行政许可法》。2001年6月，筹备、组建市行政审批服务中心。至2001年，全市67个市级部门和单位减少审批事项567项，减幅37.9%。翌年，常州被确定为全国行政审批制度改革试点城市，《常州市行政审批中心重大事项联合审批暂行办法》《常州市企业登记注册并联审批实施方案》出台，建立一门受理、抄告相关、并联审批、限时完成的审批模式。2003年，工商企业登记、外商投资和基建、房地产开发等方面业务实行并联审批制，推行上报审批项目代理制、重点事项绿色通道制。翌年，全市公布行政许可保留事项292项、待定事项181项，简政放权市级审批权限14项，集中年检(审)涉企检查年审事项22项。至同年底，全市67个市级部门有行政审批事项1494项，减少567项，减幅37.9%，各辖市区初审核减行政审批项目均达30%，36个部门的496项行政审批事项进入中心。2006—2007年，市监察局建立行政审批网上监察系统，对行政审批办理实行网上全程监察。2008年，《关于建立四级公共服务平台，促进城乡和谐社区建设意见》出台，推动市、辖市区行政服务中心和镇街道公共服务中心及村社区便民服务中心建设。至同年底，全市58个镇街道建立便民服务中心，1345个村社区建立便民服务室，市“三合一”阳光政务平台建设一期项目开通运行，在政务网络平台上整合行政许可事项的审批网络、行政执法数据库网络和行政审批网上监察网络，实现资源共享，全市37个职能部门、51个行政主体的341个行政许可事项、101个非行政许可审批事项上网运行，7个行政服务大厅、交易场所的视频监控系统部署到位。

第七章　行政审批服务

2001年，常州市政府法制办组建6个工作小组，对各部门报送的1851项审批项目逐项审核、清理和削减，为常州市建立行政审批中心并顺利投入运行创造了条件。10月12日，常州市行政审批服务中心成立，首批进驻该中心的35个部门，办理审批事项496项，全部实行分类办理。同年，全市各级开始严格按照国家和省的要求，全面清理、规范行政审批项目，推动全市行政审批制度改革，确保行政权力公开透明运行。2001年10月至2004年3月，金坛、溧阳两市和武进、新北两区相继成立行政审批中心。2004年底，市和辖市区行政审批服务中心淡化审批色彩，强调服务，相继更名为行政服务中心。至2010年底，实现一站式审批服务，从分散、串联、无期限办理转变为集中、并联办理和限时办结。

第一节　行政许可项目

2001—2010年，常州市政府组织市政府法制办、市行政审批服务中心(简称“服务中心”)和相关行政机关清理削减审批项目3轮、清理公布2轮和动态调整3轮，大幅度削减行政审批项目，调整了进入市服务中心审批的项目。

一、审批项目清理与调减

清理削减　2001年，常州市开始组织审批制度改革，市政府法制办对部门上报的1851项审批事项，对照法律、法规的规定逐项审核，确认属于行政审批的项目1494项，保留927项；首批减少审批总事项567项，其中减少审批、核准事项407项，分别减少37.3%、48%。2002—2003年，常州开展第二次行政审批制度改革，按改革创新、精简便民的原则，做好承诺时限的压缩和取消、改变管理方式事项的梳理，1494项市级行政审批项目经清理削减465项，保留482项，审批总工作日由11160个缩短至8094个；市政府法制办与服务中心在全省率先试行企业注册登记告知承诺制，实行基本建设投资项目审批、外商和港澳台商投资企业项目并联审批。2004年，全市组织了第三次审批制度改革，市政府法制办抽调专业人员组成清理小组，进行市级行政许可清理，实施分批推进、正向公布的模式。2004年8月23日、2005年10月18日分两批公布清理结果，有市级行政审批实施主体69个，事项419项，清理工作避免前面废止、后面恢复的弊端，保障了《行政许可法》顺利贯彻实施。至2010年底，全市有35个部门、489项事项进入服务中心办理，其中行政许可事项271项、非行政服务事项51项、管理服务事项167项。

公　　布　2004年7月1日，《行政许可法》正式施行。市政府法制办组成清理小组，同年3月16日起清理行政许可主体和项目。8月23日，市政府公布首批市级行政许可实施主体及其实施的行政许可项目，确定61家行政机关(单位)为常州市市级行政许可实施主体，实施行政许可项目292项。翌年10月18日，市政府公布第二批行政许可项目55项、首批非行政许可审批项目82项，取消首批公布的市级行政许可项目10项、调整2项。经过两轮审核清理公布，常州有市级行政审批实施主体69个，项目419项，其中行政许可项目335项、非行政许可审批项目84项，再减少63项，减幅10.3%。

动态调整　2006年，市政府办公室印发《常州市市级行政许可项目动态审核公布办法》，建立行政许可项目动态审核机制，这项制度创新被《光明日报》《新华日报》等多家媒体报道。翌年12月，市政府调整公布行政审批项目，首次动态调整常州市级行政审批项目126项次。2008年9月，进行第二次动态调整，市政府法制办发出复函取消许可1项、非许可审批4项。2010年3月，市政府进行第三次审批项目动态调整，调整变动市级行政审批项目26项次。至此，全市公布保留行政审批项目417项，其中行政许可事项329项、非行政许可审批事项88项。

二、服务中心集中审批

2006年，常州市服务中心落实市委提出的“创优环境兴常州，改进服务促发展”总要求，组织推进行政许可事项集中度提高和审批流程优化，48个审批部门的38个行政许可事项、166个子项办理总工作日由2356个减至1252个，45个非行政许可审批项目的57个子项办理总工作日由1609个减至873个，有21项审批服务事项由承诺办理改为即时办理。2007年，市服务中心开展“重大项目推进年”主题活动，落实重点建设项目审批备案及跟踪服务制度，实现审批服务提质加速，对全市确定的158项重点建设项目中的48个事项，采取专人陪同、全程跟踪、主动协调、加强督促等方式，为全市重点建设项目专门开辟简便快捷的审批服务绿色通道。市发展改革委等15个部门的窗口为48个重点建设项目的173个审批环节提供优质服务，累计压缩办事工作日708个，平均每件提前4个工作日完成审批，提前办结率均达63%。市服务中心实行联审会办、联合现场踏勘、行政许可听证、建设规费扎口收缴等审批服务新机制。同年新进入市服务中心的行政许可项目23项，集中度提高15个百分点。市规划局、工商局、交通局、国土局的窗口分别实施重点建设项目规划选址阶段联审会办、压降收费和名称远程核准、午休值班制、“挑战10分钟”快速办件等措施，缩短审批时间。

2008年，市委、市政府列出重点突破的经济、民生、环境目标软环境建设项目30项，提出把行政许可事项集中度提高到70%，有22个部门的46项行政许可事项与36项非行政许可事项、18项管理服务事项进入市服务中心集中办理，该中心行政许可事项达228项，占全市总保留事项(321项)的71%，集中度提高近15个百分点。翌年，有3家单位的8个事项进入该中心办理，市级行政许可事项集中度提高到77.2%。市服务中心深化重点项目服务，实行优先受理、审查、踏勘、会办、上报的快速办理机制，创新推出重点建设项目审批服务推进服务卡，与重点项目审批相关的13个窗口为56个重点项目提供快捷高效的服务，累计压缩审批工作日930个。

第二节 审批与服务

2003年6月，常州市服务中心开始实施基建及房地产项目、外商和港澳台商投资项目并联审批，编制《并联审批一本通》《投资项目跟踪服务手册》，完善办理配套事项；对审批项目不多、办件量不大而尚未进中心的部门，综合窗口实行一站式审批、一条龙服务，首批有5家单位的18个审批项目，委托中心4个窗口代理审批，组成综合窗口；该中心同市监察局、工商局、民政局对市级机关年检、年审事项进行清理和汇总，实行年度审验事项的集中办理、联合办理集中年检。与市政府法制办、监察局等部门重新梳理职能部门进入中心的事项及其办理流程，提出优化窗口操作服务流程的方案，加快审批服务一条龙的形成。常州市级行政执法部门建立审批公示制度，把审批项目、审批依据、办理程序及提供材料等信息进行公示，对行政许可事项的受理、审查、决定和送达等环节实行网上审批、网络全程监控。市监察局效能监察办公室查处审批不作为、违法审批等行为。推进行政许可服务处的试点和首席代表制、一审一核制等服务机制创新，重新规范窗口服务行为，梳理办事程序，配置窗口力量，提升办事效率；巩固一站式联合服务、一票制联合缴款、一车制联合踏勘、一表制联合企业登记的办理机制，建立重点建设项目一门受理、高效流转、限时办结、一门收费的联办机制。

一、简政放权

2005年，市发展改革委、经贸委、外经贸局、工商局等单位贯彻落实市委、市政府创优发展环境的“五项规定”（取消、控制和减少收费项目，重点清理行政性、垄断性中介机构和行业协会，严格规范和控制对企业的检查，全面推进“四项制度”，加强行政效能监察），将市权范围内的一批审批权限下放给辖市区；市环保局把审批前台前移，分管领导定期到中心现场办公，缩短办理时间；市城管局、公安局等部门创新窗口操作流程，提供简化明确、快速高效的服务。2005年，市服务中心同相关部门组成检查小组，检查了市级首批10个重点部门贯彻落实“五项规定”的情况，落实《整改意见书》；该中心与市监察局、市政府法制办梳理、优化了基本建设项目的审批流程，拟定《企业投资项目审批“一条龙”服务指南》，在一楼服务大厅设立大项目服务窗口，对投资大项目实行特事特办，压缩审批环节和时间，采用专人陪同、全程跟踪、主动协调、加强督促等方式，提供引导和推进服务。成立市企业联合年检管理办公室，用1个公章代替13个公章，实行联合年检，简化和规范企业年检年审程序。

二、联审会办

2006年，常州市服务中心与相关牵头单位落实联审会办方案，市国土局、规划局、房管局、建设局、环保局与建设项目审批相关的服务事项集中统一到中心窗口，事项的前后衔接、服务配套明显改善。市国土局、规划局、环保局等单位建立局领导定期轮流到该中心现场办公制度，市环保局开发处整建制迁入中心办公，对环评审批项目分为A、B、C三类，实行不同的审批操作流程；市财政局牵头制定的建设规费扎口征缴方案9月1日起实施，涉及建设、房管、人防、经贸委的同一环节、多项收费基本实现一个窗口办理、一次开票和一张支票缴费，简化了烦琐的征收环节。

三、网上审批

2007年，常州市级机关有15个单位76个审批事项开通网上审批，市服务中心与市监察局、市政府法制办及相关部门，对在中心办理的371个行政许可、非行政许可项目进行流程优化、责任分解，建立网上监察系统。翌年，研发出使用重点建设项目实时提醒功能，让重点建设项目进入审批绿色通道，实行特事特办、急事急办。实行企业注册登记一表制，将原需几个部门填写的多份表格数百项内容，整合成1张表格，实行一表登记、信息共享、同步启动、联合审批；该中心与市物价局、财政局组织清理中心内21家单位、4家中介机构的113项收费，其中行政许可收费事项44项、非行政许可审批收费事项6项、管理服务类收费46项、中介服务经营类收费17项，市物价局审核取消了不合法收费19项，调整31项收费的名称、标准和范围，完善129项收费的政策依据，补充53项收费的优惠政策等。2009年，市服务中心所有办件全部纳入"三合一"平台办理，增设"一事一评"电子评价系统。

第八章　外事　侨务　港澳事务

改革开放后，常州外事、侨务和港澳事务相继恢复和开始办理，相应的工作机构先后恢复和建立。全市外事、侨务和港澳事务工作机构发挥职能作用，开展外事接待、因公出国出境、友好城市、国际会议与交往、归侨侨眷、涉侨工作、侨务经济和涉港涉澳事务的办理、管理和服务，促进了常州经济社会发展环境的改善。

第一节　外事

1980年10月，常州市革委会外事办公室更名为常州市人民政府外事办公室，为市政府外事工作职能部门、市委及其外事工作领导小组的办事机构。1988年4月18日，常州市人民对外友好协会(简称"友协")经市

1987—2010年常州市接待国(境)外来宾和因公出国(境)团组统计表

表27-8-1

年份	接待国(境)外来宾		因公出国(境)人员		年份	接待国(境)外来宾		因公出国(境)人员	
	批次	人次	批次	人次		批次	人次	批次	人次
1987	—	—	2	19	2000	26	425	1008	3731
1988	—	—	3	12	2001	68	416	872	3520
1989	—	—	2	12	2002	106	880	882	2417
1990	—	—	2	13	2003	71	526	708	2006
1991	34	315	5	23	2004	75	516	811	2414
1992	34	352	656	2058	2005	81	518	753	2241
1993	37	384	738	2015	2006	76	578	756	2468
1994	31	492	637	2839	2007	100	1101	757	2537
1995	34	283	793	2842	2008	110	1005	493	1606
1996	59	466	1008	3215	2009	80	1032	526	1787
1997	57	424	1100	4165	2010	101	1050	596	2230
1998	67	678	952	3289	累计	1308	11974	15037	50872
1999	61	533	977	3413					

说明：1.2002年接待国（境）外来宾含参加2002世界中小企业大会的国（境）外代表408人。2.1991年以后因公出国（境）人员数包含机关企事业单位人员的经贸活动、友好访问、考察交流及研修生等

委批准成立，市委书记陈玉英担任名誉会长，市长曹锦成任会长。2001 年 5 月 25 日，市政府外事办公室更名为常州市外事办公室。2008 年，钟楼、天宁、新北、戚墅堰相继在各区外经贸局增挂“外事办公室”牌子，履行辖区内外事归口管理职能。至此，辖市区均设立外事办公室。2009 年 12 月 21 日，市友协换届，市政协主席于超任会长。2010 年 2 月常州市外事办公室再次更名为常州市人民政府外事办公室。5 月 6 日，市友协召开第一届理事会，通过理事名单和协会章程。

一、外事接待

1985 年以后，随着对外开放的不断深入和经济社会的快速发展，常州地方外事工作持续发展，逐步形成与国（境）外多层次、多渠道、多领域交流交往的格局。1991 年以后，市外事办公室每年接待访问常州的外国贵宾增至 30 批以上。

外国政府政党贵宾 1986—1995 年，常州党政领导接待了几内亚比绍共和国、佛得角共和国、秘鲁共和国、塞拉利昂共和国的总统等政要与民主柬埔寨主席诺罗敦·西哈努克亲王夫妇、刚果人民共和国全国人民议会议长让·冈加—赞祖、法国共产党中央委员米歇尔·罗良、意大利国会议员佛罗伦萨市前市长卡布贾尼等国家政府、政党领导人率领的代表团 32 批、231 人次。1996—2005 年，接待了外国政府、政党贵宾 65 批、786 人次。2006—2010 年，接待了塞拉利昂共和国代表团等外国政府、政党贵宾 41 批、590 人次。1986—2010 年，常州党政领导接待外国重要贵宾、代表团组 138 批、1607 人次。

外国使领馆官员 1986—1995 年，常州市党政领导会见、接待了联邦德国驻华大使斐培宜、尼日利亚驻华大使阿德阔耶、奥地利驻华大使保罗·罗迈、英国驻沪总领事麦约翰、巴西驻沪总领事佛朗西斯科·德·利马和苏联、美国、丹麦、巴西、澳大利亚、加拿大等近 20 个国家的驻华使领馆官员 29 批、103 人次。1996—2005 年，接待了外国使领馆官员 137 批、618 人次。2006—2010 年，常州市与各国驻华使领馆的工作交往加深，接待了外国使领馆官员 106 批、538 人次。1986—2010 年，接待了外国驻华使领馆官员 272 批、1259 人次。

外国新闻记者 1986 年以后，随着常州对外开放的不断深入，采访考察常州的外国新闻机构及其记者逐年增加。1986—1995 年，英国、美国、日本、土耳其等国新闻机构的记者 25 批、111 人次访问常州。1996—2005 年，常州外事部门、相关单位接待外国记者和新闻机构代表 69 批、251 人次。1997 年 10 月 5 日，市政府在常州江南春宾馆举办了常州首次外国记者招待会，英国、德国、丹麦、爱沙尼亚等 7 个国家的 8 家外国新闻机构的 11 名驻华记者出席。2001—2005 年，到常州采访的外国记者显著增多。2006—2010 年，到常州采访的外国记者和新闻机构代表达 58 批、270 人次。1986—2010 年，常州外事部门、相关单位累计接待外国记者和新闻机构代表 152 批、632 人次。

2009 年 9 月，常州与土耳其、坦桑尼亚的两座城市缔结为友好城市（摄于 2009 年 9 月）

二、友好城市

1986—2010 年，常州市先后与 11 个国家的 12 个城市缔结为友好城市，常州辖市区缔结友好城市 4 个。1998 年 11 月，武进市与澳大利亚阿什菲尔德市结为友好城市。2008 年 10 月，金坛市与荷兰克伊克市结为友好城市。1996 年 10 月、2010 年 8 月，溧阳先后与日本白山市、美国联合市结为友好城市。2010 年 9 月 10 日，常州市与美国罗克福德市在中国国际友好城市大会上，分获国际友好交流合作奖和对华友好交流合作奖。9月28日，常州市市长王伟成在《人民日报》（国际版）发表署名文章《推动建设"大友城"》，阐述常州建设"大友城"的理念，介绍常州友城工作成果。

1986—2010年常州市缔结的国际友好城市一览表

表27-8-2

友好城市名称	签约时间	签约地点	签约代表
意大利普拉托市（Proto）	1986.06	常州市政府	常州市市长陈鸿昌、普拉托市市长鲁卡利尼
日本高槻市（Takatsuki）	1987.03	高槻市民会馆	常州市市长陈鸿昌、高槻市市长江村利雄
日本所泽市（Tokorozawa）	1992.04	常州亚细亚影视城	常州市代市长孟金元、所泽市市长斋藤博
荷兰梯尔堡市（Tilburg）	1997.04	常州大酒店	常州市市长孟金元、梯尔堡市市长布洛克斯
澳大利亚赫斯特维尔市（Hurstville）	1998.05	赫斯特维尔市议会	常州市副市长李林生、赫斯特维尔市市长彼得·奥拉
毛里求斯博巴桑·荷津市（BeauBassin-Rose Hill）	1998.10	常州大酒店	常州市市长孟金元、博巴桑·荷津市市长纳加林根
韩国南杨州市（Namyangju）	1999.09	常州大酒店	常州市市长孟金元、南杨州市市长金荣熙
美国罗克福德市（Rockford）	1999.10	罗克福德市议会	常州市市长孟金元、罗克福德市市长查尔斯·博克斯
巴西南卡希亚斯市（Caxias do Sul）	2003.09	常州江南春宾馆	常州市代市长徐建明、南卡希亚斯市市长葛倍托·约瑟皮尔·瓦格斯
芬兰萨塔昆塔地区（Satakunta）	2008.10	南京国际会议中心	常州市副市长韩九云、萨塔昆塔地区主席卡尔帝奥康普
土耳其埃斯基谢希尔市（Eskisehir）	2009.09	常州香树湾花园酒店	常州市市长王伟成、埃斯基谢希尔市市长伊尔玛兹·布伊克申
坦桑尼亚达累斯萨拉姆市（Dares Salaam）	2009.09	常州香树湾花园酒店	常州市市长王伟成、达累斯萨拉姆市市长亚当·金比萨

三、荣誉市民

1998年10月，常州市政府首次授予日本株式会社茨城放送（广播）社长、会长、名誉顾问草野真男"常州市荣誉市民"称号。同年11月25日，市政府颁发《常州市授予外国人荣誉市民称号办法》。2007年7月、2009年8月，市政府两度修订该办法，规范荣誉市民的审批和授予。至2010年底，市政府累计授予82位外国人士、境外人士"常州市荣誉市民"称号。

1998—2009年"常州市荣誉市民"按国籍分人数统计表

表27-8-3　单位：人

年份	合计	美国籍	韩国籍	日本籍	德国籍	法国籍	其他国籍	年份	合计	美国籍	韩国籍	日本籍	德国籍	法国籍	其他国籍
1998	1	0	0	1	0	0	0	2003	1	0	1	0	0	0	0
1999	4	1	1	2	0	0	0	2004	11	3	0	3	1	1	3
2000	6	1	1	1	1	1	1	2005	13	2	0	3	2	0	6
2001	1	0	0	0	0	0	1	2007	12	3	1	5	1	1	1
2002	11	0	0	5	1	2	3	2009	22	4	2	3	4	3	6

四、因公出国出境

1985年，常州市被国务院确定为甲类开放城市。此后，随着经贸往来、招商引资、招才引智和友好交往的增多，因公出国出境人数逐渐上升。市政府先后颁发《常州市因公出国团组人员管理规定》《关于加强有关人员出入国境审批和管理的通知》等文件。2001年，随着上级对因公出国出境的从严管控，市政府制定《关于加强县处级以上领导干部因公出国（境）管理的暂行规定》《关于进一步加强因公出国（境）管理和规范因公出国（境）审批手续的规定》和《严格制止用公费变相出国（境）旅游和不必要的公务出国（境）活动，落实党风廉政建设责任制分解责任》等文件，2009年颁发《关于加强全市党政机关因公出国（境）经费管理的通知》。同年开始申报办理亚太经合组织的商务旅行卡，鼓励和支持有条件的民营企业走出国门，开拓海外投资贸易业务，办理19批、45人次。2010年，申办22批、56人次。至年底全市累计获批APEC商务旅行卡72张，居全省地级市第二位。

五、重大涉外活动

常州自2002年承办世界中小企业大会后，国际影响不断扩大，对外交往的层次持续提升。2008—2010年，市政府及其外事办等单位分别参与举办、承办了国际性重要会议、论坛10次，提高了常州的国际知名度。

国际性会议 世界中小企业大会 2002年9月19—24日在常州市亚细亚影视城举行，世界中小企业协会、中国中小企业国际合作协会、中国贸促会和江苏省政府主办，常州市政府承办，是常州举办的第一个国际会议。全国政协副主席胡启立等领导和44个国家和地区的408名境外代表与中央、省、市有关单位的代表200余人出席。

“一村一品”国际研讨会 2008年11月14—15日在溧阳天目湖宾馆举行，江苏省政府、农业部、国家外国专家局等单位主办，溧阳市政府承办，柬埔寨王国副首相兼内阁办公厅大臣索安、蒙古国副总理恩赫包勒德、日本前首相村山富市等政要和15个国家与地区的工商界人士及学者、企业家、农民代表445人出席，主题为“创新、合作、共赢”，通过并发表了《2008“一村一品”国际研讨会天目湖共识》，授予柬埔寨、印度尼西亚、老挝、马拉维、蒙古、斯里兰卡的6家单位和中国溧阳等地的6人“一村一品”运动促进奖。

常州与国际友好城市商会合作恳谈会 2009年9月28日在常州香树湾花园酒店举行，常州市政府主办，常州的友好城市芬兰萨塔昆塔地区，荷兰梯尔堡市，澳大利亚赫斯特维尔市、维多利亚州，美国罗克福德市、布法罗市等，世界华人工商促进会的政府、商会和企业代表及常州有关商会、企业家代表等120多人出席。常州市总商会分别与澳大利亚维多利亚州企业家工商会、世界华人工商促进会、土耳其埃斯基谢希尔市商会、坦桑尼亚达累斯萨拉姆市商会签订了建立友好商会协议书。

第六次中国—欧盟智库圆桌会议 2009年10月20—22日在常州举行，中国国际问题研究所和欧洲政策中心主办，欧盟国家的11位专家学者和中国国际问题研究所等相关机构的13名专家出席，6名观察员列席会议，主题为“中国与欧盟：应对全球挑战”。

第四届中国月季花展暨2010世界月季联合会区域性大会 2010年4月28日至5月2日在常州紫荆公园举行，中国花卉协会会长江泽慧和17个国家的国际月季种植、研究专家200多人出席。在富都商贸饭店举办了主题论坛，世界月季联合会主席西娜·哈里斯、前主席赫尔嘉·布里谢特、秘书长马尔科姆·沃森和中国月季花协会秘书长赵世伟等10多位中外月季专家探讨了世界月季花发展史、栽培技术等课题。

国际性论坛 意大利安博思论坛 2008年10月25—26日在溧阳市举办，是该论坛首次在中国举办，中国经济体制改革研究基金会秘书长、国民经济研究所所长樊纲，中国银监会副主席蒋定之、安博思集团总裁德默里等150多名国际知名专家和政商代表出席，主旨为中欧经济智慧对话，探讨交流了城市与商业所面临的竞争性挑战、中国及欧洲的资本市场发展、研究和发展领域的前沿动态和挑战等问题。

常州与国际友好城市高校合作论坛　2009 年 9 月 27 日在常州科教城举行，常州市政府主办，荷兰梯尔堡大学、坦桑尼亚达累斯萨拉姆大学、美国罗克福德学院等常州国际友城的 18 所大学和友好交流大学，与清华大学、南京大学、东南大学等 22 所国内高校的师生代表 300 多人参加，常州的国际友好城市 9 所高校与江苏工业学院、江苏技术师范学院、河海大学常州校区、常州工学院等高校进行了“产学研”对接。

天目湖中欧经济论坛　2009 年 10 月 23—24 日在溧阳涵田度假村酒店举行，江苏省政府、欧洲咨询联盟安博思集团主办，溧阳市政府承办，主题为“促进中欧合作、关注经济回暖、共享智慧火花”。200 多位与会者探讨交流了全球经济形势及中欧经济展望、城市及区域发展、中国现代服务业、科研创新与发展、中小企业对经济发展的战略意义等问题。

2010 年 6 月 20 日，第三届中美民间和平论坛在常州富都商贸饭店举行（摄于 2010 年 6 月）

第三届中美民间和平论坛　2010 年 6 月 20 日在常州富都盛贸饭店举行，中国人民争取和平与裁军协会和美国公谊服务委员会联合举办，主题为“和平、和解、和谐”；全国人大常委会副委员长严隽琪，中美两国政府的相关官员、非政府组织的领导人和知名学者 60 余人出席；举办了“国际和平与安全”“克服中美贸易摩擦、促进双边关系发展”和“加强社会治理、促进社会和谐”3 场专题讨论。

第二节　侨务

1979 年 7 月，常州市革命委员会侨务处更名为常州市人民政府侨务办公室。1978 年 9 月至 1979 年 2 月武进、金坛、溧阳相继成立侨务办公室。1983 年 1 月，常州形成市、县两级侨务网络。侨务部门成立后，围绕地方中心工作，宣传党和国家的大政方针、改革开放形势、地方建设成就及侨务工作，联络接待华侨华人、港澳同胞，广交朋友，为经济建设穿针引线；联系归侨侨眷、港澳同胞眷属，做好排忧解难、维护权益、落实侨务政策等工作。1988 年，侨务工作逐渐转移到联谊、服务和助推经济建设。1992 年 12 月，市委、市政府根据 1989 年 5 月全国侨务工作会议精神，发布《关于进一步加强侨务工作的意见》，明确市侨办为一级局。1999 年 9—10 月，常州辖区相继成立区侨办，为政府序列，在区政府办公室或区委宣传、统战部增挂牌子。2001 年 2 月，由市侨办牵头，建立市人大民族宗教侨务工作委员会、市侨办、市政协港澳台侨委员会、致公党、市侨联（合称“五侨部门”）联动工作机制。2005 年 11 月，市委、市政府下发《关于加强新形势下侨务工作的意见》，成立市侨务工作领导小组，市委副书记邹宏国任组长。

一、侨情调查

1986 年 8 月至 1987 年 1 月，市侨办、侨联组织开展全市侨情普查，武进、金坛、溧阳三县同步完成。至 1986 年底，常州有在海外和港澳地区的华侨华人、港澳同胞 3.11 万人，分布在 53 个国家和地区，其中在海

泰国萧氏宗亲会回常州万绥寻根祭祖(摄于2008年3月)

外政治上有影响、社会上有地位、经济上有实力、技术上有专长的人物(简称“四有人物”)407人,全市归侨、侨眷、港澳同胞眷属及其他有“侨”关系的3.52万人,其中归侨163人。1995年12月至1998年11月,市侨办联合相关部门再次开展全市侨情普查,1996年末,全市有海外和港澳地区的华侨华人、港澳同胞4.09万人,分布在73个国家和地区,东南亚地区最多,其中“四有人物”451人;全市归侨、侨眷、港澳同胞眷属及其他有“侨”关系的4.23万人。1994年4月、1998年4月、市侨办、市侨联两次组织全市归侨情况调查。至1998年4月,全市有归侨149人,其中离退休归侨89人,老龄化明显;71人有高中级技术职称。2000年12月、2002年7月,市侨办两次组织全市困难归侨情况调查。2002年7月,全市有困难归侨22人,其中特困8人,归侨由于退休、患病和下岗者逐年增多等原因,经济状况总体呈下降趋势。1990年、1998年、2002年,市侨办组织开展了3次侨属企业调查。2002年,全市侨属企业有134家,大部分企业经济效益良好,少数企业规模较大。2003年8—11月,市“五侨部门”开展对全市在外与回常州的新华侨华人①普查,全市有在外新华侨华人1834人,分布在美国、加拿大、澳大利亚、新西兰、日本等36个国家和地区,有回常创业服务的新华侨华人25人。2010年,常州有在外新华侨华人和留学人员1.05万人,其中“四有人物”169人,全市归侨减至135人。

二、归侨侨眷工作

落实侨务政策 1979年10月至1986年底,常州开展落实侨务政策工作,主要是清理档案,甄别平反历史老案和“文化大革命”中的冤假错案,归还被查抄财物,补发停扣减工资,解决精简下放和知青人员回城及土改、代管、历次运动、私改、挤占、低价收购侨房的发还等。1986年6—12月,市侨办配合市法院复查全市涉及侨务工作对象的案件43件,其中甄别平反41件、维持原判2件。1989年市侨办对常州市落实侨务政策情况进行调查,清理出1966位归侨侨眷人事档案中存在不实之词材料2694份(页);甄别平反历史老案71件、“文化大革命”中的冤假错案82件;帮助13名精简下放人员、230名知青解决了回城问题,并为他们解决了复职、就业或退休问题;发还侨房或给予经济补偿333户,总面积3.61万平方米。1990—2005年,侨务部门零星落实侨房政策13户,总面积1654.71平方米。

侨界知识分子工作 80—90年代,侨务部门两次检查验收落实归侨侨眷知识分子政策情况、两次普查侨界知识分子情况,对做出成绩的给予荣誉,在职称评定和职务提拔、政治安排、改善工作生活条件等方面,相关单位给予照顾,逐步解决其经济困难和合理要求。1986年8—12月,市侨办组织16个行业(系统)和172家企事业单位的组织人事部门人员调查落实归侨侨眷知识分子政策。据对447名归侨侨眷知识分子情况的调查统计,清理出人事档案中有不实之词的材料820份,对44人的历史老案平反,纠正涉及10人的冤

① 新华侨华人包括改革开放后出国出境定居,探亲后转定居,自费出国留学或就读后定居,公派、劳务输出、因私出国打工逾期不归转定居及技术移民、资金移民等。

假错案，解决60年代初期被精简下放的5人回城和就业；补发了12人“文化大革命”中被停发扣减的工资4万元，归还68户被查抄的财物，给予经济补偿35.52万元，腾退37户被挤占的房屋1776平方米，解决了42对夫妻异地分居的困难，30户95名家属农业户口转为非农业户口。

1989年6—9月，市委组织部、市侨办联合对市区55个单位和金坛、溧阳两县侨界知识分子的情况开展调查。1989年2月、1990年9月，先后两次开展全市归侨侨眷知识分子情况普查，全市有侨界知识分子820人，侨务政策、知识分子政策基本落实。90年代后期，随着各地各单位加强知识分子工作，侨界知识分子工作顺利开展。侨界知识分子在科研、工业、医卫、文教、农业等领域取得成果，做出了显著贡献。市侨科协在开展对外联络、技术咨询服务和组织技术攻关、产品研发，为发展外向型经济牵线搭桥，开办科研型、生产型经济实体等方面发挥了侨界知识分子的作用。

1989—1990年常州市侨界知识分子调查项目一览表

表27-8-4　　单位：人

调查项目	人数	调查项目	人数
1989年6—9月归侨侨眷知识分子调查			
调查侨界知识分子总人数	287	曾担任科级及以上领导职务者	24
改革开放后市级及其以上先进或科技成果奖获得者	77	县区级及其以上人大代表	30
其中：国家和部省级奖励获得者	48	县区级及其以上政协委员	39
有高级职称者	106	中共党员	87
曾担任地市级领导职务者	4	民主党派成员	48
曾担任县处级领导职务者	12		
1990年9月归侨侨眷知识分子情况普查			
全市归侨侨眷知识分子总人数	820	科技成果奖获得者	77
中共党员	171	解决夫妻分居问题的	35
县处级及其以上干部	20	解决农业户口转为非农业户口的	95
中高级知识分子	381	解决子女就业问题的	230
先进个人	118	解决住房困难（户）的	166
其中：市劳动模范	1		

侨汇工作　侨汇分赡家侨汇、建筑侨汇。80年代至90年代初期，侨汇是常州外汇收入的主要来源之一。赡家侨汇由常州侨汇商店（后更名为华侨友谊商店）凭中国银行（简称“中行”）常州分行发放的侨汇兑换券，供应原计划供应的粮油和烟酒、家电等紧俏、高档生活用品。建筑侨汇由市侨办凭中国银行常州分行的外汇凭据，开具“建筑侨汇证明书”，由市物资局所属物资部门供应钢材、水泥、木材、砖瓦等建材。80年代后期至90年代前期，一些侨汇户甚至直接用侨汇购买商品房。1986—1993年，全市侨汇收入按人民币计算，分别为337万元、259.18万元、175.15万元、44.58万元、166.13万元、381.47万元、125.4万元和5.2万元。90年代，随着外向型经济的发展，侨汇不再是常州外汇收入的主要来源，1994年起中行常州分行不再统计侨汇收入。翌年11月，人行总行发布《关于外汇兑换券停止流通和限期兑换的公告》，侨汇工作随之停止。

华侨捐赠　海外侨胞、港澳同胞素有爱国爱乡、造福桑梓的优良传统，他们慷慨解囊，捐款赠物，促进了家乡经济社会的发展。华侨捐赠包括华侨华人、港澳同胞及其社团、投资企业的捐赠，由县级及其以上侨务部门分级报批和登记、监管。1991年10月，市侨办、对台办联合印发《关于加强捐赠管理工作的意见》。

2002年3月，市侨办制定《常州市侨务系统实施“320侨心工程”的意见》。2004年9月，市政府召开常州市侨界捐赠表彰大会，总结实施“320侨心工程”情况，向捐赠数额大的20位海外侨胞、港澳同胞授予常州市华侨捐赠社会事业贡献奖。2006年3月，市政府印发《常州市华侨捐赠举办公益事表彰办法》。

1986—2010年常州市历年接受华侨华人、港澳同胞及其投资企业捐赠统计表

表27-8-5 单位：万元

年份	全市受赠总额	其中：市区受赠额	年份	全市受赠总额	其中：市区受赠额	年份	全市受赠总额	其中：市区受赠额
1986	43.17	12.45	1995	220.00	41.50	2004	215.40	23.30
1987	123.42	33.11	1996	649.90	624.90	2005	2274.41	168.04
1988	204.26	122.91	1997	795.90	—	2006	1191.29	37.95
1989	100.75	63.52	1998	402.04	109.00	2007	559.80	—
1990	61.81	38.29	1999	70.36	16.50	2008	891.44	134.46
1991	524.63	324.59	2000	174.60	—	2009	1925.00	308.00
1992	591.36	140.03	2001	329.05	21.80	2010	735.36	651.56
1993	219.21	18.67	2002	243.40	183.50	累计	13291.68	3370.63
1994	615.28	266.00	2003	129.84	30.55			

说明：1.市区不含武进，武进统计在辖县市中。2.按捐赠当时的银行外汇兑换率计算

三、侨务经济

改革开放后，国家实行对内搞活的经济政策，一些归侨侨眷利用自身的资本、技术或依靠海外亲人的资助兴办企业，侨务部门称之为“侨属企业”，将归侨侨眷在其他企业里担任总经理、董事长的企业或华侨投资开办的内资企业纳入统计范围和侨务部门的工作范围。1984年，经市侨办、侨联牵线，香港好利来公司与常州继电器厂合资成立中国常利企业公司，为常州首家境外方与常州国有企业合资的企业。80—90年代，市侨办、侨联和侨科协先后兴办了常州市华建实业公司、常州市华侨兴业物资公司和常州华侨旅游侨汇服务公司等

2010年常州市注册资金达1000万元的侨属企业一览表

表27-8-6

企业名称	法定代表人	法定代表人身份	注册资金(万元)	员工人数
中天钢铁集团公司	董才平	侨眷	15000	8000
江苏新城集团	王振华	华侨	11000	3000
金坛市樱花大酒店公司	王粉琴	侨眷	1500	192
金坛市市政建设公司	缪长顺	侨眷	1700	98
常州市帝商服饰公司	李峰	侨眷	2140	350
常州宏商纺织染整公司	蒋小平	港眷	1650	100
雄联(常州)纺织印染公司	黄绍基	港眷	1295	168
常州帛汉电子公司	潘咏	港眷	2540	150
常州达亿工艺品包装公司	万海龙	港眷	4100	500
溧阳市工程建设公司	赵福旦	港眷	2000	52

工商企业，事业单位常州市中国旅行社由市外事办划归市侨办管理，多家生产、流通企业陆续兴办，部分辖市（县）侨办亦兴办企业。至1998年底，全市侨务系统开办企事业单位21家。1999年以后，随着清理党政机关办企业，经清理整顿后陆续关闭或脱钩。2006年4月，常州市中国旅行社被市中国国际旅行社收购，改制为企业。

招商引资 常州侨务部门通过对外联络、邀请接待，发动归侨侨眷、港澳同胞眷属动员海外亲朋好友到常州投资兴业，推动了常州外向型经济的发展。1978年11月至1991年底，累计批准成立侨资、港澳资企业261家，总投资6301.86万美元，分别占全市外资港澳台资企业总数、投资总额的75.7%、64.5%。1984—1995年，全市侨务部门、归侨侨眷牵线搭桥办成侨界外资港澳台资企业99家。1991年5月，市政府出台《常州市鼓励华侨、港澳和台湾同胞投资的若干规定》《常州市奖励引荐海外和港澳台资金的暂行规定》，侨务部门开展了多形式的招商引资引智活动：邀请侨商、侨团负责人及侨界企业负责人参加国家外经贸部等单位联合举办的中国投资贸易洽谈会，参与国务院侨办、湖南省政府联合举办的中国中西部地区对外经济技术合作洽谈会，省侨办多次举办“江苏之友”海外华侨华人联谊会，市侨商协会参与组织的中国—东盟博览会等招商活动，发动归侨侨眷为经济建设服务。1993年3月，市侨办召开归侨侨眷“三引进”工作表彰会，表彰9位侨界积极分子。至1994年底，全市侨资、港澳资企业猛增至1341家，占全市外资港澳台资企业总数的77%，实际利用侨资和港澳投资6.77亿美元，其中投资总额达1000万美元的企业有25家。

1998年5月，常州被国务院侨办确定为引资引智工作服务联系点城市。2003年3月，市“五侨部门”召开常州市侨界引资引智争先创优动员大会，在全市侨界开展引资引智争先创优活动。同年底，全市有侨属企业134家，武进区最多；注册资金总额6.3亿元，其中注册资金达1000万元的10家，总资产1000万～9999.99万元的19家，达1亿元的3家，经营领域扩大到纺织、服装、机械、化工、轻工、电子、建筑、商贸等行业。

2004年，市侨办举办了常州市华商科技经贸项目洽谈会、“相聚龙城——海外侨商常州行”侨务品牌招商活动，与市塑化业商会、泰国有关单位联办了中国常州—泰国塑胶行业合作交流洽谈会，市侨商协会与巴西有关单位联办了巴中贸促会经贸洽谈会等招商活动。市侨办自行组团或随市政府、省侨办团组到国外招商，组成常州侨务经贸代表团、常州经贸访问团先后到非洲、东南亚一些国家考察洽谈；组团参加在中国、马来西亚、菲律宾先后举办的3届世界华商大会。随省侨办团组、市政府团组考察了东亚、东南亚、南北美洲、西欧、大洋洲的部分国家，进行项目洽谈。邀请海外侨商、侨团负责人到常州考察洽谈；动员到常州探亲访友、观光旅游的侨商投资常州，为有意到常投资的侨商联系常州企业洽谈，兴办了一批企业，谈成不少外贸出口业务。

2010年末，全市有侨界外资和港澳资企业1390家，投资主要来自中国香港等地区和美国等国家，总投资139.12亿美元、注册资本总额69.8亿元，实际到账侨港澳资58亿美元，分别占全市外资和港澳台资企业总量的53.5%、64.7%、67%、73.4%，从业人员10.3万人。同年，全市侨港澳资企业完成营业总收入近1000亿元。

招才引智 80年代，市侨办就重视招才引智工作。1984—1995年，以邀请、接待到常州探亲访友、观光旅游的华侨华人专业人士为主。1996年以后，更多的是邀请华侨华人专业人士团组到常州进行科技交流。2003年以后，每年举办“创业之桥”——海外人才常州创新创业洽谈会，邀请组织海外留学人员与常州民营企业、侨资企业、高校、科研院所等进行项目对接交流，合作研发或办企业。2007年10月，常州留学人员创业园经市侨办推荐，被国务院侨办列为引资引智重点联系单位，成为此次全国12家获批单位中唯一的地级市创业园。2008年3月，留美博士贡毅创建的江苏津通工业园在市侨办支持下，被国务院侨办评为海外人才中国创业示范基地，目标定位为建成国际性招商平台、孵化华侨华人高新技术成果的重要示范基地。至2010年底，“创业之桥”活动连续举办7届，邀请到海外华人华侨高层次人才、留学人员544人次，与常州

952家企业单位对接洽谈项目381个。有近200个海归项目落户常州，引荐海外领军型人才26名，聘请“常州海外侨务顾问”32名。

服务企业 1990年6月，市和县市区侨办对侨资、港澳资企业进行身份认定，(常州)中大服装公司是全市首家被认定为“侨”身份的企业，至1994年底全市累计认定为“侨”身份企业354家，1995年初认定工作因“享受优惠待遇”文件作废而终止。1998年起，市侨务部门响应国务院侨办提出的开展“兴国利侨”活动的号召，热忱为侨界企业服务。翌年5月，市侨办首次确定22家侨港澳资企业为重点服务联系点，后增至29家企业。2003年9月，常州名力纺织公司被评为2000—2002年度全国百家明星侨资企业，溧阳德盛食品公司等5家企业被评为江苏省明星侨资企业。2004—2008年，常州的名力纺织公司等22家侨港澳资企业被省侨办确定为第一至三批重点服务挂牌单位。侨务部门每年帮助企业解决生产经营的困难。市侨商协会与交通银行常州市分行签署了《侨界企业兴业贷款实施办法》及扶持海归企业的融资办法。市侨办、侨商协会单独或联合举办了侨界企业税法政策咨询会、新兴产业发展和转型升级政策咨询会和进出口贸易政策咨询会等。

第三节 港澳事务

2007年，常州市外事办公室增挂“常州市港澳事务办公室”牌子。港澳事务办公室成立后，加强与香港特别行政区政府办公室、澳门特别行政区政府办公室，中央人民政府驻香港特别行政区联络办公室、驻澳门特别行政区联络办公室，外交部驻香港特别行政区特派员公署、驻澳门特别行政区特派员公署等机构的联系、联络和交往，推动了常州与港澳地区的经贸、科教、文体等领域的交流与合作。7月12日，在常州市文化宫广场举办了庆祝香港回归10周年巡回图片展。2010年2月，常州市港澳事务办公室更名为常州市人民政府港澳事务办公室。

一、接待重要代表团

2010年4月16日，澳门特别行政区行政长官崔世安率团访问常州。9月11日，香港邵氏兄弟电影公司创始人、香港电视广播公司荣誉主席邵逸夫的夫人、香港广播电视公司行政主席、香港邵逸夫基金公司主席邵方逸华，与香港特区政府行政长官曾荫权的夫人曾鲍笑薇偕香港特别行政区前行政官员、知名企业家等56人访问常州。

二、服务经济社会发展

市政府港澳事务办公室协同做好在香港举办的经贸交流等活动，累计邀请30余位香港客商参加历届中国常州科技经贸洽谈会，为在常州的港澳企业和人员服务，推动与港澳地区经济社会事业的交流与合作。2010年5月，该办制定《港澳学生在常就读中考加分身份认定程序(暂行)》，为在常州就读的港澳籍学生享受中考加分政策提供了身份认定的操作细则，当年办理8人的身份认定。

中国常州(香港)城市产业推介说明会 常州从2006年起，每年在香港举办中国常州(香港)城市产业推介说明会。中央人民政府驻香港特别行政区联络办公室副主任黎桂康、秘书长赵广廷、副主任李刚、副主任郭莉，香港特别行政区政务司司长唐英年，外交部驻香港特别行政区特派员、公署副特派员詹永新、副特派员高玉琛等政要应邀出席活动。推介说明会达成了一批城市产业合作项目，促进了常州的城市建设和发展。

常州—香港(CEPA)经贸合作洽谈会 2004年3月21日在香港君悦酒店举行，中央人民政府驻香港特别行政区联络办公室副主任李刚、外交部驻香港特别行政区特派员公署副特派员宋马锁，香港《文汇报》、《大公报》、凤凰卫视、亚洲电视等 10 余家媒体的 20 多名记者出席。

第九章　来信来访

1985 年以后，常州信访机构逐渐升格，人员队伍不断扩大，整体素质日益提高，信访工作逐步走上法制化、规范化的轨道，由单一的群众来信来访简单反映向综合分析、提供决策建议转变，由对信访事项的转办交办向督导检查、促进问题解决转变，由被动受理信访向预测防范、及时协调化解矛盾转变，由信访部门单兵作战型向多部门齐抓共管型转变。至 2010 年底，全市信访工作机构累计受理群众信访 56.4 万人次（件次），其中来信 16.82 万件次、来访 9.78 万批 39.58 万人次，接听来电 8.62 万个；妥善处理了一大批信访案件，维护了社会的平安稳定。

第一节　信访体制机制

一、工作体制

1986 年 4 月 17 日，常州市信访办公室成立。1989 年，撤销市信访办公室，设立市信访局，武进、金坛、溧阳同年相继成立信访局。1991 年，市信访局经市编委批准，内设信访一科和信访二科。1995 年，市信访工作领导小组成立，负责协调处理全市发生的重大、疑难、突发性信访问题，其办公室设在市信访局内。1996 年机构改革后，市信访局设有办信科、接访科（市长公开电话办公室），成立市人民建议征集办公室，市各区均设立信访局。2005 年，市信访局设置市长公开电话受理中心。翌年，市和辖市区建立人民来访接待中心，实行党政机关联合接待信访制度，为信访人提供一站式服务。10 月，市人民来访接待中心投入使用，中心建筑面积 1000 多平方米，集候访、接谈、处理功能于一体，候访大厅可容纳上访群众 300 名。市房管局、劳动和社会保障局、建设局、环保局、规划局、城管局进驻接待中心。同年，“12345”市长公开电话受理中心建成使用。

二、工作机制

信访部门接处工作机制　1990 年，常州开始实施信访工作目标管理，制定《常州市信访工作目标管理分项计分考核标准》，把信访干部培训纳入目标管理考评。市、县（市）区和市部委办局普遍建立领导接待群众来访日制度，全市信访工作逐步规范化、制度化。1988—1990 年，对信访老户问题实行定任务、包调查、包处理、包做思想工作的办法。1991 年，市委把信访工作列入全市年度精神文明建设目标。1994 年，要求领导干部坚持做到经常听取信访部门工作汇报，坚持领导接待群众来访日制度；按照“谁主管、谁负责，一级对一级负责”的原则探索建立信访工作责任制，开始在金坛、武进的 23 个乡镇试行群众逐级上访制度。建立、完善市长公开电话工作的登记、查办、交办、督办、反馈、归档及信息报送制度和重要来电限期交办报结制度。1995 年，市政府与辖市区政府和市教委、纺织工业局、机械工业局等 26 个单位领导签订信访工作目标管理责任书，把进京去省上访批次、信访案件按期结案率、来市集体上访批次均纳入目标管理责任书。全市全面推行逐级上访制度，坚持按逐级上访的程序规范各行政机关的行为，坚持按逐级上访的要求宣传、引导上访人，统一答复意见书和越级上访通知书的格式，统一复查时间和复查程序。在市属 5 个区和部分委办局建立信访信息例会制度、重要信息必报制度。1997 年，规范了接待、办信、信息、督办、人民建议征集等工作的形式和要求，公安机关依法处理了极少数严重违法上访的人员。1999 年，市委、市政府实施信访工作领导责任制,明确党政主要负责人对信访工作负总责,分管领导是信访工作的直接责任人,并建立信访工作奖励处罚制度。

2001年,全市实行“月有排查,季有分析”的工作制度。市信访局提出接待服务来访群众力求做到来有迎声、问有答声、走有送声,一张笑脸、一张热板凳、一杯热水、一副热心肠,成为全省唯一获1995—2000年全国信访系统先进集体的地级市信访局。市信访局、司法局从6月起实施信访法律咨询日制度,每月10日、18日、25日安排律师到市人民来访接待中心参与接待,把群众反映的涉法涉诉问题引导到司法途径。2003年,常州在全省率先开展“信访工作质量年”活动,全市信访部门普遍建立健全首问责任制、季度排查调处矛盾等工作制度。2004年,市委、市政府建立集中处理信访突出问题及群体性事件联席会议制度,成立5个信访突出问题专项工作小组;市委办、市政府办联合印发《关于加强和改进乡镇、街道信访工作的意见》,全市信访工作网络基本建成。2005年5月1日,国务院修订出台的《中华人民共和国信访条例》实施,常州市开展了大规模宣传贯彻活动,举办了信访条例知识竞赛,在常州电视台进行全场录播,出台《常州市无理上访处理办法(试行)》《常州市信访听证暂行办法》《常州市信访事项复查复核办法》等配套文件,依法开展信访工作。2006年,市信访工作领导小组制定了与大信访工作格局配套的8个工作机制和19项工作制度。翌年,全市探索信访救助制度,市财政拨款设立信访救助专项资金,解决个别信访群众的生活、就医等困难。

领导接待信访群众机制 1990年,市、县(市)区和市各部委办局普遍建立领导接待群众来访日制度。1994年,加强对信访工作的领导,领导干部定期听取信访部门工作汇报,坚持领导会办和协调处理重大、疑难、突发性的信访问题,坚持月分析和预测预报信访动向,尽量把集体上访的隐患和不安定因素解决在基层、解决在内部、解决在萌芽状态。1995—1996年,市及辖市区领导接待群众来访356批,会办疑难信访问题229件。1998年,市委、市政府出台《关于切实加强全市信访工作的意见》,实行市四套班子的领导每个工作日上午轮流到市信访局值班制度,建立健全市领导阅批群众来信、协调会办重大疑难信访问题的制度。

1998—1999年,市领导阅批群众来信2796件,接待群众上访770人次,会办信访问题18件。2002年,全市实行领导干部信访接待日制度,每月10日、25日定为市领导信访接待日,各级党政部门出台相应的领导干部信访接待日制度。2003年,市委、市政府下发《关于进一步加强和完善党政领导信访接待日制度的意见》,市领导阅批群众来信3199件,接待群众上访18批、158人次。许多疑难信访问题经市领导接待和协调得到妥善处理和解决。

2007年,市委、市政府领导接待上访群众28批、665人次,市领导阅批群众来信2233件,占全市来信总数的58%。对市区知青“半家户”和60年代精简下放职工等城镇老年居民反映生活困难的问题,市长王伟成接待上访群众并两次作出批示,经协调出台相关措施对这两类对象实行养老补贴。2008年,开展了辖市区党委书记大接访活动,辖市区党政主要负责人每月至少安排1天接待上访群众;从7月开始到年底,市委、市政府领导每周接待信访群众1次,协调处理信访问题。全市乡镇(街道)党政组织参照辖市区的模式,开展接访活动,采取领导干部现场接访、带案下访、重点约访等方式,推进重大疑难信访问题的解决。其间,市及辖市区党政领导接待信访群众1039批次、3524人次;当即答复和解决的251批次、806人次,落实包案领导的240批次、1111人次,落实责任单位的359批次、821人次,妥善化解未当即答复解决的179批次、585人次。

2008年11月,市委办、市政府办印发《关于完善党政领导干部信访接待工作长效机制的意见》,深化“大接访”活动。翌年,信访联席会议制度完善,市处理信访突出问题及群体性事件联席会议,协调会办、督查督办信访,推进事要解决。2010年,制定信访工作文明办公制度、文明用语制度,推动信访工作的制度化。市信访联席会议出台《上海世博会期间去沪非正常上访人员分流劝返工作的实施意见》,实行涉沪信访工作组轮值制度，市信访局、公安局各派1人常驻涉沪信访工作组，各辖市区和市相关部门派员轮流值班。

第二节 信访受理

1986—1990年，常州市信访工作机构受理人民来信来访4.11万件次，其中自办1.24万件次、立案会办429件次。1991—1993年，全市信访总量连续3年下降。1994—1998年，随着改革开放的深化和企业改制转制的推进，全市信访总量和群众集体上访量保持较高增幅，群众信访活动明显活跃，信访工作涉及面扩大，农村信访城市化，城市信访尤显活跃，企业集体性信访日益增多，群体信访量大增，信访内容以反映现实中的新问题、新情况、新矛盾占绝大多数，涉及利益分配和调整，处理难度增大。1991—1998年，全市受理群众信访13.12万件次，其中来信6.31万件次，来访2.48万批次、6.81万人次，来电8566个。1999—2010年，全市受理群众信访43.28万件次，其中来信10.51万件，来访7.3万批次、32.77万人次，来电7.24万个。2008—2010年，群众上访主要反映劳动和社会保障，“事业改企业”“行政改企业”退休人员、改制企业职工等企业改制遗留问题，以及部分军队退役人员的待遇，拆迁安置与土地征用补偿，城乡规划建设和管理，环境保护，涉法涉诉等突出问题。

1991年至2010年6月底常州市群众来信来访来电统计表

表27-9-1

年份	信访		来信		来访				来电(个)
	总件数(万件次)	比上年±(%)	件次	比上年±(%)	批次	比上年±(%)	人次(万)	比上年±(%)	
1991	1.15	-20.1	7555	—	2713	—	0.39	—	—
1992	1.05	-8.4	7026	-7.0	2426	-10.6	0.35	-10.3	—
1993	1.04	-1.3	6426	-8.5	2090	-13.8	0.40	14.3	—
1994	1.27	23.8	7529	17.2	2116	1.2	0.52	30.0	—
1995	1.56	17.4	7770	3.2	3230	52.6	0.78	50.0	2652
1996	2.04	34.0	9080	16.9	4097	26.8	1.13	44.9	3061
1997	2.28	7.1	8784	-3.3	3925	4.2	1.40	23.9	2853
1998	2.73	20.0	8897	1.3	4194	6.9	1.84	31.4	5208
1999	2.62	-4.0	8613	-3.2	4866	16.0	1.76	4.3	5359
2000	2.63	-1.1	7629	-11.4	5279	8.5	1.87	6.3	4822
2001	2.57	2.0	8731	14.4	4782	-9.4	1.70	-9.1	4016
2002	2.89	14.0	9303	6.6	5311	11.1	1.96	15.3	4782
2003	3.26	12.0	9162	-1.5	5610	5.6	2.34	19.4	5765
2004	3.69	1.9	10462	14.2	6016	7.2	2.64	12.8	5863
2005	3.56	-3.0	9521	-9.0	6176	2.7	2.61	-1.1	4698
2006	3.41	-12.5	8784	-7.7	6240	1.0	2.53	-3.1	5898
2007	4.39	29.0	8218	-6.4	7781	24.7	3.57	-41.1	7950
2008	5.78	31.7	10301	25.3	8846	13.7	4.75	33.1	8704

续表 27-9-1

年份	信访		来信		来访				来电(个)
	总件数(万件次)	比上年±(%)	件次	比上年±(%)	批次	比上年±(%)	人次(万)	比上年±(%)	
2009	4.59	-20.7	7877	-23.5	6877	22.3	3.80	-20.0	7392
2010(1—6月)	3.89	-15.1	6517	-17.3	5200	-24.4	3.24	-14.7	7134
累计	56.40	—	168185	—	97775	—	39.58	—	86157

说明：信访总件数不含来电数

一、集体上访

1991—2000年，全市信访部门接待群众集体上访2788批、6.05万人次，总体呈逐年增多的趋势。其中，1991—1993年，接待群众集体上访、进京去省上访有升有降；1993—2000年为集体上访激增期，1999—2000年形成一个高峰期。2001—2010年，全市信访部门接待集体上访9303批次、21.36万人次。其中，2002—2004年、2007—2009年为两个高峰期，2008年全市集体上访达到顶峰，高达1296批、3.65万人次。

二、进京去省上访

1986—1990年，中央、省等交办给常州信访案件141件，市信访办公室、信访局向中共中央办公厅、国务院办公厅信访局、省信访局和市委、市政府及其部门上报、提供信访信息1164条。其中1988—1990年，常州连续3年无进京去省集体上访，1990年市信访局被省委办公厅、省政府办公厅评为全省信访工作先进单位。1991—1993年，常州群众进京去省上访有升有降，1994—1998年常州群众进京去省上访的批次、人次在波动中大幅上升。此后，全市各级注重稳控进京去省上访户数量。2007—2010年，群众进京去省非正常上访批数、人次均有减少，常州群众去省上访批次上升较快，人数有升有降。

1991年至2010年6月底常州市接待群众集体上访和进京去省上访统计表

表 27-9-2

年份	接待群众集体上访				进京去省上访		年份	接待群众集体上访				进京去省上访	
	批次	比上年±(%)	人次	比上年±(%)	批次	人次		批次	比上年±(%)	人次	比上年±(%)	批次	人次
1991	39	-43.5	342	49.4	50	64	2001	545	-5.7	11078	-10.5	121	564
1992	40	2.6	415	21.3	67	142	2002	760	39.0	13185	19.0	199	710
1993	103	157.5	1255	202.4	59	136	2003	819	8.0	16854	28.0	238	997
1994	143	38.8	2570	104.8	48	81	2004	913	11.5	18868	11.9	271	1152
1995	206	72.6	3106	20.9	55	102	2005	847	-7.0	17892	-5.2	150	470
1996	310	50.5	6331	103.8	93	216	2006	789	-6.8	16605	-7.2	514	1351
1997	377	21.6	9334	47.4	66	792	2007	1124	42.5	26343	58.6	391	1592
1998	385	2.1	13210	41.5	130	293	2008	1296	15.3	36469	38.4	721	1943
1999	607	57.7	11574	-12.4	107	259	2009	1216	-6.1	29684	-18.6	640	2148
2000	578	-4.8	12382	7.0	110	539	2010	994	-18.3	26607	-10.4	751	1233

说明：2008—2010年进京去省上访数为常州市驻省信访工作小组接待本市群众去省上访数

第三节 案件办理

1986—2010年，常州市信访部门与有关部门通力合作，及时排查、化解信访群众反映的问题和矛盾，妥善处理大批疑难的集体上访、重访案件，维护了重大活动、会议、节假日期间和全市社会大局的和谐稳定。1986—1990年，市和县（市）累计解决男知青"半家户"子女户口迁城约1.1万人。其中1988—1990年，全市化解信访老户55人。1994—1995年，办理企业职工"内退"、残疾人机动车载客、常州高新区拆迁等重大疑难复杂信访问题，稳妥处理来市特殊上访6起，及时交办查处、跟踪反馈及做通联名信发起人的思想，缓和矛盾，防止潜在集体上访多起；妥善处理滆湖渔民、沪宁高速公路征地劳动力安置、五角场东村危房改造等群众反映强烈的热点、难点问题。

1999年，全市党政部门做好处理相关邪教问题和敏感时期的信访工作，排查矛盾纠纷，对不稳定因素及时分解到责任单位，落实解决措施。21世纪初，信访部门高度重视联名信、重复信、初信初访，变信访事后处理型为超前预防型，采取落实专人核查情况，主动下基层了解情况、沟通信息，组织会办、交办、报结等形式大力处理，努力稳住信访老户，变信访工作单一型为复合型，减少群众集体上访、越级上访和信访老户的产生。2001年，全市处理联名信访744件，重复信访降至21.9%，信访工作受到国家信访局表彰。翌年6月，与市司法局联合开展信访法律咨询日活动，每月10日、18日、25日安排两名执业律师参与来访接待，律师对群众反映的涉法问题予以解释，对特殊困难群众提供法律援助。

2004年9月25日至12月25日，出台《常州市信访听证暂行办法》《常州市无理上访处理办法（试行）》等文件，信访部门在全市梳理排出上访老户反映的问题，集中会办、公开听证，控减无理上访、违法上访。翌年，信访部门加强辖市区、镇街道、村社区三级信访网络工作队伍。大力查办中央和省、市领导批示的重要信访、越级重要信访、到市集访等重要信访案件，以集中交办、归口交办和个案交办等方式加强督查督办，对渔业污染赔偿、社区建设、村民反映的土地征用、经济适用房购房人反映不能贷款购房、部分路段居民办理房屋产权难等信访突出问题，大力调处，促成问题解决。2006年，市委、市政府构建大信访格局，建立人民来访接待中心，为信访群众提供一站式服务，开展了信访老户停诉息访百日活动，办理群众进京非正常上访突出问题，全市信访老户停访息诉28件，占总批数的85%。翌年，市人民来访接待中心建成后，信访部门受理的信访总量较大幅度增加。中共十七大召开前夕，全市信访部门排出矛盾纠纷281件，对168件重点信访矛盾分A、B、C三类实行定责任领导、定责任单位、定处理时限和领导包案调查处理的办法，及时进行化解。2008年，在重大政治活动和敏感时期，实行信访信息日报制度，开展破解信访老户问题攻关年、重信重访治理活动。

一、重大活动期间信访和群体信访办理

1994—1995年，全市信访部门采取抓苗头、挖源头，及时处理突发性和群体性信访事件。通过超前防范，周分析、月预测，及时掌握信息，落实属地稳控等措施，遏制和化解集体上访。至1996年，全市实现连续11年无进京集体上访、连续4年无省交办信访老户。1998年，市信访部门解决了两家企业非法集资、职工子弟上学和城区个别地段环卫管理等涉及群众利益的信访问题。1999年，对易诱发大规模集体上访的问题采取及时与相关部门沟通、发函交办、限期报结、督促落实解决等措施，迅速解决问题。

2009年，开展信访积案化解活动，抓好新中国成立60周年国庆期间的信访稳定，筹集信访救助资金256.8万元，救助信访人101人，成功化解、缓解了一批信访老户的问题，教育感化了部分信访老户，促使其停访息诉；会办督办、妥善处理了事业单位改制前退休人员要求享受事业退休待遇、工业系统提前退休人员

配偶享受生活困难补助等突出信访问题；开展了信访工作基层基础建设年和创建“三无”（无集中上访、无去省上访、无赴京上访）辖市区、“四无”（无越级集体上访、无赴京上访、无信访老户和无信访积案）镇（街道）活动。2010 年，上海举办世博会和常州承办江苏省第十七届运动会，全市加强信访工作规范化建设，市成立世博会常州信访稳定工作领导小组、涉沪信访工作组，对非正常上访人员进行疏导分流劝返；排查出信访突出问题和矛盾隐患 212 件，对其中的 3 个重大涉沪信访问题由市委 3 名常委亲自包案督办解决，其余及时化解；全市开展信访稳定百日行动，制定省运会信访应急工作预案，市领导督办了市联席办排查出的重点信访问题 19 个，带头认领信访案件，妥善化解，实现上海世博会期间全市无去沪非正常上访的情况，江苏省第十七届运动会举办期间未发生重大群体性事件、到竞赛场馆上访情况。市信访局被世博会江苏驻沪信访工作组评为世博会期间信访稳定先进集体，郭大龙被中共中央、国务院表彰为上海世博会先进个人，享受全国劳模待遇。

二、进京去省信访办理

1989 年以后，随着经济发展和利益多元化，常州进京去省上访有所增加。各级党委、政府和信访部门采取多种措施，妥善化解社会矛盾，减少进京去省上访。1996 年，80% 以上乡镇街道实现信访“四无”，营造出良好的社会环境。2005 年，中央和省交办的 100 件重要信访案件全部按时办结。翌年，对省交办的 15 名信访老户实行市领导督查、辖市区领导包案办理，集中交办到有权处理的部门和单位。2008 年，对省交办的 15 件重信重访信访案件和 85 名进京上访备案人员，全部按包案责任制要求，推动处理解决。2008 年 8—9 月北京奥运会举办期间，市信访局制定了奥运会期间驻京信访、群众来市去省上访的应急工作预案。常州市实现零进京上访，得到中共中央信访工作督导组和省委、省政府的肯定及省联席会议的表彰。全市信访老户停访息诉 51 人，占省交办信访重信重访数的 60%。2009 年，通过综合运用行政、经济、教育等手段，省联席办向常州交办的 16 件信访积案化解终结率达 80%，43 名进京上访备案老户大部分情绪稳定。2010 年，进京去省信访办理工作顺利持续发展。

第四节　人民建议

1997 年，市人民建议征集办公室在市信访局成立。1999 年设立全省第一个人民建议征集箱，通过确定人民建议征集联络员、开展专题人民建议征集等途径，集中群众智慧，广纳群言，博采众议，拓宽民主渠道，促进党委、政府决策的民主化、科学化，常州人民建议征集工作实现在全省地级市领先。

2000—2010 年常州市征集人民建议统计表

表 27-9-3

年份	征集建议（件）	比上年±（%）	征集意见（条）	比上年±（%）	年份	征集建议（件）	比上年±（%）	征集意见（条）	比上年±（%）
2000	403	—	509	—	2006	483	-32.6	812	-42.2
2001	417	3.5	647	27.1	2007	589	21.9	1496	84.2
2002	534	28.1	1296	100.3	2008	430	-27.0	570	-61.9
2003	575	7.7	1347	3.9	2009	2276	429.3	5411	849.3
2004	397	-31.0	906	-32.7	2010	381	-83.3	873	-83.9
2005	717	80.6	1406	55.2	累计	7202	—	15273	—

第十章 建议提案办理和信息公开

常州市政府及其职能部门高度重视人大代表的意见建议和政协委员的提案，建立健全办理制度机制，认真落实办理工作。2007年，市政府信息公开工作启动。翌年，市政府第一次常务会议把政府信息公开列入当年市政府重点突破的30项工作，规定每个季度的进度和保证措施，落实考核机制，搭建了由市政府办公室、监察局、保密局、市政府法制办公室、档案局、信息中心等部门组成的工作班子，建成常州市政府信息公开网络平台。

第一节 建议提案办理

常州市政府在每年年初制定经济、环境、民生重点工作计划时，考虑人大代表建议、政协委员提案所反映的问题，一大批有益的建议被市政府采纳，组织办理部门、相关单位重点推进。1999年，市政府开始把政协委员、民主党派提案办理作为市政府的重要工作写进《政府工作报告》，办理工作向规范化方向发展。1984—2010年，常州市人大代表、政协委员累计向市政府提出建议、提案14988件。其中，1984—1987年市第九届人大、政协第七届全体会议期间提出2687件，1988—1992年市第十届人大、政协第八届全体会议期间提出2121件，1993—1997年市十一届人大、政协第九届全体会议期间提出2751件，1998—2002年市十二届人大、政协十届全体会议期间提出3050件，2003—2007年市全体十三届人大、政协第十一届全体会议期间提出2582件，2008—2010年市全体第十四届人大、政协第十二届全体会议期间提出1797件。

一、办理情况

1983年12月，常州市第九届人大一次会议通过《关于议案若干问题的暂行规定》，将提案改为议案和建议、批评、意见(合称建议)。1984年起，市人大代表的建议由承办单位办理后，直接答复人大代表，同时抄报市人大常委会和市政府。市政府办公室开始跟踪办理过程，督办部分建议案。1990年，市政府办公室开始建立由办理分管领导、责任人组成的全市办理工作网络，此后每年进行更新。1992年，市政府出台《关于认真办理人大代表建议和政协委员提案的意见》，建立集中交办、分级负责、催办、跟踪办理、定期通报、评议等项制度。1994年起，市政协提案开始由市政府统一交办，《常州市政府办理人大代表建议和政协委员提案暂行办法》出台，市政府办公室制定办理工作考核细则，明确办理工作责任，落实办理机构和人员，细化办理流程和要求，强化对办理的考核和责任追究，用百分制对承办部门评分。每年初，市政府召开人大代表建议、政协提案联合交办会议，平时由市政府办公室负责建议、提案的分类、汇总、协调、交办、催办、统计等工作；年底市政府分别向市人大常委会、市政协常委会汇报通报办理情况，听取市人大代表、政协委员对办理工作的意见和建议。1997年，市政府办公室设立督查处，负责联系市人大常委会人事工委和政协提案委，扎口管理全市建议、提案办理工作。

1998—2002年，市第十二届人大、政协十届全体会议期间，全市社会经济改革发展进入攻坚阶段，深层次矛盾显露，下岗就业、社会稳定、环境保护等压力加大。新一届市政府要求各级各部门高度重视人大代表建议、政协委员提案的办理工作，不等不拖，主动办理。2003—2007年，办理工作与政府重点工作、为民办实事、科学有效施政和转变机关作风相结合，市政府办公室实行开门办理，通过督办会、联席会、专题协调会和现场察看等形式，推动办理工作。2008年，建议提案网络办理系统启用，从代表、委员提交建议、提案到交办、承办、督办、跟踪、反馈、考核全程上网运行。市政府办公室每年年底把建议、提案办理进展情况汇总成跟踪落实表，向市人大常委会、政协市委常委会汇报办理工作，接受人大代表、政协委员的监督。至2010年底，全市建议提案办理工作网络更新及时，健全运行。

二、办理成效

1988年，办理部门开始关注代表对建议办理工作的满意程度，市人大常委会组织全国和省、市人大代表视察、建议办理工作，整理成84条建议交给各部门办理，收效明显。此后，市政府及其办理部门、相关单位对建议、提案做到件件有答复、事事有着落，通过办理建议、提案工作，解决了群众反映强烈的许多热点难点问题，推进常州基础设施建设和经济社会发展。

经济建设 1984—1987年，发展中小企业、乡镇企业、个体经济等方面的建议被采纳，激发了全市乡镇企业、个体私营经济的发展活力。1992年，市政府办理了财政体制改革、查禁假冒伪劣产品等建议、提案。2003—2007年，凌家塘农副产品批发市场通过办理建议平稳过渡移建到武进邹区镇。2008—2010年，常州大学筹建成功，科技创新、产业转型、外资和港澳台资等工作吸取了各级人大代表建议、政协委员提案的智慧。

人民生活 1984—1987年，商业、物价、服务网点规划和建设等民生方面的建议达100件，市政府拨出专款建成一大批副食品店、饭店、煤店、杂品店、旅馆和浴室，强化价格监管。1989年，市政府承办了市人大常委会专题审议的议案《推进管道煤气的发展》，在市长牵头推进下较快办理。1992年，市政府办理了议案《清理河道》《设立常州市敬老日》《困难人员住房保障》等重要建议也很快办理。1993—1997年，生活垃圾分类收集、填埋场建成，解决城市居民供水不足问题。1998—2002年，解决下岗职工再就业的建议作为事关全局的问题，被列为政府为民办实事项目，有效推进。2003—2007年，通过办理建议、提案，老小区二次供水问题及时解决，农村居民最低生活保障标准提高，失地农民保障制度更加规范，菜肉粮放心工程成效显著。2008—2010年，办理相关建议提案，推动经济适用房货币化补贴，泽惠万家，慈善事业蓬勃发展，独生子女父母退休享受增加5%的工资补贴，养老服务等民生工程快速实施。

城乡建设 1984—1987年，根据代表的建议，新建、扩建和改造了广化街、木匠街、常戚路、常新路等市政道路。1989年，市政府承办了市人大常委会专题审议的议案《加快绿化步伐》。1992年，市政府办理、落实《基础设施建设》议案和《饮长江水问题》《城市综合管理》《加强环境保护工作》等重要建议。1993—1997年，落实建议、提案，居民新村环境管理上台阶。1997年，市政府办理了开展机动车废气治理、减轻城市大气污染的议案，市政府成立领导小组，多次研究落实废气治理，成效明显。1998—2002年，市河整治被列入创建国家环保模范城市八项重点工程，加快市区危房改造工作连续几年被列入政府为民办实事目标，每年改造约1500户。2003—2007年，通过办理建议提案，加大水环境保护力度，“蓝天计划”被纳入政府实事项目推进，戚墅堰火车站煤场搬迁，红梅公园敞开扩建并开放，强化了对城市道路交通、园林绿化、环境卫生和社会治安等的管理。2008—2010年，公交优先战略全面推进，东坡公园改造开放，常州成为全国唯一公园不收费的地级市，老住宅小区整治做实做细，污染企业整体搬迁，城市长效管理成效显著。

社会事业 1984—1987年，建设一批学校、医院，解决了代表反映教育管理多头领导的问题。1993—1997年，筹建了常州市儿童医院，市区增设健身点数百个。1998—2002年，职工医疗制度改革效果良好，各级政府逐年增加对医疗保险的投入。2008—2010年，通过办理建议、提案，推动了文化、教育和医疗卫生等民生实事工程的快速实施。

第二节　政府信息公开

一、主动公开

2003年7月14日，常州市编办同意市档案局(馆)增设现行文件查阅处，对外使用“常州市文件中心”名称。9月22日，市委办、市政府办转发市档案局《关于向常州市文件中心报送现行文件的通知》，要求具有行政管理、业务指导、公益服务职能的市级党政机关、事业单位报送2000年1月1日以后形成的需全社会了解及执行的非涉密性、法规性、公益性现行文件，供市民查阅。12月26日，常州市文件中心向社会开放。2008年5月1日正式实施的政府信息公开条例规定，国家档案馆为政府信息查阅场所。市档案馆在查档大厅设立政府信息查阅点。

省考核组在市档案馆现场审核政府信息公开工作(摄于2010年2月)

2008年，常州56个市级行政机关、7个辖市(区)政府分别主动公开2003—2008年政府信息1.27万条、2.27万条，全部实现全文电子化；全市设立政府信息公开公众查阅点8个，收集政府信息纸质文本2.39万件，全文电子化率99%。2010年6月，市政府办公室增设政府信息公开处，承办市政府信息公开事务，指导和监督全市政府信息公开工作。至同年底，全市累计公开政府信息5.43万条；公众查阅点共收集纸质文本3.74万件、电子文档3.65万件。2010年，常州市政府信息公开工作列全省地级市考核第二名。至同年底收集57个党政群团部门信息公开的纸质文件1.44万件。

二、新闻发布

2005年3月，市委办、市政府办联合印发《关于建立新闻发布会制度的实施意见》，明确新闻发布会的指导思想、主要任务、基本内容和形式、运作机制及工作要求，常州新闻发布会制度建立，全市首批40个单位建立新闻发布会制度。2007年11月2日，市委对外宣传办公室(市政府新闻办公室)开始运作，履行全市对外宣传、新闻发布和网络文化管理职能。翌年4月4日，《常州日报》《常州晚报》和中国常州网、常州市政府网向社会公布了85家单位、148名新闻发言人。5月29日，常州市政府新闻办公室专题网站开通运行。

制度机制　2006年3月29日，市委办、市政府办发布《关于完善政府新闻发布会制度的实施办法》，明确政府新闻发布会的基本形式、运作机制和工作职责。2007年7月25日，市委常委会专题讨论了市委宣传部关于完善新闻发言人制度的汇报。翌年5月28日，市委办、市政府办印发《关于改进和加强全市政府新闻发布工作的意见》，明确政府新闻发布的主要任务和内容；7月17日，市委办、市政府办印发《常州市新闻发言人考评办法》，明确了对全市新闻发言人的学习培训、题库建设、选题申报和发布工作的要求。

发布活动　2007年3月14日，常州市政府举行了“富裕常州建设”新闻发布会，市委常委、常务副市长俞志平，市委农村工作办公室和市发改委、劳动保障局的主要领导发布新闻并答记者问。12月28日，市政府举行了快速公交(BRT)一号线开通新闻发布会，市长王伟成和市建设、公安部门的相关领导发布新闻并答记

2009—2010 年常州市信息公开项目统计表

表 27-10-1

类别	项目	单位	2009年		2010年	
			数量	占总数的(%)	数量	占总数的(%)
全市	公开政府信息	条	10024	—	8963	—
	全文电子化率%		99	—	100	—
市级机关	公开信息单位	家	56	—	56	—
	主动公开政府信息	条	4148	—	4155	—
	全文电子化率%		100	—	98	—
	机构概况及人事任免信息	条	83	2.0	135	3.24
	政策法规信息	条	191	4.6	87	2.09
	规划计划信息	条	31	0.7	25	0.6
	业务工作信息	条	2458	59.2	2024	48.71
	其他信息	条	1385	33.3	1884	45.34
辖市(区)政府	主动公开信息	条	5876	—	4808	—
	全文电子化率%		99	—	99	—
	政府办公室主动公开信息	条	711	12.1	911	18.9
全市查阅点	收集纸质文本	件	8049	49.3	5449	54.4
	收集电子文档	件	8270	50.7	4563	45.6
	查阅政府信息的公众	人次	268	—	321	—
	公众查阅政府文件	件	539	—	558	—
市级查阅点	汇集政府信息纸质文本	件	2498	54.3	2268	55.1
	汇集政府信息电子文档	件	2099	45.7	1845	44.9
辖市(区)档案馆	收集纸质文本	件	5551	49.1	3181	53.9
	收集电子文档	件	5756	50.9	2718	46.1

者问。2008 年 1 月 6 日，市政府举办了 2007 年常州关注民生“十件大事”新闻发布会。2008—2010 年，市委、市政府及其部门举办新闻发布会 237 场，内容涵盖市委、市政府的重点工作，重点发布了推进政策措施、实施相关工作、全市性重大活动及民生等方面的新闻，内容覆盖面向企业延伸，实现网络直播。其间，市政府新闻办公室指导辖市区举办新闻发布会 86 场。

第三节　市长市民对话

一、市长公开电话

1988 年 2 月，常州市政府办公室设立市长公开电话，是全国首批设立市长公开电话的城市。根据市委、市政府关于“来信、来访、来电一起抓”的要求，1992 年市长公开电话划归市信访局管理，建立市长公开电话工作登记、查办、交办、督办、反馈、归档及信息报送、重要来电限期交办报结制度。2003 年，市长公开电话办公室与“110”社会联合行动办公室、常州日报社在人民公园广场联合举办了为民办实事咨询活动，接待市民 30 余批。非典型性肺炎(简称“非典”)流行时期，市长公开电话办公室连续编发关于“非典”问题的《市长电话情况通报》6 期，把市民关于“非典”的来电情况综合成文字材料向市领导汇报。2005 年，开始筹备设置市长公开电话受理中心。翌年 11 月，常州启用信息产业部统一的“12345”政府热线号码，市信访局成立市长公开电话受理中心(简称“受理中心”)，受理中心可以 10 个席位同时工作，3 个席位同时接听，自动录音、无纸办理。2009—2010 年，市长公开电话受理中心和网络单位受理群众初次有效来电 3.68 万个次。1995—2010 年，市长公开电话累计受理群众来电 8.61 万个次。

二、市长与网民对话

常州市政府网站“市长与网民”网络交流通道是常州市政府领导团队探索利用网络渠道问政于民、问计于民、问需于民的新方式，市长们通过与网民双向平等交流、良性互动，全面把握舆情，及时了解群众的愿望等社情民意，发现政府工作的问题和不足，及时化解矛盾，促进了政府工作的开展；让网民了解政府工作情况，消除网民对政府工作的误解，政府工作赢得更多网民的理解和支持，网上发言更趋理性，对政府工作发泄不满的帖文明显减少，在政府了解民意、汇聚民智、排解民忧、完善工作、改进作风等方面发挥了越来越大的作用。

平台建设 2008年5月1日，“市长与网民”开通，市长王伟成设计了签名档“网民是市民，市长也是市民。同一个大家园，同一个大家庭。市民、市长相互信任、沟通、交流，协力同心，把我们的家园建设得更美好”，发布《致网民朋友的公开信》，表示“市政府领导团队决定利用网络，建造一座与市民沟通交流的桥梁”。

运行状况 “市长与网民”回应小组把市民通过网络反映的诉求、呼声与对常州经济社会发展、政府工作的谏言献策，编印成内参《每周一报》《网络常州热点信息》，报给市长们。市长们对网络信息及时批示，通过回应小组转送、督促相关副市长或相关地区、部门办理；发《每月一告》帖子，把市领导的办理要求和调查情况、处理意见等告知网民；每季度归纳整理因管理权限、财力匹配等原因未形成最终处理结果的问题，编成《每季再报》报市政府领导，推动落实，定期召开市长与网民网络交流平台推进会、协调会。

改进政府工作 至 2010 年底，“市长与网民”收集网友意见、建议近 500 条，内容涉及市政建设、社会保障、医疗卫生、公交发展、环境保护、食品安全、市容整治、交通安全等方面，市领导作出批示 450 余条，均得到妥善解决，好的建议被吸收进政府相关决策。市政府认真梳理了网民反映的基础设施建设、文物保护、社会保障、城乡环境整治、城乡绿化等方面的问题，多项议题被列为全市年度重点工程。市政府通过平台交流，对网民反映的“看病难”的问题，多次调查，研究提高医疗卫生服务保障水平的对策办法，形成卫生惠民工程总体方案。2008 年 7 月至 2010 年，网民对公交发展的意见和建议，被吸纳到全市公交优先三年实施方案；网民有关戚墅堰经济发展、城市建设滞后的意见，提出“建设常州东大门、造福戚墅堰区老百姓”的要求，推进戚墅堰东大门建设被纳入 2009—2010 年政府工作目标；针对网民反映滨江化工区环境污染较为严重的问题，通过调查研究，听取专家意见，对春江地区的化工园区全新规划定位，对园区营业中的企业逐家进行环保检查验收，整治不达标排放的企业，关停整治无望的重污染企业，实现优化结构、压缩规模、提高门槛、环保达标，网上关于新北区化工污染的帖文明显减少；采纳网民关于亟须拓宽改造清潭路等道路的建议，形成清潭路等道路改造拓宽方案，在 2009 年前后实施兑现。

监督政府行为 网民的言论中大部分是对政府及其部门工作的监督，辖市(区)政府和市相关部门对网民反映的情况、问题认真调查研究，及早提出相应的解决办法。在网络上与网民双向互动，了解并吸收采纳网民的意见建议。市城市管理局在常州主要论坛申请“城管与市民”的用户名，在中吴网开设“城管与市民”栏目，收集、网民对城管工作的意见建议并及时答复；市环境保护局在中国常州网、化龙巷网站、中吴网 3 家网站专设“环保与网民”对话平台，局领导定期参加网站“嘉宾网谈”网络直播节目；市劳动保障局在化龙巷论坛注册网名“老牛话劳动”，及时答复网民的相关问题；建设局安排专人每天及时搜集网民有关城市建设、公交发展等方面的问题建议。

第十一章　应急管理

改革开放后，特别是2003年成功战胜“非典”疫情以后，中共中央、国务院和省委、省政府对全面加强应急管理工作作出了一系列重大决策部署。中共常州市委、常州市政府高度重视应急管理，坚决贯彻落实中共中央、国务院的决策部署和省委、省政府的工作要求，坚持以人为本、预防为主，预防与应急并重、常态与非常态结合的方针，扎实推进应急体系建设，全市防范和处置突发事件能力与水平显著提升。

第一节　应急体制机制

2004年，市委、市政府按照国家和省的统一部署，在深刻总结抗击“非典”疫情经验的基础上，把增强应对突发事件能力作为提高执政能力的重要内容，作出构筑全市应急体系的战略决策。2006年12月8日，市政府颁布《常州市突发公共事件总体应急预案》，决定构建“分类管理、分级负责、条块结合、属地为主”的应急管理体制和“政府统筹协调、群众广泛参与、防范严密到位、处置快捷高效”的应急管理工作机制。

一、应急管理体制

常州整合应急力量和资源，切实加强应急管理指挥机构、办事机构和工作机构建设。2007年1月9日，在市政府办公室设副处级的常州市应急管理办公室（简称“市应急办”），12月4日，市政府成立由市长任主任的市应急管理委员会（简称“市应急委”），统一领导、指挥协调全市突发事件防范应对工作。2007年11月、2010年6月两次对市应急办进行调整，调整后的市应急办为正处级机构，作为市应急委的办事机构，承担市应急委日常工作，负责全市应急预案体系建设、应急平台建设、应急联动协调、值守应急等工作。2007—2010年，市级层面先后成立或调整充实防汛防旱、抗震救灾、安全生产等专项应急指挥协调机构28个，作为市应急委的工作机构，由分管副市长任总指挥，指挥协调相关类别突发事件的防范和应对处置工作，民政、公安、卫生、安监、环保、地震等主要部门和单位组建或明确应急管理办事机构。2008—2009年，7个辖市（区）相继成立应急管理委员会、应急管理办公室，57个镇（街道）、开发区成立应急管理领导小组，明确办事机构和工作人员。2009年4月，常州市应急管理专家组成立，为突发事件应对、应急预案编制、应急管理研究和课题调研、应急管理培训、科普宣教和应急演练等提供技术咨询和指导。

二、应急管理机制

监测预警机制　常州加强突发事件监测预警体系建设，通过增加监测密度、调整优化监测点布局、改进监测技术和手段，气象、地震、水利、地质灾害、环境、森林防火、传染病疫情、农林病虫害等专业检测预警系统基本建成。2007年起建立年度、半年度突发事件应对总结评估及趋势分析制度，为领导科学应对和指挥处置突发事件提供决策参考。2009年建成新一代多普勒雷达，台风24小时路径预报偏差在120公里以内，提前30分钟以上发布雷雨大风等突发性灾害预报，气象预报预警公众覆盖率达95%。完善市、县、乡镇三级公共卫生事件直报系统，健全重点传染病和不明原因疾病、动物疫情、植物病虫害和食品安全、职业中毒等公共卫生事件监测系统，全市县级及其以上医疗机构和乡（镇）卫生院突发公共卫生事件和传染病疫情网络直报率分别达到100%和98%，市、县、乡镇突发动物疫情报告网络覆盖率提高到95%。启动重大危险源监控预警信息系统，加强安全生产监管监控。推进关口前移，及时组织开展重要预警信息综合研判。

信息报告机制 2008年，市政府办牵头加强和规范突发公共事件信息报告工作，明确信息报告的标准、程序、责任和时限。建立突发事件信息报告周点评、月通报、年考核制度，加强对各地、各部门突发事件信息报告的督促检查，杜绝漏报、迟报、瞒报等现象，2009—2010年突发事件信息报告工作连续两年受到省政府办公厅通报表扬。2009—2010年，通过《值班专报》向市领导报告突发事件信息416条，领导批示120条；向省应急管理办公室报送《突发事件专报》31期。

社会动员机制 各地和市、县辖市（区）民政、安监、消防、地震等部门广泛开展应急科普宣传活动，利用“安全生产月”“11•9消防宣传日”“国家防灾减灾日”等主题活动，到社区、学校、企业开展防灾减灾宣传活动。2008—2010年，全市发放应急知识手册、挂图等宣传资料230多万份。2009年5月12日全国第一个防灾减灾日期间，市领导到宣教现场解答群众提问；针对不同人群开展应急避险技能的培训，教育部门把应急知识教育纳入中小学教育内容，培养学生的安全意识，提高自救互救能力，安监、质监、建设、交通等部门加强对特种作业人员、高危行业从业人员应急技能培训，提升自救互救、避险逃生能力。至2010年底，全市创成国家级综合减灾示范社区3个，省级综合减灾示范社区2个、省级防震减灾科普示范学校（基地）14个。消防、交通管理、安全生产管理、地震、气象等部门陆续建成安全教育科普馆、展览馆、警示馆等场馆，宣传普及应急知识。聘请社会公众担任食品药品安全事故应急志愿者、安全监督协管员和火灾监测员。

应急联动机制 常州通过强化组织机构的建立健全、应急预案的修编演练、应急知识的宣传培训、事件信息沟通报送等工作，完善应急联动机制。同时，以承担科技部城市公共安全应急响应系统建设科研项目为契机，加强应急平台建设，为资源共享、协同指挥提供支撑。2008年9月，总投资近6000万元的市应急指挥中心历时3年建成投运，与消防、卫生“120”急救中心等22家部门的专业指挥平台实现互联互通，建成全市统一接警、统一指挥、联合行动、快速反应、图像实时传输的应急综合指挥平台。2010年3月，建成视频会议系统，实现与省应急中心互联互通。自主研发应急地理信息系统，推进应急资源整合和共享，采集叠加数据信息150类1500余万条。2010年，市应急中心项目建设通过科技部组织的国家级验收，获中国地球信息系统金奖工程和江苏省科技强警突出贡献奖、江苏省测绘科技进步一等奖。10月，在中国地理信息产业论坛暨协会年会上，常州城市应急地理信息系统项目获国家测绘局、科技部、中国地理信息系统协会授予的国家地理信息科技进步三等奖。11月，国务委员、公安部部长孟建柱和省委书记梁保华、省长罗志军视察市应急中心，充分肯定常州应急管理整合资源、加大科技投入的做法和经验。

第二节 应急体系建设

一、应急队伍体系

2010年3月，常州市政府办公室印发《常州市推进基层应急队伍建设工作方案》，市政府召开全市基层应急队伍建设工作会议，贯彻国务院办公厅《关于加强基层应急队伍建设的意见》和全省消防工作会议精神，部署全市基层应急队伍建设。6月24日，钟楼区在全市率先挂牌成立综合应急救援大队。11月5日，市综合应急救援支队成立。2006—2010年，全市举办应急管理培训班（课）537次，参训3.84万人次。2007年，全市广泛宣传贯彻《中华人民共和国突发事件应对法》，各地和市应急、公安、卫生、水利、地震等部门组织开展应急管理专题讲座。2009年11月，市应急办在市委党校举办全市首期应急管理专题培训班，邀请国务院应急专家组和清华大学的专家作了专题报告，市各部门应急管理职能处室负责人、各辖市（区）应急办主任等124人参加培训。2010年6月1—2日，市委组织部、市水利局在市委党校联合举办全市首期乡镇级防汛防旱指挥长培训班，辖市（区）、镇（街道）防汛防旱指挥长、水利站长和辖市（区）防汛防旱指挥部办公室主任参训，提高了防汛抗旱的指挥决策能力和突发事件的应急处置能力。至同年底，辖市（区）、镇（街道）全部组建综合应急救援队伍，全市建立基层应急救援队伍 1380 支，救援队员总数达 2.9 万人。9 月，《常州市镇（街道）综合性应急救援队伍建设标准（试行）》出台，加强应急队伍培训，组织人事部门把应急管理内容纳入领导干部和公务员培训班课程。

二、应急预案体系

常州各辖市区、各部门把完善预案体系作为应急管理重点来抓，强化预案的编制、修订和完善，初步形成以市总体应急预案为龙头，专项应急预案、部门预案、辖市区预案为主体，镇（街道）、村（社区）及社会单元预案为基础的应急预案体系。2008 年 1 月，市应急委领导各地、各相关部门和单位及时启动相关应急预案，有序应对和处置了 50 年一遇的特大低温雨雪冰冻灾害。到 2010 年底，各地、各部门制定应急预案近 1 万件，其中市突发事件总体应急预案 1 件，市专项应急预案 28 件，市级部门预案 45 件，辖市（区）、镇（街道）、村（社区）及社会单元预案 9000 多件。扎实开展应急预案编制管理工作，突发事件发生后基本上都能按照预案要求，根据属地管理、分级响应的原则，及时启动应急响应机制，统一指挥协调处置。

第三节　应急救援演练

常州市政府提出“争取用 3～4 年的时间把市级专项应急预案演练一遍”的目标，2009 年起每年组织开展市级综合应急演练不少于 4 次。辖市区和市公安、消防、地震、水利等部门既开展经常性的防汛抗旱、安全生产、灭火救援等综合演练，又围绕奥运会、世博会、国庆 60 周年、省运会等重大活动，开展反恐等演练，提高相关部门合成处置突发事件的救援能力。5 月 27 日，常州市举行代号为“常武—2009”的市、区、镇（街道）三级防空袭演习，军地联合，三级联动，运用新技术、新装备、新手段，在全省是首次。6 月 3 日，举行全市石油化工应急救援演练，市公安、消防、环保、卫生、气象等部门参加。翌日，举行全市突发环境污染应急演练，环保、公安、消防、交通、建设、水利等部门参加。10 月 28 日，举行全市首次水上搜救综合演练，海事处、公安、消防、卫生、环保等 11 个部门参加。12 月 22 日，举行全市突发动物疫情应急演练，市农林、卫生、公安、工商等部门参加。

2010 年 6 月 3 日，常州市防汛抢险联合实战演练举行，此次演练在武进经济开发区揽月湾以东湖滨地带举行，市防汛防旱指挥部、防汛机动抢险队，常州军分区、武警常州市支队和武进区防汛防旱指挥部、民兵应急分队、抗旱排涝总队等单位的 200 人参加。6 月 22 日，常州机场联合驻场海军部队举行航空器紧急事件应急救援综合演练。6 月 30 日，常州质监局、上海三菱电梯公司、常州宝塔置业公司和省特种设备安全监督检验研究院常州分院联合开展电梯事故应急救援演练，省质监局和市应急办、安监局、消防支队、房管局等单位领导和 100 余家电梯维保单位、物管公司的负责人、救援人员参加。8 月 27 日，常州市内河交通突发事件应急演练举行，市地方海事局、航道管理处、城区地方海事处等 6 家单位的 35 人、9 艘船艇参演，是全市临近几年内河规模最大、参与力量最强、科目设置最多、险情种类最齐全的一次综合性演练。9 月 1 日，大跨度大空间建筑灭火救援演练举行，武警常州市消防支队联合市公安局、建设局、安监局、卫生局、气象局等 12 家单位参加。10 月 29 日，自然灾害应急救助综合演练举行，市民政局、应急办、公安局、交通局和戚墅堰区政府、武警常州支队等单位参演，演练模拟在台风影响下，市、区相关部门用最短的时间组织危险区域内群众安全快速有序转移安置。2008—2010 年，全市各地、各部门累计举办应急救援演练 1963 次。

第二十八卷 政治协商会议

Volume XXVIII Political Consultative Conference

1985年以后，历届政协常州市委高举爱国主义、社会主义旗帜，把团结、民主贯穿政协工作全过程。加强与市各民主党派、人民团体和无党派人士的团结合作，认真履行人民政协政治协商、民主监督、参政议政主要职能，围绕贯彻党和国家的大政方针、全市经济社会发展中的重点以及事关民生的热点，组织开展委员会全体会议的总体协商、常务委员会会议的重点协商、主席会议的专题协商、专门委员会的对口协商。支持政协委员参与国家和地方重大方针的协商讨论，以其所属党派、团体的名义在政协常州市委会议上发表政见，提出提案等；协助党委和政府做好化解矛盾、协调关系、理顺情绪的工作和团结新的社会阶层的工作；认真贯彻党和国家的民族宗教工作政策，促进不同民族、不同宗教信仰群众的和谐相处，维护社会稳定；宣传"和平统一、一国两制"方针政策和常州投资环境，加强与港澳台同胞、海外侨胞及国际友人的联系交往。根据《中国人民政治协商会议章程》"进行关于中国近代史、现代史资料的征集、研究和出版工作"的要求，征集常州地方政治、经济、文化、教育、科技和历史名人、地方掌故等资料近1000万字，编辑出版文史资料图书30余部，发挥了文史工作"存史、资政、团结、育人"的社会功能。政协常州市委坚持创新履职活动形式，每年召开委员会全体会议，举办委员活动日和组织大视察，邀请委员列席政协常委会会议、主席会议；选派委员列席市政府常务会议，参与全市有关重点工作的督查、考评；拓展政协常州市委领导及有关专委会与市党政领导及对口部门交流协商渠道；开展委员界别月活动，不断更新内容、完善方式、增强实效；开创"委员论坛"，构建委员参政议政、建言立论新平台；依据委员特长开展政策解读、专业咨询、科技对接等活动。政协常州市委注重不断加强自身建设，根据社会阶层的变化，适时调整委员结构，吸纳新的社会阶层代表担任委员。合理设置工作机构，以界别和委员特点组建专门委员会，政协常州市委先后制定委员会全体会议、常委会会议、主席会议、秘书长会议等会议制度10项，专委会工作通则、提案工作条例、调研视察工作规则、反映社情民意信息工作条例、加强委员界别小组联络工作意见、与民主党派工商联联系制度、与党政部门对口联系制度等制度27项，政协常州市委机关建设制度34项，推进了政协工作制度化、规范化、程序化建设。1986—2010年，累计召开委员会全体会议26次、常务委员会会议151次、主席会议282次。组织专项视察活动370多次，提出意见建议1000余条；经审查立案的委员提案6749件，全部办结，采纳率在80%以上；先后推荐200多名委员担任市有关部门的行风监督员、人民陪审员和督查员；收到社情民意信息2597条，编发《社情民意》618期；针对全市经济社会发展的重点、热点、难点问题，深入调查研究，形成调研报告314篇、建议案11份，其中33篇调研报告先后获市优秀调研成果奖。

第一章　政协委员

政协常州市委的机构根据政协章程并参照政协江苏省委员会的组成而设置，组织构架为委员会全体会议、常务委员会、主席会议。下设办公室、研究室、专门委员会（简称"专委会"）等工作机构。政协常州市委组成界别由市七届政协的24个增至市十二届政协的30个，政协委员名额（含保留名额）由328名增至390名。

第一节 委员推举

政协常州市委委员由政协常州市委各参加单位和各系统提名推荐，经有关方面协商产生，每届政协常州市委的参加单位、委员名额和人选由上届委员会常委会协商决定。每届委员任期 5 年，委员会每年召开 1 次全体会议。委员会全体会议职权为选举政协常州市委主席、副主席、秘书长和常委，听取和审议常委会工作报告，讨论政协常州市委重大方针、任务并作出决议；参与常州市大政方针的讨论，对党和政府工作提出建议和批评。1983 年 12 月至 1988 年 1 月，第七届委员会推举产生委员 328 名；1988 年 1 月至 1993 年 3 月，第八届委员会推举产生委员 344 名；1993 年 3 月至 1998 年 1 月第九届委员会推举产生委员 349 名；1998 年 1 月至 2003 年 1 月，第十届委员会推举产生委员 348 名；2003 年 1 月至 2008 年 1 月，第十一届委员会推举产生委员 360 名；2008 年 1 月到 2010 年 12 月，第十二届委员会推举产生委员 368 名。

第二节 委员构成

政协常州市委第七届委员会任期为 1983 年 12 月至 1988 年 1 月，由 24 个界别、328 名委员组成；政协常州市委第八届委员会任期为 1988 年 1 月至 1993 年 3 月，增设致公党、九三学社、无党派民主人士、社会科学界、对外友好人士界，不再设立解放军界别，文学艺术界改为文化艺术界，由 28 个界别组成、实有委员 344 名；政协常州市委第九届委员会任期为 1993 年 3 月至 1998 年 1 月，增补市科协为参加单位，增设经济界，归国华侨界改为市侨联，无党派民主人士改为无党派代表人士，由 30 个界别组成，实有委员 349 名，设保留名额 1 名；政协常州市委第十届委员会任期为 1998 年 1 月至 2003 年 1 月，不再设立无党派代表人士界别，农林界改为农业界，对外友好团体界改为对外友好人士界；政协常州市委第十一届委员会任期从 2003 年 1 月至 2008 年 1 月，由 28 个界别组成，实有委员 348 名，另设保留名额 2 名，恢复了无党派代表人士界别。十一届一次会议由 29 个界别组成，实有委员 360 名，另设保留名额 20 名；政协常州市委第十二届委员会始于 2008 年 1 月（本志记至 2010 年），增设社会福利和社会保障界，农业界改为农业和农村界，由 30 个界别组成，实有委员 368 名，设保留名额 22 名。

政协常州市第七至第十二届委员会委员界别分布情况表

表 28-1-1　　单位：人

界别(单位)	第七届	第八届	第九届	第十届	第十一届	第十二届
中国共产党	20	20	19	20	20	19
中国国民党革命委员会	2	4	6	6	7	7
中国民主同盟	10	12	15	15	15	15
中国民主建国会	10	12	15	15	15	15
中国民主促进会	1	6	8	8	10	10
中国农工民主党	10	12	15	15	15	15
中国致公党	—	4	6	6	7	7
九三学社	—	4	6	6	8	8
工商业界	22	15	15	15	16	18

续表 28-1-1

界别(单位)	第七届	第八届	第九届	第十届	第十一届	第十二届
无党派民主(代表)人士	—	12	15	—	10	10
共青团、青联	10	10	10	10	10	10
总工会	15	15	17	17	17	17
妇　联	12	12	12	12	12	12
科　协	—	—	15	15	14	14
侨　联	5	5	5	5	5	5
台　联	2	3	3	3	3	3
文学(文化)艺术界	16	16	16	16	15	15
社会科学界	40	8	8	8	8	9
科学技术界	—	32	17	17	14	14
经济界	—	—	14	30	33	32
农林(农业)和农村界	12	12	12	15	14	14
教育界	31	25	23	18	17	16
体育界	7	7	7	6	6	6
医药卫生界	27	20	20	16	16	14
社会福利和社会保障界	—	—	—	—	—	8
新闻出版界	5	5	5	6	6	6
对外友好团体(人士)界	—	5	5	5	6	5
少数民族	4	5	5	5	5	5
宗教界	4	4	4	4	5	5
解放军	3	—	—	—	—	—
特别邀请人士	60	59	31	34	31	34
委员总数	328	344	349	348	360	368

第二章　主要会议

政协常州市委的机构是按照政协章程，参照政协江苏省委员会的组成而设置的，组织机构为全体委员会、常务委员会（简称“常委会”）、主席会议和秘书长会议，常委会下设办公室、研究室、专门委员会等工作机构。政协常州市委的政治协商活动主要通过委员会全体会议、常委会会议、主席会议等形式进行。委员会全体会议是人民政协最高层次的协商会议形式，常委会会议是委员会全体会议闭会期间的主要协商会议形式，根据政协章程有关规定，政协常州市委设常委会负责主持全体会议及全体会议闭会期间的会务。常委会行使的职权为：协商决定每届委员会的参加单位、委员名额和人选（或新增委员名单）及召开政协常州市委全体会议的有关事宜；听取和讨论常州市党政领导关于地方政治、经济、文化和社会生活等领域重大问题和有关政策的报告；听取政协常州市委各专委会的工作报告和组织委员视察、专题调查的情况汇报；审查通过递交同级人民政府重要建议案；根据秘书长的提议，任免副秘书长；决定政协常州市委工作机构设置及变动，并任免其领导成员。常委会由主席、副主席、秘书长和常务委员（简称“常委”）组成。其候选人由参加政协的各党派、团体、各界人士协商提名，经委员会全体会议选举产生。主席会议是常务委员会会议闭会期间的重要协商会议形式。

第一节　委员会全体会议

政协常州市委员会全体会议全体委员参加，主要任务是选举政协常州市委主席、副主席、秘书长和常委，决定常委会组成人员的增选和变更；协商讨论常州市的大政方针以及政治、经济、文化和社会生活中的重大问题，对党和政府工作提出建议和批评；听取和审议常务委员会工作报告、提案工作报告和其他报告；讨论政协常州市委重大工作方针、任务并作出决议。全体会议一般每年举行1次，中共常州市委书记陈玉英、虞振新、李全林、范燕青，副书记张留芳、杨晓堂先后出席全体会议开幕式并讲话。

一、第 七 届

政协常州市委第七届委员会任期内共召开全体会议5次，第一、二次会议前志已记，本志简记，第三至第五次会议。

第一次会议　选举章化农为主席，孙维峰、王慎斋、钱小山、史绍熙、杨念祖、屠揆先、谢承祜、高谷深为副主席，李镇瀛为秘书长。选举40人为常委，组成第七届常委会。政协常州市委七届二次全体会议增选民建成员刘汉良为副主席。

第三次会议　1986年3月19—24日在县直街市政府会场举行，到会委员337名。审议并通过副主席孙维峰作的常委会工作报告和提案委副主任蒋鸿文作的提案工作情况报告。全体委员列席市九届人大三次会议，听取并讨论政府工作报告和其他报告，对政府工作提出意见和建议。会议要求：发挥人民政协在精神文明建设中的作用；加强“三胞”（台湾同胞、港澳同胞、海外侨胞）工作，为对外开放和祖国统一服务；协助党和政府抓好茅山地区开发的指导工作和落实统战政策工作。

第四次会议　1986年9月24—27日在县直街市政府会场举行，到会委员346名。会议主要内容是协商讨论《常州市国民经济和社会发展第七个五年计划》。全体委员列席市九届人大四次会议，听取并讨论市政府关于市“七五”计划的报告。委员们对各项事业改革、工业生产、城市建设、文化、教育、物价和商业、“三农”问题等方面提出意见和建议52条。

第五次会议　1987年3月12—18日在县直街市政府会场举行，到会委员296名。审议并通过副主席孙维峰作的常委会工作报告和提案委副主任王滨元作的提案工作情况报告。全体委员列席市九届人大五次会议，听取并讨论政府工作报告及其他报告，对进一步加强党的领导、反对资产阶级自由化、经济体制改革、双增双节运动等11项工作提出意见和建议。

二、第 八 届

第一次会议　1988年1月4—11日在县直街市政府会场举行。审议并通过政协常州市委七届常委会工作报告。全体委员列席市十届人大一次会议，听取并讨论政府工作报告及其他报告。会议选举程九度为主席，王云龙、史绍熙、秦怀玉、杨念祖、屠揆先、高谷深、刘汉良、何华强为副主席，吴盘兴为秘书长。选举55人为常委，组成第八届常委会。

第二次会议　1989年3月13—18日在县直街市政府会场举行，到会委员289名。会议听取并讨论市委书记陈玉英在开幕会上的讲话，审议并通过副主席王云龙作的常委会工作报告和提案委副主任孟浩耕作的提案办理情况报告。全体委员列席市十届人大二次会议，听取和讨论政府工作报告及其他报告，就治理经济环境、政府工作作风、农业和农村工作、教育、科技及民生等20个问题，向市委、市政府提出意见和建议97条。

第三次会议　1990年3月8—12日在县直街市政府会场举行，到会委员331名。会议审议并通过副主席何华强作的常委会工作报告和提案委副主任蒋鸿文作的提案工作报告。全体委员列席市十届人大三次会议，听取和讨论政府工作报告及其他报告，对全市经济工作、清理整顿公司、群众生活等方面提出81条意见和建议。期间还召开了工业交通、财贸、城乡建设、文教卫体4个专题座谈会，市政府市长及副市长听取了委员意见。

第四次会议 1991年2月28日至3月4日在县直街市政府会场举行，到会委员290名。会议审议并通过政协常州市委副主席杨念祖作的常委会工作报告和副主席秦怀玉作的提案工作报告。全体委员列席市十届人大四次会议，听取和讨论政府工作报告及其他报告，就企业扭亏增盈、外经工作、农业、科技、教育、群众生活等11个方面提出了77条意见和建议。

第五次会议 1992年2月24—28日在县直街市政府会场举行，到会委员298名。会议听取审议并通过副主席王云龙作的常委会工作报告和提案委副主任孟浩耕作的提案工作报告。全体委员列席市十届人大五次会议，听取和讨论政府工作报告及其他报告，围绕深化改革、经济工作、农业及水利建设、外经工作、廉政建设等11个方面提出意见和建议。会议首次表彰了优秀提案及办理先进单位和个人。

三、第 九 届

第一次会议 1993年3月3—9日在县直街市政府会场举行，到会委员315名。会议审议并通过杨念祖代表政协常州市委第八届常委会作的工作报告和秦怀玉作的提案工作报告。全体委员列席市十一届人大一次会议，对市政府今后五年的工作提出许多建设性意见和建议。市各民主党派及工商联和市科协、侨联就大中型企业经营机制、教育、公费医疗制度改革等专题作大会发言。会议选举程九度为主席，杨念祖、高谷深、刘汉良、李镇瀛、朱保钧、卜仲宽、吴振祥为副主席，陈冬期为秘书长。选举45人为常委，组成第九届常委会。

第二次会议 1994年3月3—7日在县直街市政府会场举行，会议审议并通过副主席吴振祥作的常委会工作报告和副主席朱保钧作的提案工作报告。全体委员列席市十一届人大二次会议，听取并讨论政府工作报告及其他报告。委员们就全面深化改革、加速经济发展、改善投资环境、加强农业和农村工作、增强大中型企业活力、反腐败斗争、社会稳定等方面提出意见和建议。会议增选庄桂棣（女）为副主席。

第三次会议 1995年2月12—15日在县直街市政府会场举行。会议审议并通过副主席朱保钧作的常委会工作报告和提案委副主任邵国林作的提案工作报告。全体委员列席市十一届人大三次会议，听取并讨论了政府工作报告及其他报告。委员们就加强农业基础地位、提高工业经济运营质量和效益、加快发展第三产业、实施“科教兴市”战略及群众生活等方面，提出意见和建议，19名委员作了大会发言。会议增选丁瑞芝、杨玉生为副主席。

第四次会议 1996年1月23—27日在县直街市政府会场举行。会议审议并通过副主席吴振祥作的常委会工作报告和副主席朱保钧作的提案工作报告。全体委员列席了市人大十一届四次会议，听取并讨论政府工作报告，委员们就全市国民经济和社会发展“九五”计划和2010年远景目标规划、农业现代化建设、开放型经济、新区规划建设、精神文明建设等方面提出74条意见和建议。市各民主党派、工商联和有关团体代表作了大会发言。

第五次会议 1997年1月23—27日在县直街市政府会场举行。会议审议并通过副主席吴振祥作的常委会工作报告和副主席朱保钧作的提案工作报告。全体委员列席市人大十一届五次会议，听取和讨论政府工作报告及其他报告。委员们就全市贯彻中共十四届六中全会精神、推进精神文明建设、推进两个根本性转变、农业现代化建设、发展个私经济、旅游业及全民健身等方面提出67条意见和建议。会议同意程九度因年龄原因辞去主席职务，补选曹锦成为主席。

四、第十届

第一次会议 1998年1月13—18日在县直街市政府会场举行。会议审议并通过朱保钧代表第九届政协常州市委常委会作的工作报告和凌林法作的提案工作报告。全体委员列席了市十二届人大一次会议,听取并讨论政府工作报告及其他报告。市各民主党派、工商联分别就环境绿化、社区建设、国企改革、产学研联合等方面作大会发言。第一次全体委员会议选举曹锦成为主席,王如青、朱保钧、薛锋、何华强、吴振祥、杨玉生、江忞、胡沛成、沈福祥、高克柔为副主席,陈冬期为秘书长。选举45人为常委,组成第十届常委会。十届十一次常委会会议决定撤销何华强副主席职务。

第二次会议 1999年1月23—27日在县直街市政府会场举行。会议审议并通过副主席王如青作的常委会工作报告和提案委主任凌林法作的提案工作报告。全体委员列席市十二届人大二次会议,听取并讨论政府工作报告及其他报告,围绕工业、农业、科教、文化、城建、再就业、干部队伍建设等8个方面提出了46条意见和建议。

第三次会议 2000年1月20—24日在县直街市政府会场举行,到会委员356名。会议审议并通过副主席王如青作的常委会工作报告和提案委主任凌林法作的提案工作报告。全体委员列席市十二届人大三次会议。听取并讨论政府工作报告及其他报告,市各民主党派、工商联、市总工会等界别代表作大会发言。会议增选民进成员林明德为副主席,增选12名常委。会议通过决议,要求深入贯彻中共常州市委召开的政协工作会议精神,切实履行好政协职能。

第四次会议 2001年2月19—24日在市工人文化宫举行,到会委员374名。会议审议并通过副主席王如青作的常委会工作报告和副主席朱保钧作的提案工作报告。委员们列席市十二届人大四次会议,听取并讨论政府工作报告及其他报告,对政府工作报告提出了7个方面32条意见和建议,8位委员分别代表各民主党派和工商联作了大会发言。会议增选宋诚宇等两人为副主席。

第五次会议 2002年1月28日至2月1日在市工人文化宫举行,到会委员374名。会议审议并通过副主席王如青作的常委会工作报告和副主席宋诚宇作的提案工作报告。委员们列席市十二届人大五次会议,听取并讨论政府工作报告及其他报告。

五、第十一届

第一次会议 2003年1月18—22日在市工人文化宫举行,到会委员343名。会议审议并通过王如青代表政协常州市委第十届常委会作的工作报告和宋诚宇作的提案工作报告。委员们列席市十三届人大一次会议,听取并讨论政府工作报告及其他报告,对常州今后五年的发展目标及2003年的主要任务提出许多建设性意见和建议,市各民主党派、工商联作大会发言。会议选举曹锦成为主席,李林生、张东林、杨玉生、林明德、宋诚宇、秦士嘉、朱晓敏、陆志奋(女)为副主席,薛扬诚为秘书长。选举60人为常委,组成第十一届常委会。

第二次会议 2004年2月4—7日在市工人文化宫举行,到会委员330名。会议审议并通过副主席李林生作的常委会工作报告和提案委主任马振方作的提案工作报告。全体委员列席市十三届人大二次会议,听取并讨论政府工作报告,对常州的改革、发展、稳定提出许多积极的建议。会议增选顾森贤、张云云(女)为副主席。

第三次会议 2005年1月12—15日在市工人文化宫举行,到会委员342名。会议审议并通过副主席李林生作的常委会工作报告和副主席顾森贤作的提案工作报告。全体委员列席市人大十三届三次会议,听取并讨论政府工作报告及其他报告。会议增选徐峻范(中共党员)为副主席,叶鹏飞、张子娟(女)、俞申、殷云峰、谭震为常委。

第四次会议 2006年1月10—13日在市工人文化宫举行，到会委员345名，首次邀请15名市民代表旁听会议。会议审议并通过副主席徐峻范作的常委会工作报告和副主席顾森贤作的提案工作报告。全体委员列席市人大十三届五次会议，听取和讨论政府工作报告和其他报告，市各民主党派及有关团体、界别小组代表作大会发言。会议增选何祖大为副主席。

中共常州市委书记范燕青在全市政协大会上讲话（摄于2004年2月）

第五次会议 2007年1月21—24日在市行政中心龙城大厅举行，到会委员358名，15名市民代表旁听会议。会议审议并通过副主席徐峻范作的常委会工作报告和副主席顾森贤作的提案工作报告。全体委员列席市十三届人大六次会议，听取并讨论政府工作报告和其他报告，委员们围绕常州实现全面小康、全面推进“五大建设”等方面提出建议。会议增选赵敖祥为副主席，补选刘醒铭为秘书长。

六、第十二届

政协常州市委第十二届委员会于2008年1月换届后组建，至2010年底召开全体会议3次。

第一次会议 2008年1月8—12日在市行政中心龙城大厅举行，到会委员346名，15名市民代表旁听会议。会议审议并通过副主席徐峻范代表十一届政协常州市委常委会作的工作报告和副主席顾森贤作的提案工作报告。全体委员列席市十四届人大一次会议，听取并讨论政府工作报告，委员们围绕常州市率先发展、科学发展、和谐发展等方面提出41条意见和建议。第一次全体会议选举于超为主席，顾森贤、陆志奋、张云云、赵敖祥、朱剑伟、蒋必彪、严国强、卢明康为副主席，刘醒铭为秘书长。选举63人为常委，组成第十二届常委会。

第二次会议 2009年2月15—18日在市行政中心龙城大厅举行，到会委员353名，15名市民代表旁听会议。会议审议并通过主席于超作的常委会工作报告和副主席赵敖祥作的提案工作报告。全体委员列席市十四届人大二次会议，听取并讨论政府工作报告，就积极应对金融危机、推动“保增长、促发展，保投入、促调整，保民生、促和谐”等方面提出意见和建议。会议通过决议，号召全市各级政协组织、政协各组成单位和政协

市政协主席于超在全市政协大会上投票（摄于2008年1月）

政协常州市第十二届委员会第三次会议（摄于 2010 年 1 月）

委员，抓住新中国暨人民政协成立 60 周年这一契机，总结、宣传常州市 60 年来经济与社会发展的成就和人民政协事业发展的光辉历程，开创政协工作新局面。会议增选张晓霞为副主席。

第三次会议 2010 年 1 月 20—23 日在市行政中心龙城大厅举行，到会委员 361 名，15 名市民代表旁听会议。会议审议并通过主席于超作的常委会工作报告和副主席赵敖祥作的提案工作报告。全体委员列席市十四届人大三次会议，听取并讨论政府工作报告和其他报告，对常州市改革发展、民生改善、生态建设等方面提出意见和建议。市各民主党派、工商联代表和 7 名委员作大会发言。

第二节 常务委员会会议

常委会会议由政协常州市委主席、副主席、秘书长和全体常委参加，副秘书长及与议程有关人员列席会议。任务是讨论决定委员会及常委会会务和工作中的重大问题；协商讨论全市大政方针，全市政治生活中的重要事务、群众生活中普遍关心的重大问题，对其提出建议和批评；审议提交委员会全体会议的文件和重要的建议案、提案、视察、调查报告。常委会会议一般每季度举行 1 次。市七届政协委员会举行常委会会议 26 次，第 1～11 次会议前志已记。政协常州市委第十二届委员会自 2008 年 1 月至 2010 年底，举行常委会会议 16 次（政治协商、民主监督和参政议政相关议题与内容记入本卷第三章“履行职责”）。

一、第 七 届

政协常州市委七届一次全体会议选举主席 1 名、副主席 8 名、常委 40 名，组成第七届常委会。主席章化农，曾任副主席孙维峰、王慎斋、钱小山、史绍熙、杨念祖、屠揆先、谢承祜、 高谷深、刘汉良，秘书长李镇瀛。曾任常委（主席、副主席在常委中列名）王玉亭、王剑青、毛小平、毛吟槎、叶大华、史玉昌、江可群、庄钰欢、刘揆初、许人淑（女）、朱廼娣（女）、朱豫庆、孙学法、吴君璧（女）、阮树长、阮焕新、初茂昌、宋德玉（女）、李文瑞、李骏源、李纯粹（女）、严东方、苏世芳（女）、吴盘兴、吴雅童、何华强、邱福成、余纪畴、张荷花（女）、陆泾泉、罗耀松、孟浩耕、赵华宇、高蕴（女）、徐忠信、徐铁民、徐建华（女）、唐棣、曹须德、蒋志云、蒋洪泽、蒋超雄、蒋鸿文、裴寿华 44 人。

第十二次会议：召开政协常州市委七届三次全体会议有关事项，审议并原则通过常委会工作报告等。第十三、十四次会议：传达全国地方政协工作会议精神，听取政协常州市委七届三次全体会议分组讨论情况汇报。第十五次会议：学习贯彻落实《中共中央关于充分发挥沿海开放城市人民政协、各民主党派和工商联作用的意见》。第十六次会议：审议召开政协常州市委七届四次会议有关事宜。第十七次会议：原则通过大会决议（草案）。第十九次会议：决定召开七届五次全体会议，原则通过常委会工作报告。第二十次会议：听取政协常州市委七届五次全体会议分组讨论情况汇报，原则通过大会决议（草案）。第二十一次会议：传达全国政协六届五次全体会议和省政协五届五次全体会议精神。第二十三次会议:听取市委统战部关于全市落实统战政策的情况通报。第二十四次会议:传达省政协五届二十二次常委会会议精神,提出贯彻全国地方政协工作组(委)工作会议精神意见。

二、第 八 届

政协常州市委八届一次全体会议选举主席 1 名、副主席 8 名、常委 55 名,组成第八届常委会。主席程九度,曾任副主席王云龙、史绍熙、秦怀玉、杨念祖、屠撰先、高谷深、刘汉良、何华强,秘书长吴盘兴。曾任常委尤大泓、王大智、王子良、王诗绪、史玉昌、叶大华、刘撰初、许省三、庄荣法、庄钰欢、孙学法、阮焕新、沈如香、汪履平、杨福绥、李文瑞、李纯粹(女)、李骏源、李镇三、李镇瀛、严毓秀(女)、吴华生、吴振祥、吴雅童、邹宏国、余纪畴、谷亚东、张克勤、张荷花(女)、张晓白、张晓霞(女)、张耀芳(女)、松纯、林建华、周正中、周尚达、孟浩耕、胡沛成、赵华宇、高蕴(女)、唐待、都贻田、顾勤度、徐建华(女)、徐铁民、陶振邦、盛宗耀、曾俊发、董步阶、蒋惠良、蒋鸿文、韩祥林、程萍(女)、楼锡祺、谭保娣(女)、蔡祖胜、裴寿华 57 人。

第一次会议:通过本届政协常州市委副秘书长名单、设置 9 个专委会的决定及其领导成员名单。第二次会议:听取政协常州市委关于三省六市政协横向联系活动第二次会议情况汇报。第四次会议:学习中共十三届三中全会精神和中共常州市委六届七次全体(扩大)会议精神。第五次会议:通过召开政协常州市委八届二次全体会议的决定。第六次会议:审议召开政协常州市委八届二次全体会议议程,审议并原则通过常委会工作报告。第七次会议:传达省政协六届五次常委会会议精神。第八次会议:学习邓小平接见首都戒严部队军以上干部时的重要讲话和其他文件,审议通过《政协常州市委关于政治协商、民主监督的暂行规定》。第十次会议:学习《中共中央关于进一步治理整顿和深化改革的决定》、中共十三届五中全会和省委扩大会议精神。第十二次会议:学习《中共中央关于坚持和完善中国共产党领导的多党合作和政治协商制度的意见》,审议决定召开政协常州市委八届三次全体会议有关事项,审议并原则通过常委会工作报告。第十三次会议:听取政协常州市委八届三次全体会议大会分组讨论情况汇报,原则通过会议决议(草案)。第十五次会议:传达学习全国统战工作会议精神和江泽民总书记在全国统战工作会议上的重要讲话精神。第十七次会议:学习传达中共十三届七中全会、省政协六届十四次常委会会议的精神。第十九次会议:听取政协常州市委八届四次全体会议大会分组讨论情况汇报,原则通过会议决议(草案)。第二十三次会议:学习中共十三届八中全会精神,学习贯彻《中共中央关于加强农业和农村工作的决定》,审议决定召开政协常州市委八届五次全体会议有关事项,审议并原则通过常委会工作报告。第二十四次会议:听取政协常州市委八届五次全体会议大会分组讨论情况汇报,原则通过会议决议草案。第三十次会议:审议并原则通过常委会工作报告。

三、第 九 届

政协常州市委九届一次全体会议选举常委 45 名、主席 1 名和副主席 7 名,组成第九届常委会;第五次全体会议补选曹锦成为主席。曾任主席程九度、曹锦成,曾任副主席杨念祖、高谷深、刘汉良、李镇瀛、朱保钧、卜仲宽、吴振祥、庄桂棣(女)、丁瑞芝、杨玉生,秘书长陈冬期。曾任常委王子良、王大智、王安娜(女)、王诗绪、王燕萍(女)、尤大泓、石文卿、叶大华、庄荣法、庄钰欢、刘撰初、许省三、邢维康、沈如香、汪履平、汪鹤鸣、严毓秀(女)、李炜(女)、杨玉生、杨锡根、吴伯瑜、何祖大、余玉钗(女)、张宇清、张耀芳(女)、邵文虎、松纯、周国扬、赵华宇、赵敖祥、高蕴(女)、郭自慧(女)、唐待、贾宝中(女)、顾其成、顾勤度、徐建华(女)、徐嘉南、曾荣、蒋时察、程萍(女)、程苏元、谭保娣(女)、蔡祖胜、臧建中、戴焕林 46 人。

第一次会议:听取全国政协委员、政协常州市委副主席卜仲宽传达全国政协八届一次会议精神,通过本届政协常州市委副秘书长名单,决定设置 8 个专委会并任命其领导成员。第五次会议:审议决定召开政协常州市委九届二次全体会议有关事项，审议并原则通过常委会工作报告和提案工作报告。第六次会议：听取政协常州市委九届二次全体会议分组讨论情况汇报，协商选举事宜。第十一次会议：审议决定召开政协常州市委九届三次全体会议事项，审议并通过政协常州市委常委会工作报告和提案工作报告。第十二至十三次会议：听取政协常州市委九届三次全体会议分组讨论情况汇报，原则通过大会决议草案。第十五次会议：通过修订的《政协常州市委提案工作条例》。第十六次会议：审议通过《关于贯彻〈政协全国委员会关于政治协商、民主监督、参政议政的规定〉的实施意见》。第十八次会议：审议决定政协常州市委九届四次全体会议有关事宜，审议并原则通过常委会工作报告和提案工作报告。第十九次会议：听取九届四次全体会议大会秘书处关于分组讨论情况汇报，原则通过大会决议草案。第二十四次会议：审议决定召开政协常州市委九届五次全体会议有关事项，审议并原则通过常委会工作报告。第三十一次会议：审议并原则通过常委会工作报告和提案工作报告，通过相关人事任免事项。第三十二次会议：审议决定召开政协常州市委十届一次全体会议有关事项。

四、第 十 届

政协常州市委十届一次全体会议选举常委 45 名、主席 1 名、副主席 10 名，组成第十届常委会。主席曹锦成，曾任副主席王如青、朱保钧、薛锋、何华强、吴振祥、杨玉生、江忞、胡沛成、沈祥福、高克柔、林明德、张东林、宋诚宇，秘书长陈冬期。曾任常委于温、万美娟（女）、马元颉、王安娜（女）、王建华、王翠凤（女）、王燕萍（女）、石文卿、申春悌（女）、朱渊元、庄荣法、汤燕雯（女）、关慧超、许关荣、纪养培、杨汉良、杨志红（女）、李湜（女）、李乃明、李杰男、李勋寿、杨伟红、吴亚平（女）、吴国强、吴宪新、吴建荣、何祖大、陈知义、张颖（女）、张秀华（女）、张俊智、张铁成、陆平中、陈俊杰、林明德、松纯、周玉峰、周永强、羌涵孚、承建国、胡克荣、赵华宇、赵忠和、赵敖祥、莫玉宝、俞志宏、殷剑雄、顾全栋、顾其成、徐诚卿、郭自慧（女）、凌林法、韩立明（女）、蒋元兴、蒋时察、程萍（女）、程苏元、曾荣 58 人。

第一次会议：审议通过《政协常州市委常务委员会工作规则》、政协常州市委副秘书长名单和专门委员会设置及其正副主任名单。第二次会议：审议通过《政协常州市委专门委员会通则》。第六次会议：审议通过召开政协常州市委十届二次全体会议有关事宜和人事事项，审议并原则通过常委会工作报告和提案工作报告。第七次会议：听取政协常州市委十届二次全体会议分组讨论情况汇报，原则通过会议决议草案。第十一次会议：审议决定召开政协常州市委十届三次全体会议有关事项，审议并原则通过常委会工作报告和提案工作报告，协商通过增补 15 名政协常州市委委员名单、12 名常委候选人名单及免职撤职事项。第十三次会议：听取政协常州市委十届三次全体会议分组讨论和人事问题酝酿情况汇报，原则通过会议决议草案。第十七次会议：审议决定召开政协常州市委十届四次全体会议有关事项，审议并原则通过常委会工作报告和提案工作报告，协商通过增补 19 名政协常州市委委员名单。第十九次会议：听取政协常州市委十届四次全体会议分组讨论情况汇报，协商有关人事问题和选举事项，原则通过会议决议（草案）。第二十二次会议：审议决定召开政协常州市委十届五次全体会议相关事项，审议并原则通过常委会工作报告和提案工作报告，协商通过增补 6 名政协常州市委委员名单。第二十三次会议：听取十届五次全体会议分组讨论情况汇报，原则通过会议决议草案。第二十八次会议：审议决定召开政协常州市委十一届一次全体会议有关事项，原则通过政协常州市委十届常委会工作报告、提案工作报告，协商第十一届委员会人事安排。

五、第十一届

政协常州市委十一届一次全体会议选举常委 60 名、主席 1 名和副主席 8 名。第二次全体会议增选副主席 2 名，第三次全体会议增选常委 5 名、副主席 1 名；第四次全体会议增选常委 10 名、副主席 1 名；第五次全体会议增选常委 3 名，增补副主席、秘书长各 1 名。主席曹锦成，曾任副主席李林生、杨玉生、林明德、宋诚宇、秦士嘉、朱晓敏、陆志奋(女)、顾森贤、张云云(女)、张东林、徐峻范、何祖大、赵敖祥，秘书长薛扬诚、刘醒铭。曾任常委于宪平、万美娟(女)、马元颉、马振方、王建华、王燕萍(女)、卢晓光、申春悌(女)、史旭凯、叶鹏飞、冯巍、朱可菲(女)、朱国强、朱雪琴(女)、任欣伟、刘光鹤、刘学进、刘晓华(女)、刘醒铭、汤新竑、汤燕雯(女)、许佩玉(女)、孙健、杨伟红、杨伊林、杨益群、李永达、李音强、李勋寿、吴国强、吴宪新、吴铁岳、吴惠盐、汪志光、汪家泽、沈海斌、沈惠平、张美(女)、张子娟(女)、张云云(女)、张秀英(女)、张俊智、陆刚、陆小明、陆平中、陈世大、、陈晓萍(女)、邵明、松纯、居松珍(女)、周玉峰、周永强、周忠华、周建伟、周炳荃、单国伟、赵彤(女)、赵华宇、赵忠和、赵治平、姜苏杭、秦佳(女)、莫玉宝、俞申、顾卫东、顾丹柯、顾加明(女)、夏贵俊、徐诚卿、徐道法、高纪凡、黄欣、黄祖明、殷云峰、蒋必彪、谭震、戚惠明 77 人。

第一次会议：通报本届政协常州市委驻会主席、副主席、秘书长分工情况，通过副秘书长名单和专委会机构设置及其正副主任名单，颁发任命书；审议并通过《政协常州市委常务委员会工作规则》。第二次会议：通过修订的《政协常州市委专门委员会通则》《政协常州市委提案工作条例》。第五次会议：决定撤销张东林副主席职务。第六次会议：听取全市公安工作情况通报。第七次会议：审议决定政协常州市委十一届二次全体会议有关事项，审议并原则通过常委会工作报告和提案工作报告。第十次会议：听取政协常州市委十一届二次全体会议分组讨论情况汇报，协商通过两名副主席候选人名单，原则通过大会决议草案。第十三次会议：审议并原则通过政协常州市委常委会工作报告和提案工作报告，审议决定召开政协常州市委十一届三次全体会议有关事项。第十五次会议：听取政协常州市委十一届三次全体会议大会分组讨论情况汇报，协商通过 1 名副主席、5 名常委候选人名单和选举办法(草案)，原则通过大会决议(草案)。第十八次会议：审议通过政协常州市委相关制度。第十九次会议：审议决定召开政协常州市委十一届四次全体会议有关事项，审议并原则通过政协常州市委常委会工作报告和提案工作报告。第二十次会议：听取政协常州市委十一届四次全体会议大会秘书处关于分组讨论情况汇报，协商通过 1 名副主席和 10 名常委候选人名单，原则通过大会决议草案。第二十一次会议决定撤销薛扬诚委员资格，免去秘书长职务。第二十四次会议：审议决定召开政协常州市委十一届五次全体会议有关事项，审议并原则通过常委会工作报告和提案工作报告，协商通过增补 11 名政协常州市委委员名单。第二十五次会议：听取政协常州市委十一届五次全体会议分组讨论情况汇报，原则通过大会决议草案。第二十八次会议：讨论通过《政协常州市委关于学习贯彻中国共产党第十七次全国代表大会精神的决议》。第二十九次会议：审议、通过《政协常州市委关于充分发挥委员界别作用的意见》。

六、第十二届

政协常州市委十二届一次全体会议选举产生第十二届常委会常委 63 名、主席 1 名和副主席 8 名；十二届二次全体会议增选常委 3 名、副主席 1 名，十二届三次全体会议增选常委 1 名。主席于超，副主席顾森贤、陆志奋(女)、张云云(女)、赵敖祥、朱剑伟、蒋必彪、严国强、卢明康、张晓霞、杨平平，秘书长刘醒铭。曾任常委于宪平、万美娟(女)、王建华、王燕萍(女)、卢联珍(女)、叶鹏飞、史旭凯、冯巍、冯子秋(女)、朱可菲(女)、朱国强、任欣伟、刘学进、刘晓华(女)、汤燕雯(女)、许佩玉(女)、贡浩平、芮永全、杜强、李信、李永达、李江蛟、李明时、李音强、杨伟红、杨伊林、吴小华(女)、吴宪新、吴惠盐、吴群毓(女)、何尧平、汪志光、张勇、张火炫、张俊智、张戳炜、陆刚、陈村、陈建共、陈建国、陈晓萍(女)、邵明、松纯、周伯平、周忠华、周建伟、周炳荃、居松珍(女)、赵彤(女)、赵华宇、胡伟、查锡斌、姜苏杭、贺明、秦佳(女)、顾卫东、顾丹柯、徐红(女)、黄富军、戚惠明、董谦、董海清、鲍毓南、蔡正茂、谭震、魏继斌、潘双林等 67 人。

第一次会议：通报政协常州市委 2008 年工作要点和本届政协常州市委驻会主席、副主席、秘书长分工情况，通过副秘书长和专委会正、副主任名单并颁发任命书。第五次会议：决定召开政协常州市委十二届二次全体会议有关事项，审议并原则通过常委会工作报告和提案工作报告。第六次会议：讨论通过政协常州市委十二届二次全体会议选举办法草案，原则通过大会决议草案。第七次会议：传达全国“两会”精神，通报政协常州市委2009年工作要点，通过有关专委会副主任任免名单。第十一次会议：审议决定召开政协常州市委十二届三次全体会议有关事项，审议并原则通过常委会工作报告和提案工作报告。第十二次会议：讨论通过政协常州市委十二届三次全体会议大会选举办法草案，原则通过大会决议草案。第十三次会议：听取全国“两会”精神传达和2010年政协常州市委工作要点通报。

第三节 主席会议

根据《中国人民政治协商会议章程》规定，政协常州市委设主席会议，负责处理常委会闭会期间常委会的重要日常工作。主席会议由主席、副主席、秘书长组成，主席、秘书长各1名，均为中共人士，副秘书长及与议程有关的其他人员列席会议。主要任务是讨论处理常委会的重要事务；协商讨论全市政治生活、群众生活中的重大问题；审议以政协常州市委、常委会和主席会议名义向市委、市政府提出的重要建议案，政协常州市委及其常委会的工作计划、工作报告和重要活动方案，专门委员会年度计划及决定重要的调研、视察活动等。主席会议通常每月举行1次，必要时可临时召集。政协常州市委第七届委员会任期内举行主席会议40次。本志记述始于1986年召开的第23次主席会议，选录3次；政协常州市委第八、第九、第十、第十一和第十二届委员会任期内先后举行主席会议41次、58次、53次、60次和30次（至2010年底），分别选录6次、9次、14次、14次和13次（政治协商、民主监督和参政议政相关内容参见本卷第三章“履行职责”）。

政协常州市第七至第十二届委员会参加主席会议的副主席人数统计表

表28-2-1　　单位：人

届次	总人数	中共	民盟	民革	民建	农工民主党	工商联	九三学社	民主促进会	致公党	无党派
七	8	2	2	—	1	1	—	—	—	—	2
八	8	2	1	—	2	1	—	—	—	—	2
九	7	2	1	—	2	1	1	—	—	—	—
十	10	4	1	1	1	1	—	1		—	1
十一	8	3	—	1	1	1	—	1	1	—	—
十二	8	4	—	1	—	1	—	—	1	1	—

政协常州市第七至第十二届委员会部分主席会议情况表

表28-2-2

届别	会次	会议主要审议、决定议题
第七届	23	学习中共中央办公厅关于大力开展海外统战工作的文件
	29	讨论本会做好海外统战工作问题，决定与市侨办、侨联和民主党派合作开展海外统战工作
	35	审议决定召开常委会会议有关事项
第八届	3	协商讨论政协常州市委和市海外联谊会联合邀请常州籍港澳客商在深圳举行乡亲座谈会有关事宜
	15	传达市委书记碰头会精神
	28	审议通过《政协常州市委提案工作试行条例》

续表 28-2-2

届别	会次	会议主要审议、决定议题
第九届	14	审议并通过政协常州市委提案立案审查规定，办理党派、团体提案办法和评选优秀提案办法等3项制度。审议并通过举行盛宣怀诞辰150周年纪念活动的有关事宜
	23	审议通过《政协常州市委关于加强和了解反映社情民意的意见》
	24	审议并原则通过《政协常州市委关于贯彻执行〈政协全国委员会关于政治协商、民主监督、参政议政的规定〉的实施意见》，决定提请常委会会议审议后，报中共常州市委批转
	25	听取政协常州市委文史委员会牵头编纂出版《常州概览》有关情况的汇报
第十届	33	审议召开政协常州市委第四次政协工作理论研讨会和“盛宣怀与中国近代化研讨会”有关事项
	39	审议并通过召开二届五次政协理论研究会常务理事会，成立炎黄文化研究会，开展纪念中共建党80周年系列活动等有关事项
	43	审议召开政协常州市委十届五次全体会议有关事项，决定以政协常州市委名义聘请港澳台侨委员会顾问，协商通过增补政协常州市委委员名单
	44	审议政协常州市委常委会工作报告和提案工作报告
	46	听取全省政协提案工作会议和全市依法治市工作会议精神传达，讨论《关于建立政协常州市委领导与委员约谈制度的意见(草案)》
	48	总结政协常州市委第十届委员会工作，学习《党政干部任用工作条例》，讨论政协常州市委机关机构改革方案
	53	通过召开政协常州市委十一届一次全体会议的有关事项
第十一届	6	审议并通过《政协常州市委委员调研视察工作规则》《政协常州市委建议案形成和办理规定》《政协常州市委委员外出考察规定》《政协常州市委提案立案审查的规定》等11项规章制度
	10	学习中共十六届三中全会精神，交流学习体会，总结回顾政协常州市委2003年主要工作，部署召开政协常州市委十一届二次全体会议的筹备工作
	32	通过《政协常州市委主席会议工作规则》《政协常州市委秘书长会议工作规则》《政协常州市委反映社情民意工作条例》等规章制度
	33	审议《政协常州市委全体会议工作规则》《政协常州市委常务委员会工作规则》《政协常州市委提案工作条例》《政协常州市委委员守则》等制度的草案
	40	审议政协常州市委2006年重点提案及督办方案，讨论《中共常州市委关于做好新形势下人民政协工作的意见》(代拟稿)，通过政协常州市委2005年社情民意先进单位及先进个人名单
	46	学习中共十六届六中全会精神，讨论《政协常州市委关于充分发挥委员主体作用的意见(试行)》。
	58	通过政协常州市委十二届一次全体会议筹备工作领导小组名单
	60	听取政协常州市委十二届一次全体会议筹备工作情况汇报，通过优秀政协常州市委委员、优秀提案和优秀社情民意建议名单
第十二届	1	审议政协常州市委各专委会的设置及组成人员建议名单
	2	通过政协常州市委2008年工作要点和各专委会活动计划，审议有关人事事项
	16	审议通过《政协常州市委关于开展百名政协委员进农村、进社区行动方案》《政协常州市委关于开展服务科学发展、服务“三保三促”委员界别活动月方案》《政协常州市委关于加强和完善政协特邀监督员工作的意见》等方案和规章制度
	18	讨论《政协常州市委关于学习实践科学发展观活动整改落实方案(征求意见稿)》，通过《政协常州市委关于人民政协成立60周年纪念活动的建议方案》

第三章 履行职责

1986年以后，政协常州市委通过组织中共常州市委、常州市政府及其部门的负责人、民主党派和工商联的负责人参加或列席常委会议，广泛开展政治协商；通过组织政协委员调研、视察等活动，对全市各行业、经济社会发展的重大政策、工作议题和重要工程（工作）履行政治协商、民主监督和参政议政的职能。

第一节 政治协商

一、常委会协商

第七届 第十二次会议：协商召开政协常州市委七届三次全体会议有关事项，审议并原则通过常委会工作报告等。第十三至十四次会议：通过增选政协常州市委常委候选人名单，原则通过大会决议(草案)。第十五次会议：协商决定成立政协常州市委对外经济技术联络工作委员会。第二十二次会议：协商常州市市级工业管理机构改革实施方案。第二十四次会议：听取市委统战部关于政协常州市委换届工作人事安排的说明。第二十五至二十六次会议：协商决定政协常州市委第八届委员会委员名单。

第八届 第十次会议：协商惩治腐败、廉政建设问题。第十一次会议：协商治理整顿和深化改革问题。第十四次会议：听取市委书记陈玉英传达中共十三届六中全会和省、市委扩大会议精神，围绕加强党和人民群众的联系，为群众办实事的问题进行协商。第十五次会议：传达学习全国统战工作会议精神和江泽民总书记在全国统战工作会议上的重要讲话精神。听取代市长杨晓堂关于全市经济工作情况的通报，就工业管理体制、发展外向经济问题进行协商。第十六次会议：协商“常州市农村经济发展”问题，副市长孟金元到会通报情况，就加强对农业的领导、“科技兴农”、增加农业投入、稳定农业政策、农田基本建设等问题提出意见和建议。第十七次会议：学习传达中共十三届七中全会、省政协六届十四次常委会会议的精神；听取市委宣传部关于精神文明建设情况的通报并进行协商，审议决定召开政协常州市委八届四次全体会议有关事项。第十八次会议：协商决定市科协、市侨联为政协常州市委组成界别。审议并原则通过常委会工作报告。第二十次会议：听取市政府关于组织实施《社会发展综合示范试点计划》《城市基础设施建设计划》情况的通报并进行协商。会议通过《政协常州市委提案工作条例》，决定成立政协常州市委农业委员会。第二十一次会议：听取市政府领导关于全市抗洪救灾和恢复生产情况的通报并协商。第二十五次会议：协商“常州市深化农村改革，发展农村经济”问题。副市长薛锋到会通报情况，政协常州市委农业委员会汇报考察农村经济工作的情况，对全市农村工作的主要问题提出意见和建议。第二十六次会议：协商“常州市工业经济和改革开放”问题，市长孟金元通报有关情况。会议就重振常州工业雄风、发展外向型经济等6个方面提出意见建议。第二十七次会议：协商政协常州市委换届工作，并决定下届政协常州市委的组成单位和界别，吸取市委统战部负责人所作换届工作情况说明。第二十八次会议：听取中共十四大代表、市委书记陈玉英传达中共十四大精神，进行座谈讨论。第三十次会议：协商决定政协常州市委第九届委员会委员名单。

第九届 第二次会议：协商“常州市贯彻《全民所有制工业企业转换经营机制条例》，搞活大中型企业”问题。第三次会议：协商“全市农业结构调整和农村现代化试点工作”问题，听取了相关专题的调研情况汇报。第四次会议：协商社会主义精神文明建设和反腐败斗争问题。第七次会议：协商“常州市城市规划、基础设施建设、深化房改、实施安居工程”等问题。市委书记虞振新到会听取意见和城乡建设相关调研情况汇报，审议通过关于常州市城市总体规划修编和加强规划管理、深化房改和实施“安居工程”、加强城市交通管理建设3个建议案。第八次会议：协商“全市粮食生产和实施菜篮子工程”问题，听取了相关专题的调查情况汇报，围绕加强对农业的投入、确保耕地面积、稳定蔬菜生产基地等方面提出建议。第九次会议：协商“市属国有大中型企业扭亏增盈工作及发展三资企业”问题，听取了相关专题的调研情况汇报。第十次会议：协商青少年教育、预防和遏制青少年违法犯罪问题。第十四次会议：协商水污染综合防治问题。第十五次会议：协商落实农业政策、增加农业投入问题。第十六次会议：协商反腐倡廉问题。第十七次会议：协商实施“科教兴市”战略问题。第二十次会议：协商培育支柱产业问题，听取了相关专题的调研情况汇报，就培育全市支柱产业的思想共识、发展规划等问题提出对策和建议。第二十一次会议：协商新区规划、建设和管理问题，市委常委扩大会议专题研究新区工作时吸纳了政协常州市委提交的《关于进一步搞好常州市新区规划、建设和管理的建议案》的意见建议。第二十二次会议：协商发展常州市农业机械化问题，政协常州市委经科委汇报该专题的调研情况，就提高对农业机械化的认识、农机规划、科研开发、农机投入、农机管理等方面提出意见。第二十三次会议：协商“提高市民思想道德素质”问题。听取了市委对全市社会主义精神文明建设情况通报，就市民思想道德素质要抓住重点的对象、内容、活动、阵地、管理和投入等方面提出意见和建议。第二十五次会议：协商有关人事问题，市委书记虞振新就政协常州市委主席候选人人选作了说明。第二十六次会议：协商决定曹锦成为市九届政协主席候选人。第二十七次会议：协商“发展支柱产业的规模经济，加快组建有关大型企业集团”问题。第二十八次会议：协商市区实施下岗职工再就业工程问题。第二十九次会议：协商乡镇集体企业改制后的管理问题。第三十次会议：协商政协常州市委换届工作有关事宜。第三十二次会议：协商通过政协常州市委第十届委员会委员名单，审议决定召开政协常州市委十届一次全体会议有关事项。

第 十 届 第三次会议：协商市区住宅建设及住房制度改革和常州市外向型经济发展问题。第四次会议：协商市区社会养老保险问题。第五次会议：协商创建文明小区、提高文明程度问题。第八次会议：协商加强外来流动人口管理问题。第九次会议：协商加强市区环境与城市管理问题。第十次会议：协商“新区建设和发展”问题。第十二次会议：协商有关人事问题，通过1名副主席候选人名单。第十四次会议：协商加快和健全市区房产市场建设问题。第十五次会议：协商工业企业技术创新、加速常州经济发展问题。第十六次会议：协商依法行政问题。第十八次会议：协商通过两名副主席候选人和1名常委候选人名单，同意1名副主席辞职。第二十次会议：协商加快信息产业发展、实现常州经济腾飞问题。第二十一次会议：协商乡镇行政区划调整后加快小城镇建设问题。第二十四次会议：协商有关人事问题。第二十五次会议：协商市域水环境污染防治问题。第二十六次会议：协商市属国有企业改制问题。第二十七至二十八次会议：协商政协常州市委第十一届委员会界别设置和委员人选等人事安排问题，通过有关人事任免事项。

第十一届 第八次会议：协商有关人事问题。协商通过增补5名政协常州市委委员名单，免去4名政协常州市委委员。第十二次会议：协商政协常州市委委员提案办理和全市财政工作。第十四次会议：协商有关人事问题，通过增补4名政协常州市委委员名单。第十六次会议：协商“构建和谐劳动关系、推进和谐常州建设”问题。第十七次会议：协商“推进常州城乡一体化”问题。会议围绕推进农村城镇化、农村劳动力转移、农村环境建设、“城中村”改造、戚墅堰区城乡一体化等问题提出意见和建议。第二十一次会议：协商加快自主创新、提升常州经济竞争力问题，提出企业要坚持集成创新、集群创新、自主创新等6条建议，通过有关专委会副主任的任职决定。第二十二次会议：协商“确立集约理念，提高城市建设水平”问题，提出要尽快形成“财政付息、资源付本、经营增值”的城建债务偿还机制等6条建议。第二十四次会议：协商通过增补11名政协常州市委委员名单。第二十五次会议：协商通过1名副主席、秘书长和3名常委候选人名单。第二十六次会议：协商“实施数字化城市管理，提高办事效率”的问题。第二十七次会议：协商加快建设现代装备制造业名城问题，提出加快常州建设现代制造业名城的思路、见解和建议。第二十八次、第三十次会议：先后协商通过政协常州市委第十二届委员会界别设置、委员名额安排的意见与委员名单和有关人事事项。

第十二届 第二次会议：协商“常州建设创新型城市的目标、任务和对策建议”的问题。第三次会议：协商“加大制度创新力度，提高城乡建设现代化水平”的问题。第四次会议：听取全市社会治安综合治理工作情况通报并协商。第五次会议：协商通过增补9名政协常州市委委员名单，任免专委会正副主任。第六次会议：听取市委书记范燕青关于政协常州市委第十二届委员会人事安排情况通报并协商。听取政协常州市委十二届二次全体会议大会分组讨论情况汇报，讨论通过选举办法（草案），原则通过大会决议（草案）。第七次会议：传达全国“两会”精神，通报政协常州市委2009年工作要点，通过有关专委会副主任任免名单。第八次会议：协商“完善机制，创优环境，推进全市教育科学发展”的问题。第九次会议：协商“动员社会各方力量，化解社会矛盾纠纷”的问题。第十次会议：协商“做强做大常州市轨道交通、输变电、新能源、创意、生物医药五大产业”的问题。第十一次会议：协商通过有关人事事项，审议决定召开政协常州市委十二届三次全体会议有关事项，审议并原则通过常委会工作报告和提案工作报告。第十二次会议：听取中共常州市委关于政协常州市委人事安排的情况通报，协商通过1名常委候选人名单。第十三次会议：听取全国“两会”精神传达和2010年政协常州市委工作要点通报。第十四次会议：协商加强社会管理，推进和谐常州建设问题，提出加快政府职能转变，加快培育发展社会组织，创新社区管理体制机制，加强社会公共安全管理等建议。第十五次会议：协商加快常州市县域经济发展问题，提出科学定位、合理布局，放大优势、做强产业，创出特色、实现富民3个方面的对策建议。第十六次会议：协商常州市百家重点科技企业创新能力问题，提出打造企业智力高地、优化企业融资环境、“政产学研”合作、知识产权培育、加大政府扶持力度5项对策建议。

二、主席会议协商

第 九 届 第一次会议：协商“实施安居工程”问题。第二次会议：协商发展旅游业问题。第四次会议：协商全市社会养老保险工作。

第 十 届 第七次会议：协商全市太湖水污染防治工作。第十二次会议：协商“加快农业科技成果转化”的问题。第十九次会议：协商“市属中小工业企业改制”的问题。第二十三次会议：协商全市职工医疗保险制度改革方案。第三十一次会议：协商形成《对常州市国民经济和社会发展第十个五年计划和2010年长期规划纲要（草案）的意见和建议》。第五十次会议：协商“城镇困难职工群体生活保障”的问题，并提出意见和建议。第五十三次会议：协商政协常州市委换届工作，审议下届政协常州市委界别设置、委员人选。

第十一届 第四次会议：协商建立和完善新型农村合作医疗制度的问题。第七次会议：协商“城市绿地建设”的问题。第十八次会议：协商常州市企业退休人员社会化管理服务的问题。第二十次会议：协商“职业教育与培训”的问题。第三十四次会议：协商加强常州古运河历史文化保护开发利用的问题。第五十八次会议：协商政协常州市委第十二届委员会界别设置及委员名额安排意见等事项。

第十二届 第一次会议：协商确定政协常州市委驻会主席、副主席、秘书长临时分工。第五次会议：协商完善公共卫生体系建设和提高人民群众健康保障水平的问题。第十五次会议：协商科学构建县域经济投融资平台的问题。第二十五次会议：协商加快文化名城建设、提升城市软实力的问题。2009年，政协常州市委主席（扩大）会议就科学构建县域经济投融资平台调研报告进行协商。

第二节　民主监督

政协常州市委九届第十六次会议审议通过《关于贯彻〈政协全国委员会关于政治协商、民主监督、参政议政的规定〉的实施意见》，民主监督工作得到加强。

一、常委会监督

第 七 届　常委会第十七次会议：决定在政协常州市委七届四次全体会议上分组讨论常州市“七五”计划报告。

第 八 届　常委会第三次会议：提出强化民主监督等方面的意见和建议。第五次会议：听取市长曹锦成关于全市治理经济环境、整顿经济秩序的情况通报。第九次会议：听取市长曹锦成关于常州市上半年经济工作情况和下半年经济工作打算的情况通报及市体改委关于常州市工业管理体制调整方案的说明。第十次会议：听取市纪委、市检察院关于惩治腐败、廉政建设的情况通报。第十一次会议：听取市长曹锦成《关于进一步治理整顿和深化改革的意见》的情况通报。第十四次会议：听取市委书记陈玉英传达中共十三届六中全会和省委、市委扩大会议精神。第十五次会议：听取代市长杨晓堂关于全市经济工作情况的通报。第十七次会议：听取市委宣传部关于精神文明建设情况的通报。第二十二次会议：听取市政府领导关于组织实施工业振兴计划情况的通报。第二十九次会议：听取市委副书记赵顺盘关于全市社会主义精神文明建设情况的通报和政协常州市委副主席秦怀玉关于精神文明建设视察情况的汇报。

第 九 届　常委会第二次会议：听取副市长薛锋通报的政府工作有关情况，政协常州市委经济科技委员会（简称“经科委”）汇报了相关调研情况。第三次会议：听取了相关专题的调研情况汇报。第四次会议：听取了市委、市纪委的有关情况通报。第七次会议：市委书记虞振新到会听取意见，听取了城乡建设相关调研情况汇报。第十次会议听取文化市场管理、学校德育教育调查和外来青工管理及全市青少年违法犯罪调查的情况汇报。第十五次会议：听取市委副书记赵顺盘通报的有关情况，政协常州市委经科委汇报常州市农业投入的调研情况。第十六次会议：听取市纪检监察机关协助党委、政府开展反腐败斗争情况的通报，检察机关查办经济犯罪大案要案情况的通报及全市反腐倡廉调查情况的通报，审议通过《关于贯彻〈政协全国委员会关于政治协商、民主监督、参政议政的规定〉的实施意见》。第十七次会议：副市长陈三林、薛锋到会分别通报全市教育情况和实施“科教兴市”战略的情况，政协常州市委经科委汇报全市实施“科教兴市”战略的调查情况。第二十次会议：听取了培育支柱产业专题的调研情况汇报。第二十二次会议：听取政协常州市委经科委对农业机械化专题调研的汇报，对农机管理等方面提出意见。第二十三次会议：听取市委对全市社会主义精神文明建设情况的通报。

第 十 届　常委会第二次会议：听取全市大中型企业改革、建立现代企业制度情况通报。第三次会议：听取市政府关于市区住宅建设及住房制度改革的情况、全市外向型经济发展情况的通报。第十次会议：听取市政府关于提案办理情况的通报。第十六次会议：听取市委、市政府关于委员提案办理情况的通报，审议并通过修订的《政协常州市委提案工作条例》。

第十一届　常委会第九次会议：听取关于全市党风廉政建设和反腐败工作情况的通报。第十二次会议：听取市委、市政府关于政协常州市委委员提案办理、全市财政工作情况的通报，进行了协商。第十八次会议：听取市委、市政府关于政协常州市委委员提案办理情况通报。第二十三次会议：听取全市党风廉政建设、反腐败工作情况通报和市政府关于办理政协常州市委提案情况的通报。第二十九次会议：听取市委、市政府关于办理政协常州市委提案情况的通报。

第十二届　常委会第六次会议：听取市委书记范燕青关于政协常州市委第十二届委员会人事安排情况的通报并协商。听取政协常州市委十二届二次全体会议大会分组讨论情况的汇报。第十二次会议：听取中共常州市委关于政协常州市委人事安排情况的通报。第十三次会议：听取全国“两会”精神传达和2010年政协常州市委工作要点通报。

二、主席会议监督

第七届　第三十五次主席会议：听取市政府通报体制改革实施方案。

第九届　第二次主席会议：审议并通过《关于加强常州市旅游业工作的建议案》。第四次主席会议：听取市政府关于全市社会养老保险情况的通报。第五次主席会议：审议通过《关于常州市住宅物业管理的调查报告》。第二十四次主席会议：审议并原则通过《政协常州市委关于贯彻执行〈政协全国委员会关于政治协商、民主监督、参政议政的规定〉的实施意见》，决定提请常委会会议审议后，报中共常州市委批转。第三十六次主席会议：审议并通过政协常州市委社会法制委员会《关于常州市近两年企业货、款被骗情况的调查报告》。

第十届　第七次主席会议：听取市政府关于全市太湖水污染防治工作的通报。第二十三次会议：听取全市职工医疗保险制度改革方案情况的通报。第二十九次会议：听取副市长周亚瑜关于全市教育结构布局调整方案的通报。第四十四次会议：听取关于市区自来水价格和污水处理价格调整的有关情况说明。

第十一届　第二十五次会议：听取中共常州市委关于增补、调整政协常州市委第十一届委员会人事建议的说明，审议并通过聘请政协常州市委港澳台侨委员会顾问办法。

第十二届　第二十六次会议：审议《政协常州市委“高度重视食品安全，关注人民身体健康”专项民主监督活动方案》。

三、依法视察

1988—1992年，社会法制委员会组织委员视察了常州市贯彻实施《中共中央关于加强和改善对工会、共青团、妇联工作领导的通知》《企业法》的情况。1993—1997年，社会法制委员会围绕常州“两个文明”建设，就贯彻《工会法》《劳动法》《未成年人保护法》及《城市民族工作条例》情况、双拥工作、实施跨世纪人才工程、落实宗教政策等开展视察。城乡建设委员会与市人大和市政府有关部门联合监督检查《规划法》《环境保护法》贯彻实施情况。1998—2002年，城乡建设委员会组织委员视察全市人口与计划生育工作，形成报告并送交市政府。社会法制委员会组织委员视察常州贯彻实施新颁布的《婚姻法》《工会法》《未成年人保护法》《人民防空法》等法律法规情况，参与组织行政执法机关评议考核、执法检查。2003—2007年，文教卫体界委员对《职业教育法》《民办教育促进法》《教育法》《教师法》等贯彻实施情况进行民主监督。

2008—2010年，社会法制委员会组织委员评议市中级人民法院的庭审情况，组织政协常州市委常委、民主党派负责人听取市公安局、法院、检察院和全市社会治安综合治理、党风廉政建设及反腐败工作的情况通报，推进“法治常州、平安常州”建设。组织委员对全市就业创业、平安小区建设、新型农村社会养老保险、《残疾人保障法》实施情况、“禁止未成年人进入网吧和游艺场所”规定执行情况、城镇职工和居民基本医疗保障、残疾人服务提升工程开展视察，形成视察报告。组织视察常州市实施《劳动合同法》情况，视察新修订的《律师法》《妇女权益保障法》执行实施情况，视察全市依法行政、创建文明和谐宗教活动场所情况。通过提交社法委集体提案、反映社情民意，加强民主监督。2010年，政协常州市委文教卫体委员会组织委员开展“高度重视食品安全，关注人民身体健康”专项民主监督活动，组织近50名政协常州市委委员分别对常州市70多家食品生产企业、加工场所、农贸市场、宾馆饭店和学校、幼儿园食堂进行调研视察和明察暗访。政协常州市委城乡建设和环境资源委员会围绕建设和谐物业管理、农村生态环境保护、常州东大门建设发展规划、节能减排长效管理机制、青洋路高架快速路工程规划设计方案、电力供应保障、城镇规划编制实施情况等专题，听取市政府相关部门的情况通报，开展住房保障规划实施情况和廉租房建设、农业农村节能减排、园林绿化、市人口与计划生育、农村水利、常州旅游建设、矿山环境生态整治修复、城市长效管理和数字化建设等工作情况的跟踪视察等。2010 年，常州市开展“创建国家生态城市年”活动，政协常州市委城乡建设和环境资源委员会开展“保护生态环境，促进科学发展”民主监督活动，围绕建设项目环评、环境监督和环境建设，组织委员走访调研重点区域、市区河道和重点企业，提出抓好重点污染源整改，推行清洁生产等建议。参与环太湖五市政协“携手保护太湖、实现永续发展”系列活动。

第三节　参政议政

一、常委会参政议政

第 七 届　第四次全体会议：分组讨论关于常州市“七五”计划的报告。

第 八 届　第三次会议：听取市政府领导通报全市经济工作情况。第四次会议：对治理整顿经济秩序、加强精神文明建设等 7 个方面提出意见和建议。第九次会议：对经济工作、工业管理机构调整、廉政建设方面提出意见和建议。第十四次会议：协商加强中共与人民群众的联系、为群众办实事的问题。第十五次会议：协商工业管理体制、发展外向型经济问题。第十七次会议：协商精神文明建设，审议决定召开政协常州市委八届四次全体会议有关事项。第二十二次会议：对搞好大中型企业、组织实施“工业振兴计划”等问题提出了意见和建议。

第 九 届　第二次会议：对加快工业发展、转换经营机制、调整产业结构及投资环境等问题提出意见建议。第三次会议：对提高农业基础地位，调整农业结构，严格执行用地审批制度，稳定巩固农村干部和农业科技队伍，鼓励农民种粮积极性，改善水利设施等方面提出 32 条意见和建议。第四次会议：对加强精神文明建设和公安队伍建设、纠正行业不正之风等问题提出 21 条意见和建议。第七次会议：审议通过常州市城市总体规划修编和加强规划管理、深化房改和实施“安居工程”、加强城市交通管理和建设工作 3 个建议案。第八次会议：围绕加强对农业的投入、确保耕地面积、稳定蔬菜生产基地等方面提出建议。第九次会议：对做好市属国有大中型企业扭亏增盈、发展台资及港资企业和个私经济等方面提出意见和建议。第十次会议：通过加强青少年教育的建议案。第十四次会议：审议通过《关于加强常州市城市水污染综合防治的建议案》。第十五次会议：对贯彻《中华人民共和国农业法》、落实农业政策、农业投入、农业资金来源等问题提出建议。第十六次会议：对反腐倡廉两手抓、完善监督机制、加大惩处力度等 6 个问题提出意见和建议。第十七次会议：对加强“科教兴市”战略宣传、科技投入、科技人员的激励机制等问题提出意见和建议。第二十次会议：对培育全市支柱产业，发展规划等问题提出对策和建议。第二十一次会议：形成《关于进一步搞好常州市新区规划、建设和管理的建议案》，报送中共常州市委、市政府。第二十二次会议：就提高对农业机械化的认识、农机规划、科研开发、农机投入、农机管理等方面提出意见。第二十三次会议：对市民思想道德素质的重点对象、内容、活动、阵地、管理和投入等方面提出意见和建议。

第 十 届　第二次会议：就大中型企业改革投资主体多元化、深化配套改革政策措施等方面提出意见和建议。第三次会议：提出制定住宅发展规划、发展房产二级市场、加强招商引资、改善投资环境等 11 条建议。第四次会议：对市区职工社会养老保险征缴和养老金发放问题，提出完善保险制度、扩大养老金覆盖面，加强养老金管理、严格实行收支两条线等建议。第五次会议：从创造优美环境、建立优良秩序、提供优质服务、加强居民委员会干部队伍建设和创建文明小区领导体制等方面提出意见和建议。第八次会议：形成《关于加强常州市外来流动人口管理，维护常州市社会秩序稳定的建议案》，经市长办公会议专题研究，出台《关于加强常州市外来流动人口计划生育的管理办法》。第九次会议：审议通过《关于市河整治与管理的建议案》《关于市区环境绿化情况的建议案》等3个建议案。市政府制定下发《常州市建设项目配套绿地建设管理办法》，修编《城市绿地系统规划》。第十次会议：审议并通过《关于常州市新区建设和发展情况的调研报告》。第十四次会议：提出尽快健全市区统一规范的“一门式”“一条龙”服务的房产有形市场等5条建议。第十五次会议：提出从战略上构筑常州现代制造业基地的框架，提高全市工业经济的综合竞争力，加快融入国际化竞争的步伐等意见建议。第十六次会议：提出将依法行政工作列为各级领导任期目标考核内容等5条建议。第二十次会议：提出必须抓住住宅产业，以信息化带动工业化，提升常州工业经济水平等建议。第二十一次会议：提出全面提高小城镇规划、建设和管理的质量等意见和建议。第二十五次会议：提出探索建立水环境治理投资机制，加快垃圾和污水处理厂建设等建议。第二十六次会议：提出进一步解放思想，转变工作作风，落实国企改革目标任务等意见建议。

第十一届　第十一次会议：提出有关专委会完成的《加快民营经济发展课题》等4个专题调研报告。第二十三次会议：审议并通过《政协常州市委关于充分发挥委员主体作用的意见》。

第十二届　第九次会议：围绕探索化解新时期社会矛盾问题，提出预防、化解、防控和保障4个方面的前瞻性意见建议，被中共常州市委制定《关于建立健全多元矛盾纠纷解决机制的意见》等文件采纳。第十四次会议：提出加快政府职能转变、加快培育发展社会组织、创新社区管理体制机制和加强社会公共安全管理等建议。第十五次会议：提出科学定位、合理布局，放大优势、做强产业，创出特色、实现富民3个方面的对策建议。第十六次会议：提出打造企业智力高地，优化企业融资环境，“政产学研”合作，知识产权培育，加大政府扶持力度5个方面的对策建议。

二、主席会议参政议政

第 七 届　第二十三次主席会议：提出“大力开展海外统战工作”的贯彻意见，向中共常州市委作了专题报告。

第 八 届　第七次会议：讨论配合市政府开展全市工业发展后劲问题调查的有关事项。第十五次会议：政协常州市委要求全市各级政协组织和政协委员与中共中央保持一致，坚持稳定大局，反对动乱。第十七次会议：审议通过关于加速城市煤气气源建设、进一步整顿流通领域秩序两个建议案。第二十八次会议：审议常州市城市基础设施建设计划、社会发展综合示范试点计划实施情况两份调查报告。第二十九次会议：传达市政府防汛紧急会议精神，决定政协常州市委机关当前工作以防汛救灾为中心，讨论到防汛一线进行慰问的事宜。

第 九 届　第一次会议：提出制定出台安居工程政策等建议。第二次会议：提出加强宣传，把旅游业纳入经济社会发展规划，加快旅游业规划、编制、论证等建议。

第 十 届　第七次会议：建议各级政府和有关部门狠抓落实，对企业排污进行分类指导，金融部门要支持、帮助超标排污企业多渠道筹措资金，尽快实现污水达标排放目标。第十二次主席会议：提出实施“科教兴农”战略，尝试农业科研项目研究的招投标制，探索农业科研成果的产业化推广等建议。第二十九次主席会议：提出推进教育现代化，调整教育结构布局，实施素质教育和全方位育人的意见和建议。

第十一届　第三十四次会议：对常州古运河段规划、治水、依法管理等方面提出具体的意见和建议。

第十二届　第四次会议：审议《完善常州市公共卫生体系建设，提高人民群众健康保障水平》的调研报告。第七次会议：审议提出《加大制度创新力度，提高城乡建设现代化水平》的调研报告，通过“服务委员，服务企业”关爱行动方案。第二十次会议：审议《做强做大常州市轨道交通产业、输变电产业、新能源产业、创意产业、生物医药产业》的调研报告。第二十六次会议：审议《抢抓机遇，加快发展—关于推进常州市新能源汽车产业发展的对策建议》的调研报告。第二十七次会议：审议《切实加强社会管理，推进和谐常州建设》的调研报告。第二十九次会议：审议《破解企业创新瓶颈，提升企业创新能力》的调研报告。

三、意见建议

1986—1987 年，政协常州市委城建工作组组织委员参与《常州市民文明公约》《常州市容环境卫生管理暂行规定》的修订工作，召开委员座谈会，搜集各界人士的意见，供有关部门参考。1998—2002 年，城乡建设委员会围绕常州住房制度改革、市区房产市场、城区危旧房改造和老住宅小区整治等进行调研，委员们提出关于城区危旧房改造和老住宅小区整治的建议，市政府将其列入年度为民办实事的重要内容之一。对市河整治、市区清理整治违法建筑、市区环境绿化的调研，经政协常州市委常委会会议协商后以建议案的形式报送市政府，市政府要求有关部门逐项落实，做出规范性规定。

2003—2007 年，政协常州市委文教卫体界委员会组织举行历史文化名城规划和文物保护情况通报会，呼吁加大对文物保护的投入；召开座谈会，推动和规范文艺培训市场管理，促进常州文化建设；对成人教育、民办教育、幼儿教育等工作提出批评和建议；围绕制定《突发公共卫生事件应急条例》《常州市防治传染性非典型肺炎应急预案》，召开座谈会、咨询会；组织委员实地察看辖市(区)、镇、村的体育场馆和健身工程，对“百村体育健身工程”的落实情况及存在困难和问题通过多种渠道帮助呼吁，推动《体育法》贯彻落实。城乡建设和环境资源委员会提出争创园林城市等建议，经政协常州市委主席(扩大)会议协商后，得到市政府重视，市政府从政协常州市委抽调人员对城乡绿化加强督察，推进城乡绿化，常州市先后于 2004 年和 2008 年成为省级、国家级园林城市。2008—2010 年，社会法制委员会针对《劳动合同法》实施过程中遇到的问题，呼吁有关部门加强对劳动合同和集体合同制度的监督管理，依法规范劳动用工行为，强化劳动执法监察和劳动争议处理。2010 年，组织教育界委员就教育“十二五”规划的编制建言献策，提交有关民办教育和幼儿教育方面的提案和社情民意，文教卫体委员会界召开委员恳谈会，围绕常州市实施教育现代化发展、均衡发展、内涵发展、主动发展四大战略献计献策。

2009 年，与溧阳政协常州市委开展联合调研，政协常州市委主席(扩大)会议就此问题进行协商，会议通过《关于科学构建县域经济投融资平台的建议》。溧阳市政府常务会议专题研究有关建议，加快投融资平台建设，推动县域经济投融资平台建设。2010 年，为加快金坛、溧阳两市发展，专题调研推进常州市县域经济跨越发展问题，从县域经济发展的载体、动力、目标等 3 个方面，提出突出创新转型、实现跨越发展的 23 条具体建议，调研提出的建议被市政府出台的《加快城乡一体化建设的实施意见》吸纳。文教卫体委员会对全市食品安全工作提出加大宣传力度、加大监管投入、健全工作机制、有效化解难点等 10 项建议。

第四章　专委会工作

政协常州市委专门委员会(简称“专委会”)的主要工作涉及常州政治、经济、文化和社会生活的各个方面，工作的主要形式是经常组织委员开展学习考察、工作研究、调查研究、视察、提出提案、反映社情民意、座谈讨论、通报协商、对外联谊、文史资料研究。通过这些经常性的工作、活动，广泛联系委员和团结社会各界，为推动常州科学发展、构建和谐社会建言献策。

根据政协章程规定，政协常州市委按照实际情况和工作需要，按专业或界别设置若干个组织政协常州市委委员履行职能和开展日常活动的常设机构专门委员会等工作机构。政协常州市委七届二次常委会会议决定设立5个专委会。1988年3月，政协常州市委第八届一次会议通过，设置学习委员会、文史资料研究委员会、社会法制委员会、文教卫体委员会、城乡建设委员会、祖国统一工作委员会（与对外经济技术联络委员会为两个机构、一套班子）和提案工作委员会8个专委会。1991年6月，八届第二十次常委会会议决定增设农业委员会（至1993年3月撤销）、学习委员会、文史资料研究委员会、提案工作委员会、祖国统一、对外联络工作委员会（祖国统一联谊委员会）、经济科技委员会、文教卫体委员会、社会法制委员会、城乡建设委员会。第九届政协第十五次常委会议决定，祖国统一联谊委员会更名为海外联络委员会。十届第一次常委会会议决定设立8个专委会。政协常州市委十届十七次常委会议决定，城乡建设委员会更名为城乡建设与人口资源环境委员会。2000年1月6日，政协常州市委十届十一次常委会会议决定，学习委员会和文史资料委员会合并为学习与文史资料委员会，海外联络委员会更名为港澳台侨委员会。政协常州市十一届、十二届委员会的第一次常委会议均决定设立专委会7个。政协常州市第十二届委员会第五次常委会会议决定将其更名为港澳台侨与外事委员会。2006年4月21日，社会法制委员会更名为社会法制与民族宗教委员会。2010年底，政协常州市委设办公室、研究室、提案工作委员会、学习与文史资料委员会、经济科技委员会、文教卫体委员会、社会法制与民族宗教委员会、城乡建设与人口资源环境委员会、港澳台侨与外事委员会9个工作机构。

第一节　提案工作

提案是人民政协履行职能的重要形式，是协助党政机关实现决策民主化、科学化的重要渠道，提案工作有征集、审查立案、交办、承办、督办反馈等程序。政协常州市委提案工作先后由提案审查委员会、提案工作委员会（1984年12月成立，简称“提案委”）组织开展，第七届至第十二届委员会审查立案提案6749件。其中，1993—2002年，办理2834件，包括解决或基本解决的（2000—2002年未分类统计除外，下同）1083件、当时计划解决583件、条件不成熟或与政策法规不符的235件。2003—2010年，办理2504件，其中2003年、2004年、2005年先后办理219件、257件、270件。2006—2010年，办理1758件，其中解决或基本解决416件、当时计划解决的1097件、条件不成熟或与政策法规不符的245件。1989—2010年，全市各级各相关部门累计办理政协常州市委委员提案6923件。

一、第七届

1983年12月至1988年1月，提案立案551件。涉及经济建设、体制改革、城建环保、文教卫生、落实政策、人民生活等方面。提案办结率为100%，满意和基本满意率达90%左右。委员王正长“关于在双增双节运动中组织一次全市性清仓查库工作”的提案，委员何寿元“关于加强对乡镇工业帮助指导”的提案，委员李骅“关于取消初中入学考试，小学毕业生就近划片进入初中”等提案分别被市相关部门采纳。

二、第八届

1988年1月至1993年3月，提案立案765件。内容涉及经济建设、体制改革、城市建设、财政贸易、文教卫生、治理整顿、统一战线工作及人民生活等方面。提案办结率为100%，满意和基本满意达80%。陶振邦等委员提出的“加快茅山老区和贫困乡开发”的提案，民盟常州市委提出的“开发德育资源，建立社会教育网络”的提案、农工党常州市委提出的“巩固和发展农村初级卫生保健网”的提案，李慧英等委员提出的“加强社会治安综合治理”等提案分别被市政府及其教育、卫生、政法等部门采纳。1989年、1990年、1991年和1992年，市政府及其部门先后办理政协常州市委委员提案144件、112件、116件和124件，合计496件。

三、第 九 届

1993年3月至1998年1月，收到提案1316件，立案1297件；其中，经济方面220件，精神文明建设与科教文卫体方面342件，城建、交通、环保、房管方面516件，廉政建设、政法、劳动人事方面166件和统一战线、民族宗教、侨务等其他方面53件。提案办结率100%，满意率约95%。43件优秀提案、58个先进承办单位、25件优秀承办提案受到表彰。民革常州市委提出的“促进两个根本转变，加速农业现代化”，九三学社常州市委等提出的“制定并完善外商投资资产价值鉴定”，政协常州市委文教卫体委员会提出的“关于妥善保护青果巷民居、争创历史文化名城”，委员卜仲宽提出的“促进非公有制经济健康发展”等提案，均经市委、市政府召开会议专题研究，许多意见被采纳。如加强出租车收费管理、加大《劳动法》贯彻实施力度、防止职工下岗面扩大化等提案，市政府采纳其中许多建议，出台了相应的解决措施和办法。1994年，政协常州市委委员提案开始由市政府统一交办，《常州市政府办理人大代表建议和政协委员提案暂行办法》出台，市政府办公室制定办理工作考核细则，明确办理工作责任，落实办理机构和人员，细化办理流程和要求，强化对办理的考核和责任追究，以百分制格式对承办部门的各环节进行评分。每年初，市政府召开政协提案联合交办大会，平时由市政府办公室负责建议、提案的分类汇总、协调、交办催办和统计等工作；年底市政府分别向政协常州市委常委会汇报通报办理情况，听取政协委员对办理工作的意见建议。1997年，市政府办公室督查处设立，负责联系政协提案委，扎口管理全市提案办理工作。

四、第 十 届

1998年1月至2003年1月政协常州市委十届会议期间，全市社会经济改革发展进入攻坚阶段，深层次矛盾显露，下岗就业、社会稳定、环境保护等压力加大。政协常州市委收到提案1711件，立案1605件；其中，经济建设方面911件，精神文明建设与科教文卫体方面324件，民主法制建设与劳动人事方面300件，统一战线、政协工作方面37件，其他方面33件。提案办结率100%，采纳率达85%。114件提案被评为优秀提案。民革常州市委提出的“加快常州市新区建设的几点建议”和“牢牢扭住战略方向，大手笔开发新区”，民建常州市委提出的“加快常州市石化码头工程及其配套体系建设的建议”，九三学社常州市委提出的“加快发展新经济先导产业的若干建议”，民盟常州市委提出的“新一轮城市建设的规划和管理必须高起点、严要求”，民进常州市委提出的“规划和实施常州市面向21世纪中小学教师继续教育工程”，致公党常州市委提出的“发扬改革创新精神，提升社区建设水平”，农工党常州市委提出的“解决外来工子女接受教育问题”，市工商联连续几年提出的“加快常州市个私民营经济发展步伐”和政协常州市委经济科技委员会提出的“尽快建立、逐步完善常州市农畜水产品质量监督检验测试中心”及华危持、安文等委员提出的关于“推进常州市政府和企业上网工程”等提案，对全市经济建设和社会事业的发展起到了促进作用。新一届政府要求各级各部门高度重视人大代表建议、政协委员提案的办理工作，主动办理，做到件件有答复，事事有着落，解决群众反映的许多热点、难点问题。市政府及其部门办理工作与重点工作、为民办实事、科学有效施政和转变机关作风相结合。市政府办公室实行开门办理，通过办理工作督办会、联席会、专题协调会和现场察看等形式，推动办理。1999年，市政府开始把政协委员、民主党派提案办理作为市政府的重要工作写进《政府工作报告》，办理工作向规范化方向发展。

五、第十一届

2003年1月至2008年1月，收到提案1469件，立案1414件，其中集体提案234件。提案办结率达

100%，建议采纳解决率达90%。147件优秀提案、22个先进承办单位、20件优秀提案办理件受到市委、市政府和政协常州市委表彰。民盟常州市委连续5年提出的关于农村改革发展的提案，九三学社常州市委提出的“加快常州制造业升级，再创常州辉煌”，民建常州市委提出的“统筹城乡发展，创建和谐社会”及“创建节约型城市”，农工党常州市委提出的“加快实施常州市现代服务业人才建设工程”，民进常州市委提出的“优化基础教育资源，促进常州教育可持续发展”，市工商联“关于促进常州民营经济发展”的提案，民革常州市委和致公党常州市委关于城市规划建设管理方面的提案及市总工会界别“关于下岗职工再就业、保护外来工合法利益、构建和谐劳动关系”等提案，都被市委、市政府及有关部门采纳。委员汤燕雯“关于发展慈善事业，关心弱势群体”的提案，在市委、市政府推动下，全市慈善基金总量不到两年时间，就突破12亿元，名列全国地级市前茅，常州慈善事业的发展被誉为“常州模式”。

六、第十二届

2008年1月至2010年12月，收到提案1152件，立案1117件；其中，涉及经济工作182件，城市建设和管理方面的416件，科技教育文化卫生体育258件，民主法制建设105件，劳动和社会保障129件，其他方面的27件。提案办结率100%，办理满意率98.7%。围绕市委、市政府确定的常州市“五大产业”（装备制造业、新能源、新材料、电子信息、生物技术及医药）发展目标和实事工程的提案，紧贴全市工作中心，助推全市重点工程。可持续发展方面的提案，如“用好海归人才，服务常州发展”“发展低碳经济，建设低碳常州”“建立垃圾无害化再生技术处理”“整合常州文化资源，提升常州市文化产业”及推进常州城乡基本公共服务均等化；破解民生方面的提案，农工民主党常州市委关于“推进常州市养老服务体系建设”的提案，政协常州市委文教卫体委员会、社会法制和民族宗教委员会“聚焦就医费用，医疗服务水平和医德医患问题”的提案，市总工会关于“深化和谐劳动关系建设”的提案等，都被相关部门积极落实。其间，建议提案网络办理系统启用，从政协委员提交提案到交办承办、督办、跟踪反馈和考核全程网上运行。市政府办公室每年年底向政协常州市委常委会汇报办理工作，把建议、提案办理进展情况汇总成跟踪落实表，接受人大代表、政协委员监督。

1993—2010年政协常州市委委员提案办理情况表

表28-4-1 单位：件

年份	办理数量	解决或基本解决		当时计划解决		条件不成熟或与政策法规不符		满意率(%)
		数量	占比(%)	数量	占比(%)	数量	占比(%)	
1993	243	168	69.1	42	17.3	33	13.6	—
1994	278	196	70.5	54	19.5	28	10.0	—
1995	262	126	48.0	98	37.0	38	15.0	—
1996	292	128	44.0	128	44.0	36	12.0	—
1997	223	124	56.0	75	33.6	24	10.0	—
1998	298	193	64.8	61	20.5	44	14.7	—
1999	305	148	48.5	125	41.0	32	10.5	—
2000	274	—	—	—	—	—	—	—
2001	349	—	—	—	—	—	—	—
2002	327	—	—	—	—	—	—	—
2003	219	—	—	—	—	—	—	—

续表 28-4-1

年份	办理数量	解决或基本解决		当时计划解决		条件不成熟或与政策法规不符		满意率(%)
		数量	占比(%)	数量	占比(%)	数量	占比(%)	
2004	257	—	—	—	—	—	—	—
2005	270	—	—	—	—	—	—	—
2006	301	45	14.9	220	73.1	36	12.0	98.0
2007	338	100	29.6	186	55.0	52	15.4	99.0
2008	337	83	24.4	214	63.0	40	12.6	99.0
2009	379	95	25.0	234	61.0	50	14.0	98.9
2010	403	93	24.0	243	59.0	67	17.0	99.0

说明：2000—2005 年无分类统计

第二节　学习文史工作

一、学习工作

政协常州市委的学习工作先后由学习委员会(2000 年 1 月成立，简称“学委会”)、学习与文史委员会(2003 年 3 月成立，简称“学习与文史委”)具体组织实施。1986—1987 年，组织学习的对象为委员和各界人士。政协常州市委学委会下设民盟学习分会、农工党学习分会、民建工商联学习分会及民革、民进、无党派人士学习小组，负责统一制定学习计划、组织辅导报告、印发学习材料和组织参观访问。学习强调理论联系实际，在自学基础上组织必要的辅导报告和参观访问。市七届政协学委会组织学习辅导报告 17 次，安排参观大运河整治工程、长江引水工程、民航机场、常州工业展览馆等参观活动 8 次。

1988—1992 年，组织学习的对象为全体政协常州市委委员。主要学习邓小平理论和南方谈话和中共十三大、十四大精神，江泽民在中国共产党成立 70 周年大会上的讲话及中央和省、市的重要会议精神，学习政协章程、《中共中央关于坚持和完善中国共产党领导的多党合作和政治协商制度的意见》、中共中央批转的《政协全国委员会关于政治协商、民主监督的暂行规定》等文件。

1993—1997 年，通过中心组学习、委员活动日、参观考察、举办报告会、专题讲座、短期培训班、理论研讨会、心得交流会、提供学习资料等形式组织学习。5 年间，有 2000 多人次参加上述学习。其间，举办邓小平南方谈话精神学习、辅导报告会和心得交流会 3 次，《邓小平文选(第三卷)》专题讲座 3 次，印发《邓小平文选(第三卷)学习问答》4 期；组织举办学习新修订的政协章程及《政协全国委员会关于政治协商、民主监督、参政议政的规定》辅导报告两场；以中共十四届六中全会精神为重要内容，举办了为期 3 天的市、区政协委员短期培训班，以增强委员对党的基本路线的信心，对社会主义市场经济内涵的认识，增强责任感、使命感。

1998—2002 年，响应中共常州市委关于创建学习型城市的号召，建立和完善政协常州市委常委会、主席会议、全体委员和政协机关的学习制度，组织多种形式的讲座和辅导，把学习邓小平理论和“三个代表”重要思想放在首位，与学习中共中央“关于加强人民政协工作”的系列重要指示和省、市委“关于加强人民政协工作的决定(意见)”结合起来，形成一条学习主线。结合政协自身履行职能的实际，组织统战和政协基本知识培训，结合国内外重大事件组织学习，了解掌握党和国家的方针、政策，结合政协会议组织学习，增强政协委员履职的能力。

2003—2007 年，政协常州市委学习与文史委通过举办专题讲座、形势报告会、学习与创新论坛、委员活动日、在新闻媒体开展笔谈等形式，有重点、分层次地开展学习教育活动。以邓小平理论、“三个代表”重要思想、科学发展观、中共十六大和十七大会议精神、《中共中央关于加强人民政协工作的意见》和政协章程为主要内容组织学习。2006 年开展以推动委员学习，增强履职意识，加强和改进政协工作为目的的政协知识测试活动；2007 年开展“我当政协委员”征文活动。

2008—2010 年，政协常州市委学习与文史委组织学习培训活动，对全体委员进行中共十七大精神、中共中央 5 号文件和政协基本知识的学习培训，对新委员重点进行撰写提案和社情民意业务知识培训，各专委会进行专题调研、视察和基本技能的培训。开展学习实践科学发展观活动，选派 112 名在常州的全国、省、市和辖市区政协委员，与 28 个乡镇街道挂钩联系，开展“百名委员进农村、进社区”行动。至 2009 年底，实施金坛市丁香村沼气管道新建、溧阳市鲁里村道路硬化等帮扶项目 120 多个，落实帮扶资金 670 多万元，提出科学发展建议 200 多条，与 112 户困难家庭结成帮扶对子，经全市组织测评，干部群众对政协常州市委开展的这一活动总体满意率达 100%。邀请全国政协理论研究会原秘书长原冬平作《人民政协成立 60 周年光辉历程》专题报告，邀请政协上海市委学习与文史委员会副主任、中共上海市委党校副校长王国平作了《科学制定“十二五”规划，提升发展方式转变水平》专题报告，帮助委员们准确把握“十二五”发展面临的宏观环境和形势任务，拓展委员建言献策的思路。

二、文史资料工作

政协文史资料的征编工作机构先后为政协常州市委文史资料研究委员会(1988 年 2 月设立)、学习与文史委员会(2003 年 3 月设立)。1986—1987 年，编辑纪念常州解放 35 周年、李公朴逝世 40 周年、吕思勉诞辰 100 周年等史料，征集著名爱国实业家刘国钧 1928—1962 年的文稿及资料，编印《常州文史资料》5 辑，计 60 余万字。1988—1992 年，先后向社会各界知名人士及后裔上百人征集“三亲”（亲闻、亲见、亲历）资料，向全国人大机关、全国政协机关、中央统战部等数十个单位征集历史文献，摘录档案史料 200 余万字。发表著名历史人物和工商史料 95 篇，计 60 万字，出版《常州文史资料》3 辑，编撰《常州旅居台港澳和海外部分人士名录》《中国科学院常州籍学部委员名录》《常州近现代部分历史人物名录之二》，向各行各业提供海内外常州籍高层次人才信息。

1993—1997 年，政协常州市委文史资料研究委员会编辑出版《常州名人传记》《中国第一代实业家盛宣怀》《常州概览》《新文化出版家徐伯昕》《常州书画家（名录）》《秋华馆文存》《江南古国遗址淹城考》等，计 130 万字。其中《常州概览》获常州市哲学社会科学优秀成果二等奖。1998—2002 年，编辑出版《常州十大名人传》、《二十世纪盛宣怀研究》和《常州名人传记》3 辑。其中《常州十大名人传》获省哲学社会科学优秀成果三等奖、市第二届精神文明建设“五个一工程”提名奖。组织全国性的“盛宣怀与中国近代化”学术研

市政协组织编写的文史资料书籍(摄于 2010 年 12 月)

讨会。参与区域文化研究工作，与市炎黄文化研究会合作出版《常州清代文化研究丛书》，与市委党史工委、市地方志办联办刊物《龙城春秋》。

2003—2007 年，出版《常州名人传记》3 辑和《魅力常州》《书香常州》等，共计 100 余万字，其中《魅力常州》被评为全省政协文史资料图书一等奖和市哲学社会科学优秀成果一等奖。开展了常州古运河工业遗产的保护开发利用调研和常州名人故居、焦溪古镇、中华曙猿化石遗址、金坛儒林八卦村和溧阳合剌普华墓等历史文化遗存的保护和利用的调研视察，举办了盛宣怀研究、书画鉴赏等学术讲座等。2008—2010 年，汇编出版《常州文史资料》第 22 辑，联合市有关部门征编出版大型图文志集《记忆龙城——百年常州旧影集》；编辑出版各 15 万余字的《运河常州》和《地名常州》。举行《书香常州》首发暨赠书仪式，送书进机关、学校、企业；参与编辑出版《齐梁故里考证和齐梁文化新论》。对"古运河南移改建工程和新运河运行情况""青果巷保护规划""古镇古村开发利用"等组织视察活动。参与《常州市市区文化名城名镇名村保护实施办法》的制定与修改；召开纪念唐荆川先生逝世 450 周年座谈会，编辑出版《唐荆川研究》论文集。与有关部门合作征编出版《常州法学名家》，被省委有关领导肯定为全省法学研究、普法工作的重要成果。

《常州清代文化研究丛书》（摄于 2010 年 11 月）

第三节　经济科技工作

政协常州市委经济科技工作先后由工作组委员会下设的经济组、科学技术组、农业组和在农业组基础上设立的农业委员会(1991 年 6 月设立)、经济科技委员会(1998 年 2 月设立)组织开展，完成大批调研或视察报告，提请常委会会议审议。1985 年 8 月，受市委、市政府委托，牵头组织茅山老区开发指导工作。由政协常州市委主席、副主席担任茅山老区指导小组正副组长，协调组织有关单位进入茅山考察，帮助制定开发计划，推动全市部门与老区乡镇对口挂钩，支持开发。

一、调研视察

1986—1987 年，组织委员围绕经济科技方面开展调研视察 10 次，形成报告 7 篇，为常州经济建设建言献策。1986 年春，由工作组委员会牵头，组织委员并邀请市有关民主党派、工商联等团体负责人开展调查论证；组织委员对农村改革、企业双增双节运动、市区商业网点建设、物价管理、群众洗澡难、发展名酒生产等专题开展调研，调研报告所提建议和意见大多被市委、市政府采纳或基本采纳。1988—1992 年，组织委员对提高工业经济效益、"科技兴农"、深化农村改革、调整产业结构、稳定粮食生产等课题开展调查研究 12 次，形成调研视察报告 9 篇。对化肥农药供需情况的调查，市政府有关部门在供应量、价格等方面酌情采取对策。关于常钢厂等 6 家企业实行跨地区、跨部门联合的调查报告，为市政府办公室《情况摘报》转载，《人民政协报》作了报道。1993—1997 年，组织委员就加强农业基础地位、搞活国有大中型企业、培育支柱产业、加快新区发展等重大课题，开展 33 次调研视察、专题座谈活动，形成调研、视察报告 35 篇。1993—1996 年，围绕农村现代化建设、农业产业化、稳定粮食生产和实施“菜篮子”工程、增加农业投入、发展农业机械化等问题先后开展调研和视察，形成6篇调研或视察报告，提请常委会会议审议。市委、市政府把《关于稳定粮食生产和实施‘菜篮子’工程的调研报告》印发给各县(市)、区和有关部门作为决策参考，市委办公室主办的《内部参考》全文转载《关于发展全市农业机械化的调研报告》。

1998—2002年，组织委员并邀请民主党派、工商联负责人参加，对全市经济发展的战略性问题、改革发展中的难点问题、市民关心的热点问题，开展调研、视察等活动70余次，选择国有企业改革难点连续开展视察；完成提交政协常州市委常委会、主席会议协商的重要课题10项和专题调研、专项建议6项。其中获市级重点优秀调研成果奖1项，市级优秀调研成果二等奖4项、三等奖2项。2003—2007年，组织委员围绕经济科技方面，开展常委会会议协商课题4项，专题调研报告、专项建议6项，组织委员开展视察、座谈、调研活动50余次，一些调研报告得到市委、市政府主要领导的批示和肯定。2008—2010年，组织委员开展经济科技方面的调研、视察课题21项，开展经济科技对接、经济政策解读等活动6次，组织经济科技界委员培训两次，有5篇调研报告获全市年度优秀调研成果奖。其中有市委确定的4项重点调研课题。2010年，围绕常州率先基本实现现代化的任务和目标开展专题调研，从经济发展、科技创新、社会进步、生态文明和民生改善等5个方面，提出常州率先基本实现现代化的29项指标体系及建议。围绕科学发展方面开展了调研，如软件产业发展、高效设施农业、清洁生产等，组织经济政策解读、科技对接等活动。

常州“五大产业”调研 2009年开展，围绕做强做大常州市轨道交通产业、输变电产业、新能源产业、创意产业和生物医药产业的重点课题，组织经济科技界政协委员、民主党派、政府部门有关负责人、在常高校有关专家学者、行业协会负责人共59人，用时半年，形成5篇“五大产业”专题调研报告，被市委《调查与研究》内刊转发。2010年，对全市“五大产业”的行动计划、完成进度及初步成效进行跟踪调研视察，形成《聚焦振兴目标，加快转型升级，努力提升工业经济发展水平——2008年全市“五大产业”振兴成效分析》的调研报告。

创新型城市建设调研 2008年开展，从创新的政策、平台、资源、人才、文化、环境6个方面，系统地提出常州市创建工作的目标任务及对策措施，《新华日报》在2008年8月3日头版头条以《十年创新，常州打造城市新名片》为题作了报道。

科技创新调研 2010年开展，针对常州市100家重点科技企业创新的9个大类93个项目，召开专题座谈会近20场次，对企业在人才、资金、信息“产学研”合作等方面遇到的创新瓶颈提出对策建议，提请政协常州市委常委会协商讨论。

发展新能源汽车产业调研 2010年开展，分析国外新能源汽车产业发展势头，其他城市发展新能源汽车的经验、常州市发展新能源汽车产业的优势，提出“抢抓机遇，加快发展常州市新能源产业”的对策建议，该报告所提建议在常州市“十二五”规划中得到体现。

二、意见建议

1986年春，经济科技界委员对农村改革、市区商业网点建设、群众洗澡难等所提的建议和意见，大多为市委、市政府采纳或基本采纳。90年代初，《关于加强常州市农业服务体系建设的建议》报告被市政府全文转发到县(市、区)政府和市各有关部门。90年代中期，《关于进一步加强常州市生猪屠宰管理工作的建议》，市政府分管市长及时作了批示，主持召开领导小组会议，采纳委员们的意见，重新调整生猪屠宰场(点)布局，实行规范管理。1998—2002年，围绕全市“十五”计划纲要编制、外向型经济发展、新区建设和发展、工业创业技术创新、加快信息产业发展、加快常州市农业结构调整等问题调研，提出前瞻性、建设性的意见和建议，提出加强对国企改革的领导、加快国有资本从竞争性领域退出、重视研究规模企业的改制问题、健全法人治理结构等意见和建议，均被市政府采纳。2001年国庆节前后，组织委员到金坛、武进和市区的生猪屠宰点察看现场，提出尽快建立机械化屠宰场、杜绝病害猪肉流入市场，让常州市民吃上“放心肉”等建议，促进常州市“肉菜粮放心工程”启动实施。

2003—2007年，政协常州市委经济科技界委员完成的专题调研《开展关于加强自主创新，提升常州经济竞争力》所提建议，为市委、市政府出台的《关于增强创新能力，建设创新型城市的决定》及一系列鼓励企业自主创新的政策措施吸纳。“抓住机遇，加快发展，致力建设现代装备制造业名城”的专题调研，市政府主要领导在批示中认为，报告提出的意见、建议为常州此后几年突破发展装备制造业提供了对策措施，要求有关部门对建议进行深化研究，供市委、市政府讨论决策。2009年，经济科技界政协委员和在常高校有关专家学者等单位的59人组成的调研组提出的“做强做大常州轨道交通产业、输变电产业、新能源产业、创意产业和生物医药产业”等21条对策建议，提交市政协常委会协商。

第四节　文化教育卫生体育工作

政协常州市委文化教育卫生体育工作先后由政协常州市委工作组委员会下设的教育组、文化艺术组、医疗卫生组、体育组及政协常州市委文教卫体委员会(1988年2月成立)组织开展。

一、调研视察考察

1986—1987年，开展调研、视察、座谈、考察、义诊活动20次，形成调研、视察报告及书面材料6篇。为贯彻《中共中央关于社会主义精神文明建设指导方针的决议》精神，开展初中教学质量、师德师风、学校思想政治工作、小学体育师资等调研视察、协商讨论，推动有关问题的解决。教育组通过对郊区7个乡小学校舍情况调查，向市政府反映了较突出的校舍危房问题，对此，市政府组织相关单位专门研究，组织筹资80多万元，翻建7所险情较重的小学危房。通过对医德医风情况调查，向全市医卫界发出加强医德医风建设的倡议。1988—1992年，组织委员开展调研视察、座谈、考察、义诊等活动24次，形成调研视察报告及建议书面材料12篇。围绕全面贯彻教育方针、提高教育质量，开展了市级教育体制改革、减轻小学生课业负担、中青年教师队伍建设、中等职业技术教育情况等调研视察活动。

1993—1997年，组织委员开展20项课题的专题调研视察，召开座谈会、通报会等30余次，形成调研视察报告14篇。教育方面围绕落实“科教兴市”战略，办好常州市行业技工学校、办好区属幼儿园、加强农村成人教育、农村教育现代化工程实施情况、贯彻《教育法》、农村学校体育、初中入学等方面进行调研、视察并提出建议。农村成人教育的调查报告获市优秀调研成果奖。文化方面，围绕创建历史文化名城、群众文化、文博事业、文物管理、淹城遗址保护、文艺发展基金进行了调查视察。医卫方面，就《药品管理法》《食品管理法》

市政协委员调研钟楼区文化产业发展状况(摄于2009年3月)

《江苏省计划生育条例》等法律法规贯彻情况进行调查研究。1998—2002年，组织委员开展调研、视察、跟踪督查、通报座谈活动30余次，形成调研视察报告、建议14篇，其中提交政协常州市委主席会议协商的课题1项。组织委员先后开展教育现代化工程、搞好成人教育、推进学习型城市建设、规范民办中小学办学行为、重视幼儿教育、改善办学条件及关注民族教育工作等专题调研。1998—2002年，围绕常州文化发展“十五”计划、创建历史文化名城、专业剧团改革、文化产业发展等开展调研。

2003—2007年，政协常州市委组织委员开展调研、视察、参观、座谈、跟踪督查等活动70余次，完成提交政协常州市委常委会、主席会议协商的重点课题5项，形成调研报告5篇，专项建议报告15篇。开展充分发挥常州市职业教育与培训优势，为“两个率先”培养更多更好的技能型人才的调研，政协常州市委主席（扩大）会议为此进行协商，市政府领导对调研报告作了批示。开展农民教育培训工程，为新农村建设提供人才智力支持课题调研，形成调研报告，经政协常州市委主席（扩大）会议协商后调研报告送市政府。开展加强乡镇、社区文化阵地建设调研。对“加强农村社区卫生服务，推进农民健康工程”进行跟踪视察调研，形成专题报告。2004年，组织委员对建立和完善新型农村合作医疗制度、提高农民健康保障水平开展专题调研，经政协常州市委主席（扩大）会议协商后，调研报告送市政府。

2008—2010年，政协常州市委组织委员开展调研视察、座谈走访活动40余次，完成重点调研课题3项，形成调研报告3篇。2008年，会同省政协有关专委会围绕文化强省问题开展专题调研，形成《坚持改革创新，建设文化常州》的专题发言。围绕常州市备战第十七届省运会，配合省政协进行了调研，并就“全民健身与奥运同行”的主题，视察常州市群众体育。2009年，专题视察了文化产业发展，提出从税收优惠、人才培养、就业安置等方面加以扶持，完成市委确定的“全市教育创优惠民工程实施情况”的调研，对全市卫生惠民工程进行了跟踪视察；组织视察全市备战省运会情况、常州运动员训练情况、场馆建设和有关训练项目。2009—2010年，先后视察城市无障碍设施建设、残疾人教育培训情况。2010年，把文化常州建设作为重点调研课题，形成“加快文化建设，提升城市软实力”的调研报告；对常州市教育惠民工程开展跟踪视察，重点视察常州市职业教育发展情况；与省政协有关专委会联合开展江苏省高考制度改革问题的调研，提出将文、理科分开划设录取分数线等建议。

市政协组织委员考察调研魏村老街保护修复工作（摄于2010年6月）

二、意见建议

1988—1992年，《关于小学生课业负担过重问题的调查和建议》《关于加强中学青年教师队伍建设的建议》，都被市政府及有关部门采纳。对文物工作、文化市场管理、广播电视事业发展、市属剧团建设等开展了调研视察，提出了意见和建议。就《食品卫生法》《药品管理法》贯彻执行情况、农村三级卫生医疗网建设和医院改革试点情况做了调研和视察，形成多份报告。1993—1997年，《城区初中入学矛盾突出的调查报告》《对进一步办好常州市行业技工学校的建议》《关于常州市农村成人教育情况的调查和建议》，市政府有针对性地召开协调会，形成会议纪要，解决有关问题；同时由市政府分管领导批示，责成有关部门认真落实。文化方面形成的《关于加快群众艺术馆建设的建议》《关于进一步发展常州市文博事业的建议》《关于促进市属剧团健康发展的意见》《关于进一步贯彻落实〈江苏省计划生育条例〉的建议》等调查报告，分管副市长都作了批示并处理，市政府办公室《政务内参》转发了《关于贯彻〈江苏省计划生育条例〉的建议》。

1998—2002 年，政协文教卫体界委员针对常州西藏民族中学办学条件差的实际情况，从增进民族团结、改善办学条件等 5 个方面提出意见和建议，主管部门拨款近 700 万元用于修缮教学楼、新建体育馆和改善教学设施。针对清潭体育馆多年未维修、周边环境凌乱、进散场拥挤易发事故等情况提出意见和建议，有关部门投入 1500 多万元改造了体育馆周边环境、场馆设施。组织委员视察市一院新病房楼和二院新的门诊急诊楼的建设、肿瘤医院负债问题和儿童医院扩建情况，向市政府提建议，促进问题解决。1998 年，委员们对市群艺馆调研视察，再次提出关于加快市群艺馆建设的报告，提出“建馆经费问题，由市政府投入一部分，文化部门自筹一部分，银行贷款一部分，多渠道筹集，争取市群艺馆早日立项早日启动”的建议，市政府领导及有关部门经研究采纳这些建议，市群艺馆于 2000 年立项，2002 年竣工。

2003—2007 年，政协文教卫体界委员提出加强乡镇、社区文化阵地建设方面 5 条建设性意见，经主席会议协商讨论后送市政府，市政府吸纳委员意见，出台推进乡镇、社区文化建设的规范性文件。“加强农村社区卫生服务，推进农民健康工程”调研报告经主席(扩大)会议协商后送市政府，为政府决策提供参考。配合省政协视察组察看外国语学校、朝阳中学等学校，提出“要保证学生每天锻炼一小时，把加强学校体育工作作为全面推进素质教育的重要突破口来抓”等建议。

2008—2010 年，政协文教卫体界委员提出专项建议两份。2008 年，开展全市公共卫生体系建设问题专题调研，提出发展公共事业，要纳入全市国民经济和社会发展总体规划等建议。市政府出台的《常州市卫生惠民工程实施方案》中吸纳了政协常州市委有关建议。组织视察了常州市“五小”行业的卫生监督工作，提出政府有关部门要齐抓共管，建立长效机制，确保卫生监督执法有序等建议。2009 年，《全市教育创优惠民工程实施情况》调研报告提出完善教育投入机制、扶持民办教育、优化教育发展环境等 4 个方面的建议，政协常州市委举行常委会进行了协商；提出全社会都来关心支持体育事业发展，当好东道主，共同举办好江苏省第十七届运动会等建议。2010 年，对常州文化建设提出发挥政府主导作用、完善多元投入机制，加强文化资源整合、培育知名文化品牌和优化文化发展环境 3 项对策建议，政协常州市委召开主席(扩大)会议协商。

三、其他活动

1986—1987 年，政协常州市委文教卫体委员会组织委员中的名医开展援助非洲灾民义诊、深入茅山老区为群众义务看病，4 年组织义务医卫咨询服务 12 次，接受群众医卫咨询、诊治病人 4000 余人次。1988—1992 年，开展医疗咨询服务活动，先后 6 次为中小学教师、省市劳模和人民群众进行医疗咨询和保健服务，接受咨询的达 1400 余人次。2010 年，常州市首次承办江苏省第十七届运动会，政协常州市委在省运会倒计时 200 天，通过全国政协港澳台局邀请全国人大代表、政协委员中的 17 位著名艺术家到常州同台演出，成功举办“龙城春韵”大型音乐会。文教卫体委员会召开“繁荣文化创作”政协委员约谈会，围绕文艺创作多出精品力作、丰富文化生活、以优秀作品教育人等内容献计献策。

第五节　社会法制与民族宗教工作

政协常州市委社会法制与民族宗教工作先后由工作组委员会下设法制组、妇女组、民族宗教组，政协常州市委社会法制委员会(1988 年 2 月成立)、社会法制与民族宗教委员会(2006 年 4 月成立)组织开展。

一、调研视察

1986—1987 年，政协常州市委法制组组织委员开展调研、视察活动 8 次，形成调研、视察报告 3 篇。关于全市刑满释放和解除劳教人员就业安置情况的调查，就“两劳”人员就业安置中需要研究解决的几个重要问题提出建议。视察市区清真饮食店执行民族政策的情况，针对清真饮食店经营方向、环境卫生、民族习俗等问题，提出意见和建议。1988—1992 年，组织委员开展调研视察、咨询等活动 8 次，形成调研视察报告 4 篇。围绕社会建设有关问题，先后开展企业优化劳动组合、青少年犯罪、共青团工作、企业劳动保护及廉政建设情况调研视察。《关于共青团工作情况的调查》被市委办公室转发。

1993—1997 年，政协常州市委社会法制委员会组织委员开展专题调研 18 项，专题视察 16 项，召开座谈会、通报会 33 次，形成建议案 1 份，调研视察报告 18 篇。1997 年 5 月，专题调研常州“两个文明”建设情况，向市委提出促进城市“两个文明”建设协调发展的 4 条建议。《关于常州市企业货、款被骗情况的调查报告》受到省政协的重视，收入内参报省委领导参阅。《关于市民思想道德素质的调查报告》获市优秀调研成果二等奖。1998—2002 年，组织委员开展专题调研 15 项，视察活动 20 次，召开情况通报会 13 次，座谈会 52 次，形成建议案 2 份、调查报告 15 篇、考察报告 8 篇、研讨论文 18 篇。调研成果在省级以上刊物发表 5 篇、市级刊物发表 9 篇，其中 2 篇被评为市级优秀调研成果，2 篇论文在全市专题研讨会上获奖。主要调研课题有：依法行政专题调研；依法打假问题调研形成调研报告，省政协、质监局和市委、市政府先后转发；完善医疗制度改革调研，政协常州市委主席(扩大)会议进行了协商讨论；全市下岗失业、特困、早期退休三大困难职工群体生活保障问题调研。

2003—2007 年，政协常州市委社会法制委员会组织委员开展专题调研 10 项，组织专题视察 21 次，召开情况通报会、座谈会 104 次，举办委员论坛、研讨会和新市民法律咨询服务活动各 1 次，形成专题调研报告 10 篇、视察报告(建议)21 篇，其中 16 篇报告在省、市党政机关刊物、全国政协、省政协主办的报刊上发表，1 篇调研报告被评为全省党委系统优秀调研成果三等奖。围绕创优民营经济发展服务环境和法制环境进行连续调研。开展对社会救助体系的调研和“构建和谐劳动关系，推进和谐常州建设”调研，后一调研的报告被省委研究室主办的《调查与研究》刊物全文转载，被国家行政学院收入《落实科学发展观的伟大实践》一书。开展加强流动人口管理服务调研，报告为省委研究室主办的刊物《调查与研究》全文转载。完成全市预防青少年违法犯罪、预防和制止家庭暴力、预防职务犯罪工作 3 篇调研报告。举办“建设法治常州”论坛，形成的《论坛手稿集》被依法治市领导小组转发辖市区及市级机关各部门。2008—2010 年，组织委员完成重点专题调研课题 4 项，组织专题视察 15 次，召开情况通报会 35 次、座谈会 34 次，撰写专题调研报告 3 篇、视察报告 7 篇，提交提案 4 件、社情民意 5 篇。《人民政协报》3 次报道政协常州市委在维护社会稳定方面调研视察活动的成果。组织委员对“创优社区工作环境，减轻社区居委会负担”课题进行调研。2010 年，完成市委确定的重点课题“切实加强社会管理，推进和谐常州建设”调研，形成专题调研报告，先后在省委研究室《调查与研究》和《江苏政协》等刊物发表。

二、意见建议

1986—1987 年，政协常州市委法制组针对刑满释放和解除劳教人员就业安置、清真饮食店课题所提的意见和建议，为政府有关部门重视采纳。1988—1992 年，《关于企业劳动保护现状的调查》中提出的劳动保护方面的不安全因素，《关于常州市实施〈企业法〉情况的调研报告》被工人日报社编印的《工会信息》全文刊载。市政府责成市监察局、劳动局督促办理，有关单位采取安全措施，列入技改工作。

1998—2002 年，政协常州市委社会法制委员会依法行政专题调研报告提出将依法行政列为各级领导尤其是行政“一把手”任期考核目标、加强执法队伍建设等 5 条对策建议，经政协常州市委常委会协商并报中共常州市委。对依法打假问题，提出建立并完善打假责任制和责任追究制、理顺执法体制、加大打假力度等 5 个方面建议；困难职工群体生活保障问题调研报告提出构建多层次困难职工群体保障体系等 6 条建议。

2003—2007 年，经政协常州市委常委会协商后形成的全市“4050”双下岗失业人员就业建议，受到市政府的充分肯定和社会的各界人士广泛关注；提出的健全社会救助制度、规范救助对象、整合救助资源、健全救助机制等建议，一些建议被市政府采纳并转化为政府决策。2008—2010 年，社会法制界政协委员通过调研，提出增强社区居委会自治功能、深化社区管理体制改革、加大对社区居委会工作的投入和加强社区专职工作者队伍建设等 5 项建议。2009 年，调研报告《妥善化解新时期社会矛盾纠纷》引起市委、市政府重视，部分意见被采纳，出台《关于建立健全多元矛盾纠纷解决机制的意见》。2010 年，提出创新社会管理机制、提升社会管理水平等 5 个方面的建议。

第六节　城建与人口资源环保工作

政协常州市委城乡建设与人口资源环境保护工作先后由工作组委员会下设的城建工作组、政协常州市委城乡建设委员会(1988 年 2 月设立)、政协常州市委城乡建设与人口资源环境委员会(2001 年 1 月设立)组织开展。

一、调研视察

1986—1987 年，政协常州市委城建工作组组织委员开展调研、视察、座谈等活动 5 次，形成报告 2 篇。如根据对“市河污染情况严重”的提案，协同有关部门开展专题调研并形成报告，引起市委、市政府重视，调查报告被印发全市，即着手整治市河并取得成效。1988—1992 年，组织委员开展调研、视察、协商会等活动 14 次，形成报告 6 篇。选择与群众利益密切相关和社会普遍关心的问题，如加快煤气气源建设、长江引水工程建设等问题开展调研视察活动，提出意见和建议。1993—1997 年，组织委员开展调查研究课题 10 项，专题视察 11 次，形成建议案 5 份、专题调研视察报告 10 篇。1998—2002 年，组织委员开展调研视察活动 29 次，召开座谈会、通报会 17 次，提交建议案 3 份，形成专题调研报告 10 篇，提出建议 120 余条。开展乡镇撤并后小城镇建设问题调查；组织委员开展太湖水污染防治调研，经政协常州市委主席(扩大)会议协商后形成会议纪要，得到市政府重视。

2003—2007 年，政协常州市委城乡建设与人口资源环境委员会组织委员开展专题调研 19 次，组织视察活动 22 次，召开座谈会、通报会 5 次，撰写调研报告 19 篇，其中 2 篇获全市优秀调研成果一等奖，2 篇分别获二、三等奖。围绕推进城乡一体化进程问题，组织委员与辖市、区政协及相关部门联合开展调研，形成 6 篇调研报告，经政协常州市委常委会会议协商后报市委并送市政府。2008—2010 年，组织委员开展视察活动 11 次，召开座谈会、通报会 18 次，完成市委确定的重点调研课题 3 项。其中 1 篇调研报告被评为全市年度优秀调研成果。

二、意见建议

1988—1992 年，针对市区运河与南运河栏杆损坏严重，委员视察后提出 3 条建议，南运河栏杆得到修复。针对城郊接合部的市容市貌、南大街交通拥挤等问题，提出改进办法。召开充实调整常州市城市总体规划协商会，市各民主党派和工商联、侨联、台联负责人及有关委员对规划总体构思、经济和社会发展战略等提出意见和建议，供决策参考。1993—1997 年，组织委员和民主党派成员对《常州市城市总体规划方案》进行座谈讨论，就供气、供电、供水、城市绿化、防洪、交通和保护名人故居等问题提出建设性意见，市政府及有关部门在修改“九五”计划和城市总体规划时吸纳了这些建议。就常州邮电通信事业、供电事业的发展情况进行视察，向市政府提交《关于进一步加快发展常州市邮电通信事业的几点建议》和《关于进一步发展常州市供电事业的几点建议》，市政府责成有关部门予以落实。提出以规划为龙头、以繁荣小城镇经济为基础等建议。1998—2002 年，组织委员对常州市新一轮城市总体规划(2002—2020)编制工作开展座谈讨论，提出的 28 条意见和建议，在新一轮规划中大多被采纳或在规划中体现。经政协常州市委常委会协商后送市政府，市政府及有关部门吸纳了有关建议。开展市域水环境污染防治工作专题调研并形成报告，提出加大水环境综合整治等 5 条建议，得到市政府主要负责人肯定。

2003—2007 年，政协常州市委关于《实施数字化城市管理》和“推进清洁生产，发展循环经济，建设生态常州”及关于物业管理问题的调研报告，经常委会会议协商后送市政府，得到市政府重视，市政府采纳加强物业管理的建议，采取措施推动常州物业管理法制化、规范化、市场化。关于《进一步加强常州市人口与计划生育工作的几点建议》，市政府召开专门会议研究，决定市财政每年拨款 50 万元用于城区流动人口计划生育服务。《关于进一步加强常州市经济适用房建设管理工作的建议》被市政府采纳，推进了全市经济适用房建设。2008 年，调研加快城乡一体化发展，加快制度创新，推进城乡建设现代化情况，提出研究土地资源储备举措、提升集约高效建设新水平等 5 项建议，政协常州市委常委会会议就此协商后，报市委并送市政府，市领导批示要求有关部门认真采纳。

第七节　港澳台侨与外事工作

政协常州市委港澳台侨与外事工作先后由政协常州市委祖国统一工作委员会、祖国统一与对外联络工作委员会、海外联络委员会、港澳台侨委员会、港澳台侨与外事委员会组织开展。

一、海外联谊

1986—1987 年，市政协港澳台侨和外事工作机构组织委员开展多种形式的海外联谊活动 28 次。对在常的全国、省政协委员与市及辖县(区)政协委员、民主党派成员和市级机关干部的“三胞”亲友进行普查，掌握了“三胞”眷属数、海外亲友数及在居住地有影响的 30 多位人物情况。配合接待了到常的“三胞”，向委员、“三胞”眷属和各界人士宣传对外经济工作形势和方针政策，做好对外经济联络工作。1986 年 4 月，配合省委、省政协举办实业家刘国钧 100 周年诞辰活动，邀请海内外刘氏亲友 47 人参加纪念活动。1998—2002 年，加强与海内外盛氏后裔及文化界、历史界知名人士的联系。借鉴其他省市的经验，首批聘请在常投资兴业并有经济实力、专业特长和参政议政能力的 16 位海内外知名人士担任港澳台侨委员会顾问，接待海内外来常经商办企业或参观考察的团队 19 批次 300 多人次。

2003—2007 年，与常州姓氏文化研究会合作，为常州美籍华人周文中教授，泰籍华人、泰国“中国和平促进会”副主席、泰国中华总商会常务理事丁文志和泰国吴氏宗亲总会理事长吴宏丰等海外著名华人华侨寻找家谱，引导他们及其子孙认祖归宗。两次邀请法中文化交流协会会员丘林·柏德龙、赫内·哈弗海到常州举办法国油画艺术展，促进中法文化交流。接待美国洛杉矶罗兰常青艺术合唱团 41 人访问常州，与市工人文化宫、市少年宫、市老年大学合唱团进行艺术交流等。共接待到常州访问、经贸洽谈、寻根问祖的港澳台同胞和海外侨胞 22 批 205 人次。组织百名归侨侨眷代表看常州新貌、举办全市“侨之声”演唱会、纪念江泽民“八项主张”发表 10 周年论坛暨常州对台工作图片展览、召开对台工作通报会、庆祝香港回归 10 周年和《反国家分裂法》座谈会等。

2008—2010年，接待台港澳和海外友好人士66批522人次。2010年，组织开展萧氏宗族在齐梁历史时代作用研究，引起海外萧氏的关注，东南亚地区萧氏后裔一年内有3批168人到常寻根问祖。协助市委统战部筹备成立香港常州商会，促成台湾百岁老人曹仲植捐资建造天宁寺爱心亭，帮助孟河医派丁甘仁后裔在孟河小学设立丁甘仁奖助学金。同年深化常州姓氏文化研究，为海外华人华侨寻根问祖提供依据。

二、对外宣传

1986年4月，政协常州市委祖国统一工作委员会开展对外宣传，多渠道组写对外宣传稿件691篇，其中316篇被《中国新闻》、《人民日报》海外版、《金陵之声》电台和江苏省新闻单位录用。1988—1992年，通过举办召开形势报告会、学习座谈会、茶话会和纪念活动等，组织有“三胞”关系的委员和“三胞”眷属学习中央的工作方针和侨务政策，宣传国际国内形势。加强对外宣传，向“三胞”介绍国内政治经济形势，宣传“三资”企业的优惠政策。1993—1997年，组织委员学习中共中央总书记江泽民关于台湾问题的“八项主张”，听取有关台情、侨情专题报告，增强为实现祖国统一作贡献的历史责任感。1998—2002年，在新中国成立50周年、中国共产党成立80周年、人民政协成立50周年、澳门回归等重要活动期间，举办座谈、讲座，组织参观考察活动，进行爱国主义和“共产党好、社会主义好、改革开放好”教育。成立常州国际友好交流协会，吸引政协委员和社会各界知名人士参与国际间的经济、文化、学术、体育等方面交流合作。

三、调研建议

1988—1992年，组织委员深入调研，向市政府提出改进引荐外资、外经、外贸项目奖励办法的建议，参与市政府有关引进外资优惠政策的制定工作。组织委员视察部分“三资”企业，推动有关部门落实各级政府引进利用“三资”的优惠政策。1993—1997年，组织委员开展调研视察11项，形成调研视察报告8篇。开展保护归侨侨眷和台胞在大陆投资的合法权益跟踪调研，参与市有关部门起草归侨侨眷权益保护法配套政策的工作，提出意见和建议。1998—2002年，组织委员开展调研视察、报告会、考察、联谊等活动52次，形成调研视察报告或书面材料5篇。开展台港资企业和侨资企业合法权益保护的调查研究，听取意见，提出建议，协调关系，并帮助解决实际困难。

2003—2007年，组织委员开展调研视察、姓氏研究、文化交流、参观考察等活动32次，形成调研视察报告或书面材料6篇。就民营企业走出国门发展战略、农业特色产业对台招商引资、“三外”工作情况、归国留学生回国创业及侨属企业发展情况开展调研，提出建议。组织委员对全市侨务工作、在常台商投资企业等情况进行视察，提出的意见和建议大部分被市政府采纳。2008—2010年，组织委员开展调研视察、座谈、咨询、讲座、报告会等活动23次，形成调研、视察报告或书面材料4篇。先后就台港侨资企业发展情况、华侨华人捐资项目实施情况、两岸农业经济项目合作情况、华侨华人及海归人员创业发展情况、侨务关爱工程实施情况、涉台宣传进社区工作等开展调研，提出多项建议。配合省政协开展关于在江苏省引进华人华侨优秀人才中推行居住证制度的调研，提出放宽政策环境，为海外人才回国创业提供方便等5条建议。组织委员就常州市侨务关爱工程实施情况进行协商建言。

四、其他活动

1986—1987年，支持市归国华侨联合会、台湾同胞联谊会集资兴办公司和商场，为“三胞”眷属致富和热心公益事业服务。1988—1992年，组织委员开展调研视察、招商引资、对外交流、学习座谈、纪念活动等40次。由委员牵线搭桥引进资金约8200多万美元，促成对外贸易5400余万元，境外投资600万元，由委员牵线搭桥接受捐赠2100万元。台北曹氏基金会3次向常州市捐赠残疾人用轮椅536辆。与上海政协市委办公厅、市外经委联合在上海举办两期外向型经济基本知识讲座。加强与台湾有关民间组织、知名人士和台北武进同乡会、曹氏基金会的交往、接触和联系。鼓励和组织出国出境的委员和到常的“三胞”开展科技、教育、卫生、文艺等方面的交流活动720多次。

1993—1997年，经政协常州市委委员、市各民主党派、工商联和有关人士牵线搭桥，引进资金6100万美元，促成台资项目38个，获捐赠款2000万元。其中委员余纪畴促成台胞捐资100万美元成立常州华英文教基金会，台胞向局前街小学、觅渡桥小学各捐赠20万元，向市社会福利院捐赠10万元。2008年，帮助在香港的政协常州市委委员在溧阳家乡建立现代化生猪养殖场。为泰国地板商会、塑料公会、泰国萧氏宗亲总会牵线与常州市武进区、塑料集团、新北区孟河镇签订多项经济、文化、贸易合作协议。2009年，开展“服务企业、对接项目”政协主席与委员约谈活动，请资金雄厚、有投资意向的企业家委员与拥有世界领先技术和专利的归国留学生对接，达成交流合作意向。2010年，举办海归创业技术推介会，当年促成3家企业的合作。

第八节 社情民意工作

政协常州市委了解和反映社情民意始于政协常州市第九届委员会，1995年8月制定《关于加强了解和反映社情民意的工作意见》，政协常州市委办公室编印《社情民意》专刊，定期报送中共常州市委、常州市政府领导参阅。1996—1997年，编印《社情民意》16期，其中8期被省、市委录用。如《关于建立合资、独资企业重大改革方案报告制度》被市委办公室、省委办公厅采用；《关于完善干部回避、交流、监督制度的建议》，市委组织部进行认真研究，经中共常州市委八届三次会议讨论被采用，建立干部交流制度。《关于溧阳上黄水母山高级灵长类动物化石亟待落实保护措施》被省、市委录用，引起学者、专家的关注。1998—2002年，收集社情民意信息400多条，编发《社情民意》96期。市委、市政府对政协的社情民意信息，有的召开现场督办会检查落实情况，有的加强反馈工作。省、市政协委员联合提出的常州西藏民族中学办学经费短缺的问题，引起省、市政协领导的重视，省政府、省教委决定拨款500多万元改善教学设施和办学条件。

2003年4月，政协常州市委修订关于社情民意工作的暂行规定。2003—2007年，征集到社情民意信息898条，其中市各民主党派、工商联和有关团体5年间反映社情民意信息380多条；编发《社情民意》179期。2008—2010年，征集到社情民意信息1299条，编发《社情民意》327期。农工民主党常州市委报送的《加大力度，进一步扶持国产自主创新医疗器械产业的发展》，被全国政协办公厅录用并呈报国务院，中共中央政治局常委、国务院副总理李克强高度重视并批示，要求相关部门研究部署扶持国产自主创新医疗器械产业的发展。《关于对市民开展心理健康教育的建议》《部分专业市场安全管理亟待加强》《关于在高架道路上设置隔音设施的建议》等建议，得到市有关部门的高度重视和认真落实。

第二十九卷　民主党派

Volume XXIX　Democratic Parties

1986年9月，九三学社常州市委员会成立，至此，7个民主党派的常州市委员会全部建立。其他6个是中国国民党革命委员会常州市委员会、中国民主同盟常州市委员会、中国民主建国会常州市委员会、中国民主促进会常州市委员会、中国农工民主党常州市委员会、中国致公党常州市委员会，有基层组织84个，成员总数1090人。12月4日，江苏各民主党派省委联合发文明确常州可以在武进、溧阳地区发展成员，建立支部。1990年8月，中共常州市委颁布常州市第一份多党合作文件《关于贯彻〈中共中央关于坚持和完善中国共产党领导的多党合作和政治协商制度的意见〉的实施意见》。翌年2月，市政府发出《关于发挥民主党派参政议政和监督作用的通知》，制定了发挥民主党派参政监督作用的八项措施。90年代成为常州民主党派组织逐渐健全、与中共政治协商合作日益深化的时期，市委、市政府不断加强与民主党派的合作，就全市改革开放、经济建设和社会事业中的重大举措、重要人事安排及人民群众普遍关注的热点、难点问题，与民主党派进行协商，通报情况，听取意见。1996年3月，民主党派成员发展范围扩展到非公有制经济中高素质代表人士。21世纪初叶，是常州民主党派建设、与中共的政治协商合作逐渐走向制度化、规范化的时期。2005年12月，中共常州市委发出《贯彻落实〈中共中央关于进一步坚持和完善中国共产党领导的多党合作和政治协商制度建设的意见〉的意见》，把重点工作内容、目标分解成23项，建立部门单位负责制。2007—2008年，全市民主党派以坚持走中国特色社会主义政治发展道路为主题，深入开展政治交接学习教育活动，加强领导班子思想建设、基层组织建设、制度建设和市委会机关建设，联合出台《常州市各民主党派关于进一步加强履职能力建设的意见》。2009年，各民主党派市委开展了“政治把握好、参政议政好、促进发展好、社会服务好、合作共事好、自身建设好”（简称“六好”）创建活动，促进了民主党派履职能力建设，使民主党派成员同中国共产党保持政治上同向、思想上同心、行动上同步。11月，中共常州市委出台《关于进一步支持民主党派和无党派人士参政议政的意见》。到2010年底，全市民主党派有市级组织7个、县区级组织2个、基层组织192个，有成员4233人；全市有86名民主党派成员被聘担任市级政府、司法机关的特约监督员、教育监督员、行风评议员、特邀检察员、人民陪审员等，履行参政监督职责。7个民主党派市级组织联合调研了常州加快产业制度改革、医疗卫生体制改革、股份合作制改革、古运河保护与开发等经济和社会发展的重大热点难点问题，形成一批影响较大的调研成果，其中很多意见和建议被市委、市政府采纳，促成了部分政策文件出台。

第一章　中国国民党革命委员会常州市委员会

1984年10月，中国国民党革命委员会常州市委员会（简称“民革常州市委”）经民革中央、民革江苏省委批准成立。民革常州市委成立后，秉承“爱国、革命、不断进步”理念，拥护中国共产党领导的多党合作和政治协商制度，加强自身建设，以促进祖国和平统一为重点，履行政治协商、参政议政、民主监督等职能，促进了常州的改革开放、地方经济和社会建设。

第一节 组织和思想建设

1980年以前，常州未建立民革的地方组织，1980年9月24日在中共常州市委统战部的帮助下，常州市第二中学建立民革常州市临时学习小组，党员有分别从上海、浙江民革组织转入的张文翰、王天一、须建明、苏兆勋、杨蕴贞。1983年末，经发展和从外地转入，全市民革党员增至23人。1983年11月8日，民革江苏省常州市支部委员会获民革中央组织部批准成立，蒋超雄任主任委员(简称“主委”)，王长生、张文翰为副主任委员(简称“副主委”)，叶大华、张克让、陈一夫、王天一为市委委员。支部委员会设祖国统一工作组、办学工作组、咨询服务组。1984年10月26日，民革常州市第一届委员会成立。至2010年底，累计选举产生6届委员会。

一、党员发展

1986年底，全市有民革党员50人。1996年底，党员发展到123人。2007年底起，根据《中国国民党革命委员会章程》规定，发展党员实行发展与巩固相结合，注重政治素质，坚持“以大中城市为主，有计划地稳步发展”的方针，发展对象是同原中国国民党有关系的人士、同本党有历史联系和社会联系的人士、同台湾各界有联系的人士、社会和法制专业人士及其他人士，着重吸收有代表性的中上层人士和中高级知识分子。2010年末，全市有民革党员232人。

2010年末常州民革党员界别分布和年龄、学历、职称构成情况表

表29-1-1　　单位:人

分类	分项	人数	分类	分项	人数	分类	分项	人数
界别	机关事业单位	51	界别	其他	18	学历	博士硕士	18
	医疗卫生	37	年龄	71岁及其以上	37		本科大专	174
	教育	40		61～70岁	33		大专以下	40
	法律	5		51～60岁	34	职称	正高级	10
	金融	7		41～50岁	70		副高级	61
	国有企业	56		31～40岁	50		中级	82
	新阶层	18		30岁及其以下	8		初级	9

二、基层组织设置

1984年10月26日，民革常州市委成立时有党员29人，设3个支部。至2008年底，民革常州市委设有支部9个，其中行业性支部、综合性支部、区域性支部各3个。2009年4月，民革常州市委六届十一次会议决定，按区域调整组建支部，调整后设立10个区域性支部和1个直属支部，按区域名称分别命名为:天宁一支部、二支部、三支部、四支部，钟楼一支部、二支部、三支部，新北支部，武进支部，戚墅堰支部及直属支部。2010年4月，民革天宁区总支部成立，下设4个支部；5月，民革钟楼区总支部成立，下设3个支部。至同年底，民革常州市委共设2个总支部、11个支部。

三、党员(代表)大会

第一次党员大会于1984年10月26日召开，29名代表出席，张文翰作工作报告，大会选举产生第一届市委委员9名，推选蒋超雄为主委。市委设祖国统一工作组。第二次党员大会于1988年6月27—28日召开，58名代表出席，叶大华作工作报告，大会选举产生第二届市委委员9名，推选叶大华为主委。第三次党员大会

于1991年12月7—8日召开，78名代表出席，杨玉生作工作报告，大会选举产生第三届市委委员9名，推选叶大华为主委。第四次代表大会于1996年9月17—18日召开，85名代表出席，杨玉生作工作报告，选举产生第四届市委委员9名，推选杨玉生为主委。第五次代表大会于2001年12月6—7日召开，97名代表出席，黄人俊作工作报告，选举产生第五届市委委员9名，推选杨玉生为主委。第六次代表大会于2006年11月16—17日召开，110名代表出席，卢明康作工作报告，大会选举产生第六届市委委员9名，推选卢明康为主委。

四、专门委员会

1983年11月，民革常州市支部下设祖国统一工作组、办学工作组、咨询服务组。1986年7月增设妇女工委，祖国统一工作组改为祖国统一工作委员会。1988年6月，调整设置为祖国统一、四化建设、妇女、文史4个工委。2002年2月，调整设置为参政议政、经科文教、妇女和海外联络4个工委。2005年，调整为参政议政、经济科技、文教卫生、妇女、海外联络5个工委，各设主任1名、副主任3名；推行专委会负责制。

五、思想宣传教育

民革常州市委以建设高素质参政党为目标，以思想建设为核心，加强制度建设和宣传工作，推动创“六好”党派活动的开展，把常州民革建成“活力民革、和谐民革、智慧民革”。民革常州市委把“坚持中国特色社会主义政治发展道路，搞好政治交接”学习教育活动作为历年的主题教育活动，把中国共产党每年重要会议精神作为政治学习的重点，组织党员学习领会，结合新中国成立周年，多党合作、政治协商制度确立周年，改革开放周年等纪念日开展座谈、征文、摄影等活动。传承孙中山“爱国、革命、不断进步”的遗志，通过举办新成员培训班、组织党史党章专题学习、到中山陵谒陵、参观民革前辈故居、召开专题演讲座谈会、组织知识竞赛等形式，激励、鞭策民革党员传承民革优良传统。先后召开孙中山120周年诞辰、130周年诞辰、140周年诞辰座谈会，纪念辛亥革命胜利80周年、90周年纪念座谈会，黄埔军校80周年纪念会，抗日战争胜利50周年座谈会等活动。民革常州市委举办有《常州民革》期刊和常州民革网站。《常州民革》为内部通讯期刊，1985年8月15日创刊，简报形式，不定期发行；2008年改版为杂志类期刊，半年期彩封，至2010年末累计编印89期。常州民革网站2009年8月开通，设有《民革介绍》《参政议政》《民主监督》《祖统工作》《社会服务》《党员之窗》《自身建设》等13个一级栏目。

第二节 履行职能

1985年以后，民革常州市委始终把参政议政作为第一要务，主动围绕中共常州市委、常州市政府的中心工作和常州经济和社会发展与群众关心的热点、难点、焦点问题等积极建言献策，履行民主监督、参政议政等职能。民革在常州的各级人大代表、政协委员参加中共常州市委、市政府、市政协及相关部门举行的民主协商会、党外人士座谈会、情况通报会、专题座谈会和调研考察活动，履行民主监督职能。至2010年末，民革党员中有19人担任各级人大代表、政协委员，其中省政协委员1人、市人大代表1人、市政协委员10人（其中常委2人）、区人大代表1人、区政协委员8人（其中常委4人），担任特邀（约）监督员10人。同年11月，民革常州市委与市民政局、司法局、人力资源和社会保障局签订对口联系协议，在全省首创定期对口联系、文件交换、调研工作、意见征求、信息反馈、党员培训制度。

1986—2010年，民革常州市委先后对城乡一体化建设、教育体制改革、社会保障体系建设、资源节约和环境友好型社会构建等民生问题建言献策，被中央和省、市及相关部门分别录用、采纳建议意见370条。其中2004—2010年，被中央、省市相关部委办局录用和采纳241条次；累计提交人大议案建议40多件、政协集体提案102件。其中《政府应加大对贫困地区“发展性”投入和扶持》集体提案被市领导评价为“立意高远、针对性强，对常州市加快城乡统筹步伐，改善农村生产、生活条件，促进农民增收，具有较强的参考价值”。《关于创新社会管理体制，建立“公共权力”制衡机制》《加快供水安全保障体系建设，确保城乡居民饮用水源安全》《加强社会服务体系建设，推动常州市中小企业新一轮发展》等提案受到市领导重视、批示，交相关部门承办落实。

第三节 服务社会

民革常州市委率全体党员利用智力、技术、人才优势，主动服务经济发展，开展社会办学，促进社会和谐和祖国统一事业，助推常州经济和社会发展。

一、促进祖国统一

促进祖国和平统一是民革的重点工作。1983年民革常州支部成立后立即成立祖国统一工作组。1988年7月，民革常州市委成立民革常州市侨台亲属联谊会，接待回乡探亲、观光、定居、投资和经商的人士，在孙中山诞辰、春节、中秋等节假日组织台胞、民革党员举行座谈会、联欢会、晚会，利用民革党员的海外关系，加强与台湾人士的沟通联系，宣传祖国和平统一的方针政策。与中共常州市委台办、市人大常委会民宗侨工委、市政协港澳台侨委、市海外联谊会、市台联等涉台部门建立联动工作机制，牵头负责“六台联动”义诊活动，服务在常台商台企。2009年5月，民革常州市委组织在台资企业永祺（常州）车业公司为200多名员工开展义诊。为当年因莫拉克台风受灾的台湾灾民捐款1万元。2010年，对常州中山纪念堂保护进行跟踪，向中共常州市委、市政府提交关于中山纪念堂保护、修缮、利用的建议和提案，获市领导批示。

二、服务经济建设

1986年2月，民革常州市委与市总工会技术协作委员会成立民革常州市委退休人员技术协作委员会，由民革退休成员和社会人士（含在职）中的专家和工程技术人员组成，提供工农业及日常生活实用技术装备的引进、开发、转让及咨询服务等。1987年2月，民革常州市委利用党员的技术、外语优势，成立集体性质的常州市钟山技术咨询服务部，为中小企业、乡镇企业开展新产品开发等提供技术咨询服务。民革成员担任企业技术顾问，免费到市政协农业咨询服务站承担农业科技咨询服务。

民革常州市委、市气象局等单位共建的溧阳上沛小学爱心气象站（摄于2008年12月）

三、支持公益事业

1986年1月，民革常州市委成立常州市中山业余学校，主要开展初级、中级文化技术教育，设班招生、送教上门，举办学术讲座，先后开设汽车修理、电工、模具等专业培训班。此后，民革常州市委组织党员开展义诊、结对帮扶、慈善捐助等活动服务社会，每年组织医卫界的党员进行“六台联动”，到企业、社区、农村义诊，组织与下岗职工和贫困学生结对帮扶，向汶川地震灾区和台湾地震灾区捐款，25年间累计募捐款物总价值达100万元。2007年起，与溧阳上沛小学开展为期5年的结对助学活动，帮助该校建成爱心图书室、爱心气象站，年均捐献助学款6000元，捐赠图书和气象仪器总价值4万元。翌年，民革常州市委、市气象局为上沛小学捐资建成溧阳第一座小学气象观测站。至2010年底，常州市中山业余学校累计培训学员2万余人次。

第二章 中国民主同盟常州市委员会

1951年5月18日，民盟常州市分部临时工作委员会成立。翌年12月13日，中国民主同盟常州市第一次盟员代表大会召开，民盟常州市委成立。“文化大革命”期间停止活动，1980年恢复活动。改革开放后，常州民盟组织蓬勃发展，民盟常州市委带领各级组织和盟员履行政治协商、参政议政、民主监督职能，深入调查研究，主动建言献策，服务社会，立足岗位建功立业，为常州经济社会发展做出了贡献。2005年9月、2010年1月，民盟常州市委先后被民盟中央评为基层组织建设先进单位、盟务工作先进集体。

第一节 组织和思想建设

民盟常州市委以人才兴盟、人才强盟为战略，以增强组织活力、实现可持续发展为目标，强化盟员发展工作，调整充实基层组织架构，规范基层组织建设，抓好后备干部队伍建设，盟员发展和地方组织、基层组织建设取得成效。

一、盟员发展

1986年，常州市有民盟盟员264名。民盟常州市委领导经常走访县市区、高校的中共党委统战部门，与对口联系单位召开恳谈会；民盟常州市委建立常委推荐入盟积极分子制度，每位常委每年至少推荐1名优秀入盟积极分子；建立完善群众入盟先接受基层主委、组织处长、常委约谈的制度。至2010年末，全市民盟盟员达1236名。

1986—2010年常州市民盟盟员发展数和年末盟员数统计表

表29-2-1　　单位：人

年份	发展盟员人数	年末盟员人数	年份	发展盟员人数	年末盟员人数	年份	发展盟员人数	年末盟员人数
1986	41	264	1995	76	582	2004	38	931
1987	30	294	1996	42	624	2005	40	971
1988	35	329	1997	35	659	2006	51	1022
1989	55	384	1998	37	696	2007	43	1065
1990	28	412	1999	36	732	2008	48	1113
1991	13	425	2000	39	771	2009	59	1172
1992	17	442	2001	38	809	2010	61	1236
1993	22	464	2002	39	848			
1994	42	506	2003	45	893			

2010 年常州民盟盟员界别分布和分类构成一览表

表 29-2-2　　　　单位：人

分类	分项	人数	分类	分项	人数	分类	分项	人数
界别	机关事业单位	82	年龄	71岁及其以上	271	学历	大专以下	307
	医疗卫生	70		61～70岁	208	职称	正高级	26
	教　育	873		51～60岁	183		副高级	592
	法　律	10		41～50岁	387		中　级	488
	国有企业	25		40岁及其以下	208		初　级	151
	新阶层	70	学历	博士硕士	77			
	其　他	127		本科大专	873			

二、基层组织设置

1986 年 12 月，民盟河海大学机械学院支部成立。1987 年，民盟常州市委设有基层支部 26 个，直属小组 13 个。2010 年，下辖民盟金坛市委，钟楼、武进、溧阳、常州工学院 4 个基层委员会和常州大学支部等 42 个基层支部。

三、盟员代表大会

第七次代表大会于 1988 年 1 月 16—17 日召开，111 名代表出席，选举产生民盟常州市第七届委员会常委 13 名，史绍熙当选为主委，钱小山为名誉主委，钱善初、李骅、陆国英、何绍南为顾问。第八次代表大会于 1992 年 1 月 7—8 日召开，106 名代表出席，选举产生民盟常州市第八届委员会常委 11 名，周源当选为主委，史绍熙为名誉主委，钱善初、李骅为顾问。第九次代表大会于 1996 年 11 月 7 日召开，116 名代表出席，选举产生民盟常州市第九届委员会常委 11 名，周源当选为主委，史绍熙为名誉主委，钱善初为顾问。第十次代表大会于 2001 年 11 月 24 日召开，125 名代表出席，选举产生民盟常州市第十届委员会常委 10 名，周源当选为主委，史绍熙为名誉主委，钱善初为顾问。第十一次代表大会于 2006 年 10 月 24 日召开，125 名代表出席，选举产生民盟常州市第十一届委员会常委 11 名，赵忠和当选为主委。

四、专门委员会

民盟常州市委参政议政工作委员会成立于 1998 年 5 月。教育工作委员会成立于 1988 年 5 月。妇女工作委员会成立于 1986 年 7 月 1 日。海外工作联谊会前身为 1988 年 3 月成立的三胞联络工作委员会。离退休工作委员会成立于 1988 年 5 月。青年工作委员会成立于 2003 年 4 月。经济科技委员会成立于 2008 年 4 月 9 日。统战理论研究会成立于 1988 年 6 月 26 日。书画会成立于 1985 年 12 月 18 日，2002 年，更名为常州书画艺术院。社会新阶层人士联谊会成立于 2010 年 12 月 25 日。

五、思想宣传教育

民盟常州市委以强化盟员的中国特色民主政治和政党意识为出发点，以提高参政议政能力为重点，围绕“围绕中心，服务大局，内聚人心，外树形象”总体要求，对盟员进行持续性和阶段性相结合以及内容丰富、形式多样的思想教育，盟员素质在“政治交接学教活动”“学公朴做挚友”等活动中不断提高，其政治信念和“公民意识”、参政议政主动性及其能力明显增强，涌现出一大批先进基层组织和先进盟员。民盟常州市委坚持对全体盟员进行中国特色社会主义理论体系的宣传教育，重点组织学习中共中央、省、市关于多党合作和政治协商制度的系列文件，广泛开展政治交接、社会主义核心价值体系、学公朴做挚友、革命传统、盟内新时期先进人物精神等系列主题教育活动。民盟常州市委领导班子成员和机关干部到基层宣讲中共中央、省委和中共常州市委有关文件精神、爱国民主人士李公朴事迹等，向基层组织和盟员发放《民盟领导谈多党合作》《“学公朴做挚友”主题教育读本》等学习材料。民盟常州市委每年暑假期间举办中青年骨干培训班，对基层支委进行国际国内形势、多党合作制度、参政议政能力、盟务工作实务等方面的专题培训；组织所有新盟员参加中共常州市委统战部组织的统一战线基本理论和历史、党派章程和参政议政技能培训；每年结合重大政治纪念日或主题教育开展征文活动。2005 年以后，民盟常州市委宣传工作连续多年在全省民盟市级组织和全市统战系统中名列前茅，40 多个基层组织和部分盟员在《人民日报》《中国统一战线》《人民政协报》《中央盟讯》等中央级报刊发表统战题材的文章 10 余篇，在《挚友》《江苏盟讯》等报刊发表 700 余篇。

第二节　履行职能

民盟常州市委倾注全力抓好参政议政工作，发挥盟员人大代表和政协委员及骨干盟员的作用，在经济、社会、文化、教育等领域建言献策。民盟常州市委领导多次参加中共常州市委、市政府、市政协、市委统战部及有关部门召开的协商会、座谈会和情况通报会，列席中共常州市委全体(扩大)会议，组织成员参加中共常州市委中心组专题学习报告会、廉政建设报告会，了解常州市重点工作和经济与社会发展状况，提出建议。他们分别在各级人大、政协、政府担任职务。钱小山先后任市政协第六、第七届副主席，史绍熙先后任市政协第七、第八届副主席和市八届人大常委会副主任，周源任省人大常委会常委和市第十二、第十三届人大常委会副主任，赵忠和先后任市教育局副局长、市第十四届人大常委会副主任，吴振祥任市政协九届副主席；姜建国任钟楼区副区长、政协副主席，杜跃华任常州市第十三、第十四、第十五届人大常委会常委和金坛市第十三、第十四、第十五、第十六届人大常委会副主任。民盟常州市委连续多年在“三农”问题等领域进行的开拓性研究以及提出的集体提案，受到中共常州市委、市政府的重视；连续两届“高校论坛”和“农业论坛”成为常州民盟参政议政的品牌。

一、参政议政

民盟常州市委在参政议政调研工作中创造出“做好党委、政府‘命题’与‘自选题’相结合、集体年度参政议政与盟员日常参政议政相结合、调研报告与人民建议相结合”的新方法和新途径。每年都召开参政议政工作会议，年确立盟市委重点课题 5～8 个，多的达 10 个以上。主要领导担任课题组长，带队到政府部门、街道社区、乡镇村组深入调研，向各级党委、政府提出解决国计民生实际问题的调研报告，年年都有省、市级优秀提案。《关于常州古运河历史文化和经济带保护开发研究》《关于生态文明和生态城市建设研究》《关于加快发展农村集体经济的对策研究》《关于加快戚区经济与社会发展的调研和建议》《多党合作制制度化、规范化、程序化研究》等调研成果，分别获市委和政府一、二、三等奖或省十大重点课题、市第四十四届软课题中标奖等。还有一批人民建议分别获评省、市优秀建议，或得到党委、政府领导批示或采纳。

常州民盟拥有相当数量的省、市、辖市区人大代表和政协委员，他们充分发挥民盟界别的独特优势，每年“两会”期间，提出几十条有分量的议案、提案和社情民意，内容涉及政府重点工作和群众关注的热点难点问题，把人民群众的呼声反映给有关部门和领导，为党委政府科学决策及高效应对某些突发事件发挥了积极作用。2007—2010 年，民盟常州市委向民盟江苏省委提出的集体提案有《关于城市交通规划、建设和管理的建议》《关于建设可持续发展公交体系的调研建议》《综合性现代农业产业园区体制机制研究》《关于加快发展农村集体经济的对策研究》。

二、民主监督

民盟常州市委向党委政府、部门推荐盟员 100 多人次担任法院、检察院和组织、人事、财政等部门的特约监督员，认真参加聘任单位专项活动、专业会议，参与对应单位重大问题、重要工作的调查研究、检查和巡视；协助聘请单位做好接待处理人民群众来信来访和宣传教育工作，反映群众意见，加强勤政、廉政建设，监督聘请单位及其工作人员执法情况。

第三节　服务社会

民盟常州市委根据“社会服务也是参政议政的一种方式”的理念，继承光荣传统，发挥民盟的智力优势，拓展社会服务领域，形成社会服务品牌光明系列行动。进监帮教的春光行动坚持了13年；从支援甘肃天祝农村教育开始的烛光行动已延伸到江苏洪泽县；为大学生开展理想抱负教育的星光行动进行了200多场；从1986年开始的以提升未成年人思想道德水平为宗旨的阳光行动在基层全面展开。

一、光明系列行动

春光行动　1997年始的每年元宵节期间，民盟常州市委组织盟员中的市人大代表、政协委员到市公安局监管支队与在押人员一对一帮教谈心，组织帮教演出；组织盟内心理学专家对戒毒人员心理疏导，后将对象扩大到监管干警；组织书画界盟员到监所送书画作品，帮助建设监所文化。其间，帮教失足青年6000人次。2008年，民盟常州工学院总支自筹资金20万元，制成时长18分钟的《被拘留人员行为规范》动漫片，成为全国公安监管系统第一部针对被监管人员的教育片。

民盟常州市委开展帮教座谈活动（摄于2007年3月）

烛光行动　2003年，民盟常州市委开始参与国家中西部和省内苏北农村地区的烛光行动，帮助建设农村教师队伍。先后在金坛华罗庚中学和武进教师进修学校设立培训基地，为甘肃定西、天祝等县和江苏洪泽县黄集中学等10多批教师提供免费培训，组织骨干盟员教师前去支教，受益师生5000多人次。

阳光行动　1986年起，民盟常州市委参与青少年政治思想教育活动，与中共常州市委宣传部、党史办、文明办、老干部局和市教育局、团市委联合组建讲师团，邀请老干部、党史工作者、盟员等，在全市76所大、中学校宣讲改革开放成就、地方革命斗争史和法律小故事等，中国著名作家陆文夫、汪曾祺、林斤澜、张志民、高晓声等，艺术家关梦觉、经济学家唐大禧、盟员周玉峰等，到大中学校开设文史哲美学等讲座，累计140余万人次青少年受益。制定《关于开展未成年人思想道德建设阳光行动的意见》，先后举办青少年爱祖国爱家乡教育研讨会、未成年人思想道德建设座谈会。

星光行动　1992年起，民盟河海大学常州校区支部每年邀请多名专家学者为师生举办讲座，内容涵盖政治、经济、文学、艺术等，累计举办200余场。2008年，民盟常州市委把河海大学常州校区、江苏工业学院、常州工学院民盟支部为大学生开设的讲座进行整合，提升为在各高校开展社会系列知识讲座的民盟讲堂，帮助大学生树立正确的人生观和价值观。

二、论坛研讨活动

民盟高校论坛 2007年11月15日，民盟首届高校论坛在常州市行政中心举办，常州市高教界、科技界和部分盟员60余人参加，主题为高校为地方经济和社会发展服务。江苏工业学院教授沈惠平等6位专家作大会交流发言，《发展常州装备制造业的对策》等13篇论文入选《论文汇编》。2009年11月10日，民盟第二届高校论坛在常州科教城举办，在常高校中共统战部和民盟组织等各界人士160余人参加，主题为“产学研”结合。江苏凯特汽车部件公司董事长管建国作题为《科技型企业“产学研”合作的实践和启示》的主题演讲，江苏技术师范学院教授谢忠秋等5名专家作了大会交流发言，20余篇论文入选《论文汇编》。2010年5月21—22日，民盟江苏省委、常州市政府联合主办，民盟常州市委和常州大学承办的江苏教育发展论坛在常州科教城举办，主题为“高等教育改革和创新”，就常州大学的办学模式和发展方向举行分论坛讨论。

教育思想研讨 1990年11月15—16日，民盟常州市委、常州教育学会等在常州高级中学举办史绍熙教育思想研讨会，全国130余位教育专家参加。

农业发展论坛 2005年5月下旬民盟金坛市委举办首届农业发展论坛。邀请南京农业大学的专家教授考察茅麓千亩良种茶、长荡湖观光生态渔业科技示范园等10多个特色项目，举办农业发展综合论坛和现代园艺、优质稻米、生态畜禽、特种水产分论坛，为金坛农业定位、发展方向及农业增效、农民增收拓宽了思路。金坛各涉农部门的负责人、种植和养殖大户等1000余人参加。2008年5月18日，民盟金坛市委举办第二届农业发展论坛。民盟南农大委员会与金坛农林局、鑫品茶业公司等数家企业签订“产学研”合作协议，合作共建现代畜牧、园艺、水产及优质稻米4个农业基地，并调研论证长荡湖生态湿地保护项目，帮助永康牧业、尧塘花木等项目申报国家或省级立项支持。

三、其他服务

引资兴教 民盟金坛组织创始人、民盟金坛市委土委宋文英退休后，创办了金坛市补习学校。民盟钟楼支部主委吴玉良从海外引进2000万日元和1万美元，创建盛菊影幼儿园和常州市第一中学铜管乐队。民盟常州市委秘书长贾时丹创办了上海外国语大学常州站，培养了数百名外语人才。常州市师范附属小学教师、盟员王彤炜坚持十多年在家里办希望小屋，免费辅导百余位贫困学生，帮助他们完成学业。

智力服务 民盟常州市委经常组织书画家开展义务送春联、书画到社区、企业和部队活动，20年不间断，累计送出书画超万幅。到社区和建筑工地等举办健康知识讲座、广场文艺演出等。民盟金坛市委经常组织盟员医疗专家送医下乡，为农民义诊，帮助儒林镇河下村建成省级示范农家书屋。民盟溧阳市总支经常组织送文化、送医到乡镇，2009年4月举行了送文化下乡基地挂牌仪式。民盟武进总支经常到乡镇举办齐梁文化、淹城文化及锡剧等文化知识讲座。机关盟员全明德、张翠娥等应邀到部队、学校、社区等单位，作关于常州发展史和革命史，李公朴、史良事迹与精神等演讲或辅导报告。

慈善事业 汶川特大地震、舟曲泥石流、青海玉树地震发生后，民盟常州市委第一时间向全市盟员发出献爱心倡议，常州盟员通过多种渠道捐款超过160万元，其中向汶川捐款达130多万元，居全省民盟第二位。2009年，民盟常州市委募集资金约13万元，设立助老帮困爱心基金，主要用于帮助罹患重病和家庭困难的盟员。

青龙诗会 1990年10月17—20日，民盟常州市委与《诗刊》杂志社、常州市文联在常州郊区青龙乡联办了中国·常州青龙诗会，张志民、刘征、程光锐、刘章、宫玺、丁芒、忆明珠等30余名著名诗人、作家出席。

第三章 中国民主建国会常州市委员会

中国民主建国会(简称“民建”)成员以工商业者、经济界人士和有关的专家学者为主。民建常州市委成立于1956年6月,首任主委刘国钧。1985年以后,民建常州市委围绕常州经济建设展开参政议政活动,就国企改革、产业发展、优化民营经济发展环境等课题开展调研并提出建议,受到中共常州市委、市政府的高度重视。

第一节 组织和思想建设

2002年2月,民建常州市委设科教、经济、妇女、法制4个工作委员会,成员由从事科教、经济、妇女、法制等工作和理论研究的民建会员组成,联系、动员、组织会内外专业人才,对经济建设和社会发展中的课题开展理论研究和调研,提出意见和建议,履行多党合作、参政议政、政治协商的职能。

一、会员发展

80年代初期,民建常州市委以原工商业者为会员发展对象。1986年初,有会员318名,知识分子会员占比例较小。后来民建发展对象主要集中于工商企业和工程师、经济师、会计师、统计师等经济界的其他知识分子。电子工业作为常州的新兴行业,科技人员多,民建常州市委决定选择与民建有一定联系、具有代表性的中年知识分子作为发展的重点,至1988年9月发展新会员175名,平均年龄50岁,其中经济界会员167名,占95%,全市会员发展到377名,平均年龄59岁,其中具有高、中级职称达200名,占53%。此后,贯彻“巩固与发展相结合”的方针,放慢了发展会员的速度。1991年11月,全市会员发展到411名,平均年龄59.7岁,其中具有高、中级职称会员199名,一批德才兼备、学有专长、年富力强的中青年知识分子加入民建。1997年,《中国民主建国会章程》修改说明提出民建应适当发展非公经济的代表人士入会,至2001年底,累计吸收36名非公经济代表人士加入民建。2006年底,全市民建会员发展到688名,其中具有高级职称会员116名、本科大专学历会员510名,平均年龄59岁。2009年,民建常州市委发展会员40名,同年底全市民建会员总数753名。

二、基层组织设置

1986年,民建常州市委管辖21个支部,其中设行业支部12个、企业支部8个、大学支部1个。1989年12月,第一个县级支部民建武进县支部成立。2002年5月民建武进总支委员会成立,下设两个支部。随着企业的改制,重组行业支部、企业支部和高校支部,至2006年,撤销行业支部和部分企业支部,改按地域设支部,重组高校支部。2008年12月民建常州市钟楼基层委员会成立,设立4个支部。至2010年底,民建常州市委有3个基层委员会,1个总支,34个支部,其中天宁、钟楼、武进3个区各4个,综合4个,戚墅堰、新北、机关、纺工、电子、商业、常州技术师范学院、常州工学院等各1个,机械、纺工各2个,常州柴油机厂、常州东风农机厂各1个。

三、代表大会

第八次代表大会于1988年10月31日至11月1日召开。110名正式代表、9名特邀代表出席,江子砺作工作报告。大会选举产生第八届委员会常务委员11名,江子砺当选为主委。第九次代表大会于1991年12月9—11日召开,110名代表出席。江子砺作工作报告。大会选举产生第九届委员会常务委员9名,杨念祖当选为主委。第十次代表大会于1996年10月23—25日召开，110名代表出席，沈福祥作工作报告。大会选举产生第十届委员会常务委员9名，沈福祥当选为主委。第十一次代表大会于2001年11月5—6日召开，110名代表出席，秦士嘉作工作报告。大会选举产生第十一届委员会常务委员11名，秦士嘉当选为主委。第十二次代表大会于2006年11月6—7日召开，110名代表出席，王正平作工作报告，大会选举产生第十二届委员会常务委员11名，王正平当选主委。

四、思想宣传教育

民建常州市委开展思想教育，为新会员召开迎新会、举办读书班专题报告会等形式，组织会员进行会章会史的宣传学习教育，学习中共和政府重要会议、文件精神。1989年12月《中共中央关于坚持和完善中国共产党领导的多党合作和政治协商制度的意见》颁布，组织会员学习《意见》精神，规范和指导言行。2005年，民建常州市委纪念中国民主建国会成立60周年、民建常州市委成立50周年，邀请民建江苏省委领导作会史讲座。2007年7月，民建中央发出《关于深入开展政治交接学习教育活动的意见》，民建常州市委部署开展政治交接学习教育活动，组织50名会员参观上海黄炎培故居。翌年4月开展响应中共“五一口号”60周年纪念活动，向会员征集纪念“五一口号”文章。2009年，民建常州市委开展热爱祖国、热爱党、热爱民建、热爱岗位，增强接受党领导的坚定性、增强提高学习能力和综合素质的自觉性、增强履行职能的主动性、增强立足岗位做贡献的积极性即“四热爱、四增强”主题教育。为庆祝新中国成立、人民政协成立和多党合作制度确立60周年，组织开展了一系列活动。

第二节　履行职能

常州民建通过会员担任各级人大代表、政协委员，履行民主党派、参政议政、民主监督的职能。民建常州市委领导人经常参加中共常州市委、市政府召开的民主协商会、通报会，协商地方重大问题和人事安排，提出意见和建议，发挥参政党的职能作用。常州民建会员当选全国人大代表和政协委员的有：杨念祖当选第七届至八届全国人大代表，沈福祥、秦士嘉分别当选第九届、十届全国人大代表；江子砺当选第七届全国政协委员，卜仲宽当选第八届至九届全国政协委员。常州民建会员当选江苏省人大代表、政协委员的有：江子砺、杨念祖当选第五届江苏省人大代表，余家禔、蒋鸿文当选第七届江苏省人大代表，杨念祖、王文仪当选第八届江苏省人大代表，王文仪当选第九届至十届江苏省人大代表；卢祖诒、刘汉良、陈源生、潘祖麟、张一飞当选第五届江苏省政协委员，谈成祥、房师田、王智龄、沈福祥当选第七届江苏省政协委员，王正平、秦士嘉、周永强当选第八届江苏省政协委员，王正平、邵明分别当选第九届、十届江苏省政协委员。常州民建会员累计当选、担任第八届至十四届常州市人大代表的有50人次，第六届至十二届常州市政协委员的有188人次。

一、参政议政

市政协大会发言　1991—2010年，民建常州市委在政协大会上作了20次党派发言。1992—1996年，对常州市大中型企业“三项制度”改革、国有企业转换经营机制、纺织行业扭亏增盈，制止税外收费、切实减轻企业负担提出意见和对策建议。1997—2000年，对常州社会主义精神文明建设、推进国有企业改革和股份合作制改革，加强对中小企业扶持服务等提出意见和对策建议。2001—2005年，对常州推进民间投资、促进民营经济发展，落实《中华人民共和国中小企业法》，促进开发区建设发展等提出意见和对策建议。2006—2010年，对常州城建投融资，统筹城乡发展、构建和谐社会，推进企业上市融资，重塑常州十大名点、振兴地方文化特色，发展休闲产业、提升城市品位等提出意见和对策建议。

集体提案　1991—2010 年，民建会员中的政协委员累计向市政协大会提出集体提案 42 项。

经济发展　1991—1995 年，提出《亟待正视亏损企业现状，务须统筹制定经济对策》《对国有大中型企业转换经营机制的几点思考》等 6 项提案。1996—2000 年，提出《加快大成纺织集团公司资产运作机制改革》《培育和建立常州市企业经营者人才市场》等 6 项集体提案。2000—2004 年，提出《加快常州市石化码头工程及其配套体系建设与建议》《关于突破担保"瓶颈"的几点建议》《关于优化配置临江资源的几点建议》等 6 项集体提案。2005—2010 年，提出《关于加快"化学农业"向生态农业战略性调整的建议》《关于建立健全农产品市场质量安全准入制度的建议》《关于坚持以人为本、确保安全生产的建议》《关于大力发展常州市现代物流业的建议》《关于充分发挥政府主导作用，推进常州创新步伐的建议》《重塑常州十大名点，振兴地方文化特色》《振兴软件产业，提升常州软件产业竞争力》《振兴农机装备制造业的建议》等 10 项集体提案。

城市建设　2003 年提出《关于加快常州市区段运河整治和改线的建议》。2006—2010 年，提出《关于深化城建投融资体制改革，确保城市建设可持续发展的建议》《关于控制污染物排放总量的建议》《关于常州市污染物总量减排工作的建议》《发展休闲产业，提升城市品位》4 项集体提案。

社会民生　1995—2004 年，提出《对常州市粮食菜肉生产和供应问题的建议》《加强外来劳动力管理》《贯彻〈义务教育法〉，确保学生享受公平教育权利》等 5 项集体提案。2005—2010 年，提出《关于大力发展常州市养老产业的建议》《关于常州文化建设的若干建议》《关于促进和规范常州市民营医院发展的建议》《促进常州律师业发展的建议》等 5 项集体提案。

二、民主监督

民建常州市委主要通过开展调查研究活动履行民主监督职能。1990—1995 年，民建常州市委组织开展常州社会商业管理情况、国有企业转换经营机制、纺织行业等企业扭亏增盈、股份制工业企业运行、外来劳动力与常州经济发展等 10 项调研。1996—1998 年，开展全市企业税外收费、乡镇企业转制、支柱产业人才队伍、电子信息产业发展情况的调研，提出做好全市国有企业下岗职工基本生活保障和再就业工作的建议。1999—2000 年，对常州市工业经济发展"十五"计划思路、加入世界贸易组织对常州农机行业和纺织行业的影响提出对策建议。2001—2003 年，开展促进民营经济新一轮发展、沿江开发资源优化配置、市区段运河整治与改线等问题的调研，对常州高教发展、请求国务院批准一批发达城市为较大市、"非典"之后医疗卫生法制改革、发展培育汽车市场及有形市场等课题提出建议。2004—2010 年，对完善全市开发区建设发展、深化医疗卫生体制改革、常州城建投融资、推进企业上市融资、振兴常州农机装备制造业等重要课题作了分析，提出对策和建议；探讨城乡统筹发展、重塑常州十大名点、振兴地方文化特色、贯彻《义务教育法》、保障学生享受公平教育权利等重要课题。

第三节　服务社会

一、开办学校课堂

常州业余进修学校主要由民建常州市委和常州市工商联联办，1986 年 2 月开学时，有 11 个专业、33 个班级，1282 名学员。2005 年 3 月，开办常州建华企业家课堂，为民建中央创设的全国建华企业家课堂分课堂，培养高素质、实干能力较强的本土化企业家和高级管理人才。至 2010 年末，累计培训 8.1 万人次。

二、支援老少边贫地区

1986 年，常州民建会员谈瑞庭提出综合开发广西山区遍地生长的"猫豆"资源建议，帮助当地药厂快速开发出新产品。1987—1988 年，会员谈瑞庭帮助广西东兰县制药厂解决产品质量、技术、原材料问题，促成治疗胃肠病新药批量生产，帮助该厂扭亏为盈。谈瑞庭因此被国家民委评为全国民族团结进步先进个人。1991 年，民建常州市委组织机械电子等行业的会员参加薛家乡“科技兴乡”宣传周活动，向部分企业提出管理、生产技术、产品调整等方面的意见和建议。

三、爱心扶贫济困

1991—1998 年，民建常州会员累计为洪涝灾区援建希望工程，建立再就业工程基金，捐款 4.78 万元。2002—2005 年，民建会员高纪凡与他领导的常州天合光能公司向西藏地区赠送价值 80 余万元的太阳能发电设备 16 套，向常州市光彩事业捐款 100 万元设立天合百万光彩助困基金，向西藏芒康朱巴龙小学捐建天合光彩小学，向中共西藏自治区委统战部赠送汽车 1 辆，总价值 230 万元。2001—2006 年，民建会员杜爱祥捐助农村贫困学生，捐资为农民修路，创立常州市前黄高级中学百万光彩助学基金，向常州市武进区慈善总会捐款 1000 万元，累计捐资 1650 万元，获 2006 年度中华慈善企业突出贡献奖提名。2008 年，汶川特大地震发生后，民建市委立即向 700 多名会员发出抗震救灾倡议，会员们踊跃向灾区捐款，合计捐赠 188 万元。会员高纪凡、龚瑾和朱坚因表现突出被评为民建全国抗震救灾优秀会员。

四、海外联络联谊

1986 年 4 月，民建常州市委纪念著名爱国实业家刘国钧 100 周年诞辰，举办刘国钧经营管理经验研讨会，全国政协副主席刘靖基、刘国钧的女儿刘璧如、女婿查济民和儿子刘汉栋、刘汉良及其海外亲友等 100 余人参加。1991 年 1 月在香港举办房师田、江可群母子画展，香港富商李嘉诚出资 10 万元港币买下画展全部作品，房师田回常州后把节余的 6 万元港币全部捐献给常州书画院。

第四章　中国民主促进会常州市委员会

1984 年 10 月 27 日，中国民主促进会（简称“民进”）常州市委员会成立。民进常州市委坚持“爱国、民主、团结、求实”的传统，拥护中国共产党领导的多党合作和政治协商制度，履行政治协商、参政议政、民主监督职能，加强自身建设，为常州经济和社会发展作出积极贡献。

第一节　组织建设

民进常州市委的前身是 1981 年 1 月 15 日成立的民进江苏省委直属常州市小组。1983 年 7 月 9 日，民进常州市支部成立。1984 年 10 月民进常州市委成立，有会员 38 人。民进常州市委长期开展“坚持中国特色社会主义政治发展道路，搞好政治交接”主题学习教育活动，把中共中央历年重要会议精神和中共中央统战部新颁布的多党合作文件精神作为政治学习重点，通过专题讲座、座谈会、参观调研、征文、歌咏比赛等形式组织学习，提高民进会员的理论水平和参政议政能力。2004 年，民进常州市武进区基层委员会、江苏省常州高级中学支部被评为民进全国先进基层组织。

一、会员发展

1986—2010 年，常州民进组织主要发展热爱祖国，拥护中国共产党的领导，爱岗敬业，努力为中国特色社会主义事业服务的人士入会，累计发展民进会员 590 名。至 2010 年全市有民进会员 606 名。

2010年6月常州民进会员界别分布和年龄、学历、职称构成情况表

表29-4-1　　单位：人

分类	分项	人数	分类	分项	人数	分类	分项	人数
界别	总　计	606	年龄	31～40岁	114	学历	本　科	380
	文　化	29		41～50岁	211		大　专	121
	教　育	433		51～60岁	100		大专以下	64
	科　技	21		61～70岁	90	职称	正高级	8
	经　济	47		71～80岁	61		副高级	227
	机关事业	64		81岁及其以上	22		中　级	361
	综　合	7	学历	博士后	2		初　级	10
	其　他	5		博　士	4			
年龄	30岁及其以下	8		硕　士	35			

二、基层组织设置

1984年3月，江苏省常州中学、常州财经学校和常州图书馆相继成立民进小组。1986年成立朝阳桥小学支部和第二十一中学支部，年末有支部(小组)10个。1989年成立全市第一个县区基层支部武进直属支部。2010年7月，民进武进总支部升格为基层委员会，年末全市设有基层委员会1个、支部(小组)35个。

三、会员(代表)大会

第一次会员大会于1984年10月27日召开，刘揆初作工作报告，大会选举产生第一届委员会委员5名，刘揆初当选为主委。第二次会员大会于1988年6月11—12日召开，刘揆初作工作报告，大会选举产生第二届委员会委员11名，推选民进江苏省委第四届委员候选人和出席民进江苏省第四次代表大会的代表9名，刘揆初当选为主委。第三次会员代表大会于1991年12月13—14日召开，107名代表出席，刘揆初作工作报告，大会选举产生第三届委员会委员11名和出席江苏省第五次代表大会的代表8名，刘揆初当选为主委。第四次代表大会于1996年11月12—13日召开，刘揆初作工作报告。大会选举产生第四届委员会委员13名和出席江苏省第六次代表大会的代表8名，林明德当选为主委。第五次代表大会于2001年11月18—19日召开，林德明作工作报告。大会选举产生第五届委员会委员13名和出席江苏省第七次代表大会的代表11名，林明德当选为主委。第六次代表大会于2006年12月11—12日召开，蒋必彪作工作报告。大会选举产生第六届委员会委员13名和出席江苏省第八次代表大会的代表11名，蒋必彪当选为主委。

四、专门工作委员会

1984年11月，民进常州市委成立教育工作委员会(简称"工委")。1992年5月，成立教育文化、经济科技、妇女、"三胞"4个工委。1997年2月，成立教育、文化、经科、"三胞"、妇女、青年、老龄7个工委。2002年5月，调整为教育、文化、妇女、经济科技、海外联谊、老龄工作委员会6个工委。2005年7月，调整工委名称和组成人员，设议政调研、教育、法制财经、文化、经济科技、妇女、老龄7个工委。2006年10月，原经济科技工作委员会分为经济工作和科技工作两个工委。至2010年底，民进常州市委设有8个工委。

第二节　履行职能

常州民进会员中的各级人大代表、政协委员通过参加党委、政府、政协及相关部门召开的每年"两会"、民主协商会、情况通报会、党外人士座谈会和调研考察活动，履行民主监督职能。林明德、蒋必彪先后担任政协常州市第十一届、十二届委员会副主席。1986—2010 年，会员吴泓涛担任第七至九届省人大代表，会员张志朝担任第十至十一届省人大代表。会员刘撰初担任第五至七届省政协委员，会员林明德、蔡晓方担任第八至九届省政协委员，会员蒋必彪、张美担任第十届省政协委员。1986—2010 年，常州市民进会员担任市第九至十四届人大代表有 20 人次，担任市第七至十二届政协委员 56 人次，其中常委 9 人次。

一、参政议政

民进常州市会员中的各级人大代表、政协委员，围绕中共常州市委、市政府及群众关心的热点、难点问题，对常州的城市建设管理、经济建设、流动人员子女教育、老龄问题、社会治安综合管理、历史文化保护、住宅区物业管理和垃圾处理等重大议题，提交议案提案和意见建议。1995—2010 年，提交提案议案 355 件，有 16 件被市政协大会表彰为优秀提案、社情民意。其中，集体提案《关于加强市场建设的几点建议》《优化基础教育资源配置，促进常州教育可持续发展》，得到分管副市长批示。退休会员、常州市水利局规划设计室原副主任、高级工程师吴铁的调研报告《对京杭运河常州段改线建设的几点意见》，受到市长王伟成重视。民进常州市委提出的《民进经济界会员就政府如何在现阶段为中小企业解困提出建议》，得到中共常州市委书记范燕青批示。

二、民主监督

民进常州市委主要通过调查研究、上报信息和社情民意，履行民主监督职能。2010 年，向省、市各级组织或部门反映信息 90 多条，其中被中央级、省级、市级分别采用 10 条、37 条、81 条。建议《“领导应与工人一起下井”应用制度来规范》受到中共中央政治局常委、国务院总理温家宝的重视，并作出批示。民进中央采用信息《北京一些部门虚授光环诓钱财》《乡镇干部“住城现象”不可小视》《应统一城镇自行参保人员与企业普通职工领取养老金年龄》。

第三节 服务社会

一、服务经济

1990 年 6 月，民进常州市委成立常进科技咨询服务部，尝试直接为经济建设服务。1990 年 11 月和 1991 年 9 月，该部与江苏省纺织工程学会、中国水产科学院淡水鱼业研究中心联办了纺织印染新工艺新技术研讨班、水产品人工养殖新技术培训班，开展科技兴农服务，组织科技专家 100 余人次为乡镇企业提供技术服务，帮助部分企业扭亏为盈。1993 年 5 月，民进常州市委主委刘撰初组建江苏常进会计师事务所，为全国当时唯一挂靠民主党派的独立法人所，1998 年 9 月在改制中与民进脱钩。

二、扶贫帮困

1986—2010 年，民进常州市委分别向溧阳县社渚劳改农场、常州市儿童福利院、农村严重旱灾区、长江嫩江两大流域特大洪涝灾区、台湾大地震灾区、四川汶川特大地震灾区、常州市抗癌俱乐部和红十字会、关爱女孩行动和陕西贫困地区及溧阳竹箦镇少数民族贫困家庭献爱心，踊跃捐款捐物，累计捐赠 78.28 万元。

三、社会办学

民进常州市组织从 1984 年开始办学。1992 年 9 月 9 日，常进业余学校成立，先后举办高等教育自学考试业余辅导班、暑期儿童英语班、中文大专班、成人高复班和博才外语系列培训等，累计为社会培训人才逾 1 万人次。1998 年起减免下岗职工子女学费。2008 年 2 月停办。

四、下乡服务

1986—2010年，民进常州市委开展送文化、送教育、送医疗下乡（简称“三下乡”）活动，先后组织会员到江阴澄西船厂、武警部队、海航部队和武进的洛阳镇、万绥镇、潘家镇、礼嘉镇、芙蓉镇与溧阳的后周镇等乡镇的企业、新市民学校开展“三下乡”活动。

第五章　中国农工民主党常州市委员会

改革开放后，农工民主党（简称“农工党”）常州市组织恢复活动。1986年以后，农工党常州市委坚持中国共产党领导的多党合作和政治协商制度，认真履行参政议政、民主监督职能，对全市经济建设、社会发展提出许多提案、意见和建议。组织医卫、教育、科技、文化等界别的专家围绕中共常州市委、市政府和群众关注的经济建设、社会发展热点、难点问题，积极建言献策。农工党常州市委每年向市政协大会提交大会发言和集体提案，多件提案得到市领导的批示和重视，多项建议被政府及其相关部门以市政府文件和改进措施等方式采纳。

第一节　组织和思想建设

农工党常州市委坚持接受中国共产党的领导，发扬社会主义民主、体现政治联盟特点、体现进步性和广泛性相统一的原则，以思想建设为核心，以组织建设为基础，以制度建设为保障，把自身建设提高到新的水平。2010年，农工党常州市委设有参政议政、医卫、文教、经科、妇女、联络、老龄7个工作委员会，有基层组织36个、党员820名。

一、党员发展

1986—2010年，农工党常州市委把组织发展工作重点放到高素质、高层次的代表性人士上来，保持农工党的特色和优势。全市累计发展党员725名，其中本科及其以上学历418人，其中硕士38人、博士12人；中高级职称259人。2010年末，全市有农工党员总数820名，平均年龄56岁。

二、基层组织设置

1988年，农工党常州市委对基层组织进行调整和改选，共有基层组织28个。1990年1月，农工党武进县委员会成立，成为“文化大革命”后江苏成立的第一个农工党县级组织。1991年，农工党常州市委对基层组织进行调整和改选，共计基层组织35个。1993年10月，农工党常州市委对基层组织（除农工党武进县外）进行调整和改选，共计基层组织28个（25个支委会、3个支部）选出支部正副主任委员（主任）和委员106人。1996年6月，农工党常州市委对基层组织（除农工党武进县委外）进行调整和改选，30个基层组织中有层组织（除农工党武进市委外）进行调整和改选，28个基层组织（23个支委会、4个支部、1个小组）选出支部正、副主任委员（主任）和委员103名。2002年6月，农工党常州市委（除农工党武进区委外）有28个基层组织调整、改选，选出正、副主任委员（主任）和委员108名。2006年5月，农工党常州市委对基层组织（除农工党武进区委外）进行调整和改选，有28个基层组织选出正、副主任委员（主任）和委员104名。2010年末，全市有农工党县（区）级地方组织1个，基层组织37个，其中单一支部24个、综合支部13个。

2010年常州农工党员界别分布和年龄、学历、职称构成一览表

表29-5-1 单位：人

分类	分项	人数	分类	分项	人数	分类	分项	人数
界别	医卫	414	界别	其他	66	年龄	71岁及其以上	189
	教育	159	年龄	40岁及其以下	127	学历	大学及其以上	523
	文化	40		41～50岁	236		大专及其以下	297
	科技	92		51～60岁	106	职称	高级	330
	政府部门	49		61～70岁	162		中级	354

三、党员代表大会

第六次党员代表大会于1988年10月15—16日召开，114名代表出席，蒋志云作工作报告，大会选举产生第六届委员会常委13名，蒋志云当选为主委。第七次党员代表大会于1991年12月1—3日召开，120名代表出席，蒋志云作工作报告。大会选举产生第七届委员会常委10名，高谷深当选为主委。第八次代表大会于1996年10月17日召开，120名代表出席，高克柔作工作报告。大会选举产生第八届委员会常委12名，高克柔当选为主委，推选蒋志云、高谷深为名誉主委。第九次代表大会于2001年10月12—13日召开，120名代表出席，高克柔作工作报告。大会选举产生第九届委员会常委9名，陆志奋当选为主委，推荐蒋志云为名誉主委。第十次代表大会于2006年10月12日召开，120名代表出席，陆志奋作工作报告，选举产生第十届委员会常委9名，陆志奋当选为主委。

四、思想宣传教育

农工党常州市委采取参加中心组学习日活动、中共常州市委统战部有关学习活动，举办培训班、外出考察、参观等形式，基层支部采取组织生活会、多支部联合活动、参观考察等形式，组织成员、机关干部学习中共中央文件、中共领导讲话精神、全国和省市"两会"精神、中共各届代表大会精神等，提高成员政治思想水平和整体素质。1997年，在庆祝香港回归祖国之际，举办专场京剧晚会和书画作品展。2007年至2008年10月，农工党常州市委开展政治交接学教活动。2004—2009年，累计举办或参与多党合作、统一战线和参政议政等理论研讨、宣讲活动45次，撰写理论研讨文章97篇，获农工党中央、农工党江苏省委和政协常州市委、中共常州市委统战部奖励15项。2004年，农工党常州市委举办纪念邓小平同志诞辰100周年艺术展等系列纪念活动。2008年，在纪念中共中央"五一口号"发布60周年和改革开放30周年系列活动中，农工党常州市委组织12篇文章参加"薪火相传"征文活动，开展"我与改革开放30年"征文活动。2009年，庆祝中华人民共和国成立60周年、人民政协成立60周年和中国共产党领导的多党合作和政治协商制度确立60周年，举办纪念座谈会、"亲历60年"征文、文艺演出、摄影大赛和演讲比赛5项活动。

第二节 履行职能

农工党常州市委主要领导每年多次参加中共常州市委和常州市政府、市政协举行的协商会、情况通报会、座谈会，列席中共常州市委全体（扩大）会议和有关工作会议，对常州市经济发展、精神文明建设、重大人事安排、重大改革方案等提出意见和建议。1992年起，农工党常州市委开始每年举办一次"议政周"主题活动，以"科教兴市"、精神文明建设、"我为常州献光彩"、"我为常州添良策"和"我为保增长促发展献一计"等为主题，邀请对口联系部门领导向成员通报情况。1998年3月，农工党常州市委成立参政议政工作委员会。至2010

年底，“议政周”活动累计报送合理化建议1200多条，“议政周”为南京、苏州等地农工党及常州其他党派借鉴，同年6月21日《人民政协报》对此进行了报道。1996—2000年，农工党常州市委主要领导围绕常州市制定国民经济和社会发展第十个五年计划、社会主义精神文明建设“十五”规划等重大事项，坦诚建言，发表意见和建议。2007年，主要领导出席中共常州市委、市政协召开的协商会、通报会、座谈会15次，在中共常州市委、市政协召开的座谈会上三次代表民主党派发言。1986—2010年，农工党各级人大代表、政协委员在每年各级“两会”期间，累计提交议案、建议及提案587件，其中党派集体提案76件。2010年底，常州市有农工党全国人大代表、省人大代表各1名，省政协委员3名；市人大代表8名、政协委员25名；辖市区人大代表6名、政协委员33名，共计61名(其中交叉15名)。

一、参政议政

政协大会提案 1996—2000年，农工党常州市委两次提交关于提高常州市院前急救水平的党派提案，市政府投资100余万元，很快在临近高速公路的新区建立急救站，在城区相继建起急救分站，缩短了常州市抢救病人出车区域的半径。市政府协调落实资金改造常州市“120”通信系统，将人工接插电话改建为与“110”联动的通信指挥系统，赢得了抢救时间，提高了院前急救水平。2001—2005年，以党派名义提交集体提案23件，其中《认真贯彻落实〈献血法〉的几点建议》等6件提案被市政协评为优秀党派提案。2007年全国“两会”期间，农工党党员、全国人大代表周银妹提交《加强流动人口管理的建议》等提案；省政协委员陆志奋、陈建国和省人大代表倪晓谦分别提交《关于调整基本医疗保险目录的建议》等提案、建议，《关于进一步发挥常州市慈善基金的作用》获优秀提案奖。农工党常州市委同年向市政协全委会提交党派提案5件。2008年，在江苏省“两会”上，全国人大代表周银妹，省政协常委陆志奋和委员陈建国、程立力与省人大代表李定龙分别提交《加快我省节约型社会建设》《重视我省民营医疗机构发展的建议》等提案和建议。2009年在江苏省“两会”上，农工党江苏省委提交农工党常州市委的集体提案《对加强高层建筑规划管理工作的几点建议》。2009年，农工党常州市委提交《对常州市创业投资工作的几点建议》《和谐常州建设要重视突发公共危机的处理》等5件党派提案。2010年，农工党常州市委向市政协提交了《对推进我市养老服务体系建设的建议》《对进一步完善我市产业集群发展政策的建议》等3件党派提案。

2009年，在江苏省“两会”上，省政协常委陆志奋和委员陈建国、程立力与省人大代表李定龙提交《和谐江苏建设要重视突发公共危机的处理》《对我省动漫产业发展的几点建议》等提案和建议。农工党常州市委的《加快常州市资源节约型社会建设的几点建议》等两件提案被评为市政协十二届一次会议以来的优秀提案。2010年初，两份调研报告分别被农工党江苏省委、市政协录用为省政协集体提案和党派大会发言选题。全国人大代表、农工党常州市委常委周银妹向十一届全国人大三次会议提交《关于加强中小企业转型升级扶持工作的建议》。农工党常州市委提出的《建议加大力度扶持国产自主创新医疗器械产业发展》被全国政协录用，得到中共中央政治局常委、国务院副总理李克强的批示；《建议高度关注人才“西进大陆”的求职意愿》《建议加大石油进口为子孙后代造福》被中共中央统战部录用；《应加大力度扶持中小企业参与政府采购》《建议政府积极参与“北美留交会”》被中共江苏省委办公厅录用。1986—2010年，农工党各级人大代表、政协委员在各级“两会”期间，累计提交议案、建议及提案587件。

政协大会发言 1997年，农工党常州市委领导在政协全委会上所作《开展全民健身一条街和健身节活动》发言，所提建议被市政府列入当年为民办实事内容，扩建健身场所1万平方米，培训社会体育指导员100名，开放8个公园和5所学校操场作为市民晨练场地，举办全民健身节。2001—2005年，农工党常州市委在市政协历次全委会上，围绕文化主题公园建设、改善医患关系、推进药品流通体制改革、提升社区建设和加强小城镇建设等内容作了大会发言。2007年，副主委陈建国作大会发言《提高常州市有效投入绩效，推动常州市经济建设发展》。2009年，副主委胡建平在常州市政协十二届二次会议上作《对常州市农村生态环境建设的几点建议》。

二、民主监督

农工党常州市委主要通过开展调查研究，搜集、反映社情民意，履行民主监督职能。

调查研究 1998年以后，农工党常州市委每年突出重点，选好调研课题，围绕社会主义新农村建设、科普工作、健康教育、社区建设、城市生态建设、医疗保险、文化建设等开展专题调研，形成报告或党派提案，为中共常州市委和市政府提供决策依据。2002年，与市人大农村经济工委联合开展加强农产品质量安全的调研。2003年与市人大教科文卫工委、财经工委联合开展药品流通情况的调研。2005年、2006年，先后与市政协资源环境委员会、经济科技委员会联合开展加快小城镇建设、提高有效投入绩效的调研。

2008年，农工党常州市委确立农村生态环境建设为重点调研课题，形成政协大会发言材料；开展改善常州市医患关系、加快药品流通体制改革、关注亚健康人群卫生需求、构建文化主题公园系列、加强突发性社会危机管理、重视常州名人名宅保护、加强对垃圾信息的治理和监管、加快实施现代服务业人才建设工程、解决外来务工人员子女入学难和加强大学生心理健康教育、市政府采购和发展循环经济等课题调研，提出意见建议，药品流通体制改革的调研报告入选农工党中央举办的医卫体制改革研讨会。市长王伟成对关于加强现代服务业人才建设的党派提案作了批示，责成有关部门会办。2009—2010年，农工党常州市委完成农工党江苏省委《产业集群发展与创新政策研究》《关于我省生态补偿机制的调研》等3个调研课题，与中共常州市委统战部重点调研课题《对我市社区卫生惠民政策落实情况的调研》和专项课题《对推进我市流动人口计生工作的建议》，牵头起草《常州市科技创新政策落实情况分析研究》，呈报中共常州市委主要领导。

社情民意 2007年2月，农工党常州市委把社情民意工作纳入目标管理，2007年7月实施统战信息目标考核机制。2001—2005年，上报社情民意和统战信息373条。2004—2008年，被农工党中央、江苏省委和常州市政协分别评为社情民意信息工作先进单位。2009年，被全国政协、中共中央统战部、中共江苏省委办公厅、统战部和中共常州市委办等单位录用信息130条次，所报送社情民意得到市领导批示10次。

第三节 服务社会

常州农工党成员多数为医药卫生、科学技术、文化教育界享有盛誉的精英，其中医卫界的约占60%，他们主动参加为民义诊、送医下乡活动。在每年儿童节、教师节前夕都会为儿童、教师开展健康咨询服务，定期到缺医少药的边远农村为农民提供医疗服务，部分名医成员经常参加全市性医疗义诊服务活动。农工党内的书画家成员每年春节前都到工厂、农村、学校、部队、机关等单位送字送画送春联，经常举办书画展，服务社会。2003年，农工党常州市委被农工党中央评为社会力量办医先进集体。

一、咨询服务

医疗健康服务 1992年7月，农工党常州市委开办全市首家临终关怀病房，至2010年底，累计为患老年性痴呆、脑血管意外、晚期癌症等患者300余人提供心理安慰、临床护理。2002年起，农工党常州市委在每年11月11日前后的“国际科学与和平周”期间，遵照农工党中央的部署，先后在溧阳后周镇、五交化广场、钟楼花园社区、戚墅堰丁堰镇、南大街步行广场、新北河海街道、武进雪堰镇等地，相继开展医卫、科技、文化、法律进社区和“关爱新市民健康”、法律服务行等主题活动，义诊、咨询服务群众1200余人次。

送医下乡进社区 1996—2000年，农工党常州市委组织医疗服务队分赴金坛茅麓镇上杭村、西旸镇，武进小河、焦溪镇，江苏石油化工学院、常州国际学校等开展医卫咨询服务活动，受益人数2850人次；举办组织科技、健康培训讲座11次。2001—2005年，组织农工党内专家253人次开展医卫、科技、文化、法律等咨询、讲座活动39次，受益5900人次。2007年，纪念中国共产党诞辰86周年和香港回归10周年，农工党常州市中医医院支部组织23名中医，在薛家人民医院义诊。2008年，开展送医下乡活动4次，义诊村民1250余人次。2010年2月，中共常州市委统战部、农工党常州市委组织部分医卫专家在溧阳后周镇义诊。6月，农工党内专家在武进雪堰镇举办土壤环境与妇女健康专题讲座、妇女病义务咨询等活动。

农工民主党常州市委关爱新市民大型义诊(摄于2010年9月)

文艺活动 1994年4月，农工党常州市委成立前进京剧团联谊会。2004年2月，该联谊会两次参加中央电视台戏曲频道《过把瘾》节目，现场录制《走进常州》京剧票友演唱活动。1996年3月，党员周蕴华在澳门举办中国画展、剪纸展。2000—2001年，党员殷延平因主演《我要做好孩子》先后获文化部文化表演奖、中国戏剧梅花奖，此前曾获上海首届戏剧表演艺术白玉兰奖主角奖。2007年8月28日，周蕴华家庭剪纸捐赠展暨书画展在江苏省美术馆展出，向该馆捐赠剪纸作品100件。党员缪宏2003年在常州、南京举办90岁画展。党员莫静波国画《晋陵秋》等3幅作品被中南海收藏，陈列于紫光阁。2009年4月9日，农工党常州市委举办季全保创作的“老常州系列”60幅连环画展和纪念常州解放60周年画展。农工党党员、中国作家协会会员、知名作家陆涛声创作出版文学著作多部，其中小说《再见千岛湖》获《小说月报》杂志第八届百花奖。

二、扶贫济困

1998—1999年，农工党常州市委向常州下岗特困职工和东北三江流域特大洪灾、台湾地震灾区募集救助赈灾款5.47万元。2003年，在抗击非典型肺炎期间，160余名农工党党员奋战在救治防护一线，常州3个支部和4名党员分别被农工党中央评为抗击“非典”先进集体、优秀党员和先进个人。2006年，农工党党员周银妹任董事长的常州长青投资集团公司向常州市慈善基金认捐1000万元。2008年汶川特大地震发生后，全市农工党基层组织、党员捐款70余万元，其中特殊党费6万元。党员高书生、顾卫东等作为对口支援绵竹市医疗卫生总队队员，到灾区参加公共卫生工作。1998—2008年，常州农工党党员捐款1080余万元，农工党党员累计向西部助学支教和“农工世纪林”活动捐款4万元。党员周玉麟化名“劳衷怡”（老中医）捐款4万余元，资助5名学生，被《光明日报》等报纸连续报道。

三、服务经济

2001年，农工党常州市委关于加快城市“畅通工程”的提案，引起市政府更加重视道路设施改造建设，合理有效调控交通流量，提高了城市主干道通行能力。2007年，农工党常州市委成立经济科技工委，成为服务经济建设的新机构。2010年，农工党常州市委主动落实3家企业、5个项目分别与南京大学、东南大学等院校实现校企对接。

第六章　中国致公党常州市委员会

1983年致公党常州组织建立后，积极履行民主党派参政议政、民主监督职能，发挥致公党的“侨”“海”特色，为常州社会发展和经济建设服务；加强自身建设，提高致公党员的政治素质和理论素养；积极开展海外联谊工作，做好海归人士工作，维护归侨侨眷合法权益；引领全市致公党员立足本职岗位，争创佳绩，为常州经济和社会的发展做出积极贡献。

第一节　组织和思想建设

1983年6月，致公党中央副秘书长赵平、组织部处长廖信豪到常州筹建组织，介绍吸收承科、罗清和、徐东晃、曾荣、程赦铭、高莲荪为致公党党员，成立致公党常州市小组，承科任组长。1984年4月，致公党中央主席黄鼎臣率工作组到常州检查工作。致公党常州市小组按照黄鼎臣的指示，开始筹备成立致公党常州市工作委员会。9月10日，致公党常州市工作委员会成立，承科担任主委，罗清和任副主委兼秘书长。1990年5月18—19日，致公党常州市委成立。至2010年底，致公党常州市委设有11个基层支部，有党员181人。

一、党员发展

《中国致公党党章》规定，致公党主要发展归侨侨眷中的中上层人士和其他有海外关系的代表性人士。致公党常州市委按《关于民主党派组织发展若干问题座谈会纪要的意见》，积极稳妥地发展组织。1986—2010年，全市累计发展致公党党员166名。至2010年底，全市有致公党党员181名，党员平均年龄有所下降，学历大幅提高，大学以上学历、中高层次职称或职务者所占比例分别达91%、92%。全市有20多名致公党员先后被聘为特邀监察员、审计员、行风监督员、人民监督员、特约检察员、人民陪审员等，参加省、市税收、财务、物价大检查和全市反腐败大检查。在1997—1999年“三讲”教育学习、2004—2005年保持中共党员先进性教育和2009年深入学习实践科学发展观等活动中，30多名致公党员被所在单位聘为民主评议员。

2010年常州致公党党员界别分布和年龄、学历、职称构成情况表

表29-6-1　　单位：人

分类	分项	人数	分类	分项	人数	分类	分项	人数
界别	总　计	181	界别	新社会阶层	20	年龄	61～70岁	23
	教　育	35		机　关	27		71岁及其以上	36
	科学技术	16		其　他	7	学历	大学及其以上	163
	医疗卫生	29	年龄	40岁及其以下	29		其　他	18
	文化艺术	9		41～50岁	62	职称	高　级	70
	公有制经济	38		51～60岁	31		中　级	86

二、基层组织设置

1985年，致公党常州市工作委员会成立后未建立基层组织。1987年3月成立科技、教育、文化卫生3个基层支部。1990年，致公党常州市委成立后，根据党员数量、行业分布情况，建立科技一、科技二、教育和综合4个支部。2002年，调整为科技一、科技二、教育一、教育二、综合、医卫和机关7个支部。2004年、2005年先后设立致公党新北区支部、戚墅堰区支部。2007年，支部设置再度调整，全市设退休一、退休二、退休三、综合、科技、教育、医卫、机关、新北区、戚墅堰区和埠外11个支部。

三、党员（代表）大会

第一次党员大会于1990年5月18—19日召开，69名代表出席，承科作工作报告，大会选举产生致公党常州市委第一届委员会委员8名，承科当选为主委。第二次党员大会于1991年10月28—29日召开，74名代表出席，张国秋作工作报告，大会选举产生致公党常州市第二届委员会委员7名，张国秋当选为主委。第三次党员大会于1996年11月14—15日召开，83名代表出席，曾荣作工作报告，大会选举产生致公党常州市第三届委员会委员7名，曾荣当选为主委。第四次党员代表大会于2001年11月28—29日召开，71名代表出席，张云云作工作报告，大会选举产生致公党常州市第四届委员会委员9名，张云云当选为主委。第五次党员代表大会于2006年11月27—29日召开，75名代表出席，张云云作工作报告，大会选举产生致公党常州市第五届委员会委员9名，张云云当选为主委。

四、专门工作委员会

2001年11月，致公党常州市第四届委员会成立后，下设6个专门委员会，分别是参政议政工委、组织工委、宣传工委、妇女工委、老年工委、海外联络工委。2006年11月，致公党常州市第五届委员会调整专委会，设立参政议政、组织发展、宣传信息、妇女和老年、社会服务和经济科技、海外联络6个工委。

五、思想宣传教育

1986—2010年，致公党常州市委通过《中国致公》《江苏致公》《团结报》等统战主流刊物和常州电视台、《常州日报》等媒体，宣传先进人物、特色活动和参政议政成果。1984年，致公党常州市委创办内刊《常州致公》，一般每季一期。2000年，致公党常州市委开展历时7个月的“怎样当好一名新时期致公党员”大讨论，党员参与率达84%。2007年7月至2008年12月，致公党常州市委在致公党员中开展了以坚持走中国特色政治发展道路为主题的政治交接学习教育活动(简称“学教活动”)。2008年2月，致公常州网站正式开通，至2010年底累计有3万余人次登录交流。2009年，组织全市致公党员开展“学习贯彻科学发展观”活动。2010年，致公党常州市委上报的宣传报道和信息被中央、省、市级宣传媒体录用235篇，其中中央级刊物和网站录用58篇。5月，编印发行庆祝致公党常州市级组织成立20周年画册《回眸历程》。

第二节　履行职能

1985年以后，致公党常州市委历届主要领导多次参加中共常州市委、市政府的情况通报会、民主协商会和党外人士座谈会，参与全市重大问题与人事安排等的决策协商；主要领导参加市人大、政协组织的视察、调研活动，就涉及常州发展的科技、经济等问题进行民主协商。常州市致公党员应邀参加所在单位中共组织召开的协商会、通报会，参与协商发展大计。致公党常州市委每年召开参政议政工作会议，部署参政议政工作，完善工作机制。1986—2010年，全市致公党员中担任各级人大代表、政协委员50多人，其中担任省人大代表1人、市人大代表15人和市人大常委会委员1人，省政协委员2人、市政协委员30人和常委5人，区人大代表10人、区人大常委会副主任1人和常委2人，区政协副主席1人、常委5人和委员20人。

一、参政议政

1992—2010年，致公党常州市委历届主要领导累计在市政协全委会上作大会发言19次，为中共常州市委、市政府的民主决策、科学决策提供依据。2000—2001年，致公党中央开展参政议政质量效果年活动，致公党常州市委注重提高参政议政的质量意识。2006年，致公党常州市委主委张云云在省政协会议上提出个人提案《关于对福利机构大龄儿童安置的几点建议》。2008年，致公党常州市委试行人大代表、政协委员履责情况报告制度，组织担任人大代表、政协委员的党员交流年度履职情况，对常州经济社会发展的重大问题提出意见和建议，收集和反映致公党员和侨界人士的意见和建议。1986—2010年，全市致公党员中的各级人大代表、政协委员在历年“两会”上提交议案、提案350多件，其中致公党市委集体提案30多件。2010年，22名担任市、区人大代表、政协委员的致公党员提交议案建议和提案50多件，市人大代表、致公党常州市委副主委黄富华提出的《尽快改造同济立交桥、张太雷纪念馆周边环境》的建议被市人大常委会列为“领导督办件”。

二、民主监督

致公党常州市委主要通过开展调查研究活动，搜集、反映社情民意、信息，履行民主监督职能。

调查研究 1986年，致公党常州市委成立参政议政工作委员会，对调研课题进行论证、审核，撰写调研报告，为中共常州市委、市政府民主决策提供科学依据。此后，每年都单独或与市各民主党派、工商联联合开展调研，撰写调研报告，为常州经济和社会发展献计出力。1986—1995年，致公党常州市委联合市侨办、侨联先后组织对金坛茅山革命老区、金坛盐矿进行开发利用、常州“工业振兴计划”重点产品多缸柴油机和轮式拖拉机、加强农村群众文化建设、侨港资企业等9个课题展开调研。1996—2000年，先后组织对常州中医事业发展，企业用工监管、防止下岗面扩大化、金坛茅山老区开发、市戒毒康复中心、纯净水市场现状、社会福利事业等8个课题展开调研。2001—2005年，组织对常州职业技术教育、无公害农业、国内侨眷赴国外探亲假期、提高城管质量、建立海归人员创业基金、加强婚前检查、露采矿山、侨港资企业等12个课题，单独或与市农林局、房管局和“五侨”其他部门联合进行调研。2006—2010年，着重组织对常州非物质文化遗产保护、低保问题、创新常州园区发展理念、引进外资创新与拓展、保护“齐梁故里”文化、海归创业企业、公共租赁住房长效管理、全市侨界捐赠和归侨基本生活状况9个课题进行调研。

社情民意 致公党常州市委从1995年起开展社情民意和信息工作，及时收集和反映常州市致公党员对国内外重大事件、突发事件、社会发展的热点难点问题的意见建议，供领导决策参考。2009年初，为应对国际金融危机开展的“我为常州发展献一计”活动收到建议60条，有8条建议获得全市“我为常州科学发展献一策”建议征集活动三等奖、鼓励奖。1995—2010年，累计上报信息900多条，有近500条被中央和省市录用。

第三节 服务社会

1986—2010年，致公党常州市组织发挥和凝聚全市致公党员的力量，开展社会服务活动，全市致公党员在本职工作岗位上建功立业。

一、服务经济

引资引智 1994年，经党员潘同江牵线，总投资300万美元的合资华美装饰建材工业公司成立。1996年，经党员赵斌牵线，常州第四制药厂与美方合资成立常州华丰制药公司，总投资180万美元。1997年，赵斌引进的独资企业华生制药公司成立，总投资1500万美元。2000年，致公党员留美博士孙晓慰携全家回到常州，创办常州爱思斯特净化设备公司，成为全市首位海外回国创业的博士。2006年，党员高戈与他人牵线促成法国瓦鲁瑞克钢管厂在常投资，一期投资8000万美元。2007年，企业家党员何广平、陆卫军分别投资2500万元、1000万元创办新企业，开发新产品。2009年，致公党员钱亚娟牵头引进华润包装材料、九龙仓集团、东晟集团、迪扬项目，引进资金近3.6亿美元。1986—2010年，致公党员牵线搭桥为常州引进外资和港澳台资及自身投资5亿美元。

致福工程 即智力扶农，免费教农民上网工程。2003年，致公党江苏省委决定以免费培训农民学电脑为突破口，开展科技扶农。常州成为当年全省4个试点单位之一。2005年1月，全省“致福工程”现场会在金坛培训点召开。武进、金坛、溧阳农村有致福工程培训点4个，争取到省、市专项培训资金近200万元，举办培训班160多期，免费培训农民逾5000人次。致公党常州市委组织志愿者队伍到培训点去教农民学习电脑，连续3年组织致公党员向金坛、溧阳农民捐赠电脑55台。2008年5月，致公党常州市委被表彰为全省致福工程先进集体。致福工程获全市统一战线服务经济建设活动“十佳项目”奖。

对口交流 1989年起，致公党常州市委与市外经委、侨办建立对口联系制度，开展对口交流。1989年，党员中的归侨侨眷到常州柴油机厂、常州钢铁厂进行“三爱”教育活动。2002—2003年，致公党常州市委邀请台商、台湾中华洪门总会盟长刘沛勋和台商侯光亚参加在常州举办的国际中小企业商品博览会；邀请并接待澳新洪门致公总堂委员长许建国到常州洽谈合作，澳大利亚政府原顾问、战略投资家格林·本杰明为常州外向型经济的发展出谋划策。2009年，国际金融危机爆发，致公党常州市委倡议致公党员企业家增强信心，“抱团取暖”，7月召开“创业与发展”座谈会共商化解金融危机的策略。至2010年，致公党常州市委领导多次邀请大批海外客商到常州参与常州市时装节、新产品交易会和国际中小企业商品博览会等对外经贸活动。

二、社会办学

致公英语进修学校 1985年，致公咨询服务部举办第一期业余广东话培训班，同年开设初级日语班，服务“对外开放，对内搞活”经济政策，帮助学员克服语言障碍，促进对外交流。该部针对常州对外交流日益频繁、外语人才紧缺的实际，先后开办儿童英语班、跟我学、走遍美国、商务英语、中级英语班、托福班、GRE英语班等系列培训，14年培训培养外语人才6000多人次。1998年，该校因规范社会办学等形势变化而停办。

致公党常州市委向溧阳市“致福工程”培训点赠送电脑（摄于2009年10月）

英语角、日语角 1986年2月，致公党常州市委、民进常州市委在人民公园东北角举办英语角活动。每周日上午，部分英语爱好者汇集于此练习英语会话，提高英语听说能力，邀请英语老师、外籍朋友参与，免费发放中央电视台热播的英语节目《走遍世界》中英文资料。1987年举办全市首届英语演讲比赛。此后，与市台联在人民公园办起日语角，为常州培养日语人才。

爱心助学 1986—1987年，致公党常州市委妇女工作组连续两年慰问常州市聋哑学校的教职员工和学生，赠送礼品和学习用品。1997年2月，致公党员、常州化工设计院高工邹福延向江苏石油化工学院捐赠化工专业书籍近500册。1997年，致公党市委组织医护人员到金坛革命老区花山乡，将700余册图书和100多件文具、玩具等捐赠给老区小学。1998年、2002年和2004年，致公党党员捐款爱心助学，资助家庭贫困生4名。2003年9月，致公党中央号召全国致公党员投入“新长城”特困大学生自强项目捐款活动，全市致公党员踊跃捐款帮助特困大学生。2005年，综合支部开展向农民工子弟学校红星小学赠书活动，该支部每年出资1万元助学，连续两年举办栽种“致愿林”“义卖会”等活动。

三、送医下乡进社区

1986 年 4 月，致公党常州市委组织常州市知名医师组成医疗队到金坛罗村乡义诊。1997 年，致公党员医护人员到金坛花山乡义诊，服务茅山地区革命老区开发。1999 年儿童节前，组织致公党员中的医生为常州市社会福利院的 81 名儿童体检，建立健康卡。医卫支部在 2006 年“三下乡”活动中为常州市局前街小学的女教师进行义诊。

四、募捐赈灾济困

1991 年，常州市遭遇特大洪涝灾害，致公党员和市委机关干部踊跃捐款，赠送寒衣。1999 年 7 月，向长江嫩江两大流域特大洪灾的灾民募捐赈灾款 3150 元。2003 年，医卫、科技支部赴金坛水北镇开展“三下乡”活动，建立致公图书室，赠送关于农村生产知识、法律法规的书籍近 400 册。综合支部到清潭社区开展“与法同行”法律咨询活动。2007 年，致公党常州综合支部与兰陵中学团委组建的志愿社团启动。2008 年 1 月，中国南方地区大范围遭遇 50 年一遇的暴雪，全市致公党员捐款 7070 元。2008 年 5 月，四川汶川特大地震发生后，致公党常州市委紧急开展两次募捐活动，捐款 10.39 万元。

五、海外联络联谊

1986—2010 年，全市有致公党员 200 余人次到美国、德国、法国、意大利、荷兰、日本、印尼、泰国等 20 多个国家因公出访、探亲访友；致公党常州市委接待 30 多个国家的华侨华人 50 余批 300 多人次，加深了致公党与海外相关组织人士的联络联谊。2000 年，党员黄国华的儿子黄旭培博士回常州探亲期间，为常州医药界人士作学术报告《世界生命科学研究的动态》。致公党员、法国职业艺术家协会会员、旅法画家丘林·柏达龙两次携画作在常州、南京举办法国画家油画展，向刘海粟美术馆赠送油画作品。致公党员邹福延动员其胞兄、美国著名科学家邹福康到江苏工业学院作学术报告。2007 年，“五侨”部门邀请、接待了美国洛杉矶的罗兰长青合唱团 20 人，在常期间与常州老年大学合唱团联办《友谊地久长存》联欢会。

第七章　九三学社常州市委员会

1986 年九三学社常州市委员会成立后，组织不断巩固和发展，社员人数逐年上升，成为致力于建设中国特色社会主义和振兴常州的重要政治力量。在改革开放和现代化建设的新时期，九三学社常州市委历届领导班子团结社员，继承和发扬光荣传统，增强政治把握能力、参政议政能力、组织协调能力和合作共事能力，围绕常州各个时期的中心工作，组织开展政治、经济、文化、社会发展等方面重大事项的调查研究，履行政治协商、参政议政、民主监督职能；发挥科技人才集中的优势，开展科技咨询、社会办学、专家下乡村和对外联络等富有本社特色的社会服务活动，为常州和谐社会建设做出贡献。

第一节　组织和思想建设

1983 年 2 月，九三学社社员刘总成由上海调到常州工作，到九三学社江苏省委转组织关系时，接受了组建常州九三组织的任务。是年 5 月至 1985 年 4 月，他与江苏化工学院副院长孙载坚先后在戚墅堰机车车辆厂、常州冶炼厂等单位发展首批社员 19 人。1985 年 10 月 8 日成立九三学社江苏省委直属小组，孙载坚任组长，周恒春、卢寿松任副组长。

一、社员发展

1986—2010年，常州市累计发展九三学社社员284名。2010年末，全市有九三学社社员344名，其中在职209名、不在职135名，高级职称248名、占总人数的72.4%，中级职称96名，男社员233名、女社员111名，分别占67.7%、32.3%。

2010年九三学社常州市社成员界别分布一览表

表29-7-1 单位：人

界别	人数	占比(%)	界别	人数	占比(%)	界别	人数	占比(%)
高等院校	93	27.0	农　林	1	0.3	法　律	3	0.9
科学研究	80	23.3	财政经济	9	2.6	政府机关	20	5.8
医药卫生	43	12.5	文化艺术	3	0.9	党派机关	6	1.7
工程技术	66	19.2	普通教育	9	2.6	其　他	11	3.2

二、基层组织设置

1986—1990年，常州市建有九三学社支社5个、直属小组10个。2001年6月，九三学社常州市委成立医卫支社，翌年12月事业综合支社改组成立事业一支社、二支社，至此全市有基层组织13个。2005年6月，成立江苏技术师范学院支社，机电小组改成支社，至此全市有基层组织15个。2008年7月，常州科教城支社成立，全市致公党基层组织增至16个。2009年9月15日，钟楼区所属6个支社委员会选举，成立九三学社常州市钟楼区工委。翌年5月，新北区支社成立。2010年底，全市九三学社有基层工委1个、混合支社13个和单立支社7个。

三、社员（代表）大会

第一次社员大会于1986年9月9日召开，60名社员出席，孙载坚作工作报告，大会选举产生第一届委员会委员5名，孙载坚当选为主委。第二次社员大会于1992年1月20—21日召开，123名社员出席，周恒春作工作报告，大会选举产生第二届委员会委员9名，胡沛成当选为主委。第三次社员代表大会于1996年10月30—31日召开，61名代表出席，卢寿松作工作报告，大会选举产生第三届委员会委员11名，胡沛成当选为主委。第四次社员代表大会于2001年11月1—2日召开，91名代表出席，胡沛成作工作报告，大会选举产生第四届委员会委员11名，出席省社五次代表大会代表7名，朱晓敏当选为主委。第五次社员代表大会于2006年11月1—2日召开，130名代表出席，朱晓敏作工作报告，大会选举产生第五届委员会委员11名，出席江苏省第六次代表大会代表9名，朱晓敏当选为主委。

四、专门工作委员会

1986年，九三学社常州市委设组织部、宣传部，1992年增设科技工委、妇女工委。2003年增设老龄工委。2006年，增设参政议政工委，科技工作委员会改为社会工委。

五、思想宣传教育

1989—1990年，九三学社常州市委领导参加中共中央《关于中国共产党领导的多党合作和政治协商制度的意见》等学习班，举办两期干部学习班和新社员学习班。1991年6月28—29日，九三学社常州市委在中共常州市委党校举办加强自身建设学习班。1998年，组织学习贯彻九三学社第六次全国代表大会精神。

翌年9月，举办纪念建社与庆祝新中国成立50周年诗文朗诵活动。1997年9月、1999年7月，先后举办青年社员基层干部学习班、基层干部培训班。2005年9月举办常州九三学社地方组织成立20周年系列活动，九三学社中央主席韩启德发来“坚定不移地走中国特色政治发展道路”的题词。

2007年，九三学社常州市委组织社员学习《关于巩固和壮大新世纪新阶段统一战线的意见》精神，举办统战理论培训班。2008年，全社纪念“五一口号”发表60周年，纪念改革开放30周年征文活动收到文章30多篇。2009年8月31日，纪念新中国成立60周年与中国共产党领导的多党合作和政治协商制度建立60周年。2010年，向全市343名九三社员发出“从我做起，践行文明省运”的活动倡议，号召说文明话、办文明事、做文明人，推进常州创建文明城市。2007年9月至2008年12月，开展坚持走中国特色政治发展道路为主题的政治交接学习教育活动。2008年5月，30多名骨干及机关全体人员参加在省社会主义学院举办的政治交接学习教育活动骨干培训班。2008—2010年，全市48名新社员参加中共常州市委统战部、常州市社会主义学院举办的民主党派新成员学教培训活动。

第二节　履行职能

1986—2010年，九三学社常州市委组织参加调查研究，搜集社情民意，在历届市政协大会和人代会上提出议案建议和提案，主要领导经常参加中共常州市委、市政府等单位的情况通报会、政治协商会和座谈会等会议，对常州经济和社会发展计划规划、重大事项和社会热点问题提出意见和建议。1986—1990年，九三学社社员政协委员在常州市政治协商会议上，对常州经济和社会发展的远景规划、治理整顿和深化改革等方面发表意见和建议。1992—1994年，参加情况通报会、政治协商会、座谈会20多次。1996年，对全市国民经济和社会发展“九五”计划和2010年远景目标规划提出意见建议，受到九三学社中央科技经济委员会等专门委员会的联合表彰。1988—2010年，九三学社常州社员有27人次担任各级人大代表。1986—2010年，全市九三学社社员有55人次担任省、市政协委员。九三学社常州社员范晋明当选第八届全国人大代表，朱晓敏当选第十届全国人大代表。当选江苏省人大代表、政协委员的有：范晋明、孙载坚当选第六届江苏省人大代表，胡沛成当选第八至九届江苏省人大代表，戎林海当选第十届江苏省人大代表，周铭当选第十一届江苏省人大代表；石文卿、汤新竑、朱晓敏先后当选第七至八届、第九届和第十届江苏省政协委员。九三学社常州社员累计有19人次当选、担任第十至十四届常州市人大代表，其中常委2人次；51人次当选第七至十二届常州市政协委员，其中副主席3人次，常委12人次。

一、参政议政

政协大会发言　1992—2010年，九三学社常州市委在第八至十二届市政协大会上累计作了19次党派发言。1992—1995年的党派发言，对依靠科学力量为经济建设服务，发挥科技人员才能，经济运行机制规范化、法制化和健全外商投资财产鉴定的法规化管理提出意见和对策建议。1996—2000年的党派发言，对常州跨世纪科技人才队伍的培养、给常州子孙留下绿水青山、乡镇企业健康发展、知识经济发展和实施企业家“恒星工程”，防治青少年违法犯罪等提出意见和对策建议。2001—2005年的党派发言，对常州发展新经济先导产业、创建学习型城市、建设常州现代制造业基地、实施沿江开发战略和加快制造业升级提出意见和建议。2006—2010年的党派发言，对推进自主创新、加快经济增长方式的转变、扶持常州软件产业发展、加强农村经济建设、统筹城乡协调发展、常州生物柴油产业发展和常州电子商务发展提出意见和建议。

政协大会提案 1986—2010年，九三学社常州市委和社员人大代表、政协委员累计在市人大、政协全体会议上提出议案、提案466件。1991—1995年，提出科学技术转化为现实生产力、加快制定常州市科技人才战略的建议、成立关贸总协定研究和对策小组等62件提案。1996—2000年，累计提出建议、提案104件。市建委采纳提案制定实施了《城区道路挖掘管理的暂行规定》。2001—2005年，就提高领导干部学历层次、加快制造业升级等提出建议、提案119件。戎林海在省人大提出《高度关心沿江开发过程中的环境保护问题》被列为重点督办一号议案，《新华日报》两次报道。2003年，递交《常州沿江开发要做好特色文章》等建议，马元颉受聘参与常州“十一五”计划的制定，执笔撰写“数字常州”等多篇材料。2006—2010年，对常州构筑工业领域循环经济体系、加快新农村建设、重视弱势妇女就业培训机制、生物柴油产业发展、接轨世博会推介新常州等提出建议、提案144件。2006年，朱晓敏、戎林海在全国、全省人大会议上分别提出《城市天然气供气的有关建议》《关注民生加强立法，切实保护饮用水源的安全》，戎林海的议案被列为一号议案。2008年提出的《关于授予经济发达地区地级市立法权的几点建议》由九三学社江苏省委主委、副省长张桃林提交全国政协大会；蒋健的《加强妇女病防治，实行免费普查》提案促成《加强全市妇女病普查工作实施方案》的出台。

二、民主监督

九三学社常州市委主要通过开展调查研究活动，搜集、反映社情民意，履行民主监督职能。

调查研究 1993—1995年，九三学社常州市委组织专题调研、视察考察14次，向九三学社江苏省委提交《关于科技转化为生产力的问题》《科研所转轨变型走向市场》和《高新技术产业开发区科技成果转化情况》等调研报告。1996年，参加加快产权制度改革、促进乡镇企业第二次飞跃等调研5次。1997年，参加加快人才机制改革、促进支柱产业发展联合调研6次，开展促进乡镇企业持续、快速、健康发展等调研8次，向九三学社江苏省委递交《关于常州市乡镇企业改制情况》等调研报告3篇。1998年，参加中共常州市委统战部等单位组织的联合调研12次。2000年，开展获取绿色通行证、加快发展新经济先导产业的调研。2001年，开展常州中高级专业技术人才队伍现状与对策、高校扩大招生规模情况和创建学习型城市3个课题调研。2002年，针对加强常州市专利保护、民主党派在社会转型期组织发展中的新情况新问题等提交调研报告、提案30篇。2003年，向九三学社江苏省委提交关于《民办高等教育发展的现状与出路调研》的报告。2006年，开展信息化推动社会主义新农村建设等3个课题调研。2007年，与市政协经济科技委员会联合完成《常州市社会主义新农村建设研究》课题调研。2008—2010年，组织开展17个课题调研，其中《提升城市现代服务业发展水平研究》《改造提升传统产业，提高产业竞争力的研究》等7个课题中标九三学社省委重点课题。

社情民意 1989—2010年，九三学社常州市委对人民群众关心的社会热点难点问题，累计报送信息、社情民意和在地市级及其以上报刊发表文章约600条（篇）。1995年，受聘担任中共常州市纪委、市国税局的特约监察员和市检察院的特约检察员各1人。1997年，新增受聘担任市审计局特约审计员、市地税局特约监察员各1人。2000年，有8篇社情民意、信息被九三学社中央录用。2002年报送的《对两岸关系和祖国统一问题的看法》等信息被九三学社中央《零讯》杂志和中共江苏省委统战部采用。2004年，姜锡朋向九三学社中央反映国企退休科技人员待遇问题，九三学社中央主席韩启德亲笔回信，并以九三学社中央的名义给国务院总理温家宝写信，温家宝批示交人事部办理，韩启德表示“要继续追踪，力争有结果”。劳动和社会保障部与财政部联合下发《关于从2004年7月1日起增加企业退休人员基本养老金的通知》，国企退休人员基本养老金每人每月平均增加40元。2006年，13人担任市检察院、市国税局等16个单位的特约人员。2008

年，九三学社常州市委秘书长俞申撰写的《接轨世博会，推介新常州》《发挥高校科技机构作用，为常州市引进人才出力》等3条信息均获范燕青批示。2009年，中共常州市委书记范燕青对俞申提出的《关于言路不畅引起的社会矛盾》和安文提出的《提高行政机关效率的途径》分别批示；汤新竑提出的《向国外图书馆等场所赠送报纸杂志的建议》被九三学社中央采用。2010年，174条信息被九三学社中央、江苏省委等单位录用，13条信息获国务院副总理张德江、江苏省省长罗志军等领导批示。

第三节 服务社会

一、科技服务

1987年，九三学社常州市委成立独立法人集体企业九三学社常州科技咨询服务部，开展可行性论证、设计、工艺等技术服务。至1995年底，累计完成科技合同72项，成交额累计33.95万元。2006年，由九三学社牵线总投资6000万元的常州常棱重型数控机械公司在新北区落户。2007年为市动漫基地引资注册成立多维数字影像公司，促成固特异等4家世界“500强”企业和4位海外归国科技领军人才创办公司入驻津通国际工业园。2009年12月31日，全省第十七个九三学社专家工作站在常州笙绿农业科技公司挂牌。2010年11月，引荐省九三学社的专家、中华供销总社南京野生植物研究院院长张卫明等赴江苏春晖乳业公司考察，协助该公司成立市级工程研究中心。武进洛阳镇成立第二家九三学社专家工作站，促成两家国家级科研院所与洛阳镇实施农业项目产学研合作，组织开展科技下乡服务25次。

九三学社常州市委开展“国际科学与和平周”义诊（摄于2009年11月）

二、医卫服务

2000年11月，常州医卫界九三学社社员到武进潘家镇开展义诊。2001年，送医下乡、义诊3次。2005年12月，医卫支社为金坛广电局女职工和殷雪梅小学女教师100人义诊、体检。2006—2010年，第十八至二十二届“国际科技与和平周”期间，常州医卫界九三学社社员到常州工学院、新北区妇保站、常州市妇幼保健院、戚墅堰区妇保所，开展送科技、送健康系列活动，为基层群众和女干部义诊，免费体检、妇科检查与健康咨询。2007年，施玉珍深入镇、社区开展心理咨询、心理疏导100余次，作“建设和谐社会”主题大型报告10余场，听众逾1万人，被中共常州市委政法委聘为心理健康顾问。2010年11月9日，常州医卫界九三学社社员同市妇幼保健院在金坛市举办助产人员培训班，50余人参训。

三、教育服务

1992年6月14日，九三学社常州市委成立常州涉外专业进修学校，独立办学，开设涉外公共关系学、英语口语速成等专业，1992年为47家企事业单位培训的123名学员获得英语口语结业证书，1994年涉外电脑会计班、公共关系自考大专班60人次结业。2002年更名为九三学社常州青蓝科技学校。至2004年底，培训计算机人才200余人次。2005年学校被注销。在此前后，薛小华、蒋颖牵头在常州市蓝天实验学校设立青蓝奖教基金，常州华润机电公司等热心社会公益事业的企业和个人出资，连续5年每年向学校拨付2万元，奖励成绩突出的教职员工。

四、慈善服务

1991年，常州及周边地区水灾，全社捐款3800元。1997年，九三学社常州市自动化小组与金坛市妇联、西岗镇唐王村委会签订每年资助300～500元的《助学协议》。1998年，特大洪涝灾害，响应赈灾募捐活动，筹捐款3665元资助受灾下岗职工。2004年，九三学社常州市委妇女儿童工作委员会组织捐资助学，捐款2100元帮助两名贫困学生。8月开始结对资助市蓝天学校3位学生到小学毕业。2007年发起为期5年的向常州市蓝天实验学校捐书，每年捐赠新书价值1.5万元。2008年汶川特大地震发生后，组织社员积极参加赈灾募捐，捐款20余万元。九三学社常州市委主委朱晓敏赶到绵竹在建的红梅苑工地慰问常州施工人员，戴罗平、姚菊根到灾区参加灾后重建工作。

第三十卷 人民团体

Volume XXX People's Organizations

1989年底，中共中央发出了《关于加强和改善党对工会、共青团、妇女工作领导的通知》，各级党委、政府加强了对群团工作的领导和指导。全市社会团体解放思想、创新思路，加强自身建设，适时召开代表大会进行换届选举，发展会员和组织，根据社团自身的特点，组织开展丰富多彩、各具特色的活动，在全市经济社会生活与业务学术研究中发挥桥梁纽带、组织协调等方面的职能作用。

第一章　工会

全市各级工会突出履行维护职能，团结广大职工为常州经济社会发展建功立业，创新工会工作模式，在全国工会组织中首创基层工会建设模范职工之家、行业工会联合制代表制、工人文化宫俱乐部改革、女工委员会、区域性集体合同、地方工会代表常任制、企业社会责任贯标等工作，成为载入中国工运史册的“常州实践”。2004年10月，市委下发《关于进一步加强和改进新时期工会工作的意见》。11月5日，市委召开全市工会工作会议，加强和改进新时期工会工作，推进基层工会组织建设。2006年，常州创建成为江苏省工会工作模范市。2010年，市委下发《关于进一步加强和改进工会工作的若干意见》，为做好工会工作提供了政治思想保障；市总工会工作实行目标化考核，赋予工会组织更多资源和手段。

第一节　组织建设

1986年，全市工会组织持续推进“职工之家”建设，作为全国试点城市率先探索工会自身改革。1990年底，全市有基层工会2393家，建会单位职工55.19万人，会员49.65万人。90年代，推进新经济组织组建工会工作。21世纪初，重视农民工入会，加强区域工会建设、新经济新社会组织工会组建、工会规范化建设、职工之家建设和工会干部队伍建设。90年代，全市工会坚持“党建带工建，工建促党建”的方针，开展非公有制经济组织（又称新经济组织）建立工会组织系列行动。1999—2003年，累计建立新经济组织工会组织12346个，发展会员39.97万人；建立村、社区、开发区工会组织708个。2003年底，全市建有独立工会4333个，工会组织覆盖单位1.78万家。2004—2008年，全市新建工会组织2.53万个，发展会员53万人，市总工会组建4个驻会产业工会。2010年底，全市基层工会组织发展到3.2万个，其中独立工会9093家，工会会员总数120.9万人。

一、常州市工会代表大会

1986—2010年，在市工人文化宫召开了常州市工会第九至十三次代表大会，总结部署全市工会工作，选举产生新一届市总工会委员会。

第九次代表大会　1988年10月11—14日召开，有450名代表出席，杨大伟作工作报告。大会选举产生市总工会九届委员会委员49名、经费审查委员会(简称“经审会”)委员8名。市总工会九届一次全委会选举9人为常委，杨大伟当选主席。大会期间，56名代表同市政府领导、14个政府职能部门负责人商谈了全市职工关心的问题。

第十次代表大会 1993年9月26—28日召开，有460名代表出席，张晓霞作工作报告。大会选举产生市总工会十届委员会委员55名、经审会委员9名。市总工会十届一次全委会选举9人为常委，张晓霞当选主席。会议期间，出席大会的劳模向全市职工发出学习贯彻党的十四大精神、为“八五”计划建功立业的倡议书。

第十一次代表大会 1998年9月22—25日召开，有450名代表出席，徐嘉南作工作报告。大会选举产生市总工会十一届委员会委员54名、经审会委员11名。市总工会十一届一次全委会选举8人为常委，徐嘉南当选主席。

常州市工会第十三次代表大会召开(摄于2008年11月)

第十二次代表大会 2003年11月5—8日召开，有450名代表出席，薛焕炳作工作报告。大会选举产生市总工会十二届委员会委员57名、经审会委员11名。市总工会十二届一次全委会选举12人为常委，薛焕炳当选主席。大会确定《常州市工会工作五年发展纲要》，通过《常州市工会代表大会代表常任制暂行办法》。

第十三次代表大会 2008年11月25—27日召开，有479名代表出席，贾宝中作工作报告。大会选举产生市总工会十三届委员会委员65名、经审会委员13名。市总工会十三届一次全委会选举8人为常委，贾宝中当选主席。

二、基层工会组织建设

县(市)区工会 1986年12月广化区工会办事处撤销，1989年5月郊区总工会成立。1986—2002年，天宁、钟楼、戚墅堰、郊区4区设工会办事处。2002年10—11月，新北、天宁、钟楼、戚墅堰四区相继成立总工会，武进市总工会更名为常州市武进区总工会。至此，辖市区全部建立总工会。1986—2010年，辖县(市)区一般每5年召开一次工会代表大会(简称“工代会”)，金坛、溧阳、武进分别召开了第七至十一次工代会、第十至十三次工代会、第十至十四次工代会。

乡镇(街道)工会 1987年，武进在工业集中的湖塘、奔牛、横林三镇建立镇工会。至翌年10月，武进湖塘地区乡镇企业普遍建立工会，湖塘镇成立全市首家乡镇工会联合会(简称“工联会”)，郊区首家乡工会永红乡工会同月成立。至1989年底，全市乡镇企业建会231家。1995年6月，武进全县56个乡镇全部建立同级工会。2004年8月，市总工会试点建立乡镇(街道)总工会。同年9月30日，新北区孟河镇成立全市首家乡(镇)总工会。2006年4月，钟楼区五星街道在城区率先成立总工会，同年有5家乡镇(街道、开发区)成立总工会。2007年末，全市累计成立乡镇(街道)和省级以上开发区总工会21家。2006年8月至2008年6月，新北区在新北工业园区、电子园、软件园、创业中心和春江镇5个工业小区及长江塑化市场等单位新建区域工联会12家。至2010年底，全市组建乡镇(街道)总工会43个。

村(社区)工会　1999年，武进建村级工会22个。2000年6月，常州市郊区在雕庄乡召开组建村级工联会现场会。11月，红梅乡的8个村、59家新经济组织全部组建工会。翌年4月，郊区82个行政村全部建会，覆盖村办企业950家。溧阳市溧城镇的39个村建立工会。至6月底，全市1357个村中有295个建立工会。2001年7月，市委组织部、市总工会在郊区召开了村级工会工作现场会，在全市开展创建合格乡镇工会，争创示范乡镇工会活动。同年底，武进14个镇全部建立村工联会。至翌年10月，全区17个镇建村级工联会157个。2003年3月，戚墅堰区的25个村、社区全部组建工联会，同年底，全区407个行政村中383个建工联会，全市建立开发区工会7个。2010年底，全市建立村(社区)工会联合会892个。

新经济组织工会　21世纪初叶，全市工会加快组建新经济组织新社会组织工会，私营企业、境外投资企业、混合所有制企业和律师、会计、社会团体等新经济组织新社会组织的工会组建工作全面展开。至2003年底，全市有1.23万家新经济组织新社会组织建立工会，其中私营企业、改制企业1.15万家。

私营企业建会　1994年5月18日，全市首家私营企业工会常州市裕达塑料制品公司工会成立。6月，市总工会、工商局联合下发《关于组建私营企业工会的意见》。8月11日，全市14家私营企业在全省建立首家私营企业工联会，发展会员150多名。1996年7月，市总工会、工商局、劳动局推进私营企业工会组建。至1999年5月，全市有私营企业工会2751家，其中独立工会447家、分工会(工会小组)2304家。9月，市总工会、工商局和个体私营经济协会联合发出《关于加强私营企业工会工作的意见》。至2008年底，全市民营企业工会组建率95.3%。2006—2010年，新北、武进等辖市区持续开展大规模的私营企业工会组建集中行动，组建私营企业工会组织1万余个。

境外投资企业建会　1984年，全市首家合资企业工会中国常利企业公司工会成立。1993年4月，市委组织部和市外经委、总工会联合下发《关于加快外商投资企业工会组建工作步伐的意见》。同年，郊区有5家外商独资企业建立工会组织。2006年6月，市总工会下发《关于进一步加强外商投资企业和台港澳资企业工会组织建设的意见》。2007年，全市工会开展了“百日建会”、世界500强企业集中建会、肯德基麦当劳等外资企业攻坚建会等专项行动，新建工会组织9528家。2008年，沃尔玛、欧尚等世界500强外资企业在常公司相继建会，境外投资企业工会组建率95.8%。

工会会员发展　常州各级工会坚持发展职工入会。2000年，郊区红梅乡的3957名职工全部入会。翌年4月，郊区82个村、950家村办企业的1.95万名职工全部入会。同年，武进村级工会新发展会员1.2万人。2003年，全市工会开始大力发展进城务工人员入会，年末会员总数达71万人。2004年，市总工会下发《关于切实做好进城务工人员入会和维权工作的意见》。翌年，全市各级工会依靠“党建带工建”机制，推进非公企业工会组建工作，市总工会出台《关于进一步做好维护农民工合法权益工作的意见》和《关于在全市劳务输出机构建立工会组织的通知》，开展农民工入会专项活动。2010年末，全市工会会员总数达120.9万人，其中农民工会员75.2万人，占全市会员总数的62.2%。

三、争先创优活动

市级工会　1992年，常州市总工会和市纺织工业局、机械冶金工业局被评为江苏省工会工作先进单位。1995年4月，常州被表彰为全国工会基层工作先进市。1996—2004年，市总工会对辖市区、局和直属单位工会连续实施工会工作目标考核奖励。2004年11月，市总工会被评为全省工会基层组织建设先进单位。2006年9月，常州市创建成为江苏省工会工作模范市。

县(市)区工会　1992年，武进县被评为江苏省工会工作先进单位。2000年5月、2001年5月，金坛、溧阳、武进先后被评为全省工会工作十强县（市），2003年武进被中华全国总工会表彰为全国工会工作先进县（市）。2005年9月，市总工会组织辖市区、产业工会争创工会工作模范单位活动，翌年4月底，金坛、溧阳、武进、天宁4个辖市区总工会创建为常州市工会工作模范单位。2006—2007年，金坛、溧阳、武进、天宁相继创建为省工会模范县市（区）。

乡（镇）工会　2001—2005年，全市109个乡（镇）工会全部创建为省合格乡（镇）工会，38个乡（镇）工会被表彰为省百强示范乡（镇）工会。2009年6月，薛埠、溧城、湖塘、奔牛、孟河、春江6镇和雕庄、潞城两街道被命名为“江苏省工会工作模范乡镇（街道）”。2010年，市总工会组织开展“八好”乡（镇、街道）工会规范化建设。至同年底，有29个乡（镇、街道）工会分别被评为全国、省和市工会工作百家示范乡（镇、街道）工会。

基层工会　1986年3月起，常州市工会组织开展争创先进职工之家、模范职工之家，争当优秀工会干部、优秀工会积极分子和荣誉工会积极分子活动（简称“双争”活动），年末有1494个基层工会建成合格职工之家，占全市基层工会总数的96.8%。1987年12月，常州冶金机械厂、第一棉纺织厂、常州柴油机厂和武进电机厂工会被省总工会评为模范职工之家，18家单位工会被评为先进职工之家。2004年11月，红星家具集团工会被评为省“十佳”基层工会。1988—2010年，全市累计创成全国模范职工之家38家、全国模范职工小家19家，省模范职工之家173家、省模范职工小家32家。2004—2010年，全市创建市级模范职工之家300个、先进职工之家400个和模范职工小家500个。2007—2010年，市总工会组织开展了“六好”村（社区）工会规范化建设，制定企业工会“十个有”标准，编印《基层工会工作实务操作指南》。金坛市创新工会组织体制、运行机制、活动方式，连续3年开展企业工会建设年、规范年和提高年活动，武进区开展了争创“六个100”示范工会。

四、干部队伍建设

干部配备选举　1986年、1988年，市委组织部、市总工会先后联合发出《关于加强基层领导班子建设及工会干部享受有关政治、经济、生活待遇的通知》《关于贯彻执行常州市工会干部管理暂行规定的通知》，确定工会干部由委派制改为选举制，市总工会提出基层工会改革的意见，开始改革工会组织制度。

工会主席配备　80年代后期开始探索工会主席享受同级副职领导待遇。1989年底，全市基层工会有专职正副主席718名，其中按同级党政副职配备441名，进入同级领导班子的379名。2005年1月，市委组织部、市总工会联合发出《关于加强工会干部管理工作的通知》，7个辖市区总工会主席全部按规定配备到位，90个乡镇（街道）工会主席按同级党政副职配备。

工会主席直选　1988年4—5月，常州市物资回收公司、第四粮库等基层工会试行工会主席由会员或代表提名推荐、会员大会直接选举的办法。2004年7月21日，天宁区总工会在红梅并线厂试点基层工会主席直选成功。至2009年底，全市累计13家非公企业开展工会主席直选试点。

教育培训　常州市总工会从1986年起在市工会干部学校进行工会主席上岗资格培训，输送基层以上工会主席到省总工会干校学习。市工会干校常年开展劳动、工会等法律法规与工会业务知识培训。1996年5月中旬，市女职工培训中心在工会干部学校设立。2002—2003年，市总工会举办女职工工作和民主参与、女职工维权等知识技能培训及首期职代会女工代表培训班，140余名女工干部、女代表参训。2004—2005年，市总工会在北京中国劳动关系学院举办工会干部培训班两期。2003—2007年，全市建立市与辖市区、局、产业两级经审干部培训体系。2005—2007年，连续开展经审干部轮训活动，累计举办经审干部培训班100余期，培训5000余人次。2008—2010年，举办两期全市基层工会新任财务干部及财务互助组组长、经审委员培训班，培训人员300名。2010年，全市举办工会干部培训班100多期，参训1.4万人次。

表彰奖励 1985—2008年，常州市总工会6次向1281名老工会工作者颁发《老工会工作者荣誉证书》。1994年7月，市总工会号召全市工会干部向优秀工会干部杨文林、孙红芳学习。2004年11月，常州四药制药公司工会主席杨明媚被评为省“十佳”基层工会主席。2005年，中华全国总工会成立80周年时，常州市乡镇街道以上工会及所属单位从事工会工作达30年的34名工会干部获中华全国总工会颁发的荣誉证书和纪念章。1983—2009年，常州有12名工会干部获全国五一劳动奖章，30人被评为全国优秀工会工作者、全国优秀工会干部，有4名工会干部被评为常州市劳模，14人获江苏省五一劳动奖章。1986—2010年，省、市和县(市)区三级工会评选表彰了一大批优秀工会工作者(干部)。2007—2010年，全市涌现出全国、省优秀工会工作者和优秀工会积极分子119人。

五、工会改革

1987年，随着城市经济体制改革的深入和政治体制改革的展开，工会改革提上议事日程。常州市总工会发起成立常州市产业工会联合会、女工委员会和工会俱乐部协会。1988年5月，中华全国总工会组织部、工人日报社、工人出版社、市总工会在常州联合召开全国工会自身改革研讨会。1989年初，常州等10个城市被中华全国总工会确定为全国工会综合改革试点城市。4月12—17日，全国城市工会改革试点工作会议在常州召开，中华全国总工会副主席郑万通、陈秉权肯定常州城市工会改革试点，提出工会组织制度逐步向联合制、代表制过渡。

纪念常州市总工会成立50周年座谈会(摄于2000年12月)

联合制、代表制 1987年6月，中华全国总工会陈秉权调研常州工会改革，提出指导性意见。市总工会提出按“纵向代表制，横向联合制”的原则，创建产业工会联合会的改革方案，经市委批转。9月28日，市总工会撤销13个产业(公司)工会委员会，重新组建纺织、机械冶金、电子、化工、医药、建材、轻工、塑料8个行业工会联合会。工业管理机构调整后工会联合会体制不变，隶属市总工会，接受行业党工委在思想上的领导。1990年，工会联合会扩大到全市计划单列集团公司。1993年10月，市委转发市总工会《关于在产业(系统)工会组织中全面推行联合制、代表制的意见》。年底，全市建有工联会32个，初步形成以“横向联合、纵向代表”为特色的城市工会组织体系新模式，被中华全国总工会十二大修订通过的《中国工会章程》吸收。1994年4月，市总工会出台产业工会联合会章程、工作条例、民主议事规则等文件，在产业结构调整中坚持联合制、代表制。1998年底，产业工会联合会达33个，工会联合制逐步推广到部分私营企业、大型企业、集团公司、较分散和情况特殊的企业及乡镇街道小企业。2001年，市总工会成立企业工会工作部，下属17家省部属企业、12家金融单位。2003年起，全市成立有纺织、医药、金融、贸易、服装、轻工、塑料、建材等16个行业工会联合会。2007年，市纺织服装、机电冶金、化工轻工、财贸金融4个驻会产业工会成立，市总工会设立产业工会办公室，加强行业工会管理。

地方工会代表常任制 2003年11月，市工会第十二次代表大会通过《常州市工会代表大会代表常任制暂行办法》，决定市工会代表大会代表实行常任制。至2005年底，全市乡镇以上地方工会基本实行代表常任制。市工会十二届一次会议召开后，形成工会代表大会年会等制度，每年召开1次代表会议，组织代表评议市总工会工作。2005年12月，市总工会审议通过《常州市工会代表大会提案工作暂行规定》等决定。翌年1月，市总工会在市工会十二届四次会议上，首次向大会报告上年度工代会代表意见和建议办理、工会工作评议及代表提案等情况。至2008年底，辖市区总工会基本建立这项制度。2009—2010年，辖市区、乡镇（街道）工代会代表常任制逐渐探索建立。

第二节　职工生活保障

常州市工会组织贯彻落实《工会法》《劳动法》《劳动合同法》，依据《中国工会章程》，建立多层次多样化帮扶工作机制和职工维权机制，为职工群众说话办事，保障和维护职工合法权益，实施送温暖工程，开展职工困难互助、关爱帮扶农民工就业等活动，帮助和保障困难职工生活，逐步提高其生活水平。

一、生活保障救助

职工物价监督　1985年12月，常州市职工物价监督总站成立，市物价局、工商局、总工会等部门人员参加，办公室设在市总工会，聘用的职工物价监督员最多时达320名，设立专职物价监督小组23个、业余监督小组12个，经常开展市场检查、行业专项检查、计量器具检查等督查活动。1991年、1996年，市职工物价监督总站被评为全国职工物价监督先进集体。1998年，职工物价监督组织取得“行政执法证”，2001年被撤销。

职工互助保障　常州市工会先后建立职工互助储金会、职工直系亲属死亡丧葬互助会等互助组织，扶助大病困难职工。1988年8月，市劳动局、人事局、总工会等5家单位认定每人月均生活费不足45元的为职工困难户。全市基层工会同年补助困难职工5.31万人次、22.98万元。1990年，全市工会帮助758户职工家庭直接脱贫，占全市贫困职工的54.1%；成立常州市职工困难互助救济会（简称“互济会”），收储资金300万元，1998年增至700万元。全市有19个行业、单位相继建立解困基金组织。1994—1997年，市互济会支出慰问款120万元，帮困3300余人次；下拨困难救济款106万元，帮助有困难职工1万多人次。1994年11月，中国职工保险互助会批准在常州建立首家地级市办事处，开始在全市职工中推行职工安康互助保障计划。1996年10月，常州市职工保障互助会成立，推行养老、特殊疾病、重大疾病、重残和劳模补充养老保险等互助保障计划15项，至同年底5万余名职工参加。1997年上半年参保人数达12万人次，累计支付保障金795万元。至2000年底，市职工互助保障基金突破1亿元，累计17.6万人参加。

灾民救助济困　1991年，常州遭受特大洪涝灾害，全市工会帮助受灾职工撤离3935户，发放受灾救济款146.62万元，直接救济2.76万户，市总工会被省政府表彰为抗洪救灾先进集体，获全国五一劳动奖章。2008年5月12日四川汶川特大地震发生后，工会组织全面救助家庭受灾的农民工，发动职工捐款5000多万元，参加中华全国总工会倡导的“重建家园，再献爱心”活动，捐款115万元。

退休职工管理　1987年8月，市退休职工管理委员会（简称“退管委”）成立，办公室设在市总工会。11月底，4个区、18个街道及414个基层单位相继建立退管委。1988年末市区有离退休职工5.89万人。4月，市退管委陆续向市区6万多名退休职工颁发“活动证”，凭证免费进公园活动锻炼，市级医院为退休职工设立专窗挂号，优先看病配药。许多工厂建立退休职工回厂日服务制度和退休职工健身活动联谊会，举办退休职工联谊活动和健身比赛。1989年5月，全市首家退休职工医疗站清凉医疗站成立。1990年初，全市有500多名退休孤老和80岁以上的高龄退休职工数千名。退管委自发组织起第一个低龄退休职工无偿服务高龄孤寡病残老人的尊老互助组，服务项目20余项。至1991年底，全市辖县（市）区、行业系统和基层建有退休职工管理组织（简称“退管组织”）866 个，建立尊老服务组 251 个，1168 人参与。1995 年，市退管委被评为全国模范退管会。1998 年 9 月，全市退管组织达 1115 个。至 2003 年，全市有尊老服务组 790 多个、成员 6000 多人，服务近 3000 人。2004 年，退休人员实行社会化管理，市退休职工管理办公室撤销。

二、扶贫帮困送温暖活动

送温暖活动 1987 年春节始，常州市总工会开展送温暖、做实事活动。翌年 2 月，市总工会慰问市政、环卫等 8 个公用事业单位和财贸系统的职工。1993 年春节，市总工会组织慰问贫困职工家庭 1200 多户，救济帮助 10 家困难企业补助 17.76 万元。各级工会从此常年开展向职工送法律、送文化、送温暖、送健康、送安全活动，元旦、春节等重大节假日慰问劳模先进、病伤职工和退休职工，高温季节慰问生产一线和商业服务行业、环卫、交警等岗位的职工，暑期组织优秀教师和医护人员疗休养。市总工会被评为全国“送温暖工程”、基层保障工作先进集体。1994 年，市委、市政府批转市总工会《关于做好社会保障工作，实施“送温暖工程”的意见》，送温暖活动拓展为“送温暖工程”。1997 年，全市工会建立困难职工三级档案，建立“送温暖工程”基金组织 19 个，筹集资金 1300 余万元。2001 年，全市工会逐步建立送温暖金桥助工机制、贫困求助机制、医疗保障机制、帮困助学机制。2002 年元旦、春节期间，全市工会组织走访慰问困难企业 263 家，困难职工 1.57 万人次，筹集慰问款 1362 万元。同年 12 月 6 日，市困难职工援助中心挂牌成立。2004 年 4 月，各区总工会成立困难职工援助中心，市政府随即出台建立完善特困职工扶贫帮困机制的意见。12 月底，市总工会首批工会会员服务基地签约，解放军 102 医院、明都苏果总店等 11 家单位成为会员服务基地。2007 年 1 月，常州市职工困难援助中心建成。2 月，市总工会与江苏新城集团设立新城公交爱心基金，首批 870 多名困难职工受赠新城公交爱心卡。2009—2010 年元旦、春节送温暖活动，筹集款物价值近 5800 万元，走访慰问困难企业 762 家和困难职工、困难劳模 4.42 万人次，其中困难职工（含农民工及边缘职工）1.77 万户。2010 年，全市建立辖市（区）总工会职工帮扶中心、困难职工帮扶站 63 个、帮扶点 79 个。

爱心助学活动 常州工会、共青团、妇联与教育等部门常年在秋季开学前后开展爱心助学活动，向企事业和机关、职工及社会上的爱心人士筹集上千万元助学款，资助贫困学生。1998 年起，市工会女职工会发起面向贫困学生的“金秋助学”行动。2004 年 6 月，市总工会和常州工程职业技术学院签订联合助学协议，从当年秋季起，连续 3 年免费为困难职工家庭培养 120 名大专生。2005—2007 年，市总工会、教委出资 120 万元，在钟楼区东方小学、天宁区东仓小学等 6 所小学开办五一蓝天学校，招收近 4000 名农民工子女就学。

三、关爱进城镇务工人员

21 世纪初叶，常州市工会组织针对农民工成为劳动关系中弱势方的实际，开展关爱帮扶农民工专项行动，帮助他们维护合法权益。2004 年 5 月，开展首届关爱进城务工人员行动月活动，在武进湖塘劳务市场、蓝天小区建设工地开展送健康、送安全、送法律知识、送温暖、送演出活动。2005 年，编印发放《常州市进城务工人员权益手册》和《建筑安全实用读本》，工会与劳动、工商、公安等部门检查 12 家单位进行农民工劳动保障权益保护情况。翌年 1 月，上海铁路局、常州市政府和总工会组织首趟进城务工人员返乡专列常州—阜阳爱心专列，满载 2000 多名阜阳民工返乡。常州、阜阳两市总工会达成为期两年的维权合作协议，建立全省首家城际工会民工维权联盟。2007 年，30 位优秀农民工乘坐返乡专机，市总工会从此每年组织安排火车专列、汽车专车、企业包车等，帮助农民工返乡过年、返城务工。2008 年，华松、杜大富、黄克勤、张艳红、吴有天、蒙景谋被评为全国优秀农民工，参加国务院召开的全国优秀农民工表彰大会。2009 年、2010 年春节，市总工会、常州火车站帮助 6 万多名农民工预订、代购返乡火车票，全市工会包专车 815 辆，帮助 10 万人次农民工平安返乡。

常州进城务工人员春节返乡爱心专列开行（摄于2006年1月26日）

四、就业创业帮扶

随着公有制企业改制，下岗职工增多，常州各级工会主动开展就业创业帮扶行动。1988年7月，常州市五一城市信用社开业，9月常州市职工技术服务中心建立。1992年6月，市总工会联合市财政局、税务局等单位在全省率先出台《关于工会兴办经济事业若干政策规定》。1993年，市总工会开办劝业市场。1994年8月，市职工消费服务总社成立，推动基层工会建立会员合作连锁运行。至年底，全市工会开办企事业单位1380家，注册资金1.86亿元。1994年、1997年，市总工会被中华全国总工会评为全国发展工会企事业先进单位。2000年后，工会经济事业逐渐淡出，职工消费合作社停办。1999—2003年，市总工会出台促进再就业文件3个，召开再就业工程和促进就业工作会议3次，建立再就业档案信息制度。2008年4月，全面开展创业就业发展五年行动计划。

就业帮扶　1996年，常州市总工会实施金桥计划，联合9所职业介绍机构免费为特困下岗职工及子女介绍工作，当年成功介绍6122人再就业。1999年，再就业帮扶对象开始由特困职工及家属扩大到社区在岗转岗失业人员，开展下岗职工职业培训、技能资格证书培训，累计培训下岗职工3410名。2003年以后每年举办大中型（农民工）就业招聘活动。2003—2008年，实施女职工再就业“蒲公英行动”，帮扶3.7万名下岗失业职工再就业。2004年、2008年，市总工会与劳动局等单位举办“关爱进城务工人员、促进就业活动月”大型求职招聘会和帮扶农民工春风行动、万民农民工援助行动。2004年12月，市总工会被评为全国工会促进再就业工作示范单位。至2010年末，全市工会累计扶助8.51万名农民工就业。

创业扶持　1998年起，常州市女工委每年实施下岗女职工再就业资助、二次创业资助等。1999—2003年，20个女职工再就业二次创业典型接受市总工会等单位集中资助。2003—2008年，全市工会资助二次创业项目（含“蒲公英行动”项目）331个，2007年10月市总工会等单位表彰创业项目88个。2008年4月，设立“五一”创业基金和劳模创业基金各1000万元。2009年5月，市工会创业指导委员会成立。2010年7月，常州工会“1+1”创业人协作会成立，首批吸纳成员企业22家。

第三节　劳动关系协调

常州市工会组织重视职工维权机制的建设，健全工会法律组织，做好劳动争议调解工作。市和辖市区建立协调劳动关系政府、工会和企业三方机制，加强职工劳动安全保护工作。每年组织开展安全生产教育主题活动，推进全市和谐劳动关系企业创建活动，推动企业社会责任贯标，构建和谐劳动关系。1998年5月，市劳动局、总工会、经委和企业家协会开始建立劳动关系协调制度，规定建立协调会议制度、协调劳动关系的主要内容、基本方式及三方职责，常州市劳动关系三方协调机制建立。由市劳动局代表市政府，市总工会代表职工，市经委和市企业家协会代表企业，定期协调涉及劳动关系中的重大问题，提出政策，加强指导。同年，武进、金坛、溧阳及市区相继建立劳动关系三方协调制度，保障和促进全市劳动关系协调发展。

一、信访接处

1983年9月至1988年10月，常州市总工会处理来信来访3103件次、法律咨询292次，结案率98%。1989—1993年，全市各级工会健全了职工三级信访网络，建立信访工作责任制。1993—1997年，市总工会坚持主席接待日制度，市、县（市）两级总工会信访部门、法律顾问机构处理来信来访4510件次。2002年5月，市总工会、劳动和社会保障局、司法局、民政局、计生委、卫生局和常州市全民安律师事务所7家单位同时开通女职工维权咨询热线，就女职工关注的热点问题和涉及女职工自身合法权益的有关问题为全市女职工提供较为系统的直接的咨询服务。2008年，工会组织参与调查处理18家企业改制破产及群体事件。2009年，工会组织协助行政部门为2489名职工（农民工）追讨欠薪1248万元。2004—2010年，全市工会受理职工信访20446批次、33924人次。

二、法律援助

机构队伍 1985年1月，常州市总工会聘请工会法律顾问，组成法律顾问处。1987年11月，法律顾问处与市总工会劳动工资社会保障部合署办公。1985—1989年，法律咨询接待日受理职工法律咨询293件，全部结案。1995年，《常州市工会劳动法律监督检查员工作暂行条例》出台，市总工会建立工会劳动法律监督检查队伍，聘任36人为工会劳动法律监督检查员。1996年，市总工会法工部被评为全国工会法律工作先进集体。1998年6月，常州市职工法律援助站成立，市总工会出台《常州市职工法律援助办法（试行）》。1999年起，对476家工会组织进行社团法人登记确认。至同年底，全市累计建立劳动法律监督小组1114个、咨询小组1101个、劳调会1560个。2003年12月起，市总工会对全市基层工会、联合基层工会进行年检。至2010年底，全市累计有近4000家基层工会组织进行工会法人登记、确认。

普法宣传 1986年，常州市总工会组织5万职工参加全国法律知识竞赛。至1987年底，有1114名工会干部参加“一五”普法学习，全市企事业单位接受普法教育的职工占总数的78%。1989年1月，市总工会编印《劳动保险问答200题》。1992年，市总工会组织开展了工会干部学习宣传新颁布《工会法》活动16项，全市有13.7万职工参加省职工《工会法》知识竞赛，全市组成420个宣讲团，5.92万人次听讲。2001年9月，市人大财经工委召开了《工会法修正案（草案）》征求工会干部意见座谈会。2005年，市总工会举办了《江苏省实施〈工会法〉办法》等“一法五条例”学习宣传月活动，举办培训班70期，培训4000人次；5月，市职工法律服务律师团成立。2010年，市总工会被评为全国工会“五五”普法系统先进单位。

三、劳动争议调解

1987年7月，国务院颁发《国营企业劳动争议处理暂行规定》，常州工会开始探索建立企业劳动争议调解委员会（简称“劳调会”），同年建立调解组织237个。此后，市总工会、劳动局、经委联手推动基层建立劳调会。1988年底，全市建有企业劳调会820个。2004年10月15日，市区“12351”工会职工热线电话和金坛、溧阳两市工会职工热线电话开通。2005年，全市工会建成“12351”热线电话网络。2004—2008年，企业劳调会随着企业数增加而快速增长，区域性劳调组织实现全覆盖，全市工会劳调组织受理劳动争议案件3万余件，至2008年底全市2.88万家建立工会的企业中有2.62万家建立劳调会。2006—2010年，市总工会与市中级法院、司法局、劳动争议仲裁委员会分别共建诉调对接平台、法律援助联手平台和仲裁参与平台，市区两级法院新聘工会特邀调解员61名。2010年底，全市有2.85万家建会企业建立劳调会，覆盖率95.1%，建有区域性劳动争议调解组织1021个。

四、劳动安全保护

1986—2010年，市总工会参与地方规范性政策文件制定和劳保项目“三同时”（同时设计、同时施工、同时竣工）验收。全市工会落实工会劳动保护监督检查“三个条例”和《女职工劳动保护规定》，开展安全生产和管理培训、监察监督等活动。

劳动保护监督网络 1988—1993年，常州市累计建立基层工会劳动保护监督检查委员会507个、车间工会劳动保护监督检查委员会1432个；有全国和省劳动保护监督检查员11人，市级劳动保护监督检查员163人，192名专职干部从事工会劳动保护，有工会小组劳动保护检查员1.37万人。编制《安全生产十八法》《劳动保护工作指南》《进城务工人员权益手册》《建筑安全实用读本》等劳动保护指导读本，送到工地、车间和职工。组织有毒、有害和有危险源的企业与作业场地推行信息卡、周知卡，推广危险源监控法，引导劳动者、督促企业增强保护监管能力。1999年，推行事故隐患和职业危害监控法。至2010年底，全市累计有9303家企业建立劳动保护监督检查组织。工会劳动保护监督管理网络建成。至2007年，全市有220家企业实施监控法，设立监控点675个。2010年，全市推行“1+3”（事故隐患和职业危害监控法与其动态管理机制、持续改进机制、系统评价机制）安全监控体系。

安全生产主题活动 常州市工会常年开展安全生产月等主题活动，市总工会推广戚墅堰机车车辆工厂、常州化工厂等企业劳动安全保护的经验。1999年，工会与劳动、安全监督部门首次组织重点企业参加安康杯竞赛，翌年向全市企业推广，此后每年开展安康杯竞赛，参赛行业单位逐年扩增。2001年，全市有60家企业、7.46万人参赛。2006年，发展到576家企业、16万职工参赛。至2010年底全市累计有企业1368家次、职工26万人次参赛。2007年，在市重点工程工地举办“安全文化进工地”文艺演出。2008年2月，市总工会、安监局、建设局联办了节后复工安全生产培训，启动农民工安全生产培训万人行动。2010年，举办农民工安全培训“春风行动”等培训宣传活动20场，投入600多万元，慰问高温一线职工8万多人，其中农民工6万多人。至2010年，全市有30家次单位被评为全国安康杯竞赛优胜单位，11个班组为优胜班组，90家单位被评为全省安康杯竞赛优胜单位，13个班组为优胜班组，南车戚墅堰机车有限公司连续8年获评为全国优胜单位。2009年、2010年，南车戚墅堰机车有限公司和江苏省电力公司常州供电公司相继被评为全国安康杯竞赛示范单位。

五、企业社会责任标准

2004年5月8日，常州市总工会、质量技术监督局等联合拟定的《常州企业社会责任标准(CSA8000)》在全省率先发布。6月1日起，组织贯标企业开展社会责任标准认证。市协调劳动关系三方会议成员单位及质监、工商等职能部门组成市企业社会责任专业委员会，对贯彻标准确定贯标、达标、确认3种目标模式。2005年2月，《常州企业社会责任标准实施意见》出台，以全面贯彻企业社会责任标准，促进企业和谐。常州市政府设立企业社会责任奖被中国企业社会责任中心称为“2006年中国企业社会责任十大事件之一”。2006年4月29日，10家企业被评为首批常州企业社会责任标准达标企业。2007年4月27日，市政府授予首批

感动常州十大职工暨关爱职工奉献社会十大企业家颁奖晚会召开（摄于2008年11月）

20家企业常州市企业社会责任奖。2010年底，全市累计有2100多家企业贯彻社会责任标准，其中98家达标。

六、构建和谐劳动关系

2004年起，常州市开展和谐劳动关系企业创建活动，促进社会和谐。2005年11月，市总工会与工商联率先建立工商会议制度，帮助和指导非公企业协调劳动关系。翌年，市和谐劳动关系企业创建全面开展，走在全国的前列。2007年1月，市总工会启动推进和谐行动计划。2008年，全市评选劳动关系和谐企业，推进履行企业社会责任向职代会报告制度。2009年，为和谐劳动关系推进年，市政府出台《关于深入推进创建和谐劳动关系企业工作行动计划(2009—2011年)的意见》，市总工会稳步推进创建工作。中天钢铁集团等100家企业(园区)被表彰为市创建和谐劳动关系先进企业，115家企业分别被评为全国和省、市和谐劳动关系企业，东风农机集团董事长宣碧华等10名企业家被评为常州市"关爱职工、奉献社会十大企业家"。

第四节　经济技术活动

常州市工会团结和动员职工围绕国家五年计划的实施，开展全市性创先立功竞赛6次，联合有关部门组织多届全市职工技术技能比赛，深化群众性经济技术创新工程，开展企业班组创"工人先锋号"活动，提升职工队伍技术素质，选取、表彰了一大批先进集体和劳动模范等职工创新创业典型。

一、创先立功竞赛

"七五"立志立功竞赛　1986年，常州百名劳模在常州市先进人物迎春座谈会上向全市职工发出开展"七五"立志立功活动的倡议。3月，市总工会动员全市职工开展"七五"立志立功竞赛，至6月底，围绕增产节约、增收节支，全市有52万职工参加竞赛。1989年，竞赛与职工群众合理化建议、技术改进活动相结合，全市实现双增双节效益2.5亿元。

"八五"奉献建功立业竞赛　1991年4月，常州市总工会动员全市职工开展"'八五'奉献，建功立业"劳动竞赛。同年夏，常州市遭受百年未遇的特大洪涝灾害，全市职工坚守岗位与灾害作斗争，开展了"多增产、补损失、增效益、多贡献"劳动竞赛。

"九五"跨世纪奉献竞赛　1996年启动，以"转机制、抓管理、争一流、创效益"为主要内容，评选了"我为扭亏献一计"最佳合理化建议。1997—1998年，全市40万职工参加企业"降本增效"活动。1998年，全市有3.5万条职工合理化建议被采纳，节支增效6.1亿元。1999—2000年，市总工会先后组织开展重点基础工程建设创优立功竞赛、职工经济技术创新工程，发动职工开展"精一会二学三"(精一门会二门和学习第三门技能)等竞赛活动。

"十五"创新工程竞赛　常州市总工会与劳动、经贸等部门组织全市职工开展了以市政建设重点工程为主的创优质工程竞赛、经济技术创新活动，参加小革新、小发明、小创造活动，争当革新能手、技术能手、操作能手、节约能手、服务能手。2005年4月，命名邓建军科研组等10个品牌为全市首批"职工十大操作(服务)品牌"，树立一批技术技能创新能手和标兵。

"十一五"主力军建功竞赛　2006年，主题为"当好主力军，建功'十一五'，建设新常州"，争创"工人先锋号"活动启动，开展百对名师带高徒活动，利用老字号、老品牌、老技师，培养高素质职工。2008—2010年，围绕全市50项重点工程开展"创优立功竞赛、我为节能减排做贡献、同舟共济保增长和建功立业保发展"等建功竞赛，帮助企业抵御国际金融危机。

二、技术技能比赛

1987年，常州首届职工(营业员)操作大赛、财贸系统职工(营业员)操作大赛、常州青年技术竞赛举行，全市职工技术技能大赛拉开序幕，5万名营业员参赛，148人参加市级比赛，66名选手获11个项目名次。1989—1998年，市总工会、劳动局与相关部门相继联办了常州市第二至第五届职工技术比赛，约45万人次职工参加岗位培训、技术练兵，累计开赛工种502个次，约2300名选手参加市级比赛，25名选手被评为市技术能手，199人获得名次，233名选手因赛晋升工资，86名获一次性奖励。第五届技术比赛中，外贸出口单证（制单）比赛首次被列入全市23个工种比赛，24名选手获"常州市技术状元"称号，196人获"常州市技术能手"称号。2001年，市总工会等7家单位联合开展新世纪大练兵。2001—2010年，举办了常州市第六至十届职工职业（技术）技能大赛，全市约100万名职工参加技能培训、岗位练兵和技术比武等活动，举办了网页设计、服饰搭配等工种技能比赛146个次。第八届常州市职工技能大赛举办了建设职工和中式烹饪、中式面点、餐厅服务员及插花、宾馆情景英语等职业技能操作服务比赛。2007年，全省公交驾驶员技能比赛在常州举行，常州的驾驶员包揽前四名。5届技能大赛累计产生常州市职工技术状元154名，产生优秀技术能手（不含第六届）1306人次，破格晋升为技师的职工（不含第六至七届）达560人。

三、企业班组建设

1985年以后，常州市企业及其工会组织持续组织开展班组建设和班组技术活动。1992年，全市工会组织326家工业企业、1.18万个班组的2.21万名班组长、工会小组长参加全国性岗位知识培训。2008年，市机电冶金产业工会开展班组群众性小组改善活动，100家企业的职工实施小组改善项目3170项，直接经济效益1807万元，帮助企业抗击国际金融危机冲击。

先进（标兵）班组　1986年，常州市总工会按照全国班组工作统一部署，与市经委等单位联合开展争创先进班组工作。1987年，全市开展班组升级活动，创建合格班组、质量信得过班组、文明班组和先进班组，全市创成全国先进班组3个、省先进班组15个。翌年，开展了万班百日双增双节劳动竞赛。1989年底，全市有2.3万个班组，创成先进班组4183个。1992年，市劳动竞赛委员会表彰常州市标兵班组20个。1992年4月底，武进铁合金厂炊事班被评为全国先进班组。

红旗班组　1986年，常州市总工会开始与市经委、劳动局等单位联合开展争创红旗班组活动。翌年，市总工会等单位联合表彰红旗班组1121个。至2007年底，累计创建、表彰常州市红旗班组1.99万个次，此后至2010年底未表彰。

工人先锋号　2007年8月，常州市总工会组织全市企事业单位参加中华全国总工会部署的争创"工人先锋号"活动，两年评选1次，代替原红旗班组、五一示范岗等班组竞赛，2008年度、2010年度合计命名"工人先锋号"集体（班组）400个。

四、劳模表彰管理

评选表彰　1989—2010年，常州在全国5次劳动模范（先进工作者）评选表彰中，有40人被评为全国劳动模范，12人被评为全国先进工作者，32家单位获全国五一劳动奖状，124人获全国五一劳动奖章。1985—2010年，江苏省政府先后进行了7次表彰先进集体的活动，常州市有114家次单位被评为江苏省先进集体，495人被评为江苏省劳模（先进工作者）。2002年，全市有省级及其以上（包括享受待遇）劳模966名，其中全国劳模（先进工作者）52名。1986—2010年，常州市开展了10次劳模评选表彰活动，表彰常州市劳模1568人次。1996年，市政府颁发《常州市劳模评选和管理工作暂行规定》。1986—2002年，1151家次企事业单位被评为常州市优胜单位，4151人次被评为常州市立功者。2003—2010年，281家次单位、120个次班组获常州市五一劳动奖状，588人次获常州市五一劳动奖章。

管理服务　1988年10月，常州市政府批转市总工会、劳动局、人事局《关于提高劳模待遇的报告》。

1992年3月30日，常州市工人疗养院被命名为全国工会疗休养事业模范疗休养员之家。1997年，市和辖市（区）总工会对劳模进行辖区管理，为符合条件的劳模办理补充养老保险，劳模待遇逐步提高。2003年3月，市劳模协会成立，市总工会设立困难劳模救助专项基金。2005年11月，市政府出台《关于改善和提高市以上劳模待遇的意见》，提高补充养老保险标准。2006年，《关于劳模荣誉津贴发放的实施意见》出台。12月26日，市总工会、经贸委、劳动和社会保障局和黑牡丹集团公司联合设立以邓建军命名的"金蓝领"人才奖，本金1030万元，主要用于奖励贡献突出的能工巧匠、先进人物。2007年1月，市总工会、常柴股份公司、新城集团、红星集团等8家企业和全国劳模曹德法等人出资1000万元，设立常州市劳模关爱基金及其管理委员会，主要帮助劳模及其家庭解决生活困难。2008年，市劳模协会、总工会组织200余名企业退休劳模免费体检，建立劳模健康档案，进行特殊疾病复查等。2010年3月，市政府再度提高市级及其以上劳模的待遇。同年，发放劳模帮扶资金114.65万元。全市建立劳模春节慰问金和慰问劳模制度，生活困难和特殊困难定期申报制度，及时慰问扶助劳模。至年末，全市企业退休劳模全部免费体检1次。

典型宣传 1991年、1999年、2005—2006年，常州市总工会和武进、天宁两区总工会分别编印出版劳模、五一劳动奖章获得者风采录《兰陵群英谱》《五一华章》和画册《群英风采》《劳模风采》等。2000年5月，市委批转《关于向曹德法等10位劳模学习的意见》。2003年，常州市劳模学习与创新论坛成立，首期论坛发布了学习与创新的成果。2004年4月30日，中共中央总书记胡锦涛在南京接见劳模代表时与常州黑牡丹集团技术工人邓建军亲切交谈。中华全国总工会授予邓建军全国"十佳职工道德标兵"称号和全国五一劳动奖章。2005年5月1日，市总工会、园林局建设的"五一"园开园，占地1万多平方米，功勋墙铭刻全国劳模88名，勋柱单铭刻省部级劳模1849名，镌刻85名全国劳模的手印。2009年12月，市总工会举行常州市第二届劳模创新论坛，发布了十大劳模创新成果。2010年9月20日，百名劳模专家、技术状元"三走进"服务活动在南车戚墅堰机车公司启动。12月8日，全市工会经济技术工作暨创建劳模创新工作室推进会召开，徐健、吴淑玄、邓建军3个劳模创新工作室的成果获优秀成果奖。至此，全市创建劳模创新工作室11个。

第五节　企业民主管理

1986年9月，中共中央、国务院颁布《全民所有制工业企业厂长工作条例》《全民所有制工业企业职工代表大会条例》，确立工厂职工民主管理制度。全市工会组织以落实职代会的权力为核心，使企业民主管理逐步朝规范化、制度化方向发展。

一、工会与行政联席会议

1987年，常州市机械冶金工会联合会与市机械冶金行业管理办公室贯彻中央关于工会参加党和政府有关会议和工作机构的规定，通过平等协商，建立联席会议制度。此后，联席会议制度在服装、建材等行业推广。同年10月，市工会第九次代表大会的10个代表团派出56名代表与市领导和市政府部门负责人座谈了职工切身利益问题。1990年8月，《常州市人民政府与市总工会联席会议试行办法》出台，当月市政府、市总工会召开了联席会议。1993年8月的联席会议就职工关心的热点问题和具体权益问题进行协商。2005年度的联席会议听取了全市企业工资集体协商情况和劳模优惠待遇落实情况的汇报和建议。2006年12月召开的联席会议，就政府设立企业社会责任奖、实施农民工权益保障工程达成一致意见。

二、职工代表大会

1986年11月，常州市总工会颁布《常州市全民所有制工业企业职工代表大会条例试行办法》，与市委组织部、市经委联合发出民主评议干部的意见，市总工会与市经委联合颁布《常州市企业班组条例》。1987年5月，市总工会、市劳动局联合提出在企业内部分配中发挥工会和职工代表大会（简称“职代会”）作用，增加一线代表名额，至同年底，全市基层工会培训职工代表2.38万名，占全市职工代表数的83.5%。1988年2月，市委组织部和市经委、总工会联合发出厂长任期届满换届的意见，开始要求厂长任期届满3个月前把任期内工作总结提交职代会审议。市委组织部和市经委、总工会提出在实行厂长负责制的企业建立和完善企业管理委员会，必须有工会主席和职工代表参加。至同年底，全市建立企业管理委员会414个，其中90%的管委会职工代表达1/3。全市1172家单位召开职代会1989次，412家单位民主评议干部1.03万名。1993年3月，市总工会推行企业职工代表大会提案工作暂行规定。12月，外资企业常州托利多衡器公司颁布《公司职工民主管理暂行办法》。1994年3—5月，市总工会组织501家单位的6658名职工代表检查企业民主管理情况。6月，市委组织部和市总工会、体改委、纪委、外经委联合颁布《关于在转换企业经营机制建立现代企业制度试点期间加强民主管理的意见》，引导企业在改制中坚持选举职工代表进入董事会、监事会。12月，全省第一个职工持股会在常州市第二色织股份公司成立。

1996—1999年，市委颁布《关于落实全面依靠工人阶级指导方针，进一步加强职工民主管理的若干意见》《在深化改革中进一步全心全意依靠工人阶级和加强工会工作的实施意见》《关于实行厂务公开、加强企业民主管理的实施意见》，指导全市工会依靠职工做好中小企业改制和民主管理。2002年3月，市总工会组织引导非公企业建立民主管理机制，各级工会组织职工全程参与中小企业改制，利用职代会、党政联席会和自动化办公网络等平台，民主监督企业重大决策、工资分配、劳保福利等，维护职工合法权益。2004—2010年，以非公企业职代会、厂务公开制度为重点，探索市场经济形势下的民主管理。2010年底，全市职工百人以上建会企业职代会建制率达95%。

三、厂务公开

1988年，常州市总工会贯彻全市推行厂务公开，加强企业民主监督和民主管理工作会议的精神，协助党委开展厂务公开，当年480家企业实行厂务公开制度。翌年6月，常州大华进出口（集团）有限公司企务公开的经验在全省外经系统推广。2002年9月，常州市开始贯彻落实中央关于国有企业、集体企业、集体控股企业深入实行厂务公开的通知，厂务公开成为企业民主管理的重要内容。至2003年底，全市1876家企事业单位实行厂务（事务）公开。2004年，江苏煤炭地质局被中央企业工委表彰为中央企业厂务公开先进单位。2004—2008年，全市厂务公开建制率提高至85.9%。2010年11月，市总工会被评为全国推动厂务公开民主管理工作先进单位。黑牡丹集团公司、常州公路运输公司、今创集团公司先后被评为全国厂务公开工作先进单位。年末，百人以上建会企业厂务公开建制率达95%。

四、集体合同

共保合同 1988年，在承包企业中出现内部契约即共保合同，常州矿山机械厂厂长与工会主席签订全市第一份共保合同，至1989年，全市有81家企业签订共保合同。1990年2月，市总工会、经委、体改委和市委组织部联合颁布《常州市共保合同实施细则》。1992年，全市有341家单位、企业与工会签订共保合同，此后共保合同逐渐被集体合同取代。

综合集体合同 1995年《中华人民共和国劳动法》实施，常州市总工会逐步推行平等协商和集体合同制度。同年1月，常州拖拉机厂工会与行政集体协商签订全市第一份企业集体合同；4月，托利多电子公司工会主席与美方总经理签订了全省第一份外商投资企业集体合同；5月，私营企业裕达塑料制品公司签订集体合同，市总工会、市劳动局联合下发《常州市企业集体合同工作意见》。7月，莱尼（常州）电子公司工会与外资企业签订了全省第一份外商独资企业集体合同。至1998年6月，全市有9000多家企业实行平等协商集体合同制度。2002年，市总工会开展集体合同和劳动合同管理年活动，至2008年，全市集体合同签订率大幅度提高，同年底覆盖职工76.9万人。

区域、行业集体合同 1996年初，武进寨桥、东安、湖塘3镇试点签订覆盖全镇企业的乡镇区域性集体合同；7月，寨桥镇签订了全市第一份区域性集体合同，覆盖全镇82家企业，开全国乡镇签订区域性集体合同的先河，市私营企业工会联合会代表私营企业职工与市私营企业主管部门签订了集体合同。同年底，武进56个乡镇有38个乡镇签订了区域性集体合同，并签订4个行业性集体合同。12月23日，市对外经贸工会联合会签订全国第一份产业工会联合会与外商投资协会的集体协议，并与外资企业签订集体合同，中华全国总工会副主席、书记处第一书记张丁华评价此举"为外资企业、私营企业、乡镇企业探索出中小企业普遍推行集体合同制度的新路"。至1998年6月，全市签订区域性、行业性集体合同96份，覆盖职工65万人。2002年区域性、行业集体合同被写进《江苏省实施〈工会法〉办法》修订版。2004年12月，《江苏省集体合同条例》第四章"区域、行业集体合同"列专章进行规定。常州、武进被称为全国区域性集体合同发源地。

单项集体合同 1997年以后，常州各级工会在全国率先探索通过劳资双方平等协商，签订劳动工时、劳动安全卫生、女职工保护、职业培训、社会保险福利5个专项集体合同，至1998年6月全市签订单项集体合同1969份。工时制集体合同。1997年4月，常州服装集团公司工会联合会代表所属基层工会与服装集团公司行政签订工时制单项集体合同，26家基层企业有19家签字，探索解决加班加点不依法发放加班工资的老大难问题。劳动安全卫生集体合同。2001年下半年，常州市新区工会联合会率先在1个乡镇、1个高新科技园区签订了区域性劳动安全卫生专项集体合同，覆盖企业111家，至2003年，全区有187家非公企业、5个乡镇、6个行政村和1个行业工会签订这类集体合同，覆盖企业近1000家。社会保险待遇集体合同。2002年10月，民营企业常州康普药业公司签订了全省第一份社会保险待遇专项集体协议。职业培训集体合同。2002年8月，常州市公共交通集团公司签订《职工职业培训专项集体协议》，职工参加企业安排的岗位资格培训，企业全额负担费用，该公司当年建成职业培训基地，培训1840人次。

女职工保护集体合同 2002年4月，常州明达汽车配件公司工会与企业行政签订了《女职工劳动保护专项协议》，女职工劳动保护权益很快被纳入企业平等协商集体合同制度。5月，市总工会女工委在全市推广女职工权益保护专项集体协议。此举被省总工会主席张艳誉为"女职工工作的一项创新"。此后，女职工劳动保护权益纳入企业平等协商集体合同制度，女职工专项集体合同被列入多部法律在全国推广。2006年，市总工会、安监局、计生委等5部门联合出台《关于加强和完善女职工特殊保护专项集体合同工作的意见》，同年底，女职工保护集体合同覆盖女职工近50万人，30多万名女职工受益。至2010年底，全市累计签订女职工集体合同7005份，市总工会、天宁区总工会被评为全国女职工专项集体合同工作先进单位。

工资集体协商 1991年1月，常州常捷电子公司开始每年与公司工会进行工资福利集体协商，形成董事会决议。合资企业常州托利多衡器公司从1993年起每年开展工资福利集体协商。2000年11月，劳动和社会保障部发布《工资集体协商试行办法》，此后，《江苏省工资支付条例》出台。2005年9月，市政府出台《关于进一步推进企业工资集体协商工作的意见》。翌年，市政府把企业工资集体协商纳入政府工作目标，辖市（区）政府相应建立工资协商领导小组，出台文件措施推进工资集体协商。2004—2009年，全市有2.2万家企业开展了工资集体协商，覆盖职工102万人。2010年，市总工会开展百人以上企业普及工资协商行动专项行动，职工百人以上建会企业工资集体协商率达95%。

第六节 宣传教育活动

1986年以后，常州市总工会先后组织开展了“振兴中华，建设常州”主题职工读书活动、社会主义市场经济条件下“创企业精神，树主人翁形象”和“争创学习型组织，争做知识型职工，树新时代职工形象”（简称“两争一树”）等主题教育活动。1993—2000年，市总工会组织开展了“创企业精神、树主人翁形象”主题教育活动。1999年，组织职工开展面向21世纪职工主人翁形象大讨论活动。21世纪初叶，在建设学习型组织、创新型城市中，常州工会较早开展争做知识型职工、提升职工队伍素质、发挥主力军作用的活动。2007年，学习型职工邓建军、吴淑玄、蓝领职工周文舟分别当选中共十七大代表、全国人大代表（职工读书学习活动参见第四十二卷“精神文明建设”第四章“学习型城市建设”）。

一、主题宣传教育

形势政策教育 1986年以后，常州市总工会坚持加强职工思想政治工作，在全市职工中开展中共基本路线、四项基本原则系列教育，进行职业理想、职业道德、职业纪律、职业技能教育（简称“双基”“四职”教育），对青壮年职工进行了文化技术补习，要求职工学法、知法、守法。1986年12月，中共中央作出《关于社会主义精神文明建设指导方针的决议》后，市总工会与市委宣传部、市纪委向全市职工发出《发扬独特风格的企业精神的倡议书》，在全市普遍开展培育企业精神活动。1988年11月，市总工会举办“四讲四树”形势教育培训班。1990年，全市工会开展以“三学三爱”为主题的职工自我教育活动，企业深化“双基”“四职”教育，培育企业精神，层层举办主人翁赞演讲比赛，组织“企业魂”五月歌会。1991年，全市工会开展学理论、学科学、学技能、热爱中国共产党、热爱祖国、热爱人民、歌颂中国共产党、歌颂祖国、歌颂社会主义教育活动。从1993年起，形势政策教育被纳入主题教育活动。

职业道德教育 1994年12月，包文霞被表彰为全国“十佳”职业道德标兵。2000年11月，黑牡丹股份公司邓建军班组被表彰为全国职工职业道德“百佳”班组。2005年，邓建军被中共中央宣传部、中华全国总工会列为全国特别重大宣传典型，中央新闻采访团到常州采访邓建军事迹。同年5月，市总工会成立邓建军事迹演讲报告团，在金坛市举行首场报告会。常州公交公司驾驶员邵开成、电信公司职工范志刚相继被中共中央宣传部列为宣传典型，被中央电视台新闻联播节目等重点宣传。2007年，殷雪梅获全国道德模范奖，邓建军获提名奖。

争当文明职工 1993—2000年，常州市总工会组织开展争当文明职工活动。2000年以后活动深化。2004—2010年，秦锡虎、李小燕、刘祖明被表彰为江苏省“十佳”文明职工，恽菊香、叶亚平、徐小平等人被表彰为江苏省文明职工。

二、人才队伍建设

80—90年代，常州市工会主要在职工读书自学活动、技术练兵和技能竞赛中，通过技能比武、技术创新，提高职工队伍的文化技术素质。2006年11月，市总工会与10家企业、院校商定，利用其生产实验基地成立常州市“金蓝领”人才实训基地。翌年1月，市总工会表彰吴方、储永坚、王俊、吴淑玄、范志刚、吴夕萍、陈志强、杨余明、周文舟、王兆京等为常州首批“十佳金蓝领”。工会、劳动部门完成万名职工技能培训和3600名职工的高技能培训。2008年，市总工会开展“职工培训教育提升年”活动，提高职工的思想、文化和技术素质，培养知识型、创新型职工队伍；实施“12351”职工培训计划，投入120万元培训农民工1万名、班组长2000名、大中专毕业生3000名和100家创业企业管理人员。11月，市总工会、常州日报社、常州市广播电视台联合评选出邓建军、范志刚、王寒茹、邵开成、高宝华、汪小龙、关荣坤、李小燕、米西尔·洛佩斯、张华明为“感动常州”十大职工；王洪年、宣碧华、陈礼斌、阮绍林、王振华、谢星、林敏、马卫东、郝波、潘雪平为“关爱职工、奉献社会”十大企业家。2010年，全市职工素质建设工程“三年规划”启动，开始进行社会主义核心价值观教育。

第七节　女职工工作

常州市工会坚持探索女职工组织机制、工作机制、运行模式和方法，维护女职工特殊权益，走在全省乃至全国前列。1987年12月，常州在全国率先成立市级女工工作委员会（简称“女工委”）。2000年11月，市总工会、妇联出台《关于工会与妇联建立联系制度，进一步推进女职工工作的意见》。2006年，市总工会女工委获全国首届妇女儿童维权贡献奖，2009年3月被评为江苏省三八红旗集体。

一、女职工组织建设

1987年11月，常州市总工会制定《常州市女工工作委员会工作条例》，开始探索女职工组织建设，至年底，全市累计建立基层工会女工委734个，有女工干部321人、女工工作分子8682人。1989年1月，市女工委更名为常州市女工委员会。1990年3月，张亚平、张晓霞、孙晓英、季来娣被中华全国总工会表彰为全国先进女职工工作者。1992年、1994年，市女工委员会、总工会相继被评为全国女职工工作先进集体。1993年末，全市建有女工委823个，县（市、区）局（公司）全部组建。有专职女工干部313人、兼职女工干部4798人。2008年，市总工会推广工会女工委员会与工会同时选举的做法，女工委与工会同步筹备、报批和建立，同年全市基层工会女工委达7773个。2010年，市工会女职工组织建设经验在全国女职工工作会议作大会交流。2010年底，全市建有基层工会女工委7822个。

二、女职工权益维护

维权机制　1988—1989年，常州市政府先后批转、颁发《常州市女职工劳动保护试行办法》《常州市市区企业女职工生养基金统筹试行办法》，成立常州市女职工生养基金统筹管理委员会，出台《女职工卫生保健条例》等文件，开始依靠政策制度维护女职工权益。1989年12月，全国女职工工作会议在常州召开，推广常州建立工会内部的女职工组织、强化女职工维权机制的经验。

培训教育　1996年5月，常州市总工会在市工会干部学校设立市女职工培训中心。2000年前后，主要与破产企业、改制转产企业联合办班，进行再就业转岗培训。2008—2010年，开办培训班41期，培训学员3700多人。2009年，市女职工培训中心与市孙燕云乱针绣艺术创作中心建立绣艺培训基地，培训对常州民间艺术有兴趣的人员，并被市人社局列入全市再就业培训六大基地。

特殊疾病计划　2007年7月，常州市妇联、总工会女工委启动女职工特殊疾病互助保障计划。至2010年底，全市有1.8万名女职工参保，有29位患大病女职工获赔22.6万元。

三、女职工主题活动

1990年，常州女职工巾帼巧手奉献活动启动。1992年，全市女职工完成新品开发、科研成果1500项，创经济效益3355万元。1995年，市总工会女工委开展“迎四大、争奉献、展风采”大型系列活动，举办庆“三八”歌咏大会、职业女性形象自我设计与展示、迎接世界妇女大会等活动。2001年6月，市总工会组织全市新建企业争创工会女职工工作示范单位，全市选树省级示范单位10家、市级104个和辖市区级206个。2004年3月，市总工会召开女职工科技创新成果表彰大会。2005年，市总工会女工委发动全市女职工开展争创五一巾帼标兵岗，争当五一巾帼标兵活动，全国五一巾帼标兵岗南车戚墅堰机车公司女子焊接队向全市女职工发出倡议书。2007年，市总工会女工委员会、女企业家协会开展“女职工与和谐企业”活动。2008年3月，市总工会与市女书法家协会联办“共建和谐文化”女职工书画展，在刘海粟美术馆展出书画作品近百幅。2010年3月初，市总工会女工委举办纪念“三八”国际劳动妇女节100周年全健排舞比赛，发动全市女职工开展“我的岗位我作主、我与企业同成长”主题实践活动。与市妇联等单位联办了全市第十届职工职业技能比赛的首届家政服务员比赛，有175名家政服务员参赛，10人获“技术能手”称号。

第八节 财务和经费审查

常州各级工会加强工会财会队伍建设，探索工会财务改革，依法收缴工会经费，严格财务管理，用活用好工会经费。加强经费审查组织建设，建立经费审查监督机制，经费审查工作正常开展。

一、经费收支

收 入 1983—2012年，常州市总工会第八至十三届委员会期间，市级工会经费收入总体呈增长趋势，累计完成收入7.12亿元，其中第十三届工会经费增幅最快，比上届增1.01亿元，增长124%。历届总收入中，经费收入4.65亿元、上级补助收入5206.44万元、事业收入5622.8万元，政府补助收入4854.01万元，分别占总收入的65.3%、7.3%、7.9%和6.8%，另有回收投资款和贷款186.4万元、其他收入1568.5万元。

支 出 1983—2012年，常州市总工会经费支出呈总体增长趋势，累计支出7.61亿元，其中第十三届工会委员会经费支出增长最快，比上届工会增2.25亿元，增长127.6%，2012年末累计结余7899.38万元。市总工会第八至十三届委员会，累计上解省总工会2.01亿元、本级实际支出累计5.59亿元，分别占历届支出总额的26.5%、73.5%。

1983—2012年常州市总工会第八至第十三届委员会经费收支统计表

表30-1-1 单位：万元

大类	收支项目	1983—1987	1988—1992	1993—1997	1998—2002	2003—2007	2008—2012	累计
	届次	第八届	第九届	第十届	第十一届	第十二届	第十三届	
经费收入	总收入	1146.90	3140.04	7440.40	8165.21	17251.30	34054.16	71198.01
	经费收入	1064.60	2536.44	—	6776.69	13442.78	22638.93	46459.44
	上级补助收入	29.00	259.56	—	624.43	928.11	3365.34	5206.44
	事业收入	—	15.06	—	402.45	1724.56	3480.73	5622.80
	政府补助收入	—	29.00	—	157.00	1155.85	3512.16	4854.01
	其他收入	33.30	133.58	139.98	204.64	—	1057.00	1568.50
	收回投资和贷款	20.00	166.40	—	—	—	—	186.40
经费支出	支出总额	1003.90	3143.22	7097.37	7048.93	17636.44	40148.58	76078.44
	比上届 ±(%)	—	213.10	125.8	-0.60	150.20	127.60	—
	上解省总工会	339.00	909.87	2396.87	2481.17	4289.77	9720.49	20137.17
	本级实际支出	664.90	2233.35	4700.50	4567.76	13346.67	30428.09	55941.27
	经费结余	185.40	185.42	343.03	1548.53	650.95	4986.05	7899.38

说明：1993—1997年第十届无分项收入统计，故累计数中分项累计均不含第十届

二、财务管理

1985年起，常州市总工会改革区、局、产业工会经费的分配、使用、管理，改革后的费用指标由各区、局、产业工会自行掌握。翌年，在事业单位推行基金制度，事业单位年终必须有结余才能提取基金。1992年，投资2000多万元的工会大厦落成，总建筑面积8868平方米，市总工会迁入办公。2003年，市总工会在省辖市中率先实行工会经费委托税务代收。市委、市政府决定全市工会经费委托地税局收缴，规定基层单位工会经费的40%由地税部门代为收缴，提高了收缴率。2005年，市级行政事业单位工会经费实行财政直接支付。市总工会制定《常州市城区总工会经费预算、决算管理办法（试行）》，同时建立常州市工会财务结算中心。2003—2007年，全市受到省总表彰的工会财务先进集体16个、先进个人17名。2008年11月，总投资4000万元的工人文化宫影剧院改造提升工程竣工。2010年1月，开始实行新《工会会计制度》。市总工会成立资产监督管理委员会，出台了资产监督管理暂行办法及其配套文件10个。市总工会财务部获1990年、2003年、2005年、2007年、2009年、2010年全国工会财会工作先进集体。

三、经费审查

组织机制　1989年6月，常州市总工会发动各级工会建立、加强经审组织。2000年起，市总工会促进基层工会加强经审组织的建设，建立以审计为基础的审查监督机制，实施同级工会经费预决算审计、下级工会经费审查监督、工会经费计拨审查、基本建设维修改造工程审计等7项制度，全市初步建成经审、内审、社审相结合的审查体系。2003年，市总工会单独设立经费审查委员会办公室。翌年3月，市总工会出台加强工会经费审查监督的意见、工会联合会经费审查委员会组织办法和基层工会主席任期经济责任审计暂行办法。2006—2010年，市总工会组织实施经审工作规范化建设，出台《常州市辖市（区）工会经审工作规范化建设标准》，市、辖市（区）、乡镇（街道）基层工会经审工作逐渐规范。

审查活动　常州工会经费审查一般每年春季集中开展。实行工代会代表常任制后，市总工会经审会每年向工会代表大会报告经审工作。金坛、溧阳、武进3个辖市（区）总工会经审会每年审查本级经费预算、审计执行情况，向工代会报告经费审查情况。1998—2002年，市总工会经审会对辖市区下审一级，经审办、财务部在城区区划调整、国有资产管理体制改革中，审计涉及分合的工会组织资产状况，参与财产监督移交等工作。重点做好工会大厦C楼工程建设等基建项目审计，送审金额2864万元，其中内部审计52项、涉及金额1500万元，社会审计22项、送审金额2005万元，总计核减568.6万元。市与辖市两级工会经审机构审计工会机关及直属单位基建工程18项，送审金额1428.8万元，核减340万元。2004年3月，全面推开基层工会主席任期经济责任审计。2003—2007年，市总工会经审办审计项目5个，送审工程造价1680万元，核减支出252万元。辖市（区）总工会审计项目2个，核减支出373万元。

第二章　共青团

中国共产主义青年团常州市委员会坚持团结教育全市广大团员和青年，坚持党建带团建，加强团的组织建设，干部队伍建设和团员管理，深化“团建创新创优”活动，加强团员青年思想道德建设，普遍开展主题实践活动，带领全市团员青年在常州改革开放、经济建设、社会事业和精神文明建设中建功立业。

第一节 组织建设

中共常州市委重视共青团组织建设和各项工作，历任市委书记出席共青团代表大会开幕式并讲话。团市委贯彻民主集中制原则，推进领导班子建设，按团组织广覆盖的要求，在全市掀起两次团员发展的高潮，通过建立市团校等措施，持续加强团干部培训教育，为全市共青团和青年工作奠定了坚实的组织基础。

一、代表大会

第十次代表大会 1989年12月12—15日在市工人文化宫召开，出席代表480名，许津荣作工作报告。大会选举产生共青团常州市第十届委员会委员42名、候补委员5名，许津荣当选为团市委书记。

第十一次代表大会 1994年12月11—14日在市工人文化宫召开，出席代表335名，戴源作工作报告。大会选举产生共青团常州市第十一届委员会委员49名、候补委员7名，戴源当选为团市委书记。

第十二次代表大会 1999年12月2—4日在红星大剧院召开，出席代表349名，蔡骏作工作报告。大会选举产生共青团常州市第十二届委员会委员49名、候补委员8名，蔡骏当选为团市委书记。

第十三次代表大会 2002年9月11—14日在江南春宾馆召开，出席代表348名，练月琴作工作报告。大会选举产生第十三届团市委委员40名、候补委员17名，练月琴当选为团市委书记。

第十四次代表大会 2007年11月27—29日在金陵江南大饭店召开，出席代表376名，丁一作工作报告。大会选举产生共青团常州市第十四届委员会委员42名、候补委员17名，丁一当选为团市委书记。

2007年11月27—29日，共青团常州市第十四次代表大会在金陵江南大饭店召开（摄于2007年11月）

二、团员发展

1986—1987年，是常州市团员发展的一个高峰期，全市团员发展总数分别为3.21万人、3.13万人。1995—2002年是全市团员发展新的高峰期，除1998年外其余年份团员发展数均超2.9万人，1997年达3.08万人。此后至2010年历年发展总数徘徊在2.1万～2.4万人之间。2010年末，随着团员发展数连年稳定、超龄离团数逐年下降，全市团员总数达到顶峰，达30.87万人。

三、团组织组建

1986—2010年，常州市团组织基本保持在1万个左右。1988—1992年，全市团组织持续发展，累计发展750个，1993年团组织数减少536个。1994—1998年，全市团组织数直线上升，1998年末达1.07万个。1999—2002年，全市团组织数连年下降，2002年降至8733个，为25年最低。2003—2010年，全市团组织数逐年回升，2006 年达到高峰，达 10955 个，至 2010 年底降至 10810 个。

1986—2010 年常州市历年青年、共青团员和团组织数统计表

表 30-2-1　　　　单位：万人

时间	青年人数	团员总人数	占青年人数比(%)	推优入党数	超龄离团人数	团组织总数(个)
1986	76.25	18.51	24.3	—	0.97	9240
1987	73.32	19.79	27.0	—	1.03	9676
1988	72.44	19.02	26.3	—	1.56	9399
1989	72.13	18.28	25.3	—	1.60	9297
1990	71.88	16.54	23.0	—	2.29	9716
1991	70.96	16.92	23.8	—	1.43	9836
1992	69.58	16.64	23.9	—	1.60	9990
1993	69.40	16.59	23.9	—	1.27	9454
1994	62.34	18.36	29.5	—	1.02	9703
1995	65.80	19.28	29.3	—	1.10	10586
1996	62.30	20.38	32.7	—	1.20	10506
1997	60.94	20.63	33.9	0.18	0.98	10367
1998	56.49	20.62	36.5	0.19	0.91	10704
1999	82.00	20.55	25.1	0.18	0.90	9439
2000	80.67	20.18	25.0	0.15	0.86	9368
2001	84.03	21.11	25.1	0.18	0.78	9351
2002	77.05	21.06	27.3	0.17	0.64	8733
2003	74.13	21.20	28.6	0.18	0.60	9165
2004	77.88	24.85	31.9	0.27	0.59	9486
2005	83.66	27.13	32.4	0.28	0.56	10098
2006	83.35	27.31	32.8	0.29	0.55	10955
2007	76.53	28.98	37.9	0.54	0.49	10823
2008	76.59	30.08	39.3	0.58	0.47	10612
2009	77.51	30.73	39.6	0.58	0.48	10722
2010	77.81	30.87	39.7	0.59	0.48	10810
累计	—	—	—	4.36	24.36	—

说明：1. 青年数 1998 年以前统计 28 周岁以下青年，1998 年起统计 35 周岁以下青年。2. 1996 年以前未统计推优入党数。3. 团组织数包括团委、团总支和团支部

1986—2010年全市共青团组织受省级及其以上表彰的先进集体一览表

表30-2-2

等级	荣誉称号	先进集体	表彰年份
国家级	全国团建先进县（市）	常州市武进区	2005
	全国五四红旗团支部标兵	江苏省常州高级中学瞿秋白团支部	2003
		红星集团团委	2006
		国家电网江苏常州供电公司团委	2007
		中天钢铁集团有限公司团委	2010
	全国五四红旗团委（团支部）	江苏技术师范学院教育学院团总支	2008
		江苏省常州港华燃气有限公司团总支	2008
		中天钢铁集团有限公司团委	2009
		江苏省常州交通技师学院商务运输系团总支	2009
		江苏省常州大酒店有限公司前厅团支部	2010
		江苏省常州市第四中学教工团支部	2010
省级	江苏省共青团基层建设先进县	常州市武进县	1993
	江苏省基层团建先进县（市、区）	常州市新北区	2008
	江苏省农村基层团建先进县	常州市武进市	1998
	江苏省五四红旗团委标兵	常州市公共交通集团公司团委	2003
		江苏省电力公司常州供电公司团委	2004
		常州市第二中学团委	2005—2006
	江苏省五四红旗团支部标兵	武进市雪堰镇共建村团支部	2002
		常州市第二人民医院外科团支部	2003
		常州市新北区河海街道富都社区团支部	2005
		常州市港华燃气有限公司团总支	2007
		常州市潞城中学团总支	2008
		常州市儿童福利院团支部	2010

四、干部队伍建设

1998年10月以前，常州市团干部培训由团市委组织部负责。1998年10月12日，常州市团校在中共常州市委党校挂牌成立，此后团干部培训转由市团校承担，逐渐形成主体班、创建班和专项班等形式的团干部培训模式，年均培训团干部5000余人次。

全市团干部培训主要班次和频次一览表

表30-2-3

类别	培训名称	培训频次	类别	培训名称	培训频次
主体班	基层团干部培训班	每年1次	创建班	创建青年文明号培训班	每年1次
	青年干部培训班	两年1次		创建青少年维权岗培训班	每年1次
	宣传信息工作培训班	每年1次	专项班	政策形势研讨班	不定期
	学校团队干部培训班	每年1次		团干部政治轮训班	不定期
	骨干志愿者培训班	每年1次		素质拓展班	不定期

常州市共青团系统受全国、省级表彰的先进个人一览表

表 30-2-4

等级	荣誉称号	姓名	年份	荣誉称号	姓名	年份
国家级	全国优秀共青团员	汤　露	1998	全国十六届十大杰出青年提名奖	邓建军	2006
	全国优秀共青团干部	狄志强	2004	第十一届中国青年五四奖章	李　峥	2007
		杜吉宾	2006	全国优秀共青团干部	孙龙斌	2009
省级	江苏省新长征突击手标兵	常三明	1991	第五届江苏省十大杰出青年	刘建英	1998
		徐　翠	1995	江苏省十大杰出青年	车建兴	2001
		徐俊伟	2006	江苏省十大杰出青年	李　峥	2004
		史亚飞	2007	江苏省十大杰出青年	许网保	2005
	首届江苏省十大杰出青年	于新华	1994	江苏省十大杰出青年	王德林	2006
	第三届江苏省十大杰出青年	杨　光	1996	江苏省青年五四奖章	邵开成	2005
	第四届江苏省十大杰出青年	任志清	1997			

第二节　思想道德建设

1985 年以后，共青团常州市委组织青少年深入开展主题性宣传教育实践活动，依托《常州青年》刊物和常州青年网站等舆论宣传载体，推进青少年法制教育、文化建设，加强对青少年的思想道德教育。1986—1990 年，开展了“团结、改革、创业”主题教育等活动，涌现出全国好少年、全国好儿童 256 名。1991—1995 年，全市团组织开展了“党在我心中”系列活动。1993 年，组织 7000 余名团员青年参加团省委举办的建设有中国特色社会主义理论知识竞赛。1996—1999 年，团市委全面实施和推进跨世纪青年文明工程、跨世纪青年人才工程。2001—2010 年，广泛开展以爱国主义为核心的民族精神教育，相继举办“当代青年与‘三个代表’重要思想”和常州青年与“两个率先”论坛及“弘扬常州市民精神，树立当代青年形象”“杰出青年话荣辱，共创和谐新常州”主题论坛等主题教育活动。

一、思想教育活动

思想道德教育　2000—2002 年，常州团组织以理想信念教育为核心，以“永远跟党走”为主题，通过举行重温入团誓词、升国旗仪式、成人仪式、知识竞赛、读书征文、演讲比赛等活动，进行爱国主义、社会主义和集体主义教育，贯彻《公民道德建设实施纲要》。2005—2006 年，全市各级团组织开展增强共青团员意识主题教育活动，2189 名团干部、24 万余名共青团员参加。

青少年读书活动　1986—1990 年，常州团组织开展“振兴常州，建设家乡”读书活动，9.5 万名青年参加，组成青年读书小组 6347 个。2004—2005 年，全市实施青少年新世纪读书计划，70% 以上社区设立青少年读书基地。

二、建功立业活动

创新建功活动　1986—1990 年，常州团组织开展“理想闪光，青年立功”活动，有 27 万名青工参加小发明、小创造、小革新、小设计、小建议（简称“五小”）活动，取得成果 1.51 万项。20 余万名青工参加青年技术竞赛，10 多万名农村青年接受农村实用技术培训，培育科技示范户 6800 余户、经济联合体 350 多个。1997 年 8 月，团市委等 8 家单位组织实施致富奔小康金钥匙工程，涌现出青年科技致富工程 107 个、科技致富带头人 1350 多名，带动 8 万多名农村青年和农民群众致富奔小康。

为民服务与志愿奉献 1986—1990年，常州团组织开展“学雷锋、树新风”活动，成立由2100名青年组成的为民服务队，全市近50万名青年参加为民服务活动。1997年9月，组织开展“讲文明、树新风”集中行动，10万名青少年参加活动。1994年3月5日，380多家单位的1500余名青年在500多个服务点开展青年志愿者奉献日活动。1997年，全市建立农村青年服务队（组）2300多支。1998—2000年，团市委分两批选送10名青年志愿者到陕西国定、安康贫困县开展扶贫志愿服务。2003年，组织400余名团员青年参加抗“非典”志愿活动。2005年，全市志愿者彩虹行动启动。2007年3月，全市首家公园志愿者服务站在红梅公园成立，提供文化宣传、绿化科普、爱绿护绿、文明游园咨询等志愿服务。2008年，蒋全俊等3人参与北京奥运会、残奥会志愿服务。2009年组建文明交通志愿者联盟，每月定期开展文明交通志愿服务行动。2010年，围绕“省运会”开展3个主题9项活动的志愿服务。

三、活动引领教育

1986—1993年，常州市团组织开展常州青年与10年改革系列活动、培养“四有”新人、第一至二届常州市“十佳”青年评选等主题活动，引导青少年提高思想道德修养。1994年9月，首次举行18岁成人仪式，15所中学和武警支队年满18周岁的1000名青年代表宣誓。1995年12月，全市首次举行14岁青春仪式，1500名年满14周岁的中学生代表参加。2003年7月，首届少先队辅导员素质大赛在常州师范学校第二附属小学举办。2004年3月，市中国少年先锋队工作委员会（简称“少工委”）以“树立创业志向、学习创业知识、掌握创业本领”为主题启动红领巾创业启蒙教育活动试点，10月开展纪念“我们爱科学”活动25周年少先队队会活动。2005年6月，省“十佳”少先队员杨莹、省“十佳”少先队志愿辅导员赵奕受到省委书记李源潮的接见。2008年7月开展“红领巾与改革开放同行”纪念改革开放30周年活动。2009年9月，组织开展纪念中国少年先锋队建队60周年“红领巾教育月”活动。2006—2010年，开展百万青少年走进爱国主义教育基地活动，获得全国少工委《民族精神代代传》活动创新奖。2010年5月在全队开展“争当四好少年”活动暨“争当四好少年，讲述成长故事”风采展示活动。2010年5月在全市开展“携手小伙伴，省运更精彩”主题活动。9月为西藏玉树州曲麻莱县所有学校筹集爱心捐款31.5万元，建立常州希望工程书屋、书架和电脑室。

青少年成人仪式（摄于1994年9月）

第三节　青少年权益维护

2010年底，常州市建有市未成年人保护委员会，市综治委成立有预防青少年违法犯罪工作领导小组，分别有成员单位17家和15家，负责组织领导全市的青少年权益保护和预防青少年违法犯罪工作，办公室均设于团市委。相关部门通过创建青少年维权岗等形式，推进未成年人权益保护，启动预防青少年违法犯罪工程取得成效。

一、未成年人权益保护

1994年初，常州市关工委、团市委等6家单位联合组织14.1万人参加《未成年人保护法》知识竞赛。1998年6月，市法律援助中心团市委法律援助站成立。1999年1月，市未成年人保护委员会成立。7月，团市委、市检察院开始在全市检察系统开展创建优秀青少年维权岗活动，全市优秀青少年维权岗创建工作启动。10月，武进市检察院等5个检察院被团市委、市检察院评定为首批优秀青少年维权岗。市级优秀青少年维权岗每两年创建、评选1次。2003年2月，团市委权益部成立，7月全省首家青少年维权中心常州市青少年维权中心成立。2004年7月，团市委、常州电台经济台和市青少年维权中心进行维权在线专栏现场直播，向全市5万名未成年人免费发放自护手册。2006年，常州市清凉青年中心、溧阳市溧城青年中心被确定为全国优秀青年中心。2007年6月，全市开展以法律维权进社区、文化新风进社区、心理科学进社区、志愿服务进社区，帮助弱势青少年群体（简称“四进一助”）为主的暑期未成年人主题活动，全市91个社区申报243个项目。此后每年开展暑期未成年人“四进一助”主题活动。2009年2月，全市首次共青团与人大代表、政协委员面对面活动举行，让学生小记者在“两会”上采访人大代表、政协委员。2009年5月起，组织149个优秀青少年维权岗结对帮扶150名困难青少年。至2010年5月，全市创建成优秀青少年维权岗152家，其中全国9家、省级24家、市级119家。

2001—2009年常州市全国性优秀青少年维权岗一览表

表30-2-5

名称	命名时间	名称	命名时间	名称	命名时间
武进区人民检察院	2001.12	常州质量技术监督局	2006.09	武进区人民法院	2009.02
天宁区人民检察院	2004.10	戚墅堰区人民检察院	2006.09	溧阳市人民检察院	2009.02
常州电视台《社会写真》栏目组	2005.12	天宁区人民法院少年庭	2006.09	江苏省常州新华书店	2009.02

二、预防青少年违法犯罪

2000年4月，常州市综治委预防青少年违法犯罪工作领导小组成立。2005年，共青团、文化、公安等部门组织开展青少年网络文明行动，团市委、市文化局等单位在全省率先设立绿色互联青少年辅导中心，帮助青少年正确认识网络，健康使用网络，开展青少年远离毒品宣传月活动。市教育局、共青团金坛市委、戚墅堰区检察院、常州建设高等职业技术学校被评为全省预防青少年违法犯罪工作先进集体。2009年3月，预防青少年违法犯罪5项工程10个行动启动，针对不同青少年群体实施关爱工程、暖心工程、呵护工程等5项工程，其中包括“文化健康结伴行”行动、进城务工青年合法权益维护月行动等10个行动，专项整治、社区预防工作在全市全面展开。2010年1月，团市委举办共青团与人大代表、政协委员面对面论坛，探讨网络安全与青少年健康成长问题。

第四节　青年创新创效活动

一、青年岗位建功活动

常州团组织在农村青年中主要开展科教兴农等主题实践活动，在城镇青年中主要开展岗位建功等主题实践活动，在中小学生中主要开展青少年环保等主题实践活动。

农村青年科教兴农活动　80年代后期全面启动。1989年，团市委与市委农工部、市农业局等7家单位联合开展“当粮棉能手，做星火标兵”市县百分过级竞赛。1992年、1995年和1997年，团市委先后组织开展“511青年科技工程”建设、争当科教兴农带头人活动、致富奔小康和农业产业化两项金钥匙工程。2003年起，与市农林局、科技局联合评选了青年科教兴农带头人和示范项目。至2010年底，全市被表彰的全国农村青年创业致富带头人17人次、省级34人次。2003年11月、2008年2月，先后开展了常州市首届农村青年创业致富大赛和“携手共发展，建功新农村”行动。

城镇青年岗位建功活动 1994年3月，团市委在全市工交企业团员青年中开展“爱岗敬业做能手，科技建功做贡献”主题活动，在全市窗口行业开展“爱岗敬业做能手，争先创优比奉献”主题活动。1998年5月4日，成立怀德桥改扩建工程11支青年突击队。2005—2008年，团市委与市安监局联合评选青年安全生产示范岗。2005年3月，与市劳动局、人事局联合开展“青春创业，岗位建功”主题活动。2006年3月，与市科技局、农林局、科协联合开展青年科技创新行动。7月、9月，“七彩的夏日·科技伴我行”“城乡百村结百对”主题活动相继开展。2010年3月，团市委组织开展服务市60项重点工程（工作）青春建功行动，以比质量赛创优、比安全赛文明、比进度赛高效、比管理赛效益、比创新赛技术、比奉献赛育人“六比六赛”为主要内容，组织、激励青年为重点工程建设立功。

青少年环保活动 2003年起，团市委与市环保局联合组织中小学生，开展保护母亲河青少年绿城清水行动，评选保护母亲河青少年环保监督岗。2008年，举办青少年环保创意大赛。2009年，举办青少年环保文化节。

二、青年技能提升行动

技能比赛 1986年、1987年、1995年、1997年、2000年，团市委与市总工会等9家单位联合举办全市职工（青工）技能大赛。1992年9月22—23日，全省乡镇企业青年电焊工技术大赛在武进容器厂举行。2001年，首届青年科技人员计算机辅助设计技能大赛举办。2002—2008年，团市委与劳动、工会、经贸等部门相继联办青工数控技术应用技能大赛、全市青年建设者技能大赛、青年职业技能大赛。2006年，中国电信常州分公司的范志刚获全国大赛计算机网络管理员工种冠军，被评为中国十大杰出青年技师。2007年中国移动常州分公司的董峰获全国青年职业技能大赛计算机网络管理员工种冠军，常州轻工职业技术学院获第二届“振兴杯”全国青工职业技能比赛团体第16名、优胜杯。

岗位能手活动 1994年8月，团市委与相关单位在全市青工中开展争创青年岗位能手活动。1997年，市青年岗位能手活动领导小组成立。至2010年，争创活动累计开展16届，提高了全市青年职工的技能水平，培育出一大批国家级和省、市级青年岗位能手，有15人被评为全国青年岗位能手，93人被评为江苏省青年岗位能手。

三、就业创业促进活动

1991年，常州市青年科技进步贡献奖奖励基金设立，至2006年累计评奖6次，每次评出一等奖、二等奖、三等奖10个，优秀奖10个。1997—1998年，团市委组织举办全市首期农村青年实用技术培训班和下岗青工再就业摩托车修理、服装设计制作等项目培训班。团市委此后每年与相关单位联办就业援助招聘会，促进青年就业。2004年，团市委与市劳动局、人事局等部门联合实施青年创业工程，成立市青年创业导师团，命名市青年创业培训基地、青年创业实践基地各5家，联合启动SYB(Start Your Bussiness, 意即创业）青年创业培训，开通常州青年创业网。10月，与市委宣传部、市劳动和社会保障局联合表彰了市十佳青年创业之星。2005年9月26—27日，团市委在中国青年创业行动推进会上介绍服务青年就业创业“四型”模式经验。2007年，活动改为常州市青年科技创业十大明星评选，评出十大明星10名、优秀奖10名。9月，与市委宣传部和市发改委、科技局等单位启动首届常州青年创业大赛，翌年3月表彰大赛获奖者。2009年4月，与江南农商行联合实施青年创业贷款计划，至2010年底，向31名青年创业者发放贷款33笔990万元。2009年5月，常州市首批105个共青团青年就业创业见习基地建立，提供2772个见习岗位，有810名青年到岗见习，187人被录用。2010年4月，见习基地增至158家，提供见习岗位3523个。5月10日，团市委启动全市青年就业创业"扬帆计划"。

1994—2010年常州市全国青年岗位能手一览表

表30-2-6

年份	全国农村青年创业致富带头人	全国青年岗位能手	年份	全国农村青年创业致富带头人	全国青年岗位能手
1994	—	邓建军	2005	彭汉良、周国伟、潘冬生、稽卫星	—
1995	—	蒋建方、高健伟、秦剑慧			
1996	—	瞿玉兴、张小军、沈华成	2006	李亚东、王宇鹏、方沛琪	范志刚、徐　斌
1997	—	张雪莲、朱红亮			
2001	—	周　洪	2007	冯　奕、陶　锋、张道衡	董　峰
2003	史志明、刘永山、王新南	—			
2004	堵荣伟、王春红	邓建军	2010	李亚东、郭　翔	孙　俊

第五节　青年文明号

1994年起，团市委先后与市教育局等27个市级部门联合组织开展创建青年文明号活动。全市青年文明号集体长期开展帮困扶贫结对活动，1个青年文明号集体与1名困难群众结成帮扶对子，定期上门服务、帮困解难。1997年10月，开始组织争创青年文明号公交线，向市民发放青年文明号服务承诺卡。1999年4月，举行常州市青年文明号集中宣传服务行动，发出文明优质服务倡议书，开展了一号一户活动、卫生整治活动和集中便民服务。2004—2009年，先后组织开展百个青年文明号结对百名贫困学生、青年文明号"双创"和"保增长促发展，青年文明号在行动"等主题活动。

一、全国青年文明号

1996年8月，常州有两个部门被评为全国青年文明号，开始推行全国青年文明号优质服务卡。至2010年底，全市累计创成全国青年文明号30个。

1996—2010年全市受到表彰的全国青年文明号一览表

表30-2-7　　单位：个

年份	个数	岗位名称
1996	2	常州市良茂大酒店餐饮部、戚墅堰机车车辆厂车辆分厂钢一车间电焊一班
1997	2	常州市供电局用电服务中心、常州市公交总公司一分公司1036车组
1998	6	金坛市国土规划局、常州市第二人民医院心内科、江苏证券常州营业部、交行常州分行营业部储蓄专柜、常州市购物中心电视机A柜、武进市交建总公司淮江高速公路K9项目经理部
1999	1	武进市交通建设工程总公司淮江高速公路K9标项目经理部

续表 30-2-7

年份	个数	岗位名称
2001	1	华泰证券有限责任公司常州和平南路证券营业部
2003	3	中国联通常州分公司寻呼暨客服呼叫中心、常州大酒店前厅青年集体、江苏红星家具集团公司
2004	1	常州市武进区148法律服务中心
2005	4	常州市公共交通集团公司3路线、江苏省电信有限公司常州分公司网络监控中心、建行金坛支行营业部、常州市人才服务中心
2006	2	工行常州市分行营业部储蓄专柜、中行常州市分行营业部
2007	4	常州市住房公积金管理中心武进分中心、常州市高速公路建设指挥部、常州港华燃气公司客户服务中心、常州通用自来水公司服务中心
2008	2	常州市武进区行政服务中心、常州出入境检验检疫局检务科
2009—2010	2	常州市城市管理行政执法支队受理指挥中心、常州市公安局天宁分局局前街派出所

二、省市级青年文明号

1994年，常州开始创建省级青年文明号，当年有9个部门被表彰为省青年文明号。至2010年底，全市累计有241个车间（班组、工段）、部门和岗位被表彰为省青年文明号。团市委与相关部门累计选树、表彰市青年文明号888个。

1994—2010年常州市受到表彰的省、市级青年文明号数量统计表

表 30-2-8　　单位：个

称号	年份	数量	年份	数量	年份	数量	年份	数量
省青年文明号	1994	9	1998	20	2006	16	2010	15
	1995	14	2002	18	2007	13	累计	241
	1996	44	2003	17	2008	13		
	1997	33	2005	16	2009	13		
市青年文明号	1995	58	2002	115	2006	83	累计	888
	1997	134	2003	135	2007	96		
	1998	107	2005	72	2008—2009	88		

第六节　其他活动

一、希望工程

1997年底，团市委开始实施希望工程，筹资10万元帮助困难下岗职工，开展“百万企业献百元”活动，筹资30余万元。2000年，团市委发动向绿色希望工程捐赠活动，10月向大别山老区希望小学捐赠图书12万册。2004年3月，团市委、市希望工程办公室开展百名选调生结对百名贫困学生、“一元百分爱，爱心铸希望”捐款和百个青年文明号结对百名贫困学生活动。同年10月设立总额20万元的恒晶助学金。2006年9月，民营企业家苏晓春设立天禄助学金，总额30万元。2005—2010年，开展常州市圆梦行动、芙蓉学子助学活动，累计发放助学金254.3万元，资助学生696人次。至2010年底，常州市累计接受希望工程捐款1385万元，

援建陕西、三峡、江西等地区的希望小学19所，向大别山地区捐书15万册，资助家庭贫困学生1万余名。

二、捐废纸献爱心活动

2008年5月，常州市慈善总会、共青团常州市委、常州市志愿者总会在全市组织开展“捐出一张废纸，奉献一片爱心”慈善公益活动，通过各级共青团、志愿者组织收集废旧纸张，变废为宝，筹集善款，设立专项慈善资金救助患病、孤苦、残疾等困难青少年群体，设置覆盖全市机关、企事业单位、村镇、社区的爱心捐赠点3433个，向社会开通爱心热线电话10条，建立专题网站，发布信息，公布活动开展及捐赠情况，主动接受大众监督，坚持做到公开透明。至2010年底，全市社会各界累计捐赠废纸6106吨，募集善款440万元，成功救治55名患有先天性心脏病的贫困青少年。

“捐出一张废纸，奉献一片爱心”慈善公益活动现场（摄于2008年5月）

第七节　学联和少先队工作

一、学联工作

常州市学生联合会（简称“学联”）经常组织开展知识讲座、征文演讲、知识竞赛、技能大赛、社会实践、社区援助、校园文化、青年志愿者等活动，发挥了团结和组织高校学生与学生组织的作用。

代表大会　第五次代表大会，1986年4月召开，70名正式代表、33名列席代表出席，曹雨平作了工作报告。大会选举江苏化工学院学生会为主席单位，8所院校学生会为副主席单位。第六次代表大会，1994年5月召开，80名正式代表、20名列席代表出席，叶明华作了工作报告。大会选举常州工业技术学院为主席单位，8所院校学生会为副主席单位。第七次代表大会，1999年5月召开，94名正式代表、42名列席代表出席，杨彩平作了工作报告。大会选举河海大学常州分校学生会为主席单位，9所院校学生会为副主席单位。第八次代表大会，2004年10月召开，112名正式代表、32名列席代表出席，夏超作了工作报告。大会选举江苏技术师范学院学生会为主席单位，12所院校学生会为副主席单位。第九次代表大会，2009年11月召开，112名正式代表、32名列席代表出席，陈涛作了工作报告。大会选举江苏工业学院学生会为主席单位，12所院校学生会为副主席单位。

主要活动　1987—1998年，常州市学联举办了纪念“一二·九”运动大中专院校校园文化艺术周活动12次。1987年，市学联举行全市大中学生旧书交易活动。1988年组织在常高校1500余名学生开展形式多样的社会实践活动。1995年，市学联采用演讲、优秀调查报告方式，举办社会实践之路论坛。翌年，团市委与市委宣传部等6家单位合作建立社会实践基地，全市200余名学生组成25支小分队参加活动。2000年，团市委和市教委、学联等单位组织举办全国、全省统一开展的“盼祖国早日统一”亿万青少年签名活动；7月，联办中小学生青春自护夏令营。2001年，组织举办全市大中学校社团巡礼暨大中学生健身操大赛。2003年

10月，举行常州市首届大中专学生素质大赛。2004年6月，团市委和市教育局、文化局联合举办了常州市首届青少年动漫大赛。2005年12月，举办常州市首届大学生户外素质挑战赛。2006年7月，开展“七彩的夏日·科技伴我行”主题活动。2009年4月，市学联联合市环保局举办了常州市大学生环保辩论赛。

二、少先队工作

常州市少年先锋队组织在常州的改革开放和建设发展中发挥着团结、教育少年儿童的重要作用，使他们在德智体美劳等方面全面发展。1986—1990年，常州有14个少先队大队被评为全国红旗大队。

代表大会 第二次代表大会 1991年5月召开，正式代表260名、列席代表60名出席，俞志平作了工作报告。大会选举产生少工委委员26名，俞志平当选为主任。

第三次代表大会 1996年5月召开，118名代表出席，韩立明作了工作报告。大会选举产生市少工委委员30名，韩立明、陈天中当选为主任。

第四次代表大会 2001年5月召开，146名代表出席，练月琴作了工作报告。大会选举产生市少工委委员46名，练月琴、赵忠和当选为主任。

第五次代表大会 2006年10月召开，160名代表出席，夏明作了工作报告。大会选举产生市少工委委员48名，夏明、丁伟明当选为主任。

主要活动 1996—2010年，常州市少工委、团市委与市委宣传部等单位连续15年联合开展百万青少年走进爱国主义教育基地(颂英烈)活动。1998—2010年，市少工委不定期举办少先队辅导员培训班、鼓号培训提高班。2010年，团市委、市希望工程办公室在全市开展“希望工程·圆梦行动”，筹集爱心助学金77.1万元，资助大学新生257人。1993—2010年，市少工委、团市委等单位累计举办形式多样、内容丰富的大型少先队主题活动30多项。

1986—2010年常州市少工委、团市委开展的重大少先队主题活动一览表

表30-2-9

时间	主题活动名称	说明
1993.06	庆祝“六一”主题活动	500余名少先队员、辅导员参加
1995—1999	庆祝“六一”主题活动、雏鹰行动、“手拉手”互助活动	
1997	“童心向党迎回归”主题教育活动	喜迎香港回归祖国
1998	“缅怀伟人业绩，争当祖国好少年”学习活动	全市少先队纪念周恩来、张太雷100周年诞辰
2000.09	“迎奥运、庆国庆、全民健身”万名青少年会操会歌活动	与市体委、文化局联办
2004.12	“做科学发展的新一代”主题队会	省少工委主办，市少工委承办
2006—2010	“携手小伙伴”系列活动	每年六一期间开展
2007.06	全国少先队辅导员专业化建设现场推进会暨高峰论坛	中国少先队工作学会辅导员专业委员会、江苏省少年儿童研究会在武进区举办
2009.10	“祖国发展我成长”暨“我们爱科学”30周年主题活动	与市教育局、科协联合开展

1986—2010年常州市少先队获全国性荣誉奖励一览表

表30-2-10

荣誉、奖励名称	获奖(表彰)集体名称和个人姓名	年份
全国红旗大队	常州市清潭小学、北环路小学、红梅中心小学、三井中心小学少先队大队	1998
	常州市第二实验小学、武进区前黄中心小学、金坛市河滨小学少先队大队	2003
全国优秀少先队中队	常州市觅渡桥小学秋白中队、局前街小学顾雪庄中队、武进区礼嘉中心小学成长快乐中队	2003
全国特色中队	武进区礼嘉中心小学多彩童年中队等45个少先队中队	2004
首批全国优秀“李国光中队”	金坛市华罗庚实验小学五(7)中队、金坛市水北中心小学五(2)少先队中队	2008
全国“星星火炬”奖章	邵兰芳	2003
全国“十佳”少先队辅导员提名奖	储宁玲	2008
全国优秀少先队(中队)辅导员	许嫣娜、钱莉、张红亚	2003
	郭玉琴	2005
全国百名中国好少年好儿童	张永娟	2007 2009
全国好少年好儿童辅导艺术奖	时勤亚、陆敏仪、高宇兰	2007 2009

第三章 妇女联合会

1985年以后，常州市各级妇联加强妇女组织、妇联干部队伍和女性人才队伍的建设，以促进男女平等为主线，维护全市妇女儿童的合法权益。以巾帼建功、双学双比、争先创优、家庭文明建设为活动载体，团结和组织全市妇女投身改革开放和经济社会发展，探索出一批在全省乃至全国颇具影响的做法和经验。2001年，市委出台《关于进一步加强和改善党对妇联和妇女工作领导的意见》，促进全市妇女组织建设、人才培养、维权工作、主体活动进入快速持续发展阶段。2003年，常州市妇女联合会被评为全国三八红旗集体、全国妇联系统先进集体。至2010年底，市妇联累计获得全国性、省级荣誉75项。

第一节 组织建设

常州市妇联加强领导机关建设，采取多种措施，强化妇女组织建设，全市各级妇女组织有较大发展。妇女干部配备得到加强，学习培训形成制度，妇女干部素质全面提升。

一、代表大会

第十次代表大会 1989年9月18—21日召开，正式代表598名、特邀代表65名、列席代表43名，谭保娣作工作报告。大会表彰市三八红旗集体20个(含集体标兵3个)、三八红旗手123名(含标兵10名)、优秀妇女工作者 56 名，选举产生市妇联第十届执行委员会（简称“执委会”）委员 57 名。市妇联十届一次执委会议选出常委 11 名，谭保娣当选市妇联主任。

第十一次代表大会 1994 年 9 月 20—22 日召开，正式代表 478 名、特邀代表 53 名、列席代表 25 名，谭保娣作工作报告。大会表彰三八红旗手标兵 8 名、三八红旗手 71 名、三八红旗集体 18 个、优秀妇联干部 49 名等，选举产生市妇联第十一届执委会委员 61 名。市妇联十一届一次执委会议选出常委 11 名，谭保娣当选市妇联主任。

第十二次代表大会 1999 年 10 月 18—20 日召开，正式代表 500 名、特邀代表 30 名、列席代表 28 名，贾宝中作工作报告。大会选举产生市妇联第十二届执委会委员 83 名。市妇联十二届一次执委会议选举常委 19 名，贾宝中当选市妇联主席。

第十三次代表大会 2004 年 10 月 8—10 日召开，正式代表 500 名、特邀代表 50 名、列席代表 35 名，金钰如作工作报告。大会选举产生市妇联第十三届执委会委员 81 名。市妇联十三届一次执委会议选举常委 18 名，金钰如当选市妇联主席。

第十四次代表大会 2009 年 10 月 21—23 日召开，正式代表 500 名、特邀代表 80 名、列席代表 30 名，王莉作工作报告。大会选举产生市妇联第十四届执委会委员 85 名。市妇联十四届一次执委会议选举常委 19 名，王莉当选市妇联主席。

常州市妇女第十四次代表大会在市行政中心召开（摄于2009年10月）

二、妇女组织建设

1987 年，金坛、溧阳、武进三县妇联在工作中全面推行岗位责任制、百分考核制。1988 年 9 月 19 日，市委书记办公会议专门研究妇女工作，提出党政机关和科教文卫等事业单位建立妇女委员会（简称“妇委会”）。1995 年，全市农村基层妇女组织建设三年工作规划编制实施。1996 年 3 月，全省农村基层妇女组织建设工作会议在常州召开，推广常州争创“四好”妇代会、争当优秀妇联干部达标创优活动的经验。1999 年，市妇联编制《2000—2004 年常州市妇联基层组织建设规划》，此后每 5 年制定一次，全市妇联组织开始采取调整、巩固、拓展等措施，强化妇女组织建设。

妇　联 1994 年底，常州市有乡镇、街道妇联 154 个。1996 年，武进市横山桥镇五一村建立常州首家村级妇联。2000 年，市委办公室、市政府办公室转发市妇联《关于社区妇联组织建设的实施意见》，钟楼区马公桥街道探索建立全市首家社区妇联，全市新建社区妇联 64 个。2010 年底，全市建有社区妇联 1175 个。

妇委会、妇代会 1988 年 7 月，常州市首家个体劳动者妇女工作委员会在钟楼区成立。至 1994 年底，全市建有基层妇委会 3059 个。1991 年，开展基层妇女代表大会（简称“妇代会”）的整建改选工作，全市 2188 个妇代会有 1520 个进行换届选举，实施《妇代会主任职责》《妇代会工作制度》和妇女代表联系群众等制度。1996 年 3 月，武进市牛塘镇个体私营劳动者协会建立妇女代表大会，试点经验在全市乡镇推行。至 1999 年底，全市党政机关、科教文卫等事业单位累计建立妇委会 92 个，乡镇企业、个体私营经济、专业市场等经济领域建立妇代会 782 个，建有 2155 个村、居委会妇代会。至 2008 年底，基本实现党政机关、高等院校及其他事业单位组建妇委会全覆盖。2010 年底，全市建有机关妇委会 77 个，重组和新建新经济组织的妇女组织 828 个，全市累计组建区域性妇女组织 1175 个，事业单位、民主党派和高校妇委会 194 个和非公企业妇女组织 1500 个。

三、基层单位

1989 年 5 月 30 日，常州市儿童少年游乐场在兰园内建成。1992 年至 1993 年 6 月，市妇联创办 5 家经济实体（后来均撤销）。1996 年 11 月，常州市巾帼咨询服务发展中心成立。1998 年 4 月，兰园由钟楼区成建制划归市妇联领导，常州市妇女儿童教育培训中心在兰园兴建。2001 年 6 月，常州市妇女儿童教育培训活动中心建成。2002 年 9 月 9 日撤销少儿游乐场。至 2010 年，市妇联下属红溪实验幼儿园、巾帼咨询服务发展中心、妇女儿童教育培训中心 3 家事业单位，建有市巾帼劳动服务中心、人才培训中心、婚姻介绍所 3 家服务实体。

位于兰园的常州市妇儿活动中心成立（摄于 2001 年 6 月）

四、干部队伍建设

干部配备 1985 年底，全市有乡镇、街道及其以上专职妇女干部 231 名。1995 年，全市村妇代会主任年龄 45 周岁及其以下的 1390 名、初中及其以上文化的 1664 名、中共党员 1024 名，村妇代会主任全部进入村支部、村委会班子。全市乡镇领导班子各配备 1 名女干部，区、乡妇联均配备专职干部。1999 年，2155 个村、居委会妇代会配备主任。2000 年，全市专职妇联干部平均年龄降至 41 周岁，其中 35 周岁及其以下、大专及其以上文化的分别占 26.8%、58.5%。2007 年 10 月，市委组织部、市妇联表彰一批省、市妇联基层组织“双带”活动先进集体（个人）和社区优秀女干部。2010 年末，全市 1105 个村社区中，有 704 个村社区党组织、1034 个居（村）民委员会至少配备女委员 1 名。

培训教育 1986 年，常州市妇联制订《提高妇女干部素质规划》，以县、区为主对新任乡妇女干部进行业务培训。1990 年 9 月，市委组织部和市妇联在市委党校联办全市首期女干部培训。1991 年，市妇联举办岗位培训班，乡镇、街道的 151 名妇联主任参训。各级妇联举办马克思主义妇女观和妇女工作业务等培训 250 期，培训妇女干部 1.71 万人次。1992 年 5 月，市妇联与省妇女干部学校联合举办乡（镇、街道）妇联主任岗位培训班，在全省首创妇联主任持证上岗。1995 年 10 月，全国妇联、国务院扶贫办公室在常州举办部分贫困地区妇联干部培训班，甘肃、宁夏、云南、广西等省、自治区的 80 余名学员参训。1996—2010 年，市妇联对乡（镇、街道）妇联主任每两年普训 1 次，与市委组织部联办中青年女干班每两年 1 期。1989 年、2003 年，王润华、刘瑞英先后被评为全国优秀妇联干部、全国妇联系统先进工作者。

第二节 妇女权益维护

一、信访接待处理

1986 年以后，常州市妇联信访工作逐渐制度化、规范化。1987 年，全市妇联接待来信来访 5057 件次，其中家庭婚姻纠纷2261件次。1998年，由家庭暴力引起的信访占市妇联接待信访总数的25.2%，部分人大代表、政协委员在市人代会、政协会议期间提出预防和制止家庭暴力的建议和提案。9月，市委办、市政府办转发《常州市关于预防和制止家庭暴力的若干规定》，此后涉及家庭暴力的信访明显下降。2000年，各辖区妇联全部成立法律援助分站，金坛市妇联开通维权热线“16038”。2001年，市妇联开通维权热线“1603838”，全市有70名妇女干部被法院聘为特邀陪审员。2004年，市妇联设立信访接待日。2007年，市妇联权益部被评为全国妇联系统信访工作先进集体。2008年，市中级法院在全市妇联系统选拔特邀调解员46名。2009年，市妇联成立全省首家妇联人民调解委员会，当年参与调解婚姻家庭纠纷4起，调解成功3起。委托家庭暴力伤情鉴定27起，转办法律援助11起，成功调解4起。全市有基层妇联法律援助站、巾帼维权站391个，婚姻家庭纠纷调解进入法制化、正规化轨道。2010年，市妇联委托家庭暴力伤情鉴定34起，转办法律援助6起。市妇联人民调解委员会接待调处矛盾纠纷380起，调处成功率80%。

1991—2010年常州市妇联来信来访接处数量统计表

表30-3-1　　单位:件次

年份	总数	已结案	未结案	年份	总数	已结案	未结案	年份	总数	已结案	未结案
1991	302	300	2	1998	335	333	2	2005	611	611	0
1992	260	257	3	1999	382	382	0	2006	511	511	0
1993	330	328	2	2000	431	429	2	2007	618	618	0
1994	254	251	3	2001	441	438	3	2008	1203	1203	0
1995	388	385	3	2002	450	450	0	2009	1202	1202	0
1996	415	413	2	2003	459	459	0	2010	1222	1222	0
1997	324	320	4	2004	500	500	0	累计	10638	10612	26

二、妇女权益保障

常州市妇联组织与公安、法院等部门配合，公正公开办理、审理拐卖、侵犯妇女的案件。2004年，在全省率先实施新市民巾帼素质提升工程。同年底，全市建有新市民子弟家长学校2所、培训基地53个、读书站109个，为安徽、河南等地的学员免费举办缝纫、创业、家政、计算机培训班。2010年11月12日，启动“百名女律师牵手巾帼维权站”活动，志愿为婚姻受害的妇女提供法律服务。年底，全市建有巾帼志愿者服务队12支，有队员500名。

预防家庭暴力　1998年，常州市妇联联合公安、法院等6家单位出台《常州市预防和制止家庭暴力的若干规定》。2003年，与政法委等部门联合开展“预防家庭暴力，建设平安常州”活动。2004年，《常州市家庭暴力伤情鉴定办法(试行)》出台，市预防家庭暴力110报警中心、伤情鉴定中心、庇护中心建立。2005年，全市第一个零家庭暴力社区示范点在钟楼区西新桥三村创立。向全市社区发出《开展“零家庭暴力社区”创建活动的倡议》，选中钟楼区10个社区为示范点，10人为反家庭暴力志愿者。各级妇联开展零家庭暴力社区创建活动。2008年，市妇联、公安局联合建立家庭暴力110报警中心，接待处理家庭纠纷2000多件。与市民政局、司法局共建家庭暴力伤情鉴定中心，为49名妇女作了家庭暴力伤情鉴定。2010年，市妇联、法院、公安局在全市推行实施人身保护令，制定《反家庭暴力接处警规范》，保障受害妇女的人身权利。

打击拐卖妇女行为　2000年3月起，常州市妇联配合公安机关开展声势浩大的“打拐”专项行动，解救被拐妇女285名、儿童9名，抓获人贩子50名。2005年，常州市启动中国预防以劳动剥削为目的拐卖女童和青年妇女项目[1]，选取天宁区青龙街道、雕庄街道和钟楼区五星街道、北港街道为试点，开展为流动妇女提供体面劳动岗位、整顿规范劳务中介市场、提高流动女童入学率等工作。2008年6月，该项目接受一期评估验收。2010年承接预防劳动剥削二期项目，推广参与式生活技能培训、流动妇女之家服务等工作模式。

保护女性健康 1990年，常州市区企业女职工生养基金实行统筹使用办法。1995年，全市女职工生养基金一次性补偿款由人均1000元提高到1200元。此后根据物价指数逐步调整，金坛市率先实行生养基金社会保险。1996年，妇女健康保险开始推行。2008年，市政府出台《关于进一步推进全市妇女病普查工作的意见》《常州市关于开展免费婚前医学检查的实施意见》。2009年，市委、市政府把妇女病普查、婚检、早期教育工作列入全市50项重点工程，出台全市妇女病普查、母子幸福工程实施方案和困难家庭残疾儿童抢救康复训练实施办法，重点做好流动妇女儿童权利保护、家庭教育、基层妇女参政议政、妇女病普查和婚检等8件实事。2010年，开展宫颈癌、乳腺癌检查项目试点；全市完成妇女病普查37万人，普查率、疾病检出率和普治率分别为90.5%、8.5%和95%，连续两年居江苏省辖市妇女儿童重点监测目标排序首位。

法律援助和心理咨询 1999年，常州市妇联建立法律援助站，5个辖市（区）妇联建立援助分站，市妇联配合市级法院建立婚姻家庭合议庭。2004年，成立全省首家妇女法律服务中心，接待咨询妇女近100名，与市心理卫生中心联设免费心理健康咨询日。乡镇（街道）妇联和社区妇联设立律师接待日。2007年11月1日，市妇女儿童维权服务中心成立，妇女儿童维权热线“12338”开通，律师、法官、检察官、婚姻家庭指导师等专业人士组成的7支志愿者队伍，开展窗口式、谈心式和联动式服务。2010年，开展百名女律师牵手巾帼维权站志愿服务。

帮教失足妇女 1996年，常州市妇女组织建立失足妇女帮教小组639个，帮教965名和部分女性少年犯、劳教人员，为168名失足妇女安排工作。2003年，市妇联与市公安局在市收容教养所建立失足妇女帮教基地。2008年，市妇联联合社科联在常州市看守所建立心理援助基地，组织妇联干部、妇女代表到市公安局监管支队开展帮教失足妇女活动，到常州监狱女子分监开展巾帼技能帮教活动。

第三节 宣传教育

1986—2010年，常州市妇联在妇女群众宣传教育工作中，认真贯彻党和国家的基本路线、方针政策、中心任务。经常开展法制宣传、主题教育活动，提高妇女队伍素质，做到自尊、自信、自立、自强。

一、法制宣传教育

1986年，常州市妇联普及涉及妇女权益的法律常识的9种法律和1个条例，举办培训班4878期，培训妇女骨干14.45万人次，全市有40多万名妇女参加学法活动，18～45岁的妇女受教育面达77%。1990年8月，与司法、民政等部门举办婚姻家庭法律知识竞赛，近5万人参赛。1992年6月，全市妇联组织开展《中华人民共和国妇女权益保障法》（简称《妇女权益保障法》）宣传月活动。1993—1999年，市妇联先后举办了妇女权益保障法实施1周年纪念系列活动、巾帼维权行动和首届“万家说法”等活动，在《常州晚报》开辟专栏，宣传妇女权益保障法等法律法规。2002—2004年，妇联与相关部门单位组织新《中华人民共和国婚姻法》知识竞赛、“警钟长鸣人更醒”读书活动和第二届“万家学法”知识竞答、“我与妇女权益保障法”征文及知识竞赛等，数万名妇女受教育。2006年，市妇女法制教育基地成立。2007年全市建立流动妇女之家7个。2006—2008年，全市启动“法制宣传年”暨“平安家庭”创建活动，开展反家庭暴力、妇女法律宣传、失足妇

①是国际劳工组织与全国妇联合作，劳动和社会保障部、公安部等11个部委参与设计开发的项目。

女帮教、预防拐卖、安全流动和倡导男女平等及百万妇女学法律等大型维权宣传咨询活动10多项，征集论文170篇。2009年，市妇联、社会治安综治办公室推进流动妇女平安之家创建，在1000余辆公交车上滚动播放安全宣传片《小薇的故事》。2010年4月，市妇联、司法局成立市妇女普法讲师团，定期向妇女宣讲妇女权益保障法、婚姻法等。

二、主题宣传教育

1987年3月起，常州妇女组织开展中共路线教育和普及文化科技知识、法律常识、科学育儿知识、妇女卫生知识活动，全市设立培训点313个。9月，全市18～40岁的妇女骨干和群众参加万人知识竞赛。此后主要在全市妇女中开展自尊、自信、自立、自强(简称“四自”)精神教育。

“四自”精神教育 1986年，市妇联组建“讲理想、当强者、作贡献”先进妇女演讲团到基层巡回演讲。1988年9月，全国妇联发出全面提高妇女素质，做“四自”的新女性倡议。1989年，三八红旗手向全市妇女发出《振奋“四自”精神，争当“两个文明”建设标兵的倡议》。1991年，全市妇联组织演讲市第十一棉织厂女厂长吴毛大、常州市德安医院院长顾汉萍等近千名优秀妇女的事迹，组织抗洪救灾巾帼风采报告团巡回演讲。2000年，拍摄《路在脚下》《今日荷花别样红》等专题片3部。2001年，16所中专院校举办“四自”教育普及讲座。2002年，各级妇联举办“四自”精神演讲报告会(54场)、“四自”教育征文等系列活动，选树表彰一大批妇女先进典型。2004年，市妇联联合新闻媒体宣传50名龙城女性。2010年，市妇联组织举办了纪念国际劳动妇女节100周年、三八维权周、“春风行动”等活动55项。

宣传第四次世界妇女大会 1995年元旦，常州市妇联、总工会、体委联合举办巾帼万人万米长跑活动。3月8日，市妇联举办巾帼歌咏文艺，金坛、溧阳、武进妇联分别举办万名妇女火炬接力活动，“树形象、展风采”宣传行动及主题演讲赛等活动，天宁、钟楼、戚墅堰和郊区妇联举办了军民联欢、文艺演出和征文等活动。与报社、电台、电视台联合编播了《龙城俊秀》《妇女风采》《话说半边天》等专题节目、栏目1374期次。5月28日，全市妇联开展世界第四次妇女大会“百日倒计时”活动。

1990—1999年常州市妇联组织举办的其他主题宣传教育活动一览表

表30-3-2

年份	活动与主题名称	主要举办者	说明
1990	改革形势教育、英模事迹等报告会	县(市、区)妇联	5000余场次
1996	男女平等基本国策学习宣传月	各级妇联	纪念江泽民“男女平等是一项基本国策”讲话发表1周年
1997	庆“三八”，迎香港回归系列活动	市妇联与常州电台、电视台等单位	文艺会演、知识竞赛、座谈会等
1998	“龙城爱心奉献”募捐活动	市妇联、总工会和团市委	为长江、嫩江和松花江流域特大洪涝灾害受灾民众募捐
1999	“相信科学，反对迷信”宣教	各级妇女组织	在全市妇女中揭批邪教组织

第四节 “双学双比”竞赛

1989年4月，常州市农村妇女“双学双比”竞赛启动，市“双学双比”活动协调小组成立(简称“协调小组”），各级妇联牵头各县区、乡镇相应成立协调小组148个。1998年11月，全国妇联在溧阳市召开“双学双比”科教兴农示范培训考察现场会，推广常州市兴办龙头项目，开展“双学双比”竞赛和推进农业产业化经营的经验。此活动历时22年。2002—2006年，常州市妇联被评为全国农村妇女“双学双比”竞赛先进集体。

常州市受到表彰的全国“双学双比”竞赛先进一览表

表30-3-3

荣誉称号	表彰先进集体、个人	年份
全国“双学双比”先进市	常州市	1990
全国农村妇女“双学双比”活动先进集体	常州市妇联	2002
	溧阳市妇联	2008
全国“十大”农民女状元	周银妹	2002
	薛新梅	2006
全国“双学双比”先进女能手	陈友兰、张凤珍、谢月美	2002
全国农村妇女“双学双比”活动女能手	薛新梅、张友春、王国琴、王静娣、雷义芳、陶寒英	2006
	储小平、戴国英、李玉梅、顾留凤、刘小珍、何雅萍	2008
全国“双学双比”优秀科技服务工作者	王雪珍	2002
全国农村妇女“双学双比”活动先进工作者	徐金福、王生大、董建美	2008

常州各级妇联动员农村妇女参与专业培训，涌现出溧阳城南乡后黄区养蚕专业村和武进三河口乡花边专业户等从事种植、养殖、加工、运输、经营的女能人典型，出现妇女一户带领多户致富的典范。市劳模、金坛西岗乡李红芬1987年向国家交售万斤粮、千斤棉。1988年，全市妇联为农村妇女送培训、送科技、送信息，举行技术操作赛，发展种植业、养殖业。金坛5432名农妇参加植棉竞赛、争创庭院经济百户最佳户活动，溧阳选树表彰100名种植养殖能手。至1990年底，全市累计培育乡以上女能手5563名。2009—2010年，市妇联、供销总社联合举办农民女经纪人培训班，486名学员获资格证书。

一、“三八”丰产方竞赛

至1989年底，常州妇联组织农村妇女围绕粮食、棉花、油菜、生猪、蚕茧、家禽、蔬菜、水果、茶叶、食用菌生产10项开展农副业竞赛，有1208户贫困户参赛，其中1113户脱贫；参赛妇女耕种抛荒地2800多亩，十边田、埂边地3.8万亩，多收粮食近200万公斤。1990年，金坛、溧阳、武进三县市妇联和郊区妇联动员妇女群众参加百亩“三八”丰产方竞赛，全市“三八”丰产方平均亩产比普通田块高2～3成，其中合心村“三八”油菜丰产方亩产273.4公斤，获全省油菜亩产状元、丰收杯竞赛一等奖。翌年，“三八”丰产方增至3594个，其中省级3个、市级7个、县级560个、乡级3024个。1995年，全市建成以粮棉油为重点的乡级以上“三八”丰产方2348个，全市粮棉油生产连获好收成。1996年，全市参赛村有百亩点、参赛乡有千亩方，平均亩产比大田高15%。1997年，全市60多万名农村妇女参加丰产方、龙头项目、企业带头人、庭院经济户、生产能手、服务者6个“十佳”争创活动。

二、新品种技术推广

1991年，常州市妇联组织举办新品种技术培训学习班1639期，10.68万人次参训，树立科技示范户5864户，实现增粮增棉、增收增效。翌年，全市农村妇女主动参与发展高产高质高效农业，促进农产品结构调整。1996—1997年，金坛市妇女推广水稻肥床旱育稀植新技术，全市有32万名妇女基本掌握两三门实用技术。1998年，农村妇联组织开展“十万农家女，十项新技术”学习竞赛。至2001年底，全市有2086名妇女获得绿色证书，565人被评为农民技术员。2000年以后，妇联组织农村妇女参与科技兴农活动。2010年，市协调小组组建“双学双比”科技支农专家团，组织农业科技人员与农村女能手、农业生产龙头企业、合作经济组织等合作共建，推广农业新品种新技术。妇联举办了农副业实用技术培训班308期，培训妇女2.1万人次。

三、农村妇女致富工程

1994年，常州市妇联开始组织实施农村妇女致富工程。金坛、武进率先启动妇女致富工程，武进形成产供销、种养加、贸工农和农科教一体化“十条龙”产业链，带动数万名妇女参加致富工程。1995年6月，市妇联组织女致富能手与贫困妇女结对，传授技术，发展水产、禽畜、苗木等产业，全市大部分参赛妇女成为粮棉油生产、多种经营、乡镇企业和绿色工程的主角。同年，全市实施乡级及其以上妇女致富工程243个，培植辖市区龙头工程21个、总面积1.56万亩，年创利2500万元。培育种植、养殖和加工专业村416个，年收入20万～300万元的以妇女为主的专业户1万余户。200多户贫困妇女脱贫致富，户均收入达5000元。1997年，全市培育加工型龙头项目102个，种植养殖型龙头项目170个。2003年起，扶持“三八”龙头项目为吸纳失地失业妇女再就业基地。至2010年，妇联组织开展“姐妹创新业、牵手共致富”活动，发动农村“三八”龙头项目负责人、女技术员、女企业家等与贫困妇女结对1500多个，带动2万余名妇女致富，其中扶贫1922名、帮扶特困户377户。

四、巾帼科技致富工程

2001年起在全市推开。全市妇联选树科技示范基地167个、“三八”致富工程695个，举办科技知识培训431期，5.45万人次参训。设立无公害、名特优农产品“三八”示范基地52个，培育巾帼配送站400余个，配送无公害农产品36个。培育出武进纺织女、溧阳采茶女、金坛养蚕女等区域特色项目，转移农村女劳力1.23万名。2010年，推进现代高效农业示范基地、农民专业合作组织建设，增加现代高效农业“三八”示范基地16个和优秀“三八”农民专业合作社10个。

五、专业村和一村一品竞赛

1992年，武进县妇联率先开展专业村竞赛，溧阳市茶亭乡发动200多名妇女利用荒山废地种植野菊花700多亩，亩均收入3000元，3个县市妇联扶持的1238户贫困户有903户脱贫。1993年，全市妇女实施多种经营项目50余个，建设规模专业村416个，郊区发动妇女种植蔬菜特色品种20多个。1994年，金坛市的山羊、水产养殖和水稻种植女能手发展到1500多名。1997年，一村一品、一乡数品龙头项目成为常州农村妇女发展经济的重要载体。

六、“三八”绿色工程竞赛

1992年，常州市妇联发动妇女在河边、路旁、荒山秃岭上建造“三八”林、“三八”路，植树40余万株，金坛县薛埠镇“三八”绿色工程被评为全国“三八”绿色工程优质工程。1993年，开始全面实施“三八”绿色工程，全市有近30万名妇女参加，植树330余万株，有4个集体、3名个人受到全国和省级表彰。2002年，武进夏溪三八花木基地被评为全国“三八”绿色工程优质工程。2007年，市妇联启动“妇女·环境·家园”活动。

第五节　巾帼建功活动

1992年1月，常州市妇联发起成立市巾帼建功活动领导小组，开始组织城镇妇女在参与常州经济社会发展中开展多种形式的巾帼建功活动。2002—2006年，市妇联被表彰为“全国巾帼建功”先进集体、全国城乡妇女岗位建功先进集体。2010年，吴小华、史黎青、潘英娟被表彰为全国城乡妇女岗位建功先进个人。

1986—2010年常州市受表彰的全国巾帼建功活动先进个人一览表

表30-3-4

称号	年度	受表彰者姓名
全国劳模	1989	刘小莺、赵武岭
	1996	刘荷娣
	2010	包　旭、吴淑玄
部省劳动模范、全国五一劳动奖章获得者	1986	相春梅、潘雪艳
	1987	刘小莺、汪青青、杨祈平
	1988	张萍兰、高建琴
	1989	孙凤华、袁雅银
	1991	刘志英、巢杏妹
	1994	王顺秀、包丹萍、周小同、阚祥娟
	1995	庄玉明、包文霞、顾汉萍、吴晓兰、许培箴
	1996	张晓霞、董亚琴、姜秀梅、华丽、刘建英、吴惠珍、周银妹、曹红仙、蒋　兆
	1997	阚祥娟、宗荷琴
	1998	刘建英
	1999	王顺秀
	2000	许培箴、胡宗泽、高文娟
	2001	许亚萍
	2002	汪秋霞
	2004	陈玉萍、高志勤
	2007	徐亚勤
部省劳动模范、全国五一劳动奖章获得者	2008	包　旭
	2009	吴夕萍、戴建红
全建功国巾帼标兵	2001	薛亚华、陈婉娣
	2003	苗兰春
	2007	叶　蓉
	2009	庄菊艳
全国杰出创业女性	2001	陆秋枚、张燕月
	2001	汤燕雯、王惠玉
	2003	周银妹、叶慧英
	2004	陈菊芳、苗兰春
	2007	夏金凤、刘小珍、王兰大
	2008	戈亚琴、陈琴华、屠　秋
	2010	牟慧娟、沈玉华
全国优秀（女）企业家	1991	莫慕珍
	1994	任竹君
	1997	邵嘉、夏金凤、唐金华
	2001	陆秋枚
	2005	周银妹
全国巾帼创业带头人	2001	张燕月

一、创造发明活动

1984年，常州市妇联响应《中国妇女》杂志社、解放日报社等12家单位发出的女青年创造发明有奖竞赛倡议，与市经委、科委、总工会、团市委等8家单位在全市女职工中开展创造发明有奖竞赛。至1985年底，全市拥有女科技人员1.43万名，占科技人员总数的34.8%。1986年，城镇女职工参加研制项目376项，获全国奖2个、省级奖13个和市级奖34个，创造经济效益2897万元。1991年，市女知识分子联合会（简称“女知联”）会员参与科研项目219项。1992年，市女知联有528项成果申报评比，其中常州电子计算机厂工程师施亚平、林莉研制的计算机终端国产化课题被列入国家级火炬计划和常州市振兴计划，市纺工局高级工程师张育如在国内率先提出的把VC-406改造成柔性生产线方案被列入省级火炬计划。1994年后，许多企业发动女职工参与发明创造。1997年，机械、化工两行业局发动女职工提合理化建议，被采纳388条，创效665.6万元。至2003年，市妇联与市科技局联合表彰42项科技成果，有11个科技项目获全省第三届科技发明创造竞赛奖。2007年9月，长三角地区妇联主席联席会议暨巾帼科技创新论坛在常州举办，江苏、浙江、上海、安徽16个城市的妇联主席签署了《常州宣言》，成立长三角巾帼创新创业服务中心，设立裕兰巾帼创新创业基金，开通长三角巾帼创业网。

二、建功立业活动

1986—1990 年，常州妇联发动城镇女职工为实现发展目标建功立业。开展“提一条合理化建议、搞一项小改小革、写一篇论文、做一件有利于科技进步的事”活动，女科技人员在全国性刊物发表论文 30 篇。1987 年，组织城镇女职工全面开展增加产量、提高质量，增加花色品种、降低成本，节约原材料、能源和费用（简称“双增双节”）运动。金坛县工业公司组织 3817 名女工提合理化建议 1003 条，开展技术革新 156 项，戚墅堰机车车辆工厂女科技人员开展的小改小革增收节支 144.6 万元。至 1988 年底，全市 118 家外向型企业有 892 名懂技术、善经营、会管理的女厂长（经理、车间主任）脱颖而出，占其总数的 36.6%。1989 年 3 月，市妇联、女领导干部联谊会、建设银行等单位联办“巾帼杯”储蓄活动，动员城乡 17.64 万名妇女储蓄 888 万元。1990 年初，全市妇联组织妇女参加“分一层忧、献一条计、增一分光、出一把力”竞赛，机械、电子、纺工、轻工、塑料、粮食等行业开展学常柴、学铁人、学先进和小发明创造等活动。1991 年，城镇妇女“巾帼建功”活动启动，主题是为“八五”计划建功。1992—1994 年，机冶、纺织、轻工、商业、化工行业分别开展“巧手编织企业的明天”竞赛、“巾帼迎九五，巧手再奉献”“巾帼建功、巧手奉献”等活动，举办岗位技能培训班、女操作状元、百日无事故、千次操作无差错等技能训练竞赛。1995 年，窗口行业女职工参加“我为卫生添光彩”、商业人才和商业新风工程等特色活动。2005 年，周银妹被评为中国优秀女企业家。2006 年，市妇联举办全市首届妇女机械炒茶技能比赛、首届无线电装接工技能比赛。

三、巾帼文明示范岗活动

1995 年，常州市窗口行业 1 万名女职工以提高服务质量为目标参加争创“巾帼示范岗”试点，首批选树争创巾帼示范岗市级 100 个、县级 231 个，县级及其以上机关 1 万名女干部参加了争当“巾帼公仆”竞赛。1997 年，市和辖市（区）妇联在商贸服务业开展的“巾帼示范岗”活动逐步全面推开，争创岗增至 1000 余个。至同年底，全市创成巾帼示范岗省级 2 个、市级 15 个。1999 年，巾帼示范岗活动开始向个私经济、中小企业和乡镇企业延伸。至 2002 年底全市创成县市级及其以上巾帼文明示范岗 1186 个，其中全国级 6 个、省级 40 个、市级 265 个。2006 年 3 月 8 日，组织巾帼文明示范岗与巾帼示范村结对帮扶茅山老区贫困家庭 532 户。2008 年，组织 30 个省级巾帼文明岗与巾帼示范村结对，在生产资金、培训经费、扶贫助困、科技和市场信息等方面互助共建。至 2010 年末，全市创成市级及其以上巾帼示范岗 1937 个，其中全国级 35 个、省级 322 个、市级 1580 个。

2001—2009 年常州市受到表彰的全国巾帼文明（示范）岗一览表

表 30-3-5

称号	受表彰单位	年份
全国巾帼文明示范岗	常州宾馆客房服务班、常州百货大楼股份公司购物中心皮鞋B柜、常州供电局用电服务中心承询稽查组	2001
	常州市排水管理处清潭污水厂生产一班、常州市巾帼咨询服务发展中心	2003
全国巾帼文明岗	常州市公路管理局、宁沪高速公路公司常州管理处横山收费站收费道口、常州市人才服务中心、金坛市城管局环境卫生管理处、溧阳市天目湖宾馆、武进人民医院	2005
	常州市第二人民医院急诊科、溧阳市城市管理行政执法大队女子中队、金坛市实验幼儿园、武进公共交通公司湖塘汽车站、武进农商行花园街支行、常州地税局第四税务分局办税服务厅、常州公共交通集团公司 26 路线、工行常州分行营业部金融大楼储蓄所	2007

续表 30-3-5

称号	受表彰单位	年份
全国巾帼文明岗	常州市高速公路建设指挥部、钟楼区人民检察院侦查监督公诉科、江苏银行常州武进支行、中国电信常州分公司客户营业中心文化宫广场营业厅	2008
	常州市钟楼区人民法院、金坛市国税局一分局办税服务股、常州市住房公积金管理中心武进分中心、常州市武进区检察院控告申诉科、溧阳市客运公司、中国电信金坛分公司综合营业部、常州供电公司市区营业厅、常州武进国税局第七分局办税服务股	2009

四、妇女就业再就业活动

1995年起，常州妇联开始组织实施女职工再就业工程，组织下岗、待岗女职工开展巾帼寻岗再建功活动。9月，全国妇联首批常州市妇女再就业信息指导中心（简称“市巾帼中心”）成立。电子系统下岗女工王寒茹待岗不待业、助人再就业，她和纺织行业转岗女工蒋勤音的事迹被常州电视台分别摄制为电视专题片《脚下有路》《在新的起跑线上》。至1997年底，全市设立街道社区服务中心18个，安置下岗妇女2000余名。翌年3月，市妇联开始构建巾帼再就业服务网络，市巾帼中心建立全国妇联系统首家再就业网站。1999年4月，在常州市区首批推出点心车50辆，安置生活最困难的下岗女工再就业。2001年，市妇联重点抓劳动力转移，开展培训、收集空岗、中介服务，提供岗位1万余个，安置农村富余人员2万余人。2003年初，建立春晖、蓉美牛奶配送点200个，安置下岗女工189人。市妇联成立巾帼创业劳务部，当年安置年龄较大的155名下岗失业人员就业。2005年，市妇联创办全省首家女性招聘基地、巾帼劳务市场，全市妇联帮助1万名妇女转移就业，进行妇女创业、实用技术和劳动技能等培训5万人次。2006年，市妇联相继举办元宵节大型人才招聘会、走进科教城大学生专场招聘会、家政超市等招聘会14场，达成就业意向1.15万人次。2008年，市巾帼中心举办家政、月嫂、创业等免费培训班12期，培训991名妇女，680名妇女实现转移就业。2009年，全市完成妇女就业培训5.3万人次；2010年，帮助700名妇女实现转移就业。

巾帼创新业行动 1996年在常州市启动，全省巾帼创新业现场会在常州召开，推广常州社区再就业经验。2000年，巾帼社区创业工程启动。同年1月，市妇联、劳动局等7家单位制定发展社区服务的7项优惠政策。2003年，妇女组织在全市妇女中开展创业与发展主题教育，市妇联举办“为创业女性喝彩”事迹报告会和首次创业女性高峰论坛，对28个巾帼创新业项目给予资金扶持，与团市委、市总工会分别联手开展女性创业行动、招聘洽谈和蒲公英行动，与市商业银行推出巾帼创新业小额贷款。2005年，市妇联实施巾帼创业蓝天行动，扶持妇女创业项目，发展“三八”合作经济组织。2007年，全国巾帼建功标兵、常州裕兰色织公司董事长苗兰春捐资100万元，设立裕兰巾帼创新创业基金。市妇联对30个“三八”现代农业优秀项目和巾帼创新业项目奖励10万元。2008年，启动巾帼牵手创业导师行动，邀请女企业家组建成立市巾帼创业导师团，指导有志于创业的100名女大学生创业就业。11月，江苏金昇实业股份公司总经理潘雪平出资100万元建立市巾帼SYB创业基金，资助女大学生创业。2009年，市妇联举办创业女性总裁培训、企业家课堂、巾帼创业者之歌等主题活动。同年10月至翌年3月举办全市首届女大学生创业计划大赛，36件作品参赛，常州市普瑞达科技公司团队的创业计划获一等奖。2010年，市女大学生创业实践基地建立，构建项目培育、资金支持、实践指导、跟踪扶持的全程服务体系，市妇联选树巾帼创新业项目16个，全市新增女大学生创业实践基地53个，其中全国性3个、市级50个。有3个项目启动企业家、银行和风险投资公司投资孵化。

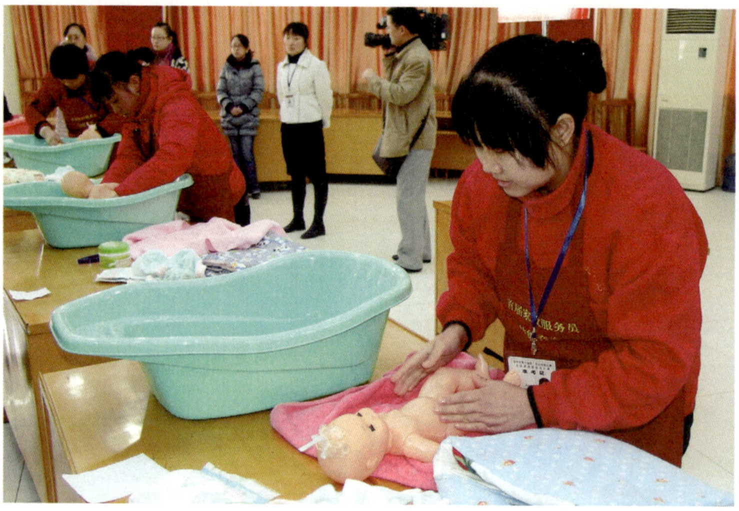

家政服务人员技能比赛（摄于2010年3月）

巾帼为民服务活动 1990年3月，常州妇女组织建立女子服务队1397个，有队员2.05万人，服务项目70多项，11.29万人直接受益。1997年，荷花池街道建立全省第一支巾帼为民服务队，开展送菜上门等服务。翌年，全市巾帼为民服务队增至18支，有队员4268人，为社区居民提供生活必需品、托老、护幼等家政便民服务10类、1452项。2000年5月，联办常州首届巾帼社区服务供需洽谈会，1300多人与社区服务单位、家庭签订用工意向，820多人成为家政服务员。2002年，组织1万余名家政服务员参加知识竞赛，推出家政服务爱心卡。2001年，市家政管理协会评选出首批星级家庭服务员，钟楼区西新桥街道、清潭街道成为全省社区妇女工作示范点。2003年，市区建立家政服务点和职业介绍所315个，开通巾帼家政"560"热线和有线图文电视。2010年3月，市妇联举办常州市首届家政服务技能大赛，举办家政培训32期，1941人参训，向科技领军人才赠送优质家政服务。

第六节 争先创优活动

一、"三八"红旗争创活动

1988年8月，常州市妇联在全市妇女中开展争创三八红旗集体、争当三八红旗手活动。1990年，组织先进妇女典型、优秀幼儿教师、"五好"家庭代表等事迹演讲700余场次，近40万余人次收听。1992年，通过报纸、广播等宣传莫慕珍、任竹君、顾汉萍等优秀妇女代表的先进事迹。1994年，全市妇女开展庆"三八"、迎"九五"系列活动，省三八红旗手、市公交公司3路汽车驾驶员史萍萍代表18位全国、省三八红旗手向全市妇女发出《以创优异成绩迎接第四次世界妇女大会的召开倡议》。1996年，参与"我为常州添光彩"竞赛，全市妇联组织150多名先进妇女演讲，宣传是蓉珠、谢泓、严晓芳等优秀女性的先进事迹和顽强拼搏精神。2004年，与市委党史工委联合征编《巾帼华章》，收录常州解放后56位全国三八红旗手的传记，编印画册《女性风采》，常州市百货大楼股份公司购物中心女皮鞋B柜被评为全国三八红旗集体。2006年，溧阳市妇联、武进区妇联和南车戚墅堰机车公司工会女工委被评为全国三八红旗集体。2009年，市女知识分子联谊会被评为全国三八红旗集体。

二、十杰百佳评选

2000年3月，市妇联与市委组织部、市人事局等6家单位选树女性创业典型，评选表彰常州市十大女杰、百佳巾帼明星。2005年，评选全市十佳女企业家。2007年、2010年，相继评选第二、三届十大杰出女性和十大优秀女性。2010年，评选常州市首届明星女企业家。

1989—2010 年常州市受表彰的全国三八红旗手和
常州市十大杰出（优秀）女性、十佳（明星）女企业家一览表

表 30-3-6

称号	年份	获得者姓名
全国三八红旗手	1989	王润华、毛建群、魏 震
	1992	莫慕珍、李抱娣
	1993	蒋宪刚、任竹君
	1995	谭保娣
	1996	周银妹、袁八妹
	1999	贾宝中
	2000	许培箴
	2003	刘瑞英、苗兰春
	2004	刘新玲、是蓉珠
	2006	薛新梅、曲 勤、陈丽君、张耀芳
	2008	沈玉华、陆秋枚、张 跃
	2009	王 莉、李国庆、戈亚琴、王寒茹、周瑞珏
常州市十大杰出女性	2000	林素贞、袁美大、陈雁萍、李玉兰、尤明华、周瑞珏、陆秋枚、韩筱筠、何爱东、马国芳
	2007	吴淑玄、王国琴、王寒茹、刘小珍、包 旭、戈亚琴、潘安民、陈菊芳、董 选、朱一桃
	2010	陈华芳、周晓萍、王 颖、叶 蓉、钱丽芳、许嫣娜、是蓉珠、顾伟英、王 瑛、眭碧霞
常州市十佳女企业家	2005	蒋霞萍、邓洪萍、戈亚琴、周小同、黄梅芳、夏金凤、沈玉华、王粉琴、刘小珍、车建芳
常州市明星女企业家	2010	李国庆、张爱琴、薛新梅、胡丽敏、刘代华、姚生娣、陈琴华、金海鸥、李慧君、欧兰琴

第四章 工商业联合会

常州市工商联成立于 1953 年，1993 年 2 月增挂常州市商会牌子。2004 年 3 月，常州市商会更名为常州市总商会。2010 年底，全市工商联系统有会员 13739 个，其中私营企业会员 11309 个；建立乡镇、街道基层商会 54 个，各级行业商会 102 家、异地商会 16 家；涉及近 40 个行业，其中市工商联直属行业商会 24 家、异地商会 7 家。1986—2010 年，全市工商联、商会在建立和发展社会主义市场经济进程中，始终坚持以非公有制经济健康发展和非公有制经济人士健康成长为工作主题，紧紧围绕党委和政府在各个历史时期的中心任务开展工作。加强思想政治引导，团结培养一支爱国、敬业、诚信、守法、贡献，跟党走中国特色社会主义道路的非公有制经济代表人士队伍；积极参与政治协商、参政议政、民主监督，反映维护非公有制企业和非公有制经济人士的利益诉求；发挥政府助手和经济中介组织的作用，为会员提供信息、融资、法律、税务、质量、对外联络、招商引资、教育培训等服务，推动经贸交流与协作；培育发展常州特色商会组织，推进行业协会商会改革发展；参与协调劳动关系，促进社会和谐稳定和常州经济繁荣。

第一节 组织建设

改革开放后，常州市工商联组织活动趋于正常，随着社会主义市场经济体制的建立和完善，党和政府赋予工商联新的历史使命，引导非公有制经济代表人士健康成长，促进非公有制健康发展。

一、会员发展

1987年6月，常州市工商联召开八届九次常委扩大会议，传达贯彻全国工商联五届三次执委会关于发展新会员的决议精神，决定进行发展新会员的试点。8月，市工商联审议通过首批新会员名单，有常州东风印染厂、东方印染厂等企业会员、个人会员30个(人)。至1989年，市工商联发展新会员3批、183个，其中国有企业、集体企业会员占多数。1990年，市工商联开始尝试吸收非公有制经济会员。11月，裕达塑料制品公司等21个私营企业成为市工商联会员，单独建立活动小组。1991年7月6日，中共中央批转中共中央统战部《关于工商联若干问题的请示的通知》指出“工商联的主要工作对象是私营企业、个体工商户、三胞投资企业和部分乡镇企业，而不是国有企业”。市工商联据此制定1992—1993年的工作规划，重点发展非公有制经济会员。1992年，发展会员4批119个，加上15号文件下达前发展的累计162个，占会员总数的50%。2010年底，市工商联有会员13739个(人)，其中企业会员11702个、团体会员131个、个人会员1906人。企业会员中，有私营企业会员11309个，占全市民营企业总数的16.8%。

二、会员代表大会

第九次会员代表大会于1989年10月19—20日召开，199名代表出席，卜仲宽作工作报告，大会选举产生第九届执行委员会委员86人，卜仲宽当选为主委。第十次会员代表大会于1993年2月4—5日召开，203名代表出席，卜仲宽作工作报告，大会选举产生第十届执委会委员77人，卜仲宽当选为主委。第十一次会员代表大会于1997年6月18—19日召开，212名代表出席，卜仲宽作工作报告；会议选举产生第十一届执委会委员77人，周永强当选为会长。第十二次会员代表大会于2002年2月27—28日召开，262名代表出席，王文仪作工作报告；中共江苏省委和上级工商联要求新选出的工商联会长由非公有制经济界人士担任，长兴集团公司董事长汤燕雯当选为全省地级市首位非公经济人士工商联会长。第十三届会员代表大会于2006年12月27日召开，300名代表出席，汤燕雯作工作报告，大会选举产生第十三届执委会委员120人，汤燕雯当选为会长。

三、工作机构

1990年3月前，常州市工商联设有办公室、组织宣传处、咨询培训办公室和联络、宣教、工商研究、妇女工作、文史资料、退休人员工作、互助金管理7个委员会。1990年3月，市编委批复市工商联内设机构为办公室、组织宣传部、经济联络部，并设老龄、妇女和互助金管理3个工委。1992年4月，中共常州市委批准市工商联设立中共党组。1995年，内设办公室、会员部、联络部、经济部4个机构和老龄、对外联络、互助金管理3个工委。1998年2月，调整为内设办公室、会员处、经济处、联络处、宣教调研处，行政编制29名。2002年11月、2004年12月，市工商联先后成立参政议政、教育培训工委。2010年4月，增设行业商会指导处。

四、下属组织

县(区)工商联 常州市工商联组织恢复后，各县(区)工商联逐步恢复。1986年1月、7月，武进县工商联、溧阳县工商联、金坛县工商联相继恢复建立。1994年8月、9月，郊区工商联(商会)、戚墅堰区工商联相继恢复建立。1995年3月、12月，钟楼、天宁两区工商联(商会)相继恢复建立。至此，常州市辖区工商联(商会)全部恢复建立。2003年10月，新北区工商联成立，2005年7月增挂区总商会牌子。

同业公会、行业商会、异地商会 中共十一届三中全会后，实施改革开放政策，常州非公有制经济开始加速发展，先后建立以国有经济为核心的同业公会。1991年3月，市医药商业同业公会建立。1995年10月，常州市家具同业公会成立，成为改革开放后常州市首家以非公有制经济为主体的同业公会。2006年3月16日，常州市工商联潮汕商会成立，成为常州市首家异地商会。2009年5月，常州市浙江商会成立，成为全市首家经市民政局注册登记并赋予一级法人单位资格的异地商会。同年，常州安徽、潮汕、温州、南安商会4个异地商会全部注册升格为一级法人单位。至2010年底，常州各级工商联建立行业商会、同业公会102家，有基层组织85家。其中市工商联直属行业商会、异地商会31家。

五、非公经济界代表人士工作

1986—2010年，常州市工商联以培养一支爱国、敬业、诚信、守法、贡献的非公有制经济（简称“非公经济”）代表人士队伍为目标，引导非公经济代表人士在中国共产党的领导下坚定地走中国特色社会主义道路。1993年起，结合各级人大、政协换届，市工商联会同中共常州市委统战部主动向中共常州市委、各区区委提出建议名单。1999年11月、2003年6月和2009年12月，中共常州市委统战部、市工商联3次召开非公有制经济人士爱国敬业诚信守法贡献先进事迹汇报会，交流贡献突出的非公有制经济代表人士科学发展企业、积极回报社会等先进事迹。32名非公经济代表人士在1999年的汇报会上发起对全国33名非公有制经济人士在北京向首都新闻界发布的《信誉宣言》响应书；在2003年的汇报会上，表彰在“两个率先”、富民强市中贡献突出的27位民营企业家，授予其社会主义建设贡献奖章。2009年，汤燕雯获第二届全国非公有制经济人士“优秀中国特色社会主义事业建设者”称号。2009年，中共常州市委统战部、市工商联开始对非公经济代表人士进行综合评价，根据评价结果调整对其的政治安排。2010年5月，综合评价在新北区试点，然后逐步扩大到全市200多名非公经济代表人士。

第二节　参政议政

工商联是人民政协的组成单位，调查研究是工商联履行参政议政职能的重要途径。多年来，常州市工商联在广大会员企业中广泛开展调查研究活动，积极参政议政，及时反映民营企业的呼声和建议，努力为民营企业排忧解难，为党委、政府提供决策参考。

一、建言献策

常州市工商联遵循中国共产党与各民主党派、工商联“长期共存，互相监督，肝胆相照，荣辱与共”的方针，组织各级人大代表、政协委员中的工商界人士，市和县市区工商联的领导成员、工商界各行业的代表人物和全市工商业者深入调查研究，通过人代会、政协会、座谈会、通报会和其他民主渠道，向党委、政府提出许多有益的意见和建议。80年代初恢复工作后，市工商联积极参与全市政治、经济、文化等活动。至2010年，全市非公有制经济代表人士、市工商联机关干部中有1人担任全国人大代表，1人担任全国政协委员，102人担任省、市人大代表和政协委员。

政协会议提案　1997年以前，提案的形式主要是以个人为主。1998起，团体提案作为参政议政的新形式，成为市工商联参政议政、反映意见和建议的重要形式。1998—2010年，市工商联提交团体提案55个。1998—2002年，第八届和第九届全国政协委员、市政协副主席、工商联会长卜仲宽累计向全国政协提交《关于制定私营企业法》等提案140个，被新闻媒体誉为“提案状元”“提案大王”。2003—2010年，第十至十一届全国政协委员、市工商联会长汤燕雯在全国政协召开的8次全体会议上，向大会提交涉及经济、文化、政治、医疗、社会发展等方面的提案70件，多数是人民群众关注的社会热点问题。2005年全国“两会”期间，汤燕雯接受了中央电视台等十几家全国性新闻媒体的采访。

政协大会发言　1994年，市工商联在市政协九届二次全会上，卜仲宽代表市工商联作题为《在建立社会主义市场经济体制中促进非公有制经济健康发展》的发言，针对影响非公有制经济发展的10个问题提出建议。1994—2002年，卜仲宽在第八届全国政协第二至四次会议上分别作《昂首阔步、理直气壮地发展民营经济》《龙生九子、各施其能，对民、私、个经济发展的建议》《开展爱国主义教育，正确引导个体经济，为“九五”计划实施作贡献》的发言，在第八届、第九届全国政协会议上就发展民营经济作大会书面发言9次。1996—1998年，市工商联主要领导围绕对私营个体经济进行社会主义和爱国主义教育、做好新时期非公经济代表人士思想政治工作、促进个私经济加快发展等主题发言。1999—2002年，周永强代表市工商联在市政协大会上先后围绕加快发展农村个私经济、鼓励非公有制经济积极参与国企改革和发展私营个体经济等主题发言。2003—2010年，汤燕雯代表市工商联分别就消除民营经济发展的体制性障碍、推进行业商会建设、发展产业集群、加快自主创新、发展常州市创投基金、推动民企科学发展和围绕“五大产业”发展生产性服务业等主题发言。

二、调查研究

1986—1995年，常州市工商联就群众关心的职工工资、市场物价、全市私营经济发展、进口药品大量涌入冲击国内药品市场等问题进行调研，向有关部门提出意见和建议。1988年，根据全国工商联意见、省工商联推荐本会卜仲宽参加由国务院组织的检查组，到安徽进行财务税收物价大检查，直接参与治理整顿工作。1992年7月，市工商联配合由商业部、中共中央宣传部组成的中央调查组到常州调研个体、私营经济发展中的有关政策问题。1996—2010年，市工商联每年至少完成一篇重点调研报告，累计完成全国工商联和省工商联下达的调研课题50多个，与民主党派等联合完成《加快人才机制改革，促进支柱产业发展》《关于制定常州市工业经济发展“十五”计划思路的若干建议》《积聚新动力，构筑新优势，常州民营经济竞争力研究报告》等10多项调研，撰写出调研报告。其中《架设政府与企业沟通桥梁，充分发挥行业中介组织作用》《常州产业集群发展调查报告》《关于加快发展常州市创投基金的几点建议》《围绕五大产业发展生产性服务业的几点建议》等调研报告受到市委、市政府的高度重视。同期完成江苏省工商联下达的全国私营企业问卷调查9次，调查、收录和上报600多户私营企业的信息。

第三节 服务民营经济

1991年，中共中央批转中央统战部《关于工商联若干问题的请示的通知》，明确工商联的主要工作对象是私营企业、个体工商户、“三胞”投资企业和部分乡镇企业，常州市工商联的工作重点转向服务民营经济。伴随着民营经济的不断发展壮大，市工商联针对民营企业的服务需求开展形式多样的经济服务工作，帮助企业解决发展中遇到的困难，助推民营经济健康发展。

一、经贸活动

经贸洽谈 80年代后期至90年代前期，常州市工商联先后组织企业会员参加中华全国工商联主办的商品交易会、华东六省一市工商联联办的第一至三届和第五届商品交流会与江苏省工商经济开发公司举办的首届新潮礼品展销会等，沟通商品信息和流通渠道，在市场疲软期帮助企业会员扩销产品。1996—2010年，市工商联累计组织50个企业代表团参加省、市组织的经贸洽谈会，到波兰、巴西、韩国、美国、德国等22个国家和地区开展经贸洽谈活动。

经贸交流 1987年6月20—25日，广州、南京、西安、常州、青岛、哈尔滨、大连、沈阳、武汉、重庆10个城市的民主建国会、工商联在沈阳召开首次协作会，交流两会工作经验，常州市工商联参加在沈阳举办的全国10城市轻纺名优产品展销会。1997—1999年，市工商联组织国外团队、企业设摊参加第一至三届常州国际中小企业商品博览会。1998年10月，协助常州五威设备调剂公司承办全国调剂设备交易会；2001年9月、

2005年4月，先后帮助常州市中凉亭汽摩配市场、市工商联汽摩配商会成功承办全国摩配商品交易会、第二十五届全国摩托车配件展示交易会。

招商引资 2003年3月，常州市政府主办，常州市投资协会、工商联承办的常州城建招商项目推介会在温州市总商会大厦召开，草签中天钢铁等招商项目协议7个。10月27日，常州市投资情况说明会在宁波大酒店召开，推出项目92个，投资总额138亿元。2006—2010年，市工商联每年参加常州市在沪举办的“接轨大上海，建设新常州”恳谈会，累计邀请800多位上海的企业家参加恳谈。2007—2010年，市工商联邀请近150家大型知名企业的高层人士参加常州市科技经贸洽谈会。2009中国常州科技经贸洽谈会期间，市工商联参与承办“中国改革·民营企业”高层论坛、2009民营企业对话“世界500强”论坛、常州与国际友好城市商会合作恳谈会等专题活动。2010年12月7日，土耳其共和国总理府投资促进局、常州市总商会联办土耳其—常州投资说明会，常州市浙江商会、上海商会等商会和机构的40多家会员企业近60人参会。

国际论坛 2003年9月18—21日，常州市工商联举办中国常州国际中小企业商机合作会议。2008年12月、2009年8月，先后与英国工程机械协会(CEA)、挪威工商会联办“面向未来的工程机械”中英研讨会、中挪人力资源管理论坛。

二、金融服务

商会基金 1993年底，常州市工商联与常州市信托投资公司联合创建商会基金，采取存一贷三的方式，累计发放贷款3900万元，缓解了部分个私企业的融资困难。1998年因个私经济的不断发展和金融政策的变化，商会基金的运作方式不能适应市场经济发展的需要，停止运行并清理遗留问题。

融资担保 1999年，常州市财政以借款方式提供100万元资金，委托市工商联出资，联络两家会员企业组建全市首家融资担保公司常州市民生咨询担保公司(简称“民生公司”)。2002年7月，常州国有资产投资经营总公司再出资400万元，委托市工商联参与管理，通过邀股，股东增至10个，注册资本1300万元。2004年，民生公司增挂“常州市总商会融资服务中心”牌子，500万元国有股本撤出，该公司增资扩股到1600万元，至2010年底累计为民营企业贷款担保达7亿元。

银企合作 2001年，常州市工商联(总商会)首次与人行常州市分行通过举办座谈会、重点推荐等形式，联手推进银企合作，促成有关商业银行与重点民营企业建立银企合作授信关系。中国银行等5家商业银行与9家民营企业签订合作协议，当年授信额度6.2亿元。市工商联每年都开展银企对接活动，与人行常州分行、渣打银行、德富泰银行、华夏银行、交通银行等建立业务合作关系。

三、法律服务

1995年5月，常州市工商联聘请法律顾问，提供经济纠纷案件、合同签订等方面的法律法规咨询。1998年9月，市工商联与常州市延陵律师事务所联合成立市工商联法律服务部，免费为会员企业提供法律咨询，定期举办会员企业法律知识讲座。2002年8月，市工商联聘请常州延陵律师事务所、常州张林芳律师事务所、常州全民安律师事务所为特邀法律服务单位，成立常州市工商联(商会)法律服务中心。市工商联特邀法律服务单位向全市民营企业作出实行法律服务质量跟踪卡制度、为市工商联会员提供义务法律咨询等8项服务承诺，开展法律法规培训讲座10多场、咨询服务100多人次。2004年9月，市工商联成立律师专家组，为会员企业提供法律服务。2003年3月，常州市仲裁委员会同意在市工商联(商会)设立办事处，通过举办培训班、专题讲座等形式宣传仲裁法律制度，引导会员企业通过仲裁等非诉讼形式解决经济纠纷。2010年10月，市总商会民商事纠纷调处中心成立，成为江苏省首家由司法局、工商联、律师协会联合组建的民商事纠纷调处中心，法律顾问走进商会活动同时启动，13位律师代表受聘分别担任26个行业(异地)商会的法律顾问。

四、信息咨询

经济技术咨询 1981年5月，常州市工商联、民建常州市委成立咨询服务工委，为市内外企业提供技术改造、质量攻关、企业管理等咨询服务。此后数年，与11个省的17个地区建立经济业务的横向联系，为当地和常州本地企业提供咨询服务。1987年9月，常州市工商经济技术咨询公司成立；1988年完成咨询服务26项，帮助乡镇企业开发出新产品；1991年该公司由民建常州市委管理。

信息提供 1998年，常州市工商联计算机接入国际互联网，为会员企业提供信息、邮件服务。2002年8月，常州商会网运行，设立服务指南、商会新闻、招商引资等栏目，为会员企业提供信息服务。2003年6月9日，全面改版，为企业上网发布供求信息、展示产品、交易合作等服务，有中英文版本；2009年再次扩容改版。多家会员企业通过常州商会网获得商务信息和订单，常州商会网与马来西亚制造业商会网、巴黎商会网等海外商会网建立链接。2003年，市工商联创办《常州商会报》，每月1期，向会员企业提供政策和发展信息，2008年底改为双月刊《常州商会》杂志。

五、教育培训

常州市工商联探索邀请各行各业的专家、经营人士到常州交流，把这种政治与企业实务相结合的教育培训新模式制度化。2004年，中共常州市委组织部、统战部和市经贸委、工商联联合启动常州市民营企业高级经营管理人才“241”培训计划。2004—2010年，中共常州市委组织部和市经贸委、工商联联办企业创新与发展系列报告会41场，在清华大学、北京大学、浙江大学等高校联办民营企业创新发展高级研修班6期。2008年，市工商联开设商会讲坛，邀请专家为企业解读政策；至2010年底累计举办讲座8场。2008年起，市工商联与中共常州市委组织部和市经贸委、中小企业发展服务中心等单位，开展走进乡镇、走进园区、走进企业“三进”巡回演讲活动。市工商联与市外商投资企业协会、业余进修学校在市财政局的支持下，联办合资经营企业会计班、外贸英语班、国际贸易班。1993年有700余人参加学习。与市税务局等单位联合举办新财会制度培训班，近300名私营企业主、会计参加学习，获得上岗证。

六、纳税服务

2002年11月，常州市工商联与市国税局、地税局对诚信纳税的民营企业提供绿色通道服务。2004年3月，市国税局、地税局和工商联联合建立重点民营企业税务服务绿色通道，选择15家诚信纳税的民营企业作为税务指导服务重点企业，提供建立挂钩联系、优先审批、免年检等8项服务。2005年6月，市工商联、国税局、地税局实施重点民营企业A级纳税信用等级企业三年培育工程，至2008年底全市有23家重点民营企业创成A级纳税信用等级企业。2009年4月，市工商联、国税局和地税局联合在全市及辖市区成立纳税人维权服务中心，开通维权服务专线。2010年，市工商联、国税局、地税局在市房地产业商会、安徽商会、餐饮业商会等行业（异地）商会成立纳税人之家。

七、质量服务

1996年5月，常州市工商联、标准计量局开始联手加强非公企业标准化、质量和计量工作。1996—2004年，市工商联配合市质监局举办常州非公有制企业质量管理培训班、计量合格确认内审员学习班等培训班，组织100名民营企业厂长（经理）参加全省质量技术监督系统万家民营企业厂长（经理）和管理人员免费培训。2000—2003年，市工商联、质监局每年制定《全市非公有制企业质量技术监督工作要点》。2002年3月至2004年5月，市工商联、质监局建立重点民营企业质监服务绿色通道，确定50家企业为重点联系帮助对象、10家民营企业为质量技术监督首批重点服务企业。2005年3月，市工商联、质监局实施重点民营企业质量技术三年培育计划，重点扶持3个特色产业乡镇、6家优势行业骨干企业和23家重点企业。2009年起，市工商联、质监局开展质量专家进驻行业(异地)商会,质监部门派员担任行业(异地)商会质量技术顾问,为商会提供质量咨询、攻关等服务。至2010年底,全市有25家行业(异地)商会聘请质量技术顾问、专家。

八、人才服务

2003—2010年,常州市工商联与市劳动和社会保障局、总工会、人才市场围绕中共常州市委、市政府提出的建设“人才常州”目标,联合在北京、西安、常州市内举行民营企业专场人才招聘周、大型招聘洽谈暨创业咨询会、招聘会等活动40余场,累计有3万余人达成就业意向;满足了常州民营经济发展的人才需求,促进民营经济快速健康发展。2007年,市工商联启动推进德国专家技术援助项目,至2010年底,为今创集团、常州日盈电器公司、常州光洋轴承公司引进德国专家4名。

九、对外联络

1986—1995年,常州市工商联接待到常州探亲、游览、洽谈贸易的港澳台同胞和外籍华人1000余人次。1990年4月,市工商联成立对外联络工委。1996—2010年,市工商联接待印度加姆卡州巴伽隆市商会、乎布丽市商会和德国霍夫县行政长官、英国曼彻斯特代表团等来宾54批280人。

出访活动 1988年10月,常州市工商联应巴西巴中工商总会邀请,首次组团出国访问,访问巴西里约热内卢、圣保罗和巴西利亚三市,与巴西巴中工商总会签署合作协议,建立长期友好合作关系。1989—1995年,市工商联组织企业到中国香港和新加坡、苏联、泰国、马来西亚、美国等国家,开展经贸洽谈、展览展销、商务和市场考察等活动。1996—2010年,市工商联组织民营企业家商务考察团出国(境)43批,组织企业会员到马来西亚、新加坡、美国、德国、法国、澳大利亚、南非、埃及、韩国等18个国家和中国台湾、香港等地区考察招商,拜访当地商会和华人商会,达成红酒贸易、农机并购等经贸合作项目。

友好商会(社团) 1995年以后,常州市工商联对外联络工作有新的突破,至2010年末,市工商联(总商会)与海内外商会(工商联)累计缔结友好商会35个。

参加华商大会 1999—2010年,常州市工商联组织常州企业参加每年一度的海内外华商友好商会年会,2001年9月、2005年10月和2007年9月组织常州企业参加分别在南京、韩国首尔和日本大阪举办的第六、第八、第九届世界华商大会。

十、会办企业

80年代,常州市工商联先后兴办常州市爱国建设公司、上海常州爱建联合商店、常州市工商经济开发公司等十多家会办企业。2002年11月,市工商联成立自收自支全民事业单位常州市商会服务中心,实行企业化管理,为会员提供信息、法律、科技等方面的咨询服务。1998年12月,清理整顿党政机关办企业,常州市爱建旅行社等会办企业相继与市工商联脱钩。2002年9月,常州市爱国建设公司先出售,后改制为有限公司。至此,除常州工商经济开发公司、商会服务中心外会办企业全部改制。

第四节 社会公益事业

常州市工商联经常引导民营企业投身光彩事业和社会公益慈善事业,鼓励支持民营企业从扶贫帮困、兴办项目、开发资源、支持文教事业、参与新农村建设等多个领域,积极履行社会责任。全市民营企业已成为参与社会公益事业、推动和谐社会建设的重要力量。

一、光彩事业

1994年4月,全国工商联常委刘永好等10名民营企业家联名倡议《让我们投身到扶贫的光彩事业中来》，号召全国工商界人士弘扬“致富思源，富而思进，扶危济困，共同富裕，义利兼顾，德行并重，发展企业，回馈社会”的光彩精神，积极开展扶贫开发活动，从此发起了光彩事业。常州市工商联引导常州非公经济人士积极响应，由代表人士向全市非公经济会员发出《让我们满腔热情地投身到“光彩事业”中来》响应书，启动常州光彩事业。1995年7月，市工商联成立光彩事业推动工委，引导和组织常州市民营企业家弘扬光彩精神，投身光彩事业。1999年，中共常州市委统战部、市工商联等6家单位联合成立常州市光彩事业促进会，提出建立“百万光彩助困基金”的设想。1999年2月，红星家具集团公司在全市率先设立红星百万光彩助困基金。至2010年底，全市累计设立百万及以上光彩基金85个，基金总额达4.5亿元；实施光彩事业投资项目200多个，直接扶贫帮困或捐献资金达7亿多元，促进受捐地区经济发展和教育、卫生、文化等社会事业的进步。

2003—2010年常州市协议金额达1000万元光彩基金一览表

表30-4-1

基金名称	设立基金单位	协议金额（万元）	主要用途	成立时间
大娘水饺千万光彩基金	江苏大娘水饺餐饮公司	1000	用于助学、助教、救灾等	2003.08
中天钢铁千万光彩基金	中天钢铁集团公司	1000	用于奔牛镇千喜桥改扩建工程	2005.03
亚邦千万光彩基金	亚邦化工集团公司	1000	用于学校、贫困户、少数民族等	2006.01
液压成套设备千万光彩基金	常州液压成套设备厂公司	1180	用于建奔牛公园	2007.01
鑫瑞特钢千万光彩基金	江苏鑫瑞特钢公司	1500	用于湟里镇公用事业	2007.08
旷达千万光彩基金	江苏旷达汽车织物集团公司	1000	支持雪堰镇新农村建设，发展社会事业	2008.03
联合千万光彩基金	邹区镇商会会员企业	1000	支持邹区镇教育事业等社会公益事业	2009.09
天禄千万光彩基金	常州天禄中创建设开发公司	1000	支持教育、科学、文化、卫生、体育事业和环境保护、公共设施建设及其他公共福利事业	2010.06
郑陆镇联合千万助学光彩基金	郑陆镇商会会员企业	1000	资助郑陆镇教育事业	2010.08
嘉泽镇联合千万社会事业光彩基金	嘉泽镇商会会员企业	1000	用于厚余范围内市政改造工程和厚余小学改薄创优工程	2010.12

二、公益慈善

1991年6—7月，常州市遭受特大洪灾，市工商联响应市委、市政府的紧急号召，组织参加抗洪救灾，与25家私营企业向武进、金坛、溧阳受灾地区捐款4.1万元。1998年，中国长江流域遭遇百年未遇的特大洪灾，全市工商联广泛发动，市属和钟楼、天宁、戚墅堰、郊区4区工商联的民营企业会员、工作人员捐献款物总价值139.45万元。2003年在抗击“非典”斗争中，市工商联组织民营企业捐献款物258万元。2006年12月，常州市慈善总会成立，绝大部分捐款来自民营企业，至2010年底累计募集和认捐慈善款17.32亿元。同年，常州市有9位民营企业家登上中国慈善排行榜，13人获2006年度中华慈善事业突出贡献奖，占全国获奖总人数的

5.5%；市工商联主席、长兴集团董事长汤燕雯入选全国十大慈善家。2008 年，常州民营企业和企业家为支援四川汶川特大地震灾区抗震救灾，踊跃捐款捐物 1.99 亿元。5 月 24 日，市工商联、慈善总会、红十字会联合举办“献我爱心，救我同胞”全民捐款赈灾大行动晚会，民营企业再次踊跃捐款。2010 年，西南旱灾和青海玉树地震发生后，常州有 300 多家民营企业捐款捐物，支援救灾工作，捐款 1200 万元。同年 6 月发布的 2009 年度江苏光彩事业捐赠光荣榜上，常州市有 5 家企业进入前 10 位，排名前 50 位的捐赠企业中常州企业 1/4。

三、文教事业

1981 年 9 月，常州市工商联和民盟、民建、农工民主党的市委经市政府同意，在市茭蒲巷联合成立常州业余进修学校，首期招收学员 328 名，设外语、工业会计、商业会计 3 个专业 7 个班。1989 年 6 月，常州旅港爱国实业家刘璧如捐赠 10 万元，设立刘璧如奖学基金会。1994 年 10 月，刘璧如再捐 12.5 万元作购置校舍资金。该校逐渐增设外语、财经、文秘、医药、工艺美术等专业。至 1995 年底，该校发展到 96 个班级，累计招收学员 53915 人，结业 22500 人。

第五章 科学技术协会

常州市科学技术协会是团结全市科学技术工作者的群众组织，是中国共产党领导下的人民团体，是党和政府联系科学技术工作者的桥梁和纽带，团结和动员科学技术工作者投身常州社会经济发展，促进科学技术人才的成长和提高，为提高全民科学素质服务，为科学技术工作者服务。

第一节 组织建设

常州市科协由学会、协会、研究会（合称学会）、企事业科协组织和辖市区、街道、乡镇科协组成。至 2010 年底，市科协主管学会、协会、研究会 49 个，农村专业技术协会 220 个。定期召开代表大会，组织网络健全。通过建立三级科普教育基地，推进科普教育取得显著成效。

一、代表大会

第五次代表大会　1985 年 5 月 28 日召开，修订并通过《常州市科学技术协会章程》，选举产生市科协委员会委员 109 名、常务委员 31 名，徐建华当选为主席。

第六次代表大会　1990 年 11 月 28 日召开，选举产生市科协第六届委员会委员 123 人、常务委员 34 人，何华强当选为主席。

第七次代表大会　1995 年 12 月 5 日召开，选举产生市科协第七届委员会委员 125 人，常务委员 38 人，何华强当选为主席。

第八次代表大会　2001 年 12 月 12 日召开，选举产生市科协第八届委员会委员 120 人，常务委员 35 人，张跃当选为主席。

第九次代表大会　2006 年 12 月 18 日召开，选举产生市科协第九届委员会委员 90 人，常务委员 30 人，顾卫东当选为主席。

二、企事业科协

1992—1996 年是厂矿科协发展最快的阶段。1996 年 11 月，中国科协通知厂矿科协改称企业科协。2010

年底，常州有市级企事业科协 15 个。

2010 年常州市企事业科协组织状况一览表

表 30-5-1

名　称	成立时间	会员(人)	
		总数	其中:科技人员
常州大学科协	2002.12	300	200
江苏技术师范学院科协	2005.11	750	550
常州工学院科协	2009.12	500	360
河海大学常州校区科协	1993.11	500	380
常州信息职业技术学院科协	2005.09	520	520
常州纺织服装职业技术学院科协	2009.05	110	110
常州工程职业技术学院科协	2008.06	264	264
常州轻工职业技术学院科协	2005.08	236	236
常州机电职业技术学院科协	2009.06	360	360
常州建设高等职业技术学校科协	2009.11	250	250
常州津通国际工业园科协	2009.07	120	120
武进高新区科协	2010.03	150	150
常州市科教城科协	2010.04	7300	7300
南车戚墅堰机车有限公司科协	1958.10	941	941
南车戚墅堰机车工艺研究所有限公司科协	1963.06	560	560

三、科普教育基地

90 年代末，常州依托现有科研院所、大专院校、大型企业的展教馆、实验室等具有科普功能的设施和农村种植养殖科技示范点，创建科普教育基地。2007 年起，市科技局、科普工作领导小组加强科普场馆建设，定期评审表彰市优秀科普教育基地。至 2010 年，常州市有科普教育基地 82 个，其中国家级 5 个、省级 12 个、市级 65 个（市级优秀基地 16 个），实行科普与旅游结合、科普与教育结合、科普与产业结合的新模式。

2010 年常州市国家级、省级科普教育基地和市级优秀科普教育基地一览表

表 30-5-2

级别	数量(个)	命名年份	基　地　名　称
国家级	5	2002	中华恐龙园、常州市厚余观赏植物科技示范园
		2009	常州市少儿自然博物馆、天目湖水电科普园
		2010	金坛市江南农耕园
省　级	12	1998	常州市城北污水处理厂、常州市田家炳实验中学、溧阳市天目湖旅游度假区
		2000	江苏省前黄高级中学动物标本馆
		2002	江苏省武进高级中学、常州市蔬菜研究所
		2005	江苏省同大生物防制工程技术研究中心公司、常州市少年宫
		2008	常州市规划馆、溧阳市天目湖南山竹海旅游有限公司、金坛市华罗庚纪念馆、金坛市江南农耕园

续表 30-5-2

级别	数量(个)	命名年份	基地名称
市级（优秀）	16	2007	常州中华恐龙园公司、江苏省前黄高级中学（动物标本馆）、常州市厚余园林花木公司（艺林园）、常州市少年科学艺术宫、常州市中心血站、江苏沙河抽水蓄能发电公司（天目湖水电科普园）
		2008	溧阳市天目湖南山竹海旅游公司、金坛市江南农耕园、江苏春晖乳业公司、常州市地震局、常州市规划馆、新北区罗溪寒英葡萄园
		2009	常州市怡康小学、常州武进湖塘纺织产业科普教育基地、青龙勤丰蔬菜园艺场、常州博物馆

四、学术团体

常州市科协依托学会、协会和研究会等组织，依靠会员开展活动。2010 年，常州有市级学会 30 个、协会 17 个、研究会 8 个。

学　　会　1986—2010 年，常州市成立理学基础学科、地质环境资源学科、应用科学与工程技术、医药卫生保健学科、财经产业五大类学会 30 个。会员总数（不含电子计算机学会、塑料工程学会会员数）17343 人。

理学基础学科类　1986—2010 年，有基础理论学科类市级学会 5 家，会员总数 1213 人。

常州市数学学会　1984 年 5 月成立，设于常州科教城江苏工业学院数理学院 W1901 室。至 2010 年 6 月产生 6 届理事会，下设 3 个学组，有会员 500 人。

常州市物理学会　1982 年 1 月登记，设于江苏工业学院白云校区物理楼。至 2010 年 6 月产生 6 届理事会，下设 3 个学组，有会员 160 人，其中省级会员 30 人、高级职称者 50 人、中级职称者 90 人。

常州市电子学会　1961 年成立，设于太湖东路 9 号软件园。至 2010 年 6 月产生 8 届理事会。同年下设 11 个学组，有会员 140 人，其中高级职称者 58 人、中级职称者 20 人。

常州市力学学会　1987 年 4 月成立，设于通江南路常工院机电工程实验中心。至 2010 年 6 月产生 3 届理事会。2010 年有会员 108 人，其中省级会员 105 人。

常州市心理学会　1984 年 10 月成立，设于清潭木梳路 12 号 108 室。至 2010 年 6 月产生 5 届理事会，下设 12 个学组，有会员 305 人，其中省级会员 58 人。

地质环境资源学科类　1986—2010 年，成立有市级地质环境资源类学会 4 家，2010 年底会员总数 758 名。

常州市环境科学学会　1981 年 11 月成立，设于衡山路 18 号 1 楼。至 2010 年 6 月产生 5 届理事会，下设 8 个学组，有会员 167 人，其中高级职称者 28 人。

常州市人居环境与地学学会　成立于 1982 年 4 月，原名常州市地学学会，后更为今名，设于浦前西路张家村 149 号。至 2010 年 6 月产生 6 届理事会。2010 年设 5 个学组，有会员 85 人，其中国家级 6 人、省级 20 人。

常州市气象学会　成立于 1988 年 3 月，设于太湖西路 120 号。至 2010 年 6 月产生 5 届理事会。同年设 6 个学组，有会员 63 人，其中省级 50 人，高级职称者 6 人。

常州市土地学会　成立于 1989 年 9 月，设于太湖东路 103 号。至 2010 年 6 月产生 4 届理事会，设 7 个学组，有会员 443 人，其中省级 150 人。

应用科学与工程技术类　1986—2010 年，全市有应用科学与工程技术类市级学会 11 家。2010 年，会员总数 3408 人（不含电子计算机学会、塑料工程学会，加上近 4000 人）。

常州市计量测试学会　成立于 1979 年 4 月，设于劳动西路 323 号。至 2010 年 6 月产生 3 届理事会。

2010年下设8个学组，有会员126人，其中高级职称者9人。

常州市电工技术学会　成立于1997年6月，设于常工院秋白楼。至2010年6月产生两届理事会。2010年下设1个学组，有会员214人，其中高级职称者55人。

常州市纺织工程学会　成立于1956年9月。1966—1978年学会停止活动，设于东横街2号电子大厦。至2010年6月产生9届理事会，下设8个学组，有会员1172人，其中省级468人、市级704人，有高级职称者117人。

常州市土木建筑学会　成立于1959年，前身为市建筑学会，1962年9月更用今名，设于杨柳巷26号308室。至2010年6月产生3届理事会，设14个专业学组，有会员950人，其中省级152人，高级职称者482人。

常州市机电工程学会　成立于1960年9月，设于万福花园16幢。至2010年6月产生8届理事会，设23个专业委员会，有会员1638人，其中省级1638人，高级职称738人。

常州市电机工程学会　成立于1992年10月，设于常州工学院秋白楼A座5楼。至2010年6月产生两届理事会。2010年有会员230人。

常州市工业工程学会　成立于2006年1月，设于电子新村21—1幢4楼。至2010年6月产生1届理事会。2010年有会员78人，其中高级、中级职称者36人。

常州市园林学会　成立于1960年，原为市生物园艺学会，1985年6月更用今名，设于市行政中心2号楼B座。至2010年6月产生6届理事会。2010年设6个学组，有会员210人，其中省级20人，高级职称25人。

常州市水利学会　成立于1985年6月，设于市行政中心3号楼B座，至2010年6月产生6届理事会，设12个学组，有会员256人，其中省级60人，高级职称者35人。

常州市公路学会　1995年12月成立，设于中吴大道1269号，至2010年6月产生1届理事会，设8个学组，有会员907人，其中省级220人，高级职称者95人、中级职称者294人。

常州市电子计算机学会　1992年1月成立，设于清潭路93号。

医药卫生保健学科类　1986—2010年，成立有医药卫生保健学科市级学会9家，2010年会员总数11574人。

常州市医学会　成立于1948年11月，设于健身路32号。至2010年6月产生8届理事会。同年下设专业委员会44个、专科学组2个，有会员2919人。

常州市药学会　成立于1963年，设于新市路1号。至2010年6月共产生7届理事会，同年设4个学组，有会员638人，其中省级154人、市级484人，有高级职称者52人、中级职称者586人。

常州市中医药学会　成立于1923年，1962年变更为市中药学会，2000年更用今名，设于健身路32号西大楼4楼。至2010年6月产生5届理事会，同年设12个学组，有会员178人，其中省级65人、高级职称者96人。

常州市畜牧兽医学会　成立于1959年，设于木梳路经纬巷4号。至2010年6月产生5届理事会，同年设2个学组，有会员262人，其中国家级1人、省级46人、市级102人，高级职称者28人。

常州市预防医学会　1989年12月成立。至2010年6月产生4届理事会，下设14个学组，有会员547人，其中高级职称者74人。

常州市针灸学会　1995年11月成立，至2010年6月产生1届理事会。同年下设3个学组，有会员141人，其中省级会员88人、高级职称者31人。

常州市护理学会　1955年4月成立，前身为中华护理学会常州分会，1984年5月更用今名，设于东河沿63号。至2010年6月产生8届理事会，同年设15个学组，有会员6811人，其中省级3114人，高级职称者168人、中级职称者1200人。

常州市中西医结合学会　1982年1月成立，曾设于兰陵北路300号、广化医院，2010年设于第三人民医院，至6月产生3届理事会，同年设8个学组、1个专业委员会，有会员320人，其中省级67人、高级职称者163人。

常州市营养学会　2006年8月成立，设于泰山路203号。至2010年6月产生1届理事会，有会员78人，其中省级45人、市级78人，高级职称者18人、中级职称者35人。

财经与产业类　常州市审计学会，1992年5月成立，设于大观路10号市行政中心1-B座12楼。至2010年6月产生5届理事会。同年有会员390人，其中省级20人，高级职称者30人、中级职称者290人。

协　　会　1986—2010年曾成立科技类市级协会12家，曾有会员(不含常州市电镀协会)1358名。

科教普及类

常州市青少年科技教育协会　1981年5月成立，设于东横街26号。下设9个学组，2004年7月变更为市青少年科技教育协会。至2010年6月产生1届理事会，有会员394人。

常州市老科学工作者协会　1983年2月成立，原为市离(退)科技工作者协会，1994年12月更为今名，设于大庙弄32号313室。至2010年6月产生6届理事会，同年设15个专业委员会、分会及基层组织，有会员964人，其中高级职称者786人。

常州市科普创作协会　2009年5月重建，设于大庙弄32号5楼。2010年6月设3个专业委员会，有会员96人，其中国家级15人、省级20人、高级职称者42人。

医疗卫生类　常州市防痨协会　1982年3月成立。设于泰山路203号市疾控中心。至2010年6月，有会员381人，其中省级40人、高级职称者52人。

常州市抗癌协会　2000年7月成立，设于怀德南路30号。至2010年6月产生2届理事会，有会员70人，其中国家级5人、省级11人、高级职称者37人。

理工技术应用类　常州市珠算协会　1979年1月登记成立，设于化龙巷恒利大厦A座6楼。至2010年6月产生8届理事会，有会员50人，其中高级职称者14人。

常州市标准化协会　1980年10月成立，设于劳动西路323号。至2010年6月累计产生6届理事会，同年有会员76人，其中高级职称者16人。

常州市花卉盆景协会　1980年4月成立，原为常州市月季协会，1985年4月更为今名，设于市行政中心2号楼B座6楼。至2010年6月产生5届理事会，设5个学组，有会员298人，其中省级20人，高级职称者10人、中级职称者30人。

常州市翻译协会　1986年1月登记成立，设于南大街50号福源恒大厦8楼。至2010年6月产生10届理事会。2010年设3个学组，有会员320人，其中高级职称者120人。

常州市水处理技术协会　2001年9月成立，设于新区高新科技园2号创业中心C座。2010年设2个学组，有会员41人，其中高级职称者6人。

常州市服装设计师协会　2003年1月成立，设于兰陵路34-1号，有会员150人。

常州市经济技术咨询服务业协会　2004年5月成立。设于迎春步行街唐家湾2—2—3号。至2010年6月，产生2届理事会，同年设5个学组，有会员73人，其中高级职称者17人。

研 究 会　1986—2010年，曾成立科技类市级研究会8家，据不完全统计，曾有会员1275人。

常州市人才学研究会　1981年12月成立，设于市行政中心1-B-8楼。至2010年6月，累计产生4届理事会，有会员85人，其中省级32人。

常州市技术经济与管理现代化研究会　1984年成立，设于河海大学常州校区苏南经济研究所。至2010年6月产生5届理事会，有会员210人，其中省级12人、市级198人，高级职称者80人。

常州市刑事科学技术研究会　1984 年 1 月成立，设于青果巷 188 号。至 2010 年 6 月，产生 2 届理事会，有会员 63 人，其中高级职称者 9 人。

常州市投资研究会　1987 年 9 月成立，设于广化街 299 号。至 2010 年 6 月产生 1 届理事会，有会员 220 人。

常州市城市科学研究会　1991 年 4 月成立，至 2010 年 6 月产生 1 届理事会，同年设 9 个学组，有会员 298 人，其中高级职称者 250 人。

常州市电子商务研究会　2003 年 6 月成立，设于滆湖中路 5 号。至 2010 年 6 月产生 2 届理事会，有会员 50 人，其中高级职称者 12 人。

常州市建筑设计研究会　2010 年 3 月 12 日成立，设于通江南路 299 号常州工学院土木建筑楼。产生 1 届理事会，有会员 40 人。

常州市高级科技人才联合会　2006 年 6 月成立，设于南大街 69-401。至 2010 年 6 月产生 1 届理事会，有会员 209 人。

第二节　科普活动

1985 年以后，常州市科普组织经常向农民普及农业科技知识。1989 年，市科协按照中国科协、省科协的部署，开始每年举办 1 次科普宣传周活动。1994 年底，国务院出台《关于加强科学技术普及工作的若干意见》，市科协围绕意见精神，开展“讲精神文明、比科技致富、创建科普文明村”活动，深入推进科普惠农服务站、科普宣传栏、科普宣传员队伍等建设，开展送科技下乡、科普集市、科普讲座、实用技术培训、科普电影等科普活动，推进农村科普工作。2004 年，科学素养调查活动启动，完善公众科学素养调查机制。2006 年，《中华人民共和国科普法》（简称《科普法》）颁布后，中央和省、市启动《全民科学素质行动计划纲要(2006—2010—2020)》，规划和推进城市科普事业，开展科普宣传周、科教进社区等重点活动，搭建了科普日、社区科普益民计划等活动平台，工作更系统化、专业化。

一、城市科普

全民科学素质行动　2006 年启动实施。常州对城镇居民、未成年人、领导干部和公务员、社区居民四类人群分别制定一揽子科学素质提升计划。对公务员，开展科学素质培训和科技报告会 50 多场次，编发科技导读 50 期，提供前沿科技知识和产业动态。对未成年人，在全市中小学增设科学课题，每年举办校园科技节、青少年科技夏令营、青少年科技创新大赛，设立科技俱乐部 11 个、科学工作室 50 个。2007 年开设青少年科技竞赛奖励基金，支持全市青少年科技活动蓬勃开展。对城镇和社区居民，2006 年与东南大学合作编印《百姓科普系列丛书》，至 2010 年，编印出版 30 册 3 万本科普丛书，免费赠送给全体市民。每年开展百场科普报告进社区、科普知识竞赛、科普基地一日游等活动，受益群众达 100 多万人次。

活动载体　自 1989 年启动，每年 5 月第三周举办科普宣传周活动。至 2010 年底共举办 21 届，每年围绕一个主题开展 100 余项科普活动，累计受益群众 320 多万人次。2007 年启动科普日活动，定于每年 9 月第三周开展，至 2010 年底共举办 3 届，累计举办系列活动 250 多场次。2009 年启动常州科普创作大赛，每年向全国征集科普文学作品，累计征集作品 500 多篇。

阵地队伍　2002 年，市科协开通“常州科普之窗”网站。2004 年，首次启动调查常州市公众科学素养，此后两年 1 次，至 2010 年累计调查 4 次，健全了公众科学素养监测机制，公众科学素养达标率 2004 年、2006 年、2008 年和 2010 年分别为 3.2%、3.6%、5.1% 和 5.7%。2009 年，《常州日报》开设《科海导航》专栏，对前沿

科技、科技产业、科技人物、科普知识进行全方位宣传，每年举办24期。2007年，组建常州科普志愿者分会，下设市级科普志愿者和辖市区科普志愿者8个分团，注册人数达4000人，常年参加志愿者服务2100人次。

二、农村科普

载体建设 2006年，常州科协组织根据《全民科学素质行动计划纲要》的要求，建设科普宣传员队伍和科普惠农服务站、科普宣传栏，在全市64个中心镇和1059个行政村选聘科普宣传员1000名，建成高标准科普画廊100个。同年起组织创建科普文明镇、科普文明村。至2010年，全市累计建成科普文明镇30个、科普文明村146个，培育农村党员培训示范点40个、农村科普教育基地63个。

科技兴农富民工程 2006年起，常州市科协联合市委农工办实施为期3年的“百会千户万家小康带动工程”，采取专家进协会、协会带大户、大户帮小户的方式，组织百名农业科技专家与百家农技协、农民专业合作社结对，每个农技协、专业合作社重点扶持10个专业大户，产生1000个大户带动周边1万个农户依靠科技致富，提高农民收入水平。3年中有221名专家对接423个村，对接项目134个，直接带动农户1.46万户。开展科技培训2680期，参训人员17.75万人次。项目销售收入从实施前的11.5亿元提高到29.2亿元，纯利润从1.7亿元提高到6.8亿元，项目直接带动农户年纯收入由2.3万元提高到6.4万元。2009年，启动实施金穗工程，深化科技兴农富民。

常州市首届科普知识大赛（摄于2008年9日）

科普主题活动 1996年，根据中央和省、市的统一部署，市科协、市委宣传部和市科技局、卫生局、文化局等单位启动“科技文化卫生三下乡”活动，组织举办下乡活动56次，发放资料39万份，受益群众达40多万人次。1997年，市科协与市委组织部启动农村党员、基层干部实用技术培训班，办班5000多期，帮助30万人掌握实用技术1～2门。每年组织辖市区开展科普集市、电影下乡活动，发放资料20万份、播放科普影片300多部（参见第三十三卷“科学技术　社会科学”第八章“科学普及”）。

第六章　归国华侨联合会

常州市归国华侨联合会（简称“市侨联”）成立于1979年。市侨联成立后主动履行参政议政、维护归国华侨和侨眷合法权益、服务经济、海外联谊等职能，做好侨界群众工作，团结全市归侨侨眷和海外侨胞及新华侨留学生，指导所辖地方侨联和基层侨联组织开展工作，发挥职能作用。

第一节　组织建设

1981年3月至1985年2月，常州各辖县继市侨联成立后相继成立侨联。1999年11月至2003年11月，市各辖区及部分街道、乡镇相继成立侨联组织。1986—2010年，市侨联共召开5次代表大会，通过民主建会，加强领导班子和机关队伍建设，拓展侨界商会、联谊会组织。

一、人大代表、政协委员

陈联庆、孙仲华、孙杏美分别当选为江苏省第七、第十、第十一届人大代表；李音强被推选为第九、第十届省政协委员；有10人次当选为市人大代表，陈联庆、孙仲华和恽爽先后担任市第十至十一届、第十二至十三届和第十四届人大常委会委员；35人次先后被推选为市政协第八至十二届委员，其中张荷花、余玉钗、李乃明、李音强先后当选为市政协第八、第九、第十、第十一至十二届委员会常务委员。

常州市侨界历届省、市人大代表、政协委员一览表

表30-6-1

届次	市人大代表	市政协委员
第八届	—	王　芳、王大智、王诗绪、毛应粹、李玉祥、李乃明、江波澄、伍尚明、吴昌宙、邱敏惠、余玉钗、罗清和、罗运福、赵　斌、曾俊发、翁秀月、曾　荣
第九届	—	李乃明、陈翼宙、李玉祥、邱敏惠
第十届	陈联庆	潘企强、李玉祥、尤一秋、诸晓东
第十一届	陈联庆、孙仲华、陈　军、吴国显、郑石桃、谢玉培、潘世兴	尤一童、李音强、诸晓东、赵丹梅、谢　江
第十二届	孙仲华	孙杏美、李音强、许定亮、诸晓东、吴建芳
第十三届	孙仲华	—
第十四届	恽　爽	—

二、代表大会

第三次代表大会　1986年4月召开，180人代表出席，伍尚明作了工作报告。大会选举产生市侨联第三届委员会委员23人、常委10人，陈联庆当选为主席。

第四次代表大会　1991年4月召开，161人代表出席，张荷花作了工作报告，修改通过《常州市侨联关于执行全国侨联章程的实施细则》，选举产生市侨联第四届委员会委员23人、常委9人，陈联庆当选为主席。

第五次代表大会　1996年6月召开，168人代表出席，孙仲华作了工作报告。大会选举产生市侨联第五届委员会委员23人、常委9人，孙仲华当选为主席。

第六次代表大会　2001年5月召开，236人代表出席，孙仲华作了工作报告。大会选举产生市侨联第六届委员会委员23人、常委9人，孙仲华当选为主席。

第七次代表大会　2006年12月召开，232人代表出席。孙仲华作了工作报告。大会选举产生市侨联第七届委员会委员27人、常委9人，孙杏美当选为主席。

三、联谊会、商会

1989年12月，常州市华侨福利基金互助会成立，2009年12月撤销。至2010年，有常州市侨界青年联谊会、市侨联离退休归侨侨眷联谊会、市侨商会、市侨联新华侨留学生眷属联谊会、市侨联文化宣传工作委员会5家市级联谊、商会组织。

四、机关队伍建设

1979年常州市侨联成立后，经历从20世纪80年代起步、90年代发展和进入21世纪后的开拓创新3个阶段。1990 年 5 月市侨联创办《常州侨讯》(2010 年更名为《常州侨联》),2003 年 7 月常州侨联网站开通。全市各级侨联贯彻党的侨务政策,开展形式多样的特色活动,带领全市归侨侨眷,发动海外侨胞为全市改革开放、经济建设和社会进步做贡献。

1999—2009 年常州市侨联和个人获全国性荣誉一览表

表 30-6-2

类别	称号	获得单位、个人	表彰单位	表彰年份
先进集体	全国侨务工作先进集体	市侨联	中国侨联、国务院侨办	1999
先进个人	全国归侨侨眷先进个人	孙跃铭	中国侨联	1999
	全国归侨侨眷先进个人	李音强、陈良南、周丽华	中国侨联	2004
	全国归侨侨眷先进个人	王　跃、王　靖、钱福卿	中国侨联	2009
	中国侨联工作先进个人	尤一童	中国侨联、国务院侨办	2004
	中国侨联工作先进个人	孙杏美	中国侨联、国务院侨办	2009
	全国侨联系统先进工作者	张志荣	中国侨联、人事部	2009

第二节　履行职能

1993 年 3 月,常州市侨联首次以独立界别参加市政协九届一次全体会议,成为市政协的组成单位,确认了侨联在统一战线的地位及参政议政的作用。市侨联委员、领导有 60 人次先后担任省、市人大代表、政协委员和常委,他们主动开展调查研究,积极建言献策,参政议政。

一、参政议政

政协大会提案　1996 年,陈翼宙等市政协委员提出的《发挥常州农机优势,建立农机大市场》的提案引起市政府的重视。2001 年,市政协十届四次会议期间,李玉祥等市政协委员提出的《加快建立常州大学的步伐》,翌年市政协十届五次会议期间提出的《关于强化"常州社会化预防职务犯罪网络"的建议》提案,被市政协评为优秀提案。2006 年,提出的《关于加强市区摩托车交通管理的建议》被市政府列为一号议案。2006—2007 年,市政协十一届三至四次会议期间,尤一童等市政协委员提出的《青少年心理疏导问题亟待重视》《关于完善医保用药制度,减轻老百姓看病负担的建议》提案,被市政协评为优秀提案。2009 年,在市政协十二届一次、三至五次会议期间,尤一童提出的《多策并举,最大限度畅通城市干道》、李音强提出的《重点解决"有市场、有效益中小企业"融资难问题》、孙杏美提出的《关于完善居家养老服务的建议》等提案,被市政协评为优秀提案。

政协大会发言　1994 年,余玉钗委员在市政协九届二次全委会上代表市侨联作了专题发言《多方筹集"外资""侨资",促进常州经济发展》。

二、调查研究

1998 年 9 月,市侨联组织委员和机关干部到合资企业、市有关部委办局开展了市级调研课题《进一步改善全市投资软环境》,调研报告的分析、探讨的问题和所提 6 条建议得到市委、市政府的重视。

第三节　服务社会

改革开放后,常州市侨联工作重心转移,开展引资引智工作,运用海内外的平台和财力、智力资源,服务地方经济。1987年，市侨联牵头与市乡镇企业管理局、海外联谊会和市政协对外联络委员会举办了国外及中国港澳台地区日用小商品展览会，展出23个国家和地区的商品2000余种。1997—2001年，引进项目协议利用外资和港澳台资100万美元、内资5600万元，促成劳务出口200多人。2002—2006年，引进项目24个，实际到账资金1.06亿美元。2007—2010年，引进协议利用外资和港澳台资7492万美元，实际到账外资和港澳台资4825万美元。配合常州市引进人才战略规划，加强与海外高层次人才的联系，引进海外高层次人才86人，留学人员企业123家。

一、服务经济建设

服务企业 2007—2010年，常州市侨联与金坛市侨联等单位合作，连续4年举办"牵手高校侨联，服务企业创新"产学研对接活动，南京大学、东南大学、河海大学的120多名专家教授与常州200多家企业的负责人进行对接洽谈。常州太阳宝热水器公司与东南大学设立博士后工作站，江苏足迹涂料公司与东南大学化工学院签订了轨道交通专用涂料及辅料新产品研究开发项目，多家企业与高校建立长期联系。

发挥侨商会作用 常州市侨商会坚持沟通、联系、引导、服务侨界企业，推动侨界企业健康成长，与中国商务网和市经信委、科技局、侨商投资协会等部门联办了新兴产业发展与侨企转型升级政策咨询会、出口贸易发展咨询会、税务专题讲座、对话郎咸平等活动，组织侨界企业到韩国、日本、菲律宾、新加坡参加世界华商大会。市侨商会发动会员投身社会公益事业，在安徽金寨县捐资援建天堂寨中心小学，2010年，该县教育局批准该校增挂"常州新月侨心小学"牌子。江苏中华多宝集团公司、江苏津通投资建设公司等7家侨资企业被省外经贸厅、侨联、贸促会和侨商总会评为江苏省优秀侨资企业。

服务侨界创业人士 2003年9月，常州市侨联、常州广播电台《新闻工作室》栏目组采访在常州高新区创业的夏志杰、李月中、彭春宏、李捷4位回国创业博士，制播节目《归国创业人士谈常州》。2010年8月，常州市海归江苏维尔利环保科技股份公司李月中、常州瑞择微电子科技公司徐飞分获中国"双百侨界贡献奖"创新成果奖、创新人才奖，到北京参加中国侨联第三届新侨创新成果交流会，受到党和国家领导人的接见。

二、服务侨界群众

常州市侨联开展《中华人民共和国归侨侨眷权益保护法》（简称《归侨侨眷权益保护法》）等侨法宣传，每年举办主题活动，联系归侨侨眷感情和展示归侨侨眷风貌。做好接待海外侨胞工作，组织归侨侨眷学习培训。

宣传"侨法" 1990年9月，《归侨侨眷权益保护法》颁布。1992年、1993年，江苏省和全国的《实施〈归侨侨眷权益保护法〉办法》（简称《实施办法》）相继颁发。市侨联多渠道、多形式开展侨法的学习宣传教育，特别是在归侨侨眷权益保护法颁布5周年、10周年、20周年时，会同有关部门举办了广场宣传、知识竞赛等宣传纪念活动。天宁街道侨联成立3支侨法宣传队，近50名热心的归侨侨眷在15个社区长期开展侨法宣传。市政府先后出台《关于维护常州市归侨侨眷私有房屋权益的若干意见》等政策措施，维护归侨侨眷的合法权益。

常州市首家侨界法律服务单位成立(摄于2005年6月)

2006年3月，江苏省侨联维权工作研讨会在常州召开。全市侨联组织年均接待来信来访300多人次，帮助归侨侨眷协调解决经济纠纷、房屋拆迁、子女上学、看病报销等问题，维护了侨界企业和归侨侨眷的合法权益。

主题活动 常州市侨联坚持"有特殊困难必访、有重大疾病必访、家遇丧事必访"的原则，及时解决归侨侨眷生活中遇到的困难。持续开展关爱年老归侨行动，每年开展春夏季走访慰问活动。全市侨联组织每年在传统节日春节、元宵、端午、中秋、重阳和国庆节、教师节的前夕举办联谊活动，举办文化活动200多场。2003—2005年，市侨联与相关部门先后联办了相聚中秋基层侨联文艺会演、侨界国庆文艺演出和庆祝常州市侨联成立25周年暨迎"七一"歌咏比赛、"祖国颂"文艺演出。2004年6月11日，市侨联成立25周年之际，市侨联、文联在刘海粟美术馆联办了"爱我常州"书画作品展，展出归侨侨眷等创作的书画作品93幅。2007年，市侨联在市行政中心召开了侨界庆祝香港回归10周年大会。翌年，市侨联在常州市第二中学体育馆举行常州市侨界迎奥运健身操比赛，300多人参加。2009年，市侨联举行"侨联与祖国同行"新中国成立60周年、常州市侨联成立30周年庆祝大会，表彰常州侨界"十佳"创新之星、创业之星、服务之星和和谐家庭。

海外联谊和文化交流 常州市侨联组织每年接待海外侨胞500余人次。利用北京奥运会、上海世博会等重大活动契机，邀请华侨华人、港澳同胞、外国友人回乡探亲、讲学或来华参会。邀请新加坡《联合早报》国际部副主任钟天祥、澳大利亚瑞福中国（国际）金融公司总裁王鸥、美国电子计算机博士周觉人、美国应用物理博士朱俊、法国利多哈大学博士生导师卢建熙、美国佛罗里达州大西洋大学生物医学博士黄旭培、新加坡李光耀公共政策学院主席、原香港大学校长王赓武教授、美国波士顿威尔斯利女子学院终身教授、数学系主任步起跃等学者与常州相关院校进行学术交流。2004年7月，荷兰中国和平统一促进会会长、旅荷华侨总会名誉会长叶世顺率中国侨联海外顾问团12人访问常州。21世纪初叶组织全市100余所中小学生参加第三届、第八至第十一届世界华人小学生作文比赛。

学习培训 常州市侨联每年围绕中央和省、市党代会精神与重要纪念活动，采用座谈会、报告会和组织图片展、参观学习等方式，对归侨侨眷和侨联干部开展社会主义核心价值观教育。1995年起，每年举办侨务政策和侨联知识培训班，不定期邀请专家、学者为归侨侨眷和侨联干部开设讲座。西新桥街道侨联副主席叶莉莉义务开办叶老师阳光课堂、叶老师青春期悄悄话信箱。2002年，市侨联青年工委组成侨界先进人物事迹演讲团，宣讲常州市外国语学校副校长、华侨张庭祺和第二人民医院副主任医师归国人员邹建钢的先进事迹。2010年，市侨联网站开设《百幅照片看常州》栏目，让海外侨胞感受常州的新变化、新成就。

第七章　台湾同胞联谊会

常州市台湾同胞联谊会（简称"台联"）于1985年11月成立。市台联成立后主动接待、服务台胞，组织引导台胞参政议政。至2010年底，市台联接待到常台胞3783人次，提交参政议政提案议案316项，其中47项被评为优秀提案议案。连续15年举办台胞学生特色夏令营活动，主动服务年老台胞、困难台胞和创业台胞。

第一节　组织建设

1981年11月19日常州台联小组成立。1983年11月常州市台湾同胞联谊组成立，李纯粹任组长。1985年11月15日成立常州市台湾同胞联谊会。2003年1月，市台联明确为副处级单位，设会长、秘书长各1名。市台联实行民主建会，有序发展，促进台胞参政议政，团结更多台胞为祖国统一服务。

一、台湾同胞(代表)大会

第一次台胞大会 1985年11月15日召开,49人台胞出席。会议上成立台湾同胞联谊会,审议了市台联章程,选举产生市台联第一届理事会理事7人,李纯粹当选为会长。

第二次台胞大会 1988年11月28—29日召开,51人台胞出席。会议听取并审议了第一届理事会工作报告,选举产生市台联第二届理事会理事7人,王芳当选为会长。

第三次台胞大会 1991年11月26—27日召开,55人台胞出席。大会听取并审议了第二届理事会工作报告,选举产生市台联第三届理事会理事7人,王芳当选为会长。

第四次台胞大会 1995年3月2—3日召开,61人台胞出席。会议听取并审议了第三届理事会工作报告,选举产生市台联第四届理事会理事7人,王芳当选为会长。

第五次台胞大会 1998年6月17—18日召开,57人台胞出席。会议听取并审议了第四届理事会工作报告,选举产生市台联第五届理事会理事7人,王芳当选为会长。

第六次代表大会 2003年6月26日召开,正式代表70人、特邀代表15人出席。会议听取并审议了第五届理事会工作报告,选举产生市台联第六届理事会理事7人,刘晓华当选为会长。

第七次代表大会 2008年6月26日召开,71人代表出席。会议听取并审议了第六届理事会工作报告,选举产生市台联第七届理事会理事7人,刘晓华当选为会长。

二、在常台湾同胞现状

2010年底,常州市有台胞128人,其中男性72人、女性56人;共78户,其中市区50户、农村21户、境外7户,高山族台胞17户29人(男性18人、女性11人);其中大专及其以上学历25人,在读大学生4人。曾任市、区人大代表和政协委员的台胞13人,黄世荣担任省青联第五届委员会委员,有12人担任市青联委员,其中常委3人。

第二节 履行职能

一、服务台胞

常州市台联重视传统节日开展活动,凝聚台胞乡情亲情。春节、中秋、重阳是中国的传统节日,台联每年举办寓教于乐、增进友谊的活动。

接待联络 1987年11月,大陆开放台湾民众赴大陆探亲。常州市台湾同胞接待站(筹)接待台湾当局开放民众赴大陆探亲后首位到常州探亲的周纯娟,她是领到大陆入境签证的首位台胞。2003年,市台联接待海外朋友15批、150余人次,与市台商投资协会邀请50多人台商参加乱针绣作品展览会,接待全省各地20多人台胞。2003年底,刘晓华率常州妇女代表团、女企业家代表团考察访问了台湾武进同乡会、“中华两岸民间交流协会”和“中华两岸关系发展促进会”等单位。组织在常老台胞和回常探亲的台胞周纯娟、纪健等参观天宁寺、淹城古迹、大学城和市容市貌。组织20余名台胞学生在溧阳天目湖风景区等地开展了“爱祖国,爱家乡”主题夏令营活动。组织6位小台胞参加《21世纪小学生作文》杂志社发起,中国侨联、全国台联、《人民日报(海外版)》、中国国际广播电台和中央电视台联办的第五届世界华人小学生作文大赛。1986—2010年,市台联累计接待美国、法国、澳大利亚、日本、韩国、新加坡等国家的侨胞和中国台湾、中国香港等地区到常台胞459批、3873人次。接待了台湾“工党”、武进同乡会、“工商统一促进会”的访常代表4人与以台湾“中华两岸民间交流协会”理事长唐惠珍首的参访团和美国师公商会访问团等参访团队。

关爱老龄困难台胞 常州市台联多次组织走访慰问老台胞和困难台胞，逢年过节上门慰问。组织年满60岁的老年台胞体检，组织老台胞参加丰收节，到广西、南京、扬州、镇江等地学习考察。定期上门慰问部分生活困难的台胞家庭，关心他们的生活，每年争取补助款，累计发放补助款近60万元，800多人次受益。

培养青少年台胞 常州市台联多次举办了青年台胞骨干培训班，帮助他们了解台湾问题的由来和发展、中共对台方针政策和自己肩负的促进祖国统一的责任。市台联每年组织参观游览中华恐龙园、天目湖、江南水乡周庄、浙江藏龙百瀑等地的主题活动1～2次。组织小台胞参加10届世界华人小学生作文比赛，每年组织在常小台胞并邀请岛内部分学生参赛。支持台胞自主创业，为创业台胞协调关系、化解矛盾、聘请律师，组织台胞参加博览会、外出参观考察等。2003年举办了台湾形势报告会、台胞台属中秋联谊会和"鸿雁两岸情——优秀家书"征文等活动。承办江苏省2003年老台胞欢度重阳节暨高山族台胞欢庆丰收节活动。2004年，举办了中青年台胞骨干培训班。2006年以后，市台联在《常州日报》《挚友》《台声》《同舟华章》等报刊宣传报道了常州台胞自主创业的事迹。组织在常部分台商参加省台联举办的江苏台商汉文化之旅活动。

二、参政议政

常州市台联成立以后，台湾籍人大代表、政协委员参政议政，累计向市级及其以上"两会"提交议案、建议案、提案316件，其中刘晓华的《公务员医疗补贴使用情况应增加透明度》、纪养培的《关于加快全市小城镇发展步伐的建设》、林蔚翌的《尽快出台高层建筑二次供水的管理办法》等6件提案被评为市政协优秀提案；胡静的《多策并举，最大限度畅通城市干道》等3件提案被评为优秀联名提案；刘晓华的《遏制自行车偷盗现象》的社情民意在江苏电视台《零距离》播放，在《新华日报》上刊发。组织举办了台胞中的人大代表、政协委员和骨干分子培训班，召开提案、议案交流会。在市人大、市政协年会期间，市台联提交议案、提案16件。市台联副会长、市人大代表朱艳华就构筑特大城市，加快实施城中村改造问题提交议案，引起市委、市政府重视。

第八章　青年联合会

常州市青年联合会(简称"青联")前身是1954年8月15日成立的常州市民主青年联合会，1958年更用今名。市青联在中共常州市委的领导下，以共青团常州市委为核心力量，联合组织各青年团体，共同为常州经济社会的发展进步献计献策，建功立业。

第一节　组织建设

一、成员和组织

常州最早的青联组织市学生联合会成立于1949年11月。1994年以后，陆续建立了溧阳市青年联合会、武进区青年联合会等成员组织。至2010年底，累计建立成员组织9个。

2010年常州市青年联合会成员单位一览表

表30-8-1

名称	成立时间	名称	成立时间	名称	成立时间
常州市学生联合会	1949.11	溧阳市青年联合会	1994.07	天宁区青年联合会	2000.08
共青团常州市委员会	1950.03	武进区青年联合会	1996.05	钟楼区青年联合会	2000.04
金坛市青年联合会	1998.12	新北区青年联合会	2005.05	戚墅堰区青年联合会	2001.04

二、全体委员会议

六届一次全体委员会议 1984年6月召开，有138人委员出席，毛小平作工作报告。选举产生市青联六届常委34人，毛小平当选为市青联主席。

七届一次全体委员会议 1994年5月召开，有138人委员出席，臧建中作工作报告。选举产生市七届青联常委28人，臧建中当选为市青联主席。

八届一次全体委员会议 1999年5月召开，有161人委员出席，蔡骏作了工作报告。选举产生市八届青联常委39人，蔡骏当选为市青联主席。

九届一次全体委员会议 2004年10月召开，有188人委员出席，杜吉宾作工作报告。选举产生市九届青联常委4人，杜吉宾当选为市青联主席。

十届一次全体委员会议 2009年11月召开，有218人委员出席，丁一作工作报告。选举产生市十届青联常委50人，丁一当选为市青联主席。

1986—2010年，先后有9人当选、担任市青联主席，有30人曾任副主席。

第二节 履行职能

一、参政议政

1996年4月，常州市青联会同市政协社会法制委员会青年组组织委员考察戚墅堰机车车辆工厂、宝钢集团常州冶金机械厂等单位，提案呼吁重视和加强开展青年岗位能手活动。2000年8月，举行了市青联提案、议案知识培训班。

二、创新创业

2001年起，常州市青联在企业中组织开展“小发明、小创造、小革新、小设计、小建议”竞赛，吸引青工28万人参赛，取得成果1.85万项。开展大规模的全市青年技术竞赛，吸引20余万青年职工参赛，组织开展农村青年实用技术培训、致富报告团、发展农村青年专业户、科技示范户和争当科技兴农带头人等活动，培育全国青年科技兴农带头人3名与农村青年种植、养殖、加工等示范户7000多户。2002年4月，团市委、市青联联办了常州首届青年民营企业家论坛。11月，团市委、市青联、市劳动保障局联办了“小本创业与成功经营”项目发布会，发布小本创业项目150个。2007—2008年，先后举办了青年企业家对接新北、天宁、戚墅堰活动。

三、帮困助学

2002年，常州市首家大中专学生勤工助学示范点设立。2008年5月，汶川特大地震发生后，市青联委员捐款捐物总值达300万元。常州市第五届十大杰出青年同时把1.5万元奖金捐赠给市希望工程办公室，扶助常州贫困失学儿童。

四、医疗服务

1996年7月，常州市青联组织市一院、市三院、红十字医院等医院的眼科、骨科、传染科等14个科目近20名医务人员组成医疗小分队，在武进安家乡开展送医下乡活动。2003年5月4日，团市委和市青联、学联、少工委向全市团员青年、少先队员发起了《为党分忧，为民解难，众志成城，抗击“非典”》的倡议，团市委、市青联组织青年应征防治“非典”青年志愿者，近400名团员青年报名。

第三十一卷 政法

Volume XXXI Politics and Law

1985 年以后，全市政法部门围绕改革开放、创建平安常州，深化司法体制改革，重点推进社会矛盾化解、和谐安民、社会管理创新、公正廉洁执法等重点工作，组织开展“严打”整治和专项斗争，推进平安常州、法治常州建设，全市治安面貌显著改观，社会治安综合治理和平安建设综合绩效跨入全省乃至全国前列，先后获 2001—2004 年、2005—2008 年全国社会治安综合治理优秀市称号。1993 年，市社会治安综合治理委员会办公室成立。2000 年开始，市委政法委在全国率先开展社会矛盾纠纷排查化解、治安混乱地区和突出治安问题排查整治、公共安全隐患排查治理的“三项排查”制度，强化治安防控体系建设，创新社会管理，强化流动人口服务管理，实施新市民“创业、安居、蓝天（子女就学）、维权、关爱、文明”六大工程，在全国率先探索新市民关爱工程，推进“孩子有学上，家庭有房住，就业有扶持，权益有保障，管理有创新”，作为全国政法工作典型，2010 年在全国政法工作会议上交流推广，被称为“常州模式”。武进区新市民公寓管理模式获联合国人居环境特别荣誉奖。2002—2010 年，常州市连续被省委、省政府评为社会治安综合治理先进市，涌现出一批全国、全省政法综治和平安建设先进单位和个人。全市所有挂牌地区治安面貌得到彻底改观，全市 15 个省、市际治安卡口均达到规范化标准。全市公安机关提升科技手段，为侦查破案、打击犯罪、服务民生、服务发展，实行依法治市和经济建设创造了良好的治安环境。1987 年起，逐步建立由工厂、街道、村（居）委会参加的治安协作小区联防网络，搞好小区治安。1989 年 4 月 1 日，公安部研制的 110 报警台在市公安局对外开通。90 年代初，开展反盗窃斗争和重点专项治理，严厉打击严重刑事犯罪活动，治安状况得到持续改善。至 2010 年底，全市刑事案件发案率连续下降，严重刑事案件得到遏制，安全生产事故总量和死亡人数得到控制。全市检察机关认真履行宪法和法律赋予的权力，依法独立行使检察权和职务犯罪侦查权，探索推进检调对接，从快从简化解社会矛盾。1986—1990 年，深入开展打击严重经济犯罪的斗争。1998 年，市人民检察院重点查处经济犯罪大案要案，立案侦查贪污、贿赂、挪用公款等职务犯罪案件 109 件。2000 年以后，检察机关重点惩治刑事犯罪，查办和预防职务犯罪。2010 年，建有检察工作室 12 个，设立民意工作站、巡回办案点、社区矫正检察室等功能平台，建有管护帮教基地 17 个。全市审判机关加强法官队伍建设，推进法院改革、司法规范化建设，做好案件审判和执行工作。1990 年，市中级人民法院、天宁区和武进县人民法院试办少年案件合议庭。至 2000 年，受理、审结案件增加。全市审判机关围绕常州不同时期的发展重点，强化处理宏观调控、扩大消费需求和优化投资结构过程中的矛盾纠纷，服务国民经济和民生事业。加强公正廉洁司法，建立司法巡查制度。2010 年，全市法院审判执行部门实行职业回避，在全国地级市率先实行单向退出机制。市司法行政机关以经济建设为中心，开展法律服务。认真开展普法和宣传教育，管理律师事务所和仲裁委等法律援助和服务机构，积极参与人民调解、安置帮教和社区矫正，组织实施司法考试，增强全民法律意识。90 年代初，开始为外向型企业提供法律服务，逐步扩大法律服务渠道，担任政府法律顾问，为高层次决策提供法律服务。1994 年公证体制改革，公证事业发展。1998 年，全市各区法律援助中心相继建立。至 2010 年底，全市建立健全多元矛盾纠纷解决机制，严格开展社会稳定风险评估，建立人民调解组织 2173 个，配备人民调解员 1.05 万人。

第一章 社会治安综合治理

1986 年起，常州政法机关、综治部门全力建设，加强和完善综合治理组织领导体系、基层联防巡逻体系、青少年犯罪预防体系、矛盾纠纷调解处理体系等社会治安综合治理防控体系，坚持不懈地惩治刑事犯罪行为、经济犯罪行为，查处其他违法犯罪行为，着力化解各类社会矛盾，为常州新市民提供良好的管理服务，全市治安长期保持稳定良好的状态。

第一节 社会治安防控体系

1987 年，全市公共场所试行“谁主管、谁负责”的制度，成立由工厂、街道、村(居)委会参加的治安协作联防，严密防范措施，形成小区域防范网络。农村普遍建立“以集镇为中心，企业为重点”的治安岗位责任制。乡镇企业建立护厂队，推行治安责任制，逐级承包到车间、班组和个人，以城带乡、以乡促城，推动城乡治安协调发展。1991 年 11 月，市社会治安综合治理领导小组改为市社会治安综合治理委员会(简称“综治委”)及其办公室(简称“综治办”)，市委副书记孟金元任市综治委主任。各县(市)区和 141 个乡、20 个街道全部建立社会治安综合治理领导小组及其办公室。1992 年，全市试行社会治安综合治理的属地管理原则和一票否决制。1993 年上半年，市委调整市社会治安综合治理委员会，成立市综治办，与市委政法委为一个机构、两块牌子。2008 年，市应急指挥中心投入使用。2010 年，实施以和谐安民提升工程为主的社会治安防控体系工程，重点推进多元矛盾纠纷解决机制建设、基层基础建设年活动、社会和谐稳定和社会面治安防控体系、居民住宅区治安防范体系、单位内部治安防控体系、重点人群管控体系、治安防控指挥体系完善等 8 项工作。

一、基层防控体系

1986 年，中共常州市委提出常州市(郊)所有工矿企事业单位、机关、学校、街道和乡镇的“两打一治”管理由各区委统一部署和检查指导。1991 年 11 月，在市区实施基层基础工作“一揽子工程”，826 个大中型企业、单位普遍建立社会治安综合治理领导小组，小型企业指定专人负责综合治理，基本形成城乡治安防范网络。同年，全市乡镇、街道及其以上建立社会治安综合治理及其办公室。绝大多数乡镇均设综合治理办公室，配备专兼职工作人员。2005 年，绝大多数村和社区成立了综治办，健全治保会、调委会。全市居委新增治安员 3000 余人，白天在居民住宅区巡逻值班，居民住宅区的盗窃案件明显减少。清凉街道成立由 200 余名退休人员组成的综合治理大队，昼夜由民警带队巡逻。郊区区委、区政府建立 1000 多人的联防队伍和护村队伍，健全了三级联防网络。1995 年，全市乡镇(街道)、企事业单位大多成立综合治理领导小组及其办事机构，配有专兼职人员 280 余人，建立完善规章制度。对基层基础工作齐抓共管，规范对暂住人口特别是外来务工人员的管理。1997 年，市委、市政府在全市开展创建安全文明小区、安全文明村镇、安全文明单位(简称“创三安”)活动，全市普遍建立创建领导小组。是年，市区和武进、金坛、溧阳全部开通“110”报警服务台，全市建有专业联防队伍 167 支 1949 人，村级联防队伍 75 支 1700 人。

1998 年底，全市 156 个乡镇、街道全部调整了综治委，各综治办加强工作制度建设，健全运行机制。市各主管局和 85% 的大中型企业、重点学校、事业单位建立综治组织，有综治工作人员 560 余人，其中专职人员 320 余名，综治办、派出所、法庭、检察室、司法所、人武部发挥维护社会治安的骨干作用，全市 8200 余个调解委、治保委做到了组织、制度、工作、报酬“四落实”。全市建立乡镇外来人口管理办公室177个、村级登记站697个。1999年，在110报警服务台基础上启动110社会服务联动工作，提高对社会治安的驾驭水平，建成以设防城市为目标，以公安指挥中心“110”报警系统为龙头，以城市巡（交）警和治安卡口为防线，以群防群治为基础的全方位、多层次治安防控体系，全市403个小区有183个达县区级创建标准，2426个行政村有1099个达标，156个乡镇街道有65个达标，全市有8个小区、3个镇、2个村、1个单位达省级安全文明标准。

2001年，常州市强化乡镇、街道综治办建设，建制单列，明确1名党政副职领导专抓社会治安综合治理工作，配备专职工作人员1～2名，经费单独列入财政预算。市综治办全面推广以物业管理为载体，发展社区治安防范产业，在财物守护管理、单位内部治安防范等方面引入治安防范产业机制，取得显著成效。2002年，全市深化社区警务战略，建设联防、保安队伍1084支9717人，发动2.5万人参加5000余支群防群治组织，城市物管小区实行24小时巡逻，无物管小区群防群治组织24小时巡逻。3月，明确基层社会治安综合治理组织建设任务，配齐配强乡镇、街道综治委、综治办专职干部。年底，全市所有乡镇和街道建立综治办，配备专职干部110人，享受政法特岗津贴。2004年，全市三级综治办经费全部实现计划单列。市财政年内投入综治工作经费2.82亿元。基层社区民警占派出所警力的48.2%。全市把治安防范设施等纳入整治改造项目，累计投入资金8.36亿元。2004年，全市辖市区、镇街道成立集预防、排查、控制、调解和处理于一体的社会矛盾纠纷调处中心。

2006年，市综治委成员单位挂钩平安创建重点镇、街道开展共建活动，全市有报告员、指导员、安全宣传志愿者和群众20余万人次参与“平安进社区”活动。市45所中小学校全部配备法制副校长（辅导员）。“无毒社区（村）”创建达标率达94.4%。2007年，所有农村派出所警力均达6人，辖区常住人口达5万人的派出所警力达1.5名/万人。全市58个司法所“省级规范化司法所”建成率达95%。政府财政出资筹建的专职保安7197名，村级综治办专职保安联防4人以上。全市外来人口登记数149.2万人，配备外来人口协管员3146名。溧阳市组织开展“星级安全小区”达标升级竞赛和“平安旅游区”“平安边界”创建活动。武进区倡议创建和美家庭，共建和谐武进，深化平安家庭创建。4月，常州沪宁线区段、京沪铁路镇江—常州段被评为全国平安铁路示范路段。2008年，全市镇（街道）普遍建立政法综治工作中心，村（社区）、公办学校全面建立校园警务室。戚墅堰区、新北区分别开展人民调解工作改革、城市管理与治安协管一体化机制建设试点。6月，制定镇（街道）政法综治中心规范化建设标准，提升基层综治组织规范化建设水平。

二、社会化防控体系

青少年违法犯罪预防　常州市先后制定《常州市关于加强青少年法制教育的意见》《关于切实加强学校及校园周边治安管理若干规定》等规定。市政协、市委政法委组织对青少年犯罪情况进行全面深入调研，向市委、市政府提出预防青少年违法犯罪的对策建议。2000年10月，市综治办会同市14个职能部门举办“为了明天——常州市预防青少年违法犯罪展览”活动。全市建立完善三级预防青少年违法犯罪工作领导小组及其办公室，451所中小学校全部建成校园警备室，配备法制副校长，每学期至少两次对学生开展法制教育。80%以上社区建成青少年法律学校，建立青少年教育基地14个。加强青少年维权中心的建立，开通全省首个青少年维权专栏节目《维权在线》，建立青少年权益保护专题网站。在市求助管理站增设常州市流浪未成年人救助保护中心，同年救助流浪未成年人350人。建起6个国家级青少年维权岗、13个省级维权岗、76个市级维权岗。市综治、公安、教育、文广新等部门联合行动，开展3次网吧、文化市场和交通安全等校园及周边治安综合整治活动。2008年5月，市综治委组织全市校园及周边治安秩序综合整治行动，出动执法人员1.8万人次，先后依法取缔“黑网吧”600余家，依法清理违法违规音像店123家，收缴不健康出版物6200余册、音像制品和光盘 7.8 万件。2010 年 6 月，全市政法综治部门加强对学校、幼儿园的安全防范。

特殊人群管理　1986 年后，常州政法综治部门高度重视特殊人群管理、社会组织管理、互联网管理和学校保安工作、预防青少年犯罪工作，坚持把这些工作作为社会管理的主要方面，开展全面整治。1988 年，全市重大案件上升幅度较大，流窜犯罪活动猖獗，青少年犯罪问题突出，劳动改造、劳动教养人员（简称“两劳”人员）和社会闲散人员及流动人员犯罪的比例增大，赌博、卖淫、传播淫秽物品等社会丑恶现象蔓延滋长，屡禁不绝。市委政法委部署“严打”斗争，集中力量加强社会管理。各级党委、政府对社会治安综合治理加强领导，深化普法教育，抓好青少年、个体户普法教育的薄弱环节，强化行政管理，及时处理改革开放中出现的矛盾和不安定因素，做好教育、疏导和调解工作。1986—1990 年，全市刑满释放、解除劳教人员和接茬教育工作落实，接收“两劳”人员 2706 人，先后安置 1216 人，安置率为 44.9%，预防和减少了重新犯罪。1994 年，对外来人员实行“谁用谁负责”责任制和用工担保制度，全面调查登记，运用计算机网络进行常态化规范管理。市人大常委会颁布了《人民警察巡察综合执法暂行规定》，使动态环境下的社会面控制得到加强。1997 年，常州市下发《关于建立市（区）、乡镇（街道）刑释解教人员安置帮教工作机构的通知》，各市（区）成立刑释解教人员安置帮教工作领导小组，下设办公室。各乡镇（街道）明确年底前成立刑释解教人员安置帮教工作领导小组或办公室，明确分管领导，各村委、居委设立工作联络员 1 名，建成刑释解教人员安置帮教网络。

安置帮教和社区矫正体系建设　常州政法综治部门做好刑满释放、解除劳教人员促进就业和社会保障工作，解决部分刑满释放人员生活保障和落户安置问题。武进区设立全市第一个安置帮教工作基金，全市建有过渡性安置基地 16 个。开展回归人员技能培训，进行安置帮教。探索分类管理、规范执法、科学施教等方式，制定《社区矫正示范区（点）考核标准》。至 2010 年底，全市建立安置帮教教育工作站 89 个、“三帮一”帮教小组 5200 余个，参与帮教人员 1.6 万人。

第二节　惩治违法犯罪活动

一、惩治刑事犯罪

1986 年是常州市分 3 批进行依法严厉打击刑事犯罪分子（简称“严打”）斗争的最后一年，实施反盗窃、打流窜，打击拦路抢劫、拦路强奸和捅刀子，根除卖淫嫖娼、制作贩卖传播淫秽物品、拐卖妇女儿童、私种吸食贩运毒品、聚众赌博、利用封建迷信骗财害人（简称“六害”）等行动。1987 年起社会治安转为正常，工作重点调整到防范、控制、打击外来作案上，抓紧对在押外来流窜犯的审理，摸清外来流窜作案规律。此后，明确把打击、建设、防范更加紧密地结合起来，在教育、防范、安置、调处、管理等环节继续落实治安承包责任制。1992 年，市政法部门查明反革命线索多起，收缴一批反动政治宣传品。加强对全市非法建庙和非法组织帮派活动的控制的清理，打击境外反动势力的渗透和反动会道门活动。以直接危害社会稳定，威胁群众生命财产安全的严重暴力犯罪案件和重大恶性案件为重点，依法严惩严重刑事和经济犯罪分子。1995 年 5 月，市委、市政府成立党政主要负责人亲自挂帅的“严打”工作领导小组，市委政法委组成 3 个工作小组，开展检查、督促和指导。全市政法部门参与组织春季“严打”攻势、夏季“双禁双打”和冬季侦破攻势，稳定了社会治安秩序。

2001 年 4 月，常州市部署开展“严打”整治斗争。群众向政法机关提供犯罪线索 4694 条，扭送犯罪嫌疑人 1519 人。根据举报线索破案 4373 件，有 697 名犯罪嫌疑人到政法机关自首。全市立刑事案件 12212 起，破案 11867 起。查处犯罪团伙 431 个 1679 人。查处涉爆涉枪案件 51 起 34 人，收缴非法枪支 2757 支、子弹 21596 发、炸药 241.6 公斤。重点排查整治 21 个市和辖市区级重点地区。全市在全国性追逃专项行动中抓获网上追逃人员417人，其中省、市公安部门督捕逃犯分别为14人、51人。2008年发动破案攻坚战，刑事案件数量多年来首次在立案、批捕、起诉环节全面下降，其中命案数量下降15%。

二、惩治经济犯罪

1986年，常州市立案侦查的经济案件有293起，其中犯罪数额达1万元的重特大案件74起，追回赃款赃物合计价值477万余元。1986—1990年，依法查处贪污、贿赂、偷税、挪用公款等经济案件1024件，其中案值达1万元的大要案件180件，追缴赃款赃物和挽回经济损失1740.24万元。1992年，全市政法机关重点打击贪污贿赂犯罪，重点查处非正常亏损企业与群众反映强烈的单位、部门中经济犯罪等大案要案。1993年，全市政法机关建立碰头会制度，编发情况专报，交流抓大要案的信息。查处重点是贪污贿赂、金融诈骗、走私犯罪案件。当年受理经济案件线索518条，查处案件456件。侦破标的达1万元的经济案件115件，挽回经济损失3400余万元。1996年，全市加大惩治经济犯罪力度，重点查办案件易发频发的机关和部门，特别把查办大案要案作为首要任务来抓。1998年，全市反腐败斗争继续深入，矛头对准严重败坏党和政府形象的腐败及严重破坏改革开放、阻碍经济建设的严重犯罪。2001年，市公安局组织开展惩治制售假冒伪劣商品犯罪、金融犯罪、涉税犯罪专项斗争，破获经济犯罪案件498起，涉案金额2.19亿元，挽回经济损失2675.5万元。2006年起，经济案件以治理商业贿赂专项斗争为重点，从严打击严重经济犯罪活动。同年查处商业贿赂案件98起，涉案金额3000余万元。在查办和预防职务犯罪行动中，查处贪污受贿等职务犯罪案件112起116人，达100万元的案件8起，挽回直接经济损失4737.1万元。

三、整治社会秩序

1987年8月下旬，常州市公安机关同检察、法院、司法等机关联合开展以打击暴力犯罪、防范和制止恶性案件、严防少数坏人煽动闹事为主要内容的专项斗争。年底，全市组织开展了禁赌专项治理活动。1989年6月，在天宁区召开新丰街治理整顿现场会，推广新丰街治理整顿的经验。新丰街从1988年底起集中整治街头夜间露宿等治安管理混乱现象，取缔街面和火车站广场的违章摊点。1993年，常州市公交、文化、工商、城建、交通等市综治委成员单位，集中整治公共文化娱乐场所、特种行业和道路交通等重点部位的治安秩序，依法取缔秩序混乱、问题多、违法经营的10家酒吧、咖啡馆和游戏机室，责令29家停业整顿、63家限期整改。1995年5月，市政府召开全市打击拐卖妇女儿童犯罪（简称“打拐”）工作会议，部署全市“打拐”专项斗争。1998年，组织全市性的社会治安集中整治，开展“打盗窃、禁毒品、抓管理、保稳定”专项斗争百日会战。全市在“扫黑打恶”“扫黄打非”中，破获刑事案件5106起，其中重大刑事案件1501起。

2004年，全市政法机关组织开展“清风行动”“捕狼行动”“天网行动”、命案侦破会战等专项行动，惩治“两抢”、偷盗机动车和自行车、传销等违法犯罪活动，对9个治安复杂地区和“摩的”非法运营、残疾车非法载客、黑网吧等进行集中整治，市综治办加强境外卫星电视转播秩序专项整治工作。10月，组织开展中小学、幼儿园安全专项整治行动，解决中小学等学校和幼儿园安全管理存在的问题。2005年3月初，市综治办牵头开展治安复杂地区和突出治安问题排查整治，对社会稳定、刑事打击、治安管理、阵地控制、公共安全、禁赌整治方面和其他可能影响政治稳定、社会安定的突出问题和地区进行排查整治。8月，市综治办、铁路联防办公室、公安局、工商局联合发文，开展清理整治铁路沿线废旧金属收购站点专项行动。同年，全市组织开展打黑除恶、打击“两抢一盗”、打击网络犯罪、禁赌、禁毒等专项斗争，普遍呈现惩治效能提高、案件稳中有降的良好势头。2006年，全市部署打黑除恶专项斗争，成立市打黑除恶专项斗争领导小组，重点惩治交通运输、建筑、批发市场等行业的“市霸”“行霸”[1]，外来流动人员中结伙成帮恶势力，隐匿在娱乐行业的流氓恶势力及其他

① 各地、各领域恃强凌弱、欺行霸市、横行霸道的人员及其团伙在八九十年代至21世纪被称为“霸”。

"乡霸""村霸""路霸"等。2009年9月，常州市综治办下发《关于在全市开展废旧金属收购业专项整治行动的通知》，开展为期45天的废旧金属收购业专项整治行动。

第三节 化解社会矛盾

从80年代开始，常州市政法机关、综治部门一直将化解社会矛盾作为重点工作。1986年，市公安、检察、法院、司法及工会、团委、妇联等11个部门发出《关于民间疑难纠纷分工处理的暂行规定》，落实重点建设基层调解组织、加强人民调解工作等措施。

一、调解矛盾纠纷

至1990年底，全市建有调解委员会3862个、调解员68447人，普遍实行调解工作目标管理责任制，健全登记、申报、奖励制度，使调解工作逐步制度化、规范化。1993年，开始开展创建标准化调委会活动，建成标准化调委会2878个，占总数的81.2%。1996年，市政法部门积极协助党委、政府处理化解人民内部矛盾，做到处理信访与开展调查相结合，解决实际问题与疏导教育相结合，努力化解社会不安定因素。建成了标准化调委会3143个，占总数的94%，其中优秀调委会178个。1997年，常州作为全省刑释解教人员安置帮教工作试点城市，市和各辖市(区)全面建立安置帮教工作领导小组，成立专门机构，落实经费、人员，在武进剑湖乡、常州兰翔机械厂等单位开展试点。

2002年，常州调解组织将人民调解与行政调解、司法调解相结合，全面开展矛盾纠纷排查、调处，重点排查化解可能引发重大恶性刑事案件和大规模群体性事件的矛盾纠纷。2004年，辖市(区)和镇(街道)建立社会矛盾纠纷调处中心，村(社区)、企事业单位、集贸市场等设立调处站。辖市(区)、镇(街道)普遍成立集预防排查、控制、调解和处理于一体的社会矛盾纠纷调处中心，建立工作制度和工作运行规范，实行人民调解、行政调解和诉讼调解3项举措，调解社会矛盾纠纷7800余起，接待来访1257批次。尤其是在"铁本事件"发生处理的特殊时期，发挥了重要的作用。7月，市综治委成立常州市预防和制止家庭暴力工作领导小组，强化预防和制止家庭暴力工作，促进家庭和睦、社会稳定，推进"平安常州"建设。领导小组下设办公室和市家庭暴力报警中心、家庭暴力伤情鉴定中心、家庭暴力庇护中心。2005年，全市两级调处中心接待来访9745批次，受理纠纷6522件，直接调处纠纷3389件，制止群体上访472批7164人次。全市2076个基层调解组织调处纠纷2.04万件，调解成功率95.4%。

2007年，市社会矛盾纠纷调解工作指导办公室成立，辖市(区)、镇(街道)成立社会矛盾纠纷调解工作领导小组，下设调解服务中心。行政村、城镇社区设立调解室，机关、企事业单位建立人民调解组织，村民小组建立调解信息员队伍。在辖市(区)调处中心设立征地拆迁、补偿安置等6个专门调处小组和巡回法庭，在镇(街道)调处中心设立专门的调处室，聘用专职调解员两名以上。全市两级调处中心接待群众11264批次，受理矛盾纠纷9175件，直接调处纠纷8635件，劝阻群众性上访551批次，防止民转刑51起，全市人民调解组织调处纠纷2.3万件。2008年10月，市综治办牵头在全国率先成立城区医患纠纷调处中心，建立市医疗纠纷调处协调小组。至2010年底受理医患纠纷328起，做到案结事了，无一反复，成为"常州模式"在全国推广。2010年，常州市多元矛盾纠纷解决机制建设领导小组办公室成立，建立化解行政争议互动联动机制，加强行政调解与诉讼调解对接，30家市级行政机关和天宁、钟楼、新北、戚墅堰区建立行政调解组织，行政调解组织网络初步形成。武进区人民法院设立全省首家常驻式交通事故巡回法庭，武进区建成区、镇两级远程调解指挥中心，提升解决矛盾纠纷的综合效能。市仲裁委成立全省首家商事调解中心，市总商会成立全省首家民商事调处中心。

二、管理服务新市民

1998年，常州全面调查流动人口，实行暂住证和就业证制度，建立健全工作制度，以户口管理为基础、治安管理为重点，促进劳动就业。2006年，常州实施关爱“新市民”工程，推进外来人口服务产业化。建设外来务工人员居住点和小区321处，入住外来务工人员近80万人。2009年，常州市流动人口服务信息系统立项建设，在全市首先推行新市民信息社会代采集和管理，得到中央综治办、公安部首肯。2010年，全市优化对流动人口的服务管理举措，继续实施新市民创业、安居、蓝天、维权、关爱、文明六项工程，出台建筑业、服务业农民工参加工伤保险办法和流动人口计划生育基本服务暂行办法，在镇(街道)普遍设立农民工综合服务中心，为农民工提供就业信息、职业培训、社会保险办理、法律援助、计划生育、医疗、子女义务教育、居住登记、政策咨询等公共服务。

第二章　公安

80年代，常州市公安局积极稳妥推进公安工作改革，探索形成“以城带乡、以乡保城”“以内促外、以外保内”“谁主管、谁负责”的治安管理责任制等“常州经验”，成为全国城市公安工作改革创新的示范典型。21世纪初叶，全市公安机关适时组织“严打整治”“命案侦破”“打黑除恶”等专项行动，依法严厉打击暴力犯罪、有组织犯罪、毒品犯罪、经济犯罪等严重危害社会秩序的犯罪活动，整治突出治安问题，营造和谐稳定、平安有序的治安环境。开展“平安创建”活动，实施“和谐安民工程”，服务星级企业责任制等系列服务发展、服务企业、服务民生的新举措相继出台，创新外来人口管理，开展交通“畅通工程”建设，探索防消结合社会化巡防机制，建立看守所、拘役所、收容教育所、治安拘留所与戒毒所合一的大监管模式，加强内部安全保卫，强化出入境管理，行政服务水平和效能显著提升。实施科技强警战略，推进公安信息化建设，在打击犯罪、治安管理等工作中运用现代科技手段，公安指挥中心、中小指纹系统、警用地理信息系统、城市公共安全应急响应系统等建设项目通过国家级验收，2008年获全国“科技强警示范城市”称号。加强公安队伍建设，实施以交流轮岗、竞争上岗、遴选竞岗和积分选岗为特征的常州公安干部人事制度改革，逐步健全竞争激励机制和内外部监督机制，2001年起连续10年被评为江苏省文明行业，涌现出“公安部集体一等功”局前街派出所、交巡警支队、国保支队等先进团队和公安部一级英模陆立才、二级英模刘祖明等先进人物。2008年11月22日，国务委员、公安部部长孟建柱视察时评价：“常州的公安工作与常州市经济社会事业发展一样步入了快车道，跃上了一个新的台阶。”2010年底，市公安局下辖7个辖市（区）局、分局，内设职能处室、直属行政机构41个和培训基地1个、现役支队2个，全市有派出所106个、民警5948人。

第一节　治安管理

常州公安机关探索新的管理手段和方法，加强社会治安管理，持续打击、查禁，遏制黄赌毒等社会丑恶现象的蔓延滋长。开展治危除患、治爆缉枪专项行动和治安防范管控会战，加强源头防范，提升对特种行业、公共场所、涉危单位物品的治安管控能力和服务水平。运用整合科技、警力、社会资源，建立以“110”报警服务台为龙头，覆盖全市的社会联动机制，人防技防设施防并举，加强和完善治安防控体系建设。

一、公共场所和特种行业管理

娱乐场所治安管理　1987年2月，常州营业性舞会和公共场所自发舞会解禁，常州出现营业性舞厅。

随着文化市场的放开，电子游戏室、康乐球厅、录像放映室等营业性娱乐场所也逐步出现。1989年底，全市有舞厅、录像室、台球室、游戏室、咖啡酒吧、溜冰场、影剧院、书场等364家娱乐场所，发证的有297家。1992年，开始对公共场所实行治安安全证制度。1994年，全市上述公共场所达1261家。1997年2月暂停审批开办娱乐服务场所；6月，市公安局调整市区公共场所和特种行业管理权限，实行以派出所属地管理为主的管理模式。1999年，市公安局出台《公共场所特种行业治安管理工作规范》《公共场所特种行业治安管理考核办法》，除宏观调控、限制发展的场所，其他公共场所的审批发证权限全部下放，由所在地派出所验收、分局核发安全合格证。6月，公安、工商、文化等5个部门发起筹建的常州市公共场所特种行业治安管理协会成立。

2000年3月，常州市公安局对公共娱乐服务场所治安管理责任作出规定；6月起，向287家娱乐场所派驻保安人员516人，纳入保安公司管理的有151家，取缔非法保安组织67个。7—10月，市公安局与工商等部门专门整治娱乐服务和电子游戏经营场所，查处黄赌毒案件643起，处理违法人员2369人，全市娱乐服务场所从5106家减至4534家；对181家电子游戏机经营场所重新审核验收，关停89家，缴获赌博游戏机124台、赌博电路板313块。2002年，公共场所由审批发证改为安全审核，管理由事前审批向事中、事后监督转变，由行政强制性管理向主动服务型管理转变。2005年5月，公安治安部门仅保留对集会游行、临时性大型活动的审批发证，对公共场所实施治安安全条件检查。除少数超大型娱乐服务场所仍由治安支队协调检查外，其他均由辖市（区）公安局、分局或派出所进行治安安全条件检查和发放《公共场所告知回执》；大型活动审批期限由20天改为10个工作日，对违法违规经营场所贯彻教育为先原则。10月，公共场所特种行业治安管理协会注销。

2006年，《江苏省公共场所治安管理条例》正式实施，全市公安机关在娱乐场所推广监控系统。5月1日，全市26家酒吧、迪厅场所启用安检设施，主动探测非法管制刀具等违禁品。2008年，全市大型娱乐场所全部安装监控设施。2009年2月，在全市电子游戏（游艺）、桑拿洗浴、歌舞娱乐等场所开展治安防范达标创建活动，推广应用公共场所治安管理信息系统，实现对场所及人员的动态管控。2010年底，全市歌舞娱乐场所、电子游戏（艺）场所、洗浴场所和旅馆业实行治安分级管理。全市3298家公共场所有从业人员3.78万人，聘用保安人员3471人。

旅馆业管理　1986年4—8月，常州公安机关在旅馆业集中整顿行动中，取缔为流窜犯落脚藏身的旅馆54家、停业整顿62家、限期整改117家，督促整改安全隐患222条。1987年《江苏省旅馆治安管理办法》颁布，市公安局会同工商、商业等部门对市区212家旅馆进行了整顿。90年代，常州旅馆业快速发展，公安机关通过落实三级管理责任，增强旅馆业管控力。1998年制定《常州市公安局旅馆业治安管理规定》，明确审批发证权限和程序、旅馆业安全条件和治安责任。在全省率先建设旅馆业治安管理信息系统。

2003年，常州市33家通宵浴室纳入旅馆业管理。2004—2005年，全市公安机关开展旅馆业管控攻坚会战。调查登记旅馆单位1659家（留宿浴室31家），新增单机入网点195家，视频监控、CK报警等设施187套。2005年5月，保留的旅馆业、公章刻制业、典当业的审批发证由15天缩短为7个工作日。2008年底，全市旅馆业单位安装监控系统数达318家，50张床位以上旅馆安装率超过85%。旅馆系统安装数1953家，全部实现单独装机，年传输比对旅客信息300余万条。2010年旅馆业系统与地理信息系统对接，建成本地旅馆住宿人员轨迹库。2010年5月1日，《江苏省特种行业治安管理条例》正式实施。按照属地管理的原则，由派出所、辖市（区）公安局、分局，治安支队分别负责特种行业初审、复审、发证及日常的监督管理，对特种行业实行备案登记和名录管理。2010年底，全市旅馆业单位2025家，从业人员1.67万人、治保人员2852人，1991家旅馆采用计算机信息管理系统。

印刷、刻字行业管理 1987年下半年，常州印刷业重新列入特种行业管理。市区69家印刷业单位通过审核发证。1989年，全市印刷业单位增至563家、从业人员1.3万人。市公安局出台《印刷业管理暂行办法》，在20人以下的单位设治安员，20～100人的单位建治保会，100～200人的单位设专职治保人员，200人以上的单位设保卫科。1999年3月，市公安局、工商局在市区推行公章审批制作信息计算机管理系统。2000年，全市完成印章信息系统建设。至2010年，该系统采集印章信息12.5万条。2004年12月底，市委宣传部、公安局、工商局等八部门联合组织全市印刷复制业专项整治，共检查市场、商店、摊位52家，印刷复制企业20余家，查缴非法音像制品及盗版电脑软件2.51万盘、盗版书刊50余册、淫秽光盘碟片120余盘，治安处罚10人，取缔无证书摊3家，3家印刷复制单位因承印手续不全被罚款和警告，责令100余家涉嫌超范围经营企业限期整改。2010年5月，对印刷业（专门从事包装装潢印刷品印刷经营活动的除外）开展备案登记。2010年底，全市刻字业单位共107家，从业人员160人。印刷业单位1346家，从业人员4405人，治保人员1566人。

旧货业管理 常州旧货业涉及废旧金属收购站点、典当行、拍卖行、旧货流通企业等。1987年对废旧金属收购业实施审批发证管理，28家收购站通过安全验收，限期整改7家。市公安局会同物资局等部门成立废旧金属管理站，1989—1990年，依法取缔非法经营网点4家，查处无证流动收购人员613人次，拦截废钢材464吨、有色金属12.3吨，总价值27万余元。2000年12月，市公安局制定旧货流通业治安管理暂行规定，对旧货业范围、安全条件、审批程序、治安责任及奖惩细则作了具体规定。2002年4月，通过重新审核登记和业务培训，将二手手机经销店纳入旧货业实施特种行业管理，建立登记验证、情况报告、信息流转等工作制度，规范旧无线移动电话调剂市场秩序。开发二手手机信息管理系统，建立全市被盗抢手机信息库。

2006年市公安局等单位完成典当业治安管理信息系统开发推广，同步实施监控系统建设，市区8家典当业单位两大系统安装到位。2007年3—11月，根据国家六部门的总体部署，全市公安机关组织开展了治理自行车被盗问题专项行动。共查破盗销自行车违法犯罪案件9851起，抓获违法犯罪嫌疑人6839人，打掉盗销自行车犯罪集团88个，捣毁非法窝点1062个，收缴自行车1.02万辆，发还自行车6271辆，遏制了盗销自行车违法犯罪活动的蔓延势头。2010年5月，对生产性废旧金属收购单位、开锁业实行名录管理。11月，首批19家生产性废旧金属收购单位、39家开锁业经营单位经市公安局批准列入目录。2010年底，全市有旧货业单位1966家，从业人员5748人，治保人员2958人，其中废旧金属收购站点1653家、旧货流通企业278家、典当行25家、拍卖行10家。

二、大型活动安全保卫

常州公安机关按省公安厅提出的“小型分散、安全第一”和“谁主办，谁负责”的原则，严格安全审核，规范安保措施，科学合理用警，推广公安监督指导下以保安为骨干的大型商业活动的安保机制，协助主办单位做好安保工作。1990年以后，完成的较有影响、较大规模的活动安保工作包括1990年元宵节灯会，1993年常州新产品交易会暨时装节和世界名车精品展，1994年国庆期间“延陵之夜”常州—自贡大型艺术灯会，1996—2010年除夕夜天宁寺新年听钟声祝福活动，1999年文化宫、清潭体育馆和江南商场广场“国庆五十周年”焰火晚会，2002年世界中小企业博览会、中国国际卡通数码艺术周、第十四届世界女篮锦标赛，2003年第六届残运会常州赛区，2005年全国第十届运动会曲棍球、女子手球、女子排球比赛，2008年常州科技经贸洽谈会、“李宁杯”中国羽毛球大师赛，2009年第二届世界佛教论坛常州站等活动，2010年江苏省第十七届运动会、第四届中国月季花展暨2010年世界月季联合会区域性大会。2010年3—10月，省第十七届运动会在常州举行，全市公安机关制定突发事件处置预案和安保方案85个、安保配套设施建设规范17项，开发重大活动安保系统3个，标注信息16万余条，检查场馆驻地344家次，发现督促整改问题312处，组织合成演练5次，参加警力1.8万余人次。以不稳定因素、交通秩序、流动人口、特种行业、娱乐场所、消防隐患、危化物品和网络环境8个方面为重点，开展系列整治。2010年9月18日至10月24日，启动最高等级一级巡防警务，开展军警联合武装巡逻。以开闭幕式场馆为中心，设置8道防线，开闭幕式安保实现违禁物品“零流入”，盗抢警情“零接报”，执法执勤“零投诉”，实现“平安省运”目标。

三、危险物品管理

枪支管理　1987年9月至1988年3月，常州市公安局集中检查清理公安保卫系统枪支弹药和社会上的猎枪、气枪、射击运动枪（简称“三枪”），符合配发条件实行人、枪、弹、证四对照，登记审验，建档立卡。公安机关实行专人负责、枪弹分存、值班守护、集中保管、定期检查、审批领用、信息联系等管理制度。1990—1993年，全市先后3次集中开展收缴社会面枪支弹药、废旧炸弹和仿真枪行动，共收缴枪44支、仿真枪1600余支、催泪弹960发，破获涉枪案件1起。1996年，市公安局对全市枪支弹药进行清理登记，符合配置军用枪、“三枪”的个人和单位，报市、县两级公安机关审批，换发新的持枪证。2841支公务用枪领到新证，清理民用枪支经销点15家、民用枪支4600余支，收缴不符合规定的枪支和非法枪支1686支。

1998年开始，常州市公安部门实施枪支信息化管理。2003年11月，市公安局着手建设公务用枪网络化自动管理系统，2007年1月，通过公安部科技局验收。9月，对枪柜系统进行改造，配备于公务用枪配枪单位，通过指纹身份识别认证、快速领用枪支。该系统于2008年10月经省公安厅应用评估后在全省公安机关推广。2004年10月起，全市公安机关开展“治危除患”行动，至年底共收缴管制刀具3317把、非法枪支232支，子弹857发，废旧炮弹8枚。查破涉危案件24起，聚众斗殴、寻衅滋事等涉刀案件43起，查处涉案人员241人。

2006—2010年，常州市公安机关围绕中共十七大、北京奥运、国庆60周年、世博会、省运会安保等重点工作，开展“治爆缉枪专项行动”，印发张贴严厉打击违法危险物品犯罪活动的通告、信函等37.93万份（封），查缴枪支5117支（仿真枪4019支）、子弹11.48万发、管制刀具1.74万把，查破涉危案件588起，处理涉案人员606名。

民用爆炸物品和剧毒化学品管理　1986—1990年，对全市284个涉爆单位实施专项监督，收缴散失的雷管5038支、炸药98.15公斤、导火索2502.5米，查获车船乘客违章携带易燃易爆物品2770起、收缴危险物品1.45万件，销毁302万响劣质烟花鞭炮。1990年10月1日起，生产、储存、购买、运输、使用易燃易爆化学物品实行经营许可证发放制度。年底，完成全市危险物品准运证、装卸证的换证工作，对1300余名装运人员进行了培训。1990—1993年，开展收缴社会面弹药行动，收缴雷管7300支、炸弹187枚、炸药248.5公斤。2002年6月起，全市涉爆单位“四员”（爆破员、保管员、安全员、押运员）持证上岗，民用爆炸物品专营公司统一使用编号雷管。2006—2010年，收缴炸药1450.1公斤、雷管12.94万枚、导火索6.89万米、废旧炮弹和手雷261枚。

1995起，常州城区烟花爆竹燃放经历全放、禁放、限放3个阶段。1995年6月9日，市政府第43次常务会议通过《常州市城区禁止燃放烟花爆竹暂行规定》，12月1日起正式实施。2001年，常州市关闭10家烟花爆竹生产企业，生产烟花爆竹的历史结束。2002年，全国开展查缴剧毒杀鼠剂行动。2003年6月，全市公安机关会同农林、安监等部门对集贸市场和毒化品生产、经营、使用单位进行拉网式安全检查，收缴非法毒化品34.8公斤，其中毒鼠强24.1公斤、氰化物3公斤，查处涉及毒鼠强的案件9起，治安处罚9人，查结省公安厅督办案件1起，协查公安部转处线索23条。2003年12月，市烟花爆竹管理协会成立，负责参与从业人员的安全培训和烟花爆竹市场的检查整顿，协助公安机关和安监部门查获非法运输、销售烟花爆竹。

2005年，常州市公安局制定《常州市剧毒化学品治安管理暂行规范》和《常州市剧毒化学品单位治安防范基本标准》。成立常州市康隆化工公司氰化物包装容器处置中心，实现全市废弃氰化物包装容器统一集中处置。2006年12月5日，市政府发布《关于春节期间有限燃放烟花爆竹的通告》，禁绝10年的烟花爆竹燃放实现有限开禁。2006—2010年，收缴烟花爆竹5826件。2007年，建立常州市剧毒化学品治安管理信息系统，实现信息管理、网上审核、视频监控、信息互通、自动报警5个功能。2008年，通过系统进行网上受理、审核和报备。2010年 6月，全市易制毒化学品行业协会成立，1000余家企业加入。2006—2010年，共收缴剧毒化学品3672.4公斤。

放射性同位素管理 常州市公安局与环保局、卫生局、科委等单位协作开展放射性同位素预防性防护监督，执行放射性同位素和射线装置的申请、许可、登记制度，形成定期监测制度。1990年，对全市运输、储存、使用放射性同位素和射线装置的16家单位进行全面检查，消除安全隐患5条。1997年6月，为符合安全条件的40余家单位颁发了同位素工作证。2004年7月，溧阳市垃圾焚烧处置中心料位仪放射源丢失。8月，公安、环保、卫生部门在全市开展"清查放射源，让百姓放心"专项整治行动，集中处置回收废源92枚。2009年，全市39个放射源单位应用常州市放射源远程监控报警网络系统，实现放射源单位的在线视频化、网络管控。

四、查禁行动

查禁"黄赌毒"行动 1989年12月至1990年2月，常州市开展扫除卖淫嫖娼、赌博、传播淫秽物品、制贩吸食毒品、封建迷信、淫秽表演（简称"六害"）统一行动，处理赌头赌棍190人，其中执行逮捕7人、劳动教养49人、治安处罚134人，摧毁赌窝100多处，挖出赌博犯罪团伙35个。1992年起，加强对利用游戏机进行赌博活动的查禁。1995年4月20日至5月31日参加全省专项治理行动，全市查处违法经营的电子游戏场所235家，收缴赌博机及电路板625件，查处赌博人员54人。1996年，查处进行赌博活动的经营单位43家。同年12月至1997年2月，全市开展禁娼、禁赌、禁毒和打团伙（简称"三禁一打"）专项斗争，全市破涉赌案件1117起，查获涉赌人员4711人。

2001年以后，常州公安机关持续组织开展禁赌专项整治行动。2002年9月，破获全市首起"公司档"团伙赌博犯罪案，抓获以傅某为首的涉案人员72人，其中执行逮捕16人，缴获非法所得80万元。2003年，破获78起有影响的"公司档"赌博案件，抓获涉赌嫌疑人1723人，缴获赌资423万余元。2005年查破赌博案件543起，审查处理涉赌违法犯罪嫌疑人3725人，缴获涉赌财物1009.2万元，管制刀具17把，摧毁赌博团伙22个。2006年7月，破获常州首起网络赌球案，抓获周某、束某等19名嫌疑人，当场缴获赌资53万余元。2008年6月起，开展集中打击赌博违法犯罪活动专项行动。至12月底，全市查破赌博案件865起、5143人，其中移送起诉148人、劳教31人、治安拘留845人，处理涉案场所937家，收缴赌博游戏机4169台、赌机主板4675块，缴获涉赌财物1194万余元。常州市打击涉赌犯罪、移送起诉数居全省辖市首位。2009年开展"净风行动"，查处黄赌毒案件7092起、2.35万人，打掉"赌博公司"103个、查处1037人。全年查处摆放赌博机场所476家，取缔非法游戏机室146家，查处利用赌博游戏机赌博人员638人，收缴赌博游戏机5580台。2010年，查处涉赌案件6647起、1.73万人，"6•14"福建连江籍犯罪嫌疑人利用游戏机开设赌场等案件告破。

查禁卖淫嫖娼行动 1986年7月起，常州市公安局组织力量查处逐步蔓延的暗娼卖淫活动，7—10月，查获卖淫案件30起，涉案101人，取缔窝点10处。在1989年10月至年底的"扫黄"斗争中，查获卖淫嫖娼案件61起，涉案200余人。1991年5月，开展清理整顿宁杭国道溧阳段路边店，深化打击取缔卖淫嫖娼活动，破获刑事案件3起，查处治安案件12起，抓获容留和强迫妇女卖淫、敲诈勒索和强奸轮奸妇女违法犯罪嫌疑

人31人。1992年12月、1993年12月，市区先后开展为期60天、30天的打击卖淫嫖娼斗争，审查违法犯罪嫌疑人6194人，查获涉娼人员985人。1996年底的“三禁一打”统一行动中，全市查破涉娼案件261起，其中查破组织容留、引诱、强迫、卖淫案件28起，卖淫嫖娼案件233起。2001年2月，市公安局组织统一整治，查处娼赌黑案件15起，处理违法犯罪嫌疑人41人。2002年，配合全市“三城”创建活动，相继查处捣毁一批违法经营场所和卖嫖窝点。2007年5月，市公安局将社会丑恶现象较突出的天宁丽华路等11个路段、区域作为重点地区立项督办，有效遏制涉娼丑恶现象的反弹势头。2009年12个涉娼重点地区路段被挂牌督办，查处站街招嫖案件400余起，依法取缔无证洗头房、足浴房等320家。

“扫黄打非”行动 1989年起，常州公安机关会同新闻、广电、文化等部门广泛宣传全国人大常委会《关于惩治走私、制作、贩卖、传播淫秽物品犯罪分子的决定》，深入开展扫黄斗争，大力查禁制黄、贩黄、播黄和非法出版活动。1990年，市区共查处传播淫秽物品案件13起，涉案36人，其中执行逮捕1人，劳教8人，治安处罚25人。全市收缴淫秽录像带266盘，非法录音带174盘，淫秽书籍、画报9本(册)，淫秽扑克519张。1997年3月19日，集中销毁2万余盘非法录像制品，其中淫秽录像带1352盘。8月，召开全市音像市场治安工作会议，公开处理一批组织传播淫秽物品的经营单位，11家音像放映、出租点的公共场所安全合格证被吊销。2000年1月，省、市新闻出版和公安部门对常州市东方书刊有限公司的办公场所及书库进行突击检查，查获盗版、盗印书刊10吨，余某某、王某某侵犯著作权、非法经营案、偷税案告破。该案涉及14个省、市，案值5700余万元，被全国“扫黄办”列为2000年“扫黄打非”重点督办大案。经过10个多月的侦查，追缴非法经营所得469万余元。市公安局“1•20”专案组被评为全国“扫黄打非”先进集体。同年8月17日，市公安局查处首例利用国际互联网传播淫秽物品案件，涉嫌传播淫秽物品的狄某某被抓获。公安机关针对互联网免费下载技术、数字产品的出现，传统音像出版物市场萎缩，淫秽物品传播载体和贩卖交易方式等发生变化的新情况，强化专项集中整治，维护音像、出版物市场的秩序。2008—2010年，累计收缴非法音像制品、非法出版物41.28万件(册)，取缔非法经营单位65家。

五、社会治安防控

“110”指挥中心建设 1986年，国家科委、公安部等21个部委把常州定为社会发展综合示范试点城市。常州市公安局编制17个项目的公安专题规划，成为全国“110”报警指挥系统建设试点单位。研制开发出具有自动接警、多路接警和自锁备查、无线转接、电脑电话报警和备有计算机接口五大功能的“110”报警指挥台，1989年4月1日开通使用，提高了公安机关快速反应、整体作战能力。11月，公安部在常州市召开了“110”报接警台展示暨公安指挥中心工作现场会。1996年底，武进、金坛、溧阳相继建成“110”报警服务台，形成覆盖全市城乡的“110”接处警网络。1997年1月10日，全市“110”报警服务台全面开通。依托该系统逐步形成统一指挥、快速反应的运行机制，同时为市民遇到急、难、险情况提供了便捷的救助途径。2005年初，科技部向常州市下达国家“十五”科技攻关计划项目城市信息化关键技术集成及应用研究中的“城市公共安全应急响应系统”课题。6月起，市应急中心筹建处会同市公安局共同开发研究公共安全应急响应系统关键技术，进行了计算机网络、通信、多媒体和数据库等技术的集成应用，历时3年多，完成应急中心大楼建设，建成设施先进、功能完备、运行稳定的应急中心系统。2008年10月，应急中心投入使用，11月城市公共安全应急响应系统课题通过国家级专家验收。

治安卡口建设 1994年，常州市公安局完成治安防控网络的布建，建成治安卡口83个，群众报警与公安机关接警、处警形成防控整体。1995年，市公安局抓好“110”报警服务台升级改造、公安信息中心、治安卡口和无线通信升级等4项工程建设，全市8个市际卡口、6个市区出入治安卡口建成运转。通过防控网络共抓获违法犯罪人员1145人，协破案件578起。1997年，全市建成76个治安卡口，全部由民警带班执勤巡逻。1998年，全市省际、市际、区级治安卡口基本联网运行，防御堵控能力得到提高。2003年6月，按照“运作高效、反应灵敏、防控严密、装备精良”的要求，对原有的治安堵控网络重新规划，统一布建17个市际智能化卡口，每卡配备不少于5名警察、8名保安，全天执勤。2006年，重新设置省际、市际、市区和辖市城区出入口警务查报站、固定治安巡逻堵控点和临时应急堵控点等5级治安卡口，新增卡口4个、移建2个。2007年起，在市区繁华地带、重点要害单位周边、易发案地段和交通道口等部位规划设置多功能的新型治安岗亭。2008年，治安卡口和出入口查报站安装车辆号牌识别系统和图像监控系统。2009年，市委政法委、市综治办组织编制新一轮治安防控体系建设。按照《常州市社会治安防控体系建设三年规划》，由市综治办牵头，公安、房管等组织实施，启动“和谐安民工程”，全面构建社会面治安防控，居民住宅区治安防范，提升单位内部治安防控、流动人口服务管理、治安应急指挥体系“五大”防控体系建设，完成老小区安防提升156个。新建社会面视频监控2000个，建成常州市社会管理信息平台，新建治安卡口4个。至2010年，形成由市区32个应急堵控点、35个治安岗亭、25个交巡警岗亭、8个高速路收费口、3个高架出入口及11个治安卡口组成的四道应急堵控网，当年压降可防控案件6700余起，老小区各类案件下降47%。

路面巡防 1997年，常州市公安机关组建专业巡警队伍，担负社会面治安巡逻和守卡任务。2000年下半年，实施社区警务改革，建立以防暴、交巡警、武警等警种和“110”接处警为主体的社会面巡查网络。交警巡警合二为一，既管道路交通，又管路面治安。80辆安装GPS卫星定位系统的“110”接警服务车在路面实行24小时全天候动态巡逻处警。建立以社区责任民警为主体、多支群防群治力量相辅的社区巡防网络，延伸扩大治安巡逻的覆盖面。2006年，针对街面“两抢”等犯罪案件高发势头，市公安局抽调112名警力、348名保安，组建起4支街面专职巡防队，实行全天候网格式巡防；特警大队进行市区6个重点路段的街面巡防，投放4辆巡逻定位车，市区街面巡逻总警力790余人，约占市区总警力的31%。2008年，在辖市区公安局加强便衣巡防中队建设。2010年，推行社区警务、巡逻防范、先期处警“三位一体”的勤务模式，社区民警白天采集信息、巡逻防范和就地接处警。

技术防范 简称技防。1988年6月，常州市公安局专门成立技术预防办公室。至1991年底，向社会提供公共安全器材2万台(件)，为125家单位的389个重点部位安装防盗防火设施。通过设备器材报警，抓获犯罪嫌疑人员36人，预防火灾3起。1991年4月起，市区机关企事业单位开展设防单位活动。2003年，制定《常州市公安局安全技术防范工作发展五年规划(2003—2007年)》。至2004年底，全市总投入3000余万元，建成安防系统800余个，小区安防覆盖面50%。2008年，《常州市公共安全技术防范管理办法》经市政府审议通过。10月，由市委政法委牵头，市建设局、市公安局、市规划局、市房管局等部门制定了新建住宅小区安全防范设施建设管理办法。2008年6月，市公安局新北分局、戚墅堰分局治安监控系统工程和市公

科技强警示范城市考核验收(摄于2008年6月)

安局调取、分析、研判监控图像破获“2·28”凶杀案等2项工程3个案例入选全省社会治安监控系统及技防设施运用典型案例和优秀工程。

2009—2010年，实施和谐安民工程、和谐安民提升工程，投资4.5亿元，对212个老居民小区进行改造提升，新装单元电控防盗门1.32万扇、防爬刺11.3万套，增建围墙8.7万米，补建汽车泊位4255个、安装地锁6000余米，新建和维修车库831个，增设门岗395个、增配物业保安135人。中心城区新增监控探头1352个，2039家场所网点监控延伸，389家重点单位接入远程监控报警服务系统，新建技防村153个。至2010年底，全市建成技防乡镇、街道55个，技防小区（含技防改造）354个，发展联防报警用户7516个，安装入侵报警控制器、探测器5.07万台，重点单位、要害部位建成监控1.18万个，占应建单位的89.3%，安装监控摄像机6.45万台。

六、保安服务

常州市保安服务公司成立于1988年4月，隶属市公安局，主要为社会提供专业化的安全防范服务，包括向机关、企事业单位、物业小区、临时活动等提供安全护卫、防范监控等，协助公安机关维护社会治安、预防和减少违法犯罪。

人防安保 常州人防保安机构专门负责机关、企事业单位、居民住宅区、集贸市场，金融、机场、码头、车站、仓库等场所的安全守护和经营性文体等活动的安保，市保安服务公司统一招聘、培训保安队员，经政审和考试合格，取得“保安员职业资格证”后上岗执勤，每年参加轮训考核。1988年8月，中国银行保安队成为市区首家驻点保安服务单位，有队员8人，全部为武警退伍战士。1989年，保安队伍按保安队为单位进行管理。1993年，全市成立6个保安中队，有驻点保安队74家，中队设队长和政治指导员。1994年，驻点保安服务向多层次多方向发展，乡镇、外资企业占全部进驻单位的50%以上。1998年，保安队体制改革，保安力量按区划分至公安分局，在分局、派出所分设保安大队和保安中队，实行公司和公安分局的双重领导，形成以大队为龙头、中队为骨干、责任区保安队为战斗实体的保安防范网络。2000年，实行保安人员持资格证书、佩上岗证执勤和保安人员资格证书年度注册检验制度。向机关、团体、外资企业、金融单位、乡镇企业及治安复杂行业拓展人防业务，驻点保安单位达378家、队员1264人。市保安服务公司被评为首届全国先进保安服务公司。至2010年底，全市派驻保安服务单位累计157家、队员1726人，托管保安服务单位426家、队员638人。保安人员通过巡逻、设卡、守点、安全检查等形式，为派驻单位提供保安服务。1991—2010年，共进行以防火防盗为重点的安全检查20.02万次，发现安全隐患3.84万条，发现和制止违法犯罪活动1773起，抓获违法犯罪人员6911人，协助公安机关破获案件1719起，缴获赃物赃款868.3万元，为群众排忧解难5284件，拾交财物价值142.23万元，安保出动2.88万人次，圆满完成多项大型活动的安保。

技防安保 1989年，常州市保安服务公司开始销售、安装防盗门及防盗报警器。至1990年底，为2万余户居民住宅安装了防盗门、防盗报警器等安保装置。公安机关内部开通电子铃寻呼，1991年8月向社会提供服务，实行24小时值机、全天候服务。与全省27个公安寻呼台联网。2004年11月1日，寻呼台停用。1992年6月，成立常州市公共安全系统工程公司，进行防盗、防火、监控及无线通信组网、安全器材等10个项目的产品开发生产和安装。先后承接完成亚细亚影城、常州市邮电局、常州博物馆、中国银行等89家单位的防盗、防火监控工程。1996年4月，投资60万元，建立常州市区电脑联网报警系统，属“110”报警服务中心的子系统，为以金融单位为主的企事业单位和居民昼夜提供低额有偿安全防范服务，当年发展用户314家。1999年，向工矿、文教、商业等单位延伸，用户突破1000家。2010年底，共有电脑联网报警用户3249家，其中居民住宅626家。1996—2010年，通过电脑联网报警装置，共协助公安机关破获刑事案件161起，处理治安纠纷 140 起，现场抓获犯罪嫌疑人 89 人，避免 674 起入室盗窃案的发生。2005 年 2 月，全球卫星定位系统(GPS)服务中心成立，为公安机关和社会车辆提供卫星定位安全服务，2010 年底用户发展到 2140 家。

武装押运 2001 年 7 月，常州市保安武装押运中心成立，配备 12 辆运钞车、56 名武装押运人员，为交通银行等 4 家金融单位 165 个网点提供专业武装押钞服务。2002 年增加两家银行，押运服务涵盖市区银行网点达 90%。2004 年，市区金融网点的押钞任务全部由押运中心承担，有运钞车 71 辆、武装押运人员 305 人。2005 年，开展上门收款服务，用户 10 家。2008 年，新增建设银行、中信银行递解服务。至 2010 年底，有 99 辆运钞车，320 名押运从业人员，28 家收款服务单位，2 家递解服务单位。市押运中心成立后，未发生安全责任事故。

第二节 刑事案件侦办

常州公安机关坚持专业工作与群众路线相结合、惩治与预防相结合的方针，改革刑侦工作，运用多种侦查手段，落实破案责任制，实行侦审一体化。开展“严打”整治、“破案防范专项行动”等专项斗争，惩治以命案为主的暴力犯罪行为，主要惩治黑恶势力犯罪和多发性侵财案件，预防和惩治刑事犯罪，遏制刑事案件的高发态势。坚持“堵源截流、标本兼治”，加强禁毒宣传，组建“禁毒志愿者”队伍，开展“无毒社区”建设。建立禁毒、网络侦查机构，规范、完善工作机制，侦破了一批有影响的涉毒、涉网大案要案。

1986—2010 年常州市刑事案件侦破数量统计表

表 31-2-1

年份	全市				市区				辖县(市)			
	立案数(起)	发案率(起/万人)	破案数(起)	破案率(%)	立案数(起)	发案率(起/万人)	破案数(起)	破案率(%)	立案数(起)	发案率(起/万人)	破案数(起)	破案率(%)
1986	1370	4.4	1089	79.5	331	6.2	262	79.2	1039	4.1	827	79.6
1987	1415	4.5	1125	79.5	471	7.4	383	81.3	944	3.8	742	78.6
1988	2662	8.4	1536	57.7	1031	16.0	454	44.0	1631	6.5	1082	66.3
1989	3410	10.6	2301	67.5	1045	15.9	682	65.3	2365	9.2	1619	68.5
1990	2527	7.8	1707	67.6	862	12.9	587	68.1	1665	6.5	1120	67.3
1991	3787	11.6	2420	63.9	2333	34.5	1389	59.5	1454	5.6	1031	70.9
1992	3837	11.7	2155	56.2	1609	23.3	874	54.3	2228	14.7	1281	57.5
1993	4849	8.6	3413	70.4	1835	26.5	1253	68.3	3014	11.6	2160	71.7
1994	5139	15.5	3716	72.3	1981	27.9	1425	71.9	3158	12.1	2291	72.5
1995	5365	16.1	3955	73.7	2140	26.5	1622	75.8	3225	12.8	2333	72.3
1996	4913	14.6	3781	77.0	1914	23.1	1501	78.4	2999	11.8	2280	76.0
1997	9998	29.5	3839	38.4	5032	59.4	1577	31.3	4966	19.5	2262	45.5
1998	10463	30.7	4884	46.7	5204	60.8	2282	43.9	5259	20.6	2602	49.5
1999	10102	29.7	5161	51.1	4881	55.9	2341	48.0	5221	20.7	2820	54.0
2000	27470	80.4	15187	55.3	14776	167.4	8007	54.2	12694	50.1	7180	56.6
2001	26011	76.2	12946	49.8	14049	157.0	6781	48.3	11962	47.5	6165	51.5

续表 31-2-1

年份	全市				市区				辖县(市)			
	立案数(起)	发案率(起/万人)	破案数(起)	破案率(%)	立案数(起)	发案率(起/万人)	破案数(起)	破案率(%)	立案数(起)	发案率(起/万人)	破案数(起)	破案率(%)
2002	23188	67.6	13530	58.3	18700	88.8	10954	58.6	4488	33.8	2576	57.4
2003	21653	62.5	11869	54.8	17513	82.1	9491	54.2	4140	31.2	2378	57.4
2004	42417	121.6	19622	46.3	34523	159.0	15874	46.0	7894	59.9	3748	47.5
2005	41951	119.3	20539	49.0	32580	147.6	15902	48.8	9371	71.6	4637	49.5
2006	38656	109.0	19393	50.2	29877	134.3	15014	50.3	8779	66.4	4379	49.9
2007	37788	105.7	19019	50.3	29081	129.4	14729	50.6	8707	65.6	4290	49.3
2008	37220	103.8	18891	50.8	28639	126.8	14678	51.3	8581	64.6	4213	49.1
2009	37022	102.9	19069	51.5	28441	125.5	14746	51.8	8581	64.5	4323	50.4
2010	36651	101.6	19161	52.3	28047	123.2	14920	53.2	8604	64.7	4241	49.3

说明：1. 发案率为发案数占总人口的万分比。2. 发案率、破案率均保留到小数点后 1 位

一、“严打”整治斗争

“严打”战役 常州的“严打”斗争从 1983 年 9 月开始，至 1987 年 2 月结束。历时 3 年多，全市逮捕刑事犯罪嫌疑人 7702 名，破获犯罪团伙 262 个，有 1139 名违法犯罪嫌疑人投案自首，刑事案件发案率从“严打”初期的 9.5‰降到 4.4‰，其中市区发案率从 1.36‰降至 0.62‰。1986 年 4 月至 1987 年 2 月，开展“严打”第三战役。1986 年 4—7 月，集中打击流氓犯罪活动，8—10 月集中打击盗窃犯罪活动，1986 年 11 月至 1987 年 2 月集中打击流窜犯罪活动。

“严打”整治 2001 年 4 月至 2003 年 3 月，常州市开展“严打”整治斗争，包括打黑除恶、治爆缉枪、惩治经济犯罪 3 条战线，持续对违法犯罪行为进行惩治，破获刑事案件 3.45 万起、经济犯罪案件 972 起。5 起公安部、省公安厅督办和 10 起市公安局挂牌的涉恶案件全部告破，抓获处理违法犯罪嫌疑人 4.52 万人，其中刑事作案人员 1.53 万人，破获犯罪团伙 825 个、成员 3080 人，抓获网上追逃人员 1155 人，查处涉爆涉枪案件 17 起、34 人，查缴被非法持有的枪支 2735 支、子弹 2.4 万发、雷管 1421 枚、炸药 292.5 公斤，没收烟花爆竹 396 万只、剧毒物品 72.8 公斤。

二、专项行动

破案防范百日会战 1998 年 9 月 1 日至 12 月 10 日开展，整治重点地区 243 个、重点路段 152 个、重点水域 37 处、重点单位 636 家。破获刑事案件 4310 起，其中重特大案件 2125 起，抓获犯罪嫌疑人 2110 人，破获犯罪团伙 115 个、426 人，缴获赃款赃物总价值 1929 万元。

打黑除恶专项斗争 2000 年 12 月至 2001 年 4 月开展，公安机关重兵整治火车站广场地区、郊区五星乡孟庄村路段、武进湖塘地区、前黄地区 4 个重点地区。2001 年 3 月 15—20 日和 4 月 11—13 日两次组织集中搜捕，破获“街霸”“村霸”“市霸”黑恶势力犯罪团伙 21 个，其中经公安部和省公安厅认定的黑恶势力犯罪团伙 16 个，抓获团伙犯罪嫌疑人 163 人，破案 611 起，包括公安部督办的曹某某黑恶势力犯罪团伙案。溧阳城区“杨家院”帮是以王某某为首，芮某、杨某某等人为骨干成员，与外围成员组成的 80 余人称霸一方，涉及聚众斗殴、故意伤害、赌博等违法犯罪活动的犯罪组织，该案被省公安厅列为首批督办的涉嫌黑社会性

质组织案件。专案组历时8个月，查清王某某黑社会性质组织的基本情况和主要犯罪事实，抓获60多名犯罪嫌疑人。这起案件是常州首次以《中华人民共和国刑法》第294条作出有罪判决的案件。2009年10月29日，经市中级法院终审，分别判处王某某、芮某、杨某某有期徒刑11年、8年6个月、3年8个月，王某某、杨某某分别被处以罚金5万元、3万元。

春雷行动 2007年1—4月，常州市开展代号为“春雷行动”的集中打击整治行动，重点惩治以命案为主的严重暴力犯罪、以“两抢”案件为主的多发性侵财犯罪、以黑恶势力为主的有组织犯罪。全市破获命案26起，抓获在逃人员38人，其中本地在逃人员21人、外地在逃人员17人。破获“两抢一盗”（抢劫、抢夺、盗窃）案件4228起，抓获作案成员1092人，破获犯罪团伙61个、237人。检查公共场所4258家，直接查获黄赌毒案件13起，惩处违法人员63人。

雷霆行动 2007年12月至2008年3月底开展，重点打击多发性侵财犯罪和整治突出治安问题，清理整治重点地区244个，重点场所和部位2637个，破获刑事案件6186起，抓获犯罪嫌疑人4823名，破获黑恶势力犯罪团伙22个，其中省、市公安机关挂牌各2个；破获犯罪团伙227个、833人，收缴赌博游戏机1740台，冰毒1.02万包，麻古、摇头丸1271粒，毒品K粉15包。

打击撬盗保险箱犯罪行动 2009年3—5月，常州、南京、无锡、苏州市公安局联合开展，破获撬盗保险箱案件56起，抓获犯罪嫌疑人25人，破获撬盗保险箱犯罪团伙5个、犯罪嫌疑人17人，抓获网上追逃人员6名，缴获赃款赃物总价值近260万元。

打击拐卖妇女儿童犯罪行动 2009年4—10月开展，重点打击盗抢、拐卖儿童，组织操纵未成年人进行违法犯罪和拐骗妇女强迫卖淫犯罪活动，破获拐卖妇女儿童案件64起，其中外省案件13起；破获拐卖妇女儿童犯罪团伙19个，解救出被拐卖妇女儿童73人。

龙城虎啸行动 2010年，常州公安机关开展社会面巡逻防控、治安重点人员管控、治安乱点集中整治、多发性犯罪严打整治、流动人口治安管控、重点单位防范管控、交通治安秩序整治、火灾隐患排查整治8项管控会战，组织开展清查行动8次，出动警力3.6万人次，设置临时卡点400余个，清查出租屋3.2万家次，重点单位、部位及小型游戏机室（网吧）、歌舞厅、浴室、美容（足浴房）等场所2.2万家次，抓获违法人员、犯罪嫌疑人2800余人，其中网上在逃人员35人，破案1900余起，排查整改隐患2400余处，收缴赌博机950余台、管制刀具300余把，处罚违规经营场所180余家。

三、打击侵权犯罪

侦办凶杀案件 1986—2010年，常州市公安机关立杀人案件1169起，破获1044起。通过开展专项行动、缉捕逃犯、科技攻坚、串并侦查、专门侦查等措施，提升命案侦破整体能力，快侦快破命案。2004年，全市公安机关开展命案侦破专项行动，全市破获年内命案87起、积案40起，抓获在逃人员5人。2009年，落实命案侦查“一长双责制”、对未破的命案积案加强指导督办，完善侦破机制，提升打击效应。全市侦破命案71起，抓获命案在逃犯罪嫌疑人6人。2010年，开展命案积案攻坚会战，破获2000年以来未破命案积案3起，抓获逃跑长达10年的公安部B级命案在逃犯罪嫌疑人1人。

“3•10”杀人抛尸案 2005年3月4—10日，武进区扁担河邹区段、夏溪段、卜弋段相继发现3具无名男尸。14日晚，公安机关经缜密侦查将犯罪嫌疑人杨某某、孟某抓获。经审查，孟、杨因与莫某合伙经营饭店发生矛盾，对莫某和厨师沈某、保安李某怀恨在心，于2月3日晚在饭店内先后将3人杀害后抛尸扁担河内。9月19日，杨某某、孟某均被判处死刑、罚金1万元。

“8•20”特大持枪抢劫杀人案 1998年8月20日晚7时50分左右，常州新区河海路31号青英副食品

群众夹道欢迎侦破1998年“8·20”特大持枪抢劫杀人案的民警（摄于1998年8月）

店主钱某、张某夫妇驾驶摩托车携巨款回家，途经黄山路与珠江路交会处时，遭两名驾驶摩托车尾随跟踪的犯罪分子手枪连击，钱某当场死亡，张某身负重伤，被劫现金11万元和手机1部。8月25日凌晨，犯罪嫌疑人彭某某、程某某、杨某某在河南唐河县上屯乡被抓获，缴获作案用六四式手枪1支、子弹2发、弹夹2个及赃款7万余元。1999年1月8日，彭某某、杨某某、程某某分别被判处死刑、死缓和处以罚金2.2万～2.5万元。

侦办绑架案件 2000—2010年，全市绑架案件立案77起，破获75起。发案区域以农村及城郊接合部为主，作案形式以团伙作案为主，侵害对象以在校学生及私营业主或其家属为主。

“4·13”劫持人质案 2003年4月13日晨7时许，两名歹徒持刀闯入武进区横山桥镇省庄村村民韩某某家中盗窃作案，被发现后将女事主高某某劫持。经长达两个多小时的谈判规劝，两名歹徒拒不弃械自首，反以杀害人质为要挟索要1辆汽车及10万元现金后逃跑。当日上午10时许，堵控民警在312国道丽华路口将歹徒成功拦截，当场击毙袁某某，生擒杨某某，安全解救人质。

“3·28”绑架男童案 2009年3月28日8时许，1名4岁男童在钟楼区鹏欣丽都小区附近被绑架，其家人被勒索50万美元。案发后，市公安局迅速成立专案组，制订解救方案。29日上午，公安干警在武进区湖塘烈帝工业园抓获涉案犯罪嫌疑人韩某、韩某某，被绑架男童安全获救，当日下午，在武进邹区镇抓获另一名犯罪嫌疑人娄某某。9月4日，娄某某、韩某、韩某某分别被处有期徒刑11年、11年和10年，各处罚金1万元。

“3·28”案被解救孩子回到父母怀中（摄于2009年3月）

四、侦办侵财罪案

反盗窃 “严打”斗争中，反盗窃被列为重要内容之一。90年代，盗窃案件呈持续高发态势。市公安局加强侦查破案，开展专项行动，加大惩治防范力度。1991年11月1日，以“反盗窃居民住宅，反盗窃自行车案件”为主要内容，组织实施为期50天的侦破攻势。1992年10月10日至11月30日，全市统一开展“挖盗窃（团伙）、追外逃、打两流（流窜犯、盲流）、破串案”的秋季侦破攻势。1996年，先后开展了为期50天的“三打、二强化、一稳定”的专项行动和以“除霸、惩恶、追逃、治乱”为内容的冬季整治斗争，刑事案件发案数自1991年后出现负增长。1997年，继续开展“破大案、追逃犯、打抢劫、打盗窃”为主要内容的侦破攻势。1998年9月开始，全市开展破案防范百日会战，盗窃案件破案率提高8%。2000年后，针对人财物流动加剧，盗窃犯罪手段多样化的趋势，公安机关应用传统手段和刑侦技术、信息研判、视频监控等高科技手段，挖掘新的破案点。2005年开始，相继组织了打击“两抢一盗”、打击撬盗保险箱案件、打击整治盗窃电动自行车案件、反盗抢“一〇”行动等专项行动。1986—2010年，全市立盗窃案件36.04万起，破17.68万起。其中入室盗窃立17.05万起，破8.44万起。

胡某某、高某某盗窃粮票案　1986年11月18日至1988年1月，钟楼、天宁、郊区和武进县部分乡镇29个企事业单位、学校、储蓄所的财务、总务办公室被盗，被盗粮票44.35万公斤、金额达2万元。案发后，市公安局专案组把上述案件并案侦查，1988年2月4日，抓获犯罪嫌疑人胡某某、高某某，缴获常州市米票1.65万公斤，追回赃物(款)粮票22.14万公斤、人民币和国库券1062.49元等。1988年7月19日，胡某某、高某某分别被处死刑、死刑缓期两年执行。

公安部挂牌督办黄某某盗窃汽车犯罪团伙案　2005年6月5日，武进区公安局历经3个多月艰苦侦查，破获盗窃汽车案件41起，悉数抓获盗窃汽车犯罪团伙犯罪嫌疑人黄某某和成员张某某、殷某某及销赃犯罪嫌疑人周某某、彭某某、薛某某等人，追缴赃车36辆，涉案总价值200余万元。2006年4月3日，张某某、黄某某、殷某某分别被处有期徒刑15年、14年、14年，并被处以罚金4万～5万元。

惩治“两抢”(抢劫、抢夺)犯罪　随着人口流动日益频繁，在中国南部沿海城市较为突出的“两抢”犯罪逐渐向长江三角洲地区延伸。2000年，常州驾驶摩托车抢夺自行车筐内财物的飞车抢夺案件呈迅速蔓延态势，同年发生38起。至2002年，全市抢夺、抢劫案件分别比上年上升11.5%、51.9%，飞车抢夺案增至547起，占抢夺案件的75%。全市公安机关相继组织“打团伙、打‘两抢’”、“猎豺行动”和夏季治安整治等专项行动。同时加强警务模式改革、城区巡防力量调整、“限摩”等工作，使“两抢”案件特别是市中心飞车抢夺案件得到明显控制。2008年1月后，对武进、天宁、钟楼等地连续发生的50余起飞车抢夺、抢劫案件，成立专案组全力开展破案攻坚，最终摧毁此犯罪团伙，先后抓获8名团伙成员。1986—2010年，全市立抢劫案件6791起，破获5521起。立抢夺案件1.29万起，破获6027起。

惩治诈骗犯罪　1986—1990年，常州市诈骗案件年均发生18起。90年代后，诈骗案件进入高发期。1991年上升至70起，1993年103起，作案手段由传统的“拾物平分”“迷信诈骗”等面对面诈骗方式，发展为利用电话、网络等实施“远程诈骗”。2000年后，诈骗案件高位运行，2008年初至2009年10月，全市发生以“欠费”“中奖”等为由，假冒电信、金融、司法等部门的电话诈骗案件464起，涉案金额达472万元。市公安局加强宣传，提高群众的防范意识，会同常州电信分公司联合研发防电话诈骗语音提示系统，对此类犯罪案件进行堵控。2009年10月15日，具有自动扫描检测异常电话号码存储功能的系统研发成功投入运行。至年底，该系统存储涉嫌诈骗电话号码3000余个，拦截跟踪疑似诈骗电话11万余次，发送语音提示22万余次，全市固话诈骗案件由月均20起下降至7起左右。7月中旬，破获以“消防培训班”为名诈骗500余起的公安部挂牌督办案件。1986—2010年，全市立诈骗案件1.89万起，破获7578起。

五、禁毒缉毒

80年代起，境外犯罪分子通过走私等途径向国内渗透，制毒、贩毒、吸毒现象抬头，逐步蔓延。1995年6月13晚，常州市公安局在清潭新村205幢某单元202室抓获4名贩毒、吸毒人员。随后又抓获吸毒人员12名，缴获海洛因38.3克。这是毒品犯罪死灰复燃后常州查处的首起贩毒、吸毒案件。8—10月，全市公安部门开展以禁毒禁娼、打流氓打团伙为主要内容的“双禁”“双打”专项斗争，侦破毒品案件25起，查获涉毒人员16名。1996年12月至1997年2月，“三禁一打”专项斗争侦破涉毒案件249起，其中贩毒案件89起，吸毒案件 160 起，缴获毒品海洛因 89.2 克。1997 年，市公安局成立禁毒处。1998 年 3 月，常州市成立由宣传、公安等 19 个部门负责人为成员的禁毒工作领导小组，2000 年改设为常州市禁毒委员会（简称“禁毒委”），下设禁毒办公室。

2000 年，全省首家禁毒教育基地在武进横山桥镇建成。2002 年 9 月，市禁毒委、综治委制定《常州市创建“无毒社区”考核细则》。至年底，全市有 30 个乡镇、街道开展创建活动，组建帮教小组 700 多个、青年志愿者队伍上万人。2003 年底，列入帮教的 1326 名吸毒人员中，戒断 1 年以上的达 834 人。2005 年，市禁毒委建立挂钩联系制度，28 家成员单位与 28 个镇、街道签订协议书，6 月起组织开展为期 3 年的禁吸戒毒攻坚战。

2006 年 8 月，常州、无锡两市在宜兴召开两地首届缉毒协作会议，签署《无锡、常州两市公安机关毒品案件侦查协作协议》。9 月，市疾控中心开设首家美沙酮维持治疗门诊，吸毒人员通过美沙酮摆脱毒瘾困扰，进而有效控制和逐步戒断毒瘾。年内，天宁区 7 个街道卫生服务中心成立社区预防和抵制毒品心理咨询室，聘请有国家咨询资质证书的心理咨询师为社区居民和吸毒人员提供志愿服务。2007 年，公安机关通过采取打击、管理、防范、巡查等措施，多管齐下，关停“道北地区”（沪宁铁路常州站以北地区）无证场所 70 余家，查获违法犯罪嫌疑人 178 人，缴获海洛因 2320 克。全市有 590 人接受美沙酮戒毒。

2008 年 5 月，常州市建成吸毒人员动态管控预警系统，逐个落实吸毒人员戒治管控措施。6 月，《中华人民共和国禁毒法》实施。8 月，市禁毒办提出社区戒毒、社区康复工作指导意见，戒毒经费列入辖市（区）政府财政预算，各镇（街道）社区和村（居）委会相继成立戒毒、社区康复工作领导机构和工作站。至同年底，全市招录专、兼职社工 72 人（专职 13 人），责令社区戒毒 570 余人，全市两个美沙酮维持治疗门诊点累计治疗 681 人，稳定治疗 300 人。2010 年，开展吸毒人员管控会战，防范和打击新型毒品违法犯罪等专项行动，完善与新疆等毒源地缉毒部门的办案协作。1995—2010 年，全市立毒品案件 6644 起，均已破案。2010 年底，全市禁毒志愿者达 2 万余人，形成纵向到底、横向到边的禁毒志愿者服务网络。

武进区组织全区禁毒志愿者集体宣誓（摄于 2010 年 3 月）

典型案例 “408”易制毒化学品走私案 1999 年 3 月 17 日，公安部接到美国国家禁毒署致函：斯洛伐克警方先后查获《联合国禁止非法贩运麻醉药物和精神药品公约》管制的 3，4- 亚甲基二氧苯基 -2、2- 丙酮（别名胡椒基甲基酮）3 批、7040 公斤，请求中方查证。4 月 20 日，省公安厅禁毒处和市公安局、武进市公安局成立“408”专案组。经过 8 个多月的侦查，查获涉案人员 25 人，其中境外人员 3 人，追缴毒资非法所得 600 余万元。1994 年 8 月至 1999 年 1 月，武进市前丰精细化工厂制售胡椒基甲基酮 100 余吨，涉及北京、湖南、陕西、广东等省、直辖市。2001 年 11 月 17 日，涉案的香港盟山公司总经理胡某某和前丰精细化工厂法定代表人苏某某分别被判处有期徒刑 5 年、2 年，前丰精细化工厂被处罚金 10 万元。

马某某、孙某某人体贩毒案 2000 年 7 月 8 日下午 4 时许，市公安局禁毒处通过对可疑线索的查证，在沪宁高速公路龙虎塘出口处将乘坐快客大巴车到常的贩毒嫌疑人马某某、孙某某抓获。当晚8时许，孙某某将吞服的500克海洛因全部排出。7月12日，公安部禁毒局局长杨凤瑞对此案作出“要深追细查，查明吞服地点，行走路线及详情，要作典型案例，依法严惩，并公开报道”的批示。12月15日，马某某和孙某某分别被处无期徒刑、有期徒刑15年，分别被没收财产3万元、2万元。

严某某团伙贩卖新型毒品案　2005年7月12日中午，市公安局禁毒处抓获犯罪嫌疑人严某某、宋某、诸某某。此后，在严某某的家中、暂住地、其父母住处和下线手中追缴摇头丸、麻古9210粒，K粉800余克，毒资2万余元及用于贩毒的轿车1辆。12月19日，严某某被处死刑缓期两年执行，没收个人全部财产。宋某、诸某某分别被处有期徒刑15年、10年，分别处以罚金2万元、1万元。

“12•28”贩毒案　2008年2月25日，市公安局禁毒处破获常州成立禁毒部门后的最大贩毒案，抓获贩毒嫌疑人周某、张某等12人，缴获冰毒9.2公斤、K粉300余克、仿真枪2支、制式子弹9发、毒资77万余元及涉毒车3辆，摧毁贩毒团伙从广东向江苏徐州、常州贩运毒品的通道。

六、惩治网络犯罪

1998年，常州市公安局成立信息网络安全监察部门。1999年，查处两起利用计算机进行违法犯罪活动的案件。2000年，接报计算机违法犯罪案件34起，处理违法人员21人。8月17日，查处常州首例利用国际互联网传播淫秽物品案件。2003年，重点惩治利用互联网传播有害信息，非法入侵、破坏计算机信息系统等违法犯罪活动。受理报警72起，立案查处15起，行政处罚15人。11月，查处30起有害手机短信息，其中黄色信息6条、“中奖”信息21条。2004—2005年，两次组织查办淫秽色情网站专项行动。2006年起，市公安局网监部门加强主侦案件办理，建立健全网侦部门跨部门联合办案机制、异地协作机制。2010年，在查办网络赌博专项行动中，破获公安部督办的境外系列赌博网站案。12月，侦破全国首例破坏手机信息系统案件。2006—2010年，网监部门立案主要侦办43起、配合侦办1850起。

涉网赌博案件　2006年7月5日凌晨，常州市公安局经前期缜密侦查，抽调治安、网警、行动技术及有关(区)分局警力70余名，在武进湾里新村、莱茵花园、常州大酒店等地，抓获涉嫌进行网络赌博的周某、束某、陈某等19人，当场缴获赌资53万元及用于上网赌博的电脑9台。经侦查，该赌博网站设在澳门，周某于2006年3月开始进行网络赌球，4月通过深圳“孟仔”获得3个赌球平台，与束、陈等人开设账号供他人投注赌球，有20余人参与，涉案金额2000多万元。

2010年4月，市公安局网警支队根据线索对境外“尊博”系列赌博网站开展专案侦查，此案被公安部列为督办案件。经两个多月侦查，调取300余张银行卡的网银记录，勾画出“尊博”网站的组织关系和资金流向图，挖掘出隐藏在国内幕后指挥的主要犯罪嫌疑人曾某某。6月底，组织80余名警力，赶赴上海、广州、深圳等地，与当地警方统一行动，彻底铲除尊博、百胜滩系列大型赌博网站，迫使为45家境外赌博网站提供赌资结算通道的第三方支付平台运财通停止国内运营，其余7家赌博网站被关闭。全案抓获犯罪嫌疑人23人，没收赌资700余万元，冻结涉案资金3000余万元。

破坏网络案件　“5•19”六省区网络瘫痪案　2009年5月18日20时起，位于常州电信机房的DNSPOD域名解析服务器遭受大流量攻击引发网络拥塞。至19日晚，域名解析服务完全中断，全国21省区互联网发生故障，江苏、浙江、安徽、贵州、海南、甘肃六省区网络大面积瘫痪。市公安局迅速抽调网警、天宁分局20余名业务骨干组成专案组。30日，专案组在浙江东阳、温州抓获徐某等8名主要犯罪嫌疑人。6月中下旬，专案组又到襄樊、荆门、温州、杭州、重庆、兰州等地调查取证，查获涉案电脑、硬盘等犯罪证据，成功破案。

全国首例破坏手机信息系统案　2010 年 11 月，多名群众报案称手机被秘密订制 SP 收费服务，每月被无端扣取 10 元话费。市公安局网警支队成立专案组，在公安部和省公安厅信息网络安全监察总队支持下，查明扣费系娱乐伴侣手机病毒所致，犯罪团伙通过智能手机论坛和群发彩信、推送信息等方式诱导用户下载安装，破坏手机系统正常短信收发功能，直接替代用户订制 SP 收费服务并秘密回复确认，查明 SP 号隶属于成都运帷数码集团公司。12 月 15 日，专案组在北京、成都两地同时抓获常某等 7 名犯罪嫌疑人，扣押涉案电脑 8 台、测试手机 23 部。

第三节　经济犯罪案件侦办

1986 年 2 月，常州市公安局成立打击经济犯罪机构，专司经济案件的侦查。至 2010 年，负责侦办了破坏金融管理秩序罪、金融诈骗罪、扰乱市场秩序罪、侵犯财产罪等经济犯罪案件 77 种。全市公安机关强化侦查破案，始终保持对经济犯罪的惩治力度。开展专项整治，集中查处重点地区、重点领域的突出犯罪活动，整顿和规范市场经济秩序。建立警企联系制度，加强预警机制和协作机制建设，防范和避免了一批经济案件发生。

一、案件侦查

常州市公安局经济犯罪案件侦查部门（简称“经侦部门”）成立初期，主要侦办诈骗、投机倒把等案件。1986—1990 年，全市侦办重大经济案件 320 起，其中诈骗 294 起、投机倒把 24 起、走私 2 起。随着经济活动的变化和增多，非法集资、非法吸收公众存款、伪造票据、操纵证券交易价格案等新的犯罪活动逐步出现，呈现出涉案数额大、流窜作案多、手段智能化等特点，公安机关侦办的经济犯罪案件增多，难度加大。1999 年破获非法吸收公众存款案、集资诈骗案 9 起，涉案金额 2.37 亿元；职务侵占案 17 起，涉案金额 536.53 万元。市公安局与市纪委、检察院组成“7•12”专案组，侦破建行常州市分行计划财务部经理葛某某违法放贷 300 万美元的案件。12 月 29 日，市公安局经侦支队被省委、省政府记集体二等功。

1986—2010 年常州市公安机关侦办经济犯罪案件统计表

表 31-2-2

年份	立案（起）	破案（起）	破案率（%）	涉案价值（亿元）	追回款物价值（亿元）	年份	立案（起）	破案（起）	破案率（%）	涉案价值（亿元）	追回款物价值（亿元）
1986—1990	320	291	90.94	—	0.27	2000	478	414	86.61	2.21	0.21
						2001	351	340	96.81	3.80	0.61
1991	44	39	88.64	0.04	0.04	2002	556	538	96.76	3.89	0.69
1992	52	42	80.76	0.18	0.07	2003	539	502	93.13	2.01	0.50
1993	72	65	90.28	1.72	0.24	2004	304	295	97.03	20.39	1.97
1994	86	63	73.26	0.55	0.29	2005	462	445	96.32	2.60	0.79
1995	103	57	55.34	0.51	0.18	2006	476	458	96.21	2.36	1.81
1996	82	47	57.32	1.00	0.56	2007	508	486	95.66	2.63	2.03
1997	121	73	60.33	14.30	0.51	2008	610	602	98.69	7.02	6.50
1998	264	223	84.47	12.38	2.32	2009	650	570	87.70	10.89	9.63
1999	290	253	87.24	4.96	1.63	2010	641	583	90.95	8.51	12.28

2004年3月起，市公安局经侦部门组织打击地下钱庄、联合整治金融票证违法犯罪活动，惩治涉税犯罪、知识产权犯罪和传销违法犯罪活动等专项行动，查处传销经营场所430余处，教育遣散非法营销人员30名。破获以戴某某、张某某等人为首、案值16.5亿元的铁本公司虚开增值税专用发票案及偷税案，常州首例虚设经营主体骗取增值税和非法经营食盐案等大要案件。2009—2010年，重点开展惩治假币犯罪、惩治发票犯罪、惩治信用卡犯罪等专项整治行动，缴获假币1035.6万元，破获贩卖、运输、出售假发票案件192起，破获犯罪团伙19个，捣毁犯罪窝点67个，缴获假发票2124.5万份，破获涉及银行卡犯罪案件27起。2009年7月底破获的一起克隆信用卡犯罪团伙案被评为全省最典型案例。1986—2010年，全市公安机关累计破获经济案件6386起，查处涉案人员4656名，追回赃款赃物总价值43.13亿元。

二、典型案例

徐某某、戎某某特大集资诈骗案 1994年4月至1997年10月，常州远东精细化工公司原总经理徐某某和中国农业银行常州分行郊区支行青山分理处原主任戎某某，以研制、开发、生产高科技、高利润产品同位素锇为名，以支付18%～30%的高额利息为诱饵，使用过期的、复印的银行存单进行非法集资和诈骗融资，总金额达6.3亿元。经1年多艰苦侦办，抓获犯罪嫌疑人28人，其中被逮捕19人、被移送起诉14人，追回赃款赃物2亿多元。主犯徐某某、戎某某分别被判无期徒刑和15年有期徒刑。同时查破了中保人寿保险公司常州分公司总经理、市人大代表高某某特大贪污受贿案等8起案中案，追回赃款赃物1200余万元。

邹某某侵犯外国公司注册商标权案 2001年，常州市公安局破获武进三河口邹某某制售假冒美国强生公司邦迪牌注册商标权案，制假窝点被摧毁。2003年3月，该案被中国外商投资企业协会、优质品牌保护委员会评为2002—2003年度中国知识产权保护最佳案例。

王某某等人特大非法集资案 自2007年6月起，常州市银湖商贸投资公司法定代表人王某某与冯某某等人合伙，以常州银湖商业信息咨询公司、常州富海达投资公司的名义，虚设投资电动车、矿山开采等项目，用高额返利作诱饵，向公众非法集资，涉及集资群众上千人。经侦查，追回赃款赃物价值500余万元。王某某、冯某某等三人因犯集资诈骗罪分别被判处有期徒刑19年、10年、7年。

“易得”特大网络传销案 2008年，常州市公安局经侦部门破获公安部督办的“1•22”常州易得策划公司特大网络传销案件。以常州易得公司法定代表人钱某某为首的犯罪团伙，在2007年8—11月，以常州易得、上海通得、加拿大东银等6家关联公司为名，用高利润为诱饵，通过互联网引诱香港、四川、上海、江苏、浙江等省市的5万余名网民加入该传销组织，涉案金额4亿多元。全案追缴、扣押、封冻涉案资金5000余万元及大量其他物品，68名传销团伙成员被移送起诉。该案成功侦办后公安部特向常州市公安局致电祝贺。

曹某某挪用资金案 2004年3—11月，常州联通公司有价卡仓库保管员曹某某采用伪造手机充值卡申领单、库存台账等手段，将价值近1000万元的10余万张手机充值卡领出后，交公司下属延陵东路营业厅的朱某某通过手机充值卡经销商销售变现，后将所得赃款以个人名义借给男友经营公司。2004年12月，公安机关接报后立案侦查，追回全部赃款。曹某某被判处有期徒刑3年。

王某某等人特大非法经营外汇案 2007年9月，常州市公安局“9•14”专案组侦破了公安部督办、新中国成立后常州首例交易金额达2亿元的特大非法经营外汇案件，抓获王某某等犯罪嫌疑人10人，缴获人民币24.9万元、美元6万元、港币15.4万元，缴获银行存折、信用卡420张，查扣用于非法买卖交易的汽车2辆，冻结涉案银行账户58个和人民币104.7万元、美元2万余元。王某某等4名犯罪嫌疑人均被判刑。

特大跨境信用卡诈骗案 2009年7月31日20时15分，常州市公安局经侦部门获悉常州一商户POS（销售终端）机交易异常，侦查人员闻警而动，循线追查。经24小时连续奋战，侦破这起特大跨境信用卡诈骗案件，破获3个犯罪团伙，抓获上海、浙江、福建和省内南通、启东等地的涉案人员13名，缴获作案专用工具笔记本电脑5台、读写卡器2台、POS机2台及克隆的澳大利亚、西班牙、南非、罗马尼亚等国信用卡50余张。经查，常州籍犯罪嫌疑人潘某某、焦某某通过互联网与浙江、福建、南通和启东等地的犯罪嫌疑人相勾结，虚假注册成立公司，向银行申领POS机，然后用非法手段获取境外卡信息，制作伪卡，再在POS机上盗刷，得款后分赃，仅7月中旬至案发时的20天内，即刷卡套现40余万元。2010年6月9日，潘某某、焦某某分别被处有期徒刑7年、5年，处罚金7万元、5万元。

第四节　内部治安保卫

80年代中期，常州市公安局推出多项改革举措，形成以“以内促外，以外保内，把抓好单位内部治安作为城市公安工作的重点”为主要内容的大中城市公安工作经验。2004年起，贯彻国务院《企业事业单位内部治安保卫条例》，开展系列创安活动，以全市重点单位远程巡检中心为龙头，推进单位内部治安防控建设，对全市内部治安保卫工作进行规范和加强。

一、内保管理体制

管理体制　1983年起，常州市公安局改以条为主的内保管理体制为以块为主、条块结合，加强保卫干部和护厂队建设，在90%以上的工厂单位推行治安承包制，同时将工作从厂内做到厂外，实行工厂、社会治安双承包，逐步形成“以内促外、以外保内，把抓好单位内部治安作为城市公安工作的重点”为主要内容的城市公安工作新路子。1987年，市区纺工、机械等13个产业局改为行业办，相关局保卫办撤销。7月，市公安局制定内保管理体制改革方案，按照条块结合的管理原则，实行市公安局、分局、派出所3级管理。市公安局内保科主要负责全市内保工作的规划、总结、指导、协调，管理要害、大专院校等23个单位；各分局、县局负责辖区单位和派出所内保工作的指导，分局管理党委、总支单位和市级机关、宾馆等241个支部单位及6个外地驻常单位；派出所管理市、区两级支部单位391个，各单位分支机构164个，驻常单位142个，合计697个。内保单位发生的刑事案件、治安案件实行分级管理。刑事案件按特别重大、重大和一般分别由市公安局刑警大队、分局刑警队、派出所负责组织侦查，治安案件报所在地分局呈批裁决处罚。

1992年，市公安局恢复文化保卫科（简称“文保科”）建制。1993年5月，提出文化保卫工作的职责、任务和管理工作意见，对列管单位、团体，实行分级管理，其中市公安局文保科管理24个，分局管理233个。1997年，文化保卫单位实行三级管理，市公安局文保处直管36家，分局直管60家，派出所列管419家。至2009年，市公安局对文化保护单位三级管理机制进行了4次调整完善，市、县（区）经文保部门直接监督、指导包括国有大中型企业及涉及国计民生的金融、邮政电信、供水供电等重点要害单位的安全防范，其他单位由派出所管理。2010年，市公安局、分局、派出所三级列管单位1437家，列管单位基本情况、保卫工作现状及单位要害部位防范工作等基础信息均采集录入市公安局警务信息平台。

治安承包责任制　1984年起，常州市公安局进行治安承包责任制的试点。至1986年，市区及武进县实施单位占90%以上。1987年起，对4类非正式就业人员实行治安承包管理。1988年，《常州市机关、团体、企事业单位内部治安保卫工作的规定》颁布实施，明确机关团体、企事业单位内部安全保卫实行厂长、经理、校（院）长及机关团体等单位主要行政领导负责制，不合格的单位不能参评文明单位。实施治安承包责任制的单位增至418个，378个单位合格，占90.4%。通过推行治安承包责任制，单位内部治安明显好转。1988—1990年，内保单位刑事发案251起，维持在较稳定的基数上。至1999年底，全市1474个列管单位中落实治安责任制的有1301个。

二、创安防范工作

小区联防 常州市公安局从1987年起，在工厂比较集中的地区，以大型工厂企业为龙头，以派出所或公安内保部门为依托，协调、联合工厂、街道、居委会和村委会等的治安保卫力量，成立治安保卫或治安协作区（小区联防）。至1990年底，建立小区联防35个，参加单位283个，职工12万余人；参加街道、居委会和村委会73个，辖区人口近12万人，设派出所15个。1992年，小区联防发展到53个，参加单位689个，覆盖市区特别是城郊接合部大部分地区。1991—1992年，抓获违法犯罪人员442名，挽回经济损失4.9万元，破获刑事、治安案件310起。1995年，全市建防控体系治安小区40个，成员单位1358个。1994—1995年，通过厂际厂社联合巡逻、设卡伏击等行动，抓获违法犯罪嫌疑人320余人，破获案件580余起。

和谐安民工程社区警民恳谈会（摄于2010年2月）

达标活动 1989年4月，常州市公安局、市经委、贸易办公室等单位在全市机关、团体、企事业单位开展治安保卫工作达标活动，规定了内部治安管理的十项标准（治安责任人责任标准、治安承包责任制标准和行政办公室、有色金属、物资仓库、要害部门、商店门市部、现金、枪支弹药爆炸品、非正式就业人员10个方面的管理标准，简称“十达标”），由单位主要行政领导人负责，保卫部门负责指导和检查督促。治保工作纳入厂长、经理、行政主要负责人的岗位责任制或任期目标，列为企业升级、创建文明单位的重要内容。全市80%的单位成立领导小组，新建保卫机构64个，新增保卫和护卫队力量787名，投资227万元，加固铁栅门窗8000余扇，添置技防设施232台，技防覆盖率达53.7%。年内评出340个合格单位，占535个内保列管企事业单位的63.6%。1992年，活动普及率达90%。2001年，市公安局推动企事业单位人防、技防、设施防（简称“三防”）建设，投资377万元，新装报警装置76台（套），更新保险箱32只，安装防盗门窗779扇、值班报警电话51台，增添消防器材2011只。市公安局、分局列管单位达标率97.9%，派出所列管单位达标率84.9%，重点要害单位、要害部位达标率分别为97.7%、100%。

内部防范建设 1989年初至1990年10月，常州市区单位内部财会室、行政办公楼、仓库等重点部位屡遭袭击，盗窃案件出现新高峰，犯罪活动趋向智能化、流动作案，常州市公安局提出建立设防城市和设防单位的设想。市政府批准从1991年4月起，全市机关、企事业单位开展设防活动（简称“设防单位活动”），建立“三防”一体的治安防范体系。1992年5月，全市恢复和新建保卫（处）科、股83个，新建护卫队22个，调整、新增保卫干部155人、护卫队员392人，增加夜间值班、护卫人员1819人。安装电视监控、报警器、探头6065台（个），占重点要害和易发案部位的95%以上，建成点面兼顾的多层次报警网络。安装防盗门窗3.85万扇，部分机关、大型厂矿企业办公楼、科研单位和大型仓库，实行封闭式防范管理。设防单位活动提高了单位自防、自治能力，严重困扰内部治安的盗窃工业原材料、有色金属和行政办公楼（室）现金案件得到控制。1991年，全市794个单位实现无刑事案件、无灾害事故、无职工犯罪，占954家列管单位的83.2%，内保单位一般、重大刑事案件发生数比上年分别下降11.2%和18.6%，1992年又分别下降25.3%和26.9%。

1995年起，重点围绕单位财务室、保险箱、仓库等重点要害部位的安全管理，开展创安达标活动。1998年，实行保险箱安全使用许可证制度，选用美国C&K公司生产的报警系统（简称"CK报警系统"）作为"110"CK报警系统，开展破案防范百日会战。1999年底，1474个列管单位有1380个单位安装技防设施3775台，与"110"联网101台，创成治安安全单位1294个、安全合格财务室1308个、治安防范合格仓库865个。2000年起，开展省级经济系统十项安全防范工作规范达标活动，提高单位防范能力。至2002年底，全市经济文化保卫单位有CK报警装置576套。2009—2010年，150家重点单位完成保卫组织建设，接入远程巡检服务中心的单位270家。利用社会防范资源投入资金1.1亿元，重点在全市330座加油站安装以监控为主的技防设施，全市856个金融网点、1280台ATM机、5所三甲医院、11所在常高校、1437个列管单位保险箱开展以技防为主的"三防"建设。对单位财会室、金银珠宝店、加油站等6类目标开展专项整治，全市单位财会室95%合格，金银珠宝店97%达标，加油站95.8%合格，金融单位创安率96%，电力营业网点69%合格，高校100%达标。列管单位的3301只保险箱96%达标，保险箱案件下降15.1%。

创建平安企业 2008—2010年，常州市公安局与有关部门开展以全市列统企业（指规模以上工业企业、限额以上批发零售和住宿餐饮企业、资质以内建筑企业及房地产企业，金融、电力企业开展平安创建活动）为主体，组织开展"平安企业"创建活动。市公安局设立创建活动办公室，负责对全市创建活动的组织协调，督促指导和检查验收，先期在63家三星以上企业开展工作，通过典型示范效应带动面上工作。2010年，创建工作列入全市重点工作目标。至2010年，全市共有608家维稳工作责任落实、安防建设水平较高、安全管理机制健全、治安防范成效突出的单位被授予"平安企业"，其中省级16家、市级258家。

三、重点要害保卫

要害（治安重点单位）范围判定 1988年10月至1989年3月，常州市公安局文保部门对企事业单位要害范围重新审定，突出全市水、电、气、金库、危险品等保卫重点，将要害分为一、二、三级进行规范化、制度化管理。一、二、三级要害分别为涉及国计民生、单位内部的重点要害和一般要害，分别由公安干警参与管理、重点指导，纳入内保科负责范围。由单位保卫部门管理为主，分局内保股作指导和检查。市区审定要害部位954个，其中一级69个、二级322个、三级563个。对要害范围明确治安责任人，实行行政隶属逐级承包、保卫部门专业承包治安保卫双承包责任制。1989年，要害管理被列入10项达标活动内容，同年一、二、三级要害范围的合格率分别为100%、95%、85%。1993年9月，全市文保系统确定要害单位28个、要害部位141个，结合落实治安承包责任制，定人、定岗、定责任、定奖惩。1994年以后，多次开展要害保卫重新审验，落实防范措施。1995年判定经保要害单位57个、部位1381个，其中一级92个、二级325个、三级964个，文保要害单位27个、部位115个。1999年，公安经保部门判定要害单位市级7家、部位69个，县（区）级78家、部位464个，文保部门审验要害单位9家、部位56个。2004年，判定重点单位212家，公安部门监督指导单位212家；要害部位1989处，其中一级270处、二级271处、三级1448处。2006年2月，全市确定重点单位1194家，其中省级重点单位7家、市级重点单位141家、县（市、区）级重点单位1046家。对重点单位发放"治安重点单位确认告知书"，落实保卫责任制，确定重点部位，制定防范措施。

党政首脑机关保卫 1987年8月，常州市公安局制定《常州市政府机关安全保卫工作预案》，明确机关大院各部门的安保工作责任，提出应对突发性事件的具体措施。1988年，市级党政机关各部门签订"治安保卫工作责任书”，机关行政负责人对治保工作负直接领导责任。1990年10月6—12日，市区6个机关单位发生撬窃案件，市公安局迅即提出关于加强机关单位夜间安全防范工作的意见。在督促机关单位加强自身防范的同时，多次组织夜间检查、巡逻伏击、突击抽查，曝光防范措施不落实的单位，遏制内部案件的高发。2006年10月，市四套班子及所属部委办局搬至常州市行政中心办公。市行政中心技防建设被纳入全市技术防范建设规划，建成人员出入安防、办公区域安保、中心区域管控、周边技防、重点部位监控5个技防系统。监控点接入全市重点单位远程监控中心联网并行，通过对中心主要出入口、要害部位、重要场所实时控制，为安全防范工作提供预警服务。公安经济文化保卫部门与市级机关保卫部门建立定期联系、案件通报、情况沟通等制度，细化门岗值守、内部巡查、消防安全、应急处置等规章制度20项，驻中心69家单位逐一签订治安责任状，构建防范网络责任区。市行政中心投入使用后未发生重大刑事（治安）案件、重大火灾事故、重大涉稳事件。

金融系统保卫　1990年10月，常州市公安局会同市人民银行在中国银行召开全市金融系统(6家银行、邮电局)“推广使用现代化安全设施”现场会。至年底，增加13名保卫干部，添置警铃、自动报警器、自卫武器、灭火机等729件（台），整改隐患和不安全因素500余条。1993年金融系统全部建立经济民警队，款票调运、金库守卫统一由经济民警武装执勤。1995年，金融系统开展防诈骗、防盗窃、防抢劫，保障银行资金安全（简称“三防一保”）活动，各银行逐级签订责任状，组织安全检查1507次，整改隐患791条，投资1300余万元加强网点基础设施改造，防范手段由单一的石灰包、狼牙棒等向闭路电视监控、CK报警等综合性现代化设施方向发展。1996年5月，市公安局、人行常州市分行制定《常州市金融系统安全保卫工作若干重点规定（暂行)》。9月，在全省率先建立由市公安局、公安分局、派出所3级管理，交警、巡警等警种协同作战的金融系统安全保卫运行机制。要求金融单位、基层网点与公安“110”报警台实行联网。11月，在全市金融单位实行“安全合格证”制度，金融单位营业网点、金库的安全防范执行省、市金融单位安全管理规定，经公安机关和人民银行验收合格后核发“安全合格证”。对不达标、不整改的单位采取责令停业整改、吊销“金融许可证”等强制措施。全市银行系统同年调整充实保卫人员49名，投资2442万元改建改造营业网点142处，停用木质柜台32处，加固网点门窗和营业间防护栏、通勤门241处523扇，安装报警装置466台，其中CK报警装置239台、电视监控装置145台，加固改造运钞车27辆。至9月，全市银行系统有95个营业网点与“110”报警中心联网，108个营业网点与派出所电话联网报警，105个电视监控点，分行和支行一级的金库安装电视监控装置。1990—1996年，连续6年没发生库款、营业款被盗被抢的刑事案件和重大治安事故。

1997年起，开展为期3年的金库、金融网点、运钞车整治行动。全市投入1.28亿元用于安防设施建设，1080个营业网点基本达标，合格率由39.3%提高到99.4%，377座金库、241辆运钞车全部达标。其间，撤并营业网点54个，安装金属防护门窗1454扇、防护栏794个、通勤门808扇，改造木质柜台218个，安装防弹玻璃264家。撤并金库56座，加固改造金库52座，175座金库安装密码锁。添置制式运钞车46辆，改造加固运钞车195辆。安装电视监控530套、报警装置1064台，其中CK报警装置874台，市区金融网点全部安装CK报警，与公安指挥中心直接联网，配备运钞专用通信工具124部。新增保卫、守押人员58名，调整不适合人员26人。2000年，制定《常州市运钞押运操作管理规程》，对运钞车的人员配备、武器防卫器械的配备、交接方式等作了统一规范。8月，市政府召开会议，部署全市创建金融安全区活动。

2003年2月，常州市公安局经文保处被评为全国公安系统金融安全保卫工作先进集体。2003年起，金融安全主要围绕“两个延伸、三个提高”（视频监控由营业间向营业厅延伸、营业厅视频监控向门外延伸；提高防弹玻璃安装率、营业间设置率、“110”紧急报警按钮安装率）开展。全市1021个营业网点中，CK报警装置安装率达 100%;901 个安装防弹玻璃，安装率 88.24%;929 个安装电视监控，安装率 90.9%，其中 302 个延伸至室外。至 2005 年，全市 98% 的金融网点换发“江苏省金融机构安全防护设施合格证”。2006 年 3—6 月，对全市银行业金融机构进行安全防范百日整治，整治重点为县级银行业金融机构及镇营业场所，共查出隐患 697 个，其中重大隐患 5 个、一般隐患 690 个；5 个重大隐患全部整改。2010 年，全市新装自助银行防护舱 115 只，全市 127 家金银珠宝店柜台玻璃、报警器安装、保安人员配备、视频监控安装防范达标。

盗窃油、电、气设施专项整治　盗窃“两电一油”和“三电”专项整治　1998 年，常州市公安局会同邮电局颁发《关于加强移动通信设施保护工作的通知》。1999 年联手检察、法院、供电等部门开展反窃电专项斗争，查获窃电行为 123 起、窃电量 84.44 万千瓦时，追回损失 54.46 万元。2001 年起，全市适时开展打击盗窃电力、电信、输油设施（简称“两电一油”）和打击盗窃破坏电力、电信、广播电视、城市照明（简称“三电”）违法犯罪专项整治行动。2007 年 2 月，市公安局与电信联网建成电缆防盗报警系统，年内利用科技防范手段破获涉电案件 83 起，预防 31 起。5 月，市供电公司武进地区变压器防盗断线报警系统投入使用。2008 年武进被列为全国重点整治地区，经整治，2010 年武进“三电”案件比上年减少 51%。至 2010 年底，全市破获“两电一油”“三电”案件 2134 起，其中公安部、省厅挂牌督办案件 5 起。

盗窃“西气东输”设施专项整治　2004 年 10 月起，市公安局开展整治油气田及输油气管道生产治安秩序专项行动，发展巡护队伍，健全完善巡护工作机制，加强打击整治，违章压线逐年下降。至 2008 年整治 51 处违章占压，其中完成部、省际联席会议挂牌督办违章各 1 起，拆除或协议拆除违建厂房、围墙、大棚等违章建筑 9 处，签订维修抢修协议 19 份，制止 1 起在建高架桥严重违章，要求违章道路改建 2 处，对占压上方采取保护措施 2 处，移植或协议移植违章种植的深根植物 20 处、1.1 万棵。2009—2010 年，完成 12 处违章占压整治，保持零占压成果。

四、文化保卫工作

文化单位保卫　1994 年 12 月，市公安局召开了广电系统保卫工作现场会，学习经济广播电台“教育与制度并举，安全工作出实效”的经验。1996 年，5 次检查天宁禅寺的安全，提出整改意见及抓好督查。1997 年 3 月，文保处直管单位投入防范资金 393 万元，安装报警器 25 台、探头 150 只（新装数占总数的 70%），防盗门窗 283 扇，70 个财务室 68 个合格，86 只保险箱 84 只合格 2 只停用。发现安全隐患 167 条，整改 96%。2000 年，刘海粟美术馆安装电视监控设备。2001 年，常州博物馆安装周界报警系统。2003 年 5 月，淹城遗址、瞿秋白故居被国家文物局、公安部批准为一级风险单位，常州博物馆被省文化厅、公安厅批准为二级风险单位。2006 年底，常州博物馆安防系统进入试运行。2009 年 11 月，通过省文物局、公安厅验收。

学校幼儿园保卫　1986 年 5 月，常州市公安局、教育局在学校中收缴三角刮刀、铁链条等凶器 55 件。对学校及周边地区突出的治安问题，市公安局会同教育等部门开展综合治理专项行动，打击涉校涉生违法犯罪活动，排查化解涉校矛盾纠纷，集中整治校园及周边治安秩序，落实警力护校、技防护校、物防护校等防范措施，保障校园安全稳定。1996 年，市教委直属的 35 家学校有 23 家安装报警器。2005 年 7—10 月，开展校园及周边治安秩序集中整治。增设学校保卫机构 8 个，增加保卫人员 98 人；全市 244 所幼儿园、475 所中小学设立治安岗亭 110 个、派驻保安员 766 人，全市幼儿园及中学共选派法制副校长或法制辅导员 706 人，在校园周边道路设置交通标志和交通安全设施 201 处，施画人行横道线 128 处，设置人行横道信号灯 8 处，设置临时停车泊位 328 个，全市校园及周边治安环境明显改善。

2006 年 8 月起，全市按一校一室的要求建立校园警务室 694 个。翌年 4 月，印发《常州市平安校园创建活动实施意见》。至 2010 年底，常州信息职业技术学院等 6 所高校、金坛华罗庚高级中学等 80 所中小学和幼儿园被评为江苏省平安校园，金坛华罗庚高级中学、江苏省溧阳中学、武进前黄中心小学等246所中小学、幼儿园被评为常州市平安校园。2010年5月，市公安局开展"校园安全月"专项行动，组织警力10余万人次到校值守护校护生，排查化解矛盾纠纷34起，及时制止可能影响校园安全的突发案(事)件25起。在全省率先研发应用校园安保警用地理信息系统，对校园及周边治安秩序实行动态管控。指导学校开展"三防"建设，安装校园安全紧急报警按钮676套、校门视频监控189个，校园专业保安员、护校队员配备电警棍等防卫工具。为临街学校施划由白色、明黄和蓝色组成的立体斑马线，特别警示来往车辆减速慢行，此举在全省推广。同年7月，制定《常州市社会力量办学点治安保卫标准》。

医疗卫生单位保卫　1993年，常州市医院的中心药库全部采用封闭式防盗设施，麻醉剧毒药品保管采取专人、专柜、专处方、专账册和双锁管理。1995年3月下旬至9月底，全市17个二级、三级医院和部分医药企业开展创建"安全药库(房)"活动。查出、整改隐患100余条，中心药库(房)列入要害部位管理，对麻醉、一类精神药品严格执行专用处方、专用账册、专柜加锁、专册登记、专人负责制度，签订药品安全责任书，层层把关，杜绝药品被盗被骗。1996年3月，常州市第一人民医院、第二人民医院等16家二级、三级医院获市公安局、卫生局颁发的"安全药库(房)合格证"。2000年，卫生系统重点要害部门安装无线报警系统。2001年、2005年，市公安局、卫生局两次联合发布加强医疗机构治安管理的通告。2006年8月，制定《常州市医患纠纷预防处置暂行规定》，在保障医患双方合法权益的前提下，依法查处严重扰乱医疗机构正常秩序的行为。天宁公安分局分别在第一、第二人民医院设置警务站，配备专职民警2人、保安10人，至年底调解医患纠纷32起。2007年7月，开展"平安医院"创建活动。2008年，在全市二级及其以上医院设立警务工作室14家，接报医患纠纷49起，经调处达成赔偿意见的33起。2009年10月，制定《常州市医疗机构医患纠纷处置实施细则》，对医患纠纷处置的原则、组织结构、调处程序、治安事件处置作了规定。2010年，全市16家二级及其以上医院全部建成警务室，处置医患纠纷59起。

第五节　道路交通管理

1988年1月，交通监理机构根据国务院《关于改革道路交通管理体制的通知》，成建制划归公安机关。常州市城乡道路交通统一由公安机关管理，1月13日，常州市公安交通警察支队成立，原交通民警大队撤销。全市公安机关改革勤务制度，开展交通安全竞赛和专项整顿，实施规范化指挥，严格车辆和驾驶员管理，扩大交通安全宣传，依法查处交通违章，压事故保畅通。2000年起，实施交通畅通工程，建成视频监视系统、电子警察系统、信号智能控制系统等构成的智能化交通管理平台，由交通管理综合信息研判及辅助决策、移动警务等系统构成的交通管理信息系统，道路交通管理水平提高，2008年达国家最高等级的A类一等管理水平。

一、车辆和驾驶员管理

机动车管理　1987年12月，武进、金坛、溧阳三县机动车和驾驶员管理业务移交公安交警部门负责。1989年4月，常州市建成第一条汽车安全性能检测线，年测试能力为2万辆次。1991年3月，移交市公安局。翌年，简化手续，机动车办证办照取消交验购车计划、准购证、营运证，为外资、港澳台资企业自备车办理黑色牌照。1993年8月，市公安局发布《关于加强残疾车管理的通告》，明令禁止残疾车违章营业。1996年4—8月，该局专门整治市区个体和承包的机动车辆，登记无牌无证"五小"车辆[包括小三轮客车、革新三轮机动车、摩托车(含侧三轮、二轮、轻便)、手扶拖拉机、正三轮摩托车(三机)]1.62万辆。1998年，强制淘汰旧机动车1456辆。2003年推出机动车登记一站式服务及配套服务措施。2005年，机动车过户窗口移至常州市旧机动车交易市场，联合工商、物价等部门提供二手车交易一条龙服务。市公安局授权溧阳车管部门直接对机动车注册上牌，新车临时移动证由全市有资质的汽车销售代理商发放。2007年，实行新车号牌电脑公开选号，从两选一增至五选一。全市447辆混凝土搅拌车全部安装车载卫星监控系统，实现对混凝土搅拌车的实时调度、追踪和监控。

1986—1988年常州市机动车数量统计表

表31-2-3 单位：辆

年份	机动车总数	其中四轮汽车			其他机动车		
		客车	货车	特种车	三轮客货车	摩托车	拖拉机
1986	8849	1926	3328	445	281	2384	485
1987	10766	2289	3734	322	1084	2851	486
1988	53425	5368	9198	574	2034	14212	22039

1989—2000年常州市机动车数量统计表

表31-2-4 单位：辆

年份	机动车总数		大型汽车		小型汽车		摩托车		轻骑		其他	
	全市	市区	全市	市区	全市	市区	全市	市区	全市	市区	全市	市区
1989	35632	13393	10050	5123	6957	2749	10474	2500	6914	1784	1237	1237
1990	43193	15608	10057	4772	8347	3443	15394	4025	8426	2399	969	969
1991	55175	19449	10792	4931	9811	3921	21794	5555	11791	4055	987	987
1992	74590	27943	11707	5282	11888	4666	32694	9176	17281	7799	1020	1020
1993	108145	39607	13668	6097	14290	5924	55086	15139	24013	11359	1088	1088
1994	140208	42323	14346	6211	17654	7175	80193	15750	26843	12015	1172	1172
1995	176930	48662	15246	6360	20293	8545	110618	20191	30013	12806	760	760
1996	209325	58812	15715	6529	23558	9870	135501	28019	33791	13634	760	760
1997	249394	61555	16017	6554	27227	11054	170947	29501	34443	13686	760	760
1998	272630	82141	13435	6451	31903	14424	183894	30361	43383	30890	15	15
1999	370992	93026	13644	6017	35721	14884	256957	37982	60263	33931	4407	212
2000	419190	107531	15890	7443	43704	18110	290958	47259	62311	34484	6327	235

2001—2010年常州市机动车数量统计表

表31-2-5 单位：辆

项目			2001	2002	2003	2004	2005	2006	2007	2008	2009	2010
机动车总数		全市	486568	531921	567564	631073	650731	674860	724423	732489	796543	872073
		市区	120940	138330	183800	205515	215554	233336	228637	246630	277052	302546
汽车	合计	全市	68059	83805	104468	129449	165901	205815	250923	290591	359140	453723
		市区	28188	37628	51150	64630	80067	104736	128726	149554	181118	225409
	载客	全市	35303	48370	68617	92306	123802	162213	205047	244113	306996	392439
		市区	17943	24590	35316	48430	63871	85476	108788	128781	157244	196090

续表 31-2-5

项目			2001	2002	2003	2004	2005	2006	2007	2008	2009	2010
汽车	载货	全市	26070	28600	28899	29656	34807	36399	38584	39670	47448	56801
		市区	7889	10074	12695	13674	13805	16457	17431	18096	21992	27393
	其他	全市	6686	6835	6952	7487	7292	7203	7292	6808	4696	4483
		市区	2356	2964	3139	2526	2391	2803	2507	2677	1882	1926
摩托车		全市	418098	447504	462277	500367	483496	467644	471922	440216	435177	415469
		市区	92484	100325	132083	140031	134590	127687	98982	96135	94888	75793
挂车		全市	391	583	785	1216	1289	1357	1534	1638	2188	2847
		市区	248	348	533	813	852	869	885	897	1010	1313
其他		全市	20	29	34	41	45	44	44	44	38	34
		市区	20	29	34	41	45	44	44	44	36	31

非机动车管理 1991年1月，常州市区对三轮车、板车实行淘汰制度。至1995年底，上述车辆从2.56万辆减至1.09万辆。在助力车骤增，大量无证无照助力车违章上路行驶的情况下，1998年6月，市公安、工商、环保、技监局和城管部门联手加强对助力车的整顿。8—10月，全市统一换发九八式助力车防伪牌证4.19万副，为市区2.68万辆无牌证车辆办理登记手续，严肃查处了一批商家制造、贩卖假牌证的案件。10月，市区停止出售燃油助力车，用5年时间逐步淘汰登记核发证照的燃油助力车。2001年底，助力车由1998年的4.97万辆减至2408辆。2003年1月1日，燃油助力车停止使用。2005年9月起，常州市区按照“控制总量、限制发展”的要求，开展电动自行车登记上牌工作，至2006年10月底有12.6万辆电动自行车登记上牌。2007年1月，停止电动自行车上牌。2010年，全省开展涉车犯罪专项治理行动，市公安局采取打击、防范、管理、控制与宣传相结合的措施，规范对电动自行车的管理。11月15日恢复上牌，市区设上牌点45个，抽调260余名民警、工作人员，为市区（含武进）电动自行车集中上牌。

1986—2003年常州市区非机动车数量统计表

表 31-2-6　　　　单位：辆

年份	总数	自行车	板车、三轮车	助力车	残疾车	小三轮车	年份	总数	自行车	板车、三轮车	助力车	残疾车	小三轮车
1986	395449	378777	16672	—	—	—	1995	795807	773700	10907	11200	—	—
1987	473254	454335	18319	—	—	—	1996	831032	788600	10907	31525	—	—
1988	514638	496000	18638	—	—	—	1997	875343	794700	49118	31525	—	—
1989	565638	547000	18638	—	—	—	1998	899560	800700	49118	49742	—	—
1990	604138	585500	18638	—	—	—	1999	868005	800700	16163	49746	396	—
1991	658600	633000	25600	—	—	—	2000	870333	802700	17488	49749	396	—
1992	701334	675734	25600	—	—	—	2001	824532	803500	18228	2408	396	—
1993	733434	707834	25600	—	—	—	2002	817371	803602	4815	—	394	13250
1994	757907	747000	10907	—	—	—	2003	817832	803760	4690	—	459	13613

驾驶员管理 1988年起，常州市公安局对驾驶员实行以块为主、分片包干的责任制管理。市区先后建立交通安全委员会和交通安全领导小组50个，3个辖市（县）组建驾驶员安全活动片（组）470个，由公安车管部门的单一管理转化为由公安车管部门指导下的单位管理和驾驶员自我管理相结合。1994年2月，常州市机动车驾驶员培训中心建立（2005年因驾驶员培训社会化，与公安机关分离）。1998年2月，常州市机动车驾驶员安全管理协会成立。2004年12月，常州市交通安全教育学校成立，开展对机动车驾驶员的常规教育，违章与肇事驾驶员的强化教育，交通管理培训和社会群众教育等工作。2005年5月9日，溧阳上黄考验场正式启用实施路考。2007年，市公安局推行考试质量排行制度，整车考试通过率低于50%的教练车及教练员予以停考和停训。2008年，对考场实施全天候录像监控，对学员随机安排考试车考试。

二、交通秩序管理

1987年12月，常州文化宫路口第一个使用自动数字灯光控制系统。1988年，常州市公安局实施道路交通管理体制改革。至1990年，连续3年开展以治“乱”为中心、压降重大交通事故为重点的百日交通安全竞赛。打通全市43条公路堵头及瓶颈，解决了1215公里公路干线打谷晒场问题。通过拓宽改造道路、摊亭划行归市，加强停车秩序管理等，全市交通秩序大为改观，重大事故年均下降10%。1992年，实行值勤民警路段承包责任制，负责巡逻、纠处违章。对车辆流量大的312国道、104国道等公路干线，实行公路勤务管理百分考核制度。常州市区主要干道设立出租车上、下客站316个。1994年12月起，全市交警部门开展“远学济南交警，近学中百岗亭”活动，市区11个灯岗实施规范化交通指挥管理，标准化上岗执勤。1995年6月，文化宫和中百岗亭推出交警值勤标准岗规范，首批7名达标兵水平的民警走上标准岗徒手指挥交通。1997年，全市开展讲文明、树新风活动和告别不文明交通行为专项行动。1998年4月，公安交通、巡逻警察支队合并，交巡民警既管交通又管治安，实施以巡逻警务为特色、动静结合的勤务改革。市区有10个灯岗、60个交叉路口固定岗改为流动岗，路面执勤实行高峰站点（岗）、平峰巡线（段）。2001年2月，市交通指挥中心大厅投入运行，建有122接处警、350兆警用电台通信、道路视频监控、电子警察、计算机5个系统。2002年，畅通工程B类城市二等管理业绩。翌年，公安部门对非残疾人和残疾人驾驶非标残疾车上路行驶行为进行整治。

2005年1月，《江苏省道路交通安全条例》实施。5月，常州市公安局试行《交通民警路面执勤执法基本规程》。10月起，公安部门在市区关河路以南、怀德路以东、劳动西路以北、和平路以西实行限制摩托车通行管理，增设公园路、晋陵中路、青果巷、局前街、东横街、博爱路、双桂坊等单行线。2006年1月，312国道市区段南移工程通车后，扩大禁行、禁鸣区域，实行货车夜运措施。2009年，市区投入交通科技设施资金2425万元，新建交通指挥室4个，购建视频监控、电子警察、交通流量采集、信号智能控制等监管电子设备124套，设机动车牌照自动识别报警设备11处，推行网上巡逻执法，非现场处罚率达50%。2010年底，常州市区建有视频监控361套、电子警察365套、信号智能控制287套、流量检测仪539套、高清卡口27处、交通诱导LED屏12块，信号灯控制路口432个，架设交通标志杆5017根，安装交通标志1.11万块，漆划交通标线64.7万余平方米，施画人行横道线1154处，设置道路交通隔离护栏11.12万米（其中新型全钢护栏5.92万米），设置交巡警岗亭、执勤亭等124个。

三、交通事故处理

1987年以前，常州公安机关主要负责市区的交通事故处理。翌年12月起，全市道路交通事故统一由公安机关处理，公安交警部门事故处理科（大队）具体负责。1999年11月，辖市（区）交警大队成立事故处理警组，负责处理重大死亡和疑难事故以外的交通事故。2007年5月，常州市公安局交巡警支队道路交通治安侦查大队成立，负责市区重大交通肇事逃逸事故的侦破工作，9月与市保险行业协会、相关保险公司在三里庵、中凉亭和城西怀德南路相继成立轻微交通事故快速理赔服务中心，推行轻微事故当事人自行协商制度。

2009年，全市7个辖市（区）交巡警大队全部建成交通事故巡回法庭，交通事故结案率达87.7%。9月，市公安局交巡警支队事故处理大队被公安部交管局选入全国10个地市级公安交通管理部门事故处理规范执法示范单位。2010年，该大队建成交通事故人民调解室12个，与新北区人民检察院在高速公路一大队建立检调对接办公室，减少由交通事故引发的社会矛盾。

1986—2000年常州市交通事故数量统计表

表31-2-7

年份	发生(起)	死亡(人)	受伤(人)	年份	发生(起)	死亡(人)	受伤(人)	年份	发生(起)	死亡(人)	受伤(人)
1986	235	33	133	1991	897	205	572	1996	1144	380	708
1987	526	140	289	1992	1009	291	677	1997	1097	376	721
1988	1349	259	645	1993	1158	355	739	1998	1729	449	1166
1989	1461	231	871	1994	1503	438	876	1999	1969	475	1224
1990	1163	212	701	1995	1425	426	808	2000	3405	514	1943

2001—2010年常州市分地区交通事故情况统计表

表31-2-8

年份	辖市区	事故(起)	死亡(人)	受伤(人)	逃逸事故(起)	其中		年份	辖市区	事故(起)	死亡(人)	受伤(人)	逃逸事故(起)	其中	
						破案(件)	破案率(%)							破案(件)	破案率(%)
2001	市区	1051	135	474	—	—	—	2006	市区	1077	198	1215	35	22	62.9
	武进	1011	167	508	—	—	—		武进	870	227	903	30	18	60.0
	金坛	334	59	287	—	—	—		金坛	235	65	260	17	16	94.1
	溧阳	396	83	349	—	—	—		溧阳	630	108	792	25	23	92.0
2002	市区	1346	144	622	—	—	—	2007	市区	778	93	912	77	69	89.6
	武进	732	198	280	—	—	—		武进	672	172	647	36	28	77.8
	金坛	298	62	246	—	—	—		金坛	186	44	194	17	16	94.1
	溧阳	449	97	392	—	—	—		溧阳	451	72	573	44	36	81.8
2003	市区	737	144	586	—	—	—	2008	市区	623	54	735	45	40	88.9
	武进	434	192	292	—	—	—		武进	597	138	568	42	40	95.2
	金坛	183	51	130	—	—	—		金坛	157	35	187	17	16	94.1
	溧阳	446	91	419	—	—	—		溧阳	257	52	319	22	21	95.5
2004	市区	1073	263	917	55	39	70.9	2009	市区	529	53	602	37	37	100
	武进	550	299	259	42	22	52.4		武进	586	137	553	25	25	100
	金坛	281	89	229	5	5	100		金坛	257	34	188	20	20	100
	溧阳	456	135	418	14	9	64.3		溧阳	244	51	284	14	14	100
2005	市区	1369	234	1431	93	67	72.0	2010	市区	434	49	490	28	28	100
	武进	673	270	524	58	37	63.8		武进	575	138	530	21	21	100
	金坛	248	78	185	16	11	68.8		金坛	153	33	182	21	21	100
	溧阳	671	126	729	21	16	76.2		溧阳	240	50	282	22	22	100

四、重大交通事故案例

1995年1月2日13时30分，常州的金某某驾驶五十铃面包车携妻女及同乡11人从武进牛塘返回小河，由南向北行至镇澄线57.1公里处时，因雨天路滑，车辆横滑驶入道路左侧，车辆右侧中部被由北向南行驶的1辆大客车撞击，面包车上6人当场死亡，3人送医院抢救无效死亡。大客车上1人重伤，4人轻伤。

1997年7月11日4时40分，福建漳州的苏某某驾驶丰田牌小货车，在沪宁高速公路上由西向东行驶至常州地段94.4公里处时，撞到停在紧急停车道上的安徽牌照东风大货车的尾部，小货车上5名乘员当场死亡。

2006年10月1日6时7分，安徽来安县双塘乡的唐某某驾驶安徽牌照金杯面包车由东向西行驶到沪宁高速公路182.8公里处时，追尾撞击前方张某驾驶的无锡牌照解放货车尾部，唐及车上乘员7人死亡。

2007年4月14日0时40分，屠某某驾驶超载的无锡牌照变型拖拉机，沿338省道由西向东行驶至新北长江路口时，被李某某驾驶、由南向北行驶的河南牌照变型拖拉机撞击，5人死亡。

2008年7月24日6时40分，安徽六安的江某某驾驶安徽牌照重型半挂牵引车(后挂重型普通半挂车)，沿武进的朝阳路由南向北行驶至翟家湾吴下桥路段，因车辆货物超载且捆扎不牢，在驾驶室内乘员碰触驻车制动操纵阀时，使车辆紧急制动，货物滚动前移冲出车厢前部，碾压驾驶室，致驾驶室内4名乘员死亡。

2008年10月20日22时，安徽人桑某某驾驶制动不达标的上海牌照重型半挂牵引车、重型自卸半挂车由东向西行驶到沪宁高速公路166.08公里处时，撞倒在路边更换重型厢式货车轮胎的唐某某、张某某、刘某某，导致3人当场死亡。

2010年9月20日15时50分，溧阳的刘某某驾驶常州牌照重型普通货车，行驶到104国道1231.95公里处时，制动减速，导致车辆横滑越过道路中心线驶入对方车道，与对向行驶的常州牌照小型普通客车发生碰撞，造成6人死亡、1人受伤。

第六节　消防管理

常州市公安机关加强消防组织建设，建立社会化巡防队伍，构筑消防网络体系；开展防火宣传，提高单位和居民的预防火灾意识和自救能力；改善装备设施，提高消防部队快速反应、灭火救援、抢险救灾的能力；建立健全消防监督管理机制，开展专项检查治理，督改重大火灾隐患。建立“119”接处警指挥调度、重点单位远程巡检服务、单位内部管理与火灾预警相结合的现代化消防指挥管理系统，常州防消结合的巡防工作机制得到公安部肯定。

一、消防机构队伍

公安消防支队(大队)　1986年2月，中国人民武装警察部队(简称“武警”)常州市消防大队改建为正团级建制支队，同时称常州市公安局消防支队，受中国人民武装警察部队江苏省消防总队和常州市公安局双重领导，下设一、二、三、四、五和武进、金坛、溧阳8个中队。10月，市消防支队二中队迁至红梅乡胜利村。1987年5月按区设公安分局消防股。1993年2月设新区分局消防股，2—10月武进、金坛、溧阳3个市(县)公安局消防股改称消防科，1994年12月至1997年3月与消防中队合并，改称消防大队。1997年3月，消防支队设六中队，驻郊区五星乡飞北路，7月郊区分局消防股改称消防科。1999年5月，水上分局设消防科。2002年9月，撤销郊区分局消防科、新区分局消防科(消防大队)。2003年4月，市消防支队一、二、三、四、六中队分别更名为竹林路消防中队、常澄路消防中队、戚月路消防中队、常戚路消防中队和外环路消防中队。5月，设泰山路中队，驻新北区泰山路197号。2003年4月，直辖消防科统一改称消防大队，下辖消防中队，且按驻地管区隶属于各消防大队。2004年1月，设东南中队，驻雕庄乡东南开发区中吴大道762号。2006年11月，设江边特勤中队，驻新北春江镇魏村魏家滩，2007年更名为新北区特勤中队。7月，武进区湾里中队改为武进区特勤中队。2009年9月，常澄路消防中队改为晋陵路消防中队。2010年10月，组建光华路、延陵路消防中队。至2010年底，消防支队直辖8个消防大队、11个消防中队和3个特勤中队，实有消防官兵591人。

专职消防队 最初，常州大型企事业单位、重要物资仓库等组建专职消防队，保卫部门具体负责，担负消防安全任务，需要时由市消防部门统一调度，参加重大火灾的扑救。改革开放后，农村消防事业迅速发展。1987年，全市建有专职消防队38支，有消防队员384人。1989年4月，成立常州市专职消防一大队，辖朝阳南片的国棉三厂等单位专职消防队9支。1990年4月，成立二大队、三大队。二大队辖西仓桥南区常州市油厂等16个工厂、仓库的5支专职消防队；三大队辖湾城油库、戚墅堰机车车辆工厂等11支专职消防队，负责湾城地区（危险品仓库区）和戚墅堰机车车辆工厂、戚墅堰电厂等大型企业、重点防火单位和附近居民的消防安全。1993年底，全市专职消防队发展到46支，有队员543人。1995年底，全市建立农村专职消防队62支，其中武进35支、金坛13支、溧阳14支。2004年，武进、金坛、溧阳、新北等58个派出所成立保安联防消防队，配备三轮消防摩托车。2005年起，财政出资750万元征招合同制消防员300人，其中常州市区150人、武进100人，金坛、溧阳各25人，解决现役消防警力严重不足的矛盾。2010年底，全市有政府专职消防队7支、保安消防队2支、企业消防队2支、民营消防队1支、派出所保安联防消防队95支。

常州市消防支队在汶川特大地震废墟中救出伤员（摄于2008年5月）

义务消防队 1986年，市区有义务消防队603支，队员1.4万人。1998年，义务消防队发展到3493支，队员发展到9.2万人。2002年5月1日，公安部《机关、团体、企业、事业单位消防安全管理规定》施行。市消防支队依托单位保安开展社会化消防巡防，单位普遍建立义务消防组织。2006年7月起，市消防支队探索实践防消结合的巡防新模式，整合调动专门警力和社会消防力量，建立以消防官兵、派出所民警等监管力量与保安、治保、治安积极分子、义务消防队员等辅助力量相结合的社会化消防巡防队伍，提高全社会防控火灾的能力。2010年底，全市有1050家重点单位、280个社区（村）建成消防巡防队伍，建立保安联防、专职和志愿消防队268支，有巡防和消防队员1.4万名，有义务消防组织5.4万支、队员60多万人。

二、消防规划

消防规划 1986年10月，常州市公安局编制《常州市公安消防管理系统专题规划（草案）》，该规划在1990年前的具体规划目标中提出建立消防通信调度指挥中心。

《常州城市消防规划》 1996年4月纳入《常州城市总体规划》，规划城市消防布局、消防基础设施、消防队站、消防通信，提出用10年时间使常州消防事业达国内先进水平。

《常州市城市消防规划（2001—2010）》 是《常州城市总体规划(1996—2010)》消防篇章的深化与展开，规划远期到2010年，近期至2005年，内容包括消防安全布局、消防站布局、消防供水、消防通道、消防通信、消防供电、小城镇消防、城市消防与防灾、消防教育培训和近期建设及措施等。

《常州市城市消防规划（2004—2020）》 常州市规划设计院与市公安消防支队联合编制。规划的近期目标是重点加强消防基础设施建设，使消防站的布局、消防车辆和技术装备基本达国家相关规定要求，消防队伍的战斗力和消防通信能力有较大的提高，为城市提供更完善的消防安全保障。远期目标是与城市现代化发展相适应，增加消防站点，提高消防装备水平，增强城市抗御火灾特别是重特大火灾的能力，提高扑救高层和超高层建筑、地下建筑、石油化工等火灾的能力，使消防队伍成为灭火的主力队、处理突发事故和抢险救援的突击队和机动队，灭火战斗能力达中等发达国家水平。

《常州市“十一五”消防事业发展规划》 2006年12月21日，常州市政府审议通过，明确“十一五”时期，全市年度火灾万人死亡率控制在0.025以内，亿元地区生产总值死亡率控制在0.01以内，城市建成区消防站建设达国家标准应建数的70%以上，消火栓建设达国家标准的95%以上等。

三、消防装备设施

装备建设 1990年，常州采用市财政拨款、保险公司赞助、高层建筑单位集资的办法，市消防支队从德国进口价值328万元的马基路斯消防云梯车1辆。该车具有液压控制系统和能升高50米的钢质云梯，填补常州扑救高层建筑火灾设备的空白。1994—1998年，投资1027万元，购进消防车15辆和一批工具设备，接收日本高槻市赠送的6辆消防车。2004年起全市公安消防部队把进口压缩空气泡沫车作为主战车，优化消防车辆装备结构。2007年5月，首次配备进口压缩空气泡沫车和火场移动供气车。2009年增加大功率泡沫消防车2辆和中型通信指挥车1辆，投入270余万元购置器材装备和灭火救援攻坚组器材。2010年，购置执勤消防车7辆和加油保障车1辆，组建技术、物资、生活和社会联动保障分队，建成战勤保障体系。2010年底，全市公安消防队伍装备有包括进口55米马基路斯云梯车、德国施密茨一七式压缩空气泡沫车、32米平台登高车、高喷车和供气车等在内的消防车辆88辆和个人防护、破拆抢险器材装备1.87万件(套)。

水源建设 1988年1月，常州市公安局和市城乡委联合规定在新建、扩建、改建城市道路时，规划建设部门应将消防供水设施纳入城市建设总体规划，在规划设置消火栓时，必须按《地上消火栓设计安装规定》制定方案报送消防监督机关审定。1995年，编制了常州市首本《消防水源手册》。1998年，市公安局和城乡委对消火栓建设和维修管理作出详细规定。至2010年，全市有市政消火栓4312个，其中市区2780个、武进1040个、金坛260个、溧阳232个。居民新村安装消火栓912个，其中市区657个、武进131个、金坛56个、溧阳68个。

通信建设 1987年，常州市消防支队建立火警接收、处理、调度系统，各中队设火警调度专线，购置28部JZD-34、JDD-2/308单双2号楼台和车载台，配置到中队。1992年，配150兆手持台25只、车载台8台和有线、无线转发系统，逐步配备移动电话和寻呼机，消防指挥通信联络更快捷灵活。1995年，改用公安350兆无线通信系统网络，1998年实现全省联网和漫游功能。市消防支队模拟交换机更新为数字时分程控交换机。1999年新建常州市消防指挥中心，投资250万元建成开通全省首家“119”消防调度指挥系统，由计算机接处警网络、城市高空及道路图像监控、无线指令发布、自动巡检4个子系统组成。其中，开通2兆城市“119”数字报警线路两条，可满足60路“119”报警同时呼入。2001—2005年，逐步开发应用消防办公系统、消防监督管理系统、重点单位管理系统等，基于可视数字化电子地图的红箭灭火救援辅助决策系统是2005年度省公安厅立项、全省公安消防系统唯一的科研推广项目。2007年，“119”平台与“110”等资源进行整合。9月25日，市消防支队在全省率先建成城市应急消防专业管理指挥系统，突出消防专业指挥平台的核心作用和调度管理的服务功能，实现在城市应急中心统一接警调度模式下，消防管理指挥系统对消防灭火救援等任务参战力量快速、准确、实用、系统化的调度指挥和管理。2009年，78家单位接入远程巡检服务系统。2010年，常州消防一体化系统实现升级。

四、火灾预防

80年代，常州消防部门以工矿企业、易燃易爆物品单位和居民家庭为防火宣传重点。90年代，以“11•9”消防日和冬季防火宣传为载体，抓好消防法规和消防常识的普及教育。1992年起“11•9”消防宣传活动每年举办1届。1990—1998年，全市召开消防宣传工作会议41场，举办消防教育培训502期次，受教育者6.7万人次，举行消防运动会、知识竞赛409次，5万人次参赛。1990年11月，市消防支队与市滑稽剧团联合创作编排消防滑稽戏《阎王殿》《什么都不说》《马达哈歌舞厅》等剧目，在全市巡回演出46场次，4.1万人次观看。2001年6月13日，市消防支队四中队作为全市首家消防站对社会开放。2004年，全市11个基层消防中队的消防宣传展室向社会开放，有50余万人次参观消防站。改造组装消防教育流动宣传车，配有消防影视资料、模拟逃生装置和家庭火灾扑救演示系统等设备。2006年11月9日，千名消防志愿者在行动暨“11•9”消防日宣传活动在红梅公园启动。2007年以后，市消防支队制作消防宣传动漫公益广告15集，在3000余辆公交车、出租车电子屏播放宣传。在全市校园开展消防主题班会、作文、暑期夏令营活动，通过“龙城卫士”官方博客、微博，在全市组织家庭开展“我是小小消防员”宣传教育活动。

五、消防监督

防火监督检查 80年代，常州消防部门按重点防火单位“十项标准”要求，重点对易燃易爆及发生火灾危险性大、损失大的单位进行监督检查。1992年、1995年，调整全市重点防火单位，逐步发展小区联防模式。1998年8月26日，常州市第一人民医院发生特大火灾事故后，市公安局组织检查单位2835家次，查出不安全因素6577条(处)，责令整改3540条(处)，发出《消防监督意见书》《火险隐患整改通知》《停业整改通知书》等1401份。2000年，实施消防安全三级监督管理机制，市区1800家较大单位，被市消防支队列入管理(简称“列管”)50家、消防科列管116家、公安派出所列管1634家。2001年8月20日，郊区分局永红派出所对常州市信益化工公司、常州市裕丰化工公司非法储存、经营易燃易爆化学危险物品处以罚款1.5万元，责令停止储存。该处罚是《江苏省公安派出所消防监督管理工作暂行规定》实施后常州派出所作出的首例重大消防处罚。2008年，公安机关把消防监督纳入派出所年度工作考核，全市37个乡镇建立消防联席会议制度，各乡镇(街道)安监站设立专兼职消防管理人员。1998—2010年，全市消防部门监督检查单位10.8万家次，发现并督促整改火灾隐患11.2万条(处)，下发《责令限期改正通知书》《复查意见书》3.8万份，查处违法案件7873件，对2411家单位实施停止施工、停止使用和停产停业整顿的处理。

消防专项治理 2000年，常州消防部门对乡镇化工企业、居民小区停车库(棚)、加油站、液化气站、公共娱乐场所进行专项整治，检查单位4100家次，发现火灾隐患7200余条(处)，发出《责令当场改正通知书》《责令限期改正通知书》《重大火灾隐患限期改正通知书》《复查意见书》1211份，查处违法违章141起，要求65家单位停产停业，罚款31.55万元。2006—2008年，连续开展火灾隐患普查整治，以人员密集场所、多产权建筑、“三合一”(住宿与生产、储存、经营合用场所)、建筑消防设施和建筑施工现场等为重点的消防安全专项治理活动。2007年上半年，完成对武进区23个乡镇、20个工业园区及较大规模的专业市场的拉网式清查，排查确认了207家“三合一”场所。至11月底，整改151家，取缔56家。2009—2010年，重点开展高层、地下、商场市场等安全专项排查整治。

六、灭火救援

常州百货大楼地下室火灾 1993年8月30日16时50分许，常州百货大楼地下室B层鞋类仓库发生特大火灾。17时05分，市消防支队调度室接警，一中队和支队指挥车立即出动，二、四、五3个中队迅速增援。至18时19分，救出被困的10名职工，至31日零时20分大火被扑灭。此次火灾造成直接经济损失145.22万元。这是新中国成立后常州财产损失最大的火灾事故。

常州市第一人民医院2号楼特大火灾 1998年8月26日9时15分，施工人员在拆除该院住院部2号楼4楼净化室的排风机时违章作业，导致特大火灾。9时45分市消防支队接警，一中队出动3辆消防车、21名官兵在7分钟内到达现场。至11时30分大火被全部扑灭。此次火灾出动4个中队、15辆消防车和92名官兵，救出16名被困人员，转移氧气瓶16只。

“9•12”建滔化工储运公司特大火灾 2004年9月12日8时50分，电焊工在对B罐壁上的泡沫管线进行电焊时，管内留有的甲醇蒸汽遇明火爆炸起火。市消防支队9时22分接警，迅速调集20辆消防车、120名消防官兵赶赴火场。12时06分，省消防总队调集无锡消防支队的9辆消防车、43名消防官兵和镇江支队的4辆消防车、24名消防官兵赶赴现场增援。15时10分余火被扑灭，保住毗邻的20万吨储罐区和价值近5亿元的财产。

常州天宁寺宝塔“5•25”火灾 2006年5月25日11时19分，天宁寺在建的天宁宝塔发生火灾。常州市消防支队“119”指挥中心接警后，启动重特大灭火救援联动机制、重特大灭火救援后勤保障方案，5分钟内调集33辆消防车、220余名消防官兵赶到现场。经过20分钟的扑救，将困在宝塔内的21名施工人员安全撤离，13时10分大火被扑灭。

江苏亚邦染料股份公司蒽醌车间苯储罐火灾 2006年8月23日8时15分左右，位于武进牛塘镇的江苏亚邦染料股份公司发生火灾。8时30分，市消防支队指挥中心接警，迅速启动“红箭”系统，一次调动8个中队、45辆消防车、180余名官兵赶到现场，正进入常州境内参加重大危险源事故应急处置预案演练的无锡、南京、苏州、镇江支队的19辆消防车、100余名官兵迅速前往增援。18时大火被扑灭，大火烧毁5个卧式罐、4个立式罐80余吨苯液，直接经济损失21.83万元，保住了着火罐区南侧3只立式罐、1个苯槽、北侧5只卧式罐、2只立式罐300余吨苯液，避免对邻近的武宜运河（武进—宜兴）和下游的滆湖、太湖水域造成化学污染。

反应釜爆炸事故抢险救援（摄于2009年10月）

1986—2010年常州市火灾事故统计表

表31-2-9

年份	地区	次数(次)	损失(万元)	死亡人数	受伤人数	发生率(起/万人)	死亡率(人/万人)	伤人率(人/万人)	次均损失(元)	人均损失(元)
1986	全市	305	64.33	15	20	—	0.05	0.06	2109.18	0.21
	市区	44	26.04	0	1	—	0.00	0.02	5918.18	0.49
	辖县	261	38.29	15	19	—	0.06	0.07	1467.05	0.15
1987	全市	334	80.16	12	20	—	0.04	0.06	2400.00	0.26
	市区	61	16.20	0	6	—	0.00	0.09	2655.74	0.25
	辖县	273	63.96	12	14	—	0.05	0.06	2342.86	0.26
1988	全市	373	119.24	17	24	—	0.05	0.08	3169.97	0.37
	市区	75	29.60	1	13	—	0.02	0.20	3946.67	0.46
	辖县	298	89.64	16	11	—	0.06	0.04	3008.05	0.35
1989	全市	227	79.88	14	23	—	0.04	0.07	3518.94	0.25
	市区	49	28.33	2	8	—	0.03	0.12	5781.63	0.43
	辖县	178	51.55	12	15	—	0.05	0.06	2896.07	0.20
1990	全市	262	139.82	18	23	—	0.06	0.07	5336.64	0.43
	市区	76	31.65	3	2	—	0.05	0.03	4164.47	0.50
	辖县市	186	108.17	15	21	—	0.06	0.08	5815.59	0.42
1991	全市	258	136.33	16	33	—	0.05	0.10	5284.11	0.42
	市区	89	54.85	10	16	—	0.15	0.24	6162.92	0.81
	辖县市	169	81.48	6	17	—	0.02	0.07	4821.30	0.31
1992	全市	308	303.07	27	37	—	0.08	0.11	9839.94	0.92
	市区	80	128.20	6	13	—	0.09	0.19	16025.00	1.86
	辖县市	228	174.87	21	24	—	0.06	0.09	7669.74	0.67
1993	全市	263	451.38	21	39	—	0.26	0.12	17162.74	1.37
	市区	192	373.87	18	20	—	0.01	0.29	19472.40	5.39
	辖县市	71	77.51	3	19	—	0.05	0.07	10916.90	0.29
1994	全市	246	497.91	10	19	—	0.11	0.06	20240.24	1.50
	市区	156	369.61	8	17	—	0.01	0.24	23692.95	5.19
	辖县市	90	128.30	2	2	—	0.04	0.01	14255.56	0.50
1995	全市	229	428.89	12	28	—	0.06	0.08	18728.82	1.29
	市区	136	309.79	5	15	—	0.03	0.19	22778.68	0.27
	辖县市	93	119.10	7	13	—	0.04	0.05	12806.45	0.47
1996	全市	211	431.28	15	28	—	0.13	0.08	20439.81	1.29
	市区	149	341.43	11	22	—	0.02	0.27	22914.77	4.12
	辖市	62	89.85	4	6	—	0.03	0.02	14491.94	0.35

续表 31-2-9

年份	地区	次数(次)	损失(万元)	死亡人数	受伤人数	发生率(起/万人)	死亡率(人/万人)	伤人率(人/万人)	次均损失(元)	人均损失(元)
1997	全市	1030	683.01	10	23	3.04	0.03	0.07	6631.17	2.02
	市区	404	635.20	2	6	4.77	0.02	0.07	15722.77	7.50
	辖市	626	47.81	8	17	2.46	0.03	0.07	763.74	0.19
1998	全市	1166	636.58	26	42	3.42	0.08	0.12	5459.52	1.87
	市区	503	126.22	17	25	5.88	0.20	0.29	2509.34	1.48
	辖市	663	510.36	9	17	2.60	0.04	0.07	7697.74	2.00
1999	全市	1497	485.71	12	30	4.41	0.04	0.09	3244.56	1.43
	市区	535	117.40	4	8	6.13	0.05	0.09	2194.39	1.35
	辖市	962	368.31	8	22	2.62	0.03	0.02	3828.59	1.00
2000	全市	713	486.97	15	33	2.09	0.04	0.10	6829.87	1.43
	市区	317	203.62	6	22	3.59	0.07	0.25	6423.34	2.31
	辖市	396	283.35	9	11	1.56	0.04	0.04	7155.30	1.12
2001	全市	1540	379.10	14	21	3.90	0.04	0.05	2461.69	0.96
	市区	641	118.00	3	4	2.80	0.01	0.02	1840.87	0.52
	辖市	899	261.10	11	17	5.40	0.07	0.10	2904.34	1.60
2002	全市	1765	239.64	11	30	4.40	0.03	0.07	1357.73	0.59
	市区	1439	158.85	7	21	5.40	0.03	0.08	1103.89	0.60
	辖市	326	80.79	4	9	2.30	0.03	0.06	2478.22	0.58
2003	全市	1918	390.30	10	19	4.50	0.02	0.04	2034.93	0.92
	市区	1423	297.40	9	14	5.00	0.03	0.05	2089.95	1.04
	辖市	495	92.90	1	5	3.50	0.01	0.04	1876.77	0.66
2004	全市	1857	693.30	21	14	4.90	0.05	0.03	3733.44	1.56
	市区	1485	614.40	17	14	4.90	0.06	0.05	4137.37	2.01
	辖市	372	78.90	4	—	2.70	0.03	0.00	2120.97	0.57
2005	全市	2488	595.60	9	8	5.20	0.02	0.02	2393.89	1.24
	市区	1854	487.40	9	8	5.50	0.03	0.02	2628.91	1.46
	辖市	634	108.20	—	—	4.30	0.00	0.00	1706.62	0.73
2006	全市	1742	400.50	3	2	3.50	0.01	0.004	2299.08	0.81
	市区	1312	309.60	3	2	3.80	0.01	0.01	2359.77	0.89
	辖市	430	90.90	—	—	2.90	0.00	0.00	2113.95	0.6
2007	全市	916	380.40	5	2	1.80	0.01	0.004	4152.84	0.75
	市区	705	300.20	4	2	2.00	0.01	0.01	4258.16	0.85
	辖市	211	80.20	1	0	1.40	0.01	0.00	3800.95	0.53

续表 31-2-9

年份	地区	次数(次)	损失(万元)	死亡人数	受伤人数	发生率(起/万人)	死亡率(人/万人)	伤人率(人/万人)	次均损失(元)	人均损失(元)
2008	全市	491	315.60	5	2	1.00	0.01	0.004	6427.70	0.62
	市区	233	213.10	4	2	0.60	0.01	0.01	9145.92	0.59
	辖市	258	102.50	1	—	1.70	0.01	0.00	3972.87	0.67
2009	全市	395	320.20	5	4	1.10	0.01	0.01	8106.33	0.89
	市区	297	262.60	2	1	0.82	0.01	0.002	8841.75	0.72
	辖市	98	57.60	3	3	0.73	0.02	0.02	5877.55	0.43
2010	全市	340	652.00	8	2	0.94	0.02	0.01	19176.47	1.81
	市区	244	489.90	3	1	0.68	0.01	0.002	20077.87	1.36
	辖市	96	162.10	5	1	0.71	0.03	0.01	16885.42	1.21

第七节　出入境人员管理

改革开放后，外国人、港澳台胞入境和常州市公民因私出境旅游、探亲、进行商务、经济技术交流、讲学等活动大量增加。常州市公安机关根据《中华人民共和国公民出境入境管理法》（简称《公民出境入境管理法》）《中华人民共和国外国人入境出境管理法》（简称《外国入境出境管理法》）实施依法管理、规范管理，坚持管理和服务并重，妥善处置涉外事件，提高出入境管理和执法服务水平。

一、境外人员管理

随着到常州参观访问、从事经济活动的外宾、华人华侨和港澳台同胞逐步增多，常州市公安机关对到常境外人员的服务管理工作逐步加强和规范。1987 年 11 月，市公安局就台胞来常住宿登记、迁居、入出境管理等工作进行规范。1989 年 6 月，统一简化程序，取消到常华侨、港澳台同胞定居的层层报批手续。1990 年 3 月，常州宾馆连续发生两起重大涉外盗窃案件，市公安局、外办组成联合工作组，督查指导涉外宾馆加强安保工作。1991 年，开展滞留台胞调查，会同对台工作部门做好 8 名滞留台胞的劝返工作，当年劝返 7 人。1992 年起，外资企业、合资企业、独资企业常住境外人员管理由市公安局、分局、派出所三级共同负责。1993 年，批准涉外住宿点 107 个。1992—1993 年，建立境外投资企业档案 1079 份、外事户口联络员 833 名。1996 年 5 月，与市劳动局等部门制定《外国人在常就业规定》，同年协助 141 名外国人办理就业证，占在常就业境外人员总数的 99%。1997 年 4 月，3 个辖市公安局和 5 个分局配专兼职外管干部 14 名，派出所建外管小组，建立市公安局、分局、派出所三级外管工作体制。境外投资企业和聘用境外教师的大专院校等涉外单位设立外事户口联络员 500 名，涉外宾馆、饭店建立 18 个户口管理小组 149 名户管员，全市初步形成多层次、多渠道的外管网络。2000 年 10 月 1 日起启用外国人贴纸签证。年内全市联网管理的涉外宾馆、饭店增至 23 家。台湾居民到大陆定居受理审批由统战部门移交公安机关，市公安局制定受理审批工作规范。

2001 年，市公安局编印《基层民警涉外管理工作手册》《出入境管理警务公开手册》，发放“外事户口联络员证”，培训外事户口联络员 300 余人。10 月底，在市行政审批中心设公安出入境窗口，为境外人员签证提供快速服务。2003 年 11 月，常州颁发第一张有效居留签注 5 年的新台胞证。同年 10 月至 2004 年 2 月，全市集中开展查处非法出入境、非法移民专项行动。2004 年，建立联席会议制度，加强对全市涉外安全管理的组织领导、指导协调。全市外事户口联络员达605人，户管员280人。2005年，确定14个联系点派出所，有序推进基层涉外管理，把境外人员纳入实有人口管理。2008年，市境外人员管理工作领导小组建立，市政府分管领导任组长，市外办、公安、安全等16个职能部门为成员。9月，市公安局警务综合平台外国人常住临住系统启用，常州在全省首先实现旅馆业治安管理信息系统、江苏省出入境管理信息系统与市公安局警务综合平台三网融合。2010年，全面推广外国人签证到期短信提醒服务，建立常州出入境QQ群，73家涉外单位、宾馆加入，提供签证申请帮助、在线业务培训等服务700余人次。2007—2010年，先后举办相关警种涉外业务、外籍教师和留学生管理、涉外企业外事联络员、境外人员证件识别等培训90余场次、1.08万人次参加，依法查处“三非”案件153起、317人，登记到常境外人员23.28万人次，2010达7.29万人次，常住境外人员逐年增加，分别为2428人、2483人、2626人、2866人。1986—2010年，累计有来常境外人员68.25万人次，常住境外人员由5人增至2966人。

二、公民因私出国出境管理

常州公安机关负责公民因私前往国（境）外定居、探亲访友、结婚、治病、就业、旅游、留学、继承财产等私人事务出国出境证件的审批工作。1989年，市公安局制定《出入境管理干警守则》《办理公民出境申请的制度》等，增强出国出境审批的透明度。1990年2月，该局对委托出入境管理行政诉讼代理人发出通知，对全市公安机关依法行使出入境管理权、进行出入境管理行政诉讼活动作出规定。1992年5月，发布包括外事管理、边境通行证签发等公安行政管理新规定8个，建立公民出国出境探病、奔丧、留学等快速办理制度。至1993年，办理急件235起。1993年，把受理、审批、发证等事项列为执法评定项目，畅通监督渠道。

1986—2010年常州市出入境人数统计表

表31-2-10　　单位：人次

年份	中国公民因私出国出境			到常境外人员		涉外案(事)件(件)
	合计	出国	出境	临时	常住	
1986	259	54	205	5941	5	7
1987	330	101	229	7012	9	6
1988	661	224	437	5903	13	14
1989	506	172	334	5713	15	11
1990	658	293	365	6393	16	17
1991	743	251	492	7512	124	6
1992	834	313	521	11579	127	24
1993	639	137	502	14351	331	38
1994	802	335	467	16271	412	75
1995	1092	547	545	16678	464	72
1996	1349	722	627	13789	271	42
1997	2002	1351	651	17698	169	28
1998	2341	1657	684	19503	310	19
1999	3595	2222	1373	22618	436	42
2000	9152	7233	1919	27928	528	37
2001	10496	8097	2399	30466	647	48
2002	18018	12108	5910	35097	843	49
2003	18786	11237	7549	35921	924	40
2004	33532	14597	18935	51535	1441	91
2005	50978	15893	35085	46358	1577	105
2006	50345	20897	29448	51474	1839	85
2007	59494	26323	33171	53967	2428	92
2008	67879	27786	40093	54814	2483	50
2009	85367	30318	55049	51083	2626	97
2010	118384	40624	77760	72912	2966	124

2000年启用1997版护照，9月溧阳市公安局进行1997版护照试点，溧阳成为全国首家出国出境受理审批计算机管理县级试点单位。全市实行对法定不批准出境人员通报备案制度，9—11月，1081名刑事案件被

告人等5种法定不批准出境人员信息被录入系统。2001年7月，对领导干部持有的因私护照和本人及配偶办理的港澳通行证、外国人居留证进行登记。2002年1月1日，市公安局启用出国出境审批专用章。6月，港澳商务签注由辖市(区)公安局受理，市公安局审批，取消赴港澳商务签注申请的纳税和创汇限制，实行按需申领，对长期、经常往来港澳的商务人士分别发给1～3年的多次赴港澳商务签注。10月，市公安局推出创优经济发展的40条措施(涉及出入境管理工作的有9条)，金坛、溧阳和武进区公安局相继成立出入境管理机构，配专职民警4～6人。同年全市报备不准出境人员6345人，阻止法定不批准出境人员15人。2003年，常州出入境管理信息系统与人口信息系统联网运行，开展国家工作人员因私事出国境登记备案，收集录入166家登记备案单位人员数据2.2万条，政法部门法定不批准出境人员通报备案报备2271人。12月22日，常州实行公民凭身份证、户口簿按需申领护照的规定。12月，新北公安分局成立出入境管理科，取得省公安厅授予的出国境申请受理权。2009年，市公安局完成全市出入境证件及签证(注)清理，开展省内跨户籍地办理出入境证件试点。2010年，市公安局、武进区公安分局推出再次往来港澳团队旅游签注申请自助受理业务，受理自助办证1.36万人次。6月，开通出入境咨询语音导航业务，咨询服务1.2万人次。2009—2010年，查处36起、44人弄虚作假骗领证件出国出境的案件、事件。1986—2010年，全市批准公民因私出国出境53.86万人次，其中出国22.35万人次、出境31.51万人次。

三、涉外案(事)件查处

1986—2010年，常州市公安机关处置涉外案(事)件1219起，其中境外人员违反出入境管理案件635起。2000年6月，常州马可波罗家园中西餐公司未经劳动部门批准，擅自聘请3名持访问签证的克罗地亚人从事厨师和服务工作，被处以行政罚款。2006年6月，一名利比里亚人因在常州第九频道俱乐部非法就业被市公安局处以行政罚款。2010年6月，武进区南夏墅启发鞋业公司雇佣非法入境越南人被查处。7月2日，172名非法入境人员被遣送出境。

第八节　监所管理

常州的公安监所服务公安、检察、法院、司法办案，坚持“依法、严格、科学、文明”管理方针，做好收押、管教、改造等工作。开展认罪服法教育和主题帮教活动，教育在押人员养成遵纪守规意识和行为规范。2002年，常州市看守所、拘役所(第二看守所)、收容教育所、治安拘留所、戒毒所5个监管场所相对集中后，由监管支队实行归口管理，构建“五所合一”的大监管模式。

一、看 守 所

1988年下半年，常州市看守所建立两个小监房，集中收押、管理少年犯。1989年10月，常州市看守所落实普遍、跟踪、重点教育的“三步教育法”，此后全面提高管理水平。1992年4月，市看守所倡议全市4个看守所开展百日安全竞赛活动。1997年9月27日晚，市看守所和拘役所近600名在押人员被安全移押至西林乡邹傅路10号新所。1998年，市看守所按等级所标准及规范化管理要求，全面加强基础建设。1999年，先后8次组织打击“牢头狱霸”专项整治，开展创“文明监室”活动，注重培养在押人员的遵纪守规意识和行为规范的养成，提高监所整体管理水平，保持17年安全无事故。5月，市看守所被公安部评定为一级看守所。

2002年在西林乡邹傅路10号重建，启用新的拘留所、收容教育所、戒毒所。常州市监管场所开展管理制度化、行为规范化、教育多样化、内务标准化达标活动。2003年，在押人员信息管理软件系统启用。经公安部、省公安厅同意，8月25日市看守所首次对外国人开放，25名在常外资企业老总参加警营开放日活动。

“五所合一”的常州监管场所(摄于2002年11月)

9月16日，安排次日将执行死刑的杭小程与父亲、姑母的会见，属全省首次。2006年，推行主协管制度，监室明确主管、协管民警，实行监室承包责任制，实行24小时全天候收押。2007年10月28日，市看守所怡源心理咨询室成立，心理援助基地签约。2009年1—10月开展强化监管执法和法律监督专项活动、监管执法专项检查活动。11月21日，全市看守所取消监室值日员，实行24小时在押人员双人轮流值班。2010年，武进区看守所进行《看守所标准化管理细则》试点。11月底，常州市看守所、武进区看守所试运行配套管理系统，武进区看守所成为首批全国公安机关执法示范单位。1986—2010年，全市看守所收押13.37万人，其中刑事拘留、逮捕人员11.75万人。

二、拘役所（第二看守所）

1993年3月1日，常州市拘役所搬迁至茶山乡芳田村1号，1997年9月，市拘役所随市看守所迁入西林乡新址，两所合署。2001年起，市拘役所与看守所工作逐步分离。2006年2月，市拘役所更名为常州市第二看守所。对短刑、拘役等留所服刑、教育的人员，加强法制教育，采取入监教育、平时教育和劳动改造等形式，促其改邪归正，改造成为自食其力的劳动者。1995年实施劳动犯等级化管理。1999年，请服刑人员家属进来共同做好教育、规劝工作。2008年，按照巡视监控无盲区、发现违规无遗漏的管控目标，由民警轮流坐岗值班的静态管理向监控、巡视二岗合一的动态管理转变，由管教兼职巡视、主要靠谈话掌握监内动态的经验型管理向民警包干直接管理监室、直接安排在押人员一日生活、实行主协管的责任型管理转变。

三、收容审查所

常州市公安局收容审查所原为市公安局劳动教养收容审查站，1995年7月6日更名。1991年，市公安局在郊区茶山乡芳田村新建收审所。1993年3月，正式搬迁。1986—1996年，全市收押收审人员18717人，经过承办单位内审外查，全部审结处理。1996年底，收审手段被撤销。1997年，市收容审查所撤销。

四、拘 留 所

常州市拘留所成立前期，在吊桥路市看守所院内办公。1993年6月，搬迁至茶山芳田村。2003年起，创建开展治安拘留所规范化建设示范单位，优化硬件设施，合理配备警力，制定完善规章制度。3月，市收容教育所、拘留所的心理援助基地挂牌，成为全省第一个监所心理援助基地。2004年，制定拘留人员行为规范细则，制作细则图例，设立图例展示室，拘留人员入所后首先至展示室了解行为规范。2005年2月，市拘留所被公安部授予部级示范治安拘留所；4月，市收容教育所、拘留所研制开发的在押人员一日生活制度智能化管理系统投入使用。2008年初，武进区、金坛市女性拘留人员投送常州市拘留所执行。同年，市拘留所再次与常州工学院合作，制作拘留人员行为规范动画教育片。2010年，设置严管、普管、宽管拘室，对被拘留人员实施分级管理。推行分类学习与测试，以所规和行为规范为基本内容，根据违法性质分类汇编学习教材，由民警任教员，每周开展学习教育活动达10课时。1986—2010年，全市收押拘留人员11.76万人，其中行政(治安）拘留10.9万人，2000—2010年收押司法拘留人员8536人。

五、收容教育所

1986年10月，常州市妇女收容教育所建立，对有卖淫活动和参与流氓奸宿、混宿的妇女先统一收容，采取边审查、边教育、边劳动、边进行性病检查治疗的方法管理，弄清违法犯罪事实后分别处理。1986年，首批集中收容失足妇女24人。3个月后，19人解除收容，5人被劳动教养。至1987年末，累计收容83人。1993年9月，国务院发布《卖淫嫖娼人员收容教育办法》。1994年7月，撤销常州市妇女收容教育所，建常州市收容教育所，收容教育所对收教人员以“教育、感化、挽救”为工作方针，坚持大课教育与个别教育、所内教育与所外教育、监所教育与家庭教育相结合的原则，开展主题帮教，做好思想教育。2004年，特邀技术人员到所进行技术培训，与两家生产协作单位达成接受安置解教人员从业的协议，鼓励学员到工厂工作，有10多名学员走上工作岗位。2006年9月29日，常州市妇女法制教育基地揭牌，市公安局与市妇联、卫生局联合开展帮教活动，市卫生局、天宁区妇联等10个妇女组织与监管支队签订了5年帮教协议，利用社会力量，开展形式多样的帮教活动。1994—2010年，全市收容教育卖淫嫖娼人员3404人，期限为6个月到2年。

六、戒毒所

1996年底，常州市公安局抽调3名民警会同德安医院开展戒毒工作，同年接收43人，其中41名强制戒毒、2名自愿戒毒。1997年12月，市戒毒所在市德安医院成立。次年4月，德安医院增挂“常州市戒毒康复中心”牌子，开设强制戒毒、自愿戒毒治疗区，强制戒毒由市公安局领导和管理。1999年12月，市戒毒所迁至茶山乡芳田村1号，德安医院派驻10名医护人员。2002年10月搬到西林乡新址。2003年市戒毒所开办自愿戒毒康复区，收治自戒人员50余名，被省公安厅评为二级监所。2004年，戒毒所开展满员收戒工作，收治强制戒毒人员240人、自愿戒毒人员89人。2008年6月，《中华人民共和国禁毒法》（简称《禁毒法》）实施，市戒毒所主要负责被决定执行强制隔离戒毒人员的前期生理脱毒，期限原则上3～6个月，基本完成生理脱毒的强制隔离戒毒人员转送司法行政部门管理的强制隔离戒毒场所。10月10日，市戒毒所首批12名男性强制戒毒人员被移送至省太湖司法强制隔离戒毒所，为禁毒法实施后全省公安向司法移送的首批强制隔离戒毒人员。1996—2010年，全市收治戒毒人员2.15万人次，其中初戒9963人次、强制戒毒1.16万人次。

第三章　检察

1985年以后，随着常州行政区划调整、工业现代化和法治进程的加快，市检察院所属检察机关进行相应增设和撤并。1986年9月撤销广化区检察院，成立郊区检察院（2002年6月撤销）。1998年成立常州高新技术产业区检察院（2002年更名为新北区检察院），至此，市检察院下辖7个市（县）区检察院和1个派出检察院（江苏省常州市社渚竹箦地区检察院）。随着检察工作的发展与进步，检察机关内设机构逐步完善、队伍日益壮大。2010年末，常州市检察院内设反贪污贿赂局、反渎职侵权局、侦查监督处、公诉处、民事行政检察处等业务部门11个和政治部、办公室、行政装备处等综合部门11个，有在编检察干部695人。1985年以后，全市检察机关围绕党的工作中心，依法独立行使检察权，履行宪法和法律赋予的使命和任务，依法行使对职务犯罪的侦查权、对刑事案件的审查逮捕、审查起诉权、侦查监督、审判监督权等权能。至2010年末，累计立案侦查贪污、贿赂、渎职等职务犯罪4406件，查办贪污受贿额达100万元的大案122件、县处级及其以上干部的要案100件，办理审查批捕案件55318件、81591人，审查起诉案件59468件、89819人。通过履行监所检察、控告申诉检察、民事行政检察（1991年6月设置）职能，维护了司法公正。全市检察机关按中共中央政法委关于深入推进社会矛盾化解、社会管理创新、公正廉洁执法“三项重点工作”的重大决策，加强和改进强化法律监督、强化自身监督、化解社会矛盾、涉罪外来人员管护帮教等工作机制。通过推行主办、主诉检察官工作制度、量刑建议制度、侦查一体化工作机制等改革举措，加强检察能力建设。全面推行讯问职务犯罪嫌疑人全程同步录音录像制度，完善检察内部案件督导和检务督察机制，强化自律，规范自身的执法行为。建立人民监督员制度，深化检务公开工作，确保公正执法。常州检察工作多次受到最高人民检察院、省人民检察院表彰。1995年武进市检察院被评为全国模范检察院，2002年溧阳市检察院获最高人民检察院授予的“人民满意检察院”称号。2005年，最高人民检察院确认武进区检察院继续保持“模范检察院”称号，省委、省政府授予其集体一等功；最高人民检察院授予天宁区检察院“先进检察院”称号，由省委、省政府授予集体二等功；1993年检察长蒋峰被评为首届中国十大杰出检察官；袁金彪、韩筱筠先后于1995年、2006年被最高人民检察院评为模范检察干部；全市有3名检察官立一等功。

第一节　刑事检察

1988年10月以前，常州市、县区两级检察院均只设1个刑事检察科，统揽刑事检察职能，负责对公安机关、国家安全机关侦查提请逮捕、移送起诉案件的审查批捕、审查起诉、出庭公诉，开展侦查监督和审判监督。10月，全市检察机关按省检察院关于加强内部制约的要求，实行侦查与批捕、起诉职能分开，分设了批捕科和起诉科(1992年升格为处)。检察机关管辖(经济与法纪)案件的批捕、起诉工作同时归口，废止侦查部门侦、捕、诉“一竿子”到底的制度，强化内部制约。1986年是为期3年的“严打”斗争3个战役最后一年，检察机关与公安、审判机关密切协作，坚持“从重从快”方针，严厉打击严重危害社会秩序的犯罪活动。全市有1554人向检察机关投案自首及主动说清问题，治安情况明显好转。1987—2010年，常州检察机关按全国统一部署，协同公安、审判机关开展了3次大规模的“严打”斗争及“扫六害”“反盗车”“打两抢”“双禁双打”“打黑除恶”等专项整治斗争。

1993年6—9月，全国开展夏季“严打”斗争，常州检察机关集中检力，配合公安机关开展“严打”斗争，提前介入重特大案件、恶性暴力案件82件113人，批准逮捕754人，起诉355件577人。1996年5—7月，全国第二次“严打”斗争开始，集中惩治暴力犯罪、流氓恶势力和带有黑社会性质的犯罪活动，及杀人、强奸、抢劫、重大盗窃等严重危害社会治安稳定的犯罪活动，全市批捕771人，起诉785人。同年，市检察院调整内设机构，以刑检一处、刑检二处取代批捕处与起诉处，刑检一处负责刑事案件的批捕、起诉工作，刑检二处负责经济、法纪案件的批捕、起诉工作。1997年9月，刑检一处更名为审查起诉处，承担审查起诉及审判监督等职能，刑检二处更名为审查批捕处，承担审查批捕及侦查监督职能。2002年，审查起诉处、审查批捕处分别更名为公诉处、侦查监督处，其职能未变。2001年4月至2003年3月，全国开展第三次“严打”整治斗争，重点惩治有组织犯罪、带有黑社会性质的团伙犯罪和流氓恶势力犯罪，爆炸、杀人、抢劫、绑架等严重暴力犯罪及盗窃等严重影响群众生活的多发性犯罪，将社会治安治理与整顿市场经济秩序、整顿党政司法队伍相结合，打掉了溧阳东门帮、西门帮、杨家院等农村恶势力。

一、审查批捕

1986—2010年，常州检察机关受理批捕案件55318件81591人；经审查，批准和决定逮捕51255件74785人，不批准逮捕6370人。1987年首次“严打”结束后，刑检部门重点加强以提高办案质量为主的规范化建设，完善主罪主证复核、提前介入、两级复核、备案审查等制度及相应措施，保证办案质量。1996 年修订的《中华人民共和国刑事诉讼法》（简称《刑事诉讼法》）对逮捕条件作了调整，将“有证据证明有犯罪事实”列于法定条件之首。常州检察机关落实严格的办案责任制，保障审查批捕中零错捕、无漏捕。1997 年 6 月 15 日，常州市闹市区德泰恒菜馆发生一起带有黑社会性质犯罪团伙间的凶杀案，以戚某某为首的 9 人持大刀长矛等凶器，在德泰恒饭店追杀另一团伙成员张某某，致其当场死亡，在社会上造成非常恶劣的影响。市检察院快速反应，提前介入，及早提出补证建议，3 日内就对 8 名犯罪嫌疑人依法作出批准逮捕的决定，对尚未归案的童某等 12 人建议公安机关加紧追捕，在较短时间内 20 名犯罪嫌疑人全部归案。1999—2000 年，批捕部门开展“审查批捕工作规范年”活动，规范办案流程，提高批捕工作水平。2003 年起，全市检察机关提前介入、引导侦查形成工作机制。2009 年 9 月，检察机关实行职务犯罪案件审查逮捕权上提一级改革，强化对自身执法办案活动的内部监督，给公正执法、维护犯罪嫌疑人的合法权益增加一道保障。至 2010 年末，市检察院提办职务犯罪批捕案 67 件 68 人，批准逮捕犯罪嫌疑人 61 人，不批准逮捕 7 人。

二、审查起诉

1986—1996 年，常州检察机关受理移送起诉、免诉案件 15521 件 22529 人；经审查，决定提起公诉 14317 件 20570 人，免予起诉 1292 件 1769 人。1997 年，刑事诉讼法修订，免予起诉制度被废止。1997—2010 年，严格按照修改后的刑法、刑事诉讼法（简称“两法”）的规定开展审查起诉，增加适时介入侦查环节，参与重大疑难复杂案件讨论、引导侦查，引入证据开示制度，出庭公诉中应用多媒体示证，对符合条件的案件实行普通程序简化审理，重大案件检察长列席法院审判委员会参与讨论等新元素，审查起诉在保证办案质量、杜绝错案漏罪和提高办案效率中双向推进。常州检察机关严格审查刑事案件，纠正侦查机关（部门）该移送而未移送起诉的案件 373 件 511 人，重大漏罪 700 余起。2000 年办理的陶某某信用证诈骗、走私、虚开增值税发票案，侦查部门认定犯罪数额 2000 余万元，经审查起诉部门深入审查，建议补证，查实犯罪数额近 2 亿元。陆某某虚开增值税发票案犯罪数额由侦查部门认定的 900 余万扩大到 9000 余万元，陆某某被法院判处死刑。

三、立案监督

1986—1996 年，常州检察机关主要通过建议追捕追诉方式开展监督。1997 年，修订后的《刑事诉讼法》实施，该法对检察机关开展立案监督作出明确规定，立案监督成为刑事检察工作的重要内容。1997—2010 年，检察机关依法对侦查机关的立案活动进行监督，纠正有案不立、有罪不究、以罚代刑等执法不严问题。全市检察机关向侦查机关发出《说明不立案理由通知书》717 件，侦查机关立案 708 件 885 人，监督和纠正公安机关不应当立案而立案 390 件 521 人。1997—2000 年，武进前黄地区发生农村恶势力犯罪活动，欺压群众。2001 年，市检察院从受害人的举报中发现案件线索，指令市检察院侦查监督处督办，经侦查机关立案查处，最后 7 人被判刑。

立案监督专项行动　2004 年 4 月，最高人民检察院部署全国检察机关开展制售假冒伪劣商品、侵犯知识产权立案监督专项行动，常州市检察机关建议行政执法机关移送案件 23 件 25 人，立案监督 14 件 16 人，审查批捕非法经营、侵犯知识产权、生产销售伪劣商品等案件 26 件 33 人。市检察院、公安局先后与市工商局、质监局、烟草专卖局等 25 家行政执法机关在刑事司法与行政执法中加强协调配合，确立联席会议制度、信息互通制度、案件移送制度、联合执法制度等，创建行政执法与刑事司法的衔接机制。检察机关提前介入到行政执法机关和公安机关，查处一批有影响的制假售假、侵犯知识产权的大案。检察机关在与市药监局、烟草局、工商局的个案协调中，办结了假冒“伟哥”案，批捕起诉了苏南地区最大的私盐非法经营案件、常州市首例烟草非法经营案。在侦查环节提前介入邵某某假冒注册商标、销售非法制造注册商标案，提出10多条补证意见，此案获中国外商投资企业协会2002—2003年度保护知识产权最佳案例奖。市检察院被最高人民检察院表彰为2003—2005年打击制假售假、侵犯知识产权犯罪专项立案监督活动先进集体。

信息共享平台 2006年，常州检察机关在全市开发应用行政执法与刑事司法信息共享平台，依托政务信息网络，运用现代科技手段共享行政执法案件信息。这项工作成为2007年全省检察改革10项重点工作之一，常州市两级检察机关被确定为试点单位，2008年3月最高人民检察院转发常州经验材料，向全国推广常州做法。在市检察院带动下，溧阳、武进、新北检察院建立的两法衔接信息平台运行良好。检察机关通过该平台及时掌握40余家行政执法机关的行政执法信息。2006—2010年，全市检察机关共建议行政执法机关向侦查机关移送案件线索385件，对推进依法行政、维护市场经济秩序的有序发展发挥了重要作用。

四、侦查监督

1986—2010年，常州检察机关在审查批捕和提起公诉过程中共建议侦查机关追捕1292人，追诉511人，作出不批准逮捕决定6370人，发出检察建议纠正执法不当892份次。2001年，钟楼区检察院办理一起多人合伙金融诈骗案，公安机关报捕时涉案金额仅33万元，经过批捕部门审查，建议公安机关追捕涉案的其他16名犯罪嫌疑人，涉案金额扩大到3100余万元。2000年，溧阳市以李某为首的“东门帮”和以高某某为首的“西门帮”在娱乐场所聚众斗殴10余次，引发大规模械斗，造成死1人、伤多人的严重后果，社会影响恶劣。溧阳市检察院在审查起诉中发现，除已捕14人外，还有10多名帮派成员也构成犯罪，立即建议公安机关追捕追诉。

五、审判监督

1986—1996年，常州审判监督工作，主要围绕审判程序是否合法，量刑中是否出现畸重畸轻情况，有无措施防范同案被告人串供等问题展开，监督的深度与力度有限。1997年随着修正后的“两法”相继实施，全市检察机关坚持维护司法公正，审判监督水平逐年提高。2001年，市检察院把庭审过程中提出量刑建议作为重点课题进行研究，大胆实践。2006年，规范量刑建议有关问题的规定出台，推进刑事审判监督由定罪均衡向量刑均衡、事后监督向事前监督的转变。2007年，市检察院制定《关于加强侦查监督与审判监督的规定》，在全市建立两级监督、上下联动的法律监督模式，构建追诉漏罪漏犯机制，纠正程序违法、实体错误机制，刑事抗诉机制，检察长列席审委会机制和量刑建议机制等8项工作机制，开展审判监督。个案监督与类案监督、事前监督与事后监督、刚性监督与柔性监督相结合，运用抗诉监督、再审检察建议、类案复查等手段进行法律监督。推行检察长列席审委会、刑事司法联席会议和法律监督联络员制度，开展量刑建议探索，加强对刑事审判活动的事前监督，破解了长期制约审判监督工作发展的难题。2009年初，市检察院出台公诉部门加强诉讼监督工作的实施意见，公诉环节诉讼监督“八项机制”得以完善，经验材料被最高人民检察院转发。1986—2010年，全市检察机关依法提出刑事抗诉案件63件，法院改判11件。其中1997年“两法”实施后提出刑事抗诉案51件，改判8件。2009年，在全国刑事审判法律监督专项检查活动中，常州市检察机关发现有监督价值或抗诉价值的案件线索54件，提起抗诉23件，发出再审检察建议7件8人。

第二节 反贪污贿赂检察

1988年10月以前，常州贪污贿赂等经济案件的侦查、批捕、起诉均由经济检察部门承担。自10月起，实行侦查、预审与批捕、起诉分开，反贪污贿赂检察部门（包括原经济检察部门）只负责侦查，批捕、起诉则另由相应的业务部门负责，以加强监督制约。1995 年，全市检察机关相继成立反贪污贿赂局。6 月，常州市检察院反贪污贿赂局挂牌成立，下设侦查处、综合处和指导协查处。

一、机构设置

乡（镇）检察室 1988 年，武进县检察院向湖塘镇派驻检察室，全市第一个基层检察室诞生。当时镇、村企业发案较多，检察室的设立对增强反贪工作的快速反应能力有着突出的优势。1992 年，武进县检察院先后在横林、郑陆、卜弋 3 个重点乡镇设置了检察室。1993 年市检察院在武进县检察院取得成功经验后，制定了《关于设置重点乡（镇）检察室的三年发展规划》。1994 年，最高人民检察院将常州市作为建设乡（镇）检察室的联系点。至 1995 年底，全市在重点乡镇建检察室 16 个。1993—1997 年，乡（镇）检察室累计立案侦查经济犯罪案件 352 件，占金坛、溧阳、武进 3 辖市（县）检察院立案总数的 56.8%。1997 年，修订后的《刑事诉讼法》施行，检察机关受理案件的主体范围发生变化，全市撤销检察室 10 个，保留武进 6 个检察室。1999 年，全市检察机关推出 10 项改革举措，包括完善乡（镇）检察室职能，把侦查、审判、执行监督及预防犯罪也纳入乡（镇）检察室工作职能中，使之从单一的自侦职能扩展为综合职能。2010 年，全市检察机关恢复重建乡（镇）检察室，推进“三项重点工作”（深入推进社会矛盾化解、社会管理创新、公正廉洁执法）。2010 年底，全市设乡（镇）检察室 12 个，其中武进区 5 个，新北、天宁、钟楼区各 1 个，金坛、溧阳两市各恢复重建 2 个。

职务犯罪侦查指挥中心 2002 年，常州市检察院制定《关于加强职务犯罪侦查指挥协作工作的规定（试行）》，成立市职务犯罪侦查指挥中心（简称“侦查指挥中心”），探索侦查一体化工作模式，全面实行侦查线索统一管理、侦查活动统一指挥、侦查力量统一使用、侦查资源统一调配，加强查处大要案件的指挥协调，统一调配使用侦查力量。2008 年，侦查指挥中心建成投入使用。全市检察机关对职务犯罪嫌疑人采取强制措施前的讯问在侦查指挥中心进行。侦查指挥中心加快科技强侦步伐，坚持运用信息技术监管执法办案活动，实行办案远程指挥和全程同步录音录像，创建了涵盖线索管理、涉案人员信息等数十万条数据的基础信息库。

二、案件受理

1986—1997 年，常州检察机关累计受理贪污贿赂等经济犯罪线索 6351 件，初查 4203 件。根据 1979 年颁布的《刑事诉讼法》和最高人民法院、最高人民检察院、公安部《关于执行刑事诉讼法规定的案件管辖范围的通知》及其他有关规定，检察机关经济检察主要负责查处贪污案、贿赂案、偷税抗税案、挪用公款案和挪用国家救灾、抢险、防汛、优抚、救济款物案，假冒商标案及检察院认为需要自己直接受理的其他案件。全市检察机关接受举报，查办大案要案、深挖窝案串案，探索实行向税务、供销等行业及乡镇派驻检察室，推进反贪工作。1997 年，随着刑法、刑事诉讼法施行，检察机关直接受理贪污贿赂犯罪案件的主体范围缩小，反贪污贿赂工作重点为国家工作人员的职务犯罪。

1998—2010 年，常州检察机关受理贪污贿赂犯罪线索 4779 件，初查 3203 件。2000 年前后，市检察院分别与市纪委、审计、公安、银行等职能部门建立案件移送和工作协作配合机制，扩大案源，依法惩治腐败。2008 年，市检察院推进侦查信息库建设，与市公安、国土、金融、电信等部门沟通协调，收集数据信息 45 万条。2009 年 7 月，市公安局通过专线将相关信息查询端口接入市检察院，扩充侦查信息库容量。市检察院建成 6 类信息库，公安数据库信息、已结职务犯罪案件信息、特定人员信息、行贿人信息、地税信息、工程信息实现随时查询，为查办贪污贿赂犯罪提供支持。同年，市检察院与人行常州市中心支行联合发出《关于查处和预防职务犯罪中加强协作配合的若干意见》，建立案件（线索）移送和备案制度、信息通报制度、联席会议制度，简化了查询、冻结储蓄存款、汇款手续，提高办案效率。

三、立案查处

1987年，常州检察机关立案查办在全国有较大影响的武进化肥厂财务科科长蒋某某特大贪污案。蒋某某侵吞集体财产129.4562万元，为当时全国个人贪污数额之最，《人民日报》为此案配发了评论员文章。1989年8月，最高人民法院、最高人民检察院发出《关于贪污、受贿、投机倒把等犯罪分子必须在期限内投案自首的通告》，在全市广泛宣传、深入发动，8月15日至10月31日通告规定的时间内，检察机关受理投案自首122件，立案查处15件15人。对投案自首人员均作从轻、减轻或免予处罚处理。中行武进县支行奔牛办事处一名储蓄员于9月13日向检察机关自首，主动交代贪污公款8.96万余元。检察院经立案侦查，认定犯罪事实属实，且犯罪数额特别巨大(当时数额标准)，依照刑法本应处重刑，鉴于其在通告规定限期内投案自首积极退赃，经检察机关建议法院减轻处罚判决其有期徒刑3年。

1993年，中共中央做出加强反腐败斗争的重大决策后，常州检察机关坚决贯彻中共中央和省、市委的部署，打击贪污、贿赂等严重经济犯罪，重点查办涉案金额达1万元的大案和发生在党政机关、司法机关、行政执法机关和经济管理部门工作人员中的犯罪案件。1993—1997年，全市检察机关立案侦查贪污贿赂等经济犯罪案件1290件，通过办案为国家和集体挽回直接经济损失5.43亿元，决定逮捕521人，提起公诉884人。5年间查办涉案金额达100万元的大案35件、要案13件。市检察院带头查办县处级及其以上领导干部犯罪要案和在当地有影响的大案，推动全市反腐败斗争的深入开展。

1998—2010年，全市检察机关查办国家工作人员贪污贿赂案，累计立案侦查1547件1625人，其中侦办涉案金额达1000万元的特大案3件、100万～999.99万元的特大案80件、50万～99.99万元的大案119件，查处县处级及其以上干部职务犯罪要案87件。累计为国家、集体挽回经济损失40749.23万元。2000年，市检察院侦办新中国成立后全市犯罪数额最大的葛某某特大贪污受贿案。1992—1999年，葛某某利用担任建行常州分行国际业务部经理、资金计划财务处处长、计划财务部经理、常州高新区支行行长等职务之便，采取收不入账、将本单位利息轧出账外等手段贪污人民币1859.94万元、美元3.06万元，收受他人贿赂人民币238.2万元、美元300元，收受劳力士手表、蓝宝石戒指等物品，价值5.58万元，挪用公款700万元，还犯有玩忽职守罪、虚开增值税专用发票罪。该案的成功查处震惊全省。

2005—2010年，常州检察机关更加注重将查办贪污贿赂犯罪与促进和谐社会建设、保护经济发展、维护民生联系起来，深入查办商业贿赂、涉农、危害能源资源、工程建设领域的贪污贿赂犯罪；着力查办在药品购销、学校图书采购、拆迁补偿、保险基金管理等环节发生的贪污贿赂案件。把与人民群众利益直接相关、与社会和谐稳定紧密联系的环节和事项作为反贪侦查工作的重点靶位，查办涉案金额达百万元的大案45件、县处级及以上人员犯罪要案40件。1986—2010年，常州检察机关累计立案侦查贪污贿赂等案件3855件4342人，追回赃款(物)和挽回直接经济损失10.22亿元。

第三节　反渎职侵权检察

2005年以前，反渎职侵权检察称为法纪检察。1984年，常州市检察院和3个县检察院均设法纪科。1986年，区检察院设置法纪检察股，全市法纪检察干警由12人增至37人。2005年9月，市检察院反渎职侵权局成立，取代渎职侵权检察处(原法纪检察处)。2006年7月，反渎职侵权局明确为副处级建制，下设综合处、侦查处。各基层检察院同年成立反渎职侵权局，取代渎职侵权检察科。

一、案件受理

1986—1997年，常州检察机关受理法纪案件1594件，初查1416件。1997年修订后的“两法”实施，调整了案件管辖范围，法纪检察管辖案件由原来的16种罪名扩大到41种，但法纪案件主体范围被限定为国家机关工作人员（主体范围缩小），检察机关作出重大调整，迅速按新的法律规定调整工作思路，通过广播、电台、电视、报纸等新闻媒体宣传法纪职责、法纪查处对象、法纪管辖罪名及立案标准等内容，发动群众举报。1998—2010年，全市受理渎职侵权案件线索596件，初查487件。2000年，常州市检察院与新闻单位发出《关于检察机关与新闻单位在查办渎职侵权案件中加强联系协作的工作意见》，利用新闻媒体收集案源信息。市检察院、公安局、中级法院、审计局等单位召开了贯彻最高人民检察院等院、部（署、局）《关于在查办渎职案件中加强协调配合建立案件移送制度的意见》联席会议，建立与其他司法机关、行政执法机关的信息网络和协作机制。2006年，检察机关与有关部门建立公共信息对接查询机制。2006年3月，市检察院规定移送渎职侵权犯罪线索为相关部门的职能，建立线索专管制度，大力收集涉案信息，检察机关内部合力查办渎职侵权犯罪。

二、立案查处

1986—1997年，常州检察机关立案查处法纪案件391件446人，玩忽职守、重大责任事故等渎职类犯罪占70.9%，非法拘禁、刑讯逼供、非法侵入他人住宅、妨害邮电通信、诬告陷害等侵权类犯罪占23.8%，伪证罪等其他案件占5.3%。1998—2010年，立案查处渎职侵权案件160件180人，其中滥用职权、玩忽职守、徇私舞弊等渎职类案件126件，刑讯逼供、非法拘禁、报复陷害等侵权类案件12件，利用职权实施的其他重大犯罪案件21件。至2010年末，侦查终结、已向法院提起公诉的案件136件155人，决定不起诉17人。

办案机制 侦查一体化办案机制 1986—1997年，常州检察机关法纪检察实行以基层检察院办案为主的模式，市检察院主要承担指导、协调职责，只有发生重特大案件市检察院才参与办案。1997年修订后的《刑法》《刑事诉讼法》实施，法纪检察及时创新侦查机制，改变纯粹属地管辖原则，实行以市检察院为龙头、区域内联合查办、上下结合查办、易地查办、特侦队查办和市检察院提办的办案新体制。到2003年，基本形成以市检察院为主体、基层检察院为基础的办案模式。2006年，全市试行侦查一体化办案模式，突出市检察院在查办渎职侵权案件中的领导地位，强化线索的集中管理和审查评估。至2010年，一体化侦查机制基本成熟。

以事立案办案机制 2000年，常州市检察院在全省率先建立"以事立案"查办渎职侵权类职务犯罪案件新机制。制定了《关于查办渎职侵权案件实行以事立案的暂行规定》，对认为有犯罪事实需要追究刑事责任，而犯罪行为人一时不能确定的，采用以事立案方式侦办。全市检察机关查处渎职侵权案件从此采用"以人立案"与"以事立案"结合立案模式，解决单一"以人立案"方式不能解决的重大侦查难题，增强了立案查办案件的及时性和取证工作的有效性。2000—2010年，采用以事立案53件，占立案查办渎职侵权案件的32.7%。

规范办案 2006年3月，常州检察机关按最高人民检察院规定，在侦查渎职侵权案件中全面推行讯问犯罪嫌疑人全程录音录像制度。5月，市检察院反渎局同监察处、反贪局等专门检查全市侦办渎职侵权案件讯问犯罪嫌疑人全程录音录像工作，杜绝违规操作和"打擦边球"等违规办案、不文明办案行为。2007年，市检察院统一和规范全市反渎职侵权案件法律文书制作和上报，制发相关规范性文件，建立健全立案把关、结案审查、案件质量督查、备案审查等项制度，促进反渎职侵权工作发展。

案件查办 1986—1997年，常州市法纪检察主要查办严重侵犯公民人身权利和民主权利、玩忽职守、徇私舞弊、重大责任事故等案件，带动伪证、报复陷害、诬告陷害等其他案件的查处。90年代中期，随着常州经济的发展，因工矿企业、民间借贷等纠纷引发的人质型讨债非法拘禁案逐渐增多。法纪部门严格遵照最高人民法院、最高人民检察院的有关规定，严肃处理这类案件，及时参与解救人质上百人。1993—1996年，依法查办非法拘禁案件25件。1997年，常州反渎职侵权检察（即法纪检察）部门按修订后的《刑法》《刑事诉讼法》

及上级检察机关的部署，依法开展严肃查办国家机关工作人员利用职务侵犯人权犯罪案件、集中查处破坏和扰乱社会主义市场经济秩序的渎职犯罪案件和危害能源资源与生态环境渎职犯罪案件、查办涉农职务犯罪案件等专项行动，采取以事立案、以人立案、易地交叉办案、有关联案件和多罪交织案件并案侦查、市检察院介入大要案侦查、市检察院统一指挥下区域联动侦查一体化机制等措施，攻克和排除查办渎职、侵权案件中普遍存在的查案难度大、干扰因素多等难点和阻力，反渎职犯罪工作取得重大突破。2000 年，市检察院协同金坛市检察院成功侦办金坛市财政局商贸科科长潘某某玩忽职守、挪用公款、贪污、受贿特大案件，潘某某被判处有期徒刑 20 年，该案被最高人民检察院列入同年度全国最具影响力的 20 件重大渎职案。1998—2010 年，立案侦查渎职、侵权案件 160 件，其中重特大案件 80 件、要案 11 件。

第四节　监所检察

1985 年以后，常州监所检察部门通过加强对看守所、拘留所、监狱执法活动和刑罚执行情况，安全管理的监督，及时纠正违法及监管中的问题，保障监管工作依法进行。1993 年，市、县(市)两级检察院相继开展驻狱、驻所检察室建设，12 月，市检察院驻市看守所、拘役所检察室成立，至此全市 6 个驻所检察室全部建成。2003 年，全市驻所检察室与看守所全部实现信息管理和动态监督系统的双向连接。至 2010 年底，全市 5 个驻所驻狱检察室被评为二级规范化检察室，驻常州监狱检察室被评为全国一级规范化检察室。

一、刑罚执行监督

对超期羁押的检察　1992—1996 年，常州检察机关纠正超期羁押 22 人，发出纠正违法通知书 67 份。1997 年，修改后的《刑事诉讼法》施行后，监所检察把保障被监管人员和在押人员的合法权益作为重点。1997 年，市检察院根据最高人民检察院关于清理和纠正超期羁押的通知精神，组织专门检查全市监管场所超期羁押及久押不决情况，对超期羁押的 3 件 17 人及久押不决的 6 件 12 人提出纠正意见，得到落实。1999 年，市委政法委和市公安局、检察院、中级法院、司法局等单位联合发出《关于严格监管场所管理几项规定的通知》，明确规定换押手续的办理。各驻所检察室每月对监所内即将羁押到期情况进行一次排查、一次情况通报，对各诉讼环节时限将到的案件，驻所检察人员用预警方式进行催办督办，有效防止超期羁押现象发生。2003—2010 年，全市各看守所仅出现 1 例超期羁押，很快纠正。

监督收押、提讯提押、释放及会见活动　常州市驻所检察室严把收押、释放关，严防违法收押、收容。自 1999 年《关于严格监管场所几项规定的通知》下发后，再次规范了提押、会见程序。驻市看守所检察室纠正了律师违法会见事件 3 起。2001 年 11 月 1 日，“严打”整治斗争开始，案件数量陡增，公检法机关案多人少、工作严重超负荷，市检察院同市公安局协商提高提讯效率，加快办案进度问题，形成预约提讯、代理告知等创新举措，对提高办案效率和防止超期羁押有着双重作用。这些做法在此后的案件高峰时一直沿用。

检察减刑、假释、监外执行　1986—2010 年，常州监所检察部门坚持对减刑、假释、保外就医、留所服刑的办理进行检察监督，对不符合法律规定的及时提出纠正意见。1999 年，社渚竹箦地区检察院及各驻所检察室通过定人负责、审查材料、深入调查、推行听证制等手段，对减刑、假释、监外执行的呈报程序是否合法、条件是否符合依法进行检察，维护司法公正。2001 年，市检察院根据最高人民检察院《关于进一步加强刑罚执行监督工作的通知》和省检察院的统一部署，多次开展减刑、假释、保外就医监督专项检查。2002 年初，市检察院监所处同市公安局监管支队对办理减刑、假释作出有关补充规定，使减刑、假释办理条件及办理程序更严密、更公平，更透明、更规范。2003—2010 年，审查监督 4.93 万件，对其中 400 余件提出不予提请减刑、

假释、暂予监外执行的检察建议。

监督监外执行罪犯管理、矫正　常州监所检察对被判（或裁定）管制、缓刑、假释、剥夺政治权利和保外就医等监外执行人员的改造依法进行监督。1997年以前，检察院主要以进行实地考察、发公开信、让监外人员定期报告自身改造情况等措施，了解监外执行情况，在此基础上提出检察意见。诸如：发现罪犯监外执行条件消失的，及时提出收监建议；对帮教不落实的协助建立帮教组织；对刑罚执行期间又犯罪的，督促公安机关侦查等等。2005年，全市两级检察机关参与监外执行人员社区矫正工作，通过建言献策，市和辖市区（县）社区矫正工作领导小组相继成立。检察机关对监外罪犯的监督考察实行计算机（一人一档）管理，加强对社区矫正的监督。2009年下半年，常州市检察机关在全省率先推出社区矫正检察监督信息平台，把3729名监外犯中的3515人纳入社区矫正系统，采用地图结合数据显示模式，全市社区矫正全面实现信息化管理。至2010年末，检察机关累计提出监外执行中违法或不当纠正意见633件次，防止失管失控现象。

二、案件查办

监管改造场所发生的职务犯罪案件　1986—2010年，常州检察机关立案查处监管改造场所干警贪污、贿赂等职务犯罪案件39件47人。1997年，查办常州监狱原监狱长黄某某（三级警监、正处级干部）受贿案。1991年6月至1996年12月，黄某某利用职务之便收受他人贿赂人民币41万余元、美元1200元及金首饰2件、皮衣、手表各1件。1997年12月，黄某某被判处有期徒刑15年。

狱（所）内刑事犯罪及监外执行犯重新犯罪案件　常州监所检察每年审查批捕、审查起诉狱（所）内刑事犯罪及监外执行犯重新犯罪案件约10件。办案时注意严把案件质量关，不枉不纵，及时打击再犯罪活动，维护正常的监管秩序。2006年3月，武进区看守所发生一起在押人员伤害案，检察院在办理批捕时，协同看守所结合该案为700多名在押人员上法制课，全面整顿了监所秩序。

三、文明监管与安全防范检察

文明管理检察　1986—2010年，常州监所检察部门每年平均为在押人员上大课约30次，个别谈话帮教1000人次。1987年，全市监所检察部门与看守所开展“共建文明”活动，采取多种形式对在押人员进行法制宣传。1990年“严打”期间，全市两级检察机关与公安机关联合到看守所召开“严打”动员大会，号召他们供余罪、揭同伙、立新功、赎旧罪。有25人坦白交代余罪65宗，124人检举揭发犯罪线索419条，破获案件51起，追捕犯罪嫌疑人11名。1997年，检察机关进一步加强对文明监管的检查监督，协助看守干警和武警做好文明管理、文明执法工作，在尊重在押人员的人格、保障人权（包括选举权）、均衡饮食、实行人道主义方面做工作，促进了在押人员服从管理和思想转化。

安全防范检察　1986—2010年，常州监所检察部门进行安全检查、参与联合安全检查1.25万次，配合看守所查监、清监500余次，提出改进检察建议、意见1800余条，保障正常的监管秩序。1989年5月，金坛市驻所检察人员察觉6号监房在押人员神色紧张，经细查，发现1名在押人员伙同他人深夜撬开地板，欲从下方气窗口逃跑（未果）。监所检察部门立即同看守所全面检查，采取加固措施，消除安全隐患。

第五节　民事行政检察

1988年以前，常州未开展民事行政检察工作，人民群众对生效的法院民事行政判决不服除了申诉外无其他救济渠道。1988年，市中级法院与市检察院就开展检察机关参与民事诉讼活动达成共识，选择钟楼区为民事行政检察试点单位。1991年6月，常州市检察院、武进县检察院相继成立民行科，全市有专、兼职民事行政检察干部10名。1994年，除戚墅堰区检察院外，市检察院及其他基层检察院均增设民事行政检察科，专职民事行政检察干部增至17名。随着《中华人民共和国民事诉讼法》（简称《民事诉讼法》）、《中华人民共和国行政诉讼法》（简称《行政诉讼法》）的颁布，民事行政检察逐步开展起来。但由于两个诉讼法均对检察机关诉讼监督的方法、程序规定得不完善，民事行政检察一度举步维艰。全市两级检察机关随着检察改革的深入，狠抓办案，坚持"敢抗、会抗、抗准，公开、公正、合法"的工作方针，探索维护司法公正、保护国有资产、惩治司法腐败与促进依法行政的多元化民事行政监督道路，综合运用检察建议、促进当事人执行和解、对错误判决提出抗诉等法律监督手段，开展民事行政诉讼监督。2004年，市检察院、中级法院建立办理民事行政诉讼案件的协作配合机制，解决了调档阅卷、案件协商、纠错息诉及执行程序中的相互配合等问题，得到最高人民检察院的肯定和推广。

一、民事行政诉讼监督

1988—1996年，常州检察机关开展民事行政诉讼监督尚处探索时期，检察机关受理民事行政申诉案数量较少，立案审查每年不足20件。1997年后，民事行政检察步入正轨，受理案件逐年攀升。1997—2010年，全市检察机关受理民事行政申诉案件4217件，审查处理3961件，对其中符合立案条件的立案审查1645件、提出抗诉154件、抗诉后再审改判73件、提请或建议提请上级检察院抗诉629件。2002年，市检察院提请省检察院抗诉武进钢铁集团公司信用证垫付款追偿纠纷申诉案，经法院再审改判，为企业挽回经济损失798.5万元。1997—2010年，常州市检察机关向法院提出个案再审检察建议331件，法院采纳再审检察建议240件。全市检察机关将提出检察建议作为办理民事行政案件的补充手段，灵活运用检察建议，取得较好效果。2002年，新北区发生1起非法集资案在执行环节明显不公的情况，引起100多名当事人多次上访，新北区检察院向法院提出撤销错误裁定的检察建议，法院及时采纳，撤销原裁定。

二、支持督促起诉

2001年，常州检察机关在法律框架内拓展民事行政检察职能，利用自身优势，探索支持、督促起诉、刑事附带民事诉讼等民事行政审判监督新方式，维护国家利益、公共利益和集体利益。2001—2010年，代表国家以原告身份起诉12件，挽回经济损失1亿多元，支持督促起诉1219件，使受环境污染危害的数千个家庭得到经济补偿。2001年，市检察院加强与市中级法院的沟通协调，探索办理了全省检察机关首例支持起诉案即金坛市财政局诉庄某某等13人转制无效案，避免了6000万元国有资产流失。2002年，常信房地产开发公司原负责人在企业改制过程中隐匿巨额国有资产案发后，市检察院向转让方的主管部门常州投资集团公司发出"检察建议书"，建议其依法向常州市中级法院提起民事诉讼，确认改制合同无效，返还企业产权。法院受理后，确定该案隐匿资产额达1400余万元。在法院主持下，原告与34名被告达成解除转制协议及相互返还相关资产的调解协议，法院判决确认双方转制协议无效。2004年，最高人民检察院明确将刑事附带民事诉讼列入民事行政检察，常州市检察院办理了首起刑事附带民事诉讼案。犯罪嫌疑人刘某因破坏电力设备导致国家损失3929.94元，武进区检察院代表国家以原告身份提起附带民事诉讼，法院在以破坏电力设备罪判处刘某有期徒刑4年的判决外并判处其赔偿国家损失3929.94元。2006年，市检察院成立常州大酒店改制专案组，调查常州大酒店改制过程中巨额国有资产流失情况，建议市国资部门向法院提出民事诉讼，经法院判决挽回国家损失6559万元。

三、司法腐败犯罪案件查处

1991—2010年，常州检察机关从群众举报及办理民行申诉案中发现线索，查处司法机关工作人员职务犯罪9人。2001年，市检察院在审查1起民事申诉案时，发现当事人尤某存在利用30万元的虚假借条索贿的嫌疑，察觉审判工作存在问题。市检察院指定戚墅堰区检察院查办此案。经侦查发现，尤某有索贿和贿赂审判人员的犯罪事实。经市检察院抗诉，市中级法院指令再审后，原审民事判决被撤销，尤某也被判处有期徒刑9年。2004年9月，最高人民检察院调整了检察机关直接受理案件的侦查分工，明确规定民事行政检察部门对在办理民事行政抗诉案件中发现的审判人员职务犯罪案件线索，检察长批准进行初查或直接立案侦查。2007年，市检察院民事行政、反渎职部门查办了钟楼区法院1起法官职务犯罪串案，查明法官、案件当事人、代理律师分别涉嫌枉法裁判、妨碍作证罪、帮助伪造证据罪。

四、息诉服判工作

1997—2010年，常州检察机关息诉民事行政申诉案1938件。2002年，市检察院办理叶某因为工龄问题的申诉案。叶某多年久诉不息、跑遍相关部门均未解决，为此多次扬言要买枪杀人。市检察院受理审查此案后，认为该案不具备抗诉条件，但申诉人的特殊情况确实存在。市检察院与相关职能部门协调解决了其待遇问题。2005年以后，市检察院、中级法院协调平息申诉案件。2007年，经检察机关与相关部门多次协调，解决了60多岁以捡垃圾为生的蔡某与溧阳市城建集团公司劳动争议申诉案，劳动保障部门为其补办退休手续和医疗保险。常州基层检察院创造了多种有效的息诉方式，金坛市创造的案前调解与案后调解、面对面调解与背对背调解、趁热打铁与冷却处理、个别谈心与多方疏导相结合的和解结案新方法，发挥了息诉作用。

第六节　控告申诉检察

一、信访受理

1988年7月，常州市检察院为更好发挥群众同经济领域的违法犯罪行为作斗争的重要作用，经省检察院批准，成立经济罪案举报中心，各县（区）检察院设立经济罪案举报室，受理公民对国家工作人员贪污、受贿等经济犯罪活动的检举。1986—2010年，全市检察机关受理来信来访48162件，其中控告、检举36401件，受理申诉4802件，分别占信访总数的75.6%、10%，受理1028人投案自首。

举报初查　1988年7月经济罪案举报中心（室）成立后，常州市检察机关累计受理控告举报3.64万件，其中有关贪污贿赂、渎职侵权等职务犯罪线索的举报1.86万件，占受理控告、举报总数的51%。对除少量线索不明、无法初查外的举报外其余都进行了初查，由反贪和反渎职部门立案处理4406件。部分基层检察院从1991年起，在乡镇、企事业单位聘请部分检察助理或联络员，协助检察机关初查案件线索，做好法制宣传工作。至1996年底，全市聘请检察助理员412人。1997年，检察助理员、联络员制度被取消。

文明接待室创建　1992年，常州市检察机关根据最高人民检察院、省检察院的要求，开展争创文明接待室、争当文明接待员活动，打造检察机关的"窗口"形象。2004年以后在坚持检察长接待日制度、预约接待制度和首办责任制等举报接待制度的基础上，创新推出专家咨询接待制度、人民监督员接待制度、接待评分制度、来访事项当面转交制度等接待制度，规范控申举报工作。1993年，武进县检察院接待室获最高人民检察院授予的"文明接待室"称号，1997年6月被最高人民检察院列入全国22个文明接待示范窗口。2008年，新北区检察院的网络举报室做法在全国检察机关第四次举报工作会议上被推广，武进区检察院、溧阳市检察院被评为全国检察机关文明接待室示范窗口，市检察院和新北、钟楼、戚墅堰3个区检察院被评为全国文明接待室，溧阳市检察院接待处理信访的王颖工作法被最高人民检察院推广，王颖获"江苏省十大杰出青年卫士"等称号。

二、申诉案件办理

申诉案件　1986—2010年，常州检察机关受理申诉案件4802件，审查处理4773件。全市检察机关按

照最高人民检察院关于立案复查的相关规定，累计立案复查343件。在案件复查中，严格按照全案复查、实事求是、有错必纠原则，依法作出处理决定。其中维持原结论156件，原处理决定错误或部分错误、依法纠正36件，提出抗诉意见26件，通过其他协调处理办法息诉80件。对一些申诉人持有异议的案件，检察院专门组织公开听证会。2005年，市检察院受理柏某不服刑事判决申诉案。经立案复查，认为其行为不符合非法吸收公众存款犯罪的全部要件，属于错案，市检察院按审判监督程序提请省检察院抗诉。2006年10月，法院作出终审判决，宣告柏某无罪。

历史老案复查　1986年7月至1987年6月，常州检察机关根据中共中央的部署，对新中国成立后至"文化大革命"结束期间检察院办理并作出刑事结论的346件历史老案逐案复查，其中维持原结论264件、平反纠错78件。

涉检信访　常州检察机关在2003年开展上访老户清理工作，主要清理在检察环节上访时间达两年以上且属于检察机关管辖的案件，清理出上访老户21户(件)，办结21件，维护了社会稳定，促进了"平安常州"建设。2004年后，全市检察机关根据省委政法委决定和省检察院部署，6次开展集中处理涉法涉检上访问题专项工作，清理涉检上访156件228人，实现进京"零上访"。市检察院和各基层检察院成立矛盾纠纷排查化解领导小组，采用集中排查处理与滚动排查处理相结合的方法，排查出需重点处理的涉检上访案件。对涉及多部门或特别复杂、疑难的信访，则采取督办、会办、提办的办法解决。2006年1月，全市检察机关推行检察长下访接待制度，在全市设立检察长下访接待站52个，开辟就地快速处理群众来访绿色通道，该做法被全省各市检察院借鉴。2003—2010年，检察长亲自接待来访群众861人，批办案件576件。

三、检察与调解对接

2008年，常州两级检察机关与司法局联合成立涉检矛盾纠纷调解委员会，探索形成"内部制约、社会监督、队伍管理、廉洁自律、党建责任"的检调对接模式，被最高人民检察院推广。2010年市检察院强势推进检调对接工作。成立检调对接管理办公室，专门办理轻微刑事案件和解、民事执行和解、涉检信访和解案件，建立检调对接谈心室、和解室与办公室。2010年6—12月，两级检察机关通过检调对接办理案件139件，其中涉检信访化解3件、民事行政申诉和解22件、轻微刑事案件和解114件。

第七节　犯罪预防

一、预防职务犯罪

1997年以前，常州两级检察机关未设专门的预防职务犯罪机构，这项工作主要由经济、法纪检察部门结合办案，通过查找发案原因及单位管理漏洞，用督促整改等形式开展预防。1998年，市检察院设置预防犯罪处。2001年初，市检察院按照最高人民检察院关于加强预防职务犯罪工作的要求，制定了《关于加强预防犯罪工作意见》《开展预防犯罪工作的实施细则》，预防职务犯罪的工作走上常态化、制度化轨道。2002年，市检察院预防犯罪处更名为职务犯罪预防处。

个案预防　2000年，常州市检察院建立职务犯罪个案预防工作机制，实行预防工作一案一档制度。全市检察机关针对办案中暴露的问题，分析案发原因和特点，推动发案单位完善规章制度，建立健全防范措施。2000—2010年，全市检察机关结合办案开展个案预防1325件，经回访或发案单位自动反馈信息，按检察建议进行整改的达70%。2002年，武进市检察院在一地税分局查办了1起职务犯罪串案，发现其财务管理存在漏洞。该院及时向区地税局发出《完善制度，建立权力制约机制》的检察建议，地税系统当年在本系统全面

整治，预防犯罪发生。该检察建议被最高人民检察院评为“百佳”检察建议。2004 年，市检察院向常州投资集团提出的《依法行使民事诉权，请求确认原企业改制合同和股权转让协议无效，确认被隐匿的巨额国有资产的所有权权属》等 5 份检察建议，被评为江苏省预防职务犯罪优秀检察建议。2005 年，新北区检察院在针对该区科技局发生的 1 起受贿案开展个案预防中，发现“科技三项经费”使用中存在管理制度不严密、发放信息不透明、监管措施不到位等薄弱点。区检察院将情况向区政府作了专题反映，受到区政府的高度重视。区政府出台配套文件《加强对财政性专项资金管理办法的意见》《常州市新北区“科技三项经费”计划管理暂行办法》等，将制度建设延伸到区公共财政支出的其他方面。

专项预防 1999 年，常州检察机关开始探索对辖区内重大工程、重点项目进行同步预防。4 月，武进市检察院率先探索重大建设工程同步预防，联合市纪委、监察、建委、交通等职能部门向中共武进市委提出《关于对工程建设项目实施全过程监督和落实廉政责任制的意见》，得到市委赞同，转发全市执行。2001 年，专项预防工作在全市启动。戚墅堰区检察院对金贸大厦、钟楼区检察院对亚细亚和南大街改造工程指派专人负责专项预防。2003 年，各检察院根据常州市“固定资产投资年”推进情况，密切关注重点工程建设，派专人参与工程全过程的廉政共建和监督，同年参与 35 个项目及工程的廉政共建，涉及投资金额 52.79 亿元。2006 年，市检察院设立预防职务犯罪工作站 5 个，派经验丰富、责任心强的检察干警进驻 8 个重点工程项目（投资总额 230 余亿元），参与工程的招投标、工程资金使用、工程质量和安全、工程进度等环节的监督、检查，开展职务犯罪预防工作。经市检察院建议，市委决定在全市投资 300 余亿元的常州市体育会展中心等 16 个重点项目建设中开展争创预防职务犯罪示范工程活动。市纪委、监察局、检察院派专人成立争创活动办公室，负责活动的组织、协调和检查。到 2010 年底，全市设立预防工作站 45 个，涉及工程资金 1200 亿元。

行业（系统）预防 2001 年，最高人民检察院下达《关于在金融等 8 个系统加强联系与配合共同开展预防职务犯罪工作意见》（简称《意见》），常州市检察院按《意见》精神组织实施，全市行业预防工作启动。市检察院先后与市工商、金融证券、税务、海关、建设、卫生医药、国企、市教育、国土系统会签了预防职务犯罪实施意见，通过联席会议、案件查办、廉政合同、预防调研和检察建议落实等制度，开展职务犯罪预防工作。2003 年，市检察院、纪委、监察局，先后与市建设、交通、财政、国土资源、医疗卫生等部门制定下发《常州市建设市场廉政准入规定》《常州市土地交易市场廉政准入规定》《常州市政府采购市场廉政准入规定》《常州市医疗机构招标市场廉政准入规定》等规范性文件，建立教育、制度、监督、查处四位一体的预防职务犯罪工作机制，一批有行贿劣迹的单位被拒之于招投标和建筑工程承接大门外。《常州市土地交易市场廉政准入规定》被最高人民检察院转发。市检察院针对金融系统如何加强偏远地区网点案件的防范提出切实可行的建议，被金融系统采纳，案件高发势头得到遏制。常州基层检察院的行业预防工作各具特色。溧阳市检察院在对烟草行业和教育系统开展职务犯罪预防工作时，前移预防关口，派员全程监督设备采购过程，杜绝可能发生的问题。武进市检察院则建立有 20 多家单位或骨干企业参加的预防网络，通过联席会议制度及开展争创预防职务犯罪示范单位活动等推进职务犯罪预防工作。2004 年，市检察院专门建立行贿信息档案库，录入 2002 年以后有行贿劣迹的单位和个人信息 969 条。至 2010 年底，为单位和个人提供行贿犯罪档案查询服务 1.48 万次，涉及被查询单位和个人 2.9 万个（人）。

社会化预防 2002 年，常州市检察院贯彻最高人民检察院《关于进一步加强预防职务犯罪工作的决定》，推动党委领导下的预防大格局建设，起草了《关于进一步加强职务犯罪预防工作的意见》。8 月，常州市预防职务犯罪工作领导小组成立，市委常委、副市长毛伟明任组长，有成员单位 48 家，办公室设在市检察院，市委领导下的社会化大预防格局由此建立。2003 年，辖市区均建立党委领导下的预防职务犯罪工作领导小组，设置体例与市相仿。2006年5月，市检察院牵头成立常州市预防职务犯罪协会，通过组织召开学术研讨、交流预防工作经验、法律咨询等活动，协助会员单位强化内部管理和监督制约机制，消除职务犯罪的土壤和条件，协会有会员单位79家。2009年，市预防职务犯罪工作领导小组调整由中共常州市委常委、纪委书记季忠正担任组长，在市检察院职务犯罪预防处设办公室。

二、预防一般刑事犯罪

预防青少年犯罪 1986年上半年，常州市检察院针对青少年犯罪比例上升、刑事犯罪出现严重低龄化倾向的特点，以开庭审理1起10多名青少年纠集进行流氓、抢劫等重大犯罪活动案件为切入点，制定以出庭公诉为中心、发动社会各界多方参与综合治理的方案。市公安局、中级法院、教育局、团市委、常州日报社、常州电视台等单位组织被告人家属、教师旁听庭审，召开座谈会，调查青少年犯罪原因并研究对策。案件审理结束后，常州电视台、《常州日报》等媒体都编排了专题节目，连续报道讨论预防青少年犯罪问题，讨论长达7个月，全市反响强烈。11月，市检察院牵头组织成立青少年犯罪研究会，社会各界近百人参加，专门研究青少年教育和预防青少年犯罪问题。

青少年维权岗 常州检察机关根据《中华人民共和国未成年人保护法》《中华人民共和国预防未成年人犯罪法》，依法对青少年刑事案件行使检察权。1999年，全市两级检察机关开展争创优秀青少年维权岗活动，创建青少年维权基地8个，开通维权热线电话8台，建立未成年刑事案件办案小组8个。2003—2010年，以轻刑化处置方式办理未成年人犯罪案件3699人，使数十名轻微犯罪学生重获或保留学籍。帮助青少年查找误入歧途根源，动员学校、家长、社区、亲朋等力量教育挽救288人。对有困难的刑事犯罪被害人子女、刑事罪犯子女及未成年犯10余人提供经济帮助和关心抚慰。检察机关将恢复性司法理念引入刑事诉讼领域，对轻伤害案件、交通肇事等过失犯罪案件和犯罪情节轻微、危害不大的未成年人犯罪案件等轻微刑事案件，建立调解和解机制。新北区检察院建立恢复性司法研究基地、爱心基地、青少年法制教育基地和帮护基地，构建具有新北特色的青少年维权体系。2005年，溧阳市检察院被中央综治委评为全国预防青少年违法犯罪工作先进集体。至2010年底，武进、天宁、戚墅堰3个区检察院被共青团中央、最高人民检察院评为优秀青少年维权岗，金坛市检察院、溧阳市检察院、新北区检察院、钟楼区检察院被评为省级优秀青少年维权岗。

管护教育基地 2008年以后，常州两级检察机关积极探索建立涉罪外来人员权利平等保障机制，推进涉罪外来人员管护教育基地建设。市区两级均由市委政法委牵头，市检察院、法院、公安局、司法局、关工委等单位参加，检察院具体负责管护教育基地的管理、联络协调等工作。管护基地均设于热心社会公益且条件良好的企业，根据未成年人、外来人员和女性入驻对象的不同特点分类创建基地，对涉嫌轻微犯罪的未成年人进行教育感化挽救、平等保护外来人员享受取保候审的非羁押诉讼权利。涉罪人员入驻基地后由专人负责帮教、管护和监督，平时在企业工作，有稳定的生活保障，有利于促进他们以积极的姿态等候审查判决。至2010年底，全市设立管护帮教基地17个，有93名涉罪外来人员入驻管护教育基地。

第四章 法院

1986年以前，常州市中级人民法院设立第一刑事审判庭、第二刑事审判庭、民事审判庭、经济审判庭等6个机构。到1990年底，先后增设司法行政科、告诉申诉审判庭、行政审判庭、执行庭等职能机构。全市7个基层法院设立相应的机构，3个县法院下设人民法庭24个。1986年以后，常州两级法院根据法制完善的实际和审判工作的需要，坚持“公正司法，一心为民”的方针，围绕“公正与效率”主题，履行宪法和法律赋予的职责，加强审判、执行和审判管理等工作。1986—1990年，全市两级法院受理刑事、民事、经济纠纷、行政、执行等案件5.36万件，审结5.08万件。1991—1995年成立政治处、第一经济审判庭和第二经济审判庭、法医技术室及法警大队、赔偿委员会办公室。1997年，市中级法院迁到永宁北路6号办公。2002年，投资3000万元建造法官培训中心、法警训练基地，市中级法院被确定为国家法官学院教学实践基地、南京大学法学院教学实习基地。9月，常州被省高级法院确定为全省推进法官队伍职业化建设综合试点城市。2003年，探索试行职业法官（合议庭）+法官助理+书记员的审判组织新模式。市中级法院民事审判第一庭、第二庭和钟楼法院试行职业法官和法官助理制，遴选产生首批职业法官。市实行职业法官、法官助理、执行官、书记员、司法警察、司法行政人员分类管理，初步形成以七项保障+新型审判组织+人员分类管理为主要内容的"常州模式"，受到最高人民法院肯定，常州被列为全国法院系统试点城市。2010年，常州在全国地级市中率先探索实行法官单向退出机制，要求全市法院法官凡配偶、父母、子女、兄弟姐妹从事律师、法律服务、司法鉴定职业的，本人从审判、执行岗位退出或其近亲属从相关职业中退出。至年底，全市法院有8名中层及其以上干部等18人退出。2007年，市中级法院被评为全国优秀法院，2008年被确定为全省司法改革联系点单位。2009年全市法院开展"人民法官为人民"主题实践活动，构建便利、有效、低成本司法救济渠道，受到最高人民法院院长王胜俊肯定，2010年10月被最高人民法院确定为司法公开示范法院，2009—2010年天宁区人民法院、钟楼区人民法院先后被省高级法院记集体一等功，2010年新北区人民法院被省高院评为全省优秀法院，被确定为全省法院文化建设示范单位。1986—2010年，全市法院累计审结、执结案件67万余件，为常州改革开放、经济发展、社会和谐稳定提供司法保障和服务。

第一节 刑事审判

常州审判机关始终把维护社会稳定、保障改革开放、促进经济发展作为刑事审判工作的首要任务，坚持依法"严打"方针，惩治犯罪和保障人权，贯彻宽严相济的刑事政策，严厉打击故意杀人、强奸、抢劫、毒品犯罪等严重危害社会治安的犯罪和盗窃等侵财型犯罪，严惩贪污、贿赂犯罪，推进反腐败斗争和"平安常州"建设。1986—2010年，全市两级法院累计受理一审刑事案件58099件、86445人，审结57891件、86080人，市中级法院受理二审（上诉）刑事案件2881件，审结2876件，受理刑事审判监督案件3512件，审结3507件。一审案件生效判决51682件、75915人。其中，判处16564人5年及其以上有期徒刑、无期徒刑直至死刑，判处41407人5年以下有期徒刑，判处16102人拘役、缓刑、管制和单处罚金等非监禁刑，免于刑事处罚1781人，宣告61人无罪。

一、普通刑事案

故意杀人案 1985年以后，故意杀人案在常州呈阶段性上升趋势，多因图财、奸情、报复、婚姻纠纷和利益纠纷等矛盾激化而引发。1986—2001年，全市法院累计审结故意杀人案件350件，其中最少的年份审结15件，最多的年份审结35件，年均21.88件。2002—2010年，全市审结此类案件336件，其中最少的年份审结30件，最多的年份审结55件，年均37.33件。1997年新刑法施行后，依法律规定，因聚众斗殴持械致人死亡而转化为故意杀人罪的案件逐渐增多，因嫖资纠纷引发的命案也屡有发生。2002—2010年，判决生效的故意杀人案件中，判处死刑、无期徒刑的犯罪分子占55.1%，判处有期徒刑的占41.7%，判处拘役、缓刑的占2.7%。

1991—2010年常州审判机关受理、审结案件及刑事案件统计表

表31-4-1

年份	案件总数(万件)		其中:刑事案件(件)		年份	案件总数(万件)		其中:刑事案件(件)	
	受理	审结	受理	审结		受理	审结	受理	审结
1991	—	—	—	1203	2001	2.93	2.82	3238	3177
1992	—	—	—	1247	2002	4.41	4.22	3154	3085
1993	—	—	—	1440	2003	4.31	4.02	2839	2746
1994	—	—	1796	1771	2004	4.18	3.89	2839	2872
1995	—	—	1822	1806	2005	4.39	4.11	3208	3209
1996	—	—	2110	2033	2006	4.96	4.66	—	3552
1997	—	—	1635	1586	2007	5.28	4.95	—	3778
1998	—	—	2191	2145	2008	6.09	5.70	—	3740
1999	4.73	4.46	2327	2268	2009	6.34	6.02	3610	3640
2000	4.54	4.35	2438	2395	2010	5.85	5.50	4184	4188

故意伤害案 1985年以后，常州故意伤害尤其是重大故意伤害案件时有发生。1986—2010年，全市法院累计审结故意伤害案件3078件、3822人次。常州市公交总公司原女职工彭某某与张某勾搭成奸后，于1992年9月1日晚10时许，彭将预先准备好的浓硫酸泼在张某妻子的面部及身上，致江左眼失明，右眼上、下睑萎缩，双鼻孔缩小，经法医鉴定为重伤，引起社会强烈反响和公愤。彭某某被抓捕归案后，被市中级法院依法判处死刑。1997年新刑法施行后，加强了对公民人身权利的保护，细化故意伤害罪的认定标准，故意伤害案件数量上升。1998年，全市法院审结此类案件135件、179人，分别比1997年审结的35件41人约增加3倍。2002—2010年判决生效的故意伤害案件中，犯罪分子被判处死刑、无期徒刑的占8.1%，被判处有期徒刑的占58.6%，被判处拘役、管制、缓刑的占7%。

强奸、奸淫幼女案 随着社会转型速度加快和常州外来流动人口日益增多，强奸、奸淫幼女案件呈高发态势。1986—2010年，全市法院累计审结强奸、奸淫幼女案1731件、1970人次。强奸犯罪案件中被告人两人以上共同犯罪、入室强奸且实施抢劫的劫色劫财现象较为突出。被告人莫某、莫某、潘某某(均系贵州某自治县人)于2007年12月8日凌晨结伙窜至武进区嘉泽镇某服装厂女工宿舍，采取暴力手段，对多名女职工实施轮奸或奸淫，抢劫受害人的财物，被抓获后已判刑。在奸淫幼女案中，被告人单独作案现象较为普遍。被告人王某某于1999年11月22日、12月某日，2000年1月16日和2003年6月19日、28日，采取暴力、胁迫等手段，先后奸淫5名不满14周岁的幼女。王某某被捕归案后，于2004年2月9日被法院依法判处死刑。

抢 劫 案 抢劫犯罪在常州是仅次于盗窃罪的多发性犯罪。80年代至90年代初期，拦路抢劫、持刀抢劫案件时有发生，1993年以后，抢劫案件成倍上升，尤其是持刀抢劫杀人的恶性案件屡有发生。被告人王某某、邓某某、陈某、袁某(均系贵州赤水市人)于2006年5月上旬在互联网上联系决定到上海实施抢劫。5月14日，王某某、陈某到常州与邓某某、袁某会面后，得知同乡陈某某、张某某在常州打工，王决定在常州动手，于5月16日中午携匕首以找老乡打牌为由进入市区桃园新村陈某某住处。下午4时许，被告人采取持刀威胁、用刀刺等手段，劫得被害人陈某某、张某某人民币1万余元及价值9158元手机等物品，随后王某某持匕首猛刺陈某某、张某某颈部，导致陈某某当场死亡，张某某重伤。1997年新刑法施行后，因携带凶器抢夺，抗拒逮捕或毁灭罪证当场使用暴力或以暴力相威胁而转化为抢劫罪的案件也增多。1986—2010年，全市法院

判处抢劫案件3421件、8055人次。

盗窃案 1985年以后，盗窃（包括偷窃、扒窃）犯罪案件年收案数一直居常州刑事案件首位。1990年以后，盗窃企业产品原材料、通信线路的案件突出，盗窃机动车案时有发生，犯罪分子有组织的流窜作案，犯罪地域广，作案次数多，盗窃数额大，严重侵犯公私财产安全，对社会危害极大，历来是打击的重点。1996年，法院受理、审结盗窃案件首次突破1000件。1986—2010年，全市法院判处盗窃案件1.14万件、1.8万人，分别占全市法院一审刑事案件总数的19.8%和20.9%。

毒品犯罪案 新中国成立后，市委、市政府以强有力的措施，很快解决了历史遗留的毒品问题。1955—1994年，常州历时40年无毒品犯罪案件发生。但从1995年起，在毒品犯罪成为国际公害的背景下，毒品犯罪死灰复燃，呈现蔓延发展趋势。当年法院新收审结贩毒案件2件、3人。随着日趋严重的国内外毒品犯罪对常州的渗透，贩毒、吸毒和以贩养吸分子逐年增多，加之贩毒分子在暴利驱使下疯狂犯罪，一次贩卖、运输几百克乃至上千克毒品的案件屡有发生。如浙江瑞安市31岁的女贩毒分子林某某于1996年8月在云南购买海洛因1050克，藏匿在装有拖鞋的邮包中，寄至武进横林镇邮电支局，9月11日下午在把毒品携带至浙江销售途中，被武进公安机关查获，这是常州查获最大的贩卖毒品案。1997年6月20日，市中级法院经依法审判对林某某执行死刑。1995—2010年，全市法院累计审结走私、贩毒、运输、制造毒品和非法持有毒品等毒品犯罪案件2166件、2856人次。其中，1995年审结2件、3人，1996年审结11件、19人，1997年审结17件、18人，1998年审结56件、78人，1999年审结60件、83人，2000年审结45件、56人，2001审结143件、179人。临近2010年，常州毒品犯罪呈高发多发态势，2009年审结318件、402人，2010年审结669件、881人。判决生效的毒品犯罪案犯中，被判处死刑（含死刑缓期两年执行）、无期徒刑的犯罪分子占2.2%，被判处有期徒刑的占90.1%。

虚开增值税专用发票案 1997年新刑法施行后，这类案件逐年持续上升。被告人陶某某在负责经营西蒙公司、荣滨公司、怡安公司期间，购得虚假增值税专用发票176份，用于西蒙、荣滨、怡安公司作为进项发票向税务机关申报折扣，价税合计1.76亿元，骗抵国家税款2559.1万元。陶还为他人走私提供帮助，偷逃国家税款4272.23万元。2001年4月16日，市中级法院一审依法对陶某某以虚开增值税专用发票罪等罪实行数罪并罚，决定执行死刑。

交通肇事案 交通肇事案是常州自90年代后刑事案件中上升比例最大的案件。1992年，全市法院审结此类案件31件、31人，1998年审结120件、120人，2009年审结354件、354人。随着全市交通运输事业的日益发达和公路里程的迅速拓展以及私家车和外地过境车辆的增多，交通肇事犯罪成为一种多发高发性犯罪，呈逐年持续剧增趋势，法院加大审判、打击和震慑力度。

二、贪污贿赂案

贪污案 1985年以后，常州的贪污案件呈多发态势。1986—2010年，全市法院审结贪污案件2230件、2574人。武进化肥厂原财务科长、厂直属机关党支部书记蒋某某贪污案，中国建设银行常州分行国际业务部原经理、常州高新区支行原行长葛某某贪污案，均涉案金额特别巨大、犯罪情节特别严重，两人均被判处死刑。

受贿案 1985年以后，常州行贿受贿罪案频发，部分案件较典型。张某某在1989—2003年任常州市天宁区区长、市政府副市长、市政协副主席期间，利用职务之便为他人谋取利益，索取或收受17人贿赂的人民币156.74万元、美元3.55万元、港币1万元和购物卡价值人民币2.5万元，以及住房、物品、房屋装修、购房差价合计价值88.62万元。2004年6月30日，市中级法院一审依法以受贿罪判处张某某无期徒刑，剥夺政治权利终身，并处没收财产80万元，追缴赃款人民币247.86万元、美元3.55万元和港币1万元，上缴国库。

2010年，全市法院审结受贿案件75件、77人。

三、自 诉 案

法院受理的刑事自诉案件为告诉才处理的案件，被害人有证据证明的轻微刑事案件，被害人有证据证明被告人侵犯自己人身、财产权利的行为应当依法追究刑事责任，而公安机关或人民检察院不予追究被告人刑事责任的案件3类，人民法院受理的刑事自诉案件多为第一、二类案件。1986—2010年，全市法院累计受理刑事自诉案件1586件、1995人，审结刑事自诉案件1581件、1987人，生效判决369人，其中宣告被告人无罪的27人，被给予刑事处罚的64人，被免于刑事处罚的78人，其他已结自诉案件则以调解、和解或自诉人撤诉等方式结案。

四、刑事附带民事诉讼案

1997年新刑事诉讼法施行后，常州两级法院在刑事诉讼中依法妥善审理附带民事诉讼案件，维护被害人的合法权益，弥补因被告人的犯罪行为给被害人及其家属所造成的经济损失。1998—2010年，全市法院审结刑事附带民事诉讼案件15101件，结案标的金额9108.7万元。

五、少年（未成年人）犯罪案

犯罪比例 1986—2010年，常州两级法院生效判决的少年（未成年人）犯7069名，占已结刑事一审案件罪犯总数的9.2%，少年犯罪比例在4.7%～11.6%之间波动。其中，少年犯罪比例最低的2000年仅4.7%，最高的2005年达11.6%。2007年起，全市法院判决的未成年人犯罪比例逐年回落，2007年9.8%、2008年9.5%、2009年7.5%、2010年6.1%。

罪犯身份 2002—2010年，常州两级法院生效判决的少年罪犯4387名，罪犯身份为(2002年前无统计)：工人、农民、学生、个体劳动者与无业人员及其他人员的分别为172名、2166名、323名、14名和1712名，分别占未成年罪犯总数的3.9%、49.4%、7.4%、0.32%和39%。

犯罪案由 1986—2001年，常州两级法院生效判决的少年罪犯常见犯罪案由主要有故意伤害罪、强奸罪、盗窃罪、抢劫罪、流氓罪(1997年7月施行的新刑法取消该罪名，将该罪分解为聚众斗殴罪、寻衅滋事罪、强制猥亵侮辱妇女罪、猥亵儿童罪)。2002—2010年，未成年人犯罪案呈扩大趋势，单独犯罪案件趋少，绝大部分案件为两人及其以上共同犯罪。

2002—2010年常州市未成年人犯罪分类统计表

表31-4-2

罪名	犯罪人数(人)	比例(%)	罪名	犯罪人数(人)	比例(%)
故意伤害罪	143	3.3	抢劫罪	1324	30.2
故意杀人罪	15	0.3	诈骗罪	24	0.6
强奸罪	97	2.2	聚众斗殴罪	254	5.8
盗窃罪	2207	50.1	寻衅滋事罪	108	2.5
强制猥亵、侮辱妇女罪	5	0.1	猥亵儿童罪	4	0.1
绑架罪	7	0.2	敲诈勒索、放火及其他罪	182	4.2
贩卖、运输毒品罪	17	0.4			

审　　判 常州两级法院对少年（未成年人）犯罪按教育、感化、挽救的方针和教育为主、惩罚为辅的原则，依法从轻或减刑处罚，扩大少年犯非监禁刑的适用。1987年底至1988年初，市中级法院、天宁区法院、武进县法院先后成立少年案件合议庭。1991年8月，天宁区法院成立全国首家综合性少年法庭，被最高人

民法院肯定为“天宁模式”，武进县法院也在同年成立少年刑事审判庭。2008 年 9 月，全市两级法院全部设立少年案件综合审判庭。积极开展少年矫治工作，与团市委联合实施新起点护苗工程，全市建立少年爱心帮护基地 7 家，确保非本地籍少年犯能同等进入社区矫治。2007 年以后，常州地区少年犯罪比例在 2006 年达到高峰后，从 2007 年起逐年下降。

第二节　民事审判

随着中国改革开放的深入和社会转型、经济发展及公民权利意识的增强，常州普通民事案件从 80 年代中期起总体呈现类型逐渐多样、数量逐年上升的趋势。1986—2010 年，全市法院受理一审民事案件 26.5 万件，审结 26.37 万件，市中级人民法院受理二审民事案件 15401 件，审结 15149 件。

一、离 婚 案

1985 年以后，常州市离婚案件总体上逐步增长，偶有微幅回落。但随着民事案件总数逐年递增，离婚案件数占全市民事案件的比例有所下降。1986 年，全市两级法院受理一审离婚案件 1523 件，审结 1320 件；1987 年受理 1919 件，审结 1649 件；1988 年受理 1985 件，审结 1901 件。自 1989 年起新收和审结的离婚案件年均超过 2000 件，自 1997 年起，新收和审结的离婚案件年均超过 3000 件。1986—2010 年，全市两级法院累计受理一审离婚案件 67949 件，审结 67808 件。已审结的离婚案件中判决离婚的 9507 件，占 14%；调解离婚的 26573 件，占 39.2%。

二、抚养、扶养、赡养案

80 年代中期后，常州市一审抚养、扶养、赡养(简称“三养”)案件收、结案总数一直保持在 200 件左右，其中 1992—1994 年有小幅回落，1997 年、2000 年收案为历年最低。2001—2005 年逐步上升，2006 年出现回落，2007 年后小幅下降。“三养”案件中，抚养案件最多，其次为赡养案件，扶养案件较少。抚养案件主要是一些夫妻离婚后矛盾仍然存在，不与子女共同生活的一方拒绝支付子女的生活教育费用。赡养案件中，农村丧失劳动能力、又无其他收入的老人的子女以父母未尽抚养义务或经济原因为由，拒绝赡养的案件最为常见。2010 年受理“三养”案 391 件。

三、人身损害赔偿案

1985 年以后，常州此类案件数量逐年增多。2004 年，最高人民法院关于人身损害赔偿的司法解释施行后，为人身损害赔偿案件的审理提供了新的法律依据，随后两年案件数量急剧增长。道路交通事故人身损害赔偿是比较特殊的人身损害赔偿案件。80 年代中期至 20 世纪末，由于经济和公路交通相对不发达，本地车辆和外地过境车辆较少，私人较少拥有机动车辆，因此此类案件较少发生。2002 年后，全市法院受理的一审道路交通事故人身损害赔偿纠纷案件逐年上升，2002 年受理此类案件 484 件，2003 年受理 542 件，2004 年受理 901 件。2004 年《中华人民共和国道路交通安全法》和最高人民法院《关于人身损害赔偿的司法解释》实施，确立道路交通事故赔偿的法律体系，改变以往主要由公安交通管理部门处理道路交通事故损害赔偿的状况，此类诉讼案件大幅度上升。2005 年受理 2434 件。2006 年，《机动车交通事故责任强制保险条例》生效，为受害人获得经济赔偿提供了保障，导致此类案件数量再次攀升。2006—2010 年各年先后受理此类案件 4921 件、3877 件、4785 件、5654 件和 7064 件。

四、劳动争议案

1986—2000 年，常州两级法院受理的一审劳动争议案件数量始终维持在 100 件以下，数量相对稳定。

随着改革开放和经济发展，2001年以后，劳动争议案件呈上升趋势。《中华人民共和国劳动合同法》的实施和劳动合同制度的全面推广，特别是这类案件诉讼费用的降低，导致劳动争议诉讼案件大幅度增长。全市法院2007年、2008年、2009年、2010年先后受理此类案件411件、1110件、1329件和1262件。

五、继 承 案

1986—1991年，继承案件数量较为稳定，受理和审结的一审继承案件基本保持每年约100件。1992年开始出现回落，1997年、2000年案件数出现个位数的情况。2001年起逐步回升，2009年受理118件，2010年受理137件。

第三节 商事审判

商事审判涉及经济合同、期货、金融债券、票据、经济损害赔偿等案件。常州两级法院始终坚持商事审判工作为改革开放和经济发展服务的指导思想，提高公正司法水平，维护当事人的合法权益，为促进常州经济发展提供法律服务和司法保障。1986—2010年，全市法院累计受理一审商事案件11.94万件，审结11.86万件，市中级法院受理二审商事案件7812件，审结7782件。

一、农村承包合同案

1986—2000年，常州农村土地承包经营权纠纷案件较少发生。21世纪初叶，随着《中华人民共和国农村土地承包法》的正式实施及《中共中央、国务院关于促进农民增加收入若干政策的意见》的出台，国家取消农业税，对种地农民实行政策性补贴，农民种地的利润大幅增加，有些农民从最初的抛荒转变为争地，导致此类案件多发。2010年，全市法院审结农村承包合同一审案件436件。

二、破 产 案

1992年，常州市法院受理第一起破产案件。1994年起，随着《关于在若干城市试行国有企业破产有关问题的通知》等涉及国有企业破产的国务院文件的发布，部分国有企业按国家计划进入破产程序，法院受理和审结的破产案件逐年增多。1994—1999年，全市法院审结破产案件90件，其中1999年审结33件，为历年最高。法院在审理破产案件中，主动争取市委、市政府支持和各方配合，妥善处理，既依法保护债权人的合法权益，又维护社会稳定。1997年，审理常州锅炉厂破产案，由常柴实业总公司整体接收该厂，重新成立常州创业柴油机修理厂，解决破产企业职工再就业问题。从2007年下半年开始，纺织印染等行业的企业受国际金融危机的影响，大量关停并转，破产案件高发、多发。2002—2010年，全市法院审结破产案件69件，其中内资企业66件、外商投资企业2件、港澳台投资企业1件，破产企业资产总额17.52亿元，破产企业债务总额65.26亿元，破产企业职工总人数达3.35万人次；其中宣告破产6件、驳回申请2件、终结破产程序56件、其他结案方式5件。

三、保险合同案

80年代，常州保险合同纠纷案件较少，在个别年份出现零星案件。1999年起，常州保险合同纠纷案件数呈持续增长态势，占合同类纠纷案件的比重亦上升，其中机动车保险纠纷成为最多的保险案件类型，主要原因是全市汽车数量增长迅猛，少数机动车驾驶人与非机动车驾驶人、行人漠视交通规则，造成交通事故频发。2004年《中华人民共和国道路交通安全法》实施后，2006年颁布的《机动车交通事故责任强制保险条例》较为滞后，在上述两部法律法规之间存在两年多的空白期。保险合同纠纷案件出现个案标的额总体呈下降趋势、案件调解撤诉率较低且呈下降趋势、保险合同当事人之间矛盾激烈等特点。2002—2010年，全市法院审结保险合同纠纷一审案件3123件。其中，判决结案2018件，占64.6%；调解结案598件，撤诉结案440件，合计占33.2%；驳回起诉等其他方式结案67件，占2.1%。

四、股东权纠纷案

2002年起，常州出现股东权纠纷案。随着2004年《中华人民共和国公司法》的修正，对股东权的行使、损害股东权的救济手段等作了更细致全面的规定，拓宽了股东的救济渠道，股东权纠纷案呈稳步增长的态势。全市两级法院2005年审结股东权纠纷案件60件，2006年审结100件，2007年审结145件，2008年达381件，为历年最高，2009年审结134件，2010年审结105件。股东权纠纷主要涉及股权转让、公司盈余分配、公司剩余财产分配、股东对公司的知情权、股票交付请求权等，案件类型多样化，审理难度大，调解成功率较低，且不同股东起诉同一公司的群体性案件占一定比例。2008年5月，天宁区法院分别受理了吴某某等62名职工诉原常州市兰陵橡胶厂（简称“兰陵厂”）股东身份权纠纷案；6月，市中级法院受理了21件不服天宁区法院判决的上诉案件。案件审理时，部分股东要求召开股东大会，确认自己的股东地位进行工商登记。兰陵厂负责人虽表示将在近期处理，但部分股东不满意，进而扩大为有组织的集体赴省上访，造成重大社会影响。后来数十人封堵了兰陵厂两个大门，造成全厂停工停产。8月6日，市委、市政府领导作出指示，设立兰陵厂问题紧急处置领导小组进行处理；市中级法院加强案件审理，做好法制宣传和法律咨询，加强矛盾双方的调解。通过不懈努力，9月8日前后，兰陵厂多数职工股东相继转让股权，随后，21件上诉案件全部以撤诉结案。

第四节　知识产权审判

早在80年代初期，常州就出现知识产权纠纷案件。1999年，市中级法院设立第二经济审判庭，专门审理知识产权纠纷案件。2002年，第二经济审判庭更名为民事审判第三庭。2006年该庭对外统称知识产权庭。2007年，常州高新区法院获得知产案件管辖权。2008年，武进区法院、天宁区法院获得知产案件管辖权。2008年7月，市中级法院开展知识产权“三审合一、集中提审”改革，由市中级法院统一审理全市的知识产权刑事、行政案件。采取知识产权民事法官担任审判长、刑事法官主审和另外1名知识产权民事法官组成合议庭的模式，集中提审此类案件。

一、技术合同案

80年代前期，常州知识产权纠纷案件较少，科技协作合同纠纷、技术转让纠纷是较常见的案件，当时上述案件作为合同类纠纷案件由经济审判庭审理。80年代后期，在改革与治理整顿过程中的技术转让合同纠纷上升，1989年达19件。此后至1998年的近10年间，年均受理的技术合同案约20件。1995年前后，30万元以下的技术开发、咨询、服务和转让合同纠纷案件由基层法院受理，1999年改由市中级法院统一审理。2007—2008年，经最高人民法院指定，全市有常州高新区（新北区）法院和武进区法院、天宁区法院可以受理100万元以下的知识产权案件。

二、版权纠纷案

80年代，常州著作权纠纷案件很少，1991—2000年，随着《中华人民共和国著作权法》（简称《著作权法》）1991年6月1日的正式施行而逐步增多。2001年，著作权法进行首次修订，优化了入世后中国知识产权的法治环境。2001—2010年，著作权纠纷案件呈多发态势且案件类型多样化，侵犯音乐电视作品放映权纠纷等新类型案件出现，侵犯文字作品著作权纠纷案件逐步减少，侵犯影视作品著作权纠纷案件增多，尤以网吧、网站侵权案居多。

三、专利纠纷案

常州在90年代出现专利纠纷案件，但数量很少。1994年起，法院每年受理的专利纠纷案件均在5件以下，专利纠纷案件的类型以专利侵权赔偿和专利权属纠纷为主。2001年，最高人民法院下发《关于审理专利纠纷案件适用法律问题的若干规定》，明确专利纠纷案件由省会城市所在地的中院管辖和最高人民法院指定的中级法院管辖。从此，江苏全省的专利纠纷案件统一由南京市中级法院审理。2007年7月，最高人民法院指定常州市中级法院管辖辖区内的专利纠纷案件。至2010年底，常州专利纠纷案件逐年上升，2007年20件、2008年52件、2009年48件、2010年72件。

第五节 行政审判

1987年，钟楼区法院受理了常州市第一起行政诉讼案件。1988年，常州中级法院设立行政审判庭，至1989年底全市基层法院均设立行政审判庭。1990年10月1日行政诉讼法实施后，全市法院依法受理和审理行政案件，化解了一大批行政纠纷，维护社会和谐与稳定。主要包括涉及经济调控、市场监管、公共服务、城市规划、基础设施建设，和企业改制、自然资源、劳动和社会保障行政案件，农村土地确权、土地征收及环境保护、计划生育、制裁土地违法行为等方面的行政案件。1987—2010年，全市法院受理行政一审案件5277件，审结5251件；市中级人民法院受理行政二审案件1466件，审结1463件。

一、公安类行政案

1988—1993年常州公安类行政案件非常少，1993—2000年此类案件数量呈上升态势。2001年后，随着依法治国方略的深入实施，公民维权意识增强，对行政机关依法行政的要求越来越高，2010年全市审判机关受理22件。

二、土地类行政案

1994年、1995年常州在全国经济过热的大背景下，土地需求激增，土地纠纷随之增多，土地类行政案件大幅增长。1994年土地类行政案件数比上年增2倍，1995年虽有回落，但仍是1993年案件数的2.5倍。随着国家宏观调控的加强，土地类行政案件数开始回落，1996年土地类行政案件数基本恢复1993年的水平。随着经济增速的加快，2004—2008年，土地类行政案件数保持高位运行。随着依法行政工作的深入推进，土地行政执法工作规范，土地类行政案件数逐步回落，2009年后的案件数基本恢复2004年以前的水平。2010年，全市法院受理土地类行政案11件。

三、城建类行政案

常州城建类行政案件主要以拆迁类案件为主。1993—2000年，城建类行政案件数量较少。2001年后，常州市加快城市改造建设的步伐，拆迁类行政案件数迅速增长，带动城建类行政案件数大幅上升。2001年、2002年、2003年城建类行政案件数分别比上年增458%、193%和153%。2004年后，案件数有所回落，总体仍保持高位运行。2010年，全市法院受理城建类行政案179件。

四、劳动和社会保障类行政案

2000—2010年，随着常州经济迅速发展，用工数量大幅度增加，劳动和社会保障类纠纷增多，案件数逐年增长。特别是2004年国务院颁布的《工伤保险条例》实施后，职工依法维权的意识增强，此类案件中工伤认定类行政案件数量增多。2004年、2005年，劳动和社会保障类行政案件数分别比上年增81.8%、50%。2010年，全市受理此类行政案件112件。

五、侵犯企业经营自主权案

常州审理的此类案件较少。1991 年 6 月 5 日，钟楼区劳动服务公司决定撤销所管辖的常州市风华商行。风华商行遂向钟楼区法院起诉，要求追究常州市钟楼区劳动服务公司非法侵犯企业经营自主权的责任，赔偿经济损失。钟楼区法院判决撤销常州市钟楼区劳动服务公司撤销风华商行的决定，赔偿请求另行判决。常州市钟楼区劳动服务公司不服提起上诉，二审中上诉人主动撤回上诉，二审法院准许上诉人撤回上诉。此案是常州两级法院审理的第一起侵犯企业经营自主权的行政诉讼案件。

第六节 执行工作

常州两级法院执行工作始于 80 年代末，最初由法院经济审判庭的执行组负责，大多是审判人员自审自执。1989 年，市中级法院设执行庭，1991 年，民事诉讼法实施后，全市两级法院普遍设立执行庭，专司执行工作。2002 年 4 月，全市两级法院执行庭变更为执行局，2004 年 8 月市编委批准市中级法院执行局为副处级单位，下设执行实施处、执行裁决处和综合协调处，7 个基层法院执行机构由执行庭升格为执行局，均设内设机构。1986—2010 年，建立司法救助基金制度，对特殊群体当事人通过发放执行救助基金实施特殊保护；通过集中执行、提级执行、易人执行和专项执行等方式加强执行，保护当事人的合法权益。受理执行案件 22.93 万件，执结 22.55 万件，执行标的总额 311.65 亿元。

一、综合治理执行难

1999 年，中共中央以 11 号文件转发《中共最高人民法院党组关于解决人民法院“执行难”问题的报告》后，中共常州市委于 1999 年成立由地方党政领导参加的全市两级执行工作协调指导小组，动员社会各方面力量综合治理“执行难”问题。2006 年 9 月，市执行工作协调小组牵头，协调政府相关部门、金融机构，建立执行联动威慑机制。全市法院加强与有关职能部门的配合协调，把执行工作纳入全市社会治安综合治理目标考核，天宁、钟楼和新北 3 个区法院建立全方位、全覆盖的基层协助执行网络，依靠基层政府组织和群众自治组织的支持，推动“执行难”问题的解决。全市党委领导、人大监督、政府支持、政协参与、政法委协调、法院主办和社会各界关注的综合治理执行难问题工作格局得到巩固。

二、执行工作改革

常州两级法院深化执行权运行机制改革，实行执行案件流程管理规则，把强制执行权分离为执行裁决权和执行实施权，执行的实施权、裁决权、监督权交由执行局内设部门分别行使。建立健全执行联动威慑机制，实现法院与各职能部门的信息共享，对拒不履行法定义务的被执行人从贷款融资、产权登记、出入境等方面进行限制，促使更多被执行人主动履行义务。2010 年 4 月 1 日起，全市法院建立健全各司其职、分工协作、高效运转的立案、审判与执行协调配合机制，提高办案质量和效率。

第五章 司法行政

1985 年以后，常州市司法行政机构扩大、人员增加、职能拓展，推动普法教育，全面开展 5 次普法工作，社会公众对普法工作的知晓率、满意率逐年提升，2010 年分别达 96.7%、99.4%。调解工作贯彻“以防为主，调防结合”的方针，2010 年全市两级社会矛盾纠纷调处中心和各级人民调解组织受理纠纷 21898 件，调解纠纷 21831 件，调解率、调处成功率分别为 99.7%、98.8%。围绕经济建设，拓宽法律服务的领域，律师、公证员及法律服务人员主动开拓新的证源，依靠政府以地方法规的名义扩大服务范围，法律服务从制度上得到保障。1998年市法律援助中心成立后，接待来访咨询人员增多，法律援助案件增加，法律援助成效显著。队伍建设取得实效，重点抓好律师、公证、乡镇法律服务3类窗口部门的职业道德教育和廉政建设，坚持和完善公开、监督等办事制度，参加国家司法考试人数增加，涌现出一批全国性和省、市级优秀法律工作者。社会矫正工作稳步推进，专项资金得到保证，加强对社区矫正对象的监管，定期排查，实施分类管理、重点对象重点管控，加大心理矫治力度，采取政府指导、社会安置、组织协调和自谋职业等办法，提供刑释解教人员就业机会，2010年安置率、帮教率分别为98.5%、99.3%。同年，市司法局设有法制宣传处、律师工作管理处、社区矫正工作管理处、公证工作管理处、政策法规处、司法鉴定工作管理处、法律援助工作管理处等13个处室和直属事业单位常州市法律援助中心、公证处。

第一节　普法宣传

1985年以后，常州司法行政机关积极推动普法教育。1986—1990年，全市开展第一个五年普法教育。1991—1995年、1996—2000年、2001—2005年和2006—2010年，全市相继开展"二五"至"五五"普法工作，突出以宪法为核心，领导干部、青少年、行政执法人员等5类重点学法群体，推进法律进机关、乡村、社区、学校、企业、单位（简称"法律六进"）活动，相关单位建造法制宣传橱窗、图书室、村民健身广场、法律辅导站各1个，聘请法制辅导员1名。依托新市民学校强化外来人口普法教育，组织送法下乡、法律进社区、"110"联动、"12•4法制宣传月"等活动，增强市民的法制观念，全市公众对"五五"普法的知晓率、满意率逐年提升。

一、第一个五年普法教育

1986—1990年开展。1986年，常州开始实施第一个五年普法规划，以工人、农民、知识分子、干部、学生、军人、其他劳动者和城镇居民中一切有接受教育能力的公民为对象，重点开展《中华人民共和国宪法》《中华人民共和国集会游行示威法》《行政诉讼法》等法律法规的学习和普及。在全市开展学习全国人大常委会《关于加强法制教育维护安定团结的决定》主题宣传教育活动，组织全市400余名县处级及以上领导干部参加普法轮训，每周举办普法电视讲座，持续7个月，全市5万多名干部职工参加学习，通过职工政校等阵地开展企事业单位职工的普法教育活动，组织开展全市个体工商户普法教育，在企业开展学习10个法律、6个条例专业法律法规活动。1989年8月，市法制宣传教育领导小组成立，全市有229万人次学完规定的9个法律、1个条例法律常识，普及率91.6%，包括乡镇企业职工在内的农民群众普及率达80%，城镇个体工商户、居民群众普及率分别达88%和82%。

二、第二个五年普法教育

1991—1995年开展。1991年5月，市委、市政府批转市委宣传部、市司法局《关于在全市公民中开展法制宣传教育的第二个五年规划的通知》，实施第二个五年普法规划。常州市将乡科级及其以上干部、经营管理人员、行政执法干部和青少年作为重点对象。1991年起，连续开展5届宪法宣传周活动。1992年4月，开展"依法治厂、依法治企"活动，举办讲座500余期，学习人员达3.2万人次。建立健全青少年特别是在校学生法制教育制度，开展法律知识竞赛、遵纪守法宣传周、法制报告会等活动。1994年7月，常州电视台开办《法制天地》栏目。"二五"普法期间，成立常州市依法治市工作领导小组及办公室，出台五年依法治市规划，在16个单位试点以点带面推进，组织学习法律法规64部，发放学习资料150余万册。全市有215万人次参加普法学习，普及率88%。

三、第三个五年普法教育

1996—2000年开展。1996年7月，市委、市政府批转市委宣传部、市司法局《关于在全市公民中开展法制宣传教育的第三个五年规划》，实施第三个五年普法规划。1997年10月，常州市十一届人大常委会第33次会议通过《常州市1996—2000年依法治市规划》。“三五”期间，全市编印《法律法规汇编》《常州市“三五”普法法律法规汇编》6万余册。举办宪法（修正案）、新刑法、《中华人民共和国香港特别行政区基本法》等领导干部法制讲座152场，科级和副处级干部培训班179期，制作宣传法律法规图板200余块。组织1.3万名公务员参加了公务员法律知识竞赛，组织10万名学生参加了8个法律、两个条例法律知识竞赛，组织4万个家庭参加万家学法知识竞赛。企业经营管理人员年均接受法制教育达1万人次。655所学校聘请法制副校长和法制辅导员，上法制课1.1万场次。组织文艺团体巡回演出法制节目551场，观众达75万余人次。市依法治市领导小组办公室被评为全国先进普法依法治理办公室。

四、第四个五年普法教育

2001—2005年开展。2001年6月，市委宣传部、市司法局等单位在全市公民中实施法制宣传教育第四个五年规划，重点宣传《中华人民共和国民法通则》《中华人民共和国合同法》《中华人民共和国公司法》等法律法规。2001年12月，市依法治市领导小组办公室制定出台《“四五”普法期间加强外来务工经商人员法制宣传教育工作的意见》。2002年8月，开展法律知识万人测试活动；10月，常州市领导干部法制教育联席会议制度建立；11月，开展了法律进社区活动。2003年1月，市依法治市领导小组聘请105位专家、学者和领导，成立常州市法制教育讲师团；6月，常州依法治市网开通，首批法制宣传栏建成；12月，常州市青少年法制基地成立。2004年7月，市委常委会会议提出建设法治常州，11月成立宪法宣讲团。同年，武进卜弋镇殷村村被评为全国民主法治示范村，全市有17个村社区分别被表彰为首批省级民主法治示范村（社区）。2005年11月，市政府在全省率先出台《常州市实施〈江苏省法制宣传教育条例〉办法》。武进被评为全国“四五”普法先进县（市、区），市依法治市领导小组办公室被评为全国先进普法办公室。市城调队对“四五”普法调查结果显示：公众对“四五”普法知晓率达80.7%。

五、第五个五年普法教育

2006—2010年开展。2006年10月，市委、市政府印发《在全市公民中开展法制宣传教育的第五个五年规划》。常州市以“法律六进”（法律进机关、进乡村、进社区、进学校、进企业、进单位）为重点，开展普法宣传。市法制宣传教育协调指导办公室成立。全市394所中小学建立健全由法制教育课、法制副校长、青少年模拟法庭和将法律知识纳入中考内容构成的法制教育体系；建立农民工法制宣传教育基地、农民工法制学校，新北区薛家镇举办农民工法制夜市的做法得到省委书记李源潮的高度赞赏。2009年4月，调整成立市法制宣传教育领导小组，成员单位从8家增至23家。建立常州市“五五”普法讲师团和法制文艺工作者、大学生普法志愿者、村干部星级法制宣传员等法制宣传教育队伍，全市普法志愿者达3.5万人，11月市级机关42家单位组织参加法律知识竞赛。常州广播电视台《法制天地》《法庭内外》《警方传真》等栏目播出法制宣教节目1844档。2010年，五星公园被提升改造为法治主题公园，面积达11万平方米。“五五”普法期间，全市建成法治广场、青少年法制教育基地、农民普法乐园、道路交通安全教育基地、消防教育基地、法治文化馆等200余个。2010年市城调队的调查显示，公众对“五五”普法的知晓率达96.7%、满意率达99.4%，知晓率和满意率连续3年稳步上升；金坛被评为全国“五五”普法先进县（市、区），常州被省委、省政府表彰为2006—2010年度全省法制宣传教育先进城市，市法制宣传办公室被评为全国“五五”普法先进普法办公室。

第二节 矛盾纠纷调解

1986年起，常州市调解组织贯彻“以防为主，调防结合”的方针。至1990年底，全市调解组织形成网络，发展到3862个，调解员6.84万人，累计调处民间纠纷11万余件。1996年，常州人民调解组织以防激化为重点向社会延伸。在居民聚居区建立由司法办公室与派出所参加的民事纠纷接待站。加强对兼并、转制企业纠纷和矛盾的调解，保障企业改革顺利进行。1996年，五星乡汤家村调解员袁汉英被司法部追授为全国人民优秀调解员。2002年，武进洛阳镇阳湖村调委会孙勤岳被司法部授予全国模范人民调解员。21世纪初，调处矛盾数量增加，调解率、调解成功率保持在98%和96%以上，2003年推行首席人民调解员制度，109名首席人民调解员挂牌上岗。2005年，常州是全省唯一做到奖励调处中心、制作大调解宣传教育光盘、制定大调解工作考评办法的城市。至2010年末，全市两级社会矛盾纠纷调处中心和人民调解组织受理纠纷2.19万件，调解纠纷2.18万件，调解率、调处成功率分别为99.5%、98.8%，劝阻群体性上访686批、7266人次，防止矛盾纠纷激化492件。

一、人民调解

1985年以后，常州人民调解重点工作从以调为主转变为以防为主，调解组织从简单型到网络型，调解方法从“和事佬”到依法调解，调解内容从民事纠纷到经济纠纷的发展历程，逐步走上制度化、网络化、规范化的轨道，在促进社会安定团结、加快经济发展等方面起到重要作用。全市贯彻执行《人民调解委员会条例》，加强基层基础建设。1991—1995年，全市开展创建标准化人民调解委员会（简称“调委会”）活动。2000—2002年，全市按组织、人员、制度、工作落实的标准，整顿基层调委会。2003年，全市开展创建规范化调委会活动。同年底，辖市区成立人民调解工作指导委员会，乡镇、街道建立调委会，设首席人民调解员1名。2004年起，全市发展行业性、区域性、专业性调解组织，钟楼区和天宁区分别在常州东南陶瓷城、南大街商业街步行建立调解组织，天宁区青龙街道在新市民公寓建立外来工纠纷调解室。2005年，钟楼区荷花池街道成立全省首家以个人姓名命名的夏戈调解工作室。2006年6月，武进区牛塘镇组建流动人口调委会。至同年底，全市1666个调委会全部创建成规范化调委会。2007年，钟楼区法院设立驻法院人民调解工作室。2003—2010年，全市人民调解组织受理民间纠纷17.76万件，调处17.71万件，调解成功17.38万件，调解率99.7%，调解成功率97.9%；防止民间纠纷激化为刑事案件986件，避免因民间纠纷可能引起的非正常死亡392件，劝阻群众上访3766件，制止群众性械斗1583起。

二、大 调 解

2004年3月，常州市启动社会矛盾纠纷大调解机制建设，构建党委、政府统一领导，政法综治部门牵头协调，调处中心具体运作，司法部门业务指导，职能部门共同参与，社会各界整体联动的工作体制，对社会矛盾纠纷统一受理、集中梳理、分级办理、限期处理的大调解工作机制建立，市大调解工作联席会议成立，指导督察全市大调解工作。2004年底，全市建立健全市和辖市区、乡镇街道、村4级大调解网络。全市7个辖市区、97个乡镇街道分别依托司法局、司法所全部建立社会矛盾纠纷调处中心。新北区成立全市首家区级社会矛盾纠纷调处中心，薛埠镇司法所、天宁区兰陵街道成立全市首家镇调处中心、首家街道调处中心。2005年，制定出台《常州市社会矛盾纠纷大调解工作考评办法》，明确了保障措施、工作程序、工作实绩等主要考评标准。

2008年4月，市社会矛盾纠纷调解工作指导办公室成立，辖市区和镇街道两级成立社会矛盾纠纷调解工作领导小组，管理指导社会矛盾纠纷调处中心。同年，把社会矛盾纠纷调处成功率列入科学发展评价考核体系，常州市列当年全省矛盾纠纷调处成功率指标考核第四位。8 月，武进区南夏墅街道驻派出所成立首家警民联调室，至年底，全市设立 97 个公安派出所警民联调工作室，有 229 名专职人民调解员。市妇联人民调解委员会、市涉检矛盾纠纷人民调解委员会成立，建立驻法院人民调解工作室；11 月，市综治委成立市医患纠纷调处工作领导小组及城区医患纠纷调处协调小组，筹建由市综治办牵头，市有关部门协同的医患纠纷调处中心，率先在全省建立医患纠纷调委会。2009 年，市委下发《关于建立健全多元矛盾纠纷解决机制的意见》，常州市多元矛盾纠纷解决机制建设领导小组成立。金坛市试点将人民调解机制引入道路交通事故处理，在天宁区、新北区成功推广。

2010 年，市医患纠纷调处中心被评为全国模范人民调解组织。金坛、溧阳、武进相继成立医患纠纷调委会。至同年底，全市成立 12 个驻法院（法庭）人民调解工作室，聘请 40 名资深人民调解员从事调解工作，在全省率先建成诉调对接的新平台体系，大量纠纷在法院立案前分流到调解工作室。驻法院人民调解工作室成为本市大调解机制建设的特色品牌。全市有调解组织 1772 个、人民调解员 1.04 万人，基本形成以辖市（区）调委会为龙头，镇（街道）调委会为主力、村（社区）、企事业单位调委会为基础、其他调委会为补充的多层次、宽领域、全覆盖的人民调解、大调解组织网络体系。全市调解组织累计受理民间纠纷 8.32 万件，调处 8.29 万件，调解成功 8.17 万件，调解率 99.6%，调解成功率 98.2%。

第三节　律师事务

1985 年以后，常州律师行业围绕经济体制改革、法治政府建设而加快发展。律师事务所开展律师见证、代收履约保证金等业务，保障合同的履行率。1990 年，全市有 1624 家企事业单位及政府部门聘请常年法律顾问。常州高新区设立后，常州市开发区律师事务所为入驻开发区的企业提供从申请到领取执照的全程法律服务，拓展楼宇按揭、证券、房地产、金融、期货交易等市场业务，担任多家房地产公司、市证券公司和政府机关、企事业单位的法律顾问。1995 年 4 月，常州市律师协会成立。2010 年，全市有律师事务所 74 家，有执业律师 813 人，其中兼职律师 30 人。全市律师担任法律顾问 3827 家，办理法律事务 2.14 万件，自办法律援助案件 920 件。

一、体制改革

1988 年 7 月，常州市政府批转市司法局《关于全市律师体制改革的试行意见》，开展合作制律师事务所试点，推行全员承包责任制，逐步实行律师人员招聘制。全省首家合作制律师事务所常州市联合律师事务所成立。1992 年，律师制度建设取得突破。市司法局下发《律师事务所主任岗位职责及考核办法》《律师事务所经费管理办法（试行）》等文件，规范律师事务所管理。常州市第一、第二律师事务所改革管理体制，实行聘任

常州市第二届律师辩论赛（摄于 2009 年 8 月）

制、任期目标责任制和效益提成工资制度及经费"自收自支、结余留用"管理办法。1994 年 7 月，市政府办公室批复同意市司法局《关于深化律师工作改革方案》，鼓励发展合作制、合伙制律师事务所，条件成熟可成立个体律师事务所；12 月，常州市首家合伙制律师事务所常州新联律师事务所成立。1997 年 11 月，市编委、司法局等部门联合下发《市司法局直属国资律师事务所组建方案》。1999 年 2 月，常州市首家国资律师事务所常州国联律师事务所成立。2004 年 3 月，常州市成立首家个人律师事务所江苏常州高枫律师事务所。2008 年 10 月，全市各合作制律师事务所均改制为合伙制律师事务所。

二、律师业务

1986—2010 年，常州律师业务随着经济社会的迅猛发展，一直高速增长。至 2010 年，法律顾问比 1986 年增加 3660 家，增长 21.92 倍；办理刑事辩护及代理增加 1892 件，办理民事案件诉讼代理增加 12366 件，办理非诉讼法律事务增加 1953 件，解答法律咨询增加 8523 人次，代写法律事务文书增加 810 件，分别比 1986 年增 3.81 倍、26 倍、13.75 倍、1.97 倍和 0.9 倍。

1986—2010 年部分年份常州律师业务分类统计表

表 31-5-1　　　　单位：件

年份	担任法律顾问(家)	办理刑事辩护及代理	民事案件诉讼代理	非诉讼法律事务	涉外及港澳台法律事务	解答法律咨询(人次)	代写法律事务文书	业务收费(万元)
1986	167	497	475	142	101	4323	899	37.29
1991	638	575	703	291	—	4266	916	—
2000	1720	1015	3327	928	15	13168	2182	2898.07
2005	2611	1678	9267	1535	3	12034	2775	9847.24
2009	3405	1658	17261	2437	—	8796	1226	17620.49
2010	3827	2389	12841	2095	—	12846	1709	18000.00

第四节　公证事务

1986 年常州市设公证处 4 家，1990 年增至 6 家。1990—1994 年，全市公证机构办理公证 3.76 万件。1994 年，公证体制改革，继实行目标管理、效益浮动资金制和主任负责制后，内部模拟自收自支，改革分配制度。1997 年 6 月，常州市公证员协会成立。21 世纪初期，公证服务外向型经济、房产、高新技术等行业发展迅速，公证量逐年提升。2010 年末，常州有公证处 5 家、公证员 31 人，办理公证 3.65 万件。

一、公证机构

1986 年，常州设有常州市公证处、武进县公证处、金坛县公证处、溧阳县公证处。1989 年 1 月，戚墅堰区公证处和郊区公证处成立(后撤销)。2002 年 9 月成立天宁区公证处。2007 年江苏省公证机构设置调整，统一公证机构的冠名方式、理顺执业区域、业务管理关系，自此常州设有常州市公证处、金坛市公证处、溧阳市公证处、武进区公证处、天宁区公证处。2001 年 10 月，常州市公证处由市司法局直属行政机构变更为自收自支的全民事业单位。2002 年 5 月，市编委等 7 家单位联合发出《关于常州市公证处体制改革工作的实施意见》，对公证处的管理体制、机构编制、财产处置、经费管理、人事管理、内部运行机制作了规定。改制后，常州市公证处实行自收自支，采用工效挂钩的分配制度。天宁区公证处为自收自支事业单位，武进区公证处为全额拨款事业单位，金坛市公证处、溧阳市公证处为差额拨款事业单位。

二、公证业务

常州公证机构自成立起，公证业务范围不断拓展，办证数量日益增加，积极服务社会。1992 年 5 月，市公证处公证常州拍卖行首次公开拍卖活动。2000 年，市公证处成为全省要素式公证书试点单位。2002 年 6 月，市公证处在全省率先开展主办公证员负责制试点。2010 年底，公证机构办理的公证事项主要是国内公证事项、涉外公证事项及涉港澳台公证事项，国内公证事项主要有继承权、委托书、赠予书、声明书、证据保全、招投标、还款协议等，涉外公证事项主要有出生、学历、经历、婚姻状况、未受刑事处分、签名印章属实等，港澳台公证事项主要涉及探亲、定居、学习、谋职、申请入籍、旅游、商务等。

1986—2010 年常州市公证机构办理公证情况统计表

表 31-5-2　　　　单位：件

年度	办证总数	国内		涉外	涉港澳台	年度	办证总数	国内		涉外	涉港澳台
		民事	经济					民事	经济		
1986	3203	997	1975	231		1999	13035	4810	3139	5086	
1987	7948	3855	2653	1440		2000	16267	4162	5164	6941	
1988	9002	4765	3721	516		2001	19960	4830	5239	9891	
1989	9330	4600	2915	1815		2002	23516	5535	7831	9919	231
1990	8156	4112	2435	1609		2003	24267	8001	8306	7642	318
1991	8448	3758	3022	1668		2004	21862	8440	4976	8126	320
1992	11615	4421	4255	2939		2005	24458	10355	4223	9551	329
1993	13994	5316	6563	2115		2006	28159	13405	4233	10219	302
1994	13556	3640	7550	2366		2007	26290	11437	4373	10133	347
1995	15908	3680	8759	3469		2008	27560	12321	3957	10951	331
1996	15437	3096	7430	4911		2009	32780	14477	6818	11110	375
1997	13502	3417	5020	5065		2010	36524	16263	7459	12385	417
1998	14278	4157	4421	5700							

说明：1986—2001 年涉外、港澳台公证未分类统计，只有总数

第五节　法律援助

一、法律援助

1998 年，常州市法律援助中心成立，全市法律援助机构接待来访咨询 1696 人次，其中国有企业下岗职工咨询 500 多人次，实施法律援助 162 件，法院指定刑事辩护 72 件，援助金额达 20 万元，民事法律援助案件 90 件。2005 年，全市整合法律援助资源，在全省率先建立民事法律援助事项先行调解机制，使部分法律援助事项通过调解方式妥善解决。实行机关干部轮流参与法律援助接待工作，启动法律援助专职律师、公职律师办理法律援助案件，扩大法律援助覆盖面，推行一案一查、件件跟踪制度。市法律援助中心被授予省“巾帼示范岗”和省“优秀青少年维权岗”称号。市司法局成为全省司法行政系统中唯一的省文明单位。2009 年，全市司法行政部门加强法律援助窗口建设，在农村、社区和农民工集中的部门和区域及律师事务所建立法律援

助工作站，建立法律援助工作例会制度，办理法律援助案件1858件，接待法律咨询2.16万人次。市司法局作为全市法律援助工作的主管部门，先后制定《关于规范法律援助经费使用管理的通知》《关于公职律师、法律援助专职律师办理法律援助案件的意见》等规范性文件，规范法律援助经费使用、办案补贴、值班接待等工作。根据法律援助办案实际，制定了《法律援助办案制度》《律师值班制度》《法律援助案件归档制度》《岗位责任考核》等20余项工作和管理制度，促进了全市法律援助工作的规范化、制度化建设。

1997年5月，常州市司法局开始筹建法律援助机构。1998年6月，常州市各法律援助机构全部设立，25日常州市法律援助中心（处）在青果巷38号挂牌对外办公，为隶属于市司法局的行政单位。1999年10月，市"148"法律服务工作领导小组成立；12月，常州市"148"法律服务中心挂牌成立，开通专用电话。2002年，市法律援助中心分别被评为全省法律援助先进集体、全省维护残疾人权益工作先进集体，年初迁到红梅南路9号，4月该中心变更为市司法局下属的全民事业单位，设工作人员4名。2003年9月，市"148"法律服务中心归入市法律援助中心，保留常州市"148"法律服务中心牌子。2004年被司法部评为第二届全国法律援助先进集体，2006年被评为江苏省规范化法律援助机构。2009年6月，市法律援助联席会议与市"148"法律服务工作领导小组整合，常州市法律援助工作领导小组成立。2001—2010年，常州市两级法律援助中心办理法律援助案件1.04万件，接待当事人来电、来访14.14万人次，律师事务所自办法律援助案件4000余件，累计免收受援人法律援助服务费1000余万元。

二、基层法律服务

1985年初，常州的乡镇、街道开始筹建法律服务所。3月，常州市接连成立3家法律服务所，有基层法律服务工作者6人，常州基层法律服务渐具雏形。1986年，全市基层法律服务所增至17家，有基层法律服务工作者35人。随后，基层法律服务所如雨后春笋般出现，1992年，戚墅堰区丁堰法律服务所、武进小河法律服务所被司法部评为优秀法律服务所。翌年起，常州市分期分批对乡镇（街道）法律服务所进行检查验收，验收不合格的限期整改完善。2000年至2002年3月，常州基层法律服务所按照国务院办公厅、司法部和省司法厅的部署改制，逐步与乡镇（街道）政府完全脱钩，改制后，基层法律服务所拓展服务领域，提升服务层次，成为基层法律服务的生力军，维护市场经济秩序和基层社会稳定，促进基层政府依法行政。至2003年底，全市92个乡镇（街道）建立法律服务所66个，有法律服务人员339人。2007年，基层法律服务所办理案件5395起，业务收费849.89万元。办理司法鉴定案件3007起，收费291.8万元。2010年底，全市有基层法律服务所57家，基层法律服务工作者329人，基层法律服务工作者担任法律顾问860家，办理法律事务4639件。

第六节　司法鉴定

一、鉴定机构

2001年11月，常州市司法局增设司法鉴定工作管理处，开始承担指导与管理全市面向社会服务的司法鉴定职能。2005年2月28日，全国人大常委会第十四次会议通过《关于司法鉴定管理问题的决定》（简称《决定》），于同年10月1日实施，《决定》规定由司法行政机关负责对鉴定机构和鉴定人的登记管理。2006年，省司法厅下发《关于委托省辖市司法局协助开展司法鉴定登记管理工作的通知》，明确由省辖市司法局协助开展司法鉴定机构、司法鉴定人的登记管理。《决定》实施后，省司法厅司法鉴定机构和鉴定人的准入程序更加严谨规范，只批准设立法医类、物证类、声像资料类三大类司法鉴定机构。

2002—2007年，常州经省司法厅审批设有常州市德安医院司法鉴定所、南车戚墅堰机车车辆工艺研究所司法鉴定所、中海油常州涂料化工研究院司法鉴定所、常州市疾病预防控制中心司法鉴定所、常州市房屋安全管理鉴定中心房屋安全司法鉴定所、常州中南司法会计鉴定所、常州常申会计师事务所司法鉴定所、常州常申房地产价格事务所司法鉴定所。2008年，常州常申会计师事务所司法鉴定所、常州常申房地产价格事务所司法鉴定所因母体单位改制等原因被取消司法鉴定机构。2004年6月，市司法局对2003年11月前经省司法厅核准登记的64名司法鉴定从业人员颁发执业证；7月，市司法局、公安局、检察院、中级人民法院等8个部门联合在常州德安法医司法鉴定所设立全省首家由司法行政机关所管理的司法鉴定机构家庭暴力伤情鉴定中心。2010年底，全市登记在册的司法鉴定机构有6家，司法鉴定人有72名，开展法医临床、法医精神病、痕迹鉴定（交通事故痕迹鉴定）、微量物证鉴定（涂料、颜料、化学建材等）、法医毒物鉴定［常见毒（药）物检验、酒精检验、金属毒物检验］、房屋安全、司法会计等鉴定业务。

2010年常州市司法鉴定机构一览表

表31-5-3 单位：人

司法鉴定机构	成立时间	业务范围	司法鉴定人员
常州市德安医院司法鉴定所	2002年10月	法医临床（一般活体鉴定、听觉功能鉴、视觉功能鉴定）	13
		法医精神病	20
常州市房屋安全管理鉴定中心房屋安全司法鉴定所	2003年3月	房屋安全司法鉴定	7
常州中南司法会计鉴定所	2003年8月	司法会计鉴定	7
南车戚墅堰机车车辆工艺研究所公司司法鉴定所	2006年2月	痕迹鉴定（交通事故痕迹鉴定）	8
		微量鉴定	6
中海油常州涂料化工研究院司法鉴定所	2006年6月	微量鉴定（涂料、颜料、化学建材）	7
常州市疾病预防控制中心司法鉴定所	2007年4月	法医毒物鉴定（常见毒〈药〉物检验、酒精检验、金属毒物的检验）	9

二、鉴定业务

常州的司法鉴定机构设立后，鉴定业务稳步发展，特别是在2005年全国人大常委会的《决定》颁布实施

2003—2010年常州市司法鉴定业务分类统计表

表31-5-4 单位：件

年份	法医临床	法医精神病	法医毒物	痕迹鉴定	微量物证	房屋安全	司法会计	资产评估	工程造价	房地产价格
2003	31	77	—	—	—	33	2	17	12	37
2004	128	134	—	—	—	54	6	38	28	40
2005	517	172	—	—	—	27	9	57	43	29
2006	2085	384	—	26	39	12	2	50	17	41
2007	2211	457	3	63	120	15	3	56	9	58
2008	2504	517	4	99	129	12	1	38	—	—
2009	2618	332	2	230	88	6	—	—	—	—
2010	2435	103	—	270	115	7	—	—	—	—

后，三大类司法鉴定业务增长迅猛，法医临床业务更是向周边地区辐射，微量鉴定、交通事故痕迹鉴定委托主体除江苏及周边省市外，有北京、上海、新疆等地。全市司法鉴定机构出具的鉴定结论保持高采信率，无一例有效投诉，为社会提供了廉洁、高效、规范、公正的司法鉴定服务。2010 年，开展司法鉴定业务 2930 件，其中法医临床鉴定业务 2435 件，占 83.1%。

第七节　刑释解教人员帮教

一、安置帮教

常州安置帮教的对象是全市刑满释放 5 年内的刑释人员、解除劳动教养 3 年内的解教人员。1996 年 11 月，市刑释解教人员安置帮教工作领导小组（简称“安帮领导小组”）建立，办公室（简称“安帮办”）设在市司法局。1999 年 1 月，7 个辖市区全部建立安帮领导小组及其办事机构。1999 年 11 月，全市乡镇（街道）安帮领导机构全部组建成立。2000 年底，全市 102 个乡镇街道全部建立安置帮教工作站，帮教小组 5805 个，参与帮教人员 1.6 万人次。1998—2009 年，全市有 14802 名刑释解教人员回归，安置 13618 人，安置率 92%；帮教 14467 人次，帮教率 97.7%；重新犯罪 207 人，重新犯罪率 1.4%。各级安置帮教组织通过衔接管理、走访排查、思想教育、法律帮助、帮扶就业、技能培训等手段，强化安置帮教措施。

1998—2010 年常州市安置帮教情况统计表

表 31-5-5

年份	衔接刑释解教总人数(人次)	安置(人次)	安置率(%)	帮教(人次)	帮教率(%)	重新犯罪(人次)	重新犯罪率(%)
1998—2000	3243	2776	85.6	3136	96.7	66	2.0
2001	1174	1094	93.2	1160	98.8	21	1.8
2002	1334	1271	95.3	1320	99.0	24	1.8
2003	1446	1394	96.4	1425	98.5	32	2.2
2004	1364	1238	90.8	1324	97.1	18	1.3
2005	1026	938	91.4	1004	97.9	12	1.2
2006	920	870	94.6	902	98.0	10	1.1
2007	1318	1199	91.0	1255	95.2	16	1.2
2008	1442	1319	91.5	1406	97.5	7	0.5
2009	1535	1519	99.0	1535	100.0	1	0.1
2010	1008	997	98.9	1004	99.6	4	0.4

2003 年，常州市安帮办、公安局、司法局联合出台《关于进一步做好全市刑释解教人员回归社会衔接管理工作的意见》，规范刑释解教人员衔接登记、接茬管理。2004 年，市安帮办、公安局联合下发补充意见，解决无人收留、无固定住所刑释解教人员的落户问题。2005 年，市 8 个委局出台《关于贯彻落实江苏省 8 个厅局〈关于进一步做好刑满释放、解除劳教人员促进就业和社会保障工作的意见〉的意见》，解决刑释解教人员安置就业及社会保障中遇到的问题。2007 年，市安帮领导小组下发《常州市刑释解教人员安置帮教工作规范化建设实施意见》，建立健全目标考核、衔接管理、统计登记、信息报送、协调配合、学习培训、提前撤帮、档案管理等规章制度。至 2009 年底，全市建立安置帮教工作站 58 个，“三帮一”帮教小组 6200 余个，参加帮

教人数达 1.8 万人次，形成纵向到底、横向到边、覆盖全市的安置帮教工作网络。

常州市及辖市区均将安置帮教纳入社会治安综合治理和平安创建指标体系，每年年初对上年度回归社会的刑释解教人员进行核对排查，做到底数清、情况明，最大限度预防脱管漏管现象。各级安帮机构和工作部门通过落实责任、帮助从事个体经营、举办职业技能培训等措施，加强安置帮教工作，对有劳动能力但工作无着落的刑释解教人员，利用过渡性安置的方式临时解决其生活问题。探索帮教方式，金坛推广朱林镇安帮领导小组、派出所、村委会、企业、刑释解教人员亲属和刑释解教人员本人的“六方”帮教承诺，明确帮教责任。溧阳对安置帮教对象采取有效措施，加强对安置帮教对象的教育管理。

二、社区矫正

2005 年 4 月，《常州市社区矫正试点工作实施意见》出台，社区矫正试点工作启动。同年，市和辖市区成立社区矫正工作领导小组，办公室设在司法局，建立健全市、辖市区和镇街道 3 级矫正网络，由司法行政机关牵头组织开展社区矫正，初步形成由执法人员、专职工作者、志愿者组成的社区矫正队伍。同年，市司法局、公安局联合下发《关于加强社区矫正衔接工作的若干规定（试行）》，明确公安、司法行政机关的衔接管理职责。2006 年，市司法局、中级法院联合出台《关于加强人民法院与社区矫正机构衔接工作暂行办法》《关于审理社区矫正对象减刑案件的若干意见》，加强与法院的衔接配合。武进、天宁两区分别被确定为省级、市级社区矫正示范区，15 个镇街道被确定为社区矫正示范点。2009 年 4 月，武进成立全市首家区级公益劳动基地暨学习教育中心。此后，钟楼区天爱儿童康复中心、天宁区阳光教育矫正中心建成。城市镇街道借助社会资源，建立教育基地 33 个、公益劳动基地 94 个、就业基地 26 个。2009 年，市财政局、司法局制定发布《常州市社区矫正专项资金管理办法》，按每名矫正对象每年 2500 元的标准分级承担社区矫正专项执行经费。市公安局、司法局实行社区矫正对象不批准出境通报备案制度，加强审批管控。市委政法委和市中级法院、教育局、司法局等部门联合出台《常州市共同处置被判处非监禁刑未成年人失学失管问题的实施办法》。2005—2010 年底，全市接收社区矫正对象 6049 名，2355 名矫正对象服刑期满解除矫正，在册矫正对象 1746 名。5 年中，有 4 名矫正对象获得减刑，2 名矫正对象被撤销缓刑收监执行，4 名矫正对象重新犯罪，重新犯罪率 0.1%。2008 年以后未发生矫正对象重新犯罪，全市帮助 393 名矫正对象落实低保政策，就业技能培训 256 人次，指导就业 581 人次。

第三十二卷 军事

Volume XXXII

Military Affairs

常州位于长江三角洲腹地，战略位置重要，自古为兵家必争之地，曾发生多次具有全国影响的重大战事，涌现出一批杰出的军事人才。1983年7月，常州军分区复建成立，下辖金坛、溧阳、武进三县人民武装部及天宁、钟楼、广化（后撤销）、戚墅堰、郊区（后被撤销，新增新北区）人民武装部。常州军分区作为地方最高军事指挥机关，为适应城市防卫和军事斗争的需要，始终把民兵预备役建设作为最重要的工作，使常州地区的民兵组织从解放初期的单一步兵分队逐步发展到地面炮兵、高射炮兵、通信、侦察、防化、工兵、舟桥、电子信息、导弹、装备维修、反恐维稳等10多个兵种民兵队伍，探索加强民兵预备役工作的新思路、新方法，大胆改革创新，全市民兵预备役建设不断加强。至2000年末，常州形成以专业技术为主体，以城市防卫、信息网络、应急分队和科技支前保障大队为重点的民兵组织体系，及由驻常部队和预备役部队组成的武装力量体系。2000年以后，常州军分区和辖市（区）人民武装部按新军事变革和军事斗争的需要，坚持提升军事基础设施、组织指挥能力、信息化指挥系统建设水平，相继建成常州国防园和金坛、溧阳、武进训练基地，形成纵向一体、横向互联、指挥迅速、快速动员的市、辖市区和乡镇街道3级联网的信息化作战指挥网络；合理规划全市人防工程，平战结合，高效推进，工程完好率和利用率居全省前茅，2005年、2010年两度获“全国人民防空先进城市”称号。市和辖市（区）国防动员委员会相继建立，职能部门完善，对区域内战争潜力进行调查、采集，通过40余次的课目演练和网上操作，提升了应对急难险重等突发事件的组织指挥能力，全市逐步形成国防教育与国防建设制度化、规范化和普及化的良好局面。

第一章　军事组织

1985年以后，常州地方军事武装主要设有常州军分区和辖市区、乡镇街道等基层人民武装部与预备役及准军事的民兵组织，在常州地区的驻军伴随着国家军事部署和军事斗争的变化而发生变动，有增有减。2010年，常州的军事组织有常州军分区和辖市区与镇街道等的人民武装部，陆军、海军部分驻常部队、预备役部队和武警驻常部队及驻常干部休养所。

第一节　地方武装组织

1986—2010年，常州市级地方武装组织一直设有常州军分区，辖市区和基层主要设有人武部。

一、常州军分区

1983年4月，常州军分区奉命复建，同时撤销常州市人武部；7月，常州军分区正式恢复成立，建制隶属江苏省军区，下辖3个县、5个区的人武部及常州军分区干休所。1986年6月，常州军分区所辖的人武部移交地方。1996年4月，县区级人武部重新收归常州军分区建制，属军队编制。2010年，常州军分区下辖金坛、溧阳两市和武进、新北、天宁、钟楼、戚墅堰5区人武部和陆军预备役通信团、军分区干休所。

二、辖市（区）人民武装部

1983年4月，常州军分区复建后，金坛、溧阳、武进三县人武部改属常州军分区，与天宁、钟楼、广化、戚墅堰、郊区5区人武部一同改归军队建制。1986年6月，常州军分区所辖各人武部移交地方。7月，广化区人武部随广化区撤销而撤销，下属各乡（镇）人武部拆并到天宁、郊区等区人武部。1996年4月，区县级人武部重新收归常州军分区建制。2002年4月，郊区及其人武部被撤销，新北区及其人武部同时成立。

三、基层人民武装部

1978年起，全市农村人民公社，县属区、镇，高等院校和企事业单位调整选配专职武装干部1～2名。1982年，省委指示，每个公社原则上配备专职武装干部2～3名，确定公社（乡、镇）武装部部长职务相当于公社副主任，一般应参加公社党委。1998年，贯彻解放军总参谋部、总政治部《关于深化民兵工作调整改革的意见》，根据《民兵工作条例》和中央有关文件，市机构编制委员会、市委组织部、市人事局和常州军分区司令部、政治部联合发文，对基层人武部机构设置和专职人武部干部配备、管理等有关问题作出规定。2010年底，全市建有基层人武部197个，其中乡镇人武部58个、街道人武部24个、开发区人武部3个、企业单位人武部84个、事业单位人武部28个，有专职人武干部294名。

第二节　领导体制

常州地区从抗日战争时期建立民兵组织后，始终坚持党管武装制度，地方党委、政府和军队系统双重领导民兵组织的体制。

一、党管武装

党委第一书记、第一政治委员制度　1986年，军队进入精简整编时，地方党委书记兼任军分区和县（市、区）人武部党委第一政治委员，改为兼任军分区和县（市、区）人武部党委的第一书记；地方党委（支部）的书记兼任同级民兵组织的政治委员、政治教导员或政治指导员。

地方党委议军制度　议军是地方党委加强对地方部队和民兵预备役工作领导的一项传统制度，是地方党委党管武装的主要形式。各辖市（区）从建立人武部（兵役局）起，各级地方党委每年召开常委会议，听取军事部门的情况汇报，研究解决重大问题，组织协调做好民兵预备役工作。1987年，市委、市政府针对县（区）人武部改归地方建制后的新情况，联合召开议军会议，市、县（区）党委书记和市长、县（区）长，常州军分区领导与市有关部委办局负责人参加，坚持和发扬党管武装的优良传统和制度，加强党对人武部工作的领导，发挥民兵在“两个文明”建设中的骨干带头作用。1998年，市委常委会多次召开组建常州陆军预备役通信团专题会议，研究解决团部选址、筹资基建等问题。制定下发《关于进一步加强党管武装工作的意见》，规定辖市、区每年至少召开1次党委议军会和武装委员会会议。至2010年，市、区每年均召开党委常委议军会议。

地方党政领导到军事部门现场办公及过“军事日”制度　常州军分区自1983年重建以后，逐步建立地方党政领导到军事部门现场办公及每年过一次“军事日”活动的制度。1988—1998年，组织地方党政和部门领导1.5万人次到部队或民兵训练基地过“军事日”。1998年，组织全市近百名大、中学校校长到市民兵训练基地体验“军营一日”生活，观看现代高科技军事内容的录像，组织实弹射击等。2003—2005年，在筹备建设常州市国防园期间，市委、市政府主要领导多次到现场办公，协调解决问题。2006—2010年，辖市区领导多次到国防园过“军事日”。

军队主要领导参加同级地方党委制度 1956年起，常州各县(市、区)人民武装部根据中央的规定，一名主要领导参加地方同级党委，担任市和辖县(市、区)党委常委、乡(镇、街道)党委委员，成为制度，促进军队围绕地方中心任务开展民兵预备役工作，促进后备力量建设。至2010年底，常州各级始终坚持这项制度。

二、军事系统垂直领导

1962年8月起，常州军分区和县(市、区)人武部对辖区的民兵工作、兵役工作实行垂直领导。1977年6月，市委撤销市、区两级民兵指挥部，民兵工作仍由各级人武部直接负责。1996年，县(市)区人武部收归军队建制，接受军队和同级县(市)区党委的双重领导，始终坚持到2010年底。

三、人民武装委员会

各级人民武装委员会由地方党委、政府有关部门和军事机关组成。1985年，市委发出文件，要求建立健全县(区)人民武装委员会的会议和联系制度，规定县(区)武委会每年召开1～2次例会。1997年，市和辖市区成立国防动员委员会(简称“国动委”)后，每年联合召开武委会会议、国动委会议。各级人民武装委员会贯彻执行中共中央、国务院、中央军委关于民兵建设的方针、政策和指示，宣传人民战争思想，研究解决民兵工作中的新情况、新问题，协调有关部门抓好民兵预备役建设。全市组织人事部门积极配合军事部门抓好基层单位人民武装部的设置和专职武装部的调整配备。

第三节 驻常州部队

1949年4月23日常州解放，解放军第三野战军(简称“三野”)前线指挥部及华东军区机关移驻常州清凉寺。第三野战军指挥部领导人粟裕驻西瀛里59号原江苏银行，三野司令部驻西瀛里63号原交通银行，准备东进解放和接管上海。4月28日，驻清凉寺的三野副参谋长张震、政治部副主任唐亮、政治部副主任钟期光、炮兵司令陈锐庭和华东军区参谋长张爱萍等领导在驻地留影。

一、南京军区(含华东军区、苏南军区)驻常部队

中国人民解放军73041部队 1961年12月进驻溧阳某农场，隶属南京军区，1963年1月移交2008部队，1971年1月改为6526部队后勤部。1982年1月移交83033部队，2005年1月改为73041部队。

中国人民解放军73031部队 1983年1月隶属南京军区某军，1985年隶属南京军区直属队，1987年3月改属南京军区司令部。1991年2月改属上海警备区，11月改属南京军区某炮兵师。2001年11月改为副食品生产基地。

中国人民解放军73196部队 前身为江苏省军区后勤部2号工地。1975年下半年，进驻溧阳进行部队营房、库房工程施工。工程建成后，部队多次变动，2004年更名为73196部队。

中国人民解放军第102医院 1986年11月18日，第102医院改为驻军医院，划归南京军区后勤部第13分部建制。

南京军区第一通信总站无锡通信站常州传输站 1983年3月，南京军区第一通信总站四营常州站成立；1985年12月，改编为南京军区第一通信总站二营常州站；2005年3月，改编为南京军区第一通信总站无锡通信站常州传输站。

二、海军驻常部队

中国人民解放军97602部队69分队 1964年4月7日，海军司令部批准在常州组建雷达站，1966年改为雷达某团11连；1993年、1998年和2005年先后改为某团10站和海军雷达某旅6站、9站。

中国人民解放军92138部队 前身为中国人民解放军海军航空兵第一师第一团，1952年6月17日在上海虹桥机场组建。1955年改称海军航空兵第一师第一团。1969年5月，根据中央军委批准的部分海军航空兵部队调整部署的命令，航一师师部、航一团和航三团全部进驻江苏某机场。1992年12月15日，遵照中央军委命令，航一师撤编。翌日，以航一团为基础，师直机关、航一团、航三团合并组建海军航空兵独立第五团，隶属东航垂直领导。2003年11月全军精简整编，海航独立第五团缩编调整为东航舰队航空兵某师某团。

三、常州陆军预备役通信团

1998年，原步兵某师103团（前身为襄阳特功团）改编为常州陆军预备役通信团。同年11月22日，从安徽滁州进驻常州，翌年9月18日成立，直属江苏省军区、常州军分区领导和管理。

四、军队离职干部休养所

常州军分区干休所 1983年，镇江军分区第三干休所改称常州军分区干休所，由市朝阳路4号迁至木梳路。

中国人民解放军海军常州干休所 1982年10月建于花园新村，属海军东海舰队。

中国人民解放军5136部队常州干休所 1983年1月组建，位于市木梳路，属山西省军区。

中国人民解放军总装常州干休所 1983年7月组建，位于机械二村，前身为国防科工委离职干部休养所。

南京军区联勤部无锡干休所常州分所 1995年10月组建，位于市博爱路，由中国人民解放军驻常102医院代管。

山西省军区常州干休所 1981年初筹建，1983年进驻，位于市木梳路3号，前身为中国人民解放军第二十八集团军常州干休所。

五、军事代表室（处）

1986—2010年期间，常州地区曾设有7个军事代表室、代表处。

1979—2010年常州地区设立的军事代表室(处)一览表

表32-1-1

名　称	组建、调驻时间
海军驻常州第三航海仪器厂军事代表室	1979.08
总参谋部气象局驻常州电子仪器厂军事代表室	1979.12
装甲兵驻常州第二电子仪器厂军事代表室	1979.12
总参谋部第三部驻常州无线电厂军事代表室	1979.12
中国人民解放军驻常州军事代表处	1986.02
总装备部驻常州地区军事代表室	1986
中国人民解放军空军驻370厂军事代表室	1989.05

六、中国人民武装警察部队驻常部队

武警常州支队 前身是华东警备第七旅第二十一团第三营，1983年5月改称中国人民武装警察部队江苏省总队常州市支队，沿用至2010年底。

武警常州市消防支队 前身为1953年成立的常州市公安局消防队，1986年2月，武警常州市消防大队扩编为支队，称常州市公安局消防支队，受武警江苏省消防总队、常州市公安局的双重领导。2010年，该支队下辖第一至四中队、特勤中队、第六中队和金坛大队、溧阳大队、武进大队。

武警水电第五支队　1985年1月列入武警序列，为武警水电第九支队，是一支以军事化组织形式从事水利水电工程建设的部队。1992年6月，在常州成立工程部指挥部，承担武进魏村水利枢纽工程建设。1994年8月，经公安部批准，支队由江西省万安县迁至武进。2002年5月，整编为武警水电第五支队。

常州边防检查站　2002年9月18日组建，正团级建制，隶属江苏省边防武警总队。2004年4月20日揭牌，5月1日开始履行对常州港开放口岸的边防检查管理职能，所辖岸线16.4公里，开放码头2个、泊位4个。

第二章　兵役

常州市兵役机关把输送优质兵员作为各级人民政府和兵役机关的重要职责，提供有力的人、财、物、力保障，所征兵员达到或超过上级规定的要求，曾多次受南京军区和江苏省人民政府、江苏省军区表彰。1984年5月，《中华人民共和国兵役法》（简称《兵役法》）颁布，实行义务兵与志愿兵相结合的兵役制度，规定义务兵服役期满申请并经上级批准后，继续留队当志愿兵服现役，服役年限至少8年，年龄不超过35岁。1998年12月起实行义务兵与志愿兵相结合、民兵与预备役相结合的兵役制度。

第一节　义务兵征集

1986—2010年，除1988年度未征兵、1990年度进行两次征兵，常州其他年度均进行一次征兵，且多数在冬季征兵。

一、征集对象

1986年，要求征集新兵高中毕业生达35%以上，城市（含县城）入伍青年达20%以上，女青年必须是应届高中毕业生。1989年为春季征兵。城乡凡符合征集条件的青年均可应征，城镇青年比往年放宽1岁。1990—1999年，征集初中毕业以上文化程度农业户口青年和高中毕业以上文化程度非农业户口青年，或企事业单位高中毕业以上文化程度的优秀青年职工和下岗、待业人员。1990年，根据省相关精神严格控制城镇征兵比例。2002年，常州市落实新颁布的《征兵工作条例》和《关于从全日制高等学校在校学生中征集新兵问题的通知》，在常州工学院、江苏石油化工学院、江苏技术师范学院进行试点，征集在校大学生16名。全市征兵工作根据城市化速度加快和城市文化水平提高的实际，非农征集比例由过去的18%调整到约30%。征集对象增加本人自愿且符合条件的全日制普通高等学校在校大学生入伍后，原就读学校按相关规定保留其学籍，退伍后准其复学。2003—2010年，征集兵员逐步向大学生等高学历人员倾斜。

二、征兵条件

年龄条件　1989—2010年，男兵为18～20周岁；高中毕业以上文化程度的青年，企事业单位青年职工年龄放宽到21周岁；大专以上文化程度的青年年龄放宽到22周岁。性别为男性的，1999年以后为南京军区部队征集的大学本科毕业生放宽到23周岁。

文化程度　80年代，农业户口应征青年具备初中毕业文化程度，非农业户口应征青年具备高中毕业文化程度，女性应征青年必须是高中应届毕业生。1997年，鼓励具有高中毕业以上文化程度青年入伍，征集具有职业高中性质的预备班高中三年级毕业生，教育部门给入伍学生提前颁发高中毕业证；国家计划招收的普通高校、中等专业学校的毕业生，退伍后按干部身份进行安置；应征入伍的大专高中毕业生是年优待金高于初中毕业生新兵的10%；农村籍高中及其以上文化程度的退伍士兵在用工、选拔基层干部、推荐进乡镇企业方面优先照顾。

政治条件 1980年后，应征青年必须拥护中共的基本路线，热爱祖国，品质优良，遵纪守法，自愿献身国防事业等。1990年10月，公安部、解放军总政治部颁布的《关于征集公民服现役的政治条件的规定》，应征适龄青年的政治条件修改为必须拥护中共的路线方针政策，坚持四项基本原则，品德优良，乐于奉献，全心全意为人民服务，真正为保卫祖国、保卫人民的和平劳动而英勇奋斗。

体格标准 1983—1990年，应征青年体检身高男性1.6米以上，女性1.55米以上，体重男性47公斤以上、女性43公斤以上，进行肝功能检查（着重对乙型肝炎表现抗原）。1991年9月，国防部颁布新的《应征公民体格检查标准》，应征青年身高男性1.62米以上、女性1.58米以上，体重男性50公斤以上、女性43公斤以上。陆勤人员右眼裸视力4.9、左眼裸视力4.8，听力一侧耳语5米、旁侧不低于3米。2003年9月，国防部新颁发的《应征公民体格检查标准》规定，应征青年身高男性1.62米以上、女性1.6米以上。高中以上文化程度的应征青年左眼裸视力放宽到4.8、右眼裸视力4.6。

三、应征公民登记

1987年，根据《兵役法》规定，全市在机关团体、企事业单位、居委会及农村行政村建立兵役登记站进行兵役登记，填写《兵役登记表》，经兵役登记和初审合格的应征公民，由县（区）兵役机构发给《应征公民证》。县（区）兵役机构对登记的应征公民进行政治初审、身体检测、文化摸底和病史调查，选定政治思想好、身体好、文化程度高的青年为预征对象，报县（区）兵役机关批准。是年，全市报名登记率99.9%。1988—1998年，全市适龄青年报名登记率达93%。1999年，根据修改的《兵役法》，全市各级广泛深入开展宣传教育，形成依法服兵役光荣的浓厚氛围。市征兵办公室组织开展兵役登记和高考落榜生统计，摸清适龄青年的情况。各兵役登记站在主要路口或人口集中的地方张贴兵役登记通知，明确登记对象、时间、地点和要求，严格规定目测、初检程序，正确掌握适龄青年的身体、政治情况。全市适龄青年报名登记率达99%。2001—2002年，市人武部在兵役登记时，把预征对象的政治、身体、文化、家庭地址等登记造册，明确报名应征时间、地点和逃避服兵役的罚款规定。各市、区人武部主动与教育部门联系，调查摸底高考落榜生，保障在初审、初检合格后全部上站体检，提高高中以上文化程度应征青年的比例。2003年，天宁区进行规范化兵役登记试点，召开全市规范化兵役登记试点现场会，规范兵役登记，做好平时征兵准备。

四、征集程序

宣传教育 80年代，各级宣传部门组织搞好征兵宣传，报社、电台、电视台广泛宣传征兵的重要意义。90年代，市征兵办公室会同市委宣传部加强宣传教育，以传统教育与形式教育为主，提高应征青年的思想觉悟，以《兵役法》《关于拒绝和逃避兵役登记，服现役的处罚规定》及征兵政策宣传为重点，辅助宣传优抚安置政策的落实，调动适龄青年应征积极性。市和县（市）区两级宣传部门在报刊、电台、电视台广泛宣传。2001—2010年，市和辖市（区）政府主要领导抓好宣传发动，协调解决征兵工作的重大问题。常州军分区领导就征兵政策与要求接受记者采访，在《常州日报》《常州晚报》等报上刊登答记者问。各乡镇、街道和企事业单位利用黑板报、广播、宣传栏等宣传《兵役法》《征兵工作条例》等法律法规政策和规定。各级做好入伍后的优待问题，普遍提高优待金，给每位入伍青年办理养老保险。

体格检查 1985—1990年每次征兵，县（市）区体检队伍均组织培训，统一试剂、统一方法、统一操作、统一标准；体检期间，实行村包病史、乡包目测、县（区）包体检的三级责任制考核，从体检站的设置到目测初检，体检复查进行全面的质量考核，以此作为各单位达标的奖惩依据。1990年开始，常州市征兵体检实行封闭式管理，市中心组抽查双检双签制度，新兵换装起运前组织身体复查。2005年，新兵体检新增艾滋病、吸食毒品检测和心理测试等项目。

政治审查 改革开放后，每次征兵政治审查，坚持党的“有成分论，不唯成分论，重在政治表现”政策，做到必须访问家庭、居委会、派出所、父母所在单位、本人所在单位或学校，严格把好政治、年龄、文化、户口、材料关，增强政审透明度，接受群众监督。90年代，各级政审组层层签订责任书，实行三级政审和区域联审制度。辖市区3次张榜公布体检名单、合格名单、预定新兵名单，接受群众监督。2001年起，坚持把查清现实表现，尤其是预征对象及家庭成员、直系亲属是否与对社会有危害的邪教等组织有关系作为政审的重要内容，采取走访、派人外调等方法全面调查取证，搞好政治条件兵的政审。2002—2010年，市征兵办公室、公安局在政审前，联合下发《征兵政审工作实施意见》，坚持所在派出所政审、区征兵办公室政审和市征兵办公室政审，与区域联审和全市会审。

定　　兵　80年代历次征兵，市征兵办公室严格把好定兵关，坚持定兵原则、标准、政策、条件，不搞照顾、搭配、平衡、歪门邪道；对有问题未查清楚的、思想问题未解决的、对文化程度和年龄未达标的不定兵。1991—2005年，体检、政审合格的青年经基层乡镇、企事业单位集体初定后，报市、区兵役机关审定。市、区政府召开定兵会议，逐个审定，全面衡量，集体定兵；实行公开征兵纪律和征兵规定，公开举报电话、举报信箱，公开基层推荐，体检合格和预定新兵名单；坚持党内监督，纪律监督，舆论监督，群众监督，组织监督。2010年，定兵坚持高中毕业生优先、身体条件好的优先、政治思想和现实表现好的优先、家庭劳动力充裕的优先、有一定技术专长的优先；对有问题没查清楚的不定、对思想问题未解决的不定、对文化程度和年龄不达标的不定。

新兵运输　1984年冬季征兵，开始改革新兵运输方式，有接有送也有自行报到的。后改由地方政府直接向部队送兵，是新兵运输方式的一项重大改革。市征集办公室挑选好送兵人员，搞新兵编组，按新兵的去向和人数，一般是1个县编1个连，1个区编1个排，1个乡编1～2个班。1986年以后，按省政府、省军区新兵运输组织实施细则，新兵铁路运输整列不超过1200人，20人以下原则上不经过军运办，零星走的由接兵部队负责运输。新兵起运时，市交通系统领导亲临第一线指挥，组织欢送车队，选择思想、技术、作风好的驾驶员。1989年起，由部队派人到地方接兵。常州市征兵办公室、基层单位免费为接兵人员提供住宿条件，提供1间办公室、报纸和1辆工作用自行车，征兵部门吸收接兵人员参加宣传动员、体检、政审，接兵部队负责人或代表参与定兵。市交通局明确新兵运输由国营运输企业承担，挑选政治、技术、身体素质好的驾驶员和安全、舒适、技术性能良好的车辆投入运输。

2001—2005年，市征兵办公室同市交通运输部门制定运输计划，新兵运输的车辆由市运管处组织检查，长途运输车辆由车队负责人或安全员跟车，公安交警部门派车开道。2006—2010年，新兵运输改为以铁路运输为主。

征兵监察　1991年冬季征兵，国务院、中央军委把纠正征兵工作中的不正之风作为一个重要问题来抓。市政府、常州军分区吸收纪检监察部门领导参加征兵领导小组，通过新闻媒体公布有关征兵政策。全市未接收到反映征兵不正之风的信访。1997年，市征兵领导小组组织全体接兵人员开展廉洁征兵自查自纠活动。市纪委、常州军分区政治部联合下发《关于进一步加强征兵工作中纪律检查工作的意见》，公开举报电话，兵役机关吸收纪检监察人员参与征兵，开展相互监督和评议活动。成立接兵人员临时党委，考评到常接兵干部并通报所在部队。是年，全市设立272个举报电话和举报箱，收到5封举报信，对2封举报属实的作了处理。2000—2005年，市纪委、常州军分区纪委及时纠正征兵中的不正之风，各级领导、兵役机关和征接兵人员严格按规定办事，在《常州日报》公开廉洁征兵的规定，纪检监察部门主动接受群众监督。常州军分区和各人武部成立征接兵人员临时党委（支部），加强对征接兵人员的管理。2010年，实行征兵纪律、政策规定、举报电话、举报信箱与基层推荐、体检合格及预定新兵名单公开，实行党内监督、纪律监督、舆论监督与群众监督、组织监督相结合。

第二节 特种兵员征集和飞行学员招收

一、特种兵征集

潜水兵 60年代起在常州征集潜水兵。1986年以后，征集潜水兵体检时，各科室主检对照条件认真挑选，总检按复检条件复查，政审合格后确定初定名单，经体检组复查合格后定兵。

中央警卫兵 1990年起，常州为中央警卫团征集新兵。应征对象必须相貌端正、具有高中及其以上文化程度，兵员初定后由政审组指定专人复查，报市公安局负责人审定签字后定兵。

驻港兵 1998年起，常州为驻香港部队征集新兵。政审时严格把关，政审组必须逐个复查。体检时，相关人员必须到指定医院复查。定兵时，由驻港部队接兵干部优先挑选，做到好中选优。

进藏兵 属特殊时期特殊兵员征集。1994年起，常州为驻西藏部队征集新兵。进藏兵政审按普通兵条件执行，体检时需要进行心电图测试和复检，要求身强力壮能适应高原生活。

文化兵 1985年以后，常州征集有文艺专长的男、女新兵，补充军、师级文艺表演团队。

二、飞行学员招收

1987年以后，市委、市政府统一领导招收飞行学员工作，由解放军空军直接与地方教育部门按军事院校招生办法办理，兵役部门主办。有招收任务的单位均成立领导小组，根据招飞任务的多少，从组织、人事、公安、宣传、教育、兵役等部门抽调干部组成招飞办公室，下设政审组、体格检查组、后勤组等。市每年召开招飞工作会议，报刊、电台、电视台等媒体广泛宣传，有关部门组织老师、学生收听介绍飞行员的学习工作情况，向市、区体检合格的学生家长宣传招飞工作的意义，讲解党和政府对现役军人安置优抚的政策。报名后，按国家有关规定对应招对象进行体检和政审，初检合格的由省统一组织语文、数学、政治等5门学科的文化考试，合格者经复检、复审，由省招飞办择优确定，编造名册，与空军航校接收人员办理交接手续，对复检合格的学生在经济上适当进行补助。

第三章 国防后备力量建设

常州的国防后备力量由民兵、预备役组成。1984年5月《兵役法》颁布后，常州建立预备役制度，实行预备役登记和预备役官授衔，建成常州陆军预备役通信团。1985年以后，常州军地双方重视民兵队伍的组织建设、政治教育、军事训练和武器装备建设及以劳养武事业；到2004年基本形成以专业技术分队为主体，以城市防空、信息网络、应急分队和科技支前保障大队为重点，具有科技含量高、编组布局合理为特点的民兵组织体系。

第一节 民兵建设

常州的民兵组织在市委、市政府和常州军分区的领导下，不断发展壮大，逐步组建成为以地面炮兵、高射炮兵、通信、侦察、防化、工兵、舟桥、电子信息、装备维修，维稳反恐等多兵种为主体的民兵队伍，针对新形势出现的新情况、新问题，从民兵编组形式、布局、军事训练等方面探索加强民兵预备役工作的新思路、新方法，大胆改革创新，全市民兵预备役建设取得成效。

一、民兵组织

民兵分类　1981年，根据中央《关于调整民兵组织的请示报告》对民兵组织进行调整，保留基干民兵和普通民兵，取消武装基干民兵。普通民兵由基干民兵中转队过来的民兵和符合民兵条件而未参加基干民兵的男性公民两部分组成，吸收部分女性公民参加，人数一般控制在民兵总数的8%左右。2004年，省军区发出《下达民兵作战力量整合任务》的指示，把民兵组织细分为5类9支骨干队伍，即兵员动员类、防卫作战类、信息作战类、支前保障类、维稳反恐类，防空作战、防卫作战、信息攻防、保交护路、战勤保障、装备支前、民兵应急分队、海上民兵、特种作战。海上民兵和特种作战民兵常州未组建。

民兵编组　1981年、1985年，全市民兵组织两度调整改革，压缩基干民兵数量、改进编组形式、提高兵员质量，理顺民兵、人防、交通战备队伍之间的关系。1999年，城区组建两个民兵信息网络分队，其中天宁区民兵信息网络分队于2002年被解放军总参谋部、总政治部表彰为基层民兵预备役工作先进单位。2003年6月，市政府、常州军分区联合下达《关于成立民兵科技支前保障支队的命令》，决定在市科学技术局和天宁、钟楼区的几家企事业单位组建常州市民兵科技支前保障支队。2004年，常州军分区和辖市（区）人武部等单位整合全市民兵作战力量，重点抓好队伍建设。2005年，新北试点民兵信息网普建，再在全市推广，建立民兵信息站7个、民兵信息组102个。同年市区防汛应急抢险支队成立。

2006年，常州军分区按“急用的抓紧建，管用的优先抓，建非所用的尽快改”的思路，新建民兵组织18个、民兵专业技术分队11个，在全市8个开发区、工业园区建立民兵组织，水、电、气、化、火民兵应急救援分队增至29个。2007年，整合作战力量任务，编组基干民兵约万人。2009年，全市民兵预备役部队组织结构调整改革，由4类队伍调整为重点建设型、登记储备型两类队伍。

民兵整组　1980年以后，民兵整组逐步规范化、制度化，由总结工作、出入转队、改选干部、修订制度，改为对民兵进行国防形势教育和光荣传统教育，总结工作表彰先进，按年龄身体和政治条件进行出入转队，审定参训对象，改选配齐各级民兵干部，修订健全活动制度，点验基干民兵或应急分队民兵，上报民兵预备役登记统计表册。

二、政治教育

1989年，常州军分区组织进行坚持四项基本原则、反对资产阶级自由化专题教育，教育民兵明辨是非，站稳立场，坚决听从党中央的指挥，在政治上与党中央保持高度一致。全市有800多名专职人武干部、民兵干部给其子女、弟妹写信，教育他们听党中央的话，好好学习、安心读书。90年代中期，根据台海形势的变化，进行后备必用、首批动用、全程使用的军事斗争形势教育。建军节、国庆节、元旦、春节等重大节日都对民兵进行革命传统教育，请老党员、老干部、老民兵讲述民兵革命斗争史，组织民兵瞻仰烈士陵园，参观革命斗争事迹展览，学习英雄模范人物的英雄事迹。2006—2010年，学习贯彻科学发展观教育，开展社会主义核心价值体系教育、弘扬我军优良传统和战斗精神教育、“赞颂辉煌成就、坚定政治信念”教育等学习活动。以培育当代革命军人核心价值观为主题，完成加强和改进军队党的建设、拓宽和深化军事斗争准备等专题理论学习，开展使命任务、“坚定理想信念，自觉拒腐防变”、“当代革命军人核心价值观引领我成长”和“学习何祥美、践行当代革命军人核心价值观”等主题教育实践活动。

三、军事训练

1985年以后，根据省军区指示，两年周期训练改为年度训练，训练人数逐年减少。2005年，全市民兵训练任务稳定在3000人左右。2010年底，全市民兵训练任务稳定在2000人左右。

民兵干部训练　1987年起，常州军分区采取民兵干部与军事教员结合的集训办法，把轮训民兵营连长改为以培训军事教员为重点，挑选年纪轻、有文化和军事素质较好的民兵干部与军训教员参训，把他们培养成会讲、会做、会教的军训教员。军分区每年对专业技术分队的民兵干部、技术难度较大的专业人员分期分批组织培训。各县（市）人民武装部每年对专业分队排及以上干部组织短期培训，训练时间一般10～15天。2005年，采取送出去学和集中培训等方法训练，武进、天宁两区人武部派人参加省军区在锡山防空兵训练基地组织的高炮团指挥干部集训，常州军分区组织民兵参加高炮指挥干部集训，培训民兵连排长、营长。

步兵分队训练 80年代后期起，常州民兵步兵训练方式以公社（乡镇）集中训练为主，后逐步过渡到以县（市）民兵训练基地集中训练。90年代，根据战备形势需要，组建和扩大专业技术分队、对口专业技术分队和民兵应急分队，逐步减少步兵分队的训练任务，训练内容按总参谋部颁发的《民兵军事训练大纲》组织实施。因训练人数减少，城市一般采取新工人结合上岗前业务培训时安排军事训练，在农村避开农忙季节安排军事训练，部分乡镇企业在招工进行岗前业务培训时结合安排军事训练。1983—2010年，全市累计训练民兵12.5万人次，考核合格率98%。

专业技术分队训练 全市民兵专业技术分队训练，随着民兵专业技术分队的建立和技术装备的增加，由点到面逐步展开。1987年，全市组织33个高炮（机）班进行实弹射击考核，取得31个班优秀、两个班良好，击落I型航模机两架，直接命中航模机、拖靶29发的佳绩。1991年5月，全市组织7个民兵高炮（机）连、40个班在军区射阳高炮靶场进行实弹射击考核，直接命中拖靶46发，参加的7个连队全部命中拖靶，有5个全优连，40个班中有36个班优秀，4个班良好，优秀率90%，总评成绩优秀，名列全省首位。1996年5月，全市有4个民兵组织参加江苏省第二届农民运动“军事三项”比赛，获团体第一名，金坛市民兵王卫民获个人总分第一名和射击比赛第三名。2000年，戚墅堰区民兵高炮一连参加江苏省军区在射阳靶场举办的全省民兵高炮分队实弹射击考核竞赛，3次射击3次命中拖靶，创全省民兵高炮实弹射击首次击落巡航导弹拖靶的先例，受到江苏省军区通报表彰。

2001年4月，常州军分区组织59名民兵防化专业兵进行综合演练，重点演练民兵防化分队执行化学事故和次生化学危害防化保障任务时的方法、组织指挥、协同方法等科目。2003年6月，常州市组建民兵科技支前保障支队，进行科技保障专业技能训练；组织民兵专业技术分队，训练逐步走向基地化、模拟化、网络化，摸索出一套适合民兵特点的训练方法和经验。2005年6月，武进、天宁两区各选派1个民兵高炮连参加省军区在射阳靶场举行的实弹射击考核，武进区民兵高炮连命中两个、天宁区民兵高炮连命中1个航模拖靶，受到省军区通报表彰。12月，武进区民兵高炮连、工兵连和天宁区民兵信息作战分队、钟楼区民兵高炮连、戚墅堰区民兵工兵连参加市国防动员委员会组织的“常动—2005”城市防空作战和反恐维稳演习。

2006—2010年，常州军分区加强应急作战建设，提高城市防卫作战能力，持续抓好两级首长机关训练、“三实”训练，完成“畅通—4号”演练、“常武—2009”三级防空演习、“戚防—2010”防空袭演习和省军区“苏防—2006”演习等重大训练任务。修订完善作战预案及战备方案，搭建“三结合”指挥平台，拟制应急处理突发事件等非战争军事行动应急预案，落实战备制度，更新完善作战数据库信息资料。完成总部赋予的民兵专业队伍与现役部队对接训练任务。

应急分队训练 1990年、1995年，常州军分区先后制定下发《应急分队教育训练大纲》《常州市民兵应急分队军事训练大纲》，应急分队干部训练设置军事地形学、射击、战术、执勤业务、消防业务、《防暴条令》、动员业务和军事高科技知识8个课目50项内容，分队训练设置射击、爆破、擒敌技术、战术、执勤业务、消防业务和军事高科技知识8个课目67项内容。1997年，制定《常州市民兵应急分队升级训练大纲》，增加治安法规、自救互救、应急常识及专业分队训练等课目，突出提高应急分队的快速反应能力、维护社会治安的执勤

民兵高炮分队高炮射击训练（摄于2005年6月）

能力、抢险救灾的应急能力。应急训练从基层人武部设点集训逐步集中到训练基地进行封闭式训练，分3个层次进行：对简单基础课目和班排演练由县（市）区人武部组织教学，应用性课目商请市内卫武警、消防部队派员教学，连、营综合演练由常州军分区、人武部联合组织实施。应急分队成员按入队年限分两级，当年编入的定为一级，完成射击、擒敌技术、执勤业务、治安法规、应急常识、军事高科技知识等15项应用性基础技能训练；编入两年以上的定为二级，重点围绕应急方案，成建制组织快速集结、机动、展开、围捕及处置突发情况等综合演练。2004年8月，全市7个民兵应急分队经省军区考核验收全部合格，优秀率36%。2007—2010年，市（区）人武部组织开展了队形与运动、战斗勤务、擒拿格斗、攻击行动、山林灭火、抗洪抢险、电力抢修、化学救援等科目训练。

学生军训　1985年起，常州组织高等院校和高级中学的学生进行规范化军训试点，逐步向全市推开，训练内容主要是军事基础理论、队列、轻武器射击等。1987年，常州市第一中学、西藏民族中学和武进县鸣凰中学、金坛县城西中学、溧阳县歌岐中学和江苏石油化工学院开展规范化军训试点。1990年，全市18所大中学校开展军训，受训学生5900余人。1993—1997年，全市每年有参训学校20～25所，参训学员总数6.81万人。1997年，江苏省常州高级中学被省军区列为进行民兵军事训练试点单位。1991—2001年，常州军分区任命10位连、营、团职干部为派驻地方高等院校军训教官。2001年起普及军训，全市有4所高等院校、39所高级中学全部开展军训，参训学生分别有0.6万人、1.58万人，军训内容按《高等院校学生军事训练大纲》和《高级中学学生军训教学大纲》安排。2005年，常州军分区下发《关于进一步加强高级中学学生军训工作的意见》，学校军训步入规范化、制度化轨道。全市40所大中学校组织军训，军训学生2.51万人。2006—2010年，年均军训学生3万余人。

训练保障　常州国防园　1984年创办，1992年5月建成启用，占地面积10.13公顷，建筑面积2500平方米，累计投资180万元，分训练场地、教学设施和生活设施，一次可训练200人。2003—2005年，常州军分区整合民兵训练基地、民兵武器装备仓库、高炮库和民兵军械修理所，兴建常州国防园，占地159亩，建筑面积1.7万平方米，总投资5000多万元，由教学区、军事训练区、武器装备管理区和生活保障区等组成，一次可容纳900人吃、住、训。2006—2010年，常州国防园承训社会企事业单位人员78批、5700人次，组织学生军训和社会实践活动79批、5.31万人次，组织保障人武部和城区民兵应急分队训练12批、1940人次，保障市公安局及党政机关人员培训15批、954人次。

金坛市国防教育训练基地　1998年创办，占地7公顷，建筑面积2000平方米，总投资1200多万元，教学楼、训练场、运动场、靶场、百米障碍跑道、室内军训馆、特色体育项目活动区、生活区、国防教育实验馆等硬件设施齐全。2010年，有教职员工50多人，一次可容纳700余人训练和生活，年均培训近2万人次。

溧阳市民兵训练基地 占地 47.3 亩，其中靶场 29.25 亩。1999 年，投资 89 万元在训练基地内兴建征兵综合保障楼，建筑面积 1321 平方米。2001—2002 年，投资 100 余万元对训练场地进行配套改造。改造后，训练基地一次可容纳 800 余人吃、住、训。2006—2010 年，年均承担 1 万名学生军训及民兵训练。

武进区国防教育训练中心 始建于 1999 年，2002 年 10 月启用，占地 3.4 公顷，建筑面积 8000 平方米，总投资 1450 万元。设军事训练区、国防教育区、体能训练区和生活保障区，建有供民兵进行单兵和班组战术训练的战术训练场、近 300 平方米的国防教育展馆和可同时容纳 280 人的驻训楼。2006—2010 年年均承担 1 万名学生军训及承担森林防火演练。

教材器材 1986—2010 年，常州市采取多方协调，分级筹措，申请上级分发一点，商请部队支持一点，发动参训单位、参训民兵制作革新一点的办法，保障了民兵训练的需要。常州军分区与郑州防空兵学院研制开发出近方空情处理器，提高近方空情处理的速度和精度，该科研获省军区新“三打三防”革新成果二等奖。常州军分区与市公安局研发计算机网络攻防系统软件，组织模拟实战应用训练，提高了民兵通信分队网上攻防作战能力。溧阳市人武部利用研制的程控报务仪组织民兵通信分队训练，提高了训练精度。

四、武器装备

1985 年以后，全市民兵武器除高炮、高射机枪等重武器外，全部集中到常州军分区、各县民兵武器装备仓库保管。1986 年，旧式武器全部被淘汰，实现装备换装。武器装备保管方式经历由民兵队分散保管为主，以民兵班、排集体保管为主和县（市）区集中保管 3 种。2001 年，民兵通信、防化、工兵、侦察等专业技术分队的技术装备器材加强；在郊区五星乡组建民兵导弹连，配发导弹发射装置。2005 年以后，全市高炮、高射机枪全部集中到常州国防园武器库保管。

五、以劳养武

1986 年，常州市在农村组织民兵开展“勤劳致富、扶贫致富”活动，同年底全市农村有民兵生产专业户、重点户 2276 个，约占全市“两户”总数的 10%。1987 年，组织全市民兵参加开发老区、智力扶贫、信息服务等活动，金坛县人武部在开发茅山老区活动中，发动民兵当好致富先行者。1988 年，市委、市政府和常州军分区联合发文，确定乡镇工业比较发达的武进县和郊区发展加工配合企业和外向型企业，组织民兵兴办商业网点；乡镇工业比较薄弱的金坛、溧阳两县在偏僻山区利用开发本地资源找出路，在骨干企业比较集中的城区开展以民兵业余承包生产项目为主的“以劳养武”活动，创办服务性经济实体。同年，武进县有 58 个乡镇人武部办起民兵“以劳养武”企业，普及率达 89%。1997 年，中央规定军队不准经商办企业，全市人武部逐步与所办企业脱钩。

第二节 预备役建设

预备役建设起步于 50 年代初期，进行了预备役登记，预备役未与民兵组织结合，不便于平时管理教育。1957 年 6 月，中央军委发出《关于改进兵役工作的指示》，把民兵与预备役合二为一，逐步规范预备役建设。

一、预备役制度

1984 年 5 月 31 日，《兵役法》颁布，规定实行民兵与预备役相结合的兵役制度，应征公民未被征集服现役的服士兵预备役，预备役年龄为 18～35 岁。士兵预备役分为一、二类，第一类包括经预备役登记的 28 岁以下退伍士兵、军外技术人员及基础民兵；第二类包括经预备役登记的 29～35 岁退伍士兵，普通民兵及其他符合士兵预备役条件的男性公民。第一类预备役士兵到29岁时转入第二类预备役。预备役军官包括退出现役转入预备役的军官，确定服军官预备役的退出现役的士兵、高等院校毕业学生、专职人民武装干部和民兵干部等。

二、预备役登记

1984年，常州军分区组织开展预备役登记统计。查清35岁以下退伍军人、基干民兵中专业对口人员、地方专业对口的技术人员和55岁以下转业干部4种人员数量分布情况，逐个登记、分类统计；5月，常州军分区在溧阳人武部召开预备役登记统计、建卡、归档工作现场交流。1999年，根据财政部、解放军总参谋部《关于在主要方向和重点地区的部分省（市）普遍开展地方与军事专业对口技术人员预备役登记工作的通知》，全市对18～35岁年龄段的男性公民进行地方与军事专业对口技术人员预备役登记。

三、预备役军官授衔

1996年1月1日，《中华人民共和国预备役军官法》颁布施行，恢复预备役军官授衔，对符合条件的预备役军官授予预备役军衔。翌年5月23日，市委、市政府和常州军分区举行预备役军官授衔仪式，为全市预备役军官授衔。每年以6月30日结合预备役登记统计，对预备役军官进行核对，注销超过服预备役军官最高年限的和其他变动情况的人员，对新增和调进的人员建册登记。钟楼区人武部获准成立预备役军官连，连长、指导员由区人武部主管兼任。

四、预备役部队建设

1998年，根据中央军委命令，由某集团军步兵第103团（前身为襄阳特功团）为基础，改编为常州陆军预备役通信团。通过10多年的努力，基本实现教育训练基地化、专业教学模拟化、学习办公网络化、武器装备现代化、作战指挥自动化、官兵素质专业化、部队管理正规化、营院环境园林化，被南京军区司令部、政治部通报表彰为预备役部队建设先进单位。

组织体制 预备役通信团建制直属省军区，由常州军分区领导和管理。1998年11月，某集团军步兵103团机关从安徽滁州进驻常州，组建团队。在金坛市进行预备役通信营、连组建试点后，逐步在全市推开。翌年9月18日，全团组建完成，9月28日预备役通信团成立。团部设在天宁区竹林北路，5个直属队分别部署在天宁、钟楼、新北、戚墅堰区，3个通信营分别部署在金坛、溧阳、武进。各预备役营、连、排地域配置布局合理，编组科学，专业对口，营（连）部署在乡镇或企业单位。2003年，全团预任预编人员中，转业、退伍军人占88%，经训率81.2%，中共党员占92%。

战　　备 2000年，常州预备役通信团制定了军事斗争五年规划，完善快速动员集结、指挥所编组、机动紧急疏散等方案。落实战备设施建设，严格战备物资管理，确保一遇情况，能迅速、不间断实施保障。2003年，《团队建设三年发展规划》出台，细化军事斗争准备的任务指标。2005年，各营、连官兵配齐战备行囊在内等个人战备物资。针对可能出现的突发性事件，研究制定抢险救灾、维护社会稳定等应急方案。针对台海斗争的形势，适时进行战备形势教育。

训　　练 2001年2月，团机关全体干部参加军分区组织的新大纲集训，第一、三季度进行首长机关新技能应用训练。10月，团部在金坛组织团首长机关带通信二营和5个直属分队进行快速动员集结演练，参演574人，是团队建立后的首次带实兵实装的演练。2005年11月，团首长机关参加江苏省军区带省人民防空办公室军师两级城市防空袭作战网上演练。12月，团首长机关代表常州军分区在常州市市区进行城市防空作战和反恐维稳通信保障演练。是年，完成省军区赋予团首长机关带二营有线电连海上适应性训练。

第四章 国防动员和国防教育

1996年，常州市国防动员委员会成立后，因时制宜做好国防动员和国防教育工作，使全市兵员和干部群众在和平时期增强国防意识，时刻保持警戒，接受必要的国防知识教育。

第一节 国防动员

一、领导机构

1996年5月，市和县（市）区两级成立国防动员委员会（简称“国动委”）。市国动委成立后，常州市人民武装委员会保留名称，与市国动委为一个机构、两块牌子。市国动委由市委书记任第一主任，市长任主任，常州军分区司令员任常务副主任。市国动委第一主任、主任负责国动委全面领导，常务副主任主持市国动委日常工作，与战时动员相关部门和单位的领导为市国动委委员，秘书长、副秘书长分别由常州军分区参谋长、市政府副秘书长担任，下设秘书组、人民武装动员办公室、经济动员办公室、人民防空办公室、交通战备办公室。2002年，市国动委增设综合办公室、政治动员办公室、科技动员办公室、信息动员办公室，撤销秘书组；综合办公室设在常州军分区司令部，市政府办公室、市政府法制办公室为成员单位，市政府1名副秘书长任主任，法制办公室主要领导任副主任，军分区配1名专职副主任，各成员单位各配1名兼职工作人员。人民防空办公室机构单列，市建设局、规划局、供电局为成员单位，常州军分区参谋长和各成员单位主要领导兼副主任，并配1名兼职工作人员。市国动委的主要任务是组织领导全市人民武装动员、政治动员、经济动员、人民防空、交通战备、科技动员、信息动员工作，领导和指导辖市区国动委开展工作。

二、人民武装动员

1988—1996年，常州5次调查全市人民武装动员潜力。1996年5月市国动委成立时，人民武装动员办公室设在常州军分区司令部，市人事局、劳动和社会保障局为成员单位。1999年，调查统计地方与军队专业对口预备役技术人员。2004年核对调查项目更加细化，至2010年研究探讨体制结构大变化、兵员大流动情况下的兵员动员工作，做好军事斗争中的兵员快速动员准备。

三、政治动员

1996年，常州市、县（市）区两级国防动员委员会成立后，国防教育与政治动员教育合并进行。1997年，常州市开展争创“双拥模范城”活动，与全民国防教育相结合，各市（区）人武部以本地区现役军人为主体，评选出拥政爱民“十佳”军人、爱国奉献“十佳”军人、拥军优属“十佳”公民、心系国防“十佳”干部。2002年8月，武进区人武部、广播电视局、双拥办公室联合摄制了6集大型纪录片《天南海北武进兵》，展现了武进籍官兵建功立业，为国防建设无私奉献的风采。常州军分区组织1.5万名中小学生参加军事实践活动，为2800多名科职以上领导干部订阅《领导干部国防知识简明读本》；12月5—31日，市国防教育办公室、双拥办等在市清潭体育馆联合举办世纪大阅兵展，3万多名干部群众和青少年学生参观。驻常92138部队派员到13所驻常高等院校举办“国防在我心中”演讲20次。2004—2010年，常州地区每年组织1600余名地方党政干部参加“军事日”活动；举办国防形势专题报告会60多场次，干部群众1.8万人次接受教育。《常州日报》《常州晚报》分别开设国防、军事专版；常州电视台播出《国防之声》节目。在“全民国防教育日”，开展“爱中华、奔小康、强国防”系列活动，举办国防教育征文比赛，收回答卷1.52万份，征文680篇；全市举行座谈会、演讲会、知识竞赛等120场次，播放爱国主义教育影片50多部，发表双拥新闻、专访等400多篇次；协助中央电视台、江苏省电视台拍摄了全国双拥模范城巡礼片《龙腾虎跃——常州篇》；在常州人民广播电台、常州电视台及《常州日报》开辟《国防》《国防天地》《龙城国防》专栏、专版。辖市（区）人武部组织社会各界开展“军事一日”活动。全市开展了争当关心国防“好公仆”“好公民”主题宣传教育活动。

四、交通战备动员

1996年，常州市国防动员委员会设立交通战备动员办公室，挂靠市交通局。按“平时服务、急时应急、战时应战”的原则，组建有交通战备专业队伍。2001年起，针对市交通企事业单位改制步伐加快的实际，坚持每年进行一次队伍整顿，突出应急分队建设，不与民兵组织和预备役部队混编。针对交通货运企业逐步萧条的现实，吸纳相关企事业单位的货运力量加入。2010年，常州市建有路桥抢修、码头抢修、水陆运输、抢装抢卸、船舶抢修、航道疏浚、打捞等专业保障队伍。

五、经济动员

1996年，常州市国防动员委员会成立经济动员办公室，设在市经济委员会，2005年8月改设在市发展与改革委员会。90年代初起，发动民兵开展争当经济建设标兵活动，全市民兵带头学科学、用科学，搞好小发明、小创造、小革新。1996年起，对全市经济状况、原材料生产、油料油库、工程机械等情况进行国防调查。1997年，常州军分区贯彻“平战结合、军民兼容”的方针，把经济动员纳入全市国民经济和社会发展的总体规划，在工业、农业、交通运输、财政金融、邮电、通信、医疗卫生等方面的规划和建设中融入国防建设内容。1998年，《常州市通用装备物资征用方案》编制完成，征用物资主要包括钢材、水泥、木材、油料、担架、草袋、布匹、汽车、船舶、推土机、挖掘机、拖拉机等，将其品种、数量分配落实到具体部门和单位，适应东南沿海方向可能发生的威慑、封锁、登陆、防卫等主要作战样式，确保作战部队所需战备物质能及时充足供给。2000年，《战时经济动员预案》编制完成，随后根据形势需要和情况变化，逐年修订完善。2003年，市国动委组织开展国防动员潜力核对调查，市经济动员办公室组织专门力量核查，分基本情况、农业资源、工业概况、矿产资源和建筑业、医疗卫生、物资储备、财政金融、测绘气象、水文9大类50个子项。2010年，省军区部署后勤潜力调查，内容涉及财政金融、电力、自来水、医疗保障等10多个方面，市经济动员办公室协助军分区后勤部完成。

六、科技动员

2002年，设科技动员办公室。2003年起，组织开展科技动员潜力调查，6月在市科技局和天宁区、钟楼区的12家企事业单位组建常州市民兵科技支前保障支队，下辖两个民兵科技支前保障大队，列入基干民兵组织实力。市民兵科技支前保障支队机关下设指挥组、政工组、保障组，支队部设在市科技局，由其组建和管理。市民兵科技支前保障第一大队下设普通车辆维修、舰艇维修和综合维修3个中队，大队部设在天宁区科技局，由天宁区负责组建和管理；第二大队下设普通车辆维修、装甲车辆发电机维修和工程机械维修3个中队，大队部设在钟楼区科技局，由钟楼区负责组建和管理。

七、信息动员

2001年，常州市根据江苏省国防动员指挥自动化建设5年规划，抓住争创文明城市改造地下管线的机遇，与地方通信运营商合作，组织实施指挥自动化工程建设，在全省率先建成市、辖市（县）两级国动委纵横连接的信息化光缆通道。翌年，市国动委信息动员办公室成立，设在市发展计划委。2005年，改设在市信息化办公室（与市发展和改革委员会合署办公）。2003年，全市开展信息动员潜力调查，武进区率先把光缆信道延伸到每个镇（街道）人武部，实现区与镇（街道）的网络连接。至2005年，金坛、溧阳两市和天宁、钟楼、戚墅堰3区基本实现市（区）与镇（街道、乡）的网络连接。

第二节 国防教育

80年代后期，逐步建立起有组织、有计划的教育模式。90年代，形成较完整的组织体系和实施办法，修缮和建立一批国防教育基地，成为省内乃至南京军区较有影响的城市。

一、领导机构

1988年7月，全市开展“争当关心国防建设好公民”活动，领导协调小组成立，建立活动计划、会商联系、检查评比等制度。1989年7月，市政府与常州军分区联合下发《普及国防教育，履行国防义务实施办法》，要求已归建地方的县（市）、区人武部承担起全民国防教育任务，决定成立全民国防教育委员会，实施全民国防教育。武进县全民国防教育委员会率先成立，下设国防教育办公室，负责制定全民国防教育计划，协调全民国防教育，研究解决教育中的重大问题，指导教育开展。1993年3月，常州市国防教育委员会成立，下设国防教育办公室，延续至2010年底。

二、全民国防教育基地

常州地区有许多遗迹故居，经过精心修缮或重建，被辟为爱国主义教育基地和国防教育基地。2010年，全市有爱国主义教育基地32个、国防教育基地（训练中心）33个、少年军校28所，主要有常州市革命烈士陵园、瞿秋白纪念馆、张太雷故居、荆川公园、太平天国护王府、新四军江南指挥部旧址、常州陆军预备役通信团团史馆、武进革命烈士陵园、澄西革命烈士纪念馆、董亦湘革命烈士纪念馆、寨桥革命烈士墓、漕桥革命烈士塔、金坛县烈士陵园。每年接受革命传统教育的各界群众达100万人次，军训干部、学生12万人。

三、教育实施

1988年初，市委宣传部、常州军分区政治部联合出台《关于在全市加强全民国防教育的意见》，宣传、人民武装协同文化、教育、新闻、工会、共青团、妇联等部门形成国防教育网络。常州军分区组织老干部国防宣传组深入学校、企业开展革命传统教育。市政府发出《关于开展向“关心国防建设的好军属”葛明珠同志学习的决定》，号召全市军民学习常州割绒厂纺织女工葛明珠支持丈夫安心国防建设事业的先进事迹。1989年2月，常州军分区政治部与地方党委有关部门协作，检查落实全民国防教育计划实施情况，联合颁发《常州市普及国防教育，履行国防义务实施办法》。1991年，全市开展“争当关心国防建设好公民”教育。组织地方政府领导干部过“一日军事”生活；组织青年民兵开展国防知识竞赛、国防文艺演唱会和国防教育一条街等，向群众普及国防知识。1992年起，常州军分区与地方有关部门协调建立起一大批少年军校。1994年，累计组织1.2万人参加国防知识竞赛，有7000余名地方党政领导过“军营一日”生活。武警常州市支队先后派出官兵225人，到学校军训学生9975人；为地方军事表演26场，上国防课32场，2680余人受教育。1995年，市政府、常州军分区在常州金狮集团、西藏民族中学等单位进行国防教育正规化建设试点。1996年，常州市、辖市（区）国动委成立后，全市国防教育纳入国防动员政治动员教育，至2010年底每年经常化进行。

第五章 拥政爱民

常州地区的拥政爱民与拥军优属（简称“双拥”）工作，历来受到军地双方的高度重视。历届地方党委、政府和驻军始终把“双拥”工作作为义不容辞的职责，千方百计为军队和军属办实事，军队干部战士也把常州作为自己的第二故乡，为常州老百姓扶贫解困，抢险救灾。2006—2010年，常州军分区累计筹措资金近

40万元，帮助盐城市阜宁县停翅港小学改善教职工宿舍和食堂等基础设施、支持革命老区溧阳水西村村委建设、结对帮扶特困学生和群众。驻常部队开展“带头创业致富、带动共同富裕，扶贫扶困”和“党员进老区，万人帮万户”活动，累计结对帮扶贫困户1621户。常州军分区和驻常部队积极服务江苏省第十七届运动会，组织义务献血。2010年常州第四次被评为全国“双拥”模范城。

第一节 抢险救灾

90年代，驻溧阳73041、73196部队和市人武部、武警支队、消防支队及常州西林看守所、溧阳监狱的驻军、监管部队先后牵头组织驻地官兵义务植树2000多人次，参加森林救火13次，义务献血2000多人次；捐款为横涧镇河洛岗村解决吃水难、河塘清理等问题，使前马镇水西村通上自来水，为希望工程及帮助当地贫困户子女入学，每年组织捐款献爱心。

1991年，海军驻常37751部队开展“热爱第二故乡，建设第二故乡”活动，出动官兵3140余人次参加兴修水利工程、修筑公路、抢收小麦、清理垃圾活动，帮助常州市12所大中专院校军训学生6010人。6月，常州遭遇特大洪水灾害。6月14日，常州军分区出动30名干部战士、武警官兵和200名民兵应急分队队员，排除城区永安商场地下仓库存放的80吨电解石因进水可能发生爆炸的危险。6月30日，经9小时奋战，保护民兵武器装备仓库300余吨弹药军械物资免遭水淹。7月2日，800名民兵经8小时奋战，排除白荡东方大堤两公里险情。7月4日，1000名基干民兵协助驻常部队763名官兵，组成市抗灾突击队，重点加强和增援险工段和重灾区。抗洪救灾期间，武警常州市支队累计出动29次，投入兵力2944人次、车辆132台次，抢运危险毒品432吨，筑坝750米，挖运土方3500立方米，抢救奶牛150头，转移群众1500人。至7月8日21时止，常州军分区和各级人武部组织出动抗灾民兵30余万人次，协调驻常部队出动官兵3500余人次，筑堤28公里，抢救群众1200人，抢运物资500多吨，加固堤坝100多处，转移被洪水围困群众1.8万人，确保两万户群众的生命财产安全，挽回直接经济损失2.5亿元。武警常州市支队在抗洪救灾斗争中，有10个集体和121名官兵受到奖励，支队被总部记集体三等功，11中队被总队记集体二等功，11中队战士宋久银被团中央评为抗洪救灾模范青年，被武警总部树立为抗洪抢险模范，获二级英模奖章。顾祥福、强树高分别被武警总部、总队记二等功，顾祥福代表支队参加中共中央宣传部、武警总部组织的英雄报告团，受到江泽民等中央领导的接见。海军37751部队在抗洪抢险中涌现出4个先进集体，5人荣立市二等功，67人荣立市三等功。中央军委批准给37751部队记集体二等功，江苏省政府表彰其为拥政爱民先进单位。

1993年，武警常州市支队参加常州高新区、市广播电视中心及外环路工程的建设，义务植树1.69万株，清运垃圾840余吨。8月，常州百货大楼发生特大火灾，武警常州市支队出动252名官兵，奋战7个多小时，完成疏散人群、现场警戒、抢救人员、物资和协助公安、消防干警灭火等任务，最大限度地减少国家财产损失。1996年初，驻溧阳的83080部队、73196部队和溧阳市消防中队与天目湖沿途20多个乡镇签订共建“天目文明路”协议，实行承诺服务，每逢节假日，干部战士都上路清扫、除草、维护治安，使沿途10公里风景区内未发生一起刑事案件。8月1日，常州新北区澡港河通江大堤受长江大水冲击，出现严重险情。武警常州市支队接到市政府命令，紧急出动120名官兵奔赴现场抢险加高加宽堤坝，奋战10多个小时，赶筑起一条长400多米的草包圩堤，排除了险情。

1998年2月10日，武警常州市支队1大队1中队奋勇扑灭驻地附近由世界银行投资的安徽郎溪县竹马山林场发生的松林大火，减少经济损失上百万元。该中队被武警江苏省总队记集体三等功，被评为常州市见义勇为先进集体。8 月 26 日，常州市第一人民医院 2 号楼发生特大火灾，市消防支队调动 15 辆消防车、92 名官兵赶往火场，救出被围人员 16 人，疏散 16 只氧气瓶，保住 2 号楼 91% 的面积及 48 名病员和 10 余名医护、陪护人员的安全。这次大火造成 14 人死亡、14 人受伤，直接经济损失 4.2 万元，是新中国成立后常州死伤最惨重的一起火灾。

1999 年，常州军分区为防止自然灾害大面积发生，重新制定《防台防汛、抗洪抢险行动方案》。6 月 27 日，常州地区连降暴雨，内河水位猛涨。武进市遥观镇境内采菱港发生堤坝决口，下梅村和建设圩被淹，受灾面积 73.33 公顷、农户 160 户约 500 人。常州军分区连夜组织民兵应急分队和武警官兵投入抗洪第一线。出动人员 340 人（其中武警 100 人），加固堤坝 200 余米，搬运土方 500 余立方米，使灾情得到控制。溧阳上黄镇境内发生破圩，溧阳市人武部组织 100 名基干民兵现场抢险；常州市郊区太滆乡太湖防汛大堤出现 20 多处险情，近 600 米塌方，郊区人武部组织 8 个乡镇的民兵应急分队赶赴现场参加抗洪抢险。至 8 月，全区部队、民兵有 2000 余人参加长江、太湖地区抗洪抢险。9 月 25 日，溧阳市竹箦镇一烟花爆竹厂发生爆炸，厂房被夷为平地，5 人受伤，残存的 10 余桶炸药被埋于废墟下，严重威胁附近居民的生命财产安全。武警溧阳市中队接警后，火速奔赴爆炸现场，经两个多小时处置，终将 10 余桶炸药从废墟中清出至安全地带。

2005 年 1 月 28 日，潘家镇旷达集团东侧一辆装运 14 吨苯乙烯槽罐车翻车，剧毒的苯乙烯向外泄漏，刺鼻毒气弥漫方圆数百米，武进区湾里消防中队出动 12 名官兵、3 辆消防车赶到出事地点，经 3 个多小时的堵漏、起吊、喷水和稀释，成功地消除了一场大灾难。7 月，湖塘东方路一公司地下水池内 6 名工人中毒昏倒，武进区消防大队 18 名官兵和 3 辆消防车 5 分钟内赶到，从一个直径 40 厘米的水池入口下到池内，救出 6 名工人。

驻常部队官兵向地震灾区人民无偿献血（摄于 2008 年 5 月）

2008 年初，常州遭遇罕见的雨雪冰冻灾害，驻常部队从司令员到普通士兵，近 3 万名官兵和民兵预备役人员奋战在抗击冰雪灾害一线。5 月 12 日四川汶川特大地震发生后，常州市消防支队、武警水电第五支队、解放军 102 医院的官兵火速奔赴灾区，圆满完成救援任务。2010 年，青海玉树抗震救灾、甘肃舟曲泥石流抢险、江西唱凯堤抗洪、青海格木温泉水库抢险现场，武警水电 5 支队官兵都承担起最紧急、最艰难、最危险的救灾抢险任务，被武警总部表彰为“抗震救灾先进支队”，6 中队获得“全国抗震救灾英雄集体”称号。

第二节　军民共建

1986 年，全市各县（区）人武部广泛开展“为军队争光，让地方满意”活动。金坛实验小学和驻当地空军某部雷达连共建，学校连续 3 年被市政府评为文明单位，连队被南京军区、江苏省政府评为“双拥”工作先进单位。海航某部与静海村结对共建，使该村人均收入大幅增加，“万元户”占全村总户数的 15%，连续 3 年未发生刑事案件。溧阳县南渡中学与高炮某部农场共建，帮助部队指战员补习高中文化，辅导战士121人、干部36人，其中分别被军事院校录取95人、23人，录取率为南京军区团级单位第一名、全军第一名。武警常州市支队11中队与武进县横林乡江村共建，开展争当遵纪守法模范户活动，村、队被市政府评为文明单位，并出席武警总部在北京召开的共建先进代表大会。金坛、溧阳、武进三县设立51个共建点。1990年，全市建有文明示范点150个，常州军分区288个兵民共建点有145个被县级及其以上人民政府评为文明单位。

90年代，军民共建活动逐渐深入。1994年11月，常州军分区、常州火车站被中共中央宣传部、解放军总政治部表彰为全国军民共建社会主义精神文明先进单位。1995年，常州军分区联合驻常部队实施青苗工程，挂钩资助茅山老区30多所小学的100名贫困学生完成小学6年学业。翌年，常州军分区贯彻中共《关于加强社会主义精神文明建设若干重要问题的决议》，支持地方重点工程建设和公益事业，协调组织驻军、人武部500余人次参加常州港义务劳动；调集驻军有关单位及武进市民兵400多人参加长江大堤抢险。常州市推出百户示范工程和千厂百店扶优工程，动员各行各业扶持烈军属办工厂、办商店，同年武进市有7000户优抚对象人均收入达5000元。市委、市政府出台《优抚对象生活保障制度》，当年向320户662名特困优抚对象发放生活保障金52万元，减免64位“三老”人员医疗费10.3万元。1997年，常州军分区在创建国家卫生城市中，积极带头并协调驻军、民兵参加卫生整治行动，投入义务劳动日2500多个；发动5家团级驻军单位和9个乡（镇）人武部与高速公路常州段开展军民共建活动，摸索了爱路护路、应急抢险、弘扬新风的经验。军分区机关和辖市（区）人武部建立的8个扶贫点推出夕阳工程，与100名孤寡困难老人和老复员军人家庭长期挂钩。1999—2001年，实施创建100个军民共建示范点文明工程、关心100名城市下岗职工爱心工程、扶持100户农村贫困家庭致富工程，爱心工程以城区部队为主，就近确定帮扶对象，帮助下岗职工提高素质，在经济上资助每人每年不少于300元；致富工程以人武部和驻军农场、仓库为主，采取一部帮一户、一场一库带一乡的形式，与农村贫困群众结对，从资金、信息、技术等方面帮扶。

2000年，常州军分区与市委、市政府联手成立科技拥军基地13个，把拥政爱民的“双三百工程”作为常态化、制度化规定，开展“百佳文明市民”“十佳好军人”评选活动。同年起，对优抚对象补助标准、生活保障经费实施自然增长机制。2001年初，常州军分区把扶贫、扶智、扶志紧密结合起来，资助溧阳市上兴镇12户少数民族特困家庭，每户脱贫启动资金500元，得到国家民委肯定，并在全国推广经验。同年起，每年重阳节（敬老日），73041部队军医主动上门为敬老院老人免费检查身体，送医送药。2003年，开展地方做到维护军人军属合法权益好、科技拥军成效好、转复退军人和随军家属安置好，驻军做到遵纪爱民形象好、科技助民成效好、扶贫帮困效果好活动和“双拥”工作进军营、进企业、进学校、进村镇、进街道、进社区、进家庭活动。

2004年，常州军分区在全国率先组织开展建设学习型军民共建单位活动，颁发《常州市军民共建学习型军营与学习型单位行动纲领(2004—2008年)》，全市有1800余名官兵参加大学专科和本科教育，500余名士官参加中学学历自学和函授教育，3300名官兵和3万多名地方员工取得大学本科、大专、中专学历和岗位技能资格证。常州电信分公司与武警常州12中队被表彰为全国军民共建先进单位，民防常州奔牛机场被表彰为全国军民合用团结协作先进机场，常州西藏民族中学连续3年在全国21个西藏内地班中统考成绩居首位，与钟楼区人武部分别被国务院、国家民委表彰为全国民族团结进步先进单位。2005年，率先实行市双拥工作领导小组成员与驻军单位“双拥”共建挂钩办法。至2010年底，40多个市级成员单位累计投资6500余万元，为部队办实事300余件，向部队赠送科技练兵器材886台（套）、科技图书8万余册，开设信息、科技等讲座，受训官兵达5000余人次。

2006—2010年，驻常部队出动官兵和民兵预备役人员17.9万人次、机械车辆1.7万台次，参加常州城市建设和承担急难险重任务；出动兵力1.2万人次完成江苏省第十七届运动会的安保任务；接待参观以及过“军事一日”活动10万人次、军训学生12万人，无偿献血60万毫升。开展“双带双扶”和“党员进社区、万人帮万户”活动，驻常部队2507名党员总计捐款200余万元，帮助300多户贫困家庭和600多名贫困学生；常州军分区捐资70万元援建盐城停翅港“八一”希望小学，溧阳市人武部捐资30万元援建溧阳留云希望小学，武警水电5支队捐资12万元援建河南宝泉县薄壁镇回民小学。

第六章　人民防空

1985年起，常州市贯彻“平战结合”的人防工作方针，人民防空工程的战备效益、社会效益、经济效益与人防建设同步提高。1996年《中华人民共和国人民防空法》（简称《人民防空法》）实行后，常州的人防建设突飞猛进，基本实现组织指挥高效快捷，通信警报网络设施现代化；工程建设快速发展，平战结合形成规模，人防工程完好率、利用率位于全省先列；人防专业队伍不断巩固健全，防空袭和人口疏散制度与应急预案体系等科学完善；法制建设、人防宣传、人防知识教育、人才培育、参与城市建设等工作迈上新台阶。2000年，市人防办公室被评为全国人民防空先进单位。2005—2010年，常州市获“全国人民防空先进城市”称号。

第一节　组织机构

常州市人民防空领导机构始建于1950年。1958年遵照中央有关指示精神自行撤销，1965年恢复。恢复后的常州人民防空委员会是全市人防工作领导机构，所辖常州市人民防空办公室为市政府负责人防工作的职能机构，由地方和军队干部共同组成，实施军地双重领导。

一、常州市人民防空委员会

1982年，市人民防空领导小组改称人民防空委员会。1988—2010年，常州市人民防空委员会由历任市长担任主任，先后有曹锦成、杨晓堂、孟金元、范燕青、徐建明、王伟成。

二、常州市人民防空办公室

1954年起，常州市人民防空领导小组的办事机构先后附设在市公安局、人武部。1974年10月，省革命委员会发文规定，市（县）人民防空领导小组办公室列入市（县）革命委员会的编制，作为部、委一级机构。1978年，国务院、中央军委发文规定，省市自治区人防重点城镇及其所属区、街道办事处、市区的公社和辖有人防重点城镇的地区均设人防办公室，为同级革命委员会的部委办级机构。1978年3月，常州市人武部增设人防科。1986年6月市人防办公室被列为市政府工作部门。2006年7月，市人防办公室增挂常州市民防局牌子，工作性质和职能不变。2010年2月更名为常州市民防局。同年末，市民防局辖直属事业单位有常州市人防通信站、常州市人防监察大队、常州市文化宫广场管理处、常州市人防指挥所管理处；直属企业有常州市华丰人防建设开发公司、常州市江南商场公司、常州市人防建筑设计研究院公司、常州市民防建设投资公司、常州市人防建设发展公司、常州天宁寺宝塔置业公司等。

三、县（市）区人民防空办公室

1986年，各区均设有人民防空办公室，配备专职工作人员两名，与区政府办公室合署办公。1987年起，各区相继成立单独设置的人民防空办公室。1994年，市属各区、武进县和金坛、溧阳两市全部成立人民防空委员会及其办公机构人防办公室，2006年起相继增挂市（区）民防局牌子。

第二节 工程建设

常州最早的人防工事，是常州解放前民间修建的防空洞和地下储藏室。1949年4月常州解放后，特别是进入70年代以后，常州市人民政府(革委会)，把人防工程建设摆上议事日程，从规划、设计、施工到管理、维护等均投入大量的人力、物力、财力，建成了一批有代表性的人防工程。

一、规　划

1990年，编制完成《常州市人防工程“八五”规划》，突出重点工程建设。1994年编制完成“九五”规划，规划到2000年底建设掩蔽工程指挥所、人防专业队、物资和仓库工程。1997年，根据新颁布的《人民防空法》修订完善了“九五”规划，突出在市场经济不断推进、改革开放不断深入的形势下，人防建设贯彻与经济建设协调发展、与城市建设相结合的原则。2000年8月，人防工程建设“十五”规划编制完成。2001年，编制完成《常州城市人防工程总体规划(2001—2010)》。2002年，编制2003年人防工程建设计划和人防工程建设3年目标任务。2005年，制定(2005—2010)人民防空工程实施计划。2006年7月，《常州市城市地下空间开发利用规划(2005—2020)》《常州市城市人防建设规划(2005—2020)》通过市规划鉴定委员会鉴定。2007年，编制《常州市城市防空林规划》大纲，启动一项人防设施建设试点。

二、建　设

1986—1990年，常州市人防办完成人防工程19个，投入改造资金1000余万元；改造工程70个，处理口部41处。1991—1995年，全市人防工程立项42个，开工29个，竣工9个；实际完成防空地下室15个、普通地下室94个，防空地下室均按五六级防护标准设计施工，普通地下室全部利用。1996—2000年，全市人防工程立项50个，开工建设44项，完成固定资产投资2.92亿元。投入维护经费600余万元，工程完好率85%。2001—2005年，全市人防工程立项115项、竣工78项(不含2004年)。2003年，组织专人对20个项目进行人防专业竣工验收，对25项新开工建筑项目进行人防工程质量监督交底。2005年底，新北区在全市率先实现拆迁安置房、经济适用房配建地下人防工程。2006年武进区人防指挥所工程投入使用，2008年新北、钟楼两区的人防指挥所工程建成投入使用，2009年戚墅堰区某人防专业队工程投入使用。2006—2010年，全市人防工程立项291个，竣工146个。

防空干道　1970年8月，市人民防空办公室确定利用原有护城河道构筑人防地下干道，定名为“713工程”，9月分段陆续施工，至1979年全部竣工。

单建附建工程　1969—1985年，全市修建人防工事409个，其中附建式人防工事99个、单建式人防工事53个；完好工事114个，完好率84.8%；平时利用工事97个，利用率73.2%。1987年，首次在城区某小区修建第一个居民小区防空地下室。

常州市人防指挥所　80年代中后期建设，建成地下工程主体和地面主体。1992年通过省、市工程质量验收。2002年3月，扩建原指挥所，2002年10月至2003年9月完成改扩建工程。

某广场地下人防综合工程　90年代中后期建设，由4个单项工程组成，是全国规模较大的人防工程之一。拆迁中学、幼儿园各1所等，拆迁安置居民191户，投资2500万元；扩建广场，设4个市民活动舞台，南北下沉广场各1个，投资1200万元。投资600万元新建附近主干道、地下过街通道。工程按战时要求设计建设，平时主要用于购物及娱乐，总投资8500万元。

某地下商场人防工程　80年代中期建设，完成投资595万元。后又建成公交车场、天桥、车库等配套项目，成为群体人防工程。

某广场人防综合工程　21世纪初期建设，为大型平战结合人防综合工程。地下一层、地下二层平时分别为商品零售、餐饮等商业、管理用房和停车库。

市中学地下科技活动中心　80年代中期建设，工程综合质量被评为优良。

某宾馆地下宴会厅　常州市建筑设计院、市人防工程设计室设计，建成后平时用于餐饮。

城区东部人防综合工程　21世纪初期建设，分地下、地面，平时为停车库和厨房。

市区某交叉口人防综合工程　21世纪中期建设，为大型平战结合人防综合工程，地下一层平时用于地下人行过街通道和部分商业。

三、维　　护

1991—1995年，常州市人防办出台《常州市人防工程建设使用和维护管理规定》，全市人防工程维护管理工程完好率90%。1997年，全面检查检修全市1995年以后结建人防工程，翌年维护公共人防工程3个。2002年，完成防空地下室竣工验收9个、工程主体验收4个。组织发展公司维修地下人防工程、人防干道，青少年俱乐部地下室和各区人防办公室所属工程。普查全市203个人防工程，提出2003—2005年已建人防工程维修计划。2005年，维护人防地下工程114个，完成省下达的工程维护管理目标，改造普通地下室。2007年6月，《常州市人民防空工程使用与维护管理办法》颁布实施，2008年常州市人防工程维护管理处成立。2006—2010年，全市人防工程完好率、平战结合开发利用率分别保持在90%、86%以上。

第三节　组织指挥

常州市人民防空委员会根据人民防空特定的性质，逐步建立起集中统一的防空指挥机构，统一计划、统一部署、统一指挥，充分发挥城市防空袭斗争的整体威力。

一、指挥机构

1965年5月，常州市人民防空指挥部恢复成立，是全市人民防空战时指挥最高机构，接受同级人民政府、军分区及江苏省人民防空指挥部领导，由指挥长、副指挥长、书记、副书记等5人组成，指挥长由市长兼任，副指挥长由分管副市长和军分区副司令兼任，书记、副书记由市委书记、分管副书记兼任。下设通信联络科、灯火伪装管制科、训练作战治安科、消防科。

二、预案编制

1986年，常州市编制完成城市防空袭预案，在天宁区及其所辖街道办事处进行防空袭预案试点。1987年，3个辖区、18个街道制定完成防空袭预案。1991年，市人防办修订防空袭预案并经过审定，准备化学事故应急救援预案试点，完成《常州市人防抗震救灾预案拟制》《常州市人防专业队抗震救灾部署图》。1996年1月，经市人民防空委员会审定，修订市级防空袭预案。1997年，市人防办指导3个辖区修订了区级防空袭预案。1999年，制定《常州市人民防空办公室破坏性地震应急预案》，完成金坛、溧阳两市防空袭预案基本案初稿。2000年，市人防办组织标绘《城市人员就近隐蔽疏散和工程保障》《城市防空袭部署图》《敌情判断图》《重要目标分布图》《城市防空袭人口疏散图》。翌年，市人防办公室标绘新的《人防工程保障图》《防空袭决心图》《主要目标分布图》《防空袭人口疏散图》。2002年，常州市人防地理信息系统完成，防空袭预案实现数字化、电子化。2004年，再次修订《常州市城市防空袭预案》，做好数据资料的收集统计，检查重要经济目标和次生灾害源。全市各辖市、区人防办及所属街道办事处防空袭预案全面启动。2005—2006年，修改完善市及辖市区《人民防空应急行动方案》。2007年，市和辖市区两级人防与常州军分区、人武部共同拟制战备方案，补充完善所辖地区《人防应急行动方案》，制定抢险救灾预案。2008年，修订完善全市人民防空应急行动方案。

三、专业队伍

1986—1990年，全市训练人防专业干部222人、队员1939人次。1991—1995年，全市组建人防专业队伍7917人，训练干部211人、队员2119人。1996—2000年，组建人防专业队伍5692人，训练干部187人、队员1810人。2001—2003年，全市组建人防专业队伍3305人，训练干部120人、队员1023人，有94名防化专业队员脱产训练。2004年，全市扩建、增编人防专业队伍7支。新组建人防通信专业队4支，增编977人，专业队总人数从1023人增至2000人。常州军分区、市人防办重点抓好防化专业队集中脱产训练、抢险抢修、通信、医疗救护专业队的在岗训练和考核。2005年，组织人防专业队员2000人，训练990人，有28名防化专业队员脱产训练。2006—2010年，按照3年轮训1遍的比例抓好人防专业队的训练。2010年，溧阳市、武进区相继成立民防志愿者队伍，加强对民防志愿者队伍建设的研究和实践。

四、人口疏散

1989年，常州市成立城乡挂钩人口疏散协调小组。1990年2月，在天宁区新丰街道、武进县前黄镇开展战时人口疏散城乡挂钩试点。1991年，常州军分区、市人防办先后制定《常州市人口疏散基地建设试点方案》《常州市人口疏散(接收安置)实施意见》和《市人防人口疏散基地建设标准》，组织天宁区、溧阳市人防办公室进行对口活动试点。2005年，市人防办公室结合制定应急行动方案，抓好全市5个基本人口疏散基地、两个应急疏散基地和两个预备疏散基地的建设。2006年，全市人口疏散地域建设启动，武进与戚墅堰、天宁与溧阳、钟楼与金坛、新北组织了多次人口疏散对口交流协调会，提出建设性意见、建议和措施，部署人口疏散和接收安置工作，开始拟制乡镇(街道)人口疏散和接收安置计划，按街道对乡镇、社区对村、户对户“三对应”的总要求，在全市深化疏散地域建设，以点带面，分步实施。

五、演练演习

1986—1990年，全市的4家医院开展了模拟训练演习40次，参演360人次，举办急救讲座12次，有1700多人次参加。1992—1995年，市人防办两次组织医疗救护专业队120余人进行拉链式抢救伤员演练，组织通信专业队130余人进行架设天线、收发报演练及空中、地下管线的抢修演练，组织自来水、路灯、市政工程专业队进行管线和道路抢修演练，组织全市所有医院开展医疗救护专业队演练。1997年7月，在人防艺术节活动中，进行消防实战演习。结合市煤气公司更换大口径煤气管道进行夜间演练。9月15—17日，市人防办组织机关、通信站和钟楼区人防办参加省军区组织的军师两级机关首长、省市人防系统通信工具的战役战术演习。

2001年9月19—26日，市人防办组织人员参加江苏省军区、省人防办联合组织的反空袭战役网上演练。2002年，市人防办与天宁区人武部组织防化专业队演练事故应急救援课题；组织通信专业队进行常州—金坛—溧阳无线短波应急战备演练。2003年10月18—19日，市人防办参加市国动委组织的动员支前指挥演练。2005年11月，市人防办参加江苏省军区、人防办组织的“苏防—2005”军师两级带省、市人防指挥所研究性演习。是年12月28日，市人防办参加市国动委组织的“常动—2005”常州市城市防空作战和反恐维稳演习。

2006年，市人防办组织参加江苏省军区、人防办组织的“苏防—2006”战役演习，成功组织了1次常州市人防通信研究性演练。2007年，参加江苏省军区、人防办及市国动委组织的“苏防—2007”“常防—2007”战役演习，成功举办天宁—溧阳人口疏散与接收安置演练，参演人员多、机动距离远、情况设置多、保障要求高、组织难度大，在常州乃至全省尚属首次。翌年，成功组织新北区战时城区人口紧急掩蔽研究性演练。2009年，参加国家首次组织的北京—南京—连云港3地联动的核应急事故应急演习。在武进区行政中心广场组织了常州市三级防空袭演习。完成常州市石油化工应急救援演练通信保障任务。2010年，组织戚机厂重要经济目标自救自护研究性演练。

第四节 通信警报

市人防办遵循全面规划、重点建设的原则，注重人防通信现代化建设，建造地下指挥所、地面作战室和人防通信铁塔，购置通信器材，组建人防微波通信网，提高人防指挥水平。

一、指挥通信

1983年，市人防办成立指挥通信科，1995年更名为指挥通信处，2001年更名为指挥与通信处，实施平时指挥程序、战时指挥程序。1986—1990年，市人防办开展人防通信普查统计，完成市人防指挥所通信机线的设计。1991—1995年，市人防办完善开通11个人防重点城市自动电话网，开通市、区两级移动电信、寻呼报知网及长城寻呼台。1996—2000年，市人防办建立自动化工作站，对程控电话进行扩容，开通与省人防和8个省辖市的微波通信，实现与省人防自动化指挥网联网。2001—2005年，市人防办完成与省人防微波图像传输系统的安装调试、维护验收，实现与省人防以及省内兄弟城市人防的微波图像、语音传输。完成电信10兆光纤宽带网的接入，撤销DDN专线。建立一个平时管理、使用人防设施，战时能为防空袭提供快速查询、综合分析、决策支持的常州市人防地理信息系统。完成市人防至省人防的指挥自动化光纤通信网络建设以及指挥自动化系统数据的建立、完善。2006—2010年，完成空情接收与处理系统建设、人防机动指挥所建设、人防有线通信系统改造，加强计算机网络的维护管理，实现省—市—辖市区3级高清效果显示，完成全市人防综合数据库4次基础数据采集和上报工作，完成全市无线电台数据收集、整理和统计工作。

二、通信工程建设

1986—1990年，8605地下指挥所工程建成。1991—1995年，市人防办建造人防通信铁塔。组建人防微波通信网，开通11个重点人防城市自动电话网，建成地下指挥所和地面作战室。1996—2000年，市人防办完成常州段微波通信干线建设及省人防与常州8个微波通信设备安装调试，建成市人防计算机局域网和微波图像数据、语音传输。2001—2005年，市人防办完善地面应急指挥中心和人防办局域网。完成8605工程改造扩建工程，建成能指挥、能防护、能生活的地下指挥所。地下应急指挥中心与武进区人防共建预备指挥所，各辖市区均建地下应急指挥中心，实现与市人防指挥所的语言、图像、数据互联互通。2006—2010年，金坛市人防办地面指挥所通过竣工验收，建成武进区人防地下指挥所暨市人防预备指挥所，与基本指挥所对接。新北区、钟楼区、戚墅堰区人防地下指挥所建成投入使用，武进区完成所有乡镇（街道）地面指挥所建设并通过验收，实现市—辖市（区）—乡镇（街道）3级指挥联网。继武进某镇地下指挥所建成后，全市第二个基层单位天宁区某街道地下指挥所建成。

三、警报系统

1986—1990年，建立警报网，实行市人防集中控制和单位控制相结合的方法，管理方式由两级变为设点单位、区人防办、市人防办3级，做到定分管部门、定分管负责人、定维修人员、定时维护。架设警报线路（双线）18公里，推广常州钢铁厂《关于加强防控警报机、线维修管理的意见》，制定警报维修员职责、警报维护管理制度，组织制作警报集控设备30台，全市有22个警报点，发放防空警报信号5次，音响覆盖率90%～95%。

1991—1995 年，常州市警报机线管理实现社会化、制度化、规范化。1991 年常州遭受特大洪水袭击，警报机线全部完好；全市修复旧线 3 公里，架设新线 9 公里，整修警报点机线，普查全市警报工作；设立常州人防警报报知寻呼网，警报音响覆盖率 90%。

“常武—2009”市、区、镇三级防空袭演习（摄于 2009 年）

1996—2000 年，全市新增警报器 10 台，调整 10 台。市人防办组织有关厂家研制终端自动识别，提高警报识别终端设备的可靠性和警报信号的标准化水平，音响覆盖率 93%。制定建设警报网络控制系统设计方案，组织签订《关于建设防空与灾害警报网络控制系统的合同书》。2001—2005 年，市人防办加强警报报知系统建设，组织开发研制出能满足防御自然灾害、多功能多用途的综合性无线遥控警报报知系统，警报全面覆盖常州老城区，采用计算机控制警报的手段完成当年警报器的试鸣任务。2003 年，市人防办增加 GPRS 警报发放功能，金坛、溧阳两辖市实现与市人防警报控制系统联网，《常州市市区人民防空警报设施管理办法》出台。2006 年、2007 年，完成金坛市、溧阳市、武进区的人防警报控制分中心建设，实现首次独立组织本区警报联网试鸣。2008 年，加强全市人民防空警报系统管理，合理调整警报设点布局，消除警报影响覆盖盲区，实现与广播电台、电视台及电信、移动、联通联网发放警报信号。2010 年，完成警报控制系统达标改造，全市有人防警报器 161 台，其中固定警报器 152 台、移动警报器 9 台，实现统一集中控制，建成区警报音响全部覆盖到位。

第三十三卷　科学技术　社会科学

Volume XXXIII　Science and Technology & Social Science

1986—2010年，常州市各级党政和企事业单位加大科技投入，科技机构、科技队伍和科技进步快速协调发展，完成一大批科技项目，取得了丰硕的科技成果。常州科技事业可分为1986—1992年的科技事业起步、科技兴市战略提出时期，1993—2000年的科技体制改革深化、高新技术产业勃兴时期，2001—2005年的知识产权保护和科技交流合作起步、高新技术产业快速发展时期，2006—2010年加快科技体制机制和技术创新、高新技术产业高速发展时期。1986—1992年是常州科技事业起步、科技兴市战略提出时期。全市90家部、省属和市属科研院所及民办科研机构、近2300名科技工作者研制完成大批新技术、新产品项目，获得一大批国家和省级科学技术奖等奖励。1989年7月，市委、市政府在全市科技大会上提出了“科技兴市”的发展战略目标和政策措施，科技事业发展步伐开始加快。1991年5月，国家科委批准建立苏锡常火炬带，苏锡常火炬开发带常州试点区领导小组成立，常州高新技术产业发展拉开序幕。1992年11月，常州启动国家高新技术产业开发区建设。1993—2000年是常州科技体制改革深化、高新技术产业勃兴时期。1995年8月，市委、市政府把科技兴市战略调整为科教兴市战略，全市开始建立开放创新的科技发展体系，加快科技成果转化，培育科技人才队伍。1996年起，常州推进科研院所体制、科技拨款和科技项目计划管理等制度改革，开放搞活技术市场，放开放活科技人员管理。2000年4月，市委、市政府决定加强技术创新，推进高新技术产业化。同年末，全市累计有省级以上高新技术企业137家、高新技术产品667个。2001—2005年是常州知识产权保护和科技交流合作起步、高新技术产业快速发展时期。2003—2004年，常州市和金坛、溧阳、武进、新北等辖市区相继成立知识产权局，全市形成完整的知识产权行政管理体系，加快知识产权保护、专利试点。加强科技创新，高新技术项目实施、高新技术产品开发及其产业化步伐明显加快，逐渐扩大科技交流合作与技术贸易的领域范围，科技经济一体化、高新技术产业化和科技成果商品化步伐加快，高新技术产业快速发展。2005年末，全市累计有省级及其以上高新技术产品1218个，技术创新对国民经济增长的贡献份额达33%。2006—2010年是常州科技体制机制和技术创新步伐加快、高新技术产业高速发展时期。2007年，全市形成“产学研”（生产单位、学校与研究机构）合作的新机制。2010年，全市有10个科技产业园列为省级科技产业园，新增市级及其以上企业“两站三中心”（即企业博士后科研工作站、企业院士工作站和工程技术中心、技术中心、工程中心）167家，122家升格为省级；申请专利15872件，获专利授权9093件；全市规模以上高新技术企业完成总产值3798亿元，占全市规模以上工业总产值的51.4%。至同年末，全市专业技术人员总数达37.2万人；全市累计按新标准认定省级高新技术企业476家、创新型企业105家、农业科技型企业20家，创业孵化总面积304.2万平方米，在孵企业3130家。常州市先后获得全国科技进步先进市、中国城市综合创新力50强和国家知识产权示范城市等荣誉。

第一章　科技机构

1986年，常州市有部、省、市属科研院所55家。到1990年底，全市部省市属科研院所减至45家，有职工3800人，其中科技人员2200人；有民办科研机构35家，职工140人。90年代，绝大部分改制为以科研为先导建设自己的实验工厂，或投资控股工厂组成有限责任公司。常州市科技信息中心（常州市科技情报研究所，简称“市情报所”）、环境保护研究所等科研机构为公益性事业单位。2006年，市委、市政府决定建设创新型城市，以企业为科技创新的主体，财政加大对科技事业的投入，培育创新型企业，建成以骨干企业为主体的一大批企业研发机构，加快企业“两站三中心”和外资企业研发机构、重点实验室、江苏省重大研发机构建设。2006—2010年，全市科技部门适时创建科技服务机构，壮大科技服务队伍，为科技型企业服务。2010年末，全市有科研机构589家，孵化器和加速器总面积304.2万平方米，其中孵化器面积253.2万平方米，在孵企业3130家。

第一节　科研院所

1986年，常州市有部、省、市直属科研院所55家，其中部、省属科研机构5家。1990年因体制变化，部省市属科研院所为45家，其中部省属科研机构8家。2004年末，全市科研院所经改制等变迁，减少到21家专业科研机构，从业人员2087人，拥有固定资产1.97亿元。2010年末，全市科研机构发展到589家，其中专业科研机构18家，企业工程技术研究中心221家、技术中心204家、工程中心2家，院士工作站35家、博士后企业工作站36家，外资研发机构46家，重点实验室27家。其中18家专业科研机构有从业人员3375人，完成总收入29.29亿元，总支出19亿元，发表论文128篇。

一、部、省属科研院所

1985年末，常州市有部、省属驻常科研机构5家，其中部属4家。1990年，部、省属驻常科研机构增至8家。1997年，煤炭工业部煤炭科学研究总院常州科研试制中心并入山东兖州集团，不再列为部属科研机构。1999年，国家建筑材料工业局常州加气混凝土技术开发中心被国家10部委列入242家科研转制单位，进入中国新型建筑材料总公司常州丽宝第（集团）公司，转制后相继建立常州同创建筑设计公司、常州盛德建材设计咨询公司和常州旭瑞自动化科技公司，成为新型建材研究设计机构。2010年末，全市部属科研机构减至煤炭科学研究总院常州自动化研究院、南车戚墅堰机车车辆工艺研究所有限公司和中海油常州涂料化工研究院3家。

全市科技创新大会（摄于2008年3月）

煤炭科学研究总院常州自动化研究院　位于常州市木梳路2号，前身为1979年11月成立的煤炭部科学研究总院常州自动化研究所（简称“自动化所”）。1990年起，该院煤炭工业常州通信监控产品质量监督检验中心为全国提供服务。1999 年，煤炭科学研究总院转制为隶属国务院国有资产监督管理委员会的科研型企业。2000 年，将优质资产和主营业务投入天地科技股份公司，设立其常州自动化分公司。2007 年 1 月，变更为现名，在常州国家高新区注册成立天地（常州）自动化股份公司（简称"天地公司"）。2010 年底，该院下设监控研究分院、通信研究分院等部门，有科技人员 600 多人，建有监控、通信、光纤、传动、传感器和环境条件等实验室。累计研制开发全矿井综合自动化系统等科研成果 300 项，其中 KJ1、KJ2 两型矿井环境与生产监测系统等 40 项成果获国家和省级科技进步奖；成功开发采用微机技术和 RFID（无线射频识别）技术，推广应用煤矿安全生产监控系统、煤矿胶带输送机监控系统、井下工业电视监视系统和井下人员安全监测系统，将工业以太环网、千兆无源光纤以太网（GEPON）、CDMA 技术应用于煤矿井下，成功实施全矿井综合自动化系统 8 项国内第一，累计有 9 个产品被认定为江苏省高新技术产品。

南车戚墅堰机车车辆工艺研究所有限公司 位于常州市戚墅堰，前身为铁道部戚墅堰机车车辆工艺研究所（简称"戚研所"），始建于 1959 年 9 月，主要从事轨道交通装备新材料、新工艺、新装备、新技术的研发及其成果产业化，形成轨道交通关键零部件、齿轮传动系统、工程机械、汽车配件零部件、柴油机零部件等产业板块，是中国机车车辆材料及制造工艺的专业研究机构、轨道交通装备关键零部件高科技产业化基地和常州市轨道交通特色产业基地的核心单位，取得国家、部省级科技成果 600 多项和专利技术 200 余项，主持制定了多项轨道交通行业标准。承担的每小时 250 公里动车组高速转向架及其应用的课题研究获 2009 年度国家科技进步一等奖，科技人员王有虹于 2009 年获第十八届茅以升铁道科学技术奖铁道工程师奖。至 2010 年底，设 10 家子公司，有员工 2800 多人，其中科技人员 714 人，占地 80 万平方米，拥有先进设备 2000 多台（套），专利 75 项，其中发明专利 10 项。

中海油常州涂料研究院 位于常州市机场路（白云路），前身为始建于 1969 年的化工部涂料工业研究所的一部分，1987 年 4 月由兰州迁至常州建立涂料研究所。建立中海油常州涂料研究院后，设有全国涂料技术情报中心站，涂料、颜料监测中心等。2009 年承担国家科技项目 11 个，完成总收入 3.56 亿元。2010 年底，有员工 528 名，拥有总资产 3.15 亿元；建设年产 5 万吨的绿色环保新材料产业化示范基地；拥有有效专利 43 项。1986—2010 年，累计承担国家 863 计划、国家科技攻关项目 42 项；研制的航空涂料、功能涂料用于军用飞机，获部级科技发明三等奖 1 项。累计注册商标 5 项，取得技术成果 530 余项，获国家发明专利 32 项和国家科技发明奖、国家科技进步奖、全国科学大会奖 18 项及部省级科技进步奖 45 项。

二、市属科研院所

1986 年 12 月，江苏省沼气研究所、江苏省激素研究所分别更名为常州市生态技术应用研究所、江苏省激素研究所有限公司并改为市属，年末有市属科研机构 22 家。1990 年增至 39 家。1997 年，市属科研机构逐步实行经营自主、经济自立，财政减少投入。2000 年起实施体制改革，至翌年底常州市化工研究所等 12

1990 年底常州市市属研究所一览表

表 33-1-1

所名	地址	成立年月	所名	地址	成立年月
常州市生态技术应用研究所	武进县奔牛镇叶家码头	1979.11	上海市创造工程研究所常州分所	延陵西路6号	—
江苏省激素研究所	金坛县西门大街380号	1978.12	常州市蔬菜研究所	北环路27号	1977.07

续表 33-1-1

所名	地址	成立年月	所名	地址	成立年月
常州市能源研究所	清潭路85号	1983. 10	常州市印染科学研究所	凤凰路12号	1979. 12
常州市农业机械研究所	常新路2号	1979. 04	常州市纺织器材研究所	茶山路	1985. 05
常州市纺织产品开发研究所	和平南路98号	1983. 12	常州市工艺美术研究所	许家村34号	1960. 02
常州市服装设计研究所	南大街54号	1979. 01	常州市电子衡器研究所	城东政成桥下	—
常州市化工研究所	浦前	1976. 11	常州市包装研究所	北环路27号	—
常州市机电研究所	米市河25号	1974. 12	常州市电子研究所	兰陵路36号	1976. 06
常州市建筑科学研究所	木梳路10号	1978. 02	常州市塑料包装研究所	天祥桥7号	1978. 07
常州市中医研究所	和平南路156号	1982. 06	常州市环境保护研究所	浦前张家村149号	1984. 03
常州市医学科学研究所	局前街183号	1983. 06	常州市粮油科学研究所	西仓街61号	1984. 11
常州市药物研究所	延陵东路72号	1984. 11	常州市科学技术情报研究所	延陵西路6号	1978. 08
常州市气管炎研究所	局前街225号	1982. 12	常州市远望工程技术研究所	劳动西路	1987. 02
常州市化工设计研究所	西横街43号	1988. 02	常州市标准计量技术情报研究所	兰陵路30号	1988. 10
常州市轻工科技情报研究所	杨柳巷63号	1980. 05	常州市工业经济研究所	局前街294号	1983. 12
常州市纤维检验所	兰陵路30号	1985. 02	常州市信息系统工程研究所	局前街180号	1985. 01
常州市建筑材料研究所	劳动东路40号	1983. 04	常州市经济研究中心	局前街294号	1983. 06
常州市计量测试技术研究所	劳动西路47号	1988. 04	常州市计划经济研究所	局前街294号	1983. 12
常州市计量产品技术研究所	劳动西路	1983. 09	常州市商业经济研究所	广化街后马路129号	1983. 12
常州市财政经济研究所	局前街146号	1983. 12			

说明：地址在常州市区者均省略“常州市”字样

家科研机构改为股份制，3家转为企业，8家破产，4家仍为全民事业公益性科研单位，还有8家分别转为企业、歇业或撤销。2010年5月，市科技局批准成立常州现代农业科学院。年末，常州有市属科研所17家。

常州科研试制中心有限公司 1978年，国务院批准成立煤炭科学研究总院常州科研试制中心，1997年划转到兖州矿业集团，命名为常州科学技术开发研究所。2002年12月，改制为常州科研试制中心有限公司。2010年底，公司是国家火炬计划重点高新技术企业、江苏省高新技术企业。占地9万平方米，资产总额5.7亿元，曾承担多项国家攻关项目，研制的中国第一根矿用单体液压支柱、无极绳连续牵引车、防爆无轨胶轮车等填补国内空白，拥有有效专利30余项，其中发明专利10项，有10多个产品系列被命名为国家重点新产品、江苏省高新技术产品。成立江苏省煤矿井下防爆车辆工程技术研究中心和博士后科研工作站。

常州市生物技术发展中心 前身为1979年成立的江苏省沼气研究所，1986年12月更名常州市生态技术应用研究所，2000年3月更用今名，为市科技局直属全民科研单位，从事微生物肥料开发、绿色农产品培育，微生物肥料商品化生产、绿色农产品栽培，优质蔬菜种子引繁及无融合处理技术，环境生态修复微生物及生态环保型移动厕所技术等农业生态技术和环境生态技术的研究和推广。2003年之后，开发成功用于生态厕所的菌种。2008—2010年，在武进聪聪奶牛养殖场进行500头奶牛利用微生物技术综合处理试验。

江苏省激素研究所有限公司 位于金坛西门大街，前身为1978年12月成立的省属江苏省激素研究所。1986年12月改为常州市属。2002年7月改制后在常州国家高新区成立江苏省激素研究所股份公司，主要从事拥有自主知识产权、无污染的农用激素、新型农药的研发与生产经营。2005年完成销售收入1.11亿元。2010年底，公司下辖江苏省农用激素工程技术研究中心、中俄新农药研究中心，建有中试基地7.33公顷，拥有农用激素生产线4条，是中国农药研制和出口重要基地。1986—2010年，累计完成国家重大科技攻关项目5个、省部级36个、市级35个，开发农药新产品25个，获国家和省科技成果奖7项，申请发明专利8项，获授权4项，被科技部列为高效除草剂开发基地，是江苏“三药”工程示范基地和常州高新区首家博士后技术创新中心。

常州市现代农业科学院 2010年6月29日成立，是常州市民办公益服务机构、综合农业科技创新平台。同年末，下设花木、蔬菜、茶叶、水产等专业研究所10个，围绕常州农业优势特色产业和生态农业、农科信息领域，开展新品种选育、引试、开发和种养殖新模式开发、关键共性技术攻关、成果示范推广、国内外农业科技交流与合作、科技培训和人才培养。

三、企业科研所站(中心)

1986—1990年，常州加快发展厂办研究所，有150多家企业成立研究所或技术开发机构，全市工程技术人员和科研人员总数达2万多人。2002年起，科技部门重点加强院士科研工作站、博士后科研工作站和技术中心、工程中心、工程技术中心(简称“两站三中心”)建设。至2010年底，全市建成“两站三中心”498家，其中企业院士工作站35家、博士后科研工作站36家和市级及其以上企业工程技术研究中心221家(含省级及其以上139家)、企业技术中心204家(含省级及其以上53家)、企业工程中心2家。

院士工作站 2009年3月，常州依托企业，联合中国科学院、中国工程院(简称“两院”)院士建设首批企业院士工作站18家。至2010年底，累计建成省级企业“两院”院士科研工作站35家，集聚培养了一批科研拔尖人才和科技后备精英人才，促进了高水平研究和工程技术开发。

2010年常州市的省级企业“两院”院士科研工作站一览表

表33-1-2

区域	院士类别	院士姓名	工作单位	承担单位(企业)	年份
武进	中国科学院	潘际銮	南昌大学	常州华通焊丝公司	2009
		程镕时	华南理工大学高分子研究所	江苏晨光涂料公司	2009
		陈洪渊	南京大学分析科学研究所和化学生物学研究所	常州方圆制药公司	2009
		许学彦	中国船舶工业总公司	江苏兰陵化工集团公司	2010
		杨叔子	中国科学院技术科学部	江苏新瑞戴维布朗齿轮系统公司	2010
		吴常信	中国农业大学	常州市立华畜禽公司	2010
	中国工程院	叶奇蓁	中国核工程公司	今创集团公司	2009
		丁　健	中国科学院上海药物研究所	常州善美药物研究开发中心公司	2009
		蔡鹤皋	哈尔滨工业大学	常州铭赛机器人科技公司	2009
		胡壮麒	中国科学院金属研究所	创生医疗器械(江苏)公司	2009
		干　勇	中国钢研科技集团公司	中天钢铁集团	2010

续表 33-1-2

区域	院士类别	院士姓名	工作单位	承担单位(企业)	年份
武进	中国工程院	蒋亦元	东北农业大学	江苏常发实业集团公司	2010
		饶芳权	上海交通大学	江苏常武起动电机公司	2010
新北	中国科学院	吴浩青	中南大学	常州星宇车灯股份公司	2009
		游效曾	南京大学	常州天合光能公司	2009
		陈星弼	电子科技大学	江苏宏微科技公司	2009
		郑有炓	南京大学物理系	伟志电子(常州)公司	2010
	中国工程院	俞永新	中国药品生物制品检定所	江苏延申生物科技股份公司	2009
		黄伯云	中南大学	常州市铁马科技实业公司	2009
		陈志南	第四军医大学	江苏太平洋美诺克生物药业公司	2009
		欧阳平凯	南京工业大学	常茂生物化学工程股份公司	2009
		陈懋章	北京航空航天大学	常州兰翔机械总厂	2009
		李乐民	电子科技大学	常州星海电子公司	2009
		金国藩	清华大学	常州丰盛光电科技股份公司	2010
		杜善义	哈尔滨工业大学	江苏凯特汽车部件公司	2010
钟楼	中国工程院	庄松林	上海理工大学	常州华达科捷光电仪器公司	2009
戚墅堰	中国科学院、中国工程院	沈志云	西南交通大学	南车戚墅堰机车公司	2010
	中国科学院	朱中梁	西南电子电信技术研究所	常州无线电厂公司	2010
		周国治	北京科技大学	南车戚墅堰机车车辆工艺研究所公司	2010
	中国工程院	殷国茂	东北大学	江苏常宝钢管股份公司	2010
		王国栋	东北大学轧制技术及连轧自动化国家重点实验室		2010
		沈国荣	国电自动化研究院、南瑞继保电气公司	常州博瑞电力自动化设备公司	2010
溧阳	中国科学院	闻邦椿	中国振动工程学会	溧阳德维透平机械公司	2010
	中国工程院	吴云东	香港科技大学	江苏弘博新材料公司	2010
		宋湛谦	中国林业科学研究院	江苏力强集团公司	2009
		梁维燕	哈尔滨动力设备股份公司	江苏华鹏变压器公司	2010
		朱英浩	沈阳工业大学		2010

博士后科研工作站 1999年3月，全市首家企业博士后科研工作站常柴股份公司博士后科研工作站建成。至2010年底，全市累计建成36家，其中国家级6家、省级20家。常州机械电子工程研究所、江苏冶建防腐材料公司、溧阳市长荡湖水产良种科技公司和江苏正昌集团公司、安靠超高压电缆附件公司、强林生物能源公司设立博士后技术创新中心。

工程技术研究机构 1995—2010年，常州市加快科技基础设施建设，培育具有自主知识产权的高新技术产业，加快培育集工程技术研究开发与生产于一体的工程技术研究中心、技术中心和工程中心等创新载体，形成一大批在全国、全省同行业具有科技优势的企业。2003年，中海油常州涂料化工研究院被认定为国家涂料工程技术研究中心。至2010年底，全市累计创建成企业工程技术研究机构427家。其中，工程技术

2010 年常州市博士后科研工作站一览表

表 33-1-3

级别	设站企业、单位名称	地区	级别	设站企业、单位名称	地区
国家级	常州华钛化学股份公司	金坛	省级	常州机械电子工程研究所	武进
	常州亿晶光电科技公司			今创集团	
	江苏上上电缆集团公司	溧阳		常州高新技术产业开发区	新北
省级	江苏华朋集团公司	武进		常州市广成新型塑料公司	
	江苏新科电子集团公司			常州市康辉医疗器械公司	
	江苏亚邦集团公司			常柴股份公司	钟楼
	常州轨道车辆牵引传动工程技术研究中心			常林工程机械集团	
	江苏华威世纪电子集团公司			南车戚墅堰机车公司	戚墅堰
	江苏晨光涂料公司			江苏冶建防腐材料公司	溧阳
	江苏旷达汽车织物集团股份公司			溧阳市长荡湖水产良种科技公司	
	瑞声声学科技(常州)公司			江苏正昌集团公司	
	江苏安格特新材料科技公司			江苏安靠超高压电缆附件公司	
	常州华通焊丝公司			江苏强林生物能源公司	

说明：常州国家高新技术产业开发区企业博士后科研工作站依托主体为常州国家高新区，其他博士后科研工作站的依托单位均为站名所指的单位

研究中心 221 家，含国家级 1 家、省级 138 家、市级 82 家；企业技术中心 204 家，含国家级 6 家、省级 49 家、市级 149 家；企业工程中心 2 家。

2010 年常州市省级工程技术研究中心一览表

表 33-1-4

区域	成立时间	工程技术研究中心与承担单位
武进	2000	江苏省数字化视听设备工程技术研究中心(江苏新科电子集团公司)
	2003	江苏省轨道车辆牵引传动工程技术研究中心(新誉集团公司)
	2004	江苏省交通车辆内饰织物工程技术研究中心(江苏旷达汽车织物集团)
	2005	江苏省数控机床工程技术研究中心(江苏新瑞重工科技公司，原江苏多棱数控机床股份公司)
	2007	江苏省农业装备工程技术研究中心(江苏常发实业集团)
	2008	江苏省优质禽工程技术研究中心(常州市立华畜禽公司)、阻燃材料工程技术研究中心(常州安格特塑胶公司)
	2009	江苏省专用不饱和聚酯树脂工程技术研究中心(常州华润复合材料公司)、代糖工程技术研究中心(常州市牛塘化工厂公司)、电声元器件工程技术研究中心(常州美欧电子公司)、反光材料工程技术研究中心(常州华日升反光材料公司)、高纯合金工程技术研究中心(江苏江南铁合金公司)、高端甾体药物及中间体工程技术研究中心(常州佳尔科药业集团)、轨道车辆内饰装备工程技术研究中心(今创集团)、高精密轴承工程技术研究中心(江苏南方轴承股份公司)、锅炉用特种不锈钢管工程技术研究中心(江苏武进不锈钢管厂集团)、焊接材料工程技术研究中心(常州华通焊丝公司)、纳米材料应用工程技术研究中心(江苏晨光涂料公司)、汽车零部件精密锻造工程技术研究中心(江苏龙城精锻公司)、新型喹诺酮类抗感染药物工程技术研究中心(亚邦化工集团)、烟草成套设备工程技术研究中心(江苏智思机械集团公司)、药品包装新材料工程技术研究中心(江苏润德医用材料公司)、展览展示器材工程技术研究中心(常州灵通展览用品公司)

续表 33-1-4

区域	成立时间	工程技术研究中心与承担单位
武进	2010	江苏省高油脂能源植物培育及深加工工程技术研究中心（江苏卡特新能源公司）、可降解微创骨科植入物工程技术研究中心［创生医疗器械（江苏）公司］、核苷类药物及中间体绿色合成工程技术研究中心（常州康丽制药公司）、（武帆）特种钢及铁合金工程技术研究中心（常州武帆合金公司）、双金属复合线缆工程技术研究中心（常州市武进恒通金属钢丝公司）、钢结构重防腐防火涂料工程技术研究中心（江苏兰陵化工集团）、高性能聚酯弹力纤维工程技术研究中心（常州市锦纶厂）、有机磷酸及聚羧酸类环保型水处理剂工程技术研究中心（江苏江海化工集团）、海工装备重防腐涂料工程技术研究中心（上海振华港机常州油漆公司）、超大型高效节能冷却塔工程技术研究中心（江苏海鸥冷却塔股份公司）、燃气取暖器用新型工程复合材料工程技术研究中心（常州佳得顺炉业公司）、新型铝电解电容器工程技术研究中心（江苏华威世纪电子集团）、小体积大比功减速型起动机工程技术研究中心（江苏常武起动电机公司）、家居智能化电工器件工程技术研究中心（江苏英特曼电器公司）、减速机传动机械工程技术研究中心（国茂减速机集团）、江苏省齿轮传动与控制工程技术研究中心（江苏新瑞戴维布朗齿轮系统公司）、超高压油缸小型化轻量化设计工程技术研究中心（江苏恒立高压油缸公司）、风电机组风轮叶片模具翻转机工程技术研究中心（常州市华立液压润滑设备公司）、输配电用智能化断路器关键部件工程技术研究中心（江苏洛凯机电制造集团）、陶瓷涂层液压油缸工程技术研究中心（江苏武进液压启闭机公司）、多功能高产塑料编织拉丝机技术研究中心（常州市永明机械制造公司）、铸态铁素体球墨铸件工程技术研究中心（江苏万盛铸造公司）、经编机运动控制系统工程技术研究中心（常州市武进五洋纺织机械公司）、无梭织机用特种钢筘工程技术研究中心（常州钢筘厂公司）、高性能汽车空调管路工程技术研究中心（常州腾龙汽车零部件制造公司）、链传动数字化设计与制造工程技术研究中心（常州东吴链传动制造公司）、多轴向产业用经编设备工程技术研究中心（常州市润源经编机械公司）、种猪分子选育工程技术研究中心（常州市康乐农牧公司）、车用洗涤系统工程技术研究中心（江苏日盈电器公司）、有机废弃物资源化处理工程技术研究中心（江苏福昌环保科技集团）、高分子压延塑胶材料工程技术研究中心（百兴集团）、特种玻璃纤维复合材料工程技术研究中心（江苏长海复合材料股份公司）
新北	1998	江苏省农用激素工程技术研究中心（江苏省农用激素工程技术研究中心）
	2000	江苏省生化手性工程技术研究中心（常州常茂生物化学工程公司）
	2003	江苏省半合成抗生素工程技术研究中心（常州方圆制药公司）
	2007	江苏省光伏垂直一体化工程技术研究中心（常州天合光能公司）
	2008	江苏省汽车照明工程技术研究中心（江苏星宇车灯股份公司）
	2008	江苏省兽用抗寄生虫药物工程技术研究中心（常州亚邦齐晖医药化工公司）、光学高分子材料工程技术研究中心（常州丰盛光电科技股份公司）、哺乳动物细胞大规模培养制备工程技术研究中心（江苏太平洋美诺克生物药业公司）
	2009	江苏省功能涂层材料工程技术研究中心（江苏柏鹤涂料公司）、玻璃钢／复合材料工程技术研究中心（常州天马集团）、滚针轴承工程技术研究中心（常州光洋轴承公司）、农用化学品工程技术研究中心（江苏常隆化工公司）
	2010	江苏省核电站用低烟无卤阻燃型电缆工程技术研究中心（常州八益电缆公司）、骨科植入性医疗器械工程技术研究中心（常州市康辉医疗器械公司）、超导磁场太阳能硅材料直拉制造工程技术研究中心（常州有则科技公司）、多轴向经编增强纤维复合材料工程技术研究中心（常州市宏发纵横新材料科技公司）、垃圾渗滤液深度处理工程技术研究中心（维尔利环境工程（常州）公司）、高精度可互换负温度系数传感器工程技术研究中心（常州市惠昌传感器公司）、太阳能电池用半导体薄膜材料工程技术研究中心（常州星海电子公司）、数字化手术室系统设计工程技术研究中心（江苏久信医用净化工程公司）、高密度多层印制线路板工程技术研究中心（常州澳弘电子公司）、大型精密注塑模具工程技术研究中心（常州华威亚克模具公司）、高性能大型复杂铸件制造工程技术研究中心（常州精棱铸锻公司）、多功能新型集装箱吊具工程技术研究中心（常州市南港港口机械

续表 33-1-4

区域	成立时间	工程技术研究中心与承担单位
新北	2010	公司）、高速列车基础制动系统关键部件工程技术研究中心（常州市铁马科技实业公司）、智能煤矿供电系统关键装备集成工程技术研究中心（常州联力自动化科技公司）、汽车流体管路关键零部件工程技术研究中心（常州市盛士达汽车空调公司）、江苏省超特大型热载体炉高智能工程技术研究中心（常州能源设备总厂公司）、核电 1E 级高低压开关设备工程技术研究中心（常州华冠信龙电器公司）、电动汽车快速充电设备工程技术研究中心（常州市巨泰电子公司）、江苏省超高分子量聚乙烯纤维纺织机械工程技术研究中心（常州市恒力机械公司）、新型农田耕整机械工程技术研究中心（常州汉森机械公司）、汽车转向系统关键零部件工程技术研究中心（江苏浩峰汽车附件公司）、含氟农药化学中间体工程技术研究中心（江苏华达化工集团）、（豪杰）多媒体高清数字设备工程技术研究中心（常州豪杰电器公司）、光纤宽带网络连接与保护系统工程技术研究中心（常州太平电器公司）、塑料管道系统工程技术研究中心（江苏华生塑业公司）、太阳能高效集热集成应用工程技术研究中心（江苏贝德莱特太阳能科技公司）、（佳讯）光伏发电系统工程技术研究中心（常州佳讯光电产业发展公司）、轨道交通养路机械工程技术研究中心（常州市瑞泰工程机械公司）、（港益）港口装卸设备工程技术研究中心（江苏港益重工股份公司）、经编用高速整经设备工程技术研究中心（常州市第八纺织机械公司）、轨道交通精密制造工程技术研究中心（常州中铁科技公司）
天宁	2009	江苏省高分子泡沫材料工程技术研究中心（常州天晟新材料股份公司）、高透光率光伏玻璃工程技术研究中心（常州亚玛顿股份公司）
	2010	江苏省（常州）循环系统药物工程技术研究中心（常州制药厂公司）、（常州）缓控释药物工程技术研究中心（常州四药制药公司）、运动休闲针织面料工程技术研究中心（常州旭荣针织印染公司）、中置式高压电力开关设备工程技术研究中心（伊顿电力设备公司）、（东南）车用电器电机工程技术研究中心（常州市东南电器电机公司）
钟楼	2010	江苏省超特高压变压器工程技术研究中心（常州西电变压器公司）、超低有机挥发物建筑涂料工程技术研究中心（常州光辉化工公司）、高可靠多媒体服务终端工程技术研究中心（江苏国光信息产业股份公司）、煤矿井下防爆车辆工程技术研究中心（常州科研试制中心公司）、超大型变频多转子混砂机工程技术研究中心（常州市通力机电设备制造公司）、港口起重装备远程监控系统工程技术研究中心（常州基腾电气公司）、超高压变压器绝缘材料工程技术研究中心（常州市英中电气公司）、拖拉机及机具工程技术研究中心（常州东风农机集团）、智能化园林联合作业机工程技术研究中心（常州格力博工具公司）、中小功率内燃机工程技术研究中心（常柴股份公司）、江苏省大型锻钢轧制工具工程技术研究中心（宝钢集团常州轧辊制造公司）
戚墅堰	2006	江苏省轨道交通关键零部件与材料工艺工程技术研究中心（南车戚墅堰机车车辆工艺研究所）
	2009	江苏省专用特种钢管工程技术研究中心（江苏常宝钢管股份公司）、轨道交通牵引装备工程技术研究中心（南车戚墅堰机车公司）
	2010	江苏省高档西服设计工程技术研究中心（常州普灵仕制衣公司）、轨道交通特种电缆工程技术研究中心（常州市新东方电缆公司）
金坛	2006	江苏省功能高分子材料工程技术研究中心（常州华钛化学股份公司）
	2009	江苏省太阳能用材料工程技术研究中心（常州亿晶光电科技公司）、特种工程塑料单体工程技术研究中心（常州花山化工公司）
	2010	江苏人工晶体加工设备工程技术研究中心（江苏华盛天龙光电设备股份公司）
溧阳	2002	江苏省稀土电子与催化剂材料工程技术研究中心（溧阳罗地亚方正稀土新材料公司）
	2006	江苏省特种电线电缆工程技术研究中心（江苏上上电缆集团公司）
	2007	江苏省仿生农药工程技术研究中心（江苏天容集团股份公司）
	2008	江苏省生物质能与材料工程技术研究中心（江苏强林生物能源公司）

续表 33-1-4

区域	成立时间	工程技术研究中心与承担单位
溧阳	2009	江苏省船舶管系附件工程技术研究中心（江苏竹箦阀业公司）、电力电缆附件工程技术研究中心（江苏安靠超高压电缆附件公司）、功能银纤维工程技术研究中心（常州宝丽丝纤维公司）、特种工程材料工程技术研究中心（溧阳华晶电子材料公司）
溧阳	2010	江苏省（维多）功能食品配料工程技术研究中心（溧阳维多生物工程公司）、季戊四醇新材料工程技术研究中心（江苏瑞阳化工股份公司）、大型锻件成形与控制工程技术研究中心（江苏金源锻造股份公司）、专用车系统集成工程技术研究中心（溧阳二十八所系统装备公司）、抗沾污自洁净船舶防腐材料工程技术研究中心（江苏冶建防腐材料公司）

说明：1. 工程技术研究中心除每栏首家外其余均省略“江苏省”字样。2. 括号内为承担企业、单位

外资与港澳台资企业研发机构 2006年以前，外资与港澳台资企业在常州兴办的研发机构甚少。2006—2010年，常州市注重引进海外科技研发机构，开放式配置海外创新资源，利用国际科技资源带动高新技术发展和产业结构升级。2006年，成立全市首批4家外资、港澳台资企业研发机构常州光阳摩托车公司研发中心、麦克罗泰克（常州）产品服务公司研发中心、冲电气软件技术（江苏）公司研发中心、常州沃富斯农化公司研发中心。至2010年底，常州有霍尼韦尔常州物联网无线实验室、爱德克斯（ADVICS）汽车制动系统（中国）技术研发中心等46家科研机构被省科技厅确认为外资企业（港澳台资）研发机构。

重大研发机构 2006年起，常州市按省政府自主创新、重点跨越、支撑发展的要求，依托常州科教城，联合国内重点科研院所和著名高等院校，建设重大研发机构。此后，中国科学院和北京大学、清华大学、南京大学等17所高校在常州设立研发机构或孵化基地，其中9所大学在常州科教城建立研究院。至2010年底，全市累计建成重大研发机构41家（参见第三十五卷“常州科教城”），其中中国科学院常州先进装备制造技术创新中心、江苏省（新誉）风电装备技术研究院被认定为江苏省重大研发机构。

第二节 重点实验室

2006年起，常州市针对新能源和节能环保、新材料、先进装备制造、医学生物技术、电子信息等学科前沿及经济社会发展的重大科技问题，以应用基础技术和高技术研究为重点，集聚和培养学术带头人和创新团队，开展创新性研究，建立首批市重点实验室常州市高分子新材料重点实验室、常州市医学生物技术重点实验室。2010年，常州天合光能光伏技术国家重点实验室成立。至同年底，全市累计建成重点实验室25个，其中国家级1个、省级7个、市级17个；又其中，市直属13个、武进8个、新北2个和钟楼、溧阳各1个。

2010年常州市重点实验室一览表

表 33-1-5

级别	实验室名称	承担建设、主持单位	所属	研究领域
国家级	光伏技术国家重点实验室	常州天合光能公司	新北	新能源及节能环保
省级	应用化学（精细化工）重点实验室	江苏工业学院	市直属	新材料
省级	油气储运技术实验室	江苏工业学院	市直属	新能源及节能环保
省级	机电控制及自动化实验室	河海大学常州校区	市直属	先进装备制造

续表 33-1-5

级别	实验室名称	承担建设、主持单位	所属	研究领域
省级	河湖疏浚设备与技术实验室	河海大学常州校区	市直属	先进装备制造
	江苏省输配电及节电高技术研究重点实验室	河海大学常州校区、常州市太平洋电力设备（集团）公司	新北	先进装备制造
	江苏省智能农业装备高技术研究重点实验室	江苏大学、江苏沃得农业机械公司、常州东风农机集团公司	钟楼	先进装备制造
	江苏省生物质能源与材料高技术研究重点实验室	中国林业科学研究院林产化学工业研究所、江苏强林生物能源公司	溧阳	新能源及节能环保
市级	常州市高分子新材料重点实验室	江苏工业学院	市直属	新材料
	常州市医学生物技术重点实验室	常州市第一人民医院		医学生物技术
	常州市数字化制造技术重点实验室	河海大学常州校区		先进装备制造
	常州市特种加工重点实验室	常州工学院		先进装备制造
	常州市精细化工新技术开发重点实验室	江苏工业学院		新材料
	常州市新能源工程重点实验室	江苏工业学院		新能源及节能环保
	常州市输配电及节电技术研究重点实验室	河海大学常州校区		先进装备制造
	常州市软件技术研究与应用重点实验室	常州工学院		电子信息
	常州市材料精密特种成形重点实验室	江苏技术师范学院		新材料
	常州市柔性制造FMS（对外军贸）重点实验室	江苏新瑞机械公司	武进	先进装备制造
	常州市绿色化学与技术重点实验室	常州化学研究所		新材料
	常州市数控技术重点实验室	常州数控技术研究所		先进装备制造
	常州市新型纺织材料重点实验室	常州纺织服装职业技术学院		新材料
	常州市数字化设计重点实验室	常州轻工职业技术学院		电子信息
	常州市应用酶工程重点实验室	常州工程职业技术学院		生物技术及制药
	常州市先进装备系统仿真与虚拟现实重点实验室	常州机械电子工程研究所		先进装备制造
	常州市新光源材料与技术重点实验室	常州化学研究所		新材料

第三节　科技企业孵化器

1993年，常州首家科技企业孵化器——常州市高新技术创业服务中心成立。此后，辖市区及各经济技术开发区先后建立科技企业孵化器，为科技型中小企业创新创业提供研发、中试生产、经营场地、办公共享设施和政策、管理、法律、融资、市场推广及培训等服务，与国内高校、科研院所、创业投资协会、成果转化中心等单位建立紧密的“产学研”合作关系，创建省级留学人员创业园，吸引海外高层次人才到常州创新创业。2002年以后，以常州、武进两个国家级创业服务中心为核心，以常州市国家大学科技园、软件园和动画产业基地等为载体的科技创业服务平台快速发展。至2010年底，全市建成科技企业孵化器、加速器39个，其中国家级孵化器7个、省级孵化器14个、市级孵化器16个、加速器2个，孵化总面积304.2万平方米，在孵企业3130家（留学归国人员创办企业80多家），毕业企业148家，曾培育出以天合光能为代表的光伏产业群体，以盛士达汽车空调为代表的机电产业群体，以金碟软件为代表的软件产业群体，以南大紫金等为代表的电子及新材料产业群体，以爱思特净化、维尔利环境工程为体表的环保产业群体，以方圆制药、太平洋制药为代表的生物医药产业群体。

一、常州市高新技术创业服务中心

1993年底成立，翌年8月正式运行，属市科技局管理。1999年2月，被科技部认定为国家级高新技术创业服务中心，建立常州留学生创业园，设立软件测试平台。2000年3月，改隶于常州高新区管委会。2001年3月，被省人事厅认定为省级留学人员创业园。2001年10月、2003年9月，两度被科技部表彰为先进孵化服务机构和先进高新技术创业服务中心。2003年10月，经科技部火炬中心批准成立常州市新北区“三药”科技产业基地，同年成立博士后科研工作站。2005年，成立常州动画产业基地。至同年底，建成科技企业孵化基地3个，辐射89平方公里，185家在孵企业完成工业总产值23亿元。至2010年底，孵化企业累计有625家，形成以国家级创业中心带动、专业孵化器协同发展的孵化服务网络体系，实现综合服务与专业孵化并重的转变。

常州高新科技创业服务中心与高新科技园（摄于2007年7月）

二、武进高新技术创业服务中心

1998年成立，隶属于武进高新区管委会。2003年11月，被江苏省人才工作领导小组认定为江苏省“333工程”科技成果转化基地。2004年8月，成立常州市武进留学人员创业园，12月被科技部认定为国家级高新技术创业服务中心。2005年，创业中心与深圳清华力合国际技术转移公司合资设立江苏武进力合企业孵化器公司。2007年，被省人事厅认定为省级留学人员创业园。至2010年底，孵化企业累计有150家。

三、常州市国家大学科技园

位于常州科教城，2006年启动建设，由常州市科教城管理委员会、南京大学常州高新技术研究院、东南大学常州研究院、中国科学院常州先进制造技术与产业化中心、武进高新区管委会、常州大学（原江苏工业学院）等9所在常高校14家单位合作建设，2009年被认定为国家级大学科技园。至2010年底，园内建有1～3号科技大楼、12.83万平方米，在孵企业227家，建有公共研发机构16家、中介服务机构68家，科技人才8280人，签约领军型创新创业人才145人，创办企业101家；接纳高校毕业生1087人，推动高校、科研单位成果转化425项，创办企业150家，帮助在孵企业融资7085万元。2010年，科技园企业研发经费总投入1.65亿元，完成总收入9.79亿元。

四、常州三晶世界科技产业发展有限公司

位于常州高新区河海西路以北、长江路与华山路之间，由三井街道办事处全资创办。2006年5月成立运行。占地133亩，以电子信息、新材料、新能源产业为特色。2008年3月、2009年7月，先后被认定为江苏省级科技创业园、重点培育小企业创业基地。2010 年 7—12 月，相继被认定为江苏省小企业创业示范基地、国家级科技企业孵化器和江苏省企业研究生工作站。年末，有领军型创新创业人才团队 35 个，在孵企业 71 家，从业人员 1507 人，毕业企业 31 家。在孵企业申请专利 182 项，其中发明专利 79 项；授权专利 96 项，其中国际专利 11 项、国内发明专利 20 项；获得奖项 56 个，软件著作权 29 个，在孵企业累计获得政府扶持资金 1.48 亿元、投融资资金 2.38 亿元。在孵领军型人才企业的产品大多填补国际国内空白，其中江苏集晟电子公司的超级电容器大功率电源系统研究项目获中国仪器仪表协会科学技术一等奖。同年，毕业企业完成工业总产值 12.2 亿元，上缴税收约 6000 万元。

五、金坛高新技术创业服务中心

2008 年 5 月 26 日获准设立，位于金坛经济开发区中兴路东、金胜东路南，占地 38 亩。2009 年 2 月，被省科技厅认定为省级高新技术创业服务中心，基本建成孵化场地 1.28 万平方米，设留学生创业园。至 2010 年底，引进江苏纳米新材料科技公司等科技型企业 38 家，包括 12 个博士领衔团队项目；引进 20 名博士，其中海归博士 12 名，有获得省高层次创新创业人才扶持项目 3 个、省工业支撑项目 1 个。入驻企业申请专利 30 项，获授权专利 8 项，其中发明 3 项、实用新型 2 项、美国专利 3 项。

六、天宁高新技术创业服务中心

2008 年 4 月成立，位于河海东路南、东支河以东，占地 100 余亩，孵化大楼面积 1.6 万平方米，设高等院校、科研院所的研发中心、海归人才创业园、软件园（丰润大厦）等特色园区。2009 年 2 月，被省科技厅认定为省级科技企业孵化器。至 2010 年底，在孵企业 32 家，累计申请专利 32 件，授权 11 件。

七、钟楼高新技术创业服务中心

2006 年 12 月获准成立，位于玉龙路东、星港路北，主基地占地 6 亩，总投资 6000 万元，总建筑面积 2 万平方米。2007 年 12 月、2009 年 9 月，相继设立旅法博士留学生、法国法中企业家和管理者协会与欧洲中小企业协会中国（常州）创业基地。2008 年 9 月，被认定为江苏省留学人员创业园；翌年 12 月，被科技部认定为国家级高新技术创业服务中心、科技企业孵化器。2009 年 9 月底，钟楼科技创业园开工建设。至 2010 年底，中心引进领军型创业人才 47 人，其中国家“千人计划”特聘专家 5 人；有孵化科技型企业 103 家，其中留学归国人员企业 54 家；培育省级高新技术产品 5 个；申请专利 358 件，授权 194 件，其中发明专利 38 件。承担国家和省级创新资金项目各 3 个、省级社会发展和工业支撑项目各 1 个、科技创新团队项目 3 个。同年在孵企业实现销售收入总额 1.2 亿元。

八、常州西夏墅工具产业创业服务中心

2007 年 7 月成立，位于新北区西夏墅镇。为企业提供技术人才引进、业务和技术培训、产品的计量和检测及投资决策等服务，推动西夏墅工具产业向规模化、特色化、品牌化方向发展。2010 年，创建市级工具孵化器，被列为江苏省科技企业孵化器。165 家孵化企业实现销售总额 20.8 亿元、利税总额 5.41 亿元。至 2010 年底，拥有孵化面积 8.5 万平方米，服务团队 25 人，毕业企业 105 家。

九、武进科创园

前身为湖塘科技创业园，2006 年 9 月运行。2009 年 7 月，湖塘科技创业园更名为江苏武进科创园。2010 年底，被科技部火炬中心认定为国家科技企业孵化器，建有科技用房 10 万平方米，累计孵化企业 135 家，形成孵化器、加速器双重功能格局，向产业孵化延伸。

第四节 科技服务机构

1987—1988年，常州市科技开发中心、技术市场办公室先后成立。2004年，常州市政府决定加快发展科技中介机构；同年底全市科技服务机构发展到41家，从业人员2346人，完成总收入9.85亿元。此后，全市科技服务机构稳步发展，数量有增有减。2007年，科技服务机构成立数量较多，新增71家，年末累计118家，从业人员6435人，完成总收入32.01亿元。2010年末，全市有188家科技服务机构，全年完成总收入40.96亿元，其中研究与试验发展机构49家、科研设计服务机构7家、生产力促进服务机构8家、科技信息培训服务机构7家、科技创业孵化服务机构16家、产权交易服务机构2家、科技投融资服务机构21家、科技咨询服务机构18家、科技测试服务机构18家、知识产权服务机构7家、技术推广服务机构18家、其他17家。

一、技术市场与服务机构

1987年，常州市科技开发中心成立。1988年，常州市技术市场办公室成立，此后在常州市生产力促进中心、科技咨询业协会、技术服务中心和新北、武进、溧阳、金坛、常州科教城分设9个技术合同登记点。1992年，常州市高新技术开发总公司建立，推进苏锡常火炬带常州开发区建设。1992年，全市技贸机构发展到612家，有专职人员3803名。1993年，常州市技术市场建立，开展技术贸易服务，促进技术成果商品化。1994年，组建上海技术交易所常州办事处。1999年，全市有技术贸易机构651家。

2000年4月，市政府颁发《常州市鼓励技术创新促进高新技术产业发展暂行规定》。2001年2月1日，市技术市场管理办公室制定技术合同登记管理暂行办法，明确技术合同登记程序。同年全市技术贸易机构调减至300家。2002年8月，市政府决定加快发展科技中介机构；11月，市生产力促进中心、科技信息中心和江苏省中天资产评估事务所、中化建常州涂料化工研究院、常州市建筑科学研究所等7家单位发起成立常州市科技咨询业协会。同年全市技术贸易机构降至237家。2003年6月18日，武进区技术市场管理办公室和常州市科技咨询业协会、生产力促进中心、技术服务中心、新北区生产力促进中心被认定为常州市技术合同登记机构。同年末全市技术贸易机构恢复到315家。

2006年8月，市生产力促进中心和市产权交易所联合组建成立常州技术产权交易中心；年末全市有科技中介服务机构114家。9月10日，全国技术合同网上登记系统正式启用。2010年，省地方税务局规定从下年度起纳税人在办理相关营业税、企业所得税减免税备案手续时需具备省级及其以上科技主管部门的技术合同登记证明，常州市技术合同登记认定从此停止审批。

2008年常州市公共技术服务中心一览表

表33-1-6

名　　称	承担单位	所属区域
江苏省常州电子基础材料检测技术服务中心	常州电子产品质量检测所公司	新北
江苏省常州环保涂料产业公共技术服务中心	中海油常州涂料化工研究院	钟楼
江苏省常州精细化工清洁生产与工程技术服务中心	常州化学研究所	武进
江苏省常州电子基础材料检测技术服务中心	常州电子产品质量监测所公司	新北
江苏省常州环保涂料产业公共技术服务中心	中海油常州涂料化工研究院	钟楼
江苏省常州精细化工清洁生产与工程技术服务中心	常州化学研究所	武进

二、生产力促进机构

1997年，常州市生产力促进中心组建成立，与市科技开发中心合署，主要是组织社会科技力量为企业提供信息、咨询、诊断等综合性服务。1997—2000年，该中心开展制造业信息化咨询服务，形成企业管理特色服务；2002—2004年，开发企业诊断和管理咨询、职业资质培训、国际标准管理体系认证等业务，年均服务企业300多家。2003年，被科技部认定为国家级重点示范生产力促进中心。2004年后，该中心相继发起成立常州市涂料协会、车辆轨道交通协会、输变电协会，主要经济指标、服务项目数和市场占有率名列全省同行前茅。2008年12月，常州市生产力促进中心、轨道交通车辆及部件产业基地分别被科技部评为国家科技计划（火炬计划）实施20周年先进服务机构、先进管理单位。翌年，该中心受省科技厅委托，筹建江苏省风电产业技术创新联盟。2010年，中心设有常州科技人才交流中心、科技培训中心和“产学研”合作服务中心等机构，与其他单位合作成立常州现代设计与制造技术联盟、常州市产权交易中心等服务机构。

三、信息咨询机构

常州市制造业信息化服务中心 2001年11月成立，开展制造业信息化单元技术普及、先进制造技术推广应用。2003年7月，建立常州市制造业信息化咨询服务队。2004年5月，成立国家制造业信息化培训中心常州市管理办公室，负责常州地区制造业信息化培训网络的规划、管理与技术培训；联合江苏工业学院、常州工学院等高校组建常州市制造业信息化培训联盟，建立制造业信息化专家库，为企业培养信息化实用人才，测评企业信息化建设水平。

常州市科技信息中心 前身为1978年成立的常州市科学技术情报研究所，1998年更名，为市科技局下属事业单位。2000—2006年，自行开发或协助相关软件公司开发常州市技术创新网、科技成果奖申报系统和科技项目申报系统，初步建成全市科技管理公共服务平台。2009年，服务企业1200多家，完成科技服务收入290万元。2010年底，拥有江苏省工程技术文献中心常州分中心、江苏省大型仪器设备协作共享网常州站和常州市创新基金管理中心、科技评估咨询中心等服务平台，被认定为全省首批重点科技服务机构。

常州市对外科技交流中心 1984年8月成立。1991—2000年，主要引进技术专家帮助常州纺织、电子、机械行业企业开发新产品、解决技术难题。2001—2010年，以引进俄罗斯等独联体国家原创技术及优秀人才为重点，开展对俄科技合作、农业技术合作，举办国际论坛。2006年、2009年，先后与常州高新技术创业服务中心、清华大学国际技术转移中心联合成立常州博恩国际转移中心，与黑龙江中俄科技合作及产业化中心合作成立常州中俄科技合作与产业化中心，组织开展国际科技活动。1992—2010年，向境外选派技术研修生1475人次。

四、投资融资机构

常州市高新技术风险投资有限公司 2000年，市科技局牵头，江苏省高新技术风险投资公司、市财政局等9家单位以股权投资形式为主组建，为全市首家高新技术风险投资公司，注册资本7000万元。2007年，江苏高科技投资集团控股常州高新技术风险投资公司，构建“基金公司+管理公司”的创投新体制。至2010年底，累计投资15个项目、近9400万元，上市项目两个。所投资项目涉及新材料、生物医药、电子信息等领域，高新技术企业11家，初创期项目8个。

常州红土创新创业投资有限公司 2009年3月，深圳市创新投资集团、常州技术产权交易中心、常州商隆产业用纺织品公司、常州钟楼投资建设公司、美田利华集团发起成立，为专业创业投资基金，注册资本1.52亿元，投资方向为电子信息、光机电与先进制造业、新材料、能源环保、生物医药、机械装备、现代物流、连锁服务和新媒体等领域。至2010年底，投资新材料产业、先进制造业的两家企业800万元。

江苏九洲投资集团创业投资有限公司 资本规模1.62亿元，以新能源、新材料、环保技术、生物制药等领域的高成长企业为重点，与多家知名股权投资机构联合投资天合光能、天龙光电、天晟新材料、长海股份等10多家企业，培育出百瑞吉、宏微科技等海归创业的早期企业。至2011年底，成功实现4家上市企业首次公开募股，1家在纽交所上市，3家在深圳创业板上市。

第二章 高新技术

1986年、1988年，科技部先后启动“863”计划、“火炬”计划，推进全国高新技术产业化。1989年，中共常州市委、常州市政府作出《关于依靠科技进步，振兴常州经济的决定》，提出实施“科技兴市”战略，推进全市科技进步。翌年7月，常州率先向科技部提出整合苏锡常三市的综合能力与资源，统一规划建设苏锡常火炬带的设想，集中支持高新技术及其产业发展，起草《建立高新技术振兴苏、锡、常工业经济试点示范区的方案》，由市政府逐级上报。1991年5月27日，科技部批准建立苏锡常火炬带，省政府成立由副省长吴锡军任组长的领导小组，常州市随即成立由市长杨晓堂任组长的苏锡常火炬开发带常州试点区领导小组，常州高新技术事业开始起步。1995年1月14日，市政府批准组织实施市科委组织专家编制的《常州市2000年高新技术及其产业发展规划》，提出全市发展高新技术的指导思想和战略目标，发展电子信息、光机电一体化、新材料、医药和精细化工、节能等领域高新技术，基本形成以高新技术为主导的产业结构，明确了常州市重点发展的高新技术领域、产业化项目及其关键技术及高新技术改造传统产业的重点任务等。1997年，市政府制发《常州市关于加速发展高新技术及其产业的若干政策意见》《江苏沿江火炬高新技术产业开发带常州地区“九五”实施方案》。2000年，市委、市政府作出《加强技术创新，推进高新技术产业化的决定》，全市加快电子信息、机电一体化、新材料、精细化工、生物和医药等关键高新技术和核心技术的研发。2002年，市委、市政府作出《加强技术创新促进科技进步的决定》。2005年，常州市开始实施高新技术产业“三倍增”计划（2006年科技三项经费在2003年的基础上翻3番，2007年全市高新技术产业产值比2002年增3倍）。2007年8月，常州市建立科技创新政策落实联席会议制度。同年5月起，市政府连年举办中国常州先进制造技术成果展示洽谈会，推进高新技术特色产业基地建设。2008年4月，市委、市政府制定《常州市新一轮高新技术产业倍增计划实施纲要（2008—2010年）》和《常州市科技创新创业平台建设三年计划（2008—2010年）》，提高常州市科技创新能力和产业核心竞争力，推进创新型城市建设；全市每年安排9亿元配套资金，支持8个专题园区发展。2010年，市委、市政府提出创新型科技园区建设总体思路和“一城两区、一核八园”总体模式，以常州科教城为科技之核，重点建设常州高新区的生物医药、创意、光伏、新能源车辆和武进高新区的风力发电、半导体照明、机器人及智能装备和功能新材料8个产业园区，推进常州高新区、武进区与常州科教城三位一体、有效联动。

第一节 推广应用

1988年，常州市高新技术产品总产值仅占全市工业总产值的0.8%。1992年，市科委制定了《常州市关于促进和鼓励“火炬计划”实施的暂行规定》。到1998年8月“火炬”计划实施10周年，全市高新技术产品发展到450个，高新技术产业总产值131亿元。2003年，市科技部门编制轨道交通车辆及部件、涂料、三药、纺织新材料、稀土新材料、输变电及数字视听设备制造等8个产业发展规划，其中轨道交通车辆及部件、新型涂料、武进新材料和新北区“三药”科技4个特色产业基地经科技部批准建设，金坛农药、合成材料及助剂和溧阳精细化工新材料3个市级特色产业基地启动建设，县区加快发展特色产业。2005年，常州轨道交通等6个产业基地被认定为国家级特色产业基地，全市高新技术产业产值首次突破千亿元，达1140亿元。2009年2月，市委、市政府出台《常州市振兴五大产业行动计划(2009—2011年)》，实施加快建设创新创业平台的“梧桐树计划”和加快引进创新创业人才的“金凤凰计划”等5项计划，实现五大产业总量加快扩张，企业加快成长，产业加快集聚，能力加快提升，加快转变经济发展方式，推进产业转型升级。年末，形成先进装备制造业、新材料产业、电子信息和软件产业、新能源及环保产业、生物技术及医药产业五大高新技术产业。2010年，常州输变电设备产业基地等10个基地成为国家级特色产业基地，完成工业总产值2476.2亿元，10个科技产业园被省科技厅认定为首批省级科技产业园，全市规模以上高新技术产业完成总产值3798亿元，占全市规模以上工业总产值的51.4%，其中五大高新技术产业规模以上企业总产值3688.2亿元。5月，《常州高新区国家创新型科技园区建设方案》获科技部批准。

“轨道交通：城市文明的传承与创新”论坛(摄于2010年3月)

一、装备制造技术应用

常州的工程机械、轨道交通、输变电设备、柴油机、车床等装备制造业基础较好，特别是工程机械产业拥有常林、现代、小松等知名企业。2006—2010年，钟楼区先进装备制造业优化升级规模化，形成三维成套设备公司、日本冈本工机、德国IBG等公司为代表的企业群体。2010年，戚墅堰轨道交通科技产业园、钟楼特高压变压器科技产业园和溧阳输变电科技产业园被江苏省科技厅认定为首批省级科技产业园，常州先进装备制造业形成输变电设备、轨道交通设备、动力机械及农业装备、工程机械、数控机床及关键零部件、行业成套设备及部件等特色行业和优势，全市装备制造业规模以上企业完成工业总产值1415亿元，占全市规模以上高新技术产业总产值的37.3%。

二、新材料技术应用

1993年1月，常州高新区开始规划建设新材料技术区。2003年11月，武进新材料产业基地获科技部批准建立。2005年，钟楼区新材料产业基地建立。2005—2010年，常州市新材料产业持续加大有效投入，产业规模快速扩张，产业集聚逐步形成，年均增速达30%，经济总量达千亿元级规模。以华润包装、诚达石化、天马集团、华日升为代表的高性能工程塑料及特种高分子材料产业链，以天合光能、亿晶光电为代表的光伏材料，以宏发纵横、中简科技、长海复合材料为代表的碳纤维及特种高性能纤维材料，以卓群纳米为代表的纳米材料等产业链正逐步延伸。初步形成的武进、新北、钟楼、溧阳4个高技术含量的新材料特色产业基地，集中于功能高分子材料、高性能金属材料等领域，涉及高分子改性材料、纺织新材料、精细化工新材料、新型复合材料、新型金属材料、纳米材料、新能源材料、冷链材料等领域。2010年5月，常州功能新材料产业园启动建设。同年，全市新材料产业有规模以上企业819家，其中营业收入达100亿元的企业2家、50亿～99.99亿元的企业3家、10亿～49.99亿元企业11家。规模以上新材料企业完成工业总产值1394.8亿元，占全市规模以上工业的18.9%，占全市规模以上高新技术产业总产值的36.7%；实现利税94.4亿元，其中利润56.8亿元。新材料高新技术企业完成总产值702亿元，占比50.4%，高于全市平均18.6个百分点。常州新材料产业特色明显，在全国已占一席之地。全市涂料总产量占全国的1/10，其中新型涂料占全国的1/5，工业涂料位居全国前列，以中海油（中化建）涂料研究院、兰陵化工、晨光涂料等为代表的常州涂料研制企业，在国内涂料产业占有重要地位。常州是全国不饱和树脂的主要生产基地，年产量达40万吨，占全国的1/4以上，亚邦集团稳居全国首位，亚什兰、华科树脂均位居全国同行业前5位；华日升成为国内最大的反光材料生产企业，华润包装公司生产的聚酯切片占有国内市场较大份额；天晟新材料自主研发的结构性泡沫芯材，已跨入风力发电、轨道交通和航空领域，填补了国内空白。

三、电子信息和软件技术应用

电子信息工业一直是常州工业的优势产业。1993年1月，常州高新区开始规划建设光机电一体化技术区、电子信息技术区。2000年起，全市重点培育数字化视听设备高新技术产品群，先后建成常州信息产业园、武进半导体照明科技产业园、常州创意科技产业园。2010年，常州高新区创意科技产业园、武进半导体照明科技产业园被江苏省科技厅认定为首批省级科技产业园，全市电子信息和软件产业形成数字视听及网络设备、新型电子元器件、软件及动漫三大产品群，规模以上企业同年完成工业总产值454亿元，占全市规模以上高新技术产业总产值的12%。

四、新能源和环保技术应用

1993年1月，常州高新区总体规划提出设立新能源和高效节能技术区，重点推进太阳能、风能、生物质能研发及环保节能技术的研发应用。2002年，常州环保产业组织开展了日均500吨城市生活垃圾处理技术与设备等科技攻关项目15项，开发TSM（全面维护系统）一体化生活污水处理装置等重点新产品20个，高效菌种厌氧生物颗粒反应器等20个重点新产品批量生产，全市环保产业同年总产值达3.6亿元。2010年，常州高新区的光伏科技产业园、武进风电装备科技产业园、天宁新能源科技产业园、金坛光伏科技产业园被省科技厅认定为首批省级科技产业园。全市新能源及环保产业规模以上企业完成工业总产值297亿元，占全市规模以上高新技术产业总产值的7.8%。

五、生物技术和医药产业

医药产业和与生物技术相关工业是常州优势产业。1993年1月，常州高新区总体规划提出设立医药和生物工程技术区，重点发展生物及化学创新药物、新型医疗器械产品群。1996年4月，常州第四制药厂被国家医药管理局表彰为全国医药科技工作先进集体，8月成立全市医药行业首家企业技术中心。2002年，全市医药、兽药、农药（简称“三药”）产业实现销售收入52亿元，其中新产品销售收入13亿元。2010年，全市生物技术及医药产业规模以上企业完成工业总产值360亿元，占全市规模以上高新技术产业总产值的9.5%。

常州生物医药孵化器奠基暨入孵企业签约（摄于2010年1月）

六、农业科技推广应用

1989年9月，市委、市政府在“科技兴市”的决定中提出，要推广效益高、见效快的农业科技适用成果和省工、节本、高效的实用技术，健全县乡村三级农业科技综合服务体系。1990年以后，所有乡镇陆续配备科技副乡（镇）长和科技助理，科技部门每年安排落实专项科技经费，组织实施农业科技计划，促进高新技术产业化。1995年8月，市委、市政府提出实施“科教兴农”战略，发展高产高效优质农业，培育和引进粮油、蔬菜等新品种，推广应用省工节本、高效低耗的种植（养殖）业集约化生产管理和中低产田改造、节水灌溉与科学施肥、水产养殖、绿色食品生产、区域性农业综合发展等高新农业技术。2001—2005年，科技含量高的农业项目成为常州农业经济新的增长点，2002年农业科技进步贡献份额达56%。2006—2009年，常州组织实施市级农业科技项目332项，下达农业科技经费6745万元，争取省级及其以上科技项目61项，获经费支持2645万元，实施了农业装备可靠性技术研究、国家粮食丰产科技工程、优质草鸡新品种雪山鸡的产业化开发等重大科技项目。至2010年底，全市创成江苏省现代农业科技园3个、江苏省农业科技型企业20家和市级农业科技示范园区20个、市级农业高新技术企业100家；拥有市级及其以上农业科技工程技术研究中心13家，其中省级6家；有无公害农产品生产基地343个。

第二节　高新技术企业

江苏省高新技术企业认定始于1993年。1996—2000年，全市累计获评省级高新技术企业93家，2000年末累计137家。2008年，国家和省开始按新标准认定高新技术企业。

一、工业高新技术企业

2005年，新增国家重点高新技术企业12家，累计34家；新科集团等12家企业被评为2005年江苏省百强高新技术企业；新认定市级民营科技企业308家，年末累计602家；年末累计获评省级高新技术企业372家。

1993—2010年常州市省级高新技术企业数量统计表

表33-2-1　　单位：家

年份	新增	年末累计	年份	新增	年末累计	年份	新增	年末累计
1993	19	19	1999	25	118	2005	52	372
1994	14	33	2000	19	137	2006	59	431
1995	11	44	2001	32	169	2007	209	640
1996	15	59	2002	44	213	2008	198	198
1997	16	75	2003	60	273	2009	157	355
1998	18	93	2004	47	320	2010	121	476

2006年，全市启动实施创新型企业培育工程、创新平台建设工程、创新项目带动工程、创新创业人才集聚工程和创新环境优化工程5项科技创新工程，高新技术企业培育与创新型企业培育工程相结合，在先进装备制造、电子信息、新材料、新能源及环保节能、生物技术及制药五大产业等高新技术领域中选择重点培育对象。2007年1月26日，江苏国家级高新区中的首家高科技企业协会——常州高新区高科技企业协会成立，首批吸收会员企业86家。至同年底，全市通过省科技厅认定的高新技术企业达640家。2008年4月，科技部、财政部和国家税务总局联合印发《高新技术企业认定管理办法》，从国家层面统一认定、管理高新技术企业，此前

认定的省级高新技术企业作废。同年,全市按新标准被认定为高新技术企业的有198家。至2010年底,全市有新标准高新技术企业476家,其中常林股份公司等29家企业被认定为国家“火炬”计划重点高新技术企业。

2010年常州市国家火炬计划重点高新技术企业一览表

表33-2-2　　单位:家

企业名称	地区	个数	企业名称	地区	个数
今创集团公司、江苏亚邦染料股份公司、旷达汽车织物集团股份公司、武进不锈钢管厂集团公司、兴勤(常州)电子公司、常州轨道车辆牵引传动工程技术研究中心、润源经编机械公司	武进	7	常林股份公司、江苏宏微科技公司、凯特汽车部件公司、常隆化工公司、贝德莱特太阳能热水器公司、常州天马集团公司、联力自动化科技公司、光洋轴承公司、佳讯光电产业发展公司、天合光能公司、千红生化制药股份公司	新北	11
常州亿晶光电科技公司、江苏华盛天龙机械股份公司	金坛	2			
江苏天容集团股份公司、正昌粮机股份公司、上上电缆集团公司、江苏华鹏变压器公司	溧阳	4	常州四药制药公司、常州制药厂公司、天晟新材料股份公司	天宁	3
宝钢集团常州轧辊制造公司	钟楼	1	南车戚墅堰机车公司	戚墅堰	1

二、农业高新技术企业

2005年,常州市科技局开始培育认定常州市农业高新技术企业,20家企业被认定为首批市级农业高新技术企业。2008年,省科技厅开始培育认定省级农业科技型企业,常州有7家企业被认定为首批江苏省农业科技型企业,同年底市级农业高新技术企业发展到81家。2009年,全市累计创成100家市级农业高新技术企业,培训农民4.84万人次,完成销售总额39亿多元,实现利税2.1亿元,带动近7万户农户致富,增收总额8.2亿元。2010年,常州家绿林果公司、江苏春晖乳业公司与南京农业大学合作建立专家工作站两家;8家企业被认定为江苏省农业科技型企业,年末全市有江苏省农业科技型企业20家、常州市农业高新技术企业100家。

2010年常州市农业高新技术企业数量统计表

表33-2-3　　单位:家

地区	个数	地区	个数	地区	个数	地区	个数
金坛	30	武进	25	天宁	1	戚墅堰	1
溧阳	30	新北	6	钟楼	5	农林局	1

第三节　高新技术成果

常州科技部门对全市有优势和特色的高新技术领域符合市重点发展目标的高新技术、对全市相关产业具有较大带动作用的重点项目和产品优先列项立项,围绕特色产业的高端技术和关键技术产品等实施专项计划,对科技攻关、成果推广及产业化计划等项目优先立项支持,大批项目的实施促进常州产品升级换代,加快高新技术产品产业化进程,推进企业、产业创新发展。1991—1992年,全市高新技术产品立项39项。1993—2000年,全市认定高新技术产品494个。2000年,全市有2个省级、5个市级农业科技示范园总计投资7800万元,实施农业科技项目120多项,引进农业新品种83个,产生效益2100万元,培训农民850人次;全市直接

1993—2010 年常州市高新技术产业产品和总产值统计表

表 33-2-4

年度	高新技术产品				高新技术企业	
	当年立项(项)	当年认定(个)	年末累计认定(个)	总产值(亿元)	总产值(亿元)	占全市工业总产值比重(%)
1993	40	67	67	—	41.26	5.8
1994	46	40	107	—	56.30	6.1
1995	67	29	136	10.75	80.66	7.2
1996	28	60	196	32.16	103.40	10.8
1997	25	48	244	63.59	131.00	13.4
1998	62	63	307	92.07	164.00	15.9
1999	44	84	391	102.46	201.19	18.0
2000	16	103	494	128.86	251.21	20.4
2001	14	179	673	171.14	334.37	22.3
2002	23	144	817	245.59	411.80	24.6
2003	18	146	963	323.36	572.94	26.8
2004	26	129	1092	387.09	824.64	29.9
2005	32	147	1239	440.51	913.20	36.5
2006	34	190	1429	654.31	1327.40	40.3
2007	24	456	1885	1057.35	1831.50	43.1
2008	22	292	2177	505.00	2330.18	44.8
2009	7	383	2560	—	2886.90	48.3
2010	18	528	3088	—	3798.00	51.4

说明：2005—2010 年统计的高新技术企业总产值、比重分别为规模以上高新企业总产值及其占规模以上工业企业总产值的比重

引试国外新品种 84 个。2001—2005 年，全市企业加快高新技术领域的自主创新和成果转化，高新技术产品和项目成为常州工业经济新的增长点，形成手性药物、聚碳酸酯新材料、新型涂料、纳米材料，农用激素、数字化视听设备、稀土新材料和数控设备及精密制造等优势技术 10 余项，优势产品群 30 个和光机电一体化、信息技术（软件、网络技术等）、生物和精细化工、“三药”（医药、兽药、农药）、高分子材料和稀土新材料 5 个优势产业。其中 2003 年，全市 36 个农业科技示范园区实施农业科技项目 27 项，示范面积 1400 公顷。2005 年，市农业、科技等部门以常州名优农产品销售中心为载体，开展农业科技精品品牌化建设，在常州和上海分别建成 1 个常州名优农产品的现代化物流仓库，展示、推广重点科技农产品，年末全市创成省高新技术产品 1218 个。

2006—2010 年，科技部门组织实施高新技术产业“515”计划，初步形成输变电设备、轨道交通装备、现代动力及农业装备、工程机械、数控机床及关键零部件、行业成套设备及部件、功能高分子材料、高性能金属材料、数字视听及网络设备、新型电子元器件、软件及动漫、新能源、环保节能、生物及化学创新药物、新型医疗器械及设备 15 个高新技术产品群。2008 年，全市开发新产品 170 个，引进农业新品种 200 个，完成销售额 32 亿元，带动 9 万多名农民致富，人均收入达 1 万元。2010 年末，全市累计有高新技术产品 1408 个，创成无公害农产品生产基地 344 个，省级以上认证的无公害产品 464 个、省级名优农产品 39 个、绿色标志农产品 279 个、有机食品 131 个。

第三章 科技交流合作服务

80年代，常州市开始举办科技协作交流会。90年代，武进等辖市区开始举办科技经济对接会等活动，探索“产学研”合作。21世纪，常州市科技部门和科技型企业探索“产学研”合作新的体制机制，搭建更多交流合作平台，提高合作层次。1986—2010年，市科技局按照科技发展各个阶段的重点，制订科技服务策略；科研院所、大专院校、大中型工厂组织科技人员开展技术转让、咨询、培训和服务；科研机构对中小企业开展服务，科技人员集中的企业纷纷成立社团机构，推动了技术市场发展。

第一节 技术贸易

常州的技术市场出现较早，如七八十年代的“星期六工程师”。80年代中期，常州市科技体制改革坚持“放开搞活、扶植引导”方针，实行“统一管理，多家经营”，技术逐渐成为商品，技术市场逐步形成。1988—1991年，全市技术合同成交总额1538万元。1995—1999年，常州市技术市场合同贸易额以年均约50%的速度递增。1996年全市技术贸易额首次突破1亿元。1991—2005年，技术贸易机构成倍增长，技术合同成交额增长30多倍。2006—2010年，全市登记技术合同5992份，成交总额10.4亿元。

一、机构队伍

1985年10月，市委、市政府规定由市科委归口加强对技术市场协调管理。1988年12月22日，市政府批准市科委成立市技术市场管理办公室，技术市场管理逐步走上正轨。培育和发展技术市场，按照《技术合同法》修订完善《常州市技术市场管理暂行规定》，促进技术向生产转移。市科研单位、大专院校、大中型企业组织科技人员开展技术攻关、技术承包、科技成果转让，科技开发服务机构、技术中介机构开始兴起。1989年，全市普遍开展技术合作、技术转让、技术交易和技术开发（简称“四技”服务），技术贸易市场渐趋活跃。至1990年，全市累计签订技术合同2.7万项，成交金额1.02亿元；有170家企业开展技术贸易。企业通过技术

1999—2010年常州市技术市场合同交易指标统计表

表33-3-1　　单位：亿元

年份	登记合同数(份)	合同成交总额	其中：技术交易额	年份	登记合同数(份)	合同成交总额	其中：技术交易额
1999	3698	3.05	—	2005	—	—	—
2000	805	—	—	2006	271	0.82	0.70
2001	608	4.50	—	2007	1038	0.80	0.75
2002	1724	5.10	3.76	2008	1268	2.61	2.59
2003	1109	5.58	5.34	2009	910	1.74	1.72
2004	1053	6.50	5.37	2010	2505	4.43	3.94

说明：1.2001年技术贸易合同为重大技术贸易合同数。2.2005年前因数据为技术市场办公室汇总合同登记点的统计数据，2006年9月10日启用全国技术合同网上登记系统后，该数据为合同登记点直接登陆全国技术合同网上登记系统填报的汇总数据

市场加强与大专院校、科研单位的联合，乡镇企业85%以上科技成果通过合作、协作完成。1992年，认定登记合同565份，成交总额3706.54万元。1993年5月，常州市技术市场成立，汇集市内外科技成果，向常州企业传播和辐射技术。1994年，全市以民营技术贸易机构为主体的技术市场良性发展，新增35家，年末累计600多家，从业人员1.2万人，全市完成技术交易额906.04万元。2000—2009年，年均登记合同数约1000份，其中2004年最多为6.5亿元。2010年，全市技术贸易机构登记合同2505份，合同成交额4.43亿元。

二、成果推广

计算机辅助设计(CAD)技术推广 1990年起，常州各级重视CAD技术的推广应用。1995年起，将其列为高新技术改造传统产业的重点。1997年《常州市CAD技术推广应用"九五"计划》出台，成立常州市信息化工作领导小组，全市CAD工作站发展到近30个，投入CAD应用的计算机600台，工程设计单位CAD普及率达90%，常州被省科技厅评为江苏省CAD应用研究推广示范城市。1998年，市CAD应用推广领导小组成立，重点推广应用CAD等共性技术，先在10多家企业开展试点示范，申报国家"863计划"CIMS(计算机集成制造系统)示范工程企业1家，全市投入CAD应用的计算机达1100台，支柱产业重点企业CAD应用普及率达90%。1999年，常州市CAD推广应用技术工作站在市生产力促进中心成立，在10多家企业开展CAD试点示范工作。2000年末，常州工程建筑、机械制造和电子行业CAD普及率分别达100%、85%和60%，出现了一批向CAD、CAE(计算机辅助工程)与CAM(计算机辅助制造)一体化发展的企业。

制造业信息化示范工程 2000年，江苏启动制造业信息化示范工程，翌年常州被批准为全省试点城市，市制造业信息化示范工程试点领导小组成立，制订《十五制造业信息化工作计划》《常州市高新技术企业上网总体规划》，推进企业上网和省制造业信息化示范工程。2001—2002年，南车戚研所自行开发设计Windows版通信软件，采用Access数据库管理系统，建立CAD-CAM.mdb的数据库，将精密车间17台数控机床联结在一起集中控制，设计人员通过专线将程序传输到数据库，由计算机编译出特有加工代码后，机床可直接调用加工零部件，无图纸化加工技术，被推广应用到其他企业数控加工机床使用。2003年，常州被确定为全国制造业信息化工程重点城市，40家单位进行制造业信息化试点，7项主题技术广泛推广应用，新上制造业信息化项目省级19项、市级13项；制造业企业中骨干企业应用两项主题技术比例达90%，常林股份公司成为国家制造业信息化工程重点建设试点企业；组建常州市制造业信息化咨询服务队、企业管理信息理事会，到基层、乡镇宣传推广，为中小企业信息化出谋划策。开展网络计算机试点，为自主知识产权的网络计算机在全国应用推广提供经验，受到北京大学、科技部好评，常州在全国制造信息化重点城市工作会议上作了发言。2005年末，全市有信息化试点企业80家，信息化内涵从CAD、CAE、CAM延伸到CAPP(计算机辅助工艺过程设计)、PDM(产品数据管理)、CRM(客户关系管理)、EDL(编辑决策列表)、MRP(物料需求计划)、ERP(企业资源计划)、CIMS(计算机/现代集成制造系统)7项主题技术，涌现出一批实施效果好、辐射带动强的优秀企业，高新技术企业均上网，常州先后被认定为国家制造业信息化工程重点城市、国产网络计算机试点城市、城市信息化试点城市和江苏省制造业信息化示范工程试点城市。

三、贸易活动

1986年起，市属科技服务机构配合市科技局组织相关企业参加中国技术交易会、全国星火计划国际机械装备交易会、全国星火计划成果交易会、国际专利技术及新技术、设备展览会等，签订技术合作协议和贸易合同，新技术新产品多次获金、银、铜奖。2000年起，全市科技部门组织企业经常开展技术交流和"产学研"活动。2000—2005年，常州市以国际中小企业商品博览会为平台，引进转化科技成果，每年举办重大"产学研"活动3～5次，组织全国著名高校、科研院所到常州展示成果、交易洽谈，组织企业到外地高校、科研院所开展面对面的专题招标洽谈，累计引进可供转让科技成果2.3万项，实现技术贸易额29亿元，成功转化国产网络计算机产业化等科技项目。2001年，举办技术贸易展会11次，展出技术项目1.3万项，成交技术合同478项，成交金额2.35亿元。2004年起，以9•28科技成果展览交易会为平台，开展大型科技论坛、展示企业科技进步成果，分别与清华大学、北京大学成立清华大学—常州"产学研"合作办公室、北京大学—常州众志科技公司，加强"产学研"合作。清华大学20多项技术在常州市得到转化，被誉为"清华大学—常州模式"。2006—2010年，每年5月18日前后举办1届常州市先进制造技术成果展示洽谈会。

2001—2005年常州市技术贸易展会情况表

表33-3-2

年份	展会次数(次)	展出技术项目(项)	成交技术合同(项)	成交金额(万元)	年份	展会次数(次)	展出技术项目(项)	成交技术合同(项)	成交金额(万元)
2001	11	13011	478	23529	2004	15	1830	243	25800
2002	16	3526	440	12128	2005	10	3675	235	27856
2003	18	3595	315	20840					

常州国际中小企业商品博览会 简称商博会，1996年起举办，在众多展览会中最具影响力。1999年商博会设韩国展区和农博会科技成果展区，涉及机械、电子、化工等行业，达成合作协议总金额8656万元；农博会展区有中国农科院、南农大、江苏省农科院等13个单位参展，签订合同40个。

常州招商引智博览会 简称智博会，1996年起举办，每年1次，至1999年先后引进韩国大宇、联合国技术信息系统、德国国家应用技术研究院、日本NS-30研究所等科技招商团前来技术洽谈。2000年，智博会由省科技厅和市政府合办，科技馆设科技成果转让、技术贸易洽谈展区，引进复旦大学、浙江大学、南京大学等21所大学、中国科学院等14家院所的113名专家4300多项科技成果。2001年，智博会专设科技成果展区，37所全国著名高校科研院带来科技成果5000项，300余家进区洽谈企业。2002年，智博会科技馆主题是软件信息产业技术展示区，60余家知名软件公司带来最新软件成果248项。2003年，智博会科技馆主要是科技创新服务展示洽谈会暨江苏省科技中介服务展示交流活动，推介科技企业孵化、国际标准认定、风险投资等科技中介服务。

第二节 国内科技交流合作

1990—2010年，常州根据产业发展特色和方向，按照企业技术需求，通过走出去、引进来的方式，组织党政代表团、企业家代表团，与大院、大所、大学对口开展"产学研"合作和科技对接活动，探索"产学研"联合机制，形成"政产学研"合作"常州新模式"，在2009年中国社科院发布的《中国城市竞争力报告》中常州居中国政府创新能力首位、最具创新绩效城市第三位。

一、"产学研"合作

1990年起，市科技局每年组织企业到全国重点城市、重点知名高校和科研院所开展5～8场较大规模"产学研"活动，每年在市内举办3～5场大型"产学研"活动。1994年10月，常州市政府与南京理工大学签订"产学研"全面合作协议书，签约实施项目4项。2000年起，常州坚持探索"产学研"活动组织形式、工作机制，"两院两校"（即中国科学院、中国工程院、北京大学、清华大学）合作成为"产学研"工作重点。2000—2005年，组织大型"产学研"活动52次，签订合同协议1361项，引进可供转让科技成果2.3万项，常州企业加速科研成果产业化进程，承担的省级及其以上科技项目80%拥有“产学研”合作背景，清华大学、北京大学、上海交通大学、中国科学院所属院所等100多个高校、院所科研单位与常州的800多家企业建立合作联系，通过合作开发、技术转让等方式，实施科研项目500余项。

2010年中国常州科技经贸洽谈会开幕式（摄于2010年9月）

2006—2010年，常州6万多家民营企业加强“产学研”合作。2006年5月，中国科学院科技成果（常州）展示洽谈会在常州科教城举办。同年，国家和省、市政府分别制定鼓励科技创新的政策意见，明确对“产学研”合作给予政策支持的方向和重点，市科技局、财政局出台了合作项目经费补助办法。2008年3月，常州党政企业代表团100余人到大连、哈尔滨、长春、合肥4地，与大连理工大学、中国科学院大连化物所等4校、3所、1院达成“产学研”合作意向198项；10月，常州党政企业代表团120多人到东北、华北、西北、西南等7地14校、2所，达成合作意向60余项。中国科学院电工研究所、北京化工大学、东南大学、西北工业大学等科教单位在常州开展了“产学研”交流对接活动。2009年4月13—17日，常州党政企业代表团100余人带着技术需求230余项，在武汉、重庆、成都、西安等地，与武汉大学、华中科技大学、重庆大学、西南交通大学、电子科技大学、西北工业大学等高校、航天动力技术研究院等科研院所达成52项合作意向；6月，常州党政企业代表团近百人到上海交通大学、中国科学院上海技术物理研究所、浙江大学开展科技交流对接活动。

2008—2010年，全市开展党政代表团、企业代表团院校行等“产学研”重大活动54场次、专题对接活动175场次。2010年5月14日，市委、市政府制订《关于加强“产学研”合作的若干意见》。同年，常州市及辖市区党政企业代表团开展“产学研”对接活动92场，参与企业3178家，达成合作意向440项，常州合作项目合计365项。至2010年底，常州市政府与中国科学院、北京大学、清华大学、浙江大学、南京大学、西安交通大学等院校签订了全面合作协议，陆续成立中国科学院常州先进制造技术研发与产业化中心、清华大学—常州“产学研”合作办公室、南京大学高新技术研究院等研发机构。常州企业与国内206家科研院所建立合作关系，引进科技成果5000多项，年技术贸易合同总额达3亿元，成功转化北京大学众志与北京大学合作研发、基于国产CPU（中央处理器）的网络计算机和常州四药厂与北京药物研究所合作开发的国家首创二类新

2010年中国常州先进制造技术成果展示洽谈会（摄于2010年5月）

药奥克、中国科学院山西煤炭化学研究所的T700聚丙烯腈碳纤维、常州中科来方公司引进中国科学院成都有机研究所实施的锂离子电池用高性能环保隔膜等项目。

1993—2000年常州市主要“产学研”活动情况一览表

表33-3-3

年份	“产学研”活动名称	组织形式
1993	中国高新技术新产品博览会等4个全国性大型博(展)览会	组团参加
1994	常州化工专业技术成果交易会	举　办
1996	常州(新区)—上海“产学研”联合洽谈会	举　办
	常州辖市区“产学研”及科技成果交易活动	举　办
1997	常州“产学研”联合信息发布和项目洽谈会	举　办
1998	中国科学院—江苏省高新技术及其产业化合作交易洽谈会	组团参加
1999	中国苏州科技成果交易会	组团参加
	常州(北京)科技经济合作恳谈会	举　办
2000	常州—浙江大学科技经济对接洽谈会	举　办
	6次重点“产学研”活动	组织、参与

说明:1997年的洽谈会签约项目121个;1999年的交易会、恳谈会分别签约项目19个、26个;2000年6次重点产学研活动共签约项目380个

二、其他交流合作

1986年,常州市体改委、计委、科委、经委联合出台横向经济联合中科研生产联合的暂行规定,引导科研单位大专院校以科技成果、技术服务、信息服务为基础,与生产单位联合研发新工艺、新产品。1988年,苏锡常深交会和苏锡常新产品新技术出口交易会在深圳市举办,常州市组织88家企业、70多个(项)产品和技术参展。1995年6月中旬,国家科委和江苏省政府在南京联合举办95中国高新技术新产品博览会,常州市科委组团238个展项,28项产品获博览会金奖、25项产品获银奖。2006年,首届中国科学院科技成果(常州)展示洽谈会召开。2007年更名“中国常州先进制造技术成果展示洽谈会”(简称“展洽会”),每年举办1次。2008年起,展洽会规格提升为由科技部、中国科学院和江苏省政府主办,省科技厅、中国科学院南京分院和市政府承办,北大、清华、复旦、南大、浙大、川大等国内11所著名高校协办,每年5月18日开始举办。

中国常州先进制造技术成果展示洽谈会举办情况一览表

表33-3-4

名称	时间	地点	主办、承办和协办单位	概　况
2006中国科学院科技成果(常州)展示洽谈会	5月10—11日	常州科教城科	常州市政府、中国科学院高技术研究与发展局、院地合作局和南京分院联合主办	常州500余家企业参会,16个项目现场签约,中国科学院常州先进制造技术研发与产业化中心签约,中国科学院常州中心智能机械分中心等10个分中心启动建设
2007中国常州先进制造技术成果展示洽谈会	6月15—16日	常州科教城	中国科学院、省科技厅和常州市政府主办,北大、清华、复旦等11所高校协办	中国科学院及所属研究所35家、清华大学等32家高校参会,常州1400余家企业参加,展示最新科技成果639项,57个项目现场签约,协议金额9470万元,常州科教城奠基

续表 33-3-4

名称	时间	地点	主办、承办和协办单位	概　况
2008 中国常州先进制造技术成果展示洽谈会	5 月 18 日	常州科教城	科技部、中国科学院和省政府主办，省科技厅、中国科学院南京分院和常州市政府承办，北大、清华、复旦等 11 所高校协办	国内外 70 多所高校、院所、科研机构、中央企业及科技园区的代表 870 人参会，举办主题活动 11 场，展出先进技术成果 2573 项，常州及周边地区 1500 多家企业到会，现场签订项目 90 个，技术合同金额达 1.35 亿元
2009 年中国常州先进制造技术成果展示洽谈会	5 月 18 日	常州科教城	科技部、中国科学院和省政府主办，省科技厅、中国科学院南京分院和常州市政府承办，北大、清华、复旦等 11 所高校协办	150 多家外地高校、中国科学院所属研究所、国外科研机构等单位的专家教授 700 余人和常州近 1500 位企业家参加，发布了《“产学研”合作常州宣言》，举办了重大活动 15 场，展出参展高校科研院所最新科技成果 3000 余项，现场签订科技合作项目 100 个
2010 中国常州先进制造技术成果展示洽谈会	5 月 18 日	常州科教城	科技部、中国科学院和省政府主办，省科技厅、中国科学院南京分院和常州市政府承办，北大、清华、复旦等 11 所高校协办	40 多所高校的 280 多位专家教授，中国科学院 40 多家研究院所的 160 多位专家学者与常州市 1500 多家企业代表参加，展示科技成果 6000 多项，常州企业推出重点技术需求 385 项，105 个合作项目现场签约，技术合作总额 2.99 亿元

第三节　对外科技交流合作

随着改革开放的深化和科技进步的加快，常州的对外科技交流合作逐渐扩大和深化。1984 年，市科技局成立市对外科技交流中心，负责组织和推动常州与国外以民间为主的科技交流与合作。1985 年，常州被中共中央、国务院批准为对外经济开放区，常州国际科技交流合作领域和范围逐渐扩大。2000 年起，面向欧美、日韩、俄罗斯等国家和地区拓展科技合作渠道，建成中俄科技合作创业园、国际知识产权交易中心等基地和机构。至同年底，外商、港澳台商在常州设立省级及其以上研发机构 34 家，常州科教城、津通国际工业园、常州亿晶光电科技公司被认定为国家级国际科技合作示范基地。

一、交流合作平台

1988 年，市政府批准成立市引进国外智力办公室，归口市人事局，承办国家科委和外国专家局交办的外交任务。1997 年，市科技局设立国际科技合作处（市引进国外智力办公室），归口管理科技外事和国际科技合作与交流等工作。2006 年，清华大学常州国际技术转移服务平台、中日中小企业经济合作平台、中英共建的常州科教城国际现代设计中心、常州中俄合作科技创业园等国际科技合作平台相继建立，成为常州引进国外技术和人才的通道。2007 年，常州“三药”工程开发院与法国法—中科技教育交流基金会达成合作建立中法医药科技交流中心协议，常州津通国际工业园被科技部认定为国际科技合作基地，常州轨道交通车辆及部件产业基地被商务部、科技部联合认定为国家科技兴贸创新基地，成为常州第一个国际级出口基地；常州市政府与以色列有关单位达成共建中以孵化器计划协议。2008 年，常州科教城、常州亿晶光电科技公司被科技部认定为国际科技合作基地。2009 年，常州科教城被评为江苏省国际服务外包示范区，常州中俄科技合作与产业化中心成立。

二、交流合作活动

80年代，常州企业利用政府、民间多种渠道，与海外科技团体、社团、财团组织、学术交流组织和经贸团体建立广泛联系。80年代末90年代初，以引进国外技术智力为重点，实施“引进来、走出去”开放战略。1988—1995年，常州引进国外的技术专家253人次、文教专家34人次。组织企业参加大型中外高新技术展览会14次，派遣高层学术、科技人员和高级管理人员79人次到美、日、欧洲学习培训。1996—2000年，以引进技术、引进人才（简称“双引”）为重点，加强与欧美科技强国的高科技合作，推动常州高新技术产业化、国际化。争取国（境）外相关资助（如蒋氏基金等），选送中高级技术、经营和管理人才79人次到美国、德国、英国、新加坡等国参加培训或业务进修。

江苏首届国际“产学研”合作论坛暨跨国技术转移大会在常州召开（摄于2008年11月）

2000—2009年，常州与亚欧非地区的10多个国家建立科技合作关系，开展科技经济和引智专题活动。接待到访考察的科技专家、客商98批、588人次；派出16批、100名科技骨干到国外研修，参加技能培训，组织赴俄罗斯科技合作团、欧洲海外高层次人才招聘团、美国太阳能技术交流团、新加坡科技园合作团组等科技出访团组9批97人次。2006—2010年，围绕先进装备、新能源等高新技术领域，结合项目、人才、信息、基地建设，与俄罗斯、欧盟、美国等国家和地区开展“产学研”等科技合作与交流活动，对接跨国集团等先进企业；签订了《中国常州科教城与俄罗斯新西伯利亚科教城全面合作备忘录》、中俄友谊科技园常州园区合作协议；举办首届中国江苏国际“产学研”合作论坛暨跨国技术转移大会；接待海外访问常州的科技团组3批30人次，组织科技交流出访团组6批48人次。2007（常州）中欧国际“产学研”合作论坛暨跨国技术转移大会是“中欧科技年”系列重大活动之一，由科技部主办，省科技厅、常州市政府及法国国家科研与技术交易委员会承办，法、德、比等欧盟国家科教、产业方面的知名专家出席论坛，与中国科学院下属研究所、国内高校、科研机构、专家和企业界的300多位代表进行了政策研讨、技术交流和合作洽谈等活动。

三、学术交流活动

2005年中国常州科技经贸洽谈会期间，组织与俄罗斯等独联体国家的技术转移合作洽谈会，俄罗斯、乌克兰、白俄罗斯的国家级科研院所和大学的8名专家，与常州大专院校、企业和科技管理部门的科研教学人员、管理人员120多人与会。2005年6月，江苏工业学院和市科技局、环保局在常州联合举办膜技术在水处理中的应用国际研讨会，德国、意大利、孟加拉国和中国的代表出席，意大利膜技术研究所教授朱里、德国卡尔斯鲁厄应用科技大学教授霍金斯分别作了学术报告《环境保护领域膜工艺的特点和分类》《用于废水处理的膜生物反应器》。2007（常州）中欧国际“产学研”合作论坛期间，中欧专家交流洽谈科研、医药技术等领域合作项目，法国巴黎大区议会科研、创新与高等教育委员会与常州科教城开展科研与技术交流，促使中法两国政府签署了高等职业教育合作协议。2008年，市政府与省科技厅在常州联合举办装备制造论坛、常州高新区生物医药技术交流洽谈会、常州中澳“产学研”合作交流会、中日环保技术常州交流会、国际涂料技术创新与原材料应用高层论坛等国际技术交流活动。2009 年，中国常州轨道交通技术创新与产业发展国际论坛、国际先进成型技术转移大会暨第六届先进成型技术与材料加工国际研讨会、中国江苏风电技术与产业发展国际论坛在常州举办。2010 年，江苏省轨道交通协会在常州举办了轨道交通技术创新与国际合作活动，与江苏省输变电协会承办常州智能电网产业技术发展国际论坛与专题“产学研”活动、功能性纺织新材料与低碳经济国际研讨会，承办科技部会议中丹(麦)科技合作联委会第十七次会议，协助江苏省风电联盟承办中国常州海上风力发电技术国际论坛。

四、交流合作项目

1987 年起，市对外科技交流中心为常州市第五无线电厂(后变更为新科集团)连续 7 年引进日本索尼公司等企业的退休专家及相关工程技术人员。1988 年，常州化工厂聘请的专家成功改革氯碱生产工艺，年产烧碱提高至 4 万吨，节电 490 万千瓦时。聘请外国专家传授西服裁剪技术、冰箱压缩机技术、制茶技术、丝绸印染技术等。全市有 16 家工厂、32 个专利产品参加国家专利局举办的首届国际专利及新技术设备展览会，获得金奖 1 项、铜奖 2 项、优秀奖 7 项。全市促进中外合作项目 17 项，引进优良种质资源和先进农业生产技术，至同年末累计引进农业新品种 200 多个。

2001—2005 年，市对外科技交流中心围绕服务市重点项目，实施省级国际科技合作项目 14 项；引导企业开展对俄科技合作，承担国家级国际科技合作项目 7 项，实施政府间合作项目 20 项。2005 年，常州轨道车辆牵引传动工程技术研究中心与庞巴迪集团、金坛华太化工与汽巴集团、常州福来特摩托车公司与乌克兰黎明公司等签订了国际科技合作协议；常州企业从国外引进环境保护、胚胎移植、焊接机器手智能化控制、微生物除臭菌种培养等先进科技成果和技术；常州“三药”骨干企业参加法国世界原料药展，引进 5 个项目、1018 万美元。

2006 年，市对外科技交流中心引进常州国际焊接技术研究中心、中俄联合精细石油化工实验室、常州中俄科技合作与产业化中心等对俄科技合作项目 6 个；美欧电子等 5 家企业与俄罗斯相关学院签订了科技合作协议 5 项。2007 年，引进日本蓝藻消杀船专利技术用于太湖水环境治理，实现产业化；全市实施江苏工业学院与俄罗斯合作项目基于水合物法的天然气利用关键技术设备开发、2 兆瓦新型直驱风力发电组等国际科技合作项目 29 项，其中省、部级项目和中俄政府间项目 7 项。2008 年 3 月，常州方圆制药有限公司与 IMDI 益姆基公司签署合作协议，联合研发免疫酶检测诊断系统试剂及生物芯片；9 月，中国常州科技经济洽谈会期间签订国际合作项目 5 个。同年全市引进国际技术项目 38 个。2009 年，全市承担国际合作项目 7 项；6 月，与俄罗斯、乌克兰洽谈合作研制生物疫苗及激光器项目。2000—2010 年，全市累计引进国外科技成果 314 项，至 2009 年引进外国专家 173 人次。

中俄生物高科技合作项目签约(摄于 2008 年 3 月)

2001—2010年常州市国际科技合作主要项目一览表

表33-3-5

项 目 名 称	承担单位和企业
100立方米液态天然气贮罐	常州西玛低温设备公司
轨道车辆微机控制及变流系统	武进铁路车辆电源电器开发中心
日本优质葡萄（提子）设施栽培技术引试	常州新绿高科技农业公司
梳浚设备与技术研究	河海大学常州校区机电工程学院
建立中俄合作开发新农药科研中心	江苏省农用激素技术工程中心
应用微生物技术研制开发可移动生态厕所	江苏华虹新能源公司
创成注射液在南美地区的应用及其产业化	常州方圆制药公司
抗肿瘤新药	常州四药制药公司（与俄罗斯科学院高分子化合物研究所合作）
膜反应和膜分离技术处理印染废水达标研究	江苏工业学院［德意中孟（加拉）合作研究项目］
农药中间体嘧啶衍生物的开发和产业化	江苏省激素研究所公司（对美产品技术输出）
太阳能发电系统配合清洁饮用水系统	常州天合光能公司
东风45～65马力轮式拖拉机	常州东风农机集团
FA008B往复抓棉机	江苏金升实业股份公司
LED（发光二极管）显示屏系统技术开发（适用于乌克兰及独联体其他国家）	常州电子研究所公司
共轨柴油机电控系统（ECU）关键技术合作研究	常州易控汽车电子公司
蓝藻水华预警系统	常州宇之爱遥感技术公司
2～3.5兆瓦近海及海上风电机组联合开发	江苏新誉风力发电设备公司
后互联网时代中英文社会媒体实时分析、聚合与搜索国际合作研究	常州真知信息技术公司
驱虫药甲苯咪唑C晶型合成工艺创新研究	常州亚邦齐晖医药化工公司
纳米超疏水涂层用于混凝土保护	常州市纳罗可涂料公司
液体制剂矫味技术平台的开发	常州善美药物研究开发中心公司
利用具有可再生和抗菌作用的新型组织支架修复口腔和牙周组织损害	常州高新区三维工业技术研究所公司
伊曲康唑高效制剂研发项目	常州制药厂公司
380公里/小时新一代高速动车组厨房系统	今创集团
抗肿瘤新药—靶向性细胞凋亡诱导剂TRIL变体创制	常州靶标生物医药研究所公司
生物质新能源—聚自由基生物质气化发电及制氢、制甲醇乙醇	常州格瑞展泰再生能源公司
功能性纺织新材料与低碳经济国际研讨会	常州依丽雅斯遮阳技术开发公司
高强薄壁汽车铝合金轮毂可视化铸造技术合作研发	江苏凯特汽车部件公司
激光测绘仪器关键部件合作研发与产业化	常州华达科捷光电仪器公司
中德合作园林庭院割草机的开发与产业化	常州合力电器公司
新型户外照明设备的技术研发与产业化	常州市格林照明灯具制造公司
RFID用纳米导电油墨的研究与开发	常州大学

高速龙门加工中心结构设计项目 1998—1999年，常州市机床总厂引进以色列专家，吸收相关理论和重要文献资料，解决了该项目设计制造中的关键技术问题。

大型液态深冷贮罐研发项目 1996年起，常州能源设备总厂连续5年聘请澳大利亚CEM公司专家，解决了贮罐的保温性能、安全设施及管理设计等技术难题，成功开发出45～100立方米液态深冷贮罐系列产品，填补国内空白，达国际先进水平。

红外中空透镜制造过程中特殊材料加工项目 2001—2005年，武进戬泰光电子材料公司与俄罗斯科学院空间学研究所合作解决了红外中空透镜制造过程中因材料自身应力引起爆裂的关键技术问题，实现该产品自主生产，不受进口壁垒影响。

钛钢复合材料压力容器中钛钢异种材料结构部分钎焊技术产业化合作项目 2001—2005年，溧阳云龙化工设备公司与俄罗斯联邦国家贵金属及金刚石研究设计院合作，项目实施完成后提高了钛钢复合材料压力容器的安全运行可靠性。

第四章　知识产权

1984年，常州市科技、知识产权部门在《中华人民共和国专利法》（简称《专利法》）的颁布施行后，常年开展试点示范活动，常州知识产权事业逐渐进入发展快车道。1985年，全市专利申请量仅41件。2003年，常州市知识产权局成立，知识产权工作被列入政府、企事业单位工作目标考核。2010年，全市申请专利15872件，是1985年的387.1倍，其中发明专利3317件。市知识产权局被评为全国知识产权试点示范工作先进集体，连续3届被评为全国知识产权（专利）行政执法先进集体，连续8年被省科技厅、知识产权局表彰为知识产权工作先进集体。

第一节　知识产权机构

常州的知识产权机构有知识产权局、专利服务开发中心和展示交易中心及佰腾网。1991年12月，常州专利服务开发中心成立。1997年12月，全省首家股份合作制专利代理机构常州市中天专利事务所成立。2003年4月，常州市知识产权局成立。2006年，市委、市政府召开全市科技大会，提出建设创新型城市，知识产权服务机构常州佰腾科技公司、国家专利技术（常州）展示交易中心和中国（常州）知识产权维权援助中心随即成立。

一、管理机构

2003年4月10日，市科技局增挂常州市知识产权局牌子，增设法政处、协调管理处。此后，7个辖市区在科技局挂牌成立知识产权局，承担辖区知识产权的行政管理职能。2003年5月、10月，金坛、溧阳两市相继成立知识产权局；2004年3月、12月，武进区、常州国家高新区（新北区）相继成立知识产权局；2009年2—4月，戚墅堰、钟楼和天宁3区相继成立知识产权局。

二、服务机构

1986年1月7日，江苏省专利服务中心常州服务部成立。1989年8月，变更为常州市专利事务所，2000年12月，经国家知识产权局批准改制为常州市天龙专利事务所公司。1991年12月25日，常州专利服务开发中心成立，1996年并入常州无形资产评估事务所。1997年12月，全省首家股份合作制专利代理机构常州市中天专利事务所成立。2009年5月，更名常州市江海阳光知识产权代理公司。2006年2月，以佰腾网为平台成立常州佰腾科技公司，2008年改为佰业腾飞专利代理事务所。2010年底，有常州市维益专利事务所、科谊专利事务所、佰业腾飞专利事务所、夏城专利事务所和众联知识产权代理公司等专利服务代理机构7家，年内代理专利申请6835件。

国家专利技术（常州）展示交易中心 前身为常州技术产权交易中心。2008年5月15日，通过国家知识产权局认定，11月成立，是江苏省首批国家专利技术展示交易中心。

佰腾网 1994年12月12日，省专利局批准市科技局与常州供电局联合组建中国专利信息系统江苏子系统常州站，建成全国联网的专利信息检索查询网络系统。2005年12月，佰腾网开通，是全国首家以电子商务模式提供专利信息服务的平台。2010年底，佰腾网有员工78人，聘请专家顾问106人，服务企业600多家，为全市高新技术企业、创新试点企业建设区域性专题数据库12个、专利数据库120个，完成年营业收入1000万元。

第二节 专利

1989年8月，常州市科委选择8个乡镇进行专利工作试点，成效明显，全市专利申请量首超百件，达123件。1990年，全市专利授权量首超百件，达115件。1994年5月，武进县跻身“中国专利江苏十强县”行列。1997年，全市专利申请量首超500件，达515件。1999年，武进市被确定为全国专利工作试点城市、江苏省专利工作示范县（市）。2001—2005年，全市开展专利工作试点，武进、金坛、溧阳先后通过全省区域试点并通过验收，常州成为江苏省知识产权工作示范市。2001年，全市专利申请量首超千件，达1058件。2004年，市知识产权局开始在全市开展专利示范乡镇创建工作，溧城、孟河、五星等5个乡镇专利申请量均超100件；全市申请专利1886件，其中专利发明274件；授权专利首超千件，达1175件，常州被国家知识产权局批准为国家知识产权试点城市。2006年，新北区被列为全省知识产权试点区。2007年10月，常州开始创建全国知识产权示范城市。2009年，全市专利申请量首超1万件。2010年底，全市规模以上工业企业中有20%以上的企业设立知识产权工作管理部门，配备管理人员，建立内部知识产权管理规章制度；全市355家省级高新技术企业申报专利2125件，占全市申报总量的13.4%。

1985—2010年常州市专利申请和授权数量统计表

表33-4-1　　单位：件

年份	专利总数		发明专利		实用专利		外观专利	
	申请	授权	申请	授权	申请	授权	申请	授权
1985	41	6	—	—	—	—	—	—
1986	61	8	—	—	—	8	—	—
1987	62	35	—	—	—	24	—	11
1988	80	39	—	3	—	35	—	1
1989	123	72	—	4	—	62	—	6
1990	150	115	—	5	—	89	—	21
1991	201	199	—	6	—	167	—	26
1992	248	245	—	4	—	203	—	38

续表 33-4-1

年份	专利总数		发明专利		实用专利		外观专利	
	申请	授权	申请	授权	申请	授权	申请	授权
1993	252	212	—	12	—	138	—	62
1994	268	195	—	7	—	148	—	40
1995	278	227	—	3	—	133	—	91
1996	480	216	—	5	—	139	—	72
1997	515	347	—	50	—	166	—	131
1998	693	417	—	52	—	199	—	166
1999	686	644	61	14	383	385	242	245
2000	837	731	111	40	470	428	256	263
2001	1058	639	100	19	593	389	365	231
2002	1115	816	144	33	577	461	394	322
2003	1647	922	223	37	760	462	664	423
2004	1886	1175	274	59	777	529	835	587
2005	2696	1240	575	85	963	587	1158	568
2006	3433	1553	642	101	1100	764	1691	688
2007	6021	2202	808	118	1254	1109	3959	975
2008	9146	2536	1393	235	2738	1305	5015	996
2009	12116	4857	1750	399	4519	2739	5847	1719
2010	15872	9093	3317	559	6358	5232	6197	3302
累计	59966	28743	9398	1806	20492	15901	26623	10984

一、发明专利

1986—1999 年，常州市发明专利申请量较少。1988—1995 年，全市获发明专利授权 44 件。1996—2000 年，全市获发明专利授权 161 件。1997 年，全市授权专利首达 50 件。2000 年，申请专利首超 100 件，达 111 件。2006 年，全市授权专利首超百件，达 101 件。2008 年，申请专利首超千件，达 1393 件。2010 年，申请专利 3317 件，占申请专利总量的 20.9%。全市 355 家省级高新技术企业申请发明专利 597 件，占全市总量的 18%。授权专利 559 件。

二、实用专利

1986—1990 年，常州市获实用专利授权 218 件。1991—1995 年，全市获授权实用专利 789 件。1991 年、1992 年，授权实用专利相继首超 100 件、200 件，分别达 167 件和 203 件。1996—2000 年，全市授权实用专利 1317 件。1999—2000 年，全市申请实用专利 853 件。2001 年，首超 500 件，达 593 件。2006 年，申请实用专利突破 1000 件，达 1100 件。2007 年，授权实用专利首超 1000 件，达 1109 件。2010 年，全市申请实用专利 6358 件，获实用专利授权 5232 件。

三、外观专利

1987—1990 年，常州市获外观专利授权 39 件。1991—1995 年，获外观专利授权 257 件；1996—2000 年，获外观专利授权 877 件。1997 年首超 100 件，达 131 件。1999—2004 年，获外观专利相继首超 200 件、

300件、400件和500件，分别达245件、322件、423件和587件。2005年，全市申请外观专利首超1000件，达1158件。2009年，全市获外观专利授权突破1000件，达1719件。2010年，全市申请外观专利6197件获授权外观专利3302件。

第三节 专利奖

1997—2010年，常州市科研机构和科技企业获得市级及其以上专利奖142项，其中1997—2010年获中国专利奖5项，2009—2010年获江苏省专利奖29项，2002—2010年获常州市优秀专利奖108项。

一、中国专利奖

1997—2010年，常州市累计获中国专利奖5项，其中武进的企业获得3项、中央直属企业获得2项。

1997—2010年常州市企业获中国专利奖一览表

表33-4-2

年份	专利权人	专利名称	附注
1997	武进县横山桥镇五一节能材料厂	双组份耐高温耐磨衬里材料	第五届中国专利优秀奖
2003	江苏华东机房（集团）公司	用于钢质架空活动地板系统的钢地板及其支承装置	第八届中国专利优秀奖
2009	常州牛塘化工厂公司	三氯蔗糖-6-乙酯的制备方法	第十一届中国专利优秀奖
2009	南车戚墅堰机车车辆工艺研究所公司	高速列车动力车驱动齿轮箱的密封装置	第十一届中国专利优秀奖
2010	南车戚墅堰机车车辆工艺研究所公司	移动式钢轨接触焊作业车	第十二届中国外观设计专利优秀奖

二、江苏省优秀专利

1991年5月，仲辛醇/2-辛酮生产已酸新工艺等24项专利获全省专利佳利奖，其中金奖3项、银奖11项。2000年，常州有12项专业被评为江苏省优秀专利。2005年、2007年、2009年，常州先后有6项、16项、7项专利分获江苏省第四、第五、第六届专利奖，其中2007年、2009年各获金奖1项。2005—2010年，常州市累计获江苏省专利奖29项。

2007—2009年常州市获第五至第六届江苏省专利奖项目一览表

表33-4-3

奖项	专利名称	专利权人
第五届(2007年)		
金奖	行星轧管机制造铜及铜合金管的方法	江苏兴荣高科科技股份公司
优秀奖	精对苯二甲酸残渣焚烧方法	江苏福昌化工残渣处理公司
	双组份硅酸锌防腐涂料及其应用	江苏冶建防腐材料公司
	汽车发动机精锻爪极成型工艺	江苏龙城精锻公司
	杀螟丹的制备方法	江苏天容集团股份公司
	颈椎前路钢板内固定系统	常州市康辉医疗器械公司
	城市生活垃圾处理工艺	江苏正昌集团公司

续表 33-4-3

奖项	专利名称	专利权人
优秀奖	管件式检查井	常州市河马塑胶公司
	盐酸胍制备方法	常州华美精细化工公司
	环保型有机硅树脂的制备方法	常州市嘉诺有机硅公司
	整体螺旋输送叶片成型工艺	常州市英特通用机械设备公司
	轨道交通车辆的密接式牵引缓冲连结装置	南车戚墅堰机车车辆工艺研究所公司
	彩棉面料整理工艺	顶呱呱彩棉服饰公司
	燃油箱箱体参与车体承载的内燃机车	南车戚墅堰机车公司
	金属卤化物灯电弧管	常州市凯凯照明电器公司
	铝渣球及其制备方法	江苏江南铁合金公司
第六届(2009年)		
金奖	三氯蔗糖-6-乙酯的制备方法	常州市牛塘化工厂公司
优秀奖	高速列车动力车驱动齿轮箱的密封装置	南车戚墅堰机车车辆工艺研究所公司
	低轴重大功率交流传动货运内燃机车	南车戚墅堰机车公司
	冷轧工作辊辊身淬硬层的制造方法	宝钢集团常州轧辊制造公司
	快速溶解型氨溴索盐及制备方法	常州市第四制药厂
	防火铝塑板用无卤阻燃聚乙烯芯层材料及其制备方法	江苏技术师范学院
	聚酰亚胺薄膜流延方法及设备	溧阳华晶电子材料公司

三、常州市专利奖

1986年起，市科技局、知识产权局每两年组织1次常州市优秀专利评审和奖励工作，奖励获奖项目的发明人或设计人。2002年、2003年、2005年、2008年、2010年分别有26项、25项、26项、15项、16项专利获奖，一等奖分别为8项、8项、5项、5项、5项。

第四节　行政监管服务

常州知识产权管理部门对《专利法》宣传工作常抓不懈，主要利用报纸、电视台、网站，向全市党政领导和企事业单位负责人、知识产权管理工作者、专职专业人员及企事业单位的科技人员宣传，建设常州知识产权网站(www.czip.gov.cn)。2008年起，市知识产权局每年发布《常州市知识产权发展与保护状况白皮书》。

一、教育培训

1986—1990年，常州市科技局到部分企业开展培训，建立知识产权人队伍。2005年、2008年和2009年，市知识产权局联合有关部门举办了知识产权知识竞赛。2006年，市知识产权局举办企事业单位知识产权提高班和创新试点企业、高新技术企业知识产权专题培训及专利代理考前培训班。2007年4月，市知识产权局与市委党校、市人事局等部门联合建立常州市党政领导干部知识产权培训基地，把知识产权教育纳入领导干部、公务员继续教育与日常培训。2009年，组织60人到南京理工大学知识产权学院学习，全部取得知识产权工程师培训结业证书；2010年，对领导干部和公务员220多人次分两批开展知识产权培训，针对 50 多家企业举办专利数据库应用专题培训，举办专利代理人考前培训班、知识产权工程师培训班，约 300 人参加。

二、执法维权

1994 年，常州市建立知识产权办公会议制度。1995 年，市专利、商标和版权 3 个执法检查组成立，每年联合开展重点执法活动。2003 年，市知识产权局加入长江 16 个城市执法协作网，参加长江三角洲等地区、省区的联合行政执法行动。2007 年，参加全国太阳能热水器展览会知识产权保护联合行政执法。2008 年，市知识产权局受理知识产权案 15 件，立案 12 件，全部结案；市工商局、版权局、公安局、中级法院分别受理知识产权争议案件 93 件、28 件、13 件、136 件。2009 年，参加山东、福建、浙江等地对热水器组件的知识产权保护联合执法行动。2007 年 4 月，市知识产权局、版权局、公安局和海关等 6 个部门与市动漫协会、轨道交通产业协会、涂料协会、软件协会签订了常州市重点行业知识产权保护专项行动协议书，行业协会陆续开展专利预警分析等，加强知识产权保护。2008 年 8 月，市知识产权维权援助中心成立，建成常州市知识产权维权援助网，开通“12330”知识产权维权援助与投诉举报热线电台，组建由 120 人组成的维权援助专家队伍，认定维权援助合作单位 20 家。市知识产权部门发动南大街中心商贸街区及其商户，创建保护知识产权示范街。2010 年底，全市知识产权部门有行政执法人员 357 人，93% 以上具有大专以上学历。市知识产权局、工商局和版权局联合在流通领域建立 60 人的保护知识产权监管员队伍，成为保护知识产权的骨干；有专利工作资质证书人员 30 余人，企事业单位知识产权工作人员增多。至同年底，组织开展较大规模执法检查 12 次。

常州市“4.26 世界知识产权日”主题活动（摄于 2010 年 4 月）

第五章　科技管理

1986—2010 年，常州市科技部门坚持按照国家和省市的科技进步计划，争取、筹集科研经费和资助企业科技创新的费用，加强国家、省、市下达的星火计划、火炬计划、工业科技计划、农业科技计划等科技项目的组织实施。至 2010 年底，全市累计获得上级科技拨款 38.96 亿元；组织实施科技计划项目 5548 项，提升了企业和科研单位科技创新创业能力，促进经济、社会建设持续协调健康发展。

第一节　计划项目管理

科技计划项目由项目承担单位所在地区政府科技主管部门组织，逐级向上级科技主管部门推荐申报。省科技计划由市科技局组织县（区）科技局和企业编写项目申报材料，报送省科技厅评审后立项。项目科技计划实施完成后，按《江苏省科技计划项目验收管理办法》和科技项目经费管理的其他规定验收。2003

年、2005年，市科技局先后制定并组织实施《常州市科技计划体系框架(试行)》《常州市“十一五”科技计划体系框架》。

常州市参与和实施的科技计划项目一览表

表33-5-1

级别	计划项目	子计划项目
国家科技计划体系	国家科技攻关计划	—
	高技术研究计划(“863”计划)	—
	基础研究计划(“973”计划)	—
	研究开发条件建设计划	国家重点实验室计划、国家工程技术研究中心、国际科技合作重点项目计划
	科技产业化环境建设计划	火炬计划、星火计划、国家重点新产品计划、科技型中小企业技术创新基金生产力促进中心
江苏省科技计划体系	高技术研究计划	农业高技术研究计划
	科技攻关计划	工业科技攻关计划、农业科技攻关计划
	科技产业化计划	火炬计划、星火计划、科技成果示范推广计划等
	科技基础设施建设计划	重点实验室、工程技术研究中心、科技创新服务体系建设、公共技术服务平台等
	其他科技计划	社会发展计划研究、基建处研究计划、国际科技合作计划、软科学研究计划、知识产权与专利发明资助计划等
市级科技计划体系	科技攻关计划	—
	科技成果推广及产业化计划	—
	科技基础设施建设计划	工程技术研究中心建设和创新服务体系建设
	国际科技合作计划	—
	其他科技计划	社会发展研究计划、知识产权计划、软科学研究计划、青年科技人才培养计划、创新基金计划等

一、项目立项

国家级和省级科技计划项目按属地管理原则组织申报立项，所在县(市、区)向上逐级申报，经评审后立项。市科技计划由市科技局发布计划项目年度项目申报指南，市科技局评审后立项，下达项目及其资助经费，与项目承担单位签订科技项目合同；实行招标的市科技计划项目由申报单位直接投标。全市农业科技研究开发机构、产业基地和生产企业取得一大批重大农业科技成果，带动和促进农村科技进步。2002年，全市引进国内外农业科技成果742项，签订农业科技合作协议211项。实施市级及其以上农业科技项目81项，其中国家农业成果转化资金项目7项、星火计划项目8项；全市10个农业科技示范园实施科技项目117项，有95个农业新品种在园区内转化。2003年，全市实施国家农业科技成果转化资金项目5项。翌年，全市21家专业科研机构承担科研课题80项，其中国家级计划课题10项、地方计划课题19项。全市承担国家级、省级农业科技计划项目13项、市级农业计划项目47项、社会发展计划项目29项。2005年，全市实施农业科技“110”建设专项等现代农业培训计划。市科技局颁布常州市科技项目招投标管理试行办法和《科技计划项目立项工作操作规程》，2007年颁发正式操作规程。至2010年底，常州市累计下达科技计划项目7257项，其中国家级1136项、省级1713项、市级4408项。

1986—2010 年常州市科技部门申报立项的科技计划项目数统计表

表 33-5-2　　单位：项

年度	合计	国家	省级	市级	年度	合计	国家	省级	市级
1986	76	1	20	55	1999	347	55	205	87
1987	62	14	4	44	2000	298	74	164	60
1988	61	7	3	51	2001	235	64	64	107
1989	46	0	15	31	2002	271	91	59	121
1990	88	20	17	51	2003	257	55	58	144
1991	87	3	36	48	2004	366	87	63	216
1992	103	1	45	57	2005	442	81	50	311
1993	68	1	6	61	2006	604	83	99	422
1994	69	0	10	59	2007	652	96	106	450
1995	65	1	21	43	2008	858	128	146	584
1996	143	5	20	118	2009	838	98	207	533
1997	139	9	42	88	2010	871	118	214	539
1998	211	44	39	128	累计	7257	1136	1713	4408

二、项目实施

1986—1990 年，常州的科技计划项目以国家和省、市“星火”计划为重点，组织以消化吸收、创新引进新技术和技术改造中的关键技术为目标的科研攻关及科研技术储备，优先发展计算机、微电子、传感、生物工程技术，开发新材料、机电一体化、信息与通信、激光等行业高附加值的高新技术产品。实施科技计划项目 333 项，其中国家级 42 项、省级 59 项、市级 232 项。1991—1995 年，全市实施科技计划项目 392 项，其中国家级 6 项、省级 118 项、市级 268 项。以高新技术为主开发新产品，消化吸收、创新推广先进适用技术，组织社会发展综合示范试点，重点发展信息、机电一体化、生物工程、新材料、基础、能源、环保 7 类技术。1996—2000 年，实施“五大产业”发展工程，抓好五项科技服务工程，培育高新技术产品群和企业集群；加强经济区域共性技术的普及和关键性技术的攻关，加快利用高新技术改造传统产业。实施 1138 项，其中国家级 187 项、省级 470 项、市级 481 项。

1991—2000 年，常州实施高新技术产业发展工程，对电子信息产业发展工程、机电产业发展工程、医药及生物技术产业发展工程、新材料产业发展工程及绿色产业发展工程等实行倾斜政策，培育新兴支柱产业。全市实施了国家级“火炬”计划项目 66 项、“星火”计划项目 43 项、科技型中小企业技术创新基金项目 40 项和国家级科技攻关项目、“863”计划项目 26 项。2000 年，全市组织实施重大科技发展项目 80 项，其中重大科技攻关项目 10 项、重点科技开发项目 20 项和重点技术创新项目、主要新产品引进试验项目 50 项；实施省级及其以上火炬、星火计划项目 62 项。2001—2005 年，全市实施科技计划项目 1571 项，其中国家级 378 项、省级 294 项、市级 899 项。推进传统产业升级换代，重点实施用制造业信息化和数控等技术提升机械制造业，用纳米等技术提升塑料制造业，用信息技术、发展功能性纺织面料和印染后整理技术提升纺织服装业；重点培育开发信息技术及软件、生物药业（医药、农药、兽药）、环保 3 类新兴产业。2003 年，全市的国家重点新产品增至 18 种，江苏卓群纳米公司、武进新源电子公司承担国家“863”科技攻关计划项目 3 项，6 个项目列为省科技攻关计划项目。2004 年，全市提出高新技术产业产值“三倍增”计划。2005 年，市科技局始设科技型中小企业技术创新基金计划，用科技“三项费用”[1]专项支持、科技型中小企业技术创新。2007年比2002年的411.8亿元增长3倍。

2006—2010年，全市实施科技计划项目2114项，其中国家级307项、省级351项、市级1456项。科技计划项目重点是支持加快高新技术及产业发展，加快传统产业优化升级，加强社会发展领域的科技创新和科技基础设施建设。全市实施高新技术产业“515”计划，发展先进装备制造、新材料、电子信息、新能源及环保、生物技术及制药5个高新技术产业，提出实施创新项目带动工程等科技创新五大工程。2010年，全市实施省级及其以上科技项目332项，争取落实国家和省科技专项资金3.4亿元。2001—2010年，全市累计实施市级及其以上科技计划项目5411项；国家级项目916项，其中“863”计划项目27项、“火炬”计划项目252项；省级科技计划项目1072项，其中高技术项目16项、火炬计划项目201项；市科技计划项目3423项。

2001—2010年常州市实施科技计划项目数量统计表

表33-5-3 单位：项

年份	合计	国家级			省级			市级
		总数	“863”计划	“火炬”计划	总数	高技术产业计划	“火炬”计划	
2001	235	71	—	16	57	—	27	107
2002	265	85	2	20	59	2	28	121
2003	264	57	3	17	63	2	26	144
2004	366	87	3	32	63	3	16	216
2005	448	81	4	26	56	2	12	311
2006	611	88	1	30	101	2	40	422
2007	655	103	8	52	106	5	52	446
2008	858	128	3	50	146	0	0	584
2009	838	98	1	0	207	0	0	533
2010	871	118	2	9	214	0	0	539
累计	5411	916	27	252	1072	16	201	3423

说明：1.“863计划”指国家“863计划”。2.2008年起，省科技厅停止省级高技术产业计划和火炬计划的立项

“863”计划项目 2001—2010年，常州获国家“863”计划支持的科技项目27项，获得经费资助1.05亿元。

“火炬”计划项目 1986—1990年，常州争取到国家和省级“火炬”计划项目7项。1991—2000年，累计争取62项。2001—2010年，常州争取到“火炬”计划项目国家级261项、省级175项。1986—2010年，累计争取到并实施“火炬”计划项目405项。

星火计划项目 1990—2000年，常州争取到国家“星火”计划项目43项。2001—2010年，争取到58项。1990—2010年，争取到并实施101项。

三、评估验收

2001年，市科技局建立科技计划项目数据管理系统，采用网络规范采集科技计划项目数据，快捷了解、汇总和申报科技计划项目，分析、评价项目的实施进展情况，支持立项单位争取科技经费，科技计划（含科技进步奖）与项目全部实行网上申报，加强科技计划的规范化管理。2003年，市科技局出台《常州市科技计划

① 科技“三项费用”指国家为支持科技发展设立的新产品试制费，中间试验费和重大科研项目补助费，是实施中央和地方各级重点科技计划项目的重要资金来源。

与项目评估管理暂行办法》及其验收管理办法、实施管理办法，规范用书面验收、会议验收方式等项目评估、验收办法，项目承担单位实施市级科技计划项目。2005年、2007年，市科技局相继印发《常州市科技专项管理办法(试行)》《常州市科技创新服务体系建设计划管理办法》《常州市软科学研究计划管理办法(试行)》。2008年，市科技局制定、印发《常州市科技项目知识产权审查暂行办法》《常州市科技计划项目实施管理办法》，强化对科技计划项目实施的管理。

四、科技成果鉴定

1986年，常州市科委制定科学技术研究成果技术鉴定具体办法，当年鉴定(总结，下同)科技成果310项，至1990年底累计鉴定1588项。1991年，全市开始执行《江苏省科技新产品验收鉴定若干规定》，至1995年累计鉴定科技成果1885项，1996—2000年累计鉴定1859项，2001—2010年累计鉴定1778项。1986—2010年，全市累计鉴定科技成果7110项。

1986—2010年常州市科技成果鉴定(总结)项目统计表

表33-5-4 单位:项

年度	项目数	年度	项目数
1986	310	1999	380
1987	323	2000	400
1988	315	2001	411
1989	315	2002	400
1990	325	2003	132
1991	372	2004	123
1992	380	2005	117
1993	390	2006	96
1994	338	2007	120
1995	405	2008	122
1996	356	2009	145
1997	358	2010	112
1998	365	累计	7110

第二节 科技经费管理

1986—2010年，常州市科技经费包括上级科技拨款、市科技拨款和科技贷款。1986—1990年，科技拨款重点支持围绕经济社会发展、以支柱产品为主的新产品开发项目。1991—1995年，科技经费以国家、省产业政策和技术政策为导向，重点支持发展战略重点产品、改造传统产业的关键技术，组织科研攻关。1996—2000年，科技经费重点支持发展高新技术，培育支柱产业。2001—2005年，科技经费重点支持围绕加快农业产业结构升级、开发、推广农业高新技术。2004年，全市21家专业科研机构课题计划投资1.03亿元，完成总收入8.95亿元，总支出7.8亿元。2004年以后常州市获国家和省级科技拨款快速增长，企业承担重大项目能力明显提升。全市获得国家和省市级科技拨款累计41.17亿元，其中科技三项费用24.32亿元、国家和省下达科技项目经费16.85亿元。2006—2010年，全市获得国家和省级科技拨款13.64亿元，其中国家3.99

亿元、省级9.65亿元。

1986—2010年常州市各级科技三项费用总额表

表33-5-5 单位:万元

年度	总额	年度	总额
1986	638.82	1999	1757.00
1987	369.80	2000	3244.00
1988	280.60	2001	3314.50
1989	129.40	2002	4370.00
1990	322.50	2003	3522.00
1991	583.00	2004	9098.50
1992	301.20	2005	14014.00
1993	233.00	2006	21420.00
1994	246.00	2007	30589.00
1995	440.94	2008	47125.00
1996	904.70	2009	47819.00
1997	1819.20	2010	49256.87
1998	1398.50	累计	243197.53

一、国家科技拨款

1986—1999年,常州市每年获国家级科技拨款较少,2000年起有较大幅度提高。2000—2003年,累计获国家级科技拨款7424万元。其中,2000年,全市23个国家中小企业创新基金项目获国家中小企业技术创新基金1800万元。2004—2005年,累计获国家级科技拨款4563万元,其中"863"计划项目资助565万元、科技攻关1610万元、重点新产品补助和技术创新基金1920万元、国家工程技术研究中心和科研院所技术开发研究专项398万元。2006—2010年,常州累计获国家科技拨款4.04亿元,其中"863"计划项目资助8926万元、国家科技支撑计划7055万元、重点新产品补助和技术创新基金5580万元。1986—2010年,常州市累计获得国家科技拨款5.26亿元。

1986—2010年常州市获国家科技拨款总额统计表

表33-5-6 单位:万元

年度	总额	年度	总额
1986	64.16	1995	30.00
1987	165.00	1996	270.00
1988	35.50	1997	290.00
1989	0	1998	130.00
1990	175.50	1999	863.00
1991	40.00	2000	2125.00
1992	50.00	2001	1558.00
1993	80.00	2002	2576.00
1994	0	2003	1165.00

续表 33-5-6

年度	总额	年度	总额
2004	2245.00	2008	11015.00
2005	2318.00	2009	6793.00
2006	1260.00	2010	15044.87
2007	4272.00	累计	52565.03

二、省级科技拨款

1986—2003年，常州获得省级科技拨款8320万元。2004—2005年，常州获省级科技拨款10606万元，其中科技成果转化资金7289万元、工业科技攻关和支撑计划与高科技研究资助1465万元、火炬和星火计划贷款贴息362万元、工程技术研究中心和重点实验室及企业院士工作站550万元。2006—2010年，常州获省级科技拨款9.7亿元。其中，2006—2009年获得科技成果转化资金5.19亿元、重大创新载体和重点研发机构建设5000万元、工业科技攻关和支撑计划与高科技研究资助3675万元、高层次创新创业人才3100万元、科技创新公共服务平台与体系建设2846万元、科技项目和微小企业贷款风险补贴专项资金2047万元、科技创新资金计划1740万元、工程技术研究中心和重点实验室及企业院士工作站1780万元、知识产权与专利发明资助855万元、农业科技研究与成果推广594万元、社会发展研究660万元、基础研究406.5万元、科技型中小企业创业投资引导资金845万元。2007年，获得匹配国家“863”计划、科技支撑计划经费与“火炬”、“星火”计划贷款贴息744万元。1986—2010年，获省级科技计划项目经费拨款11.59亿元。

1986—2010年常州市获省级科技拨款一览表

表 33-5-7　　单位:万元

年度	金额	年度	金额
1986	367.40	1999	369.00
1987	138.40	2000	590.00
1988	130.70	2001	901.00
1989	84.00	2002	1122.50
1990	91.60	2003	1578.00
1991	421.00	2004	4161.50
1992	164.20	2005	6444.50
1993	53.00	2006	9458.20
1994	126.00	2007	16530.30
1995	215.94	2008	24878.07
1996	134.70	2009	27486.55
1997	1009.20	2010	18645.00
1998	824.00	累计	115924.76

三、市级科技拨款

1986—1990年，常州市科技经费拨款1007万元，其中1986—1989年约占全市财政总支出的0.3%。1991—1995年，全市科技经费拨款5660万元，占全市财政总支出的比例提高到0.9%～2%。1996—2000年，全市科技经费拨款累计2.48亿元，占全市财政总支出的比例提高到1.5%～2.3%。1997年、2001年，市科委先后制定实施了科技经费管理试行规定和加强市工业科技三项费用使用管理的规定，2004 年，市财政局、科技局实施科技三项费用管理办法。2001—2005 年，全市累计科技经费拨款 28.11 亿元，占全市财政总支出的比例保持在 1.7%～2.1%。2006—2010 年，全市地方财政向科技事业支出 33.86 亿元，占全市财政总支出的 1.8%～2.3%。2009 年，市科技局、财政局颁施科技型中小企业技术创新基金管理办法。地方财政对科技支出占地方财政总支出比例最高年份是 1998 年、2006 年，均为 2.3%。1986—2010 年，常州市级下拨科学事业费、科技三项费用、科技基建费、其他科技费用等总计 45.1 亿元。

1986—2010 年常州市级科技经费和拨款额统计表

表 33-5-8　　单位：万元

年度	科技经费总额	科技拨款总额	其中				全市地方财政支出总额	科技拨款占财政支出比(%)
			科学事业费	科技三项费用	科技基建费	其他拨款		
1986	207.26	94.00	—	93	—	—	31333	0.3
1987	82.50	65.13	—	48	—	—	32565	0.2
1988	119.50	153.32	—	140	—	—	38331	0.4
1989	50.00	142.94	—	130	—	—	47647	0.3
1990	60.00	612.98	123	473	—	—	51082	1.2
1991	122.00	670.19	182	489	—	—	55849	1.2
1992	87.00	710.74	183	524	—	—	59228	1.2
1993	100.00	1987.74	196	1814	—	—	99387	2.0
1994	120.00	1029.48	271	704	—	—	114387	0.9
1995	195.00	1332.52	362	935	—	—	133252	1.0
1996	500.00	2307.30	468	1818	—	—	153820	1.5
1997	520.00	4459.42	402	3923	—	126	193888	2.3
1998	444.50	5154.62	382	4565	25	254	224114	2.3
1999	525.00	5657.78	397	4144	450	580	257172	2.2
2000	529.00	7150.95	502	5645	500	584	325043	2.2
2001	684.00	8709.81	526	7171	1000	80	414753	2.1
2002	677.00	12812.08	930	8208	2600	951	610099	2.1
2003	983.00	14409.15	1359	9696	2008	1381	847597	1.7
2004	2740.00	20976.40	1785	13083	5626	422	1048820	2.0
2005	5318.00	23847.19	1826	15087	6960	405	1402776	1.7
2006	13100.00	39338.58	1434	27577	6658	3933	1710373	2.3
2007	13100.00	49391.17	科学技术拨款 47771			553	2743954	1.8
2008	13100.00	61505.79	科学技术拨款 45566			16815	3844112	1.6
2009	13100.00	78120.92	科学技术拨款 58599			18985	5208061	1.5
2010	13100.00	108494.85	科学技术拨款 110717		501.42	22000	6382050	1.7

2004—2010年辖市(区)政府科技拨款总额统计表

表 33-5-9 单位:万元

年度	合计	金坛	溧阳	武进	常州高新区(新北)	天宁	钟楼	戚墅堰
2004	14018	616	1889	2988	7647	534	129	215
2005	15677	710	2023	2967	8926	573	222	256
2006	25509	1301	2026	5673	10408	1286	4395	420
2007	30769	2247	2314	8189	10941	2179	3211	1688
2008	31664	2859	3290	7292	11094	2600	3801	728
2009	47492	2496	3671	22957	8665	2950	5801	952
2010	77189	5439	6699	24617	26223	4993	7986	1232
累计	242318	15668	21912	74683	83904	15115	25545	5491

四、社会融资

2000 年 12 月,江苏高科技投资集团等 8 个股东投资成立常州市高新技术风险投资公司,注册资本 6900 万元,主营科技型中小企业创业期和成长期的风险投资。2006 年,市财政局、经济贸易委员会联合制定《关于促进担保机构支持科技创新的若干意见》,鼓励和促进全市担保机构支持企业科技创新创业,促进高新技术成果转化。2007 年,常州投资集团、常州喷丝板厂、黑牡丹(集团)股份公司、常柴股份公司 4 家国有及国有控股股东持有的 23.04% 股份以原出资额总价 1590 万元协议转让给江苏高科技投资集团。

第三节　科技进步目标考核

1986—2010 年,常州市科技进步取得丰硕成果,实现上级政府及其科技行政管理部门下达的各项科技进步目标,累计获国家、省、市政府及其部门颁发的科技进步奖 2641 项,其中国家级 28 项、省级 504 项、市级 2109 项。

一、全国科技进步考核

全国科教兴市先进城市、全国科技工作先进县(市、区)考核[1999 年起改为全国县(市)科技进步考核]工作由科技部组织,每两年申报评审 1 次。1997—2010 年,常州市连续 7 次被科技部评为全国科技进步考核先进城市。

1997—2010 年常州市参加全国科技进步考核结果一览表

表 33-5-10

年度	通过全国科技进步考核的市、县(市、区)	全国科技进步先进城市	全国科技进步先进县(市、区)
1997—1998	常州市	常州市	—
1999—2000	常州市、金坛市、溧阳市、武进市	常州市	金坛市、武进市
2001—2002	常州市、金坛市、溧阳市、武进市	常州市	金坛市、武进市
2003—2004	常州市、金坛市、溧阳市、武进市	常州市	金坛市、溧阳市、武进区
2005—2006	常州市、金坛市、溧阳市、武进区、新北区、钟楼区、天宁区、戚墅堰区	常州市	金坛市、溧阳市、武进区、新北区

续表 33-5-10

年度	通过全国科技进步考核的市、县(市、区)	全国科技进步先进城市	全国科技进步先进县(市、区)
2007—2008	常州市、金坛市、溧阳市、武进区、新北区、钟楼区、天宁区、戚墅堰区	常州市	金坛市、溧阳市、武进区、新北区、钟楼区
2009—2010	常州市、金坛市、溧阳市、武进区、新北区、钟楼区、天宁区、戚墅堰区	常州市	金坛市、溧阳市、武进区、新北区、钟楼区

说明:1997—1998 年考核名称为全国科教兴市先进城市、全国科技工作先进县(市、区)

二、市级科技进步目标任务考核

1997 年,市政府办公室转发《常州市科技进步目标任务考核奖励规定》,开始对辖市(区)政府和市相关部门、单位进行科技进步目标任务考核,对被考核单位及其主要负责人进行考核奖惩,加快"科教兴市"战略的实施步伐,提高全市科技水平。2002 年,市政府办公室转发市科技局《关于"十五"期间进一步加强科技进步考核意见》。2004 年,全市科技部门落实市委、市政府《关于加强技术创新促进科技进步的决定》,市科技进步目标考核领导小组重新修订完善《常州市科技进步目标考核奖励规定》。1997—2005 年,武进市(区)政府连续 9 年被考评为达标先进单位,金坛市政府、溧阳市政府和市财政局、发展计划委(计委)、农业(林)局分别连续 8 次、5 次、8 次、7 次、5 次被考评为达标先进单位。

三、辖市区科技创新目标考核

2006 年,市委、市政府出台《关于开展辖市、区科技创新目标考核的意见》,开始对辖市区进行科技创新目标考核,取代市级科技进步目标任务考核。同年,新北、戚墅堰、金坛跻身前 3 位。2007 年,市委办印发《关于进一步完善创新考核机制促进科学发展的意见》,设立科技创新奖,表彰前 3 位的辖市区及其党政主要领导。2007—2009 年考核,武进、新北、钟楼稳居前 3 位。2010 年考核,武进、新北、溧阳位列前 3 名。

四、常州市科技进步先进企业

常州市创建科研型工厂始于 1984 年,1985 年起由市政府表彰命名。1986 年有 37 家企业获三等奖以上奖励,其中一等奖 7 家。1989 年,市政府批转市科委《关于深化创建"科研型工厂"工作的意见》,增加群众性发明创造、技术革新等方面的要求。1990 年,市科研型工厂评审委员会成立。1991 年最多,有 68 家企业获三等奖以上奖励,其中一等奖 12 家。1992 年,市政府对连续 3 年获"常州市科研型工厂"称号的企业授予奖牌。1990—1992 年,全市有 16 家企业连续 3 年获市"科研型工厂"称号。1986—1996 年,全市累计有 547 家企业获三等奖及以上奖励。1996 年,常州市在全国率先建立工业企业科技进步统计监测评价体系,采用定量指标对全市主要工业企业进行科技进步状况评价。1998 年起,不再开展常州市科研型工厂创建活动,对全市科技进步统计监测评价的优胜企业前 20 名由市政府授予"常州市科技进步先进企业"称号,对连续 3 年获"常州市科技进步先进企业"称号的企业由市财政拨款奖励获奖企业主要负责人 1 万元。至 2000 年,科技进步监评总分前 20 名的被列为科技进步先进企业。市科技进步先进企业每年认定 1 次,至 2005 年每年认定 20 家,2006 年起改为每年认定 10 家。市政府授予全市科技进步统计监测评价前 10 名优胜企业"常州市科技进步先进企业"称号。至 2010 年底,全市累计认定市科技进步先进企业 210 家。

第四节 科技统计监测评价

1993年起，全省开始开展科技进步统计监测评价[①]。1997年起，常州市开展科技进步统计监测评价。

一、省级统计监测评价

1993年起开展，由省科技厅、统计局依据省人事厅、财政厅、知识产权局等部门提供并认定的数据，从科技投入、科技产出、经济发展和社会进步4方面对全省和各市的科技进步状况进行系统评价，当年常州市科技进步综合得分76.87分，工业技术的科技进步贡献率37.4%，农业技术的科技进步贡献率46.3%。1993—2010年，常州在13个省辖市中一直保持监测评价总分第四位，2010年常州市科技进步综合得分85.94分。

二、市级统计监测评价

1996年起，常州市开始开展科技进步统计监测评价，监测评价对象为辖市区和大中型企业。工业企业科技进步监测评价指标体系由科技投入、科技产出、经济增长、社会进步4个一级指标、10个二级指标、29个三级指标组成，工业企业根据指标体系填报原始数据。统计指标主要依托大中型企业科技年报扩充，市统计局开展大中型企业的年报统计，辖市(区)科技局、市行业主管局(公司)开展其他企业的科技年报统计。

第五节 科技体制改革

1985年3月13日，中共中央作出《关于科学技术体制改革的决定》。1986年，全市部分市属科研机构进行经费管理改革，逐步改财政拨款为有偿合同制，实行经济目标责任制。1987年，市政府出台《常州市放活科研机构的试行办法》，扩大市属科研机构自主权，推行所长负责制，实行职工民主管理，市科技主管部门定期考核。批准放宽、放活科技人员管理政策的试行办法，鼓励和支持科技人员合理流动，发挥作用。1996年，常州在全国率先建立工业企业科技进步统计监测评价体系，在评价优胜的企业中认定市科技进步先进企业。翌年7月，建立科技人员报酬与贡献挂钩的激励机制，调动科技人员积极性和创造性。2000年11月，省政府办公厅转发省科技厅等部门《关于全省科研机构改革转制工作的实施意见》，实行科研机构调整、人员分流、机制转换和制度创新。2002年，常州市与重点高校、科研院所实行“产学研”联合，共建高水平科技研发机构。至2010年，全市建成“两站三中心”335家、外资和港澳台资企业科技研发机构46家、部(省)和市属科研机构20家。

一、领导管理体制改革

所长负责制 1987年起，对不拿或逐年递减国家财政拨款的科研机构实行所长负责制，下放技术、经济、人事的有关权力，实行全员劳动合同制和岗位聘任制，辅以经济优惠政策。技术性收入全部留用，职工奖金与技术经济效益挂钩，自主浮动，支持研究所办工厂，搞所厂联营，从事科研性生产；鼓励科研所转让科技成果，实行自主经营，自筹资金，自负盈亏，实行项目课题承包制；研究所实施科研经营承包责任制，确定个人的全年纯收入、基本费用指标、项目科研经费，个人对研究所承包全年纯收入数、项目进度、科研成果质量和水平等。1987年10月，推广市化工研究所、建筑科学研究所等3家单位的所长负责制试点经验，确定市印染研究所、机电研究所、农机研究所、电子研究所、塑料包装研究所、工艺美术研究所、蔬菜研究所和气管炎研究所8家单位第二批试行所长负责制。1988年，常州市属独立科研机构全部实行所长负责制、任期目标责任

① 科技进步统计监测评价是各级科技主管部门根据科学的评价指标体系，通过数据采集和分析，得出反映地区科技进步状况的指标和资料的统计活动。

制等改革，对外实行经济合同制，对内实行逐级课题承包经济责任制等企业化管理，所长拥有充分的决策、指挥权。市政府每年定期考核，表彰先进，促进改革深化。至1990年底，全市有16家实行所长负责制、任期目标责任制，有20家实行科研责任制或课题承包责任制，19家实行课题或成本核算。90年代中期，常州市完善科研院所职工民主管理，在科研院所推行民主改革，建立所务委员会、学术委员会、职工代表大会制度。

经费管理改革　80年代中期，科研型事业单位的财政拨款制改为有偿合同制，地方开发性研究所在3～5年内逐步做到经济自立，到期无力自立从事研究工作的科研机构被撤并，或转化为技术咨询、服务机构。1986年，全市22家地方独立科研机构中有16家取消或部分取消国家拨款，条件和经济基础较好的开发性研究机构全部被取消国家财政拨款或补贴，条件较差、经济有困难的科研机构一般递减国家财政拨款25%～50%；对近两三年内新批建的科研机构国家财政拨款或补贴暂时照发，继续扶植。1997年，《江苏省科研事业费拨款受理暂行办法》规定，对社会公益事业的科研单位科学事业费仍由国家拨款，实行与任务挂钩、经费包干的原则，执行至2010年。

扩权搞活改革　1987年起，常州支持和鼓励全民独立科研单位进入企业（集团），扩大研究所自主权，促进科研生产联合。全市从事技术开发工作和应用研究的26家独立科研单位通过组建科技先导型企业集团、加入同行业大型企业或企业集团、并入工厂研究开发部、与中小企业和乡村企业形成半紧密型联合等方式，承包国家计划内的科研任务，在技术市场上接受横向委托，开展技术服务、技术转让，以弥补事业费的减少。1997年，全市取消国家拨款的独立科研机构实行技术成果商品化，从国家拨款的经济供养型转变为自立型，逐步实现经营自主、经济自立，逐步实现行政与科研分开，逐步实现科技研究开发社会化。

管理体制综合改革　2000年11月13日，省政府开始组织全省科研机构改革转制，实行科研机构结构调整、人才分流、机制转换和制度创新；常州市属科研机构加快改制为企业的步伐。至2001年底，22家市属独立科研开发机构全部实行企业化改革转制。江苏省激素研究所、常州市化工研究所等12家改为股份制公司，常州农机研究所等3家转为企业，常州能源研究所转为行业检测中心，常州市科技信息中心（原常州市科学技术情报研究所）等4家转变为社会公益性科研机构全民事业单位，另外8家科研机构被撤销或破产。2002年，市委、市政府出台《关于加快推进创新型城市建设的若干意见》，全市科研机构开始实行“产学研”联合，与全国各地高校、科研院所共建高水平研发机构，助推企业创新创业。

二、科技人员管理体制改革

1987年，市政府批准《关于常州市放宽放活科技人员管理政策的试行办法》，鼓励和支持科技人员合理流动，以兼职、调离、停薪留职和辞职等方式，到农村开展技术服务、技术开发和技术扶贫，领头兴办乡镇集体企业。部分大中型企业同意学非所用的工程技术人员流出，支援国家重点工程项目建设；部分工厂组织科技人员对中小企业有偿服务，同意一些科技人员到乡镇企业承包；常州计算机厂等企业实行新品开发开展承包，制定科研奖励分配办法，新品经济效

2009年江苏科技创业周活动情况发布会（摄于2009年10月）

益占工厂经济效益比例达85%。1988年起，常州市制定对贡献突出的优秀科技人员的表彰奖励办法，每隔两年组织选拔，重奖市级有突出贡献的优秀中青年专业技术人才和杰出科技人员，推荐国家和省级有突出贡献的中青年专家，推荐高水平专家享受国务院特殊津贴。1994年4月，市政府批准进一步放活市属科研机构和科技人才，促进科技与经济紧密结合，实施自主经营、自负盈亏、自我发展、自行分配4方面10条意见。1997年7月，市政府批准市科技局提出的为科技人员创造良好工作环境、建立科技人员报酬与贡献挂钩的激励机制和加强科技队伍建设等22条措施，出台《关于杰出科技人员重奖办法》，同意提高市级有突出贡献优秀中青年专业技术人员奖励津贴，武进、金坛、溧阳三市均出台奖励科技人员配套政策，大多执行到2010年。

三、企业技术体制改革

科研型工厂创建 1984年，市科委、经委发出《关于创建科研型工厂的意见》，科研型工厂主要考核领导班子中的科技人员比例、科技人员占职工比例年均递增率、工人技术水平提高、技术进步因素占总产值增长额比重等7项指标。1984—1986年，全市评出科研型工厂74家次。1989年，市科技部门深化创建“科研型工厂”工作，增加群众性发明创造、技术革新等方面要求；对科研型工厂实行优惠措施，允许能承受的科研型工厂提取1%销售额为科技开发基金，所提金额中的10%由市、县集中，作为科技基金等；改由市政府颁奖鼓励。创建和审定范围由市属工厂、非工业部门所属工厂扩大到县区属工厂及乡镇企业，每年评审1次，符合条件的市科研型工厂推荐参评省科技进步先进企业。到1990年末，全市累计评出科研型工厂207家次。

厂办研究所改革 常州的厂办研究所大部分成立于1980—1981年，在改革中得到较快发展，成为常州重要科研力量，许多厂办研究所成为横向联合的桥梁，既自行开展研发活动，又接受吸收转化大专院校、科研院所科技成果，形成新的生产力。1987年，部分厂办研究所开展以承包为主的经济责任制改革试点，工厂逐步对研究所简政放权，实行以综合经济效益为核心的经济责任制。

第六章 科技成果

常州科研机构、高等院校和企业积极组织、参与、实施科技计划和项目，取得了丰硕成果。1986—2010年获得国家级科学技术奖24项，分获特等和一、二、三、四等奖1项、3项、11项、8项和1项，1997年获奖项最多为4项；获省级科学技术进步奖474项、市级科学技术进步奖1699项。1980—1990年，煤炭科学研究总院常州科试中心承担并完成国家“六五”“七五”科技攻关项目两项，煤炭科学研究总院常州自动化研究所承担完成国家重点攻关项目1项，3个项目均获国际、全国博览会金奖、银奖。1991年，煤科总院常州自动化研究所两项科研成果获国家“七五”科技攻关重大科技成果奖。1995年，常州市科技机构获国际、全国博览会奖项最多，常州第四制药厂的盐酸氟西汀等28个项目获得中国高新技术产品博览会金奖。2004年，全市21家专业科研机构，发表科技论文63篇，获得发明专利授权5件。

第一节 国家级科技成果

1986—1990年，常州科研机构和企业获得国家级科学技术奖8项，1989年、1990年均获3项。1990年11月初，常州市有44个产品获省先进适用科技成果、新产品展览交易会金奖，74个产品获银奖。1991—1995年、1996—2000年常州科技机构和企业先后获国家级科学技术奖4项、3项。至2000年末，科技进步成效显著的常州机床总厂拥有国家级新产品7项、国家火炬计划产品3项，获国家科技进步奖3项、国家专利4项。

2006—2010 年常州科研机构和企业获国家级科学技术奖 8 项，最多时为 2010 年获得 3 项。1986—2010 年，常州市科研单位组织和企业获国家科学技术进步奖 21 项、国家技术发明奖 3 项，分别获得国家级科学技术奖特、一、二、三、四等奖 1 项、4 项、12 项、9 项、1 项。

1987—2010 年常州市获国家科技进步奖与技术发明奖一览表

表 33-6-1

年度	项目名称	常州市主要参与研制单位	获奖等级
1987	OPE(氧化聚乙烯蜡)糖果薄膜	常州市光明塑料厂	三等奖
1988	班产 4 吨挂面生产设备	—	三等奖
1989	KJ1 矿井环境与生产工况监测系统	常州自动化研究所等 13 家单位	三等奖
	千万吨级大型露天矿成套设备(CYS30 型矿山多用洒水车)	常州冶金机械厂	特等奖
1989	PL240/48型门式耙料机	常州化工机械厂	一等奖
	商品砼生产和应用成套技术研究	常州市建筑工程总公司	三等奖
1990	154 吨电动轮自卸汽车	常州冶金机械厂等企业、科研院所	一等奖
	4500马力“东风-8”型内燃机车	戚墅堰机车车辆工厂	一等奖
	高磷铸铁闸瓦	铁道部戚墅堰机车车辆工艺研究所	二等奖
	YH-401 多功能电子清纱器	常州第二电子仪器厂	二等奖
1991	转向架 B 级钢	铁道部戚墅堰机车车辆工艺研究所	二等奖
1992	KJ2002 胶带运输机微机防爆电控成套装置	煤炭科学研究总院常州自动化研究所	三等奖
1995	*复合绝缘材料	常州市龙虎塘聚胺脂制品厂	*四等奖
	武育粳 3 号的选育	武进县稻麦育种场	二等奖
1997	CK-66 高效矿井辅运成套设备	煤炭科学研究总院常州科研试制中心	三等奖
1998	重载列车用 MT-2、MT-3 型缓冲器 16、17 号转动和固定车钩	铁道部戚墅堰机车车辆工艺研究所	三等奖
	*新型旋光性农药(敌草强、双爱士)	江苏省激素研究所	*三等奖
1999	水电站用爆破膜代替调压井的过渡工程和工程措施研究	河海大学常州分校	三等奖
2006	苯酚烷基化清洁催化技术及工业应用	江苏工业学院	二等奖
	铁路线路大型养路机械成套装备技术及应用	南车戚墅堰机车车辆工艺研究所	二等奖
2008	*高效利用反应热副产工业蒸汽的热法磷酸生产技术	江苏工业学院	*二等奖
	织物变性涂料连续染色新技术	常州东高染整公司等	二等奖
2009	时速 250 公里动车组高速转向架及应用技术	南车戚墅堰机车车辆工艺研究所公司	一等奖
	稻麦秸秆人造板制造技术与产业化研究	江苏洛基木业公司(常州)	二等奖
2010	数字化经编装备的关键技术研究与应用	常州市润源经编机械公司	二等奖
	钴酸镧等高性能超细氧化物催化剂的制备和应用技术	常州大学、华润包装材料公司(常州)	二等奖
	矿井移动与应急通信技术与系统	江苏三恒科技集团公司、常州联力通信科技公司、煤炭科学研究总院常州自动化研究院	二等奖

说明：参与单位一般为多家，本表仅列位于常州市的参与单位。除加“*”号者为国家技术发明奖外，其余均为国家科技进步奖

1995年常州市获中国高新技术产品博览会金奖项目一览表

表33-6-2

获奖项目	研制生产企业	获奖项目	研制生产企业
盐酸氟西汀	常州第四制药厂	双甲脒	江苏华夏动物药品厂
多功能复合床垫	常州丝绸公司	无梭织机异型钢筘	常州市钢筘厂
铝包钢芯铝绞线	常州电线电缆厂	Al_2O_3-Si-C砧及火泥	武进第一耐火材料厂
玻璃纤维薄毡	常州天马公司	G-D等离子切割机	常州泛洋电气公司
QFC齿条式分梳辊	江苏纺织器材研究所	涤纶空气变形丝汽车内饰座椅面料	武进旷达汽车装饰织物总厂
干法腈纶喷丝头	常州纺兴精密机械公司	富右旋反式丙烯菊酯	常州市康泰化工厂
JYS绝缘油色谱分析自动全脱气进样装置	常州佳乐电子仪器厂	一步喜—早早孕筒便诊断试条(单无隆)	金坛市为华生物制品厂
ZJ-716型纵横景摺景机	常州服装机械厂	辐照交联电线电缆	溧阳电缆厂
ZS19柴油机	常柴股份公司	正昌艾艾高新饲料配方技术及预混料	江苏正昌集团公司
变速箱用滚动针轴承	常州滚针轴承厂	SZLV系列颗粒机电脑自动控制系统	江苏正昌集团公司
勤丰牌复合铝板	常州中化勤丰塑料公司	YLT-方型组合式隔热壳体冷却塔	溧阳市冷却塔厂
达立牌电池	常州电池厂	KT-1纱	溧阳市丝织厂
马来酸依那普利	常州制药厂	新型医用通气缓释胶囊	溧阳麦杰克公司
JN-9042高效阻垢缓释剂	武进水质稳定剂厂	新型医用通气胶带	溧阳麦杰克公司

一、农业科技成果

“八五”期间，武进县稻麦育种场江祺祥、邹江石、夏源陵等8人完成的武育粳3号的选育项目获1995年度国家科技进步奖二等奖。武育粳3号(原名8169—22)的培育，总结分析江苏粳稻系谱及培育紫金糯成功经验，选用本地粳稻品种与地理相距较远、熟期差异较大的品种进行复合杂交，后代在本地与海南异地交替选育而成，具有高产性、抗逆性和广泛的适应性特点，米质香软，一般单产比当地同熟期粳稻品种增产约10%，成为江苏省沿江、沿海南部和江南部分地区的粳稻主栽品种。2003年，金坛社头应用现代规模蚕桑生产技术，劳动生产率提高3倍多，亩均纯收益达1000多元，成为国家在中西部地区推广的重点农业技术。2010年，江苏正昌粮机股份公司完成国家“十一五”科技支撑计划攻关项目生物质成型燃料产品与关键设备研制项目子项目移动式秸秆加工机组，所产秸秆颗粒燃料便于贮存运输，易着火，燃烧效率超过直接秸秆燃烧的5倍，是一种高效、清洁燃料。

二、环保科技成果

2008年，常州市环保系统配合国家水体污染控制与治理科技重大专项，完成环保课题研究和验收8项，其中3项成果分别获2008年度国家科技进步二等奖。同年8月29—30日，国家水体污染控制与治理科技重大专项太湖流域项目(课题)实施方案通过论证，水专项太湖流域项目启动，分设湖泊、河流、城市水环境、饮用水安全保障、流域污染防治监控预警、管理政策等6个专题，下设33个项目，项目实施期至2020年，计划投入总经费356.5亿元，涉及常州市的课题有23个，其中有示范工程的课题11个，2006—2010年总投资5.9亿元。

2010 年 7 月，常州水专项城市“十二五”课题启动，常州环保部门积极与大院大所合作，参与课题研究重点研究城区水污染控制、水环境改善的关键技术及工程解决方案，水专项是中国首次推出的以科技创新为先导的重大环保专项，为国家水体污染控制与治理提供全面技术支撑。

国家水专项太湖流域项目涉及常州市的 23 个课题情况表

表 33-6-3

	单位	投资额		太湖富营养化项目			环太湖城市项目		
		中央	地方	总数	中央	地方	总数	中央	地方
设立课题	个	—	—	15	—	—	8	—	—
“十一五”期间投资	亿元	5.86	8.58	10.47	4.27	6.2	3.97	1.59	2.38

第二节　省级科技成果

1986—2010 年，常州市科技机构累计获得江苏省科学技术进步奖 474 项，其中一等奖 8 项、二等奖 70 项、三等奖 236 项、四等奖 160 项。1992 年度获奖最多，获四等奖及其以上奖项 38 项；1998 年起取消四等奖。至 2000 年底，常州机床总厂获得省科技进步奖 5 项。

1993—2010 年获江苏省科学技术进步奖二等奖及其以上奖项的项目一览表

表 33-6-4

年度	项目名称	主要完成单位	奖项等次
1993	武育粳 3 号的育成	武进县稻麦育种场，江苏省农业科学院	二等奖
	SSCJ1000 特种饲料机组（包含 SWFM60×36 微粉碎机）	溧阳市正昌粮油饲料机械总公司	
	WCJ-1 型激光测距仪	常州第二电子仪器厂	
	DB0.50/0.40 玻璃纤维薄毡	建材二五三厂	
	奥美拉唑及胶囊制剂（奥克）	常州第四制药厂	
1994	布洛芬新工艺技术	常州制药厂	二等奖
1995	JMY600FI(B) 液力传动内燃机车	常州工矿电机车厂	二等奖
	水稻高产群体质量指标及其调控技术	江苏省农业技术推广中心、扬州大学农学院、常州市农业局、金坛市尧塘镇农技站等	
	江苏不同栽培制度水稻抛秧高产技术研究	江苏里下河农科所、扬州大学农学院、江苏省农林厅作栽站、武进市农业局等	
	武育粳 3 号的选育	武进稻麦育种场江祺祥、邹允石、夏源陵等 8 人	
1996	单层高密度聚乙烯液体化学品包装容器专用料及成型加工的研究	江苏石油化工学院	二等奖
	GE202 型全自动控制高速整经机	常州市第八纺织机械厂	
	1630 板坯连铸机铸坯导向系统、1900 板坯连铸扇形段	宝钢集团常州冶金机械厂	
	抗抑郁剂盐酸氟西汀	常州市第四制药厂、上海医药工业研究院	
	水稻结实能力的调节机理及其应用	扬州大学农学院、常州市农业局等	

续表 33-6-4

年度	项目名称	主要完成单位	奖项等次
1997	武育粳5号的育成	武进市稻麦育种场、江苏农业科学院粮食作物研究所	一等奖
	新型旋光性农药的研究	南京农业大学、江苏科达化工科技公司、江苏省激素研究所一厂等	
	竹龙防缩牛仔布	黑牡丹(集团)股份公司	二等奖
	CFC6110GD、CJ6111D1低地板空调城市客车及底盘	中国福莱西宝车辆公司、常州长江客车集团	
	ZQDR-250型直流牵引电动机	常州牵引电机厂	
	CJ9005B中西文终端、CJ320H中西文图形终端	常州电子计算机厂	
1998	ZK52110数控龙门双轴钻床	常州机床总厂	二等奖
1999	DVD数字激光视盘机	江苏新科电子集团公司	二等奖
2000	武运粳7号的育成	武进市农业科学研究所	二等奖
	汽车专用材料——专用漆	化学工业部常州涂料化工研究院	
	氯化精馏法合成苄基氯	江苏石油化工学院	
	DVD数字化激光视盘机	江苏新科电子集团	
	对家蚕微粒子病发生原因流行规律及防治对策的研究	苏州大学、溧阳市蚕桑指导站等	
	油菜高产群体质量指标及其调控技术的研究与应用	江苏省作物栽培技术指导站、扬州大学农学院和高邮市、扬州市、高淳县、常州市的作物栽培技术指导站等	
	江苏省建筑安装工程施工技术操作规程研究	江苏省建筑工程管理局、工业设备安装公司、机械化施工公司和南京、镇江、常州三市建筑工程管理局等	
2001	TH42160B/5X型五轴联动龙门式加工中心	江苏多棱数控机床股份公司	二等奖
	万吨ACR铜管连铸连轧工艺及设备	常州兴荣高新科技发展公司	
	富右旋反式炔丙菊酯原药	常州市康泰化工厂、江苏省农药研究所	
2003	重油催化裂化柴油非加氢精制技术	江苏工业学院	二等奖
	胰酶“两酶”联产技术(胰激肽原酶和胰弹性蛋白酶)	常州千红生化制药公司	
	耐热耐磨、高强度铝基陶瓷颗粒复合材料的研究	江苏大学、江苏工业学院	
2004	复方氯溴异氰尿酸(消菌灵)	南京农业大学实验农药厂常州分厂	一等奖
	TMJ-A弹性模量无损显示机	南京林业大学、金坛市冶金化工阀门厂	二等奖
	QYJ-1600/0.30 液环式氯气泵的研制	江苏工业学院、江苏金湖石油化工机械制造公司	
	CK-310系列大型冶金立式粉磨成套设备	宝钢集团常州冶金机械厂	
	东风-4045系列轮式拖拉机	常州东风农机集团	
2005	工业生物催化关键技术及在食品添加剂制造中的应用	江南大学、江苏工业学院、常茂生物化学工程股份公司等	一等奖
	苯酚丙酮缩合催化剂的研制及在万吨级双酚A工业装置上的应用	江苏工业学院、天津双孚精细化工公司	二等奖

续表 33-6-4

年度	项目名称	主要完成单位	奖项等次
2005	肾移植受者并发巨细胞病毒感染的相关研究	苏州大学附属第三医院	二等奖
	人体平衡功能检测训练系统	南京大学、常州钱璟康复器材公司	
2006	精密铜管技术装备产业化	江苏兴荣高新科技股份公司	二等奖
2007	DF8B 型青藏线高原内燃机车	中国南车集团戚墅堰机车车辆厂	二等奖
2008	三维间隔连体织物及其复合材料	常州伯龙三维复合材料有限公司，北京航空航天大学	二等奖
	UT3000T 智能客户机	江苏国光信息产业股份公司	
	新型人类载脂蛋白 M 的功能与调控及临床意义的研究	常州市第一人民医院	二等奖
	高性能节能环保型发动机的激光珩磨技术与装备	常柴股份有限公司、江苏大学等 4 家单位	
	国光金融自助统一平台软件	江苏国光信息产业股份公司	
	二聚酸聚酰胺树脂接枝交联改性技术与工程应用项目	江苏工业学院、仪征市热缩制品公司、泰兴市试剂化工厂	
2009	生猪及其产品可追溯体系的研究	常州祥康电子公司、江苏省农业科学院等 5 家单位	二等奖
	动力机械燃烧理论与燃烧系统的研究及应用	常柴股份公司、常州常发动力机械公司	
	低消耗软化学方法在超细催化剂制备中的应用	江苏工业学院	
	大型特种精密轧辊技术产业化	宝钢集团常州轧辊制造公司	
	认知功能的神经心理脑机制研究及认知障碍的诊疗评估	常州市第一人民医院、北京师范大学、中国科学院心理研究所	
	安全高效无极绳连续牵引车研究与应用	常州科研试制中心公司、中国矿业大学	
2010	水稻丰产精确定量栽培技术研究与应用	武进区作物栽培技术指导站	一等奖
	新型酶制剂及酶促生产医药中间体	江苏华荣生物科技有限公司、华东理工大学	二等奖
	新型水性树脂合成及环保型水性涂料研究	中海油常州涂料化工研究院	
	乙(丙)二醇醚酯清洁生产技术研究	常州大学	
	建筑一体化太阳能光伏光热复合系统及关键技术研究和应用	江苏太阳宝新能源公司	

一、农业科技成果

1996 年，武进市稻麦育种场江祺祥、邹江石、夏源陵等 8 人完成的武育粳 3 号选育项目和常州市蚕桑技术指导站、金坛市蚕桑技术指导站等单位开展的桑园立体栽培技术研究分获 1995 年度省科技进步二等奖、三等奖。1998 年，武进市稻麦育种场、省农业科学院粮食作物研究所完成的武育粳 5 号的育成项目获 1997 年度省科技进步奖一等奖。2000 年，常州市水产技术指导站完成的池塘青虾主(混)养技术研究获 1999 年度省科技进步三等奖。2003 年，武进市农业科学研究所完成的武运粳 8 号的育成获 2002 年度省科技进步奖三等奖。2006—2010 年，武进名优水产引繁推广中心与省淡水水产研究所等 4 家单位完成的黄颡鱼优质高效规模化繁养技术研究与示范推广项目，与江苏大学、金坛天鹅喷灌机械有限公司开展的微型射流式喷灌机组研发与产业化项目获省科技进步三等奖。金坛市现代渔业产业园区研究实施的池塘生态高效养殖技术获省农业技术推广奖二等奖，蟹池微孔管道增氧生态高效养殖技术获省农业技术推广奖和海洋与渔业科技创新两项一等奖，两项技术均获国家发明专利。2011 年，常州市武进区作物栽培技术指导站与扬州大学、省农业科学院等 8 家单位完成的水稻丰产精确定量栽培技术研究与应用项目获 2010 年度省科技进步一等奖。

二、环保科技成果

2006—2010 年，常州市三信环保设备公司、南车戚墅堰机车公司工业公司等单位研制的 SLC-100C 生活垃圾焚烧炉，江苏金梓环境科技公司、江苏技术师范学院开发的广谱型随机个性化污水处理新技术，江苏维尔利环保科技股份公司和江苏省环境科学研究院研制的垃圾渗滤液污染防治技术及设备同获省科技进步三等奖。

第三节 市级科技成果

1986 年起，常州市科技进步奖每年由市科技进步奖评审委员会审议评定 1 次。1988 年起，市科技进步奖评审委员会下设 8 个行业评审组和综合评审组，分行业、专业评审市科技进步奖，提交市科技进步奖评审委员会审定、市政府核准后公布并授奖。1986—2010 年，全市评选表彰市科技进步奖 1699 项，其中一等奖 74 项、二等奖 261 项、三等奖 692 项、四等奖 672 项。

1998—2010年获常州市科技进步奖一等奖(部分)项目一览表

表 33-6-5

年度	项目名称	完成单位
1998	ZLM40E 轮式木材装载机	常林股份公司
	武运粳 7 号的育成	武进市运村农科良种场
1999	CFC6900GQY 双燃料客车及底盘	常州长江客车集团
	中国 4～12 岁儿童 P300 认知电位正常值的建立及其临床应用的研究	常州市第一人民医院
	甲叉苯胺法新工艺生产甲草胺、乙草胺、丁草胺、异丙草胺原药及其制剂中试	常州农药厂、沈阳化工研究院
	连续化生产三氯异氰尿酸、联产二氯异氰尿酸钠	常州化工厂
	高档防缩牛仔布生产设备及工艺	黑牡丹(集团)股份公司
	DVD 数字化激光视盘机	江苏新科电子集团
2001	TH42160B/5X 型五轴联动龙门式加工中心	江苏多棱数控机床股份公司
	固定化细胞(酶)法生产 100t/aL(+)- 酒石酸	常州常茂生物化学工程公司
	熔融纺丝异形孔喷丝板	常州纺兴精密机械公司
	热灌装瓶级聚酯切片	常州华源蕾迪斯公司
2002	模块化汽车衡	梅特勒—托利多(常州)称重设备系统公司
	SC9-Z-20000/35 三相树脂绝缘干式电力变压器	江苏华鹏变压器厂
	新型杀虫螨剂——杀螨隆	江苏常隆化工公司
	肺大疱临床分型与微创外科治疗	常州市第一人民医院

续表 33-6-5

年度	项目名称	完成单位
2003	3-甲基-4-丁酰氨基-5-硝基苯甲酸甲酯	常州化工研究所公司
	胰酶“两酶”联产技术(胰激肽原酶和胰弹性蛋白酶)	常州千红生化制药公司
	奥美拉唑针及低剂量胶囊的研究与生产	常州四药制药公司
2004	武香粳 14 号的育成	常州市武进区稻麦育种场
	CK-310 系列大型冶金立式粉磨成套设备	宝钢集团常州冶金机械厂
2005	东风 11G 型准高速客运内燃机车的研制	中国南车集团戚墅堰机车车辆厂
	肾移植受者并发巨细胞病毒感染的相关研究	常州市第一人民医院
2006	大型特种精密轧辊材质及生产工艺研究	宝钢集团常州轧辊制造公司
	城轨车辆用密接式车钩和缓冲器	中国南车集团戚墅堰机车车辆工艺研究所
	农药生产工人职业危害、早期生物学检测和防治对策研究	常州市疾病预防控制中心、常州市卫生局、南京医科大学公共卫生学院
2007	TM 高强级反光膜	常州华日升反光材料公司
	超级稻武粳 15 号的育成	常州市武进区稻麦育种场
	盐酸氨溴索冻干粉针剂的研究与开发	常州四药制药公司
	CIK(多种细胞因子诱导的杀伤细胞)细胞技术平台的建立及临床应用研究	常州市第一人民医院
2008	高速列车动车组用制动夹钳和踏面清扫器	常州市铁马科技实业公司
	短流程工艺及装备制造高品质无氧电缆铜带	江苏兴荣高新科技股份公司
	三维间隔连体织物及其复合材料	常州伯龙三维复合材料公司、北京航空航天大学
	国光金融自助统一平台软件	常州国光软件系统工程公司
	冠状动脉粥样硬化性心脏病外科治疗的临床应用研究	常州市第二人民医院、常州市第一人民医院
	新型人类载脂蛋白 M 的功能与调控及临床意义的研究	常州市第一人民医院
2009	UCM 轧机	常州宝菱重工机械公司
	精对苯二甲酸(PTA)残渣资源化利用及焚烧处理技术	江苏福昌环保科技集团公司、江苏工业学院
	太湖流域稻田重金属污染概况及其栽培控制技术	常州市农畜水产品质量监督检验测试中心、江苏工业学院、扬州大学农学院
	生长抑素及冻干粉针剂的研究与开发	常州四药制药公司
	提高晚期胃癌术后生存率的临床研究	常州市第一人民医院
2010	优质高产抗病水稻新品种武运粳 19 号的育成与应用	江苏(武进)水稻研究所
	GE2-M2 多轴向经编机	常州市第八纺织机械公司
	检测单核酸多态性的新技术开发研究	常州市第一人民医院
	高辉度导光板	常州丰盛光电科技股份公司

一、农业科技成果

种植业 2000 年，与日本 NS-30 研究所联合筹建常州市科田种苗公司，完成 6 个优良品种的引试、制种、处理和保纯。2002 年，全市双低油菜占油菜种植总面积的 85%，推广水稻 9988、9915 新品系 13.3 万公顷；

2010 常州农业科技推进会（摄于 2010 年 6 月）

翌年，常州从国外引进完全无农药稻米栽培先进技术，通过对饲料稻、抗虫、耐除草剂等功能性水稻的研究，水稻花粉单倍体育种技术取得重大突破。2003 年，常州企业成功开发出苜蓿草加工成套机组。2004 年，开展有机稻米生产技术应用及产业化开发研究。2005 年，全省单季稻丰产高效技术集成研究与示范等重点农业科技项目取得显著成效，水稻超高产丰产方达亩产 803.5 公斤，水稻花粉育种实验室初具规模。

养殖业 2002—2003 年，武进郑陆镇与上海转基因研究所合作从国外引进波尔山羊胚胎移植技术，研究成功波尔山羊胚胎移植技术，高产奶牛、波尔山羊的胚胎移植技术基本成熟，仅波尔山羊推广养殖就带动 200 余户农民养羊致富。

水产业 2003 年，常州水产技术研究推广部门组织实施国家农业科技成果转化资金项目无核异形珍珠规模化养殖项目，开发高科技的无核异形淡水珍珠。翌年，与上海水产大学联合研究湖泊生态修复技术，推广应用河蟹生态养殖技术，推动全市渔区可持续发展。2005 年，河蟹病害防治实验室建设初具规模。

园艺业 2002 年，全市 10 个农业科技示范园区引进瓜果、蔬菜等国内外新品种 140 个，推广种植日本南瓜、甜瓜等品种 333.3 公顷。翌年，植物细胞组培实验室正常运转。2004 年，常州开展茶叶微波加工技术及设备研究、珍稀食用菌液体菌种生产工艺及高效配套技术的研究与应用，绿茶超微粉成功开发。2005 年，花卉组培实验室、苗木快速繁殖试验中心初具规模，建设微生物实验室。

水利 2010 年 8 月，江苏圣乐机械公司自行研发的 400 吨重大型渡槽模具被运往中国南水北调中线规模最大、技术难度最复杂的控制性工程沙河渡槽工程现场。这个大型渡槽模具的槽身采用 U 型薄壁双向预应力结构，综合流量、跨度、重量、总长度等综合指标填补国际水利行业大流量渡槽设计技术的空白，是世界上最大的水利工程模具。

二、环保科研成果

常州各级党委、政府重视环保科研，逐年加大环保科研的投入。1985—2010 年，全市累计投入环保科研开发经费 668 万元，开展环境科研活动，发展环保产业，成立市环保产业协会，推进企业清洁生产，摸清常州环境质量和污染现状及其变化规律。累计完成环境科研课题 94 项，其中获部省级科技进步奖 3 项、获厅市级科技进步奖 9 项、被列入国家 A 级实用技术 1 项、获得国家专利 1 项，2 个产品被评为省高新技术产品。2003 年，市环保局组织申报科研项目 11 个、省环保厅年度科研备选项目 4 个、省环保厅年度科研指南项目 5 项。2008 年 5 月，常州市首次环保科技工作会议召开，市环保局与南京大学环境学院签订全面合作协议；常州天合光能、老三集团等单位与清华大学、南京大学、河海大学、环保部南京环科所等分别签署了合作协议；污染控制与资源化研究国家重点实验室实验基地、南京大学环境学院实习基地在常州揭牌。

地市级环境地理信息系统关键共性技术研究开发与集成应用示范研究 常州市环境保护研究所、测绘院主持攻关研究。2009 年 12 月 20 日，以中国科学院地理与资源研究所李文华院士为组长的鉴定专家组进行鉴定，专家组认为该项目在环境地理信息系统应用方面达国内领先水平，在污染源动态远程监控方面达国际先进水平。

常州市印染行业水污染现状、预测及削减方案研究　课题系统深入调查分析印染行业污染源分布、污染物排放量、污染结构类型，预测印染废水排放量，提出污染削减方案和污水控制对策，在建立神经网络模型，预测印染污水排放量，开发地理信息系统(GIS)支持系统等方面达到国内先进水平。2010 年 2 月，通过市科技局组织的专家组鉴定。

1986—2006 年常州市环保部门组织开展的环保科研课题一览表

表 33-6-6

完成年份	研究课题名称	课题简况和成效
1986	常州经济发展对环境影响的预测和环境保护对策研究	市环保局与南京大学合作，提出了调整城市及工业布局、控制污染源、城市给排水、环境管理等环境综合整治对策
1988	实用水质模型研究、常州市区水域功能分区研究等课题	
1989	常州市排污许可证管理研究	明确了许可证管理的重点、方法和程序、运行机制、配套制度和措施
1992	可吹脱芳烃、卤代芳烃分析方法适应性研究	基本解决气泡和漏气问题
1993	工业废水中丙烯醛、丙烯腈分析方法适应性研究、硫酸亚铁还原沉淀法处理镀锌铬钝化电镀废水的工艺条件研究	
1993	蚕豆根尖微核监测技术应用研究、多离子检测(Multi-Ion Deetion，简写 MID)定量分析方法研究	市排污监理站、常州市高新区三有公司联合研制完成，1994 年获省科委颁发的省高新技术产品证书，获国家实用新型专利证书和国家环境保护成果证书
1995	水污染治理设施(备)自动监控系统研究	市环境监测总站研制开发，获省环保科技进步二等奖
1996	常州机动车辆排气污染现状调查与对策研究	获省环保科技进步三等奖
2001	常州城市可持续发展环境保护研究	课题对影响可持续发展的主要环境问题做了详细分析，提出常州市城市可持续发展总体目标，6 月通过省级评审
2003	从产业布局调整中实现循环经济发展的对策研究、生态住宅小区评估指标体系及应用示范研究等 3 项课题	市环保局组织完成，申报市和省科技局社会发展计划项目
2005	常州市循环经济建设规划研究	4 月通过省环保厅验收、市科技局专家组评审
2006	绿色地区生产总值框架下常州经济运行质量、市区感光液污染现状及处理途径研究	市环保局组织完成

三、医药卫生科研成果

1986 年后，常州市卫生系统制订出台《科研“七五”专题规划》《常州市卫生局医学技术创新奖励暂行办法》《市级医疗卫生重点技术专科管理办法》等措施，设立科研基金、重大项目课题招标、投资建立重点实验室等，政策向科研人员倾斜，对获得省及其以上科研成果者重奖。市卫生局对原位同种异体肝脏移植、冠状动脉搭桥术、心脏移植术、卵巢移植术、肺脏移植、胰肾联合移植、肝肾联合移植等临床重大技术项目奖招

10万～50万元重标支持，市一院、市二院、市妇保院等单位在这些技术领域取得突破性进展，取得一大批获奖科研成果，填补省内空白。全市卫生系统设立科研基金，加快医学技术研究。90年代，卫生部门对重大技术重点招标资助研究，医学科技技术向多学科、纵深方向发展，多科研成果填补省、市空白。

课题获奖 1986—1990年，全市卫生技术人员承担课题研究89项，获部、省级科技进步奖4项，省卫生厅、市科技进步奖24项。1991年，完成省、市科研项目23项，通过国家鉴定15项，获省、市级科技进步奖7项。1992年，课题研究获科技进步奖16项，其中省级2项、省卫生厅4项、市级10项，为历年来获奖最多的年份。1993年，市卫生局重奖科研成果获得者20万元。1994年，有25项科研项目获科技进步奖，其中市直属医院19项，武进、金坛的医院共6项。1995年，市直单位7项科技成果通过鉴定，其中达国际水平1项、国内首创1项、国内领先3项。获市以上级22项，其中省级2项。1996年，市卫生局对心脏移植等5个临床重大技术项目实行招标重奖，市二院完成冠状动脉搭桥术，成为省内第四家能施行此手术的医院，填补市内空白；市直医院开发应用新技术7项，在国内领先，其中1项被列为国内首创，获市级以上科技成果进步奖13项，其中达国际先进水平3项、国内首创4项、国内先进水平6项。1997年，全市实施新技术新项目70余项，经直肠超声监视尿道内水囊扩张治疗尿道狭窄等5项技术达国内先进水平，腹主动脉瘤破裂出血人工血管置换术等27项技术达省内先进水平，获部、省级科技进步奖7项。1999年，拨款20.5万元，用于科研专项资金，开发科技项目53项，获市级及其以上科技成果进步奖23项，其中国家级3项、省级3项。

2000年开始，市政府每年安排科技专项经费200万元，用于科研、重奖和汇编科技成果。当年重奖市一院首例人同种异体原位肝脏移植手术30万元，这项技术达国内先进水平。全市获市级及其以上科技进步奖28项，其中省级5项、省中医管理局1项、省国防科工办7项、省卫生厅新技术引进奖4项。2001年，常州医药技术创新获重大突破，市一院成功开展心脏移植手术，肾移植累计1003例，在省内处领先地位；市儿童医院开展小儿心脏手术70例。全市获市级及其以上科技进步奖18项，其中省级2项、省卫生厅新技术引进奖5项。2002年，获科技成果进步奖20项，其中省级1项、市级19项，对完成心脏移植术和千例肾移植人员分别奖励30万元、16万元。2004年，完成首次中标国家自然科学基金项目1项、省卫生厅重大招标项目1项、省卫生厅科技计划项目两项。市一院和市二院完成临床医学重大技术招标项目——同种异体胰肾联合移植术；市三院抢救大面积电烧伤患者，使“无胸人”生还，中央电视台作了专题报道；市二院自制扩理检测仪，可早期发现糖尿病并发症，临床应用获省卫生厅新技术引进二等奖。2005年，全市申报300多项课题，有137项立项，其中国家级2项、省级3项、省卫生厅11项、市级50项，市一院副院长、心胸外科主任医师张晓膺主持的载脂蛋白M(apom)在心血管疾病发生发展中的作用机制研究、市二院骨科刘锦波主持的S1itZ/Robo1在嗅鞘细胞移植促进损伤脊髓轴束生长中的作用研究课题，分获国家自然科学基金会资助25万元。全市获省卫生厅医学新技术引进奖23项，其中市一院、市二院和市妇保院等7项课题获一等奖；市二院丁惠萍等的护理研究成果获第七届全国护理科技进步二等奖。全市获外援资助科研经费159万元和授权专利11件。

2006年，获省科技进步二等奖1项、市科学技术进步奖27项、省卫生厅新技术引进奖18项和国家发明专利奖2项。市卫生局资助科研经费近70万元。2007年，申报科研立项128项，其中国家级6项、省级1项，有1项为卫生部重大招标课题，为常州首次招标成功的课题。全市获新技术引进奖48项，其中省级18项、市级30项，有1项获卫生厅新技术引进一等奖，居全省地市级首位。卫生科研成果连续3年获市科技进步一等奖。2009年，申报科研立项137项，其中国家级5项、省部级3项、省卫生厅8项，并首次得到国家自然科学基金资助。获第三届宋庆龄儿科医学成果奖1项、省科技进步二等奖1项、市科技进步奖25项。

中英科技桥给药技术开放创新研讨会现场（摄于2009年12月）

2010年，申报科研立项81项，其中国家级5项、省部级2项、省卫生厅6项。获省级科技进步奖1项、市科技进步奖25项、省卫生厅医学新技术引进奖10项、国家发明专利5项。市一院肿瘤实验室蒋敬庭研究的CIK[①]培养液及培养CIK的方法、市二院骨科刘锦波主持的椎体透视定位架、综合实验室罗光华和郑璐的检测脱氧核糖核酸的单核苷酸多态性的方法被评为发明专利，刘锦波主持的下支透视架和锁骨骨折点位于锁骨总长外侧1/3区段的骨折固定板、李皓研究的一种心电图胸导联电极、经浩研制的腔内标本吸集器被评为实用性专利。市二院内分泌科博士邓向群申报的科研项目Ⅱ型糖尿病人骨髓干细胞成骨能力研究获国家自然科学基金项目立项资助。

专著论文 1993年，全市医卫技术人员在医学杂志上发表论文561篇，其中国外期刊6篇、国家级杂志98篇；在全国性、国际性学术会议交流论文219篇，有16篇参加国际学术交流。1995年，出版科技专著3部、科普著作1部；发表论文569篇，其中国外学术刊物15篇、全国性学术刊物90篇。1996年，发表医卫学术论文544篇，其中国家级学报采用59篇，市二院提交的论文《镍钛记忆合金支架治疗气道狭窄的临床研究》参加在印度尼西亚召开的亚太地区胸科疾病会议上交流。1999年，《院前急救医学》专著出版，《江苏中西医结合》杂志创刊。2005年，全市医卫技术人员出版医药著作12部。2006—2007年，全市医卫技术人员有20余篇论文被美国SCI《科学引文索引》收录，在国家级杂志发表论文近100篇。2010年，常州医卫工作者出版科技和科普著作4部，有52篇医学论文为美国《科学引文索引》采录，在国家级杂志发表论文52篇。开展孟河医派研究，《孟河四家医集》（216万字）、《医刍融新》（张元凯）、《孟河医派三百年》（李夏亭、单德成）、《丁甘仁传》（杨忠）等著作出版。

第七章 气象服务 防震减灾

常州属北亚热带海洋性气候，常年气候温和，雨量充沛，四季分明。年均气温15.8℃，极端最高气温为39.4℃，最低气温为零下15.5℃，年均降水量1091.6毫米，年均日照时数2019小时。实行市管县的行政管理体制后的1985年2月，常州市气象台在武进县气象局的基础上建立，1988年9月更名为常州市气象局，实行双重领导管理，管辖常州市区和武进、金坛、溧阳三县的气象工作。全市设常州、金坛、溧阳3个地面气象观测站，其中常州、溧阳为国家基本气象站，金坛为国家一般气象站和省级农业气象观测站。1984年，原隶属镇江专区的武进、金坛、溧阳三县地震工作归属常州市，撤销武进县地震办公室，在县科委内保留1名专业人员负责地震工作，金坛、溧阳两县保留地震办公室。1986年，常州市地震办公室负责全市防震减灾。1997年5月，市地震办公室升格为市地震局，为市政府正处级直属行政性事业单位，依法行使防震减灾职

① 多种细胞因子诱导的杀伤细胞。

能，由市科技局代管，内设办公室（法规处）、地震监测管理处（市地震台）和震害防御处，武进、金坛、溧阳也相继设置地震局。1999年1月，常州市国家基本气象站迁至新北区通江中路670号。2002年8月，成立由市政府分管领导为主任、军分区及市有关职能部门负责人为成员的防震减灾工作联席会议，一旦出现地震灾情，参加联席会议的部门即转为抗震救灾指挥部成员单位。2008年3月，增设应急救援处。2009年，常州建成新一代多普勒天气雷达站，2010年5月常州市气象预警中心建成。同年，市地震局调整为由市城乡建设局代管，明确新北区、天宁区、钟楼区、戚墅堰区防震减灾的职能机构，完善了市和辖市区防震减灾工作体系。

第一节 气象服务

一、观　测

1986年，常州市气象台依靠711测雨雷达对空间进行监测预警，提供几百公里范围内云和降水的分布和结构。1986—2000年，气象观测主要依靠人工观测，观测内容有云、能见度、天气现象、气压、气温、湿度、风向风速等，并进行酸雨观测。2000年起，气象观测设备与业务逐步实现现代化，气象事业快速发展，2002年6月全市第一个区域自动气象观测站建成，至2008年底累计建成39个自动气象站，其中六要素站（气压、气温、湿度、雨量、风向、风速）4个、四要素站（温度、雨量、风向、风速）8个、温度雨量站25个、雨量站2个，实现24小时全天候自动观测（观测结果参见第二卷“自然环境”）。2009年5月，常州新一代多普勒天气雷达系统建成并试运行，实现对台风、暴雨、强对流等灾害性天气的监测和预警，最大探测范围约900公里。2010年4月，常州加入杭州、宁波、南通、南京等上海周边地区的新一代多普勒天气雷达同步观测网，同步获取上海周围大范围的雷达资料，实现雷达资料拼图和信息资料共享。

常州新一代天气雷达（摄于2010年11月）

二、预　报

1986—1992年，主要依赖于分析人工绘制天气图和气象观测数据，参照上级气象部门和欧洲、日本数值预报等产品进行天气预报，预报内容为短期和中期预报。1992年起，建成气象信息综合分析处理系统和卫星云图接收系统，预报内容拓展为短时和短期、中期、长期预报。2001—2010年，逐步应用现代化装备、网络通信、多普勒天气雷达等网络设施，先后开发分县预报指导系统、气象预报业务平台（Micaps）、气象决策服务平台、空气质量预报预警和大气污染灾害预报预警系统，预报内容发展为短中长期、临近预报和短时预警并存。2006—2007年，常州市县气象预报业务系统和新一代常州气象预报业务平台研究课题分获江苏省气象局科研开发二等奖、气象成果应用二等奖。2010年8月9日，常州广播电视台《气象小百灵》栏目组进驻常州市气象预警中心，直播室从广播直播区移到气象台，双方联合策划推出的直播气象节目开播。

三、社会管理与气象应急

1989年，气象部门开始对雷电防护进行管理，开展避雷针检测。1999年常州市防雷中心（常州市防雷设施检测所）成立，开展避雷针检测、防雷设计审核、防雷施工监督与雷电灾害评估等防雷减灾工作。2001 年，市气象局进驻市行政审批中心，设立气象行政审批服务窗口，对防雷减灾、气象灾害防御、行业标准、施放气球、气象灾害预警发布实行社会管理。2002 年，市气象行政执法支队成立，多次与安监、建设、公安等市级部门联合组成执法检查组，开展气象专项执法行动。2003 年 10 月、2005 年 12 月，市政府先后印发《常州市防雷减灾管理办法》《常州市施放气球管理办法》。2004 年 1 月，开始人工影响天气工作，主要目的是农业抗旱、城市节能降温及水质改善、重要活动气象保障等。2007 年 12 月，印发《常州市气象灾害预警应急预案》，配备气象应急车，加强对气象灾害的防御和管理 2010 年，江苏省第十七届运动会期间，实施人工消云减雨作业，常州市气象局被授予三等功。11 月 5 日，常州市综合应急救援支队成立，市气象局作为应急救援支队的成员单位，成立气象保障组。2010 年 11 月 19 日，市气象局建立气象为农业服务的长效合作机制、农业与气象灾害早期预警与防范应对的联动机制，确定气象为农服务示范村金坛市朱林镇朱林村、溧阳市竹箦镇陶庄村和气象为农服务示范点金坛水芹生产基地、溧阳天目湖镇伍员山茶叶研究所。

第二节　防震减灾

一、防震设施建设

2001 年 10 月，常州建成全省第一个地市级数字化测震台网并投用，能接收金坛、清明山、溧阳、靖江、镇江、无锡、宿迁和常州市地震局深井测震等 8 个监测信号。常州市及周边地区的地震监测能力达 2.0 级，地震速报时间由 30 分钟缩减至 10 分钟。2005 年 11 月，市防震减灾指挥中心大楼建设动工，2006 年 12 月 28 日投运，获江苏省地震局防震减灾优秀成果奖二等奖；市数字地震监测中心同时运行，由常州市大中城市信息网络节点、数字测震台网、数字强震台网及数字前兆台网组成。中国地震局部署江苏省地震局建设大中城市地震信息网络二级节点 3 个，苏南地区仅在常州建设 1 个。常州市数字测震台网在原“九五”台网（设金坛、清明山、溧阳、靖江、镇江、无锡 6 个子台）的基础上新增常熟、宜兴、泰州、溧水、高淳 5 个子台，共 11 个子台（常州市深井测震已停用），台网中心与清明山、金坛子台间通信联系的 DDN（数字数据服务）专线更换为光纤传输，短周期地震仪全部更新成甚宽频带地震仪，数字测震台网软件全面升级，监测能力达 1.5 级，地震速报时间由 20 分钟缩短到 10 分钟。2007 年 2 月，国家数字地震观测网络常州数字强震观测台安装调试成功并投运，填补了常州市强震观测的空白，常州市和金坛、溧阳两市 3 个强震台的建成标志着常州市强震观测台网基本形成。2009 年 9 月，市地震局在防震减灾指挥中心内完成地震应急视频会议系统建设，实现省、市地震应急平台联网。同年，应急避难场所、应急疏散通道分布、设置等按要求纳入《常州市城市黄线规划》。

二、地震应急救援

1999 年，市政府下发《常州市破坏性地震应急预案》，市有关部门相继制订破坏性地震应急分预案。2007 年，市政府办公室制定颁发《常州市地震应急预案》，市有关部门及时完善地震应急分预案。2008 年，市地震局组织对辖市区地震应急预案编制情况专项检查。2009 年，市地震应急现场工作队组建成立，配置帐篷、现场升降灯、应急发电机、扩音喇叭、照相机、摄像机、笔记本电脑、多功能应急包、急救箱、车载 GPS（全球定位系统）导航仪等应急设备 20 多种。2009 年 12 月，现场工作队举办了地震应急现场演练。

三、防震减灾宣传

2008 年初，市防震减灾指挥中心内建成防震减灾科普展厅，免费对外开放，被评为全市优秀科普教育基地和省级防震减灾科普教育基地。每年科普宣传周、安全生产咨询日及“7·28”唐山大地震纪念日，采用新闻媒体、科普基地、短信平台、期刊等形式，开展防震减灾科普知识宣传。2009年5月12日，第一届全国“防灾减灾宣传日”，市和辖市（区）地震局组织开展了防震减灾知识竞赛，常州代表队获得全国防震减灾知识竞赛（江苏赛区）三等奖，在人民公园、金坛金沙广场、溧阳市行政中心、武进区行政中心等地开展了宣传咨询活动，江苏工业学院、芦墅小学等学校举办了地震应急讲座。同年，防震减灾科普教育基地接待 5000多名学生、居民，丽华中学、清潭中学和溧阳市第三中学等学校创建成为江苏省防震减灾科普示范学校。年底，市地震局、教育局联合召开常州市中小学生命教育现场会，向500多所中小学赠送宣传片《中小学生防震减灾科普宣传动画片》1100多份，首次把动漫引入防震减灾科普教育宣传。翌年，这部动画片获第九届江苏省优秀科教电视及音像制品评选一等奖。2010年5—10月，市地震局、教育局、科协联合举办“走近科学，认知地震”主题征文活动，收到应征作品167篇。2010年9月27日，常州市防震减灾协会成立。

第八章　科学普及

常州市科普组织加强组织体系建设，创建科普教育基地，广泛开展“文化科技卫生三下乡”和科普宣传活动，提升城乡科普水平，强化对妇女和青少年的科普宣传。1986年3月起，进行科技扶贫试点，依靠科技脱贫致富。1999年，市科普工作联席会议制度建立，科普工作有序有效开展。2001年，启动科普示范城区建设。通过连续多年坚持不懈的科普宣传教育，常州公众的科学素养显著提高。2004年2—4月，市科协首次在全市开展公众科学素养调查，从城乡18～69岁的成年人中各随机抽选500个样本。结果显示，常州公众具备基本科学素养的比例为3.2%，高于2003年全国1.98%和全省2.03%的水平。2005年11—12月，市科协委托市统计局城调队开展第二次公众科学素养调查，对全市城乡1000个样本点进行抽样调查，结果显示，常州公众具备基本科学素养的比例为3.8%，比同年全省标准高1.23个百分点。2007年12月至2008年1月，市科协委托市农调队开展第三次公众科学素养调查，结果显示，常州公众具备基本科学素养的比例为5.1%，比同年全省标准高2.35%，居全省地级市前列。2008年，全市人均科普经费支出由2000年每人0.35元增至2.5元。2010年，全市安排科普经费1108万元；至年末，创建成全国科普示范城区5个、省科普示范城区7个。

第一节　科普组织

一、市、辖市区科协

1959年，常州市科学技术协会（简称“科协”）成立，主要负责全市科学技术普及工作。1996年，常州科普工作领导小组成立，每年召开会议1～2次，协调解决科普工作中的问题。1999年，市科普工作联席会议制度建立，由市委办公室牵头，市委宣传部、市科技局、科协等12家单位组成，负责全市科普工作重大决策和计划制定。至2010年底，全市有各级各类科协组织57家、农村专业技术协会220多家，形成健全的科协组织网络。

二、科技社团

1983—1990年是常州科普团体发展的黄金时期，学科门类逐步齐全，中青年科技工作者踊跃加入科协所属学会、协会、研究会，成为骨干。至1990年底，市级学会、协会、研究会发展到59个，会员总数达2.03万人；建有企事业科协65个，会员总数1.03万人。1999年以后，在经济体制改革过程中大批企业转制、合并和破产，科普科技社团数量逐年减少。2000年起，市科协探索科普科技社团管理改革思路，带动科技学会健康发展。2007年,市科普志愿者分会成立,下设8个分团,志愿者总数达4000人。2010年底,市科协所属市级学会、协会、研究会51个,会员总数2.38万人(参见第三十卷“人民团体”第五章“科学技术协会”)。

三、科普基地

90年代后期,全市各级科协开始注重发挥科研院所、大专院校、大型企业的展览馆、实验室等科普设施和农村地区种植养殖科技示范点(户)的作用,组织创建国家级、省级科普示范城区(县级市)和科普教育基地、科普示范基地,探索出科普与旅游、教育、产业相结合的新模式。1997年,常州市第二中学生物标本馆成为全市首家科普教育基地。1998年,常州市城北污水处理厂、田家炳实验中学、溧阳市天目湖旅游度假区成为全市首批省级科普教育基地。2002年,中华恐龙园、常州市厚余观赏植物科技示范园成为全市首批国家级科普教育基地。2007年8月起,市科技局、科普工作领导小组评审表彰市级优秀科普教育基地10多家。2010年底,常州市有科普教育基地82家,其中国家级5家、省级12家、市级65家。

2002—2010年常州市国家级、省级科普教育基地一览表

表33-8-1　　单位:人

级别	个数	批准年份	名　称
国家级	5	2002	中华恐龙园、常州市厚余观赏植物科技示范园
		2009	常州市少儿自然博物馆、天目湖水电科普园
		2010	金坛江南农耕园
省　级	12	1998	常州市城北污水处理厂、田家炳实验中学,溧阳市天目湖旅游度假区
		2000	江苏省前黄高级中学动物标本馆
		2002	江苏省武进高级中学、常州市蔬菜研究所
		2005	江苏省同大有害生物防制工程技术研究中心有限公司、常州市少年宫
		2008	常州市规划馆、溧阳市天目湖南山竹海旅游有限公司、金坛市华罗庚纪念馆、金坛市江南农耕园

第二节　科普宣传

80年代,常州市科协和辖市(区)科协及所属学会、科技进修学院开展专业技术培训班,培养了大批专业技术人员。1986年,《常州科技报》创刊发行。1988年,金坛县科协利用专业技术研究会向群众宣传科技致富,省科协声像中心应中央电视台之约,到城东乡电力养鹅研究会拍摄养鹅科教录像片。翌年起,市科普领导工作小组各成员单位在每年的“全国科普日”“科普宣传周”“科普活动月”活动期间,围绕不同主题,在全市城乡开展现场咨询、图片展板、实物展示、知识竞赛、放映电影等活动,次均受益者数十万人。

90年代,常州科技进修学院发展迅速,培训工作形成规模,成为常州专业技术人员和干部培训基地之一。1992年《常州科技报》改为《常州科协通讯》,成为全市科普宣传主要刊物。1994年,市科协与常州电视台联合制作专题节目《科技之光》。1997年以后,市科协邀请国内多位著名学者、专家到常州作科普报告。

2001年,市科普联席会议成员单位以反邪教宣传为重点,广泛开展科普宣传,环保部门组织开展了“节约资源,保护环境”科普巡展,广电部门开设《科普园地》等科普专栏。2002年6月,《中华人民共和国科学技术普及法》(简称《科学技术普及法》)颁布实施。2003年5月,市科协创办常州市科普之窗网站。1987—2004年,市科协及所属团体举办培训班3032期,培训20.65万人次;市科协科技进修学院举办培训班235期,培训

5893 人。2003—2004 年，围绕抗击非典型性肺炎和禽流感疫情，开展预防流行病科普宣传。

1989—2010 年常州市科普宣传周活动主题一览表

表 33-8-2

年份	届次	活动主题	年份	届次	活动主题
1989	一	形势教育，推动两个文明建设	2000	十二	提高全民创新意识，促进 21 世纪跨越发展
1990	二	科普宣传	2001	十三	环境保护——安全与健康
1991	三	江总书记“七一”讲话，中国科协“四大”精神，防洪救灾	2002	十四	科技创造未来
1992	四	科技是第一生产力	2003	十五	依靠科学，战胜非典
1993	五	群众性科普活动，江苏科技专利博览会	2004	十六	科技以人为本，全面建设小康
1994	六	科学与健康	2005	十七	科技以人为本，全面建设小康
1995	七	科学与健康，环境与人类	2006	十八	弘扬“三创”精神，建设创新型城市
1996	八	公众理解科学	2007	十九	携手创新，促进和谐
1997	九	提高自主创新能力，建设创新型国家	2008	二十	携手创新，促进和谐
1998	十	科普报告、科普知识竞赛、科普影视和参观科普基地	2009	二十一	创新促进发展，科普惠及民生
1999	十一	与邪教组织作斗争	2010	二十二	节约能源资源，保持生态环境

2006—2008 年，市科协先后编写出版科普丛书《大棚蔬菜栽培技术问答》《茶叶基本知识和实用生产技术》《科学用药》《老年人心理保健》等 7 册百姓科普系列丛书，《名优水产品养殖实用新技术培训》《食用菌知识及标准化生产》等 4 册农民科技致富丛书。2007 年，组织科普志愿者进入农村、企业、社区、校园、军营开展科普宣传，服务 4263 小时。至同年底，累计举办科普讲座 2431 场，放映科教电影、录像 1095 场，发放科普资料 6665 种 692.45 万份，接待咨询 17.54 万人次，医务义诊 6.70 万人次，展出展板 6815 块。2008 年，围绕南方雪灾、汶川特大地震，开展防灾减灾科普宣传。翌年，市科协在《常州日报》开辟《科海导航》专版，先后围绕新能源、生物医药、智能装备等专题发表 26 个专刊，印发《常州科技导读》12 期，宣传常州重点科技、发展情况。市科协、文联联合举办首届科普文学作品大赛，收到投稿 500 余篇。

2010 年，围绕西南旱灾和舟曲特大山洪泥石流等突发灾害，开展预防自然灾害的科普宣传；5 月，举办以“发展低碳经济、走进低碳生活”为主题的第 22 届科普宣传周活动，参与单位 1000 家，参与人数近 5 万人。机关、卫生系统、企业、社区、学校和各级科协、学会、协会，举办大型科普集市、科普进农村（社区和校园）、迎世博、迎省运、心理、健康、环保等活动 400 多项，发放科普资料 2400 余种；举办科普讲座 550 多场，展出展板 550 多块次，义诊 1 万多人次；举办实用技术培训 240 多期、培训 1.8 万人次，放映科技影视 200 多场。9 月，开展以“走近低碳生活，你我共参与”为主题的全国科普日活动，举办了珍稀鸟类科普展、科普进社区（军营）、科普文艺演出《创造发明在常州》电视专题等活动 50 多项。

第三节　农村科普

常州农村科普的重点是农业实用技术普及、文化科技卫生“三下乡”。90 年代后期，发挥全市科技活动场馆、农村地区种植养殖科技示范点(户)的作用，推广农业新品种新技术，促进农村科技进步和农民生活致富。1994年底，市和辖市(区)科协根据中共中央、国务院《关于加强科学技术普及工作的若干意见》，以农民为重点对象，开展各具特色的科普活动，发挥科普示范基地作用，将其建成向周边群众辐射、传播、推广、普及新品种新技术的主要阵地；开展"讲精神文明、比科技致富、创建科普文明村"活动，宣传科学知识、科学方法和科学思想；"送科技下乡"活动通过赶科普大集、科普讲座、实用技术培训、放映科普电影等形式宣传农科知识，组织专家、农村技术服务站和农村专业技术协会，推广普及农业实用技术和优良品种。

一、农业实用技术普及

1986年3月，民政部、中国科协联合发出《关于科技扶贫工作的通知》，常州科普机构以"采用科学技术，发展生产，增加收入"的方式治穷致富，武进、溧阳、金坛3个县创建并发展农村专业技术研究会，市农学会举办实用技术培训班，使武进水产亩均产值提高到1万元，溧阳市饲养四季鹅20多万只，金坛市饲养种鹅收益300多万元，推广西爪、玉米套种技术亩均增收玉米20.75公斤。1991年，开展"讲精神文明、比科技致富、创建科普村镇"活动，组织"学科学、讲文明、比贡献、奔小康"竞赛，实施农村基层干部党员实用技术培训计划。1991—1996年，组辖市区、乡镇和村3级科普学校、科技夜校，扶持发展农村专业技术研究会212个，举办培训班1826期，12.46万人次参训。按中国科协关于"九五"期间普及100项农业实用技术的部署，常州向全省推广了优质珍珠高产快速育成新技术、稻田养蟹技术等优秀项目5个。

二、文化科技卫生"三下乡"活动

1996年12月，中共中央宣传部和国家科委、农业部等10个部委联合组织开展文化科技卫生"三下乡"活动。1997年起，卫生部门组织医务人员下乡义诊，扶持乡村卫生组织，培训农村卫生人员；市文化部门推进乡(镇)文化站和农村科普书屋、农家书屋建设，送科普书籍、送戏送电影下乡，设立流动图书服务点。全市科技部门经常举办农业科技培训，推广新品种新技术，建设农村技术信息体系，组织专家和科普讲师团到乡镇开展不同主题的科普宣传活动，赠送书籍和科普音像制品，至2001年底累计组织开展送科技下乡活动40多次，发放科普资料30多万份，举办农村党员、基层干部现代农业管理专业证书培训班及实用技术培训班5000多期，帮助30万多人每人掌握实用新技术1～2门；累计实施农业科技项目120多项，引进农业新品种83个，成立水果、花卉、养鹿等技术协会127家。2004年，禽流感的暴发严重影响农村经济发展和社会稳定，市科协组织到乡镇、村等基层单位展出"依靠科学，防治禽流感"科普宣传展板。

2005年，全市科技社团参与农业信息化推进工作，扩大数据系统、信息管理技术在农业生产中的应用，创建星火学校、农业科技远程教育等，构建农业信息化培训体系；依托农业技术110，为农民提供即时适用的技术和信息服务。武进在"送科技下乡、促农民增收"活动中，实施科技部粮食丰产工程苏南单季稻机械化丰产高效集成与示范项目。2007年，在全市组织开展"学科学技术，做现代农民，建文明家园"科普活动，举办了名特优水产品养殖、食用菌栽培等实用技术培训702期，培训农民7.7万人次；确定市级重点农业科技项目30项，总投资8000万元，培育农村支柱产业、特色产业和重点示范园区，转化农业科技成果，金坛市金城镇等3个乡镇被省科技厅确定为"学、做、建"示范乡镇。2006—2007年，全市完成农业实用技术培训15万人次，创业培训、新型专业农民培训近8000人次。

三、农村科普工程

百会千户万家小康带动工程　2006年，市科协根据全省万名科技专家兴农富民工程的总体部署，启动实施"百会千户万家小康带动工程"，在全市落实100名农业科技专家与100家农民专业合作经济组织挂钩结对，帮扶参与工程的专业大户1000户和普通农户1万户。全市各级科协、农村条线学会等举办农业技术培训620场，培训3.45万人次。2008年，市科协会同市委农工办实地考察金坛朱林的水芹、洮西马纲的葡萄、指前镇的稻鸭共养等农业种植养殖基地，请江苏农科院、南京农业大学、上海水产大学等科研院所、高校的15名农业专家与全市9个农业基地进行科技对接。

科普惠农工程 2006年，中国科协率先在溧阳创建全国科普惠农服务站试点。市科协围绕科普惠农工程，组织辖市（区）科协开展实用技术培训和“一站、一栏、一员”工程建设，统一规划全市64个农村中心镇和1059个行政村的科普画廊和宣传栏，溧阳、武进被评为省级科普惠农行动“一站一栏一员”县（市）。2007年，溧阳、武进被省科协选入科普惠农行动“三个一”省级建设18个试点县（市），各级科协组织普遍开展科普惠农活动，引导农民依靠科技增收致富。2008年，金坛、溧阳和武进实施水稻、畜禽、食用菌、茶叶、林果、蔬菜科技入户工程，对农业示范户开展“致富工程”上网能力培训，帮助农民学会上网，提高利用信息的能力，形成遍及全市乡镇的三级信息化服务网络体系。4月9日全国首家科普惠农服务站在溧阳玉枝特种茶果园艺场揭牌，此后向全国推广。2009年，市科协与市委农工办联合组织实施“金穗”工程，评选中国科协、省科协“科普惠农兴村计划”的优秀科普基地和农村带头人。2010年，全市建立科普惠农服务站13家，发放奖金（补贴）20万元；组织3名农业专家与10个高效农业示范点对接。至同年末，全市累计建成镇级科普宣传活动站37个、组成村级科普宣传员1000个。金坛长荡湖蟹业协会、武进春晖乳业科普基地、天目湖生态农业公司科普示范基地，溧阳社渚镇王春红、金坛市朱林乡朱林村樊龙保分别被中国科协评为全国科普惠农兴村先进单位和先进个人，溧阳的李家园村、武进的卫星村和金坛的白龙荡村创建成社会主义新农村科技示范点。

第四节 青少年科技活动

80年代，市科协贯彻基础科学知识和技能从娃娃抓起的方针，组织举办青少年夏令营活动，开展小发明创造、小论文及知识竞赛。1993年，市科协、教委联合表彰获得市青少年科学普及奖的10所中小学、市青少年科学奖的35个项目和市青少年科技园丁奖的30名教师。2000年起，青少年科普重点转移到科技教育特色学校建设上，把科技教育纳入教学，培养青少年的创新意识和科学思维方法，制订青少年科技活动中长期发展规划，构建以青少年科技创新大赛为展示平台，以青少年科技传播行动、科技健身行动、奥林匹克学科竞赛和科学工作室活动为支撑的青少年科技教育组织体系。江苏省常州高级中学、前黄中学、溧阳中学和洛阳中心小学等7所学校被省科协、教委等单位命名为全省青少年科技教育特色学校。2005年，市青少年科技辅导员协会更名为青少年科技教育协会，市青少年科技活动迅速发展。

一、青少年科技创新大赛

1990年起，常州每年举办青少年科技创新大赛（简称“创新大赛”），选取优秀成果参加省级以上创新大赛。至2005年底，累计获国家级一、二、三等奖18项、优秀活动奖2项，田家炳实验中学获全国优秀组织奖；获省级一、二、三等奖186项，市科协获省青少年科技创新大赛市级团体二等奖，田家炳实验中学和常州市第一中学获省科技创新大赛学校团体奖。2008年，市科协、教育局联办常州市第十九届科技创新大赛，收到参赛作品1304件；9月，田家炳实验中学承康平的《高分子栽培基质的化学合成与应用研究》项目代表国家参加在丹麦哥本哈根举行的第二十届欧盟青少年科学家竞赛，摘得综合素质奖、优秀作品奖。至2010年底，全市青少年科技创新大赛累计举办21届，常州市青少年参加全国、省科技竞赛，获个人奖800多项、团体奖8项。

1993—2009年部分年份常州市参加省级及其以上科技创新大赛重大奖项一览表

表33-8-3

年份	竞赛名称	奖项			
		一等奖	二等奖	三等奖	其他奖项
1993	全省青少年卫星搭载番茄种子对比植实验	0	1	0	武进职业高级中学被国家教委、中国科协授予全国“小星火计划”活动先进集体
1995	全国第三届生物百项科技活动	0	8	0	全国优秀活动奖、省优秀活动奖各2项
2004	江苏省第十五届青少年科技创新大赛	25	56	82	市科协获省优秀组织奖、田家炳中学获省学校团体奖
2008	第二十届欧盟青少年科学家竞赛（在丹麦哥本哈根举行）	0	1	1	田家炳实验中学承康平的《高分子栽培基质的化学合成与应用研究》项目获综合素质奖、优秀作品奖
2009	第四届中国国际少年儿童漫画大赛	4	28	42	常州市北环路小学的“科技动漫创作团队”获特等奖1个、金奖5个、银奖6个等20个奖项

二、青少年科技传播行动

1989年，首届常州市“爱科学活动月”举办，3.4万人次参加，此后每两年举办1届，举办航空、天文、地学、环保等夏令营。1990年，举办常州市首届青少年摄影比赛、首届青少年工程师制作竞赛。1992年，始设青少年科学奖、科技园丁奖等，每两年表彰1次。1994年，江苏省常州高级中学（简称“省常中”）朱麟获全省计算机程序设计竞赛高中组特等奖，获在香港举办的计算机联谊赛第二名。1996年7月，金坛华罗庚中学吴昊随中国队参加在韩国举办的第二届国际少年数学竞赛，摘得金牌（中国队获团体总分第一名），受到中央领导的接见和嘉奖。1999年，田家炳实验中学“普及植物组织培养知识，提高学生综合素质”项目获全国优秀活动表扬奖。2001年起，市科协、市教育局每年举办1届青少年机器人大赛。2002—2008年，常州选手在国际机器人竞赛中获冠、亚军8项，获得代表亚太地区参加美国亚特兰大2008年FTC(First Tech Challenge)

2002—2010年常州市团队获国际、全国青少年奥林匹克比赛奖一览表

表33-8-4

年份	比赛名称	获奖情况
2002	第九届全国青少年信息学奥林匹克联赛（江苏赛区）	一等奖17项、二等奖16项、三等奖39项，常州实验初中获普通中学团体第一名，省常中获重点中学组团体第三名
	全国中小学生五学科奥林匹克联赛	54名学生获奖，其中一等奖35名
2003	第十届全国青少年信息学奥林匹克竞赛	省常中吴景岳同学获得金牌并入选国家队
2004	第十一届全国青少年信息学奥林匹克竞赛	一等奖占全省的四分之一，常州名列全国五学科奥赛前茅
2005	第十二届全国青少年信息学奥林匹克竞赛（江苏赛区）	市级团体亚军，一等奖获奖人数占全省的三分之一
2008	第29届世界头脑奥林匹克（OM）比赛	市解放路小学队获T型结构组冠军
	VEX世界锦标赛	市北郊中学队获铜奖，获得代表亚太地区参加美国亚特兰大2008年FTC世界总决赛的资格

世界总决赛的资格，获全国冠、亚、季军 16 项，获省级单项冠、亚军和三等奖以上 123 项、团体冠、亚军和三等奖以上 20 项。2003 年，省常中学生吴景岳获第十届全国青少年信息学奥林匹克竞赛金牌，入选国家队。2004 年，常州选手获全国信息学奥赛一等奖，在全国五学科奥赛中名列前茅。2006 年 5 月，常州市国际数棋俱乐部成立。2009 年 3 月，常州市少年宫与杭州二中联队获丹麦哥本哈根举行的 FLL(FIRST LEGO League，机器人科技挑战赛)国际公开赛亚军。2010 年，全市科协系统获国际、全国竞赛个人及团体前 3 名 23 项、一等奖 35 项。至同年底，市科协、教育局等累计联办青少年头脑奥林匹克竞赛、工程师制作竞赛和“常州在我心中”摄影比赛等青少年科技系列活动 563 项次，约 76 万人次参加。组织参加省级及其以上比赛，以全国青少年信息学奥林匹克联赛、青少年机器人大赛为获奖数量最多，级别最高。

2003—2010 年常州市团队获省级及其以上青少年机器人大赛奖一览表

表 33-8-5

年份	大赛名称	举办地	获奖情况
2003	全国机器人大赛	长　春	机器人竞速、机器人抢险一等奖、机器人足球二等奖、机器人创意三等奖
2005	中国机器人大赛和第六届全国中小学电脑制作比赛	常　州	冠军 1 项、亚军 1 项、季军 2 项
	第五届全国青少年机器人竞赛	西　安	冠军 5 项，有两支代表队获得代表中国参加国际比赛的资格
2006	2006FLL 青少年机器人世界锦标赛	美　国	亚军 2 项、季军 1 项
	首届亚太地区 FTC 机器人工程挑战赛	韩　国	常州北郊中学代表队获金奖、银奖各 1 项
2007	第七届全国青少年机器人大赛	上　海	亚军 2 项，季军 1 项
2008	第八届全国青少年机器人大赛	长　沙	冠军 2 项，亚军 2 项
2009	第九届全国青少年机器人竞赛	西　宁	冠军
	2009FLL 青少年机器人公开赛	丹麦哥本哈根	亚军
2010	第十届全国青少年机器人大赛	北　京	一等奖 1 项、二等奖 3 项、三等奖 1 项

三、科技健身行动

2007 年 7 月，市科协整合航天模型、航空模型等活动，举办常州市首届青少年科技健身系列竞赛，突出“做中学”教育理念，引导青少年学习科技知识，锻炼动手能力。同年常州选手参加全国航模比赛，获冠军 3 项、亚军 2 项和季军 13 项。此后每年举办 1 次，至 2009 年底累计有 740 名中小学学生参赛。2010 年，成立常州市航模、车模、船模俱乐部，推进三模比赛。

第五节　科技交流

1986—2010 年，常州各级科协组织发挥科技交流主渠道的作用，组织所属科协团体围绕学科发展方向，结合影响常州市发展的热点、难点和重点问题，普遍开展学术交流、决策论证等科技交流活动。

一、国内科普交流

改革开放后，常州科技学术团体陆续恢复活动，组织成员撰写学术论文，通过研讨会、学术报告会和学术年会展开学术交流。80 年代后期起，先后邀请国内外专家到常州参加渔业科技、科技兴农、行业技术管理信息化和国外高速铁路及机车新技术、铸造计算凝固技术、铝合金引进磁场铸造技术等学术研讨会，举办了高技术对人类社会的深刻影响及发展趋势、21世纪临床医药的发展、磁电子——第四次产业革命突破口专题报告会等学术讲座。90年代中期起，市科协每年选取重点学术活动，给予指导和扶持。2002年6月，《科学技术普及法》颁布实施。同年起，市科普工作领导小组围绕世界科技前沿发展动向、国家科技发展战略，确定学术交流活动主题，先后举办首届科技论坛、学术活动月活动，每两年分别举办1次，至2010年两个活动交替举办。2002年起，市科协组织科技、教育、水利、医疗、青少年科技教育等团组赴台湾考察交流，接待台湾高雄县教育会等科技团参访常州，开展智力服务常州计划，加强两岸民间科技文化交流。

2002—2009年常州市科技论坛、学术活动月主题及内容一览表

表33-8-6

类别	日期	活动名称	主题	内　容
科技论坛	2002年12月	首　届	科技创新和现代制造业基地建设	院士、专家和教授为常州现代制造业基地建设提供咨询，征集论文113篇，汇编成册
	2004年8月	第二届	生态常州——共建美好家园	国家环保总局生态司司长和德国CASSEN等11位专家交流生态城市建设主题，征集论文80篇
	2006年5月	第三届	自主创新与产业发展	院士、韩英美等国的专家和中国部委司领导、知名企业家、高校教授在常交流产业科技创新
	2008年5月	第四届	经科教联动、“产学研”合作、校所企共赢	11名院士、20名专家交流环保产业、生态园林城市等专题，10所高校与120家企业进行“产学研”对接
学术活动月	2003年10月	首　届	学术引领、科技强市、“两个率先”	开展了111项学术活动，200名专家、学者参会交流
	2005年10月	第二届	科技以人为本浓厚学术氛围，加快实现“两个率先”	开展了113项学术活动，140位院士、专家学者到常讲学，交流论文200篇
	2007年10月	第三届	节约资源、保护环境、促进和谐	10名院士、200名教授和企业家围绕建设环境友好型社会进行学术交流
	2009年5月	第四届	自主创新与科学发展	杨乐、陆琰、梅自强等10位院士专家围绕如何应对化解金融风暴对常州的影响进行学术交流，开展了学术活动120项

“产学研”合作　1997年，市科协组织开展千厂千会协作行动，组织发动学会和广大科技工作者深入企业，协作攻关，帮助企业进行技术改造，开发新产品，提高技术水平和经济效益。1998年，市科协落实厂会协作项目8个；6月，戚墅堰机车车辆厂科协被中国科协和国家经贸委、发展计划委授予1996—1997年全国“讲理想、比贡献”竞赛先进集体。2004年10月25日，市科协启动在常高校与企业“科技兴企行动”，为期3年，开展项目对接、咨询服务、专家挂钩、人才培训和实验实习等，促进在常高校与地方企业共赢。

科技咨询建议　1986年，市科协所属学会、协会和研究会开展百项建议活动，选出106项编印成册，开展百项建议、百厂增益活动。1987年，市技术经济管理现代化研究会提出的《对中小城市计划体制改革问题的建议》受到国家经济体制改革部门的重视。2008年，创办常州市科技工作者建议专刊；11月起，资助常州生物产业发展路径研究、风力发电设备产业发展方向及创新技术的研究等6个软课题，供市领导决策。2009年，市科协组织相关科技人员对金融危机对常州经济发展的影响及对策等重点软课题进行深入调研，至2010年底印发科技工作者建议9期。

二、国际科普交流合作

1983年，常州市科协增设国际部。1988年，市科协成立中国对外应用技术交流促进会常州分会。1989年，市科协与来访的朝鲜科技总同盟代表团进行技术交流，市科协、医学会与美国、加拿大、西德访问常州的医疗组织开展激光医学学术交流。1998年，市科协、市政协经科委联合邀请美国麻省理工学院客座教授张绵到常州柴油机厂作了学术报告《现代化生产方式——精益生产》。1986—2005年，市科协派遣128人到日、美、德、英、法等国进修培训。2006年，市科协组织科技术人员到日本、韩国交流和探讨农业科技、青少年科技教育、科普工作；组织溧阳的32名技术工人到蒙古、新加坡进行技术培训和交流。2009年9月，市科协与全欧洲华人专业协会联合会微电子专业协会、美国华裔医学科学家协会等11家海外团体签订了合作意向；召开海智工作推进会，设立常州科教城、津通工业园、高新区创业园和溧阳市创业中心4个海智（海外智力）工作站，被中国科协评为全省首家、全国第六家中国海外智力为国服务行动计划工作基地。2010年，市科协与市委组织部联办了海归创业月论坛，接待海归博士15批40多人，引进海归人才20多名。

第六节　科技咨询

1986年起，常州市科协科技咨询服务中心经常开展决策论证、决策咨询、技术开发、技术咨询服务活动。1993年起，各学会、辖市（区）科协、厂矿科协实施金桥工程，至同年末组织基层完成科技咨询服务项目1.23万个，创造经济效益3.81亿元。2000年，市纺织学会邀请香港查氏集团专家指导常州第二印染厂开发出国家级重点新产品腊印花布，促其年产能增至1000万米，年产值增至100万元。此后，科技咨询服务领域拓宽，业务快速发展。2007年，市科技咨询服务中心接受市科协的金桥工程办公室职能，与常州轻工职业技术学院、市电子学会联办了常州数字化设计与制造技术论坛暨CAD等技术研讨会、企业数字资产安全管理高峰会，至同年底累计签订技术合同1.55万项，完成合同总额1.65亿元。2008年5月，常州市院士联络服务中心成立，与76名常州籍院士建立长期合作。2009年3月21日，市科技咨询服务中心举办中国（常州）核电装备制造业高层论坛，邀请中国工程院院士、秦山核电站副总经理叶奇蓁和中国三大核电集团（中核总、中广核、中电投）等单位的20位专家、企业家到常作专题报告；成立常州市核电装备行业协会，制订《常州市核电装备制造业三年发展规划》，创立《常州核电装备》期刊，建设常州核电装备网。同年，市咨询中心举办半导体照明产业高层论坛，邀请中国科学院院士、南京大学教授郑有炓等专家作了专题报告，发起成立常州市新传感网产业技术创新联盟。同年5月，市科协举办了首届彩虹工程暨电子信息“产学研”专场对接活动，邀请电子科技大学、北京邮电大学及在常高校与常州的100家企业的80个项目进行对接，当年实施项目10个。2010年，市科技咨询服务中心在金桥工程活动中，征集实施项目30个，总计节支增效1.4亿元，其中被列为省级金桥工程项目20个项目、重点项目6个；开设新传感网网站。

第九章　社会科学

常州历史悠久，人文荟萃，在中国思想学术领域开风气之先的先贤灿若星辰。1983年10月，常州市社科联筹备组成立，筹备期间组建常州市哲学学会、史学会和经济学会等市级哲学社会科学团体11个。12月26日，常州市哲学社会科学界联合会（简称“市社科联”）成立，归口管辖11个社科团体。80年代，市社科联加强社会科学界的思想理论建设，组织召开了解放思想、实事求是和正确认识社会主义、改革开放等主题研讨会；围绕社会主义初级阶段理论，组织研讨了正确认识中国基本国情、社会主义商品经济发展的客观必然性和对社会主义初级阶段理论、商品经济认识的偏差等问题。90年代，市社科联组织开展了社会科学的应用性研究，与常州高新区党工委、管委会和市政府有关部门配合市委、市政府加快沿江开发规划等重大决策和实施，履行认识世界、传承文明、创新理论、资政育人、服务社会的职责，组织开展学术研究和交流，普及社会科学知识。2000年以后，市社科联发挥主管全市哲学社科界学术性社会团体的职能，发挥了党联系哲学社科界知识分子的纽带和桥梁作用市社科联普及社会科学知识，成立社科联活动中心，约请信息员到企事业单位收集信息，组织社会科学团体[①]的专家学者为部分企业提供智力服务。2001年12月中国加入世界贸易组织后，市社科联及时组织社会科学工作者举办常州首届WTO（世界贸易组织）政治论坛。2003年起，每年举办一届“社会科学宣传周”活动，在全省率先开展“让社会科学走进百姓生活”“社会科学进社区”系列科普活动，举办了社会科学知识、居民日常生活知识广场咨询宣传等活动，常州哲学社会科学事业走向繁荣。2010年底，市社科联归口管理的学会增至91个，其中民办学会13个，会员由200多名增至近1万名。市社科联成立后3次被评为全国先进社科联，多次被评为江苏省先进社科联，曾获江苏省第二至四届“社会科学普及宣传周”优秀活动奖、社会科学应用精品工程奖等奖项。

第一节　组织建设

1986年3月，常州市社科联从市委宣传部单列为独立的副处级单位。1995年，市社科联被确定为正处级单位，2001年增挂“常州市社会科学研究所”牌子。

一、常州市哲学社会科学界代表大会

第一次代表大会　1983年12月，常州市纪念毛泽东诞辰90周年暨常州市哲学社会科学联合会成立大会召开，各界代表300多名出席。大会审议并通过市社科联章程，选举产生市社科联第一届理事会，中共常州市委常委、宣传部部长赵顺盘当选为市社科联主席。

第二次代表大会　1995年10月召开，200余名代表和特邀代表参加会议。会议修改了市社科联章程，选举产生第二届理事会，中共常州市委常委、宣传部长张晓霞当选为主席。

第三次代表大会　2001年12月召开，301名正式代表和部分特邀代表出席会议。会议修改社科联章程，选举产生第三届理事会，中共常州市委宣传部副部长荣长春当选为主席。

第四次代表大会　2006年12月召开，300多名代表参加会议。大会通过市社科联章程及修改章程的决议，选举产生第四届理事会，汤继荣当选为主席。

二、学术团体

1986—2010年，常州市成立有市级学会31家、市级研究会34家、市级协会12家。

学　　会　1986—2010年，全市成立有市级学会31家，其中财经产业类12家，政治法律类、历史类、文化艺术类各4家，社会学类4家，语言学类2家，哲学类1家。

财经产业类　1986—2010年，全市曾成立此类市级学会12家，其中经济学类4家、金融学保险学类2家、会计学类2家、统计学类1家，税务、价格、审计、信息学科各1家。

政治法律类　1986—2010年，常州市有4家市级政治法律类学会。

① 市级社会科学团体、组织情况在《社会团体》卷作了较详细介绍，本卷不再重复。

1986—2010年常州成立的市级财经产业类学会情况一览表

表33-9-1

学会名称	成立时间	会员数(人)	住址
常州市卫生统计学会	1987.11	96	市行政中心1号楼A座11楼
常州市卫生经济学会	1987	108	市行政中心1号楼A座11楼
常州市机械冶金工业会计学会	1988	451	—
常州市价格学会	1989	254	—
常州市保险学会	1992.01	120	和平北路11号保险大厦803室
常州市城市金融学会	1992.06	280	延陵中路680号
常州市审计学会	1992.10	370	—
常州市市场营销学会	2002.05	200	—
常州市企业信息化学会	2002.05	120	—
常州市工商行政管理学会	2002.05	—	河海中路85号、惠山路工商大厦
常州市广告协会	2008.03	—	太湖东路105号
常州市工贸行业会计学会	2008.05	—	东横街2号电子大厦405室

常州市法学会　1984年2月成立，设于化龙巷2号802室，有会员630名。

常州市中共党史学会　1983年12月成立，设于市行政中心1号楼A座16楼，有会员95名。

常州市纪检监察学会　1990年成立，设于市行政中心1号楼A座2616室。

常州市党建学会　1991年成立，设于市行政中心1号楼A座24楼，有会员111名。

哲 学 类　1986—2010年，常州市级哲学类学会仅常州市哲学学会1家，成立于1984年，设于市委党校，有会员50名。

历 史 类　1986—2010年间，常州市有历史类市级学会4家。

常州市史学会　成立于1984年，会员140名。

常州市地方志年鉴学会　1987年1月成立，设于市行政中心1号楼A座1610室，有会员157名。

常州市档案学会　1989年12月成立，设于市行政中心5号楼，有会员313名。

常州市钱币学会　成立于1995年1月，设于广化街18号。

文化艺术类　1986—2010年，常州市成立有文化艺术类市级学会4家。

常州市造型艺术学会　成立于1988年10月，会员70名。

常州市电影电视评论学会　成立于1991年10月，会员50名。

常州市文博鉴赏学会　1995年11月成立，设于城区乌龙庵72-2号，有会员158名。

常州市广播电视学会　成立于1996年11月，曾有会员278名。

语言学类　1986—2010年，常州有市级语言学学会两家。

常州市语言学会　1985年6月成立，设于通江南路299号常州工学院7楼C区303室，曾有会员218名。

常州市世界语学会　1985年6月成立，设于和平大厦1104室，曾任会长张常生，曾有会员108名。

社会学类　1986—2010年，常州市成立有4家社会类市级学会。

常州市劳动保障学会　1986年3月成立，设于化龙巷2号B座，会员165名。

常州市社会学学会　1989年6月成立，设于市委党校5号楼，会员135名。

长虹走势策划学会　2001年5月成立，会员50名。

常州市民政学会　2009年7月成立，设在市行政中心1号楼B座1024室。

研究会　1986—2010年，常州市成立有市级研究会43家。其中，政治法律类18家，历史类5家、管理类、财经产业类各4家，文化艺术类5家，社会类1家。

政治法律类　1986—2010年，常州市有市级政治法律类研究会18家，其中政治思想工作类9家，其他类9家。

常州市思想政治工作研究会　前身为1984年9月成立的市职工思想政治工作研究会。1988年主持召开了八城市思想政治工作信息网络会，1991年承办召开沪宁蓉昆贵苏锡常镇通十城市第八次思想政治工作研究网络会。1995年，与市委宣传部等单位联办了全市企业文化建设交流研讨会。2003年12月更名为常州市思想政治工作研究会。开始编印会刊《研究与信息》，至2009年底累计出版41期。2010年有会员1500名。

1986—2010年常州市成立的思想政治工作研究会一览表

表33-9-2

名　称	成立时间	住址	会员(人)
常州市建设职工思想政治工作研究会	1986.08	市行政中心2-A-107	—
常州市卫生系统思想政治工作研究会	1987.06	市行政中心1-A-1218	1320
江苏煤田地质(常州)职工思想政治工作研究会	1989	武青路146号	21
常州市烟草职工思想政治工作研究会	1989	吊桥路131号	30
常州市建筑职工思想政治工作研究会	1992.11	杨柳巷26号	95
常州市房管系统职工思想政治工作研究会	1996	—	18
常州市服装集团有限公司职工思想政治工作研究会	1997.12	兰陵路34号	22
常州市邮政职工思想政治工作研究会	1999.10	南大街99号	158

常州市工人运动研究会　位于和平北路9号，1986年7月成立，下设思想政治、群众生产、民主管理、工运史等学组，开展工运理论研究和学术交流活动，有会员140名。1988年建立劳动、女工、退休职工管理等学组，会员增至206人。1995年12月起外经贸、纺工、机冶等分会相继建立。至2010年末有会员100名。

常州市人大工作研究会　1993年3月成立，设于市行政中心2号楼A座5楼，曾有会员132名。

常州市政协工作理论研究会　1993年9月成立，设于博爱路129会所，曾有会员71名，后设于市行政中心3号楼。

常州市统一战线理论研究会　1986年7月成立，设于市行政中心3号楼A座220室，曾有会员84名。

常州市工业企业党委书记工作研究会　1988年8月成立，设于延陵东路368号戚墅堰发电公司1号楼，曾有会员152名。

常州市精神文明建设研究会　1993年成立，曾有会员39名。

常州市青年工作研究会　1998年成立，曾有会员57名。

常州市经济法研究会　2010年8月20日，更为常州市行政与经济法研究会。

常州市行政与经济法研究会　1990年12月成立，原名常州市经济法研究会，设于市行政中心1号楼A座5楼。

其他类　1988—2010年，常州市成立历史类市级研究会5家、财经产业类研究会4家、管理类市级研究会4家、文化艺术类研究会5家及名人、姓氏、谱牒等社会类研究会7家。

1986—2010年常州市成立的其他类研究会一览表

表33-9-3

类别	家数	研究会名称	成立时间	会员(人)	住址
历史	5	常州市唐荆川研究会	2007.09	—	市图书馆5楼
		常州市新四军历史研究会	1997.11	768	局前街24号101室
		瞿秋白张太雷恽代英研究会	2003.05	150	市行政中心1号楼A座17楼
		常州市吴稚晖研究会	2010.01	—	武进雪堰镇西街6号
		常州市盛宣怀研究会	1997	38	大观路10号
财经产业	4	常州市农村财政研究会	1988	700	市行政中心1号楼B座
		常州市外商投资企业会计研究会	1989.05	191	市行政中心1号楼B座
		常州市长三角经济发展研究会	2005.03	—	常春路2号富临大酒店
		常州市浙商研究会	2008.07	—	中吴大道1726号
管理	4	常州市城市科学研究会	1991.02	278	北直街2号302室
		常州市现代企业发展研究会	2002.06	60	健身路27号3楼
		常州市长三角经济发展研究会	2005.03	—	常春路2号富临大酒店
		常州市环卫行业工作研究会	2009.10	—	劳动西路206号22楼
文化艺术	5	常州市炎黄文化研究会	2001.01	—	大观路10号205室
		常州市石文化研究会	2010.10	—	三堡街141号11号楼
		常州中国烙画研究会	2010.10	—	常州运河五号文化街区
		常州市古琴研究会	2010.11	—	兰陵市妇女儿童活动中心
		常州市成语文化研究会	2009.03	—	常州市巫山路1号
社会	7	常州市名人研究会	2002.11	—	市乌龙庵72-2号
		常州市姓氏文化研究会	2003.12	—	关河西路银苑3幢
		常州市民俗研究会	2005.11	—	延陵西路102号南河沿119号
		常州市报刊信息研究会	2003	—	—
		常州市事业单位研究会	2009.01	—	北直街35号406室
		常州市谱牒文化研究会	2009.09	—	南河沿119号
		常州市婚姻家庭指导促进会	2007.12	—	武青北路五号金隆大厦413室

协　　会　1988—2010年，常州市先后成立市级协会16家，其中财经产业类6家、政治法律类1家、管理类5家、文化类1家、教育心理类2家。

社 会 类　常州市计划生育协会。常州市县(市、区)、镇街道、村社区及部分企事业单位、流动人口集中地从1987年起逐步建立计划生育协会，职能是协助政府开展计划生育工作，组织群众开展计划生育自我教育、自我管理和自我服务。1983年，江苏省计划生育协会常州分会成立，后更名为常州市计划生育协会，2007年10月列入群团。至2009年底，全市有计划生育协会2207个，有团体会员234个、会员小组2.86万个，有专职工作人员2661名、理事1.96万名，协会会员总数37.81万名。

其 他 类　1986—2010年，常州曾成立市级政治法律类协会1家、财经产业类6家、管理类5家、文化类1家和教育心理类2家。

1986—2010年常州市成立的其他类协会一览表

表33-9-4

类别	家数	协会名称	成立时间	成员(人)	住址
政治法律	1	常州市检察官协会	1994.12	125	永宁路10号市检察院研究室
财经产业	6	常州市广告协会	1987.06	500	—
		常州市信息协会	1988	175	市行政中心1号楼B座26楼
		常州市企业信息化协会	2002.05	120	—
		常州市集团企业家联合会	1988.05	30	—
		常州市市场营销协会	2002.05	200	晋陵中路354号长兴大厦711室
		常州市银行业协会	2003.03	—	常州市天宁区晋陵中路417号
管理	5	常州市价格协会	1989	254	北大街玉隆花园8幢
		常州市工商行政管理协会	1987	500	—
		常州市供电公司企业管理协会	—	161	—
		常州市品牌协会	2006.01	—	飞龙东路431号
		常州市质量管理与检验协会	2002.09	—	常州医药商场5楼
教育心理	2	常州市心理咨询师协会	2009.09	111	新北区现代城12001室
		常州市心理卫生协会	2005.07	628	西直街88号社区建设指导中心7楼
文化	1	常州市新闻工作者协会	1999.05	800	常州新闻大厦8楼

第二节　学术研究交流

1985年以后，常州哲学社会科学领域的学术团体如雨后春笋般涌现出来，组织社科工作者贯彻“百花齐放，百家争鸣”方针，经常开展学术性调查、研究、探讨和信息交流等活动，学术研讨活动日益活跃，调查研究、探讨常州政治经济文化社会的发展与管理、民主法制建设等领域的重大课题，促进全市社会科学事业的发展和繁荣。常州市瞿秋白张太雷恽代英研究会、党建学会、思想政治工作研究会、炎黄文化研究会等学会每年定期开展学术研讨和交流活动，发行刊物，出版著作，常州的政治、经济、历史、文学、语言学等学科建设取得较大进展，社会科学事业日益发展繁荣。经济学方面的社团组织主要围绕经济体制改革的必要性、重要性及途径等问题展开研讨，一些区域性的经济学研讨会多次在常州召开。经济学研究主要围绕经济体制改革、市场经济、改革开放、苏南经济发展模式、常州产业经济发展和特点及现代化建设的新情况、新问题展开研讨，多次召开全国、全省的理论研讨会，邀请境外的专家、学者到常州作学术报告，举办讲座，撰写完成调查报告、政策建议、改革方案，出版《起飞之前——常州经济与体制改革的研究》《地区经济论》等学术著作，发表研究文章数千篇。

一、国内学术交流

1986年9月23—26日，企业群体工会工作及工会横向联系实践和理论研讨会在常州召开，《工人日报》

工会工作部和津沪苏辽陕冀6个省市的总工会及常州市社科联、工运研究会等单位的82人参加，研讨了工会工作适应企业集团、企业间横向联系加强的形势等课题。1989年9月22日，市委党史工委与市中共党史学会联合召开庆祝新中国成立40周年学术讨论会，收到论文16篇。10月30日，市外经委、社科联邀请香港中文大学工商管理学院院长、教授闵建昌作了《国际信息及其发展趋势》学术报告。

1991年6月21日，市委党史工委、市中共党史学会举行纪念中国共产党成立70周年学术讨论会，收到论文18篇。1995年8月29日，市委宣传部、党史工委和市社科联、中共党史学会联合召开纪念抗日战争胜利50周年学术讨论会，收到论文32篇，表彰优秀论文12篇。1997年11月26日，市社科联召开了常州市人文历史研讨会，全市史学、工会、共青团、教育界等代表100多人参加，总结概括出"善吸纳、争一流、重信诺"的常州道德精神。12月22日，市委宣传部和市妇联、文明办等单位联合召开了常州市家庭美德建设研讨会，研讨市场经济条件下家庭情况变化、家庭美德建设、现代家庭美德的内涵、家庭新风尚建设等课题。

1998年12月24日，市中共党史学会举办纪念中共十一届三中全会召开20周年征文，收到论文16篇。翌年4月21—23日，省社科联、历史学会、华东师范大学历史学研究所和市社科联联合在常州举办常州学派研讨会，40多人参加，收到论文35篇，研讨常州学派的成因、历史地位、影响和现实可借鉴的意义等。会后省社科联牵头组织成立《常州学派》编写组。2000年10月30日至11月1日，市社科联、盛宣怀研究室联合在溧阳天目湖宾馆召开了常州盛宣怀专题研讨会，国内外高校、近现代史研究专家和盛宣怀亲属等40多人参加，收到论文10多篇，研讨盛宣怀的实业救国思想、教育人才观、外交思想及盛宣怀档案的开发利用等课题，澳大利亚昆士兰大学亚洲商业史中心主任黎志刚介绍了国际史学界盛宣怀研究的最新成果。

2003年6月20日，市社科联召开了常州历史文化与常州市民精神研讨会，20余名社会科学界专家、学者研讨传承常州历史文化精华，塑造新时代常州市民精神，服务常州"三个文明"建设课题。2005年3月21日，市社科联、名人研究会和谱牒文化研究会联合召开了常州市首届谱牒文化学术研讨会，30多人研讨家谱修订的现实意义、续修家谱的继承创新、正确引导民间修谱行为等课题。2007年12月3日，第十一次钱币学术讨论会暨纪念知名史学家、文学家赵翼诞辰280周年座谈会召开，市钱币学会30余名会员与部分钱币爱好者参加，收到论文18篇，阐述中国货币的发展演变史。12月21日，环太湖西北部马家浜时期原始文化学术研讨会在常州博物馆召开，故宫博物院、中国社会科学院考古研究所、北京大学、山东大学等单位的20余名专家、教授研讨环太湖西北部考古发掘的江阴祁头山、锡山彭祖墩、宜兴骆驼墩、西溪和溧阳神墩等遗址文化。2008年11月4日，市中共党史学会举办纪念中共十一届三中全会召开和改革开放30周年征文，收到论文29篇。

2009年3月20—22日，常州齐梁文化研讨会在常州召开，中国科学院、社会科学院、复旦大学、南京大学、常州市政府等单位联合主办，全国有关高校、科研单位的专家学者及萧氏宗亲会的代表近百人参加，收到论文70多篇，研讨齐梁文化的产生、发展及其内容，齐梁文化对当代的影响等问题。会后，论文专集《齐梁故里考证与齐梁文化新论》由南京大学出版社出版。4月20日，"弘扬常州地方文化，建设中华民族共有精神家园"学术研讨会召开，收到论文46篇，研讨常州地方文化的形成和内涵、常州名人与地方文化、常州传统人文精神和新时期的常州精神等内容。2009年，市中共党史学会、新四军江南指挥部纪念馆联合开展纪念新中国成立60周年、新四军江南指挥部成立70周年"水西情"主题征文，收到121篇征文。2010年10月16日，市委宣传部、市社科联主办的常州市首届哲学社会科学学术大会在江苏技术师范学院召开，全市哲学社会科学界300多位代表参加。大会围绕"科学发展与深化改革：创新·转型·民生"主题，收到交流经济管理、文史哲学、文化教育、社会民生等领域的论文238篇，4位专家点评了10篇获奖论文。

二、国际学术交流

1986 年 10 月 13 日，常州市社科联邀请美国太平洋电话公司经理、高级工程师、美籍华人张幸妮在常州作了学术报告《美国联邦政府怎样管理资金》，20 多个学会、100 多名社科工作者聆听了报告。5 月 6—16 日，常州市企业管理协会、社科联和科技交流中心邀请加拿大蒙特利尔麦吉尔大学教授惠特莫尔在常州作了《数据和数据分析》《决策和决策分析》等 10 个专题系列学术报告。1988 年 10 月 25 日，市企业管理协会、社科联邀请美国加州企业管理学院院长、企业管理博士毛吉平和美国旧金山大学职业研究院院长博士林·希弗斯隆到常作学术报告《美国企业管理现状及发展趋势的》。11 月 22—25 日，法国国家科研中心博士、著名语言学家游顺剑应中国社会科学院语言研究所、常州市社科联邀请访问常州，进行学术交流。12 月 19 日，江苏省企业管理协会和市社科联等单位邀请日本东京大学教授三户公、西乡幸盛和日本大学教授菊池夫到常州作学术报告《日本股制理论与实践》。1990 年 9 月 13—16 日，常州市对外文化交流协会、社科联和世界语协会邀请日本关西地区及日本高槻市世界语协会的学者西川丰芷、竹内义一等到常州，作了《关于日本世界语运动的发展及世界语教学》等学术报告。2003 年 3 月，市社科联等单位在常州首届 WTO 政经论坛上，邀请欧盟东亚地区首席政治顾问、英国伦敦大学政治经济学院教授杨青云等作了学术报告。

第三节　研究成果

1985 年以后，常州哲学社会科学工作者主动投入改革开放和社会主义现代化建设，调查、总结和探讨常州干部群众丰富的实践和创新，上升到理性认识，编写出大量调研报告、专著、教材等，政治、经济、历史、法律、社会、教育、文学语言和心理等学科研究新作迭出，一大批研究成果获得省、市级哲学社会科学优秀成果奖和其他专业学术成果奖励。至 2010 年底，江苏省组织哲学社会科学优秀成果评奖 11 次，市社科联做好优秀成果的遴选和申报，取得优异成绩。《常州市志》获得江苏省第五届哲学社会科学优秀成果奖一等奖，《史绍熙教育文集》《中国企业：创新和发展》《现行刑事诉讼制度检讨和完善》《常州画派研究》等 7 部著作分获第二届、第四届、第十一届江苏省哲学社会科学优秀成果奖二等奖，74 部（篇）作品获得三等奖。

1986—2010 年常州市获得的江苏省哲学社会科学优秀成果奖一览表

表 33-9-5

届次	成果名称	作者、编著者	获奖年份
一等奖(1项)			
五	常州市志（著作，3 册）	常州市地方志编纂委员会	1996
二等奖(7项)			
二	史绍熙教育文集（著作）	史绍熙	1988
四	中国企业：创新和发展（著作）	杨晓堂、钱耀东、刘向东、马建文	1993
十	现行刑事诉讼制度检讨和完善（著作）	李乐平	2008
十一	常州画派研究（著作）	叶鹏飞	2010
	现代化原点结构：冲突与转型（著作）	夏东民	
	人类设计思潮（著作）	翟　墨、陆少游等	
	职教教师教育的反思与建构（著作）	贺文瑾	

续表 33-9-5

届次	成果名称	作者、编著者	获奖年份
三等奖(74项)			
一	经济区经济管理体制问题的探讨	汤永安	1986
	对上海经济区联合问题的探讨	蒋经宇、李饮水	
	商业经营责任制几个理论和实践问题	孙刚若	
	坚持原则性和灵活性相结合 搞好生财、聚财、用财之道	张汝嘉、韩　咏	
	亟须培养中学生的创造精神	史绍熙	
	工业专项贷款问题初探	李饮水、毛志泉	
	中小型企业管理	马国柱、徐永林等	
	运用价值工程，指导产品设计	倪仁英、许君仁	
	浅谈工业企业内部经济责任制	孙善成	
	尝试教学法的实践和理论	邱学华	
	常锡剧的由来与发展	蒋仁法	
	马家浜文化两个类型的分析	陈　晶	
二	中小城市计划体制改革模式及实施途径的探讨	蒋经宇	1988
	再论企业群体	李饮水　毛志泉	
	企业人才开发(著作)	许宁宁	
三	党务工作业务知识与程序(著作)	陆中平	1990
	中国小学数学四十年	邱学华	
	企业集团的发展与经济体制改革	蒋经宇	
	运用系统论于犯罪的综合治理	陆洪生	
四	地区经济学(著作)	李饮水、毛志泉、朱笑冰	1993
	决策思维和地区发展	蒋溢涛等	
	语体语言教程(著作)	莫彭龄、王政红	
	工会信息工作导读(著作)	黄玉生、江　月	
	论华罗庚精神	孔章圣	
	苏南农业的希望之光	顾才兴	
	常州市中小学教育整体改革第一轮实验(初中)研究报告	陈天中	
五	技术创新——中小企业生命之源	虞振新	1996
	依托城市优势，搞活存量资产	孟金元	
	中国常州经济的快速增长与社会的协调发展	张东林	
	走向未来的道路——常州探索可持续发展的实践与思考	陈三林、孙祖培等	
	关于搞好国有企业几个关键环节的思考	薛　锋	
	建立现代企业制度中的财政问题研究	现代企业制度研究课题组	
	乡镇企业人才与劳动者素质问题研究	韩树根	
	新编质量管理和质量保证(著作)	马国柱	

续表 33-9-5

届次	成果名称	作者、编著者	获奖年份
六	破产审计(著作)	曹慧明等	1999
	以创新为切入点,抢占跨世纪竞争高点	虞振新	
	常州可持续发展的探索(著作)	张晓霞、陈俊杰	
	新世纪的挑战与应对——青年素质发展的训练引论(著作)	吴建东、舒　文	
	走向现代化的教学论——90年代我国教学论的进度与反思	汪刘生	
	瞿秋白杂文研究(著作)	王文强	
	武进年鉴(编著)	武进年鉴编纂委员会	
七	努力提高新形势下宣传思想工作水平	张晓霞	2001
	价格审计(著作)	曹慧明	
	常州十大名人传(著作)	吴振祥、陈东明	
	常州地区经济计量模型研究和经济分析预测报告	常州市课题组	
	勾吴史新考(著作)	谢　忱	
	建立健全国有资本运营机制,努力提高国有资本运营效益	陈伟昶、武　军	
	中国开发区文化建设(著作)	储佩成、刘浩春	
八	采购比价审计(著作)	曹慧明	2003
	小型企业管理(著作)	钱明霞	
	高山仰止(著作)	朱钧侃、汪诚国等	
	苏南乡镇企业的起源、现状和趋势	孙祖培	
	汉语成语与汉文化(著作)	顾振权、朱海山	
	文人瞿秋白(著作)	莫彭龄、韩斌生	
九	常州文化丛书(著作)	吴振祥、陈冬期等	2005
	瞿秋白论文研究(著作)	杨建生	
	积极:当代心理学研究的价值核心	任　俊、叶浩生	
十	瞿秋白与先进文化(著作)	汪诚国、王巍一等	2008
	建设项目跟踪审计(著作)	曹慧明、史君维	
	江苏省高校信贷及风险防范问题研究报告(决策咨询报告)	王雪峰、黄建德	
	中西管理伦理融合的逻辑分析与模型的构建	汤正华、韩玉启	
十一	课堂动态生成资源论(著作)	朱志平	2010
	清初遗民词人群体研究(著作)	周焕卿	
	改革开放三十年来马克思主义中国化理论创新成果重要特征	汤继荣、夏东民	
	常、苏、锡、通民营经济竞争力比较与预测	陈晓雪、陈荣平	
	长三角的投资生态及变化趋势	孙祖培	
	常州科教城高等教育资源共享机制与实践的研究	王卫星、胡鹏等	
	英语学习策略及其应用(著作)	鲁　吉	

续表 33-9-5

届次	成果名称	作者、编著者	获奖年份
十一	权力的滞聚与流散：地方政府教育治理模式变革的研究（著作）	庄西真	2010
	当代大学生心理发展与对策（著作）	朱爱胜、崔景贵	
	大学生心理素质训练（著作）	张宏如、余圣陶等	
	高危行业中小企业安全费用的监管博弈（著作）	陆玉梅、梅　强	
	企业结构竞争力：苏浙粤三省民营经济发展比较研究	谢忠秋、陈晓雪等	
	苏南县域民营经济发展的比较研究	陈晓雪、谢忠秋等	
	“大职教观”视野中的职业教育制度变革研究（咨询报告）	董仁忠、陆春琳等	

1984 年 9 月，常州市社科联在全市组织开展首次哲学社会科学优秀成果评奖，表彰和奖励优秀成果奖项目 113 项。1987 年起，常州哲学社会科学优秀成果评奖被列为市政府奖项，委托市社科联承办，市社科联出台《常州市哲学社会科学优秀成果评奖实施意见》，决定此后评奖为每 3 年 1 届；2001 年底从第七届起改为两年 1 届。至 2010 年底，累计举办评奖表彰活动 11 次，累计评出奖项 1513 项，其中一、二、三等奖分别为 65 项、252 项和 1196 项，第四至六届表彰荣誉奖成果 12 项。

常州市第一至第十一届哲学社会科学优秀成果评奖情况统计表

表 33-9-6　　单位：项

届次	评奖年份	合计	荣誉奖	一等奖	二等奖	三等奖	优秀奖成果奖	鼓励奖纪念奖
一	1984	113	0	0	0	0	113	0
二	1988	171	0	4	27	140	0	0
三	1990	90	0	5	20	0	0	65
四	1994	214	4	7	26	119	0	58
五	1997	212	4	3	24	103	0	78
六	1999	224	4	2	15	105	0	98
七	2001	250	0	2	14	114	70	50
八	2003	135	0	5	21	109	0	0
九	2005	153	0	10	30	113	0	0
十	2008	149	0	10	30	109	0	0
十一	2010	244	0	15	45	184	0	0
累计	—	1955	12	63	252	1096	183	349

说明：第四届至第七届所设为纪念奖，第八届所设为成果奖

第四节　政治文明建设研究

1986—2010 年，常州市社科部门的政治学研究把形势变化与地方文化相结合，对党建理论、精神文明建设、新农村建设、地方文化等领域进行研究，组织形式多样的研讨活动，成果丰硕。常州市学者、作家编著的

政治学类著作在江苏省11届哲学社会科学优秀成果评选中多次获奖。

一、党的建设理论研讨

党史、社科等部门组织学习、研究马列主义、毛泽东思想、邓小平理论、“三个代表”重要思想，多层面、多角度地阐释、论证中国共产党基本路线、基本纲领、基本理论和基本经验，从现代化进程中政治、文化的层面关注当代社会，对政治经济、社会等领域的现代化建设问题开展研讨。2006年8月，市社科联等单位举办学习胡锦涛《在庆祝中国共产党成立85周年上的讲话》加强中共执政能力建设研讨会，近40名社会科学工作者参加，从理论、实践角度对加强党组织建设、提高执政能力和保持中国共产党的先进性提出了建设性意见。

二、精神文明建设研讨

1988年11月30日，市委宣传部和市文明委、社科联等在常州林业机械厂联合召开全市首次城乡精神文明建设活动理论讨论会，收到论文42篇，探讨了文明城市、文明村镇、文明单位创建中企业精神培养、文化事业建设和农村五好家庭等方面的做法和经验。此后，相关机构继续开展精神文明建设研究。

三、社会主义新农村建设研讨

2006年5月30日，市社科联和市委宣传部、研究室等单位联合召开建设社会主义新农村专题理论研讨会，100余人参加，收到论文80余篇，评出优秀论文30篇，提出建设社会主义新农村要坚持科学规划，政府引导，统筹城乡，典型示范，完善农村公共服务功能，建立健全以城带乡、以工补农的长效机制。

第五节　经济发展研究

常州经济学研究涉及宏观经济研究、产业经济研究、经济管理研究、财会审计研究。常州经济学界专家学者围绕经济体制改革、市场经济、苏南经济发展模式、常州经济发展特点等问题开展理论研究，取得丰富成果，20余项被评为全省哲学社会科学优秀成果，杨晓堂、钱耀东等人编著的《中国企业：创新和发展》获第四届二等奖。2010年12月，全市有4个经济学研究项目获全省社会科学应用精品工作优秀成果二等奖，分别是常州民营经济研究所谢忠秋等开展的《金融危机对常州民营中小企业的影响用对策研究》，江苏工业学院葛彦东、李丽等开展的《金融危机背景下常州中小企业融资生态环境建设研究》和余兴无、丁恒龙等开展的《常州市外向型企业保持成本优势与防范国际“二反二保”的策略研究》，江苏技术师范学院、常州市社科联周庆元、苏刚等开展的《江苏省推进城乡基本公共服务均等化的对策研究》。同年，市社科联组织对常州实现发展方式转变的路径、新生代农民工生存现状、民营经济发展提升战略、城市文化品位再造与市民素质影响力、常州五大产业投入绩效、建设低碳城市的路径等9个研究课题开展攻关，助力常州实现经科教联动、产学研结合、校所企共赢。公布《2010年度常州市社会科学发展研究课题指南》，包括构建溧阳现代产业体系、常州市建设万顷良田的对策研究、后危机时代常州外向型经济发展思考、提高重点中心镇的承载能力研究等课题。

一、经济发展战略研究

苏南发展模式研讨会　1987年10月15—19日在无锡召开，省社科联、经济学会、乡镇企业管理局和无锡、苏州、常州三市社科联联合举办，与会80多人，收到论文、调查报告50多篇。江苏省副省长凌启鸿作了专题报告——《苏南模式与农村现代化》，会后出版《苏南模式论文集》。

常州市乡镇企业发展战略研讨会　1991年10月，国务院发展研究中心致函常州市政府，提出开展90年代乡镇企业战略研讨，函中指出：“改革开放以来，苏、锡、常地区的乡镇企业已有了很大的发展，成为苏、锡、常地区经济的主要支柱，同时也为全国乡镇工业的发展提供了经验。”“这项调查研究工作是为常州市委、市政

府的决策服务的，并向中央有关部门提出政策建议，对全国经济的发展也有重要意义。”市委副书记、代市长孟金元和副市长薛锋主持展开调查研究，市经济研究中心牵头，与市委研究室、农村工作部等单位组成调查队，到武进、金坛两县和溧阳市、郊区、戚墅堰区的部分乡镇企业座谈调查、典型分析，形成专题调研报告10多篇。1992年3月11—12日，首次常州市乡镇企业发展战略研讨会召开，发表论文、调查报告等10余篇，形成《关于九十年代常州乡镇企业发展战略的研究报告》，上报给国务院发展研究中心，供中央制定政策参考。

常州市市场经济和企业改革研讨会　1994年7月15日，市委宣传部、研究室和市政府研究室、体改委、社科联联合召开，研讨了企业改革中遇到的新情况、新问题及应对策略。

常州市市场经济建设研讨会　1995年11月23日，市计委、市政府第三产业领导小组办公室、体改委等7个单位联合召开，研讨了常州市场建设中的新问题、新矛盾、新体制机制、发展战略、政策法规等方面的问题。

环太湖地区21世纪可持续发展战略学术研讨会　1996年11月1—3日，苏州、无锡、常州、湖州、嘉兴5市的社科联、科协联合在常州召开，围绕环太湖地区21世纪的创新与可持续发展，研讨了农村经济工作创新、旅游资源开发利用创新、水资源利用保护、科技创新、环境保护和城市基础设施建设管理创新、社会事业创新等课题，提出了意见和建议。

制度创新与高新技术产业发展专题研讨会　2000年5月23日，市社科联组织召开，有关单位领导、专家、教授与企业家从金融、财税、人事、教育、产业政策等方面研讨了常州制度创新和经济建设、改革发展方向等。

常州市首届WTO政经论坛　2003年3月29日召开，市社科联与常州高新区党工委、建东学院等联合举办，100多人参加，欧盟东亚地区首席政治顾问、英国伦敦大学政治经济学院教授杨青云博士作了《从欧盟经验看中国入世》的学术报告。

苏南地区个私经济研讨会　1999年5月17—25日，常州、苏州、无锡、镇江四市的社科联等单位联合发起，在无锡召开，会议提出要加强对个体私营经济发展的引导、规划和健全政策法规，常州市社科联提交论文11篇，其中4篇在大会上发言，5篇获优秀论文奖。

二、企业经营管理研究

2002年10月25日，市社科联、古代管理思想研究会等联合召开企业诚信经营研讨会，80余人参加，研讨了企业如何树立正确的经营理念，重合同、守信用，塑造良好的社会形象等课题。

第六节　语言教学研究

常州语言学研究主要围绕常州方言、成语文化、世界语、修辞学等学科展开。海内外语言学专家多次到常州进行学术交流，市内语言学者组织编写、出版了《常州方言丛书》《成语文化丛书》《成语三棱镜：故事、知识、哲理》等学术著作。常州市语言学会1985年6月成立。至2010年底，学会会员出版论著、教材、辞书200余本，在报刊杂志发表论文500多篇，多项成果获省、市奖励。

一、常州方言和吴方言研究

2008年11月15日，在赵元任的学术名著《现代吴语研究》发表80周年之际，上海市语文学会、香港中国语文学会、复旦大学中文系和常州工学院联办的第五届国际吴语学术研讨会在常州召开，中国、日本、新加坡等国家和地区的70多位吴方言学者参加；中国语言文字学会常务理事、复旦大学教授游汝杰，国际吴语学术研讨会创始人、复旦大学资深教授许宝华等语言学专家作了学术报告，从历史的角度对吴方言与邻近方言作了比较研究，从语言演变规律着手对吴方言的变化作了理论上的阐释和实验语音的分析，从吴方言的地理分布作了语言特征研究和类型学研究。

二、语言学家研究

段玉裁研究　2010年是中国清代著名训诂学家段玉裁275周年诞辰，6月12日，金坛市政府与南京大学中华文化研究院举办的段玉裁与清代学术国际研讨会在金坛召开，中国训诂学会会长李建国、中国音韵学会会长鲁国尧和德国、捷克等国家与中国香港、中国台湾地区的40余位汉语言文字学专家出席，对段玉裁的学术贡献、段注《说文解字》的儒学传统、哲学解读、段玉裁思想、西方汉学与段玉裁研究、经史之争与乾嘉学术知识的独立等清代学术思想开展主题演讲、专题讨论等研讨活动。

赵元任研究　1992年11月3日，中国社会科学院语言研究所、上海音乐学院、江苏省社科联和常州市政府联合举办的赵元任100周年诞辰学术座谈会在常州召开，中国社会科学院语言研究所副所长、研究员晁继周和吴宗济，上海音乐学院研究所副所长赵佳梓与赵元任的女儿赵如兰、赵新娜、赵来思、赵小中和他的女婿卞学黄教授等50多人参加，研讨了赵元任的治学精神和学术成果，对中国甚至世界的语言学研究作出的杰出贡献，赵元任的女儿和晁继周作了专题报告，常州市300多人聆听报告。2002年11月2—4日，常州市语言学会、常州工学院承办的纪念赵元任诞辰110周年学术讨论会暨江苏省语言学会第十五届年会在武进宾馆召开，国内外知名专家、教授和赵元任的女儿赵如兰、赵新娜等出席了赵元任塑像揭幕仪式，收到论文70余篇，其中探讨赵元任学术思想的近20篇，赵如兰、赵新娜教授作了《赵元任生平与学术思想》的报告。

三、修辞学研究

1999年10月16—18日，第四届汉语修辞与汉文化国际学术研讨会在常州工业技术学院召开，中国、新加坡、马来西亚、韩国的40名专家与会，收到论文40余篇。大连外国语学院院长汪榕培提出“修辞学是一门科学还是艺术？”的问题。马来西亚的钟天祥和新加坡的张从兴、刘佑珠分别作了学术报告《马来西亚华文报纸借词漫谈》《谁是华人？华人是谁？》《新加坡中文广告用语的特色》，韩国的郑凤然以《韩国谚语中的汉文化痕迹》为题发言，探讨了汉文化巨大的影响力和渗透力。

第七节　教育教学研究

常州教育行政部门、教科研机构和各级各类学校、幼儿园重视教育教学科研，每年编制、申报课题研究计划，深入开展教育科学研究取得丰硕成果。

一、教育教学研究课题

2001—2005年，常州有48项课题被列为全省“十五”教科研课题，有5个课题被确定为全省“十五”教育教学重点课题。2003年，常州有5个课题被批准为省教育科学研究院管理的省级重点教研课题，市教育局教科研规划办公室管理省级立项课题14项。《常州市教科研课题管理办法》出台，全市教育课题管理实行备案制、滚动制，2004—2010年备案首批教科研课题900余项。翌年，常州市教育教研室确定课题311项，向全市教师进行教科研招标，确定教科研人员研究重点、研究方向26个。市教育科学规划领导小组办公室申报的江苏省“十五”规划年度滚动课题获批22项，另有20个项目被确定为江苏省现代教育技术课题，7个课题被确定为江苏省“十五”规划年度滚动重点课题、现代教育技术课题重点项目。2005年，市教科研规划办公室组织鉴定组对备案课题作了中期评估，确定市级重点课题89项、立项课题237项。

2006年12月，市教科研规划办公室组织申报的61项课题被批准为全省“十一五”规划课题。同年，市有24项课题被列入省教学研究第六期课题目录。2008—2009年，市普通教育、职业教育和成人教育系统有

86 项课题被列入省教育科学“十一五”规划课题名录。2009 年 9 月，常州工程职业技术学院陈炳和、薛叙明、刘承先等 5 人完成的《化工技术类专业实训基地建设模式的探索与实践》获第六届高等教育国家级教学成果奖一等奖；河海大学常州校区鞠平、吴胜兴、刘丹平等 5 人完成的《标准明确、过程控制、评价合理、持续改进的本科教学质量管理体系构建与实践》与常州信息职业技术学院闵敏、吴凌娇、宋卫等 5 人完成的《高职院电子商务专业立体化实践平台的研究与实践》同获二等奖。

2000—2010 年常州市被认定的省级教科研项目统计表

表 33-9-7　　单位：项

项目名称	合计	重点课题	立项课题	教改实验课题	重点自筹课题	青年资助课题	青年自筹课题
江苏省“十五”教科课题	48	5	32	11	0	0	0
2003 年江苏省教研课题	18	5	14	0	0	0	0
江苏省“十五”规划 2004 年度滚动课题	22	4	18	0	0	0	0
2004 年江苏省现代教育技术课题	20	2	14	0	4	0	0
江苏省“十一五”规划课题	61	11	40	0	6	3	1
2006 年全省教学研究第六期课题	24	5	0	0	0	0	0
2008 年度江苏省教育科学“十一五”规划课题	39	4	26	0	7	1	1
2009 年度江苏省教育科学“十一五”规划课题	47	4	0	0	11	1	2
其中：初中专项	13	0	0	0	3	0	0

说明：2008 年度、2009 年度江苏省教育科学“十一五”规划课题仅含普通教育、职业教育和成人教育系统的课题

常州市获批的江苏省“十五”期间教科研究重点课题一览表

表 33-9-8

类别	课题名称	承担单位	课题组组长
江苏省“十五”教育教学重点课题	区域性推进创新教育的研究与实践	常州市教育局	居丽琴
	用“博爱”理念办学，用“博爱”催动创新——“学习过程”与“学习资源”的人本化研究	常州市博爱路小学	王必达
	拓展学习时空，转变学习方式——让课堂教学成为学生学习生活的策划中心的研究	常州市觅渡桥小学	杨俊伟
	小学个性化学习的实验与研究	溧阳市实验小学	芮火才
	建构自主探究型理科综合教学模式的研究	江苏省溧阳中学	吕自新 王远琴
2003 年度江苏省重点教研课题	信息技术与学科教学整合的研究	市教研室	丁伟明 蒯超英
	面向 21 世纪科学教育在合作探索活动中提升学生的科学素养的研究（带 26 个子课题）		蔡正秋 汪履平

续表 33-9-8

类别	课题名称	承担单位	课题组组长
2003 年度江苏省重点教研课题	小学生古诗文诵读与人文素养培育研究	常州市龙虎塘小学	万立纯
	控制课堂教学行为失误的对策研究	金坛市教研室	任建中
	关于阅读教学与作文创新联系研究	金坛市华罗庚实验初中	张和忠
江苏省“十五”规划 2004 年度滚动重点课题	促进小学生个性发展的教学评价策略	新北区新桥中心小学	高定荣
	范例教学模式在成人开放课堂教学中的应用研究	溧阳市职业教育中心校	蒋进福
	有效课堂教学的组织和实施的研究	五星实验小学	孙亚珍
	0～3 岁婴幼儿发展适应性课程的研究	天宁区托幼办公室	倪　群
江苏省现代教育技术课题重点项目	现代教育技术与学科教学整合的研究	溧阳市泓口小学	奚土文 周美娟
	运用现代信息技术建立以学生为主体的自主性学习模式的研究	武进区横山桥中学	朱炳助

常州市获批的江苏省“十一五”教育教学科研重点课题一览表

表 33-9-9

类别	课题名称	课题单位	承担者
江苏省“十一五”重点课题	学科育人——基于学科性的课程资源开发和教学策略研究	常州市第二实验小学	王冬娟
	幼儿科学探究活动的生活化、系列化研究	常州市教育局教研室	庄春梅
	聋校生存课程的校本化开发与实施	常州市聋哑学校	吴娟凤
	让学校成为学生人生发展的策划中心	常州市觅渡桥小学	薛丽君
	流动儿童学习障碍及其教育对策研究	常州市武进区马杭中心小学	缪宏亮
	中学政治课基于问题的探究式教学模式研究	江苏省常州高级中学	向永知
	模块课程视野中体育教学设计与实施策略的研究	金坛市教育局教研室	李长志
	促进个性化学习的服务型课堂的实践研究	溧阳市实验小学	芮火才
	多元文化背景下学生生活教育的研究	常州市武进区横林中学	张秋萍
	农村小学文学启蒙教育的实践研究	常州市武进区湟里中心小学	戴敖方
江苏省 2006 年度重点课题	渗透元认知要素于小学科学探究的实践与研究	常州市教育教研室	瞿晓峰
	小学语文综合性学习研究	金坛市教育局教研室	周怡和 陈秋云
	构建合作性教师团体的行动研究	新北区龙虎塘中心小学	盛亚萍 万莺燕
	教学反思与反思性教学的行动研究	武进区东青初级中学	汤国忠
	以日记为载体的体验作文研究	金坛市河滨小学	薛　琴
江苏省 2008 年度重点课题	经济开发区学校与社区科技教育共同体建设的行动研究	常州市北港中心小学	谢俊莹
	基于“问题解决”的课堂教学实践研究	溧阳市教育局教研室	陈建华
	高中新课程中提高探究性教学适切性的行动研究	常州市田家炳实验中学	严玉林
	终身教育理念下区域推进学校转型性变革的行动研究	常州市钟楼区教育文体局	许立新

续表 33-9-9

类别	课题名称	课题单位	承担者
江苏省2009年度重点课题	基于生态园区的幼儿园主题教育活动的实践研究	北港街道中心幼儿园	吴文贤
	多元发展理念下课堂教学和社团活动一体化的实践研究	常州市钟楼区花园第二小学	张翠娥
	以能力为取向的幼儿园语言类课程开发的研究	花园新村幼儿园	王　燕
	构建生态学习平台，促进学生多元发展的校本探索	武进区湟里高级中学	沈建南

二、教材编著出版

2009年，在常高校有16部教材被评为江苏省高等学校评优精品教材，19部教材被确定为立项精品教材，获省教育厅给予的经费资助。

2009年在常高校教材被认定为江苏省高等学校评优精品教材情况表

表 33-9-10

申报教材名称	主编姓名	申报学校	教材适用类型
职业教育学	马建富	江苏技术师范学院	本　科
现代工程图学/现代工程图学习题集	董晓英	江苏技术师范学院	本　科
计算机网络安全技术	潘　瑜	江苏技术师范学院	本　科
外贸英语函电	张成伟	常州信息职业技术学院	高职高专
纺织服装外贸函电与写作	张　耘	常州纺织服装职业技术学院	高职高专
动画实例实训	吴云初	常州纺织服装职业技术学院	高职高专
高等数学(基础、应用)	冯　宁	常州轻工职业技术学院、纺织服装职业技术学院、机电职业技术学院等	高职高专
应用物理基础	郝　超	常州机电职业技术学院、常州工程职业技术学院、扬州市职业大学等	高职高专
C#程序设计—Windows项目开发	邵顺增、李　琳	常州工程职业技术学院	高职高专
ASP.NET程序设计与开发	眭碧霞	常州信息职业技术学院	高职高专
微软网络操作系统	鞠光明	常州信息职业技术学院	高职高专
单片机与接口应用技术	耿永刚	常州机电职业技术学院	高职高专
高分子材料分析、选择与改性课程项目化教学实施案例	候文顺、陈炳和	常州工程职业技术学院	高职高专
数控铣削与加工中心技术	周保牛	常州机电职业技术学院	高职高专
数控机床故障诊断与维修	刘　江	常州机电职业技术学院	高职高专
UG NX 5.0应用与实例教程	戴国洪、李长春	苏州工业职业技术学院 江苏技术师范学院	高职高专

第八节　文化艺术研究

常州文化艺术机构坚持业务建设和学术研究并行的方针，取得丰硕成果。2010年3—5月，市社科联和新北区政府联合组织开展加快新北区文化产业发展问题调研，完成《2010—2015新北区文化产业发展规划》

等两个课题，提出“十二五”期间新北区文化产业发展重点要坚持集约发展，做优做强，坚持培扶结合，强化配套。常州历史文化研究专家致力于挖掘、梳理常州的传统文化及当代文化，产生了一批有份量的学术著作。其中吴振祥、陈冬期等主编的《常州文化丛书》、叶鹏飞的《常州画派研究》分获江苏省第九届、第十一届哲学社会科学优秀成果二等奖。

一、文学创作研究

常州涌现出王文强、韩斌生等文学评论家、研究者。1986年，高晓声的《创作谈》《生活·思考·创作》发表于《上海文艺》。1987年，王炜撰写的《批评与创作、艺术风格》在《上海文学》发表。1990年5月，市文联承办中国当代散文趋向研讨会，会后市文联把陈荒煤、朱子奇、王西彦、何为、林非等国内散文家的评论发言整理成《散文趋向的沉思》，由香港正之出版社出版。王文强撰写的《〈二月〉的遣词特色》(1986)、《比喻的桥梁》(1987)、《从李存葆小说谈俚俗语的合理运用》(1988)、《高晓声小说人物“重唱”现象解析》(1991)、《瞿秋白杂文：多语体转换》(1993)、《陈衡哲散文：合喻的富矿》(1994)等评论，先后发表于《修辞学习》；1987年，他在《扬州师范学报》发表《鲁彦的散文艺术》，1988年在《天津师大学报》发表《陆文夫小说语言的音乐美》，翌年在《华东师范大学学报》发表《陈衡哲散文论》，在《宁波大学学报》发表《王鲁彦研究述评》；他在学林出版社出版的《瞿秋白研究资料》上发表大量瞿秋白杂文思想研究论文，1998年《瞿秋白的杂文研究》由华东师范大学出版社出版。韩斌生的论文《“朝花夕拾”与乡俗文化》发表于《鲁迅研究资料》，1999年《现代乡土文学与鲁迅》入选《鲁迅赴宁100周年纪念论文集》。1999年陆涛声的创作谈《我与小说》被编入百花文艺出版社出版的《小说月报第八届百花奖获奖作品集》。

二、艺术创作研究

1987年12月，陆涛声的《戏曲舞台呼唤真实的当代人》发表于《上海文化艺术报》；《徐秉方的留青竹刻艺术》和《解读“中华牙刻首家”》分别于1990年3月、2005年8月发表于《人民日报》(海外版)；《美哉，红木浅刻》1992年发表于《中外论坛》；《艺术品鉴赏和收藏倾向折射》《我国摄影艺术现状管窥》和《书法艺术神韵说》发表于《艺术百家》。蒋和鸣的《“高原”上的守望者》和《写真写意两辉映》2002年分别发表于《美术界》和《人民日报·副刊》；2005年，《雪域寄豪情，笔端幻奇谲》《守望家园》和《生命的图腾》被收入荣宝斋《当代著名画家技法解析》丛书，发表于《画刊》；《论都市广场的文化内核》发表于《雕塑》，《写中华山水，塑民族精神》2007年发表于《中国艺术报》。周玉峰的《说噱断片》1993年4月获江浙沪评弹论文征文奖，《创新、还俗、求变》发表于《评弹艺术》；《“常州道情”缺失探》2008年获第五届中国曲艺牡丹奖理论奖，《苏州弹词“晏芝调”四大特质》获中国曲艺2009高峰论坛优秀理论(评论)奖。周俊炜的《当代中国画的难局》2007年12月获中央美术学院《美术研究》杂志社主办的全国当代艺术与批评理论研讨会优秀奖，2008年发表于《美术学报》。

阙长山的《品格自清雅，翰墨带寒香》1998年入选第三届中国书法史论国际研讨会，他的《试论书法创作中的心理因素》和叶鹏飞的《论“自然精神”与书法艺术创作》翌年入选第七届全国书展评论，阙长山的论文被评为一类论文；《草书创作臆说》入选全国第六届书学讨论会。陈海良的论文《上古的迷恋》2002年发表于《美术报》；2003年《书法性情说》入选首届敦煌书法论文研讨会；《元代社会体制与杨维桢书风》2004年入选全国第六届书学讨论会。诸葛丽娜撰写的《二王在当下》2009年发表于《中国书画》，《圆润老辣、柔中寓刚—评冯煦的草书》发表于《中国书法20家》；《违而不犯，和而不同》《书法意境说》2010年分别发表于《书画艺术》《书法报》。程广荣的《〈常州先哲遗书〉文化历史典籍开发之我见》2010年获全国第二届地方文献工作研讨会二等奖。

三、文物考古与收藏展陈研究

1989年，常州博物馆创办《文博之友》，1992年更名《常州文博》，至2010年12月编辑出版45期，约280万字。该馆工作人员先后在全国、省、市刊物上发表研究文章450余篇。1991年，陈晶的《说釜》入选首届农业国际学术讨论会。1994年，林甲兴等的《华南地区晚古生代有孔虫》获全省首届文博论文一等奖。2008年12月，常州博物馆举办环太湖西北部马家浜时期原始文化研讨会，全国30余位专家学者进行学术交流。2010年，万永红的《常州自然博物馆自然陈列的创新之措》入编《2010中美科技馆馆长论坛论文集》。

1986—2010年常州博物馆工作者发表的考古、博物馆专业研究论文一览表

表33-9-11

论文题目	作者	发表刊物	发表年份
江苏武进村前南宋墓清理纪要	陈　晶、陈丽华	《考古》	1986
常州、苏州、扬州五代墓出土漆器刍议	陈　晶	《文物》	1987
试论江苏常州地区新石器时代文化序列及其有关问题	陈丽华	《华夏考古》	1988
简论湖熟文化的多元性	陈丽华	《东南文化》	1990
常州博物馆藏金朝铜镜	李奇雅	《文物》	1990
宋代影青瓷观音	陈丽华	《文物》	1990
常州出土的铜镜炮	徐伯元	《考古》	1990
青釉堆塑九联罐	陈丽华	《文物天地》	1992
江苏省江阴市高城墩出土的良渚玉器	陈丽华	香港《龙语文物艺术》	1992
江苏常州半月岛五代墓	徐伯元	《文物》	1993
江苏常州出土的郢爰	徐伯元	《文物》	1993
常州发现西汉墓	陈丽华、陈娟英	《文物》	1993
常州圩墩遗址第五次发掘报告	唐星良	《东南文化》	1995
清代嘉道咸瓷器特征	钱　潮	《东南文化》	1999
1985年江苏常州圩墩遗址的发掘	陈丽华、黄建康等	《考古学报》	2001
吴文化与古代民族融合	黄建康	《东南文化》	2004
良渚文化神像解析	黄建康	《东南文化》	2006

四、图书馆学研究

1983—2010年，常州图书馆职工在全国和省、市级学术刊物与会议上发表、交流论文400余篇，完成《常州藏书家考》《常州图书馆未来服务模式的创新发展及其思考》《常州图书馆核心数据的存储与安全保障》《机读目录的规范化和标准化》《常州图书馆核心数据的存储与安全保障》等馆研究课题和《常州市城区公共图书馆服务网络构建》《常州城区图书馆‘Living Library’服务研究》等市社科联立项、资助研究课题。有31人被选为全国图书馆协会会员。1994年10月，常州图书馆古籍部编辑《张太雷研究资料索引》。2004年12月，常州图书馆组织点校常州现存最早的古志——宋咸淳《毗陵志》，由四川美术出版社出版，编辑出版画册《我们一起走过百年》。2005年12月，程广荣编著的《高考状元课外阅读法》由知识出版社出版。

五、群众文化研究

1986年1月6日，常州市群艺馆举行老中青三代诗歌作者座谈会，30多位诗歌作者参加；12月，经天宁区

文化馆发起，与苏州、南京、扬州、连云港、徐州、无锡等市文化馆、群艺馆联办首届部分城市文化馆学研讨会，有30个城市区、站代表42人出席会议，收到论文23篇。1987年9月，常州市群众文化学会成立，举办首届群众文化理论研讨会，收到论文34篇。同年，首届苏州、无锡、常州、南通群文理论研讨会在苏州举行，此后每年轮流承办1次年会。1990年10月，文化部、全国儿童音乐学会在溧阳召开全国首届儿童音乐创作座谈会，全国30个省、直辖市、自治区的74名代表参加会议。2003年，庄泽伟的论著《红楼新论》由中国文联出版社出版，沈红球的论文《当今农村文化工作建设浅议》获中国群文学会优秀论文奖，高菁的论文《古城涌动读书潮》获《中国文化报》举办的全国论文二等奖，《休闲文化在全民建设小康社会中的价值取向和作用》获省群众文化理论征文金奖。

2004年，邓梦兰的论文《少儿心理特征与少儿舞蹈教育》和高菁、周月梅的论文《简论儿童舞蹈艺术美育作用》获全国少儿文艺论坛论文奖金奖。周月梅的论文《群文舞蹈的出新与提高》获全国优秀论文奖。2005年，高菁的论文《小城镇文化建设应重视农民工文化需求》入编《全国群文论文选》，周月梅的论文《校园舞蹈的美育作用之我见》获全国舞蹈论文金奖，张晓娟的论文《广场文化——新时代市民精神的展现》获"大视野"全国论文优秀奖。2006年，邓梦兰的论文《音乐在少儿舞蹈中的作用》获全国优秀论文奖，入编《全国群众文化论文集》；章建军的《中国传统刺绣与"乱针绣"》入选第五届中国科学家教育家论坛；孙逸新的论文《关于音乐业余考级现象的思考》获全国优秀论文奖，入编《全国群众文化论文集》。2007年，高菁的论著《思索与回视》由中国社会科学院出版社出版，《对构建农民工文化服务主体平台的思考》获全国农民工文化建设征文三等奖。

2008年，许建荣、周俊的论文《着眼需求，营造公益文化新格局》和高菁的论文《对构建农民工文化服务主体平台的思考》分获中国群文学会征文二等奖和《中国文化报》优秀论文奖，许建荣、周俊的论文《着眼需求，营造公益文化新格局》获全国综合文化馆论坛征文二等奖，应邀出席在宁波召开的中国综合文化馆建设论坛。2009年，高菁的论文《融合、提升：城市新兴社区建设与新市民的文化权益》获第五届"长三角公共文化论坛"一等奖；高建新的论文《兼论当代农民自办文化的精品现象》获全国群众文化论文二等奖。2010年，张璐的论文《完善的公共文化服务体系：文化民生的必由之路》获江苏省第九届"五星工程奖"二等奖。

六、档案学研究

2005年、2006年，市档案局开展的网络计算机和电子文件中心系统在数字档案馆中的应用研究分获江苏省档案优秀科技成果二等奖、国家档案局优秀科技成果三等奖。1993—2010年，常州市档案工作学术论文、宣传文章被国家级、省级以上刊物录用1000多篇。

第九节　其他研究

一、法治建设研究

1988年12月，中共江苏省委政法委和江苏省高级人民法院、省人民检察院、公安厅等单位联合举办的全省首次审理未成年人刑事案件经验交流会在常州召开，53名代表参加，研讨未成年被告人的羁押、预审、起诉、审判、辩护、教育改造等问题。1996年11月8日，市检察院、司法局、检察协会、法学会在常柴集团联合举办贯彻实施修改后刑事诉讼法研讨会，公安、检察、司法工作者100余人参加，交流论文43篇，探讨刑事诉讼法中有关刑事传唤和拘留的法定时间、律师提前参与刑事诉讼、庭审方式改变、逮捕条件修改等操作程序问题，评出优秀论文20篇。1997年4月19日，市劳动局、司法局、总工会、法学会等单位联合举办常州市实施《中华人民共和国劳动法》研讨会，100多人参加，收到论文40多篇，研讨贯彻执行《劳动法》中正确处理劳动争议、集体合同与劳动合同的关系、乡镇企业贯彻实施《劳动法》、养老保险、就业、再就业、培训等问题。

二、社会学研究

1986—2010年，全市社会学方面的学术团体围绕家庭美德、社会保障、工会工作、常州民俗等领域开展研究，出版一批学术著作和论文集。市谱牒文化研究走在全省前列。2005年，常州市民俗研究会成立，下设谱牒文化研究委员会、祠堂文化研究委员会，研究会主编《常州家谱提要》《家谱与地方文化》和《谱牒文化》期刊，出版了朱炳国、吴之光编纂的国内第一部公开出版的地方性家谱总目《常州家谱提要》等学术著作。社会学领域另一部颇有影响的学术著作是周焕卿的《清初遗民词人群体研究》。2008年6月，《谱牒文化》杂志创刊，受到海内外谱学界的关注，众多研究机构和高校权威名家纷纷为其撰稿。2009年，市谱牒文化研究会升格为一级社团，是全省首家地市级谱牒文化社团，构建了常州谱学研究、宗谱续修的学术平台。至2010年底，累计举办谱牒文化学术研讨活动5次、祠堂文化学术研讨活动两次，组织力量开展调查研究，帮助群众修编、印发家谱300多部。

三、地方历史研究

常州历史学专业的社会团体加强对各历史时期文化、资料的整理和研究，重点围绕春秋季子文化、齐梁文化、清代中晚期常州文化等展开研究，出版有《齐梁故里考证与齐梁文化新论》《常州清代文化研究丛书》《清代常州五学派》等学术研究著作，扩大常州历史文化的影响。市地方志编纂委员会编纂的《常州市志》获第五届江苏社科优秀成果一等奖，谢忱的著作《勾吴史新考》等成果获得三等奖。常州市地方志办公室组织点校出版的宋咸淳《毗陵志》获常州市第十届哲学社会科学优秀成果一等奖。

第三十四卷 教育

Volume XXXIV Education

1986—2010 年，常州市实现基本普及九年义务教育和基本扫除青壮年文盲（简称“双基”），实施教育现代化工程，推进教育优质均衡发展。1986 年、1988 年，常州先后被确定为全国社会发展综合示范试点城市、教育综合改革试点城市，深化教育综合改革启动，《常州市城市教育综合改革方案》《关于加快教育发展和改革若干问题的决定》陆续出台。1991 年，全国城市教育综合改革经验交流会在常州召开，肯定常州在重视统筹、人才预测、教育平衡协调发展、抓好典型示范方面的经验。1994 年，全市提前完成第一轮教育综合改革方案提出的“八五”改革目标任务后，市委、市政府提出“科教兴市”战略和实施教育现代化，颁发《关于〈中国教育改革和发展纲要〉的实施意见》，在全省率先启动乡镇教育现代化创建工程，2004 年扩展到辖市区。1995 年，市政府制定《常州市第二轮教育综合改革方案》，明确 1995—2000 年的阶段性改革目标。常州被国家教委确定为全省唯一的全国教育执法监督试点城市。2002—2007 年，先后颁发《常州市实现区域教育现代化实施规划》《关于深入实施科教兴市战略，率先基本实现教育现代化的决定》，启动辖市区教育现代化进程。全市区域教育现代化建设推进大会召开，《常州市教育事业“十一五”规划》《常州市教育现代化建设目标任务书》出台。2010 年，全市 7 个辖市区均建成江苏省教育现代化建设先进县（市、区），初步形成基础教育高质量、职业教育高水平、高等教育有特色、终身教育有成效、教师队伍高素质的发展格局，为全市推进富民强市工程、实现“两个率先”[①] 提供了重要的智力支撑和人才保证。

第一章　基础教育

改革开放后，常州基础教育发生历史性变化。1978—1985 年着重普及初等教育，1984 年全市普及初等教育。1986 年，积极推进义务教育，改善中小学办学条件，实现校校无危房、班班有教室、学生人人有课桌凳（简称“一无两有”）。1993 年末，全市各县市区全部普及九年义务教育。1994 年，常州市顺利通过省政府“两基”（即基本普及九年义务教育、基本扫除青壮年文盲）验收，常州市区首次达到基本普及 12 年教育的目标，所辖县市区被国家教委列为全国首批普及九年义务教育地区。常州教育现代化工程启动，主要是创建中小学优质学校。90 年代，常州市开展示范性实验幼儿园、实验小学和示范初中及省重点高中、国家级示范高中和省星级高中的创建、评比和申报，2002 年全市所有乡镇和 99% 直属中小学实现教育基本现代化。2005 年，常州市开始推进区域教育基本现代化建设，在全省率先普及高中教育，开始实施高中课程改革，常州市农村中小学“六有工程”（即有整洁的校园，有满足师生就餐需要的卫生食堂，有冷热饮用水，有水冲式厕所，有安全宿舍，寄宿生 1 人有 1 张床）通过省级达标验收。2008 年，全市实现学龄儿童全部入学读书，乡镇全部创建成为省级或市级教育现代化乡镇。2010 年，常州被评为江苏省基础教育课程改革先进市。

① 率先实现全面小康，率先基本实现现代化。

第一节 幼儿教育

一、幼 儿 园

1986年末，常州市建有幼儿园970所，其中市区有幼儿园108所，计639个班(小学附设学前幼儿大班70多个)，入园3岁以上儿童2.29万人，入园率98%。此后，常州推进普及三年学前教育与普及九年义务教育同步启动。1992年开始实施《江苏省幼儿园(班)登记注册办法》，对不同类别的幼儿园实行不同收费标准，激励幼儿园改善办学条件，提高办学质量。1993年末，将普及九年义务教育向学前教育延伸作为重点，在城市新建住宅小区配套一批幼儿园，加强乡(镇)中心幼儿园建设，其他幼儿园通过改建扩建扩大招生量。1994年开始实施布局调整。

1996年，《常州市幼儿园基本实现现代化评估细则》出台，优化幼教资源配置，鼓励多种形式办园和合作办园。钟楼区文教局与台湾知名幼儿教育家陈钛坤合资开办常州大地幼稚园，是全市第一所合资幼儿园；清潭第一幼儿园接受旅日爱国华侨盛毓度捐助后，更名为盛菊影幼儿园；钟楼区北直街幼儿园与新加坡思达教育机构合作成立爱儿坊幼儿学苑，是常州市第一所中外合作幼儿园；常州市怡康地产开发公司投资860万元创办怡康幼儿园，是常州市第一所纯民办性质幼儿园，被南京师范大学选定为苏南地区唯一的幼儿教育课程改革研究基地；湖塘实验幼儿园、鸣珂巷幼儿园分别兴办分园新城阳光幼儿园、天润幼儿园，实施一园两制。到2000年末，全市城乡全面普及学前三年教育，幼儿园发展到1122所。

2004年，《常州市关于幼儿教育改革与发展的若干意见》出台，把幼儿教育事业纳入全市经济社会发展总体规划，托幼一体化的教育体系和发展格局基本形成，幼儿保教水平处于全省领先地位。2009年，常州市幼儿教育形成政府统一领导、分级管理、教育部门主管、各部门分工负责，0～6岁完整的学前教育管理体系，以公办幼儿园为示范，以社会力量兴办幼儿园为主体，公办与民办教育相结合的发展格局。2010年末，全市幼教机构经过大幅度的撤并、调整和兴办，总数减少到207所，其中教育部门办35所、集体办122所、民办50所，在园幼儿9.69万人；有江苏省优质幼儿园132所，其中金坛20所、溧阳22所、武进37所，新北16所、天宁14所、钟楼18所、戚墅堰3所，市教育局直属常州市机关幼儿园、红溪实验幼儿园。

二、保育教育

保　育　1986年起，常州市幼儿园按卫生部儿童卫生保健制度规定的3～6岁儿童营养标准，加强幼儿用餐的营养科学搭配，随时令变化及时调整改进。1995年，常州市《关于加强幼儿园卫生保健工作的意见》颁发，从翌年起各幼儿园按卫生保健合格标准，逐步配备卫生保健教师，建立专用卫生保健室，改善儿童户外活动场所条件，教育行政部门对新设托幼园所或申报教育类别时卫生保健不合格的实行一票否决制。1999年，省教委、卫生厅联合调研城镇托幼机构卫生保健情况，常州市提前达到合格率80%的目标。至2010年，全市幼儿园建立健全卫生保健制度，贯彻预防为主方针，认真做好预防接种工作，严格执行健康检查制度、定期体检制度、幼儿广播操制度、幼儿入园晨检制度，建立健全室内外卫生制度，坚持室内消毒、室外整洁，环境做到绿化、美化、净化、儿童化；坚持卫生、消毒制度，保证幼儿一巾一杯，茶杯、毛巾、餐巾、餐具每天消毒；重视培养幼儿良好卫生习惯，增强幼儿体质，提高幼儿的疾病抵抗力；幼儿体育普遍受到重视，各项活动均以幼儿为中心，确保幼儿安全。

教　学　1986年起，常州市幼儿园教学推行以游戏为基本形式的教学方式，注重体、智、德、美诸方面教育相互渗透，推行“幼儿园一日活动常规”。1989年，开始贯彻保育与教育相结合的原则，创设与幼儿教育和发展相适应的和谐环境，引导幼儿个性健康发展。分科教学模式逐渐被以教育为主体内容、以游戏为基本活动的形式取代。90年代，市教育部门从理论、实践上促进幼教改革和教育教学质量提高，先后举办幼儿园语言文字教学活动专题讲座、教育活动论文报告会和示范（实验）幼儿园一日教育活动专题研讨会、市区幼儿园“半日教育活动”评优、幼儿园语言电化教育课评优等全市性教研、评优活动，发挥一类幼儿园的示范作用，组织开展幼儿教学科研，基本做到园园有课题；逐步统一使用南京师范大学编写的《幼儿课程指导》，统一设置体育、常识、语言、计算、音乐、美术6科，规定大中小班每节教育活动时间。2000年起，全市幼儿园开展了“优化幼儿园一日活动，让幼儿在良好的环境里主动发展”系列活动，全面落实《幼儿园工作规程》。2006—2010年，市教育局出台《常州市幼儿园教师教育工作评价指标（试行）》《常州市幼儿园儿童发展评价指标（试行）》，倡导多元评价，关注幼儿内涵发展。2010年6月，常州的12件自制作品参加全省幼儿园自制玩教具比赛，3件作品获全省一等奖。

特色教育　90年代后期，常州市区部分幼儿园开设美术、歌舞、器乐、外语等兴趣班，培养幼儿的兴趣特长。2000年实施新教学法，让幼儿在活动中动手动脑主动学习，发展想象力、创造力；12月，江苏省幼儿教育研究会在常州召开全省幼儿素质教育研讨会。至2010年底，全市城镇形成多元化办园特色，刘海粟美术幼儿园、轻工幼儿园、戚墅堰区中心幼儿园、湖塘中心幼儿园开展了儿童实验绘画特色教育，培养儿童的早期艺术素质。武进区机关幼儿园等园开展了全语言特色教学、环境创设美化，开启幼儿心智；常州市机关幼儿园、鸣珂巷幼儿园等园把多媒体引进课堂；花园新村第四幼儿园、金坛薛埠中心幼儿园成为省幼儿体操训练基地，建工幼儿园等园专注培养孩子音乐特长。

教学科研　2006—2010年，举办“做中学”项目研究推广会、第十一届苏浙沪优质幼儿园精品活动研讨会等教研活动。2010年，丹麦奥胡斯教育学院与常州学前教育代表进行学术交流，丹麦的36名大学生到武进区机关幼儿园等幼儿园担任实习教师。

学习方式探索　2000年，溧阳市宝兴幼儿园、溧城镇新芽幼儿园等3所乡镇幼儿园结对开展了《素质教育从娃娃抓起》课题研究，用尝试教育理论指导幼儿素质教育，宝兴幼儿园被评为全国尝试教育研究与应用先进单位。2001—2004年，全市18所省示范性实验幼儿园共同开展转变幼儿学习方式研究课题，幼儿园以儿童发展为本，转变儿童学习方式，倡导儿童在活动中发展、在情景中体验、在游戏中成长，形成让幼儿主动探索的多元化学习方式及形式丰富、自主灵活的区域活动和主题游戏。红溪实验幼儿园的开放性主题活动、常州市机关幼儿园的综合创新活动课程、奔牛幼儿园的本土化游戏、红梅幼儿园和横林幼儿园的主题化学习性区域活动、溧阳实小幼儿园的生活化游戏课程等，尝试促进儿童主动学习，探索出具有园本特色的活动型课程。新桥幼儿园的动手做实践活动课程、湖塘中心幼儿园的艺术整合课程创出课程改革新路。

“做中学”项目实验　2001年起，常州市参与教育部和中国科协指导推动的中法合作“做中学”科学教育实验项目，2003年与苏州、无锡被列为全国第二批“做中学”试点城市，至2010年末全市有10个幼儿园参与这项实验研究。江苏省教育科学“十一五”规划重点课题幼儿科学探究活动生活化系列化研究，探索研究幼儿科学教育与主题活动、游戏和区域活动的整合与拓展，发挥科学小实验、小制作、小游戏活动的价值，探索多元化幼儿科学教育形式，形成本土化幼儿科学教育的内容系列和典型案例。2004年，《早期教育》杂志对这个课题作了专题报道，课题组代表在上海举行的全国幼儿园园本课程研讨会上作了介绍。全市经6年实践探索，培养出一批幼儿科学教育骨干教师，汇编成《常州市幼儿科学探究系统活动》案例集，开发出“做中学”科学探究课例28个系列、267个，推进常州幼儿科学教育课程改革。

亲子早教研究　2003年，市教育局确定鸣珂巷幼儿园等8所幼儿园为首批早教亲子基地，举办3岁前托

全国蒙特梭利早教观摩活动(摄于2008年11月)

儿所，加强对低龄幼儿教育规律、内容和方法的研究。2004—2006年，盛菊影幼儿园挂牌成立钟楼区婴幼儿早教中心，天宁幼教办公室领衔江苏省“十五”课题《0～3岁婴幼儿发展适应性课程》研究，带动北环幼儿园、红梅幼儿园等5所幼儿园进行“园中园”式的亲子早教研究，形成系列活动案例。新北、武进、金坛、溧阳和戚墅堰相继成立亲子早教中心。2008年，盛菊影幼儿园早教中心被市计划生育委确定为常州市早期教育指导中心；10月，江苏省第五届海峡两岸幼儿教育学术研讨会在常州召开；11月，全国蒙特梭利教育早教观摩活动在娑罗巷鸿安幼儿园举行。

三、幼儿园选介

常州市鸣珂巷幼儿园　占地5442平方米。前身是清宣统元年(1909)由美国基督教会在常州开办的崇真中西女校，1953年改用今校名。2007年10月，实施集团化办园，创办第一所分园天润幼儿园。2010年，总园和分园有班级36个，幼儿1000多名，教职员工110名。该园以“做中学”为办园特色，以“体验快乐，享受成长”为办园理念，为孩子们打造快乐成长的乐园，曾被评为全国百强特色学校、全国十佳示范学校、首批江苏省示范性实验幼儿园、江苏省现代教育技术示范学校。

常州市机关幼儿园　1949年创办，先后3次搬迁，由开办时的大东营房(现102医院门诊处)先后搬迁到三牌楼口大观路1号、邮电路3号(原芳晖女中宿舍分部)，60年代定址于古村3号，更名为常州市机关幼儿园。80年代归市教育局代管，1992年改由市级机关事务管理处管理。2010年底，设有古村园、中央花园分园，共占地14249平方米；古村园有教职工90名，教师大专以上学历97%；其中高级职称2人、中级职称34人；有一批常州市幼教学科带头人、青年骨干教师、教学能手和教坛新秀；年末在园幼儿837名。该园在全市首家开办公办寄宿制幼儿园，创建成为中国人口早期教育暨独生子女培养示范区实验基地、全国棋文化实验基地和省示范性实验幼儿园、现代教育技术学校、美术科研基地，连续10年被评为市文明单位标兵。探索0～3岁托幼一体化教育，2006年创建早教中心，开展亲子教育、感统游戏等活动项目，开通早教专线，让更多的孩子享受优质的早教服务。探索特色化、多元化和托幼一体化的办园模式，探索中外儿童混合办班模式。2004年，承担全市幼儿教育示范和引领项目开展新课程改革、园本课程建设，在全省率先开展“家园直通车”活动，覆盖每个家庭，创编美文教材，自编美文报。2009年11月，开设民办中央花园幼儿园，占地8000平方米，开设18个班，装备安监系统、闭路电视实时录播和视频在线直播系统，建有儿童游泳馆、小篮球场等场所。

常州市武进区机关幼儿园　创办于1956年，原为武进县机关托儿所，与南夏墅乡教工托儿所合并后成立武进县机关幼儿园，隶属县政府办公室管理。1985年，县政府投资在常州县北新村新建幼儿园，扩大到8个班。2000年划归武进市教委管理。2007年3月，在武进核心区延政东路(今延政中大道)异地新建，占地1.67公顷，创成全省首批优质幼儿园。2010年底，为武进区教育局唯一直属的公办幼儿园，成为集团型办学幼教机构，设有御城、天禄两个分园；全园有教职工41名，专任教师全部取得大中专学历，本科学历占总人数的70%、有中学高级教师4名、市和区骨干教师和学科带头人10名；开设40个班，在园幼儿1280名。全语言特色教学课题研究在全省幼教系统较具影响，创建成为江苏省示范性幼儿园，是国家级课题以园为本教研制度建设基地园。

武进区机关幼儿园(摄于2010年8月)

常州市娑罗巷幼儿园　1956年创建。2007年，成为美国蒙特梭利研究协会中国教育中心示范基地。2010年底，占地3650平方米，建筑面积2700平方米，有教职工38人，开设10个班、1个早教中心，在园幼儿360名。形成以蒙特梭利教育为主的特色教育，同时双语教学、艺术教育、环境教育兼容并蓄，是全国尝试教学法实验基地，全国中学小学幼儿园现代科技教育实验基地，江苏省优质幼儿园。

第二节　小学教育

小学教育是九年义务教育的基础阶段。1986—2010年前期主要是普及九年义务教育，后期主要是按教育现代化的标准全面提质创优。

1985年，学龄儿童入学率99.7%，巩固率100%，毕业率97.7%，升学率97.4%。1986年初，常州市区有小学102所，在校学生4.26万人。7月全国施行《中华人民共和国义务教育法》(简称《义务教育法》)，常州市每年召开1次农村教育工作会议，研究和解决农村义务教育中的突出问题。市人大常委会和市政府组织《中华人民共和国义务教育法》执法检查，推进九年制义务教育实施。乡镇、县区和市自下而上制订实施九年制义务教育基本要求，宣传《义务教育法》，多渠道筹集办学经费，认真抓好控制流失学生等工作。1993年，比原规划提前两年基本实现普及九年制义务教育，义务教育阶段学校由1986年的2093所调整为1645所。2000年，义务教育阶段学校由1993年的1645所调整为713所。1994年，常州在全省率先启动乡镇教育现代化创建工程。1996年，《常州市乡镇实施九年义务教育的较高标准》出台，全市按省教委颁发的《乡镇教育基本现代化建设标准》，从较高标准普及义务教育转入全面推进基础教育的现代化。1997年，全市提前完成全省改造义务教育阶段薄弱学校行动计划确定的任务。2000年，全市乡镇全部实现教育基本现代化，小学布局进一步优化。

2002年，《常州市实现区域教育现代化实施规划》颁布实施。翌年，修订完善实施意见并启动，重视外来务工人员子女入学，《常州市流动儿童少年就学暂行办法》《常州市流动儿童少年简易学校审批程序及办法》等文件相继出台，实施“蓝天计划”。小学以公办学校吸纳为主、民办学校吸纳为辅，确保适龄儿童全部接受义务教育，让外来务工人员子女同享良好教育。当年，常州市公办中小学吸纳4.5万名流动儿童少年入学，40所民办外来民工子弟学校(其中公办民营6所)得到各区教育行政部门审批确认。2004年，“蓝天计划”被评为常州十件好事之一，得到共青团中央的肯定。2006年秋季学期起，常州市城乡全部实现免收义务教育阶段学费，外来农民工子女凡符合市政府规定的，不论在公办或民办学校，同等免学费。

2008年，通过全省农村中小学“四配套”（即理化生实验设备、体育器材、艺术教育器材和图书资料配套）工程考核验收，全市新增市一级校园网126个和市级示范图书馆33所、实验室建设先进单位110个。“春晖工程”取得较大进展，100所项目学校确定挂牌，网上服务平台开通运行，100千兆资源包实行城乡共享。全市外来务工人员子女全部接受义务教育，公办学按吸纳率达79%，2010年上升至85.2%。2007—2008年，武进、钟楼、天宁三区和金坛市被授予首批、第二批江苏省义务教育均衡发展先进县（市、区）称号。2010年6月，常州市局前街小学教育集团成立，是全市第一个跨区教育集团，集团化办学成为常州探索义务教育优质均衡发展的途径之一。同年末，全市有小学190所，在校学生22.15万人，适龄儿童入学率100%，年巩固率99.95%，升学率103.9%（流动人员子女增加，升学人数大于在籍学生数）；流动人员随迁子女全部接受义务教育，公办学校吸纳比例85.2%。

一、教学与改革

课程设置 1986年，常州市小学执行1982年《江苏省全日制六年制小学暂行教学计划（试行草案）》，开设思想品德、语文、数学、体育、音乐、美术课，每天安排晨会（或夕会）10分钟，晨操或课间操20分钟，眼保健操两次共10分钟。1990年起，14所中小学试点锡剧教学，编写《锡剧音乐教材选编》，1993年秋季班教程起将锡剧列入市区和武进县中小学音乐课教程，在小学三年级学生中试行。1992年，绝大多数学校利用世界银行贷款第一次采购了一批286计算机用于普通中小学教育。1993年秋季，全市小学一年级开始实施《九年义务教育全日制六年制小学课程计划（试行）》。9月，落实国家教委颁发的小学语文等学科教学大纲调整意见和人民教育出版社对有关教材的调整意见。1995年，常州市规定小学各年级学科教学每周最高时数为30课时，周活动总量为33课时以下，更加注重健康教育，对授课时数、课时安排作了明确规定。1997年秋季起执行江苏省全日制小学课程（教学）计划。

2001年秋季，全市实施调整后的九年义务教育“六三”学制全日制小学教学计划，在小学开设外语课和信息技术课。2002年秋季，常州市整体（含辖市区）进入江苏省基础教育课程改革实验区，全面开展基础教育课程改革实验。小学起始年级各学科和小学三年级的品德与社会、英语及科学学科进入实验范围，使用实验教材。小学三年级起开设综合实践活动课。2003年，《常州市校本课程开发与管理意见》出台，部分小学开发常州历史、常州文学、常州乡土美术等地方课程。2006年，市教育局出台《常州市普通高中新课程实施指导意见（试行）》，提出在全市中小学生中实施书法教育“百千万”工程（在5～10年内创书法特色学校100所，培养教育合格书法教师1000名，发展市书协青少年分会会员1万名）。2007年，《关于进一步深化常州市基础教育课程改革的指导意见》出台。2009年，全国聋校校本课程开发研讨会在常州召开，全国27个省直辖市及香港、台湾等地区的近300名代表参加。

教学改革创新 80年代末，常州市区许多学校开展教材改革实验，主要有《中小学英语衔接教材》、小学语文《注音识字提前读写》、《小学数学》（马芯兰著）教材实验等，成效明显。90年代，全市单科性、综合性课题研究覆盖各学科，形成网络。尝试教学理论研究和学校教育整体改革实验研究等课题的深化性研究成果在全省、全国乃至国际上产生一定影响，解放路小学开设劳动技能特色班。2000—2005年，全市46所省级实验小学开展综合实践活动课程实验研究，中山路小学的钢琴教育、北环路小学的计算机辅助教学等具有鲜明特色的校本课程逐步形成。

尝试教学法 曾在常州多所学校任教的特级教师邱学华于80年代初开始在小学数学教学中运用尝试教学法，基本操作程序是：出示尝试题、学生自学课本、尝试练习、学生讨论、教师讲解，特征是先试后导、先练后讲，培养学生探索精神和自学能力。30年中，经历从尝试教学法升华为尝试教学理论，实验规模从1个班发展到几十万个班级，应用范围从小学发展到中学、大学，从普教发展到幼教、职教及特教，从数学发展到语文、外语、科学常识等科目；实验范围遍及全国31个省、直辖市、自治区及港澳台地区，并已传到国外。

小学新基础教育课堂（摄于2006年10月）

新基础教育实验 1999年9月，常州市第二实验小学加入国家重点课题新基础教育推广性研究行列。2000年被确定为新基础教育实验学校，2004年成为全国11所新基础教育研究基地学校之一，2006年中期评估中以现场评估第一名和132分的总成绩被评为优秀。2007年，市教育局与华东师范大学基础教育改革与发展研究所签订开展新基础教育成型性阶段推广研究协议，确立10所学校为新基础教育研究联系学校。局前街小学挂牌新基础教育研究基地学校。2009年，确立7所学校为新基础教育常州第二批联系学校。

“做中学”科学教育实验 2003—2004年，局前街小学等6所小学、钟楼区怀德苑小学等21所小学分两批成为常州市中法合作“做中学”科学教育实验项目学校。局前街小学结合省教育学会“十五”课题在小学自然教学中开展研究性学习的研究，让学生通过主动探索、发现和体验，在合作学习中培养、提高创新意识和创造能力。许多学校通过研究构建科学课教学的研究性模式，创设情境，让学生敢于制造问题；亲历真实活动，让学生在活动中进行探究；运用方式，全方位搜集信息；认真记录，留下研究足迹；交流互动，提升学科研究价值。

学生评价改革 1997年秋季学期起，常州市区小学试行《小学生素质发展报告单》，新的考核计分办法分优秀、良好、及格、不及格4个等第，从学生基础知识、基本能力、学习态度、学习习惯等方面进行等第评定，按课程计划规定对晨会课、班队活动、体育锻炼、科技文体活动、社会实践活动和学校传统活动等，按等第记载考核成绩，设竞赛获奖记载栏，以反映学生爱好专长。

德育工作 1988年起，全市小学实施国家教委颁发的《小学德育纲要（试行草案）》，以《小学生日常行为规范》为实施重点，普遍进行经常性的爱国主义和革命传统教育、集体主义教育、艰苦奋斗和热爱劳动教育。各县区组织社区教育试点，加强学校、家庭、社区“三结合”教育，市、县区建立一批小学生劳动基地和社会实践基地。1988—1991年，博爱路小学少先队大队部被共青团中央命名为少先队红旗大队。90年代，常州市中小学德育工作突出爱国主义、社会主义、集体主义、行为规范和遵纪守法4个重点，力求与教学活动、建设校园文化、社会实践、家庭教育相结合，加强制度、队伍、基地和乡土教材4项基本建设。觅渡桥小学等10个单位被评为全国“心中有祖国、心中有他人”主题教育活动先进集体，湖塘桥实验小学被定为少先队工作实验基地，薛家中心小学少先队被评为全国少先队红旗大队，成为常州第一所获此殊荣的乡镇小学。1999年起，常州市每年举行“颂英烈”活动，至2010年底参加活动总人数累计10万。

2001—2005年，常州师范学校第二附属小学的体验教育在省内外享有盛誉，中央电视台少儿频道、《中国教育报》等媒体均对其作了报道，校少先队被评为全国少先队红旗大队，获全国“创新杯”竞赛最佳创新活动奖。全市教育部门组织创建绿色学校，推动中小学开展环境教育，在全省率先出台《“绿色学校”管理办法》，建立常州市绿色资料室，编制出生态知识、生态城市和生态农村学习资料，被评为全国创建绿色学校先进单位；开通常州市中小学生德育网(xsdy.czedu.gov.cn)，全市各学校在校园网开辟德育专栏；成立常州市中小学生心理健康服务中心，开通常州市中小学心理咨询网，提供心理救助。《关于加强中小学心理健康教育工作的意见》出台，市中小学心理健康服务中心被评为全国先进集体。

2005年以后，常州市全面推进素质教育，打造区域德育品牌，开展以爱国主义为核心的民族精神教育。开展以提高公民素养为目标的公民意识教育，2005年加入中美合作公民教育项目，逐渐形成学生以未来公民身份参与当地和谐社会建设的机制。至2010年底，创建成爱国主义教育基地国家级2个、省级10个、市级36个。2006年，启动以关怀生命、唤醒生命为目标的生命教育工程，成立生命教育研究会和协进会，组建讲师团，开通生命教育网站，建立生命教育资源库。2008年，开展与汶川特大地震灾区小伙伴手拉手系列活动，近百所学校1万余名学生参与。2009年，江苏省公民教育现场会在常州召开。至2010年，创成首批省青少年科学教育特色学校5所，市级科技特色学校35所，创建成绿色学校省级116所、市级284所，市级德育特色学校66所。以关爱流动儿童、残疾儿童和同伴互助为中心的关爱教育，常州市德育实践案例获全国未成年人思想道德建设创新成果三等奖，成功经验向全省和长江三角洲地区多个地市交流介绍。2007年，成立常州市家长学校总校和常州龙城网上家长学校。至2009年，全市形成中小(学)幼(儿园)纵向衔接、教育内容层次递进，学校、家庭、社会横向沟通，德育覆盖网络，常州被评为江苏唯一的首批全国未成年人思想道德建设先进城市。

二、教育成果

1993年，常州师范学校第二附属小学学生剪纸作品展览会在北京中国儿童少年活动中心举行，6名学生的6件剪纸作品入选第十一届国际儿童版画及造型艺术展，送往捷克、斯洛伐克参展。2000年，常州市艺术教育节在北京举办，开全国地级市艺术节在京办展先河。2001年11月，江苏省校园新歌大赛在常州市少年科学艺术宫举行，全市中小学8个节目参赛，获一等奖7个、二等奖1个，获奖数居全省首位。2006年4月，由常州市7名中小学生组成的中国AAC代表队夺得在美国亚特兰大举行的FLL青少年机器人世界锦标赛亚军2项和季军1项。

钟楼区沈莲机器人工作室获香港比赛一等奖(摄于2008年10月)

2008年5月，解放路小学的7名选手代表中国参加在美国马里兰大学举行的第二十九届头脑奥林匹克比赛，以总分第一名夺得小学组T型结构冠军。10月，天宁区红梅新村小学学生骆舟参加教育部、国家知识产权局和中国发明协会举办的全国中小学信息技术创新与实践大赛(NOC)，以总分第一名夺得一等奖，获得本次大赛最高荣誉恩欧希教育信息化发明创新奖；钟楼区花园小学沈莲机器人工作室的3名队员获WRO国际奥林匹克机器人竞赛香港公开赛小学组机器人常规赛一等奖。11月，常州市博爱教育集团博爱小学、怡康小学参加在张家港市第一中学举行的全国模拟遥控飞行挑战赛，囊括小学组团体金杯2个，获银杯、铜杯各1个和小学组个人金牌3枚。2010年3月，武进区南夏墅中心小学选送的舞蹈《想爸爸、想妈妈》获全国第三届中小学生艺术展演艺术表演类一等奖，常州市共获艺术作品类一等奖 3 个、二等奖 5 个。2010 年，常州市少年宫机器人代表队参加在美国亚特兰大举行的 FLL 世界锦标赛，获国际团体第二名；解放路小学头脑奥林匹克代表队参加在美国密歇根州立大学举行的第三十一届世界头脑奥林匹克决赛，获柱状结构小学组冠军，怡康小学获第十五届全国青少年车辆模型竞赛 3 个全国团体第一名，武进区焦溪小学数棋队获国际数棋团体赛全国冠军。

三、学校选介

常州市局前街小学 学校前身是明隆庆六年(1572)常州知府施观民创建的龙城书院，清光绪二十八年(1902)改名武阳公立两等小学堂，1950 年改为今校名，1996 年成为首批江苏省模范学校。2010 年 6 月成立常州市局前街小学教育集团，学校本部占地 1.1 万平方米，有教学班 46 个，在校学生 2188 名，教职工 116 名。学校以“教育是一种生命关怀”为办学理念，形成“轻负担、高质量”的办学品牌，是新基础教育研究基地学校，获江苏省文明单位、首批文明学校和首批常州市中小学德育特色、科技特色学校等称号。

常州市实验小学 光绪三十二年创办，时名粹化女学，后数次更名，2002 年改用今校名。2010 年，有教学班 41 个，在校学生 2000 余人、教职工 106 人。学校以“精勤”为校训，围绕教育部规划课题学会分享——促进学校主动发展的行动研究，以分享智慧工作室为主要载体，形成具有分享特质的教师共同体，开展学生互助共进策略研究，开设棋类、书法、跆拳道、漫溯常州等校本特色课程，是全国中小学图书馆先进集体，获江苏省文明单位、和谐校园、模范学校等称号。

常州市觅渡桥小学 创办于清道光二十一年(1841)，原名冠英义学，屡次改名，后于 1984 年改用今校名。2010 年，组建觅渡教育集团，下设觅渡校区、广化校区、冠英校区，占地总面积 2.15 万平方米，有班级 79 个，在校学生 3489 名、教师 199 名。学校以“勤谨”为校训，确立“让学校成为师生终身发展的策划中心，为儿童成长为未来优秀的国际公民奠基”的办学宗旨，探究教育集团发展新模式和新文化，被评为全国中小学现代教育技术实验学校、江苏省实验小学、江苏省优秀少年科学院，获江苏省文明单位、教科研先进单位等称号。

常州市博爱小学 民国 16 年(1927)创办，原名武进县丰西乡第十一初小。1952 年更名常州市博爱路小学，2003 年改为今校名。2008 年成立博爱教育集团，下设博爱校区和怡康校区。2010 年底，有教学班 66 个，学生 3200 多名，教师 160 多名。学校倡导“热爱家园，呵护生态，宽容他人，精彩自我”的博爱思想，倡导用生命感受生命，用爱心滋养爱心，用智慧启迪智慧，用心灵体悟心灵，入选常州市首批省级实验小学，先后被评为江苏省文明单位、文明学校、模范学校等先进集体。

武进区湖塘桥中心小学 1975 年创办。2007 年，成立湖塘桥中心小学教育集团，下设南校区、北校区、何留校区、大坝校区、星河小学、花园小学、周家巷小学、清英外国语学校 8 个校区。2010 年末，集团占地 20 多万平方米，有班级 198 个，学生 1 万余名，教师 500 多名。学校围绕“向善向上”的核心价值观，倡导平民教育优质化、优质教育平民化，培养有善心、有善行的平民，创建成省级实验小学，曾被评为全国百强特色学校、全国学校艺术教育工作先进单位和江苏省教育科研先进集体等。

第三节 初中教育

常州初中教育在 1994 年以前主要是实施九年义务教育普及工作，1994 年以后主要是按现代化标准提质创优。1985 年底，市区有完全中学 15 所、初级中学 15 所、小学附设初中的学校 2 所，在校初中学生 1.95 万人。同年 7 月，江苏省落实国务院“智力援藏”精神，创办江苏省重点、全日制普通初中学校常州西藏民族中学，生源来自西藏各地。1993年，市区调整初中、高中布局，以推进教育现代化工程。2003年，外来务工人员子女中的初中生全部由公办学校接收入学。2010年6月，全市有初中126所，在校学生12.1万人，年巩固率99.8%，升学率99.9%。

一、教学与改革

全市初中执行1981年《江苏省全日制六年制重点中学教学计划(试行草案)》，开设政治、语文、数学、外语、体育、音乐、美术、劳动技术课，进行防核武器、防化学武器、防生物武器知识教育。1987年，初中三年级上学期安排人口教育8课时。翌年，使用第七套全国通用教材，中学开展了青春期教育。80年代末，常州市区许多学校开展教材改革实验，主要有《中学(初中)数学》和初中数学《加强知识发生过程》、政治《公民》、语文《整体训练单元合成》、物理《启发式综合教学》及《中小学英语衔接教材》，初中语文展开式综合训练研究、初中英语防止分化研究、平面几何入门教学研究、物理启发式综合教学研究、化学—技术—社会教育(CTS)研究等课题的深化性研究成果，在全省、全国乃至国际上产生一定影响。编写的地方乡土教材《常武历史》《常武地理》先后于1990年、1991年经省教委审定出版，供常武地区初中教学使用。丽华中学建成水族馆，北环中学建成生物园，常州市第三中学开设初中英语特色试点班，田家炳实验中学开设劳动技能特色班。1993年秋季学期起，初中一年级学生试行将锡剧进入音乐课程。初中一年级开始实行《九年制义务教育全日制初级中学课程方案(试行)》。1994年8月，规定初中每周安排0.5课时用于健康教育，初一税法教育、初二人防教育在活动课程中进行。

2000—2005年，47所省示范初中联合成立常州市示范初中协进会，勤业中学依托教育部南京师范大学课程研究中心，先后开展新课程实验、勤业社区教师发展学校研究，常州市实验初中的乒乓球运动课程、朝阳中学的脸谱艺术、常州市二十四中学的科技教育、常州市第五中学的艺术特色等特色鲜明的校本课程逐步形成。2001年秋季，全市实施调整后的“六、三学制”初中课程(教学)计划，开设信息技术课。2002年秋季，初中起始年级各学科，初中二年级物理学科、初中三年级化学学科进入实验，使用实验教材，初中一年级起开设综合实践活动课。2006—2010年，常州市民办初中协进会成立；丽华中学编写了校本课程《谢伟砂纸画教程》，被中国教育学会美术教育专业委员会认定为谢伟砂纸画教学创研基地；召开了邱学华从教60周年暨尝试教育理论研讨会及丁岳林、何一希两位特级教师教育教学思想研讨会。

学生评价改革 常州市花园中学自1994年秋季学期开始废除“学生成绩报告单”，试行“学生素质报告单”，由品质(思想品质和心理素质)、科学文化素质(文化课的学习成绩和参加活动课程的情况)及体育(身体素质和体育锻炼情况)三大项组成，其中品质、体育两项不仅有学生本人素质情况，还提供同类学生的评价标准，方便学生及其家长进行对照，在国内属首创，《光明日报》《中国教育报》等作了报道。

德育工作改进 1986年，常州市拟订并在各中学尝试《常州市中学生思想政治教育纲要(试行稿)》。1988年以后，以《中学生日常行为规范》为实施重点，普遍进行经常性的爱国主义和革命传统教育、集体主义教育、艰苦奋斗和热爱劳动教育，市、县区建立一批中小学学生劳动基地和社会实践基地。90年代，常州初中的德育工作突出爱国主义、社会主义、集体主义、行为规范和遵纪守法教育，坚持德育与教学活动、建设校园文化、社会实践、家庭教育相结合，加强制度、队伍、基地和乡土教材4项基本建设。常州西藏民族中学预科班学生索娜卓嘎被评为全国十佳少年。常州市清潭中学改革传统“三好学生”评比标准，首创“新三好”(在社会是好公民、在家庭是好孩子、在学校是好学生)评比活动，2000年该校被教育部表彰为全国德育工作先进集体，2001—2005年获全国“创新杯”竞赛优秀活动奖。

二、教育成果

1999年，西藏自治区首次组织全国20所内地西藏校（班）毕业生回藏参加中考，常州西藏民族中学毕业生以总平均分530.8分名列全国各西藏内地校（班）首位，巴桑次仁以668分获第一名，该校毕业生全部升入高一级学校，其中70%升入普通高中。2001年，常州市教委、常州市第五中学被评为全国学校艺术教育先进单位，武进市洛阳中学被评为全省学校艺术教育先进单位。2004年，在教育部、共青团中央主办的全国首届中小学艺术展演中，常州市第五中学声乐类合唱《闲聊波尔卡》获艺术表演类一等奖，为江苏省唯一获奖节目，2月应邀在人民大会堂举行的颁奖晚会上表演。2010年3月，常州市第五中学小合唱《跳起我的霍拉舞》获全国第三届中小学生艺术展演艺术表演类二等奖。

常州西藏民族中学新校区（摄于2010年9月）

三、学校选介

常州市第二十四中学 民国18年(1929)创办，原名私立武进初级中学。民国26年迁至宜兴夏芳，更名为夏芳中学。抗战胜利后迁回原址，改回原名。1956年改为公立学校，更名常州市第四初级中学，1970年改用今校名。2010年末，校园占地近1.87万平方米，建筑面积2.7万平方米，有教学班35个，学生1800人，教职工141名。学校注重培养学生的正气、和气、大气、灵气、豪气、锐气，学生习惯良好，开展智慧课堂研究，重点开展科技教育、生命教育；为长江三角洲地区名校校长培训基地，曾被评为江苏省文明学校、示范初中、文明学校等先进集体。

常州市正衡中学 位于天宁区清凉东路48号，是常州地区规模最大的民办初中（常州市第一中学分校）。始建于民国14年(1925)，民国18年更名为私立正衡中学，1952年改名为常州市第一中学；2000年市政府批准常州市第一中学出资开办民办正衡初中，2007年恢复正衡中学原名。2008年，杨福宽全资举办正衡中学，与常州市第一中学合作办学，迁至现址。2010年，占地40亩，设48个教学班，在校学生近2500人。每个教室配有闭路电视、实物投影仪、视频展示台、可移动防反光黑板等教学设施；建有物理、化学、生物等实验室及微机室、艺体专用教室、舞蹈训练房、书画写生室、图书馆及体育馆等配套设施。曾获全国中小学现代教育技术实验学校和江苏省文明单位、德育先进学校等荣誉，中考成绩连续13次领跑全市。2006年，校机器人代表队获FLL欧锦赛操作冠军，为中国青少年机器人代表队在世界比赛中获得的最好成绩。翌年，校民乐团多次受邀出访港澳台地区和美、日、韩等国，获全国中小学生文艺展演一等奖；校健美操队蝉联全省初中组团体总分第一名，获北京奥运会啦啦操现场表演资格。

常州市外国语学校 2001年8月创办，位于新塘北路。2010年底，占地近100亩，校舍建筑面积近5万平方米。开设初中、高中部57个班级，有师生员工2700多名，其中江苏省名教师2名、特级教师6名、市级学科带头人9名和青年骨干教师11名。常年聘请多名外教，开设英语口语课和日、德、法、韩等语种选修课，曾聘知名外交官秦华孙、武大伟担任名誉校长。教室都配有多媒体和空调，拥有音像阅览室，琴房、舞蹈房、体操房、体育馆等活动场所，拥有设施完善的理化生实验室及计算机机房。

常州市勤业中学 1962年创办，原名常州市第九中学，2002年移至现址并改用今名，占地4.3万平方米，建筑面积2.2万平方米。2010年底，有班级26个、学生1240人、教职工102人。学校形成涵盖人文素养、科学精神、生活情趣3个模块的学校课程体系，是全市初中学校中唯一的江苏省基础教育课程改革先进集体、教育装备现代化建设实验学校、e学习实验学校和苏浙沪长三角地区教科研优秀团队，是全国首批现代学校联盟行动计划加盟学校。

常州市武进区湖塘实验中学 2001年创办。2010年底，占地8.3万平方米，有教学班51个，学生3000余名、教职工177名。学校注重培养诚信负责、好学向善、视野开阔、乐观自信，身心健康的学生，推进素质教育，倡导自主学习；坚持文化立校，成立晓声文学社等学生社团，举办晓声讲坛等实践活动，建构具有校本特色的学科课程结构体系；获首届江苏省基础教育教学成果评比一等奖，创建成为全国教科研优秀实验学校、全国校园影视教育基地、中国艺术教育十佳园地和江苏省实施教育现代化工程示范初中等。

第四节 普通高中教育

1986年初，常州市区有完全中学15所，在校高中学生6960人。同年起，全市高中开展教育思想大讨论，进行教育教学系列改革。普通高中教育在调整压缩、步入正轨的基础上，强化内部建设，抓好教学常规。1990年以后，创建各级重点高中的评估验收成为推进普通高中发展的有效机制，继续深化学校内部管理、招生制度、教育教学等方面的改革，使全市普通高中教育快速发展和提高。至2000年，全市高中学校由1986年的72所调整为42所。此后，全市高中阶段教育以内涵发展为主，实施优质学校建设战略，加大布局调整力度，深化教育教学改革，高中教育整体水平明显提高。2005年，常州在全省率先普及高中阶段教育，优质教育资源不断放大。根据省教育厅对初中、高中分设的要求，常州市第一中学、第二中学停止初中部招生，改为纯高中；原常州市第一中学初中生施教区划归常州市二十四中学，原常州市第二中学初中生施教区划归北郊中学。2007年北郊中学新北校区开工，一期7.13万平方米建筑完工；江苏省常州高级中学（简称"省常中"）完成原地整体改造。12月，常州市教育局颁发《关于进一步深化常州市基础教育课程改革的指导意见》，开展高中课程改革调研，加大新高考方案研究，教育部两次组织高中课程改革样本校校长到常州考察。2008年，省教育厅高中课程改革视导组评价常州市"课改管理保障机制健全、学校课程体系科学系统、教育质量提升明显、德育工作彰显以人为本"。2010年末，全市有普通高中37所，其中独立设置高中23所、完全中学14所，有公办高中31所、民办高中6所；在校学生6.74万人，平均每位普通高中教师负担学生13.75人。当年毕业2.38万人，招生2.21万人。全市普通高中学校建筑面积153.48万平方米，每位学生人均建筑面积22.77平方米。

一、教学与改革

课程设置 1986年，常州市普通高中执行教育部1981年颁发的普通高中教学计划。90年代，执行国家教委普通高中教学计划课程安排。1991年秋季起，高一新生执行调整后的普通高中教学计划。1993年实行劳技课统一考试。1997年起，省级重点中学和直属学校在高一年级必须每周安排两节计算机课，国防教育、青春期教育、禁毒教育、环保教育安排在选修课和活动课时间进行。2000年秋季起，高一年级实施全日制普通高中新课程计划。2002年，《常州市基础教育课程改革实验方案》颁发，全市义务教育阶段起始年级从2002年秋季起整体进入江苏省基础教育课程改革实验范围。2005年秋季，全市所有普通高中全部进入课程改革实验。是年，常州市召开高中课改动员大会，部署高中课程改革工作，出台《常州市普通高中新课程实施指导意见（试行）》，开展新课程培训，建立5家高中通用技术课程实习基地，省常中、常州市第二中学、武进横林中学、溧阳第三中学被确定为省级课改样本学校；军训纳入课程体系，进行学分评价。2008年9月，省常中开办的美国高中课程实验班开班。

教学改革 1987年9月，常州市教育等部门颁发《关于我市在高级中等学校进行军事训练试点工作的意见》，对军训课时等作出具体要求。1990年起，市区高中学生实施高一军训、高二参加农业劳动、高三参加社会实践系列化教育。1992年秋季，省常中开设五年一贯制教改试点班，在市区首次录取小学毕业生48名，用5年时间完成中学阶段的教育教学任务。1993年出台《常州市学科教学常规（修订稿）》，1997年修订后颁布。翌年，全面实施《常州市中小学学科教学常规》；常州市田家炳实验中学投资建成植物克隆实验室，发挥生物教学特色，成功进行18个品种的克隆实验。2001年起，全市高中学生按要求参加形式多样的课外活动和社会实践活动。2003年，《常州市课堂教学评价表》《常州市学科教学建议》颁发，各校全面推进校本教研，2004年、2009年又分别修订颁发。2003年3月，常州市第三中学成立江苏省和常州市陶艺教学研究中心，逐步形成特色鲜明的校本课程，2007年9月该校与中央教育科学研究所共同编撰的校本教材《陶艺》成为全日制普通高中陶艺实验教材。是年，常州市在全省率先组织同类型学校开展同题异构联校教学研究活动。

新课程改革 2004年，常州市高中课改领导小组成立，在全省率先出台《常州市高中新课程实施方案》和《高中通用技术课程实施方案》，邀请全国100多位著名教育专家对全市学科进行课标培训，确定省常中等5所学校为高中课改试点学校，成立高中课改课题研究组，制订高中课改相关实施方案与对策。2005年9月，全市普通高中实施新课程改革，通过实施新一轮普通高中课程改革，评价机制逐步完善，教育质量高位攀升，课程改革实施水平位于全省前列，成为首批全国中小学生课外文体活动工程示范区。

二、教育成果

高考升学 1986—2010年，常州市根据全国普通高校招生方案的相应要求组织学生参加高考。1993年6月，全市8000多名高二学生参加全省统一组织的普通高中首轮会考，高中毕业生不再参加高考预选考试，直接凭高中会考及格证书和普通高中文凭参加高校招生全国统考。1995年，江苏省教委批准省常中在内的全省9所高级中学为首批免于高中会考学校。1997年，省常中在保送26名优秀生后，当年高考600分以上的学生有121人，占应考学生的24.7%，其中赵霖莹（女，678分）、白立晨（674分）、陈鼎（672分）囊括全省高考理科前3名。1999年，省常中在31名优秀生免试保送后，当年高考600分以上的学生有117人，录取率达98%，徐琰恺以687分夺得全省理科状元。2002年，常州市高考人均总分、语文、数学、外语、大综合分居全省前列，省常中学生张璇以685分获全省高考（当年高考模式是“3＋大综合”，不分文理科）第一名。2009年，北京大学自主招生试行中学校长实名推荐制，全国有北京、江苏等13个省区市39所中学获推荐资格，省常中成为常州唯一获实名推荐资格的学校，黄超然成为全市首位被校长实名推荐进北大学习的学生。

2008年常州第二中学高考点（摄于2008年6月）

参赛获奖 1999年12月，常州首届中学生创新主题设计大赛举办，省常中丁迎的EVX多功能工程车入选、参加全国中学生创新设计比赛，获最佳设计奖。2000年7月，省常中高二学生恽之玮参加第四十一届国际奥林匹克数学竞赛，以满分成绩列金牌选手首位，被北京大学破格录取。2003年，常州市田家炳实验中学代表队获第三届中国青少年电脑机器人大赛两个项目一等奖。省常中瞿秋白团支部被团中央表彰为全国仅10个、中学唯一的全国五四红旗团支部标兵。2004年5月，常州市代表队参加江苏省第四届“移动通信杯”机器人大赛，获市级团体亚军。2006年4月，常州市第一中学代表队代表中国参加在美国举行的机器人FLL世界锦标赛，获联合对抗赛世界冠军。2007年2月，常州市第一中学的民乐合奏《夜深沉》、常州市第五中学的小合唱《杰里科之役》获全国中小学生文艺展演一等奖。

2008年，省常中118人在全国和省、市高中五大学科（数学、物理、化学、生物、信息学）竞赛中摘取一等奖，28名学生获保送重点大学资格。11月，省常中3名选手组成唯一一支中学生代表队参加第三十三届ACM国际大学生程序设计大赛亚洲区竞赛杭州赛区比赛并获金奖，常州市第一中学健美操队参加江苏省第八届中学生健美操比赛，获两个项目一等奖及高中组团体冠军。2009年，省常中学生金斌夺得在美国举行的Topcoder Open（简称TCO）Algorithm（算法）比赛冠军。2010年8月，省常中高三学生吴翼夺得第二十二届国际青少年信息学奥林匹克竞赛（IOI2010）银牌。同年，常州市参加全省5个学科奥赛获一等奖200名，29人因此获保送资格，在全省占比均超过12%；参加第十六届全国青少年信息学奥林匹克联赛江苏赛区比赛，夺得初中组、高中组和大市团体总分3项第一，省常中夺取高中组团体“九连冠”，并占据全省6个满分选手中的3席。武进区、天宁区被教育部评为全国阳光体育冬季长跑先进县（市、区），武进区被评为江苏省阳光体育运动先进县（区）。

三、学校选介

江苏省常州高级中学（摄于2007年11月）

江苏省常州高级中学 清光绪三十三年（1907）创办，初名常州府中学堂，后历经常州中学校、江苏省立第五中学校、江苏省立常州中学、常州市第十二中学、江苏省常州中学等校名更替，1988年改用今校名。2007年完成整体改造，占地6.67万平方米，总建筑面积6.86万平方米。2010年末，有教学班42个，学生1900多人，专任教师198人。学校确立“明德正行、精微致远”的办学理念，明确以“培养在未来社会中具有健康生命、理性精神、主动发展的杰出公民”为办学宗旨，以“统整”理念构建的学校课程体系、高起点高品位的德育、创新拔尖人才的培养、数字化校园为发展新亮点；是江苏省首批14所创新拔尖人才培养试点校之一、上海交通大学创新人才培养基地学校、首批国家级示范高中和江苏省首批四星级普通高中，获全国普通高中新课程实验样本学校、全国贯彻《学校体育工作条例》优秀学校、江苏省模范中学、江苏省文明单位标兵等称号。

江苏省前黄高级中学 民国28年（1939）创办，初名私立新园初级农业职业学校，1953年更名为武进县前黄中学，1998年改用今校名。2001年，迁至武进城区广电东路北侧新建，占地约15万平方米。2010年末，有班级52个，学生2900多人，市“五级梯队”优秀教师74人。学校坚持“为幸福人生奠基，对民族未来负责”的办学宗旨，全力推进课程改革，开发校本课程，打造德育特色项目，实行学生多元评价，是全省首批国家级示范普通高中、江苏省首批四星级普通高中，曾被评为全国百强特色学校、全国十佳先锋学校、全国现代教育技术示范学校和江苏省模范学校、文明单位等。

常州市第一中学 创办于民国14年(1925)，原名私立正衡中学，1952年改用今校名，占地7.2万平方米，2010年底有学生2400人、教职工230人。学校尊重支持合作发展，围绕“每一位学生都是整个学校”的核心教育理念，通过共同管理、增效减负等举措，推进学校全面科学发展。学校机器人代表队3次夺得全球FLL机器人世界锦标赛机器人现场操作赛冠军，学校健美操队连续5次获全省比赛一等奖，获全国冠军两项。学校是国家级示范普通高中和全省首批四星级普通高中、中小学校长培训基地、清华大学“新百年领军人才计划”首批优质生源基地，曾被评为全国中小学现代教育技术实验学校和江苏省文明单位等先进集体。

常州市北郊高级中学 1974年创办，2001年成为东南大学附属中学，2004年初高中分设，高中部位于新北区，占地21万平方米。2010年底有教学班48个，学生近2700人，专任教师203人。校训是“真诚朴实、自强不息”，注重培养公民素养、精英气质的学生，设有学习、心理健康、生活和文体活动4个指导中心，自主开发校本课程，推进旨在实现学生“发现、领悟、发展”的3D课堂教学模式，形成德育、艺术、棒垒球和心理健康4种课程特色，是江苏省四星级普通高中，被评为江苏省现代教育技术示范学校单位等。

江苏省华罗庚中学 民国11年(1922)创办，原名金坛县立初级中学，1959年被确定为江苏省首批重点中学。1985年更名为华罗庚中学，由胡耀邦题写校牌。该校坚持以人为本，深化教育教学改革，培养学生全面发展。学校秉承“发愤为雄”校训和“追求学生可持续发展”的办学理念，弘扬“自强不息”的华罗庚精神，着力在“文”“野”上做文章。2009年9月华罗庚、邓建军两位校友入选“100位新中国成立以来感动中国人物”。2010年，学校占地134亩，有36个教学班，教师198人。是国家级示范高中、江苏省基础教育课程改革先进集体等。

江苏省溧阳中学 民国35年(1946)由江苏旅川临中(四川重庆)和江苏临中(皖南瑶溪)合并而创办，原名苏南溧阳中学。1953年3月改名江苏省立溧阳中学。1980年被定为首批江苏省重点中学。形成“起点高、基础厚、要求严、学风好”的办学传统，确立“笃志励学，自强不息”的校训。2010年，学校占地273亩，建筑面积达93000多平方米。有江苏省特级教师3人，常州市特级教师后备人才2人和学科带头人20名。是国家级示范高中、省模范学校等。

第五节 特殊教育

1986年，常州市有独立设置的特殊教育学校4所常州市聋哑学校、武进县聋哑学校、天宁培智学校和钟楼培智学校，在校学生298人，有教职工61人，其中专任教师48人。此后，随着残疾儿童少年九年义务教育基本普及和特殊教育现代化工程启动，原有特殊教育学校陆续重建和改扩建，特教管理体系日益完善，教育质量提升，特教学生社会适应能力明显提高。1989年，常州市聋哑学校迁至丽华三村异地重建，新校舍占地40多亩，一期工程建筑面积4032平方米，设施设备在全省领先。常州创办国内首家专收14周岁以上大龄小学毕业生的职业先修学校。1993年，金坛聋哑特教班和溧阳聋哑学校开办。2000年，常州智力残疾儿童康复训练指导中心在市聋哑学校挂牌成立。2003年，武进县聋哑学校由奔牛镇搬迁至武进新城区滆湖中路，建成武进特殊教育学校，占地40亩，建筑面积6479平方米。

2001年，常州市调整特殊教育学校布局，将溧阳市特殊学校和挂靠在金坛市河滨小学内的部分聋哑班学生迁入常州市聋哑学校，撤除溧阳市特殊学校和金坛市特教办班点。常州市聋哑学校成为首批江苏省特殊教育现代化示范学校，作为全省特教培训基地，承担培训全省特教校长、特教教师的任务。2003年，天宁培智学校与钟楼培智学校合并，成立光华学校，搬迁至原浦南新村小学。2006年，常州市成立面向自闭症儿童的民营特殊教育机构天爱儿童康复学校。2007年，金坛市启智学校、溧阳市培智学校成立，招收本地区智障儿童。2008年12月，江苏省智障教育资源中心在常州市光华学校成立。翌年，特殊教育覆盖全市，基本做到各辖市（含武进）都有1所特殊教育学校。2010年末，全市有特殊教育机构6个，在校听障残疾学生179人、智障学生582人；普通学校附设特教班3个，随班就读的智障学生161人。盲聋哑及智障儿童少年义务教育入学率99.8%（市区100%），全面实行免费教育，基本形成从学前教育、义务教育到残疾人高中阶段教育，以随班就读和特教班为主体、以特教学校为骨干、以社区康复教育为补充的特殊教育发展格局。

一、教育教学

课程设置　聋哑学校　课程基本与普通学校相同，根据聋哑儿童生理特点在1～3年级开设律动课。1993年以前实行八年制教育，使用人教版八年制聋校教材，是年起学制改为九年，主要使用人民教育出版社出版的九年制聋校教材，2000年起使用与普通学校同步的苏教版课程教材，增设校本课程。1990年学制向两头延伸，分别开设语言训练康复班、双元制职业高中班。1994年首次开办盲童班，填补全市盲教空白。1995年开办聋校综合职业高中，加强学生劳动技能训练和社会实践课程。1997年加强早期语言训练，促进聋童康复。1998年结合课题研究开始课程改革，除开足省定课程计划外，增设电脑、美工、乒乓球等兴趣课程9项。1999年对七年级及以上学生开设英语课，2000年增设电脑动漫专业。此后，拓展课程广度与深度，在学前康复教育、义务教育阶段、综合职业高中阶段因学生而异，构建多元化教学方式，形成适合学生实际的课程框架。2009年，常州聋校形成学前康复3年、义务教育9年、综合职业高中3年相互衔接的15年一贯制教育体系。

培智学校　1993年以前，学生多为轻度智障学生，学校基本参照普通小学设置课程，选用普通小学教材并作适当删减。1993—2008年暑期前，选用北京版培智学校教材，开设常识、语文、数学、音乐等课程，在中低年级增加生活指导课。　2008年9月起，常州光华培智学校首先从低年级贯彻教育部《培智学校义务教育课程设置实验方案》，开设相关课程，2009年9月起，中年级贯彻教育部实验方案，基本使用普通学校同年级教材，注重个别辅导、个性化要求。

教学方法　聋校教学（特别是低年级）以直观教学为主，教师利用图画、实物、校本、视频等材料让学生观察、体验，普遍采用口语、手势语、手指语与书面语相结合的综合性教学法。培智学校根据智障儿童少年心理、生理特点，贯彻集体教学为主、个别教学为辅的教学方法，采取“文化知识、劳动技能和康复训练综合培养”的措施，把学生培养成能自理、会生活、有自信的社会有用之人。

教学研究　90年代，常州聋哑学校实施“让耳聋学生享受正常人的生活——活动、康复、教育、训练、发展‘五位一体’教育革新的研究”。常州市区培智学校“教、医、练”课题成效显著，参加十省市教育教学研讨会获好评。21世纪初叶，常州聋哑学校实施科研兴校策略，成立教科研室，学校创新教育研究被列为国家级课题，聋校生存课程的校本化开发与实施研究课题被列为省“十一五”重点课题，聋校术科专用手语的研究与应用研究课题被列为省级课题，并积极参与国际交流项目“中（国）挪（威）SigAm双语聋教育实验”。　常州市光华学校整合课程资源、培养智障学生基本社会适应能力的研究被列为省级课题，培智学校生活技能校本课程的实践与研究被列为省教育科学“十一五”规划立项课题。2004年、2007年，常州市两次承办中（国）挪（威）SigAm聋人双语教育专题研讨会。2008年11月，四省市培智学校课堂教学研讨活动在常州市光华学校举行。常州培智学校和聋哑学校根据学生特点和知识接受能力，通过举办主题班会、抓好日常行为规范等教育，举行体育竞赛等活动，为省、市残疾人运动队输送多名优秀人才，提高学生综合素质。2010年10月，常州市聋哑学校应邀参加2010年特殊教育国际高峰论坛。

二、教育成果

1992年，中共中央总书记江泽民考察常州聋哑学校，题词“特殊教育，造福后代”。中央电视台等摄制的反映常州特殊教育的电视片《希望之路》在全国播放。1993年、1995年，钟楼区和武进市、天宁区先后被表彰为江苏省特殊教育先进县（市、区）、全国特殊教育先进县（市、区），受到国家教委通报表扬。2000年，常州智力残疾儿童康复训练指导中心成立，常州聋哑学校成为江苏省模范学校。翌年，常州聋哑学校毕业生史可可夺得首届全国聋人综合运动会乒乓球男子双打冠军和男子单打亚军。2005年，常州市聋哑学校学生舞蹈《牡丹颂》获江苏省第六届残疾人文艺会演一等奖，该校学生获江苏省第三届残疾人职业技能比赛1金2银；常州市光华学校9名智残学生代表常州参加江苏省第四届特奥会比赛，获18金5银。2006年，常州市光华学校12名智残学生代表中国队参赛国际特殊奥运会游泳比赛上海邀请赛，获8金10银。2008年，常州市聋哑学校毕业生王浩君获全国聋人奥运会选拔赛暨2008年全国聋人锦标赛男子撑竿跳高、男子4×100米接力赛两项冠军，获2009年聋人奥运会参赛资格。

第二章　中等职业教育

1986年，常州市有职业中学13所（市区6所）、中等专业学校12所、技工学校13所，在校学生2.5万名，占当年高中阶段在校生数的45.4%。1991—1995年，常州中等职业教育发展实现新突破，得到中央领导的充分肯定，1995年全市职业中学发展到24所（市区6所）、中等专业学校发展到15所。随着全市经济和产业结构的调整升级，常州中等职业教育不断进行布局调整、资源整合、学校升格。2005年末，全市职业中学调整为14所（市区8所）、中等专业学校7所、技工学校11所（市区9所）。2006—2010年，常州市新一轮职业教育布局结构调整启动，建成常州高职教育园区等上规模的职业教育新区，职业教育发展进入新阶段，学校数减少，规模扩大，办学条件根本改善，办学质量和实力大幅提升。2010年末，全市中等职业学校调整为17所（五年制高等职业技术学校、中等专业学校各6所和技工学校5所），全部为省三星级以上职业学校，13所为国家中职改革发展示范学校和省级高水平示范性职业学校，11所为国家级重点职业学校，在校生数占高中阶段在校生数的50.7%。1986—2010年，全市中等职业学校向社会输送毕业生35.91万人。

第一节　学校设置

一、职业高中

职业高中学校　1986—2010年，常州市职业学校随教育布局结构调整及职业学校自身发展，资源几经整合，名称及数量迭经变迁。1989年，常州第十八中学更名为常州市第一职业高级中学。常州拖拉机中学更名为常州市第二职业高级中学，常州第二十三中学更名为常州市第三职业高级中学，常州第十六中学（挂旅游学校牌子）更名为常州市旅游学校。1990年，常州商业中学、常州第七中学合并组建刘国钧职教中心。1993年，常州市第二职业高级中学撤销建制，并入刘国钧职教中心。1995年，全市中等职业学校在校生占高中阶段在校生的比例提高到67.7%。1998年，市教委、劳动局举办了首届常州职教博览会。

2002年武进撤市建区，原武进区域内职业学校计入市区统计。2005年，刘国钧职教中心升格为常州刘国钧高等职业技术学校，同时挂牌江苏联合职业技术学院分院。同年末，全市中等职业教育在校生占高中阶段在校生的比例降至54%。2007年，常州市旅游学校、常州市第三职业高级中学与常州物资学校整合为常州旅游商贸高等职业技术学校，同时挂牌江苏联合职业技术学院分院。武进教师进修学校增挂武进区育才职业高级中学校牌。2008年，武进职业高级中学、武进西林职业高级中学、武进剑湖职业高级中学整合并异地新建武进职业教育中心校。2010年，经省教育厅核准，江苏省武进职业教育中心校、武进区育才职业高级中学、江苏省溧阳职教中心和金坛市职教中心4所职业中学改成中等专业学校。至2010年末，职业高级中学或升格为高等职业技术学校，举办五年制高职班，或改成中等专业学校，职业高中不复存在。常州市区的职业学校有常州刘国钧高等职业技术学校、常州旅游商贸高等职业技术学校、常州艺术高等职业学校、江苏省武进中等专业学校、武进女子中等专业学校。常州郊区和戚墅堰区一度设立职业学校。1990年郊区职工学校更名郊区职业技术教育中心，1998年更名为常州第二职业高级中学，次年停止招收职高生，2004年被撤销建制。1994年戚墅堰成人教育中心更名为职业教育中心，1999年停止招收职高生，至2010年保留建制，不再设置、招收职高班。

普通中学附设职业班　部分普通高中校曾附设职业班，弥补职业学校办学规模和专业种类的不足。1989年，花园中学设公交驾驶专业，次年停办；兰翔中学设机械加工专业，次年停办。翌年，常州市第二十五中学挂牌职业先修学校，设无线电材料、橡胶、中西点心、无线寻呼、珠宝鉴定专业，2006年并入清潭中学；1990年，雕庄中学设园林、机电、财会专业，次年停办；戚墅堰铁路中学设钳工、车工专业，次年停办；电讯电机厂设微电机应用专业，次年停办。2000年，常州市第九中学设幼师、群众文化、托幼保教专业，2002年停办，更名勤业中学；龙虎塘中学设计算机应用、电子电工、数控技术专业，2009年停办；电子职工大学设计算机应用专业，2005年停办。2009年起，普通中学附设职业班全部停止招生。

二、中等专业学校

1986年，常州市区有行业局举办的普通中等专业学校12所：常州纺织工业学校、常州轻工学校、常州机械学校、常州无线电工业学校、常州化工学校、常州城镇建设学校、常州财经学校、常州会计学校、常州市戏曲学校、常州卫生学校、常州物资学校和常州铁路机械学校，另有职业中专1所。1987年、1991年，常州市体育运动学校、江苏建筑材料工业学校先后成立，分别由市体委（体育局）、建材局主管。90年代，中专校办学规模扩大，招生数量增加，在校学生数总量占中等职业技术学校在校学生数的57.2%。1996年，常州市戏曲学校更名为常州市文化艺术学校。1998年常州财经学校停办，常州纺织工业学校更名为常州工业学校。2000年初，常州无线电工业学校升格为常州信息职业技术学院。

1986—2000年部分年份常州市中等专业学校办学规模统计表

表34-2-1

项目	单位	1986年	1990年	1995年	2000年
普通中专数	所	12	13	14	12
招生数	人	4793	4022	12296	11229
在校生数	人	12462	13447	31513	47712
教职工数	人	1886	1925	2159	2187
专任教师数	人	859	917	1005	1072
校舍建筑面积	万平方米	16.80	24.35	36.64	52.06

2000—2002年，常州无线电工业学校、江苏省常州工业学校、常州化工学校、江苏建筑材料工业学校、

常州轻工业学校、常州机械学校先后升格为高等职业技术学院，全部在武进城区南部常州大学城建新校区。2000—2008年，全市中等职业学校致力于发展高水平、高质量的职业教育。

2000—2002年常州市中等专业学校升格为高等职业技术学院情况表

表34-2-2

中专校名称	原地址	升格年月	升格后名称
常州无线电工业学校、常州电子职工大学	荆川东路23号	2000.01	常州信息职业技术学院
江苏省常州工业学校	丽华路2号	2001.06	常州纺织服装职业技术学院
常州化工学校	竹林北路32号	2002.06	常州工程职业技术学院
江苏建筑材料工业学校	北环路79号		
常州轻工业学校	雕庄凤凰路6号	2002.06	常州轻工职业技术学院
常州机械学校	常州新冶路15号	2002.06	常州机电职业技术学院

2003—2008年，江苏省城镇建设学校、常州铁路机械学校、常州卫生学校、常州文化艺术学校先后升格为高等职业技术学校，均增挂“江苏联合职业技术学院分院”校牌。加上常州刘国钧高等职业技术学校、常州旅游商贸高等职业技术学校，全市有6所学校举办五年制职业教育。2005年、2007年，常州会计学校、常州物资学校分别被并入江苏技术师范学院、常州旅游商贸高等职业技术学校，常州市体育运动学校、常州市职业中等专业学校保持不变。2010年，江苏省武进职业教育中心校、江苏省溧阳职教中心、金坛市职教中心和武进区育才职业高级中学分别变更为江苏省武进中等专业学校，江苏省溧阳中等专业学校、江苏省金坛中等专业学校和武进女子中等专业学校。2010年末，全市有高等职业技术学校6所，以举办初中后五年制高等职业技术教育为主；有中等专业学校6所，举办3年制中等职业技术教育。

2003—2008年常州市五年制高等职业技术学校建校情况表

表34-2-3　　单位：人

校名	举办年份	校址	主管部门	在校学生	教职工数		前身
					合计	专任教师	
江苏省常州建设高等职业技术学校	2003	花园新村西大袁家塘	省建设厅	7743	326	200	1986年创办的江苏省城镇建设学校
常州铁道高等职业技术学校	2004	戚墅堰路北	南方机车车辆工业集团公司	4109	230	125	1979年创办的常州铁路机械学校
常州卫生高等职业技术学校	2007	锦绣路	省卫生厅	3874	177	111	1919年创办的常州卫生学校
常州艺术高等职业学校	2008	邹区泰村	市文化局	1436	120	95	1984年创办的常州文化艺术学校
常州刘国钧高等职业技术学校	2005	戚墅堰潞城	市教育局	5118	312	260	1989年创办的常州刘国钧职教中心
常州旅游商贸高等职业技术学校	2007	新北区红河路	市教育局	5139	338	281	1986年创办的常州旅游学校、物资学校、常州三职高

三、技工学校

1978年，常州市技工学校等3所技工学校复办。此后，常州的技工学校经历数量扩张、结构调整和层次提升3个阶段。80年代，伴随着常州工业经济的飞速发展，以行业为主创办的技工学校大量涌现。1986年，全市有机械、无线电、轻工等技工学校13所，其中部属2所、省属1所、市属10所，设车工、钳工、电工、微型计算机等工种（专业）50多个。1988年，兰翔技工学校迁至常州，隶属兰翔机械厂。1993年，新设常州市纺织技工学校，隶属常州市纺工局。翌年，常州机械冶金技工学校划归常柴股份公司，更名为常柴股份公司技工学校（简称“常柴技校”）。至“八五”末，全市有15所技工学校，有16个工种招收农村学生，实行农转非，招收农村学生2840人。至此，全市形成以常州高级技工学校为龙头的技工教育体系。1996年常州市塑料技工学校停办，翌年常州市医药技工学校更名为江苏省常州医药技工学校，受省、市医药局双重管理。1998年，常州技工学校的数量达18所，在校学生超过1万人。翌年常州林机公司技工学校停办。2000年末，全市技工学校减至12所。21世纪初叶，按劳动和社会保障部战略部署整合资源，调整结构，实施规模化办学。2001年，常州化工技工学校、常州市纺织技工学校分别并入常州化工学校、常州技师学院。翌年，江苏省商业技工学校并入江苏工业学院。2005年末，市区因体制改革和行业功能转变，技工学校布局调减为9所，同年招收高级技工班3574人，占技术学校招生总数的33%。

1986—2010年部分年份常州市区技工学校师生统计表

表34-2-4

项目	单位	1986年	1990年	1995年	2000年	2005年	2010年
技工学校	所	13	14	15	12	9	5
招收新生	人	1700	2096	4438	3902	10858	10415
在校学生	人	4066	5260	10965	1.22	27227	26996
教职工	人	1041	1169	1634	1298	1367	1562
专任教师	人	439	601	756	757	984	853

说明：2010年的“教职工”“专任教师”不含武进技工学校

2009年3月，江苏省常州技师学院与江苏常州医药技工学校、常州轻工技工学校、常州电子技工学校、常柴股份公司技工学校5校合并，在新北区建设新校区。2010年底，常州市的技工学校调整为7所（市区5所），其中国家级重点技工学校4所；在校学生近3万人，开设专业（工种）60多个。

2009年常州市区部分技工学校一览表

表34-2-5　　单位：万平方米

学校名称	地址	创办时间	主管部门	2009年末占地面积	2009年末校舍面积
江苏省常州技师学院	竹林北路	1960	市劳动局	18.00	10.50
常州交通技师学院	西林凌家塘	1978	市交通局	5.38	4.20
常州冶金技师学院	新闸镇	1961	国有民营	6.13	3.00
常州技师学院（轻工校区）	陈渡路	1981	市劳动局	1.40	1.30
常州技师学院（电子校区）	常武路	1983	市劳动局	4.07	1.50
常州技师学院（医药校区）	雕庄胡家村	1984	省、市医药管理局	1.93	0.50
常州技师学院（常柴校区）	新市路	1984	常柴股份公司	0.67	0.64
常州航空技工学校	机场路	1984	常飞联合实业公司	4.40	2.30
武进高级技工学校	延政东路	1999	武进区教育局	28.24	21.95

四、学校选介

江苏省常州技师学院 前身为1960年创建的常州市技工学校，1993年改建成常州市高级技工学校，1994年被评为国家重点技工学校，2000年增挂常州技师学院牌子，成为全国首家技师学院，招收六年制初中生、三年制中职毕业生、四年制高中生和一年制高级技校毕业生。2007年，省政府批准其升格为江苏省重点技师学院，更名为江苏省常州技师学院。2008年1月，增挂“江苏联合职业技术学院常州技师分院”校牌，举办五年一贯高职教育。2009年1月，市政府以江苏省常州技师学院为主体，并入常州轻工技校、电子技校、医药技校、常柴技校，在新北区嫩江路北侧规划建设省常技新校区；6月，整合常州市电子技工学校、轻工技工学校、江苏省常州医药技工学校、常柴股份公司技工学校，4所学校均挂牌成为常州技师学院的校区。至2010年底，学校形成与国家职业资格制度相衔接的兼有学历教育和职业培训的职业教育体系，被认定为国家级综合职业培训基地、首批全国技工院校师资培训基地和国家、江苏省高技能人才培养示范基地，获评全国职业教育先进单位、国家技能人才培育突出贡献奖等，被誉为“技师的摇篮”。新校区占地35.07万平方米，建筑面积26万平方米，实训基地建筑面积6.6万平方米。有学生1.5万人、教职工642人，每年承担社会业余培训和职业技能鉴定近1.5万人次，毕业生历年就业率稳定在98%以上。

常州刘国钧高等职业技术学校 1989年创办。2005年底，升格为高等职业技术学校。2010年末，占地22万多平方米，一期建筑面积13万平方米，有学生5800余人、教职工350余人，年均业余培训1.5万余人次。设五年一贯制大专、三年制职业中专等，国家、省市级以上示范专业9个，学生就业率达98%。校训是“为增长智慧增强技能走进来、为报效祖国服务人类走出去”，为社会培养输送技能强的高素质技能型人才，先后创成国家级重点职业学校、全国教育系统先进集体、国家中等职业教育改革发展示范学校，曾被评为江苏省模范学校、江苏省文明单位等先进集体，党和国家领导人江泽民、李瑞环、李岚清、罗干等先后到校考察。

常州刘国钧高等职业技术学校新校区（摄于2010年12月）

常州旅游商贸高等职业技术学校 2007年4月，由原常州旅游学校、常州物资学校、常州市第三职业高级中学合并组建。2010年末，占地22万多平方米，一期建筑面积13万平方米。有学生5500余人、教职工342人，年均业余培训8000人次。学校坚持弘扬“用心极致、追求卓

常州旅游职业教育集团组建成立大会（摄于2010年9月）

越”的校训，实施市场化、特色化、信息化、国际化、集团化发展策略，推进学校“名师、品牌专业、数字化校园、合作办学、学校文化建设”五项工程，与中外200多家知名企业单位合作，是首批国家级重点职业学校、省高水平示范性职业学校、世界金钥匙酒店联盟人才资源培养培训基地，被评为全省职业教育先进单位、全省德育先进学校、全省德育特色学校等先进集体。

常州艺术高等职业技术学校 常州的艺术教育主要依靠文艺学校专业教育、专业培训及艺术职级考核辅导等手段来实行，内容有戏剧表演、导演、音乐（声乐、器乐）、舞蹈（交谊舞、迪斯科）、美术（年画、素描、美术字）、书法、篆刻、摄影、化妆等。1986年，省政府批准，位于人民公园的常州市革命文艺学校变更为五年制中专常州市戏剧学校，列入省招生计划，校园面积1591平方米。1989年试设四年制滑稽专业，录取学生15人。1993年9月，搬至市西环路2号，专业调整，增设群众文化、服装设计和装潢美术等，开设5个专业。1994年10月改名为常州文化艺术学校。1997年，开设有锡剧表演、舞蹈、器乐、声乐、播音、群众文化、服装设计和装潢美术等11个专业，有学生300余名。1998年暑期，投资1666万元兴建第二期校舍竣工，总建筑面积1.4万平方米。1999年7月，学校被人事部、文化部表彰为全国文化工作先进集体，2000年12月升格为省重点中专学校。

2001年3月获准开办高职教育。2003年，成为北京舞蹈学院、北京国标标准舞学院、上海音乐学院艺术培训、考级基地。翌年在校生突破千人。2005年10月，与侨裕集团、殷村泰村实验学校签约合作办学，市文化局通过土地置换，统筹4500万元，支持常艺校西迁泰村建设新校。2006年5月22日动工开建，占地150亩，12月竣工，建筑面积6万多平方米，可容纳2000名学生，学校主体搬迁，在校生1300余人。2008年2月更用今名；4月25日，成为全国唯一的五年制综合艺术高等职业学校；7月28日，表演艺术专业成为全省第一个省级示范专业。翌年，学校师生获江苏省职业院校技能大赛4个类别7个项目的74银8铜，名列全省榜首。至年底，学校拥有艺术设计、影视动画、表演艺术、主持与播音4个五年制高职专业和国际芭蕾与现代舞、中国民族民间舞、民乐演奏、钢琴等六年制中专专业。在校学生1425名，具有高级职称教师17名。

在办学过程中，学校长期秉承“崇艺、尚美”校风，构建以“美”的文化为核心的校园文化，在全国首创意识、技能、实践与专业工具性运用、人才内涵性拓展技能相结合的艺术人才培养模式。学校每年招生约300人，毕业生就业率保持在98%以上。2010年11月，被省教育厅评为全省高水平示范性职业学校，与企业分别组建成立常州文化艺术职业教育联盟、NCA文化创意产业谷和NCA侨裕现代实验艺术团，订单式培养艺术及旅游文化人才；与一批知名艺术院校合作，拓展教学资源整合，探索现代办学新途径，打造艺术教育品牌。

常州交通技师学院 始建于1978年。1994年被认定为江苏省重点技工学校、全国交通系统首批规范化技工学校。1997年，市交通职工学校并入常州市交通技工学校。2001年被评为国家级重点技工学校，2003年升格为高级技工学校，2004年5月更用今名。2008年，通过省政府组织的技师学院复评认定。

常州冶金技师学院 创建于1960年，1991年被冶金工业部评为重点技工学校，1995年随常州冶金机械厂并入宝钢集团。2002年11月，被劳动和社会保障部评为国家重点技工学校，2003年升格为高级技工学校，翌年9月增挂常州冶金技师学院牌子，2005年6月与宝钢集团常州冶金机械厂分离改制。2008年通过省政府组织的技师学院复评认定。

常州卫生高等职业技术学校 前身为常州市卫生学校。1979年，常州市卫校招收第一届大专生，后停招，只招中专生，长期实行定向招生，定向培养，定向分配。1986—1990年，培养中专生3000余名。1988年，该校定向招收南京医学院常州临床医学专科生，又恢复医疗大专班招生，连招3届，共150人。2001年，通过省级护理专业评估，成为全省全科医学培训基地。2005年9月，省教育厅评估院专家按照国家级重点中等职业学校标准，对卫校硬件设施、教学水平、办学成效、师资力量等全面评估，被教育部批准为国家级重点中等职业学校。2007年升格为常州卫生高等职业技术学校，被教育部批准为国家职业教育护理实训中心。2010年，其卫校护理专业通过省五年制高职教育示范专业评估。

常州市武进高级技工学校　1993年创建，前身为常州高级技工学校武进分校，1997年经省政府批准，成立武进市技工学校；1999年武进市坂上中学增挂武进市技工学校校牌。2002年更名为“常州市武进技工学校”。2005年12月被评为国家级重点技工学校。2008年2月，升格为高级技工学校，7月被整合到武进职业教育中心校（江苏省武进中等专业学校）。

常州航空技工学校　1984年创建，隶属于中国航空工业总公司常州飞机制造厂，2000年兰翔技工学校并入常州航空技工学校，2003年被评为江苏省重点技工学校。

溧阳市技工学校　1996年创建，学校与溧阳市劳动就业培训中心、国家职业技能鉴定所“三位一体”运转。2008年，根据溧阳市政府统筹规划职教资源的要求，停止招生。

金坛市技工学校　1996年创建，2010年与金坛市职教中心合并。

第二节　教学与改革

一、德　育

常州市根据职教规律特点和学生实际，坚持以育人为中心，以职业道德教育和创业教育为重点，推进德育课改革。2007年，《常州市职业学校德育课课程改革意见》出台，要求尊重中职学生身心发展规律，坚持“贴近实际、贴近生活、贴近学生”的原则，强调教学方式创新和教学方法改革，结合课程内容开展社会实践活动，利用现代化教学手段，使德育课更生动、活泼、形象，提高课堂教学实效。2002年、2009年先后两次组织教师126人次参加德育课培训。2008年，召开课程改革现场会，组织全市德育优质课评选，推进德育课程改革，增强德育课的针对性、实效性、时代性和吸引力。

二、课程改革

职业中学　课程设置根据专业而定。1986年，常州市职业中学课程基本设置文化课、专业课两大类。1988年，国家教委确定常州、无锡、苏州等6个城市作为职教“双元制”（源于德国的一种职业培训模式，指参加职业培训的人员必须经过两个场所的培训，一元是指职业学校，一元是企业或公共事业单位等校外实训场所）试点城市。翌年，刘国钧职教中心、常州技工学校、常州冶金厂技工学校3所中等职业学校分别与常州柴油机厂、常州机床厂等5家企业合作，招收双元制试点班。1990年起，重视实践性教学，将课程调整为政治课、文化课、专业课和实习4类。1993年，双元制试点学校增至6所学校、10个厂。1996年常州市“双元制”试点取得新进展，撰写出《常州实施“双元制”的实验报告》。2000年起，常州市在相继推进宽基础、活模块课程改革基础上调整教学计划，推进学分管理；刘国钧职教中心和常州市第三职业中学开始试办综合高中班，除开设高中文化课外，开设相关专业课程。2005年初，常州市《关于以就业为导向，开展职业学校机电技术应用、电子技术应用、烹饪等专业课程改革的意见》出台，成立课改领导小组和工作小组，制定课改方案，启动职业学校课程改革。2006年，《常州市职业教育课程改革实施意见》《常州市职业学校专业课程开发指导方案》在全省率先出台，同步组织8期课程改革教师培训，各职业学校相关专业基本构建起专业课程体系。2009年，全省职业教育课程改革实验推进会在常州举行，武进职教中心作了课改经验介绍。至2010年底，全市有21个专业被省教育厅确定为课改实验点，常州刘国钧高等职业学校、常州旅游商贸高等职业学校、常州铁道高等职业学校、常州建设高等职业学校、武进职教中心、溧阳职教中心、金坛职教中心被省确定为课改实验学校。

技工学校 1990年，常州技工学校冷加工教学计划设置公共基础课有政治、语文、数学、物理、体育等，理论课与生产实习课时比为4∶6。常州冶金机械厂技工学校在实施“双元制”基础上，推行“三位一体”模块化课程模式，采用理论教学实例化、实验教学模拟化。常州技师学院在全省技工学校中率先推行一体化模块化课程，实施学分制。

中等专业学校 常州中专学校根据国家教委要求，课程设置分必修与选修两类。1993年，各中专学校根据不同专业类型方向，试行模块式教学，在同一专业内形成不同专门化方向，实施宽专业基础加专门化方向，实行3＋1分段、主副修制，推行多种能力证书制，强化对学生能力的培养。

三、对口单招

对口单招是指普通高等院校单独招收中等职业学校对口专业的应届毕业生，是中等与高等职业学校衔接沟通的重要渠道。1999年，市教育局召开全市职业学校对口单招复习工作会议，制定《常州市对口单招复习教学意见》，各职业学校采用职校二年级结束时分流的办法，单独开设单招高复班。市教育部门指定专人负责单招教研，形成常州市单招三轮三模的复习模式。从2000年开始，常州市对口单招本科录取率和录取人数连续11年居全省地级市首位。

2000—2010年常州市对口单招录取情况统计表

表34-2-6

项目	单位	2000年	2001年	2002年	2003年	2004年	2005年	2006年	2007年	2008年	2009年	2010年
参加考试	人	1637	1737	1662	1563	1818	2404	2509	2712	2122	1630	905
总共录取	人	1414	1715	1599	1531	1728	2331	2333	2331	1814	1431	890
总录取率%		86.4	98.7	96.2	98.0	95.0	97.0	93.0	86.0	85.5	87.8	98.3
本科录取	人	322	648	473	649	1116	1272	1091	774	493	401	467
本科录取率%		19.7	37.3	28.5	41.5	61.4	52.9	43.5	28.5	23.2	24.6	51.6

四、技能鉴定和大赛

1991年，常州市职业学校实施学生技术等级考核和职业资格鉴定“双证制”。2002年，常州教育国家职业技能鉴定所成立，开展对职业学校毕业生的相关技能鉴定，由劳动和社会保障部门颁发职业资格证书。全市职业中学、技工学校毕业生技能鉴定合格率连续10年达98%。市教育、劳动部门出台《关于加强常州市学校技能竞赛工作的意见》，把每年12月定为全市职业学校技能竞赛月，组织全市专业技能大赛。2009—2010年，常州选手在全国、省职业院校技能大赛中获全国一等奖11个、省一等奖48个。

五、就业创业

1995年起，常州市组织举办6届职教之星和两届职教英才评选活动，评出职教之星和职教英才292名。建立常州龙城学生创业科技孵化园，为学生创业提供基地。1998年，举办以开展就业和创业指导为主要内容的班主任、德育工作者培训班两期。1999年起，常州纺织工业学校等中专学校相继每年举办校内人才市场，邀请企事业单位进校招聘。2000年，市教育、劳动部门出台《常州市职业学校开展创业教育的实施意见》，各职业学校相继成立招生与就业办公室(处)，在毕业年级开设就业与创业指导课，组织有关创业实践活动。2003年，常州建设高等职业技术学校被教育局部评为全国职业指导先进单位。2006年，市教育局出台《常州市职业学校职业生涯规划教育指导方案(试行)》,全市职业学校开始开展职业生涯规划教育。举办常州市职校生职业生涯规划方案设计竞赛。2007年,常州技师学院被劳动和社会保障部评为全国就业之星先进单位。2009年,常州市引进全球创业指导基金会(NFTE)创业课程,举办两期培训班,组织职业学校66名教师参加创业认证师(CET培训认证)培训,举办了职业院校创业设计大赛。

1986—2010年部分年份常州市部分职业学校毕业生就业率统计表

表34-2-7

学校名称	1986年(%)	1990年(%)	1995年(%)	2000年(%)	2005年(%)	2010年(%)
常州铁道高等职业技术学校	100	98	98	98	98	96
常州卫生高等职业技术学校	100	100	100	100	98	74
常州刘国钧高等职业技术学校	100	100	100	99.3	98	100
常州旅游商贸高等职业技术学校	100	100	100	99	99	99
江苏省常州技师学院	100	100	98	98.7	99.2	99
常州交通技师学院	100	100	100	95	97	99

六、校企合作办学

校企合作、工学结合是职业教育的本质特征。90年代初期,常州的中专学校、技工学校基本上由行业、企业办学,职业高中实行校企联合办学。1991年,全市由行业办职业学校和校企联合办学的学校数占全市中职学校的69%。1993年技工学校利用厂办技校优势,开展校际合作办学,促进部门办学社会化,采取城乡联合办学,为郊县、乡镇培养中级技术人才。90年代中期,随着企业改制,各职业高中、中专学校相继组织职业教育思想大讨论。1998年,举办全市现代职业教育思想讨论会,研讨、探索职业教育培养模式、教学模式,尝试产教结合和与高校联合办学之路。常州化工学校、卫生学校、文艺学校、轻工学校等分别与南京气象学院、江苏理工大学等省内高校联办相关专业或大专班。常州建设、铁道、刘国钧等中等职业学校坚持与企业联合办学,普遍实行2+1模式和订单培养。2007年,常州市《关于加强职业教育校企合作办学的指导意见》发布,提出共同建立实习就业基地、参与办学过程、培养人才、建设实训基地和开展技术研究,推进校企合作办学。翌年,市政府教育督导团对12所职业学校校企合作办学进行专项督导。常州市职业学校开展国际合作办学,常州旅游商贸高职校组织旅游管理专业的学生赴日研修,与意大利威尼斯旅游学院、威尼斯巴巴雷乔旅游学院等校合作办学。

第三节 学校建设

1996年起,全省开展职业教育现代化建设,常州机械学校、刘国钧职教中心等4所学校被列为省机电一体化专业现代化试点学校,常州工业学校等两所学校被列为服装专业现代化建设试点学校,常州轻工业学校等两所学校被列为省商贸类专业现代化试点学校,常州旅游学校被列为旅游类专业现代化试点学校,江苏城镇建设学校等两所学校被列为建筑类专业现代化试点学校。

一、示范性职业学校、星级学校

2006年8月,江苏省教育厅出台文件,提出全省“十一五”期间实施高水平示范性职业院校建设计划。2007年12月,省教育厅发文开展职业学校星级评估,全日制中等职业学校经相应标准评估后由低到高依次定为二星级、三星级、四星级。2008年3月，溧阳市职业教育中心率先申报江苏省四星级中等职业学校，常州市武进区育才职业高级中学（武进区教师进修学校）申报江苏省三星级中等职业学校。4月，《常州市推进江苏省星级及高水平示范性职业学校建设实施方案》出台，市教育、人事劳动保障部门采取相应举措，加强职业学校基础能力建设，改善办学条件，提高办学水平。翌年9月，省教育厅认定溧阳市职业教育中心、武进职业教育中心为江苏省四星级中等职业学校和江苏省高水平示范性中等职业学校，常州市武进区育才职业高级中学为江苏省三星级中等职业学校。2010年6月，教育部等部门联合发文启动国家中等职业教育改革发展示范学校建设计划；9月，江苏省溧阳中等专业学校、常州高级技工学校（江苏省常州技师学院）经市、省推荐评审，申报首批国家中等职业教育改革发展示范学校的立项评审；11月，省教育厅认定常州刘国钧高等职业技术学校、常州旅游商贸高等职业技术学校、常州铁道高等职业技术学校、常州卫生高等职业技术学校、常州艺术高等职业学校为江苏省高水平示范性职业学校。

2010年，省教育厅发文规定，四星级学校以“江苏省”冠名，均改为中等专业学校，原隶属关系不变，按中专计划招收的学生毕业时发给由市教育局审核验印的中等专业学校毕业证书。原江苏省溧阳市职业教育中心、江苏省武进职业教育中心、金坛职业教育中心分别更名为江苏省溧阳中等专业学校、江苏省武进中等专业学校、江苏省金坛中等专业学校，常州市武进区育才职业高级中学更名为常州市武进女子中等专业学校。2月，省教育厅认定金坛市职业教育中心为江苏省四星级中等职业学校、江苏省高水平示范性中等职业学校；12月，省教育厅认定江苏省溧阳市职业技术学校、常州市体育运动学校为江苏省三星级中等职业学校。至2010年末，常州有四星级中等职业学校3所，省认定的高水平示范性职业学校8所，省级优质学校占中等职业技术学校的90%。

二、示范专业、培训实训基地

示范专业是中等职业教育教学改革，提高教学质量和办学效益的试验示范基地。2003年2月，省教育厅出台文件，提出到2005年全省要建成代表江苏职业教育水平的300个中职和30个五年制高职示范专业的目标；3月，常州市开展中等职业学校示范专业建设和评审认定。2006年，颁发《“十一五”常州市职业学校示范专业建设规划》等文件，明确每年组织市示范专业评审，并推荐参加省示范专业评审。2003—2005年首轮省示范专业评审中，全市有32个专业被认定为省级示范专业。2007年，开始第二轮省示范专业认定，全市有38个专业被重新认定为省级示范专业，常州卫生学校护理专业等6所学校的6个专业被教育部认定为国家技能紧缺型人才培养培训基地，常州旅游商贸高等职业技术学校旅游专业、常州技师学院数控专业等14个实训基地被省教育厅等部门认定为省级职业教育实训基地。常州体育运动学校于2005年、2009年两次被国家体育总局认定为国家高水平体育后备人才基地，先后被认定为国家田径奥林匹克高水平人才基地（中长跑）、国家垒球后备人才训练基地。

第三章　高等教育

1986—2010年，常州普通高等教育经历两个发展阶段。1986—1999年是平稳均衡发展期，2000—2010年是规模质量快速发展期。1986年，常州有全日制普通高校4所，其中本科3所、专科1所，在校大学生近4000人，专任教师600余人；有成人高校10所，开办行业职工高等学历教育、职工培训。1989年，常州市教育工作领导小组办公室设立，作为对在常高校的指导和协调机构。1992年，市教育局（教育委员会）设高等教育处，撤销教育工作领导小组。1998—2005年常州高等教育迅速发展。2002年，常州市大学城建设指挥部成立，负责协调大学城区域内高校的规划建设和管理，基建完成后更名为常州市科教城（高职教育园区）管理委员会，协调科教城区域内高等院校与研发机构、高科技孵化企业的科研开发、产学研合作、高职教育改革和科教资源共享等。2000—2002年，新增常州信息职业技术学院等5所高等职业技术学院。2005年末，全市在校大学生9.46万人，专任教师4515人。2004—2006年，位于常州科教城（高职教育园区）的常州信息职业技术学院等5所高职院校全部以优秀通过教育部高职高专院校人才培养工作水平评估。2010年末，常州市18—22周岁人口高等教育毛入学率51.7%。在常高校在籍全日制统招生12.28万人，其中硕士生0.15万人、本科生5.28万人、专科生6.85万人；在籍成人高等学历教育学生3.8万人；同年招收新生3.43万名，向社会输送本科、专科毕业生3.47万名。在常高校有教职工8152人，其中专任教师5612人，副高级及其以上职称2008人。拥有一级、二级学科硕士授予点42个，工程硕士专业学位授予点6个；有本科、专科专业各50多个，有部省级重点学科6个，有部省级重点实验室4个，国家、省级特色（品牌）专业40个，国家级、省级精品课程121门，常州大学专利申请量进入全国高校百强。常州科教城（高职教育园区）开创中国高职教育"常州模式"，胡锦涛、温家宝等党和国家领导人到园区考察，并给予充分肯定。

1986—2010年部分年份在常州高校发展指标统计表

表34-3-1

年份	学校数(所)	学生数(人)	教职工(人)	专任教师(人)	教授(人)	副教授(人)	占地(万平方米)	建筑面积(万平方米)	固定资产(万元)	藏书(万册)
1986	4	3714	1199	645	—	34	71.18	11.18	2247	—
1990	4	5655	2022	895	—	312	73.85	23.20	5925	53.50
1996	4	10252	2197	1011	36	234	99.83	36.68	16491	95.00
2000	5	18343	2698	1233	48	409	132.3	56.9	38000	143.30
2001	8	26668	3649	1949	72	615	173.13	84.05	80742	218.40
2002	11	42504	4860	2654	97	911	234.43	125.88	111768	288.30
2003	10	52644	5271	2979	110	1001	563.37	196.22	139790	318.50
2006	10	107742	7615	5259	225	1539	637.35	285.57	412841	588.40
2010	10	122802	8152	5612	323	1685	659.26	300.88	641460	779.40

第一节　普通高等教育

1986年，在常全日制本科普通高等院校有江苏化工学院、常州技术师范学院、河海大学机械学院。2010年，常州有常州大学、江苏技术师范学院、河海大学常州校区和常州工学院4所本科全日制普通高校，全日制在校学生5.34万人。

常州市普通高等专科学校有常州工业技术学院(1978年市政府举办)。2000年，为适应小学教育师资由中专向大专、本科层次转变，筹建常州师范专科学校，由常州教育学院、常州师范学校、武进师范学校合并组建，2003年该校成建制并入常州工学院。2003年7月，建东职业技术学院成立，是常州第一所独立建制全日制民办高校。1979—2010年，常州地区电大系统学校培训人员约50万人次。

一、常州大学

前身是创办于1978年的南京化工学院常州分院，为省属全日制本科综合性大学，1981年定名为江苏化工学院，校址常州市白云路。1984 年，由江苏省政府与中国石油化工总公司（简称“中石化”）联合办学。1986 年，学院占地 20 万平方米，总建筑面积 10 万平方米，固定资产总额 1361 万元，教职工 589 人。1992 年，改由中石化管理，更名为江苏石油化工学院。2000 年，改由中央与地方共建、以江苏省管理为主。10 月启动武进校区建设。2002 年，江苏省商业技工学校成建制并入，更名为江苏工业学院。2010 年 3 月更名为常州大学。同年末，学校占地 100 万平方米，总建筑面积 50 万平方米，有教职工 1300 人，其中专任教师 800 余人。分别拥有一级、二级学科硕士学位授予点 8 个、30 个，工程硕士专业学位授予点 5 个，有国家级特色专业 3 个。有本科 9 个学科门类、52 个专业，设有石油化工、制药与生命科学、机械工程、石油工程、材料科学与工程、环境与安全工程、信息科学与工程、经济管理、文法与艺术、数理、外国语、国际交流 12 个二级学院及体育部、怀德学院和继续教育学院。全日制在校本科生 17286 人、硕士研究生 1128 人，累计毕业学生 3.4 万人。

学科设置 2003 年，江苏化工学院取得硕士学位授予权，新增化学工艺、材料学、化工过程机械、油气储运工程、环境工程 5 个硕士学位授予点。2006 年，新增化学工程、有机化学、工业催化、高分子化学与物理、材料物理与化学、材料加工工程、机械制造及其自动化、热能工程、安全技术及工程、环境科学、计算机应用技术、凝聚态物理 12 个硕士学位授予点。至 2010 年底，设立 45 个本科专业，分属工、理、管、经、文、法 6 个学科门类，有一级学科硕士学位授权点 2 个、二级学科硕士学位授权点 17 个、工程硕士专业学位授予点 4 个。同年底，新校区拥有化学化工学院、材料科学工程学院、环境与安全工程学院、信息科学与工程学院、数理学院、经济管理学院、文法与艺术学院、外国语学院、国际教育交流学院、体育部等学院（部）10 个和系（教研室）63 个，开办有化学工程与工艺、制药工程、高分子材料与工程、安全工程、环境工程、自动化、计算机科学与技术、电子信息工程、国际经济与贸易、会计学、法学、工业设计、艺术设计、信息与计算科学、英语和日语等 37 个本科专业。学校建有国家级特色专业、省级品牌专业各 2 个，省级特色专业 4 个，国家级和省级高等教育人才培养模式创新实验基地 2 个、省级实验教学示范中心 8 个；有省部级重点学科 6 个、省级优秀学科梯队 3 个、省部级重点实验室 2 个、省级工程中心 4 个，开设省级精品（优秀）课程 14 门。

办学规模 1986 年，有教职工 589 人，其中专任教师 310 人。至 2010 年，教职员工发展到 1298 人，其中专任教师 846 人、高级专业技术职务 131 人。有 2 人入选为新世纪“百千万”人才工程国家级人选、3 人为教育部高等学校本科教学指导委员会委员、26 人享受国务院政府特殊津贴，2 人分别被评为全国教育系统劳动模范、全国教育系统先进工作者，2 人成为首批省中青年科技领军人才，29 人次入选省“333 高层次人才培养工程”学术带头人和省“青蓝工程”中青年学术带头人培养人选。学校有省级科技创新团队、高等学校优秀教学团队各两个。2006 年、2008 年，连续两次被省教育厅评为全省师资队伍建设工作先进高校。

常州大学白云校区（摄于 2009 年 8 月）

2003 年，有全日制在校生 9000 多人，应届毕业生就业率 98.4%，列全省高校第九位。2005 年，有全日制在校学生 1.1 万人，其中在校研究生 233 人，应届毕业生就业率 99.5%。2007 年，全日制在校生发展到 1.56 万人，研究生 600 余人。2010 年，有全日制本科生 17286 人（含怀德学院

6255 人），在读硕士研究生 1128 人，毕业生就业率 99.9%。

办学特色 学校因江苏省建设扬子石化、仪征化纤等急需一批石化大项目的人才需求而创建，从建校伊始就以向大型石化企业输送人才为办学目标。1997 年，学校在迎接教育部本科教学合格评估中明确提出“大工程观”的办学理念，申报教育部 21 世纪初高等教育教学改革项目石油化工工程实践教学体系的构建与实践。学校依托石油化工行业和地方支柱产业，培育学生从事工程活动的责任意识、实践能力、系统思维、协作品质和创新精神，为社会输送用得上、信得过、提得起的工程应用型人才。学校坚持开放办学，以中外合作、学术交流及科研合作为重点，推进国际化人才培养战略。2004 年以后，学校成功开展合作办学项目 4 个，累计招收中外合作办学项目学生 500 多人，境外就读学生近 100 人。其中，与加拿大圣西维尔大学联合开办的 4 个专业本科双文凭合作办学项目在整顿后的江苏省 365 个合作办学机构和项目中，首批获得教育部办学许可。2010 年，有国际科研合作重点项目 6 个，与美国、德国等国家的 20 多家科研院所、企业开展科技合作交流项目。

科研水平 学校与中国石油化工集团公司、中国石油天然气集团公司、中国海洋石油总公司等企业和地方政府建立“产学研”合作关系。2006—2010 年，学校承担或完成国家级项目 25 项、省部级项目 196 项，获得国家级高等教育成果二等奖 1 项、省级高等教育教学成果一等奖 2 项。2010 年，学校科研经费到账 7597 万元，全校被科学引文索引、工程索引、科技会议录索引三大检索收录论文 263 篇。苯酚烷基化清洁催化技术及工业应用项目获 2006 年度国家科技进步二等奖，高效利用反应热副产工业蒸汽的热法磷酸生产技术获 2008 年度国家技术发明二等奖，钴酸镧等高性能超细氧化物催化剂制备和应用技术获 2010 年度国家科技进步二等奖。学校专利申请量排名进入全国高校百强。

二、江苏技术师范学院

1984 年创办，是以培养职业教育师资为主的省属本科院校，初名常州职业师范学院。1986 年初，有教职工 270 人、在校专科生 474 人，同年迁至 312 国道常州城区西段南侧（今中吴大道 1801 号），占地 16.67 万平方米，总建筑面积 3.1 万平方米。1987 年、2002 年，先后更名常州技术师范学院、江苏技术师范学院。2001 年、2005 年，常州市经济管理干部学校、常州市会计学校先后成建制并入。2004 年建立中德国际学院，与德国国立梅泽堡应用科学大学(Hochschule Merseburg)联合举办“2+2”的 4 年制本科教育。2010 年末，占地 1500 亩，总建筑面积 40 万平方米，设机械与汽车工程、电气信息工程、计算机科学与工程、艺术设计、外国语、化学与环境工程、教育、中德国际、数理、人文社科、商学院、材料工程 12 个二级学院和东方学院、继续教育学院、体育部、中德诺浩汽车服务培训中心、思想政治理论课教学部，有本科 7 个门类 40 个专业，教职工 1157 人，其中专任教师 821 人，全日制在校生 16119 人，本、专科毕业生累计 30369 人，入选首批全国职业教育师资培训重点建设基地。

三、河海大学常州校区

位于常州城北三井街道毛家坝（今晋陵北路 200 号），1986 年创办，前身是常州电力机械职工大学，1990 年，河海大学机械学院机电控制及自动化专业通过国务院学位委员会硕士点评审，成为常州高等院校第一个硕士点。1995 年 11 月、2000 年 6 月，先后更名为河海大学常州分校、河海大学常州校区。2005 年，学校“E 龙队”参加国际国内机器人足球比赛，累计获世界亚军 5 项、全国冠军 20 项。2009 年，设立常州国家大学科技园河海大学常州校区分园。2010 年末，常州校区占地 436 亩，总建筑面积 15.35 万平方米，教学科研仪器设备总值 5900 万元。设机电工程学院、物联网工程学院、企业管理学院、基础学部和教育部疏浚技术工程研究中心等研究机构。分别有一级、二级学科硕士学位授予点 1 个、3 个和工程硕士专业学位授予点 1 个，涉

1986年11月26日，河海大学机械学院在常州成立（摄于1986年11月）

及机械工程、电子与通信工程、项目管理、物流工程、工业工程5个领域。开办有15个本科专业，其中国家级特色专业1个。有教职工近600人，其中专任教师300人。有全日制在校学生6027人，其中本科生5485人、研究生542人。

四、常州工学院

位于常州市区通江南路299号，前身为在常州职业大学基础上建立的常州工业技术学院，1986年常州工业技术学院为专科层次普通高校，实行省市双重领导，占地300亩，总建筑面积2.22万平方米。有教职员工410人，专任教师204人。1994年，首次招收两名日本留学生。1998年，常州轻工业职工大学成建制并入，1999年进入江苏24所具有对外招收留学生资格的院校行列，与加拿大、美国、丹麦等国大学开展合作办学项目。2000年，常州工业技术学院、常州市机械冶金职工大学、常州轻工业职工大学合并组建常州工学院，升格为本科院校，实行省市共建、以市为主的办学体制。2003年，常州师范专科学校成建制并入，2004年取得学士学位授予权，2006年通过教育部本科教学工作水平评估。2010年末，学院占地66.84万平方米，总建筑面积30.25万平方米，设机电工程学院、电子信息与电气工程学院、计算机信息工程学院、土木建筑工程学院、光电工程学院、经济与管理学院、外国语学院、艺术与设计学院、人文社科学院、理学院、师范学院、延陵学院、成人教育学院、国际交流学院、体育教学部15个二级学院和直属教学部，其中延陵学院实行公有民营体制；有教职工1103人，其中专任教师743人，本科专业33个，全日制在校学生13924人。

五、建东职业技术学院

2001年1月创办，为民办全日制普通高等专科院校，位于常州高新区建东路1号，初名民办建东学院，挂靠华东船舶工业学院（今江苏科技大学）招收第一届学生。2003年7月，常州建东办公自动化设备公司投资建立建东职业技术学院。2007年4月，学院股权转让给北京国教集团，实行董事会领导下的院长负责制。2010年，占地690亩，总建筑面积17.2万平方米，有全日制在校生5300人，教职员工320人，其中专任教师209人。设机电工程系、电子信息工程系、经济贸易管理系、应用外语系、媒体与艺术设计系，设专科专业40个。

六、常州市广播电视大学

1979年创办，2000年8月与常州市第一高级职业中学合并，迁至常州市劳动西路。2006年7月，成立江苏城市职业学院常州办学点。2009年5月，撤销常州市第一职业高级中学建制，成立常州社区大学，为全省首家地市级社区大学。2010年，被中央电大列入首批全国示范性市级电大。是年末，学校包括常州市广播电视大学、江苏城市职业学院常州学院、常州社区大学3类办学，下辖金坛、溧阳、武进、新北等辖区电大分校，是以中央电大、江苏电大远程教育资源为主体，学历教育与非学历教育并重，推进终身教育体系建设的市属公办高校。举办全日制高等学历教育，有普通专科（1984年开始招生）和五年制高职（1999年开始招生）两类，累计开设8大类30多个专业，面向社会提供非学历教育培训项目30余个。学校本部有南、北两个校区，总建筑面积6万余平方米，在校生8000余人，连同所辖分校约2.5万人。1986—2010年，毕业全日制高等教育学生1.72万人；1996—2010年，毕业成人教育学生2万余人。

第二节　职业技术教育

2001年，常州高等职业教育进入快速发展期。2001—2002年，常州市区的大部分中等专业学校、职工大学分别合并或升格为常州信息职业技术学院、常州纺织服装职业技术学院、常州工程职业技术学院、常州轻工职业技术学院、常州机电职业技术学院5所高等职业技术学院（简称“高职院校”）。2003年，5所高职院校陆续迁至位于武进的常州高等职业教育园区。

一、常州信息职业技术学院

常州信息职业技术学院的前身为江苏省副省长、著名爱国实业家刘国钧于1962年10月创办的全日制中专常州市勤业机电学校，1964年与常州市无线电工业局开办的常州市无线电职业学校联合办学，1965年两校合并为常州市无线电工业学校。1980年，更名为常州无线电工业学校，另建常州市电子职工大学。2000年，常州无线电工业学校与常州市电子职工大学合并组建为常州信息职业技术学院，升格为全日制普通专科院校。2003年，迁至常州大学城鸣新中路2号，东临常武路，西与常州机电职业技术学院相连。

学科设置　2003年，学校设计算机科学与技术系、信息管理系、电子信息工程系、机电工程系等11个教学单位和信息管理与信息系统、计算机多媒体技术、软件工程等25个专业。2010年底，设有软件学院、计算机学院、经贸管理学院、电子与电气工程学院、机电工程学院、外国语学院和艺术设计系7院（系）2部、61个专业，其中国家、省级重点专业6个、特色专业8个；建有计算机网络技术、自动控制技术等实训中心29个。

办学规模　2003年，全校有教职工380人，其中教授7人、副教授9人、专任教师300人，拥有“双师型”教师（指具有工程师、工艺师等技术职务，取得教师资格并从事职业教育教学工作的教师）100人、外籍教师1人。有全日制在校学生7800人，向社会输送816名毕业生，毕业生一次就业率99.5%。2005年，有教职工580人，其中教授8人、副教授150人、专任教师460人，拥有“双师型”教师170人、外籍教师12人。加强师资队伍建设，培育出一支以专业带头人引领、骨干教师为主体的专兼结合“双师型”结构教师团队。全日制在校学生9000人，向社会输送毕业生1711人。2007年，向社会输送毕业生3055人，毕业生全部一次就业。2007年，有专任教师516人，其中教授、副教授、高级工程师160人；有江苏省“333高层次人才培养工程”中青年科学技术带头人、江苏省青蓝工程学术带头人培养对象各4人，江苏省高校教学名师、全国模范教师各1人。“双师型”教师占比达70%。2010年末，教职工达700人，副高以上职称教师160余人，其中教授18人，“双师素质”教师占81%。全日制在校学生1.1万人，毕业生一次就业率达98%。

常州信息职业技术学院（摄于2010年5月）

办学特色　学校按照提高人才培养质量、服务区域经济社会发展的宗旨，形成校企互动、产学结合的办学模式和行业办学优势，80%专业围绕信息产业设置，85%以上的毕业生在信息行业就业，初步形成以信息产业园为平台的校企深度融合发展机制。学校先后被定为中国软件专业人才培养工程职业训练基地、国家高技能人才培养示范基地、国家信息技术紧缺人才培养工程培训基地和服务外包人才培养培训基地。学校开展人才培养模式的改革与实践，形成职业、系统、开放的双核课程体系，各课程采取导教相融、学做合一的教学模式，构建由大学生职业素质训练中心、大学生创新创业园为主体的大学生综合素质训练体系，形成系统化设计、目标化管理、模块化训练、个性化选择、实境化体验的训练特色。

二、常州纺织服装职业技术学院

常州纺织服装职业技术学院前身是常州市纺织工业专科学校，1958 年 7 月创办，翌年变更为常州市纺织工业学校。1961 年，因国民经济调整，学校停办。校址设于常州东风印染厂职工学校内。1983 年定名为江苏省常州纺织工业学校，1998 年更名为江苏省常州工业学校。2001 年 6 月 19 日，省政府批准升格为全日制普通专科学校常州纺织服装职业技术学院。2003 年，迁至常州大学城滆湖中路 5 号，东与常州工程职业技术学院相连，西临武宜南路。

学科设置 2003 年，学校设有纺织工程系、艺术设计系、工商管理系、机电工程系、计算机技术系、基础部 5 系 1 部、38 个专业(方向)。其中，染织技术、服装设计是教育部重点专业，服装表演是省内少有的特色专业。2004—2006 年，增设 18 个专业(方向)。2010 年底，学院设有纺织化学工程系、服装系、机电工程系、信息技术系、经济贸易系、外语系、创意与艺术设计学院、常州纺院—莱佛士国际学院、继续教育部、体育部 6 系 2 院 2 部，共设 52 个专业、62 个专业(方向)。其中染整技术、机电一体化技术、服装设计、纺织品设计、商务英语、服装制版与工艺、现代纺织技术、影视动画为省级特色专业(含建设点)，初步形成以品牌、特色专业为核心的优势专业群。有中国纺织服装教育学会教改试点专业 2 个、省示范专业 1 个、省级特色专业建设点 5 个、省级成人教育特色专业建设点 1 个、江苏省示范高职园区重点建设项目 4 个，拥有国家级精品课程 1 门、省级精品课程 12 门，获得江苏省纺织科技进步奖 1 项、江苏省教学成果奖 2 项。

办学规模 2003 年，全校有专兼职教师 350 余人，其中专职教师 245 人。专职教师中，有享受政府特殊津贴的教育专家、全国十佳服装设计师等 23 人和具有高级职称的 65 人、“双师型”教师 104 人。2005 年，有教职工 452 人，其中专任教师 400 人、正高职称 2 人、副高职称 90 多人、外籍教师 8 人。2007 年，有教职工 530 多人，其中专任教师 460 多人，享受国务院政府特殊津贴的教育专家、全国十佳服装设计师、省市级优秀教师 30 多人，具有高级职称的 124 人、“双师型”教师 197 人、客座教授 40 余人及外籍教师 10 人。2010 年末，有教职工 650 余人，专任教师 515 人；其中，具有高级职称的 140 余人，有博士、硕士学位的 151 人，有全国十佳服装设计师、江苏省教学名师、江南名师和省市级优秀教师 30 多名，“双师型”教师比例达 68%。拥有江苏省高校青蓝工程骨干教师 6 人，省“333 人才培养工程”导师、双百工程教师各 1 人和江苏省优秀教学团队 1 个。

2003 年，有全日制在校生 6000 余人。2005 年，有全日制在校学生 1.08 万人。2007 年，有全日制在校生 1.12 万人，成人教育注册学生 5000 余人。2010 年，全日制在校生达 1.2 万人，成人教育注册学生 5500 余人。学校连续多年毕业生就业率保持 100%，受到省教育厅表彰。

办学特色 学校坚持“立足纺织、服务社会，立足苏南，服务长三角，面向全国”的办学方针，构建以高等职业教育为主导的集高职教育、成人专科、成人本科等于一体的多层次办学体系，实施完全学分制。2004 年，获江苏省高等教育教学成果奖，2006 年 11 月，学校以优秀成绩通过教育部高职高专人才培养水平评估，2007 年成为江苏省首批学分制试点高校之一，被评为全省首批创业教育示范校和示范高职园区建设单位。2010 年末，建有校内专业实训基地 20 个，省级实训基地 5 个、共建共享型省级实训基地 15 个，常州市重点实验室 1 个、紧密合作型校外实训基地 88 个；建有国家公共技术服务平台无纸化人才教育培训平台、国家电气自动化试验平台和两个国家级职业技能鉴定站，具有 163 个工种的鉴定资格。学校以纺织、服装、艺术专业为龙头，开展国际交流与合作，先后与法国欧亚管理学院、意大利多明尼哥贵奥雷多技术学院、新加坡莱佛士学院合作办学，成立常州纺院——莱佛士国际学院，合办时装设计、室内设计、平面设计、多媒体设计、时装营销与管理、工商管理等专业，实行双语教育。

三、常州工程职业技术学院

常州工程职业技术学院的前身为常州化工学校、江苏建筑材料工业学校。常州化工学校创办于1958年，1959年、1963年和1964年，先后更名为常州化工研究所化工学校、常州轻化工职业学校、常州轻化工中等技术学校、常州化工中等技术学校，“文化大革命”期间停办。1978年学校恢复建制，1994年与常州化工技工学校合并后，沿用“常州化工学校”校名到2002年。江苏建筑材料工业学校原为1975年在常州创办的建材二五三厂“七二一”工人大学，1981年、1991年先后更名为常州建材职工大学、江苏建筑材料工业学校。2002年6月，常州化工学校与江苏建筑材料工业学校合并，升格为全日制普通专科学校常州工程职业技术学院，合并建校初在竹林、清潭、晋陵3个校区办学，2003年10月始迁常州大学城滆湖中路3号。

学科设置 2003年，设有化学工程、应用化学技术、建筑与材料工程、机械电子工程、计算机技术、经济管理6系60多个专业方向。2010年，设有化学工程技术系、制药与生物工程技术系、机械工程技术系、建筑工程技术系、自动化技术系、材料工程技术系、经济贸易系、计算机技术系、体育系、基础科学部、社会科学部11个二级教学单位，开设专业40个；建有校内实训中心42个，其中国家级实训基地2个、省级实训基地3个；建成江苏省特色专业3个和国家级精品课程3门、省级精品课程4门、部级精品课程10门；编写出版“十一五”规划教材33本，两本被评为国家精品教材，11本被评为江苏省精品教材。

办学规模 2003年，学院有教职工400余人，其中专任教师221人，有博士、硕士和在读硕士教师近100人，高级中级职称教师占教师总数的比例达80%。该校分别招收高中后3年制、中职后对口招生3年制、初中5年制高职的学生。2004年，全日制在校生达8000余人，毕业生就业率稳定在98%。2010年，全校拥有教职工700余名，其中专任教师400余人，具有高级职称的专任教师占教师总数的32.5%，“双师型”教师占教师总数的80%，有江苏省“333高层次人才培养工程”对象、江苏省教学名师各1人，全国化工职教教学名师3人、全国化工职业教育指导委员会委员29人、全国化工职业教育名校长1人和江苏省青蓝工程骨干教师10人、学术带头人1人；拥有优秀教学团队24个，其中省级2个、院级22个。

2005年以后，学校根据行业特点和学生就业的岗位群设置专业模块，让学生自主选择专业方向。建立校外实训基地40多个，让学生在毕业前直接参加企业的生产管理。利用4个国家级职业技能鉴定站，帮助学生毕业时获取相关职业资格证。2010年，有全日制在校生1万余人，每年为社会培训、鉴定1万余人。

办学特色 学校初步形成校内与校外、仿真与实操、理论与实践、小试与放大相结合，车间与教室、教师与师傅、学生与学徒、作业与产品、教学与科研、服务与创收合一的办学模式，指导化工技术类专业实训基地的实践，2007年获得江苏省高等教育教学成果特等奖。该校先后与加拿大莫哈克学院合办教学班，与德国焊接中心合作共建中德焊接技术培训中心，与乌克兰巴顿焊接研究所合作共建中乌焊接技术研究所，与英国哈特里普尔学院、香港职业训练局、新加坡南洋理工学院等单位建立良好的合作关系。与东南大学、扬州大学等高校联合开办了继续教育教学班。至2010年底，学校先后被评为教育部高职高专化工技术类师资培训基地、劳动与社会保障部职业核心能力培训基地、石油和化工行业职业教育与培训全国示范实训基地、中国化工行业高技能人才实训基地和江苏省职业技能鉴定基地及64家企业的职工培训基地。学校具有技师、高级技师及高、中、初级技工的培训鉴定资格，可培训鉴定工种35个。

四、常州轻工职业技术学院

常州轻工职业技术学院的前身为常州手工技校，由1958年创办的常州市民办青山初级中学改建而来，1980年更名为常州轻工业学校。2002年6月，升格为全日制普通专科学校常州轻工职业技术学院。翌年

10 月，迁至常州大学城鸣新中路 8 号，东与常州机电职业技术学院相连，西侧为兰陵南路（武宜路）。

学科设置 2003 年，学校入驻常州大学城后，集职前、职后教育于一体，初步形成以塑料成型、机电一体化和数控技术为骨干，工科为主体，文科、管理、艺术等专业互补滚动发展的专业结构体系，设有轻化工工程系、机械工程系、电子信息工程系、工商管理系。2007 年，设有轻化工工程—艺术系、机械工程系、电子电气工程系、信息工程系、管理系、模具系、旅游系和继续教育部、基础部、体育部 7 系 3 部，设 26 个专业、5 个双专科专业，其中轻化系的高分子材料应用技术专业居国内同类专业领先地位。2009 年，艺术系独立建系。2010 年底，学校设有 8 系 2 部、35 个专业。建有省级示范性专业 2 个、省级特色专业 3 个、国家级和省级“双证融通”试点专业 3 个；创设有国家级精品课程 5 门、省级精品课程 7 门；编著出版教材 123 本，其中 11 本被列为国家“十一五”规划教材。

办学规模 2003 年，全校有教职工 359 人，其中专任教师 221 人，有高级职称者 60 人。全校有全日制在校生 5756 人，其中高职生 4000 人。2005 年，学校实行年级辅导员制，形成学生工作网络，学生素质明显提高，有全日制在校生 8185 人，毕业学生 1190 人。2008 年，有专任教师 389 人，其中有高级职称的 94 人、硕士研究生及在读研究生 143 人。2010 年，全校有教职工 542 人，有专任教师 403 人，其中有正高职称的 7 人、副高职称教师 120 人、高级技师 7 人、全国优秀教师 4 人。全校有全日制在校生 1.1 万人，毕业生就业率连续 8 年达 98%。

办学特色 该校以打造教学、培训、职业技能鉴定和技术服务一体化为基础，面向常州地区所有职业学校，率先牵头承建了国家级示范性数控技术职业教育实训基地，形成以数控技术专业为龙头的专业链，以数控技术、模具专业、数控维修、数控设备营销带动模具专业、塑料加工专业、自动化专业和管理类专业发展。学校实施“双证融通、产学研合作”的人才培养模式，把“产学研”合作贯穿于人才培养全过程，融通学历证书与职业资格证书，使学生具有树状层次的知识结构与网状复合结构的综合职业能力。建成江苏省化学基础课实验示范中心、塑料加工实训中心，电工电子实验中心、计算机实训中心、单片机与 PLC 实验室、机电控制实验室等实训中心、实验室和校外实习就业基地近百家，提高了学生的职业能力和就业能力。

五、常州机电职业技术学院

常州机电职业技术学院的前身为1963年7月创办的常州机械职业学校（隶属市机械工业局）。1965年7月，更名为常州市机械中级技术学校，校址迁至勤业桥塊南河沿 208 号。1978 年 12 月更名为常州机械学校，隶属于江苏省机械工业厅管理，在新闸乡开始筹建新校区。1980 年，学校迁至新闸校区。2002 年 6 月，学校升格为全日制普通专科学校常州机电职业技术学院。2003 年 10 月，迁至常州大学城鸣新东路 6 号。

学科设置 2003 年，设有机械工程系、模具技术系、汽车工程系、电气工程系、信息工程系、人文科学系和基础部、成教部 6 系 2 部。2009 年，增设体育部，成教部更名为继续教育学院，人文科学系更名为经济管理系。2010 年，增设社科部，年底全院设机械工程、模具技术、汽车工程、电气工程、信息工程、经济管理 6 个系和基础、体育、社科 3 个部及继续教育学院，开设 38 个专业，其中机械工程系数控设备应用与维护、模具技术系模具设计与制造技术专业在全国具有显著特色。

办学规模 2003 年，学院有教职工 288 人，专任教师 192 人，其中副高以上职称者 36 人。在校学生 5888 人，其中 3 年制高职 2668 人、5 年制高职 2543 人、中专 677 人。2004 年以后，重点引进“双高”教师，大力培养中青年教师，以建设“双师型”教师队伍为特色，引进和培养教师。2007 年，有教职工 594 人，其中专任教师 462 人，属江苏省“333”工程培养对象、高校“青蓝工程”优秀青年骨干教师各 3 人，副高及其以上职称的教师 115 人，具有研究生学历的 128 人，“双师型”教师 127 人。在籍学生 12341 人，其中 3 年制高职9096人、5年制高职3245人。2010年，全校有教职工620余人，其中专任教师460人，“双师型”教师占70.3%，副高及其以上职称者160人、硕士研究生以上学历者210人，教育部教育指导委员会专家10人，拥有省级优秀教学团队两个。在校生1.1万人。学校实行招生就业主要领导负责制，建成就业指导体系，为毕业生提供充足的就业岗位，毕业生连续3年全部就业。

办学特色 2003年学校入驻常州大学城后，逐渐形成以全日制高等职业教育为主体、成人教育与职业培训并存的办学格局，职业教育以工科为主，建有国家级示范性汽车维修技术职业教育实训基地、数控技术职业教育实训基地和江苏省高校基础课电工电子实验教学示范中心及模具技术实训基地、汽车驾驶培训等实验实训中心100多个。学校以培养学生的综合职业能力为主线，推动以项目课程为主体的高职课程模式改革，构建知识、能力、素质相结合的高素质技能型人才培养体系。学校与机电类行业协会及国内外知名企业联系紧密，成为江苏省模具工业协会秘书长单位，以行业协会为桥梁，走“产学研”结合的办学之路，与江苏常发集团等企业共建“产学研”合作基地100多个。

第四章　社会教育

80年代初，社会教育由市职工教育办公室与市教育局工农教育科主管。1985年以后，常州市社会教育从改革开放初期的成人扫盲教育、学历补偿教育发展为职业技能教育、成人高等学历教育、文化生活教育等多元结构格局，从狭义的工农教育、成人教育演变为广义的社会教育。1990年11月，社会教育归口新成立的常州市成人教育办公室管理，翌年12月市教育局内设成人教育处和成人学校管理处，90年代末成人高校大部分被撤并。2009年，市教育局设立终身教育处，负责社会教育综合管理。1986—2009年，常州市社会教育机构累计组织各级政治、文化、技术（业务）学习达140万人次，举办技术等级培训、岗位资格培训、工程技术人员继续教育、班组长培训388万人次，组织职工教育800万人次，农村劳动力转移培训、农业实用技术培训、农民创业培训、“两后双百”（初中毕业后、高中毕业后没有升学且符合就业年龄的毕业生全部进行职业技能培训，培训后全部实现推荐就业）培训564万人次；组织干部“三学”（机关干部参加学习社会主义市场经济和现代科学技术基础知识、计算机应用、通用外语培训考核）与全省计算机、外语等级考试12.5万人次，组织成人中专、成人高中等教育培训达420万人次。2010年，钟楼区创建成为全国社区教育示范区。

第一节　成人教育

一、成人高等学历教育

1986年，常州市有独立建制的成人高校10所。常州教育学院和常州市广播电视大学隶属常州市教育局，其余由市级行业局举办及主管，主要举办相应行业的职后高等学历教育和职工培训，面向全市招生，部分职工大学接受外省市的大专委托培养，办学形式有全脱产、电视大学、函授大学等学历和非学历教育，设中专、大专和专升本层次教育，各校一般开设有机械、电子、管理、计算机等专业。1990年，10所成人高校在校学生3153人。1993年，建筑职工大学等3所职工大学合并成立常州市职工大学，90年代末至2005年各职工大学、教育学院等相继被撤并。2006年，全市成人高校仅存常州市职工大学、常州市广播电视大学，至2010年底未变。

1986—2005年常州市成人高等学校撤并情况表

表34-4-1

学校名称	撤并调整情况
水利部机械制造职工大学	1986年改建为河海大学机械学院（后改为河海大学常州校区）
常州市建材职工大学、常州市纺织职工大学、常州市建筑职工大学	1993年合并组建为常州市职工大学
常州市轻工业职工大学	1998年并入常州工业技术学院（今常州工学院）
常州市机械冶金职工大学	2000年并入常州工业技术学院（今常州工学院）
常州市电子职工大学	2000年并入常州信息职业技术学院
常州教育学院	2001年并入常州师范专科学校（筹），今属常州工学院
铁道部戚墅堰机车车辆工厂职工大学	2005年并入常州铁道高等职业技术学校

学历教育站点 在常高校均设有成人教育部（学院），面向社会举办成人高等学历教育，还在社会力量办学机构设立成人高等学历教育办班点。办学层次有本科和专科，个别有研究生。至2010年末，全市有高等学校成人教育校外教学点81个，其中全国28所高校设立的函授站（点）51个、在籍学生1.02万人，现代远程教育校外学习中心（点）30个、在籍学生6140人。

自学考试 高等教育自学考试的考试门类和专业全省统一，考试组织、毕业生思想品德鉴定由常州市自学考试指导委员会办公室组织实施。

1983—2010年常州市高等教育自学考试情况表

表34-4-2 单位：人

时期	报考人数	毕业人数	时期	报考人数	毕业人数
1983—1995年	87804	3358	2001—2005年	248879	6048
1996—2000年	253744	4425	2006—2010年	219676	5465

二、农村成人教育

乡（镇）成人教育中心校 是教育行政部门和乡（镇）政府创办，设在乡镇专门从事农村成人教育的学校（简称“成校”）；业务上接受教育行政部门管理和指导，与普通教育、职业教育享有同等的地位，主要对农民进行文化教育和专业技能培训。1989年11月，《常州市合格乡（镇）成人教育中心校检查验收细则》出台，促进乡（镇）成校建设。90年代中后期，常州市乡（镇）成校蓬勃发展。1998年，全市有武进市洛阳镇、金坛市直溪镇、溧阳市社渚镇等12所江苏省重点乡（镇）成校。2007年8月，颁发《常州市乡（镇）成人教育中心校标准化建设意见》，同年武进区湖塘镇成校被评为全国农村成人教育先进单位。2009年，常州市有乡（镇）成校41所。2010年，金坛市金城镇、溧阳市戴埠镇和武进区雪堰镇、牛塘镇的成校创成市级乡（镇）成校标准化建设达标单位。

农村实用技术培训 80年代起，常州市乡（镇）成校组织青壮年农民、回乡知识青年、脱盲人员参加农作物栽培、水产养殖、家禽饲养、大棚蔬菜等农村实用技术培训，80年代全市农民参加实用技术培训累计54万人次。1996—2000年，全市农民参加实用技术培训和其他职业技术培训172万人次（含“两后”培训）。2001年9月，金坛市白塔镇农科教结合示范基地被列入首批省级乡镇农科教结合示范基地。至2010年底，常州市创成省级农科教结合示范基地12家。

“5112”教育富民工程 2001年，常州市根据省教育厅等5个厅局提出的“5112教育富民工程”（即通过职业教育与成人文化技术培训转移500万名农村劳动力，培养100万名农村致富骨干，重点推广1000个农村科教致富示范项目，培训200万名下岗与失业转岗职工）要求，颁发常州市的实施意见。2001—2005年，常州市完成“5112教育富民工程”培训216万人次，转移农村劳动力14余万人。至2008年底，累计培训328万人次。

三、职工业余教育

80年代初，常州市职工业余教育重点从文化补习转向技术补课。干部业余教育从1982年前的短期轮训为主转向正规培训为主，采用选送到中高等学校系统进修的办法，实行全员培训。80年代，全市培训企业职工41万人次。1991年有职工学校94所，10月颁发《常州市企业教育综合改革方案》，确定常州市机械冶金工业局、常州市塑料集团公司等为全市首批企业教育综合改革试点单位。1996年，《常州市加强职工教育工作的意见》出台，各行业相继建立行业教育训练委员会；11月，全市第一所由市电子职工大学与台湾南亚工商专科学校、香港顺泰企业公司合资创办的常州逸仙进修学院成立。至1997年底，23个主要行业均建立行业教育训练委员会。90年代末，随着行业局撤销，各行业局举办的成人高等、中等学校逐步撤并。

四、扫除文盲教育

市委、市政府长期把扫除文盲作为提高劳动者素质、推动经济发展和社会进步的基础工作抓实抓好。1994年4月，金坛、溧阳两市和天宁、钟楼、郊区、戚墅堰四区相继接受并通过江苏省政府的扫除青壮年文盲评估验收，连同1993年通过评估验收的武进县，常州的县（市）区全部达国家标准扫除青壮年文盲的要求。1996年，溧阳市社渚镇获全国中华扫盲奖。至2006年，全市提前完成扫除农村青壮年文盲工作。1991—2008年，全市累计扫除文盲49650人，2008年末青壮年非文盲率98%。2009—2010年，青壮年非文盲率不再统计。

五、医疗卫生教育

常州医卫教育形式多样，在办学上有专职、联办进修、组织专题培训和建立再教育基地等，接受教育的对象主要为学生和在职在读进修生，攻读硕士、博士的医生。倡导岗位成才，在全系统推行继续教育，每年对医卫人员实行基本操作、基本技能、基本理论考核的学分累积制度，与晋升职称等挂钩。1995年，常州卫生系统与河海大学联合举办1期脱产1年的英语高级培训班。

联合培养 1998年，常州市卫生局与苏州医学院、江苏省职工医科大学分别联办了在职医学研究生课程进修班、常州市医院管理函授班，约200名学员分别参加进修、函授学习。1999年，与南京中医药大学联办了中西医结合研究生课程进修班。2002—2003年，与南京医科大学联办、委托举办临床医学研究生课程等进修班。2010年7月，解放军102医院发挥该院全军精神医学中心、心理疾病防治中心优势，与解放军第二军医大学（简称“二军大”）精神卫生临床学院合作办学，接收二军大学员进入102医院临床学院学习，逐步增加博士、硕士研究生联合培养点和研究生导师数、招生数，优先接收102医院人员到二军大就读研究生、培训和进修，为医院医疗、科研、教学工作提供帮助。

继续教育 1990年，常州市卫生局倡导岗位成才，实行继续医学教育制度，出台卫技人员继续医学教育实施条例与考核细则，在全省率先实行卫技人员学分累积制，要求每个卫技人员每年在“三基本”等方面达到学分数，5年为1个周期，考核结果与职称晋升挂钩。市卫生系统的单位在全员工资总额中提取5%作为继续医学教育培训费。1991年，设立继续医学教育专项基金，修订专业继续医学教育考核细则70多个，编写讲义《医学统计》《科研设计与论文撰写》《医学文献检索》；举办学习班29期，参加人数1785人。1993年，全市有80%的卫技人员修满规定学分。翌年，各单位拟定人才培养发展规划，公布继续教育开考科目104门，“三基本”合格率98.2%。1998年，组织全市卫技人员1万余人次参加（初级）公共必修课考试，合格率80%。

2000 年，有 47 名医师通过省卫生厅组织的规范化培训结业考试，合格率 100%。2003 年，全市有 2000 余人次在职攻读护理、药剂、检验、临床医疗专科、本科。2005 年 9 月，市三院与省中医药学会、中西医结合学会肝病专业委员会联合在明都大酒店举办全国肝炎、肝硬化中西医结合诊疗新进展学习班，被国家中医药管理局认定为国家级中医药继续教育项目，请上海中医药大学校长刘平、上海瑞金医院教授周霞秋等专家作了专题讲座，是为常州首次参与举办国家级继续教育项目。翌年，全市实施继续医学教育项目国家级 1 项、省级 15 项、市级 44 项。2009 年，举办医学继续教育项目 130 项，为历年之最，当年完成继续医学教育项目 175 项。

职业培训 2003 年，常州卫生系统首次启动全科医师、社区护士岗位培训。2006 年，确定常州市全科医学社区培训基地两个。2009 年，建成全省首批全科医师规范化临床培训基地两个、社区培训基地 5 个、住院医师规范化培训合格基地 9 个，市医学科学研究所完成检索 109 项。2010 年，完成基层卫技人员培训 353 人，有 272 人参加中医全科医师岗位培训。

第二节　社区教育

常州是全国最早启动社区教育实验的城市之一。2001 年，全市首次农村社区教育现场会召开。2003 年，武进湖塘镇成人教育中心成立，次年升格为省级武进社区学院。4 月，常州市创建首批 11 所专门培训农民工的新市民学校，次年 2 月新市民学校达 65 所，在校农民工 6 万多人，全市农民因无技能而失业人数比上年同期下降近 20%。10 月，市教育局职业教育与社会教育处组织完成国家教育科学“十五”规划重点课题新时期城市教育综合改革研究的子课题“发展社区教育，促进终身教育体系构建的研究”，完成新世纪江苏社区教育实验研究课题报告《学习型组织个案研究》，在江苏省《社区教育论坛》刊发。2004 年，钟楼区成为省级社区教育实验区。翌年，钟楼区教育培训中心升格为省级社区培训学院。2006 年，武进、钟楼两区成为国家级社区教育实验区。2009 年，常州市依托常州广播电视大学成立常州社区大学，形成社区大学—社区培训学院—社区教育中心—村民（居民）学校 4 级社区教育网络，钟楼区荷花池街道被列入全国社区教育示范项目。年末，全市省级及其以上社区教育实验区和省级社区培训学院实现全覆盖，为全省唯一。2010 年，常州市社区教育居民（村民）学校标准化建设启动，依托社区大学建立常州终身教育在线网站并投入运行。常州市终身教育学会成立，创办《常州终身教育》杂志。2010 年末，全市有全国社区教育示范区钟楼区和武进、钟楼两个全国社区教育实验区，省级社区教育示范乡镇（街道）8 个、省级乡（镇）社区教育中心 16 个、省级社区教育实验区 5 个、省级社区培训学院 7 个。

第三节　社会力量办学

常州市政府及教育行政部门鼓励、支持社会力量兴办教育事业。80—90 年代，社会力量办学机构随着经济体制改革迅速发展，不断发展壮大。1991 年，全市有社会力量办学单位 135 所，1994 年达 200 余所。1993—1995 年，连续 3 年对全市社会力量办学单位进行评估验收。1996 年起，每两年召开 1 次社会办学先进单位和先进工作者总结表彰大会。1997 年 11 月，常州工人业余科技学校、常州成人进修学院、常州市计算机应用培训中心（三职高）首批通过省级社会力量办学评估。90 年代末，按办学层次、类型、性质、办学地点等，率先在全省对全市近 360 家社会力量办学机构建分片区的科学管理网络，每年组织各片开展活动。

2003 年，常州市执行国家和省、市文件精神，对民办教育机构在队伍培训、财务审计、教学质量和年度检查等方面加强审批和管理。2004 年，全市开展社会力量办学十佳信得过单位评选，百家办学单位共签《诚信办学承诺书》。2000—2005 年，市区社会力量办学单位最多时有 316 家，提供培训项目近 200 个专业，完成社会培训 272.3 万人次。2006 年 1 月起，启动社会办学机构网上年检预审，成立社会办学咨询专家委员会。2007 年起，常州市设立社会办学专项经费。2006 年末至 2007 年初，市教育部门颁发《常州市非学历教育机构办学水平分等定级评估指标体系(试行)》等文件，按 A、B、C、D 四个等级开展评估考核。至 2010 年底，已定级评估 6 批 67 个单位，其中 16 家单位获 A 级。全市有社会办学机构 241 个，形成计算机、外语、财经、家政服务等培训项目 30 多个大类、200 多个学科或专业的培训体系；市区培训 49 万人次，有办学管理人员和专兼职教师 5582 人。

第五章　经费与设施

常州的教育经费主要来源于国家财政性教育经费（预算内教育经费、教育税费、企业办学经费、校办第三产业用于教育的经费）、学杂费和社会捐资助学费用，其中国家财政性教育经费占主导地位。1986 年全市教育经费总支出 9898 万元，1991—1995 年全市校办企业近 1800 家，1986—2000 年校办企业筹集教育经费 4.27 亿元。2005 年，校办企业全部完成改制，企业与学校脱钩。随着企业制度的深化改革，至 2002 年底常州市企业所办中小学全部移交给政府承办。2006 年秋季学期起，全市义务教育学校免收学杂费，经费由各级财政预算内全额安排。2008 年春季学期起，全市义务教育学校免收课本费。翌年，企业所办技工学校全部移交给政府承办。常州市教育经费支出主要有教职工工资和福利（含离退休费用）、学校日常公用支出（商品和服务支出）、学校基本建设和维修、教学设施设备购置等。2010 年，全市教育经费总支出 66.74 亿元。

第一节　教育经费

一、财政拨款

财政预算内经费　市委、市政府根据中央和省有关教育经费的文件精神，要求各级政府将教育经费及时足额拨付到位，省属中等专业学校、部分高等职业学校由省有关部门按计划拨付。

1986—2010 年常州市分地区预算内教育经费拨款及其占财政支出比重一览表

表 34-5-1

指标	单位	年份、时段	合计	市区	武进	金坛	溧阳
预算内教育经费拨款	万元	1986—1990	40194.40	14124.23	13625.10	5913.70	6531.37
		1991—1995	100394.00	33402.90	34695.30	14014.90	18280.90
		1996—2000	255586.20	87797.70	84088.00	34364.00	49336.50
		2001—2005	588274.80	247103.00	160684.00	80788.90	99698.90
		2006—2010	1435821.00	676334.00	344720.00	178440.00	236327.00
预算内教育经费占财政支出比重 %		1990	20.4	13.6	28.0	26.7	33.8
		1995	21.1	14.7	28.0	27.6	32.7
		2000	22.4	15.8	29.3	28.4	34.2
		2005	18.4	12.3	21.9	30.3	24.2
		2010	16.4	14.7	15.3	23.7	22.5

1986—2010年部分年份常州市中小学生均事业费、生均公用经费统计表

表34-5-2　　　　单位：元/生·年

年份	中学		小学		职业中学	
	生均事业费	生均公用经费	生均事业费	生均公用经费	生均事业费	生均公用经费
1986	143	45	75	13	188	13
1990	216	216	150	19	504	16
1995	733	105	522	28	1038	226
2000	1680	207	899	82	3736	425
2005	2923	370	2455	144	4207	482
2010	9163	989	8347	942	5606	989

教育费与基金　主要包括教育费附加、教育地方附加费、地方教育基金、企业职工教育费等部分。常州市根据省政府的统一规定及其标准征收教育税费。1986—2010年，常州市各级政府征收教育税费收入55.48亿元。

1986—2010年常州市教育费附加用于教育分地区统计表

表34-5-3　　　　单位：万元

年份	市区	武进	金坛	溧阳	合计
1986—1990	4045.95	5795.82	1139.70	1573.01	12554.48
1991—1995	14447.48	17259.50	3348.10	4682.13	39737.21
1996—2000	33038.70	45855.00	10809.00	19150.00	108852.70
2001—2005	49290.00	45625.00	8098.00	10895.00	113908.00
2006—2010	113945.00	100643.00	22919.00	42275.00	279782.00
总收入累计	214767.13	215178.32	46313.80	78575.14	554834.39

二、学（杂）费

普通中小学收费　常州市小学、初中、高中学杂费参照江苏省标准执行，1987—2006年4次变更标准。1987—2007年，全市累计收取学杂费30.9亿元。2006年秋季学期起，全市义务教育阶段学生免收学杂费，经费由各级财政预算内全额安排。2008年春季起，全市义务教育学校免收课本费。

1987—2006年部分年份常州市普通中小学学杂费收费标准一览表

表34-5-4　　　　单位元/生·学期

<table>
<tr><th rowspan="2">变更时间</th><th colspan="3">小学</th><th rowspan="2">初中</th><th colspan="4" rowspan="2">高中</th></tr>
<tr><th>1~2年级</th><th>3~4年级</th><th>5~6年级</th></tr>
<tr><td>1987年</td><td>3</td><td>4</td><td>5</td><td>8</td><td colspan="4">9</td></tr>
<tr><td>1989年</td><td>5</td><td>7</td><td>9</td><td>13</td><td colspan="4">16</td></tr>
<tr><td rowspan="3">1998年</td><td colspan="3" rowspan="3">50</td><td rowspan="3">80</td><td colspan="2">公费</td><td colspan="2">自费</td></tr>
<tr><td>重点</td><td>非重点</td><td>重点</td><td>非重点</td></tr>
<tr><td>300</td><td>170</td><td>900</td><td>650</td></tr>
</table>

续表 34-5-4

变更时间	小学			初中	高中		
	1～2年级	3～4年级	5～6年级				
2000年秋季	76			108	省重点	市重点	一般
					850	650	500
2005年春季	90			130	—	—	—
2006年秋季	全市小学初中免收学杂费				同　上		

职业高中、中等专业学校和技工学校收费　1991 年起，常州市职业高中、中专和技校参照省规定学杂费收费标准执行，1994 年、1998 年两次调整收费标准，2000 年根据省规定制定常州市收费标准，延续至 2010 年未变。

1991—2010 年部分年份常州市职高、中专、技校学杂费收费标准表

表 34-5-5　　　　单位：元/生·学年

类别	校别	科别	1991年起	1994年起	1998年起	2000—2010年
职业高中	重点学校	文　科	130	480	560	2000
		理　科				2200
		艺　术				2400
	一般学校	文　科		240	300	1600
		理　科				1800
		艺　术				2000
	热门专业			700	800	—
中等专业学校	重点学校	文法财经	75	240	1450	2200
中等专业学校	重点学校	理工农医	75	240	1100	2400
		艺　术			1450	3100
	一般学校	文法财经			975	2100
		理工农医			1050	2300
		艺　术			1350	2900
技工学校	重点学校		70	200	200	2200
	一般学校					2100
	高级技工					3600
	技　师					4140

三、其　他

社会捐资助学　1990—2010 年，常州市捐资助学收入 28.55 亿元，主要用于教育教学设施改善。1987 年，香港华夏基金会向刘国钧职教中心捐赠 50 万美元，原江苏省副省长、爱国实业家刘国钧的女儿刘璧如捐赠 110 万美元，设立刘国钧教育基金。1994 年 8 月，台湾《中国时报》报系董事长余纪忠捐赠 100 万美元，创立常州市华英文教基金会，1998 年追加 25 万美元。是年，爱国华侨盛毓度的夫人彭菊影捐赠 3500 万日元改建盛毓度小学和盛菊影幼儿园。1995 年，香港著名爱国实业家田家炳捐赠 600 万元，改造常州市田家炳实验中学，香港著名爱国实业家邵逸夫捐赠常州市第五中学 80 万元、金坛罗村小学 40 万元，建设教学楼。

世界银行贷款 1989—1991年，常州市引进世界银行贷款2967万元，国内匹配资金1249万元，合计4216万元，其中基本建设投资3470.5万元、设备购置745.5万元。1998年提前还清世界银行贷款资金。

职业学校社会服务收入 职业学校通过工学结合、社会培训等有偿社会服务，取得社会效益，增加办学经费来源。2005—2010年，常州市教育局直属职业学校取得培训收入1081万元。

社会团体及公民个人办学经费 1996年，常州高新区投资8000余万元筹建全市首家民办学校常州国际学校，占地8万平方米。2010年，全市11所民办学校收入2.96亿元。

1986—2010年常州市部分年份教育经费收入一览表

表34-5-6 单位：亿元

年份	总收入	国家财政性教育经费	其中				社会团体和公民个人办学经费	社会捐助收入	非税收入(事业收入、其他收入)	
			财政预算内拨款	政府征收用于教育的税、费收入	企业办学经费	校办三产收入			小计	其中：学杂费收入
1986	0.99	0.90	0.65	0.10	—	0.15	—	0.02	0.07	0.07
1990	2.65	2.43	1.84	0.36	0.05	0.18	—	0.08	0.14	0.09
1995	6.53	5.00	3.15	1.15	0.06	0.64	—	0.58	0.95	0.58
2000	15.05	9.74	6.81	2.63	0.12	0.18	0.36	1.18	3.77	1.92
2005	31.87	18.14	14.50	3.42	—	0.22	2.36	1.64	9.73	3.87
2010	66.14	47.84	41.01	6.83	—	—	0.80	0.40	17.10	10.09

四、经费管理制度

1986—2010年，常州市教育局制定《财务管理办法》《基建维修管理办法》《第三产业租赁管理办法》《规范学校收费管理的规定》《加强教育经费管理的若干规定》《加强教育经费审计的规定》等，健全学校经费管理。2002年，市和辖市（区）教育部门成立财务结算中心，对中小学全面实行"收支两条线"管理，实行会计委派制度，即对尚未进入中心的学校的主办会计由教育局异地交流、统一委派。

五、经费审计

1986年9月起，全市实行教育经费内部审计，包括学校财务收支审计、校办企业财务收支审计、校长离任审计、校办厂厂长（经理）离任审计、单位撤并审计、基建财务决算审计、专项资金审计、审计调查等。1988—2010年，累计完成审计项目584个，总金额75.58亿元。

第二节 设施建设

常州的教育经费支出主要有教职工工资和福利（含离退休费用）、学校日常公用支出（即商品和服务支出）、学校基本建设和维修、教学设施设备购置等。

一、校舍建设投资

1986—2010年，全市学校基本建设支出78.9亿元，其中中学26.77亿元、小学24.2亿元、中等职业学校18.31亿元；竣工校舍面积673.68万平方米，其中中学253.04万平方米、小学189.24万平方米、中等职业学校104.83万平方米。

1986—2010年常州市教育基本建设投资统计表

表34-5-7 单位:亿元、万平方米

时期	完成投资				竣工面积				修建校舍	
	合计	中学	小学	中等职业学校	合计	中学	小学	中等职业学校	完成投资	竣工面积
1986—1990	0.85	0.11	0.20	0.03	35.39	4.47	8.08	1.69	0.96	66.8
1991—1995	3.93	1.19	0.94	0.30	79.47	18.91	15.09	5.29	1.69	63.38
1996—2000	16.38	6.07	5.94	1.72	192.36	74.33	68.01	19.19	7.53	129.75
2001—2005	19.60	10.51	4.64	3.34	174.57	99.78	35.47	21.49	8.88	105.33
2006—2010	38.14	8.89	12.48	12.92	191.89	55.55	62.59	57.17	5.05	128.80
合　计	78.90	26.77	24.20	18.31	673.68	253.04	189.24	104.83	24.11	494.06

二、装备现代化建设

常州市随着教育现代化逐步推进，对教育设备设施的投入逐步提高。1986—2010年，全市教育设备设施经费投入20.26亿元。

实验室建设　1984年起，常州市推进农村初中实验中心建设，至1988年建成125个。1999年，全市通过省中小学普及实验教学县（市、区）验收，省常中等14所学校通过江苏省中小学标准化实验室验收。2006年常州市有245所中小学实验室达省Ⅱ类装备标准，2010年全市中小学实验室装备均达省Ⅱ类标准。

1986—2010年常州市教学仪器设备投资分地区统计表

表34-5-8 单位:万元

地区	1986—1990年	1991—1995年	1996—2000年	2001—2005年	2006—2010年	合计
全市	3369.57	9192.01	66219.92	66413.20	123601.70	268796.4
市区	451.68	2145.47	12482.16	24777.30	38546.70	78403.31
武进	2291.16	3518.00	32188.77	21536.00	52115.30	111649.23
金坛	335.27	2171.64	15722.62	7961.90	16212.20	42403.63
溧阳	291.46	1356.90	5826.37	12138.00	16727.50	36340.23

图书馆建设　1995年9月，市教育局属中小学图书馆全部实现计算机管理，图书由计算机分编、录入和借还。1998年，制定常州市中小学等级图书馆评估细则，对建、配、管、用等方面提出具体要求。2005年，全市369所乡镇公办中小学均建立图书馆（室）。至2010年底，全市中小学图书馆总藏书量1347.26万册，生均34册。

电教设备配置　80年代，常州市中小学普及幻灯机、录音机、录像机和屏幕；90年代初，配备有计算机、中华学习机、视屏音像和闭路电视。1992年，绝大多数学校利用世界银行贷款第一次较大规模采购286计算机。2010年，全市中小学计算机共59563台，生机比12.1∶1，师机比1.3∶1。

体育艺术设备建设　1993年，省常中、市一中、市三中等学校利用世界银行贷款建成第一批室内标准体育馆。此后一些上规模的学校大多建设体育场馆和艺术教育设施，2004年起，贯彻教育部《学生体质健康标准》，局属学校陆续配备学生体质健康测试仪。市区学校的音乐、美术类教学器材始终达国家一类标准。

信息技术现代化　2000年，常州市被列为全国中小学信息技术教育实验区，11月开始全面推进教育信息化。2001年常州教育网站和城域网建成开通，2005年，全市各级学校建成校园网，信息技术被广泛应用于教育教学管理。2010年，市级以上现代教育技术实验学校达158所，年内常州教育网和武进教育信息网被教育部分别评为全国首届教育门户网站地市级五十佳和县级五十佳。

三、校舍维修和基建管理

常州各级财政和教育部门每年都安排一定的校舍维修经费，并逐年增长。1993年，全市校舍建设管理站设立，具体负责市教育局直属学校校舍维修和基建管理。2003年，全市中小学全面消除危房。2008年，全市农村建立中小学校舍维修改造长效管理机制。1993—2010年，市校舍建设管理站对学校建设改造项目咨询和管理，涉及金额16.48亿元；组织招标项目592个，总标的约14.05亿元，中标价约11.92亿元，降低造价15.2%。1994—2010年，审核决算3346份，送审金额16.48亿元，核减率17.7%。1986—2010年，全市用于维修校舍支出24亿元，竣工面积494.06万平方米。

位于晋陵北路的常州国际学校（摄于2003年3月）

第六章 教师队伍

80年代，常州教师队伍人才紧缺，学历不达标者和民办教师较多。1985年以后，通过培训学习，合格学历教师达2.51万人。1988年开始试行教师职务初、中级职称评审，1986年以后全市有3人获全国劳动模范荣誉称号。1990年教师职务评聘任转入正常化，1995年实施教师继续教育制度并与职称评审挂钩。1997年，市教育局人事保卫处分设为师资处，分别负责中小学教师（不含高校、技校、中专校教师）招聘录用和培训、进修、职称评审等。2001年，常州市启动教育硕士培训，提升教师队伍学历。2009年，史绍熙、殷雪梅当选为新中国60年江苏教育最具影响力人物，邱学华、杨裕前当选江苏省中小学荣誉教授（全省7名），潘建明、李万龙、李伟平、芮火才、庄惠芬5位教师入选“江苏人民教育家培养工程”培养对象。至2010年底，全市累计认定教师资格56650人；同年末有专任教师31188人、合格学历教师31104人，中小学、幼儿园获高中级职称教师30920人；全市有江苏省教授级中学高级教师16人、在职在岗江苏省特级教师86人，中小学“五级梯队”优秀教师占专任教师比例13%。

第一节 师资培训

常州教师培训包括在职教师学历提升进修和非学历技能培训，学历培训根据不同时期教育对教师学历的相应要求组织实施，技能培训侧重教师教育教学理论和技能。

一、培训组织管理

2000年以前，常州的小学、初中教师专业培训由市教育局（教委）制定培训计划，常州师范学校、武进师范学校组织实施小学师资培养，常州教育学院组织实施初中师资培养及在职中小学教师和行政干部培训。90年代，全市有常州技术师范学院、常州教育学院、常州师范学校、武进师范学校和3个辖市的教师进修学校作为教师培养、培训基地，初中及以下教师的继续教育均由本市承担。1995年8月，市委、市政府召开全市师资工作会议，明确从1997年起市财政按教师工资总额的2.5%（省标准为1.5%）安排教师进修经费，直至2010年仍在实施。1995年起，常州市中小学教师实施“继续教育证书”制度。2001年9月，整合原常州教育学院、常州师范学校、武进师范学校教育资源，成立常州市教师培训中心，承担全市教师职后培训任务。同年起全市推广使用中小学继续教育管理系统。2002年，市教育局成立常州市中小学教师继续教育工作领导小组，颁发《常州市中小学教师继续教育实施办法》。2003—2007年，先后颁发《常州市中小学教师继续教育考核评估暂行办法》《常州市中小学校本培训管理办法》《关于“十一五”期间加快推进中等职业学校优秀专业教师及管理人员报考工程硕士等专业学位的通知》等文件，加快教师继续教育及国际合作培训，重点开展中小学教师的学历高移和新课程师资培训。2010年，常州教师专业发展网站投入运行，组织研究制定《常州市中小学教师继续教育课程纲要》，建立教师网联教学管理平台和公共服务体系。

二、学历培训

常州教师学历培训从最初的学历合格提升到后来的小学教师专科化、初中教师本科化。80年代，常州教育学院组织开展常州地区初中师资培养，1986—1989年培养两年制统招大专毕业生787人。1989年起，重点由统招初中师资培养向职后教师学历补偿和教师、干部短期培训转移。1995年与1985年比，全市幼儿园、小学、初中和高中教师学历合格率分别由44%、63%、53.2%和53.8%提升至62.8%、90.2%、82.9%和62.4%。

2001年，《常州市“十五”期间加快培养教育硕士研究生实施意见》颁布，教育硕士培养工程启动，119名教师报考首批教育硕士，录取62名。2002年，华东师范大学网络教育学院面向常州开设教育专升本专业。此后，通过脱产、半脱产、函授、自学考试等形式，加之教师职业对学历要求逐步提高，全市中小学专任教师学历构成明显提升。2008年，常州市新增教育硕士244名、工程硕士43名。2009—2010年，市教育局直属单位新增教育硕士94名。2010年，鼓励全市高中本科学历的教师高移到硕士学历，全市中小学、中等职业学校研究生学历（学位）教师占专任教师的比例分别达1.7%、8.55%，全市教师学历达标率、学历高移率均处于全省领先地位。

1986—2010年部分年份常州市中小学与幼儿园专任教师学历统计表

表34-6-1　　　　单位：人

年份	幼儿教师总数	比例（%）		小学教师总数	比例（%）			初中教师总数	比例（%）		普通高中教师总数	比例（%）
		中师高中以上	其中：专科以上		中师以上	专科以上	本科以上		大专以上	其中本科以上		本科以上
1986	3680	44.7	—	12733	66.5	—	—	6159	48.1	5.5	1912	53.2
1990	3461	52.2	—	13086	79.9	—	—	7112	62.5	6.8	1941	57.8
1995	3484	67.7	0.5	13597	92.0	6.7	0.1	7682	85.1	6.4	1960	62.8
2000	4117	91.9	20.0	13001	98.1	45.6	1.5	7664	93.0	25.9	2687	83.9
2005	3427	98.0	52.1	11443	99.7	79.6	12.1	8562	97.4	59.2	4334	94.1
2010	5109	99.6	86.4	11896	99.9	92.6	59.0	9012	99.1	86.4	4903	98.4

三、非学历培训

常州市教育局(教委)经常制定新教师、教师岗位、培训者、骨干教师、现代教育技术等非学历培训计划，常州教育学院、市教师培训中心、教研室等组织实施培训。1986—1989 年 9 月，常州教育学院先后组织学历合格教师参加学科教材教法研讨班、骨干教师培训班、专题研讨班等培训。1995—1998 年，全市教育部门、学校通过委托高校、聘请外籍教师等举办硕士研究生课程进修班、暑期英语教师培训班、多媒体辅助软件制作和普通话测试等培训活动。1999 年，市教委颁发《常州市面向 21 世纪中小学教师继续教育工程实施方案》；9 月，常州市教育局作为特邀代表参加全国中小学教师继续教育工作会议，并提供书面交流材料；12 月，省教委在常州召开全省中小学教师继续教育实验区建设工作座谈会，常州市教育局作经验介绍。全市开展中小学教师现代教育技术培训，当年有 1.5 万名教师通过江苏省中小学教师现代教育技术培训考核，至 2001 年末全市 3 万余名教师完成一轮现代教育技术培训。2000 年，常州在全省率先构建网上培训新模式，建立 26 个校本培训基地。

2003 年，市教育部门开设市级培训班 109 个，培训 1.69 万人次，推荐参加省级培训近 500 人、国家级培训 10 人，组织到国外培训 50 人。翌年，常州在全省率先启动高中新课程师资通识培训，委托常州市教研室开展以课程标准为主的全市高中教师新课程两期培训，小学新课程培训覆盖所有年级，初中新课程由两个年级扩展到所有年级，建立市、辖市(区)两级新课程实验教师培训网络，全市组织教师培训 9500 人次。

2006 年 7 月，市教育局和美国普渡大学合作开办的常州普渡教育培训中心成立，7 位美国教师对常州中小学首批 195 名教师进行英语培训。同年，常州市创新培训模式，推出“名师大学堂”菜单式和新市民学校教师义务培训，举办教师培训班 75 个，培训人数 1.3 万人次。翌年，全市举办教师培训班 216 个，培训人数 1.5 万人次。全市首批 750 名中小学班主任通过网络方式进行远程培训；6 月、11 月，全市 1.26 万名在编在岗教师参加中小学教师教育技术能力水平初级考试。2008 年，市教育局借用常州普渡教育培训中心培训资源，组织 210 名中小学英语骨干教师参加普渡培训，选派 81 名优秀教师出国培训；10 月，常州市委托江苏省心理学会对 54 名中小学教师进行二级心理咨询师国家职业资格培训；同年组织市级培训项目 108 个，培训 2.7 万人次，1303 名中小学教师参加省级骨干培训。2009 年 1 月，常州市与东北师范大学联合举办常州市教育技术学专业(信息技术与学科教学整合方向)研究生班，为常州市培养中小学教育信息化领军人才；6 月起，常州市实行心理健康保健师 5 年计划全员培训。2010 年，常州组织市级教师培训项目 130 个，全市教师近 3 万人次接受培训。

四、师德建设

1986—2010 年，常州市教育局(教委)颁发文件指导、规范教师职业道德建设，与市教育工会、教育团工委联合举办相关活动，开展师德建设。1986—2000 年，市和辖县(区)教育部门举办全市优秀教师事迹报告会、“跨世纪青年教师师表形象”征文和演讲比赛、优秀教师事迹巡回演讲等活动；组织教职工学习《中国教育改革和发展纲要》，开展读书育人、管理育人、服务育人，职业道德、职业技术、职业规范、职业纪律竞赛及“学陶师陶(陶指陶行知)”、以敬业、爱生、奉献为主要内容的“创文明校风、树师表形象”主题教育和常州市“十佳”师德标兵评选、教师职业道德基础知识测试等活动；优秀教师代表向全市教师发出“热心爱教、优质施教、文明执教、廉洁从教”的倡议；编撰《爱生百例》《师德规范读本》，作为教师师德培训的教材。

2001—2005 年，全市开展“视人民为父母，把学生当子女——让教育充满爱”师德主题教育，市区 168 所中小学的 4000 多名教师利用暑期走访学生家庭近两万个；组织开展“让教育充满爱”青年教师论坛、“我心目中的好教师”征文评选、常州市中小学“十佳”爱生标兵评选等活动；开展“学习英雄教师殷雪梅、让教育充满爱”主题教育，举办殷雪梅先进事迹报告会14场，组织《永远的雪梅》话剧观摩活动24场。2006—2009年，《常州市中小学师德自律“八要十不”规定》《关于系统推进中小学教师师德建设工作的意见》相继出台，对教师师德规范作出明确要求，成立常州市党员教育讲师团，开展优秀教师先进事迹巡回演讲。2008年起，全市教育系统开展“师德建设月”系列活动。2010年，建立“师德讲堂”示范点12个，举办师德标兵巡回报告会7场。

五、骨干培训

教学基本功竞赛 1991年，常州市组织开展中青年教师教育教学基本功竞赛；9月，首次举行体育、卫生保健教师基本功竞赛。1992年起，用3年时间在全市中小学各学科进行1次教育教学基本功竞赛，制订11门学科教育教学基本功竞赛的实施细则，首先在数学、外语、政治3门学科进行，给予获奖者职评晋升、发放津贴、优先解决住房等5项奖励。1996年8月，江苏省特殊学校青年教师基本功大赛在常州举行，全省59名青年教师参赛，常州市获两个一等奖、两个三等奖。1998年，全市开展第二轮中青年教师语文、物理、化学、美术教育教学基本功竞赛。此后，全市经常举办各学段、各学科的教学基本功竞赛。

表彰师德模范（摄于2008年9月）

专业发展五级梯队 经历两个阶段：1996年起首次实行学科带头人与骨干教师评选，2003年起并入“五级梯队”评选。1996年，常州市启动“名师工程”，开展学科带头人、青年骨干教师评选和“百名高师带青师”活动。1997年，评出首批中小学教师学科带头人62名、青年骨干教师84名。1999年、2000年先后颁发《中小学骨干教师、学科带头人培训综合研究方案》《关于中小学骨干教师培训计划》，深化“名师工程”。2003年，依据中小学教师年龄段及其专业发展规律，设置全市中小学教师专业发展“五级梯队”——常州市教坛新秀、教学能手、骨干教师、学科带头人和特级教师后备人才，出台常州市中小学学科带头人、骨干教师和中学高级教师的管理暂行办法，设立常州市中小学优秀教师教科研津贴奖，“五级梯队”教师在岗或任期内享受相应的教科研津贴，同年举行首届教坛新秀、教学能手、特级教师后备人才评选。2008年，评选首批常州市职教骨干教师和职教学科（专业）带头人。至2009年底，进行4批中小学教坛新秀、教学能手，3批特级教师后备人才和8批学科带头人、骨干教师评选，累计评出教坛新秀1375人、教学能手1229人、骨干教师2023人、学科带头人1059人、特级教师后备人才153人。2010年末，全市“五级梯队”优秀教师占专任教师的13%。

名教师工作室 2005年11月，常州在全省率先成立27个以教师名字或其学校、专业特色命名的名教师工作室，李洁等27名教师被认定为首批常州市中小学名教师工作室领衔人。2008年5月，开始常州市中小学名教师（含班主任）工作室领衔人换届评选，42人被认定为第二批常州市中小学名教师工作室领衔人，招聘工作室成员430人，第二批新增班主任、书法等工作室，5个职业教育工作室领衔人覆盖职业教育所有区域。2010年12月，举办名教师工作室中期成果展。

六、表彰激励

1986—2010年，常州对教师的表彰激励、评选组织及授予荣誉主要有国务院、省、市政府选项表彰的全国、省、市劳动模范（先进工作者），教育部、人事部和省市教育、人事部门组织评选的全国和省、市模范（优秀）教师、优秀教育工作者，全国教科文卫体工会、省教育科技工会、市教育工会组织评选的全国、省、市师德模范及其标兵。常州市评选表彰了优秀农村中小学教师、减负增效优秀教师等先进个人。自1985年第一个教师节设立后，常州市形成由市委、市人大、市政府、市政协四套班子领导在教师节前夕走访慰问和表彰优秀教师的传统。1986—2010年，常州市田家炳实验中学（原常州市第六中学）的庄玉明、金坛市第二中学的徐乐益和省常中的曹文被评为全国劳动模范。1989年9月，常州市首次使用1988年建立的教师奖励基金，分别奖励受国家、省表彰的和市优秀教育工作者每人500元、300元和200元。1991年12月，市委、市政府召开首次"尊师重教"表彰大会，表彰先进单位46个、先进个人50人。1996年评选表彰常州市"十佳"青年教师。1997年，设立优秀园丁奖励基金，首次向全市102名优秀教师颁发优秀园丁奖。1999年、2005年，两次评选表彰百名常州市优秀乡村教师200人次。2010年，评选表彰常州市减负增效优秀教师105名和教育年度人物10名。2005—2010年，常州市教育局评选表彰常州市师德模范270人次。

第二节　职称评审

一、评审机构

1986年9月，撤销常州市职称评定工作领导小组，成立常州市职称改革工作领导小组。翌年6月，常州市教育局成立职称改革领导小组，8月市教育局成立小学、幼儿教师中、初级职务评审委员会和中学教师初级职务评审委员会，9月成立常州市中学（小学）教师中级（高级）职务评审委员会，11月成立常州市中学教师中级职务评审委员会语文等学科评议组11个，负责中学一级教师资格评审和中学高级教师的推荐评议，12月常州市中学教师高级职务评审委员会成立，此后常州市中小学（幼儿园）教师职称评审工作从试运行逐渐步入正轨。市教育局（教委）设立地方高校职称评审委员会，负责常州教育学院、常州广播电视大学、各职工大学教师专业技术初级、中级职务评审，2001年该机构并入市教育局教师专业技术职称评审委员会。

二、评审方法

1990年，常州市教师专业技术职务评审经试运行后正常开展，每年评审1次。1995年，结合教师年度考核，按有关程序实行推荐教师晋升职务。同年起，在中小学教师中实施继续教育证书制度，把继续教育学时数、成绩作为教师年度和任期考核内容及评聘晋升相应专业技术职务依据。翌年，常州市颁发《1996年中小学（幼儿园）职评工作意见》，规定直属单位不再限制职评推荐名额、中学高级教师实行论文论著鉴定，适龄青年教师晋升中高级职称需参加全省中高级职称外语（古汉语）考试等。1997年起，全市中小学教师申报高级职务，小学教师应具有大专学历，初高中教师应具有大学本科学历，且必须具有相应的教师资格。2001年，《常州市中小学（幼儿园）教师专业技术资格评聘工作意见》出台，规定晋升中高级教师职务的中学教师必须参加职称计算机等级考试。2003年，组织开展中小学教师晋升专业技术职务培训与考核，组织同年拟晋升中学高级教师职务人员参加教育教学能力考核，培训、考核了拟晋升中学高级、中学一级和小学高级教师的人员。2005年，组织做好常州市中小学教师晋升中、高级专业技术职务的多元评价，实施职称评审多元评价制度，逐步从重学历、重资历向重能力、重业绩转变。

三、评审结果

1988—1995年，常州市中小学、幼儿园、中专校、技校和地方高校有3万余名教师获得高、中级职称。2005年5月，江苏省专业技术人员职称（职业资格）工作领导小组开始组织教授级中学高级教师评聘工作。

2006 年 11 月、2010 年 1 月，先后有 16 名教师分别被评聘为江苏省第一批、第二批教授级中学高级教师。2010 年末，全市教师中级以上职称人数占比分别为：幼儿园为 14.7%、小学为 64.4%、初级中学为 46.4%、普通高中为 37.1%。

1986—2010 年部分年份常州市中小学和幼儿园教师职称比例情况统计表

表 34-6-2

类别	指标	1986年	1990年	1995年	2000年	2005年	2010年
幼儿园	总人数（人）	3680	3461	3484	4117	3427	5109
	中学高级教师比例%	—	—	—	—	—	0.69
	小学高级教师比例%	—	—	—	—	11.29	14.68
	小学一级教师比例%	—	—	—	—	22.67	35.37
小　学	总人数（人）	12733	13086	13597	13001	11443	11896
	中学高级教师比例%	—	—	0.10	—	0.61	8.48
	小学高级教师比例%	—	—	37.03	39.23	50.69	64.43
	小学一级教师比例%	—	—	34.35	36.50	41.40	22.10
初　中	总人数（人）	6159	7112	7682	7664	8562	9012
	中学高级教师比例%	—	—	5.81	8.35	9.17	21.37
	中学一级教师比例%	—	—	34.59	35.88	43.33	46.44
普通高中	总人数（人）	1912	1941	1960	2687	4334	4903
	中学高级教师比例%	—	—	19.74	18.27	19.98	29.49
	中学一级教师比例%	—	—	37.81	34.16	26.95	37.08

第三节　教育科研

80 年代前期，常州市教育科研（本节记述内容节不含在常高校、技工学校）逐渐以学科专题研究为主。1985 年以后，全市教育部门倡导“教科研兴教”理念，引导教育工作者增强教科研意识，提高教科研能力，提升教科研水平。90 年代，实行“学习教育教学理论，抓学科教学常规实施，抓教育教学专题研究，抓师资队伍业务建设”（简称“一学三抓”）的教学思路，教育研究随即以此为主线。2002 年常州义务教育阶段整体进入全省首批基础教育课程改革实验区。2005 年，全省高中阶段实施新课程。2000—2010 年，教育研究坚持以推进课程改革为中心，培植优秀教科研文化，在实践中生成理性、多元的教科研方式，推出具有常州特色的教科研创新之举，健全的教育研究网络有效运行，教师群体的教科研素质普遍提高，教科研骨干阵容发展壮大，从国家级到校级课题研究既有量的快速扩展，又有质的提升，尝试教学理论研究与实践等一大批教育科研成果产生了良好影响。

一、机构团体

常州市教育教研室　1956 年成立，原为市教育局教学研究室、市教育委员会教学研究室，2003 年更名常州市教育教研室（简称“市教研室”）。是在市教育局领导和省教研室业务指导下，组织开展常州市基础教育课程与教学研究、学科教学业务指导和课程资源建设的专门机构。职能范围是对市属幼儿园、小学、普通中学、特殊教育学校和辖市区教学研究机构进行业务指导。

常州市教育科学研究所　1984年成立，是受市教育局领导和省基础教育研究所(2002年以前为省教科所)业务指导，承担常州市基础教育科研任务并具有教育科研管理职能的专门机构。2001年，与市教研室统筹整合，市教研室增设理论组，承担市教科所相关工作。同年，市教育科学研究规划领导小组下设办公室(下称市教科研规划办)与市教研室合署办公，负责课题的规划、实施和管理。

常州市职业教育研究所　1997年成立，受市教育局领导和省职业教育研究所业务指导，承担市职业教育科研任务、指导职业教育教学研究和技术培训。

常州市教育学会　1980年成立，是市教育局领导、省教育学会指导的全市性教育教学研究学术团体。2010年，辖属单位会员和分支机构36个。

常州市职业技术教育学会　前身为1986年成立的常州市职业技术教育研究会，1993年、2004年先后更名为常州市职业技术教育学会、常州市职业教育与成人教育学会。2010年3月，市职业教育与成人教育学会重组分设，成立全市性职业教育研究学术团体常州市职业技术教育学会。

常州市终身教育学会　2004年，市成人高中等教学研究会(1986年成立)、市成人教育协会(1991年成立)与市职业技术教育学会合并，成立市职业教育与成人教育学会。2010年3月，市职业教育与成人教育学会重组，成立全市性终身教育研究学术团体市终身教育学会。

二、教学研究

“一学三抓”　学习教育教学理论　80年代后期，伴随着教育思想大讨论，兴起学习教育理论活动。90年代，以省级课题大面积普及和应用教育教学理论的思考和实践研究为引领，组织教师学习教育理论专著，举办教育理论系列辅导讲座，大规模普及教育教学理论。组织教师应用教育理论撰写案例及评析，1995年编发《在理论与实践之间架起桥梁——教育教学案例选编》专辑，1999年、2000年分别编发第二辑中学卷和小学卷。

学科教学常规实施　80年代后期，常州市教育部门组织教师把教学研究中带有规律性的成果转化为学科教学常规要求。1990年，编制《中小学学科教学常规》(简称《常规》)初稿。1991年初，常州市颁行《常规(试行稿)》，1993年和1997年两次修订。1998年，颁发《关于进一步实施〈常州市中小学学科教学常规〉的意见》，组织教师学习《常规》，落实融入教研活动，开展专题调研，与教师基本功竞赛和教研组建设相结合。

教育教学专题研究　80年代后期，从单科性教法研究扩展到教材改革实验、理科实验教学等综合性研究。90年代，单科性和综合性课题研究覆盖各学科，并形成网络。尝试教学理论研究、平面几何入门教学研究和物理启发式综合教学研究等课题的深化性研究成果在全省、全国乃至国际上产生一定影响。持续开展初中毕业与升学文化考试和基于高中教学与高考评价的专项研究，与周边城市开展协作研究。

师资队伍业务建设　建立青年教师学科教学研究组织，开展形式多样的教研活动。组织中青年教师教学基本功竞赛，举办青年教师教学研究系列讲座等多个类型的培训活动，为名师带青师搭台铺路。1999年，常州市教师获省“教海探航”教育教学征文比赛一等奖9个。在省各学科优质课评比中，常州市教师获一等奖和获奖比例均居全省前列。

课程改革　课程与教材研究　2001学年，常州市组建新课程研究组开展新课程政策、功能、结构等专题研究，邀请近百名国家级课改专家到常州，以研训一体化方式培训实验教师，该模式成为课改实验区范例。2002学年实施课程改革后，完善市、辖市区和校3级研训网络，组建专题研究组研究课程改革中的重点与难点，成立学科研究组研究学科课程标准和新教材，先后开发《常州历史》《吴文化(常州版)》等地方课程5种，指导学校开发有地方和学校特色、提供学生选修的校本课程，每所学校形成系列化校本课程。研究和推进中法合作“做中学”科学教育实验、中美合作“公民教育”实践活动等项目。2004 学年，在全省率先出台《高中新课程实施方案》，邀请全国著名教育专家围绕高中新课程的领先变革等专题作学术报告。2005 学年高中校进入课程改革实验后，引领学校校本化落实国家课程计划，指导初高中实施新课程有机衔接。2007 年、2009 年，分别就深化基础教育课程改革、推进学校课程体系建设出台指导意见，逐步形成常态课、常规课、研究课、公开课多元并存、共同发展的课堂教学研究新格局。2003 年，常州市颁行《学科教学建议》和《课堂教学评价表》，2004 年和 2009 年分别颁布修订稿。2006 年，推广省重点课题研究成果，创设动态生成资源的课堂逐渐成为常州教研新特色。2009—2010 年，深化生成性教学、教学设计、学案教学和学科课型等研究。

校本教研　2001 年起，评定市教研基地学校，发挥其校本研究示范和辐射作用。2003 年，《关于推进以校为本教研制度的意见（试行）》出台，启动优秀教研组评选。2010 年起，在优秀教研组中选评示范教研组。

创新方式　2001 年起，常州教研网开设学科网络教研栏目，创设互动平台。2007 年起，每年举办教师学术沙龙，以提高课程实施水平为总主题，每届参与教师逾千名；在省内率先实行联校教研机制，每年按学段分层次组织同类型学校开展“同题异构”联校教研活动。

评价研究　2003 年，常州在全省率先研制颁行《中小学课程实施水平评估指标体系（试行）》和《校本课程开发与管理意见》，对学校实施新课程情况周期性开展协商研讨式评估调研。同年，颁行《课堂教学评价表》和学生对教师课堂教学的评议量表，2004 年颁行修订稿。2007 年，研制《义务教育阶段学生学业质量监控方案》，对小学实行随机抽样测试和毕业考试命题指导与评价制度，对初中实行学科测试信息的综合分析与评价。2010 年，出台《关于建立小学阶段学业质量常规抽测制度的意见》，启动教育部重点课题义务教育学业质量监测研究，加强高中教学和高考评价研究。

课程资源建设　2001—2010 年，创办《常州教研》网站，出版《课程与教学》《教育情报综述》杂志，编著《校本课程开发技术与流程》《课堂动态生成资源的理论与实践》等专著 34 部，启动高中教学讲师团和新课程讲师团巡回讲学，在常州教育网“名师导学”专栏开设学科专题讲座节目，录制精品课程 1000 课时，供教师共享优质教育资源，该项目被纳入春晖工程教育专项服务。

三、教育科研发展

规划导向　1984 年 12 月，常州市首次教育科学规划会议提出 10 个课题研究领域。1986—1990 年，教育科研从单科性研究逐步扩展为学校教育整体改革等研究，实施省级课题 6 项、市级课题 24 项。1990 年，常州市教育科研课题管理规划会议确定“八五”第一轮研究课题。1993 年，确定第二轮教科研课题。1991—1995 年，教育科研以教育教学改革和素质教育研究为重点，实施国家级课题 4 项、省级课题 8 项、市级课题 80 余项。1996 年，常州市《教育科学“九五”规划和课题指南》颁布。1994—2001 年，每两学年公布 1 期全市教学研究课题。1996—2000 年，教育科研以推进教育现代化、实施素质教育为重点，实施国家级课题 6 项、省级课题 89 项、市级课题 240 余项。2001 年，启动常州市教育科学“十五”规划课题研究。2001—2005 年，教育科研以推进基础教育课程改革为重点，实施国家级课题 15 项、省级课题 307 项、市级课题 716 项。2004 年，常州市教科研规划办编发《“2004—2010”年教科研课题指南》。2006—2010 年，实施全国教育科学规划课题 6 项、全国教育技术课题 67 项、省级课题 226 项、市级课题 953 项。

专业引领　常州市每两年举行教科研工作会议，邀请全国著名教育专家作学术报告，适时组织教科研骨干专项研训。1990 年和 2005 年，依托上海市教科院举办市教科研人员专题研训班。2008 年，编著出版《学校教育科学研究指南》。2007—2010 年，与华东师大联合举办两期全市教科研人员高级研修班。常州市第二实验小学、局前街小学等依托华东师大开展新基础教育研究，市实验小学为省教科院研究实验基地暨分享教育研究中心，勤业中学依托南京师范大学开展新课程实验等研究，常州市实验初中依托上海教科院开展学校发展与教育科研项目，市北实验初中依托华东师范大学开展了构建“教育从尊重开始”的学校文化研究，北环中学依托上海教科院开展项目合作研究。

成果推广 常州市教育部门对每轮课题研究先进典型和优秀成果进行表彰，对在全国乃至国际上有影响的教科研突出成果举办高规格专题报告会进行推广。1990 年，举办史绍熙教育思想研讨会。1992 年，举办尝试教学法暨尝试成功教学理论报告会。2008 年，编发《行者足迹——常州市教育科研优秀成果选萃（2002—2007）》专辑。2010 年，举办邱学华从教 60 周年暨尝试教育理论研讨会。常州在国家级和省级教科研优秀成果评选中，获奖比例居全省前茅，其中《尝试教学理论研究与实践》获全国教育科学优秀成果二等奖，《课堂中动态生成资源之研究》获首届江苏省基础教育教学成果特等奖、全国基础教育课程改革教学研究成果评选三等奖。

第四节 教师管理

1989 年 10 月，常州市教育局出台《常州市中小学内部管理改革若干问题的试行意见》，提出实行定编定员、加强编制管理、逐步实行教职工聘任制等 5 项内容的改革。1991 年，《常州市国家机关、事业单位机构编制管理暂行规定》颁发，市区中小学校的建立、撤并、更名，须报市政府审批，相当于副处级（含副处级）规格以上事业单位内部科室的设立与变更须报市编委批准等。1997 年 8 月，市教委颁发《常州市中小学教职工全员聘任（聘用）制实施办法（试行）》，首次在全市中小学实施教职工全员聘任（聘用）制，在核编定岗后，各级教育行政部门会同编制管理部门核定中小学教职员工编制，根据教育事业的变化及时调整编制数量。1999 年，省机构编制委员会、教委、财政厅联合印发《江苏省中等师范学校、全日制中小学机构编制管理暂行规定》，规定校级领导职数及机构设置。2001 年，常州市出台意见，明确核编范围、编制标准、教职工结构比例和做好提前离岗退养、超编人员的分流工作。2004—2009 年，市编办每年调整市教育局直属学校教师编制。2009 年 3 月，《常州市幼儿园、中小学、中等职业学校岗位设置管理实施意见》《常州市幼儿园、中小学、中等职业学校专业技术岗位内部各等级岗位聘用条件（试行）》颁发。2010 年 3 月，市教育局规范直属单位领导岗位和内设机构管理，加强全市幼儿园、中小学、中等职业学校岗位设置管理，明确岗位聘任条件标准，实行因事设岗，按岗聘用，公开竞争，合同管理，初步建立教师能进能出、岗位能上能下的用人机制和待遇能高能低的分配机制。

邱学华从教六十周年暨尝试教育理论研讨会（摄于 2010 年 4 月）

一、录聘考核

教师来源 80—90 年代初，常州市教师主要来自于师范院校毕业生统配、从民办教师中选招公办教师、地方师范学校培养师资等，同时从外地、外系统引进教师，争取计划外毕业生到常任教。其中，高中职校教师主要由高等师范院校统配，初中教师由外地师范院校、师专分配，常州教育学院、常州师范学校、武进师范学校，常州市北郊中学、常州市田家炳实验中学高师预科班，常州市第九中学（常州市勤业中学）附设师范班为常州培养了大批中小学、幼儿园师资。1992 年，省政府同意常州教育学院统一招收参加当年全国高校统招考试的 80 名农村落榜生为普通师范专科班自费生，毕业后从事农村初中教育，国家承认其大专学历，以解决常州市初中师资严重短缺的问题。1993 年，常州师范学校试办大专层次普师班，北郊中学举办高师预科班，弥补初中、小学教师的不足。1995 年，田家炳实验中学举办高师预科班。翌年，全市从大专毕业生中选拔 34 人进行为期两年的本科教育理论学习和专业实践，解决职业高中合格师资比例偏低问题。1997 年起，全市师范学校全部招收五年制大专班，常州师范学校、武进师范学校挂靠常州技术师范学院，联合形成新的培养大专学历小学教师的师范教育体系。2000 年，常州教育学院、常州师范学校、武进师范学校合并成立常州师范专科学校（筹），培养大专学历小学师资，满足小学师资大专发展需要。随着全省高等教育的发展，小学师资统一由省内本科高校培养，2003 年常州师范专科学校（筹）成建制并入常州工学院。

资格认定　1996 年，常州市开始认定教师资格，8 月全市中小学和幼儿园的 2.7 万名教师获“教师资格证”，9 月 1 日起全市中小学教师实行持证上岗。2002 年 3 月，首次对符合规定的在编人员进行教师资格认定，有 10882 人获“教师资格证”。同年，面向社会人员进行教师资格认定。2008 年 4 月，实行教师资格数据的全国联网和网上认定。1996—2010 年，全市累计认定教师资格 56650 人，其中幼儿园 4390 人、小学 22683 人、初中 13348 人、高中 6393 人。

1986—2010 年部分年份常州市中小学专任教师构成统计表

表 34-6-3　　单位：人

年份	专任教师总人数	其中				年份	专任教师总人数	其中			
		幼儿园	小学	初中	普通高中			幼儿园	小学	初中	普通高中
1986	24484	3680	12733	6159	1912	2000	27469	4117	13001	7664	2687
1990	25600	3461	13086	7112	1941	2005	27766	3427	11443	8562	4334
1995	26723	3484	13597	7682	1960	2010	30920	5109	11896	9012	4903

教师任用　80 年代中期至 90 年代中期，教师职务实行任命制。1998 年，市教委印发《直属事业单位教职工聘用管理暂行办法》及其实施意见，明确从当年 7 月起在委属单位实行教职工聘用管理，校长作为学校法定代表人在教育、人事部门核定的进人计划内聘用本校所需教职员工。7 月起，常州市对参加教育系统内部交流的教职工和当年新分配的师范院校毕业生实行聘用管理制度，辖市区教育行政部门根据市教委聘用管理实施办法，均于当年开始中小学教职工聘用管理试点。1999 年起，全市中小学校试行全员聘用制，推行以教职工全员聘任制为主的人事管理制度改革，师范院校毕业生和委属单位教职工交流可通过双向选择落实工作单位。翌年，常州市在全省率先实行师范类毕业生供需见面，双向选择，择优聘用的就业政策，3 次举办师范类毕业生双选洽谈会和内部教职工交流双选洽谈会。2005 年，市教育局出台《局属学校教职工公开招聘实施意见（试行）》，当年 4 月 1 日起，市教育局直属单位（含全额拨款和差额拨款的事业单位）新进人员面向社会统一公开招聘，实行人员人事关系委托代理制、全员聘用合同制。翌年，市教育局直属单位公开招聘应届毕业生 83 名。2007 年，改革中小学教师选拔录用制度，实行凡进必考，市教育局直属单位招聘应届毕业生 74 名、引进在职教师 103 名，选派 120 名教师支援盐城教育。2008—2010 年，市教育局直属学校合计公开招考录用应届毕业生 284 名，招聘引进在职教师 250 名。

教师考核 1994年，市教育局直属各单位教职工实行年度考核，考核管理人员、教师专业技术人员和工人，考核内容包括德、能、勤、绩、廉5个方面，重点考核工作实绩，分优秀、合格、基本合格和不合格4个等次，考核结果与年终考核奖、晋升工资、职称评审等挂钩。2003年12月，常州市《关于进一步改进和完善年度考核工作的意见》《关于机关事业单位年度考核工作若干具体问题的通知》出台，加大考核结果使用力度，对优秀的予以相应奖励，对基本合格、不合格等次的在年终考核奖发放、定期晋升工资、职称评审方面均做出不同程度的限制规定。

二、教师待遇

工资制度改革 1978年11月以后，常州市教师工资随全国事业单位工资制度改革进行了4次调整。1985年，事业单位职务等级工资制改为结构工资制。1994年4月，改革市教育局直属事业单位工资制度，建立工资正常晋升机制和动态调整机制。2006年7月起，市教育局直属事业单位实行岗位绩效工资制度。2009年起，实行义务教育阶段、事业单位教师绩效工资改革，是年全市义务教育阶段在岗教职工基础性绩效年平均工资54693元，比实施绩效前增30.9%。

津补贴与福利 1980—1985年，常州市3次组织教育局直属单位教职工身体健康状况检查，此后建立两年1次定期体格检查制度。常州市从1992年起建立机关事业单位职务(岗位)津贴，1997年7月事业单位综合补贴调整为人均月增资63元。2003年5月，市教育局探索建立与常州经济发展相适应的地方性增资机制，局直属事业单位建立工作人员与其分配机制相适应的岗位考核奖，人均月增资300元，退休人员人均月增资240元。2002年8月，常州市机关事业单位全部实行医疗保障制度，全市教职工全部参加医疗保障。常州市按照国家和省、市规定，建立教职工病假制度、探亲假制度、年休假制度、女教职工产假制度、丧葬抚恤及遗属补助制度。

住　房 常州市实行由教育行政部门与同级财政等有关部门统筹安排解决中小学教师住房建设、住房分配和住房补贴的政策。1991—1995年，全市投入教师住房建设资金6710万元，建成教职工住房17.81万平方米，全市带家眷教师人均住房面积10.3平方米，其中市区10.95平方米(直属单位和城区学校8.78平方米)。1996年，常州市《关于加快教职工住房建设的意见》颁发，把建造和购置教师住房纳入全市房改政策，先后在清潭新村、翠竹新村等处购买一批统建住宅，在部分学校边角空地建造一批教师住宅，对教师个人建房、自购商品房和配偶单位分房在经费上给予补贴。1997年，全市建成和解决教职工住房7.4万平方米(其中市区1.4万平方米)。1998年，全市完成总投入6216万元，解决教师住房984套、9.38万平方米，其中市区解决教师住房2.01万平方米，补贴金额450万元。1999年，常州市实施教师住房分配货币化制度，辖市(区)政府部门和在常高校、中专校制定实施细则，常州教师住房从此由实物分配走向货币补贴。2000年，市直单位有598名老教师领到住房补贴(其中无房教师295名、未达标的教师203名)，补贴金额1312.6万元。2004年，常州市政府追加教师住房经费，各辖市(区)相应出台解决教师住房补贴新举措。离退休教师中符合住房分配货币化政策的人员不购买住房也可享受购房补贴，各级教育行政部门妥善解决教师住房的历史遗留问题。1999—2010年，常州市教育局直属单位有3909名老职工购买住房24.8万平方米，其中市教育局给予补贴面积10.5万平方米，补贴金额8345.6万元。

离退休待遇 常州市离休教工离休费按本人工资与津贴之和全额发放，退休教工退休费按照本人岗位工资与薪级工资之和的一定比例计发。其中，退休时工作年限满35年、30～34年、20～29年、10～19年和不满10年的分别按90%、85%、80%、70%和50%计发。对于教龄满30年的教师及教龄满20年、确因工作需要在上述范围内从事其他教育工作累计满30年的人员，退休补贴费可补足到本人退休前原工资的100%。

三、民办教师

1986年，常州市普通教育有教职工总数3.02万人，民办教职工占教职工总数的28.3%。民办教职工有普通中学1492人、农业职业中学30人、小学4046人、幼儿园2976人。随着经济社会发展，民办教师的地位、待遇等问题随之产生。1992年，常州市贯彻落实中央解决民办教师问题的“关、转、招、辞、退”5字方针，将符合条件的629名民办教师转为公办教师。1993年，全市有619名民办教师通过选招转为公办教师，全市小学、普通中学、农业职业中学的民办教师比例分别降至6.89%、3.17%和0.77%，其中普通中学民办教师比例为全省最低。1986—1995年，全市累计有6000余名持证中小学民办教师转为公办教师（简称“民选公”教师）。1994年，全市728名民办教师通过选招转为公办教师，全市持有任用证的民办教师从此全部转为公办教师，成为全省第一个不再有持证民办教师的地级市。1995年，常州市颁发《关于1994年民办教师选招公办教师后工资待遇问题的通知》，确定不同情况的“民选公”教师的工资待遇。1997年，常州市又有100名合同制民办教师和长期代课教师办理民办转公办。

第七章　教育行政

常州负责管理和指导全市教育事业的行政职能部门为市教育局（1992年5月至2001年9月称常州市教育委员会），辖县（市）区教育局（教育文体局、社会事业局），接受辖县（市）区政府和市教育局的双重领导。1986—1992年，市级教育行政机构还有常州市职工教育管理委员会（1981年成立），1989年改为二级局的常州市成人教育办公室；常州市教育工作领导小组（1989年1月成立），管理和协调全市高等教育。1994年起，常州市在全省率先启动教育现代化工程，分步推进教育现代化乡镇、优质学校（示范初中、实验小学、星级高中和职业学校）和教育现代化县（市、区）建设，1997年常州市教育委员会设立外事处（后更名国际交流与合作处），开始有组织有计划地开展学生、教师、管理人员出国出境学习交流，接待国（境）外师生到常州学习及开展教育合作与交流。1998年，常州市开始推进依法治校和教育行风建设，各中小学制定学校章程，实施校长负责制、校务公开和教职工（代表）大会制度。2005年，市政府出台《常州市教育督导暂行规定》，对辖市（区）政府、教育局和中小学（幼儿园）教育督导评估进入制度化、常规化。翌年，武进、钟楼、戚墅堰3区被确认为首批省级规范教育收费示范县（市、区）。2009年，在省质监局部分服务行业公众满意度调查中，常州市中小学教育服务满意度居全省首位。至2010年底，常州7个辖市区全部创建成为江苏省教育现代化建设先进县（市、区）。

第一节　学制管理

一、制度管理

校长负责制　1989年，颁发《常州市中小学内部管理改革若干问题的试行意见》，提出定编定员、教职工工资总额包干、教职工聘任制、教职工考核奖惩制和教职工调配5项改革意见。1993年，市教育局推行以校长负责制、教职工全员聘任制、结构工资制、岗位责任制、考核奖惩制为主要内容的学校内部管理改革，1994年推行到70%的局属学校，1995年局属学校全面推行。

依法治校　1998年，全市教育部门开展“依法治校”试点，2000年颁布依法治校评估意见和细则，其中存在对未制定学校章程、严重违反减负规定、发生师生刑事犯罪案件等6种情况的，在评优评先中实行一票否决。市教育局定期开展对全市学校依法治校先进校、示范校的检查和评比，到2002年市直属学校全部制定学校章程。2006年，省常中被省教育厅授予依法治校示范学校称号。至2010年底，全市有37所学校被评为常州市依法治校示范学校。

校务公开制 1999年8月，市教委颁发《关于实行校务公开，加强学校民主管理的实施意见》，规定校务公开的3项内容为学校办学方向、规划和教育教学改革方面的重大事项，学校领导班子建设、党风廉政建设方面的重大事项，涉及教职工权益的重要事项和教职工普遍关心的热点问题。多数学校实行了校务公开。

学校主动发展 2003年11月，市教育局出台《关于促进学校主动发展的意见》，次年在直属学校推行3年规划论证。部分学校改革内部管理模式，2004年勤业中学、北郊中学等调整部门工作内涵，2005年起刘国钧高等职业技术学校实行学校和系部两级管理，省常中、市一中等学校提出适合自身特色的办学理念，学校教研组和教师个人分别制定各自3年主动发展计划。2008年3月，市教育局直属学校全面完成首轮主动发展总结性评估。市一中等4所学校成为常州市学校主动发展示范学校。至2010年底，市教育局直属学校全部完成第二轮主动发展规划的实施，常州市第二中学等7所首批主动发展试点学校完成总结性评估。

二、招生管理

小学、初中招生 小学招生由教育行政部门按就近入学原则，划定学区，各学校组织实施，入学年龄1986年为6周岁半，1998年改为6周岁。初中招生自1986年起，相继实行以“取消初中招生考试、取消重点初中、取消以分数择优，凡准予毕业的小学生划片就近升入初中”为基本内容的初中招生制度改革，凡小学准予毕业的学生由教育行政部门就近对口分配进入初中，公办初中校招收部分择校生，民办初中(公有民办)校实施择优录取。

普通高中招生 常州市教育局组织实施全市高中统一招生考试，市招生办公室根据招生计划，划定各高中校统招生和择校生录取分数线，组织实施录取。完全中学曾实行将本校初中部学生择优提前录取，不再参加全市统一升学考试。1993年，首次将体育列入高中统一升学考试必考科目。2001年起，进行招生制度改革以缓解初中择校热，将省常中、市一中等热点高中公办招生计划数的30%均衡分配到市区各初中学校，2009年分配名额扩大到50%。2010年，高中招生取消科技小发明创造奖或学科竞赛一等奖加10分的政策。

职业中学招生 1986—2002年，职业学校(含职业中学、技工学校、市属中专)实行计划招生，由常州市招生办公室根据中考成绩和招生计划划定各校录取分数线，组织录取。2003年转为市场招生，按市、县(区)分设职教招生市场，在重点高中招生后由报考职业学校的学生持考试成绩单，自主到学校报名，学校与学生双向选择后完成录取。在常省属中专校由省教育厅(教委)统一下达招生计划并组织招生。

三、学籍管理

市教育局和辖市区教育行政部门对小学、初中、普通高中、职业学校学生学籍实行分级管理，市劳动局负责技工学校学生学籍管理，民办中小学实行谁批准谁管理，地方中专校学生学籍归市教育局管理。1986年起，市教育局每年对入学新生进行资格审核，学生修完规定课程考试合格后学校颁发毕业证书。1989年，市教育局开始对发出的毕业证、修业证进行验印，合格的加盖验证章。同年建立流生报告制度，制止中小学生流失。

第二节 教育现代化

一、辖市区教育现代化达标

2002年，《常州市实现区域教育现代化实施规划》颁发，加大推进力度。翌年，修订实施意见，启动实施辖市区教育现代化建设目标和规划。2007年11月，召开全市区域教育现代化建设推进大会，下发《常州市教育现代化建设目标任务书》。同年武进区和金坛、溧阳两市投入教育现代化经费1.38亿元，10—11月先后接受省教育厅教育现代化县（市、区）评估。2008年，新北、天宁、钟楼和戚墅堰4区共投入专项经费1.68亿元，2009年接受省教育厅对县（市）区的教育现代化评估。2010年1月，省政府授予常州的7个辖市区为江苏省教育现代化建设先进县（市）区（教育装备现代化参见本卷第五章“经费与设施”第二节“设施建设”）。

二、乡镇达标建设

1995年起，常州市按照全省的统一部署启动教育现代化乡镇建设。1995—1996年两次举办教育现代化乡（镇）长培训班。1996年，江苏省开展省级教育现代化乡镇评比。同年武进湖塘镇被省教委确定为江苏省实施教育现代化工程示范乡镇。1997年，武进市横林镇、洛阳镇、奔牛镇、横山桥镇，金坛市城东乡、西岗乡，溧阳市溧城镇，郊区茶山乡、雕庄乡，新区新桥镇被认定为江苏省实施教育现代化工程先进乡镇。至2002年底，常州市区划调整后的79个乡镇全部实现教育现代化，其中66个乡镇被评为省级教育现代化先进乡镇。

三、学校达标建设

教育现代化学校建设涉及幼儿园、中小学、职业学校、成人中专校、成人高校，主要通过省教育厅（省教委）制定标准，学校创建，省教育厅验收评估后确认。技工学校由省、国家劳动和社会保障行政部门制定标准，组织验收评估后确认。

优质高中建设 现代化高中建设经历创评、命名重点高中（1990年开始）、国家级示范高中（1997年开始）和星级高中（2003年开始）3个阶段，评估标准由省统一制定，评估过程为学校申报，全省统一组织验收。至2009年底，全市公办高中全部创建成为省三星级及其以上高中。

常州市部分高中现代化学校（重点、示范、星级）创建情况表

表34-7-1

学校名称	国家级示范高中	江苏省重点高中	江苏省四星级高中	学校名称	国家级示范高中	江苏省重点高中	江苏省四星级高中
江苏省常州高级中学	1997	1990	2003	常州市第五中学	1999	2000	2008
常州市第一中学	2000	1991	2003	江苏省溧阳中学	1999	1992	2003
常州市北郊中学	—	1996	2005	江苏省前黄高级中学	1999	1991	2003
常州市第二中学	—	1997	2006	江苏省武进高级中学	2001	1998	2003
常州市第三中学	—	1999	2008	江苏省奔牛高级中学	1999	1992	2003
常州市田家炳实验中学	—	1999	2006	江苏省华罗庚高级中学	1999	1992	2003

优质职业中学、中专校、技工学校建设 职业学校、中专校的国家级和省级重点校、星级校创建分别由教育部（教育委员会）和省教育厅（教育委员会，下同）制定标准，组织评定，发文认定。技工学校由国家、省劳动和社会保障行政部门制定标准，组织评定，发文认定。

常州市部分职业中学国家级重点、省级重点、星级创建情况表

表34-7-2

名称	国标省重点	国家级重点	重新评估国家级重点	新调整认定国家级重点中职校	省级重点	省四星级	省高水平示范性职业学校	国家中职示范学校
常州市第一职业高级中学	1995	—	—	—	1988			—
常州市第三职业高级中学	1995	—	—	—	1988	—	—	—

续表 34-7-2

名称	国标省重点	国家级重点	重新评估国家级重点	新调整认定国家级重点中职校	省级重点	省四星级	省高水平示范性职业学校	国家中职示范学校
刘国钧职教中心	1995	1996	2000	2004	1989	—	—	—
常州刘国钧高等职业技术学校	—	—	—	—	—	—	2010	—
常州旅游学校、常州旅游商贸高等职业技术学校	1995	1996	2000	2004	1989	—	2010	—
郊区职教中心	—	—	—	—	1997	—	—	—
武进职教中心	1995	1996	2000	2004	1988	2009	2009	—
金坛职教中心	1995		2000	2004	1988	2010	2010	—
溧阳职教中心	1995	1996	2000	2004	1988	2009	2009	2010

说明：1999 年，郊区职教中心停止招生；2010 年武进、金坛、溧阳职教中心分别更名为江苏省武进中等专业学校、江苏省金坛中等专业学校和江苏省溧阳中等专业学校

常州市中等专业学校国家级重点、省级重点创建情况表

表 34-7-3

学校名称	国家级重点普通中专校	国家级重点中等专业学校	新调整认定国家级重点中职校	省(部)级重点	省高水平示范性职业学校
常州工业学校(纺校)	1994	2000	—	1993	—
常州财经学校	1994	—	—	1993	—
常州铁路机械学校	1998	2001	2004	1993	—
常州铁道高等职业技术学校	—	—	—	—	2010
常州无线电工业学校	—	2000	—	1993	—
常州轻工业学校	—	2000	—	1993	—
常州化工学校	—	2000	—	1993	—
常州机械学校	—	2000	—	1998	—
常州会计学校	—	2001	2004	1998	—
江苏城镇建设学校	—	2000	2004	1998	—
江苏建材工业学校	—	—	—	2000	—
常州文化艺术学校	—	—	—	2000	—
常州艺术高等职业学校	—	—	—	—	2010
常州卫生学校	—	—	2006	—	—
常州卫生高等职业技术学校	—	—	—	—	2010

常州市技工学校国家级重点、省级重点创建情况表

表 34-7-4

学校名称	国家级重点	国家贯标重点	国家中职示范校	省级重点
常州市高级技工学校	1994	2005	2010	1991
常州市交通技工学校	2002	2006	—	1994
常州市轻工技工学校	—	—	—	1998
电子技工学校	—	—	—	2001
常州冶金机械厂技工学校	2003	—	—	1999
常州航空技工学校	—	—	—	2003

优质小学、初中创建　1996 年起，省教育厅评定实验小学，武进市湖塘桥实验小学为免检学校，常州师范学校附属小学、常州市局前街小学被首批重新确认为江苏省实验小学。1999 年，省教育厅开始评定示范初中，常州市第二十四中学、清潭中学、花园中学、实验初中，武进市湖塘桥初中、前黄初中、寨桥初中，金坛市第二中学、第三中学、西岗初中，溧阳市蒋店初中 11 所学校通过省示范初中验收。常州西藏民族中学 1991 年成为省级重点中学，常州市聋哑学校 2001 年成为首批江苏省特殊教育现代化示范学校。2007 年起，省教育厅对义务教育阶段学校不再进行省级实验小学和示范初中评估，常州市制定《常州市义务教育阶段优质学校评估标准》，对尚未评为示范初中、实验小学的学校进行常州市优质学校评估。至 2010 年末，全市累计确认优质小学 135 所和优质初中 91 所(其中两所为九年一贯制学校)，优质小学初中占小学初中总数的 71.52%。

优质幼儿园创建　1996 年，常州市制订《幼儿园基本实现现代化评估细则》并试评估。在推进乡镇教育基本现代化中，撤并一批低质量村级幼儿园。1997 年，常州市级机关幼儿园、武进湖塘实验幼儿园成为江苏省首批示范性实验幼儿园。至 2006 年末，全市创成省级示范性实验幼儿园 58 所。2007 年，省教育厅把示范性实验幼儿园评估改为江苏省优质幼儿园评估，至 2010 年末全市通过转评和新创，126 所幼儿园被确认为省优质幼儿园，占全市幼儿园总数的 61%。

第三节　教育督导

一、督导机构

1990 年 7 月，常州市教育局督导室成立，2000—2002 年先后变更为市政府教育督导室、市政府教育督导团，在常州市教育局下设办公室。2005 年，市政府颁发《常州市教育督导暂行规定》，明确督导团主要职责：依法制订本市教育督导工作的制度、规划、计划、方案，按权限组织实施，对市本级政府的有关部门、辖市(区)人民政府及其教育行政部门依法履行教育职责的情况进行督导，对常州市管辖的各级学校和其他教育教学机构进行教育督导，各辖市(区)教育督导机构相继成立。

二、督导内容

督　　政　1993—2004 年，市教育督导室主要开展对县(市、区)、乡(镇)政府实施基本普及九年制义务教育、基本扫除文盲的督查和评估验收及推进乡镇教育现代化的评估验收。2005 年起，建立对辖市(区)政府的教育督导评估制度，每年对金坛等 7 个辖市(区)组织开展政府教育工作市级督导评估和考核，同时连续开展对辖市区义务教育阶段生均公用经费、对流动儿童少年接受义务教育情况及对部分乡镇的教育经费专项督查。

督　教　2005年，市政府教育督导团率先在全省建立每年对辖市（区）教育行政部门教育工作督导评估和考核（简称“督教”）的制度，督查内容主要包括教育行政部门履行工作职责、依法行政、工作目标达成等，得到江苏省教育督导团的认可，多次作为创新范例推出。

督　学　常州督学即对学校的督导，分为综合督导和专项督导。

综合督导　2000年，常州市政府教育督导室制定对普通高中、初中、小学综合督导评估的方案、实施细则，并试点。2006年，建立对高中、初中和小学每3年（4年）1轮的综合督导评估制度。市教育督导团办公室负责实施全市三星级以上高中、省重点职业学校的综合督导，各辖市（区）教育督导室负责实施本辖区义务教育阶段学校和幼儿园的综合督导。2003—2010年，全市完成对545所中小学的综合督导评估，其中高中47所、职业高中9所、初中188所、小学301所。

专项督导　根据省督导部门的统一部署开展。1990—1991年，开展以德育、教育经费和教师待遇、常规管理、中小学流生为主要内容的专项督导检查（简称“四查”）。1992年，开展中小学德育工作专项督查、常规管理随机抽查。2003—2010年，开展了贯彻《江苏省中小学管理规范》、中小学开齐开足课程和减轻学生过重课业负担、开展阳光体育运动、对民办外来工子弟学校（简易学校）整改情况和规范中小学办学行为、深入实施素质教育等专项督查。2006年起组织对职业学校开展专项督查。2010年，对全市18所省四星高中的素质教育和42所中小学的教育技术装备工作进行专项督查。

第四节　国际交流

1997年以前，常州市无教育国际交流专门机构，同年8月市教育局设立外事处（后更名为“国际交流与合作处”）。从事教育国际交流的社会团体有1994年成立的常州教育国际交流协会，是全国中等城市首家教育国际交流协会。1998年，该协会成为中国教育国际交流协会理事单位。

一、出访出境

学生出国出境　1997—2010年，常州有3400余名学生到19个国家及中国港澳台地区交流学习。学生出国出境形式主要有友好学校青少年访问、留学、学生文化交流和夏令营等。1997年8月，常州学校开始单独组团出访，常州市第三中学的2名教师和5名学生应澳大利亚勒秋勃大学副校长麦克达威尔邀请，到澳大利亚访问交流，在其附属中学跟班听课。1998年6月，常州旅游学校食雕表演队到阿联酋迪拜市参加夏日惊闻活动。1999年、2001年，常州市少年科学艺术宫天鹅少儿民乐团先后到台湾台北、高雄和香港、澳门访问演出。

常州学校组织学生出国留学有大学、中专学校和高中多个层次。2001年，常州卫生学校有学生到马来西亚UNI-TAR大学研修英语、计算机、管理学和到医院实习。2002年起，通过新加坡政府奖学金项目，常州市第二十四中学、实验初级中学（之后增加常州外国语学校）派出学生到新加坡读高中。2002年起，通过新加坡企业奖学金项目，省常中、市一中、北郊中学和武进高级中学每年派出最多10名学生到新加坡国立大学、南洋理工大学留学。2002年暑期起，常州旅游学校和意大利威尼斯旅游学院举办中意联合旅游管理课程班，至2010年末有203名学生通过该项目到意大利留学。2007年3月至2010年3月，通过马可波罗项目，常州市第三中学有128名毕业生到意大利公费就读本科大学。

学生夏令营出国出境　1998年起每年7月，按学生自愿报名，自付费用、学校考察挑选的原则，组织学生到国外夏令营，学生在国外期间和外国学生一起上课、学英语，开展游戏活动，居住在外国学生家中，是年市一中、三中、国际学校等校50多名学生分4批到美国或澳大利亚参加夏令营。2000年，新辟10多条夏令营线路，组织204名中学生到国(境)外参加暑期夏令营。至2010年底，有约3000名学生参加国际夏令营。

教师、管理人员出访培训 1988—2010年，市教育局、教育国际交流协会组团、随团出访、培训292批近800人次。其中，1988年6月，市长曹锦成率常州职业教育考察团10人，考察了香港职业教育多模式、多层次的灵活办学模式，拓展了常州建立新职教体系的思路。11月，市人大常委会教科文卫工作委员会主任赵宗昌等参加国家教委组织的职业技术教育考察团到德国学习和考察双元制，常州市随即制订出职业教育双元制分步实施方案。

二、留学生与外教

招收留学生 常州市招收外国留学生始于1994年5月，常州工业技术学院招收来自日本高槻市和所泽市的首批留学生两名，主要学习汉语言文学和经济贸易，1999年该校成为江苏省24所具有对外招收留学生资格的院校之一。1997年，常州国际学校建成并开学，2002年获得接收国外中小学生就读资格，开启常州接受国际中小学留学生的新时期。

聘请外教 国际知名学者到常州学校讲学始于1983年，较早从江苏化工学院、河海大学机械学院等高校开始，后延伸到中专校、普通中小学及幼儿园。2004年起，常州市教育局、教育国际交流协会每年组织“常州外教看常州”活动，加深外教对常州的了解。2005年起，每年在常外籍教师约有150人。1990—2010年，有18个国家的外籍教师1200多人次在常教学。较著名的有：1983—1986年，美国加利福尼亚州立大学冯元桢博士3次到江苏化工学院讲学，受聘担任名誉教授。1992年12月，俄罗斯核酸化学奠基人、自然科学院院士、苏联1990年列宁奖金获得者、莫斯科大学教授卓娅·阿历克赛叶芙娜·萨巴洛娃应邀到江苏石油化工学院讲学。1996年11月，苏联著名教育家苏霍姆林斯基的女儿、乌克兰教育科学院院士、教育学博士、教授奥丽加·苏霍姆林斯卡娅在北郊中学作了学术报告《苏霍姆林斯基教育思想的理论与实践研究》。2004年12月，俄罗斯舞蹈家玛丽娅·谢尔盖耶芙娜·扎哈罗娃受聘常州文化艺术学校，任教舞蹈和形体塑造。常州部分学校聘请外教长期任教。1996年5—6月，省常中、市一中、北郊中学、二中、刘国钧职教中心、旅游学校和常州师范学校附属小学获国家外国专家局颁发的聘请外教资格证书。至2010年底，常州市具备聘请外教资格的学校(含社会办学机构)达76所。在市三中任教的大卫(David Krueger)和在江苏工业学院任教的柯友(Peter Court)先后获得省政府授予的江苏省友谊奖，2007年大卫被评为“龙城师魂”常州市十大杰出教师、2009年度常州市荣誉市民。

三、友好交流

友好互访 部分学校与国外学校通过互访促进交流。开展活动较多、较有影响的有：1991—1992年常州师范学校与日本高槻市金光第一高校3次互访交流合作。2001年10月起，韩国南杨州市先后与省常中、市一中开展每年1次的学生代表交流互访。至2010年底，省常中等13所学校通过互访、考察等交往活动，先后与美国、韩国、英国、新西兰、意大利、丹麦6国及中国台湾地区的21所学校缔结为友好学校。

文化交流 常州市组织学生到国(境)外进行文化交流始于2003年，参加对象为在校学生，主要载体是国际中学生交流(AFS)、高中生美国交流(AYA)、国际学生交流协会(YFU)项目，其中AFS项目发展迅速，在全国有重要影响。2003年，常州市选派5名高中学生到冰岛、瑞典、意大利、荷兰、美国进行为期10个月的文化交流，至2010年底，全市有117名学生参加AFS、AYA、YFU项目，到19个国家进行文化交流。国(境)外来常文化交流始于2005年8月，泰国、美国、比利时和意大利的4位中学生分别到常州市一中、三中、田家炳中学和外国语学校进行为期10个月的AFS国际文化交流。至2010年底，全市接待18个国家的文化交流学生92名。2007年7月，常州市举办以推广汉语为内容的夏令营，省常中作为江苏省首批全国汉语国际推广基地学校，承办首届“汉风龙韵”夏令营，韩国、日本、法国、意大利、西班牙5国及常州的200名中学生参加本次夏令营，该活动每年暑期举办，至2010年有近500多名国际学生参加。1991—2010年，常州市教育系统接待了美国、英国、韩国等10多个国家和地区的国际组织100多个，国(境)外师生来访、留学2000多人次。2008—2009年，接待学生数量按城市计算居全国首位。2008年，常州市被中国教育国际交流协会确认为中国师生国际文化交流项目示范基地(全国共13个城市获此资格)。

四、联合培养

常州本科专科高校、普通高中和职业高中开始与国(境)外学校、企业合作办学。通过合作，引进国外课程、教学大纲、教学模式，部分学生学成后带学分到国外合作学校继续深造。

江苏工业学院 1993年起，先后与美国、加拿大、英国、爱尔兰、德国、芬兰等国家的高等学校建立3～5年稳定的合作伙伴关系，与芬兰萨塔昆塔应用科技大学开展教师交流、交换生项目，与爱尔兰国立梅努斯大学开展教师联合培养、学分互认项目，与加拿大圣西维尔大学开展合作办学项目4个，2005年获教育部首批中外合作办学项目许可。

常州工学院 1995起，分别与加拿大南亚理工学院、美国西北理工大学、英国赫特福德大学、加拿大爱德华兹大学等联合培养学生，至2008年举办中外合作班15个。

江苏技术师范学院 2004年起，与德国国立梅泽堡应用科学大学(Hochschule Merseburg)合作办学，采用“2+2”分段跨国培养人才模式，2006—2007年有两批151名学生到德国学习两年。

常州纺织服装职业技术学院 2004年5月起，与新加坡莱佛士学院合作办学，开办时装设计、室内设计、平面设计、多媒体设计、时装营销与管理、工商管理6个专业，实行双语教学，学生完成学业后获得双方颁发的相应文凭与证书。

常州信息职业技术学院 2002年起，与新加坡南洋理工学院、德国迈哈根学院合作办学，引进该院职业培训大纲、器材、设施等。

江苏省常州高级中学 2002年起，与加拿大安大略省阿宫昆湖边天主教区教育局合作开办实验班。

江苏省前黄高级中学 2004年起，与新加坡赛伊教育集团、澳大利亚某教育机构合作举办SAM课程班。

第三十五卷　常州科教城

Volume XXXV　Changzhou Science and Education Town

常州科教城的前身是常州大学城，2002 年由省教育厅、科技厅与市政府共同建设，位于常州城区南部，北起滆湖路，南到鸣新路，东到夏城路，西至武宜路，占地 5 平方公里。常州科教城作为常州的创新之核，按“经科教联动、产学研结合、校所企共赢”理念，集聚创新资源、孵化创新企业、引育创新人才，规划建成现代化的大学城、科技城和生态城，分为高教园区、科技园区和孵化园区。常州科技城是江苏省唯一的示范性高职教育园区和科技部认定的国际科技合作基地、国际服务外包人才培训基地、国际服务外包示范区。江泽民、胡锦涛、温家宝等党和国家领导人曾先后视察。2010 年底，高职教育园区有 5 所高职院校和 1 所本科院校，有全日制在校大学生 7.6 万名，是国家首批高等职业教育改革发展综合试验区，拥有 1 所国家示范性高职院校、1 所国家骨干高职院校，5 所高职院校毕业生就业率连续 7 年达 98%，高职学生获得省级及其以上技能大赛一等奖 300 多项，园区高职教育整体发展水平进入国家级高等职业教育园区前列；常州大学更名后发展迅速，近 5 年获得国家科技奖 3 项。科技园区对接建设中国科学院常州中心。2010 年底，中国科学院常州中心有实体研究所 6 个、分中心 13 个和实验室 23 个，曾被科技部评定为国家技术转移示范机构、实施国家科技计划（火炬计划）先进服务单位。园区对接高校建设国家大学科技园。常州科教城围绕生物医药、新材料、节能环保、先进制造和电子信息五大产业，孵化引进培育高科技企业 360 家，成为常州战略性新兴产业的培育基地，同年新增科研经费 1.85 亿元。孵化园区通过引进天使投资、创业投资、科技支行、投资基金、科技担保等金融机构和会计师事务所、资产评估事务所、律师事务所等中介服务机构，建设科技金融中心，形成以私募股权投资与风险投资（简写为 PE/VC）为主，股权投资基金为特色的全方位综合金融服务平台。至 2010 年底，常州科教城有 17 所外地大学的研究机构入驻科教城，9 所高校建有研究院。入驻科研机构 422 家，科技人才总数达 8280 人，其中特聘院士 5 人、长江学者 8 人、国家杰出青年科学基金获得者 6 人，入选国家“千人计划” 1 人、中国科学院“百人计划” 3 人、江苏省“双创计划” 11 人，具有高级职称或博士学历者 2396 人。

第一章　规划建设

2001 年 10 月，江苏省教育厅、常州市政府根据建设教育强省和高等教育发展的需要，结合常州实际，决定共同建设常州大学城。2002 年 2 月，省教育厅、常州市政府联合制订《常州大学城建设总体方案》，明确常州大学城规划建设的目标定位、体制机制、政策措施、计划进度和组织领导，确定常州大学城土地总体规模、学生总规模，首期规划面积、学生人数和 6 所进城院校的用地面积、形态方位等，常州科教城因常州大学城开工建设而拉开序幕。2005 年 12 月 28 日，市委、市政府成立常州市科教城建设领导小组、常州市科教城管理委员会（挂“常州市高职教育园区管委会”牌子）。常州科教城的基础设施建设分为 3 个阶段。2002 年 2 月至 2005 年 9 月，建设西区主要基础设施 1 所本科院校、5 所高职院校，这一阶段为常州大学城时期；2005 年 10 月至 2008 年 4 月，建设东区科教会堂、现代工业中心、天润科技大厦、食堂等办公、实训、生活服务场所；

2008年5月至2010年12月，建设常州科教城三期工程，总投资150亿元。至2010年底，常州科教城占地336.67公顷，总建筑面积205万平方米。

第一节 规划设计

常州大学城根据建设总体方案，目标定位于建成江苏高等职业教育基地、江苏石油化工学院主校区、大学科技园和实训产业园区，吸引国内外著名高校进城办学。计划用3～5年把常州大学城建成全省乃至全国的高职人才培养基地、全省高教改革实验区、地方经济的动力源。2005年底2006年初，常州大学城改为常州科教城后重新确定了目标定位，规划把常州科教城建成国内一流、国际先进、集约发展的高等教育园区与科技创新和产业发展的集聚区。

一、常州大学城规划设计

2002年5月23日，常州大学城首期项目总体规划评审会召开，华东设计院、同济设计院、河北设计院上海分院投标设计了5个分方案，经专家评审，有2个方案进入初选，提交常州大学城领导小组评议，最后同济大学建筑设计院的设计方案中标，形成首期项目建设总体规划。6月17日，常州大学城建设领导小组评议确定实施方案，该方案具有建筑文化、园林文化与名人文化融合的特点。常州大学城建设总体方案确定后，6所院校立即邀请上海、南京、浙江等知名设计院进行院校方案设计招标，报送设计方案19个、建筑方案模型15座。经规划建筑专家评审小组评审，上海民港设计院、浙江建筑设计院、东南大学设计院等提交的6个方案中标，各院校组织开展教学区设计，常州大学城建设指挥部组织城内商业服务建筑设计、市政道路管线设计、中央景观区环境绿化设计、河系设计等项配套设计，各阶段的设计均在预定时间完成。

常州大学城建设总体规划用地666.67公顷，在校学生总体规模约7万人。首期规划用地366.67公顷，在校学生规模5.4万人。首期项目总体规划由华东设计院、同济设计院、河北设计院上海分院等6家国内一流的设计单位参与设计。总体规划将常州大学城分为教学区、公共设施区、后勤生活区、实训产业区，教学区由6个主体学校组成，各学校在相对独立的区域内建设教学楼、办公楼、实验楼、体育运动场地等；公共设施区由常州大学城建设指挥部、文体艺术活动中心和信息中心等组成；后勤生活区由宿舍、食堂、教工集体生活区、商业和生活服务设施及停车场组成；实训产业区由实习训练场所、“产学研”基地组成。教学区由各校根据总体规划进行设计，自行筹资建设；实训产业区统一规划，由各校分区筹资建设；后勤生活区由常州大学城建设发展公司组织学校、社会共同参与开发建设，部分项目由常州大学城建设发展公司配套建设并经营。常州大学城建设指挥部负责常州大学城的日常管理和社区服务，完成省教育厅、市政府交办的校区管理和改革相关任务，社会治安、计划生育等部分社会管理职能纳入当地政府管理。

二、常州科教城规划设计

2005年12月28日，中共常州市委九届第二十九次常委会议专题听取了常州大学城建设指挥部《关于建设常州科教城的设想》的汇报，决定在常州大学城的基础上整合和集聚教育、科技、人才资源，建设常州科教城，构建公共科技、教育和服务平台，拓展常州大学城功能，走经科教联动、产学研结合、校所企共赢的创新之路。2006年初，市委、市政府出台常州科教城5年发展目标规划：2006—2010年，建成常州科教城教育、科技和社会共享服务平台，引进或重点建设具有较高先进水平的技术研发机构（或以技术开发为主的创新型企业）200家，在校学生规模（含培训学生）达10万人。常州科教城在常州大学城的基础上，把功能定位以政府、学校建设为主的单一教育功能规划为由政府统筹、经科教联动，学校、企业、社会共同建设，实现向教育、科技、经济与社会综合功能的转变，把常州科教城建成一座集教育、科研、生产于一体的教育城、科技城、实业城、资源城和创新城。常州科教城二期项目的规划设计经过严格的招投标，主要由江苏华源建筑设计研究院有限公司、江苏省纺织工业设计研究院有限公司中标承担，常州科教城三期项目的规划设计及施工建设主要由长江龙城投资公司负责统一运营。

第二节　征地拆迁

2002年6月，常州大学城建设地块拆迁安置工作全面展开，首期征地4350亩。武进区政府根据常州大学城建设指挥部的总体部署，制定下发《武进区征用土地补偿安置办法》《武进区征地拆迁补偿和安置办法》《常州大学城、高新区南区、花园街南路征地补偿安置、房屋拆迁实施方案》等政策措施，顺利推进拆迁安置，首期地块的拆迁用半年时间基本完成，拆迁了大墩、张家、北庙桥、南石桥、南周、大华、小庙、湖塘8个行政村的33个村民小组，累计拆迁民房34万平方米，涉及村民1199户、3942人；拆迁工厂和商业用房5万多平方米，涉及工厂35家、个体工商户110户。投入专项拨款4亿元用于拆迁补偿，建成安置小区占地1200多亩，总建筑面积达40万平方米。2004年，常州大学城东区的二期建设征地1250亩，拆迁民房252户、总建筑面积11.7万平方米；拆迁企业4家、建筑拆迁面积6030平方米；投入拆迁资金3861万元。8月拆迁工作全部完成。武进区政府为常州大学城提供的土地价格每亩仅6万～7万元（市留部分建设规费给予全免，学校资产置换政府收益部分全部返还），承担常州大学城内两条主干道路的配套工程建设，其中两纵道路建设总长达2.6公里、造价2820万元。市政、供电、供水、电信、燃气等相关部门对常州大学城的配套建设一路绿灯，按接通给水、排水、电力、通信、道路、燃气、热力和场地平整的“七通一平”要求，顺利实施工程建设。

第三节　建设

2002年，江苏省发展计划委批准常州大学城项目立项建设；4月，常州大学城建设指挥部组织开展常州大学城总体规划的设计招标。5月23—29日，两次召开由省、市、区领导和建筑规划、设计专家参加的总体规划评审会，批准上海同济城市规划设计研究院送交的《常州大学城总体规划设计方案》中标，确定先建教学生活区（西区）、后建实训区（东区）的建设顺序；8月，报武进区规划局审核，完成总体规划审批程序；10月19日，常州大学城奠基，开工建设。

位于武进城区南部的常州大学城奠基开工典礼（摄于2002年10月）

一、主体工程建设

一期建设　2002年4月27日，常州大学城一期项目建议书完成，上报省、市发展计划委批准。2003年春节刚过，常州大学城一期65万平方米的49幢教学大楼、宿舍楼工程，与3平方公里的设施建设和景观工程全部开工，1.5万名建筑职工投入工程建设，克服了“非典”、长期多雨等困难，9月底工程全面竣工，水、电、气、电信、网络、环卫等配套工程同步到位，道路、桥梁、水系、广场、绿化和景观等配套工程建设基本完成。10月6日，常州信息职业技术学院2500名新生首批入驻大学城；10月10日起，6所院校及其首批1.8万名学生相继入驻。这项工程成为常州建设史上工程体量最大、工期最短的群体建筑工程。

二期建设 2004年4月24日，常州大学城建设指挥部召开常州大学城东区总体规划及建筑方案设计招标会；6月9日，举行常州大学城东区实训中心建设方案评审会，决定选用上海联境建筑设计院提交的修改方案。翌年3月21日，科教会堂、现代工业中心实训厂房（1～5号楼）、学生公寓同时开工建设。现代工业中心是公益性、社会化、适度产业化的非营利性教育训练平台，规划建设建筑7万平方米，总投资2.5亿元，其中基建投资1亿元、装备投资1.5亿元。2007年，常州科教城东区建成实训厂房6号楼、科技2号楼，开工科技3号楼、生活4号楼和大规模的环境建设，科技园区的科技用房和配套用房有20万平方米。2005—2007年，实训中心相继建成数字化设计与制造技术、现代物流技术、电子信息技术、计算机网络技术等14个实训基地，由常州科教城内学校与常州其他高校、中等职校共享。

三期建设 常州科教城三期项目常州国际创新基地是江苏省50个现代服务业重点项目之一，规划用地1900亩，总投资50亿元，设有国际化研发机构集聚区、高科技企业孵化区、高技能人才创业实践区和公共平台支持服务区，2008年开工建设。2009年，国际创新基地的路网、电力管网、自来水主供管、污水管线与市政管网连接建成，2万伏供电专线建成，供电、供水开通。至2010年底，常州科教城三期创研港1号楼竣工投用，2号楼、3号楼开工建设，建筑面积分别为5.8万、5.5万和7.5万平方米。

二、配套设施建设

至2010年底，常州科教城初步完成湖塘河河道整治和两岸15万平方米绿化建设，以天润大厦为重点，完成从常武路到龙腾桥道路两侧环境改造、绿化提升和楼宇亮化，西区建成绿化40万平方米。园区绿化累计投入1.6亿元，绿化总面积达230万平方米，绿化率和绿化覆盖率分别达61.1%和64.3%。2010年4月1日，常州科教城管委会被评为全市第一个全国绿化模范单位。常州大学城外部环境建设，花园南路、鸣新东路、滆湖中路、武宜南路、武南路总长分别为1公里、3.3公里、2公里、2.8公里和2.3公里，分别投资3300万元、4800万元、3300万元、7500万元和2000万元。大学城教职员工住宅小区同步建设。

三、标志性建筑

科教会堂 2005—2006年建设，占地2.49万平方米，总建筑面积3.86万平方米，总投资1.01亿元，为框架结构主体6层、裙房5层建筑，主要用于常州科教城管委会办公，为入驻常州科教城的科研院所提供科研办公用房。

现代工业中心实训厂房 2005—2006年建成1～6号楼，总建筑面积6万平方米，其中1号、3号、5号楼总建筑面积3.6万平方米，为4层框架结构，总投资5800余万元；2号、4号楼总建筑面积3.4万平方米，总投资1亿元，框架结构4层、局部5层；6号楼建筑面积5530平方米，工程造价430.22万元，为一层钢结构。

学生公寓 2002—2003年建设，项目用地2.09万平方米，总建筑面积3.1万平方米，总投资6000万元。其中4号学生公寓为框架结构地下1层、地上12层，建筑面积1.99万平方米；5号学生公寓为框架结构12层、局部13层，建筑面积1.11万平方米。

惠弘楼 原名现代设计与创造中心，2006年2—11月建设，为5层框架结构，建筑面积1.67万平方米。

惠研楼 原名科技2号楼，2006年12月至2007年10月建设，建筑面积2.73万平方米，由南北两座楼房组成，南楼5层、北楼6层，均为框架结构，总投资额5500万元。

天润科技大厦 2007年8月至2008年1月建设，占地2.5万平方米，为框架结构，总建筑面积6.7万平方米，项目总投资1.4亿元。

现代工业中心大学生创新创业实践基地（8号楼） 2009年7月至2010年8月建设。总占地1.26万平方米，总建筑面积3.29万平方米。其中大学生创新创业实践基地3.21万平方米，6层框架结构；配套车间为1～2层框架，面积589平方米。该项目总投资3000万元，主要设置生产型实训基地、创业实践中心、园(校)企联合学院3个功能分区。江南现代工业研究院、现代工业中心、常州数控技术研究所和常州高尔登科技公司、创能机械制造公司、第九大道常州信息科技公司等单位进驻。

创研港1号 2008年至2010年10月建设，总投资2.2亿元，共21层，高93米，由主楼、辅楼及裙房构成，整幢建筑设置地下人防设施1层，地面上主楼21层、辅楼8层、裙房4层，总建筑面积5.8万平方米，主要用于综合科研。

第二章 科研院所

2005年，中共常州市委、常州市政府做出在常州大学城的基础上建设常州科教城的决策后，常州科教城把引进优质科技资源和人才团队作为工作重点，市领导数十次到中国科学院引进其先进科研项目。2006年7月6日，落户常州科教城的首家企业研发总部远宇科技大楼开工建设；9月28日，南京大学常州高新技术研究院获准成立；11月6日，中国科学院与常州市政府共建的中国科学院常州先进装备制造技术研发与产业化中心（简称“中国科学院常州中心”）签约成立，常州科教城逐步成为集聚国际国内优质科技资源的科技创新平台。常州齐晖医药科技公司、常州鸿宇生物科技公司等高科技民营企业随即落户常州科教城，在城内设立研发、销售总部。2010年底，常州科教城集聚有一大批以科研、市场营销为主的科研院所和科技型企业，培育一批高新技术企业群，拥有研究院所、实验室、中试基地和工程技术研究中心50多家，在新能源、光机电技术、新药研发、计算机软件等新技术、新材料领域建立公共研发基地，在精密加工检测、自动化、机器人、电动汽车、高分子材料、精细化工等领域形成强大的研发实力，企业研发项目达193项，其中成果转化项目74项和国际领先技术水平项目、重大产业化项目各2项。常州科教城探索的“经科教”（即经济、科技、教育）联动、“产学研”结合、“校所企”（即高校、研究所、企业）共赢的发展路子，创造了科技创新、“产学研”合作的常州模式。2006—2010年，科技部、中国科学院和省政府每年5月18日在常州科教城举办中国常州先进制造技术成果展示洽谈会，展示常州的先进制造新技术、产业特色和产学研合作新成果，院校成果与企业需求对接，5届展示洽谈会促成3000多项“产学研”合作成果在常州培育成长。2010年，科技园区新增科研经费1.85亿元，其中纵向科研经费1.11亿元、横向科研经费0.74亿元。

第一节 中国科学院常州中心

中国科学院常州中心是科研院所与地方合作的科技创新平台，由中国科学院和常州市政府从2006年11月起合作共建。2008年，被科技部评定为首批国家技术转移示范机构和实施国家科技计划先进服务单位，2009年获国家首届产学研合作促进奖。至2010年底，有13个研究所在常州科教城设立分中心，建有研究所6个、专业实验室23个，与企业共建研发中心19个。有科技研发人员347名，其中博士73名；依托中国科学院的技术孵化出高科技公司18家。与企业签约实施项目100个，总投资10亿元，累计实现销售收入近

10亿元，承担国家级科技项目11个、省级项目23个。

一、组织架构

中国科学院常州中心是非法人机构，实行理事会领导下的中心主任负责制。中心设主任1名、副主任2名，下设综合部和项目部；所成立的13个分中心为非法人机构（见图35-1-1中国科学院常州中心组织机构图）。

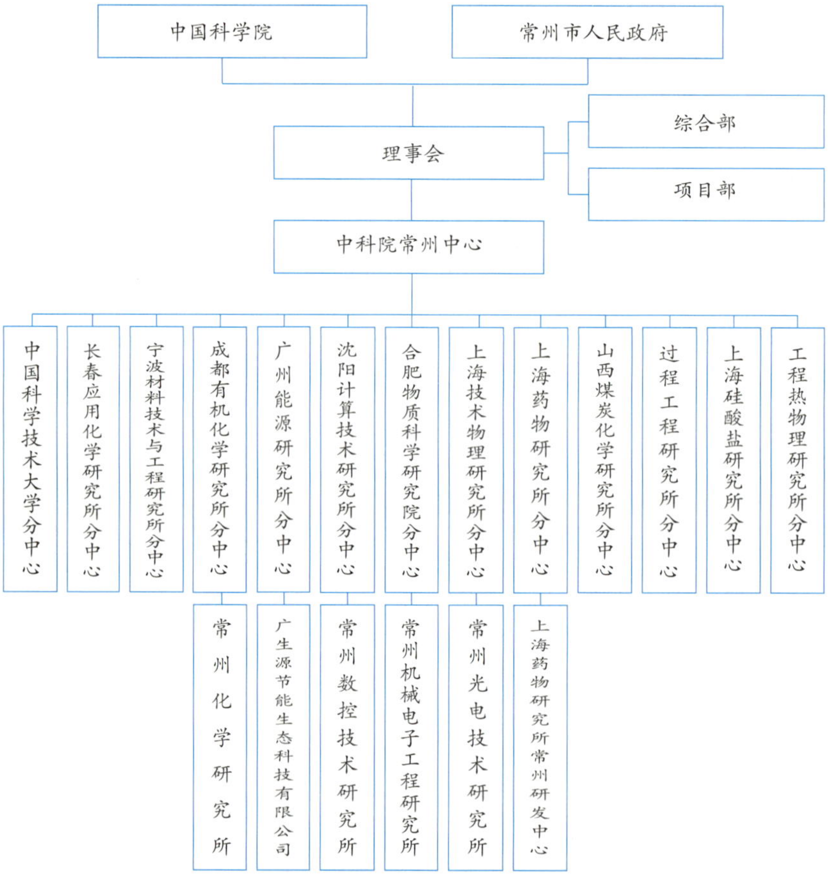

图35-2-1 中国科学院常州中心组织机构图

2007年3月，以常州机电研究所为基础，组建中国科学院合肥物质科学研究院先进制造技术研究所，是中国科学院合肥物质科学研究院直属的非法人二级机构，与常州机电研究所一体化运行，设有省级博士后科研工作站，有人员113人，其中院士2人、研究员10人，硕士及其以上学位人员占60%。至2010年底，先后建成先进装备虚拟样机、智能自动化工程、机器人应用技术3个实验室，与企业共建4个联合实验室，帮助企业研发高技术产品、项目23项，为企业创造经济效益数亿元，孵化出高技术公司5家。2010年，合同科研经费

中国科学院常州先进制造技术研发与产业化中心成立（摄于2006年11月）

612万元，到账520万元。

二、分 中 心

合肥物质科学研究院分中心　2006年11月由中国科学院合肥物质科学研究院独立建立，以机器人、智能机械的机电一体化仿真、设计原理与方法为研究重点，针对常州制造业的典型需求建立智能机械设计平台，将智能化、自动化技术与先进设计与制造技术相结合，帮助企业开发新产品或新技术，研制机器人及智能化生产设备与自动生产线。2007年3月，注册成立常州机械电子工程研究所（简称“常州机电所”）。

沈阳计算技术研究所分中心　2006年11月由中国科学院沈阳计算技术研究所独立建立，根据常州制造、加工等行业的需求，在机械电子、计算机和网络、机械加工、航空、航天等领域，开展数控机床、自动生产线、数控设备等产品的开发与制造及数控技术培训，提供数控设备的开发和产品的设计加工等多样化服务。2007年7月，注册成立具有法人资格的事业机构常州数控技术研究所（简称“常州数控所”），从事数字控制、先进制造、光机电一体化和信息技术等科学研究及技术转移工作。2010年底，分中心有工程技术人员45名、本科及以上学历科技人员32名，其中研究员5名、副高级职称以上研究人员10名。建成研发、实验面积650平方米，建有常州市数控重点实验室、柔性技术实验室、计算机技术应用部、数控培训部。2010年，投入研究开发经费500万元，签订项目合同356.96万元。

中国科学院常州先进制造技术研发与产业化中心（摄于2010年4月）

成都有机化学研究所分中心　2007年6月，由中国科学院成都有机化学有限公司独立建立，开展技术研究、技术推广、项目合作、人才培训等业务，根据常州乃至长江三角洲等地区对化学化工技术的需求，开展绿色化学技术与工程、新型能源材料与储能器件、再生资源及环境友好的高分子材料的制备与应用等方面的技术研发，加快推进成果转化和产业化。2007年10月，注册成立独立法人事业单位常州化学研究所（简称“常州化学所”），从事绿色化学与清洁生产、节能减排、新型能源材料与储能器件等科学研究及技术转移工作。至2010年，分中心有科技与管理人员29名，其中博士10名、硕士11名；建有研发及办公用房1200余平方米，建有实验室7个，其中省级服务平台1个、市重点实验室2个、市公共服务平台1个；与企业共建了技术研发中心5个，开展合作项目近20个。2010年，合同科研经费500多万元，到位经费268万元。

广州能源研究所分中心　2007年2月，由中国科学院广州能源研究所独立建立，以能源环保技术及相关材料技术的研发、推广应用为重点，针对常州的技术需求和产业优势，开展能源环保领域的技术咨询、技术服务及技术研发、推广、产业化工作。2007年4月，与常州景源环境工程技术公司共同组建常州广生源节能生态科技公司，与常州钟楼区政府合作建立了生态节能建筑及新材料工程技术中心。分中心在建筑物节能、可再生能源利用、城市污水及垃圾处理等方面具有成熟技术，特别是地源热泵空调技术在常州及周边地区得到成功推广和应用，工程项目收入达1200万元。至2010年，分中心有管理和技术人员13名。

宁波材料技术与工程研究所分中心　2006年11月，由中国科学院宁波材料技术与工程研究所和常州兆隆合成材料公司合作建设，以制造业和材料产业的发展需求为导向，从前瞻性应用基础研究推动技术开发、促进产业化，开展高性能聚酯复合材料研发及产业化，开发的高性能聚酯复合材料被列为江苏省重点科技成果转化项目。至2010年底，分中心有技术和管理人员19名，同年实现产业化销售收入1亿元。

过程工程研究所分中心 2006年11月，由中国科学院过程工程研究所与常州华威电子公司合作建设，开展反光材料及其相关领域产品研制和开发，推进反光材料工程技术发展，促进反光产品更新换代。双方合作建立江苏省华威反光材料应用工程中心，建成工程膜、车牌膜、高强膜等工程化实验室，搭建反光材料及相关领域产品的专利数据库信息平台，开发相关技术软件。至2010年，分中心有5名科技人员参与开展了高性能（微棱镜型）回归反光材料的研究。

工程热物理研究所分中心 2007年2月，由中国科学院工程热物理研究所与常州市三维技术成套设备公司共同建立，合作建立新品研发与试验基地，在洁净煤炭联产技术、先进燃烧技术、传热传质技术、航空航天热物理和总能系统及可再生能源5个研究领域和方向开展技术研发及应用，从事新型汽轮机、燃汽轮机叶片的气动设计和研究，进行强度、材料、工艺性等试验，推进新产品的规模化生产和应用。2010年底，分中心有管理和科技人员5名，同年完成产业化销售收入2500万元。

上海硅酸盐研究所分中心 2006年11月，由中国科学院上海硅酸盐研究所与江苏远宇电子公司合作建设，研究领域涵盖人工晶体、高性能结构与功能陶瓷、特种玻璃、无机涂层、生物环境材料、能源材料、复合材料及先进无机材料性能检测与表征等，开展表面贴装压电陶瓷电声器件、高功率压电发声器件和通信类应用的下一代消费类视听终端微小型压电陶瓷电声器件的研发及产业化。2010年底，分中心有科技人员和管理9名，开发的压电陶瓷扬声器产品同年完成产业化销售收入2.5亿元。

中国科技大学分中心 2006年11月，由中国科技大学与常州华钛化学股份公司合作建设，利用中国科技大学的技术优势，研发光固化先进技术和材料，建有中科大—华钛光固化基础与新材料联合研究中心和新型光固化引发剂研发、食品包装用光固化涂料、无线光缝合技术和电磁屏蔽光固化粉末涂料4个项目课题组。2010年底，分中心有科技人员19名，其中博士10名；同年完成产业化销售收入7300万元。

长春应用化学研究所分中心 2006年11月，由中国科学院长春应用化学研究所与常州华钛化学股份公司合作建设，开展功能化学品和材料、科学仪器领域的科技研发和产业化，建有应用化学实验室，在水质检测、电子分装及新型增塑剂等方面开展项目合作和研发。2010年底，有科技人员23名，其中博士8名；同年完成产业化销售收入1500万元。

上海药物研究所分中心 2007年12月，由上海药物研究所独立建立，上海药物研究所与常州三维工业技术研究所公司合资5000万元，在武进高新区注册成立常州善美药物研究开发中心公司（简称“善美中心”），建立药物研发中心，为上海药物研究所在上海之外建立的首家创新药物产业化开发的研发中心和成果转化基地。2009年8月，上海药物研究所与常州科教城管委会签约，成立自收自支事业单位常州中国科学院上海药物研究所药物研究开发中心，在常州科教城建有600平方米的药学实验室，主要针对心脑血管疾病和代谢性疾病（糖尿病、糖尿病肾病）等严重危害人民健康的疾病开发创新药物，在开发大品种改造技术、促进新药成果的产业化方面取得阶段性成果。2010年6月，研发的新一代牙齿无托槽隐形矫治器获得二类医疗器械产品注册证及生产许可证，是善美中心第一个产业化项目。年末中心有科技人员21名，其中博士2名、硕士8名。

山西煤炭化学研究所分中心 2009年5月，由山西煤炭化学研究所（简称“山西煤化所”）与常州中简科技发展公司合作建立，山西煤化所主要从事能源环境、先进材料和绿色化工领域的应用基础和高技术研究开发。2010年底，分中心有管理及科技人员11名，科技队伍由山西煤化所碳纤维T700科研团队组成，主要开展碳纤维T700及系列产品的研发和产业化。

上海技术物理研究所分中心 2009年9月，由上海技术物理研究所独立建立，11月注册建立事业法人机构常州光电技术研究所（简称“常州光电所”），主要从事光电子材料和器件及其应用研究、信息获取传输和处理应用研究、光电技术应用研究等科研及技术转移，建有LED应用技术实验室和光子探测应用技术实验室。

第二节 高校研究院

一、南京大学常州高新技术研究院

位于常州常武中路801号，2006年11月成立，是常州市政府与南京大学共同建设的高校地方合作平台，从事科技开发、成果转化和科技孵化。2010年初，占地15亩的南京大学常州科技大厦开工建设。年末有科研人员56名，其中中国科学院院士1名、高级职称人员16名，拥有办公、实验用房约4000平方米。该研究院把南京大学的科技、教育、人才、品牌优势与常州的产业优势相结合，按“研在南大，发在常州”的思路建设技术转移平台，先后建成新材料、光机电控制、新能源、生物医药、计算机软件新技术5个公共研发技术平台，国家重点实验室常州研发基地3个，江苏省公共服务平台1个和校企联合实验室20个，参与建设国家重点实验室1个、院士工作站3个，为常州引进海外归国领军型创业团队13个，孵化出科技创新型企业14家，其中5家获国家中小企业创新基金资助；吸引包括4位中国科学院院士、两位国家重点实验室主任在内的南京大学的学术带头人与常州企业开展合作，南京大学一大批科技成果落户常州，与常州企业合作开发项目70多个。

二、北京化工大学常州先进材料研究院

北京化工大学常州先进材料研究院是北京化工大学出资设立的科技型事业单位，2008年成立，从事新材料、新能源、绿色化工、生物医药、先进制造等领域的科学研究及人才培养。2010年底，研究院有2.6万平方米研发大楼（北京化工大学常州科技大厦）、创新型科研团队10余支、研发人员100余人、在读研究生每届60人；建有国家重点实验室分中心、江苏省产学研联合重大创新载体、常州市重点实验室等公共技术服务平台。有外籍院士1人、国家杰出青年基金获得者、国家“千人计划”获得者各1人和江苏省重大创新团队1支、江苏省“双创人才”3人。研究院与企业成立联合研究机构40余个，每年为企业输送培养高技术人才300余人，提供技术服务300余项次。

三、东南大学常州研究院

2006年5月，东南大学与常州市人民政府签署校地全面合作协议，双方合作共建东南大学常州研究院。2007年12月28日研究院成立，2008年4月6日诺贝尔物理学奖获得者丁肇中教授受聘担任研究院名誉院长。东南大学常州研究院设在常州科教城内，5月一期4000平方米实验室投入使用，与东南大学所属的自动化学院、仪器科学工程学院、电气工

常州市政府与东南大学合作共建签约（摄于2008年7月）

程学院、能源与环境学院及常州市的多家大中型企业共建的太阳能综合利用工程中心实验室、电机与电力电子实验室、康复机器人与医疗仪器应用实验室、远程定位监控实验室4个重点实验室，被列为常州市重点开放实验室，其中太阳能综合利用工程中心实验室被列为常州市产学研公共技术服务平台、东南大学校级工程中心。2010年，东南大学与常州企业签订合同项目金额达1043万元。

四、大连理工大学常州研究院

2008年5月18日，大连理工大学与常州市政府签订协议，建立大连理工大学常州研究院，主要从事机械装备设计、电子控制工程、精密模具设计、船舶制造优化、节能环保等领域的研究与技术转移。研究院依托大连理工大学丰富的科技资源，以先进装备技术为突破口，重点在“产学研”合作、人才培训、国际技术转移、科技企业孵化等方面，与常州和长江三角洲其他地区的企业、科研单位共建“产学研”科技合作平台，通过整合资源、科技合作、开展技术人员及高端学历人力资源培训等，加快学校在长江三角洲地区的技术转移。2010年，研究院被列入常州科教城三期建设工程的科研办公大楼开工建设。参股成立常州益利亚重工机械科技公司、常州大控电子科技公司。

五、常州西南交通大学轨道交通研究院

2009年9月27日，常州西南交通大学轨道交通研究院成立，从事轨道交通领域的技术研发、检测试验、装备与产品的系统设计与集成、成果推广与转化。2010年6月13日，成立常州西南交大金路轨道交通科技发展公司。研究院主要依托轨道交通国家实验室（筹）和牵引动力国家重点实验室，聘请中国科学院院士、中国工程院院士各2名，长江学者3名等校内知名专家与江苏轨道交通领域的企业家组成专家委员会，建有磁浮技术与磁浮列车研究所、轨道交通检测技术研究所、轨道交通装备技术研究所、振动与减振技术研究所、噪声和降噪技术研究所。

六、湖南大学常州机械装备研究院

湖南大学常州机械装备研究院由湖南大学、常州市科教城管委会共同建设，开展新能源汽车和智能机械装备产业技术开发、技术转移及产业化。初步建成汽车设计分析及零部件研究所、新能源汽车电子控制系统研究所、微纳磨削技术与装备研究所及相应实验室，成立产业化对接公司1家。2010年底，研究院拥有车辆、机电控制与机械装备专业的教授博导5人、高级工程师1人，具有博士学位或硕士学位的技术人员11人。

七、常州江苏大学工程技术研究院

2009年，常州江苏大学工程技术研究院由常州市科教城管委会与江苏大学共同组建，利用江苏大学在机械、汽车、动力、电气、材料及流体机械、农业机械、内燃机、拖拉机等学科的优势资源，与常州装备制造骨干企业、国际著名CAE软件公司合作，在常州科教城重点建设振动噪声分析与控制技术服务平台，创造能按现代设计理念和流程进行机械产品设计的环境，用先进的虚拟样机、虚拟仪器技术解决机械产品普遍存在、难以解决的振动噪声舒适性和疲劳寿命问题，为常州装备制造业设计人才培养、产品提档升级提供服务。

第三节 其他科研院所

一、机械总院常州先进装备工程技术研究中心

机械总院全称机械科学研究总院。这个中心于2010年12月成立，下设5个研发实体，将拥有砂型快速成型实验室、模具再制造实验室、复合材料制备和成型技术实验室、直角坐标机器人实验室、产品快速开发实验室等创新机构，拥有铸型数字化加工成型机等实验室仪器设备100多台（套），承担常州市和江苏省

两级创新服务平台建设、江苏省科技支撑计划及企业委托项目20余项，启动多金属喷射成形、激光3D打印、复合材料及金属间化合物轻量化成形技术方向研究开发，服务中国南车集团等近50家企业的金属件快速试制开发。

二、常州液体流量计量检测中心

常州液体流量计量检测中心是常州市计量测试技术研究所下属的事业性技术机构，经市政府批准设立，具有独立法人资格，主要是建设江苏省计量科学研究院与常州市计量测试技术研究所在常州科教城联合组建的江苏省液体流量计量检测中心，开展《中华人民共和国计量法》赋予的流量测量、检定、校准、型式批准、仲裁检定及科研等活动。

第三章　科技创新

2006年常州科教城科技园区启动后，招科引智，出台了吸引高端人才的优惠政策，吸引大量高层次人才落户常州科教城，人才总量逐年攀升，创新资源快速集聚，教育、科技和社会共享的人才培养引进平台、科技研发孵化转移平台、社会服务平台逐步搭建，科技创新成果初显。

第一节　人才队伍

2003年，多所高校相继入驻，常州大学城加大人才引进的力度，重点在智能装备、新能源、节能环保、生物医药、电动汽车、机器人技术等领域大量引进专业技术人才。市委、市政府针对常州市科教城管委会拟定的金凤凰高层次人才计划，对常州科教城引进人才的范围、对象、资助标准等作了明确的政策规定。2007—2010年，拨给经费2201.89万元。常州科教城对创新创业型人才提供科研、孵化用房，采用弹性的房屋租赁政策，吸引人才到此创新创业。金凤凰高层次人才计划资助对象是经常州市科教城管委会引进、认可并注册的公共科技研发机构、公共技术服务机构等公共平台，从事先进装备制造、新材料、生物医药、电子信息和软件、新能源、环保等重点高新技术领域科研工作，具有相对应的职称或学历或有高新技术项目、成果在常州区域内研发和转化的高层次人才、技术骨干和研发团队负责人及做出特殊贡献者，重点资助集聚在常州科教城公共研发机构及平台单位工作的先进装备制造、新能源及环保技术、新材料、生物医药、电子信息及软件等领域的高层次研发人才。至2010年底，常州科教城拥有科技人才8280人，其中具有高级职称或博士学位的人才2396人、海归人才及外籍专家246人，拥有特聘院士5名、长江学者8名、国家“千人计划”人才1名、中国科学院“百人计划”人才3名、国家杰出青年科学基金6名和省高层次创新创业人才11名；累计签约入园的海归创业团队145个，为常州打造科技创新示范区提供了关键的智力支持和人才保障，常州科教城发展成为常州高层次人才的重要集聚地。

常州科教城引进的高级人才一览表

表35-3-1

类别	姓名	工作单位	身份、职务
特聘院士	丁肇中	美国麻省理工学院、东南大学常州研究院	美国实验物理学家，华裔美国人，美国麻省理工学院教授，东南大学常州研究院名誉院长。曾获得1976年诺贝尔物理学奖

续表 35-3-1

类别	姓名	工作单位	身份、职务
特聘院士	蔡鹤皋	中国工程院	院士，机器人及机电一体化技术专家。研制成功中国第一台弧焊机器人和点焊机器人，开发出机器人包装码垛生产线，主持建成中国第一个机电控制及自动化学科博士点
	陈洪渊	中国科学院、常州南京大学高新技术研究院	院士，分析化学家。南京大学常州高新技术研究院学术委员会主任委员
	游效曾	中国科学院、常州南京大学高新技术研究院	院士，无机化学家。南京大学常州高新技术研究院名誉院长
	徐杨生	中国科学院合肥物质科学研究院先进制造技术研究所	特聘院士
“长江计划”学者	欧阳明高	常州麦科卡电动车辆科技公司	创办人
	华子春	常州南京大学高新技术研究院	医药生物技术国家重点实验室常州研发中心主任
	黄卫东	常州西工激光科技公司	总经理
	翟婉明	常州西南交通大学轨道交通研究院	技术委员会委员
	张卫华	常州西南交通大学轨道交通研究院	技术委员会主任
	陈良尧	常州宽谱光电仪器公司	创办人
	董闯	大连理工大学常州研究院	
	韩旭	湖南大学常州机械装备研究院	院长
享受国务院特殊津贴者	王公应	常州化学研究所	所长
	李家霁	常州数控技术研究所	所长
	金学松	常州西南交通大学轨道交通研究院	振动与噪声研究所所长
	沈俭一	常州介孔催化材料公司	创办人
国家“千人计划”人才	何宏昌	常州宇遥信息技术公司	创办人
杰出青年科学基金人才	戴宁	常州光电技术研究所	所长
	黄卫东	常州西工激光科技公司	总经理
	翟婉明	常州西南交通大学轨道交通研究院	技术委员会委员
	张卫华	常州西南交通大学轨道交通研究院	技术委员会主任
	华子春	南京大学常州高新技术研究院	医药生物技术国家重点实验室常州研发中心主任
	陈标华	北京化工大学常州先进材料研究院	院长
	韩旭	湖南大学常州机械装备研究院	院长
中国科学院“百人计划”人才	戴宁	常州光电技术研究所	所长
	王玉琦	常州普创半导体公司	创办人
	徐春叶	常州雅谱智能变色光学器件公司	创办人

续表 35-3-1

类别	姓名	工作单位	身份、职务
江苏省创新创业人才	曲东升	常州铭赛机器人科技公司	总经理
	何宏昌	常州宇遥信息技术公司	总经理
	梅　涛	常州机械电子工程研究所	所长
	邱广华	常州佰腾科技公司	技术总监
	欧阳明高	常州麦科卡电动车辆科技公司	创办人
	刘立平	诚欧动力科技公司	创办人
	胡建军	常州汉迪机器人科技公司	创办人
	徐春叶	常州雅谱智能变色光学器件公司	创办人
	顾宇春	常州鸿宇生物科技公司	创办人
	范　珏	常州尚科信息科技公司	总经理
	孙润光	江苏激蓝科技公司	创办人

第二节　科技型企业

常州科教城入驻的科技型企业主要由科研院所依靠技术支撑独立孵化的企业、科研院所与常州地方企业合作共建的新企业和创新创业人才创办的企业等构成，主要进行生物医药、先进材料、节能环保、先进制造、电子信息技术和产品的研发和生产。2010 年底，常州科教城入驻有科技型企业约 400 余家。其中，生物医药企业 60 余家，在心血管疾病、糖尿病治疗药物和抗肿瘤药物等重大疾病防治研究领域具有较强的研发能力和优势；先进材料科技中心企业 30 余家，在碳纤维材料、橡胶防老化、高分子材料、纳米材料、涂料和绿色化学等重要材料研究领域具有较强的研发能力和优势；节能环保企业 60 余家，其中海归创业团队 16 个，申报科技项目立项 24 项，获得专利 46 项，完成销售总额 6950 万元；先进制造企业 60 余家，在机器人、智能装备、轨道交通、新能源汽车、工具制造、精密仪器等领域初具规模；电子信息技术企业达 100 多家，其中 100 人及以上企业 2 家、50 人以上企业 4 家，园区有 6 家通过软件能力成熟度(CMM)评估认证，有 3 家为“双软”(软件企业、软件产品认定)企业。

一、江苏远宇电子集团有限公司

创建于 90 年代初，主要自主研发、生产和销售微型通信电声器件和精密模具，产品 90% 以上销往欧美和东南亚等地区 20 多个国家。90 年代中期，集团所属的美国公司独立重组 AAC 瑞声声学科技控股集团，2005 年在香港主板上市；至 2010 年，进入微机电结构 MEMS 产品和新一代数字声学产品等领域。集团拥有总资产 4 亿多元，位于武进高新区的下属公司产品涉及电子开关等元器件、精密模具制造和零部件生产。在常州科教城东区的江苏远宇科技大厦总建筑面积 2.6 万平方米，成立有常州中科来方能源科技公司，锂电生产设备全部到位、完成调试。

二、常州铭赛机器人科技有限公司

2008 年 4 月成立，是由哈尔滨工业大学、深圳市创新投资集团、常州红土创新创业投资公司、常州武进红土创业投资公司、江苏新天地投资发展公司投资参股的高新技术企业，依托机器人技术与系统国家重点实验室哈尔滨工业大学机器人研究所成立，拥有自主知识产权，主要从事机器人技术及产品的研发及产业化、工业机器人及精密机电一体化作业装备产品研制。铭赛公司被认定为江苏省民营科技企业、高新技术企业。2009年，获准成立江苏省蔡鹤皋企业院士工作站，搭建机器人核心技术开发的基础技术服务平台和技术转化平台，自主研发的DS-200点胶机器人、DY-100点胶机器人被认定为江苏省高新技术产品。2010年底，拥有授权专利技术29项和专业检测仪器设备、精密加工设备各10余台(套)。拥有研发和生产办公用房3000余平方米，先后建成与机器人核心技术相关的运动控制技术实验室、机器视觉技术实验室、作业工艺技术实验室和基础部件实验室。

三、江苏爱特恩高分子材料有限公司

2009年8月在常州科教城开业，是集研发、生产、销售于一体的公司，致力于橡塑防老化等助剂的开发应用。2010年底公司重组，组成以江苏爱特恩高分子材料公司为母公司，常州市五洲化工公司、常州市五扬助剂公司、江苏爱特恩东台化工公司为子公司的集团公司，销售收入从2009年的3800万元增至2.4亿元。据中国橡胶助剂协会最新统计，公司在全国200多家橡胶助剂企业中规模、销售额居第五位，影响力排前3名。

四、江苏美淼环保科技有限公司

该公司是专业从事设计、研发、生产和销售高科技绿色环保的企业，主要研制家用净水及饮水设备、民用及商用水处理设备、工业用水处理设备等系列环保产品。美淼全系列产品拥有中国国产水卫生安全产品卫生许可批件，拥有净水器结构工艺及膜材料方面的国家和国际发明专利12项。公司创办人沈敏获得常州市领军型海归人才重点推荐，美淼公司成为园区内成长速度最快的企业和行业内前置反冲洗系统的专业生产厂家。

五、江苏市新墅机床数控设备有限公司

该公司是中国机床功能部件配套行业的民营骨干企业。1985年成立后，一直致力于数控刀架、刀库的研发生产，1987年参加全国电动刀架联合设计，产品形成8个系列、50多个品种，产销量多年居全国首位。2010年末，公司有员工300多名，其中高级工程师4名、工程师8名、其他具有专业技术职称的人员20多名。公司占地60多亩，建筑面积2.5万平方米，拥有固定资产3000多万元，拥有立式、卧式加工中心和高精尖数控设备约200台(套)。具有年产立式四工位刀架达5万台和卧式刀架、刀库8000台的能力，主要产品有全功能数控刀架、刀库、经济型数控刀架，曾获4项国家专利，BT型斗笠式刀库、HLT数控液压刀架被认定为高新技术产品。

六、常州齐晖医药科技有限公司

该公司是专业从事化学原料药及医药中间体研发、销售的企业，建有武进区牛塘镇的亚邦兽药公司、常州高新区的亚邦齐晖公司和连云港灌南化工园的亚晖公司3个生产基地。亚邦齐晖公司主要制造原料药，另外两家公司制造医药中间体。2010年，公司主导产品为高品质的苯并米唑类、柳胺类抗寄生虫原料药，包括甲苯咪唑、氟苯咪唑、氯氰碘柳胺钠、阿苯达唑、芬苯达唑等，产品80%以上出口，销往全球数十个国家和地区，其中阿苯达唑、芬苯达唑占国际市场主导地位，甲苯咪唑、氟苯咪唑获欧洲药典适应性证书CEP(英文certificate of suitability to monograph of European Pharmacopeia)证书。

七、江苏艾信兰生物医药科技有限公司

2009年12月，由留美博士、项目负责人毛力真等创办，占地1100多平方米。主要致力于新型脑中风治疗药物开发、生产和医疗器械、诊断试剂的经营销售。公司建有抗体工程试验室，专门开发新型脑中风治疗抗体申请发明专利4项，包括新型抗体的治疗效果、适应症、制备方法及大规模细胞培养制备抗体的生产工艺，该项目与常州大学生命科学与制药学院结成产学研联盟。

八、常州天鹅科技有限公司

位于常州科教城东南大学常州研究院，是专业以3S(RS/GIS/GPS)技术及无线视频监控技术为核心，专门从事社会公共安全、治安动态防控产品研发及应用研究的双软、高新技术企业。公司注册资金1000万元，银行资信AAA级，依托东南大学、南京航空航天大学等高校院所，开展“产学研”合作，拥有专利8项、软件著作权4项。该公司取得省增值电信业务和短信息类服务接入经营许可，是江苏省巡逻车等公安专用车辆移动图像监控系统技术规范的依托单位，国家应急办公室和公安指挥中心二处合一“常州模式”典型示范项目建设单位，建设部数字城管城市巡视移动监控系统标准制定依托单位。

九、常州英诺激光科技有限公司

该公司是美籍科学家赵晓杰博士领衔，由美国、中国大陆、中国台湾等3地科技创新团队建立的高科技合资企业，简称IMC，致力于研发、生产和销售高端激光微加工应用设备及系统，为工业企业提供完整的创新型激光微加工方案，应用于半导体、发光二极管（简称LED）新光源、新能源、触摸屏、医疗器械、玻璃、陶瓷及其他高附加值的精密微加工领域，IMC在美国、中国台湾和大陆组建高效的专家团队，拥有激光、光学、机械、电子、自动化等领域的高层次专业人员。IMC美国团队从事激光微加工先进技术研发，专注于发展全球最前沿技术；IMC台湾团队注重LED等工业领域的加工工艺突破性应用研究，拥有突破性关键技术；IMC大陆团队注重消化引进国际最先进技术。

十、常州佰腾科技有限公司

2006年成立，是一家高科技民营企业，被省科技厅、经贸委、财政厅认定为江苏省中小企业技术服务示范平台、重点科技中介服务机构，是全省最大的知识产权服务机构，旗下的佰腾网是国内知名的专利信息服务网站，名列国内网站前茅（参见第三十三卷“科学技术　社会科学”）。

第三节　科技研发企业孵化平台

常州科教城围绕机器人及智能装备、新能源车辆、半导体照明、生物医药、创意、光伏、风力发电、功能新材料等8个专题产业园的需要，着力创建机器人、微型纯电动汽车、新一代轨道交通等领域的国家级重点实验室，重点建设以国家大学科技园、中国科学院常州先进装备制造技术研发与产业化中心、江南现代工业研究院为核心的研发孵化平台。

常州国家大学科技园（摄于2010年2月）

一、常州国家大学科技园

2006年开始筹建，是常州市科教城管委会与中国科学院常州先进制造技术与产业化中心、南京大学常州高新技术研究院、东南大学常州研究院、常州9所高校、武进高新区管委会共同合作的项目，采用政府引导、多方合作、整体规划、分步实施、企业化运作、滚动式发展的建设模式，利用高等学校、科研院所的智力资源，把人才优势和科技优势转化为产业优势和经济优势。2006—2007年，编制了科技园总体规划，吸引一批高新技术企业和高科技人才进驻科技园，孵化用房面积达3.7万平方米，在孵企业总数达30家。2008年，完善配套功能，吸引海内外高科技创业团队和项目进驻孵化，孵化用房总建筑面积达10.2万平方米，在孵企业总数达80家。2009—2010年，完善科技园创新创业环境，引进大批国内外创新企业、创业人才集聚园区，在孵企业总数达400家。常州市大学科技园管理中心负责科技园的日常运行管理，为自收自支型事业单位，重点围绕常州五大高新技术产业发展，承担科技园招商引资、招科引智、项目开发、成果转化、风险投资等工作，探索建立工作联动机制。

二、中国科学院常州中心

2006年11月6日成立，建立有13个分中心、6个研究所，先后承担省级以上重大科技项目30多项，实施院地合作项目135项，带动投资12.8亿元，新增营业收入150亿元；承担国家级科技项目11个、省级项目23个；2008年被科技部评为首批国家技术转移示范机构、实施国家科技计划先进服务单位，2009年获国家首届“产学研”合作进步奖，成为中国科学院系统最成功的两家技术转移中心之一。2010年，规划建筑面积7.6万平方米、总投资约2.6亿元的中国科学院常州中心创业园开工建设，重点承担研发、孵化和放大功能，推动中国科学院技术成果在常州的产业化（内容参考本卷第二章“科研院所”第一节“中国科学院常州中心”）。

三、江南现代工业研究院

2010年10月成立（简称工研院），是江苏省重点支持的产业研究院，属常州市地方事业法人，是常州科教城根据常州建设国家创新型科技园区和江苏省先进装备制造业发展的要求，借鉴德国佛朗霍夫研究院、台湾工业研究院的经验，面向先进装备制造领域建立的产业技术研究院，主要致力于机器人与智能装备产业共性技术的研发、转移和推广。2010年，江苏省启动产业技术研究院建设，首批布局4家，江南现代工业研究院入选，获得省科技厅科技基础设施重大建设计划拨款支持1000万元。启动建设7.7万平方米科研大楼，总投资2.5亿元，采用共建的形式建成开放实验室两个和人才服务、资本运作两个功能中心。

第四节　科技服务平台

常州科教城加快环境营造、资源整合，优化创新创业服务，建成较为完善的中介服务和配套体系，使园区机构在资金、人才、技术、观念上互相碰撞、交流、支援，以内在的纽带形成可持续循环的相互配套、合作互动关系，形成巨大的综合效应。专门成立创新服务中心、人才交流中心，设立单一窗口，简化入园创新创业手续，引进建设技术产权交易中心、知识产权服务中心等从事服务外包、专利服务的企业，建立会议中心（科教会堂）、后勤服务中心等服务设施和机构，为入驻企业提供全方位、多层次、专业化的服务。2010年底，常州科教城有32家中介服务机构成立运行。

一、公共服务平台

常州科教城现代工业中心　位于常武中路801号，是集公益性、社会化、产学研结合于一体的教育训练与科技服务平台，是示范性高职教育园区共享平台的重要组成部分，也是中央和省财政重点支持的区域综合性大基地。2005—2006年建设一期工程，占地7.2万平方米，建筑面积7万平方米，投资近2.5亿元；二期工程占地1.3万平方米，建筑面积3.2万平方米，2008—2010年建设。集中建成一批设备先进、规模较大、专业覆盖面广、共享程度高、富有特色的实训项目。向园内6所高校及国内外教育、科技机构全面开放。通

过生产性实训、创新创业实践、园(校)企联合等形式，为中小企业科技产品研发、成果转化提供技术和服务，为学校师生参与创新创业提供条件，实现对高素质技能型人才的培养，促进了“产学研”合作，推进大学生的创业和国际合作。至2010年，中心先后建成数字化设计与制造技术、现代物流技术、电子信息技术、计算机网络技术、艺术与服装设计、动漫、印刷技术、新型材料与建筑技术、焊接与检测技术、家用电器测试与维修技术、机械加工技术、模具技术、汽车技术等实训基地16个，年均安排园区内外学生实训和社会培训6万多人次；承办了全国和省、市技能大赛10多次。

常州科教城培训管理中心（国家职业技能鉴定所、科技培训学院） 位于常武中路801号，2006年10月成立，是常州科教城的培训管理平台和江苏省国际服务外包人才与常州国家动画产业人才、软件产业人才、装备制造业人才培养基地，为常州市科教城管委会直属全民事业单位，设有常州科教城本部(东区)、城中分部。常州科教城国家职业技能鉴定所依托常州科教城优质师资和实训基地，开展中高级职业技能鉴定。常州科教城科技培训学院是经省教育厅、民政厅批准成立的非学历高等教育机构，主要开展中高端、实用性、技能型人才培训，打造常州科教城培训品牌，为常州地区乃至全省、全国企事业单位提供优质的人才培养服务，组织开展订单式岗前培训、职业技能训练、职业资格认定、职业技能鉴定、国际教育交流等。3家机构合署办公，建有培训大楼7层1.5万平方米，专用教室50多个及计算机网络教室、语音教室、学术报告厅等。配备两座12层学生公寓和三星级标准的专家公寓及餐厅、运动场、俱乐部等，开发特色课程，利用先进基地开展实训，建有数控、机械加工、艺术设计与动漫、电子信息、计算机网络与制造业信息化、现代纺织、服装设计工程、新型材料与建筑、焊接与检测、模具、家电测试与维修、汽车维修、印刷技术等实训基地10多个。

常州现代设计与制造中心 位于常州科教城东区，隶属常州市科教城管委会，是江苏省“十一五”重大科技基础设施建设项目、中国科学院常州先进装备技术创新中心的核心项目，也是常州市科教城管委会重点规划建设的面向装备制造业的设计、制造、检测平台。2006年，由常州市科教城管委会和市科技局、生产力促进中心联合发起、规划设计并负责筹建，计划投资1.5亿元。中心依托中国科学院、浙江大学、南京大学、上海交通大学等全国著名高校，英国伯明翰大学、香港理工大学、美国PTC公司等著名机构与企业的先进技术，既是常州科教城的实习培训设施，又是常州中小企业的高精尖加工共享设施；既可用于中国科学院、著名高等学校与地方合作交流、成果产业化的公共试验，又可用于中心内部的技术创新与数字化装备研发。至2010年底，中心完成固定资产投资1.1亿元，建成建筑面积2.2万平方米，拥有世界顶尖级加工中心与检测设备制造平台5个，成为常州高端装备公共科技共享平台的核心，具备为企业提供高精密先进装备产品研发、成果转化提供设计、制造和检测服务的能力，先后与20多家大型知名企业签订产学研合作项目，完成科技开发项目5项，开发出数控机床关键零部件、高档立式加工中心产品各3个。

常州科教城现代工业中心印刷实训基地内景(摄于2009年2月)

二、中介服务机构

常州科教城重点建设常州技术产权交易中心、知识产权服务中心、人才服务分中心，引进会计师事务所、资产评估事务所、律师事务所等中介服务机构。

常州技术产权交易中心 位于常武中路801号，是市生产力促进中心、常州产权交易所投资组建的股份制技术产权交易机构，2006年9月28日成立，实行有偿代理与无偿服务，采取会员制和非会员制的业务运营模式。主要从事长江三角洲地区和全国跨地域、跨行业、跨组织间的技术贸易和高新技术产品交易。接入国家级技术市场的信息网络，规划建成长江三角洲地区技术信息集散地和技术贸易中心。进行国际科技产业信息交流合作，服务于常州高新技术成果的产业化和国际化，加速科技成果产业化和商品化，服务驻常州科教城科研机构、在常高校和中小企业。

常州市知识产权服务中心 位于常武中路801号，是市政府批准设立的独立法人非营利性社会服务机构，由江苏工业学院和常州市科技信息中心共同组建，2007年4月24日成立，从事常州地区知识产权服务，依托江苏工业学院的人才队伍和信息数据库资源，为高校提供专利信息服务，向全市企业提供专利战略分析及预警、专利信息平台建设及服务和知识产权培训、法律援助及专利事务等服务。中心与中外专利全文数据库、中国期刊全文数据库(CJFD)、中国科技成果数据库(CSTAD)、中国企业与产品数据库(CECDB)、ELSEVIER数据库、SCOPUS数据库、CA数据库、美国科学引文索引(SCI)与美国工程索引(EI)引文数据库、国家科技文献中心免费期刊数据库、万方数据库、万方硕博士论文库、电子图书和中国标准全文数据库等信息数据库建立链接，建立面向高校和企业的开放式检索中心，提供免费检索服务。

常州市人才服务中心常州科教城分中心 位于常武中路801号，2007年4月成立，是市人力资源和社会保障局、人才服务中心的窗口。分中心向常州科教城进驻机构通报常州组团赴南京、武汉、东北、西北等地高校招聘信息，组织相关机构随团外出招聘或提供代为招聘服务。通过市人才中心研究生实习基地，与进驻机构和各地高校建立长期合作关系。至2010年，分中心为9家进驻机构和高校的68人办理报到、调动、录用等手续，为96人办理劳动关系整体转移手续、养老保险和住房公积金的代缴手续、集体户口挂靠和代办职称评审，为6名事业编制员工办理录用、上编、工资核定和聘用合同鉴证手续，为1000多名高校毕业生办理就业协议鉴证手续。

第五节 技术转移转化

科技园区建有中国企业专利信息服务平台（佰腾网）、技术产权交易中心、知识产权代理中心、企业创业服务公司、创业投资公司、科技廊桥、电子科技超市等专业性的技术转移平台，涵盖信息发布、成果鉴定、价值认定、技术合同、产权转让、融资担保等服务领域，目标是打造以中国常州先进制造技术成果展示洽谈会、科技金融中心等中介服务机构为载体的技术成果转移转化平台，促进科技成果转化，深化"产学研"合作。

中国常州先进制造技术成果展示洽谈会开幕（摄于2009年5月）

一、中国常州先进制造技术展示洽谈会

2006年起，科技部、中国科学院和江苏省政府于每年5月18日在常

州科教城举办中国常州先进制造技术成果展示洽谈会。至2010年底，连续成功举办5届，展示了常州的先进制造新技术、产业特色和“产学研”合作新成果，寻求院校成果与企业需求的沟通、对接，促进科技成果的转化和产业化，5届展示洽谈会促成3000多项产学研成果在常州生根开花。

二、科技金融中心

常州科教城建设科技金融中心，引进科技支行、科技小额贷款、投资基金、科技担保、融资租赁、证券公司投行部等金融机构，形成以私募股权投资PE、风险投资（英文简写VC，亦称创业投资）为主、股权投资基金为特色的综合性金融服务平台，组织举办投融资对接会、精品项目路演、金融产品推介会、科技创业投资论坛、科技金融高峰论坛等活动，搭建资本和项目的对接平台；通过联合投贷、集合融资、组合产品、整合运营的运营模式，搭建了科技企业直接、间接融资的中介服务平台。

第四章　高等职业教育园区

2003年10月，常州信息职业技术学院、常州纺织服装职业技术学院、常州工程职业技术学院、常州轻工职业技术学院、常州机电职业技术学院和江苏工业学院陆续入驻高等职业教育园区。园区以高职教育为特色，主要培养既有理论基础、又有动手能力的技能型人才，探索创建以专业建设为龙头、工学结合为主线、课程建设为重点、实训教学环节为突破、“双师”型队伍建设为保障、“产学研”合作为延伸的高职人才培养模式。2010年底，园区向全国26个省直辖市自治区招生，拥有全日制在校学生7.6万名，每年向社会输送毕业生2万名。校际间没有围墙，基础设施、场馆、课程和师资等软硬件资源实行统一规划、整体建设，构建教育、科研和社会共享的装备和服务平台，形成资源共享、节约发展、集群发展的模式。各高职院校实施订单式教学，与20多家境内外大企业、集团签订了专业人才培养协议，每年为企业培养毕业生1500多名。推行“学历文凭＋多种证书”制度和园区高职毕业生质量标准，要求毕业生的技能达到1项高级工或两项中级工技能等级标准。园区5所高职院校建有国家级实训基地6个、其他国家级基地（中心）10个和省级实训基地18个，高职院校要求专职教师每年进企业时间不少于1个月。园区专职教师中研究生学历占27.3%，有高级职称的占32.4%，“双师型”教师占73.3%。园区5所高职院校与1830余家知名企业建立校企合作联盟，校企共同开发课程527门、教材440本，共建实验室52个、技术中心39个和校内生产性实训基地139个、校外实习实训基地1300余个；每年培训企业员工3万余人次。园区与美国、加拿大、英国、德国、澳大利亚、新加坡、印度等国家和中国香港地区的40余所高校及国内著名高校开展多种形式的合作。至2010年底，园区6所院校相继以优秀等第顺利通过教育部的教学水平评估，学生获得省级及其以上技能大赛一等奖300余项，5所高职院校毕业生就业率均居全省高职院校前列。

第一节　常州大学

常州大学的前身是南京化工学院无锡分院、南京化工学院常州分院，始建于1978年3月，为全日制本科院校。1981年，国务院批准其更名为江苏化工学院，搬迁至常州白云路。1984年，由江苏省和中国石油化工总公司联合办学。1992年，成为隶属中国石油化工集团公司管理的部属院校，更名为江苏石油化工学院。2000年，全国部属院校管理体制调整，学院改为中央与地方共建、以江苏省管理为主，2002年更名为江苏工

2003 年 9 月，江苏工业学院武进新校区揭牌（摄于 2003 年 9 月）

业学院，3 月江苏省商业技工学校并入，10 月在常州大学城征地 1000 余亩建设新校区，2003 年启用。

常州大学武进校区（本部）位于常州科教城高职教育园区滆湖路 1 号，东与常州科教城二期相连，西临常州工程职业技术学院。新建校区累计投资 7.5 亿元，占地 1038 亩，由 3 栋教学楼、1 栋行政办公楼和 18 栋学生宿舍组成，总建筑面积 32 万平方米。其中教学楼 4.42 万平方米、行政办公楼 5.9 万平方米，实验室、图书馆 5 万平方米，宿舍楼及其他配套设施 16.68 万平方米。建成实验室 156 个，配置核磁共振波谱仪、X-光衍射仪、气相色谱仪、电火花线切割机床、天然气水合物实验装置等教学设备 680 台（件），总价值约 2.2 亿元，处于省内领先水平；图书馆拥有纸质图书 130 万册，数字光盘、影像资料 2.38 万种。2003 年秋季学期开始对外招生。2006 年，学校顺利通过教育部组织的本科教学水平评估。2010 年 3 月，教育部批准其更名为常州大学，5 月 29 日举行更名庆典。至 2010 年底建有武进和白云两个校区（常州大学院系、学科设置和教学科研情况参见第三十四卷“教育”）。

第二节　高等职业技术学院

2003 年以后，常州高等职业教育园区 5 所高等职业技术学院与常州大学（江苏工业学院）共建数字资源中心和 13 个共享型生产性实训基地，建立教育教学改革试验区，形成教学资源多校共建共享的良性机制，得到党和国家领导人的肯定和社会的赞誉，被誉为全国高职教育的“常州模式”。

一、常州信息职业技术学院

2002 年 10 月起建设新校区，至 2010 年底累计投资 5.3 亿元。新校区占地 1042 亩，建成教学楼 5 栋、行政楼 1 栋和学生宿舍 12 栋，总建筑面积 32.03 万平方米，其中教学楼 3.97 万平方米、行政楼 1.02 万平方米和实验室、图书馆 7.34 万平方米与学生宿舍及其他配套建筑 19.7 万平方米；建有实验室 163 个，配置数控机床、投影仪等设备，总价值 1.25 亿元，可用智能产品制作、数字化设计、精密模具制造、机器人操控、物流生产与运作等实验分析；图书馆拥有纸质图书 68.72 万册、电子图书资料 1.3 万吉字节。2004 年，以优秀成绩通过教育部组织的高职高专人才培养水平评估，2006 年被省教育厅确定为江苏省示范高职院校重点建设单位，2007 被教育部确定为国家示范性高职院校建设单位（院系、学科设置和教学科研情况参见第三十四卷“教育”）。

二、常州纺织服装职业技术学院

2002 年 10 月起建设新校区，至 2010 年底累计投资 5.7 亿元。学校占地 825 亩，先后建成教学楼 7 栋、行政楼 1 栋和学生宿舍 16 栋，总建筑面积 29.1 万平方米。其中教学楼 16.3 万平方米、行政楼 0.9 万平方米和实验室、图书馆 10.38 万平方米；建有实训中心 29 个，陆续配置纺织品设计系统、电脑测配色系统、流水线自动控制平台、光学动作捕捉等设备9284台，总价值8251.5万元，可用于纤维与织物的性能测试及工艺试验、新型纺织品或成衣的设计打样、高精度零件的测量加工与数据分析、三维动画制作等实验实训；图书馆拥有纸质图书64.4万册、电子图书总量13.5万吉字节（院系、学科设置和教学科研情况参见第三十四卷“教育”）。

三、常州工程职业技术学院

2006年，以优秀成绩通过教育部高职高专院校人才培养工作水平评估。2008年，成为江苏省示范性高职园区建设院校。2010年底，新校区占地1119.86亩，校舍总建筑面积35.14万平方米，拥有总资产9亿多元、教学仪器设备价值1.01亿元、图书馆藏书59.57万册、万方数字期刊等电子图书15.2太字节、镜像数字资源10太字节。建有CNKI中国期刊全文数据库和千兆以太校园网。校自筹资金8000万元，先后建成现代化校内实训中心38个、实验实训室200多个、校外实训基地96个（院系、学科设置和教学科研情况参见第三十四卷“教育”）。

四、常州轻工职业技术学院

2002年10月建设新校区，占地824亩，至2010年底总投资7.8亿元，建有教学楼7栋、行政楼1栋和学生宿舍楼10栋，总建筑面积24.51万平方米。其中，教学用房近3万平方米，行政用房0.71万平方米，实验室、图书馆8.7万平方米，体育馆1.1万平方米与学生宿舍及其他配套设施约11万平方米。自筹资金8000万元，建成现代化校内实训中心和实验实训室38个、校外实训基地100多个。陆续配置fanuc系统数控铣等设备，教学仪器设备总值8374万元，可进行模具制造等教学实训。图书馆拥有纸质图书71万册、电子图书总量3550吉字节（院系、学科设置和教学科研情况参见第三十四卷“教育”）。

五、常州机电职业技术学院

2002年10月起建造新校区，总投资5亿元，占地788亩，建有教学楼2栋、行政楼1栋和学生宿舍11栋，总建筑面积26.37万平方米，其中教学楼3.96万平方米、行政楼1.03万平方米和实验室、图书馆3.38万平方米与学生宿舍及其他配套设施约18万平方米。学院自筹资金约5000万元，建成现代化校内实训中心38个、实验实训室85个和校外实训基地96个；配置三坐标测量机等设备7700多台，总价值8000多万元，用于专业课程的实验实训；图书馆拥有纸质图书43万册，数字光盘、影像资料7000余盘（盒）（院系、学科设置和教学科研情况参见第三十四卷“教育”）。

第三十六卷 文化 艺术

Volume XXXVI Culture & Arts

1985年以后，常州文化事业逐渐繁荣，小说、散文、诗歌、影视剧本、报告文学和民间文学等文艺作品硕果累累，涌现出一大批讴歌时代精神，体现地域特色，深受群众喜爱的优秀文学作品；创作队伍不断壮大，全市有10余人被吸收为中国作家协会会员，90余人为江苏省作家协会会员，高晓声、陈肃、陆涛声、沈国凡、殷志扬、张宇清、黄水清、周洁如等创作的文学作品，在省级及其以上文学评选活动中获奖。传统锡剧长演不衰，《风流母女》等10余部戏获得江苏省戏剧节、江苏省"五个一工程"奖、第四届中国上海国际艺术节奖。滑稽戏异军突起，发展成为常州戏剧中的王牌，《多情的"小和尚"》《诸葛亮与小皮匠》《我要做好孩子》获得全国戏剧评选大奖，被推荐进入中南海为党和国家领导人演出。地方曲艺特色鲜明，涌现出邢晏春、邢晏芝、周玉峰等戏曲名家。美术书法群星灿烂，全市先后有20余人成为中国美术家协会会员，近70人成为中国书法家协会会员，有多人被评为国家一级美术师，丁德邻、范石甫、赵治平、江可群、魏华邦等画家的作品选获全国大奖。电影、电视创作成果丰硕，多次获省级及以上大奖，其中电影《邓稼先》获第十一届全国"五个一工程"优秀故事片奖。动漫艺术每年佳作不断。摄影艺术长足发展，全市有中国摄影家协会会员70余人，省摄影家协会会员300余人，耿荣兴、汤德胜、刘建中等摄影家先后获得全国摄影展览或比赛的大奖。群众文化活动丰富多彩。全市基层文化设施发展迅速，群众文化机构遍及全市城乡，基本形成延伸至村社区的四级文化服务网络。新建的常州市群众艺术馆、图书馆、文化馆和常州博物馆、常州大剧院等文化硬件设施一流，功能先进。建成常州艺术高等职业学校新校区，新建改造刘海粟美术馆、常州书画院、吴青霞艺术院场馆，广场、社区、校园、老年、少儿、休闲文化协调发展，举办了8届兰陵音乐会，基本形成月月有活动、季季有重点、年年有高潮的格局。文化市场逐步建成，形成体制多样、种类较全的格局。地方志、年鉴和档案工作有序推进，《常州市志》于1997年获得江苏省第五届哲学社会科学优秀成果一等奖，为全省获得哲学社会科学大奖的首部地方志书。2008年常州市档案馆晋升为全国首家地级市国家一级档案馆。2010年底，全市有文化馆、文化站67个，图书馆（室）203个、博物馆和纪念馆21个、影剧院11个，有专业艺术表演团体7个。

第一章　文化艺术组织机构

1986—2010年，常州市文联坚持"为人民服务、为社会主义服务"的方向和"百花齐放、百家争鸣"的方针，带领各级文联加强协会、文艺社团的自身建设和管理，培养、壮大文艺创作人才队伍，引导全市文艺工作者深入实际、深入生活、深入群众，组织开展了文艺创作采风、展览、展演、讲座、研讨、交流、群众节庆文化等活动。文艺作品反映生活的广度、深度及题材、体裁形式及风格等方面均有新探索。实施"三霞"工程，即培养青少年文艺人才的朝霞工程、培养和使用中青年骨干文艺人才的彩霞工程及抢救、收集、整理、展示老艺术家成果的晚霞工程，创作出一批思想性、艺术性、观赏性俱佳，群众喜闻乐见的精品力作，常州文学艺术持续发展和长期繁荣，推进了全市社会主义先进文化的培育和发展。

第一节 文学艺术界组织

一、常州市文学艺术界联合会

1989—2006年，常州市文联共召开4次代表大会，民主选举领导班子，设立工作机构。建立了常州翠苑杂志社、常州市文学艺术研究室(所)、艺术考核培训中心等事业单位。

代表大会　第六次代表大会　1989年8月14—16日召开，正式代表210名、特邀代表30名。大会选举产生市文联委员53名，李文瑞当选为主席。

第七次代表大会　1994年12月26—28日召开，正式代表280名、特邀代表和列席代表70名。大会选举产生市文联委员70名，陈建新当选为主席。

第八次代表大会　2000年12月25—26日召开，正式代表399名、特邀代表和列席代表96名。大会选举产生市文联委员70名，陈建新当选为主席。

第九次代表大会　2006年4月3—4日召开，正式代表399名、特邀代表和列席代表70名出席。大会选举产生市文联委员82名，蒋节勤当选为主席。

常州市文联机构　常州市文联下属基层单位有常州市文学艺术研究室(所)、常州翠苑杂志社、常州市艺术考核培训中心、常州市文联艺术培训中心、常州市主流文化艺术传播中心等企事业单位。

常州市文学艺术研究室（所）　1994年7月13日成立，核定编制5人，为全额拨款事业单位。1999年1月，增挂常州市文艺创作研究所牌子。

常州翠苑杂志社　1979年11月创刊，1980年7月成立《翠苑》编辑部，隶属市文联，由美术大师刘海粟为《翠苑》题写刊名。翌年10月，获得江苏省出版局颁发的期刊登记证，主要刊发中短篇小说、诗歌、散文随笔、文学评论等文学作品。1984年，被国家新闻出版署批准为全国公开发行刊物，刊号为28-86。1992年10月，成立自收自支、独立核算的事业单位《翠苑》杂志社，现为全额拨款的事业单位。2001年6月，《翠苑》杂志办刊方针由纯文学改为边缘文学。翌年1月，由双月刊改为单月刊。2003年12月30日，《翠苑》杂志恢复为纯文学期刊，改为双月刊。2004年12月，在江苏省第五届期刊质量评估中首次被评定为江苏省一级期刊。1989—2012年底，《翠苑》刊载的文学作品有35篇被全国报刊和诗歌、散文年选转载。

常州市艺术考核培训中心　2002年成立，为自收自支事业单位，核定编制8名，主要负责艺术考核、培训等辅助性服务。

二、常州市文艺界协会

常州市级文学艺术家协会、研究会为市文联团体会员。2010年底，市文联团体会(协会、研究会)有常州市作家协会、美术家协会、书法家协会、摄影家协会、戏剧家协会、音乐家协会、曲艺家协会、舞蹈家协会、民间文艺家协会、电影电视家协会、工艺美术家协会、苏东坡研究会、花鸟画研究会、诗词协会，涵盖各艺术门类。

常州市作家协会　位于大观路10号。1983年10月成立时名常州市文学工作者协会。1990年10月更用今名(简称“作协”)。1983—2010年，召开第一至五次会员(代表)大会，历任主席有李文瑞、孟济元、黄瑞康。至2012年底，常州籍中国作协会员有李中萱、沈国凡、张健、张留生、陆涛声、陈肃、金文琴(女)、周洁茹(女)、袁亚鸣、殷志扬、高建新、葛安荣、韩斌生。

常州市美术家协会　位于大观路10号。1983年11月21日成立。前身为1950年成立的常州市美术工作者协会，主席王萌清。1990年10月更用今名（简称“美协”）。1988—2010年，召开第二至六次会员（代表）大会，历任主席有房师田、魏华邦、江可群。至2012年底，中国美术家协会会员有丁楼辰、丁德邻、丁德源、王亚平、吉成方、朱富平、江可群、杜跃华、李庆、李平秋、杨兆群、言亢达、张勤、张德俊、范石甫、周俊炜、周蕴华、房师田（女）、是有福、莫树滋、顾国治、黄喜荣、曹忠平、蒋晓林、戴起群、戴德馨、魏华邦、司马连义。

常州市书法家协会 位于大观路10号。1982年3月成立时名常州市书法工作者协会，1990年10月更用今名（简称“书协”）。1985—2010年，召开第二至六次会员大会，历任主席有蒋庭华、阙长山、刘秋农。至2012年底，中国书法家协会会员有王渊、王日曦、王文明、王亦农、王英杰、卞可成、石东礼、卢海洲、叶康宁、叶鹏飞、白清渊、冯建国、朱国平、刘洪、刘谷清、刘秋农、江维平、汤钟音、芮新丰、李宾、李国平、李啸东、杨兴慧、吴炜栋、吴琦慰、邹国平、汪凯、张红扬、张克强、张国强、张泽江、张培创、陆建华、陈捷、陈清、陈曦、陈吉安、陈远东、陈海良、范石甫、范国元、季全保、周冬军、周仰谷、周俊海、周慕谷、郑长安、居丽琴（女）、胡一飞、胡灿枫、宣玉兴、羿良忠、钱小山、徐勇、徐浩然、凌丹（女）、高仲渊、郭向东、谈俊荣、谈惠娟（女）、曹玉屏（女）、黄晖、戚散花（女）、章哲诚、彭建勋、蒋才明、蒋寿元、蒋雪莲（女）、谢飞、阙长山、管敬泽、薛丽娜（女）、霍超（女）、诸葛丽娜（女）。

常州市摄影家协会 位于大观路10号。原名常州市摄影工作者协会，1990年更用今名。1983—2010年，召开第二至六次会员大会，历任主席有金辉、耿荣兴、汤德胜。至2012年底，中国摄影家协会会员有万一松、王京（女）、王锋、王玉华、王晓云、车保华、毛正瑞、方南屏、方南祺、史国璋、朱立凤（女）、庄文龙、刘克林、刘建忠、江建文、汤林生、汤德胜、孙志德、孙忠民、李祥、李玉书、李国平、李海刚、李锁庆、吴强、吴中行、吴国建、吴建伟、邹伟、邹庆华、沈凤绚、宋文渭、张兆域、张建林、张晓霞（女）、张鹤芳、陆峰、陆鉴平、陈亮、陈亚强、陈仲华、陈玲洁（女）、范国元、季立果、金寿彭、周益华、周福荣、荆民丰、闻锁法、姚国才、姚惠霖、贺建中、秦国兴、秦蔚成、耿建国、耿荣兴、顾明、顾其文、徐翔、徐元法、徐伟民、徐远荣、徐和平（女）、郭建冬、唐宁兴、唐雨多、唐洪才、唐锡勇、浦炳炎、常德元、章淑华（女）、蒋建东、谢才保、谢全寿、谢雪滔、詹宏、廖祖同、潘祥华、薛兴大、戴文伟。

常州市戏剧家协会 位于大观路10号。下设戏曲研究、艺术辅导、戏曲创作、表演艺术等小组，1983年9月，市戏剧曲艺工作者协会（含电影电视）成立，1989年1月更名为常州市戏剧工作者协会，曲艺分出单独成立协会，1990年10月更用今名（简称“剧协”）。1983年至2011年1月，召开第一至六次会员代表大会，历任主席有白玉艳、邵志强、童方云。至2012年底，中国戏剧家协会会员有万建焕、马中原、王弋、王建平、王胜标、尤小听（女）、史曼倩、白玉艳（女）、任菊香（女）、庄旦良、刘平鸽（女）、刘兴中、刘金城、孙中、孙薇（女）、杨企雯（女）、吴小英（女）、吴雅童、沈越、沈惠兰（女）、陆凡林、陈正文、陈嘉敏、陈鹰（女）、邵志强、范丽萍（女）、居亦琴（女）、荆剑鹏、夏芦庆、钱泳林、殷延平、蒋柏连。

常州市音乐家协会 位于大观路10号。1983年9月常州市音乐舞蹈工作者协会成立。1989年1月单独成立常州市音乐工作者协会，1990年10月更用今名（简称“音协”）。1983—2010年，召开第一至六次会员代表大会，历任主席有盛易新、余杰、史根源、夏厦。至2012年底，中国音乐家协会会员有王乐平、王星南、史根源、朱铭新、庄旦良、刘廷新、芮文元、李祥、李平英（女）、余杰、陈明华（女）、尚敖大、秦学洲、盛易新、熊祖鹏、潘振新。

常州市曲艺家协会 位于大观路10号。1983年9月，常州市戏剧曲艺工作者协会成立。1988年5月，从市戏剧曲艺工作者协会分出，成立市曲艺工作者协会，1990年10月更用今名（简称“曲协”）。1988—2010

年，召开第二至六次会员代表大会，历任主席有刘金城、周玉峰、张芸芝。至2012年底，中国曲艺家协会会员有叶林生、刘金城、杨秀妹(女)、沈伟伟、张怡、张芸芝(女)、张松春、张建平、张姝娜(女)、张戬炜、金超、周玉峰、周希明、夏雪慧(女)、凌涛、廉勤荣。

常州市舞蹈家协会 位于大观路10号。1983年9月，市音乐舞蹈工作者协会成立。1989年1月，市舞蹈工作者协会从中分出单独成立，1990年10月变更用今名。1989—2010年，召开第二至六次会员代表大会，历任主席有吴积慎、许建荣。至2012年底，中国舞蹈家协会会员有丁德慧(女)、王晓艳(女)、石寿华(女)、江菱(女)、许建荣、吴积慎(女)、闵建敏、陈利华(女)、陈宝珠(女)、周月梅(女)、凌亚伟(女)、黄国强、韩露(女)、程胜亚、戴洪才。

常州市民间文艺家协会 位于大观路10号。1980年9月，常州市民间文学研究小组成立，1984年6月改组成立常州市民间文学研究会，1990年6月更用今名(简称“民协”)。1986—2010年，召开第一至六次会员(代表)大会，历任会长(理事长、主席)有韦中权、刘源春。至2012年底，中国民间文艺家协会会员有万叶树、韦中权、邓超、叶林生、李翔岭、吴之光、狄静(女)、沈成嵩、陆涛声、林媛英(女)、钱元杰、储佩成。

常州市电影电视家协会 位于大观路10号。原名常州市电影电视工作者协会，1988年11月，从1983年成立的市戏剧曲艺工作者协会中划出单独成立，1990年更用今名(简称“影视协会”)。1988—2010年，召开第二至六次会员代表大会，历任主席有瞿文亮、谢培泉、陈俊杰。2010年底有团体会员12个、个人会员178名，其中全国级会员39名、省级会员69名。至2012年底，中国电影协会会员有刘金城、李振家、沈爱华(女)；中国电视艺术家协会会员有王元康、王正芳、王向东、尹协康、朱伟清、刘金城、许建俊、苏莉(女)、李薇(女)、吕庆平、肖舟(女)、汪人安、汪嘉善(女)、邹华、沈爱华(女)、张平、陆贤、陆乃倩(女)、陈方平(女)、陈俊杰、钱彬、钱中苏、黄和明、谢培泉、颜晓群、戴晓浩、瞿文亮。

三、基层和行业文联

1986—2010年，常州曾成立有武进、金坛、溧阳辖市区文联3家，市公安文联等行业文联4家及常州市声乐协会等其他文艺、文化社团9家，及企业文联两家。

2010年常州市辖市区、行业、企业文联和其他专业文艺团体一览表

表36-1-1

类别	名称	成立时间	主要负责人	地址
基层文联	武进区文联	1950	陶　可	武进区行政中心
	金坛市文联	1960	李　平	金坛市区
	溧阳市文联	1951.05	赵善坚	溧阳市区
行业文联	常州市公安文联	2003.08	宋　岚	常州市龙锦路
	常州市消防文联	2010.09	—	常州市飞龙西路
	常州市职工文体协会	2007.03	蒋志超	常州市工人文化宫
企业文联	常州兰翔机械有限责任公司文联	1983.12	封广仁	兰翔公司内
	南车戚墅堰机车有限公司文联	—	—	戚墅堰机车有限公司内

四、文艺品牌活动

1986—2010年，常州市文联经常组织开展文学艺术采风创作、评奖展览、学术研讨、文艺普及等活动，组织参加国际国内文化交流活动，开展同港澳台文艺界的联系和交流，各团体会员开展文艺创作和评论、学术交流等活动，形成兰陵音乐会、“两岸情”摄影交流产文艺品牌活动，推动了常州文学艺术事业繁荣发展。

兰陵音乐会　1982年5月，常州市文联发起，与市文化局、市总工会、市广电局等8家单位联合举办市兰陵音乐会，演出创作歌曲46首。1984年9月、1986年10月、1988年9月、1990年10月、1994年9月、1996年9月和1998年8月，先后举办第二至第八届，有家庭文艺大赛、新歌曲新舞大赛、庆祝新中国成立45周年暨获奖节目会演、民歌民舞民乐大赛等演出。第二至五届演出音乐舞蹈节目约30场、600个。其中，第三届，演出5场，表演声乐、器乐和舞蹈节目94个，评出优秀创作奖、创作奖27个，优秀表演奖、表演奖56个；第四届在溧阳举办，演出9场，表演节目242个，175个节目分获创作、演出、演员奖。第六至八届演出音乐舞蹈节目数百个。其中，第六届举行了家庭文艺大赛、新歌曲新舞大赛、国庆45周年暨第六届获奖节目会演；第八届有声乐、器乐、舞蹈、说唱等18个节目参加决赛。2000年9月，兰陵音乐会为常州艺术节取代。

常州与台湾“两岸情”摄影交流　1991年4月初，台湾摄影学会会长翁庭华、台湾《摄影天地》原主编汤思泮和著名摄影家李鸣雕，到江南水乡采风，双方初步达成两岸进行摄影文化交流的共识。此后，台湾摄影大师郎静山、台中摄影家学会与常州市摄协达成“两岸情”摄影艺术交流活动意向，常州、台中两市摄影家协会互派代表，举办、参加摄影作品展。1993年5月，汤德胜在台中市美术馆展出80幅摄影作品。翌年9月，汤德胜、许本源、刘建中等武进摄影家在台中展出作品120幅。1994—1999年，常州、台中两市摄影家协会互派代表(团)参加在两地轮流举办的“两岸情”摄影作品展，举办汤思泮摄影艺术等研讨会，拍摄常州古镇奔牛、万绥、魏村、潘墅的民俗民间活动和风貌，汤德胜、耿荣兴、翁庭华等两地摄影家参加，翁庭华、汤德胜出席在香港举办的海峡两岸及香港地区摄影艺术研讨会。2000年元旦，两地各选10名摄影家到福建南平市妈祖庙拍摄千禧之年第一缕阳光。2001—2010年，“两岸情”摄影艺术、展览和学术交流活动举办9届，在常州、台中举办和参加摄影艺术创作采风、作品展览和创作理论研讨等交流活动。

水墨江南美术双年展　2002年12月，常州市文联、文艺创作研究室举办首届国画·江南水乡作品展。2006年12月，第二届以江南水乡为题材的国画作品展在刘海粟美术馆举办，展出北京、天津、浙江、上海及南京、深圳等地20位画家的100幅画作。2008年12月，在刘海粟美术馆举办第三届展览，出版作品集，天津、广西、安徽、浙江、江苏等地的17位画家参加。2010年12月，第四届在常州木一堂美术馆举办，由省美协和市文联主办，展出16位画家的89幅作品，出版《水墨江南》作品集。

文艺百花系列活动　2003年3月，常州市文联发起，市委宣传部牵头，市文联、文化局和部分社区等组织的“文艺百花艳社区，先进文化润万家”群众文化系列活动(简称“文艺百花活动”)在全市开展。4月，读书节开幕。至同年底，建立文艺活动兴趣团队、文艺活动特色家庭各100个，配备文艺指导员100名。翌年4月，举办了常州市社区美术书法摄影展和常州市文艺特色团队、文艺特色家庭交流展演。2005年1月，100名文艺工作者到罗溪开展“文艺百花”新春慰问。1月31日，市文联生活创作基地在新北区文化艺术中心落成。自2005年开始，每年新春佳节前，形成文艺百花迎新春系列展示展演固定形式。2005—2010年，每年展示展演20场次，参加节目1000个，参加演出的老年队、少儿队等团队和参演选手达数百个(人)。2007年2—4月，在市工人文化馆、人民公园举行文艺系列展演和锡剧、越剧、京剧、沪剧专场及和谐文化社区行活动。2008年元旦至春节，举行免费写春联、大型交响音乐会、音舞器乐表演及京剧、锡剧、沪剧、越剧专场演出等活动，全市2000多名文艺工作者进行了舞蹈、音乐、戏曲、书法表演展示20场，观众1万多名。

“三霞”工程　是由中国文联发起的文艺人才工程，包括朝霞工程、彩霞工程、晚霞工程。常州朝霞工程从1996年起首先实施，市文联组织为具有艺术天赋的少年儿童提供完备的文艺基础教育和艺术培训，到

2012年底累计有青少年10万人次参加艺术培训和考核。晚霞工程从2001年起实施，主要保护和抢救老一辈文艺家艺术成果，出版了老艺术家成果系列丛书。彩霞工程从2006年起实施，主要是推介和培养中青年文艺人才。

书法教育“百千万”工程 2004年，常州市文联、书协启动书法教育“百千万”工程，计划用10年时间的在全市中小学创建书法特色学校100所，培养合格书法教师1000名，发展青少年分会会员1万名。2004—2010年，举办了中小学生书法精品展、书法教育“百千万”工程回顾展等展览10余个，举办全市书法教师作品展两届。2009年5月，《书法报》全国中小学书法教学高峰论坛在常州举办，常州开展书法教育的做法被誉为“常州现象”。至2012年底，验收通过市书法特色学校74所，其中17所学校为市书法特色示范学校，市书协青少年分会发展会员6000余名。

评选“德艺双馨”会员 1999年4—5月、2004年2月，常州市文联组织各协会开展第一、第二届全市“德艺双馨”会员评比活动，有19人次当选为常州市德艺双馨会员。

常州市文联德艺双馨会员一览表

表36-1-2

届次	年度	会员姓名
第一届	1999	张宇清、叶鹏飞、江可群、刘逸安、汤德胜、吴小英、陈利华、周玉峰、殷延平
第二届	2004	李中萱、陈海良、赵治平、王　京、汤友常、史根源、周玉峰、范丽萍、谢孝宠、陈利华

第二节　其他文艺组织

常州市工艺美术家协会简称工美协会，2002年8月5日成立，设于大观路10号。2002年8月5日、2008年12月25日先后召开第一、二次会员代表大会，历任主席有汤友常、萧剑波。至2012年底，中国工艺美术家学会会员有王亚平、孙燕云(女)、纪萍(女)、杨纯、杨兆群、吴澄、狄静(女)、沈莉(女)、冷天明、陈桂方、周明敏(女)、周蕴华、宗白易、袁亚虎、袁惠君、倪久晋、徐秉言、萧剑波。

常州市苏东坡研究会位于东坡公园内。2002年10月29日成立，2008年3月23日召开第二次会员代表大会，陈弼两度担任会长。至2012年底，苏东坡研究会(全国)会员有冯士彦、许植基、苏慎、陈弼、邵玉健、赵军、高进勇、高纯林、谢忱、颜正源。

常州市花鸟画研究会于2008年12月27日成立，设于大观路10号。选举戴德培为会长。

常州市诗词协会（舣舟诗社）位于大观路10号。原为1984年成立的常州舣舟诗社，2008年扩充成立常州市诗词协会。2008年8月、2009年9月先后召开第一、二次会员代表大会，历任会长有羊汉、周亚瑜。至2012年底，中国诗词协会会员有丁欣、丁彦士、马士勇、王日曦、王荐平、王鉴风、王澄元、仇忠耀、邓丽云(女)、叶鹏飞、史亚华(女)、吕锦尚、朱迟、朱小刚、朱竟若、朱博泉、乔尚明、任培基、刘文、刘志成、刘勇刚、刘源春、羊汉、羊淇、羊牧之、汤鸣昌、孙显、孙和章、杨夏风、还村、来雨风(女)、吴统、吴逸鸥、何绍南、应光猷、汪荣庚、沈亦泉、沈致和、张仁迪、张红华(女)、张孝玉、陆士伟、陈充、陈颂华、范石甫、周庆华、俞照、姜炳仪、费仲光、姚广圻、钱小山、钱瑟之、徐佳明、徐钟泽、徐剑虹、奚德椿、桑凤岐、黄甫陵、黄福俊、曹建新、章之駉、梁志方、蒋玉昌、曾铸、曾玉振、谢忱、谢孝宠、谢瀚东、滕效贤、颜正源、潘一新、潘文瑞、霍柏松。

至2010年底，常州还有国际标准舞协会、声乐协会、地方文化研究会等7家市级其他文艺文化团体。

常州市其他市级文艺文化团体一览表

表 36-1-3

名称	成立年月	主要负责人	地址
常州市国际标准舞协会	1988.06	万明达	博爱路 76 号 604 室
常州市越剧之友联谊会	1989.02	沈　越	市越友商办综合楼越友苑 3 幢
常州市声乐协会	2000.07	戴　诚	劳动东路 18 号
常州市地方文化研究会	2008.07	余忠良	古村 2 号 406 室
常州市地方戏剧发展研究会	2009.09	陈三林	清潭路 87 号
常州市吟诵艺术协会	2010.10	李音强	吊桥路 129 号广化小学内

第三节　群众文化机构

90 年代初，全市有 1 个群众艺术馆，7 个县（市）区文化馆和 141 个乡（镇）文化站，建成市群众艺术馆、县（区）文化馆和乡文化站三级架构公共文化服务网络。后随着区和乡镇机构撤并调整，馆站建设同步，至 2010 年，全市有 8 个群众（文化）艺术馆、59 个文化站。

一、常州市文化馆

常州市文化馆前身为武进县通俗教育馆，1916 年建立，1949 年改名常州市人民教育馆。1950 年 3 月，易名市人民文化馆，以后反复易名，1985 年 4 月改名市群众艺术馆。2001 年 9 月，市政府投资 2800 万元建新馆，2002 年 11 月建成。总面积 8700 平方米，集娱乐、展示、休闲、培训等功能于一体。2003 年，更名为常州市文化馆。1986 年，内设戏剧曲艺、音乐舞蹈、美术摄影和行政办事 4 个组。2010 年底，馆内设调研编辑、书画、摄影、文艺、培训、常州市非物质文化遗产保护中心办公室等专业职能部门，主要承担组织、辅导群众性文化艺术活动；搜集、整理民族民间文化艺术遗产和活动资料，建立群艺档案；编辑群文刊物；从事群众文化艺术理论研究和学术交流及负责辖市、区文化馆、街道和镇文化站的业务指导、培训等工作，先后组织举办和承办多种形式的戏剧小品和新故事创作笔会、兰陵音乐会、常州艺术节、文学艺术征文讲座和培训等。1987 年，被文化部确定为全国中等城市重点联系馆。2003 年，被中央音乐学院和省文化艺术考级委员会定为常州地区音乐考级点和书画考级点，被文化部定为全国舞蹈培训基地（参见本卷第一章“文化艺术组织机构”）。

二、县（市）区文化馆

1986 年，全市有天宁、广化、钟楼、戚墅堰、郊区等 5 个区文化馆和武进、金坛、溧阳 3 个县文化馆。以后随区级行政建置调整和撤县设市，馆名也相应改名。钟楼区文化馆先后组织指导建立西林戏曲艺术团、荷花池社区书画工作室、五星街道艺术团、新闸街道喜洋洋鼓乐队、北港女子舞龙队、永红百人腰鼓队、南大街街道艺术团等。武进文化馆组织创作、排演的艺术精品，在省级以上比赛中屡获大奖。1990—2003 年，先后被评为全国先进文化馆。2007 年以后，武进文化馆两次被评为国家一级文化馆。2009 年，成立百兴艺术团，组织开展“唱响新武进，唱响新农村，先进文化进百村”活动，连续两年送文化下乡演出 200 场。金坛市文化馆在百场送文化下乡活动中，开全省先河。2003 年和 2007 年两次被评为国家一级文化馆。溧阳市文化馆副馆长朱国平的美术书法作品多次入选全国、省书画展，曾获首届中国书法“兰亭奖”，在他的推动下，溧阳兴起少儿习书法热潮，被命名为全国少儿书法之乡。

三、文化站

全市各街道、镇基层文化机构健全，有的称文化中心，有的称文化站。1986 年，全市有文化站（中心）

120余个。1993年，文化馆、站开始考核定级，经省文化厅批准，全市有80个文化馆、站通过验收，其中特级馆(站)4个、一级站5个、二级站24个、三级站47个。

第二章 文学

1985年以后，常州的文学协会、学会及创作研究会、剧目创作室和舣舟诗社等相继恢复或成立，组织开展文会、诗会、笔会、作品研讨会、征文和采风创作等活动，促进文学创作，市作家协会先后组织作家到井冈山、韶山、湘西、延安、西安、黄河流域等地观光采风，发表出版大量反映时代特点的文学作品。1990年5月，中国散文家协会和常州市文联、文学艺术基金会在常州联合主办当代散文发展趋势研讨会。10月，市文联举办中国常州诗会，邀请国内外知名诗人参加。1995年以后，一批文学后起之秀迅速崛起，形成常州老中青相结合的文学创作阵容。1997—1998年，市文联、文协举行沈成嵩作品研讨会和张乃英、周洁茹、蒋敏三位女作家作品研讨会与纪念周恩来诞辰100周年诗歌朗诵会。常州作家、诗人在省级及其以上文学刊物上发表大量文学作品，并出版文学专著，在全省乃至全国都具有重要影响，沈国凡的长篇纪实文学《啼血的杜鹃——赵世炎传》分获全国第八届“五个一工程”优秀电视剧奖和省第三届“五个一工程”奖；冯光辉获省第四届“紫金山文学奖”编辑奖。2004年11月，市文联举办了青年作家谢春林、金磊、金文琴、王苏阳、胡正勇作品讨论会。2009年3—8月，市文联与市教育局、侨联联合举办“海内外青少年看常州”征文比赛，收到征文2071篇。10月，市文联、作协举办全市第二届青少年原创诗文朗诵大赛。

第一节 小说

1985年以后，常州作家创作的小说作品有长篇、中篇、短篇等多样形式，尤以短篇小说居多，紧跟时代步伐，又向微型、网络小说等领域拓展，满足不同层次读者需求。

一、长篇小说

80年代中后期，以高晓声为代表的一批作家尝试长篇小说创作，取得较大成就，《青天在上》《黑水洋》等问世后，在社会上产生强烈反响。此后，市文联鼓励创作长篇小说，先后采取在全国范围内征集和扶持常州作家创作等政策措施，助推多部作品面世。1992年，高晓声的《陈奂生上城出国记》获上海首届长中篇小说优秀作品二等奖。2002年、2009年，葛安荣的《都市漂流》和《玫瑰村》先后获江苏省第三届、第七届“五个一工程”奖。至2010年底，全市作家发表、出版长篇小说30多部(1986—2010年常州作家的主要长篇小说创作、发表和出版目录参见第三十八卷“艺文　著述”第三章“文学艺术”第二节“小说”，中篇、短篇小说同此)。

二、中篇小说

1985年以后，常州有多人创作的中篇小说作品获奖。至2010年，有40多部主要中篇小说出版、发表。1996年，周洁茹的《文雅》获“萌芽”新人奖；2004年，将进的《鸳鸯渡》获第十二届全国梁斌小说奖优秀作品奖；2005年，张晓娟的《不死》获全国优秀作品奖。

三、短篇小说

1986年，常州作家在省级及其以上文学刊物上发表大量短篇小说，在全省乃至全国产生影响，至2010年底，发表、出版短篇小说及专集70余篇。1996年，将进的《干旱》获省首届五星工程提名奖银奖；1999年，陆涛声的《再见千岛湖》获《小说月报》第八届百花奖，他成为全市首位获全国优秀短篇小说奖的作家。

2007年，刚入大学的周瑾创作第一部魔幻现实主义短篇小说《眠兽》，在天下论坛网上发表，从而走红，2008年，周瑾开始在逐浪小说网连载60多万字的《为什么会喜欢上你》，创下点击数1000多万次的纪录。2008年，高建新的《遗风》获作家杂志社第四届金秋之旅笔会短篇小说二等奖。

四、微型小说

1986年后，陆涛声陆续发表微型小说《怪味瓜子》《约会》《悄然东流水》《梅桩紫砂壶》《气门芯》《亮光》。1997年后，冯光辉创作《唐山大妈》，金志新创作《蓦回首》《哆嗦》。2009年陈平发表《内聘》。叶孤创作《失窃》《别说我不行》《我怎么长得这么俗不可耐》《恶作剧之蚁》《等待郭多》《怎样让男人神魂颠倒》。2010年蒋凤姣发表《让你赢一次》《一元钱的温暖》《老板娘约我喝茶》。

五、科幻小说

1986年，黄人俊的科幻小说《恶梦》获中国《科学文艺》和《智慧树》杂志联合举办的中国科幻小说界最高荣誉“银河奖”甲等奖，这是中国科幻小说第一次评奖，他是常州第一个获得最高奖项的作家，后来他的23篇获奖作品结集出版。

六、童　　话

常州童话作家主要有黄水清、刘春源、万叶树、周洁茹等。黄水清创作有《审题清官》、《科学寓言1001夜》(7册)、《学科知识童话》(5册)、《科学寓言大王》等童话丛书，1999年由四川少年儿童出版社出版，其中《科学寓言1001夜》获1998年江苏省“五个一工程”奖和2002年文化部蒲公英奖；科学寓言《之字的一点》等2篇故事入选中国少儿科普50年精品文库；科学寓言集《大力神游宇宙》获2004年中国寓言文学研究会金骆驼奖。刘春源创作的童话集《小灰兔破案》，1992年由内蒙古人民出版社出版；童话集《童话树》于1994年由江苏少年儿童出版社出版；长篇系列童话《怪驹多多》于1997年由内蒙古人民出版社出版。周洁茹创作的《中国娃娃》于2002年由辽宁教育出版社出版。

第二节　诗词

1984年6月15日，羊牧之等发起成立常州舣舟诗社，秉承“立足常州、面向全国，继承和弘扬传统诗词文化”宗旨，吸引诗词爱好者入会，每年编印社刊《舣舟诗荟》；后又成立常州市诗词协会。2000年，编印《舣舟诗荟》报增刊，每年4期。2010年底，舣舟诗社社(会)员由刚开始成立时的40人发展到300余人，成为常州诗词创作的重要文化沙龙，累计出版《舣舟诗荟》24期；编辑出版《诸夏怀霜诗词选》(为纪念瞿秋白就义70周年而刊行)、《苏东坡仙逝常州900周年纪念诗文集》《历代诗人咏常州》(羊淇编注)、《常州历代女子诗词选》《二十世纪常州诗词》(羊淇等人合编)、《舣舟诗词选》《常州新吟》(羊淇、谢忱主编)、《舣舟论丛》等书籍数十种。诗社举办两届“舣舟杯”传统诗词大赛。

一、诗

常州形成老中青诗歌创作群体。钱小山创作诗词结集《埙篪集》《小山诗词》，1988年和1992年出版。羊牧之编《续毗陵诗录》《秋华馆诗存》《秋华馆诗文存》，羊氏父子三人羊牧之、羊淇、羊汉诗作《常州三羊诗选》于2008年由中国文联出版社出版。2002年，钱璱之9首《午年贺岁》诗发表于《人民日报·海外版》。1986—2010年，全市诗人创作集70余部，其中作品较多的有冯光辉、邹晓慧、叶鹏飞等(常州籍诗人的诗歌发表、结集出版情况参见第三十八卷“艺文　著述”第三章“文学艺术”第一节“诗词”)。

二、词

常州擅长作词者，主要有钱小山、钱璱之父子，原省文史馆馆员董舰庵和谢忱、王鉴风等。1992年，武进王鉴风在钱小山、羊牧之等的支持鼓励下，在南宅发起成立武进南风词社，创办《南风》词曲专刊和词曲论集《述林》等刊物，搭建词学创作平台。1992年，谢忱的《浪淘沙》和《望海潮》词，被收入北方文艺出版社出版的词集《一代风骚》，获镜泊金秋首届全国诗词大奖赛佳作奖；1994年8月，《双调·得胜令，谒成都武侯祠》入选甘肃民族出版社出版的《中华诗词佳作选》，1999年他的《秋逸轩散曲诗词选》由海天出版社出版。2008年，钱璱之主编的《常州词派研究》由江苏人民出版社出版，获市哲学社会科学优秀成果二等奖；2009年，董舰庵的《董舰庵词存》、钱小山的词与诗文合集出版。2010年，潘一新的诗词集《北窗清吟》由黄河出版社出版，所著《槛外诗词》由上海映日堂出版。至同年底，《南风》词曲专刊累计出版15期、《述林》词曲论集3辑，词社被评为江苏省特色文化单位，被列为武进区非物质文化遗产保护目录。

第三节　剧本

80年代中期，李振家、刘新屏的剧本《波斯猫在行动》，被长春电影制片厂拍成电影。孙中、史曼倩把锡剧《红楼夜审》改编成电影剧本，被南京电影制片厂拍成戏剧片。张宇清把滑稽戏剧本《土裁缝与洋小姐》改编成电影剧本，1987年被长春电影制片厂拍成电影；后又改编《多情的小和尚》滑稽剧本，1989年被广西电影制片厂拍成电影。1989年，李振家创作的剧本《新潮冲击波》发表于《电影新作》。1996—2010年，市影视协会每年组织两次会员观摩、研讨中外影视精品40多部。2001年11月，市影视协会邀请国家一级编剧胡冰、北京电影制片厂文学厂长赵绍义和电影史论家、研究员陈少舟分别讲授电影电视及其剧本创作。2004年，张之路创作的儿童电影剧本《我要做好孩子》被拍成电影。

1986—2010年，常州市作家创作了电视剧本20多部。1988年根据高菁、许美峰的剧本拍摄的电视剧《泥泞》在中央电视台等播放，根据石花雨改编的剧本拍摄的电视剧《农民陈奂生》1998年在中央电视台播出。2001年，房友良、张清德、黄述贤的电视剧本《天骄》被常州电视台拍摄成18集电视连续剧，这是常州第一次独立完成的影视作品。

1989年7月，市戏曲研究所更名为常州市文化艺术研究所，负责剧本创作，对市作协会员创作剧本进行甄别、筛选、转化录用，搬上舞台。常州广播电视台负责组织影视剧本编写。此后，小戏、小品、快板、儿童剧、话剧、舞剧等时有演出。2006年，常州举办戏剧文学奖评选。2008年，张戬炜在《剧本》月刊发表的常州方言话剧《五月端阳》获省第六届戏剧文学奖提名。同年全省参评145件剧目作品，评出奖项13个，常州市剧目室获3个，总成绩名列全省第一。2009年，全省上报原创大戏剧本87部，常州以19部数量居首位，常州小戏小品创作数同列全省首位，常州市在全省戏剧文学奖评选中连续两年位居第一。至2010年，常州戏剧家创作戏剧约70部。市小戏小品曲艺大赛连续举办9届。戏剧文学奖评选举办4届(1986—2010年常州主要剧本目录参见第三十八卷“艺文　著述”第三章“文学艺术”第四节“戏剧曲艺”)。

1986—2010年常州发表、编演的主要锡剧作品一览表

表36-2-1

剧本名称	作者	创作、发表、出版情况	获奖情况
风流母女	马中原	—	1986年获省第二届锡剧节剧本一等奖
双莲记	陈明虎	1986年创作	

续表 36-2-1

剧本名称	作者	创作、发表、出版情况	获奖情况
欢喜店	陈明虎	—	1988 年获省第三届锡剧节剧本一等奖
宝莲灯	孙　中	1990 年改编、创作	
山花俏	冯玉萍	1992 年改编、创作	
杨门女将	谢　鸣	1991 年改编、创作	
李振家剧作选	李振家	1992 年江苏文艺出版社出版	
徐厂长建房	谢　鸣	1992 年改编、创作	
水淋淋的太阳	刘鹏春	1992 年创作	
血色杜鹃	陈明虎	—	1993 年获省第四届锡剧节优秀编剧奖
孔繁森的故事	刘鹏春	1995 年创作	
苍天在上、徐虎的故事	刘鹏春	1996 年创作	
刘兴中剧作选	刘兴中	2002 年由中国戏剧出版社出版	

1986—2010 年常州剧作家创作发表的滑稽戏、越剧剧本及获奖情况表

表 36-2-2

剧种	剧本名称	作者	创作、发表情况	获奖情况
滑稽戏	《土裁缝与洋小姐》	张宇清		1986 年获省新剧目观摩演出优秀剧本奖
	《多情的小和尚》	张宇清		1988 年获第二届中国艺术节“田汉戏剧奖”剧本二等奖和文化部第五届全国优秀剧本奖
	《两个男人一颗心》	张宇清	1990 年创作	
	《诸葛亮与小皮匠》	张宇清		1993 年获省“五个一工程”作品奖，1994 年获全国“五个一工程”提名奖
	《离婚、马达哈舞厅》	孔祥瑜	1995 年创作	
	《龙子龙孙》	张宇清	1997 年创作	
	《我要做好孩子》	张宇清	1999 年创作	
	《阿拉美丽苑》	孔祥瑜	2005 年创作	
	《红线、迷路的孩子》	孔祥瑜	2006 年创作	
	《姑嫂桥堍一条街》	孔祥瑜	2006 年创作	
越剧	《花轿错、金玉奴》	谢乃强	1990 年改编、创作	
	《换魂记》		1992 年改编、创作	
	《治病》		1994 年改编、创作	

1986—2010 年常州市剧作家创作的其他电视剧本摄制和获奖情况表

表 36-2-3

剧本名称	作者	创作、发表、出版情况	获奖情况
造屋风波（改编）	陆涛声、刘金城、马晓红	1987 年被上海电影制片厂摄制成电视剧	
泥　宋	高　菁、许美峰	1988 年被南京电视台摄制成电视剧	
远方的课堂	李振家	1990 年被南京电视台摄制成电视剧	
人生难忘少年时	郝赫等	1992 年被中央电视台摄制成电视剧	1992 年获省“五个一工程”奖

第四节 散文

一、散文作品

1986年，常州市散文学会成立；80年代，常州成立杂文学会。1990年，第一部《江苏杂文选》出版，收录常州16位作者19篇文章，在全省有一定影响。1992年10月，《翠苑》编辑部与常州日报社联合举办“环球杯”散文大赛，常州籍作家屠岸、金坛籍作家徐锁荣分别创作的《魂魄长留觅渡桥》《仓颉的子孙》获得特等奖，常州籍作家沈仁康的《历史金曲》、菡子（溧阳人）的《夏雨》、朱长林的《面对共同的世界》和颜正源的《走出龙城》获一等奖。翌年，吴伯瑜等把大赛征文汇编成《江南潮——常州精短散文选》，由江苏文艺出版社出版。1995年，朱琪主编的《常州精短杂文选》由南京大学出版社出版。2003年，钱瑟之、贺忠贤合编的《常州散文》由中国文联出版社出版。

2001—2005年，高建新主编《春雨秋风》《乡魂旅思》《苍山零草》《行看云起》《纵横人生》《炼狱之门》和《夜航偶拾》散文集均由中国文联出版社出版。2007年10月，他创作的散文《凤仙花溅泪》被《散文选刊》杂志社、《长篇小说》杂志社联合举办的中国散文年会授予中国百篇散文奖。2009年，他的《走过心灵的脚步》《谁在黑暗里与我对话》等3部作品全国总发行4.5万册，散文集《生命的激流》获首届中华之魂文学作品一等奖。至2010年底，常州市散文学会会员发展到80多人，李文瑞、陈肃、陈弼、钱瑟之、殷志扬、陆涛声、沈国凡、沈成嵩、孟济元、高建新、陈知义、冯士彦等散文作家在全省乃至全国具有影响。1986—2010年，常州的散文、杂文作家作者发表、出版散文、散文集约120篇（部）和杂文约40篇（部）（参见第三十八卷“艺文　著述”第三章“文学艺术”第三节“散文”）。

二、报告文学作品

80年代，常州有部分作家被市场经济涌现出来的明星企业家艰苦创业精神所感动，开始为他们讴歌，创作一批报告文学作品。1986年，章辰霄的《酒厂三夫人》发表于《人民文学》，获首届茅盾文学奖优秀奖第二名。1991年殷志扬主编《龙城星辰》报告文学集，由百花文艺出版社出版。90年代初，常州散文学会组织章辰霄等会员对常州工厂企业在80年代末迎接市场经济考验创作的《潇洒江南》报告文学集，1992年由香港正之出版社出版。1994年，市文联配合市委提出“爱我家乡，建设常州”主题，组织作协会员创作编写《成功在常州》大型报告文学集。1997年，常州飞天集团公司董事长、明星企业家韩淑芳突然患病去世，冯光辉和蔡桂林创作《飞天之鹰》长篇报告文学，1999年，由江苏人民出版社出版。1999年孔祥瑜创作的纪实作品《利剑出鞘——魏村“9·2”特大杀人抢劫案侦破始末》被常州电视台等拍成纪录片。蒋超的报告文学集《挑战命运》于2001年被中国文联出版社收入《世纪之光》文丛。2004年，市文联组织作协会员创作沈国凡主编的报告文学《如日中天》，展示武进钢铁集团公司从困境中走向辉煌的艰辛历程，2005年由江苏文艺出版社出版。2005—2009年，沈国凡先后创作《我所亲历的胡风案》《红灯记的台前幕后》《共和国大审判（第二部）特别法庭内外纪实》等报告文学作品，先后由中共党史出版社、新华出版社等出版。武进区的检察官纪萍对案例剖析加工创作的纪实文学《女检察官手记》，获江苏省报刊优秀作品一等奖，2007年由上海文艺出版社出版。沙漠之与马燕撰写的《英雄中国》丛书之一《乘着歌声的翅膀》，2008年由中国青年出版社出版。

三、人物传记作品

1986—2010年，沈国凡、高进荣、韩斌生、王朝庭、宗清元等发表、出版纪实传记作品30余部（篇）。王朝庭创作的记叙瞿秋白和王剑虹爱情故事《不散的彩虹》，获得《当代作家》杂志社、《作家报》社分别授予的金奖和特殊贡献奖（参见第三十八卷“艺文 著述”第四章“历史 地理”第三节“人物传记”）。

第三章 影视 戏曲

常州的影视制作主要由常州电视台承担，多数与国内有关电影制片厂、有影响的电视台和国内影视制作公司联合制作，部分电视剧和专题片由常州电视台等单位独立制作；市广电局、文化广电新闻出版局亦坚持组织影视剧的创作生产。1991年5月23日，常州亚细亚影城落成开业。传统锡剧长演不衰，在全省举办的历届锡剧节比赛中获得大奖，武进锡剧团演出的大型现代锡剧《风流母女》于1987年参加首届中国艺术节演出；滑稽戏独领风骚，成为常州在全省乃至全国的获奖“专业户”剧种，多次进京演出，并获省和全国“五个一工程”奖，《土裁缝与洋小姐》参加中国戏曲学会第一次年会演出，被长春电影制片厂拍成电影；评话《常州白泰官》获中国曲艺最高奖牡丹奖。2000年以后，常州电视台等单位摄制的《我要做好孩子》《邓稼先》《农民陈奂生》《郭海的家事》等影视作品获得全国性大奖。2001年2月，常州电视台与常州音像总公司联合投资200万元，组建江苏亚细亚影视制作公司（简称“亚细亚影视”）。翌年8月，市广电局成立全民事业单位常州亚细亚影视制作中心，生产制作电视剧、电视专题片和综艺节目，2007年10月被撤销。2001—2008年，举办常州市“十佳”影视工作者评选活动4届。2003年5月，市电影艺术委员会开始在《常州广播电视》报开设《天稻影视会馆》影评专栏，每年刊发影视评论文章50～80篇。至2010年底，常州电视台和常州亚细亚影视公司、影视制作中心与中央电视台、江苏电视台等单位联合摄制了影视作品数十部，20余部获得全国和省、市级精神文明建设“五个一工程”奖和中国电视剧“飞天奖”、江苏电视剧“金凤凰奖”等重大奖项。

第一节 电影

1986—1993年，市影视协会6次组织会员到南京、上海观摩内部资料影片及上海电影节活动等。2009年，红星大剧院、亚细亚影城、中影东方国际影城等院线影院相继成立影迷俱乐部，组成影评员队伍，经常组织会员开展影评活动。1986—2010年，常州市作家创作了电影剧本约10部。

一、人物题材片

《邓稼先》 市委宣传部、常州广播电视台（独家投资468万元）、电影频道节目中心和华夏电影发行责任公司联合出品，2008年11月至2009年1月由亚细亚影视、王冀邢导演工作室联合拍摄完成，钱滨、钱道远编剧，王冀邢导演。讲述中国“两弹元勋”邓稼先隐姓埋名，排除种种困难，为潜心研制、成功爆炸中国第一颗原子弹、氢弹作出巨大牺牲和贡献的故事，题材独特，融思想性、艺术性和观赏性于一体，被中共中央宣传部、国家广电总局列入2009年建国60周年50部重点献礼影片。2009年4月6日在北京第十六届大学生电影节开幕式首映，同年5月在全国34条院线放映，10月2日在中央电视台第六套节目放映。同年4—9月，连获北京第十六届大学生电影节组委会大奖和全国第十三届电影华表奖、第十一届“五个一工程”奖。

人物题材片《邓稼先》剧照

二、故事片

《父亲·爸爸》 2000年拍摄，常州电视台、南京电影制片厂、北京古都影视策划公司出品，编剧、导演楼健，主演吕齐、李梦男、朱雷等。讲述了一位兵团司令员的儿子因交通事故，结识一位居住在四合院里的老人，在照顾老人与四合院里邻里们的相处中，感受到人与人之间的友善和父亲般的温情的故事，2003年获第五届省“五个一工程”奖。

《留住心中的月亮》 2000年，长春电影制片厂、上海汉景文化商务公司联合摄制，常州电视台、上海银海影视公司协助拍摄，王国贤编剧、导演，陈奇、阎青妤、郑小宁等主演。

《我的香格里拉》 彩色宽银幕立体声故事片，常州电视台、亚细亚影视、北京世纪嘉华影视艺术公司出品，张黎明导演，常景如、赵尔康、扎西·拉姆主演，2003年10月23日在云南省迪庆自治州开拍，2007年摄制完成。

《我要做好孩子》 儿童题材电影。市广电局、常州电视台出品，2004年8月由省委宣传部、江苏凤凰出版传媒集团、中影集团联合影视制作公司、常州电视台联合摄制，张之路编剧，宁敬武导演，朱静珊、高宝宝等主演。主题是生命美好和快乐童年的可贵，描绘六年级学生金铃在春天里的苦恼与欢乐。2005年8月，获中国广播电视电影大奖“华表奖”优秀少儿影片童牛奖。2006年，获江苏省“五个一工程”奖。

第二节　电视剧

1994年6—7月，常州市影视协会举办节目主持人培训班、业余节目主持人大赛和影评征文。2001年，常州电视台根据于振铎的剧本拍摄的8集电视剧《鹰击长空》被中共中央宣传部和国家广电总局等推荐为纪念中国共产党成立80周年献礼节目。78集动画片《云彩面包》获2010年度全国最佳儿童动画电视制作奖。

一、电视连续剧

《农民陈奂生》 石花雨根据著名作家高晓声的同名小说改编成8集连续剧。1998年8—12月，常州电视台与江苏电视台各投资120万元联合摄制，徐平欧、王传海导演，王绘春、张九妹等主演，在美国拍摄20天。1999年2月10日，常州电视台第九频道黄金档首播，2月12日起相继在江苏电视台二套、中央电视台播出。1998年获省第十五届优秀电视剧中篇连续剧奖和省“五个一工程”奖。1999年4月和8月分获省第十五届优秀电视剧中篇连续剧奖和省“苏荧杯”优秀中篇电视连续剧奖，2000年获省第四届“五个一工程”奖。

《鹰击长空》 2000年下半年至2001年7月摄制，由广州军区空军政治部、上海市拥军优属基金会、广东电视台、上海银海影视公司、央视影视部和常州电视台联合摄制，于振铎编剧，王默导演，郑晓宁、茹萍、马冠英等主演。翌年6月27日、7月5日先后在常州电视台经济生活频道、中央电视台八套播出，被中共中央宣传部、国家广电总局等联合推荐为向中共建党80周年献礼优秀节目，向全国发行。2001年获全国“五个一工程”奖，2002年5月获2000—2002年度省电视剧奖中篇电视剧三等奖，2003年获省第五届“五个一工程”奖。

《天　骄》 为国家广电总局向中共十六大献礼的18集连续剧，中央电视台、常州电视台、亚细亚影视投资580万元联合拍摄，亚细亚影视公司、王冀邢导演工作室承制，为常州广电机构首次独立运作拍摄、以商业化方式操作的首部影视作品，房友良、张清德、黄述贤编剧，王冀邢导演，茹萍、严晓频、张光北等主演。2001年12月上旬开拍，2002年向全国发行。2002年5月25日、10月24日，先后在常州电视台新闻频道和中央电视台八套、四套黄金时间开播，11月起在全国省市电视台播出，居央视收视率同期首位、年度第三位，地方台播出的平均收视率达30.5%。2003年，获全省第五届“五个一工程”奖和全国第九届“五个一工程”奖。

《夕阳中的风铃》 2集电视剧，1997年11月至1998年1月，中央电视台影视部、江苏电视台和常州电视台摄制，赵淑光、陈平编剧，颜晓群制片，盖克、毕彦君、张沂等主演。1998年1月，在常州电视台首播，4月、7月相继在江苏电视台和中央电视台二套、六套节目播出。2002年6月获第十四届省优秀电视剧单本优秀作品奖，9月分获省"五个一工程"奖和第十六届中国电视金鹰奖入选作品，实现常州电视剧摄制获省"五个一工程"奖零的突破。2002年12月，获第三届"奋发文明进步奖"电视类提名奖。

《尊　严》 21集电视连续剧，中央电视台影视部、市广电局、常州电视台出品，亚细亚影视制作公司承拍，宿聚生编剧(改编)，白宏导演，刘之冰、陈实、迟志强等主演。2004年4—12月摄制，12月底、翌年3月在常州电视台新闻综合频道、央视一套黄金时段相继开播，平均收视率达22.2%，名列前茅。曾获2004年度江苏省优秀长篇电视剧二等奖和第二十一届江苏电视剧金凤凰奖优秀作品一等奖(第一名)，2006年获江苏省"五个一工程"奖。

《郭海的家事》 26集电视连续剧。2006年11月至2008年12月，市委宣传部、常州广播电视台、央视文艺节目中心影视部、南京军区政治部宣传部、亚细亚影视摄制，韦廉导演。2008年12月，被央视作为纪念改革开放30周年献礼片独家收购和首播；翌年3—4月连获第二十一届全军电视剧"金星奖"长篇电视连续剧二等奖、作曲优秀音乐奖和2008—2009年度江苏电视剧奖优秀奖(一等奖)；9—12月连获第二十七届中国电视剧"飞天奖"长篇电视剧三等奖、第二十五届江苏省电视"金凤凰奖"最佳作品奖。

《太阳底下》 2集电视剧，常州有线广播电视台与上海求索电视制作社于1998年2月联合摄制，焦琳、孙国红策划，王伯男(南)编剧，陈少波导演，吕梁、和晶主演，同月在常州有线电视台综合频道首播，1998年获全省第四届"五个一工程"奖。

《戏梦人生》 10集电视连续剧，常州有线广播电视台与江苏电视台于1999年9月摄制，李振家编剧，王永导演，施大生、李琳主演。1999年9—10月，常州有线广播电视台、上海电视台相继播出，同年获全国电视剧"飞天奖"中篇电视剧三等奖、省一等奖和江苏省首届电视金凤凰奖优秀中篇电视剧奖。

《白色陷阱》 20集电视剧，北京京都世纪文化发展公司、珠海南天龙影视艺术公司、天津有线广播电视台、常州电视台、北京中北电视艺术中心于2000年7月至2001年3月拍摄，孔继华、李晓明编剧，陶玲玲导演，杨童舒、王亚楠、廖京生、刘欣主演。2001年3月常州电视台影视频道首播。2001年获江苏电视剧评比长篇电视三等奖。

《生死兄弟情》 2集电视剧，常州有线广播电视台与中国电影集团公司联合制作，萧锋导演，刘国杰、毕彦军主演。2000年7月22日，在常州有线广播电视台播出，获江苏电视首届"金凤凰奖"优秀短篇电视剧奖。

《围城内外》 22集电视连续剧，常州有线广播电视台与中国电影集团公司、北京创作者文化公司于2000年9月摄制完成，萧锋、保尔夫导演，廖京生、吴冕主演。2000年9月11日起，常州有线广播电视台综合频道首播，此后在全省13个市县有线电视台相继播出。

《李小环与苗翠花》 35集古装电视连续剧，2005年3—9月拍摄，中国电影集团公司、常州电视台、广东广亚影视传播公司出品，李涛编剧，邓恩导演，田海蓉、潘洁、郭蔼明(中国香港)、陈展鹏主演。

《结婚吧，我会更爱你》 22集电视剧，中国国际电视总公司、中国广播电影电视节目交易中心、常州电视台、亚细亚影视制作公司摄制出品，井岗导演，王亚楠、刘琳、赵亮等主演，2005年7月至2006年5月摄制。讲述当代年轻人面临爱情和婚姻两难选择的情感故事。翌年5月7日，常州电视台新闻综合频道首播，成都、杭州、上海等地电视台陆续播出，获得市"五个一工程"奖。

《如歌岁月》 27集电视连续剧，2005年10月省委宣传部、市委宣传部和与中央电视台文艺中心影视部、江苏广播电视总台、常州广播电视发展总公司、江苏亚细亚影视制作公司、常州秋惠进出口公司、江苏盛世影视文化公司联合摄制。范元编剧、导演，宋佳、师小红、曹力主演，反映了当代民营企业家的艰苦创业历程和情感体验，曾获全省电视剧评比三等奖和市“五个一工程”奖。

《笨小孩》 2006年9月21日在深圳开机拍摄，亚细亚影视、广东广亚影视传播公司联合摄制，李珠、温伟、邓恩导演。向翌年5月12日开幕的全国第七届残疾人运动会献礼；10月7日，在常州广播电视台新闻综合频道首播，在沪苏闽粤川滇等省市的城市电视台播出。

《战斗的青春》 22集电视连续剧，市委宣传部、常州广播电视台投资811万元联合出品，亚细亚影视、王冀邢导演工作室联合承制，王冀邢编剧导演。2008年7—10月，在山西太谷县开机拍摄。被中共中央宣传部、国家广电总局列入向新中国成立60周年50部重点电视剧。翌年10月13日起，在江苏、湖北、重庆、北京和沈阳等地播出，2010年10月获第二十六届江苏省电视金凤凰奖电视剧优秀作品奖。

二、人物纪录片

《瞿秋白》 20集大型文献纪录片，中共中央文献研究室科研部、中共江苏省委党史工作办公室、江苏省瞿秋白研究会与中共常州市委以及南京电影制片厂、常州电视台联合摄制。2000年2月25日在南京开机拍摄，于仲良、钱文剑、李向阳任总策划，曹海滨导演。2001年4月9日，《瞿秋白》在南京举行首映，当晚在江苏电视台城市频道播出；4月24日，常州举行《瞿秋白》播映仪式，当晚在常州电视台新闻综合频道播出；6月6日起在中央电视台一套播出。2002年7—8月，获2001年度江苏省电视社教节目一等奖、中国广播电视新闻奖电视社教节目二等奖。2003年，获全国第八届“五个一工程”奖、江苏省第五届“五个一工程”奖。

《盛宣怀》 10集近代人物传记题材纪录片，省委宣传部、市委宣传部、常州广播电视台、亚细亚影视和南京电影制片厂为迎接上海“世博会”联合摄制，亚细亚影视、南京电影制片厂承制，2009年8月10日在常州拍摄，11月11日在上海关机，反映了盛宣怀创办中国近代民族工业和洋务运动的历史，表现中国近现代探索强国之路的历程。2010年4月中央电视台10套《探索发现》栏目首播。4月18日常州广播电视台在《新闻频道》栏目播出。6月14日至7月4日，江苏电视台城市频道《精品演播室》栏目播出、国际频道《世间》栏目每晚播出，获全省电视社教长纪录片一等奖。

《华罗庚》 10集人物传记电视片，中共常州市委宣传部和中共金坛市委、金坛市政府及常州广播电视台联合出品，亚细亚影视、南京电影制片厂联合摄制，南京电影制片厂厂长郭晓伟担任总编导，曹锡华担任总撰稿。2010年11月12日，常州广播电视台、江苏亚细亚影视制作公司与南京电影制片厂在金坛华罗庚纪念馆开机拍摄，2011年9月在中央电视台10套《探索·发现》栏目首播，同时由中央电视台国际频道向海外播出。

《瞬间凝成的永恒——吴中行和他的摄影艺术》 1991年，由常州电视台摄制，在中央电视台《神州风采》栏目播出，同年获中央电视台《神州风采》栏目1000期优秀节目三等奖。

《德艺双馨——记著名摄影家汤德胜》 1997年，由常州有线广播电视台摄制，分获全国有线电视节目人物类三等奖、全省优秀有线电视作品三等奖。

《无私有为的好厂长——韩淑芳》 1997年，由常州电视台摄制，主要内容为弘扬常州齿轮厂厂长韩淑芳创业精神，同年获全省优秀电视社教节目二等奖。

《感受陈燮阳》 2000年，常州电视台摄制，获全省对外广播电视专题节目“彩虹奖”二等奖。

《中国心灵的眼睛——解读余光中》 2003年，常州电视台摄制，获全省优秀电视社教长纪录片三等奖。

《知识型职工邓建军》 2004年12月，由常州电视台摄制，获得全省优秀电视新闻专题片二等奖、中国广播电视大奖优秀电视专题片提名奖(原中国广播电视新闻奖二等奖)。

三、其他纪录片

《不应忘却的历史》 电视文献纪录片，中共中央对外宣传办公室、中共江苏省委宣传部、江苏省广播电视总台、中共常州市委宣传部联合摄制；南京电影制片厂、常州电视台联合出品；中国人权发展基金会、南京电影制片厂、市广播电视局、亚细亚影视制作公司承拍，王春晓任总编导，任志宏解说，2003 年 3 月至 2005 年 7 月摄制。2005 年 8 月起，在常州电视台、江苏电视台和中央电视台科教频道播出。2005 年，获江苏省电视纪录片一等奖，获省电视纪录片一等奖。

《活力来自何方》 1985 年 11 月由常州电视台摄制，分获 1985 年度省优秀电视专题节目一等奖和 1986 年首届全国城市台优秀电视新闻专题片一等奖。

《百万特大贪污案的反思》 1987 年，由常州电视台根据查办武进化肥厂蒋正国贪污案情摄制，曾在中央电视台播出，分获 1987 年度全省和全国优秀电视新闻专题片一等奖。

《一个小厂的故事》 1988 年，由常州电视台为颂扬常州旅游用品厂发展轨迹摄制，获 1988 年度全省优秀电视新闻专题片一等奖。

《闪光的路》 1991 年 5 月，由常州电视台、市委党史办公室等为纪念建党 70 周年摄制，包树森编剧。

《共同的责任——常州实行排污许可证制度纪实》 1990 年 12 月，由常州电视台摄制。1991 年 11 月，在中央电视台《经济半小时》栏目播出，获 1990 年省优秀电视新闻片三等奖。

《常州市抗洪救灾纪实》 1991 年，由常州电视台专题部摄制，撰稿陈方平，摄像颜晓群、朱伟清、屠鸿。1991 年 7 月，在常州电视台 9 频道播出。

《降伏洪魔的企业主人》 1991 年，由常州电视台摄制，主要内容为反映抗洪救灾，获 1991 年度省优秀抗洪专题报道片二等奖。

《英才一代青春魂》 1992 年，由常州电视台摄制，同年获全省优秀电视新闻专题片二等奖。

《扬子江沿岸投资环境博览》 63 集大型电视系列片，由常州、南京、苏州、无锡、镇江、南通、扬州等 7 家电视台联合摄制，常州有线电视台承担常州区域摄制，1993 年 11 月完成，获省优秀电视新闻专题片三等奖。

《他山之石——浙江市场》 10 集纪录片，1994 年 7 月由常州电视台摄制，主要内容为配合市委、市政府借鉴浙江成功开拓市场经验的专题片。

《濮家山沟风来兮》 1994 年，由常州电视台摄制，同年获全省优秀电视社教专题片二等奖。

《从金牌到名牌的跨越》 1996 年，由常州电视台摄制，同年获全省优秀电视新闻专题片一等奖。

《重金搭起的花架子》 1996 年 8 月，由常州电视台摄制，1997 年获第八届全省法制新闻专题片一等奖。

《走进延安》 4 集，1997 年 11 月，由常州电视台摄制，主要内容为反映常州电视台职工结对扶贫帮困赴延安地区纪实情况，同年获全省优秀电视社教节目三等奖。

《四十年的重量》 1998 年 9 月，由常州电视台摄制，主要内容为记录石家庄 11 名中年妇女到常州寻找亲生父母、兄弟姐妹的故事，获 1998 年度全省优秀电视社教长纪录片二等奖。

《心中的太阳》 1999 年 6 月，由常州电视台摄制，记录市监察中队戴诚从 1993 年起在毛泽东诞辰之际举办“歌颂献给毛主席，爱心献给孤老残”音乐会的故事，同年获第十六届全省优秀电视文艺金凤凰奖(首届)优秀电视纪录片三等奖。

《善待老人——追踪一位被敬老院退出的老人》 1999 年，由常州电视台摄制，获全省优秀电视社教专题节目一等奖。

《小水饺挑战大市场》 1999 年 11 月，由常州电视台摄制，分获省优秀电视社教专题节目一等奖，中国广播电视新闻奖三等奖和中国新闻奖二等奖。

《留住春天的老人》 1999年，由常州有线广播电视台摄制，先后获全省优秀电视新闻专题片二等奖、2000年中国广播电视学会有线电视节目新闻类三等奖。

《为一元钱车费较真》 2001年3月由常州有线广播电视台摄制，分获全省优秀电视社教短片一等奖、中国广播电视新闻奖二等奖。

《老　　铳》 2001—2002年由常州电视台等摄制的锡剧纪录片，罗曰铣编剧，2002年2月在中央电视台戏曲频道播出，2002年获曹禺戏剧文学奖和省“五个一工程”奖，获2002—2003年度江苏电视文艺奖戏曲节目一等奖。

《游子暮归解乡愁》 2003年11月由常州电视台摄制，记录著名诗人余光中从台湾回常探亲故事，分获省对外宣传电视彩虹奖一等奖、中国彩虹奖二等奖和第14届中国新闻奖三等奖。

《中国百年建筑经典》 30集，2006年由常州电视台与江苏省国际影视文化发展中心、省建设厅等联合摄制，获省“五个一工程”奖。

《世博会向我们走来》 3集纪录片，2007年由常州电视台为迎接上海“世博会”而摄制，获华东六省一市“世博会”专题报道特等奖。

第三节　戏剧

1986年初，市文化局下设剧目工作室，挂市戏曲研究所牌子。1986年以后，常州演出剧种有锡剧、滑稽戏、越剧、京剧、话剧等。锡剧在常州仍有一定市场；滑稽戏独领风骚，发展为常州的亮点剧种；评弹有声有色；京剧惨淡经营；80年代后期，越剧、沪剧剧团因难以为继解散。至2010年底，全市创作、编演出一大批优秀的话剧、小戏、小品、快板、儿童剧、舞剧。

1990年2月，常州市文联、剧协召开阿甲（戏剧家符律衡）回故乡迎新春茶话会。1991年12月，市文联、文化局、剧协与青年越剧培训班联合举办了江苏、浙江、上海、福建、北京五省八市青少年越剧群英会。1999年9月，“京剧名家献名曲，沪剧明星大会串”在红星大剧院举行，著名京剧表演艺术家李丽芳、杨春霞、李炳淑，著名沪剧表演艺术家邵滨孙、韩玉敏等参加演出。2003年10月，市文联组织的第二届全国京剧戏迷票友电视大赛获奖庆功联欢会在市少年宫剧场举行，获金、银奖的赵如琳、丁荣发表演获奖曲目《刘兰芝》《白水滩》。

1986—2010年常州市各专业剧团演出场次、观众统计表

表36-3-1

年份	锡剧团		歌舞团		滑稽剧团		评弹团	
	演出（场次）	观众（万人次）	演出（场次）	观众（万人次）	演出（场次）	观众（万人次）	演出（场次）	观众（万人次）
1986	118	14	421	38.6	250	20.0	2356	25.2
1987	121	13	317	23.9	250	20.0	2346	34.6
1988	109	14	289	19.7	250	20.0	2206	30.8
1989	107	12	165	8.2	250	20.0	2138	29.6
1990	100	12	174	10.0	250	20.0	2016	25.7
1991	110	13	178	10.0	250	20.0	1980	24.3

续表 36-3-1

年份	锡剧团		歌舞团		滑稽剧团		评弹团	
	演出(场次)	观众(万人次)	演出(场次)	观众(万人次)	演出(场次)	观众(万人次)	演出(场次)	观众(万人次)
1992	120	14	177	10.0	250	20.0	2014	25.6
1993	118	12	150	7.8	250	20.0	2008	25.3
1994	103	11	162	8.2	200	16.0	2013	25.4
1995	143	17	175	9.5	200	16.0	1960	25.7
1996	76	8	143	7.1	150	6.4	1930	22.6
1997	122	16	180	10.8	135	12.0	1900	23.2
1998	119	13	176	10.1	150	12.0	1800	23.0
1999	108	12	165	10.1	108	13.0	1760	22.1
2000	82	10	140	9.3	98	9.0	2000	25.4
2001	148	21	126	11.3	175	10.0	2020	22.6
2002	55	6	149	11.4	60	5.0	2100	23.7
2003	67	8	137	10.0	94	8.7	1800	22.6
2004	137	20	128	12.0	140	11.7	1760	20.1
2005	170	25	111	13.1	184	14.7	2200	23.3
2006	171	25	124	12.0	196	15.7	1700	21.4
2007	126	14	131	15.1	186	14.3	2000	22.2
2008	105	11	125	11.1	83	9.0	1800	21.2
2009	120	15	115	13.8	65	7.0	1700	20.3
2010	125	16	109	13.2	102	11.5	1600	21.4

一、锡　　剧

1989 年 9 月 21 日，常州市青年锡剧团成立，与市锡剧团并行。1993 年 8 月，市锡剧团、市京剧团推行“保留建制，紧缩编制，调出部分人员，经费总量不变”体制，市青年锡剧团、市京剧团统一归口到常州市锡剧团管理。2008 年春节，在红星大剧院举办中国锡剧《六代同堂》群星贺岁演唱会，锡剧名家梅兰珍、吴雅童、倪同芳、周东亮、小王彬彬、吴小童、居亦琴、沈惠兰、孙薇、陈鹰等汇聚常州同台献艺，演出《拔兰花》《攀弓带》《珍珠塔》《双下山》《孔繁森》《五鼠闹新春》《梁山伯与祝英台》《浣纱谣》等精品剧目，受到市民好评。 2009 年 9 月 10 日常州市地方曲艺传习所挂牌成立。2010 年 7 月，转制为江苏常州市锡剧院。辖市区有武进锡剧团、金坛锡剧团、溧阳锡剧团。同年，对市青年锡剧团、评弹团、滑稽剧团、京剧团和锡剧团进行核销、整合、重组，分别转制为常州市锡剧院、常州市曲艺团和常州市滑稽剧团，归口新成立的常州市文化艺术管理中心管理，7 月 8 日常州市转制文艺院团揭牌。至 2010 年，全市有全国省级会员 100 余名、会员近 30 名。全市有一级演员吴雅童、吴小英、刘平鸽、居亦琴、沈惠兰、陆惠华、孙薇、陈鹰、陈云霞、张静、万建焕、冯玉英、王胜标。

常州锡剧团、青年锡剧团编演节目　1986—2010 年，常州锡剧团和市青年锡剧团累计创排多部现代和古装戏。1986 年创编排演的锡剧小戏《母子星》和大戏《双莲记》获常州举办的省第二届锡剧节优秀演出、导演、音乐设计等 20 项 32 个奖。现代锡剧《欢喜店》，1988 年参加在苏州举办的第三届江苏省锡剧节演出，

吴雅童在中国锡剧六代同堂演唱会上表演《红楼夜审》（摄于2008年2月）

引起轰动，获导演、表演、舞美奖，同年获全省新剧目观摩演出优秀演出等6个奖项。市青年锡剧团创编排演的《血色杜鹃》（后更名《杜鹃红》）于1994年获省第四届锡剧节、省首届戏剧节优秀演出、剧目奖，1997年获省、市"五个一工程"奖等10项奖，演员万建焕、张惠芳、孙薇获优秀表演奖。常州锡剧团演员万建焕、孙婷、冯玉英、陈鹰、徐标新、王胜标于1998年参加省锡剧中青年演员电视大赛，获优秀表演奖。大型现代锡剧《七步桥》于1999年获省第五届锡剧节和省第三届戏剧节优秀演出等多项奖，演员居亦琴、沈惠兰等获优秀表演奖。

2002年，锡剧《老铳》获省第六届锡剧节优秀演出奖、优秀伴奏奖，演员万建焕、孙薇、李舒娴获优秀表演奖，翌年参加第四届中国上海国际艺术节，青年演员李舒娴获戏剧表演艺术"白玉兰"新人奖；上海东方电视台戏曲频道《戏游记》栏目为李舒娴等主要演员拍摄录制6段唱腔集播放。2003年，中央电视台11频道《戏曲采风》栏目组为常州锡剧团录制专题片《太湖一枝梅》，在全国播放。常州锡剧团组织演员参加省首届"红梅杯"戏曲大赛，孙薇、陈鹰分获金、银奖。2003年9月，小锡剧《划线定桩》获得常州市小戏小品曲艺演出大赛一等奖。2004年，常州锡剧团上演的《攀弓带》《老铳》《唐僧与香贞》《观音前传》等4台大戏，被扬子江音像公司拍摄制作成光盘，向社会发行。2005年4月，《烟村三月》被文化部艺术服务中心和常州市文化局联合拍摄成彩色戏曲故事片，2006年和2007年分获省第七届锡剧艺术节和省第五届戏剧节优秀剧目一等奖，演员万建焕、孙薇、陈鹰均获优秀表演奖。

2006年10月，中央电视台11频道《名段欣赏》栏目组为常州锡剧团主要演员录制9集共33段唱段，在中央电视台播出。2007年，常州锡剧团组织演员参加省第三届"红梅杯"戏曲大赛，万建焕、孙薇获金奖，陈鹰、杨丽获银奖。2007年7月和2008年6月，常州锡剧分别被列入国家级、省级非物质文化遗产，吴雅童被命名为国家级代表性传承人，居亦琴为省级代表性传承人。2007年8月《乡韵江南——居亦琴锡剧唱腔艺术》专辑由中国国际广播音像出版社出版发行。2008年，小锡剧《赶羊》参加省第五届小戏小品大赛，获小戏优秀剧目二等奖，黄彪、张洁玉获表演奖，李舒娴获省首届优秀戏剧人才称号。2009年，被摄制成光盘发行的《秋宫怨》获省优秀新剧目演出二等奖，演员孙薇、陈鹰、万建焕获优秀表演奖。2010年，小锡剧《馄饨飘香》获省第九届"五星工程奖"金奖，12月又获省戏剧节·小戏小品类大赛三等奖。

武进锡剧团编演剧目 创排现代和古装戏将近50部，现代戏《风流母女》《孔繁森》和古装戏《窦娥冤》《浣纱谣》曾获江苏省锡剧节、中国映山红民间戏剧节、中国艺术节编剧、导演、作曲、表演奖和省"五个一工程"奖等，主演陈云霞于2001年获第19届中国戏剧表演艺术最高奖梅花奖。

金坛锡剧团编演剧目 创排的《少年华罗庚》演出1700多场，引领全国县级剧团改革发展，《中国文化报》以《一个县级剧团的市场开拓之路》，作为"神话"介绍。

溧阳锡剧团编演剧目 创排《五女拜寿》《夜明珠》《狸猫换太子》《中秋恨》等20余部戏，常年送戏下乡，2007—2008年演出达3300场，曾被评为第七届全国艺术节首家优秀文艺表演团体。

二、舞剧、儿童剧

1992年，赵淑光的《小脏手》获全国儿童剧电视录像比赛节目、创作、导演二等奖。2004年，金坛市锡剧团创作排演的环保题材现代大型儿童剧《飞吧，大雁》，参加上海市第五届优秀儿童剧目展演。翌年，金坛市锡剧团创排的大型儿童剧《永远的雪梅》获上海市第六届儿童剧展演优秀剧目奖，先后演出1000多场。2007年10月，沙滩编剧、陈利华导演创排的常州第一部舞剧《格桑花·茉莉花》，获第六届江苏省音乐舞蹈节优秀剧目、优秀编剧、优秀导演、优秀舞美、表演、服装设计、灯光设计等9项大奖，获省“五个一工程”奖和江苏舞台精品等大奖，2010年应邀参加全省军民春节联欢会，受到省委、省政府和南京军区领导好评，后被选为江苏唯一参加在北京举行的第四届全国少数民族文艺会演剧目。2009年，金坛市锡剧团创排的大型现代儿童剧《留守小孩》在上海等地巡回演出156场，被《新华日报》誉为“演出神话”。

三、滑 稽 戏

1986—2010年，常州创排上演滑稽戏20余部。1986年，市滑稽剧团创排的《土裁缝与洋小姐》获全省新剧目调演优秀演出奖等7项奖和全省优秀剧目演出百场奖，1987年被长春电影制片厂拍成电影，1988年应邀进京演出，饰土裁缝的张克勤获中国第六届戏剧表演艺术最高奖梅花奖，成为中国首位获梅花奖的滑稽戏演员。1989年3月，创排的《多情的“小和尚”》获省新剧目优秀演出奖等6项奖，与《热闹的黄昏》同在7月参加省首届滑稽戏节演出，均获优秀演出奖；9月，《多情的“小和尚”》再获江苏戏剧紫金奖、演出百场奖；10月，代表江苏参加中国第二届艺术节（华东、南京片）演出。1990年饰“小和尚”的张克勤获得省政府首次授予的江苏文化艺术奖。1990年，《难得糊涂》到上海演出，一炮打响，饰徐大卫的殷延平获上海首届戏剧表演艺术白玉兰主角奖。

江苏省“五个一工程”奖获奖剧目滑稽戏《我要做好孩子》剧照（摄于2000年6月）

1993年9月，《诸葛亮与小皮匠》在北京演出，被专家誉为“滑稽戏的又一次突破”，主演殷延平获首届江苏省戏剧节优秀表演奖，该戏获全国“五个一工程”提名奖。1998年，《龙子龙孙》的主演殷延平、张怡、王利民等，获江苏省第二届滑稽戏节、第二届戏剧节优秀表演奖。2000年，《我要做好孩子》获江苏省第四届“五个一工程”入选作品奖，获第六届中国艺术节优秀剧目奖，受到省政府表彰；2001年，获文化部第九届文华新剧目奖、全国第八届“五个一工程”入选作品奖，殷延平获文化部第九届文华表演奖和中国第18届戏曲表演艺术梅花奖；周蕾获文化部第九届文华表演奖、江浙沪滑稽戏新秀奖及上海市“最受儿童喜欢的演员”称号。2003年，《阿拉美丽苑》获江苏省第四届戏剧节优秀表演、导演、音乐、剧目等10项奖；2004年，获中国戏曲现代戏优秀保留剧目展演优秀演出奖，王利民、钱力民分获优秀主角奖、表演奖，张怡、唐寅、洪英、张洁获优秀配角奖。此戏获2004—2005年度江苏省舞台艺术精品工程奖。2006年，《钱粮师爷》获江苏省第四届滑稽戏艺术节优秀演出、导演、音乐等7项奖。滑稽戏《红线》同年获中国检察系统文学艺术最高奖金鼎奖。

四、其他剧种

1986年1月，朱汉光编演的说唱《赌徒小传》、潘正迪编演的小喜剧《喔唷唷危险来》参加省首届业余法制宣传文艺（江南片）调演，均获优秀创作奖。1987 年 12 月，樊志清的快板书《追皇冠》参加省业余文艺调演获创作二等奖。1991 年，常州始有小戏创作，孙中创作的《考县长》发表于《剧本》月刊。1994 年 5 月，市群艺馆被文化部群众文化司授予成绩优秀奖。金坛儿童剧颇具特色。1995 年，马中原的广播剧《最后一只红灯笼》获江苏省优秀广播剧奖。1999 年 11 月，常州选送的小戏《马兰花开》获省第三届业余戏剧小品曲艺大赛二等奖。2002 年 2 月，常州选送的小戏《落选》《三戴红花》分获省首届农民艺术节文艺会演一等奖、二等奖。2003 年 9 月对口快板《钱大胆的婚礼》获江苏省第四届法制文艺调演优秀表演奖。2009 年，市第九届小戏小品曲艺征文演出大赛举办，评出优秀创作奖 18 个，演出一等奖 5 个。

第四节　曲艺

1990 年，常州市评弹团副团长周玉峰的评话《荒唐县令》，参加南京举办的首届中国曲艺节，为江浙沪评弹界唯一入选节目。评话《常州白泰官》2002 年获中国曲艺最高奖牡丹奖，他创作的 60 万字《常州白泰官》文稿，经张戬炜整理、校注，由南京大学出版社出版，获第七届中国曲艺牡丹奖文学奖。弹词《无丝夫人》于 2003 年获第二届中国评弹艺术节创作奖，周玉峰与邢晏春合作的弹词《钱粮师爷》于 2006 年获第三届苏州中国评弹艺术节优秀创作奖和优秀剧目奖，周玉峰与廉勤荣合作的弹词《晚饭前》于 2006 年获省第五届曲艺节优秀创作奖，弹词《雨露青苗》于 2009 年获第六届省曲艺节优秀创作奖和第四届中国评弹艺术节（苏州）优秀剧目奖、省第三届芦花奖优秀剧目奖。2005 年 4—6 月、2007 年 6 月省文联、曲协、市文联主办的“美在新江苏”文艺家采风活动之省曲艺家创作采风常州行活动和走进古村社区专场演出举行。2008 年 5 月底，第 23 届沪苏锡宁杭常 6 市评弹名票名段会演暨徐松毅评弹艺术人像展举办。

2009 年 9 月，市文联、省曲协联合举办庆祝中华人民共和国成立 60 周年曲艺专场演出。10 月 24—25 日，在新中国成立 60 年之际，常州地方曲艺发掘抢救学术观摩展演及研讨会在中国艺术研究院和北京大学举行，市文广新局与中国艺术研究院曲艺研究所联合主办，市地方曲艺传习所承办，活动包括《兰陵兰韵》常州地方曲艺发掘抢救学术观摩展演、保护与传承，常州地方曲艺发掘抢救学术研讨会，演出常州唱春短篇节目《十张台子》《孟姜女・十二月花名》、常州评话长篇选回《乾隆下江南・花郎秀才》、常州道情开篇《螳螂招亲》、常州滩簧长篇选回《珍珠塔・羞姑》等 5 个曲种、7 个节目，中央电视台和《人民日报》《光明日报》等中央级媒体做了报道。

常州地方曲艺表演团体晋京演出演职人员与领导合影（摄于 2009 年 10 月）

一、评　弹

常州评弹团 1958 年成立，先后培养出邢晏春、邢晏芝、李娟珍、徐剑虹、沈韵秋、徐虹丹、周玉峰、周希明、潘瑛、汤小君、倪淑英等知名演员。1988 年，市评弹团参加省评弹中青年演员汇演比赛，周希明、汤晓君演出的《血衫记》获优秀演出奖，周玉峰演说的评话《常州白泰官》获演出奖；11 月连续在江苏人民广播电台播出 1 个月。1990 年 10 月，周玉峰编演的 30 回微型评话《话说常州》，连续在常州人民广播电台播出，后他编演的《荒唐县令》参加中国曲艺节演出。1992 年，市评弹团组织常州中外评弹会串，请法国、加拿大、澳大利亚等票友，与国内著名演员同台献艺。1993 年，市评弹团演员江丽随师邢晏芝等赴中南海，为党和国家领导人演出。1994 年，全市专业剧团青年演员会演举办，廉勤荣因演出《活鬼》获一等奖，后参加全省首届曲艺节，获演出奖；4 月周玉峰在鞍山举办的全国评书评话邀请赛上演出《美的追求》，获特别荣誉奖。1995 年，市评弹团排演"我为常州添光彩"专题评弹节目，微型评话《赤膊》《一杯酒》、短篇评话《盛宣怀进药》等作品在常州工厂、学校演出受到好评；周玉峰的评话《常州白泰官・大闹德州》获市青年技能优秀奖。1997 年，周玉峰获省第二届曲艺节优秀表演奖，他的微型评话《在公共汽车上》《荒唐县令》《说话的艺术》在中央电视台四套海外中心播出。2002 年 6 月，周玉峰的长篇评话《常州白泰官》获第二届中国曲艺牡丹奖表演奖。2003 年，周玉峰创作的中篇评弹《无丝夫人》参加第二届中国评弹艺术节演出，凌涛、周希明获优秀表演奖。2006 年 7 月，市评弹团获江浙沪评弹大赛集体第三名；10 月，新编弹词《心绣》《晚饭前》获江苏省艺术节优秀表演奖。

2009 年，市评弹团在第四届中国评弹艺术节（苏州）上演出《雨露青苗》，蔡玉良获表演一等奖，吴琪良、倪雅静、廉勤获二等奖，蔡玉良同年获江苏曲艺"芦花奖"（省曲艺最高奖）新人奖。

二、小品相声

至 2010 年底，全市创作小品、相声剧本及其表演作品 20 多部。

小　　品　1987 年 12 月，陈嘉敏的小品《梦》获首届全国"群星奖"三等奖。1988 年 4 月，由陈嘉敏创作，宋玉钦导演，朱汉光、张克矜演出的小品《好心人》获省戏剧小品比赛一等奖；11 月，陈嘉敏、朱汉光分获在杭州举办的江浙皖沪戏剧小品大奖赛创作二等奖、优秀表演奖。1990 年 9 月全省业余戏剧小品比赛（常州片）举行，常州有 6 个小品获奖，《春绿》《抢阿伯》获一等奖；10 月，《春绿》代表江苏参加在南京举行的第二届华东六省一市戏剧小品比赛，获三等奖。1992 年 10 月，陈嘉敏、张予予的小品《高楼下的小屋》获华东地区第三届小品、曲艺大赛一等奖。1993 年，陈嘉敏、张予的小品《高楼下的小屋》获华东地区戏剧小品大赛一等奖。1997 年，张宇清的小品《电话红娘》获文化部主办的第三届全国小品大赛二等奖，小品《儿子的礼物》获安徽省小品大赛一等奖。陈嘉敏等的小品《太阳雨》获江苏省小戏小品征文大赛一等奖。9 月，常州选送的小品《坐车》《父子俩》分获全省第二届戏剧小品曲艺大赛一、二等奖。

2001 年，李中萱的小品《兵大哥与打工妹》获中国曹禺戏剧奖的小品小戏奖二等奖。2002 年 2 月，小品《爱情不用包装》获江苏省首届农民艺术节文艺汇演二等奖。2003 年 9 月，小品《没电多好》《何处不相逢》分获省第五届"五星工程奖"金奖及"五星工程奖"。2005 年，小品《新市民与老市民》获省文明办、文化厅举办的"四进社区"文艺展演二等奖；许建荣导演、杨秀妹编剧的戏剧小品《女儿买车了》获第八届华东六省一市小品曲艺大赛特等奖。2007 年，叶丹的小品《听》获江苏省小戏小品曲艺大赛一等奖。2 月，张姝娜的小品《串门》获全国第五届社区艺术节三等奖，2009 年获省第八届五星工程奖金奖。2010 年，张文的小品《世上本无事》获第六届江苏戏剧奖・小戏小品奖优秀剧目一等奖、编剧奖，分获第九届江苏省"五星工程奖"金奖、第十届华东六省一市戏剧小品大赛银奖和省戏剧节小戏小品类大赛一等奖。

相　　声　2006 年，杨秀妹的相声《小顽童》获全省曲艺大奖赛创作一等奖、省"五星工程奖"金奖。

第四章 艺术

1985年以后，文化艺术紧跟时代，在打造艺术精品上下功夫。孙中、史根源创作的锡歌《芦花吟》于1997年获上海“立邦杯”第三届戏歌大赛金奖，常州市歌舞团的民间歌舞《好一朵茉莉花》于2000年参加第六届中国艺术节开幕式，获文化部第九届“文华新剧目奖”、全国“五个一工程”奖，剧组被记集体二等功。2007年，常州市歌舞团自编、自导、自演第一部原创舞蹈《格桑花·茉莉花》，参加省第六届音乐舞蹈节比赛，获优秀节目、优秀编剧、优秀导演、优秀编导等多项大奖，获2007—2008年度江苏省舞台艺术精品工程优秀剧目奖。有多位画家、书法家的美术书法作品入选全国书画展并获奖，魏华邦的版画，江可群、周蕴华、莫树滋、周南平、范石甫、言亢达、莫静波、周俊炜等人的国画，李平秋的油画和水彩画，丁德邻的连环画，李庆的水彩画和水粉画，莫树滋、张德俊、丁楼辰的年画和钱小山、胡一飞、阙长山、徐浩然、薛丽娜、范石甫、诸葛丽娜、周冬军、刘秋农、戚散花等的书法作品在全国较有影响，陈海良连续多年摘得中国书协举办的全国书法大赛大奖。全市有200余人为省美协会员，370余人成为省书协会员。摄影家汤德胜、耿荣兴、顾其文等在全国摄影比赛中屡屡获奖。优秀书法、摄影作品层出不穷，活跃繁荣。

第一节 音乐

常州音乐家协会、舞蹈协会和常州歌舞团是创作、表演音乐和舞蹈的中坚力量，其次是常州市群众艺术馆、文化馆和学校的音乐老师等。常州市歌舞团成立于1978年3月，1996年7月曾与常柴股份公司签订协议，在原体制、编制、法人资格、隶属关系不变的同时，增挂常柴艺术团牌子，后脱钩。2010年，市歌舞团转制改名为江苏常州市歌舞剧院。至2010年，常州音乐家有全国会员10余名、省级会员80余名，舞蹈家有全国会员10余名、省级会员近30名。1991年5月，中国常州“江南春”音乐创作笔会举办，北京、南京、上海和解放军近40位著名词曲作家到常州参加笔会，创作歌曲60首。1995年5月，常州市文联、音协组织“常州之歌”歌曲征集活动，征集到歌词300多首，谱出歌曲50多首，精选13首“常州之歌”，由上海音像公司制作成1万盒音带发行。1996年3月，市委宣传部等单位在常州广电中心举办“迈向新世纪的歌声”上海之歌、常州之歌联播活动。2000年5月，市文联、文化局联办了中国电影乐团世纪经典电影名曲交响音乐会。2007年7—10月，市文联组织开展了“常州之歌”征选推演系列活动，征集到歌词近400首。2008年12月，市文联、音协组织选编的《岁月如歌——纪念改革开放30周年常州市创作歌曲集》出版，收录改革开放后常州市词曲作者的原创歌曲59首。

一、词作获奖

1990—1991年，沙河、史根源分别创作的歌曲《自己的世界》《北斗之歌》分获全国新人新曲优秀创作奖、江苏省第二届音乐舞蹈节作曲二等奖。1997年，孙中、史根源创作的锡歌《芦花吟》获上海第三届戏歌大赛金奖，史根源创作的歌曲《共同拥有蓝色的希望》、王星南的《远方有你》同获全省第三届声乐大赛优秀创作奖。1999年12月，杨晖创作的扬琴曲《独立寒风》获全省第四届音乐舞蹈节音乐优秀节目奖。2000年、2001年，陈嘉敏作词、王星南作曲的歌曲《清晨，我从田野走过》先后获全省、全国“五个一工程”奖。

2001年7月，李平英创作的歌曲《读雨》获江苏省第二届音乐新作品大赛二等奖；8月，《西皮随想》获全国第二届蒲公英创作金奖；12 月，史根源、孙中的锡歌《芦花吟》、王星南的《有家真好》获江苏省首届戏歌大赛创作二等奖；高菁作词、陈良基作曲的《绿色的飘带》和胡恒慧创作的《会唱歌的小百灵》歌曲获全国第二届“蒲公英奖”创作三等奖。2000 年 7 月，史根源创作的歌曲集《生命的放飞》由北京学苑出版社出版。翌年，陈嘉敏作词、王星南作曲的歌曲《清晨，我从田野走过》入选中共上海市委宣传部主编的中华百年歌曲集《放歌新世纪》。2003 年，胡恒创作的歌曲《小小牵牛花》在《儿童音乐》第四期发表；市文联组织、周艳泓作词作曲的《烟花三月下江南》和沙滩作词、佳山作曲的《泪水与笑容》，同获江苏省“五个一工程”奖；刘旭创作的音乐作品《雪花飘飘》获全省第五届“五星工程奖”金奖；12 月，王星南创作的《良宵》、史根源的《飞吧鸽子》、李平英的《白桦树的眼睛》获江苏省第五届音乐舞蹈节优秀作曲奖。

2004 年 7 月，丁耘作曲的《五十六个民族少年赞歌》音乐节目获全国儿童大赛“新苗奖”金奖。翌年，蒋全海、王星南创作的《文明新风歌》获中共中央宣传部、中国文联等单位举办的全国科普文艺作品征集活动优秀奖。翌年，史根源创作的二胡独奏曲《荷风》获全国二胡新作品三等奖；刘旭创作的歌曲《我爱我家，我的中华》获市“五个一工程”奖，《常州甜白酒》获“常州之歌”一等奖。2007 年，王星南创作的歌曲《秋叶》获省“五个一工程”奖；11 月，刘旭与王星南创作的歌曲《秋叶》，李平英的《春天的语言》，齐勉乐、徐静的二胡《飘落的紫丁香》获江苏省第六届音乐舞蹈节优秀作曲奖。

二、演唱获奖

2004 年，常州市声乐协会常声合唱团演唱的《永远辉煌》获第六届中国老年合唱节金奖。2007 年 8 月，史根源创作的器乐五重奏《逗乐》获第七届市青年演员会演一等奖。翌年，钟楼区文化馆女声演唱《名点飘香》、武进区文化馆女声独唱《村外的小路》获省第八届“五星工程奖”金奖。 2009 年，高菁作词的《茅山情》《百年梦园》《大运河》《我心中的歌》等 7 首歌曲在《闪光的军魂》上发表；管丽玲作曲的《美丽梦想》《惊梦》被《盛世戏歌—— 江苏创作歌曲集》收录；黄晨作曲的《飞飞飞》获江苏音乐“茉莉花”奖青少年合唱作品三等奖；蒋敏作词、李平英作曲的《名点漂香》获长三角(长江三角洲地区）歌曲新作品演唱大赛二等奖；高菁作词的歌曲《新区放歌》获全省老年文艺大赛演出、创作二等奖。2010 年，市歌舞团的心韵民族组合获全省“茉莉花”民族器乐比赛组合优秀奖。11 月，常州女声独唱《山水茶歌》、男声独唱《庄稼汉的快乐在劳动号子里》，分获省第九届“五星工程奖”金奖、银奖。

第二节 舞蹈

常州舞蹈创作演出的主要单位有市歌舞团、舞蹈协会、群众文化艺术馆和文化馆等。1995 年 6 月 15 日至 7 月 7 日，市歌舞团代表江苏省以中国江苏艺术团名义，在加拿大参加温哥华国际龙舟艺术节、科鲍湖滨艺术节，此为常州专业艺术团体首次出国演出，表演了《大红绸子飘起来》《茉莉花开》《采茶舞》《梁祝》《姑苏行》《太湖美》等舞蹈、声乐、器乐节目 38 个，先后在加拿大首都渥太华和多伦多、蒙特利尔、温哥华、埃特蒙顿、卡尔加里等 6 个城市演出 14 场，观众 2.5 万人次，参加大使馆、领事馆和华人社团、民间文艺团体联欢交流 6 场，受到加拿大各界的热烈欢迎，加拿大总理克雷蒂安为艺术团访加发来贺电，10 余家中英文报纸做了宣传报道，被誉为东方文化使节，被中国驻加大使馆誉为近几年中国访加艺术团组中行程最长、演出场次最多、交流最广的艺术团体。1999 年 5 月，市文联与省文联，中国舞协，南京军区政治部、宣传部等单位联办了中国当代舞蹈精品集萃晚会。

一、创作获奖

1998 年 4 月，常州武进文化馆王晓燕创编的群舞《上梁》获全省群众文艺新作比赛一等奖，在 2000 年第

武进横山桥中学排演的舞蹈《上梁》获全国第十届群星奖舞蹈大赛金奖（摄于2000年11月）

十届全国“群星奖”舞蹈比赛中获金奖。2000年10月，市歌舞团与江苏省歌舞剧院合创排演传统与现代艺术相结合的大型民间歌舞《好一朵茉莉花》，陈利华参与创编，市歌舞团舞蹈队近30名演员参加演出，这场舞剧有舞蹈《茉莉飘香》、音诗画《水乡风情》、舞蹈《踏雨》、歌舞《盛开的茉莉》等14个节目组成，以精巧的结构、简洁的手法生动地展现江苏民间歌舞的神韵，2000年获省第四届音乐舞蹈节剧目奖；同年参加第六届中国艺术节开幕式获大奖，获文化部第九届文华新剧目奖、全国“五个一工程”奖，《好一朵茉莉花》剧组被省政府记集体二等功。市歌舞团先后参与演出近40场。1999年9月在中国昆明世界园艺博览会上演出；10月7—8日在北京世纪剧院参加国庆50周年献礼演出；10月19—20日在南京参加全省国庆50周年优秀剧目演出。2001年7月，陈利华创编的女子群舞《渔姑、鱼鼓》获省第三届舞蹈比赛创作金奖，创编的舞蹈《清清河边》获第五届全国舞蹈比赛优秀创作奖。

二、编导获奖

1987年，梁建平创作、丁德邻设计的舞蹈《老来喜》获首届全省音乐舞蹈节编导一等奖、舞美奖。1991年，葛立堂《种花妹子》《公婆媳》分获省第二届音乐舞蹈节舞美奖、优秀舞美设计奖。1998年6月，陈利华创作的《军嫂》获全省第二届独舞双人舞三人舞大赛编导金奖。2000年10月，周月梅创编的《婆媳姑》三人舞获全国第十届“群星奖”二等奖，邓梦兰、胡恒慧创作的舞蹈《丑娃》获省第三届“五星工程奖”提名奖。1998年6月，葛立堂、郭建强、庄晓勃获全省第二届“独、双、三”舞蹈大赛舞美设计银奖。1999年12月，葛立堂《秧歌秧情》《清清河边》分获省第四届音乐舞蹈节舞美设计金奖、银奖。2001年7月，葛立堂《渔姑、鱼鼓》《清清河边》获省第三届舞蹈比赛优秀舞美设计奖。2003年8月，邓梦兰创编的幼儿舞蹈《丑娃》和周月梅创编的儿童舞蹈《小巧手》获全国儿童舞蹈“新苗奖”大赛服装设计银奖。12月，常州承办江苏省第五届音乐舞蹈节，江菱、丁德惠创作的群舞《春天的翱翔》、陈利华编导的群舞《漫天挂花雨》和胡亮编导的双人舞《生逢十一》获优秀编导奖。2004年，胡亮创编的女子群舞《花非花》获常州市第六届青年演员会演优秀编导奖。2009年11月，丁德惠获第四届全国青少年音乐舞蹈才艺大展演编导奖。

三、表演获奖

1999年12月，王雨获省第四届音乐舞蹈节舞蹈表演金奖。2003年8月，邓梦兰创编的幼儿舞蹈《丑娃》和儿童舞蹈《自己动手 do-re-mi》，周月梅创编的儿童舞蹈《小巧手》分获全国儿童舞蹈“新苗奖”大赛金奖。2005年4月，市舞协春之声艺术团创作排演的《乾隆扇》获在澳门举行的全国中老年“金莲花奖”艺术比赛健身类金奖，《茉莉花》《踏歌》分获中外民族民间舞类一等奖、二等奖，《故乡是北京》获歌舞类二等奖，邓梦兰创编的幼儿舞蹈《小鸡出壳》获“诺亚舟杯”第二届“星星火炬”中国青少年艺术英才总决赛学前组金奖，常州选送的舞蹈《小小摄影家》获省第四届少儿艺术节一等奖。2006年8月，邓梦兰创作的舞蹈《雪娃》、幼儿群舞《雪踢踏》《快乐的小卓嘎》获全国“星星火炬大赛”金奖，市舞蹈老年艺术团编排的《世纪春雨》获全国中老年才艺大赛特等奖。2008年，武进区文化馆选送的少儿舞蹈《想爸爸、想妈妈》获省第八届“五星工程奖”金奖。2009年8月，邓梦兰、许建荣辅导，取材于金坛刻纸创编的舞蹈《小小传承人》参加全国青少年国庆献礼电视晚会；11月，常州选送的舞蹈《香脆萝卜干》获省第九届“五星工程奖”金奖，丁德惠编导的《茉莉花香》《当代梁祝》获第四届全国青少年音乐舞蹈才艺大展演青年组金奖，《可爱的达坂城姑娘》《七彩童年》等4个作品获少年组银奖。同年丁德惠编导的《又见茉莉花》在中央电视台庆祝新中国成立60周年“祖国万岁”全国群众文艺调演大型电视文艺晚会获优秀节目奖。市公安、文联创排的踢踏舞《快乐女警》同年获公安部举办的“为祖国放歌”全国公安系统文艺会演二等奖。2010年10月，市歌舞团在江苏省第十七届运动会开幕式上表演大型歌舞节目，被市政府记集体三等功。

《格桑花·茉莉花》剧照(摄于2008年11月)

第三节　绘画

1986年2月，市文联、美协在红梅公园红梅阁举办首届花鸟画展。1989年秋，常州书画院主办常州书画院书画进京展在中国美术馆展出。1991年，中央电视台拍摄的《魏华邦与石拓版画》专题片于10月27日在“神州风采”栏目播出。1997年，江可群获“中国画坛百杰”称号，缪法宝获得人事部授予的“著名书画艺术家”称号。2001年1月，市政府在刘海粟美术馆举办跨世纪名家百米长卷展。7月，纪念建党80周年常州市美术作品展在刘海粟美术馆举办，展出绘画、剪纸等作品161件。2005年8月，市文联、体育局、文化局在刘海粟美术馆联合举办“迎十运”常州美术书法作品展，展出作品150多件。2008年，缪法宝获得联合国教科文组织授予的首届全人类贡献奖文化艺术美术金奖。翌年，房师田、程舍予获得中国文联授予的“从事新中国文艺工作60周年”证书，缪法宝被中央电视台聘为全国书画大赛评委。1986—2010年，常州累计有中国美术家协会会员20余名、江苏省美术家协会会员200余名。2010年底，常州的阙长山、莫树滋、江可群、李平秋、言亢达、周俊炜、司马连义、叶鹏飞为国家一级书画师。

一、参展获奖

国际展览　1988—2010年，常州市画家近30幅作品入选全国美术作品展览。1989年，挪威国家电视台邀请张德俊拍摄绘画技法专题片。1992年，江可群、赵治平的国画从19个国家4000多名画家的作品中脱颖而出，入选国际水墨画大赛展出(共150幅)。

1986—2002年常州画家作品入选国际美术作品展览和获奖情况表

表36-4-1

作者	画作名称	体裁、形式	年份	参加展览比赛与获奖情况
魏华邦	古园金秋、夏涛	版　画	1986	入选法国特拉斯国际现代版画双年展

续表 36-4-1

作者	画作名称	体裁、形式	年份	参加展览比赛与获奖情况
周南平	江南晨曲		1987	入选南斯拉夫中国现代画展
李平秋	古桥、滇边三月、黄山	水彩画	1987	入选文化部驻外使馆展出
范石甫	花鸟画作品	花　鸟	1987	入选参加出国巡展
谢伯子	松荫观瀑		1987	入选日本书人会第 11 回日中亲善书画篆刻展
言亢达	秋　韵		1987	被文化部选送到法国展出
俞德生	江南春雨		1987	被文化部选送到法国展出
李平秋	雾笼名山	水彩画	1990	被文化部选送参加日本“花与绿”国际园林艺术展
李平秋	老　墙	水彩画	1991	美国旧金山中国现代水彩画展
江可群	古源欲暝	国　画	1992	入选国际水墨画大赛展出
赵治平	芦塘深处	国　画	1992	入选国际水墨画大赛展出
缪法宝	家住青山绿水间	国　画	1994	获日本东京第三届国际书画展金奖
缪法宝	深山高秋	国　画	1994	获中国名家书画出国展一等奖
缪法宝	—	山水画	1994	获美国第三届国际书画艺术展国际金奖
缪法宝	水乡渔歌	国　画	1998	获世界华人艺术大展金奖
丁德源	水墨江南	国　画	1999	入选中国文联组织、联合国总部在纽约主办的世界和平美术作品展，在纽约及世界各国巡回展出，获国际文化学术奖章
缪法宝	长江万里行	国　画		
司马连义	晨露、畜牧		2000	分获文化部、中国文联主办的首届世界华人美展二、三等奖
缪法宝	清　泉	国　画	2001	获联合国成立 50 周年世界和平大展金奖
张德俊	菡萏香生墨雨中	国　画	2002	庆祝香港回归 5 周年国际华人美术家作品展

全国美术作品展　1988—2010 年，常州市有 20 多位画家的近 30 幅作品入选全国美术作品展览。1992 年，常州入选文化部、中国美协主办的“全国美术作品展览”作品数居全国省辖市首位。1999 年 9 月入选“第九届全国美术作品展览”画作数列全省第三位，为常州历届入选全国美展之最。

1986—2010 年常州画家作品入选全国美术作品展览和获奖情况表

表 36-4-2

作者	画作名称	体裁、形式	年份	届次
张德俊	作品 1 幅	年　画	1988	第七届
曹忠平	洞房细语	年　画	1988	第七届，获三等奖
周俊炜、温巍山	运河舟楫图	国　画	1989	第七届
言亢达	黄河从这里流过	国　画	1989	第七届
莫树滋	花香鸟语处处春	国　画	1989	第七届
顾国治	秋实图	年　画	1989	第七届
李平秋	晨　曲	水彩画	1989	第七届
张德俊	猫蝶图	国　画	1989	第七届
江可群	作品 1 幅	山水画	1994	第八届

续表 36-4-2

作者	画作名称	体裁、形式	年份	届次
言亢达	黄河奔流去无声	国　画	1994	第八届
张德俊	恩泽千秋	国　画	1994	第八届
江可群	国　脉	国　画	1999	第九届
周俊炜	陕北大马市	国　画	1999	第九届
丁德邻	静静的石桥镇	水粉画	1999	第九届
李平秋	午　后	水彩画	1999	第九届
李　庆	化　冻	水彩画	1999	第九届
李　庆、施　茜	排　列		1999	第九届
舒建平、顾小青	绕树三匝无枝可依		1999	第九届
高志强	棋　语	漆　画	1999	第九届
司马连义	绿　荫	国　画	1999	国庆50周年全国美展获成就奖
吴　鸣	青苹果乐园	工笔人物画	2002	
李平秋	喀什噶尔之秋——赶巴扎	水彩画	2004	第十届
朱双大	国粹·国花	年　画	2009	第十一届
王亚平	三友系列	陶　艺	2009	第十一届

全国中国画展览　1993—2010年，常州有10多位画家的30余幅作品入选全国美术作品展览。

1986—2010年常州画家作品入选全国中国画展览和获奖情况表

表 36-4-3

作者	画作名称	年份	入选展和获奖情况
江可群	黄河之水	1993	获首届全国山水画展优秀作品奖
江可群	多情的土地	1997	入选中国画画坛百杰展
周俊炜	好一朵茉莉花	2000	入选第六届中国艺术节国际中国画大展
言亢达	河　梦	2000	入选第六届中国艺术节国际中国画大展
李平秋	大周末	2000	入选第六届中国艺术节国际中国画大展
司马连义	红　云	2000	入选第六届中国艺术节国际中国画大展
莫树滋	春山湍流图	2000	入选第六届中国艺术节国际中国画大展
张德俊	国色朝酣酒，天香夜染衣	2000	入选第六届中国艺术节国际中国画大展
丁德邻	悠悠岁月	2000	入选第六届中国艺术节国际中国画大展
朱利群	秋染农家	2000	入选全国中国画作品展
朱利群	农家金秋	2003	获全国中国画大展的优秀奖
朱利群	农家金秋	2004	获第二届全国青年国画年展优秀奖
李平秋	喀什噶尔阳光	2005	获第二届中国美术协会会员中国画精品展优秀作品奖
丁德邻	后　卫	2005	获第二届中国美术协会会员中国画精品展优秀作品奖
丁德邻	山那边	2005	获首届中国画写意画展优秀作品奖
周晓东	塬上清秋	2005	获全国中国画作品展优秀奖

续表 36-4-3

作者	画作名称	年份	入选展和获奖情况
朱利群	安居乐业	2005	入选纪念抗战胜利60周年全国中国画作品展
周俊炜	雪山远眺	2006	入选纪念中国共产党成立85周年全国中国画名家作品邀请展
李平秋	高天上流云	2006	入选中国美协等主办的中国画展
李平秋	暮霭中的蒙马特高地	2006	入选中国美协等主办的全国城市山水画展
丁德邻	苍山寂寂	2006	获第三届中国美协中国画精品展优秀作品奖
丁德邻	松声试院图	2006	获新江苏中国画展最高奖优秀作品奖
司马连义	花　荫	2006	入选第三届中国美协会员中国画精品展
朱利群	秋醉农家	2006	入选全国中国画提名展
徐思齐	一夜东风	2007	入选第三届中国画作品展
丁德邻	山凹凹	2007	获第三届中国画作品展最高奖优秀作品奖
李平秋	守　望	2007	入选第四届中国美协中国画精品展
丁德源	松间书声远	2007	获第四届中国美协中国画精品展优秀作品奖
朱利群	翠林秋华	2008	获首届中国山水画艺术双年展优秀作品奖
张德俊	鱼乐图、牡丹图、锦绣图	2009	入选新德里“中国水墨聚焦国际艺术展”
张　勤	云溪高逸图	2010	获第十六届亚运会全国中国画展优秀奖
张　勤	雁荡山游记	2010	入选全国中国画作品展
张　勤	巍巍太行	2010	入选“和谐燕赵，红色太行”全国中国画山水画展

全国水粉水彩画展览　1991年，李平秋的水彩画《熹微初露》入选第二届全国水粉水彩画展。1993年，李庆的水彩画《泊》入选中国水彩画展。1994年，李平秋的水彩画《向丁·利普茨致敬》和李庆的《春江水暖》、水彩画《鱼和匾》入选中国首届青年水彩画大展，李庆的水彩画《晌午》入选中国水彩画展。1996年，李平秋的水彩画《午后三点》、李庆的《皖南农家》和丁德源、丁德邻的《小镇石桥》入选全国第三届水彩水粉画展，李平秋的水彩画《昨日琴声》《细雨江南》入选中国首届水彩画大展。1997年，李平秋的水彩画《白夜》入选第七届中国水彩画大展，水彩画《干草花》入选1997中国青年水彩画展。1998年，李平秋的水彩画《周末》入选全国第四展水彩水粉画展。2001年，李平秋的水彩画《工余》和李庆的《中国娃》入选全国水彩画人物画展。2003年，李平秋的水彩画《烟锁玉屏》、李庆与诸葛丽娜合作的粉画《冰冻鱼》分获全国首届小幅水彩画展优秀奖和首届全国粉画展三等奖。2006年，李平秋的水彩画《回忆》入选百年中国水彩画展；李庆的水彩画《余晖》入选中国水彩画教学与创作百年回顾展，其水彩画《抱猫的女孩》等8幅作品获第三届“李剑晨奖”水彩画提名奖。

国际和全国油画展览　1993年，李平秋的油画《葬嫜》分别入选中国油画双年展。2000年，章建军的油画《江春风车》获文化部举办的中国社会文化艺术政府奖最高奖第八届“群星奖”美术优秀作品奖。2001年，章建军的油画《游常州港》获全国第二届“蒲公英奖”大赛金奖。周晓东的油画入选第三届中国西部大地行中国画油画展。2010年，李庆的《午后》参加江苏省油画展。2002年，刘伟光的油画《都市之云》入选第16届全国新人新作展，为常州油画画家首次入选。2006年，朱双大的《国色天香》获“任伯年杯”全国书画大赛油画类金奖。2008年，李庆与施茜合作的油画《爱的脊梁》获中国百家金陵油画展金奖。

中国花鸟画展 1986年，范石甫的《虚心并进》参加首届当代中国花鸟画展，获省创作奖。1987年，范石甫的《竹趣图》入选第三届当代中国花鸟展；1998年，金扬的国画《新绿》入选第八届全国花鸟画作品展。2003年，金扬的国画《早春二月》入选全国当代花鸟画艺术大展。

全国工笔画展览 1994年，王晓兰的工笔画《思》获海峡两岸书画大赛金奖。1998年，赵治平的花鸟画和周俊炜的国画《俏遥游》分获第四届全国工笔画大展二等奖、三等奖。2002年，司马连义的国画《云》、朱利群的《农家高歌唱清秋》入选第五届全国工笔画展。2010年，李啸东的工笔画《蕉林》入选上海"世博会"中国美术作品展，戴鸿宝的工笔画《早春》入选全国首届现代工笔画大展。

其他全国画展 1987—2010年，常州有10多位画家的近30幅作品入选其他全国画展，有9人的10幅作品获奖。1990年，魏明应邀到北京奥林匹克体育中心创作《敦煌情思》，悬挂陈列。1998年，张德俊应邀为中央军委"八一大楼"创作巨幅国画《万紫千红总是春》。

1986—2010年常州部分画家作品入选其他全国画展和获奖情况表

表36-4-4

作者	画作名称	体裁、形式	年份	入选参展和获奖情况
张德俊	新顾客	年画	1987	获第四届全国年画大赛二等奖
缪法宝	家住清水边，人在花中行	国画	1989	获全国国庆40周年书画展一等奖
司马连义	岁月（合作）	油画	1990	入选第二届中国体育美术展
李平秋	媳妇乐	—	1990	入选第二届中国体育美术展
江可群	大山下那座小庄	国画	1991	入选建党70周年全国美术展
丁德邻	水	—	1991	入选建党70周年全国美术展
缪法宝	古运河	—	1994	获"国庆45周年中华全国当代书画精品展"银奖
许余春	旷野情趣	国画	1996	入选1995年全国诗书画年会，在北京中国美术馆展出
王晓兰	凉山牧笛	国画	1996	
魏华邦	版画作品	版画	1996	获中国版画家协会颁发的鲁迅版画奖
戴德培	独木成林	国画	1998	入选"时代风采"全国写生画展
缪法宝	国画作品	国画	2002	获中国国际科技文化成果博览会全国书画展美术成年组金奖
周俊炜	国画作品	国画	2005	入选文化部主办的第二届全国画院优秀作品展
江可群	国画作品	国画	2005	入选文化部主办的第二届全国画院优秀作品展
赵治平	国画作品	国画	2005	—
丁德邻	一方水土	国画	2005	入选中国百家金陵中国画展
丁德邻	山居闲眺图	国画	2005	获首届中国书画艺术博览会（南京）推荐奖
缪法宝	双叶红于二月花（包括书法唐诗）	国画	2008	分获北京奥运会"国际书画大展"书法、国画特等奖
	惠风送为遍地金	国画	2008	
张勤	秋意长白	国画	2008	入选全国首届中国画线描艺术展
袁顺华	开学	国画	2008	入选全国首届中国画线描艺术展
	秋意长白	国画	2008	获全国首届中国画线描艺术展优秀作品奖
缪法宝	顺风顺水共扬帆	巨幅国画	2009	获和谐中华海峡两岸书画交流展特等奖
李庆	喀什人家等6件作品	—	2010	入选中国美术学院写生画展

省市“五个一工程”奖 1997年，江可群、李平秋、言亢达、阙长山获常州市首届“五个一工程”奖。2006年，许余春的国画《山峡争流》获江苏省“五个一工程”奖三等奖。

二、举办画展

综合性画展 1986—1990年，常州书画院在青岛、桂林、南京、北京和天津举办常州书画作品展，展出画作近300余件。1991年6月，江苏省庆祝建党70周年美术作品展览在常州博物馆举行，常州有42件作品参展。1995年2月，省水彩画研究会、市文化局主办的江苏、香港、台湾、仁川水彩画家作品联展在刘海粟美术馆展出；5月，江南明珠——常州中国画展新作展在北京中国美术馆举行。2000年10月，第六届中国艺术节国际中国画大展在刘海粟美术馆展出。2001年1月，市政府在刘海粟美术馆举办跨世纪名家百米长卷展。2002年2月，市政府主办、亚明艺术馆协办的悟园同道画展在刘海粟美术馆展出；8月中国美协少儿艺委会主办的首届中国少儿水墨画邀请展常州展在刘海粟美术馆展出。2003年，常州书画院水墨画七人展在上海中国画院展出，展出江可群、周俊炜、司马连义、言亢达、戴德培、赵治平、李平秋创作的60余幅国画作品。2007年8月，继北京之后，纪念中国人民解放军建军80周年将军名家书画作品巡回展在市书画院举行。9月23日，市文广新局、文联在常州博物馆主办纪念唐荆川500周年诞辰书画作品展；同年，常州市美术作品展在刘海粟美术馆举行。11月7日，市园林局、文广新局、常州书画院在常州书画院美术馆联合举办常州新园林百景图画展。2008年11月，中国市长书画展在刘海粟美术馆展出，11月14日，曹英义中国画展在常州画院美术馆举行；12月29日，常州书画院举办首届常州画派中国画作品展、常州画派学术研究展。2009年4月12日，江苏省青年书法家协会，市文联在常州画院联合举办常州青少年书与画作品展。2009年12月，常州画院举办第二届常州画派中国画展。2010年4月，纪念谢稚柳100周年诞辰书画精品特展在常州博物馆举行，展出常州、上海收藏的百余件书画精品。2010年2月《常州画派第二届中国画展暨作品集》在常州画院首发，展出精品近50件。3月，中国人民对外友好协会与市政府在常州国际会展中心联办“活力常州”中国书画艺术展。8月，刘海粟美术馆在烟台美术博物馆举办馆藏画展和常州戴德培、叶鹏飞、高鸣、朱利群、诸葛丽娜书画展与江南城色·长三角地区书画名家庆世博作品展在刘海粟美术馆举行。

纪念谢稚柳100周年诞辰书画精品特展（摄于2010年4月）

刘海粟画作展 2007年，刘海粟美术馆组织“走近大师”刘海粟作品顺德展，开创“大师走进乡镇”展先例，出现近万人排队观展场面。2008年8月刘海粟美术馆与内蒙古美术馆在呼和浩特市联合举办“为奥运加油喝彩”艺术大师刘海粟作品展。2009年4月、7月“走近大师”刘海粟作品展分别在宁波美术馆、福建省美术馆和厦门市博物馆举行。

吴青霞画作展 2007年3月，吴青霞作品展在常熟美术馆举行，展出吴青霞艺术院50件馆藏精品。2008年9月19日，吴青霞作品展在常州博物馆新馆开展。2009年1月，艺术大师吴青霞作品展在浙江海宁钱君匋艺术研究馆举行，展出吴青霞艺术院珍藏的不同时期的30件艺术精品。2009年6月10日，“大师的足迹”吴青霞艺术作品展在江西省婺源博物馆举行，展出40余幅艺术精品。2010年11—12月，“篆香映霞”吴青霞百年诞辰作品展、“百年青霞”吴青霞作品特展和“锦鲤游杨逐浪中”吴青霞艺术院成立10周年书画作品展先后在上海中国画院、常州博物馆和吴青霞艺术院举行。

周蕴华及其家人画展 1987年、1992年8月，周蕴华画展先后在中国美术馆、江苏省美术馆举办。1996年2月、1998年8月和1999年8月、11月，周蕴华中国画暨合家剪纸展与周蕴华、周冰中国画展览暨合家剪纸展（江南剪影专题）和周蕴华家庭剪纸精品展先后在澳门展览中心、广东美术馆、上海刘海粟美术馆和香港云峰画苑举行，后者展出作品140余件。

其他画家画作展 1988年3月，黄养辉、魏明书画展在北京中国美术馆举行，李可染选定展出作品60幅。1989年周南平在北京美术馆举办画展。谢伯子的21幅中国画被选送美国洛杉矶展出。1993年，《中国名家缪法宝书画展》先后在新加坡、中国香港、泰国展出，后在北京、上海、天津、南京等国内数十个城市和韩国、日本举办个人画展。1996—1997年，张德俊应邀赴新加坡、美国洛杉矶举办画展。1996年2月，张悬先生九十寿画展在刘海粟美术馆展出。2009年3月25日，加拿大华裔、著名画家孟宝清在常州博物馆举办“故乡情怀，鹤舞龙城”画展。2009年12月，女画家董蕾绘画艺术展在常州博物馆举行。2010年2月，“百虎祥瑞”汪鹤鸣中国烙画艺术展在刘海粟美术馆举行。

三、发表出版

1986年，莫树滋国画《高风亮节》发表于《中国书画报》；周南平的《青山夕照》发表于《人民日报·海外版》；范石甫的《葡萄小鸡》《鸡雏》分别发表于天津中国画季刊《迎春花》和香港《文汇报》。翌年，周蕴华的《朝晖图》发表于《人民日报》；范石甫的11幅国画发表于《书与画》《江苏画刊》。1988年，周蕴华的《斗风傲雪》发表于《中国美术报》，范石甫的《竹趣图》入编江苏美术出版社出版的《中国当代花鸟画大观》画册；吴锦渝、朱丹的连环画《敌后枪声》由广东岭南美术出版社出版；秦建华的《鹰》发表在《中国书画报》。1989年，周蕴华的《中国画选辑》《墨浪——周南平的中国画作品》分别由北京人民美术出版社、人民美术出版社出版；周南平的《征途》《陇山雪》在《美术》杂志发表，《雪山之恋》等4幅作品在《画家》杂志发表。翌年，范石甫的《草长三月》入编江苏美术出版社出版的《中国现代名人书画挂历》；史秋鹭的《葡萄双鸟》入编人民美术出版社出版的《江苏中青年国画家作品集》。1991年，吴锦渝、吴锦成合作绘制的连环画《呼家将的故事》由广东岭南美术出版社出版。1993年，言亢达的国画《黄河远上白云间》发表于《美术》第3期封底；周俊炜的油画《无限的排列》入编《’92中国美术家画集》；《缪法宝画集》由古吴轩出版社出版。

1994年，缪法宝的《江南明珠》等作品发表于《美术》《人民日报》《中国书画报》。1998年，言亢达的国画《河塬晓霁》发表于《美术》。1999年，丁德源的《水墨江南》和缪法宝的《长江万里行》入编由联合国秘书长安南作序出版的大型画册《联合国’99国际和平美展》。2001年，莫树滋的《月光波心一颗珠》发表于《美术报》。2002年，丁德源的《入春一夜雨》、言亢达的《黄河从这里流过》、莫树滋的《春——绣球花》分别入编《中国美术家协会精品画集》《中国现代山水画全集》和《中国美术家》画册。2003年《张德俊画集》出版。翌年，张德俊的《素质浓姿带露开》《月下游鱼乐自知》入编中国国际美术出版社出版的《中国当代书画名家百人作品集》。2005年、2006年，言亢达的《黄河从这里流过》发表于《求是》杂志。2007—2009年，言亢达的《黄河上下莽苍苍》《巴颜喀拉之光》等28幅作品分别发表于《中国艺术报》《美术》《文艺报》等报刊，《黄河晨渡》《黄河上下莽苍苍》等30幅作品被上海人民美术出版社、人民美术出版社和天津人民美术出版社收入《当代中国名家集粹》《中国当代美术名家》和《中国经典美术》。2009年《中国当代名家画集·丁德邻卷》由人民美术出版社出版。2010年，李庆的《浦江晨曦》《湖山秋韵》等4幅作品发表于《美术报》；汪鹤鸣的烙画《熊猫喜迎世博》和《伏虎》

被收入《中华艺术·国家大师珍品系列荟展》。

四、收　　藏

1986—1990 年，江可群的《晋阳晚秋》、周蕴华的《稻香村》和《高山流水觅知音》、范石甫的《花鸟》、周南平的《春江月夜》《林海雪村》、张恳的《雪夜黑鹭》《荷花翠鸟》，张德俊的年画《九歌·东君》、缪法宝的《月夜》《千树万树梨花开》及魏明的一幅山水画分别被江苏美术馆、中国美术馆、文化部、北京荣宝斋、德国驻中国使馆和美国大使馆收藏。1992 年、2001 年，言亢达的国画《黄河远上白云间》、丁德源的国画《古城》分别被国家黄河博物馆、北京申办奥运会委员会收藏。2006—2008 年，缪法宝的国画《顺风顺水行万里》（巨幅）、《同根同祖》《春回大地》（天安门巨幅）、《风顺白帆悬》《锦绣前程，顺风行舟》和《源远流长》，李平秋的水彩画《回忆》和缪法宝的国画《双叶红于二月花》（包括书法唐诗）、《惠风送为遍地金》分别被人民大会堂、中共中央统战部、天安门管理局（城楼）、中南海、全国人大会议中心、中国美术馆收藏或悬挂。

五、雕　　塑

1999 年 9 月，秦红的雕塑《留住绿色》入选第九届全国美术作品展览。2009 年 8 月，冷天明的雕塑《黑色危机》入选第十一届全国美术作品展。2010 年 9 月，冷天明的雕塑《殇》入选第四届北京国际美术双年展，刘华明的雕塑《大地之母》《走向时代最强音》《律动系列之一》入选上海国际艺术博览会展。

第四节　书法篆刻　工艺美术

1987 年 11 月，常州市文联在市工人文化宫举办了羿良忠、羿耿庵、牟志勇书画展。1991 年 7 月，市文联、书协联办了庆祝中国共产党成立 70 周年常州市书法篆刻展。1999 年 11 月，市文联、书协举办了常州市书法大奖赛，收到稿件 1000 余件。2005 年 6 月，市文联、团省委青年书协联合主办的江苏省青年书协理事作品展在刘海粟美术馆展出，出版了《江苏省青年书协理事作品选》。2008 年 4 月，常州书法篆刻作品展在中国美术馆展出，展出常州 100 位书法篆刻家作品，同时出版发行《常州书法作品集》。2010 年 5 月，市文联、书法报社等单位联合在刘海粟美术馆举办《书法报》书法海选精品展，是常州首次举办的全国性书法大展，展出 100 位获奖作者的 115 件作品。1986—2010 年，常州有省书法家协会会员 300 余名。至 2012 年底，全市有中国书法家协会会员 74 名。

一、毛笔书法

1987 年，薛丽娜的篆书入选全国第三届书法篆刻展，获全国电视书法大赛三等奖；与沙黎黎合作的 1 件无题书法入选中日妇女书法展；费福顺的书法作品入选海军第二届书画展。1988 年 3 月，陈吉安、张鸣春的行书分获于右任杯全国书法大赛、玉峰杯全国书法大赛优秀奖；周慕谷的书法和吕才行的行书分获全国书画大赛佳作奖、全国书法篆刻大赛优秀作品奖；王建林、张云、周梦嘉篆刻入选首届全国篆刻艺术展。1989 年，费福顺、范石甫、戴新吾的书法作品分别入选海军第三届书画展、苏浙皖三省联展和中国第二届艺术节华东片书展。1990 年，汤钟音的行、草、楷书分别发表于《书与画》《中国书法报》《书画艺术报》，入编《国际现代书法集》《中日书法作品汇观》；吴俊文的书法入选中日书法大展，管尧秋的楷书入选马年中国硬笔书法大展获一等奖。1993 年，彭建勋、谢飞书法入选第五届全国中青年书法展。1995 年，洪文鑫的行书获首届中国市长书法大赛最高奖优秀创作奖。1995 年，周仰谷、谈惠娟等 4 人书法入选全国第六届书法篆刻展览，周萱的书法被收入国际现代书法集。1997 年 3 月，王宗敏临摹的《唐代书法家褚遂良楷书大字阴符经》被收入黄河出版社出版的《中国书法赏临体系》。1997 年，范石甫、薛丽娜等 5 人的书法入选中日书法展。1999 年 9 月，

7 位书法家作品入选第七届全国书法展，陆建华获提名奖。

2001 年，陈吉安的行书获文化部举办的中国社会文化艺术政府奖最高奖第八届“群星奖”书法优秀作品奖。2002 年 4 月，周冬军、李啸东、张克强、朱国平、吴炜栋书法入选首届中国书法“兰亭奖”书展（中国文联和中国书法家协会联合主办全国书法艺术最高奖），周冬军获“兰亭奖”提名奖。2003 年，奚德椿的书法获中国国际科技文化成果博览会金奖。翌年，常州有 8 位书法家作品入选全国第八届书法篆刻展，彭建勋的两幅书法分别入选全国楹联书法展和全国首届大字书法艺术展，行草获二等奖。2006 年，李啸东的书法获第二届中国书法“兰亭奖”艺术奖三等奖。翌年，郑长安的行草和郭向东的楷书入选全国第九届书法篆刻作品展。钱丹嵒、张培创、虞得水等 9 人的书法作品入选首届全国老年书法作品展；4 月中旬，市政府、省书协主办，市文联、市书协等承办的常州市书法篆刻作品展在北京中国美术馆举行，展出常州 100 位书法篆刻家的作品；8 月 26 日，苏锡常女书法家诸葛丽娜、顾柯红、周宓巡回展在常州刘海粟美术馆举行，展出作品 70 幅。

2008 年 8 月，刘海粟美术馆与内蒙古美术馆在呼和浩特市联合举办常州市女书界作品展。同年，薛丽娜、朱国平、吴炜栋等 6 人书法入选全国第二届草书艺术大展，芮新丰获三等奖。芮新丰、李啸东的书法分获全国首届册页书法展二等奖、三等奖。朱国平的《田园新曲八首》和张婷的篆书（少儿）获第八届江苏省“五星工程奖”书法类一等奖，陈曦的《改革开放诗》一首、吴炜栋的《东坡书论》一则和章鹏的隶书（少儿）获二等奖。翌年，陈捷书法入选第三届中国书法“兰亭奖”书展，获提名奖，其中楷条屏与李啸东的行草《曹氏父子诗节录》、周冬军的书法作品入选中国当代书坛名家系统工程五百家精品展；陈捷的隶书入选全国第二届青年书法展。冯建国、霍超、谢飞的书法作品入选全国第六届楹联书法展，吴炜栋的作品获全国第二届青年书法篆刻展二等奖。朱国平的书法《丧乱·二谢·得示三帖跋》、黄晖的《毛泽东词》和陈曦的《屈原·渔父》获庆祝新中国成立 60 周年全省美术书法摄影作品大赛书法类金奖。2010 年 1 月，“晋陵书约”常州青年书法九人展在刘海粟美术馆举行，展出李啸东、冯建国、芮新丰等 9 位青年书法家 63 幅获奖作品。朱国平书法《白居易诗二首》获第九届江苏省“五星工程奖”书法类金奖。

阙长山书法创作 1991 年，阙长山的书法《茅山颂诗》获建党 70 周年省美术书法摄影展优秀作品奖。1993 年，其书法入选中日友好自咏诗书交流展。1994 年，他作为中国大陆唯一代表，应邀到美国在亚特兰大举办的亚洲文化展示会上讲授书法，举办个人书法展。1997 年、2000 年，他的书法先后入选中日书法展和第六届中国艺术节国际书法大展。2006 年、2010 年，阙长山先后在澳门、意大利举办个人书法展。

刘秋农书法创作 1989 年、1993 年，刘秋农的草书等书法相继入选全国中外草书展中日友好自咏诗书交流展。1995 年 1 月刘秋农携 48 幅书法参加第十五届香港艺术节，其 8 幅作品被香港园玄学院等收藏。1995 年、1997 年，他的书法先后入选全国第六届书法篆刻展览中日书法展。1999 年，他被省国画院聘为特聘书法家。2006—2008 年，其草书条屏等书法作品分别入选全国首届草书展首届全国老年书法作品展和走进奥运千人千作大展。

叶鹏飞书法创作 1992 年、1995 年和 1997 年，叶鹏飞的书法作品先后入选国际文化交流展全国第六届书法篆刻展览和中日书法展。2008 年其书法入选走进奥运千人千作大展。

陈海良书法创作 1999 年 9 月，陈海良的行书《后赤壁赋》获第七届全国书法展全国奖。翌年，陈海良的书法作品入选第八届全国中青年书法展。2002 年 4 月，陈海良的行草《苏东坡诗文》、楷书《徐文长传》分获首届中国书法“兰亭奖”书展（中国文联和中国书法家协会联合主办全国书法艺术最高奖）提名奖、全国第三届正书大展最高奖全国奖，隶书联入选全国第四届楹联书法展。2002 年 12 月，陈海良书法展在常州博物馆举行，2005 年 4 月、5 月分别在刘海粟美术馆、江苏省美术馆举行。2003 年，他的大草入选第二届全国行草书法大展，从全国500余位作者报送的两万余件作品中脱颖而出，获全国6个金奖之一。2004—2005年，其小草、楷书分获全国第八届书法篆刻展全国奖和全国第四届正书展最高奖优秀作品奖，大草游敦煌有感自作诗一首分别为人民大会堂、故宫博物院收藏。2006年，他的书法获第二届中国书法“兰亭奖”艺术奖一等奖(位列5名一等奖的第三名)。2007—2008年，他的行草等书法作品入选全国第九届书法篆刻作品展纪念改革开放30周年全国千人千作书法名家大展。2009年，其书法作品获“翁同龢书法奖”提名奖。

诸葛丽娜书法创作 1999年9月，她的楷书条屏获全国大学生艺术节三等奖。2002—2004年，她的楷书条屏、行书条屏和隶书对联相继入选全国第三届妇女书法篆刻展、中日女书法家代表作品展、全国纪念邓小平100周年诞辰书法作品展和全国首届大字书法艺术展。2005年，她的楷书作品获梁披云杯全国书法作品展优秀奖。2006年，行草条屏入选全国第四届妇女书法篆刻展。2007年，行草、行书横幅分别入选全国第九届书法篆刻作品展第二届中日女书法家代表作品展。8月26日，参加常州刘海粟美术馆举办的苏锡常女书法家诸葛丽娜、顾柯红、周宓巡回展。2008年，她的书法作品入选全国第二届草书艺术大展，她的作品获全国首届册页书法展二等奖，作品入选纪念改革开放30周年全国千人千作书法名家大展。2009—2010年，她的书法作品获“翁同龢书法奖”(全国获奖仅10人)、全国首届手卷展一等奖，入选全国第三届扇面书法展。2010年1月，参加“晋陵书约”常州青年书法九人展。

王日曦书法创作 1988年3月，他的书法作品获全国青少年第二届“神龙杯”书法篆刻大赛园丁奖三等奖。1992年，其书法作品入选国际文化交流展。2004年，其书法作品入选西泠印社主办的首届中国书法大展。

胡一飞书法创作 1990年，胡一飞的书法入选王羲之故里国际书画邀请展。1991年，胡一飞的书法条幅获建党70周年省美术书法摄影展优秀作品奖。1993年，胡一飞等的书法入选中日友好自咏诗书交流展，先后在北京、日本展出。

作品集出版 1997年，羿良忠书法作品展在中国美术馆展出。2008年，《徐浩然书法作品选》由华夏文艺出版社出版。

二、硬笔书法

1987年，管尧秋的行草入选首次中日硬笔书法展。1989年、2002年，庄旦良的楷书和硬笔书法《没有共产党就没有新中国》均入选炎黄子孙国际书画大赛展，获文化部主办的中国国际科技文化成果博览会金奖。

三、篆　　刻

1986年，王日曦的篆刻作品获江苏省篆刻大奖赛二等奖；篆刻《和平、幸福、繁荣、昌盛》作品入选联合国举办的世界和平年书画展，在国外巡展。1987年，王日曦、周慕谷的篆刻入选中国长城国际书法美术展。刘培森的篆刻入选全国印社篆刻展，入编当代印社志。范石甫的印章《唐诗三百首四体》发表在《书法艺术》上。1989年，邵仲炎39方篆刻入选全国印社联展；1990年，高仲渊的书法、胡灿枫的篆刻入选全国第三届中青年书展。1991年，殷卓宁的篆刻入选全国印社篆刻联展；杨宗异的篆刻入选全国篆刻艺术展，入编全国第二届篆刻艺术展作品集。2001年，王文明、陈曦的篆刻获省青年书法精品展三等奖。2007年11月21日，常州市首届刻字艺术展、篆刻作品展在刘海粟美术馆举行，展出47位艺术家的书刻作品100余幅，常州刻字创作群体名列全省第一，拥有圩墩部落专门刻字创作成员50余名。2007年，周俊海的篆刻作品入选全国第九届书法篆刻作品展。周仰谷、周俊海、蒋雪莲篆刻入选中国文联主办的全国篆刻大展，被编入当代篆刻艺术大展奖。2008—2009年，汪凯、江维平的篆刻作品分别入选全国第七届刻字展、首届国际刻字艺术大展，均获优秀作品奖。

四、工艺美术

2002年9月21日，首届常州艺术节工艺美术精品大展在市群众艺术馆开幕。2003年5月，市工美协会组织汤友常、萧剑波、陈亚先等11位艺术家10个门类的34件作品参加文化部、建设部、联合国教科文组织驻华代表和南京市政府、省文化厅联合主办的中国南京历史文化名城博览会—“国际民族民间艺术展·江苏省工艺美术精品展”。11月，常州工艺美术家汤友常、金松群、徐秉言、纪萍、孙燕云携7个门类、20件工美精品参加“中法文化年”活动，这是常州工艺美术界首次以整体形象亮相海外。2009年9月，首届常州市工艺美术精品大展暨中国工艺美术大师作品展在淹城景区萧剑波艺术馆举办，展出工艺美术精品160余件。

第五节　摄影

常州摄影队伍形成老中青梯队，有多位摄影家、摄影师作品在全国性摄影杂志上发表或入选全国影展，并获大奖。1989年11月，吴中行摄影艺术作品展在常州举办，纪念著名摄影艺术家吴中行90周年诞辰。4月，市文联、摄影家协会承办彩色世界全国摄影艺术大奖赛，收到27个城市、3000位作者的7000幅作品。2001年，汤德胜被评为富士杯全国十佳摄影家。2006年3月，常州妇女摄影作品展在刘海粟美术馆举办，展出作品126幅。10月，常州已故著名摄影家吴中行和市摄影家协会主席汤德胜在中国摄影家协会成立50周年大会上，获得“突出贡献摄影工作者”称号。2008年，汤德胜两次赴汶川灾区，拍摄照片8000多幅，36幅作品在“大爱无疆”全国巡展中展出，其中一组反映深圳志愿者为北川学校复课的照片被中央档案馆收藏。翌年8月，汤德胜、孙慨分获第八届中国摄影艺术节摄影创作金像奖、理论评论金像奖，同时摘得中国摄影界最高个人成就奖，属全国首次。9月，庆祝中华人民共和国成立60周年“魅力常州”摄影作品展在常州博物馆开幕，展出作品238幅。2010年12月，市委宣传部和市体育局、摄影家协会联办的“精彩省运”江苏省第十七届运动会摄影展在刘海粟美术馆展出。

一、入选参展

1986年，耿荣兴的《莫嫌寒窗苦》《东篱珠仙》入选全国花卉影展，《古今中外》入选全国国际和平年影展；汤德胜的《凫水》入选国际影展，《农家喜事多》入选全国农民摄影大赛及国际柯尼卡大奖赛，被选送到联合国总部展出，季立果的《出山》入选全国风光展和上海第二届国际摄影艺术交流展，刘克林的《叱咤风云》《逾超国界的情谊》入选上海市首届国际影展，江荣进的《比翼齐飞》入选全国第五届体育影展，蔡锁庚的《如果再淡雅一点》入选全国第五届人像影展。1987年，汤德胜的《初凫》入选美国第九十七届国际影展，与《上街的人》入选中国第四届国际影展，其《为国争光》《水乡人家》《无儿无女》《有福有寿》《闹元宵》入选新加坡第三十九届国际影展，耿荣兴的《冰清玉洁》被选送到智利等南美国家巡回展出；顾其文的《翠湖抒怀》《凉山情》和耿荣兴的《春风拂面》入选上海首届国际摄影艺术交流展，刘克林的《吼》、廖祖同的《水乡蝶影》、徐远荣的《春江的早晨》入选全国第二届黑白影展，庄锡荣的《三月风》入选中国风光影展；唐锡荣的《家乡水》等10幅作品入选匈牙利摄影家代表团交流展。

1988—1989年，汤德胜的《农家乐》入选中国40周年优秀摄影艺术展；耿荣兴的《神功巨匠》《心灵美》，季立果的《小邻里》和陆少游的《哦！皇帝住在这里》入选上海第二届国际影展，耿荣兴的《雾绕山村》《冰清玉洁》入选中国首届摄影艺术节暨“中国摄影”40年摄影艺术作品展，顾其文的《三位》入选上海第三届国际影展，沈锡棠的《震区考场》入选全国地震美术摄影展；黄才祥的《收获》、刘建中的《丽日里》和耿荣兴的《冰清玉洁》分别入选全国首届出国作品选拔赛和美国第九十八届职业摄影展。1990年，黄才祥的《山魂》入选北京风光影展。金寿彭的《千淘万漉亦辛苦》入选全国东西南北中风情影展。

1993年，廖祖同的《新绿》入选第十六届全国摄影艺术展。1994年12月，汤德胜的《仙境》和《青藏高原套野马》、季立果的《秋天的诗》和《西北风》、庄锡连的《独秀》入选上海第四届国际摄影展览。1997年，汤德胜、金寿彭、唐洪才、耿荣兴、廖祖同等8幅作品入选第十八届全国摄影艺术展。1998年，廖祖同的《金梦》入选中国第八届国际摄影艺术展。2001年8月，谢雪涛的《翠湖之春》、廖祖同的《忆江南》《自然印象》入选中国第九届国际影展。2003年，朱立凤的《长河落日图》《神秘的珠峰》入选"国际文化周"中国当代风光摄影展。2007年，朱立凤的《君行早》、谢雪滔的《秋林尽染》入选意大利"无疆界"国际摄影艺术展，毛正瑞的《老茶馆》（组照）入选第二十二届全国摄影艺术展，耿建国的《沙漠深处驼铃声》入选全国第九届群星奖影展。

二、获　　奖

1986年，汤德胜的《鲜花朵朵献亲人》获全国摄影大奖赛二等奖，《后继有人》获中原摄影大奖赛金杯奖；马兰萍的《抢修》、张绍香的《乡村合唱队》分获全国农民摄影大赛二等奖、三等奖；《寒凝大地》获全国第二届尼康摄影大赛优秀作品奖；《力拔山兮》获国际和平年全国青年影赛优秀作品奖。1987年，汤德胜的《初凫》获法国第二届国际影展优秀奖，《车站市场》获日本第十二届亚太地区市场影赛闪光灯奖；耿荣兴的《冰清玉洁》分获中国第四届国际影展三等奖和江苏省首届文化干部美术书法摄影展金奖。翌年，汤德胜的《太阳与人》获第十五届全国摄影艺术展彩色组金奖，《再来一个》获新中国成立35周年全国摄影艺术展一等奖，《点红》获日本影展沙龙奖，《希望》入选纪念摄影艺术发明150周年全国优秀摄影佳作奖；顾其文的《童年》获上海第二届国际影展一等奖；陆少游的《金狮伴我摘桂冠》获全国首届广告影赛优秀奖，吴锦渝的《请饮安全卫生水》获第三届全国卫生美术摄影展一等奖；顾其文的《天伦之乐》《衙门》获全国摄影大奖赛三等奖。1990年11月，汤德胜的《水上学校》获联合国教科文组织第十五届亚太地区摄影比赛优秀奖，《山村林道》获首届全国风情摄影艺术展金奖；汤德胜的《下雨了》和陈正荣的《争春》分获江苏省第二届文化干部美术书法摄影展金、银奖；徐和平的《月光倩影》获首届东西南北风情摄影展优秀作品奖。

1991年10月，金寿彭的《大灾日久初见晴》获中国摄影家协会等举办的"砥柱中流"——中国1991抗洪纪实摄影展三等奖。1992年，廖祖同的《老宅系列》获全国首届探索摄影艺术大赛银奖。1995年11月，汤德胜的《大地绘彩图》获第七届国际摄影展银奖。1999年6月，唐锡荣的《寻找男子汉》获跨世纪杯海峡两岸摄影艺术大展赛金奖，朱月郎的《信息高速公路进农家》获江苏"辉煌的50年"摄影大赛一等奖。10月，常州选送的《澜波鸥影》和《踏浪天目湖》分获庆祝新中国成立50周年江苏省摄影作品展金、银奖。2000年6月，刘耀的《睡》《梦境》分获第七届"佳能杯"亚洲风采华人摄影比赛自然景观类、创意类三等奖。

2001年，谢涛的《家园》获第五届"我爱我家"全国摄影竞赛优秀作品奖，刘克林的《老外下海第一回》获《人民日报》"中华茶韵"中国摄影大赛优秀作品奖，庄锡连的作品获文化部举办的中国社会文化艺术政府奖最高奖第八届"群星奖"摄影优秀作品奖。2002年，廖祖同系列作品获第十二届全国摄影艺术大赛艺术类三等奖，汤德胜的《走进非洲》和《母子情》获纪实类优秀作品奖。2003年，吴锦渝的《波光丽影》、吴建伟的《晚秋》、秦蔚成的《出水芙蓉》分获佳能杯江苏省第十七届摄影艺术展二等奖、三等奖。朱立凤的《长河落日图》获国际文化周中国当代风光摄影展银奖。2004年，《碧水》《君行早》及王京的《秋日浓阴》获首届中国女摄影家协会会员作品展入选奖，王晓云的《金色旋律》获上海第七届国际摄影艺术展照片组优秀作品奖，唐洪才的《翱翔》获中国第二届航空航天摄影大赛金奖。

2006年，汤德胜的《草原情歌》、耿建国的《大漠深处驼铃声》获第七届省"五星工程奖"金奖。翌年5月，刘克林的《雪韵》获中国上海首届国际郎静山摄影奖，刘建中的《本色》《公关》分获中国第十一届国际影展铜奖和全国"擎天柱"职工摄影艺术联展一等奖。同年，万荣耀的《圆梦》获第二届中国职工艺术节摄影大赛银奖。2008 年，刘克林的《人帆竞发》系列摄影作品、孙忠明的摄影理论论文获上海第二届国际郎静山摄影艺术金像奖；宋文渭的《圣湖的一天》（组照）获《大众摄影》举办的全国摄影擂台赛二等奖。陈果的《青春的韵律》获第十届理光杯全国少儿摄影比赛银奖，周国翃的《淹城鸟瞰》获江苏省文化遗产摄影大赛金奖。金寿彭的《沸腾的鸡场》获第八届江苏省"五星工程奖"摄影类金奖。

2009 年，刘克林的《疑是彩虹染红山》获郎静山金像奖，刘建中的《蒸蒸日上》获庆祝新中国成立 60 周年"五彩昆山·水墨玉峰"江苏省美术书法摄影作品大赛摄影类金奖。2010 年，邹庆华的《淹城夜景美如画》获"花都水城·浪漫武进"首届全国摄影展金奖；王伊文的《写意江南》获第九届江苏省"五星工程奖"摄影类银奖；汤德胜、方南祺分获影像亚洲美国职业摄影师协会(PPA)2010 年度大会授予的国际摄影杰出贡献奖和"最佳会员"称号，刘克林获郎静山摄影终身成就奖，朱立凤获中国女摄影家协会颁发的突出贡献奖。

三、举办影展

1987 年，汤德胜赴泰国曼谷参加翁乃强、何廉、汤德胜摄影作品展。1989 年，耿荣兴、汤德胜摄影作品展到日本东京举办。11 月，吴中行摄影艺术作品展在市文化宫举行，展出他在国际展上获奖的《牧归》《锦树双栖》《双羔》《报晓》《风雪日程》等遗作精品近百幅。翌年 12 月，首届全国风情摄影艺术展在常州市博物馆举行，共展出 218 幅作品，其中常州参展的摄影作品有 38 幅，汤德胜的《山村林道》获金奖。1991 年，到日本大阪举办汤德胜摄影作品展。1993 年，到台湾台北市美术馆举办大陆摄影家汤德胜摄影作品展，台湾摄影大师郎静山出席开幕式，为展览剪彩、题词。1995 年 5 月，罗马尼亚布拉索夫摄影艺术展在市博物馆举行，展出罗马尼亚布拉索夫摄影俱乐部主席、国际摄影艺术联合会会员阿斯马德兰·布由等摄影作品 110 幅，在布加勒斯特举办汤德胜摄影作品展。翌年，汤德胜到台湾台中市展览馆举办个人摄影作品展。1 月，常州摄影艺术作品展在罗马尼亚布拉索夫美术馆举行，展出汤德胜等拍摄的以常州风土人情和改革开放为主的题材作品 80 幅。11 月，两岸情武进市摄影作品展、汤德胜摄影作品幻灯展在台湾台中市举行。

2001 年，应哥伦比亚和委内瑞拉两国摄影界之邀，中国摄影家协会国际部选送 68 幅汤德胜摄影作品首次在南美洲展出。2 月，钱硫摄影展在刘海粟美术馆举行，展出世界上第一位穿越"死亡之海"女记者(新疆《都市消费晨报》)、金坛人钱硫拍摄有关塔克拉玛干沙漠和罗布泊地区风土人情的摄影作品 100 多幅。4 月，非洲探秘摄影图片展在市博物馆举行，展出由中国新华社记者及中国驻非洲大使、领事馆和非洲驻中国大使馆提供的 140 多幅展现非洲大陆数十个国家的风情、习俗、人文、自然景致和野生动物等奇特风貌照片。

市领导观看《龙城巨变》摄影展(摄于 2002 年 12 月)

2002 年 3 月，以色列驻上海总领事馆在吴青霞艺术院举办"从创世开始"——沙依·吉诺特摄影展，展出用重叠曝光、慢速摄影、电脑科技等多种手段营造的摄影作品 38 幅，以体现以色列独特的历史、宗教、文化认知视觉。2007 年，常州第十届摄影艺术展、《影像的诗》季立果摄影作品回顾展、《象幻情真》艺术摄影作品展在刘海粟美术馆等举行。

2008年10月，“魅力常州”摄影展在常州博物馆、刘海粟美术馆举行，展出240幅反映常州60年来城市面貌、经济发展、民生改善等变化照片，吴国建的《常州城市天际线》、方南祺的《红旗漫卷》获一等奖。2009年1月，常州市第十一届摄影艺术展在刘海粟美术馆举行，展出近200幅真实记录常州改革开放30年来发展变化的摄影作品；7月，“常州摄影100年”影展在运河5号文化创意园举行，展出刘半农、吴中行、徐伟民、廖祖同、周伟、洪磊、董文胜7位摄影人的140余幅作品；9月，60年常州文化成就职工摄影展在常州画院举行，展出以反映常州文化事业发展中繁荣、风采展示、和谐三大板块250多幅作品，评出一等奖2个、二等奖4个、三等奖8个。2010年12月，镜采省运——省十七届运动会影展在刘海粟美术馆举行，展出作品200余幅。

四、发表收藏作品

1986年，汤德胜的《后门不开》发表于《中国摄影》。1988年，耿荣兴的《神功巨匠》发表于《中国摄影》。1989年，陆少游的《土琵琶与华尔兹》发表于《中国摄影》。2007年，刘克林的《雪韵》入编《首届国际郎静山摄影奖优秀作品集》。2010年，邹庆华的《淹城夜景美如画》被首届全国摄影展作为特级收藏，姚建国的《太湖湾》被一级收藏，陆志刚的《水墨江南》、邹伟的《烟雨江南》和顾明的《春天的音符》被二级收藏。

第五章 群众文化

80年代起，常州市、辖县（市）区和镇乡文化馆、文化站机构建设逐渐完善，文艺创作、演出活动频繁活跃，先后有一大批文艺作品和演出在全省乃至全国获得大奖。2008年，江苏省第八届五星工程奖评选中，常州在音乐、舞蹈、戏剧、曲艺、美术、书法、摄影、理论研究成果等方面，获得金牌8枚、银牌7枚、铜牌12枚，创常州市群众文化工作历年最好成绩。在不同年份均举办不同主题的群众文化活动，先是每年举办兰陵音乐会，后又每隔两年举办一届常州艺术节，内容涵盖音乐、舞蹈、书法、美术、摄影等。进入21世纪，把“幸福广场——常州市广场文艺周周演”活动作为主题，丰富群众文化生活。2005年以后，常州实施文化惠民工程，其中“欢乐社区行”系列文艺演出成为千台文艺节目走进社区（村镇）的重要活动形式，为基层群众提供精神食粮。

第一节 演出放映场所

1985年以后，常州和辖市区城区、乡镇集镇兴建了一大批演出场所，部分演出场所被改造或拆除。2010年底，常州市城区有多功能综合性影剧院5座、专业电影院3座。

一、综合影剧院

常州大剧院 位于晋陵北路2号、市政府广场东侧，为常州“文化惠民”重点工程，2007年立项建设，总投资约4.65亿元，2009年9月1日建成投入使用，占地5.24万平方米，建筑面积4.2万平方米，由1526座大剧场、423座多功能可变剧场和5个大小不同的电影厅及接待大厅组成。设施设备创造机械同步性、舞台稳定性、喇叭外挂设置、剧场内墙壁不规则菱形GRG板（玻璃纤维加强石膏板）和外墙陶土板加索承幕墙技术5项全国第一。电影对外以保利影城命名，5个电影放映厅分别采用红黑、米黄、浅紫三色作为基调，设计典雅沉静，四周景观照明流光溢彩。电影厅配备电影业最先进的全数字放映设备。大剧场舞台呈“品”字形结构，由乐池、主舞台、左右侧车台和后舞台组成，音响设备和舞台灯光均选用全数字电脑调光台、数字调音和电脑灯控制台等世界先进系统，能满足音乐剧、芭蕾舞剧、歌剧、话剧、交响乐、戏曲和综艺会演需求。多功能可变小剧场分两层，舞台配有对开大幕机 1 道，在固定舞台下配有 1 块伸缩 T 型升降台，可向观众席伸出 8 米，升至与舞台面平，形成“T”型表演台。舞台延伸出来时，前 7 排气垫座位可移动至 T 台两侧，固定座椅可推向最后一排，变成一面折叠座位“墙”，适用于中小型传统地方戏剧、曲艺、话剧、综艺晚会、演唱会、时装表演及群众文艺演出等。

红星大剧院 位于延陵西路 103～105 号，1955 年建成，原名红星剧院，是市区最高档影剧两用场所。1988 年对场内声光及座椅、门厅等翻新改造，改名为红星大剧院。

文化宫影剧院 位于延陵西路 2 号，为文化宫内的主体影剧场所，1957 年建成投入使用，一院多用：演戏、会场、放电影，一直沿用至 2010 年。

兰陵影剧院 位于兰陵路 1 号，1980 年 12 月建成，集戏剧、电影、卡拉 OK、录像等为一体，曾被评为省二星级明星剧场，90 年代后期稍有改造。21 世纪后，经营不佳，勉强维持。

常州剧院 位于公园路，前身为 1916 年建造的中华环球俱乐部，1952 年市政府拨款修缮，改名常州剧院。21 世纪初公园路拓宽改造被拆除。

大光明电影院 位于县直街中段，1946 年建，1983 年划给市政府作为会场，可放电影。2008 年拆除。

金星影剧院 位于戚墅堰大街 188 号，1953 年建，原名金星剧场，为演戏场所，1982 年改造，1996 年又投资 300 万元增设歌舞厅等，一直沿用至 2010 年。

二、电影院

亚细亚影城 位于怀德桥畔北侧，1987 年 11 月由国家电影局批准立项启动建设，为常州社会发展综合示范试点重点项目。1991 年 12 月建成，占地 6100 平方米，建筑面积 1500 平方米，以放电影为主，集文化、娱乐、金融、服务、商业于一体，具有电影录像放映、购物、餐饮、跳舞、卡拉 OK、室内游泳、宾馆住宿、保龄球、咖啡酒吧、金融服务十大系列功能。随着社会需求，2001 年又投资 7000 余万元全面改造，各厅服务功能有所调整。至 2010 年，影城建有电影艺术长廊、奥斯卡自助餐厅、名人食府、电影世界、国际商务俱乐部 KTV 会所、白云溪桑拿、黄金海岸演艺大舞台、名人演艺吧、宾馆住宿等场所。其最具特色的电影世界，面积达 2600 平方米，拥有蓝、黄、红、紫、玉、云、贵宾等 7 个厅，其中蓝厅、黄厅和玉厅、云厅在设计上采用国际上最流行的多厅多功能电影放映格局，软包座椅和超宽排距根据人体生理弧线工程学原理处理，厅内音响设备全部为数码立体声还音声迹音响系统，黄厅银幕高 19.7 米，宽 27.4 米。2003 年，影城被国家广电总局评为全国仅 6 家首批五星级影院之一，成为中国地级市唯一的五星级影院和全省电影业首家五星级影院，成为国家 AAAA 级旅游景区。黄金海岸演艺大舞台是全国文化产业示范基地，由影城与杭州娱乐总公司合作经营，新颖的舞美设计、恢宏的音乐旋律、璀璨的灯光效果和炫目的服装道具，可供不同风格的综艺节目演出。

亚细亚影视城（摄于 2002 年 6 月）

和平立体声电影院 位于南大街 117 号，1942 年建。新中国成立后改名和平电影院。1988 年，进行立体声技术改造，被列为市政府12件大事之一，易名和平立体声电影院，这是常州最早的立体声影院。1998年扩建竣工。2005年南大街改造被拆。

新华电影院 位于西门留芳路，1947年建，原名大华大戏院，1951年改名新华大戏院，1952年易名新华电影院。1989年兴建亚细亚影城时被拆除。

常州中影东方国际影城 位于南大街莱蒙国际都会三楼顶层，2008年建成投入使用，有7个影厅，总座位1276个，最多的厅229个座位，最小的1号厅仅23个单人座和7个双人座，形容为享受“总统观影待遇”的豪华包厢，厅内仿五星级标准设计。

三、剧场书场

人民剧院 位于怀德桥畔北侧，1920年建，初名振兴游艺场。1963年，市政府拨款翻建后改名人民剧院，1989年兴建亚细亚影城被拆。

大观园 位于南大街430号，1935年建，初名大观园，兼演苏州评弹。1961年扩建改名常州书场，1986年11月改造复名大观园。后在南大街拆迁改造中被拆。

悦和书场 位于东门外水门桥东街（延陵东路28号），1948年始建，主要上演常州道情、常州评话等地方曲艺，1988年停业。

兰园书场 位于劳动西路兰园内，1985年建成投入使用，1988年改为舞厅。

天宁书场 位于天宁文化城内，2007年建成投入使用。

第二节 文化活动

1986年1月，常州市、县（区）文化部门组织参加江苏省首届业余法制文艺（江南片）调演，说唱《赌徒小传》获优秀演出奖。5月，举办市首届新故事会串活动。李崇参加在上海举办的华东六省一市首届民歌演唱比赛，获三等奖。7月和10月，周月梅编舞、唐宝荣编曲的舞蹈《淘米姑娘》，分获省、全国民间音乐舞蹈调演三等奖和编导三等奖。8月，溧阳上兴镇业余锡剧演员袁雪峰获江苏省第二届锡剧节业余锡剧演唱比赛一等奖。11月，市邮电局组织演出的滑稽戏《勿是生意经》（吴英编剧）获省邮电系统文艺调演一等奖。

1987年5月，常州选送的《等郎歌》参加全省故事会获奖。10月，举办市交谊舞比赛。1988年3月，樊志清创作，张芸芝、胡恒慧表演的说唱《母女情》获省“破旧俗、立新风”文艺调演演出奖。4月、11月，陈嘉敏创作，宋玉钦导演，朱汉光、张克矜演出的《好心人》分获省戏剧小品比赛优秀演出奖和江浙皖沪参赛的“天宇杯”戏剧小品大奖赛创作二等奖，朱汉光获优秀表演奖。举办市“让生活充满美”戏剧小品比赛，全市辖区县14个代表队参赛，9个小品获优秀表演奖。1989年12月，陈嘉敏编剧、宋玉钦导演、常州清潭小学表演的《困惑》，代表常州参加省万紫千红文艺大赛，获优秀节目奖。1990年12月，举办市时装表演、时装设计艺术大奖赛，选拔10名模特、60件（套）时装参加省首届时装表演、时装设计艺术大奖赛，获团体表演、团体设计、个人全能表演3项银奖。1994年12月，常州获“万和杯”全省首届影视广告模特大赛最佳组织奖。1995年9月，常州选送的《太阳雨》获省第三届音乐舞蹈节群众文化二等奖。1998年6月，市声乐新作品演唱会举办，21个节目参加演出。1999年1月6日，市群艺馆在市工人文化宫广场落成典礼之际举办舞狮、龙灯、秧歌、民乐等13个节目的群艺展演，场面壮观，观众近万人；12月，常州选送武进舞蹈《上梁》、少年宫京胡与乐队《华夏随想》、小百灵广播电视艺术团《丑娃》、天宁区女声三重唱《小雨滴滴嗒》和市群艺馆女声独唱《亲亲你，我的中华，我的母亲》等5个节目参加在南京举行的省第四届音乐舞蹈节会演。

2000年9月，舞蹈《丑娃》参加中国第六届艺术节群众文化专场演出。10月，市群艺馆承办首届常州艺术节群众文艺优秀节目展演，组织6000多名业余演员，排练100多个节目，分别在红梅公园、荆川公园和兰园广场中心大舞台演出12场。2001年6月，举办市第二届少儿文艺大赛暨省第三届少儿艺术节常州赛区专场会演，有65个节目参加决赛，16个节目分获声乐、舞蹈、课本剧等项目一等奖，部分获奖节目被选送参加全国“蒲公英奖”评选和省第三届少儿艺术节。10月，鼓乐《喜庆》、舞蹈《擦鞋子的姑娘》获省社区文艺节目调演二等奖，摄影《同一首歌》获省优秀作品奖。2002年1月，省首届农民艺术节常州分会场专场会演在新北区百丈镇举行，常州有6个节目参加会演。5月，举办市首届小学、幼儿教师舞蹈大赛总决赛，全市117所小学和幼儿园教师创编的152个舞蹈参加比赛，《青春无悔》《活泼的公开课》等11个节目获一等奖。6月，市教委、市曲协等7家单位联合举办市中小学生故事演讲大赛。2003年11月，常州8名歌手参加第二届全国农民歌手电视大赛，陆荣兵、王霞分获民族组二等奖、三等奖，郑克骄获艺术组三等奖，孙菊、杨小强获优秀新人奖。

2004年10月，举办常州首届社区文化艺术节。翌年6月，举办市少儿艺术节。2006年5月，市文化馆组织的代表队获全国中小学生优秀美术书法摄影作品大赛团体特等奖，7月和12月市文化馆又分获省第三届农民美术书法大赛、省少儿美术书法作品大赛组织奖、组织工作奖。2007年11月18日，在人民公园中心广场举办“新常州人学说常州话大赛”，参赛者均为在常工作、学习生活的“外来新市民”——美国、法国、瑞士等外国人。2008年2月，新北区小河中心幼儿园表演的舞蹈《福娃》，入选中央电视台春晚节目，常州的文艺表演节目首次亮相央视春晚节目。2月，在市文化馆多功能厅举办《常州之歌大家唱》活动，《月季花开》《青果巷》《水边的城市》《天籁之音》《常州甜白酒》《东坡渡》《候鸟的家》《远古的回音》《龙城放歌》《常州之恋》10首歌曲被评定为“常州之歌”。同月，市第二实验小学学生徐璞瑶代表市文化馆赴香港参加全国“魅力校园，走进香港”对外交流大型交流演出，以一首《三峡的孩子爱三峡》获银奖，辅导老师丁耘获优秀辅导老师奖。4月，市一中学生陈煜阳、江桦在中央教育科学研究所培训中心主办的第三届中国青少年精品艺术展上分获高中组器乐类一等奖、二等奖，陈煜阳5月参加了俄罗斯举行的中外文化艺术交流活动。7月20日，中共中央宣传部、中央文明办、教育部、文化部、广电总局、解放军总政治部、中华全国总工会、团中央、全国妇联、中国文联联合主办的“爱国歌曲大家唱·常州篇”大型广场演唱会在新北区薛家中心广场举行，后以“激情广场·江苏常州篇”为题，于8月6日在中央电视台3套播出。8月，常州组织推荐11名小选手在上海参加了“畅想世博——2009全国青少年才艺比赛”，有7人获金奖、4人获银奖。9月，市夕阳红艺术团首次跨出国门，随中国代表团前往韩国参加中韩第二届老年文化体育交流演出，表演的2个舞蹈和时装秀获文艺表演金奖。同月，市文化馆邓梦兰、许建荣辅导的舞蹈《小小传承人》作为江苏3个节目入选“火炬颂”全国青少年国庆献礼电视晚会的作品之一，在中央电视台少儿频道播出。10月，市文联、文广新局在常州莱蒙都会国际商业街区中心广场主办2008“莱蒙杯”江苏地区国际标准舞公开赛，江浙沪的800多名选手参加比赛，天宁区艺体中心的《动感时代》获集体金奖。11月，纪念改革开放30周年“盛世欢歌”老年文艺会演，共演出4场，有45支老年文艺团队近2000名老年文艺爱好者参加演出。

2008年初，市委、市政府将文化惠民工程列为全市30项重点突破工作之一，市文化馆率先在全省提出群众文化阵地天天演、广场周周演、基层流动演、非物质文化汇展演4个演出的意见，组织辖市(区)文化局、文化馆(站)实施。元宵节非物质文化遗产展演率先在人民公园广场拉开序幕，各社区20多支专业、业余团队700余人参与活动。4月18日，纪念常州解放60周年文艺晚会“幸福广场”——常州市广场文艺周周演暨千台文艺节目走进社区(村镇)启动仪式在新北区薛家中心广场举行。随后在武进、钟楼、天宁、戚墅堰区

文化惠民“幸福广场周周演”——缤纷三月武进春演出活动（摄于 2009 年 3 月）

中心广场“幸福广场”相继展开，近 3 万市民共享文化大餐。7 月 5 日，“传播文明、文化惠民、欢乐社区行”首场流动演出在钟楼区南大街街道组织安排下，在金色新城广场开演，拉开常州“文化惠民”流动演出序幕。10 月 18 日，举行“文化惠民工程快乐周末精彩汇演”，市文化馆和各区文化馆推出 12 个精彩节目。“文化惠民 4 个演”全年累计完成广场周周演 40 余场，观众达 40 万余人次；流动演 28 场，观众约 15 万人次；非物质文化展演两场，观众近 6 万人次；阵地天天演 200 场，观众 4 万余人次。同年，市文化馆组织开展“欢乐社区行”系列文艺演出，获第八届省“五星工程”奖服务奖。

2009 年 1 月，举办“文艺百花艳社区，先进文化润万家”迎新春文艺大赛，共演 8 场，有声乐、器乐、舞蹈 3 个大类、249 个节目参加比赛，年龄最大的 70 岁，最小 5 岁。12 月，市文化馆合唱团和市老战士艺术团被评为省优秀合唱团队。常州选送的戏剧在吴江举行的省第三届戏曲票友大赛上分获锡剧组、越剧组金奖各两个、银奖各两个，徐飞表演的《双推磨》选段获锡剧“十佳票友”称号。

2010 年 2 月，市文化馆舞蹈老师为小河幼儿园编排的舞蹈《戏水娃》，应邀赴京参加“爱我中华·唱响团结”全国各民族少年儿童春节大联欢电视晚会录制。4 月 28 日，常州挑选《小热昏》《香脆萝卜干》《好好学习、天天向上》等 12 个艺术节目组成《龙城风韵》，参加上海世博会广场“周周演”，展示常州独特风采。5 月 8 日，省委宣传部和文化厅主办的“欢乐家园”——江苏省文化民生文艺巡演暨 2010“幸福广场”——常州市广场文艺周周演在常州市青枫公园启动，常州、海安、昆山、靖江、镇江等城市选送节目参加演出。6 月，溧阳市大眼睛艺术团创作的少儿舞蹈《妞妞嬉红》和编创老师戴洪才、石寿华获“爱我中华”第六届全国青少年音乐、舞蹈、才艺展演金奖。市舞蹈协会“春之声”艺术团参加在韩国举办的韩中国际“木槿花奖”音乐舞蹈艺术大赛上演的舞蹈《忆江南》获特等奖。7 月，吴佳宸获“未来之星”全国优秀特长生全国总决赛全国少儿声乐组特金奖、舞蹈组比赛金奖。8 月，市文化馆组织选手参加中央电视台、中国教育电视台主办的“校园之歌”大型文艺晚会，获优秀组织奖。10 月 11 日，市文化馆举办省第十七届运动会开幕式群众文化开场演出，获集体三等

“文艺百花艳社区，先进文化润万家”活动（摄于 2010 年 1 月）

功，许建荣立个人三等功。常州小戏《馄饨飘香》、小品《世上本无事》、舞蹈《香脆萝卜干》获在镇江市举行的省第九届“五星工程奖”表演艺术类决赛金奖；广场舞蹈《赛龙舟》、女声独唱《山水茶歌》、男声独唱《庄稼汉的快乐在劳动日子里》获银奖。

第三节　文化艺术节

1985年以后，全市策划多项群众文化主题活动，先后举办兰陵音乐会6届，市小戏、小品、曲艺征文演出大赛9届，市音乐舞蹈新作品大赛6届；2008年起，每年举办“文艺百花艳社区，先进文化润万家”迎新春文艺展演，连办3次。

1987年4月23日至5月4日，举办了常州市青少年文化艺术节。6月，天宁区群众文化工作委员会决定每年夏季举办“天宁之夏”文化艺术节。7月20日至8月6日，首届拉开帷幕，设文艺纳凉晚会、自娱自乐比赛、文艺讲座、综合为民服务等29个活动项目，区属13个单位参加音乐、舞蹈11场节目演出和举办4个艺术展览、8项文体比赛，有349人参加。11月，武进县马杭镇举办首届菊花节。12月，武进县在湖塘镇举办首届艺术节，进行了专业剧团演出两场、业余文艺演出3场。1988年7—8月，天宁区举办第二届“天宁之夏”文化艺术节，以红梅新村水上音乐会为开幕式，有文体、艺术、展览、文化夜市等5大类23场500个节目。1989年4月，金坛唐王乡举办首届故事艺术节。9月，钟楼区举办首届艺术节，武进县举办国庆40周年群众文化活动暨第二届艺术节。

2000年9月，常州艺术节开幕，取代兰陵音乐会，内容涵盖音乐、舞蹈、书法、美术、摄影等，12—20日举行音乐舞蹈新作品创作演出大赛，近百个创作节目参加专场演出，24—25日决赛，27日在红星大剧院举行颁奖晚会。2002年9月16日，举办第二届常州艺术节音乐舞蹈新作品大赛，有38个新创作的音乐舞蹈作品参加演出。10月，举行群众文艺展演，演出37个优秀群众文艺节目。2008年10月，第五届常州艺术节举办，武进区文化馆少儿舞蹈《想爸爸想妈妈》、钟楼区文化馆女声表演唱《名点飘香》获特等奖，舞蹈《玉脸粉腮悠悠香》、群舞《封缸魂》、男女声二重唱《美丽梦想》、幼儿舞蹈《荷塘戏水》获一等奖。

第四节　民间文学

1985年成立常州市民间文学集成编辑委员会，历时4年调查搜集整理完成一批成果。同年起，市文联、民协组织民间文学普查采集、编纂工作，采集文字资料950万字，1989年编辑出版《常州民间故事集》和《常州歌谣谚语集》。此后，一批民间文学爱好者创作发表、出版一批民间文学作品。1999年初，市文联、民协启动对联集成搜集，2001年编纂完成《中国对联集成·江苏常州卷》，收录常州古今14个大类、60个子目对联1150副。2003年起，市文联组织创作研究室、民协开展特色文化和民间艺术普查。2005年1月，常州市特色文化和民间艺术普查领导小组成立，采编工作历时近两年，对94个镇(街道)村、社区的特色文化、民间艺术进行逐项调查，摸清特色文化76项、民间艺术和工艺品90多种。2006年2月，《常州特色文化》在全省率先出版。

一、歌　　谣

常州民间歌谣有对山歌、民谣、歇后语等。对山歌歌词多是歌手现场即兴现编现唱，有所谓“信口唱来自有味，嬉笑怒骂皆是歌”。锡剧名家王嘉大的传人、著名锡剧表演艺术家吴雅童，口头创作的歌词“日出东方红似火哎，龙城常州山歌多，六月十九年年有，德安桥上对山歌”脍炙人口。80年代，他与夫人沈素珍以年近 80 岁高龄参加苏州举办的吴歌大赛，获特别荣誉奖。市民间文学集成编委会发动全市的 3000 余人普查，采集歌谣 7437 首、谚语 3.72 万条，由苏少英、史洪主编，精选编辑完成《常州歌谣谚语集》，1989 年 5 月由中国民间文艺出版社出版。

二、故　　事

常州活跃着一批创作故事的作家，叶林生被上海《故事会》常务副主编吴伦誉为“高产作家和故事界领军人物”，他创作、发表出版有《人在江湖》《桥上有个祸》《山海经》等故事集 50 多本。韦中权主编的《常州民间故事集》（上、下）于 1989 年出版，收录故事 295 篇，其中神话 16 篇、传说 201 篇、故事 78 篇。陆涛声的《短剑春秋》中篇新故事、《被绑架的母亲》（新编）及《稻草和皮袍》、《怪厨》民间故事，1985—1989 年发表于《垦春泥》，其中《短剑春秋》于 1986 年由江苏人民出版社出版，获江苏人民出版社 1985 年度故事优秀创作奖和 1986 年中国新故事学会首届年会故事创作奖。陈嘉敏的《两把刀》和《等郎歌》故事分获 1986 年第二届江浙沪两省一市新故事大会串三等奖和 1988 年江苏省故事会串优秀作品奖。1988 年，叶林生创作的《红菱塘的悲剧》和《饮恨野狐谷》分获江浙沪两省一市第三届故事大会串和全国新故事大奖赛三等奖，《红菱塘的悲剧》被上海《故事会》评为最佳故事之一。1992 年，万叶树的《相思草》故事集由东方出版社出版。1996 年，叶林生创作的《沉重的帐篷》、蒋梦熊的《车祸引发的婚变》分获《民间文学》杂志社等 8 家单位联合举办的全国首届新故事大奖赛二、三等奖。2006 年，《陈立仁故事选》由北京艺术与科学出版社出版。2007 年，杨秀妹的少儿故事《小凡学厨》获第二届全国少儿曲艺大赛创作奖。2010 年，叶林生创作的《千里谋生》获全国第六届最佳短故事大赛一等奖，《茅山兵魂》获第十届中国民间文艺最高奖山花奖，为全国 8 篇获奖作品中江苏唯一的获奖作品；孙晓峰的《武进地名故事》《常州地名故事》由方志出版社出版；杨秀妹的《阳湖拳小传人》获全省第三届少儿曲艺大赛创作一等奖；蒋凤娇的《神奇的玉供》同年获全国故事征文优秀奖。

第六章　图书馆和出版物发行

1985 年以后，常州市公共图书馆建设发生较大变化，常州图书馆现代化、数字化建设积极推进。市、县（区）图书馆拥有较先进的现代通信设施、计算机网络检索、多媒体导读和图书馆业务管理系统，提供在馆阅览、外借服务、网上在线阅览全方位文献信息服务，成为常州地区文献信息资源服务中心。常州图书馆集信息交流、知识获取、社会教育、情报研究、文化休闲功能于一体，在 2009 年全国开展的第四次县以上公共图书馆评估工作中，被命名为“国家一级图书馆”。常州人读书传统悠久、氛围浓厚。全市图书、音像制品等出版物发行量一直稳居全省、全国地级市前列，龙城书市连续举办近 20 年。

第一节　图书馆

一、市级图书馆

1991 年 12 月，常州市图书馆利用世界银行贷款项目，总投资 4200 万元在和平北路 8 号兴建新馆。1995 年 12 月，建成投入使用，建筑面积 1.2 万平方米，书库 8 层 3000 平方米，可容纳藏书 150 万册。2005 年，在主大楼南侧建成办公用房 1000 平方米。向读者开放借书室、阅览室 16 个，以后逐年投入经费用于计算机、导读触摸屏、电子显示屏、无线上网等设施建设，完善服务功能，形成“门口一站服务，借还一卡联网”格局。开辟盲人阅览室，加强图书馆网络服务，依托“共享工程”平台，整合资源，完善共享机制，推进基层点建设。至

2010年，市图书馆发展到20个基层点，实现国家一级公共图书馆目标。古籍保护，成效卓著，至2009年有3种古籍入选《国家珍贵古籍名录》，5种古籍入选《江苏省珍贵古籍名录》，为第三批全国古籍重点保护单位。

馆藏资源　常州市图书馆馆藏主要有纸质图书和光盘数据库等组成。至2010年底，拥有现代书籍163.12万册(件)，古籍8万册，光盘3150余种。

古　籍　1995—1997年，申请专项经费48万元，购进《续修四库全书》大型丛书，丰富古籍收藏，加上原有馆藏古籍，至2010年拥有线装古籍8万册，其中被《中国古籍善本书目》收录善本图书67种420册。2009年6月，馆藏明隆庆刻本《薛子庸语》12卷、明内府刻本《资治通鉴纲目集览》59卷、明嘉靖刻本《方山薛先生全集》68卷入选《国家珍贵古籍名录》。同年，常州市图书馆被省政府批准为首批江苏省古籍重点保护单位。2010年6月，馆藏明嘉靖刻本《空同先生集》63卷入选《国家珍贵古籍名录》，晋升为全国古籍重点保护单位。中国国家古籍保护中心鉴定馆藏古籍善本3660册。

现代图书　1986年以后，每年购书2万～4万册，重点为自然科学类图书。90年代后采购社会科学类图书比例上升。1994年起，采购社会科学与自然科学图书比为7∶3。2004年，开始采购音像资料、电子读物。2006年，购置大型在线电子期刊数据库——龙源期刊。2008年，购中国知网学术期刊数据库，购置电子图书10万册、少儿动漫电子图书7000册。新购馆藏图书逐年增加，到2010年底，馆藏文献达163.12万册(件)。学科门类以建筑、装潢、机械服装、标准、专刊、法律法规、参考工具书为重点。《专刊公报》《中国国家标准》收藏齐全，为主要特色。共收藏2000多种期刊，3150多种光盘和多媒体资料。

地方文献　80年代起，市图书馆接收到一批个人捐赠书籍。1983年，市政协常委、诗人羊牧之捐赠藏书1000余册。1984年，徐伯昕捐赠藏书992种1662册。1989年，市图书馆开始重视收藏地方文献，采取征集、购买、交换、复制等多种形式实施。从1990年起，每年征集、购买常州地方文献数百册。1995年，市政府转发市图书馆起草的《常州市地方文献样本缴送暂行办法》文件，凡市内出版、编印的书刊都应向市图书馆赠送。1996年，专门建立地方文献专藏书库，集中收藏古今常州地方文献。1997年，马家驹捐赠藏书8000多册。2000年，设立常州地方文献陈列室，对外开放。2002年，对馆藏164种2262册家谱全面修复、整理、编目，设立馆藏常州地方家谱阅览室，对外开放。2005年，上海译文出版社原副总编、常州籍著名翻译家汤永宽捐赠藏书1000余册。此外，还有日本友人草野真男在1998年捐赠6000多册图书。2006年，在互联网上发布《关于征集常州人著作的通知》，主要征集常州籍人士或在常州地区工作人士出版的著作；常州籍名人的照片、手稿、日记、信函、传记、回忆录等；常州人的家谱、族谱等。2007年，设立常州人著作馆，陈列展示历年征集收藏的常州籍作者著作。至2010年底，馆藏古籍地方文献9167册。

数 据 库　1996年，建成中文图书、期刊书目数据库。此后，地方文献书目数据库、普通古籍数据库、家谱目录数据库、宋咸淳《毗陵志》全本数据库、《天宁寺志》图文数据库、《毗陵科第考》图文数据库、《晋陵先贤传》图文数据库、常州十大名人文本库、常州籍院士文本库、常州籍进士资料库、常州现代名人文本库和古籍善本数据库陆续建成。至2010年底，总数据达3千兆字节。

现代化建设　自动化建设　1988年12月15日，市图书馆承担文化部下达微机管理图书流通试验项目，首次实现计算机管理。1989年8月，研制成常州图书馆计算机中文图书流通管理系统(CZL系统)，图书外借流通开始计算机管理。1996年，引进文化部推荐的图书馆自动化集成系统(ILAS)，采用采访、编目、流通服务、连续出版物、参考咨询等5个管理子系统，标志着市图书馆服务进入全面计算机自动化阶段。1997年，制订市图书馆自动化发展规划，5年内投入30万元，建设成自动化图书馆。2003年，改用南京图书馆研制的力博图书馆管理系统，计算机业务管理系统全面升级，提升服务水平。2004年，利用市图书馆局域网实现全馆办公自动化。创建的OA系统，为全馆职工提供文件传输、信息交流、资源共享工作平台。2005年起，投入数十万元对电脑和服务器进行更新升级，添置手写输入触摸屏和无线局域网设备。2010年，新增服务器两台，专用网关1台、三层交换机1台、光纤交换机1台、机柜1台、存储设备1台、触摸式读报机两台。

网络化建设 1999年创建常州图书馆网站(www.czlib.net)。2001年，10兆光纤接入，步入信息公路。2002年，引入TRS系统，使网站信息发布更加快捷高效。2003年，初步实现书目数据和读者借阅数据互联网查询。2004年，建立共享工程电子阅览室。2005年，实现无线网络覆盖，使读者在常州图书馆上网更加快捷方便。2008年，建立盲人电子阅览室。常州图书馆依托互联网络，解决主分馆间图书借还“一卡通”服务。2010年网络化建设由主干电缆升级到光缆，内网带宽由100兆提高到1000兆，外网出口由10兆提高到100兆。

借　　阅　借阅场所　1986年，设社会科学、自然科学、文艺小说和少儿图书4个外借室，设社科图书、社科参考、社科报刊、科技参考、科技期刊5个阅览室。1995年，新馆建成后，设有借书室、阅览室、自修室、陈列室等16个，读者座位600个，每天可接待读者3000人次，拥有248座现代化报告厅1个。2004年、2008年，先后增设音像电子出版物外借室、盲人阅览室。

借阅管理 1988年12月，首次在社科部文艺小说室使用电脑管理。1996年，采用ILAS流通服务子系统，实现图书借还自动化管理。1997年3月，实行流通书库全开架服务，打开书库隔离墙，使“藏、借、阅”一体化，读者可以方便地出入各书刊借阅室，直接选择所需图书，既可外借，也可阅览，大大提高服务质量。流通书库有30万册藏书，属全省领先。

办理借书证 1987年3月，图书馆开始办理集体参考咨询借书证，1992年办理少儿借阅证，1994—1995年增办租书证，每证收取工本费15元、押金20元。1996年，办证种类和费用作很大变动，读者可选办文艺租书证、通用证、个人参考证、集体参考证等7种。1997年，增办学生暑期证、寒假证。2000年7月，对常州市有突出贡献科研人员提供免费借书证，每次可借阅10册图书，享受免费上网等服务。2008年4月，实行免费办证，读者缴纳一定押金就可办理借书证。2010年底，持证读者6.21万人。

借阅服务 2002年5月1日，全面调整开放时间，实行全天不间断服务，没有闭馆日，星期一期刊阅览室和报纸室仍对外开放，实行每周7天开放，每日上午8点至下午5点开放。2008年4月6日起，向全社会实行免费开放。全年总流通量95.83万人次，其中外借文献59.14万册次。2009年最高达73万人次，外借文献69.88万册次。

读者活动 图书馆服务宣传周。1988年5月起，每年5月最后一周，组织开展系列读者活动，内容有读书、讲座、展览、培训等，至2010年累计开展23届。

1983年，市图书馆根据团中央发起的“红领巾读书读报”活动，每年围绕一个主题，开展阅读、征文、演讲、讲故事、动漫设计等竞赛，先后坚持20多年。2003年，活动主题为“向抗击‘非典’的英雄致敬”，全市有96所中小学数万名青少年学生投寄剧本、小说、书信、诗歌、童话、日记、散文等11种体裁的征文稿2万多篇，创历届之最。2004年，成立常州市红领巾读书社，第一批社员100名。2007年，开展“红领巾读书”征文评奖活动，共收到36所学校征文252篇，有80篇征文获奖。其中推荐30篇参加省文化厅征文评选，有3篇获一等奖。2008年“红领巾读书”征文活动收到54所学校征文稿424篇，推荐30篇参加省征文评奖，有3篇获一等奖。以后连续两年有3篇征文获省一等奖。

展　　览　1992年，配合常州市时装节举办国外纺织、服装图书展览，展出图书样本642册。1995年，纪念抗日战争胜利50周年，举办“历史不会忘记”图片资料展，展出有关图书300余册。1997年3月，举办“香港的历史与未来”大型图片展，展出《东方之珠》《一国两制》等6大部分47幅图片。1998年，举办“炎黄子孙500名人红木挂屏展览”和丹麦驻上海领事馆的“安徒生生平与作品展”。2000年9月，举办常州地方文献展览，选出72种、400多册地方文献。2001年“七一”前夕，举办“光辉的历程”建党80周年图书展，展出图书370多册。6月举办“常州三杰”生平、著作、研究资料展。2002年，举办“知我中华、爱我家乡”中华名胜缩微景观展。2004年12月27日，在图书馆百年诞辰之际，举办“我们一起走过百年”历史回顾展。2005年6月，举办“读书乐”全国摄影比赛优秀作品长三角地区（常州）巡回展，展出两届“读书乐”全国摄影比赛精选作品80多幅获奖佳作。2009年，举办第四届“读书乐”全国摄影比赛优秀作品展、《老常州系列连环画》首发暨纪念常州解放60周年画展等多种专题展览14个。2010年，举办“一生有光”—— 常州籍语言学家周有光专题展、人民英烈李公朴大型图片展等展览10个。

讲座和报告会 2002年，配合创建学习型城市举办“学习日讲座”，每逢双月第一周举行。2005年，与市委宣传部合作举办“市民讲座”。2006年，与市委宣传部合作，邀请上海各界讲师举办“龙城讲坛”。2009年，举办讲座、报告会42场，主要有“老常州地方文化漫读”“财富论坛”报告会等。2010年，举办讲座、报告会28场，主要有北师大小学专家报告会、北大突破英语专家报告会、走出恐癌心理困境讲座等。

业务辅导 80年代中后期，与126个乡镇图书馆（室）建立业务辅导关系，其中藏书万册图书馆17个、5000册以上图书室13个。1995年，开展乡镇、街道图书馆评估，对17个馆检查，对44个馆评定等级。1997年12月，武进市56个乡镇全部建成万册图书馆，成为全省第9个乡镇全部建成万册图书馆的县级市（区）。1997年，编辑《常州市乡镇、街道图书工作手册》，作为基层图书馆工作指导。至2010年，全市乡镇、街道基本都建成图书馆（室）。1998年，在市消防特勤中队设立第一个图书流动服务点。2001年5月，在西新桥二村建成第一个社区图书分馆。2009年1月，常州图书馆天合分馆在常州高新区天合光能公司开馆，创全省公共图书馆进驻企业先例。2010年9月，常州图书馆运河5号分馆在运河5号创意街区内开馆。2008年，兴建农家书屋，先后向农家书屋赠书8325册，其中金坛4442册、溧阳2330册、武进1553册。2009年9月，常州图书馆在华夏工艺美术园区启动全新流动服务车，开始流动图书馆走进部队、社区、企业、学校、机关等服务。至2010年，流动服务点和分馆发展到40个，建成农家书屋340家，范围遍及全市多个领域。其中金坛市朱林镇唐王村被评为全省100家先进农家书屋之一，被授予百佳农家书屋称号。

常州图书馆流动服务车启动（摄于2009年9月）

二、县（市）图书馆

武进图书馆 始建于1958年8月，位于奔牛镇人民公园内，1972年在武进县文化馆旧址重建武进县图书馆。1975年10月，在湖塘桥上街建图书馆新馆舍。1994年，获得国家一级图书馆称号。2007年12月，武进区图书馆迁入新建的武进文化艺术中心内。至2010年底，有馆舍面积5300余平方米，藏书52万余册，其中古籍1.7万册。年购书经费40万元，征订报刊500余种。设有成人外借室、少儿阅览外借室、报刊阅览室、电子阅览室、地方文献展览馆。形成以《四库全书》《续修四库全书》《四库未收书辑刊》等古籍为主的古籍藏书特色;征集、收藏家谱、地方文献4000余册，建设地方文献展览馆。年接待读者10万人次，外借图书25万余册。

金坛图书馆 1988年12月，位于南门大街1号的金坛县图书馆开馆，建筑面积1450平方米，藏书8.12万册，年内接待读者7.64万人次，图书外借8.05万册次。1992年增挂华罗庚图书馆牌子。1993年12月，更名金坛市图书馆。1997年举办金坛籍人士优秀图书成果展，承办金坛市“十佳”“百优”藏书家庭评选活动。1998年，举办首届金坛市“六一杯”少儿书画赛。1999年，举办首届迎新春少儿知识大冲浪，同年被文化部评为国家二级图书馆。2001年，图书馆自建数据库，承办金坛市优秀读书家庭评选活动。2003年1月，市图书馆成人部迁至金东街1号的文化大厦，大厦四楼和部分五楼2000平方米作为图书馆，并将原南门大街1号的老图书馆改建成金坛市少年儿童图书馆，馆舍总面积3500平方米，下设少儿阅览室、成人阅览室、电子阅览室等9个对外服务窗口，同年加入省文化信息共享工程信息网，并建有60台终端的电子阅览。2005年，总藏书量14.38万册，征订报刊600种，接待读者11万人次，图书外借12.1万册次，被文化部评为国家一级图书馆。

溧阳图书馆 由1926年的通俗教育馆阅览室起步，后历经多次变迁。1989年1月1日，镇前街8号1600平方米的新馆舍建成开放，设有成人外借、综合阅览、少儿借阅、资料室、采编室、辅导部等部门。1999年采用ILAS系统进行图书管理，2001年建立电子阅览室，2004年建立WEB网站，2006年1月实现365天天天开放。2008年9月迁至育才路55号，建筑面积5100平方米，馆藏图书近23万册，年订购报刊800余种，增设地方文献室、陶希晋纪念馆、报告厅等服务部门。2010年接待读者16万人次，外借图书12万余册次，持证读者近1万人。2010年被评为国家一级图书馆。

第二节　出版物发行

常州是千载读书地，读书氛围浓郁，图书等出版物市场广阔。1986年以后，常州图书发行市场逐步放开，图书发行领域国有、民营、外资同场竞技，图书发行市场进入繁荣发展阶段。新华书店系统发挥主渠道优势，强化市场营销能力，深化书店服务内涵，着力提高企业的品牌效应，提升规模化竞争能力，图书销售连创新高。2002—2010年，全市人均购书连续9年居全省省辖市首位，市区人均购书水平连续10多年名列全省首位。民营书刊经营单位利用灵活的经营机制，主动开拓市场，图书销售额连年增长，逐渐规范发展，实力壮大。至2010年底，全市有图书发行单位(网点)961个，其中图书二级批发单位20家;从区域分布看，市区(不含武进)559个、武进179个、金坛94个、溧阳129个;经营面积5.6万平方米;全市图书销售总额6.14亿元。全市农村图书销售得到重视，乡村一级书刊发行网点达173个，农村图书市场覆盖率提高。

一、国有图书发行企业

1984年起，常州、武进新华书店连年举办被誉为常州读书人盛大节日的“龙城书市”。武进连续20年开展青少年主题教育读书活动，每年吸引10多万名中小学生参加。2001年3月，经江苏新华发行集团(简称“江苏新华集团”)批准，常州、武进新华书店组建江苏常武新华书店责任公司，翌年5月，更名为江苏常州新华书店责任公司。2007年11月，江苏常州新华书店责任公司、金坛市新华书店、溧阳市新华书店、常州市武进新华书店按江苏新华集团股份制改造上市要求，实行资产重组，成立常州新华书店责任公司(简称“常州新华公司”)，下设金坛分公司、溧阳分公司、武进分公司。该公司举办“十佳藏书家庭”评选、“读万卷书，行万里路”读书等活动，不定期邀请于丹、易中天等知名作家、学者、专家举办读书报告会，举办青少年读书论坛、送书下乡等活动，在全国较有影响。2010年底，完成销售额2.86亿元，曾被评为中国书刊发行双优单位和全国青少年读书活动先进发行单位、农村图书发行先进单位。

二、民营图书发行企业

常州文化城公司 常州文化城图书市场于2007年7月19日开业。2009年获得江苏省文化产业发展引导资金100万元。通过审读组、协会、管委会和市场举办方等多方协同管理，图书市场持续健康发展。2010年底，有经营单位34家，经营面积1万平方米，仓储面积5000平方米，经营图书10万余种。同年完成销售额1.25亿元。常州文化城开业后累计出资120余万元，单独或与市委宣传部、团市委、市教育局和市慈善总会等部门联合开展社会公益活动。主要有暑期青少年欢乐读书节、评选奖励常州市“十佳”（优秀）少先队员、“十佳”（优秀）少先队辅导员和“十大”杰出教师等，开办常州文化城学生课堂，送书进学校、进社区、进农村。至2009年7月，累计捐赠图书1.2万册，捐建“红领巾”图书室和农家书屋。2009年，出资40万元资助常州市图书馆购置流动图书车、奖励2000名“三好”学生和资助100名品学兼优特困学生等。

常州新文化图书公司 2002年2月成立，是常州市首家冠名为“图书公司”的股份制企业，经省新闻出版局批准获得二级发行资质。主要经营中小学教辅、作文和中小学教材代理、图书出版代理等项目，经营面积500余平方米，在南京和上海设有分支机构，年销售总额3000多万元。2005年成为全国工商联出版物行业协会理事单位。2006年被评为江苏省首批版权行业正版正货单位、双优诚信书店。

江苏可人文化发展公司 具有出版发行二级批发资质，为市出版物发行协会常务理事单位，与国内600多家出版社建立稳固的图书、教材和教辅供应关系，是科学出版社常州地区总代理，机械工业出版社、化学工业出版社、清华大学出版社、北京交通大学出版社等出版社的优秀经销商。2009年，公司对52集大型原创动画电视剧《恐龙宝贝》进行同名图书编著及衍生图书产品的开发。

第七章 文化市场监管

文化市场随改革开放应运而生，1985年以后发展迅猛，形成书报刊、娱乐、音像、网络、演出、美术品等市场。至2010年12月，市区（不含武进）有歌厅、舞厅、卡拉OK厅110家，网吧242家，电影放映单位（含武进）11家、座位10977张。市场管理逐渐规范，先后与公安、工商局等联合制订出台多项规定，文化行政综合执法改革走在全国前列。

第一节 文化市场

80年代，常州的文化市场建设起步。2002年，市区歌舞娱乐场所发展到高峰时有204家(其中65家暂停营业或经营不正常)。2006年市区有游乐场所6家。2010年据不完全统计，市区(不含武进)文化市场经营机构、单位363家，其中电影放映单位11家。

1991—2010年部分年份常州市区文化市场经营机构单位数量统计表

表36-7-1　　单位：家

年份	舞厅	音乐厅、歌厅、卡拉OK厅	台球室	电子游艺室	音像制品经营单位	其中		室内溜冰场	演出经营场所	演出团队	保龄球馆	网吧
						录音制品	录像制品					
1991	34	10	113	53	70	64	6	—	—		—	—
1997	103	126	130	137	174	123	51	11	—		10	—

续表 36-7-1

年份	舞厅	音乐厅、歌厅、卡拉 OK 厅	台球室	电子游艺室	音像制品经营单位	其中		室内溜冰场	演出经营场所	演出团队	保龄球馆	网吧
						录音制品	录像制品					
2002	204	—	—	68	248	222	26	—	17	7	—	168
2006	141	—	96	78	290	—	—	7	—	—	4	217
2008	—	—	—	—	—	—	—	—	42	—	—	228
2010	110		—	—	—	—	—	—		—	—	242

一、电影市场

1986 年，常州全市完成电影放映收入 770.5 万元、发行收入 327 万元。1989 年放映 12 万场次，观众 4962.4 万人次，放映收入 1502 万元，发行收入 651.1 万元。四大指标增长幅度在全省处领先地位。市电影公司组织学生专场 4158 场，275.4 万人次，全市 45 万学生人均年观看革命传统教育影片 6 次。市电影公司和武进县电影公司被中国儿童少年电影学会授予中国电影童牛奖。1991 年，全市完成放映收入 1673.3 万元，发行收入 726.4 万元。亚细亚影城于 5 月 23 日基本落成，开业 7 个月，电影放映收入达 409.5 万元。1992 年电影放映收入 1915.5 万元，发行收入 826.4 万元，两项增幅均居全省各市之首。翌年，全国电影不景气、经济收入滑坡，全市电影营业收入 1112 万元，实现利润 334.3 万元。1997 年全市电影营业收入 2935.98 万元，亚细亚影城放映收入连续 3 年名列全国十大影院排行榜前两名。翌年，《泰坦尼克号》创单片收入 343 万元的最高成绩。2001 年，全市放映电影 1.54 万场次，观众 96.3 万人次，放映收入 525.07 万元，发行收入 253.32 万元；市区放映电影 7016 场次，观众 61.05 万人次，完成放映收入 435.18 万元，发行收入 219.66 万元。2008 年 6 月 18 日，常州作为省两个试点城市之一，数字电影广场免费放映活动在新北区薛家中心广场启动。放映设备由省文化部门统一发放，常州在每周五、周六晚上在新北区薛家中心广场、武进新天地广场等 10 个区、镇中心广场和外来务工人员集聚地免费放映数字电影。2010 年，全市放映数字电影 1.08 万场。

二、音像市场

70 年代后期，常州始有音像店。80 年代飞速发展，以个体经营为主，有些经营者因受利益诱惑，不从正规渠道进货，鱼龙混杂，盗版现象非常突出。90 年代初进行监管整顿。1991 年，市区有登记领照经营音像制品店 70 家，其中录音 64 家、录像 6 家。1997 年，21 家违规经营音像店证照被吊销。2000 年 7 月，全市开展打击盗版音像制品法制宣传周活动，在市工人文化宫门前集中销毁盗版音像制品 3.2 万套。2001 年 8 月起，原由文化、广电部门管理的音像市场统一归口市文化市场办公室管理。12 月 2 日，按照文化部统一部署，江苏省暨常州地区集中销毁非法音像制品现场会在市兰陵广场举行，全省当天统一行动销毁非法音像制品 150 万张，其中常州销毁 10 万余盘非法音像制品。2003 年，成立常州建设音像市场管理示范区领导协调小组，开展以打击侵权盗版、保护知识产权的集中收缴违法音像制品专项行动和创建正版音像零售出租示范店活动。到 2004 年 1 月，市区先后有 30 家单位经省文化厅核准，挂正版音像销售出租示范店牌子。文化行政部门停止审批录像放映场所许可证，对全市音像制品经营单位 408 人进行培训，颁发上岗证。2005 年，关闭常州所有音像制品放映场所。2010 年底，市区有音像制品经营店 200 余家。

三、演出市场

80 年代起，演出活动不受限制，常州剧团、演员根据市场需求，既可以走向全国，全国各地演出团队也可到常州演出。1986年市区演出452场，观众45.16万人次，演出收入40.39万元。1991年，接待文艺团体62个，演出294场，观众32.8万人次，完成演出收入73.8万元。1995年，接待12个剧种演出275场，观众34.36万人次。2001年，接待专业艺术团体33团次，演出92场，观众7.94万人次，演出收入130.9万元。2003年，营业性组织演出由省辖市文化部门审批，报省文化厅备案，先后取缔7家大棚演出。市区组织演出58场次，观众6万余人次，演出收入193万元。2005年，演出12次，33场，观众3.98万人次，演出及电影收入首次超千万元大关，达1148.9万元。同年，建立演出市场义务监督员制度，构建市县乡三级演出市场义务监督网络。

2010年12月22日，江浙沪演艺交易会常州首届演艺交易会（摄于2010年12月）

四、娱乐市场

1990年，常州市区有舞厅34家，根据考评细则，评选出文明舞厅11家。1993年5月、1994年8月，市文化局先后举办市区首次歌舞厅音响、灯光师培训和歌舞厅、卡拉OK厅经理培训班，有82个单位的歌舞厅专职音响、灯光师或经理245人参训。省文化厅组织开展争创省“五好”（执行政策好、自身文明建设好、严格管理舞厅秩序好、文明服务好、安全防范好）歌舞厅要求，中联音乐舞厅、文化宫舞厅、江南舞厅、喜尔登歌舞厅、华声歌舞厅、青年舞厅和蓝桥卡拉OK厅7家被评为省“五好”歌舞厅。2000年7—9月，根据上级对电子游戏经营场所专项治理要求，对市区550家电子游戏经营场所集中整治，取缔非法经营场所，停止审批新的游戏经营场所，压缩游戏经营场所至260家。至2010年，市区有娱乐场所300余家。

五、游戏网吧

80年代，常州兴起电子游戏。1991年，市区登记领照经营的电子游艺室有53家，1997年发展到137家。后进行整顿，2002年下降到68家，至2010年市区有78家。90年代网吧兴起，2002年市区登记领照经营的网吧有168家。年底，市电信局把网吧管理职能移交给市文化市场办公室管理。2003年，市文化市场办公室停止审批新开网吧许可证，网吧重新审核登记，聘请人大代表、政协委员、共青团干部、新闻工作者、文化站长、教师等18人为网吧管理义务监督员。2004年，该办举办义务监督员培训班，对聘任的182位监督员颁发江苏省网吧义务监督员证。2005年，制定网吧总量布局规划，适度放开审批，对市区所有网吧安装管理软件，实现实时监控，市区有网吧217家，其中20个挂文明网吧示范店牌子。2006年5月再次停止新开网吧审批。2008年7—10月监管软件

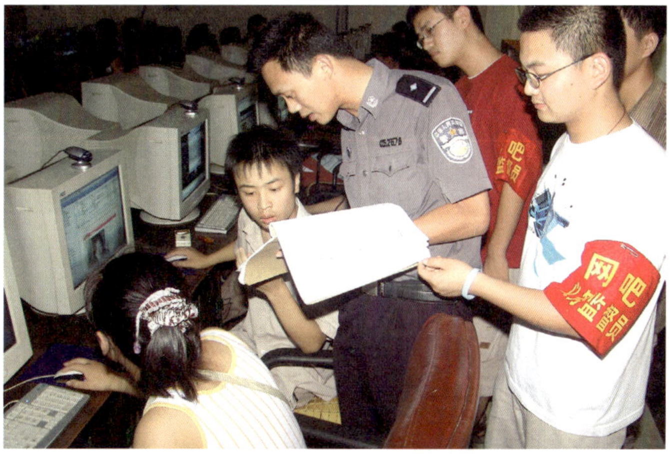

对未成年人进入网吧进行现场监管（摄于2000年7月）

全面升级,后又适度放开审批,至2010年市区有网吧242家。

第二节 市场监管

1989年9月,常州市文化市场管理委员会成立,下设文化市场办公室(简称"市场办"),负责文化执法检查。1990年,市场办同市公安局、工商局等部门在春节前后打击"黄书"回潮、非法出版物和销售非法出版年画活动。1994年,参与市政府牵头的"扫黄打非"活动,出动检查人员1786人次,检查文化经营场所1243家次,收缴非法书刊1.27万册,其中淫秽书刊1497册、反动书刊33册;收缴非法音像制品1.01万盒(张),其中淫秽音像制品109盒(张);收缴淫秽图片、扑克牌1316张。1995年检查市区65家歌舞厅、卡拉OK厅的光盘,清理整顿市区歌舞娱乐场所使用进口碟片的行为。

1996年7月,文化市场稽查队成立,突击检查九龙小商品市场附近骆家村、俞家村,捣毁5家盗版音像制品地下窝点,缴获非法录像带1920盒(有反动内容的10盒),当场拘审3名非法经营者。1998年,市文化、公安部门突击检查九洲服装城,收缴涉嫌淫秽VCD(视频压缩盘片)片106套,1名业主被刑事羁押。检查文化经营单位495家次,执行行政处罚18起,收缴非法音像制品1073张,收缴有奖赌博游戏机10台。1999年4—6月,专项治理学校周边文化市场,稽查执法81次,检查文化经营场所477家,执行行政处罚24件。收缴非法音像制品9173张,收缴有奖赌博机1台,违禁游戏机电路板16块。

2001年,配合省公安厅等单位查处武进区鸣凰镇集市6个、常州高新区圩塘集市3个非法演出团体。检查文化经营场所2450家次,取缔非法场所347家,收缴非法音像制品13.83万盘、游戏机69台、电路板202块、电脑软件838盘、非法出版书刊6.84万册,立案处罚33起。2002年4—9月,专门治理市区舞厅灯光偏暗问题;全年检查文化经营场所1125家次,取缔非法音像、网吧等经营场所摊点74家次,收缴违法音像制品94.5万张、违法游戏赌博机25台,行政处罚31件。

2006年,开展百日整治集中行动和文化市场集中执法行动,停业整顿12家网吧,吊销4家音像经营单位许可证,取缔无证照经营场所102家,收缴盗版音像制品17.91万张、违法电子游戏机652台,罚款5.9万元。2007年7月1日至9月30日,会同市综治办等结合"七彩的夏日"未成年人暑期系列活动,集中开展以构建和谐文化市场为主题的"阳光一号至阳光五号"系列行动。7月5日查处音像制品违法经营单位27家,收缴盗版淫秽色情碟片2.2万张,查处了一批违法违规经营的网吧、卫星接收器材和书刊,净化了全市文化市场。

2008年1—3月,根据省文化厅统一部署,集中开展整治音像市场,打击经营非法音像制品行为的专项行动,通过查门店、打源头、多部门联合执法等形式,重点打击网络侵权盗版行为,清理电脑城,电子市场非法经营活动,取缔游商和摊点,先后检查经营单位(摊点)55家次,查获非法音像制品3.7万张。5月8日,市文化行政综合执法支队挂牌,成为全省第一支集文化市场、文化遗产、新闻出版、广播影视、版权管理等文化执法职能于一体的综合执法队伍。5月14日,综合整治常州市校园及周边治安秩序活动全面启动,持续至9月底结束。分3组分别对大学城、钟楼和天宁学校周边网吧、书店、游戏室等场所进行检查,取缔4家无证经营的游戏室,收缴非法游戏机(电路板)54台(块)。全年查缴非法音像制品23.3万张,办理一起非法经营音像制品移送司法机关案件。2009年2月,主犯易某某被市中级法院一审判处犯侵犯著作权罪、贩卖淫秽物品牟利罪,处以3年有期徒刑,并处罚金5万元;从犯牟某某被判有期徒刑两年,缓刑3年,并处罚金3万元。根据全国"扫黄打非"工作小组要求,会同市公安局等部门对车站码头、旅游景点、繁华街区、农贸市场、出版物集中经营市场、印刷复制企业等文化和出版物市场突击检查,查缴涉嫌非法书刊2309册和涉嫌非法音像制品 2.41 万张。4 月 20 日，在江苏技术师范学院集中销毁 31 万张非法音像制品和 2.5 万册（份）非法书籍。全年检查娱乐场所 2686 家次，受理查处举报 243 件，立案处理 92 件，督查督办案 8 件，收缴非法出版物 38.9 万张（册），其中音像制品 37.9 万张，书籍 9600 余册，收缴非法电子游戏机（电路板）700 多台（块），联合取缔无证照非法经营场所 221 家。

2010 年 3 月 24 日，江浙沪三省市“平安世博”启动仪式在常州举行，“长三角”地区 16 个主要城市签署“长三角地区文化市场综合执法区域协作工程”合作框架协议。“平安世博”文化市场专项保障行动重点针对演出、娱乐、艺术品、音像等市场及网吧等网络文化市场，行动自 4 月 1 日至 10 月 31 日，上海、江苏、浙江为重点地区。4 月 27—28 日，市文化行政综合执法支队会同市公安等部门集中检查经营场所 102 家次，查缴涉嫌非法书刊 257 册，音像制品 2593 张。全年检查娱乐场所 3942 家次，受理查处举报 59 件，立案处理 69 件，督查督办案 4 件，收缴非法出版物 35.6 万张（册），其中音像制品 35 万张、书籍 6400 余册。

第八章　地方志事业

1981 年，常州较早响应国务院“编史修志，为历史研究服务”号召，成立中共常州市委党史资料征集小组办公室地方志组。1982 年 8 月，常州市地方志编纂委员会及其办公室（简称“市地方志办”），与常州市委党史办合署办公。到 90 年代第一轮修志基本结束，公开、内部出版的市志、县志、区志、行业志、专业志、基层志达 500 部，其中 200 余部（本）被收入《中国新方志总目》，名列全国各省辖市榜首。进入 21 世纪后，常州迎来第二轮修志高峰，除编纂《常州市志》《常州市钟楼区区志》《武进志》《金坛市志》《溧阳市志》等续志外，电力、国土等部分行业也开始编纂续志。在改革开放后，常州地区第一部县志出版和市志即将交付出版之际，启动《武进年鉴》编纂工作，于 1987 年率先出版，《常州年鉴》于 1991 年与读者见面，接着《金坛年鉴》《溧阳年鉴》相继出版。新北、钟楼两区陆续编纂出版区年鉴，2001 年面世的《戚墅堰机车车辆厂年鉴》是常州地区出版的第一部企业年鉴。在编纂地方志过程中，地方志部门先后征集编印、出版一批内部史料选编和地情书籍。

第一节　志书编纂

1981 年 10 月，常州市启动新编地方志工作，至 2010 年从未间断，陆续修出市志、县志、区志、乡镇志、街道志、村志、行业志、厂志、校志、院志等新方志成果。

一、市级综合志书

《常州市志》 1981 年 11 月 17 日，常州市委、市政府召开第一次编史修志大会，发动编纂地方志。1982 年 9 月，制订《〈常州市志〉篇目》（第一稿），全志设大事记、总述、自然、政治、军事、工交、财贸、城建、农业、文化、风物、人物、杂记 13 编 79 卷，上溯事物发端，下限迄止 1985 年，各专业志分

获得江苏省哲学社会科学优秀成果一等奖的《常州市志》（摄于 1997 年 10 月）

工给相关部门编写，初定1983年完成初稿，1985年第二季度定稿，1986年完成送审稿。后因借调的骨干力量陆续回原单位，加上缺乏经验、认识不足，计划未完成。市委、市政府重新配备编写力量，对《常州市志》篇目重新调整，多次组织讨论、修改、完善。至1986年底，篇目五易其稿，主体均未突破大编模式。1986年11月，中国地方志指导小组成员、中国地方志协会副会长董一博到常州讲学，他建议将《常州市志》篇目第五稿发往全国10多个城市征求20多位方志专家的意见，随后作出重大调整，撤销大编，以“卷”为专志实体，初定50卷，至收笔再做微调，增至52卷。

《常州市志》篇目定型后，1987年起转入全面撰稿，1988年开始对专业部门承担编写或合成的分志进行逐卷分纂，制订市志总纂方案、凡例、行文通则。1992年，各卷分纂稿逐渐完成。由黄元裕、包树森、薛奇达、徐瑞清、郑德舫、高岳言组成《常州市志》总纂组，黄元裕任总纂组组长，薛奇达(徐瑞清)任副组长，徐瑞清负责统审统改全志，同年底完成送审稿36卷，到1993年7月全部完成，分送市四套班子领导和市地名志编委会成员审查。8月26日，市地方志编委会召开扩大会议对《常州市志》进行内审。9月21—23日，省地方志编委会到常进行联审。两审肯定《常州市志》“是一部较为成熟的体现江苏市志编纂水平的送审稿”，提出1765条意见，随后总纂组研究制订《〈常州市志〉稿修改方案》，分综合、经济、政治文化3个修改组进行处理。至1994年7月，全部修改完成，经江苏省地方志编纂委员会验收合格。1995年10月，由中国社会科学出版社出版，总字数510.8万字。

《常州市志》由刘海粟题写封面书名。志前为总述、大事记，共设52个卷，志末设专记、附录和本届修志始末，分3册装订，具有学术性、史料性、知识性。1996年3月，《常州市志》被常州市政府授予1995年度优秀项目奖。1997年3月，《常州市志》报送江苏省第五届哲学社会科学优秀成果评奖，12月摘得常州市第一个由省政府授予的哲学社会科学一等奖和全省地方志书第一个哲学社会科学一等奖。

《常州市志(1986—2010)》 2006年3月拟订续志《常州市志(1986—2005)》资料篇目，在5月召开的全市地方志编纂工作会议上转发。除总述、评述、大事记外，共设34卷。2008年市地方志办对续志篇目再次论证，修改调整，编修下限延至2010年。2010年起，《常州市志(1986—2010)》编纂工作被列入市政府年度考核目标。翌年底市地方志办对篇目再次修订，形成总纂篇目报省地方志办公室评审通过。

二、县(市)区综合志书

《武进县志》 1982年开始编纂。精装16开本，总字数140.8万字，上溯发端，下迄1985年。1988年10月上海人民出版社出版发行，1993年9月获得全国地方志优秀成果评比一等奖。1993年12月获全国首届地方志成果评比一等奖。

2006年启动续修《武进志》，上限1986年起，下迄2007年，总述、大事记除外，共设38编，历时5年完成送审稿。2011年10月由方志出版社公开出版，总字数268.8万字。

《溧阳县志》 1984年启动，1992年12月出版。1994年12月获江苏省地方志工作优秀成果二等奖，1995年1月获常州市地方志优秀成果志书类一等奖。

2008年启动续修《溧阳市志》，上限1986年起，下迄2007年，至2010年完成部分分志稿编纂。

《金坛县志》 1983年10月启动，1993年出版发行。1994年12月，获全省地方志工作优秀成果一等奖。2007年4月，启动续修《金坛市志》，上限1988年，下迄2007年，全志共36篇。总述、大事记和专记不设篇。2009年，完成190余万字送审稿，2011年9月中央文献出版社公开出版，精装A4开本，总字数220万字。

《钟楼区志》 1982年3月启动，1992年10月出版。2000年启动续修第二部区志，上起1986年起，下迄2002年4月常州市区区划调整时止，统计数据、大事记分别延伸到2001年底、2005年底。

《常州市郊区志》 1982年春启动，1988年内部出版。1998年12月率先续修区志，2003年4月出版。

《广化区志》 1982年4月启动，1991年12月内部出版。

《天宁区志》 1981年11月启动，后因人员变动，1987年1月暂停，1999年重新启动，历时3年完成初稿，2003年1月公开出版，为首轮、第二轮合修志书。

《戚墅堰区志》 1981年11月启动，历时7年完成征求意见稿，油印200本，后停顿。1998年12月重新启动，再经5年修改、补充，完成终审稿，2005年11月出版。

三、行业（专业）志

行业志是首轮修志中倡导的三级修志的第二个环节。1982年12月，市地方志编纂委员会发文，明确要求全市各个行业要配备编志力量，编写行业志。市供电局、教育局、交通局、化工局、卫生局、纺工局等单位率先着手制订编目，收集资料，编写本行业的历史，随后编写行业志的面逐渐扩大，市总工会、人大、城建、劳动、商业、土地管理、工商、文化、体育、广电、军事等部门都开始陆续启动，逐渐进入编写高潮。80年代后期每年都有行业志出版问世，至2010年，全市公开、内部出版的行业（部门）志达30多部。进入21世纪后，市供电、土地管理等行业，开始启动续修第二轮志书，《常州市电力志》在2010年交付出版社出版（参见第三十八卷“艺文　著述”第二章“志书　年鉴”第一节“志书”）。

四、基 层 志

80年代初，常州在启动志书编修工作时，先从基层着手，推行“由下而上，逐级完成”的模式，市地方志办指导企事业单位特别是一些影响大、具有悠久历史的企事业单位编写厂志、校史、院志等，及时组织基层编写人员培训，在1983年9月19—20日，组织召开为期两天的厂志学术讨论会，年底有27家单位完成基层志编写，内部印行。1985年4月，全市编史修志工作会议提出“要尽快完成基层志编写，转到行业志编写任务上来”的要求，全市基层志编写，进入冲刺阶段。到1986年，全市大多数单位完成基层志编写，编印、出版基层志达385部。通过4次评选，有50部基层志被评为市修志优良成果奖，其中一等奖15部、二等奖21部、三等奖12部、鼓励奖2部。这些基层志为编修《常州市志》和专业志、行业志提供重要素材（参见第三十八卷“艺文　著述”第二章“志书　年鉴”第一节“志书”）。

第二节　年鉴编纂

常州的年鉴编纂始于1926年，庄启主持编纂出版的1927年、1928年版《武进年鉴》成为全国最早出版的县级综合年鉴，今藏于常州市档案局等机构。1982年，中共中央书记处书记胡乔木视察常州，根据常州被誉为全国中小城市明星的知名度，希望常州编纂《常州年鉴》，如实记载历史。1988年，《武进年鉴》在新编《武进县志》编修基本告竣后，恢复编纂。1991年，市地方志办在《常州市志》进入总纂后，再次启动编纂《常州年鉴》。其他县市区与少数机关企事业单位相继编纂年鉴。至2010年底，全市编纂出版地方年鉴近10种。

一、地市级年鉴

1991年，常州第一部地市级年鉴《常州年鉴》编纂启动，市政府主办，市地方志办组织编纂，增设差额拨款事业单位年鉴编辑部（后另增设称年鉴处），负责编务与协调。2001年7月获得国际标准刊号、国内连续出版物号。2003年7月，常州年鉴社成立，《常州年鉴》改为市政府主管，市地方志办主办。第一部年鉴1991

2010年8月，《常州年鉴》创刊20周年座谈会召开（摄于2010年8月）

卷与《常州市志》下限1985年衔接，记载1986—1990年内容，此后每年一鉴。第一部年鉴设类目24个，随着社会的发展变化，类目、归属等框架持续调整优化，基本与常州的发展同步，如实反映常州的面貌。到2010年，类目增至31个，鉴首设专记、常州概况、大事记，类目设有党政社团、军事、政法、开放型经济、工业、农业水利、商贸服务业、城市建设、交通、教育、科学、文化广播电视新闻出版、社会生活、辖市区概况等，鉴末设人物、统计资料、重要文件选编、附录。在20年的年鉴编纂进程中，先后获奖42项，其中获得中国年鉴奖综合一等奖3项、二等奖1项，中国地方志系统首届年鉴质量评比特等奖和中国年鉴编校质量检查评比优秀奖6项。2003年、2010年，先后编纂出版《常州年鉴·百姓手册》(2003)、《常州年鉴增刊》(2010)。

二、县市（区）年鉴

《武进年鉴》 1987年底，《武进县志》编纂进入尾声，谋划年鉴编纂。1988年10月容纳1986—1987年内容的《武进年鉴》内部出版，共53万字，这是全市新编的第一部综合性年鉴，1989年起由出版社公开出版，每部年鉴44万～86万字。1998年起，同时推出网络版，2007年起纸质、光盘版一起发行。以其丰富的内容、新颖的设计和高质量编校，先后获全国年鉴评比多个特等奖，其中1994版获首届中国地方志年鉴奖县（市）级特等奖和框架设计、条目编写、装帧印刷3个特等奖，1999版获第二届中国地方年鉴奖特等奖，2004版获第三届中国年鉴编纂出版质量评比综合特等奖和首届中国地方志年鉴奖特等奖，2009版获第四届中国年鉴编纂出版质量评比综合特等奖，2006版和2007版分获第三届、四届中国年鉴编校质量特等奖和一等奖。

《金坛年鉴》 1993年启动，1995年12月，首部《金坛年鉴(1988—1993)》由江苏古籍出版社出版，全书78.3万字。此后3年一鉴。从2008年起，改为每年一鉴。2004年12月出版的《金坛年鉴(2000—2002)》获首届中国地方志年鉴奖二等奖。

《溧阳年鉴》 2004年启动，2005年由中央文献出版社出版。全书108万字，以后除2008年启动续修《溧阳市志》停刊一年，每年一鉴，至2010年出版5部。

《常州新区年鉴》 1998年启动，内容上溯1992年，共7年，1999年11月内部出版，全书33.23万字。以后是每3年一鉴，从第三部起鉴名改为《常州国家高新区（常州市新北区）年鉴(2003—2005)》，至2010年累计出版4部。

《钟楼年鉴》 2009年启动，每5年一鉴，上溯区志下限，从2003年起，至2007年所辖最后一个新闸镇撤销。2010年版内部出版，全书52万字。

第三节 地情书编写

90年代中期，常州市县综合志书相继交付出版后，常州地方志部门拟订征编课题项目，陆续征编、出版了一批内容丰富、形式多样的地情成果。1996—2009年，组织编纂、出版《常州概览》《武进概览》《悠悠赤子情》《龙城骄子》《海外常州人》《百年常州》《天南地北常州人(一)(二)》《常州掌故》《常州之最》《常州五学派选萃》《魅力常州》《龙城常州》《常州人手册》《常州市民办事指南》等地情书籍(参见第三十八卷“艺文 著述”第四章“历史 地理”第四节“地理”)，反映常州和辖县(市)区的历史人文、地情。

第四节 应用服务

常州市地方志办公室注重地方志的育人功能，发挥地方志在精神文明建设中的独特作用，利用收集、掌握的文献资源，借助报刊、电台、电视等传媒，开设《谈古说今》《常州2500年文史谈》等专栏，纵谈常州人文历史。

一、电台讲座

80年代中后期，市地方志办与常州电台合作，策划《谈古说今》节目，每天在电台开讲。节目文稿由市地方志办人员撰写，每篇文章围绕一个主题，用讲故事方式，把兰陵等史事演变的来龙去脉说清楚，融知识性、趣味性、故事性于一体。《谈古说今》栏目开讲一年半时间，讲播故事109个。2007年4月5日，常州市社科联与常州广播电台联合主办，市地方志办宗清元走进直播室，承担常州名人系列讲座第一讲，畅谈常州名人、著名语言学家、哲学家和作曲家赵元任的成长经历及辉煌成就。2010年4月25日，在上海世博会开幕前夕，宗清元再次向听众畅谈80多年前常州参与世博会的故事和常州在世博会上的辉煌成就。

二、报刊专栏

常州市地方志办与常州日报社在《常州日报》上开设《常州2500年纵谈》《常州第一人》等专栏，传播常州地情和历史文化。

《常州科技名人》 1988年2月，应《常州日报》“科苑”版的要求开设，主要介绍古代和近现代在科技领域有成就的名人，由宗清元撰写供稿，至1992年1月结束，先后介绍88位科技名人。

《近现代历史人物》 1988年，市地方志办与《常州社科通讯》编辑部联合开设，由宗清元撰稿，先后发表《优秀的无产阶级革命战士章汉夫》《新中国第一任司法部长史良》《我军第一部电台的创建人王诤》《冯仲云光辉的一生》等文章10篇。

《常州2500年文史谈》 2000年，市地方志办与常州晚报社联合开设，市区史志工作者踊跃写稿，先后提供数十篇文稿，其中薛奇达的《延陵季子的故事》《太平天国常州保卫战》，宗清元的《齐梁故里皇陵多》《常州城垣兴废始末》等文章，社会反响较大。

《常州第一人》 2004年，市地方志办与常州日报社联合开设，宗清元撰稿。先后发表《常州第一个双院士》《常州第一个留学生朱宝奎》《中国最早的画家皇帝萧绎》等文章15篇，反映常州第一人的足迹，以体现常州人敢为人先宝贵精神。

《历史上的某月》 2004年，市地方志办与常州日报社联合开设，金明德等人撰稿，唤起人们对历史的记忆，让读者了解历史。

《常州之最》 2004年9月，市地方志办与常州日报社联合开设，许蓝等组织发表《最早的图书馆》《最早的拳术》《最早的电影院》《第一个公共体育场》等文章，反映常州在政治、经济、文化等领域所取得的辉煌成就。

《齐梁王朝与常州》 2008年10月，市地方志办与常州日报社开设，臧秀娟撰稿，先后发表《诗人皇帝萧衍》《萧子显与〈南齐书〉》等15篇文章，反映齐梁萧氏与常州的渊源和文化成就。

第九章 档案事业

1987年，继常州市档案局（馆）恢复成立后，天宁、郊区、钟楼、戚墅堰4个区档案馆相继成立，全市普遍实行局馆合一的管理体制，履行档案事业行政管理、档案保管利用职能。建立档案执法队伍，实行行政执法责任制，开展档案行政执法，举办电视大学档案专业大专学历班，密集架、复印机、计算机、防火防盗报警等现代化设备在档案部门广泛运用，档案工作达标升级、目标管理在档案馆和机关、团体、企事业单位全面开展。到2001年，全市拥有综合档案馆8个和专业档案馆、文档中心各1个，机关、团体、企事业单位普遍建立综合档案室，1000多家单位跨入档案管理先进行列，逐步建立以机关、企事业单位档案工作为基础，以档案馆为主体的全市档案事业体系。21世纪，常州市档案局（馆）升格为直属市委、市政府领导的正处级事业单位。各级档案局（馆）普遍增设现行文件查阅中心，档案保护抢救费以馆藏每卷1～2元标准列入年度财政预算。常州市和新北、钟楼、戚墅堰3个区档案馆新馆相继建成并投入使用，常州市工商档案博览中心开始筹建。全市各级档案馆主动开发档案资源，举办展览，出版书籍，普遍建成爱国主义教育基地、青少年教育基地和大学生实习基地，档案馆逐步向具备档案安全保管、档案利用中心、政府信息查阅中心、电子文件中心等功能的公共档案馆转型。2008年，常州市档案馆晋升为国家一级档案馆，成为全国地级市中首家一级档案馆，武进、新北两区档案馆晋升为国家二级档案馆。2009年，新北、钟楼、戚墅堰等3个区档案馆新馆相继建成投入使用。

2010年底，全市档案馆馆藏档案资料118.48万卷（册）、37.75万件；目录级数据库全部建成，档案利用从手工检索转变为计算机检索，600多家机关、企事业单位使用计算机档案管理软件，婚姻、仲裁、知青、企业退休职工等民生档案和地方名人名画、外事礼品、荣誉实物及重大活动等档案纳入档案馆资源体系。新农村建设、重大建设项目、非公经济、社区档案、家庭档案等纳入档案工作建设范畴。全市有700余家机关、企事业单位的档案工作通过省级目标管理认定和工作规范测评，档案部门在服务机关、群众和基层，促进政务信息公开、经济社会健康发展中做出了贡献。

第一节 事业管理

1980年常州市档案局成立后，对全市档案事业发展进行统筹规划和宏观管理。1986—1990年，调整、恢复县（市）档案行政管理机构设置，调整市、辖市区两级档案工作领导体制。1991—1995年，常州高新区成立文件管理中心，全市档案行政管理机构增至4个，档案馆发展到12个。1996—2000年，武进市档案馆、郊区档案馆、城建档案馆新馆库相继建成，市和辖市区的8个国家档案馆被命名为爱国主义教育基地。2001—2005年，理顺全市档案管理体制，常州、金坛、溧阳档案局都升格为一级局，新北区文档中心增挂档案局（馆）牌子。

一、法制建设

1998年，常州市档案局成立法制宣教科，负责档案法制工作，清理了历年规范性文件。1999年，市人大代表在市十二届二次人代会上将《加快常州市档案馆现代化建设》作为议案提出，当年争取经费26万元，为市档案局解决现代化管理的启动资金。1996—2000年，实行行政执法责任制，推行档案工作目标管理，钟楼、天宁、戚墅堰区档案馆增挂档案局牌子，依法设立区档案行政执法主体。2001年1月，10位市人大代表在十二届四次全会上提出《关于重视和加强常州市档案馆早期珍贵档案的抢救工作》议案，市财政局同意每年按档案馆藏总数以每卷 1 元的标准，把档案保护抢救费列入财政预算。2010 年底，常州市档案局有行政许可项目、非行政许可项目各 2 项，行政处罚项目 5 项。

二、业务指导

1985 年，市档案局、财政局组织清理会计档案，全市有 968 个单位成立会计档案清理小组，清理了新中国成立后 30 多年积存的会计档案，会计档案纳入国家档案管理体系。1987 年，国家档案局印发《企业档案管理升级试行办法》，在全市开展了企业档案管理达标升级活动。至 1991 年底，全市有 752 家企业达到国家、省、市级标准，100 多家通过复查。1992 年，贯彻实施《常州市〈工业企业档案分类试行规则〉实施细则》，规范工业企业档案分类。1995 年，新一轮企事业单位档案工作目标管理考评全面展开。2000 年，机关档案工作开展目标管理认定。2001 年起，全市非公有制企业档案工作纳入规范化管理。2003 年，开展文书立卷改革工作。有 601 家机关单位档案工作达到省、市级目标管理标准。至同年底，全市有 232 家企事业单位通过档案工作目标管理考评和重新认定。2004 年，规范国企改制档案处置工作，全市档案馆开始接收和寄存破产、关闭企业档案；开展社区档案规范化管理评估活动，自主研发社区档案管理软件，无偿为社区档案规范化和信息化建设提供技术支撑。2005 年，召开常州市家庭建档现场观摩会，开展家庭建档工作。2010 年，加强社会主义新农村档案工作，推进新农村建设档案工作省级示范镇村建设。

三、档案宣传

1990 年，内部刊物《常州档案》创刊，作为全市档案系统交流学习的平台。1996 年，为迎接第十二届国际档案大会在中国召开，市档案局组织全市档案知识竞赛，举办了党和国家领导人来常视察活动展、九五常州市档案工作成就展、常州市城市建设发展新貌图片展 3 个展览。1997 年，在《常州日报》上刊登专版“档案工作功在当代利在千秋”，与常州电视台联合拍摄《金档案》电视专题片，纪念《中华人民共和国档案法》（简称《档案法》）颁布 10 周年活动。全市 77 家市级机关单位和部分大型企业参加档案知识竞赛。1999 年与中保财产保险公司常州分公司联办档案知识竞赛，辖市区、市直机关等 8 个代表队参赛。2007 年 8 月，制作电视专题宣传片《留住历史，照亮未来—前进中的常州市档案馆》，宣传新时期常州档案工作。

第二节　地市级档案馆

一、馆库设施建设

1986 年，市档案馆投资 48 万元在全省首家引进缩微设备，缩微拍摄馆内重要档案和资料。90 年代起，市档案馆库房，采用占地少、容量大的档案密集架，至 2005 年底档案馆库房基本采用密集架存放档案，添置更新去湿机、空调、复印机、温湿度自动控制仪等设备。2006 年，新启用的市档案馆新馆库区采用大库房，设置环形走廊，配备自动控制的恒温恒湿系统、环保实用的细水雾消防系统和安全可靠的防盗报警监控、门禁系统及档案密集柜、特殊载体防磁密集柜，设置高标准的珍贵档案特藏室，两年清点检查档案 1 次，基本达到国家“十防”（即工作防盗、防火、防虫、防鼠、防潮、防尘、防高温、防光、防霉、防有害气体）的要求。

二、接收征集

接　　收　1986 年，市档案馆接收撤销的广化区 17 个单位 1950—1986 年档案 5840 卷（盒）。1990 年，《常州市档案馆〈各级国家档案馆收集档案范围的规定〉实施细则》出台，制订了接收单位名册。1991 年，明确档案管理科负责档案接收工作。1998 年，征集编研科开始负责接收征集工作。翌年 12 月 29 日，市委办、市政府办转发市档案局《关于做好市级机关档案移交进馆工作的意见》，开始实行检索工具、纸质目录与电子目录一并移交。2002年，常州市部分行政区划调整，市档案馆接收撤销的郊区档案馆及郊区机关档案8.28万卷。翌年起，市档案馆建设常州市机关档案管理中心、破产关闭企业档案寄存中心和企业退休职工档案管理服务中心，接收28家市属国有(集体)破产、关闭企业档案8万多卷(册)。2006年，随着常州市行政中心搬迁，67家市级机关2004年形成的10万多卷档案转由市档案馆集中保管。翌年，市档案馆与市社保中心共建常州市企业退休职工档案管理服务中心，代管10万多名企业退休职工档案。

征　　集　1985年，市委办、市政府办转发市档案局《关于收集中央和省领导同志来常视察工作以及重要外事活动的有关材料的意见》，开始征集江泽民、李鹏、李先念等中央、部省领导视察常州的文件、照片和题词及录音带、对外友好城市缔结等外事活动形成的档案。1994年，市委办、市政府办联合发出《关于征集档案资料的通告》，建立全市档案资料征集网络。1998年9月，耿荣兴向市档案馆捐赠珍贵照片5000余张。1999—2001年，征集到书画作品档案117件。2002年3月，市政协原副主席李镇瀛向市档案馆无偿捐赠从清朝康熙年间至民国时期的常州籍名人珍贵扇面书画精品31件。2005—2006年，接收荣誉、礼品实物档案2000余件。2008年，从江苏省常州高级中学征集到清、民国时期出版的古籍线装书1284册、老报刊1398册。2009年丁仲元捐赠20世纪30—80年代常州历史照片及底片500余张。2009年，市档案馆开展常州市非物质文化遗产档案文献、地方史志、家谱和离退休老干部档案资料征集工作，征集到“常州三宝”等国家级非物质文化遗产和部分家谱。

三、开放利用

1989年1月1日向社会开放首批档案1156卷。1990年先后，制订《常州市档案馆利用开放档案暂行规定》《关于建国后满30年档案的划控意见》，完成新中国成立后满30年的1.92万卷档案的划控工作，向社会开放了第二批档案，做到开放档案标识明显、目录自助查阅。至2009年底，分6批向社会开放馆藏档案3.5万卷。2006年，在新馆二楼建立600平方米文件档案查阅服务中心。

四、编研展览

市档案馆于1987年起安排专人编写《常州市大事记》。1990年，举办了首期档案史料陈列展览常州市档案馆工作成果展。1995年，编纂完成50余万字的《常州市档案馆指南》。进入21世纪，市档案馆组织编写了一批高质量编研资料，编写了《立党为公，执政为民——1994—2003常州市为民办实事图文集》《2004年常州市为民办实事和重点项目图文集》。2002年起，市档案局贴近百姓生活，公布档案史料。与常州电视台、《常州日报》、《常州晚报》等合作电视专题片，开设“世纪春秋”等栏目。2009年9月，编写出版了爱国主义教材《知我常州，爱我常州》系列丛书(5万字)，同年获江苏省优秀科技成果三等奖。

第三节　辖市区档案机构

一、金坛市档案局（馆）

1959年成立，1981年成立档案局，局(馆)合署办公。90年代初，金坛撤县设市后更名为金坛市档案局(馆)，为江苏省一级档案馆。档案馆大楼建于1986年，4层1553平方米，馆藏档案资料4.9万余卷(册)。2005年5月，金坛市委办、市政府办下发《关于加强农业农村档案工作的意见》，2006年全市157个行政村全部建档。至2010年底，金坛市5个镇被省档案局评为江苏省第二批社会主义新农村建设档案工作示范镇村，金坛经济开发区达省三级。

二、溧阳市档案局（馆）

1959年成立，1981年成立档案局，局(馆)合署办公。1990年，溧阳撤县设市后更名为溧阳市档案局(馆)，为江苏省一级档案馆。档案馆大楼建于1991年，建筑面积1811平方米，馆藏档案资料9万余卷(册)。1999年2月11日，省档案局、省政府对外开放办公室制发《江苏省开发区档案工作目标管理暂行办法》，溧阳天目湖旅游度假区档案管理达省二级。2000年10月，与市委农工部联合加强农村经营管理档案工作和村(组)财务“双代管”档案工作，2005年出台行政村档案工作意见，2006年与市委农工办制定行政村规范化建档认定标准。至2008年底，全市291个行政村完成规范化建档。至2010年底，溧阳天目湖旅游度假区、溧阳经济开发区分别达省一级、二级。

三、武进区档案局（馆）

成立于1959年，1981年设立档案局，局(馆)合署办公。2002年，武进撤市设区后更名为武进区档案局(馆)，为国家二级档案馆。1998年档案馆新馆建成，总建筑面积5000平方米，馆藏档案资料18万余卷(册)。普遍推广农村建档工作，1999年底武进的751个行政村有312个建档。2002年底，武进区机关基本实现纸质文件、电子文件与电子目录当年归档同步。2003年，武进档案信息网开通，累计点击量40多万次，成为宣传武进的重要窗口。2004年，武进区开展百家民企规范化建档活动，建档企业实现档案工作有制度、有人管、有箱柜、有档案、有台账标准。参与武进区电子政务建设，2005年，武进区电子文件中心接入区政府政务平台。至2010年底，武进区有19个村被省档案局评为全省第二批社会主义新农村建设档案工作示范镇村，武进高新技术产业开发区达省一级。

四、新北区档案局（馆）、文件档案中心

1992年11月9日，常州高新区成立后，市档案局、各市(区)档案部门对全市1个国家级、9个省级开发区档案工作加强建档指导和管理。1993年6月，常州高新技术产业开发区文件档案中心成立。1994年配齐人员，重点建立和健全档案工作制度，围绕开发区7个综合职能部、重点工程建设项目收集整理档案。1995年增设常州新区文件档案中心(2003年更名为“常州市新北区文件档案中心”)，常州高新区文档中心制定了《常州市新区档案管理暂行规定》。当年全区24个机关完成年度文书立卷工作，4个乡镇机关档案室普遍通过市二级考评;收集了34个工程项目的档案资料。2005年，增挂区档案局、档案馆牌子，为国家二级档案馆，建筑面积993平方米。建立健全全区档案管理网络，完善规章制度，馆藏档案资料5万余卷(册)，其中城建档案占馆藏总数81%。2010年底，新北区档案馆达省一级并通过“国家二级综合档案馆”测评。

五、天宁区档案局（馆）

1987年9月成立。1999年增挂档案局牌子。档案馆建筑面积600平方米，馆藏档案资料近4万卷(册)，为江苏省二级档案馆。

六、钟楼区档案局（馆）

1987年9月成立，1999年，增挂档案局牌子。全馆建筑面积1100平方米，馆藏档案资料8000余卷(册)，1994年成为常州市区首家通过省级认定的省四级档案馆，2006年晋升为省二级档案馆。

七、戚墅堰区档案局（馆）

1991年1月成立，1999年5月，增挂档案局牌子。2010年底，档案馆新馆建筑面积2700平方米，馆藏档案资料1万余卷(册)，同年晋升为国家二级档案馆。

八、郊区档案局（馆）

1987年11月成立。1998年，增挂档案局牌子。全馆建筑面积600多平方米，馆藏档案资料2.65万卷(册)，江苏省二级档案馆。2002年5月，郊区被撤销，区档案馆档案及区机关档案全部向常州市档案馆移交，人员并入天宁区档案馆。

第四节 城市建设档案管理

1981年6月25日，市政府批准市城建局成立常州市城市建设档案馆（简称“市城建档案馆”），负责统一管理全市城市基本建设档案。1985年9月，市政府颁发《常州市城市建设档案管理暂行规定》，11月，市城建委、档案局对城市建设工程实行预交竣工档案资料保证金制度，对城建档案馆档案的接收起到相当大的保证作用。1995年，为规范全市建设工程档案的编制与报送工作，市城建档案馆制定、汇编《常州市建设工程竣工档案编报工作手册》。1996年，市城建档案馆制订了《常州市城建档案馆管理手册》。1998年，市政府颁布《常州市城市建设档案管理办法》，明确城建档案馆的机构职责、城建档案接收范围、管理利用、奖励处罚等内容。翌年7月，该馆增挂常州市城市建设档案管理处牌子。9月，市城建档案馆通过建设部城建档案馆目标管理考评，晋升为国家一级城建档案馆。2000年，市建委发布《常州市城市房屋拆迁档案管理办法》，规范拆迁档案的接收，这是全省城建档案行业首个房屋拆迁档案管理规范，为全市房屋拆迁档案的接收提供了行政保障。2003年，市政府颁布《常州市城建档案管理实施细则》7章42条，明确了市城建档案馆（处）的机构职责、接收范围和报送要求、档案管理程序、管理利用、奖励处罚等内容。

一、馆库设备建设

馆库建设 建馆初期无专用馆房。1989年4月，市城建档案馆搬迁至市局前街76号迎春大楼6楼，始有馆舍616平方米，其中库房148平方米，初步实现库区、办公区分离。1995年11月，武青路192号的市城建档案馆独立大楼建成，框架结构主体4层、局部5层，面积3005平方米，其中库区1000平方米。2006年初，大楼因红梅公园敞开改造被整体拆迁，租用锦绣东园小区物业管理大楼600平方米作临时办公用房，租用地上车库900平方米作档案专用库房。2010年5月，位于天宁区北塘河东路的新馆房开工，占地2000多平方米，总建筑面积1万多平方米。

现代化管理设备 1996年，市城建档案馆申请资金20万元，购置首批服务器、微机、打印机等设备，建立常州市城建档案管理系统，配置1个服务器，选用NOVEL局域网，应用软件采用南京市城建档案管理信息系统。2004年，与上海长江科技发展公司合作在上海城建档案馆软件基础上开发管理软件，具备档案数字化功能。2005年1月，上海长江公司与市城建档案馆联合研制出建设工程档案数字化软件。

声像档案设备 1992年底，声像档案起步初期购置索尼9系列3/4专业摄编设备1套、JVC家用编辑设备1套，后又配备特技、字幕机、配音设备。1999年以后陆续投资20万元，在全省率先购置大洋3000、5000非线性编辑系统，提高了工作效率。1998—2002年投资数十万元，添置VCD光盘刻录、DVD光盘刻录系统、高清数字信号。2006年引进多媒体数据库大洋媒资管理系统，实现声像档案全部数字化。

二、档案资料

纸质档案 1981年市城建档案馆建馆时，接收市城建局的技术档案689卷，1983年增至水文地质、市政工程、自来水、工业与民用建筑等5类、911卷。随着城建档案法规完善，馆藏档案接收渠道扩展逐年增加，结构日趋合理，载体形式日益丰富。2006年馆藏档案18个大类、12万多卷（册）。至2010年底，馆藏纸质档案主要包括城市建设勘探、城市规划、城市建设管理（包括拆迁档案）、市政工程、公用设施、交通运输工程、工业建筑、民用建筑、名胜古迹园林绿化、环境保护、水利防灾、地下管线、声像档案等18个大类、近13.8万卷，底图5.53万张，排架长2400余米，其中民用建筑类5.39万卷、工业建筑类9687卷、房屋拆迁管理类4.7万卷、地下管线类1325卷。

声像档案　常州城建档案馆的声像档案工作始于1988年，当时仅限于拍摄、收集部分城市建设照片。1992年，市城建档案馆开展声像档案工作，到1999年，市城建档案馆（处）晋升国家一级城建档案馆时，当年拍摄照片1000张，年拍摄录像近1500分钟。2006年起，年均拍摄录像资料达3000分钟。2006年，引进多媒体数据库大洋媒资管理系统，年均拍摄照片达5000张。2010年，拍摄录像3200分钟，制作电视专题片17部。同年底，馆藏有城市建设主题照片5万张。开展声像档案工作20多年，制作电视专题片200多部，拍摄记录反映常州城市建设面貌的声像资料5万分钟，照片6万余张。2010年，多次派员到四川省地震灾区拍摄江苏省和常州灾后援建的电视片两部、援建照片两万多张、录像资料2000多分钟，与江苏省电视台合作摄制的《百姓安居》《今日常州》电视专题片在中央四套播出，《新世纪希望之路》《春秋五度谱华章》被市长选作宣传常州、赠送外宾的礼品。

珍贵档案　《常州府城坊厢字号全图》是市城建档案馆现存最早的城建档案，为清宣统元年（1909）刻印，系原常州市拖拉机厂中学退休教师孙衍荪于1983年捐赠。2003年，市城建档案馆（处）开始通过报刊等媒体征集常州市老照片资料，收集到20年代常州火车站、抗日战争期间被烧毁的文笔塔等珍贵的城建照片资料。2008年，市城建档案馆（处）向常州市档案局、江苏省档案局捐赠市城建档案馆（处）在四川汶川地震灾区拍摄的照片资料画册，作为珍贵的历史资料纳入馆藏。

三、收集整理

档案收集　建馆初期，进馆档案数量较少，收集的主要方法是档案移交、向社会征集、接收撤销单位档案、社会捐赠等方式，主要途径是由产生城建档案的有关单位与部门定期向市城建档案馆移交城建档案。市城建档案馆通过召开协调会、上门收集等方法收集档案。1997年6月6日，常州市第二建筑设计院同意把1984年成立至1992年设计的档案（底图、蓝图）向城建档案馆移交，向城建档案馆赠送多年订阅的杂志20余种373册，填补城建档案馆设计档案的空白。1985年12月起，开始实行建设工程预交档案保证金制度，市区的新建、改建、扩建工程，申领建设工程规划许可证前必须到城建档案馆按工程总造价的1%～3%交押档案保证金，保证金制度的实行，建设工程档案（主要是工业与民用建筑）的接收始有经济约束和保障，成为城建档案馆档案接收的重要进馆方式。1994年8月起，全面接收建设系统各单位的市政、公用工程竣工档案资料，这两项制度于1998年底由国务院发文停止。2000年起，工程开工前与建设单位签订建设工程档案报送责任书，竣工验收前先开展档案专项验收，工程档案专项验收制度的建立，标志着建设工程档案接收进入程序化、法制化的轨道。档案接收数量逐年递增，市行政中心、规划展示馆、博物馆、奥体中心、高架路、BRT、312国道改建工程、红梅公园扩建工程等重点工程的档案相继进馆。

1998—2010年常州市城建档案馆进馆档案数量统计表

表36-9-1　　单位：卷

年份	接收	馆藏	年份	接收	馆藏	年份	接收	馆藏
1998	—	29331	2003	6254	54065	2008	15686	112365
1999	2199	31530	2004	11009	65074	2009	14875	127240
2000	3526	35056	2005	10312	75386	2010	11511	138751
2001	5412	40468	2006	7973	83359	累计	109420	937115
2002	7343	47811	2007	13320	96679			

拆迁档案是城市拆迁工作中形成的城市建设的依据性和借鉴性历史资料。市城市房屋拆迁管理办公室

保管的拆迁档案有城市房屋拆迁许可档案、房屋拆除施工许可档案、行政裁决档案。接收拆迁档案也是市城建档案馆的特色，2000年以后，随着《常州市城市房屋拆迁档案管理办法》出台，市城建档案馆普遍接收全市拆迁公司的拆迁档案，接收档案4万多卷。2002年，开始形成行政裁决档案资料。2003年，开始形成城市房屋拆迁许可和房屋拆除施工许可审批档案资料。2005年，开始形成产权不明核准档案资料，行政裁决和主权不明核准档案资料移交市城建档案馆。

档案整理 建馆初期，市城建档案馆自行开展档案立卷整理，没有统一的整理规范。1989年10月25日，国家技术监督局发布《科学技术档案案卷构成的一般要求》后，市城建档案馆参照此标准进行立卷整理。1993年5月，省建设委员会、档案局印发《江苏省城建档案案卷质量标准》，市城建档案馆按此标准整理立卷，规范案卷封面、卷内目录、脊背、页码。1993年，按照建设部《城市建设档案分类大纲》的要求，制订《常州市城市建设档案分类大纲实施说明》，对档案进行规范化编目，全部馆藏档案以大流水号排放，分为18个大类(A、B、…R)，市城建档案馆根据分类大纲对馆藏档案进行科学合理的分类、编目，建有总目录、分类目录、专题目录等，构成合理的目录体系，实现馆藏档案计算机查询、自助查档系统和开放档案目录互联网查询。对部分档案按国家标准《城市建设档案著录规范》进行工程项目级、案卷级著录。

四、利用服务

查阅服务 市城建档案馆建馆初鲜有人查档，1994年仅接待53人次，调阅案卷78卷。2008年6月，根据《中华人民共和国档案法》《中华人民共和国政府信息公开条例》等法律法规，制订《市城建档案馆档案公开查阅暂行办法》。2010年，接待档案查询1014人次，调阅案卷2970卷，到2010年底累计接待档案查询超过1万人次，调阅档案2.2万卷。城建档案为城市规划决策、办理房屋产权证、土地证、房屋测量、房屋买卖、产权分割、申请低保补助，办理廉租房、经济适用房补贴、清理产权、拆迁调查核对、诉讼维权等提供依据，为城市科研、编史修志提供科学资料，为重点工程建设提供保障。2006—2009年，先后为市规划设计院、中国科学院南地理与湖泊研究所等设计单位分别开展常州城市建设、生态建设重大项目规划设计提供了阅档服务。1999—2009年，先后为延陵东路改造、横塘河水环境整治、火车站通道改造和沪宁城际铁路建设、常州地铁2号线前期资料调研，三河三园楼宇亮化照明和“一路两区”灯光照明设计提供阅档服务。2006—2008年，为高层住宅小区二次提供改造、常州机械学校和刘国钧职教中心的教学规模和基建评估、国家级重点职高调整评估提供了档案资料查证服务。2006年、2010年，先后为市体育局摄制“全民健身周”专题片和市委举办《改革开放三十周年成就图片展》，市公安局开展十七届省运会安保工作等重大活动提供档案查阅服务。

编研服务 从馆成立起，坚持编写《市城建档案馆大事记》，每年编写《城建档案利用效益汇编》。1997年，开始为全市重点工程编写《常州市重点工程简介》，每年将馆藏的重点工程都收编入内。1999年，市城建档案馆编制的《常州市城市基础数据汇编》编印成册。2006年、2007年，《常州名人故居》《常州文物古迹》两书先后出版。2009年8月31日，参与合著《常州文物古迹续编》，由珠海出版社出版。

第五节 机关企事业档案管理

一、机关档案管理

1987年，市档案局先后出台《常州市机关文书档案保管期限表》《常州市机关档案工作检查评比细则》等文件，推进机关档案综合管理。到1989年，85个机关实施档案综合管理，77个机关配有专门档案库房，配备档案保管设备，推动机关档案综合管理。1990年12月16日，市档案局制定印发《常州市市级机关〈机关档案工作业务建设规范〉实施细则》等4个文件。1993年，全市党政机关开展档案管理达标创先活动，分三等级、四部分量化考核。到1999年，市级机关应达标的129家单位全部完成达标升级。机关档案保管实现库房、业务与办公用房三分开，实行文书、会计、业务、声像、荣誉实物等档案综合管理。1999年12月29日，市委办、市政府办转发市档案局《关于做好市级机关档案移交进馆工作的意见》。

2000年4月5日，省档案局出台《关于机关、事业单位档案工作目标管理考评的试行办法》和试行标准，常州市标与省标并轨。4月10日，市档案局推广应用省档案局组织研发的新锦文档一体化管理软件。2002年底，市级机关实现纸质文件、电子文件和电子目录当年归档三同步。2003年，全市机关单位实施文书立卷工作改革，取消案卷的装订方式，归档文件以件为单位整理，革除传统归档立卷量大而复杂的弊端，档案工作效率和档案现代化水平提高。2006年，市档案馆新馆落成后，市行政中心的机关不再单独设立档案室，67家市级机关及其下属16家企事业单位的10万卷档案移交市档案馆集中保管。2007年，全市482家单位完成文件材料归档范围、保管期限表的制定和审核备案，做好档案收集归档和整理。2009年3月4日，省档案局发布《江苏省机关团体企业事业单位档案工作规范》，把档案工作分为省五星至一星5个等级。全市有319家机关单位达到省级标准。

二、企事业档案管理

1987—1991年，市档案局指导企业开展档案管理升级。到1991年底，全市有411家企业档案管理升级。在已升级企业中，利用档案取得经济效益的实例有1000多例，可产生经济效益1亿元，全市企业档案走上规范化轨道。1992年起，国务院取消对企业不必要的检查评比，企业档案管理升级活动相应停止。同年7月，全市推广《常州市〈工业企业档案分类试行规则〉实施细则》。到1994年底，全市企业贯彻实施面达90%。1994—1996年，常州实施新一轮企事业档案工作目标管理考评。1998年8月30日，市档案局、体改委等相关部门联合组织做好国有、集体企业破产、解散、兼并时档案资料的清理移交工作。2003年，全市企事业单位实施文书立卷工作改革，取消案卷的装订方式，归档文件以件为单位整理，提高了档案工作效率和档案现代化水平。翌年，常州市实施《江苏省档案工作等级评定试行办法》，市档案局调查全市破产关闭企业档案管理状况，与市经贸委联合做好实属国有（集体）破产、关闭企业档案整理和处置工作，全市各级档案馆开始接收或寄存破产、关闭企业档案。

2007年6月3日，市委办、市政府办出台《关于做好全市工贸系统国资（集团）整合中档案管理工作的通知》，要求妥善处置机构整合中档案的归属与流向。2008—2010年，协助企业规范档案管理、健全机制，开展规范化建档示范，一大批企业通过省一级认定，5家成为全省首批民营企业规范化建档示范单位，档案工作在企业管理、技术改造、维权应诉、反不正当竞争等方面体现了价值。2010年起，市档案局、国资委、工贸国资公司联合筹建常州市工商档案博览中心，抢救市属国有（集体）破产关闭企业档案。市档案局引导规模以上和高科技民营企业实现档案规范化管理，在新业房地产开展公司、红星家具集团进行规范化建档试点。至2010年底，全市有337家企事业单位通过档案工作等级认定及工作规范测评。

第六节　经济社会事业档案管理

90年代末，全市普遍建立了专门档案，专门档案工作逐步走上制度化、规范化的轨道。全市的干部人事档案工作由市委组织部、人事和劳动部门为主，实行集中统一、分级负责的管理体制，其他专门档案采取以行业主管部门为主，档案行政管理部门指导监督的管理方式。21世纪初，财政、工商、房产、公安、法院、国土、电信等专门档案形成较多，利用频繁的主管部门、单位，加大现代化管理设备的投入，研发档案管理软件，把档案信息化与办公自动化、电子政务建设无缝链接，同步发展，对专门档案开展全文数字化工作，提高档案查询速度和管理水平。

一、农业农村档案管理

1986年起，市档案局与农业局、多管局、乡镇企业管理局、财政局、国土局等专业主管部门联合发文、层层发动，全市初步形成以站、所、厂(场)档案室为基础，市、区、乡条块结合的农业农村档案工作网络体系。至1998年7月，全市农科档案和137个乡镇机关全部建档。武进市重点乡镇企业全部建档，郊区有70%以上乡镇企业和20%以上村级企业建档。全市有55家乡镇企业达标升级，全市36%乡(镇)财政所档案工作目标管理达市级标准，60%基层派出所创成等级档案室，70%基层土管所土地管理档案工作达省级标准。1998年6月24日，市档案局选择戚墅堰区丁堰镇机关、武进市植保植检站、郊区乡镇企业第五织布厂和茶山乡勤丰村4类单位试点。8月17日，市委办下发《关于加强全市农业、农村档案工作的意见》和《常州市行政村档案管理办法》。1999年3月30日，市委、市政府召开全市农业农村档案工作会议，总结全市农业农村档案工作情况和问题，部署此后三年全市农业农村档案工作。6月15日，市档案局印发《常州市行政村档案工作目标管理认定办法》《常州市行政村档案分类方法》《常州市行政村文件材料归档范围和保管期限》等文件。1999年底，全市乡镇村级规范化建档全面展开，郊区有70%的行政村完成规范化建档，金坛、溧阳、戚墅堰区和新区村级规范化建档面均达15%。

1999—2003年，常州市农业农村档案工作体系经历在3次行政区划大调整中被打破，撤乡并镇、撤村转居、行政村调整造成的机构、人员和工作场所变化对档案工作造成较大影响。市档案局对档案归属、流向提出指导性意见，多次协调区档案行政管理部门制定档案交接方案，行政区划调整过程中档案顺利移交接收。2004—2009年，市档案局深化农业农村档案工作省级示范单位创建活动，在全市再掀新一轮的行政村建档工作。到2006年11月底，金坛的157个行政村全部达到规范化建档的目标，实现行政村规范化建档“满堂红”。2007年11月23日，新北区春江镇新华村档案管理工作通过省一级认定，成为全市首家档案工作达省一级的行政村。至2009年底，溧阳市291个行政村完成规范化建档，武进区367个行政村达合格建档标准。至此，全市有874个行政村规范化建档，占全市991个行政村总数的88.2%。全市118个基层派出所档案室全部达到一级标准；全市乡镇财政所在全面达市一级后，90%以上达省一级，金坛市白塔镇财政所成为全省首批六家农业农村档案工作示范单位之一；全市国土资源系统全面争创省特级。常州市、金坛市、溧阳市、武进区、钟楼区和新北区的国土资源局达省特一级(五星级)。全市有43个乡镇国土资源所，36个达省特二级(四星级)，占83.72%。其中，金坛、溧阳两市国土资源系统全部达到省特级。

2009—2010年，常州市全面贯彻国家档案局、民政部、农业部《关于加强社会主义新农村建设档案工作的意见》文件精神，联合市委农工办，制定出台《关于加强新农村建设档案工作的意见》，省内首家同时出台《常州市乡镇文件材料归档范围和保管期限参考表》《常州市村级组织文件材料归档范围和保管期限表》，全面贯彻落实江苏省档案局《江苏省社会主义新农村建设档案工作示范镇村命名试行办法》文件精神。2009年，金坛的金城、薛埠镇和武进的湖塘、牛塘镇被命名为全省首批社会主义新农村建设档案工作示范镇，金坛的金城镇方边村、朱林镇黄金村，新北的春江镇新华村、戚墅堰的丁堰街道丁堰村被认定为全省首批社会主义新农村建设档案工作示范村。2010年，全市有5个镇、19个村分别被认定为示范镇、示范村。

二、重大项目活动档案管理

重大项目档案　1985年11月21日，市城乡建设管理委员会、档案局对城市建设工程实行预交竣工档案资料保证金制度。1988年3月，国家档案局、国家计委联合制发了《基本建设项目档案资料管理暂行规定》，明确档案行政管理部门应参加重点建设项目档案资料的检查验收。到1991年，市档案局及相关部门认真贯彻落实文件精神，保证了重点项目档案资料的基本完整。1996年5月15日，市档案局召开了重点建设工程（项目）、重点技改项目档案工作会议，总结1991—1995年底全市开工建设重点工程项目118项，竣工72项，其中73个建设项目交纳了档案保证金，36个项目的档案资料接收进市城建档案馆，占竣工项目的50%。市档案局和城建档案馆参加的重点建设项目竣工验收近20项，不少重点项目未经档案验收即交付使用。每年召开新开工项目档案工作会议，严格执行档案保证金制度、竣工档案资料验收制度，理顺建设工程档案管理体制，加强宣传和执法力度，确保建设工程档案及时向城建档案馆移交。1997年起，市档案局联合各主管部门每年开展重点建设项目档案管理登记，全过程跟踪服务；定期与市人大、市法制局开展重点工程档案工作联合执法，全方位监督管理；及时开展重点工程档案工作专项验收，高标准核查把关。至2010年底，全市重点建设项目档案工作机构、人员、经费普遍得到落实，档案管理制度和业务规范逐步健全。

重大活动（事件）档案 2002年起，市档案局围绕全市开展的重大活动、重大事件，提前介入，深入调研，制发文件，规范重大活动、重大事件中形成的档案，明确档案的归属与流向，及时接收进馆。同年，常州行政区划作了重大调整，接收郊区档案馆和郊区机关档案。2003—2010年，全市“防治‘非典’”“保持共产党员先进性教育活动”“清房”“支援汶川抗震救灾复建”“省十七运”“深入学习实践科学发展观”等重大活动（事件）及其机构的档案全部接收进馆。

三、房产档案管理

馆室建设 1985年5月，市房管局产权监理处设立房产档案资料室，用房面积60平方米，配置简易木制档案柜、档案架。1989年，市房管局筹资建造了一幢档案楼，建成后档案用房面积达500平方米，其中库房400平方米；配备档案密集架、计算机、打印机、复印机、空调、抽湿机等设备。1996年1月市房产管理局产权监理处房产档案室变更为房产档案馆。翌年4月，市房产管理局产权监理处成立综合档案馆。

1985—1986年常州市房管局所存房产档案一览表

表36-9-2

类别	单位	数量	类　别	单位	数量
私房社会主义改造档案	卷	3346	申请买卖登记表	册	84
私房收购档案	卷	1195	1963年房屋普查时绘制的公房平面图	册	70
私房退赔档案	卷	161	1958年私有房屋改造时编制的公房分户卡	册	247
备查档案	卷	295	全国城镇房屋普查幢表(1985—1988年房屋普查资料)	册	802
武进县地籍原图	幅	212	常州市补贴出售住宅名册	册	3
1950年地籍册	册	20			

馆藏档案 1985年5月房产档案资料室保存档案总量6435卷(册)。至1989年，市房管局档案楼档案总量达13.21万卷(册)，增加房产交易档案0.6万卷、房屋所有权登记及抵押权登记档案12.61万卷。2001年4月，房产档案馆对22.32万卷馆藏档案进行收集、分类、整理、立卷，形成文书档案(地产管理类档案)432卷、房地产业务类档案22.18万卷、设备档案21卷、会计档案789卷、人事档案77卷和特殊载体档案37卷(盒)。2009年，市房产档案馆收藏74.1万卷，排架长4500米。2010年，市房产登记中心馆藏房产登记档案100余万卷，包含明清时期房地契纸；民国时期地籍原图、地籍册及土地所有权状；建国初期房屋

交易契纸存根及房屋买卖登记簿，1958 年私有房屋改造档案及房屋交易档案和房屋登记档案等原始档案（资料）。至同年底，增加房地产管理类等文书档案 3323 卷、房地产业务类档案 89.01 万卷、会计档案 1850 卷、特殊载体档案 3335 件（盒）档案 23 卷和人事、设备仪器类档案 110 卷。

管理服务 1984—1987 年是房产档案管理初始阶段。1988 年房地产档案向社会开放，提供房地产档案的咨询、查阅、取证等服务。1988—1999 年，房产档案管理进入规范化初具规模阶段，房屋总登记、房改优惠售房、房屋成本价出售使房产档案的数量急剧增多。1989 年，市房管局出台建立房产登记档案的意见。1996 年 1 月，房产档案馆制订《房产档案馆职责》等规章制度，房产档案管理日渐规范化。2000—2010 年，市城建档案馆房产档案管理进入科学化、规范化、数字化管理阶段，在办理廉租房、公租房、经济适用房和拆迁无房户查阅档案资料时，减免老弱病残和生活条件艰苦的利用者的档案资料查阅费用，市区有 12.22 万人次利用房产档案。2001 年 11 月 29 日、2002 年 7 月、2006 年 9 月，综合档案馆先后达到国家二级、一级标准和江苏省特一级（五星级）标准。2001 年以后，综合档案馆藏档案大幅度增长。2005 年，自主研发的常州房产登记地理信息系统（GIS）、房产档案查询系统启用，利用者可自主选择所需档案资料，赢得群众好评。2006 年完成馆藏档案数字化。至 2010 年底，计算机、扫描仪、数字摄录、数据库、多媒体、数字存储等新技术应用于档案管理。

2000—2010 年常州市房产登记中心房产档案利用人数统计表

表 36-9-3 单位：人

年份	总人数	年份	总人数	年份	总人数	年份	总人数
2000	5574	2003	9500	2006	14207	2009	16478
2001	7586	2004	9994	2007	14555	2010	13981
2002	9360	2005	11050	2008	9936	累计	122221

四、地籍档案管理

1997 年常州市规划国土档案服务中心成立，统一管理全市土地档案。国土系统省垂直管理后，2002 年 10 月成立常州市国土资源档案中心，2004 年组建档案中心，负责全市国土资源档案的收集、整理、归档、利用工作。到 2010 年，管理地籍档案共计 405833 卷。全市辖市（区）、所有三级国土部门 95% 的档案建立目录级数据库，90% 的常用档案实现全文数字化扫描，建立庞大的国土系统业务档案信息数据库。

五、住房公积金档案管理

包括住房公积金个人贷款档案、单位缴存档案。市住房公积金管理中心保管 1991—2010 年的公积金档案 5.49 万卷。1996 年，中心建立住房公积金个人贷款档案，主要内容涵盖贷款客户从申请贷款到还清贷款这一过程所产生的所有材料。2004 年起，建立住房公积金单位缴存档案，自行开发住房公积金缴存单位档案管理系统，利用信息化技术管理和查阅档案。

六、干部人事档案管理

干部档案 1990 年 5 月，市委组织部成立常州市组织系统干部档案工作活动中心，按行业系统设置 8 个干部档案联系网络组。1995 年，组织 752 名档案专兼职人员，对全市 736 家管档单位的干部档案进行第 5 次普遍整理，干部档案日常管理进入规范化、制度化轨道。1996 年起，实行干部人事档案目标管理。1999 年起，统一干部人事档案管理信息化管理系统，提升全市干部档案管理信息化建设和干部档案管理水平。

人事代理档案 1992 年，市人才服务中心档案室成立，管理“三资”企业、股份制企业、非公有制企业、无干部档案管理权限单位及个人委托代管的人事档案。1995年，市人才服务中心集体户口设立，代办户口转移、身份证领换等服务项目。2002年，开发高校毕业生档案管理软件。2006年开辟电子诚信档案业务。2007年实现档案网上查询。到2010年，中心档案部保管人事代理档案8.5万份。

七、公安司法档案管理

公安档案 1986年，市公安局组织开展公安业务、会计等积存材料的清理，进行派出所业务档案建档立卷。1991年，市公安局加强信访档案工作和对档案工作的领导，健全机构网络，清理积存、业务档案建设。1993年，《常州市公安局业务档案管理实施细则》出台，1994年起，全市公安机关、基层派出所开展了档案工作定级升级、争创合格档案室活动。至1995年底，市区各分局及武进市公安局基本完成清理建档，设立专门档案室。辖市局（分局）库藏业务档案从14类增至20类，累计达17.68万卷。2001年，机关档案室全部达到一级，2003年全市118个应定级的派出所档案室全部达一级标准。2004年，应用江苏省公安档案综合信息管理系统，公安信息网开设档案著录和查询栏目。2007年，建成目录级数据库，收录93.3万条；建成警务档案信息库，收录电子文件15.7万份。2009年1月，警务档案信息系统与警务综合信息系统、办公自动化系统对接，24小时接待远程查询。

诉讼档案 分法院诉讼档案和检察院诉讼档案。法院诉讼档案包括刑事、民商事、行政、执行4大类，全市两级人民法院保管诉讼档案60余万件、105万余册。2004年起，对部分重要档案进行全文数字化，初步实现法院档案信息资源的网上共享。检察院诉讼档案分为侦查、审判监督的刑事案卷，直接受理立案侦查的刑事案卷和控告申诉案卷。至2010年底，形成诉讼档案9.52万卷。

八、社会性档案管理

婚姻家庭档案 1950年《中华人民共和国婚姻法》颁布后，婚姻登记由各区民政部门和乡、镇人民政府办理。婚姻档案保管期满后向当地档案馆移交。婚姻档案分结婚和离婚档案。常州市档案馆保管了撤销的广化区、郊区的婚姻档案，其他分别保存在各辖市、区档案馆中。婚姻登记档案利用人次呈逐年上升趋势，查询目的也从原来用于补证、离婚、结婚、生育、出国留学和定居提供证明，扩展到申请独生子女奖励费、申请购房贷款、申报户口、确定财产性质、公检法办案等方面。2005年市档案局与天宁区联合选取虹景社区红东二村的离休干部梅鹤年老校长家庭试点，11月8日召开常州市家庭建档观摩会，推广家庭档案。2008年编印、发放《家庭档案指南》，开展“建家庭档案促社会和谐”活动。2010年底，全市培育知识分子、著名画家、书法家和收藏家等家庭档案示范户20多家，主要有子女成长类、收藏类、业绩成果类、家庭历史类、经济票据类等家庭档案。

养老保险档案 分征收业务档案、稽核业务档案、支付业务档案、退管业务档案4类。1986年常州市劳动保险公司成立，负责养老保险的经办工作，2003年常州市社会保险基金管理中心成立并延续至今。2007年10月养老保险业务操作软件“金保”上线，标志着全市养老保险业务数据操作和管理步入电子化时代。至2010年底，全市保存养老保险档案3万多册。

社区档案 2002年，档案局与民政局加强社区建档的调研。2003年，确立天宁的小东门桥社区为全市社区建档试点单位，下发一系列档案规范化管理文件。2004年，在全省首家成功研制开发常州市社区管理软件，首次将社区台账信息与档案管理纳入同一软件系统管理，无偿为社区服务。同年8月，在天宁区小东门桥社区召开了档案管理优秀等级认定和现场观摩会，社区建档在全市兴起，全市有61家社区跨入档案工作优秀社区行列，9家社区进入合格等级。至2006年，全市255个社区全部合格，优秀达52%。2007年普及规范化建档，评选常州市档案管理优秀示范社区，天宁虹景社区、钟楼清潭第五社区和新北藻江社区成为全市首批档案管理优秀示范社区，2008年戚墅堰河苑社区等5家社区获得此称号。

九、会计档案管理

从1986年1月起，市财政局、档案局起对清理会计档案工作进行检查验收。到年底，全市968个机关、团体、国营企业、建设单位和事业单位成立会计档案清理小组，全市财务人员、档案人员清理新中国成立后30多年所积存的会计档案66.5万卷册，销毁13.29万卷册，对必须保存的53.21万卷册会计档案进行整理编目，编写案卷目录并归档保管，会计档案已纳入国家档案管理体系。1999年6月1日，市财政局、市档案局联合印发新的《常州市会计档案管理手册》。

十、工商档案管理

企业登记档案可分为内资企业登记档案、外商投资企业登记档案、私营企业登记档案及冠省、市名企业名称核准登记档案4类。1978年、1989年，常州企业登记档案、私营企业登记档案先后开始形成。1989年9月外商投资企业登记档案形成。2001年起，市工商局推进档案数字化建设，对开业企业的所有登记档案及1999年以来形成的注销、吊销企业登记档案进行了电子扫描，开通触摸式的企业登记档案电子查询系统。全市工商行政管理系统对每月形成的企业登记档案都及时集中扫描，及时更新、查询利用企业登记档案信息。

第三十七卷　大众传媒

Volume XXXVII　Mass Media

80年代，常州开始建设覆盖全市的高标准广播电视综合信息网络，制作丰富多彩的广电节目，大力发展广告、影视、动画产业等信息服务和文化创意产业，广播电视事业快速发展，社会影响力迅速提升，成为人民文化生活的重要部分。到2010年，常州广播电台、电视台整合为常州广播电视台，辖市区广播电台、电视台整合为各自的广播电视台。常州广播电视台同年在全国百强媒体中的排名由上年的第50名升至第45名，上升至全国地级市（除计划单列市外）电视台排名第三位。

《常州日报》等地方报纸刊发大量的系列报道和评论，为常州改革开放和经济建设做了思想舆论上的充分准备。1991年5月，《常州日报》全部实现计算机编排、激光照排新技术。1994年，常州日报社抓住全国晚报兴起的机遇，创办《常州晚报》。《常州广播电视》报创办初期主要为听众观众预告每周广播、电视节目，介绍重点节目（栏目）的简要内容，后转为集新闻、娱乐、生活服务为一体的周报。2010年，全市公开出版报刊有17种，内部报刊83种。科技类期刊密切关注行业发展动态，适时发布行业最新科研成果，用理论研究成果指导生产实践，促进了相关领域技术进步和技术创新。高校学报为学校的教学和科研服务，成为常州市高校教学和科研的一个重要阵地。常州市内部报刊至90年代中期进入快速发展期，企业报数量迅速上升至29家，质量显著提高。经过32年的发展，常州出版传媒产业规模扩大，实力增强。总产值直逼100亿元，成为常州文化产业的重要组成部分。

第一章 广播

1990年以前，常州人民广播电台仅有1套广播节目，频率为中波846千赫。1991年起，随着常州广播事业的发展，相继成立4个系列电台，分别为常州人民广播电台新闻台、常州经济广播电台、常州交通广播电台、常州音乐广播电台。广播栏目有《846早新闻》《财经早8点》《交广直通车》等48个。

第一节 台站

一、常州人民广播电台（新闻台）

1991年以前统称常州人民广播电台，同年10月常州人民广播电台第二套节目更名为常州经济电台后，原常州人民广播电台第一套节目对内称“人民台”。1995年11月搬迁至广电中心播出。2001年起更名为“新闻台”，一直是常州广播系统的主流媒体。

1991年，人民台主要播出常州新闻、经济信息等节目。至1996年初，经过两次节目改版，人民台基本形成加强新闻、整体策划、保留特色、提高内涵的特色广播框架。据1996年4月22—26日进行的’96首期连续抽样调查报告显示，人民台的收听率达72.9%，经济台、交通台分别为61.6%、58%。1997年4月，常州电台对新闻宣传的框架作重大调整，成立新闻中心，外宣部成立前人民台承担全台对外宣传任务。1998—2000年，节目再度改版，早中晚黄金档分别安排《846早新闻》《846午新闻》《846晚新闻》，全天有5次整点新闻，强化办好新闻专栏《常广瞭望》。2001年1月，人民台更名为“常州新闻台”，《846早新闻》《846午新闻》《新闻进行时》成为骨干节目。2004年3月，新闻台节目全新改版，中波846千赫、调频103.4兆赫实行分频播出，单独设计规划节目，率先实行5类节目市场化制片人承包制，打造出《天天饮食》《寻医问药在常州》等品牌栏目。2005—2006年，晚间、早间推出《新闻急先锋》和大型新闻直播节目《新闻早班车》，形成《846早新闻》《新闻早班车》《市民与社会》《新闻急先锋》等较高质量的标志性专栏。

二、常州经济广播电台

1992年10月1日，常州人民广播电台第二套节目更名为常州经济广播电台。经济台相继开办过一些较有影响的专业性特色栏目。例如，1992年股票鲜为人知，常州也没有证券公司，经济台传播股票基础知识，先后推出《上海万盛当日实况评说》《苏常柴A一周点评》等财经专题栏目，至1995年、1996年开设《财经广场》《新中谈股》等栏目，理财类节目成为经济台的特色节目。随着专业台节目竞争格局的形成，经济台走上专业化办台、差异化竞争的路子，出现《都市财经》《房地产广场》《网络人心》等专业性知名栏目和一批具备相当业内知识的专家型主持人。《房地产广场》栏目连续数年直播春秋季常州市房地产交易会，组织听众看房团等；《网络人心》栏目是常州市电台唯一涉及IT行业的专业节目；《热线服务频道》《今夜不寂寞》等优秀的老牌栏目保持较高的收听率。

三、常州交通广播电台

常州交通广播台于1992年12月28日试播，1993年7月1日开播，为宣传交通为特色的专业台，播出频率中波747千赫，全天播音13小时。1995年3月1日，交通台呼号改为常州交通(文艺)广播电台时代之声。6月17日增设调频广播播出频率为调频90兆赫，全天播音21小时。与中波747千赫同步双频播出，节目特色为以音乐文艺为主体，交通城建为重点。1998年5月28日，交通台呼号改为常州人民广播电台交通音乐台。全天播出17小时10分，主要有《微笑调频》《岁月留声》《阳光音乐时间》《中国原创排行榜》《天天点播》《悦心时间》等节目，每天播音时间为5:50至23:00。

2001年3月，交通音乐台实施分频播出，调频90兆赫为音乐频道，中波747千赫为健康频道。2004年1月，交通音乐台播出时间延长至凌晨2点，全天播出21小时。2006年3月，交通音乐广播电台重新改为交通广播电台，中波改为戏曲故事频道，每天播出11小时，其他时段合频播出；交通台与公安交巡警部门合作，准点、半点22次播出警方路况节目，随时插播路况信息。形成《交广直通车》《城市双通道》《交广90热线》《汽车世界》《我爱我车》等特色节目，以《90音乐随行》《音乐不塞车》《汽车音乐时间》《方心加油》等音乐娱乐节目为辅。

四、常州音乐广播电台

前身为常州郊区人民广播电台《兰陵之声》。2002年，常州郊区撤销，兰陵之声划归常州人民广播电台管理。2002年8月1日，常州人民广播电台《兰陵之声》新版节目正式开播。8月20日用调频100.1兆赫、中波1521千赫同步播出，全天播音19小时。翌年5月28日，《兰陵之声》更名为常州文艺广播电台，打出“流行频率”的宣传口号，综艺、音乐、游艺、夜话、英语等节目贯穿早间6点至晚间24点。2006年3月20日，常州人民广播电台整合音乐广播资源成立下属系列台常州音乐广播电台。音乐台突出音乐主体，增加实用信息量，辅以娱乐和夜话节目。

五、武进人民广播电台

1987年10月1日起，武进县人民广播站改用“武进人民广播电台”呼号。到1989年底，有52个乡镇站有机房，全县广播喇叭稳定在28万个以上。改革开放后，先后推出《新闻与信息》《新闻与电视》《农村天地》《七彩生活》《武记者巡游记》《听众与广播》等栏目。《武记者巡游记》成为富有地方特色的名牌栏目。各乡镇和县属企业建立通讯组70个，全县骨干通讯员增至500多名。1995年后，武进县乡镇广播电视站陆续开通有线电视和广播的共缆传输，调频喇叭的数量达16万个，收听范围遍及周边数十个县市。到2000年底，全市新增调频喇叭6万多个，广播喇叭常年保持20万个以上。2004年后，改革创新节目的内容和形式，重点办好主持人特色服务节目《交通纵横》《情感河流》《欢乐今宵》等。

六、金坛人民广播电台

1991年1月5日，金坛县人民广播站更名为金坛县人民广播电台。1992年1月27日开办调频广播，频率95.5兆赫。4月10日调频广播电台开播，办有12档节目，日均播出15个小时。1993年8月26日改用频率89兆赫播出。1996年，节目有《金坛新闻》《大众文艺》《广播书场》《地方戏曲欣赏》《文学欣赏》《空中商城》等12个，年自办节目总时数达2000多个小时。2001年起，金坛台采取新闻网、板块专题形式，提供最新的时事和时尚信息，主要有《金坛新闻》《金坛农村节目》《百姓关注》《社会广角》《政风热线》《金坛专题》等节目。

七、溧阳人民广播电台

1989年11月更名为溧阳县人民广播电台，调频频率89.3兆赫。1990年4月17日开播，更名为溧阳人民广播电台，调频频率97.2兆赫，每天3次播音，播出时间8小时50分。自办有《新闻》《简明新闻》和丰富多彩的专题节目，有对农栏目《致富台》《农业科技》《法制园地》《经济广角》《科技与生活》《红领巾广播台》，还有文艺综合类《星期60分》《濑江浪花》《家乡见闻》等。到2006年，全天自办节目播出14个小时，其中直播节目4档6个小时。

八、常州中波发射台

90年代以前，我国大部分城市的广播节目大都经过中波发射台对外覆盖。常州人民广播电台中波发射台承担着对常州地区、常州人民广播电台4套节目信号的中波发射，对苏南地区中央人民广播电台1套节目的中波发射，以及对常州地区敌特电台信号的干扰实验三大职责。中波发射台早先坐落于原半导体厂（简称303台）、中凉亭（简称738台），1999年8月新建的位于武进经济开发区（滆湖）的中波发射台投入使用。新常州中波发射台占地700多亩，建有园林式发射铁塔，14部全固态中波（调幅）发射机，以及中波发射台计算机管理系统等为全国领先的环境园林化、设备固态化、播出自动化的关键台站。

第二节　系统设备

一、节目播控系统

80年代，常州广播节目播出的录音设备主要采用L-602、LY-635录音机，1990年采用A807录音机，1991年广播节目录播改直播后，直播室主要设备配置为16路调音台。1995年11月18日，常州电台从大庙弄30号搬迁至广播电视中心（总控制），电台节目直播区采用播控中心（总控制），集中控制信号的接收、分配、监测、传输。主控系统主要采用国产模拟音频分配器、多路慢速磁带录音设备、DGN-16国产彩条监视器、国产光端机等设备。总控室设人民台846千赫、经济台105.2兆赫、交通台90兆赫3个直播室，信号汇集至总控室，由光缆传送到大庙弄调频发射台、中凉亭中波发射台，采用上海复旦大学产JDF-101光端机，转播中央台、现场直播等信号。中央电台信号通过MASPROSRE-800M卫星接收机、NICAM-728数字声接收机接收卫星中央电台 1 套节目信号进总控室，由分配器返送至各台直播室调音台；现场直播信号从直播现场通过固定电话线、专用电话传输器传送回总控，再分配至各台。3 套频率分别采用 1 个直播室外加 1 个录播室。2003 年 6 月，交通台、文艺台直播室首先启用数字调音台，保证调频立体声广播节目的播出质量。

二、节目制作系统

1995 年常州电台搬迁至广电中心，建有 70 平方米、200 平方米的录音室和 30 平方米的效果室各 1 个，并建独立的导控室。1998 年增添数字音频录音站 1 套及周边设备，节目后期制作能力增强。翌年底，数字采访机迅速代替模拟磁带机，采访内容通过音频工作站直接上传、剪辑和制作，方便记者的工作和后期音频素材的录制。2005 年 5 月，常州电台投资 150 多万元建成 1 辆多功能广播车，音源设备有专业 CD、微型碟片机及专业无线话筒 4 套，内设笔记本电脑可进行车内音频自动化的播出及无线上网，配备 50 瓦小调频发射机 2 套，可利用固定电话或无线数据业务回传信号。车顶设舞台表演区。

三、节目传输系统

1995 年 11 月节目信号主要通过光缆传输到调频发射机房、中波发射台，微波传输作为备份手段。所用光端机可传输 4 套调频立体声节目，传送到中波发射机房的光端机可传输 8 路信号。1999 年 6 月架设 1 条从广电中心至滆湖 16 公里长的 6 芯光纤线路，用于广播节目传输信号，选用 8 路模拟光端机。8 月 6 日中波发射台迁至滆湖后，分别建有工作在 C 波段、Ku 波段的 2 套卫星地面接收装置保障苏南地区中央人民广播电台第一、二套节目信号由地面站收转。常州广电中心通过光纤再传送一路省微波干线信号，转播中央人民广播电台信号更加可靠。2002 年送往调频机房的光端机更换，可传数路信号，设有 4 路回传信号。2006 年 4 月，常州电台租用武进广电光纤网路，延伸架设 1 公里杆路，迂回到中波台 1 根光纤作为备份传输手段。

四、中波（调幅）发射设备

80 年代，常州电台 846 千赫主要采用 GZ-1A 型 1 千瓦电子管板调机作为主机使用，自装 1 千瓦 PDM 电子管脉宽调制发射机作为备机。1994 年上半年，全部更换为 GZ-1B 型 1 千瓦电子管板调机，运行技术指标保持甲级。1996 年 8 月 9 日，省广电局批准常州电台 846 千赫的发射功率增至 10 千瓦。1999 年中波发射台迁到滆湖后，发射机全部实现固态化，人民台 846 千赫主机使用 TSD-10 数字调制全固态 10 千瓦发射机，备机用 TS-01B 全固态 1 千瓦脉宽调制发射机；转播中央人民广播电台第一套节目 639 千赫的主机为 10 千瓦 PDM 全固态发射机，备机使用 TS-01B PDM 全固态 1 千瓦发射机。其余 5 个实验频率主机均使用 TS-03B PDM 全固态 3 千瓦发射机，备机使用 TS-01B PDM 全固态 1 千瓦发射机，实验频率 603 千赫、927 千赫、1521 千赫单机工作。2003 年 5 月，省广电局发来 TSD-10 数字调制全固态 10 千瓦发射机、TS-01B PDM 全固态 1 千瓦发射机各 1 台，分别作转播中央人民广播电台第一套节目 639 千赫和 927 千赫实验机的备机。2004 年 5 月，省广电局发给 TS-01BPDM 全固态 1 千瓦发射机两台，作为 603 千赫、1521 千赫实验机备机。

五、调频广播设备

常州电台从 80 年代开始建立调频广播，发射机功率 1 千瓦，频率 101.4 兆赫，调频发射机采用双声道全固态调频发射机。1991 年 7 月 1 日，新增的第二套调频广播节目开播，调频立体声广播开播。1992 年 10 月更名为常州经济广播电台，调频频率 105.2 兆赫，波长 2.85 米，发射功率 1 千瓦。1993 年 6 月 16 日，增设交通台调频立体声广播，使用频率 102.2 兆赫，波长 2.94 米。1995 年 7 月，交通台调频立体声广播用调频发射机开播，发射功率 100 瓦。1998 年 7 月，添置 300 瓦调频发射机。2000 年 3 月，购进 1 千瓦调频发射机 1 台，替代 100 瓦发射机作为主机，原有的 300 瓦发射机为备机。2002 年 1 月，增设新闻台调频立体声广播，使用频率 103.4 兆赫、波长 2.9 米，选用全固态调频发射机 3 台。2003 年 1 月，交通台首先使用 EKA 发射机，功率1千瓦。同年初，常州电台有调频立体声广播4套，调频发射机实现全固态化。

六、调频传输、控制系统和设备

调频广播的主信号由光缆传输，常州广电中心到大庙弄的光缆于1995年11月9日开通使用，总长9.6公里，用8路光端机，2002年10月更换为广播级6声道音频光端机。2005年1月重新铺设调整路由、传输调频主信号的新光缆启用，长8.29公里，备用信号通过小微波传输。小微波于1996年7月起使用，1.2米抛物面天线分别架设在常州广电中心5楼楼顶平台和电视塔75米处，传输频率1237兆赫，功率1瓦。9月19日更换为数字立体声广播微波通讯机和0.8米的抛物面微波天线，微波中频频率1461兆赫，传输频率1.3万兆赫，功率17～35毫瓦。调频机房控制系统主要有彩条监测器、音频分配放大器、双四选一音频切换器、收音头及功放、调音台和监听音响等设备。

第三节　播出方式

1984年以前，电台节目大多采用播音员录音播出方式。年后，随着传播技术的更新，常州电台开始探索在录播条件下变革播出方式，首先在《青少年之友》等节目设定虚拟主持人“赵大姐”（苏玲担任）等录播型主持人，此后陆续在其他节目推出主持人，改播为讲，形象亲切亲近，缩小与听众的距离，调动听众的收听热情和参与。录播型主持人形式引导了常州电台节目播出方式变革，受到中国广播电视学会的肯定。1988年积极探索改录播为直播。1991年新开办常州经济广播电台，实行“节目直播＋节目主持人＋热线电话”的播出方式，实现主持人与听众、嘉宾的对话交流，开发了广播即时传播现场大型活动和听众即时投诉、即时咨询服务等服务功能。1993年10月，经济台《经广新闻》的《市民专线》栏目探索主持采编一体化、动态新闻与深度报道相结合的播报模式。

1999年7月，经济台推出《新闻工作室》星期版，改传统的播新闻为男女主持人说新闻，配主持人适当点评，形成独特的播出风格。2001年2月，常州新闻台推出《新闻进行时》，首次由两位女主持人播报新闻。2004年8月，新闻台全面改革全天准点新闻的报道方式，推出《我在现场》《线人播报》节目，大量采用记者即时现场口播、线人播报、录音报道，整点即时播报新闻12次。《我在现场》以记者第一人称、第一时间、第一现场通过电话连线作现场报道。《线人播报》选用100多名社会新闻报道员（新闻线人）播报即时新闻、现场口播新闻，以全新的视角让老百姓说新闻，全天13次播出《准点新闻》。2001—2005年，常州电台网站开通，听众在网上实时收听广播节目，随时点播广播热点栏目和节目。

第四节　节目制播

一、新闻节目

1986年5月，常州电台推进广播宣传改革，探索党性观念、大众观念、信息观念与舆论观念、服务观念、效益观念统一，开办综合性节目《新闻和服务》，播报要闻、快讯、消费服务等内容。翌年4月，该节目加大信息量，多采用新闻人物上广播、现场报道等形式，增设《法律咨询》栏目。7月开辟《听众互助》专题。《常州新闻》从7月起开辟《群众话改革》专题。翌年6月，早中晚新闻节目依次播出《综合新闻》《市县新闻联播》《简明新闻》。1988年2月新开辟《今日论坛》，围绕中心工作评论倾向性、苗头性问题。5月2日起，每周日新办专栏《新闻追踪》，由主持人跟踪报道重大新闻和热点问题。1990年6月5日起，开设《社会天地》栏目，反映社会生活、社会风气、社会问题，批评不良风气。1991年6月起，常州电台第一套节目滚动播发《常州新闻》《新闻追踪》《晚新闻》。同年9月底起，第二套节目推出直播节目《新闻五分钟》，全天每小时播报最新新闻。1993年5月起，常州经济台推出大时段新闻节目《经广新闻》，全天播出《经广快讯·经广信息》12次。常州经济台、交通台成立后，常州广播系统自办新闻节目全天达39次、320分钟，滚动播出整点新闻。各台在黄金时段推出组合新闻，人民台有《846早新闻》《新闻广角》，经济台有《经广新闻》《新闻工作室》《今晚18点》《经广快讯》等；交通台有《交广新闻》《747新闻网》。1995年12月25日起，人民台将《常州新闻》（早）更名为《846早新闻》，新办《新闻追踪》《热点透视》《群言堂》等新闻性评论节目。

1997年4月28日，常州电台新闻中心成立，为人民台的《846早新闻》《846新闻》、经济台的《经广新闻》《新闻工作室》和交通台的《交广新闻》《747新闻网》提供新闻稿件。人民台推出新闻专题《常广瞭望》，多用记者模拟直播形式播报带现场声的深度报道。1997年11月8日转播中央台长江三峡截流工程现场情况报道，《常广瞭望》播出三峡库区建设情况，受到国务院总理李鹏赞扬。经济台、交通台分别推出新闻专题《'97新观察》《今日30分》。1999年4月23日，人民台推出全天特别节目《4·23常州解放50周年》，在常州广播史上首次从6点播到22点半。交通台音乐频道从11月7日起新推出《音乐早报》《音乐晚报》，开常州广播史在音乐旋律中播报重要新闻的先河。2001年2月26日，新闻台在18点半推出《新闻进行时》。2004年8月，新闻台在9—20时整点即时播报最新最快的新闻。翌年，该台音响报道占全部新闻的60%，整点新闻中全部是线人和记者的现场报道，突出广播新闻特色；交通台《音乐早报》改为《直播常州》，重点播报社会、民生新闻。1月底，经济台推出早间7点《1052都市新闻》，更贴近百姓生活。

二、文艺节目

80年代中期至90年代初，广播文艺节目进入发展期，节目类型、数量越来越多，平均每年开办节目22个，播出时间约占一半，分为参与类、欣赏类、娱乐类。参与类代表节目有《音乐爱好者》《文学爱好者》《戏曲爱好者》《合家欢》《看词听唱》《请您录音》等；欣赏类代表节目有《文艺欣赏》《每周一歌》《每周一曲》《电影歌曲》《小说或评书连播》《广播剧》《祝您晚安》等；娱乐类代表节目有《相声与曲艺》《星期文艺晚会》《锡剧》《越剧》《民族音乐》《外国音乐》等。地方性文艺节目主要是地方戏曲节目，设置《锡剧》《越剧》《剧场实况》《评弹》《广播书场》等栏目，大众性文艺节目主要是播送通俗文艺，重视满足听众的参与需求。90年代起，大力开发广播的娱乐功能，文艺节目形式更加丰富多彩，更具地方色彩，其中戏曲、评书、文学类节目播出时间增多，文艺节目、栏目主要有音乐、文学、戏曲和综艺4类。

三、社教类节目

主要分为青少年节目、情感心理咨询节目、交通服务节目和其他节目。青少年节目始于1979年5月21日至1988年6月5日播出的《青少年之友》，此后开播《小小故事会》《青春好时光》《青春直播室》等节目，突出青少年特色，就青少年关心和需要解决的问题进行启发引导，关注教育热点、关爱青少年心理健康。情感心理咨询节目始于1992年开播的《今夜无眠》，曾称《多宝情义线》《今夜不寂寞》，倡导理性的人文关怀，节目作品曾获全国和省市大奖30多项，有两档节目分获1997年中国广播电视奖二等奖、1998年中国广播电视新闻奖一等奖，2004年被评为省广播电视十佳节目。此后分别于1993年、1999年开播《心灵之约》《夜航船》夜话、情感交流节目。交通服务节目始于1997年4月交通台开办的《汽车世界》；2002年3月28日交通台开办《交广90热线》，是常州广播系统第一档专业的交通投诉咨询、汉英双语直播、聘请节目法律顾问和网上专业论坛与广播互动的交通节目；2004年2月开播《交广直通车》，集合大量天气、路况、指路等实用信息。其他节目还有《市民与社会》《网络人心》《热线服务频道》《房地产广场》，关注百姓生活，协调解决社会热点问题，其中《热线服务频道》节目多次获全国经济台奖和省级广播奖，成为常州广播品牌节目。

四、对境外宣传节目

1996 年 5 月，常州电台与中国国际广播电台（简称“国际台”）英语环球中心联办外宣节目《来自中国常州的报道》，用英语向全世界广播，每周 1 档、5 分钟，全年播出 52 档，每档滚动播出 33 次，内容以经济报道为主，兼顾社会生活。2000 年播出调整为每月 1 档、10 分钟，全年播出 12 档。国际台在国内用 12 个频率、国外 73 个频率播出，覆盖亚非、欧美的 80 多个国家和地区，节目内容有消息、专题报道、连续报道和特别节目等，采用文字报道、录音报道、现场直播、大型现场参与活动等形式，体裁多样，内容丰富多彩，一批报道被中新社、新华社、法国《欧洲时报》、美国《世界日报》、香港《大公报》等媒体刊发。2005 年，常州电台与中国国际广播电台英语环球中心联办的网络、电波、问卷三者联动的“迷人的常州”国际知识竞赛，收到 53 个国家和地区的答卷 2.18 万份，美、英、法、加、澳等 10 多个国家和地区的听众参与，有大学管理人员、公司总裁、法官、经济学家、IT 业界专业人士、海军士兵等。

第五节 优秀节目

1986—2010 年，常州电台获中国新闻奖二、三等奖各 1 项，中国广播奖一、二、三等奖为 1 项、5 项和 11 项；有 60 多档节目获江苏广播一等奖；《846 早新闻》入围江苏广播电视十大优秀栏目，《交广 90 热线》《阳光音乐时间》分别被评为江苏广播优秀栏目、广播文艺十佳节目。“五个一工程”奖艺术生产取得佳绩。

1986—2010 年常州市电台获全国性奖励的广播作品一览表

表 37-1-1

奖项	等次	作品名称	体裁
中国新闻奖	二	《一个经常挨批评的文明火车站》	消　息
	三	《十万年薪抢走技师生的启示》	新　闻
中国广播奖	一	《我与“快乐人生三句话”》	少儿节目
		《一个经常挨批评的文明火车站》	消　息
		《常柴旋风的启示》	经济节目
	二	《救救人类祖先的摇篮》	连续报道
		《构筑“凝聚力工程”的创举》	评　论
		《邓丽莉的生日》	少儿节目
		《好媳妇霍银珠》	新闻故事
		《常州柴油机厂不拘一格发展户办厂为联合体成员》	消　息
		《常州光明塑料厂引进“洋机”产出“双黄蛋”》	消　息
		《常州博爱路空前繁荣的背后》	新　闻
		《“一个不关”与“该关则关”》	评　论
	三	《武进县运用“预算控制法”减轻农民负担》	消　息
		《金坛市指前镇优化决策思路，建成苏南第一个亿元水产镇》	短消息
		《“十一织风波”的启示》	经济节目
		《一封建议信引出常州读书节》	短消息
		《常州东方电缆厂在与外商合资中以销售优势作价参股》	消　息
		《国际市场的“隐形门槛”》	新闻评论

1995—2009 年度常州市获“五个一工程”奖的广播剧一览表

表 37-1-2

节目名称	年度	获奖等级	节目名称	年度	获奖等级
《永久的青年——瞿秋白》	1998	全　国	《一个大学生和三个妈妈》	1997—1999	常州市
《军训日记》	2009	全　国	《数学国里的少年梦》	1997—1999	常州市
《永久的青年——瞿秋白》	1997	江苏省	《悲壮霹雳》	2000—2002	常州市
《冠军泪》	1999	江苏省	《圣洁的雪莲花》	2003—2006	常州市
《六千万分之一》	2002	江苏省	《热血卢沟桥》	2003—2006	常州市
《圣洁雪莲花》	2006	江苏省	《铁骨柔情铸春秋》	2003—2006	常州市
《军训日记》	2009	江苏省	《指纹无谎言》	2003—2006	常州市
《最后一只红灯笼》	1995—1996	常州市	《军训日记》	2007—2009	常州市
《永久的青年——瞿秋白》	1997—1999	常州市	《亲亲百草坡》	2007—2009	常州市
《冠军泪》	1997—1999	常州市			

第二章　电视

改革放开后，电视逐渐成为常州城乡人民文化生活中不可或缺的部分。80 年代中期，部分街道新村开始建设闭路电视。1991 年以后，常州广电系统陆续开办有线电视、移动电视、手机电视等新型电视媒体，对电视基础设施进行技术改造更新，大量采用自动化、数字化技术设备，保障电视安全播出。探索采用电视直播、观众参与节目互动，提升节目和播出质量，电视事业保持持续健康发展趋势。2000 年 12 月，常州电视台与常州有线广播电视台合并为常州电视台。21 世纪初期，常州电视台实施频率专业化、管理频率化、节目对象化的发展思路，建设专业台和多套频率。2010 年，拥有自办的新闻频道、都市频道、生活频道、公共频道；设有《常州新闻》《常州报道》《社会写真》《深度撞击》《都市新闻坊》《生活 369》《政风热线》《都市聊斋》等新闻类、专题类和服务类自办电视栏目 14 个。

第一节　台站

一、常州电视台

1983 年 6 月 6 日，市政府批准建立副处级全民事业单位常州电视台。1984 年 12 月 26 日增设的 23 频道开播。同年底，电视发射铁塔和电视发射机房相继建成，原设在兰陵饭店的 9 频道、6 频道机房设备于 1985 年 6 月搬迁到大庙弄 30 号。1987 年 2 月 1 日，31 频道、37 频道开播，转播中央电视台第二套节目和中央教育电视台节目。1991 年元旦起，电视台变更为独立核算单位。1995 年 11 月 18 日，搬迁到新落成的常州广播电视中心。2002 年 3 月 18 日从常州广播电视中心搬迁到西横街 10 号，播出 9 频道、6 频道。常州电视台从创办之初的地方转播台发展成为拥有新闻综合、都市、影视、公共综艺、图文等 5 个频道资源，以及《电视传媒》杂志、网站等市主要媒体和影视动画专业生产基地。全台每天播出节目达 99 小时，其中自办节目 3 小时 2 分 48 秒。2006 年，全台有职工 2380 多人，拥有固定资产 1.15 亿元，广告创收 1.7 亿元，名列全国百强媒体第 62 位、全国城市电视台第四位。

位于钟楼区白云路的常州广电中心(摄于2006年7月)

常州电视台始终坚持以新闻节目为龙头,创建品牌栏目,形成《常州新闻联播》《社会写真》《新闻广场》《人生百味》《都市新闻坊》等省、市名牌栏目。1996年以后,年均有20多件电视作品获国家级和省级政府奖。其中新闻评论《小水饺挑战大市场》获中国新闻奖二等奖、《游子暮归解乡愁》获中国新闻奖三等奖、《知识型职工邓建军》获中国广播影视大奖电视优秀节目提名奖。2000年以后,每年投入近千万元进行技术装备改造,建成功能先进、设施一流的电视传输中心,600平方米演播室、专业演播室5个。购置全数字八讯道电视转播车1辆,具备大型文艺、体育以及其他大型活动的现场直播、转播能力,技术装备水平居全国城市电视台领先地位。常州电视台坚持走多元化发展道路,重视广告经营创收,加快发展相关产业。

二、武进电视台

1987年2月,武进广播电视站增设电视组。1993年10月28日,广电部同意武进建立电视台。11月15日,省广电厅同意在湖塘镇建立武进电视台,铁塔高228米,使用43频道(后改为31频道)。1995年7月1日,武进电视台开播,每天播出节目约4个小时,信号覆盖武进和江阴、无锡、句容、靖江等周边18个县市。

三、金坛电视台

1992年12月9日,常州市广电局根据广电部及省广电厅文件批复,同意金坛市建立电视台,使用频道DS-7,12月28日金坛电视台开播。2000年1月金坛广播电视中心建成,无线电视与有线电视的播出合并。2006年,金坛电视台拥有7频道、12频道、16频道等3个发射频道和播出系统,发射半径27.5公里。收视网覆盖本市和邻近县市近100万人口。

四、溧阳电视台

1992年4月,广电部批准成立溧阳电视台;9月28日溧阳电视台建立,使用11频道,下设新闻、经济、制作、技术播出4个部,开设有《溧阳新闻》《濑水风物》《农科园地》《影视剧场》等7个自办栏目。1993年11月,溧阳台被广电部和省广电厅批准为首批试办文艺节目的县级台。1997年12月,溧阳广播电视台成立电视新闻中心。1999年,与中央电视台《金土地》栏目合作,在该栏目播出3档节目。

五、有线广播电视台

常州有线广播电视台 80年代中期,常州有线电视开始起步,一些街道新村在共用天线基础上建起闭路电视系统。1991年11月成立市有线电视规划小组,花近两年时间编制完成《常州城市有线电视网络总体规划(1993—2000年)》,确定有线电视发展目标是以电缆、光缆为主要传输载体,建成播控中心,及覆盖全市的光缆干线传输网络,能够转播、录播和自办广播电视节目,可同时播出电视节目46套、调频广播节目30套,能够双向传输节目、信息,达到国内中等城市一流技术水准。1992年建成常州有线电视播出中心,向荷花池、局前街、虹桥等小区的7000多户居民传送11套电视节目。翌年5月,广电部批准常州筹建有线电视台,同年9月1日常州有线电视台(简称CATV)自办的1套综合节目试播,每天播出17个小时,推出《CATV新闻》《今晚谈》《环球音乐》等自办栏目11个，其余时间播放影视戏曲节目。1994年10月28日，常州有线广播电视台在市广播电视中心成立。1995年9月7日，市广电局批准有线台调整播出频道，转播18套电视节目、3套调频广播节目。翌年4—10月，自办第三套图文信息频道于每天8～23时播出，以天气、股市、人才、购物等资讯为主。2000年12月，常州有线广播电视台与常州电视台合并。

武进有线电视台　1989年12月26日，武进县县级机关、县南新村和县北新村等区域获准试开通有线电视。翌年12月26日武进有线电视台试播出。1994年12月，广电部批准建立武进县有线电视台。1995年7月1日，有线台在武进广电中心开播，传输中央和省、市电视台16套节目，自办1套电视节目，全天播出10个小时。1995年底，武进60个乡镇全部开通有线电视，传送20套节目。1999年，武进有线电视台与武进电视台合并，传输中央和省、市、武进电视台等30套节目。

溧阳有线电视台　1993年，溧阳有线电视台成立。翌年，实现城郊三乡镇联网，开始试办《溧阳有线新闻》《为您搭桥》《点歌台》《影视剧场》等栏目。1996年，溧阳城区实现有线电视光缆联网。1997年12月，溧阳广播电视台电视新闻中心成立，采制《溧阳新闻》《寻常百姓》《濑水风物》等栏目。1999年7月，实现城乡光缆联网，传输节目30套。2003年11月，溧阳广电局撤销有线电视台、广播电台、电视台，改设广电中心。

六、数字化电视

常州移动电视　2007年3月，常州电视台与深圳华视传媒有限公司合资1200万元成立常州广电华视移动电视公司，同年5月底试播移动电视节目，1000辆公交车安装移动电视接收屏，6点半至22点播出第一套节目。2008年8月，常州广播电视台独立筹建、开发的第二套节目在相同时段开播，安装户外公共场所移动电视接收屏和公交车车载移动电视各1000多个，日均受众达20万人次。2010年，常州移动电视日均开机率、信号覆盖率(室内信号)和设备完好率分别从80%、78%、95%提高至85%、91.3%和99%，居全国同类城市前列。

CMMB手机电视　2008年5月起，常州广播电视台联合上级相关单位开发CMMB手机电视项目，由常州广播电视台发射，通过手机能看到中央电视台5套、常州电视1套节目，《常州新闻》《社会写真》等重点电视栏目可以在手机上观看。

七、其他电视台站

金坛电视差转台　1979年建立金坛县电视差转台，设50瓦彩色差转机1台，1980年用12频道播出，主要转播江苏电视台、上海电视台节目，电视覆盖半径为3公里。1981年8月在金坛县人民广播站大楼楼顶建成14.8米高的电视发射铁塔，距离地面高度30米；差转节目质量明显提高，电视覆盖半径由3公里扩大到7.5公里。

金坛电视转播台　1982年，省广电局批准建立金坛电视转播台。1984年9月1日电视塔建成，启用12频道转播江苏电视台第一套节目，电视覆盖面半径27.5公里；10月，增设7频道，转播上海电视台节目。1987年8月在县人民广播站大院建成卫星电视地面接收信号大楼，选用抛物面口径6米、自重2.2吨的广米板卫星电视接收天线，12月30日接通，接收中央电视台一、二套节目和教育节目信号，至此金坛有5套电视节目的信号源。翌日，县卫星电视地面接收站成立。

金坛微波站　1982年10月新建苏南微波中继站(镇江—金坛—常州线)，机房设在金坛县人民广播站大楼4楼，同年11月试播成功，将江苏电视台节目在金坛落地，电视无线发射由差转改微波传输信号转播。1983年12月，省广播事业局决定在金坛县设立苏南电视微波干线金坛中继站，开通镇江至金坛、金坛至常州、金坛至宜兴的电视微波信号，传送江苏电视台节目，同时回传上海电视一台的节目。1984年5月，在金坛县人民广播站4楼设置金坛微波站。12月31日开通金坛至宜兴的电视微波干线，1985年7月开通金坛至溧阳电视微波线路。1986年5月15日金坛微波站成立。

溧阳电视差转台 1980年兴建溧阳电视差转台，发射频道为11频道。差转接收宜兴台发射的中央电视台信号，覆盖溧阳城区及周边地区。

溧阳电视转播台 1984年，溧阳县文化广播电视局建成约800平方米4层广播电视大楼，以及高87.5米的电视发射塔。1985年，启用电视发射信号为利用常州至宜兴至溧阳微波传输的中央电视台信号。发射频道为11频道。

戚墅堰机车车辆工厂电视差转台 功率10瓦，天线高度25米，使用11频道。1982年11月21日开播，转播中央电视台、上海电视台节目。

常州冶金机械厂电视差转台 功率10瓦，天线高度25米，使用12频道，1983年2月11日开播，转播常州电视台节目。

中央人民广播电台六二三台电视差转台 功率3瓦，天线高度20米，使用12频道，1983年9月1日开播，转播常州电视台节目。

解放军37751部队电视差转台 使用11频道，1983年7月开播，转播常州电视台节目。

第二节 系统设备

一、电视播控系统

80年代，常州电视台的播出设备档次较低，一般使用索尼VO-2630CE低带录像机、VO-4800低带录像机作为节目播出设备。1993年12月14日，使用索尼VO-9600放像机作播出设备，提高了图像播放质量和播出稳定性。此后，电视频道迅速增加、播出时间延长，对播出系统的安全性、播出质量和播出管理等方面提出更高要求。1995年9—11月，建设播控中心机房，自行设计、安装以美国犹他MC-501C-MM播出切换台为核心的首套节目自动播出系统(即大播控)，播控中心主体工程投入运行，播控水平提升。1997年3月，第二套节目播控系统选用北京产STVS自动播出控制设备的播出系统(即小播控)。2004年7月数字硬盘播出系统、媒体资产管理系统完成系统集成。11月底，常州电视台第二、三套节目在新系统中试播。翌年1月11日凌晨，第一、四套节目切割到数字硬盘播出系统，12日晨数字硬盘播出系统启用，播出常州电视台4套电视节目。

二、编辑制作系统

1985年底，常州电视台有3条编辑线，用于新闻采访、专题制作和文艺节目录制。1994年2月19日建立复杂特技系统，包装制作收视指南、节目预告，主要设备有三维数字特技、切换台、三维电脑动画、录像机3台和VO录像机、编辑控制器RM-860各1台；系统设计和框架采用香港电视台的先进方案，常州电视台视频系统首次采用专业跳线板，同年3月底启用。1996年4月初，DY2000视音频工作站安装完成，实现广告编播的多媒体制作。1998年创建一流的动画制作系统、非线性编辑系统，使用5套美国SGI电脑工作站及国际先进的动画软件MAYA、FLINT、JALEO、SOFTIMAGE，动画与广告制作手段、质量居全省领先地位。翌年4月，常州广电中心一楼编辑机房实现数字化制作，信号质量大幅提升，《常州新闻联播》首次实现全数字播出。2001年5月底，Protools音频工作站、MIDI音乐创作系统建成，填补音频制作空白，综艺节目前期录音、后期合成编辑手段更完善。2002年6—9月建成第一个后期制作网络索贝非线性视音频制作网络。2003—

2005年，广告部、总编室传统编辑线以索尼Betacam设备为主，广告制作、频道包装以非线性后期制作设备为主；新闻、外宣、经济生活三部编辑制作均以JVC Digital-S为主，专题部以索尼DVCAM设备为主，经济生活部、专题部分别选用大洋、索贝非线性后期制作网络。

三、演出播放系统

1993年2月8日市广电中心600平方米演播大厅建成使用。1994年3月底，原回音较强、不宜作语言配音的36平方米口播室，专业化改造完成，基本达到吸声要求。1995年11月中心80平方米、120平方米演播室启用。1997年3月至1999年4月，常州电视台改造第一个数字演播室120平方米演播室，配置DFS-300P切换台、A/B卷XO系列编辑系统等数字化录播设备，用于第二套节目的(抠像)主持和新闻《今日视点》(抠像)出像主持，主要用于新闻串片制作。2004年1月22日制作部在亚细亚影视城一楼大厅多功能演播厅建成对外营业，向社会开放，安装有DFS-300特技台、16路DDA调音台等录播设备，为单位和个人提供娱乐、会议、庆典等活动的电视录像和光盘刻录服务，常州电视台在此录制部分节目。5月9日在西横街10号建成200平方米访谈演播厅，使用常州电视台原四讯道模拟转播车设备。至此，常州电视台拥有演播室6个。

四、传输系统

1986年8月26日卫星地面接收站建成。1991年7月5日，常州电视台微波站首次使用8吉赫兹微波经丹阳—镇江—南京把常州新闻传给江苏电视台新闻部。1992年1月16日，在大庙弄院内加装3米抛物面天线，改善中央电视台第二套节目的接收质量。1993年1月7日、18日，数字微波常州—无锡、常州—丹阳电路先后开通，首次用数字微波从无锡送来省信号。1月19日，省信号由数字微波从镇江向丹阳—常州—无锡—苏州等地发送，质量明显改善。1994年6—9月，常州电视台信号由常州—宜兴铜管山—溧阳至金坛方案和常州市县微波天线机房基建方案确定。1995年1月22日，常州信号溧阳至宜兴段信号开通。10月31日，常州—金坛微波工程开始实施，完成常州信号的县区覆盖。同年，铺设广电中心至电视塔光缆线，与广电中心落成同时投入使用，传播广播和电视信号。1996年2月14日，微波站中间设备改造全面完成，技术质量及监测、应急等方面功能良好。8月23日，开始用4.5米卫星天线接收“亚太-A”信号，转播中Ⅰ、Ⅱ节目。10月30日微波站中央控制桌安装完成投入使用，可靠性提高，达设计要求。2002年1月底，常州电视台与常州有线电视台合并后，西横街10号至大庙弄信号传输系统改造完成，完善了常州电视台二、三套节目播出信号传输的主用系统与备用系统。

五、有线电视设施设备

常州有线电视于1994年5月18日正式播出，用光缆、同轴电缆为主要传播媒介构成的节目传输分配网络、综合信息数字网络传输，系统由前端、干线传输系统、用户分配系统组成，前端采用智能化PULSAR系列调制器和卫星接收机、ROSA网管系统，Integrator系列总控矩阵和60千伏容量的UPS系统，具有传输150套数字电视节目的能力，前端开通数字电视，采用先进的数字编码(MPEG-2)、图像压缩和调制技术，在模拟频道传送数字电视节目6～8套；干线传输系统采用G652光缆传输，建成由江苏省广播电视SDH传输网常州段光缆干线、苏锡常广播电视SDH传输网的常州段光缆干线、常州地区光缆干线传输网组成的SDH光缆干线传输环网；用户分配系统采用光缆、同轴电缆混合网，常州城区有线电视覆盖区被划成194个服务小区，全市设置855个光节点，各接入50～500个用户。2005年底，常州广电网络公司在市区(不含武进区)基本建成有线与无线相结合、卫星微波与地面网络相结合、光缆与同轴电缆相结合的宽频带、多功能传输网络，覆盖市域4375平方公里，有线电视用户近120万户、350万人。全市电视综合覆盖率99.1%，传送模拟电视节目44个频道31套、数字电视节目28套和8套加密电视节目。2010年底，常州有线电视网络覆盖用户49万户，其中双向网络覆盖用户29.5万户。常州市区完成国家试点城市数字电视整体转换国家级验收工作。金坛市通过江苏省数字电视整体转换验收，模拟电视信号关闭。

第三节 播出方式

常州电视台节目播出方式的变革始于1985年11月23日，同日新推出《观众与电视》栏目，逐渐由播音员播报节目改为邀请观众走进演播室，参与节目的互动。1985年底，除《常州新闻》的其他节目开始由主持人主持。1993年春节，在常州广播电视中心演播大厅举行新春文艺晚会，答谢全市人民捐款支援建设常州广电中心。此后，常州电视台经常现场直播全市性重大活动。2003年常州电视台建立网站，实现自办电视节目在网络上播放，用户可上网实时收看电视，点播常州的电视节目、热点栏目。2004年推出以主持人倪绥英的姓命名的栏目《小倪工作室》。播出方式变革提升了电视节目的整体质量，提高了收视率。

第四节 节目制播

一、新闻节目

综合新闻 常州新闻 常州电视台1986年10月开办，每周二、四、六播出3次，各10分钟。同年播出新闻总时长16小时7分。1987年，新闻采制能力提高，播出新闻首次达1001条。《常州市经济体制改革综合试点》(6集)系列报道于同年7月16—21日在中央电视台《新闻联播》节目中连续播出，是常州市和常州电视台首次被中央电视台连续报道。1989年2月起，始由播音员以主播形式播报，固定在19:40播出。1990年播出新闻总时长增至39小时35分。1991年5月19日起，每周由3档增至4档。1993年开始，《常州新闻》改为每周播出5档、各12分钟。翌年开始在每晚19:40首播、12分钟，21:55重播。

1986—1993年部分年份《常州新闻》节目播出和录用情况表

表37-2-1　　单位:条

年份	播出新闻	中央电视台录用	江苏电视台录用	上海电视台录用	年份	播出新闻	中央电视台录用	江苏电视台录用	上海电视台录用
1986	705	12	168	50	1989	1610	10	157	101
1987	1001	23	152	91	1993		16	314	50

常州新闻联播 1998年元旦由《常州新闻》改版。节目时长由12分钟延长至15分钟，每晚19:30在9频道播出。2010年，9频道的栏目、节目定位为贴近百姓、现场和事实，追求“做有价值的新闻”。

新闻集锦 1993年9月1日，常州有线广播电视台开办，每天23时首播、30分钟，次日7时和12:30重播，包括自办《CATV新闻》和中央电视台《新闻联播》《晚间新闻》及苏沪常电视台当日部分新闻。1996年10月改为每档20分钟。

CATV新闻 1993年9月1日，常州有线广播电视台开办，作为《新闻集锦》中的子栏目，每档5分钟，以报道凡人风采、行业新貌，把握改革脉搏，以报道社会新闻为主要特色。1996年10月28日起改为每天19:50首播、15分钟，1998年1月更名《常州有线新闻》。

1992—2005年常州电视台、有线电视台其他综合新闻节目一览表

表37-2-2

栏目	创办单位	创办年月	内容和特点	档期、变更沿革
常州有线新闻	常州有线电视台	1998.01	1999年5月起开设《我看再就业》《市民直通车》等子栏目5个	每天19:30播出、15分钟
一周新闻集锦	常州电视台	1992.01	—	每周日常州电视台9频道19:30播出、12分钟
晚间新闻	常州电视台	1997.05	—	新闻频道每晚21:50播出、12分钟。2005年9月并入《新闻广场》
手语常州新闻	常州电视台	1997.10	体现全社会对聋哑人的关怀，为常州新闻一周集锦	23频道每周三20:35播出10分钟，2001年起周六18:50在新闻频道播出，2006年3月起周六18:30在都市频道播出15分钟
英语新闻	常州电视台	1999.08	向常州的外国朋友、英语爱好者传递常州的政治、经济、文化信息	23频道每周日21时播出10分钟，2001年起周日18时50分在新闻综合频道播出，2006年3月起改为周日在都市频道18:30播出15分钟
新闻播报	常州电视台	2000.01		新闻综合频道每晚20:45播出、7分钟，2005年9月停播
常州早新闻	常州电视台	2002.04	报道市委、市政府的重大工作举措，传递重要的经济和社会动态	新闻综合频道每天早7时播出12分钟，2005年9月停播
新闻广场	常州电视台	2005.09	反映常州人想了解的焦点、看点、观点和亮点	由《新闻播报》《晚间新闻》栏目整合，每天21:50播出30分钟，设时事快递、新闻现场、深度撞击等4个版块

专题新闻 1987年，常州电视台摄制并播出专题节目20个，被中央电视台采用专题2条。1989年，中央电视台、江苏电视台分别录用常州电视台的专题节目4个、8个。1990年，被中央电视台录用专题节目《90交易会的启示》《今昔话住宅》《军旗下的基石》等5个，被江苏电视台录用10个。1998年1月，常州有线广播电视台《新闻视野》改为《有线大视角》的子栏目。

1992—2005年常州电视台、有线电视台其他专题新闻节目表

表37-2-3

栏目名称	创办单位	创办年月	类型	内容和特点	档期、变更沿革
新闻视野	常州有线广播电视台	1995.10	新闻透视	—	每天20:05首播5分钟，次日13时重播
教育新闻	常州有线广播电视台	1995.10	专题新闻	—	每周一、四首播、5分钟，周二、五重播
街头巷尾	常州电视台	1992.07	舆论监督、民生	接待群众投诉，帮助政府与群众沟通，解决问题	1998年1月，该栏目改版为《社会写真》
每周论坛	常州电视台	1993年初	评论性深度报道	引导群众正确对待重大问题和社会热点问题	

续表 37-2-3

栏目名称	创办单位	创办年月	类型	内容和特点	档期、变更沿革
今日视点	常州电视台	1996.03	新闻透视	深度报道常州改革开放、经济社会发展的重大问题和社会热点难点问题	由《每周论坛》改版，时长约5分钟，9频道每周日19:30播出
民生报告	常州电视台	2005.12	社会新闻	第一个集萃全国最新、最有价值的社会民生新闻	每天18:45在都市频道播出30分钟
新闻110	常州电视台	1998.01	社会新闻	关注社会，为民排忧	

二、文艺节目

常州电视台于1992年3月始办文艺节目，最早开设综艺栏目《共度好时光》，主要反映地方文化特色和常州文艺创作，融娱乐性、欣赏性、知识性融于一体，每周五晚在9频道播出。1992年底至1995年，常州电视台举办《三原七彩》大型文艺晚会、首届“常州小姐”评选、纪念常州解放45周年《爱我常州，建设家乡》大型文艺歌舞晚会等，并进行现场直播。1996年起，借助《共度好时光》栏目，每年至少创作、播映文艺晚会和文艺专题1台，同年起连续多年获省广电厅举办的全省文艺晚会评比一至三等奖。2001年1月常州电视台与有线广播电视台合并后，成立常州电视台文体频道，开设《今晚有约》《幸运大玩家》等栏目，举办沪宁常三地歌手大赛。12月21日起，与中央电视台国际频道联合举办第五届全国广播电视节目主持人“金话筒”奖颁奖晚会，向海内外现场直播。2002—2003年文体频道停办原有节目，改办每周1档的访谈类专题栏目《特别关注》，承担市委、市政府组织的《世纪龙吟》等大型文艺晚会。2005年7月至2006年8月，开设《民星歌会》节目，累计举办海选、周赛、晋级赛等比赛66场，其中歌友会1场、年度总决赛4场，4天中支持前两名选手的短信投票突破2万人，成为常州报名人数最多、最受关注的平民选秀节目和电视综艺节目。

第五届全国广播电视节目主持人金话筒奖颁奖晚会在常州举行（摄于2001年12月）

三、社教节目

社会文化节目　观众与电视　1985年11月23日由常州电视台创办，是该台开办的第一个社教类栏目，9频道每晚19:40播出8分钟。1995年2月停办。

社会写真　1995年2月21日由《观众与电视》栏目更名，关注百姓生活、社会热点，实施舆论监督。每周二、五20:03在9频道播出约10分钟。1998年起，改为周一至周五20:03在9频道播出30分钟，设子栏目《街头巷尾》《法制天地》《今日视点》。2005年9月改为周一至周六18:30在9频道播出60分钟。

今晚30分　2001年2月5日由常州电视台经济生活频道部创办，关注民生、经济和生活。设《今日快报》《小倪工作室》《生活百事》等3个版块。每天19:45在常州电视台经济生活频道（第二套）播出30分钟。

小倪工作室　2002年2月5日由常州电视台创办，是该台首次以主持人倪绥英姓氏命名的杂志型栏目，每周播出7次，每次8～10分钟，设《资讯》《小倪热线》《小倪调查》等3个版块，面向城市观众，关注经济生活和百姓梦想，突出服务性、知识性。该栏目于2003年入选全省广播电视十大优秀栏目。

法制节目　法制天地　1995年1月3日由常州电视台开办，重点以事释法，普及法律知识，宣传依法治市，每周三20:00在9频道播出8分钟。其中《重金搭起的花架子》获1996年江苏省法制新闻一等奖。该栏目于1999年入选江苏省首届广播电视十大名牌栏目，2000年获江苏省优秀电视社教栏目二等奖。

警方传真　1998年10月、12月，常州有线广播电视台与市公安交警支队、电视台与市公安局分别联办，每天19:30首播、周六19:40在常州有线电视台新闻频道播出15分钟。2001年1月起，由常州电视台专题部与公安局合办，每周日18:55播出。

1993—2005年常州电视台、有线电视台其他社教节目一览表

表37-2-4

栏目名称	主办台站	开办时间	档期	时长(分钟)	内容、特点和变更
今晚谈	常州有线广播电视台	1993.09	每周2档	30	现场直播，参与性栏目，邀请社会观众到直播室讨论社会热点问题等，1995年10月改为《新闻视野》
教育节目	常州有线广播电视台	1993.09	每天17:35首播，次日8:05重播	25	中小学生课外辅导，教授美容、烹饪、书法等。1998年10月停办
知识讲座	常州有线广播电视台	1993.09	每天23:35播出	25	与市教委联办，计算机、英语、摄影、家电维修等专业讲座，1998年10月改版时停播
人生百味	常州电视台	2005.12	每晚21:15都市频道	15	情感类电视专栏，通过对话记录和体验人们的情感和命运

四、对外宣传节目

80年代开始电视外宣工作。1997年4月，常州电视台加入华东城市电视外宣协作网，以中国黄河电视台为主要外宣渠道，使常州电视外宣节目定期在美国斯科拉(SCOLA)卫星电视网播出。美国观众观看专题片《中国常州》，了解常州的历史文化和现代设施建设。2000年，常州电视台采制的对外宣传片《百年风雨归家燕》获得中国广播电视学会组织评选的国家级政府奖“彩虹奖”一等奖。在2006年8月欧洲东方卫视创办之初，常州选送的10部外宣片全部通过省审片组评审，囊括江苏省辖市13部一等片中的8部，常州在欧洲东方卫视的发稿量、录用率在全省的优势较明显，《桥韵》《戚老汉与风筝》《岁月留痕》《华东神韵》(常州版)等获全省外宣电视节目评比和政府奖“彩虹奖”二、三等奖多项。至2010年，全市电视外宣工作水平逐年提高，节目艺术质量始终处于全省城市台的领先地位，节目曾通过美洲东方卫视、芝加哥华语台、纽约中文台、美国熊猫电视台、斯科拉卫星电视网和欧洲东方卫视等外宣渠道对外播出。

常州电视台　80年代末，常州电视台开始制作外宣节目时不定期制作招商引资专题片，有介绍常州综合概况的《来自中国常州的报道》《了犹未了的心愿》等综合片，拍摄讲究，制作精良，随市领导出访时宣传常州，播放给来常视察、访问的上级领导和外籍人士观看，部分专题片曾在海外媒体播出。2000年以后，常州电视台加盟中国黄河电视台、江苏电视台等对外宣传协作网。

中国常州　1995年4月，常州电视台租用美洲东方卫视频道开设海外第一个电视外宣栏目，每2个月1期播出专栏《中国常州》、60分钟，成为海外华侨、华人和关心中国的人士了解、认识常州的窗口。美洲东方卫视节目部曾多次肯定《中国常州》的节目质量："节目内容具有很强的海外华人观众针对性，制作精良。"节目《徐秉方的竹刻艺术》以出色的结构、优美的画面、生动的光影，展示了徐秉方对竹刻艺术的执着追求，艺术价值颇高。美洲东方卫视3周年台庆时，常州电视台选送的《吴中行的摄影艺术》获优秀电视片奖。

今日常州　1996年8月设立，节目长8～15分钟，后发展为每周1期、15分钟，每月向海外传送节目30分钟，在美洲东方卫视、欧洲东方卫视、凤凰卫视播出。

华东神韵　1997年4月，常州电视台依托中国黄河电视台，始设固定栏目《华东神韵》常州版，每年播出5～6期、每期20分钟。

看江苏（常州版）　1998年4月起，常州电视台定期在欧洲东方卫视播出，每月两期、每期15分钟，后改在凤凰卫视欧洲台播出。翌年，向欧洲东方卫视发送电视片12档、180分钟。

武进电视台　1998年，武进电视台加入华东县(市)电视外宣协作网，开始向中国黄河电视台发送节目，在美国斯科拉卫星电视网中国频道《神州瞭望》栏目播出。1998—2003年，选送的《午时三刻》《超越自我》《爱开车的老戴》《京剧票友不老松》获中国广播电视学会对外电视栏目"彩桥奖"三等奖。1998—2006年，该台累计向黄河电视台发送电视节目37档。

金坛电视台　1996年，该台录制的《金坛农民看病也可"报销"》等4条新闻被中央电视台《新闻联播》采用。1999年，选送的《华老的身影》《古梅·老人》《金坛城里书店多》分获"江海潮"第三届江苏省外宣电视优秀节目县(市)专题片三等奖。2000年5月，《走进千亩荒山的女人》节目获中国广播电视学会对外电视《神州瞭望》栏目"彩桥奖"三等奖。翌年，该台加入中国《神州瞭望》电视外宣协作网，发送《一枝独秀》等专题片50多部，在美国斯科拉卫星电视网播出，获短片二等奖。2005年向中央、省级媒体发送报道殷雪梅英勇救人先进事迹的资料片10多个，在全国媒体引起轰动。2004—2007年，该台被中国黄河电视台采用专题片10部。

溧阳电视台　1999年，溧阳电视台开始与锡山市等市县交流新闻节目。翌年加入苏沪区县(市)台新闻交流协作网，向常熟台、锡山台等8家县级电视台提供新闻稿。2001年加入中国黄河电视台对外协作交流网，2002年对外提供新闻或专题片50余部，至2004年在美国斯科拉卫星电视网播出《别桥淳化阁帖》《老屋一家亲》等20部专题片。2004年有两部专题片获中国广播电视学会对外电视栏目"彩桥奖"。

第五节　优秀节目

1986—2010年，常州电视节目屡创佳绩，有40多档节目获江苏电视一等奖，《社会写真》《小倪工作室》《今日常州》入选江苏广播电视十大优秀专栏；《小倪工作室》获江苏广播电视十佳栏目。《小水饺挑战大市场》获中国新闻奖二等奖、中国广播电视新闻奖三等奖，《游子暮归解乡愁》《瞿秋白》《为一元钱较真》获中国新闻奖三等奖、中国广播电视新闻奖二等奖和中国广播电视"彩虹奖"二等奖；《知识型职工邓建军》《百万贪污案的反思》分获中国广播电视优秀电视专题节目提名奖、全国优秀电视专题节目二等奖(获各级"五个一工程"奖电视参见第三十六卷"文化　艺术"第三章"影视　戏曲"第二节"电视剧")。

一、全国"五个一工程"奖节目

2001—2009年，常州电视台摄制的电视文献片《瞿秋白》、电视连续剧《鹰击长空》《天娇》和常州广播电视台、亚细亚影视公司联合摄制的电影《邓稼先》先后获 2001 年度、2003 年度和 2009 年度全国“五个一工程”奖。

二、江苏省“五个一工程”奖节目

1998—2009 年，常州有《农民陈奂生》《天娇》等 13 部电影、电视剧、动画作品获江苏省“五个一工程”奖，其中电视连续剧 5 部、电视剧和电视文献片各 2 部、电影 3 部、动画片 1 部。

1998—2009 年度常州市获江苏省“五个一工程”奖一览表

表 37-2-5

获奖节目	类别	出品、摄制单位	年度
《夕阳中的风铃》（上下集）	电视剧	常州电视台、中央电视台影视部和江苏电视台	1998
《太阳底下》（上下集）	电视剧	常州有线广播电视台、上海求索电视制作社	2000
《农民陈奂生》	电视连续剧	常州电视台、江苏电视台	2000
《天娇》《鹰击长空》	电视连续剧	广东电视台、常州电视台等 6 家单位	2003
《瞿秋白》（20 集）	电视文献片	常州电视台、南京电影制片厂等 6 家单位	2003
《父亲・爸爸》	电　影	常州电视台、南京电影制片厂等 3 家单位	2003
《中华百年建筑经典》（30 集）	电视片	市委宣传部、市广电局、常州电视台等 8 家单位	2006
《我要做好孩子》	电　影	市广电局、常州电视台等 6 家单位	2006
《尊严》	电视连续剧	常州电视台、亚细亚影视公司	2006
《邓稼先》	电　影	常州广播电视台、亚细亚影视公司	2009
《郭海的家事》	电视连续剧	常州广播电视台、亚细亚影视公司	2009
《太空足球》	动画片	常州卡龙影视动画产业公司	2009

三、常州市“五个一工程”奖节目

1997—2010 年，全市有 18 部影视、动画作品获常州市“五个一工程”奖，其中电视剧 9 部、电视片 3 部、电影 3 部、动画片 2 部、广播剧 1 部。

1997—2010 年获常州市“五个一工程”奖影视节目作品一览表

表 37-2-6

节目、作品名称	获奖类别	出品、摄制单位	时　间
《太阳底下》（上下集）	电视剧	常州有线广播电视台、上海求索电视制作社	1997—1999
《农民陈奂生》（8 集）	电视连续剧	常州电视台、江苏电视台	
《戏梦人生》（10 集）	电视剧	常州有线广播电视台、江苏电视台	
《白色陷阱》	电视剧	常州电视台等 5 家单位	2000—2002
《我要做好孩子》	电　影	常州电视台等 6 家单位	2003—2006
《尊严》	电视连续剧	常州市电视台、亚细亚影视公司	
《如歌岁月》	电视剧	亚细亚影视公司等 5 家单位	
《结婚吧，我会更爱你》	电视剧	常州电视台、亚细亚影视公司等 5 家单位	
《中华建筑百年经典》	电视片	市委宣传部、市广电局、常州电视台等 8 家单位	
《我的香格里拉》	电　影	常州电视台、亚细亚影视公司等 3 家单位	

续表 37-2-6

节目、作品名称	获奖类别	出品、摄制单位	时 间
《游子暮归解乡愁》	电视片	常州电视台、亚细亚影视公司等3家单位	
《布兰迪和他的怪物》	动画片	常州电视台、常州卡龙影视动画产业公司、乔普动画制作公司	
《刘海粟》	电视片	常州电视台、亚细亚影视公司	
《邓稼先》	电 影	常州广播电视台、亚细亚影视公司	2007—2009
《郭海的家事》	电视连续剧	常州广播电视台、亚细亚影视公司	
《笨小孩》	电视剧		2007—2009
《太空足球》	动画片	常州广播电视台、常州卡龙影视动画产业公司	

第三章 报纸

1978年以后，常州报刊业经历重建到繁荣的发展阶段。常州日报社在提高舆论引导能力、加快媒体改革创新、深化内部制度改革和加强人才队伍建设等方面取得了较快的发展。《常州日报》由扩版转到“扩军”，增加子报《常州晚报》，《武进日报》主管单位变更为常州日报社，常州报业开始做大做强。90年代以后，网络信息技术应用于报纸。2005年，常州日报社开通常州龙网，2006年创办《常州手机报》，探索与新媒体融合的数字化转型。2008年6月30日，中国常州网与常州龙网整合成新的中国常州网。至2010年底，《常州日报》《常州晚报》《武进日报》日发行量20多万份，有80%直接进入家庭，人均占有报纸率名列江苏省辖市前茅，《常州日报》先后跨入全国地市报10强、中国创新地市报20强、中国报刊广告投放价值排行榜10强行列，印刷质量连续10年摘得全省第一名，成为省内一流的地方报刊和常州主流权威媒体；《中国剪报》多次获得优秀文摘报一等奖、全国文摘类报纸十佳、读者最喜爱的文摘报第一名、全国百家优秀报刊；《常州晚报》被评为最具成长价值媒体。

第一节 市级报纸

1980年7月，《常州日报》中断26年复刊。1993年9月13日常州晚报社成立，10月1日《常州晚报》试刊，翌年元旦正式出版，刊号为CN32-0103。2010年，常州日报社在2009年度江苏省好新闻评选中，有35件作品获奖，其中一等奖4件、二等奖18件、三等奖13件；《常州晚报》的系列报道——《刘祖民》获得全国政法好新闻一等奖；在北京召开的中国传媒大会年会上，《常州日报》被评为“中国地市报十强”第一名。

一、机构队伍

机　　构　常州日报社组织机构在历次改版中迭经调整。1997年，常州日报社被列为市委直属正处级事业单位，建立党委，实行党委领导下的社长、总编辑负责制。分别设立《常州日报》《常州晚报》编辑委员会，隶属常州日报社领导。

记者编辑队伍　1988年首批评定新闻专业高级职称10人、中级职称30人。2007年，报社与复旦大学新闻学院联合完成新闻学研究生课程进修班，59名学员经两年学习结业。2009年，报社有4人被列入全市文化系统人才培养对象，17人被列入常州市“831高层次创新创业人才培养工程”。同年，开展纪念常州日报创刊60周年，评选十佳记者（编辑）活动，童华岗、胡越、周瑾亮、谢雪梅、钱月航、陈征、李益钧、刘毅、唐磊、江婉平当选。2010年底，常州日报社有工作人员245名，其中采编校对人员140名，大专以上学历的187名，高级、中级、初级职称人员分别为21名、65名和64名。

通讯员队伍 1980年复办至2010年，常州日报社建立健全通讯网，常年坚持组建一支数千人的通讯员队伍，其中有数十人为特约记者、特约评论员，每月出版1期《常州日报通讯》，坚持每年举办多期培训班，评选表彰优秀、积极通讯员。通讯员为报纸提供大量生动活泼的稿件，成为办好报纸的重要力量。报社从1981年起聘请10余名通讯员组成评报组，每月评报。报社开设新闻热线，新闻线人通过热线电话等途径，及时提供线索。报社社会新闻部、晚报热线部在网上论坛开设了线索征求版，获取新闻线索，为通讯员施展身手搭建平台。

二、版面版式

版　　面 1986年起，《常州日报》每周出版套红的周末版，由周六刊改为周日刊。1991年8月5日，《常州日报》第一张彩色报纸出版。1992年元旦起，每星期六由4版扩为8版，原《周末版》改为增刊《延陵周末》。1993年元旦起，《常州日报》由4开4版扩为4开8版，由集中组版改为包版制。报纸版面的变化带动机构设置改变、采编体制改进，第一至八版依次为要闻、综合新闻、政法教卫和社会新闻、国内外时政、文化娱乐体育、文摘、专刊副刊和连载小说、广告。1994年，《常州日报》由4开8版小报改为对开4版大报，逢星期六出版《延陵周末》，第一至四版依次为要闻、综合新闻、专刊副刊、时事广告。

常州日报

CHANGZHOU RIBAO

国内统一刊号：CN32—0012　总编辑　王汝金

1991年8月 5 星期一 新编第2811号 农历辛未年六月廿五

常州市食品公司牛羊经营部

向您提供新鲜优质冻牛肉，实行临时降价销售，欢迎各单位、厂矿企业、个体经营者前来选购。

批价，单位：元／吨

袋装前后牛腿肉（盘冻） 6200　牛条肉 4000

箱装前后牛腿肉 6400　统货牛肉 5600　牛柳条肉 12000

联系人：孙曙初、桂云庆　电话：443101

地址：常州小东门路166号，食品公司大院内

适应经济发展 不断深化改革

我市制订专业市场优惠政策

本报讯 我市制订的计划经济与市场调节相结合的经济运行机制26条优惠政策日前出台，为加快各类专业市场的组建、培育和发展，促进我市经济建设创造条件。

我市现已拥有各类工业消费品市场240多个，生产资料市场近10个，金融市场、技术市场等专业市场也有长足发展。这对搞活我市经济，满足人民生活需求发挥了积极的作用。为进一步适应经济发展的需要，市体改委会同有关部门联合制订了《关于进一步发展专业市场的暂行规定》，给市场建设创造一个较为宽松的政策环境。《暂行规定》坚持“合理税费、灵活经营、适度管理、优质服务”的指导思想，并根据“先启动、后完善、再发展”的原则，提出26条优惠政策，在工商、税收、物价等方面给予必要的扶持，为企业或个人进入市场创造好的外部环境，以增强市场的吸引力和凝聚力。（记者　剑闻）

汤永安指出：在研究、制定经济发展的中、长期规划时——

要树立起科学的防灾观念

本报讯 各级领导、经济部门和经济理论工作者，在研究、制定经济发展的中、长期规划时，应树立科学的预防灾害的观念。这是市人大常委会主任汤永安，日前在市经济研究中心召开的《城乡经济》杂志编委会议上指出的。

汤永安强调指出，凡事预则立，不预则废。有灾不一定有害，有大灾也不一定有大害，只要各方面工作做好了，就可以把损失减少到最低限度。要防止只讲经济增长速度、不讲防灾备荒的偏面性，应当提倡建立一门“防灾经济学”，把环境保护、生态保护、水利建设、城市防洪、工厂选址等等综合起来进行研究，并进行科学治理。当前全市人民正冒着酷暑高温，抓紧恢复生产。机器转动起来仅仅是恢复生产的第一步。从现在起，我们就要把生产和防灾工作结合起来考虑和实施，不断增强抗灾能力，以保障经济建设的正常运行。（顾金林）

季允石副省长察看三一二国道常州西段

本报讯 副省长季允石和省交通厅长徐华强由洪文鑫副市长、市交通局及交通建设指挥部负责人陪同，2日察看了省重点工程312国道常州西段，慰问了灾后抓紧施工的工人。（魏伟）

唐王乡用抗洪救灾教材进行社会主义教育

激发了广大干群抗灾自救、重建家园的热情

本报讯 金坛县唐王乡党委紧紧抓住抗洪救灾这一非常经历，在全乡开展生动、直观的社会主义教育，激发了广大干部群众抗灾自救、重建家园的坚强信念和热情。

在洪涝灾害面前，唐王乡人民在党领导下以顽强不屈的英雄气概，进行抗灾斗争。该乡党委认为，特大洪灾虽然损毁了巨大的物质财富，但却给人们留下了难以估价的精神财富。应该通过广泛深入的思想教育工作，把这笔巨大的精神财富很好地利用起来，使之转化成激发全体人民抗灾自救、重建家园的强大动力。乡党委和各基层党组织积极对群众进行社会主义教育，引导群众认识社会主义的优越性。韦家村四组老村民曹金坤家先后两次被洪水围困，乡领导和村干部深夜冒雨涉水到他家，帮助转移、安置，并送来生活用品。村里还组织劳力，先后两次帮他家补种。曹金坤感触很深，他说：“解放前，我家因洪涝灾害而逃荒讨饭。可现在，在这么大的灾害面前，我一家四五口人还过得安安稳稳。危难之际见真情，还是共产党好，社会主义制度好！”

此外，唐王乡党委把弘扬抗洪救灾中所表现出的社会主义团结协作精神作为社会主义教育的一个重要内容，从而提高了群众对团结协作重要性的认识。马场村圩堤较低，在洪峰涌进圩区的危难时刻，附近4个村和5个乡办企业的干部群众从四面八方奔向险区，先后进行了5次大规模抢险，硬是用近万只草包和编织袋筑起了第二道防线。这个村的村民衷扣洪激动地说：“多亏团结协作的社会主义风格，才保住了我们全村几百户人家和近千亩粮田。往后，我们干社会主义就是要发扬这种团结协作的劲头。”

唐王乡党委还在全乡大力宣传抗洪救灾中涌现的社会主义新人新事新模范。他们通过有线广播自办节目和抗洪救灾快报等多种途径，及时宣传了马场村共产党员孙和平在亲人去世的时刻，抱病奋战洪涝、累倒险地不下火线，土山村妇女张友兰危急关头挺身而出指挥堵洪，韦家村村民组长张玉忠家被水困，四过家门而不入坚守险区四天四夜等先进事迹。从而激励了全乡广大干部群众抗灾自救、重建家园的积极性。（叶林生）

武警常州支队积极投入抗洪救灾工作，转移居民、筑堤排涝、清运垃圾、抢运物资赢得了人民的爱戴。

图为7月30日西新桥街办和居委会干部，热情为冒暑来新村义务劳动的武警战士送上甜润的西瓜。　刘克林摄

采用高技术　革新印刷术

本报彩色印刷试印成功

本报讯 今天，《常州日报》彩色印刷试印成功。这标志着本报的印刷进入了一个新的时代。

昨天星期日，江苏省报协会长潘士璞亲临印刷车间进行指导，并对彩色印刷试印成功表示祝贺。他说，《常州日报》彩色印刷是我省报纸印刷技术的重大突破，在全省地、市、县报中，是第一家。

本报印刷技术改造是在市委、市政府领导同志直接关心下进行的。去年7月，市委常委、市长办公会先后两次听取本报工作汇报，并明确指示要把印刷技术改造工作抓紧抓好。今年春节，市委书记陈玉英、市长杨晓堂，副书记曹镜成，常委、市委宣传部长赵颐盘，副市长陈三林、张东桂等领导来社慰问时，提出今年下半年要把印刷技术改造搞好的要求。本报印刷厂精心组织，终于在7月1日采用激光照排版面、胶印印刷本报，改变了本报原来那种图片不清，版面呆板的面貌，告别了铅与火，迎来了光与电，改善了生产条件，提高了报纸印刷质量。经过一个多月的努力，终于在今天试印成功彩色报纸。

在试印过程中，新华日报派行家临场指导。

常州快讯

前线歌舞团慰问102医院医护人员

南京军区前线歌舞团一行36人前天来到我市，向在抗洪抢险斗争中做出贡献的驻常102医院医护人员作慰问演出。（王建武）

●香港爱国同胞高杏红先生捐赠给家乡救灾的6万公斤超级面粉3日抵达金坛县。（聂荣庆　尹伏元）

香港女作家金东方捐款3000港币

常州市文学艺术基金会理事、香港女作家金东方，日前通过常州市文联向遭受洪涝灾害的我市人民捐款3000港元。（清）

深入流通体制改革　进一步培育和发展市场

本报评论员

业市场的暂行规定》，目的就是推动各类专业市场正常运行、蓬勃发展。

市场是发展商品经济的舞台，没有兴旺发达的社会主义市场，便不能推动社会主义商品经济的发展，因此，政府要通过培育市场，以市场来引导生产，这既是对搞活企业，特别是搞活大中型企业的基本要求，也是当前经济发展所迫切需要重视和解决好的问题。在灾后的恢复生产过程中，交通运输、合同兑现、货源组织、资金到位、生产组织等方面存在着一系列困难和矛盾，在这样的情况下，更要确立灾后的市场意识，一着不让地抓好市场建设，把恢复生产和调整产品结构、加强营销工作结合起来，赢得更好的经济效益，保证生产和生活的正常发展。只有这样，才能使我市经济、社会的振兴计划和战略目标宏图展现，取得腾飞！

地处长荡湖畔的金坛县儒林乡柚山村，1700亩鱼塘被淹。在地方政府的帮助下，目前已重新投放一龄鱼250万尾。　江荣进摄

1991年8月5日《常州日报》首次全彩印刷（摄于1991年8月）

2004年9月，《常州日报》完成历年最大一次改扩版，由每周68个版扩至108个版，分出A叠、B叠，把B叠作为新亮点、新卖点，既履行了党报的职能，着力提高权威性、指导性，又追求可读性、贴近性，走向市场。《常州晚报》第一至四版分别为综合新闻、社会生活、专刊副刊和文化体育。同年，《常州晚报》由每周152个版扩至228个版，每天《本地新闻》由4个版扩至8～10个版：A1版为《导读》、A2～3版为《要闻纵览》、A4～5版为《社会大观》；B1版为《国内新闻》，B2版为《国际新闻》，B3版为《办事指南》，B4版为《体育新闻》等，其他版面轮次刊登《金坛、溧阳新闻》《健康沙龙》《家庭理财》《新闻追踪》《家庭·人情·世故》《小说连载》等栏目。2006年12月

18日《常州晚报》实行早出，每天版面由24版扩至32版乃至44个版。2009年7月1日是《常州日报》创刊60周年纪念日，出120个版，创日报出版数的新纪录。

版　式　《常州日报》在版式设计上一直采用中国传统的线形结构、穿插式版面，活字、横式手工排版，黑白单色印刷。1991年5月28日告别“铅与火”，改为激光照排，由铅印改为胶印，单色改为彩色。8月5日常州报业史上第一张彩色报纸诞生。报纸字号字体、装饰式样增加后，实行套色、彩色印刷，版面语言更加丰富多彩，富于变化。1994年1月《常州晚报》创刊后沿用4开小报；《常州日报》改为对开大报，每版扩为8栏、126行。两报均改原来正文竖排、标题竖排为现代的板块式结构，采取相对稳定的静态式编排，简洁明快；标题改为横排，醒目匀称大方。板块式版面结构有时采用两版通排、几何变形等艺术处理方法，图文并茂。报纸由读文时代进入读图时代后，《常州晚报》头版刊登大幅照片，增强报纸的视觉冲击力。

三、编　辑

1999年常州日报社投资300万元，实施采编和办公自动化网络工程。翌年3月，常州日报社开始全流程上网操作。2004年，按照科学合理、安全可靠、适当超前的原则推进网络改造。9月，新闻业务运行信息平台成功升级，完成网络的转换衔接。至2005年，共投入1000万元进行网络升级改造，网络系统、广告系统、发行系统和办公EIP系统全部建成，实现采编、广告、印刷、发行相关资源的共享使用。

四、广告经营

1981—1983年是常州日报社广告的复苏阶段，年均广告营业额皆未突破20万元。1984—1987年，常州日报社实施财务改革，实行自主经营、自收自支、自负盈亏，主要经费来源是广告收入。组建广告科，广告约占版面的八分之一，逢重大节日、重要活动推出广告增刊，广告经营额开始翻番，1987年突破百万元。1988—1993年，报社实行目标管理责任制，每年按广告营业额递增比例奖惩。1993年，完成1152万元。1994—2006年，广告源逐步分流，广告部主动开发广告品种，拓展市场，挖掘广告源，先后开辟《房地产信息》《电子世界》《现代装饰》等广告专栏。2006年广告经营额首次突破1亿元。2007—2010年，广告部推行广告指标的二级承包，通过抓广告龙头大户，拉动广告总量攀升，采取强化专版版面及活动策划等举措，广告收入大幅增长。2008年，面临全球金融危机对报业经济的冲击，完成广告收入1.37亿元。2010年，报社宣传经营“两分离”的改革得到实质性推进，常州市报业广告中心被认定为全市首批转制文化企业。同年，广告总收入达1.42亿元，连续三次跨入中国报刊广告投放价值排行榜“城市日报十强”。2010年，《常州晚报》首次入选为最具成长价值媒体。

根据中共中央宣传部、新闻出版署(总署)的要求，报社既要办好报纸，又要开展多种经营。1983年以后，常州日报社兴办新谊摄影图片公司等近10家经济实体，年均创收近50万元。1993年在东南开发区征用土地13亩，建造印刷厂车间、纸库和综合楼。1997年常州新闻大厦竣工后，余房租赁，房租收入逐年增长，2010年租金达459万元。

五、印刷发行

印　刷　1983年，报社印刷厂在大庙弄兴建的5层办公楼落成。常州日报社印刷厂坚持建厂办报、以厂养报，实行上缴利润承包责任制。1986年春，开始承接彩色胶印业务。1990年2月，印刷厂投资100万元购置的两套华光N型电子出版系统联机，实现报纸由铅印改为胶印，用于常州专业报、企业报的排版，为当时全省内市级报社中的首套激光照排系统。1991年6月28日，《常州日报》开始激光照排出报。8月5日新安装的PJ2787-02卷筒纸轮转胶印机印出《常州日报》第一张彩报，常州日报社成为全省首家出彩报的市县报社。2001年11月8日，报社印务中心厂房在新北区龙虎塘仙龙工业园奠基。至2003年，《常州日报》印刷质量在全省地市报评比中获“九连冠”。2005 年 7 月 28 日，投资 6000 多万元的现代化报业印刷基地竣工，两报在新的印务中心印刷，印刷厂实力大幅提升，日均报纸印刷总量达 90 万对开张，社会印务明显增长，印刷质量稳步提高，2009 年、2010 年被省报协评为印刷质量第一名。

发　行　1989 年，市委批准《常州日报》从 1990 年开始由邮局发行改为自办发行，全市建立 7 个发行站，聘用不在编的发行投递员 241 人，先后购置汽车 9 辆，开辟投递线路 5 条。自办发行节约了发行费用，提高了投递质量，报纸发行量逐步上升。1997 年，《常州日报》期发行量达 8.2 万份，《常州晚报》期发行量达 5.5 万份，发行绝对数、市民占有量名列全省市报前茅。2000 年，常州日报社设立投递监督专线，加强监督考核，严格奖惩，《常州日报》总发行数的 61%、《常州晚报》总发行数的 88% 进入家庭，确保投递差错率在万分之一以内，被中国记协、全国报刊自办发行协会评为先进集体。2006 年起，停止广告换发行、版面换发行、发行送礼品和有奖订阅等传统做法，采取了强化滚动订阅、零售网点发行等措施，开展“百日投递无差错”活动，巩固了此后几年的发行。2009 年，承担《武进日报》发行，在全市 90 多所中小学中发展小记者协会会员 8500 名，报刊征订量平稳增长。2010 年，3 家报纸发行总量实现突破，其中《常州日报》总发行量 2652.6 万份、《常州晚报》总发行量 2790 万份，《武进日报》适度增长，提高了党报的辐射力、影响力和市场覆盖面。

第二节　辖市区报

一、武进日报

创办于 1955 年，60 年代停刊，1994 年 1 月 1 日复刊，刊号 CN32-0116。为 4 开小报，每天出 16～20 版，彩色印刷。2007 年 1 月 1 日全新改版，第一版为《导读》、第二至三版为《要闻》、第四至六版为《民生》、第七至十三版为《专刊副刊》，第十四至十五版为《特稿连载》。2010 年日发行量 4 万份，广告创收突破 1300 万元，连续 9 年位居全省同级报纸前列。

二、金坛日报

1995 年经新闻出版总署批准复刊，中共金坛市委主办，金坛日报社编辑出版，4 开 16 版，每周 5 刊，刊号 CN32-0117。2004 年 1 月 1 日起停刊。

三、溧阳日报

1991 年 5 月创刊，溧阳市委主办，溧阳日报社编辑出版，4 开 16 版，每周 6 刊，刊号 CN32-0088。2004 年 1 月 1 日起停刊。

第三节　其他报纸

一、中国剪报

1985 年 8 月 8 日，市经济委员会工业经济研究室主任王荣泰创办常州工交经济信息网络剪报中心，从报纸上剪辑有参考价值的资料分门别类，为常州工业、交通系统的重点企业、重点产品提供专题剪报服务。次年，相继成立江苏、全国经济信息网络剪报中心（简称“剪报中心”）。开发报刊信息资源，为全国的企业、政府部门和个人提供报刊的经济信息剪报服务。新华通讯社曾以《中国最大的剪报中心在常州建立》为题，用 6 种文字向国内外播发新闻。剪报中心创业初期，从全国 1000 余种报纸上选取实用信息，按照不同的行业、产品、读者对象和需求分类裁剪，编辑成 100 余种不同信息的版块，复印成 A3 幅面的报纸，寄发到订户手里。1986 年，

《人民日报》报道常州剪报中心一年为企业提供信息7万余条，为企业创造效益几千万元。常州剪报中心创办5年后，创办报纸《中国剪报》。1991年元旦，《中国剪报》经新闻出版署批准在常州创刊，由国家信息中心、江苏省经济信息中心、常州市经济委员会联合主办，向全国公开发行。次年5月，《中国剪报》迁至北京出版，主管部门为国家信息中心。《中国剪报》信息量大，以多取胜，以“精”见长，每期刊载文章约100篇、约5万字，年均转载文章约1万篇、总字数约500万字。2005年，剪报社创办向全国发行的《特别文摘》杂志。2010年，《中国剪报》在全国有20多个分印点，发行到全国31个省、直辖市、自治区，总发行量8913.3万份，期均发行61.05万份。读者节活动统计数据显示，3年及以上的老客户占调查总数的86%，自费订阅率达92.7%。至2010年，《中国剪报》出版146期，刊发文章1.05万篇，近730万字。

二、常州广播电视报

1987年8月31日，《常州广播电视报》经省新闻出版局重新登记，报经新闻出版署同意，核发刊号CN32-0006。翌年2月8日成立常州广播电视报社，为市广播电视局直属正科级全民事业单位。1990年8月13日，新闻出版署同意该报转为正式报纸，重新编发刊号CN32-0081。1991年1月《常州广播电视报》在常州市首家采用计算机录入、激光照排系统、胶版印刷，提高了报纸的印刷出版质量。1992年期均发行36.23万份，年底最大期发行量近38万份，成为常州市期发行量最大的报纸。1993年开始由4开4版扩大为4开8版，同年10月2日入选新闻出版署举办的首届中国报刊博览会。1995年1月起，每月末一期扩版为4开16版，8月26日获中国广播电影电视报刊协会综合质量评比一等奖。1996年9月26日，《常州广播电视报》第一张彩色报纸印出。1998年1月，《常州广播电视报》更名为《常州广播电视》。至1999年7月30日，出版1000期，1999年报社广告创收达历史最高的1200万元，稳步进入全国广电报创收前5名的行列。进入21世纪后，平面媒体的竞争愈益激烈，网络普及对广电报的压力增大。《常州广播电视》每年改版扩版，版面扩大为4开48版，逐步由文化娱乐向集新闻、娱乐、生活服务于一体的都市周报转型。2010年为常州广播电视学会主办的周报，刊号CN32-0082。全年出版52期，总发行量385万份，期均7.4万份。

三、高 校 报

《常州大学报》 始创于1987年5月25日，为半月报，原名《江苏石化学院报》，中共常州大学委员会主办，刊号CN32-0824G。

《江苏技术师范学院报》 为半月报，中共江苏技术师范学院委员会主办，刊号CN32-0857G。

《河海大学常州校区报》 为半月报，中共河海大学常州分校委员会主办，刊号CN32-0856G。

《常州工学院报》 为半月报，中共常州工学院委员会主办，刊号CN32-0862G。

四、其他报纸

《戚墅堰机车》报 1954年7月12日，戚墅堰机车车辆厂创办《工厂生活》报，8开4版，周二刊，发行900多份。1983年2月7日，《工厂生活》报复刊，为4开4版，周报。1991年起，实施电脑照排和胶印，发行量升至近6000份。1999年起，该报在工厂局域网上出版电子版，进入数字化时代，增强了宣传效果。2008年1月28日，中国南车戚墅堰机车有限公司成立，报纸更名为《戚墅堰机车》报，准印证号JS-D048，为4开4版，周报。

《常州教育》报 创刊于1991年10月12日，是市教育局主办的内部资料，4开4版，半月报，每月15日、30日出版，第一至四版分别为教育要闻、综合新闻、教育教学论文和教育文艺副刊版。特刊彩色版《常州教育·希望版》在全市初中学校学生中内部交流，第一至四版依次为校园动态性消息、树人版、金钥匙和副刊版，设有《青春风采》《校园速递》《写作指导》《青与蓝》等栏目，重在学习方法的指导及各学科重难点解题技巧的介绍，指导学生掌握学习方法、培养文学新人，丰富学生校园生活，图文并茂，可读性强。准印证号JS-D040，为4开4版，半月报。

《今日常柴》报 原名《常柴报》。1989年12月成立常柴厂报编辑部。1990年3月，发行量增至每期2000份。1994年5月，工厂改制为常柴股份有限公司上市，当日第628期《常柴厂报》恢复为《常柴报》。1998年1月，《常柴报》转为内部资料，准印证号JS-D009，1998年1月从759期起更名为《今日常柴》。2009年6月底，实现数字化编辑。至2010年5月，《今日常柴》累计出版1200期。

2010年常州市其他连续性内部资料性报纸一览表

表37-3-1

出版物名称	准印证号	出版周期	开本	主办单位
常州民间文艺	JS-D066	月　刊	4开4版	常州市民间文艺界协会
锦绣天宁	JS-D007	半月刊	4开4版	中共常州市天宁区委宣传部
连心桥	JS-D014	月　刊	4开4版	常州市烟草专卖局
常州交通运输	JS-D002	旬　刊	4开4版	常州市交通运输协会
常州交运	JS-D041	半月刊	4开4版	常州公路运输集团有限公司
常州工程学院	JS-D003	月　刊	4开4版	常州工程职业技术学院
常药人	JS-D010	月　刊	4开4版	常州制药厂有限公司
常州机电学院	JS-D011	月　刊	4开4版	常州机电职业技术学院
中天钢铁	JS-D013	半月刊	对开4版	中天钢铁集团有限公司
东风农机	JS-D018	月　刊	4开4版	常州东风农机集团有限公司
常州创意	JS-D071	月　刊	4开4版	常州市常州创意产业基地管委会
武医通讯	JS-D072	月　刊	4开4版	常州市武进人民医院
中盐人	JS-D077	月　刊	对开4版	中盐常州化工股份有限公司

第四章　期刊

1986年以后，随着计划经济向市场经济的转变，常州期刊界开始确立市场意识、营销意识，实行企业化管理。全市期刊使用激光照排、电脑分色及国际先进的印刷机械。文学期刊《翠苑》在保持原有办刊风格的情况下，精耕细作，以优秀的作品赢得读者，巩固并拓展了读者群，为传承地方文脉、培养文学新人作出贡献。《常州年鉴》《武进年鉴》等综合年鉴获得中国年鉴研究会、中国出版工作者协会年鉴工委授予的全国年鉴编纂质量、编校质量评比特等奖、一等奖等。《特别文摘》多次被中国期刊协会评为编校质量优秀期刊，获得国家出版发行认证奖等。《染整技术》《职教通讯》被评为江苏省一级期刊。

第一节　综合性期刊

综合性期刊主要有常州市地方志办公室编辑出版的年刊《常州年鉴》和辖市（县）区地方志办公室编辑的《武进年鉴》《金坛年鉴》《溧阳年鉴》，市社科联主办的双月刊《常州社会科学》和市委党校主办的季刊《常州论坛》等［《常州年鉴》及其他市（县）、区年鉴详见第三十六卷“文化　艺术”第八章“地方志事业”第二节“年鉴编纂”]。《常州社会科学》前身为《常州社科通讯》，1987 年 4 月创刊，原为市社科联主办、主管的季刊。自 1990 年第 1 期开始由市社科联与市职工思想政治工作研究会合办。1991 年更名为《常州社会科学》，改为双月刊。1994 年改由市社科联主办，组织各领域的学术理论文章和调研课题报告，先后设置《深化改革》《精神文明建设》《民主法制》《财税金融》《农村经济》等 40 多个栏目，成为常州哲学社会科学理论研究的平台。

第二节　文化艺术期刊

常州的文化艺术期刊主要有市文联主办的《翠苑》，金坛市文联主办的《洮湖》，溧阳市文联主办的《天目湖》，中共常州市委党史工委、市地方志办公室等单位主办的历史文化季刊《龙城春秋》及市文广新局主办的《常州文化产业》等近 10 种。

一、文艺期刊

《翠苑》杂志　是常州市唯一面向全国公开发行的文学双月刊，由市委宣传部主管，市文联、常州日报社主办，中天钢铁集团有限公司协办，刊号 CN32-1009。《翠苑》创刊于 1980 年。1992 年，翠苑编辑部转为自收自支性质的翠苑杂志社。1992—2002 年，刊物进行了艰难的市场化探索，改革过程几经曲折。2002 年，市文联党组决定将刊物重新恢复为纯文学性质。2005 年被省新闻出版局评为江苏省一级期刊。2009 年 12 月，《名家构筑》栏目获江苏期刊“明珠奖”。2009 年 1 月，杂志社由自收自支事业单位恢复为全额拨款事业单位。主要栏目有《名家构筑》《常州作家》《本土文本》《原生写作》《才情江南》《毗陵艺谭》《中吴风色》等。每年都有小说、散文、诗歌作品被全国知名文学刊物转载。办刊宗旨是“关注文坛实力作家、确立培养文学新人、繁荣文学事业、丰富群众生活、提高审美情趣”。

《洮湖》杂志　1997 年 7 月创刊，金坛市文联主办，16 开 72 页，封面由人民日报社原社长、书法家邵华泽题字。创刊号封面摄影《渔光曲》入选全国第十八届摄影展。《洮湖》始为季刊，2006 年 1 月改为双月刊，刊登小说、散文、诗歌、报告文学等各种体裁的文学作品，作品 80% 以上是当地作者作品，全国著名作家范小青、储福金、赵本夫、黄蓓佳、姜琍敏、徐锁荣等常为刊物撰稿。作品多次被《人民日报·海外版》《经济日报》《雨花》《中篇小说选刊》等报刊转载。准印证号 JS-D044，至 2010 年累计出版发行 68 期，每期发行 2000～5000 册。

二、文史期刊

《龙城春秋》杂志前身为 1982 年 12 月 25 日创刊的《常州史志通讯》（市地方志编纂委员会办公室编印），为 16 开不定期内部期刊，1984 年第 1 期起改为季刊《常州市地方志通讯》，主要为全市“三级修志”（市、行业、基层）交流经验，提供信息，业务指导服务，内容侧重介绍史志知识、全市各行业修志动态，设《方志探讨》《史料研究》《史志知识》《毗陵胜迹》《兰陵轶事》等栏目。1986 年第一期更名为《常州方志》，改为彩印，新增《争鸣园地》等栏目。1988 年第 1 期（总第 23 期）起，改由市地方志编纂委员会办公室、市地方志协会主办，刊载地方文史性文章逐步增多，随着第一轮基层志、行业志陆续出版，开始修改办刊宗旨。1991 年第 1 期更名《龙城春秋》，调整充实内容和装帧，朝文史刊物方向发展，先后设《方志探讨》《毗陵胜迹》《晋陵艺文》《史海钩沉》《人物述林》《经济纵横》《百年老店》《民情风俗》等栏目。

进入 21 世纪后，《龙城春秋》不断更新栏目，主题鲜明，基本转向文史刊物。2000 年第 3 期（总第 74 期）起，改由市委党史工委和市地方志办公室、市政协学习与文史委员会、地方史志年鉴学会联合主办，以展历史画卷、汇改革新潮、集文史精华、纪风云人物为办刊宗旨，版式设计注重美观大方，图文并茂，16 开 48 页加彩色封页。2001 年由普通 16 开本改为大 16 开本。2006 年创刊 100 期时，从《人物述林》《史海钩沉》《文苑撷英》《名胜古迹》《百年老店》《掌故轶闻》《民间传说》等栏目刊登的文章中，精选部分文章汇集出版一本融史料性、知识性、可读性于一体的文史读本《龙城春秋百期选编》。准印证号 JS-D031，至 2010 年，改为 A4 国际标准刊本印刷。

第三节 科技教育期刊

一、科技类期刊

1985 年以后，常州曾编辑、出版科技期刊 16 种。

《印染助剂》杂志 1984 年 11 月创刊，江苏省印染助剂科技情报站和常州化工研究所主办，1985 年成为中国印染助剂行业协作组会刊，刊号 CN32-1262/TQ。主要报道纺织印染助剂新产品的研制与开发，印染助剂生产新工艺、应用新技术及分析测试新方法；介绍国内外纺织印染助剂发展最新动态，为科研、生产、应用传递信息。刊物为国家中文核心期刊，入编《中国学术期刊（光盘版）》、万方数据—数字化期刊群和维普中文科技期刊数据库。由创刊时 48 页季刊发展为 64 页月刊，从 16 开改为大 16 开本，2009 年 1 月成为中国染料工业协会纺织印染助剂专业委员会会刊，2010 年底改为双月刊。

《涂料技术与文摘》杂志 1962 年创刊，刊号 CN32-1155/TQ，原名《涂料文摘》，1978 年经国家科委批准成为中国唯一报道国内外涂料涂装技术文献的检索类刊物。2002 年 5 月起与《涂料技术》合并，更名《涂料技术与文摘》。2005 年着手与《涂料涂装资讯》合刊，经过 1 年整合，2006 年由双月刊变更为月刊，页码 48 页。整合后的《涂料技术与文摘》贴近企业，走近市场，是相关专业科研、管理、生产、市场人员必备专业刊物，是中国学术期刊综合评价数据库来源期刊，及万方数据—数字化期刊群全文上网期刊。2010 年底改为双月刊。

《工矿自动化》杂志 1973 年创刊，国家煤矿安全监察局主管，煤炭科学研究总院常州自动化研究院主办，原名《煤矿自动化》，是中国唯一集中报道煤矿自动化、信息化、数字化等领域新技术、新成果、新工艺及新动向的专业技术期刊。2002 年更名为《工矿自动化》，成为中国煤炭学会煤矿自动化专业委员会、中国煤炭工业技术委员会信息与自动化专业委员会学术交流的会刊，被中国科学技术信息研究所选为中国科技论文统计源期刊（中国科技核心期刊），被中国期刊网和《中国学术期刊（光盘版）》全文收录，被煤炭数字图书馆、英国《科学文摘》、美国《乌利希期刊指南》、美国《剑桥科学文摘》、波兰《哥白尼索引》等检索刊物和数据库收录。刊号 CN-32-1627/TQ，2010 年底改为双月刊。

《涂料工业》杂志 创刊于 1959 年，原化工部涂料研究院主办，是中国涂料行业办刊历史最长，融学术性、知识性、实用性和行业信息于一体的权威性、专业性科技期刊。该杂志于 1981 年开始在国内外公开发行。1995 年改版，按标准大 16 开本印刷。2001 年被新闻出版总署评为中国期刊方阵双效期刊，2004 年起被中国科学技术信息研究所评定为中国科技论文统计源期刊（中国科技核心期刊），同年起入编北京大学图书馆等机构出版的《中文核心期刊要目总览》，2008 年起被中国学术期刊评价委员会、武汉大学中国科学评价研究中心评为中国核心学术期刊，2009 年起被中国科学院文献情报中心收录在中国科学引文数据库来源期刊的核心库中。刊号 CN-32-1154/TQ，2010 年底改为月刊，为中海油涂料化工研究院主办。至同年末，累计出刊 350 期，刊登 5670 余篇文章、2835 万字。

《染整技术》杂志 中国纺织学会染整专业委员会、江苏省纺织工程学会、常州印染科学研究所主办，月刊，创刊于 1979 年，刊号 CN32-1420/TQ。主要刊登印染新工艺、新流程、新材料方面的科技成果，期刊入选《万方数据—数字化期刊群》《中国核心期刊数据库》《中国学术期刊（光盘版）》。2010 年底改为双月刊。

《国外机车车辆工艺》杂志 中国南车集团戚墅堰机车车辆工艺研究所主办，双月刊，刊号 CN32-1182/

U。坚持服务铁道机车车辆工业现代化，面向科研和生产，重点报道国外采用的新材料、新工艺、新技术和新装备，为铁道机车车辆行业的发展、科研人员课题立项、跟踪和借鉴世界最新工艺技术与制造修理技术的发展趋势提供参考，主要栏目有《动态综述》《生产技术》《试验研究》《新材料新工艺》《诊断检测》《国外厂家》等。

《机车车辆工艺》杂志　1964年创刊，中国南车集团戚墅堰机车车辆工艺研究所有限公司主办，双月刊，刊号CN32-1181/U，主要服务铁道机车车辆工业现代化，以铁路运输的提速为契机，及时报道机车车辆、轨道交通装备在材料、工艺和制造技术方面的新成果、新经验，跟踪行业发展趋势，推动铁路工厂、机务段、车辆段在制造和机车车辆修理行业的技术进步，主要栏目有《研究开发》《综述述评》《冷热工艺》《试验检测》《关键零部件》《计算机应用》《工装设备》《现场经验》等。

《铁道机车车辆工人》杂志　1993年创刊，中国南车集团戚墅堰机车车辆工艺研究所主办，月刊，刊号CN32-1354/U。以铁路机车车辆工业为主要报道内容，面向全路技术人员和技术工人，介绍国内外机车车辆发展的新技术、新工艺和新材料，及时报道各制造工厂、路局、段、所的各种实践经验，为工艺技术人员和一线工人提供借鉴，主要栏目有《专题论述》《设计研究》《现场检修》《计算机应用》《质量管理》《国外科技》等。

《江苏氯碱》杂志　1982年6月创刊，江苏省氯碱工业协会主办，集中报道国内省内氯碱行业的热点难点，分析国内外氯碱行业的发展战略和趋势，评述国内外氯碱化工技术以及氯碱产品开发的最新进展，预测世界氯碱化工产品的市场趋势，综合国内氯碱以及相关行业的信息，交流省内氯碱企业科学管理经验，产品转型升级结构调整信息，新品开发动态等，设有《政策导向》《综述与分析》《调研报告》《技术专论》《安全标准化》《节能减排》《环境保护》等栏目。2010年底为16开，双月刊，准印证号JS-D047。

《常州科技》杂志　2008年创刊，是市科技局主办的综合性科技月刊，主要解读创新政策，展示创新成果，服务创新企业，设有《高新产业》《产学研合作》《知识产权》《科技动态》《创业创新》等栏目，成为展示常州科技创新创业成效，传播科技政策信息的窗口和桥梁。至2010年，累计出版30期，发行3万余份。

2010年常州其他科技期刊一览表

表37-4-1

刊名	刊号或准印证号	刊期	主办单位
《轨道交通装备与技术》	CN32-1354/U	月　刊	南车戚墅堰机车有限公司
《常州实用医学》	JS-D049	双月刊	常州市医学会
《戚机科技》	JS-D050	季　刊	南车戚墅堰机车有限公司
《电刷镀技术》	JS-D051	季　刊	南车戚墅堰机车车辆工艺研究所
《气雾剂通讯》	JS-D052	双月刊	常州市气雾剂研究所

二、教育类期刊

《常州大学学报》　2010年4月江苏工业学院更名常州大学，《江苏工业学院学报》更名为《常州大学学报》，分为自然科学版和社会科学版。

自然科学版　1989年创刊，刊号CN32-1780/T，季刊，80页。学报围绕学校优势学科创新栏目，先后开辟《化学工艺》《材料科学与工程》《分离工程》《油气储运工程》《安全工程》等栏目。据中国知网同年度发行与传播统计报告显示，2009年度有10个国家和地区的机构用户3352个，其中中国大陆地区机构用户3322个，海外机构用户有美国国会图书馆、法国国防部、拜耳生物科学、日本图书馆、新加坡图书馆等世界知名的高端用户30个；个人读者分布在19个国家和地区。2010年继续保持中国科技核心期刊、江苏省一级期刊称号。至2010年底累计出刊22卷82期。

社会科学版 2000年创刊，季刊，刊号CN32-1720/C；每期112页。2006年起设立《哲学研究》《政治·法学研究》《经济·管理学研究》《环太湖经济圈研究》《历史学研究》《语言·文学研究》等栏目，至2010年底累计出刊11卷42期。据2010年度中国知网发行与传播统计报告显示，2009年度机构用户2404个，分布在22个国家和地区，其中中国大陆地区有机构用户2174个，海外机构用户有大英图书馆、剑桥大学、牛津大学、芝加哥大学以及哥伦比亚大学等高端用户230个，中西欧机构用户111个，北美机构用户45个；个人读者分布在27个国家和地区。

《常州工学院学报》 社会科学版 1983年11月创刊，刊名《常州教育学院学刊》，季刊。1995年公开发行，更名为《常州教育学院学报》。2001年11月，江苏省常州师范学校、常州教育学院、武进师范学校合并，组建常州师范专科学校，学报更名为《常州师范专科学校学报》，改为双月刊。2003年9月，常州师专并入常州工学院，学报更名为《常州工学院学报(社科版)》。2005年10月，改为双月刊，刊号CN32-1732/C。重点栏目有《常州文化》《四海论坛(世界华文文学研究)》《心理学》《经济管理》《文学》《艺术》《语言文字》《法律社会》等。学报相继加入《中国期刊全文数据库》《中国学术期刊综合评价数据库》《中国核心期刊(遴选)数据库》《万方数据—数字化期刊群》等数据库。

自然科学版 季刊，刊号CN32-1598/T。至2010年底，负责人为马树杉。

《常州信息职业技术学院学报》 2002年9月创刊，常州信息职业技术学院主办，刊号CN32-1688/Z，季刊。主要刊载高等职业教育科研成果，探索高等职业技术教育的对策，研究高等职业教育技术应用型、操作型人才培养的规律和方法，为教科研工作服务。2009年11月，被全国高职院校学报研究会评为“十佳学报”。学报加入《中国学术期刊综合评价数据库来源期刊》《中国期刊全文数据库收录期刊》《中文科技期刊数据库》原文收录期刊、《中国核心期刊数据库》收录期刊。

《常州教师教育》 由市教育局主管、主办。1989年，江苏省常州师范学校创办《常州初教》，先后更名为《常州初等教育》《常州基础教育》。2001年由新组建的市教师培训中心承办，刊名改为《常州教师教育》。2010年底，为16开，月刊，准印证号JS-D036。

《技校丰采》 1996年10月创刊，市技工教育教学研究室主办，市人力资源和社会保障局主管，是全省唯一面向技工院校师生的刊物。每年9期，每期64页，以学生撰写的文章为主。至2010年，累计出刊108期，发表学生作品达2500多篇，年发行20万册。2010年底，为32开月刊，准印证号JS-D046。

2010年常州市其他教育类期刊一览表

表37-4-2

刊物名称	刊号、准印证号	刊期	主办单位
《江苏技术师范学院学报(自然科学版)》	CN32-1733/N	月　刊	江苏技术师范学院
《江苏技术师范学院学报(社会科学版)》	CN32-1721/G4	月　刊	江苏技术师范学院
《河海大学常州分校学报》	CN32-1591/T	季　刊	河海大学常州校区
《常州机电职业技术学院学报》	JS-D059	季　刊	常州机电职业技术学院
《省建设高等学校学报》	JS-D012	季　刊	江苏省常州建设高等职业技术学校
《常州广播电视大学学苑》	JS-D042	季　刊	常州广播电视大学
《辅导员文汇》	JS-D076	双月刊	常州机电职业技术学院
《常州终身教育》	JS-D078	季　刊	常州市教育局

第四节　政治法律类期刊

1985 年以后，常州曾编辑出版政治法律类期刊 14 种。市政府经济研究中心、市政府研究室等部门编印了一批内部刊物，刊发了研究常州经济和社会发展的大量调研报告、文章。1986 年始编《经济参考资料》，至 1991 年累计编印 90 期。1986—1987 年编印《经济动态与信息》（选编）27 期。1989 年始编《参阅文稿》7 期，翌年停编。1988—1995 年编印《城乡经济》100 期（含 1992 年、1995 年的增刊各 2 期）。1994 年始编《战略研究简报》14 期。2001—2004 年编印《决策参考》56 期。1996 年始编印《经济时刊》，1998 年停刊，2001 年复刊，至翌年底累计编印 50 期。2005 年，市政府研究室开始编印《调查研究报告》，连续编印至 2010 年底，累计编印 100 期。

一、政治类期刊

《开创》杂志　前身为 1983 年 10 月 18 日由市委办公室创办的不定期刊物《情况简报》，每期印 2000 份，后更名为《常州通讯》。1986 年 1 月 15 日由市委办公室、研究室编辑。1991 年改为半月刊，成为常州市宣传贯彻中共基本路线和方针、政策的重要阵地，反映市委中心任务和重大部署的重要喉舌，学习传播兄弟地区先进经验和重要信息的渠道。1998 年改为月刊，2006 年起内页全部彩印，图文并茂。2010 年 1 月改为 16 开双月刊，准印证号 JS-D024。

《党风》杂志　原为市纪委于 1987 年创办的《常州纪检》。1993 年，市纪委、监察局合署办公，成立编辑室，更名为《党风》，16 开，32 页，设《纪监动态》《公仆风范》《药石篇》《案例纪实》《警钟》等栏目，反映常州纪检监察工作情况，展示党风廉政建设和反腐败工作成果，宣传勤廉先进典型事迹，深刻剖析违纪违法案件，教育引导党员干部坚持廉洁勤政、拒腐防变。印数最高 1.3 万份。2004 年用省内准印证号出版，16 开。2006 年 1 月恢复封面彩印，改为大 16 开，增加《特稿》《理论在线》等栏目，在全国同类刊物中具有一定影响。2010 年底为大 16 开月刊，准印证号 JS-D025。

二、法律类期刊

《常州法学》原名《常州法学通讯》。1986 年 8 月 26 日成立编辑部，9 月 30 日第一期出版。1988 年 4

2010 年常州市其他政治法律类内部期刊一览表

表 37-4-3

刊物名称	准印证号	刊期	主办单位
《常州统战》	JS-D017	月　刊	中共常州市委统战部
《政务通讯》	JS-D023	半月刊	常州市人民政府办公室
《常州宣传》	JS-D026	月　刊	中共常州市委宣传部
《常州组织工作》	JS-D028	月　刊	中共常州市委组织部
《常州青年》	JS-D029	双月刊	共青团常州市委
《常州残联》	JS-D020	双月刊	常州市残疾人联合会
《常州法苑》	JS-D054	季　刊	常州市中级人民法院
《常州政协》	JS-D056	双月刊	政协常州市委办公室
《研究与信息》	JS-D058	双月刊	常州市思想政治工作研究会
《武进法苑》	JS-D068	季　刊	常州市武进区人民法院

月改名为《常州法学》。1996年6月，改为双月刊，设《政法动态》《立法建议》《司法实践》《保护青少年》《案例分析》《公证园地》《律师园地》等栏目，适时更新栏目，兼具学术性、理论性、指导性和可读性，刊载文章多次被中央有关部门收入文集出版。2010年底，该刊改为16开，双月刊，准印证号JS-D035，累计出正刊125期、增刊5期。

第五节　其他期刊

一、财经类期刊

《常州财会》 1983年创刊，创刊时为不定期刊物，逐步发展为季刊、双月刊。为市财政会计学会会刊，主要栏目有《实践与思考》《财务会计》《会计政策》《财政动态》《财政管理》等。主要面向常州财政会计学会会员单位，各辖市区机关、企事业单位的财会人员、在常院校财会专业教师等发行，与兄弟城市刊物建立交流关系的200多家。2010年底为16开，双月刊，准印证号JS-D030，累计发行120期。

《常州农村经济》 1992年创刊，由市委农村工作办公室和市农村经济学会、农村经济研究所主办，设有《政策文件》《法律法规》《专业合作社》《农村动态》等栏目，用于指导农村干群学习、工作、生产经营。为季刊，48页。2010年底，改为16开，双月刊，准印证号JS-D027，累计发行86期。

《常州税务》 1985年创刊，由常州市税务学会主办，双月刊。90年代在报刊整顿中停刊，2007年复刊。围绕国、地税税收征管改革、税制改革、税收精细化管理、税源联动管理、国际税收、税务稽查等专题，推动税收管理工作，成为交流常州税务工作的平台。2010年底为16开，双月刊，准印证号JS-D055。

《古代管理思想研究》 2001年7月，由常州市古代管理思想研究会创办，季刊，内部发行。2005年获准成为江苏省内部资料性出版物。先后设置栏目62个。坚持以我为主、博采众长、融合提炼、自成一家，坚持古为今用的方针，发掘、研究中国古代管理思想的精华，结合世界企业管理实践和经验，研究中国企业管理现代化的理论和实践问题，被中国古代管理思想研究会誉为全国第一份宣传古为今用的专业内刊。2010年底，为16开季刊，准印证号JS-D057，累计刊登文章705篇，出刊39期，216万字。

2010年常州市其他财税经济类内部期刊一览表

表37-4-4

刊物名称	准印证号	刊　期	主办单位
《常州经济》	JS-D037	月　刊	常州市企业联合会
《实践与应用》	JS-D033	季　刊	常州市统计学会
《常州印刷行业》	JS-D067	月　刊	常州市印刷行业协会
《常州经济界》	JS-D075	季　刊	常州市经济学会

二、城建类期刊

《房地产权产籍》 1990年创刊，住房和城乡建设部房地产市场监管司主管，中国房地产及住宅研究会产权产籍和测量委员会主办，是全国唯一研究产权产籍管理的专业刊物，双月刊。主要宣传党和国家关于房地产管理的方针政策，研究、探索房地产产权产籍管理理论，及时反映国内外产权产籍管理的最新动态，介绍实践经验、工作成果，栏目有《理论与实践》《工作研究》《经验介绍》《文件规章介绍》《案例分析》等，向全国产权产籍管理机构和工作人员发行。2010年底为16开，双月刊，准印证号JS-D034，累计出版124期。

《常州建筑》 1987年12月，《常州土木建筑通讯》创刊，季刊，由常州建筑业协会、常州土木建筑学会、常州市建筑工程总公司联办。2003年9月更名为《常州建筑》。2004年1月与常州市建设局刊物《常州工程建设管理》合并，刊名仍为《常州建筑》，改为双月刊，由常州建筑业协会主办，常州市建设局主管，大16开，彩色封面，每期约10万字。常设栏目有《建筑设计》《建筑施工与技术》《建筑材料》《工程管理》《法律咨询》《协会工作》等。重点宣传建筑业法律、法规、行业产业政策，刊登建筑工程项目的设计、施工、管理、建材等方面的学术技术论文，反映建筑行业企业改革发展成果及行业先进典型，开展行业调查研究等。2010年底为16开，双月刊，准印证号JS-D032，累计出刊136期。

2010年常州市其他城乡建设类内部期刊一览表

表37-4-5

刊物名称	准印证号	刊期	主办单位
《常州工程造价信息》	JS-D021	月　刊	常州市工程造价管理处
《常州产权信息》	JS-D022	季　刊	常州产权交易所
《常州房地产研究》	JS-D061	季　刊	常州市房地产中介协会

三、社会类期刊

《常州工人》 常州市总工会主办，1986年5月《常州工运》创刊，为16开月刊，准印证号JS-D039。1991年改名为《常州工人》，1992年改为月刊。

《常州女性》 2006年12月创刊，常州市妇联主办，准印证号JS-D060，16开，双月刊。坚持展示巾帼风采、关注妇女问题，设有《妇联工作》《妇工五味瓶》《妇运论坛》《域外广角》《维权驿站》《巾帼风采》《女人看世界》《他读她》《赤橙黄绿青蓝紫》等栏目。

《常州劳动保障》 前身为市劳动局、劳动和社会保障学会于1988年2月创办的双月刊《常州劳动》，32开、48页。1991年改为月刊，1996年改为16开、40页，1999年改为大16开。2001年6月更名为《常州劳动保障》。主要反映人力资源和社会保障的热点难点问题，前瞻性研究成果，研究劳动关系协调、劳动争议案件处理及实体法应用，跟踪和分析前沿问题和典型案例等，以实用性、指导性、权威性受到广大读者的好评。2010年底，为市劳动和社会保障学会主办的月刊，准印证号JS-D045。

2010年常州市其他内部期刊一览表

表37-4-6

刊物名称	准印证号	刊期	主办单位
《常州人口》	JS-D015	双　月	常州市人口和计划生育委员会
《常州民族宗教》	JS-D073	季　刊	常州市民族宗教事务局
《常州红十字》	JS-D074	季　刊	常州市红十字会
《常州商会》	JS-D065	双月刊	常州市工商联
《现代报业》	JS-D062	月　刊	常州日报社
《常州广告》	JS-D069	季　刊	常州市广告协会
《小记者》	JS-D070	季　刊	常州市小记者协会

第五章　新闻传媒管理

改革开放以后，常州新闻宣传、广播电视系统和出版行业的管理体制不断变革。广电管理体制经过3次大的变革，从“一局两台、局台合一”体制，到宣传与经营两个系统的双体制，再到文化广电新闻出版合一、广播电视一台运转的体制。其间，新闻宣传部门加强宣传管理、事业管理，强化对音像制品、地面卫星接收设备、广告播放的社会管理。新闻出版（版权）部门历经3次机构改革，机构升级后，新闻出版依法行政、公共服务和市场监管的职能定位逐步明确，形成权责一致、决策科学、执法顺畅、监督有力的行政管理体制，强化了对报刊、图书发行和出版印刷行业的监督管理和服务。2010年，全市印刷行业完成总产值68.5亿元，成为常州文化产业的重要行业，初步形成以公有制为主体，多种所有制经济共同发展的出版产业格局。

第一节　广播电视管理

一、广播电视体制改革

常州广播电视管理体制进行过3次调整和改革。1986—1990年，常州市广播电视实行“一局两台、局台合一”体制。市广播电视局、常州人民广播电台、常州电视台，对外三块牌子，对内一套领导班子。1990年10月13日调整广电管理体制，实行“一局二台”的管理体制，市广电局行使统一领导常州人民广播电台、常州电视台和常州广播电视报社等直属独立单位的行政职能，调整后，常州人民广播电台、常州电视台为副处级新闻单位，广播电视报社为正科级事业单位，新体制从1991年1月1日起运行。2000年12月，市委、市政府按照党中央、国务院关于广电工作的指示，调整广电管理体制。调整后，市广电局下设宣传与经营两个大系统。宣传系统包括常州人民广播电台、常州电视台、常州广播电视报社；经营系统建立常州广播电视发展总公司，受政府委托进行广电资产经营，下设常州广电信息网络有限责任公司、常州市亚细亚影城股份有限公司、常州广播电视技术中心、常州市广播电视物业公司等。原常州电视台、常州有线广播电视台机构撤销，保留呼号，建立常州电视台，新体制从2001年1月起运行。

2007年1月28日，省机构编制委员会同意撤销常州市文化局、广电局和在市政府办公室内设的新闻出版局（版权局），组建市文化广电新闻出版局（常州版权局），统一履行文化、广播电视、新闻出版（版权）行政管理职能，新体制从2007年2月起运行。11月6日，市机构编制委员会同意常州人民广播电台、常州电视台、常州广播电视技术中心、常州广播电视报社合并，组建自收自支全民事业单位常州广播电视台，保留常州人民广播电台、常州电视台呼号，单位规格为正处级，由市委宣传部受市委委托管理。常州广播电视台主要承担宣传中共路线、方针、政策和市委、市政府的工作部署等任务，承办广播与电视节目的制作、发射、传输和播出及广播电视报等。在组建江苏省广播电视信息网络股份有限公司（简称“江苏广电信息网络股份”）后，2008年7月1日，常州广电发展总公司根据广播电影电视总局的批复、省政府关于推进广电信息网络整合和加快发展的若干政策意见，成为江苏广电信息网络股份的股东，出资额1.65亿元，占股比例为2.4%，整合成江苏广电信息网络股份的常州分公司。

二、广播电视管理

宣传管理　80年代中期起，市广电局通过开展“提高宣传质量年”等活动，逐步完善宣传管理制度，先后出台大型、重大活动报告制度，广播剧、电视剧生产报告制度和加强规范舆论监督类节目（报道）制度等若干规定，加强广电宣传管理，局所属台、报和辖市（区）广电局、台建立健全宣传管理制度及其具体实施办法。市广电局党委实行宣传工作总编辑负责制，成立市广电局编辑委员会，统一领导、直接组织新闻宣传工作，确保宣传口径一致，舆论导向正确。编委会每季度召开1次例会，传达上级宣传精神，研究布置宣传工作意见。通过对"三县一郊"的宣传工作巡回检查等措施，加强宣传管理。1993年9月11日，市广电系统新闻宣传编委会建立，武进、金坛、溧阳、郊区广电局和市电台、电视台、广电报社分管宣传的领导为编委会成员，各级广播电视宣传管理均纳入编委会职责范围。是年，实行新闻正点滚动播出机制。2002年起，除召开编委会例会外，建立宣传例会制度，由局分管领导和局总编室每月牵头组织召开1次，布置宣传任务，研讨宣传工作中的问题，交流经验。2002—2006年，新闻阅评、头条新闻检查实现经常化、制度化。1999年起，全市广电系统开展优秀记者编辑、优秀节目主持人、优秀技术人员和名牌栏目"广玉兰奖"评选活动，每两年评选1次，至2006年举办4届，评选出优秀记者编辑、优秀节目主持人、优秀技术人员80人次，名牌栏目20个次。2007年起，评选工作被列为全市新闻界的活动，由市委宣传部统一组织。

事业管理 1986年以后，制订广电事业发展规划，做好电台、电视台和广电网络的安全优质播出工作和相关规章制度的制定。1988年，市广电局技术委员会成立，主要是讨论审议事业发展规划，重大工程技术项目和技术改造方案，评审、鉴定技术革新、工程技术质量和播出质量，分析审议技术管理有关规章制度。2001年撤销局技术委员会，成立局技术管理委员会。2010年底，常州市区有广播节目5套、模拟有线电视传输节目8套，数字有线广播电视传输节目165套，其中标清153套、高清12套，数字电视用户78.56万户。

社会管理 1986年7月31日，市广电局增设音像管理科，行使社会管理职能，1999年增挂"社会管理处"牌子。2001年8月，市广电局的音像制品批发零售、出租、放映管理职能移交市文化局，撤销音像管理处，保留社会管理处，主要职能由原来单一的音像管理逐步扩大到对安装卫星电视地面接收设施和播放境外广电节目的管理，广告播放管理，互联网传播视听节目管理，视频点播管理和电视剧播放管理。

音像制品管理 1987年1月起，市广电局制定并印发《常州市录像设备和录像放映管理暂行规定》《关于加强录像放映管理，坚决查禁淫秽录像的通告》等法规性文件，着重加强对音像经营单位和音像制品市场的管理。1996年，先后出台、实施音像制品批发经营、出租经营和放映管理3个暂行规定。1997年，认真贯彻文化部《关于录像放映节目专供的管理规定》，向全市111家放映单位专供放映节目。1999年，音像管理处、社会管理处完善执法文书，全面建章立制，依法规范管理，率先在全局建立并实行公示制度，主动接受社会监督。先后建立音像制品经营单位网络管理、稽查登记、举报告示、音像制品经营单位教育例会等项制度，规范许可证审批程序、稽查程序、处罚程序和行政执法法律文书。

卫星电视地面接收设施管理 90年代初，常州市部分街道无序开发有线电视系统（即闭路电视），一些街道、新村和大型涉外企业及郊县开办的有线电视站由于缺少节目片源，纷纷擅自安装卫星电视地面接收设施，接收播放境内外卫星电视节目，以吸引观众，发展闭路电视用户。1991年，音像管理科配合相关部门，贯彻国务院、省政府召开的有线电视整顿工作会议精神，制定相关的管理暂行办法，整顿全市有线电视单位、设计施工单位。翌年，着重抓有线电视网络建设与集中供片。1993年开始管理卫星电视地面接收设施。8月20日、30日，市区小区有线电视站、郊县广电系统相继停止接收播放境外卫星电视节目；重点强化城区有线电视的节目管理，实行片源组织、计划供片、播放一条龙服务。翌年，市委宣传部和市广电局、公安局、国家安全局、工商局、电子工业局联合发布《关于加强卫星电视地面接收设施管理的通告》，排查卫星电视地面接收设施，审核审批符合条件申报的设施，拆除单位安装、违反通告规定的卫星接收设施32座、个人安装的428

座。2001年7月市政府颁发《常州市卫星电视广播地面接收设施管理办法》，全面开展专项治理。翌年，市广电局分别与武进、金坛、溧阳广电局签订《卫星电视地面接收设施管理目标责任书》，组织执法队伍在派出所、街道、居委会、物业公司的配合下，调查全市300多个小区，全市拆除非法安装的卫星电视地面接收设施532座，查获取缔1个在常州非法安装卫星电视、接收台湾直播卫星电视的团伙，查处在常州销售影视网通卡、在网上传播台湾等境外电视节目的违法行为。2003年拆除非法安装的卫星天线216座，在市区抓获6个非法安装的地下团伙。

广告播放管理　2004年，国家广电总局发布《广播电视广告播放管理暂行办法》，市广电局及时组织新闻单位学习，建立健全监督机制，强化督促检查。调整优化节目，培育品牌栏目，开发非黄金时段，创建广告新载体，规范广告内容和时间。新闻单位相继建立广告经营播出管理、广告考评、广告审片等方面的规章制度，形成广告播出前、播出中、播出后全方位监督体系。常州电台、电视台相继建立广告的播放、监听监看、审查和广告情况通报、责任追究等制度。

第二节　新闻出版管理

1986年以后，新闻出版管理重点加强出版物市场监管，强化舆论引导；常年开展“扫黄打非”斗争，净化出版物市场环境，为改革开放和现代化建设创造良好的舆论环境。1987年，市文化局设立新闻出版管理科，对外挂“常州市新闻出版管理处”牌子，1992年6月1日起划归市政府办公室管理。1994年3月23日，市新闻出版处增挂“常州市版权处”牌子，设立市版权管理处，履行著作权行政管理职能。1997年10月10日，市新闻出版局（版权局）成立。2004年6月25日，市机构编制委员会办公室出台《关于加强辖市、区新闻出版机构队伍建设的意见》，金坛市、溧阳市和武进区文化局增挂“新闻出版局（版权局）”牌子，内设新闻出版管理机构，充实执法队伍，加强行业行政管理。2005年起，发行业按照国家发行体制改革的总体要求，国营、民营发行业并驾齐驱，先后建立大型图书批销市场1个和图书二级批发单位10余家。印刷业吸收、引进国外先进技术，丰富印刷品种、提高印刷质量，印刷产业规模迅速扩大。2007年，常州市率先启动文化管理体制改革，市新闻出版局（版权局）并入新成立的常州市文化广电新闻出版局（版权局）。2010年，全行业完成产值76.54亿元。新闻出版公共服务体系建设加快，参与农家书屋工程，至2010年底，建成农家书屋744家，实现农家书屋的村村覆盖；组织实施全民阅读工程，读书节、读书日、读书周、读书月等活动广泛开展，培育良好的阅读风气。在全行业推进图书出版市场监管体系建设，深化行政审批制度改革。积极推进版权执法、服务，版权创造、流通、使用、保护的能力显著增强。

一、出版管理

1988年，市新闻出版管理处按照省新闻出版局要求，发出《关于加强对我市报刊管理的通知》，首次将全市公开发行的报刊、内部资料纳入管理。2004年10月对被新闻出版总署取缔的96种非法报刊进行市场检查。11月，市委宣传部和市工商局、新闻出版局联合开展新闻媒体不良广告专项治理活动。2008年6月组织开展打击非法报刊专项行动，为北京奥运会的举办创造良好舆论环境。2010年组织开展知识产权保护专项行动，打击网络盗版活动。

报刊审读　1988年开始审读纳入管理的报刊。1994年对全市行业报、企业报编校质量进行检查评比，促进质量提高。2000年7月，市委宣传部和市新闻出版局、新闻工作者协会联合组成报刊阅评小组，阅评全市公开出版的报刊新闻，加强新闻舆论宣传宏观管理。2006年初，按照新的审读理念和把握导向、推进业务、提升质量的总体要求，重组新的报刊审读员队伍，全过程跟踪审读《常州日报》《常州晚报》《武进日报》《常州广播电视报》和《翠苑》杂志等报刊，初步确立审读的权威性，引起报刊社的重视。

资格证书管理 2003 年，按照中宣部和广电总局、新闻出版总署《关于深化新闻出版广播影视业改革的若干意见》，新闻采编人员开始实行资格证书制度。常州市组织编入国内统一刊号的报纸、新闻性期刊的具有中级以下的新闻专业技术职称的在职新闻采编人员，参加省新闻出版局的统一培训考试，领取省新闻出版局颁发的新闻采编人员资格证书。2003 年 12 月，全市各报刊社新闻采编人员换发全国统一格式的记者证。

记者站管理 2004 年 5 月，市新闻出版局按照省新闻出版局对记者站清理整顿的统一部署，组织清理记者站及其他报刊社派驻机构 14 家，其中 10 家合法记者站重新登记，《现代快报》记者站、《江南时报》记者站新办登记手续。

二、出版物发行管理

1988 年 12 月 9 日，《江苏省书刊、音像出版发行管理条例》在省人大常委会获得通过。12 月 15 日，市政府办公室转发市新闻出版处《关于加强对我市书刊出版发行管理的意见》，提出从严格发行管理，整顿书刊发行点，继续打击非法出版活动，查禁淫秽色情出版物，建立健全县区新闻出版管理机构等 5 个方面加强书刊发行市场管理的措施，出版物发行有了法规政策依据。1989 年 4 月 25 日，市新闻出版管理处、工商局开始对书刊发行单位（点）颁发江苏省图书期刊发行许可证，凡在常州市从事书刊发行业务的单位和个人必须具备工商部门发给的营业执照、新闻出版（文化）管理部门发给的许可证方可营业，无照无证经营应予取缔；证照不全的不得从事经营活动；经营批发业务的发行单位须经市新闻出版处审查，报省新闻出版局核准。

1991 年市政府发布《常州市书刊发行业管理规定》。1999 年，新闻出版署、劳动部等 4 部委开始在出版行业（书刊发行业）实施岗位培训、持证上岗制度。2002 年，国家对出版物发行实行就业准入控制，图书出版发行员实行职业资格证书制度，分初、中、高 3 个等级，取得职业资格证书的才能从事出版物发行工作。2003 年 9 月，市新闻出版局组织法规培训和业务培训，110 名书刊发行人员参加出版物发行员职业技能考试，此项考试持续至 2010 年。翌年 6 月，新闻出版总署颁布《出版物市场管理规定》，市新闻出版局加强日常监管，完善售前送审制度、年审制度，初步形成日常监管网络、行业自律机制。通过日常检查、突击抽查和“扫黄打非”集中行动及打击淫秽色情出版物专项行动，遏制非法经营活动，净化出版物市场。2005 年，国家调整图书发行二级批发单位审批政策，民营企业进入二级批发的壁垒被破除，常州精彩无限书城有限公司、迅达书刊发行有限公司获批为图书发行二级批发单位，此后常州新文化图书、新时代文化用品、龙章阁文化传播、江苏可人文化传播等公司先后获批为图书发行二级批发单位。

第三节 印刷行业管理

常州新闻出版管理机关坚持对印刷业进行依法管理、规范管理，督促企业提升素质、依法合规经营。经过不断的清理整顿和规范，常州印刷业始终保持快速健康发展趋势，企业和行业实力不断发展壮大。市新闻出版局还组织开展多次行业评优活动。

1989 年 12 月，新闻出版署发出《加强书报刊印刷管理的若干规定》，首次清理整顿印刷业。翌年，对印刷行业管理开始采取“二证一照”办法，即印刷企业必须领取新闻出版、公安和工商行政管理机关分别颁发的印刷业许可证、特种行业许可证、营业执照方能开展正常经营活动。1991 年，市政府发布《常州市贯彻〈印刷行业管理暂行办法〉实施细则》，保障印刷业管理走上法制化、规范化的轨道。同年 10 月 1 日，全省按照省新闻出版局要求，书刊印刷定点制度开始实行，常州市人民印刷厂被确定为国家书刊定点印刷企业，常州日报社印刷厂、武进印刷厂、武进第三印刷厂、溧阳印刷厂被确定为省级书刊定点印刷企业。1990 年 4 月，常州部分书刊印刷单位组织开展争创优胜单位“兰陵杯”竞赛，印刷创信誉，管理上等级，服务上水平，经济社会效益上台阶。

1998 年，新闻出版署、公安部、国家工商局联合组织开展全国印刷企业全面清理整顿工作，1999 年上半年，清理整顿全市印刷企业，按照取缔非法、查处违规、压缩总量、优化结构、加强调控、严格管理的政策措施，全市印刷企业压缩 23%，清理整顿后符合条件的印刷企业重新登记，领取省新闻出版局颁发的印刷经营许可证，进行工商登记。2002 年，市新闻出版局启动全行业素质培训工程，分类分批举办培训班，全市 1375 家印刷企业的生产经营负责人等从业人员参训，取得法规培训合格证。市新闻出版局按照存量优化、增量优质，重点发展先进印刷生产力的管理思路，引导吸引外资、扶持民资发展高附加值印刷加工业，提高本地印刷业技术装备和经营管理水平。

2004 年 3 月，组织在全市印刷行业开展诚信守法经营先进单位创建活动。2005 年 4 月，市新闻出版局、市印刷行业协会联合表彰江苏太平洋印刷公司、大华印刷公司等双优诚信企业 31 家，江苏太平洋印刷公司、常州恒鑫彩印厂被评为全国印刷行业诚信守法先进单位。2006 年，常州市按中宣部、新闻出版总署等 8 部委和省有关部委的要求，组织开展印刷业专项整治，重点查处印刷企业超范围经营、一证多户经营、擅自异地经营等违规行为，严厉打击印制违规出版物、虚假广告宣传品、假冒注册商标标识的违法违规行为，督促印刷企业建立健全印刷品承印验证等 5 项管理制度。2010 年底，全市有印刷企业 1080 家，其中出版物印刷企业(含专项)29 家，包装装潢印刷企业 685 家，其他印刷品印刷企业 366 家；印刷企业完成印刷总产值 68.5 亿元。

第三十八卷 艺文 著述

Volume XXXVIII Literature Works & Writings

常州有文字记载的历史起始于春秋时期，《史记》中记载季札对《周乐》的评析，可称是涉及常州最早的文献。常州现存最早的经学著作是东晋徐邈的《五经音训》和梁武帝萧衍的《周易讲疏》等，现存最早的史类著作见于东晋朱凤的《晋书》和徐广的《晋纪》。南北朝时期大量北方文人南迁形成常州第一个文化繁荣期。南朝常州人的萧子显所著的《南齐书》被列为二十四史之一，现存最早的子类著作为南朝萧纲的《庄子讲疏》《老子义》，最早的集类著作是中国现存最早的诗文总集、常州人萧统组织编纂的《昭明文选》，现存最早的个人别集有萧衍的《梁武帝集》、萧纲的《梁简文帝集》等。常州四类古代典籍均已备至。经类中明代唐顺之的《春秋论》、薛应旂的《四书人物考》、唐鹤徵的《周易象义》、孙慎行的《中庸慎独义》、钱一本的《像象管见》和清代庄存与的《春秋正辞》皆为经学类和今文经学派代表之作；史类中明代唐顺之的《精选批点史记》和清代赵翼的《廿二史札记》、屠寄《蒙兀儿史记》等被奉为史学名著；子类中隋朝萧吉的《五行大义》和明代孙慎行的《玄晏斋困思钞》等皆是文论名著；集类中宋代胡宿的《文恭集》、张守的《毗陵集》和清代恽格的《瓯香馆诗集》、赵翼的《瓯北集》、黄景仁的《两当轩集》等脍炙人口。唐宋时期，常州地方志编纂走向成熟；至清光绪年间(1875—1908)，在近千年间，常州修纂刊印有南宋咸淳《毗陵志》等20多部方志，但多出自名家之手。明清时期，曾刊刻《毗陵人品记》《毗陵科第考》《毗陵经籍志》《常州八邑艺文志》《常州先哲遗书》等地方文献。80年代初期，统一规划组织市县乡（镇）三级编史修志，推进了对常州地理、历史、经济和人文等综合性著述的编纂，编纂出版了《常州市志》(1995年版)及市县区志、行业志、基层志等1000余部。近代常州人著述涉及哲学、历史、文学、政治、经济、科教、卫生等领域，有瞿世英的《哲学大纲》、瞿秋白的《社会科学概论》、张九如的《军事心理学》、吕思勉的《白话本国史》等哲学社会科学著作，出现年鉴、指南、手册等综合性、实用性地方文献；影印、铅印、胶印、照排等印刷新技术普遍应用，著述多由书局出版，呈现专业化、规模化的趋势。新中国成立后，常州地方文献、著述开始增多，日益丰富。1958年常州人民出版社成立，出版有图书数十种。20世纪80年代初至2010年，常州著述与出版事业快速发展繁荣。常州市文化艺术研究所、常州图书馆整理、再版了盛宣怀于清光绪年间校刻的《常州先哲遗书》；市地方志办公室、政协常州市委文史委等单位、常州炎黄文化研究会等社会团体及个人编写常州文史资料丛书、文化丛书和《常州掌故》《天南海北常州人》等文史著作，丰富了常州地方文献门类和品种。本卷为补首轮市志未设艺文卷之憾，所录艺文、著述上溯古代，所列书目、文论题录除特别重要者外均不记具体内容，一般采用表格载录，表内的清朝及其以前朝代根据版面情况括注公元年份①，表内民国时期不用民国纪年，直接采用公元纪年。

第一章　古代典籍

古代常州才人灿若繁星，典籍汗牛充栋。清末，著名实业家盛宣怀组织学者况周颐、高骏烈、陈庆年、马长儒、吴文郁等集体编辑校订《常州先哲遗书》，由校勘目录学家缪荃孙总理校勘事务，搜罗流传稀少、内容丰

① 史料未载明卷数的所有著述均视作1卷统计。

富、卷帙浩繁的乡邦文献，这套丛书校勘精审，从清光绪至宣统年间（1875—1911）持续刻印，第一集收录著述47种443卷，后编收录著述31种300卷，合计108册，保存了常州大量古文献。2010年9月28日，市文化广电新闻出版局组织实施新中国成立后常州最大的古籍整理工程《常州先哲遗书》的整理出版工作，由南京大学出版社出版，在原有基础上增至79种、749卷，订成110册，总字数804万字。此外，全国多地的专家、学者和出版社重新整理出版一大批其他常州古代典籍。

第一节　经部

古代常州经学研究较为盛行，尤以清代为甚，以庄存与、庄述祖、庄绶甲、刘逢禄为代表的常州学人，撰写了大量经学著作，形成“常州学派”，即“今文经学派”。据《清代毗陵书目》记载，常州古代学者编著的经学著作达数百种，其中《常州先哲遗书》保存其中的24部、344卷。未收入《常州先哲遗书》的其他经学著作有梁武帝萧衍的《周易讲疏》35卷、萧子政的《周易义疏》14卷、萧绎的《周易讲疏》10卷，元朝谢应芳的《辨惑编》5卷（存四库全书本），现代徐震的《复驾说说斋文初编》4卷（民国18年〈1929〉铅印）和《公羊榷论》（民国19年刻印）等6部，计69卷。

《常州先哲遗书》经类著作一览表

表38-1-1　　　　单位：卷

书　名	编著者	版本	卷数
诗传旁通	梁　益		15
诸儒语要	唐顺之	明万历三十年（1602）刻本	20
左氏始末		明嘉靖四十一年（1562）刻本	12
春秋论			1
尚书集解	臧　琳	存稿本	120
经义杂记		拜经堂丛书本	30
毛诗日笺	秦松龄		4
弟子职笺释	洪亮吉	收入洪北江全集	1
管子弟子职集解	庄述祖	珍艺宧遗书本	1
春秋公羊经何氏释例	刘逢禄	清嘉庆年间养一斋刻	10
庄子天下篇讲疏	顾实之	1928年影印	1

书名	编著者	版本	卷数
三续千文注	葛刚正		1
像象管见	钱一本	明万历刻本	12
周易象义	唐鹤徵	明万历三十五年（1607）刻本	1
周易辑说存正	杨方达		12
春秋正辞	庄存与	味经斋遗书	13
五行大义	萧　吉		5
孔子集语	孙星衍	均有丛书本多种	17
晏子春秋			7
商　子			5
墨　子			15
庄子独见	胡文英	清乾隆十七年（1752）刻本	33
经义悬解	徐寿基	光绪十三年（1887）刻	4
诗经贯解		清刻本3册	4

第二节　史部

常州古代学者史部著作被列入《常州先哲遗书》整理刊印，出版的有16部、106卷，其中一集7部、98卷，续集9部、16卷。

《常州先哲遗书》史类著作一览表

表 38-1-2　　　　单位:卷

书名	朝代	编著者	卷数	书名	朝代	编著者	卷数
一　集							
皇明臣琬琰录	明	徐　纮	54	荆溪外纪	明	沈　敕	25
皇明名臣琬琰录续	明	王　元	8	长安客话	明	蒋一葵	8
恩恤诸公志略	明	孙慎行	1	杂　诤	清	杨名宁	1
天山自叙年谱	明	郑　鄤	1				
续　集							
崇祯朝记事	明	李逊之	4	秋园杂佩			1
陈定生遗书(3 种)	明	陈贞慧	3	山阳录			1
书事七则			1	吴中水利书	宋	单　锷	1
遂初堂书目	宋	尤　袤	1	三朝野纪	明	李逊之	3
得月楼书目	明	李如一	1				

说明:常州学者编著的史类著作未收入《常州先哲遗书》尚有 24 部,计 545 卷

常州古代学者编撰的其他史类著作一览表

表 38-1-3　　　　单位:卷

编著者	书名	版本	卷数	编著者	书名	版本	卷数
萧子显	南齐书		60	赵　翼	廿二史札记	清嘉庆五年	36
陈　济	通鉴纲目辑览正误	明成化六年(1470)	2		陔余丛考	清嘉庆刻本	43
薛应旂	宋元通鉴	明嘉靖四十五年(1566)	180		皇朝武功纪盛	清嘉庆刻本	7
唐顺之	荆川先生精选批点史记	明嘉靖年间(1522—1566)	12	沈同芳	中国渔业历史	清光绪三十二年(1906)	1
	荆川先生精选批点汉书	明万历年间(1573—1620)	2	恽毓鼎	历代舆地沿革图校勘记	清光绪十四年	2
吴见思	史记论文	清康熙二十六年(1687)	130		庚子绥辑纪略	清光绪刻本	1
洪亮吉	补三国疆域志		2	屠　宽	成吉思汗	清光绪二十九年	1
	东晋疆域志		4	徐寿基	续广博物志	清光绪十二年	17
	十六国疆域志		16		春秋释地韵编		6
唐鹤徵	皇朝辅世编	明崇祯十五年(1642)	11		甲子纪年表	清光绪十四年	1
谢荫昌	北海道拓殖概观	清宣统二年(1910)	1		九河指地	清抄本	3
管干贞	毗陵食品拾遗	清乾隆年间(1736—1795)	6	庄蕴宽	苏路股东意见书	清光绪三十四年	1

第三节 子部

古代常州学者编撰的子部著作收入《常州先哲遗书》的有15部、55卷，其中一集8部、28卷，续集7部、23卷。尚有未列入南朝梁萧绎著《金楼子》6卷，存四库全书本等丛书本。

《常州先哲遗书》子类著作一览表

表38-1-4　　单位：卷

编著者	书名	朝代	卷数	编著者	书名	朝代	卷数
一 集							
萧 吉	五行大义	隋	5	吴 枋	宜斋野乘	宋	1
费 衮	梁溪漫志	宋	10	王 达	景仰撮书	明	1
周高起	阳羡茗壶系	明	1	尤 玘	万柳溪边旧话	元	1
	洞山岕茶系		1	李 诩	戒庵漫笔	明	8
续 集							
孙慎行	玄宴斋困学钞	明	3	伍宇澄	饮渌轩随笔	清	2
姜绍书	韵石斋笔谈	清	2	汤大奎	炙砚琐谈	清	3
邹一桂	午风堂丛谈	清	4	蒋 彤	暨阳答问	清	4
徐书受	教经堂谈薮	清	4				

第四节 集部

《常州先哲遗书》集部辑录43位古代学者的集部著作45种、547卷；其中一集辑录南朝梁代至清末29人的著作32种、403卷，续集辑录元代至清代14位学者的集部著作13种、144卷。

《常州先哲遗书》集类著作一览表

表38-1-5　　单位：卷

书名	朝代	编著者	卷数	书名	朝代	编著者	卷数
一 集							
昭明太子集	梁	萧 统	5	萧茂挺文集	唐	萧颖士	1
文选注考异	宋	尤 袤	1	春卿遗稿	宋	蒋 堂	2
文恭集	宋	胡 宿	40	摛文堂集	宋	慕容彦逢	5
鸿庆居士集	宋	孙 觌	42	毗陵集	宋	张 守	17
鸿庆居士集补遗			20	内简尺牍编注	宋	孙觌撰，李祖尧编注	10
蒋之翰之奇遗稿	宋	蒋之翰 蒋之奇	1	梁溪遗稿	宋	尤 袤	2
丹阳集	宋	葛胜仲	24	信斋词	宋	葛 郯	1
归愚集	宋	葛立方	11	墙东类稿	元	陆文圭	20
定斋集	宋	蔡 戡	20	沧螺集	明	孙 作	6
清闷阁集	元	倪 瓒	12	小辨斋偶存	明	顾允成	8

续表 38-1-5

书名	朝代	编著者	卷数	书名	朝代	编著者	卷数
荆川集	明	唐顺之	19	文贞公(缪昌期)年谱	清	缪之镕	1
从野堂集	明	缪昌期	8	金忠洁公文集	明	金　铉	2
落落斋遗集	明	李应升	10	韵语阳秋	宋	葛立方	20
薛堆山先生前集钞	明	薛　宷	1	留溪外传	清	陈　鼎	18
存余堂诗话	明	朱承爵	1	学文堂集	清	陈玉璂	24
青门集	清	邵长蘅	30				
续　集							
龟巢集	元	谢应芳	20	方山文录	明	薛应旂	22
水南集	明	张　衮	11	赐余堂集	明	吴中行	14
微泉阁文集	清	董文骥	30	正谊堂文集	清	董以宁	26
清芬楼遗集	清	任启运	4	丹稜遗稿	清	蒋　彤	4
止庵遗稿	清	周　济	4	初月楼论书随笔	清	吴德旋	1
古文绪论	清	吴仲伦	1	宛邻文集	清	张　琦	6
端虚勉一居文集	清	张成孙	1				

说明:今尚存未列入《常州先哲遗书》与常州有关的学者编撰的其他集类著作44种

常州古代学者编撰的其他集类著作一览表

表 38-1-6

书名	编著者	版本	卷数	书名	编著者	版本	卷数
梁武帝集	萧　衍	明刻本	13	梁简文帝集	萧　纲	七十二家集本	100
昭明文选	萧　统	多种版本	30	万物炊累室类稿(三编5种)	沈同芳	清宣统三年(1911)铅印	17
道乡集	邹　浩	四库全书本	40	公言集		清光绪年间刻本	3
元晏斋集	孙慎行	明天启刻本	10	刻鹄集			3
峚阳草堂集	郑　鄤	1932年刻本	36	鸾箫集		清光绪二十三年刻本	3
赵恭毅公剩稿	赵申乔	清光绪十八(1892)刻本	11	赐诚堂文集	管绍宁	清光绪三年刻本	16
裘萼公剩稿	赵熊诏	清光绪二十三年刻本	1	虚一斋集	庄培因	清光绪九年刻本	6
两当轩集	黄景仁	清咸丰八年刻本	30	味经斋文稿	庄存与	清光绪八年刻本	1
张皋文笺易诠全集	张惠言	清嘉庆道光年间(1821—1850)刻本	58	洪北江全集	洪亮吉	光绪三至五年重刊本	1
大云山房文稿	恽　敬	清同治二年(1863)刻本	10	孙渊如诗文集	孙星衍	四部丛刊本	21
亦有生斋集	赵怀玉	清嘉庆二十年(1815)刻本	52	刘礼部集	刘逢禄	清道光十年刻(1830)本	12

续表 38-1-6

书名	编著者	版本	卷数
志学斋集七种	徐寿基	清光绪刻本	—
尾声集偶存	徐寿基	清末刻本	—
酌雅堂骈体文集	徐寿基	清光绪六年刻	2
拜经堂文集	臧　庸	1930 年影印	5
汉堂类稿四种	李宝淦	1922 年	20
汉堂文钞	李宝淦	民国	2
毗陵杨氏诗存五种	杨葆彝	清光绪六年刻本	6
毗陵周氏家集	周兹萌等	1928 年铅印	38
盛愚斋存稿初刊	盛宣怀	民国刻本	100
阳湖钱氏家集	钱振锽	清光绪三十三年印	36
兰陵恽氏家集	恽厥初	清康熙十六年（1677）刻本	1
毗陵周氏	周腾虎	清光绪三十一年刊印	6

书名	编著者	版本	卷数
宛邻文	张　琦	清光绪十七年刻本	2
感知集	刘炳照	清光绪三十一年刻本	2
史论汇选甲编	吕景端	清光绪二十四年刻本	8
毗陵伍氏合集	伍宇昭 伍璜补辑	清嘉庆六年刻 1945 年铅印	24
谢氏家集	谢祖芳	清光绪三十二年印本	13
心史丛刊二集	孟　森	1917 年铅印	—
毗陵徐氏家集	徐　堉	清光绪六年刻	5
毗陵胡氏家集	胡　潆 胡颐续辑	明万历三十二年（1604）刻本	1
旧言集	李兆洛	清道光九年刻本	8
养一斋集	李兆洛	清光绪年间刻本	20

第五节　诗词集

古代常州被誉为“诗国”，诗人辈出，诗歌作品浩如烟海。民国初年以前，常州诗人创作、汇编大量古典诗词集，刊刻付梓的诗词合集有 25 种、200 卷。《毗陵六逸诗钞》24 卷收录恽格《南田诗钞》、胡香昃《香草堂诗钞》、陈鍊《西林诗钞》各 5 卷，唐恽宸《芑野诗钞》4 卷，董大伦《梅坪诗钞》3 卷，杨宗发《白云楼诗钞》和庄杜芬、徐梅《六逸诗话》各 1 卷。

民国初年前刊刻的常州诗人的诗词集一览表

表 38-1-7　　单位：卷

诗词集名称	编著者	刊刻年份	卷数	辑录诗集、诗词与版本简介
毗陵六逸诗钞	孙　谠	清康熙五十六年（1717）寿南堂刻本	24	收录恽格、胡香昃、陈鍊、唐恽宸、董大伦、杨宗发的诗集
舣舟亭诗	苏　轼	清抄本	1	与《风俗旧志》合为 1 册
毗陵谢氏丛书（17 种）	谢兰生	清道光至光绪刻本	52	另存有谢氏瑞云堂排印本
阳湖张氏四女集（5 种）	张曜孙	清道光阳湖张氏宛邻书屋	15	
毗陵三少年词	钱振锽	民国木活字本	3	清谢仁《青山草堂词钞》、谢泳《瓶轩词钞》、吕光辰《留我相庵词》各 1 卷
谢氏清芬诗录	谢兰生	毗陵谢氏丛书	16	
南华九老会唱和诗谱	庄宇逵	清光绪二十年（1894）刻本	2	

续表 38-1-7

诗词集名称	编著者	刊刻年份	卷数	辑录诗集、诗词与版本简介
国朝常州词录	缪荃孙	清光绪二十二年刻本	32	收录490人的词3110首
鲸华社诗钟选	鲸华社	清光绪三十一年刻本	1	编录诗词900余首
毗陵周氏五世诗集	周述祖	1913年	8	
毗陵诗录	赵　震	1922年	9	辑清代常州300人的诗词，铅印
国朝常州骈体文录	屠　寄	清光绪十六年刻本	31	收录清43位常州人士的骈体文569篇
毗陵课艺	谭钧培	清光绪三年刻本	4	
经古精舍课艺戊戌编	张惟勤	清光绪年间（1875—1909）刻	1	
经古精舍课艺己亥编	殷　灏	清光绪年间刻本	1	

第六节　记传谱序考录

古代常州文人编撰、汇辑、刊刻大量的记、传、谱、序、考、录等体裁的著作，成为常州地方文献的重要组成部分。

一、记传考录

新中国成立前，常州学者编撰有记传考录著作37种类，其中记4种、传5种、考3种、录及其他著作25种。

常州现存民国及其以前的记传考录著作一览表

表 38-1-8

记传考录名称	编著者	刊印年份	卷册	版本简介
毗陵人品记	毛　宪 吴　亮增补	明万历年间 （1573—1620）	10卷 4册	刻本，有1936年常州毛氏木活字本
晋陵先贤传	欧阳东凤	明代	2卷 2册	清同治七年阳湖钱宝树集益斋木活字本
清代毗陵名人小传稿	张维骧	民国时期	10卷	1927年稿本
武进徐氏家传	徐　昆	清光绪六年（1880）		刻　本
武进画史汇传	伍稼青	民国时期		同国新兴书局出版，收录武进齐梁至近代的画家263人
确园自记	汤成烈	清抄本		附于《古籐书屋文甲集》
盛宣怀日记	盛宣怀	1998年	2册	影印本
东游日记	盛宣怀		2册	自刻本
钱琳叔先生夫人传	蒋维乔	民国时期		石印本
毗陵科第考	赵鸿熙辑	清同治七年（1868）	8卷 2册	清钱人麟等续辑，刻本
增续毗陵科第考	陆鼎翰	清光绪十八年		刻　本
毗陵乡贡考	林　梅 徐新心辑	清光绪十年	5卷	庄毓鋐、庄善孙增辑，刻本
毗陵忠义祠录	叶　夔	明　代	5卷	四库全书存目丛书本
桑梓潜德录	刘　芳等编	清光绪六年		木活字本，初集15卷6册，刘芳等编，续集4卷为清毕应箕等编，三集6卷为清汤成烈等编

续表 38-1-8

记传考录名称	编著者	刊印年份	卷册	版本简介
武进西营刘氏清芬录	刘　祺	1923 年	2 册	武进刘氏尚绱草堂铅印
毗陵闻见录	汤建业	清道光间		刻本
常郡宦浙同官录	佚　名	清光绪四年（1878）		刻本
毗陵名人疑年录	张维骧	民国时期		稿本
武阳庚申忠义录	汤成烈	1930 年	4 册	铅印，有同治十二年、光绪二年和 1915 年刻本
怀忠录	汤成烈	清咸丰四年（1855）	6 卷	刻本
思贤录	谢应芳辑 邹量增补	清光绪十年	8 卷 2 册	清谢兰生再补，毗陵邹氏木活字本
思忠录	金武祥	清光绪三十二年		江阴金武祥木活字本，汇编宋王安节传记资料
常州府属科试新进同登全录	佚　名	清同治四年（1865）		刻本
常州府古今人名录				抄本
卞氏传序摘录	钱振锽	清光绪二十六年		木活字本
毗陵正学编	毛　宪	1949 年		毗陵文献征存社铅印
谢氏源流	谢兰生	清　代		毗陵谢氏丛书本
常州故事		清　代		抄本
外家纪闻	洪亮吉	清咸丰四年		番禺徐灏刻
洪北江杂著	洪亮吉			4 种本，另有清光绪三年阳湖洪用懃刻《洪北江全集》本
龟巢先生崇祀录	谢兰生	清光绪年间（1875—1909）	4 卷	武进谢氏木活字本
扬州唐襄文公崇祀录	唐鼎元	1927 年		武进唐氏铅印
明唐襄文扬州专祠崇祀新录	唐　肯 赵敬谋	1929 年		武进唐氏铅印
酒翁年录	史悠厚	民国时期		铅印
陈节愍公忠节录	明陈洽之孙 陈端甫原编	1917 年	2 卷 2 册	民国邹竟成重编，常州崇善弘庆堂木活字本
灵征录	刘毓奇 赵荫萱	清光绪二十年		毗陵何氏刻本
崇祀贤良录	左元成	清宣统二年（1910）		木活字本

二、年谱行状

现存古代学者编著的常州名人乡贤年谱、行状、行述类著作 35 种、55 卷，涉及杨时、邹浩、唐顺之、黄景仁、洪亮吉、孙星衍、李兆洛、汤贻汾、庄蕴宽、盛宣怀等历史文化名人，极具学习研究价值。

常州学者编著、刊印的年谱、行状（行述）一览表

表 38–1–9　　单位：卷

姓氏	年谱、行状名称	编著者	刊印年份	卷数	版本简介
庄氏	庄鼎臣年谱	庄　俞	1934 年	1	—
	庄苏甫公谱	庄　俞	1936 年	1	1991 年重新影印
	庄献可年谱	庄　俞	1934 年	1	铅印
	庄岱玖公年谱	庄　俞	1936 年	1	1991 年影印
	庄蕴宽年谱	冯　飞	1934 年	1	铅印
	庄起元年谱	庄起元	1934 年	1	铅印
	庄廷臣年谱	庄鼎铉	1934 年	1	—
	庄恒年谱	庄　恒	1934 年	1	铅印
盛氏	显考旭人府君行述	盛宣怀	清光绪二十八年（1902）	1	石印本
	盛康行述	盛宣怀	—	1	石印本
	盛宣怀行述	盛恩颐 盛重颐	—	1	《洋务运动史料》收录
谢氏	厚庵自叙年华录	谢兰生	清光绪二十四年	1	—
	演苍年史	谢荫昌	1929 年	1	—
	武进谢君友庵家传	唐文治	1949 年	1	—
唐氏	明唐荆川先生年谱	唐鼎元	1939 年	9	—
	大司马蓟门唐公年谱	唐鼎元	1936 年	1	—
赵氏	瓯北先生年谱	佚　名	清嘉庆五年（1800）	1	—
	收庵居士自叙年谱略	赵怀玉	—	2	附于赵怀玉《亦有生斋文集》之后
杨氏	杨时年谱		清光绪十年	1	杨龟山先生集卷首
邹氏	邹道乡先生年谱	李兆洛	清道光十一年（1885）	1	道乡先生文集附录
张氏	张文贞公年谱	丁传靖	清光绪三十一年	1	文贞公即张玉书
是氏	舜山是仲明先生年谱	张敬立	清光绪十三年	1	—
黄氏	黄仲则先生年谱	毛庆善 季锡畴	清同治十二年（1873）	1	收《两当轩集附录》
管氏	星源善公事略	管凤龢	清咸丰元年（1851）	1	—
洪氏	洪北江先生年谱	吕培等	清乾隆六十年（1795）	3	—
孙氏	孙渊如先生年谱	张绍南	清光绪二十三年	2	—
李氏	武进李申耆先生年谱	蒋　彤	清光绪十三年	4	—
汤氏	汤贞愍公年谱	陈　韬	1933 年	1	汤贻汾谥贞愍
陶氏	陶恩泽行述	陶　珙	清光绪年间（1875—1908）	1	刻本
郑氏	天山自叙年谱	郑　鄤	清宣统二年（1910）	1	—
	郑鄤事迹	汤狷石	1912 年	5	上海国粹学报社印
钱氏	钱向杲行述	钱振锽	清光绪年间	1	木活字本
	常州钱烈妇绝命述冤篇	夏铁耷	清光绪三十二年	1	木活字本

续表 38-1-9

姓氏	年谱、行状名称	编著者	刊印年份	卷数	版本简介
徐氏	约园寿言	徐小娴	1919 年	1	上海书局铅印
臧氏	臧孝节行状	臧　庸	清嘉庆十年	2	—

第二章　志书　年鉴

隋唐以前，常州就有地方志书《毗陵记》（已佚），唐代有《常州图经》。宋代以后，方志编纂日趋成熟，体例逐渐完备，由最初的地记图经发展到综合性的地方志。明清以后，出现以记述地方政务、名胜古迹、文学艺术、人物传记、科举功名等为内容的地方史料专题著作。民国初至当代，年鉴、指南等新型综合著述涌现，为研究常州的地理、历史、政治、经济、人文等提供了丰富素材。

第一节　志书

古代常州有据可查的地方志书有 20 余种，现存仅 10 余种。清末、民国初年，常州人庄蕴宽、江阴人缪荃孙和金坛人冯煦参与了《江苏省通志稿》的编纂。20 世纪 80 年代初开始编修新方志，市、县（市）区、乡镇三级及主要行业、企事业单位全面修志。至 2010 年底，全市先后编纂、出版地方志书达 1000 余种。

一、郡州府市志

常州曾编修或出版 17 部郡州府市综合志书（包括图经、图记），其中宋代以前 1 部、宋代 4 部、元代 2 部、明代 6 部、清代 2 部、民国时期 1 部（未修纂成书）、新中国成立后 1 部。存世者 7 部，其中宋代 1 部、明代 3 部、清代 2 部和新中国成立后 1 部。

综合志书　宋咸淳《毗陵志》　宋史能之修，30 卷。为现存常州最早的地方志，上溯春秋吴季子封邑延陵，下迄成书之年，设有地理、秩官、文事、武备、风土、山水、人物、词翰、财赋、观寺、陵墓、古迹等 18 个门类。是书宋刻本现存日本静嘉堂文库，为中国现存少数宋修方志之一。记录了常州地区从春秋中叶至南宋末年的自然、地理、社会、风土、人文等情况，是一部古代常州地方百科全书，存南宋晋陵、武进两县地图两幅。咸淳《毗陵志》（点校本），2003 年由常州市地方志办公室组织校勘整理，朱玉林、张平生点校，广陵书社于 2005 年 3 月出版。

明永乐《常州府志》　明永乐十六年（1418）修，19 卷，清嘉庆年间（1796—1820）抄本。《中国地方志联合目录》误为洪武《常州府志》，张度修，谢应芳纂。按类目设置，汇而不纂，各门目下依次引录咸淳《毗陵志》、大德《毗陵志》、泰定《毗陵志》等原文，保存大量已失传的地方志资料，多处引用元代常州志书。2004 年，常州市地方志办公室组织朱玉林、张平生、叶舟点校，2006 年 10 月由广陵书社出版。

明成化《重修毗陵志》　明卓天锡修，孙仁增修，朱昱纂，40 卷，已佚。明成化五年（1469）朱氏应知府之聘，纂修此志。成化十九年，知府孙仁再聘朱昱增修。以宋咸淳《毗陵志》为基础，参以明洪武《毗陵续志》及永乐十六年、景泰五年（1454）的郡志搜集考订而成，设有地理、食货、职官、文事、选举、武备、山川、人物、古迹、词翰等 20 个门类。

明正德《常州府志续集》　明张恺纂修，8 卷。凡上志已载者不录，下限至正德八年（1513），设地理、职官、文事、人物、宫室、词翰 6 个门类。

明万历《重修常州府志》　明刘广生修，唐鹤徵纂，20 卷，明万历四十六年（1618）刻本。此前三年刘广生任常州知府，聘唐鹤徵为总纂，续张恺续集而成此志，弥补从《常州府志续集》纂修后百余年间无郡志的遗憾，设地理、财赋、文事、武备、名宦、名将、人物、词翰等9个门类，记事比明正德志详。

清康熙《常州府志》　清于琨修，陈玉璂纂，38卷首1卷。于琨在康熙二十九年(1690)升任常州知府，捐俸设局，聘陈玉璂为主纂，历时5年纂成。设图考、建置沿革、山川、兵御、水利、风俗、学校、选举、古迹、人物、艺文等27个门类。此志京沪宁镇等多处保存，市内存光绪十二年(1886)活字印本。

《常州市志》(1995年版)　常州市地方志办公室于1981—1995年组织编纂，1995年10月由中国社会科学出版社出版，全志3册，510.8万字，是首部全面系统反映常州历史与发展状况的大型资料性著作。其内容基本断限为1840—1985年，根据情况上溯发端，下述发展，大事记延伸至1994年12月。全志首立总述、大事记，尾缀附录，分设52卷(参见第三十六卷“文化　艺术”第八章“地方志事业”)。1996年，获江苏省第五届哲学社会科学优秀成果一等奖，为至2010年底常州市唯一获得的省级哲学社会科学优秀成果一等奖。

其他志书　《常州赋》　清褚邦庆编著，乾隆四十年(1775)王浩序，1卷，订两册，清光绪四年刻本。常州府辖武进、阳湖、无锡、金匮、宜兴、荆溪、靖江、江阴八县，以韵文记常州府与八县历史、地理沿革、名胜古迹、物产、人物等，是全国罕见的古代韵文体地方志书。

二、县(市)区志

常州曾编修、出版县市区综合志书22部，其中明代1部，清代7部，新中国成立后12部。

武　　进　武进历史上曾修编县志7部，其中古志6部(含与阳湖县的合志和志余各1部)、新修志书1部。

万历《武进县志》　明晏文辉修，唐鹤徵纂，8卷，明万历三十三年(1605)刻本。设地理、钱谷、人物、职官、科第、武备、词翰等9门类。为武进现存最早的县志，体例为后来编修县志者仿效。古本南京图书馆、常州图书馆藏。

康熙《武进县志》　清武俊等修，陈玉璂纂，44卷，清康熙二十三年(1684)刻，清康熙十一至二十三年修纂。设图考、建置沿革、山川、城池、坊厢、乡都、学校、风俗、物产、古迹、人物、艺文等34个门类，体例异于前志。

乾隆《武进县志》　清王祖肃等修，虞鸣球等纂，14卷，乾隆三十年(1765)刻本，选举、艺文均增为两卷。此志的编写方法有特点，史事往往互有关联，编者借鉴史家“一事两书”之法，做到两载而详略互见，史事记述连续完整。

乾隆《阳湖县志》　清乾隆年间(1736—1795)阳湖知县陈廷柱等修，虞鸣球等纂，12卷，清乾隆三十年刻本。设疆域、营建、食货、学校、选举、人物、艺文等11门类。阳湖县单独修志仅此一次。

道光《武进阳湖合志》　清孙琬、王德茂修，李兆洛等纂，36卷首1卷，有清道光二十三年(1843)刻本和清光绪十二年(1886)活字本。道光十九至二十二年，武进知县孙琬、阳湖知县王德茂合修，李兆洛主纂，李未成书而卒，周仪玮等人收其遗稿，汇集补苴，设舆地、营建、兵防、赋役、学校、选举、人物、艺文等14个门类，艺文志所录常州人著作目录为常州历代方志独有。

光绪《武进阳湖县志》　清武进知县王其淦、阳湖知县吴康寿修，汤成烈等纂，31卷，清光绪五年刻本，设舆地、赋役、营建、禋祀、学校、兵防、旌恤、官师、选举、人物、艺文、杂事12个门类。

光绪《武阳志馀》　清光绪年间常州知府桐泽修，庄毓鋐等纂，13卷，清光绪十四年活字本。卷首为宸翰，尽录武阳两县的山川、古迹、城垣、桥闸、学校、书院、营制、兵事、名宦、职官、史传、儒林、文学、艺术、才媛等。

新编《武进县志》　1981—1988年武进县地方志办公室编修，140.8万字。上溯发端，下迄1985年，大事记延伸至1987年，设建置区划、地理环境、农业、工业、环境管理、文化人物等25篇。1988年10月出版；1993年9月获得首次全国新编地方志优秀成果最高奖项县级综合志书一等奖。

溧　　阳　自宋代乾道年间(1164—1173)起至清光绪年间(1875—1908)的800多年，溧阳县志编纂了

10多次。现仅存5部古代《溧阳县志》。

明弘治《溧阳县志》 清符观修、汪淮等纂，5卷。现保存在国家图书馆，溧阳市地方志办公室有复印本。

清康熙《溧阳县志》 清徐一经纂修，清康熙六年(1667)刻本，14卷首1卷，4册。据《中国地方志联合目录》，南京图书馆、中国科学院南京地理与湖泊研究所有收藏。

清乾隆《溧阳县志》 清吴学濂修纂，12卷首1卷。古本现存南京图书馆、国家图书馆、上海图书馆、美国图书馆和英国图书馆。

清嘉庆《溧阳县志》 清李景峄、陈鸿寿修，史炳等纂，16卷。清嘉庆十八年(1813)修、光绪二十二年(1896)重刻本。收入《中国地方志集成》影印出版，1990年版。古版现存全国各大图书馆、档案馆、大学图书馆等，溧阳市地方志办公室与档案馆有收藏。

清光绪《溧阳县志》（续志） 清杨家骃等修，冯熙等纂，16卷末1卷。清光绪二十三年刊本。国内有多处保存，溧阳档案馆存有此本。

金　　坛　历史上曾修纂旧志3部，修编新编综合志书两部。

乾隆《金坛县志》 清杨景曾修、于枋纂，12卷首1卷。记事至清乾隆十五年(1750)止。南京图书馆藏于1988年缩微出版。

光绪《金坛县志》 清丁兆基等修，汪国凤等纂。清光绪十一年木活字印本，共16卷首1卷。

民国《重修金坛县志》 民国时期金坛人冯煦等纂，12卷首1卷。1991年1月江苏古籍出版社收入《中国地方志集成·江苏府县志辑33》出版，2008年凤凰出版社再版，台湾成文出版有限公司曾出版13卷本。

1980—2010年常州新编出版的县（市）区综合志书一览表

表38-2-1

书名	编纂单位	上限	下限	总字数(万字)	出版时间	出版社
武进县志	武进县地方志办公室	发端	1985	140.80	1988.12	上海人民出版社
金坛县志	金坛县地方志办公室	1911	1987	136.00	1993.10	江苏人民出版社
溧阳县志	溧阳县地方志办公室	发端	1985	143.10	1992.12	江苏人民出版社
常州郊区志	中共常州市郊区委员会 常州市郊区人民政府	1950	1983	84.00	1987.10	内部印刷
常州郊区志（1984—2000）	常州市郊区编史修志办公室	1984	2000	126.00	2003	方志出版社
常州市钟楼区志	钟楼区编志办公室	1840	1985	62.00	1992	江苏人民出版社
常州市钟楼区志（1986—2002）	钟楼区编志办公室	1986	2002	98.80	2007	方志出版社
常州市天宁区志	天宁区编志办公室	发端	1999	150.00	2003	方志出版社
常州市戚墅堰区志	戚墅堰区编志办公室	1953	1999	99.80	2006	方志出版社
广化区志	广化区人民政府	1840	1986	74.00	1991	内部印刷

三、乡镇（街道）志

武　　进　改革开放后，武进新修编乡镇街道志65部，其中乡镇(公社)志63部，开发区志、乡镇街道开发区简志各1部；首轮修志活动编修46部，二轮修志活动编修17部(原属武进后划出的乡镇、公社所修编志书统计到其新划入的行政区)。

1980—2010年武进内部编印的乡镇（街道）志一览表

表38-2-2

名称	断限	编纂者或主编、主笔	出版时间	总字数(万字)
雪堰乡志	1879—1983	龚达年等	1985.10	56.00
潘家乡志	发端—1983	徐荫良等	1984.09	33.00
漕桥乡志	发端—1983	孙秉澄等	1984.10	40.00
运村乡志	1911—1983	郭坤茂等	1985.05	32.00
寨桥乡志	1879—1983	史之直等	1986.08	40.00
坊前乡志	1911—1983	赵荣光等	1984.10	32.00
前黄乡志	1911—1983	高国瑾等	1985.04	44.00
南宅乡志	发端—1983	王家昇等	1984.10	55.00
礼嘉乡志	发端—1983	苏永德等	1985.05	42.00
政平乡志	清末—1983	周达生等	1984.12	36.00
太滆乡志	1961—1983	李翔发等	1986.10	20.00
湖塘镇志	1911—1985	陈志方等	1986.12	—
湖塘乡志	1879—1982	许国贤等	1984.11	46.00
马杭乡志	1879—1983	徐文渭等	1985.10	52.00
鸣凰乡志	1879—1985	周锡伟等	1986.10	52.00
牛塘乡志	发端—1983	白清渊等	1986.08	50.00
南夏墅乡志	1879—1984	邵叶盛等	1987.12	20.00
卢家巷乡志	1911—1983	贺焕良等	1985.10	14.00
庙桥乡志	1912—1983	恽全民等	1986.12	26.00
坂上乡志	发端—1983	庄仁厚等	1986.12	50.00
横林镇志	1911—1983	周榴南、沈君玉等	1986.02	43.00
洛阳乡志	1911—1983	吴洪元等	1985.10	59.00
洛阳乡志	1726—1983	洛阳乡政府	1985.10	—
遥观乡志	1911—1983	张浩良等	1984.11	54.00
剑湖乡志	1879—1983	—	1985.03	20.00
崔桥乡志	1912—1985	陈浩新等	1986.02	28.00
戴溪乡志	1911—1985	杨仲显等	1986.07	42.00
横山桥公社志	1911—1981	宋建清等	1983.07	40.00
横山桥镇志（1982—2007）	1982—2007	横山桥镇政府	2010.12	98.00
芙蓉乡志	1907—1982	朱福田等	1985.08	41.00
新安乡志	清末—1983	刘光耀等	1985.05	34.00
焦溪乡志	1911—1983	焦溪乡政府	—	—
三河口乡志	1911—1983	夏湘楚等	1985.07	42.30
郑陆乡志	发端—1983	高午庭等	1984.09	47.00
东青乡志	1879—1983	刘明玉等	1985.10	32.00
奔牛镇志	1911—1982	高　平等	1984.12	68.40

续表 38-2-2

名称	断限	编纂者或主编、主笔	出版时间	总字数(万字)
奔牛镇志（1983—2007）	1983—2007	奔牛镇政府	2010.12	110.00
奔牛乡志	1911—1983	王龙祥等	1986.10	28.80
九里乡志	清末—1984	罗立明等	1986.08	27.00
卜弋乡志	1875—1983	何　平等	1985.07	36.00
邹区乡志	1912—1983	谢　迪等	1985.01	16.00
邹区镇志（1984—2007）	1984—2007	邹区镇政府	2010.12	128.00
蠡河桥乡志	1911—1983	黄文渊等	1983.12	27.00
泰村乡志	1879—1982	张四维等	1984.10	24.00
厚余乡志	1645—1983	王根保等	1985.07	31.00
湟里乡志	1911—1984	陈伯英等	1986.05	43.00
成章乡志	1726—1983	邹　俊等	1984.10	36.00
夏溪乡志	发端—1983	谢应范等	1985.07	33.00
嘉泽乡志	1879—1983	赵相应等	1984.12	40.00
村前志	1911—1983	骆敏求等	1984.08	35.00
东安乡志	1879—1981	沈德华等	1984.04	47.00
武进镇街道开发区简志	1986—2007	武进区政府办公室、地方志办公室	2010.04	35.00

新　　北　80年代起，新北区所属乡镇在原属武进县管辖时修编的16部乡镇（公社）志全部计入新北区，其中乡志15部、公社志1部。

1980—2010年新北区内部编印的乡镇(街道)志一览表

表 38-2-3

名称	断限	编纂者或主编、主笔	出版时间	总字数(万字)
三井乡志	1911—1983	万　峰等	1986.05	13.00
小新桥乡志	1911—1983	高伯康等	1986.04	35.00
魏村乡志	1912—1982	张　弛等	1984.06	20.00
百丈乡志	1911—1983	孙焕之等	1984.07	40.00
龙虎塘乡志	1911—1983	方中兴等	1985.02	20.00
圩塘乡志	1911—1983	庄自力等	1984.12	50.00
孝都乡志	1879—1983	陈秋樵等	1984.09	34.00
安家乡志	1991—1983	臧　诚等	1984.10	37.00
薛家乡志	1879—1983	邵　斌等	1985.03	39.00
吕墅乡志	1911—1983	何玉南等	1986.05	14.00
罗溪乡志	1911—1983	仇银根等	1985.09	28.00
汤庄桥乡志	1880—1983	金志品等	1987.07	35.00
万绥乡志	发端—1983	郑道平等	1987.07	36.00
西夏墅公社志	1879—1982	何少文等	1984.06	48.00

续表 38-2-3

名称	断限	编纂者或主编、主笔	出版时间	总字数(万字)
小河乡志	1911—1983	邹玉坤等	1985.12	30.00
孟城乡志	1911—1984	巢纪生等	1986.05	40.00

其他辖市区 天宁区新修编乡镇街道志6部，其中乡志、街道志各3部；钟楼区新修编乡镇街道志8部（郊区、广化区修编的乡镇、公社志书分别计入天宁、钟楼），其中乡志5部、街道志3部；戚墅堰区编修出版乡志、街道志共3部；广化区编修街道志2部；金坛市编修出版乡镇志6部，其中乡志4部、镇志2部；溧阳市编修出版乡志3部，其中乡志2部、镇志1部。

1980—2010年常州其他辖市区内部编印的乡镇(街道)志一览表

表 38-2-4

区域	名称	断限	编纂者或主编、主笔	出版时间	总字数(万字)
天宁区	红梅乡志	1949—1983	红梅乡政府	1987.08	15.00
	青龙乡志	1879—1983	王培金等	1986.05	32.00
	雕庄乡志	1911—1983	许惠海等	1984.08	27.00
	水门桥街道志	发端—1984	许明荣等	1985.12	20.00
	新丰街街道志(上下册)	发端—1985	范广珊等	1986.12	30.00
	广化区清凉街道志	—	沈行奋	1984.02	5.90
钟楼区	北港乡志	清光绪—1983	谈玉忠等	1984.10	17.00
	新闸乡志	清末—1983	周岐刚等	1984.12	20.00
	西林乡志	1911—1983	杨桂兴等	1984.10	24.00
	五星乡志	清末—1983	梅一峰等	1985.10	20.00
	永红乡简志	发端—1983	薛丕振等	1984.08	25.00
	西仓桥街道志	1949—1983	尤炳湘等	1983.12	7.00
	荷花池街道志	1949—1985	殷桂清等	1990.12	12.00
	清潭街道志	—	杨薇娜	1984.08	4.30
戚墅堰区	丁堰乡志	民国时期	丁堰乡政府	1985.03	10.00
	潞城乡志	1911—1983	章伟飞等	1986.09	30.00
	先行街道志	1949—1985	姚尔道等	1983.12	—
金坛市	金城镇志	—	金城镇	—	—
	指前乡志	1912—1985	蒋荣甫等	1988.02	20.00
	岸头乡志	1912—1985	张锁林等	1987.10	17.00
	河头镇志	1911—1986	河头镇政府	1988.12	15.00
溧阳市	竹箦乡志	1662—1983	陈祥生等	1986.03	18.00
	上兴镇志	1911—1985	王良宾等	1987.10	25.00

四、村　　志

改革开放后，常州编纂、出版的村志近10部。

1980—2010 年常州内部编印的村志一览表

表 38-2-5

志书名称	断限	主编或编者	出版时间	总字数(万字)
新北徐墅村志	1912—2006	殷瑞良等	2006.10	16.80
兰陵郑塔里村志	发端—2009	郑纪苟等	—	38.50
勤丰村志	1949—2000	黄元裕	2001.10	25.00
榨树沟村志	发端—2008	徐忠林	2008.10	25.00

五、专业志

郡州府市级　常州历史上曾编修出版专业志书 67 部，其中古代 4 部、当代 63 部，省级 2 部、市级 65 部。1994 年公开出版的《常州交通志》获江苏省地方志工作优秀成果二等奖，《常州市工商行政管理志》《常州体育志》《常州市商业志》《常州劳动志》《常州广播电视志》和《常州保险志》均公开出版。

《常州府志人物志》　明唐鹤徵纂，1947 年铅印，3 卷，为常州自季札起至明代唐顺之的历代人物传记，原为明万历四十六年(1618)修常州府志中人物传部分，因完书难以搜求，唐鼎元(玉虬)根据董觇庵所藏抄本校勘后印行。

《常郡八邑艺文志》　清卢文弨辑，庄翊昆校补，12 卷，清光绪十六年(1890)阳湖庄毓鋐刻印。常州知府聘杭州人、龙城书院主讲卢文弨为《常州府志》总纂，后因与地方名家洪亮吉、赵怀玉等意见不合，府志未修成，形成艺文志稿本。咸丰九年(1859)，庄翊昆据原稿补充 60 余篇，厘定 10 卷，以聚珍版印行主要内容为晋至清初记咏常州的诗文，按时代先后分类。后原稿毁于战事，聚珍版所存无几，光绪十六年庄毓鋐搜得聚珍版，考订后增至 12 卷刊行。

《志传稿》　清庄毓鋐辑稿本，2 卷。清光绪年间(1875—1908)曾准备修《常州府志》，后志书未修成，留存此稿，汇编常州清代人物传记资料。

《风俗旧志》　清抄本，记常州自元旦至除夕的旧风俗，对每个节日的风俗习惯形式、由来、历史故事、谚语、诗词等进行叙述。

《江苏艺文志·常州卷》　钱璱之主编。上溯古代，下迄民国初年，用“以年系人、以人系书”法收录常州 2259 人的著作目录(其中常武地区 1775 人、金坛 227 人、溧阳 257 人，79.5 万字)，1994 年 6 月由江苏人民出版社出版。

《江苏戏曲志·常州卷》　夏芦庆主编。断限上溯发端至 1995 年，采用条目体，设剧种、剧目、音乐、表演、舞台美术、机构、演出场所、文物古迹、戏台楹联、传记等 14 个门类，51.3 万字。2001 年 5 月由江苏文艺出版社出版。

《常州电力工业志》　曾编纂两部。首部由叶志芳主编，1982—1988 年编纂。上溯常州有电之年的 1913 年，下迄 1987 年；设 12 章，32.6 万字。1989 年 11 月，被列入太湖流域地区专业志丛书，上海人民出版社出版。这是常州市首部公开出版的行业志。1994 年 12 月，获江苏省地方志工作优秀成果一等奖。第二部为 1988—2002 年版续志，林敏主编，刘石安总纂。设 12 章，75 万字。2011 年由中国电力出版社出版。

《常州市教育志》　1982—1989 年编纂，高天德主编。上溯清代，下迄 1985 年，设 18 章，70.2 万字。1990 年 8 月列入太湖流域地区专业志丛书，上海人民出版社出版，是全省教育系统首部公开出版的志书。1994 年 12 月获江苏省地方志工作优秀成果一等奖。

《常州城市建设志》　张兆域、刘文彬主编，1985—1993 年编纂。上溯发端，下迄 1990 年，设 24 章，

112.6 万字。1993 年 8 月由中国建筑工业出版社出版，翌年 12 月获江苏省地方志工作优秀成果一等奖。

《常州文化志》 1990 年 4 月至 1999 年，由常州市文化局编修，吴伯瑜、钱泳林主编。上溯发端，下迄 1990 年。设 7 篇，60 万字，1999 年 12 月由中央文献出版社出版。

《常州市改革开放志》 常州市地方志办公室编修，断限 1978—2005 年，记述农村经济、企业、流通、市场体系、宏观调控、社会保障、开放开发等方面的体制改革情况，59 万字。2008 年 11 月由中共党史出版社出版，被列入《常州改革开放丛书》。

1980—2010 年常州市其他行业志一览表

表 38-2-6

志书名称	断限	编者或主编、主笔	出版时间	字数(万字)
常州环卫志	1905—1983	何　如等	1984.09	14.00
常州公共汽车志	1960—1983	王伯勤等	1984.10	8.00
常州市政志	发端—1983	吕桂春等	1985.04	8.00
常州卫生防疫志	1953—1983	唐占坤等	1985.05	20.00
常州市金融志	1840—1983	朱康孙等	1986.12	30.00
常州市木材志	1800—1985	丁焕庆等	1986.12	40.00
常州五交化行业志	发端—1985	刘　毅等	1987.11	13.00
常州百货商业志	发端—1984	常州百货分公司	1987.09	24.00
江苏省常州市土壤志	1980—1985	汤克才等	1987.03	35.00
常州化工志	1951—1985	李　汶等	1987.10	50.10
常州燃料志	1860—1985	曹建敏等	1987.12	40.00
常州糖烟酒行业志	发端—1985	朱秋生等	1987.12	7.00
常州市房地产志	发端—1984	徐正令等	1988.04	16.00
常州市税务志	1840—1985	金寿根等	1988.10	15.00
常州市外事旅游志	1950—1985	薛云兴等	1988.12	10.00
常州市区环境保护志	1946—1985	陈九龄等	1988.02	19.00
常州市畜禽疫病志	发端—1988	王仕俊等	1989.10	16.00
常州市统计志	1940—1985	胡毅成等	1989.11	6.00
常州市卫生志	发端—1985	杨成义等	1989.11	76.80
常州市物资志	1800—1985	常州市物资局	1990.02	31.10
常州民政志	1840—1987	王秋红等	1991.09	48.00
常州市宗教志	发端—1988	程希冠等	1991.08	8.00
常州交通志	发端—1985	沈桂南	1992.11	28.90
常州劳动志	1912—1985	薛扬诚	1994.12	43.00
常州市商业志	发端—1985	薛奕干	1994.03	60.30
常州市工商行政管理志	发端—1990	许国荣	1996.05	17.60
常州水利志	发端—1990	—	2001.03	30.00
常州体育志	发端—2003	张戬炜	2004.06	56.80
常州广播电视志	1932—2006	陈俊杰	2009.12	80.00

续表 38-2-6

志书名称	断限	编者或主编、主笔	出版时间	字数(万字)
常州广播志	发端—2006	常州广播电台	2007.04	40.00
常州保险志	1913—2009	孙益民等	2010.04	52.90
常州市土地志	发端—1994	—	—	—
常州针织袜业志	1921—1983	常州袜厂	1985.07	33.00
常州热电行业志	1970—2007	常州热电行业协会	—	—
常州市果树品种志	发端—1985	常州市多种经营管理局	1986.05	16.00
常州邮电志(初稿)	—	常州邮电局	1986.12	27.90
常州检察志	—	常州市检察院	1988	14.70
常州市饮食服务业简志	—	常州市饮食服务公司	—	—
常州市地名志	—	常州市地名办公室	1983.05	37.00

县市区级 1986—2010年，常州辖县市区曾编修专业志书99部，其中编修最多的武进地区达44部。金坛编修专业志14部、溧阳23部、天宁9部、钟楼2部、戚墅堰2部、郊区新北4部、广化1部。另有《武进人物传》，佚名编辑稿本，为民国期间编修《武进县志》未成存留遗稿。

1980—2010年常州辖县(市)区编修出版的专业志一览表

表 38-2-7

志书名称	断限	志书名称	断限
武进县粮食志	1879—1985	武进县多种经营志	发端—1985
武进水利志	发端—1983	武进县检察志	1911—1983
武进气象志	1879—1983	武进县公安志	1904—1986
武进县农业机械志	发端—1983	武进县商业供销志	1879—1983
武进县工业志	发端—1990	武进县物资志	1960—1985
武进县卫生志	1879—1983	武进县文化志	1879—1985
武进县工商行政管理志	1879—1984	武进县地震志	汉末—1985
武进县审判史资料	1879—1985	武进县农村金融志	1949—1985
武进县物价志	1879—1985	武进县城市金融志	1879—1985
武进县科技志	1879—1985	武进对外贸易简志	发端—1985
武进县教育志	1902—1985	武进县电力工业志	1913—1985
武进劳动志	1882—1985	武进交通志	1879—1985
武进县广播志	1932—1987	武进县城乡建设志	清末—1985
武进商会志	发端—1988	武进县沼气志	1957—1988
武进县统战志	1925—1985	武进县计划生育志	1645—1985
武进县体育志	1902—1987	武进县农业志	发端—1985
武进青年运动简志	1926—1985	武进统计志	发端—1999
武进县环保志	1975—1983	武进市土地志	发端—1995

续表 38-2-7

志书名称	断限	志书名称	断限
武进县漏湖良种繁育场志	1971—1990	武进县财税志	发端—1985
武进县民政志	发端—1993	武进县工业志	发端—1990
武进血防志	发端—1995	武进区公安志(二)	1987—2007
武进燃气志	1995—2005	武进军事志	发端—2005
金坛市军事志	发端—2005	金坛县教育志	—
金坛县城乡建设环境保护志	发端—1985	金坛县工会志	1911—1991
金坛县卫生志	—	金坛市电力工业志	—
金坛县畜禽疫病志	—	金坛县水利志	发端—1990
金坛市粮食志	1989—2010	金坛市土地志	发端—1994
金坛县粮食志	发端—1988	金坛县供电志	—
金坛县供销合作社志	1943—1987	金坛市公安志	1904—2009
溧阳商业志	清末—1985	溧阳县水利志	发端—1990
溧阳县粮食志	1912—1986	溧阳市水利志	1991—2005
溧阳市粮食志	1987—2007	溧阳市土地志	发端—1996
溧阳县卫生志	1912—1985	溧阳市农业志	发端—1985
溧阳市卫生志(1986—2007)	1986—2007	溧阳文化志	发端—2009
溧阳县电力工业志	1914—1987	溧阳金融志	发端—1985
溧阳市电力工业志(1988—2002)	1988—2002	溧阳市金融志	1986—2008
沙河水库志	1958—1988	溧阳市农业合作化志	发端—1985
溧阳县劳动志	发端—1990	溧阳市军事志	发端—2005
溧阳县交通志	发端—1985	溧阳县教育志	1899—1982
溧阳县供销合作社志	发端—1989	溧阳市检察志	1912—2010
常州市天宁区军事志	发端—2005	溧阳工商联(商会)志	1906—2006
天宁区劳动工资志	1949—1985	天宁区商业志	发端—1985
天宁区城建志	1905—1985	天宁区文化体育志	发端—1985
天宁区民政志	1898—1985	天宁区人物志	1840—1989
常州环卫志天宁区分志	1959—1984	天宁区财政金融志	发端—1985
常州市钟楼区军事志	发端—2005	常州环卫志广化区分志	—
戚墅堰军事志	发端—2005	常州环卫志钟楼区分志	—
常州市郊区工业志	1949—1983	戚墅堰商业志	发端—1985
郊区军事志	—	常州市郊区土壤志	1982—1984
新北区检察志	—		

六、基 层 志

党派社团志、机关志 1986—2010年，市直属部门编修党派社团志、机关志23种、24部，其中有《常州共青团志》《常州市工会志》公开出版。20世纪80—90年代，辖区编纂《常州市郊区供销社志(1955—1985)》《武进县商会志(1905—1949)》《常州市天宁区房地产管理所志(1958—1985)》《天宁区文化馆志》《常州市广化区房地产管理所志》等单位(部门)志 5 种。

1980—2010 年常州市编修的市直属党派社团、机关事业单位志一览表

表 38-2-8

名称	断限	编纂者(主编)	印刷时间	字数(万字)
常州市人民代表大会志	1949—1990	卞愉清等	1993.02	26.00
常州市人民政协志(第二稿)	1949—1987	常州市政协委员会	1990.03	4.20
常州市工商业联合会、常州市商会志	1905—1995	郑德舫等	1996.12	32.00
常州化工研究所志	1976—1985	常州化工研究所	1986.09	7.00
常州市供销合作联社志(初稿)	—	高时新等	1987.07	31.60
常州市工艺美术研究所志	1960—1985	陈锦元等	1988.01	10.00
中国民主建国会常州市委员会志	1951—1985	钱　彬等	1988.11	1.50
常州市人事局志	1949—1985	常州市人事局	1989.05	7.00
常州市工会志	1906—1989	薛焕炳	1993.06	55.70
常州农工党志	1931—1991	卢慎行等	1994.09	23.00
常州市民盟志	1948—1991	周　源等	1995.10	28.00
常州市工商业联合会志、常州市总商会志	1996—2005	赵幼章等	2005.12	19.00
常州市工商业联合会志	1949—1985	市民建、工商联	1989.06	2.00
常州市规划设计院志	1989—1999	刘文彬等	1999.08	—
铁道部戚墅堰机车车辆工艺研究所志	1959—1990	郭维汉等	1997.07	14.00
常州共青团志	1929—1999	蔡　骏等	1999.11	44.00
常州市侨务志	1953—1985	常州市侨办	1986	3.00
常州图书馆志	—	常州图书馆	—	—
常州司法局志	—	常州市司法局	—	—
常州市商业食品研究所所志	—	市商业食品研究所	—	—
常州市烈士陵园志	1978—1998	黄元裕	1999.12	23.60

学 校 志　1986—2010 年,市属大中专院校、职业学校曾分别编修有学校志 13 种、14 部。

《常州工业技术学院志（1978－1998)》　马树杉主编,设学院概况、学院管理、教职工、学生、教学、成人教育、科学研究、校办产业等 13 章,1998 年 4 月由江苏文艺出版社出版。

《常州工学院志（1998－2007)》　续《常州工业技术学院志》,设机构与体制、教师与职工、学生、教学、科学研究、公共服务体系、改革发展等 14 章。2008 年 4 月由江苏人民出版社出版。

1980—2010 年常州市编纂出版的其他市直属学校志一览表

表 38-2-9

志书名称	断限	编纂者(主编)	印刷时间	字数(万字)
江苏技术师范学院志	1985—2005	江苏技术师范学院	2005.05	36.80
常州轻工业学校校志	1963—1985	戈君泽等	1986.12	16.00
常州市轻工业职工大学校志	1975—1985	刘士群等	1986.12	12.00
常州市刘国钧职业教育中心志	1989—1999	王亮伟等	1999.09	—
常州市轻工技工学校志	1985—1985	罗文文等	1986.12	8.00
常州市第三职业高级中学志	1943—2003	王巍平等	2003.11	18.00
常州卫生学校志	发端—1984	常州卫生学校	—	—
常州卫生学校志（1984—1986）	1984—1986	黄菊邨等	1987.01	—
常州老年大学志（1986—1998）	1986—1998	黄元裕	1999.06	—
常州机械学校志	1973—1985	周美海等	1986.10	7.00
常州市戏剧学校志	1958—1985	常州市戏剧学校	1986.06	18.00

医院志 80—90 年代，常州市第一、第二、第四人民医院和精神病医院等市直属医院组织编修 10 部院志，均为内部出版。

1980—2010 年常州市编纂出版的医院志一览表

表 38-2-10

志书名称	断限	编纂者(主编)	印刷年月	字数(万字)
常州市第一人民医院志	1918—1983	章 涛	1985	50.00
常州市第二人民医院志	1943—1983	常州市二院	1984	25.00
常州市中医院志	1956—2007	常州市中医院	—	—
常州市第四人民医院、常州市红十字医院志	1946—1983	市第四人民医院、红十字医院	1984.12	—
常州市妇产医院志	1952—1983	常州市妇产医院	1984.06	4.00
常州市精神病医院志	1959—1983	徐瑞群等	1984.09	11.00
常州市商业职工医院志	1953—1985	李静华	1987.11	7.00
铁道部戚墅堰机车车辆厂医院志	1936—1984	戚墅堰机车车辆厂医院	1986.11	16.00
常州市东风医院志	1948—1983	戚永明等	1984.03	6.00
溧阳中医院志	—	—	—	—

厂矿公司志 1986—2010 年，常州市编修市直属厂矿、公司志书分别为 87 种、89 部。其中，戚墅堰发电厂、常州变压器厂各编修续志 1 部；《戚墅堰发电厂志》及其续志和《戚墅堰机车车辆厂志》《常州国棉一厂志》公开出版。

1980—2010年常州市内部编印的其他工矿志一览表

表38-2-11

书名	主编	编印时间	书名	主编	编印时间
常州第一织布厂志	范文娟等	1983.10	常州农药厂志	—	1984
常州市金属材料公司简志	—	1983.12	常州人民印刷厂志	章德明等	1984.03
常州市红星棉织厂志	邵文兴等	1984.05	常州石油化工厂志	编志办	1984.10
常州市树脂厂志	—	1984.05	常州市第十一织布厂志	毕秉夔	1984.10
常州市挺进印刷厂志	钱乐英等	1984.06	常州市农业机械公司简志	编史小组	1984.11
常州第十织布厂志	薛清生等	1984.10	常州市锁厂志	张和庚等	1984.12
常州市第二毛纺织厂志	吴嘉华等	1984.11	常州冶金机械厂志	万励生等	1985.12
常州市化轻公司志	周岳林等	1984.12	常州市机电设备公司简志	—	1985.01
常州电子仪器厂志	—	1984.12	国营洪庄机械厂简志	高金培等	1985.03
常州市酒厂志	徐炳海等	1985.04	中国常州绣品手帕总厂志	臧鸿鸣等	1985.11
常州市建筑材料公司简志	许仁和	1985.05	常州市第三毛纺织厂志	李建明等	1986.05
常州上黄煤矿志	储桂生等	1985.10	常州邮政机械厂厂志	顾志南等	1986.07
江苏常州冶炼厂志	张国忠等	1985.10	常州商标带厂志	俞宝珊等	1986.08
常州纺织仪器厂志	杨国平等	1985.12	常州东方红染厂志	房鸿熹等	1986.09
常州市商业机械厂志	—	1985.12	常州制药厂志	高维正等	1986.10
常州东风糖果冷饮食品厂志	—	1985.12	常州锦华绸厂志	汪　玲等	1986.10
常州合成纤维厂志	刘鸿志等	1985.12	常州市纱厂志	王蜀民等	1986.11
常州市玻璃厂志	林建明等	1986.04	常州电池厂志	王宗钰等	1986.12
常州市荧光灯厂志	谢　卫等	1986.12	常州内燃机车厂志	吴焕度等	1986.12
常州梳篦厂志	盛纪兴等	1986.12	常州钟表厂志	—	1986.12
常州变压器厂志	张锦文等	1986.12	工贸合营常州市包装装潢厂志	仲安邦等	1986.12
常州热工仪表厂志	陶有福等	1986.12	常州焊割工具厂志	周义明等	1986.12
常州二轻机厂志	蒋运铎等	1986.06	常州轻工机械厂厂志	丁胜良等	1987.01
常州钢铁厂志	周　枫等	1986.12	常州第三织布厂志	李琴生等	1987.01
常州钢铁铸造厂志	张小夏等	1986.12	常州味精厂志	—	1987.03
常州锅厂志	何玉明等	1986.12	常州市搪瓷厂志	彭纪昌等	1987.05
常州第二织布厂志	奚鹤鸣等	1987.05	常州第四织布厂志	过虎城等	1987.09
常州电力修造厂志	郑振清等	1987.07	中国房屋建设开发公司常州公司志	汪承中等	1987.12
常州第九织布厂志	魏　平等	1987.08	常州第八织布厂志	王兴瑞等	1987.12
常州市有色金属压延厂志	徐鹏云等	1987.08	常州市低压电器厂志	赵慧珍等	1987.12
常州锻造总厂志	杨　廉等	1987.09	常州照相机总厂志	缪　俊等	1987.12
常州市自来水公司志	徐尚安等	1987.10	常州市第二电机厂志	施　旋等	1988.10
常州金属工艺品厂志	于松林等	1987.05	常州柴油机厂志	徐恺卿	1988

续表 38-2-11

书名	主编	编印时间	书名	主编	编印时间
江苏省烟草公司常州分公司志	周恩义等	1988.05	常州绝缘材料厂志	蒋书林等	1989.05
常州东风印染厂志	周晓春等	1988.09	常州勤业塑料厂志	朱荣福等	1989.09
常州市建筑工程总公司志	屠胜龙等	1988.10	戚墅堰机车车辆厂志	姚松山	1994.09
常州染料化工厂志	徐加明等	1989.09	常州国棉一厂志	高进勇	1995.07
常州纺织机械厂志	汤联青等	1989.09	建材二五三厂志	王敬苍等	1995.12
常州第七织布厂志	丁春怡等	1989.10	常州变压器厂志续编	陈建国等	2006.03
常州皮革机械厂志	方躬俊等	1989.10	常州日报社印刷厂志	万忠群等	2007.07
常州酿酒总厂志	毛民治等	1990.12	戚墅堰发电厂志	钱大阜	2009.03
常州林业机械厂志	徐金春等	1991.10	常州市割绒厂志	张云霞等	1992.05
常州厚余煤矿志	戎敖斌等	1992.01	常州市天宁印刷厂志	—	—

七、山水志、寺院志

常州历史上曾编修出版《毗陵高山志》等山水志 5 部和《武进天宁寺志》。

山 水 志 《毗陵高山志》 明顾世登、顾伯平辑，恽应翼续辑，民国 26 年(1937)阳湖吴镛刻木活字本，6 卷 4 册，设山境、土产、地理、风俗、贤行、才学等 13 个门类。

《毗陵诸山记》 清邵长蘅纂，记录明朝时期常州境内的茶山、黄山、孤陈山、九龙山、巴斗山、独孤山、秦阳山、四墩山、评墓山、黄公山、陈墓山、壶公山、龟山等。

《毗陵诸水记》 清邵长蘅纂，主要记常州境域内长江、太湖、运河、滆湖、芙蓉湖、孟河等水系情况。

《茅山志》 共两部。第一部为 1921 年江导岷据清朝《茅山志》订辑出版的《茅山志辑要》。第二部为 1997 年金坛、句容两县(市)地方志办公室联合编纂，朱延生主编，41.4 万字，2000 年 10 月由方志出版社出版。

寺 院 志 《武进天宁寺志》 民国早期，天宁寺请屠寄、缪潜、濮一乘纂辑，至 1932 年成书，共 12 卷，分两册。分设建置、僧伽、法语、著作、贞石、艺文、规约、志余等门类。

第二节 地方综合年鉴

常州是全国最早编纂、出版县级年鉴的地方，早在民国 16 年(1927)、民国 17 年就编纂出版了《武进年鉴》。

一、市级年鉴

《常州年鉴》 1991 年由常州市地方志办公室启动编纂，每年 1 卷，至 2010 年编纂出版 20 卷。

二、县(市)区年鉴

《武进年鉴》 有两种，一种为 1926 年、1928 年武进县建设局编辑的《武进年鉴》，共编 2 册。第二种为改革开放后武进的县区级年鉴，1988 年武进县地方志办公室启动编纂，每年 1 卷，至 2010 年出版 23 卷。

《金坛年鉴》 1993 年金坛市地方志办公室始编，至 2010 年出版 8 卷。

《常州高新区(新北区)年鉴》 1998 年常州高新区(新区)党政办公室始编，至 2010 年出版 4 册。

《溧阳年鉴》 溧阳市地方志办公室 2004 年始编，至 2010 年出版 5 卷。

《钟楼区年鉴》 钟楼区政府办公室 2009 年始编，2010 年内部出版。

第三章 文学艺术

常州文学艺术著作最初存于古代个人文集，从南北朝齐梁时期常州萧氏在文坛崛起后的1700多年来，常州的诗人、作家、艺术家编著了大量文艺著作。明代开始出现汇集地方人物诗文集的著作。清代常州文学艺术达到顶峰，“毗陵四子”、“毗陵六逸”、阳湖文派、常州词派、“毗陵前后七子”等竞放异彩。清末民初，汇编本邑诗文著作渐成风气，有《常州骈体文录》《国朝常州词录》《常州文录》《常州诗录》等诗文总集。1931年，吕思勉著《宋代文学》影印出版。新中国成立后，常州文学艺术繁荣，创作、编辑并出版了大批文艺书籍。

第一节 诗词

一、诗词合集

曾刊刻、编印、出版的常州诗人诗词合集10多种(部)。

二、古典诗词集

常州诗人曾刊刻、编印、出版个人诗词集近50种(部)，约240卷。

常州诗人古诗词合集一览表

表38-3-1

<table>
<tr><th colspan="2">书名</th><th>编著者</th><th>刊刻出版时间</th><th>出版单位</th></tr>
<tr><td rowspan="3">武进苔岑社丛编、苔岑丛书</td><td>戊午集</td><td rowspan="3">余端等</td><td>1918</td><td rowspan="3">武进苔岑吟社铅印</td></tr>
<tr><td>庚申集</td><td>1920</td></tr>
<tr><td>辛酉集</td><td>1921</td></tr>
<tr><td colspan="2">聊园新书十三种</td><td>吴 放</td><td>1929</td><td rowspan="2">江苏文艺出版社</td></tr>
<tr><td colspan="2">续毗陵诗录</td><td>羊牧之</td><td>1994</td></tr>
<tr><td colspan="2">常州诗词</td><td>羊 淇
羊 汉</td><td>2003</td><td>中国文史出版社</td></tr>
<tr><td colspan="2">历代诗人咏常州</td><td>羊 淇</td><td>2008</td><td>中国文联出版社</td></tr>
<tr><td colspan="2">双溪毓秀馆吟草</td><td>邹文渊</td><td>1929</td><td rowspan="2">武进兰社铅印</td></tr>
<tr><td colspan="2">武进兰社男女弟子诗词百人集</td><td>周葆贻</td><td>1939</td></tr>
<tr><td colspan="2">唐氏先世遗文</td><td>唐鼎元</td><td>1948</td><td>武进唐氏铅印</td></tr>
<tr><td colspan="2">高本汉诗经注释</td><td>董同龢</td><td>1960</td><td>中华丛书编审委员会</td></tr>
<tr><td colspan="2">常州历代女子诗词选</td><td>吴逸鸥</td><td>2008</td><td>中国文联出版社</td></tr>
</table>

常州诗人古体诗词（个人）集一览表

表38-3-2

编著者	诗词集名称	刊刻出版时间	卷、册数	刊刻出版情况
钱维城	茶山诗文集	清乾隆四十一年(1776)	30卷	刻本
恽 珠	红香馆诗钞、闺秀正始集	清道光十六年(1836)	34卷	红香馆刻本
汤贻汾	琴隐园诗词集	清光绪元年(1875)	36卷	刻本
恽 格	瓯香馆诗集	清光绪七年(1881)	15卷	刻本
屠 寄	结一宧骈体文	清光绪十六年(1890)	5卷	—

续表 38-3-2

编著者	诗词集名称	刊刻出版时间	卷、册数	刊刻出版情况
刘炳照	留云借月庵词、续	清光绪十九年（1893）、二十五年（1899）	6卷2册	刻本
	无长物斋诗存	清光绪、民国	2卷1册 5卷	抄本、刻本
	复丁老人诗记	清宣统二年（1910）	1卷1册	刻本
徐寿基	东游偶吟草	清代	1卷1册	刻本
	渔洋秋柳诗诠	清光绪年间（1875—1908）	1卷1册	刻本
吕景端	鲸华社钟选	清光绪三十一年（1905）	2卷1册	上海通元书局石印
钱振锽	星隐楼诗文集	清代	4册	刻本
	快雪轩诗草	清代	3卷2册	活字本
	名山四种	1918年	4册	活字本
	名山诗集	1926年	5卷1册	刻本
		1947年	19卷4册	活字本
	钱名山诗词书画选	2010年	1卷1册	
李宝淦	濯缨室诗钞、诗钞	民国	3卷、14卷	铅印
	问月词	民国	1卷1册	铅印
董　康	读曲丛刊	民国	6种7卷4册	刻本
	广川词录(10种)	1941年	25卷8册	刻本
	课花庵词	1992年	1卷1册	翻印版
袁励准	青岛纪游诗	1912年	1卷1册	刊本
	历朝七绝正宗	1932年	1卷1册	刊本
	恐高寒斋诗	1930年	2卷	刊本
孟　森	辽左纪游杂咏	1930年	1卷1册	
	仁寿纪游诗	1930年	1卷1册	
赵椿年	覃研斋诗存	1936年	3卷1册	刻本
谢觐虞	玉岑遗稿	1941年	4卷1册	铅印
蒋维乔	淡齐诗存	1947年	1卷1册	
吕思勉	诚之诗稿	1950年	1卷1册	油印本1卷
谢稚柳	鱼饮诗稿	1974年	1册	油印
	甲丁诗词	1977年	1册	
	壮暮堂诗钞	1995年	1卷1册	上海书画出版社
恽毓鼎	澄斋诗钞	1963年	4卷1册	油印
瞿秋白	瞿秋白诗文选	1982年	1卷1册	人民文学出版社
叶鹏飞	海镜堂诗草	1989年	1卷1册	南京大学出版社
	觅句轩韵痕	2000年	1卷1册	中国戏剧出版社
羊牧之	秋华馆诗存	1993年	1卷1册	北京人民出版社
	秋华馆诗文存	2009年	1卷1册	珠海出版社出版

续表 38-3-2

编著者	诗词集名称	刊刻出版时间	卷、册数	刊刻出版情况
钱小山	小山诗词	1992 年	1 卷 1 册	上海师范大学出版
叶千华	读月楼诗存	2006 年	1 卷 1 册	中华诗词出版社
董纲庵	董纲庵词存	2009 年	1 卷 1 册	
羊　淇	菱溪诗稿	2010 年	1 卷 1 册	中国文联出版社

说明：常州诗人的单篇诗作、组诗收入表 38-3-4，入编于其他合集者不重注

三、现代诗歌集

常州诗人曾编印、出版现代诗歌集 25 种（部）。

常州当代诗人创作、出版的诗集一览表

表 38-3-3

诗集名	作者	年份	出版单位	诗集名	作者	年份	出版单位
雪　悟	何润声	1988	雨　花	又见阳光	荆和平	2002	中国工人出版社
心　诚	钱旭东	1990	安徽文艺出版社	春天渐渐走远	胡正勇	2004	重庆出版社
青岛滨海	刘源春	1992	广西民族出版社	恽代英	蒋柏桢	2005	中国作家出版社
喜鹊的风格	储佩成	1994	香港亚洲出版社	从　前	张羊羊	2006	时代文艺出版社
江南魄	杨奇时	1996	远方出版社	岁月流歌	黄晓春	2008	大众文艺出版社
春雨秋风	陶红亮	2001	中国文联出版社	北窗清吟	潘一新	2010	黄河出版社出版
巴颜喀拉有舞	冯光辉	2001	中国文联出版社获诗刊社诗歌艺术文库 2001 年度优秀诗集奖	纯　粹	邹晓慧	2010	大众文艺出版社
踏遍青山	李寿生	2002	中国文联出版社	砚游吟记	叶鹏飞	2010	中国言实出版社

说明：常州诗人的单篇诗作、组诗收入表 38-3-4，入编于其他合集者不重注

1986—2010 年常州诗人发表、获奖的部分诗歌作品一览表

表 38-3-4

作者	作品	年份	发表报刊、出版单位和获奖情况	作品	年份	发表报刊、出版单位和获奖情况
冯光辉	东方龙	1987	绿　风	一位江南舞星	1989	《绿　风》
	鹰　思	1991	全国诗歌集萃	坝　说	2000	中国诗歌选
	威风锣鼓	1991	诗刊，获诗刊社优秀诗文三等奖	白兰花嫂	1994	雨花，入选《精短散文小品》
	从乌鞘岭向西（长诗）	1998	绿　风	泳坛健将毛泽东	2001	青春，获建党 80 周年征文大赛三等奖
	背靠岩石吹笛	2001	绿　风	高原鹰笛及其他	2000	扬子江

续表 38-3-4

作者	作品	年份	发表报刊、出版单位和获奖情况	作品	年份	发表报刊、出版单位和获奖情况
冯光辉	半个月亮的晚上	2001	诗　刊	靖江船坞	2010	诗刊，获诗咏靖江新八景全国诗歌大赛征文三等奖
	我的钢笔在哪里能够吸上墨水	2007	诗　歌			
	夜宿山坡	2002	诗　刊	阳光岩壁	2003	诗　刊
邹晓慧	我相信	1994	芒　种	恋　别	1996	时代文学
	香港，我的兄弟	1997	雨　花	打工的人	1998	青　春
	三月的花絮(组诗)	1997	芳　草	祖母的脸	1999	入选《江苏文学50年·诗歌》
	天地之间	1999	芳　草	有手的风信	2003	诗选刊
	风　信	2003	中国诗人	纯白的白	2006	时代文学
	失落的夜色	2004	扬子江·诗刊，入选《2005年度中国最佳诗歌》	幸福是低调的	2007	北京文学，入选《2007年度中国最佳诗歌》
	大　哥	2006	当代小说	禅是一枝花	2007	散文百家
	灵　魂	2007	入选《2009年选最适合中学生阅读诗歌》	我　们	2007	诗　林
				为山色而来	2008	中国诗人
	不仅仅是那点意思	2008	百花园	邹晓慧的诗	2009	中国网络诗人100家
	尘世流年	2009	中国诗人	蓑衣的寓言	2009	作　品
	冷　春	2010	北方文学	琵琶女	2010	入选《飞天·60年典藏诗歌》
	国清寺	2010	中国诗歌			
谢　忱	新黄鹤楼赋	1994	长江文艺，入选《诗歌集萃》			
张晓娟	人民币上的你我他	2009	获建国60周年征文二等奖			
张卫华	狼毒花	2005	获省第二届“紫金山”文学奖			
黄　羊	初秋杂忆	1989	雨　花			

第二节　小说

清代常州作家开始大量创作小说。清末民初，常州作家的小说达到了顶峰，涌现了李宝嘉、许指严、恽铁樵、张春帆等著名小说家和著名翻译家瞿秋白等，留下丰富的小说作品和译作。2005年，常州市文联编选的《常州文学作品选(1995—2004)》(小说卷)出版，收录常州作家中篇、短篇和微型小说多种。

民国以后，全国刊刻、出版有常州作家的长篇小说100多种(部)。

常州作者创作、翻译出版的部分中长篇小说一览表

表 38-3-5

作者	作品名称	出版年份	刊刻出版情况	作品名称	出版年份	刊刻出版情况
许指严	劫花惨史	1914	—	史说慈禧	1994	—
	新华秘记前后编	1918	铅印 2 册	骨董祸	1998	翻　印
	新滩簧叹朝鲜	1920	铅　印	近十年之怪现状	2007	翻　印
	石达开日记	1931	世界书局出版			
瞿秋白（译）	高尔基创作选集	1945	生活书店	爱森的袭击	1954	人民文学出版社
	解放了的堂吉诃德	1946	生活书店	高尔基作品选	1956	中国青年出版社
张春帆	宦海（24 回 4 卷）	宣统元年	上海环球社铅印	九尾龟	清光绪十年	8 卷 8 册
吴绮缘	冷红日记	1916	小说丛报社	爱国英雄小史	1917	上海交通图书馆
	芙蓉娘（侠情）	1918	清华书局	奇人奇事录	1949	中国新光印书馆
	反聊斋	1992	百花文艺出版社	同命鸟	1912	影　印
李定夷	茜窗泪影	1914	影　印	美人福	1992	吉林文史出版社
	广笑林	1917	影　印	轶闻大观补遗	1917	影　印
	新谈汇初集（上）	1917	影　印	湘娥泪	1918	影　印
	情舞台	1918	影　印	西方美人	1919	影　印
	伉俪福	1921	影　印	红颜薄命记	1934	影　印
	红粉劫	1934	影　印	千金骨	1947	影　印
	贾玉怨	1914	影　印			
陈衡哲	小雨点	1928	新月书店	小雨点	1936	商务印书馆
高晓声	解　约	1955	江苏人民出版社	小青龙	1956	江苏人民出版社
	李顺大造屋	1979		七九小说集	1980	
	高晓声 1980 年小说集	1981	人民文学出版社	陈奂生上城	1981	甘肃人民出版社
	青天在上	1988	上海人民出版社	钱　包	1986	香港香江出版社
	高晓声 1981 年小说集	1982	人民文学出版社	高晓声 1982 年小说集	1983	四川文艺出版社
	陈奂生上城出国记	1991	上海文艺出版社	高晓声小说选	1983	人民文学出版社
徐琢平	黑水洋	1990	光明日报出版社	大海歌	1990	南京出版社
陆涛声	雾中行	1990	解放军文艺出版社			
殷志扬	考验的开端	1956	江苏人民出版社	猪舍一少年	1961	上海少儿出版社
	英雄的日子	1956		虾儿辈	1979	江苏文艺出版社
	小城乱世情	1991	百花文艺出版社	霜天同林鸟	2000	江苏文艺出版社
万叶树	渠水长流	1977	江苏人民出版社	兰陵白泰官	2001	中国文联出版社
葛安荣	小镇天子	1990	哈尔滨文艺出版社	花木季节	2001	中国文联出版社
	都市漂流	2002	中国广播电视出版社	人间烟火	2006	中国作家出版社
	黑眼睛	2007	中国作家出版社	玫瑰村	2009	江苏文艺出版社

续表 38-3-5

作者	作品名称	出版年份	刊刻出版情况	作品名称	出版年份	刊刻出版情况
刘源春	情泪恨	1996	大众文艺出版社	好想长大	1999	内蒙古人民出版社
庄亚梁	涅　槃	1999	黄河出版社	我为谁恋	2005	中国作家出版社
周洁茹	我们干点什么吧	1999	珠海出版社	长袖善舞	1999	华文出版社
	抒情时代	2001	花山文艺出版社	小妖的网	2002	春风文艺出版社
李中萱	乡村沉沦	2001	中国作家出版社	美人钓	2001	江苏文艺出版社
曹春保	黑白人生路	2001	中国作家出版社	情　结	2009	中国作家出版社
庄复兴	漳河迷案	2002	人民日报出版社	风雨人生路	2008	中国作家出版社
刘志庆	幻　情	2006	北方文艺出版社	风云塘马	2010	中国作家出版社
郭重威	李公朴的故事	2007	天津人民出版社			
村　人	反贪局长	2008	春风文艺出版社	此处拐弯	2009	江苏文艺出版社
	80后女书记	2010	江苏文艺出版社			
沐　非	宸　宫	2008	朝华出版社	帝　锦	2009	河南文艺出版社
	帝台娇	2010	吉林出版集团			
芥　蓝	离开你是我无悔的成全	2009	北方妇女儿童出版社	明天是否还有人像我一样爱你	2009	北方妇女儿童出版社
	秦始皇之缱绻	2010	安徽文艺出版社			
程思良	指尖之舞	2010	菲律宾博览国际传播公司	仕在人为	2010	湖南人民出版社

说明：一位作家发表两部及以上长篇小说者收入此表，其他作家作品入下表

常州其他作者创作编纂出版的长篇小说、中短篇小说集和故事集等一览表

表 38-3-6

作者	作品名称	出版年份	出版单位	作者	作品名称	出版年份	出版单位
恽铁樵	聊斋志异演义（2卷）	1918	小说月报	张九如	白话短篇写实小说（影印）	1933	新文化书社
徐　震	汉魏六朝小说选（编）	1955	上海古典文学出版社	奚渭明	乡支部书记	1956	江苏人民出版社
王朝庭	怒歼飞贼	1978	福建人民出版社	朱达明	常州小说（编）	2003	中国文史出版社
高　菁	春夜的声音	2005	北京文化出版社	刘光俊	琵琶村首富	2003	吉林人民出版社
袁亚鸣	牛　市	2008	内蒙古文化出版社	董秀晴	像金属一样坠落	2005	中国文联出版社
杨铁平 周旭东	谋事在人	2009	内蒙古人民出版社	张晓娟	三叶草	2007	百花洲文艺出版社
李　韵	询君意	2009	国际文化出版社	谢　忱	秋逸轩小说选	2007	中国作家出版社
匡启键	花落花开	2010	南京大学出版社	史剑新	凤凰谷	2010	中国作家出版社
周　瑾	为什么会喜欢上你	2010		肖　飞	太湖湾传奇	2007	中国文联出版社

续表 38-3-6

作者	作品名称	出版年份	出版单位	作者	作品名称	出版年份	出版单位
伍稼青	武进民间故事(编)	1971	台湾商务印书馆	王　松	落风的街	2003	江苏文艺出版社
卞心宇	暗香浮动月见容	2010	珠海出版社	刘春龙	深爱至痛	2006	江苏文艺出版社
陆惠根 是国林	淹城公主	2004	江苏文艺出版社	常州市民间文学集成委员会	常州民间故事集(编)	1989	中国民间文艺出版社
钱立富	洞　天	2006	人民日报出版社				

1986—2010 年常州作者发表出版的部分中篇小说及专集一览表

表 38-3-7

作者	作品名称与年份	发表报刊、出版单位及获奖情况	作品名称与年份	发表报刊、出版单位及获奖情况
陆涛声	老话（1992） 庆生伢的财运（小说集，1993）	北京文学 华艺出版社	密芦深处（1993） 新楼后面是老屋（1989）	昆　仑 小说家
葛安荣	被颠倒的情感（1988） 走出困境（1992）	青　春 上海文学	窑　火（1999）	百花洲
冯光辉	谷子谷子（1994） 影壁（2007）	青海湖 作家出版社	培训班（1998）	鹿　鸣
高　菁	秋夜迷雾（2001） 神秘的投毒者（2009）	传奇传记 传奇故事	春天的罪孽（2003）	故事会
金　磊	磨刀霍霍、苏惟惟（2001）	青年文学	失　重（2000）	雨　花
金文琴	女人章艳（2005） 苏木的爱情时光（2005）	长江文艺 青海湖	女人小茶（2008）	青海湖
沙漠子	博爱街（1988）	雨　花		
李怀中	通衢（1987、1998）	东　海		
钟斌成	失踪的女演员（1989）	金陵百花		
谢　忱	玉锣魂（1990）	重庆晚报·副刊		
谢　忱、杨肃生等	杨小开传奇（1994）	扬子晚报		
周洁茹	文雅（1996）	获 1996 年《萌芽》杂志新人奖		
李中萱	桃色（2001）	当　代		
张晓娟	不死（2005）	中国作家，获全国优秀作品奖		
叶林生	桥上有个祸（2009）	华东师范大学出版社		

1986—2010年常州作者发表出版的部分短篇小说及专集一览表

表38-3-8

作者	作品	年份	发表报刊、出版单位和获奖情况	作品	年份	发表报刊、出版单位和获奖情况
陆涛声	一个姑娘在异乡	1986	垦春泥	心中有佛	1992	十月
	小楼风波	1989	当　代	敲门声	1997	羊城晚报
	最后两票、造屋	1990	北京文学	再见千岛湖	1997	北方文学，1999获《小说月报》第八届百花奖
	雾　宴	1996	北京文学			
	诚　笃	1989	北京文学			
冯光辉	春　困	1987	红　岩	小说三题	1989	青海湖
	春　困	1989	红　岩	感谢呼啦圈	1993	萌　芽
	春　困	1990	红　岩	悬空的机器	1995	雨　花
	老兵、好兵	1993	萌　芽	到昆仑山完婚	2007	获吴承恩小说奖
	小　兵	1995	青海湖	红海棉白飞花	1996	春　风
张宇清	他在美的王国里	1986	广州文艺	补尼龙袜的少女	1987	东京文艺
李怀中	实习笔记	1986	青年作家	小狗圆舞曲	1989	长　江
石花雨	孤独者	1987	雨　花	前方停靠站	1990	《1986—1987中国意识流小说选》
	秋天最后的浪漫	1993	雨　花			
	长满窗子的房间	1990	钟　山			
沙漠子	黑匣子	1987	雨　花	炳蛮子	1989	雨　花
黄　羊	国为没有时间	1986	小说潮	外宾没有光临寒　舍		《1986—1987中国意识流小说选》
李中萱	风　景	1990	人民文学			
董秀晴	二姐倩姿	1998	三角洲	挥挥你的衣袖	2002	太　湖
	雪花雪花结伴飞	2003	太　湖	天　桥	2004	雨　花
	像金属一样坠落	2005	中国文联出版社			
金文琴	黑夜里盛开的花	2003	中国广播电视出版社	茶　舞	2007	小说界
	瑞　草	2005	青年文学	我爱瑜伽	2007	小说林
	我想喝你一壶茶	2006	雨　花	瓦屋山茶场	2008	作　品
老于头	惯　性	2006	小说月刊	老东西	2010	青　春
金　磊	没有人要我	2001	青年文学			
周秋鹏	花开隐私	1993	东　海			
陈　肃	花烛情	1993	散文天地			
庄亚梁	爱情游戏	1999	北方出版社			
蔡海葆	未名山谷	1987	雨　花			
陈　平	水泥的故事	2007	雨　花			
	政绩问题	2010	雨　花			
高建新	遗　风	2008	中国作家获作家杂志社第4届金秋之旅笔会短篇小说二等奖			

续表 38-3-8

作者	作品	年份	发表报刊、出版单位和获奖情况	作品	年份	发表报刊、出版单位和获奖情况
王朝庭	“吹”出来的连长	2008	中国文学			
叶　孤	血鸳鸯	2009	中华传奇			
吴振宇	撞上胖妞	2010	幽默讽刺·精短小说			

第三节　散文

曾出版、保存有常州作家称文集的著作近20部。其中，民国20年(1931)铅印、赵震编辑的《毗陵文录》，8卷4册汇编了清代160位常州人士的散文。

常州作者创作发表的综合性文集一览表

表 38-3-9

作者	作品集	出版年份	出版单位	作者	作品集	出版年份	出版单位
瞿秋白	瞿秋白文集	1953	人民文学出版社	洪　深	洪深选集附新文学选集	1951	出　版
	瞿秋白选集	1959	人民文学出版社				
	瞿秋白译文集	1999	译林出版社		洪深文集(第1卷)	1957	出　版
张太雷	张太雷文集	1981	人民出版社		洪深文集(第4卷)	1959	出　版
	张太雷文集续	1992		吕思勉	吕思勉遗文集	1997	出　版
恽代英	恽代英文集	1984	人民出版社	徐　震	徐震佚文集	2006	山西科学技术出版社
章汉夫	章汉夫文集	1987	江苏人民出版社	赵元任	赵元任全集	2007	出　版
孟秋江	孟秋江文集	1994	华东师范大学出版社	方　毅	方毅文集	2008	翻印出版
赵　震	毗陵文录	1931	常州华新书社				

常州作者创作发表的多部散文集一览表

表 38-3-10

作者	作品名称	年份	出版单位	作品名称	年份	出版单位
袁励准	西山游记	1912	刻本，3卷	吴越游记	1912	刊　本
	恐高寒斋游记	1912	刊　本			
孟　森	广西边事旁记	清光绪三十二年(1906)	铅　印	蒙古郭尔罗斯后旗旅行记	1914	
庄　俞	西湖、泰山	1920、1930	商务印书馆	我一游记	1936	商务印书馆
	西山二集、天目山	1930	商务印书馆			
瞿秋白	新俄国游记·从中国到俄国的记程	1924	商务印书馆	乱弹、多余的话	2000	岳麓书社

续表 38-3-10

作者	作品名称	年份	出版单位	作品名称	年份	出版单位
瞿秋白	海上述林	1936	东北新华书店辽东分店	瞿秋白散文名篇	2000	时代文艺出版社
				街头集	1940	霞社
周木斋等	横眉集	1929	上海世界书局	边鼓集	1929	上海英商文汇公司
蒋维乔	西山（1～2 集）	1920	出版	因是子游记	1935	出版
	盘山（游记）	1920	出版			
庄　启	战后欧游见闻记	1924	商务印书馆	德国一周	1925	商务印书馆
陈衡哲	陈衡哲散文集	1938	开明书局	陈衡哲散文选集	2009	百花文艺出版社
吴祖光	吴祖光散文选	1982	—	吴祖光悲欢曲	1986	—
李文瑞	云水万里	2004	人民日报出版社	山水小品	2004	中国文联出版社
	炼狱之门	2004	中国文联出版社	夜航偶拾	2005	中国文联出版社
	苦乐人生话写作	2004	时代文艺出版社	我把昨天丢失	2005	黑龙江人民出版社
	武进奇葩	2005	中国文史出版社	偷闲集	2008	中国文联出版社
陈　肃	毗陵散笔	1988	江苏人民出版社	绿的回旋	2000	人民文学出版社
	春云秋品	1990	百花文艺出版社	溧　阳	1990	江苏人民出版社
叶鹏飞	水乡余韵	1994	中国美术学院出版社	书林随笔	2000	北京燕山出版社
沈成嵩	洮湖短笛	1995	南京出版社	洮湖烟雨	2002	中国作家出版社
	洮湖散记	1999	江苏文艺出版社			
高建新	生命的激流	2001	中国作家出版社	谁在黑暗里与我对话、走过心灵的脚步等	2010	内蒙古人民出版社
	春雨秋风、乡魂旅思、苍山零草、行看云起、纵横人生、炼狱之门等	2001—2005	中国文联出版社	有一个承诺叫永远	2010	内蒙古人民出版社
				唱春风情录	2010	东方出版社出版
	洮湖散记	1999	江苏文艺出版社	女人的“景点”	2000	中国戏剧出版社
	离乡草	2000	东方出版社	旅途随笔	2000	中国文联出版社
	绿的回旋	2000	人民文学出版社，获市“五个一工程”优秀图书奖	心中的绿荫	2000	中国文联出版社
				水湄茶语	2000	中国文联出版社
				延陵访古	2000	远方出版社
陆涛声	走近天一阁	2001	海潮出版社	春风吹过大河湾	2006	光明日报出版社
	沧海集	2006	黑龙江人民出版社	涛声自说自画	2008	中国作家出版社
孟济元	茅山散记	1994	江苏人民出版社	旅途随笔	2000	中国文联出版社
	寂静在歌唱	2007	北京艺术与科学电子出版社	偷闲集	2008	中国文联出版社
叶千华	芳野集	1992	香港通讯出版社	垦春集	1995	艺苑出版社
	沉思集	1993	新世纪出版社	心灵夜话	2010	中国作家出版社
赵元任	从家乡到美国·赵元任早年回忆	1997	学林出版社	走到镜子里	2000	商务印书馆出版

续表 38-3-10

作者	作品名称	年份	出版单位	作品名称	年份	出版单位
金文琴	蕴文散记	1997	江苏文艺出版社	淡日浓情	2002	黑龙江人民出版社
	水湄茶语	2000	中国文联出版社	风雨人生路	2002	中国妇女出版社
	带花栏杆的楼房	2003	中国文联出版社	冬季里的春夏秋	2006	中国作家出版社
冯光辉	梦痕心迹	1997	成都出版社	烟水集	1995	江苏文艺出版社
高纯林	风雨人生路	2002	中国妇女出版社	桑榆散记	2010	中国文联出版社
	蕴文散记	1997	江苏文艺出版社			
殷志扬	带花栏杆的楼房	2003	中国文联出版社	春鸟秋虫集	2010	江苏文艺出版社
	在旷野上嚎叫	2010	作家出版社出版			
晏　飞	夜航偶拾	2005	中国文联出版社	有一个承诺叫永远	2010	内蒙古人民出版社
	晏飞杂文选	2001	中国文联出版社			
蒋　敏	船，船，船	2001	远方出版社	青苹红果	2001	黑龙江人民出版社
	洮湖烟雨	2002	作家出版社	见素集	2002	人民出版社
李寿生	唱春风情录	1999	东方出版社	我的乡村	2008	中国作家出版社
陈　平	常州三杰	1995	南京大学出版社	茅山散记	1994	江苏人民出版社
万叶树	离乡草	2000	东方出版社	我的乡村	2008	中国作家出版社，获市“五个一工程”奖
陈东夫	稻香集	2003	时代文艺出版社	苦乐人生话写作	2004	时代文艺出版社
王抗芙	女人的“景点”	2000	中国戏剧出版社	庭　院	2009	百花文艺出版社
陈知义	案头红枫	1996	成都出版社	云水万里	2003	人民日报出版社
肖　飞	走过心灵的脚步	2009	内蒙古人民出版社	武进奇葩	2005	中国文史出版社
李中萱	在旷野上嚎叫	2010	中国作家出版社	沧海集	2006	黑龙江人民出版社

说明：本表收录一位作者有两部及其以上作品者

常州作者创作发表的单部散文作品集一览表

表 38-3-11

作者	散文集名称	出版年份	出版单位	作者	散文集名称	出版年份	出版单位
钱化佛	三十年来之上海	1947		李　丽	稻香集	2003	时代文艺出版社
孟济元	抱璞集	1990	江苏人民出版社	潘英达	炼狱之门	2005	中国文联出版社
蔡　旭	童心与父心	1992	公开出版	李　丽	我把昨天丢失	2005	黑龙江人民出版社
冯士彦 吴洪生	中国人的选择	1998	上海古籍出版社	张戬炜	旧时月色	2005	黑龙江人民出版社
高晓声	寻觅清白	1999	中国作家出版社	本书编委会	天目湖民间故事	2006	江苏文艺出版社
陈　清	碎石集	2000	北京燕山出版社	程思良	寂静在歌唱	2007	北京艺术与科学电子出版社
陈芳梅	心中的绿荫	2000	中国文联出版社	纪　萍	女检察官手记	2007	上海文艺出版社

续表 38-3-11

作者	散文集名称	出版年份	出版单位	作者	散文集名称	出版年份	出版单位
史剑新	大地情结	2000	吉林人民出版社	沙漠子	乘着歌声的翅膀	2008	中国青年出版社
孙晓峰	玫瑰飘落岸畔	2001	香港天马图书公司	徐澄范	长处乐	2008	中国作家出版社
张晓娟	青苹红果	2001	黑龙江人民出版社	谢　忱	风雨中的守候	2009	内蒙古人民出版社
高勇进	水湄茶语	2001	中国文联出版社	赵善坚	心灵之旅	2009	南京大学出版社
黄　羊	大地情结	2001	吉林人民出版社	印荣生	冷眼旁观	2009	作家出版社
秦坚毅	北腔南调	2001	中国文联出版社	奚渭明	谁在黑暗里与我对话	2009	内蒙古人民出版社
李翔岭	见素集	2002	人民出版社				
蒋　敏	淡日浓情	2002	黑龙江人民出版社	修丽丽	桑榆散记	2010	中国文联出版社
钱璱之 贺忠贤（编）	常州散文	2003	中国文史出版社	曹　音	女心理医生手记	2010	东南大学出版社

1986—2010 年常州作者发表获奖的多篇散文作品一览表

表 38-3-12

作者	作品名称	年份	发表、出版和获奖情况	作品名称	年份	发表、出版和获奖情况
陈　弼	落红有情	1988	文化周刊，获文化部群众文化金狮杯二等奖	酒的趣味	1989	雨　花
				丹崖春雪	1988	雨　花
				植根荒山寂寞开	1993	北京文学
李文瑞 陈弼等	石雕店的功夫茶	2005	人民日报·副刊			
陈　肃	到秦川才知江南	1993	雨花和散文选刊	初春的脚步	1992	获全国散文有奖征文荣誉奖
	祈祷老人	1993	中华散文	浪迹天下、燃烧的睫毛	1990	入选《柠檬色的橄榄枝—当代爱情散文选》
	周庄古风情	1993	散文百家			
	围　城	1993	光明日报			
陆涛声	笛声牵动的思绪	2006	入选《2006 中国精短美文 100 篇》	通往阳光的路	2006	入选《我有一把青春的剑》文学丛书
	蛰伏并快乐着	2007	入选《2009 年中国散文选》	陆涛声文选读本	2006	入选《高级中学教材读本》
	软卧风波	2006	获《新民晚报》2009 年“三十年间难忘事”征文一等奖、第十八届上海新闻奖二等奖等	台湾岛上一滴运河水	2006	人民日报，被列入中学语文教科书和浙江省 2006 年初中毕业学业考试试卷题
	凤仙花溅泪	2007	散文选刊，获 2007 年度中国散文年会百篇散文奖	春风梢	2007	散文百家
				阿　金	2007	雨　花
高建新	只缘秋色淡	2000	入选《中国当代散文大系》丛书	魂兮归来，高晓声	1999	文学报
	飘飞在大沱河的国旗	1999	获华东地区报刊优秀作品一等奖。	常州在飞，运河，女儿河	1999	入选《中国当代散文大系》丛书

续表 38-3-12

作者	作品名称	年份	发表、出版和获奖情况	作品名称	年份	发表、出版和获奖情况
高建新	平凡的岁月	1999	入选散文集《洒向新世纪的花雨》	美丽的碎云	2000	入选散文集《家是甘蔗一样的地方》
	新世纪和月亮饼		雨　花	走近天一阁	2001	入选海潮出版社《散文集》
陈　平	文革遗事十篇	1987	雨　花	东土行	1991	雨　花
	霜叶红花	1996	文学报			
冯光辉	西部与神奇	1996	获96中国散文大赛女娲奖	烟雨蒙蒙过三山峡	1996	获全国三峡散文大赛二等奖
陈东夫	在发现飞碟的那一年	1990	天地探秘	来自老百姓	1991	入选南京出版社出版的《谁主沉浮》
陈知义	婆家的常州	1992	获1999年中国作协《文艺报》散文类作品二等奖			
高纯林	看我非我	1998	文艺月刊			
沈成嵩	表姐之死	2008	入选《2007年中国精短美文100篇》	楼梯拐角一盏灯	2008	北京青年报
	高考前后	2008	雨　花			
吴振宇	寻找汾河痛惜水	2009	雨　花	老大的脚与刀手	2009	获散文选刊杂志社2009年最佳作品奖、2010年中国散文学会中国当代散文奖。
	河边的小屋	2009	安徽文学			
李怀中	城脚下，那片乐器店	2003	获《江苏散文年鉴》2000—2001年佳作一等奖	山水情	2003	获《江苏散文年鉴》2000—2001年佳作一等奖
张戬炜	我的血型是玉树	2010	江苏作家	红方与黑方	2010	入选《2009年中国精短美文精选》

1995—2010年常州作者发表、出版和获奖的单篇散文作品一览表

表 38-3-13

作者	篇名	年份	发表获奖情况	作者	篇名	年份	发表获奖情况
程思良	飘香的荒原	1995	雨　花	石花雨	三条鱼	2008	扬子晚报
陈芳梅	从乌鞘岭向西	1995	崛起，获光明杯全国大赛三等奖	史剑新	手工匠人	2008	雨　花
胡国华	生命的激流	2001	2009年获中国散文学会、纪实文学研究会联办的首届中华之魂优秀文学作品一等奖	潘英达	江南的船	2008	北京文学
				王朝庭	旧照的回忆	2008	作家报
李寿生	重读名作、招提六月也清凉	2003	获《江苏散文年鉴》2000—2001年度佳作二等奖	张晓娟	重访“桃花源”	2010	作家报
李翔发	西南边陲观三景	2005	入选中国作家出版社《中华散文精粹》	徐遗辛	两当轩寻踪	2010	获中国作家金秋笔会一等奖

续表 38-3-13

作者	篇名	年份	发表获奖情况	作者	篇名	年份	发表获奖情况
李翔岭	我不是你的儿子	2005	散文家	杨铁平	前后北岸	2010	雨　花
邵玉健	年前三事	2008	散文百家	张　健	两当轩寻踪	2010	获中国作家金秋笔会全国征文一等奖
钱旭东	“琴台”与“知音”	2008	雨　花				

1986—2010 年常州作者发表、出版和获奖的部分杂文一览表

表 38-3-14

作者	作品名称	年份	发表报刊、出版单位或获奖情况	作品名称	年份	发表报刊、出版单位或获奖情况
陆涛声	多让孩子写心里话	1996	现代写作报	赵翼的一首诗论诗	1997	人民政协报
	弥勒与联句	2005	雨　花	想起周忱	2005	前进论坛
	病梅杂说	2005	人民日报·副刊	“城”的时髦	2005	前进论坛
	钟馗形象解读	2005	前进论坛	漫话猴子	2006	雨　花
	浅尝“饮食文化”	2006	雨　花	这是上当吗	2009	雨　花
	庐山别样景	2009	雨　花			
冯士彦	有感于一篇中学生作文	1996	解放日报	识泰山之重、鸿毛之轻	1997	现代写作报
	且说“安居工程”	1997	解放日报	也说善待历史	1997	解放日报
	祥林嫂的遗嘱	1997	解放日报	咏叹调尾声	1997	解放日报
	现金收购香烟	1998	解放日报	“违城”缺什么	1997	解放日报
	好孩子、坏孩子	1998	方　圆	锁的迷惘和敬祝编安	2000	入选《上海杂文选(1996—1999)》
	高晓声二题	1999	文学报	有感于“重金寻狗”	1998	解放日报
	小保姆独白	2000	重庆日报	“孝”是好字眼	2000	解放日报
	“民口”开发略论	2000	解放日报	家庭民主化浅谈	2000	解放日报
	苏学士宜任何职	2000	前进论坛	从未庄到鲁镇	2010	获全国杂文优秀奖
孔章圣	谋划中国人	1996	光明日报出版社	人生主动权	1996	光明日报出版社
刘竹孙	“南窗北窗”装不装	1996	获全国杂文大赛二等奖	最该看“孔繁森”的是谁？	1996	获《服务导报》“我看孔繁森”征文二等奖
陈　弼	去要去得有价值	1996	获文艺报社等举办的瞿秋白杂文散文征文二等奖			

第四节　戏剧曲艺

1915—2010 年，常州的洪深、吴祖光等著名剧作家创作、发表戏剧曲艺剧本集约 60 部，洪深、吴祖光发表的个人剧作均达 20 部。

常州剧作家创作的部分戏剧曲艺作品集一览表

表 38-3-15

编剧	作品、剧集名称	年份	作品、剧集名称	年份	作品、剧集名称	年份
董 康	曲目韵编（2卷）	1925				
陆镜若	家庭恩怨记（话剧）					
洪 深	卖梨记	1915	走 私	1937	为之有室（三幕剧）	
	贫民惨剧（五幕剧）	1916	死里求生（抗战独幕剧）	1938	回去（独幕剧）	
	洪深剧本创作集	1928	飞将军（独幕剧）	1938	寄生草（三幕剧）	1940
	西线无战事	1929	女人女人	1947	黄白丹青	1942
	洪深戏曲集、五奎桥	1933	人生一世（五幕剧）	1949	人之初	1946
	农村三部曲（戏剧集）	1936	洪深剧作选	1954		
吴祖光	凤凰城（抗日话剧）	1939	风雪夜归人	1944	求凤集	1980
	牛郎织女	1943	后台朋友	1946	闯江湖	1980
	孩子军	1944	林冲夜奔	1947	童 童	1981
	少年游	1945	艺术的花朵	1955	枕下集	1981
	嫦娥奔月	1947	风雪集	1955	咫尺天涯	1980
	捉鬼传	1947	荒山泪	1957	吴祖光剧作选	1981
	正气歌	1942	画家齐白石	1956	花为媒	1981
	夜 奔	1944	踏遍青山	1979	牛女集	1982
张宇清	张宇清剧作选	1994	考县长——小戏小品集	1994		
盛易新	雪花——盛易新作品选	1994				

第五节 美术摄影

恽南田开创没骨花卉画法，形成常州画派以后，常州从者如云，涌现出一大批画家。摄影技艺传入常州，摄影大师吴中行以后，各时期摄影家层出不穷，美术摄影成果蔚为大观。90年代末至2010年，常州画院汇编了常州画院画作系列，包括《常州书画院作品集》（首部、第二部）、《中吴墨韵——常州画院新作选》《2008常州画派首届中国画展作品集》、《常州新园林百景中国画作品集》和《第三届常州画派中国画作品集》等，主要收录常州画院专职画师、特聘画师、名誉画师和顾问的书画作品，先后公开出版。季全保、季旻孜绘编的《岁月留痕》由连环画《常州老房子作品集》《寻访老常州》组成，保留了常州历史记忆。

一、绘　画

国　画　刘海粟编译出版有《世界名画集》，并著有《米勒传》《塞尚传》以介绍西洋艺术，颇有影响。

常州画家刊刻、出版的国画画册一览表

表 38-3-16

画家	画册名称	年份	出版情况
袁励准	袁励准山水画册	1925	印行本
董 康	千秋绝艳图	民国	影印，2卷2册
李毅士	长恨歌画意	1932	上海中华书局

续表 38-3-16

画家	画册名称	年份	出版情况
刘海粟 夏伊乔	刘海粟、夏伊乔书画作品集	2005	上海人民美术出版社
谢稚柳	谢稚柳、陈佩秋画集	1980	美术家出版社
	谢稚柳画集	2000	上海书画出版社
	水墨画	2002	上海画报出版社
莫静坡	归　猎	1956	上海人民美术出版社
	百马图	1988	上海书画出版社
是有福	前进中的火车头（粉画）	1972	江苏人民出版社
邵遐远	竹笋与竹子	1979	江苏人民出版社
周南平	墨浪——周南平的中国画作品	1989	人民美术出版社
缪法宝	缪法宝画集	1993	古吴轩出版社
	中国画二十家缪法宝画集	2004	北京美术摄影出版社
	中国当代名家画集缪法宝专辑	2010	黑龙江美术出版社
李平秋	当代画家精品集·李平秋精品集	1997	天津人民美术出版社
	生活·心迹——李平秋中国画近作选	2010	上海人民美术出版社
李平秋 黄亚奇	一代画风——当代中国中青年水彩画家	1997	辽宁人民美术出版社
莫树滋	常州书画作品集（文化局）	1999	天津人民美术出版社
	国画名家经典·莫树滋	2008	天津人民美术出版社
谢伯子	谢伯子画集	1999	上海书画出版社
	常州书画院作品集	2001	天津人民美术出版社
丁德源	丁德源国画集	1999	大众文艺出版社
	中国当代名画家精品集——丁德源国画集	2002	中国美术家协会、中国书法家协会
周蕴华	周蕴华中国画集	1999	香港美术出版社
金　扬	金扬写兰	1999	香港天马图书有限公司
高俊倬	高寅山水画集	2002	四川美术出版社出版
张德俊	张德俊画集	2003	香港天马图书有限公司
马万里	荣宝斋画谱（花卉部分）	2003	荣宝斋出版社
吴青霞	篆香映霞——吴青霞作品藏品集	2004	天津人民美术出版社
杨成能	橐吾诗书画选	2006	国家广电总局文印中心印行
钱化佛	钱化佛画集	2007	翻印荣宝斋影印本
程舍予	程舍予中国画集	2008	南京大学出版社
曹英义	意象江南中国画作品集	2008	中央文献出版社
	敦煌中国画作品集	2008	中央文献出版社
言亢达	荣宝斋画谱—言亢达	2010	荣宝斋出版社

续表 38-3-16

画家	画册名称	年份	出版情况
高俊倬	高寅水墨江南	2005	北京工艺美术出版社
	工笔画线描山水画谱——江南本	2007	北京工艺美术出版社
	高寅山水画精品	2007	北京工艺美术出版社
	高寅山水画作品精选	2006	天津杨柳青出版社
	中国画名家精品粹编—高寅写意山水	2008	北京工艺美术出版社
司马连义	司马连义画风	2007	江苏人民出版社
	司马连义花鸟画集	2008	人民美术出版社
	司马连义花鸟画	2008	河北人民美术出版社
	翰墨情绵——司马连义	2008	时代文艺出版社
丁德邻	中国当代名家画集·丁德邻卷	2009	人民美术出版社
魏华邦	象由心生—魏华邦美术作品选集	2009	安徽美术出版社

油画、版画、连环画画册 常州画家创作出版油画、版画、连环画画册40部，约45册。著名美术大师刘海粟于民国19年(1930)出版画册《海粟油画》。民国27年应中华书局之邀，写成80万字《海粟丛书》6卷，分《西画苑》《国画苑》《海粟国画、海粟油画》三部分，画论精辟，广为流传。

常州画家创作出版的油画、版画和连环画画册一览表

表 38-3-17

画家	画册名称	画种	年份	出版单位
俞云阶	俞云阶油画画辑	—	1979	上海人民美术出版社
	俞云阶国画、油画作品选集	—	1986	北京人民美术出版社
是有福	千锤百炼	版　画	1959	上海人民美术出版社
	火车头颂	连环画	1959	浙江人民美术出版社
	工人阶级的好战士——刘昆	连环画	1964	湖南人民出版社
	生命线	连环画	1972	江苏人民出版社
	智炸军火车、欢乐的节日	连环画	1979	江苏人民出版社
	前程万里	版　画	1981	人民铁道出版社
	骨女情	—	1981	云南人民出版社
	欢乐的节日	—	1981	铁路出版社
魏华邦	砻糠出玻璃	连环画	1959	江苏人民出版社
	东坡洗砚池	版　画	1981	四川人民出版社
	动物速写集	速　写	1983	上海人民美术出版社
	天宁寺	—	1983	江苏人民出版社
	石拓版画	版　画	2001	古吴轩出版社

续表 38-3-17

画家	画册名称	画种	年份	出版单位
吴锦渝	家庭问题	连环画	1965	江苏人民出版社
	岳　飞	连环画	1983	江苏人民出版社
	虎穴设卡	连环画	1985	江苏美术出版社
吴锦渝、是有福	江防图	连环画	1973	江苏人民出版社
			1977	外文出版社
丁德邻、缪法宝	霜妹子	连环画	1979	江苏人民出版社
杨永康	油画 54 幅	油　画	1973	上海外贸出版社
丁德邻	宝莲灯	连环画	1979	江苏人民出版社
	湘岭怒火、小游击队员、泥马渡康王	连环画	1981	江苏人民出版社
	姑苏春	连环画	1982	辽宁美术出版社
	特殊的巡长	连环画	1983	江苏人民出版社
	忍辱著史	连环画	1984	辽宁美术出版社
	血染山门	连环画	1984	岭南美术出版社
张德俊	婵娟、莫愁	—	1980	江苏人民出版社
	打虎记	连环画	1981	江苏人民出版社
丁德源	忠诚的鹰	连环画	1983	江苏少儿出版社
	翡翠玛瑙荡	版　画	1985	江苏美术出版社
	侠女十三妹	版　画	1985	云南美术出版社
丁德邻、张德俊	碧血溅常州	连环画	1981	江苏人民出版社
张德俊、邵遐远	擒　敌	连环画	1982	江苏人民出版社
丁德邻、朱　丹	瞿秋白	连环画	1984	江苏美术出版社
	天京忠魂	连环画	1984	江苏美术出版社
吴锦渝、朱　丹	敌后枪声	连环画	1988	广东岭南美术出版社
吴锦渝、吴锦成	呼家将的故事(上中下)	连环画	1991	广州岭南美术出版社
秦　红	秦红雕塑作品选	雕　塑	2007	中国《雕塑》杂志社

二、书　法

现代以后，曾刊刻、影印、出版常州书法家的书法作品集近 30 部。

常州书法家作者出版的书法作品集一览表

表 38-3-18

书法家	书法册页名称	年份	刊刻、出版情况
庄　闲	毗陵庄蘩诗女士楷隶陶诗	1915	商务印书馆影印
	毗陵庄蘩诗女士楷隶楚辞（2 册）	1915	商务印书馆影印
唐　肯	习艺所碑拓本（并行书）	1917	拓印本
袁励准	中舟藏墨录（3 卷 3 册）	1925	影　印
	篆　联	2000	影　印

续表 38-3-18

书法家	书法册页名称	年份	刊刻、出版情况
白清渊	描红簿(楷书，上下册)	1980	江苏人民出版社
周子青	中小学生字帖	1986	上海书画出版社
徐浩然	苏轼前后赤壁赋字帖(小楷)	1989	江苏人民出版社
范石甫	范石甫书画集	1992	人民美术出版社
周以才、袁重庆等	广雅诂林(小楷)	1992	江苏古籍出版社
吴伟明	吴伟明书法作品集	1998	国际出版公司
常州市书法家协会	常州书法作品选	1998	安徽美术出版社
	常州书法作品集	2007	人民美术出版社
常州市书法家协会等	常州书画作品集	1999	天津人民美术出版社
叶鹏飞	叶鹏飞书法集	1999	香港奇峰出版有限公司
	书法楹联欣赏	2000	天津人民美术出版社
钱振锽	钱名山书法	2000	人民美术出版社
陈海良	陈海良书法作品集	2001	中国文联出版社
	作品集	2008	上海人民美术出版社
吴青霞艺术院	篆香映霞——吴青霞作品藏品集	2004	天津人民美术出版社
阙长山	阙长山墨迹选	2006	中华诗词出版社
	阙长山书赤壁赋	2010	澳门大德出版社
王日曦	王日曦书画篆刻	2008	中国文艺出版社
诸葛丽娜	诸葛丽娜书法作品集	2010	人民美术出版社

三、摄　　影

新中国成立后，曾出版常州摄影家的摄影作品合集、个人作品集和专题摄影作品集约 40 部。

常州摄影家出版的摄影作品集一览表

表 38-3-19

摄影家	影集名称	年份	出版情况
吴中行	吴中行艺术摄影集	1957	江苏人民出版社
	吴中行摄影艺术选辑	1961	上海美术出版社
汤德胜	汤德胜摄影集(第 1 册)	1991	香港出版社
	汤德胜摄影集(第 2 册)	1996	南京出版社
	留住历史——抗洪救灾摄影作品专集	1996	香港出版社
	风光摄影作品集	1996	香港出版社
	汤德胜眼中的外国人	2000	中国摄影出版社
	狂野非洲	2000	中国摄影出版社
耿荣兴	耿荣兴摄影作品集	1999	中国摄影出版社
	江南可采莲——耿荣兴花卉摄影集	2008	常州市文化艺术研究所

续表 38-3-19

摄影家	影集名称	年份	出版情况
朱立凤	朱立凤摄影作品集	1999	中国摄影出版社
	“金秋凤影”作品集	2009	
钱世康、蒋惊雷	武进古桥(图片版)	2004	天马出版有限公司
	武进古桥(图文版)	2005	中国作家出版社
蒋惊雷	旅途风情、武进古镇风貌、常州青果巷	2000—2010	中国文联出版社等
刘克林	1993—2004 年 12 届“延陵新春乐”摄影比赛作品集	2005	常州日报社等编辑出版
	胡锦涛总书记视察常州	2006	
刘建中	苏南明珠·魅力武进——刘建中摄影作品集	2006	
	刘建中摄影作品集	2009	中国摄影艺术出版社
	刘建中摄影艺术作品集	2010	中国摄影艺术出版社
常州市摄影家协会	常州摄影作品集	2003	内部出版
	常州市摄影艺术作品集	2003	公开出版
陈亚强	达里雅布依·克里雅人(人文摄影)	2010	文化艺术出版社
	快乐与纯粹(风光摄影)	2010	文化艺术出版社
顾其文	能不忆江南	2003	常州市摄影家协会印
姚国才	摄影作品艺术	2003	江苏人民出版社
廖祖同	风物、丰致	2006	内部出版
张鹤芳	摄影作品集	2006	
徐和平	摄影作品集	2006	中国摄影出版社
陈　亮	“心中的舞台”摄影作品集	2006	
吴建伟	一品黄山、天高云淡风光摄影	2006	
陈　红	漫游摄影——陈红摄影作品集	2001	中国摄影出版社
陆志刚等	龙城雪韵(影集)	2009	中国摄影出版社
张兆域	摄影作品集	2009	
詹　宏	詹宏摄影作品集	2009	

四、音　　乐

常州音乐家曾发表、出版音乐作品集 12 部，其中歌词歌曲集 8 部和地方戏曲集、音乐教学教育教学法各 2 部。

常州作曲家（作者）创作、发表的音乐作品集一览表

表 38-3-20

作曲家(作者)	词曲集	年份	出版单位	词曲集	年份	出版单位
赵元任	晓庄歌曲集	1936		赵元任歌曲集	1981	人民音乐出版社
	民众教育歌曲	1939		怀乡曲	1949	
秦德祥	中外音乐教学法简介	1987	南京大学出版社	元素性音乐教学	1989	南京大学出版社

续表 38-3-20

作曲家（作者）	词曲集	年份	出版单位	词曲集	年份	出版单位
张之中	双珠凤（锡剧乐曲选）	1957	江苏人民出版社			
孙　中	送花楼会（唱片）	1957	中国唱片厂			
史根源	生命的放飞	2001	北京学苑出版社			

五、艺术研究

清末民初以后，常州文学艺术家、理论家编著、主编的文学艺术研究、工艺美术研究论著、文集48部，绝大多数公开出版或影印。

常州文学艺术、工艺美术理论与创作研究文集一览表

表 38-3-21

编著者、主编	研究著作名称	刊刻出版年份	刊刻出版情况
汤贻汾	画筌析览（2卷）	清嘉庆十九年（1814）	自刻本
孟　森	文艺谈（2卷）	1917	刊刻单位不详
刘海粟	画学真诠	1919	商务印书馆
	中国绘画上的六法论	1931	中华书局
	存天阁谈艺录	1990	中国青年出版社
	刘海粟艺术文选	1987	上海人民美术出版社
	黄山谈艺录	1984	福建人民出版社
	日本新美术的新印象	1921	商务印书馆
	十九世纪法兰西的美术	1935	中华书局
	海粟丛刊·西画苑	1936	中华书局
	现代绘画论（译）	1937	商务印书馆
谢稚柳	唐五代宋元名迹（编著）	1957	古典文学出版社
	燕文贵、范宽合集（编著）	1986	上海美术出版社
	董源、巨然合集（编著）	2001	天津美术出版社
	梁楷全集	1986	上海美术出版社
	敦煌石室记	1949	出版单位不详
	敦煌艺术叙录	1997	上海古籍出版社
	鉴馀杂稿	1996	上海美术出版社
顾　实	诗法捷要	1926	影　印
	中国文学史大纲	1933	影　印
	汉书艺文志讲疏	1987	翻印出版
李宝凯	毗陵画征录	1933	李氏铅印，2卷1册
洪　深	洪深戏剧论文集	1934	商务印书馆
瞿秋白	论中国文学革命	1947	香港海洋书屋
	高尔基论文选集（译著）	1954	人民文学出版社
顾实惕	常州文学之回顾	1985	影　印
赵元任	赵元任音乐论文集	1994	中国文联出版公司

续表 38-3-21

编著者、主编	研究著作名称	刊刻出版年份	刊刻出版情况
庄　严	中国诗歌美学史	1994	吉林大学出版社
夏芦庆	常州戏剧	2003	中国文史出版社
黄　君	常州书学论集	1999	中国文联出社
李　祺	锡剧史话	2001	中国文联出版社
	武进锡剧	2007	中国文史出版社
叶鹏飞、潘　茂	常州书画	2003	中国文史出版社
赵唯强、史君维	阳湖文萃	2005	中国社会出版社
常州市地方志办公室	常州五学派选萃	2007	中央文献出版社
钱璱之	常州词派研究评析	2008	江苏人民出版社
韦中权	常州工艺百花	2008	常州市民间艺术办公室编印
周焕卿	清初遗民词人群体研究	2008	上海古籍出版社
武进区政协学习与文史委、炎黄文化研究会	武进书画	2009	江苏人民出版社
常州画院	江南新雨——常州画派研究文集	2010	南京大学出版社
吴邦江	常州戏剧论文选(一)	1986	内部出版
	常州戏剧论文选(二)	1987	内部出版
	宋代民俗诗研究	2009	南京大学出版社
梁　冰、夏芦庆、蒋柏连编	滑稽戏论集(国内首部滑稽戏艺术论集)	1991	江苏文艺出版社收入江苏文化艺术丛书出版
蒋柏连	兰陵剧评(评论集)	1993	中国戏剧出版社
周玉峰	周玉峰话本选·龙城山海经	1993	北方文艺出版社
陆涛声	寻找航标(文艺论文集)	1994	江苏文艺出版社
夏芦庆主编	毗陵曲坛掇录	1995	中国戏剧出版社
叶鹏飞	觅句轩韵痕	1999	中国戏剧出版社
	中国书法全集76卷清代名家(三)	2001	荣宝斋出版社
	中国书法家全集·阮元·包世臣	2003	河北教育出版社
	碑学先声	2005	上海书画出版社
	南田遗韵	2005	文物出版社
	静远堂论丛	2005	中国文史出版社
	名家楹联	2006	西泠印社
	鉴藏杂记	2006	中国档案出版社
	常州画派研究	2008	江苏人民出版社
	常州词派研究评析	2009	被列入常州清代文化研究丛书
	沧海一粟——刘海粟研究(第三辑)	2009	黄河出版社
	书法与诗词十讲	2009	文物出版社
谢　鸣	戏剧集韵	2005	出　版
市文化局剧目室	中国戏曲现代戏优秀论文集	2005	出　版
秦德祥	“绝学”探微——吟诵文集	2010	上海三联书店

续表 38-3-21

编著者、主编	研究著作名称	刊刻出版年份	刊刻出版情况
孙　中	吴雅童表演艺术	2002	被中国文联列入抢救保存老一辈知名艺术家作品剧目的“晚霞工程”系列丛书，中国文联出版社出版
	杨企雯唱腔集		
王　玮	笑的纵横	1989	上海社会科学院出版社
张芸芝	曲海浪花	2002	京华出版社

第四章　历史　地理

常州历代文人名贤对历史、地理尤感兴趣，著述繁多，涵盖广泛，跨越古今，既有官方机构编纂，也有个人撰著；以正史研究、掌故逸事、人物传记、名胜文物、丛书书目和史料等类居多，而人物传记著作数量为最。

第一节　历史

常州有萧子显、赵翼、屠寄、孟森、吕思勉、黄永年、吴泽、董蔡时、汤志钧等颇有声望的历史学家。

一、中国历史

通史、史论　常州学者编纂有中国通史、史论、史学研究著作多部。

常州学者编写出版的中国通史、史论著作一览表

表 38-4-1

编著者	书名	出版年份	书名	出版年份	书名	出版年份
吕思勉	白话本国史	1923	中国通史上册	1940	吕著史学与史籍	2002
	史通评	1935	历史研究法	1948	国史十六讲	2008
	论学集林	1987	吕思勉读史札记	1982	中国近代史8种	2008
	中国史	2008	吕思勉说史	2000	吕思勉讲中国政治	2008
	中华民族源流史	2009	吕思勉讲中国文化	2008	史学与史籍7种	2009
	中国民族史两种	2008	吕思勉讲思想史	2008	白话中国史	2010
	吕著中国通史	2008	中国文化思想史	2009		
万国鼎	中西对照历代纪年图表	1933	中国历史纪年表	1956		
孟　森	孟森学术论著	1998				
屠　寄	京师大学堂史学科讲义（2卷）	清末				
李宝淦	五史平议（12卷）	民国				
黄永年	唐太宗李世民	1987	旧唐书选择	1988	北齐书选译	1991
	中国古代史论集	1995	唐代史事考释	1998	文史探微	2000
	雍录	2002	唐史史料学	2002	唐史十二讲	2007

先秦史　恽毓鼎著《前秦书》22卷，民国抄本2册。蒋维乔著《吕氏春秋汇校》，1937年出版。吕思勉

著《苏秦张仪》，1915 年出版；《古史辨》，1982 年出版；《先秦史》，1982 年出版；《先秦学术概论》，1985 年出版、2008 年再版。

秦汉三国两晋南北朝史 孟森《汉书古今人表通检》，1936 年出版；《寿亭侯与汉钟离》，1917 年出版。吕思勉《三国史话》，1943 年出版；《两晋南北朝史》，1948 年出版。《吕思勉讲三国》，2008 年出版；《吕思勉讲秦汉帝国》，2008 年出版。吕思勉《秦汉史》，2009 年出版；《两晋南北朝史》，2009 年出版。陶珙《三国志(批校)》65 卷，1989 年湖北省图书馆缩微制品。《齐梁故里考证与齐梁文化新论》，常州市齐梁文化研究课题组主编，南京大学出版社于 2009 年 12 月出版，58 万字，收录齐梁文化研究论文 50 篇，分为“齐梁故里考证”“齐梁文化新论”“南兰陵萧氏研究”“齐梁文化与常州”4 辑。

隋唐五代十国史 吕思勉《新唐书》，1928 年出版；《吕思勉讲隋唐帝国》，2008 年出版；《隋唐五代史》，2009 年出版。

辽宋夏金元明清史 常州历史学家、研究者曾编著、刊刻、出版辽宋夏金元明清历史著作约 30 部，总卷数达 200 卷。

《清代常州五学派》朱达明编著，18.8 万字，较详细地介绍和分析清代常州学派，阳湖文派、常州词派、常州惠派、孟河医派产生的历史背景、主要思想和代表人物及其对当时社会、政治、文化的影响和进步意义。海南出版社于 1999 年 4 月出版。

常州作者编著的辽宋夏金元明清史部分著作一览表

表 38-4-2

作者	书名	出版年份	版本	书名	出版年份	版本
孟　森	清朝前纪	1930	商务印书馆	海宁陈家	1948	影　印
	明元清系通纪前编	1934	5 卷 5 册	明清史论著集刊、续编	1959 1986	中华书局
	清雍正帝	1969		明代边防	1969	
	清代史	1974	台北正中书局	满洲开国史	1992	上海古籍出版社
	明清史讲义	1981	中华书局	清代野史	1998	巴蜀书社
	清代五大疑案考实	1988		明史讲义	2002	上海古籍出版社
	清宫之天朝迷案	2010	中国三峡出版社			
屠　寄	蒙兀儿史记	1934	铅印 28 册 160 卷	新元史、蒙兀儿史记	1989	影印 2 册
恽毓鼎	崇陵传信录	1995	续修四库全书本	光绪皇帝外传	1998	清末稗史精选丛书
	清光绪帝外传外	1999	8 种，清代野史丛书			
吕思勉	国耻小史	1917		日俄战争	1928	
	吕思勉讲帝国前史	2008				
刘树屏	外交统系表、外交纲要	1915	铅　印	中外新旧条约汇刻	1913	石印，16 卷 16 册
董　康	董康书答底稿	1912	刊　印	书舶庸谈	1930	石印，4 卷 3 册
张九如	和谈覆辙在中国	1968	在台湾出版			
袁励准	纂修清史管见书	1912	刊　本			
许指严	清史拾遗甲编	2006	影印翻印本			

民 国 史　仅存许指严《民国十周年纪事本末》1 种，1922 年铅印，10 卷 1 册。

二、世界历史

谢观《新著西洋近百年史》，1924 年出版。冯仲云《艰险的途程》，1960 年出版。《东北抗日联军十四年苦斗简史》，2008 年由中央文献出版社出版。姚舜钦《中国古代及中世纪讲义》，1958 年出版。杨成能《满洲发达史》，1939 年影印。陈守实《中国古代土地关系史稿》，1984 年出版。陈衡哲《文艺复兴小史》，1926 年影印；《西洋史》（插图珍藏本），2007 年翻印商务印书馆印本出版。

三、史料、考据

《龙城书院备考》，龙城中心校辑，1948 年油印。龙城书院原址现为局前街小学，迭经建废。明隆庆六年(1572)，知府施观民创建龙城书院。清末废除科举后，光绪二十八年(1902)改为武阳小学堂，新中国成立后改为局前街小学。书中详述龙城书院的历史变迁。

《勾吴史新考》，谢忱著，18 万字。主要探讨了西戎牧羊人、荆山土著、宜侯、子贡与勾吴的关系；夫差与日本皇族的血缘关系；“后稷”并非指一人而是世代周先公的泛称；吴王颇高灭淹入赣的业绩；淹城是内河水寨；阖闾（城）的内外防御圈及十战十胜；孙武下落之谜、三位太子的纠葛；孔子是勾吴衰亡的外因等问题。2000 年 10 月由中国文联出版社出版。

《延陵钩沉录》，谢忱著，16 万字，阐述了常武地区古代历史，为常州史前史构建了初步框架，作家出版社于 2004 年 6 月出版。

孟森编著的史料考据考证著作、论文一览表

表 38-4-3

书名	出版年份	书名	出版年份	书名	出版年份
心史史料	1914	王紫稼考	1917	奏销案	1936
大狱记略缀余	1916	西楼记传奇考	1917	江南闱	1936
心史笔粹	1917	太常管梨花	1917	顺天闱	1936
闲闲录案	1917	孔四贞事考	1917	科场案	1936
字贯案	1917	金圣叹考	1917	朱方旦案	1936
丁香花	1917	清初三大疑案考实	1934	董小宛考	1936
横波夫人考	1917	河南山东山西闱	1936	董小宛考编年	1936

清末民国初以后常州其他主要史料著作一览表

表 38-4-4

编辑者	书名	刻印年份	版本
寓沪常郡同人	上海创建常州八邑会馆劝捐公启	清宣统二年（1910）	石　印
沈保宜辑	武进市区浚河录	1914	2卷2册
瞿　倬	武进基本公款公产报告册	1919	铅　印
吴国屏	武进怀南乡郑墅西荡水利案卷	1922	木活字
伍　巩、姚大椿	武进沙洲义赈分会征信录	1922	铅　印
武进义渡局	武进荫沙义渡总局征信录	1923	4卷2册
恽禹九等	捐修造武丹桥梁征信录	1926	活　字

续表 38-4-4

编辑者	书名	刻印年份	版本
恽毓枢	丙寅春开浚胥城兴隆东河河工清册	1927	铅　印
	募捐修造桥梁公井掩埋义塚征信录	1930	铅　印
万寿亭工程局	万寿亭重建纪事本末	清宣统二年	活字本
庄毓鋐、薛绍元	武阳团练纪实	清光绪十三年	木活字
张绍良	蒙难琐言	清朝末年	抄　本
恽莘耘(祖祁)	武阳城乡区域始末记	清宣统元年	刻印本
清佚名	东南纪略	清光绪十年	刻印本
滨湖拙隐所	常州被陷始末(太平军攻克常州)		编稿本
清武阳修志书局	武阳官书录	清光绪六年	刻印本
自由党常州分部	自由党常州分部广告	清末民初	油印本
武阳五河总局	武阳两邑南运河工程征信录	清光绪二十九年	活字本
江丽峰、顾鸿昌	修建各桥桥工同善录	清光绪二年	活字本
武阳灾振事务所	武阳灾振征信录	清宣统三年	铅　印
庄　严	前生造定故宫缘	2006	
马元放	归汉记	1944	
吕思勉	燕石续札	1958	
	经子解题	1995	

四、地 方 史

80—90年代，常州编纂出版（含内部出版）有机关、学校、医院、厂矿等机关、企事业单位史、大事记近30部。

常州新编、内部编印的地方史著作一览表

表 38-4-5

著作名称	记述年限	主编	出版年月
常州市第二十三中学校史	1943—1982	—	1982.12
常州市第一中学校史	1925—1983	—	1983.12
常州市第二十一中学校史	1926—1982	—	1983.12
常州市新闸中学大事记	1958—1983	—	1983.12
常州市第二十四中校史	1927—1983	—	1983.12
常州市二十五中学校史	1939—1983	—	1983.12
常州市第二十七中校史	1918—1983	潘　辉等	1983.12
常州市聋哑学校校史	1944—1983	徐进业等	1983.12
常州市花园中学校史	1981—1983	—	1983.12
常州市拖拉机中学校史	1929—1983	—	1983.12
常州市武青路小学校史	1958—1983	—	1984.01
常州市青山路小学校史	1926—1984	余妙娟等	1984.10
常州市红旗仪表厂史	1965—1983	沈立成等	1984.10

续表 38-4-5

著作名称	记述年限	主编	出版年月
常州市牌楼弄小学校史	1964—1984	—	1984.11
常州市十五中校史	1964—1984	—	1984.12
常州市西直街中心小学校史	1865—1984	—	1985.05
钟楼医院（口腔医院）院史	1959—1985	钟楼医院、口腔医院	1986.12
华罗庚中学校史	1922—1989	朱　琪等	1992.04
常州市统一战线工作史	1949—1994	李镇瀛等	1995.12
中共常州市委党校工作史	—	荣长征等	1996.04
常州消防 50 年	1949—1999	陈瑞祥等	1999.10
常州高级中学——百年校史	—	该校校史编写组	2007
常州市机关幼儿园园史	1949—1999	市机关幼儿园	—
常州市西圈门小学校史	1808—1986	市西圈门小学	—
常州市解放路小学校史	1912—1983	市解放路小学	—
常州市新坊桥小学校史	1932—1983	市新坊桥小学	—
江苏省常州师范学校史	—	常州师范学校	—
常州无线电工业学校史	—	常州无线电工业学校	—
常州会计学校简史	—	常州会计学校	—
江苏广播电视大学常州分校史	—	常州广电大学	—
常州市第三中学校史	—	市第三中学 陆逵	—
常州市北郊中学校史	—	常州市北郊中学	—
常州市第二中学校史	—	常州市第二中学	—
常州市第十中学校史	—	常州市第十中学	—
常州市北环路小学校史	1952—1983	市北环路小学	—
常州市实验小学校史	—	常州市实验小学	—
常州市局前街小学校史	—	市局前街小学	—
常州市中山路小学校史	—	市中山路小学	—
常州市史家弄小学校史	—	市史家弄小学	—
常州市马元巷小学校史	—	市马元巷小学	—
常州教育学院史	—	常州教育学院	—
常州高等卫生职业学校史	—	常州高等卫生职业学校	—
武进县审判史资料	—	—	—
溧阳县工会简史	1946—1985	溧阳县总工会	—
常州市天宁服装厂厂史	—	天宁服装厂	—
常州市天宁修建站站史	1958—1984	—	—
天宁区青山路托儿所发展史	1958—1983	—	—
常州天宁五金机械厂厂史	1966—1984	—	—
广化区兰陵街道史	—	兰陵街道办事处	—
常州市光辉变压器厂史	1966—1983	—	1983.04

续表 38-4-5

著作名称	记述年限	主编	出版年月
常州市乳品厂史	1954—1983	叶克强等	1985.03
常州市天宁五金机械厂史	1966—1984	施佳惠等	1985.06
常州中华酿造厂史	1964—1985	—	1986.07
常州市兰陵橡胶厂史	1965—1983	胡良琪等	1986.12
常州市红旗仪表厂厂史	1965—1983	市红旗仪表厂	—
常州市泵厂厂史	1966—1983	市泵厂	—
常州市兽药厂厂史	—	市兽药厂	—
常州物资综合商场简史	1980—1983	物资综合商场	—
常州市无线电元件七厂史	—	市无线电元件七厂	—
常州前进冷饮糖果厂史	1946—1985	—	1986.03
常州市红卫塑料三厂史	1973—1983	赵逸芳等	1985.02
常州市郊区建筑运输公司简史	1963—1983	—	—

五、中共党史

《常州市中共党史论文选》，市委党史资料征集研究委员会办公室、市中共党史学会汇编，1991 年 5 月内部印行，25 万字，选录 1984—1990 年市中共党史学会会员的党史人物与事件研究论文 35 篇，涉及政治、军事、文教、卫生及党史征编、宣传、教学业务等领域，反映常州市中共党史研究的成果。

《党史潮花》，于 1996 年 12 月、2001 年 11 月、2006 年 3 月和 2010 年 10 月，由市委党史工委和市中共党史学会先后汇编成 4 辑，分别由中国城市出版社、中国社会出版社、中央文献出版社和南京大学出版社出版，127.9 万字。第一辑选录 1991—1995 年常州作者在省级及其以上刊物、学术研讨会上交流的党史党建论文 46 篇，29.8 万字。第二辑选录全市党史征编、教学、宣传工作人员 1996—2000 年发表的党史、党建文章 38 篇，部分为瞿秋白、张太雷、恽代英的最新研究成果，34.5 万字。第三辑选录 2001—2005 年市中共党史学会会员、党史工作者的论文 46 篇，32.6 万字。第四辑选录 2006—2010 年市中共党史学会会员的党史论文 38 篇，31 万字。

《水西情》，2009 年，市中共党史学会、新四军江南指挥部纪念馆为纪念新中国成立 60 周年、新四军江南指挥部成立 70 周年，联合举办“水西情”主题征文活动，从 121 篇征文中选出 87 篇汇编而成。2010 年 4 月，由南京大学出版社。

六、常州三杰研究

1986—2010 年常州市瞿秋白、张太雷、恽代英研究主要成果一览表

表 38-4-6

成果(图书)名称	编著者	出版社	出版年月	字数(万字)	主要内容和影响
瞿秋白与中国现代文化	韩斌生	江苏人民出版社	1989.04	16.00	从瞿秋白与中国现代传统文化、五四新文化、苏俄文化、现代文学及瞿秋白的哲学思想等角度，剖析了瞿秋白与中国现代文化的关系

续表 38-4-6

成果(图书)名称	编著者	出版社	出版年月	字数(万字)	主要内容和影响
瞿秋白与先进文化	汪诚国主编	中央文献出版社	2006.12		用先进文化理念诠释瞿秋白文化思想，论述瞿秋白文化思想对建设当代中国文化的启示，2008年获省第十届哲学社会科学优秀成果三等奖
瞿秋白杂文研究	王文强	华东师范大学出版社	1998.10	22.20	分析论述瞿秋白杂文的文化思想、艺术思想和语言艺术等
瞿秋白家世	吴之光	中央文献出版社	2003.01	—	记述瞿秋白家庭上溯始祖、下迄今人，五世九族、内亲外戚，记述了瞿秋白家庭的历史、社会环境和人际关系
瞿秋白研究(1～12辑)	瞿秋白研究会			330.00	1991年起每年编辑出版1辑论文集，至2010年累计出版12辑
瞿秋白	王　静、陆文桂	江苏文艺出版社	1998.12	8.00	记述了瞿秋白从出生、求学、到俄国考察、宣传马克思列宁主义、参加革命与鲁迅的友谊等人生、革命经历
张太雷文集	张太雷研究会	人民出版社	1981.05	22.80	收录了张太雷1921年7月至1927年10月反映他的思想的文章
太空惊雷——张太雷	郝　赫	中国戏剧出版社	2001.01	23.00	分英雄人物、小学时代、中学时代、大学生涯、接受五四运动洗礼、参与建党建团、投入共产国际、掀起珠江怒潮、领导广州起义等14章
风雨人生路	郝　赫	延边大学出版社	2001.06	16.00	撷取张太雷生平的若干片段，反映他的光辉业绩，语言生动、通俗易懂
张太雷年谱	刘玉珊、左森、丁则勤主编	天津大学出版社	1992.04	10.00	介绍了张太雷一生求学、创建社会主义青年团，到领导广州起义的经历和思想
张太雷文集(续)	姚维丰主编，张太雷研究会编	江苏人民出版社	1992.04	7.00	收集张太雷1921—1924年的书信、报告、讲话和文章35篇
张太雷研究学术论文集	张太雷研究会选编	南京大学出版社	1993.12	20.60	收录论文34篇，论述张太雷在党史、国际共运史及统战工作、广州起义中的光辉业绩，是国内首部张太雷研究学术论文集
醒世惊雷——张太雷百年诞辰纪念暨研究文集	顾宏祥、姚士宏主编	中央文献出版社	1998.12	34.00	汇编各界纪念张太雷诞辰百年周年前后的研究成果

续表 38-4-6

成果(图书)名称	编著者	出版社	出版年月	字数(万字)	主要内容和影响
张太雷研究史料选	钱听涛、黄明彦主编	中央文献出版社	2007.04	46.10	遴选第一手史料，兼收少量考证有据的研究成果，积累了研究张太雷生平及思想的史料，具有较高的史料价值，为修订张太雷年谱、传记奠定了基础
张太雷革命实践与思想研究	叶孟魁著	中央文献出版社	2008.03	23.00	收录作者近20年研究张太雷的文章29篇，分早期思想历程、张太雷与共产国际、历史功绩、与同时代人等篇
张太雷诞辰110周年纪念研讨会论文集	市委党史工委、瞿秋白张太雷恽代英研究会选编	中央文献出版社	2008.12	40.00	收录国内专家研究张太雷的最新论文45篇，参加纪念研讨会的领导和张太雷亲属代表讲话
纪念恽代英诞辰100周年学术讨论会文集	李良明、杨新起、赵永康主编	华中师范大学出版社	1996.03	37.80	收录纪念大会领导讲话和论文44篇，探讨了恽代英的早期政治思想、爱国主义思想、哲学伦理思想、对中国革命理论的贡献、在广东的革命实践等
常州市纪念恽代英诞辰110周年学术研讨会论文选	瞿秋白张太雷恽代英研究会选编	内部出版	2005.08	16.00	汇编研讨会优秀论文22篇，探讨了恽代英的精神和农民问题思想及其与周恩来的关系等

第二节　文史掌故

常州编写、出版地方文史掌故、名胜古迹类著作近30部、40辑(册)。

一、丛　书

常州丛书　常州市政协学习与文史委编《书香常州》《运河常州》《地名常州》，2007年12月、2008年12月和2010年12月由中国文史出版社先后出版。《书香常州》分“千载读风冠东南”“重教世家竞风流”“女读奇葩逸清香”“名师杏坛传薪火”“苦读砺志出英才”“倡学兴教惠千秋”6部分；《运河常州》分变迁、文化、经济、购物、文献5部分；《地名常州》分古邑沧桑、百业旧痕、科仕留芳、名人遗泽、宗教印记、兵事钩沉、坊间传说7部分。

常州古今丛书　常州史话编写组编，1979—1985年编写结束，先后编印12辑，其中烈士资料5辑、文史资料3辑、其他4辑。

二、掌故系列

包括《常州掌故》《掌故传说》《武进掌故》《金坛掌故》等4部。《常州掌故》，常州市地方志办公室编，分人物珍闻、史事沉迹、艺海拾贝、轶闻遗事、要辅胜迹、毗陵风物、地名趣谈7部分，1998年11月由方志出版社出版。《掌故传说》，常州史话编写组编，1983年内部出版。《武进掌故》，政协武进市委文史委组织编写，2000年出版。《金坛掌故》，金坛市地方志办公室、政协金坛市委文史委员会编，分人物轶事、史事钩沉、名胜古迹、金沙购物、地名溯源、艺文采珍、异闻传说7部分，2007年8月由方志出版社出版。

常州其他文史掌故、文物博物、名胜古迹类著作一览表

表 38-4-7

书名	编著者	出版时间	出版单位	主要内容
常州史话	罗我白、史　洪	1984	江苏人民出版社	—
天宁寺	戴博元、许亚洲	1987.12	江苏人民出版社	—
常州博物馆建馆三十周年文编	常州博物馆	1988	—	—
常州名胜古迹	钱焕根、贺忠贤	1993.09	南京出版社	—
艺苑缀英	常州博物馆	1997.06	上海人民美术出版社	—
常州文物精华	常州博物馆	1998.09	文物出版社	选介馆藏文物122件(组)
延陵访古	邵玉健	2000.05	远方出版社	分访古篇、探谜两部分
常州文物	陈丽华、黄建康	2003.10	中国文史出版社	介绍常州博物馆馆藏文物
常州名胜	邵志强等	2003.10	中国文史出版社	介绍常州名胜古迹
人杰地灵	张晓平	2004.12	中国广播电视出版社	新北区特色文化、民间艺术
武进抗战史话	陶红亮	2005	内部印刷	介绍武进抗日战争时期情况和对日斗争历史
常州科举三鼎甲	邵玉健、包立本	2005	中国文联出版社	包括史料篇、寻访篇、附录
常州之最	常州市地方志办公室	2006.03	方志出版社	常州政治、经济、文化、教育、卫生等各领域之最
常州名人故居	包立本、陆志刚	2006.11	方志出版社	记述名人祠堂、纪念馆、美术馆、艺术馆等名人遗迹
常州文物古迹	包立本、陆开宇、徐伯元	2007.11	方志出版社	全市文物保护单位、保护控制单位187处、历史文化街区(风貌区)3处
南兰陵萧氏源流	苏　慎	2008.02	黑龙江人民出版社	—
常州博物馆50周年典藏丛书	常州博物馆	2008.10	文物出版社	分《绘画》《书法》《瓷器》《玉器·画像砖》《漆木·金银器》5册，记述馆藏书法、绘画、瓷器、玉器等文物精品近500件
三百六十行	包立本等	2009.06	珠海出版社	江南市井风情、农耕稼穑、杂糅补遗等传统习俗
常州文物古迹续编	包立本等	2009.06	珠海出版社	介绍常州市第四批文物保护单位、第二批历史文化街区
武进古风	肖　飞	2010	珠海出版社	武进名人轶事、历史遗存、才学古韵、风土乡情

第三节　人物传记

记载常州人物的著作自明代起有多种文献传世，既有汇集多人传记的总传，也有名人传记、别传、评传

等。民国时期，常州编撰传记十分普遍，常州历史上的主要名人都有传记。新中国成立后特别是20世纪80年代以后，形成编撰历史名人和当代学科、行业人物的传记热潮。

一、名人合传

主要有《常州十大名人传》《常州名人》《金坛名人》等近10部。《常州十大名人传》，分上下卷，吴振祥、陈冬期主编，收录瞿秋白、张太雷、恽代英、李公朴、史良、盛宣怀、赵元任、华罗庚、刘海粟、刘国钧10位名人，1999年9月由江苏人民出版社出版。邵志强主编《常州戏剧家》，1998年2月，中国戏剧出版社出版。《常州书画家名录》，李镇瀛编，1998年内部出版。秦耕海编《常州书画家传》，2003年，中国画报出版社出版。《我是武进人》，顾培华主编，收录100位在外有影响、有成就的武进籍人士，2001年7月，江苏古籍出版社出版。陈吉龙编《常州名人》，2003年10月被中国文史出版社列入常州文化丛书出版。陈肃主编《常州名士撷英集》，记述常州名士思想和精神风貌。2000年12月，由江苏文艺出版社出版。《金坛名人》，金坛市地方志办公室与政协金坛市委文史委员会编。2005年9月，方志出版社出版。

二、个人传记

现代以来，常州作家、作者编著、出版有常州名人自传、自述、评传、文学传记等20余部。其中，《史良》《李公朴传》入选民盟历史人物丛书出版；《洪亮吉评传》《赵翼评传》入选清代历史文化丛书出版。

常州个人传记作品一览表

表38-4-8

书名	编著者	出版年份	出版单位
赵元任早年自传	赵元任	1984	—
史良自述	史　良	1987	中国文史出版社
赵元任生活自传	赵元任	1989	—
刘国钧传	李文瑞	1993	时代出版社
新文化出版家徐伯昕	省、市政协文史委	1994	中国文史出版社
刘海粟传	石　楠	1995	上海文艺出版社
飞天之鹰(韩淑芳)	冯光辉、蔡桂林	1999	江苏人民出版社
爱国实业家刘国钧	高进勇	1999	江苏人民出版社
文人瞿秋白	韩斌生	2000	中央文献出版社
大哉洪深	韩斌生	2000	中央文献出版社
李公朴传	周天度	2002	群言出版社
舞台深处·阿甲传	市文联	2002	江苏文艺出版社
章汉夫传	外交部本书编写组	2003	世界知识出版社
陈衡哲早年自传	陈衡哲	2006	安徽教育出版社
吴祖光新凤霞传	韩斌生	2006	人民出版社
中国现代百科全书奠基人：姜椿芳传	杨　哲、宋　敏	2006	中国文联出版社
洪亮吉评传	陈金陵	2008	江苏人民出版社
赵翼评传	赵兴勤	2008	江苏人民出版社
瞿秋白传	陈铁健	2009	红旗出版社
史　良	周天度、孙彩霞	2010	群言出版社

1986—2010年常州作者发表、出版的人物传作品一览表

表38-4-9

书籍、文章名称	作者、编者	时间	出版单位	字数(万字)
艺术大师刘海粟传	柯文辉	1986	山东美术出版社	—
血染的爱河——赵世炎革命春秋	沈国凡	1989	上海文艺出版社	—
燃烧的生命	沈国凡	1994	成都出版社	—
唐荆川传奇	朱曙声	1999	延边大学出版社	—
常州名士撷英集	陈　肃	2000	江苏文艺出版社	—
文人瞿秋白	韩斌生	2000	中央文献出版社	—
不散的彩虹	王朝庭	2002	人民日报出版社	—
徐秉方刻竹人生	高进勇	2004	上海古籍出版社	—
啼血的杜鹃——赵世炎传	沈国凡	2005	江苏文艺出版社	—
中国技工邓建军	沈国凡	2007	中国工人出版社	—
1965年后的彭德怀	沈国凡	2007	中国当代出版社	—
东坡常州奇缘	包立本、邵玉健	2009	珠海出版社	—
天南地北常州人(一)	吴曦和(主编),宗清元、史建明(副主编)	1998	方志出版社	62.00
天南地北常州人(二)	王援(主编),宗清元(副主编)	2002	方志出版社	23.50
龙城骄子(常州籍院士)	虞建安(主编),宗清元(副主编)	2003	方志出版社	46.10
海外常州人	朱玉林、顾加明、徐建群(主编),王援等(副主编)	2006	方志出版社	36.40

三、名人研究

常州名人研究主要著作约有10余部。《李伯元研究资料》,魏绍昌编,1980年由上海古籍出版社出版。韩斌生的《瞿秋白与中国现代文化》和汪诚国的《瞿秋白与先进文化》先后于1989年、2007年由江苏人民出版社和中央文献出版社出版。孔章圣的《华罗庚研究》,1994年由江苏科技出版社出版。易惠莉、陈吉龙主编的《盛宣怀研究》62.5万字,2002年6月由江苏古籍出版社出版,该书对国内外盛宣怀研究领域的研究历程做了整体性的回顾。谢伯子画廊编的《钱名山研究资料集》,2003年6月由中国广播电视出版社出版。《谢玉岑百年纪念集》,2001年8月由京华出版社出版。高勇进的《徐秉方刻竹人生》,2004年12月由上海古籍出版社出版。1990年、1992年、2000年、2008年,宗清元先后在南京师范大学出版的《文教资料》与《上海滩》杂志和《民国人物传》上发表《陈衡哲传略》《许指严创作钩沉》《宋教仁案最后一位漏网者》《董康传》《一代词作家陈蝶衣》。

四、地方志研究

《志海拾贝》　薛奇达著,45万字,分编纂研究、方志评论、修志随笔、讲稿采撷、炎黄文化研究、中吴史事钩沉和附录7个部分,2007年10月由珠海出版社收入《舣舟亭文丛》出版。

《广义方志学之我见》　张尚金著,52万字,分理论探索工作研究、培训讲稿授课讲义、经验体会信息交流、地情研究史料辑考、往事回忆人物春秋和附录6个部分,收录论文、文章80篇。2007年10月由珠海出版社收入《舣舟亭文丛》出版。

五、其　他

清末民初至2010年，常州人士编著、出版有关常州人物的年谱、行状、轶事、日记等其他人物类作品近20部。

常州人物年谱、行状、轶事、日记作品一览表

表38-4-10

书名	编著者	出版年份	出版单位、版本
历代讳字谱	张维骧	清末民初	2卷2册
疑年录汇编	张维骧	—	—
疑年录汇编分韵人表	张维骧	1925—1932	—
小双寂庵丛书	张维骧	—	25卷14册
阳湖赵惠甫先生年谱	陈乃乾	民国	铅　印
薇孙府君行状	恽宝惠	民国	刻　本
武进朱稚竹先生六十寿言	朱溥恩	1936	铅　印
武进陶涉园七十年纪略	陶　湘	1939	武进陶氏铅印
武进刘柏生先生墓志铭	刘　垣	1941	石　印
南行日记	唐　肯	民国	铅　印
吴稚晖先生轶事	伍稼青	—	台湾芬芳宝岛杂志社
恽代英日记	恽代英	1981	中共中央党校出版社
瞿秋白故事	杨金达	1993	陕西人民教育出版社
浩然东坡，从眉山到常州	邵玉健、朱达明	1998	德宏民族出版社
瞿秋白与他的同时代人	叶孟魁、赵晓春	1999	南京大学出版社
总想为大家辟一条光明的路——瞿秋白大事记述	叶孟魁、赵晓春	1999	南京大学出版社
不散的彩虹（瞿秋白和王剑虹）	王朝庭	2002	人民日报出版社
纵横天下话东坡	徐金鹤	2007	珠海出版社
岁月清音：从农民到市长	孟金元	2008	中国人事出版社

第四节　地理

一、地理著作

常州人士撰写、编辑有地理著作10多部。尤其是清宣统元年(1909)石印的《常州府城坊厢字号全图》录图51幅，其中全城总图1幅、城厢分段图50幅，对研究清末常州城的历史地理具有重要参考价值。

常州学者编著的主要地理著作一览表

表38-4-11

编著者	书名	年份	出版单位、版本
谢　观	新体中国地理	1913	商务印书馆
	各省区域沿革一览表	1914	商务印书馆
	中学校师范学校用本国新地理图说（舆图）	1919	商务印书馆

续表 38-4-11

编著者	书名	年份	出版单位、版本
吕思勉	中国地理大势	1917	—
蒋维乔	本国地理	1923	商务印书馆
佚　名	武进县古所属板舆	清代	抄　本
王铭西	常州武阳水利书 武阳城乡全境图	1874 清末	清同治十三年刻本
万国鼎	金陵大学图书馆中文地理书目	1926	油印本
屠　寄	黑龙江舆地图	1931	刊印 2 卷

二、地情书籍

《常州概览》，吴振祥、陈冬期主编，1996 年 9 月由中国城市出版社出版。分自然环境、建置区域、城市建设、工业经济、农业经济、体制改革、对外开放、教育科技、卫生体育、文化艺术、古今名人、名胜古迹、观光旅游、龙城风情等 19 个类目。

《百年常州》，2007 年常州市地方志办公室、档案馆联合编辑。近 50 万字，以图照为主，包括 1990—2008 年近百年历史内容，2009 年由南京大学出版社出版。

《魅力常州》，市政协学习与文史委编，分源远流长、开宗立派、人杰地灵、龙城览胜、工艺瑰宝 5 章，记述常州历史风貌，2004 年 11 月由中国文史出版社出版。

《龙城常州》，2003 年 11 月由中国文史出版社出版。介绍常州悠久历史，丰富的远古遗存，众多的名胜古迹，杰出的历史人物，闻名的学派群体，文坛的辉煌成就，常州工业、教育事业，城市风貌。

《运河常州》，市政协学习与文史委编，设变迁篇、文化篇、经济篇、风物篇、文献篇，介绍了古运河带来常州城市兴盛和经济繁荣的情况。2008 年 12 月由中国文史出版社出版。

《常州人手册》2005 年 2 月由大众文艺出版社出版，分设常州概况、地理交通、购物天地、旅游餐饮、教育文化、中介服务、邮政通信等 15 章。

《常州市民办事指南》，张东桂主编，包括居家生活、婚姻生育、劳动就业、文化旅游、医疗保健、社会福利等实用性资料，1991 年 12 月由上海人民出版社出版。

第五章　其他学科著作

常州人编著的文集领域广阔，对政治、思想、哲学、宗教、法律、心理、社会、经济、文化等社会科学和农学、医学、药学等自然科学皆有较多研究和涉猎，对现代的新兴学科也有较多介绍和研究。1949 年，群益出版社出版了瞿秋白的《社会科学概论》。囿于时代跨度长，学科多，著作数量庞大，本章仅辑录其要者。

第一节　哲学　民族宗教

一、哲　　学

计有蒋维乔、瞿世英、吕思勉等著述 15 部。蒋维乔《哲学研究》，民国 20 年(1931)出版；《中国哲学史纲要(上卷)》,民国 23 年出版;《宋明理学纲要》,民国 25 年出版;《中国近三百年哲学史》,1978 年出版。瞿世英《现代哲学》,民国 17 年影印;《教育哲学 ABC》《教育与哲学》,翌年影印;《西洋哲学的发展》,民国 19 年影印。庄严《道统源流》,民国 18 年出版。姚舜钦《八大派人生哲学》,民国 20 年出版;《秦汉哲学史》,民国 25 年影印。屠孝实《逻辑浅说讲义》,民国铅印;《名学纲要》,1935 年,由商务印书馆出版。吕思勉《理学纲要》《吕思勉讲国学》,2008 年、2009 年先后出版。

二、民族宗教

计有陶云逵、蒋维乔、屠孝实等学者编著的民族学、佛学著作 14 部。蒋维乔《孔子与释迦》,民国 15 年(1926)出版;《大乘广五蕴论注》、《道教源流》、《中国佛教史》(4 卷)和《因是子静坐法》(3 卷),民国 13 年、民国 16 年、民国 18 年、民国 22 年相继铅印;《佛学概论》《佛学纲要》,民国 22 年、民国 24 年相继出版;《谛闲大师碑真迹》,民国 24 年石印本;《蒋维乔、黄忏华谈佛》《中国佛教十六讲》,2008 年出版。屠孝实《宗教问题》,民国油印。冶开清镕《佛教古今人物谈》,1980 年由台北大乘文化出版社出版。李子宽《金刚经白话绎义》,民国 27 年由北京佛学书局出版。陶云逵《云南土著民族研究之回顾与前瞻》,2003 年由兰州大学出版社影印。

第二节 政治法律

一、政　　治

近现代以来,常州的作家、作者编著有政治学著作约 30 部。

常州学者编著的主要政治学著作一览表

表 38-5-1

编著者	书名	年份	出版情况
孟　森	咨议局章程讲义	清宣统元年(1909)	出　版
	城镇乡地方自治章程要义		商务印书馆
	城镇乡地方自治事宜详解		出　版
	地方自治浅说	清宣统二年(1910)	出　版
恽代英	各国革命运动概论(译)	1926	出　版
	国民革命	1926	新善本
	阶级争斗(译)	1926	出　版
	中国国民党与农民运动	1926	出　版
	本党重要宣言训令之研究	1926	出　版
	论青年修养	1985	河南人民出版社
	新农本主义批判	2004	缩微胶卷
	政治学概论	2005	缩微胶卷
沈步洲	美国政治精义	1915	3册

编著者	书名	年份	出版情况
蒋维乔	中国思想	1934	出　版
章汉夫	帝国主义论读本 现阶段资本主义的研究	1937	影　印
	恩格斯论"资本论"	1950	出　版
	资本论第一卷提纲	1957	出　版
恽逸群	抗战与农民	1937	影　印
	30年见闻杂记	1983	出　版
	时政评论选	1986	出　版
孟昭常	城镇乡地方自治宣讲书	清宣统元年	铅　印
	平民政治(译)	1912	铅印2册
董亦湘	唯物的人生观	1925	上海新文化书社
	伦理与唯物史观(译)	1926	

续表 38-5-1

编著者	书名	年份	出版情况	编著者	书名	年份	出版情况
瞿秋白	瞿秋白文集·政治理论编	1987	人民出版社	李公朴	读书生活	1934	生活书店
石文华	预备党员知识	1994	上海人民出版社		读书问答集第 1 集	1934	出　版
邹宏国	创新引领成功之路——回眸常州三十年	2008	江苏人民出版社		华北敌后——晋察冀	1979	翻印出版
					怎样争取最后的胜利	1938	出　版
蒋溢涛	决策思维与地区发展——来自常州的报告	1992	中国社会科学文献出版社		读书与写作	1936	出　版
					民众动员论	1938	出　版
					走上胜利之路的山西	1939	出　版

二、法　　律

常州学者曾撰写、编辑出版法学著作近 20 部。

常州学者编著的主要法学著作一览表

表 38-5-2

编著者	书名	年份	出版情况	编著者	书名	年份	出版情况
孟昭常	商法调查案理由书第一编公司	清宣统元年（1909）	铅印3册	董　康	民事诉讼法草案	1921	刊　印
孟　森	商法调查案理由书	清宣统元年（1909）	—		第二监狱记拓片	1921	—
	新编法学通论		—		秋审制度第一编	1932	铅　印
	政法著译辑刊	2008	中华书局			1941	出　版
谢　霖	公司法要义	1930			刑法比较学	1928	出　版
史　良	苏联的司法工作	1956	湖北人民出版社		中国法制史	1942	司法官养成所刊本
唐　肯	日本地方行政法精义	1909	—		董康法学文集	2005	华东政法大学出版社
李乐平	现行刑事诉讼制度检讨和完善	2006	中国检察出版社		比部招议	1935	出　版
					集成刑事证据法	1942	出　版
					日本刑法四编	清光绪三十一年（1905）	铅　印

第三节　经济

一、政治经济学

常州学者编著、出版政治经济学著作 6 部。主要有伍丹戈著的《资本主义的工资》《社会主义制度下的劳动和工资》等 4 部著作。

《资本主义的工资》，伍丹戈著，1954 年出版。

《社会主义制度下的劳动和工资》《资本主义前的生产方式》，1956 年出版。

《鸦片战争前中国社会经济的变化》，1959 年由上海人民出版社出版。

《地区经济学》，李饮水、毛志泉、朱笑冰编著，64.4 万字，1993 年 9 月由机械工业出版社出版。该书立足常州，以改革开放大潮中的苏南地区为基础，求实务实，以发展有特色的地区经济为出发点，总结实践中的经验和教训。

《政治经济学概论》，恽代英著，2008 年缩微胶卷。

二、财政学、会计学

常州学者编著、出版的财政学、会计学著作约 10 部。

《财政学》，孟森著，民国 5 年(1916)由商务印书馆出版。

《江苏武进南通田赋调查报告》，万国鼎著，民国 23 年出版。

《票据法要义》，谢霖著，民国 23 年影印。

《商人通例讲义》，谢霖著，民国 26 年出版。

《实用簿记》，谢霖著，民国 27 年出版。

《实用政府会计》，下册，谢霖著，民国 30 年出版。

《论国家财政》，伍丹戈著，1951 年出版。

《中国农业税问题》，伍丹戈著，1952 年出版。

《国家预算》，伍丹戈著，1957 年出版。

《财务会计通论》，陈伟昶、蔡桂林、武军、杨文华编著，36.5 万字，论述财务会计领先的理论、方法和技术，总结会计制度改革的新经验、新规制。2001 年 5 月由中国矿业大学出版社出版。

三、金 融 学

常州学者编著、出版的金融学著作约有 6 部。谢霖《银行计算法》，清宣统三年(1911)年出版；《银行制度论》，民国 2 年(1913)影印；《实用银行簿记》，民国 14 年出版；《银行簿记学》，民国 16 年出版；《中国之会计师制度》，民国 31 年出版。袁涛《常州地区临时流通币》，香港九龙文化中心出版，收录常州民间商铺自制流通币，分临时流通币、民间信用货币两部分。

四、统计学、审计学

常州学者编著出版的统计学、审计学著作约有 5 部。孟森《统计通论》，清宣统元年(1909)年出版。谢荫昌《最新世界统计年鉴》(译)，宣统二年出版。吴学蔺《强度统计理论》，1965 年由科学出版社出版。曹慧明编著《破产审计》，1998 年 12 月由东北财经大学出版社出版，21.6 万字，是中国首部破产清算审计专著，论述了破产企业的清算期初审计、期中审计、期末审计、初期整顿审计及破产责任审计等主要审计的要点。曹慧明编著《价格审计》，31.4 万字，分购价审计、削价审计、成本审计、投资价格审计和造价审计 5 部分，首次系统地研究了价格审计，初步构建了价格审计的理论体系，2001 年 4 月由中国审计出版社出版，

五、区域经济

常州学者编写、编著研究、出版区域经济研究著作约有 11 部。

《第一个崛起的常州》，王荫槐、谢培泉，1984 年 10 月由工人出版社出版，主要记述常州社会主义工业道路的发展历程。

《起飞之前——常州经济与体制改革的研究》，童大林、汤永安主编，7 万字，探讨常州经济发展和体制改革的历史过程及今后改革的思路等。1988 年 1 月，被天津人民出版社收入《中国经济改革理论与实践丛书》出版。

《常州市场大观》，孙刚若、管锦法、吴熹初主编，设概貌、消费品市场、生产要素市场、对外贸易、交通邮电等8章，1988年5月由工商出版社出版。

《开拓奋进的常州》，汤永安主编，27万字，记录常州自1978年以来在经济建设、社会发展、改革开放等方面和新情况、新成果和新体会，体现了常州人民锐意改革、艰苦奋斗、一往无前的创业精神。1989年9月被北京大地出版社收入《中国建设改革成就丛书》出版。

《常州之行录——对江苏经济发展中一些问题的探讨》，杜文白著，1993年内部出版，收24篇调研报告，其中7篇是作者对常州地区的调查研究文章。

《拥抱明天:来自常州的可持续发展报告》，赵建军、赵唯强主编，28.5万字。阐述1986—1987年常州市被国家科委、国家计委等部门先后列为中国第一个社会发展综合实验区(试点)、利用世界银行贷款进行中等城市综合规划建设后，在开创探索、全面发展和深化完善、拓宽提高3个阶段取得的经济社会发展。1997年11月由中国计划出版社出版。

《长三角的投资生态及变化趋势》，孙祖培著，2006年11月由香港汇智出版社出版，19万字。报告多维度分析概括了新世纪长三角的投资环境及其变化趋势，指出长三角面临国内外的激烈竞争，需要稳固扩大比较优势，克服不足，才有望在竞争中占据应有的地位。

《历尽艰辛铸辉煌——武进乡镇工业半个世纪创业历程》，曹惠安、曹玮著，2008年7月由中央文献出版社出版，主要记述武进乡镇工业发展的曲折历程。

《常州市乡镇工业发展历程》，陈荣平主编，31万字，2009年1月由中央文献出版社出版。记录常州乡镇企业在20世纪50年代社队企业萌芽基础上，经历80年代发展、90年代转制、21世纪集约发展，走上城乡一体化发展的历程，保存常州乡镇企业和民营经济发展的历史资料。

《决策思维与地区发展——来自常州的报告》，蒋溢涛主编，1992年10月由中国社会科学文献出版社出版发行，23.8万字。该报告以马克思主义辩证法为指导，吸收国内外的决策思维研究成果，从决策思维的角度总结了常州地区发展工作，特别是改革开放后10多年的实践和成就，是常州干部决策思维研究主要成果。

《创新引领成功之路——回眸常州三十年》，邹宏国主编，2008年12月由江苏人民出版社出版。从经济、政治、文化、社会诸领域撷取常州30年来在全国、全省有影响的特色亮点，回顾常州改革30年的历程，反映常州改革开放的轨迹，展示常州人民改革创新的胆识和智慧。

六、管 理 学

常州学者共计编写编著出版管理学著作约有5部。

《古树开花——古代管理思想研究与运用》，孙元林、徐永林、孙志伟主编，45.4万字，探讨了把中国传统文化精华用于现代企业管理。2004年4月，企业管理出版社出版。

《企业生产管理》，马国柱编著，55.2万字，1988年1月由江苏人民出版社出版，是省内高校管理专业教材。从系统的管理原理出发，以效率为中心，以提高经济效益为目标，介绍了企业由生产型转向生产管理型后再转向生产经营型的理论和方法。

《企业商标与广告》，黄震尧编著，14.4万字，从常州工业发展与商标广告管理、商标广告基本知识、企业商标与广告等方面，阐述商标、广告与企业的关系，促进企业正确运用商标与广告的手段传播商品信息、引导消费，1987年4月由工商出版社出版。

《企业法定代表人读物》，许国荣、姜树昌、项钺贤、蒋下帮编著，15万字。总结了常州新中国成立后企业登记管理的实践，阐述了企业法人登记管理的性质、意义和作用，记述了企业登记管理改革、优化搞活服务、外商投资企业登记管理、企业法人申请登记注册和生产经营活动中应遵守的政策、法律法令等内容。1988年1月，由工商出版社出版。

《企业家论》，许宁宁著，13万字，是中国首部系统论述企业家问题著作，阐述现代厂长（经理）提高自身素质、踏上企业家之路后的理论问题，1989年6月由劳动人事出版社出版。

第四节　教育　体育

一、教　　育

概　　论　常州学者编著、出版有教育学概论著作约有15部。孟昭常《公民必读初编》，清光绪三十三年(1907)铅印。蒋维乔《新教育学》，清宣统元年(1909)由商务印书馆出版。谢荫昌《社会教育》，民国2年(1913)商务印书馆、中华书局、文明书局铅印。张九如《三民主义教育学》，民国18年影印。孟宪承《教育哲学大意》《民众教育》《大学教育》《现代教育学说》，先后于民国20年、民国22—24年影印。李公朴《抗战教育的理论与实践》，民国27年出版；《民主教育》，民国34年出版。孟宪承《教育通论》，2006年出版。谢荫昌《图书馆教育》，2006年缩影胶片。钱蘋《教育心理学》，1980年由台湾文风出版社出版。史绍熙编著《史绍熙教育文集》，17.5万字，1988年12月由上海教育出版社出版，被中国教育学会评为全国优秀论著，1988年获江苏省第二届哲学社会科学优秀成果二等奖。王传金《教师幸福论》，2009年由山东人民出版社出版。

教育史料　计12种。恽毓鼎《会试朱卷》清光绪元年(1875)印本、十五年印本。恽祖祁《义学汇编》，光绪四年刻。屠寄《乡试会试朱卷》（光绪乙酉、戊子、辛卯、甲午等科）。恽彦彬《光绪十四年戊子科广东乡试录不分卷》，清末刻印。恽毓鼎《云峰书院励学语》，光绪二十四年刻印。沈同芳《江苏教育总会文牍》，光绪三十三年刊印。董康《光绪戊子科乡试朱卷》，清光绪年间刻。《世界教育会纪载》，宣统二年(1910)刊本。谢荫昌《世界教育统计年鉴(1909)》，宣统二年出版。蒋维乔《江苏教育行政概况》，1924年出版。孟宪承《丹麦的民众学校与农村》，1931年影印。《恽代英教育文选》，1991年出版。

教 学 法　计9种。蒋维乔《教授法讲义》，民国8年(1919)由商务印书馆出版。孟宪承《教育方法原论》，民国19年影印。张九如《新学制小学各科教学法》，民国15年影印；《初中记事文教学本》，民国16年影印；《设计协动教学材料纲要》，民国17年影印。邱学华编著《尝试教学法》，19.2万字，福建教育出版社于1988年10月出版，从1980年试用以后在全国30多个省市自治区推广应用。李伟平《给童年打上亮丽的底色——“生命关怀”理念下学校教育的探索》，2007年江苏人民出版社出版，包括学校教育应有的视角，生命关怀与儿童立场，“感激教育；生命关怀的实践尝试”和“课程化：儿童立场的课程开发与实施”4部分。朱志平《课堂动态生成资源论》，26万字，2008年6月由高等教育出版社出版，指出教学实践活动应重在最大限度地促进师生主体的发展和个性的张扬，引导学生主动地学习。2010年3月获全省首届基础教育教学成果特等奖。赵振杰《习惯教育论》，26万字，2008年11月由浙江大学出版社出版。

二、教育学科

语　　文　计11种19册。刘树屏《澄衷蒙学堂字课图说》，清光绪二十七年(1901)石印，5卷1册。庄俞《国文教科书》、《初等小学最新国文教科书》、《共和国教科书新修身》（第一册）先后于光绪三十一年、宣统元年(1909)和民国元年(1912)由商务印书馆出版；《新法国语教科书》（1～2册）、《新国文》、《共和国教科书新国文》(1～8册)、《最近三十五年之中国教育》先后于民国9年、13年、20年由商务印书馆出版。沈同芳《通州张氏家塾经史国文补习科答问》，民国元年刊印。恽代英《青年平民读本》，民国14年出版。方毅《中学国语教学法》，民国16年由商务印书馆出版。

数　　学　计7种9册。吴在渊《初学代数学》上下册，民国21年由商务印书馆出版；《几何学》，民国36年由中国科学图书仪器公司印行；《数论初步》，民国22年由商务印书馆出版；《新中学高级几何学》，民国19年出版；《近世初等代数学》，民国11年出版；《近世初等几何学》，上下册，民国21年由商务印书馆印行；《九点圆之证法》，民国20年由华丰印刷铸字所出版。

三、体育武术

计15部。蒋维乔的《长寿哲学》，民国7年由商务印书馆出版；《中国的呼吸习静养生法》，1956年出版。徐震《太极拳考信录》，民国26年由上海正中书局出版；《太极拳原理与练法定式太极拳简式太极拳意气功》《太极拳拳谱笺太极拳发微太极拳新论》《太极拳谱理董辨伪合编》《太极拳考信录》《苌氏武技书》《苌乃周武术学》《太极拳原理与练法》《太极拳发微》《太极拳新论》《简式太极拳》《意气功》，2006年由山西科学技术出版社出版。肖飞、李邢飞《阳湖拳》，2007年7月由珠海百年电子出版社出版。

第五节　其他社会科学

陆尔奎、赵元任等常州学者对语言学、文化学、心理学、社会学、目录学等颇有研究，著述甚丰，多达百余种。

一、语　言　学

常州学者陆尔奎、赵元任等曾编著语言学（方言学）、文字学著作34种50册。1985年6月，常州市语言学会成立。至2010年底，会员在报刊发表论文500多篇，出版论著、教材、辞书200余本。

《语体语言教程》，莫彭龄、王政红主编，34万字，1993年12月由南京大学出版社出版，详细讲述了17种语体语言的特点和运用，是国内首部系统的语体语言方面的教材。

《成语三棱镜：故事、知识、哲理》，莫彭龄、莫香雷、莫秋月编著，12万字，1997年1月由新时代出版社出版，用辩证唯物主义的哲学观剖析每条成语蕴含的故事、知识、哲理。

《大学英语同义词详解》，谢德林、戎林海主编，41万字，1997年9月由机械工业出版社出版，收录同义词1726条归入513个同义词组。

《广告语创意与表现技巧》，储佩成著，26.7万字，1998年5月由上海立信会计出版社出版。该书运用写作学、广告学、文学、美学、公共关系学、文学等学科的研究成果，注重研究广告语文本，创作主体、制作过程、创作要素、文体类别、技巧、创作艺术等之间的联系，把它们作为广告语的系统工程，进行立体的多侧面的探讨和论述。

《成语百科知识辞典》，莫彭龄主编，52万字，收录成语800多条，每条成语分译义、语源和知识3部分，1998年9月由江苏教育出版社出版，是中国（大陆）首部成语百科知识辞典。

《汉语成语与汉文化》，莫彭龄著，21.2万字，设文化透视、文化应用、文化比较三部分，2001年9月由江苏教育出版社出版。

《常州方言》，周晓锋主编，100万字，分常州方言、俗语趣谈、常州老歌谣、金坛方言、溧阳方言，详细介绍了常州地区方言的演变过程，2005年4月由黑龙江人民出版社出版。

二、文学研究

《现代文学论稿》，王文强著，1996年由成都出版社出版。

《兰陵萧氏源流及文学贡献》苏慎著，2007年由黑龙江人民出版社出版。

常州学者编著的语言学主要著作一览表

表 38-5-3

编著者、主编	书名	年份	刊刻出版情况
胡文英	吴下方言考	清乾隆四十八年（1783）	刻印12卷
陆尔奎	新字典（主编，6 册）	1912	商务印书馆
	辞源（主编，12 册）	1921	铅 印
蒋维乔	文字源流参考书	1923	商务印书馆
方 毅	学生字典（陆尔奎）	1915	商务印书馆
	国音沿革	1924	商务印书馆
	辞源续编	1935	商务印书馆
吕思勉	字例略说	1927	出 版
	章句论	1930	出 版
	文字学四种	2009	出 版
沈步洲	言语学概论	1931	商务印书馆
董同龢	华阳凉水井客家话记音	1956	出 版
	汉语音韵学	1985	出 版
赵元任	现代吴语的研究	1956	影 印
	钟祥方言记、中山方言	1956	出 版
	汉语口语语法	1979	出 版
	通字方案	1983	出 版
	赵元任语言学论文选	1985	出 版
	中国音韵学研究	2007	出 版
谢国章	科技英语翻译技巧	1987	人民邮电出版社
莫彭龄、王政红	语体语言教程	1993	南京大学出版社
莫彭龄、莫香雷、莫秋月	成语三棱镜：故事、知识、哲理	1997	新时代出版社
谢德林、戎林海	大学英语同义词详解	1997	机械工业出版社
储佩成	广告语创意与表现技巧	1998	上海立信会计出版社
莫彭龄	成语百科知识辞典	1998	江苏教育出版社
	汉语成语与汉文化	2001	江苏教育出版社
顾盘甫	延陵谚语	2005	黑龙江人民出版社
周晓锋	常州方言	2005	黑龙江人民出版社
张一农	常州方言俗语趣谈	2007	珠海百年电子出版社
范炎培	常州闲话——学说常州话	2007	珠海出版社
	常州闲话——常州方言文化	2007	珠海出版社
巢云栋	《官场现形记》常州方言初探	2007	珠海出版社

三、文 化 学

常州学者编著、出版有文化学著作 38 部 41 册。徐寿基《玉谱类编》4 卷，清光绪十五年(1889)刻本 4 册。凌纯声《台湾与东亚及西南太平洋的石棚文化》《美国东南与中国华东的丘墩文化》《中国边疆民族与太平洋文化》1967 年、1968 年、1979 年先后在台湾出版；《松花江下游的赫哲族》1990 年出版。吕思勉《中国文化史》(插图珍藏版),2008 年出版。《常州文化发展蓝皮书》,由该书编委会编,分传承篇、繁荣篇、区域篇、改革篇等 7 部分,2008 年 5 月由江苏文艺出版社出版。

《中国开发区文化建设》,储佩成、刘浩春主编,25 万字,1999 年 11 月由上海立信会计出版社出版,是中国首部研究中国开发区文化建设的著作。该书从开发区在中国的崛起、开发区文化建设方兴未艾及其基本建设等方面,总结了中国开发区建设与文化建设的成就和经验。

《龟文化大典》,顾博贤编著,77.2 万字,2006 年 5 月由中国文联出版社出版。从甲骨文的龟字讲起,详述有关龟的成语、对联等,设风景名胜、龟闻趣事等 24 个部分,融历史性、艺术性、知识性、科学性、趣味性于一体,诠释了龟文化的发展历史,配世上稀有的龟照,被誉为"中华龟文化第一书"。

《宋代民俗诗研究》,吴邦江著,25.3 万字,2009 年 2 月由南京大学出版社出版。该书选取了宋代具有代表性的建筑民俗诗、婚恋民俗诗、饮食民俗诗、农事民俗诗、节令民俗诗,研究了民俗诗的源流演变、民俗事象及其缘起、民俗学、史学价值、审美价值等,揭示宋代民俗与诗歌之间的联系及相互之间规律性的影响、交融和吸纳。

常州文化丛书　吴振祥、陈冬期、陈吉龙主编,2003 年 10 月由中国文史出版社出版,共 10 部,221.8 万字。该丛书精选收录常州诗词、散文、戏剧、小说、书画、文物、名胜、姓氏、名人,展现了古城常州的自然景观、人文精神、文化渊源、城市底蕴。

常州清代文化研究丛书　茅家琦主编,2008 年由江苏人民出版社出版,1250 万字,是一部学术文化研究丛书,分《常州画派研究》《常州学派研究》《阳湖文派研究》《清代常州骈文研究》《常州词派研究评析》《赵翼评传》《段玉裁评传》《洪亮吉评传》《黄景仁评传》《孙星衍评传》《李兆洛评传》《盛宣怀评传》《李伯元评传》《屠寄评传》《清代常州文人年表》15 册,涵盖对清代文化作出贡献的常州重要学派和主要人物。

《常州画派》,潘茂著,2003 年 1 月由吉林美术出版社出版。该书以常州画派开传人恽格(字寿平,号南田)的生平、精神世界与艺术成就、画学观为主导,以承继和泽被的家属、群体为主脉,分章设节进行梳理归纳,研究其传承演化特征,指出画派的地域影响和全国影响,阐明常州画派由于宫廷的推崇而经久不衰的原因,填补了此前关于常州画派对宫廷绘画的影响研究的不足。2010 年,获江苏省第 11 届哲学社会科学优秀成果二等奖。

四、心 理 学

常州学者编著、出版有心理学著作 4 部。蒋维乔的《心理学讲义》《身心调和法》由商务印书馆在清宣统元年(1909)、民国 5 年(1916)先后出版。张九如的《群众心理与群众领导》,民国 27 年影印出版;《军事心理学》,1956 年在中国台湾出版。

五、社 会 学

2005 年常州市民俗研究会成立,下设谱牒文化研究委员会和祠堂文化研究委员会,研究会编辑了《家谱与地方文化》和《谱牒文化》期刊,出版了一批学术著作。

《社会学概论》,瞿世英,1929 年影印。

《清初遗民词人群体研究》,周焕卿著,2008 年上海古籍出版社出版,35.8 万字。本书从政治、地理、文化、文学等多视角,考察遗民词人群的地域分布和子群内部、子群之间及遗民词人群总体与外界三方的动态关系,分析子群的形态特征,包括群体所在地域的人文地理特征,反映了遗民词人群的原生状态。注重纵向与横向比较,把清初遗民词与明遗民之诗、南宋遗民词及明词比较,凸显遗民词在创作上的继承性和创新性。

《赈务要编》,江苏赈务处编,1924 年铅印。

《工会信息工作导读》,黄玉生、江月主编 13 万字,主要论述了工会信息搜集、分析整理、交流、运用等方面的新情况、新问题及解决和处理的方法等，中国工人出版社于1991年出版。

《中国粮票目录》，刘彦卿、包立本编著，6万字，收录全国各省市自治区（包括台湾省、军队在内）历年发行的粮票近万种，附录粮票交易的参考价、贵州省粮票图谱、中国粮票之最、全国百家粮票一览表等资料。1996年3月由香港东方文化中心出版发行。

《中国粮票史话》，刘彦卿主编，31.4万字，以史为经、以票为纬，介绍了粮票在中国的产生、发展、演变、消失及复出的历史过程，阐述了粮票的社会地位和组织属性，填补了中国文化史上的空白，1996年9月由香港东方文化中心出版。

六、军 事 学

常州学者编著且公开出版有军事学著作3种（部）。庄俞《最近俄罗斯海军考》，清光绪二十九年(1903)铅印。吴晋《步兵连排班实兵指挥之参政》，民国12年(1923)出版。

七、信札及其他

信　札　计6种。董逢元《四子全书》，明万历二十三年(1595)董逢元秋声阁刻。恽毓鼎《恽毓鼎澄斋日记》2册，2004年版；《澄斋奏稿》，2007年版。盛宣怀《愚斋未刊信稿》(1896—1915年)，1960年中华书局出版。陈衡哲《任鸿隽陈衡哲家书》，2007年出版。恽代英《来鸿去燕录》，1981年由北京出版社出版。

杂　著　计15部、39卷。徐寿基《品芳录》7卷1册，清光绪十二年(1886)刻本。李正华《喫食滋味》，清光绪二十年铅印。恽毓鼎《恽毓鼎小楷墓志铭》，光绪二十九年印本。管凤龢《四十日万八千里之游记》，宣统二年(1910)刊行。沈步洲《白羽记初编》《白羽记续编》，民国8年(1919)由商务印书馆出版；于定一《组完女士哀挽录》，民国8年铅印；袁励准《中祕日录》4卷，民国10年刊本。陶珙《朝野新声太平乐府》(附姓氏)，民国12年由武进陶氏影印。民国14年由华北印书馆印发；《延爽集》4卷1册，民国20年铅印。赵椿年《覃研斋石鼓十种考释》，民国25年刻。庄有可《慕良杂著》8卷，民国27年由商务印书馆排印(庄有可著述500卷)。刘巽权《刘子遗稿三编》，6卷1册，民国20年铅印。《知非集》，《二城故事》(英汉合注)，民国37年出版。黄元裕《夕阳尽情洒余辉》，42万字，被哈尔滨出版社于2010年12月列入《人生三思系列》书籍出版。

第六节　医药工农理学科

一、医学药学

常州医药专家计编著、刊刻、出版医学、药学著作57部、112卷，其中医学50部、104卷，药学7部、8卷。

常州学者、医家编著出版的医学著作一览表

表38-5-4

编著者	书名	出版年份	出版情况	卷册数	书名	出版年份	出版情况	卷册数
丁甘仁	喉痧症治概要	1927	铅　印	1卷	医通祖方	2004	出　版	
	丁甘仁医案	1960	上海科学技术出版社	1卷	丁甘仁医案续编	1989	出　版	
	丁甘仁先生家传珍方	2004		1卷	丁甘仁医书二种	2007	出　版	
	丁氏百病医方大全	2010	福建科学技术出版社	1卷				

续表 38-5-4

编著者	书名	出版年份	出版情况	卷册数	书名	出版年份	出版情况	卷册数
费伯雄	医醇剩义	1863	费氏全集本	4 卷				
恽毓鼎	金匮疟病篇正义	1913	刊　印	—				
恽铁樵	伤寒论研究	1924	铅　印	4 卷 2 册	保赤新书	1928	铅　印	8 卷 1 册
	脉学发微	1928	铅　印	4 卷	十二经穴病候撮要	1941	刊　本	—
	群经见智录、续篇	民国	铅　印	3 卷 3 册	伤寒论辑义按	1928	刊　印	—
	温病明理	1928	刊　印	4 卷	生理新语	1938	铅　印	4 卷
	药盦医学丛书	1928	铅　印	—	药盦医案全集	2007	出　版	—
	恽铁樵医书 4 种	2007	出　版	—	恽铁樵中医函授讲义	2008	出　版	—
	伤寒论研究与临证演讲录	2007	学苑出版社	—	论医集	1944	台湾旋风出版社	2 卷
	恽铁樵医书合集	2010	出　版	—	群经见智录	2007	福建科技出版	3 卷
	医学平议	1931	不　详	1 卷	热病学			1 卷
	临证笔记	1933	铁樵函授医学	1 卷	病理概论及各论	1948	商务印书馆	1 卷
	风劳臌病论	1941	民友印刷公司	3 卷	金匮翼方选按	1969	台湾旋风出版社	5 卷
	妇科大略	1941	中医书局	1 卷	恽铁樵遗著选	1989	上海科技出版社	1 卷
	神经系病理治疗	1948	商务印书馆	1 卷	读金匮翼	1989	上海科技出版社	1 卷
	鳞爪集	1948	千顷堂书局	4 卷				
谢　观	中国医学大辞典	1921	商务印书馆	11 卷	中国医学源流论	1935	商务印书馆	—
	王氏医案绎注(清王士雄,校订)	1920	商务印书馆	3 册	内经知要	1963	人民卫生出版社	2 卷
	东洋医学大辞典	1980	朝鲜高文社翻印	—				
庄育民	针灸丛谈	1969	台北协林印书馆	—				

常州学者编著出版的药学著作一览表

表 38-5-5

编著者	书名	出版年份	出版单位	卷(册)数
恽铁樵	论药集	1944	台湾旋风出版社	1 卷
赵燏黄	中国新本草图志	2006	福建科学技术出版社	2集2卷
	本草新诠	2006	福建科学技术出版社	—
	本草药品实地之观察	1988	黑龙江科技出版社	—
赵燏黄、徐伯鋆	现代本草——生药学(上册)	1934	中华民国药学会	—
赵燏黄、步毓芝、王孝涛等	药用黄耆本草学及生药学的研究	1959	北京科学出版社	—
谢　观	全图本草备要	1996	重庆大学出版社	—

二、工　学

民国5年(1916),商务印书馆出版谢观的《中国十大矿厂调查记》。民国18年8月,商务印书馆出版武进县修志局于定一主编的《武进工业调查录》,此书为编纂《武进县志》而调查编写,后志未成,因于定一曾任商务印书馆发行部长,遂让商务印书馆排版铅印。1963年,中央研究所民族学研究所出版凌纯声的《树皮布印文陶与造纸印刷术发明》在中国台湾出版。

三、农　学

计收18种。恽祖祁《茅麓明农树艺有限公司清查报告》,清宣统元年(1909)活字;《蚕桑备览》,清光绪年间(1875—1908)刻。万国鼎《中国蚕业概况》,民国13年由商务印书馆出版;《土地改良法》,民国18年由上海商务印书馆出版;《中国田制史》,民国23年由南京正中书局出版;《欧美农业史》(译),民国24年由商务印书馆出版;《南京旗地问题》,民国24年由南京正中书局出版;《农业经济学导论》(译),民国25年由南京正中书局出版;《土地政策讲义》,民国31年油印本;《汜胜之书辑释》,1957年出版;《五谷史话》,1961年由中华书局出版;《王祯和农书》,1962年由中华书局出版;《陈敷农书校注》,1965年由北京农业出版社出版。奚九如《中国农工生产五年计划商榷书》,民国21年出版。裴保义《熏土的肥田作用》,1958年由江苏人民出版社出版;《农业化学·总论》,1980年由农业出版社出版。蔡旭《小麦译丛》,1980年出版;《植物遗传育种学》,1988年出版。

四、植物学　矿物学

张景钺《植物解剖学及形态实验》,1957年出版;《植物系统学》,1965年出版。孟宪民《矿床分类与成矿作用》,1963年出版;《矿床同生说译文选集》,1964年出版。

第七节　书目编目

常州有识之士为使地方文献在传播过程中不致失传,便汇辑、刊刻丛书,收录文献书目。

清光绪年间(1875—1908)盛宣怀出资校刻《常州先哲遗书》,收录书目种数庞多,卷帙浩繁,多达700余卷,均为流传稀少或可能失传的常州人(常州府)著作。

《清代毗陵书目》,张维骧编,稿本8卷,另有民国33年(1944)常州旅沪同乡会铅印。收录清代常州人士著作,按经、史、子、集四部编排,著录书名、卷数、作者、版本。卷一至五为现存书目;卷六为常州校勘家校刊书目;卷七、八为已佚书目。

《常州家谱提要》,朱炳国主编,2005年8月由中国文联出版社出版。主要收录常州地区的家谱的谱籍地名、卷册数、修纂年代、修纂者、谱籍堂名、版本形态、始祖、始迁祖、分支及繁衍状况、族内名人、收藏单位等。

常州学者编著的其他书目、编目著作一览表

表38-5-6

书目名称	编著者	刊刻出版年份	版本	卷册数
唐氏等世著述目录	唐鼎元	1931	铅　印	1册
常州府志艺文编目			抄　本	1册
恽氏先世著述考略	恽宝惠	民国时期	铅　印	1册
江苏常州佛经流通所有板经目	常州佛经流通所	民国时期	天宁寺刻本	1册
武进庄大久先生遗著总目	庄　俞	1935年	刊印本	

续表 38-5-6

书目名称	编著者	刊刻出版年份	版本	卷册数
愚斋图书馆藏书目录	盛宣怀	—	中国著名藏书家书目汇刊	20 卷
盛氏图书馆善本书目	盛宣怀	1975 年	海外中文图书	4 卷
千顷堂书目常州人撰述	佚　名	—	张惟骧抄本	1 册
武进文献征存社藏书目录	陈光贻	—	抄　本	

第六章　诗文常州

记载常州事物的题咏诗自古即有流传，现存最早的作品是汉代梁鸿的《适吴诗》。南北朝时期，由于常州地区经济文化的发展，咏颂常州的诗作大量收录于个人别集，陶潜、谢朓、江淹等著名诗人都有题咏常州的诗作传世。唐宋时期是中国诗歌发展的高峰时期，记咏常州的诗篇十分丰富，李白、杜牧、白居易、刘长卿、王昌龄、苏轼、杨万里、王安石、文天祥等著名诗人、词人都以常州为题材创作了大量的诗歌。迨至明清时期，个人别集中题咏常州风物的诗篇数量极多，汗牛充栋。近现代文人墨客传承古代遗风，吟咏常州名胜古迹、乡土风俗、历史人物之作不断涌现。

第一节　诗咏常州

一、名胜古迹

自吴余祭元年（周灵王二十五年，公元前 547 年）季札封邑延陵起，常州便有了最早的文字记载地名。在历史的长河演变中，很多古建筑兴衰更替，有的在某一时期辉煌一时，后因战乱或自然灾害毁废湮灭；有的经后世修缮、重建，留存至今。这些古迹遗址成了历代诗人讴歌咏诗的对象，因此留下了大量诗歌作品。

季子遗迹

行经季子庙诗　（南朝梁）张正见[1]

延州高让路，传芳世祀移。地绝遗金路，松悲悬剑枝。
野藤侵沸井，山雨湿苔碑。别有观风处，乐奏无人知。

太伯延陵　（唐）吴　筠

太伯全至让，远投蛮夷间。延陵嗣高风，去国不复返。
蕣荣比蝉翼。道义侔崇山。元规与峻节，历世无能攀。

题季子庙　（唐）李季华

季子让社稷，又能听国风。宁知千载后，苹藻满祠宫。

季 子 庙　（宋）石祖文

夫子南游不到吴，殷勤题识寄嗟吁。干戈扰扰怜诸夏，季子流风过耳无？

---

① 张正见，有清才，官至南朝梁尚书度支郎，善作五言诗，大行于世。

季子庙　(元)萨都剌[①]

公子不来春草绿，故宫禾黍亦离离。沸沸尚有千年井，古篆犹存十字碑。

去国一身轻似叶，归田两鬓细如丝。李家兄弟一朝暮，羞见延陵季子祠。

再谒延陵季子墓追数前朝五年矣　(明)郑　鄤

五年踪迹未全疏，又趁秋声到玉虚。星斗夜寒君子墓，风雷时护圣人书。

一丸割据谁强弱，百代从容自卷舒。草木余香今未往，清音如说让王初。

季子祠　羊牧之

崇祠几废几重修，阅尽沧桑岁月流。让国高风名简策，延陵古邑历春秋。

千年旧墓荒仍在，十字碑文裂尚留。此是吾常开始祖，能毋瞻仰思悠悠。

毗陵遗迹　毗陵驿是古代供传递公文的差役和官员途径常州换马、休息住宿的重要场所，亦为古代常州重要的交通、聚会场所。

题毗陵驿　(南唐)徐　铉[②]

曾持使节驻毗陵，长与州人有旧情。为报驿桥风月道，舍人须鬓白千茎。

哀毗陵　(宋)梁　栋

荆溪[③]水腥泊船早，落日无人行古道。髑髅有眼不识春，东风吹出青青草。

荒基犹认是人家，败栅曾将当城堡。当时压境兵百万，不脱粹尖堪蹴倒。

短兵相接逾四旬，毒手尊拳日攻讨。内储外援两消沉，一缕人心坚自保。

孤臣守土轻性命，赤子效死涂肝脑。朝廷有爵愧降附，幽壤无恩泽枯槁。

顾笺司命录英雄，收拾忠魂界穹昊。

宿毗陵驿　(明)吴　宽[④]

孤舟城下宿，城漏滴寒更。往事无人问，幽怀忽自惊。

春星垂野动，村火隔江明。北雁无来耗，篷窗梦不成。

浮舟毗陵西郊(十二首录四)　(清)恽南田

吟秋诗兴与谁同，真想长留霜树中。为爱晚霞红更好，船头欹帽受凉风。

对景都忘水国寒，独吟篷底破吴纨。一秋闲杀千林色，尽日无人此地看。

踏歌声散一天秋，隐隐瑶笙吹未休。总是毗陵城畔路，望君游处是丹邱。

千人辟易让王郎，天地真容我辈狂。镇日同吟殊未厌，短亭临别又连床。

毗陵歈　(清)恽毓巽

琳宫曲曲径通幽，极目登临荡客秋。怪底香寒都澈骨，梅花四面绕山楼。

凭楼闲看划龙船，帘卷轻容软似烟，见说蓝旗将拢岸，隔窗抛下缕金钱。

藏王生日占凉宵，碾到沈檀瓣瓣烧，好买闹红小湖艇，载侬一箭下闾桥。

灵官秋赛敞祠门，菊部传来笛韵繁，演罢白罗衫一曲，天涯何处不消魂。

玄妙观、红梅阁、红梅公园　玄妙观原属荐福寺，后废。宋时建天经观，供奉南宗五祖张紫阳、石杏林、薛道光、陈泥丸、白玉蟾，宋末毁于战火，元代重建，元贞元年(1297)更名玄妙观，在观东侧建飞霞楼。元末又

---

① 萨都剌，曾任江南行御史台掾史，为元代诗人、画家、书法家。

② 徐铉(916—991)，广陵(今扬州)人，为五代宋初文学家、书法家，常州署衙前大观楼上宋初树立的两大篆字"常州"为其手书。

③ 荆溪指荆溪馆，为毗陵驿又名，在青果巷马元巷前河一侧。此诗哀叹南宋末期常州保卫战后荒凉情景。

④ 吴宽，苏州人，官至礼部尚书，为明代诗人、散文家、书法家。

毁，明季在其遗址上建红梅阁。

题常州玄妙观陈 飞霞楼 （元）朱德润

绮结飞霞散满空，阑干高倚夕阳中。冲融昼景横窗碧，绚丽晴光入座红。

宛有霓旌来汉表，直疑蜃气出城东。楼居自是神仙宅，不待乘桥蹑彩虹。

红梅阁探梅 （清）赵 翼

满街箫管竞繁体，闰岁春迟柳未芽。趁得今朝风日好，红梅阁上探梅花。

红梅阁小憩 （清）洪亮吉

野人爱郊野，近郭行半里。红楼出林梢，星坛入云裹。

因缘开北牖，半日坐难起。秋圃黄金花，空潭赤文鲤。

红梅公园 羊牧之

入门渐听鸟声呼，闹市城东忽静区。古寺丛林留胜迹，小桥流水泛平湖。

长廊堤畔舟多叶，高阁阶前杏一株。扶杖山亭聊小坐，陶然顿觉一尘无。

建元寺（太平寺）、文笔塔　建元寺是常州最古老的寺院之一，位于东门太平桥北堍，文笔塔与延陵路之间，为南朝齐开国皇帝萧道成在建元年间(479—482)始建，宋太平兴国年间(976—984)更名为太平兴国禅寺（简称“太平寺”），太平寺塔俗称（因形如文笔）文笔塔。

建 元 寺 （唐）李 绅①

江城物候伤心地，远寺经过禁火辰。芳草垅边回首客，野花丛里断肠人。

紫荆繁艳空门昼，红药深开古殿春。叹息光阴催白发，莫悲风月独沾巾。

常州太平寺观牡丹 （宋）苏 轼

武林千叶照观空，别后湖山几信风。自笑眼花红绿眩，还将白首对鞓红。

登太平寺塔 （清）赵 翼

凌虚窣堵览苍茫，始觉书生眼寸光。无弊不成天地大，有愁方度古今长。

长安贤佞三期口，广武英雄百戏场。待得尘缘看到破，老夫亦已熟黄粱。

登太平寺浮图 （清）洪亮吉

薄醉闲来倚石幢，佛楼深处酒兵降。花光裹塔红三面，燕剪穿帘紫一双。

十字巷中容小刹，七层栏外见空江。尤怜脚底房栊好，竹里孤僧拓小窗。

登文笔塔 钱小山②

胜景重来路不遥，喜看新貌出东郊。一枝健笔凌云上，七级浮图拔地高。

野鹊盘旋留夕照，远山起伏走秋潮。儿童清兴同追逐，垂老登临亦自豪。

天宁寺　号称江南“四大丛林”之一的天宁禅寺是历代文人游览、吟咏之所。

赠天宁寺无为长老 （明）谢应芳

报恩扶起法幢来，钟鼓天宁讲席开。道出语言文字外，卓然声价自崔巍。

天 宁 寺 （明）王 伓

上方台殿与谁登，知是闲逢竹院僧。地僻不妨回俗驾，林深顿觉失炎蒸。

一尊酒尽歌声阕，四韵诗成纸价腾。昔日少年今白首，胜游徒自说吾曾。

---

① 李绅，唐朝著名诗人，原籍安徽亳州，曾任晋陵（常州）县令。

② 钱小山，清末进士钱名山长子，常州解放后历任常州市文化局副局长、民盟常州主委和常州政协副主席，为舣舟诗社第一至三届名誉社长。

赠天宁寺僧八十 （明）唐顺之

化城东畔驻三乘，祝发从师记昔曾。频著袈裟迎上客，自分斋饭与游僧。
谈经几夜窗飞雨，削杖先年手种藤。因笑马鸣身已老，欲凭弟子为传灯。

天宁寺 （清）赵 翼

祇垣楼殿映霞丹，江北江南一刹竿。千载不遭兵火厄，半空直接斗星寒。
鸣钟声集斋堂饭，汲绠痕深石井栏。代有名僧为起废，缘知福地占蒲团。

重过常州天宁寺怆然有感 释敬安

毗陵城外古天宁，杖策重过涕自零。三老共藏多宝塔，故人惟剩两晨星。
寒松犹是旧时翠，衰鬓都非昔日青。垂老江湖还惜别，可怜天地一浮萍。

访天宁寺老僧冶开 钱振锽[①]

常向天宁寺里行，自伤忧患厌吾生。不须为说无生理，才到僧房意便清。

东坡遗迹 常州城乡有多处东坡遗迹。东坡祠位于延陵西路北侧，原为苏东坡终老常州的藤花旧馆，南宋乾道八年(1172)常州知州晁疆伯为怀念东坡，在孙氏馆遗址建东坡祠，塑立东坡像祭祀。舣舟亭位于东坡公园内，为苏东坡乘船由京杭大运河来常登岸系舟处。南宋时，地方为仰慕这位大文豪建亭以为纪念。

过毗陵谒东坡祠 （南宋）方 回[②]

至和嘉祐政途开，老凤将雏出蜀来。父子声名天宇小，弟兄笔阵海潮回。
岷峨一气钟山杰，杜富诸贤得异才。二百年来拜遗像，堂堂正气尚崔巍。

舣舟亭 （清）黄 永[③]

阳羡归田日，扁舟那处无。往来凭此地，踪迹怆吾徒。
客舫连晨暮，人烟宛画图。几时亭上草，把酒共招呼。

舣舟亭 （清）陈玉璂[④]

东城河水流，河流清且泚。好风西北来，粼粼波浪起。
舳舻尾相衔，日落傍河汜。昔有舣舟亭，得名自苏子。
贤者遭播迁，天地安所止。飞云不复停，去鸟一何驶。
徘徊感物情，孤亭久已圮。

游舣舟亭 （清）黄景仁[⑤]

确碑石穿屐，萧疏树碍眉。已添新长竹，不辨旧题诗。
佳日虚高会，前游引梦思。凭栏好风至，美满为谁私。

郭 门 钱振锽

郭门酒罢更闲行，吹面东风醉复醒，莫道东郊无韵事，藕花开满舣舟亭。

舣舟亭 羊牧之

旧馆移来洗砚池，几多韵事惹人知。东坡居士舣舟处，北阙君王挥笔时。
曲槛隈依环碧水，小山起伏舞青枝。烟云如画传千古，襟带有情堪入诗。

---

① 钱振锽，常州人，为清末进士，著名诗人、教育家、江南大儒，工诗词、书法。
② 方回(1227—1305)，南宋景定年间进士，徽州歙县人，是元朝著名诗人。
③ 黄永，常州人，清顺治年间(1644—1661)进士，官至刑部员外郎，工诗文，与董以宁、邹祇谟、陈维崧并称“毗陵四子”。
④ 陈玉璂，常州人，清康熙六年(1667)进士，天文、地志、兵刑、礼乐、赋役等无所不精，下笔千言，时称“俊才”。著作甚多，曾主纂《常州府志》。
⑤ 黄景仁，常州人，被包世臣推为“乾隆六十年间，论诗者推为第一”。

荆川遗迹 明代著名文学家、军事家唐顺之（号荆川先生）在常州留下了许多遗迹，供后人凭吊。

陈渡草堂 （明）唐顺之

近市偏逢食有鱼，闭门不问出无车。牛衣聊自对妻子，腊酒时将洽里闾。

世网幸疏如野马，微名犹在愧山樗。亦知农圃真吾事，春至频翻种树书。

荆川读书处 （清）赵翼

前贤遗墅绿杨湾，水木清华远市阛。并世文章无北地，当年声望此东山。

盛名难免求全毁，晚节终看历试艰。剩有城南读书处，画图一幅好荆关。

出郊便觉少尘缁，深柳书堂六枳篱。盘石想经垂钓处，清泉仍似在山时。

人从黄叶村寻路，壁有红丸墨写碑。今日林皋虽易主，辋川名究属王维。

陈渡桥访明唐襄文读书处 （清）洪亮吉

荆川台址而崚嶒，卜宅当时愧未曾。君慕古人三不朽，我甘世事百无能。

牛腰卷轴传难必，马革功名谤已腾。何似掩关长却归，白头仍拥读书灯。

白云溪、白云渡 白云渡原位于常州城区中心迎春步行街，一派秀丽迷人的河滨风光，每年端午这里举行龙舟竞渡，夜晚画舫满河，文人骚客雅集于此，畅游其间，吟诗作赋，倾吐人文情怀。

水阁看夜船灯火 （清）赵翼

白云渡口水明楼，看尽城中夜舫游。灯火顿成星海沸，亭台都在月宫浮。

三更歌管犹呼酒，两岸帘栊不下钩。赢得老夫凭槛坐，听人错唤作遨头。

云溪竞渡词 （清）洪亮吉

传来新调唱滩簧，分半吴姬束急装。八角鼓完三弄笛，十番弦索一齐忙。

一晌夕阳红不定，杏黄衫子立当风。枇杷杏桃满盘堆，远有江鲜入馔来。

屈指半旬交夏忙，洞庭船不送杨梅。河泥船好六仓宽，村女梳头映水看。

黄仲则遗迹 两当轩在今小河沿路桥市场南马山埠，为市级文物保护单位黄仲则故居，黄仲则墓位于今北环小学内。

两 当 轩 （清）蒋士铨

笑彼两当轩，似我一桁屋。朝曦东牖来，夕日西窗宿。居之实能容，戏扪空洞腹。

岁暮过常州题黄仲则墓 （清）刘大观

贫不骄人才自大，诗能匠物鬼应愁。空山一夜潇潇雨，万树梅花总泪流。

其他遗迹名胜 卷施阁为洪亮吉的书斋，原位于今延陵路东侧，道路拓宽时被拆。近园位于今长生巷常州宾馆内，又名静园、恽家花园，建于清朝乾隆年间(1736—1795)，为常州著名私家园林，现为省级文物保护单位。蒹葭庄又名茶山草堂，为明吴兖所建私家园林，位于原城南白荡附近。青山庄为明代常州最有名的私家园林，明代吴襄在万历年间(1573—1620)所建，位于常州工学院东南侧。阖闾城建于春秋末期，位于武进区雪堰镇与无锡交界处。智宝寺在新北区万绥镇，天监七年(508)由南朝梁武帝萧衍舍宅而建，初名万岁寺，宋太平兴国(976—984)中改为智宝寺。舜井位于城西北的舜过山（与江阴交界），相传舜帝东巡经过此山曾驻跸，故称舜过山，建有舜井、舜庙。

卷施阁即事（八首录三） （清）洪亮吉

菜花黄处入窗舒，金石千通万卷书。敞得小楼东面好，七层塔影上阶徐。

飞觞准待百花朝，玉蕊飘香红杏娇。拟向北街招老友，趁晴曳杖过斜桥。

谁说心情老易骄，暮年筋力胜垂髫。楼前奇石时时拜，不向人间更折腰。

秋白故居修复有感 羊牧之[1]

“犬耕”两字压陈彭，会议相争气概横。国际权威当世重，文坛锐笔一时惊。

千秋而后看青史，三杰之中有令名。今日再来常叙处，窗前犹忆读书声。

静园百咏 恽宝骏

年来世事叹如麻，幸有园林避俗哗。三径未荒风景好，闲时汲水自浇花。

夜深指点说双星，消受新凉敞画屏。月子窥人眠不得，笑看儿女扑流萤。

登高时节雨如丝，菊为重阳放几枝。老圃霜浓怜瘦影，写将秋思谱新词。

烈士陵园三杰厅 羊牧之

博得声威四座倾，常州三杰自雷英。伟人大抵时推起，烈士从来血染成。

今日乡关已塑像，当年世界久闻名。杀头不怕忙驱贼，革命捐躯尽一生。

城　南 （宋）胡　宿

昨夜轻阴结夕霏，城南十里有香泥。初闻山鸟惊新哢，遥看林花识旧蹊。

荡桨远从芳草渡，垫巾还傍绿杨柳。罗敷正苦桑蚕事，惆怅南来五马啼。

茶　山 钱振锽

城南薄醉野人家，拾翠闲行日未斜。六月茶山风景丽，轻红开遍马缨花。

兼葭庄看梅 （清）董以宁

茶山曲径远闻香，柳弄新晴半欲黄。有约翻嫌前度早，重来却忆少年狂。

寒花久待游人屐，芳榭遥邻牧马场。指点园林无限思，几回萧瑟对斜阳。

百年时序总关心，眼见飞花更不禁。石尉故园珠欲堕，银林旧路草全侵。

卜邻漫拟郊居赋，望远谁传驿使音。相对苍茫吾尔在，侧身天地月高吟。

青山门杂诗并序（三十二首录六） （清）吴一谔

其一

扼要中吴论形胜，四陵城古六龙屯。争知地脉乘乾位，山势东来拱北门。

其二

亭留多稼至名今，何必青山近入城。咏得诚斋诗句好，三山尖有一峰明。

其三

青山百亩老人耕，指点繁华旧日情。麦秀风寒菜花雨，楼台无复啭春莺。

其四

问津流水小桥通，亭外青山在望中。曾记划船来荡桨，桃花三月柳丝风。

其五

昨看日脚连城脚，一宿青莲寺外烟。杨柳月残钟磬晓，村鸡催促客开船。

其六

吾道沧洲常在目，北渠空翠漾容与。相逢多是渔夫妇，撒网河头烹鲤鱼。

青山庄 （清）袁　枚

笙歌声断水云寒，草草亡家瞑目难。我与主人曾有旧，青山不忍上楼看。

① 羊牧之的母亲曾为瞿秋白家帮佣，牧之与瞿秋白自小交好，后曾追随瞿秋白参加革命。

题青山庄访古图 （清）孙星衍

眼看华屋变平畴，席帽僧衣落拓游。交密总思贫日好，情多常替古人愁。

黄垆寂寞稀同辈，白发凄凉过故邱。一度披图一怊怅，青山门外即西州。

过青山庄有感 （清）赵怀玉

荒墅遗前代，寻幽独款扉。断垣遮柏影，老屋上苔衣。

花自迎风笑，鸠还带雨飞。所嗟频易主，旧迹已全非。

青山庄旧业 赵燏黄

绕屋青山一带齐，小桥流水竹村西。长亭酒熟人初至，古社林荒乌乱啼。

破笠斜阳归晚犊，残春夜火接晨鸡。门前剩有数弓地，待雨都谋治药畦。

淹　　城 羊牧之

春秋遗迹尚含芬，走访依然夕照熏。志载吴王囚越子，书传古代驻淹君。

秦关汉阙今何在？长信阿房只旧闻。此处原城尚完好，护河三道侵烟云。

经阖闾城 （唐）杜　牧

遗踪委衰草，行客思悠悠。昔日人何处？终年水自流。

孤烟村戍远，乱雨海门秋。吟罢独归去，烟云尽惨愁。

阖 闾 城 （明）丁　镛

霸事已云古，荒城空草莱。可怜城上月，曾照越人来。

蓼 莪 庵 （明）杭　准

五湖春色天际来，沙鸟风帆递往回。笑日野花幽近行，人云风蹬冷侵苔。

栖迟白首惟疏放，报答青春有酒杯。好事山僧老不倦，晚犹携客上高台。

万绥智宝寺 （宋）胡　珵

六代烟尘息，千年象教尊。衣冠悲故里，聚落见荒村。

除夕夜宿常州城外二首 （宋）苏　轼

其一

行歌野哭两堪悲，远火低星渐向微。病眼不眠非守岁，乡音无伴苦思归。

重衾脚冷知霜重，新沐头轻感发稀。多谢残灯不嫌客，孤舟一夜许相依。

其二

南来三见岁云徂，直恐终身走道途。老去怕看新历日，退归拟学旧桃符。

烟花已作青春意，霜雪偏寻病客须。但把穷愁博长健，不辞最后饮屠苏。

与孟震同游常州僧舍三首 （宋）苏　轼

其一

年来转觉此生浮，又作三吴浪漫游。忽见东平孟君子，梦中相对说黄州。

其二

湛湛清池五月寒，小山无数碧巑岏。稚杉戢戢三千本，且作凌云合抱看。

其三

知君此去便归耕，笑指孤舟一叶轻。待向三茅乞灵雨，半篙流水送君行。

横　山　（宋）胡　宿

此地横青嶂，当年动紫氛。将军精爽在，可解勒遗文。

舜　井　（唐）朱庆余

碧甃磷磷不记年，青萝锁在小山巅。向来下视千山水，疑是苍梧万里天。

滆　湖　（明）陆　范

野水稽天路欲迷，楼船冲浪滆湖西。轻桡不及渔郎隐，深卧芦花落日低。

滆湖夜望　（清）洪亮吉

沼林风转急，红叶裹归僧。隐隐青山隙，迢迢露塔灯。

夜云空际落，残魄望中升。十月南湖涸，鱼龙气尚烝。

却望芙蓉湖　（唐）李　绅

水宽山远烟岚迥，柳岸萦回在碧流。清昼不风凫雁少，却疑初梦镜湖秋。

丹橘村边独火微，碧波明处雁初飞。萧条落日垂杨岸，隔水寥寥闻捣衣。

芙蓉湖泛舟　（宋）胡　宿

小湖香艳战芙蓉，碧叶田田拥钓篷。岚气欲飞山隔岸，秋光不定水摇空。

翩翻雪鸟争投浦，拨刺霜鳞对掷风。正是沧浪濯缨日，一竿多谢紫溪翁。

多稼亭　（宋）杨万里

雨前田亩不胜荒，雨后农家特地忙。一眼平畴三十里，际天白天立青秧。

毗陵东山[①]　（唐）李　绅

昔人别馆淹留处，卜筑东山学谢家。丛桂半空摧枳棘，曲池平尽隔烟霞。

重开渔浦连天月，更种春园满地花。依旧秋风还寂寞，数行衰柳宿啼鸦。

题常州东山亭　（宋）司马光

谢傅英声高可攀，结茅积土想东山。常忧胜概一朝尽，岂信风流千古还。

尘尾浦葵供永日，酒樽棋局奉欢颜。贺侯心迹遥相望，不使兰陵风月闲。

题常州水西馆[②]　（唐）张　祜

隙地丛筠植，修廊列堵环。楼台疏占水，罔岸远成山。

尽日草深映，无风舟自闲。聊当俟芳夕，一泛芰荷间。

桃　园[③]　（明）郑　梓

载酒寻芳甸，行行曲阜东。桃花千树绕，流水一湾通。

罗绮开金雀，笙歌拥玉聪。春风迷醉眼，疑是武陵中。

过城东小桃园　（清）赵　翼

重过桃园迹已陈，花塍依旧错如鳞。伤心红雨亭边路，只见桃花不见人。

题寄园读书处[④]　（清）钱向杲

幽绝读书处，尘襟到此降。园空鸦落地，人静鹤窥窗。

幔卷延山月，帆过数客舣。终年稀见友，花里暂纷哤。

---

① 东山原在东下塘南侧，唐独孤及任常州刺史，常游东山，大历中（约772）在此山上建东山亭，后任韦夏卿在贞元八年（792）专门撰有《毗陵东山记》。

② 经史学家孟森考证，水西馆原在青果巷公安局前河一侧，为毗陵驿前身。

③ 桃园在天宁寺斜对面的桃园新村。

④ 寄园是钱名山设坛讲学、教书的地方，位于白家桥畔。

宿望杏楼[①]　（清）钱振锽

帆影当窗过，朝辉隔树生。楼头终夜月，鸟语是天明。

晚过寄园　唐玉虬[②]

晚风入树欲昏黄，时有幽禽噪夕阳。斑竹丛中埋鹤冢，红薇香里读书堂。

轩前碧草双扉掩，楼上青灯一笛凉。明月高天飞白露，寒珠的历满莲塘。

过白家桥　钱仲易[③]

丁塘港接菱溪水，十里坡堤路不遥。竹马当年游钓地，激情起伏似秋潮。

芦　墅　（清）杨　伦

为访招提去，轻桡指曲塍。秋风十顷稻，夜雨半湖菱。

潦草杯盘具，喧呼涧谷膺。回舟防月黑，林际闪疏灯。

亦园二十咏·得闲小憩[④]　（清）陈明善

无竞心自闲，幽居永朝夕。帘卷清风来，竹梧相与碧。

亦园二十咏·天光云影

云从空际来，水自栏边止。云水虚复明，寸心亦如是。

亦园二十咏·绿天精舍

拂槛绿蕉长，浓阴生午凉。雨馀铺楚簟，一枕梦潇湘。

亦园二十咏·横秋阁

小阁视秋火，波光夹镜明。高梧一叶下，诗思不胜清。

前黄八景·六巷酒家　（明）周　埙

村巷当时比市城，层层栋宇傍溪横。未论酒熟三家醉，且看帘垂一丈青。

野老争沽知社到，骚人就饮喜诗成。而今消歇蓬麻地，尘土凭谁谢曲生。

前黄八景　（清）黄　永

八景依稀尚有无，前黄风物古今殊。双桥绿水询书馆，六巷青帘忆醉夫。

农散春畦渔火静，风生秋渎寺钟孤。司徒别墅黄塘练，九水汤汤接具区。

何墅八景·小留渔火[⑤]　（明）卞　荣

石梁清浅月昏黄，隔岸渔灯数点光。我亦濯缨来作伴，水云深处唱沧浪。

再到西干故里　（清）赵　翼

钓游历历旧烟村，相识曾无一个存。莫怪老筏高自置，见人一概唤曾孙。

二、史迹人物

常州为中吴要辅，秦朝设延陵县，唐朝独孤及、李栖筠和宋朝的王安石、杨万里等名流均担任过常州刺史。苏东坡一生中十一次来常州，并在他失意时向朝廷乞居常州。加上地方人文荟萃，赋诗相赠较为频繁，文人墨客留下了大量与常州有关的诗作。

---

① 望杏楼为寄园内的堂楼之一。

② 唐玉虬，为寄园主人钱名山的弟子和女婿，知名诗人，对中医颇有研究，新中国成立后任南京药学院（今中国药科大学）教授。

③ 钱仲易，钱名山之子。

④ 亦园位于新北区百丈徐墅，清陈国柱兴建，为设塾授业所用，后由其孙子陈明善扩建，陈明善官至山西代、朔、吉三州知州，辑《唐八家诗钞》传世。

⑤ 何墅，武进区坂上东约3里处。由南陈朝后期庐江灊人何之元营造。通过后人增建，逐渐形成寿春乔木、永丰叠翠、兴隆晓月、慈晚晓钟、土阜风光、城墩夕照、小留火渔、南岸归帆等何墅八景。

和晋陵陆丞早春游望 （唐）杜审言

独有宦游人，偏惊物候新。云霞出海曙，梅柳渡江春。

淑气催黄鸟，晴光转绿萍。忽闻歌古调，归思欲沾巾。

晋陵大酺 （唐）杜审言

毗陵震泽九州通，士女欢娱万国同。伐鼓撞钟惊海上，新妆袨服照江东。

梅花落处疑残雪，柳叶开时任好风。火德云官逢道泰，天长地久属年丰。

送李挚赴延陵令 （唐）刘长卿

清风季子邑，想见下车时。向水弹琴静，看山采菊迟。

明君加印绶，廉使托茕嫠。日暮华阳洞，云峰若有期。

戏和贾常州醉中二绝句① （唐）白居易

闻道毗陵诗酒兴，近来积渐学姑苏。罨头新令从偷去，刮骨清吟得似无？

越调管吹留客曲，吴吟诗送暖寒杯。娃宫无限风流事，好遣孙心暂学来。

郡斋暇日，辱常州陈郎中使君《早春晚坐水西》馆书事诗十六韵 （唐）白居易

新年多暇日，晏起褰帘坐。睡足心更慵，日高头未裹。徐倾下药酒，稍爇煎茶火。谁伴寂寥身？无弦琴在左。遥思毗陵馆，春深物袅娜。波拂黄柳梢，风摇白梅朵。衙门排晓戟，铃阁开朝锁。太守水西来，朱衣垂素舸。良辰不易得，佳会无由果。五马正相望，双鱼忽前堕。鱼中获瑰宝，持玩何磊砢。一百六十言，字字灵珠颗。上申心款曲，下叙时坎坷。才富不如君，道孤还似我。敢辞官远慢，且贵身安妥。勿复问荣枯，冥心无不可。

送杨八给事赴常州 （唐）白居易

无嗟别青琐，且喜拥朱轮。五十得三品，百千无一人。

须勤念黎庶，莫苦忆交亲。此外无过醉，毗陵何限春。

赠常州报恩寺长老二首 （宋）苏　轼

碧玉碗盛红玛瑙，井华水养石菖蒲。也知法供无穷尽，试问禅师得无饱？

荐福老怀真巧便，净慈两本更尖新。凭师为作铁门限，准备人间请话人。

送沈康知常州 （宋）王安石

作客兰陵迹已陈，为传谣俗记州民。沟塍半废田畴薄，厨传相仍市井贫。

常恐劳人轻白屋，忽逢佳士得朱轮。殷勤话此还惆怅，最忆荆溪两岸春。

常　　州② （宋）文天祥

山河千里在，烟火一家无。壮甚睢阳守，冤哉马邑屠。

苍天如可问，赤子果何辜？唇齿提封旧，抚膺三叹吁！

晚过常州 （宋）杨万里

常州曾作两年住，一别重来十年许。岸头杨柳记得无，总是行春系船处。

自笑恍如丁令威，老怀成喜亦成悲。人民城郭依然是，只有向来须鬓非。

看尽常州图迎新太守 （宋）杨万里

画工吮笔画常州，老子来看却自羞。若遣此图还解语，道侬调戏几君侯。

① 贾常州即为贾悚，时任常州刺史。

② 这首诗是文天祥抗元战败被俘，路经常州时所作。常州曾被元军屠城。

入常州界 （宋）杨万里

老随千骑入毗陵，骑吏朝来有喜声。未到常州三十里，此身已作浙中行。
昨日愁霖今喜晴，好山夹路玉亭亭。一峰忽被云偷去，留得峥嵘半截青。

过奔牛闸 （宋）杨万里

春雨未多河未涨，闸官惜水如金样。聚船久住下河湾，等待船齐不教放。
忽然三板两板开，惊雷一声飞雪堆。众船遏水水不去，船底怒涛跳出来。
下河半篙水欲满，上河两平势差缓。一行二十四楼船，相随过闸如鱼贯。

题萧岳英常州草蛊轴，盖尽师之女朱氏之笔二 （宋）杨万里

常州草蛊天下奇，女郎新样不缘师。未应好手传轮扁，便恐前身是郭熙。

五　　牧[①] （元）张　翥

苦战勤王事，精魂泣鬼雄。坏城兵气黑，遗镞血花红。
故老谈亡国，明时录死忠。长吟一搔首，落日乌呼风。

武进道中 （明）汤显祖

迎春乡曲影晴湖，苦竹西青接伴奴。总为游人俊鞍马，贪看忘落髻心珠。

杨文靖公祠堂诗 （明）谢应芳

立雪程门道学传，东南瓜瓞遂绵绵。置身方到贤关地，只手将扶杞国天。
豻虎跳梁非偶尔，鸢鱼飞跃自悠然。常州旧宅今焦土，宜有烝尝似昔年。

郡守陈虚庵建道南书院 （明）毛　宪

书堂新建古城阴，巨榜高题属意深。吾道北南还一脉，斯文今古本同心。
妙从活水生时得，乐向光风起处寻。教思无穷归有道，朱弦休叹少知音。

自过江至常州府杂咏 （清）爱新觉罗·玄烨

延陵曙色阑，意与诸田宽。人尽农桑力，文风表里观。

回舟至常州是夜甘霖大沛 （清）爱新觉罗·玄烨

夏浅云高惜阪田，江南比岁赖丰年。麦秋遍墅堪收获，灵雨愆期倍愓乾。
夜半篷窗闻淅沥，晓来练浦听潺湲。此行往返无他事，益见民情远近虔。

毗陵归舟 （清）王士禛

泊船西蠡河，解缆东城路。凉月淡孤舟，遥村隐红树。杳杳暮归人，悠悠渡江去。

过常州府城 （清）爱新觉罗·弘历

毗陵驿口驻飞舻，城郭周巡六辔纡。老幼欢欣称就日，江山风物已勾吴。
勗哉尔牧无胥怠，弱矣斯民未尽愚。户口实繁盖藏少，隐忧水旱岂能无？

舣舟亭诗 （清）爱新觉罗·弘历

跋马过府城，至此应登艇。云有苏子瞻，舣舟之旧境。其然岂其然，但觉松筠静。
千秋称古迹，如是率堪省。往来八州牧，留题成妙景。斯亭而在斯，讵非毗陵幸。
绀宇栖金仙，瞻谒吾亦肯。东坡喜逃禅，往往偈句警。立朝乃刚直，正合进善猛。
今宁无颇牧，冯言会心永。解缆遵川程，回望风旛影。

① 五牧位于武进横林向东与无锡交界处。宋末20万元军围困常州城，文天祥调尹玉、麻士龙、张全等军救援。至五牧、虞桥与元兵激战，尹、麻两将军战死。

仿元遗山论诗之一 （清）袁 枚

常州星象聚文昌，洪顾孙杨各擅场[①]。中有黄滔今李白，看潮七古冠钱唐。

延陵话旧 （清）孙星衍

青山庄废花石移，白云渡近烟波迷。素交重访半为鬼，黄垆一醉曾如泥。

生平毕竟怀知己，坟土风光冷无比。蒋公三径罢开筵，杨子元亭空故址。

鲁灵光有老探花，论诗勘史逢人夸。仙姝夜醉刘晨宅，食谱朝寻朱亥家。

翰林仙人狂欲绝，自将孙洪比元白。五云同看御花园，万里独踏天山雪。

近来所遇多后生，相逢不识空知名。西州再过有余恸，东山中岁难陶情。

老去频思钓游处，星辰旧侣惊重遇。庄周曾梦蝴蝶回，赵壹漫嗟穷鸟赋。

半园之半感旧和味菽中锡从弟[②] （清）钱伯坰

半园尚觉名依旧，此日园应一半开。乍可投闲时已去，不堪追忆客重来。

草堂诗到惊人句，乔木声传隔院哀。兰蕊谢庭长在眼，底须泉石动嫌猜。

常州高材篇（送丁若士履恒） （清）龚自珍

丁君行矣龚子忽有感，听我掷笔歌常州。天下名士有部落，东南无与常匹俦。

我生乾隆五十七，晚矣不及瞻前修。外公门下宾客盛[③]，始见臧顾来裒裒。

奇才我识恽伯子，绝学我识孙季逑。最后乃识掌帮赵，献以十诗赵毕酬。

三君折节遇我厚，我益喜逐常人游。乾嘉辈行能悉数，数其派别徵其尤。

《易》家人人本虞氏，毖纬户户知何休。声音文字各穴奥。大抵钟鼎工冥搜。

学徒不屑谈贾孔，文体不甚宗韩欧。人人妙擅小乐府，尔雅哀怨声能遒。

近今算学乃大盛。泰西客到攻如仇。常人倘欲问常故，异时就我来咨诹。

勿数耄耋数平辈，蔓乃洪管庄张周。其馀鼎鼎八九子，奇人一董先即丘。

所恨不识李夫子，南望夜夜穿双眸。曾因陆子屡通讯，神交何异双绸缪。

识丁君乃二十载，下上角逐忘春秋。丁君行矣龚子忽有感，一官投老谁能留。

珠联璧合有时有，一散人海如凫鸥。噫！才人学人一散人海如凫鸥。明日独访城中刘。

己亥杂诗二首 （清）龚自珍

端门受命有云礽，一脉微言我敬承。宿草敢祧刘礼部[④]，东南绝学在毗陵。

江左晨星一炬存，鱼龙光怪百千吞。迢迢望气中原夜，又有湛卢剑倚门。

常　　州 羊牧之

记得三吴第一楼，登楼四望万家稠。城东有寺堪题壁，河畔无亭纪舣舟。

经学传薪缘武进，词名开派说常州。延陵自古多君子，数到江南孰与俦。

赠羊牧之 瞿秋白

出其东门外，相将访红梅。春意枝头闹，雪花满树开。

---

① 洪为洪亮吉，顾为顾立方，孙为孙星衍，杨为杨蓉裳，黄滔（唐朝诗人）指代黄仲则。

② 半园位于青果巷和雪洞巷之间，由钱维乔购唐云阁旧园一半修缮居住。

③ 外公门下宾客盛谓金坛段先生；臧顾分别指臧在东、顾子述。掌帮赵指赵味辛；洪管庄张周分别指洪孟慈、管孝逸、庄卿山、张翰风、周伯恬；奇人一董指董方立；李夫子即李兆洛；陆子即陆祁生；城中刘指刘申受丈。

④ 刘礼部指刘逢禄。后诗形容李兆洛像一颗“晨星”。

道人煨榾柮，烟湿舞徘徊。此中有至境，一一入寒杯。
坐久不觉晚，瘦鹤竹边回。

访高丽人曹友鹤于城南清凉寺[①] 钱振锽

国家亡时道已穷，九流三教枉能通。伤心万里无归客，来听阇黎饭后钟。

初到常州作（二首录一） 赵朴初

心持半偈瞿秋白，纪实西游恽逸群。莫道党人唯斥佛，向来为学贵求真。

三、乡土风俗

重五唐湾竹枝词 （清）刘 纶

唐湾水向顾桥流[②]，罗绮人多似白鸥，见说倾城来竞渡，一时争买牡丹头。
出檐蒲剑一楞长，黏壁桃符四叠方。辟恶已教簪茧虎，额端何事再涂黄。

连日竞渡再赋四首 （清）赵 翼

喷雪中流爪鬣张，不徒旌旆尽飞扬。岸边万扇摇风处，也似金鳞闪日光。
彩幔高涨俯碧流，豪门坐召四龙舟。蒲鞵船上茅柴酒，惭愧书生作冶游。

南楼忆旧 （清）洪亮吉

天中节后赛神多，十六云车次第过。刚是卷帘迎面看，水嬉又报进城河。
江乡丰岁景偏饶，亲制连环小样糕，一榼牢丸三百颗，岁除筵上吃元宵。
新裁锦袄束当胸，竞渡先将逆浪冲。日午晏公祠外路，暖波初试小青龙。
一条幽径几家通，径转偏怜曲似弓，携得纸灯何处去，石榴厅北捉秋虫。
银泥槅子粉红墙。蛱蝶游蜂尔许忙，一阵暖风初过处，百花齐扑晒衣场。
才过中元又下元，赛神箫鼓巷头喧，年来台阁多新样，都插宫花粉杏园。
手简先蒙群从招，郭东明日合登高，晚来乳媪床头说，好吃倪家九日糕。
除夕初开宴喜筵，诸孙合队拜床前，有心欲乞奇书读，辞却朝来押岁钱。
露滴新红水染蓝，两重门里试单衫。荠花撩乱春如海，记得年时三月三。

辛酉元夕灯祠之一 （清）洪亮吉

更阑女伴各招邀，八字尖西巷数条，走得三桥更思五，迎春桥转玉梅桥。

唱 春 （清末民初）金武祥

岁首先传俚唱新，喜闻吉语趁良辰，轻锣小鼓歌声缓，送遍家家龙凤春。

谢水面饼 （清末民初）陈 范

嫦娥十二团圆镜，尽被晶盘一托来，雾密云轻擅双胜，意园近园记前回。

第二节 文颂常州

古代地方上有重大事项完成后，即撰编专记保存史料，收录艺文类。较有影响的有唐代常州刺史独孤及的《到任谢上表》、后任韦夏卿的《东山记》、李华的《刺史厅壁记》，宋代胡宿的《晋陵浚渠记》、王安国的《州学记》、朱彦的《季子庙碑》、叶适的《季子祠记》、胡珵的《子城兴造记》、晁公武的《东坡先生祠堂记》、邹浩的

① 曹友鹤为韩国反日义士，流亡中国，后隐居常州横山桥白龙庵终老。

② 唐湾指白云渡东道的唐家湾。端午龙舟竞渡在唐家湾进行，因这里水面宽，白云渡较窄。

《开后河遗事》等。

《溧阳濑水贞义女碑铭》并序

（唐）李　白

皇唐叶有六圣，再造八极，镜照万方，幽明咸熙，天秩有礼。自太古及今，君君臣臣，烈士贞女，采其名节尤彰可激清颓俗者，皆扫地而祠之。兰蒸椒浆，岁祀罔缺。而慈邑贞义女，光灵翳然，埋冥古远，琬琰不刻，岂前修博达者为邦之意乎？

贞义女者，溧阳黄山里史氏之女也，以家溧阳，史阙书之。岁三十，弗移天于人，清英洁白，事母纯孝。手柔荑而不龟，身击漂以自业。当楚平王时，平王虐忠助谗，苛虐厥政。芟于尚，斩于奢，血流于朝，赤族伍氏。怨毒于人，何其深哉！子胥始东奔勾吴，月涉星遁。或七日不火，伤弓于飞。逼迫于昭关，匍匐于濑者。舍车而徒，告穷此女。目色以臆，授之壶浆。全人自沉，形与口灭。卓绝千古，声凌浮云。激节必报之仇，雪诚无疑之地。难乎哉！

借如曹娥潜波，理贯于孝道；聂姊殒肆，概动于天伦。鲁姑弃子，以却三军之众；漂母进饭，没受千金之恩。方之于此，彼或易尔。卒使伍君开张阖闾，倾荡鄢、郢。吴师鞭尸于楚国，申胥泣血于秦庭。我亡尔存，亦各壮志。张英风于古今，雪大愤于天地。微此女之力，虽云为之士，焉能咆哮烜赫，施于后世也。望其溺所，怆然低回而不能去。每风号吴天，月苦荆水，响像如在，精魂可悲。惜其投金有泉，而刻石无主，哀哉！

邑宰荥阳郑公名晏，家康成之学，世子产之才。琴清心闲，百里大化。有若主簿扶风窦嘉宾、县尉广平宋陟、丹阳李济、南朝陈然、清河张昭，皆有卿才霸略，同事相协。缅纪英淑，勒铭道周。虽陵颓海竭，文或不死。其辞曰：

粲粲贞女，孤生寒门。上无所天，下报母恩。春风三十，花落无言。

乃如之人，激漂清源。碧流素手，萦彼潺湲。求思不可，秉节而存。

伍胥东奔，乞食于此。女分壶浆，灭口而死。声动列国，义形壮士。

入郢鞭尸，还吴雪耻。投金濑沚，报德称美。明明千秋，如月在水。

常州奔牛闸记

（宋）陆　游

岷山导江行数千里，至广陵、丹阳之间，是为南北之冲，皆疏河以通饵饷。北为瓜州闸，入淮汴以至河洛。南为京口闸，历吴中以达浙江。而京口之东有吕城闸，犹在丹阳境中。又东有奔牛闸，则隶常州武进县。以地势言之，自创为饣军河时，是三闸已具矣。盖无之则水不能节，水不节则朝溢莫涸，安在其为饣军也。苏翰林尝过奔牛，六月无水，有“仰视古堰”之叹。则水之苦涸固久，地志概述本末而不能详也。今知军州事赵侯善防字若川，以诸王孙来为郡，未满岁，政事为畿内最。考古以验今，约己以便人，裕民以束吏，不以难止，不以毁疑，不以费惧。于是郡之人佥以闸为请，侯慨然是其言。会知武进县邱君寿隽来白事，所陈利病益明。侯既以告于转运使，且亟以其役专畀之邱君。于是凡闸前后左右受水之地悉伐石于小河元山，为无穷计，旧用木者皆易去之。凡用工二万二千，石二千六百，钱以缗计者八千，米以斛计者五百，皆有奇。又为屋以覆闸，皆宏杰牢固，自鸠工至讫役，阅三时。其成之日，盖嘉泰三年八月乙巳也。明年正月乙卯，侯移书来请记。

予谓方朝廷在故都时，实仰东南财赋，而吴中又为东南根柢。语曰：“苏常熟，天下足！”故此闸尤为国用所仰，迟速丰耗，天下休戚在焉。自天子驻跸临安，牧贡戎贽、四方之赋输与邮置往来，军旅征戍，商贾贸迁者途出于此，居天下十七，其所系岂不愈重哉！虽然犹未尽见也。今天子忧勤恭俭以抚四海，德教洋溢如祖宗时，齐鲁燕晋秦雍之地且尽归版图，则龙舟仗卫复氵斥淮汴以还故都，百司庶府，熊罴貔虎之师翼卫以从，戈旗蔽天，舳舻相衔，然后知此闸之功与赵侯为国长虑远图之意，不特为一时便利而已。侯吾甥也。请至四五不倦，故不以衰耄辞。三月丙子，太中大夫充宝谟阁待制致仕、山阴县开国子食邑五百户、赐紫金鱼袋陆某记。

从家乡到美国（节选）

（现代）赵元任

七、到了常州

我们上海住了没多久就搭内河轮船经过苏州到常州了。那时候儿上海南京当中还没通火车，顶快的走法儿是搭小火轮。本轮上头很少搭客的。接着本轮就拖着一只公司船，可以搭单人或是两三个人一家儿的旅客。我们因为人多行李多，所以雇了整个儿的一条民船，拖在公司船后头第三也不第四只船，这么样儿像一条龙似的在内河里那么夫嗤夫嗤的整天整夜地走。那些拖着走的船谁先谁后，大概看半路上谁先到了地点谁在后头可以先甩下来——我记得好像是这么样儿的。我们这回过苏州没停下来到外婆家去，因为行李又多，又有祖父的灵柩得运回家乡预备安葬，所以就一直到了常州。时候是前清光绪辛丑年（西历 1901）——日子可惜不记得了，我想是春天。我那时候儿叫名儿十岁，还没到九足岁。在常州这一住下来就住了九年—除了在庞家大寄娘家住过一年，跟上学的日子在南京念了三年的书以外。那么我现在说的在北边过的最早的回忆算是说完了。第二个九年，从回常州起到宣统二年（西历 1910）出洋到美国留学，那一段儿的事情我盼望不久再有功夫儿写点儿出来。现在我就把我刚到常州的情形大略说说做个结束。

我们常州的房子在城里中间儿的青果巷，是从我曾祖下来三房一块儿住的一所儿大房子。不算顶外头一排门房儿，有五进房子，五个院子。顶外头是轿厅，是存轿子的——那时候儿连洋车都没有，除了拿脚走只有坐轿子——里头是客厅，两边儿有书房，是先生教书的地方。再里头一进是前进，是大房住的。然后是中进，本来是给二房住的，我祖父就是行二，可是因为我们一家在北边多年，所以给三房住着。我们回来了就住后进。这儿进大厅跟住的三进房子的旁边儿有一条又长又窄又黑的过道儿，差不多两个胳臂一揸开就摸得着两边儿的墙似的。我们每房的人各有各家的厨房，在过道儿的反边儿，就是东边儿。各家也有各家的井。我们住的后进没楼，就是一排平房。顶里头，就是西边儿的一间，有一个单独的院子，里头一棵独核儿枇杷树。当间儿四间前头有个长院子。隔一道月门又有两间做书房，在那条长过道儿的东边儿。厨房跟下房儿在书房院子的南对面儿。我为什么给这房子说得这么详细呐？因为我在这个家住了这么久，过了多少年还常常儿做梦梦见在那长黑过道儿里跑，或是睡得后进第二间屋子里的床上听外头下雨的声音。我在常州这个家住的其实并不是住的最长的：我在麻省剑桥的行者街廿七号住了也差不多有在常州那么长——要是刨掉了到苏州跟南京念书的几年的话，最近在加州柏克莱的岩石道一〇五九号住了已经二十年了，更像个家了；可是一个人小时候儿经过的事情住过的地方印在心里头比什么都深。醒的时候儿觉着从前的事情好像远的不得了，可是做起梦来旧地方又活像在眼前了。

我拿回到常州当早年回忆的结束，除了大搬了一次家以外，还有一个缘故，就是外头说的话变了南边话了，我也学会了说常州话了。以前我只会说北边话，只会用常州音念书。常熟话我倒是学会了，可是大寄爹家不在我们那儿的时候儿我也没机会说，也就生了。到了常州，除了我们的丫头灵儿，过了两年保定的周妈又回到我们这儿来——除了他们两个用人说北边话以外，别的用人都是说常州话的，到处街上铺子里自然都是说的常州话。还有顶要紧的是跟我同辈份的从堂姊姊哥哥们（在青果巷那时候儿，我是我们那一辈的最小的。）都得说常州话，所以过了没几个月我就说的一口家乡话，这才起头儿觉着我是个道地的常州人了。那么除了我们这一房刚从北边回来自己跟自己还说北边话以外，跟大房三房的些长辈不说常州话吗？不。我不跟他们说常州话。长辈当中只有三叔公会说北边话，他们那房还有二叔老要跟我学着说北边话，可是学不好。其余的只会说常州话。我起头儿因为只会说北边话，就跟他们说我的北边话。这样一来弄弄弄惯了，赶我学会了常州话以后，我仍旧跟他们说北边话。所以不知不觉地就成了这么一个规矩：跟长辈说话的时候儿，我说我的北边话，他们说他们的常州话；跟平辈（除了哥哥大姊二姊），跟用人，跟外头人说话我就说常州话，要是跟长辈说常州话，我觉着好像对他们不恭敬似的。

我们在常州住定了下来，就请一位姓张的先生来教我们的书，用外头大客厅东边儿的一间书房。这回自然不难找常州先生了。我的四书已经快念完了，最后念的是《中庸》。天天儿还是吃完了饭写大字。我还没“开笔”，可是已经起头儿临帖了，临的是欧字，用的是欧阳询的碑。写完了一张，先生叫我们把日子也写上。我记得起头儿写的是“壬寅新正”，就是说壬寅新年正月，算起来应该是西历 1902 年的 2 月。那么我的“早年回忆”就写到这个时候为止。下回再讲常州住了九年的事情。

常州赋①

（当代）李文瑞

中国人是艳称常州的。

常州，自春秋时代吴季札让国避居延陵起，它的贵庚②已有2500多年了。由延陵，而晋陵、兰陵、毗陵，秦置郡，晋建武进县，隋设常州，清分武进、阳湖为二治，芳名数经更迭，星斗寒夜，晨鹊昏鸦，漫长的风雨春秋，常州古城一直设着三个衙门而号称中吴首府。

吴季札曾经出使鲁国并和孔子交过朋友，他死后孔子也为亡友写过十字碑：“呜呼有吴延陵君子之墓”。墓和碑都在江阴的申港，可惜，这石碑被后来的帝国主义强盗们偷走了。自古到今，不少人对这段有争议的文字发生着兴趣，但现在不能亲目一睹，是件遗憾的事情。战国末期，楚王的弟弟昌平君伙同项燕逃亡东来，曾卜延陵为临时国都。1974 年常州出土的“郢都”金币，应该说，就是这个时候的孑遗了。史学家们考据，项羽举事，江东八千子弟兵中延陵居其三，这是因为楚裔聚居在这里，一经号召，奋袂相从，也是当然的事。唐肃宗时，魁然有宰相之望的李栖筠任常州刺史，修水利，通五渠，始修“晋陵紫笋，阳羡贡茶”，认认真真地在这里做一番事业。宋王安石知常州，“驽马上任，亲躬下民”，后人为他建了半山亭。千古文豪苏东坡先后来常州 11 次，他饱经颠沛流离之后，为感风俗日恶，忠义寂寥，不愿复仕，凄然上表乞居常州。“多谢残灯不嫌客，孤舟一夜许相依”，他死在常州。舣舟亭，洗砚池，朱藤馆，是他留下的遗迹。

对于常州来说，这些人都是一些度越关山而萍水相逢的他乡之人，他们为古常州锦上添花着了很多釉彩，常州人是纪念他们的，但常州人引为骄傲的却又是本地的“物华天宝”所造就地为我们民族作过贡献的人物。南北朝时，齐、梁两个政权的皇帝是出身“素族”的常州人，他们是皇帝，人们记忆着他们。梁武帝的儿子昭明太子萧统又是我国有名的文学家，《昭明文选》集秦汉诗文精华之大成，被称为“总集之祖”。历史的兰陵早已成了今天的常州市，而《昭明文选》却从未因朝代的废兴而失其光彩。明永乐年间的陈济，是编纂《永乐大典》的总裁，这位博学强记的“两脚书橱”，为成全这部百科全书作出了出色的贡献。明嘉靖年间的唐荆川，文武双绝，督海师邀击倭寇于海上，执书卷杜门谢客于林下，发唐、宋八大家之说，与王慎之同治古文，全国儒林号称“王、唐”。清乾嘉时代，常州人恽敬、张惠言等，同治古文，于安徽桐城派之后继创“阳湖派”，为清朝大兴文字狱而窒息了的文坛开创了一代新风。赵翼是位既有经世之略，又是才调纵横的诗人，“李杜

① 这篇常州赋，由市委宣传部原副部长、常州市文学艺术界联合会原主席李文瑞（山东人，南下干部）所作，1980 年 5 月发表于上海《文学报》。

② “贵庚”为作者采用的文学笔法，有自问自答的诙谑之意。

诗篇万口传，至今已觉不新鲜，江山代有才人出，各领风骚数百年”，口气大有取而代之的意思。他那推陈出新的见解，直到今天对人们还是有教益的。黄仲则自称愁苦诗人，“全家都在西风里，九月衣裳未剪裁”，他的诗誉满京都，沈郁清壮，铿锵出金石声，试摘一二句，可通风雨而泣鬼神。黄仲则的朋友洪亮吉，于书无所不窥，诗文有奇气，尤精舆地学，他的人口学理论尚早于西方马尔萨斯若干年。清初画家恽南田的没骨花卉，一洗时俗，别开生面，由正而变，妙造自然，成为画坛上南宗北派的宗师。清乾、嘉时代同时涌现出“常州今文经学派”“常州画派”“阳湖文派”“常州词派”，一时文风之盛，即使从全国的范围来说也是罕见的。这些出生在常州的历史过客，或曾供职朝廷，或是散居民间，但他们在常州留下的脚印，都是结结实实的。

历史千载烟波、风雨沧桑。当它步履艰难地走向现代的时候，东方睡狮犹在晨曦朦胧中睡意未消地徘徊着。在黑暗与光明、落后与进步的转变时刻，一群雄才俊杰呐喊着从黑暗中冲杀出来，掀开了中国历史的新纪元。在这个伟大的行列里，有瞿秋白、恽代英、张太雷。他们抬手风雷，落笔华章，成了最早的中国共产主义大厦的奠基者。他们祖籍常州，他们少年时代就崭露出来的真知灼见广传乡里。继他们之后的还有：民主七君子中的李公朴、史良，革命的母亲夏娘娘……他们是常州的骄傲，也是中华民族的光荣。

从地理上看，常州自古为兵家所不称，这里没有雄关险道，于是也不设重兵武库。但兵无常势，常州人民的碧血丹心却转移了地理概念，为伟大的中华民族留下了涅而不缁、磨而不磷的御敌业绩。

秦始皇帝灭亡楚国的最后一仗是王翦带兵在常州打的，这和常州人没有关系。南宋建炎四年四月金兵渡江欲薄杭州，名将岳飞间道驰援，派他的儿子岳云首战常州，挫败敌锋，赢得了宜兴铜官山决战的时间。他把“慎重初战”的战场制造在常州，以“常州地民心可用也”。宋末元兵南下，临安垂危，蟋蟀宰相贾似道误国，民族英雄文天祥势穷，时值母丧守墓的姚訔，毅然出山，率民军守城，抗元兵二十万，血战半年，打得元兵三易主帅，最后南征统帅伯颜不得不亲临督战，血溅肉飞之际，他立马惊呼：“常州，纸城铁人！”城破无一人投降，文天祥被俘途经这里，作诗吊祭：

山河千里在，烟火一家无。壮甚睢阳守，冤哉马邑屠。

苍天如可问，赤子果何辜。唇齿提封旧，抚膺三叹吁！

在并非兵家必争之地的“闲地”上，常州人凭忠于民族的气血，自动受命于危难之间，为子孙，为民族留下了一篋气壮山河的篇章。

常州没有大山，在这里看不到霜叶红花的秋色；也不靠大海，于是也没有汹涌澎湃的春潮，历史的常州不能销山为铁，煮海作盐，但我们的祖先却利用了稻麦桑棉的经济条件和南通北达的交通之便，使它早成为经济繁荣的通都大邑了。常州的布，远在隋唐年代就畅销内外，“朝浣纱，夕成布”，织女们的机头灯火倒映在“白云古渡”的碧水清波里，交织成一幅十分雅淡的水墨画，这就是常州古城有名的“十大美景”之一的“毗陵灯火”。常州的木梳篦箕早在宋朝就已经驰名蒙古，载誉南洋了。它是进献朝廷的贡物，是闺阁妆台的珍品。

历史的胸怀，经过了一段漫长的妊娠痛苦之后，1916 年现代工业终于在常州萌芽了，分娩出了第一个纱厂。然而，历史在它长期停滞的时间里，就像流水离开了主流一样，只是在原地打回旋。1949 年的 4 月，当人民冲破那历史的羁绊，把常州接下来的时候，萌芽了 30 多年的现代工业，只留下了三五根枯柴般的寂寞烟囱，伴随着天宁古刹的暮鼓晨钟，在风刀霜剑的相逼中，苦苦挣扎着。

1949 年 4 月 23 日，常州解放了。常州古城一经回到人民手里，立刻起死回生，跃然举步，踏上了社会主义的万里航程。继第一个五年计划之后，进入了 1958 年的“大跃进”，又度过了三年困难，经历了 10 年之久的“史无前例”，打倒了“四人帮”，把滑行到崩溃边缘上的国民经济逆轮刹住，在问题成堆的丛山峻岭中，开始了披荆斩棘的新长征。

中国志书精品工程
High Quality Project of China's Local Records

常州市志

（1986—2010）

（第四册）

常州市地方志编纂委员会 编

方志出版社
Publishing House of Local Records

目　　录

（第四册）

第三十九卷　文化遗产

第四十卷　医疗卫生

第四十一卷 体　育

第四十二卷 精神文明建设

第四十三卷　劳动　人事　人才

第四十四卷　民　　政

第四十五卷　社会生活

第四十六卷　民族宗教

第四十七卷 方　　言

第四十八卷 风　　俗

第四十九卷　县（市）区概况

第五十卷　人　物

专　记

索　引

第三十九卷　文化遗产

Volume XXXIX　Cultural Heritage

1986年起，常州把文化遗产普查、编制保护规划、文化遗产抢救和建立遗产名录体系作为文化事业建设的重要内容，着手名录体系、活态传承、示范基地等建设，形成较为完备的国家、省、市和辖市区四级名录体系。在物质文化遗产保护方面，积极贯彻“保护为主、抢救第一、合理利用、加强管理”的方针，相继制定出台多项文物巡查工作制度，建立文物巡查网络，加强对各级文物保护单位的日常监管，推进文物保护修缮工作。2001年2月19日，常州被江苏省政府公布为第三批省级历史文化名城。2008年6月，常州市政府为便于市民欣赏全市非物质文化遗产保护成果，在新北区薛家镇吴氏中丞第内专门辟设常州市非物质文化遗产展示馆，用文字、图片、音像资料、实物（作品）等多种形式，集中展示40多个非物质文化遗产名录项目。2010年5月29日，常州市文广新局和常州大学在常州大学图书馆又共建规模更大、资料更翔实的非物质文化遗产展示馆，全面展现全市非物质文化遗产。至同年底，全市修缮文物点50余处，保护地下文物、出土文物数百件，丰富博物馆馆藏，提高展览展示水平；按照国务院统一部署，连续开展3次全国文物普查，至2010年5月30日全市普查文物点1677处，其中新发现文物点1270处，普查量位居全省前列。全市被批准列入世界非物质文化遗产名录项目1个、国家级12个、省级38个、市级90个。

第一章　物质文化遗产

2010年底，常州有国家、省、市和辖市区级不可移动文物保护单位（点）1677处，其中全国重点文物保护单位5处、江苏省文物保护单位32处（其中金坛、溧阳13处）和常州市文物保护单位168处、文物保护控制单位30处及县（市）级文物保护单位88处。全市可移动文物主要收藏在17个博物馆、纪念馆，其中常州博物馆收藏文物21955件，有国家一级文物51件（含国宝级文物1件）、二级文物240件、三级文物3129件。

第一节　国家级文物

常州有全国重点文物保护单位的物质文化遗产5处，其中，淹城遗址为世界物质文化遗产、国家级物质文化遗产；收藏在常州博物馆的国家一级文物有51件、二级文物有240件。

一、全国重点文物保护单位

淹城遗址　淹城遗址位于武进区湖塘镇西南，总面积65万平方米，建于西周至春秋早期，是中国同时期古城遗址中保存最完整的一座地面城池遗址，其三城三河的独特形制为世间罕见。1991年发掘城内头墩，除上层一座汉代墓葬外，在墩底部发现一座大型周代墓葬，出土陶、玉石等随葬品数百件。2003—2004年申报《中国世界物质文化遗产预备名单》（参见第四卷“风景名胜”第二章“古迹”第一节“遗址遗迹”）。

瞿秋白故居　位于延陵西路188号，原为瞿氏祠堂。占地2409平方米，建筑面积1015平方米。坐北朝南，有东西两院各4进，中有隔墙，为硬山造砖木结构。西院房为正屋，设大门于此。东院房原为祭祀活动场所，后为瞿秋白全家居住地，瞿秋白在这里度过了青少年时期。1981 年作为瞿秋白故居修缮，被列入国家物质文化遗产保护项目。

张太雷旧居 原位于清凉路子和里 3 号，今改为和平中路子和里 3 号。1918 年张太雷结婚后曾在此居住。1982 年被江苏省政府批准为省级文物保护单位，1985 年经中央批准将前后两进平房及东邻房屋共 12 间按原貌修复，2006 年被国务院公布为全国重点文物保护单位，列入国家文化遗产保护项目。

京杭大运河常州段 最早由吴王夫差于公元前 495 年下令开凿，从苏州经无锡、延陵、丹阳直通长江，称江南运河。后经隋唐两代不断开浚，元朝贯通京杭，改名为京杭大运河。2006 年 6 月被国务院公布为全国重点文物保护单位。

金坛三星村遗址 位于金坛市西岗镇三星村，为新石器时代遗址，总面积 10 万平方米。1993—1998 年，经 6 年考古发掘，揭露面积 640 平方米，清理新石器时代墓葬 1001 座、灰坑 55 个、房址 4 处，出土文物 4000 余件。经碳 -14 测定和考古学研究，距今约 5500～6500 年，是马家浜文化的代表之一，相当于新石器时代马家浜文化晚期至崧泽文化早期，出土的 1190 余具人骨标本填补了中国新石器时代体质人类学研究领域空白。1998 年被国家文物局评为“1998 年度全国十大考古新发现”，并获 1996—1998 年国家文物局田野考古项目三等奖，被列入国家物质文化遗产保护项目。

二、国家一级文物

书法作品 计 2 件。

文徵明七律诗轴行书 文徵明为明代“吴门画派”代表人物之一。此作品为刘国钧于 1959 年捐，纵长 347.9 厘米，横宽 90.8 厘米，纸本。诗曰：“剡藤湘竹巧裁将，珍重瑶华出尚方。四海清凉初拜赐，一时怀袖总生光。最怜明月难捐弃，即有仁风可奉扬。真觉自天题处湿，墨痕狼藉露华香。”款署“徵明”，款下钤白文“文徵明”、朱文“衡山”两章，右下角有朱文“刘国钧鉴赏印”。

孙慎行佛家语行书 孙慎行是明朝末期著名政治家，常州人，擅书法。此作品为刘国钧于 1959 年捐，纵长 168.5 厘米，横宽 38.5 厘米，纸本。佛家语八屏：“身从无相中受生，犹如幻出诸形象。幻人心识本无罪，罪福皆空无所往。起诸善法本是幻，造诸恶业亦是幻。身如聚沫心如风，幻出无根无实性。假借四大以为身，心本无生因镜有。前镜若无心亦无，罪福如幻起亦灭。见身无实是佛身，万民如幻是佛幻。了得(身)心本性空，斯人与佛何殊别。佛不见身如是佛，若实有知别无佛。智者能知罪性空，坦然不怖于生死。一切众生情清净，从本无生无可灭。即此身心是幻生，罪化之中无罪福。法本法无无法法，法亦法今付无法，时时法法何曾法。”款署“玄宴子慎行书”，款下钤朱文“淇澳子印”章。款下有其裔亲、近代著名学者唐玉虬题跋和刘国钧鉴赏等印。

绘画作品 计 8 件。

恽向董巨遗意图轴 恽向，字本初，明末清初画家，常州人，擅画山水。此作品为刘国钧于 1975 年捐，纵长 160 厘米，横宽 80 厘米，纸本水墨，是明崇祯五年(1632)恽向 45 岁时所作，为稀世珍品。款题：“董北苑巨然梅道人一派，浓至之中自具生疏之致，近世画家不解此意，单求其密而不求其疏，毫厘千里矣。壬申中秋后为子羽社兄画因志之恽向。”款下钤朱文本初、白文恽氏道生两印。画右下角钤有白文叔孺审定，上有朱屺瞻家两枚鉴藏印。

王时敏仿子久山水图轴 王时敏是明末清初画家，擅画山水。此画为刘国钧于 1959 年所捐，纵长 175 厘米，横宽 96 厘米，绢本设色。用笔圆润，墨法醇厚，作品气韵神逸，意境精深，敷色雅丽，为王时敏青绿山水精品。款署:"辛亥长夏子久笔意似孝翁老父台词宗教正，治弟王时敏。"款下钤白文有"王时敏""西庐老人"两印章，款上部钤椭圆形朱文"真寄"印。画左下钤朱文"宝迂阁书画记"，右下钤朱文"少石审定"两枚鉴藏印。

朱耷有余图轴　朱耷，号八大山人，明末清初著名画家。此画为刘国钧于1959年捐，纵长110厘米，横宽43厘米，纸本水墨。所画鳜鱼构图简单，畅快淋漓，墨色丰富，形态生动有趣。鳜鱼作白眼向人状，用意白眼看青天，以寓其胸中不平之气。款署:八大山人画，款下钤白文"鰕组篇轩""八大山人"两印。画上部跋文:"此等笔墨近世罕见，有人莫能识其意，在徐青藤后复有一徐先生在也，秬老走千里外觅得，非真知人公者不能有此闲怀，把玩之余为之一快，己丑春上稚震时年七十有五。"

恽寿平苍松翠竹图轴　恽寿平，号南田，以没骨花卉开一代画坛新风，为常州画派创始人和"清初六大家"之一。此画于1980年购于上海文物商店，纵长85厘米，横宽36厘米，纸本水墨。图中松树遒劲有力，石下竹叶、金芝淡雅婀娜，笔墨技巧纯熟，功力深沉，布置以斜角取势，有清高拔俗，自然天成的趣味。款署"苍松翠竹，白石金芝，瓯香馆拟古，寿平"。款下钤白文"南田草衣""寿平"两印，画左下钤朱文"寄岳云"印，画右下钤朱文"海昌钱镜塘藏鉴"藏印。

禹之鼎绘王麓台小像图轴　禹之鼎是清康熙年间(1662—1722)著名画家，擅长画人物，尤以肖像著称。此画为刘国钧于1975年捐，纵长134厘米，横宽43厘米，纸本设色，为清初著名山水画家王原祁小像。人物仪态自若，墨骨和色晕并重，衣纹用淡墨勾描，两颧微用脂赭晕染，肌肤色泽明润，立体感强，达到形神兼备臻境，周围造境雅逸，为禹氏人物画中少见。图右下款署"广陵禹之鼎"，钤朱文篆书"慎斋印"。装裱处有顾沄、姚觐元、吴郁生等人题款。

王原祁小孤山图轴　王原祁是王时敏孙，继承家法，以黄公望为宗，为清初"四王"之一。此画为刘国钧于1975年捐，纵长97厘米，横宽46厘米，纸本水墨，是王原祁的山水画代表性之一。右上题款:"江行小孤山舟次写大痴笔，时戊寅冬日庚辰，小春京邸偶检出题之，麓台祁。"款上钤有朱文圆章扫花庵，款下钤有白文"王原祁"印、"朱文麓台"两印章。画右上部装裱处题名"王司农仿大痴小孤山图"，题名钤有白文"时化私印"，朱文"润之所藏"两印。

沈铨群仙祝寿图轴　沈铨，字南苹，清代画家，雍正九年(1731)应聘东渡日本3年，形成"南苹派"写生画，深受日本人推崇。此画为刘国钧于1959年捐，纵长179厘米，横宽97厘米，纸本设色。此画为设色工写结合，所画鸳鸯(禽)、水仙、梅花、竹、绶带鸟等，谐其音为"群仙祝寿"，配以幽涧流水及月季花等，艳而不俗，竭尽巧妙，为沈氏代表作。款下钤有朱文"沈铨之印"及白文"南蘋"两印章。

钱维城湖山早秋图卷　钱维城为清朝状元和著名宫廷画家，是乾隆皇帝最为赏识的画家之一，《石渠宝芨》收录其160多幅作品。此画为刘国钧于1976年捐，横宽320厘米，纵高24厘米，纸本水墨。画卷全用细笔绘成，构图精妙，为钱维城山水画精品，用笔极具功力，且流传有序。款署"臣钱维城敬写"，款下钤白文"臣钱维城"、朱文"敬事"两印章。卷首钤朱文"石渠宝笈""石渠定鉴""宝笈重编"等印，卷前上部钤朱文"乾隆御览之宝"印。卷中有乾隆庚午初秋御题"飒飒梧桐爽簌吹，云闲天淡早秋时，欧阳有触曾成赋，宋玉无端独解悲，荻穗白初含退潦，蓼花红当恋明漪，生秋庭畔披新卷，今昔关情有所思。"钤白文"幾暇怡情"、朱文"乾隆辰翰"两印章，卷尾上部钤白文"乾隆鉴赏"印。落款上钤朱文"三希堂精鉴玺"、白文"宜子孙"、白文"钱锡"和"徐班索夫妇印"4枚鉴藏印。

陶瓷类　计9件。

春秋青瓷罐　约为商代中期所出。此罐于1976年从无锡江阴周庄公社征得，高17.1厘米，口径13.5

厘米，腹径22厘米，底径19厘米。口沿外折，直颈，鼓腹，平底。内外施茶黄色釉，底部无釉。颈部饰一周凸棱纹和数周锯齿形刻划纹，肩部左右饰两个鋬耳，腹部拍印双线勾连纹，此罐器形在原始瓷中比较罕见。

春秋青瓷簋 簋是古代的一种盛食器，后来发展为礼器。商周至春秋战国时期，中原地区青铜礼器盛行，而江浙地区则有用瓷器代替青铜礼器现象。此簋于1972年于淹城遗址出土，高12厘米，口径20.5厘米，底径25厘米。侈口，束颈，浅腹圆鼓，圈足。胎体内外施青黄色釉，器底无釉。肩部堆贴不等距分布的5只小鸟和1对绹纹耳，耳两旁附加S形堆纹；腹部用剔刺法制成细密的锥刺纹；腹面两侧各堆贴一道扉棱，施釉均匀，造型规整。

北宋越窑刻花卷草纹镂空香熏 1975年武进西林乡出土，高8厘米，口径9.3厘米，底径6.1厘米。全器以盖与座两部分相合成扁圆球形，以子母口相扣，底座为喇叭形圈足，足根外撇。盒盖镂刻卷草纹，茎叶之外皆镂空，使实用与装饰浑然一体。盖边及腹上部饰划花水波纹，腹下部刻画双层莲瓣纹。除盒盖的子口缘外，内外均施釉，底部见支烧痕。香熏造型精巧，釉色纯净，为越窑青瓷佳作。

宋代青白釉暗花缠枝牡丹纹渣斗 1978年武进村前乡征得，高10.8厘米，口径15.6厘米，底径12.4厘米。形制模仿青铜尊款式，口沿外敞，短束颈，扁圆鼓腹，喇叭状圈足，通体施釉，釉色白中闪青，如冰似玉，洁净高雅。胎骨厚重，釉面有细碎开片纹，圈足底有垫饼装匣仰烧痕迹及黏砂。腹部饰暗花缠枝牡丹纹，构图简练。纹线纤细，流畅飘逸，整体造型古朴、典雅，为北宋时期景德镇窑青白瓷上乘之作。

宋代越窑青釉刻花牡丹纹盖盒 1983年常州市劳动东路工地出土，高4.5厘米，口径13厘米，底径10厘米，为古时日用器皿用具，盛放脂粉，亦称粉盒。盒及盖的口沿外壁均有1.6厘米宽的唇边，盒盖圆鼓，高圈足根部外翻。除盒盖子口缘外，内外满施灰青色釉，釉面均薄润泽，釉底部见支烧痕。浅坦腹，大圈足，足底微凸，足根外撇。盖顶面饰缠枝牡丹纹，边缘一周刻短花叶纹，中间3道弦纹包围牡丹纹，装饰纹样随盖面而成团形构图，画面丰满有序，造型、装饰盖面纹饰技法处理都带有金银器的錾、凿、锤艺术效果，优雅华美。

北宋越窑暗花花草纹八角葫芦瓶 1984年常州清潭体育场出土，高7.5厘米，口径1厘米，底径2.2厘米。葫芦瓶小口微敛，整体为八楞葫芦形，每楞间刻有草纹。胎薄细腻，釉色青中泛绿，釉质薄透，整体刻花装饰，线条清晰，颇有艺术韵味，为北宋早期越窑青瓷小件精品。

南宋景德镇窑影青观音坐像 1978年常州人防工程宋井出土，高25.4厘米，底座10.9×6.5厘米。头戴佛冠，面相端庄安详，弯眉细目，秀鼻小口，胸佩璎珞，身披通肩大衣，双手结定印，手腕戴环钏，跣足，善跏趺坐于石崖之上。前面为莲花插座，净瓶和小鸟分列左右，披衣和石崖处施青白釉，釉质滋润，有冰裂纹，其余部分为涩胎。工艺细腻，釉色均匀滋润，人物造型比例协调，线条流畅，体态轻盈，是古代瓷塑作品中十分罕见的艺术精品。

南宋定窑银包口暗花透明碗 1976年武进村前蒋塘宋墓出土，高5.2厘米，口径15.4厘米，底径3.2厘米。敞口，斜壁，小圈足，呈笠帽形。胎体轻薄，对光透明，通体施白釉，釉色莹润微显黄。采用覆烧工艺，“芒口”口沿镶银包口。外壁素面无纹饰，碗内满饰纹饰，内壁有回纹和缠枝牡丹，花中两凤翔飞，底心也有花纹。釉面润泽光洁，花纹清晰流畅，有如立体感浅浮雕画，显现纯熟印花技巧。此碗的牡丹花纹茎蔓缠绕婉转，花叶纷披连绵，俯仰有致，两只飞凤翔舞其间，给人以欣欣向荣之感。

南宋景德镇窑影青刻花牡丹纹筒式炉 1977年在无锡江阴云亭征得，高15.7厘米，口径12厘米，底径10.4厘米。炉为古时燃香用具或佛前供器，大圈足，胎体厚重，釉面温润细腻，青白色。口沿处饰有一周回纹，腹部主题纹饰牡丹花卉纹，底部饰水波纹，均用刻画手法，刻纹精细清晰。

玉石类　计4件。

人面纹玉琮　新石器时代良渚文化产物，距今约4200～5300年，1973年郑陆寺墩遗址出土，高31.8厘米，上端射径7厘米、孔径4.5厘米，下端射径6.3厘米、孔径4.7厘米。呈墨绿色，有褐斑，长方柱形，内圆外方，圆孔对钻而成。外表分12节，每节以四角为中线刻4组简化人面纹，共饰48组，其中一面上部有两道切割痕。此类人面纹玉琮常州博物馆收藏4件，另3件1978年出土于寺墩遗址。一件高7.8厘米，上端射径17厘米、孔径5.8厘米，下端射径16.7厘米、孔径5.7厘米；黑褐色，有青斑，扁方柱体，器形粗矮厚重，内圆外方，上大下小，中间有对钻圆孔，两端凸起的射面俯视如壁形；器壁分两节，每节以边角为中线刻4组简化人面纹，共饰8组。一件高9厘米，上端射径10.2厘米、孔径5.2厘米，下端射径10.4厘米、孔径4.9厘米；黛青色，有灰褐色斑点，扁方柱体，内圆外方，中间穿孔，两头对钻留有错位台痕，四角分两节，每节以边角为中线刻4组简化人面纹，共饰8组。最后一件高20.3厘米，上端射径7.5厘米，下端射径7.3厘米，孔径5.8厘米；灰褐色，有灰、白筋条，长方柱形，中有圆孔，内圆外方；圆孔对钻而成，孔内光滑；器壁分6节，每节以四角为中线刻4组简化人面纹，共饰24组。

人面兽面组合纹玉琮　新石器时代良渚文化产物，常州博物馆共藏两件，1984年在无锡江阴高城墩出土。一件高6.1厘米，上端射径8.2厘米，下端射径8.1厘米，孔径6.7厘米；透闪石软玉制成，钙化严重，呈乳白色，俗称“鸡骨白”；矮方柱体，内圆外方，四角大于90度，两头对钻圆孔，孔壁光洁；器表以四角为中线，分两节，上节为戴羽冠的人面，下节象征兽面，以繁密的卷云纹作底；合成良渚文化特有的人兽组合神徽图案，共4组。另一件高6厘米，上端射径9.8厘米，下端射径9.7厘米，孔径6.8厘米；白色，有淡褐色斑块；矮方柱体，内圆外方，圆孔较大，内壁光洁；器表以四角为中线分两节，上下合成简化神徽图案，共4组，上节为戴羽冠人面，下节为兽面，以浅浮雕装饰手法，配合线刻技艺，表现了简化神人兽面纹。两件玉器均属良渚文化时期的玉琮珍品。

玉　　钺　1994年寺墩遗址出土，高18.9厘米，刃宽13.7厘米，厚0.5厘米。刃部两侧外撇，造型呈“风”字形，顶部有一半圆形钻孔，上部有一圆形钻孔，便于用绳索对玉钺捆扎固定。整件器物通体磨光，制作精致。刃部光滑，无使用痕迹，是墓主人生前拥有军事统帅权力的象征。

北宋石抄手砚　1978年5月郑陆寺墩遗址出土，长18.4厘米，宽11厘米，厚2.7厘米，椭圆形，平面作梯形，灰褐色抄手式砚池，中部微鼓，砚背呈箕形，阴刻“熙宁八年十月宗院记”9个字。

漆　　器　计5件。

南宋朱漆戗金莲瓣式人物花卉纹奁　1978年武进村前蒋塘南宋墓出土，通高21.3厘米，外径19.2厘米。木胎，六出莲瓣筒形，分盖、盘、中、底4层，浅圈足，合口处镶银扣，外髹朱漆，内髹黑漆。盖面为戗金仕女消夏图，描绘两主一仆在石径上漫步，两主人着襦裙背子，梳高髻，着花罗直领对襟衫，长裙曳地；一持折扇，一抱团扇挽臂喁喁私语；侍女手捧玉壶春瓶恭立一旁；左侧放一绣墩，四周以假山、草木、花卉加以点缀，突出时令气息。器壁以同样工艺饰牡丹、莲花、梅花、芙蓉等6组折枝花。盒内朱书“温州新河金念五郎上牢”10字。此漆奁被国家文物鉴定委员会定为国宝级文物。

南宋黑地戗金细钩填柳塘纹长方漆盒　1978年武进村前蒋塘南宋墓出土，通高11厘米，长15.4厘米，宽8.3厘米。木胎，长方形，子母口，口内套一黑漆浅盘。器身为黑漆，细钩戗金，盖面为一幅柳塘小景图，远近虚实结合，布局均衡。盒盖四周及立墙细刻山茶、牡丹、菊花、梅花等四季花卉纹。在纹饰空隙处采用攒犀技法，錾出许多圆形小孔，内填朱漆加以磨光。盒盖内朱书“庚申温州丁字桥巷解七叔上牢”13个字，此盒制作工艺考究，器身满布纹饰，别具一格，是两宋漆器中难得的珍品。

南宋朱漆戗金人物花卉纹长方盒　1978年武进村前蒋塘南宋墓出土，通高11.6厘米，长15.2厘米，宽8.1厘米。木胎，长方形，子母口，口内套一浅盘。髹漆内黑外朱，细钩戗金为纹。盖面描绘一山间老者袒腹荷杖，杖头挂一串钱；远处一茅屋好似酒家。构图、意境和技法颇具宋代绘画风格，寓取《晋书·阮修传》中："常步行，以百钱挂杖头，至酒店便独酣畅。"盒四周细钩牡丹、茶花、芍药、栀子纹。盖内朱书"丁酉温州五马鐘念二郎上牢"12个字。

北宋花瓣式漆盒　1978年无锡江阴文林公社出土，通高8.5厘米，口径12.4厘米，底径9.4厘米。木胎，为扁圆六瓣花形，盖与盒身以子母口扣合，下附假圈足，器身表面髹黑漆，今仍光亮可鉴。

南宋花瓣式漆奁　1974年武进成章南宋墓出土，通高31.5厘米，外径23.2厘米。漆奁木胎，奁体为八瓣花形，筒状，自上而下为盖、盘、中、底4层。器外通体髹褐色漆，内髹黑漆。

竹木器皿　计5件。

南宋木桌　1978年武进村前蒋塘南宋墓出土，高22厘米，桌面长27.5厘米，宽23厘米，白坯无漆，圆柱形腿，腿上端出榫，顺枨一，横枨二。有明显安放锡明器痕迹，作供桌使用，这张木桌按实际家具比例缩小制作，体现了南宋木制家具的制作工艺与形制，是研究中国古代家具发展史的极好佐证。

南宋木椅　1978年武进村前蒋塘南宋墓出土，高30.4厘米，白坯无漆，后背较宽且直，搭脑出头较长，靠背板略弧，椅座采用"步步高"赶枨，踏脚枨最低，两侧稍高，后枨最高，为随葬品。

毛　笔　常州博物馆藏有两支。一支为南宋遗存，1978年从武进村前蒋塘南宋墓中出土，长26.5厘米。保存比较完整，笔杆、笔套用竹管制作，笔头用细丝捻成，相当罕见，接入笔管的一端用丝带包裹，便于更换。另一支为北宋遗存，2006年常州常宝钢管厂宋墓出土，笔长16.1厘米、毛长3.8厘米、笔帽长11.6厘米，笔管笔套为竹竿制作，狼毫笔头，接入笔管处用丝织物包裹，保存几近完美。

元朝手杖　1976年武进卜弋元墓出土，长126.5厘米，木质，把手与杖身以榫卯相接，通体雕成竹节状，做工精细，在国内出土文物中极为少见，具有较高的文物价值。

木　桨　属马家浜文化产物，1981年圩墩遗址出土，通长74厘米，桨面长27.2厘米，残宽6.4厘米，由一块原木砍削加工而成，桨叶与桨杆一体，桨叶扁平有缺损，桨杆呈扁圆柱体，方便手持，不易滑动，桨杆靠近把手处有阴刻线两条，把手呈三角形，中间掏空，已与现代桨无异。

金银首饰　计2件。

明朝透雕龙纹金带扣与挂饰　1971年武进都家塘明墓出土，带扣通长11.2厘米、宽2.6厘米、厚约1厘米，重111克；挂饰通长6.3厘米、宽4厘米、厚0.6厘米，重54克。带扣分左右两部分，以榫槽式结构插接组成，正面3个装饰面分饰金丝镶嵌龙纹，以寿山福海图案为底纹，背面有4个长方形穿，以附革带使用。两个挂饰以同样工艺饰龙纹，下配龙首衔环。

瞿秋白赠杨之华金别针　长4.2厘米，宽0.5厘米，是瞿秋白于1924年11月与杨之华结婚时的赠物，上有瞿秋白亲自镌刻的"赠我生命的伴侣"7个字。中华人民共和国成立后，常州在筹备秋白故居期间，杨之华曾两次到常州，1964年她第二次到常州时捐赠给常州博物馆。

画像砖　计8件。

南朝持剑武士画像砖　1975年常州茶山公社浦前戚家村出土，共3块，长32.2厘米，宽16.5厘米，厚3.8厘米。砖正面模印男像，体形纤瘦，高耸发髻上插一簪，眉目清秀，上穿宽袖开襟衫，内衬圆领衫，露颈，下穿宽松长裤，着云头履，手持剑柄，剑柄垂缨带，另一手作按剑状，似为一武士。

南朝双蝴蝶髻侍女画像砖　1975年常州茶山公社浦前戚家村出土，长32.2厘米、宽16.5厘米、厚3.8

厘米，砖正面模印侍女像，发作双蝴蝶髻左右高耸，脸型丰满。上身穿宽袖开襟衫，露颈，腰间似有带钩或带纽类饰物，脚着云头履，右手持一长柄物，似如意或拂。

南朝托博山炉仕女像砖 1975年常州茶山公社浦前戚家村出土，长32.2厘米，宽16.5厘米，厚3.8厘米，砖正面模印侍女像，发作双髻下垂，脸型丰满。上身穿开领宽袖短衫，双臂向上露出，袖口系两细带，衣外似着围腰或束腰，下身长裙曳地，着高云头履，左手托博山炉，炉顶立一小朱雀，右手似做舞蹈动作，体态优雅飘逸。

南朝捧奁侍女画像砖 1975年常州茶山公社浦前戚家村出土，长32.2厘米、宽16.5厘米，厚3.8厘米，砖正面模印侍女像，双环发髻下垂，面部丰满，宽额，细眉，下巴略圆，眉目清秀，两眼半闭。上身穿开领宽袖短衫，露臂，袖口系两细带，衣外似着围腰或束腰，下身长裙曳地，着宽高云头履，侧身向右，双手捧奁。

南朝双发髻侍女画像砖 1975年常州茶山公社浦前戚家村出土，长32.2厘米，宽16.5厘米，厚3.8厘米，砖正面模印侍女像，发作双蝴蝶髻左右高耸，脸型丰满。上身穿宽袖开襟衫，露颈，腰间似有带钩或带纽类饰物，背略前弯，左手下垂，右手作拈花状。

南朝飞仙纹画像砖 1975年冬常州茶山公社浦前戚家村出土，共两块，长34厘米，宽21.5厘米，厚17厘米，由4块并列长方体砖侧面分段模印组合成神话中的飞仙图案，头戴冠饰，脸部丰满，手捧葫芦形净瓶，冠饰和衣服的飘带随风摇摆，体态婀娜飘逸。

南朝龙纹画像砖 1975年常州茶山公社浦前戚家村出土，长34厘米、宽35.2厘米、厚16.5厘米，由7块并列长方体砖侧面分段模印组合成飞龙图案，龙大张口，细长颈，身体弯曲，尾端上扬，身躯四肢雄健有力，做凌空腾飞状，展示出与众不同的瑞兽气势。

南朝虎纹画像砖 1975年常州茶山公社浦前戚家村出土，长34厘米、宽35.2厘米、厚16.5厘米，由7块并列长方体砖侧面分段模印组合成猛虎图案，虎大张口，细长颈，身体弯曲，尾端上扬，身躯四肢雄健有力，具有浓厚装饰意味和山林兽王雄威气势。

三、国家二级文物

常州博物馆自1958年成立以来，长期担负文物的收藏和管理等工作，通过多种途径广泛征集各类文物。至2010年底，共收藏可移动国家二级文物240件。

2010年常州博物馆收藏国家二级文物一览表

表39-1-1

时代、朝代	文物名称
新石器时代	玉镯
马家浜文化	木櫓、陶人面
良渚文化	人面纹玉琮、双孔玉刀、人面纹玉琮、玉环、半剖玉璧、兽面纹玉琮、玉镯、锥形玉饰、穿孔石斧
春秋时期	铜剑、原始青瓷尊、原始青瓷盒、原始青瓷鼎、原始青瓷罐、原始青瓷盖罐
战国时期	“郢爰”金币
汉代	铜盉、铜鼎、玉韘
东汉	青瓷魂瓶
三国时期	红陶篷船
西晋	越窑青瓷蛙形水盂、越窑系印花带铺首双系罐
东晋	青瓷虎子
六朝	青釉鸡首盘口壶

续表 39-1-1

时代、朝代	文 物 名 称
南 朝	玉鸭、狮纹砖、天禄纹砖、辟邪纹砖、“千秋万岁”兽面鸟身纹砖、“千秋万岁”人首鸟身纹砖、凤纹砖、凰纹砖、莲草纹砖、花叶纹砖、魌头等物画纹砖
唐 代	唐人写经卷、白瓷军持、三彩釉小瓷盂、八花枝镜、鎏金鹿纹腰带饰
晚唐至五代	长沙窑青黄釉褐彩戏球坐俑、灰青釉褐彩卷草纹水盂
宋 代	景德镇窑青白釉葵瓣碗（北宋）、越窑青釉划花鹦鹉牡丹纹盒（北宋）、白瓷盘口瓶（北宋）、定窑白釉盘口梅瓶（北宋）、景德镇窑青白釉瓜楞执壶（北宋）、青白釉荷叶形托盏（北宋）、景德镇窑影青荷叶形托盏（北宋）、建窑兔毫盏、吉州窑黑釉剪纸贴花凤纹碗、景德镇窑青白釉褐彩大圆盒、长沙窑青瓷枕、龙泉窑粉青釉弇口碗（南宋）、金牌、漆唾壶、剔漆执镜盒（南宋）、银包口漆粉盒（南宋）、“常州”铭花瓣形漆碗、荷花形漆碗（北宋）、买地券、木质画轴（南宋）、毛刷（南宋）、镶珠半月形木梳（南宋）、包金半月形木梳（南宋）、木梳（南宋）、铜剪刀、鎏金铜事件套、大铜镜（北宋）、水晶镇纸（南宋）、白玉环、白玉圭形器、常州蒋家方形铜镜、琴式抄手砚、定窑白瓷印花碗（南宋）
金 代	“承安三年”镜
元 代	龙泉窑缠枝牡丹纹鼓花罐（元末）、景德镇窑青白釉暗花盘（元初）、枢府釉暗花梅瓶、影青羊形香插、吉州窑彩绘净瓶(4 件)、漆碗、大漆碗、乌木筷、木勺（角匙）、景德镇窑青花缠枝花卉纹大碗
明 代	张复《函关紫气图轴》（1609）、谢时臣《凌云乔翠图轴》（1560）、胡士昆《高松幽兰图轴》（1678）、高凤翰《梅竹石图轴》（1737）、吴伟《醉樵图轴》、吴之琯《潇湘夜雨等设色山水屏》、张瑞图行书《韩愈诗轴》（1628）、张宏《钟馗图轴》（1639）、（吕纪）幽泉聚禽图轴、吴伟《渔舟晚泊图轴》、唐顺之唐鹤徵《手札合卷》、唐顺之行草《广德道中七律》扇面、成化款青花双龙大碗、白瓷暗花碗、漳州窑蒜头瓷壶、龙泉窑暗花缠枝花卉纹筒式三足炉（明中期）、青花古钱纹碗、青花人物盖罐（弘治）、宣德款甜白釉鸡心碗、青花莲花纹大盘（宣德）、白釉暗花赶珠龙纹罐（明中期）、“荆川舅铭”铜镜、铜炮、海水龙纹景泰蓝大盘、牡丹纹金簪、梵文金簪、“天下太平”金饰件、金蛙嵌玛瑙银簪、螳螂嵌宝石金簪、如意形金簪、梵文金簪、绶带如意扣外衣（嘉靖）、黄色缠枝暗花缎内衣（嘉靖）、圆领补服（嘉靖）、黄色四合如意暗花缎裙子（嘉靖）、鎏金棕色缎勒子（嘉靖）
清 代	唐宇昭《荷鹭图轴》、段玉裁《行书论书卷》、梁同书《写经册十八开》、王澍《临大令帖轴》、罗牧《古木图轴》、郑燮《兰竹荆棘图轴》（1757）、李鱓《石榴蜀葵图轴》（1747）、道悟《黄海云舫图轴》（1705）、诸昇竹石图轴（1668）、任颐《苏武牧羊图轴》（1888）、刘墉行书《七古诗轴》、薛宣《仿李营丘山水轴》（1685）、黄慎《三仙图轴》、张宗苍《西湖行宫八景图轴》、钱球《山阁云峰图轴》、钱维城《松梅芝仙图轴》、马元驭《兰芝图轴》（1705）、杨晋《芦滩双牛图轴》、华喦《泰岱云海图轴》（1730）、沈风《竹麓隐居图轴》（1753）、李兆洛行书《七绝轴》（1823）、沈宗敬《古树空山图轴》、钱维乔《空山云影图轴》（1773）、朱昂之《匡庐飞瀑图轴》癸巳、汤贻汾《铁笛楼图轴》、吴让之《隶书盖闻经国序》通屏（1860）、吴穀祥《诗意山水人物屏》、杨守敬行书《为照岩观察书通屏》、恽寿平《行书手札》、郑燮行书《东坡烟江叠嶂诗横批》、宋曹《临王羲之草书卷》、梁同书行书《反游仙诗十首卷》、萧云从《栖霞揽胜图卷》、恽寿平《蔬果四开册页》、王翚《山水四开册页》、萧晨画、（李境、王宾、刘礼顺）《书 合册 四开》、上官周《山水四开册页》、王建章《仿梅花道人笔意山水扇面》、孙星衍篆书《七言联》、洪亮吉篆书《七言联》、王文治行书《十言联》（1787）、胭脂红菊瓣形盘（雍正）、宝啬斋珊瑚红描金茶乾隆托、雍正款青花五彩云龙纹花口盘、雍正款祭红盘、乾隆款仿宋官窑象耳乾隆尊、青花缠枝牡丹纹碗（乾隆）、嘉庆款青花御题诗海棠形碟、太平天国璇天豫、黄学德木印、红木透雕灵芝嵌云石扶手椅、红木有束腰云石面灵芝纹牙条方茶几、红木实地雕吉祥纹翘头天然几、红木浮雕西洋纹围屏大榻、红木榻几、红木双狮戏珠座嵌云石插屏

第二节　省级重要文物

常州有18个项目被列入江苏省物质文化遗产保护。

一、遗　　址

圩墩遗址　位于戚墅堰圩墩村京杭大运河南侧，1960年被发现，经常州博物馆调查和南京博物院复查，认定为新石器时代村落遗址，面积约20万平方米。1972—1985年，先后进行3次考古发掘，发掘面积1990.25平方米。圩墩遗址属太湖流域西部一处马家浜文化和崧泽文化遗存，文化堆积丰富，马家浜文化地层堆积较厚，延续时间较长，可分早、晚两个阶段，距今约6200～5900年；崧泽文化地层较薄，有墓葬出土，距今约5800～5100年。先后挖掘出土陶器、石器、玉器、骨、木器、织品等文物700件，陶器均为手制，器形主要有罐、豆、釜、鼎、杯、壶、盆、碗、盘等，其中典型器物有宽圜底筒形釜、双牛鼻耳罐、敞口小平底厚壁罐、外部遍施红衣的深腹豆。木器有镞、耒、橹、桨、插销、陀螺形器等。骨角器有锥、镞、匕、针、管等。1982年被省政府公布为省级文物保护单位。

圩墩遗址（摄于2010年11月）

阖闾城遗址　位于武进雪堰镇城里村与无锡市胡埭镇湖山村之间，1956年被公布为省第一批文物保护单位，1982年3月被重新公布为省文物保护单位。2007—2008年，根据南京博物院考古研究所对东城、西城、阖闾大城、闾江水系、胥山和胥山湾等调查钻探研究，初步确定为公元前515年至前496年之间修筑，2008年9月10日，由国家文物局考古专家组组长黄景略代表专家组对外发布信息。阖闾城遗址有郭有城，有完整的宫殿群，其地理位置和地理环境与“周敬王六年（前514），伍员伐楚还师，吴王阖闾命其筑大小二城（大城即今苏州市，小城即阖闾城）”历史文献记载相符。城的形制分东西两城，长约1300米，南北宽约800米。城中段有残存城墙相隔，形成东西两个方形城区，东城较小，在无锡境内；西城较大，在武进境内，整个城址周长约1.5公里。土城墙高出地面2～3米，墙基宽约20米，均系夯土筑成。东内城墙、外城墙和南城墙保存较好，西城墙和北城墙已不存在。城外原有护城河，南城墙和西城墙前的护城河比较完整，东护城河和北护城河由于开挖鱼池已难以辨别。城墙剖面露头之土呈浅黄色，曾出土新石器时代晚期至春秋战国时期的夹砂灰陶、红陶、硬陶鬲足、罐片和西周至春秋时期流行的饕餮纹、勾莲云雷纹、方格纹、米筛纹、填线菱形纹、曲折纹、回纹等几何形残陶片。整个城址依山面湖，城北靠仆射山、胥山、虾笼山等为屏障形势险要，是扼守太湖北部的军事战略要地。城内外传说古迹甚多。西城东南部有一土墩，传为兵器库遗址。西城外有练兵场和点将台，城东北胥山传为伍子胥屯兵处。

阖闾城遗址（摄于2010年7月）

寺墩遗址　位于武进郑陆镇三皇庙村，高出地面约20米，呈椭圆形，1973年被发现，常州博物馆调查认定为新石器时代晚期文化遗址。东西长100米，南北宽80米，占地80万～90万平方米。1978年、1979年，南京博物院考古研究所两次发掘，出土文物100余件，其中玉琮20件、玉璧15件、石锛25件。根据地层堆

寺墩遗址（摄于2010年7月）

积及清理的两座墓葬判断，下层属崧泽文化，上层属良渚文化，是公元前2790年左右遗存。1990年后，又新发现微雕玉琮、玉璧及项链等数十件文物。1995年被公布为省文物保护单位。

二、墓　葬

唐荆川墓　位于常州西南门永红街道唐家村北侧的荆川公园内。唐荆川为明代文学家和抗倭名将，累官至代理凤阳巡抚。墓葬建于嘉靖三十九年(1560)，占地9亩，原墓区景观及墓葬在抗日战争和“文化大革命”期间遭严重破坏，墓葬被挖，石翁仲被砸断裂、掀倒，仅留存清嘉庆元年(1796)李庆来所书“明赠兵部侍郎谥襄文荆川唐先生之墓”墓碑和1935年，唐氏后裔唐肯等捐资修建，请国民党中央民众训练部部长周佛海题写的“先贤荆川先生墓道”道坊。1990年修复，辟建荆川公园。现墓区三面环水，自西向东依次为一泻桥、神道坊（左右各设一根石望柱）、墓道、牌坊、墓碑和墓冢，墓道两侧依次立有石羊、石虎、石马和石翁仲，墓茔土岗围护换成花岗石矮墙，中为荆川夫妇合葬墓，两侧葬其守墓玄孙唐宇量和唐宇昭。

修复后的唐荆川墓园（摄于2010年3月）

恽南田墓　位于武进马杭上店村胥城西约150米处，墓侧为其父恽日初墓。墓前有两块墓碑：一系恽氏后裔、清工部右侍郎和书法家恽彦彬所书“高士恽逊庵（日初号）先生之墓”；一系湖南布政使、常州书法家庄赓良所书“逸士恽南田先生之墓”，两碑立于民国初年，因长年失修，破坏严重。1983年，武进县政府借纪念恽南田诞辰350周年之际拨款重修，增植树木，外砌围墙，占地两亩。1984年刘海粟题写《重修恽南田墓记》。1995年被公布为省文物保护单位。

田舍村隋墓　位于武进湖塘镇田舍村区供销干部培训学校内，1984年建校时被发现，由常州市、武进博物馆联合考古发掘。墓葬西向为两座青砖结构壳体建筑，形制相同，同向并列。两墓间隔0.5米。墓平面呈卧置盘口壶瓶形，由墓门（含封门墙）、甬道和墓室组成。通长近5米，墓室高2.27米，最深处2.5米。墓门呈盘口形，高及宽都大于甬道。甬道狭窄，界于墓、门之间。墓室较宽大，呈椭圆形。墓底用长方砖铺成人字纹。两墓室的左壁、右壁、后壁均有直棂窗及壁龛5个。砌墓用大小各异的长方形砖、梯形砖、楔形砖，规格近10种。少数墓砖的短侧面刻画文字。此墓古时被盗过，墓室内已无棺木，仅残留少数漆皮及残余棺钉。发掘出土青瓷盘口壶、青瓷双唇罐、青瓷碗、盏、铜镜及钱币等文物。1995年被公布为省文物保护单位。

三、王府和故居

太平天国护王府　位于常州市局前街187号毛家弄口，原为清代阳湖县衙署所在地。曾是1860—1864年太平天国统治常州时期，守卫常州城的最高统帅，被洪秀全封为“殿前礼部副春僚顶天扶朝纲护王悦千岁”（简称“护王”）陈坤书的府第，1982年被公布为省文物保护单位。原府第规模较大，西起毛家弄，东抵一院东围墙，南临马山埠，北依局前街，面积约4万平方米，1864年4月，常州城被李鸿章率淮军和勾结戈登“常胜军”攻破后，府第破坏严重，仍被用作阳湖县衙门。20年代前后，武进县商会到苏州基督教总部请教会到常州创办西医医院，原址被利用创办武进医院（现市第一人民医院），很多房屋被拆除。1983年，市政府拨款对府第内部分残存房屋按原貌修复，现有7开间走马楼1栋，上下两层，由头进楼、二进楼连接东西厢楼组成。占地1050平方米，建筑面积886平方米，中间为天井石板地面，屋檐上有龙凤纹和跳龙门图案滴水瓦，楼下落地长窗雕刻丹凤图案，楼上朝南一边窗格刻回文图案，均为太平天国时期的建筑风格。其最具代表性的是一座坐南朝北，南北宽24.5米，东西长24米，占地588平方米的回字形转楼。楼分上下两层，7开间，由东西厢房连成一体，在翻轩梁、墩、落地长窗等木石构件上分别雕有凤、蝙蝠、鱼、兔、松鼠、蜻蜓、蚂蚱、扁豆、葫芦、葡萄、灵芝、牡丹等动植物及其他纹饰。

唐荆川宅 位于青果巷历史文化街区，原有八桂、贞和、易书、筠星、四并、复始、松健、礼和八堂，故称“唐氏八宅”，始建于明弘治年间至正德年间（1488—1521），其中处在巷东段的贞和堂，迄今保存完整。此堂原名保合堂，明崇祯六年（1633），荆川玄孙唐宇昭改名贞和堂，沿用至今。八桂堂在清代易人后由瞿赓甫重建，其余六堂亦大部分改建，只有贞和堂大厅还保留明朝建筑原貌，易书、四并、复始三堂已不存在。贞和堂原有门厅、轿厅、大厅、二门及后进内院住宅，占地1340平方米，建筑面积1250平方米。大厅坐北朝南，面阔3间13.4米，进深7檩9.5米，檐柱高4.5米，采用抬梁式木构架，5架柁梁为大型月梁，木构部分全用楠木、紫檀木精作。用料粗大讲究，立柱勉强为一人合抱。木柱下用蘑菇形青石础，屋面平缓。反卷式双飞檐，正间大梁有彩绘，立柱上端有涂雕装饰。大厅东侧走廊壁间嵌有唐荆川外孙、明书法家孙慎行撰书的《保合堂记》碑刻。石高0.54米，其中两石宽2.28米，另两石残，残宽0.62米及0.95米，全文815字，字大逾寸，笔力遒劲，十分珍贵，系明万历四十五年（1617），孙慎行为唐荆川之子唐鹤徵80大寿所作。筠星堂位于贞和堂西，原为唐荆川的玄孙、明崇祯年间举人唐宇量居住，现存清建回形转楼及部分明代木结构建筑，花厅及假山、石池花木等。转楼面阔五间，宽20.2米，进深12.4米。礼和堂处在贞和堂斜对面，原为唐荆川曾叔祖、明画家唐世宁居住，现存清改建木结构房屋3进，厅屋面阔4间，宽16.3米，进深8.8米。松健堂处在巷东首，原为唐世英居住，后归清恽祖翼、恽祖祁等居住。存房屋4进，楼厅为硬山造木结构，厅屋为明代建筑，其余系清改建。1982年3月被公布为省文物保护单位。

管干贞故居 位于延陵西路前北岸21～30号，有硬山造房屋3进，第二进楠木厅面阔3间，宽13.8米，进深八檩9.8米，为抬梁式木构架建筑，楠木梁柱用料硕大。柱下加阴沉木柱础，为常州现存古宅罕有。第三进后厅5间，进深六檩，前廊后轩，厅前用围墙分隔，自成院落。正中有水磨砖砌门楼一座，门楣两侧有雕花垂柱，门柱下置枕石1对，具明代遗风，此屋原为明崇祯年间（1628—1640）探花、礼部侍郎管绍宁（管干贞六世祖）寓居。第四进为楼厅，上下各5间，称“读雪山房”，是官至漕运总督管干贞的读书作画书斋。内厅西侧（前北岸30号）是偏宅3进，均为三开间厅屋，第三进是楼厅。1995年被公布为省文物保护单位。

盛宣怀故居 位于青果巷大马园巷18号和20号。清同治六年（1867）由盛宣怀父亲盛康与侄盛宇怀合资建造，建成后两家共住，盛宣怀青年时曾在这里居住。故居坐北朝南，占地约10亩，南临青果巷，东邻刘宅，北邻费宅，西邻大马园巷（今扩建为公园路）。大门原设在青果巷北侧（今长安大厦处）。1937年登记产权人均为盛氏后裔。新中国成立后，故居南首房屋大部分被拆毁，后在其址兴建长安大厦及20号平房5间，今仅存北首房屋。现存大厅5间、花厅4间，两层楼房两间及辅房数间，花园、黄石假山等。故居房屋均为清代硬山砖木结构建筑。大厅前有轩廊，极其高敞，古色古香。2006年6月被公布为省文物保护单位。

藤花旧馆 位于延陵西路前北岸89号。原名孙氏馆，是苏东坡租住的终老之地。南宋乾道八年（1172），常州知州晁疆伯为纪念苏东坡，在此建东坡祠，塑东坡像，并遍访士大夫家所藏画谱，挑选十多幅东坡画像摹置壁间，另把苏辙、黄庭坚、晁无咎、秦观、陈师道、张耒6人画像分设奠祀。元至大年间(1308—1311)改建为东坡书院。后因长年失修颓废，明朝中叶在原址重建。相传当年苏东坡在这里居住时，曾手植紫藤和香海棠，取名藤花旧馆，现尚存楠木大厅3间和两边厢房各两间。楠木大厅外观端庄稳重，为8檩抬梁式木构架建筑，用大型月梁，并有彩绘，彩绘已不存在。石库门已改造，门楣上浅雕方胜图案，上面置条石，石上浅浮雕“藤花旧馆”篆字。1982年被公布为省文物保护单位。

赵元任故居 位于青果巷16弄。今存平屋3进、楼屋两进，上下共20间，均为硬山造砖木结构，建于清咸丰年间(1851—1861)。2006年6月被公布为省文物保护单位。

四、寺　观

天宁禅寺 位于延陵东路，始建于唐永徽年间(650—655)，曾多次毁建更名，北宋政和元年(1111)改今名。清乾隆皇帝六下江南，曾三次到天宁寺拈香顶礼，并亲笔题写“龙城象教”匾额和“合相正三摩，光融西竺；众音超万有，界现南兰”楹联。主要有8殿、25堂、24楼、3室、2阁等建筑，总面积超过110亩，其特点可归纳为殿、佛、钟、鼓、宝鼎“五大”，被誉为“东南第一丛林”。其中天王殿在全国屈指可数，檐下挂有全国政协副主席、中国佛教协会会长和当代著名书法家赵朴初题写的“天王殿”巨匾；大雄宝殿两侧墙上嵌有清嘉庆年石刻罗汉像518幅，极具艺术价值；天王殿嵌有明礼部尚书胡濙、清代学者赵翼等所撰重修碑6通，被视为寺中瑰宝。1982年被定为省文物保护单位，1983年被国务院公布为全国重点佛教寺院。

清凉禅寺 位于和平中路488号，始建于北宋治平元年(1064)，苏东坡曾多次到报恩寺(今清凉寺)游览并写诗，后多次毁建，数易其名，清光绪三十年(1904)改今名，占地20.1亩。建筑形式采用四合庭院封闭式格局，坐西朝东，主体建筑有天王殿、大雄宝殿、大悲阁、海镜堂、藏经楼等，均位于一条纵轴线上，尤以禅堂和藏经楼著称。禅堂位于藏经楼南侧，为“回”字形转楼，建筑别致，为其他寺院所罕见。藏经楼为7开间3层，高24.983米，为供奉龙藏、僧人阅读藏经、讲经、研究佛法、受戒登坛、研究佛教礼仪场所，藏有明代宗景泰帝所赐佛经一部及慈禧太后所赐大藏经(龙藏)一部。1942年特设关房18所，供18位大德僧伽同时发心坐关，钻研佛法。1982年被公布为省文物保护单位。

五、园　林

近　园 位于常州宾馆内，东朝娑罗巷，西连化龙巷，又称静园。该园南北长80米，东西宽64米，占地5120平方米。系清顺治年间(1644—1661)进士、福建延平道按察司副使杨兆鲁在康熙六年(1667)回归故里历时5年建成，自认其近乎为园，故名近园。园中建有西野草堂，供宴请宾客。园南建一亭，名“见一亭”。亭前叠石造假山，种植牡丹数种。折向西，可达竹林深处，题名“药栏乘兴”，左有天香阁，右有“安乐窝”书斋，临池有得月轩，为读书、吟诗和垂钓处。折向北，有秋爽亭，回廊匝绕，再向北，是鉴湖一曲。迤逦向东，过“虚舟”，入容膝居，过小桥到三梧亭，亭下有垂纶洞，石磴参差，古木蓊郁，构成山林小憩之所。西南则留有空地，辟作菊圃，圃前有四松轩。轩左建欲语阁，园中种植树木数百株，品种数十种，其花四时开落。园建成后，杨兆鲁邀请常州画家恽南田、常熟画家王石谷、镇江诗人笪重光等到园雅聚，杨兆鲁自撰《近园记》，王石谷作《近园图》，恽南田书写勒石，笪重光撰题跋(现题记与跋碑刻残迹尚存)。以后此园数易其主。同治初，为曾任福建按察使的常州士绅刘翊宸购得，进行整修，光绪十一年(1885)，以6万银两卖给恽彦琦，经恽氏修葺后改称静园，时人又称恽家花园。西野草堂东侧廊墙内嵌有名人书条石30块。近园面积不大，但构思巧妙，穷尽画理，浓缩了明清园林精华，山水花木，亭台楼榭，处处体现“淡语皆有味”“远山近水自成趣”意境，为典型的江南园林。1982年被公布为省文物保护单位。

未　园 位于天王堂弄内市少年宫西侧，常州著名木商钱遴甫于1920—1923年兴建，占地2164平方米。后因经营不顺，财力难支，未达到他最终构思建造目标，取名未园。该园布局曲折幽深，有四宜厅、滴翠轩、汲玉亭、鱼乐榭、垂虹桥、月洞、长廊、挹爽亭、长春亭等建筑，重点景区水池、轩榭四周布置精选湖石假山，园内种有百年香樟、桂树、罗汉松、古柏及花草等，雅而幽静。1952 年，被市政府购买用作淹城中学（后改第 23 中学和第三职业高中学校）一部分。1995 年 7 月，并入市少年宫同步规划、修缮，11 月竣工。2003 年 3 月复修完工，是迄今为止常州保存最好的江南私家园林。1995 年被公布为省文物保护单位。

六、其他文物

太平兴国石经幢 原位于原宋代太平寺，今存文笔塔南面、延陵东路南侧、水门（通吴门）北侧。其最早树立在北宋太平兴国年间(976—984)修缮的太平兴国禅寺山门前，原有 1 对，太平军攻打常州时，寺院烧毁，1 个损毁，仅留此幢遗物和文笔塔。90 年代拓宽延陵路时，南移至路南，安放在兴建的亭子边上作为景观，幢高 4.05 米，宽 2.24 米，由经幢基石、浮雕八力神、宝相花、八佛像、仰莲等须弥座及八棱形幢身、缠枝牡丹花宝盖、浮雕斗拱、宝顶等叠成。具有宋代石刻艺术风格，座基为八角莲瓣型，高 1.5 米，周身遍刻陀罗尼经，字迹已漫漶不清。1995 年被公布为省文物保护单位。

常州戏楼群 主要由万绥东岳庙戏楼、礼嘉烈帝庙戏楼、顺庄戏楼、西夏墅梅村戏楼、阳湖县城隍庙戏楼、杨氏家庭戏楼等组成。2006 年 6 月，戏楼群整体被公布为省文物保护单位（参见第四卷“风景名胜”第一章“山水胜迹”第三节“其他古迹”）。

第三节 市县级文物保护单位

至 2010 年底，常州市有市县文物保护单位和市文物保护控制单位 668 处。其中，常州市区有文物保护单位 97 处、保护控制单位 20 处，金坛有文物保护单位 44 处、保护控制单位 468 处，溧阳有文物保护单位 39 处。

常州市文物保护单位一览表

表 39-1-2

批次	时代	名　称	地　址
第一批	宋　代	舣舟亭、东坡洗砚池	天宁区东坡公园内
	明　代	唐氏宗祠	钟楼区荆川公园内
		孙慎行行书碑	天宁区红梅公园内
			钟楼区三堡街航海仪器厂内(今移至无锡江阴)
	明代、清代	黄仲则故居	天宁区马山埠神仙观弄 1 号
		医学祀典记、医学碑记	钟楼区青果巷 205 号两侧墙间
	清光绪	文 笔 塔	天宁区红梅公园内，光绪年间重建
	清　末	红 梅 阁	天宁区红梅公园内，为重建
第二批	明　代	西瀛门城墙	钟楼区西瀛里西段运河边，洪武二年(1369)修建
	明代、清代	孙慎行、孙星衍故居	钟楼区双桂坊 59 号
		李伯元故居	天宁区青果巷257～269号
		龙城书院遗址	钟楼区局前街小学内
	清　代	庄存与故居	常州市第一人民医院内

续表 39-1-2

批次	时代	名 称	地 址
第二批	清 代	赵翼故居	天宁区前北岸 8 号，乾隆年间
		洪亮吉故居	天宁区东狮子巷 22 号，乾隆四十八年（1783）修建
		吴氏中丞第	新北区薛家镇市民广场
		汤贻汾故居	天宁区和平北路 90 号
		浩然亭、落星亭、崇法寺	钟楼区人民公园内
		史良故居	天宁区和平北路 122 号
		传胪第	钟楼区延陵西路民元里8～16号
		约 园	常州市第二人民院内
		刘国钧故居	天宁区青果巷82号
		意 园	天宁区后北岸4-8号
		常州府学	常州市第二中学内（光绪二年重建）
	清代、民国	逸仙中学旧址	常州中山路小学内
	民 国	庄蕴宽故居	钟楼区邮电路 2 号常州电信公司内
第三批	新石器	姬山遗址	武进区嘉泽镇嘉泽行政村
	西周—春秋战国	城湾山石室土墩墓群	武进区雪堰镇
	明 代	广济桥	天宁区东坡公园内
		港 桥	武进区南夏墅街道庙桥原港桥自然镇中街，东西向跨永安河上，始建于明，清朝、民国时重修
	清 代	费伯雄故居	新北区孟河镇大南门
		万绥东岳庙	新北区孟河镇万绥戏楼路 36 号
		白 塔	武进区遥观镇塘桥村
		大刘寺	武进区礼嘉镇坂上中学内
		飞虹桥	天宁区东坡公园门首
		文亨桥	钟楼区篦箕巷运河边
		大林寺	武进区横山桥镇，同治年间重建
		节孝牌坊	武进区洛阳镇戴溪管城村，乾隆四十年（1775）修建
		白龙庙	横山桥镇横山紫霞峰南坡
第四批	春 秋	胥城遗址	武进区湖塘镇
	宋 代	孙觌墓	武进区礼嘉镇禹城村委姜家头村
		胥成墩	武进区洛阳镇虞桥行政村章家头村
		域城巷古井	天宁区天宁寺西绿地内
	明 代	牟氏竹林公墓	武进区郑陆镇武城村牟家头，建于洪武年间
		陈洽墓	武进区湖塘镇老坝村
		横林赵氏宗祠	武进区横林镇赵家塘，建于宣德年间
		晋陵白氏宗祠遗址	天宁区红梅街道采菱村北端，弘治年间重修
		锁 桥	钟楼区西直街东段锁桥河

续表 39-1-2

批次	时代	名　称	地　址
第四批	明　代	卢庄徐氏宗祠(正统)	武进区湖塘镇龙潭村卢西小组,清乾隆年间重修
		万寿庵(嘉靖)	武进区郑陆镇北顾家头村
		奚巷桥(正德)	武进区横山桥镇奚巷桥村,清乾隆年间重修
		南杨桥	武进区前黄镇漕桥杨桥村,清康熙、道光年间重修
		万安桥(成化)	戚墅堰区东街大运河边
		潞城王氏宗祠	戚墅堰区潞城街道大树下村,清道光年间扩建
	清　代	游击府大殿(康熙年间建)	常州市第二十四中学内
		道台府(将军楼)	天宁区前后北岸历史文化街区东首,道光年间建
		刘氏宗祠	天宁区东下塘 22 号
		徐氏宗祠	天宁区泰兴里 2 号
		蒋氏宗祠	天宁区浦前镇老街 189 号
		村罩屋旧址	天宁区后北岸 7 号
		蒋氏贞节坊(雍正年间建)	钟楼区人民公园内
		沈氏宗祠	钟楼区南河沿 10 号
		邹浩祠、庄氏济美堂、志王府	钟楼区民元里 1 号
		福泉古井	钟楼区西新桥社区大村 279 号前,建于康熙年间
		梅里张氏宗祠	武进区横林镇崔北村委梅巷里村,建于康熙年间
		余巷冯氏宗祠	武进区横林镇余巷村东街 27 号,建于道光年间
		芙蓉奚氏宗祠	武进区横山桥镇芙蓉双庙塘湾村委,同治年间重修
		咸安桥(乾隆、咸丰)、三元桥(乾隆)、青龙桥(道光)、中市桥(咸丰)	武进区郑陆镇焦溪老街
		村前桥、亭	武进区湟里镇村前孟津河东侧
		太平桥	武进区前黄镇漕桥杨桥村
		牧斋院	武进区前黄镇漕桥杨桥村老街 38 号
		丁家塘丁宅	武进区前黄镇漕桥杨桥村丁家塘 11 号、12 号
		吴稚晖故居	武进区雪堰镇雪南街中段“四房里”弄
		王诤故居	武进区洛阳镇戴溪天井桥浜头村
		樟村陆氏宗祠	戚墅堰区丁堰街道常丰村委樟村,同治年间重修
		吕宫府	前北岸 64 号
		礼嘉王氏宗祠	礼嘉镇鱼池村
		恽鸿仪故居	青果巷 68 弄、雪洞巷 12 号
	民　国	松筠小筑	天宁区常州大酒店内
		大成二厂竞园、老厂房	天宁区延陵东路 65 号
		大成一厂老厂房、求实园、刘国钧办公楼	天宁区吊桥路

续表 39-1-2

批次	时代	名　称	地　址
第四批	民　国	屠元博先生纪念塔	江苏省常州高级中学内
		金启生女士纪念塔	常州市第一中学
		中新桥	钟楼区东下塘西
		唐荆川先生读书处坊	钟楼区永红街道陶园村 33 号前
		安邦小学教学楼旧址	钟楼区新市路东首市教育局校管站办公室
		杜　宅	钟楼区勤工路 147 号
		蔡旭故居	钟楼区大观路 32 号
		民元里民宅	钟楼区民元里 1 号
		冯仲云故居	武进区横林镇余巷村薛家前 16 号
		天主堂	武进区郑陆镇和平村委陈家村
		百岁庄	武进区前黄镇杨桥村丁家塘 10 号
		恽南田纪念馆	武进区湖塘镇马杭南街
		中共太滆地委新四军南杨桥地下交通站旧址	武进区前黄镇漕桥杨桥村
		澄西抗日民主政府旧址	武进区郑陆镇焦溪翟家村吴下桥河东 25 号
		大明厂民国建筑群	戚墅堰区延陵东路 388 号
		戚机厂民国建筑群	戚机路
		恒源畅厂办公楼老厂房	三堡街 141 号
		临清会馆	青山路 156 号
		武进医院病房大楼	常州市第一人民医院

常州市和武进县第二批文物保护控制单位一览表

表 39-1-3

批次	公布时代	名　称	今　地　址
常州市控第二批	新石器	新岗遗址	钟楼区飞龙路高架桥西侧
	汉　代	恽家墩汉墓	天宁区兰陵路福海大饭店后
	元　代	天井巷元井	天宁区青果巷天井巷北口
	明　代	明代轿形石经幢	天宁区天宁寺内
	清　代	恽氏庭院	武进区邹区镇殷村周线里 5 号
		明式楠木厅	天宁区局前街派出所内
		庄氏塾馆	钟楼区西瀛里民元里 1 号
		武进县城隍庙	大庙弄
武进县控第二批	东　周	淹城土墩墓群	武进区淹城遗址内及四周
	晋　代	王裒墓	武进区雪堰镇潘家百渎村
	元　代	河上塘桥	武进区遥观—礼嘉交界处，跨采菱港

续表 39-1-3

批次	公布时代	名　称	今 地 址
武进县控第二批	明　代	东富春桥	武进区前黄镇胜西村
	清　代	寺　桥	武进区前黄镇前黄高级中学东侧
		上店桥	武进区湖塘镇马杭上店中街
		董墅楠木厅	武进区郑陆镇董墅村
		东青楠木厅	武进区郑陆镇东青自然镇西街，建于乾隆年间
		建圣庵	武进区湟里镇里墅村，建于乾隆年间
		陶冶亭	武进区南夏墅街道陶冶村，建于光绪年间
		玉泉及玉泉亭	武进区横山桥镇芳茂村玉泉庵东侧，建于嘉庆年间
	民　国	待渡亭	武进区横山桥镇新安后渡桥南堍西侧

说明：批次栏中的县指武进县（市），批准时仍为武进市，地址注 2010 年区划、地名

第二章　非物质文化遗产

常州从 2006 年起开展非物质文化遗产项目申报工作，至 2010 年被批准列入世界非物质文化遗产项目名录 1 个，列入国家级 12 个、省级 38 个、市级 90 个。

第一节　世界非物质文化遗产

2009 年 9 月，在阿拉伯联合酋长国首都阿布扎比举行的联合国教科文组织非物质文化遗产政府间委员会第四次会议上，金坛刻纸作为中国剪纸项目组成部分，入选人类非物质文化遗产代表作名录，成为当时全市唯一被保护的世界级非物质文化遗产项目。

金坛刻纸是民间剪纸的一个派系，是以纸张为材料、刻刀为主要工具的一种镂空的平面造型艺术。明清时期在民间流行。最初是带有镂空图纹或象形字纹的纸质贴挂物，多为六笺、喜笺、花笺，贴挂在门楣、梁檐、篷架、神龛和船头舱尾等处，意为驱鬼祛邪、祈福迎祥。至清末民初，城内多有灯笼和纸扎等制作行业，装饰纹样均为刀剪刻镂而成的纸质图案。另如家用鞋花、窗花、喜娃、寿星、八仙、钟馗和花鸟虫鱼等亦为刀剪刻镂而成，剪刻者以手巧的妇女居多。

新中国成立后，金坛民间刻纸技艺得以传承、发展。70 年代中期开始兴盛，因文化馆美术创作参赛需要，遂将刻纸作为美术创作方向。其原始方法是按图稿用刀刃在木板或玻璃板上硬刻，后来有人发明和改用蜡盘（油盘）为托板，改进刻刀等工具，使刻制的工效质量大幅度提高。此外，一些民间艺人还用吹塑纸为材料，以镂空刻法增加作品浮雕感，同时在纸张和篇幅上进行大胆尝试。从 70 年代末开始，金坛民间刻纸先后在国内各地频频亮相，举办展览，同时在美国、挪威、芬兰、荷兰等国家和中国港澳地区等展览、表演，产生广泛影响。至 2010 年底，金坛刻纸已发展到 600 多个品种，有大量作品在国内外报刊上发表和入选全国展览，有 50 余件被国内外美术馆收藏。2008 年北京奥运会开幕前，萨马兰奇从瑞士洛桑向金坛寄发特快专函，对杨兆群与殷卓宁、佘云祥、谈惠平、刘明历时 4 年联合创作刻成的长 29 米（象征 29 届奥运会）、高 2.008 米（象

征 2008 年奥运会）的《从雅典到北京》长卷作品给予高度赞扬。1993 年 12 月和 2008 年 10 月，金坛两次被文化部命名为中国民间艺术（刻纸）之乡。2009 年 9 月 26—28 日，第五届国际剪纸艺术展在金坛举行，来自美国、德国、日本、韩国、以色列等国家 300 余名中外剪（刻）纸艺术家和专家学者参加会议，高度评价金坛刻纸艺术，并为传承保护出谋划策。

金坛刻纸因在民间流传广泛，其传承谱系较为繁杂，难以考证。从民国初年至 2010 年的刻纸艺人主要有张吉庚、殷德余、朱晓坤、周蕴华、殷卓宁、杨兆群、李祥、孙荣才、刘明、佘云祥、曹忠平、王锦堂、孙庆保、黄国胜、刘建平、汤台英、石东礼、骆秀芳、吉金伢、张勤、吉成芳、沈美珍、钱韵茹、汤剑、曹玉姣、唐慧等。代表作品有《大干促大变普及大赛县》《八节康宁》《普天同庆》《山姑赶集》《国宝青花》《庭院》《捕鱼图》《百子图》《百美图》《窗台四君子》《大红灯笼》《东方歌舞》《万马奔腾》《鹊桥会》《从雅典到北京》《奥运梦·中华魂》等。

金坛刻纸发展到当代已形成两大不同风格流派。一派以朱晓坤、殷卓宁、孙荣才为代表，1995 年均被联合国教科文组织授予“民间工艺美术家”称号，主要技能是传统刻纸，风格古朴典雅，花样奇巧繁多。朱晓坤的代表作品《群仙祝寿》，人物众多，为世罕见；另一幅珍藏在金坛刻纸研究所的《梁山好汉》刻纸，长 4.6 米，宽 1 米，为其 81 岁时精心创作的，108 位好汉个个栩栩如生，活灵活现。殷卓宁 7 岁就随专营灯笼、彩灯、龙灯的父亲学会剪纸，此后他大胆探索，创造了独特的“空刻法”，使作品效果更有立体感，1997 年应邀赴美国洛杉矶参加中国民间艺术大展绝技，受文化部委派在休斯敦美国第 26 届国际艺术节上演示刻纸艺术，主要代表作品有《鸿运》《五福临门》《山姑赶集》《友谊长存》《女娲补天》《打鼓说唱三千年》《从雅典到北京》《世博万福》等。孙荣才从小受祖母、母亲剪纸熏陶，对剪纸产生极大兴趣，后刻苦钻研，博采众长，形成独到手法，创作题材着眼农村，代表作品有《谷场》《采菱图》《捕鱼图》《甘蔗丰收》《秧歌》等，有 100 多幅刻纸艺术作品先后在国内和美国、日本、法国等 12 个国家展出、获奖，2006 年被授予“江苏省民间艺术之星”称号。2010 年应上海世博会邀请，向来自世界五大洲的各国游人展示才艺。殷卓宁、孙荣才被江苏省文化厅命名为第二批江苏省级非物质文化遗产项目代表性传承人。

巨幅刻纸作品《奥运梦·中华魂》创作场景（摄于 2007 年 7 月）

另一派是以周蕴华、杨兆群等为代表的现代刻纸派，用剪、刻、撕方法和套色、点、填、染手法，借鉴西北剪纸风格特点，融入绘画、装饰技艺，风格清新隽永，代表作品有《万马奔腾》《东方歌舞》等，散发出强烈的时代气息。1993 年，中央电视台、中央新闻电影制片厂联合为金坛刻纸拍摄《江南一枝花》专题片时，主要表演者就是周蕴华、杨兆群。周蕴华带领全家共创作剪纸近千种、数万件，出版《江南一枝花》《忆江南》《延陵刻痕》《江南剪影》《阳羡剪影》《紫禁神韵》《2000 年江南剪影笔记本》《春风得意马蹄急》等。2002 年起，周蕴华家庭开始到马来西亚、日本、法国等举办剪纸展览和讲学。周蕴华的剪纸作品多次获全国展金奖。杨兆群在北京申奥成功后，构思倡议合作创作经典作品《从雅典到北京》，被文化部命名为第三批国家级非物质文化遗产项目代表性传承人。

为传承发展刻纸艺术，1975年8月金坛市成立金坛刻纸研究所。从2003年起，与教育部门联合在10余所中小学建立刻纸培育基地，开设艺术辅导班，至2010年有2000余名学生接受刻纸辅导和培养训练。

第二节 国家级非物质文化遗产

2008年6月，国家公布两批非物质文化遗产名录，常州市有梳篦、锡剧、留青竹刻、常州吟诵、天宁寺梵呗唱诵、金坛刻纸、董永传说、金坛封缸酒酿制技艺、金坛抬阁9个项目被列入。

一、常州梳篦

梳篦是木梳和篦箕的总称，其制作在常州已有悠久历史，最早可追溯到魏晋时期，迄今已有1600多年的历史。梳篦一直被地方作为传统手工艺品。隋朝开凿京杭大运河从常州穿城而过，运河两岸的一些地段整街满巷都是篦梳作坊，故有木梳街、篦箕巷地名。江南谚云："扬州胭脂苏州花，常州梳篦第一家。"到了明清时期，"削竹成篦，朝京门内比户皆为"，不仅制作队伍庞大，制作工艺达到相当高的水准，受到朝廷皇室青睐。尤其是慈禧太后对其极为喜欢，每年农历七月，苏州织造府都要到常州定制60把黄杨木梳、60把梅木脊梁象牙高级篦箕进贡皇宫。李莲英为西太后梳头用的常州产象牙梳至今还保存在北京故宫，因此常州梳篦享有"宫梳名篦"的美誉，在常州流传着"宫梳名篦，情同伉俪；延陵特产，花开并蒂"的民谣。

曾获巴拿马国际博览会金奖的常州宫梳名篦（摄于2007年5月）

常州梳篦选料精细，工艺精湛，制作精良，功能独特，齿尖润滑，下水不脱。木梳制作须经过28道工序才可完成，原料主要是黄杨、石楠木、枣木、山梨等树木。如制作黄杨精品工艺梳，须选用300年以上树龄的黄杨木，其特点齿尖圆滑，去污不吃发；篦箕则选用5年以上阴山背后壮竹和上等胶漆、骨料，须经73道工序精制而成。要制作高档梳篦，还需要"雕、描、刻、烫、嵌"5种工艺和技艺，各具特色，艺人制作皆徒手而成。清末民初，随着生漆胶合技术的发明和产品出口，其知名度更是远播海外。1915年参加巴拿马国际博览会获银质奖，1926年参加美国费城国际博览会获金质奖，另外还获得南洋劝业会、农商部国货展览会、西湖博览会等多个金质奖。

常州梳篦的制作销售大多数是前店后坊，大一点的称为工场。从明清到常州解放，一直是地方支柱手工产业。到20年代末期，梳篦作坊已有50多家，到解放初发展到100多家。其中最负盛名，在国际上获奖的梳篦全部出于卜恒顺家族，是常州梳篦的鼻祖。常州第一家梳篦店——卜恒顺梳篦店，最早开设约在明朝天启年间(1621—1627)，位于古运河畔篦箕巷，后来代代相传，又衍生出真老卜恒顺、老卜恒顺、卜恒顺等梳篦店。就卜氏家族而言，老卜恒顺梳篦店名气最大，除了"宫梳名篦"大部分选于该店外，获得国内外10次大奖的梳篦也全都出于该店。1925年以前注册的白象牌商标，是常州的一块金字招牌，在世界博览会获奖的最高档次梳篦分别由原市工商联主委卜仲宽的祖父卜宗骏(卜氏第六代)、父亲卜荷生选送。

新中国成立后，梳篦生产走上集体化道路，在继承和发扬传统“雕、描、刻、烫”技艺同时，糅合日用品、工艺品、装饰品、旅游纪念品等特点，不断推陈出新，使梳篦成为富有民族传统风格和艺术魅力的日用工艺品。其中有融艺术欣赏、保健功能于一体的“长寿梳”“四大美女”“红楼十二钗”等，蝴蝶、龙凤、脸谱、民族娃等旅游纪念梳，以及如琮似玉、玲珑剔透的各式篦箕。美国电影《星辰女娇娃》中，女主人公以常州梳篦作胸饰，印尼总统苏加诺访华携带常州篦箕作为纪念品回国。随着时代的变革和人们生活水平的日益提高，篦箕、木梳也发生深刻变化，款式发展到700多个，成为馈赠亲朋好友的上乘礼品。1981年获国家银质奖，1991年和2004年获中国旅游商品博览会金奖，2002年作为上海申办世博会专用礼品。

二、锡　　剧

锡剧是常锡剧的简称。常州是锡剧的主要诞生地，迄今已有200多年历史。锡剧生成早期称为“滩簧”，常州滩簧是吴语滩簧的一支，源于常州农村水乡，是清代乾隆年间(1736—1795)盛行于常州府治地的地方戏曲。常州滩簧是在常州山歌小调、宝卷、唱春、南词等基础上，融合凤阳花鼓的一些表演元素，并吸收苏南一带采茶灯中的舞蹈，逐渐发展完善的。常州滩簧演员对白、曲调以及早期演唱内容，都与常州地区的民间生活息息相关。由滩簧到常州文戏，经历了对子戏、小同场戏、大同场戏3个重大演变过程。1921年，常州滩簧改名为常州文戏。1925年，常州滩簧与无锡滩簧合流，统一改称“常锡文戏”泛称。1952年，常锡文戏改称常锡剧，1953年起称锡剧。锡剧的音乐抒情优美、悦耳动听，具有秀丽柔美的江南水乡风格。锡剧音乐属于曲牌板腔综合体，有男、女分腔的显著特点。锡剧的乐队除二胡外，还有琵琶、三弦、笛、箫、中胡和小提琴、大提琴等乐器，常州市锡剧因著名表演艺术家吴雅童、杨企雯形成自成一格的艺术风格和特色。

改革开放以后，常州锡剧剧目创作和艺术生产取得丰硕成果，《红楼夜审》被摄制成彩色电影，《攀弓带》《杜鹃红》《七步桥》《老铳》等先后获省锡剧节优秀演出奖、省“五个一工程”奖，《烟村三月》被拍成戏曲电影并入选省舞台艺术精品工程。《少年华罗庚》连演1000多场，经久不衰，成为金坛市锡剧团保留剧目。为振兴锡剧事业，培育后备人才，常州市锡剧团与常州文艺学校联办锡剧表演、演奏班。市文化部门组织专家编写锡剧音乐乡土教材，录制经典唱段，在多所学校进行锡剧普及教学活动。一批优秀演员对中小学生悉心指导和辅导。常州业余锡剧活动亦出现日益繁荣景象，民间职业、半职业剧团和一些小型演出队纷纷崛起，群众性锡剧演唱活动精彩纷呈，成为常州城乡一道靓丽的文化风景。国家一级演员、常州市锡剧团创始人之一的吴雅童，2009年被列为国家非物质文化遗产名录锡剧代表性传承人。

三、留青竹刻

留青竹刻是常州地区具有悠久历史的传统手工艺品，是集书画、雕刻等多种艺术于一体的综合艺术。留青竹刻工艺、技艺起源于唐代，而竹刻与书画艺术结缘，则始于明代常州府的张希黄和清代周之礼。史料记载：“清末，江苏常州的留青竹刻独占鳌头。”著名鉴赏家王世襄在其编著的《竹刻》一书中介绍5位全国顶尖竹刻艺术家，常州即占4位。到了近现代以后，常州留青竹刻更是人才辈出，崛起了以徐素白、白士风为代表的两大流派群体，涌现出徐秉方、范遥青、徐秉言、白坚仁、邵风丰等一批代表性传人，徐秉方、范遥青的作品在美国、英国等展出，几度形成轰动盛况。徐素白的《月季·蜻蜓》笔筒被美国大都会博物馆收藏，徐秉方的《螳螂捕蝉》作品被英国大英博物馆收藏。

留青是通过竹刻的浅刻、浮雕、圆雕等技法，利用薄薄的留青和衬托竹青的红色竹肌，来表现自然的千态万物、生动的人物形象及书法的神韵。留青竹刻对材料要求很高，最好取自生长期3～5年且于腊月中砍伐的毛竹经日晒两年后进行刀刻。需要经过防蛀、防裂等多道工序处理刻制的作品才利于珍藏。它的特点是在竹子表面极薄的一层青筠上镌刻，竹刻艺人在这层竹筠上巧施全留、多留、少留、微留、不留等技艺，使作品现出层次、明暗、浓淡，翻转掩映，显示其立体感。表现形式有竹筒、扇骨、工艺台屏、工艺挂屏、工艺笔筒和臂搁等，制作技艺要经过整形、描图、修改、切边、铲底等步骤，一件精品一般要经数月才能完成。留青竹刻是常州工艺美术研究所的传统工艺品之一，1983 年和 1988 年获江苏省工艺美术百花奖。中国工艺美术研究所研究员、中国工艺美术界 28 位核心成员之一的徐秉方，2009 年被列为国家非物质文化遗产名录留青竹刻代表性传承人。

徐秉方的留青竹刻作品《黄山烟云》（摄于 2007 年 1 月）

四、常州吟诵

吟诵是介于"唱"和"读"之间，是吟唱古典诗词文章的艺术。它横跨文学、音乐、语言 3 门学科，主要是指吟诗（包括七律、七绝、五律、五绝等近体诗和诗经、乐府、楚辞、杂言体等古体诗）、吟词和吟文言文。常州吟诵是古称"吴吟"的组成部分，始于战国时代，属小众文化。它与古琴、昆曲相仿，具有文学、音乐、语言学等多学科的研究价值，是常州的一种传统文化样式，成为常州的文化品牌。最早以音乐为视角对吟诵艺术进行论述的是赵元任，他早在美国录下常州吟诗音调，发表相关专论和《常州吟诗的乐调 17 例》，使常州吟诵闻名国内外。常州吟诵的主要特点是：文化底蕴深厚，代表性传人赵元任、周有光、屠岸等均为中国文化界大师级人物；一批传人均出自儒学名门，吟诵内容丰富，风格多样，形成高水准吟诵群体；常州话保留入声和部分古代读音，7 个声调与中古语音非常接近。常州吟诵内容相当丰富和全面，较好地体现出唐诗宋词等古典文学作品的声韵美和节奏美，抑扬顿挫格外分明。由于赵元任的研究和 20 世纪的及时采录，常州吟诵得到较好的传承和保护。到 21 世纪初叶，钱璱之、羊汉、秦德祥等主要传承人都已届耄耋之年，市政府把常州吟诵列入传承保护范围。

五、董永传说

董永是汉代孝子的典范，其传说距今已有 2000 多年历史，"董永卖身葬父"（二十四孝图之一）、"助君偿债"（七仙女下凡向他求婚助他还债）等故事早已家喻户晓。其传说发源地有湖北孝感、山西万荣、河南武陟等，其中一处就发生在金坛市直溪镇。该镇境内现在仍有一个董永村，它与董永故事有着千丝万缕的联系，在当地民间妇孺皆知，世代流传，而且还有文字记载。如光绪年间(1875—1908)编纂的《金坛县志》，对孝子董永和七仙女及其子鹤生的传说有多处记载。该镇境内与董永有关的遗存、遗迹和实物多达 40 多处(件)。董永村有一座庙，叫董永庙，庙门上有 1 副石刻对联："卖身葬父垂孝德，天遣仙姬陌上迎"，概括了董永与七仙女传说的精华。该庙有前后两进 70 多平方米，庙内墙壁上绘有《二十四孝图》。在董永村的东面有一座方形跨河石桥，叫"望仙桥"，传说因董永携子董鹤（生于"七夕"），在此桥上望迎生母而得名。此桥重建于乾隆年间(1736—1795)，有碑石刻文《望仙桥重建记》，详细记载了董永与七仙女的故事。相传董永与七仙女定情的老槐树，至今仍生长在距董永村不远的金坛建昌镇吕坵村。1955 年拍摄电影黄梅戏《天仙配》时，扮演七仙女的著名演员严凤英曾与导演一起来到老槐树下寻根，距老槐树东南约两公里的傅家村相传就是当年的"傅家庄"，即董永曾经卖身给"傅员外"和后来赎债的村庄。董永村西 10 余里的茅山顶宫立有碑文："在家不孝双父母，何必灵山朝安尊。”此外，金坛历代名贤咏叹孝子董永和七仙女的诗词也很多。

六、天宁寺梵呗唱诵

常州天宁寺为中国佛教禅宗著名道场，名列禅宗四大丛林之首。梵呗是佛教活动中赞颂佛菩萨的声乐作品。南北朝以来，梵呗的音乐风格南北有别。常州乃齐、梁帝王出生之地，崇佛传教非常盛行，是南方梵呗的发祥之地。齐永明七年(489)确定了其哀婉为主的风格特点，并世代相传。20世纪40年代以来，常州天宁寺梵呗唱诵遍传海峡两岸及港澳地区，以及东南亚、美国的佛教寺院。天宁寺梵呗节奏沉稳扎实，唱腔悠扬潇洒，韵味古朴清雅。梵呗主体部分按文辞体裁分为赞与经两大类。赞为诗歌体，押句尾韵；经为散文体，无韵。赞以类似唱歌的方式表演，称为唱赞，旋律性强，包括《炉香赞》《宝鼎香赞》等百余首小赞，《戒定香赞》《弥陀大赞》《三宝赞》等八大赞和《阿穆伽》《新伽蓝》等四大祝延；经运用乐音有节律地诵读，称为“诵经”，有《心经》《阿弥陀经》等。梵呗是汉传佛教音乐的主体部分。南方佛乐以梵呗唱诵见长，其代表性寺院即为常州天宁寺。中国佛教界向有“高旻寺打坐金山寺的香，天宁寺唱念盖三江”之说。天宁寺方丈松纯是国家非物质文化遗产代表性传承人。

七、金坛抬阁

金坛抬阁是由若干童男童女扮演成古装戏剧人物，悬立在数层四方形阁架上，阁架由人抬着并配着吹打器乐浩荡出行的一种传统杂技娱乐形式。其雏形源自古时的细打锣鼓。南宋年间，金兵进攻金坛城，岳飞带兵奋勇抗金。金兵败退后，逃难的百姓重返故里，欢庆胜利，其中最盛行的一种娱乐形式就是细打锣鼓。刚开始细打锣鼓尚无固定节奏，表演形式也较为单一。至明朝，倭寇猖獗，侵扰金坛，又被戚继光打败，金坛城墙加高3尺，老百姓欢欣鼓舞。在欢庆中，细打锣鼓经戚继光部下湖北籍官兵传授，融合湖北民间“抬阁”表演，在金坛扎根。阁制作时以木桩和插销为骨，以柱载人，分层连体固定。出行时由16名壮汉“8抬8插”，即8人用肩抬着，8人用杠插撑着。阁长6尺、宽5尺，为长方形座架，底座有4条腿，底座中以木杆为支架，饰有假山、曲桥、栏杆、花卉、绿荫和亭台。阁以桩为依托上下连成一体，由上至下分5层，为顶桩、二桩、三桩、四桩和末桩，上下高达2丈5尺。阁上有5～7名扮饰戏剧人物的童男童女。

抬阁最初在金坛出现时，骨架矮小，内容单调，后经金坛民间艺人改造创新，不断发展，既吸收湖北“抬阁”长处，又融入金坛本土特色。经历民初、抗战时期和新中国成立前后3个发展阶段，金坛抬阁已形成独特的本土风格。造型典雅优美，加上铿锵有节奏的吹打乐相伴，气氛浓烈，场面壮观，犹如一个个抬在肩头上的流动戏台。其仪俗、内容、造型和规模以及相配应的吹打器乐，都有十分鲜明的江南地域特征，它不仅成为与传统戏剧紧密结合、非常稀有的民间珍贵杂技表演艺术，同时又是融戏剧造型和杂技娱乐表演为一体的民俗活动。抬阁一般在庙会和喜庆活动中表演。清末民初，金坛最兴盛时，有城隍庙、忠佑祠庙、河西庙、李王庙、八蜡庙、殿值祠、河东庙7支“抬阁”同时出行，吸引大量民众观看，万人空巷。1956年以后，由于历史原因逐渐沉寂，随着老一辈技艺人谢世，这种技艺到了失传边缘。2003年，金坛在开展特色文化和民间艺术普查时，又开始以老带新传承金坛抬阁这一古老民间艺术，被列入国家非物质文化遗产保护名录。

八、金坛封缸酒酿制技艺

金坛封缸酒是以地产“标米”和茅山泉水(今为城南钱资荡水)为主要原料，按照民间传统秘方精心酿制而成。其色泽金碧自然，澄清明澈，酒性中和，醇稠如蜜，馥郁芳香。酒内含多类糖分、氨基酸及维生素等，营养丰富。经常饮用，能够滋补强身，扶正祛邪。金坛封缸酒最早始于秦朝，在民间流传2000余年。旧时农历霜降至次年立春，金坛民间即有酿酒师走村串巷以糯米酿酒，经淘洗、蒸熟、淋净，加入草药为糖化发酵剂，发酵后制成酒，民间俗称“米酒”。这种酿制米酒技艺即为酿制封缸酒的源头。后来酿制技艺代代相传，逐渐成熟。元朝末年，朱元璋东征时曾驻在金坛顾龙山，饮得当地百姓自酿的封缸酒后，赞不绝口。后朱元璋登基称帝，被钦定为贡酒。

金坛封缸酒属甜型黄酒，与浙江绍兴酒、福建沉缸酒三者齐名，为黄酒中的翘楚。1915 年选送参加巴拿马万国博览会，获得金质奖。1984 年和 1986 年，金坛丰登牌封缸酒又获国家轻工部酒类大赛银杯奖和首届中国黄酒节特等奖。金坛封缸酒是一部研究江南民间酿酒史、黄酒文化的重要载体，被列入国家非物质文化遗产保护名录。

第三节　省级非物质文化遗产

江苏省政府在 2010 年之前批准公布两批保护项目名录。第一批在 2007 年 3 月公布，常州有 12 个项目列入；第二批在 2009 年 6 月公布，常州有 18 个项目列入，总计 30 个，其中金坛刻纸、常州梳篦、锡剧、常州留青竹刻、董永传说、常州吟诵、天宁寺梵呗唱诵、金坛抬阁和金坛封缸酒酿制技艺 9 个项目已升格为国家非物质文化遗产项目保护名录，本节仅记述其余的 21 个项目。

一、常州宝卷

常州宝卷[①]最早出现于明朝万历二年(1574)由常州地藏庵比丘尼姑道贞集资编撰刻印的《念佛三妹经宝卷》。以后刊印和手抄的宝卷非常之多，尤其是到了清道光、咸丰年间(1821—1861)进入了全盛时期，编撰宝卷、刊印宝卷、宣讲宝卷活动异常活跃。常州宝卷大致可分为神教科仪类、说唱故事类、仪式类 3 种类型。常州宝卷从总体而言，数量多，刊印时间早，现存宝卷达 190 多种，大多为清咸丰年间(1851—1861)至民国初期的产物，而且独具常州特色和风情的宝卷留存多。经过精选，常州一批保存较好的 20 余种宝卷将被编入《中国宝卷集成・常州卷》出版发行。常州宝卷用常州方言刊印、手抄，代表了太湖流域过去盛行的卷以常州为中心，是常州滩簧、常锡文戏和锡剧的源头之一。

二、乱 针 绣

乱针绣源于中国传统刺绣，初名杨绣，又称锦纹绣、正则绣。绣法自成一格，是中国工艺美术体系中一门绝技。乱针绣由常州才女杨守玉经多年尝试、探索，于 1928 年创制。艺术特点是一改过去“排比其针，密接其线”的传统平针刺绣手法，以素描和油画的绘画理论为主导，凭针作画，以线达意，创造成纵横交错、长短并用、分层加色、疏密叠绣、灵活多变的“乱针”技艺、工艺，使绣面呈现出

乱针绣作品创作场景(摄于 2009 年 3 月)

① 佛教以经卷为法宝，故名宝卷。宝卷是一种韵文和散文相间杂的说唱文学，由唐代的变文和宋代僧人说经发展而成，流行于乡村民间，过去主要在庵堂庙宇、庙会、集市等活动，其内容复杂广泛，大致分为信仰宝卷与世俗宝卷两类。信仰宝卷又可分科仪、附佛、附道、佛道混什、鬼怪妖魔类；世俗类可分圣贤道德、劝善教化、民间传说、历史故事类。亦有信仰与世俗混合类，其积极意义是告诫人们要行善积德。宣叹或宣唱宝卷称为“宣卷”，所谓宣卷，就是有宣卷人照宝卷宣叹、宣唱、说唱、吟诵，并伴以乐器。

线条流畅、针法活泼、色彩丰富、层次感强的艺术特点。杨守玉刺绣的《老人头像》《少女与天鹅》等6幅乱针绣作品，一经面世，以耳目一新的绣面和格调轰动华夏绣坛。1944年，杨守玉以精巧的绣艺创作了代表作《罗斯福》，作为抗战胜利后的国礼赠送给美国总统罗斯福，广受赞誉，现珍藏于美国国家美术馆。1952年，杨守玉历时半年，绣制出《斯大林》《毛泽东》巨幅肖像作品，著名艺术大师刘海粟见后赞誉乱针绣"夺苏绣湘绣之先声，登刺绣艺术之高峰"。1976年，杨守玉担任常州市工艺美术研究所刺绣艺术顾问，悉心培养一批乱针绣艺术人才。这些刺绣艺人薪火相传，培育出一批又一批刺绣人才。杨守玉的弟子陈亚先等再传弟子，已有多位跻身于国家级工艺美术大师和省工艺美术大师行列，先后有近百件常州乱针绣作品在国际、国家级工艺美术博览会获奖，被国内外知名美术馆和博物馆收藏。

三、龙泉印泥制作技艺

龙泉印泥创始于清康熙二十一年(1682)，与杭州西泠印泥、福建漳州八宝印泥鼎足而立，被称为中国三大印泥瑰宝。在清乾隆年间(1736—1795)曾作为贡品，受到乾隆皇帝及一大批宫廷画师的青睐和喜爱。龙泉印泥最早由常州刘文高研制，制作工艺及传承已有300余年历史，采用刘氏祖传秘方经过20多道工艺精细调制而成。其特点是色泽朱红发亮、鲜亮夺目。遇冬不凝固，逢夏不渗油，芳香四溢，永不褪色，盖在书画作品上渗透性强；置于水中三日捞起使用依然丹红如新。龙泉印泥不仅制作工艺独特，主要原料也很有讲究，有朱砂、艾绒、犀黄、蓖麻油等。1996年，常州龙泉印泥参加首届北京国际博览会，经吴作人、启功等20多位书画大师、书画家鉴定认可，被授予精品奖。1999年，龙泉印泥在北京国际博览会展出，一直喜爱龙泉印泥的书画大师徐悲鸿夫人廖静文欣然题词"国之精粹"。位于篦箕巷的中国璟昌印社是制作、生产该印泥的传承单位。

四、象牙浅刻

象牙雕刻历史悠久，可分为圆雕、浮雕、镂雕、浅刻和微刻等艺术表现手法。浅刻本是蕴涵在其他雕法中的，直至明末清初才渐而发展成独立的传统美术品种。常州明末出现了浅刻"皮雕法"大家张希黄，晚清以后又相继出现周之礼、张楫如、吴昆、薛佛影、闵雅兴、杨雪芳等一大批名家。发展到当代，常州象牙浅刻已与北京立雕、广东镂雕一起，成为当今中国象牙雕刻三大流派。浅刻创作、制作步骤一般有开料、描图、雕刻、上色、封蜡等过程，然后在象牙上以水墨写意之刀法，将书画、浅刻技艺熔于一炉，体现中国绘画和书法的深远意境，彰显风雅飘逸气质。常州象牙浅刻作品主要有象牙鼻烟壶、工艺插屏、工艺挂件、工艺笔筒、工艺摆件等品种。现代常州象牙浅刻的领军人物为杨雪芳，在其之后涌现出以中国工艺美术大师萧剑波为主要代表的新一代传承群体，作品屡屡在国际国内重大展出、比赛中获得大奖，多件作品被选为国礼赠给外国元首和友人，数十件作品被海内外知名博物馆、美术馆和收藏家珍藏。

五、常州小热昏

小热昏是曾经广泛流行于江浙地区的曲艺形式，原是以流动说唱形式贩卖梨膏糖的行业艺人统称。卖梨膏糖人大多出身贫寒，常受黑恶势力和贪官污吏欺压，为解心头之恨，又不想吃眼前亏，他们就自称"臭嘴""热昏"，用自贬的演唱方式作为护身法术。常州"小热昏"迄今已有150多年历史。兴盛时期成为苏南，尤其是常州地区百姓文化娱乐的主要内容，一度曾走出常州，足迹遍及苏北及浙、皖等地。清末民初，江浙地区的卖梨膏糖行业分成几大帮，在固定地点摆糖摊熬制梨膏糖唱卖的叫"文卖"，背着糖箱流动说唱卖糖的叫"武卖"，而当时盛行于常州的是"武卖"艺人。艺人以"噱"为手段，让观众心甘情愿地掏出钱来买梨膏糖。如"娘娘小姑吃了我的梨膏糖，养格伲子是状元郎；娘娘小姑不吃我的梨膏糖，一胎养了64只黄鼠狼。在场师傅袋袋里厢摸一摸，年纪活到九十六，在场师傅袋袋里厢相摸两摸，年纪活到忘记落，四季平安五代同堂神仙乐！”也有是说唱新闻，讽喻社会黑暗现象。小热昏演唱程序主要有开场、卖口、唱曲、卖糖、唱篇。演唱曲调主要有两个部分：大量运用民间小调，配上唱词演唱，如青年曲、梨膏糖调、柳青娘调、宣卷调等；运用常州滩簧等地方戏曲曲调，配调演唱。“小名利”（艺名）吴金寿和“小得利”（店开在小庙弄）包云飞是常州“小热昏”生成和传承的代表人物。“小热昏”演唱篇目、曲目有60余个。“小热昏”是苏南滑稽戏、常州道情、独脚戏形成的母胎。但受现代娱乐业的冲击，演出人员、市场不断萎缩，一批传统篇目、曲目呈失传之势。原商业幼儿园退休教师（卖梨膏糖出身）、小得利第四代传人叶莉莉是省非物质文化传承人代表。

六、阳 湖 拳

阳湖拳是创始于常州、流传到江苏与全国部分地区的古典拳术，原名常州南拳、江苏南拳，为江苏唯一的地方拳种，相传为宋代“南侠”常州人展昭所创，至今有700多年历史。因年久失传，80年代经挖掘抢救，为避免与广东、福建的南拳产生混淆，改名阳湖拳，定为江苏省地方重点拳种，载入《常州拳械录》《江苏传统武术》《中华武术大辞典》等书。

常州南拳源出于道家武术，后来被唐荆川、白泰官等广为传承和发展。清初丰南乡杨焕昌发起西崦拳术会，继承和发展南拳，刀、枪、剑、棍等套路36种。光绪年间(1875—1908)，芙蓉圩周茂林等继续发扬，培养徒弟100余人，形成横山派系，因横林当时属阳湖县，便俗称阳湖拳，其弟子周森林、张凤池等皆是阳湖拳高手。清光绪十四年(1888)，礼河乡大路村有20多人习练此武术，子孙延续，广传邻村，又称之为“大路拳”；洛阳、遥观等地每年春季举办庙会时都要表演武术，出拳时口唱拳诀，故又称“开口拳”。戴溪、焦溪、泰村、嘉泽、东安、潞城、北港等地也盛行练武。新中国成立后，常武地区公认东青乡著名拳师沈全大为阳湖拳名师。他在常州城里带徒传拳1000余人，其中沙明熙等当代著名武术家都曾在沈氏门下学习阳湖拳。常武地区著名阳湖拳拳师刘德生、张凤池等外出传授拳艺，阳湖拳又流传至上海、浙江、福建等地，还外传到日本和东南亚等国家和地区。阳湖拳有500多种套路，阳湖拳的特点是“南北兼收、拳腿并重、原地旋翻、幅度颇小、快速勇猛、精悍灵巧、近身短打、进多退少”，以地域区分为茅山派、横山派、阳山派、西山派、紫阳派五大派系。阳湖拳传人蒋浩泉（奔牛人）在新中国成立后曾任中央警卫团格斗新技总教练。1991年，常州市阳湖拳研究会成立，由阳湖拳嫡传拳师杨金孝任会长兼总教练，开设阳湖拳武术培训班，带徒授拳。2005—2010年，阳湖拳弟子在国内外武术比赛中获300多枚奖牌。

中国南派拳术阳湖拳表演场景，常州阳湖拳传承研究会同时成立（摄于2010年12月）

七、万绥猴灯

万绥猴灯与南北朝显赫的萧氏士族有关。永嘉五年(311)“永嘉之乱”后，山东兰陵士族萧整为避战乱，“过(长)江居住在晋陵郡武进县之东城里”（万绥孟城）。以后在此定居，在万绥形成独具皇家宫廷文化特色和南北方文化特色的传统艺术万绥猴灯。万绥猴灯是萧家军练武阅兵时表演的舞蹈，传承至今有1600多年历史。一般在重大节庆活动或逢年过节时表演。表演队伍阵容壮观。表演者一律戴特制猴面面具、猴帽，穿猴衣，前有猴王、魁星和大旗开道，一路锣鼓喧天，威风凛凛。表演程序严谨规范，从序幕到谢幕由10个部分组成，每一部分又有若干表演形式。猴舞语汇原始古朴，猴拳尚武灵动，具有较高的观赏性和动感美，初始阶段主要是为练武、防身、保家、护驾，后融入趣味性、娱乐性，形成颇具特色的地方娱乐文化活动。21世纪前后，一大批海外归来的萧氏宗亲到万绥寻根，都指定要观赏万绥猴灯，具有鲜明的文化认同感。

八、萝卜干腌制技艺

常州萝卜干以咸中微甜，纤细脆嫩，馨香诱人的特点和口味，享誉海内外。腌制工艺极为讲究，主要体现在配料、腌制工序及时间安排等方面。配料是包括小茴香、甘草、桂皮、丁香等多种中草药炒熟搅拌而成，具体腌制过程有选料、切片、闷腌、上料、翻身、成品装坛等。常州最负盛名的是陈氏家族制作的玉蝶牌常州五香萝卜干和顾氏家族生产的萝卜干。常州萝卜干腌制技艺始于宋朝，历经数百年，腌制技艺不断发展和完善。乾隆皇帝游江南到常州，相随的名臣、常州人刘纶伴驾而行，有一次乾隆皇帝因吃了地方风味小吃（可能是吃多的原因）有些腹胀，弄得地方和相随官员极为紧张。刘纶便叫常州府派人买来少许常州萝卜干，让乾隆帝当点心慢慢咀嚼，几块下肚竟神奇般地通气了。乾隆帝大喜，回宫后便指定常州萝卜干为消食贡品，每年让常州府特供。从此，常州萝卜干名噪华夏，后来远扬海内外。到常州的外地客人接受宴请时都会感叹："常州有一怪，萝卜干当下酒菜。"

九、梨膏糖制作技艺

梨膏糖既是药物又是食品，最早起源于唐代宫廷太医之手，有1000多年历史。宫廷古方梨膏糖于清咸丰年间(1851—1961)传入常州，后逐渐发展。清宣统年间(1909—1911)，叫卖梨膏糖、唱"小热昏"异常红火。常州梨膏糖制作精细，选料讲究，以冰糖、梨汁为主要原料，配以甘草、麦芽、桔梗等20余种中草药精制而成。制作步骤主要有选料、研制药料、武火熬膏、文火熬制、打冷板、浇模等过程，现做现卖。常州梨膏糖制作技艺历史上的领军人物是"小名利"吴金寿、"小得利"包云飞。包云飞的徒弟及再传弟子有50多位，传承至今已为第六代。现在常州梨膏糖制作技艺代表性传人为范兆余、叶莉莉、洪平。

十、掐丝珐琅画

常州掐丝珐琅画历史悠久，是一种集装饰、艺术欣赏、收藏于一体的传统美术形式，由常州黄氏家族首创。自清咸丰九年(1859)起至今，工艺、技艺传承有151年历史。常州掐丝珐琅画采用掐丝珐琅工艺制作大平面装饰画，既蕴含掐丝珐琅器原有的艺术美感，又汲取其他画种的工艺及艺术元素，画质精良，用料考究，画面古朴典雅。制作要经过设计、落料、成型、掐丝、点蓝、上光、镀金等特殊工艺处理，具有耐酸碱、不变形、不褪色等特点。清末民初，黄氏家族传人制作的掐丝珐琅画作品曾多次漂洋过海，参加艺博会和亚洲工艺美术博览会，受到广泛好评。常州掐丝珐琅画《母性》《梦》作品曾获第二届中国工艺美术大师精品展银奖。

十一、直溪巨龙

金坛直溪镇巨龙，是以龙为艺术造型的一种民间表演样式。它源于当地巨村，因龙身特长而巨大，故称"巨龙"。巨龙始于明代，曾晋京入宫，朱元璋观看表演后十分高兴。钦赐御笔"巨龙巨也"。巨龙制作最早以稻草为材料扎制而成，长15～30米，由七八个人或近20个人舞动。此后数百年间，制作工艺有所进化，约在民国初年逐步开始改为以竹篾扎制，骨架外裹以龙鳞状的布皮和灯饰等。龙身也逐步增长，现在的巨龙每节为两米，最长的龙身有100节，全长200多米，需100多人协同表演。其主要艺术特征：舞得活、舞得圆、神态真、套路多、速度快。整个舞蹈由跳、钻、游、叠、戏、盘等基本套路和串阵、翻花等过渡动作组成，舞者动作矫健，舞姿变化多端，技艺娴熟。所有舞蹈动作都在龙的游动中进行，能做到"形变龙不停，龙走套路生""人紧龙也圆，龙飞人亦舞”，造型生动、转换巧妙，动作间的衔接和递进十分紧凑。龙身黑长而舞动轻便灵活，传统套路多达数十个，为一般龙舞所罕见。1999 年 9 月，巨龙参加在南京举行的江苏省喜迎新世纪舞龙大赛，以独特的民族特色、浓郁的生活气息、张弛有度的起伏节奏和高难度的动作造型，获单龙组金奖。同年 12 月，巨龙又赴京参加中华舞龙大赛，获得银奖和中国民间艺术最高奖“山花奖”提名，应邀在天安门广场参加庆祝澳门回归庆典表演，获得庆典纪念奖。

十二、指前鱼灯

鱼灯活动，始于金坛市指前镇芦家村，是以象形鱼为主要道具的一种传统舞蹈，据新中国成立前当地青龙庙碑刻、芦家村陆氏族谱和过去送春艺人唱本里有关指前鱼灯内容的记载，距今已有 120 多年历史。指前鱼灯原是长荡湖渔民取兆讨吉习俗。芦家村地处指前镇最南部，连接长荡湖北岸，南与溧阳上黄交界，东与宜兴接壤。由于世代生活在长荡湖边，旧时人们大都以捕鱼为生。晚上下湖捕鱼的渔民们将灯盏挂在船头或船艄上，一是捕鱼时用以照明；二是保佑平安，祈求多捕鱼虾。该习俗从捕鱼船上移至湖边岸上，各户竞相效仿，形成了按农历约定月日，在各家屋舍“上灯”和“落灯”的风俗习惯，张挂的灯也逐渐被人们制成多种象形“鱼”类。此后，随着鱼灯品种和样式逐步进化，又由屋舍张挂演变为孩子们嬉闹舞动的吉祥玩具，继而成为一种融合地域生活内容的娱乐表演样式。指前鱼灯用竹篾或铁丝做鱼骨支体，外裹鱼皮彩布(甲)，内装灯饰(旧时为蜡烛)。表演时，道具分段或按鱼的姿态与人的躯肢巧妙连接，表演者“头动尾巴摇”，舞步和身姿始终像鱼在水里那样不停地游弋，颇具情趣和观赏性。

十三、柚山放灯节

金坛市儒林镇柚山村有每年举行的放灯节，每逢农历七月十三至十五，家家户户会做出各式各样的灯，在夜晚点亮后放入田野或河流中，形成一种风俗习惯和娱乐景观。此节俗自清末民初开始，沿袭至今有 100 多年历史。此节由来，民间说法是为了驱鬼逐邪，祈福迎祥，保佑一方太平，同时也是为了让逝去亲人的灵魂得到安息。柚山放灯有放旱灯和放河灯两种，一般三年为一个轮换周期，即连续三年放旱灯，再连续三年放河灯，循环往复。为何要以三年为轮换周期，传说连续三年才可体现民意之诚。放旱灯，是在田野间巡回放灯。旱灯制作比较讲究，花式品种也较多，一般以竹篾扎骨蒙透光纸，有瓜灯、方灯、龙灯、猴灯、兔灯、牛灯、鱼灯等。河灯有荷花状、小船状，也有飞禽走兽状，较轻便，一般用纸做成荷花状，配上 1 块便于漂浮的硬纸板、木片或泡沫为底座，内点半截蜡烛。

十四、谈庄秧歌灯

谈庄秧歌灯始于清咸丰年间(1851—1861)，流传在金坛城东的谈庄村一带。该地属典型的江南稻作区域，百姓普遍喜欢民歌和民谣，秧歌便是劳作之余的民歌。本土歌谣与外域文化相结合，并辅以相关的表演动作，发展成为秧歌灯这一传统舞蹈样式。清咸丰十年(1860)春，太平军攻克金坛城，百姓为庆祝太平军胜利，在城内戴王府前搭起高台表演节目，其中就有谈庄秧歌灯。金坛市内戴王府的墙壁和房梁上，至今仍清晰可见与谈庄秧歌灯相关的彩绘图案。民国中期，谈庄秧歌灯由当地传承人陈金宝等领头在谈庄村复兴，并频繁在金坛、武进、丹阳交界地区及茅山、句容一带表演。此后秧歌灯年年红火，至今已延续第六代传人。谈庄秧歌灯的基本曲调、声腔，充满浓郁的江南水乡风味和鲜明的水乡特性，从视觉效果看，其配对表演、队形变化及相关道具，皆以“圆”状为规律，舞蹈动作轻柔文雅，舒缓秀气，脉脉传情，具有典型的江南民间舞蹈神韵，打破了学术界长期以来“秧歌源于北方，江南无秧歌”的说法。1953 年，江苏和上海一些歌舞剧院、艺术研究所及艺术院校，曾派专业人员观摩采访谈庄秧歌灯及其表演，作为江南民间舞蹈艺术的稀有品种和基因库。谈庄秧歌灯的基本曲调和主体舞蹈动作，曾被国内多家专业文艺团体、文艺工作者移植并搬上舞台。

十五、乾元观道教音乐

金坛市茅山乾元观的道教音乐从隋唐兴盛以后，在宋、元两朝又受宫廷宠幸，距今有1000多年。乾元观原为上清派系，自阎祖以后改为全真派，其经韵乐仪也以全真十方正韵为主。乾元观道教音乐初期，以笙、箫、管、笛、三弦、琵琶等6大件器乐为主，后经逐步演变，增配扬琴、古筝、二胡、中胡、低音大胡等，有些器乐还配备双人或4人，同时增加系列打击乐器，形成器乐、打击乐和声乐3个部分。音乐有两大特性：气氛色彩浓烈——音乐系列中的虚空、清远、庄严、深沉、古朴、典雅等表现分明；音调缠绵委婉——经文与音乐曲调完美相融的唱诵，是其主要的表现形式之一。全部经文都是古词赋或八股文、四言、五言、七言、九言、四六句。这些经文配上玄妙优美的音乐曲调，给人以节奏多变、缠绵委婉的听觉享受；许多道意教义都融在音乐曲调和唱诵之中，具有寓教功能。

十六、跳 幡 神

跳幡神舞蹈主要在溧阳社渚镇嵩里及周边地区流传，是一种融中原民间祭祀文化与江南农耕宗教文化为一体的传统舞蹈，是中国有3000多年历史的民间傩文化遗存的一种活态形式。嵩里村南临安徽郎溪、广德，西依江苏高淳，是丘陵山地和水乡圩区交融的一个自然村。元末明初，有一支汤姓族人因战乱和灾荒从中原辗转迁徙到这里隐居，繁衍生息。他们带来的中原傩文化与江南农耕土著宗教文化相融共处，于明朝万历年间(1573—1620)形成民间祭祀舞蹈跳幡神，舞蹈通过起傩、行傩、演傩、圆傩4个程序进行，其主题是为驱邪逐疫、感恩天地、祈盼丰收、祝福平安。舞蹈狂放、服饰艳丽、雕刻夸张，是中原文化与江南农耕土著宗教文化相融相生的豪放、大气的艺术表达，是一种集传统舞蹈、民族服饰、民间雕刻于一体的江南节庆民俗文化活动，具有较高的艺术审美价值。1982年，跳幡神被编入《中国民间舞蹈集成·江苏卷》。

十七、太平龙灯

太平龙灯始于清顺治元年(1644)，当时战乱频繁，加上天灾，百姓生活困苦。新北区罗溪镇肖巷东湾村人以八卦阵中文王卦为阵势，创设太平龙灯，祈求天下太平，风调雨顺，民生安康，故龙灯队取名“肖巷太平龙灯”。太平龙灯队队员都是罗溪镇谢氏家族后代，他们十分倾慕东晋宰相谢安。谢安虽为文官，但自幼熟读兵书。前秦入侵东晋，他出任总指挥，在“淝水之战”中，他以八卦阵布兵创下8万人对80万人以少胜多的显赫战功，致使前秦一蹶不振，为东晋赢得了几十年的安宁和平。战后功名太盛，遭皇帝猜忌，他低调避祸，辞官到罗溪隐居，繁衍生息，谢姓后代一直以他为荣。所以太平龙灯队阵势以八卦阵为主，实有缅怀谢安之意。在服装设计上，也因为谢安所带士兵身着白色战袍，龙灯队成员均穿带有八卦图案的白色舞衣。太平龙灯表演阵势气派，变化多端，奥妙无穷，形成独特的表演艺术风格。表演者有60余人，有督旗一面以及八卦旗布阵，锣、鼓等器乐均为双副，气氛热闹非凡。表演按序幕、进阵、舞龙、阵式4个步骤进行，随着八卦阵、梅花阵、一字长蛇阵、月牙阵、蝴蝶阵等阵式的不断变化，产生不同的舞龙表演效果，十分精彩。太平龙灯经历数百年传承经久不衰，在艺术上融造型美、体型美、技巧美、舞姿美为一体，充分体现了民间艺人非凡的组织能力以及村民的凝聚力和团结精神。

十八、太平锣鼓

太平锣鼓主要流传在溧阳戴埠一带，由清咸丰十年太平军驻扎在此传承而来。太平锣鼓是太平军出征的战鼓，也是逢年过节、喜庆节日的乐鼓，每逢喜庆节日当地百姓都要组队敲打演奏，有“锣鼓一响，万人空巷”之形容。戴埠太平锣鼓乐器中吹奏乐有“招军”(铜制长喇叭)，打击乐有大鼓、大锣、铙钹等基本乐器组合成大锣鼓组，以高音鼓、京锣、小锣、大镲、小镲、小月锣、板鼓、撞铃等乐器组合成小锣鼓组，全套乐器有30多件。整个锣鼓曲谱有大锣鼓组和小锣鼓组构成，其间穿插“招军”吹奏。大锣鼓组共有6套曲，表现备马、操练、出征、激战、奏捷、同庆等6个情节，节奏深厚壮烈；小锣鼓组以“下音”“上音”“双节谷”“一五七”“雨夹雪”等形式进行，锣鼓节奏明快清新、生动俏皮。大小锣鼓高低轻重穿插，体现威武雄壮、喜气洋洋的艺术特色。1998年，戴埠中心小学开始设置太平锣鼓课程，培养一批批太平锣鼓乐手，建立了一支小太平锣鼓队。戴埠太平锣鼓先后参加过金山之秋音乐会、省民间文艺会演、常州兰陵音乐会、镇江三国名城旅游观光节等节庆活动。1989年被编入《中国民间器乐集成·江苏卷》。

十九、蒋塘马灯

流传于溧阳社渚镇蒋塘村一带，始于明嘉靖年间(1522—1566)。因蒋塘义军首领虞顺祭祀抗辽英烈杨家将等民族英雄而形成跳马灯习俗，至今有近500年历史。蒋塘马灯用竹篾仿马扎型，神形兼备，栩栩如生。10匹马是神马，配有神将、马童、护卫者、执事人、旗鼓铳手等。10位神将身披战袍、头戴木雕傩面具，其余人等身着黄衣黄裳。头马杨文广，二马巴焦女将军，三马俄皇万岁，四马交通大将军，五马观音大士，六马虞氏一品夫人，七马黄道士，八马魏化大将军，九马黑魁大将军，十马祠山大帝张勃，这些头马名字背后都有一个精彩的故事。马灯表演分上、下两场。上半场表现杨家将率众抗击敌军。“令”旗指挥10匹神马，首先是包围敌军，10匹神马踩着鼓点依次围场转圈，先小圈后大圈，先慢走，后快跑，越跑越快，奔跑跳跃，象征正在包围一座城池；第二个回合是力杀四门，城池内有四面战旗，象征东南西北4座城门，3匹神马依次跑圈，金鼓齐鸣，马铃叮当，爆竹震耳，一派粗犷刚劲的疆场气势；第三个回合是攻破敌城，4匹神马依次跑转圈，象征城已攻克；第四个回合是全歼敌军，10位战神手握刀抢剑戟，在神马包围中间奋力刺杀，人喊马嘶，刀光剑影，杀声震天，象征攻城后追杀残敌。锣鼓时而敲打走马锣，时而敲打急急风；“招军”(一种吹奏乐曲)时而吹奏出高昂激越的哨声，时而吹奏出爽朗的欢笑声。下半场表演军民共庆胜利，祝福万民安居乐业。10匹神马兴高采烈，10位神将欢欣鼓舞，逐步排列出“天、下、太、平”阵图。

二十、泓口丝弦

泓口丝弦主要流传于溧阳泓口上村一带，是江南水乡古老的民间音乐，始于清光绪年间(1875—1908)。当时泓口村有一位年轻监生，名叫王炳荣，他喜爱音乐，有心收集当地民间艺人世代口传心授的一种古老音乐，编成10个曲牌，又配丝弦响器，在村上传授，男性一二十人操器习曲成一乐班，每逢庙会节庆喜日，乐班化妆扎彩亮灯，或坐茶肆祠堂，或走村串巷演奏，观者云集追随，热闹非凡，时人称为泓口丝弦。后来村里长者为了扭转村上年轻人爱赌恶习，净化村风，出钱购买乐器放置在公祠里供他们玩乐作为精神寄托，并誊抄宫尺谱，发给每家每户练习。农闲时，满村丝弦声声，夏夜乘凉，三五成群，或二胡或京胡或竹笛，通过这种倡导，村里人人会拉会弹，至今已有130多年。泓口丝弦由30～60人组成乐班，配合的弦乐乐器有二胡6把、中胡4把、京胡2把、四胡2把，管乐乐器有竹笛8支、箫8支、笙4支、唢呐4支，弹拨乐器有月琴4把、三弦4把、琵琶2把，打击乐器有撞铃1副、搭板1副、京板小锣鼓1套。乐器上装有小灯，扎有龙凤之类彩带，夜间演奏，彩灯闪烁。演奏曲目有《雄鹰》《春燕》《落叶》《昭君》《花园》《楼台》《寄生草》《红琴》《八板》《倒板》《深宫小夜曲》等，现在仅流传前六曲。

二十一、横山桥百页制作技艺

百页古时称“千张”，为民间供神敬佛祭祖祈福必用之物，现为寻常百姓日常佳肴之一，但横山桥百页却独领风骚，为一绝品牌。其最大特点是独特的手工制作传统工艺十分讲究，主要体现在“点花”配方、“煮浆”火候、豆浆“闷缸”时间、制作“压榨”力度等环节；整个制作过程独特而具技巧，使横山桥百页具有白、香、嫩、糯、滑爽的独特口味。横山桥百页早在清乾隆年间(1736—1795)就名闻遐迩，横山北奚巷村王根产、德兆父子在长期的实践中总结出这手绝活，以后世代相传，成为“百页世家”。当年做百页非常辛苦，全靠人工石磨，凌晨即起，屋外繁星点点，屋内一灯如豆，石磨磨出淡黄似奶的豆浆，制成洁白如玉的百页，过去在地方盛行演唱的经典滩簧戏《双推磨》，就是根据这一背景编写出来的。横山桥百页因营养科学，绿色环保，具有鲜明的地方特色和丰富的文化内涵被编入《中国名菜大典·江苏卷》。

第四节 市级非物质文化遗产

常州市非物质文化遗产项目通过申报于2007年5月25日批准公布，至2010年6月3日有3批90个项目被列入，其中部分项目上报被省、国家批准，晋级为国家和省保护项目。

2007—2010年常州市非物质遗产保护项目一览表

表39-2-1

批次	公布时间	项目名称
一	2007.05	董永传说、常州吟诵、天宁寺梵呗唱诵、锡剧、金坛刻纸、常州留青竹刻、常州梳篦、金坛封缸酒酿制技艺、金坛抬阁、跳幡神、谈庄秧歌灯、常州乱针绣、乾元观道教音乐、泓口丝弦、太平锣鼓、巨村舞龙、常州芝麻糖制作技艺、常州豆炙饼制作技艺、常州大麻糕制作技艺、孟河医派、阳湖拳、遥观鹞灯、万绥猴灯、常州道情、常州唱春、溧阳竹马灯
二	2008.09	白太官传说、跳五猖、冻煞窠、跳祠山、指前鱼灯、太平龙灯、马灯、常州小热昏、常州宣卷、金坛唧当、常州掐丝工艺画、常州堆花糕团、常州微雕、常州斧劈石盆景工艺、常州素火腿制作技艺、常州萝卜干制作技艺、横山桥百页制作技艺、浦河风筝制作技艺、常州龙泉印泥制作技艺、常州梨膏糖制作技艺、常州加蟹小笼包制作技艺、常州酒酿元宵制作技艺、常州四喜汤团制作技艺、溧阳风鹅制作技艺、常州雕庄竹工艺品制作技艺、老人山程氏伤骨疗法、常州钱氏中医儿科疗法、常州划龙舟、常州高跷、柚山放灯节、诸葛八阵图村落
三	2010.06	朱元璋传说、苏东坡传说、孟姜女传说、乾隆皇帝传说、焦尾琴传说、圩墩村传说、白龙观道教音乐、东浦丝弦锣鼓、祠山祭鼓、杨桥捻纸、常州烙画、金坛面塑、常州周氏家庭剪纸、回民马灯、调犟牛、芙蓉荡湖船、上阮花鼓戏、常州滑稽戏、常州评话、唱凤凰、江南八宝菜粥制作技艺、常州糟扣肉制作技艺、常州稻草鸭制作技艺、常州虎头鞋制作技艺、常州春江江鲜烹制技艺、常州糖醋小排制作技艺、常州网油卷制作技艺、掮轮车、常州潞城猴拳、史式八卦掌、杨桥庙会、常州茶筵、儒林树德堂妇科医治疗法

第三章 文博事业管理

1958年10月常州博物馆成立，设于红梅阁。1975年，文物库房设于天宁寺文殊殿，在红梅阁辟陈列展览馆，1983年9月迁至清凉寺内。1992年12月增设《神奇的自然 美丽的家园》常州少儿自然博物陈列馆，是全省唯一少儿自然博物馆。2001年，常州市被省政府批准为省级历史文化名城。2004年1月16日至2006年12月，常州市投资2.5亿元，常州博物馆与市规划馆在龙城大道1288号联合建设新馆，2007年4月28日新馆对外开放，展区面积近1万平方米；2009年2月1日被批准为国家AAAA级旅游景区。自2008年起，与瞿秋白、张太雷纪念馆等一起，率先在全省实现免费开放。2004年起，常州市制订完善了历史文化名城保护规划，按“谁修复、谁利用”原则，修缮了一大批文物保护单位。同时，开展第三次全国文物普查工作，掌握历史文化遗存状况，为科学制定文物保护政策和规划提供了依据。

第一节 文物事业

一、文物普查

常州历史悠久，在漫长的历史长河演变中，留下大量具有历史文化价值的遗址、墓葬、府邸故居、寺庙、楼台亭阁、园林碑刻等文物。1984年4月，召开全市文物普查工作会议，从市建委、文管委、房管局、博物馆抽调20人组建市文物普查领导小组办公室，对全市古文化遗址、古墓葬、古建筑、寺庙、石刻、重要遗迹、手稿、古树名木等进行调查，确认庄存与故居等30处古迹。1987年12月被市政府公布为第二批市级文物保护单位。青果巷、前后北岸、天宁寺至舣舟亭被市政府批准为历史文化保护区。1988年1月，淹城遗址被国务院批准为全国重点文物保护单位；1995年4月，管干贞故居、未园、太平兴国石经幢、田舍村隋墓、恽南田墓、寺墩遗址被省政府批准为省文物保护单位。

2003年，武进撤市设区，原武进市文保单位调整为市文保单位，12月23日市政府重新公布文笔塔等47处为第三批市文保单位；青果巷、前后北岸两街区为市历史文化街区，天宁寺至舣舟亭街区为市历史文化风貌区，同时公布恽氏庭院等23处为市文保控制单位。2006年6月，张太雷旧居和京杭大运河（常州段），被国务院批准为全国重点文保单位；盛宣怀故居、赵元任故居、常州戏楼群（万绥东岳庙戏楼、礼嘉烈帝庙戏楼、顺庄戏楼、西夏墅梅村戏楼、阳湖县城隍庙戏楼、杨氏家庭戏楼）等3处8个点，同时被省政府批准为省文保单位。随着对文物保护概念、内涵认识不断拓展，2008年2月26日，市政府公布城湾山石室土墩墓群等68处为第四批市文保单位，杨桥老街为市第二批历史文化街区。

2007年10月，常州市组织对全市37个镇、21个街道、807个村委、323个居委会进行拉网式文物普查，至2011年6月结束。调查登记不可移动文物1677处，其中新发现文物点1270处、复查文物点407处、登记消失文物点207处。全市有全国重点文保单位淹城遗址、瞿秋白故居、张太雷旧居、京杭大运河（常州段）4处，省文保单位18处和市文保单位112处、市文物控制保护单位30处［文物保护（控制）单位目录参见第三十九卷“文化遗产”第一章“物质文化遗产”第三节“市县级文物保护单位”］。

二、考古发掘

1986年5月9日至8月8日，南京博物院、常州博物馆、武进县博物馆和淹城管理委员会组成江苏省淹城考古发掘队，对淹城遗址进行了首次发掘。1989年，常州博物馆对丁堰乡排姆村进行考古发掘，发掘出墓葬1座和原始人类居住遗址1处，属马家浜文化晚期新石器时代，距今约5000年。1990年底，在国棉二厂基建土地上出土一批西汉中晚期釉陶器，其中双唇釉陶罐形制1件，辅首衔龙头环形立耳釉陶壶两件，在常州地区汉墓中首次发现。1992年，常州博物馆参加圩墩遗址考古发掘。1998年3月28—29日，在牌楼弄和平东村9号楼工地对新发现的5座古代墓葬进行抢救性发掘，出土一批制作工艺精湛的金银装饰品。2001年3—4月，常州博物馆对戚墅堰区潞城镇邓家村明墓群进行抢救性发掘，发现墓葬9座，其中1件六方紫砂罐对研究明代紫砂工艺具有重要意义。2005年，常州博物馆派员参加江苏省文物局组织的宁常、镇溧高速公路土墩墓抢救性考古发掘，发现句容、金坛大量周代土墩墓群，为2005年全国十大考古新发现之一。2006年，常州博物馆在采菱路原红梅棉织厂址建住宅，发现明代白氏家族墓，出土银漆碗、包银漆筷等文物，填补馆藏空白。同年，在常宝钢管厂改造中发现宋代墓葬，出土毛笔、端砚等文物。2007年，清潭永红街道霍家村明墓出土木束发冠，为常州地区首见，填补馆藏品空白。2007年12月至2008年4月，在兰陵对恽家墩汉墓进行抢救性发掘，取得重大收获，清理西汉至六朝墓葬27座，明清墓葬4座，出土陶瓷、青铜等304件，其中具有较高收藏和学术价值的179件。2009年12月18日至2010年2月5日，常州博物馆配合溧阳抽水蓄能电站工程施工建设，对平桥镇吴村桃园、坟山头700平方米明清遗址进行抢救性考古发掘，挖掘清代房址5间、灶1处，出土一些清代文物及瓷片标本。2010年4月12日至6月17日，对雕庄建造泰和家苑工地发现明清墓群进行钻探发掘，完成钻探7200平方米，发掘探方7个和墓葬29座，出土文物30余件。5月19日至8月23日，配合宁杭高速铁路建设对溧阳水西土墩墓群进行考古发掘，发掘土墩墓4座，出土陶器10余件。9月16—17日，在北港景瑞曦城工地发掘明墓3座，出土木梳1把，铜双环镜1面，陶三足罐3只。

2002年10月至2003年1月，常州博物馆对钟楼区五星新岗新石器时代遗址进行首期考古发掘，遗址总面积约3.25万平方米，中心区域2万平方米，清理墓葬33座、房址遗迹两座、灰坑1座，出土陶器、石器、玉器等器物300余件。这次发掘的重要收获之一是发现崧泽文化大量墓葬，第一次发掘28座；另一收获是出土崧泽文化玉器10余件，主要为玉装饰件。2003年3—6月，进行第二次发掘，面积150平方米，清理墓葬23座，出土文物180余件。2004年，常州博物馆进行第三、第四次发掘，发掘面积450平方米，清理墓葬35座，出土文物230余件。2008年12月至2009年3月，对新岗遗址进行抢救性考古发掘，发掘面积近1000平方米，发掘崧泽时期墓葬18座、灰坑5座、房址2座；商周时期房址1座、灰坑2座、水井1座；汉代前期大型墓葬1座、宋墓1座，出土陶、石、玉器等文物160余件。其中以7号墓和9号墓收获最大，7号墓内发现棺木痕迹，在南方地区史前墓葬发掘中相当罕见；9号墓内出土文物17件，为常州考古发掘以来随葬品最多的史前墓葬，有很多随葬品如石锛、高足陶杯等，体量十分巨大，其中1件石锛长度达37厘米，为历次考古发掘所罕见，仅次于安徽凌家滩出土的42.6厘米石锛，被专家誉为“江南第一长锛”。这是继2005年江阴南楼崧泽遗址发现同类墓葬后的另一重要发现，确认崧泽中期开始墓葬习俗的重大变革，把太湖流域史前人类葬具使用的历史推前到距今5000年前左右。

考古专家进行文物考古发掘现场（摄于2006年11月）

三、文物购销

常州文物商店为自收自支事业单位。艺宝斋门市常年设立收购部，自90年代中后期起，门市收购已不再是文物商店收购主流，原先下乡式收购成为历史，取而代之的是同行之间调拨，更多则是参与各地举办的文物展销，参与各地艺术品拍卖会。艺宝斋门市经营文物商品主要有古旧玉器、古旧瓷器、古旧字画和近现代名家字画，古旧砚台、印章、竹木牙雕及金银铜杂等。经营方式由原先的只对外宾及港澳台同胞开放转而面向民众，销售形式不仅依靠门市，更多是参与各地文物古玩展销和艺术品拍卖会。90年代以后，艺术品市场日益繁荣，经济效益，销售收入成倍增长，1986年销售收入37万多元，2006年高达270多万元。文宝斋经营文房四宝，2002年市政府对南大街改造拆迁，文宝斋门市搬入延陵西路门市，2003年搬至麻巷公寓3号楼，营业面积460多平方米。2010年6月，常州文物商店改制为国有企业。

第二节 博物馆事业

一、常州博物馆

文物收藏 1990年，两次邀请省文物专家鉴定文物3500余件。1991年，请省专家鉴定陶器1352件，对1976年以来入藏的文物总账、分类账全面核对。1992年，初步建成考古资料室，对7000余件(片)标本分类上架，对三级藏品以上文物全部建卡。2007年搬入新馆后，对1万余件文物移位上架入柜，完成圩墩木器脱水等300余件文物修复清理。入藏常州市工艺美术研究所公司保管的26件工艺美术精品，其中乱针绣17幅、蜀绣1幅、留青竹刻8幅。至2010年，常州博物馆藏文物21955件，其中国家一级文物51件(国宝级文物1件)、二级文物240件、三级文物3129件。特色文物有寺墩遗址出土的良渚墓葬玉器，春秋战国原始青瓷器，村前南宋墓中出土的漆器，明清文徵明、唐顺之、恽寿平、郑板桥、王时敏的书画作品等。藏有自然藏品3200种5283件，除国内一、二级动植物外，多为世界珍稀种类。馆藏品的来源主要有考古发掘、社会征集和接受捐赠。同年完成3228件一、二、三级文物的数据采集建库，其中一级文物51件、二级文物240件、三级文物2937件。文物保管，按质地、级别分别采取措施，对书画、漆木器、丝绸、纸质及文物精品库房采用恒温恒湿条件，一般文物库房、自然标本库房配备空调系统，展出重点文物、标本采用局部恒温恒湿等手段保护。

陈列展览 1986年开设馆藏文物展、刘氏捐献文物展。1988年开设常州历史文物陈列展、常州地区党史陈列展和刘国钧先生捐献文物展。1989年，对常州历史文物陈列等扩充改造。1992年9月7日开设谢稚柳艺术馆，谢稚柳向家乡赠送《泼彩白荷图》《行草黄鹤诗》等20件书画精品和清代进士钱名山6件书法珍品。1995年12月24日，谢稚柳铜像落成揭幕，86岁的谢稚柳到常参加仪式，捐赠《癸丑杂画册》(共12幅)。1997年6月26日开设常州自然资源展，展出代表性矿物、动植物标本1008件。9月18日，馆藏新石器时代良渚文化刻纹玉琮和南宋景德镇影青观音入选国家文物局举办的全国近年重大考古发现汇报展。1998年10月，开设常州文物精品展。2005年11月18日，馆藏春秋原始青瓷篮、南宋景德镇影青观音像、玉钺、宋代剔犀执镜盒4件文物入选南京举办的江苏国宝展。2007年4月28日，新馆对外开放，展区面积近1万平方米，分设两个基本陈列、两个专题陈列和两个临时展厅。

《龙腾中吴》常州历史文化陈列 以常州古代历史为脉络，展示常州文物特色精品，分5部分：史前常州；延陵季子——先秦时代的常州；齐梁故里——秦汉六朝时期的常州；中吴要辅——隋唐宋元时期的常州；儒风蔚然——明清之际的常州。陈列文物1288件，获2006—2007年度江苏省博物馆陈列展览精品奖。

自然资源陈列 分4个板块："序·地球生命进化的故事""纷繁多样的自然生物""形形色色的动物世界"和"秀丽多姿的故乡大地"。陈列中设有"动物眼里看世界""我与老虎来赛跑""虚拟蝴蝶谷""电子翻书"等多项与观众互动项目，集知识性、趣味性、互动性于一体，展出动植物和化石标本421种645件，2009年10月获第八届(2007—2008年度)全国博物馆十大陈列展览最佳创意奖。专题陈列各500平方米。

谢稚柳艺术馆陈列 分4部分展示常州籍著名书画鉴定家、画家、书法家谢稚柳创作的167件精品佳作。

刘国钧捐献红木家具陈列 展出著名实业家刘国钧捐献的51件红木家具。

二、其他博物馆

武进博物馆 1983年2月成立。1984年，武进县政府拨款12万元在湖塘新街建造面积490平方米的文物陈列室，馆藏历史文物1500多件。1986年2月，武进博物馆对外开放。1987年，该馆完成隋墓保护设施工程、完成76个文物点的文字整理和44个文物点的现场勘察。武进博物馆珍藏群众捐献的抗日战争、解

1986—2010年常州博物馆举办承办的代表性展览一览表

表39-3-1

年份	次数	代表性展览名称
1986	14	苏州江南民俗展
1987	15	吴文化考古成果展、纪念张太雷烈士牺牲60周年书画展
1988	10	史公载等四人捐献书画展
1990	12	馆藏现代名家书画精品展
1992	19	当代名人书画邀请展、常州首届妇女书法展
1993	4	常州画院迎春书画作品展
1995	11	明代古尸及随葬文物展、侵华日军南京大屠杀史料展
1996	12	常州市第九届百花邮展、馆藏明代楹联展、常州地区的蝴蝶鱼蛾类
1997	17	馆藏古代书画精品暨(艺苑缀英)常州博物馆专辑作品展
1998	13	常州名人书画展
1999	12	常州博物馆馆藏书画精品展
2000	8	常州文物精品联展
2002	16	江苏省首届农民艺术节常州地区综艺展、馆藏扇面精品展、刘国钧先生捐献书画精品展
2003	14	宣德炉精品展走进常州先民的神秘生活——新岗遗址发掘汇报展
2005	12	馆藏常州名家书画展
2007	10	常州文物精品展六朝青瓷展金与玉——大明王朝贵族饰品展、常州市纪念唐荆川诞辰五百周年书画展、环太湖西部马家浜时期考古发掘汇报展
2008	16	金色江南——江苏古代金器特展常州馆藏书画精品展
2009	17	清代皇室书画展
2010	20	新江苏新风貌——纪念改革开放30周年专题写生画展暨巨幅通景山水画三峡史诗特展、百年青霞——吴青霞作品特展

放战争、抗美援朝时期的货郎担、抗属优待证等革命历史文物20多件。2007年12月，武进博物馆、淹城博物馆合并，新建的武进博物馆位于淹城遗址入口处，总建筑面积8728平方米，馆藏文物3000余件。1986—2007年，武进博物馆共举办历史文物等展览50多次，参展观众27万余人次；在省级以上发表考古研究等学术论文12篇，林志方出版专著《淹城探秘》。

淹城博物馆　1985年9月成立于武进县博物馆，1989年移至淹城。1992年，淹城博物馆对出土独木舟进行保护和抢修；1996年6月，国家文物局批准《淹城遗址保护、利用总体规划》。1998年，修复子城内的春秋竹木井、建造仿春秋竹木井亭。2002年，制订《淹城遗址城墙保护方案》。2007年，对《淹城遗址保护、利用总体规划》和有关保护项目方案进行修订，并进行抢救性保护维修。馆内设淹城遗址出土文物展览室，展出淹城出土文物700多件。2007年9月，武进名人馆在淹城遗址建成开放；12月，政府投资9000余万元在春秋淹城旅游区建造总面积8728平方米的新博物馆落成。

常州梳篦博物馆　始建于2001年9月18日。由常州梳篦厂和常州市园林局合作筹建。原馆位于常州红梅公园屠一道根雕馆内，面积450平方米，设5个陈列展览室，是全国唯一的梳篦博物馆。2009年4月28日，常州市第一个工业遗存保护项目常州梳篦博物馆，搬迁到常州市勤业路17号(常州梳篦厂公司内)，2009年12月对外开放。展区分梳篦历史文化展示区和梳篦工艺制作展示区。梳篦历史文化展示区展馆面积650平方米，展示梳篦的制作工艺历史、杰出成就，展馆梳篦的历史与传说、梳篦制作工具原材料、各历史时期制作的各式梳篦、梳篦的发展与传承和梳篦历年曾获荣誉5个板块组成。展出数量560件左右，代表作品有檀香雕刻双龙戏珠、檀香雕刻凤梳、象牙浅刻静瓶梳、黄杨工艺梳、象牙梁大丁篦、竹节雕刻工艺篦、方骨镂空胡篦等精品50余件。梳篦工艺制作展示区展示面积1500平方米，集中展示篦箕73道工序和木梳28道工序的制作过程，展区部分工艺设互动区，游客可自己动手参与学习工艺制作过程。常州梳篦博物馆为国家AA级旅游景区，中华文化示范基地。每年接待游客约3.5万人次。

位于红梅公园内的常州梳篦博物馆（摄于2009年7月）

金坛市博物馆 2005年7月12日正式开馆，位于河沿东路城南风景区，占地面积3万平方米，建筑面积3500平方米，总投入1200万元，建筑风格为典型的江南水乡仿古建筑。有馆藏文物1万余件，其中国家一级文物20余件、二级100余件、三级300余件，藏品有陶瓷器、铜器、玉石器、书画等，分历史文化、三星村文化、地学科普等6个展厅陈列。有功能设置、基本陈列及特色展览。

圩墩遗址博物馆 位于常州市东郊戚墅堰圩墩村，2009年7月建成开放。圩墩遗址博物馆以“常州第一村”为展示主题，展出了1972年以后3次考古挖掘出土的生产工具、生活用具及装饰品、陶片、炭化米粒等文物394件；还通过雕塑组合、结构剖面造景、二维背景结合动态投影画面等手法再现了圩墩人生存的大环境、圩墩人居住的建筑、圩墩人生活的用具、圩墩人聚在一起用餐的场景及圩墩遗址考古发掘现场，用现代的科技手法演绎古代的文明。

孟河医派博物馆 2010年成立，位于常州市中医医院内。占地1200平方米，总投资300万元，分《医派之源》《医派之成》《医派之杰》《医派之流》《医派之盛》《医派之继》6个板块，完整展现了孟河医派从起源到兴盛及继承发展的情况。馆藏藏品六大类162件，其中，当代孟河医派国医大师裘沛然（已故）、朱良春、颜正华、颜德馨、陆广莘及国医大师邓铁涛、路志正、周仲瑛、张琪、徐景藩为孟河医派的亲笔题词和临证处方是博物馆弥足珍贵的史料。

戈小兴中外烟标烟具博物馆 1996年4月，戈小兴收藏92400余种不同画面的烟标进入吉尼斯世界纪录大全。1998年，经国家文物局核准成立戈小兴中外烟标烟具博物馆。2006年12月，戈小兴中外烟标烟具博物馆正式挂牌，位于天宁区双塔步行街。至2010年末，馆内有中外烟标14万余种，世界各国烟具鼻烟壶、水烟壶、旱烟杆、烟斗、卷烟具5个大类4000余种。该馆有4层楼面，展厅面积920平方米，一楼展厅展示了近百个国家的各种雪茄烟包装盒，二楼展厅是百年烟标烟具的缩影，三楼展示世界各国的烟标设计与制作。戈小兴与117个国家和地区的收藏家和收藏爱好者建立联系，收藏不同的烟标品牌14万余种，被国内外推崇为世界著名的烟标收藏艺术家。

第四十卷　医疗卫生

Volume XL　Health-Care

1986年8月，国家科委确定常州市为社会发展综合示范试点城市，市卫生事业在示范试点中全面推进改革，按照发展“大卫生”的思路，以医疗卫生机构建设为基础，科技发展为先导，人才培养为重点，加强卫生资源开发、投入和产出，到“八五”期末，形成完整的医疗、预防、保健、教育、科研、信息管理和城乡结合的卫生服务体系。1997年8月，市委、市政府出台加快卫生改革与发展决定，提出“五个转移”战略决策：发展策略从以规模数量为主向以质量效益为主转移；卫生体制从计划经济体制向适应社会主义市场经济要求的卫生新体制、新机制转移；在服务上，从以医疗为主向以预防为主转移；工作重点从城市向农村转移；服务模式从传统生物医学模式向现代生物—心理—社会医学转移，使卫生事业步入良性发展轨道。到2000年，全市初步实现世界卫生组织提出的“2000年人人享有卫生保健”的战略目标，全市城乡居民获得较好的医疗预防保健服务。

90年代后期开始，全市医疗卫生系统投入力度加大，各大医院普遍兴建综合门诊或病房大楼。2010年卫生系统业务用房面积达209.95万平方米，其中市卫生局直属单位110.07万平方米。专科、重点专科建设取得前所未有的发展，全市被列为省重点专科的医疗单位22家，其中省中医重点专科8个。各大医院不断更新医疗仪器，普遍使用磁共振（MRI）、高速多排螺旋CT、电子计算机断层扫描、直线加速器、彩色三维B超、全自动生化分析仪、双能X线骨密度仪等现代化仪器设备。临床科研取得多项突破，填补省内或全国空白，Ⅱ型糖尿病人骨髓干细胞成骨能力研究等科研项目得到国家自然科学基金资助。

人才培养形式多样，大力倡导岗位成才，鼓励继续教育、在职就读硕士、博士。进入21世纪后，各大医院引进一批紧缺型高端人才，至2010年，全市有高级职称以上人才1020人、博士研究生85人，先后有20名医疗专家享受国务院特殊津贴。医疗卫生服务质量大幅提升，医卫技术人员由1986年的1.09万人增至2010年的2.19万人，每1000名常住人口有卫技人员4.77人，其中执业（助理）医师1.73人；全市床位由0.99万张增至1.67万张，年门诊业务量由804.7万人次增至1683.23万人次，年急诊数量由22.91万人次增至188.52万人次，出院病人由18.06万人次增至42.45万人次。至2010年，全市基本实现医卫现代化，居民健康主要指标达到或超过同期世界中等发达国家平均水平，平均期望寿命78.1岁。

第一章　医疗卫生机构

80年代，常州医疗机构布局分散，各区都建有医院，随着行政区划调整和医疗卫生事业的改革推进，出现新的变化。80年代后期，常州市卫生系统医院用房、技术设备仍较简朴，少有技术先进的综合大楼，骨干医院——常州市第一人民医院（简称“市一院”）住院、门诊大楼最高只有5层。1990年，常州市全面调整卫生资源配置和医院布局，逐步实施搬迁、分设、转制、合并等措施，各区医院调整合并，全部归并给市卫生局直属医院管理。90年代后期，在常州经济快速发展的带动下，医疗事业投资力度加大，开始加速发展。医疗事业发展突破传统，大量民营资本涌入医疗领域，全市涌现出21家民营医院。个体诊所蓬勃发展，社区卫生服务中心应运而生。医务管理朝着制度化、规范化、科学化方向发展，加强行风建设、依法行政，执法检查力度加大，保障医疗事业有序、良性发展。2000年以后，全市医疗事业进入全面发展高潮，市属医院以建设现代化医院为目标，规划兴建病房、门诊综合大楼。医疗技术配置随着工业技术和医学科学不断发展而进步，医疗设备持续购置、更新，检验、检查项目日益增多，朝着电子化、自动化、遥控化、超微化发展，医疗卫生现代化步伐加快。

第一节　医院

常州医疗卫生业务单位有市直属医院、乡镇卫生院、民营医院、私人诊所、社区卫生服务中心、疾病预防控制机构、卫生监督所等类型。1986年，全市有医疗卫生机构841家，随着社会事业发展，农村医疗普及，社区卫生建设逐步健全，民营医院和私人诊所的快速涌现，全市有医院、卫生院162家，其中市区有医院、卫生院22家（区以上医院14家、乡卫生院8家），武进、金坛、溧阳有医院10家、乡卫生院130家。市属医院有常州市第一人民医院（简称“市一院”）、常州市第二人民医院（简称“市二院”）、常州市中医医院（简称“市中医院”）、常州市第四人民医院（简称“市四院”）、常州市妇产医院、常州市第六人民医院（儿童医院）6家。常州从90年代初开始调整专业方向，市四院向专治肿瘤方向发展，增挂“市肿瘤医院”牌子；市妇产医院改名市第五人民医院（简称“市五院”），市妇幼保健所并入，增挂“市妇幼保健院”牌子；天宁医院改为市第六人民医院（简称“市六院”），把市二院儿科并入，向儿科方向发展。90年代后，常州优化医院资源配置，调整合并；各医院制订长远发展规划，逐步扩大规模，兴建具有特色的门诊急诊或病房综合大楼，医院用房等硬件条件大大改善；市属医院有的易地新建，有的新建门诊、病房大楼。

1986—2010年部分年份常州市卫生机构数统计表

表40-1-1　　单位：家

年份	总计	按地区分			按类别分				
		市区（含武进）	溧阳	金坛	医疗机构	防疫机构	妇幼机构	教育机构	其他机构
1986	841	637	125	79	163	9	9	5	655
1990	890	687	123	80	164	8	8	5	705
1995	855	643	120	92	163	8	8	5	671
2000	782	608	85	89	119	9	7	5	642
2005	1269	875	208	186	115	8	8	4	1134
2007	1173	788	225	160	131	8	9	4	1021
2009	1089	680	224	185	219	8	8	4	850
2010	1103	689	220	194	232	8	8	4	851

说明：2005年开始机构统计口径调整，含村卫生室

1986年以后，民营医院、个体诊所、社区卫生服务中心快速发展。2000年，常州市首家民营医院——常州激光专科医院诞生。2001年，五星医院分院转制创办常州市星明医院，成为经市卫生局许可批准的首家

个人独资营利性医疗机构。2008 年，戚墅堰区医院、广化医院分别更名为常州市第七人民医院（简称"市七院"）、常州市眼耳鼻咽喉医院，9 月 22 日，市妇幼保健院创建为南京医科大学附属常州妇幼保健院。经调整，至 2010 年底，全市有医院、卫生院 93 家（不包括系统外和民营医院），其中市属医院增至 8 家。系统外医院有中国人民解放军 102 医院、常州市德安医院、江苏省常州监狱医院、江苏省溧阳监狱医院、常州市工人疗养院、常州市爱心护理院 6 家。2010 年底，全市医疗卫生机构增至 1103 家，其中医院、卫生院 93 家。市属医院用房面积达 110.07 万平方米。医疗队伍随医疗事业的发展而逐年扩大。常州市区民营医院有激光、星明、仁慈、仁爱、兰陵、博爱、华山、瑞金、荔华、鼎武康复医院等 10 家。个体诊所和市级社区卫生服务中心分别为 121 家和 27 家，其中个体诊所市区 90 家、溧阳 19 家、金坛 12 家。

一、常州市第一人民医院

1986 年以后，市一院以高标准、智能化的要求新建门急诊大楼、住院大楼。90 年代后期，开始设计建造现代化综合病房大楼，1998 年 5 月被列入市政府重点民心工程，总投资 2.1 亿元，2000 年初开工，2002 年 11 月建成，总建筑面积 4.5 万平方米，12 月 30 日投入使用。内设病床 991 张，其中标准病床 729 张、抢救病床 36 张、监护病床 74 张和外宾病床、特需病床 152 张，按四星级宾馆标准装修，所有病房卫生设施功能齐全。手术室采用国际先进的层流设施，其中净化级别最高达 100 级，手术室系统内可自行解决物品消毒，提高手术质量，减少病人手术感染。内设信息智能化安全消防控制系统、卫星电视接收控制中心、电视卫星教学系统、手术过程监视中心、护士与病人对讲系统、病房内计算机终端及电话，安装省内第一套现代化物流传输系统，楼宇自控，B 超室引进美国惠普公司的彩色腹部扇超，检验科配置美国贝克曼公司的全自动生化分析仪，中心化验室投资 600 多万元更新现代化检验设备，成为当时省内医院中单体面积最大、病床最多、智能化程度最高的病房楼。市一院经省卫生厅批准，分别增加妇女保健科、临终关怀科、疼痛科、运动医学科、中西医结合科、临床心理专业、血液透析室（80 台透析机）7 个诊疗项目。2003 年，新建直线加速器机房投入使用；新急诊综合大楼由同济大学建筑设计院设计，2005 年被市政府列为重点工程项目。市一院被评为省首批基本现代化医院。2008 年 5 月，急诊综合大楼建成投入使用，总建筑面积 6.83 万平方米，其中地面主楼 20 层、裙楼 5 层、地下 1 层。2009 年 6 月，常春大厦转给市一院。2010 年，新建综合病房大楼动工；被确定为省首批准许开展血液净化技术的医疗机构及省级培训基地。

位于局前街的常州市第一人民医院（摄于 2010 年 5 月）

二、常州市第二人民医院

90 年代初，市商业职工医院成建制归并到市二院。1999 年动工兴建门诊、急诊住院楼，先后投资近 1 亿元，2001 年 5 月建成投入使用，建筑面积 2.73 万平方米，共 12 层，1～3 层为门诊，4～12 层为内科住院部，10～12 层设 3 个特需病区，设施齐全，由常州市第一建筑工程公司承建，获 2002 年度中国建筑工程质量最高荣誉鲁班奖，这是常州市第一个获鲁班奖的单体工程。2007 年 6 月，在武进中心城区兴建阳湖医院（分院），总投资10.1亿元，占地14.7万平方米，建设规模28万平方米。2010年主体工程竣工，开始内部装修，2012年建成投入使用。

三、常州市中医院

为国家三级甲等中医院。2004年，天宁区同济医院成建制划归市中医医院，成立市中医医院南院。2008年，钟楼（口腔）医院成建制划归市中医医院，成立市中医医院钟楼院区。2005年左右，开始酝酿兴建国家发改委重点建设项目和全国中医药文化建设示范项目——门诊病房综合大楼，总投资超过2亿元，2010年底建成投入使用，共24层，其中地下两层，总建筑面积7.8万平方米，设病床700余张，投入6600余万元购置西门子全套128层螺旋CT、1.5T核磁共振、日立全自动生化流水线等先进设备；投资2000余万元配置院内信息高速公路、专家预约、排队叫号、预检分诊、电子就诊卡、自动报告等系统，专设无线查房病区，医疗条件、仪器设备属常州一流。国家中医药管理局批准该院成立苏南城市唯一一位国家级名老中医药专家张志坚传承工作室。

四、常州市第三人民院

简称“市三院”。90年代初，广化医院向中西结合方向发展，成立全市唯一的中西医结合医院，后并入市三院保留广化医院牌子。21世纪初叶，投资兴建21层高的门诊急诊综合大楼，2009年建成投入使用，总面积4.6万平方米。

五、其他医院

常州市肿瘤医院 2007年在新北区兴建新北人民医院（分院），2010年一期工程完工装修。

常州市妇幼保健院 2001—2002年，规划兴建住院大楼，2005年建成投入使用。2007年7月19日，被评为国家三级甲等妇幼保健院。

常州市儿童医院 2006—2007年，规划兴建病房楼，2010年主体框架结顶。

第二节 卫生机构

一、公共卫生机构

1986年，全市有公共卫生机构27家，其中卫生防疫机构9家、妇幼保健所9家、专业防病机构9家。市级有卫生防疫站、妇幼保健所、职业病防治所、血吸虫病防治站、皮肤病防治所各1家。2002年实行改革，市卫生防疫站、血吸虫病防治站、皮肤病防治所撤销，组建常州市卫生监督所和疾病预防控制中心（简称“疾控中心”）。2003年，市妇幼保健所和市妇产医院合并建立市妇幼保健院。至2010年，全市有公共卫生机构30家。其中市级疾控中心、卫生监督所、妇幼保健院各1家，全市有急救中心（站）、专科疾病防治机构各两家，采供血机构3家。

二、医教科研机构

1986年，全市卫生教育科研单位有常州卫生学校、常州市卫生进修学校、常州市医学科学研究所和武进、金坛、溧阳县卫生学校6所。1994年，市卫生进修学校成建制并入市卫生学校，改名市卫生高等职业技术学校。2009年12月26日，该校附属医院丹阳市儿童医院揭牌，设立常卫校职业技能鉴定所，承担养老护理员、眼镜验光员、眼镜定配工等职业工种鉴定，具备初级、中级鉴定资质，对应国家四级、五级职业资格。武进、金坛、溧阳县卫生学校分别改名为卫生职业培训学校。

三、其他机构

1987年，市红十字会从市卫生局划出，成为市政府所辖独立机构。1995年，常州市血吸虫病防治领导小组办公室与市血防站合署办公。1997 年，常州市气管炎防治所成建制并入常州市儿童医院。2001 年，市卫生局药政处和药品检验所划给江苏省常州药品监督管理局，常州市公费医疗管理委员会办公室划归常州市劳动和社会保障局。

第三节　医疗器械设备

1985 年，常州市一院引进提升到行基线平计数仪，首次把放射免疫技术应用于临床检测。1986 年，常州市属医疗卫生系统拥有医疗器械总值 267.8 万元。此后，医疗器械向自动化、信息化、精密化、高技术方向发展，全市各大医院普遍拥有磁共振、血管造影、放射性核素检查仪、高速多排螺旋 CT、直线加速器、直接数字平板 X 线成像系统、彩色三维 B 超、全自动生化分析仪、双能 X 线骨密度仪、冠心病重症监护室、综合性重症监护病房等先进设备。1988 年，市一院在市内率先建立频谱心电图室和心向量图室，1994 年购置高频心电图及电话心电中央检测系统，成为常州市唯一能够开展远程心电图传输的医院。

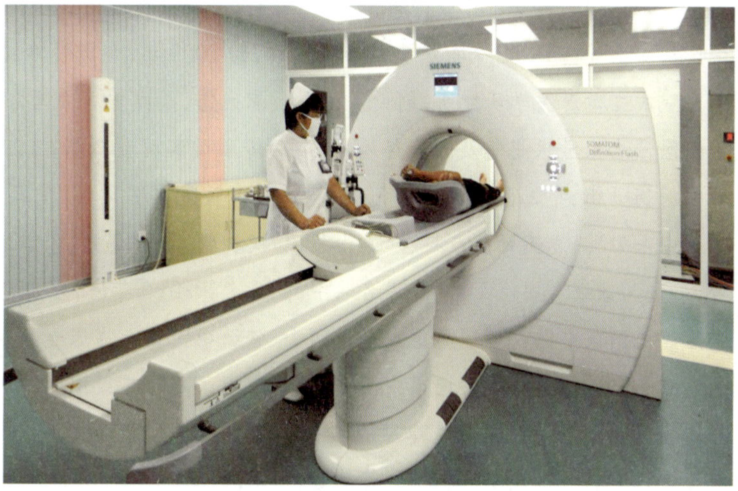

江苏第一台炫速双源256排CT落户常州市二院(摄于2010年9月)

2001 年，市二院设立 ECT(发射型计算机断层扫描仪)室，全面开展临床各系统脏器显像治理技术。市一院、二院等依靠先进仪器，业务逐渐扩大到心功能、超声波、脑功能、肌电图、肺密度、骨密度等检查。2000 年以后，从心电图室发展成以心电图为主，运动心电图、电生理(包括食管电生理与超微心电图)、动态心电图及动态血压并存的综合心功能检查室。2006 年，市二院徐敏主持的子宫腔声学造影诊断宫腔内疾病评估研究课题，通过省级鉴定，填补国内在该领域的空白。2007 年建立骨密度检查室，使用双能骨密度仪器，为全市首家。2010 年，市一院李皓研究的一种心电图胸导联电极获国家实用性专利。

至 2010 年底，市属医院医疗设备投资增至 10.31 亿元，主要仪器设备有普通放射、CT、ECT、MRI、频谱心电图、心向量图仪、生化检验仪、心脏彩超高频心电图仪、电话心电中央检测系统、彩色多普勒、肌电图仪、双能骨密度仪等；放射影像技术发展成为集诊断与治疗于一体的临床一级学科。2010 年 12 月，市二院的全省第一台西门子双源 CT 开机，医学检验利用先进的分析仪，检验逐渐细化，各大医院分设临床生化室、免疫室、微生物室、血液学室、体液学室、血库及独立的急诊检验室，国内各大医院能开展的检验项目 90% 以上常州都能够做。

第二章　医疗技术

新中国成立后，常州中医以个体诊所起步，成立联合诊所，在此基础上，发展为中医院。1985 年以后，常州加强专科和重点专科建设，医疗技术水平迅速提高。1989 年，市级各医院先从专科建设起步，实行人员、设备、技术倾斜，实行大综合小专科、大专科小综合的措施，市卫生局拨出112万元专款扶持市级重点专科。1992年制定出台《市级医疗卫生重点技术专科管理办法》,1994年设立重点专科基金。1995年，设立市级重点专科发展基金、中医事业发展基金，各医院对专科、重点专科建设以专病专人为目标，形成人员、技术、设备、经费、临床实验室5个配套的格局；3月11日，市妇产医院产科被批准为市重点专科。1996年4月，市卫生局对心脏移植等5个临床重大技术项目实行10万～50万元重奖招标制度。市各医疗单位借机加强重点专科建设，促进专科技术快速发展。1997年，全市有12个专科被确认为市级重点专科。2002年，8个临床科室被评为省级重点专科，在省辖市中居榜首。2003年初，确定21个市级临床重点专科，年底考核全部合格，其中4个进入新一轮省级重点专科序列。同年，启动市一院泌尿外科、心胸外科、骨科、消化内科、肿瘤科、神经外科，市二院呼吸内科，市三院肝病科，市四院放射肿瘤科，市妇保院妇科及中西结合医院眼科，市中医院心血管内科12个市级重点专科建设，到2005年，全市新建成省级重点专科8个。2006年7月，在市中医院成立孟河医学研究所，创设孟河医派陈列馆，举办首届中国常州孟河医派论坛以及省级继教项目——孟河医派名家学术思想及临床经验学习班，传承孟河医派精髓。2009年8月28日，中医与旅游相结合的淹城中医街开街，市二院淹城医疗门诊部、武进中医院名医堂、前黄颈肩腰腿痛专科、洛阳强直性脊柱炎专科、汤氏中医妇科、沈氏肾病专科、老人山程氏、庆和堂、台湾高堂、张忠明颈肩腰腿痛专科等中医诊所、门诊部开业，引进国家级名中医7名、省级名老中医20名。2010年底，全市有省重点专科14个，其中中医领域8个。先后建成国家中医药管理局重点专科两个、省级中医重点临床专科及建设单位项目9个，省中医重点专科发展到6个，武进中医院、金坛市中医院、溧阳市中医院为二级甲等中医院。技术人才在临床实践中茁壮成长，涌现出享受国务院政府特殊津贴的华铮、刘信基、巢志复、范晋明、屠揆先、高谷深、张志坚、许培箴、沈云志、何小舟、吴昌平、张晓膺、钱育寿、蒋敬庭、王跃涛、周玉祥等医疗专家。医疗服务呈跨越式发展，床位数、门诊、住院出院病人和每千人拥有的床位、技术人员等比例成倍增长。全市有市和辖市（区）中医院4家。常州涌现出屠揆先、张志坚、钱育寿、杨泽民、徐迪华、朱龙骧、程子俊、张志鸿、邹锡昕、申春悌、李夏亭、张琪、沈祖法、周玉祥、卞国本、王耀峰、王静仪等知名度较高的省级名中医，全市有13位省名中医、7位全国老中医药专家的学术继承人出师。

第一节　西医

一、内　科

消化科　1985年以后，常州多数医院相继设立消化内科。1996年，市一院在全国率先应用经口胆道子母镜技术。1997年和2001年，消化内科分别被批准为市、省重点专科。2002年5月，市三院与中国科学院微系统与信息技术研究所共建生物芯片临床分子诊断示范实验室。2005年8月12日，常州市肝病研究所成立。2007年2月，市二院消化内科被批准为市重点专科。

呼吸科　1986年，市一院在常州率先成立呼吸内科独立病区。1992—1993年，市二院在省内率先开展纤支镜代胸腔镜技术用于胸膜腔疾病诊断、支气管动脉栓塞治疗大咯血。1994年，与美国伟康公司合作成立常州无创呼吸治疗中心，在省内最早设立呼吸重症监护病房(RICU)；市二院韦国桢在国内率先开展气管支架治疗气道狭窄技术，达国际先进水平；在省内率先开展呼吸病介入诊疗技术，经纤支镜高频电切，和用微波治疗气管、支气管肿瘤等气道阻塞性疾病。1997年、2002年，市一院、市二院的呼吸科分别被批准为市、省重点专科。2001—2007年，常州在全省率先开展血栓消融介入技术治肺栓塞、内科电视胸腔镜诊疗技术、

125 Ⅰ粒子组织网植入治疗肺癌技术和经纤支镜氩气到治疗气道狭窄技术，帮助全国80余家医院开展纤支镜等相关技术。

心血管科 1981年、1987年，市一院、市二院先后建立冠心病监护病房(CCU)。1993年10月，市二院设独立病区，两家医院都形成起搏器与电生理、冠心病和先心病3个介入专业学组。1995年，市二院完成全市首例冠状动脉主动脉旁路移植手术(CABG)，达国内先进水平。1998年、2001年，市二院、市一院的心血管科先后被批准为市重点专科。2003年6月，武进医院心血管科被批准为市重点专科。2005年和2007年，市一院先后被省卫生厅批准为临床药物试验基地、省首批准予开展心血管疾病介入诊疗技术医院。2003年9月12日，开展自体干细胞移植十支架植入技术，成功救治1名突发急性心肌梗塞的78岁老人。2006年，市二院丁志坚主持的血压昼夜节律与血管内皮功能及血液流变学关系研究，通过省级鉴定达国内先进、省内领先水平。

神经科 1986年，德安医院开设神经内科病区。1989年8月，武进横林医院创建偏瘫治疗专科。1990年3月，武进医院设射频室，在省内率先开展温控射频热凝仪治疗三叉神经痛、面肌痉挛、舌咽神经痛疾病，求治病人遍及7省1市。1992年3月开展三叉神经诱发电位检查填补国内空白。102医院精神二科主任、医学心理研究室主任张理义等在1995年开展癫痫患者的预后与生物、心理及社会因素的研究，该项研究填补国内现代癫痫学空白。1995年、1997年，市一院、市二院先后成立神经内科重症监护病房(NICU)，市一院开展的神经源性多器官功能不全综合征和双侧脑室溶血引流解痉治疗自发性脑出血临床研究，1998年经鉴定达国内领先水平。市二院开展的血清和脑脊液骨鞘碱蛋白检测，经鉴定填补国内空白，达国际先进水平。2001年神经内科重症监护室成为独立单元，2002年12月被批准为市重点专科。2006年，市二院王仕忠主持的高压氧治疗对缺血性脑卒中凝血因素的影响和市二院陈卓友主持的99MTC-TRODAT-1 SPECT DAT显像评估帕金森病严重程度研究，经省鉴定达国内先进、省内领先水平。2006年，丹麦生产的重复经颅磁刺激仪投入使用，经颅磁刺激是一种新型、安全、无创伤治疗方法，国内只有少数几所专科医院开展。5月，成立江苏省首家网瘾戒断中心，为常州专业戒断场所。

肾内科 1980年、1981年、1987年，市一院、市二院、市中医院分别建立肾内科。1994年，市一院建独立病区，1995年成立血液透析中心，2003年市一院肾内科被批准列为市重点专科。

内分泌科 1979年、1980年，市二院、市一院先后建立内分泌科。1989年、1994年和2002年，市二院、市中医院和市一院分别成立内分泌实验室。2004年和2007年，市二院内分泌科先后被批准为市、省重点专科。2009年4月1日，市二院开设常州市首家糖尿病护理门诊，指导患者自我管理，17日与常州糖尿病康复协会成立常州市糖尿病研究所。

血液科 1982年，市一院率先成立血液肿瘤专科实验室，1989年开展骨髓移植治疗晚期恶性肿瘤获得成功，1993年成立市血液病研究中心，1994年设肿瘤血液科独立病区，1995年单独建科，成为卫生部首批白介素Ⅰ、Ⅱ期临床试验单位，2002年被批准为省重点专科，2004年被省卫生厅批准为首批骨髓移植定点医院。2003年，建成100级细胞培养操作室，创国内大龄高体重儿童脐带血移植先例，在全国率先开展EPOR(红细胞生成素受体)在体内血细胞上的分布及其与EPO(促红细胞生成素)结合后的信号传导机制研究，对各种血液病诊治及分子生物学基因检测等诊疗技术步入国内先进水平。2007年7月，市一院被省卫生厅批准为首批开展非血缘造血干细胞移植、采集医院。2010年，市一院被确定为全省首批准许开展血液净化技术的医疗机构及省级培训基地。市二院于1987年成立血液实验室，1995年成立血液科独立病区。

肿瘤科 1970年，市一院建立肿瘤血液专科。1991年，市四院建立肿瘤内科，1994年3月增挂“市肿瘤医院”牌子。1995年，市一院、市四院都成立独立病区。1996年，市一院在全省综合医院中率先成立肿瘤实验室，在省内率先成立肿瘤生物诊疗中心。1997年对肿瘤转移灶肿瘤浸润淋巴细胞进行专题临床研究，填补国内外空白，达到国际先进水平。2003年和2006年市一院分别被批准为市、省重点专科，2006年被列入国家药物临床试验基地。市肿瘤医院，1996年1月采用对实体肿瘤局部进行放射治疗，经专家鉴定填补国内空白，达国内领先水平。1998年11月，经卫生部、省卫生厅批准，成立市肿瘤医院美国亚西X—刀治疗中心，2005年10月成立细胞分子实验室。2006年，在国内引进最先进的第一台64/40层螺旋CT机，在肿瘤放射剂量的质量控制和质量保证方面达亚洲先进水平。11月7日，举办亚洲中国放疗剂量质量控制/质量保证现场考察和技术研讨会。2007年2月，市二院肿瘤科被批准为市重点专科，4月成功实施全省首例经皮穿刺肝肿瘤动脉栓塞术。

儿　科　80年代初，市四院、中医院、妇产医院、妇保所等都开设小儿科，其中妇产医院实验室于1991年开展应用磷脂酰甘油预测新生儿肺透明膜病前瞻性研究成功，为国内首创。1986年，市一院、市二院开设儿童保健门诊，逐步形成新生儿、呼吸、血液、神经等专业组，1996年6月1日儿童医院成立后，市一院、市二院控制30张（市一院撤销新生儿病房，市二院保留8张新生儿床）儿科床位；市一院邹锡听等开展灵宝冲剂促进儿童智能发育研究，同年通过鉴定，达国内领先水平。1999年，率先在国内建立4～12岁各年龄组儿童P300正常值，成果填补国内空白，达国际先进水平。市二院儿科、新生儿科于2003年设独立病区，2009年首次为1位5岁慢性咳嗽患儿成功实施纤维支气管术及支气管肺泡灌洗术，至2010年完成20多例，攻克小儿纤维支气管镜难题。除市二院外，江苏省仅有南京儿童医院、苏州儿童医院能实施这种手术。市儿童医院于1997年11月治愈常州市首例、国内罕见的肺炎支原体脑炎患儿。2004年，成立小儿血液、消化、肾脏和心血管等4个专科，新生儿病区被批准为市重点专科。

风湿免疫科　1981年，市二院结合诊治风湿病和肾脏病。1987年，市一院在普内科设立风湿免疫学组，1997年7月成立独立病区，设床位17张。2002年，被批准为市临床重点专科，2005年被授予苏州大学内科学风湿免疫专业硕士点。1989年，中医院成立风湿免疫专科。1999年3月，洛阳镇卫生院被批准成为治疗强直性脊柱炎专病医院，收治来自全国30个省、直辖市、自治区的病人。

精神病科　1988年10月，常州市精神病医院改名为常州市德安医院，实践探索形成的精神病防治康复体系，被国际卫生组织称为“中国常州模式”，被中国残联誉为“全国一枝花”。1995年，经解放军总后勤部卫生部批准，全军唯一精神病防治中心设在位于常州的解放军102医院。

二、外　科

普 外 科　1986年，市一院建立外科专科病区。1997年2月，治愈全省首例腹主动脉瘤破裂，全国罕见。2006年被批准为省重点专科，2008年7月设立市内第一个血管外科病区，2010年经浩研制的腔内标本吸集器获国家实用性专利。2001年，市二院李新庆在国内首创小切口结合电灼破坏大汗腺根治腋臭，2004年8月成立腹腔镜外科，2010年3月朱春富博士采用开放后入路腹膜前修补治疗复发性腹股沟疝的创新手术，获得成功。

泌 尿 科　1985年，市一院建立男性学研究室。1989年，开展肾移植手术，成活率达100%，跻身全国前列；成立震波碎石室和震波碎石中心，在全国最早解决B超定位难题。1993年成立泌尿介入性超声研究室，1995年成立血液透析中心、肾移植中心和建立肾移植实验室，1999年建立尿流动力学研究室，2001年被批准为省重点专科及省级重点学科合作单位。2003年，市一院泌尿外科与省人民医院泌尿外科结为省重点专科共建单位。2004年4月，市一院院长何小舟主刀市首例胰肾移植获得成功，生存率达国内先进水平。2007年7月，市一院被省卫生厅批准为首批开展肾脏移植医院。1988年，市二院开展肾移植临床研究并应用于临床，手术例数列全国第二位，1990年设立泌尿外科实验室，成立震波碎石室和震波碎石中心。1995年，在全国较早独立开展腹腔镜泌尿外科手术，其中后腹腔镜肾上腺肿瘤切除术、后腹腔镜肾切除术、后腹腔镜肾盂输尿管切开取石术均为国内首先报道，在国内率先开展电视腹腔镜下肾盂输尿管切开取石。2005年，在全国率先开展后腹腔镜肾切除术，被学术界誉为治疗肾上腺良性疾病的金标准手术技术。2007年9月，市三院在省内率先成功开展U100Plus(腔内激光碎石系统)激光微创手术清除泌尿系结石。

神经科 1985年10月，市一院神经外科成为独立病区，1994年与日本久保和雄合作建立永康脑神经诊疗中心，1997年6月建立神经外科实验室，2001年被批准为省重点专科，2005年被批准列入市重点学科、国家药品临床试验基地。2002年，市二院成为独立病区，2003年被批准为市重点专科，2007年在全省率先开展4例应用骨髓间充质干细胞组织工程骨修复颅骨缺损畸形新技术。

骨　科 1985年，市一院、市二院开设骨科。2003年，两院细化分设脊柱、关节、创伤、肿瘤、显微及手外科6个专业组。2001年，市一院骨科被批准为省重点专科，2003年被列入市重点学科。2008年、2009年，朱亚平等研制的弹性跟腱夹板、刘锦波研制的耻骨联合分离三维复位器组件分获国家发明专利；2010年，研制的下支透视架和锁骨骨折点位于锁骨总长外侧三分之一区段骨折固定板获国家实用性专利。1998年，市二院开展踝部创伤性骨关节炎及骨坏死研究，通过鉴定，属国内先进。1999年，在国内率先开展急诊前后路联合减压前路Orion钢板、后路侧块钢板内固定治疗颈椎骨折并截瘫，前后手术一次完成。2001年，徐南伟等开展急诊前后路一体减压内固定治疗颈脊髓损伤的临床研究，经鉴定达国内先进水平。2006年，在全省首创骨盆置换手术，为两位骨盆被癌细胞破坏的病人成功各换半个合金骨盆。刘锦波等开展的脊髓损伤和修复的系列实验研究课题经省级鉴定，达国内先进、省内领先水平。2007年10月，被批准为省重点专科。2009年5月，卢耀军成功开展骨间背骨皮瓣移植术。1994年12月，市三院为一名94岁患者施行人工全髋置换术，国内罕见。2009年8月，在省内率先采用最先进微创技术——介入臭氧消融术治疗腰椎间盘突出症，被确认为免除开刀治疗腰椎间盘突出症有效手段。1996年，钟楼医院骨科主任王文俊为一名103岁的老人施行人工股骨头置换手术，国内罕见。市中医院瞿玉兴在2003年10月开展国内首例人工髋关节表面置换手术，获得成功。

心胸科 1985年，市一院在全市建立首个心胸外科专业病区。1994年，高茂良自行设计研制EXY—1型胸腹腔气液自动吸引治疗仪，获国家专利，并通过省科研成果和产品鉴定，功能设计达国际先进水平，批量生产。2002年被批准为省重点专科。2001年5月，张晓膺主刀，采用改良式全心移植术，成功完成全市首例同种原位心脏移植手术。2003年3月，市一院为67岁肺癌患者成功进行自体肺移植，独立完成市卫生局下达的临床医学重大技术项目。1987年，市二院成立胸心外科。2003年9月，成功完成市卫生局重大招标项目——同种异体单肺移植术。2004年被批准为市重点专科。2007年7月，在省内率先开展腹腔镜联合胸腔镜食管癌切除术，至2010年底完成50例，手术成熟、定型，达省内领先水平。2010年12月，举办江苏省胸腹腔镜联合手术治疗食管癌学习班，完成全省首例胸腔镜下心外膜安装起搏器手术。2004年，武进医院心胸外科被批准为市重点专科。

烧伤科 1987年，市一院成立独立病区，1991年采用10%的葡酸钙溶液湿敷创面方法，成功救治数十例氢氟酸灼伤患者，其中最大灼伤面积达30%，治疗技术达国内先进水平。1994年，市一院率先在常州实行全封闭式管理，配有重症监护室及浸浴室。1997年5月，市二院设烧伤科独立病区，配重症监护隔离病房，2003年改名为烧伤整形科。80年代末，金坛中医院由皮肤科和烫伤科组合成皮肤烧伤科。1992年，经中国烧伤创疡科技中心批准，成立中国烧伤创疡科技中心金坛分中心，将湿润暴露疗法应用于临床，1995—1998

年3次参加中国烧伤创疡大会，3次获中国烧伤创疡科技进步三等奖。

肝胆科 1987年10月，市一院独立建科。2000年7月，成功完成市卫生局重大招标项目——同种异体原位肝移植术，2002年被批准为市重点专科。2005年，普外科(含肝胆外科)被批准为省重点专科。2009年1月，市三院被批准为市重点专科。2003年8月，市二院完成市卫生局重大技术招标项目——减体积肝肾联合移植手术。

胃肠科 1987年10月。市一院独立建科，2005年普外科(含胃肠外科)被批准为省重点专科。市二院曾独立完成腹腔镜下胃肠道恶性肿瘤根治术50余例，其中腹腔镜胃癌根治术22例，达省内领先水平。2009年10月，胃肠外科主任汤黎明博士在全国腹腔镜临床应用进展研讨会上作了手术演示和专题授课，获与会专家教授好评。

儿外科 1988年，市一院重组儿外科，附设于肝胆外科。其他医院小儿外科疾病仍由外科兼治。1997年，市儿童医院开设小儿外科专科门诊。2001年12月设独立病区，下设6个三级专科。2002年，小儿外科被批准为市重点专科。

颈部外科 市1996年，肿瘤医院率先打破原多个单一专科各自为政状况，综合耳鼻喉、口腔颌面、颈部外科，设立颈部外科，开展颈部以上各部位良恶性肿瘤、肿块、传统颈淋巴结清扫、功能性颈淋巴结清扫、创伤专科诊治及修复重建等。1997年，市二院设立颈部外科。

肛肠科(痔科) 1996年、1999年，市二院、市一院先后开设肛肠专科门诊。

乳腺科 1985年，市一院成立常州市首个乳腺外科，1994年建独立病区，2004年被批准为市重点专科，2005年普外科(含乳腺外科)被批准为省重点专科。1996年，市二院开设乳腺外科专科门诊，2001年设科。1998年后，长期与复旦大学附属上海肿瘤医院合作开展课题研究，对乳腺疾病开展系列个体化治疗。

麻醉科 1984年，武进医院成立常州市首个麻醉科。1985年市一院、市二院设科。1993年，中医院设科，以后各院陆续设科。2003年，市一院建麻醉实验室。2004年，武进中医院在全市率先引进麻醉信息管理系统，应用电子麻醉单。2004年，市二院被批准为市重点专科。

三、妇产科

产科 1989年12月市三院设产科。2003年1月20日，市妇产医院围产医学专科被确定为市重点专科。2003年后，市妇产医院产科划分为生理产科和病理产科。1996年11月，市一院进行了B超监测IUD(子宫内节育器)下移与带环妊娠关系研究，经鉴定属国内领先水平。2004年，市妇幼保健院生殖中心为1名31岁育龄妇女体外受精，12月15日产下一对双胞胎姐妹，是常州市诞生的首例试管婴儿。2005年6月28日，市妇产医院诞生市首例水中分娩婴儿。

妇科 1987年，市一院开设计划生育专科门诊，负责承担计划生育后遗症鉴定、新型节育环试用以及新型计生药物临床应用。1990年3月，市三院开设妇科。2002年，市二院在省内率先开展腹腔镜全子宫切除术，陆续开展腹腔镜下结肠代阴道手术、腹腔镜下宫颈肌瘤剔除术、腹主动脉旁淋巴结清扫等多种新技术。2009年10月，市二院妇科主任施如霞在妇科微创新技术国际研讨会上作了手术演示和专题授课，获国内外专家教授好评。2003年8月，市妇产医院生殖中心开诊，使不孕不育基础研究与专科建设实现突破。2003年，市妇幼保健院完成市卫生局首轮重大技术招标项目——卵巢移植技术。1月20日，市妇产医院妇科成为市重点专科；10月，经省卫生厅批准，开展丈夫精液人工授精技术。2009年9月，市妇产医院成为南京医科大学附属医院。

第二节 中　　医

一、内　　科

消 化 科　1982年，市中医院设立消化科（含胃镜室）。1991年，开展内镜下喷洒生物胶，治疗吻合口瘘，填补国内空白。1993年2月，开展内窥镜下记忆合金支撑管，治疗食道贲门良恶性狭窄技术，经卫生部科技司评审，属国际领先水平。1997年被批准为市中医重点专科。2007年被确定为省"十一五"中医重点专科建设项目。

肾 内 科　1987年，市中医院成立肾内科，2007年该科被批准为市中医重点专科、省"十一五"中医重点专科建设项目。2009年，溧阳市中医院肾内科被批准为市中医重点专科。

肿 瘤 科　1992年，市中医院设立肿瘤科门诊，1996年成为独立科室。2004年和2006年，分别被批准为市、省中医重点专科。

心血管科　2002年，市中医院心血管科被批准为市、省中医重点专科。2007年，被确立为国家中医药管理局"十一五"重点专科建设项目。

肝 病 科　2002年，市三院肝病科被批准为省中医重点专科。

风 湿 科　2002年，市中医院风湿科被批准为市中医重点临床专科。

呼 吸 科　2007年，市中医院呼吸科被批准为市中医重点专科。

内分泌科　2007年，市中医院内分泌科被批准为市中医重点专科。

神 经 科　2009年，市中医院神经内科被批准为市中医重点专科。

二、外　　科

骨 伤 科　1956年12月，市中医院建立骨伤科，1996—1997年研制出系列弹力夹板治疗粉碎性骨折和移位骨折、整骨止痛酊，通过专家组鉴定，达国内先进水平。1997年和2002年，骨伤科先后被批准为市、省中医重点专科。2005年1月，骨伤科分成创伤骨科、关节骨科、颈肩腰腿痛骨科和手足显微外科。2007年被确立为国家中医药管理局"十一五"重点专科建设项目。2008年11月，研制生产出清膏Ⅰ号，这是针对亚健康人群专门研制的新剂型，在全省为首次。1993年，市一院利用自行研究的跟腱气囊夹板外固定，配合中药外敷、针灸、按摩等方法治疗闭合性跟腱断裂，治愈率100%，经卫生部科技司评审确认，治疗技术属国内首创，达国际先进水平。2002年，溧阳市中医院骨伤科被批准为市中医重点专科。2004年，金坛市中医院骨伤科被批准为市中医重点专科。2009年，武进中医院骨伤科被批准为市中医重点专科。

针 灸 科　2007年，市中医院针灸推拿科被批准为市中医重点专科。2008年，溧阳市中医院针灸科被国家中医药管理局定为农村医疗机构针灸理疗康复特色专科建设项目。2010年，金坛市中医医院、武进中医医院针灸康复专科入选国家中医药管理局农村医疗机构针灸理疗康复特色专科。

烧 伤 科　2001年2月，金坛中医院皮肤烧伤科被批准为首批市中医重点专科。

痔　　科　1958年，市中医医院设立痔科，2001年9月被批准为市中医重点专科。

三、妇 产 科

2007年11月，市中医院妇产科被批准为省中医重点专科，被确定为省"十一五"中医重点专科建设项目。

四、儿　　科

2002年，武进中医院儿科被批准为市中医重点专科。2006年，入选国家中医药管理局农村医疗机构中医特色专科建设项目。

第三节 其他专科

一、病理与检验科室

病理科 1988年，市一院建立全市第一个免疫病理室、神经病理室、细胞病理室，开展原位分子杂交技术，在全省率先开展病理质量控制，1997年被批准为市重点专科。

影像科 1992年，市一院放射科更名为影像科，2002年12月、2007年10月，分别被批准为市、省重点专科。2002年，市二院影像科改名放射影像部，成为独立科室。2007年，实施市卫生局重大科研项目——城乡远程影像诊断系统构造与研究，与多家乡（镇）卫生院建立起平台，提高城乡社区诊疗水平，2008年12月12日在全国率先通过省专家组验收。

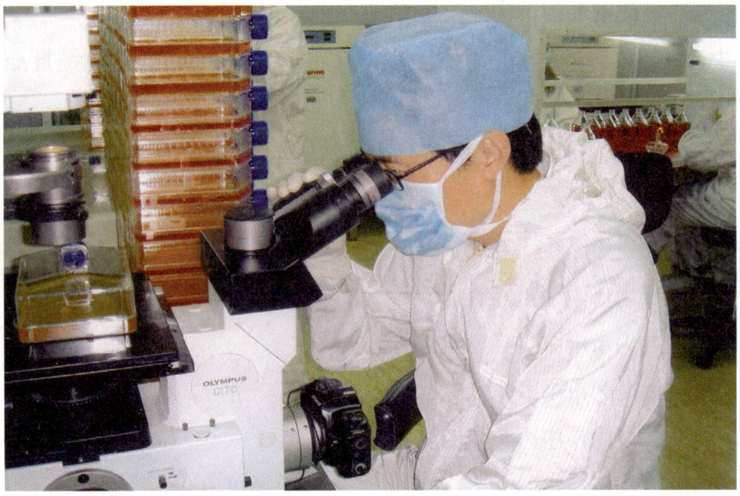

常州市第一人民医院医学生物实验室（摄于2010年6月）

检验科 1987年，市各医院检验科参加市临床检验中心临床生化室间质量评价。1989年，市一院、市二院临床检验质量控制受到卫生部好评。1990年，市一院获全国实验质量控制奖、单项质量控制奖，居全国400余所实验室质量评比第七名。2004年、2009年分别被批准为市、省临床重点专科；罗光华等人研究的检测脱氧核糖核酸的单核苷酸多态性的方法、蒋敬庭研究的CIK（自体细胞免疫疗法）细胞培养液及培养CIK细胞的方法，在2009年和2010年分获国家发明专利。武进医院、市二院在2004年和2007年分别被批准为市重点专科。2001年，市三院开展对乙型肝炎病毒（HBV）前C区1896位点和P区YMDD位点核苷酸序列检测项目，填补省内空白，在全国处领先地位。2003年3月，肝病实验室与中科院上海微系统信息技术研究所协作成立省生物芯片临床分子诊断示范实验室。

核医学科 1986年，市二院同位素室建成投用，1992年6月与中国同位素公司成立常州市放射免疫检测中心，放射免疫检测项目增至40余项，2001年改名为核医学科，2004年创建为市重点专科。

二、五官科室

眼科 1980年，市一院、市二院成立眼科，此后其他二、三级医院眼科相继独立，广化医院眼科最有特色。1991年，金坛市中医医院眼科被省残联三项康复办公室指定为防盲复明治疗中心，1999年5月成为“视觉第一、中国行动”白内障手术定点医院。1992年12月，永红乡卫生院与俄罗斯的医疗机构合作，成立中国—俄罗斯近视眼治疗中心，这是常州市首例与外国医疗机构合办的医院。1999年10月，武进坂上眼科医院首例白内障超声乳化术获得成功，成为全国第一个开展白内障超声乳化术的乡（镇）卫生院。市中西医结合医院眼科研究中心和常州市眼科诊疗中心于2000年8月11日在市中西医结合医院成立，2002年市中西医结合医院眼科被批准为市、省中医重点专科。2005年，开展眼底病、斜视、整形美容等7个专病门诊。2006年，市二院眼科的卢国华主持超选眼动脉溶栓治疗视网膜中央动脉阻塞临床研究，谭英主持利用MSCT（多层螺旋CT)量化义眼台植入研究，均通过省级鉴定达国内先进、省内领先水平。

耳鼻咽喉科 1980年，市一院、市二院将耳鼻咽喉科从五官科分出独立设科。此后其他医院相继分设耳鼻咽喉科和五官科，与其他专科共同组建病区。2004年、2006年，市中西医结合医院耳鼻咽喉科分别被批准为市、省中医重点专科。常州市眼耳鼻咽喉科医院于2005年9月8日在市中西医结合医院成立，开展林氏咽宁散治疗急慢性咽炎的临床研究，经鉴定属国内先进水平，2006年被批准为省重点专科。2007年2月，市二院耳鼻咽喉科被批准为市重点专科。

口 腔 科 1985年1月，成立市口腔医院，1995年设内、外、矫形、特诊4个临床科室和7个二级临床专业科室。2001年成立口腔急诊科，2002年被批准为市重点专科，2004年钟楼区被命名为全国牙病防治工作先进区。市二院在常州市口腔医院成立时，撤销口腔科，仅留3名医生负责牙病治疗，后又逐步恢复门诊。市一院口腔科先改名颌面外科，1998年又复称口腔科(含颌面外科)。1987年7月市中医院设立口腔科。

三、其他科室

皮 肤 科 1986年，市一院建立皮肤病理实验室，在全省率先独立开展皮肤病理诊断，1989年建立独立CO2激光室，1996年更名为皮肤性病科。1990年3月，市二院、中西医结合医院分别成立皮肤激光治疗室、皮肤性病专科。1995年，市二院通过更名设立皮肤性病科。其他医院在90年代相继开设皮肤科。2002年，金坛市中医院皮肤科被批准为市中医重点专科。

理疗康复科 1955年、1956年，市二院、市一院分别设立理疗室。1989年5月，市一院成立综合性重症监护室(ICU)，1994年建立包括120病房、ICU等在内的完整急救网络，2000年7月从内科、麻醉科调入医师重新组建ICU，2002年更名理疗康复科，2004年5月与骨伤科、中医科、针灸科合并成立中医针灸理疗康复科。1955年，市二院成立理疗室，1995年9月成立ICU，1996年更名理疗康复科。武进人民医院、中医院急创抢救中心分别于1994年和2003年成立ICU。

传 染 科 1995年7月，市三院传染科被批准为市第一个省级重点临床专科。

放射肿瘤（放疗）科 1984年，市一院在全市首家成立独立放射治疗科，随后与全国大医院同步更名为放射肿瘤科，由病房和直线加速器机房两部分组成。1986年建放疗技术组。市四院于1993年11月开展放射治疗业务，1996年独立设科，下设放射物理实验室、模具室。

四、中西结合治疗

80年代，提出中西医并重，全市医疗界出现学习中医热潮，市二院中医内科率先开展中西医、辨病与辩证结合，设立专病门诊，开展中西结合治病业务。1990年7月，天宁区在所属广化医院基础上，建立常州唯一的中西医结合医院，1996年创建成二级甲等中西医结合医院，2010年5月整体并入市三院。1995年12月，市中医院吴长富、洪哲明、谈坚明被省卫生厅、中医管理局评定为江苏省中西医结合专家。1999年，市卫生局委托南京中医药大学举办中西医结合研究生课程班，有36人结业。2009年，省中医药管理局委托南京中医药大学举办、常州市中医院承办西医学习中医研究生课程班，有50人参加学习，2010年结业。

第三章 医疗服务

1985年以后，常州医疗机构服务门类增加，医学分科日趋细化，人才日趋专科化、专病化，专科服务更加具体，业务服务水平日益提高。至2010年底，全市医疗服务形成以三级医院为龙头，以县（区）医院为枢纽，以社区卫生服务中心（村卫生服务站）为支点的功能齐全、技术先进、保障有力的服务体系。

第一节 医务

常州市医院门急诊因大量外来务工人员进入、人口增加，环境污染，营养过剩，工作节奏加快、心理压力加大，网络高度发达（文明病）和医院服务项目增多等原因，业务量快速增加。1986 年，全市医疗机构完成诊疗业务量 827.61 万人次，病床数（不含系统外和民营医院）9883 张。2010 年，全市医疗机构完成诊疗业务量 1871.75 万人次，病床数发展到 1.67 万张，平均每千人（常住人口）拥有床位 3.64 张。

1986—2010 年常州市医疗业务量统计表

表 40-3-1

年份	病床总数(张)				医疗业务量(万人次)			
	全市	市区	溧阳	金坛	门诊	急诊	住院	出院
1986	9883	7275	1583	1025	804.70	22.91	—	18.06
1987	10054	7319	1576	1159	—	—	—	—
1988	9996	7127	1566	1303	—	—	—	—
1989	10253	7362	1586	1305	790.02	32.90	19.70	19.80
1990	10460	7470	1685	1305	804.80	34.60	19.80	19.70
1991	10454	5873	2425	2156	811.20	38.99	19.50	19.50
1992	10607	5977	2425	2205	858.40	46.01	20.20	20.20
1993	11190	6500	2425	2265	786.70	46.07	20.10	20.15
1994	11138	6404	2469	2265	779.34	51.36	19.02	19.02
1995	11566	6818	2483	2265	789.40	59.78	18.87	18.80
1996	11268	8189	1751	1328	779.19	60.73	19.00	19.00
1997	11273	8219	1724	1330	773.59	65.56	19.00	19.00
1998	11223	8183	1704	1336	757.57	69.63	18.87	18.86
1999	11213	8173	1704	1336	765.73	67.09	19.03	19.04
2000	11143	8187	1649	1307	773.20	71.62	19.31	19.27
2001	11393	8300	1809	1284	764.80	71.18	19.79	19.70
2002	11842	8900	1759	1183	810.06	81.46	21.62	21.48
2003	12135	9086	1858	1191	849.62	91.29	23.33	23.27
2004	12352	9200	1892	1260	877.77	111.70	25.79	25.74
2005	12474	9207	2003	1264	962.69	127.40	27.47	27.36
2006	13247	9666	2214	1367	1045.61	142.75	28.72	28.63
2007	14696	11177	2033	1486	1223.10	155.49	33.09	33.07
2008	15113	11487	2101	1525	1407.80	164.86	35.78	35.74
2009	16170	12310	2205	1655	1620.06	194.65	39.48	39.35
2010	16701	12814	2247	1640	1683.23	188.52	41.72	42.45

说明：1987—1988 年医疗业务量未统计；市区病床位数包含武进县（市、区）病床数

第二节　护理

80 年代中期，常州市护理层级由二级升为三级，形成护理部管理各科护士长，各科护士长管理病区护士长的三级管理体系，护理发展与医院规模扩大和医疗技术发展同步。1985 年，全市各医疗机构及工矿、机关、学校等保健机构有医生 4437 人、护士 1856 人、护理员 414 人（基本未接受过专业培训），拥有床位数 9405 张，医护比为 2.39∶1，床护比为 1∶0.197，护士队伍严重不足。后通过常州卫生学校开办护理专业，扩大招生等措施，逐渐缓解护士紧缺的矛盾。2010 年，全市有执业（助理）医师 7933 人，注册护师、护士 7777 人，拥有床位 16701 张，医护比为 1.02∶1，床护比为 1∶0.4657。管理逐渐规范制度化，从 1987 年起，每年为护龄满 30 年的护士发放卫生部颁发的荣誉证书，市卫生局制订出台市、区、县级医院 10 项护理操作规程。1993 年护士注册上岗。市一院护理工作走在全市前列，1994 年开始使用《护士长台账》《护士长手册》《护理质量考核手册》，后逐渐向各医院推广。溧阳市中医院于 2008 年 1 月率先在全市护理管理中导入 ISO 9000 质量标准管理。市二院于 2010 年 4 月率先在脊柱外科、内分泌科、呼吸内科病区启动优质护理服务示范工程，创新服务理念，设立流动服务站，护理更精细，在 3 个病区配备护士达到 2∶1 床护比。

一、护理模式

常州护理模式有责任制和整体护理两种。1987 年，市二院在全市率先建立示范责任制病区，实施规范化管理，90 年代推广到一级医院。1995 年，金坛医院、金坛中医院在全市率先试行整体护理。市一院、市二院随即对整体护理模式的病房护士实行全员培训。1997 年，市卫生局在金坛医院召开现场会，随后在全市二级及以上医院推广，有 26 个病区实行整体护理。1998 年，市卫生局成立整体护理指导小组。1999 年，金坛率先在 5 家一级甲等医院推广。2000 年，全市乡（镇）卫生院创建整体护理模式病房，将整体护理模式向一级医院推广。2003 年起，市一院、市二院全部实行整体护理。

二、护理技术

常州医疗护理技术分为基础护理、专科护理两种。

基础护理　1986 年起，市卫生局组织每两年举行 1 次全市护理操作竞赛，曾连续举办 4 次。1987 年，市二院成立护理操作示教室，随后各院相继成立。1994 年，市中医院成立中医护理研究室，1996 年 10 月市中医院在等级医院验收中获得全省护理总分第一。1998 年，市一院成立护理技术操作队，培训全院护士。2005 年，市卫生局代表队获江苏省护理技能操作大赛团体三等奖，武进医院的金海莲获个人全能三等奖；武进医院的金海莲和市二院的潘文敏分获无菌技术操作二等、三等奖，市一院钱惠玉获团体全能第三名。2007 年 12 月，市一院被省卫生厅确定为省首批血液净化护士专科培训试点基地；市二院消毒供应中心通过江苏省消毒供应中心验收，成为全市三级医院中首家在消毒供应中心建立质量追溯系统管理的医院，该系统 2010 年 3 月 18 日投入使用。

专科护理　80 年代专科护理在规范基础护理操作的基础上开始发展。1999 年 5 月，市肿瘤医院化疗科的徐玉芬、王小雯引进 PICC（经外周静脉置入中心静脉导管）置管新技术。2002 年，市一院护士长孙亚萍组建静脉治疗护理专业组，指导、培训全院护士静脉治疗护理新技能、新方法，提高解决静脉问题能力，在全市及省级学习班上推广。2003 年，市一院成立皮肤护理组、静脉治疗护理组、糖尿病护理组、护理科研指导组等，对护理专科问题进行会诊和指导，实现护理资源共享。市中医院开展尿激酶防治深静脉留置堵管技术，与气管插管失语病人采用图片交流等护理新技术，骨科使用皮温测定仪及时发现病情变化。儿童医院开展新生儿桡动脉套管针留置技术，2004 年 10 月新生儿科成立转运护理小组，开辟新生儿抢救绿色通道，外周动静脉分流换血术、鸟巢式护理、鼻饲患儿重力作用喂养等技术在长江三角洲地区处于先进水平；柏亚妹等开展的芒硝冰袋冷敷减轻创伤肿痛的临床护理应用，2007 年 9 月被省卫生厅授予医学新技术引进二等奖。2006 年，市二院的薛美华、丁慧萍主持的新发Ⅱ型糖尿病胰岛素强化治疗患者依从性及优化研究项目、刘静主持的内照射对密切接触者的辐射剂量和造血干细胞影响的实验研究、杨意念主持的系统心理干预对冠脉搭桥手术病人焦虑抑郁心理影响项目通过省级鉴定，达国内先进、省内领先水平。

第三节　急救

1985 年以后，常州市加强救护建设，对通信、车辆、设备等加大投入，改善急救条件，加强队伍建设，制订技术规范等制度，提高服务质量。

一、急救网络

1987 年，全市建立急诊急救医院值班制度，市级综合医院承担危、急、重病及灾害性急救任务，区级医院承担常见急腹症、四肢骨折及小面积烧伤急诊任务。1990 年，初步形成以红十字救护为先导，市救护站为枢纽，医院急诊科为网点的急救网络，城市急救网络由市级 120 急救指挥中心、辖区急救站（中心）和医院急诊科、重症监护室(ICU)组成；农村急救网络由县级 120 急救指挥中心、急救站和乡（镇）卫生院组成。1994 年 6 月、1996 年 5 月、2005 年 10 月，市救护站先后更名常州市红十字救护站、常州市红十字急救中心和常州市医疗急救中心。2006 年，急救中心综合业务大楼建成。1997 年缩短急救半径，提高急救质量，设立 5 个急救分站，2005 年增至 7 个，2009 年在常武地区增至 14 个，实现城乡急救网络全覆盖。

二、急救设施

1986 年，常州救护站有救护车 11 辆，其中 6 辆等待报废，有药箱、氧气袋、普通帆布担架等 8 件简单设施。到 2010 年，发展到有进口监护型救护车 26 辆，负压型救护车 2 辆，部分医院自购院前救护车，每车配备监护仪、气管插管箱、呼吸机、心电图仪、康能气垫、电动吸引器、血糖仪、铲式担架等。急救电话 1986 年为 22654，1992 年开通 120 急救电话专线及无线电急救通信系统。1986 年有 1 部红灯牌无线电对讲机，2001 年建成功能齐全的现代数字化通信系统，配有卫星定位系统、“三字段信息”（报警人姓名、地址、电话号码），全程录音，为院前急救调度指挥提供高效抢救条件，常州救护站成为常州市首家数字化建设单位。

三、急救方式

2007 年 12 月，与市区各大医院建立 120 急救预先告知系统，实现院前与院内急救对接，2008 年与省卫生厅急救指挥中心、市应急指挥中心实现联网。

院前急救　1987 年以后，市救护站逐步从运输型转向急救型，市急救中心主任陈明玉组织全国部分急救中心共同编写《院前急救医院手册》和《院前急救学》，其中 105 万字的《院前急救学》填补国内学术空白，受到卫生部、卫生厅好评。1990 年，市救护站获全省院前急救操作比赛第一名，1991 年获全省院前急救技术操作比赛团体第一和 3 个单项第一。2006 年 4 月，院前急救最先进调度系统——120 调度指挥系统升级扩容改造工程建成投入使用，集有线、无线、计算机网络通信、卫星定位于一体，赢得更多急救时间。2010 年救护病人达 2.7 万人次。

院内急救　1987 年以后，一些医院逐步从急诊室发展成急诊科，设立单独的急诊区域，院内急救能力不断增强。市一院、市二院接收救护车输送病员 50% 以上，建成多种绿色通道，在第一时间救治病人。

第四节　血液采供

1983年10月28日，常州市中心血站成立。1995年，常州市被中华全国红十字总会和卫生部授予1994年度全国无偿献血先进城市铜质奖。2004年，全市临床用血全部来自无偿献血。2005年11月，常州被省卫生厅、红十字会和省军区后勤部联合表彰为2002—2004年度无偿献血先进城市。2007年12月26日，市中心血站启动OHS 18001(职业健康与安全管理)体系认证贯标。翌年1月1日起开展血液标本公证。5月28日，与美国肯塔基州河谷地区血液中心缔结友好合作血站，成为全省第一家与国外血液机构开展合作的采供血单位。11月17日，市中心血站获上海质量体系审核中心(SAC)OHS 18001体系认证，成为全国首个通过体系认证的采供血机构。2009年12月1日通过ISO 14001体系认证，为全国第一个独立通过ISO 9001、OHS 18001、ISO 14001体系认证的采供血机构，在全省首家引进病毒灭活血浆、机械分离血小板、机械制备冰冻红细胞制备等技术。2010年，采血工作具有专业详尽操作规范，市中心血站向社会发布血液工作白皮书，告知采供血工作所有细节，属全国首次，《健康报》发表评论给予肯定，摄制全国采供血机构第一部《街头采血路径图》专业教学片，得到卫生部认可。3月26日，卫生部发文，市中心血站与北京市、上海市血液中心等12个省市15个采供血机构被列为全国首批核酸检测试点采供血机构，常州中心血站在大陆第一个开展病毒灭活冷沉淀制备工作。10月16日，卫生部血液安全督导组专家督查后认为市中心血站的多项创新做法和经验值得全国借鉴、推广。

一、血液采集

常州血液采集经历有偿献血、集体组织无偿献血和个人自愿无偿献血3个阶段。

有偿献血　1983年市中心血站成立，至2000年主要是有偿献血，此后无偿献血增多，有偿献血逐年减少。2001年1月，市中心血站取消有偿献血，全市临床用血全部来自无偿献血者。

集体献血　1987年，市政府下发贯彻《江苏省公民无偿献血试行办法》的实施意见，成立市公民义务献血领导小组及献血办公室，与市中心血站合署办公，出台常州市公民义务献血规定，无偿献血步入法制轨道；对局前街献血点全面扩建，建成全省面积最大、设施最齐全的采血屋。2007年12月5日，成立全省第一支无偿献血志愿服务队，到2008年12月5日，志愿者累计服务时间达6700小时。2009年，志愿者开展“五城”骑行宣传等系列活动，影响较大。2010年，市无偿献血志愿服务队分为6个专业队，常州友联律师事务所担当服务队法律顾问，成为国内规范化、专业化志愿服务队，拥有全省仅有的6名五星级无偿献血志愿服务者。

自愿献血　1990年，常州开展首次公民无偿献血活动，市领导带领医务工作者和部分市民踊跃参加。1998年，市中心血站购置街头流动采血车，接受市民个人无偿献血。2004年，开发省内第一个无偿献血保证金管理系统。2005年，常州市无偿献血率达100%，个人自愿无偿献血量占临床总用血量80%。2006—2007年度全国无偿献血奉献奖人次为历次之最。南大街步行街管理公司常卓平获得国家无偿献血个人促进奖称号。2008年，尝试取消计划献血，个人自愿献血率达90%以上。同年12月，有178名献血市民获国家无偿献血奉献奖。2009年，常州全面取消计划献血，临床用血全部来自个人自愿献血。2010年，城区设置采血点14个，全市无偿献血突破4万人次，供血总量达12.6吨，创历年新高。

二、血液供应

血液质量　2009—2010年，常州中心血站在全国采供血机构中第一个对艾滋病人或病毒携带者及吸毒者供血进行有效屏蔽，全面保障血液安全。2010年，完成核酸检测设备安装调试，检测技术人员通过培训，全部获得核酸检测资质，被列入中国内地首批核酸检测试点采供血机构。

成份输血 1990年，常州成份输血率达17.13%。1991年，在全省第一个进行血小板单采、粒细胞单采、血浆置换。2000年11月，在全国率先采用回旋振荡和微量加样泵法制备冰冻血小板方法。2003年，成份输血率达90%，居全省地级市首位。2005年，血液成份品种数达24种，为江苏省最多，成份输血上升至99%，连续3年居江苏省首位，达全国先进水平。2008年8月12日，成功制备全省首批机械法洗涤红细胞成份血液制品，对提高稀有血型病人抢救成功率有重要意义，建立华东地区最大稀有血型QQ群，人数达161人。2009年，在全国首家推出病毒灭活冷沉淀新制品。2010年，在全省首家引进病毒灭活血浆、机械分离血小板、机械制备冰冻红细胞等技术。

供血服务 2001年9月，开始对市内二级及其以上医院提供24小时免费送血服务。2004年9月，常州中心血站组建送血队，采用送血车定时常规送血，用摩托车对急诊用血提供快餐式送血服务。2010年，稀有血型市民通过QQ群拯救了8人生命，被腾讯网评为全国采供血系统第一个荣誉——超级QQ群。

第四章 疾病防控

1986年，常州有卫生防疫机构9家，到1990年末专业预防保健机构增至43家，其中街道防保站18个，有预防保健人员818名。三级预防保健网络建设和基础建设由市卫生局牵头负责，经费按市、区财政和市卫生局各负担三分之一、每家两万元的规定执行，加强市区18个街道防保站业务规范化建设，统一计划免疫门诊接种，全市预防保健站80%以上达到规范化门诊要求。90年代，随着改革的深入，一病一机构一支队伍的防病体制出现很多弊端。常州按卫生部“依法行政、政事分开；统一归口、综合管理；优化配置、资源重组；理顺职能，分清职责”原则进行改革。2002年1月22日，撤销市卫生防疫站、皮肤病防治所、血吸虫病防治站、结核病防治所、健康教育所、职业病防治所，整合组建常州市卫生监督所、疾病预防控制中心。至2004年底，辖市（区）疾控中心和卫生监督所相继成立，武进分开设置，金坛、溧阳、新北、天宁、钟楼、戚墅堰等实行合设，履行儿童计划免疫和肝炎、伤寒、霍乱、艾滋病、结核病防治及食品卫生检查等公共卫生监督与技术服务职能。2007年，开通公共卫生公益电话“12320”，受理突发公共卫生事件举报及应急处置投诉，提供咨询疾病控制、健康保健和重大疾病卫生相关法律、法规和政策的服务。

第一节 疫病防治

一、免疫接种

1986年，常州被列为全省防治消灭小儿麻痹症、麻疹试点市。儿童计划免疫麻苗、灰质炎、白喉、百日咳“四苗”覆盖率一直保持在95%以上。1988年，参加全省考核获第一名，提前两年达到卫生部规定标准(85%)；当年增加乙肝苗改称“五苗”。有效控制6种相关传染病，其中白喉连续13年无病例发生，百日咳、乙型脑炎、流行性脑脊膜炎、麻疹、小儿麻痹症发病率低于省、部颁标准，麻疹、小儿麻痹症连续5年分别控制在0.01/10万人与0.64/10万人以下，实现分阶段控制与消灭目标。1989年，江苏省西部地区暴发流行脊髓灰质炎，常州是全省唯一没有发病的地区。1993年，常州乙肝疫苗接种代表全省接受卫生部考核，名列全国首位。1994年，全市有60多万人次接受甲、乙肝疫苗接种，计划免疫“五苗”覆盖率连续6年居全省领先地位，1995年达98%。1997年，完善计划免疫基础管理和门诊规范化建设，普及一苗一室一人。同年，常州市卫生防疫

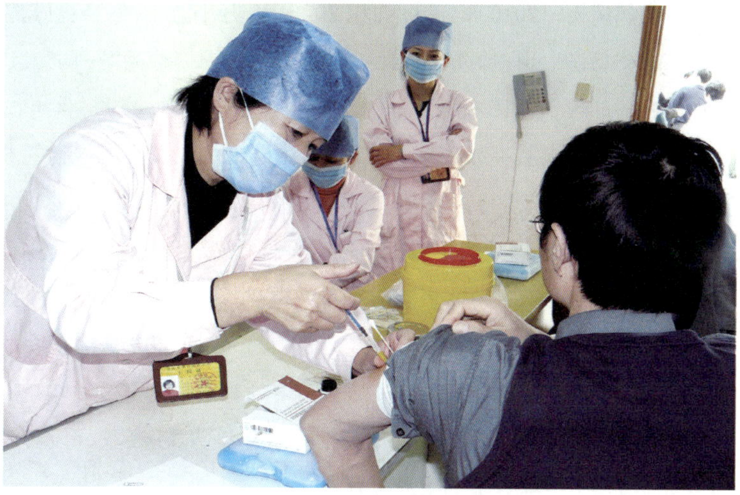
医疗技术人员注射甲型流感疫苗(摄于2009年11月)

站获全国计划免疫先进单位，成为江苏省地级市首家一等防疫站。1999年，计划免疫通过省卫生厅以乡镇为单位的达标验收。

2006年，12月龄婴儿计划免疫建卡率达98%。2007年，常州实施儿童计划免疫蓝天工程，外来务工子女与本地居民子女享受同等免疫接种服务。2008年5月1日，全市防疫、疾控部门启动扩大儿童免疫规划工作，麻风腮疫苗、A+C群流脑疫苗、甲肝疫苗被纳入全市儿童免疫规划，对适龄儿童进行11种疫苗常规免疫接种。全市有28.65万名儿童受益，其中外来务工子女10.59万人，扩大免疫受益149.03万针次。2010年，连续两年开展麻疹疫苗强化免疫，发病率比上年下降85.5%。全市计划免疫接种146万针次，接种率98.5%，儿童计免蓝天工程免疫接种55万针次，15岁以下人群全部补种乙肝疫苗。

二、传染病防治

1985年以后，常州传染病防治部门抓住不同阶段的重点，前期重点主要是防治血吸虫、血丝虫、肝炎、伤寒、霍乱、麻风病。2000年前后，防治重点转向肺结核、艾滋病防治和吸毒治疗。1990年，全市血吸虫病、血丝虫病、疟疾病防治达到基本消灭标准，地方甲状腺肿大得到基本控制。1991年，全市组织3次大规模灭鼠投药活动，预防鼠疫，成为江苏省灭鼠先进城市。1996年，全市基本达到消灭麻风病目标。是年，传染病总发病率由80年代的587.39/10万人降至2001年的242.47/10万人，2002年下降23.93%，成为新中国成立后发病率最低年份。1996年，全市人均期望寿命由1985年的72.35岁(男性70.46岁、女性75.05岁)提高到75.69岁(男性73.47岁、女性78.02岁)。90年代末把非传染慢性疾病——高血压、糖尿病、肿瘤综合防治监测作为重点，市区监测糖尿病，武进监测高血压，金坛监测肿瘤，建立档案。2001年完善对艾滋病检测防治。2003年，常州成为全省第一个基本消灭疟疾的地级市。2007年对吸毒人员开展美沙酮维持治疗，在全省首创症状监测疾病预警系统、监测门诊，提高传染病发现率和报告率，及时应对突发公共卫生事件，提供预警。

血吸虫病防治 常州境内河道水系发达，是苏南血吸虫病重点防治地区。50年代开始防治血吸虫病，1990年经省卫生局检查验收，达到中央与省消灭血吸虫标准。1991年，继续对全市1248名高危人群实施病情监测治疗，检查110多个乡(镇)场、7万余人，查出有螺面积185.94万平方米，未发现阳性钉螺，对螺点进行药杀和环境改造。1993年，查螺6873平方米、查病96167人，完成环境改造土石方5.28万立方米，钉螺面积大大压缩。1994年，全市坚持“综合治理，科学防治”原则，对107个乡、631个村查螺2673.1万平方米，完成灭螺面积52.4万平方米，环境改造土石方10.7万立方米。1995—1998年连续4年在长江常州段河口、闸口，利用科技手段监测，以防外来螺情病情侵入。1998年，全市达到省消灭血吸虫病标准。2000年，血吸虫病、碘缺乏病、疟疾、血丝虫病均达部颁消灭标准，位于全省前列。2003年，对2.72万平方米有钉螺地块进行药物灭螺。2007年，完成省级重点灭螺工程5项，常州市在上游南京、镇江、扬州地区血吸虫病疫情较高情况下，连续5年保持低发稳定状态。2008年，灭螺57.2万平方米，灭螺率100%，查病1.3万人次，未发现血吸虫病病人。2010年，查螺面积2026.45万平方米，保持良好控制态势。

“三病”防治 肝炎、伤寒、霍乱3种传染病，习惯称为“三病”。1986年前后，常州处于“三病”高发态势，尤其是武进、金坛、溧阳农村。防治工作重点是早发现、早报告、早诊断、早治疗和早防疫，建立责任制，分级负责，分级指导，各县在乡镇建立监测点，由防疫人员蹲点指导，“三病”疫情得到有效控制，逐年下降。1988年，上海发生甲肝大流行，周边城市肝炎发病率大幅度上升，但常州的“三病”疫情却下降。1992年4月，对全市137个乡（镇）传染病防治工作进行全面检查，组织专业防疫人员对38个防治薄弱乡蹲点指导，“三病”住院隔离诊疗率86%，疫点消毒率达95%，重点保护易感人群，接种乙肝疫苗和丙种球蛋白，登记和监测流动人口。1993年，开展以防治肝炎为重点的“235”“三病”防治行动，肝炎总发病率被控制在239/10万人以内。坚持统筹兼顾、综合治理措施，“三病”得到有效遏制。2002年，霍乱防治实现不发生死亡病例、二代病例、强度流行目标。2003年，针对常州市乙肝上升势头，在高危、重点人群中推广乙肝疫苗预防接种50余万人。2010年，常州发现处置1例霍乱散发病例。

肺结核病防治 2001—2005年，江苏省下达新涂阳肺结核病人发现任务3233例，常州实际完成3317例，治愈率88.6%；涂阳肺结核病人督导治疗覆盖率89.2%，全市综合医疗机构基本做到疑似肺结核病人全部转诊，转诊到位率62.6%，肺结核病指定诊疗机构报告病人全部追踪；全市村卫生室兼职结核病防治人员全部培训1～2次，市民结核病防治知识知晓率84.5%。2006年，常州贯彻执行国家对结核病人检查和治疗减免政策，规定外地人享受常州人同样减免标准，在全省率先实现以县为单位现代结核病控制策略覆盖率100%目标。2007年，肺结核新发涂阳病人发现率连续两年居全省第一，肺结核病报告率、转诊率、追踪率、追踪到位率、总体到位率和家属筛查率均达标准要求。2008年，新发涂阳肺结核病人发现率保持省内领先，全市报告疑似肺结核病人2244例，全部报告、转诊。2009年，常州市结核病人全部报告、转诊，转诊到位率80.5%，市直医疗机构转诊全部到位，追踪率95.3%，追踪到位率93.3%，总体到位率99.4%，涂阳病人家属全部筛查，对2008年新发涂阳病人治愈率91.4%、系统管理率96%。2010年，全市肺结核病全部报告、转诊，转诊到位率89.6%，其中市直属医疗机构转诊全部到位；追踪到位率、总体到位率、病人家属筛查率和系统管理率分别为94.5%、99.5%、100%和96.9%。市疾控中心完成全国第五次结核病流行病学抽样调查。

肠道传染病防控 2005年，加强以霍乱为主的肠道传染病防控；4月1日起，加强对全市医疗机构肠道病门诊病人的监控，对1.6万例肠道门诊登记病人进行筛查，检索存疑患者3695例，进行跟踪分析、及时掌握疫情预警，控制肠道传染病暴发。2010年，肠道线虫病防控水平达到省有效控制标准。

艾滋病防治 1985年，市一院发现首例性病病人。此后，全市建立性病三级防治网络，开展性病专科门诊，对特殊和高危人群进行监测。2001年，建立、完善艾滋病（HIV）检测网络，加强预防艾滋病宣传，提高HIV发现率，监测特殊人群704例，全市建立30例艾滋病感染者档案。2002—2004年重点预防控制艾滋病，2004年完成艾滋病监测哨点400次采样，全市累计发现艾滋病病毒感染者83例，其中年内新发现29例，比上年增190%，完成国家级性病门诊艾滋病监测点采样及新申报8家艾滋病初筛实验室培训、质量控制任务。2005年，筛查劳改劳教释放人员1.28万人，查出艾滋病病毒感染者3人、艾滋病病人1人；筛查既往有偿供血人员8915人。10月，筛查2853人，发现HIV感染者14例。常州的两个国家级和3个省级艾滋病哨点监测1200人。至同年底全市累计发现艾滋病病毒感染者139例，其中艾滋病病人7例。2008年，开展艾滋病高危人群行为干预7700人次。2009年，全市免费治疗艾滋病病人，治疗感染者、病人流行病学调查，随访率达100%。完成两项国家级和1项省级艾滋病、性病监测任务，启动国家科技重大课题——防治性病对预防艾滋病作用研究，完善艾滋病检测筛查网络，审核新增初筛实验室11个，成立艾滋病确诊实验室，全市艾滋病初筛实验室增至 42 个，新增自愿咨询监测点 7 个，辖市(区)均有咨询监测点 1 个。2010 年，孕妇和婚检人群艾滋病病毒抗体检测两万余人，检测率 88%。

吸毒防治 2007 年，全市开展对吸毒人员进行美沙酮维持治疗。2008 年，美沙酮药物维持门诊管理吸毒人员 643 人，列全省地级市前茅。

三、救灾防疫

1991 年 6—7 月，常州遭暴雨袭击，发生特大洪涝灾害，市卫生局组织全市 1769 个村卫生室的 2796 名乡村医生和县、乡镇两级卫生防疫人员对水源、食品、场地环境等立即展开消毒杀菌，做到水退与环境消毒、杀菌同步，灾区缸、井水体消毒率和合格率达 90%，检查食品卫生 612 次，封存处理受污染食品 1500 多吨、总价值 500 万元，巡回监督 2.5 万户次。组织 200 多万人次清理环境，清运垃圾 4 万多吨，疏通窨井 6.5 万个、下水道 7.5 万余米，对所有进水民宅作消毒杀菌，蚊、蝇密度分别比 1990 年同期下降 67% 和 47%。至 10 月底，全市传染病发病率 400.89 / 10 万人，比 1990 年同期下降 3.35%，全市未发生疫情，市卫生局被评为全省抗洪救灾先进集体。1999 年，全市局部地区发生水灾，市卫生局组成 8 个工作小组分赴灾区，参加卫生防病工作，下发消毒杀菌药品 23.4 吨、价值 32 万元，发放防疫防病宣传资料 10 万多份，做到健康教育、饮水消毒、医疗防病入户，对受淹地区消毒杀菌到位，大灾之后未发生大疫情。

第二节 卫生监督

常州卫生监督分为常规监督与重点监督、专项整治。1993 年，全市卫生防疫、监督部门开展食品卫生监测监督，覆盖城乡，合格率 85%。1997 年，卫生监督部门对食品卫生进行专项整治，与食品生产经营单位签订食品卫生监督责任书，食品从业人员体检率达 99.8%，检出“六病”（痢疾、伤寒、病毒性肝炎、活动性肺结核、化脓性和渗出性皮肤病及其他有碍公共卫生的疾病）人员坚决不准从事食品行业工作。1998 年，审查卫生许可证，规范二次供水管理，保证饮用水安全卫生。2002 年，开展为期 100 天的“健康之夏——卫生监督行动”，对群众关心的食品卫生、食品假冒、公共场所卫生、生活饮用水和非法行医、非法医疗广告等 12 项内容进行专项检查整顿。2003 年，卫生监督部门监测食品样品 1200 件、餐具样品 500 件，检测公共场所商户 100 家，体检与培训食品、公共场所、给水、化妆品等从业人员 1.9 万人次，行政处罚 118 户，责令 276 家单位整改，178 家进行警告。2004 年，发放卫生许可证 1820 张，监督检查单位 5640 户次，责令 326 户整改，立案 104 起，处罚 102 起，罚款 48 万元，收缴、销毁违法健康相关产品 1.25 万件；开展“食品放心工程”检查，查出劣质奶粉 18 种 7000 余袋，为全省最多。2005 年，市卫生监督所投入 6 万余元开通卫生监督信息网站，在江苏工业学院等 13 所高校推行省内首创的高校食品卫生义务检查员制度。2006 年，元旦、春节、“五一”节开展食品卫生集中检查，检查单位 2500 个，行政处罚违规 793 起，罚款 187 万元，责令 350 个单位整改。2007 年，开展餐饮消费安全专项整治，全市餐饮单位食品卫生许可证持证率 97%，原料进货索证制度全部建立，杜绝使用病死或死因不明畜禽及其制品，杜绝使用有毒有害物质加工食品的行为。全市学校食堂卫生安全检查到位。2008 年，选派 4 名卫生监督员参加北京奥运会卫生保障。2009 年，卫生监测能力由 90 年代 50 项扩大到能监测 106 项。2010 年，全市初步建立高校大宗食品原料定点采购制度，建成卫生行政执法、法制监督、行政监察合一的网络平台，公开权力项目 755 个。

一、查处非法行医及广告

2002 年，市公安、工商、药监等部门成立打击非法行医、整顿医疗市场秩序联合执法办公室，对非法行医、非法医疗广告进行专项检查整顿，查处医疗机构17家，没收药品器械价值近10万元、罚没款5万元。2006年，市卫生监督所开展“飓风”系列专项活动，进行医疗市场拉网式大检查，严厉打击城乡接合部无证行医、药店坐堂行医行为；审核、监管医疗广告，会同工商等部门处理夸大疗效、虚假宣传的广告，查处无证行医81起、药店坐堂行医9起、无资质行医51人、未按规范消毒的机构11家。

2005—2010年常州市查处非法行医数量统计表

表40-4-1

年份	检查户次	取缔黑诊所(个)	查处违法案件(起)	罚、没金额(万元)	年份	检查户次	取缔黑诊所(个)	查处违法案件(起)	罚、没金额(万元)
2005	356	203	130	20.83	2008	615	125	108	24.65
2006	480	293	128	30.91	2009	805	436	345	31.62
2007	702	282	79	33.92	2010	853	551	226	44.49

二、整治小型行业

1999年，全市卫生监督部门对小饭店、小浴室、小理发店、小旅馆（简称“四小行业”）进行整治，加强健康教育和公共卫生监督。至2007年，卫生许可证持证率由2000年的44.5%上升到97%。2008年，全市卫生监督部门组织创建小餐饮、小美容美发、小旅馆、小浴室、小歌舞厅（简称“五小行业”）行业示范街12条、示范店300家，“五小行业”单位持证率保持在97%以上。至2010年末，示范街、店扩大发展到30条、1000家。

第五章　农村卫生保健

1985年以后，常州市重点发展农村医疗卫生保健三级网络，开展新型农村合作医疗（简称“新农合”）制度试点。到80年代末，覆盖率达100%，提前3年实现江苏省农村初级卫生保健工作规划确定的目标，成为全省农村初级卫生保健先进地区。2000年以后，常州根据中央加强农村卫生工作的意见和要求，推行农村卫生机构规范化建设，着力构建县乡两级、乡村一体、防治结合、多元投资、分工合理的新型农村医疗卫生服务体系，加快农村卫生资源优化重组配置。到2005年，全市农村居民参加新农合制度人数占应参保人口的93.4%，率先达省定全面建设小康社会标准。至2010年底，全市有186.78万名农村人口参加新农合保险，参保率100%。

第一节　初级卫生保健

1985年以后，常州市各级政府重视农村卫生事业，采取多项措施促进农村卫生事业快速发展。1992年，继市、县（市）区成立初级卫生保健委员会（简称“初保委”）后，有85%的乡镇、村成立初保委，实行目标管理，责任到人，从市到村层层签订目标管理责任书，全市初级卫生保健（简称“初保”）工作13项指标有9项达1995年最低限目标，部分指标接近或达2000年低限标准。其中，金坛通过卫生部及省初级卫生保健（PHC）规划试点阶段评审，跨入全国首批33个初保达标县（市）行列。1995年，常州市在全国率先创成初保合格地级市，金坛被卫生部、农业部等5个部门评为全国农村初级卫生保健工作先进县，2002年武进又获得先进县称号。1996年，常州开展以乡镇为单位的初保达标活动。1997年，全市创成首批初保合格乡镇57个，占全市乡镇总数的45%,1999年达126个。是年,武进被批准为全国农村中医工作先进市。2001年,常州按《江苏省农村初级卫生保健实施方案(2001—2010年)》,分为政府支持、机构与人员建设、医疗服务管理规范、疾病控制、卫生监督、妇幼保健、环境卫生、健康教育、医疗保障、居民健康水平10大类36项指标,采取分层分类管理实施。到2005年,全市66个乡镇先后被评为市初保先进乡镇,提前3年全部实现建成全省农村初保先进地区目标。溧阳、金坛于2001年被评为江苏省农村中医工作先进市。2007—2010年,全市农村初保工作重点向农村合作医疗转轨,推进新型合作医疗,为农村居民提供实惠。2010年,全市农村住院补偿比、政策范围内住院补偿比均达省定指标,农民参加新农合的参保率达100%,基本公共卫生服务项目达9类22项。

第二节 农村卫生网络

1987年,全市有80%的中心卫生院、60%的乡(镇)卫生院达到省定标准;同年开始加快农村卫生室达标建设,普遍改造扩建,组织对乡村医生进行培训进修,全市有1840个乡村医生取得证书,占乡村医生总数的65.7%。1993年,全市1843个村卫生室中有85%达到甲级村卫生室标准。1995年,有70%以上的乡(镇)卫生院实现无危房和房屋、人员、设备配套基本到位的目标。1997年,实行联村设室模式,推行镇(村)卫生机构一体化管理,对村卫生室实行统一调配人员、发放报酬、代购药品、建账管理、制定工作制度,全市有74个乡镇实行乡村一体化管理,占乡镇总数的60%,到1999年全部实行。2001年,全市村卫生室90%以上达到甲级标准,此后随镇(村)区划调整,重点建设农村三级卫生保健网机构,优化配置农村卫生资源。2005年,常州建立城市卫生机构帮扶农村社区卫生工作机制,农村社区卫生服务覆盖率达80%。2007年,加强农村社区卫生服务中心(站)建设和农村卫生人员岗位培训。至2010年末,建成农村示范社区卫生服务中心7个、农村示范社区卫生服务站100个,完成农村卫生人员岗位培训考试1801人,合格率连续3年位列全省首位。武进雪堰镇、遥观镇,金坛薛埠镇通过国家卫生镇省级考核。全市同年新创省级卫生村70个、爱国卫生先进单位6个。

第三节 农村合作医疗

改革开放前,政府倡导推行农村合作医疗,实行互助共济保障制度,80年代初覆盖率达90%。农村推行家庭联产承包责任制后,这种传统福利型农村合作医疗制度受到强烈冲击,到80年代末,覆盖率逐渐下降到20%左右。1990年,市政府针对农村因病致贫、因病返贫等突出问题,重新恢复和完善农村合作医疗制度,兴办以大病统筹为主的农村合作医疗制度。辖市区、乡镇财政对农业人口每人每年补贴1元钱,村民以户为单位,每人每年缴纳3～25元费用不等,参加农村合作医疗保险,其中武进每人每年27元、金坛24～31元、溧阳15元。创办合作医疗村卫生室1454个、劳保医疗村卫生室84个、医疗保健和单项保健村卫生室123个、自费医疗村卫生室182个,分别占总数的78.9%、4.6%、6.6%和9.9%。1995年,全市农村合作医疗制度覆盖率上升到90%。1996年10月,金坛实行合作医疗保险制度受到全国关注,中央电视台《焦点访谈》节目进行了采访并播出。此后,农村合作医疗因筹资水平未随社会经济发展同步提升,吸引力逐渐下降。

2002年,全市92万人参加以大病统筹为主的合作医疗,占农业人口的43.4%;参保乡镇50个,占乡镇总数60.9%;参保行政村567个,行政村覆盖率为51.1%。全市农村年人均筹资额21.4元,地区差异在5～57

元，农村合作医疗支付补偿总额1753.2万元，参保农民补偿受益率15.5%，其中补偿5000～1万元的受益率为1.2%。2003年，市政府制订出台《常州市新型农村合作医疗保险暂行办法》，采取政府组织引导、农民自愿参加与集体扶持、财政资助相结合，低水平、广覆盖，以收定支、保障适度的以大病统筹为主的新型农村合作医疗保险制度。2004年，全市185万农民参加新农合，占应参保人数的91.3%，其中新北30.25万人，参保率94.7%。2005年，调整新农合保险实施方案，实行住院与门诊相结合、以住院为主的补偿模式，把恶性肿瘤化疗放疗等特殊门诊费用列入补偿范围，降低结报起付线和提高报销封顶线，对医疗服务机构实行准入许可和年度考核制度，规范定点服务机构医疗行为。

2007年，全市开展农民健康工程，新农合参保达202.25万人，参保率99.3%，居全省地级市第三位，人均筹资标准105元。2008年，全市新农合参保率100%，人均筹资135元，人均住院补偿率35.33%。按人均最低8元标准建立农村基本公共卫生服务专项经费。2009年，戚墅堰区人均住院补偿率达41.8%，为全市最高。2010年，全市新农合参保186.78万人，参保率100%，人均筹资245元，住院补偿率45.6%。溧阳被选定为省级提高农村儿童重大疾病医疗保障水平试点地区。

第六章　妇幼卫生保健

70—80年代，常州妇幼保健以子宫癌普查与防治为主，强化儿童预防接种，控制和降低传染病的发生。90年代，妇幼保健网络逐步健全，妇女病普查普治制度化、常态化，对孕妇全面系统实行围产期保健制度，妇幼保健事业全面快速发展和提升。90年代后期，重点关注健康优育，妇幼保健领域的科技水平逐年提升。2005年，常州孕产妇死亡率5.02/10万人，控制水平居全省首位；婴儿死亡率6.23‰，控制水平列全省第二位；人均期望寿命76.84岁，居全省第三位。2010年，全市孕产妇死亡率3.01/10万人，婴儿死亡率3.1‰，人均期望寿命提高到78.1岁。

第一节　妇女卫生保健

1986年，常州市出台婚前教育制度，要领取结婚证的男女青年必须在婚前检查以前到妇幼保健所接受两次婚前教育并领取婚前教育证，持有婚前教育证、健康检查证才能到民政部门办理结婚登记证。对从事节育手术的医务工作者重新考核，凭证上岗，避免个体行医人员无证从事节育手术。1988年，针对各医院、卫生院等利用B型超声波诊断仪（简称B超）鉴别胎儿性别，破坏男女生育平衡的问题，市卫生局、市计划生育委联合制定出台禁用B超鉴定胎儿性别通知，遏止这种倾向蔓延；妇女病普查、婚前检查在全省名列前茅。2010年，全市开展艾滋病母婴阻断，各地重点加强孕产妇艾滋病病毒抗体免费检测，筛查婚检对象4642人、孕妇15649人，艾滋病病毒抗体检测率88%。21世纪初期起，全市孕产妇死亡率逐年下降，全市建立健全妇幼保健三级网络。

一、妇女病普查防治

1990年，市卫生局开始推动妇女病普查防治，由于涉及经费落实不到位等原因，效果不明显。2000年以后，各级政府对这项工作给予政策支持，妇女病普查面逐步扩大。2002—2004年，常州妇女病普查率分别为74.69%、75.11%、73.77%，位列全省13个地级市第三名。此后，市政府根据《江苏省妇女发展规划》，先后制定出台推进全市妇女病普查工作意见、实施方案、特困家庭妇女免费检查政策，普及率全面提高。2009 年，全市对 27 万人次做了妇女病普查，2010 年普查率上升到 90.5%。

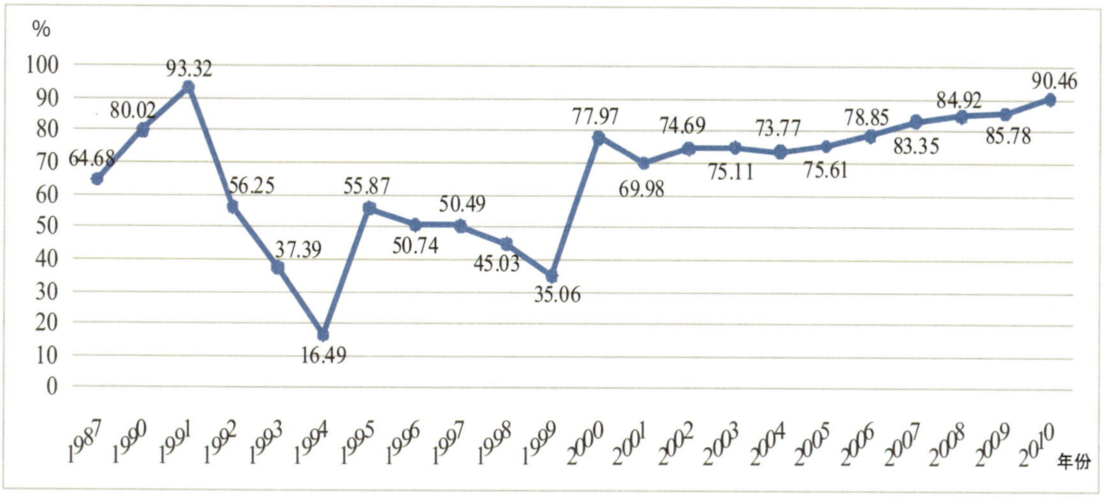

图 40-6-1　1987—2010 年部分年份常州市妇女病普查率统计图

二、婚前医学检查

1986—1996 年，常州城区各区平均婚前医学检查率达 70%。1997—2000 年，由于农村青年对婚前医学检查认识不足，检查率逐渐下降。2003 年，国家取消强制性婚前医学检查制度，婚前医学检查率直线下降，2005 年降至历年最低谷，为 2.28%。后由政府付费，辖市（区）政府出台免费婚检实施意见，推行“一站式”婚检服务，检查率逐年上升，2008—2010 年，检查率分别为 23.88%、49.38%、80.62%。2010 年，筛查婚检对象 4642 人，并检测艾滋病病毒抗体。

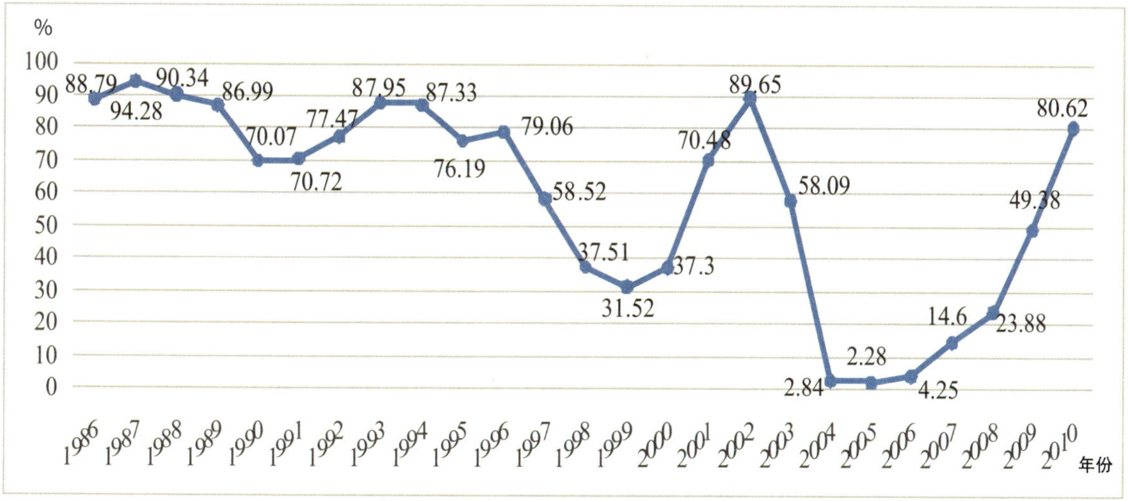

图 40-6-2　1986—2010 年常州市婚前医学检查率统计图

三、孕产妇保健

剖 宫 产　80 年代，常州市孕产妇剖宫产（习惯称剖腹产）占产妇总人数的 7.74%。90 年代间，年均剖宫产率升至 23.43%，2000—2005 年间年均剖宫产率提高到 48.8%，此后更是逐年上升，至 2010 年间年均剖宫产率升至 58.3%。

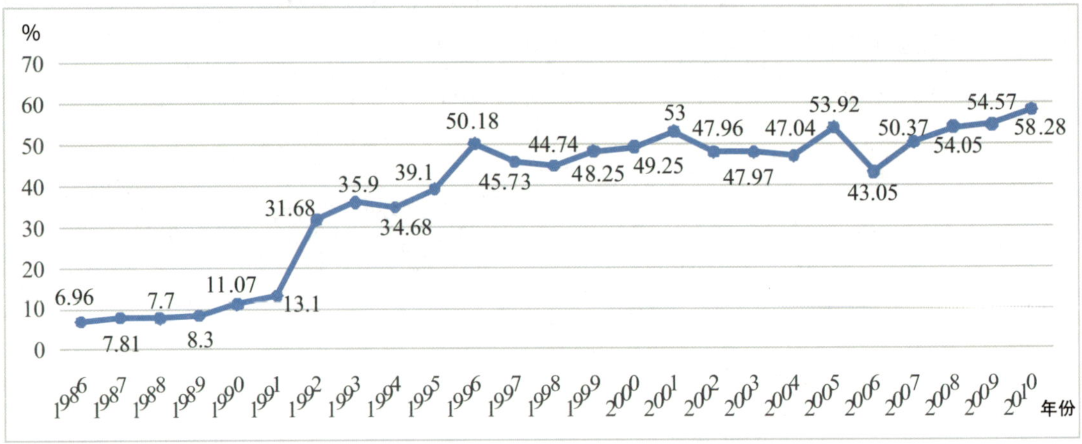

图 40-6-3　1986—2010 年常州孕产妇剖宫产率统计图

孕产妇死亡率　1986—1991 年，常州市引起孕产妇死亡的主要原因是产科出血和内科并发症，年平均死亡 16 例，死亡率为 37.05/10 万人。1992 年以后，通过加强对高危孕产妇管理和产科医生技术培训，使产科因素导致的死亡人数逐年下降，年平均死亡 6 例，死亡率 19.37/10 万人。2000 年以后，提高预防和技术水平控制在 5/10 万人左右，每年死亡 1～2 例，达到省内领先水平。

围产保健　80 年代，常州市为确保孕产妇健康和生命安全，建立健全妇幼保健三级网络，对孕产妇建立围产保健卡(册)，从孕早期至产后 42 天，进行围产系统管理。到 2000 年，市区孕产妇管理率长期保持在 90% 以上，农村建卡率较低，影响全市系统管理率。2000 年以后，常州市加强孕产妇围产期保健与管理，管理率逐年稳步提高。2002 年以后，一直保持在 99% 以上，处于全省领先水平。

图 40-6-4　1986—2010 年孕产妇围产保健系统管理率统计图

第二节　儿童卫生保健

常州儿童卫生保健走在全省前列，网络建设健全，幼托卫生保健统一督查，新生儿疾病筛查率逐年提高，到 2010 年达 95%，婴儿死亡率控制水平处于全省领先水平，爱婴医院全部创建，获得省政府授予的“爱婴市”称号，武进、金坛、溧阳获得“爱婴县(市)”称号，专业工作人员到位和制度建设健全，幼托机构设施条件持续完善。

一、幼儿卫生保健

1988 年 8 月，市卫生局规定城区儿童入托入园体检和幼托机构工作人员定期体检，由市妇幼保健所统一组织实施。1995 年 10 月，全市检查评定幼托机构，卫生保健质量提高。常州市鸣珂巷幼儿园等 5 个单位保持“示范幼儿园”称号，常州市机关幼儿园等 32 个单位达到卫生保健一类幼儿园标准，交通幼儿园等 24 个单位达到卫生保健二类幼儿园标准。

二、婴儿卫生保健

新生儿疾病筛查　2004 年，全市依法规范开展新生儿疾病筛查工作，建立市妇幼保健院、辖市(区)妇幼保健所、分娩医院三级新生儿疾病筛查网络，筛查新生儿 6800 人，诊断出苯丙酮尿症、先天性甲状腺激素低下和先天性耳聋各 1 名，立即得到治疗。2007 年起，市卫生局开展禁止非医学需要胎儿性别鉴定和选择性别人工终止妊娠专项治理，2007 年出台制度措施，组织各医院自查自纠，重点对超声诊断仪及胎儿染色体检测技术、妊娠 14 周以上人工终止妊娠手术和人工终止妊娠药物进行严格监管。至 2009 年，全市组织专项检查 9 次，检查医疗机构 173 家。2010 年，全市新生儿疾病筛查率 95.78%。

婴儿死亡率　2000 年以前，导致婴儿死亡的原因主要为早产低体重、肺炎、新生儿窒息。2000 年以后改变为先天畸形、早产低体重、新生儿窒息。受环境因素、遗传因素影响，先天畸形死亡到 21 世纪初叶排在首位。流动人口中由于以上因素造成婴儿死亡的比例较高。常州市婴儿死亡率逐年下降，至 2010 年为 3.1‰，控制死亡率处于省内领先水平。

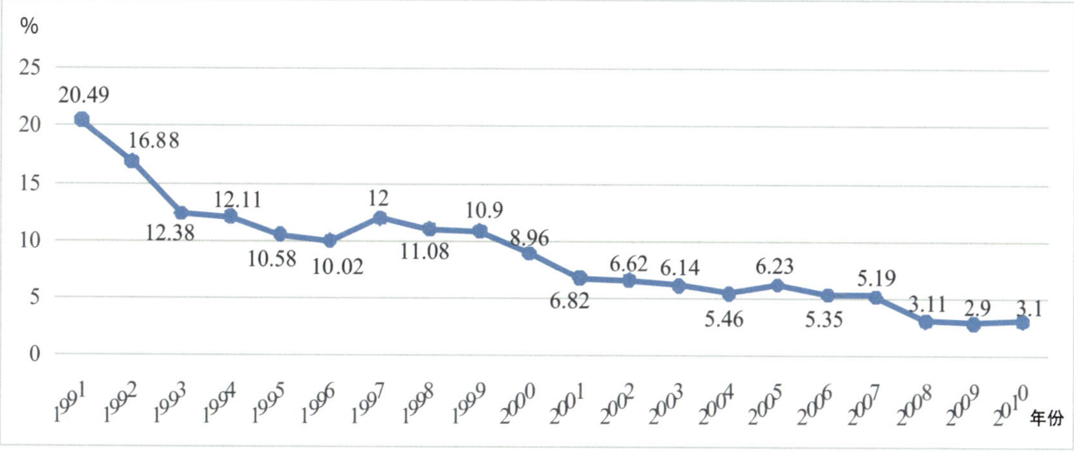

图 40-6-5　1991—2010 年常州市婴儿死亡率统计图

三、爱婴医院创建

90 年代，常州市创建爱婴医院，倡导母乳喂养，改革传统母婴分室与定时喂奶等旧制，代之以纯母乳喂养、早吸吮、按需哺乳新方法。1993 年，常州市根据 1992 年卫生部创建爱婴医院计划，以市妇产医院作为参加省创建爱婴医院试点单位，在二病区、五病区设置床位 51 张，实行母婴同室。产休病区全部建成母婴同室病房，有家庭化的待产房、产房和产休室，以便早吸吮、勤喂哺，产科护理模式发生根本改变，撤销大婴儿室，配套建成特护婴儿室、重症新生儿监护室。1994 年 5 月，被省卫生厅评为达国家级标准爱婴医院，成为全省首批 13 家国家级爱婴医院之一。1995 年 8 月，江苏省争创爱婴省现场会议在常州市召开，讨论了江苏省爱婴院县级标准。1998 年 3 月，常州市在南京召开的全省创建爱婴市、县工作总结表彰会上获爱婴市称号，武进、金坛、溧阳同获“爱婴县(市)”称号。1999年，省卫生厅对13个省辖市的988所爱婴医院进行复查，常州市复查合格率100%，全部达到标准。2005年以后，市卫生局把爱婴医院建设、院内纯母乳喂养率等列入对辖市、区妇幼卫生工作年度目标考核内容。至2010年，全市有爱婴医院、卫生院83个，其中爱婴医院10个、爱婴卫生院73个，全部合格。

第七章 爱国卫生运动

1986年以前，常州爱国卫生运动主要围绕“除害灭病”开展工作，重点解决城镇脏、乱、差、臭等环境问题，组织开展群众性卫生突击活动，清除垃圾，消灭蚊子、苍蝇、老鼠、蟑螂等有害动物，清除陈旧标语，平整修补路面。80年代后期，开始结合“文明礼貌月”活动，开展清理卫生死角、整治运河工作，逐步由城区向城郊接合部和农村发展，加强饮食、饮水卫生和农村改水改厕工作。90年代，普遍开展创建卫生单位、卫生社区、卫生城市等活动，加强卫生宣教、指导、管理等，引导公众养成爱清洁、讲卫生习惯，改善城乡卫生面貌，保护人民身心健康。2010年，全市爱国卫生工作城乡联动，推进环境卫生综合整治。武进雪堰镇、遥观镇和金坛薛埠镇通过全国爱国卫生运动委员会暗访检查，被命名为国家卫生镇；70个行政村创建省级卫生村通过市级考核，全市累计创成省级卫生村426个；市级及其以上卫生村累计616个，占全市行政村总数的73.1%；同年新命名市级爱国卫生先进单位17个。

第一节 农村改水改厕

1986年以前，常州市农村饮用水源主要依靠河塘和井水，农村使用露天粪缸，在河塘中洗刷粪具习惯由来已久。随着工业发展，水源污染逐步严重，诸多因素导致肠道传染病高发和流行病爆发。80年代后期，各级政府从政策、资金上大力支持农村改水改厕。各地在改厕粪管工作中，结合农村大办沼气，把沼气池、猪粪池、厕所粪池联在一起，建成三联式沼气池，既达到粪便无害化处理，又用沼气照明、烧饭，一度受到农民欢迎。

一、改　水

金坛改水在全市先行，以乡镇为中心，逐步兴办自来水厂，扩大供水网，村村通自来水。1986年4月24—26日，常州市政府在金坛召开农村改水工作经验交流现场会，部署在“七五”计划第一年全市新增40万农村人口改水任务。1987年，全市集资1252万元用于农村改水，其中省拨款12万元、市拨款30万元、县财政拨款84.5万元、乡镇集体筹资794.77万元、群众筹资330.96万元，兴办乡(镇)级水厂，集中供水，全市建成供水自来水厂35座，其中乡镇级水厂25座、村级水厂10座，新增23.65万村民饮用自来水。1990年，全市实现80%农村人口饮用安全卫生水目标。2006年，市政府扶持茅山老区改水资金800万元，金坛、溧阳财政按1：1足额配套，资金全部纳入专户运行。2006—2008年，全市新增自来水11424户，其中低保户和困难救助户4576户。通过3年自来水改造帮扶，基本解决茅山老区群众吃水困难的问题，茅山老区实现村村通水，95%以上的农户喝上自来水。

二、改　厕

1990年，常州市改厕工作取得重大进展，重点抓好100个试点乡改厕，在全市77.05万户农业户中，完成改厕4539户，占农业户0.59%，其中三格式2284户、三缸组合水冲式1300余户、沼气式400余户。1993

年，全市完成新改厕4463户，其中三格式4258户，沼气式205户。2010年，各级加强改厕工作，财政投入改厕资金952万元，全市新增无害化卫生户厕7500户，其中生态户厕4006户，全市农村无害化卫生户厕普及率达96%，武进成为江苏省农村改厕先进区。

2010年常州市农村改厕普及情况表

表40-7-1

指标	金坛	溧阳	武进	新北	天宁	钟楼	戚墅堰	平均
卫生户厕普及率(%)	96.0	95.0	96.5	95.2	98.5	98.3	98.1	96.8
无害化户厕普及率(%)	96.0	95.0	96.5	95.2	98.5	98.3	98.1	96.8

第二节　健康教育

1990年以前，常州市卫生防疫站设卫生宣教科，负责健康教育。1990年，市卫生局成立常州市健康教育所（简称“市健教所”），承担全市健康教育工作。1995年7月，市政府出台创建全国卫生城市目标管理责任意见，对健康教育机构、人员、网络、《市民健康教育读本》入户率、学校健康教育开课率、居民和学生健康知识知晓率及健康行为形成率等提出明确目标要求。1997—2001年，市健教所先后举办健康教育师资、指导员培训班40余期，培训市直属有关单位、区、局和街道健康教育专管员、医务人员、教师等3407人，发放健康教育指导员证3357张。2000年4月起，开展健康教育“百千万行动”，创建健康教育精品单位100个，培训健康教育指导员千余名，向数万市民宣传健康知识要点。全市有5.74万人参加健康知识普及活动，武进有3.7万人参与这次活动。2002年机构改革时，划并到市疾病预防控制中心，对外仍称市健康教育所，对内为健康教育科，职能不变。

一、医院健康教育

1995年以后，常州市健教所组织医疗专家编印76个病种健康教育处方，在市、区医院推广使用，规范并丰富医院健康教育内容。1997年修改完善印发，共18个系列、256个病种，增加疾病预防控制知识容量。向二、三级医院出院病人推广普及康复保健技术教育，发放《保健康复技术手册》3万余份，与健教处方相配套。1999年，健康教育机构组织专家编发《卫技人员健康教育基本理论与方法简明教材》，培训医疗卫生机构卫技人员，培训覆盖率达90%，2000年上升到95.8%。2001年4月，市疾病防控部门组织编写医学科普小册子《关注慢四病》，把数十万册发送到千家万户。2008年3月，市卫生局、爱卫会办公室联合组织开展全民健康生活方式行动，每年9月1日定为全民健康生活方式日。2009年，健康教育纳入各医院年度目标管理，医院门诊、病区均设有固定的健康教育宣传专栏，市直属医院与江苏电视台健康频道合作，在候诊大厅和门诊输液室设置视频宣传窗。各级医院将《今日保健》科普杂志订到病区，向患者和家属宣传普及医学与保健知识，实施整体护理模式，使用口头、文字、声像等形式开展入院住院健康教育；在卫生日（周、月）和科普宣传周，组织医务人员到街头、公园和社区中心，为群众义诊，解惑答疑。城镇健康教育依托社区卫生服务机构，以健康教育进社区、进学校、进医院、进机关为重点，以《健康66条——中国公民健康素养读本》为主要课件，到城乡社区和单位普及卫生保健基本知识与技能。2010年，各级医院普及卫生知识，对病人和家属发放健教处方，组织医务人员进社区、下基层宣讲老年保健、妇女保健、儿童保健知识，为居民举办健康知识讲座，经常组织上街义诊、咨询等服务。

二、学校健康教育

1995年，常州市健康教育所与市教委在中小学校开设健康教育课，组织编印《学生健康教育讲座材料》，重点发放到大中专院校、职业高中和中小学校。1997年5月，市健康教育所与市教委体卫处，对市二中、花园中学、三井中学的1060名学生进行贫血筛查，查出学生贫血率为37.55%。市健教所为筛选出来的398名贫血学生开具健康教育处方，进行膳食营养指导。2007年，全市有10所中小学获得省卫生厅、教育厅授予的江苏省健康促进学校铜奖。常州市通过省爱卫会组织的《全国健康教育与健康促进工作规划纲要(2005—2010年)》中期督导评估。

三、社区健康教育

1995年，钟楼、天宁两区分别在荷花池街道、局前街道成立社区健康促进会。1996年以后，各街道社区健康促进会相继成立，推广和普及卫生、防病、保健等知识。1998年，常州城区设置健康教育宣传画廊或专栏2000余个。2006年1月，市健教所开展"健康常州社区行"主题活动，以"学习科学、拥有健康、享受生活"为主题，组织巡回健康讲座、健康知识咨询、健康板报巡回展等。2010年，城区健康教育机构组织有关专家，到社区、学校、单位开展常见病、多发病、心脑血管等慢性非传染性疾病和中国公民健康素养基本知识与技能知识讲座173场，组织医疗卫生单位到农村、社区开展健康咨询、义诊和卫生服务88场次，受教育和接受咨询人数达5.65万人次。

四、农村健康教育

1995年2月，市健康教育所根据全国爱卫会、卫生部等在全国联合开展"九亿农民健康教育行动"要求，到武进、金坛、溧阳农村开展健康教育。1996—2001年，陆续建立农民健康教育站、农民健康教育学校，组织乡镇健康教育专管员培训学习，对乡村医生进行健康教育业务指导，再培训家庭保健员，乡、村农村初级保健评审达标与卫生乡(镇)建设相结合；市健康教育所以"农村居民卫生知识应知应会问答30题"为主要内容开展农民健康教育。2010年，武进率先创建成为全国亿万农民健康促进行动江苏省示范区。

五、控制吸烟行动

1988年5月31日，市爱卫会和市卫生局以第一个"世界无烟日"为契机，倡议推动单位会议室，公共交通工具内，车站、码头候车(船)室，学校教室、宿舍，托儿所，幼儿园，书店，医院门诊、病房等公共场所禁止吸烟，设置醒目的禁烟标志行动。1995年7月，市政府发布《常州市公共场所禁止吸烟暂行规定》，禁止在影剧院、音乐厅、观众厅、录像厅、游艺厅、歌舞厅、音乐茶座，室内体育馆观众厅、比赛厅，图书馆阅览室，博物馆、美术馆和展览馆展示厅，银行营业厅，证券交易所交易厅，200平方米以上商场经营场所，公共交通工具(市内公共汽车、中巴、出租车)内，机场、火车站、长途汽车售票处和候车室，医疗机构室内挂号处、候诊室、诊疗室、病房，学校教室、阅览室、实验室等室内教育活动场所和幼托机构等公共场所吸烟。2008年，在全市开展创建无烟医院、无烟学校活动，落实无烟医疗卫生机构创建任务，有60%的医疗卫生机构实现此目标。2010年，对青少年加强烟草危害知识教育。

第三节　除灭有害生物

一、灭 蚊 蝇

1986年7月18—28日，各区统一组织开展烟熏下水道灭蚊活动，消耗燃用烟熏剂两吨，蚊虫密度下降；组织市内相关工业企业加紧试制安全电子灭蝇器、电子灭蚊灯，综合防治蚊蝇。1989年5—10月，全市实行药物喷洒消灭蚊蝇，组织86名消杀专业人员对公厕、垃圾箱桶、下水道、窨井及单位食堂、饮食店等5.32万个消杀点进行定时、定人喷药消杀，苍蝇、蚊子密度分别比上年下降12.4%、17.6%。1996年10月，常州被省爱卫会评为灭蝇先进城市。2008年10月9—11日，省爱卫办专家考核评估组对常州市灭蝇先进城市进行复查，未发现问题，保留灭蝇先进城市称号。2010年，常州除“四害”网络不断完善，工作“四定”(定岗、定职、定人、定时)，全市下发灭蝇乳油4000公斤，下发手压式灭蚊灭蝇喷雾器110台。

二、灭 老 鼠

1985年以后，常州广泛发动群众投入灭老鼠活动，老鼠密度逐年下降，1986年市区老鼠密度为3.37%，1989年下降到0.97%，达到全国爱卫会规定的标准。1991年12月，省爱卫会灭鼠达标考核鉴定委员会对常州市区进行达标考核，利用在阴暗潮湿、下水道等地放置鼠夹等多种手段考核鉴定，未捕到老鼠，阳性率为0，粉块法测定阳性率为0.53%，查房法测定阳性率为0.69%，常州市区达到全国爱卫会规定灭鼠先进地区标准。12月30日，常州被省爱卫会评为全省灭鼠先进城市。2003年8月，常州禁用毒鼠强等剧毒杀鼠剂，严禁在市场上销售。2010年，市爱卫委办公室下发灭鼠药3660公斤，组织开展春冬季灭鼠。

三、灭 蟑 螂

1992年8月22—24日，省爱卫会对常州市创建灭蟑螂先进市进行考核，常州经过考评达到全国爱卫会规定的灭蟑螂先进城市标准。此后，常州坚持常年灭蟑螂工作。2010年，市爱卫会办公室下发灭蟑药18万包，开展灭蟑，再次通过省灭蟑先进城市复审。

第八章　医疗卫生管理

1985年以后，常州市卫生系统出台《常州市卫生技术人员继续医学教育实施条例》，从1991年起，开始高起点实施卫生技术人才队伍建设，重点培养、引进高学历、学科带头人和专科紧缺人才。至2010年末，全市卫生系统先后引进博士后1人、博士37人、硕士554人，高级专家和紧缺专业人才80人。

第一节　医卫队伍建设

常州市卫生系统把培养人才放到重要议事日程，采取多种措施，实施人才战略目标。

一、人才队伍状况

1986年，常州市卫生系统工作人员有1.37万人，其中卫生技术人员1.09万人。其中中医师441人、西医师2260人、护士1970人。市区卫生系统(不含武进)技术人员5675人，其中中医师239人、西医师1375人、护士1277人。1995年开始，市政府在卫生系统实施百名人才培养系统工程、“青蓝工程”。1997年，向省推荐进入省“333工程”“135重点医学人才工程”人才，推荐人才进入常州市“831一期工程”。设立博士、硕士培养点；建立国外访问学者制度，先后选派市直属单位295人次到国外考察、进修；建立结对传帮带师承制(主要是中医)等举措，促进常州市医疗卫生系统人才脱颖而出。2009年，市直属单位有博士80人、硕士607人；有20名专家享受国务院特殊津贴，11人被授予江苏省有突出贡献的中青年专家，19人被授予市专业技术拔尖人才称号。市一院沈云志、何小舟、张晓膺、吴昌平、蒋敬庭分别获2002年、2004年、2006年、2008年、2010年度常州市科学技术杰出贡献奖。

90年代后，医卫事业快速发展，尤其是2000年以后，医疗系统对技术人才的培养步伐加快，引进一批高技术人才，医疗队伍的技术结构发生较大变化。2010年，全市医疗卫生人才队伍发展到2.6万人，其中卫生技术人员21921人（含注册护士7777人）。技术人员中，有高级职称2029人、中级职称6765人，常住人口每千人拥有卫生技术人员4.77人、执业（助理）医师1.73人。市卫生局直属单位有卫生技术人员7372人，其中高级职称以上技术人员1020人，博士研究生85人、硕士研究生565人。

1986—2010年常州市卫生系统技术人员数量统计表

表40-8-1　　单位：人

年份	总计	市区（含武进）	溧阳	金坛	年份	总计	市区（含武进）	溧阳	金坛
1986	10957	8192	1615	1150	1999	16495	12095	2372	2028
1987	11397	8514	1634	1249	2000	16731	12250	2440	2041
1988	12098	8975	1703	1420	2001	16743	12305	2419	2019
1989	12539	9333	1819	1387	2002	15242	11151	2308	1783
1990	12942	9606	1885	1451	2003	15597	11434	2322	1841
1991	13470	9897	1967	1606	2004	15707	11568	2235	1904
1992	13695	10034	2050	1611	2005	17859	12730	2860	2269
1993	13971	10208	2068	1695	2006	18414	12996	2988	2430
1994	14580	10658	2150	1772	2007	18091	13459	2573	2059
1995	14963	10964	2172	1827	2008	19795	14270	3110	2415
1996	15538	11359	2299	1880	2009	20244	14719	3140	2385
1997	16031	11718	2324	1989	2010	21921	16102	3243	2576
1998	16405	11951	2390	2064					

1986—2010年常州市卫生系统各级职称人员数量统计表

表40-8-2　　单位：人

年份	高级	中级	年份	高级	中级	初级	年份	高级	中级	初级
1986	39	537	1995	446	1847	—	2004	1187	4526	9063
1987	37	500	1996	640	2614	—	2005	1219	4883	9200
1988	360	1544	1997	716	2814	—	2006	1386	5102	9098
1989	385	2351	1998	817	2941	—	2007	1494	5410	8465
1990	386	2263	1999	1188	1750	—	2008	1486	5511	8868
1991	402	2324	2000	716	1846	—	2009	—	—	—
1992	391	2268	2001	784	1745	—	2010	2029	6765	10375
1993	324	1605	2002	1052	3552	9775				
1994	420	1719	2003	1136	3973	9599				

说明：主要统计医卫领域技术人才队伍

二、人才培养工程

百名人才培养系统工程 1995年，常州在全省最早启动百名人才培养系统工程，选拔一批基础好、素质高、进取心强的中青年卫技人员进行强化培养和跟踪管理，入选对象的产生由基层推荐，专家考评筛选，先后实施两期，有200人列入重点培养和市卫生局数据库。到2000年前后，大多成为省内外具有较高知名度的医疗专家和市级重点学科带头人。2004年，经考核评估，达标率80%，基本完成预期目标，取得较好效果。

333高层次人才培养工程 省委组织部于1997年启动实施333高层次人才培养工程，目标是培养进入世界科技前沿的技术专家。经选拔，常州卫生系统有32人成为该工程的培养对象，主要为第三层次，第一期14人、第二期4人、第三期14人。2007年，经考核评估，常州市100名江苏省“333高层次人才培养工程”青年科技带头人中，市卫生系统占21人，其中1人进入领军型人才行列。

高层次创新创业人才培养工程 1997年，常州市实施高层次创新创业人才培养工程，市卫生系统先后有60人入选为培养对象，首期20人、二期40人。2007年，有8人获科研项目资助经费11万元。

135重点医学人才工程 省卫生厅于2001年启动实施135重点医学人才培养工程，市妇幼保健院许培箴入选为首批培养对象。2006年，经考核评估达到培养预期目标。2007年，常州又有两人入选为第二批培养对象。

“青蓝工程” 2002年，市卫生局下拨培养资助经费，实施第一期“青蓝工程”，培养结对对象28人，每年考核“青蓝工程”培养对象，有60%的培养对象攻读博士、硕士学位，成为市属医院业务骨干。2004年，经考核评估达标率92.6%。2006年，第二期启动，有45人被列为培养对象，占申报人员的50%。市卫生局建立党政领导与培养对象联系制度。

三、师承带培制度

1991年，常州启动中医师承教育工程，遴选常州市中医医院的程子俊、杨泽民、徐迪华、周玉祥为指导老师和6名学术继承人，被列入全国名老中医药专家学术经验继承工作结对带教培养工程。2000年，常州市中医医院的张鑫海、洪哲明、申春悌、奚向东、费建平出师。2003年，确定11名指导老师，由13人接受结对带教培养。结对带教培养中，市卫生局直属医院与国内知名专家结成传帮带培养高层次人才25对。

四、医护人员培训

2003年，常州卫生部门首次启动全科医师和社区护士岗位培训。2006年，确定市级全科医学社区培训基地两个。2009年，建成全省首批全科医师规范化临床培训基地两个、社区培训基地5个、住院医师规范化培训合格基地9个。2010年，培训基层卫技人员353名，有272人参加中医全科医师岗位培训。

第二节 医疗行政管理

1985年以后，常州医疗行政管理推行目标化管理，签订责任制，落实长效机制。医政管理突破市局卫生系统界限，面向社会，对卫生人员、公共医疗机构及个体行医和合资办医进行严格资格审查，确保质量，维持医疗秩序良性发展。质量管理重点完善制度建设和不定期督查，发现问题在系统内通报整改，预防医疗事故发生。技术管理因院制宜，督促各院建立重点专科。21世纪初叶，全市卫生系统加强管理，提高质量；改进秩序，培养人才；加强纪律，提高效率效益。

一、目标管理

1986年，卫生行政部门对卫生事业管理沿用单一行政管理手段，以行政隶属关系实行项目、过程管理，用开会、发文形式，提要求、做部署，抓任务落实。1989 年，市卫生局开始对业务指标、国有资产增值、行风建设、后勤安全等进行目标管理，采用合同形式，一年一次与院、站、所、学校主要领导签订责任书。市卫生局由单一行政领导向协调、服务、指导、监督方向转变，由过去直接管理转变为依据合同规定实行目标管理，到年底考核，兑现奖惩。1990 年 10 月，市卫生局作为全省唯一特邀单位参加在广州召开的全国卫生工作会议，在会上作了专题发言，产生较大影响。此后考核的内容有所调整，始终围绕明确目标进行管理，收效良好。

二、行政管理

医政管理重点是对医卫人员和医疗机构进行资格审查，对个体行医及合资办医严格管理。

资格审查 1987 年，常州市卫生局制订出台卫生院检查标准和等级卫生院标准管理办法，作为依据对照审核，全市有 80% 的中心卫生院、60% 的乡（镇）卫生院达省颁标准。1989 年，实行市、县（区）分级管理，逐步对全市乡（镇）卫生院与村卫生室进行整顿，核发新的行医执照；成立常州市企业医疗卫生管理委员会，对厂矿医疗卫生机构实行统一管理；统一申请开业程序，对社会医疗机构、个体行医统一管理；对医疗卫生单位开展业余服务、有偿服务，对收费、分配做出明确规定。1996 年，全市有 174 所医院、乡（镇）卫生院、专病防治机构、救护机构和 1298 个村卫生室取得医疗机构执业许可证，撤销不符合执业基本标准的个体诊所、社会医疗机构、企事业单位内部机构等 58 个，取缔违法机构 117 个，限期整改 349 个。1999 年，市卫生局成立医疗机构监督管理办公室，出台 15 项具体制度，对市区厂矿医务室（所）重新审核登记，依照执业医师法对医师进行资格认定。2001 年，医疗机构设置、执业登记、医疗广告审批等 21 个项目被纳入市政府行政审批中心统一审批。2010 年，市一院、市二院分别通过省卫生厅三甲医院复核、评审。市一院获省卫生厅批准，增加妇女保健科、临终关怀科、疼痛科、运动医学科、中西医结合科、临床心理科、血液透析室(80 台透析机)7 个项目，拓宽医疗执业范围，与中国科学院上海生命科学研究院健康科学研究所共建的生物医学转化研究基地和基地医院于 7 月 17 日在市一院挂牌。

卫生行政监督检查（摄于 2010 年 4 月）

合资办医管理 1990 年以前，常州市建立城乡、院厂医疗协作联合办医机构 28 个、床位 500 余张。全市开设家庭病床 2434 张。市气管炎研究所先后与北京、山西、浙江、广东等省、直辖市建立科研型、临床型、生产型横向协作点 20 多个。1992 年，市一院与加拿大合资，成立特需病房，设床位 20 张；市二院与中国同位素公司投资 38 万元，建立放射免疫检测中心。1993 年，市政府出台加快卫生事业发展和改革若干问题决定，市二院与美国伟康医疗产品集团合作，建立中美合作常州呼吸医疗康复中心；市一院与日方合资建立常州市神经外科高级诊治中心、常州市骨科高级诊治中心。2009 年，市卫生局制定出台《民营医院腔镜诊疗技术管理办法（试行）》，规范民营医院腔镜诊疗技术。至 2010 年，常州市有民营医院 21 家，床位 1162 张；在职职工 1296 人，其中卫技人员 890 人；诊疗 37.7 万人次。常州市扩大医保定点医疗机构范围，常州激光专科医院、常州星明医院、常州兰陵医院等 10 家民营医院被列为医保定点单位，试运期 1 年。

个体诊所管理 1986年1月，常州市政府制订出台《个体开业医生管理暂行办法(试行)》，鼓励和支持退休医务人员个体开业行医，实行多种形式办医。从1998年起，对开设个体诊所按省制订条例实行准入考试，每两年举行1次，至2010年举办6次，有100余人通过考试。在允许个体诊所开业的过程中出现鱼目混珠现象，常州市曾出台多个文件清理、整顿个体行医及体检队、计划生育手术机构，实行市、县(区)分级管理，对不符合条件的个体诊所采取关停并转措施。2010年底，常州市有个体诊所121家。

三、行风建设

常州市卫生局针对社会反映强烈的收取“红包”和药品商业回扣问题，先后出台行风整顿管理等多项措施，严查涉案人员。1994年，市卫生局制订出台行业职业道德规范和实施办法，重点开展查处“红包”、回扣等问题，2003年和2004年，该局出台行风建设公开承诺和加强行风建设意见，提出“六项措施”“六个严禁”，全市先后查处医药购销和医疗服务中违纪违法案件18起，涉案金额250万余元。2008年，查处商业贿赂案件5起，刑事处理5人，受党纪处理4人。2009年，查处商业贿赂案件1起。由于收受“红包”、回扣等私下交易行为隐蔽，成为群众对医疗行业反映强烈的热点问题。

第三节 医疗质量管理

1987年，常州市卫生局贯彻执行省卫生厅制订的《综合医院质量考核评比标准(试行)》及各级医师操作及手术规范程序。1988年起，先后制订出台市、县(区)级医院质量考核、医疗质量监控、基础护理质量考核评分、县及其以上医院急诊科(室)建设和质量管理规范检查、农村中医工作考核、住院部临床科室合格等多项标准，作为质量管理抓手，成立医疗、护理、医技等8个质量管理小组，负责质量管理，对各医院开设的麻醉、病理、超声波、检验、放射等业务，建立督查、评审考核机制，各医院相继成立质控小组，形成医务人员自我控制、科室控制、医院控制和卫生行政部门控制的四级医疗质量控制体系。1997年，市二院率先运用计算机网络技术，探索建立较为完整的医疗信息管理系统，形成医疗质量控制与评价体系，促进医疗质量管理从追求终末质量控制向注重环节质量控制转变，从经验管理向定量管理转变，12月该系统经省卫生厅专家鉴定属省内首创，达国内先进水平，被国内有关医院推广应用。2003年，戚墅堰区人民医院通过ISO 9001:2000质量体系认证，成为全市首家通过埃尔维质量认证中心认证的医疗机构。2010年11月16—18日，经市平安医院创建活动协调小组办公室组织考评，金坛市人民医院、中医院，溧阳市人民医院、中医院，武进人民医院、中医院和常州市中医院、肿瘤医院、儿童医院、七院、德安医院等11个医院达市平安医院创建标准。经省级机构检查考评，有市一院、二院、三院和市妇幼保健院创成省平安医院。

第四十一卷 体育

Volume XLI Sports

1985年以后，常州市加大在体育领域的投入，体育事业取得跨越式发展，群众体育日趋兴旺，市民健身意识普遍增强，学校体育、社会体育活跃，常州学生体育达标率一直在94%以上。全市中小学积极创办特色体育项目，定期举办学校比赛和夏令营，丰富学校生活。竞技体育迅速发展，优秀体育健儿大量涌现。全市各系统举办职工田径、球类、棋类、信鸽、钓鱼和桥牌等项目运动会，常州运动员获得各级农民体育比赛的优异成绩，社区市民健身活动点不断完善。2008年，市委、市政府把群众体育纳入《"富裕常州"建设指标体系》。是年起，体育惠民工程连续3年被列为市重点工作（工程），全市每年组织市、区级群体活动100多次，参加全民健身活动超过100万人次。溧阳、武进、金坛先后被评为全国体育先进县（市），常州创建成为全省首批体育强市。2008年，常州标志性建筑常州奥体中心投入使用，公共体育场馆全部向社会开放，同时向市民开放35所中小学体育设施。省队市办专业队建设得到强化，成立了常州市体育专业运动队管理中心，省女子手枪队、女子曲棍球队、女子手球队、女子垒球队，多次夺得全国冠军。体育产业发展迅速，社会投资兴办的体育机构和设施迅速增加。2010年底，常州所辖金坛、溧阳、武进均建有功能齐全的体育中心。常州承办国际、国家级比赛，竞赛种类、数量列全省前茅，中央电视台对在常州举办的重要赛事现场直播超过100小时。同年常州承办了江苏省第十七届运动会，常州体育代表团获奖牌第一、总分第二、金牌第三的优异成绩。常州市连续14年获全国全民健身优秀组织奖，社会体育指导员总数超过8000名，每万人拥有社会体育指导员超过22人。辖市区全部成立体育总会，市级体育单项协会发展到34个、民办非企业体育俱乐部25家。全市有高级教练12人，曾培养世界冠军15名；体育彩票销售总额突破7亿元。1986—2010年，向省、市和部队优秀运动队、省体校及高水平运动队输送424名优秀体育人才。

第一章　体育设施

1985年以后，常州体育设施快速建设发展，少体校常体训练馆、室内游泳馆、体育中心一期工程、运动学校综合训练馆等功能设施齐全的场馆投入使用，清潭体育馆系统维修改造。2006年起，常州借成功申办江苏省第十七届运动会的契机，加大投入，先后建成常州奥体中心、市少体校综合训练大楼、运动学校重竞技训练馆等一大批标志性建筑，为常州举办大型体育比赛奠定了硬件基础。2008年9月，常州奥林匹克体育中心建成，总建筑面积20万平方米；当年建成街道全民健身中心20个，全市新建小区和公园全部配套设置体育设施，体育设施全面覆盖。2010年，全市57个镇街道全部建成全民健身活动中心，形成市、辖市区、镇街道和村社区群众体育设施全覆盖。全市体育主题公园13个，城市社区健身设施全部纳入城市信息化管理系统。

第一节　公共体育场馆

1985年以后，常州体育系统内部体育设施经过20多年的改造、新建，形成以常州市少年体育运动学校、市清潭体育中心和常州奥林匹克体育中心为核心的3个体育设施集群。

一、常州奥林匹克体育中心

是常州投资最大的社会事业项目。1999年初，一期工程开建，2001年底建成7200平方米射击馆、5500平方米学生公寓(食堂、浴室等配套用房)、5000平方米教学行政楼、400米标准跑道田径场、600米自行车赛道及配套工程。占地16.7万平方米，投资8000万元。工程获2001年度优秀项目奖。2002年完成田径训练馆建设，建筑面积7000平方米，投资1600万元。2004年，投资250万元，对室外田径场塑胶跑道进行改造。市运动学校、市青少年业余军体学校、江苏女子手球训练基地、体育科学研究所陆续进驻。2005年，开始建设二期工程主场馆，占地面积扩大到17.67万平方米，建筑面积20万平方米，以迎接江苏省第十七届运动会。2008年9月15日，总投资14亿元的常州奥林匹克体育中心建成，由4.1万座的体育场、6200座的体育馆、2300座的跳水游泳馆、网球馆和1000个展位的会展中心组成。

常州奥林匹克体育中心(摄于2010年3月)

综合训练馆　位于晋陵北路，2004年投资1480万元兴建，共5层，建筑面积1.16万平方米，主要为市运动学校和江苏女子手球训练基地，活动项目有手球、跆拳道、拳击等。

新城体育场　2006年兴建，2008年8月建成，建筑面积3.55万平方米，有符合国际比赛标准的足球场1块和400米标准塑胶跑道8条，拥有观众席位4.1万个，配有电台、电视台转播室等用房。

新城游泳跳水中心　2006年兴建，2008年8月建成，建筑面积4.2万平方米，建有符合比赛要求的跳水池、游泳池和赛前热身池各1个，拥有2300个观众席位。

新城体育馆　2006年兴建，2008年8月建成，建筑面积3.2万平方米，建有符合比赛要求的50米×40米场地1块及训练场地2块，拥有6200个观众席位。

国际会展中心　2006年兴建，2008年9月建成运营，建筑面积5万平方米，体育比赛与展览贸易互用，拥有展位1000个。

网球中心　2007年7月投资2488万元兴建，2009年建成投入使用。有室内网球馆、室外网球场，室内网球馆建筑面积5869.66平方米，有网球场3块，配备淋浴、赛前热身等辅助用房，上有屋顶网架结构及铝镁锰金属屋面板；室外网球场有7块。

二、常州市清潭体育中心

清潭体育场　1985年建成投入使用。1995年，投资200万元建成体育场看台，长140米，设观众席

4000座。1999年，再投资近500万元，翻修田径场塑胶跑道。

常州市体育馆　1985年12月26日建成。1995年投资130万元改造。2002年，再投资1500万元，改造电气设施、给排水及消防设施、冰蓄冷中央空调、音响及电子显示屏和观众座椅，可容纳观众4500人，能承担手球比赛项目。2009年，为承办江苏省第十七届运动会摔跤、柔道等项目比赛，投资2850万元，更换屋面板、地板、场馆座椅，内部装修改造。

举重训练房　1991年建成，位于市体育馆西南侧，面积1002平方米。共两层，一层为举重训练房，二层为运动员宿舍。

技巧训练馆　位于市体育馆北侧，1998年投资60万元建成，后改为羽毛球训练基地。

三、常州市体育运动学校、业余军体学校

重竞技训练馆　2007年，为备战江苏省第十七届运动会，投资1500万元兴建，2008年11月建成。建筑面积5870平方米，共4层，内设举重、柔道、摔跤、跆拳道等项目和体能训练、浴室等配套设施，为市运动学校使用。

射击馆　1999年，投资800万元建成，建筑面积7000多平方米，功能设施齐全，设有44组靶位的50米靶场、52组靶位的10米靶场、8组靶位的25米靶场和4组靶位的移动靶场。

四、常州市青少年体育运动学校

室内温水游泳池　位于常州体育场内，1987年12月建成。占地654平方米，总建筑面积5599平方米。池长25米、宽12米，深水区水深1.5米、浅水区水深1.1米，室温30℃。辅助配套设施齐全。2005年，原址拆建室内游泳训练馆。工程造价677.45万元，一层有两个25米×11米短池，二层有50米×25米标准池，辅助配套设施设备齐全。

乒乓武术训练馆　位于常州体育场西，1996年3月建成，建筑面积3200平方米，投资220万元。

网球场　1995年建成，位于健身路综合训练馆南，因健身路改造，东侧被征用近一半，原场改为小田径场1块、网球场2块，有灯光照明设备、塑胶地面，总投资30万元。2008年，为备战江苏省第十七届运动会，网球场被拆除，在原址新建市少体校综合训练大楼。

跳水池　位于健身路综合训练馆西，1997年5月建成，设10米台、8米台和3米板、1米板。

常体训练馆　1994年6月建成，建筑面积3200平方米，总投资580万元，可供体操、羽毛球等项目训练、比赛。

综合训练大楼　2008年至2009年4月，因江苏省第十七届运动会需要在原网球场兴建。投资估算5000万元，总建筑面积1.98万平方米，其中地上1.48万平方米、地下0.5万平方米。内设羽毛球、篮球、乒乓球等训练场地，配备体能训练、淋浴等辅助用房。

第二节　学校体育场馆

1986年以来，作为实施素质教育主要途径之一的学校体育教育获得了全市各级学校的高度重视，逐步加大对学校体育设施的投入，保障每所新建学校都建有标准化的体育场馆。至2010年底，市区市教育局直属学校全部建成带有塑胶跑道的田径场或室内体育馆。全市中小学中等教育学校和高校有体育场馆(地)3395个。

一、高校体育场馆

常州大学体育馆　2008年12月至2010年8月，常州大学与武进区政府共建乙级中型体育馆常州大学体育馆，占地1万平方米，总建筑面积1.85万平方米，高23.5米，设观众席位4300个，供地区性和全国单项体育比赛及举办大型会展、集会和文艺演出等，分比赛、配套辅助和训练等3个功能区，综合训练区有乒乓球馆、跆拳道馆、健美操馆、瑜伽馆、健身房等7个练习馆和1个短池游泳馆。

常州工学院体育场　1988年9月建成，原为常州工业技术学院体育场，建成400米标准田径场、主席台和两侧观众看台，可容纳观众2300人。

江苏技术师范学院体育场馆　1990年，建成400米跑道标准田径场、主席台。2002年建成体育馆，建筑面积6600平方米。

常州轻工职业技术学院室内体育中心　2002年建成，建筑面积3700平方米。

常州机电职业技术学院体育场　2002年，建成400米标准田径场和活动看台700平方米。

常州师范学校体育馆　1992年，用世界银行贷款建成室内体育馆，建筑面积1200平方米。

河海大学常州校区体育场馆　2005年，建成文体馆和塑胶体育场。

二、中等学校体育场馆

常州财经学校体育场馆　1988年9月，建成400米跑道标准田径场、主席台和观众看台，拥有观众席位2500个。1989年10月，建成占地1852平方米的健身训练馆，室内面积756.8平方米。1990年11月，建成1000平方米室外游泳池，长50米，宽20米。

江苏省城镇建设学校田径场　2000年，投资250余万元，建成400米塑胶跑道田径场和标准篮球场4个。

江苏建材学校体育场馆　2000年，新建篮球场、排球场各两个，重新规划建设田径场和体育馆。

江苏省常州高级中学体育场　1995年，投资300万元，改造400米标准田径场的塑胶跑道。

常州机械学校田径场　2000年，投资120余万元，新建400米标准田径场、700平方米看台。

常州物资学校田径场　2002年，新建400米塑胶跑道标准田径场。

第三节　社会体育设施

1986年以后，随着经济的发展和人民生活水平的提高，乒乓球、网球、羽毛球、轮滑、游泳、保龄球、高尔夫球、台球（康乐球）等运动场所应运而生，档次也不断提高，供市民健身娱乐。

一、游泳场所

80—90年代，露天泳池因消费低廉，是市民休闲、健身的好去处。此后，室内游泳池逐渐增加。2010年末，常州城区（不含武进）有游泳场所27家。

2010年底常州城区对外营业游泳场所一览表

表41-1-1　　单位：平方米

名称	位置	面积	地址	名称	位置	面积	地址
常州大酒店游泳池	室内	100	延陵西路65号	恐龙园造浪池	室外	5000	汉江路1号
常州亚细亚游泳池	室内	96	怀德中路21号	河海大学游泳池	室外	1250	河海路
常州市游泳健身中心	室内	1125	健身路17号	天鹅游泳池	室内	312	清潭路266号
博爱游泳馆	室内	300	天宁中山路106号	黄金大酒店游泳池	室内	98	延陵东路716号

续表 41-1-1

名称	位置	面积	地址	名称	位置	面积	地址
常州宾馆游泳中心	室内	220	化龙巷18号	天安河滨游泳池	室外	500	兰陵河滨花园
宝力豪国际健身连锁	室内	300	新市路金色新城50幢	美格菲健身会所游泳池	室内	200	太湖东路9号51幢
省常中英派斯健身馆	室内	525	和平北路12号	中央花园幼儿园	室内	100	晋陵中路633号
阳光国际大酒店游泳中心	室内	230	怀德北路35号	金陵江南大饭店游泳池	室内外	600	通江中路500号
常州九洲环宇大酒店游泳池	室内	400	关河东路38号	解放路小学游泳馆	室内	250	罗汉路泰兴里6号
天安城市花园游泳池	室外	200	珠江路1号	美林山河浴场	室内	300	兰陵路29号
常发豪庭国际会所	室内	100	晋陵北路、太湖路交会处	新城游泳跳水中心	室内	2525	晋陵北路1号
易博健身会馆	室内	250	府琛花园17幢	红梅西村游泳池	室外	1200	红梅西村
富都盛茂大饭店游泳池	室内	400	通江大道398号	常州和平假日大饭店游泳池	室内	100	和平东路132号5楼
常州市海浪休闲中心	室内	200	关河路怡康花园6幢				

二、健美场所

常州健美场所兴起于 90 年代中后期，主要提供舞蹈、形体、瑜伽和跑步、举重拉力等项目活动。2010 年末，常州城区（不含武进）有健美场所 13 家。

2010 年常州城区营业性健身场所一览表

表 41-1-2

名称	地址	名称	地址	名称	地址
怀德苑健身广场	怀德苑	常州花园健美馆	花园新村	天马健身房	北环路
文化宫健身中心	文化宫影院二楼	群英健身中心	光华路	威德健美馆	清凉路
常春大厦健身房	局前街	龙腾健康城	北直街	怡康健身中心	关河西路
元丰健身娱乐中心	元丰桥堍	金穗健身房	九龙市场西		
英才健身中心	清潭路体育馆	英派斯健身俱乐部	中油国际大酒店		

三、乒乓球馆

乒乓球运动在常州普及性较高。2010 年，市区商业经营的乒乓球馆有会馆浜的亚洲乒乓球馆、早科坊的中联乒乓球馆、新民里的亚洲之星乒乓球馆、怀德苑的怀德苑健身中心和元丰桥堍的元丰苑乒乓球馆、斗巷的盛世仙鹤乒乓球馆等 10 余家。

四、网球场地

网球运动在 80 年代后期才开始在常州兴起。2010 年，市区有江南春网球俱乐部两片场和常春网球俱乐部、新区体育中心网球俱乐部各 4 片场与新城市花园两片场、常州体育馆 1 片场及红东网球场、人民新家园、河海大学、怡康健身中心等商业经营网球场 10 多个，均为塑胶场地。

五、溜 冰 场

80年代，溜冰场一般都设在露天，场地比较简陋。90年代起，室内溜冰场逐渐增加。2000年后，随着室外健身场地和健身项目的增加，室内溜冰场逐渐减少。2010年，常州市区有溜冰场所4家。

2010年常州城区溜冰场一览表

表41-1-3　　　　单位：元/小时

名称	地点	性质	收费	名称	地点	性质	收费
文化宫地下AA溜冰场	文化宫	旱冰	8	莱蒙都会（三楼）溜冰场	西瀛里	旱冰	15
莱蒙都会顶楼冠军溜冰场	西瀛里	真冰	50	金马室内溜冰场	劳动中路1号	旱冰	15

六、保龄球馆

常州保龄球运动开展较早且水平较高。2003年底，市区有常州大酒店、中油国际大酒店、新城保龄球馆、亚洲保龄球馆等4家在营业，球道数20余道。至2010年，市区有营业性保龄球馆8家，球道数50余道。

七、高尔夫球场

2010年底，常州市区高尔夫球场有位于新北区香树湾花园酒店东北侧的飞宏国际娱乐中心1处，2001年建成，有9洞。

第二章　群众体育

1985年以后，随着居民健身意识的增强，常州市坚持体育与经济社会协调发展的原则，贯彻、实施《全民健身条例》《全民健身计划纲要》，建立并完善全民健身基本框架体系。市和辖市区相继成立全民健身工作领导机构，不断向社区、乡镇延伸。1997年，常州成立国民体质监测中心及三级国民体质监测网络，加强国民体质监测和科学健身指导。坚持每4年举办一届常州市运动会和职工运动会、农民运动会、社区运动会、机关运动会、中小学生田径运动会等群众性运动会。推动全民健身活动广泛深入开展，活动形式丰富多彩，每年举办群众喜闻乐见的市级趣味竞赛约50项。2010年，全市经常参加体育锻炼人数达总人口的50%，国民体质合格率全省领先。基层群众体育组织网络发展迅速，有各级体育社团21个，全民健身点1423个。各级社会体育指导员发展到8000多人。学校体育发展迅速。常州发展国家级体育传统项目学校1所、省级24所、市级74所，建立中国青少年体育俱乐部11个。青枫公园、东经120公园先后建成青少年户外活动基地。

第一节　学校体育

1985年以后，全市中小学施行《国家体育锻炼标准》《国家学生体质健康标准》。在施行《国家体育锻炼标准》测验中，1986—1990年全市中小学施行面96.8%，达标率97.58%、优秀率24.1%，居全省辖市第四位。1989年，江苏省常州高级中学被评为全国、全省《国家体育锻炼标准》达标先进单位。1992年，常州成为全国中考体育试验试点市，中考体育设传统跑、跳、投3个项目，50米快速跑、铅球、立定跳远被列为中考内容；1993年增设耐久跑，允许学生选择50米快速跑或耐久跑，首次尝试选择性考试，全市初中升学全面进行体育统考，考试3项项目满分为60分，学生体育的实际考分计入初中升学考试总分，试验试点取得成功。1993—1999年，《国家体育锻炼标准》测验施行面保持100%，达标率和优秀率逐年增加。至1999年，达标率97.7%，优秀率 20.4%。2000 年，常州体育考试改为球类技能项目、身体机能（肺活量 / 体重指数）、运动体能（身体素质）、平时成绩测试，分值分别为 5 分、10 分、15 分、10 分；球类技能评分项目为篮球行进间投篮、排球垫球、足球颠球 3 选 1；运动体能（身体素质）为实心球、立定跳远、跳绳 3 选 1；首次增加过程性评价内容，对学生初中阶段 3 学年的体育成绩进行评分，计入由学校评价、教育行政部门审核或检查的平时成绩。

2003 年因"非典"没有组织考试。2004 年，球类技能项目考成绩分值增至 6 分。是年，把《体质健康标准》中 3 项身体机能测试项目"肺活量、握力、坐位体前屈"引入中考，学生任选 1 项。2006 年，中考体育 40 分划分为过程性评价 15 分、终结性评价 25 分。2009 年，新北、天宁、钟楼、戚墅堰等区和局属学校初中毕业生体育考试增设游泳项目，下水出发方式、泳姿不限，要求在规定泳道内游完全程；首轮测试在常州市少体校游泳馆进行，首批 104 名考生，58 人获满分 15 分。2003 年，全市学校《国家体育锻炼标准》的达标率 98.14%，优秀率 24.14%。2007 年 9 月，常州市全面启动实施《国家学生体质健康标准》，计划用 3 年时间使 90% 以上的身体正常学生达到标准及格等级以上，大部分学生达到优秀等级，掌握日常锻炼的体育技能两项。2010 年，常州在全国率先提出"校本化实施阳光体育运动"理念，引导学校走特色化、差别化的发展道路，开展富有个性的阳光体育活动，促进学生健康成长。

一、特色项目学校

1988—1989 年，江苏省常州高级中学（简称"省常中"）、常州市第一中学（简称"市一中"）试办高中、初中体育后备人才试点班，有 40 余人次达到国家二级运动员标准，有 4 人进入全国比赛前 6 名。在创建体育传统特色项目学校方面取得了较好效果。

省　　级　1992 年 8 月 12 日，常州市五星中心小学等 9 所中小学被评定为江苏省体育传统项目学校。1993—1994 年，传统项目学校向省市体育院校、高水平运动队输送一批后备体育人才。1996 年，有 3 所学校被命名为省级体育传统项目学校。1999 年，奔牛高级中学被确定为江苏省篮球项目高水平运动试点学校，溧阳市第一中学被表彰为全省优秀体育传统项目学校。常州有 16 所学校被省体委、省教委命名为江苏省体育传统项目学校。2003 年，武进区何留小学跨入江苏省首批少儿门球特色学校行列。2004 年，金坛直溪高级中学被国家体育总局认定为青少年体育俱乐部，12 所学校被省体育局批准为江苏省体育传统项目学校。

1992—2010 年常州市的省级体育传统项目学校一览表

表 41-2-1

时间	特色项目	项目学校名称
1992.08	乒乓球、足球	铁道部戚墅堰机车车辆厂职工子弟第一小学
	田　径	溧阳市光华中学、常州市五星中心小学、金坛县实验小学
	排　球	金坛县华罗庚中学、金坛县常胜小学
	篮　球	江苏省溧阳中学、武进县奔牛实验小学
	田径、篮球	常州市第三中学
1999	田径、篮球	常州市第三中学、武进市湖塘实验小学
	田　径	常州市北郊中学、第一中学，金坛市实验小学，溧阳市第一中学
	足　球	常州市第五中学
	篮　球	武进市奔牛实验小学，江苏省溧阳中学，金坛市第四中学、直溪中学、直溪中心小学
	游　泳	常州市解放路小学
	乒乓球	常州市兰陵小学、戚墅堰机车车辆厂第一子弟小学

续表 41-2-1

时间	特色项目	项目学校名称
1999	排　球	金坛市常胜小学
2004	项目未分类	常州市第三中学、北郊中学、新北区实验中学、解放路小学、兰陵小学、戚墅堰区先行小学，武进区湖塘桥实验小学、奔牛实验小学，金坛市直溪高级中学、第二中学、第四中学，江苏省溧阳光华中学

市　　级　2008 年，命名 32 所学校为常州市首批创建市级体育项目特色学校。2009 年，34 所中小学创建为常州市第二批体育项目特色学校。2010 年，全市有 12 所幼儿园创建为常州市首批体育特色幼儿园。

常州市级体育项目特色学校和幼儿园一览表

表 41-2-2

批次	时间	特色项目	学校、幼儿园名称	特色项目	学校、幼儿园名称
第一批	2008	田径、排球、健美操	常州市第一中学	游　泳	常州市解放路小学、西横街小学
		乒乓球、排球	江苏省华罗庚中学、武进区星辰实验学校	篮　球	常州市第二中学、第三中学、奔牛中学、市北实验初中，金坛市直溪中学
		乒乓球、象棋、围棋	常州市怀德苑小学	男子足球	横林中学
		羽毛球、乒乓球	常州市田家炳中学、实验初级中学	乒乓球	常州市兰陵小学、戚墅堰区先行小学
		羽毛球、游泳	常州市同济中学	羽毛球	常州市勤业中学、武进区湖塘花园小学、新区国英小学、戚墅堰区东方小学、溧阳市天目湖小学
		羽毛球、排球	常州市翠竹中学	排　球	金坛市常胜小学
		田径、篮球	溧阳市光华中学	艺术体操	常州市博爱路小学
		田径、象围棋	溧阳市实验小学	健美操、足球	常州市北郊中学
		田径、射击	新北区实验中学	田　径	江苏省武进高级中学
		田径、游泳	江苏省常州高级中学	象棋、围棋	常州市花园中学
第二批	2009	常州市正衡中学、第五中学、第 24 中学、兰陵中学、清潭中学、朝阳中学、第八中学、局前街小学、岸头实验学校、盛毓度小学、西林实验学校、雕庄中心小学、清凉小学、浦前中心小学、中山路小学、新桥中学、薛家中心小学、丁堰小学，江苏省前黄高级中学、横山桥高级中学、礼嘉中学、礼嘉中心小学、庙桥小学、横林实验小学、夏溪小学、鸣凰中心小学、湖塘桥实验小学、马杭中心小学，金坛市第一中学、青少年体校、第四中学、华罗庚实验学校、南门街小学、文化小学			
第一批	2010	体　操	金坛市华诚实验幼儿园、常州市阳光幼儿园、西夏墅中心幼儿园、雕庄中心幼儿园	体育舞蹈	常州市清潭新村第三幼儿园
				阳湖拳	武进区东青幼儿园
				跆拳道	常州市机关幼儿园
		围　棋	武进区前黄中心幼儿园	棋　类	常州市红梅中心幼儿园
		拉丁舞	金坛市薛埠镇中心幼儿园	武术、轮滑	常州市盛菊影幼儿园
		游　泳	金坛市实验幼儿园		

说明：2008 年、2009 年的第一批、第二批为常州市体育运动项目特色学校；2010 年的首批为常州市首批体育特色幼儿园

二、田　　径

1991年5月，举行常州市中学生田径运动会暨中小学田径传统校比赛。1992年，举办第二届常州市大中专学校田径运动会；组队参加省中小学生田径运动会，获中学组团体总分第一名。1993年，市7所省级重点中学参加江苏省重点中学田径比赛，获团体总分第五名。1997年10月，江苏省第二届重点高中田径运动会在常州举行，全省有131所重点高中、1295名运动员参赛，江苏省常州高级中学获男女总分第一名，常州共获6枚金牌、5枚银牌、9枚铜牌，金牌数和奖牌数列全省第三名。

三、球　　类

1987年7—8月，全国化工院校首届大学生篮球比赛在江苏化工学院举行，来自全国16所化工大专院校代表队参赛。2001年，举办了市首届"市长杯"篮球、排球、足球、乒乓球百校联赛。2003年，金坛直溪高级中学获江苏省青少年甲组男子篮球比赛第二名和全国篮球传统校男子篮球比赛第六名；金坛直溪中心小学获省篮球传统项目学校比赛第一名。

四、七彩夏令营

2006年暑假，常州首次把七彩夏令营活动引入体育集体比赛项目。7月24日，夏令营在北郊中学开营，共5天。全市32所中小学1000多名营员参加，营员分成5个营32个连，为常州市规模最大的一次夏令营活动。项目有挑战传统模式（信任背摔、雷区取水等）、体育竞技（24人足跑、协作跑等）、科海探趣（机器人、动漫制作等）、舞动青春（展示文艺天赋）、娱乐超市（展示才能）。同时举行常州市第25届"新中·育苗杯"运动会，项目有武术《中国风》、健美操《美丽青春》、情景表演《快乐童年》、团体表演《欢欣鼓舞》及征文、摄影、会徽设计、成果展板、通讯报道等。2007年7月15日，在北郊中学举行常州市第二届"七彩夏令营"活动，全市有10个小学代表队和24个中学代表队、700余名营员参加，活动内容集体育、娱乐于一体，丰富生动。

五、其他项目

1992年，常州组队参加全省跳绳、踢毽大奖赛，获踢毽团体总分第一名。1993年，郊区白荡小学代表江苏省参加全国跳绳、踢毽比赛，获全国"雏鹰起飞"小学生体育活动优胜奖。1995年7月，全国第十一届大学生射击比赛在常州市举行，有76名运动员参赛。2003年8月，武进区何留小学门球队代表常州参加在无锡举行的江苏省少儿门球比赛，获第一名。2006年"六一"期间，省妇联、体育局联办全省体育小明星评选活动，常州青少年业余体育学校的李梦（蹦床）、王佳馨（体操）、俞莎丽（跳水）、史婧琳（游泳）被评为省体育小明星。2007年11月，市教育局、体育局联办常州市中小学生首届体育大会，项目有团队跳绳比赛、"冠军29脚"团队劲跑、中小学生田径、健美操和第九届星级高中篮球等，为庆贺常州成功申办江苏省第十七届运动会和选拔参加江苏省运动会运动员做准备。2008年10月，市教育局、体育局、团市委联合组织全市50万名学生参加"阳光体育与祖国同行"活动，要求每天长跑距离基数为：小学生（五年级及其以上）1000米、初中生1500米和高中生、高校生2000米。

第二节　职工体育

1985年以后，职工体育活动快速发展，职工积极参加运动会，开展以球类、棋类、垂钓等主要形式的体育运动。1991年，市体委与市总工会举办30期第七套广播体操领操员培训班，有3325人参加培训，随后在全市720个单位推广第七套广播体操，有25万名职工学习。2010年，市总工会借江苏省第十七届运动会在常州举办的契机，向全市职工呼吁树立"每天锻炼半小时、健康工作每一天、幸福生活一辈子"的理念，形成热爱体育、崇尚健身的新风尚，倡导在运动中促进健康，体验快乐幸福生活。

一、职工运动会

1986年8—9月，常州市外经系统举办首届职工运动会。10月，常州市商业系统举办第五届消防运动会。1988年5月，常州市直机关举办第三届田径运动会。1991年5—11月，常州市公安系统举办首届体育运动会，有28个基层单位627名运动员参加拔河、射击、男篮、游泳、乒乓球、棋类、田径7项比赛。1998年，常州市组队参加江苏省第十四届运动会职工部全部9个项目比赛，总分成绩列全省第五名，金牌数列全省第四名。1999年，举办了常州市第十一届运动会，职工部进行9项比赛。其中，象棋赛有28支代表队、82名运动员参赛，溧阳市、戚墅堰机车车辆工厂（简称“戚机厂”）汤明发分获团体和个人第一名。乒乓球赛有30支代表队、176名运动员参赛，金坛市、常州邮政局分获男子、女子团体冠军，金坛市刘玥、市广电局胡燕分获男子、女子单打冠军。围棋赛有18支代表队、52名运动员参赛，钟楼区、市电子局戈仲禹分获团体、个人冠军。桥牌赛有13支代表队、74名运动员参赛，市机械冶金局获冠军。台球赛有17支代表队、59名运动员参赛，郊区、张金明（郊区）分获团体和个人第一名。足球赛有8支球队、152名运动员参赛，金坛获冠军。篮球赛有11支球队、129名运动员参赛，市公安局、教委分获男子、女子组团体冠军。田径赛有14支代表队、224名运动员参赛，武进、市教委分获中年女子、男子组冠军，金坛获青年女子、男子组冠军。射击赛有7支代表队、60名运动员参赛，武进获团体总分第一名。

2002年，参加江苏省第十五届运动会职工部比赛，常州市职工代表团参加全部9个项目比赛，获金牌1枚、银牌4枚和铜牌5枚，团体总分在22支参赛代表队中位列第七名。2003年，举办常州市第十二届运动会暨第四届全民健身节、第六届职工运动会，历时8个月，辖市区、产业、直属的38个代表队2000余名运动员参赛，设有羽毛球、象棋、围棋、足球、大众体育、篮球、射击、乒乓球8个项目，武进、天宁两区和市公安局、新北区、戚机厂分获金牌总数前5名，武进、新北、天宁3区和市公安局、戚机厂分获团体总分前5名。2006年5月，常州代表队参加江苏省第十六届运动会职工田径比赛，获青年男子组100米、200米两枚金牌，青年男子组100米、青年女子组铅球两枚银牌，青年男子组100米、4×100米接力和中年女子组3000米3枚铜牌，男子、女子团体总分分别列第六名、第七名。

2008年，常州市第十三届运动会、第六届全民健身节职工部比赛和常州市第七届职工运动会融为一体举办。象棋比赛（首次）在5月举行，有23支代表队、65名选手参赛，新北、天宁、武进三区分获团体前3名，天宁的宗伟获冠军。网球比赛在5月举行，有80名网球选手参赛，赵方全、赵杰分获男女青年组单打冠军。保龄球比赛在6月举行，钟楼区一队、二队和供电公司分获团体前3名，封卫兵、王笑分获男子、女子组冠军。刘全法、封卫兵和王笑、储晓鸽分获男双、女双冠军。围棋比赛在6月举行，有14支代表队、42名选手参赛，钟楼、武进和市人防办代表队分获团体前3名，陆文杰获个人冠军。台球比赛在7月举行，有14支代表队、42

常州市第十三届运动会开幕式（摄于2008年10月）

名选手参赛，武进区、戚电公司、钟楼区代表队分获团体前3名，张全明分获个人冠军。足球比赛在8月举行，金坛、武进、溧阳代表队分获前3名。桥牌比赛在8月举行，有10支代表队、60名选手参赛，供电公司、钟楼、金坛代表队分获前3名。射击比赛在9月举行，有6支代表队、40名选手参赛，武进、供电公司、常州国土局代表队分获团体前3名。羽毛球比赛在10月举行，有21支代表队、85名选手参赛，武进区、戚机厂代表队和天宁一队分获男子团体前3名，戚墅堰、戚机厂代表队和天宁区一队分获女子团体前3名，陈金、储江艳分获男子、女子单打冠军。乒乓球比赛在10月举行，有26支代表队、65名选手参赛，市级机关、武进、钟楼的代表队分获男子团体前3名，武进、天宁、供电公司的代表队分获女子团体前3名，翟一波、吴玉珍分获男子、女子单打冠军。篮球比赛在10月举行，有8支代表队、96名运动员参加，新北、市建设局代表队和常州高校精益队分获前3名。

2010年，组队参加江苏省第十七届运动会职工部14大项106小项全部比赛，金牌总数、奖牌总数、团体总分均列全省第二，获得体育道德风尚奖、集体三等功，创历史最好成绩（参见“专记”）。

二、球类比赛

1986年12月，常州市首届龙城杯职工基层足球邀请赛在市少体校、第一中学举行。1987年7月，市总工会、体委联合举办市区职工篮球等级赛，有16个产业、直属单位的18支代表队、250多人参赛。1988年2月，市总工会、体委联合举办为期10天的职工基层足球赛，有23个单位参赛。1989年10月，常州市第二届企业家乒乓球大赛在市体育馆举行，40名运动员参赛。11月，市工人足球队参加在广州举行的全国计划单列市万宝杯工人足球邀请赛。2004年7月，江苏省全民健身运动会乒乓球、羽毛球比赛在常州举行，全省15支代表队、110名运动员参赛，常州运动员郭建平获乒乓球青年组男子单打冠军，仲敏和王国春获乒乓球男子青年组双打冠军；戚机厂代表队董剑峰、沈建根、储江艳、董剑峰和陈瑜、沈建根和刘建波分获羽毛球青年男单、中年男单、青年女单、青年男双和中年男双第一名。2005年5月，举办市职工篮球比赛，有8支球队参赛，市消防支队、金城镇和市公安局代表队分获前3名。2005年6月，举办市职工乒乓球比赛，13支代表队、70余名选手参赛，钟楼区、市公安局和供电公司分获男子团体前3名，钟楼区、移动公司、戚机厂分获女子团体前3名，市公安局仲敏和钟楼区金蓓分获男子、女子单打冠军。

2006年4月，常州江苏伟业集团代表队参加江苏省第十六届运动会职工部乒乓球比赛，获男子团体第六名。5月，举办市职工羽毛球比赛，戚机厂、戚电公司、武进高新区分获前3名，钱智伟、陈玮、陈瑜分获男子单打前3名，陈静、徐莺、周茹分获女子单打前3名。2007年9月，常州职工代表队以苏南片第一名出线身份参加全省第二届业余篮球联赛；10月，举办市职工网球比赛，30多名网球业余爱好者参赛，高展飞、丁少波获男子双打冠军，胡晓峰、胡燕波获男子双打亚军，卢联珍、雷建明获男女混双冠军，丁晓、金震获男女混双亚军。11月，常州职工代表队参加在如东举办的江苏省全民健身运动会企业职工部篮球比赛，获第二名。这是市职工篮球在历次省级比赛中取得的最好成绩。2008年，市保龄球协会组织参加全省比赛，囊括男子项目全部金牌。2009年6月，举办市职工乒乓球比赛，21支代表队、100余名选手参赛，市教育局、公安局、丽华乒乓球俱乐部分获男子团体前3名，英中电气有限公司、信泰人寿、公交集团公司分获女子团体前3名，仲敏、张嫣分获男、女单打冠军。7月，举办市职工篮球比赛，有9支代表队、80余名运动员参赛，市公安局、新北区城管局、金坛先锋队分获前3名。2010年5月，常州代表队参加江苏省第十七届运动会职工部羽毛球比赛，获团体总分第一名，青年女单、女双冠军，中年女单亚军和青年男单、中年女单季军。7月，常州代表队在江苏省第十七届运动会职工部男子足球（青年组）比赛中获亚军。同月，在镇江举办的江苏省第十七届运动会职工部乒乓球比赛上，常州市获团体总分第二名，王国春获中年男子单打冠军。

三、棋类比赛

1987 年 2 月，江苏省“龙城杯”围棋邀请赛在市职工文化中心举行，来自全国 10 个省、市的 45 名运动员参赛。1988—1998 年，连续 10 年举办常州市应氏围棋比赛。1990—1996 年，每年举办常州市“工人杯”象棋比赛。2010 年 4 月，宗伟等 3 人组成代表队在江苏省第十七届运动会职工部中国象棋比赛中获团体总分第二名，这是常州市在棋类比赛历史上取得的最好成绩。宗伟还获男子个人第三名。6 月，常州代表队在江苏省第十七届运动会职工部围棋比赛上，获总分第二名。年内，参加“长三角”地区象棋比赛，31 支地市级队参加，常州市获得第九名。

四、其他项目比赛

1988 年 5 月，常州分别承办了全国 14 城市“常柴杯”职工信鸽比赛，举办了全市女职工健美操比赛。1989 年 6 月，常州市职工钓鱼比赛举行，有 29 个单位、100 多人参加。7 月，全市桥牌邀请赛举行，有 33 个基层队参赛。12 月，常州组织参加全国职工第四届信鸽飞翔联赛，获两项冠军。1992 年 4 月 16 日，常州市首届职工风筝会在常州体育场举行。1993 年 6 月，常州职工钓鱼协会代表队参加首届全国职工钓鱼比赛，获手竿总尾数团体冠军。1995 年 8 月，常州市职工游泳比赛举办。11 月，全国职工射击比赛在常州举行，全国 16 支代表队、150 名运动员参赛。1996 年 1 月，全国电视拔河擂台赛江苏赛区比赛在常州举行，有 16 支代表队、192 名运动员参赛，常州兰翔机械厂获冠军，代表江苏省参加在上海举行的总决赛。2005 年 3 月，市总工会牵头举办全市女职工健身操大赛，全市 21 支代表队、300 余名女职工参赛，女干部联队获特别奖，市公安局、教育局、新北区一队获一等奖。11 月，江苏省全民健身运动会拔河比赛在溧阳举行，溧阳华朋代表队获男子组第三名，溧阳环卫、溧城镇代表队分获女子组前两名。2006 年 6 月，戚机厂代表队参加江苏省第十六届运动会职工部大众体育比赛，获男子协力共进第三名、女子协力共进第六名、男子袋鼠跳第五名。2008 年，常州职工体育舞蹈队参加长江三角洲地区职工体育舞蹈大赛，获第三名。2010 年，江苏省第十七届运动会职工部比赛中，常州代表队分获田径、全健排舞比赛两个团体第一名，分获桥牌、游泳比赛两个团体第二名。沈京一、吴立洪获桥牌双人赛第三名，取得常州职工代表队参加赛事的最好成绩。

第三节　农民体育

常州农民体育历来活跃，1989 年 10 月，常州市农民体育协会成立。武进、溧阳、金坛相继成立农民体育协会，先后举办过多次农民运动会（简称“农运会”）。1993 年，全市建立农民体育组织的乡（镇）达 104 个，占全市乡镇数的 74.3%，有上万名农民参加亿万农民健身活动，走在全省乃至全国前列。是年，常州市农民体育协会在全国第七届农运会上被国家体委表彰为全国群众体育先进单位，武进横山桥镇、湖塘镇和金坛薛埠镇被评为全国亿万农民健身活动先进乡镇。武进被国家体委评为全国体育先进县。1994 年 3 月，省体委、省农民体协专门在常州市联合召开亿万农民健身活动经验交流会。2000—2006 年，溧阳别桥镇、天宁茶山乡、武进横林镇、新北西夏墅镇先后被评为全国亿万农民健身活动先进乡镇。至 2010 年，全市有省农民体育先进乡镇 20 个，占全市乡镇总数的 50%。

一、农民运动会

1985 年 5 月、1988 年 5 月和 1991 年 5 月，武进、溧阳、金坛分别举办首届农民运动会，推动了农民体育运动。1988 年 6 月，常州组织 26 名运动员参加在镇江举行的江苏省首届农运会，获总分第五名。1991 年 11 月，常州市首届农运会举办，武进、溧阳、金坛、戚墅堰和郊区 5 支代表队、280 名运动员参加乒乓球、篮球、田径、

常州市首届农民运动会入场式(摄于1991年11月)

象(围)棋、民兵军事等项目比赛,武进获男子篮球、乒乓球(男子、女子)、象棋、田径4项团体第一名,溧阳获民兵军事团体赛第一名。1992年5月,常州市30名运动员参加省第二届农运会,获金牌两枚,取得田径团体总分第三名、女子团体第二名、男子团体第六名、象棋团体第三名。1996年5月,常州市56名运动员参加由金坛承办,武进、溧阳协办的省第三届农运会的田径、篮球、游泳、象棋、武术、舞龙比赛,获民兵军事三项比赛总分、男子象棋团体、男子乒乓球团体第一名,女子乒乓球单打冠军,女子乒乓球团体第三名,女子象棋团体第三名。1996年、2000年、2004年、2008年,先后举办常州市第二、三、四、五届农运会。2000年5月,常州市组队参加江苏省第四届农运会,获金牌7枚、银牌3枚、铜牌5枚和广播体操第二名、木兰拳团体第三名。2004年5月,常州市组队参加省第五届农运会的9项比赛,获8个奖杯,承办了钓鱼比赛。2008年5月,常州市127名运动员参加省第六届农运会,获金牌1枚、银牌4枚和铜牌5枚。

二、球类项目比赛

1987年,湖塘镇男、女篮球队及横山桥、剑湖乡两支男子篮球队参加全国首届、江苏省第三届亿元乡篮球比赛,湖塘镇男队获全国比赛第三名、江苏省第二名,湖塘镇女队获全国第五名、江苏省第二名。9月,湖塘镇男子篮球队获得第二届埠际农民篮球邀请赛冠军。1989年,湖塘镇男子篮球队代表常州市参加江苏省篮球比赛,获第三名;横山桥镇男子乒乓球队、马杭镇女子乒乓球队代表常州市参加江苏省乒乓球比赛,分获男、女团体第二名,其队员分获男、女单打第二名。1990年5月,马杭镇女子乒乓球队代表常州市参加江苏省乒乓球比赛,获团体冠军。10月28日,武进县农民男子篮球队获全省男子篮球比赛冠军。1993年5月,常州代表队参加江苏省农协主办的乒乓球、篮球比赛,获乒乓球女子团体冠军。2006年12月,常州举办农民乒乓球比赛。

三、其他项目比赛

1987年8月,市体委、乡镇企业管理局、文化局、农业银行常州市分行联合举办常州市农民中国象棋比赛。1992年8月,常州市阳湖武术散手交流比赛举办。11月,金坛县木兰拳代表队14人参加中国武术协会、上海市体育总会在上海举办的首届木兰拳邀请赛,获第三名。1993年5月,常州市组队参加江苏省农协主办的象棋比赛,获团体第二名。10月,以湖塘镇为主的象棋队代表江苏省参加全国农民象棋赛。1994年4月,省体委、省农民体协主办的江苏省首届农村舞龙比赛在溧阳市举行,溧阳队获第二名。5—6月,江苏省农民象棋比赛在溧阳市举行,湖塘镇获团体第二名。2003年8月,湟里镇和永利健身队参加江苏省沙滩健身秧歌大赛,分获第二、第三名。10月,武进邹区、钟楼区马公桥街道、常州永利、团结等4支队伍参加在上海举行的全国健身秧歌比赛,获二、三等奖各1个。2007年,组队参加江苏省首届农民体育节。2009年,组队参加江苏省第二届农民体育节,特色项目比赛获团体总分第五名。2010年,组队参加江苏省农民健身鼓王大赛。

第四节 社区体育

常州社区体育运动兴起于90年代后期。1997年初，市政府将其列入为民办实事的全民健身计划，建立市民健身活动点，开放市区学校体育运动场地，建设延陵路市民健身一条街和小营前健身活动示范点等，供市民晨练，社区体育概念逐渐形成。从当年起，常州先后举办全民健身节5届，取得良好的社会效果。推行发展社会体育指导员培训，分期推荐一批专业人员参加全国、全省培训。2005年4月，钟楼区金子初家庭被评为全国全民健身好家庭。2010年末，全市拥有国家级社会体育指导员29人、一级194人、二级1158人、三级5317人，共6698人。常州把体育惠民、人人健身家家乐等作为全民健身目标，每年都要组织形式多样的大型健身活动，在全省乃至全国都有较大影响，人民日报社、新华社、中央电视台、中央人民广播电台等16家中央新闻单位专门选派记者到常州，对常州推行全民健身计划进行专访、报道。至2010年，常州市体育局连续14年获全国全民健身优秀组织奖，天宁区朝阳桥街道办事处、钟楼区清潭街道办事处和天宁区新丰街道、钟楼区西新桥街道等被分别命名为首批、第二批全国城市体育先进社区。

第五节 老年人体育

常州市老年人体育兴起于70年代末，主要有晨练、长跑、气功、球类、钓鱼等运动。1993年2月，常州市首届老年人运动会举办，有千余名老年人参加万步走、乒乓球、网球、门球、钓鱼、象棋等比赛。5月，华东区女篮比赛在常举行，华东5省1市的6支球队参赛。10月，常州代表队获江苏省首届老年人运动会团体第四名；张弥弘、高盘金获象棋团体第一名及个人第二、第三名；薛晓春获钓鱼总重量、单尾两个第三名。1994年4月，江苏省六城市钓鱼比赛在常州举行，常州一队获第一名，薛晓春获个人总重量第一名。10月，薛晓春在第三届中国无锡太湖国际钓鱼节比赛上，获单品种鱼塘手杆项目第一名。1995年11月，常州市承办华东地区第15届老年长跑活动，来自13个城市200多名老年长跑爱好者参赛，全程5000多米。1997年6—10月，举办常州市第二届老年人运动会，有2000余名老年人参加健身、钓鱼、门球、象棋、围棋、乒乓球、家庭健身操等比赛。1999年5月，常州举办江苏省第二届老年人运动会钓鱼比赛，有70名运动员参赛。

2002年，常州市老年人健身走活动和老年人球类运动会举行，有万余名老年人参加。2004年4月，常州第三届老年运动会举办，主题为“我锻炼、我健康、我快乐、我长寿”，比赛项目有钓鱼、乒乓球、羽毛球、象棋、围棋等。2005年，常州组织80人代表队参加在湖州举办的首届环太湖活动，有门球、桥牌、体育论坛、书画、文体展示等活动，常州市有两支桥牌队分获团体冠亚军。2006年，常州万人健身大赛举行，160支队伍、3000余名老年人参加。是年，武进、新北区门球队，老干部局桥牌队，天宁区15人自行车队参加在苏州举办的第二届环太湖活动。2007年，常州老年人乒乓队参加常州承办的江苏省老年体育节乒乓球比赛，获甲组团体亚军，其队员获女子甲组单打冠军。同年，常州组队参加江苏省体育节乒乓球、围棋和门球、健身球比赛，天宁围棋队获团体和单项冠军；常州组队参加在嘉兴举办的环太湖活动，奔牛、嘉泽两支门球队分获城市组、农村组冠军。11月3—4日，江苏省老年人门球比赛在武进举行，12支队伍、130名运动员参赛。

2008年，常州开展“全民健身与奥运同行”全国亿万老年人健步走向北京奥运会活动，全市有17万人次参与。常州作为江苏省老年人体育节分会场，举办乒乓球、门球、健身球、柔力球、羽毛球、钓鱼、象棋、围棋、文体精品展示等活动。2009年4月，全市老年人门球比赛举办，7支队伍参加，天宁队、嘉泽队分获冠亚军；

同月，常州队参加江苏省老年人象棋、围棋比赛，获围棋团体第三名，戈仲禹获围棋个人冠军。5 月，天宁队参加江苏省老年人门球比赛获第三名。常州举办老年人健身球、柔力球展示活动，18 支球队、400 余人参加。11 月，常州承办环太湖老年体育活动，项目有门球、象棋、太极拳。2010 年，常州辖市区组织 18 支健身队伍参加江苏省老年人体育节常州分会场开幕式，展示柔力球、健身球、健身操。天宁区代表队获体育节女子组象棋团体、围棋团体赛亚军，其队员同获这两项比赛冠军。

第六节　残疾人体育

1986 年以后，常州残疾人体育事业逐步受到重视，常州籍残疾人运动员积极参与国内外赛事，取得优异成绩。当年 4 月 30 日，加拿大轮椅运动员里克·汉森跨越中国为残疾人事业开展募捐行动，由镇江经常州至无锡，在常州募集捐款 21.3 万元，发展常州残疾人事业。1993 年 5 月 14 日至 7 月 19 日，残疾人谢正南自费单骑从常州出发，经皖鲁豫京津冀等 8 个省、直辖市，行程 5100 公里，展现了常州残疾人的精神风貌。

一、国际赛事

1986 年，常州运动员蔡祖胜代表中国参加第四届远东及南太平洋地区伤残人运动会，在游泳项目比赛中获 3 枚金牌、3 枚银牌。1994 年，蔡祖胜在全国、世界大赛上获得 22 枚金牌、2 枚银牌，被市委、市政府记大功，参加第六届远东及南太平洋残疾人运动会（北京）开幕式火炬接力传递。1996 年，常州 7 名肢残运动员夺得上海首届亚太地区特奥运动会田径、乒乓球金牌 8 枚、银牌 4 枚和铜牌 2 枚。2004 年雅典第十二届残奥会，常州市两名运动员夺得乒乓球和田径两枚金牌、1 枚银牌。2008 年北京第十三届残奥会，常州运动员雷丽娜夺得乒乓球两枚金牌。

常州市政府重奖第十二届残疾人奥运会获奖牌选手（摄于2004年10月）

二、全国赛事

1987—2010 年，全国残疾人运动会累计举办五届，常州残疾人运动员在各届运动会上均取得优异成绩。2000 年 5 月，常州的 7 名残疾人运动员夺得上海第五届全国残疾人运动会田径、乒乓球的 6 枚金牌、3 枚银牌和 4 枚铜牌。2001 年 4 月，史可可等参加在天津举办的首届全国聋人运动会，获乒乓球男子双打冠军和单打亚军。2003 年，常州运动员夺得第六届全国残疾人运动会金牌 9 枚、银牌 5 枚。2007 年，常州运动员 19 人参加第七届全国残疾人运动会比赛，夺得金牌 8 枚。2010 年 6 月，常州组队的省轮椅篮球队和聋人篮球队在参加全国轮椅篮球锦标赛和全国聋人篮球锦标赛中，分获第四名和第七名，获得参加全国第八届残疾人运动会资格。

三、省级赛事

1988 年 11 月 8 日，常州 15 名智障运动员参加江苏省首届特殊奥运会，获 5 枚金牌、7 枚银牌和 15 枚铜牌。

2002年5月，常州队参加江苏省第六届残疾人运动会，获36枚金牌、14枚银牌和11枚铜牌，金牌数名列全省第二、团体总分列全省第三名，其中3人破2项、平1项全国纪录。2010年，常州60名运动员参加全省第八届残疾人运动会，获39枚金牌、27枚银牌和15枚铜牌，金牌总数列全省第三名，总分名列全省第五名。

四、市级赛事

1985年以后，常州市除了组织残疾人运动员参加国内外赛事，也举办了一些有影响力的残疾人比赛。1988年9月，常州市第二届伤残人运动会举办，曹文华以13秒07夺得男子截肢A4级100米金牌，平全国伤残人最高纪录。1994年4月，常州举办了首届耳聋学生田径运动会。1997年10月举办了常州市首届残疾人运动会，此后4年举办1届，至2010年累计举办4届。

首届残疾人运动会 1997年10月举办，173名运动员参加田径、游泳、举重、拔河、篮球、羽毛球、乒乓球、台球等8个大项、90个小项比赛，金坛、天宁、钟楼的代表队分获团体总分前3名。

第二届残疾人运动会 2001年10月举办，有8支代表队、220名运动员参加田径、游泳、羽毛球、篮球、乒乓球等9个大项、160多个小项比赛，金坛、武进、天宁的代表队分获团体总分前3名。

第三届残疾人运动会 2005年举办，金坛、武进、溧阳的代表队分获团体总分前3名。

第四届残疾人运动会 2009年9月举办，设田径、游泳、篮球、举重、飞镖、乒乓球、羽毛球和拔河8个大项、250个小项，辖市区7支代表队、197名运动员参赛。

第七节 全民健身工程

一、健身工程建设

1998年，市体委及各区投资近100万元，分别在天宁、钟楼和戚墅堰三区建成3个全民健身示范工程。扩建50个市民健身活动点和10个市民健身苑，开放15所学校体育场地。1999年，中国体育彩票捐赠投资约108万元的3个全民健身工程建成，其中清潭全民健身活动中心面积3000平方米，朝阳全民健身广场6750平方米，戚墅堰区全民健身广场1300平方米。2000年，建成天宁北环街道红梅广场、钟楼马公桥街道白云广场、武进湟里镇街心广场、溧阳溧城镇人民广场4个健身工程，建成新丰街道、铁北新村等14个市民健身苑。2001年投入103万元，建成郊区红梅乡社区服务中心、武进东安镇等5个全民健身工程，及钟楼区勤业新村一社区、清潭新村三社区、解放村委会等24个省级健身点和15个高级标准健身点，全市健身苑点增至200个。2002年，相继建成5个全民健身工程，配建球场、健身路径和健身器材；建成勤业广场、清潭五村、红梅广场、郊区政府广场、清潭体育场等5个健身苑。至此，全市有国家级、省级全民健身工程22个、省级市民健身点88个。

2000年，全民健身周科学健身项目展示活动（摄于2000年8月）

2003年，建成湖塘镇鸣凰街办、钟楼区五星乡两个国家级全民健身工程，金坛直溪镇、新北龙虎塘镇、溧阳周城镇等3个省级全民健身工程及省级全民健身点50个。钟楼白云新村健身活动中心被国家体育总局命名为中国体育彩票全民健身样板工程。全市建成全民健身工程27个、省级健身点138个、市级健身苑(点)102个，建设球场70余片；配置健身路径300多条，配置器械近3200多件，增扩群众体育活动场地18万平方米。2004年，市政府把新建100个全民健身点列入为民办实事重要内容，市体育局筹资271万元，新建健身点100个，其中国家级健身工程4个、省级40个、市级41个，实现全市所有街道、社区、镇至少建有1个全民健身点。2005年，投资700多万元建成健身工程国家级1个、省级3个、市级5个，建成健身点省级35个、市级73个和阳光基金点5个。

2006年，新建新农村体育健身工程420个，武进、金坛、戚墅堰率先实现村村建有健身场地目标，全市村级体育设施覆盖率达84.6%。2007年，实施千村体育健身工程，全市新建体育健身工程654个，其中金坛156个、溧阳211个、武进111个、新北132个、天宁12个、钟楼25个、戚墅堰7个。全市新建、补建31个镇体育健身活动中心。2008年，10个镇全民健身中心提升工程全面实施，完成20个街道全民健身中心建设；以30处老小区体育健身设施为重点，全面维护和更新既有的体育健身设施；全市新建小区和公园全部配套设置体育设施，体育设施覆盖率100%；青枫公园青少年户外营地建成开放；紫荆公园青少年户外营地、圩墩公园羽毛球基地、西林公园篮球基地开工建设，完成163片羽毛球场地建设。

2009年，建成市民健身场地两处和群众性健身舞蹈练习场地1处，新建户外群众性羽毛球场20片，完成180个全民健身点的整新，配合市房管局完成老小区整治中的配套体育设施和场地建设28处，建成羽毛球场地109片，飞龙体育主题公园户外场地建成开放，西林公园群众性体育健身场地基本建成，“三河三园”水上群众体育活动基地开工建设，至年末，全市建有全民健身工程1500个。2010年，推进体育惠民工程，建成省级健身工程点两处——溧阳燕山公园、新北三井街道；新建100片羽毛球场地；建成紫荆公园、“三河三园”等公园、绿地配套全民健身工程；中天体育中心改造新建户外篮球场、羽毛球场地、健身路径等群体类活动项目；扩大开放奥体中心全民健身服务项目，开放网球中心，增加休闲、文化、健身等其他服务项目。

二、国民体质监测

1997年7月，市成年人体质监测中心成立。同年，天宁、钟楼、武进、溧阳、金坛五辖市区成立10个测试站，对全市农业生产者、体力劳动者、工业生产体力劳动者、商业和服务业体力劳动者、科教卫人员、政府机关公务员和企事业单位行政管理人员6类人员5000多人进行形态、机能、素质3大类12项指标测试，形成《1997年常州市成年人体质监测报告》和《关于5类职业成年人体质现状的分析》，测试数据被选定进入国家监测网络中心，作为研究掌握常州成年人体质特点及变化规律、科学指导群众参加健身活动的依据，合格率79.4%、良好率30.8%、优秀率13.7%，高于全国、全省平均指数。2000年4—10月，常州成立国民体质监测中心，在武进、金坛、天宁、钟楼建立4个监测站，测试城市、农村的幼儿(3～6岁)、儿童青少年(7～19岁)、成年人(20～59岁)、老年人(60～69岁)等人群进行形态、运动素质等3大类15～28项指标，抽测5210例，为推动全民健身计划实施提供科学依据。2005年4—9月，全市开展第二次全国国民体质监测，采集有效样本2763个，其中金坛544个、武进552个、天宁858个、钟楼809个，超额完成原定监测样本量，为分析研究常州市国民体质状况和发展变化规律提供数据。2010年，全市开展了第三次全国国民体质监测，结果表明常州市男性幼儿体质不及格率高于女性幼儿；成年男性良好、优秀人群占比分别为34.8%、29.6%，女性良好、优秀人群占比分别为37.5%、36.1%；老年人体质良好、优秀人群所占比率城市为35%、15.4%，农村为26.1%和9.9%。全市国民体质合格率进入全省前列。

第三章 竞技体育

1986—2010年，常州籍运动员在参加全省、全国、洲际和世界级比赛中取得骄人成绩，打破了多项全省、全国、亚洲和世界纪录，先后涌现出15位世界冠军、1位奥运会冠军。业余体育训练体系日益完善，常州形成从幼儿园—青少年业余体校—延陵体育中学—运动学校（重点中学高水平运动队）训练体系，开设项目有田径、游泳、射击、体操、跳水、举重、篮球、足球、摔跤、柔道、射箭、武术（散手）、自行车、跆拳道、赛艇、花样游泳、乒乓球、击剑、羽毛球、蹦床、技巧、拳击、网球、排球（沙滩排球）、手球、曲棍球、垒球等，建立一支拥有国家级、高级、中级、初级职称的教练队伍。

第一节 训练机构

2010年底，常州市体育训练机构主要有常州市青少年业余体育学校（简称"市少体校"）、常州市体育运动学校（简称"市体校"）、常州市业余军体学校、江苏省常州市手球训练基地、江苏省武进曲棍球基地，是常州培养体育后备人才的主阵地。

一、常州市青少年业余体育学校

位于大观路体育场内，1956年创办，设田径班、体操班，共招青少年学生100人。至1985年，重点班住校生137人，开设游泳、体操、举重、足球田径、射击等6个训练科目，走读生300余人。1987年，拥有专职教练33人。1987年6月，又创建常州市体育运动学校，实行一个机构、两块牌子（市体校、市少体校）管理。1991年，经调整，市少体校设置田径、体操、举重、游泳、射击、技巧、跳水、篮球、足球、乒乓球、花样游泳、无线电测向等12个科目。2002年3月，市少体校仍留在原址，设游泳、花样游泳、体操、技巧、蹦技、跳水、武术、散打、篮球、乒乓球、羽毛球11个科目。2004年，学校被认定为国家高水平体育后备人才基地(2005—2008)。2007年，跳水、体操项目被评定为省单项训练基地。2008年，学校再次被认定为国家高水平体育后备人才基地(2009—2012)。2009年，被省体育局评为全民健身中心，评定为蹦床项目省单项训练基地。2010年被国家体育总局评定为中国羽毛球基地。

二、常州市体育运动学校

位于常州奥林匹克体育中心北、晋陵路东。1987年6月，在市少体校重点班基础上创办成立市体校，为中等专业学校，以培养优秀运动员后备人才和中等体育人才为目的。设中专部和业余体校部，与市少体校合并运行，开设田径、游泳、花样游泳、体操、举重、篮球、足球、乒乓球、武术、跳水、技巧、射击、无线电测向等12个科目，学生350余人。1991年4月，市政府批准建立全日制体育中学——延陵中学。1992年，学校实行体教一体化、学习训练一条龙教学新体制，市体校初步形成运动学校、延陵中学—运动学校附小—体育幼儿园一条龙的青少年业余训练新模式，学校实行一个机构、多块牌子管理。该校曾向上级体育机构输送大量优秀运动员。1992年，学校有149人参加江苏省比赛，获765分，获18枚金牌、31枚银牌和30枚铜牌；有1人破青少年年龄组纪录，4人达一级运动员标准；向省体校输送16人，17人被确定为省重点苗子。1993年，学校输送到省队、国家队的运动员丁燕、何吉在第十八届世界大学生运动会上分获女子体操高低杠和52公斤级柔道冠军；在第三届全国城市运动会上，射击队居文芬、方少杰，击剑队孟洁，柔道队何吉，田径队宋海燕，跳水队黄强、潘文玉获得金牌。1997年，学校输送省队运动员黄强在第十届世界杯跳水比赛中获双人跳水冠军，徐茜白、钱艾嘉在第八届全国运动会上获花样游泳集体第二名。2000年，黄强代表中国参加第十二届世界杯跳水比赛获总团体、混合团体、男子双人10米跳台3枚金牌，陈蓓参加亚洲技巧锦标赛获女子双人全能金牌，孟洁参加第27届奥运会获女子花剑团体第七名。2001年，常州向省输送优秀运动员37人，创历史最高纪录。2002年，学校输送到八一队的宋志娟参加第十五届世界女子举重锦标赛获58公斤级的抓举(105公斤)、挺举(125公斤)和总成绩(230公斤)3枚金牌，孟洁参加第十四届亚洲运动会获女子花剑团体亚军。2002年3月16日，学校（延陵中学）迁至新区黄山路（今晋陵北路），占地16万平方米，建筑面积2万多平方米；拥有

常州市体育运动学校全景（摄于2007年5月）

完备的教学设施和训练场馆，在校学生361人，开设田径、游泳、举重、拳击、跆拳道、沙滩排球、足球、自行车、摔跤、柔道、皮划艇等11个项目。2004年、2008年，学校两次被认定为国家高水平体育后备人才基地和全国田径中长跑后备人才基地、青少年垒球训练基地，2009年被国家体育总局田径运动管理中心认定为国家青少年体育俱乐部。2010年6月，学校被省教育厅认定为三星级中等职业学校。

三、常州市业余军体学校

1995年3月22日，市业余军体学校由清潭射击场更名成立，开设射击、无线电测向等两个科目，后无线电测向项目停办，增设射箭科目。1999年11月，迁至新区黄山路（今晋陵北路），拥有功能齐全的射击馆。2008年被认定为国家高水平体育后备人才基地(2009—2012)。

四、江苏省常州手球训练基地

2002年4月，为备战第十届全运会，省体育局与市政府达成协议，联合组建省女子手球队和省女子曲棍球队，建立江苏省常州手球训练基地，设在市运动学校室内田径馆，由黄淑萍领队，聘请韩国籍郑忠信任主教练，2004年，另聘韩国籍金甲洙任主教练，多次参加全国比赛。2005年获全国青年女子手球锦标赛冠军，并代表江苏参加第十届全运会，赵佳芹、余乐、刘蕊蕊等入选国家队和国家青年队。2007年，被国家体育总局命名为国家奥林匹克后备人才训练基地。2008年，陆婷、赵佳芹、韦秋香、余乐参加亚洲锦标赛获第二名。2010年，获全国“冠军杯”比赛第一名，韦秋香、赵佳芹参加亚运会同获冠军。

五、江苏省武进曲棍球训练基地

2002年，武进区政府投资3000余万元，按“国际领先，国内一流”的标准承建江苏省武进女子曲棍球训练

国家女子曲棍球队训练基地武进曲棍球场（摄于2010年7月）

基地，基地分比赛场、练习场两部分，拥有2000多个座位的看台和世界上最先进的喷淋系统。该基地先后聘请韩国籍教练柳成承等人任主教练，多次参加全国性比赛，获全国女子曲棍球“冠军杯”赛第三名，2005年代表江苏队参加第十届全运会，黄俊霞、唐春玲等入选国家队，黄俊霞参加雅典奥运会获女子曲棍球第四名。2007年，基地被国家体育总局命名为国家奥林匹克后备人才训练基地。2008年，黄俊霞、唐春玲入选国家队参加北京奥运会，获女子曲棍球比赛亚军；2009年参加第十一届全国运动会，2010年参加全国锦标赛，均获亚军。

第二节　项目与人才

1986年以后，常州体育训练机构主要围绕备战江苏省运动会进行业余训练，为江苏省和国家相关运动项目训练、培养和输送优秀体育后备人才。

一、训练项目

1987—1990年，常州为迎接江苏省第十二届运动会，组织开展田径、游泳、体操、跳水、技巧、举重、篮球、排球、足球、乒乓球、羽毛球、射击、武术、棋类、柔道、网球、无线电测向17个项目训练。1991—1994年，备战江苏省第十三届运动会时，训练项目减少柔道、无线电测向两项，为15个。1995—1998年，备战江苏省第十四届运动会，组织开展训练项目仍为15个，其中自行车取代足球，摔跤替代柔道。1999—2002年，备战江苏省第十五届运动会，组织开展训练项目增至24个，为田径、游泳、体操、跳水、蹦床、技巧、举重、篮球、排球、足球、沙滩排球、自行车、乒乓球、羽毛球、射击、射箭、武术、柔道、跆拳道、摔跤、花样游泳、围棋、象棋、网球。2003—2006年，备战江苏省第十六届运动会，训练项目与上届相同。2007—2009年，备战江苏省第十七届运动会，训练项目增至历届省运动会之最，为27个，分别有田径、游泳、篮球、排球、足球、棒球、垒球、手球、女子曲棍球、乒乓球、羽毛球、摔跤、拳击、跆拳道、柔道、射击、射箭、击剑、体操、跳水、艺术体操、蹦技、自行车、武术、举重、赛艇、花游。

二、输送人才

1985年以后，常州加大投入，兴办体校和训练基地，培养过硬的常州市运动队伍，把输送体育后备人才作为主要目标，建立以市少体校为龙头，以县（市、区）少体校为骨干，以体育传统项目学校、体育特色学校和青少年体育俱乐部为基础的体育后备人才培养体系。市政府出台运动员安置政策等措施，解决运动员的后顾之忧。1985—1997年，常州先后向省体工队或八一体工大队输送优秀运动员120名，向省体育运动学校输送优秀运动员50名，这些运动员在全国、国际比赛中均取得佳绩。1998—2010年，常州累计向省级以上体育机构输送运动员186名。

1998—2010年常州市向省级以上体育机构输送运动员统计表

表41-3-1 单位:人

项目	人数	项目	人数	项目	人数	项目	人数	项目	人数
垒　球	1	短道速滑	1	花样游泳	5	体　操	11	跆拳道	10
乒乓球	1	帆　板	2	射　击	16	艺术体操	3	摔　跤	8
棒　球	1	国际象棋	1	飞　碟	2	蹦　床	6	柔　道	11
曲棍球	23	技　巧	11	射　箭	8	武　术	2	举　重	9
手　球	10	散　打	3	拳　击	8	赛　艇	9	自行车	10
足　球	3	套　路	2	击　剑	3	羽毛球	5	现代五项	1

第三节　参加比赛

1986—2010年，常州运动员参加历届江苏省运动会，获得第一名403项次；参加历届全国运动会，有50名运动员获得前3名；参加历届亚洲运动会，常州籍运动员代表国家参赛，有16名运动员获得前3名。1988年起，有8名常州籍运动员代表国家参加国际奥林匹克运动会，获得1枚金牌和2枚银牌。

一、奥林匹克运动会

1988—2008年，有8名常州籍运动员参加5届夏季奥运会比赛，有7名运动员获得前8名，获得金牌1枚、银牌2枚。常州市首位参加奥运会比赛的是游泳运动员王晓红，1988年9月在第二十四届奥运会上获女子100米蝶泳第八名和200米蝶泳第七名。1992年7—8月，王晓红以2分09秒01获第二十五届奥运会女子200米蝶泳亚军，这是常州运动员获得的首枚奥运会奖牌，她还获得100米蝶泳第四名。2000年9月，孟洁随中国队获得第二十七届奥运会女子花剑团体第七名。2004年8月，黄俊霞随中国队获得第二十八届奥运会女子曲棍球第四名。2008年8月，常州有6名运动员参加北京第二十九届奥运会5个大项比赛，陆春龙获得男子蹦床冠军，实现常州奥运金牌“零”的突破，唐春玲、黄俊霞随中国女子曲棍球队夺取亚军，卢兰获得羽毛球女子单打第四名，韦秋香与队友夺得女子手球第六名。

二、亚洲运动会

1986—2010年的历届亚洲运动会，有16位常州籍运动员获得前3名。1986年9—10月，邵丽伟与队友夺得第十届亚运会田径4×100米接力赛冠军，张玉萍获跳板跳水冠军。1990年9—10月，王晓红获第十一届亚运会100米蝶泳、200米蝶泳、4×100米混合泳接力3项冠军和100米自由泳亚军，张玉萍获跳水团体冠军和跳水3米板亚军。1998年12月第十三届亚运会，林亮随队获花剑团体冠军，黄强获跳水10米跳台亚军。2002年9—10月第十四届亚运会，王波获四人单桨无舵手第一名，孟洁获花剑团体第二名。2006年12月第十五届亚运会，朱政获花样游泳团体第一名，唐春玲、黄俊霞与队友夺得女子曲棍球比赛冠军，陆春龙获蹦床个人亚军。2010年在第十六届亚运会上，卢兰、蒋燕皎与队友获羽毛球女子团体冠军，韦秋香获女子手球冠军，陈文圆、张云录与队友分获射箭男子、女子团体亚军。

三、其他国际比赛

1986—2008年，常州运动员参加国际单项比赛，夺得15项冠军。

1986—2010年常州籍运动员获得国际单项比赛冠军一览表

表41-3-2

姓名	比赛名称	项目	时间	比赛地点
杨伊明	第四十四届世界射击锦标赛	射　击	1986.09	德意志民主共和国苏尔
周再军	第八届世界技巧锦标赛	技　巧	1988.12	比利时安特卫普
张玉萍	第六届世界杯跳水比赛	跳　水	1989.05	美国印第安纳波利斯
王晓红	世界杯短池游泳系列赛总决赛	游　泳	1992.02	西班牙帕尔马
王湘麒	第十届世界杯技巧比赛	技　巧	1993.09	保加利亚索非亚
陶　毅	第十届世界杯技巧比赛	技　巧	1993.09	保加利亚索非亚
黄　强	第十届世界杯跳水比赛	跳　水	1997.09	墨西哥
陈勇军	第十六届世界技巧锦标赛	技　巧	1999.11	比利时
朱澎涛	第十六届世界技巧锦标赛	技　巧	1999.11	比利时
宋志娟	第十五届世界举重锦标赛	举　重	2002.11	波兰华沙
邰普庆	第七届世界武术锦标赛	武　术	2003.11	中国澳门
卢　兰	第二十一届尤伯杯羽毛球比赛	羽毛球	2006.05	日本东京
蒋燕皎	第二十一届尤伯杯羽毛球比赛	羽毛球	2006.05	日本东京
沈　烨	第二十五届汤姆斯杯羽毛球比赛	羽毛球	2008.05	印尼雅加达
陆春龙	第二十九届北京奥运会	蹦　床	2008.08	中国北京

四、全国运动会

1987—2009年，常州籍运动员参加历届全国运动会，有50名运动员获得前3名。

第六届　1987年11—12月在广东省举办。王晓红获女子200米蝶泳冠军和100米蝶泳亚军，陆顺芳获女子气手枪40发亚军，吴迪和张婉丽同队友获得女子篮球第三名。

第七届　1993年9月在北京市举办。陶毅获技巧四人全能冠军，张榴红获女子铅球亚军，王晓红获200米蝶泳第三名，王湘麒获技巧单人全能第三名。

第八届　1997年10月在上海市举办。唐璇璋同队友获田径4×400米接力第三名，宋海燕同队友获田径女子4×100米接力第三名，丁科欣同队友获4×100米自由泳和4×100混合泳接力第三名，张戟同队友获4×100米自由泳接力第三名，林亮同队友获花剑团体冠军和花剑个人第二名，朱爱君同队友获排球第三名；徐茜白和钱艾嘉同队友获花样游泳集体亚军。

第九届　2001年11月在广东省举办。宋志娟获举重女子58公斤级冠军，卞晓阳与队友获蹦床团体冠军，林亮同队友获花剑团体亚军，孟洁同队友获花剑女子团体冠军和花剑个人亚军，徐茜白和钱艾嘉同队友获花样游泳集体亚军。

第十届　2005年10月在江苏省举办。蒋燕皎获羽毛球女子单打冠军，谭群园同队友获重剑团体冠军，朱政、钱艾嘉同队友获花样游泳团体冠军，孟洁同队友获花剑女子团体冠军和花剑个人第二名，陈佳鸣同队友获双人3米板冠军，陆春龙获网上蹦床个人冠军和团体第二名，张丽和曹丽获武术女子三人对练冠军，邰普庆获散手67.5公斤级冠军，王波获赛艇四人单桨无舵手亚军和赛艇八人单桨有舵手第三名，卞晓阳与队友获蹦床男子团体亚军，束旋莹和张文婕获蹦床女子团体亚军，钱丹获排球亚军，丁杰获古典摔跤第三名，马千里和胡文瑛获跳水女子团体、双人3米板第三名，赵裴洁与队友获跳水女子团体第三名，卢兰与队友获羽毛球女子团体第三名，项雪蕾、高垚和吴珺获体操女子团体第三名，罗旭升获田径4×400米接力第三名。

第十一届 2009年10月在山东省举办。孟洁获花剑女子团体冠军，郭澄、卢兰同队友分获羽毛球男、女团体冠军，蒋艾霖、沈建梅、时孙欢、唐春玲、王梦雨、张丽丽、王婷获女子曲棍球赛亚军，陆春龙、高霆捷、朱莹莹分获蹦床网上个人、10米气步枪和田径女子5000米的季军，陈文园与队友获射箭团体第三名，马劼、朱政和左晨晨获女子花样游泳自由组合第三名。

五、江苏省运动会

1985—2010年，常州籍运动员参加7届江苏省运动会，获得冠军403项次。

第十一届 1985—1986年，常州运动员在江苏省第十一届运动会上获得冠军46项次。

常州运动员在江苏省第十一届运动会获得冠军一览表

表41-3-3

姓名	项目	小项	姓名	项目	小项	姓名	项目	小项
刘腊华	五项全能	少年甲组	王虎魂	射击	少年组30发卧射	汤鹏	体操全能	儿童乙组
徐俊华	标枪	青年组	常州女队	自由泳（儿童甲组）	4×100米	王莹	体操	体操全能
余静	100米	少年乙组			4×50米	李峰	体操	儿童乙组跳山羊
王彩琴	1500米	少年乙组		混合泳	儿童甲组4×100米	孟陈佳	自由体操	儿童乙组
滕惠娟	自由泳	儿童甲组100米	李松	自由泳	儿童甲组400米	刘海东	挺举	48公斤级
	蝶泳	儿童甲组50米	徐臻	自由泳	少年乙组400米	徐雅文	抓举	90公斤级
陆菁	自由泳	儿童甲组400米	张敏	蝶泳	少年乙组100米		举重挺举	90公斤级
	混合泳	儿童甲组200米		混合泳	200米	郤小林	挺举	100公斤级
王晓红	游泳	100米自由泳	邓国平	蛙泳	200米		举重挺举	100公斤级
		200米自由泳	潘卫东	无线电	2米波段测向	金建伟	举重挺举	60公斤级
		100米蝶泳			10米波段测向	吴亚宁	举重挺举	52公斤级
		200米蝶泳			测向全能	刁文兴	武术	少年传统对练
陈珠琦	田径	400米	朱玉宇	网球	女子单打	王卫斌	网球	双打
		800米			女子双打			混合双打
张榴红	田径	女子铅球			混合双打	杨铭	射击	10米移动靶
金蝉	游泳	花样游泳	仲彩虹	羽毛球	少年甲组单打			混合速
陆全生	射击	标准手枪						

第十二届 1990年9月，在江苏省第十二届运动会上，获得冠军24项次，有高黎明B组跳远、沈朝阳B组铁饼、陆菁400米混合泳、沈雪13岁组仰混和仰泳全能、倪世民13岁组蛙泳混合、张戟14岁组自由泳混合和自由泳全能、王烈青年组自选步枪3×20发和气步枪60发、陈佳鸣跳台跳水、王安璐网球少年乙组单打、徐一飞甲组52公斤级挺举、林小君甲组100公斤级挺举和100公斤级总成绩、何吉柔道52公斤级、裴燕青2米波段测向、周建刚识图越野、卞晓阳蹦床甲组单跳、钱世芬女子蹦床甲组单跳、陈勇军和张毅技巧男子双

人、韦晓敏和季惠芬技巧女子双人、孙文和王景技巧混合双人、张洁技巧混合双人的冠军。

第十三届 1994年9月，在江苏省第十三届运动会上，获得冠军34项次。薛平获青年组400米栏冠军，宋海燕获青年组100米和跳远冠军，蒋勤益、徐润、丁喻单分获甲组单人100米、下甲组100米、甲组100米冠军，张毅、王倩分获下乙组100米、下乙组100米冠军；张戟获16～19岁组200米自由泳、400米自由泳、1500米自由泳、200米蛙泳、200米混合泳和400米混合泳冠军，许奇获14～15岁组1500米自由泳冠军、沈雪获400米自由泳和800米自由泳冠军，胡文瑛获儿童乙组跳台、跳板冠军，马千里获儿童丙组跳板冠军；李薇获乒乓球乙组单打冠军；刘峰获少年乙组50公斤级总成绩冠军，周洪杰获少年乙组64公斤级总成绩冠军，王莉获青年组70公斤级冠军，吴春风获少年甲组64公斤级冠军；孟洁获少年甲组花剑冠军；常州队获青年组移动靶和手枪慢射、青年组手枪和青年组移动靶冠军，居文芬获女子气步枪冠军，吕爱军获少年组30发卧射冠军；许轶英、芮逸敏分获象棋儿童组、围棋少年甲组冠军。

第十四届 1998年9月，常州运动员在江苏省第十四届运动会上获得冠军40项次。

田　　径 戴卫东获青年组跳远冠军，李红光获青年组1万米竞走和2万米竞走冠军，谢庆获少年组100米冠军，强天华获少年组200米栏冠军，常州队获少年组4×100米接力冠军。史燕获少年乙组行进间500米、1000米个人计时赛冠军。

游　　泳 丁科欣获100米仰泳冠军，周轶获12岁以下组100米蛙泳冠军，孙茹12岁以下组100米蛙泳冠军，马千里获甲组全能和跳板冠军，赵裴洁获儿童丙组水上运动冠军，高垚获儿童丙组水上全能冠军。

射　　击 常州队获少年小口径运动步枪30发卧射冠军，常州队获青年10米移动靶20+20冠军，王云峰获少年步枪3×10发冠军。

举　　重 刘冬萍获女子少年组64公斤级举重冠军，陈志新获少年组76公斤级举重冠军，席伟强获少年组91公斤级举重冠军。

技　　巧 束安安获单人冠军，金维一和方盛获双人冠军，史晓霞和徐莹洁获女子双人冠军，王倩和丁瑜和袁园组合获女子3人冠军，蒋勤一和徐晓丽获女子混合双人技巧冠军。

其他项目 陆晓旦获少年组佩剑冠军，邰普庆获少年甲组古典式摔跤68公斤级冠军，李超杰获摔跤少年乙组古典式70公斤级冠军，张丽获少年乙组规定拳冠军、少年乙组长拳和少年乙组刀棍全能冠军，潘银丽获少年乙组南拳冠军，万婕获儿童组刀术冠军。

第十五届 2002年10月，常州运动员在江苏省第十五届运动会上获冠军73.5项次。

田　　径 仇彩华获青年组标枪冠军，吴佑佳获青年组110米栏冠军，宋琴获少年甲组400米冠军，奚波获少年甲组100米冠军，罗旭升获少年甲组200米和少年甲组400米冠军，宋杰获少年甲组200米栏冠军，常州队获少年甲组4×100米接力和少年甲组4×400米接力冠军。

游泳、跳水、花样游泳 王梦义获15～17岁组200米蝶泳冠军，孙晶获13～14岁组50米自由泳和400米自由泳的冠军，周聪获11～12岁组400米自由泳，100米仰泳、200米仰泳和200米混合泳的冠军，曹境真获跳台冠军，王俊杰获儿童丙组全能、跳板和跳台冠军，赵裴洁获儿童甲组跳板和跳台冠军，马吉力获花样游泳甲组单人全能冠军。

射击、射箭 常州队获青年组气步枪60发、自选步枪60发和自选步枪3×20发、10米移动靶冠军，刘凯、王云峰分获青年组60发卧射3×20发、气步枪60发的冠军，张燕莉获青年组10米移动靶冠军，周云获少年组30发卧射的冠军，杨军、徐焕同获射箭青年组冠军。

体操、技巧、蹦床 殷抒瑜获儿童丙组体操全能冠军，高垚获儿童甲组跳马和自由体操冠军，杜文飞获单杠冠军，项雪蕾获儿童乙组平衡木冠军，许昌和陈佳获技巧双人冠军，方盛和董妍获技巧混双冠军，徐鋆洁、刘非和李婷获技巧三人冠军，常州队获蹦床甲组冠军。

球　　类　蒋燕皎获羽毛球少年甲组单打冠军。

举重、摔跤　马桃峰获举重少年组 47 公斤级冠军，金涛获举重青年组 85 公斤级冠军，钱江涛获柔道乙组 56 公斤级冠军，丁杰获摔跤少年甲组古典式 69 公斤级冠军，陈宇获摔跤自由式 58 公斤级冠军，张一获自由式摔跤 63 公斤级冠军，吴波获摔跤自由式 78 公斤级冠军。

其他项目　杜小虎、陈文园分获少年甲组个人双轮全能、少年乙组个人单轮全能冠军，江晓明、周翔飞分获南拳少年乙组、围棋儿童男子乙组的冠军。

第十六届　2006 年 10 月在常州运动员江苏省第十六届运动会上，获得冠军 104.5 项次。

球　　类　常州女子手球队获手球甲组、乙组冠军，常州女子曲棍球队夺得甲组、乙组冠军。

田　　径　孙超、戴超、李志林、戴婷分获青年组 1 万米竞走和甲组 200 米栏、三级跳远及女子乙组 100 米栏的冠军。

游泳、跳水　周聪获游泳 15 岁以上组 100 米、200 米仰泳冠军，周文婷获游泳 15 岁以上组 50 米和 100 米自由泳冠军，邓泽阳获游泳 13 岁仰泳全能冠军，史婧琳获游泳 13 岁蛙泳全能和游泳 200 米混合泳冠军，杨容易获游泳 12 岁蛙泳全能冠军，宋妍获游泳 12 岁蛙泳全能冠军。何洁、孟诚、许丹分获 3 米板和 1 米板、跳水冠军及跳台、双人台全能冠军，袁高峰、曹力获双人台冠军。毛逸静获花游儿童丙组冠军。

射　　击　团体赛：芮丽娜、李娟、王爱丽和孔珂、张诚、姚洁分获气手枪 40 发团体、小口径普通步枪 30 发卧射团体冠军。个人赛：周云、孔珂、江余平、陆东平分获小口径自选步枪 3×20、普通步枪 30 发卧射、气手枪 40 发自选和手枪慢射 30 发的冠军，陈文圆获射箭奥林匹克淘汰赛 70 米个人冠军。

体操、技巧　沈烨萍获体操儿童甲组全能和体操儿童甲组自由体操冠军，王佳馨获体操儿童乙组平衡木冠军，王一获体操儿童丙组双杠冠军，周杰获体操儿童丙组平衡木冠军，杨峰、周溢获技巧双人甲组冠军，吕红、徐莹洁获技巧双人甲组冠军，李花、李梦和范育娜获技巧三人甲组冠军。

拳击、柔道、跆拳道　杨军、王玄玄分获拳击青年组 54 公斤级、少年组 75 公斤级冠军。袁华龙、沈英杰、李海平、蒋静玉、张薇柔分获柔道少年乙组 55 公斤、68 公斤、61 公斤、48 公斤和 66 公斤级冠军。吴进华、鄢进涛、吴玉婷分获跆拳道少年甲组 60 公斤、80 公斤以上和女子 63 公斤级冠军。

举　　重　青年组：石爱武获 62 公斤级冠军，许益峰获 94 公斤以上级冠军，贾利萍获 48 公斤级冠军；少年甲组：荀海峰获 47 公斤级冠军，彭三艳获 48 公斤级冠军。

摔　　跤　古典式：武伟获少年乙组 76 公斤级冠军。自由式：席振宇、李平、陈真、罗小希、寨小梅分获少年甲组 54 公斤、74 公斤、90～100 公斤、48 公斤、59 公斤 5 个级别的冠军，李超获少年乙组 85 公斤级冠军。

自 行 车　谭迎春、蒋迪雅、蒋瑛、郭青获两公里团体追逐赛冠军，李微、王婕、姚荷娅获 30 公里团体赛冠军，朱孝雷获自行车 20 公里个人计时赛冠军。

赛　　艇　朱贵方获公开级 2000 米单人双桨冠军，刘杰获 4000 米单人双桨冠军。

第十七届　2010 年 3—10 月，常州运动员在常州承办的江苏省第十七届运动会上获冠军 174.5 项次。

球　　类　常州少年足球队获丙组冠军，常州男子篮球队获乙组冠军，卞碧莲、石宇奇、刘晓蕾、张署升分获羽毛球少年甲组单打、少年乙组儿童甲组、儿童乙组单打冠军，常州市女子垒球队获乙组冠军，常州市曲棍球队获少年甲组、乙组冠军，常州手球队获甲组、乙组冠军。

田　　径　青年组：张成、刘羽、朱冬冬分获 100 米、110 米栏和铅球的冠军。少年甲组：倪洋、张欢、刘金韬分获200米、110米栏和200米栏的冠军，吴根龙、杨旭林分获5000米、1万米竞走的冠军，吴青青、王燕飞分获400米和1500米、5000米赛的冠军，张丹丹、刘琳分获跳远、三级跳远的冠军。少年乙组：沈勇获100米冠军，沈勇、秦国远、刘金辉和王扬获4×100米接力冠军，王扬获110米栏冠军，史志健获跳高冠军，钟晓惜获5000米冠军，陈菁获100米栏冠军，王丹获5000米竞走冠军和1万米竞走冠军，周冲、权青分获跳高和跳远、三级跳远的冠军。

游泳、跳水、花样游泳　15岁以上组：邓泽阳获200米混合泳、100米仰泳、200米仰泳的冠军，邓泽阳、王一帆、杨佳和杨容易获4×100米混合接力泳冠军，赵欣钰获100米、200米仰泳冠军，史婧琳获100米、200米蛙泳冠军。13～14岁组：李辰获1500米自由泳、400米混合泳冠军，沈铎获400米混合泳、100米仰泳、50米和100米自由泳冠军，张玮宸获200米仰泳冠军，张玮宸、沈铎、朱晨晨和王璐获4×100米混合接力赛冠军。12岁组：袁一凡获400米自由泳、100米蝶泳冠军，王姿蝶获400米、800米自由泳冠军，姜雨获100米蛙泳，姜雨、王姿蝶、张雯蝶和朱慧敏获4×100米混合泳接力和4×200米混合泳接力的冠军。11岁以下组：吴浩获400米自由泳冠军，唐晨佳获100米仰泳和100米蛙泳冠军。跳水少年组：曹力获1米板、3米板冠军。跳水儿童甲组：刘成铭、关俊分获1米板、个人全能冠军，沈怡、陈美琪获双人跳水冠军。跳水儿童乙组：朱涵获1米板、个人全能冠军，杜永辉、朱涵获双人跳水冠军，张楠、徐昕扬分获1米板、个人全能和跳水的冠军。

体操、技巧、蹦床　儿童甲组：周杰获自由体操冠军。儿童乙组：包晨阳、王臻浩、施俊杰、李文博、左榕荣和邵青获团体操冠军，邵青、左榕荣分获全能体操自由体操和单杠的冠军，常州代表队获混合大团体体操、团体体操冠军，李钰铭、覃睿分获全能体操、自由体操的冠军。儿童丙组：陈曦烨获艺术体操身材优秀组个人全能冠军。蹦床儿童甲组：潘承本、文婧婧同获网上个人全能冠军，常州代表队获蹦床儿童乙组大团体冠军。

射击（飞碟）　青年组：高霆捷、张诚、江余平、姚洁、朱志阳分获10米气步枪60发个人、40发个人和50米手枪60发个人及步枪60发卧射个人的冠军。少年组：方波、陈向、胡斌与夏炜婷、张婷、李嘉及李嘉个人分获10米气步枪、气手枪40发个人、25米手枪速射(8秒、6秒)、60发个人、50米普通步枪、3×10个人及40发个人的冠军；移动靶，张丽获10米标准速20+20个人冠军；丁超、戚秋雯、赵璐分获多向飞碟125靶、75靶和双向飞碟75靶个人的冠军。

射　　箭　张云鹤获射箭70米、50米、30米单轮全能个人冠军，并与单正鹏、石建获射箭70米、50米、30米单轮全能团体冠军。张丹获射箭70米、60米、50米、30米单轮全能个人冠军，他与张素琦、张炳虹获射箭70米、60米、50米、30米单轮全能团体冠军。

击　　剑　石高峰获击剑少年甲组重剑个人冠军，李雪、吴佳俊、陆燕和王珂获击剑少年甲组重剑团体冠军，陈爽、吴丹凤、张雪倩和曹卫香获少年甲组佩剑团体冠军，石雅楠获少年乙组花剑个人冠军，朱姝姝、张泞泞、石雅楠和李晓彤获少年乙组重剑团体冠军。

举　　重　刘斌获举重青年组69公斤级冠军，罗艳获青年组63公斤级冠军，龙世秋获少年甲组48公斤级冠军，杨淏获少年乙组77公斤以上级冠军，吴蓉蓉少年乙组53公斤级冠军。

摔　　跤　古典式少年甲组：余凯、陈亚楠、吴鹏少分获60公斤级，96公斤级、96～120公斤级的冠军。古典式少年乙组：杨俊伟、廖锦龙、高诚、徐光古分获50公斤级、55公斤级、60公斤级、66公斤级的冠军。自由式少年甲组：刘超、曹小琳、顾晨琳、施丽娟、王冉分获48公斤级、55公斤级、63公斤级、67公斤级、72公斤级的冠军。自由式少年乙组：蒋连心、靳玲玲分获52公斤级、56公斤级的冠军。

拳　　击　青年组：张金柱获54公斤级冠军，程飞获60公斤级冠军，王奔获64公斤级冠军。少年组：张开天、王希元分获56公斤级、59公斤级冠军。

柔　　道。少年甲组：单小丽、杨爽分获48公斤级、78公斤级的冠军；少年乙组：孙琴、田晓分获67公斤级、72公斤级的冠军。

赛　　艇　甲组：何通通、李洋获2000米、8000米双人单桨的冠军，孙妤、吴琼获2000米双人双桨冠军，谭杰获轻量级2000米单人双桨冠军。乙组：徐寄获4000米单人双桨冠军。

跆拳道　少年甲组：徐凤强、拜多、赵帅、刘玉凤分获68公斤、47公斤、52公斤、63公斤4个级别的冠军。少年乙组：刘春旺、郁丹跆分获跆拳道70公斤级以上、60公斤级以上的冠军。

武　　术　吴凯获武术套路少年甲组个人全能冠军，王胜贤获武术套路少年乙组刀棍小全能冠军、吴照华获儿童组长拳冠军、周呈获儿童组规定拳冠军，常亚运获武术散手少年甲组65公斤级冠军，高翔获武术散手少年甲组75公斤级冠军，庄天宇获武术散手少年乙组56公斤级冠军。

自行车　场地项目：杨娟获少年甲组行进200米个人计时、3公里个人计时冠军，李子其获少年乙组行进200米个人计时冠军，石勇明获少年乙组500米计时赛冠军，李子其、石勇明和施健获少年乙组奥林匹克竞速赛冠军，董宁获少年乙组3公里个人计时冠军，李英玉获少年乙组行进200米个人计时和2公里个人计时冠军，蒋克青获少年乙组250米计时赛冠军。

第四章　体育赛事

改革开放后，常州体育竞赛市场逐步升温，经历从无到有、从少到多、从简到精的过程。1999年以后，常州加大对体育事业的投资，以常州奥体中心为主的一大批高标准赛事场馆陆续建成投入使用，为承办举办比赛创造了条件，几乎每年都有国际、全国的体育比赛在常州举行。2010年，常州市承办江苏省第十七届运动会，其规模和成效为常州此前历届运动会之最，取得了成功。

第一节　国际赛事

一、球类比赛

篮　　球　1996年8月17—18日，美国CBA明星篮球队与国家男篮比赛在常州市体育馆举行。1998年5月3日，承办1998常州国际华人篮球邀请赛。2001年4月7日，美国职业篮球联赛男子“蓝桥队”与“亚联队”（亚洲联队）明星争霸赛在常州市体育馆举行。2002年6月16日，美国南北明星篮球对抗赛在常州举行，这项赛事于2003—2004年连续举行3次。2002年9月18—20日，第十四届世界女篮锦标赛在常州市体育馆举行。2009年6月2日，国际男子篮球争霸赛在常州奥体中心新城体育馆举行。

中美篮球对抗赛在常州举办(摄于1996年8月)

排　　球　1986年6月10日，东德男子排球队与中国男子排球二队比赛在常州市体育馆举办。

羽 毛 球　2008年9月23—28日，“李宁杯”中国羽毛球大师赛在常州奥体中心举行，14个国家和地区的130多名运动员参赛，中央电视台向全国直播，有2.2万名观众到场观赛。2009年9月15—20日，承办第二届“李宁杯”中国羽毛球大师赛，20个国家和地区的130余名运动员参赛，中央电视台直播超过20个小时。2010年9月15—19日，承办第三届“李宁杯”中国羽毛球大师赛，中央电视台大多作了现场直播、转播。

乒 乓 球　1987年9月27日，捷克斯洛伐克男女乒乓球队与中国青年男女乒乓球队比赛在常州市体育馆举行。

曲 棍 球　2004年5月19—27日，“新科杯”女子曲棍球四国(中国、韩国、南非、日本)挑战赛在武进曲棍球基地举行。2005年1月26—29日、8月2—9日和8月6—19日，中国与荷兰男子曲棍球友谊赛、U21国际青年女子曲棍球四国邀请赛和中日女子曲棍球对抗赛先后在常州武进曲棍球训练基地举行。2006年4月12—23日，BDO男子曲棍球世界杯预选赛在常州举行，12个国家的代表队参赛。

手　　球　2009年12月5—10日，第十九届世界女子手球锦标赛(常州赛区)在常州奥体中心新城体育馆举行；其间，国际手球联合会(IHF)把世锦赛工作总部设在常州，近40个国家的60名IHF官员到常参加培训。2009年4月25—29日，第六届东亚手球俱乐部锦标赛在常州奥体中心新城体育馆举行。

二、跳水比赛

2009年3月27—28日，国际泳联世界跳水系列赛常州站在常州奥体中心新城游泳跳水馆举行。2010年6月2—6日，国际泳联第十七届跳水世界杯比赛在常州奥体中心新城游泳跳水馆举行，31个国家和地区的近300名运动员参赛。

三、水上运动比赛

1999年4月29日至5月2日，1999中美滑水明星对抗赛在溧阳天目湖举行。2001年4月28日至5月2日，第十二届亚洲滑水锦标赛在溧阳市天目湖举行。2008年4月30日至5月2日和5月2—3日，中国(武进)国际龙舟邀请赛和中国(武进)国际舞龙舞狮邀请赛先后在武进太湖湾旅游度假区举行，前项比赛有14支代表队参赛，后项比赛有12支代表队参赛。2009年4月30日至5月1日，第二届中国(武进)国际龙舟邀请赛在武进太湖湾旅游度假区举行。2010年4月28日至5月3日，第九届亚洲龙舟锦标赛在武进举行，中国、澳大利亚、印度、泰国等12个国家和中国香港、澳门、台湾地区的13支队伍600余名运动员参赛，设22人标准龙舟和12人小龙舟的14个组别进行比赛。

四、其他比赛

1986年4月5日，中日举重队比赛在常州市体育馆举行，中国运动员有两人两次打破亚洲纪录两项，4人8次打破全国纪录7项。2003年11月25日至12月1日，中韩射击交流赛在常州市体育中心射击馆举行。

第二节　全国赛事

一、球　　类

足　　球　1991年8月1—5日，全国少年足球邀请赛在市人民体育场举行。2007年6月11—23日，全国女子足球超级联赛南区比赛在金坛举行，200余名运动员参赛。2008年10月12—22日，U19全国优胜者杯足球赛在江苏技术师范学院举行。2009年11月28日，中国女足南北明星争霸赛在常州奥体中心新城体育场举行。

篮　　球　1988年2月1—10日、1989年4月7—12日，全国篮球联赛第一、第二阶段比赛相继在常州举行。1992年3月25日至4月2日，全国青年篮球联赛第一阶段比赛在常州市体育馆举行。1992年8月24—30日，全国少年男子乙组篮球比赛在常州市体育馆举行。1996年9月4—8日，中国女篮甲级联赛A组比赛在常州市举行。1997年5月10—20日，全国青年篮球联赛第一阶段比赛在金坛市举行。常州承办了1999—2000年全国男篮甲A联赛（南京部队队主场）。2002年5月24—31日，全国男子篮球青年联赛在常州举行。2003年9月16—24日，全国第六届残疾人运动会聋人篮球比赛在常州举行。2006年5月20日，全国甲A男子篮球对抗赛（辽宁队和北京队）在常州举行。2007年7月23—27日，第四届CSBA全国中学生男子（甲组）篮球锦标赛在金坛举行，300多名运动员参赛，江苏金坛直溪高级中学获冠军。2008年7月10—15日，全国女子篮球俱乐部联赛1～6名决赛在金坛举行；10—11月，全国青少年三人制篮球冠军挑战赛（常州赛区）在常州举行，参赛人数达700多人；12月28日至翌年1月4日，全国中学生女子篮球邀请赛在常州举行。

排　　球　1991年10月21—27日，全国青年排球联赛第二阶段比赛在常州市体育馆举行。1995年10月10—17日，第三届全国城市运动会排球赛在常州举行。1999年1月16日至4月25日，1998—1999年全国排球联赛江苏男排主场比赛在常州市体育馆举行。2006年6月29日至7月3日，第三届全国男排大奖赛总决赛在常州举行。2009年4月16—19日，全国女子排球大奖赛（常州站）在常州奥体中心新城体育馆举行。

乒 乓 球　1986年3月12—14日，全国第六届“红双喜”乒乓球比赛在常州市体育馆举行。2005年7月21日，中国乒乓球俱乐部超级联赛在溧阳举行；8月6日，中国乒乓球俱乐部超级联赛在金坛举行。2006年7月24日，全国乒乓球超级联赛在常州举行。2007年6月9日，全国男子俱乐部乒乓球超联赛在金坛举行。2007年6—9月，中国女子乒乓球俱乐部联赛（江苏队主场）5场比赛在常州举行。2007年8月5日、24日，全国男子俱乐部乒乓球超联赛在常州举行。2007年11月14—21日，全国少年乒乓球总决赛在江苏技术师范学院体育馆举行。2008年10月8日，全国男子乒乓球俱乐部超级联赛（武进赛区）在武进举行。2009年6月20日，全国男子俱乐部乒乓球超联赛江苏主场赛在武进举行。2009年7月4日，中国男子俱乐部乒乓球超联赛在常州举行。

曲 棍 球　2004年5月12—20日、2005年3月5—11日，全国女子、男子曲棍球冠军杯赛先后在武进曲棍球训练基地举行。2005年9月26日至10月4日、10月14—22日，第十届全运会男子、女子曲棍球比赛先后在武进举行。2006年4月24日至5月3日，全国男女曲棍球冠军杯赛在武进举行。2007年3月24日至4月10日，全国男女曲棍球冠军杯赛在武进举行，352名运动员参赛。2008年4月11—20日、10月10—19日，全国青年女子曲棍球锦标赛、全国女子曲棍球锦标赛先后在武进举行。2009年12月21—27日，全国女子曲棍球南北联赛决赛在武进举行。2010年3月23—29日和5月7—12日、15—22日，全国曲棍球甲级联赛（武进站）、全国女子曲棍球冠军杯赛和全国青年女子曲棍球锦标赛相继在武进举行。

手　　球　2004年11月27日至12月7日，全国女子手球锦标赛在常州举行。2005年9月26日至10月5日，第十届全运会女子手球比赛在常州举行。2009年5月，第十一届全运会女子手球预选赛在常州举行，近300名运动员参赛。

其他球类　2009年7月13—19日，全国少年儿童垒球锦标赛在常州北郊中学新北校区举行，北郊中学女子垒球队获两个组别冠军。

二、体操技巧

1986年8月25日至9月3日，全国业余体校体操比赛在常州市体育馆举行。2006年11月14—16日，全国技巧冠军赛暨全国青少年技巧锦标赛在常州举行。2010年9月8—12日，全国技巧冠军赛、系列赛暨青少年锦标赛在武进举行。

三、射击射箭

1995年7月23—24日，全国第十一届大学生射击比赛在常州举行；11月7—9日，全国职工射击比赛在常州举行。2000年8月20—30日，全国青少年射击比赛在常州举行，31个省（直辖市、自治区）和行业体协的331名运动员参赛，常州赛区被评为2000年全国最佳赛区。2002年4月3—5日，全国射击系列赛在常州市体育中心射击馆举行；5月2—6日，全国大学生射击比赛暨首届世界大学生射击选拔赛在常州市体育中心射击馆举行。2004年7月20—26日，全国射箭重点学校比赛在新北区实验中学举行；9月16—24日，全国第六届残疾人运动会射击比赛在常州举行。2004年5月16—17日，全国射击系列赛第二站（女子手枪）项目赛在常州举行。

四、武　术

1988年8月20—24日，全国少年武术比赛由常州承办。2007年4月23—28日，全国青少年武术散打锦标赛暨亚洲青少年武术锦标赛中国散打选拔赛在常州举行，32支代表队的226名运动员参赛。

五、棋　牌

1993年4月29日至5月6日，全国甲、乙级桥牌团体赛在常州青山庄宾馆举行。1997年9月19—23日，第十一届全国城区中国象棋邀请赛在金坛举行。2006年5月17日，全国象棋甲级联赛在南山竹海景区举行。2008年6月4日，全国象棋甲级联赛江苏队主场对阵浙江队的比赛在溧阳举行。2009年7月22日，全国象棋甲级联赛（江苏队对上海队）在溧阳举行。2010年8月18—22日，第五届全国象棋大师精英赛在常州举行。

六、其他赛事

龙舟赛　2005年5月4日，全国龙舟精英赛在金坛举行。2007年5月5日，全国龙舟精英赛在武进太湖湾旅游度假区举行，12支队伍、216名运动员参赛。2010年4月28日至5月3日，“万泽杯”第九届亚洲龙舟锦标赛在武进举行。

舞龙舞狮赛　2007年5月14—17日，第七届全国舞龙舞狮锦标赛暨第二届亚洲室内运动会龙狮选拔赛在溧阳举行，22支队伍、300余运动员参赛。2009年5月1—3日，首届全国青少年舞龙舞狮邀请赛在武进举行。

汽车场地越野赛　2006年5月5—7日，全国汽车场地越野锦标赛在溧阳上黄镇举行。2008年5月13—15日，华东地区汽车场地越野挑战赛在金坛茅山举行。

其他项目比赛　1986年4月6—15日，全国举重锦标赛在常州举行。1988年5月12—17日，全国第二届无线电测向比赛在金坛举行。1993年6月5日，常州承办第八届全国信鸽“飞鸽杯”1000公里西安—常州竞翔比赛。2002年8月1—4日，全国青年皮划艇锦标赛在溧阳天目湖旅游度假区举行，270名运动员参赛。2005年2月2—3日，中国第二届国际标准舞全国精英赛在溧阳举行。2007年10月2日，全国大力士精英赛在武进淹城公园举行。2008年12月20—21日，全国跳水明星表演赛在常州奥体中心新城游泳跳水馆举行。2010年8月23—28日，全国健美操联赛分站赛（常州站）在河海大学常州校区举行。

第三节 省级赛事

一、综合运动会

2004年，江苏省全民健身运动会体育舞蹈、风筝、太极拳比赛在常州举行。2010年3月20日至10月18日，承办江苏省第十七届运动会青少年部38项次比赛，全省13个代表队、近400支运动队、万余名运动员参赛。3月20—26日，篮球男、女子乙组比赛在金坛举行；4月20—25日，排球男子甲、乙组比赛在常州举行；4月28日至5月3日，排球女子甲、乙组比赛在常州举行；5月6—14日，足球女子乙组比赛在金坛举行；5月10—15日，游泳预赛在常州举行；19—24日，田径预赛在常州举行；7月4—9日，垒球比赛在常州举行；7月5—10日，摔跤、跆拳道比赛在常州举行；7月13—18日，武术（散打）比赛在常州举行；7月26—31日，拳击比赛在常州举行；7月28日至8月5日，足球男子丙组比赛在武进举行；8月1—5日，沙滩排球比赛在常州举行；8月3—10日，足球女子甲组比赛在金坛举行；8月4—8日，跳水比赛在常州举行；8月27—31日，武术（套路）比赛在常州举行；8月29—31日，自行车（公路）比赛在武进举行；9月19—26日，足球男子甲组比赛在武进举行；9月21—25日，步枪、手枪和移动射击比赛在常州举行；9月23—28日，赛艇比赛在金坛举行；9月25—29日，女子曲棍球比赛在武进举行；9月26—30日，射击（飞碟）比赛在武进举行；9月27—28日，射箭比赛在常州举行；9月29日至10月4日，篮球甲组比赛在金坛举行；9月30日至10月2日，艺术体操比赛在常州举行；10月3—7日，羽毛球比赛在武进举行；10月4—7日，花样游泳比赛在常州举行；10月6—9日，手球比赛在溧阳举行；10月8—13日，体操比赛在常州举行；10月8—16日，足球女子丙组比赛在金坛举行；10月12—16日，棒球、柔道比赛在常州举行；10月12—17日，击剑、乒乓球比赛分别在武进、溧阳举行；10月12—18日，举重比赛在常州举行；10月13—17日，田径决赛在常州举行；10月14—17日，游泳决赛在常州举行；10月16—18日，蹦技比赛在常州举行。

二、单项运动会

田　径　1991—2009年，常州累计承办、举办省级田径类运动比赛8场。

1991—2009年常州市承办的田径类赛事一览表

表41-4-1

比赛项目	时间	比赛地点	比赛简况和结果
江苏省县级田径比赛	1991年5月1—4日	武　进	65个县（市）、448名运动员参赛
第二届全省重点高中田径运动会	1997年10月10—13日	常　州	省常中获团体总分第一名
江苏省中学生田径单项比赛	2003年11月20日	常　州	
江苏省田径单项锦标赛	2006年11月5—6日	武　进	
江苏省青少年阳光体育运动联赛开幕式暨县级田径比赛	2007年5月4日	金　坛	
江苏省青少年阳光体育运动联赛开幕式暨县级田径比赛	2008年5月2日	金　坛	35支代表队、520名运动员参赛
第九届江苏省中学生运动会田径比赛	2008年7月19—20日	武　进	44支队伍、500多名运动员参赛
江苏省青少年田径比赛	2009年8月5—8日	常　州	1200余名运动员参赛

球　　类　1991—2009 年，常州累计承办省级球类运动比赛 18 场，其中篮球 6 场、足球 3 场、垒球 1 场、棒球 1 场、曲棍球 2 场、沙滩排球 1 场、手球 4 场。

1991—2009 年常州市承办的省级球类赛事一览表

表 41-4-2

比赛项目	时间	比赛地点	比赛简况和结果
江苏省少年甲组女子篮球赛	1991年8月22—24日	常　州	6支球队、60名运动员参赛
江苏省少年乙组足球赛	1992年7月16—22日	常　州	12支球队、179名运动员参赛
江苏省少年（甲组）篮球赛	1996年7月20—23日	常　州	7支球队、84名运动员参赛，常州男、女队同获第二名
江苏省青少年篮球男子甲、乙组赛	1997年7月13—25日	金　坛	16支球队、187名运动员参赛
江苏省青少年手球集训赛	2004年10月17—19日	常　州	
江苏省青少年女子曲棍球比赛	2005年11月18—21日	武　进	
江苏省第十六届运动会手球比赛	2006年7月8—12日	常　州	常州队获女子甲组、乙组冠军和男子甲组、乙组亚军
江苏省第十六届运动会女子曲棍球比赛	2006年7月29—31日	武　进	常州队获甲组、乙组冠军
江苏省青少年手球比赛	2007年11月12—15日	常　州	5支代表队、99名运动员参赛
江苏省青少年男子篮球乙组比赛	2008年7月2—8日	金　坛	
江苏省青少年棒球比赛	2008年7月16—20日	常　州	5支代表队、100名运动员参赛
江苏省青少年女子足球乙组比赛	2008年7月18—23日	金　坛	
第九届省中学生运动会足球比赛	2008年7月22—27日	武　进	13支球队、304名运动员参赛
第九届江苏省中学生运动会女篮比赛	2008年8月14—16日	溧　阳	5支球队、近100名运动员参赛
江苏省青少年手球比赛	2008年11月14—18日	常　州	8支代表队、近100名运动员参赛
江苏省青少年垒球比赛	2009年7月7—10日	常　州	5支代表队、168名运动员参赛
江苏省青少年篮球甲组比赛	2009年7月10—16日	金　坛	
江苏省青少年沙滩排球比赛	2009年7月13—17日	常州青枫公园	9支代表队、142名运动员参赛

游 泳 类　1997—2009 年，常州承办省级游泳类运动比赛 13 场，其中游泳 5 场、跳水 8 场。

1997—2009 年常州市承办的省级游泳类赛事一览表

表 41-4-3

比赛项目	时间	比赛简况和结果
江苏省青少年儿童游泳赛	1997年8月24—27日	13支代表队、289名运动员参赛
江苏省第十四届运动会青少年部游泳赛	1998年8月28日至9月1日	12支代表队、223名运动员参赛，常州队获团体总分第五名
江苏省少年儿童跳水赛	1999年7月26—29日	7支代表队、50名运动员参赛，常州获团体总分第一名
江苏省少儿跳水赛	2001年7月18—21日	8支代表队、69名运动员参赛

续表 41-4-3

比赛项目	时间	比赛简况和结果
江苏省第十五届运动会少儿跳水比赛	2002年8月3—7日	常州获6枚金牌、团体总分第一名
江苏省少儿跳水赛	2003年8月22—26日	
江苏省少年儿童年龄组短池游泳赛	2004年2月13—15日	在武进举行
江苏省少儿跳水比赛	2004年7月13—16日	
江苏省青少年跳水比赛	2007年7月17—21日	8支代表队、67名运动员参赛
江苏省青少年跳水比赛	2008年7月8—12日	8支代表队、88名运动员参赛
江苏省青少年游泳冠军赛	2008年11月8—11日	12支代表队、409名运动员参赛
江苏省青少年跳水比赛	2009年7月17—20日	
江苏省青少年游泳锦标赛	2009年11月16—19日	638名运动员参赛

体操技巧类运动会　1993—2009年，常州承办省级体操技巧类运动比赛12场，其中体操5场、技巧4场、蹦技3场。

1993—2009年常州市承办的省级体操技巧类赛事一览表

表 41-4-4

比赛项目	时间	比赛简况和结果
江苏省少年儿童技巧赛	1993年7月19—21日	8支代表队、90名运动员参赛
江苏省第十三届运动会青少年部技巧赛	1994年7月19—20日	7支代表队、95名运动员参赛
江苏省少儿体操赛	1996年7月14—15日	88名运动员参赛，常州市获4枚金牌
江苏省少儿技巧集训赛	1996年7月25—27日	34名运动员参赛，常州队获4枚金牌
江苏省第十四届运动会青少年部技巧赛	1998年8月12—14日	38名运动员参赛，常州获团体总分第一名
江苏省少儿蹦技比赛	2001年7月25—27日	6支代表队、85名运动员参赛
江苏省少儿体操比赛	2004年7月7—9日	
江苏省少儿体操比赛	2007年7月9—11日	7支代表队、80名运动员参赛
江苏省少年儿童体操比赛	2008年7月9—12日	8支代表队、141名运动员参赛
江苏省青少年蹦技比赛	2008年8月26—28日	8支代表队、127名运动员参赛
江苏省少年儿童体操比赛	2009年7月16—28日	243名运动员参赛
江苏省青少年蹦技比赛	2009年8月26—28日	8支代表队、127名运动员参赛

射击射箭　1995—2009年，常州承办省级射击射箭类运动比赛10场，其中射击9场、射箭1场。

1995—2009年常州市承办的省级射击射箭类赛事一览表

表 41-4-5

比赛项目	时间	比赛简况和结果
江苏省青少年射击赛	1995年7月13—15日	212名运动员参赛
江苏省青少年射击锦标赛	2000年8月12—14日	11支代表队、268名运动员参赛，常州队获团体总分第二名

续表 41-4-5

比赛项目	时间	比赛简况和结果
江苏省青少年射击锦标赛	2001年8月23—25日	10支代表队、215名运动员参赛，常州队获团体总分第三名
江苏省第十五届运动会射击比赛	2002年8月13—17日	常州获9枚金牌、团体总分第二名
江苏省青少年射击个人冠军赛	2002年10月13—15日	
江苏省青少年射击个人冠军赛	2004年5月3—5日	
江苏省青少年个人射击冠军赛	2005年5月5—7日	15支代表队、270名运动员参赛。常州队获3枚金牌、7枚银牌、团体总分第三名
江苏省青少年射击个人冠军赛	2008年5月3—5日	13支队、235名运动员参赛
江苏省青少年射击锦标赛	2009年7月15—17日	11支代表队、324名运动员参赛
江苏省青少年射箭锦标赛	2009年8月13—14日	

武术、拳击、摔跤、柔道 1998—2009年，常州承办省级搏击类运动（武术、拳击、摔跤、柔道）比赛8场，其中武术散打和套路4场、摔跤2场和拳击、柔道各1场。

1998—2009年常州市承办的省级搏击类赛事一览表

表 41-4-6

比赛项目	举办时间	比赛简况和结果
江苏省第十四届运动会青少年部武术比赛	1998年8月4—8日	11支代表队、120名运动员参赛，常州队获5枚金牌、总分75分，列全省第四名
江苏省俱乐部武术（散打）比赛	2007年7月28日至8月2日	7支代表队、71名运动员参赛
江苏省青少年武术（套路）比赛	2007年8月5—10日	19支代表队、154名运动员参赛
江苏省青少年摔跤比赛	2008年5月8—11日	12支代表队、299名运动员参赛
江苏省青少年柔道比赛	2008年5月23—26日	12支代表队、244名运动员参赛
江苏省青少年拳击比赛	2008年7月25—30日	8支代表队、149名运动员参赛
江苏省青少年武术（套路）比赛	2008年8月26—30日	24支队伍、249名运动员参赛
江苏省青少年摔跤比赛	2009年7月1—4日	13支代表队、504名运动员参赛

其他单项比赛 1998—2009年，常州累计举办其他省级运动比赛12场，其中自行车3场、风筝2场、健美操、举重、桥牌、围棋、无线电、赛艇、击剑各1场。

1998—2009年常州市承办的省级其他赛事一览表

表 41-4-7

比赛项目	举办时间	举办地点	比赛简况和结果
江苏省无线电测向赛	1988年7月29—31日	金坛	10个单位、84名运动员参赛
江苏省桥牌赛	1992年10月21—28日	常州青山庄宾馆	全省20支桥牌队参赛
江苏省乡镇风筝赛	1998年4月	武进淹城	—

续表 41-4-7

比赛项目	举办时间	举办地点	比赛简况和结果
江苏省第十四届运动会职工部围棋赛	1998年4月22—27日	常　州	20个单位、80名运动员参赛
全国万人健美操锻炼标准大赛（江苏赛区） 江苏省全民健身运动会健美操比赛	2006年12月1—3日	溧　阳	—
江苏省公路自行车大奖赛	2007年10月28日	金　坛	近60名运动员参赛
江苏省青少年举重比赛	2008年6月11—16日	常　州	13支代表队、354名运动员参赛
江苏省青少年自行车公路赛	2008年7月23—29日	金　坛	—
江苏省社会体育运动会风筝比赛	2008年11月8—9日	溧　阳	15支运动队、100多名运动员参赛
江苏省青少年自行车公路比赛	2009年5月6—10月	金　坛	—
江苏省青少年赛艇比赛	2009年8月9—13日	金　坛	—
江苏省青少年击剑冠军赛	2009年9月26—29日	常　州	327名运动员参赛

第四节　市级赛事

一、常州市运动会

第十届　1995年4月10日至9月27日，在市区及三辖市16个赛点举办。设职工、农民、学生3个部，其中学生部设高校、中专、中技、中学、小学5个组。有3551名运动员参加乒乓球、篮球、排球、足球、象棋、围棋、桥牌、台球、游泳、田径、民兵军事三项11个项目比赛，决出435枚金牌。获团体前3名的是：职工部为武进、教育工会、市公安局；农民部为武进、金坛、郊区；学生部高校组为江苏石油化工学院、河海大学机械学院、常州技术师范学院；中专组为轻工业学校、财经学校、纺织工业学校；中技组为电子技校、商业技校、轻工技校；中学组为武进、常州市区、溧阳；小学组为钟楼、天宁、武进。

第十一届　1999年9月30日至11月23日举办，设职工部、学生部、农民部和老年人部，有5350名运动员参加田径、游泳、篮球、排球、足球等19个项目51组比赛。这次比赛有50人次超市年龄组纪录，80人达二级运动员标准。

第十二届　2003年4月9日至11月21日举办，设学生部、社会部，有7570名运动员参赛和展示表演活动。有4人4次打破市田径最高纪录，97人133次打破61项年龄组和部别组纪录，4人分别在田径、射击比赛中达到一级运动员标准，109人达到二级运动员标准。

第十三届暨第六届全民健身节　2008年3月21日至11月20日举办，设青少年部、高校部、中技部、职工部、八一前卫部、农民部、老年人部、社会部，近1万名运动员参加田径、游泳、篮球、排球、足球、乒乓球、羽毛球、健美艺术体操、象（围）棋、射击、举重、台球、桥牌、保龄球、钓鱼、舞龙、轮滑、门球、拔河、风筝等31个项目比赛，另设地方特色的阳湖拳、健身秧歌和木兰拳3个表演项目。这届运动会是截至2010年比赛时间最长、参与面最广的一届运动会。

二、年度单项赛事

田　径　1991—2010年，常州举办市级田径比赛24场，大多为中小学春秋季田径比赛。

球　类　1986—2010年，常州举办市级球类比赛71场，其中篮球比赛22场、乒乓球比赛17场、羽毛球比赛10场和排球比赛、足球比赛各11场。

游　泳　1996—2010 年，常州举办中小学生游泳比赛 10 场。

体　操　2004—2010 年，常州举办全市中小学、幼儿体操比赛 8 场。

射　击　1991—2010 年，常州举办市级射击比赛 8 场。

举　重　1994—2010 年，常州举办市级举重比赛 9 场。

棋　类　1986—2010 年，常州举办市级棋类比赛 9 场。

第五章　体育产业

常州体育产业兴起于 80 年代中后期，经历从无到有、从小变大的发展历程。2007 年以前，体育经济创收主要依靠场馆租赁、体育培训及体育彩票发行，规模不大。2007 年，常州在全省率先成立体育产业发展公司，影响逐渐彰显。体育产业以此为龙头，整合系统内经营性资产，努力健全产业体系，以体育本体产业为基础，兼营会展、演艺、房地产等相关产业，注册资本由成立之初的 3000 万元增至 2010 年的 5 亿元，经营性资产市值由最初不足 1 亿元增至 2010 年的 14 亿元。常州体育产业发展公司在竞赛、演艺、场馆、会展和市场开发等方面进行开拓性尝试，收效较佳。2008 年，市体育部门牵头成立体育发展基金会，筹集发展资金，用于组织体育竞赛和文体义演，资助业余训练和儿童、青少年、伤残人体育活动，奖励优秀运动员、教练员及体育工作者。

第一节　市场运行

2007 年，市体育部门组建成立常州体育产业发展公司，将常州奥林匹克体育中心划归公司统一管理，注册资金 3000 万元，由体育中心出资。公司主导体育专业比赛，兼营会展、演艺、房地产等相关产业，形成体育产业体系化发展格局。公司成立后，承办十七届省运会开幕式和闭幕式、刘德华演唱会、中国羽毛球大师赛、中国常州科技经贸洽谈会等大型活动，社会和经济效益显著。2010 年底，常州体育产业发展有限公司资产增至 5 亿元，经营性资产由刚开始不足 1 亿元增至 14 亿元。

一、彩票发行

常州最早在 1988 年销售面值为 1 元的第十一届亚运会基金奖券。1992 年 9 月，常州市体育奖券办公室成立，作为发行体育彩票的主管部门。1993 年 2 月 7 日，市体委组织机关工作人员利用星期天在清潭体育场小规模试售体育彩票，10 万元传统即开型彩票当天销售一空。2 月 14—28 日又进行 3 次小规模销售。每次销售 10 万元，体育奖券从此开始热销。3 月 13 日首次在清潭体育场举办销售 150 万元体育奖券活动，3 月 27 日销售体育奖券 300 万元。体育彩票从此在清潭体育场、市工人文化宫、小营前广场多次进行较大规模销售，销售数额名列全省前茅。

1993—1995 年，销售体育彩票 1441 万余元。1994 年 5 月，中共中央办公厅、国务院办公厅要求严格彩票市场管理，禁止擅自发行彩票，明确“中国人民银行是国务院主管彩票机关”。即开型体育彩票因玩法单一，销售陷入低谷，1994 年仅销售 35 万元。1995 年 12 月，国务院批准在全国只允许销售社会福利奖券和体育彩票，奖券种类从单一的传统型发展到即开型、即开传统结合型等 3 大类 500 多个品种。1997 年 8 月 22 日，常州市体育彩票管理中心设立。1998 年 5 月 12 日，省政府同意常州等 6 城市为电脑销售传统型体育彩票试点单位。6月3日，江苏电脑体育彩票发行，常州27个电脑体育彩票销售点开始运营，每周二开奖。10月1日，在兰陵广场举行即开型彩票销售，销售300万元。1999年2月9日，常州一彩民中得9905期江苏传统型电脑体育彩票第一个特等奖，获得奖金300万元。自此，常州电脑体育彩票销售趋旺。

2000年2月2日，江苏电脑体育彩票特等奖单注奖金封顶金额由300万元提高到500万元，特等奖保底奖金额由38万元提高到100万元。5月，应彩民要求，电脑体育彩票由每周开奖1次改为两次。9月，第六届中国艺术节在江苏举行，市体委向艺术节捐赠体育彩票公益金85万元。2002年5月8日至6月30日，即开型世界杯体育彩票在常州销售。10月1日，在清潭体育馆广场销售即开型体育彩票896万元。2003年，常州市设有电脑体育彩票销售点144个，形成常州市体育彩票管理中心—电脑体育彩票销售点的两级管理模式，年销售量居全省前列，单机销售额居全省第一。常州本着“取之于民，用之于民”原则，多年将体育彩票公益金用于全民健身工程和大型体育比赛，造就百万富翁32名。

2004年，全市体育彩票销售受“西安宝马事件”的负面影响，销量下降，完成销售1.39亿元，其中即开型体育彩票销售884万元、电脑体育彩票销售1.3亿元，销售量居全省第四位。2005年，全市电脑体育彩票销售1.85亿元，取得历史性突破。2006年，完成销售总额2.61亿元。2007年，体彩中心高效布点，新增终端机近100台，邀请专家讲座，提高彩民投注技巧，对80家专营店进行形象包装。全市销售总额达3.67亿元，销量居全省第四位，其中武进达1亿元，跻身全省4个年销售总额达1亿元县市（区）行列。2008年，全市销售体育彩票4.2亿元，其中市区2.2亿元、武进1.34亿元、溧阳0.35亿元、金坛0.31亿元。2009年，全市完成体育彩票销售额5.88亿元。2010年，全市完成体育彩票销售额7.34亿元，继续保持全省第四名，其中传统型彩票4.14亿元、即开型彩票1.95亿元、竞彩彩票1.25亿元，全市增幅24.6%，对全省贡献率达7.9%。

二、商业冠名

2004年7月20日，市体育局在体育中心召开新闻发布会，对清潭体育中心进行冠名权转让拍卖，被常州中天钢铁集团拍得，增加维护资金的来源。中天钢铁集团每年向市体育局出资60万元，清潭体育中心冠名为中天钢铁体育中心并于12月29日揭牌。常州奥林匹克体育中心建成于2008年9月投入使用，受市政府委托，常州体育产业发展公司按市场化方式运作，2009年4月15日与江苏新城集团达成冠名权协议签约，在以后10年中，把常州奥林匹克体育中心所属4个场馆分别冠名为常州奥林匹克体育中心新城体育场、新城体育馆、新城游泳跳水中心和新城乒乓、羽毛球中心；2009年10月1日与中国工商银行常州分行达成冠名权协议签约，将常州市网球中心冠名为中国工商银行常州网球中心。

第二节　发展基金

2008年3月，常州市体育总会、市城市建设投资集团、市交通产业集团、中天钢铁集团发起，各出资80万元，成立常州市体育发展基金会，主要资助伤残运动员生活，资助体育竞赛活动，奖励优秀运动员、教练员、体育工作者，资助完善体育馆设施和培养体育后备人才。2008年4月，省民政厅批准其为非公募基金法人单位。首批原始基金430万元，除发起单位出资外，常州市第一建筑工程公司、江苏沪宁钢机公司各捐赠50万元，浙江大丰实业公司、中国工商银行常州分行、常州第二建设公司各捐赠30万元。

2008年，基金会接受中天钢铁集团捐赠100万元、市白蚁防治所捐赠80万元、常州体育产业发展公司捐赠50万元。2009年，接受市少年科学艺术宫捐赠100万元、江苏金陵体育器材公司捐赠50万元、市教育局教育装备与勤工俭学管理中心捐赠22.5万元、沈益锋等5人捐赠(含汽车实物)75.5万元。资助培养优秀后备人才支出52.8万元。2010年，接受金陵体育器材公司捐赠150万元、巨凝集团捐赠80万元；资助完善常州体育场馆设施建设支出66.6万元。至2010年底，体育发展基金积累资金1138万元。

第四十二卷　精神文明建设

Volume XLII

Construction of Spiritual Civilization

1981年2月，全国总工会、共青团中央、全国妇联等9个单位在全国倡导开展“五讲四美”（讲文明、讲礼貌、讲卫生、讲秩序、讲道德和心灵美、语言美、行为美、环境美）活动。中共中央总结开展热爱祖国、热爱社会主义、热爱共产党（简称“三热爱”）的经验活动，1983年以后，把“五讲四美”与“三热爱”统一成“五讲四美三热爱”活动。常州市专职指导和管理社会主义精神文明建设的机构是常州市“五讲四美三热爱”活动委员会，下设办公室（简称“五四三办公室”）。1987年，根据《中共中央关于社会主义精神文明建设指导方针的决议》和常委发(1987)26号文件精神，市“五四三办公室”更名为常州市文明城市建设协调委员会办公室。1997年4月23日，常州市精神文明建设指导委员会办公室（简称“市文明办”）成立，市文明城市建设协调委员会办公室同时撤销。工作职责为贯彻落实中央、省委省政府和市委市政府关于加强精神文明建设的指导精神，负责组织起草、协调、指导和实施全市精神文明建设规划；组织开展文明城市、文明社区、文明村镇、文明行业、文明单位等创建、评选活动；规划和组织开展全市爱国主义、集体主义、社会主义教育和社会公德、职业道德、家庭美德教育；创建国家文明城市。2004年8月，市文明办增加组织协调全市未成年人思想道德建设工作职能，承担全市市民和未成年人的社会主义精神文明建设工作，制定常州市市民精神、道德规范、文明礼仪规范等。1986年，常州市被评为江苏省创优美环境、优良秩序、优质服务（简称“三优”）竞赛优胜城市，常州市作为精神文明建设较好的城市出席全国文明城市建设座谈会，清潭新村在全国“五讲四美三热爱”活动工作会议上作了文明小区管理经验交流。2002年、2005年和2008年，常州连续三次获得中央文明委授予的创建全国文明城市工作先进城市称号。2008年，常州被中央文明委表彰为首批全国未成年人思想道德建设工作先进城市，为全省唯一获此荣誉的城市。自2009年开始，常州市在全国首创提升市民素质的道德讲堂，受到中央文明委、中共中央宣传部的肯定并向全国推广。至2010年，全市累计有全国文明单位8个、省文明单位（含标兵)468个次；有全国文明行业2个、省文明行业（含创建文明行业工作先进行业)82个次，全国文明村镇5个、省文明村镇382个次；有全国模范文明住宅小区、文明住宅小区、创建文明社区示范点各1个和省文明社区76个次（含标兵）。常州市殷秀梅当选为全国见义勇为道德模范，邓建军、杨建琴获全国道德模范提名奖；有3人被评为省道德模范，4人获省道德模范提名奖；全市建成青少年爱国主义教育基地53处。

第一章　文明创建活动

文明创建活动始于20世纪80年代初全国各地开展的“五讲四美三热爱”活动，90年代成为市文明办常态化工作的主要抓手。进入21世纪，随着全国文明城市创建的开展，形成以文明城市创建为龙头、以创建文明单位、文明行业、文明村镇、文明社区为抓手的系列性群众性精神文明创建活动，将文明创建推向了新的阶段。文明城市创建以提高市民文明素质、社会文明程度、市民生活质量为目标，开展形式多样的“优美环境、优良秩序、优质服务”创建活动，1998年创建成省文明城市，2002—2008年，常州连续三届蝉联创建全国文明城市工作先进城市。2009年起，对辖市区进行市民公共文明指数测评，对辖市区公共环境、公共秩序、公益活动、人际交往等情况进行第三方测评，纳入年终班子考核。在文明城市创建的牵引带动下，文明单位创建修订创建管理办法，实行分级管理，做到条块结合，分类指导；文明行业创建以窗口行业开展优质服务竞赛为抓手，提升行业服务水平；文明村镇创建以文明户、新风户评选为基础，提升乡风文明；文明社区创建以“倡导文明新风，共建美好家园”为主题开展活动，提升社区居民文明素养。

第一节　文明城市创建

常州市文明城市建设始于1985年，20世纪90年代打基础，世纪之交初见成效。起初，把搞好城市环境综合整治和创建全国卫生城市作为文明城市创建的抓手，开展城市创“三优”竞赛，市文明委先后两次召开文明委扩大会议，10多次条线协调会、汇报会，不断强化争先创优意识。集中开展环境卫生、社会治安、窗口服务方面的综合整治，按照“文明家庭—文明小区—文明社区—文明城市”系列推进的工作思路，抓好文明小区、文明社区的创建工作，全市涌现清潭新村、红梅西村小区建设的全省先进典型，翠竹新村等7个江苏省文明小区和勤业五村等18个首批常州市文明小区。

一、机制方式

1999年，常州市召开全市创建文明城市动员大会，成立由市委书记、市长挂帅的市创建活动领导小组和指挥部及其办公室，并拨出专项创建经费。市领导与各创建单位的党政主要领导签订《常州市创建文明城市专项工作责任书》，将各项指标层层分解至全市5个区、45个行业和部门，把创建工作列入各区、各部门的年度目标考核内容。市创建办下达20项专项整治任务书。各区和创建责任行业也相应成立创建机构，形成上下联动、覆盖全市的创建运作体系。2006年召开“建设文明城市，构建和谐社会”动员大会，明确“三大行动”（全面达标行动、人民满意行动、干部带头行动），推进文明城市创建。

2007年制定下发《关于实施建设文明城市城区互查通报制度的意见》，由5个城区进行互查，市文明办按照自查报告、互查结果、部门考核、问卷调查、长效管理等多方面的情况汇总，评出文明城区2个，创建文明城区工作先进城区3个。针对文明城市创建中存在的食品卫生与公共场所卫生、市政容貌、市场规范、市河环境、城市交通秩序等重点难点问题，建立长效管理机制，开展“整治村庄环境、共建小康家园”专项行动。2008年，制定下发“2008年度全国文明城市责任分解表”，将目标任务下达到5个城区及66个职能部门，形成纵向到底、横向到边的工作网络，创建指标逐条到岗、逐项到人。在7月底的全国文明城市全面测评中，常州市以创建服务民生，倾力打造实力之城、宜居之城、人文之城、生态之城、慈善之城的特色做法得到江苏省测评组的肯定。

2009年是中央文明办以新的测评内容、测评方式方法对全国文明城市和先进城市进行公共文明指数测评的第一年，常州实施市民公共文明指数测评情况分析会制度，通过委托第三方测评，重点对公共环境、公共秩序、公益行动、人际交往测评内容中存在的问题通报点评，明确责任主体，提出整改要求，促进弱点难点问题的改进；市领导带队到公园广场、商业大街、交通路口、网吧等场所现场督查，对薄弱环节开展有针对性的整改。2010年，完善测评体系和办法，继续委托第三方对城区公共文明指数进行测评，每两个月测评一次并将结果向社会公布，半年度召开点评通报会，对存在问题的整改情况进行重点点评，测评结果作为文明考评的重要依据。探索通报点评范围由城区扩大到主要职能部门，形成以块为主、条块结合的城市公共文明指数测评体系。

二、考评标准

1999年，以美化居民环境和治理“脏、乱、差”为突破口，以规范化管理为重点，在全市开展文明区创建活动。相继对市属38个重点集贸市场进行整治和环境改造，分批拆除违章建筑175处、5000余平方米，常州被评为省创建文明城市工作先进市。之后，常州市制定《常州市创建文明城市、文明区评比标准（试行）》，对5个城区的创建工作进行全面检查考核，市委、市政府对创建文明城市工作富有特色、成绩突出的钟楼区、天宁区、郊区授予常州市创建文明城市工作先进区称号。2002年，修订《常州市创建文明城市标准》，下发《关于开展创建文明城市活动的意见》。各城区对照要求，细化标准，分解任务，在创建工作中主动适应城市化发展的要求，创建工作从主城区向新城区推进，形成市带区、区带镇、镇带村一体化创建的新局面。配合沿江开发的大局，加强沿江文明带建设，获江苏省文明城市、创建全国文明城市工作先进市称号。2006年，按照《全国文明城市测评体系（试行）》的要求，制定《常州市精神文明建设“十一五”规划》，修订完善《常州市文明城区测评体系》。2010年制定下发《常州市公共文明指数测评操作办法》。

三、创建活动

2002年，市文明委组织开展“建设文明城市，争当文明市民——公民道德建设实践日”活动，初步达到城市净化、绿化、美化和管理制度化的要求。2004年，全市文明城市创建工作主要做好对标自查，消除薄弱环节，常州的经济指标、居民生活水平、基础设施、生态环境、城市规划、城市环境、社会治安、科教文卫体事业及精神文明创建等基本达到国家文明城市标准；常州通过国家卫生城市复核，获中国人居环境范例奖，创建成为国家环保模范城市。2006年，以创建全国文明城市为重点，推进文明行业、文明社区、文明村镇、文明单位等的创建活动，提升市民文明素质和城市文明水平。在全市组织开展现代文明礼仪学习教育活动，编印《现代文明礼仪手册》10万册，发至全市各机关、行业、社区、家庭，组织开展礼仪宣传、礼仪教育、礼仪养成、礼仪践行，塑造人人知荣辱、讲礼貌、守规范、重诚信的城市文明形象。

全市建设文明城市构建和谐社会动员大会（摄于2006年12月）

2008年，开展“同创文明城市，争当文明市民”道德实践活动，引导干部职工爱岗敬业、开拓进取、践行文明。公开招聘50名文明城市建设义务督察员对行业服务、市容市貌、企业环保等方面进行监督。当年的全市居民的抽样调查结果显示，99.2%的市民支持文明城市创建。印发宣传提纲1万册和“五个养成”（行人不横穿马路，车辆不乱停乱放，垃圾不乱扔乱倒，摊点不乱设乱摆，广告不乱贴乱挂）小卡片3万张，劝导市民懂礼仪、讲文明。组织江苏卫视、《新华日报》、《扬子晚报》、《现代快报》等省级新闻媒体集中宣传，提升常州市文明城市创建工作的影响力。2009年，市级主要媒体开设《我看文明》等专题专栏，开设“不文明行为曝光台”，加强城区楼宇显示屏、移动电视滚动文明创建公益广告及社区宣传栏宣传。8月，中央文明委对常州市进行测评，得70.94分，居全省第四。2010年，广泛开展“我为省运添光彩，省运有我更精彩——人人争做文明东道主”主题活动，促进市民文明素质和社会文明程度的提高，为成功举办第十七届江苏省运动会创造了文明和谐的社会环境。当年度测评得分为72.26分。

1999—2009 年常州市在创建文明城市活动中获得荣誉一览表

表 42-1-1

荣誉名称	获得时间	颁奖单位
江苏省创建文明城市工作先进城市	1999	江苏省精神文明建设指导委员会
江苏省文明城市	2002.10	中共江苏省委、江苏省人民政府
创建全国文明城市工作先进城市	2002.10	中央精神文明建设指导委员会
创建全国文明城市工作先进城市	2005.10	中央精神文明建设指导委员会
创建全国文明城市工作先进城市	2009.01	中央精神文明建设指导委员会

第二节　文明单位创建

常州市文明单位创建活动始于 1982 年。1983 年，市政府首批命名 48 个市级文明单位。1989 年，文明单位创建项目增设文明单位标兵一档，首批命名市级文明单位标兵 89 个。从 1993 年开始文明单位创建步入正常轨道，两年一表彰，第一年初评，第二年总评，连续三届。1999 年起，文明单位创建实行一年一评。1999 年，常州长江客车集团公司、溧阳市昆仑小区物业公司被评为全国创建文明单位工作先进单位，2002 年常州火车站被评为全国创建文明行业工作先进单位，2005 年常州市钟楼区荷花池街道西新桥三村社区、常州出入境检验检疫局被评为全国文明单位，2008 年常州邮政局、常州黑牡丹集团股份公司、江苏省电力公司常州供电公司被评为全国文明单位。至 2010 年，市级文明单位达 822 个，市级文明单位标兵 432 个，省级文明单位 48 个。

一、创建管理

对文明单位实行分级管理，做到条块结合，分类指导。常州市文明单位实行市、县（区）、基层三级管理；评定分 4 个层面：县（区）级文明单位、市级文明单位、省级文明单位、国家级文明单位。市级文明单位创建有文明单位先进、文明单位、文明单位标兵 3 个档次。1987 年，市文明委颁发《常州市文明单位管理条例（试行）》。1988 年颁发《文明单位标准》。1997 年修订《常州市文明单位管理条例》，强化文明单位的目标管理。

1998 年 7 月下发《关于颁发〈常州市文明单位（标兵）管理条例〉的通知》。2004 年 9 月，市文明办颁发驻常部队市级文明单位（标兵）评选标准。2005 年底颁发文明单位（村镇）百分考核细则，此后每年年终考评都按照《文明单位管理规定（试行）》和《文明单位标准》进行严格审查。2005 年，修订文明单位管理考核办法，采用百分制考核，量化创建指标，深化军民共建、企社共建、企企共建、企村共建工作。对每年度评选出的市级文明单位在全市精神文明建设总结表彰会上表彰、命名，由市政府授予荣誉匾和颁发荣誉证书，运用报纸、广播、电视等宣传媒体对其先进事迹广泛宣传。以精神鼓励为主，同时给予一定的物质奖励。

二、创建活动

1997 年，开展创建文明职工、文明班组、文明科室（车间）活动。窗口行业把创建文明单位、满意杯竞赛、推行社会服务承诺制、创建“青年文明号”等工作纳入创建文明行业活动。1998 年，市文明办、工商局、个私协会等单位组织城区私营企业、个体工商户开展了创建文明单位、文明个体工商户、文明摊点活动。1999 年个私企业文明单位创建活动全面展开。2002 年，制定《常州市文明风景旅游区（点）评定办法（试行）》，为全市旅游业的发展提供良好社会环境。

针对不同行业、不同层次开展创建活动，促进文明单位创建活动向纵深发展。全市开展争当文明职工、文明新风户活动，提倡在工厂里当个好职工，在家庭中当个好成员，在社会上当个好公民；加强职业道德、职业理想、职业纪律、职业技能（简称“四职”）创建，开展“我为常州添光彩”主题活动，激发全市人民“爱我常州、建设家乡”的热情；在工矿企业、窗口行业制定了商德、医德、师德、警德等13种职业道德宣传资料，分发到全市各窗口行业；在职工中开展了“恪守职业道德、争当文明职工”“双学双比”“巾帼建功”等活动；在新中国成立60周年之际，组织文明单位参加中央电视台在薛家广场举办的“激情广场”爱国歌曲大家唱“江苏常州篇”活动，展现文明单位的风采。

1986—2010年常州市受表彰的文明单位统计表

表42-1-2　　单位：个

年份	全国		江苏省	常州市		年份	全国		江苏省	常州市	
	文明单位	创建文明单位工作先进单位	文明单位	文明单位标兵	文明单位		文明单位	创建文明单位工作先进单位	文明单位	文明单位标兵	文明单位
1986	—	—	35	9	480	1997	—	—	80	—	—
1987	—	—	—	—	523	1998	—	—	—	192	560
1988	—	—	14	—	612	1999	—	2	104	240	624
1989	—	—	—	89	553	2000	—	—	—	246	569
1990	—	—	54	103	590	2001	—	—	117	263	635
1991	—	—	22	138	601	2002	—	1	123	283	624
1992	—	—	—	142	658	2005	2	—	153	332	680
1993	—	—	63	—	—	2007	—	—	—	389	743
1994	—	—	—	158	633	2008	3	—	48	432	822
1995	—	—	69	—	—	2010	—	—	56	—	—
1996	—	—	—	168	619						

说明：1986年、2001年、2002年、2005年、2008年和2010年的省文明单位数包括文明单位标兵

第三节　文明行业创建

常州市文明行业创建以窗口行业开展优质服务竞赛为抓手。1986年，窗口行业优质服务竞赛启动，市文明委选择商业、粮食、供销、邮电、供电、物资、外办、铁路、民航、交通、文化、卫生、体委、建委、公安等15个窗口行业，开展以优质服务为中心内容的“创优评佳”竞赛。1988年组织开展窗口行业优质服务组织奖竞赛，1990年开展优质服务对口竞赛。从1991年起，开展优质服务“满意杯”竞赛，一年一届，连续6年。竞赛主要内容是内部管理质量、劳动服务质量、环境建设质量，设立消费者监督站等。1992年，全市22个窗口行业参与竞赛，市文明委表彰3个行业、优胜单位23个、先进单位52个、优秀组织者51名、“十佳四职明星”10名和“四职明星”（职业理想、职业道德、职业纪律、职业责任明星）100名。

1995年，开展第四届优质服务“满意杯”竞赛，围绕“让人民群众质量放心、服务称心、环境舒心”的主题，推行规范管理和规范服务，促进行业优质服务上水平、上档次。1996年，全市窗口行业开展以加强职业道德为重点的创优活动，精心组织创“三优”满意杯竞赛，解决群众最关心、反映最强烈的重点、热点问题。1997

年，市文明委制定下发《关于在全市开展创建文明行业工作的实施意见》。1999 年修订和完善行业服务规范，突出解决市民关心的问题。健全文明行业创建监督机制，聘请 100 名行风监督员。2000 年，各行业紧扣“为人民服务，树行业新风”主题，把人民群众反映强烈的热点难点问题，作为行业创建工作重点。邀请部分市人大代表和政协委员视察窗口单位，选树一批市民群众满意的文明行业示范典型。市文明办下发《常州市文明行业考评办法》《文明行业达标竞赛服务规范》《常州市文明风景旅游区（点）评定办法（试行）》。组织“微笑常州——优质服务品牌推广展示”活动，促进各行业学习先进服务理念，提升服务水平。2010 年底，全市申报服务品牌 95 个，“邵开成服务法”被评为江苏省十大优质服务品牌。

1999—2010 年常州市获得文明行业称号统计表

表 42-1-3　　单位：个

年份	全国文明行业	江苏省文明行业	常州市文明行业	年份	全国文明行业	江苏省文明行业	常州市文明行业
1999		—	6	2005	—	15	29
2000	—	—	16	2007	—	—	21
2001	—	11	—	2008	—	15	—
2003	2	26	25	2010	—	15	—

说明：省、市文明行业包括创建文明行业工作先进行业，未表彰的年份不列

第四节　文明村镇创建

常州的文明村镇创建始于 1992 年，市文明委在全市部分乡镇、行政村开展第一期农村社会主义思想教育，派出 3000 多名工作队员进村帮助工作。这是最早开展文明村镇创建活动的形式。创建文明村镇活动的基础是以创文明户、新风户活动的形式逐步展开，全市有 122 个乡镇、1345 个行政村参与，全市首批命名市级文明村 22 个，武进、金坛、溧阳三县（市）和郊区表彰了文明乡镇 27 个、文明村 181 个。1997 年，武进市横山桥镇五一村被中央文明委确定为全国创建文明村镇示范点。武进市横山桥镇五一村、金坛市薛埠镇在全省创建文明村镇工作会议上作经验交流，横山桥镇五一村开展文明村创建情况的电视专题片被中共中央宣传部、中央文明办编入全国创建文明村镇示范点录像带。

根据城市化、城乡一体化发展趋势，中共金坛市委宣传部先后编写《现代农民教育通俗读本》《致富新篇》《美德赞》《英语 100 句》《公民道德家庭读本》等 5 本书，开展现代农民教育工程。组织“十星级学习型文明户”“五好学习型文明家庭”“学习型特色家庭”创建评选，开展“农村科技文化超市”活动，即以农村市场（集市）为依托，经常组织科技致富知识的宣传展示活动，开展科技咨询服务，进行科技图书展销，组织文艺会演，把精神食粮送到农民家门口。开展与茅山老区经济薄弱村文化帮扶、文明共建活动，实施文化扶贫，保证结对的行政村建有适合农民开展日常文化活动的文化室，包含农家书屋、党员活动室、阅览室等多位一体的活动室。实施“农家书香”工程，通过城乡结对的途径在全社会开展“献市民爱心，建农家书屋”“书店与书屋结对”等活动，在茅山老区建百座农家书屋，并配套建设科普画廊 100 个。发展农村电影放映，逐步实现一村一月放映一场电影。建立农民读书沙龙，开展读书有用、弘扬新风、科技致富系列活动，向农民免费赠送科技致富图书，组织 100 名科技人员为农民解决生产技术难题。

开展“党员进老区，万人帮万户”活动。2007年，组织200多场“扶贫帮困献爱心”主题活动，举办两场“岗位进老区、帮扶到万户”大型招聘洽谈会，为老区提供7689个就业岗位，扶持项目419个。全市建成41个镇农村志愿服务站，各辖市区帮困扶贫、科普、环保、法制、文化、卫生等6支专业志愿服务队，农村志愿者总人数达1.5万名。编印《“万名志愿走进新农村”工作手册》，明确服务站职责、服务热线受理内容等。2009年，全市农村志愿者累计上门服务1.2万人次，提供服务近6万小时。歌舞团、锡剧团、评弹团、滑稽剧团在农村演出近300场次。

1993—2010年常州市获得文明村镇称号统计表

表42-1-4　　单位：个

年份	全国文明镇	全国文明村	江苏省文明镇	创建省文明镇工作先进镇	江苏省文明村	创建省文明村工作先进村	常州市文明乡镇	常州市文明村
1993	—	—	—	—	—	—	—	22
1998	—	—	—	—	—	—	14	48
1999	—	—	6	4	10	29	15	60
2000	—	—		—	—	—	11	21
2001	—	—	14	—	41	—	21	65
2002	—	—	—	—	55		16	68
2003	—	—	14	—	45	—	20	69
2004	—	—	—	—	—	—	127	
2005	1	3	19	—	50	—	28	99
2007	—	—	—	—	—	—	26	116
2008	—	1	6	8	13	35	28	150
2010	—	—	6	11	14	40	—	—

说明：未表彰的年份不列

第五节　文明社区创建

常州市首届社区邻里节（摄于2007年2月）

90年代，常州市创建文明小区是创建文明社区的雏形。清潭新村、红梅新村分别被评为全国模范文明住宅小区、全国文明住宅小区。翠竹新村等7个住宅小区获江苏省文明小区称号，天宁区新丰街道斜桥巷社区等5个社区获江苏省创建文明社区示范点称号，钟楼区西新桥街道三村社区被评为全国创建文明社区示范点。文明社区创建以科教、法律、文体、卫生“四进社区”活动为抓手，以社区文化中心、市民文明学校为主要教育阵地，以学习型文明楼道、学习型文明家庭的创建为基础深入推进。建立和完善社区市民学校、科普教育基地、文体活动场所等设施，开放学习场所，开设社区讲座，建立社区教育培训机构，构筑社区学习网络，通过与社区内外的大专院校、科研单位、文化卫生单位结成共建对子，利用学习教育资源，拓宽学习教育空间，形成共驻共享机制。2004 年，8 个社区获得省文明委表彰的江苏省文明社区称号。根据近郊、开发区集镇农民居住情况的变化，文明村向文明社区转化过渡。开展“相约社区健康行”活动，繁荣社区文化，组织“卡通文化推广月”群众文体活动，推出“精品卡通剧目文艺汇演”“国际优秀卡通大片展映”进各区中心广场、进社区活动，形成健康进社区的欢乐祥和氛围。

2005 年，市文明办修订《常州市文明社区管理考核办法》，采用百分制考核，量化创建指标。2007 年，市文明办开展“十佳和谐社区”“百佳文明市民”评选，举办首届社区邻里节，开展“邻里学”“邻里情”“邻里乐”“邻里亲”“邻里颂”系列活动，引导社区围绕邻里节的 5 个方面开展 6000 多项活动。社区邻里节每年举办，第二届社区邻里节主题为“迎奥运、讲文明、树新风、促和谐”，组织社区居民迎奥运强身健体趣味体育运动和“敲开邻里门，同看奥运会”等邻里节系列活动；实施了“2008 情暖万家——志愿者和谐社区行”活动，全市建成 10 个标准化社区志愿服务站，为社区待助对象提供长期志愿服务。第三届社区邻里节主题为“传递城市文明，共享邻里和谐”，推进“千台文艺节目走进社区”，深化“文艺百花艳社区、先进文化润万家”群众文化系列活动，不断推进社区文化建设。第四届社区邻里节以组织“迎省运，讲文明，树新风——文明礼仪社区行”系列活动，建设和谐的社区人际关系；开展文明街道创建活动，使文明创建与“两级政府、三级管理、四级网络”的城市管理体制相匹配，调动市、区、街、社区居委会等方面的创建积极性。

第二章　公民思想道德建设

2001 年 9 月，中共中央颁发《公民道德建设实施纲要》（简称《纲要》）。2003 年开始，中共中央把每年的 9 月 20 日定为《纲要》宣传日。常州采用多种形式宣传《纲要》，印发《常州市民文明手册》《常州市民公共行为规范》《现代文明礼仪手册》《公民道德家庭读本》等读物，在文明城市、文明单位、文明行业、文明村镇、文明社区等创建活动中体现社会公德、职业道德、家庭美德的内容。开展争当文明职工、文明户和“新风户”“五好家庭”“四职明星”“十佳美好家庭”“十佳劳模标兵”等活动。2009 年，钟楼区试点道德讲堂活动，2010 年逐步向全市推广。2010 年 6 月 26—28 日，中央文明办到常州专题调研常州市道德讲堂建设。利用国内民间传统节日和重大历史事件、历史人物纪念日等，开展公民道德建设，激发市民爱祖国、爱人民、爱劳动、爱科学、爱社会主义的热情。尊重公民个人合法利益的社会主义义利观，以为人民服务为核心，以集体主义为原则。在社会各界组织“希望工程”“送温暖工程”“幸福工程”“扶残助残工程”“志愿者活动”“手拉手活动”“关爱空巢老人活动”等公益活动，推动全社会形成民族团结、公平正义、男女平等、尊老爱幼、互爱互助、见义勇为的文明风尚。

第一节　爱国主义教育

常州市各级文明建设职能部门利用重要节日、纪念日等契机，举行形式多样的群众性庆祝、纪念活动，使人们在集体聚会、合家团圆的同时，不断增强对祖国、对家乡、对生活的热爱，陶冶道德情操；市文明办通过适时组织开展“百部爱国电影进社区”活动，举办“爱我中华读书知识竞赛”“爱我中华激情广场爱国歌曲大家唱”等活动，激发广大市民爱祖国、爱劳动、爱科学、爱社会主义的热情。1994 年，市文明办开展庆祝新中国成立 45 周年宣传教育活动。利用地方史料，搞好历史传统教育，在全市干部职工和青少年中开展常州发展史教育、常州古今中外杰出爱国名人的传统美德教育、常州解放 45 周年和改革开放 16 年伟大建设成就的教育。激发常州人民对家乡的自豪感、建设常州的责任感。紧扣时代脉搏开展系列教育活动，举办了“十佳美好家庭”“十佳劳动模范标兵”“十佳关心国防建设好公民”评选活动和“爱我常州、建设家乡”知识竞赛。组织庆祝常州解放45周年大型文艺晚会，举办书画、美术、摄影展览和爱国主义歌曲卡拉OK大奖赛，弘扬“爱我常州，建设家乡”主题。4 月 23 日，市委宣传部、市文明办等单位联办庆祝常州解放 45 周年大型文艺晚会。

1995 年，以纪念抗日战争暨世界反法西斯战争胜利 50 周年为契机，组织大型系列爱国主义教育活动，全市机关、企事业单位和学校普遍开展国旗、国歌知识教育和插挂国旗活动，进行爱国主义教育。同时开展“我为常州添光彩”主题教育活动，激发全市人民“爱我常州，建设家乡”的热情。各行各业开展学习张家港、学习孔繁森、学习吴海军和学劳模、学先进活动。选树常州金狮集团公司、常州厚余煤矿矿长陈志愿等艰苦创业的先进集体和先进个人，组织市创业报告团到基层演讲 32 场次。全市进行“常州精神”大讨论，最后经市委常委会讨论，确定“团结拼搏、开拓争先、富民强市、再创辉煌”为新时期“常州精神”用语。

1997 年起，实施《常州市爱国主义教育三年规划》，开展经常性爱国主义教育，抓住香港回归的重大历史契机，在全市干部群众中广泛开展以“国情、国魂、国格、国运、国威”为主要内容的爱国主义教育活动。1999 年，市文明办开展庆祝常州解放和国庆 50 周年、澳门回归祖国，创造新业绩，迎接新世纪系列活动。市文明办以“展龙城人文明风采，塑 21 世纪常州形象”为主题，印发《常州市精神文明建设成果集》2 万余份(本)，新闻媒体结合国庆累计刊播专题节目 480 余件次。

2006 年，全市各级组织青少年开展“看百部优秀影片，读百部优秀图书，唱百首优秀歌曲”“三百”系列教育活动。开展争当合格公民活动，贯彻《公民道德建设实施纲要》。2007 年，市文明办组织百部爱国主义影片进社区、进乡村活动，放映 300 多场次，有近 8 万人次观看。发动全市 70 万名大中小学生开展“寻访常州历史，感受古城文明”社会实践活动。2009 年是新中国成立 60 周年，也是常州解放 60 周年。9 月 5 日，由市文明办和市妇联组织开展的“迎国庆、讲文明，树新风、促和谐”爱国歌曲家家唱暨第二届家庭文化艺术节活动在兰园广场开幕，500 多位家庭成员齐声唱响献给祖国母亲的生日赞歌。至 2010 年，全市累计建成爱国主义教育基地 53 处，其中国家级 1 处、省级 15 处、市级 36 处。

常州市爱国主义教育基地一览表

表 42-2-1　　　　单位：个

级别	个数	名称	地址	隶属	建成时间
全国	1	常州三杰纪念馆	兰陵路 33 号	常州市民政局	1978
省级	8	常州市档案馆	市行政中心	常州市委办公室（档案局）	1959
		常州市革命烈士陵园	兰陵路 33 号	常州市民政局	1978
		新四军江南指挥部纪念馆	溧阳市竹箦镇水西村	溧阳市文化局	1979
		淹城遗址（淹城博物馆）	湖塘镇淹城遗址内	武进区文化局	1985
		张太雷纪念馆	清凉路子和里 3 号	常州市文化局	1987
		溧阳市天目湖旅游度假区	溧阳市天目湖镇	天目湖度假区	1994
		常州中华恐龙园有限公司	长江东路 1 号	新北区	1997
		武进革命烈士陵园	武进区湖塘镇	武进区民政局	1996

续表 42-2-1

级别	个数	名称	地址	隶属	建成时间
省级	7	常州市花山国防教育训练中心	金坛市原花山集镇	金坛市教育局	1998
		瞿秋白纪念馆	延陵西路102号	常州市文化局	1999
		沙河蓄能发电站	溧阳市天目湖	溧阳沙河发电站	2001
		常州陆军预备役通信团团史馆	竹林北路128号	常州陆军预备役通信团政治处	2002
		金坛市博物馆	金坛金城镇沿河东路	金坛市文化局	2005
		华罗庚纪念馆	金坛市县府街38号	金坛市园林处	2006
		常州市博物馆	龙城大道	常州市文化局	2007
市级	27	武进区澄西烈士陵园	武进区横山桥镇	武进区民政局	1991
		常州市图书馆	和平北路8号	常州市文化局	1995
		洪亮吉纪念馆	延陵东路东狮子巷20号	常州市文化局	1997
		武进区横山桥镇五一村	武进区横山桥镇五一村	武进横山桥镇政府	—
		李公朴故居	武进区湖塘东村129号	武进区文化局	—
		金坛市烈士陵园	金坛市乌龙山90号	金坛市民政局	1962
		溧阳市西山烈士陵园	溧阳市西山镇	溧阳市民政局	1981
		恽代英纪念广场	孟河镇小河	孟河镇政府	1998
		花溪公园(戚厂荣誉陈列室)	戚墅堰花溪社区	戚机厂	1957
		段玉裁纪念馆	金坛市下丘路8号	金坛市建设局	1985
		中共苏皖区一大会址	金坛市建昌镇蔡甲村	金坛市文化局	2005
		殷雪梅纪念馆	金坛市南环二路387号	金坛市教育局	2005
		南山竹海景区	溧阳市溧阳横涧镇	天目湖南山竹海旅游公司	2000
		高静园	溧阳市交通街37号	溧阳市城管局	1987
		大石山旅游农庄	溧阳市西郊大石山	溧阳市农林局	—
		凤凰公园	溧阳市溧城镇凤凰路	溧阳市城管局	1991
		常州国防园	武进区横山桥新安村	常州军分区	2005
		吕思勉故居	化龙巷十字街新生里8～10号	常州市文广新局	1937
		常州东坡公园	延陵东路	常州市园林管理局	1954
		常州市荆川公园	清潭路荆川公园	常州市园林管理局	1991
		金坛市江南农耕园	金坛华城金湖路128号	金坛市农林局	2004
		金坛市图书馆	金坛市金东街1号	金坛市文化局	1987
		武进城市规划展览馆	武进人民广场	武进规划局分局	2004
		武进历史档案展览馆	武进行政中心	武进区档案局	2006
		金坛市盛天农业生态观光园	金坛市薛埠镇大坝头村	金坛市农业局	2007
		金坛市戴叔伦纪念馆	金坛市沿河东路6～9号	金坛市文化局	2008
		武进国防教育训练中心	武进区横山桥五一村	武进区人民武装部	2002

续表 42-2-1

级别	个数	名称	地址	隶属	建成时间
市级	9	武进图书馆	武进区延政中大道 65 号	武进区文化局	2007
		武进漕桥烈士陵园	武进区前黄镇	武进区民政局	—
		武进名人馆	武进区武宜中路	武进区文化局	2007
		吴氏中丞第	新北区薛家镇市民广场	常州市文化局	2005
		常州市规划馆	龙城大道 1280 号	常州市规划局	2006
		常州市红梅公园	罗汉路 1 号	常州市园林管理局	1958
		常州市青枫公园	钟楼开发区	常州市园林管理局	2008
		常州市人民公园	公园路 6 号	常州市园林管理局	2001
		江苏华夏工艺美术产业博览园	新北区薛家镇	新北区薛家镇政府	2008

1991 年，常州市档案馆结合重大纪念日和重大活动，深入中心广场、社区街头、机关、学校，举办党和国家领导人到常州视察照片展等陈列展览，进行爱国主义教育。1998 年，开辟 200 多平方米的爱国主义教育史料陈列展览室，举办固定展览陈列。1999 年，市档案馆挂牌为“常州市爱国主义教育基地”。2004 年，市档案馆爱国主义教育基地工作被列入常州市加强和改进未成年人思想道德建设目标任务计划第五大工程第 31 件实事。2006 年，市档案馆搬迁新馆后，在一楼专门开辟面积达 1000 多平方米的常州市档案史料展示中心作为新馆的固定展览大厅，先后与常州轻工职业技术学院等院校、学校结成爱国主义教育共建单位，多次组织学生参观，开展爱国主义教育活动，发挥档案馆的爱国主义教育功能。2007 年 6 月 13 日，档案馆爱国主义教育基地通过了江苏省委宣传部、省档案局组织的江苏省省级爱国主义教育基地验收。

第二节　市民精神培育

1992 年，常州市文明办、总工会和常州日报社联合在全市开展了“四职明星”宣传和评选活动。1993 年，市文明办在全市各区、街道和农村 122 个乡镇、1345 个行政村开展了文明职工、“五好家庭”、新风户评选活动，提倡在工厂当个好职工，在家庭当个好成员，在社会当个好公民。同年 8 月 1 日起，常州市设立市民生活服务热线电话，受理群众来电 600 多次，办结率 91%。在企业、街道举办科普宣传月活动，在农村开展“讲精神文明、比科技致富、建科普文明村”活动。年底，全市有 6 户家庭被评为全省“五好家庭”标兵，与苏州并列全省辖市首位。1995 年，全市各行各业开展“我为常州添光彩”主题教育活动，激发全市人民“爱我常州，建设家乡”的热情。

1998 年，市文明办结合创建文明城市活动，以治理“脏、乱、差”为突破口，以规范化管理为重点，按照文明市民—文明家庭—文明小区—文明社区—文明城市系列推进的工作思路，抓好文明市民、文明小区、文明社区的创建工作。1999 年，举办了“展龙城人文明风采，塑 21 世纪常州形象”主题活动，开展了“讲文明话，做文明人”宣传教育，除陋习、讲文明、树新风。2000 年，市文明办在城区主要大街树立宣传《常州市民文明公约》等内容的大型广告标牌、宣传牌，宣传文明城市创建和除陋习、讲文明、树新风等内容。

2001 年 9 月 20 日，中共中央颁布《公民道德建设实施纲要》。市文明办等部门组织开展形式多样的《公民道德建设实施纲要》主题宣传活动，编发《常州市民文明手册》《常州市民公共行为规范》《现代文明礼仪

市委书记范燕青（右侧中）、市长徐建明（右侧左）参加“市民精神”电视讨论会（摄于2008年9月）

手册》《公民道德家庭读本》等；组织开展“百佳文明市民评选”活动；举办社区艺术节；在全市职工中开展“恪守职业道德，争当文明职工”；在城乡妇女中开展“双学双比”“巾帼建功”等活动；开展“季评十件好事，年评十佳好事”活动。2003年5月，市文明委发出《关于在全市开展讲文明、讲卫生、讲科学、树新风活动的通知》，市文明办、爱卫办联合组织了“三讲一树”① 公共卫生万人整治、文明行业社区行、公民道德建设和健康卫生知识集中教育等活动。全市新闻媒体开展“三讲一树”集中宣传教育活动。开展农村科技文化超市活动，实施现代农民教育工程，组织编写免费提供农民学习的系列通俗读物。2004年3月，市文明办发出《关于组织公民道德教育系列活动的通知》，8月发出《关于组织“公民道德宣传日”集中宣传教育实践活动的通知》。开展社区文化体育活动，建立社区爱心超市，对社区内生活困难的居民提供帮助。

2006年，借助“文明社区环省行”常州站活动启动之际，拉开“十万家庭学礼仪”活动的序幕。市文明办对常州市公民思想道德建设以社会主义荣辱观教育为重点，以“做文明市民、建文明城市”为主题，实施“文明礼仪”教育工程。3月，市文明办发出《关于在全市开展现代文明礼仪学习教育活动的意见》，编印10万册《现代文明礼仪手册》。常州龙网等新闻网站开辟《现代文明礼仪大全》等专题，并组织网民开展文明、不文明行为讨论。《常州晚报》开辟《现代文明礼仪》专栏，定期发布礼仪知识小贴士。市相关部门在全市开展“倡导文明言行，创建文明城市”短信征集大赛等活动。2007年，市文明办与市志愿者总会组织“学礼仪，创文明”志愿者特别行动，学校、医院、交通等部门志愿者都积极投入到特别行动中，全市组织“不闯红灯——文明交通行动计划”专题活动，全市1800多名机关干部、教师、学生志愿者上街开展文明交通行为的宣传、劝导活动。市文明办联合相关村镇通过社会主义荣辱观教育、科技文化下乡活动、“农家书香工程”建设和农民学校教育培训工作，提高结对乡村群众的思想文明素质。

常州在全国首创的道德讲堂——小区道德故事会（摄于2010年5月）

2008年，市文明办以迎奥运为契机，印发宣传提纲1万册和小卡片3万张，倡导市民懂礼仪、讲文明。定期发送文明公益短信，做到文明提示

① 讲文明、讲卫生、讲科学、树新风简称“三讲一树”。

随身行，提高市民对文明城市创建的知晓率。2009年，市文明办开展“我承诺，我带头——遵章守纪、文明出行”活动。倡导文明行路、文明行车、文明乘车、文明停车。2010年，市文明办以“迎省运、讲文明、树新风”活动为载体，开展“我为省运添光彩，省运有我更精彩——人人争做文明东道主”主题活动。在车站、银行、医院、公交车等重点公共场所的显著位置设立自觉排队、文明礼让标识，引导市民有序排队、礼让他人。组织文明交通志愿者开展遵守交通规则劝导活动，创造畅通有序的交通环境。发挥社区市民学校、小巷讲堂等阵地，普及“道德讲堂”。组织巡回演讲宣传道德模范先进事迹。用身边人讲身边事的形式，广泛宣传“敬业奉献、诚实守信、见义勇为、助人为乐、孝老爱亲”等传统美德。

第三节　见义勇为精神弘扬

常州市在全省率先实现市县全部建立见义勇为基金会，坚持弘扬社会正气，倡导见义勇为，维护社会治安稳定，推动精神文明建设，促进社会风气好转，涌现出以全国见义勇为英雄殷雪梅等9位革命烈士为代表的见义勇为先进个人和群体(参见第四十九卷“人物”第二章“人物简介”第一节“烈士简介”)。至2010年底，全市见义勇为专项基金累计达到1.62亿元，基金募集总量名列全省首位；累计表彰奖励见义勇为人员6975名，颁发奖金、慰问金419.95万元。

一、见义勇为基金会

1991年3月，丁学南、陈鸣雷等28名市人大代表在市人大十届四次会议上联名提出成立常州市见义勇为基金会的议案。1994年5月，省人民银行同意设立常州市见义勇为基金会。1995年4月10日，常州市见义勇为基金会成立。1996年4月15日，市编委批准市公安局建立科级建制的市见义勇为基金会办公室。

1997年3月21日，市委、市政府同意加快建立辖市区见义勇为基金。至同年底，武进、金坛、溧阳和天宁、钟楼、郊区、戚墅堰4区分别成立见义勇为基金分会。2005年12月至2009年12月，经省民政厅审准，武进区、金坛市、溧阳市、新北区、钟楼区、戚墅堰区、天宁区见义勇为基金会相继依法注册，在全省率先实现市县全部建立基金会。见义勇为工作机构均挂靠在公安机关。

二、基金募集管理

1991年3月起，市公安局组织筹备见义勇为基金会，开始募集见义勇为基金，发动市民群众为见义勇为基金会捐助资金，市政府首先拨款10万元，市公安局带头募集基金60万元，社会机关企事业单位和热心公益事业人士慷慨捐款。至2010年底，全市募集见义勇为基金1.62亿元，其中市基金会1.2亿元、金坛市534.5万元、溧阳市536万元、武进区1207.38万元、新北区562.14万元、天宁区480.75万元、钟楼区501万元、戚墅堰区400.25万元。全市见义勇为基金会严格按《江苏省见义勇为专项基金管理暂行办法》等规定，规范基金的募集、管理和使用，严格审批手续，做到管控严、审核严、监督严，确保专款专用，表彰、奖励、抚恤、慰问和宣传等项经费超过总支出的90%。

三、见义勇为精神宣扬

奖励见义勇为行为　常州市见义勇为基金主要对常州市内在犯罪分子侵害国家和人民生命财产安全时敢于挺身而出、在抢险救灾及其他场合中奋不顾身、见义勇为，协助政法机关侦破重大案件和抓获犯罪分子中起了重大作用的人员给予奖励。2003年前每年召开全市表彰大会1次，2003年后改为每两年1次。至2010年底，全市累计表彰奖励见义勇为人员6975人，颁发奖金(慰问金)419.95万元；殷雪梅被评为全国见义勇为英雄，张志康、蒋建祥被评为全国见义勇为先进分子，朱仁法、恽雪源等4人被评为江苏省见义勇为英雄，45人被评为江苏省见义勇为先进分子，2人被评为常州市见义勇为英雄，58人被评为市见义勇为先进分子，281人被评为市见义勇为积极分子，18个集体被评为市见义勇为先进集体，11个家庭被评为市见义勇为光荣家庭。2名出租车司机分别被评为全国十大见义勇为好司机、江苏十大见义勇为好司机；3人获首届江苏见义勇为新市民奖。各辖市区表彰奖励见义勇为人员和颁发奖金（慰问金）：金坛市491人、47.73万元，溧阳市538人、36.61万元，武进区1947人、245.91万元，新北区128人、14.91万元，天宁区42人、4.5万元，钟楼区583人、13.78万元，戚墅堰区169人、8.69万元。

基金会成立后，全市有9人被追认为革命烈士，17人被评为伤残等级，25人受到晋级奖励，30人次被重新安排工作，26人户口“农转非”，一批见义勇为人员受到就医、子女入学等照顾，发放抚恤金、补助金92.2万元。联系相关单位，为全市见义勇为人员落实免费乘坐市区公交车、优先享受医疗服务、赠送保险金等服务。

营造见义勇为环境　2000年6月，组织700余名机关干部、社会各界和群众代表参加全省见义勇为先进事迹专场报告会。2000年底发放大型见义勇为宣传书籍《正义之光》800余册。2005年，在常州信息港设立常州市见义勇为网站，开通见义勇为线索、网上点击传报系统，争取社会各界和广大人民群众对见义勇为事业的广泛了解和支持。通过组织大篇幅、全方位的重点宣传报道面对持枪歹徒毫不畏惧的个体业主蒋建祥、扑救火灾光荣牺牲的市工商联副会长王国平、以血肉之躯挡住杀人凶犯的出租车驾驶员恽雪源、舍己救学生英勇献身的英雄女教师殷雪梅等重大先进典型，在全市乃至全省、全国引起强烈反响。6月编纂发行反映基金会成立10周年工作历程和见义勇为英烈的《龙城正气歌》宣传画册。2006年12月10日，全市首次开展“见义勇为宣传日”活动，市、辖市区联动，参加现场活动的群众达5万人次。此后每年的9月29日被定为“见义勇为宣传日”，全市集中组织见义勇为宣传活动。

第四节　主题实践活动

突出社会公德、职业道德、家庭美德、个人品德，大力开展形式多样、成效明显的教育实践活动，全面提升常州市民的整体文明素养，营造尚德向善的良好社会氛围。

一、文明户、文明职工、“五好”家庭评选

1992年，市委宣传部、市妇联、总工会在全市农村、工矿企业分别开展创文明户（新风户）活动、争当文明职工活动，以突出城市“三优”为重点，综合治理服务质量。市文明办、总工会和常州日报社联合开展“四职”明星宣传和评选活动。1993年，开展文明职工、“五好家庭”“新风户”评选，“在工厂当个好职工，在家庭当个好成员，在社会当个好公民”，文明家庭创建活动向提高市民文化修养和文明素质方面发展。全市有6户家庭被评为省级“五好”家庭标兵，与苏州市并列全省地级市第一。1994年，继续在全市122个乡镇、1345个行政村广泛开展争当“文明职工”“新风户”“五好家庭”等活动，三县（市）、郊区共命名文明乡镇28个，文明村165个。

1996年，市文明办编写的《常州市文明市民读本》发行6万册。通过全市、区、局的党校、职工政校等培训基地，继续办好市民文明学校。1998年，在农村评选“新风户”、文明户，在工厂评选文明车间、文明职工，在学校评选文明班级、文明学生，在街道评选“五好家庭”，在农贸市场评选文明摊点、文明工商个体户等。探索新形势下私营企业文明单位建设的新路子、新方法。至年底，评出7个私营企业文明单位。

2001年，在全市广大职工中开展“恪守职业道德、争当文明职工”和“双学双比”“巾帼建国”等活动，共有30万名职工积极投身“经济技术创新工程”。2002年，《常州日报》开展“公民与道德”征文，《常州晚报》

开设“美德典型名片”专栏，电视台加大公益广告的宣传力度，市文明办印发公民道德建设纲要“二十字”及“六不一做到”行为规范等招贴画5000余份，发到各行业、社区、村镇。

二、爱国爱家教育

1994年开展“爱我常州，建设家乡”主题教育活动。1995年开展“我为常州添光彩”主题教育活动。1997年，抓好实施《常州市爱国主义教育三年规划》，强化社会公德、职业道德和家庭美德建设。9月，市文明办编写《社会公德、职业道德、家庭美德知识读本》。2009年，精心打造“龙城讲坛”宣传教育平台，全年开设讲座54场，参加群众超过百万人次；以典型引导人，开展“学习道德模范，争当文明使者”主题活动；基本建成县有两馆、镇有一站、村有一室的公共文化服务体系；推出快乐小舞台天天演、相约星期六周周演、传统民俗节日及非遗文化巡演展演和“三下乡”等演出500多场。

三、公民道德系列宣传

2004—2006年，市文明委及其办公室在全市组织开展公民道德教育系列活动、“公民道德宣传日”集中宣传教育实践、“文明社区环省行”常州站、“十万家庭学礼仪”及现代文明礼仪学习教育等活动；以科教、法律、文体、卫生“四进社区”活动为载体，以集镇为龙头，以村户为基础，集中整治农村的赌博迷信活动、大操大办行为和一些社会丑恶现象；倡议全市家庭以出行文明、交往文明、娱乐文明为重点，提倡礼貌谦让，提倡互相体谅的文明行为，倡导文明让座、一米线、走横行道等公共场所规范。

2007年，市文明办与市志愿者总会组织“学礼仪，创文明”志愿者特别行动，全市组织不闯红灯——文明交通行动计划专题活动，开展“百城万店”无假货示范街创建活动。建设“农家书香工程”，深化村规民约、农村普法教育，推进农村“除陋习、讲文明、树新风”活动。2008年，结合迎奥运契机，印发宣传提纲1万册和养成行人不横穿马路、车辆不乱停乱放、垃圾不乱扔乱倒、摊点不乱设乱摆、广告不乱贴乱挂的习惯小卡片3万张。在新闻媒体开辟“争做文明人，共创文明城”“沐浴文明”“文明城市社区行”等专栏，组织江苏卫视和《新华日报》《扬子晚报》《现代快报》等省级新闻媒体宣传百名西祠网友看常州活动。建立覆盖全市城乡的“做一个有道德的人”主题实践活动示范点50个，制作专门的主题活动网页，中国精神文明网主动与常州的网页建立链接，成为全国唯一建立链接的地市级活动网页。

2009年，开展“我承诺，我带头——遵章守纪，文明出行”活动，在中国常州网、常州文明网进行网上签名承诺活动，带动1.4万人进行签名承诺。市文明办与公安局联合开展“警民结对共建文明交通岗”活动，发动市区20个文明单位、20个文明社区、8个高校分别与市区20个岗亭进行结对共建。2010年，确定市妇儿中心等12家单位为“十万家庭学礼仪”活动义务培训点，聘请礼仪骨干教师50余名，对20余个社区的市民进行礼仪培训；编印发放《现代文明礼仪手册》10万册，开展“倡导文明言行，创建文明城市”短信征集大赛等活动，常州龙网等新闻网站、《常州晚报》分别开辟《现代文明礼仪大全》等专题专栏。

四、“讲文明、树新风”系列活动

“迎奥运、讲文明、树新风”主题活动 2008—2010年，开展“迎奥运、讲文明、树新风”系列活动，宣传和普及观赛文明、出行文明、交通文明、窗口行业文明、服务行业文明、公民旅游文明等。

“迎省运、讲文明、树新风”主题活动 2008—2010年，组织开展“我为省运添光彩，省运有我更精彩——人人争做文明东道主”主题活动，提倡文明出行、文明出租车、文明公交车、文明酒店、文明窗口、文明用语。通过举办讲座、论坛、知识竞赛等学习培训活动，组织“告别不文明行为”宣传活动。

文明交通、文明出行活动 2009—2010年，依靠搭建媒体宣传、社会宣传、活动宣传相结合的文明交通大宣传格局，向市民普及文明出行不闯红灯、不逆向行驶、不酒后驾车、不争道抢行、不超员超载、不随意停车、不乱鸣笛、不随意横穿马路、不翻越隔离护栏，不争先上车抢座（简称“十个不”）等行为规范；开展警民结对共建文明交通岗活动；组织志愿者对市民乱穿马路、跨护栏、闯红灯等交通陋习进行劝导；推广市民文明交通体验室；实施机关公务车和公务员私家车违章通报制度。继2008年常州市达到畅通工程“A类一等”管理水平后，公安部、住房城乡建设部对全国城市道路交通管理进行检查和等级评价，常州继续保持“A类一等”管理水平，排名位居全国8个地级市首位。

文明出租车 2009—2010年，出租汽车行业开展了“提升服务水平，争当文明使者”活动，推行出租车及驾驶员“守法经营、文明服务，整洁卫生、设施齐全，热情周到、安全及时”24字行为规范。组织驾驶员向社会公开宣誓承诺优质服务内容；做到知晓省运会基本情况、知晓文明出行“十个不”基本要求、知晓文明服务基本礼仪；组织市民督查员每月对车容车貌、驾车规范和服务情况进行暗访督查，及时反馈通报；组织媒体曝光。

文明公交车 2008—2010年，公交系统开展了“优质服务，文明行车”活动，深入宣传公交车“八不八要”（即不酒后驾车、不闯红灯、不争道抢行、不违章停车、不超载超速、市区不鸣号、不走禁行路、出车不接听手机，要礼让行人，文明规范驾驶、出车前要做好车辆例保，车辆不带病上路、要提前处理路面情况，做到平稳行驶、要确保安全，不疲劳驾驶、停站要靠边，保障道路畅通、要专心驾驶，开车时不做与安全驾驶无关的动作、要时刻牢记安全法，不抢信号灯、夜间行车要按规定使用灯光）等文明行车准则；开展文明乘车排队礼让日活动、组织结对单位和志愿者进行乘车排队让座劝导、组织公交车行车服务情况督查和市民满意度调查。

文明酒店 2008—2010年，市文明办旅游局、餐饮协会等制定下发《在宾馆酒店中开展“四心”服务主题活动实施意见》《宾馆酒店“四心”服务操作规范》和《常州市宾馆酒店行业社会满意度测评办法》；开展“四心”（设施放心、服务贴心、环境舒心、消费称心）服务竞赛和行业技能大赛。旅游业开展“共铸诚信在旅游，优质服务看窗口”活动。在中华恐龙园、春秋淹城景区、天目湖景区等强化导游队伍文明服务素质建设。旅游部门制定旅游服务中突遇麻烦的8条对策，经江苏省质监部门满意度调查显示，常州旅游满意度列江苏省第一。

文明窗口 2008—2010年，组织窗口行业的单位开展“我为省运添光彩，省运有我更精彩——人人争做文明东道主”主题活动；开展“微笑常州——文明服务品牌推广展示”活动，编印优质服务品牌案例集、图片集。开展窗口行业优质服务示范活动和行业文明服务公众满意度指数调研，持续开展“百城万店无假货”示范街、示范店创建、评选活动。

文明用语 2008—2010年，市文明办等单位编印《常州市民文明手册》，倡导“您好、谢谢、对不起”等市民文明用语，开展文明礼仪教育培训活动；在机关公务员中开展文明礼仪教育活动；在社区居民中以“迎省运、讲文明、树新风”文明礼仪社区行暨第四届邻里节为载体，依托小巷论坛、道德讲堂、文化广场等阵地，普及省运常识及文明礼仪知识；以提升未成年人的公德意识和文明习惯为重点，在未成年人中间开展以文明礼仪、文明交通和感恩关爱为重点的“三项教育进校园”活动，精心组织“争做文明小使者，我为省运添光彩”系列活动，抓好“我们的节日”“经典诵读进校园”“阳光假日”活动。引导青少年知礼懂礼守礼，争做省运文明小使者。

五、道德讲堂建设和推广

2009年，全市在钟楼区试点道德讲堂活动。2010年7月，市委办公室、市政府办公室颁发《关于转发〈常州市“道德讲堂”建设实施意见〉的通知》。8月，召开“办好道德讲堂，建好文明城市”工作推进大会。规范道德讲堂“五个一”流程：唱歌曲、学模范、诵经典、发善心、送吉祥；“六个我”形式：我听、我看、我讲、我议、我选、我行；分别面向机关公务员、企业职工和企业家、窗口行业服务人员、社区居民、农民、在校学生和新市民，建立了机关道德讲堂、企业道德讲堂、行业道德讲堂、社区道德讲堂、村镇道德讲堂、学校道德讲堂、新市民道德讲堂“七大类”讲堂。10月，全市召开推进“道德讲堂”建设工作座谈会，加强指导，培育典型，规范操作，注重实效。12月，市文明委印发《常州市“道德讲堂”示范点建设标准（试行）》，公布7类道德讲堂、65个示范点。

六、文明市民评选

从2001年起，市文明办联合市总工会、团市委、市妇联、常州日报社、市广播电视台，开展“百佳文明市民”评选活动，评选出助人为乐、见义勇为、诚实守信、敬业奉献、孝老爱亲等身边的好人好事。文明市民的评选采用书信和电子邮件形式推荐，利用媒体、宣传栏等向社会公布；成立工作小组核实事迹、开设热线电话接受社会监督；设立专题网页评议筛选；最后由评委优中选优予以确认。2001年9月，市文明委表彰朱玉忠等100人为常州市“第一届百佳文明市民”称号。2004年12月，市文明委表彰邓建军等10人为第二届“常州市十佳文明市民暨感动常州”十大新闻人物。2007年9月，市文明委表彰乔琳琳等100人为常州市“第三届百佳文明市民”。2009年9月，市文明办、常州军分区政治部、常州日报社、市总工会、团市委、市妇联、市广播电视台联合发文表彰叶亚平等90人为“第四届文明市民·身边好人”。

七、全国、省、市道德模范推选

2007年，市文明办下发《关于开展常州市道德模范评选表彰活动的通知》，开展第一届全国道德模范评选。主要新闻媒体大量宣传推荐候选人及全省其他候选人的事迹，100多万民众加入投票。经层层推荐、纸媒及网络投票、媒体公示、评委评审、文明委审定上报等程序，殷雪梅（女，生前系金坛市城南小校教师）当选全国见义勇为道德模范、邓建军（常州市黑牡丹集团工人）获全国道德模范提名奖。2008年1月，殷雪梅获江苏省见义勇为模范、邓建军获江苏省敬业奉献模范、卓为清（驻常州92138部队6分队通射副主任）和杨建琴（女，常州市溧阳钱家社区居委会党支部书记兼主任）同时获得江苏省道德模范提名奖。2008年10月，市文明委下发《关于表彰常州市道德模范的决定》，邓建军等8名为常州市道德模范，吴淑玄等4人为常州市道德模范提名奖。2009年初开展第二届全国道德模范评选。经基层推荐，全社会投票评比，杨建琴获全国孝老爱亲模范提名奖，王德林（天宁区“一加青年志愿者服务队”队长）获江苏省助人为乐模范，杨建琴获江苏省孝老爱亲模范，吴淑玄（原南车戚墅堰机车有限公司员工）获江苏省道德模范提名奖。2009年9月，全国道德模范提名奖获得者杨建琴、江苏省道德模范王德林（其妹王明娟代替）参加全省新中国成立60周年系列庆祝活动，受到省领导接见。2009年，结合文明市民评选，组织“感动常州——十大新闻人物”评选和集中宣传活动，着重宣传全国十大职业道德建设标兵邓建军、全国“学习雷锋志愿服务”先进个人王德林、10年献血6400毫升的无偿献血状元朱莎等先进个人。

第三章　未成年人思想道德建设

自2004年起，常州市文明办增设未成年人思想道德建设处，负责指导、协调、督促未成年人思想道德建设。市委、市政府下发《关于加强和改进未成年人思想道德建设的实施意见》《常州市加强和改进未成年人思想道德建设目标行动计划》；8月，市委办公室转发《2004—2005年度常州市未成年人思想道德建设重点工作考核办法》，对未成年人的思想道德建设实行目标管理责任制，由市文明委定期检查，确保工作落到实处。文明委成立未成年人思想道德建设协调组，建立未成年人思想道德建设工作例会制度。市财政每年安排专项经费500万元，各辖市区建立50万～100万元的专项资金，用于未成年人思想道德建设。市文明办发挥博物馆、纪念馆、展览馆、烈士陵园等爱国主义教育基地的作用，推进校馆衔接，为未成年人提供更多更好的活动场所。市文明办联合相关新闻媒体，落实全国和江苏省少儿频道落地转播，电视台专门制作适合青少年特点的电视、广播节目和电影产品；市文明办联合市文广新局加强文化市场监管，坚决查处传播淫秽、色情、凶杀、暴力、封建迷信、伪科学的出版物和黑色网吧，净化未成年人的成长环境。2006年，常州市有2项成果获中央文明办第二届未成年人思想道德创新成果奖。2008年4月16—20日，常州市作为全国首批未成年人思想道德建设测评城市接受中央文明委未成年人思想道德建设测评组的测评，测评综合评定为“A”，排名全国首批接受测评城市的首位。2008年11月，常州市被中央文明办表彰为全国首批“未成年人思想道德建设工作先进城市”，成为江苏唯一获此殊荣的城市。

第一节　道德教育活动

2004年，《中共中央、国务院关于加强和改进未成年人思想道德建设的若干意见》把未成年人思想道德建设工作列入精神文明创建活动的重要内容，列入党政部门和领导干部的工作目标考核体系。常州市文明办贯彻落实《常州市未成年人思想道德建设目标行动计划》，制定未成年人思想道德建设工作百分考核细则，建立工作台账、进展情况报告、专项工作检查督办、工作成果验收评审4项制度。

一、社会道德教育

2004年，常州市文明办在全市未成年人中开展学习礼仪、践行礼仪活动。编发《现代文明礼仪》教育读本10万册，市志愿者总会组织“学礼仪、创文明”青年志愿者特别行动。同年，常州市继瞿秋白、张太雷纪念馆和中华恐龙园、青少年科学艺术宫等教育基地实行免费向未成年人开放后，增加科普教育等10余处教育基地，并免费开放。投资2000万元新建成的常州革命史纪念馆于年底对外开放，常州革命烈士纪念馆同步完成改扩建，建立社区未成年人思想道德建设实践基地，并联合驻区成员单位和周边单位，向青少年全面开放图书馆、阅览室、体育活动场所等。建立新闻宣传例会制度，《常州日报》开辟专版，电视台专门设立了《阳光365》专题节目，做好全国和省少儿频道落地转播，建设常州信息港、常州文明网等网络宣传阵地，形成未成年人思想道德建设的良好舆论氛围。2005年深化优秀青少年维权岗创建活动，创建国家级优秀“青少年维权岗”3个、省级15个。2007年，设立未成年人思想道德建设优秀（创新）工作成果奖，对积极探索、勇于创新，取得明显效果、具有推广价值的工作成果给予肯定激励。2008年，常州市成立未成年人指导中心，在社区建立社区儿童德育中心，开展“城乡儿童手拉手”“百个青年文明号结对百名贫困学生”“真情寻呼1＋1”等活动，开展特殊群体帮扶活动，促进未成年人社会的和谐。2009年加强协调推进未成年人综合实践基地建设。在社区和农村，抓好“阳光驿站”建设，实现全覆盖。推动学校等公共文体设施对未成年人全面开放。开展亮点工作品牌推广工程，发挥典型最大效应。推进“五色教育法”德育品牌。2010年，制定《常州市2010—2012年未成年人思想道德素质提升行动计划》，形成各责任部门的合力，提升整体水平。

二、家庭道德教育

2005年，常州市文明办和妇联联合推进家长素质教育工程。组织好社区家长学校、系统家长学校、单位家长学校建设，举办系列培训班，培养家长学校建设骨干。成立全市家长学校总校，举办专家讲座，命名20个家庭教育研究基地，每年对一批示范家长学校和家庭教育先进集体、个人进行表彰。注重家长学校向社区、行业的延伸，在全国首创交通行业家长学校。加强学校与家庭沟通的制度化建设。建立了学校与社区、家庭学生思想道德建设联系制度。2006年，依托家庭第一课堂，实施“细胞优化”工程。以“文明家庭”“学习型家庭”“特色家庭”等创建活动为抓手，开展“争当文明家长，培养合格人才”“亲子同读一本书”“小手拉大手，我跟文明走”“家庭道德格言编撰”等活动。在全省率先成立家长学校总校，结合实际创办六大类型的家长学校分校，其中交通系统家长学校是全国第一所行业家长学校，形成具有常州特色的多元化家长学校办学模式。全市建有家长学校1352所，其中学校家长学校809所、社区家长学校362所、专业家长学校11所、行业（系统）家长学校1所、亲子家长学校51所、人口与计划生育家长学校7所、其他类型家长学校111所。2007年举办7场“科学家教乡村（社区）行”家庭教育公益讲座、3场“让流动的花朵健康成长”——新市民子女家庭教育大型宣传咨询活动。

三、学校道德教育

2005年，常州市按照有一批校园电视台、校园广播台、宣传橱窗、黑板报等宣传舆论阵地，一批青少年维权岗等民主法制教育阵地，一批校史室、荣誉室等传统教育阵地，一批图书馆、微机房、艺术团等文化娱乐阵地，一批训练馆、篮球场、田径场等体育活动阵地，一批班级网页、文明监督岗等自我教育阵地，组织好学校教育阵地的达标验收工作。在全市中小学生中开展“三心”道德实践活动，倡导未成年人在家中尽孝心，做尊重长辈、主动承担家务的好孩子；在社会献爱心，做热情友善、乐于助人的好公民；为新市民子弟送关心，做团结互助、共同成长的好同学，开展“小手拉大手，公德万人行”课题实践活动和“道德在我身边”未成年人DV大赛。

2006年4月，市文明办在全市大中小学校学生中组织开展“弘扬长征精神，立志成才报国”系列教育活动，启动《生命教育》《公民教育》课程计划，编制《学生成长记录手册》和《教师成长记录袋》，从教育者和受教育者的角度，统筹规划，完善制度，使德育工作走向规范。通过开展学生综合素质评定和师德论坛等活动，引导学生和教师注重德育教育，树立德育为首的理念。开展常州市中小学生优秀社团才艺展示活动，组织“文心雕龙”、青春风采校园歌手比赛、“罪与法的较量”模拟法庭等系列活动，吸引100多个社团3000多名青少年直接参与。全市中小学全部配备法制副校长或法制辅导员，建成14个青少年法制教育基地和国家级“优秀青少年维权岗”3家、省级15家。2007年，《常州市中小学生综合评价体系》和《常州市中小学生考评细则》出台，通过学生自评、同学互评、教师评价、家长评价等形式，对学生进行综合评价，鼓励个性发展。连续3年在全市中小学开展“感动中国、感动校园”主题活动。2008—2009年，市文明办在全市学校中开展十百千万“美德少年”评选、表彰、宣传活动。联合教育局，开展德育特色学校评选活动，全市400多所学校全部参与，对41所德育工作比较突出的学校进行了考评验收，评选出常州市德育特色学校30所。各中小学开展“校园美德TV社团”“小公民养成训练”“孝敬父母月”等一系列活动。

第二节　思想教育活动

2005年起，常州市文明办、教育局和团市委等单位以“在阳光下健康成长”为主题，开展以“阳光校园”“阳光基地”“阳光环境”“阳光团队”“阳光关爱”五大建设为重点的主题教育实践活动，成立青少年心理健康咨询服务中心，开通24小时热线电话。聘请高校、科研院所、医院的心理教授及中小学心理教师组建咨询团队，编写《教师心理健康读本》，开通“阳光心港”青少年心理咨询网站，设置“情感交流”“心港聊天

未成年人思想道德建设阳光假日活动（摄于 2009 年 8 月）

室”“阳光 BBS”等栏目，聘请 12 名著名专家驻站服务。2006 年，组织青少年“看百部优秀影片，读百部优秀图书，唱百首优秀歌曲”的“三百”活动，开展“争当合格小公民，争当新世纪小能手，争当读书小博士”的“三争”活动。2007 年，全市共评出校级校园之星 2 万多人，辖市、区级 1000 多人，市级 100 人，产生市首届“十佳感动校园之星”。2008 年开展“阳光假日”系列活动。突出抗震救灾、迎接和举办北京奥运会、纪念改革开放 30 周年等重大契机，以开展“做一个有道德的人”实践活动为主线，组织开展“阳光体验”“阳光伙伴”“阳光驿站”“阳光行动”“阳光体育”“阳光关爱”“阳光夏令营”等活动。2009 年深化“在阳光下健康成长”主题活动。抓好社会主义核心价值体系进校园活动，以新中国成立 60 周年和常州解放 60 周年为契机，开展爱国主义教育。

一、社会文化环境净化行动

2004 年，常州市文明办联合市教育、公安、文化、工商、通信、新闻出版等部门大力整顿违规网吧及音像、图书经营场所，坚决查处取缔含有色情、赌博、暴力、封建迷信等不健康的电子游戏经营场所，共取缔“黑网吧”38 家，整顿网吧和游戏场所 100 余家；着手建设社区、学校绿色网吧，让学生文明上网、健康上网。2005 年，相关部门严厉查处违规网吧、音像图书经营场所，仅市区就出动检查人员 1450 人次，检查场所 1310 家次，常州成为全省首批没有“黑网吧”的城市。发挥职能部门和老党员、老专家、老教师、老战士、老模范的监督作用，建立长效管理机制，建设学校局域网，引导学生文明上网。组建好常州文明网、中小学德育网和青少年心理健康网。常州是最早实现中央电视台少儿频道和省少儿频道落地转播的城市；江苏电视台少儿频道又在武进电视台安家落户。常州电视台每周播出一期《阳光 365》少儿节目，创作播放一批少儿教育的文化精品。市文明办会同市公安、工商、文化等部门，整改和关闭了 57 家网吧和电子游戏厅。开展“夏季督查行动”“春节寒假特别行动”“电子数码集中经营所整治”等净化文化环境专项行动。全市所有网吧安装了绿色上网软件——净网先锋，从根源上堵住黄、赌、毒等对未成年人的侵害。出台《全市公安机关贯彻落实公安部〈维护校园周边治安秩序八条措施〉实施方案》，取缔学校周边的游商浮贩和非法出版物经营窝点。2006 年，切实加强对网吧和电子游戏经营场所的管理，网吧监控系统在线率超过 90%。建成国家级“优秀青少年维权岗”3 个、省级 15 个。

2007 年，市文明办、团市委和市教育局、互联网新闻中心在《中国常州网》联合推出“常州市首届暑期网络生活秀”活动，部分中小学生利用此平台度过健康美好、富有创意的暑期网络生活。2009 年，召开净化社会文化环境工作会议，传达贯彻全国、江苏省净化社会文化环境工作会议要求，制定下发《常州市文明委关于净化社会文化环境，促进未成年人健康成长的任务分工》，发挥全市各责任部门职能作用，重点抓好网络环境治理监管、网吧治理、净化荧屏声频、校园周边环境治理、满足社会文化需求 5 个方面工作。组织开展“阳光网络伴我成长”活动。

二、阳光驿站建设

2006年，常州市针对城市现代化进程中农民转变为市民，寒假、暑假和双休日大多数外来务工人员子女和农村孩子缺乏健康有益的课外活动的现状，星港苑农民在安置社区投资100余万元，成立首家农村未成年人思想道德建设教育基地。以社区为依托，协调相关部门和周边单位，向青少年开放图书馆、阅览室、体育活动场所，组织社区未成年人教育服务队。2008年，市文明办、团市委等单位推进社区和农村未成年人阳光驿站建设，把阳光驿站建设列入辖市区党委、政府年度工作考核。阳光驿站工作要实现有因地制宜的活动阵地、有丰富多彩的活动载体、有相对稳定的工作队伍、有健全完善的工作机制、有结对的实践教育基地。2009年，全市推广社区和农村阳光驿站建设，建成阳光驿站示范点30个、阳光驿站800多个，联合革命烈士陵园、市互联网协会等部门，组织爱国主义、“文明网络行”等系列专题讲座进驿站活动。武进区横山桥镇五一村投入100万元建设村史馆，成为常州市农村精神文明建设和未成年人思想道德建设新的示范展示窗口。推进省级综合性未成年人社会实践基地建设。协调武进殷村社区，推进以未成年人文化素养提升为特色的社会实践基地筹建。建成未成年人思想道德建设工作成果展示馆、武进区五一村村史馆、社区和农村阳光驿站等未成年人活动阵地。阳光驿站建设在2009年上半年完成社区建成80%和行政村建成60%的目标，当年实现全覆盖。常州阳光驿站建设经验被中央文明网推广，获江苏省未成年人思想道德建设工作创新品牌提名奖。2010年暑期，先后有6万人次未成年人参加阳光驿站活动，为孩子们搭建了方便的、身边的成长乐园。至2010年底，全市建成社区、农村阳光驿站1052个，乡村学校阳光驿站11个。

三、创新成果宣传推广

2006年，常州的“阳光心港”活动获得全国未成年人思想道德建设工作创新案例二等奖。中小学心理健康教育电子教材《心灵驿站》获省文明委、省教育厅未成年人思想道德建设案例特等奖，在全省宣传和推广。2007年编印《常州市文明家训集》1万册和文明家训书签2万份。100条经典文明家训制作成精美书法镜框作为获奖奖品。2008年，常州市组织未成年人思想道德建设工作创新案例评选和推优活动。从基层申报的近200个创新工作中表彰“五色教育法”“网络阅读部落”等30个优秀创新案例。有3个案例被省、市文明办推荐申报全国创新工作案例，推荐数量列全省各市第一，其中“五色教育法”在全国近3000个创新案例中名列第31名，获得三等奖。“学生电子成长记录袋”获得省推广奖，获奖总数和档次列全省第一。2009年，继续推选创新案例，在全省“做一个有道德的人”活动创新案例评选中，市红梅新村小学的“TV社团，美德校园”获一等奖，实验小学的“168心理健康关爱行动”获未成年人心理健康服务创新案例一等奖，获奖总数位居全省前列，并在全省宣传和推广。

四、美德少年评选

2008年5月，常州市文明办开展“美德少年”阳光行动。2009年10月，市文明办等单位开展“美德少年”阳光行动，在全市未成年人中开展“十百千万美德少年”评选，全市中小学校开展万名校级“美德少年”评选，各辖市区开展千名辖市区级“美德少年”评选，常州市开展评选百名常州市“美德少年”和“十佳美德少年”。2009年，以培育有道德的人为目标，推进“美德少年”评选宣传工作。做好市级百名“美德少年”和“十佳美德少年”评选表彰活动。7月底，市文明办表彰常州市“十佳美德少年”和“美德少年”，黄超然等10名同学获常州市“十佳美德少年”称号，杨刚等10名同学获常州市“十佳美德少年”提名奖，朱瑞雪等90名同学获常州市“美德少年”称号。50所学校成为市“美德少年”阳光行动活动示范点，全市400多所学校的70万名学生参加活动。

第四章 学习型城市建设

2001年10月，市委九届二次全会通过《市委关于建设学习型城市的决定》，把建设学习型城市作为城市现代化发展的新型模式，全面启动常州学习型城市建设。2002年1月25日成立常州市建设学习型城市工作指导委员会及其办公室；11月23日，常州市建设学习型城市研究中心成立，下设学习型机关、学习型系统、学习型企业、学习型社区、学习型村镇、学习型家庭等6个课题组，研究建设学习型组织过程中遇到的重大理论和实践问题，总结、推广全市各行业建设学习型城市活动的新鲜经验。2003年制定并实施《常州市"十五"期间建设学习型城市规划纲要（试行）》。提出是以人的发展为中心，以提高人的综合素质为目的，通过整合人的学习观念和学习行为，确立终身学习理念，建立社会化、开放式的终身教育体系和网络，来普及科学文化知识，加速知识更新，培养和造就大批各级人才。确定常州创建学习型城市的基本目标：一是确立先进的学习理念，确立"学习学习再学习""终身学习""全民学习"的理念，使学习成为全社会的基本生存状态和运行准则。二是健全系统的学习体系，建立社会化的学习型组织，形成较为完整的学历教育（包括基础教育、职业教育、高等教育）和继续教育相结合的终身教育体系，使全市干部群众坚持学理论、学文化、学科技、学管理、学电脑、学外语、学法律、学技能。三是形成社会化学习网络，建立覆盖全社会、开放式的全民学习教育网络。四是建立科学的人才培养机制，加强创新型、复合型人才的培育，建设好高素质领导人才、经营管理人才、专业技术人才等人才队伍。2005年，市委出台《关于深化学习型城市建设的意见》，明确理念先导、服务实践、鼓励创新、制度保障四项主要原则，提出深化学习型城市建设的目标任务，动员和推动全市建设学习型城市工作向纵深发展。此后，市委宣传部每年年初制定发出《常州市建设学习型城市工作要点》。

第一节 学习型组织创建

常州市根据不同社会组织的特点，构建市委市级机关工委负责学习型机关、市委组织部负责学习型系统、市经济和信息化委员会负责学习型企业、市民政局负责学习型社区、市委农村工作办公室负责学习型村镇、市妇女联合会负责学习型家庭六大类学习型组织的基本模式，全市各级机关、行业、群众团体和社会事业部门，围绕常州市改革开放和现代化建设的大局，建设学习型机关、学习型系统，转变职能、加强服务、提高效率；企业围绕造就经营管理人才、专业技术人才、高素质职工队伍，培育企业文化和创新精神，增强企业综合竞争力，建设学习型企业；城市街道和社区居委会围绕提高社区文明水平和市民综合素质，建设学习型社区；农村基层组织围绕调整产业结构，增强致富技能，提高农民思想道德素质和科学文化素质，建设社会主义新农村，建设学习型村镇；城乡家庭围绕加强子女教育，提高家庭成员综合素质和生活质量，建设学习型家庭。开展学习型党组织、学习型军营、学习型班组等创建活动及富有特色的学习活动，建立行之有效的学习机制和具有灵活调适能力的组织机制，为学习型城市创建提供组织支撑。

第二节 读书学习活动

一、学习活动

2003年开始，作为建设学习型城市的特色活动，每双月的第一个周六被确定为全市"学习日"，当日在全市学习型组织中开展学习活动。市建设学习型城市工作指导委员会办公室根据形势发展和上级在每个学习日前确定主题，通过报纸、广播、电视台、网络等媒体向全社会发布。

读书学习活动 1986年，全市有6万余名职工参加“振兴中华、建设常州”职工读书活动。1991年6月，市职工读书活动指导委员会成立。1992年10月，市总工会启动“职工读书月”活动，至年末全市建有活动指导机构131个，500余家企业建读书小组1万多个，10万余名职工参加读书活动。2003年4月，市职工读书活动指导委员会发出“学习——走向现代文明”倡议书。

1986年建立职工读书会等读书自学组织。1992年开始，市总工会每三年表彰职工读书自学活动先进1次，颁发自学成才奖。至1997年9月，辖市区和产业(局、公司)、直属单位读书指导组织近50个，基层企事业单位职工读书自学活动指导小组近800个，读书小组达1.5万个，20万名职工常年参加读书自学活动。全市有14个单位获省及全国职工读书自学活动先进集体，有15名职工被评为全国自学成才者。2004年实施“职工素质年”活动，全市20万名职工参加读书自学活动。

2004—2010年常州市“学习日”主题一览表

表42-4-1

年份	主 题 名 称
2004	全民创业、自主创业，树立和落实科学发展观，实现可持续发展和中共十六届四中全会精神
2005	推进富民强市、全面建成小康，全面建设和谐社会，建设生态城市，加快发展现代服务业、推进“三加”工程，关注热点学理论，营造和谐促发展和学习贯彻中共十六届五中全会精神
2006	全面提高自主创新能力，树立社会主义荣辱观，加强思想道德建设、实践社会主义荣辱观，认真学习贯彻胡锦涛总书记在庆祝中国共产党成立85周年大会上的讲话精神，学习贯彻中共十六届六中全会精神，总体建成全面小康、积极构建和谐社会
2007	又好又快发展、城乡共建和谐，学习贯彻全国“两会”精神、共建共享和谐社会，学习《物权法》，深入学习胡锦涛总书记重要讲话、全面贯彻市委十届三次全会精神，全面深入学习宣传贯彻中共十七大精神
2008	又好又快地向率先基本实现现代化进军，学习贯彻全国“两会”精神、又好又快推进改革创新，变革我们的思维、创新我们的发展，学习贯彻市委十届五次全会精神，科学发展谋长远、攻坚克难增信心，纪念改革开放30周年
2009	贯彻市委十届六次全会精神、唱响创新发展提高主旋律，实践科学发展观、推进基本现代化，突出“三保三促”最大实践、深入学习实践科学发展观，深刻学习领会《六个“为什么”》、深入学习实践科学发展观，深入学习贯彻中共十七届四中全会精神，建设马克思主义学习型政党、深化学习型组织建设
2010	奋进2010年、高水平全面完成“十一五”规划目标任务，贯彻全国“两会”精神、统筹经济社会全面发展，以改革创新精神加快推进经济发展方式转变，办好道德讲堂，建好文明城市，诚信——让工作更精彩，和睦家庭、和谐社会

学习(知识)型争创活动 2002年，市委宣传部、市总工会等单位联合出台建设学习型企业实施意见，启动学习(知识型)型争创活动。2004—2008年，全市选树培育市级以上学习型职工361人、学习型班组261个。2007年，全市3个班组被评为全国知识型班组，8家单位分别被表彰为省知识型标兵；范志刚和4名职工分别被表彰为全国知识型优秀职工、优秀个人，80名职工被选树为全省知识型职工标兵，市总工会组织评选表彰了学习型班组100个、学习型职工100人。

职工读书站 90年代中后期，全市工会兴办一批职工读书站、阅览室。2005年起，市总工会开始倡导建立职工(农民工)读书站。2005年4月至2007年4月，天宁、新北、武进3个区总工会先后在农民工集中的企业和地区建立千册读书站，武进区建成职工读书站示范点18个、万册读书站21个、千册读书站236个。钟楼区投资100多万元，在7个街道、95个村、社区全部建立藏书达2000册的职工读书站。天宁区总工会等20个单位筹建青龙新市民公寓金蓝领读书站，全区50个“金蓝领读书站”相继建立。

职工书屋　2008年，全市工会采用企业自建、工会助建、企业与市图书馆共建等形式，建成职工书屋，举办读书报告（交流）会、读书推荐会、主题征文活动和专题培训，组织职工交流读书心得，供一线职工特别是农民工读书。同年7月，中华全国总工会分别向青龙公寓、今创集团、南湖家苑、天虹纺织公司等4个读书站各赠送1000册图书，总价值3万元，命名为全国职工书屋示范点。翌年12月，市总工会命名职工书屋72个。至2010年底，全市累计建立职工书屋897个，其中镇街道工会建137个、村社区工会建107个、企业工会建565个、其他88个；创成职工书屋示范点194个，其中全国12个、省级30个、市级152个。

二、龙城讲坛

2004年正式开办龙城讲坛，作为全市第一个公益性文化品牌，由最初的市民学习平台逐步向多层次、多类型发展，形成以形势政策型、理论前沿型讲座为主的干部课堂；以人文普及型、艺术鉴赏型、宣传教育型讲座为主的市民课堂；以资本运作、营销管理、品牌经营为主的企业家课堂；以教育、励志为主的学生课堂；以实用技术为主的乡镇课堂；以及健康教室、理财教室、收藏教室等系列讲座，每年举办50多场专题讲座。龙城讲坛既满足了人们思想上解惑、文化上解闷、心理上解压的需求，又将宣传思想工作由单向灌输向双向供需的转变提供了有益的探索。2007年，在市民课堂推出中共十七大精神解读专题，向市民宣讲中共十七大报告的精神实质、重要论断和主要亮点。2009年，在干部课堂推出《创新思维与领导艺术》《政府战略管理与区域发展战略》等专题；在企业家课堂推出《国家宏观调控对企业发展的影响》《中国经济发展若干重点问题》等专题，引导企业认清形势，攻坚克难。在龙城讲坛的带动下，金坛市开办金沙大讲坛，溧阳市开办濑江讲坛，武进区开办武进讲坛，逐渐打响了品牌。

龙城讲坛——中国移动企业家课堂（摄于2008年3月）

三、龙城书市

1985年4月26日，首届龙城书市开幕，全国80余家出版社、发行所、省级新华书店提供图书2万余种，共设文史哲、科学技术、少儿读物、港台书籍、影印外文、有声图书以及江苏版、北京版、上海版10个展室，接待读者3万余人次。以后，每年确立不同的主题举办一次书市，形成龙城书市系列品牌。2005年举办“十佳”藏书家庭评选和常州历代名人作品选。2006年举办“读万卷书，行万里路”活动，向大别山革命老区捐书12万册。2007年举办“喜迎十七大，共建和谐社会——‘五个一工程’获奖图书”展销。2008年举办“锻炼自我，喜迎奥运——体育休闲养生类图书展销”等六类主题展销，组织机械工业出版社等5家品牌出版社有奖图书展销；集中展示全国600余家出版社13万种精品图书；邀请复旦大学教授钱文忠到常州作了“传统智慧”主题讲座；开展“我心目中的畅销图书”评选活动。2009年，举办“改革开放30年”主题书展；开展“学习奥运健儿，弘扬奥运精神”主题阅读活动；组织“双休书市”“总经理书架”系列活动；开展“校园人文行”“机关人文行”“社区人文行”“农家人文行”系列活动；组织英语作文竞赛；开展读书节系列公益活动，向四川地震灾区“绵竹班”学生赠送图书、为中小学暑期读书活动中获奖的学生颁奖；举办“庆祝中华人民共和国成立60周年”图书成果展，开展“我爱我的祖国——校园人文行”活动；开展“庆国庆，真情回馈读者”活动。2010年，举办“我阅读，我健康——迎省运全民健身类图书大联展”、“校园人文行”、教育教学方法报告会及“览好书，看世博”主题阅读，新华书店两大门店开展了“真情回馈读者购书抵用券”大派送。

第三节　常州模式

常州建设学习型城市工作经过艰辛探索、精心培育，逐步形成具有鲜明特征的建设学习型城市的“常州模式”。2001年9月中旬，市委宣传部组织人员赴大连市进行考察调研，将大连市与上海市创建学习型城市的做法进行对比研究，同时听取各方面的意见建议，研究形成建设学习型城市的基本思路。10月，市委九届二次全委会作出《关于建设学习型城市的决定》。

2002年1月25日组织成立建设学习型城市工作指导委员会；2月19日，市委、市政府召开全市建设学习型城市动员大会，部署推进学习型城市建设。辖市区和六大类学习型组织建设牵头部门相继召开动员推进大会，组建专门机构，建立运行机制，确定试点单位，全面推进学习型城市建设工作。建设学习型城市工作指导委员会办公室；组织编印《建设学习型城市工作简报》，在全国率先开设“建设学习型城市”网站，拍摄建设学习型城市电视专题片。6月，市委主要领导先后应邀参加全国首届学习型城市论坛、首届学习型组织国际论坛和第二届创建学习型社会年会，发表专题演讲，与学习型组织理论创始人彼得·圣吉博士以及国内著名专家学者进行深入会谈。11月，常州市与河海大学共同组建学习型城市研究中心和学习型组织研究所，首创地方政府与高校联合创办学习型组织科研机构的模式。加强学习型城市理论研究，编印《21世纪：变革·创新·发展——常州市建设学习型城市的探索和实践》。《人民日报》《光明日报》等中央级媒体相继在头版显要位置报道常州建设学习型城市的做法，在全国引起强烈的反响。中共中央宣传部领导肯定常州建设学习型城市工作“眼界开阔，措施有力，大有可为”。

全市建设学习型城市动员大会(摄于2002年2月)

2003年1月4日，省委宣传部在常州召开全省创建学习型城市座谈会，交流介绍了常州市的做法和经验。12月，市委发出《2003年建设学习型城市工作要点》，推进学习型城市建设。常州建设学习型城市继续受到各级媒体的关注，中央电视台在《新闻联播》对常州市建设学习型城市情况进行深入报道，《人民日报》3月27日理论版发表市委常委、宣传部部长张晓霞的署名文章《创建学习型城市：全面建设小康社会的基础工程》。全市深化学习型城市理论研究，探索建立学习型城市创建的考核指标和评估体系，组织编著《创建学习型城市的实践与评估》《学习力·创新力·竞争力》学习型城市的探索与实践丛书。10月12—14日，与中共中央党校学习时报社联办全国第二届创建学习型城市论坛，主题为“创建学习型城市与现代城市文明”。全国40多个城市200多名代表参加了论坛，结合自己的实践和各地的特色积极参与研讨与交流，进一步提升了创建学习型城市的整体水平。常州的做法和经验在全国产生更加广泛的影响，成为全国创建学习型城市的“三大模式”之一。

第五章 志愿者服务

1994年，团市委响应共青团中央关于开展中国青年志愿者行动的号召，启动青年志愿者活动。志愿服务的参与面随经济社会的发展和需求不断扩大，社会化程度不断提高，从事志愿服务活动的主体，由团员青年逐步扩大至学生、公务员、企业个人、社区居民、退休人员等人群。

第一节 志愿机构队伍

1994年，全市青年志愿者活动由团市委组织开展。1997年，常州市青年志愿者协会成立，全市青年志愿者服务工作走向组织化、规范化。2005年3月5日，市文明办、团市委整合全市志愿服务队伍和资源，联合

2010年常州市志愿者总会团体会员一览表

表42-5-1

序号	组织名称	序号	组织名称
1	金坛市志愿者协会	18	常州市卫生志愿者分会
2	溧阳市志愿者协会	19	常州市供电志愿者分会
3	武进区志愿者协会	20	常州市建设志愿者分会
4	新北区志愿者协会	21	常州市教育志愿者分会
5	天宁区志愿者协会	22	常州市公安志愿者分会
6	钟楼区志愿者协会	23	常州市旅游志愿者分会
7	戚墅堰区志愿者协会	24	常州市园林志愿者分会
8	江苏工业学院志愿者协会	25	常州市人防志愿者分会
9	河海大学常州校区志愿者协会	26	常州市邮政志愿者分会
10	江苏技术师范学院志愿者协会	27	常州市文化志愿者分会
11	常州工学院志愿者协会	28	常州市市级机关志愿者分会
12	常州机电职业技术学院志愿者协会	29	常州市青年志愿者分会
13	常州信息职业技术学院志愿者协会	30	常州市心理咨询师志愿者分会
14	常州纺织服装职技学院志愿者协会	31	常州市科技志愿者分会
15	常州工程职业技术学院志愿者协会	32	常州市计生志愿者分会
16	常州轻工职业技术学院志愿者协会	33	常州市城管志愿者分会
17	建东职业技术学院志愿者协会	34	常州市助残志愿者分会

续表 42-5-1

序号	组织名称	序号	组织名称
35	常州市普法志愿者分会	39	常州市无偿献血志愿者服务总队
36	常州市消防志愿者分会	40	常州市老干部志愿者服务总队
37	常州市地震志愿者分会	41	常州市党员志愿者服务总队
38	常州市巾帼志愿者服务总队		

各辖市区、有关高校和14个部门，常州市志愿者总会(简称“市志愿总会”)在文化宫广场成立，开启志愿者彩虹行动。总会成立时，有志愿者团体26个、志愿服务组织1500个、志愿服务者17万人。

2009年12月29日，市文明办、团市委组织成立常州市志愿者服务中心，成为联系全市各辖市区、各系统、各部门、各领域的志愿者行业管理服务的枢纽型社会机构，具有窗口服务、网络平台、指挥协调、培训交流、表彰奖励五大功能。中心主要组织开展普及文明风尚志愿活动，传播文明理念，满足全国文明城市创建和省十七届运动会等对志愿服务的需求。按照“设施一流、功能齐全、管理规范、运行高效”的要求，建成咨询接待区、日常办公区、多功能区和推广展示区。咨询接待区设有“12355”青少年服务平台接听报名咨询电话，接受现场报名，接受志愿服务项目申报；日常办公区由中心办公室、中心项目部、中心会员部、志愿者之家等构成，主要服务于全市重大活动的志愿服务工作，行使统筹组织、指挥协调功能；多功能区设置会议中心及培训室，负责对志愿服务理念、技能、要求等内容的培训和研究；推广展示区分布资料阅览室和推广展示区，提供全国志愿服务资料查询及展示历年来全市志愿服务成果。

至2010年底，全市有志愿者协会、分会和服务分队等团体会员41个，志愿服务组织2300多个。全市有志愿服务人员27万人，占全市总人口的7.7%。其中市区22余万人，占市区总人口的10%以上。市志愿总会制定实施《常州市志愿者总会章程》《常州市志愿服务管理办法》《常州市志愿服务团体管理办法》《常州市注册志愿者管理办法》等，广泛深入开展志愿者活动，更好地为他人和社会服务，改善社会风气和人际关系，推动全市志愿服务体系和多层次社会保障制度的建立和完善，促进社会稳定和繁荣。

第二节 志愿服务活动

按照贴近实际、贴近生活、贴近群众的要求，围绕讲文明树新风、扶危济困、大型社会活动和应急救援等，志愿服务活动内容、形式多样多彩。贯彻中央文明委《关于深入开展社会志愿服务活动的意见》的精神，全市志愿服务以“志愿者彩虹行动”为纲，按照工作项目化、项目品牌化的模式发展。按志愿者身份分，有党员志愿服务、青年志愿服务、学生志愿服务、巾帼志愿服务、职工志愿服务、老年志愿服务等活动；按服务内

志愿者爱心服务现场(摄于2007年3月)

容分，有新农村建设、社区、治安、法律援助、科普、全民健身、扶残助残、开放式公园、慈善、关爱农民工、关爱农民工子女等志愿服务。2009 年，开展“牵手新农村，城乡同发展”万名志愿者走进新农村集中行动，获全省精神文明建设创新案例奖。

一、社会志愿活动

2009 年 9 月，组织开展“牵手新农村，城乡同发展”万名志愿者活动；志愿服务世界杯跳水赛、国际羽毛球大师赛、亚洲龙舟赛等国际重大赛事和国际动漫艺术周、经贸洽谈会等全市重大活动。2010 年，围绕“喜迎省运、服务省运、保障省运”，组织 5 万名志愿者开展“精彩省运，和谐龙城”专项志愿服务。

二、服务弱势群体志愿活动

2005 年起，全市志愿者围绕助老、助困、助孤、助残、助急，以“三有三固定”（有固定服务对象、有固定服务人员、有固定服务周期）为要求，开展“一助一”长期服务计划。2010 年，随着人口老龄化的加快，启动“常州市关爱空巢老人志愿服务行动”，为空巢老人提供生活照料、健康保健、心里抚慰、应急救助、法律援助、文体活动等服务。

三、文明城市创建志愿活动

2005 年起，全市志愿者组织开展“学礼仪，创文明”志愿者活动，引导市民践行文明，每年春节组织春运志愿者行动。2010 年，常州市开展文明出行志愿服务活动，配合建设 3 条“交通文明示范路”，发动 3 万多人次文明交通志愿服务，并通过向行人发放倡议书、请行人在文明出行卡上签名、征集志愿者服务感言等形式，拓宽志愿服务范围和文明出行宣传渠道，以志愿服务引导市民文明出行。8 月 10 日，市长王伟成及多位市级领导带头穿戴志愿者标志，到各路口参与文明交通志愿服务活动。

四、重大事件应急救援志愿活动

2008 年初春，天降大雪，全市志愿者发挥志愿者组织的网络优势，组织志愿者参与救助，统一行动，不分昼夜铲雪、扫雪，保证市中心主要交通干道的畅通。市志愿者总会联合相关部门共同组建了消防志愿者分会、地震志愿者分会、无偿献血志愿者服务总队和红十字应急志愿者服务总队等多支应急救援志愿者队伍。

五、援外和专项志愿活动

2007 年起，常州志愿者参与援外志愿服务活动。2007 年 6 月，金坛市的沈颖远赴圭亚那农业研究所园艺场从事志愿服务，成为常州参加中国青年志愿者海外援助计划第一人。市志愿者总会组织志愿者参与国家重大志愿活动，选派 3 人全程参加北京奥运志愿服务，3 人参加上海世博会场馆的志愿服务，组织多名优秀应届大学毕业生到经济欠发达的西部省份和江苏省北部地区开展扶贫、科技、教育等志愿服务。

第四十三卷 劳动 人事 人才

Volume XLIII

Employment & Human Resources & Talents

改革开放后，常州市坚持“人才优先”原则，服务经济转型升级，实现人力资源可持续发展，为把常州建设成高层次和高技能人才的集聚区、就业和社会保障城乡一体的示范区、人事和劳动关系协调发展的和谐区做出了贡献。改革开放初期，常州市贯彻实施“在国家统筹规划指导下，实行劳动部门介绍就业、自愿组织起来就业和自谋职业相结合”的就业方针，统包统配制的计划就业制度到90年代初逐渐被市场经济体制下的双轨制就业制度替代。常州市在全国首创“全民带集体”的就业方式，解决企业用工与就业之间的矛盾，实行劳动合同制，发展劳动服务企业，建立光彩小商品市场。1995年以后，推进“百镇百万”农村劳动力资源开发就业培训计划，建立农民工进城务工培训、就业与维权相结合的工作模式。扶持公共职介机构发展，有序放开社会职业介绍，发展劳务服务组织、非正规就业劳动组织；进行结构调整，形成结构优化、资源共享的集职业需求预测、职业技能培训、职业技能鉴定、职业指导和就业服务于一体的综合性技工教育与培训集团；在全国第一个整合劳动力市场、人才市场和高校毕业生就业市场，形成辐射辖市区、覆盖街道（乡镇）、延伸至社区的人力资源市场服务体系，全市高校毕业生综合就业率一直保持在95%以上。形成扶持城乡自主创业、鼓励单位吸纳就业、帮扶困难人员就业、培育市场导向就业的政策体系框架，实现政府引导就业、劳动者自主择业创业与企业吸纳就业相结合。劳动关系和谐稳定，劳动合同覆盖率不断扩大，2000年以后全市企业劳动合同签订率持续提高。人才队伍日益壮大。2006年9月，全市启动实施“千名海外人才集聚工程”。至2010年底，全市引进人才13万人、高层次人才7500余人，全市人才资源总量达63.2万人，每万人拥有人才数继续位列全省第四位。公务员管理规范有序。公务员招录公开公平公正，在全省首推阳光面试。创新公务员考核体系，推进公务员培训，建立学习培训学分管理和公务员任职培训制度。事业单位人事制度改革深化，岗位管理、公开招聘和人员聘用制度全面推行。稳步推进收入分配制度改革，完成公务员津贴补贴规范工作和事业单位绩效工资改革，企业工资宏观调控体系不断完善，最低工资标准适度增长，企业工资决定机制、正常增长机制和支付保障制度基本建立。全市57个街道、乡镇，198个社区全部建立就业和社保基层工作平台，形成以社保经办机构为主干，依托银行及定点服务机构，以社区劳动保障工作平台为基础的社会保障管理服务体系。推进职称社会化评审，执（职）业资格考试、职业技能鉴定质量和服务水平不断提高。

第一章　劳动就业管理

1985年以后，中共常州市委、常州市政府贯彻落实中央和省委、省政府制定的劳动就业政策，坚持就业优先战略，实施积极的促进就业政策，先后出台《常州市实施“再就业工程”意见》《关于进一步做好下岗失业人员再就业工作的意见》等系列文件和政策，加强工作推动和政策引领。劳动和社会保障部门着力解决重点群体就业问题，建立市、辖市区和乡镇（街道）三级就业工作制度，在社区服务和管理等新兴的就业岗位中为就业困难群体物色就业岗位，实行结对个别指导跟踪服务；积极扶持中小企业发展，促进以创业带动就业，兴办职业教育和技能培训，努力提升劳动者就业能力，全市形成覆盖城乡的公共就业体系。2010年，全市完成就业再就业培训6.02万人次。

第一节 就业促进

一、就业安置

就业服务 1986—1990年，常州市广开就业门路，多渠道、多层次、多形式解决就业问题。全市成立市、县、区、乡（街道）、企业各级劳动服务公司177家，兴办经济实体188个，安置待业人员2989人；城镇个体劳动者达1.51万人，第三产业在职职工人数达19.33万人。5年中，全市安置城镇待业人员5.03万人，待业率和市区城镇待业率分别稳定在2%、1%以内，当年新成长的劳动力安置率保持93%以上。市区与武进县的劳动力计划经省计经委、省劳动局批准，实行同经济指标（经济效益）挂钩浮动的办法。1991年，劳动就业部门合理引导待业人员和用人单位正确开展双向选择，全市安置1.77万人就业，其中市区安置1.06万人、介绍到乡镇企业和街道企业就业700人，向广东输出劳动力127人。城镇待业率为1.43%，其中市区0.95%。调入集体、外贸、乡镇、街道企业的全民固定职工，劳动部门为其保留原来身份，调入全民单位的集体固定职工可改制为劳动合同制工人。1993年，市劳动部门贯彻落实中央10个部委颁发的《关于劳动就业服务企业发展第三产业安置富余人员若干问题的通知》，创办全市劳动服务企业首家合资企业常变制冷配件公司、首家股份合作制企业常欣工贸总公司。全市劳动就业服务企业蓬勃发展。1994年，市劳动部门加强城乡劳动力统筹，做好对外来劳动力的管理，坚持"先城镇后农村、先本地后外地、先省内后省外"的原则，合理控制农村富余劳动力流入城市的规模和速度，实现农村富余劳动力有序流动。1995年，市区单位使用农村劳动力按行业特点实行A、B、C分类管理，实行全国统一的就业证、登记卡制度。全市劳动服务企业迅速发展，企业总数达305家，拓宽安置企业富余人员和事业职工的就业渠道。

就业援助 2007年，市政府下发《市政府办公室关于促进城镇零就业家庭和就业困难人员就业的意见》，加大对零就业家庭的就业援助，把零就业家庭、就业困难人员纳入再就业优惠证申领范围，把零就业家庭、低保、特困人员的高校毕业生子女纳入申领范围；延长零就业家庭和就业困难人员社会保险补贴、岗位补贴享受期限；明确零就业家庭人员失业期间参加技能培训给予全额补贴，在税收减免、银行贷款等方面给予优惠。市劳动保障局、人行常州中心支行和市财政局联合完善小额担保贷款实施办法，小额担保贷款发放对象扩大到城镇户籍大中专院校（含职、技校）毕业生、其他城镇登记失业人员和进城创业的被征地农民；明确可对一期贷款期满、信誉良好的贷款人提高贷款额度，累计达5万元。全市社区对零就业家庭实施"一户一表一卡一册一档"制度，定期对本地区的就业困难人员进行跟踪服务。建立健全动态管理的长效机制，对认定的零就业家庭确保1个月内至少有1人实现较稳定就业，动态消除零就业家庭，为当年登记失业的零就业家庭的高校毕业生建立绿色帮扶通道，保证当年全部就业；帮助法定劳动年龄内有劳动能力、就业愿望和不挑不拣就业岗位的就业困难人员，在登记后1个月内实现较稳定就业，全市同年有170户零就业家庭"脱零"。

2008年，全市贯彻省委、省政府关于促进零就业家庭就业和实施脱贫攻坚工程的决策，加快推进就业政策向农村拓展，就业服务向农村延伸。打破传统户籍的框架，把符合市辖区农村户籍家庭有关政策规定的零就业家庭，纳入城镇零就业家庭管理，实现市区非农与农村户籍困难家庭认定的统一化；小额担保贷款范围由原来持再就业优惠证人员、城镇复员转业军人、城镇户籍的大中专生院校（含职、技校）毕业生、其他城镇登记失业人员、进城创业的被征地农民扩大到自主创业的持有创业培训合格证的人员和全市农村自主创业农民，对农民通过创业培训(SYB 全称 Start Your Business)，实现自主创业、自谋职业的领取营业执照正常经营 3 个月后，给予创业补贴 2000 元；创业培训补贴范围由城镇失业人员延伸到大中专（含职、技校）毕业生、城镇复员转业军人、本市残疾人和进城创业农民，对组织农民参加创业培训的定点培训机构给予创业培训补贴；鼓励用人单位招用“双零”家庭成员，符合条件的用人单位在按规定享受税费减免、小额担保贷款、社保补贴等相关扶持政策后，每招收 1 人奖励 1000 元；鼓励“双零”家庭成员灵活就业，按规定享受灵活就业人员社会保险补贴，帮扶农村零转移家庭实现长期稳定就业等工作取得突破性进展。

市、区、街道（乡镇）、社区（村）四级劳动保障部门联动，为零就业家庭制定援助方案，大力开发公益性岗位制度，对“双零”家庭人员进行托底安置，组织他们参加创业培训，帮助安排创业场所、申办营业执照、落实优惠政策，鼓励他们创业，全市动态援助“双零”家庭的长效机制初步形成。2008 年，全市认定“双零”家庭 227 户（城镇零就业家庭 199 户、农村零转移家庭 28 户），全部实现动态“脱零”。

二、再就业工程

1995 年，市政府出台《常州市实施“再就业工程”意见》。综合运用政策扶持和就业服务手段，重点对失业 6 个月以上有就业要求的职工和特困企业连续放假 6 个月以上生活无保障的富余职工提供相应的服务，促进再就业。《意见》提出加大失业保险力度，保障失业职工基本生活；开展转业转岗训练，提高失业职工和企业富余职工的技术素质，增强其竞争、上岗能力；实行安置方式解决就业问题，严格控制裁员，立足内部消化；鼓励自谋职业，给予优惠等扶持政策和优惠措施 14 条。1997 年，市劳动局深化再就业工程，在纺织、轻工两个行业开展再就业服务中心试点，规定对下岗人员离厂不离系统、不推向社会，试点规模 5000 人，经费来源为地方财政、主管局和托管企业与社会募集捐助，比例为 3 : 4 : 3。文件实施后两个中心共托管 4498 人，分流 1100 人，占总人数的 25%。《关于进一步加强使用外地劳动力管理的意见》出台，规定由劳动行政部门扎口审批，分别按每年每人 500 元、200 元的标准征收就业调节金；《关于建立解决困难企业职工生活困难资金制度的意见》出台，解困工作逐步制度化、经常化。

1998 年，市委常委会两次听取汇报，讨论再就业工作。市委、市政府召开全市国有企业下岗职工基本生活保障和再就业工作会议，市区和武进、金坛、溧阳 3 辖市分别为国有企业下岗职工基本生活保障和再就业工作制定扶持政策和优惠措施。市总工会、团市委、妇联在全市倡议开展“龙城爱心奉献”活动，市领导及机关企事业单位纷纷响应，向再就业工程捐款近 300 万元，帮助生活困难的下岗职工度过暂时遇到的困难。市劳动部门开展了帮百户特困失业、下岗职工再就业活动。各区就业处调查摸清特困下岗、失业人员的困难情况，在社区服务、管理等新兴的就业岗位中为就业困难群体物色就业岗位，实行结对指导，到户到人。各级政府着力开发就业岗位，通过向社区拓展、兴办市场拓展、清岗腾岗和向个私经济拓展等办法，发展劳动服务企业，增加就业岗位。

是年，溧阳的燕山、北门新村建成商业区，有百余名下岗失业职工进场设摊；金坛市兴办的自立市场吸纳 140 名下岗、失业职工进场就业；戚墅堰建成日用百货小商品市场；市区建成 10 条光彩小商品市场一条街，建立 37 个社区再就业服务队，共安置下岗、失业职工 5195 人。市政府办公室、市人事局、房管局先后下发通知，要求机关事业单位、物业管理行业等清退不合理使用的退休人员和农民工，腾出岗位安置下岗职工。市工商局、工商联、个私协会组织 145 家个私企业提供 1000 多个岗位，有近 1 万名失业下岗职工参加招聘洽谈。劳动服务企业由单一的城镇集体经济组织变为经济类组织，企业招用失业、下岗职工达 60% 的经审定后可认定为劳动服务企业。8 月，常州市组建专业性集团化转业转岗培训服务体系，首批 24 个成员单位加盟；10 月，全体成员单位首次联合组织开展“双千人转业转岗培训”活动。市区投资 65 万元，举办涉及 32 个工种的培训班131期，培训失业下岗职工1.29万人。举办首期企业创办者培训班，对40名失业下岗职工培训3个月。

1999年，常州就业形势相当严峻，市委、市政府推进国有企业下岗职工基本生活保障和再就业进程，提出“政府创环境、企业要负责、社会齐配合、自身作努力”的总要求，把再就业工程放在为民办实事首位，落实资金，先后两次召开全市“两个确保”和再就业工作会议，组织做好国有企业下岗职工基本生活保障和企业离退休人员养老金发放工作，再就业工作仍居全省领先位置。市政府在财政预算中优先考虑国有企业下岗职工基本生活保障资金，“三三制”（即财政资金安排三分之一、企业负担三分之一、社会筹集三分之一）中财政和劳动部门筹集的资金全部到位。全市投入再就业基金8687.8万元，其中发放基本生活费6082.2万元、代缴社会保险费2605.6万元。同年底，市区批准享受“三三制”下岗职工13万人，投入“三三制”再就业资金6362万元，其中财政投入2135万元、劳动部门调剂2287万元、企业自筹1940万元。全市下岗职工生活费由每月196元提高到255元；市区和武进市失业保险金由每月168元提高到220元，金坛、溧阳两市由每月150元提高到195元。全市拓宽第三产业特别是社区服务等再就业渠道，涌现一批新的社区服务网点。各区举办社区服务业专项劳动力市场，市劳动局制作50辆巾帼再就业点心车送交市妇联，到社区服务就业的人员达5325人，在非公有制经济企业就业的人员占安置就业的64.9%。把办第三产业、个体私营、社会服务等吸收下岗职工就业的组织和实体纳入劳动服务企业工作范围。推进下岗职工进再就业服务中心（简称“中心”）工作，为下岗职工提供1次职业指导、2次招聘信息、1次免费转业转岗培训。通过市专业性集团化转业转岗培训服务体系，组织实施再就业培训伙伴合作计划。开展创业培训，下岗创办小企业后持续扶持，同年举办32个工种转业转岗培训班276期，培训1.52万人。全市年末有下岗职工1.79万人（含市区1.4万人），其中国有企业下岗职工8480人。全市建立再就业服务中心或类似机构282个（市区169个），其中国有企业127个；全市有1.77万名（含市区1.37万名）下岗职工签订《基本生活保障和再就业协议》，占下岗职工总数的98.6%。

2000年，各级劳动部门拓宽就业渠道，投入200万元用于社区就业服务，定制100辆再就业便民服务车，组织下岗职工开展社区服务。全年新办劳务企业46家，总数368个，开发就业岗位1.39万个，从业人数达2.1万人，经营总额17亿元，利税2.3亿元。组织大型招聘活动，市再就业服务中心市场除每周四组织较大规模的招聘活动外，组织大型招聘下岗、失业人员洽谈会4次。2001年，全市劳动部门完善市场导向就业机制，开展再就业援助活动。全市组织3600家用人单位提供4.9万个就业岗位，市区举办7次大型招聘会，组织700余家用人单位进场，提供就业岗位1.2万个，帮助8000余人实现再就业，常州被劳动和社会保障部列为全国社区就业100个重点联系城市。市劳动局开发就业岗位1.3万个，至年底有2万余人从事社区就业服务，劳服企业从业人数达1.3万人，全市有2.5万名城镇失业人员实现再就业。下岗职工出中心、并轨工作进展平稳，为65家企业的1000人办理“协保”手续，出中心人员大部分接受劳动保障人事代理服务，享受失业保险待遇，养老保险接续。

2002年，常州劳动保障部门遵循“保老、扶中、推青”的原则，推动下岗职工顺利出中心、断关系、再就业、续保险。筹集再就业资金，确保下岗职工基本生活。全市投入下岗职工基本生活保障和再就业资金2312.1万元，其中发放基本生活费1355.9万元、代缴社会保险费956.2万元；市区投入1734.6万元，其中发放基本生活费1034.1万元、代缴社会保险费700.5万元，下岗职工的基本生活全部得到保障。加快下岗职工基本生活保障向失业保险并轨的步伐。根据省委、省政府颁发的《关于进一步做好下岗失业人员再就业工作的意见》，常州落实好下岗职工与原企业解除劳动关系、出中心的工作。全年有7591名下岗职工从中心转出（市区5503人），其中4782人实现再就业（市区3693人），再就业率91.3%（市区89%）。初步实现下岗保障向失业保险并轨。武进、溧阳率先实现并轨。加快实施再就业援助，重点对双下岗失业家庭实行援助，举办“4050”（指到2000年12月31日止男年满50周岁、女年满40周岁的下岗、失业职工特殊群体）人员专场劳务招聘活动。市区对1.26万名特困下岗失业人员开启转岗培训，对2.6万名城镇失业人员进行免费求职登记、介绍就业，对29万名求职者免费开展职业指导，帮助1300余名残疾人就业。2003年，市委、市政府出台《关于进一步做好下岗失业人员再就业工作的意见》，落实税收扶持、收费减免、社保补贴、岗位补贴、小额贷款、场地安排等促进下岗失业人员再就业的优惠政策。翌年，市委、市政府把促进就业再就业列为政府为民办10件实事之一，各级预算安排再就业资金7420万元，其中财政预算内安排4450万元。至12月底，全市发放再就业优惠证4.15万本（市区2.52万本）。其中，有2.55万人实现再就业（“4050”人员1.15万人、从事个体经营0.69万人、被商贸型服务企业吸纳0.86万人、公益性岗位吸纳0.24万人、被其他类型企业吸纳0.76万人）；持证再就业率61.6%，其中持证的“4050”人员再就业率68.8%；市区同年有7021人享受社保补贴1199.5万元，6666人享受岗位补贴954.8万元。

2005年，国务院下发《关于进一步加强就业再就业工作的通知》，完善下岗失业人员再就业政策。市政府及时出台《关于进一步完善和落实下岗失业人员再就业扶持政策的通知》，促进就业再就业。全市新发再就业优惠证1.86万本，累计发证6万本（市区3.72万本），持证人员实现再就业3.75万人（其中市区领证人员实现再就业2.16万人）。其中持证“4050”人员实现再就业1.91万人，再就业率达72.4%；向市区8976名失业人员发放社保补贴2374万元，对8311名失业人员发放岗位补贴1631万元。2006年5月9日，市政府发布《关于进一步加强就业再就业工作的实施意见》，对老政策进行延伸、扩展、调整和充实。市劳动和社保等部门及时制定系统配套的税收减免、社会保险补贴、公益性岗位补贴、灵活就业人员社会保险补贴等促进就业再就业的政策，完善再就业优惠证管理办法，放宽领证的门槛，明确符合条件的就业困难人员和失地农民可以领取再就业优惠证。2006年，全市新发再就业优惠证1.21万本（市区0.69万本），累计发证7.22万本（市区4.41万本）；领证人员再就业4.73万人（市区2.64万人），持证再就业率65.6%（市区59.8%），其中持证“4050”人员再就业2.45万人，再就业率72.3%。下岗失业、失地农民等就业困难人员再就业问题基本解决。

第二节　创业带动

2008年，市劳动保障、财政、工商、总工会、妇联等部门联合组织开展“城乡百千万创业工程”活动，目标是征集创业项目100个、扶持创业成功1000人、带动就业1万人；开展出金点子、征好项目活动，向全社会海选创业项目，征集到实用型科技成果、小发明、小技术项目或适合常州本土创业的中小特色项目、品牌和连锁项目205个，初选入围创业项目70个，确定创业项目20个。通过举办创业项目推介会或创业超市，帮助有志创业的失业人员挑选创业项目。创业政策扶持力度加大，小额担保贷款范围由原来持再就业优惠证人员、城镇复员转业军人、城镇户籍的大中专院校（含职、技校）毕业生、其他城镇登记失业人员、进城创业的被征地农民扩大到自主创业的持有创业培训合格证的人员和农村自主创业的农民。建立健全失业人员申领小额担保贷款“一条龙”服务体系，为有志创业的失业人员、大中专毕业生、复员转业军人及被征地农民等人员提供资金支持，全市发放小额担保贷款493笔、总额1247.2万元。市劳动保障等部门出台《常州市创业培训管理和经费补贴办法》《常州市区创业补贴实施办法》，对通过创业（SYB）培训实现自主创业、自谋职业的，领取营业执照正常经营3个月后，发放创业补贴2000元。开展创业培训5756人，其中创业意识培训2535人、创业(SYB)培训1061人。成立创业指导志愿服务团，为初始创业者提供政策咨询、项目论证、融资要求、企业诊断等服务。

2009年，常州各级实施城乡创业工程，推进创业带动就业，市政府出台《关于切实做好当前稳定就业促进就业工作的意见》和《关于促进高校毕业生充分就业的实施意见》，完善促进创业带动就业的政策扶持体系；创建创业型城市、创业型社区，加强全市三级公共创业服务体系建设，成立市、辖市区和乡镇创业指导服务机构，提供创业指导、创业培训、政策落实、跟踪服务等服务，扶持城乡创业人员创业。实施社区创业工程。组织创建创业型社区，举办了创业先进典型报告会、创业学习观摩等活动，扶持社区失业人员自主创业，培育出一批社区创业就业基地。实施创业孵化工程。钟楼区成立双桂坊创业孵化基地，起到示范带头作用，年内有46名创业者进驻，带动143人就业。

2010年，全市各级贯彻市政府《关于促进以创业带动就业的意见》等文件，帮助困难企业稳岗位、少裁员，帮助创业人员实现稳定创业，克服国际金融危机对全市就业工作的滞后性影响。全市有13.7万人次享受社会保险补贴1.5亿元，其中11万人次享受灵活就业社保补贴1.1亿元，2.7万人次享受单位社保补贴3976万元。通过降费率、给予困难企业社保补贴等措施，落实减负稳企政策，促进企业稳岗增效。市本级对2.1万余家企事业单位减征失业保险金5200余万元。开展公共就业服务专项活动，针对高校毕业生、就业困难对象、农民工、妇女、残疾人等群体举办专场招聘会，提高就业成功率。市人力资源市场举办招聘会74场，组织1.61万家用人单位进场招聘，提供就业岗位26.64万个；全市公共职介机构组织3.77万家单位进场，提供61.08万个就业岗位。实施就业培训社区行、技能培训企业行、创业培训大学行3项免费培训行动计划，指导、督促61家再就业培训定点机构和农村劳动力转移就业培训机构开展订单式、定向式培训，提升劳动者就业技能。全市开展就业再就业培训6.02万人。12月24日，常州市职介(农民工)服务中心城铁北站公共服务大厅开张营业，为外地来常务工人员和高校毕业生提供首站式公共就业服务。

常州实施以创业带动就业战略，全力创建国家级创业型城市。建立健全组织领导体系、政策扶持体系、创业培训体系、创业服务体系、工作考核体系，市政府成立创建工作领导小组及其办公室，召开常州市创建国家级创业型城市领导小组会议、创业型城市创建工作会议和大中专(技职)院校创建工作座谈会。《关于促进以创业带动就业的意见》和创业孵化基地认定管理办法、创业项目管理办法、创业见习基地实施办法等配套政策出台。劳动保障等部门对10家创业培训定点培训机构进行认定、授牌，建立由77位专兼职人员组成的创业培训师资队伍。组织开展创业培训进社区、进企业、进农村、进校园、进监狱的创业助推行动，市和辖市区两级设立创业指导服务中心、创业指导志愿服务团，把创业服务向所有驻常高校、街道(镇)和社区(村)延伸，基本形成覆盖城乡的创业服务网络。征集近300个创业项目服务创业者。建立常州创业公共服务网，开展系列创业服务活动，研究制定一套针对辖市区和相关部门的考核办法，定期、不定期对各单位、各辖市区完成情况进行督查，确保常州顺利通过评估验收。2012年7月17日，在北京召开的全国就业创业工作表彰会上，常州被国务院表彰为全国创业先进城市。

第三节　技能培训

常州市职业技能培训广泛深入开展。2003年，市劳动和社会保障局获准成立常州市劳动保障培训中心、职业技能鉴定中心，常州市劳动保障培训中心向全社会提供全方位的劳动保障业务知识培训、职业技能培训，常州市职业技能鉴定中心面向全社会开展职业技能考核鉴定工作，提供从申报、审核、考核、发证“一条龙”全方位服务。

一、就业前培训

常州就业前培训逐步从单一的专业基础理论培训转向以突出技能训练为主的基础理论与基本技能同步培训。1986年，全市的就业前培训采取抓技术培训带动普通工种培训，抓相对固定的定点培训带动面上各班培训，抓高中生的中级技术培训带动初级技术培训的方针。1987年，全市推行按工种统筹、专业定点、集中培训的方法培训，实现教学计划、教学大纲、教材、结业考核和培训目标“五统一”。1988年后，全市32家劳动就业培训站承担起机械、电子、轻工、纺织、化工、医药、饮服、商业等行业300多家企事业单位50多个专业（工种）的培训。1990年，就业前培训向工种的技能训练扩展、延伸，而技能训练改消耗型训练为生产型训练，确定常州纺机厂、锻造厂等7个培训站的6个工种为一体化等级培训试点，年内举办就业指导教育班6期78个，4100余名待业人员经过工种岗位学习培训，受到操作训练。常州1997年根据国家、省统一部署，对国有企业富余职工实行减员增效、下岗分流，配合这一社会变化趋势，就业前培训逐步向再就业培训过渡。

二、再就业培训

2000年，常州市就业训练围绕国有企业改革和就业、再就业需要，通过组织举办失业和下岗职工再就业培训、创业培训、农村劳动力资源开发就业培训，开展劳动预备制度培训，提高劳动者素质。全市3.42万人次参加就业训练，其中失业下岗职工再就业培训0.91万人次、劳动预备制度培训0.1万人次、农村劳动力开发就业培训2.02万人次、其他培训0.39万人次。2001年，启动第二期“三年六万”再就业培训计划，实施“百镇百万”农村劳动力开发就业计划，出台《常州市农村和外来务工人员培训实施意见》，组织编写培训教育读本，开展农村和外来务工人员就业指导教育。2002—2003年，实施第二期“三年六万”再就业培训计划，突出就业能力开发，全市完成就业培训21.74万人次，其中下岗失业人员再就业培训5.1万人次、农村劳动力就业培训5.1万人次、外来务工人员就业指导教育11.54万人次。2002年，市区开展就业培训7.2万人次，其中下岗失业人员再就业培训1.58万人次。

2004年以后，培训合格率均达92%，培训后再就业率均达70%。至2006年，常州贯彻落实2004—2006江苏省再就业培训规划精神，全市完成再就业培训10.09万人次。2009年，市劳动和社会保障局、财政局应对金融危机对常州经济社会的影响，联合实施特别职业培训计划，扩大培训规模，延长培训期限，加大培训投入，提升培训能力，保持就业局势稳定。2009—2010年，全市完成就业再就业培训11.8万人次。

三、技能人才培养

1994年，常州市劳动部门在常州冶金机械厂建立常州首家国家职业技能鉴定所，当年考评技师143人。2003年6月，常州首届机械类工种（车、钳、电）技师社会化考评在常州技师学院举行，41名学员参加培训后考试，40人通过考试考评。2005年，全市首次表彰有突出贡献高级技师和技师，市政府批准董仿宏等13人为常州市有突出贡献高级技师，邵开成等47人为常州市有突出贡献技师，3年内常州市高技能人才评审委员会每年跟踪考核1次，考核合格者3年内每月分别享受市政府津贴300元和200元；8月，常州市技师协会第二届代表大会暨常州市高技能人才表彰大会在常州技师学院召开，表彰被评为全国技术能手、江苏省技术能手、江苏省有突出贡献高级技师和技师、常州市有突出贡献高级技师和技师、技术能手的126人。

2006年9月，常州黑牡丹（集团）股份公司的维修电工、高级技师邓建军获得中华技能大奖（全省仅1人），常州公路运输公司汽车修理工技师王晓昀获全国技术能手称号（全省仅4人），常州技师学院获国家技能人才培育突出贡献奖（全省仅两家）。同年，市政府出台《常州市人才开发资金管理规定》，设立高技能人才培养资助经费80万元。市劳动保障部门在新北、钟楼、戚墅堰区重点选择30家技术先进、颇具规模的制造业企

常州黑牡丹集团高级技师邓建军获中华技能大奖（摄于2006年9月）

业进行企业内技师考评试点，帮助企业制定企业内技师和星级员工考评办法。全市有414人被单位聘为技师，受聘技师最高可享受月津贴1800元；常州承办全国技能竞赛两次、全省技能竞赛3次，全市形成学习有院校、培训有场所、竞赛有舞台、发展有能力的高技能人才培养体系。此后，市劳动保障部门每年定期向社会公布紧缺职业（工种）高技能培训项目，分期分批组织培训；资助培训紧缺职业（工种）技师1000人、高级技师200人，对参加技师、高级技师技能培训，取得相应等级职业资格证书的高级技师、技师分别每人资助培训费用1000元、600元。

2010年，省人社厅组织评审江苏省二十佳高技能人才培养示范基地，常州有3家单位参选，江苏省常州技师学院和南车戚墅堰机车车辆公司入围“十二五”省级高技能人才培养示范基地。全市完成职业资格证书培训3000余人次，农村劳动力转移、失地农民培训等其他培训8000余人次，培训项目涉及30多个职业（工种）。同年底，全市有职业技能培训机构55家，其中民办14家；有职业技能鉴定（站）所31家，全市鉴定8万人次，取证6万人次；有高技能人才近11万人，高级技师和技师12942人，其中高级技师867人、技师12075人，全市技能人才初、中、高比例为26∶47∶27。年底，常州在全省率先开展企业高技能人才技能提升培训工程，拨付紧缺职业等新技师培训资助经费200万元，惠及企业一线职工2000余人；举办常州市有突出贡献高级技师、技师评选活动3届，评出常州市突出贡献高级技师56人、突出贡献技师124人。邓建军等18人被劳动和社会保障部评为全国技术能手，范志刚等17人被省政府评定为省突出贡献技师、高级技师。开展企业内高技能人才评价活动，选拔高技能人才，中国移动常州分公司董锋蝉联第三届“振兴杯”全国青年职业技能大赛决赛计算机网络管理员工种冠军；全国技能竞赛冠军常州电信分公司范志刚被评为“中国十大杰出青年技师”。2008年起，全市每年进行技能人才鉴定7万～8万人、获证5万～6万人，年均新增高技能人才达1万人。到2010年底，全市累计培训高技能人才20万人次，技能鉴定取证数60.2万人次，拥有技能人才总量40余万人，其中高技能人才11余万人。

第四节　技能竞赛

90年代至21世纪初，常州市劳动保障（人力资源和社保）、经贸（经济信息化）等部门和市总工会、团市委等单位每年联合举办10个工种劳动技能竞赛，培养选拔高技能人才。1995年10月，在首届“全国技能月”活动中，常州有7名选手在全国19个大中城市青年岗位能手技能比赛中夺得1银、2铜、2个优胜和团体第二名的成绩，高建伟、蒋建方、秦剑慧被劳动部、团中央和国家经贸委授予全国青年岗位能手称号。2002年10月，常州承办江苏省技工学校暨中等职业学校技能竞赛常州赛区的5项高新技术职业工种竞赛。常州选派的30名选手参加其中15个职业工种的角逐，取得第一名4个和第二名、第三名各3个的成绩，金、银牌总数名列全省首位。市劳动保障局和常州技师学院分别被省劳动保障厅评为竞赛最佳组织单位和竞赛优胜单位，6 名教练员被评为竞赛优秀教练员。

2004 年 10 月，常州市 11 名选手参加在北京举行的首届全国数控技能大赛，其中 9 名选手获奖，常州技师学院教师虞俊夺得职工组数控铣床第五名，成为全省唯一进入全国前 5 名的数控高手，获得劳动和社会保障部授予的全国技术能手称号，晋升为高级技师。同月在天津举行的全国技工学校技能大赛中，常州技师学院教师虞俊、奚伟分别取得加工中心操作工、工具钳工第四名，同获全国技术能手称号。

2005 年 10 月，省劳动保障厅主办的东部地区职业技能竞赛模具制造工江苏选拔赛在常州机电职业技术学院举行，是江苏省模具制造业的全能比赛，常州机电职业技术学院曹勇、吴新腾，常州轻工职业技术学院陈朝阳，常州机电职业技术学院张金标分别获得职业组第一、第二、第四、第六名，常州机电职业技术学院艾青富获学生组第三名。同年，共青团江苏省委、省劳动保障厅联合举办全省青年职业技能大赛，常州技师学院教师褚肖凯获维修电工工种第四名，获江苏省技术能手、江苏省青年岗位能手称号，直接晋升技师。2006—2010 年的 3 届数控大赛中，常州有 3 人获全国决赛第一名，获人力资源和社会保障部授予的全国技术能手称号。2006 年，全省青年职业技能大赛在盐城技师学院举行，江苏电信常州分公司范志刚、季华健分获计算机网络管理员第一名、第五名，常州市新北区信息网络中心的徐斌、常州技师学院的杭明峰和常州机电职业技术学院的王虹分获多媒体作品制作员第二名、工具钳工第三名和维修电工第四名，常州高压电力设备厂代表队获团体第三名。2007 年 9 月，全省青年职业技能竞赛在常州科教城举行，常州市代表队获大赛团体第一名。常州选手董锋等 7 人分获江苏省技术能手、江苏省青年岗位能手称号，其中有 5 人晋升为技师。11 月，第二届全国技工院校技能大赛在广州举行，江苏省常州技师学院的潘郴、曾鹏和孙勇分获工具钳工高级组第一名、焊工中级组第二名和维修电工高级组第三名。

全省职业技能鉴定工作会议在常州召开(摄于 2009 年 3 月)

第五节 劳动力市场

1988 年，常州始建劳务市场，为人才合理流动提供场所，实行定期与经常性相结合的办法，市、区级劳务市场分别每季、每月举办 1 次，对纺织、丝绸、服装行业、外资企业和符合有关政策的对象随要随办，劳务市场运作逐步经常化、制度化、规范化，全市举办劳务市场 39 场次。到市、县、区劳务市场进行待业登记、就业报名的有 11.66 万人次，其中有 7.95 万人次通过劳务洽谈、交流就业，占登记人数的 68.2%。建立招工供需信息制度，在区劳动服务公司和街道办事处建立劳动就业信息专栏，随时提供招工信息。全市有劳动服务公司 189 个，创办劳动服务企业 204 家，从业人员 3400 人，生产经营劳务总收入达 1.22 亿元，实现利税 950 万元，出口创汇 13 万美元。到 1993 年，全市劳动力市场功能日趋完善，就业服务功能得到加强。全市建立职业介绍所10家、开放综合性劳动力市场9个，形成以市级职业介绍中心为龙头、县（市）区为支柱，辐射乡镇、街道的职业介绍网络。1994年，全市将国有、集体、“三资”、街道（乡镇）、私营、个体工商户等用人单位全部纳入就业服务范围。市级劳动力交流服务大厅完成，实现发布视频化、手续便捷化、服务系列化，按就业咨询、职业介绍、就业转业训练、技工交流、仲裁鉴证、社会保险、开票收费等分设10个窗口，提供全天候“一条龙”服务。全市有职业介绍机构165个，形成建筑职业介绍所、柴拖家庭劳务公司、星期日人才劳务市场等专业劳务市场。1995年，全市开辟煤矿、勘探、纺工等行业困难职工专项劳动力市场，为企业富余职工和失业职工分流安置及再就业服务。清理整顿40家非劳动部门职业介绍、中介机构，有10家获准从事劳务中介活动，规定除家庭用工外不得介绍农村劳动力进城务工。

1997年，《常州市区使用农村劳动力实行ABC管理的办法》《非劳动部门职业介绍机构管理办法》等文件出台，《失业保险办法》修改。全市建有职业介绍所（站）176家，其中市、区级职业介绍所9家，街道（乡镇）级157家，经劳动部门批准的非劳动部门职业介绍所10家，市劳动局、工商局联合创办光彩职业介绍所，专门向个体、私营企业推荐介绍用工，初步形成以市职业介绍服务中心为龙头，以辖市区、街道（乡镇）职业介绍所为分支机构，以建筑、保姆、家教、退休职工、星期日劳动力市场等为补充的劳动力市场网络机构，增辟再就业通道。开展争创示范职业介绍所活动，出台示范职业介绍所标准。清理、查处非法职业中介、劳动力市场。工作人员全部挂牌上岗，设立群众监督箱。完善人力资源市场网络，辖市区实行计算机程控管理城镇劳动力，开发软件，建立数据库，实现省市区三级联网，供需信息共享，部分乡镇实现省市区乡镇四级联网，建成职业信息微机网络，及时掌握劳动力供需信息，逐步覆盖全社会。抓住个私经济和社区就业服务新的增长点，组织全市118个个体工商户、私营企业招收下岗职工，有1230名下岗职工达成用工协议。全市开展社区就业服务中心试点，社区就业初步形成家政服务、用品修理、文化娱乐、清洁清洗、非机动车辆管理、托老所、少年之家活动、书报、早点餐饮等10项特色服务，拓宽失业人员、下岗职工就业安置渠道。

2002年，常州劳动力市场城乡一体化进程加快，实施南北劳动力交流，吸纳苏北劳动力2.2万人；发放流动就业证96万本、流动就业卡2.8万张，办理市区外来劳动力用工登记备案手续1.3万人次。到2006年底，全市公共职介机构开发、采集就业岗位7万余个，组织7633家用人单位招聘16.5万人次；市职介中心举办了大型招聘会两场、专场招聘会8场和民营企业招聘周、高校毕业生招聘服务月活动，有1607家用人单位进场招聘就业岗位3.8万个，帮助1.7万名求职者与用人单位达成就业意向，人力资源市场成为就业主渠道。扶持社会力量开办职业介绍机构，全市新办社会职业介绍机构19家（市区7家），全市年末有职业介绍机构131家，其中社会职业介绍机构96家，占全市职业介绍机构的73.3%；溧阳、天宁建成统一的人力资源市场。

2007年9月22日，常州市人力资源市场成立，市劳动保障局、人事局联合建设，组建市人力资源市场管理委员会，下设综合部、市场招聘部、市场信息部、职业介绍部，在市职业介绍服务中心、市人才市场及市人才中心常州科教城分中心等地分设业务受理点，受理招聘、广告信息发布和就业登记业务，在全国地级市中率先实现人才市场、毕业生就业市场和劳动力市场的全面贯通。同年，全市公共职业介绍机构开发、采集就业岗位7万余个，组织11108家用人单位招聘22.7万人次；市人力资源市场举办大型招聘会17次、专场招聘会10次和民营企业招聘周、高校毕业生招聘服务月等活动，有3658家用人单位进场招聘就业岗位7万个，帮助1.97万名求职者与用人单位达成了就业意向。全市新办社会职业介绍机构23家（市区8家），至2010年底，累计达109家，占全部职介机构136家的80.1%。

2009年，全市人力资源部门开展公共就业服务系列活动，通过举办专场招聘、冠名招聘、开设就业直通车、网上职业介绍超市、企业和社区结对、建立劳务协作基地等方式，搭建就业平台，促进人才与岗位有机对接。市人力资源市场组织10862家单位进场招聘，提供就业岗位18.7万个次，全市公共职介机构组织3.2万家次用人单位进场招聘，提供就业岗位49.9万个次。2010年，全市举办招聘会79场，用人单位进场招聘1.62万家次，提供职位27.3万个，进场应聘总人数41.2万人次。

第二章　劳动关系调整

改革开放后，常州市企业事业单位的劳动关系因经济社会的快速转型和发展，经济所有制、结构的快速变化，私营企业、股份制企业、民营经济和外资与港澳台资企业等新兴市场主体的参与与融合，呈现出社会转型期多元复杂快变的特征，产生了一些突出的问题和矛盾。全市各级党委、政府及其劳动人事等部门积极探索应对，化解大批劳动关系方面的问题和矛盾，取得由计划经济向市场经济过渡，构建和谐劳动关系的基本经验，为全省、全国提供了示范。1996年，劳动保障服务开始向乡镇延伸，年末全市有135个乡镇建立劳动服务公司，初步形成全市三级劳动管理网络，乡镇企业劳动管理走上规范化、法制化轨道，乡（镇）劳动所认真贯彻实施《劳动法》，组织农村富余劳动力离土不离乡，有序流动。2002年，在新北、天宁、钟楼、戚墅堰4区的19个街道、23个乡镇设立42个劳动保障服务所，延伸到175个社区设立工作点，落实人员经费。全市年末建有劳动保障服务所82个，其中武进23个、金坛16个、溧阳1个，初步形成覆盖市、辖市区、街道（乡镇）、社区4级的劳动保障服务网络。2003年，市委、市政府出台实施意见，将企业退休人员基本信息库延伸到街道，社区建立企业退休人员基本信息库，发放社会化管理服务联系卡，完成领取养老金资格认证。是年底，全市企业离退休人员社会化管理服务面达91%，其中市区91.68%。加强街道（乡镇）、社区劳动保障工作基础，调整重组街道（乡镇）劳动保障服务所和社区工作点布局，规范了机构性质、人员编制和经费渠道。2006年，劳动保障重心继续向基层延伸，全市93个街道（乡镇）和253个社区分别建立劳动保障所、站，实现全覆盖；71个社区创建成为全市首批就业和社会保障示范社区，劳动保障服务网络实现市、区（辖市）、街道（乡镇）、社区实时联网，劳动力资源、优惠证管理等软件模块启用，基层工作平台服务功能完善。2007年，常州市建成全国首家整合劳动力市场、人才市场和高校毕业生就业市场的地级市人力资源市场，形成立足全市、辐射辖市区、覆盖街道乡镇、延伸至社区的“三级机制、四级网络”的人力资源市场服务体系。到2010年底，全市劳动用工、就业人员工资报酬、劳动监察、争议仲裁和农民工工作基本上依法有序地开展。

第一节　劳动用工

80年代，大部分用人单位实行固定工制度，招收部分计划外用工，从事一些特殊岗位的工作。2003年12月至2007年10月，“金保工程”一期建成启用，建成标准规范的市级数据中心，实现劳动保障业务数据的集中统一管理。建成以市劳动保障中心机房为核心的计算机网络体系。2006年，劳动力市场信息网络向基层延伸，市、区、街道（乡镇）、社区（村委）基本实现“一处点击、全市查询、信息共享”。2008年，劳动保障局域网络覆盖范围扩大，以市劳动保障中心机房为核心的计算机网络体系延伸到辖市区的175个劳动保障业务经办机构、263个定点医疗机构。市发改委、劳动局、市民卡公司签订市民卡项目建设会议纪要，市民卡项目中社会保障卡部分的注册申请得到人力资源和社会保障部的批准。2008年5月，“12333”电话开通24小时自助式预挂失医保卡业务；同年，市劳动和社会保障局在常州著名论坛化龙巷网站设立《老牛话劳动》专栏，解答劳动保障疑难问题，公开劳动保障办事项目。

2009 年，拓展跨部门跨地区数据交换和业务联动，开通金保系统与物价、卫生局、公安、银行、民政等多个数据交换接口。10 月 1 日，就业系统平稳上线，建成就业、社会保险系统的公告信息库，实现就业系统和社会保险系统的单向耦合。常州劳动保障网站开通网上自助服务大厅，具有网上参保、续保、退工、停保、补缴等功能，当年有 3989 家企业在网上申报基数，申报 20 余万人。“12333”采用轮班制，不间断人工咨询服务。2010 年 12 月初，常州市民卡项目通过人力资源社会保障部的备案，12 月 8 日市民卡首发，“金保工程”二期建设启动，包括监察“两网化”（监察网络化、网格化）建设和劳动仲裁网格化运行、电子档案管理系统、决策分析系统、容灾系统的建设，原劳动保障网站和原人事局网站整合为常州人力资源和社会保障网，拓展外网办事功能，网上公共服务能力大幅提升，网站全年点击量达 150 万次。

一、固定用工

1986 年，常州市根据中央治理整顿的要求和上级清理计划外用工的精神，对计划外用工实行堵、理、管的办法，规定一般不再新增计划外用工，规范统计口径，健全合同签订、鉴证等管理制度。1989—1990 年，全市清理清退计划外用工 1.1 万人，减少工资性支出，为安置城镇待业人员创造条件。改革现行固定工制度，有 127 家企业对 12.76 万名职工进行优化劳动组合试点。

二、用工计划管理

1991 年，继常州市区、武进实行全民职工人数增长弹性计划后，金坛纳入市区计划与省实行弹性计划，溧阳从常州市计划中划出，实行劳动工资计划单列。1992 年，全员劳动合同制、合同化管理、优化劳动组合等形式的劳动制度改革不断深化，国有企业用人自主权逐步落实，开始形成能进能出、能上能下的新型用人机制，改革劳动工资计划管理体制，对企业不再下达指令性招工计划，对市区固定工人调动、市区社会招工管理和劳务市场管理实行 14 条新规定。1993 年，贯彻《全民所有制工业企业转换经营机制条例》，落实企业用工、分配自主权，企业招工招聘可自主确定招工时间、条件、方式和数量，对城镇招工难的企业和工种按先报后批、批后再招原则，招收农村劳动力办理务工许可证。

三、劳动合同用工

1986 年，国务院《关于改革劳动制度的暂行规定》等 4 个暂行规定、办法出台；5 月，常州市全民所有制单位试行劳动合同制，新招工人全面实行劳动合同制，技工学校从 1988 年起新招学生毕业后亦实行劳动合同制。1990 年底，全市劳动合同制工人达 11.4 万人，占职工总数的 20.2%，年均增加 1.3 万人。市劳动局先后两次制定补充实施办法，明确规定劳动合同制的实施范围、劳动合同、工资性补贴、医疗待遇、职业培训、违纪辞退、转移、顶替、独生子女待遇等。1994 年，劳动制度综合配套改革取得重大突破，全市实行全员劳动合同制的企业达 718 户，涉及职工 7 万多人，其中市区 345 户、职工 3 万人。常州高新区和金坛企业用人全部实行劳动合同制度。年末全市劳动合同制职工 19 万人，占全市职工总人数的 34.3%。1995 年，贯彻实施《中华人民共和国劳动法》（简称《劳动法》），市政府和劳动局等单位研究制定实行劳动合同制、最低工资保障、集体合同、劳动监察、劳动争议仲裁、劳动就业、工伤保险、失业保险等贯彻意见或办法 8 项，确保《劳动法》顺利实施。武进、金坛两市和新北区、市供销社系统率先全部实施劳动合同制，按照先改制、后配套的原则，遵循全市整体部署、行业分批推进、抓住典型交流、年内基本完成的思路，建立劳动合同制度。至年底，劳动合同制度覆盖全市的 42 万多名职工，占全市企业职工总数比例达 95%。全市从 5 月 1 日起实施国务院颁行的每周 40 小时新工作制。1996 年，劳动合同制度全面推行，开始开展劳动合同制度固定工改制。至年底，全市 99.6% 的城镇企业实行劳动合同制度，用人单位普遍制定、实施劳动合同制度等管理制度，用人管理按劳动合同办事，发生劳动争议双方可申请仲裁诉诸法律，基本形成企业新型用人制度。

1999年，按照省劳动厅《关于加强劳动合同管理，理顺劳动关系的意见》，全市100家企业进行梳理劳动关系试点，国有、集体企业职工劳动合同签订率达99.9%，乡镇企业、私营企业从业人员劳动合同签订率分别为90%和61%。2000年，《关于市区企业改革中劳动关系若干问题的处理意见》出台，明确企业分流人员政策。2001年，市政府在《关于常州市属工业企业改革中若干问题的处理意见》中，对企业职工及改制企业职工劳动关系的处理作出明确规定。2003年，《江苏省劳动合同条例》颁布实施，常州进一步调整劳动关系，完善劳动合同制度，保护劳动者和用人单位的合法权益。2004年，市劳动保障局组织规范劳务型企业的劳动用工等有关行为，促进劳务型企业健康发展，规范劳务派遣用工，规定劳务企业依法签订劳动合同，参加社会保险，办理登记备案手续。2005年，常州市建立健全劳动合同书面报告制度，促进劳动合同规范管理。

2007年5月，劳动保障服务热线“12333”开通人工服务，同年受理网上咨询2500余件。10月，市劳动保障维权中心成立，受理劳动监察投诉举报、劳动争议仲裁申请，提供劳动保障法律、法规政策咨询，社会保险参保单位参保缴费情况和社会保险参保人员个人账户等查询，劳动保障业务办理咨询，处理来信来访和投诉，实现投诉、举报、信访、咨询等劳动保障业务的一门式服务。至年底，中心接待来访咨询6350人次，受理劳动争议仲裁46起、劳动合同鉴证5438人、投诉举报278件。2007—2010年，常州“12333”受理咨询电话107.4万个。

2008年1月1日起，《中华人民共和国劳动合同法》（简称《劳动合同法》）施行。同年，市委、市政府出台《关于“服务企业关爱有加、支持企业克难求进”的若干意见》，市劳动保障局制定出台服务企业用工20条措施，帮助企业渡过难关，组织企事业单位执行劳动合同制度“实施三年行动计划”，对企业加强指导和服务，推进劳动合同签订工作；分类制定、完善劳动合同示范文本，向社会公布；完善劳动合同管理规章制度，督促用人单位依法履行劳动合同；建立职工名册，实行就业登记。全市劳动保障部门为1.7万家单位组织27万人次用工对接，培训技能人才5.2万人，审批172家用人单位实行灵活工时制度，为300多户企业上门服务，协调解决劳资纠纷、指导完善用工制度，涉及劳动者近1万人。全市为企业减免税费2456万元，发放社保补贴9527万元，发放小额担保贷款1247万元，为78户企业2.3万名退休人员落实社会化管理。全市开展送政策、送培训、送人才、送服务、送温暖“五送”活动，指导企业选择合适的工时制度，降低用工成本，帮助企业走出困境。在企稳回暖之际，市劳动保障部门组织就业条线通过跨省内外劳务基地，缓解企业用工难的矛盾；配合产业结构调整，培养、储备、引进企业急需的技能人才。全市全面推行小企业劳动合同制度实施三年行动计划，贯彻实施《劳动合同法》，推进劳动合同制度充分覆盖，全面发展和谐的劳动关系。2010年，全市小企业劳动合同签订率达80%。

四、职工医疗保险

2003年起，医保实时结算与社会保险应用系统（五种社会保险合一）实现整体上线运行。2008年，常州市劳动保障局域网覆盖263个定点医疗机构。7月1日，常州市本级统筹区与武进统筹区实现双向开通，两个统筹区的参保人员可持卡到17家定点医疗机构刷卡看病。从2009年7月1日起，开通沪常医疗保险异地就医实时联网结算系统。至同年底，上海代报销常州异地就医人员医疗费用559笔，累计报销约107万元；常州代报销上海医疗费用684笔，累计报销约122万元。

五、集体合同

1995年，全市有278家企业在全省、全国率先建立、推行集体合同制度，签订了集体合同。1996年，集体协商与集体合同制度稳步推进，全市有266家企业报请劳动部门审查登记集体合同。1999—2010年，常州市区企业集体协商与集体合同工作基本顺利开展。2010年常州集体合同制度覆盖率达到60%以上。

六、女职工特殊保护

1988年3月,《常州市女职工劳动保护试行办法》颁布。1995年9月13日,《常州市贯彻〈江苏省女职工劳动保护办法〉实施细则》颁布实施,规定适合妇女从事劳动的单位不得以妇女已婚、怀孕、哺乳等为借口拒绝招收女职工或提高录用条件,严格禁止招收和使用童工,用人单位不得在女职工孕期、产期、哺乳期降低其基本工资或解除其劳动合同。企业进行承包、租赁、转让、兼并的,对能胜任本职生产和工作的原企业女职工,不得无故拒绝使用或聘用,明确女职工休息、休假、医疗、安全卫生、计划生育等方面的权益保护规定。到2010年底,新北、武进等辖区劳动保障、工会等单位组织相关企业签订了女职工特殊保护集体合同(协议)。

第二节　职工工资

一、工资制度改革

1990年,常州市90%以上的企业实行工资总额与经济效益挂钩浮动分配制度,建立相应的工资调节基金,实行以丰补歉。企业实行计件工资、计时工资、岗位工资、结构工资、提成工资等分配形式,合理处理企业经营者与一二三线职工之间的分配关系,在国民经济发展的同时相应提高职工工资。同年,全市职工工资总额达12.9亿元,职工人均货币工资2333元。全市实行工资总额与经济效益挂钩的全民所有制企业847家、集体所有制企业881家,分别占同类企业的95.6%、91.1%。工效挂钩的形式有工资总额与上缴税利、实现税利、实物销售量、销售收入、实际工作量、外贸收购值、综合经济指标、百元产值挂钩和工资含量包干、提成工资、工资总额包干挂钩10种。工效挂钩的办法根据经济形势适时调整,对效益较大幅度下降、严重影响职工收入的企业改为实行工资总额包干的办法;出现亏损、平均工资较低、无奖金来源的特困单位不再制定任何考核指标,实行基数工资包干的办法;效益下降、工资下浮的挂钩企业适当下浮扣减比例,建立工资调节基金;因受外部因素影响导致人均工资降低较多的企业,酌情照顾,以缓解企业之间苦乐不均的问题。

1991年,常州冶金机械厂、国棉一厂、国棉三厂、东方印染厂、第十一织布厂、建材二五三厂、建材设备厂和常州金狮集团自行车链条分厂探索企业内部分配的新路子,进行岗位技能工资制的岗位测评、方案测评和测算,打破全国统一实行的等级工资制,按岗位的劳动强度、劳动条件、责任大小、技能差别确定岗位工资系数,拉开工资档次。其中冶金机械厂和纺工行业的4家企业拟订的岗位技能工资制实施方案办法得到省劳动局批准,逐步实施运行,职工中出现学技术、准备考核上岗的好现象。翌年,改进工资总额与经济效益挂钩、工资总额包干办法,全民所有制企业实行工效挂钩的达660家、职工21.36万人,实行工资总额包干的有532家、职工10.95万人。在职工工资总额增长低于企业经济效益增长、职工实际平均工资增长低于企业劳动生产率增长(简称"两个低于")前提下,自我约束较强的25家企业试行自定工效挂钩比例。探索企业内部分配制度改革,落实工资奖金分配自主权,实行岗位技能工资制试点企业19家、职工2.89万人;工资分配向苦脏累险岗位和关键技术岗位倾斜,企业内部逐步形成岗位靠竞争、报酬凭贡献的机制。

1993年,全市按照新的企业财务会计制度,改进企业工资总额与经济效益挂钩办法,将企业留利部分的奖金和国家规定的物价补贴都纳入挂钩基数,实行总挂总提。加强对劳动工资的宏观调控,改革劳动工资计划,按常州市区、武进、溧阳分别试行弹性劳动工资计划,对企业在"两个低于"前提下,实行工效挂钩、工资总额包干、自主确定、计税工资等形式,调控分配关系。常州电子计算机厂、建材二五三厂等71家企业开展自主确定工资总额试点。药业、亚细亚影城等股份制试点企业实行计税工资的办法。翌年,全市改革企业工资制度,企业工资水平有较大幅度提高,政府加强对企业工资总额的宏观调控,改进并扩大弹性劳动工资计划的主要调控指标和覆盖面，采取措施控制消费基金过快增长。

1998 年，全市劳动指导企业搞好内部分配，健全以工资指导线为主的宏观调控体系。《常州市企业工资指导线试行办法》出台，确定特殊人员的工资支付标准；调整工效挂钩政策，改进股份制企业工资成本管理办法；继续激励企业实行岗位技能工资制，全市 167 家企业 9.8 万名职工实施岗位技能工资制。首次公布常州市制造行业 10 个主要工种、138 个职位的劳动力价位。1999 年，扩大劳动力市场工资指导价位制度的调查范围，改进劳动力市场工资价位的指标体系，加强企业经营者收入管理、劳动工资信息发布，制定市属工业企业经营者年薪制试行办法，开展企业内外收入监督检查，建立人工成本和劳动力市场工资指导价位发布制度。常州初步建立以工资指导线制度为核心的企业工资宏观调控体系，在全省率先向社会公布工资增长指导线，企业职工平均工资稳步增长。

二、工资指导体系

2000 年，常州建立与现代企业制度相适应的收入分配制度，按时制定和发布企业工资指导线，指导企业编制企业工资总额计划，提高最低工资标准，提高技能工资等级，全市企业职工工资持续稳步提高。检查市区 500 多户企业 1999 年的工资总额提取使用、内部分配制度建设、最低工资保障制度执行、工资支付、经营者与职工收入关系及执行工资指导线等情况。建立劳动力市场工资指导价位调查制度，调查 43 个职位的工资价位。翌年，市劳动局出台《关于进一步深化企业内部分配制度改革的指导意见》，发布市区 2001 年企业工资指导线，改革企业工资宏观管理体制，指导企业进行基本工资、经营者和科技人员收入分配制度 3 项内部分配制度改革，探索内部职工持股办法、技术要素参与收益分配办法和劳动分红办法；初步建立企业人工成本预测预警制度；促进本市企业职工工资稳步增长。建立劳动力市场工资指导价位制度，形成 126 个工资职位、1523 个工资价位，初步形成从高级管理人员到一般工人岗位等通用职位的劳动力市场工资指导体系。

三、工资集体协商

2002 年，常州市劳动和社会保障局、经贸委、总工会、企业家协会联合发出《关于在全市企业中建立工资集体协商制度的通知》，印发《贯彻劳动和社会保障部〈工资集体协商试行办法〉实施意见》，规定企业每年在确定内部工资分配制度、工资分配形式、工资增长水平等事项时，要与职工代表进行平等协商 1 次，在协商一致的情况下签订工资协议。正常的工资协商机制，成为企业与职工正常的沟通渠道，增强劳资双方的信任，缓解劳资矛盾，合理确定职工工资水平、增长水平，调动职工的积极性和创造性，促进企业发展。2005 年，市政府出台《关于进一步推进企业工资集体协商的意见》，规定实行工资总额与经济效益挂钩办法的企业都要建立工资集体协商制度，通过平等协商合理确定企业工资总量和职工工资水平；市劳动保障局出台《常州市工资集体协商实施办法》，在全市建立、实行备案审查程序。至 2010 年底，全市开展工资集体协商并报审的企业有 4000 多家次。

四、最低工资标准

1995 年 6 月 7 日，常州市经省政府批准，公布施行 1995 年度最低工资标准，各行政区开始实行企业职工的最低工资标准，其中常州市区、武进市执行一类标准每月 210 元；金坛、溧阳两市执行二类标准每月 175 元。1996 年 7 月 1 日起，市政府调整企业最低工资标准，常州市区、武进执行一类标准，从 210 元调整为 240 元；金坛、溧阳执行二类标准，从 175 元调整为 200 元。2001 年调整企业最低工资标准，建立小时工最低工资标准制度。此后，市政府及时调整全市企业最低工资标准，保障劳动者的劳动报酬权。2010 年 2 月，常州市区执行一类地区最低工资标准每人每月 960 元，金坛、溧阳执行二类地区最低工资标准每人每月 790 元。

第三节 劳动监察

1994年，常州市劳动局设立劳动关系与监察科，年内重点检查33家外资企业劳动用工情况，实施必要的行政干预，制止和纠正违反劳动法规和侵权的行为。至1995年底，全市建有劳动监察机构9个，配备劳动监察员41名，聘请劳动监察协理员51名，组建一支劳动监察队伍，初步形成劳动监察网络，受理和查处一批违法案件。1996年11—12月，全市首次对企业、有雇工的个体工商户及与劳动者建立劳动合同关系的国家机关、事业单位、社会团体开展劳动用工年检，内容包括用人单位招聘职工，与劳动者订立、履行劳动合同及合同鉴证，执行国家有关工作时间和休息休假规定，工资水平及工资发放，依法参加保险、缴纳社会保险费及职工享受保险福利，制定劳动规章制度等情况。1998年，常州市建立劳动监察支队，辖市区建立劳动监察大队，开展职业中介、民工有序流动、社会保险费征缴和劳动合同管理等专项劳动监察。市劳动局成立行政执法责任制和行政执法评议考核制领导小组和办公室，制定执法监督制度和实施方案13项。2000年，各级劳动监察机构与110报警中心协同配合，对非法用工机构及非法用工等案件进行新闻曝光。

2001年，全市劳动监察部门开展对职业介绍、残疾人就业、就业准入制度、劳动合同和禁止使用童工等的专项检查。2003年，贯彻《禁止使用童工规定》，依法严厉打击使用童工行为，检查用人单位2995家，涉及劳动者6.3万人，查出使用童工33人。加强对拖欠工资企业的监督检查，开展农民工工资支付情况专项检查，查处拖欠和克扣农民工（特别是建筑农民工）工资的行为，为全市1.33万名农民工追缴欠薪1733.56万元。2007年，市劳动保障局会同市公安局、监察局、安监局、总工会等9部门联合开展整治非法用工打击违法犯罪专项行动，检查全市小砖窑、小矿山、小作坊用人单位共1658家的用工情况，责令用人单位补签劳动合同5521人、办理社会保险3075人、为427名劳动者追讨工资和经济补偿金81.79万元，清退童工9人；发现违法案件1001件，其中涉及未依法订立劳动合同480件、未办理社会保险161件、未支付工资211件、非法使用童工7件。

2008年1月开始，全市劳动监察部门向用人单位发放《2008版劳动合同》30万份、劳动合同37.6万份，全市劳动合同签订率明显提高。劳动保障书面审查实行免费办理，当年书面审查用人单位2.15万家。通过市、区联动，查处一批典型案件，如武进1家企业拖欠农民工工资老板逃匿案件、天宁1家企业集体上访案件、新北区1家餐饮企业未参加社会保险案件、钟楼无锡中百保洁公司网上举报案件、戚墅堰区劳务派遣用工等案件。翌年，全市劳动监察部门开展专项执法检查6次，即农民工工资支付专项检查、清理整顿人力资源市场秩序专项检查、整治非法用工打击违法犯罪专项检查、劳动合同签订和履行情况执法检查、《禁止使用童工规定》专项检查和配合"春风行动"开展的打击非法职业介绍活动专项治理，为农民工追回拖欠工资1800余万元，依法取缔未经许可登记，擅自从事职业中介活动的非法组织和个人29家，7家单位被立案查处，劳动、公安、街道三方与21家职介机构第一责任人签订守法经营责任书；市劳动局、公安局、总工会、建设局等9部门开展以"厂中厂"、小理发店、小纺织、小家电等家庭作坊式为重点的执法检查，检查用人单位1365家，清退童工21人，依法规范企业用工行为。

2010年，全市劳动监察部门书面审查20146家企业，其中市劳动监察支队办理1567家，书面审查合格率为96.8%。开展柔性执法，积极推行劳动保障监察建议书制度，劳动保障监察强制执行案件仅2起。"两网化"（监察网格化、网络化）管理在预防违法和维稳、维权中发挥安全网和矛盾调节器的作用。

第四节 劳动争议仲裁

1986年，常州市劳动争议仲裁委员会成立，开展劳动争议仲裁，指导和督促基层企业建立劳动争议调解委员会和制定辞退违纪职工的办法。1989年，全市全面开展劳动合同鉴证。到翌年底，全市有820多家企业相继建立劳动争议调解委员会，制定辞退违纪职工的暂行办法；累计鉴证全民、集体、合资企业的劳动合同及个体户、私营企业用工的劳动合同4.72万份。各级劳动争议处理机构受理劳动争议案件143起，办理结案96起，企业劳动争议调解委员会受理了一大批劳动争议案件，调解成功率约98%，保护企业和职工双方的合法权益，稳定劳动关系，保证正常生产、工作和社会秩序。1991年，劳动争议仲裁实行公务证制度，开始受理外商投资企业的劳动争议，各级劳动争议仲裁机构围绕简化手续、方便企业的原则，把好鉴证关，从制度上、合同内容上防止无效合同。1993年起，按照《中华人民共和国企业劳动争议处理条例》，劳动争议受理范围扩大到执行国家有关工资、保险、福利、培训、劳动保护规定而发生的争议，受理时效延长至6个月。1996年，全市完成各级劳动争议仲裁委员会调整，人员配备到位，完善三方办案机制和劳动仲裁的组合与制度，各级工会、经委领导参与办案，按合法、公正、及时的原则处理劳动争议；全市组建企业调解委员会2060个，组建率达97%。1999年，以处理下岗职工劳动争议为重点，参与制定特困企业下岗职工分流方案，维护企业职工队伍的稳定。

2001年，《劳动仲裁开庭规程》《劳动仲裁开庭程序》开始贯彻实施，组织开庭观摩评估、案件质量评估，开展劳动争议处理质量年活动、仲裁庭规范化建设。2006年，武进探索在镇设立区仲裁委员会的派出机构—劳动争议仲裁办事处，具有劳动争议案件的调解和裁决权；实行争议案件审理合议制，各办事处调解不成的案件由区仲裁办指派人员和案件所在镇办事处兼职仲裁员联合组庭，联合仲裁处理；规范流程，推行庭审公示、答辩期征询、首问导诉服务、仲裁建议书、劳动仲裁绿色通道、仲裁回访六大制度，提高仲裁效率和办案质量。武进80%的争议案件在基层得到解决，其中乡镇仲裁办立案1273件，结案率100%。镇劳动争议仲裁快捷办案模式的建立，维护了劳动者的合法权益，赢得劳动争议双方的肯定，促进劳动关系的和谐稳定，在全省属首创。

2008年《中华人民共和国劳动争议调解仲裁法》（简称《劳动争议调解仲裁法》）颁布后，市劳动保障部门召开了全市劳动保障系统、仲裁机构贯彻实施《劳动争议调解仲裁法》工作会议，劳动争议仲裁不再收费，受理时效延长至1年。当年度劳动争议案件激增，全市劳动争议仲裁机构立案处理劳动争议案件4084件，涉及劳动者6219人，创历年新高。是年，坚持以调为主，先调后裁，调解涉及1180家企业、职工2000多人（次）的劳资纠纷，经济总标的3150万元，其中70%调解结案，化解矛盾。2009年2月，常州市劳动争议仲裁院成立，为全额拨款事业单位。至同年底，金坛、新北、钟楼、天宁、戚墅堰的劳动争议仲裁委员会均成立劳动争议仲裁院。是年，市劳动争议仲裁委员会推行开门调解办案模式，让企业劳资人员走进劳动仲裁，亲自参与案件的调解，以此帮助他们更全面细致地掌握《劳动合同法》等法律法规条款的适用，促进企业完善规章制度，使劳资矛盾化解在源头、萌芽状态，不断减少劳资矛盾对立冲突，促进劳动关系的和谐稳定。

2010年，原市劳动争议仲裁委员会和原市人事争议仲裁委员会依法整合，市和辖市区两级劳动人事争议仲裁委员会均成立实体化办事机构仲裁院，市劳动人事争议仲裁委员会劳动人事争议巡回法庭同时成立。全市劳动人事争议仲裁机构建立驻会工作制度，设立用人单位联系点，预防化解劳动人事争议。各级劳动人事争议仲裁机构建立劳动争议仲裁质量体系，制定《常州市劳动争议仲裁案件管辖规定》《常州市劳动争议仲裁案件质量监督评查办法》等制度，建成案前、案中、案后质量体系评查规范。全市劳动争议仲裁机构年内处理劳动争议案件 9492 件。其中，案前案外调解 6097 件，占案件总数的 64%；立案受理 3395 件，涉及劳动者人数 3917 人。处理结案劳动争议案件 3226 件，结案率 91.4%，涉及劳动者 3589 人，劳动争议案件结案涉及经济标的 1.5 亿元。其中由仲裁机构调解与撤诉处理案件 2045 件，占结案总数的 63%。

第五节　农民工工作

农民工又称进城（进镇）务工人员，是对农村非正规大中专院校毕业后进入城乡用人单位工作人员的统称。2006 年 10 月，常州市政府成立农民工工作领导小组，成员单位有市劳动保障局、市委宣传部和市中级人民法院、教育局、建设局等 29 个部门，办公室设在市劳动保障局。全市同年建筑企业全部实行农民工劳动计酬手册制度，7 万名农民工加入工会。全市对农民工相对集中的行业、企业开展多次安全生产专项整治和

2007 年常州市农民工维权、服务项目和成果一览表

表 43-2-1

项目	单位	数值	项目	单位	数值
年末农民工参加养老保险	万人	28.34	占全市工伤认定总人数的比例 %		36.80
年末农民工参加工伤保险	万人	23.01	劳动争议仲裁委立案处理农民工劳动争议案件	件	1200
年末农民工参加医疗（含新型农村合作医疗）保险	万人	23.75	涉及农民工劳动争议案件经济标的总额	万元	8500
为农民工补缴保险费	人	6922	免收农民工仲裁等费用	万元	52.00
为农民工补缴保险费总额	万元	648.63	参加互助保障计划农民工	万人	3.00
发放农村劳动力转移培训券	万元	286.00	生殖道感染综合防治服务女农民工	人	15958
全市完成转移前培训	万人次	1.04	其中查出患有生殖系统、乳腺等疾病患者	人	8920
全市完成岗位培训	万人次	2.01	为农民工子女接种疫苗	万人次	21.61
专项执法检查用人单位	户	6405	其中：接种卡介苗（BCG）	万人次	1.65
涉及农民工	万人次	45.34	脊灰糖丸（OPV）	万人次	6.68
查立违法使用农民工案	件	416	百白破（DPT）疫苗	万人次	6.14
责令补签劳动合同	万份	2.71	乙肝（HBV）疫苗	万人次	5.44
责令支付拖欠农民工工资	万元	7514.88	麻疹（MV）疫苗	万人次	1.70
追缴支付工资涉及农民工	万人	2.26	受理拖欠工程款和农民工工资投诉	起	574
在常就读适龄流动儿童少年	万名	11.20	受理投诉涉及农民工	人次	8652
向农民工赠送书籍	万册	1.80	受理投诉涉案金额	万元	5955
为农民工放送电影、表演戏曲	场	6800	发放《农民工劳动计酬手册》	万册	13
为农民工免费办理借阅证	张	800	归集建设领域农民工工资保证金	万元	4500
认定工伤的农民工	人	1408	检查在建项目	个	948

劳动安全环境检查，责令企业支付被拖欠的农民工工资总额 641.29 万元，帮助 400 多名农民工无偿诉讼，免费为 10 万名农民工提供求职登记，培训农村劳动力 2.58 万人，对近 1 万名农民工进行安全生产技能培训，

高危行业农民工工伤保险实现全覆盖，外来务工人员子女义务教育基本实现免费就读，取消农民工的计划生育收费。

2007年，市劳动保障局在全省率先增设农民工工作处，与市农民工工作领导小组办公室合署办公。组织协调全市29个职能部门，为农民工解决居住、就业、医疗及子女入学等方面的问题和困难。建立健全农民工工作机制，建立了农民工工作信息报送、工作督查、工作联系等制度，推进了全市农民工工作。市劳动部门组织印发《常州新市民服务指南》5000册，为新市民提供全市相关部门服务项目、职能、网址、咨询电话等内容。实施蓝天计划免疫，全市为农民工子女接种疫苗21.61万人次。全市开办接收农民工子女入学的蓝天学校11所，审批民办外来民工子弟学校40所，在常州市就读的适龄流动儿童少年11.2万名，其中75%以上被公办学校吸纳。推进乡(镇)文化站标准化建设；组织向农民工赠送书籍，免费放送电影，表演戏曲，免费办理图书借阅证。开展维护建筑业农民工权益行动，全市受理拖欠工程款和农民工工资投诉574件，金额5954.83万元；归集建设领域农民工工资保证金4500万元。全市开辟农民工法律援助绿色通道，建成农民工法律援助咨询服务站20个，印发《常州市法律援助指南》10万份，办理农民工法律援助案件318件。全市推进农民工参保，劳动争议仲裁机构立案处理农民工劳动争议案件1200件，经济标的总额8500余万元。开展关爱农民工行动，春节期间帮助农民工返乡回城上万人次，资助156名农民工子女就学，资助金8万元；全市推行重残互助保障计划，有3万名农民工参加互助保障计划。开办蓝天家长学校，开展农民工流动儿童家庭教育公益讲座、宣传、咨询等活动，受益民工3000余名。实施关爱农民工健康综合防治工程。

2008年，全市开展“百优十佳农民工”评选活动，评选出“城市美容师”蒙景谋，全国建设业技术能手、金坛市“十佳爱岗敬业之星”沙罗金等常州市“十佳农民工”和百名“优秀农民工”，被省政府表彰为全省优秀农民工。吴有天、张艳红(女)、华松、蒙景谋、杜大富、黄克勤等被国务院表彰为全国优秀农民工，市农民工办公室被国务院表彰为全国农民工工作先进集体，市总工会、疾病预防控制中心、农民工办公室被表彰为全省农民工工作先进集体。

2008年常州市受到表彰的全国“十佳农民工”一览表

表43-2-2

姓名	性别	户籍地	工作单位	工作岗位
沙罗金	男	江苏金坛	江苏圣通建设工程公司	建筑钢筋工
吴阿芳	女	江苏溧阳	溧阳大统华购物中心公司	蔬菜组主管助理
华　松	男	江苏沭阳	江苏恒基路桥公司	操作工
陈　月	女	江苏沭阳	江苏阳湖纺织集团股份公司	挡车工
张艳红	女	江苏沭阳	常州老三集团公司	服装制作工
吴有天	男	安徽安庆	常州强声印染公司	机修工
孙爱军	男	江苏射阳	常州市万象化工机械公司	铆焊班班长
杜大富	男	四川青川	江苏久信医用净化工程公司	材料预算员
黄克勤	男	江苏溧阳	常州勤俭钢结构厂	生产管理员
蒙景谋	男	贵州三都	常州市戚墅堰区环境卫生管理处	垃圾清运工

2009年，《常州市市区农民工城镇落户实施办法》施行，规定劳动模范、先进工作者和高级技工、技师及其他有突出贡献的优秀农民工可以落户城镇。市劳动保障局组织开展农民工就业和社会保障情况调查，选

关爱农民工，欢送农民工平安返乡（摄于2010年2月）

取5个人力资源市场、6个农民工聚集地作为调查地点，采用当面访问的方式开展调研。是年末，全市养老保险农民工参保人数31.9万人。流动儿童在公办学校就读比例达84%，金坛、溧阳、新北、戚墅堰的流动儿童全部进入公办学校就读。

2010年，常州在全省建立第一个市级农民工综合服务中心——沪宁城际铁路北站农民工综合服务中心，做实管理服务、权益维护、文化教育、党团活动4个模块，为农民工提供“首站式”服务。《全市“新市民道德讲堂”建设实施意见》出台，开展“新市民道德讲堂”系列活动，提高新市民的文明素养。开展农民工工资支付专项检查行动，检查用人单位580家，为农民工追讨工资96万元。取缔4所不合格民办农民工子弟学校，学校数量减少为25所。2009—2010年，全市为农民工6.22万人次免费提供生殖健康服务，为3943人次报销计划生育手术费用。2010年末，全市有农民工120万人，其中工作半年以上的农民工近70万人。

第三章　机关事业单位人事管理

1985年以后，常州市机关事业单位坚持实施人才优先战略，深化机关事业单位人事管理与服务体制改革，加强机制创新、监督管理和能力建设，规范机关事业单位进人制度，激活流通渠道，促进机关事业单位优化组合，提高机关事业单位人员素质，维护机关事业单位人员的合法权益，增强机关事业单位的活力，干部人事管理的整体效能、科学化水平有所提高。1986—2010年，全市各级党委和纪检监察机关坚持一手抓服务科学发展不动摇，一手抓反腐倡廉建设不放松，调动党员干部干事创业的积极性和创造性。

第一节　公务员管理

1986—2010年，市委、市政府围绕改革发展大局，从思想建设、作风建设和制度建设入手，加强公务员制度建设和队伍建设，提高公务员能力素质，全市公务员队伍结构和机关工作作风明显改善，服务效能明显提高。2010年底，常州市有公务员（含参照公务员管理单位的相关人员）1.67万人，其中大专以上文化的公务员占73%，中共党员占78%。

一、实施公务员制度

1993年，《国家公务员暂行条例》颁布实施，中国建立公务员制度。常州市从1996年开始，根据国务院下发的《国家公务员制度实施方案》，在全市机关和参照公务员制度管理的单位中开展工作人员向国家公务员过渡工作，对符合规定条件的对象统一组织过渡培训，培训合格人员统一填写《国家公务员过渡登记表》。

这项工作为2006年《中华人民共和国公务员法》（简称《公务员法》）实施时各级机关的公务员登记工作奠定了基础。

1997年9月，市委组织部、市人事局联合发出《关于市级机关非领导职务设置的实施意见》，在市级机关规范非领导职务职数设置。市人事局按规定的条件和限额（要求不超过领导职数的50%），对市级行政机关分别设置主任科员、副主任科员和科员、办事员等非领导职务，核定相应职数。调研员、助理调研员及党委、纪检委、人大办、政协办、法检两院和群团机关等参照管理单位的非领导职务、职数，由市委组织部根据《国家公务员暂行条例》和相关规定分别设置和核定。随着《国家公务员暂行条例》相关配套法规的陆续出台，市委组织部、市人事局在全市组织贯彻实施公务员职位分类条例、公务员考核条例等法规。2000年12月，市人事局出台《常州市国家公务员奖励实施办法》。2003年5月，市组织、人事部门制定《国家公务员培训证书管理办法（试行）》，建立培训与使用相结合机制、分级分类培训机制和培训工作考评机制。9月，首次组织全市400名新录用国家公务员和机关工作人员宣誓活动。翌年9月，规定新录用的公务员上岗之前应先下基层进行半年到1年的工作锻炼，新录用的公务员下基层锻炼成为常州的制度性工作。

2006年1月1日，《公务员法》正式施行。全市开展公务员和参照《公务员法》管理单位工作人员登记，组织开展了《公务员法》学习活动，对1.6万名公务员全部轮训一遍。2007—2010年，常州陆续转发国家和省出台的《公务员录用规定（试行）》等《公务员法》实施配套法规，健全公务员管理制度。2009年3月，常州开始对提拔担任科级职务或由科级非领导职务改任同级领导职务人选实行任职前公示制和试用期管理，加强对公务员职务任免与职务升降管理，规范和完善市级机关科级公务员任职管理制度。

二、招考任用

1997年起，常州录用公务员和机关工作人员实施凡进必考制度，市委组织部、市人事局按照《江苏省录用国家公务员实施办法》规定和公开、平等、竞争、择优的原则，严格程序，强化监督。2002—2010年，全市面向社会公开考试录用公务员和参照《公务员法》管理单位工作人员3282人（含驻常省垂直管理部门所属机构），一大批年纪轻、素质好、学历高的人员充实到公务员队伍，公务员队伍整体结构得到改善。常州市从1998年起，按《江苏省国家公务员职位轮换（轮岗）实施办法》，在机关内部有计划地实施公务员职位轮换（轮岗）。2002年9月，市组织、人事部门下发《常州市党政机关中层领导职位竞争上岗实施细则（试行）》文件，结合党政机构改革的需要，在市级党政机关中分3批集中开展首次竞争上岗活动，192人通过竞争走上领导岗位，有5人被调离领导岗位。2003年，市、县、乡三级联动开展公推公选工作，面向全国选拔16名科级及其以上干部充实到市级机关。2004年4月，市组织、人事部门专门下发《关于市级机关科级领导职位轮换（轮岗）工作制度化规范化的意见》，推进中层科级领导职位轮换（轮岗）制度实施，规定凡年满57周岁的男性公务员和年满52周岁的女性公务员应从领导岗位上退下来，转任非领导职务。2008年5—8月，市委提出“打造一流干部队伍”的目标，市组织人事部门用110天时间，组织全市机关科级干部跨地区、跨部门集中交流轮岗，市、区机关58个部门和9个事业单位的102名科级干部通过组织选调、竞争上岗，交流到新岗位。2010年3月，市委组织部、市人力资源和社会保障局在市级机关全面推行科级领导职位竞争上岗。

三、考核奖励

1994年起，常州根据《国家公务员暂行条例》规定，在全市党政群机关工作人员中实施年度考核，作为公务员管理的重要环节进入公务员管理制度体系，注重公务员考核的实效，完善考核的内容、手段和方法，逐步形成平时考核与年度考核相结合、工作绩效考核与综合素质测评相结合，内部考核与外部监督评议相结合的动态考评机制。翌年8月，常州市采取措施加强和规范平时考核。2004年9月起，实行《公务员平时考核手册》管理办法。2006年10月起，市人事局在全市率先使用计算机系统进行公务员考核。2010年3月，应用计算机技术开展公务员考核试点，在市级机关党工委、市级机关事务管理局、商务局、城管局等4个单位展开。2008年12月，市委组织部、市人事局下发《关于进一步加强公务员考核工作的意见》，规定平时考核的工作要求和相关程序，强化考核结果的应用，结合新一轮工资改革，提出平时考核与地方工作性津贴相挂钩的实施办法。常州市坚持行政奖励和年度考核、弘扬先进相结合，对在经济建设、社会事业发展中作出突出贡献的人员，或处理突发事件、见义勇为的先进典型及时奖励，发挥行政奖励的导向作用。

四、教育培训

1998—2000年，中共常州市委组织部、常州市人事局先后下发《关于全市开展国家公务员培训工作的实施意见》《常州市国家公务员和参照管理机关工作人员初任培训实施意见》等文件，推进全市公务员培训的制度化。1998年起，全市各级机关陆续开展世界贸易组织知识培训、科技知识培训、计算机培训、外语知识培训、普通话培训、《中华人民共和国行政许可法》培训、《突发事件应对法》培训等大规模培训活动。2003年，全市组织开展"莱蒙杯"青年公务员素质大赛、公务员普通话大赛、纪念《国家公务员暂行条例》颁布10周年活动。通过培训教育，公务员的市场经济知识、依法行政知识水平和工作技能等明显提高。

2005年，市委组织部、市人事局把公务员年度参加培训情况作为公务员年度考核和任职、晋升的重要依据。2005—2009年，组织开展以能力建设为核心的"5+X"公务员能力培训工程，全市95%以上的科级及其以下公务员参加以公共经济、公共政策、公共服务、依法行政、创新能力为主要内容的轮训学习。2009年底，全市逐步形成以"四类培训"为基础、学历教育和境外培训为补充的公务员教育培训体系。2010年4月，市人力资源和社会保障局开通中国常州公务员学习网，成为市级机关公务员自主选学、灵活便捷的学习平台，完善公务员能力培训的系统化和多方位的培训机制。市委组织部、市人力资源和社会保障局联合下发《市级机关科级以下公务员学习培训积分制管理办法（试行）》和《市级机关科级以下公务员任职前培训办法（试行）》，规定公务员每年参加学习培训不得少于72学分，公务员任职前必须学完规定的培训课程并考试合格。

常州市人民满意的公务员、公务员集体一览表

表43-3-1

级别	年份	人民满意的公务员集体	人民满意的公务员
省级	1999	—	何爱东
	2004	市国土资源局	李　峥
	2008	市公安局局前街派出所	王定海、王　颖
市级	2005	常州市妇女联合会、公安局局前街派出所，常州出入境检验检疫局检务处、武进区行政服务中心、钟楼区人民法院	谢卫林、恽　俊、薛　蓓、郭志贤、王定海、张焕良、吴华良、王美蓉、汤和平、王　颖

第二节　事业单位人事管理

一、岗位管理

中共十七大明确提出要加快推进事业单位分类改革，推进事业单位人事制度改革。2006年，国家出台《事业单位岗位设置管理试行办法》和《〈事业单位岗位设置管理试行办法〉实施意见》，对事业单位岗位进行分级分类管理，完成事业单位岗位制度与分配制度的结合。2009年，《常州市事业单位岗位设置管理实施意见》出台，推行事业单位岗位设置管理制度，把岗位设置管理制度作为事业单位的基本管理制度，打破身份管理的瓶颈，促进事业单位由身份管理向岗位管理转变，解决人员能上能下、职务能升能降、待遇能高能低的问题。全市事业单位按规范有序、科学合理、精简效能、动态管理的原则，进行岗位设置，在核定的岗位总量、结构比例和最高等级控制数内进行岗位聘用。

二、公开招聘

全市人事部门探索事业单位社会化招聘思路和模式，推进“阳光人事”“和谐人事”，机关事业单位面向社会招考，引入竞争机制，规范用人行为，贯彻落实公开、公平、竞争、择优的进人原则。1995 年起，全市事业单位公开招聘逐步实行公开招聘办法。2004 年，《常州市事业单位公开招聘工作人员实施意见》出台。2009 年，完善公开招聘办法，出台《常州市事业单位公开招聘工作人员暂行办法》，经历了探索尝试、试点推动、入轨运行和规范完善 4 个阶段。实行分级分类调控机制，人事部门负责综合管理、指导和监督，主管部门负责指导并审核、全过程指导、监督实施，用人单位负责综合考核测评和聘用。每年公开公布招考目录，探索建立一套有别于公务员统一招考和企业市场化自主招聘，符合事业单位特点的招聘模式。建立定时定期信息发布制度。全市事业单位统一公开招聘，实行灵活多样的考试考核方法。

三、人员聘用

事业单位涉及面广量大，单位和人员数量众多，历史变化与现实情况复杂，其管理和改革是相当繁难的问题。常州市事业单位人事制度改革以 1999 年 1 月出台的《常州市事业单位实行聘用制暂行办法》为标志，重点推行事业单位聘用制度。翌年，中共中央出台《深化干部人事制度改革纲要》，中共中央组织部、人事部出台《关于加快推进事业单位人事制度改革的意见》。2002 年，常州市完善事业单位人员聘用制度，规范事业单位人员聘用行为。2004 年，市政府出台《常州市事业单位实行人员聘用制度暂行办法》，全市事业单位人员聘用制度改革从试点、扩大试点到全面推行人员聘用制度，经历 10 年时间，实现人员聘用制度全覆盖。至 2010 年底，全市有 1925 家事业单位，事业单位聘用合同签订率达 99.5%。事业单位人员聘用制度的建立，事业单位用人制度根本变革，初步实现人事管理的法治化，赋予单位充分的用人自主权，以合同形式保障单位和职工的合法权益。

四、分配制度

80 年代，常州市根据国家对事业单位职工人数和工资总额计划管理政策的规定和要求，实行工资基金审批制度。人事部门参与控制消费基金过快增长，推进事业单位工效挂钩和综合目标考核机制。1996 年，《关于常州市事业单位实行工效挂钩办法的实施意见》出台，控制消费基金的过快增长。2000 年，《关于完善常州市事业单位实行工资总额与经济效益挂钩办法的实施意见》出台；2007 年起，对部分事业单位实行综合目标绩效考核，实行单位工资总额与单位的收入、社会事业服务相挂钩的考核计提办法，调控公共服务型和公益性事业单位工资总额。

2001 年，常州被列为江苏省事业单位实行多元化分配制度改革试点市，引导事业单位实行以岗位绩效工资为主的多元化分配制度改革，促使单位完善职工内部分配制度政策。市政府出台事业单位试行岗位工资分配办法，试行按项目分配、优秀人才协议工资、专业技术人员兼职兼薪分配办法和完善工资总额管理的通知等多元化分配制度改革政策，深化事业单位内部分配制度改革，实行政府调控总额，单位自主分配，个人按劳取酬的政策。2006 年 7 月，国家出台事业单位收入分配制度改革方案及实施办法，改革的核心是建立体现事业单位特点的收入分配制度，强调岗位绩效的激励功能，把原职务等级工资制度改革为岗位绩效工资制度。2009 年，常州事业单位推行岗位设置管理制度，职工逐步按照岗位等级，明确工资待遇。原职务等级工资制度是与人相结合，待遇随人走；岗位绩效工资制度是与岗位结合在一起的，突出工作岗位、工作绩效在收入分配中的作用，待遇随岗定。岗位绩效工资制度实施的前提是事业单位完成岗位设置、岗位聘用，这是对事业单位收入分配制度的一次重大变革。

五、人事争议仲裁

随着计划经济向市场经济的转变，法律法规制度的逐步健全，事业单位职工法制意识、维权意识不断增强，事业单位体制改革和人事制度改革过程中一些深层次的矛盾和问题逐步显现，事业单位与其职工在工作的权利与义务、辞职与辞退等人事关系及待遇方面容易出现争议纠纷。1997 年，人事部出台《人事争议处理暂行规定》，在事业单位建立人事争议仲裁制度，促进事业单位与职工之间矛盾的解决。1999 年 8 月，市人事争议仲裁委员会成立。2000 年 4 月，成立仲裁处，对事业单位人事纠纷实行人事争议处理调解机制，专门受理、处理事业单位人事争议案件。按健全组织机构、完善政策体系、规范办案程序的要求，制订出市人事争议仲裁委员会章程、守则和人事争议处理办案规则、仲裁员管理办法，制定立案审查程序、仲裁庭工作程序、仲裁开庭程序等规范性文件，形成一套人事争议仲裁政策和操作规范。建立多方仲裁协调机制，与各级人民法院、劳动仲裁机构经常沟通交流。坚持裁决与调解并重机制，依法立案，开展案件受理和裁决工作。

第三节　军转干部安置

一、接收安置

1985 年以后，中共常州市委组织部按中央提出的“指令性计划、指令性分配、指令性安置”总要求，直接把军队师、团职转业干部安置到机关企事业等单位，部分充实到乡镇、街道、基层企事业单位。1985—1987 年，在解放军实行百万裁军期间，常州市接收安置军队转业干部 2022 人，其中师职干部 15 人、团职干部 205 人、营以下（含专业技术级）干部 1802 人。1988—2000 年为军转安置正常年，全市组织、人事部门牵头组织协调市相关机关、企事业和社会团体等单位接收安置转业干部 2560 人，其中师职干部 18 人、团职干部 428 人、营职及其以下（含专业技术级）干部 2114 人；接收安置随调家属 488 人。

2001 年，中共中央、国务院、中央军委颁布《军队转业干部安置暂行办法》，规定此年以后计划分配的军队转业干部一般安排到地方党政机关或事业单位，企业接收军队转业干部由安置部门编制计划，根据军队转业干部本人志愿分配。2004 年起，常州市订立军队师、团职军转业干部积分选岗办法，按转业干部的军龄、职务、立功情况进行积分，按照高分优先、人岗相适、服从分配的原则安置。1986—2010 年，常州市累计安置师职转业干部 46 人、团职转业干部 885 人。2001—2010 年，全市累计接收安置军队转业干部 2014 人，其中计划分配安置军队转业干部 1964 人，包括安置到党政机关及参照实行公务员制度单位 1800 人、事业单位 143 人、企业单位 21 人，计划外安置 50 人。

二、自主择业

2001 年起，常州市根据《军队转业干部安置暂行办法》和《关于自主择业的军队转业干部安置管理若干问题的意见》精神，对担任团级职务的军队转业干部或者担任营级职务且军龄满 20 年的军队转业干部，可以选择计划分配或者自主择业的方式安置。2004 年 11 月，市人事局成立市转业军官服务中心，负责自主择业军转干部就业创业指导、退役金的核发、医疗保险等社会保障事项办理、人事档案管理及其他日常管理。2001—2010 年，常州市接收自主择业军转干部 50 名。到 2010 年底，全市有 49 名（其中 1 人于 2006 年 7 月被某高校录用为事业编制人员）自主择业军转干部按规定领取退役金，享受公务员医疗保障待遇。

第四节 工资管理

一、工资制度改革

1985 年工资制度改革 1978 年改革开放后，单一的计划经济体制的坚冰逐渐打破。1984 年中共十二届三中全会提出实行有计划的商品经济后，实行分配上打破平均主义、吃“大锅饭”的做法。1985 年 7 月起，开始实行新中国成立后的第二次工资制度改革，把企业与机关事业单位工资制度相分离，机关事业单位由职务等级工资制改为结构工资制，结构工资由基础工资、职务工资、工龄津贴、奖励工资组成。从领导干部到一般工作人员均实行相同的基础工资；工龄津贴从参加革命工作和社会主义建设时开始计算，每工作 1 年每月发给 0.5 元，按工作年限逐年增长，津贴最高年限为 40 年。1985 年，限额增资 55.93 万元，市区补发工资总额 361.39 万元。1986 年，常州市根据国务院和省关于工资制度改革精神，机关事业单位进行工资制度改革，市区 474 个机关、事业单位参加工改，参照机关事业单位工改的单位 10 个，委托代办的部、省属单位 10 个，合计 494 个，参加改革总人数 31149 人。

1985—1993 年工改前，1986 年、1987 年、1988 年、1989 年 4 次增加机关事业单位工作人员工资，除 1989 年是普遍调整外，其他 3 次为局部微调。

1993—2005 年常州市机关事业单位从业人员工资报酬增长情况表

表 43-3-2

年度	从业人员数(人)		平均劳动报酬(元)		劳动报酬总额(万元)			
	事业	机关	事业	机关	事业	事业核算数	机关	机关核算数
1993	—	22958	—	4020	—	—	9231.00	9229.12
1994	—	23360	—	6150	—	—	14334.00	14366.40
1995	—	24055	—	7364	—	—	17582.00	17714.10
1996	91977	24644	8096	9541	73103.40	74464.58	23404.00	23512.84
1997	92010	25660	9456	10487	86444.90	87004.66	26582.90	26909.64
1998	92219	25521	10519	12003	96592.70	97005.17	30406.60	30632.86
1999	93560	24902	11886	14332	111075.60	111205.42	35563.50	35689.55
2000	89646	24958	12952	15727	116745.70	116109.50	39015.20	39251.45
2001	87120	24602	15612	19137	136553.70	136011.74	47372.90	47080.85
2002	82311	25743	17092	21983	143159.00	140685.96	57399.00	56590.84
2003	79290	27231	19903	27170	157873.00	157810.89	73426.00	73986.63
2004	76666	27576	24131	33476	183369.00	185002.72	91841.00	92313.42
2005	75075	27381	26609	40546	198250.00	199767.07	109364.00	111019.00

1993 年工资制度改革 1992 年国家机关开始推行公务员制度。1994 年 4 月开始，常州根据《江苏省人民政府关于印发〈江苏省机关、事业单位工资制度改革两个实施方案〉的通知》，从 1993 年 10 月 1 日起改革机关事业单位进行工资制度。机关开始实行职级工资制，基本工资由职务工资、级别工资、基础工资、工龄工资 4 部分组成；事业单位专业技术人员按 5 大类不同行业建立专业技术职务等级工资制，管理人员建立职员职务等级工资制，其工资由固定工资和活工资两部分组成。常州机关事业单位有 97979 人参加工资制度

改革，人均月增资（含地方综合补贴）161.41 元。其中，行政机关 17621 人，人均月增资 143.26 元；事业单位 80358 人，人均月增资 165.4 元。全市有 1824 名离休干部按同职务同条件在职人员的套改办法进行套改，人均月增资 291.34 元；有 17938 名退休人员增加退休费，人均月增资 147.52 元。此次工资制度改革是历次工资改革工资增幅最大的一次，全市机关事业单位职工的收入水平有明显提高，工资正常晋升机制和动态调整机制建立。至 2006 年 6 月 30 日，工资制度改革 13 年来，机关事业单位年度考核连续两年称职以上的人员正常晋升职务工资 6 次，同时机关年度考核 5 年称职以上人员两次浮动级别工资。机关于 1999 年 7 月、2001 年 1 月两度提高级别工资标准，2001 年 10 月、2003 年 7 月两度提高职务工资标准，1997 年 7 月、1999 年 7 月和 2001 年 1 月 3 次提高基础工资标准。事业单位在 13 年内提高职务工资标准 5 次。机关从业人员月工资增幅达 9.08%，工资水平大幅度提高。

2006 年工资制度改革 随着社会主义市场经济体制的建立和改革的不断深化，机关事业单位工资收入分配制度逐渐暴露出工资水平总体偏低等突出矛盾和问题，无法通过其自身调节来弥补和解决，这次工资制度改革是情况最复杂、难度最大的一次工资制度改革。2007 年 1 月，随着 2006 年 1 月《公务员法》的全面实施，常州市根据江苏省机关事业单位工资制度改革相关文件精神，从 2006 年 7 月开始，改革机关和事业单位工作人员工资收入分配制度。常州市 428 家市直属机关事业单位的 24634 名在职人员参加新工资套改，人均月增资 301 元；为 8463 名离退休人员增加离退休生活费，其中离休人员 533 人、退休人员 7930 人，每人月均分别增资 531 元、300 元。辖市区有 69738 名在职人员参加工改，人均月增资 257 元；24132 名离退休人员增加离退休生活费，人均月增资 285 元。

2006—2010 年常州市机关事业单位从业人员工资报酬增长情况表

表 43-3-3

项目	类别	指标	2006	2007	2008	2009	2010
从业人员（人）	机关	总人数	27968	28672	30186	30865	31728
		比上年增（%）	—	2.5	5.3	2.2	2.8
	事业	总人数	80826	82628	83906	84972	89482
		比上年增（%）	—	2.2	1.5	1.3	5.3
人均劳动报酬（元）	机关	年报酬	48151	55025	64919	65618	70044
		比上年增（%）	—	14.3	18.0	1.1	6.7
	事业	年报酬	31767	37585	42587	51358	57663
		比上年增（%）	—	18.3	13.3	20.6	12.3
劳动报酬总额（万元）	机关	年报酬	133893	156613	194570	202529	220051
		比上年增（%）	—	17.0	24.2	4.1	8.7
	事业	年报酬	255514	309572	356139	436396	511472
		比上年增（%）	—	21.2	15.0	22.5	17.2

国家公务员工资改革 2006 年 7 月起，全市实行国家统一的职务与级别相结合的职级工资制，基本工资由职务工资、级别工资两项构成。市直属行政机关 5924 人参加改革，人均月增资 240 元，公务员工资制度改革与清理规范津贴补贴相结合，适当向基层倾斜，工资的激励功能增强。这次工资制度改革后，完善了机关公务员正常增资办法，累计 2 个和 5 个年度考核称职及其以上人员，可以晋升 1 个级别工资的档次和级别。

事业单位职工工资改革 2006 年 7 月起，事业单位职工收入分配与公务员工资制度脱钩，建立岗位绩效工资制度。岗位绩效工资包括岗位工资、薪级工资、绩效工资和津贴补贴4部分，其中岗位工资和薪级工资为基本工资。市直属事业单位18710人参加工改，人均月增资320元。事业单位工作人员收入分配制度改革与深化事业单位体制改革相适应，建立体现事业单位特点的收入分配制度，向高层次人才倾斜。事业单位根据考核结果，将原两年晋升1档工资改为每年增加1级薪级工资。建立基本工资和津贴补贴动态调整机制，使机关事业单位工作人员收入水平与国民经济社会发展相协调，与地区经济发展水平、物价消费水平衔接。

二、津贴补贴改革

职务岗位津贴 随着改革开放的稳步发展，根据不同地区的自然环境、经济发展水平和物价等因素，常州市从1992年开始建立机关事业单位职务(岗位)津贴，1993年工资制度改革后先后5次调整机关事业单位职务(岗位)津贴标准，人均月增资约250元。

省市综合补贴 1993年全省工资制度改革后，按照国家规定将原有的物价补贴和福利性补贴冲销64元后保留地方综合补贴为每人每月66元，常州市工资制度改革后仍保留综合补贴41元，1993年工资制度改革后常州市机关事业单位综合补贴合计为每人每月107元。由于经济发展、物价水平的提高，1997年7月常州市再一次调整综合补贴标准为每人每月170元，人均月增资63元。

地方岗位补贴 2003年5月，常州市探索建立与经济发展相适应的地方性增资机制，市级机关工作人员建立地方岗位补贴，人均月增资340元，退休人员发放生活补贴，人均月增资272元；事业单位工作人员建立与其分配机制相适应的岗位考核奖，人均月增资300元，退休人员人均月增资240元，再次较大幅度地提高了机关事业单位工作人员的收入水平。

国家公务员津补贴 2008年1月起，常州市规范公务员津贴补贴，原省、市津贴补贴统一归并为生活性补贴、工作性津贴，离退休人员统一归并为生活性补贴。对市级103家机关和参照公务员管理事业单位9295人进行规范，其中在职6667人、离休284人、退休(职)2344人。

事业单位绩效工资 常州市义务教育学校从2009年1月起实施绩效工资，清理规范津贴补贴，把规范后的津贴补贴和原国家规定的年终一次性奖金纳入绩效工资总量。绩效工资分为基础性绩效工资、奖励性绩效工资两部分。基础性绩效工资设为岗位津贴、生活补贴两项。奖励性绩效工资主要体现工作量和实际贡献等因素，分别占绩效工资总量的70%、30%。常州市义务教育学校23667名在职人员实行绩效工资，其中管理人员134人、专职教师22945人、工人588人。同时向全市义务教育学校15733名退休人员发放生活性补贴。2009年10月，随着基本药物制度的实施，公共卫生和基层医疗卫生事业单位开始实施绩效工资，推动医疗卫生机构运行机制综合改革。2010年1月，其他事业单位根据国家和省政策开始实行绩效工资。

第四章　人才队伍建设

1986年以后，常州各级党委、政府日益重视、加强人才工作。随着经济发展步伐加快和对外开放扩大，大力实施人才培养、引进和招聘留学人员战略，为常州发展奠定了坚实的人才基础。

第一节　人才工作机构

一、人才载体

常州人才载体建设始于21世纪初。2000年1月，常柴博士后科研工作站挂牌，溧阳的江苏正昌集团有限公司、新北区的江苏省农用激素研究中心的博士后技术创新中心获省人事厅批准，成为常州首批企业高层次人才研发载体。翌年3月，江苏省常州留学人员创业园获省人事厅批准，成为全市首家省级留学人员创业园；7月11日，教育部在上海、武汉25所直属高校研究生就业协作组合作建立的全国首家研究生社会实践、科技创业（常州）基地成立。2002年11月19日，全市首家博士后科研工作站的首位博士后吴志军，在常柴博士后科研工作站潜心研究两年、完成预定课题后出站。江苏新科集团、华朋集团随即分别获准设立全市第二家企业博士后科研工作站、第三家博士后技术创新中心。常州留学生创业园进园企业22家，引进海外留学生23名。研究生社会实践、科技创业（常州）基地继续促进产学研结合，有6名博士生导师、48名博士和硕士研究生到常州15家企事业单位进行社会实践、科技创业活动，达成技术合作项目5个。翌年，常州高新区、常林集团、江苏亚邦集团被人事部批准设立企业博士后科研工作站。翌年7月，常州市武进留学人员创业园成立。2005年，《常州市吸引博士后进站工作的若干规定》出台，政府、企业加大投入，为博士后研究人员进站创造良好的学习、工作、生活条件，增加博士后研究人员到常的吸引力。2006年，江苏上上电缆集团、常州市广成新型塑料公司被人事部批准设立企业博士后科研工作站，常州市钟楼留学人员创业园获准设立；1月，常州高新区被省委组织部和省人事厅列入全省首批6个“人才特区”。

2007年，武进留学人员创业园成功创建成省级留学人员创业园，金坛留学人员创业园和溧阳留学人员创业园建立，成为留学人员在常州创业的新平台。翌年，今创集团、华朋集团、华钛化学股份公司和亿晶光电科技公司被人力资源和社会保障部批准设立博士后科研工作站。津通留学人员创业园、钟楼留学人员创业园创建成省级留学人员创业园。次年，天宁、戚墅堰两区建立市级留学人员创业园，实现留学人员创业园辖市区全覆盖。同年，江苏瑞阳化工股份公司、江苏华荣生物科技公司、创生医疗器械（江苏）公司、布勒（常州）机械公司、江苏南方轴承股份公司、南车戚墅堰机车车辆工艺研究所公司、常州市科研试制中心公司7家单位成功申报省级博士后科研工作站。2010年，常州科教城留学人员创业园创建为省级留学人员创业园。南车戚墅堰机车公司、江苏安格特新材料科技公司和江苏华盛天龙光电设备股份公司获人力资源和社会保障部批准设立博士后科研工作站。至同年底，常州建立博士后工作站38家，其中国家级博士后科研工作站16家、省级工作站22家，建立省级留学人员创业园5家。

二、人才市场

1992年，常州市人才市场开始成为一种人才服务的雏形，创办初期无固定场所，功能单一，条件简陋，难以满足服务人才的需求。1995年，市人事局党组决定建造人才市场大楼。市委、市政府领导大力支持，拨款200万元，减免290万元的市场建设规费。1997年3月，新人才市场大楼建成启用，总面积6800平方米。市人事局同年投资30多万元，采用先进的网络技术和多媒体技术，建成省内首家IC卡人才信息查询发布系统，无形人才市场雏形初现。1999年底，市人事局投资100多万元建成、开通中国常州网上人才市场，完成人事人才信息的政府上网工程和人才服务办公自动化系统。逐步建立6类人才信息传播渠道：《常州日报》“人才市场”专版、常州人才网、常州电视台图文频道《人才市场》专栏、常州广播电台《人才供求双通道》节目、人才信息咨询热线1602260和招聘现场彩色电子显示屏，形成多层次、立体化的人才信息发布系统。2007年9月，常州市人才市场、劳动力市场和大中专毕业生就业市场在全国地级市中率先实行“三合一”贯通，合并成立常州市人力资源市场，3个市场经业务整合建成设施更完善的人力资源市场，面积2万余平方米。

三、常州人才网

常州人才网是常州地区最大的专业人才网站，主页设有《人才服务指南》《工作动态》《政策法规咨询》《单位网上招聘》《个人网上求职》《招聘和求职信息查询》《你问我答》《才市导航》《毕业生就业窗》等栏目，是为客户提供交互性强、使用简便的网上供求互动平台。每年上网招聘单位数超5000家，提供职位20万多个，浏览群体数量众多，首页日均点击数1.6万人次，最高日访问量3万多人次；人才数据库提供多层次专业型的技术人才信息，在线内容每日定时更新，及时发布单位网上需求信息、个人求职信息。2005年、2007年被省人事厅评为全省优秀人事人才网站。

第二节　人才队伍发展

一、人才政策

改革开放后，常州市吸纳一大批优秀人才。1992年，市科委、人事局、公安局等单位贯彻落实市委、市政府关于加快改革开放和经济发展的38条政策规定，制定为常州经济腾飞和社会发展广聚人才放宽政策的12条规定，相继推出联动措施，对引进紧缺专业、高新技术人才给予政策上的优惠和照顾，对带项目、带产品和高新技术到常州进行项目经营、产品生产、科技开发的，其人员身份、年龄、学历、户口等条件可放宽办理。

1996年7月起，按省委、省政府批准的常州市市级党政机构改革方案要求，全市科技人员管理和职称工作由市科委移交市人事局。同年，市人事局针对常州市"六大支柱产业"（动力机械、工程机械、汽车摩托车配件、输变电设备、电子信息及现代视听设备、新型纺织服装业）对高层次紧缺专业人才的迫切需求，建立"六大支柱产业"人才需求信息库，对重点企业引进人才实行政策倾斜。1997年，市政府根据21世纪常州经济社会发展的要求，确定全市人才开发目标，制定《常州市人才发展"九五"计划和2010年远景目标纲要》，规划到20世纪末全市人才总量由1997年的25.1万人增至29.9万人，占全市总人口的8.54%。1998年，市政府颁发《常州市引进高层次人才暂行规定》。1999年，市人事局出台关于优秀人才引进、人才开发专项资金管理使用、非公有制单位专业技术人员管理3个配套文件，设立人才开发专项资金，资助高层次人才。

21世纪初叶，常州增强人才工作的宏观性、针对性和开放性。2000年9月，市委、市政府下发《关于加强人才资源开发工作的若干意见》，促进全面开发常州人才资源，实施常州跨世纪人才工程。常州从2000年起放宽大中专毕业生引进、就业政策：到常州就业的普通高校本科生、研究生可采用先落户、再就业的办法接收，不受生源和专业的限制；普通高校专科毕业生在常州落实用人单位后不论生源和专业均接收，全市同年始有博士研究生进入企业工作。2001年，全市人才引进和培养政策逐步完备，人事部门把完善人才政策的重点转向考核、激励和保障等方面，扩大政府专项资助范围，加大对企事业单位引进、培养高层次人才及其所承担的科研项目的资助力度。建立辖市、区人才资源状况公布制度，首次公布所辖三市五区人才资源总量和分布情况。2002年，《常州市构建六大人才高峰实施意见》出台。2003年，《常州市2003—2010年人才队伍规划纲要》《常州市引进高层次人才暂行规定》《常州市引进海外留学人员若干规定》《常州市人才柔性流动管理暂行办法》等出台。全市同年引进人才首次突破1万名，达1.1万名，其中引进硕士以上研究生208名。2004年，制定出台《关于加强专业技术人才队伍建设的意见》，市人事局首次发布《常州市人才开发专业目录》。《常州市海外留学人员创业资金管理暂行办法》出台，年内有12家留学生企业落户常州。市人事局制定下发《关于为民营经济提供人事人才服务的意见》，明确为民营企业在人才选拔、培养等10个方面提供服务。2005年，制定《常州市引进博士后进站工作暂行规定》，政府对市级博士后进站给予资助。2009年，该局配合市振兴"五大产业"行动计划，制定出台《支持"五大产业"骨干企业引进高层次创新人才的奖励办法》。

二、人才招聘

1984年12月10日，常州市首次举办人才交流会。1992年市人才市场建立后，人才交流会每周举办1

次。随着招聘单位的不断增加，1997年改为每周五、六举办两场。市人力资源市场建成开业后，招聘的人员对象由原来的专业技术人才和管理人才扩大到高校毕业生等所有劳动用工人员。招聘会也移至市人力资源大市场举行(新北区原常州国际展览中心，珠江路5号科技园内)。2010年这家市场举办招聘会79场，其中大型综合性招聘会44场、公益性招聘会10场(其中毕业生3场、就业援助7场)、专场招聘会25场；有16181家单位进场招聘，提供27.3万个就业岗位，进场应聘人数41.2万人。定期举办公益性高校毕业生就业洽谈会，每年举办公益性高校毕业生就业洽谈会20多场，组织5000多家用人单位进场招聘，组织1600多家用人单位到外地高校招聘优秀高校毕业生；举办了江苏省高职院校毕业生招聘会，组织500多家用人单位进场招聘。至2010年，市场招聘会形成每周五举办专场人才招聘会、每周六举办综合性大型人才招聘会各1场，每月举办行业专场人才招聘会两场、每季分别举办网上人才招聘会1场，每年举办公益性大中专毕业生就业洽谈会两场、高层次人才招聘会1～2场，开创“网络招聘＋现场招聘＋媒体招聘＋委托招聘”的人才招聘模式。

三、人才引进

2001年9月，常州市外国专家局成立，主管全市智力引进工作，组织管理常州市重点智力引进项目和成果的鉴定推广，开辟智力引进渠道，建立完善的智力引进服务体系，管理在常州市工作的外国专家，负责常州市国家机关和企事业单位人员出国(境)培训；组织实施政府间有关人事工作协定合作项目等。2002—2010年，市外国专家局实施引进海外智力项目397项。2006年9月，常州市出台《关于引进领军型海归创业人才的实施意见》。2007年3月，市委、市政府下发《常州市千名海外人才集聚工程实施意见》，启动首轮千名海外人才集聚工程，决定5年内引进海外留学人才1000人目标，其中领军型创新创业人才100人，硕士、博士及以上学历的高层次人才比例超80%，现代制造业和现代服务业的人才比例超70%。

常州市第六批领军型创新创业人才引进签约(摄于2010年7月)

2010年底常州市领军型海归创业人才资助项目统计表

表43-4-1　　单位：个

批次	特别优秀	重点推荐	优先推荐	一般推荐	创新人才	合计
总　数	21	80	232	201	12	546
第一批	0	0	18	34	—	52
第二批	0	6	16	33	—	55
第三批	3	5	24	63	—	95
第四批	2	9	16	25	—	52
第五批	3	7	41	46	—	97
第六批	7	23	56	0	7	93
第七批	6	30	61	0	5	102

2007年10月、2008年3月，常州市先后修订、出台加快引进领军型海归创业人才的实施意见和补充意见，增加对领军型海归创业人才启动资金的资助，加快引进领军型海归创业人才。第二批领军人才的最高启动资金增至200万元，从第三批开始启动资金最高300万元。2010年，市委、市政府出台《常州市新一轮千名海外人才集聚工程实施意见》和《常州市引进领军型创新创业人才实施办法》，启动第二轮千名海外人才集聚工程，围绕装备制造、电子信息、新能源、新材料、生物技术及医药等五大产业和现代服务业，引进一批能够突破关键核心技术、培育发展战略目标产品、支撑引领高新产业发展的领军型科技创业人才和创新人才，计划到2011年引进并重点支持200名领军型创新创业人才，以此带动引进集聚海外人才1000名以上。2010年底全市有372家单位网上注册，586名外国专家办理了《外国专家证》；81名外国专家办理了《外国专家来华工作许可证》。至同年末，全市有79家单位取得国家外国专家局颁发的聘请外国专家单位资格认可证书，其中高等学校16家、中等及以下学校49家、社会培训机构14家。常州成功招聘领军型海归创业人才7批，546个项目被列为一般推荐以上资助，有309个项目注册落户，市和辖市区资助资金21976.4万元。

四、人才培养

90年代，国家和省、市、县区相继启动专业技术人员选拔培养工作。1990年，中共中央、国务院决定，向有突出贡献的专家、学者、技术人员发放政府特殊津贴；7月，启动首批省、市级有突出贡献的中青年专业技术人才选拔工作，市科委、市委组织部、宣传部和市人事局、财政局、劳动局联合召集武进、金坛、溧阳3个县（市），市各委、局（公司）及驻常部、省属单位等38个部门，开始选拔1990年度省级有突出贡献的中青年专家和市级有突出贡献的优秀中青年专业技术人才。翌年5月，市科委、人事局部署从科研、高教、卫生、生产等行业推荐贡献突出的专家、学者和技术人员，经市委、市政府常务会议评审，报请省政府、人事部组织专家复审，最后国务院批准张莘植等10人为常州市首批享受政府特殊津贴人员。享受政府特殊津贴从1991年7月1日开始，每人每月发放100元，终身享受，在常州的部、省属单位有9名专家经国务院批准享受政府特殊津贴。6月，常州谭健等8人经推荐、评审，被省委、省政府表彰为省级有突出贡献的中青年科学、技术、管理专家；12月底，市委、市政府表彰许关荣等47人为市级有突出贡献的中青年专业技术人才。此后，享受政府特殊津贴人员和国家、省、市有突出贡献中青年专家等专业技术人员培养选拔工作定期开展。

1997年4月，市委组织部和市科委、人事局根据年初中共中央组织部青岛会议提出的“知识分子工作的重点是抓好科技队伍建设”和省委组织部部署开展的跨世纪学术技术带头人选拔工作（简称省“333”工程）的要求，在全市推荐报送跨世纪青年学术技术带头人后备人选997人，经过组织考察、专家评审，初选出市级培养对象候选人134人，作为省“333”工程推荐人选上报省委组织部。5月，常州市启动831跨世纪学术技术带头人培养工程（简称“831”工程），计划培养行业和单位专业技术骨干800人，培养在市内各学科行业较有知名度、能承担重大课题、在省内较有影响的高级科技人才300人，培养在省内各学科行业成就突出、有较高声望和在国内较有影响的常州市跨世纪学术技术带头人100人。

1996—2009年，全市累计选拔“831”工程培养对象972人。2001年1月，更名为“831”新世纪学术技术带头人培养工程。2009年9月，在“831”工程的基础上启动“831”高层次创新创业人才培养工程，计划到2013年培养在国内科技界具有一流水平、在相关领域有重大贡献的中青年领军人才80人（其中成长为杰出科学家、工程技术专家和科技企业家约20人），培养在省内科技界具有一流水平取得显著成果和突出业绩、能推动技术创新和实现科技成果转化促进行业发展的中青年科学技术带头人300人，培养在市内各学科、行业成绩显著的中青年骨干人才1000人。2010年底，全市高级职称专业技术人才占专业技术人才总量的5.1%，有国家级有突出贡献的中青年专家5人、省级有突出贡献的中青年专家162人、享受国务院特殊津贴者182

人；有124人被列为省“333”三期人才工程的第二、三层次人选；有享受省政府津贴的江苏省有突出贡献高级技师、技师23名，享受市政府津贴的常州市有突出贡献高级技师、技师180名。入选国家“千人计划”12人，入选省“双创人才”计划83人。

第三节　人才管理服务

2003年7月，市委人才工作领导小组成立，由市委书记任组长，市委同时制定出台《关于进一步加强人才队伍建设的意见》《常州市2003—2010年人才队伍建设规划纲要》等指导性文件。8月，全市人才工作会议召开，《常州市引进高层次人才规定》《常州市引进海外留学人员若干规定》等文件出台，明确引进高层次人才、海外留学人员和人才柔性流动、开发资金管理等方面的政策。人才队伍建设由组织部门牵头，以党政人才、企业经营管理人才、专业技术人才队伍建设为重点，培养高层次人才和高技能人才，打造数量充足、结构合理、素质优良的人才队伍。2010年底，全市人才资源总量63.2万人，其中高层次人才2.9万人、高级职称人员1.95万人。

一、知识分子工作

1986—1989年，常州市根据1978年中央关于《落实中共知识分子政策的几点意见》，落实党的知识分子政策，开展平反冤假错案工作，改善知识分子工作和生活条件，恢复和发展教育事业，培养现代化建设急需的人才。1989年，在知识分子较集中、工作较有特色的单位中确定知识分子工作联系点7个。至1998年底，在常州电子计算机厂等企业和科研院所、常州市卫生局等企业和机关企事业单位建立知识分子工作联系点22个。1989—1998年，从市属大中型企业、科研院所选派128名科技人员到武进、金坛、溧阳3个县（市）担任科技副乡（镇）长，选派面占乡镇总数的88%。1994年，市领导联系知识分子制度建立，每位领导一般联系优秀专业技术人才3名，至2010年底累计联系优秀知识分子360人次。

二、职称评定聘任

常州职称制度经历专业技术职务聘任制度、专业技术资格制度、评聘分开制度和社会化评审4个阶段。1986年起，常州相继出台《关于实行专业技术职务聘任制的实施意见》和工程、经济、会计、审计、统计、图书资料、文博艺术、档案、翻译、广播电视、新闻出版、教育、体育、卫生等专业技术职务试行条例实施细则，组建成立机械、电子、纺工、石油化工、建设、卫生7个专业高级职务评审委员会和教育、卫生、经济、会计、审计、统计、农业、新闻、艺术、图书资料、文博、翻译、机冶、电子、纺工、石油化工、医药、粮食、轻工、工艺美术、塑料、服装、交通、煤炭、水利等20多个专业中级职务评审委员会及部分初级职务评审委员会。对单位专业技术职务实行宏观指标控制，用人单位在上级主管部门核定的专业技术职务结构比例范围内，结合单位专业技术工作需要设置专业技术岗位，专业技术人员通过评审委员会评审取得专业技术职务任职资格后由单位聘任，兑现工资待遇。80年代后期，常州市开始评定档案专业技术职务。1987年9月8日，市档案馆成立常州市档案系列职称改革领导小组和初级职务评审委员会。翌年，全市启动档案专业职称改革；8月，成立常州市档案系列中级职务评审委员会。

90年代初起，职称聘任工作转入经常化阶段，常州对职称晋升的资历、学历、学术水平、能力、聘任管理方面出台系列量化职称评定规则，专业技术职务评定趋向合理完善。1990年，国家相继出台经济员、统计员等经济类、统计类专业技术资格和执（职）业资格考试相关规定，逐步将统计、经济、会计、审计、国际商务、建造师、造价工程师、价格鉴证师、企业法律顾问、注册税务师、土地登记代理人、注册城市规划师、招标师、出版、注册安全工程师、执业药师、社会工作者等专业纳入考试范围，通过考试取得相应的专业技术资格。1994年，国家出台深化职称改革的重大举措，推行专业技术资格制度，出台《专业技术资格评定试行办法》，专业技术资格是学术水平的标志，一般没有岗位、数量的限制，不与工资待遇挂钩，专业技术人员可以通过初定、评审、考试、考评结合等渠道获得专业技术资格，可作为单位聘任专业技术职务的依据。1997年，市职称改革领导小组更名为常州市专业技术人员职称工作领导小组。

2000年，《江苏省深化职称改革实行评聘分开的意见》出台，常州市从翌年起逐步将原有的专业技术职务评审委员会改组成专业技术资格评审委员会，出台《常州市专业技术资格评审机构组建和管理的实施意见》《常州市事业单位专业技术职务聘任实施意见》，使专业技术资格与专业技术职务相分离，用人单位在法律、法规的规范下，采取同级聘任、低职高聘、高职低聘的形式聘任专业技术人员到相应的岗位。常州职称评审社会化制度随着企事业单位改革和政府职能的转变逐步建立。2003年，市人事局制定《常州市工程系列评审中级专业技术资格实行个人申报的实施意见（试行）》，逐步形成“个人自主申报、社会公正评价、单位按岗聘用”的新的职称制度。翌年，制定《关于常州部分系列（专业）试行职称社会化评审的实施意见》，机械工程、电子信息工程、医药工程、建设工程、化工工程、轻工工程、纺织工程、工艺美术专业、交通工程、服装工程10个系列纳入社会化评审的范畴，建立常年受理不定期评审的人性化服务模式。制定《常州市档案中、初级专业技术资格考评办法》，2004年制定《常州市档案专业管理员、助理馆员资格条件（试行）》。

2007年，常州市首先在建设行业开展不具备规定学历人员中级职称的评审，打破学历界限，由重学历资历向重工作经历（能力）和业绩成果转变。2008年制定《常州市档案专业馆员资格条件（试行）》。2010年，常州开展动漫专业助理工程师和工程师的评审试点，88名专业技术人才取得相应的专业技术资格。建设行业实现不具备规定学历人员评定中级职称，解决370余家建设企业资质升级问题。全市评审档案专业技术职务人员2581人次，逐步形成一支适应常州档案事业发展需要的专业技术队伍。

三、人才人事服务

1995年5月，市政府规定对有突出贡献的专家参照享受城镇住房制度改革的优惠政策。翌年，开始代管托管人事档案198份，保障了人才合理流动。市委、市政府从2003年起对国家有突出贡献的中青年专家、享受国务院政府特殊津贴的专家和省有突出贡献的中青年专家已参加单位的基本医疗保险的专业技术人员实行医疗补助。2003年，全市实施“人才一卡通”工程，为常州市具有突出贡献的优秀人才提供知识更新、文化教育、交通服务、卫生保健及休闲活动等方面的21项优惠服务。2004—2010年，累计发放“人才卡”624张，第二年组织持卡人员免费体检1次。2004年10月20—26日、2006年9月15—21日，分别举办两届常州金秋人才活动周主题活动。首届举办“人才常州”高层论坛、创业成果展、高层次人才招聘会等7项主题活动，辖市区举办系列特色活动22项；第二届举办了创新人才交流洽谈会和楚天英才招聘会等主题活动。2010年5月，为企业招聘的高端“海归”人才提供5000万元的融资服务和“海归卡”215张。

人事代理 市人才市场为拓展人事代理服务的领域和范围，探索开发新的服务项目，以满足不同服务对象的需要。至2010年底，全市已接受3000多家单位、3.6万人委托人事代理，保管人事档案8.5万份。

绿色通道 2008年，常州市确定100家企事业单位为人才工作贵宾绿色通道服务单位，2010年发展到200家，提升人才服务水平，为企事业单位提供高效、便捷、周到的服务。服务方式有两种：现场优先服务、上门服务。现场优先服务是贵宾单位到市人才中心办理业务时，无需排队等候，可以直接到专门的贵宾服务专窗优先办理；上门服务是贵宾单位遇重大或紧急的人事人才业务，自行办理有困难的，市人才中心指派专人按照预约时间上门帮助办理。服务内容涵盖市人才中心能提供的五大类45项服务项目，包括办理人事关系和档案保管、毕业生就业和人才流动，代办社会保险缴纳、职称申报、人才开发资金申领手续和人才信息发布的手续等。

会员服务　2010年底，全市拥有会员单位2050家。会员单位均可享受优先发布招聘信息、优先从事招聘活动、优先参加培训、优先参加研讨交流活动等的权利，可享受收费优惠。普通会员可免费享受人才市场周末招聘会1次等服务15项；贵宾会员可免费享受人才市场周末招聘会两次等服务20项。

人才派遣　2002年，人才市场为解决用人单位临时性、辅助性、可替代性用工和编外人员使用及改变企事业单位的用人模式，降低单位人工和管理成本，避免劳动纠纷，开始实行人才租赁的新用工形式。2002—2010年，累计为200余家用人单位提供1.3万人次的派遣服务，为较大型企业开展派驻人事专员上门服务。

猎头服务　是为企事业单位，特别是外资企业及快速发展的民营企业搜猎“高、精、尖、偏”精英人才的人才服务形式，涉及对象有总经理、副总经理、财务总监（经理）、人力资源总监（经理）、生产经理、采购经理、供应链经理、客户经理、品质管理经理、工程部经理、资深工程师及其他高级人才和特殊人才等。市场猎头服务除每周在招聘现场设有摊位外，随时接受用人单位委托，受到外资、独资企业欢迎。

四、高校毕业生就业安置

高校毕业生就业服务是人才市场最主要的公益性服务。2005年前，毕业生就业指导科作为市场指导的部门，开始发挥作用。2006年，常州市大中专毕业生就业指导中心经批准单独设立，与市人才服务中心（人才市场）合署办公，优化对高校毕业生的就业服务。2007—2010年，年均引进接收大中专毕业生达2万名。2010年，引进接收人才3.35万名，其中大中专毕业生2.65万名。

就业政策　1986年，国家教委出台《高等学校毕业生分配制度改革方案》，提出高等学校毕业生分配改革的目标是逐步实现毕业生自主择业、用人单位择优录用的双向选择制度。1989年，国家正式实行高校毕业生双向选择。1994年，国家教委制定《关于进一步改革普通高校招生和毕业生就业制度的意见》，提出从招生开始，通过建立收费制度，国家不再以行政分配而是以政策指导、社会需求信息引导毕业生自主择业。1999年，常州市在全省率先实行高校毕业生就业“无政策门槛”，对大专及其以上高校毕业生到常州工作的，不受户口、指标、专业、性别和生源地限制，均可办理就业、落户手续；本科毕业生本人自愿，均可办理“先落户、后就业”；外地籍工科类中专及其以上毕业生，只要用人单位同意接收，均可办理就业、落户手续。

2006年和2009年，常州先后出台《关于进一步加强就业再就业工作的实施意见》和《关于促进高校毕业生充分就业的实施意见》等促进高校毕业生就业政策，鼓励企业吸纳高校毕业生，“海归计划”“龙腾计划”和“瞪羚计划”入选企业接收高校毕业生人数超过上年度签订两年以上劳动合同的人数，按每超过1人给予一次性岗位补贴2000元；完善毕业生就业见习制度，全市建立高校毕业生就业见习基地100个，每年提供见习岗位1000个；加强对常州籍困难家庭高校毕业生就业援助，对特困家庭高校毕业生实行安置就业，确保特困家庭高校毕业生100%就业等。

就业服务　就业指导　人事部门每年组织到南京地区高校宣传常州引进人才的优惠政策，吸引优秀高校毕业生到常工作；到驻常高校举办毕业生就业指导讲座，免费开展职业能力倾向测评和职业生涯设计等服务。

就业服务进校园活动　市人事部门每年利用双休日到驻常高校举办高校毕业生就业服务进校园活动6场，为毕业生提供就业政策咨询、就业指导、就业手续办理等服务。2008—2010年，常州市大中专毕业生就业指导中心连续3年被省人事厅、教育厅评为江苏省高校毕业生就业工作先进集体。

就业服务信息化 市人事部门开通公益性常州毕业生就业网及7个辖市(区)分网，运用网络平台，及时发布最新工作动态、就业政策和用人单位需求信息，为毕业生免费提供求职登记、政策咨询、就业指导等服务。2009年，常州市高校毕业生就业信息管理系统启用，实现毕业生就业协议审核网上办理，为高校毕业生就业提供快捷高效的绿色通道服务。改进对未就业高校毕业生的服务，市人才市场、市人力资源市场分别设立高校毕业生求职登记专窗，办理高校毕业生就业手续、开展就业见习登记和困难家庭毕业生求职登记，免费为高校毕业生发布求职信息、办理档案托管等。

校地合作 2001年，常州市人事部门与华东、华中地区教育部直属25所高校毕业研究生就业工作协作组建立全国首家研究生社会实践、科技创业(常州)基地，探索人才柔性流动和产学研发展的新路。2005年，与驻常的9所高校签约，联手开展毕业生就业合作服务，在政府、高校、用人单位和毕业生之间搭建更为紧密的就业平台。翌年10月28日，在武汉与教育部7所在汉高校设立常州市政府驻教育部在汉高校人才工作站，开启了大规模引进高层次人才的序幕。至2010年底，常州人事、人力资源部门先后与全国80多所知名高校签约，建立高校毕业生就业和人才引进合作基地，拓宽了引才渠道。

第五章　科技人才队伍

1986年底，常州市有专业技术人员6.13万人。1989年，市委、市政府提出“科技兴市”战略，出台关于引进、培养科技人才，发挥科技人员作用的系列政策措施，加快壮大科技人才队伍。1997年，市委、市政府出台《充分调动和发挥科技人员积极性和创造性的若干意见》等文件，“831”工程等人才培养项目启动。2004年起实施青年科技人才培养计划。2006—2007年，市委、市政府出台《常州市千名海外人才集聚工程实施意见》等文件，推进人才强市战略和人才优先发展战略；科技部门抓好海外留学归国人员等科技人员的引进、培养和继续教育，发展壮大全市科技队伍，累计引进专业技术人才3.3万人。至2010年底，全市专业技术人员发展到37.2万人，促进了常州高新技术产业发展。

第一节　总量与结构

1986年，全市专业技术人员中拥有高级职称和大学本科及以上学历的很少。随着职称改革深入、评审工作正常化、学历教育普及和人才引进，拥有专业技术职务的人数逐年增加，机构逐步优化。同年底，常州市有专业技术人员6.13万人，仅占总人口的1.98%。此后，市人才工作部门和企业采用委托高等院校培养和联合办班等形式培养人才，拓宽人才引进渠道，全市科技人员增速明显。1995年，全市专业技术人员总量达14.1万人。2000年，全市专业技术人员队伍发展到19.1万人，其中工程技术人员55356人、农业技术人员4150人、科研人员367人、卫生技术人员15975人、教学人员35617人、经济人员19898人、会计人员18706人；有中级职称以上5.24万人。2001—2005年，全市净增专业技术人员8.49万人，2005年末总数达27.59万人；按职称分，有高级职称1.3万人、中级职称7.17万人；按学历分，有研究生及其以上学历0.2万人、本科6.25万人、大专9.04万人、中专7.52万人。2010年底，全市专业技术人员队伍发展到37.2万人，占全市总人口的10.3%；按职称分，有高级职称8.91万人、占全市总人口的23.95%，中级职称16.66万人；按学历分，有硕士研究生及其以上学历科技人员0.51万人，占全市总人口的1.37%。

1986—2010 年常州市专业技术人员数量统计表

表 43-5-1　　　　单位：人

年份	总人数	其中		年份	总人数	其中	
		国有	集体			国有	集体
1986	61298	50092	11206	1999	179744	110367	17914
1987	66558	57359	9199	2000	191048	108159	19237
1988	85359	74144	11215	2001	210982	91949	17102
1989	108198	91368	16830	2002	223350	84560	15034
1990	115286	95216	20070	2003	237398	78051	12490
1991	119244	100133	19111	2004	255100	75388	6408
1992	132706	109130	23576	2005	2758700	75099	6342
1993	131923	109815	22108	2006	293273	75558	6212
1994	137347	114897	22450	2007	312631	77240	6223
1995	141028	118602	22426	2008	—	—	—
1996	127071	103586	23485	2009	—	—	—
1997	156438	119653	23284	2010	372000	—	—
1998	167820	117071	17086				

说明：1997 年起，不再按国有、集体单位统计专业技术人员总数

第二节　培养与教育

90 年代初至 2010 年，常州市各级党委、政府重视科技人才的培训培养和继续教育。1997 年、2009 年，组织实施两次“831”高层次创新创业人才培养工程。2004 年起，制定实施青年科技人才培养计划。2007 年起，重点围绕全省优先发展的重点产业实施省高层次创新创业人才计划。至 2010 年底，累计重点培养青年科技人才 84 名，支持约 500 名高层次人才和部分人才团队创新创业。

一、“831” 人才培养工程

1997 年，市委、市政府决定组织实施“831”工程，市委知识分子工作领导小组办公室计划培养在本行业本单位有影响的专业技术骨干 800 名，在市内各学科各行业较有知名度、能承担重大课题（项目）和在省内较有影响的高级科技人才 300 名，在省内相关学科行业成就突出、有较高声望的跨世纪学术技术带头人 100 名，市财政拨出专款，设立常州市跨世纪学术带头人培养基金。2009 年，启动新一轮“831”高层次创新创业人才培养工程，在全市社会经济组织中选拔培养直接从事自然科学和社会科学研究、技术开发和推广应用的中青年领军人才 80 人、中青年科学技术带头人 300 人和中青年骨干人才 1000 人。2010 年，全市有 8 人入选国家“千人计划”，29 人入选省“双创人才”计划。

二、青年科技人才培养

2004 年，常州开始组织实施青年科技人才培养计划。至 2010 年底，累计实施青年科技人才培养计划项目 84 项，下达经费 241 万元，重点培养青年科技人才 84 名；项目新增投资总额 2.24 亿元，参与研究人员

650人，其中高级职称198人；通过验收的67个项目研制出新产品50只、新工艺19项；完成论文82篇，其中在核心期刊发表19篇；起草省级农业地方标准1项；申请发明专利119项，获得授权37项；67个项目完成销售总额10.71亿元，上缴税收2.95万元。

三、继续教育培训

1986—2010年，市科技局组织实施科技人员继续教育工程，组织常州市业余科技进修学院、市科技培训中心、机械电子工程师进修大学江苏省常州分校、市对外科技交流中心分别对科技人员进行外语、专业短期培训和成人学历教育。1998年起，推广应用CAD(电子计算机辅助设计)，工程建筑业全部普及，机械制造、医药、化工、电子信息等行业的CAD应用普及率达95%，全市科技人员CAD普及率达80%。2004年5月、2008年8月，市科技局先后在清华大学、浙江大学分别举办常州民营企业创新发展研修班、科技管理能力培训班，培训民营企业的董事长、总经理和高层管理干部100多人次。武进、金坛、溧阳和天宁区分别开展农村科技户培训，建立农业科技远程教育网络、信息化专业市场，创建专业村，推进科技在农村的应用。2006年，金坛成立国家级农业科技广播电视学校“星火学校”。至2010年底，全市累计培训科技人员2000人次。

第三节 引进与集聚

2006年以前，常州引进科技人才较为分散，数量较少。2006年，常州市“十一五”科技创新企业培育工程、创新项目引导工程、创新平台建设工程、创新创业人才集聚工程和创新环境优化工程(简称“五大工程”)启动实施，《关于支持科技创新的政策意见》《关于引进领军型海外留学归国创业人才的实施意见》先后颁布，引进创新创业人才，推进常州现代制造业基地建设。

2007年3月，常州市千名海外人才集聚工程启动，计划5年内吸纳集聚海外人才1000人，其中领军型创新创业人才100人，硕士、博士以上学历高层次人才达80%，现代制造业和服务业人才达70%。11月28日，市政府制定《关于常州科教城“金凤凰高层次人才引进计划”的实施意见》，推出系列优惠政策，支持常州科教城大力引进高层次人才。翌年，常州市按照国家实施吸引海外高层次人才的“千人计划”，加快引进重点学科、重点院所、重大专项、高新技术产业和金融管理领域的海外高层次人才。至2009年底，常州市开展五轮领军型海归创业人才引进工作，市本级投入资助资金2.3亿元，引进海外人才1023人，其中领军型创新创业人才204人；引进领军团队项目109个，海归人才注册落户创业企业204家，提前两年实现千名海外高层次人才引进目标。

2010年1月，常州市新一轮千名海外人才集聚工程启动，开展第六、第七批领军型创新创业人才和项目引进，有195个领军型创新创业人才项目签约落户常州，8人入选国家“千人计划”，29人入选省“双创人才计划”，18人的科技创新项目入选省基础研究计划企业博士创新项目。12月，第七批领军型创新创业人才项目注册资本总额2.04亿元，主要涉及高端制造、电子信息、新材料、生物医药、新能源等新兴产业领域，部分填补国内空白或达国际领先水平，6个特别推荐项目、30个重点推荐项目和61个优先推荐项目分别获市创新创业资金资助100万～300万元。至2010年底，全市有12人入选国家“千人计划”、84人入选省“双创人才”计划的优秀人士在常州创新创业，获7160万元经费支持；全市累计引进专业技术人才3.3万人，其中博士508人、硕士1267人。

第四节 表彰与奖励

1986—2010年，常州市政府设立科学技术杰出贡献奖、国际科技合作奖，积极向上级推荐、申报国务院政府特殊津贴和省级以上有突出贡献中青年科学、技术、管理专家等，绝大部分被推荐对象受到国务院或江苏省政府的相应表彰、奖励。至2010年底，累计134人获得常州市科学技术杰出贡献奖、12人获常州市国际科技合作奖。

一、常州市科学技术杰出贡献奖

1993年7月，市科委制定常州市重奖杰出科技人员的实施办法。同年，评选出首届常州市科学技术杰出贡献奖获奖人员，此后每两年评审1次。1999年7月，市政府颁发《常州市重奖有杰出贡献的科技人员暂行办法》。至2010年累计评选9届、72人次。

1993—2010年常州市科学技术杰出贡献奖授奖情况表

表43-5-2　　　　单位：人

年度	届次	获奖者				人数
		姓名	工作单位	姓名	工作单位	
1993	一	高俊伟	常州电子计算机厂	张明祖	常州机床总厂	5
		凌川保	常州市蚕茧技术指导站	王万钟	戚墅堰铁路机车车辆厂	
		顾汉萍	常州市德安医院			
1994	二	孔繁蕾	江苏省激素研究所	严益明	常州市第四制药厂	6
		江祺祥	武进市稻麦育种场	范广荣	戚墅堰机车车辆厂	
		郝　波	江苏正昌集团公司	刘冠明	常州邮电局	
1997	三	丁国兴	常林股份有限公司	何国明	常州市建委	7
		马元企	常州牵引电机厂	钮中一	武进市运村良种场	
		关慧超	常州第二电子仪器厂	徐国庆	金坛市种子公司	
		陈云雷	常州市第二人民医院			
1999	四	陈　明	常州长江客车集团公司	张水军	常柴金坛柴油机有限公司	10
		邵　明	常州化工厂	芮新生	常州曙光化工厂	
		潘惠彬	常州国光电子总公司	羌涵孚	武进市稻麦育种场	
		秦志尚	江苏新科电子集团公司	朱志祥	溧阳市龙潭林场	
		汤和平	金坛市农业技术推广中心	游一中	常州市气雾剂研究所	
2001	五	周建立	金坛市水产技术指导站	肖克建	江苏兴荣高科技股份有限公司	10
		傅华欣	武进市植保植检站	刘持平	常州市公安局	
		沈云志	常州市第一人民医院	廖晓明	常林股份有限公司	
		张俊智	中国化工建设总公司常州涂料化工研究院	彭　文	江苏多棱数控机床股份有限公司	
		潘洪强	溧阳市水产良种场	张培杰	常州纺兴精密机械有限公司	
2003	六	何小舟	常州市第一人民医院	徐　毅	常柴股份有限公司	8

续表 43-5-2

年度	届次	获奖者				人数
		姓名	工作单位	姓名	工作单位	
2003	六	何正禄	南车戚墅堰机车车辆工艺研究所	潘国璋	常州市农业技术推广中心	
		王松明	江苏上上电缆集团公司	周　铭	中国化工建设总公司常州涂料化工研究院	
		陈志刚	江苏工业学院	王耀方	常州千红生化制药有限公司	
2005	七	周立成	常州轨道车辆牵引传动工程技术研究中心	程立力	常州市立华畜禽有限公司	7
		张晓膺	常州市第一人民医院	徐俊伟	常州华钛化学股份公司	
		钟　侠	江苏国光信息产业股份公司	王有虹	南车戚墅堰机车车辆工艺研究所	
		雍兆铭	溧阳市云龙化工设备公司			
2007	八	吴昌平	常州市第一人民医院	李为民	江苏工业学院	10
		羌勋良	常州市农业技术推广中心	葛纪龙	常州四药制药公司	
		李洪春	江苏华鹏变压器公司	张玉慧	江苏延申生物科技股份公司	
		郑剑云	常州市铁马科技实业公司	潘雪平	江苏昇金实业股份公司	
		潘中来	江苏远宇电子集团公司	赵仲兴	常州市东高染整有限公司	
2009	九	蒋敬庭	常州市第一人民医院	王　奇	南车戚墅堰机车车辆工艺研究所	9
		陈　群	江苏工业学院化学化工学院	杨　建	亚邦化工集团公司	
		陈　笃	南车戚墅堰机车公司	葛浩彬	宝钢集团常州轧辊制造公司	
		包振义	常林股份有限公司设计部	刘启东	江苏瑞阳化工股份公司	
		尹福生	江苏鑫品茶叶公司			

二、常州市国际科技合作奖

2004年，市政府设立常州市国际科技合作奖，授予为常州科技事业做出重大贡献的国外科技专家或外国组织，每两年评审1次。至2010年底，共评选表彰4届，每届3人(个)，奖励国外科技专家和组织12人(个)。

2004—2010年常州市国际科技合作奖获奖人员组织一览表

表 43-5-3

年度	届次	获奖人员(组织)	国籍	工作(合作)单位
2004	一	岛田俊雄	日　本	常州市科技对外交流中心
		彼得·凯瑞Peter Carey	英　国	江苏金昇实业股份公司
		霍柏岚Alain Robert	法　国	溧阳罗地亚方正稀土新材料公司
2006	二	涅斯杰罗娃·丽丽娅·米哈伊拉夫娜 Nesterova Lilija Mihajlovna	俄罗斯	江苏省农用激素工程技术研究中心
		西莫尼尼·鲁兹阿诺 Simonini·Iziano	意大利	常州通力机电设备公司

续表 43-5-3

年度	届次	获奖人员(组织)	国籍	工作(合作)单位
2006	二	麦可罗泰克实验室 Microtek Laboratories	美　国	麦可罗泰克(常州)产品服务公司
2008	三	梅特勒·托利多美国公司	美　国	梅特勒—托利多(常州)称重设备系统公司
		倪可拉·福瑟林Nicolas·Vautherin	法　国	江苏龙城精锻公司
		田宫尚典	日　本	金坛麦宝食品公司
2010	四	乌维·施密特Uwe Schmidt	德　国	常州祥明电机公司
		坂仓修SAKAKURAOSAMU	日　本	常州东芝变压器公司
		布勒集团Buhler Holding AG	瑞　士	布勒(常州)机械公司

第四十四卷 民政

Volume XLIV Civil Affairs

1985 年以后，常州民政工作与事业发生深刻变化，由封闭型向开放型转变，先后按时依法组织村委会选举 9 届和居委会选举 4 届，行政区划设置逐步调整到位，地名管理走上规范化轨道。社会救济由过去的“发发钱、拜拜年”转变为实行“输血”“造血”等扶贫扶优措施，从根本上为受助者摆脱贫困。社会保障对象，从过去隶属关系划分、民政负责牵头协调、相关部门多头管理，逐步发展到划归民政部门统管，对符合享受最低生活保障政策的受助者实行“应保尽保”，基本消除漏保现象。社会福利事业走多元化道路，由过去政府包办逐步转变为小型分散、以社会化运作为主的道路。各级组织建立“双拥”工作组织机构，形成宣传部门牵头的国防教育体系、文明办牵头的军民共建共管共育体系、驻常部队牵头的拥政爱民工作体系、组织人事与民政部门牵头的优抚安置工作体系、工会共青团与妇联等群团组织牵头的基层活动体系、公安部门牵头的军警民联防体系。常州市创建成为全国双拥模范城“四连冠”城市。优抚工作实行定期定量补助，落实群众优待，形成国家、社会、群众相结合的优待抚恤制度，退役士兵安置难问题得到有效解决，婚姻登记实现婚姻管理专人专职，农村“五保”工作实现应保尽保，社会救助实现由强制收容向关爱救助的重大制度转变。编制出台一系列救灾应急预案机制，突发自然灾害应急指挥体系基本建成。民政社团管理由过去只管社团，逐步拓宽到民办非企业，发展到社会组织及异地商会登记。民政经费来源除依靠市政府财政拨款主渠道外，先后开辟社会筹资、海外捐赠、有奖募捐、事业单位生产经营等渠道筹资。

第一章　基层民主建设

1985 年以后，常州各级稳步推进群众性自治组织建设，以民主选举、民主决策、民主管理、民主监督为基本内容的村民自治取得明显成效。先后完成 9 届村民委员会换届选举。在社区建设方面围绕民政部提出的建设“居民自治、管理有序、服务完善、治安良好、环境优美、文明祥和的和谐社区”目标，提高社区居民生活质量，提高人的素质和整个社区文明程度。从 80 年代初的社区服务发展到全面的社区建设，至 2009 年评出五星级社区 16 个、四星级社区 67 个、三星级社区 124 个。

第一节　村民自治

自 1982 年修订的《中华人民共和国宪法》提出“村民委员会是基层群众自治性组织”概念以后，常州即开始推行民主选举、民主决策、民主管理、民主监督（简称“四个民主”）的实施，延伸推动村级体制合并等相关改革。武进走在全市前列，2003 年被命名为全国村民自治模范县（区）。至 2010 年末，全市有省级民主管理示范村 29 个。

一、行政村设置

1983 年，常州地区实行农村体制改革，人民公社复称乡、镇，生产大队改称为行政村，生产队改称村民小组，村设村民委员会（简称“村委会”），由主任、副主任和委员组成。1986 年初，全市设行政村 1936 个。随着城市建设和农村城镇化步伐的不断加快，常州先后实施多轮次撤乡建镇、合并乡镇、撤并行政村，全市行政村数量逐年减少。1997 年减至 1858 个，2000 年减至 1557 个。2001 年，全市加速合并行政村，减至 1055 个。2009 年，更大力度合并调整，至 2010 年末，全市有行政村 807 个，比 1986 年初减少 1129 个。

1986—2010 年常州市行政村（村委会）数量统计表

表 44-1-1

年份	乡镇(个)			行政村(个)	年份	乡镇(个)			行政村(个)
	合计	乡	镇			合计	乡	镇	
1986	142	132	10	1936	1999	105	46	59	1846
1987	139	123	16	1917	2000	74	8	66	1557
1988	139	110	29	1919	2001	74	8	66	1055
1989	140	107	33	1921	2002	75	5	70	1095
1990	140	107	33	1921	2003	65	—	65	1094
1991	140	98	42	1921	2004	64	—	64	1093
1992	136	87	49	1920	2005	64	—	64	1092
1993	136	78	58	1918	2006	64	—	64	1079
1994	136	72	64	1919	2007	40	—	40	1075
1995	132	70	62	1970	2008	37	—	37	1075
1996	132	63	69	1907	2009	37	—	37	940
1997	132	63	69	1858	2010	37	—	37	807
1998	131	62	69	1846					

二、村委会换届选举

1988—1989 年，常州挑选 483 个行政村作为贯彻《中华人民共和国村民委员会组织法（试行）》，进行选举试点改革。此后每隔约 3 年进行一次村委会选举，累计换届选举 9 次（包括 1985—1986 年进行的选举）。首届村委会主任及组成人员均由乡（镇）政府发文任命，村民小组组长由村委会指派产生。1993 年，第三届村委会换届选举仅在金坛市、溧阳市和戚墅堰区进行。2001—2002 年，第六届村委会换届选举结束后，全市培训新当选村委会副主任和委员 2340 名。2004—2005 年，第七届换届首次成功实施无候选人一次直选村委会成员，基层民主开始向纵深发展。

1985—2010 年常州市村委会换届选举情况表

表 44-1-2

届次	换届时间	完成换届选举村(个)	百分比(%)	备注
一	1985—1986	—	—	
二	1990	—	—	
三	1993	1007	52.5	
四	1995—1996	—	—	
五	1999—2000	—	—	

续表 44-1-2

届次	换届时间	完成换届选举村(个)	百分比(%)	备注
六	2001—2002	1094	99.9	新北区三井乡撤村转居未换届
七	2004—2005	1059	97.0	33 个村撤村转居未换届
八	2007—2008	1023	95.2	
九	2010	767	95.0	40 个村即将撤村建居未换届

三、村民自治示范

1993 年，常州市村民第一次开展自治示范活动。次年，武进县和常州市郊区被省民政厅评为村民自治模范区。至 1999 年底，全市创建村民自治示范县(市、区)2 个、村民自治示范镇 73 个和村民自治示范村 1417 个，有 1746 个村设立村务公开栏；创建村民自治模范镇 6 个、村民自治模范村 99 个。2002 年，金坛、溧阳两市被评为全省村民自治模范市。2003 年，武进区被评为全国村民自治模范县(区)，溧阳南渡镇等 3 个镇新创常州市村民自治模范镇，武进奔牛镇等 20 个镇通过村民自治复查验收。2004 年，市委组织部、农村工作办公室和市监察局、民政局对 7 个辖市区、17 个镇和 26 个村的村务公开情况进行检查。2005 年，全市开展村民自治模范单位创建活动，62 个镇被命名为市村民自治模范镇。2006—2008 年，常州市有 18 个村被省民政厅评为民主管理示范村；2009—2010 年，全市有 11 个村创成全省民主管理示范村。

第二节　社区建设

80 年代初，常州的社区建设开始起步。90 年代初，采用选派方式任命居委会主任、副主任等，2000 年开始通过民主选举产生，先后共选举 4 届，年龄、学历结构大幅度改观，社区为民服务的项目逐渐增多到 100 项，将服务与星级评比挂钩，列入考核体系。2000 年以前，常州市绝大部分社区办公用房和活动用房严重不足，社区用房平均不足 40 平方米。2000 年以后，社区居委会通过扩建、新建、改造、置换等方式，工作活动条件极大改善。至 2010 年，社区办公、活动用房平均面积达 380 平方米，建成区级社区服务中心 2 个、街道社区服务中心 16 个。社区建设经费，2000 年为每 1000 户 2.5 万元，此后逐年提高，2003 年达 4.3 万元，开始为社区居委会干部缴纳养老保险金、医疗保险金、失业保险金；2005 年达到 6.4 万元，社区专职工作人员经费年人均 1.8 万元；到 2009 年社区建设经费提高到每 1000 户 13.1 万元。2004 年，溧阳市、钟楼区试行社区专职工作者规范化管理。2005 年、2006 年民政部门两次组织在职社区工作者等人员统一参加全省社会专职工作者资格考试。2002 年开展创建学习型社区活动。至 2010 年底，全市有 117 个社区设立学习领导机构，学习设施投入 6000 余万元；建立学习共建点 520 个，与 24 个部队单位、85 所学校及 41 个机关企事业单位建立共建关系。至 2010 年底，常州市评出五星级社区 31 个、四星级社区 80 个、三星级社区 146 个。

一、居民委员会

90 年代初，常州开始重视加强社区居委会工作，至 2010 年完成 4 次换届。市政府在 1991 年 4 月至 1992 年 3 月从 255 家企业中选调 308 人充实市区 279 个居委会工作，平均年龄由 60.2 岁降至 55.8 岁，初中以上文化程度人员由 53.9% 增至 65%，居委会年龄、文化结构发生明显变化。

第 一 届　2000 年，依法选举产生居委会干部，平均年龄 47 岁，高中以上学历占 70%，大学学历占 18%。针对社区工作要求，全市共举办居委会干部培训班 4 期，300 余人参加培训。

第 二 届　换届选举于 2004 年进行，社区居委会一般由主任、副主任和 3～9 名委员组成。选举方法采取由代表选举、户代表选举和选民直接选举三种方法产生，全市25%左右的社区采取直接选举和户代表选举。选举产生的社区干部，平均年龄45岁，文化程度均在高中及其以上。

第三届 换届选举于2007年进行，一批年富力强、热爱社区工作的人员进入社区工作班子。全市社区1354名工作人员，平均年龄40.6岁；中共党员占54.6%，高中及其以上文化程度占93.9%，其中大专以上学历占36.7%。

第四届 换届选举于2010年进行。除5个社区尚在筹建外，全市有318个社区换届产生新一届社区班子。其中有100个社区直选，占全市的31.5%。在一次性直选社区中，选民登记70.97万人，参加投票61.57万人，参选率86.8%。居委会设置，2000年进行重大改革，将市区347个居委会调整为166个，平均管理服务户数由540户扩大到约1200户，2004年调整到1600余户，2007年扩展到2000多户，此后逐步向3000户发展。

二、社区服务和星级评选

社区最初主要为社会孤、老、病、残、精神病人等民政对象提供福利服务。1986—1998年，逐步发展到优抚保障、助残帮困、养老托幼、民事调解、就业安置、医疗康复、家政服务、中介咨询8个系列30余项，建成福利和便民利民服务设施5000余个。1997年，全市有16个街道建立社区服务中心，6个街道建有社区老年公寓，130个居委会建立社区服务站。2005年，市政府出台社区星级评比标准，强化服务质量，市财政每年划拨奖励金100万元，各区相继建立奖励基金。到2008年底，7个辖市区行政服务中心办理社区服务事项，57个镇（街道）建成便民服务中心，1345个村建成社区便民服务室，形成市、辖市区、街道（镇）、社区（村）4级便民服务体系，开展寄托、养老、代理等一站式服务项目100余项。至2010年，常州市有7个社区创成江苏省和谐示范社区，创成星级社区257个，其中五星级31个、四星级80个、三星级146个。

第二章 社会事务管理

社会事务涵盖婚姻管理、儿童收养、流浪乞讨人员救助、殡葬管理等。常州针对社会转型、快速发展变化的时代特征，完善制度机制体制，维护公民权利，建立和谐社会，促进社会稳定。婚姻管理部门，宣传修订后的《中华人民共和国婚姻法》（简称《婚姻法》）和《婚姻登记条例》，注重与法制教育、晚婚与计划生育政策及社会主义精神文明建设宣传相结合，严格依法办理登记工作，杜绝非法婚姻。收养管理机构以《中华人民共和国收养法》（简称《收养法》）为依据，合法合理办理收养登记手续。处理流浪乞讨人员由收容遣送向收容救助转变，采用人性化管理，做到依法救助。殡葬事务，规范管理，统一火化，陆续建立陵墓安葬点和骨灰安放堂，坚决抵制、清理杂乱无章的乱埋乱葬现象。

第一节 勘界

行政区域界线涉及稳定边界和谐的大局。1990年起，常州为减少和避免界线模糊引发的纠纷，依法治界，推进边界地区社会经济发展，用5年时间，对省界、市界、县界进行精确测定，与毗邻行政区政府达成共识，签订协议，埋设界桩，形成准确反映常州行政区域界线走向的文件、资料和地形图。

一、界域勘定

1996年10月，常州市政府按照国务院和省政府要求，召开全市勘界工作会议，启动勘界工作。1997年初，有勘界任务的武进、溧阳、金坛和郊区、新区、戚墅堰相继成立勘界工作领导小组及办公室开展工作。常州市参与、组织勘定省、市、县（市）边界线总量538.58公里，其中省界苏皖线常州宣城段83.6公里；市界常锡线300.88公里、常宁线60.9公里；县（市）界金坛溧阳线60.2公里、武进金坛线33公里。在勘界实施过程中，常州市和辖县（市）、区勘界工作领导小组和办公室，严格遵循“实事求是、顾全大局、互谅互让”的勘界原则，通过联席会议，制订实施方案。接边核图、实地踏勘等过程，就绝大部分边界线走向达成共识后再签订备忘录。至同年末，全市贯通边界线总长度506.98公里。勘界以协商、大局为原则，稳妥地处理边界分歧点。省、市、县3级界线累计贯通517.68公里，3个市际交会点均制订实施方案，做好准备。

1998年，全市完成省、市、县3级边界线勘界总长度653.93公里，占全部边界线的71.3%，5条县（区）级界线基本贯通。1999年，常州市与镇江市行政区划界线全部勘定，全长249公里的市界全线贯通，两市行政区划管理进入依法治界阶段。2000年，勘界工作重点是对争议段协商贯通，常州市针对边界争议段（点）具体情况，主动寻求解决途径，实现苏皖线常（州）宣（城）段、武进市与无锡市马山区段等省、市、县界贯通，埋设界桩，全市勘界任务基本完成，随即进入测绘、资料汇编及解决难点等遗留工作。2002年底，全市勘界工作全部完成。前后5年勘界，全市勘定省、市、县（市、区）3级行政区域界线12条，其中省界1条、市界4条、县（市、区）界7条，总长1045.79公里。勘定常锡泰、常镇泰、常宁镇3个市际界线交会点，全部界线设界点106处（其中测量点3处），埋设界桩128根。除苏皖线常州宣城段由苏皖两省签订省界协议外，常州签订边界协议书11份，标绘边界协议书附图（地形图）11份68本149幅，形成专业性勘界文件档案39件260本，理清行政区域长期无法可依边界管理范围。

二、依法治界

2002年，常州市勘界工作结束后，工作重点转向联合检查界线落实、界桩及其方位物变化、界桩维护等方面。2003年4月，常州对联合勘定的市级陆地行政区域界线及其起止点、县级行政区域界线，实行5年1次联合检查制度，完成市境内钟（楼）新（北）线、天（宁）新（北）线和武（进）新（北）线3条县级行政区域界线检查。2005年4月起，常州、无锡两市联合检查常锡372.93公里行政区域分界线上49个界点、57根界桩，对毗邻市、区分界线进行实地核对界线及界桩等标志物，对各自管理界桩周围杂草、遮挡物进行清除，对界桩上文字重新描红。利用联检机会，向边界地区群众宣传国务院《行政区域界线管理条例》。6—9月，进行常宁线联检，完成自检联检，上报省民政厅和国家民政部备案。2006年2—9月，常州与安徽省宣城市、江苏泰州市分别开展苏皖线、常泰线联合检查，12月完成联检上报省民政厅和国家民政部。2007年，常州与镇江对常镇245.174公里行政区域分界线确定22个界点、31根界桩进行联合检查，自查、联检并举，如期完成任务。常州市倡议把2008年定为“平安边界创建年”，领导所属溧阳、金坛两市和武进、新北、天宁、钟楼、戚墅堰五区与宣城、镇江、无锡、泰州、南京所属10个县（区）分别签订《平安边界共建协议书》，建立双边联席会议制度、互访沟通协调机制。2009年，常州市民政局部署常（州）宁（南京）线、天（宁）钟（楼）线、天（宁）戚（墅堰）线联检工作，与南京市民政局联合下发《关于宁常线联合检查的实施意见》。制定天戚线联检实施意见。与镇江市联检中，发现丹徒县荣炳镇5A界桩丢失后，双方补设。友好协商金坛倪巷村境内5B界桩修复事宜。2010年，对2002年常州行政区划调整后的界线进行补勘，完成天钟线、钟新线、新天线和武新线分界补勘，上报省民政厅和民政部备案。

第二节 地名管理

1986年起，常州市和辖市（区）地名管理部门为邮电通信、公安管理和群众日常生活交往方便，每年都要命名、公布一批新的规范化地名。1991年以前，由于人们对地名产生必须规范标准的认识模糊，出现未经地名管理部门批准、随意命名部分地名现象。1992年12月23日，市地名委员会办公室地名办组织召开全市地名管理工作会议，宣传强化地名行政管理职能，以后逐渐引起全社会重视。地名命名工作的开展，与城乡建设发展同步，在1986—1990年间，常州仅公布红梅新村、白云新村、翠竹新村、河苑新村、常锡路、光华路、荆川南路、机厂南路、机厂北路、故园路、竹林东路、陈渡路、白鹤路、西林路、三八路、浦前镇老街、潞城街、经纬巷、朝晖桥、云溪桥、育英桥、通藏桥、梅港桥、奉先桥等69个标准地名。以后，随着旧城改造，城乡道路拓展，开发区建设，房地产开发，公共设施建设，命名新标准地名逐年增加。2001年新公布50个(条)，到2003年呈爆发性增长，接近100个(条)；2004年增至180个(条)，其中仅新生住宅地名就从2003年的20个增至2004年的58个。至2010年末，常州累积起11个大类、51个子类、2.91万条地名信息资料。有的因增加历史文化底蕴改名，有的因拆迁改造消失，地名快速新增、变更、消失。

一、命名更名

民主征名 2002年，建设关河中路至外环路的道路及两座桥梁，采用民主征名。在报纸、电视上公开播发征名信息，得到热烈响应，收到应征信400余封，经常州市规划、建设、文化等部门组成评审小组评审，采用晋陵作为路名。晋陵是常州曾经用过966年的建置名，是常州历史符号，用它作路名，对重温历史，普及文史知识，传承地域文化有重要作用。根据此路贯穿常州南北通道的特性，将新建路命名为晋陵中路、晋陵北路，命名两桥分别为晋陵桥、北景桥；同时将关河中路至劳动中路段改名为晋陵中路。以后又拓宽改造，与中吴大道贯通，再命为晋陵南路。2004年，常州建造本地最长、跨径最大的地处戚墅堰以东、跨京杭大运河、戚横公路和沪宁铁路双塔单索斜拉大桥。4月，市地名办与市高速公路建设指挥部向社会联合征名，共收到来信1105份、631个桥名。经评审决定，命名圩墩桥。桥北侧圩墩是太湖流域西部一处马家浜文化遗址，距今5000多年，用作桥名可弘扬常州的历史文化，显示常州地域特色。

有偿命名 常州有偿命名地名始于20世纪20年代后期，琢初桥(伍琢初)、椿庭桥(顾椿庭)等至今深入人心。1994年，有偿形式由个人行为转换成企业行为，全市重点建设工程20.3公里长的外环路开建(今龙城大道)，全线建设桥梁24座，常州市政府号召企业与新命名地名挂钩，以体现地方龙头企业特色，经征集、推荐、协商，在12月5日批准公布常柴桥、常林桥、仙鹤桥、金狮桥、五菱桥(武柴厂商标)、先锋桥(能源总厂加热炉商标)、光辉桥(造漆厂商标)、常利桥(常利厂)、童鹰桥(五毛厂商标)、仙女桥(二棉厂商标)、金雀桥(油厂商标)、多棱桥(常州机床厂商标)、月夜桥(灯芯绒厂商标)、国光桥(国光电子厂)、飞轮桥(塑机厂产品)、三联桥(巨力塑料产品)、神力桥(光明塑料厂产品)、鑫源桥(冶炼厂商标)、宝马桥(宝马集团)、飞环桥(长江塑机厂产品)20座新建桥梁命名，这是常州规模最大一次有偿地名命名活动。

更　　名 在城市的沧桑巨变中，常州为塑造城市形象，提升城市文化品位，努力挖掘地名历史文化价值，25年中淘汰一批特质不明、寓意不丰的地名，换上地域文化特色鲜明、满足人们精神文化需求的地名，特别是一些干道，让人感受到历史的厚重感。

二、地名标志

1986年9月，市地名办公室、公安局对市区地名标牌及居民门牌进行换制更新，至1987年初基本完成。更新后的标牌为蓝底白字，配有汉字拼音。1988年3月5日，市政府发布《关于加强门牌管理的通知》，明确规定市区新建居住小区、居民点的地面标识设置必须依法办理手续。1989年5月14日发文，规定维修、拓建和新建市区桥梁，有名的用标准桥名，需新命名或更名的应按审批程序向市地名办公室申报批准，禁止有关单位、部门随意命名和更名。1993年，制作安装地名标志牌6104块，其中道路牌67块、住宅区地名标志

5816块。根据江苏省和中国地名委员会要求，上交补更航测图18张、成果表1432张、目录表916条、概况材料18份。1993年底，市区有地名2809个(条)，摸清消亡地名120个(条)和无名地名60个(条)。1995年，常州市被《中华人民共和国地名大词典》收入词目350多条。1996年，因行政区域勘界和新建、扩建工程需要，市区及时命名、更名22个(条)，设置标牌(包括门牌)1.7万块。

1997年，《常州市地名管理办法》出台，全市地名机构加强地名管理，以国道设标为重点，推进地名管理制度化、规范化，提前完成104国道、312国道共85公里设标任务，全市命名地名25个(条)，命名道路11条，编制装订门牌81.8万块，有效推进农村地名城市化进程。至同年底，武进、金坛、溧阳三市地名设置工作全部完成，设置村镇名称标志物21块。翌年，办理登记门片及制作标牌1726块，完成市区国道两侧村镇的地名设置。2002年，地名机构理顺地名管理体制，把地名审批程序前置到工程项目的立项和规划前，做好地名命名、更名、地名标志设置和地名资料积累等工作，全年命名、更名地名和预登记地名158个(条)。推行地名标牌使用国家标准，使小区楼幢牌、单元牌和室号牌形成统一规格、统一标准、统一要求。2004年6月，常州贯彻民政部、交通部和国家工商总局、质监总局等部门关于做好地名标志设置工作的要求，组织开展街、巷、里、弄地名调查摸底，天宁、钟楼、戚墅堰三区立即制订实施方案，实地调查街、巷、里、弄地名225个(条)，选用美国3M公司反光膜制作的地名标牌，达到民政部规定的标准。至年底，设置街巷里弄牌555块，完善城市导向指示功能，美化城市环境。

2007年是省民政厅要求全省城市标准地名标志设置的最后一年，全省设标工作示范单位现场会在金坛召开，投资200多万元完成金坛、溧阳、武进、新北的镇级道路路名牌3531块。建设、公安、地名等部门按国家标准和要求更换市区延陵路等55条主要道路路牌及门牌。至同年末，更换路牌201块和临街门牌6000多块。2008年，市区和金坛、溧阳、武进、新北、钟楼完成街道以上的地名路牌设置任务，市区各新建小区和新建道路设置符合国家标准楼幢、单元、室号牌和门牌，全市累计设置地名标志48万块，促进地名标准化、地名标志规范化。

第三节　婚姻登记

1983年起，常州开始办理涉外婚姻登记，办理市民与华侨、港澳台同胞结婚登记手续，以属地为准，与华侨、港澳台同胞结婚由市、县民政局办理，与外国人、外籍华人、外侨结婚统一由市民政局办理。1986年起，常州市区婚姻登记由各区民政科办理，农村由乡(镇)民政所办理，登记工作人员大都为兼职。5月，全市执行《江苏省〈婚姻登记办法〉实施细则》，重点检查清理流动到常州打工就业、未办理合法手续、组织家庭的违法婚姻等行为。1987年以后，未婚人士中大龄男青年婚配矛盾突出，离婚人士中26～45岁中青年占离婚总数的68%。随着改革开放和经济发展，外省妇女到常州就业、打工增多，有部分与常州大龄青年组成家庭，形成一个较大的群体。成立常州婚姻登记服务中心，为外省婚配女性开展婚姻咨询、婚前体检、结婚照相、婚礼宴席和婚姻介绍等服务。1992年起，出国留学生与境外人士结婚登记统一由市婚姻登记机关办理，2000年起交省民政厅办理，市民政局不再受理。1993—2000年，全市处理违法婚姻数量分别为569对、719对、2540对、1322对、997对、737对、836对、733对，在清理的同时广泛宣传《婚姻法》等法律法规。2002年全市婚姻登记全部合格，城区、农村婚检率分别达95%和85%。2003年10月1日，贯彻实施国务院《婚姻登记条例》，全市除武进区外全部实行由辖市(区)民政部门集中登记婚姻，登记点由78家减至29家。2004年起，涉外婚姻统一由省民政厅办理。2007年，全市全部实行由辖市(区)民政部门集中登记。2008年，金坛市、武进区的民政局被民政部表彰为全国婚姻登记规范化建设窗口单位。

1987—2010 年常州市婚姻登记数统计表

表 44-2-1 单位：对

年份	结婚	离婚	年份	结婚	离婚	年份	结婚	离婚
1987	7891	570	1995	31985	1374	2003	29593	3316
1988	29192	479	1996	28942	1537	2004	28229	4349
1989	28548	577	1997	27422	1712	2005	26536	5034
1990	26754	599	1998	27612	1880	2006	37077	5939
1991	25697	720	1999	26166	2166	2007	30421	6282
1992	26331	827	2000	23916	2203	2008	32229	6789
1993	27197	1153	2001	23843	2349	2009	34808	8001
1994	28301	1251	2002	23533	2487	2010	33182	7795

第四节 殡葬管理

常州各级政府及其民政部门革除旧的丧葬习俗，大力推进火化，坚决废除土葬。1995 年 10 月，颁发《关于加强殡葬用地管理的实施意见》和《关于切实加强殡葬管理制止乱埋乱葬的通告》，推动平坟还田，同年处理土葬 171 起。2000 年 11 月 16 日，《常州市殡葬管理实施细则》颁布施行，明确新时期殡葬改革的方向，强化各级政府的职能，重点突出节约殡葬用地。至 2010 年底，在全市布局建立殡仪馆和火葬场 10 个、公益性骨灰堂(墙)290 个，经营性公墓区 14 个。

一、管理机构

常州市有殡葬管理机构 4 个。常州市殡葬管理所，1979 年 2 月 3 日成立，与位于青龙乡的常州市火化场合并运行。武进区殡葬管理所，1980 年 12 月成立，为独立核算全民事业单位。至 2010 年，管辖横林、前黄两个殡仪馆和 4 个公益性公墓区、10 个经营性墓区。金坛市殡葬管理所，1982 年 6 月成立。初为自收自支全民事业单位，2007 年 4 月改为全额拨款事业单位。溧阳县(市)殡葬管理所，1979 年成立。1986—1990 年，常州市火化率连续保持在 98% 以上(市区 99% 以上)。1990 年，全市有殡仪馆 9 个，火化炉 23 座，其中现代化的燃油炉 4 座，殡葬车 15 辆，每个殡仪馆都有休息室和告别厅。1991 年 3 月 4 日，常州市殡葬协会成立。

二、殡 仪 馆

全市殡仪馆与火化场融为一体，早期分片设点，数量多而散。2000 年开始整合扩建，规模化经营，至 2010 年还有 6 个。

常州市殡仪馆 1962 年 8 月建立，地处青龙乡(后改青龙街道)高士桥块，占地 1.1 万平方米，为市民政局直属事业单位，主要承担常州市区及周边地区遗体接运、冷藏、遗体整容化妆、入殓、告别、防腐等殡仪服务和遗体火化。2005 年 12 月，成建制接收武北殡仪馆，随即在武进邹区镇 239 省道奔卜路樊家桥块征地约 6.7 万平方米建造新馆。2007 年 9 月动工，2008 年 9 月建成，占地 8.7 万平方米，建筑面积 10440 平方米。2009 年 11 月，新馆投入使用。2010 年，青龙点关闭，全部归到新馆火化。

夏溪殡仪馆 1966 年 4 月建立，原名夏溪火葬场，地处夏溪镇金花村卫星村民小组，占地 2853 平方米，建筑面积 1136 平方米，事业单位。2001 年撤销。

安家殡仪馆 1966 年建立，原名安家火葬场，1985 年 1 月改名安家殡仪馆，地处安家乡安家村，占地

3200 平方米，建筑面积 522 平方米，事业单位。2001 年撤销。

罗溪殡仪馆 1975 年 10 月建立，原名罗溪火葬场，1985 年 2 月改名罗溪殡仪馆，地处罗溪乡溪南村孙南村民小组，占地 3400 平方米，建筑面积 858 平方米，事业单位。2001 年撤销。

武北殡仪馆 2001 年 4 月建立，地处卜弋镇新桥村樊家村民小组，占地 2.3 万平方米，建筑面积 7000 平方米。2005 年 12 月并入市殡仪馆。

横林殡仪馆 1976 年 12 月建立，原名横林火葬场，地处横林镇青司塘村第九村民小组，占地 3300 平方米，建筑面积 720 平方米。1993 年，迁至横林镇南方村扩建并改名为横林殡仪馆，占地 1.9 万平方米，建筑面积 5397 平方米。2008 年 6 月，武进区民政局投入 1200 万元改造扩建，占地 2.4 万平方米，2008 年 12 月投入使用。

前黄殡仪馆 1965 年 4 月建立，原名前黄火葬场，地处前黄镇钱家村八东村民小组，占地 4100 平方米，建筑面积 913 平方米。2006 年 9 月，投资 4500 万元扩建，改名武南殡仪馆，占地 4.6 万平方米，建筑面积 15620 平方米。2007 年 12 月投入使用。

金坛市殡仪馆 1966 年建立，原名金坛县火葬场，地处顾龙山；1988 年 1 月迁移至三里桥，改名金坛县殡仪馆，占地 1.7 万平方米。1993 年改造为三级殡仪馆，1995 年升为二级。

溧阳市殡仪馆 1968 年建立，原名溧阳县火葬场，占地 5700 平方米。1999 年 1 月投资 1500 多万元，按二级标准扩建，2000 年 10 月建成，改名溧阳市殡仪馆，占地 4.9 万平方米，建筑面积 7620 平方米。

上姚殡仪馆 1986 年建立，地处 104 国道东侧上兴镇上姚村。

三、骨灰安葬安放

骨灰处理有自行挖坑（主要在农村）埋入地下及购置墓地（墙）、公益堂安放和海葬等多种形式。90 年代以后，随着经济发展和生活水平提高，除有各乡镇建公益性骨灰安放堂（室）外，涌现很多经营性单位，形成产业化发展。至 2010 年，全市有经营性公墓 14 个（其中武进区 10 个，金坛市 2 个，溧阳市 1 个，新北区 1 个）、塔陵 3 个（其中武进区 2 个，金坛市 1 个），占地 138.1 公顷，建有骨灰存放格位 10.58 万个。全市有公墓和骨灰存放室 303 个，占地 180.4 公顷，安放穴位 41.59 万个。

四、殡葬改革

1997 年，常州开始建设公益性骨灰堂（墙）290 个、公墓 109 个。全市 43 个乡镇成为无坟乡镇，92 个乡镇达到省清理墓葬用地达标单位验收暂行标准。1998 年，续建公益性骨灰堂（墙）108 座、公墓 12 个。2000 年，市民政局对市区销售丧葬用品企业数量、分布、经营状况等进行调查和整顿，至年底核发许可证 46 个，对 20 个无照经营户会同各区工商分局予以取缔。2005 年 4 月，市民政局改革殡葬形式，与南通市民政局、渔业局联合开展常州市首次海葬活动，首批海葬 9 具骨灰。同年，在南通吕四港、洋口港、上海东海海域举办海葬活动 4 次。骨灰撒海逐年增加，由最初的 9 具发展到 2010 年的 31 具，至同年底全市海葬 95 具。

第五节 收容救助

收容管理制度在 1986—2010 年发生极大变革，由前期的收容遣送转变为收容救助。常州执行 1982 年 5 月 12 日国务院发布的《城市流浪乞讨人员收容遣送办法》，对家居农村流入城市乞讨、城市居民中流浪街头乞讨和其他露宿街头、生活无着落人员予以收容遣送，后来发展到对流浪乞讨、露宿街头、生活无着落，在常州无合法居所、无正当生活来源的人员及流落街头无人监护的精神病患者、智力严重缺损等人员进行收容遣送。1986 年，收容遣送 822 人次。2003 年 8 月，根据国务院颁发《城市生活无着的流浪乞讨人员救助管理办法》，结束遣送制度，改为收容救助，建立救助保护中心，对流浪乞讨危重病人和精神病人等给予关怀。8 月 1 日，市民政局所属常州市收容遣送站变更为常州市救助管理站，设于清凉立交桥西堍水渠路 28 号，占地 7920 平方米，建筑面积 3957 平方米。执行救助制度后接收公安部门护送救助对象。

1986—2003 年常州市收容遣送人数统计表

表 44-2-2　　单位：人次

年份	数量	年份	数量	年份	数量	年份	数量	年份	数量	年份	数量
1986	822	1989	559	1992	1198	1995	302	1998	1905	2001	3020
1987	703	1990	740	1993	1792	1996	367	1999	1820	2002	2516
1988	426	1991	1178	1994	400	1997	400	2000	2500	2003	760

2006 年 7 月，市流浪未成年人救助保护中心成立，建立救助保护区，设心理咨询室、教室、阅览室、手工室、美术室、技能培训室等功能室和室外活动场地；常州市救助管理站同年被评为全省文明救助管理站。至 2010 年底，全市接收护送救助人员 11965 人次，其中轻微违法人员 232 人、被拐骗妇女儿童 153 人、智障人员 355 人；与各定点医院签订流浪乞讨人员医疗救治协议，救治流浪乞讨危重病人和精神病人 1078 人；收容遣送 2.14 万人次。常州未出现乱收费、勒索、非法拘禁、强制劳动等丑恶现象，维护社会治安、保护公共利益、保持社会稳定。

2003—2010 年常州市收容救助人数统计表

表 44-2-3　　单位：人

年份	受助总人数	男性	女性	少年儿童	青壮年	老年
2003	186	144	42	36	134	16
2004	1077	899	178	177	821	79
2005	1965	1735	230	250	1590	125
2006	2096	1736	360	367	1526	203
2007	1960	1580	380	351	1431	178
2008	2179	1748	431	291	1706	182
2009	2134	1832	302	224	1787	123
2010	1691	1384	307	171	1343	177

第六节　收养管理

《中华人民共和国收养法》未出台之前，常州对弃婴收养不规范，无法可依，无据可循，除全市各级社会福利机构收养较多弃婴外，民间收养也常见不鲜，形成很多事实收养，解决了弃婴吃住等生活问题，但户口落籍、上学等具体问题仍得不到落实。1992 年 4 月 1 日《收养法》实施后，常州民政部门会同司法、公安、计生委等联动配合，逐步将收养工作引入法治化轨道。市社会福利院、市儿童福利院（简称“两院”）是收养、抚养孤儿、残疾儿童和弃婴的主要福利机构，由市民政局负责监管。福利院依法履行职责，安置、抚养好孤儿、弃婴和儿童，按法律程序向省民政厅报送外国人收养子女的相关材料，以便领养。常州依法建立收养制度，市民政部门办理收养登记手续，公证部门依法办理收养公证，公安部门办理被收养人出生证、户籍登记、出国护照审批，计划生育部门负责收养不得违背计划生育法律法规政策的把关。1999年，市民政部门负责办理新区和天宁、钟楼、戚墅堰三区国内公民收养登记；金坛、溧阳、武进等民政部门分别办理国内公民收养登记。华侨和居住在香港、澳门、台湾地区的中国公民收养登记到市民政部门办理手续。

1999年4月1日以后，申请收养登记的条件有重大调整，对象为在医学上未患认为不应当收养子女疾病；年满30周岁，被收养人应具备两个条件，即不满14周岁未成年人和生父母有特殊困难无力抚养子女；增加一条送养人条件，即有特殊困难无力抚养子女的生父母。四是收养三代以内同辈旁系血亲子女，不受被收养人不满14周岁限制。五是华侨收养三代以内同辈旁系血亲子女，不受收养人无子女限制。六是收养孤儿、残疾儿童或者社会福利机构抚养查找不到生父母弃婴和儿童，不受收养人无子女和收养1人限制。1990—2009年，两院（曾一度合并）累计向加拿大、美国、西班牙、芬兰、挪威、英国、荷兰等国家及中国香港、澳门地区收养人送养弃婴、儿童1617人。

2001—2010年常州市办理收养登记人数统计表

表44-2-4　　单位：人

年份	收养	年份	收养	年份	收养	年份	收养	年份	收养	年份	收养
2001	250	2003	233	2005	271	2007	320	2009	344	累计	3000
2002	363	2004	227	2006	391	2008	322	2010	279		

说明：2001年前全市未汇总统计收养登记人数

第三章　拥军　优抚　安置

1982年，常州对拥军优属、拥政爱民（简称"双拥"）工作实行一体化领导。1991年成立常州市"双拥"工作领导小组，在全省率先建立双拥领导小组成员单位述职制度和成员单位与驻军部队"双拥"挂钩制度，建立优抚对象优待抚恤补助标准自然增长机制，出台随军家属安置新政策，实现"双拥"工作新跨越。1993年、2005年两次被评为省级"双拥"模范城，1997年、2000年、2003年、2007年连续四次获全国"双拥"模范城称号。

第一节　拥军优属

常州市出台一系列拥军优属政策规定，拥军优属走上制度化、规范化轨道。1986—2010年，全市用于部队建房修路、装备设施、生活保障、文化生活、人才培养、生产经营等方面资金达5.95亿元。

一、支援部队建设

1987年，常州市军供站竣工。1989—1991年，常州市和武进县为驻常海军航空兵某师增设1条电路、整修1条公路、开辟1条公交线路、建造1幢干部宿舍。举办两用人才培训班478期，参训人员6590余人，颁发合格证和技术职称2560余件。1991—1992年，动员大中型企业集资365万元，为消防支队两个中队建设营房。宝钢集团常州钢铁厂和常州冶炼厂、常州建材设备总厂为宜兴驻军某部高炮团建设资助150万元。1994年，全市各地为部队办实事265件，投入经费520万元，军粮供应补贴经费120多万元，82家企业帮助驻军创办经济实体25个，帮助部队培养两用人才550余名；转让经济项目13个，年创利1500余万元。1995年，常州能源设备厂向西沙守岛部队赠送价值14万元的海水淡化装置。武进市投入60万元，为驻军农场铺

社区拥军活动（摄于2005年1月）

设柏油路4.5公里。1996年，市财政投入55万元解决武警常州市支队教导队吃水难问题。1997年，市政府投资120万元为常州军分区修建拥军楼。1998年，投资3000万元建成市消防指挥中心，投资181万元建设武警常州市支队干部住房。1999年，投入资金330万元，支持预备役通信团进行第二期工程建设。

2000年，支持部队科技练兵，创办科技拥军基地10个。2001年，协助部队研制成功步进电机、机场道路抢修车、ZJ-1型程控电码训练仪等新技术知识7项。2002年，常州陆军预备役通信团组建5年，市政府累计投入资金1600多万元。2003年为部队嫁接、移植科技成果25项。2004年，江苏省电信公司常州分公司出资300余万元，免费为部队安装150部军营网电话和磁卡电话。2005年将驻常部队干部住房纳入地方经济适用房建设规划，投入5000万元改造常州军分区招待所。至2006年，市公交公司连续15年对现役军人、革命残疾军人、烈属免费乘车，开辟拥军专线（车）9条，累计投入1500万元；市卫生局将26项部省级以上科研成果和13台先进医疗仪器对解放军102医院开放。2007年，武进农村商业银行向海航赠送科技拥军慰问金40万元；市交通局组织全线修复“海军路”；房管局为武警支队干部解决经济适用房11套。2008年，市政府拨款178万元为常州消防支队购置装备器材2110台（套），支援抗震救灾突击队。2009年，市政府征地16亩，投资1300余万元，为常州边防检查站新建录安洲监护中队；全市各级投入经费1280万元，帮助东海舰队某部“抓一片”建设。2010年，为91079部队减免经济适用房建设经费630多万元；全市投资1100余万元为驻军办实事。

1989—2010年常州市支援部队建设经费统计表

表44-3-1　　　　单位：万元

年份	投入资金	年份	投入资金
1989—1991	30	2002	980
1991—1993	800	2003	1300
1994	640	2004	6500
1995	600	2005	7330
1996	900	2006	12000
1997	680	2007	10000
1998	3181	2008	910
1999	1500	2009	8350
2000	1340	2010	1100
2001	1458		

二、优　抚

1987年，试行解决复员军人生活、住房、治病“三难”问题。次年全面展开，市政府、常州军分区相继出台规定、办法，帮助解决具体问题。1992年，武进县基本解决老复员军人“三难”问题后，又制定出台优抚对象奔小康规划。1993年，实行定期抚恤和定补“三属”人员①、在乡复员军人免收公益事业集资费，现役军人配偶分配住房、报销子女医药费享受双职工待遇等。1997年，常州实现随军家属及子女安排工作、军嫂享受待遇、军嫂工作不下岗、现役军人子女优先入学、现役军人立功奖励、驻军单位安装闭路电视、军烈属在市区免费乘坐公交车、市区退伍军人安置、在乡二等伤残军人享受公费医疗、在乡复员军人享受立功荣誉金10项100%政策，推出拥军优属军嫂再就业、特困优抚对象解难和老烈属、老伤残军人、老复员军人(简称“三老”)及优抚对象医疗保障、关怀军队离退休干部、现役军人育才5项工程。

1999年，安置随军家属110名，安置率100%。常州市对口支援陕西志丹县金丁镇，援助资金30.4万元，解决195名重点优抚对象“三难”问题，帮助新建46间石砖窑、1150平方米，新建水窖14座、280立方米。2005年，举办迎“八一”拥军爱民专场招聘会，组织进场招聘单位20家，提供就业岗位291个，进场应聘随军家属及子女80多人，达成意向协议随军家属36人。2006年，军嫂安置实行行政调配与市场调节相结合的办法，给予接收单位社会保险补贴和发放一次性自谋职业扶助金两项优惠政策。以后每年组织拥军爱民专场招聘会1～2场。

2006—2010年驻常州部队随军家属安置人数统计表

表44-3-2

年度	指令性安置(人)	自谋职业(人)	发放扶助金(万元)	年度	指令性安置(人)	自谋职业(人)	发放扶助金(万元)
2006	17	126	462.33	2009	17	72	446.34
2007	15	69	318.82	2010	18	50	346.68
2008	21	75	371.77	累计	88	392	1945.94

三、慰问部队官兵

1986年，钟楼区发动街道、工厂捐赠物资慰问对越自卫反击战前线指战员。同年春节，金坛酒厂向对越自卫反击战前线赠送优质封缸酒480箱。1987年春节，市粮食局安排10万公斤优质大米供应前线。1995年，为部队办实事50余件，落实经费500多万元，市委书记虞振新、市长孟金元等领导走访慰问驻常部队，慰问奋战在常州军民合用机场改扩建“一号工程”的官兵，连续数年向常州舰赠送两用人才育才基金1万元。2001年，向驻常部队赠送电脑、图书、慰问品、慰问金总价值150余万元；向重点优抚对象赠送价值88万元慰问金、慰问品。2002年，全市向部队赠送慰问金300余万元、慰问品2万余件，价值120万元。2003年，全市组织慰问团(组)1600个，走访优抚对象1.41万户。向驻常部队每位官兵赠“纪念延安双拥运动60周年”手表1只，总价值40万元。2009—2010年，全市各级向部队赠送慰问金1380万元，赠送生活慰品4.4万件和训练器材、音乐器材67台(套)，总价值约980万元。

四、双拥模范创建

常州拥政爱民、拥军优属走在全国前列，常州军分区和驻常部队发挥光荣传统，把军民关系作为工作重点，常抓不懈。市委、市政府高度重视，出台多项拥军优属政策，对驻常部队家属工作安排、小孩上学等给予特殊优待，全力支持国防和军队建设，促进军政、军民团结和社会和谐发展(参见“专记”)。

① “三属”人员指革命烈士、因公牺牲军人、病故军人的家属。

第二节　优待抚恤

一、优　　待

1991年，常州市政府出台贯彻国务院《军人抚恤优待条例》实施细则。2000年至2001年6月，开始普查革命伤残人员、革命烈士家属、因公牺牲军人家属、病故军人家属、在乡退伍红军老战士、红军失散人员、在乡复员军人、带病回乡退伍军人8类人员；有8603人被列入重点优抚对象，建立抚恤优待标准自然增长机制，解决生活、住房和医疗保障方面难题，使优抚对象与群众同步走上小康道路，生活水平高于常州的平均水平。常年优抚的重点和一般优抚对象保持在13万人左右。陈列事迹的常州革命烈士陵园被评为烈士纪念建筑物全国管理工作先进单位，被确定为全国爱国主义教育基地，被国务院批准为全国重点烈士纪念建筑物保护单位。常州严格执行中央制定的政策，对烈属和因公牺牲、病故军人的家属，残疾军人、现役军人及其家属、带病回乡退伍军人、退伍红军老战士等在政治、生活和经济上优抚到位。

优待金　农村义务兵　1986年承袭以前做法，继续实行农村义务兵家属现金优待办法，所需经费由乡（镇）政府在农民中统筹解决。1991年，市政府规定，农村义务兵家属优待金标准，按照当地乡镇上年度末公布的农民全年人均收入的70%确定，优待金筹集，实行以乡镇统筹平衡负担办法解决。1996年，市委、市政府规定，义务兵被评为优秀士兵的增发5%优待金，连续两年被评为优秀士兵增发的7.5%。2001年，因全市推进农村税费改革、形势变化，辖市（区）政府制定新的优待办法，以县区财政转移支付作为主渠道予以保障。2008年，根据省统一标准，按不低于上年度城镇居民人均可支配收入的30%发放。1998年起，从对享受国家抚恤定补优抚对象在乡伤残军人、因公牺牲和病故军人家属、在乡复员军人按不低于上年度当地农民人均收入的25%发给，烈属按不低于30%发给。2005年7月起，优待金和定期抚恤补助金合二为一发放。

城镇义务兵　1986年11月，市政府制定城镇义务兵优抚补充规定，对城镇义务兵家属发放优待金：第一年300元，第二年350元，第三年400元，第四年450元，第五年起500元，所需经费由市财政解决。从在职职工中征集义务兵，其优待金按本人标准工资发给，经费由义务兵入伍时所在单位解决。1987年，市政府颁布常州市义务兵家属享受优待金实施细则，规定城镇义务兵优待金由县、区统一筹集、发放。1989年，市政府规定对市区城镇义务兵优待金经费实行全市统一筹集、发放。1991年，城镇户口入伍义务兵入伍前有工作单位的按同年参加工作职工标准工资确定，非在职入伍的优待金标准由市民政局、财政局制定，入伍前为农民合同制工人按城镇在职入伍标准执行。1994年，常州市取消城镇义务兵家属优待金社会统筹办法，改由市财政承担。1996年，城镇非在职入伍义务兵家属优待金按不低于上年度城镇居民人均生活费收入的25%发放。2008年，省统一规定，市区城乡义务兵家庭优待金标准为不低于城镇居民人均可支配收入的30%。

其　　他　1986年沿袭以前做法，继续实行对常州籍军人在服役期间立功者给予一次性奖励，荣立一等战功奖1500元，其他一等功奖1000元；二等战功奖1000元，其他二等功奖600元；三等战功奖500元，其他三等功奖100元。1998年规定，获得大军区以上授予的荣誉称号，按当地义务兵家属优待金的80%奖励，立一等功50%、二等功40%、三等功20%。当年立功当年奖励，多次立功多次奖励。1995年，金坛建立为在乡复员军人发放立功荣誉金制度。1998年，全市实行在乡复员军人发放立功荣誉金，立一等功及其以上、二等功、三等功人员分别按定补标准50%、40%、30%发放，定补标准提高，荣誉金也增加。2003年，实行重点优抚对象医疗补贴制度，补贴额度50%～100%。2004年，加强医疗保障措施，对门诊医疗费用实行按比例补助，给予大病、重病救助。2006年，常州市完善城市重点优抚对象和六级以上残疾军人医疗保障政策，完善农村优抚对象医疗补助政策，建立以城镇职工基本医疗保险、新型合作医疗保险为基础，大病医疗救助为补充的医疗保障新机制。2007年，立功荣誉金分别为1500元、1150元、1050元。2008年，对有工资或者领取退休金烈士、因公牺牲军人、病故军人的父母与配偶，残疾军人，复员军人固定收入低于同类人员抚恤补助金标准的给予补差。2009年，《常州市重点优抚对象医疗保障办法》印发，较好地保障优抚对象的医疗待遇。

二、抚恤补助

1996年，常州对享受死亡抚恤烈士遗属、因公牺牲军人遗属和病故军人遗属，因战、因公、因病致残现役军人的残疾抚恤补助标准建立自然增长机制，抚恤补助标准与市民生活水平同步提高。

伤残抚恤 1986年，继续实行国家特等残废、一等残废、二等甲级残废、二等乙级残废、三等甲级残废、三等乙级残废等级标准。每个等级，又分因战、因公两种。1987年，常州市特等、一等残疾人员护理费调整为每月51元。翌年，退出现役的特等、一等伤残军人，分散发放。1989年，享受离退休待遇的特等、一等待遇伤残军人由所在单位发放，不享受离退休待遇需分散供养的由民政部门发放。1993年，常州市提高特等、一等伤残人员护理费标准，按当年社会平均工资，特等50%、一等因战因公40%、因病30%。此后，市政府每年调整护理费1次。1988年，将一等伤残二等甲级和二等乙级伤残分为因战、因公、因病3种。2004年，与国家现行工伤等级接轨，残疾军人由重至轻分1～10个等级，1～6级分因战、因公、因病3种，7～10级分因战、因公两种。残疾抚恤金，1986年继续执行1984年制定标准，退役后未参加工作的残废军人领取在乡残疾抚恤金，参加工作的残废军人领取在职残废抚恤金。1988年1月1日起，调整残废人员抚恤标准，8月退出现役后未参加工作等残废军人发给伤残抚恤金，退出现役后参加工作或享受离休退休的革命伤残军人发给伤残保健金。1991年、1996年，常州市两次提高在乡伤残人员抚恤金标准。1997年7月，常州市按自然增长机制较大幅度提高革命伤残人员抚恤金标准，此后每年按自然增长机制调整1次。2004年，国家规定对分散安置一至四级残疾军人发给护理费，按照当地职工平均工资水平，因战因公一级和二级按50%、因战因公三级和四级按40%、因病一至四级按30%发放，每年按此标准进行调整。常州市对原领取在职伤残保健金人员按国家标准发放残疾抚恤金。翌年，常州市对按自然增长机制发放残疾抚恤金的革命残疾军人实行残疾抚恤金和优待金（简称“两金”）合并发放。2006年、2007年、2009年，民政部、财政部提高残疾人员抚恤金标准，常州市因自然增长机制标准高于国家标准，部分残疾人员按地方标准执行。

2005年常州市伤残抚恤标准与国家标准对照表

表44-3-3　　　　单位：元/年

伤残等级	国家标准			地方标准			现行标准			两金(月标准)		
	因战	因公	因病(新)	因战	因公	因病(新)	因战	因公	因病(新)	因战	因公	因病(新)
一级	11200	10800	10440	20838	19970	19970	26371	25356	25356	2198	2113	2113
二级(新)	10080	9600	9200	19102	18233	18233	24342	23328	23328	2029	1944	2113
三级	8960	8400	7800	17365	16479	15629	22314	21299	20285	1860	1775	1690
四级(新)	7280	6600	6000	13024	12156	11287	17242	16228	15214	1437	1352	1268
五级	5600	5040	4560	10593	9724	8856	15214	14402	13388	1200	1116	1031
六级	4480	4200	3600	7467	6599	5730	10751	9737	8723	896	811	727
七级	3360	3000	—	4689	4341	—	7505	7100	—	625	592	—
八级	2240	1920	—	3994	3994	—	6694	6288	—	558	524	—
九级	1680	1440	—	2605	2257	—	5071	4666	—	423	389	—
十级	1120	960	—	1910	1737	—	4260	4057	—	355	338	—

说明：参照基数为2004年市区职工年平均工资20285元，2005年7月1日执行

烈属等抚恤 1986年，烈士一次性抚恤金为烈士生前40个月工资。因公牺牲、病故人员一次性抚恤金，分别按其牺牲时20个月、病故时10个月工资计发，立功受奖的按一次性抚恤金比例增发。2004年调整为烈士、因公牺牲、病故分别按生前80个月、40个月工资、20个月工资发放。2008年，省规定向烈士遗属发放一次性抚慰金，标准按烈士牺牲时上年度全省在岗职工40个月平均工资计算。1986年，常州市“三属”定期抚恤金标准，烈属、因公牺牲军人家属城镇每月35元、农村每月25元，病故军人家属城镇每月30元、农村每月20元。1988年，常州市对“三属”定期抚恤金标准提高15～20元。1993年，调整为烈属城镇每月80元、农村每月60元，因公牺牲军人家属城镇每月75元、农村每月55元。1996年，常州市建立优抚对象抚恤补助标准自然增长机制，“三属”定期抚恤金标准按上年度当地职工平均工资比例确定，烈属城镇每月251元、农村每月200元，因公牺牲军人家属城镇每月236元、农村每月185元，按自然增长机制每年调整1次。2006年，市区烈属定期抚恤金和优待金合并发放每月1073元，为市区职工平均工资的55%，其他对象定期抚恤金作相应调整，此后按两金合一标准每年调整1次。

退役军人补助 1986年继续实行在乡复员军人、带病回乡军人、退伍军人定期定量补助规定。抗日战争时期、解放战争时期入伍的军人每人每月分别发放12元、10元；新中国成立后入伍的为8元。带病回乡退伍军人每人每月5元。10月，常州市在乡复员军人补助标准调整到平均每人每月不低于15元。1993年，常州市调整标准，在乡复员军人抗战时期入伍的为45元，解放战争时期入伍的为40元，新中国成立后入伍的为35元，带病回乡退伍军人为20元。1994年，在乡复员军人和带病回乡退伍军人定补每月增加10元。1996年，常州市建立在乡复员军人定补自然增长机制，此后每年调整1次。2006年，解放战争时期入伍每月418元，为2005年度全市农民人均收入的70%。2007年，在原自然增长基础上每月提高50元，对符合条件参战、涉核军队退役人员发放生活补助，每人每月100元。2008年为130元，2009年为200元，2010年为220元。

三、烈士纪念设施

常州的优秀儿女在革命年代、社会主义建设和对越自卫反击战中，为国家的独立和民族利益赴汤蹈火，先后有大量的人付出了生命。他们的丰功伟绩彪炳史册，革命精神光耀千秋。全市各级政府不忘先烈，弘扬烈士精神，在烈士们当年战斗的地方建造起一座座丰碑，用作悼念先烈、进行革命传统和爱国主义教育的场所，供人民缅怀，寄托哀思。

常州市革命烈士陵园 位于兰陵北路与中吴大道交界处，1978年规划兴建，建有革命烈士纪念碑，1987年10月，常州革命烈士事迹陈列馆建成开馆，建筑面积880平方米。1995年，被民政部确定为全国爱国主义教育基地、全国烈士纪念建筑物管理先进单位。翌年，被国务院批准为全国重点烈士纪念建筑物保护单位。2003年，总投资2200万元，在常州烈士陵园内新建常州革命史纪念馆，建筑面积3600平方米，展出常州地区自鸦片战争到常州解放的革命历史。投资43.7万元，把原来的烈士事迹陈列馆扩建成常州革命烈士纪念馆，建筑面积2140平方米，展出228位革命烈士的事迹。2004年底，这两个馆建成对外开放。2005年4月15日，增挂常州市瞿秋白张太雷恽代英烈士纪念地管理处牌子，11月被中共中央宣传部认定为全国爱国主义教育示范基地。投资280万元，在入园处兴建瞿秋白、张太雷、恽代英的雕像，2007年建成。

武进烈士陵园 1987年，投资100万元在湖塘镇东风路（后更名为人民中路）建成，称武进县革命烈士纪念馆，占地1.72万平方米，展馆面积810平方米，展出2053名烈士的事迹。1996—1999年武进市政府组织投资4500万元，在淹城西侧400米处，移建武进烈士陵园，占地8.53万平方米。2000年，清明节建成开放，内设烈士事迹陈列馆建筑面积4623平方米，展厅总面积2100余平方米。

金坛市烈士陵园　位于顾龙山南坡，1962年建造，后扩建，是常州市爱国主义教育基地。2010年底占地5.2公顷。革命烈士纪念碑矗立在陵园中央，纪念碑后面排列着27位烈士的陵墓，其中县团职以上的烈士有余慎、薛斌、强博、傅华琛及英雄教师殷雪梅等。事迹陈列馆展示金坛市1100多名革命烈士英名录和部分革命烈士简要事迹及图片，陈列部分革命烈士遗物。

溧阳市西山烈士陵园　位于溧阳城西西山，占地6公顷，1981年11月建成。烈士墓中有1941年11月28日在塘马战斗中壮烈牺牲的新四军六师十六旅旅长罗忠毅、政委廖海涛。还安息着抗日战争时期、解放战争时期牺牲的16位区营级以上干部，与1945年8月18日在解放溧阳城战斗中捐躯的40余位无名英雄。2003年，陵园纪念馆建成，总投资1220万元，建筑总面积840平方米，展出80余位革命烈士的事迹。

澄西烈士陵园　位于武进横山桥清明山南麓，由武进、江阴、锡山市政府拨款和集体、个人捐资合计140万元兴建，1991年6月建成。占地0.84公顷，展厅面积198平方米，展出抗日战争期间在澄西县境内牺牲的346位烈士生平事迹。

董亦湘烈士纪念碑　1921年4月，董亦湘由沈雁冰介绍加入中国共产党，曾任中共上海商务印书馆第一任党支部书记、中共上海地方兼区执行委员会国民运动会委员等职，先后介绍陈云、张闻天等人加入中国共产党，是无锡第一个中共支部的创建者。1925年被派往苏联中山大学、列宁学院学习。后遭王明陷害，1939年在伯力于苏联清党中被迫害致死。1984年6月，中共中央组织部为他平反，批准为革命烈士。1987年4月，在其家乡武进潘家乡建造董亦湘烈士纪念碑，由陈云亲自题写碑名。

新北区革命烈士纪念碑　位于新北区龙虎塘街道潘墅，总投资268万元，占地3.4公顷，2007年3月建成。纪念碑由象征“八一”军徽和渡江帆船的花岗岩组成，有纪念承寿根等19位烈士的纪念碑。同时建成新北区革命烈士纪念广场，广场占地6.32公顷，被列为市级文物保护单位和市级爱国主义教育基地。

第三节　部队人员安置

1986年起，市委、市政府根据社会发展特点和时代要求，探索退役士兵、军官安置改革办法，从最初的综合安置方式到1988年实行5项优先安置措施，到后来鼓励退役军人自主择业、保底安置、货币安置等，研究出台新的措施，妥善解决市场经济条件下退役士兵安置问题。

一、退役士兵安置

常州市执行《退伍士兵安置条例》，在退出现役的部队士兵回常后，想方设法为他们举办培训班，创造条件，让他们适应新环境。市政府出台多项政策，供退役士兵选择，有的在他们入伍之前，就帮他们落实好单位，解决其后顾之忧。1990年，全市安置录用农村退伍军人军地两用人才1050人，录用率81.5%。1993年，全市安置军地两用人才687人，其中录用到国营企事业单位73人、县级及其以上集体单位108人、村干部和乡镇企业506人。1998年，全市城镇退役士兵安置率、农村军地两用人才开发使用率分别为100%、85%。1999年，始有26人自谋职业货币安置。翌年，武进市38人自谋职业，领取经济补偿金39.9万元。1986—2010年，全市投入资金2.49亿元接收退役士兵、复员军人。

政策措施　1986年，武进对入伍新兵探索试行先安置、后入伍、定优待的安置办法，安置通知与入伍通知一起下发，义务兵入伍时同时落实优待金和退伍后的安置岗位，武进当年被民政部、解放军总政治部表彰为全国培养开发使用军地两用人才先进单位。1988年起，全市对城镇退伍军人安置实行“按系统分配任务，包干安置”的办法，常州市区接收的城镇退伍军人，实行优先安置参战人员、立功人员、因公致残人员和优先照顾农村孤儿退伍军人、农村退伍军人中特困对象的“五优先”安置，择优分配，志愿兵安置坚持就地、就近，尽量做到技术对口。1989年，市政府出台《常州市退伍义务兵安置办法》。翌年，对城镇退伍军人实行“区别对待，专业对口，择优安置分配”办法安置。1994年，城镇退役士兵安置采取计划安置、个人自选单位与单位要人相结合。1996年，全市推行“供需见面，双向选择，包底安置”的办法，武进在三河口镇开展鼓励农村退伍军人自谋职业，进行经济补助安置试点。1998年，全市开始试行双向选择、鼓励自谋职业等安置措施。翌年，鼓励、引导退役士兵自谋职业，保留其1年分配资格，享受下岗职工税收优惠政策，市区按每月250元标准发放待分配期间生活补助费。2000年，武进实行民政部门与退役士兵签订自愿放弃安置自谋职业协议书、发放一次性补助金的措施，有16个镇出台农村义务兵有偿转移安置办法。

2001年，市政府再次出台规定，实行双向选择、货币安置政策，鼓励退役士兵自谋职业。安置标准：按服役年限10年以下、以上（含10年）两档，安置费（经济补偿金）分别为全市上年度职工平均工资3倍、5倍。2002年，开始采取自谋职业、双向选择、安置就业与有偿转移安置的多元化安置方法。翌年，市区城镇退役士兵、转业士官自谋职业经济补偿金标准分别调整为4万元、6.5万元。2005年，出台新政策，从同年冬季退役士兵开始，市区退役士兵安置实行城乡一体化，其中天宁、钟楼、新北、戚墅堰4区按市区统一规定安置；武进城乡退役士兵安置办法由其自行确定；金坛、溧阳两市争取在3～5年内实行退役士兵安置城乡一体化；市区退役士兵货币安置标准为3万元，从第三年（包含3年）开始每多服役1年增加2000元，转业士官标准为11万元；市区事业单位实行双向选择，不录用两年义务兵。

培训服务 1993年，为71个退役士兵重点困难家庭安排建房经费2.8万元。1993年、1995年、2000年，全市有75名被征地和拆队转居退役士兵办理“农转非”，并安置工作。2002年，市区200多名退役士兵参加安置培训。2006年，民政部门建立退役士兵信息库，提供就业信息服务。2007年，市民政局举办退役士兵专场招聘会两场。2007—2010年，扩大对退役士兵技能培训规模。全市参加技能培训的退役士兵分别为150人、350人、900人、888人。2009年，出台《常州市退役士兵职业技能培训工作实施意见》。仅2010年培训经费投入就达600.54万元。

二、军队离退休及其他人员安置

接收安置 常州市民政部门接收安置对象有军队离休、退休干部、退休志愿兵（士官）、基建工程兵退休干部、无军籍退休退职职工等7种类型。军队离休退休干部最初分散安置，后来成立军队离休退休干部休养所，集中分批安置。1986年前加上分散安置第一批、第二批有离休干部68人、退休干部91人。1986年后又分批次接收安置，至2010年底接收军队离休干部68人、退休干部345人。无军籍退职退休职工，1986年前分散安置，由乡镇、街道管理，共接收63人；1986年后按批次接收，至2010年底安置97人。

干休所 1986年，常州最早统一建房，建立地方管理的军队离退休干休所，对1949年9月30日以前参加革命的团级及其以上军队离退休干部、因公丧失劳动能力或工作能力军队干部、因公伤残特级或一级军人、离退休军队干部的遗孀及符合条件的老干部进行集中管理服务；同年，武进、金坛、溧阳3个县成立军队离退休干部休养所。1987年，在市军供站成立常州市军队离退休干部休养所总所。1993年11月，经编委核准一分为三，成立3个休养所，第一所位于关河西路37号，第二所位于银河路8号，第三所位于清潭木清路90号。1993年第四批建房，含附属建筑5502平方米。1997年8月又设第四所在关河西路31号。第四所成立时，购置办公用房790平方米。至1989年，全市先后3批建房，累计（含附属建筑物）5600平方米。至

1997 年底，全市陆续建立 7 个军队离退休干部休养所(不包括部队单独在常设置的干休所)，其中市区 4 个。此后一直未变，全部属全额拨款事业单位。2004 年，市民政局被评为全国军队离退休干部服务管理先进单位，另有多个干休所和管理干部受到全国表彰。

第四章　救灾救济　慈善事业

中共常州市委、常州市政府对救灾救济工作和慈善事业高度重视，全市建立应急救灾机构，形成自然灾害三级响应程序和四级信息队伍，及时掌握灾情信息，以便作出快速反应。建成救灾储备仓库，落实救灾基金，全市建立 7 个救灾基金，保障救灾减灾。经常开展防灾减灾宣传、应急救助演练，在常州自然灾害和病虫害灾害中经受考验。与国家、省步调一致，积极响应号召，参加其他外省市救灾工作。重点帮助城乡困难群众，采取农村扶贫、结对帮困等形式，为其解决生活困难。

第一节　救灾

常州是自然灾害频发地区之一，灾害种类多，分布地域广，发生频率高，洪涝、台风、干旱、风雹、雷电、病虫害和地质灾害等时有发生，给市民生命财产造成严重损失。常州面对灾害挑战，采用“政府主导，分级管理、社会互动、生产自救”的方式，降低灾害损失。

一、救助应急体系

1996 年，常州应对自然灾害，健全报灾救灾网络建设，及时了解灾情。2003 年 11 月，市政府出台《救灾应急预案》，以应对重特大突发性自然灾害，进行快速、高效、有序的抗灾救灾，最大限度减轻和避免损失，确保市民生命财产，维护灾区社会稳定。2005 年，加强救灾款物规范管理，完善救灾款物分级负担制度，提高救灾款物使用效果。2008 年，市政府出台《自然灾害救助应急方案》，制定完善常州市民政局自然灾害三级响应规程，确定 3 级响应程序。辖市区完善自然灾害救助应急预案体系，基本建成 4 级信息队伍，各乡镇、村至少配备 1 名灾情信息员。建成 1500 平方米救灾储备仓库。2009 年，常州市减灾委员会成立，开展第一个“全国防灾减灾日”和第二十个“国际减灾日”宣传活动。6 月 1 日，常州市启用国家、省、市、区 4 级自然灾害管理系统，对辖市区救灾信息员进行业务培训，通过这套系统上报灾情。2010 年，市减灾委员会发挥综合协调作用，建立健全组织机构和有关部门协调机制。在“防灾减灾日”“国际减灾日”和全市自然灾害应急救助综合演练过程中，全市相关单位、部门为防灾减灾活动提供组织保障，初步建成覆盖市、辖市区、镇街道、村社区四级灾害信息员队伍，全市发展灾害信息员 1198 人。

二、抗灾救灾资金

1996 年，辖市(区)政府救灾基金全部落实到位，有救灾基金 185 万元。翌年，救灾基金建设步伐加快，全市建立 7 个救灾基金，筹集资金 285 万元。2001 年，各地增加大自然灾害救济事业费，各乡镇均建立 2 万元以上救灾预备金，全市总额 167 万元；辖市、区级安排自然灾害救济事业费总额 305 万元；市级安排 100 万元，全市自然灾害救济事业费总计 522 万元。2005 年，全市财政投入恢复重建补助款 333 万元，按草危房改造模式，市级补助每户 1500～4500 元，有关辖市(区)和镇同比例进行配套补助，户均补助 9100 元。2006 年，增加救灾预备金，全市救灾预备金总额达 768 万元，其中所有镇均安排救灾预备金 2 万元以上。

三、防灾减灾

2000 年起，常州开始重视防灾减灾，经常开展宣传。2010 年“5•12 防灾减灾日”期间，市减灾委员会广泛动员，发挥媒体作用，在《常州日报》开设专题专版，在常州电视台及常州广播电台播放公益广告，组织市应急办、水利局、民政局、科技局、地震局、气象局、红十字会等单位开展大型咨询活动，组织市减灾委员参观全国“减灾示范社区”——河海社区、花溪社区，印发《防灾减灾手册》等科普读物及环保袋等，宣传党和政府以人为本防灾减灾理念。市民政局、教育局、地震局、科协和常州日报社及辖市区有关部门在市供电公司、河海社区等近 10 家单位进行重点宣传，采用专题宣讲、观摩展览、主题征文和应急演练等形式，进行宣传教育，全市印制发放防灾减灾知识宣传挂图 1200 套，宣传小册子 2 万余本。组织开展防灾减灾活动，社区排查治理灾害风险隐患，完善社区应急预案，鼓励和支持社区家庭做好日常防灾准备，配置家用防灾减灾装备，提升社区居民减灾意识与避灾自救能力；组织创建综合减灾示范社区，提高社会防灾减灾水平。

四、应急救助演练

2010 年，按《2010 年全市应急管理工作要点》，结合“5•12 防灾减灾日”活动方案，开展全市自然灾害应急救助综合演练，制订应急演练实施方案，设置演练对白、剧本、导调本，形成完整演练作业内容。10 月 29 日，市政府主办应急救助综合演练，市民政局、应急管理办公室承办，戚墅堰区政府和市公安局、交通运输局、卫生局、气象局、武警常州市支队等单位参与，运用远程调度、远程指挥等高科技手段，实现自然灾害应急指挥调度与《常州市自然灾害救助应急预案》对接，检验全市自然灾害救助应急预案，增强政府及其相关部门应对突发自然灾害应急反应能力。

五、抢险救灾

1986—2010 年，每次发生灾情、险情，全市各级党委、政府迅速组织抗灾救灾抢险队伍和人员及时科学决策，正确指挥、组织展开抗灾工作，及时发放救济粮食、帐篷等救灾物资，抢救修复因灾倒塌房屋，妥善安置灾民，保障灾民生活。1991 年，常州遭受特大洪涝灾害（参见“专记”）。2005 年，及时启动灾害应急预案，第一时间转移安置受灾群众，妥善安排灾民吃、穿、住、医等基本需求，入冬前让受灾倒房困难群众全部住进宽敞、明亮新房。翌年，开展灾民生活救济，开展“社区减灾平安行”活动，救济农村灾民和特困群众近 4 万人。对全市减灾、备灾、应急预案完善等工作进行部署，完善救灾专用电子邮箱，加强救灾通信网络建设，保证查灾、核灾、报灾和救灾需要，确保救灾信息网络畅通。2007 年，启动春荒救济、冬令救济，全市救助遭受风雹灾害的群众和农村困难群众 6 万余人。2010 年，常州部分地区遭受风雹灾袭击，造成农作物减产、民房损坏倒塌和人员伤亡。灾情发生后，民政部门及时保障灾民基本生活，开展因灾倒塌住房恢复重建工作。

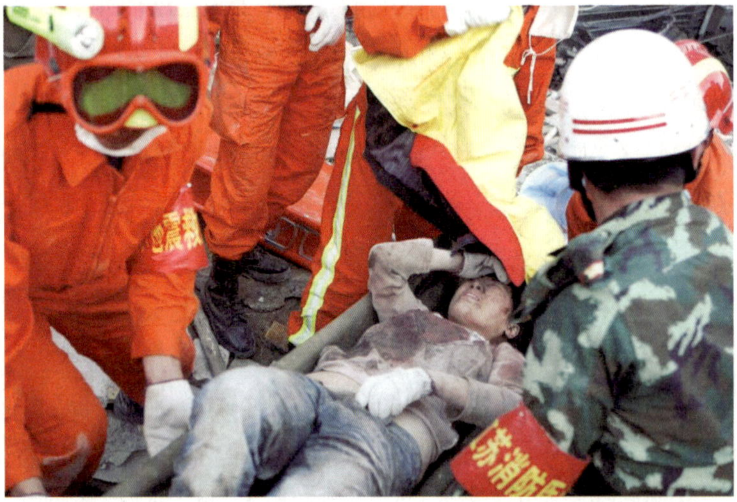

常州消防官兵投入四川汶川特大地震营救（摄于 2008 年 5 月）

1987—2010年常州市主要自然灾害和救援情况一览表

表44-4-1

年份	灾害种类	受灾地区、范围	受灾农田（万公顷）	塌损房屋（间）	因灾死亡（人）	受灾总人口（万）	直接经济损失（亿元）	应急抢险救助	
								救灾款（万元）	抢险救助情况
1987	冰雹、暴风雨	金坛、溧阳、武进	0.78	—	—	—	—	—	19.26万人次参加救灾
1988	—	—	4.97	4717	9	—	—	109.00	—
1990	7月10日飑灾、冰雹、龙卷风、台风	溧阳19个乡、两个场圃	9.48	1987	18	—	—	113.00	—
1991	特大洪涝灾害	全市	10.67	80000	—	—	—	—	—
1992	5月6日暴风雨	金坛、武进	—	2693	—	—	—	504.00	—
	7月19日暴风雨(飑线)	金坛指前、洮西	—	—	—	—	—	—	—
	7月23日强风暴雨	全市	—	—	—	—	—	—	—
	6—7月严重干旱	全市	—	—	—	—	—	—	—
	8月1日强风暴雨	武进、金坛	—	—	—	—	—	—	—
1993	6月28日、7月7日龙卷风 7月19日暴风雨 8月8—24日暴风雨	金坛、武进部分乡镇 武进11乡镇 全市	0.85	1247	5	—	—	168.00	—
1994	6—7月特大旱灾	全市	—	—	—	—	7.38	13400	194.6万人参加抗灾
1995	春夏期间严重旱灾	全市	1.67	—	—		4.20	147.00	—
1997	11号台风等较大灾害6次	全市	1.11	694	—	—	1.50	277.28	—
1999	洪涝灾害等较大自然灾害3次	全市	6.97	5543	—	—	—	772.00	发放救济粮1130吨，救济2.48万人次
2002	洪涝、风暴灾害8次	全市	—	—	—	—	—	435.77	—
2003	洪涝、风雹灾害8次	全市	3.81	3739	4	30.00	—	—	紧急转移3894人
2004	严重旱灾、洪涝、台风、雹灾、冻灾	全市	2.29	—	2	68.00	1.36	1422.00	—
2005	较大旱灾、洪涝、风雹和“麦莎”“卡努”台风	全市	4.10	1799	3	53.20	2.80	985.00	转移安置2069人，建房367户
2006	洪涝、风雹	局部地区	1.33	128	—	23.80	0.50	761.00	—
2007	风雹两次	全市	1.67	270	—	34.00	1.21	545.00	—

续表 44-4-1

年份	灾害种类	受灾地区、范围	受灾农田(万公顷)	塌损房屋(间)	因灾死亡(人)	受灾总人口(万)	直接经济损失(亿元)	应急抢险救助	
								救灾款(万元)	抢险救助情况
2008	年初雪灾、冻灾	全市	1.88	—	—	38.25	7.07	584.00	紧急转移1477人
	洪　涝	溧阳	1.60	56	—	—	—	—	
	台　风	全市	0.02	20	—	—	—	—	
	小　计	全市	6.50	2083	—	57.58	7.70	—	
2009	台风、风暴重大灾害	全市	0.32	316	—	7.60	—	18.00	—
2010	风雹灾害	全市	0.04	550	1	0.33	0.20	5.00	—

六、对外救灾救助

1994年，辽宁省锦州市，广西壮族自治区梧州、柳州地区和陕西省商洛地区等相继发生特大洪涝灾害，市民捐赠给锦州市25万元、梧州地区15万元、商洛地区10万元和价值15万元柴油机、药品等。常州市、武进县按中央、省救灾募集衣被领导小组的部署，募集衣被约60万件(套)，对口支援广西柳州地区。1997年9—10月，募集衣被80.2万件(套)，支援安康、汉中贫困地区衣被68万件(套)，其余部分援助常州贫困户。1998年8—10月，捐赠款物3996.23万元，帮助长江、嫩江和松花江流域等遭受特大洪涝灾害地区抗洪救灾、恢复生产、重建家园，其中现金2130.59万元，物资折价1865.64万元。2000年9月7—27日，全市机关企事业单位和各界人士募集衣被83.4万件，救济安康、连云港市受灾地区。2004年10月，全市组织捐赠寒衣被90多万件(套)，其中70万件(套)救济陕西汉中、商洛地区，其余20余万件(套)衣救济常州市贫困群众。

市委书记范燕青(左)向台湾南投县赠送救助莫拉克台风灾区捐款(摄于2004年4月)

第二节　扶贫

常州扶贫工作重点放在革命老区金坛、溧阳等农村地区，兼顾武进、新北两区农村贫困户，采取结对帮困措施，落实到单位和人，扶贫形式实行开发式帮困，针对不同贫困对象，"输血""造血"同步进行，重在"造血"功能上，扶志扶智，提供资金技术，帮助贫困群众寻找出路。通过措施，低收入的贫困人口持续减少，贫困地区生产生活条件得到较大改善，但消除贫困任务仍然艰巨。

一、农村扶贫

1986年，常州扶贫工作由帮扶个体扶持向联合帮扶、科技帮扶方向发展。1987年，筹集资金试办扶贫基金会，扶贫工作由“输血型”向“造血型”转变。1991年，市政府把扶贫工作列为全市国民经济和社会发展100项目标之一。3月，市政府调整扶贫领导小组，办公室设在市民政局，制定“八五”期间扶贫规划和1991年实施计划。年筹集扶贫资金376.73万元。在扶贫工作中，采取安排就业部门包乡、企业包户，创建扶贫经济实体及政策扶贫等办法，层层落实任务。1993年，多渠道、多层次筹集扶贫资金，采用部门、企业、党员包扶等方法进行，办好扶贫实体，落实贫困户进厂务工，取得较好效果，全市贫困户由1992年的9341户降至7720户。溧阳创办免费教育扶贫班，对32名贫困户子女实行免费教育、食宿。1994年，溧阳实现扶贫与扶志、扶贫与扶智、扶贫与就业、分散扶持与集中扶持相结合。1995年，扶贫资金实行有偿使用与无偿使用、资金投放与扶贫项目相结合。扶贫资金投入重点放在创办扶贫经济实体上，发展多种经营，采取多渠道、多形式的扶贫方法，标本兼治，用资金扶贫、科技扶贫措施，吸收贫困户子女进厂务工，提高生活水平。金坛、溧阳两市重点开发茅山老区扶贫项目，组织开展了“党员进老区，万人帮万户”活动。

1996年，市民政局、老区开发促进会探索将资金、就业、教育、科技挂钩，采用实体扶贫的综合立体式扶贫模式，培育有劳动能力的贫困户自我发展。完成对全市泥墙草房普查，确定金坛市花山乡为试点。1997年，在茅山老区泥草房改造和“扶贫解困帮千户”活动中，帮助他们发展生产、改善生活，为贫困户治病，资助贫困户子女读书等，解决贫困户困难，使他们早日脱贫致富。全市泥草房改造投入资金766.4万元，改造完成泥墙草房516户，其中溧阳300户、金坛192户、武进24户，茅山老区改造完成333户。3月，在市级机关开展“扶贫解困帮千户”活动中，市属82个部委办局响应市委、市政府和市老区开发促进会的号召，参与单位下乡与贫困户结对子，帮助贫困户脱贫，投入资金121万元，解决贫困户建修房屋、发展生产、子女就学、治病等方面困难。

1997—1999年，茅山老区泥墙草房改造被市政府列为“为民办实事”项目之一。1997年，组织实施扶贫解困帮千户行动。1998年，82个市级党政机关继续开展跟踪帮扶活动，解决原有帮扶对象的返贫现象，收效较好。至1999年10月，茅山老区泥墙草房改造工程完成。3年中，改造泥墙草房979户（溧阳市564户、金坛市415户），建房2476间，总面积6.48万平方米，投入改造资金1536.45万元。改造后的房屋全部达到或超过市政府规定标准，贫困户居住环境得到改善。至2000年7月，帮扶茅山老区办实事好事380件，发展经济林果、茶叶、板栗、银杏等6.3万亩，修筑改造乡村公路10多条、小水库近10座，新建改建乡村小学8所、万册图书馆19个及一些乡镇的自来水、邮电、广电工程。至1999年，茅山老区19乡镇农民人均纯收入达3400元，有20多个贫困村和900多个贫困户脱贫达标。2001年，民政部门实施农村草危房改建工程，多方筹措资金326万元，改造草危房416户，改善贫困群众居住条件。2002年，全市筹措资金360余万元，继续改造农村草危房352户。2004年，将农村草危房改造列为“农村五件实事”之一。2003年6月至2004年6月，常州市投资5488万元，改造农村草危房3535户、7091间，总面积232957平方米，全面完成农村草危房改造任务，彻底解决贫困群众居而无忧、“五保”老人应保未保、贫困群众生活信心和节省土地资源问题。

常州市级机关帮助茅山缺水地区改造水源工程通水（摄于2000年7月）

1986—2000年常州市扶贫工作情况统计表

表44-4-2

年份	扶贫资金(万元)	扶贫(户)	脱贫(户)	脱贫率(%)	年份	扶贫资金(万元)	扶贫(户)	脱贫(户)	脱贫率(%)
1986	16.70	4588	2589	—	1995	269.53	2046	—	60
1988	165.32	4366	2895	—	1996	279.50	2126	1355	63
1990	129.80	2755	1511	—	1997	242.60	1561	968	62
1991	376.73	3870	2322	60	1998	275.80	1796	—	65
1992	622.18	3859	2585	65	1999	258.00	1869	1177	63
1993	508.00	2545	—	63	2000	263.50	1722	—	—
1994	159.00	2146	—	63					

二、茅山老区扶贫

茅山老区辖金坛的薛埠、茅麓、西岗、建昌、直溪和溧阳的绸缪、竹箦、后周、前马、上兴、上沛、周城、社渚、南渡14个镇(2007年合并为8个镇),194个行政村、14.86万户、41.12万人,劳动力20.14万人,耕地面积63.37万亩,2004年有村级集体经济收入不足10万元的经济薄弱村120个,其中不足1万元的村24个、1万～5万元的村57个。同年农民人均纯收入约4000～4500元,人均收入不足2000元的农户有1.38万户、38340人。2006年,对溧阳9个老区镇帮扶资金792.6万元,实施农田水利项目42个、镇村道路项目39个、农村改水项目3个、种养业项目4个、工业项目13个、广电项目2个,改造危草项目4个、村卫生室项目2个,助学扶穷328人、21.88万元,帮扶困难户2049户、95.4万元。

三、最低生活保障

1996年,常州实行城乡低保试点,以后逐步向城乡推广,由保障“三无”特困对象为主,逐渐扩大覆盖到所有困难居民;由简单生存保障发展到综合性生活救助;由单一行政工作发展到多方位社会服务,为困难群众基本生活提供社会保障。

城镇居民 1996年,市政府制订出台措施,建立市区城镇居民最低生活保障制度。1997年1月实施,每月140元,单身和70岁以上老龄人最低标准每月168元,以后随物价指数变化而调整。1997年,市区共保障困难居民290户、4067人,发放最低生活保障金46.2万元。1998年7月1日,调整为每人每月160元,单亲家庭和70岁以上老人188元。1999年7月起,提高到180元,单身和70岁以上老人216元。2000年,市政府将最低生活保障范围扩大到全体城镇居民,对城市低保对象实行学杂费、水电费、电视收视维护费、房屋租金、体检和医疗费用和社区服务税收、个体经营登记管理费等减免优惠政策。2001年,低保资金市、区两级财政分担比例由5∶5调整为7∶3,实现应保尽保。翌年,低保标准提高到人均每月200元。2000—2002年,全市保障城镇居民10818户次、23774人次,发放保障金1804.65万元。2003年扩保,对连续6个月不能发放或不能足额发放最低工资或生活费困难企业职工发放保障金。2004年,市政府在全省率先建立城乡低保标准自然增长机制,城市低保标准按上年市区居民人均可支配收入25%,农村低保标准按上年农民人均纯收入25%,实行自然增长。2005年月人均提高到260元。2006年月人均提高到280元。

规范困难群众普惠性节日慰问制度,2006年对市区城乡低保边缘困难群众每户一次发放救助金700元,市财政补助资金453万元;对市区城市低保对象按上年度保障标准增发1个月全额低保金,市财政补助资金316万元。市区城市医疗救助737人次,金额76.4万元。2007年,对21327名城市低保对象、9535户城市低保边缘家庭发放一次性物价补贴409.4万元、水费补贴90万元。全市累计实施城市困难群众医疗救助3792人次，救助金额369.8万元。春节前，对城乡低保对象增发1个月全额保障金，发放资金1502万元。对城乡低保边缘家庭15772户发放一次性生活补助金1196万元。

2008年，常州市城市低保标准两次提标，市区城市低保标准从月均320元提高到340元。全市医疗救助累计救助城市困难群众5174人次，金额1556万元；对城乡低保对象发放3个季度一次性物价补贴，发放市区及武进、金坛、溧阳等城区城市低保对象5.15万人次、金额429万元，发放水费补贴101万元。春节前，对全市城乡低保、城乡低保边缘家庭发放1个月全额低保金、一次性生活补助金6万户、7.08万人，救助总额3680万元。春节前，再次发放金额836万元。2009年，低保标准提高到月人均收入360元。2010年，全市保障城市居民1.16万户、2.23万人，月人均补差242元，累计发放保障金6668万元。7月1日，市区城市低保标准月人均提高到390元，全市城市保障标准为市区390元、武进360元、金坛360元、溧阳330元；向9类困难群众发放3个季度物价补贴，合计发放资金2030万元；医疗救助8947人次、救助金额473万元。一次性临时生活救助1348万元，发放水费补贴125.9万元。对城市无固定收入的1.09万名重度残疾人实施生活救助，救助总额3256万元。

农村居民　1997年，郊区、戚墅堰区率先实施农村居民最低生活保障制度。年底，溧阳、武进、金坛、新区先后出台实施最低生活保障办法。1998年，全市农村居民最低生活保障制度全面实施，保障农村居民2956户、7373人，城乡居民最低生活保障制度实现全覆盖。2001年，农村低保资金分担比例调整为辖市、镇各按50%承担。保障农村居民3402户、8741人，发放保障金387.5万元。2006年，市区、武进农村低保标准由月人均150～160元提高到180元。溧阳、金坛农村低保标准由月人均120元提高到140元。市区城市医疗救助全年救助737人次，救助金额76.4万元。春节前，对农村低保对象发放救助金723万元；对15692户城乡低保边缘家庭发放一次性补助金总额992万元。2007年，提高到210～220元，天宁区、钟楼区、戚墅堰区实行城乡低保标准并轨，均执行300元标准；金坛、溧阳提高到160元。8月，对36193名农村低保对象、4600户农村低保边缘家庭发放一次性物价补贴428.4万元。全市实施农村困难群众医疗救助7441人次，救助金额2061万元，资助困难群众参加新型农村合作医保52235人，资助金额221万元。2007年，为茅山老区农村低保6608户、13410人，发放保障金1285万元。

1997—2009年部分年份常州市城乡低保保障指标统计表

表44-4-3

年份	全市			市区		年份	全市			市区	
	总户数（户）	总人数（人）	保障金总额（万元）	提标日期	居民低保标准（元/月）		总户数（户）	总人数（人）	保障金总额（万元）	提标日期	居民低保标准（元/月）
1997	290	4067	46.20	01.01	140	2005	20061	43612	4621.10	01.01	260
2000	4341	9930	592.90	—	—	2008	—	—	—	04.01	340
2002	—	—	—	07.01	200	2009	32486	63533	12945	—	—

2008年，武进、新北区低保标准为260元，金坛、溧阳210元，天宁、钟楼及戚墅堰区340元。7月，对全市45550名农村低保对象发放下半年油价补贴，累计发放资金273.3万元。按省委、省政府脱贫攻坚要求，对金坛、溧阳茅山老区继续实施三年帮扶政策，发放帮扶资金16.5万元，补助资金600万元。2009年，为2

万户、3.89万人发放月人均补差132元，累计发放保障金6475万元。7月1日，武进低保标准提高到340元，实现城乡低保标准并轨。2010年，为1.95万户、3.72万人每人每月发放补差139元，累计发放保障金6165万元。1月1日，金坛低保标准提高到250元。7月1日，新北区提高到390元，市区实现城乡低保标准并轨。全市实施农村困难群众医疗救助3547人次，救助金额1053万元；对7271名农村无固定收入重度残疾人实施生活救助，发放救助金额598.99万元。

第三节 慈善

常州人乐于助人，经常参加慈善活动。1994年9月30日，常州市慈善协会成立，接受市民政局业务指导。在成立专门慈善组织前主要救助活动都是自发临时组织，此后，常州慈善事业逐步专业化发展，开始全面开展慈善活动。区级及其以上慈善组织由最初1个发展到2006年的4个，形成覆盖全市的慈善网络。1996年建立市扶贫济困慈善基金，确定每年的12月28日为扶贫济困慈善活动日。2005年12月28日发展成立常州慈善总会，以后辖市和武进区成立总会，其他区成立分会。由市委书记范燕青任第一届理事会名誉会长，市长王伟成任会长，设常务副会长1人，副会长23人，秘书长1人，理事101人，监事会主席1人，监事会副主席46人，监事5人。2006年8月2日，武进区慈善总会成立；18日，溧阳市慈善总会成立。2001年12月24日，金坛市慈善总会成立，下辖16家慈善工作站。2007年9月26日，天宁区分会成立。10月1日，新北区分会成立；26日，戚墅堰区分会成立；31日，钟楼区分会成立。2010年底，市慈善总会下辖新北区、天宁区、钟楼区、戚墅堰区4个慈善分会。至2010年，全市总募捐金额达17.32亿元(参见“专记”)。

“献我爱心，救我同胞”常州全民捐款赈灾大行动晚会(摄于2008年5月)

一、慈善募集

1994—1995年，常州市慈善总会开展慈善募捐活动。1996年，组织大型义演，募捐600余万元。1997—

2006—2010年常州市累计募集和认捐慈善款总额情况统计表

表44-4-4　　单位:亿元

年份	全市	主城区	武进	金坛	溧阳	年份	全市	主城区	武进	金坛	溧阳
2006	10.36	3.63	3.93	1.40	1.40	2009	15.43	5.64	5.50	2.30	1.99
2007	12.70	4.93	4.27	1.69	1.81	2010	17.32	6.70	6.28	2.17	2.17
2008	14.34	5.48	4.98	1.85	2.03						

说明:主城区指新北、天宁、钟楼、戚墅堰四区

2000年，每年在12月最后一个星期开展“扶贫济困慈善周”活动，募捐200多万元。2004年10—11月，开展慈善“一日捐”活动，募捐308万元。1998年、2000年、2004年、2005年开展4次募集救灾款物，支援灾区活动。至2005年，市慈善总会创始基金累计达1.8亿元，慈善募捐被评为常州市2005年度“弘扬常州精神十佳好事”之一。至2010年底，全市募集和认捐慈善款总额达17.32亿元。

二、慈善救助

常州市慈善协会　1994—2004年，每年利用慈善基金增值部分约20万元，集中补助市区800～1000户贫困群众，累计补助约8000户；资助市抗癌俱乐部、400名常州高校贫困大学生。每年对近10名患大病困难群众予以特殊补助，平均每人补助约2000元。1998年8—10月，为帮助长江、嫩江、松花江流域等遭受特大洪涝灾害地区灾民，累计捐赠款物3996.23万元，其中现金2130.59万元、物资折价1865.64万元。2000年9月、2004年10月，全市募集御寒衣被174.36万件，分别运往陕南安康和江苏连云港等受灾、贫困地区。12月26日，印度洋发生强烈地震并引发海啸，沿海地区严重受灾。全市收到捐款200多笔、64.6万元，分两次汇入中华慈善总会账号。

2006年1月至2011年1月常州市慈善救助情况统计表

表44-4-5　　单位:万元

项目	救助人数(人次)					救助金额				
	总计	市本级	武进	金坛	溧阳	总计	市本级	武进	金坛	溧阳
助　学	16413	9171	2653	2992	1597	3487.94	1601.20	659.25	543.99	683.50
助　医	50295	22432	14452	9566	3845	13291.11	4747.75	5506.51	1711.80	1325.05
助　老	36978	12278	10731	3539	10430	2441.36	932.38	1033.00	235.00	240.98
助　孤	4483	2411	837	410	825	553.75	257.39	131.40	48.10	116.86
助　残	4801	474	—	558	3769	664.47	398.97	—	90.20	175.30
助　困	16378	2492	5528	601	7757	1244.82	174.31	807.71	44.60	218.20
助　灾	202806	66467	34000	21377	80962	4650.00	588.53	2200.00	690.53	1170.93
安居工程	500	—	—	—	500	200.00	—	—	—	200.00
其　他	23278	5460	4987	4415	8416	4350.64	179.38	3144.40	239.28	787.58
合　计	355932	121185	73188	43458	118101	30884.08	—	—	—	—

说明:市本级包括市直接救助对象和新北、天宁、钟楼、戚墅堰四区救助对象，武进区单独统计

常州市慈善总会　2007—2010年，市慈善总会实施公益项目8个，投入慈善金4140万元，其中定向投入1000万元建立新北区残疾人老年公寓，定向投入2700万元迁建市儿童福利院，投入100万元购买仪器在常州市慈善医院建立血透中心，投入300万元在常州市福利院建立困难老人慈善生活照料区，资助7万元在市福利院建立残疾青少年技能培训基地项目，资助18万元在市儿童福利院建立残疾儿童康复乐园项目，资助5万元在市救助管理站建立流浪未成年人生活照料区项目；资助10万元在钟楼区天爱儿童康复中心建立残儿康复项目。2006—2010年，全市慈善会累计直接发放救助金3.11亿元，救助困难群众35.59万人次。

三、慈善设施和活动

常州以提高市民文明素质为抓手，建立慈善主题公园，设立慈善广场，开展“捐出一张废纸，奉献一片爱

心”等特色活动，教育鼓励市民奉献爱心，推动慈善事业向广度深度发展。

爱心公园 位于常州市城西马公桥畔、大运河南侧，2008 年 9 月底建成，占地 2 公顷，是全国第一个慈善主题公园。内设慈善爱心标志，竖立爱心铜柱；镌刻爱心纪念碑，表彰善行义举先行者，弘扬利他主义的人生道德价值观，呼唤全民参与、慈善事业。通过这块宣传教育阵地，让市民接受爱心教育，实现“奉献爱心、践行义举”的爱心接力。

慈善广场 2008 年 11 月 28 日，市慈善总会、市民政局与钟楼区政府策划的常州市慈善广场在南大街步行街揭牌启动，开始救助活动。这是江苏第一个慈善广场，设慈善服务工作站、慈善助学点、慈善助老点、慈善助困点、义工登记处，有 40 家规模企业设慈善捐赠点，有 807 家企业参加慈善特色义工服务。慈善广场成为开展慈善活动的平台、宣传慈善文化的阵地。

特色爱心活动 2008 年 5 月 4 日，市慈善总会、团市委、市志愿者总会联合发起，由团市委承办的“捐出一张纸，奉献一片爱心”活动启动，团市委与各直属团组织层层签订协议书，落实回收点，确定回收日期，从 6 月 1 日起开始归集、回收废旧纸张，常州爱心网即时公布废纸捐献情况。至 2010 年 12 月底，全市有 3434 家单位参与，捐出废纸 6231 吨，回收慈善款 449 万余元，先捐助后救治先天性心脏病患儿 55 例。

第五章　社会福利

1985 年以后，常州民政部门在老年人福利、残疾人权利、农村“五保”（对无劳动能力、生活无保障成员实行保吃、保穿、保住、保医、保葬的社会救助制度）、自然灾害救济、社会困难户救济等方面加大投入，新建社会养老院、医院、儿童福利院等社会福利机构，采取发展福利彩票事业、创建慈善基金、兴办福利企业等措施，促进社会福利事业大发展。全市农村“五保”供养经费全部纳入政府财政预算，落实供养标准自然增长机制。2010 年底，全市有农村“五保”对象 5329 人，其中集中供养 4419 人、分散供养 970 人，集中供养率达 82%；集中、分散供养标准分别为年人均 5820 元、4393 元，全市有敬老院 60 个，床位总数为 6943 张。

第一节　农村“五保”供养

1986 年 3 月，市郊区、辖县 80% 以上乡镇成立以敬老院为依托，以乡、村、组构成的“五保”服务中心。1987 年，“五保”供养采用乡统筹，乡、村、组 3 级负担分级管理办法进行。

一、敬 老 院

1988 年，全市有敬老院 111 个。1991 年，全市新建和扩建 40 个乡镇敬老院。1992 年，郊区西林乡敬老院、武进县横山桥镇敬老院达一级敬老院标准；郊区三井乡、青龙乡和溧阳清安乡等 10 个敬老院达二级敬老院标准；各县（市）区评定三级敬老院 28 个。1993 年，全市投资 621 万元新建和改扩建敬老院 24 所。1994 年，全市筹集资金 67.6 万元用于敬老院改扩建工程，18 所敬老院改造。1995 年，改扩建敬老院 15 个。1996 年，投入建设资金 533 万元，新建薛埠、竹箦、绸缪三级敬老院 3 个，改造 16 个，新建、改建房屋面积 9960 平方米。1997 年投资 700 多万元，改建敬老院 25 个，全市敬老院累计 140 个，其中乡办 134 个、村办 6 个。2002 年，全市投入 1402 万元，新（改）建敬老院 37 个。2004 年，全市投入 3300 余万元，改扩建敬老院 15 个。2005 年，全市有农村敬老院 78 个。2006 年，投资 500 万元新建或改扩建 33 个敬老院。2010 年末，有 60 个敬老院，拥有床位 6943 张，供养 5389 人。

二、供养标准

1986年3月，"五保"户最低供养标准，每人每年300公斤粮、600公斤柴草、3公斤食油、35元衣被费，医药费、丧葬费实报实销，年生活费达300元。郊区新闸乡14名"五保"人员年供养费人均720元，为全市最高，一般乡达360元。此后，通过发展院办企业和其他渠道筹集资金，生活供养标准逐年提高。2008年，全市供养经费全部由政府财政支出，确定供养标准自然增长机制。

1988—2010年部分年份"五保"供养人数和供养标准一览表

表44-5-1

时间	"五保"老人(人)					敬老院数量(个)
	总人数	集中供养	年人均供养费(元)	分散供养	年人均供养费(元)	
1988	8104	2063	480	6041	360	111
1990	7822	2517	728	—	—	46
1991	—	—	728	—	613	—
1992	—	—	896	—	664	—
1993	—	—	800～1300	—	—	—
1997	5545	2671	2142	2874	1434	140
2002	5127	3163	2687	1964	2062	—
2003	5333	3096	2629	2237	1900	—
2004	5461	2841	2732	2620	2129	—
2005	5834	3722	2814	2112	1895	78
2006	4194	—	—	—	—	77
2007	6122	4563	3545	1559	2809	75
2008	5574	4504	3782	1070	2882	78
2009	5640	4561	4402	1079	3520	70
2010	5389	4419	5820	970	4393	60

说明：有些年份因资料不全无法确定

第二节　城市社会福利

改革开放后，常州城市福利机构健康发展，城市建立、实行以社区管理、社区服务为主要内容的长效机制，社会福利事业的建立和发展成为衡量常州社会进步、人民幸福生活的重要标志。

一、慈善福利机构

常州市慈善医院　1959年常州市精神病人收容所在常州市桃园路11号建立，1979年扩建改为常州市精神病医院，1988年更名为常州市德安医院，2005年3月经市政府批准挂牌常州市慈善医院。占地面积1.69公顷，建筑面积22377平方米，床位500张。业务范围除医治精神病外，拓展到普内科、普外科、消化科、糖尿病专科、神经内科、泌尿科、口腔科、五官科、妇科等。

常州市福利院　1949年底在原武青路254号绍兴会馆内兴建常州市生产教养院，1976年更名常州市社会福利院。1996年市政府批准市社会福利院、儿童福利院和老年公寓合并为常州市福利院，2004年独立设置市儿童福利院，社福部大楼建成投入使用。2008年投资2000万元兴建全护理大楼，使生活不能自理的困难老人得到帮助。2010年，设立“常州市爱心护理院”床位100张。

二、养老机构

80年代，随着城市老龄化发展，社会养老问题凸显，市区各街道陆续兴建老年公寓。1988年，天宁区朝阳桥街道老年公寓成立，试行城市老人养老从企业转到社会兴办。1989年，原第一人民医院护士长宗荷琴创办全国首家家庭托老所城中托老所。随后，公办的西新桥老年公寓和民办的晚晴园、怀德老年公寓等市区早期的养老福利机构纷纷建立，向社会开放，养老开始走市场化道路。90年代初到2005年，公办养老福利机构占绝对主导地位。2005年，新北区圩塘康乐中心开创“医疗＋养老＋康复＋护理于一体”的模式。2005年，国家出台社会力量兴办社会福利机构政策，2007年市政府出台扶持政策，民间兴办养老机构发展迅猛。在市政府的实施意见、规划目标、完善措施的支持下，养老服务从单一解决老人生活保障逐步向医疗、护理和精神关怀方向转变。

1986—2010年常州市福利院收养情况统计表

表44-5-2 单位：人

年份	“三无”	弃婴	代养老人	年份	“三无”	弃婴	代养老人	年份	“三无”	弃婴	代养老人
1986	76	—	—	1995	81	—	59	2004	83	172	179
1987	85	—	—	1996	77	—	67	2005	121	—	203
1988	79	—	—	1997	73	131	92	2006	134	—	250
1989	87	—	1	1998	76	136	98	2007	139	—	214
1990	89	—	7	1999	77	127	121	2008	150	—	190
1991	85	—	23	2000	76	125	146	2009	145	—	212
1992	79	—	35	2001	81	134	157	2010	148	—	250
1993	76	—	46	2002	87	163	152				
1994	76	—	52	2003	89	166	154				

说明：“三无”指由民政部门收养的无生活来源、无劳动能力、无法定抚养义务人的公民

第三节　福利彩票

1987年，常州市以“筹集社会福利资金，兴办残疾人、老年人、孤儿福利事业和帮助有困难的人”为宗旨的福利彩票有奖募捐活动启动。1990年，首次设专摊销售社会福利有奖募捐券。1993年，常州市社会福利有奖募捐委员会办公室（简称“市募捐办”）成立。2000年，根据民政局《关于加强社会福利有奖募捐工作领导的通知》，将社会福利有奖募捐券改名为中国福利彩票（简称“福彩”），在市募办增挂常州市福利彩票发行中心牌子，实行一个机构、两块牌子。2009年11月，市民政局设立福利彩票管理处，2010年8月改为社会福利和彩票管理处。

一、彩票销售

1987年11月16日至12月15日，常州市首次开展社会福利有奖募捐销售150万元，1990年销售300万元，发行方式除由单位认购外，开始在街面上设临时销售摊点。1993年，常州市多次组织大奖组销售奖券，销售

奖券3456万元，创全国地级市销量第二名，居江苏地级市首位。1996年起，福彩销售不再采用单位认购方式。1998年，民政部发行赈灾福利彩票，下达常州市销售任务3740万元，实际销售9050万元。1998年，福彩销售达1.01亿元。从1994年起开始销售电脑彩票，全市设有电脑彩票投注站188个，销售4331万元。2005年，即开票改称“刮刮乐”，常州市第一个在线票销售大厅——城市花园大厅试运营启动，全市福彩销售彩票1.33亿元，其中电脑彩票突破1亿元。2007年，福彩销售突破2亿元。2009年底，中福在线城市花园大厅恢复营业，实现销售3.73万元，其中电脑销售彩票金额突破3亿元。2010年底，全市有电脑票销售点888个，福彩销售实现跨越式发展，电脑销售彩票金额达3.8亿元，“刮刮乐”突破1亿元，成为全国即开型福利彩票销售达亿元城市。

1987—2010年部分年份常州市福利彩票销售统计表

表44-5-3　　单位：万元

年份	即开票		电脑票	合计	年份	即开票		电脑票	合计
	刮刮票	在线票				刮刮票	在线票		
1987	150	—	—	150	2000	306	—	4024	4330
1989	108	—	—	108	2002	860	—	4814	5674
1990	300	—	—	300	2004	—	—	5141	5141
1992	486	—	—	486	2006	850	1813	12793	15456
1994	868	—	—	868	2008	4134	628	21368	26130
1996	2300	—	—	2300	2010	13494	6842	38038	58374
1998	10122	—	—	10122					

说明：2000年以前无电脑票，2005年以前无在线票

二、公益金资助

1987—2008年，常州市留存福彩公益金1.8亿元。1988年，常州市首次用公益金资助社会公益项目，资助常州市老年公寓兴建颐年楼65万元。1990—2010年，常州市福利彩票发行中心向公益事业投资1.22亿元。

1990—2010年常州市福利彩票公益金资助情况一览表

表44-5-4　　单位：万元

年度	资助项目名称	金额
1990	常州市老年公寓	107.00
1991	常州市老年公寓、残联聋哑协会等	14.00
1992	常州市聋哑学校、社区服务中心等	16.40
1993	常州市老年公寓、见义勇为基金、福利院、聋哑学校、残联、儿童福利院、德安医院等	100.60
1994	常州市见义勇为基金、德安医院、福利企业、军供站、残联、殡仪馆等	59.46
1995	常州市见义勇为基金、敬老院、老年公寓、残运会、慈善协会	34.54
1996	常州市见义勇为基金、社区服务中心、福利企业、德安医院、培智学校、市老龄协会、老年公寓	69.44
1997	常州社区服务中心、见义勇为基金、福利企业、德安医院、市福利院、敬老院、残运会	369.42
1998	市福利院、德安医院、社区服务指导中心	49.00
1999	市福利院、敬老院、医院床上用品、德安医院、福利企业	400.93
2000	市福利院、敬老院、殡仪馆、德安医院、福利企业、社区服务中心、残疾人社区康复站、遣送站	854.53

续表 44-5-4

年度	资助项目名称	金额
2001	市福利院、殡仪馆、德安医院、福利企业、社区服务中心、陵园老干部骨灰存放室、遣送站	342.40
2002	百万送温暖活动、德安医院、市福利院	149.77
2003	乡敬老院、“星光计划”、市福利院、社区服务中心、防“非典”、残疾人运动会、烈士陵园	244.50
2004	“星光计划”、市福利院、德安医院、殡仪馆、社区图书室、老年活动中心、敬老院	229.86
2005	市福利院、德安医院、福利企业、老龄工作、敬老院、社区建设	344.90
2006	特困家庭、常州市检察院预防青少年犯罪经费、敬老院、儿童福利院、救助管理站、德安医院、老龄协会、殡仪馆	239.30
2007	市军供站、“11511”助学工程、爱心献万家、爱心助残“聆聪行动”、敬老院、救灾物资仓库建设补助费、敬老院、市福利院、城市低保医疗救助(补助)费、儿童福利院、德安医院、老年大学设施、市救助管理站、殡仪馆	2145.06
2008	市军供站、烈士陵园、救灾物资仓库、老龄办、爱心助残“聆聪行动”、社区服务中心、儿童福利院、福利院、德安医院、救助管理站、老年服务中心维修、殡仪馆	2279.00
2009	市军供站、烈士陵园、救灾物资仓库、老龄办、爱心助学“11511”、社区服务中心、市福利院、德安医院、救助管理站、老年服务中心维修、殡仪馆	1481.00
2010	武南殡仪馆、市军供站、烈士陵园、乡敬老院、老龄办、“11511”助学工程、社区服务中心、市福利院、德安医院、救助管理站	2711.00

第四节　福利企业

福利企业(曾称民政工业)是以安置盲、聋、哑、残人员和其他民政对象就业的社会保障性生产企业。常州福利企业在生产规模、科技发展水平、市场开拓能力和综合素质效益等较快发展，由数量型向质量效益型、劳动密集型向科技型、小户分散型向规模集团化方向转变。

1987年，常州福利企业实行简政放权，推行厂长负责制。常州跃进五金厂是隶属市民政局的全民福利企业，有职工319人，同年成为中国五金矿产进出口公司江苏省分公司产销联营企业，1987年产值488.86万元，实现利税103万元。东风铰链厂系市民政局所属集体福利企业，职工156人。1991年，跃进五金厂与聋哑学校开展集残疾人就业、培训、教育、康复、娱乐于一体的双元制职业技术教育试点。市民政局在工人文化宫展览厅举办常州民政工业产品展销会，有138家福利企业参加，展出400余种产品，成交额2618万元。1992年，全市新办福利企业93家，其中合资福利企业12家，总数增至559家，产值27.71亿元。此后逐年快速发展，1993年有602家，完成总产值41.68亿元，安置残疾人2.06万人。1994年有739家，完成总产值71.76亿元，安置“四残”人员(指盲、聋、哑及肢体残疾的人)2.2万人，有38家福利企业进入全国福利企业500强。1995年，完成总产值90.48亿元，实现销售收入67亿元，新安置残疾人1600人。

1996年，全市福利企业完成销售80.95亿元，实现利税5.4亿元，新安置“四残”人员605人，新办福利企业5家。1997年，民政部门审核全市725家福利企业，661家企通过，19家限期整改；福利企业加快改革，参与组建企业集团13家，实行股份制62家，租赁和拍卖15家。1998年，组建集团公司15家，以先售后股实行股份制企业179家，实现销售总额85.77亿元、利税6.2亿元。2000年，完成总产值95亿元，利税7.74亿元。2004年，市政府出台扶持优惠政策。2007年，全市福利企业经改制、整改调整为327家，其中金坛59家、溧阳39家、武进115家、新北46家、天宁21家、钟楼39家、戚墅堰8家。2008年总计安置残疾职工11201人。2010年减至288家，有职工30339人，其中安置残疾职工10405人，完成工业总产值241亿元，实现销售总额234亿元，纳税5.3亿元，退税3.2亿元。

第六章　社会组织管理

常州的社会组织非常活跃，有官办有民办也有半官方举办，构成庞大的社会组织群体。1989年10月国务院颁布的《社会团体登记管理条例》实施后，明确这些组织的登记统一划归民政部门管理，市民政局设立社团处履行管理职能，2000年改为民间组织管理处，2010年改为社会组织管理处。90年代，随着国民经济和文化事业等飞速发展，组织活动开始活跃，到21世纪进入高潮，常州市的民间组织登记由1991年6月的578个发展到2010年的1398个，涉及政治、经济、文化、医卫、科技等门类，层次不一，组织形式和组织自身建设多元发展。

第一节　民办非企业单位

2001年起，常州民政部门开始对企业事业单位、社会团体和其他社会力量及公民个人利用非国有资产兴办的非营利性民办非企业社会组织进行复查登记，规范其行为，鼓励和引导民间资金进入民办幼儿园、小学、中学、专修和补习学校，发展教育事业；进入民办医院、康复、保健、卫生服务、疗养院等，发展卫生事业；举办民办艺术培训、文化活动中心、收藏馆等，发展文化事业；兴办民办科技服务中心、技术评估所等，发展科技事业；兴办民办体育俱乐部、乒乓馆等，发展体育事业；兴办民办职业培训学校、职业介绍所等发展劳动事业；兴办民办福利院、敬老院、托老所、老年公寓、婚姻介绍所、社区服务中心（站）等发展民政事业。兴办中介服务业、评估、信息咨询、法律服务等，促进全市民办非企业单位健康快速发展。

一、复查登记

2001年，常州市召开民办非企业单位登记管理会议，成立市民间组织管理领导小组，组织对民办非企业单位进行复查登记，出台常州市民办非企业单位登记管理办法。市民政局、教育局联合发文，明确社会力量举办教育机构要进行民办非企业单位登记；与市劳动和社会保障局、工商局联合发文，明确民办非企业单位登记范围，避免与市工商局重复登记。到10月，经复查，全市登记民办非企业单位141家，其中市级35家、金坛61家、溧阳15家、武进5家、天宁11家、钟楼11家、戚墅堰2家、郊区1家；又其中教育71家、民政45家、卫生20家、文化2家、劳动2家、体育1家。

二、登记管理

2001年，常州市民办非企业单位复查登记结束后，登记管理进入新的阶段。次年开始年检，主要检查遵守法规和政策、按照章程开展活动、人员和机构变更、财务管理等情况，分自查、业务主管单位审核、登记管理机关审定3步进行。2002年，全市新批市属民办非企业单位67家；年末市属民办非企业单位79家。此后民办非企业单位迅猛发展，每年涌现一批新增单位。2006年，市民政局对全市7个辖市区9个居委会进行走访调研，规范和扶持社区民间组织发展，下发加强常州市社区民间组织培育发展与登记管理工作意见。2010年，全市新批办民办非企业单位37家；同年底，全市民办非企业单位增至594家，登记（备案）发证的社区民间组织由最初的226家发展到510家。

2001—2010年常州市民办非企业单位登记(备案)情况统计表

表 44-6-1　　单位：家

年份	全市		其中市级		年份	全市		其中市级	
	新办	累计	新办	累计		新办	累计	新办	累计
2001	—	141	—	35	2006	30	355	18	118
2002	67	208	21	56	2007	57	412	13	131
2003	26	234	12	68	2008	72	484	23	154
2004	57	291	11	79	2009	73	557	25	179
2005	34	325	21	100	2010	37	594	28	207

三、监督管理

1994年，常州市民政局、公安局联合下发社会团体印章管理暂行规定，与市政府外事办联合下发社会团体对外交往有关事项通知，对未经同意擅自成立的常州市外商投资企业电子联谊会予以撤销，并发布公告。1995年，对360个社团发出年检通知，有344个社团按要求参加年检，年检率95%，未年检的予以注销。7月，协助市财政局清查社团小金库。1996年，对全市370个市属社团进行年检。1997年8月18日，市政府召开全市社团清理整顿会议，全市383个市属社团有310个社团完成整顿和换发证书，有30个社团拟定注销，新批市属社团17个。依法取缔未经民政部门登记的中华老年人自行车旅游者协会常州支会、解放军第23集团军在常地区战友联谊会，查处未经民政部门同意擅自活动的常州工业营销协会、常州市大雄长跑俱乐部等团体。1998年7月，按中央办公厅关于党政机关领导干部不兼任社团领导职务通知精神，全市清理整顿社团868个，换发新证647个、撤销95个、合并19个，新批社团27个，查处非法社团3个。查处非法组织自由极光社。对20个重点社团收费票据和收支情况进行检查，与市财政局联合对社会团体预算外资金实行收支两条线管理，对预算外资金实行财政专户管理。1999年，全市365个社团参加年检。2000年，根据中央清理对社会有危害的气功组织意见精神，常州进行全面清理整顿。2001年，全市354个社团参加年检。2002年，办理变更登记54个，注销登记20个，换发登记证30本。2004年，市级年检334个，其中注销15个，年检率达100%。2007年，查处福建南安石材工业协会常州分会、溧阳市下岗志愿兵联谊会两个非法组织。

第二节　行业社会组织

80年代，常州行业组织基本属各主管行业局(公司)管理，大部分隶属辖县(市)区政府，带有半官方性质。90年代初，全面清理整顿重新登记后，除附属主管部门外出现很多民间自发性组织。2002年初，常州市民政、工商联等部门着手研究促进行业协会改革发展。次年，市政府颁发推进常州市行业协会和中介机构改革与发展意见，提出初步建立符合社会主义市场经济要求，与国际惯例相衔接、市场化运作、规范化管理的行业协会运作机制。2005年，市委、市政府联合颁发促进常州市行业协会改革与发展若干意见，促进行业协会改革发展。2008年，成立常州市输变电、轨道交通、工程机械、现代农业装备、光伏、医药等6个专业性行业协会。2010年末，市级行业协会由2001年29家发展到98家。1986—2010年，常州市曾成立产业、行业类社会组织计有综合类22家、农业类8家、工业类36家、建筑业类9家、商贸类12家、服务业类47家。

一、清理整顿

1990年8月，常州开始全面清理整顿行业社团组织，全市有县级以上行业社团814个，其中全市性的

512个、县区302个、跨省市12个、基金会4个。行业社团存在较多不规范、管理混乱现象，有的与主管主体混在一起，模糊不清；有的章程不具体，不明确；有的长期不换届名存实亡，很少开展活动；还有少数违背宗旨，开展非法活动。根据上级要求，统一归口民政部门管理，重新审核登记各行业社团，行业社团组织走上健康发展轨道。1991年6月，清理整顿基本结束。全市重新登记行业社团578个，其中市级309个、县(市)区级269个；合并和改为分支机构155个，其中市级144个、县(市)区级11个；撤销59个，其中市级39个、县(市)区级20个。

清理整顿后，建立登记管理机关和业务主管部门双重管理体制，实施社团工作活动报告制度、社团经费管理规定、社团档案管理暂行规定和年度检查制度。市民政局下发市属社会团体换发社团登记证通知，经过社团自查、业务主管单位审查、社团登记管理机关审定的市属社团保留，换发新版社会团体法人登记证书。2000—2003年，常州市开展气功专项清理整顿，市和县(市区)民政部门成立气功清理整顿领导小组，针对部分社团未经批准擅自设立分支机构及分支机构管理松散、超范围活动等问题进行复查登记，符合条件的保留登记发证，不符合条件的注销社会组织，对异地商会登记审批进行规范化管理。

1991年底常州市市级和县(市)区级社团复查登记数量统计表

表44-6-2　　单位：个

业务主管单位、地区	复查登记数	业务主管单位、地区	复查登记数	业务主管单位、地区	复查登记数
经　委	16	民政局	1	宗教局	5
建　委	2	社科联	101	邮电局	1
建材局	1	对台办	9	总工会	13
外经委	1	侨　联	7	团市委	2
贸易办	1	成教办	3	妇　联	3
物资局	1	计　委	1	文　联	16
工商局	2	体　委	15	老干部局	1
商业局	3	计生委	1	统战部	2
交通局	1	外事办	1	教育局	10
建工局	1	纺工局	2	科　协	49
文化局	16	轻工局	2	爱卫办	1
卫生局	12	化工局	2	钟　楼	19
青　联	1	机冶局	3	郊　区	17
武　进	63	溧　阳	80	戚墅堰	13
金　坛	62	天　宁	15		

二、商会和产业综合社会组织

2010年，常州市除各级工商联外，还有商会、协会、联合会等市级产业综合类社会团体18家。

常州市青年商会　简称市青商会，成立于2005年6月，设于龙城大道1280号1号楼。由全市青年企业家、青年企业经营管理者及工商界青年代表人士自愿组成，由团市委主管。第一次成员大会于2005年6月召开，84名成员出席，选举理事34人、常务理事13人，选举范璞为会长。第二次成员大会于2008年3月召开，113名成员出席，大会选举出理事67人，选举顾骏为会长。2005年8月，市青商会承办了首届常州青年创业大赛，参赛创业计划项目总投资额超5000万元。2009年，与市青联联合举行首次企业与政府部门对话青年企业家对接区市活动，开设青商讲堂两月1期，邀请经济学家、专业人士等开设金融、管理等课题讲座。

常州市工商联房地产商会 原名常州市工商联住宅产业商会，2002年11月成立，2007年11月更名为常州市工商联房地产商会。2003年3月创刊《常州住宅》，至2010年出刊31期。2002—2010年，举办了高峰论坛、行业发展研讨会等近20次，帮房地产企业解决困难。

常州市台湾同胞投资企业协会 1999年1月成立，设于戚墅堰区潞城镇沙河浜怡乐园2号楼，有会员企业80家。多次组织市长台商接待日活动，请市委、市政府领导走访慰问台资企业。2005年12月，全省首家台商会馆常州市台商会馆落成。配合市政府和市委台办举办海峡两岸汽车电子产业合作论坛、2008海峡两岸（常州）经贸合作洽谈会、2009中国常州汽车零部件产业对接洽谈会等招商引资活动。坚持常年给常州市儿童福利院等慈善机构、教育机构、体育活动和贫困学生、家庭捐款捐物，总额达800万元。2010年底，有会员企业188家。

常州市外商投资企业协会 1988年成立，是江苏省最早成立的地级市外资和港澳台资企业协会。

常州市侨商会 前身为1994年5月成立的常州市侨属企业联谊会，设于化龙巷2号8楼。2006年3月改为常州市侨商会。

常州市侨商投资企业协会 2009年3月成立，会员主要是常州的侨资、侨属企业和海归企业。

1990—2010年常州市民政部门登记的其他市级综合性产业团体一览表

表44-6-3

类别	名称	登记时间	主要负责人	地址
商会	中国国际商会常州商会	2001.06	沈全荣	关河西路180号二楼
	常州市总商会	2004.02	汤燕雯	公园路11号公园大厦北楼21～23楼
	常州市浙江商会	2009.05	许　斌	公园路11号公园大厦
	常州市安徽商会	2009.09	郭春雷	怀德北路73号
	常州市潮汕商会	2009.12	李焕明	延陵中路25号联通大厦
	常州市南安商会	2009.12	吕良体	育英路2号明都师源宾馆
	常州市温州商会	2009.12	屠昌益	新民里18号世纪大公馆
	常州市上海商会	2010.04	辛长宝	公园路11号公园大厦北楼
	常州市福建商会	2010.08	黄勇猛	公园路11号公园大厦北楼
企业协会	常州市集团企业家联谊会	1990.12	金建国	常州市劳动路29号（清潭路85号）
	常州市私营个体经济协会	1996.10	夏晓宝	新北区太湖东路105号12楼
	常州市中小企业发展促进会	2002.04	陶武豪	金谷大厦1824室
	常州市外商投资企业协会	2004.08	潘冬铃	市行政中心1-A-319室
	常州市侨商投资企业协会	2009.03	孙春武	博爱路129号
其他	常州市企业信息化协会	1995.05	骆宗阳	广化街7-9号
	常州市国际经济技术合作协会	1999.06	沙　多	市行政中心1-A-323室
	常州市双友经贸交流协会	2006.05	刘国方	新都大厦1208室
	常州市安全生产协会	2006.06	陈黎明	化龙巷2号705室

三、工业建筑业社会组织

2010年，全市有工业社会组织35家，其中综合性6家、机械工业类7家、冶金类1家、纺织服装类3家、电子信息类3家、建材家具类4家、石油化工类2家、轻工业类5家、能源工业类4家；有市级建筑装饰装修行业社会团体9家，其中设计类1家和建筑施工类、造价监理类、装饰装修类、建筑材料类各2家。

1986—2010年成立的常州市级工业建筑业类社会组织一览表

表44-6-4

类别	行业	名称	登记时间	地址
工业	综合	常州市市场发展协会	2000.10	河海中路85号
		常州市化轻行业协会	2003.03	旱科坊55号
		常州市工业经济联合会	2004.04	东横街2号308室
		常州市环境保护产业协会	2006.03	浦前张家村149号
		常州市节能和新技术协会	2006.06	太湖中路25号802室
		常州市军工协会	2007.03	通江中路266号浩源大厦1801室
	机械制造	常州市模具工业协会	2003.04	武宜南路588号5号楼525室
		常州市车辆轨道交通行业协会	2005.06	钟楼开发区玉龙南路213号s606号
		常州市汽车摩托车配件行业协会	2005.07	新北区孟河镇小河兴镇路107号
		常州市输变电产业协(商)会	2008.10	玉龙南路213号高新技术创业服务中心
		常州市工程机械产业协会	2008.10	黄河西路898号常林公司内
		常州市现代农业装备行业协(商)会	2008.12	广化街1号金谷大厦18楼
		常州市核电装备制造业协会	2009.03	广化街20号丰臣海悦广场16楼
	冶金	常州市铸造协会	1988.01	新市路15号二楼
	纺织服装	常州市纺织工业劳动学会	1990.11	吊桥路1号
		常州市服装行业协会	1991.12	兰陵路34-1号
		常州市纺织工业协会	2007.01	吊桥路1号
	电子信息	常州市电子信息产业协会	1992.11	新北区汉江路400号
		常州市电器工业协会	2000.08	万福路41号16幢丙单元213室
		常州市照明电器协会	2006.02	邹区灯具城中区1幢43号二楼
	建材家具	常州市家具商会	1995.10	公园路11号公园大厦北楼2116室
		常州市建筑材料工业协会	1999.09	东横街2号电子大厦312.313室
		常州市地板协会	2003.03	武进区横林镇崔蓉路87号
		常州市新型墙体材料行业协会	2008.07	晋陵北路1号新天地广场A座208室
	石油化工	常州市涂料协会	2004.05	玉龙南路213号高新技术创业服务中心大楼
		常州市石油化学产业协会	2006.10	延陵西路99号国贸大厦28楼
	轻工业	常州玩具协会	1986.01	新北区高新科技园3号楼B303
		常州市眼镜行业协会	2004.11	武进区府东路质监局大楼三楼
		常州市黄金珠宝协会	2004.12	市劳动西路323号2号楼三楼
		常州市包装技术协会(包装行业协会)	2006.03	东横街2号电子大厦409室
		常州市电动车行业协会	2007.02	常武北路60-9号

续表 44-6-4

类别	行业	名称	登记时间	地址
工业	能源工业	常州市热电行业协会	1990.12	清潭路85号
		常州市电力行业协会	2005.10	清潭路85号、局前街2号
		常州市热处理行业协会	2006.02	和平北路111号海联商贸公司B座
		常州市光伏行业协(商)会	2008.08	新北区天合光伏产业园天合路2号
建筑业	设计	常州市勘察设计协会	1988.11	天宁区新天地花苑A座四楼
	建筑施工	常州市建筑行业协会	1991.01	北直街2号
		常州市市政工程协会	2002.12	健身路9号、勤业路188号
	监理造价	常州市工程造价研究会	1992.03	北大街96兰洋大厦号B座三楼
		常州市建设监理协会	2001.10	清潭广成路85-2号408室
	装饰装修	常州装饰装修行业协会	2004.03	公园路11号公园大厦北楼2101室
		常州市室内装饰产品行业协会	2005.08	金鼎公寓3015
	建筑材料	常州市混凝土协会	2006.10	新民路2号园外园宾馆
		常州装饰材料行业协会	2007.04	长江贸易中心1号门三楼

四、农村专业经济组织

2004 年，常州市政府开展兴办农村专业经济组织和社区民间组织试点，确定溧阳、金坛和钟楼分别为农村专业经济组织、社区民间组织培育发展试点单位。2006 年，市民政局和市委农村工作办公室联手加强常州市农村专业经济协会登记管理和培育发展工作，实施登记备案制。至 2010 年末，全市登记农村专业经济协会由最初 60 家发展到 65 家，有市级农业类社会团体 8 家，其中综合类 2 家、行业专业类 6 家。

1989—2010 年常州市民政部门登记的市级农业农村类社会组织一览表

表 44-6-5

名称	登记(成立)时间	登记地址
常州市茶叶行业协会	1989.09	晋陵中路227号
常州市农村经济研究会	1993.08	金谷大厦11楼
常州市奶业协会	2000.01	钟楼经济开发区梧桐路56号
常州滆湖渔业协会	2004.08	湖塘镇人民中路193号
常州市农产品行业协会	2004.10	光华西路13号农业大楼四楼402室
常州市休闲观光农业协会	2006.01	光华西路13号315室
常州市农产品经纪人协会	2008.01	市行政中心3号楼B座六楼
常州市豆制品协会	2008.06	劳动东路采菱路43-9号

五、商贸业社会组织

1998 年 12 月，常州市出版物发行业协会成立，第一届会员大会召开时有会员单位 287 家。协会成立后做好行业发展规划，开展法律法规培训和职业技术鉴定，组织送书下乡，实行行业自律，重视诚信经营，促进了常州出版物市场的健康繁荣发展。2004 年 12 月 8 日召开第二届会员代表大会，选举常武新华书店公司总经理李志明为第二届理事会会长，会员单位发展到 500 家。2010 年 12 月 3 日召开第三届会员代表大会，李志明连续当选理事会会长，会员单位增至 917 家。2010 年，全市有市级商贸业社会团体 12 家。

2001—2010 年常州市民政部门登记的市级商贸业社会组织一览表

表 44-6-6

行业	名称	登记时间	地址
综　合	常州市商业联合会	2001.04	大庙弄 28 号
	常州市合作经济组织联合会	2007.02	新市路 99 号
商业贸易	常州市汽车流通协会	2001.08	河海中路 85 号
	常州市五金机电协会	2002.01	武青北路兴隆大厦 528 号
	常州市成品油流通行业协会	2002.04	小东门 76-1 号 206 室
	常州市桶(瓶)装饮用水协会	2006.06	西新桥二村 1 幢 1 号(北新巷口)
	常州市医药行业协会	2008.06	新市路 1 号药监大厦
粮油商业	常州市粮食行业协会	2002.09	米市河 107 号格林大厦 809 室
	常州市豆制品协会	2008.06	劳动东路采菱路 43-9 号
供销合作商业	常州市农业生产资料协会	2007.07	雕庄乡奚家塘 29 号
	常州市再生资源协会	2007.11	新市路 99 号
	常州市金属回收行业协会	2008.05	关河路 188 号

六、服务业社会组织

2010 年，全市有常州市房地产业协会、物业管理行业协会、消费者协会、质量协会、商标协会、烹饪餐饮行业协会等市级服务业社会团体 44 家。

常州市房地产业协会　1998 年 10 月成立，原名常州市房地产开发企业协会，下设房屋拆迁、房地产策划两个专业委员会，曾有会员单位 250 多家，会刊《常州房地产》。至 2010 年末，举办讲座、论坛和技术研讨会 37 次，组织培训 13 次，撰写出调查报告 20 篇。

常州市物业管理行业协会　1995 年 7 月成立，是大陆继深圳、上海、广州之后成立的第四家物业管理行业协会，首批发展团体会员 53 家、个人会员 9 人；12 月，会刊《常州物业管理》发行。

1986—2010 年常州市民政部门登记的市级服务业社会组织一览表

表 44-6-7

类别	行业	名称	登记时间	地址
城乡建设管理	房地产	常州市房地产业协会	1998.10	杨柳巷26号3楼306室
	规　划	常州市城市规划协会	2000.03	行政中心2号楼B座210室
	公用事业	常州市灯光协会	2001.01	武进区延政中路1号金源大厦22楼
		常州市燃气协会	2006.03	武进区人民东路1号
	城市管理	常州市物业管理行业协会	1995.07	和平北路120号六楼
		常州市电梯协会	2007.10	米市河91号
		常州市环卫行业工作研究会	2009.10	劳动西路206号金谷大厦22楼
交通邮电业	交　通运输业	常州市机动车维修行业协会	1998.09	竹林北路18号四楼406室
		常州市交通运输与物流协会	2001.12	邮电路1号
		常州市客运出租汽车行业协会	2002.01	博爱路80号
		常州市危险品运输安全协会	2008.07	博爱路80号
	邮电业	常州市通信行业协会	2002.07	延陵西路120号

续表 44-6-7

类别	行业	名称	登记时间	地址
金融业	银行业	常州市银行同业公会（银行业协会）	2000.08	劳动西路252号
	保险业	常州市保险行业协会	2001.12	和平北路132号
	担保业	常州市中小企业信用担保行业协会	2005.06	名骏家园6号楼905室
	拍卖业	常州市拍卖行业协会	2006.07	小东门路166号2楼
综合服务	工商服务	常州市企业信用管理协会	1998.01	早科坊45号619室
		常州市企业发展促进会	2002.04	广化街1号金谷大厦1806室
		常州市商标协会	2005.01	早科坊45号
		常州市反不正当竞争协会	2009.08	河海中路85号122室
	财经服务	常州市注册会计师协会	1997.08	化龙巷1号恒利大厦A座6楼
	质量技术监管	常州市质量协会	1988.07	北大街96号兰洋大厦A座605室
		常州市特种设备安全协会	2002.01	劳动西路323号
		常州市医药质量管理协会	2002.08	新市路1号
		常州市质量管理与检验协会	2002.09	劳动西路323号
		常州市计量检测管理行业协会	2006.08	武进区府东路质监局大楼
	价格服务	常州市价格认证协会	2002.03	健身路27号、北大街玉隆花园8幢3楼
	投资业	常州市投资协会	2002.11	和平大厦1101室
	审计服务	常州市内部审计协会	2005.08	大观路10号
	企业法制	常州市企业法制工作协会	2006.03	博爱路129号
旅游业	—	常州市旅游协会	2003.01	延陵西路23号投资广场511室
餐饮业	—	常州市烹饪餐饮行业协会	2007.05	大庙弄28号304室
中介咨询	经纪人	常州市经纪人协会	1999.07	河海中路85号
	房地产	常州市房地产中介行业协会	2003.07	延陵中路21号519室
	咨询业	常州市企业管理咨询协会	2005.05	劳动中路33号
生活服务	烟花爆竹	常州市烟花爆竹行业协会	2003.09	中凉亭武进供销干校内
	美容美发	常州市美发美容行业协会	2006.07	劳动中路3号
	庆典服务	常州市庆典行业协会	2008.01	新丰街20号天安城市酒店
	修配修理	常州市锁匠协会	2008.05	新丰街20号天安城市广场733室
创意产业	—	常州市动漫行业协会	2006.09	高新科技园3号楼B301
		常州市互联网协会	2008.04	邮电路2号6幢3楼
		常州创意产业协会	2008.05	博爱路129号1号楼4楼
文化娱乐	—	常州市网吧行业协会	2005.08	双桂坊45号、青果巷2号
		常州市娱乐行业协会	2007.02	双桂坊45号

第三节　职工妇女团体

1986—2010年，常州曾成立职工妇女社会组织21家，其中职工类社会组织8家、妇女类社会组织13家。

一、职工团体

2010 年，全市有职工团体 8 家，其中生活保障帮扶类、文体类各 3 家，劳动模范及其服务类、生活修养类各 1 家。

1986—2010 年登记的常州市级职工社会组织一览表

表 44-6-8

名称	登记时间	地址
常州市职工花卉盆景协会	1986.01	清潭路232号
常州市职工文化体育协会	1990.12	延陵西路2号
常州市职工困难互助救济会	1991.06	和平北路9号市工会大厦B座209室
常州市职工保障互助会	1996.11	和平北路9号工会大厦B楼209室
常州市职工篮球协会	2001.07	青洋北路47号
常州市困难职工援助中心	2002.11	和平北路9号工会大厦1楼
常州市劳动模范协会	2003.03	和平北路166号
常州市职工摄影协会	2006.05	金太阳家电有限公司4楼

二、妇女团体

2010 年，全市有妇女团体 13 家，其中联谊类 6 家，创业创新类、家庭家政类、摄影艺术类各 2 家，政法类 1 家。

常州市女企业家协会 1999 年 4 月成立。首批在发展有一定规模的企业中发展女企业家会员 69 人。曾开展培训研讨、咨询交流、评比表彰、创业就业、捐助公益等活动；2005—2010 年，每年与江苏银行等金融单位联合举办妇女创业融资恳谈会，为创业女性解决资金问题。

常州市创业女性发展促进会 曾设于晋陵北路 215 号，2004 年 8 月成立，首批会员 118 人。举办过高层主题讲座、论坛、信息咨询指导和创业女性院校行、在校学生常州行等活动，建立南京师范大学常州市创业女性培训教育基地，开设创业女性高级工商管理硕士研修班。

常州市女知识分子联谊会 1986 年 6 月成立，原名常州市女科技人员联谊会，设于劳动西路 1 号；建有分会 15 个。从 90 年代起参与组织巾帼建功、科技兴业活动。1994 年，市女知识分子联谊会会员在市级及其以上刊物发表论文 96 篇，参与管理项目 168 项，125 条合理建议被采纳。

常州市女领导干部联谊会 1988 年 11 月成立，设于劳动西路 1 号。1989 年各县、区相继成立女领导干部联谊会，会员发展至 288 人。此后坚持开展献一计、学一篇、写一稿、读一点、储一百、荐一才和经济发布会、报告会等活动，1989 年编制《常州经济交通图》。

第四节 社会事业类社会组织

2010 年，全市有市级科教、文化艺术、卫生、体育运动社会组织 75 家，其中科技类 9 家、教育类 10 家、文化类 20 家、医药卫生类 7 家、体育运动类 29 家。

一、科技类社会组织

2010 年，全市有市级科技类社会团体 9 家。

1994—2010年常州市民政部门登记的市级科技类社会团体一览表

表44-6-9

名称	登记时间	地址
常州市民营科技型企业协会	1994.09	钟楼区玉龙南路213号s614号
常州市软件协会	1999.09	市行政中心1-B-2609室
常州市科技咨询业协会	2002.01	广化街1号金谷大厦九楼
常州市软件出口联合会	2005.07	太湖东路9号常州软件园A座
常州市产学研促进会	2005.12	常澄路3号
常州市互联网协会	2008.04	邮电路2-6-3楼
常州市创意产业协会	2008.05	博爱路129号
常州市创业投资协会	2008.07	新北区通江中路367号606室
常州市创业孵化协会	2008.09	钟楼区玉龙南路213号

二、教育类社会组织

2010年，全市有市级教育类社会组织10家，其中教育学会与交流协会、校友会各4家。

1990—2010年常州市民政部门登记的市级教育类社会组织一览表

表44-6-10

名称	登记时间	地址
常州市教育学会	1990.12	劳动中路9号
复旦大学常州校友会	1996.05	市行政中心3-A-319楼
常州市中小学图书馆协会	1998.12	天宁区工人新村2号
常州市退（离）休教师协会	2002.02	新市路9号
南京大学常州校友会	2002.04	常州工学院行政楼403室
南京师范大学常州校友会	2002.05	新北区通江大道398-1富都商务公寓1109
常州市职业技术教育学会	2004.01	劳动中路9号教研楼222室
常州市同济学术研究会	2006.10	延陵东路578号天宁商都B2座三楼
常州教育国际交流协会	2008.05	市龙城大道1280号1-B-1724
常州市终身教育学会	2010.03	劳动西路256号常州社区大学

三、文化艺术、医疗卫生类社会组织

2010年，全市有市级文化类社会团体20家，其中综合类、艺术类、影视戏曲类、文物图书类分别为3家、9家、5家、3家；有市级医药卫生类社会团体7家，其中综合类2家、防治类3家、康复类2家。

1989—2010年常州市民政部门登记的市级文化艺术和卫生类社会组织一览表

表44-6-11

类别	行业	名称	登记时间	地址
文化艺术	综合	常州市群众文化学会	1990.01	双桂坊45号
		常州市对外文化交流协会	1992.02	市行政中心1号楼A座2215室
		常州市网络文化协会	2009.06	市行政中心1号楼A座

续表 44-6-11

类别	行业	名称	登记时间	地址
文化艺术	艺术	常州市油画研究会	1989.05	双桂坊45号市文化馆内
		常州市建设摄影协会	2001.09	锦绣东苑29号会所东三楼
		常州市刘海粟艺术研究会	2001.09	双桂坊52号
		常州市政协书画社	2003.06	大观路10号207室
		常州市书画艺术促进会	2005.12	东狮子巷20号洪亮吉纪念馆
		常州市工艺美术行业协会	2008.05	新北区薛家镇庆阳路127号
		常州市民族管弦乐学会	2008.06	青山路154号(临清会馆内)
		常州市艺术交流协会	2008.12	长江中路229号
		常州中国烙画研究会	2010.10	三堡街141号14号楼二楼202室
	影视戏曲	常州市小百灵广播电视艺术协会	1995.01	双桂坊45号
		常州市广播电视学会	1996.10	西横街10号
		常州市影视演艺协会	1998.01	清潭西村2-1幢302室
		常州市音像行业协会	2007.05	双桂坊45号四楼
		常州市演出行业协会	2010.12	双桂坊45号四楼
	文物图书	常州市收藏家协会	1997.04	市博物馆、盛世名门15幢-1
		常州市观赏石协会	2007.12	大庙弄32号309室
		常州市石文化研究会	2010.11	钟楼区三堡街141号11号楼
医疗卫生	综合	常州市农村卫生学会	1996.12	市府1#A1115
		常州市医院学会	1999.05	健身路27号607
	疾病防治	常州市预防医学会	1989.12	泰山路203号
		常州市针灸学会	1995.08	市一院门诊四楼针灸科
		常州市麻风病性病防治协会	1996.02	怀德南路新建弄2号
	康复	常州市癌症康复协会	1993.05	常州市肿瘤医院
		常州糖尿病康复协会	2008.03	第二人民医院门诊大楼六楼

四、体育运动类社会组织

2010年，全市有市级体育运动类社会组织29家，其中综合类5家、球类9家、棋牌类2家、舞蹈类3家、电子竞技类2家、其他运动项目8家。

1989—2010年常州市民政部门登记的市级体育运动类社会组织一览表

表 44-6-12

类别	名称	登记时间	地址
综合	常州市农民体育协会	2000.07	广化街1号金谷大厦11楼
	常州市老干部文体协会	2002.09	双桂坊70号
	常州市社会体育指导员协会	2010.03	常州大学城香樟大道常州工程职业技术学院
	常州市体育科学学会	2010.04	晋陵北路11号
	常州市企业家体育协会	2010.09	黄山路11号

续表 44-6-12

类别	名称	登记时间	地址
球类	常州市足球协会	1989.09	健身路3～5号
	常州市篮球协会	1989.12	和平中路330号
	常州市保龄球运动协会	1997.04	广化街198号新城保龄球馆
	常州市网球协会	2000.04	晋陵中路517-701室
	常州市门球运动协会	2005.01	青山路211-1号、天宁区故园路18号
	常州市羽毛球运动协会	2005.03	长江贸易中心A302
	常州市台球协会	2007.09	米市河105-1号
	常州市排球运动协会	2010.01	通江南路299号常州工学院体育馆
	常州市棒垒球运动协会	2010.01	华山北路18号北郊中学新校区
棋牌	常州市桥牌协会	1994.01	新市路6号
	常州市国际象棋协会	2008.12	天宁区古村3号
舞蹈	常州市体育舞蹈运动协会	2001.03	和平北路16号
	常州市街舞协会	2005.11	新北区嘉新花苑A座
	常州市舞龙舞狮运动协会	2008.12	中吴大道1801号江苏技术师范学院体育馆
电子竞技	常州市电子竞技运动协会	2008.12	晋陵北路217号现代城12015室
	常州市无线电运动协会	2008.12	河景花园3幢丙单元1901室
其他	常州市信鸽协会	1990.12	清潭体育场内（中天钢铁体育馆）
	常州市射击协会	1995.11	晋陵北路11号常州奥体中心射击馆
	常州市体操协会	1998.04	健身路17号综合大楼
	常州市自行车运动协会	2002.08	红梅竹林邹家塘65号
	常州市轮滑运动协会	2008.10	清潭路59号
	常州市龙舟协会	2010.03	滆湖路3号常州大学城工程学院
	常州市跆拳道运动协会	2010.04	晋陵北路11号常州奥体中心
	常州市游泳运动协会	2010.04	健身路17号综合大楼901室

第五节　社会服务类社会组织

1989—2010 年，常州曾成立、登记市级社会服务类社会团体 50 家，其中社会管理类 26 家、社会事务类 24 家。

一、社会管理类社会组织

2010 年，常州市有市级社会管理类社会组织 26 家，其中司法服务、安全保卫两类各 5 家，人力资源类、对外交往类各 4 家，另有其他类 8 家。常州市海外交流协会于 2003 年 8 月成立，会员主要是海外华侨华人及其社团负责人、在常州的侨资企业及其负责人。2006 年 2 月 12 日，市海协成立侨眷分会。2009 年 5 月，市海协换届选举产生第二届理事会。

1988—2010年常州市民政部门登记的市级社会管理类社会组织一览表

表44-6-13

类别	名称	登记时间	地址
法律服务	常州市法制新闻工作者协会	1992.02	市青果巷38号
	常州市律师协会	1995.05	化龙巷2号B座3楼
	常州市法官协会	1997.01	永宁北路6号
	常州市预防职务犯罪协会	2006.04	永宁北路10号
	常州市公证协会	2009.06	龙城大道1280号1号楼B615
安全保卫	常州市机动车驾驶员安全管理协会	1997.12	常锡路荡南村市车管所3号楼
	常州市安全技术防范行业协会	2003.11	化龙巷恒利大厦B座509
	常州市计算机信息网络安全协会	2003.12	恒利大厦B座504室
	常州市犬业协会	2009.04	新北区建东路2-13号
	常州市易制毒化学品行业协会	2010.06	常州市桃园路29号
人力资源	常州市技师协会	1997.10	竹林北路36号常州技师学院1号楼
	常州市劳动就业服务企业协会	2001.06	局前街28号
	常州市人才中介服务行业协会	2004.06	北直街35号310室
	常州市留学归国人员协会	2007.11	博爱路129号2205室
对外交往	常州海外联谊会	1988.09	市行政中心3号楼A座218
	常州市人民对外友好协会	2002.04	市行政中心龙城大道1280号
	常州市国际友好交流协会	2002.09	县直街39号、大观路10号201室
	常州市海外交流协会	2002.11	局前街180号、市行政中心1-A-710
其他	常州市台属联谊会	1988.01	市行政中心1-A-16F
	常州市保密技术研究会	1994.03	市府1-A-1805
	常州民防协会	1995.12	局前街24号314室
	常州市精神文明建设研究会	1998.06	市行政中心1号楼A座2407室
	常州市国际税收研究会	2006.09	龙锦路1258号常州地税局大楼
	常州市无党派知识分子联谊会	2007.06	市行政中心3号楼A座217室
	常州市小记者协会	2009.07	大庙弄新闻大厦北楼512室
	常州市反不正当竞争协会	2009.08	河海中路85号122室

二、社会事务类社会组织

2010年，常州有市级社会事务类社会组织24家，其中民政事务类5家、慈善扶贫类6家；有市级民族宗教类社会组织5家，其中民族类1家、宗教类4家；有市级残疾人、老龄类社会团体7家，其中残疾人类4家、老龄类2家、其他2家。

1990—2010 年常州市民政部门登记的市级社会事务类社会组织一览表

表 44-6-14

类别	名称	登记时间	地址
民政事务	常州市福利企业管理协会	1990.12	市行政中心1号楼B座11楼
	常州市双拥工作研究会	1993.06	市行政中心1号楼B座11楼
	常州市地名工作协会	2003.12	市行政中心1号楼B座11楼
	常州市社区建设研究会	2004.03	市行政中心1号楼B座11楼
	常州市民政学会	2009.07	市行政中心1-B-1024
慈善扶贫	常州市老区开发促进会	1990.12	金谷大厦1号11楼
	常州市志愿者总会	1997.12	市行政中心1-A-1410室
	常州市光彩事业促进会	1999.03	双桂坊70号、市行政中心3号楼A座2楼
	常州市慈善总会	2005.12	化龙巷2号210室、市行政中心3B座4楼
	常州义工联合总会	2008.03	中吴大道1726号、西直街88号708室
	常州市扶贫开发协会	2010.07	广化街1号金谷大厦11楼
民族	常州市民族团结促进会	2005.11	公园路27号清真寺一楼
宗教	常州市佛教文化研究会	1992.09	武进区湖塘兰新大厦B座902室
	常州市道教协会	2006.12	双桂坊59号孙氏故居
	常州市反邪教协会	2009.03	青果巷188号
	常州市宗教文化交流协会	2010.05	市行政中心1号楼A座4F419
残疾人	常州市残疾人文化艺术协会	2001.09	和平南路128号19楼
	常州市残疾人事业新闻宣传促进会	2001.09	和平南路128号19楼
	常州市残疾人体育协会	2001.09	和平南路128号19楼
	常州市残疾人康复协会	2009.11	浦前西路2号
老年人	常州市老龄协会	2005.10	局前街180号4号楼、大观路10号210室
	常州市老年书画研究会	2007.06	健身路老年大学610室
其他	常州市社会诚信发展协会	2005.10	吊桥路1号
	常州市防震减灾协会	2010.09	永红街道永红村委刘家村388号

第四十五卷　社会生活

Volume XLV　Social Life

改革开放后，常州人民生活水平普遍提高，城镇居民人均可支配收入由1986年的1089元提高到2010年的26269元，年均递增14.2%。市委、市政府高度重视民生，出台多项政策措施，解决城乡居民生活中的现实问题。民生方面，推行养老、医疗、失业、工伤、生育社会保险，确保城乡居民生活保障；加快住房建设步伐，针对没有经济能力买房的贫困家庭、弱势群体，实行政策扶持，在全省乃至全国率先推行经济适用房、廉租房、公共租赁住房，从2008年起对每户贫困家庭购置经济适用房补贴现金8万元。对失去劳动能力的城乡居民提供最低生活保障，且逐年提高，让他们分享改革开放成果。对老龄人、残疾人关爱有加，对他们进行生活补贴，推出乘公交车、看电影、看戏和进入风景名胜景点等优惠措施。外省市县经济相对落后地区的女性嫁入常州农村，一度出现诸多不领结婚证同居的事实婚姻，市民政部门宣传《婚姻法》，补办手续，保护其合法权益。1993年市关心下一代工作委员会成立，辖县区的关工委组织先后建立，由离退休老领导分担负责人，每年开展弘扬革命传统主题教育和法制教育等，关爱青少年健康成长，红十字会组织和事业健康发展。

第一章 婚姻 家庭

1985年以后，随着对外开放的扩大和外来文化的影响，常州婚姻家庭出现诸多新的变化，尤其是90年代以后，未婚同居，草率结婚、离婚，涉外婚姻等呈上升趋势，由婚姻而引发的矛盾日益增多，导致一系列财产分割、抚养权、权益保护等社会问题，成为社会关注的热点。市政府所属职能部门与市妇联等单位加大普法宣传，会同公安、司法等机关以法律为武器，积极为受害妇女维权，维护社会和谐稳定。

第一节 婚姻

1985年以后，常州“家和万事兴”等传统观念受到一定冲击，个别地方居民出现“闪婚”“婚外情”“小三”“裸婚”“事实婚姻”等现象，居民婚姻状况变化较大，分为未婚、有配偶、丧偶和离婚4类。1990年，全市有婚龄人口（按照国际惯例15岁及其以上人口）262.7万人，占总人口的80.1%；非婚龄人口65.3万人，占总人口的19.9%。全市婚龄人口中，有未婚人口55.8万人、有配偶人口189.8万人、丧偶人口15.9万人、离婚人口1.2万人，分别占婚龄人口的21.2%、72.2%、6.1%、0.5%。有配偶人口与未婚人口是婚龄人口的主要组成部分，两者合计占93.4%。2000年，据10%人口抽样资料统计，全市有15岁及其以上婚龄人口30.56万人，其中未婚人口4.9万人、已婚有配偶人口23.68万人、离婚人口0.27万人和丧偶人口1.71万人，分别占婚龄人口的16.03%、77.49%、0.88%和5.6%。

一、结　婚

七八十年代，常州少数妇女法制意识淡薄，少数女青年受西方性开放文化的影响，未婚同居的“事实婚姻”现象增多，有的后来被男方遗弃，其合法权益难以维护。常州乡办企业、民营经济如雨后春笋，经济快速发展，劳动力严重不足，中西部地区的农村妇女大量涌入常州打工谋生，部分向往苏南物质生活的妇女与常州大龄青年或困难家庭青年一拍即合，全市特别是农村地区外省妇女嫁入者增多，有的办理登记手续结婚，有的不领证非法建立家庭。1986 年 2 月 5 日，市妇联下发普及法律常识意见，同年举办培训班 4878 期，18～45 岁妇女受教育面达 77%，通过普法宣传有 600 多对夫妻补办结婚登记手续；市、县(市)和基层妇联建立法律咨询站等 167 个，为妇女提供婚姻权益保护服务，解决民事纠纷 1877 件。据第四次全国人口普查，1990 年 7 月 1 日 0 时，全市人口性别比趋向合理，但距离全市人口恰当的性别比 98.7 尚有一段距离，18～26 周岁人口性别比 100.1，主要由于农村男青年离开本县市从事建筑业等活动 1 年以上，常州市不作为普查登记对象，和近年从云、贵、川等地因婚姻迁入女青年增加，其中 1985 年以来婚姻迁入 3.5 万人。

1993 年，全市未婚同居者办理结婚 569 对；全市办理涉外登记婚姻 98 对，全市农村不领证、非法建立家庭的领证结婚 1281 对，未领证 432 对；全市民政、妇联等单位对不申请、不领证、非法建立家庭者开展普法宣传，不领证组建家庭现象逐年下降。1999 年未婚同居办理结婚的 730 对。随着社会开放，国人外嫁，“洋女婿”进入国门，涉外婚姻成为常态，且逐年增加。至 1999 年底，全市办理涉外婚姻登记上升到 154 对。翌年，全市未婚同居者领证结婚 1390 对，不领证组建家庭的降至 75 对。此后，对未婚同居习以为常。

二、离　婚

改革开放后离婚现象突出，部分是双方因认识不久、了解不深即结婚引起的离婚。90 年代以后，离婚人数快速上升，1990 年 599 对；1995 年、2000 年、2006 年先后升至 1374 对、2203 对、5939 对；至 2010 年底增至 7795 对，占同年结婚总对数的 22%。

第二节　家庭

1986—1990 年，常州市家庭户数增加，家庭规模逐步缩小。1990 年，全市家庭户数 94 万户，比 1982 年的 78.7 万户增加 15.3 万户；家庭规模(家庭户平均每户人数)3.36 人，比 1982 年的 3.64 人减少 0.28 人。家庭户人口迅速向三人户家庭逼近。三人户家庭从 1982 年的 30.2% 提高到 1990 年的 43.5%。2000 年，据第五次全国人口普查，全市家庭户人口为 348.23 万人，占总人口 92.18%，平均家庭户规模为 2.99 人，比 1990 年 3.36 人下降 0.37 人。从家庭户规模的结构来看，三人户的比例最高，占家庭户总数的 37.78%，两人户、一人户、四人户的比重，分别为 25.49%、10.06%、13.96%，五人及其以上户仅占总户数的 12.71%。90 年代以后，

第四至第六次全国人口普查常州市分地区人口少儿、老年抚养比统计表

表 45-1-1

指标	次数	全市	武进	溧阳	金坛	天宁	钟楼	戚墅堰	郊区(新北)
少儿抚养比(%)	第四次	27.38	29.31	28.17	28.82	21.84	21.24	21.93	24.01
	第五次	22.20	21.99	28.05	26.08	16.97	17.31	18.35	16.97
	第六次	14.63	14.80	16.31	14.40	14.21	13.44	13.96	13.87
老年抚养比(%)	第四次	10.19	11.34	9.86	9.97	7.75	8.87	9.86	9.28
	第五次	11.72	11.44	13.75	13.94	11.36	12.25	12.50	7.26
	第六次	12.41	10.53	16.03	16.57	12.11	11.52	13.17	10.27

说明：郊区（新北）栏第四、第五次全国人口普查时为郊区，第六次全国人口普查时为新北

家庭户因受生育水平下降和社会、经济、文化等因素的影响，居民住户的居住条件和居住环境改善和优化，生活水平和生活质量得到实质性改变和提高，家庭规模逐步缩小。2010 年第六次全国人口普查时，全市常住人口中有家庭户 155.4 万户，家庭户人口 421 万人，户均人口 2.7 人，低于全省平均水平 0.2 人，比第五次全国人口普查的 3 人减少 0.3 人。

1982 年，全市人口总抚养系数为每 100 个劳动年龄人口抚养 38.9 人。据第四次全国人口普查，常州人口总抚养系数逐步下降，1990 年按国内标准统计降至 34.4 人。全市人口结构进入老龄化，人口老龄化程度不断提高，老年人口抚养系数上升，少年人口抚养系数下降。据 2010 年第六次全国人口普查，溧阳少儿抚养比最高，钟楼少儿抚养比最低；金坛老年抚养比最高，新北老年抚养比最低；与第五次全国人口普查比，辖市区少儿抚养比逐步下降，老年抚养比武进、钟楼有所下降，其他地区均逐步上升。

常州市第四至第六次全国人口普查人口指数统计表

表 45-1-2

指标	第四次	第五次	第六次	指标	第四次	第五次	第六次
全市总人口（人）	3279734	3777710	4592431	15～64 岁（%）	72.69	74.67	78.72
年龄构成总指数（%）	37.57	33.92	27.04	65 岁及其以上（%）	7.41	8.75	9.77
0～14 岁（%）	19.90	16.58	11.51				

说明：人口指数为各年龄段总人口数占全市人口总数的百分比

1982 年与 1990 年常州市人口抚养系数比较表

表 45-1-3

年份	按国际标准			按国内标准		
	总抚养系数(%)	抚养老年系数(%)	抚养少年系数(%)	总抚养系数(%)	抚养老年系数(%)	抚养少年系数(%)
1982年	31.6	6.1	25.5	38.9	11.4	27.5
1990年	27.3	7.4	19.9	34.4	13.1	21.3
1990年比1982年增减	-4.3	1.3	-5.6	-4.5	1.7	-6.2

第三节　妇女儿童工作

1981 年 1 月、1984 年底，常州市儿童少年工作委员会、儿童少年福利基金会先后成立。1991 年 3 月，常州市妇女儿童工作协调委员会成立，由市妇联牵头协调组织实施优生、优育、优教（简称“三优”）工程，成为社会发展综合示范试点。1994 年 6 月，市妇女儿童工作协调委员会更名为常州市妇女儿童工作委员会（简称“市妇儿委”），同年被评为全国维权工作先进集体。1995 年 2 月，常州成立全省首家妇女工作组，市委政法委和市司法局、中级人民法院、民政局、计生委、总工会、妇联等为成员单位，办公室设在市妇联。2000 年，推进妇女儿童之家建设，至年末创建成市级妇女儿童之家 28 个。2004 年 2 月，市妇儿委更名为常州市人民政府妇女儿童工作委员会（简称“市妇儿工委”）。

一、妇女儿童发展规划

1991 年 3 月，常州市政府批转《常州市 1991—1995 年“三优”工程试点工作规划》，列入常州市“八五”经济和社会发展规划，设立专项基金。6 月，常州被确定为全国首批“优生优育优教工程”试点城市。1994

年5月，常州市被表彰为全国儿童少年工作先进市。1996年10月，《常州市1996—2000年妇女发展规划》《常州市儿童少年事业发展“九五”规划》（简称“两个规划”）颁布实施。1997年4月，国务院妇儿委确定常州市为全国《儿童纲要》示范市（区）。1998年，常州在全省妇女儿童规划中期监测评估检查的45项可量化指标中有37项提前达终期目标，获全省中期评估一等奖。2001年，市专家评估组对辖市实施妇女儿童“九五”规划中的69项重点量化指标和20项非量化指标进行终期评估，常州市在69项重点量化指标中有65项全面达标，名列全省前茅。

2003年起，市政府与有关部门签订实施妇女儿童“十五”两个规划目标责任书，组成专家评估组综合评估73家单位实施情况，省综合评比指标体系的20项指标有14项达标。2005年，建立辖市区妇女儿童发展重点检测指标排序制度，辖市区把妇女儿童发展“十一五”规划纳入经济社会发展总体规划考核。2006年，常州通过省妇女儿童发展“十五”规划终期评估，指标基本达标，部分指标达全国先进水平，20项省监测指标达标率居全省各辖市第三位。2007年，常州市被表彰为全国维护妇女儿童权益先进集体。2009年底，常州妇女儿童发展规划重点监测指标居全省首位。

二、促进男女平等

1988年，常州市妇联为妇女在招生招工、入党提干、劳动保护等方面存在的问题进行呼吁和建议。1994年3月，市妇联牵头组织执行《内罗毕战略》，提高妇女地位。至同年底，常州女性就业比和妇女生育保障水平高于全省和全国，城乡妇幼保健网络健全，妇女参政比例处全省前列。2006年4月，市委出台《关于深入贯彻男女平等基本国策，加快推进妇女事业发展的实施意见》。2010年，金坛、溧阳和新北区被选为全国第三期中国妇女社会地位调查样本区县，15个村、社区的75户家庭被选为样本户。

妇女参政议政 1989年，市、县两级妇联向党委和组织部门推荐女性人才，担任人大代表和政协委员。市妇联与市委组织部联合开展“我为振兴常州荐人才”活动。1990年起，市妇联逐步建立健全女性先进人物、人大女代表、政协女委员、领导干部、科技人员和民主党派女成员等人才档案。1989—1993年，妇联从优秀妇女中推荐乡级以上人大代表、政协委员2327人。据1993年统计，市级、县市区和乡镇级人大女代表分别占同级代表总数的26%、27%和23.3%。

女干部培养 市委重视培养选拔和使用女干部，女干部数量增长较快。1986年，64名妇联干部进入乡镇党委班子，至年底，全市女干部总数达12956名。至1994年7月，全市女干部达3.84万人，占干部总数的33%，比全国平均比例高1.8个百分点，其中女性处级干部占同级干部的11%，为全省之最。7个县（市）区党政领导班子至少配备1名女干部，67%的街道配有女干部。1997年，市妇联、市委组织部联合出台培养选拔女干部的规定和措施。至年底，常州有市级女领导干部3人，辖市区党政领导班子配有女干部8人，有县处级女干部75名、科级女干部581名，分别占同级干部数的11.5%和11%；80个乡镇、12个街道配备女领导，分别占全市乡镇、街道总数的58.4%和66.7%；全市1913个村中共支部、村委会班子女干部逐年增加。2001年，县处级女干部增至86名，平均年龄从51岁降至49岁。2002年建立县处级后备女干部、科级后备女干部、女专业人才、女经营人才4个女性人才库，储备人才751人。2003年，14名女性通过公开选拔，被任命为县处级、科级领导干部，全市有县处级女干部108人，占县处级领导总数的14.1%；市委、市政府的47个工作部门有27个配备女领导干部。

男女招生平等 1989—1992年，常州市妇联呼吁和参与解决招生工作中男女学生分数线悬殊、女学生升学难等问题，合理调整分数线和比例，维护女生升入中专学校的就学权。1990年6月，国务院妇儿工委在常州召开15省市中等教育招生问题研讨会，推广常州经验。1990年、1991年，常州中专学校招录女生比例分别升至46.4%、47.4%。至1992年，全市招生招工男女比例实现总体平衡，市区落榜女生不足百人，为历年最少。1994年8月与市计委、教委等部门对男女招生比例进行计划调节、综合平衡，确保女生入学比例。1995年8—9月，常州市8名妇女代表参与在北京举办的第4次世界妇女大会非政府组织妇女论坛展示活动，作了题为《男女招生平等》的发言。

三、保护妇女儿童权益

1987—1990年，市、县妇联先后组织、参与调查个体户婚姻、拐卖妇女等维权问题以及乡镇企业、饮食服务业、外向型企业的女工劳动保护等情况。1990年元旦起，《常州市区企业女职工生养基金统筹试行办法》施行，市女职工生养基金统筹管理委员会成立。1999年，溧阳市妇联在全省率先探索建立法律援助、妇联干部陪审员和妇女儿童维权工作联席会议制度。2003年，市妇联与公检法司等部门建立工作联动机制，重点建设妇女儿童合法权益联席会议制度。2004年，在全省首家成立妇女法律服务中心，制订出台《常州市家庭暴力伤情鉴定办法（试行）》，建立常州市预防家庭暴力110报警中心、伤情鉴定中心、庇护中心（简称“三中心”），在乡镇、街道妇联和社区建立律师接待日、信访接待日。2005年，全市社区创建“零家庭暴力社区”，挑选钟楼区10个社区为示范点、西新桥三村社区10人为反家庭暴力志愿者。2008年，与市民政局、司法局共建家庭暴力伤情鉴定中心，为49名妇女提供家庭暴力伤情鉴定；在全市推动实施“人身保护令”，研究制订《反家庭暴力接处警规范》，保障家庭暴力受害妇女人身权利。2010年11月，市妇联与市综治办、中级人民法院、公安局联建婚姻家庭矛盾纠纷的诉调对接机制、公调对接机制。2010年为34名受家庭暴力侵害的妇女进行伤情鉴定。同年4月10日，市妇联、司法局联合成立常州市妇女普法讲师团，定期为妇女群众宣讲妇女权益保障法、婚姻法等法律法规知识，对婚姻家庭矛盾纠纷、反家庭暴力等重点问题展开调查研究。

四、保护婴幼儿

托幼服务 1986年，常州市建有托儿所338所，入托率85%；有幼儿园102所，入园率85%，幼儿入托入园3.3万多名。至1988年，市区街道、居委会兴办托儿所25所，私托增至682家，解决了1612名婴幼儿入托问题。1999年5月，市妇联与中国好孩子集团联手建立全省首家婴幼儿早期教育基地、好孩子亲子学苑。2007年，发动1494名育龄、孕产妇及3岁以下婴幼儿家长参加全省科学育儿社会服务援助系统工程。2008年，市妇联、关工委等联办全市幼儿基本体操赛，阳光幼儿园、金坛华城实验幼儿园代表江苏省参加全国幼儿基本体操表演赛，均获一等奖。2010年，全市建成儿童快乐家园27个，0～6岁婴幼儿教育普及率100.6%。

“三优”工程 1991年常州被国务院妇女儿童工作协调委员会列入全国13个市县区优生、优育、优教（简称“三优”）工程试点地区，市妇产医院优生遗传实验室、新丰街道妇幼保健站、鸣珂巷幼儿园等单位开展“三优”工程试点。1993年，常州通过“三优”工程中期评估，28项指标中有低出生体重儿发生率等16项指标提前达标。1994年，常州被列为全国“三优”工程试点城市，全市确定示范单位60个，与中国儿童发展中心联合举办“三优”知识、生命知识等培训班1200余期，培训骨干5万余人次。组织专家科技攻关，难度最大的视力合格率、母乳喂养率明显提高，孕产妇死亡率从每万人4.5人降至2.25人，婴儿、围产儿死亡率分别从23‰、17.8‰降至16.8‰、13.1‰，提前达到《九十年代儿童发展规划》要求，常州被评为全国儿童少年工作先进市，获“热爱儿童”荣誉奖。1996年5月对“三优”工程终期评估验收，常州被评为全国“三优”工程试点工作先进市，市妇联获全国试点工作奖。1997年，常州市及三辖市全部创成省级爱婴市，常州市创建成全国《儿童纲要》示范市（家庭教育参见第四十二卷“精神文明建设”）。

五、关爱少年儿童

帮困助学 1995年，常州参加全省“春蕾计划”对口扶持活动，开展以“宁愿少穿一件衣，为女童上学出把力”的献爱心、扶春苗主题活动，捐给沭阳县妇联11.4万元帮助失学儿童。1996年，辖市区向特困家庭儿童送温暖、献爱心捐款186万元，救助1000多名少年儿童。2000年，市妇联联合工会、共青团等部门启动“真情寻呼1+1”活动，发动社会力量资助贫困、孤残儿童。2000—2008年，“真情寻呼1+1”结对帮困助学活动连续开展9年，每年资助贫困、孤残儿童数百人，社会反响强烈。2007年，儿童大病救助机制被纳入市政府实事工程，年内实施少年儿童医疗保险制度；组织编织比赛，辖市区组织爱心人士向市聋哑学校、福利院、蓝天学校1.6米以下的孤残儿童捐赠毛衣近3万件、善款7万余元；8月，市妇联发起成立市白血病儿童阳光基金，11家单位捐款135万元，救助困境中的白血病儿童。2008年，开展“关爱月”“爱心超市”“代理妈妈”等活动；开展寻找“常州妈妈”活动，120位“常州妈妈”与148位四川孤残单亲儿童结对帮扶，选派16位“常州妈妈”代表赴地震受灾区四川绵竹市遵道镇认亲，关爱帮扶遵道镇的受灾儿童。

保护流动儿童　2004年，“关爱女孩，真情寻呼1+1”活动启动，首批资助100名流动女孩学费。2009年4月，在天宁区、钟楼区、戚墅堰区启动联合国儿基会受人口流动影响的儿童保护项目试点。市妇联编发《流动儿童生活指导手册》《新市民生活指导手册》，开发研制流动儿童信息随行本管理软件。同年底，全市登录8万名流动儿童基础信息。

保护儿童身心健康　1991年，常州市妇联、卫生局在兰园联合举办儿童营养与健康系列活动，294个儿童食品参评。1996年，市妇联、卫生局联合举办《儿童规划纲要》《母婴保健法》宣传咨询义诊活动。1999—2001年，市妇联、技术监督局打假办、卫生局整顿儿童食品市场，监督检查妇女儿童用品食品和30所中小学、幼儿园周边的儿童食品店、地摊及60家校内商店。

第二章　老龄事业

1985年，常州进入老龄化城市行列，比全国提前15年。市委、市政府把发展老龄事业纳入经济社会发展总体规划，围绕老有所养、老有所医、老有所教、老有所学、老有所为、老有所乐的目标，综合运用经济、法律和行政手段，提高老年人生活保障和医疗保健水平，加快推进养老保险、医疗保险制度；建立老龄工作组织网络，把老龄工作重点放在农村和社区；兴办老年福利设施，维护老年人合法权益，落实老年人优待优惠优先政策，使老年人共享改革发展和现代化建设成果。组织老年人开展丰富多彩、形式多样的老年文体活动，为老年人安度幸福晚年创造条件。

第一节　老龄状况

1982年第二次全国人口普查，常州市有百岁老人4人。1990年第四次全国人口普查(简称“四普”)，全市60岁及其以上常住老年人口占常住总人口比例为11.19%。2000年第五次全国人口普查(简称“五普”)，全市60岁及其以上常住老年人口占常住总人口比例上升至12.3%。2009年底，全市有老年人口67.51万人，占全市户籍总人口的18.76%。进入21世纪后，人口高龄化结构加快，高龄组占常住老年总人口比重有所上升，低龄组占常住老年总人口比重却开始下降；60～64岁组常住老年人口占常住老年总人口比重由33.83%降至28.81%，65～69岁组比重由27.46%降至24.26%，70～74岁组比重由18.93%上升到21.18%，75～79岁组比重由11.30%上升到14.55%，80岁及其以上年龄组比重8.47%上升到11.19%。“五普”时，常州市60

岁及其以上常住老年人口中，属于未上过学和仅读过扫盲班的（相当于文盲和半文盲）占 34.36%，受过小学教育的 40.01%，受过初中教育的 11.87%，受过高中、中专教育的 5.61%，受过大学专科及以上教育的 2.88%。2/3 多的 60 岁及其以上老年人有配偶，近 1/3 丧偶。常州市 60 岁及其以上常住老年人口未婚比 1.31%、有配偶比 68%、离婚比 0.57%、丧偶比 30.12%。

老年抚养比例上升幅度较大，总抚养比却略有下降。"四普"至"五普"期间，常州市常住人口中 60 岁及以上老年抚养比由 16.24% 上升至 17.29%，少儿抚养比由 28.89% 下降至 23.31%，致使总抚养比由 45.13% 下降至 40.6%；同期常住人口中 65 岁及其以上老年抚养比由 10.19% 上升至 11.72%，少儿抚养比由 27.38% 下降至 22.2%，致使总抚养比由 37.57% 下降至 33.92%。20 世纪 90 年代，常州市常住人口中被抚养人群主体逐渐由"四普"时的 0～14 岁少年儿童人口向"五普"时的 60 岁及其以上老年人口转变。由于少儿人口减少，老年人口增加，使人口年龄中位数也相应提高。2000 年，人口年龄中位数 33 岁。

全市 65 岁及其以上老人家庭中，单身老人户占 1/7，"空巢家庭"接近 1/3。2000 年"五普"资料显示，65 岁及其以上常住老人的家庭 24.96 万户。在 65 岁及其以上常住老人家庭中，单身老人户 3.60 万户，占 14.42%；只有一对老夫妇的家庭 3.85 万户，占 15.43%；两项合计全市有"空巢家庭"7.45 万户，占 29.85%。2010 年全市百岁老人增至 183 人。

1991—2010 年常州市百岁老人统计表

表 45-2-1　　单位：人

统计时间	总数	男性	女性	统计时间	总数	男性	女性
1991.12.30	27	1	26	2001.01.01	93	22	71
1992.12.30	22	0	22	2002.01.01	78	13	65
1993.12.30	25	2	23	2003.01.01	103	21	82
1994.12.30	38	5	33	2004.01.01	113	22	91
1995.12.30	36	6	30	2005.01.01	117	20	97
1996.12.30	37	6	31	2006.01.01	121	21	100
1997.12.30	37	7	30	2007.01.01	117	18	99
1998.12.30	43	6	37	2008.01.01	153	23	130
1999.01.10	60	4	56	2009.01.01	180	26	154
2000.01.01	70	17	53	2010.01.01	183	35	148

第二节　老龄活动

1985 年 12 月，常州市老龄问题委员会成立，成员由市四套班子有关成员及各部委办局领导组成，下设办公室，负责日常事务。1990 年 1 月改为常州市老龄工作委员会，开展全市敬老活动以及老年体育、"夕阳红"文艺演出等形式多样的老年人文体活动。

一、敬老活动

1986 年 10 月，常州市老龄委，市委老干部局、民主党派、市总工会在市工人文化宫举办健康长寿展览，近万人参观。1988 年 1 月 12 日，市第十届人代会第一次会议通过将农历九月初九定为"常州市敬老日"的决议，从此，每年敬老日市四套班子领导走访慰问老年人、养老机构和老龄工作者、老年福利机构管理服务人员。5月10日，市老龄委在工人文化宫举行赠送首批老人方便车大会。1995年12月28日，同大公司将10万元善款捐赠给55位特困老人和36位百岁老人。1998年10月，市老龄委资助市区的200位特困老人6万元。2000年、2001年敬老日，市老龄办组织天宁寺素斋馆、百年老店德泰恒、三鲜馄饨店、裕芳斋饭店、凤凰楼大酒店和政府招待所为老年人提供3000份长寿面。2004年10月，江苏月星家具集团向常州社会福利院赠送价值13万元的家具。2005年，市委、市政府在红星大剧院召开纪念常州老龄工作20年和庆祝省市第18个敬老日暨总结表彰大会。2006年，市老龄办协同市慈善总会开展敬老助老救助活动，给190名老人发放慈善金计49.2万元。2007年，市慈善总会和企业家代表一起走访慰问百岁老人和特困老人，向他们送去慰问金和慰问品；向市区1029名老人发放慈善救助金40.58万元。

志愿者与空巢老人共度元宵节（摄于2010年2月）

2008—2010年，连续3年在常州大酒店开展“牵挂你的人是我”主题活动，与100名空巢老人共度元宵佳节。2008年6月9日，中国老年基金会秘书长傅双喜视察钟楼区五星街道一社区“家家乐”心语工作室；6月18—20日，中国老龄事业发展基金会、省老龄办和省老年学学会在溧阳市天目湖联合举办中国首届老年心理关爱研讨会，主题为“心理健康，共享和谐”，全国从事老年人心理研究和老龄工作者200多人参加研讨，中国老年人心理研究中心江苏示范基地成立。2010年10月，组织开展丰富多彩的“敬老月”活动，市委书记范燕青、市长王伟成连续3年走访慰问老年人。

二、文体活动

文艺活动 1990年10月，举办了“夕阳红”文艺晚会。1993年，市经济广播电台设《康乐园》《中国风》《过戏瘾》3个老年人喜欢的栏目。1994年11月，举行“爱心献老人”10件大事颁奖和文娱演出。1997年11月28日，以省老龄工作先进个人、市一院原护士长宗荷琴为原型创作的电视剧《夕阳中的风铃》（上下集）在常州开机。1999年7月，市广播电台恢复《银发茶座》节目，10月举办敬老文艺演唱大赛。2001年6月，举办常州市庆祝建党80周年“永远跟党走”老年文艺会演，10月在市少年科学艺术宫举行常州市首届“老少同乐”家庭演唱大赛决赛。2002年，常州选送的小品《奶奶不要哭》获全国新剧目调演参赛表演三等奖。2003年9月，

十佳孝星、十佳老有所为人物表彰大会（摄于2010年10月）

常州市庆祝第十六个敬老日“红旗颂”老年文艺会演举行。2004年10月，常州的章景云老人代表江苏省赴京参加“银龄美”全国总决赛，获中国银龄美选手奖；庆祝第十七个敬老日暨尊老爱幼新风赞老年文艺会演举办。

2005年3月，中央电视台第十一频道“地方戏曲过把瘾”节目组与常州市联合举办地方戏曲大家唱专场演出，常州市新四军历史研究会艺术团等表演。4月，常州“春之声”老年艺术团参加在澳门永乐大剧院举行的全国中老年“金莲花”艺术大赛，《乾隆扇》获健身舞金奖，《茉莉花》获中外民族民间舞类一等奖。2006年6月，举办“党在我心中”老年文艺会演。10月，常州市庆祝省市第十九个敬老日暨老年法颁布10周年“社保情”老年文艺会演举办。2007年5月，金秋书场开业，设在市老年活动中心(金秋大厦)。2008年，举办庆祝改革开放30周年常州市“盛世欢歌”老年文艺会演。2009年9月，举行常州市庆祝新中国成立60周年“祖国颂”老年文艺会演。

体育活动 1987年1月举办常州市区老年人冬季长跑。1993年2月，常州市举行首届老年人运动会暨总结表彰大会。1999年，在常州体育训练馆举办老年人健身操比赛，有200余名老人参赛。2000年举办常州市离退休人员乒乓球比赛。2004年举办第三届老年人运动会。2010年10月，江苏省第十七届运动会组委会组织全市5000名老年健身爱好者参加省运会开幕式全民健身展示，表演大型太极拳、太极剑、健身操、健身球等体育健身项目(参见第四十一卷“体育”第二章“群众体育”第五节“老年人体育”)。10—11月，组织开展美吉特杯中老年健身展示活动，250余支健身方队万余名中老年人参加。

第三节　老年优待

1992年9月，常州市政府对市区70岁及以上老年人实行乘公交车、进公园、看病、看电影、法律服务、修理房屋、洗澡等优惠优先服务，对百岁老人每月发放30元生活补助费，年满70周岁老年人可领取高龄老人优待证，1993年1月1日执行。1994年2月，市区百岁老人生活补贴标准提高到100元，各县(市)参照执行。1997年9月，常州乳品厂对市区70岁及以上老年人凭证订奶1份，对百岁老人每天免费供应1袋牛奶或酸奶。1998年2月，市区70岁及以上老年人凭高龄老人优待证免费参观博物馆、美术馆和纪念馆，免费使用公厕；10月，市老龄委为市区60周岁及以上老年人发放5万张老年人健康名片。1999年1月，市区60岁及以上老年人进公园、文化宫、天宁寺、公厕实行免费，安装电话、闭路电视、看电影看戏优惠，建设老年福利设施规费减免，70岁以上老年人乘坐市区公交车免费。

2008年，常州市老龄委组织印制发放“江苏省老年人优待证”，老年人凭证可以在全省同等享受市县对老年人免费开放公园等优待政策。2009年1月1日，市区对百岁老人发放长寿补贴金每人每月300元；金坛、溧阳均向百岁老人发放尊老金每人每月200元，加发春节慰问费每人1000元；武进在机构养老的百岁老人每人每月500元，在家养老每人每月300元。从9月1日起，年满70周岁外地老年人实行免费乘坐市区公交车。从12月10日起，60～69周岁老年人实行优惠乘坐市区公交车，享受票价5折优惠。从2010年起，60～69周岁老人凭老年优待证进入恐龙园半价优惠，70岁及以上老人全免；60岁及以上老人进入淹城春秋乐园5.5折优惠；60～69周岁老人进入天目湖旅游度假区山水园和南山竹海6折优惠，70岁及以上老人全免；市民族宗教事务局对60岁及以上老人凭老年优待证进入天宁寺全免，60岁及以上老人进入天宁宝塔半价优惠。常州大剧院对老年人购票优惠30元。

第四节　老年教育

位于健身路的常州老年大学(摄于2010年9月)

常州市有市级老年大学1所、辖市区级老年大学5所、东方银龄大学2所，街道(乡镇)级老年活动中心50所、社区(村)级老年活动中心858所，老年学习人数占老年人总数的9%。常州老年大学于1986年创建，初期4个专业6个班级244名学员。学校开展对外文化交流，1992年以后日本高槻市、所泽市、大阪市、名古屋市、爱知县及美国、俄罗斯、英国、韩国、挪威、以色列、澳大利亚等国友好访华团或友好人士400余名外宾先后到校参观。1994年、2007年先后被评为江苏省老龄工作先进集体、先进单位。2009年，常州老年大学被中国老年大学协会评为全国先进老年大学。2010年，全校发展到5个系、45个专业、206个班级，在校学员近6550人次，累计毕结业2.7万人次。

第三章　关心下一代工作

常州市关心下一代工作委员会(简称"关工委")于1993年5月成立，着力关心、教育、培养青少年健康成长，用社会主义核心价值体系引导、教育，培育、提高青少年思想道德素质、科学文化素质和健康素质，组织宣讲团、老战士艺术团、关爱工作团开展丰富多彩活动，将法制教育、阳光驿站建设、网吧义务监督、关爱帮教放在首位，促进青少年健康成长。

第一节　组织建设

常州市关工委由市四套班子中离退休老领导及部委办局离退休或在职处级干部等担任委员，办公室工作班子为刚从领导岗位上退下来或在二线岗位上热心关心下一代工作的干部充任。

一、机构队伍

常州市各级关工委得到同级党组织重视，组织覆盖全市各行各业，至2010年全市有1990余个关工委组织。主要发挥老干部、老战士、老专家、老教师、老模范(简称"五老")政治、经验、威望、亲情等优势，成立志愿者队伍。至2010年底，全市"五老"志愿者发展到5.3万人。市关工委自成立至2010年换届3次。第一任由宋文惠(1993年5月至2003年9月)任主任，薛晓春(1993年5月至2000年8月)、陈三林(1993年5月至2000年8月)、王云龙、秦怀玉、李仁坤(1993年5月至2000年8月)、缪荣书(2000年8月至2003年9月)、张水荣(2000年8月至2003年9月)、马浩良(2000年8月至2003年9月)任副主任。第二届(2003年10月至2009年4月）和第三届（2009年4月至今）由蒋溢涛任主任，居丽琴、吴振祥、卢晓光、帅玉琴、韩涛任第二届副主任，第三届副主任增加郭兴中。

二、平台建设

宣讲团 1994年10月28日，常州市老干部革命传统教育报告团成立，2004年2月改名青少年思想道德宣讲团。宣讲团在重大历史事件纪念日和重要节日开展主题教育宣讲，其中影响较大的有《与时俱进，万象更新，常州解放60周年来的巨大变化》《加强思想道德建设，做祖国的合格建设者和可靠接班人》等报告。1995年6月21日，以政法系统离退休干部为主，成立青少年法制教育报告团，2004年2月更名青少年法制教育宣讲团，宣讲《未成年人保护法》《创造良好、和睦的家庭环境，保护未成年子女健康成长》等报告，帮扶青少年健康成长。2003年和2008年先后出版《情系未来》《夕阳赞歌》两书，表彰、宣传"五老"精神。

老战士艺术团 1992年成立。先后创排100多个文艺节目，到学校、社区、军营、工厂和农村等演出近300场次，观众数十万人次，并多次参加市重大演出活动。在全国第六届艺术节上为中央芭蕾舞团演出《红色娘子军》现场伴唱，有的节目在中央电视台第四频道播出；先后创作歌曲28首，诗歌、小品5件，其中有16件作品获市级以上奖项；在2008年全国中老年才艺大赛上，艺术团创排的《戎装回眸》和《公民道德建设组歌》分别被评为大赛最高奖特别奖和金奖。2009年全省老年文艺会演，参赛的节目分获一、二、三等奖；参加市"幸福广场周周演"活动，获优秀团队奖。2009年结集出版创作成果《闪光的军魂》。

关爱工作团 全市关工委对服刑人员未成年子女、流浪儿童、辍学生、闲散未成年人4种特殊对象热心关爱，发动有丰富阅历、善于做思想工作的"五老"志愿者组织关爱工作团（组），对他们采取"一帮一""多帮一"逐个结对帮扶，关爱他们的思想、学习、生活和就业，促其健康成长。至2010年底，全市建有关爱工作团（组）508个，6600余名"五老"志愿者参加关爱工作。

第二节 关心关爱活动

常州市关工委成立后每年开展主题教育，建立阳光驿站，聘请网吧义务监督员，治理学校周边"黑网吧"，构建学校、家庭、社会"三结合"网络，关心青少年健康成长。市关工委每年展开一两个重点课题的调查研究，累计撰写关于当前中学生思想品德、青少年违法犯罪情况等32份调研报告，分析研究新形势下青少年教育的新情况、新特点、新问题，供市委、市政府决策参考，起到较好的社会效果。

一、主题教育活动

常州市各级关工委、"五老"志愿团队和关爱工作团组利用重大政治活动和每年重要纪念日、节庆日，开展中国革命史、建设史和改革开放史等主题教育活动，弘扬井冈山、长征、延安、开垦北大荒、大庆、雷锋、铁人及抗震救灾、奥运、航天科技等领域先进事迹和奋斗拼搏精神，引导青少年认识、热爱共产党、社会主义和伟大祖国。2007年，结合纪念建军80周年，开展"了解建军历史，增强国防意识，学习解放军优良传统"主题教育，拍摄《阳光365》电子期刊《光辉的历程，伟大的业绩——纪念中国人民解放军建军80周年》；同年起，市关工委与市教育局电教馆联合制作主题教育活动辅助资料《阳光365》电子期刊，下发基层。2008年，结合迎奥运、纪念改革开放30周年和汶川大地震，开展"迎奥运、颂改革、建设美好江苏"主题教育和弘扬抗震救灾精神，为灾区人民奉献爱心，拍摄《阳光365》电子期刊《同一个世界，同一个梦想》和《抗震救灾特刊（1～3）》。2009年，为纪念五四运动爆发90周年，庆祝新中国成立60周年、常州解放60周年，开展"迎国庆、颂祖国、我为祖国添光彩"主题教育活动，配套制作《五四运动吹响了革命的号角》、《新中国在战火中诞生》

《中国从东方崛起》、《改革开放的光辉岁月》、《腾飞常州》（上、下）、《国旗在我心中》7集电视等专题系列片，寓思想性、知识性、艺术性和科学性于一体，达到了较好的教育效果。

二、法制教育活动

1994年，常州市关工委根据1991年国家颁布施行的《中华人民共和国未成年人保护法》《中华人民共和国预防未成年人犯罪法》等有关法律，组织编写青少年法制教育书籍《成长的路标》《以案释法100例》《以案释法100例（续集）》，推动社区建立家长学校、法制学校、新市民学校，运用青少年喜闻乐见形式，开展法律知识竞赛、模拟法庭等活动，将法制教育与法律实践相结合，提高青少年学法、用法自觉性。依托"阳光驿站"（即校外教育辅导站）等形式，在全市建立多个法制教育基地，开展送法律进社区、入村庄、到学校，在未成年人及其家长中宣传、普及有关法律知识。推进预防和减少未成年人违法犯罪工作，各级关工委组织创建未成年人零犯罪社区和村。2003年，建立青少年法制教育基地，运用宣讲、图片展览、实地参观、放录像、流动图片展等形式进行法制宣传教育，共接待青少年2万余人次，宣讲法律400余场次，听讲青少年6万余人次。2005年7月8日，设立青少年法律咨询站，为部分青少年及其家长免费提供法律咨询及相关法律援助，引导青少年学法、知法、用法和守法，增强自觉守法和自我保护意识。2009年10月，常州关工网站开通，开设法律法规、组织网络、"五老"风采、经验交流、关工信息等栏目，及时报道常州各级关工委工作信息。2010年底，全市未成年人零犯罪社区和村占70%以上。

三、关爱帮教活动

2005年，常州各级关工委根据中央综治委组建关爱工作团（队）意见，发动"五老"对全市900余名服刑人员未成年人子女、流浪儿童、辍学生、闲散未成年人采取"一帮一""多帮一"行动，努力做到逐个帮扶，促其健康成长。全市成立帮教小组835个，2846名"五老"人员帮教失足青少年986人，并配合政法委、教育、公安等部门开展"珍爱生命、远离毒品""崇尚科学文明，反对封建迷信""扫黄打非"等宣传教育活动和创建"无毒社区（村）""平安校园""平安家庭"等活动。2007—2009年，各级关工委对2.5万人次困难青少年进行扶贫助学，帮助4000人次孤残青少年、儿童筹集助学助困助残资金达2012万元。围绕特殊孩子需要，一些"阳光驿站"还办起暑期阳光德育班、社区留守课堂、社区里的夜托班，将"看管"延伸到辅导。2010年，全市解决近千名留守儿童的寄宿问题。

四、其他活动

阳光驿站建设 2004年，常州市根据中央加强和改进未成年人思想道德建设精神，在校外成立教育辅导站，又称"阳光驿站"，做到有相对稳定工作队伍、活动阵地、活动内容、活动机制、教育实践基地和工作记录台账，至2010年全市1230个社区、村建站1040个，覆盖率达84.6%，参加"阳光驿站"工作的"五老"5723人，辅导青少年达6.59万人次。"阳光驿站"已成为社区、村开展社会主义核心价值体系主题教育活动和法制教育活动讲台，青少年展示艺术、科技、体育等才能的舞台和"五老"志愿者开展关心下一代工作的平台。

义务监督网吧 2003年后，市关工委先后有941名"五老"人员参与净化社会文化环境工作，担任网吧义务监督员，利用多种渠道宣传"黑网吧"对未成年人学习及身心健康的危害，教育未成年人不入网吧；在对合法网吧义务监督的同时，发现"黑网吧"及时向职能部门举报，长期坚持对全市500余个网吧义务监督，形成横向到边、纵向到底监督网络，成年人进网吧现象明显减少，2004年被评为弘扬常州精神十件好事之一。

学校家庭社会结合网络 21世纪，市关工委针对影响构建学校、家庭、社会"三结合"教育网络若干突出问题，提出整治学校周边环境，净化文化市场和媒体广告，用好管好校外德育基地，组织社会力量参与青少年教育，加强学校德育工作者队伍建设，倡导班主任深入学生家庭进行家访，重视对单亲家庭、流动人口家庭和留守儿童家庭帮助指导，提高家长学校教育内容针对性。呼吁对中小学生“减负”督察，以报告形式分别转送市政府分管领导、教育行政部门和其他有关政府职能部门，受到市领导和相关部门重视。

第四章　残疾人保障

常州各级残联认真履行“代表、服务、管理”职能，从残疾人的现实需要入手，逐步落实普惠加特惠的政策保障措施，通过提标扩面，完善残疾人的基本生活保障制度；从残疾人的迫切愿望入手，逐步发展以康复、教育、就业、社会保障、权益保障、文化体育、无障碍环境建设等为主要内容的综合性社会事业，不断促进残疾人平等参与社会生活；从基础、基层工作入手，发动社会力量，整合社区资源，搭建残疾人日常服务平台，提高基层残疾人工作的实效性。

第一节　残疾人组织

一、代表大会

1989—2010 年期间，相继召开了常州市残疾人联合会第一至第五次代表大会，总结、部署全市残疾人工作，选举产生新一届主席团及执行理事会。

第一次代表大会　1989 年 12 月 19—20 日召开，正式代表 100 人出席，蒋荣海作工作报告。大会选举产生市残联第一届主席团委员 34 人，副市长陈三林担任主席，市人大副主任宋文惠被聘请为名誉主席。推举蒋荣海为执行理事会理事长，推选俞伟华、程清清、柏青分别为市盲人协会、聋人协会、肢残人协会的主席。

第二次代表大会　1993 年 8 月 9—10 日召开，正式代表 110 人出席，特邀代表 15 人出席，许炯作工作报告。大会选举产生市残联第二届主席团委员 44 人，副市长陈伯鹏担任主席，市人大副主任蒋溢涛、原市人大副主任宋文惠被聘请为名誉主席。推举许炯为执行理事会理事长，推选俞卫华、程清清、刘忠英分别为市盲人协会、聋人协会、肢残人协会主席。

第三次代表大会　1998 年 7 月 13—14 日召开，正式代表 110 人出席，蔡振国作工作报告。大会选举产生市残联第三届主席团委员 48 人，副市长陈伯鹏担任主席，市委副书记、市政协主席曹锦成和人大副主任蒋溢涛被聘请为名誉主席。推举蔡振国为执行理事会理事长，推选洪庆炼、程清清、汪小龙分别为市盲人协会、聋人协会、肢残人协会主席。

第四次代表大会　2003 年 12 月 11—12 日召开，正式代表 200 人、特邀代表 30 人出席。奚鸿庆作工作报告。大会选举产生市残联第四届主席团委员 33 人，副市长韩九云担任主席，中共常州市委副书记邹宏国被聘请为名誉主席。推举奚鸿庆为执行理事会理事长，推选洪庆炼、严涛、汪小龙、邵惠芳、杨梅玉分别为市盲人协会、聋人协会、肢残人协会、智残人及亲友协会和精神残疾人及亲友协会主席。

第五次代表大会　2008 年 3 月 11—12 日召开，正式代表 200 人，特邀代表 58 人。谢培林作工作报告。大会选举产生市残联第五届主席团委员 34 人，副市长张力航担任主席，市政府副秘书长殷仲达等 10 人任副主席。中共常州市委常委、统战部部长张晓霞被聘请为名誉主席。推举谢培林为执行理事会理事长，推选张军、严涛、汪小龙、邵惠芳、杨梅玉分别为市盲人协会、聋人协会、肢残人协会、智残人及亲友协会和精神残疾人及亲友协会主席。

二、组织机构

协调机构　1989 年 3 月 4 日，常州市残疾人“三项康复”工作领导小组成立，下设办公室，设在市盲人聋哑人协会。1990 年 11 月，常州市残疾人“三项康复”工作领导小组更名为常州市残疾人事业领导小组，在市残联设办公室。1994 年 6 月 18 日，又更名为常州市人民政府残疾人工作协调委员会，由 26 个部门组成，秘书处设在市残联。2006 年 7 月，再度更名为常州市人民政府残疾人工作委员会，秘书处设在市残联。

基层组织　辖市(区)残联　1990—1991 年，武进、钟楼、戚墅堰、天宁、郊区、金坛和溧阳 7 个辖市区先后召开第一次代表大会，成立残联。2007 年 7 月，新北区残联第一次代表大会召开。辖市区一般每 5 年召开一次残联代表大会，到 2010 年，金坛、溧阳、武进、天宁、钟楼、戚墅堰区先后召开第一至第四次残联代表大会。辖市（区）残联单列为正科级机构。2007 年，辖市（区）残联积极落实市残工委印发的《关于进一步加强基层残疾人组织规范化建设的意见》，全市组织体系均达到中国残联提出的残联组织规范化建设标准。

镇(街道)残联　常州市镇、街道均按《中国残疾人联合会章程》，召开了代表大会，残疾人及残疾人亲友在代表中人数超过半数，选举产生残联主席团，由政府分管领导担任残联主席。成立残疾人综合协会，主席、副主席和委员由辖区内有一定影响力和活动能力的残疾人及其亲友担任。

村(社区)残疾人协会　常州市 1082 个村、267 个社区建立健全了残疾人协会，残协主席由社区（村）主任或副主任担任，并选举 1 名优秀残疾人作为残协副主席，残协委员中残疾人占 60% 以上。

企业残疾人协会　常州有 43 家企业先后建立残疾人协会。

基层单位　常州市残疾人辅助器具服务中心　1993 年成立常州市用品用具供应服务站，2007 年变更为常州市残疾人辅助器具服务中心。

常州市残疾人就业管理中心　1994 年 5 月成立常州市残疾人劳动服务部，2000 年变更为常州市残疾人劳动服务中心，2007 年变更为常州市残疾人就业管理中心。

常州市残疾人康复服务中心　2002 年成立，重点开展残疾儿童康复服务工作。

三、队伍建设

人员配备　常州市及各辖市(区)残联均配备专职工作人员和专职理事长，其中常州市残联、金坛市残联、钟楼区残联和天宁区残联配备残疾人担任领导干部，镇(街道)残联均配备专兼职理事长，选聘残联助理员协助理事长工作，通过购买公益岗位公开招聘残疾人担任专职委员，专职从事残疾人工作，每个社区、村选聘 1 名残疾人兼任联络员。

教育培训　常州市残联从 1998 年起组织残疾人工作者参加残疾人工作基本知识、法律法规、康复等知识培训，按分级负责、分级培训原则，以残联领导干部、基层残疾人工作者和残疾人干部及专门协会骨干培训为重点，加强政治理论、政策法规、职业道德、业务技能培训，提高残联干部队伍的综合素质和工作能力。市残联负责辖市（区）残联领导干部和业务骨干及镇（街道）残联理事长的教育培训，辖市（区）残联定期对镇（街道）残联理事长进行教育培训，每年至少举办 1 期培训班。市残联每年至少举办 1 次残疾人专职委员示范性培训，辖市（区）残联负责对镇（街道）残疾人专职委员的日常培训和村（社区）残疾人联络员的重点培训，镇（街道）残联负责对村（社区）残疾人联络员的日常培训，做到全员参训，不培训不上岗。

四、表彰奖励

1995—2010 年，常州市有 8 个地区（单位）受到国务院残工委和国家教委、体委、体育总局、民政部、卫生部、公安部、财政部及中国残联表彰；有 11 个地区（单位）受到省政府残工委和省扶贫工作领导小组、财政厅、民政厅、卫生厅及省残联表彰为先进集体。

1995—2010年常州市受到表彰的国家级、部级和省级残疾人工作先进集体一览表

表45-4-1

级别	荣誉称号	受表彰单位	年份	表彰(授予)单位
国家级	全国残疾人工作先进县(区)	溧阳市 天宁区	1996 2001	国务院残工委
	全国残疾人按比例就业工作先进单位	常州市残联	2001	国务院残工委
	全国残疾人社区康复先进县(市、区)	钟楼区	2010	国务院残工委
部级	全国特殊教育先进县	武进县	1995	国家教委、民政部、中国残联
	全国精神病防治康复工作先进市	常州市	1996	卫生部、民政部、公安部、财政部、中国残联
	全国扶贫工作先进集体	金坛市残联	2001	财政部、农业银行、国家扶贫开发领导小组、中国残联
	全国残疾人康复工作先进集体	武进区残联	2002	卫生部、民政部、财政部、公安部、教育部、中残联
	全国残疾人工作示范区	天宁区、钟楼区	2002	中国残联
	全国残疾人体育工作先进集体	常州市残联	2004	国家体委、中国残联
	全国残疾人体育工作先进集体	常州市	2007	中国残联、国家体育总局
	全国无障碍建设先进城市	常州市	2006	建设部、民政部、中国残联和国家老龄委
	全国残疾人社区康复示范区	天宁区	2007	卫生部、民政部、中国残联
	全国残疾人信访工作先进集体	常州市残联	2009	国家信访局、中国残联
	全国特奥工作先进单位	常州市残联	2010	国家体育总局、中国残联
省级	江苏省残疾人工作先进区	天宁区	1996	江苏省政府残工委
	江苏省残疾人工作先进集体	常州市残疾人劳动服务部	1996	江苏省政府残工委
	江苏省残疾人工作先进市(区)	金坛市、钟楼区	2001	江苏省政府残工委
	全省残疾人工作先进单位	武进市残疾人劳动服务部	2001	江苏省政府残工委
	江苏省残疾人扶贫工作先进集体	常州市残联	2002	江苏省扶贫工作领导小组、财政厅、农行江苏省分行和省残联
	江苏省维护残疾人权益工作先进集体	钟楼区残联	2003	江苏省司法厅、省残联
	江苏省社区残疾人工作示范区	戚墅堰区	2003	江苏省民政厅、省残联
	江苏省社区康复工作先进区	新北区、戚墅堰区 溧阳市	2008 2009	江苏省民政厅、卫生厅、残联
	全省残疾人状况监测工作先进区	天宁区	2009	江苏省残联

第二节 残疾人保障

一、生活保障

常州市符合低保条件的残疾人全部纳入最低生活保障范围，12256名残疾人享受低保补助。2001年，市财政局、民政局、残联出台《关于发放市区城镇居民特困残疾人助残金的通知》，常州在全省率先发放特困助残金，由各级残联按低保标准的20%的向每个低保残疾人每月发放助残金，金坛、溧阳两市实施对低保残疾人提标20%政策。2004年，常州市开始实施《困难群众医疗救助暂行办法》，对贫困残疾人参加医保实行补助。2007年，市政府把残疾人纳入全民医保，城区10256名低保和完全丧失劳动能力的重度残疾人享受医保补助，农村6499名低保和完全丧失劳动能力的重度残疾人参加新农合，享受补助。2008年1月起，常州在全省率先实施市区无固定收入重残人员给予生活救助政策，全市1432名重度残疾人获得全额低保标准救助。钟楼实施《对“一户多残”家庭残疾人发放生活补助费的试行办法》。市政府出台低收入住房困难残疾人家庭申购经济适用房、租住廉租房的特别照顾政策，有370户残疾人优先购买到经济适用房，符合条件的残疾人家庭户享受廉价租赁住房政策，农村700户残疾人居住的危草房全部得到改造。钟楼、戚墅堰两区出台残疾人大病医疗救助政策，残疾人除享受医保政策及大病救助政策外，再由当地财政部门、残联给予一次性医疗补贴。全市残联春节、助残日期间组织慰问残疾人贫困户5.9万人次、发放慰问金慰问品总价值3200余万元。开展社会结对帮扶残疾人困难家庭、爱心超市网络捐助等活动，1.23万户残疾人贫困家庭签约受助，1.56万名残疾人收到爱心超市网络捐赠、受助生活用品、学习用品、康复器材和医疗用品等5万余件。

二、就业保障

常州采用集中安置、分散按比例安置和扶持个体创业等方式多渠道、多层次、多形式地解决残疾人就业问题，每年举办不同层次的残疾人就业专场招聘会，促进残疾人就业。至2010年底，全市就业年龄段有劳动能力的残疾人在城市就业2.69万人，在农村就业2.74万人。落实国家税务优惠政策，扶持福利企业发展，2010年底，全市有福利企业288家，在职残疾职工10405人。1994年起，常州各级推进残疾人按比例劳动就业工作，建立市残疾评定委员会，率先在大中型企业、福利企业开展残疾检测评定工作。2001年，市政府颁发《常州市按比例安排残疾人就业办法》《常州市残疾人就业保障金征收管理办法》《关于进一步加强残疾人安置保障工作的意见》等政策措施，地税、财政、残联等部门按管理权限征收残疾人就业保障金，对安置残疾人成绩显著的单位给予奖励，全市新增分散按比例就业残疾人4682人。市残联投入150万元建立残疾人个体创业专项扶助资金，出台《残疾人创业扶助资金管理办法》，扶助349名残疾人自主创业。

三、教育保障

常州各级政府及其教育、财政与残联等部门推进特殊教育学校布局调整，形成由特殊教育学校、附设特教班和随班就读点组成的上下衔接、合力齐抓的特殊教育网络。全市105所普通学校向适龄残疾少年儿童开放，常州市聋哑学校、常州市光华学校、武进区特殊教育学校、金坛市启智学校、溧阳市特殊教育学校、钟楼区天爱儿童康复学校6所特教学校和普通学校附设的4个特教班，基本能满足适龄聋童和弱智儿童免费接受九年义务教育的需要，2010年底全市有在校听障残疾学生179人、智障学生582人，在普通学校随班就读的智障学生161人。采取教育救助措施，特教学校的学生享受免学杂费、代办费、住宿费和补助生活费政策，对考取中等以上学校的残疾学生和低保残疾人家庭子女及自学成才的残疾人实施助学奖励政策，对193名残疾大中专学生发放补助或奖励金14.7万元，避免了残疾学生因贫困而辍学。维护残疾考生权益，有158

名残疾学生被普通高校录取。各级残联免费为有就业愿望、有一定劳动能力的残疾人举办盲人按摩、计算机应用、种植、养殖等职业技能培训班400余期，培训残疾人8100余人次，对社会机构培训残疾人给予50%直至全额补贴。全市城镇登记求职残疾人全部参训，农村以实用技术为主的残疾人培训率达90%。

第三节 残疾人服务

一、综合服务设施

常州市残疾人康复服务中心新建房屋面积15000平方米投入使用，成为集残疾人康复服务、业务培训、技术指导为一体的综合基地，重点开展聋儿语训、脑瘫儿童康复训练和孤独症儿童康复训练。残疾人教育就业职业技能培训中心(2838平方米)全面建成，设培训项目10大类、50多个小项，开展技能培训，通过就业指导和管理，使常州具有劳动能力的残疾人就业率稳定在95%以上。残疾人辅助器具服务中心(858平方米)全面建成，提供2万多个品种，为残疾人提供各类辅助器具适配服务。新建2626平方米的残疾人文化体育活动中心内设多种残疾人专项活动、训练场地和器材，可组织残疾人开展文体活动和比赛。至2010年底，全市累计投资2亿多元建成残疾人服务设施总面积8万多平方米。溧阳市建成1200平方米残疾人康复中心，以精神康复为主开展康复服务，慧心康复中心开展孤独症儿童康复。武进区康复中心建成8000平方米的康复庇护中心，以肢体康复、孤独症儿童康复为主要内容，可同时接纳100多人康复训练。钟楼区残疾人康复中心实行公办民营，建成全市唯一的标准化盲人定向行走训练基地，天爱儿童康复中心成为全国知名、全省首家民办公助的孤独症儿童康复机构。金坛市残疾人康复中心1500平方米，新北区康复中心有1080平方米。常州天禄集团捐资1000万元在新北区建成3000多平方米的天禄康复中心，成为全省首家由民营企业捐资建成的康复中心。戚墅堰区康复中心2000多平方米建成投运。

特殊教育教师对聋儿进行语言训练(摄于2008年3月)

常州市城区80%以上的干道铺设盲道，总长200多公里，路口设无障碍缘石坡道3200余处，坡化率83%。延陵西路、中吴大道沿线、常州客运中心周边、西新桥等地配建自动扶梯60余台、垂直升降梯2台。快速公交一、二号线主线站台做无障碍设计，轮椅直上站台进入公交车，车上均预留轮椅车位。全市90%以上的城市公交车装有语音报站系统、大型公交车安装电子显示屏。市区改建公园、绿地无障碍设施30多处，67座星级公厕门前设有轮椅坡道和盲道，设有残疾人专用厕位等。住宅小区的无障碍建设被列入城市规划改造，60%以上的居民小区改建扶手、坡道等无障碍设施。残疾人综合服务设施、无障碍设施配备基本齐全。2010年，市政府将残疾人无障碍设施进家庭纳为全市60项重点工程的内容，为439户贫困残疾人家庭提供无障碍设施及改造，把残疾人免费乘坐公交车纳入为民办实事工程，24万名残疾人享受免费乘坐市内公交车的优惠政策。常州电视台相继开设“手语新闻”“教您学手语”节目，编印《残疾人工作手册》《手语培训教材》，

台胞曹仲植向常州肢残残疾人赠送轮椅（摄于2004年5月）

每年组织全市残疾人工作者、服务窗口工作人员和志愿者参加培训。全市窗口行业纷纷在服务窗口设立残疾人优先优惠的标志牌，畅通为残疾人服务的绿色通道。

二、康复服务

康复机构 常州市、区两级建立由医疗机构、康复机构、专业学（协）会和专家组成的5类康复技术指导组。全市建立医院—康复机构—社区康复资源综合利用的资源网络，7个辖市区均建成符合省标的残疾人康复服务中心且运作良好，各级康复中心有效开展聋儿语训、孤独症儿童康复、假肢装配、低视力康复、智力障碍康复等工作，为600余名残疾人提供康复服务。全市医院、康复机构、特教学校、幼儿园、心理咨询部门、福利院（所）等60多家单位为残疾人康复提供服务，确定天爱儿童康复中心、常州市儿童医院、眼耳鼻咽喉科医院、德安医院等5家定点康复机构开展重点康复服务。开展社区康复示范（先进）区、点创建工作，有18个街道（乡镇）、30个社区（村）被评定为市级示范街道（乡镇）、社区（村）。投入1000多万元，建成社区康复站（点）822个，配发康复器材1.24万件。编印《截瘫的康复》《脑瘫儿童的康复》《白内障的康复》《盲人定向行走》指导手册等8种5.6万册，免费发到社区（村）和家庭。社区康复员通过康复站点和上门为残疾人提供康复医疗、训练指导、心理疏导、知识普及、用品用具供应、康复咨询、转介等，为残疾人提供就近、方便的康复训练服务。

康复救助 常州市政府及财政、卫生、民政、残联等部门先后出台实施《关于进一步加强残疾人康复工作的意见》等10多个文件，对涉及残疾人康复建立重点扶持加普及服务的长效机制，残疾儿童优先抢救性康复形成长效机制，市财政、卫生、民政、残联等部门联合出台《常州市0～6岁困难家庭残疾儿童抢救性康复救助实施办法》，采取市、区分担资金的办法，对困难家庭残疾儿童实施免费康复服务，2010年12月起救助年龄提高到14岁。2006—2010年，全市残联给1228名残疾儿童发放救助卡，投入救助资金500多万元。建立白内障复明救助机制，白内障患者复明在筛查、输送、医疗、服务等方面都实现无障碍，为5331名白内障患者提供免费手术，使他们重见光明。建立精神病人监护治疗长效机制，市政府先后出台《关于精神病防治康复工作有关问题的通知》《常州市监护管理肇事肇祸精神病人暂行规定》等文件，推进精神病人康复工作。市财政

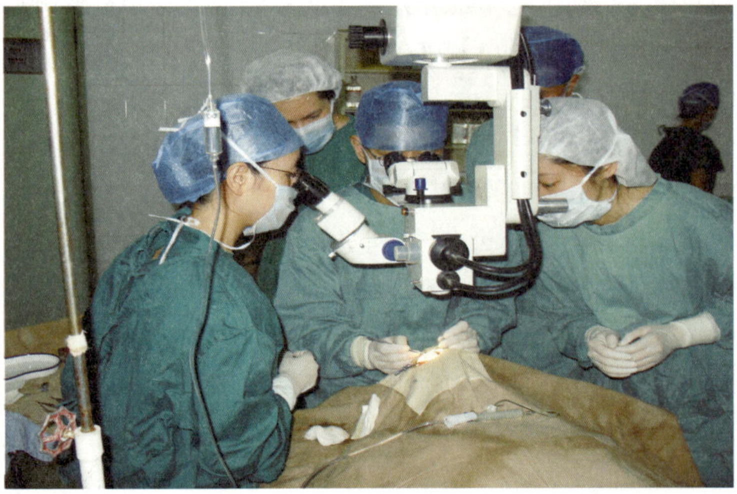

农村白内障患者治疗手术（摄于2006年6月）

局、卫生局、民政局、残联等单位联合出台《贫困精神病人药品救助实施办法》，为贫困精神病患者提供每人每年600元药品救助，3000余名精神病患者享受免费服药。2009年起，全市重症精神病人服药被纳入医疗保险，在1800元药费的部分报销65%～90%。部分地区实施特困精神病人住院救治政策，对贫困精神病人住院费、治疗费自己负担部分由区、街道(乡镇)、社区(村)分级负担。建立康复进社区、服务到家庭机制，市康复办出台《关于进一步加强残疾人社区康复工作的意见》和残疾人社区康复规范等文件，残疾人免费就近享受心理疏导、训练指导、知识普及、转介等社区服务，贫困对象助视器、助听器、假肢装配享受免费供应服务，经费由市和辖市(区)残联分担，项目救助形成机制。分批向3000余名贫困残疾人赠送轮椅，发放助听器、盲杖、拐杖等辅助器具1万余件。

三、托养服务

2007年起，常州市残联陆续出台《关于建立残疾人安养庇护机构的指导意见》《示范性残疾人庇护安养机构建设实施方案》等文件。全市投入2360万元，建成庇护安养机构21个，采取公办、公办民营和民办公助等形式，为长期闲散于社会或封闭家中有中度、重度智障和精神残疾人及重度肢体残疾人提供日托、寄养庇护。至2010年底，为651名残疾人提供托养服务。天宁康苑庇护中心(农疗站)，钟楼益智园、天爱儿童康复中心、戚墅堰区阳光爱心家园和新北区残疾人庇护中心等被认定为省级示范庇护安养机构。

四、就业培训

常州劳动部门所属的服务机构、劳动力市场、职业介绍机构健全，主动为残疾人就业提供优惠或免费服务。市、县两级残疾人劳动服务机构健全，有较完备的设施保障，免费为残疾人提供就业失业登记、职业介绍、职业培训、咨询指导等服务，举办残疾人就业专场招聘会100多次。各级残联累计投入305.8万元，建立残疾人职业培训基地10个，其中常州仰止职业培训学校、武进区康复服务中心被确定为省级示范培训基地，培训残疾人3000余人。2007年，长江高科技助残就业项目培训启动，至2010年底，培训高、中、低端高科技项目残疾人760人，安置就业373人。在全省率先开设盲人按摩中专班，免费培养盲人学员69人。规范盲人按摩管理，2010年末全市有盲人按摩机构90 家，其中省级星级按摩机构6家。

1999—2010年常州市残疾人职业技能活动一览表

表45-4-2 单位:人

残疾人职业技能	时间	地点	项目	选手人数
首届残疾人职业技能展示活动	1999.12.03	钟楼区残联活动中心	电脑、缝、插花3个集体项目及8个个人项目	40
全市残疾人职业技能竞赛	2002.08.30	常州广播电视大学	盲人保健按摩、计算机程序设计、制作网页、计算机辅助设计工程制图、丝绸手绘、时装设计、服装制作、裁剪、电子装配和测试、海报设计、木雕、广告牌制作、刺绣、钩针、打结、插花等16个项目	155
常州市第三届残疾人职业技能竞赛	2005.02.25	常州广播电视大学	竞赛项目15个	65
常州市第四届残疾人职业技能竞赛	2009.08.25	江苏技术师范学院	计算机类、工艺美术类、服装类、手工制作类等5大类、20个项目	120

常州市的全国、全省残疾人自强模范一览表

表 45-4-3

级别	届次	姓名	类别	年份	级别	姓名	类别	年份
全　国	第一届	刘忠英	肢　残	1991	江苏省	宋兴如、屠　霖	肢　残	1996
	第二届	宗荷琴	肢　残	1997		汪小龙	肢　残	2001
	第三届	汪小龙	肢　残	2003		王德林	肢　残	2005
						吴　祥、史文清	视　残	2010

五、文体服务

常州各级残联把残疾人文体活动融入公众文体活动，为残疾人参加文化体育活动创造条件。基层单位、文体活动场所为残疾人提供优惠服务。常州市图书馆设立盲人图书室，对全市盲人开放。残疾人综合服务机构开辟文化体育活动场地，配备残疾人文体活动器材。辖市区与基层单位组织残疾人与健全人同台文艺演出、残疾人文艺巡演等丰富多彩的残疾人文艺活动，展示残疾人自强不息的精神风貌。2008 年，市残联等部门在全省率先启动“残疾人百场文艺活动进社区、百场体育活动进社区”活动，举办大型残疾人书画摄影展，有 100 多名残疾人书画作者的 400 余幅作品参展。《梅韵飘香》《和谐中国》等文艺作品获得全国、全省奖励。《牡丹颂》《学军的日子》等节目获得全国、全省文艺会演奖励。2008 年 9 月，选送聋人舞蹈演员参加北京残奥会开幕式演出。第一至四届常州市残疾人运动会(简称“残运会”)成功举办，培养出一批优秀残疾人运动员，常州籍残疾人运动员在残奥会、国际锦标赛、远东及南太平洋地区残联人运动会、全国三届特奥会、全国残运会和江苏省残运会上获奖牌 200 余枚，在国际大赛中获奖牌近 60 枚。

六、扶贫助残

21 世纪初叶，常州市残联制定出台常州市残疾人扶贫示范基地建设方案、标准和考核管理办法，全市投资 120 万元建立残疾人扶贫基地 25 个，开发适合残疾人的劳动场所，增加残疾人的家庭收入、增强残疾人脱贫致富的能力，采取集约化经营、订单式服务，扶持带动 8000 多名残疾人脱贫致富，武进残疾人花木扶贫基地、金坛残疾人香葱扶贫基地、溧阳大石山庄农社被评为省级示范扶贫基地。

七、信访维权

常州市由法院、律师事务所、法律援助中心、公证处、法律服务所等单位组成的 98 个法律援助机构为残疾人提供法律服务 2000 多人次。市残联设立残疾人法律服务工作站，聘请律师值班，为残疾人提供法律咨询、调解、代书等服务。各级残联建立完善残疾人维权工作网络，坚持首问负责制、领导接待日制度，残疾人信访接处做到件件有答复、事事有落实。

第五章　红十字会

1982 年 7 月，常州市红十字会恢复成立，由市卫生局统一管理。1993 年 10 月，《中华人民共和国红十字会法》颁布施行后，常州红十字事业开始快速健康发展，逐渐形成以市直医疗卫生机构与企事业单位、学校、医院红十字会为基础，以辖市（区）红十字会为主体，乡镇（街道）红十字会、红十字志愿服务示范区为依托的红十字组织网络。2007 年 8 月，市委任命专职副会长驻会主持工作。全市红十字组织经常组织开展施医给药、救济妇孺、征募捐款、赈灾救灾、社会救助、卫生救护和防病知识普及等工作与活动，宣传推动无偿献血，传播国际人道主义精神。

第一节　组织建设

2005年，常州市红十字会由市卫生局代管改为由市政府领导联系，经费由市财政单列，升格为副处级机构。2007年3月，市红十字会被纳入人民团体和群众团体机关参照公务员管理。2010年底，市红十字会与辖市区、乡镇3级红十字会组织系统初步建立，7个辖市（区）红十字会理顺管理体制，配备专兼职工作人员。

一、常州市红十字会会员代表大会

第七次代表大会　1989年7月召开，副市长陈三林当选为会长。

第八次代表大会　1994年12月召开，副市长陈三林当选为会长。2008年4月2日，八届五次理事会议选举产生理事58名、常务理事24名，副市长居丽琴当选为会长。

第九次代表大会　2010年12月29日召开，副市长居丽琴当选为会长。

二、基层组织

2010年底，常州市有辖市区红十字会8个、基层红十字会58个和团体会员单位364个，红十字会会员近40万名。全市有社区红十字（卫生）服务站18个，红十字志愿者5万多名。

三、青少年红十字会组织

1989年，常州市有11所中小学建立红十字会。90年代，全市学校红十字会迅速铺开。1997年，全市有68所学校成立红十字会。翌年7月16日，市红十字青少年工作委员会成立，同年有25所学校成立红十字会，在全省率先实现学校红十字会全部建会。1999年3月，常州特困学生救助基金设立，向59名特困师生发放救助金5.08万元。2002年起，贯彻中国红十字会总会、教育部《学校红十字会工作规划》，常州市学校红十字工作步入规范化发展轨道。2004年起，全市部分学校创立帮困基金会、红十字爱心基金、旷达基金会、温馨苑、身边的希望工程，资助家境贫困和患重病的学生。2006年3月改名为市学校红十字工作委员会。同年，市红十字会组织创建省级红十字示范学校。到翌年底，13所学校全部创建成省级红十字示范学校。“人道、博爱、奉献”的红十字精神融入学校课本知识和学生德育教育中，开辟学校教育的第二课堂。2009年起，市红十字会与左岸公益联盟等有关单位，先后开展“红十字蓝天助学”活动4站，为外来务工人员子女和失聪学生提供公益服务，市红十字会为外来工子女、贫困学生发放助学金，向学校捐赠图书、书库、书柜等，总价值10万元。2010年，全市有6所学校被命名为省红十字示范学校，武进区横林实验小学创建成为全国红十字模范学校。

第二节　红十字服务

一、生命工程

常州市红十字会常年参与组织实施无偿献血、造血干细胞捐献、遗体、角膜捐献等生命工程，全市人均献血量连续多年保持全省首位，13人成功捐献造血干细胞，10人成功捐献角膜。

无偿献血　常州市红十字会积极参与或组织无偿献血的宣传和发动，参加无偿献血总结表彰活动，推动无偿献血。1995年常州获卫生部、中国红十字总会颁发的1994年度全国无偿献血先进城市铜奖。2001年起，市红十字会每年6月14日都举行盛大集会，宣传《中华人民共和国献血法》（简称《献血法》）。2002年、2005年，溧阳市、常州市先后被评为江苏省无偿献血先进县（市）、先进城市。2005年起，常州市连续7年临床用血全部来自无偿献血，人均献血量连续多年保持全省第一。

造血干细胞捐献 2001年，常州市启动造血干细胞捐献工作。至2004年末，全市有4000余名志愿者登记捐献造血干细胞，其中3500多人被采集检测标本，有11名志愿者的人类白细胞组织相容性抗原（英文简称HLA）与患者初配成功，6名志愿者成功向白血病患者捐献造血干细胞，捐献人数名列全国同类城市前茅。2007年，在全省捐献的造血干细胞中常州占11例，占全省成功捐献数的11%。从2002年9月建立中国造血干细胞捐献者资料库江苏省分库至2010年，全市登记志愿者7000余人，采样5000余份，顾双林、蒋震、刘晓寅、柳静、王彬、王玉萍、蒋科、吴燕云、吴智燕、徐文华、刘刚、莫剑平、印辉琴13人成功捐献造血干细胞。

遗体、角膜捐献 常州的遗体、角膜捐献工作始于2005年。至2010年末，全市报名登记捐献遗体28人，报名登记捐献角膜40人，成功捐献10例，使20名眼疾患者重见光明。

二、募捐救助

1985年5月起，常州市红十字会首次组织为非洲灾民募捐活动，捐款总额居全省地级市红十字会首位。1988年9月，组织参加国际体育援助计划活动，为儿童健康募捐资金6万元。1995年3月8日，市红十字会慈善服务中心成立，决定每月8日为常州红十字慈善日。1996年，市红十字会把救助捐款与集中慈善活动结合，接受价值20.6万元的救灾物资。1999年5月，特困学生红十字救助基金成立，收到捐款16万元。2004年，全市开展“博爱万人行”募捐活动，募捐备灾救助金39.6万元，救灾物资价值57.3万元。2006年，市红十字会组织开展博爱宣传募捐月、爱心一元捐活动，接受捐款605.45万元。2002—2010年，市红十字会接受捐款1.17亿元。

1996—2010年常州市红十字组织接受捐赠款物一览表

表45-5-1

年份	接受、募集款物(万元)	主要用途	年份	接受、募集款物(万元)	主要用途
1996—2001	775.00	直接救助40余万人次	2006	605.45	572.14万元救助特困户2.25万户，29.33万元资助104位特困学生，3.98万元资助12位白血病患儿
2002	—	向9582户困难群众送温暖款物85万余元	2007	305.02	扶贫帮困，受益人数达4.02万人
2003	81.82	抗击“非典”和建立造血干细胞捐献者资库，送温暖受益人群1.16万人	2008	15895.00	汶川地震灾区抗震救灾、灾后重建
2004	142.90		2009	683.00	莫拉克台风灾区和本地社会救助
2005	367.20	社会救助104.8万元、印度洋海啸捐款142.41万元	2010	857.60	玉树地震、舟曲泥石流、西南旱灾

省外海外救灾援助 1987年5月，大兴安岭发生森林火灾，常州市红十字会两个月内收到捐款2724元。2004年12月，印度洋东岸地区发生强烈地震并引发海啸，常州市红十字会发出《爱心无国界，捐款救灾民》倡议书。2006年7月，湖南、广东、福建等地连降暴雨，引发洪水、山体滑坡等严重灾害，全市红十字组织捐款，10天内接收捐款2万元和一批衣被等救灾物资。2008年5月12日，四川汶川特大地震灾害发生后，全市红十字会系统接受总价值1.59亿元的社会捐赠款物。5月24日，市红十字会与市慈善总会、工商联联

非洲在常州官员向四川灾区人民捐款(摄于2008年5月)

办捐款赈灾大型晚会，现场募捐1.67亿元。12月，市红十字会被评为全省支援抗震救灾先进集体，常务副会长俞坚被评为全国抗震救灾先进个人。2009年7月，市红十字会向四川绵竹市到常州生活就学的21名孤残、贫困儿童，每人发放慰问金500元和1只旅行箱。9月，市红十字会认建一批援建项目。2010年1月，常州人民向海地发生7.3级地震的灾区捐款4.3万元。2月，内蒙古遭受特大暴风雪，全市募集救灾物资53万元；先后为海地、玉树、地震、西南五省灾害和舟曲泥石流灾区，组织开展4次大型社会募捐活动，募集救灾款1375万元，及时捐赠到灾区。

1987—2010年常州市红十字会组织国际国内救灾援助一览表

表45-5-2

时间	受灾地区	灾情简况	募集、捐赠、援助
1987.05	大兴安岭	特大森林火灾	市红十字会及时将群众捐款和部分会费支援灾区
1990	云南省	地震灾害	
	湘西土家族地区	特大洪涝灾害	
2001.02	内蒙古地区	遭受暴风雪灾	募集款物合计53.01万余元
2003.02	新疆巴楚—伽师	地震受灾	捐款9.35万元，捐赠衣物6934件
2004.12	印度洋海啸	海啸灾区	募捐142.41万元
2007.06	云南省宁洱县	地震受灾	募捐4.12万元
2008.05	缅　甸	风　灾	募集捐款1.21万元
2008.05	四川省汶川县	8级特大地震重灾区	募集、接受捐款10855万元，发电机组、挖掘机、帐篷、药品等救灾物资价值5040多万元，送到灾区，支援灾区抗震救灾、灾后重建
2009.07	四川德阳绵竹市遵道镇	汶川特大地震重灾区	慰问21位孤残、单亲、贫困儿童各500元；投资136.72万元援建德阳市中江县会龙镇联盟小学、柏树乡观井村小学，2011年9月落成授牌
2009.08	台湾地区	莫拉克台风	募集捐款683万元，援助受灾台胞400万元
2010.04	青海玉树	地震灾害	募集物款价值787.6万元
2010.08	甘肃舟曲	泥石流灾害	募集捐款35万元

省内灾区救助　1990年，常武地区遭受3次台风袭击，市红十字会向灾民发放赈灾资金和物资430多万元。1991年6月，常州地区发生百年不遇的特大洪涝灾害，金坛县红十字会第一个到县政府请战，组织抽调276人组成33支救护队，送医送药、上门救护，组织412人建立87个卫生防疫小分队，深入灾区。市红十字

会组织680多名红十字青少年会员参加洪水退后的环境消毒与灾后防病工作。1992年6—7月，金坛连续两次遭到特大洪涝灾害侵袭，该县红十字会与民政、侨务等部门组织人员投入抗灾救灾，组织120多个医疗小分队到灾区防病治病。1993年，江苏部分地区遭受龙卷风、冰雹和暴雨袭击，直接损失76亿元，及时组织募捐救灾，救助灾民。1994年6月，溧阳的13个乡镇遭受严重旱灾。9月17日，国际红十字会与红新月联合会代表布鲁沃考察旱情最严重的溧阳平桥乡。1995年9月，溧阳的周城镇等9个乡镇遭受龙卷风和冰雹袭击，市红十字会组织医疗小分队赶赴灾区，紧急救援大米5700公斤和棉被320床。

1999年6月7日至7月1日，武进、溧阳等地连降特大暴雨，200多个村庄和大片农田被淹没。全市红十字医院抽调280名医务人员组成56个医疗队，蹚水乘船，走村串户，登门治病防疫，发放漂白粉500公斤、消毒药10多万片，消杀面积51万平方米。11月，市红十字会转拨省红十字会发放的救灾大米5000公斤、棉被200条给武进区红十字会。2003年11月，市红十字会为盐城涟水县困难群众送去冬衣5000余件。2007年7月，江苏连降大暴雨，发生严重洪涝灾害。市红十字会募集救灾捐款35.92万元。2008年1月，常州遭受50年未遇的特大冰雪灾害，募集捐款4.87万元。2010年8月，溧阳上兴镇遭受龙卷风袭击，损坏民房300多间，市红十字会向溧阳灾区划拨救灾款10万元，帮助灾民重建家园。

三、医疗救护

常州市红十字会建立三级应急急救网络，推进红十字救护点标准化、规范化、科学化管理，开展现场急救技能培训，医务人员、特殊工种、红十字青少年和部分居民30万人次参训。

救护机构 1992年，常州市红十字会设立横林、邹区、卜弋、漕桥、前黄红十字救护点，进行突发交通事故现场救护。1995年4月，全市红十字会建立三级应急急救网，实现三级急救队伍联网化。11月，市红十字会特困孤老慈善医疗服务中心成立，在天宁医院、同济医院、钟楼医院、郊区医院设医疗分部。市红十字会向首批21位特困孤残老人发放了就医证，免收挂号费、门诊一般医疗费用。1996年，在铁路、国道、省道沿线设置红十字救护站点30个，在市区车站、码头、商场、酒店、交通岗亭及巡警值勤点设立急救站53个，配备抢救药品和器材。1997年10月，常州市红十字会实施博爱系列工程，成立江苏省红十字导医会诊网常州服务站10个，应急急救站增至50个，市红十字会向211名急救员颁发“中国红十字会急救员证”。

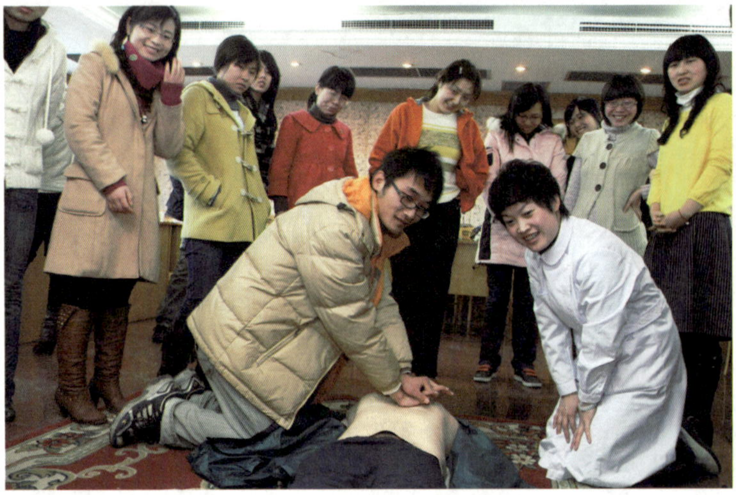

导游救护培训（摄于2009年2月）

救护培训 1987年起，常州市红十字会陆续开展水上救护、“四项技术”和心肺复苏等培训。1996—2001年，全市各级红十字会对汽车驾驶员、电工、锅炉工、建筑工人、企业员工、水上救生员、公安干警、乡村医生、红十字青少年等开展现场急救技能培训，共10万多人受训。2002年6月，市红十字会取得“社会力量办学证”。2005年，对部分机动车驾驶员、宾馆饭店服务员等一线职工进行急救培训1.75万人次。此后，全市年均急救培训5万人次。至2010年底，累计培训30多万人次。

四、志愿服务

1996年9月，常州市红十字志愿服务示范区创建工作委员会成立，建立红十字志愿服务工作示范区8个，1000多名志愿工作者开展社会服务和特色服务。1997年，市红十会被中国红十字会评为先进集体。5月8日“世界红十字日”，举行“志愿服务万人行”活动，205个单位、3万余人参加志愿服务，20余万人次接受服务。1998年，全市红十字会志愿服务示范区增至17个，志愿者增至5万人。2005年12月，武进横林镇南方村成立全市首家社区红十字志愿服务工作站，资助6位肢残者、孤寡老人1200元，与5户特困家庭结对帮扶。2007年起，常州社区红十字服务示范区转入制度化、规范化，实行长效管理。2009年5月8日，在市红十字仁慈医院建立红十字志愿者爱心实践基地，并在该院设立爱心病房。

第六章　社会保险

1986年以后，常州社会保险由养老（包括企业职工基本养老保险、机关事业单位养老保险和城乡居民社会养老保险）、失业、医疗、工伤和生育保险组成。在市委、市政府高度重视和主导下，调动社会资源，保证无收入、低收入及遭受意外灾害的市民能够维持生存，保障劳动者在年老丧失劳动能力、暂时失去劳动岗位、患病、工伤、生育时得到基本生活保障。

第一节　养老保险

1986年，养老保险在市劳动局的谋划下，率先在企业合同制工人中推行，随后向全民所有制集体、国营企业固定职工延伸。90年代扩大到机关事业单位、农村，由民政部门负责实施。2000年以后，市政府针对城乡无能力参加养老保险的人员出台政策，推行新型社会养老保险，用发放养老补贴等方式保障他们的基本生活。

一、企业职工养老保险

1986年，常州市社会劳动保险公司成立，开始在合同制工人中试行退休养老保险统筹工作，相应建立社会保险制度。1987年10月，把市区全民所有制企业、县（区）以上集体所有制企业、国营集体联营企业的固定工和劳动合同制工人及合资企业的中方职工纳入市区企业职工退休养老费用社会统筹。统筹费用由企业税前列支，统筹基金实行差额拨付。到1990年底，全市有9.4万名劳动合同制工人参加社会养老保险，筹集养老保险基金3288.62万元。全市有24.5万名在职职工（其中集体所有制职工11万人）、7.4万名离退休职工（其中集体所有制离退休职工3.9万人）参加企业固定职工退休费统筹。1991年6月26日，国务院颁布企业职工养老保险制度改革决定，基本养老保险基金实行国家、企业、个人三方共同负担。1992年1月起，常州实行“全民所有制企业、县（市）区及以上城镇集体所有制企业职工和外商与港澳台商投资企业的大陆职工（国家另有规定的除外）都要参加养老保险”的政策，建立职工养老保险手册，记录企业和职工缴费情况。1996年，参加养老保险范围扩大至城镇私营企业、个体工商户，建立多层次（基本养老保险、企业补充养老保险、个人储蓄养老保险）养老保险制度，形成企业退休人员养老金正常调整机制。至1995年底，全市参加基本养老保险单位3207家，职工39.7万人，离退休人员8.8万人。

1996年1月，常州按省政府规定，开始实行社会统筹与个人账户相结合制度，建立统一个人账户。7月1日，调整市区基本养老保险缴费比例，企业由原按全部职工缴费工资总额22%调整为21%，职工个人由原按个人缴费工资2%调整为4%，此后职工个人缴费比例原则上每两年提高1个百分点，逐步提高至8%。养老保险覆盖面逐步扩大，基本建立不分所有制、不分经济成分、不分劳动者身份差别的基本养老保险制度。到1996年底，全市参加基本养老保险企业达3284家，参保率99%，涉及职工33.81万人。其中，市区1870家，参保率99.8%，职工24.88万人，市区有29家企业近2000名职工参加补充养老保险，投保金额104万元；4家企业的170多名职工参加个人储蓄性养老保险。多层次的养老保险制度初步形成。

1998年10月，常州市企业退休人员养老金全部实行社会化发放。1999年，省劳动厅明确，县（区）属以下城镇集体、城镇街道、城镇私营企业及城镇个体工商户等参加基本养老保险，市区原乡镇企业开始逐步纳入城镇企业职工养老保险范畴。2004年4月12日和8月25日，常州出台社会保险费预征方案，完善征缴制度，首次建立工商、税务和社会保险联动登记、检查制度，对扩大本市社会保险覆盖面起到有效监管推动作用。职工工资收入超过当地上年职工平均工资300%以上部分不计入缴费工资；职工工资收入低于全省在岗职工平均工资60%的，按照全省在岗职工平均工资60%缴费。缴费比例，单位按照21%缴纳，个人按照8%缴纳。2006年7月起，个体工商户及灵活就业人员均按缴费工资基数的20%缴纳基本养老保险费，缴费基数为全省上年在岗职工平均工资。

21世纪初，因乡镇企业大（小）集体退休（养）人员的退休（养）金渠道不一，各乡、村因经济实力不同未能同步调整，部分由企业承担养老保险的人员甚至出现退休金少发、停发、不发现象，影响社会稳定。市劳动保障部门报市政府同意，乡镇企业大集体退休人员从2005年6月起，缴纳一定退休补偿金和基本医疗补偿金后，即可纳入社保统一发放，可按企业退休人员养老金调整办法同步调整，与城镇企业退休人员享受同等医保待遇；乡镇企业小集体退养人员从2006年7月起，缴纳一定退养补偿金和基本医疗补偿金后，可纳入社保统一代发，退养金调整参照市区城镇企业退职人员养老金调整办法进行，与城镇企业退职人员享受同等医保待遇。2006年，常州有6000多名新老失地农民参加城镇企业职工基本养老保险。

二、机关事业单位养老保险

1993年，常州开始启动机关事业单位养老保险社会统筹改革试点，首先在全民自收自支事业单位、金融保险单位以及国家机关事业单位劳动合同制职工和经人事部门批准使用的临时工中实行离退休费用统筹。1994年1月扩大到差额拨款单位全体职工。同年，成立机关事业单位社保经办机构，单位、个人缴费比例分别为22%、2%，由财政或单位发给每人每月养老保险补贴10元。1996年1月，扩大到市区国家机关和全额预算事业单位，市区国家机关公务员和全额预算事业单位固定工全部参加养老保险费用统筹，但离退休人员养老暂不纳入支付范围，同时在职人员单位应缴部分暂不缴纳，实行空运转。1996年1月，单位缴费比例提高到23%，个人缴费比例不变。

2001年1月调整参保范围，公务员和全额拨款事业单位固定工暂停缴纳养老保险费。至年底，市区有921个机关事业单位参保，参保率100%，参保人数2.37万人，征缴率98.7%，全省征缴率为92.4%。机关事业单位养老保险业务，2001年8月前由市人事局管理，此后由市劳动和社会保障局管理。市机关事业单位养老保险费用按“以支定收、略有节余，留有部分积累”原则统一筹集，资金来源分单位缴费、个人缴费两部分。单位缴纳部分，财政全额拨款单位列入财政预算，财政差额拨款单位由财政和单位按差额比例共同负担，自收自支单位全部自理，在自有资金中税前列支。机关事业单位养老保险基金实行专户储存、专款专用。

2003年7月，单位缴费比例提高到25%，个人缴费比例提高到4%。缴费基数以职工工资总额为准，职工工资超过全市平均工资300%的，以全市平均工资300%作为单位和个人缴费基数；职工工资低于全市平均工资，按不低于档案工资标准缴纳。职工缴纳养老保险费免征个人所得税。离休、退休、退职人员按国家规定，经退休审批机关批准，离退休后出国出境定居者，可凭有关部门生存证明按月发放养老保险金，享受遗属困难补助费人员必须与逝世者供养关系仍然确立，触犯刑律被采取强制措施的暂停发放养老金，待司法机关作出处理后视情况确定。实行养老保险费统筹以后，离退休人员与原单位关系不变，待遇不变，仍由原单位管理。机关事业单位离退休人员按规定享受的基本养老保险费及津贴、补贴采用差额结算办法，由原单位代发。机关事业单位养老保险转移，在省内流动由参保单位报经办机构审核把养老保险关系转至调入单位的养老保险机构，基本养老金不转移；跨省流动须转移养老保险关系和个人缴费部分。

2008 年 7 月 1 日，市区机关事业单位养老保险征缴拨付，改变以往小额支付系统托收方式，实行人行国库与机关社保经办机构直接联网，利用人民银行国库现有财税库行横向联网系统，由人行国库直接办理机关事业单位养老保险征缴、拨付业务，减少资金流转环节，提高资金运行效率，杜绝由于收支环节多造成截留、挤占等现象。同时采用专线联网等必要技术手段防范风险，确保通信安全和信息安全。

三、农村社会养老保险

1992 年，全市农村社会养老保险全面推行，由民政部门负责实施。8 月，市和县(市)区民政部门建立农村社会养老保险处，配备工作班子，106 个乡镇建立保险所。至年底，全市有 95 个乡镇启动农村社保工作，参保 17.3 万人，收取保险费 841.9 万元，初步形成全市农村社保体制。1993 年，乡镇农村社保所增至 129 个，全市收取保险费 1332 万元。

1994 年 8 月，市政府制订出台农村社保地方法规，资金来源以个人缴纳为主、集体补助为辅，国家予以政策扶持，明确农村社保机构为非营利性事业机构，农村社保对象为非城镇户口农村人口，缴纳养老保险费年龄男女均为 18～60 周岁，账户资金记在个人名下，对乡(镇)企事业职工和村办企业职工集体补助部分作出规定，领取养老金年龄为 60 周岁，按月领取，保证期为 10 年。投保人领取养老金不足 10 年去世的，养老金可以继承或指定受益人，超过 10 年可领取至终老；投保人若在 60 周岁前去世，可将保险金全部本息退还其继承人和指定受益人。无继承人或指定受益人者，按农保机构有关规定支付其丧葬费用。同时建立农村人员养老保险一体化管理体制，凡参加养老保险的乡镇企业职工、民办教师、乡镇招聘干部、纯农业劳动者等，可以乡镇或企业为单位确认，统一组织保险。外来劳务人员，原则在其户口所在地参加养老保险，若本人愿意，也可在劳务所在地参加。农民个人直接到乡镇农保所缴费参加，一般每年缴费 1 次，也可半年或按季按月缴费。保险基金以乡镇为单位集中，在规定时间内上缴县级农保机构基金账户，投保对象招工、提干、考学等，可将保险关系(含资金)随身转保，或将保险金退还本人。

农村社保由政府组织引导，群众自愿参加。市、县(市、区)农村社保事业机构，以当年保险费总额 3% 统一提取管理服务费，分级使用，其中县(市)区 85%、市级 7%、省级 6%、中央 2%。养老金由县(市)区统一管理，市级每年按保险金总额 10% 提取作为风险保证金。1994 年，全市有 12.3 万人参加农村社保，收缴保费 2002 万元，累计 4322 万元。

1996 年，全市 137 个乡镇全部实现农保，参保人数达 23.7 万人，积累保险基金 1.1 亿元。1998 年，扩大参保覆盖面，全市新增保费 2705.37 万元，参保农民 34.54 万人，参保率 29.7%，积累养老金 1.62 亿元，累计发放养老金 187.1 万元。2001 年，管理职能转到劳动保障部门，个人缴费年龄、额度、时间、方式自愿选择，集体补助比例、数额不作统一规定，国家实行个人领取养老金不征税费，乡村企业职工参加农村社保集体补助的部分可税前列支的扶持政策。2005 年，金坛、溧阳、武进、新北的 70 个乡镇 12.47 万人参加农村社保，全市农保基金积累 2.25 亿元，其中武进 1.29 亿元、新北 3665 万元、溧阳 3168 万元、金坛 2776 万元；领取养老金人数 4471 人，累计发放养老金近 2100 万元，人均每月 80 元。

四、新型农村养老保险

2008年11月17日，常州市政府出台政策，在全市推行新型农村社会养老保险制度，既对农民，又对城镇居民中无能力参加城镇企业养老保险人员一并纳入养老保险范围，对老年居民发放养老补贴，实现城乡养老保障制度全覆盖。新型养老保险缴费基数为在岗职工平均工资标准30%，政府按1∶1比例补贴，即个人缴多少，财政和集体补多少。政府建立财政专户，把老年补贴资金列入当年财政预算，确保基金平稳运行。这项保险制度先在金坛试点，3个月内有8.4万人参保，对6.96万名老年居民发放养老补贴。溧阳随即于2009年1月开始对9.13万名老年居民发放老年补贴。同年，常州4个涉农辖市区全部建立新农保制度，53.01万名应保人员有41.38万名登记参保，覆盖率78%，其中1.3万名符合条件的参保人员开始领取养老金，超过参保年龄的32.29万名农村老年居民领取老年生活补贴。

五、城乡居民社会养老保险

2010年，市政府再次出台新政，从新型社会养老保险延伸出城乡居民社会养老保险，把全市户籍农民及城镇无养老保障的居民全部纳入保障，劳动年龄段的城乡居民通过缴费参保，符合条件后享受养老金，超过年龄的城乡居民由政府直接发放基础养老金。根据生活指数上涨情况，适当提高市区劳动年龄段城镇居民参加城乡居民社保保障水平，缴费标准为每人每年600元、政府补贴50元，全部计入个人账户，归个人所有。男满60周岁、女满55周岁时可申领养老金，缴费满15年人员每月领取基础养老金、缴费年限养老金标准108元、个人账户养老金(按最低标准一次性补缴15年保费的人员)约70元，去世后政府发给丧葬费1200元。

六、养老补贴

2007年6月18日，市政府出台政策，对符合规定的市区城镇老年居民每月发放养老补贴150元。发放对象除知青半家户及20世纪60年代精简下放职工外，将市区于2003年7月1日户籍制度改革前取得常州市城镇居民户籍，男满60周岁、女满50周岁，并取得常州市城镇居民户籍累计满30年或连续满15年，本人无养老保障的其他城镇老年居民也纳入发放范围。从7月1日起实施。至年底，全市有4665人享受养老补贴，发放资金402.7万元。2010年，市区有6627人每人每月享受补贴200元，共发放资金1455万元。

第二节　医疗保险

90年代末期，常州启动职工医疗保险，成立常州市职工医疗保险基金管理中心。参保范围由最初的企业职工逐渐扩大到个体工商户、非财政事业单位和民间非营利组织，医保最高支付限额，由以前的15万元提高至2010年的20万元。2007年实施城镇居民基本医疗保险制度，至2009年，市政府出台政策，把在常高校学生纳入医保范围，使人人都能享有基本医疗保障待遇。

一、城镇职工基本医疗保险

1999年以前，常州市执行全国统一劳保医疗和公费医疗保险。1999年9月，启动城镇职工基本医疗保险制度改革。2000年4月25日，市政府出台政策，要求市区城镇所有用人单位及其职工都要参加基本医保，实行属地管理，保险费由用人单位和职工共同负担，用人单位按上年职工工资总额8%缴纳，职工按上年本人工资收入2%缴纳。基本医保基金实行社会统筹和个人账户相结合。职工个人缴纳基本医保费，全部计入个人账户；用人单位缴纳基本医保费分为两部分，一部分用于建立统筹基金，另一部分根据参保者年龄划入个人账户，35周岁以下0.9%、36～45周岁1.4%、46岁至退休前2.2%、退休人员以上年本人退休金总额5%、新中国成立前参加革命工作老工人为6%，其余全部建立统筹基金。个人账户主要用于支付门诊医疗费用，统筹基金主要用于支付住院医疗费用。基本医保统筹基金最高支付限额为 4 万元，超过部分至 10 万元由医疗救助基金承担 80%。统筹基金和个人账户资金按照各自支付范围分别核算，互不挤占。由同年成立的常州市职工医疗保险基金管理中心负责统一管理，确定首批定点医疗机构 35 家和定点零售药店 3 家，公布 2000 年基本医保统筹基金起付标准、最高支付限额和定点医院定额偿付暂行标准。全市有 19 万名职工参保，占应参保职工人数 31%。基金收缴率达 72%，其中市区达 100%。

2001 年 10 月提高退休人员医疗保障水平，扩大门诊特定病药费补助病种范围，降低统筹基金住院起付标准，减轻参保职工负担。2002 年职工医保覆盖面扩大，公务员和部省属企事业单位参保，全市有 3.37 万名机关公务员和事业单位职工于 8 月 1 日参保，全市年末有参保单位 4644 家，其中市区 2186 家；参保人数 48.21 万人，其中市区 30.1 万人、医保覆盖面达 85%；基金征缴率达 99.5%，其中市区 99.2%。对市区破产、关闭、企业撤销未参加医保退休退职人员，按每人 8000 元标准，一次性缴纳补偿金后参保。2003 年 7 月将市区城镇灵活就业人员也纳入职工医保范围。至年底，全市职工医保参保 57.07 万人，其中市区 36 万人。2005 年 7 月，市区统一职工医保、养老、工伤、生育和失业保险缴费基数；12 月，对破产关闭国有、集体企业退休人员，按人均 1.2 万元标准，一次性缴纳后参加职工医保。

2008 年，市政府再次降低住院门槛，参保人员在一级、二级定点医疗机构首次住院进入基金补助门槛费由原来 600 元、800 元分别降低至 500 元、700 元；提高报销额度，每年参保人员可报销符合规定的门诊和住院医疗费用，统筹基金最高支付限额由原来 4 万元提高到 6 万元，参保人员发生超过 6 万元大额医疗费用，可继续享受医疗救助，医疗救助基金最高支付限额也由 15 万元提高到 20 万元；普通住院床位费最高支付标准由每日 15 元提高到 30 元；优化结算办法，大幅提高定点医疗机构住院医疗费用结算控制标准，控制参保人员住院发生的自费医疗费用，支持医疗机构减轻参保人员医疗费用负担，降低个人自付比例。7 月，市本级、武进区两个统筹区部分医保定点医疗机构实现医保双向开通，方便两地人员就医。2009 年，职工医保个人住院自付比例降到 30% 以内。

市慈善总会向因病致困的居民发放救助金（摄于 2008 年 12 月）

二、城镇居民基本医疗保险

2007 年 10 月 1 日起实施城镇居民基本医疗保险办法。老年居民每人每年 350 元，其中政府补助 200 元、个人缴纳 150 元；未成年居民每人每年 100 元，其中政府补助 50 元、个人缴纳 50 元；特困居民由政府按筹资标准全额补助，以完善城镇基本医疗保障制度，逐步实现人人享有基本医疗保障目标。结算模式，采取与住院分段按比例累进支付不同报销办法，将起付标准以上至最高限额医疗费用，其中未成年居民、其他人员分别由基金统一支付 60%、50%。大病门诊补助费用直接按住院结算办法支付，属于居民医保支付范围的住院和大病门诊医疗费用累计最高支付限额为 10 万元。从 8 月中旬开始，市区全面启动居民医保参保工作，至同年底，市区实际参保缴费人数 9.37 万人，参保率 88.5%；其中，中老年居民约 3 万人、未成年居民约 6.37

万人；特困居民约0.73万人，占全部参保人员7.8%。同年，市区居民医保筹集资金1394万元。

此后，居民医保参保范围逐渐扩大，把劳动年龄段内城镇非从业人员、在常就读外来务工人员子女也纳入居民医保制度范围。2009年，制订出台在常高校学生参加居民医保办法，全市有10.99万名大学生参加居民医保。老年居民、非从业居民等参保缴费标准由每人每年350元提高到450元，未成年居民由每人每年100元提高至150元；政府对老年居民、未成年居民补助标准分别由200元、50元提高到250元、75元，对特困居民实行全额补助；实行普通门诊医疗费用统筹，对参保人员发生普通门诊医疗费用给予一定补偿。

第三节　失业保险

1986年7月12日，常州市政府出台政策，建立待业保险制度，为非本人意愿中断就业而失去工资收入劳动者提供一定保障，维持其生计，由市、县劳动服务公司具体实施，国有和集体企业同步进行。1992年10月，扩大待业保险基金筹集范围和待业救济对象，合理调整筹集待业保险基金标准，调整待业救济标准，完善实施办法。1996年10月10日，市劳动局等部门全方位建立失业保险制度。

2005年5月，提高失业保险金标准和在领失业保险金人员医疗补助待遇，6月1日起建立失业保险个人缴费记录，对在常州境内单位就业的农村户籍职工实行与城镇职工统一的失业保险制度，全市职工失业保险实现制度、标准、管理统一。待业保险基金缴纳标准为标准工资总额1%，企业按全部职工人数计，国家机关、事业单位、社会团体按劳动合同制工人人数计。待业救济对象主要有宣告破产企业的职工，濒临破产企业法定整顿期间被精减的职工，终止、解除劳动合同的工人和企业辞退的职工。职工失业救济金发放标准，以离开单位前两年内本人平均标准工资额为基数，第1～12个月发放标准为本人标准工资的75%（因违纪被辞退职工为本人月标准工资的60%），第13～24个月统一按本人月标准工资的50%按月发给。此后，根据市城镇居民生活费用价格指数变动情况相应调整。1990年，建立医疗补助专用基金，解决待业职工医疗特殊困难，发放特困补助费246.45万元。至年底，全市有3699人次领取待业救济金，有3104家企业48.56万名职工参加待业保险。

1992年10月，待业保险基金筹集范围扩大到外资和港澳台资企业的大陆职工、劳动就业服务机构所属企业和街道企业，筹集标准调整为按企业全部职工工资总额1%（外资和港澳台资企业的中国大陆职工按实得工资总额的1%）筹集；国家机关、事业单位、社会团体的劳动合同制工人按每人每月1.5元筹集。待业救济标准调整为市区每人每月65元，武进、金坛、溧阳三县市每人每月55元。除被除名、开除职工外，连续工龄满5年的职工以5年为基数，每超过1年每月增发补助救济金3元，但最高不超过本人原月标准工资；享受1年待业金以下、以上的职工每人每年分别报销医疗补助费100元、200元。至同年底，全市累计收缴3216家企业、46.58万名职工的待业保险金，有571名职工领取待业救济金和医疗补助费。

1996年10月10日，全市城镇持有城镇户口私营业主、职工和个体工商户及其雇员纳入失业保险范围。失业保险费缴纳对象及标准为，与业主签订并经劳动部门鉴证、劳动合同期限在1年以上的人员，按上年度市区全部职工平均工资总额1%缴纳。失业救济金标准为，市区每人每月145元，溧阳、金坛每人每月120元。全年失业保险资金筹集率达98%。1998年10月，缴纳失业保险费标准有所调整，城镇企业按单位上年度全部职工工资总额2%缴纳；外资和港澳台资企业按的大陆职工全部职工工资总额的2%缴纳；乡镇企业按城镇户口职工工资总额的2%缴纳；私营个体工商户1999年底前按1%交纳，1999年底后按2%交纳；职工个人按照上年工资1%缴纳，实行个人缴纳失业保险费制度。失业救济金发放标准和期限为：市区失业救济金每月

170元，按月发放，发放期限根据职工失业前连续工作时间，每满1年发给3个月失业救济金，以此类推。工作时间满5年的发24个月。全市基金筹集率达90%。全市有6.3万人享受失业救济金1000多万元，其中市区5.3万人、发放985万元。1999年，失业保险覆盖范围扩大，市区事业单位全面实施失业保险，全市参保职工47.6万人，征缴失业保险基金8429万元，为9.5万人次发放失业保险金2130万元。

2001年，全市参加失业保险统筹的职工49.6万人，其中市区31.1万人；全市征缴失业保险基金1.31亿元，其中市区0.94亿元；全市为40.8万人次发放失业保险金1.07亿元，其中市区22.3万人次、5504万元；投入再就业资金3274万元，其中市区2994万元。2002年，全市失业保险继续向个体私营经济、乡镇企业、外资和港澳台资企业、事业单位从业人员和档案托管人员扩展，全市新增参保人6.8万人；同年末，全市失业保险参保人数49.7万人，其中市区32.6万人；基金征缴率94.6%，其中市区94.1%。全市为53.7万人次发放失业保险金1.15亿元，其中市区25.2万人次、5442万元。2003年，全市失业保险参保51.86万人，支付失业保险金11406.72万元，发放医疗费951.27万元、基本生活保障支出1250万元，其中市区发放三项保险金(费)分别为5961.44万元、595.35万元、1250万元；为农民合同制职工一次性支付失业保险金418.83万元，其中市区206.66万元；支付职业培训补贴408.96万元，其中市区259.85万元。从2005年6月起，失业保险缴费比例为本单位职工工资总额2%，职工个人为本人工资收入1%。领取失业保险费期限，根据失业人员失业前所在单位和本人累计缴费时间长短计算，缴费每满1年(以就业登记证记载为准)享受两个月，最长领取期限不超过24个月(仅限于城镇户口人员和本省户籍农村户口人员)。

2006年7月，市区4.3万名灵活就业人员主动参保，人数比上年同期增近两倍，创历年新高，其中有60%以上预缴1年养老保险费，86%预缴半年以上养老保险费。8月对灵活就业人员社会保险实施“直补”政策。市区从2006年7月1日至2007年6月30日期间按月缴费灵活就业人员，只要在每月20日前按时足额缴纳基本养老保险费，月缴费基数从省上年度在岗职工的月平均工资(每月1746元)下浮到1280元，全年可少缴1116元。

第四节　工伤保险

80年代后期，国家启动工伤保险制度改革，重点是建立工伤保险社会统筹机制，通过雇主为雇员交缴保险费，形成工伤保险基金，对因工伤亡和患职业病职工进行补偿。1996年7月1日，常州市政府建立工伤保险制度，在不提高基金统筹率情况下，扩大工伤认定范围，提高伤残待遇。翌年对历年来324名因工伤残人员发放工伤证。1999年7月20日，在不提高基金统筹率情况下，扩大工伤认定范围，提高伤残待遇。至年底，市区工伤保险参保单位1391家，参保职工22万人，基金收缴率93%，累计收缴工伤保险基金1447万元，累计支出298万元。

2003年，全市为7194人次支付工伤保险费1980万元。2005年7月1日，常州市将就业行业划分为风险较小、中等风险、风险较大三个行业，根据不同行业工伤风险程度确定行业差别费率。银行、证券、保险、电信、商务服务、公交等行业风险较小，房地产、体育、纺织、交通运输、道路水路航空管道运输等行业为中等风险，化学制造、石油加工、煤炭开采等为风险较大行业，基准费率分别为用人单位职工工资总额0.5%、1%和2%。工伤保险制度启动后，全市注册登记的企业、个体工商户均列入实施范围，职工因工负伤医疗期间医疗费由市社会保险机构与企业共同负担，由企业按月发放工伤津贴；职工因工死亡的亲属可从市社保机构得到丧葬补助费，标准相当于5个月市城镇职工社会月平均工资；一次性抚恤费相当于25个月市城镇职工社会月平均工资；按月发给抚恤费，按照供养人口和户口性质确定不同比例、数额。定期工伤保险待遇根据社会平均工资增长情况，每年 7 月 1 日调整 1 次，按工资总额 0.7% 统一筹集；建立工伤保险基金，实行专项管理、专款专用，随工伤发生情况定期调整。

2006 年 4 月 1 日，市政府出台《常州市工伤保险实施细则》，参保职工符合规定工伤医疗费用由工伤保险基金支付。根据伤残等级不同，由工伤保险基金支付一次性伤残补助金。一至四级工伤职工由工伤保险基金按月支付伤残津贴；经劳动能力鉴定委员会确认需要生活护理的，从工伤保险基金按月支付生活护理费。职工因工死亡，其直系亲属可以从工伤保险基金领取丧葬补助金、供养亲属抚恤金和一次性工亡补助金。至 2010 年底，全市累计有 75.46 万名职工参加工伤保险，其中市区 43 万名；全市工伤保险基金累计结余 3.3 亿元，其中市区 2.18 亿元。2004—2010 年，全市有 2.37 万人领取工伤保险基金，累计支出 3.95 亿元，其中市区 2.29 亿元。2005—2010 年，全市受理工伤认定案件 2.71 万件，其中市区 1.15 万件；全市受理劳动能力鉴定 1.77 万件，其中市区 0.96 万件。

第五节　生育保险

1989 年 1 月 1 日，常州市政府制订出台《常州市区企业女职工生育基金统筹试行办法》。1990 年 1 月 1 日，市区企业试行女职工生育基金统筹，标准按上年末在册职工每人每年 20 元，由企业向市生育基金办公室缴纳。生育基金补偿按参加统筹企业符合计划生育女职工人数计算，每人一次性补偿给企业 700 元，支付女职工生育前后所需医疗等有关费用。至年底，全市累计有 685 家企业、29 万人参加统筹，基金收缴率 92.8%，累计向 320 家企业发放 208 万元生育补偿金。

1991 年，全市生育补偿金标准由 700 元提高到 1000 元，向 3794 名女职工支付补偿金 351.18 万元。实行哺乳假制度，产假期满后可延长 8 个月，月标准工资按不低于标准工资的 80% 发放。1992 年，对一次未到账单位、收缴金额大的单位分别实行多次托收、分期托收；针对部分经济效益回升的建工企业男职工多的特点，减免其占总人数一半的农村合同制工人 2736 人的生育基金；对部分经济效益不稳定建工企业按先收后退原则，酌情减免；对属政策性亏损煤矿企业实行减免。同年起，计划外用工不再列入生育基金统筹对象。1994 年，生育补偿标准由 1000 元提高到 1200 元，全市为 3775 名生育女职工发放补偿金 452.94 万元，市区有 1441 家企业参加生育基金统筹，收缴率 97.5%。1995 年，武进、金坛、溧阳相继出台生育保险办法，市区有 208 家企业新参加生育保险。至年底，全市有 1649 家企业、38.8 万名职工参加统筹，同年收缴生育保险基金 1122 万元，收缴率 96%。

1999 年，全市有 2986 个单位参加生育保险，涉及职工 35.3 万人，基金收缴率 93.7%，支付生育补偿金 865 万元。2004 年 1 月 1 日，对参保人员分娩医疗费补偿标准调整到 3000 元，参加生育保险企业、女职工及配偶未列入职工生育保险范围的男职工，按规定享受生育津贴、一次性营养补助费、生育医疗费补偿、计生手术医疗费补偿等生育保险相应待遇。这些政策及其标准执行到 2010 年末。

第四十六卷　民族宗教

Volume XLVI　Ethnic Groups and Religions

1986 年以后，常州外来少数民族人口增多，大多数为西北地区到常州谋求发展的少数民族人员。常州遵循党和国家的民族宗教政策，坚持引导宗教界人士和信教群众把力量集中到社会主义现代化强国目标建设上，制订出台地方优待措施，维护宗教的正常活动和发展，促进民族团结、宗教和睦及社会环境和谐稳定。

第一章　民族

常州是少数民族散杂居地区，少数民族具有成分多、人数少、居住地较分散等特点。常州市政府严格执行党和国家的民族政策，维护少数民族合法权益，尊重民族风俗习惯，维护民族团结。至 2010 年，全市有 50 个少数民族，户籍人口 1.14 万人，到常州经商、务工的少数民族有 3 万余人，以维吾尔族和回族居多，主要从事餐饮、服饰生产加工、小食品、工艺装饰等行业。金坛 90%、溧阳 92%、武进和新北 100% 少数民族群众的生活水平达当地人均生活水平。常州先后有 5 个民族团结模范集体、4 名民族团结模范个人受到国务院表彰。

第一节　民族状况

1990 年第四次全国人口普查时，常州市常住人口中有 40 个民族，汉族人口 3275222 人、少数民族人口 4512 人，分别占总人口的 99.86%、0.14%。人数较多的少数民族有：回族 1744 人、壮族 477 人、满族 469 人、藏族 430 人、苗族 310 人。2000 年第五次全国人口普查时，全市常住人口中有 47 个民族，少数民族人口数量仍较少，但增长迅速，汉族 3763351 人、少数民族 14228 人，分别占全市总人口的 99.62%、0.38%，少数民族人口比 1990 年增 9716 人，少数民族 47 个，比 1990 年增加 9 个（柯尔克孜族、撒拉族、阿昌族、塔吉克族、鄂温克族、塔吉尔族、独龙族、赫哲族、基诺族），减少 2 个（门巴族、珞巴族）。人口排前 5 位的少数民族是回族 2244 人、水族 2075 人、蒙古族 1567 人、苗族 1523 人、土家族 1291 人。2010 年，第六次全国人口普查时，全市常住人口中有 51 个民族，总人口 4592431 人，其中汉族 4553228 人、少数民族 39203 人，分别占全市常住总人口的 99.15%、0.85%。少数民族人口的比例比 2000 年第五次全国人口普查上升 0.47 个百分点。人口排前 5 位的少数民族是水族 10459 人、苗族 5435 人、土家族 4607 人、回族 3544 人、彝族 3183 人。

第二节　民族事务

常州各级政府重点解决少数民族群众的饮食、宗教生活、丧葬等现实问题，选拔、培养少数民族干部，管理服务外来经商务工的少数民族人士，着重对农村少数民族人员扶贫帮困。2001 年，常州市农村少数民族

第四至六次全国人口普查常州市及其市区少数民族人口统计表

表 46-1-1 单位：人

民族	全市			其中：市区		
	第四次普查	第五次普查	第六次普查	第四次普查	第五次普查	第六次普查
总人口	4512	14228	39203	2171	4334	31708
蒙古族	56	1567	539	39	500	462
回　族	1744	2244	3544	1134	1340	3053
藏　族	430	349	554	399	162	490
维吾尔族	20	194	97	13	77	72
苗　族	310	1523	5435	24	188	4155
彝　族	168	771	3183	22	107	1900
壮　族	477	814	1932	69	197	1537
布衣族	254	916	3160	11	102	1918
朝鲜族	56	402	443	33	164	383
满　族	469	842	1202	294	624	1095
侗　族	62	507	1101	9	72	972
瑶　族	18	55	337	7	15	282
白　族	30	74	246	8	11	190
土家族	151	1291	4607	20	215	3129
哈尼族	25	31	266	0	7	220
傣　族	6	26	137	0	3	87
黎　族	17	101	245	0	32	154
傈僳族	7	7	96	0	1	78
佤　族	4	11	93	—	3	90
畲　族	2	44	179	—	14	151
高山族	8	9	18	3	0	8
拉祜族	2	3	68	0	1	57
水　族	85	2075	10459	57	948	10391
东乡族	2	6	75	0	3	68
纳西族	3	11	14	2	8	11
景颇族	1	2	10	0	0	8
土　族	16	164	227	—	9	141
达斡尔族	4	2	16	4	0	11
仫佬族	12	18	79	0	2	73
羌　族	2	26	95	1	5	79
布朗族	1	3	16	0	2	8
毛南族	3	6	9	0	1	3
仡佬族	7	75	242	3	6	122
锡伯族	13	14	35	9	8	30

续表 46-1-1

民族	全市			其中：市区		
	第四次普查	第五次普查	第六次普查	第四次普查	第五次普查	第六次普查
普米族	5	4	1	0	0	1
俄罗斯族	4	4	3	4	2	3
京　族	2	6	5	0	0	4
鄂伦春族	1	4	2	0	0	2
门巴族	4	0	1	0	0	0
珞巴族	2	0	0	0	0	0
柯尔克孜族	0	4	0	0	0	0
撒拉族	0	1	13	0	0	11
阿昌族	0	1	0	0	1	1
塔吉克族	0	4	0	0	1	1
颚温克族	0	8	0	0	0	1
塔塔尔族	0	2	1	0	0	1
独龙族	0	1	4	0	0	1
赫哲族	0	3	0	0	0	0
基诺族	0	3	0	0	3	0
其他未识别的民族	28	130	354	0	0	0
外国人计入中国籍	1	1	2	0	0	0

说明：第四、第五、第六次全国人口普查分别简称“第四次普查”“第五次普查”“第六次普查”

扶贫工作会议召开，确定3年脱贫工作目标。至2005年，全市完成362户贫困户脱贫，制定脱贫致富奔小康实施意见。2007年，采取结对帮、项目带等措施实施小康工程。

一、落实民族政策

贯彻法规条例　2006年以前，常州民族宗教部门主要组织学习、宣传贯彻民族平等、和睦共处、尊重少数民族宗教和生活习惯及对少数民族困难群众实行特殊帮扶等政策。2006年3月，常州组织实施《江苏省清真食品监督保护条例》，在全市200多家清真餐饮店门前或店堂内张贴宣传单，举办专题培训班。2009年，市民族宗教事务局确定每年3月或5月为全市民族宗教法制宣传教育月，开展民族宗教法制宣传教育，宣传民族团结进步先进事迹，促进民族团结、和睦和谐。2010年1月，市民族宗教事务局指导市伊斯兰教协会开

常州市率先开展民族宗教法制宣传教育日活动，右三为市常委、统战部部长张晓霞，右四为副市长居丽琴（摄于2009年3月）

办穆民讲堂，运用清真寺平台，组织到常州的穆斯林群众学习国家民族宗教政策和其他相关法规，至年底举办5期，360余人参加学习。

权益维护 1989年，市民族宗教事务局出面协调，为常州第二电子仪器厂壮族女工解决中级技术职称。1990年，为某单位维吾尔族女工落实解决享受政策性补贴问题。1991年9月，市民族宗教事务局出面，协调解决市农业局征用南门三桥头丁家村原回民墓地建造市农业培训中心纠纷，市农业局出资21万元在凤凰山买地另辟回民专用墓区，协助办妥墓地使用证。穆斯林去世后，丧者家属可到市伊斯兰教协会办理丧事一条龙服务事宜。1992年前后，为常州回族等少数民族职工落实副食品和肉价补贴。1996年4月，敦促市饮服公司注销在双桂坊新开办非清真同名长兴楼饭店侵权行为，消除不稳定隐患。2009年3月，协调甘肃临夏回民在市冶金厂承租拉面店房屋纠纷案，赔偿回民损失3万元。2010年1月，协调解决甘肃一位在常回族商人因开设拉面店被安徽无业人员殴打成重伤，赔偿生活补贴6万元。至2010年底，全市有回民公墓集中用地4处。同年，江苏圣园律师事务所被聘为市级民族宗教工作法律定点服务单位，为民族宗教界提供法律服务。

二、少数民族干部培养

21世纪初期，市民族宗教事务局调查全市少数民族干部状况，选定一批年纪轻、学历高、有培养前途的少数民族干部作为重点联系对象。2003年，全市有少数民族干部局处级2名、科级15名，专业技术人员212人。2004年，全市集中培训少数民族青年干部30多人。2008年1月，1名少数民族干部被选为市人大常委会副主任。2008年12月，举办市少数民族干部培训班，有40多名少数民族干部参加。1986—2010年，市民族宗教部门向历届市级人大、政协推荐民族宗教界代表、委员人选，累计当选代表40人。

三、清真食品管理

1987年，为解决市区穆斯林买牛羊肉难问题，市伊斯兰教协会在常州清真寺隔壁开办清真牛羊肉商店。市民族宗教局帮助该店新建5吨拼装式冷库1座，扩大货源储量。1988年5月，双桂坊回民麻糕店由于得不到平价食油供应，导致成本高、开支大、负担重。市民族宗教局、市政协民族工作组会同市商业局、粮食局、税务局等从政策和经营管理上扶持，恢复回民企业生机。1997年，市民族宗教局对市区从事清真食品加工、生产、销售的企业及商店、拉面店进行拉网式调查，掌握全市98家经营清真饮食的公司和饮食店情况，其中绝大多数为西北地区到常州的少数民族开办。为保障饮食卫生安全，扶持清香源清真牛羊肉加工基地建设，在项目论证、选址、办手续、资金等方面给予支持，满足广大穆斯林清真食品需要。在城市改造中，常州清香源餐饮公司经营场地两次面临拆迁，除清真寺给予30万元拆迁补偿款外，市民族宗教事务局又补贴10万元用于迁址新建。钟楼区成立清真食品行业协会，协助有关部门解决拉面店无证照、清真不清和保洁问题，督促履行清真食品行业服务公约。2007年，确定常州清真食品公司、常州清香源餐饮公司为常州清真食品基本供应点。对符合条件的29家清真网点发放江苏省清真标志牌，为520余名清真食品从业人员减免办证、体检、工商管理、环保排污等费用30余万元。2006—2010年，每年为清香源餐饮有限公司申请江苏省清真食品发展资金10万元。

2007年以后，市民族宗教事务局每两年举办一次清真拉面比赛。2008年，市政府制定出台《江苏省清真食品监督保护条例》实施意见，市财政拿出20余万元资金扶持清真餐饮业发展。2010年，新疆维吾尔族人在常州开设买买提清真餐馆，被民族宗教部门确定为新的清真餐饮基本供应点，争取到10万元发展资金。至年底，全市有清真食品基本供应点3处，挂牌清真网点37家，清真拉面店近500家，其中378家清真网点建立工作台账，保证清真食品卫生安全。

四、少数民族教育

1985 年 7 月，市委、市政府根据国务院“智力援藏”精神，在牛塘乡创办全日制重点普通初中学校常州西藏民族中学，学制 4 年，有来自西藏拉萨、山南、日喀则、林芝、那曲、昌都、阿里地区近 500 名学生，市民族宗教事务局积极关心在常州藏族师生的学习生活，每年为学校订阅《中国民族报》，逢藏历新年、开学典礼和毕业典礼为藏族老师和学生赠送礼物、生活用品。2005 年以后，武进牛塘镇建立 100 万元助学基金，帮助少数民族子女解决学习生活困难；2008 年，市民族宗教事务局、教育局商定解决外来穆斯林子女就近入学的办法，至 2010 年协调解决 209 名穆斯林子女就近入学。至 2010 年，累计为西藏培养毕业生 2300 多名，自 1999 年全国内地西藏班（校）初三毕业生返藏统考以来，学校先后 3 次获全国第一，其余年份成绩均名列前茅，学校毕业生深受高一级学校欢迎，千余名毕业生经高一级学校深造后返藏，成为西藏各行各业骨干。该校曾获全国民族团结进步先进集体、全国教育援藏先进集体、江苏省德育先进学校、常州市精神文明先进单位等称号，还被西藏自治区教育厅评为教学质量优胜学校，为内地西藏班初中学校唯一获此殊荣，副校长欧阳梅芳两次被国务院授予民族团结模范个人称号。同年 8 月 15 日，学校迁至常州市钟楼区清潭路与车厂路交叉处，占地 3.3 万平方米，建筑面积 1.8 万平方米，教育教学设施完备，藏族文化特色浓郁。2009 年，常州金坛职业中学设两个新疆班，为新疆培养专业技术人才。2010 年，常州武进奔牛高级中学开设西藏班。

五、管理服务

少数民族由于语言文化、风俗习惯等与当地居民有较大差异，给城市管理带来诸多问题，常州采取多种管理服务措施积极应对。

社区建设 2002 年以后，市民族宗教事务局将城区民族工作重心逐步转向社区，以街道为单位，建立少数民族常住人口、流动人口和贫困户档案，推进社区民族工作建设。基层民族宗教工作人员定期走访少数民族家庭，主动关心、帮助解决到常州务工经商人员子女入学、就业、社保等问题。2007 年，河海街道兰翔社区等 4 个社区被确认为江苏省民族工作示范社区。2008 年，在全市各街道（镇）开展社区民族工作示范单位创建活动，全市有 11 个街道（镇）被确定为常州市社区民族工作示范单位。以社区为中心，设立“少数民族之家”，依托社区新市民学校开展民族宗教法律法规教育和文化知识培训，引导到常州少数民族人员主动融入常州市经济社会发展中，促进社会和谐。

信息员联络员 2006 年，市民族宗教事务局在外来人口较集中的乡镇、街道和清真餐饮行业建立联络员队伍，物色有一定文化程度的外来少数民族代表人士担任信息员、联络员，调解处理突发事件，宣传党和政府的政策，反映外来少数民族需求，把问题、矛盾解决在基层。2010 年，市民族宗教事务局除发挥联络员宣传、调解作用外，与青海化隆、甘肃临夏等到常州少数民族输出地政府和民族宗教部门保持密切联系，做好到常州经商务工人员的服务管理。

帮助少数民族从业人员 2005 年以后，贵州到常州务工水族同胞近千人逐渐聚居戚墅堰区常丰樟村，形成“贵州村”，这些人员的生活环境差、文化层次低、法制观念较淡薄。民族工作部门联合戚墅堰区公检法系统在“贵州村”设立爱心基地。丁堰街道在村内建 3 座公厕和 1 个活动场所，改善“贵州村”人居环境。成立少数民族法律援助站，免费提供法律咨询服务。新北区河海街道通过“五帮二工程”、爱心超市帮助少数民族困难家庭。钟楼永红街道、天宁街道为少数民族人员发放优惠服务卡，在社区设少数民族人士服务点若干个，让他们优先享受便利。2008 年，市民族宗教事务局多次邀请城管执法人员就城市管理执法条款、执法程序等内容与清真餐饮业主交流，教育号召清真餐饮业主文明经商、合法经商，执法部门与到常州少数民族经商务工人员相互理解、相互支持。

六、民族社团

2005年12月18日，常州市民族团结促进会成立，选举赵忠和(回族)任会长，下设宣传联络、法律服务、清真餐饮、教育医(疗)卫(生)等工作组。全市17位清真餐饮业主组成的清真餐饮组，将诸多矛盾处理在萌芽状态，从源头上保证民族和谐、社会稳定。

第三节 少数民族脱贫致富

武进区雪堰镇城西村为全市唯一回民聚居村。2010年，全村总人口2808人，其中回族96户312人，总面积5.08平方公里，有耕地2600余亩、山林地3600余亩。2002年，全村人均收入3500元，是武进区的经济薄弱村。常州市、武进区民族宗教事务部门与村党支部不断出谋划策，提高少数民族家庭收入，制定出台《城西村2005—2007年致富奔小康发展规划》，确立"一主三化"发展思路，即以发展民营经济为主体，促进农业产业化、新型工业化、农村城市化。2005年以后，城西村占地1300多亩的江苏农业科技示范园建成，示范园种植梨800亩、桃150亩、杨梅300亩。铺设水泥钢筋涵管1000米、小型灌溉渠1500米，建立1500平方米果品市场和3000多平方米民族文体中心。2008年，武进区民族宗教部门联系骨干企业与城西村结对帮扶，投资28万元改善村民人居环境。是年，村民人均年收入9798元，就业率、就学率和社会保障率100%，绿化覆盖率85%，实现居住环境和生活质量同步提高，达少数民族小康村区定标准。2009年，先后被授予江苏省民族团结和谐小康村、民族特色村和全国民族团结进步模范集体称号。

2001年，市委、市政府贯彻江苏省第五次扶贫工作会议精神，制定出台开展少数民族脱贫致富活动实施意见文件，市民族宗教事务局与市科技局、教育局、卫生局等单位制定实施办法，到少数民族贫困家庭调查，建立"两个基地"，实施"两个联动"扶贫措施。2002年，扶持溧阳后周建立养羊基地和常州清香源清真餐饮公司在常州市郊成立清真牛羊肉加工基地。2003年，全市362户农村少数民族贫困户中有236户完全脱贫和基本脱贫。2004年，城镇少数民族低保对象生活补助标准在全市低保标准基础上提高20%；溧阳帮助17户因病因残致贫的少数民族家庭脱贫；武进把全区少数民族贫困户列入低保范围，在常州市低保标准上上调50%，发动宗教界人士、民营企业家等筹措帮困资金65.5万元。2005年，全市农村362户少数民族贫困户基本脱贫；市委、市政府出台《常州市农村少数民族脱贫致富奔小康工作实施意见》，实施少数民族脱贫致富奔小康工程。

2006年，武进区雪堰镇城西村被确定为全省首批民族小康村；累计有11个镇建立少数民族帮困基金95万元。溧阳市建立百万元少数民族帮扶基金。2007年，武进、新北区农村80%以上少数民族家庭达当地人均生活水平，金坛为71%、溧阳为70%。2008年，开展常州市农村少数民族困难群体小康建设研究，课题被列入市社会发展科技项目。市民族宗教事务局采取"政策扶、财政保、结对帮、项目带"举措，在全市落实少数民族致富项目35个，惠及458户家庭。溧阳市在原100万元扶贫资金，2010年，再筹措帮扶资金100万元，在3个镇建立少数民族帮扶中心。

2009年，金坛市确定52个政府部门(单位)与52户少数民族家庭结对帮扶。溧阳市组织92位企业界人士、创业带头人与154户少数民族家庭结对帮扶。武进区发动干部、宗教界人士，解决46户少数民族家庭的就业问题，筹集帮扶资金112万元。武进、新北区少数民族家庭全部达小康水平。2010年，农村少数民族致富奔小康工程被列入常州市委60项重点工程之一，全市新增致富项目15个，年末累计43个。武进区以芙蓉奶牛养殖、邹区水芹种植、礼嘉葡萄种植3个专业社为纽带，扩大帮扶辐射面。金坛市发挥专业合作社、行业协会优势，牵线搭桥，把少数民族家庭纳入其中，共同致富。溧阳市形成溧城的菇、埭头的羊、南渡的猪、竹箦的鸡、上兴的鹅、社渚的鱼、戴埠的帚等少数民族“一镇一品”特色致富项目，落实少数民族创业帮扶资金。至同年底，金坛、溧阳少数民族家庭达当地人均生活水平比例为90%和92%，武进、新北区全部达标。

第二章　宗教

常州有佛教、道教、伊斯兰教、天主教、基督教。历史上寺院官观、祠庵众多，有的毁于战火和自然灾害，有的长年失修，只有少数保留至今，且已经重修过多次。20世纪80年代改革开放后，常州市逐步落实宗教教职人员、宗教房产和宗教活动场所政策。恢复开放佛教天宁寺、孙家庵，伊斯兰教双桂坊清真寺，天主教东门天主堂，基督教恺乐堂、戚墅堰布道所6处活动场所。1995年，根据省宗教局部署，常州市依法对宗教活动场所进行登记管理。1998年起，常州市对宗教活动场所进行年检。2005年，常州市落实国务院《宗教事务条例》，建立健全各项规章制度，加强宗教活动场所人、财、物及宗教活动管理。结合创建“和谐寺观教堂”总体要求，组织开展创建文明和谐宗教活动场所。2010年，推进对宗教教职人员身份认定和宗教场所财务监督管理，形成常州宗教工作特色，完成251名佛教比丘（比丘尼）、38名在观道士（道姑）、4名伊斯兰教阿訇、9名基督教牧师认定备案和3名天主教神甫、两名修女填表申报。至2010年，全市有开放宗教活动场所161处，宗教教职人员约500人。

第一节　佛教

常州宗教以佛教为主，信众多，活动场所多，至2010年，全市有佛教活动场所75处。1988年，教职人员58人，1999年发展到347人，2009年增至469人，其中男性439人、女性30人。1980年10月成立常州市佛教协会，2008年创办《龙城象教》会刊，至2010年先后换届5次，洪德任首届会长，松纯连任4届会长。1992年9月8日，常州市佛教文化研究会成立，至2009年换届两次，储凤书、吴玉彦先后任会长。天宁寺曾举办8次有影响的“法务”活动，首次为1989年11月12日，上海市佛教协会会长、上海玉佛寺方丈真禅大和尚开办为期5天讲经法会，每天听众800余人；第二次为1991年，请成都昭觉寺方丈清定法师讲经说法，传授皈依；第三次和第四次为1992年，香港高僧、宝莲寺方丈圣一法师、镇江定慧寺方丈茗山法师讲经弘法；第五次为1993年请中国佛教协会副会长、上海玉佛寺方丈真禅大和尚讲经弘法，每天听众1000多人，还为600多信众传授三皈依；第六次和第七次是2008年、2009年，上海玉佛寺方丈觉醒大和尚两次讲经说法；第八次为2009年6月30日，江苏省佛教讲经团巡回讲经，来自全省60多名讲经法师及常武地区近千名居士参加。2010年9月，天宁寺举行江苏省汉传佛教讲经交流会。

传戒法会举办过4次。第一次于1990年10月16日由天宁寺操办，为期18天，有26个省、直辖市、自治区和中国香港、台湾等地区1276人受戒，这是天宁寺时隔70年后再次举行的盛会。第二次于1998年5月由天宁寺与净观禅院联合举行，为期28天，有15个省、直辖市、自治区和香港、台湾地区及美国150所寺院463人受戒，其中男329人、女134人，为在家男女二众500余人传授菩萨戒。第三次于同年12月由溧阳报恩寺举行，受戒弟子200余人。第四次于2001年9月23—27日由金坛宝塔寺悟忍大和尚发大菩提心，为100多信众举行传授五戒法会。

天宁宝塔落成开放(摄于2007年4月)

一、天宁禅寺

位于天宁区延陵东路636号。始建于唐贞观、永徽年间(627—655),开山之祖为金陵牛首山法融禅师。“文化大革命”期间,“红卫兵”砸毁佛像罗汉千余尊,殿堂被剧团、企业等占用。1980年9月,省委(统战部)批准天宁寺为佛教活动场所,次年1月11日成立常州市修复天宁禅寺委员会,开始动迁用户,收复修缮。1981—1987年修复大雄宝殿、天王殿、罗汉堂、禅堂、藏经楼、东西客堂等,修复面积5470平方米,重塑佛像670尊,置法器76件,殿堂匾额题字或恢复旧观,或重写新制。1989年4月至1990年9月,修复佛学院、功德堂、达摩阁等,建筑面积4366平方米,并辟建放生池。1995—1998年,建造三宝殿,重建山门殿。寺内保存和收藏文物有建于清嘉庆二十五年(1820)分立、卧两具的日晷;嘉庆三年始刻、光绪十六年补刻破损残缺部分五百罗汉;明代书画家邹之麟所书金刚经全文石经幢;唐代铜制释迦牟尼佛坐像;宋代香樟木制十面观音像;天然水晶和唐代石佛像(均属稀世珍宝)一大批当代佛教艺术珍品等。

21世纪初,从红梅公园划出46亩地用于建造天宁宝塔,由同济大学教授路秉杰担纲编制宝塔设计方案,2002年开建,2007年4月主体工程完工。坐落在天宁禅寺建筑群南北中轴线北端,采用唐、宋楼阁式风格,八角形布局,共13层,总高153.79米,建筑面积2.7万平方米。宝塔塔身采用钢架结构,塔刹为金刚宝座型,由75吨青铜铸成,外贴金箔,金碧辉煌。外墙饰砌岫玉,展现金顶玉身风采。塔瓦为5万块青铜铭文瓦,体现浓厚凝重青铜文化特色。塔身装饰木材全部采用进口金丝楠木,共6000立方米。塔基台采用曼陀罗建筑形式,999座汉白玉小宝塔围绕主塔四周,形成气势恢宏塔群;塔基下设八明八暗16个地宫,组成地宫群,创造建塔史上多个第一,天宁宝塔被评为2009年度国家优质工程奖。2007年4月30日举行落成开光活动,8个国家和地区的108位高僧大德主持开光仪式。2009年,天宁禅寺严格执行佛教戒律戒规及“独身、素食、僧装”六字方针。民主改选天宁寺管理组织,产生新一届天宁寺管理委员会,廓尘任主任,松纯任名誉主任。2010年4月30日,原国家主席江泽民在考察天宁宝塔时,欣然题词“神州大佛塔”。

二、清凉禅寺

位于天宁区和平中路488号。原在城东南1.5公里处,为宋朝枢密副使、常州人胡宿向朝廷请额建造,于治平元年(1064)创建,初名报恩感慈禅院。“文化大革命”期间,佛像全部被砸毁,大雄宝殿被拆除,房屋被多个单位占用。1979年部分迁出,由政府拨款修缮。1982年被列为江苏省文物保护单位,1983年为常州博物馆所用,1996年8月成立常州市修复清凉寺协调领导小组,寺内工厂、学校及部分居民陆续迁出,僧人进驻,复为佛教道场,恢复佛教活动。2008年,博物馆新馆建成搬出,庙产移交给清凉寺管理,方丈由天宁寺方丈松纯兼任,在全国知名文物专家戚德耀等指导下,由清凉寺自筹资金,按清末“回”字形结构和长廊原貌进行复原修缮，部分对外开放。2010 年，该寺占地 1.34 万平方米。

三、大林禅寺

位于武进横山桥镇清明山南麓。1982 年被列为武进县文物保护单位，1989 年 5 月恢复为佛教活动场所，天宁寺静海法师出任住持，先后整修翻新大雄宝殿、天王殿和东西厢房，重建放生池，新建牌坊甬道、山门、钟鼓楼、药师殿、地藏殿、三圣殿、万佛楼、罗汉殿、华严善财宝塔及客堂、斋堂、僧舍等设施。2005 年创办武进初级佛学院。全寺占地 2 万多平方米，建筑面积 1.27 万平方米。华严善财宝塔直径 20 米、高 9 层共 53.8 米，为重要景观。

四、宝藏禅寺

位于溧阳竹箦镇北，海拔 355 米的瓦屋山巅。初为唐朝道明和尚所建，道明和尚于唐天宝五年(746) 发现瓦屋山山形神奇，在此结草为庐，建造佛殿僧舍。1990 年，开始重建天王殿、大雄宝殿、三圣殿、地藏殿、斋堂、僧房、龙池和五层宝塔等主要建筑，1994 年 12 月对外开放。占地 4 万平方米，建筑面积 9000 余平方米。20 世纪 80 年代末，经觉志和尚募捐及善男信女资助，兴建简易僧房数十间。1993 年，从事建筑承包的觉志外孙沈田春开始主持该寺规划重建，陆续营建山门、天王殿、观音殿、大雄宝殿、五层宝塔、龙池、功德廊等主要建筑，供奉西方三圣、释迦牟尼佛、观音、弥勒菩萨、四大金刚和十八罗汉等佛像，扩大至百亩。

五、九华禅寺

原址孙家庵，又名净观禅院，位于小九华路 28 号，原位于天宁区南园 19 号。为明万历十八年(1590) 明礼部尚书孙慎行为胞妹净修所建的私人家庵，称孙家庵，是常州最有影响的尼姑庵。此庵清规戒律很严，不外出化缘、做佛事，禅净双修，被誉为“尼众丛林”。1980 年 9 月，省政府批准孙家庵对外开放，重塑韦驮、释迦牟尼等佛像。1984 年，传怡重返禅院任住持，将观音殿翻建成大殿，恢复山门，重塑佛像，开展佛教活动，香港海印精舍赠送藏经 1 部，天宁禅寺赠送观音玉佛 3 尊，后因原址空间狭小无法正常开展宗教活动，2000 年 4 月市政府批准其移建到原小九华寺 2000 平方米的遗址，2003 年 5 月，更名为九华禅寺；6 月竣工，建成山门、大雄宝殿、三圣殿、万佛楼、观音殿、法雨讲堂等四合院仿古寺院，建筑面积 3500 平方米。2005 年 10 月举行寺院落成开光庆典。

六、宝林禅寺

位于武进湖塘镇淹城村。距春秋淹城遗址约 1 公里，相传始由北周闵帝(557) 舍业始建。历经兴衰，至 1949 年 4 月尚存殿宇 100 余间。1958 年被拆，仅存 3 间寺屋用作仓库。1995 年 12 月批准恢复开放，先后重建天王殿、大雄宝殿、五百罗汉殿、药师殿、观音殿、万佛宝殿、地藏殿、三圣殿、宝林讲堂等。2010 年底，寺院占地 1.33 万平方米，总建筑面积 6338 平方米。

七、万佛禅寺

位于新北区春江镇圩塘街北。原为祠山庙，又名万佛阁，始建于唐武则天朝年间(684—704)，因临近长江，百姓为祈求菩萨保佑免遭水患，供奉治水英雄大禹神像，宋改为“岳王”庙，宋元祐年间和明成化年间建成千佛阁禅寺。20 世纪 80 年代武进划归常州管辖后，被百丈乡政府接管，拆除佛像，改成国家粮库，后又为圩塘粮管所、磷肥厂所用。1993 年 6 月落实宗教政策，在原寺东侧征地 36 亩，请上海南汇县福泉寺随学法师任住持，重建万佛阁寺。2001 年更名为“万佛禅寺”，此后陆续建成山门、钟楼、鼓楼、普贤殿、天王殿、万佛楼、大悲殿(观音殿)、海会堂、观音长廊等建筑 10 余座。2005—2008 年建成大雄宝殿。至 2010 年，占地 3.33 万平方米，建成山门、天王殿、大雄宝殿、钟鼓楼、文殊殿、普贤殿、万佛楼、玉佛殿、因果城、三圣宝殿、大悲楼、多宝佛塔等，总建筑面积 3 万多平方米，成为初具规模的佛教丛林。

八、九龙禅寺

位于新北区孟河镇黄山玉皇峰南麓小河九龙村。黄山因春秋战国时楚国春申君黄歇公子在此读书而得名。南朝梁天监年间(503—519),梁武帝萧衍命国师志公建在黄山上,作已故皇后郗氏宗庙,在庙内设祭祖堂,供奉萧氏祖先,辟“慈母堂”供奉梁武帝母亲,距今1500年。1993年6月,武进县政府批准九龙寺恢复为佛教活动场所,开始修复大雄宝殿,新建天王殿、玉佛殿、观音殿(大悲阁)、地藏殿、念佛堂、九龙殿、钟鼓楼、山门、念佛堂、客堂、斋堂等殿堂。至2010年,全寺占地5.33万平方米,建筑面积5200平方米。

九、宝塔禅寺

位于金坛城南顾龙山东麓,原名关帝殿。1991年开始修复,先后修复大雄宝殿、天王殿、玉佛殿、罗汉殿等殿堂,建筑面积2630平方米。寺内龙山宝塔为楼阁式砖木结构,1956年被定为省级文物保护单位,90年代,香港金坛籍应成法师捐赠珍贵玉佛1尊、《大藏经》165册。

十、报恩禅寺

位于溧阳天目湖镇山水园内。1992年恢复开放,1994年1月起迁建于此,先后建成天王殿、大雄宝殿、观音殿、铜佛殿、玉佛殿、五百罗汉廊、钟亭、祖堂、念佛堂等具有泰国风格的佛教建筑群,全寺占地3.33万平方米,建筑面积7100平方米。寺中存有一体积7.5立方米,名为“龟驼经”古石龟,为镇寺之宝。

十一、南城禅寺

位于武进郑陆镇三皇庙村。1999年11月恢复开放,修建殿堂、辅房约2660平方米。2002年始行整体规划,建成观音殿、地藏殿、净修堂、大雄宝殿、斋堂、三宝殿、山门、居士养老院、佛教文化艺术馆等建筑,占地4万平方米,建筑面积1万余平方米。

十二、三圣禅寺

位于武进横山桥镇新安鸡笼山前巷村。1995年恢复重建天王殿、大雄宝殿、卧佛殿、忏悔堂、千佛幢、七佛宝塔、五百罗汉堂等,建筑面积6659平方米,供奉玉佛83尊(最小高1米左右,最大卧佛身长5米),其中有1.5米的玉罗汉18尊,为其他寺院所少有。寺院占地1.8万平方米,建筑面积1.3万平方米。

第二节　道教

1956年8月,常州市区有道士4人,后道观均废。改革开放后落实党的宗教政策,白龙观、乾元观等相继开放。1997年,全市有教职人员24人,2003年发展到56人,2010年缩减到38人,至年底,全市有道教活动场所16处,其中影响较大的有金坛乾元观等3处。2006年12月,常州市道教协会成立,孔新芳任会长;2008年创办《常州道讯》会刊。金坛茅山乾元观曾举行3次重大道教活动。1995年3月10—20日举行三清殿开光大典,来自上海、常熟、杭州、常州等5000余名信徒参加活动。2002年5月25日在乾元观下院金坛市乌龙山吕祖行宫举行吕祖殿竣工暨神像开光庆典。2010年11月6日举行第十届道教音乐会演暨茅山乾元观道教文化广场·玉皇殿落成·神像开光庆典,为道教文化广场和玉皇殿落成剪彩,乾元观坤道仙乐团与应邀到访的上海三元宫坤道经乐团、杭州抱朴道院坤道经乐团、句容茅山道院经乐团合作,共同开坛演教,举行祈福中华大法会;当晚以“道坛清韵、中华和风”为主题的第十届道教音乐会演在金坛体育馆举行,香港道乐团、金坛茅山乾元观坤道仙乐团、新加坡道乐团、台湾松山慈惠堂道乐团及湖北武当山武乐团、姑苏仙乐团、山东崂山道乐团、陕西白云山道乐团300余名教内外人士联合参加演出,4000余名观众倾听道教音乐。

武进白龙观，2008年2月11日举行皇母、观音菩萨、三茅祖师开光盛典。

一、乾元观

位于金坛茅山北部东麓青龙山南腰郁岗峰上。始建于公元前210年，曾为秦代道士李明真人炼丹之所，名炼丹院，南朝陶弘景在此隐居修炼，是为茅山道教圣地“三宫五观”之一。1993年恢复重建，是江苏省唯一的坤道院，相继建成大罗宝殿、灵官殿、东拜殿、西拜殿、玉皇殿、太元宝殿、慈航殿、钟鼓楼、斋堂、道舍、片云居、虚皇法坛等，建筑面积6000多平方米，占地约20万平方米。抗日战争期间，道观被日军烧毁。新中国成立后，修建房屋11间，归茅山林场管理。1993年落实宗教政策，恢复重建道观，由省道教协会副会长尹信慧道长主持，为江苏省首个坤道修炼场所。至2010年底，累计投资3000万元，陆续建成大罗宝殿、灵官殿、东拜殿、西拜殿、玉皇殿、三茅祖师殿、慈航殿、钟鼓楼、斋堂、道众生活区等殿堂150间房屋及牌楼台阶、御道，占地20万平方米。

金坛茅山乾元观（摄于2010年2月）

二、白龙观

位于武进横山风景区紫霞峰南黄猫岭东，原称白龙庙，亦叫龙母庙。到新中国成立时，庙内神像基本毁坏，庙舍被改为横山初级中学校舍。“文化大革命”中当作“四旧”被破坏，幸存玉皇大殿、斗姥阁、东岳殿、阎王殿、圣母殿、龙井亭等建筑。1989年，武进县政府拨款修缮主体建筑玉皇大殿，此后其他殿宇也陆续整修。1997年5月，武进市宗教局批准为道教活动场所，更名白龙观。传说每年农历八月初一至初三是龙子回横山白龙观探母之日，形成热闹非凡的庙会，方圆几十里百姓前来赶庙会，在庙内看戏。1998年修缮古建筑，重建戏楼、山门、灵官殿、阎王殿，新建龙昌亭等。2003年被批准为常州市级文物保护单位。2004年，白龙观自筹资金500余万元，兴建三清殿和辅助工程福寿殿、钟楼、鼓楼、日月亭等标志性建筑，供奉由缅甸请回的“三清”天尊玉石神像。三清殿左右两侧为钟楼、鼓楼。殿前端有福寿殿和门楼。2005年兴建西山门、养老院、大成殿等。至2010年，白龙观占地8.66万平方米，建筑面积1万平方米。玉皇大殿门前两侧还有两棵800多年的古银杏树，为南宋建庙时栽植，树高30余米，3人合抱有余。

三、万绥东岳行宫

位于万绥镇戏楼路北段西侧，曾称万绥东岳庙、万岁东岳行宫等名。1983年，大殿戏楼被列为武进县文物保护单位。1993年恢复为道教活动场所，重塑东岳大帝、东平王、西平王、王灵官、观音大士等。1999年10月，重塑8米高泥身东岳大帝，全身装金，举行开光大典。2003年3月，修复戏楼，2006年被列为省文物保护单位。2004年10月东岳大殿大修，2005年改建山门及殿堂6间。2007年10月，开挖齐梁龙池，建造万岁桥，新建7间殿堂，供养玉皇大帝、王母娘娘、文昌大帝、三官大帝、真武大帝、药王等，保存有挖掘出的清代石碑12块。2008年3月改为现名。庙内供奉儒释道三教祖师孔子、释佛、老子，体现梁武帝倡导的“三教圆融”思想。

第三节 伊斯兰教

1980年1月，常州的清真寺重新恢复开放，同年10月成立常州市伊斯兰教协会。1996年以后，该寺先后两次重建，教职人员初有阿訇1名，90年代初有2名，2008年创办《常州伊协通讯》会刊。先后共换届6次，第一届由赵华宇任主任，第二届开始称会长，由赵华宇连任。赵华宇、副会长米志成等5人曾亲赴沙特阿拉伯麦加城参加朝觐天房功课。至2010年，常州经登记的清真寺2处，阿訇增至3人；金坛清真寺有阿訇1人。

一、常州清真寺

原名真教寺，明洪武年间建，较简陋。1996年在人民公园西门斜对面原址上翻建，后道路改造，2003年移至公园路与双桂坊交叉口东南转角处重建，2006年10月建成，为省内最大阿拉伯风格清真寺，占地1354平方米，建筑面积4800平方米，主体6层，局部8层。穹顶高36米，邦克楼高51米，大殿可同时容纳800人做礼拜。该寺错落有致，雄伟庄严，金顶白塔，相映生辉，为常州城区一景。

二、金坛清真寺

位于金坛金城镇相府前太常卿墓口。始建于民国7年(1918)，由穆民集资建成，原位于金坛城区相府前，“文化大革命”期间，寺内房产由县房管部门代管。1995年城市改造被拆。2002年在城区文化二村易地重建，建筑面积332平方米，2004年4月开放。2010年，因城市建设规划南移500米重建，占地1550平方米，总建筑面积680平方米。

第四节 天主教

新中国成立初期，全市有天主教活动堂口9个。1956年筹建常州市天主教爱国会，走上“独立自主、自办教会”之路。“文化大革命”中各教堂受冲击，房屋被占用，神职人员被逐出教堂，停止活动。1980年10月落实党的宗教政策，重新恢复活动。1980年10月成立常州市天主教爱国会，1986年有教职人员4人；2008年创办《常州天主教》会刊；先后共换届5次，第一届由李玉符任主任，第二届为纪元凯，第三届和第四届为黄道生，第五届为薛忠任。至2010年底，全市有经登记的天主教堂5座、教职人员4人。

一、常州市天主堂

位于天宁区延陵东路286号。原名东门天主堂，1980年1月批准恢复开放。收回被占房屋，1981年6月整修，1982年5月开堂。1986年创办天乐旅馆。2006年11月，延陵东路扩建改造，搬迁至青枫公园西南侧重建，由东南大学建筑设计院设计，2010年4月30日奠基开工。

二、武进东青天主堂

位于武进东青陈家头。是常武地区建堂最早、规模最大的天主教教堂，始建于清道光年间。1980年12月修复开堂。1997年，教职人员筹措资金，先后翻建、新建教堂、神甫楼、修女楼、综合楼、骨灰堂等，建筑面积2556平方米。钟楼高36米，堂内宽敞明亮，可容纳800余人活动，2001年元旦举行落成开堂。2008年2月28日被列为常州市文物保护单位。

三、其他天主堂

金坛指前天主堂 位于指前镇渔业村，1989年建造，4月落成开堂，建筑面积450平方米，可容纳300余人活动。

溧阳上黄天主堂 位于上黄镇周山村，1996年建造，10月7日落成开堂，建筑面积680平方米，可容纳500人活动。

戚墅堰天主堂 位于戚墅堰区中街，1995年修缮，11月13日恢复活动，建筑面积180平方米，可容纳百余人参加活动。

第五节 基督教

1980年1月，基督教在常州恢复活动，常州相继批准戚墅堰基督布道所和常州市基督教堂为活动场所。1988年，全市有教职人员5名，2003年发展到24名，至2010年增至近200名，其中牧师9名、长老传道20名、义工传道100多名。先后成立社团2个，常州市基督教三自爱国运动委员会于1963年7月成立，至2010年共换届7次，第一、二届由毛吟槎任主席，第三届为郑亚谷，第四届为俞天民，第五和第七届为梁化平，第六届为马中原。常州市基督教协会于1983年12月5日恢复成立（第三届），2008年创办《光与盐》会刊，至2010年，常州市基督教协会共换届4次，第三届由郑亚谷任会长，第四届为王密泉，第五至第七届为梁化平连任。全市有经登记的基督教活动场所63处，其中影响较大的有7处。

一、常州市基督教堂

原名恺乐堂，位于常州市工人文化宫西县学街17号，系原监理公会常东牧区中心教堂，兼管戚墅堰、横山桥两分堂。1917年建成，1958年改用今名。“文化大革命”期间被占用；1983年落实政策归还，12月11日举行复堂感恩礼拜，恢复活动。2002年7月至2004年4月原地翻建为仿哥特式建筑，十字架塔楼高48米，建筑面积2880平方米，可容纳1500人活动。

2004年4月，位于常州城区工人文化宫西侧的新基督教堂（摄于2004年4月）

二、金坛基督教堂

位于景阳花园45号，原位于北门大街43号，1994年5月城市改造拆迁，移建金城镇文化新村，1997年9月建成，总建筑面积1058平方米，可容纳1500人活动。2008年城市改造，易地重建，2010年11月落成，占地3333平方米有余，总建筑面积1566平方米。

三、溧阳基督教堂

位于溧阳博爱路72号，由原东门大街迁建于此，1992年12月建成使用。主堂外形为哥特式，内部为民族传统式，总建筑面积1200平方米，可容纳1000人活动。

四、武进鸣凰基督教同心堂

位于武进鸣凰纪墅村。原名守真堂，为1946年上海守真堂牧师到鸣凰所设分堂，下设庙桥布道所，由恽金元、杨再生讲经传道。1959年宗教活动停止。1994年8月9日恢复开放，教徒集资在鸣凰张家村购买旧房151.6平方米，为临时聚会场所，10月在鸣凰纪墅村征地重建，占地约3666平方米，1996年12月25日建成，定名同心堂。建筑面积1941平方米，其中主堂910平方米，可容纳1000人活动。1999年创办伯大尼康乐中心，是常州地区基督教唯一经民政部门批准的养老机构。

五、其他教堂

新北区龙虎塘基督教堂 位于新北区龙虎塘东街300号，占地2500平方米，主体建筑面积619平方米，辅房480平方米，2000年建成使用，可容纳600余人活动。

天宁区北塘基督教堂 位于天宁区青龙街道横塘河西侧、北塘河南侧，占地2467平方米，建筑面积1280平方米，2007年教会自筹资金300万元建成，可容纳800余人活动。

戚墅堰区基督教堂 前身为基督教布道所，又名戚墅堰福音堂，原位于戚墅堰机厂街，1980年1月恢复活动，1992年易地戚墅堰下陈村93号重建，占地2707平方米，1995年5月17日落成使用，主堂1100平方米，可容纳1500人活动，1999年自筹建设资金近90万元，新建配套用房千余平方米。

第六节 宗教事务

一、落实宗教政策

改革开放后，常州市设立负责宗教事务工作部门，落实教职人员、宗教房产、活动场所政策。1994年落实佛教活动场所1.01万平方米，伊斯兰教2100平方米、天主教1261.73平方米、基督教2152.36平方米，除清凉寺因市博物馆在内办公未落实外，其余宗教产权、补偿等全部落实。2006年，5个市级宗教团体集中到孙慎行、孙星衍故居办公。2007年，协调解决移建清真寺，并修复孙慎行、孙星衍故居；市民族宗教事务局出台《常州市基督教和伊斯兰教教职人员工资津补贴调整方案》，提高市直接管理服务基督教和伊斯兰教的教职人员工资生活待遇，解决生活问题。2008年7月28日妥善解决市博物馆从清凉寺搬迁等问题。对宗教活动场所布局坚持远近、点面结合，统筹规划，满足信教群众活动需要。1986—2010年，全市宗教界46人次担任市人大代表、市政协委员，参政议政。

二、教风建设

1986年前后，常州市民族宗教事务局针对部分教职人员“一切向钱看”思想，组织普法学习班，明确宗教活动不能超出法律与政策允许范围。2004年为“宗教管理年”，市民族宗教事务局举办全市宗教界财务管理培训班，全市主要宗教场所负责人和财务人员60余名参加培训，要求宗教团体、宗教活动场所执行《民间非营利组织会计制度》，实现记账方式、财务账本、财务科目、财务报表“四统一”。从2005年起，市民族宗教事务局每年举办民族宗教界人士爱国主义教育培训班，提高宗教界人士政治思想觉悟，加强宗教政策法规宣传，增强宗教工作责任感和使命感。2006年9月，举办宗教界档案管理培训班，全市重点宗教场所负责人和档案管理员参加培训，组织到兄弟城市参观学习宗教团体、场所档案管理工作先进经验。

三、宗教管理

1995年，常州市民族宗教事务局把《宗教活动场所登记管理条例》《宗教活动场所登记办法》发放到各乡镇，先后举办培训班11期，有645人次受训。通过自下而上登记，至12月31日，摸清全市有宗教活动场所323处，其中准予登记144处、临时登记37处、暂缓登记21处、不予登记121处。对准予登记宗教活动场所，督促内部管理，完善规章制度；对临时登记、暂缓登记宗教活动场所，明确限期整改意见；对不予登记宗教活动场所，采取合并、取缔。1998年，全市宗教活动场所开始年检，实行长效管理机制。1999年起，每年举办宗教界消防运动会，增强消防意识，提高信教群众防灾自救技能，确保全市宗教场所安全稳定。

2002年以后，全市组织专项治理农村乱建寺庙169处，其中拆除38处、改作他用56处、封存62处、新批13处；治理基督教私设聚会点84处，其中劝散78处、新批6处。治理采用办班、个别谈心等方式进行，宣传参加宗教活动必须到政府批准合法场所进行。2003年10月，全省治理乱建寺庙工作现场会在武进召开。2005年，各基层宗教工作部门按照“保护合法、制止非法、打击犯罪”原则，采取疏堵结合，取缔未经登记宗教活动场所131处，新批宗教活动场所12处。2006年3月1日，市中级人民法院对一起不服处罚违法宗教活动团伙作出终审判决，在全省乃至全国宗教领域产生较大影响。2007年，为批准开放的154个宗教活动场所换发新登记证，其中佛教73处、道教15处、伊斯兰教2处、天主教5处、基督教59处；又其中寺观教堂43处，占宗教活动场所总数的27.9%。2009年，市民族宗教事务局完成行政权力清理、行政处罚责任分解流程、行政处罚自由裁量标准实施办法和行政处罚项目自由裁量基准材料，实现行政权力“三合一”网络平台建设，对新建宗教场所审批完全按行政许可审批流程操作，形成规范卷宗，在全省走在前列。

2010年，全市规范43处寺观教堂管理目标，将和谐寺观教堂标准细化为50条考核内容，重点开展宗教教职人员认定备案、宗教活动场所财务监督管理和档案建设，教职人员认定备案全部完成，其中佛教走在全省前列。组织宗教场所财会人员学习《宗教活动场所财务监督管理办法》，财务监督管理工作日趋规范。43处寺观教堂全部设置档案室，配备档案员，添置基本设备。常州天宁禅寺、清真寺、金坛茅山乾元观于2010年被授予首届全国创建和谐寺观教堂先进集体称号，天宁禅寺方丈松纯被评为首届全国创建和谐寺观教堂先进个人。同年底，全市有依法批准开放宗教活动场所161处，其中佛教75处、道教16处、伊斯兰教2处、天主教5处、基督教63处，寺观教堂43处，其他固定宗教处所118处，宗教教职人员约500人。

四、慈善事业

1991年，常州市宗教界在常武地区遭受特大洪涝灾害中募捐2.97万元、台币340元、粮票1496公斤和衣服450件。原天宁寺监院、台湾妙法寺住持戒德捐助3000美元。1992—1995年，市佛教界捐款救济孤寡老人2.49万元，赞助其他寺庙修复款2.88万元。1996—1997年，市佛教界为灾区、贫困地区、敬老院、儿童福利院等捐助10余万元。1998年，长江、嫩江、松花江流域发生特大洪涝灾害，市佛教界募捐8万余元，市基督教捐款4.49万元。1999年，台湾发生“9•21”地震，天宁寺向台湾埔里玉佛寺捐款8万余元。2000年，市佛教界为西部大开发捐款7000元，乾元观捐款8760元，市天主教爱国会捐款1.65万元，市基督教为扶贫救灾捐款3.13万元。

常州市宗教界人士向四川汶川地震灾区捐款(摄于2008年5月)

2001—2005年，市佛教界为扶贫济困、帮残助教、修桥铺路等捐款76.65万元，衣服200多件；市天主教爱国会为扶贫救灾捐款3.54万元；市基督教界捐款3.98万元。2006—2007年，市佛教界为扶贫助困、帮残助教、修桥铺路等捐款102.85万元；武进道教协会为扶贫助困、帮残助教、修桥铺路捐款16.74万元；市天主教爱国会为扶贫助学捐款3.88万元。2008年5月12日，四川汶川地区发生8.0级特大地震后，全市佛教界人士捐款58.4万元、新棉被50条，市道教协会组织捐款12.05万元，市伊斯兰教协会组织捐款20418元、美元100元，市天主教爱国会组织捐款6400余元；市基督教协会组织捐款 40.11 万元。2009 年 5 月，市佛教界人士开展佛教慈善月系列活动，武进的寺院捐款 3.2 万元作为慈善基金；市道教协会为台湾遭受台风的灾区捐款 3 万元。2010 年 4 月，青海省玉树发生强烈地震，全市佛教界人士捐款 25 万元，基督教界人士捐款 20 余万元，市道教协会捐款 5 万元。

第七节 宗教文化

1986 年 3 月，天宁寺设立青年僧伽培训班，选送青年学僧到相关佛学院学习。1993 年，武进大林寺开办僧伽佛学研究班。1995 年 3 月 8 日，停办 46 年的天宁寺佛学院重新恢复开学。1996 年春节期间，天宁寺首次举行新年听钟声祈福。1998 年 10 月，市佛教文化研究会举办首届常州佛教书画展。2000 年 8 月，常州市基督教两会举办纪念“三自爱国运动”50 周年演讲比赛。天宁禅寺创建 AAAA 级旅游景区，更新导游全景图、景物介绍牌，2002 年 4 月中旬通过国家旅游局检查验收。2005 年起，每两年举办宗教界“和谐杯”文体比赛，全市五大宗教教职人员和信教群众同台竞技，加强交流、沟通，促进不同信仰群众和睦和谐。2007 年 4 月 6 日，邀请国家宗教事务局局长叶小文到常州作《宗教：冲突还是和谐》专题报告，全市民族宗教干部等 300 人参加报告会，加深理解宗教问题和党的宗教政策。2010 年，《常州民族宗教》杂志（季刊）创刊；市民族宗教事务局局长赵世平应邀随中国佛教代表团访问斯里兰卡，出席第 25 届世界佛教徒联谊大会。同年 6 月 27 日，举办圆霖法师书画精品展；9 月 10 日，台湾星云法师应邀在龙城讲坛作《道德力量与幸福智慧》报告。

一、宗教音乐

1990 年 6 月，天宁寺组建梵呗唱诵团赴京参加中国佛道教音乐周展演，松纯任顾问，慈亭任团长。1996 年旅游节，乾元观道姑在红梅阁举行为期 6 天的道教音乐演唱活动。2002 年，常州举办宗教“和谐之声”文艺演出，武进宗教界组织创作宗教文艺节目，在全区各镇巡回演出，有 4 万多人观看。2008 年 6 月，天宁寺梵呗唱诵被列入第二批国家级非物质文化遗产名录，方丈松纯被认定为代表性传承人。10 月，举办民族宗教界人士“和之声”演唱会，五大宗教的文艺表演人员在红星大剧院同台献艺。2010 年 9 月，乾元观坤道仙乐入选江苏省非物质文化遗产名录。

香港汉荣书局董事长石汉基向天宁寺赠送佛教藏经瑰宝巴利文版《贝叶经》（摄于 2009 年 11 月）

二、宗教艺术品展示

2007 年，江苏省佛教协会与中国工艺美术协会借天宁宝塔开光之际，在天宁宝塔吉祥大厅联合举办佛教文化艺术精品展，全国 70 多位工艺美术大师 100 多件佛教题材艺术精品参展。随后对市标志性宗教文化工程——天宁宝塔，按“盛世之塔、文化之塔、传世之塔，佛教文化博物馆”的要求，成立以赵世平任主任，松纯等人任副主任的天宁宝塔文化建设办公室，编制建设规划，2010 年建成开放。首层为华藏世界（铜佛殿）、二层为众缘和合（瓷佛殿）、四层为罗汉示迹（银佛殿），还有地宫、吉祥大厅、梵音阁等。

第四十七卷 方 言

Volume XLVII Dialects

常州方言属于吴方言的一个分支，在中国方言区划中被称为吴语区太湖片常州小片，又称毗陵小片。使用常州方言的地区除常武地区外，还有丹阳、宜兴、江阴、张家港、靖江、通州、海门、启东、高淳等地的部分乡镇以及安徽郎溪、广德的部分乡镇、村落。常武地区域包括 5 个区，绝大多数居民都说常州方言，但是它们互相之间也有一些差别，即使在常州市区 5 个区范围内，口音也不尽相同。狭义的常州方言指常州市区居民说的话。常州方言是江南地区高度发展的经济文化土壤中生长出来的语言，具有吴语的一般特点——保留了中原古汉语和古越语、古吴语的语音、语汇。同时，因为常州处于吴方言区的北部、与北方官话区相邻，与吴方言的其他区域相比，常州方言受到北方官话的影响要多一些，所以又具有自己的特殊性。

3000 多年前，常州地区土著居民被称为“百粤”又叫“百越”或“粤族”，他们说的是百越语。商朝末年，周太王之子太伯、仲雍率部众迁徙到江南，带来中原的华夏语。在当时的常州地区，华夏语与百越语并存了相当长的时间，并融合形成既不同于华夏语又不同于百越语的“古吴越语”。春秋之后，约公元前 4 世纪末，当地的吴国和越国为西面的楚国所灭，楚国东部方言与古吴越语逐渐融合，形成一种被称为“江东方言”（或称“吴楚之音”）的南方新汉语。此后，西晋末年的“五胡乱华”、唐代“安史之乱”、北宋“靖康之难”、清末太平天国等都有大批中原居民南迁。南北语言不断地互相影响、融合，形成现在的常州方言。此外，由于战乱、饥荒等其他原因，历史上有大批外地居民进入常州聚居，在当地形成一些讲外地方言（主要为江淮方言）的方言区和方言岛。由于普通话的推广，60 年代以后出生的常州人的语音、语汇已经向普通话靠拢。改革开放以后，随着与其他地区（国家）的开放合作以及大批新市民的进入，常州原住居民的口音、语汇变化更大，青年人与老年人对方言的使用已有明显区别。本卷记述的常州方言口音、词汇、语法、俗语为老常州话，即 50 年代生长在当时市区的居民所说的话，记述的熟语以常州市区为主。因受篇幅限制，谚语、民歌、民谣未能收录。本卷为体现地方特色，重点记述常州方言与普通话相比不同的特点，采用国际音标注音，注音时不标声调，部分地方的注音用同音字或音近字表示。

第一章　语音

20 世纪初，常州城区曾经有两种口音，常州籍著名语言学家赵元任分别称为“绅谈”和“街谈”；绅谈是城里带乡下口音的绅士说的话，街谈是普通市民说的话。新中国成立后，国民教育普及，国家推广普通话，青少年进学校都学习普通话，常州人与外界的交流扩大、频繁，常州话口音变化较大，主要趋势是向普通话靠拢。不过，城里话变化较大，乡下话变化较少。城区形成与老常州话（街谈）不同的新常州话。1978 年以后，青少年更多地受到普通话的影响，进过托儿所、幼儿园的孩子接受老师教学生说的普通话，在家里大部分父母也教孩子说普通话。常州口音进一步向普通话靠拢，有人称之为“新常州话”“常州普通话”。

第一节　语音分析

常州话的声母、韵母和声调比普通话更加复杂一些。

一、发　音

声　母　常州话声母共有 29 个：

(1)塞音和塞擦音声母按发音方法分为 3 套，即不送气清音、送气清音和浊音，共有 15 个。

p	八板饼布	p‘	破胖炮劈	b	败白部肥
t	刀多德丁	t‘	吞天听土	d	大头谈地
k	家谷贵光	k‘	看哭苦快	g	厚共跪狂
ts	子节猪张	ts‘	醋草青丑	dz	茶重陈直
tɕ	鸡级军脚	tɕ‘	气缺巧轻	dʑ	茄奇裙极

(2)摩擦清音[f]、[s]和[ɕ]以及对应的浊音声母[v]、[z]和[ʑ]，有 6 个。

f	放付肺帆	s	写素信师	ɕ	许孝戏香
v	饭父文万	z	坐字寻床	ʑ	齐祥秦绝

(3)鼻音声母[n]、[ȵ]、[ŋ]，有 3 个。

n	男奶难嫩	ȵ	你农牛人	ŋ	我咬眼藕

(4)喉音清音[h]和浊音[ɦ]，有 2 个。

h	花好黑昏	ɦ	合恨孩红

(5)最后 3 个声母为双唇鼻音[m]、舌侧音[l]和零声母[Ø]，其发音方法与普通话一致。

m	毛麦面尾	l	来六林路	Ø	耳矮稳哦

韵　母　常州话韵母共有 44 个(包括自成音节的 m、ŋ)。

ɿ	世是四师	i	姐米皮你记气飞	u	布图湖无		
y	女徐鱼雨						
ɥ	醋书住水						
a	蛇带拜买	ia	茄写野介	ua	外怪快歪		
æ	三减监范难山班饭	uæ	幻关弯掼				
Ø	男暗看扇酸穿	iØ	圆拳全元	uØ	官完欢碗		
o	马茶家瓜花话	io	靴				
ʅ	险甜间连建天						
ər	而						
ai	来菜害煤	uai	桂跪位贵碎岁嘴追				
ei	头走刘手						
aɤ	毛老教少	iaɤ	孝苗鸟叫				
ɤɯ	河破错梳	iɯ	酒九旧有				
aŋ	忙张方生	iaŋ	两蒋羊腔	uaŋ	光横王荒		
əŋ	森根陈问等省声	iŋ	林信近冰丁营	uəŋ	昏困滚温	yŋ	笋军云群俊寻

oŋ　东红中龙　ioŋ　永琼农用　m　呒亩姆　ŋ　五

aʔ　鸭法达八瞎着客　iaʔ　恰雀脚剧　uaʔ　滑挖刮豁

əʔ　合十脱失德尺　iəʔ　接立铁七席锡　uəʔ　活骨获阔　yəʔ　血刷绝桔月卒

oʔ　墨国作学木粥绿　ioʔ　肉育玉曲

声　调　常州话单字声调共有7个(下面括号内数字为调值;①②③④⑤⑥⑦⑧为声调代号,把④空出来是为与古代四声做对比)。

①阴平(44):衣江天高　②阳平(213):移来忙同

③上声(34):椅纸好骂　④

⑤阴去(51):意对去到　⑥阳去(42):异卖洞树

⑦阴入(5):一各出哭　⑧阳入(23):亦欲绿白

音　变　常州话许多单字的发音在与其他字结合成词组时会有变化。

例如,把常州老店名“德泰恒”读成“德泰恩”,“瑞和泰”读成“瑞欧泰”。“蛙”“华”两字声母不同,但是在青蛙、清华两词中,“蛙”“华”两字的声母消失,读音相同。与其同样的情况还有:公安和公函、亲爱和侵害、平安和贫寒、表演和表现、市委和自卫、小汪和小王等。

许多单字在不同情况下使用不同的声调。例如,“心”“性”两字不同调,在口语中,人心、人性音调相同。同样的情况还有:洋火和洋货、条理和条例、名词和名字、清醒和亲信、九斤和究竟、宝刀和报到、大师和大使、律师和历史,等等。

合　音　常州话两个字结合成词组时,经常出现临时性合音,如把“天气预报”说成“天去报”,“马杭桥”说成“忙桥”,“幼儿园”说成“园园”,把前字的声母与后面的韵母合二为一说成“去”“忙”“园”。

表示语气的句末经常发生合音现象,例如:

“格啊”合音为“夹 ka”　“你勿好骗我格啊(夹)”。

“得啊”合音为“搭 ta”　“她跑则快点得啊(搭)”。

“勒啊”合音为“啦 la”　“还覅完勒啊(啦)”。

“格惑”合为“骨 kueʔ”　“去看电影啊,好格惑(骨)”。

“拔啊”合音为“pia”　“勿用功点拔啊,念勿好书呒不饭吃”。

“连啊”合音为“俩 lia”　“辰光勿早连,快点连啊(俩)”。

“连哦”合音为“溜 liɯ”　“火车到快连,你家动作要快点连哦(溜)”。

“则哦”合音为“zɤɯ”　“上海世博会精彩到则哦”。

“得哦”合音为“哆 tɤɯ”　“要快点得哦”。

有些合音音节因为经常使用,成为固定的单音节口语词,如 fiaɤ(勿要)、faɤ(勿好)、fai(勿会)、feŋ(勿曾)、tsiaɤ(只要)、tsia(做嗲)。

二、特　点

常州话声母、韵母和声调都多于普通话。如“意义”与“异议”两词,普通话读音相同,在常州方言里却声调不同。与普通话相比,常州话保留较多的古代汉语特征。

全浊声母　常州话保留古汉语的浊音声母,例如“白、坟、蛋、厨、神、穷、共、我、寒”都包含浊音声母。普通话读“建”和“健”,两字同音。常州话读起来就不一样,因为“健”字为浊音声母。

从声母发声部位来看,常州话里的“白、笨、朋、并、旁、步、婆、篷、拔”等双唇字,“同、堂、停、掉、笤、特、电、读”“在、辞、髓、炸、垂、士、儒”“暂、残、助、绽、状、栈、持、乘、剩、尘”等舌尖字，“跪、柜、葵、狂”“豪、号、陷、狭、限、学”等舌根字，“技、倦、裙、期、拳”等舌面字都说浊声母。

较多的重唇音 上古汉语中没有“ f ”“ v ”这样的音，只有双唇音，“阿房宫”读作“阿旁宫”，“南无阿弥陀佛”念作“拿谟阿弥陀佛”。常州话里有许多来自上古的重唇音，如把“抚”说成“部”，说“孵小鸡”为“部小鸡”，“蚊子”为“门则”，“痱子”为“陪则”，“肥皂”为“皮皂”。

没有翘舌音 现在普通话中的翘舌音“zh”“ch”在常州口音中不存在。常州话把“zh”“ch”发音为“ z ”“ c ”，如“中(zhong)”发音为“zong”，“厂(chang)”发音为“cang”。在古代汉语中，“zh”“ch”发音类似“ d ”“ t ”。常州话里至今存有上古舌头音，比如“摘”说“滴”，“粘在一起”说“得勒一道”，“啄木鸟”说“笃木鸟”。常州话里的一些古舌头音，如今往往有两种读法：一是继续保留舌头音；另一是读平舌音，如“笃木鸟”，现在更多的人说“竹木鸟”了，但始终没有演变成翘舌音。

普通话中的 r 声母，老常州话的白读音用舌尖下 n 和零声母代替，如“染、绕、仁、让”等。凡是使用普通话 r 声母的字，如“乳、肉、人、软、绒、日、热、饶、染、如”和“容、荣、融、榕、然、润、弱、瑞、芮、忍”等，常州文读音为浊音 z 。其中，“乳”字在老常州话里一般不用，“乳房、母乳”都叫“mama”，发音相当于普通话的“马妈”，第一个 ma 声调阳平，第二个 ma 声调阴平；其他情况多用“奶”替代，乳名叫“奶名”，乳白叫“奶白”，乳娘叫“奶娘”，乳香叫“奶香”。

“功”“江”同声母 “功”“江”在现代普通话里声母明显不同，前者为舌根音 g，后者为舌面音 j，但在常州话里却是同一个声母 g。现代普通话里声母为 j、q、x 的很多字，古汉语里的声母为 k、k‘、h。常州话中有许多字发音仍旧与古汉语相同，如嫁 ko、锯 ka、角 koʔ、减 kæ、监 kæ、豇 kaŋ、粳 kaŋ、江 kaŋ、缴 kaɤ、虾 ho、吓 haʔ、瞎 haʔ、擤 həŋ、蟹 ha、掐 k‘aʔ、嵌 k‘æ 等。

鼻辅音声母 现代普通话里有两个鼻辅音声母 m 和 n。常州话里还有两个古老的鼻辅音声母 ȵ 和舌面音的 ŋ，如“我、饿、鹅、俄、卧、牙、芽、衙、瓦、五、呆、熬、咬、偶、藕、岸、雁、颜、眼、鄂、昂、岳、硬、额、鹤”等。

入 声 韵 常州话与古汉语同样，都有入声韵，普通话里没有。用常州方言读古诗比用普通话更押韵，如柳宗元《江雪》：“千山鸟飞绝，万径人踪灭。孤舟蓑笠翁，独钓寒江雪”。其中“绝、灭、笠、独、雪”为入声。20 世纪初，赵元任《现代吴语的研究》里记载常州话有入声韵 12 个，代表例字有“八 aʔ、削 iaʔ、滑 uaʔ、绿 oʔ、菊 ioʔ、扩 uoʔ、黑 əʔ、撇 iəʔ、阔 uəʔ、血 yəʔ、说 əʔ、刷 yəʔ”。现在“血”和“菊”同韵说 io，“扩”和“阔”同韵说 uəʔ，“刷”和“撇”同韵说 iəʔ，“说”和“绿”同韵说 oʔ，只有极少数老年人还保持着旧口音。现在常州话里的入声塞音已经不那么短促顿挫，只是还没有发生质的变化。

特殊读音 常州话里的“2”比较特别。作为阿拉伯数字，“2”有两个基本读音：liaŋ 和 ȵi，“称 liaŋ 斤肉”，或“称 ȵi 斤肉”。与其他吴语一样，“2”在十位数上说“廿”。数字 222，用普通话说成“二百二十二”，用常州话说成“liaŋ 百廿 ȵi”，一个数字三个音。

“子”是吴语的典型词缀，但是常州话里词缀“子”的发音与上海话、苏州话相区别。上海话、苏州话说 tsɿ，发音重，常州话说“则”tsəʔ，入声，发音轻。如“台子、鞋子、桃子、梨子、盘子、筷头子、竹子、盒子、帽子、带子、鬼头壳子”等。

江淮方言口音 常州话口音受江淮方言影响较大。常州方言中有较多词汇及其发音与江淮方言相近。例如，“跪、柜、鬼、贵、鳜、龟”，江淮方言发音为“k‘ui”“gui”，常州话发音均以辅音字母“k”“g”开头；其他吴方言区在很多情况下以“tɕy”开头，如“柜台”发音为“tɕydai”。常州话的“百、白、拍”的元音为“oʔ”，与江淮方言同，其他吴方言区的元音为“aʔ”。常州话的“额、客”的元音为“əʔ”与江淮方言相同，其他吴方言区的元音为“aʔ”。常州话的“玉、死、鸟、银”等的发音与江淮方言相近，其中的“玉”与“肉”发音相区别；其他吴方言区的“玉”与“肉”发音相同，“死”读“细”，“鸟”读“吊”，“银”读“宁”。

常州话的“百 poʔ”和“八 paʔ”发音与江淮方言近，苏州话、无锡话中这两个字的发音正好相反，为“百 paʔ”和“八 poʔ”。在有些情状况下，与江淮方言一样，边鼻音混用，如：浪块——囊开，浪头——囊头，囊海点——郎海点，烂难泥——莆莆泥，等等。

三、城乡语音区别

在常武地区，常州话指城里人的话，城外武进县的话被称为“常州乡下话”，两者主要有以下区别：

语　调　常州城里话要比周边武进话柔和婉转一些。一些词组的读音，城里话为升调，乡下话为降调。

城里话调值略高，单字曲折调少，但在语流中，连读变调乃至整个语调却多呈上升曲折调，感觉是绕弯弯地上升，调较多；乡下话单字调曲折多，但连读变调时又变平实了。例如，常州话中的“嗲”“好”字，城区话里调值为 45，上扬，乡下话里调值为 55 或 51。“他监人蛮好格”这句话，城里话声调说成 24+53+213+55+45+5，音节与音节之间，起伏有致。乡下话(以城北武进话为例)，实际调值由 213+53+213+213+55+5 变为了 21+55+21+21+55+5，语调平缓。

与江淮方言的关系　常州城里话发音与江淮方言更相近，例如：

常州城里话 a 元音单发或在一些复合韵母中，发音舌位要偏前偏高，开口度略偏小；而城外东北部居民 a 音发得要偏后，开口度大，如“三、咸、关、还”等。

有的字城里口音中有 u、y 介音，乡下口音则没有。当声母是舌尖音时，常州城里话 u 介音有两种情况：一些有，如“准、春、岁、罪、床、窗、追、最”等；一些没有，如“村、存、孙、损”等，而乡下话都没有。

城里话有韵母 yiŋ，乡下话没有，一律说 iŋ，如“云、运、晕、匀、菌、群、勋、训、熏、旬、寻”等。现在许多乡下人特别是一些年轻人口语中开始增加介音。

多 样 性　农村地方比城里广大，东南西北口音相差较大；城里口音相对单纯一些。东南乡镇带无锡口音，城北带苏北口音，城西带丹阳口音。如“酒”字的发音东南西北中同中有异，常州老城里话说[tsiɯ45]，城东芙蓉话[tsei523]，城南雪堰话[tɕiɯ523]，城西万绥话[tɕiɯ45]，城北圩塘话[tɕiɯ55]。

凡“租、组、猪、醋、粗、吹、书、数、水、苏、住、除、箸、如、竖、树”等字，城里话声母都是舌尖音，韵母是舌尖圆唇元音，但在常州城北乡下话里，这些字的声母却是发舌面音，韵母是舌面带摩擦的 y。其中的“猪”字，城西、城北发音与江淮方言相近，说 tsu，城东说 tɕy，城南与城里发音相近，说 tsy。

50 年代的老城里话中有大量的尖音，如酒 tsiɯ、秋 ts‘iɯ；60 年代后出生的人说的新城里话里基本没有了尖音，酒说 tɕiɯ、秋说 tɕ‘iɯ。在常州乡下话里，情况比较复杂，城北特别是城西由于较多地受江淮方言的影响，所说的话中早就没有了尖音，而城南和城东的话中至今保留部分尖音。东南片里的常州话受无锡方言的影响，一些音节的组合明显与城里话或城北话不同，如遥观、洛阳、芙蓉等地将“酒、秋”说成 tsei、ts‘ei。城南还有把“世、痴、迟”等舌尖后元音 ʅ 韵母说成舌尖元音 y，把“世界”说成“数加”的。

绅谈与街谈　20 世纪初，常州城里有两种口音，即“绅谈”和“街谈”。绅谈也叫乡绅话、乡绅谈，是那时乡间的绅士们说的话，局限性很大，使用人口少。旧时，武进、阳湖等县的乡绅财主聚居在常州城里，如青果巷、前后北岸等地，与农村保持联系，又有文化，互相间交谈时既文绉绉，又带乡下口音，后来逐渐变为区别身份的象征符号。街谈是城里大多数人的口音，是土生土长的普通市民说的话。

第二节 现代演变

1949年以后，常州话的语音随着人口的增长与交融、经济社会快速发展和城乡空间形态的改变产生了很大变化。

一、改革开放前的语音变化

新中国成立后，乡绅消失，“绅谈”也逐步消失。与此同时，街谈也发生了变化。

前喉塞动作基本消失 老常州人说浊音力道足。像说“爱、烟”这样的字，发音前喉咙口要先堵一下，然后再发出音来，有明显的前喉塞动作，国际音标记作［ʔ］。新常州话说“爱、烟”等音节时，前塞动作没有了。

尖音消失 大约在20世纪60年代，常州市区开始不分尖团音，周边农村仍区分尖团音，当时在学校里口音区分尖团的被看作“乡下人”。如“斜、谢、邪、徐、序、叙、绪、齐、脐、囚、袖、寻、习、袭、前、贱、羡、钱、践、泉、旋、全、绝、旬、循、秦、详、象、像、情、晴、静、净、籍、席、夕、墙”等字，赵元任记为尖音，现在都变成团音。60岁以上的老年人讲老常州话，在他们的话里我们还能听到尖音如ts‘iŋ(青果巷)、siasia(谢谢)、tsiu(酒)这样的尖音，听到“欲”和“越”是不同的两个音。而到年轻人嘴里，尖音都没了，“欲”和“越”同音了。

复合音单元音化 “瓜、挂、花、画、话”等原来是有两个元音的复合韵母，现在变成单元音了，与“巴、沙、哑、家”同韵。

鼻化圆唇韵变为展唇韵 例如，“反、三、难、斩、间、惯、还、掼，变、点、现、念、天、线，安、暖、看、半，远、选、宣、软，官、欢、缓、碗”等。

原来有入声韵10个，现在也合的合、并的并，喉塞尾音弱化，入声变柔和了 其中，［yəʔ］变为［ioʔ］，如原来“雪、薛、戌、绝、决、撅、掘、血、月、缺、越、域、粤、阅”等字韵母为［yəʔ］，“屈、郁、局、蓄、欲、肉”等韵母为［ioʔ］，现在两组字变成同韵，韵母都是［ioʔ］。另外，有的字的韵母从［uoʔ］变为［oʔ］，如“沃、郭、扩、霍”等字的韵母原来是［uoʔ］，现在与“绿、俗、陆、谷、剥、作、学、墨、国、桌、竹”等字同韵，均为［oʔ］。入声［uəʔ］韵，读音有分化现象，20世纪初“阔、活、骨、忽、获、说、出、述、入”等字韵母都念［uəʔ］，但现在的读音有了分工：声母是舌根音的读法不变，还是［uəʔ］，而声母是舌尖音的就变为单韵母［oʔ］了，如［soʔ］(说)、［tsoʔ］(出)、［zoʔ］(入)等。

喉塞音弱化 喉塞音越变越柔和，韵尾可稍延长。如“八、白、搭、塔、达、夹、掐、轧、迹、吃、粥、泽、策、值、热、学、局、特、盒、鹤、笔、力、七、接、节、捏、雪、越、脚、肉、骨、北、佛、木、绿”等字，收尾时没有旧时那么顿促有力。

声调略有变化 单字调仍为7个，稍有变化的是阳去调值，旧时的阳去呈曲折调，当代的阳去曲折不鲜明，呈降调趋势。

二、改革开放后的语音变化

浊音清化 最近几十年里，吴方言里浊音逐步清化，其中常州话变化最快。在老常州话里，“拜”与“败”、“半”与“伴”、“担”与“蛋”、“订”与“定”、“注”与“住”、“后”与“厚”、“诗”与“是”、“桑”与“尚”、“京”与“静”等组字，前清后浊，区分鲜明。但在“新新派”常州话里，已经很难听到纯正的浊音了。清浊区分不清，后字浊音清化很明显，在语流中尤其不分，靠听觉已感受不出纯粹、地道的浊音色彩。以此推断，若干年之后，这几组浊音极有可能会在常州话中消失，常州话又要变得简约一些。

高元音i再度变化 新中国成立前，常州及其以东苏州、无锡等地区，发［i］时没有舌尖前伸或摩擦，口腔紧一点，但气流出口时是不受阻碍、没有摩擦的。50—60 年代出生的常州人发 i 音的时候就出现了摩擦，是舌叶两边摩擦发出的音，如“既、去、伲、米、皮、底、地、记、鸡、西、系”等。70—80 年代出生的常州青年人发 i 音，同样摩擦，但位置变了，不是舌叶，而是舌尖前伸，舌位向 z、c、s 后面的[ɿ]接近，成为一个舌尖摩擦元音，如“既、去、伲、皮”说成“志、次、mɿ、bɿ”。90 年代出生的青少年受普通话的影响，摩擦消失了，直接发 i，与普通话的发音很接近。这是常州当地特有的现象。

一些零声母音节变成辅音声母音节 20 世纪 50 年代出生的常州人发音是零声母的音节，到现在青少年嘴里加上了一个辅音声母，如把“容易”说成“龙易”，“现金”说成“显金”，“形式”说成“ɕiŋ 式”，“效率”说成“ɕiaɤ 率”，“幸福”说成“ɕiŋ 福”。另有一些辅音声母音节，出现零声母趋向，如：有限（馅）—有限（盐），欢迎 ȵiŋ—欢银 iŋ。

第三节 文白异读

常州话与普通话都使用汉语文字，但是对文字的读音不同。受官方标准语（普通话）及权威方言的影响而形成的文字读音被称为文读音，用地方口音读文字被称为白读音。据统计，太湖片吴语约有两百多个字有文白异读现象。一般情况下，白读只是与文读读音上有差别，意思基本相同，如“人、家、问、价、眉、尾”等，它们的文白异读组合搭配是固定而不能互换的。可以把“人家”说成 niŋko、səŋtɕia，前者为白读，后者为文读。也有文读与白读表示不同意思的，如“生活”有文白两读：“生”念文读音 səŋ 时，意思是“过日子”；而念白读音 saŋ 时，意思就是“事情”“活儿”，如“做生活”。说者和听者都不会混淆。

一、文白异读字表

常州话中的文白异读主要有 4 种现象：声母异读，韵母相同；韵母异读，声母相同；声母韵母异读而声调不变；声调异读而声母韵母相同。由于词语有连读变调现象，因此也会有整个音节都异读的情况。声调异读而声母韵母相同在方言中非常少见，常州话中也仅见于 20 世纪早期的绅谈中，或更早的时间；现在已经没有这种现象了。（本小节表格中注音第一列为汉语拼音，第二、第三列为国际音标）

声母文白异读，韵母相同

例字	普通话	文　读	白　读
不	bu	pəʔ	fəʔ
防	fang	vaŋ	baŋ
肥	fei	vi（肥料）	bi（肥皂）
孵	fu	fu（孵化）	bu（孵小鸡）
厚	hou	ɦei（忠厚）	gei（厚道）
觉	jiao	tɕiaɤ（睡觉）	kaɤ（睏觉）
剩	sheng	zəŋ（剩余价值）	dzəŋ（剩菜）
歪	wai	ua	hua
晚	wan	wæ（晚报）	mæ（晚娘）
望	wang	vaŋ	maŋ
亡	wang	vaŋ	maŋ
忘	wang	vaŋ	maŋ

味	wei	vi（味精）	mi（味道）
尾	wei	vi（结尾）	mi（尾巴）
问	wen	vəŋ（问题）	məŋ（问路）
闻	wen	vəŋ	məŋ

韵母文白异读，声母相同

例字	普通话	文　读	白　读
搬	ban	pø	pəŋ
备	bei	bai	bi
鼻	bi	biəʔ	bəʔ
别	bie	biəʔ	bəʔ
差	cha	tsʻa	tsʻo
豺	chai	zai	za
吹	chui	cui	cɥ
大	da	da（大学）	dɤɯ（大小佬）
打	da	da（打道回府）	daŋ（打相打）
颠	dian	tɿ（颠簸）	tiŋ（颠倒）
额	e	ŋəʔ（份额）	ŋaʔ（额骨头）
格	ge	kəʔ	kaʔ
更	geng	gəŋ（更加）	gaŋ（三更天）
庚	geng	gəŋ（庚子年）	gaŋ（年庚八字）
喝	he	həʔ	hɤɯ
泪	lei	lei（泪腺）	li（眼泪）
冷	leng	ləŋ	laŋ
邻	lin	liŋ（邻居）	leŋ（邻舍）
眉	mei	mai（迫在眉睫）	mi（眼眉心）
朋	peng	bəŋ（朋党）	baŋ（朋友）
去	qu	tɕʻy（去年）	tɕʻi（家去）
生	sheng	səŋ（生长）	saŋ（生子，指鸡鸭等生蛋）
省	sheng	səŋ	saŋ
墅	shu	zy（别墅）	zɿ（戚墅堰）
水	shui	suai	sɥ（开水）
穗	sui	zuai（稻穗）	zɿ（稻穗头）
蜕	tui	tʻai（蜕化）	tʻɤɯ（蛇蜕壳）
旺	wang	ɦuaŋ（兴旺）	ɦiaŋ（火旺到则）
掀	xian	ɕɿ（掀被头）	ɕiaɤ（掀书，即翻书）
陷	xian	ɦɿ（沦陷）	ɦæ（陷落）
限	xian	ɦi	ɦæ

闲	xian	ɦʅ	ɦæ
行	xing	ɦiŋ(行动)	ɦaŋ(行好事)
学	xue	ɦia(学校)	ɦoʔ(学堂)
明	ming	miŋ(明日)	məŋ(明朝)
争	zheng	zəŋ(斗争)	zaŋ(争气)
睁	zheng	zəŋ	zaŋ

声母、韵母文白异读，声调相同

例字	普通话	文 读	白 读
龅	bao	paɤ	bo
拨	bo	pəʔ	p‘ai
儿	er	ər(养儿防老)	n̡i(儿子)
耳	er	ər(耳科)	n̡i(耳朵)
二	er	ər(二流子)	n̡i(二十)
丫	ya	ia(丫鬟)	o(小丫头)
家	jia	tɕia	ko
加	jia	tɕia	ko
假	jia	tɕia(假冒伪劣)	ko(假货)
价	jia	tɕia(价格)	ko(价钱)
解	jie	tɕia(解放)	ka(解开)
芥	jie	tɕia	ka
届	jie	tɕia	ka
戒	jie	tɕia(戒备森严)	ka(戒烟)
界	jie	tɕia(文艺界)	ka(隔界)
锯	ju	tɕy(拉锯战)	ka(锯子)
架	jia	tɕia(框架)	go(架子)
嫁	jia	tɕia(嫁接)	go(出嫁)
甲	jia	tɕiaʔ(甲虫)	kaʔ(盔甲)
间	jian	tɕʅ(间隙)	kæ(房间)
舰	jian	tɕʅ(航空母舰)	k‘æ(舰艇)
江	jiang	tɕiaŋ	kaŋ
讲	jiang	tɕiaŋ	kaŋ
降	jiang	tɕiaŋ	kaŋ
交	jiao	tɕiaɤ(交往)	kaɤ(交代)
教	jiao	tɕiaɤ(教学)	kaɤ(教勿会)
绞	jiao	tɕiaɤ(绞刑)	kaɤ(绞毛巾)
酵	jiao	tɕiaɤ(发酵粉)	kaɤ(酵头)
觉	jue	tɕiaʔ(觉悟)	koʔ(觉着)

绝	jue	ɕioʔ	ziəʔ
敲	qiao	tɕʻiaɤ	kʻaɤ
染	ran	zØ（传染）	ȵʅ（染头发）
壤	rang	zaŋ	ȵiaŋ
绕	rao	zaɤ	ȵiaɤ
认	ren	zəŋ	ȵiŋ
人	ren	zəŋ（人民）	niŋ（人家）
日	ri	zəʔ（日本）	ȵiəʔ（日脚）
肉	rou	soʔ（食肉）	ȵioʔ（鱼肉）
闪	shan	sØ（闪电）	ɕʅ（豁闪）
夏	xia	ia、ɕia（夏令营）	ɦo（夏天）
狭	xia	iaʔ、ɕiaʔ	ɦiaʔ
下	xia	ia、ɕia	ɦo
孝	xiao	ɕiaɤ	haɤ
围	wei	uai（包围）	y（围巾）
喂	wei	uai（喂养）	y（喂猪）
五	wu	u（五湖四海）	ŋ（五个人）
颜	yan	ɦʅ	ŋæ
鸦	ya	ia（鸦雀无声）	o（老鸦）
樱	ying	iŋ（樱花）	aŋ（樱桃）

二、文白异读的演变

如今，由于现代普通话的推广，反映时代变迁的新词不断涌现，新文读随之增加；同时，由于旧事物、老现象的消失，许多与之相应的旧白读音开始消亡。在现在的青少年中，文白异读已经很不严整，搭配比较随意，一些书面色彩较重的词语，难以转换，索性就用普通话的读音代替，它的特点就是带有普通话色彩的方言或是带有方言色彩的普通话。总的趋势是文读增多，白读减少。

新旧白读 有些白读音依旧使用，但年轻人已经不说，或者根本就不知道有两读，如“左”“防”“樱”“甲”以及姓氏中的“万”、地名中的“墅”等，更多的已趋于两可之间。有些白读音只沉积在当地专用语词中，如“祖宗亡人”中的“亡 maŋ”、“食肉”中的“肉 soʔ”“晚娘”中的“晚 mæ”、“霍闪”中的“闪 ɕʅ”、“纬纱”中的“纬 ɦuai”、“邻舍”中“邻 leŋ”等。

新旧文读 由于生活经历和受教育水平的不同，常州话中有一词多文读的现象。例如，“闻 meŋ”可读为 veŋ 或 ueŋ，“夏 ɦo”“下 ɦo”可读为 ia 或 ɕia，其中的 ueŋ、ɕia 为新文读。

老常州话的文读用 s 声母代替普通话的 r，在新常州话中，青少年则把 r 的文读从 s 改变为普通话中不用翘舌的边音 l，发展出一种文读，例如，尖锐——尖类，如果——路果，母乳——母路，乳鸽——路鸽，然后——乱后，滋润——滋轮，儒家——卢家，光荣——光龙，仁义道德——棱义道德，等等。

文读取代白读 如“味道 weidao”有白读 mitaɤ 和文读 vitaɤ，现在年轻人多说 vitaɤ。

有的词，如“任”作姓时白读说 niŋ，没有文读，只有在“任务”“责任”“任命”等词语中说文读音浊音 zeŋ。现在越来越多的人在文读时把“任”姓也说成浊音 zeŋ。

第四节 同音字

下面字表中的字为生活中的常用字(圈码表示调值)。此表按本卷第一节语音分析中的韵母、声母表顺序分类排列;声调按前述声调表顺序分类排列,并在每一类之前用与调值相应的数字代号表示。一个字有多种读音的,在相应类别中均有记录,并在不常用读音字后面加注释义。因为上一节已经设立常用文白两读对照表,所以此表不再列文读音。遇无法用现有汉字表示的土语,在表内以方框代替,并在框后解释字义。

ɿ

ts ①脂姿资咨支枝肢之芝知蜘 ③子仔籽纸旨指止址紫姊 ⑤制致至志痣

ts‘ ①雌疵痴眵翅 ③耻此齿侈 ⑤刺次厕

dz ②池驰迟持 ⑥治痔稚滞坠(讨厌、下坠)

s ①师私司丝 ③死史使驶始屎 ⑤势世四

z ②辞匙茨瓷慈磁词祠时鲥 ⑥字是自似寺饲示视士墅柿市事巳祀逝誓

i

p ③比庇 ⑤闭臂蔽泌秘滗

p‘ ①批被匕 ③痞 ⑤屁

b ②皮疲篦毖脾肥(肥皂)坒(层、批) ⑥币毙被敝弊避鐾

t ①低爹 ③底抵 ⑤帝

t‘ ①梯 ③体 ⑤替屉嚏涕剃

d ②题提啼蹄 ⑥地弟第递

ts ③挤 ⑤祭际济剂

ts‘ ①妻凄

tɕ ①已基姐鸡机讥饥几(茶几) ③几 ⑤纪记季

tɕ‘ ①欺溪 ③起岂契 ⑤去器弃气汽

dʑ ②奇骑其期旗棋 ⑥技忌

f ①飞非妃翡斐蜚啡 ③匪榧 ⑤肺废沸费

v ②肥唯微薇 ⑥未味尾

s ①西 ③洗 ⑤细

z ②齐脐荠

ɕ ①牺希稀 ③喜 ⑤戏

ȵ ②尼泥疑儿宜 ③谊你耳 ⑥二贰腻

ɦ ②系移夷遗怡贻饴颐 ⑥义议易

m ①瞇眯弭 ②迷谜眉 ③米尾 ⑥弥

l ②厘犁离璃 ③礼里理鲤 ⑥泪利痢吏丽例厉励荔

∅ ①衣医依 ③已以蚁犄 ⑤意

u

p ③补怖 ⑤布

p‘ ①铺潽 ③普谱浦埔圃

b ②莆 ⑥捕部簿步孵

t ①都 ③赌肚妒

t‘ ①土吐唾 ⑤兔

d ②徒途涂图 ⑥肚杜度渡

k ①姑咕菇孤箍 ③古故估股鼓 ⑤雇顾

k‘ ①枯 ③苦 ⑤库裤

f ①夫肤麸敷 ③甫辅斧府 ⑤付傅赋赴讣副富

v ②扶符无 ③舞武俯 ⑥父附腐妇负务雾戊

n ②奴 ③努 ⑥怒

ŋ ⑥悟

h ①呼 ③虎

ɦ ②吴梧壶狐胡湖糊葫 ⑥户互护误

l ②卢庐芦炉鲈攎 ③鲁橹卤 ⑥路露

∅ ①乌诬焐 ③午

y

ts ①疽

ts‘ ①蛆 ③取娶 ⑤趣

s ①须 ⑤絮婿

z ②徐 ⑥聚序叙绪

tɕ ①居拘驹据车(车马炮) ③举 ⑤句锯倨

tɕ‘ ①区驱躯岖趋

dʑ ②渠瞿 ⑥具巨拒距苣

ȵ ③女

ɕ ①需酗虚嘘墟尿 ③许诩栩

ʑ ②予愚虞于圩盂竽余馀於鱼渔俞逾渝
③语雨 ⑥娱誉预遇裕豫御驭喻愉愈

l ②驴 ③屡吕 ⑥虑滤

ø ①羽與宇迂淤瘀 ③与屿 ⑤喂

ɥ

ts ①租猪诸朱株蛛珠诛硃 ③主煮祖组阻
⑤著铸注疰驻

ts‘ ①粗吹 ③楚础鼠处(动词)
⑤醋处(名词)

dz ②除厨橱储 ⑥住柱助贮穗

s ①酥舒输书苏枢纾抒 ③水署数(动词)
⑤塑恕戍数(名词)

z ②殊如儒孺蠕曙 ⑥树竖乳

a

p ①爸叭芭 ③摆 ⑤拜湃

p‘ ①趴 ⑤派

b ②牌排徘 ⑥罢败稗

t ①歹 ⑤带戴

t‘ ⑤泰太态汰

d ②他 ⑥笪汏厗(排)

k ①街尬咖(咖喱) ③解 ⑤界戒锯芥疥
介(介格,指示代词)解(量词,指时间)

k‘ ①咖(咖啡) ③卡楷

g ②□(跻身)

ts ①者斋遮蔗鹧喳渣□(讨厌、可怜) ③赭
⑤债

ts‘ ①差 ③扯 ⑤蔡

dz ②□(小便,动词) ⑥咋(多嘴多舌)

s ①筛奢衰赊 ③洒傻舍(舍得)
⑤赦晒帅舍(宿舍)

z ②惹蛇柴麝豺 ⑥社射

n ⑥奶

ŋ ⑥捱

h ①哈(打) ③蟹

ɦ ②鞋

m ①妈马(马虎) ②埋妈(妈妈,乳房)
③买

l ①拉 ⑥赖喇垃拉(拉尿,尿床)

ø ①阿啊 ③矮

ia

t ③嗲

ts ③姐 ⑤借

ts‘ ③且 ⑤趄

tɕ ①阶皆佳嘉加枷痂袈 ③贾
⑤驾介届假(放假)

dʑ ②茄佳(身体硬朗)□(抢占地盘或位置)

s ③写 ⑤泻卸

z ②邪斜 ⑥谢榭荠(荠菜)

ɦ ②爷

ø ①椰娅 ③雅亚野也

ua

k ①乖□(亲嘴) ③拐 ⑤怪

k‘ ①夸 ③垮 ⑤快筷

g ②拐(拐里拐里)

h ①歪

ɦ ②怀槐 ⑥外坏

ø ①哇娲

æ

p ①颁扳班斑拜掰 ③板版坂舨 ⑤扮瓣

p‘ ①攀 ⑤盼绊襻

b ①爿 ⑥办

t ①丹单耽担(担任) ③胆掸疸

⑤旦担(担子)石(量词)

t‘ ①坍滩摊瘫 ③毯坦袒 ⑤炭叹

d ②谈痰檀坛弹(动词) 淡蛋但弹(名词)

k ①监间尴 ③碱减裥涧检

k‘ ①铅 ⑤嵌

ts ①斩 ③崭盏赞(形容词) ⑤赞(动词)

ts‘ ①搀掺 ③产铲

dz ②残惭 ⑥暂站赚绽栈溅

f ①帆番幡蕃翻 ③反返 ⑤贩泛

v ②烦繁凡矾梵 ⑥万樊饭范犯

s ①三山舢汕讪疝衫杉珊姗 ③伞 ⑤散

z ②馋谗 ⑥闪(快速跑)

n ②难烂(烂泥) ⑥难(患难)

ŋ ②颜衔 ③眼

h ③苋 ⑤喊

ɦ ②咸闲 ⑥限馅

m ②蛮 ⑥曼慢嫚漫蔓晚(晚娘)

l ②兰拦栏蓝篮览 ③懒揽 ⑥烂滥

ø ⑤晏

uæ

k ①关 ⑤惯

k‘ ①亏

g ②环缳 ⑥掼

h ⑤甩

ɦ ②还 ⑥患

ø ①弯湾 ③晚挽绾輓 ⑤幻

ø

p ①搬般 ⑤半

p‘ ①潘 ⑤判泮舍(舍得，土话)

b ②蟠盘磐瀊 ⑥叛伴拌畔

t ①端 ③短 ⑤锻断(决断)

t‘ ①贪 ⑤探脱(取下)

d ②团坛潭谭口(货币)

⑥断段缎锻(锻造)

k ①干杆肝竿甘柑泔 ③敢感赶干(干部)

k‘ ①刊龛勘堪看(看守) ⑤看

ts ①簪占沾毡专砖詹瞻钻(动词)

③展辗转(转手) ⑤转战钻(名词)

ts‘ ①参餐川穿氽 ③喘谄惨 ⑤串窜篡

dz ②椽缠传(动词)

⑥篆传(名词)口(干，动词)

s ①酸闩栓蒜糁扇煽 ⑤算

z ②船蚕蟾然燃蝉婵禅单(姓)

⑥擅善膳缮鳝

n ①媛囡 ②男喃楠 ③暖

ŋ ⑥岸

h ①酣蚶憨 ③罕 ⑤汉熯口(吃，俚语)

ɦ ②寒韩含晗函涵菡

m ②馒鳗瞒蹒 ③满幔漫

l ②峦栾孪孪脔鸾銮滦 ③卵 ⑥乱

ø ①安鞍氨庵鹌 ⑤案按暗黯

iø

tɕ ①捐娟涓鹃 ③卷 ⑤眷绢狷

tɕ‘ ①圈券犬 ③劝

dʑ ②权拳颧蜷 ⑥倦圈(猪圈)

s ①宣藓 ③选癣

z ②泉潜全痊旋漩 ⑥渐

ɕ ①籼轩萱喧煊揎口(风吹动轻薄之物)

⑤楦

ȵ ③软

ɦ ②玄渊苑援缘悬员圆原源袁猿元阮鼋

⑥县愿院

ø ①鸳冤 ③远 ⑤怨

uø

k ①冠官棺倌观(动词) ③管馆

⑤灌罐贯观(名词)

h ①欢唤 ⑤焕痪

ɦ ②完顽丸纨 ⑥换浣

ø ①剜 ③缓豌碗腕惋婉

o

p ①巴疤笆芭 ③把靶 ⑤坝霸

p‘ ⑤怕

b ②扒趴杷耙爬琶鲃

k ①加家瓜 ③假害寡剐 ⑤架嫁价卦挂褂

k‘ ①夸 ⑤跨挎胯

ts ①抓遮渣楂 ⑤炸诈痄榨

ts‘ ①叉岔钗车差 ⑤杈

dz ②茶搽查

s ①沙纱莎砂裟鲨痧

z ②咋

n ②拿

ŋ ②衙牙芽蚜

h ①虾花 ⑤化口(缝隙)

ɦ ②华桦划(划船) ⑥画话夏下

m ②麻蘑 ③马码玛吗(吗啡) ⑥骂

ø ①丫桠鸦握搲 ③哑 ⑤垩

io

tɕ ①掬

ɕ ①靴

ø ①哟

ɩ

p ①边鞭编煸蝙 ③扁匾贬 ⑤变遍

p‘ ①篇偏 ⑤片骗

b ②骈便(便宜) ⑥便(方便)

t ①颠癫巅掂踮 ③典点 ⑤店

t‘ ①天添 ③舔

d ②甜填田钿 ⑥电殿淀佃垫奠

ts ①尖煎 ③剪 ⑤箭荐

ts‘ ①千歼扦迁签笺跹椠

tɕ ①兼搛艰奸肩坚菅谏 ③柬搌简间(间断)

⑤茧建见剑毽

tɕ‘ ①牵谦 ③遣谴 ⑤欠芡纤

dʑ ②钳乾钤掮燂 ⑥件俭健键

s ①先仙鲜纤 ⑤线腺

z ②钱前 ⑥贱践羡

ɕ ①掀轩 ③险显 ⑤宪献

ȵ ①粘研 ②年严阎 ③碾捻

⑥念验砚染廿

ɦ ②嫌贤盐檐谚炎沿舷言唁延筵蜒

⑥现焰艳腌

m ②棉绵眠 ③免勉面(体面)

⑥面湎缅

l ②廉帘联怜连莲鲢 ③脸 ⑥恋练炼敛殓

ø ①烟淹胭孱 ③掩演 ⑤厌燕咽宴堰赝

ər

ø ②而

ai

p ①杯卑碑悲彼 ⑤辈背贝狈揹

p‘ ①丕胚坯沛拨(拨灰) ⑤配

b ②培陪赔裴 ⑥倍焙蓓悖痱佩珮

t ①堆呆(呆子) ⑤对戴(姓)

t‘ ①胎推 ③腿 ⑤退

d ②台抬苔颓 ⑥代袋玳贷待怠黛

k ①该赅 ③改 ⑤盖概溉

k‘ ①开 ③凯

g ②憨 ⑥隑

ts ①栽灾 ③宰崽载

ts‘ ③采彩睬 ⑤菜

dz ②才财材裁 ⑥在

ŋ ②艾呆(呆大) ⑥碍

h ①口(许多,肿) ③海 ⑤嗨

ɦ ②孩 ⑥害亥骇唉

m ②煤梅莓霉媚楣嵋玫枚 ③美每 ⑥妹昧

l ②来莱徕睐雷擂蕾瘤 ③累(累计)

⑥类累

ø ①哀埃 ③蔼霭 ⑤爱

uai

k ①归规轨圭闺硅龟瑰 ③鬼诡会(会计)

⑤桂贵侩刽桧脍绘

k‘ ①亏魁盔岿傀 ⑤块

g ②癸葵揆逵馗 ⑥跪柜溃愦馈匮

ts ①追锥 ③嘴拽 ⑤最

ts‘ ①猜催崔炊 ⑤脆翠

dz ②锤捶

s ①腮虽摔 ⑤赛碎岁税

z ②随隋垂谁 ⑥罪穗蕊坠遂悴粹

h ①灰挥辉徽麾 ③毁悔 ⑤贿讳卉诲晦

ɦ ②回洄茴蛔危桅韦帏闱围巍为(作为)

⑥汇会惠慧位卫魏尉胃谓猬伟纬为(为什么)

ø ①威葳萎煨 ③委猥痿诿 ⑤畏秽慰

ei

t ①丢兜 ③陡蚪抖斗(名词)

⑤逗斗(动词)

t‘ ①偷 ⑤透敨

d ⑥逗(各处钻营)

k ①勾钩沟篝 ③狗苟枸 ⑤够垢彀构购

k‘ ①抠眍 ③口 ⑤扣叩寇蔻

g ⑥厚

ts ①州洲邹周帚舟昼 ③走肘 ⑤奏皱绉揍咒

ts‘ ①抽 ③丑 ⑤凑臭

dz ②仇筹咣绸稠 ⑥骤售

f ①否

v ②浮

s ①收搜馊溲飕 ③手首守叟 ⑤瘦兽嗽

z ②愁俦踌畴 ⑥寿受授绶

ŋ ③藕偶

h ①齁 ⑤鲎

ɦ ②候侯喉猴 ⑥后候(动词)

m ②谋缪(绸缪) ③某痳 ⑤茂贸谬

l ①溜 ②楼流刘留榴硫瘤浏髅 ③柳

⑤漏陋瘘褛镂篓

ø ①欧殴区(姓) ③呕

aɤ

p ①包胞苞褒 ③宝饱保堡葆褓 ⑤报豹爆

p‘ ①抛脬泡(鱼泡) ⑤泡炮疱

b ②袍跑咆雹 ⑥抱鲍刨暴爆(爆炸)

t ①刀叨 ③祷岛捣倒(打倒)

⑤到倒(倒水)

t‘ ①韬 ③讨 ⑤套

d ②桃逃陶萄啕淘涛 ⑥道盗悼导稻蹈

k ①膏羔糕高篙跤胶茭交觉(睏觉)

③稿缟铰 ⑤告教窖交(遍) 较(较力道)

k‘ ①敲 ③考烤 ⑤靠犒栲铐

g ②搞

ts ①糟遭搔招昭朝(朝夕) ③早枣找爪澡

ts‘ ①操超抄□(羹匙) ③草钞炒吵

⑤糙躁

dz ②潮嘲朝(朝代) ⑥赵兆

s ①骚臊烧梢捎艄筲肖(生肖) ③扫嫂稍少

⑤少(少年)

z ②曹槽嘈漕巢 ⑥皂造扰召绍邵绕

n ②挠 ③脑恼瑙 ⑥闹

ŋ ⑥敖

h ①蒿□(变质有异味) ③好

⑤耗孝(带孝)好(动词)

m ①猫 ②锚矛茅毛髦旄 ⑥帽冒卯铆

l ①唠捞涝佬(语缀词) ②劳崂痨 ③老栳

ø ①凹 ③袄 ⑤奥懊澳坳拗

iaɤ

p ①标彪镖膘飚表(钟表)□(液体射出)

③裱婊表(表示)

p‘ ①飘漂(漂泊) ③缥殍漂(漂白) ⑤票

b ②瓢嫖瞟
t ①刁貂雕凋碉 ⑤钓吊
t‘ ①佻祧 ⑤跳眺粜
d ②条迢笤龆髫调(调和) ⑥掉调(调换)
ts ①焦椒礁劁 ③醮
ts‘ ①悄 ⑤俏峭诮
tɕ ①浇骄娇郊姣较 ③缴搅狡饺校(校对)
⑤叫
tɕ‘ ①跷锹 ③巧 ⑤窍翘
dʑ ②乔桥侨荞缲 ⑥撬
f ⑤勠
s ①消硝绡销宵霄逍萧箫 ③小 ⑤笑啸肖
z ②樵憔
ɕ ①枭嚣枵掀(掀书) ③晓 ⑤孝
ȵ ①嬲 ②饶 ③鸟 ⑥绕
ɦ ②姚肴淆瑶摇谣窑遥 ⑥效校耀曜
m ②苗描瞄秒 ③藐眇 ⑥庙妙缪(姓)
l ②聊辽疗僚撩镣獠缭燎瞭 ③了(了解)
⑥料廖
∅ ①夭妖邀腰幺吆窈侥要(要求)
②舀闄(折叠) ⑤要

ŋ ②蛾鹅俄 ③我 ⑥饿卧
h ①囫 ③火伙 ⑤货
ɦ ②河何荷禾和(和气) ⑥和(和调)
m ②模魔摩蘑磨(动词)
⑥幕募墓慕暮磨(名词)
l ②罗锣猡箩螺骡腡捞(收拾整齐)
③裸 ⑥摞
∅ ①屙

iɯ

ts ①酒
ts‘ ①秋湫啾鳅
tɕ ①纠赳鸠 ③九久韭究 ⑤灸救
tɕ‘ ①丘邱蚯怵 ③揪
dʑ ②求球裘逑仇(姓) ⑥旧舅柩
s ①修羞 ⑤秀锈绣
z ②囚泅 ⑥就袖岫
ɕ ①休 ③朽嗅
ȵ ②牛 ③扭纽
ɦ ②游由蚰邮尤犹鱿疣 ⑥又宥釉诱右祐佑
∅ ①优忧悠幽 ③友有 ⑤幼

ʏɯ

p ①播玻簸波口(走)
p‘ ①坡跛颇 ⑤破剖
b ②婆蒲菩脯(胸脯)
t ①多 ③朵躲跺剁
t‘ ①拖 ③妥椭毻(脱毛) ⑤蜕拣
d ②驮驼陀跎 ⑥大惰
k ①歌锅戈 ③果裹 ⑤过
k‘ ①科棵颗窠 ③可 ⑤课
ts ③左 ⑤做
ts‘ ①搓初 ⑤错
s ①蓑梭梳疏 ③锁所琐 ⑤潄
z ②锄 ⑥坐座
n ⑥懦糯

aŋ

p ①邦帮浜磅 ③榜绑谤
p‘ ③膀 ⑤胖
b ②庞旁防朋棚硼鹏彭澎膨 ⑥棒傍甏蚌
t ①裆铛当(当家) ③党挡打
⑤档当(上当)
t‘ ①汤 ③倘躺淌 ⑤烫趟傥
d ②唐糖溏塘螳棠堂 ⑥荡宕
k ①耕罡刚纲钢岗缸江肛豇粳更(打更)
③讲港 ⑤降(升降)
k‘ ①康糠慷铒坑 ③骾 ⑤亢炕闶
g ⑥戆
ts ①装妆臧蟑睁庄桩章樟掌
③涨障长(生长) ⑤仗葬帐账胀壮

ts‘ ①仓苍疮昌舱窗 ③厂畅闯 ⑤唱创

dz ②肠场长（长短） ⑥杖丈状撞幢

f ①方芳坊肪 ⑤放

v ②房亡

s ①双桑商伤殇霜孀生牲甥丧（丧事）
③赏丧（丧失） ⑤爽省搡

z ②床藏尝偿常裳 ⑥上尚藏（西藏）

n ②囊馕齉哪攘

ŋ ①昂 ⑥硬

h ①夯亨（大亨）口（急匆匆地走）

ɦ ②航杭行（内行）降（投降） ⑥项巷

m ②忙芒茫虻氓盲 ③莽蟒网惘 ⑥望忘

l ②狼郎踉廊螂榔 ③冷朗 ⑥浪

ø ①肮

iaŋ

ts ①浆将（将来） ③蒋奖桨
⑤酱将（大将）

ts‘ ①枪跄锵 ③抢 ⑤呛

tɕ ①姜僵疆 ③讲

tɕ‘ ①腔

dʑ ②强 ⑥犟

s ①襄镶湘厢箱相（互相） ③想
⑤相（相面）

z ②墙嫱樯蔷详祥痒翔 ⑥匠象像橡

ɕ ①香乡 ③响 ⑤享饷向

ȵ ②娘 ③仰酿 ⑥嚷壤攘让上（地上）

ɦ ②阳羊洋佯徉杨扬疡炀（溶化，熔化）
⑥样旺

l ②良凉粮梁粱量（动词） ③两辆
⑥亮谅量（名词）

ø ①恙央秧殃怏鞅 ③养痒

uaŋ

k ①光胱洸 ③广邝

k‘ ①匡筐眶

g ②狂

h ①荒慌 ③谎恍幌 ⑤况晃

ɦ ②王黄璜潢皇蝗惶煌隍徨凰
⑥旺（兴旺）

ø ①汪枉 ③往

əŋ

p ①奔崩搬（搬家，土话） ③本

p‘ ①喷烹怦抨

b ②盆 ⑥笨坌

t ①敦墩礅灯登吨 ③等戥 ⑤凳瞪顿趸炖扽

t‘ ①吞 ③汆

d ②腾誊藤饨豚臀
⑥盾屯囤钝邓口（奚落）

k ①根跟庚羹更（更改） ③耿 ⑤更（更加）

k‘ ③肯垦恳 ⑤口（皮肤上的污垢）

g ⑥啃

ts ①针筝蒸斟真肫尊增贞侦珍诊疹征正（正月）
曾（姓） ③整准 ⑤正证政症枕镇震振

ts‘ ①春 ③蠢 ⑤乘（乘车）

dz ②仍陈尘沉臣郑丞承呈程城成诚橙澄乘
（乘法） ⑥阵剩

f ①分芬纷吩 ③粉 ⑤粪奋

v ②文汶坟纹氛 ⑥愤紊份忿

s ①森身孙僧升声申伸参（人参）
③审婶沈损 ⑤胜渗圣

z ②晨神仁存层绳辰唇盛（盛饭）曾（曾经）
③忍 ⑥认任刃甚肾慎赠闰润盛（兴盛）

n ③能 ⑤嫩

h ①哼亨口（撕） ③很狠

ɦ ②恒衡 ⑥恨

m ②门们扪闻蚊萌盟明（明朝，即明天）
⑥闷问

l ②仑沦轮埨棱邻（邻舍） ⑥愣论

ø ①恩

iŋ

p ①兵冰丙宾缤槟槟傧嫔鬓斌

③秉炳饼并(动词) ⑤柄屏(相持)
p‘ ①拼姘 ③品聘 ⑤牝
b ②平坪萍贫频凭瓶屏 ⑥病并(并且)
t ①丁仃叮盯疔钉(名词) ③顶鼎
⑤濎订钉(动词)
t‘ ①厅汀 ③挺艇听(名词)
⑤听(动词,剩余)
d ②亭停婷 ⑥定锭廷庭蜓
ts ①精睛晶津 ③井阱 ⑤进晋浸竣骏俊峻
ts‘ ①侵亲清青 ③请寝
tɕ ①今金襟巾斤筋荆京惊经茎泾
③紧景警颈锦 ⑤禁敬竟镜境胫劲迳径
tɕ‘ ①轻倾钦卿 ③顷 ⑤庆磬罄揿
dʑ ②琴勤芹鲸禽擒 ⑥仅近竞谨
s ①辛心芯薪新星腥惺猩 ③醒省(反省)
⑤信姓性
z ②情晴寻循巡 ⑥尽蕈净静徇殉
ɕ ①欣歆兴鑫昕馨 ⑤衅焮
ȵ ②凝迎人宁咛柠狞聍泞 ⑥佞认
ɦ ②盈赢吟寅营形刑型银垠行(行为)
⑥引幸
m ①鸣铭眠□(讽刺) ②明名民
③敏皿闽闵悯冥瞑溟腘 ⑥命
l ①拎凛 ②灵临邻林淋鳞磷陵凌菱绫铃聆伶羚翎零 ③领岭 ⑥令另
ø ①音殷鹰萤阴荫因姻氤应(应当)
③隐影 ⑤印映洇瀴应(答应)

uəŋ

k ③滚 ⑤棍
k‘ ①昆坤 ⑤困捆睏
z ②纯醇鹑 ⑥顺
h ①昏婚荤
ɦ ②魂浑馄 ⑥混
ø ①温瘟 ③稳

yŋ

tɕ ①军君均钧
dʑ ②群裙 ⑥郡
ɕ ①熏薰勋 ③笋 ⑤旬训驯讯迅
ɦ ②云匀 ⑥熨运韵晕(晕车)
ø ③允永

oŋ

p ⑤蹦
p‘ ③捧
b ②蓬篷埄
t ①东冬咚 ③董懂 ⑤冻栋
t‘ ①通 ③统桶□(移动) ⑤痛
d ②同铜桐筒童瞳彤 ⑥动洞
k ①工宫恭龚公蚣功攻弓躬供(供给)
k‘ ①空 ③恐孔控 ⑤空(空闲)
g ⑥共
ts ①宗棕踪鬃衷忠中(当中) ③总肿种(名词) ⑤众纵种(动词)中(射中)
ts‘ ①冲充聪囱匆葱 ③宠
⑤憁(鲁莽)眬(瞌睡)冲(身体前倾)
dz ②虫重(重复) ⑥仲重(重量)
f ①风枫疯丰峰锋 ③讽
v ②冯逢缝(动词) ⑥奉俸凤缝(名词)
s ①松淞崧舂嵩 ⑤宋送
z ②从丛崇戎 ⑥诵颂讼
n ⑥弄
h ①轰烘哄(哄骗) ③哄(起哄)
ɦ ②红虹弘宏洪鸿蕻
m ①蒙 ③猛 ⑥孟梦
l ②聋隆窿龙拢笼 ⑥砻
ø ①翁嗡 ⑤瓮齆

ioŋ

tɕ ②供(供养,祭祖宗) ③炯迥
dʑ ②穷琼
ɕ ①兄凶汹胸
ȵ ②农浓脓绒
ɦ ②熊雄容溶融荣蓉庸慵

ø ①泳拥雍臃 ③甬勇踊涌蛹 ⑥用佣

m

①亩姆 ③呒

ŋ

③五忤

aʔ

p ⑦八
p‘ ⑦叉(手脚张开)
b ⑧拔坺(土块)
t ⑦搭褡嗒答瘩
t‘ ⑦塔塌榻塌蹋遢拓
d ⑧达闼挞踏沓
k ⑦夹荚格骼隔膈
k‘ ⑦掐客押(押赌注)
g ⑧轧
ts ⑦扎札匝咂着(钩东西)
ts‘ ⑦察擦插册拆绰焯破(裂纹、裂缝)
dz ⑧宅着(着火)
f ⑦法珐发
v ⑧乏罚筏阀
s ⑦杀烁铄眨
z ⑧杂铡闸弱若芍焯炸(油炸)
n ⑧捺
ŋ ⑧齾
h ⑦瞎吓
ɦ ⑧匣盒狭
m ⑧袜抹
l ⑧腊蜡猎辣瘌邋
ø ⑦压鸭押阿(阿大)

iaʔ

ts‘ ⑦雀鹊
tɕ ⑦脚
tɕ‘ ⑦恰层却确
dʑ ⑧剧
s ⑦削
z ⑧嚼
ɕ ⑦辖
ȵ ⑧捏箬虐疟谑
ɦ ⑧钥药
l ⑧略
ø ⑦约

uaʔ

k ⑦刮掴
g ⑧刮(被动词)
h ⑦豁
ɦ ⑧滑
ø ⑦挖

əʔ

p ⑦拨畀
p‘ ⑦泼
b ⑧勃脖渤荸鼻别(别人)
t ⑦得德掇粘
t‘ ⑦脱忒
d ⑧特夺突
k ⑦葛割革鸽佮(合伙)个(量词)
k‘ ⑦渴克瞌刻咳栲(栲栳) 客(客气、漂亮的意思)
g ⑧搿
ts ⑦责汁织执质职拙炙摺折哲浙则侧
ts‘ ⑦测策彻尺赤斥撤澈辙出勚
dz ⑧涉择泽侄直值植殖述术
f ⑦勿弗
v ⑧物佛拂
s ⑦色蟀瑟说涩湿设虱失识室式适释塞摄飒啬穑
z ⑧舌入十拾实食贼石硕蚀蛰
n ⑧纳呐讷衲钠
ŋ ⑧兀杌厄扼额
h ⑦黑喝赫

ɦ ⑧合核

m ⑧没末沫

l ⑧勒肋仂捋

∅ ⑦曷褐盍谒

iəʔ

p ⑦必逼碧瘪鳖笔滗哔毕壁璧

p‘ ⑦匹瞥撇劈癖僻辟薜

b ⑧别弼愎趯(追)

t ⑦的跌滴嫡摘

t‘ ⑦铁贴帖踢惕

d ⑧敌荻涤叠迭笛迪蝶谍碟喋

ts ⑦接节迹积绩即疖瘠鲫

ts‘ ⑦七桼戚妾切窃漆膝辑楫葺缉

tɕ ⑦击激级急给棘戟劫孑挈锲洁结拮吉

tɕ‘ ⑦泣隙吃乞讫迄

dʑ ⑧及极杰竭桀屐急(害怕)

s ⑦锡屑戌恤泄昔惜息熄析晰悉蟋

z ⑧绝捷截集疾籍习席嫉寂袭夕汐

ɕ ⑦歇蝎吸胁阋

ȵ ⑧热业逆溺孽聂蹑镊

ɦ ⑧译怿协叶亦役逸翼驿页檄翌疫奕佚邑易(交易)

m ⑧灭觅幂密蜜蔑篾

l ⑧栗律列裂烈立笠力劣历沥口(绞动)

∅ ⑦一乙噎益溢

uəʔ

k ⑦骨

k‘ ⑦阔窟

s ⑦说(绅谈)

h ⑦寣

ɦ ⑧活获或惑核

∅ ⑦殟

yəʔ

tɕ ⑦橘菊孓厥蹶决诀

ɦ ⑧穴越悦阅域

oʔ

p ⑦博膊伯迫柏百剥驳北卜(动词)

p‘ ⑦扑朴拍帕泊舶魄蹼

b ⑧白箔薄礴瀑仆卜(萝卜)

t ⑦督厾笃沰(慢火煮)

t‘ ⑦托秃拓

d ⑧牍读犊独毒铎踱澤

k ⑦国觉(觉着)

k‘ ⑦壳扩哭酷

g ⑧硌

ts ⑦作卒烛祝粥嘱瞩卓桌足捉竹筑竺

ts‘ ⑦戳畜触簇撮促龊

dz ⑧浊轴逐蜀镯

f ⑦福幅蝠复腹馥覆

v ⑧伏茯袱服缚复(复兴)

s ⑦速叔栗肃宿缩索嗦朔塑(塑料)

z ⑧凿族褥勺俗属濯辱赎续熟塾

n ⑧诺

ŋ ⑧岳鹤愕萼鳄

h ⑦霍藿滖壑涸

ɦ ⑧或斛镬学划(计划)

m ⑧墨麦脉默木沐牧目苜睦莫寞摸漠膜秣茉

l ⑧洛络骆烙落录绿鹿漉簏六陆乐(快乐)

∅ ⑦恶沃屋龌

ioʔ

tɕ ⑦鞠

tɕ‘ ⑦曲缺屈阙

dʑ ⑧局掘倔崛

ɕ ⑦血刷嚎

ȵ ⑧肉

ɦ ⑧玉狱欲月育

∅ ⑦粤毓郁喑

第二章 词汇

常州话与其他吴方言一样，大量使用普通话的词汇。但是，普通话中的一些词汇，如“晚”“喝”“乳”“怎样”，在老常州土话中是没有的，常州人只说“晏”“吃”“奶”“奈介”。与其他吴方言相比，常州话包含较多的江淮方言词汇。常州话与江淮方言一样，都有“拽”（自高自大）、“假冒若鬼”的词，苏州话、无锡话中没有这些词。与同样是吴方言的苏州话相比，常州话说“东西、锅则、你、家里、厕屎、多少、坍憾、薄刀、翅膀”等词与江淮方言相近，而苏州话说相应的词语为“物事、镬子、倷、屋里、渣厕、几何、坍台、菜刀、肢夹”。当然，常州话也有大量特有的词语，如“怎样”，苏州话说“奈何”，常州话说“奈介”。常州话的词汇中还保留有古越语的痕迹。夏商以后至周代（距今3000年前），常州地区的土著居民属于百越民族，说的是古越语。据研究，古越语是一种胶着语，不像汉语那样一字一音，而是合多音胶着而成。例如，越王勾践在《维甲令》中下令“治须虑（越人称船为须虑）”，在这里船被称为“须虑”。现代吴语中，上海话的“阿拉（我们）”就属于这种情况。常州话中有相当多的这种语词，如“哼相（玩）”“勒色（垃圾）”“勒得（做事不爽气）”“喔家（心里不舒服）”“嗨为（自高自大）”“熬扫（赶快）”“赤佬（鬼）”“捺搭（肮脏）”“搬舍（不停不歇的人）”“靴着（能干）”，等等。因此，常州方言中的许多词汇仅仅存在于口头语言中，不能用通常的汉语文字准确表达，属于当地土语。本章收录基本的土语词汇，收录的词汇可用相应的现代汉语字表示的就用汉语字，可用古汉语字表示的用古汉语字，实在找不到相应字表示的就用读音相近的字代替，同时加注国际音标。由于常州话受普通话的影响越来越大，所收词汇在新常州话（即年轻人说的常州话）中使用频率大大降低。

第一节 名词

一、称 谓

社会关系

太公（曾祖父）

太婆（曾祖母）

阿爹（爹 ti，阴去；爷爷）

亲娘、嗯娘（奶奶）

姑婆（姑奶奶）

姨婆（姨奶奶）

老子（爸爸）

阿娘（妈妈）

晚娘（晚 mæ，上声；继母）

寄娘（干娘）

寄爹（干爹）

妈妈娘（奶妈）

阿姆（伯母）

八八（姑姑）

阿舅（妻弟）

伯姆（妯娌）

姑娘（丈夫的姐妹）

弟妇（弟媳妇）

婆佬（夫妻）

老嬷（老婆）

小婆（小老婆）

大婆（大老婆）

老官（丈夫）

男女（儿女）

女女（女儿）

新妇（媳妇）

养新妇（童养媳）

男女、老少

大大（宝宝。常州人的姓名中，经常看到“顺大”“根大”“福大”“巧大”“全大”“琴大”等名字，把子女视作宝贝，相当于周边地区人名字的“阿宝”“根宝”“巧宝”）

大小娘（大姑娘）

佬小（小男孩）

男伲家（成年男子）

女娘家（成年女性）

佬小家（男人）

丫头家（女人）

团团（婴儿，小孩儿的爱称）

小官人（小公子）

小佬（小孩）

生理特征

阿胡子（络腮胡子）

白羊子（指天生毛发全白的人，此词现在已经不用或很少用）

雌雄婆（两性人）

牛婆（粗壮的女人）

热皮王（火气大，易出汗的人）

瘫巴（瘫痪的人）

掬巴（掬 tɕio，阴平；躬腰驼背的人）

4. 性格行为特征

百搭（什么事都能做一点的人，善于与别人打交道的人）

搬舍（搬 pəŋ，不停不歇的人）

赤佬（鬼，骂人话即不像话、不像人）

憁头（冒失鬼，洋盘）

大卵（耍派头）

逗卵（瞎忙的人）

抖鬼（胆小鬼）

道伴（伙伴）

憨大（呆子）

户头（家伙）

蟹大（蟹 ha，上声；傻而冒失的人）

截料（木匠截下而无用的小料，又指没出息的人）

脚色（能力强的人）

熤头（熤 ʥʅ，阳平；敢于出头提意见的人）

犟头（死不买账的人）

老交（老朋友）

老头（强词夺理的人）

老蟹（老于世故的人）

蜡烛（不明事理、需要他人点拨的人）

勒色（垃圾，也形容道德品质不好的人）

龙生（亦称龙龙，乡下人）

嫩生（没经验的年轻人）

闹鬼（喜欢吵闹或热闹的人）

齆货（齆 øoŋ，阴去；难交流的人）

七煞（凶神、恶人、讨厌鬼）

巧人（聪明能干的人）

肉头（为不值得的小事过分推让不休的人）

啬鬼（小气鬼）

骚包（有钱就要摆阔、乱花的人）

祟子（不成器的人）

虚大（胆小鬼）

咋婆（叽叽喳喳的女人）

坠头（坠 dzʅ，阳去；讨厌的人，由“茅坑板上的坠头”转义而来）

二、身　　体

膀（腿）

卵（男性外生殖器）

掬手（有残疾的手）

佝背（驼背）

卵泡（阴囊）

模子（块头、身材）

馋吐（口水）

牙官（下巴）

顺手（右手）

济手（左手）

丫髻、多梳（刘海儿）

酒塘（脸上的酒窝）

胴肛（肛门）

妈妈（妈 ma，阳平；乳房、乳汁）

脚膀（大腿）

脑絮（脑筋）

手脶（脶 lɤɯ，阳平；圆形的指纹）

眼塘（眼窝）

头骷郎（头颅）
光榔头（光头）
秀顶头（头顶的头发脱落状）
额骨头（额头）
囟塘门（头顶心）
太阳心（太阳穴）
秀顶头（秃顶）
眯凄眼（近视眼）
肉里眼（眼皮厚、眼珠小的眼睛）
面盘子（面孔）
面结姑（颧骨）
眼乌珠（眼珠）
眉心塘（眉心）
膝馒头（膝盖）
嘴巴子（巴掌）
脚板头（脚掌）
胸口塘（心窝）
奶旁骨（肋骨）
肚皮眼（肚脐眼）
旋勃箩（头发旋儿）
脚骨郎（小腿）
脚孤拐（脚踝）
妈妈头（妈读音为去声；乳头）
鼻涕肯（鼻涕干）

三、疾　　病

瘌头（瘌 lai，阳平；痤疮，小豆豆）
紫血（冻疮）
出痧子（麻疹）
蛤蟆疯（腮腺炎）
三日头（疟疾）
猪狗臭（狐臭）
偷眼线（麦粒肿）
洋白头（白化病）
竖头肉（疣）
吊线风（面部神经瘫痪）
抖抖病（帕金森氏病）
鬼剃头（斑秃）
嘴牙疮（口角炎）
偷粪老鼠（直肠脱垂）
小肠气（疝气）
黄水疮（传染性湿疹样皮炎）

四、情　　状

局气（运气）
煞花（不可告人的秘密，猫腻）
宿货（过时货）
样范（样子）
天法（最好的办法、一切办法）
隙丝（裂缝，缺陷）
化化（缝隙）
台盘（公众场合）
亲头（懂事，懂规矩，知好歹，如有亲头，呒亲头。有亲头意为讨人喜欢，可亲）
心想（耐心）
冤狷（冤屈）
跌返（能力、事业）
瞌充（瞌睡）
豁虎跳（侧手翻）
坐臀钟（屁股跌坐在地上）

五、饮　　食

滚水（开水）
昼饭（中午饭）
糊粥（用米和米粉煮的粥）
糊粉（煮粥的米粉或面粉）
浆黄粉（炒熟的麦子磨成的粉，非常香）
稀粉、扎帛粉（做面食用于防止成品粘连的粉，讲究的把粉装在纱布包里）
垒块（下在汤锅里的面粉小块）
索粉（粉丝）
束面（挂面）
青头莱（通称绿色蔬菜）
肉绒松（碎肉）
饭米糁（米饭粒）
扁汤子、瘪子头（在粥锅或汤锅里煮的米粉小圆饼）
转摊饼（在铁锅里放点油整个地贴在锅壁的薄饼）

烂摊饼（用面粉或米粉贴在锅壁上烘烤的扁块饼）

大团子（年糕）

糍团（糯米饭团）

亮月饼（中秋节家庭自做的月饼）

腻头（芡粉，也指当地制作的一种豆腐汤）

塌饼（米粉蒸的圆饼）

松糕（米粉蒸的松而软的糕）

强豆（五香蚕豆）

笃烂面（煮烂面条）

锅贮（锅巴）

油绳（麻花）

虾饼（用虾及其他作料和面，经过油炸的、有菜盘子大的薄而圆的饼）

黄芽菜（大白菜）

干面（面粉）

馒头（包括北方人所说的“包子”，如“菜馒头、肉馒头”）

甜白酒（甜酒酿）

糟扣肉（常州的一种肉食，底下放酒糟蒸煮而成）

麻糕（一种芝麻烧饼，常州特产）

豆斋饼（也写为豆炙饼，常州特产的用豇豆做的铜钱般大的小圆饼）。

六、时间、时令、方位

旧年（去年）

开年（明年）

外前年（大前年）

外后年（大后年）

今朝（今天）

昨头（昨天）

明朝（明天）

后朝（后天）

外后朝（大后天）

前夜则（前天夜里）

前夜头（前夜往往合音为斜）

空早头（清晨）

上昼（上午）

昼上（中午）

昼心间（中午，也称昼上）

日里（白天）

夜快点（黄昏）

辰光（时间）

才将（刚才）

下遭、下尼遭（下一次）

晏点会（以后见）

晏歇会（一会儿见）

老早或老底子（从前，原来）

后首（后来）

先头（起初，起先，也称头先）

过套（过去）

闸末、阿末（最后）

晚来（晚 mæ，后来）

一歇（一会儿）

道里（之间、中间，表示同伙关系）

成更半夜（半夜）

春三头（春天里）

年夜快（年底）

浮头（上面）

里向（里面）

世界（可用的空间）

七、事　物

自　然

皴（ts‘aʔ，裂纹、裂缝）

鲎（hei，阴去；虹）

亮月（月亮）

日头（太阳）

阵头（打雷）

移星（流星）

霍闪（闪电）

迷露（雾）

护日（日蚀）

护月（月蚀）

停瀑（瀑 doʔ，冬天因雨雪而在屋檐边垂下的冰棱）

蒙松雨（毛毛雨）

气汗水（雾水珠）

亮嬷嬷（月亮，儿语）

动物植物

子（动物的卵或蛋，如鸡子、鸭子、鱼子）

中牲（动物）

脚猪（配种的公猪）

鸦鹊（喜鹊）

老虫（老鼠）

土蚕（一种害虫）

河蚬（蚯蚓）

百脚（蜈蚣）

蛇蚤（跳蚤）

壁虱（臭虫）

草混（草鱼）

鱼厣（厣 øɿ，阴去；鱼鳞）

鱼勒（鱼精子）

沼虾（虾）

团鱼（鳖）

蟛蜞（一种小的蟹）

田鸡（青蛙）

虾针（有虾子儿的虾，头内有一块硬物）

江猪（江豚）

白乌龟（鹅）

土灰蛇（当地的一种小蝮蛇）

火赤炼（一种条纹红白相间的水蛇）

放屁虫（一种会释放臭味的小甲虫）

夜夜虫（萤火虫）

洋析历（知了）

鳑鲏头（河浜里的一种扁阔的小鱼）

川条头（河浜里的一种细长的小鱼）

鱼卵泡（鱼鳔）

鱼芒芒（鱼刺）

蛤蟆乌（蝌蚪）

癞白高（癞蛤蟆）

雌虎鱼（河塘中的一种肉多而细嫩的小鱼）

偷油老鼠（蝙蝠）

寒豆（豌豆）

辣子（辣椒）

长生果（花生）

北瓜（食用南瓜）

谢菜（又名荠菜，一种野菜，味鲜美）

白乌枣（鲜枣）

马兰头（多年生草本植物，生于路边、田野、山坡上，清香可食）

荷花郎（紫云英）

酱板头（酱板草，学名马齿苋）

棝柮（kuaʔtoʔ，断木残根）

鸟不宿（枸骨，一种植物）

称某些成年雌性动物加后缀“婆”，如狗婆、猪婆、鸡婆

日常用品

襻（p‘æ，阴去；布制的扣住纽扣的套子，器具的提梁）

瓮头（甏）

近头（台阶）

背褡（背心）

被头（被子）

薄刀（菜刀）

家生（家 ko，阴平；工具）

撩勾（汤匙）

撩篱（竹篾做的在汤锅里捞食物的用具）

旋凿（起子，固定螺钉的工具）

演线（缝衣针）

拗手（带弯柄的小木盆）

箸笼（筷筒）

供碗（小碗）

法碗（中等大的碗）

海碗（大口的碗）

井罐（旧式柴灶两锅之间利用灶膛余热烧热水的口小而深的水锅）

灶窠（旧式柴灶烧火的地方）

柴仓（堆柴草的小屋）

垫撮（竹制的清扫时用于装垃圾的竹畚箕）

筅帚（刷洗锅子的竹制器具）

筲箕（箕 saɤ，阴平；淘米箩）

图书（旧指图章）

行灶（一种主要烧木柴的可移动的小灶）

台刻（写字台上的玻璃板）

瓦得（瓦罐）

明堂（天井）

汤婆子（被窝里用的内盛热水的取暖器具，呈扁圆形，常用铜或锡制成）

水铫子（煮水、带长嘴的铜壶）

被头窠（被窝）

烟筒管（烟囱）

骨牌凳（一种方凳）

灶镜洞（旧式灶烧火处与灶台相通的一个方洞，可以边烧火边观察食物烧煮的情况）

缴灶布（抹布）

生　　产

田（水田）

地（旱地）

埨光（埨 ləŋ，阳平；田埂）

埨子（平整后呈长方形的庄稼地块）

莳秧（插秧）

樵稻（割稻）

土结（用黏土和草纤维做成的大的泥块，用于垒小屋的墙）

栈条（用竹篾或芦杆做的长条形器具，用于做简易的室内粮囤）

麦笪（笪 da，阳去；一种用粗竹篾编成的像席的东西，晾晒麦子等粮食用）

盘篮（口大而略深的竹匾）

苗篮（竹子编的大口筐，用来装瓜果蔬菜）

连枷（木制的在社场上击打成熟的庄稼以取得果实的农具）

稻锲（锲 tɕiəʔ；割稻的带齿的小镰刀）

笆斗（扛在肩上运送粮食的藤制品）

畚斗（比畚箕略大、装运粮食的芦柴制品）

淘箩（淘洗粮食的竹制品）

磕篓（鱼篓）

土笪（笪 da，阳去；农村用于装土或沙石的竹畚箕）

团匾（用于晾晒蔬菜或食物、边缘浅而圆的竹制品）

麦硌凿（给麦子脱粒的石碾子）

料勺（手柄较长的用于舀水舀粪的农具）

箬帽（箬 ȵiaʔ，用箬叶和竹篾做的防雨的帽子）

壮头（肥料）

垩壅（人粪、动物粪）

八、其　　他

阿乌（儿语，吓唬小孩的鬼怪）

场化（地方）

巴心（期望）

记认（记号）

混堂（浴室）

节场（庙会或集市）

老爷（庙里的菩萨）

料量（人的能力和道德品质）

六上（旧时日期固定的集市）

拉兜（用巴掌横着打对方头部）

南货店（售卖土特产干货的商店）

肉墩头（卖肉铺子）

沙蟹（扑克；扑克的一种玩法）

事体（事情）

刹花（隐私之事）

榻车（板车）

跳鸡（妓女）

头家（聚赌的主人家）

滩簧（锡剧的前身）

推海（出息）

野话（脏话）

老虎灶（旧时卖开水的店）

旋勃螺（陀螺）

油段子（绫的俗称，一种丝织品）

水风箱（旧时称水泵）

第二节 形容词

一、人 物

外 形

佳(ʥia，阳平；健康)

嬝(爱打扮、花枝招展的样子)

盘阔(块头大)

哆哩(虚弱)

登样(有模样、好看)

唉呆(行动迟钝)

客气(客 kaʔ；可爱，不是指待人热情)

体面(漂亮，不是指有面子)

渣相(可笑、可怜、可恨、幼稚、愚蠢)

扎墩(结实)

行 为

憁(倒霉，鲁莽)

抖(胆小怕事)

费(不易相处，麻烦)

齁(气喘，着急)

勒(说不清话)

渣(可恶、可怜)

坠(dzʅ，讨厌、脸皮厚)

咋(多嘴多舌)

拽(了不起的样子)

把细(小心谨慎)

把家(勤俭持家)

巴结(除讨好的意思外，还表示态度认真)

出趟(大方)

糙毛(粗枝大叶)

嘈健(过于积极)

缠夹(混杂，夹带)

发松(幽默、有趣而使人好笑)

发噱(好笑)

改相(习惯变坏)

霍肉(贴近肉体，引申为亲近)

活络(灵活)

结棍(厉害，形容事物重要且影响大，也形容人显赫、强干)

见亮(识相)

克职(敬业尽职)

老诚(老实)

老鬼(鬼 tɕy，阴平；熟练)

老擦(大方，成熟)

老相(摆架子)

老卵(很有资格的样子)

勒得(纠缠于细枝末节)

落拓(不修边幅)

辣串(做事厉害而不留情面)

聆清(老年人耳聪目明)

木角(迟钝)

难为(浪费)

樵净(利索)

热络(亲热)

入调(守规矩、有礼貌)

死腔(讨厌的样子)

鲜颠(珍爱)

转弯(出格、过分)

杀泼(泼辣)

刹根(彻底)

刹火(厉害，形容做事情)

下作(下流)

□□(ɕia tsa，能干)

枵薄(枵 ɕiaɤ，阴平；不厚道)

野调(野蛮、下流)

着乖(识相)

罪过(可怜。由佛教的因果报应教义而来，现世可怜的人是前世有罪过即作孽)

作孽(可怜。同上)

渣相(讨厌、可怜)

缀肉(贴近，完全属于自己)

性　情

蟹（ɦa，傻）

肉（不爽气）

齆（oŋ，鼻塞而声音含糊；脾气坏）

怵（tɕʻiɯ，坏）

寿（小气、好笑、性急）

啬（小气）

厌（顽皮）

促掐（阴险狡诈）

乐慨（大度）

坦气（大度）

心凶（有利益必争，不肯吃亏）

恶拉（故意制造麻烦）

感　觉

钝（不顺利）

肮三（讨厌，难以接受）

吃血（费用太大）

吃架（有能耐，压力大）

戳目（看了难受，看不下去）

活沥（活受罪）

活欠（陷在事务中很难受）

殟塞（uəʔsəʔ，气闷）

睏懒（疲倦）

攮心（攮 naŋ，阳平；心痛）

喔家（说不出的难过）

欠命（受折磨）

茄门（不舒服）

肉麻（舍不得）

深大（不可捉摸，生分，不自在）

爽堂（对开阔明亮的感觉）

焐心（满意、开心）

写意（舒服）

意丝（感觉不舒服）

二、事　物

勚（tsʻəʔ，木头、纸张、布料的质地老化）

杜（土的意思，常州话把农户自己制作的东西冠以“杜”，如“杜布”“杜酒”“杜米”）

好（阴平声调，霉变）

弥（很远、很早）

脬（pʻaɤ，阴平；鼓起而轻软之物）

细（小）

汤（粥稀）

枵（ɕiaɤ，阴平；纸张或布匹单薄）

瀴（øiŋ，阴去；凉）

晏（晚）

壮（肥实）

绽（dzæ，阳去；饱满）

赞（好）

齾（ŋaʔ，缺损）

皮爿（合不拢）

白剩（白白浪费）

穿帮（露馅）

搭浆（马虎，质量差）

大兴（靠不住）

霍肉（指衣服柔软贴肉而舒适）

好兴（许多）

罗噪（吵闹）

络乱（很杂乱）

赖天（不着边际）

拉鬼（蹊跷、奇怪）

辣串（不留情面）

乐惠（自在、愉快、实惠）

离苗（不结实）

来事（能干、可行）

连牵（装配组合得像样）

明光（结果、好处）

名贱（稀罕、贵重）

抿缝（拼接紧，几乎没有缝隙）

龌龊（脏）

捺搭（脏，脏物）

闹猛、闹热（热闹）

樵净（利索）

慊差（不规整）

梳齐（整洁）

升重（沉重）

脱攀（脱节，无法完成）

脱空（预计的结果没有出现）

推扳（逊色、差劲。水乡行船摇橹一推一扳连续进行，用力必须均匀，否则就会走偏；一推一扳上出了问题，叫做推扳）

推为（同上）

勿局（不成功）

香串（食物味道好；大家喜欢）

遥远（不大可能）

硬当（质量好）

崭刚（质量好，人豪爽）

扎置（结实）

三、拟　声

滑贴塌

得络转

劈力拍

扑落拓

拔迪达

唬嗤唬嗤

咕咯咕咯

别咧白落

歇豁歇豁

忽碌忽碌

哩啰哩啰

怯壳怯壳

达辣达辣

咕壳咕壳

横冷横冷（哇啦哇啦，声音很大）

绷冬绷冬

毕卜毕卜

四、数　量

廿（二十）

坒（bi，阳平；层、批）

沰（滴）

托（度里的又换成尺，两手侧平举，左手指尖到右手指尖的距离）

厢（排）

记（下，如哈一记，即打一下）

坺（baʔ，块）

解（ka，阴去；段，指时间）

交（kaɤ，阴平；遍）

寣（huəʔ，“困一寣”即睡一觉）

浪趟（大批，如一浪趟即一大批）

第三节　动词

一、姿势、倾向

捱（ŋa，上声；拖时间）

孵（孵化，下蹲）

盘（躲藏）

屏（相持）

冲（头往前倾，伸头）

笃（竖）

逗（钻营）

掼（跌倒）

隑（gai，阳平；倚，靠）

夯（急匆匆地走）

晦（多、肿）

睏（睡觉）

眯（小睡）

眇（斜眼看）

腻（表示亲昵的动作，身体贴紧并揉动）

氽（漂浮）

毻（t‘ɤɯ，阳平；掉毛发）

焮（ɕiŋ，阴去；发炎引起其他部位的肿胀、疼痛）

二、行为、动作

搲（o，阴平；强行把东西给对方）

坌（翻土、刨、挖）

波（走路，亲戚、朋友之间相互往来走动可以说成“波动”）

鐾(bi,阳去;把刀口贴在缸沿上磨擦,使更锋利;睡觉时磨牙)

滗(pi,阴去;把液体和固体分开)

煸(把菜、肉等放在熟油里炒到半熟)

挬(搬动重物;折腾,纠缠不清)

掮(pai,阴去;身上负重)

掰(用手分开物体)

畀(pəʔ,入声;给或被)

趨(biəʔ,追)

缠(搅、纠缠,另一意思是“干”即行动)

出(ts‘əʔ,提)

穿(ts‘ø,阴平;批发)

得(təʔ,轻轻提起)

得(təʔ,粘,也可用作形容词)

汏(da,阳去;放在水中洗)

嗒(taʔ,随便吃吃,品尝)

丟(toʔ,丢)

戥(təŋ,阴去;掂分量)

钝(dəŋ,阳去;奚落)

该(拥有、富有)

佮(kəʔ,共用)

搿(kəʔ,入声,浊音;腋下夹物;拥抱)

掴(kuaʔ,入声;打嘴巴)

硌(goʔ,被硬物顶)

熯(hø,阴去;用文火烤)

哈(打)

囫(hɤɯ,阴平;大口喝)

晃(放开手打别人的头,如晃煞你)

漗(hoʔ,洗,现在已经不说,但其他吴语还说)

搛(用筷子或长形钳子夹起物品)

搌(tɕʅ,上声;揩)

缴(揩洗)

茄(ʥia,阳平;占据)

掮(为获取利益,把别人的短处推在前面比较)

客(k‘aʔ,押赌注)

克(k‘əʔ,压)

囥(藏)

卵(理睬)

攎(lu,阳平;顺着毛发抚摸、整理)

捞(收拾整齐)

捋(用手抓住稻穗或麦穗茎,把稻粒或麦粒抹下来)

勒(在,也有言语重复的意思)

觅(找)

弭(mi,阴平;小口吃酒、茶、汤)

呡(含食物)

霉(对别人说话没好气)

鸣(近年出现的新词,意为讽刺)

批(用刀把某些东西削成薄片)

拍(叉开)

揿(按)

桨(tɕ‘ʅ,阴平;削皮)

闪(zæ,急速跑)

摔(斥责)

听(t‘iŋ,阴去;剩余)

拓(t‘aʔ,随意写)

敨(t‘ɤɯ,阴去;抖落物品)

镶(掺和)

相、戏(玩;相是城东乡下话,戏是城西乡下话)

闉(iaɤ,阴平;折叠)

偃(把两件物品挨在一起,比较长短)

厌(玩耍,顽皮)

着(tsdʔ,钩东西)

侧(tsaʔ,倾倒物品,如倒水被称为侧水)

轧(gaʔ,挤)

焯(zaʔ,在开水中烫一下)

张(看望)

齾(ŋaʔ,克扣)

搲(o,阴平;用手抓物)

昂死(闹纠纷)

哼相(玩)

变鬼(装神弄鬼,装模作样)

背牵(意见和行动相反)

摆海(炫耀)

扒分（赚钱）
办备（准备好）
包梢（对结局负责）
坌田（用铁钯松土）
拆蚀（亏损）
拆砻（离开）
铲班（全部铲除）
出松、滑脚（溜走）
抽昏（打呼噜）
触气（生气）
吊诮（讥讽）
打旁（开玩笑、打岔）
端正（准备）
垩肥（Øo，阴去；施肥）
发欠（发脾气）
乖嘴（吻）
掼滩（把船上货物卸在河岸边）
嗨为（显示权势和本事，显摆）
供养（供 tɕioŋ，阳平；家里祭祀祖宗）
解到、支解（安排）
横搅（胡搅蛮缠）
讲九（说悄悄话，同苏州人的“讲张”）
搅档（捣乱）
掮轧（与他人攀比）
结底（最后）
开销（驳斥）
哭死（哭泣）
落忽（睡着觉）
拉尿（尿 xu，阴平；尿床）
乱串（胡乱做事）
拿乔（故意推托，自抬身价）
弄耸（暗中使坏）
握空（说空话）
劈拆（分摊）
排揎（责怪，数落）
牵死（纠缠过去的事）
牵砻（用木砻碾去稻谷的外壳）
牵命（折腾、折磨）
食搡（搡 saŋ，阴去；吃，贬义）
收梢（收尾）
送汤（送礼慰问产妇）
推头（找借口推辞）
赛过（与某某人或事物一样，不是超过其他人或事物）
上腔（奚落，指摘）
忘煞（忘记）
歇绊（工间休息）
歇搁（中止、结束、没办成）
压势（以势压人）
做造（装腔作势）
遮瞒（包涵）
咋惊（梦中受惊，大惊小怪）
着港（落实）
轧道（交友）
侧倒（全部收拾带走）
三、感觉、思想
泛（胃不舒服，欲呕）
齁（hei，阴平；喘气，也表示性急）
极（害怕，着急）
虚（恐慌）
鲜（痒）
详（揣摩、推断）
吃瘪（受压制而无法反驳、反抗）
卵气（泄气、生气）
兴兴（高兴一下）
趣趣（乐一下）
坍憁（憁 ts‘oŋ 阴去；丢面子）
坍台（丢面子）
歇比（结束，完了，无可挽回，亦称歇菜）
眼气（眼红）
四、物体运动
塳（boŋ，阳平；灰尘飞扬）
瀊（bØ，阳平；水溢出来）
彪（液体射出）

㵠(tiŋ,阴去;杂质在水中沉淀)　喧(风吹动)
沰(toʔ,雨淋)　荐(tʻɤɯ,阴去;脱落,褪色)
脗(miŋ,阳去;合拢无缝)　炀(融化)
寐(mei,阳去;物体燃烧时只冒烟,无火苗)　洇(熄灭)
潽(pʻu,阴平;液体沸腾溢出)

第四节　代词

一、人称代词

各种人称代词见下表:

	主格		宾格		领格	
	单数	复数	单数	复数	单数	复数
第一人称	我	我家、哈伲(家)	我	我家、哈伲(家)	我格	我家格、哈伲(家)格
第二人称	你	你家	你	你家	你格	你家格
第三人称	他	他家	他	他家	他格	他家格

常州话中的“他”发音为da,阳平声调。除了表中的人称代词,自指形式为“自家”,他指形式为“别人家”,统指形式为“大家”。

其中比较特殊的是第一人称复数“哈伲”,它的意思是“咱们”,特别包括说话人面对的人,它的具体意思是“我和你”,或者是“我们和你”,或者是“我们和你们”。

二、指示代词

近指代词(这个):介格(“介”发音城区人为kæ,城郊人为ka,阴去声调;以下所有“介”均相同)、志格、荡格。

远指代词(那个):过格、头格。

指示地点(这里、那里):介头、介开、介浪、介边、介向,过头、过开(点)、过浪、过边、过向,志(既)头、志(既)开、荡开、荡块。

指示时间(这时、那时):介歇、过歇(头),介套(头)、过套(头),介兴(套)、志兴(套)、头兴,介歇辰光、过歇辰光。

表示连接(那么):介末。

表示方式(这样、那样):介佬(则)、过佬(则)。

一个特殊的指示代词是“诺”,日常生活中用得很多。有时,它被用在一句话的开头,指代将要说的这句话,也可以用于句末,表示“那样”的意思。

三、疑问代词

表示区别:囊格、囊兴。

询问人:哆人。

询问事物:哆、哆格、哆东西。

询问数量:几、几格、多少。

询问地点：囊开、浪开点、囊头、浪头、嗲地方。

询问时间：囊一套、囊歇（辰光）、嗲辰光、几时、多少辰光。

询问方式：奈何（“何”发音为“哈”）、奈介、囊佬、囊介。

询问原因或目的：奈为、囊为、为嗲。

四、嗲

嗲的词义为“什么”，是常州话里最有特色的疑问代词。城里人“嗲”的发音为 tia（上声），乡下人发音为 tia（入声），一般认为它是记音词，其本字为“底”，来源于古汉语。“底”的读音接近“刁”，现在常州话通常写为“嗲”。不过常州话里的同音词“嗲”也有“形容娇媚的样子和撒娇的声音”的意思，如“嗲相”，采用这个意思时，“嗲”发音为 tia（上声）。

第五节　助词

一、语气助词

陈述语气：主要有嗹（lia，阴平）、得、佬、惑、格、格嗹、便、蛮、哦、哉、诶（是，表示同意）、勒、佬嗹、佬惑、格惑、嗹啊（合音为“略”）等后缀词。

例句：我去白相嗹。／说则对佬惑。／我讲介佬好哦。／吪不票我就勿去嗹。／讲就讲便也。／麦长则绿油油介佬。／旧报纸好卖钞票格。／十一点钟会就散落格嗹惑。／我老早就做完佬（格）嗹。／我都讲则我过勿去格嗹。／他叫你快点来得天晴哉（格哩）。／后来我就睏哉。／他老早来哉（格哩）。／还会弹琴得。／听说还有格姓张格得。／我早想到格惑。／你既格文章像抄来格惑！／还份（勿曾）完勒。

“哉”这个语气词现在常州城里话不说，但乡下话说。

疑问语气：主要有伐、啊、吧、卜、略、洒、份、监、唛、晏、哈、略卜、色惑、佛馋、佬嗹伐这些后缀词。

例句：他每天都勒告伐？／天大概勿会再落雨嗹吧？／介桩事体你晓则佬嗹吧？／今朝是礼拜四吧？／他明朝总会来嗹卜？／东西勿勒告连啊（俩）？／现在就收工算账了啊（略）？／昨天夜则做嗲格啊（咖）？／你想难介佬呢？／介本书是嗲人格啊？／难为介佬贵洒／总不会是两三个月卜？／介（这）还勿容易啊？／你勿是收到他两封信格唛？／喊你去你去勿就好佬连唛？／你倒老定心得哈？／去过上海佛馋？

现在的常州人很少说“佛馋”，单说“伐（佛）。

祈使语气：主要有莔（吧）、略、嗹、色、则、喽（= 勒 + 欧）、色惑、嗹惑等后缀词。

例句：你来莔！／快点色！／你再啊勿要操心略！／快点说嗹惑！／你要勿走嗹！／去拿碗掼落则！／帮帮忙嗹惑！／够佬嗹，要勿要再盛嗹！／有胆量你就过来色惑！

感叹语：主要有嗹、略、格、夹、得、到则等后缀词。

许多语气的表达不仅靠句末语气词，还与其他成分有呼应，结合起来表达某种语气，比如：他勒头吃饭得。／还勒头说话得。／还早勒头得。／不过说说就是哩。／勿肯就是哩。

常州人讲话中的“到则”几乎随处都可以听到，与苏州话、上海话中的“得来”同义，一般有两种用法。在一种用法中，“到则”相当于普通话的“得”。

例句：饭烂到则像粥一样。／胖到则像猪一样。／瘦到则像芦柴棒。

另一种是在动词或形容词后面作语气助词，有加深程度的意思，相当于普通话中的“得很”的后缀语，例如热到则、大到则、好到则、高兴到则、麻利到则。

二、时态助词

咧(了)。例句:好佬咧。/落雨咧。

三、结构助词

格(的)、勒,如大格大、细格细、呆勒板、笃勒定。

第六节　副词、介词、连词

一、副　　词

常州方言中用得较多的副词是“忒、穷、恶、蛮、顶、最”等。“忒”是“太”的意思。老常州话好用“恶”“紧”,说很好为恶好、紧好。“恶”“穷”有不同的感情色彩。有时,“穷”表示肯定或褒义,“恶”表示否定或贬义,不能互换使用。

有些副词,在今常州话中依然高频使用,例如,阿(是否)、暴(刚刚,如暴开始)、弗(不)、怪弗得(怪不得)、蛮(很)、毛(将近)、紧(十分,如紧好即十分好),齐巧(正巧,正好)、阿要(要不要)、爽性(干脆,索性)、特为(特意,特地)、呒没、覅(没有,未曾)、有辰光(有时)、原是(仍是,还是)、顶顶(最最)、老早(很早)、勒浪(在此)、就介(就此)、连到(甚至)、作兴(可能,可以)、笃定(肯定,可以放心)、孰定(已经确定)、呆呆叫(恰巧)、牵管(总是)、光欣(总是)、属意(宁愿)、着(最)、着着(最最,如“着着前头”)。

一些副词,在今常州话中使用不多,有的在老派常州话中存留,有的在武进农村使用。例如,阿曾(合音为“曾+阿”,曾经……了吗)、打算(肯定,怎么不是,表示强调)、板定(十分肯定,必定)、板杀数、倒反(反倒)、定规(一定)、兜底(一直到底)、独独(惟独)、独有(只有)、刚刚、跟手(随手,随即)、共总(总共)、拢共、蛮蛮(很,非常)、难不成(难道)、偏生(偏偏)、侪(都,全)、竟其(居然)、原旧(照旧)、原本(本来)、横竖(反正)、趁手(顺手,随手)、趁嘴、趁口(随口)、尽数(全部)、七打八(多半)、忒(太)、朝后(今后,以后)、特成(特地)、阿革(岂不是)、阿一介(真是,多么)、不道(不料)、常堂堂(白白地,公然)、趁步(随意,随便)、豪少(赶快)、一趸(təŋ)当(整批,聚齐)、冲口(脱口而出地)、带眼(无意中)、单单里(专程,特地)、递相(争相,互相)、恶软(至多)、放杀死(拼命,竭力)、敢怕(恐怕,大概)、更兼(而且,再加上,还有)、更自(更,更加)、惯一(总是,一贯)、狠力(拼命,使劲)、极声(声嘶力竭地)、即目(大概)、究属(毕竟,到底)、竟其(竟然)、可曾(有没有)、来搭(在那儿)、连连(连忙)、连牵(一连)、流(溜)势(马上,连续不断)、轮递(轮流)、碰碰(动不动,动辄)、劈空(凭空)、劈手(迅速地)、且得(暂且)、区得(幸亏,亏得)、认真(真得)、少间(过一会儿,一会儿)、透底(彻底,完全)、实骨则(实际上)、索夹里(索性)、呆板数(必定)。

还有一些副词,在目前的常州方言中,形式已经发生了变化:或在词中加上衬字(中缀)或在词头添字,或在词尾加上尾缀。如带便——顺带便、动动——动勿动、老大(很,相当)——老大点、咋蓦头或咋蓦向(忽然,突然)——咋蓦头里。

二、介　　词

常用的介词有勒(在)、畀 pəʔ(被)、勒海(在里面)、勒告(在这里)、勒……娘(在……上)。例如,既个东西勒衣裳勒海。/它勒台子上。/他勒街娘白相。/畀他吓则(了)一跳。

三、连　　词

常用的连词有哈、搭、得、脱或脱则、同或同则。例如,张三同则李四街上去格咧。

第三章 语法

常州话的语法与普通话基本一致，但是在构词、词缀和语序等方面有一些特殊的现象，也存在重叠构词现象，用“佬、子、头、阿、发、光、煞”作为词缀及语序倒置的现象。

第一节 重叠构词

常州方言的重叠词特别丰富，重叠样式多种多样，大大提高了常州方言的表现力。明清时代的方言作品就反映出这一情况。从重叠的形式看，汉语重叠词主要有AA式（如凄凄）、AAB式（如呱呱叫）、ABB式（如热腾腾）、AABB式（如普普通通）、AABC式（如念念不忘）、ABAC式（如勿三勿四）、ABCC式（如怒气冲冲）等，这些常州方言中都有；还有共同语中没有或少有的ABA式、ABCC式和ACBC式等。

一、AA式

AA重叠式，也叫完全重叠式，主要有动词完全重叠和名词完全重叠两种。动词重叠后表示某种情状，如表示随意、尝试等；儿语中的重叠是为了幼儿易于听懂而对动词所做的简化和强调。称谓名词重叠后通常表示昵称；一般名词的重叠有强调的意思，在儿语中使用较多。

常州方言动词完全重叠形式如：波波（走走）、尝尝、吃吃、擦擦、动动、荡荡、孵孵、乖乖（亲亲嘴）、晃晃、嚼嚼、看看、量量、让让、弄弄、捏捏、拾拾、踢踢、闻闻、洗洗、歇歇、旋旋（四处转转）、写写、转转等。常州儿童语词如：爿爿（没有）、面面（漂亮）、浴浴、觉觉（睡觉）、香香（亲亲）、闻闻（亲亲）、臭臭、囥囥、家家、嗯嗯（大便）等。

常州方言里动词重叠不说如普通话的V一V式，即掇一掇、荡一荡、摸一摸、揉一揉、舔一舔、尝一尝等。常州方言表示尝试的时候多用VV看式，如试试看、摸摸看、写写看、走走看、闻闻看。今受普通话的影响，也有人开始使用V一V式，不过还不够广泛。

常州方言名词完全重叠形式有袋袋、洞洞、凼凼（小水坑）、姑姑、梗梗、叫叫（哨子）、沫沫、奴奴、圈圈、婆婆、头头、眼眼、芽芽、渣渣等。另有前面加“一”，构成一AA式：一点点、一眯眯、一眼眼、一沰沰、一滴滴、一歇歇，表示事物更小、时间更短等意义。

二、ABB式

这是最常见的重叠式，单音节形容词加上两个重叠音节，词性不变，语义程度加深。

色　　彩　暗洞洞、白笃笃、白僚僚（面孔无血色）、黑黮黮 zəŋ、黑黝黝、红彤彤、黄朵朵、绿于于、绿沉沉、亮砾砾（式灼切）、亮堂堂、青枝枝、青旺旺、青芃芃、青荧荧、青兹兹等。

感　　觉　油煎煎、臭哄哄、淡溜溜、淡叽叽、毒辣辣、干绷绷、干得得、寒忕忕 sɿ、寒飕飕、凉修修、冷戻戻、冷西西、冷飕飕、冷森森、暖烔烔、热蓬蓬、甜堂堂、甜咪咪、甜兮兮、香喷喷、酸叽叽等。

质地形状　饱蓬蓬、瘪搭搭、长攕攕、短掘掘、大落落、肥得得、福得得、光秃秃、滑荡荡、黑蛮蛮（皮肤黑而壮实）、密斟斟 tsəʔ、厚得得、厚蛰蛰、毛哈哈、毛拉拉、满登登、黏答答、黏冬冬、嫩樵樵、嫩济济、嫩哆哆（读若朵，水嫩的弹子）、胖得得、胖墩墩、胖笃笃、轻飘飘、软冬冬、软披披、肉得得、肉委委（肥实）、韧质质、实傥傥 tsɿ、瘦伶伶、瘦刮刮、细腻腻、新襸襸（tsæ，崭新）、稀溜溜、血沥沥、血漉漉、硬蛰蛰 tsəʔ、硬绷绷、硬呛呛、硬崛崛、重镇镇等。

声　　音　笃落落、滴铃铃、骨历历、霍落落、悉咧咧等。

动作情状　痴哄哄、大佬佬、滴溜溜、笃悠悠（也说悠笃笃）、恶戾戾、风悚悚、鬼促促、骨睩睩 loʔ、咣当当、浑淘淘（晕乎乎）、急吼吼、慢嗷嗷 t'əŋ、慢笃笃、木噱噱、闹哄哄、牛哄哄（说大话的样子）、怕势势、气齁齁、气咕咕、气呼呼、跷耸耸、神抖抖（神气活现）、水溱溱 tsəŋ、散被被（松散）、团团转、险搭搭、焐乃乃（境况好而低调）、稳笃笃、鲜夹夹（很想做某事的样子，心里痒）、野豁豁（遥远、空旷，说空话，不着边际）、直落落、呆笃笃、呆吨吨等。

ABB 重叠式还有比较特殊的一种，AB 是一个具有独立意义的词，重叠起加强语气的作用，如“白相相、石子子、亮麽麽”等。

三、AAB 式

格格头、老老头、尖尖头、节节头、筋筋头、块块头、丝丝头、屑屑头、藤滕头、圆圆头、渣渣头、子子头；邦邦相、得得相、堂堂相、咚咚相、阁阁相、辣辣相、啪啪相；好好教、慢慢教、轻轻教、坦坦教（慢一点、定心、别紧张）、呆呆 ŋai 教（凑巧）等。

四、ABA 式

本到本、本套本、动不动、对过对、打相打、单另单、隔壁隔、黑吃黑、脚碰脚、明打明、竖啊竖、实打实、实拔实、头跟头、头先头、头起头、头告头（最初的）、现搭现、险搭险、硬碰硬、硬吃硬、直拔直、自顾自等。

五、AABB 式

巴巴结结、笃笃定定、定定心心、特特为为、的的刮刮、滴滴拉拉、滴滴沥沥、跌跌冲冲、斤斤扛扛、洁洁俏俏、搒搒括括、陌陌生生、接接连连、满满泛泛、瞒瞒囫囫、默默测测、慢慢吞吞、密密稠稠、密密蓖蓖、摸摸索索、懵懵懂懂、扑扑索索、牵牵拉拉、疏疏朗朗、实实抹抹（堆满的样子）、实实足足、杀杀辣辣、推推搡搡、心心念念（念念不忘）、野野豁豁、勿勿少少等。目前，这类词依然非常活跃。

六、ABAC 式

阿猫阿狗、挨时挨刻、盘来盘去、拆天拆地、吃辛吃苦、促里促掐、顶头顶脑、搭肩搭背、大行大市、逗东逗西、逗五逗六、恶形恶状、恶声恶气、各人各性、各色各样、疙里疙瘩、怪里怪气、怪三怪四、搞七搞八、戆头戆脑、好说好话、号粥号饭、会说会话、介痴介呆、扛头扛脚、邋里邋遢、逯上逯下、辣手辣脚、老三老四、老吃老做、罗里罗拖、落里落托、面长面短、忙时忙光、满打满算、木知木觉、呒规呒矩、呒大呒细、呒头呒脑、讷说讷话、拍手拍脚、拍台拍凳、碰手碰脚、绊手绊脚、怕三怕四、拼死拼活、熟门熟路、少见少有、特里特别、团头团脑、勿声勿响、勿尴勿尬、勿三勿四、新年新势、有句呒句、硬声硬气、硬吃硬做、疑心疑惑、自由自便等。

七、ABAB 式

阿噗阿噗（气恼地大声喘气的样子）、瘪眨瘪眨、触落触落、荡发荡发、鬼串鬼串、剐里剐里（步履蹒跚的样子）、蟹里蟹里（吃劲的样子）、垦吱垦吱（努力的样子）、旺狼旺狼（哇啦哇拉大声喊叫）、歇夯歇夯、喜抖喜抖、歇豁歇豁（说话振振有词的样子）、呒好呒好、贼躬贼躬（很起劲的样子）、贼溜贼溜等。

八、ABCC 式

地鳖虫虫、风索落落（风凉）、滑索落落、蛤蜊爿爿、火尖溜溜、睏懒眯眯、螺丝壳壳、蟛蜞壳壳、牛皮轰轰、肉麻兮兮、石头人人、淘米虫虫、乌龟壳壳、乌嫩油油、雪白笃笃、眼苦泅泅（眼泪汪汪）、洋脱兮兮、气水暖暖（脸色红润的样子）、贼忒兮兮等。

九、ACBC 式

开口闭口、呒巧勿巧、七搭八搭、停歇勿歇、脱套还套、（老是换衣服扮靓）有句呒句等。

在拟声词中加字，加重语气，如比吧→比里吧拉，唧喳→唧里喳拉，梯拖→梯里拖喽，罄咥→罄吟咥唧，欺库→欺里库噜，乒乓→乒吟乓唧，叮咚→叮吟咚隆，平篷→平吟篷唧，劈拍→劈历拍辣，滴答→滴历答辣，毕卜→毕历卜录，悉索→悉历索录；拍汤→拍唧汤，白堂→白唧堂，不登→不楞登，叮当→叮令当，定堂→定令堂，扑通→扑隆通，咕咚→咕隆咚等。

第二节 词缀

常州方言中主要词缀有：头、佬、子、阿、发、光、煞等。

一、头

“头”是吴语的典型词缀，也是常州方言的特征词缀。“头”作后缀的情况比较复杂，有作固定组合的，构成词语；有在一定语境中临时使用，表示某些附加意义的。有时用与不用有意义的区别；有时用与不用没有意义的区别，但会有语感或情状的差异。

常州方言里有许多带“头”尾的固定名词，大多为日常生活用语，经用不衰。如：鼻头、眉头、舌头、骨头、指头、纸头、木头、石头、砖头、瓮头、篓头、酵头（酵母）、钵头、榫头、榔头、斧头、拳头、丫头、瘾头、被头、领头、灶头、疖头、兆头、镯头、塄头、腻头、墙头、云眼头、话搭头、私伢头、人人头、妈妈头、码头、派头、口头、苗头、名头、户头、鞋皮头、布筋头、灶跟头、床横头；钟头、灯头、线头、牌头、棒头、话头、肉头、人头、布头、绢头、寿头、调头、花头、奶头、尿头、秤头、零头、野鸡头、贼骨头、小块头、额骨头、老老头、老人头（气）、肉墩头、瘪子头、秋瓜头、冲头、滑头、噱头、来头、缠头、开头、盖头、涨头、浇头、饶头、赚头、念头、纽头、找头、锄头、浮头、沿头、姘头、和头、楦头、摊头、扳头、钻头、塞头、钻头、发头、折头、缩头、镇头（瓶塞子）、彩头、清头、戆头、甜头、咸头、苦头、辣头、犟头、对头、空头（没有结果）、嫩头（不谙世事的人）、亮头、暗头、老头、鲜头（买卖时卖者多给的部分）、耿头（认死理的人）、长头、阵头（雷）、近头（台阶）、前头、后头、里头、介头、过头、上头、下头、日头、夜头、荫头、阵头、毒日头、空早头、冬寒头、街梢头、桥下头、勿识头、佯护头、书牍头、棺材头等。

“头”在计量单位后面，表示集合意义。如“20支头香烟”是指包装20支为1盒的香烟；“一百块头的葡萄酒”，是指价格为100元的葡萄酒；“四个头词”是指四字词语，如四字成语，用常州方言就可以说为“四个头词”；“独家头”是指远离村舍或居民聚居区而单独居住的人家。其他还有如分头、斤头、响头（炮仗）等。

“头”在一定语境中附着在其他成分后，表示某种附加意义。例如，“向银行借的钱要一笔头还清，不准分期还”。常用的还有一口头、一遍头、一记头、一掼头、一走头等。

“头”还有一种临时组合，跟在动词后面，用于反问句、否定句中，表示否定意义。例如，“这种事体有哆讲头”意为“这种事情有什么好讲的”；“这只菜没有吃头”意为“这个菜不好吃”。

在“AA头”重叠式中，“头”尾起强化某种情状的作用，也使音节更为琅琅上口，如沫沫头、子子头、滴滴头、核核头、弯弯头、柄柄头、棒棒头、管管头、杆杆头、盒盒头、球球头、渣渣头、格格头、对对头、牌牌头、洞洞头、边边头、壳壳头、皮皮头、条条头等。

“头”在常州方言里可当前缀，表示第一或次序在先的意思。如头一名、头块牌子、头杯茶、头趟、头生、头滚（第一次烧开的水）、头纽、头窟、头婚（初婚，相对于“二婚”而言）、头家等。又如常州人把女人生养坐月子，娘家人备厚礼第一次去探望贺喜，叫“做头屑”。“头”放在时间词的前面，表示开始、起初、刚刚，如头开、头开始、头开头、头上来、头暴起、头先头、头将等。

二、佬

“佬”在常州方言里广泛使用，是常州话特有的后缀。

“佬”经常被用在形容词后面，使之名词化，意思相当于普通话的“的”和上海话的“格”。有一句俗语叫做“一块麻糕廿五个佬”，即在评价一块麻糕时，常州人要用上许多个“佬”字，如大佬、细佬、圆佬、方佬、多佬、甜佬、咸佬、热佬、酥佬、僵佬、贵佬、脆佬、香佬、嫩佬、崭佬，等等。

常州人喜欢用“佬”做后缀称谓别人。把“佬”加在名词、形容词或动宾、偏正短语后，构成称谓或名词性词组，意思为“某某的人”，但存在轻视的意思。如拉尿佬、哭屎佬、修鞋佬、做贼佬、修伞佬、剃头佬、换糖佬、驼背佬、杀猪佬、唱春佬、箍桶佬、教书佬、爆炒米佬等。以前地域歧视较为严重的时候，称江北人为“江北佬”。

如今，“佬”字的贬义色彩逐渐弱化，更多用于临时性组合，可以用“佬”表示进行着一切行为的人，如修电梯佬、看门佬、等车佬、开汽车佬、走路佬、开会佬、挑担佬、吃面佬、弹琴佬、过路佬等。常州话称小孩为“小佬”，但是在其他情况下，也指小的东西。“佬”字还有一些其他的用法，表示不同的意思，如既佬（这样子）、过佬（那样子）、嗨佬（多得很）、嗲佬（什么东西）等等。

三、子

“子”是吴语的典型词缀，但是常州话里带“子”的词语大大少于上海话、苏州话，而且某些“子”词缀发音为常州独有（见第一章“语音分析”节“特殊读音”子目）。有的词带“子”词缀后，语义和形式基本没有变化，例如：门堂子（门框，转指某个门户或院子）、牙刷子（牙刷）、长子（高个儿）、叫化子（乞丐）、学生子（学生）、长条子（瘦高个）、蚌子（一种黑色米虫）、壳子（壳，外壳）、卵子（男性生殖器）、戥 təŋ 盘子（秤盘）、蝙蝠子（蝙蝠）、叫子（哨子）、脑壳子（脑壳）等。有的词带“子”词缀后，语义出现明显的变化，如棚子（即“绷子”，绣花时固定、绷紧绸布的架子）、刁子（说话口齿不清，像是咬舌头的人）、亮子（眼睛好的人，相对瞎子而言）、拦子（玩麻将牌时，玩家约定的与输赢相关的和牌大小的上限）、堂子（妓院）等。

四、阿

“阿”在常州话中常见的缀词，主要用作称谓、排行、人名、疑问等。

称谓的“阿”　例如，阿爹、阿娘、阿公、阿婆、阿叔、阿姆、阿伯（弟媳妇称丈夫的哥哥）、阿姨、阿舅（妻子的兄弟）、阿哥、阿姐、阿嫂（哥哥的妻子）、阿孙（孙子）、阿侄（侄子）、阿大（老大）、阿二、阿三，等等。

阿姨既可指妻子的姐妹、小姨子，又可称呼已婚妇女（尤指女仆）。常州方言里“阿姨”的“阿”有两读，意思有区分。长音意思是姨母，也可以称呼跟父母同辈分的女性，如对已婚的女性钟点工现在也多称“阿姨”；“阿”发短促的入声韵，其意思是“妻子的姐妹”。

疑问的“阿”　表示疑问的“阿曾”，在武进东南一带的口音中，依然能够听到。不过，现在语音发生了一些改变，近似于“阿寻”（“寻”字为尖音）。

取名的“阿”　“阿”在常州话中主要用于取名。40 岁以上的人中，用“阿”字用作乳名的比比皆是。如阿焕、阿芳、阿英、阿香等。也有一些用“阿”字入学名的。口语中，用“阿”称呼人名，显得亲近和热情，如叫王勇为阿勇，叫李珍为阿珍。如今，人名中已很少用“阿”了。

五、发

“发”加在动词后面，强调动作的随意性与散漫性，如摸发摸发、荡发荡发、摇发摇发、嚼发嚼发等。

六、光

为辰光（意为“时候”）的简化。专门用在季节之后做语缀，如春天光、夏天光、秋天光、冬天光，意为“某某的时候”。

七、煞

煞，这个语缀是由“死”字转化而来，是对前面的形容词的强调，意思为“……得要死”，如热煞、冻煞、坏煞、逗煞。

第三节 语序

常州话的词语和句子结构有一些自己的特点。

一、词中的字序倒置

老常州话的词序有倒置的情况，例如：人客→客人、亮月→月亮、闹热→热闹、魂灵→灵魂、弯转→转弯、量气→气量等。在新常州话中，这种情况消失。

二、句子中的词序倒置

老常州话句子的语序与普通话往往不同。常州话“我饭吃过佬咧”，是宾语在前、动词在后；同样的话，普通话说“我吃过饭了”。常州话“畀（给）一个苹果我”是补语在前，宾语在后；普通话说就是“给我一个苹果”。

三、副词后置

老常州话中副词后置情况较多，例如，“汽车快到了”，常州话说就是“汽车到快哇”。现在，年轻人说话的语序已经与普通话更加接近，上述倒置情况很少出现。

第四章 熟语

常州话的熟语丰富，体现了生动的地方风情和鲜明的地方特色。这些熟语贴近生活，在修辞上常用比喻和谐音，对事物和社会现象刻画细致、描述生动，具有丰富的想像力和表现力。本章熟语在各节、目下的排列方式是：(1)先按词语所指事物的性质分类；(2)再按词语的字数从少到多依次排列；(3)最后以词、词组、句子的首字的普通话读音（汉语拼音）的第一个字母为准，按该字母在英文字母中相应的排列顺序展开。

第一节 俗语

这里的俗语是与当地风土习俗相关的本地居民常用语，其中大部分为俚语，其特点是直率、形象、幽默、辛辣，充满乡土气息。

一、三字俗语

阿糊卵（做事不认真的人）

阿木林（傻瓜）

奥壁虎（古怪而难打交道的人）

拗嫩头（掐采植物的嫩芽；年长的人与小年轻谈恋爱）

摆肩胛（承担责任）

盘话头（啰嗦）

盘空话（说空话）

扁滓渣（挤扁的人或物）

别苗头（比高下，争面子）

捽话头（话语挑拨）

搏兔子（呕吐）

扳散丝（挑刺儿、找岔子）

剥面皮（不要脸）

白来财（白拣的便宜）

白插子(专指偷钱包的小偷)
白定堂(因发愣而翻白眼的样子)
半吊子(不认真负责的人;做不成事情的人)
皮塌子(顽皮的孩子)
弊弊曲(猫腻)
碧笃激(冰冷)
薄卵皮(轻薄的人,不珍惜生活的人)
触霉头(倒霉)
出毛包(出差错)
出把戏(胡闹而让人笑话)
吃硬饭(吃丧饭)
吃酸头(碰钉子)
吃嚎头(上当)
吃夹裆(两面不讨好)
吃句子(受别人抱怨、讽刺)
吃排头(受指摘)
吃搁头(碰钉子)
吃生活(挨揍)
吃家生(挨揍)
吃软饭(靠女人生活)
吃苍蝇(上当,中圈套)
吃鸭蛋(考试得零分)
吃豆腐(豆腐是常见的美食,既好吃,又容易吃,形容调戏妇女)
吃野食(偷偷摸摸吃东西,形容搞不正当的男女关系)
吃屎佬(不懂道理的人)
残皮头(破旧的衣服)
常州风(常州人的一窝蜂现象)
痴婆子(疯疯癫癫的女人)
戳壁脚(背后说别人的坏话)
充老相(装出有经验、有能力的样子)
粗管管(同大卵)
电灯泡(秃头;打扰隐私的人,特别指在旁边干扰情人谈恋爱的人)
打回票(满足而不再需要,拒绝、不接受)
打回归(反悔的行为)
打野鸡(获取额外的收入)
荡三官(无事游荡)
度死日(混日子)
赌东道(打赌)
笃老空(闲谈聊天)
吊心火(惹人生气)
大好佬(知名人物)
扽卵子(动物阉割,也形容十分难受)
独卵种(独生子)
逗七煞(莽打莽撞的人)
倒头光(吃光用光的人)
大吭啷(大人物)
恶讼师(旧时专门出坏主意打官司的人,现在指奸刁会使阴招的人)
发痴劲(胡闹)
发大兴(兴致来了信口胡说)
翻泡泡(反悔、制造麻烦)
隔埋埋(断奶)
隔隙路(不是同一条路)
掼脱货(没用的东西,指不正经、没出息的人)
滚钉板(硬着头皮干)
秋瓜头(秋天过季节结的小瓜果,比喻老人生的孩子)
惯浪头(说大话)
跪踏板(旧式床前有踏脚板,当地人取笑别人怕老婆,丈夫跪在床前踏板上讨饶)
跪擦板(擦板:搓衣扳;现在常州话说跪踏板为跪擦板)
狗连喜(狗交配)
狗旋屎(围一处打转,不定心的样子)
棺材头(晦气的东西)
豁翎子(暗示)
活搬倒(搬 pəŋ,阴平;折腾、瞎忙)
皇伯伯(做事不可靠的人)
花头经(形式多,把事情弄复杂)
后泛泡(翻旧账,反悔)
话搭头(说话时习惯性插入中间的词语,如“格

么”“叫个”等等）

吭啷头（同大吭啷）

呵卵泡（阿谀奉承）

讲古经（讲故事）

鸡爬命（成天劳累而收获不多的命运）

鸡头瘟（晕头转向）

借因头（找借口）

脚碰脚（势均力敌）

接翎子（接受暗示）

嚼死话（说没用的话）

嚼屄筋（胡说八道，说话没谱）

嚼卵筋（同上）

嚼白蛆（说空话，闲谈）

就卵头（同呵卵泡）

就拆屁（讨好、附合别人）

九分九（接近十分）

绝屁股（没有后代）

尖屁股（坐不住的人）

角角相（角 koʔ，整齐，整洁）

茄苞头（私生子）

开条甫（提条件）

开洋船（说话跑题）

开伙账（账 ts'aŋ，阴平；买菜做饭）

立壁角（面壁思过，家长和老师惩罚小孩或小学生的一种手段）

落场势（下场）

勒得头（被人用拳头的中指关节敲头）

捞横档（找外快、获不正当钱财）

拎皮包（跟着领导或师傅做下手，干杂活）

拎草鞋（同上）

卵子精（能耐，本事）

落拓鬼（衣衫不整的人）

落地皮（境地最差）

赖极皮（赖皮、抵赖）

懒塌死（做事随便、拖拉）

懒死蛇（精神萎靡、做事拖拉的人）

搂火棒（挑拨是非的人）

喇叭花（糟糕的结局）

烂屁股（形容没有主见、不会安排时间、坐下来就不想走的人）

烂苹果（生冻疮的脸）

拉马绅（粗枝大叶的人）

老卜头（旧时从事红白喜事谋生的人）

老底子（过去）

老书记（“书”与“输”谐音，赌博老是输的人）

老油条（世故而十分圆滑的人）

老甲鱼（“老不死的”，有时也指经验丰富的老江湖）

老棍子（老于世故，老奸巨滑的人）

老米糁（同上）

老生司（同上）

老中医（伪专家）

老法师（老权威）

老娘家（大模大样、毫不客气的人）

老屁眼（同上，也有老资格的意思）

浪荡子（不务正业的人）

呒抓拿（没法下手）

呒淘成（没有边际，无收获）

呒来隑（隑 gai，阳去；无聊）

猫盖屎（做事粗糙，笨拙地伪装）

卖麻油（哭泣掉眼泪，一般用于嘲讽小孩）

闷毒虎（不声不响却有心计而惹不起的人）

闷土地（俯身跌倒）

末梢巴、末浪头（最后生的儿子或女儿）

弄空头（作出承诺而不兑现）

弄送人（捉弄人）

嫩樵樵（容易）

牛吃蟹（不对头、费劲）

尿屎屁（同类，臭味相投）

骂山门（骂人寻衅）

瓮冬臭（说不出的难闻）

屙软屎（先态度强硬，后唯唯诺诺，甘拜下风，服软）

劈硬柴（平均分担，现在所谓“AA 制”）

碰着法（碰运气）

嫖情话（说肉麻的骗人的话）

日肉麻（太肉麻了）

牵头皮（麻烦、伤脑筋）

牵脚猪（脚猪：配种的公猪；意为拖着个需照看的人）

掮木梢（帮别人做吃力不讨好的事）

掮皮箱（帮他人托人情办事）

轻骨头（轻浮、轻佻）

扰白相（闹着玩）

软脚蟹（指不能吃苦、做不了事的人）

肉夹气（肉腥味）

热皮王（身上火气大，不怕冷的人）

塞狗洞（把钱花到不正当的没有收益的地方。常指男人把钱花在情妇身上）

三脚猫（有点技艺，但水平不高）

说拍头（随便说说的）

酸罐头（小气鬼）

赏端阳（过端午节的活动，一般称端午节聚餐为赏端阳）

收骨头（严格管束，上规矩）

伸后脚（留后路）

煞憋气（赌气）

十样景（原指十种锦笺，后比喻形式多样）

十三点（缺心眼的人）

沙壳子（质量差的小铜钱，代指小钱）

私伢头（私生子）

细末代（对小孩的昵称）

熟事人（懂行的人，熟人）

书牍头（书呆子）

杀底板（把事做绝）

听壁脚（偷听别人说话）

摊世界（到处乱放东西）

塌懒死（懒惰、拖拉）

吞头势（腔调）

胴肛痛（肛 koŋ，阴平；因花钱而心痛）

拖脚子（成为累赘的人，尤指孩子）

拖油瓶（女方再婚后其与前夫生的孩子）

淘浆糊（和稀泥）

望野呆（观看无关紧要的事物）

乌头眩（头晕，眼前发黑）

乌龟头（老婆有外遇的男人）

焐乃乃（生活安稳，心情舒畅）

万金油（通才，会很多技艺，但水平不高）

温吞水（慢性子，没脾气的人）

挖冷屁（牵扯旧事）

偎灶猫（总是钻在灶膛里懒睡的猫，形容萎靡不振、畏缩怕事的人）

外插花（附加的东西，也指职业之外的收入）

勿识头（不知好歹）

勿说值（吃力不讨好）

勿推海（不学好，没出息）

勿入调（说话、做事不正经、没规矩）

勿上路（同上）

享太阳（冬天在户外晒太阳取暖）

争面子（吹嘘，要面子）

做色头（暗地制造麻烦）

做人家（节俭）

做娘舅（充当调停人）

钻夹弄（中圈套，上当受罪）

钻牛屄（怕冷）

轧苗头（审时度势）

轧闹忙（凑热闹）

轧台型（讲排场，要面子）

蒸桂花（秋季的高温天气）

折帛钱（古代官府对农民收实物捐税，农户每年要上交一定量的帛布，后来折算为货币，称为折帛钱。后人转义为虽然在自己手里、却用不得的钱）

罪过人（可怜的人）

贼骨头（指贼）

贼溜穷（好动而使人讨厌）

贼坠头（特别讨厌的人，多用作骂孩子）

贼薄皮（与薄卵皮同意，但情感色彩更强）

招泥胖（寡妇招赘）

杂搭嘴（多嘴的人）

斩冲头（在买卖中欺诈不知行情的人）

轧官生（青年女性追求、勾引男朋友）

搔脚底（反悔）

渣八代（同渣相但更多贬义，可笑的人）

猪头三（拎不清、外行或不识好歹）

二、四字俗语

拗犁别耙（不顺口，不顺手）

肮毛截杂（头发乱的样子）

安牢本顿（安守本分）

啊呀皇天（形容喊救命的样子）

暗头抹黑（光线昏暗）

笔蹦四直（手脚笔直地躺着的样子）

不倒模子（不象话的人）

鼻塌嘴歪（吃饱喝足的样子）

痴头兴哄（傻乎乎）

痴头怪脑（傻里傻气）

赤得烂软（十分软）

赤刮辣新（崭新）

吃老米饭（失业而吃老本）

吃萝卜干（手指被硬物顶伤筋骨）

吃则屎得（不像个人样）

杵台拍凳（恶狠狠地拍桌子，发脾气）

差二勿多（差不多）

赤佬模子（鬼东西）

抄屎撩沥（抄 caʔ，好管闲事的人）

刀刮水显（平整光滑，干脆利落）

淡几呱嗒（淡而无味）

得斤簸两（斤斤计较）

搭家就舍（就近）

赌神罚咒（向神灵发誓）

戴炭篓子（炭篓子像高帽子，意为戴高帽子）

的角四方（方方正正）

的溜当中（圆心位置）

的溜滚圆（十分圆）

得福嫌轻（不知足）

当着勿着（该做的不做，乱做事）

叼比笃欠（撒娇、口齿不清）

颠头簸脑（摇头晃脑；喻不正经、得意的样子，或傻乎乎的样子）

大约码子（大概）

大卵色气（像个大人物的样子）

大卵塞海（同上）

倒霉瞌晓（倒霉的样子）

恶形恶状（凶狠吓人的样子）

杠子上人（讲义气的人，江湖上的人）

鬼念胡噪（装神弄鬼）

隔夜面孔（未睡醒的样子）

搞百页结（节外生枝，把事情搞复杂化）

搞七廿三（胡搅，制造事端）

干瘪枣子（人很瘦弱）

干鼻头猪（喜吃干食的猪，喻称不喜喝汤的人）

刮辣迸脆（十分干脆）

刮辣松脆（又松又干脆）

狗屄到灶（糟糕、麻烦，不爽气，不顺利）

狗日个佬、狗一样格、狗狗日格（骂人话，后转变为表示程度的词语，意为极度，如“好到则狗日个佬”“忙到则狗一样格”）

昏头搭脑（昏头昏脑）

狠头落颈（强横的样子）

嗨狼吓死（摆出凶狠的架势）

和罗鸭阵（像赶群鸭，一片噪杂）

和闹热兴（轧闹猛，凑热闹）

和道热哄（跟着起哄）

换工擦背（互相帮忙做力气活）

烘篮罩屁（没什么用处）

红白淡串（健康的脸色）

夯不郎当（全部）

胡皮极为（不当回事）

厚兹勒得（脸皮厚，不爽快）

假痴假呆（装傻）

假冒若鬼（装模作样）

尖头把戏（獐头鼠目的面貌，也形容善于算计、钻营）

尖刁贼滑（刻薄而会使坏）

犟头倔脑（固执、不听话）

茄五茄六（争利益不让步的样子）

洁洁俏俏（妇女整洁干练的样子）

筋筋离拉（衣服十分破烂）

节掐节料（不多不少正好）

尽汤下面（根据现有条件办事）

急赫溜抖（尽全力后仍十分勉强）

空心汤团（不能兑现的承诺）

空造年话（杜撰过去的事）

哭出乌拉（哭哭啼啼）

撩馊豆腐（做没价值的事）

撩笃不起（物品烂而粘手，捏不拢，扶不起，也形容有的人不争气，帮他也没用）

连档模子（结伙诈骗的人）

立马蹬缰（立刻）

聋子蠢笑（不明不白地跟着别人哄笑）

辣面火相（严厉的样子）

勒三倒四（说话啰嗦、重复）

卵子野糊（吊儿郎当）

卵子牵筋（精神十分紧张）

卵子散黄（没命）

卵话三千（难听话说一大堆）

老子格娘（惊叹词，我的妈呀）

老卵色气（傲慢的样子）

老卵结荚（同上）

老屄摆功（摆老资格）

棉得罗呵（冬天衣着臃肿）

毛遥搭糊（做事毛糙、偷工减料）

没手拉把（手上粘满污物，无法下手做事）

面熟陌生（眼熟）

面长面短（脸色好坏变化，比喻对人态度变化无常）

呒用头人（笨拙而又忠厚的人）

呒好呒好（总比没有好）

呒没料量（没有能力，水平差）

呒来呒隑（没来由）

牛牵马帮（众人帮忙，费好大的劲）

拿劲把咋（振作精神）

拿腔拿调（说话装腔作势、正儿八经的样子）

弄勿连欠（做不成事情）

弄勿玲珑（做不好事情）

喔求苦恼（苦恼悲伤）

欧之搭欠（食物不干净，不清爽，不讲究配料，口味差）

俄比十欠（不爽快，故意拖拉）

破衣落索（衣衫褴褛）

屁壳蛋轻（分量很轻）

碰额骨头（碰运气）

爬上落下（小孩好动）

譬如勿着（总比没有好，将就）

跑部钱进（现代官场话，指到中央主管部门拉关系，争取地方利益）

乔三列四（不平整）

乔五乔六（唱反调，不配合）

七讲八调（说话做事不正经，与人唱反调）

七支八搭（说话东拉西扯，没有中心）

七荤八素（头脑混乱）

清汤光水（没有内容，平淡）

枪鼓郎当（杂而多）

牵牛下井（费劲、困难）

牵丝攀藤（头绪不清）

敲定转脚（搞定，决不变动）

掐定人中（打定主意）

青乌血紫（皮肉受硬伤的颜色）

掮抢摞棒（小孩好武）

日清日白（大白天）

日娘道屄（口吐脏话，骂骂咧咧）

肉啬屄巴（小气；骂人话）

说嘴郎中（会说而没本事的人）

甩叮甩当（甩 huæ，阴去；物件甩来甩去、人摇摇摆摆的样子）

死样怪气（阴阳怪气）

死蟹一只（无力反抗、任人摆布的人）

十勿老欠（不像样，不规矩）

十格卵盘（说话啰嗦，烦扰别人）

实骨铁硬（坚硬刚强）

三肖浪荡（吊儿浪当）

刹刹至至（彻底）

神之乎之（稀里糊涂，不在乎）

食多厌味（吃得过多而没胃口）

私弊夹赃（办事牟私利，有猫腻）

私偷贼摸（偷偷摸摸）

寿头码子（小气的人，不精明的人）

少见少有（形容行事过分）

脱头落襻（物件不完整，也形容人丢三拉四、做事不可靠）

脱底棺材（乱花钱、无积蓄、做事没谱的人）

脱套换套（穿衣服花样多，经常换）

天王老子（最厉害的人）

土佬姆子（乡下人，落后于时尚的人）

偷来人生（活得太累，枉活在世）

偷猫钓狗（小偷小摸，鬼鬼祟祟）

提风簸扬（挑起是非，制造事端）

弹眼落睛（瞪眼，凶狠或关注的神态）

五黑伦敦（人壮实）

五虚六海（虚张声势，吹牛）

萎头朊脑（精神不振，打瞌睡的样子）

鲜眉饱眼（头脑清醒，没有睡意）

蟹里蟹气（傻乎乎的，莽里莽撞的）

瞎顶瞎捅（莽撞行事）

欣光的滑（十分光滑）

细孛罗头（小孩）

细孛罗子（同上）

虚头豁屄（说话做事靠不住）

新年新势（对新年日子的强调）

寻说讪话（没话找话说）

业余华侨（模仿洋人穿着的人）

野里贼条（不讲规矩）

阴间秀才（斯文而又阴险的人）

洋脱西西（随便而不负责任）

意丝肉麻（肉麻而使人不爽）

倚疯作邪（装疯闹事）

有劲勿煞（瞎起劲，像是起劲的样子）

有句吭句（说话断断续续）

眼花六花（眼花缭乱）

引头把戏（招惹麻烦）

越扶越醉（顺势爬杆，倚风作邪）

一心归明（一心一意）

一塌刮子（全部）

一屁弹着（随意行为的结果却很好。随意说的话却说中了）

一笃落转（四周）

一天世界（各处，满处）

要紧三慢（要紧的时候）

烟醉和耶（头脑稀里糊涂的）

贼说连天（说谎，说话不着边际）

贼行怪状（贼头贼脑）

贼骨牵牵（轻薄）

贼脱西西（油腔滑调、不正经的样子）

贼反贼调（不正经，不守规矩）

作死拉带（脏而乱，消极而放任自己）

轧之轧煞（拥挤）

知五实六（罗罗嗦嗦，不爽快）

转弯老哩（太不象话了）

直壳笼统（事物直而不好看、不精致、不实用，也形容人直爽）

做大勿称（长辈不做表率）

自肚皮经（自作主张，私自打算）

自日猫比（小气，有好处不肯与他人分享）

三、五字俗语

白脚花狸猫（喜欢串门的人）

版版六十四（旧时铸钱的模具每版 64 文，形容做事死板，不知变通）

别二三格人（不相干的其他人）

笔管里煨鳅（稀奇古怪、不可能的事）

拔卵勿认账（翻脸不认人）

吃食懒黄病（能吃饭却不能干活的慢性病，如肝炎、肺结核等）

吃萝卜干饭（清苦生活，例如在旧时的学徒生活）

吃则龙狗屎（龙 maŋ，阳去；龙字多两撇，记性不好）

吃则生葱得（说话伤人）

拆空老寿星（落空，做坏事情）

拆穿西洋镜（揭露真相）

丑人多作怪（相貌丑的人爱好打扮）

苍蝇哄马卵（蜂拥而上）

痴汉等老嬷（老嬷：老婆；傻乎乎地等待）

大麦头郎中（庸医）

胆阿屙落佬（胆子太大了）

刀口上舐血（冒险取利，如火中取栗）

掉头落肩胛（衣冠不整）

钉头碰铁头（硬碰硬，互不相让）

点勒痣眼上（点中要害）

荡三官格卵（不干正事到游荡的人）

佛头上着粪（亵渎神圣）

狗眼看人低（势利而瞧不起人）

狗面亲家公（经常吵架的朋友）

鬼摸则头得（自己搞糊涂了）

割头换颈根（刎颈之交，关系好得像一个人）

割卵勿塌皮（刀太钝）

隔锅头饭香（觉得人家的东西比自家的好）

蝗虫吃过界（贪婪而侵占别人）

猢狲搬卵子（搬 pəŋ，阴平；闲着做无意义的事，瞎忙）

猢狲勿该宝（轻佻而藏不住钱财）

横插一枝花（添麻烦，故意作梗）

还汤豆腐干（重操旧业的人）

浑身勿搭界（一点都没有关系）

哈耳光勿放（因喜欢而拼命抓住不放）

见分淌眼泪（分：钱；见钱眼红）

看高级电影（做个美梦，功亏一篑，好事落空）

两眼墨测黑（什么也看不见）

六人三对面（大家一起当面讲理；也有说三人六对面的）

落雪狗欢喜（形容一些人遇上喜欢的情景，有贬义）

落过雨送伞（事后才帮助别人）

老牛吃嫩草（年龄悬殊的男女恋爱、结婚）

老鼠嫁女女（势利人自吞苦果。源于江南民间老鼠把女儿嫁给猫的一则童话）

闷声大发财（低调行事）

猫嘴里挖鳅（困难的事情）

摸着气门芯（抓住了要害）

拼死吃河豚（河豚有毒，有中毒死亡的可能，故有此说）

七传八角落（思路混乱、表达不清）

全钢白铁嘴（能说会道，总是有理）

青口白夭夭（信口胡说）

三个勿相信（就是不相信）

三人六勿齐（人员缺会多，意见分歧多）

四手勿放空（不让自己闲着）

狮子大开口（要大价钱，提出过高要求）

烧香隑动佛（做好事而出大差错）

屎急屁来追（事情的前兆，情状十分急迫）

傻狗赶飞禽（做无聊的事情）

舐嘴掠鼻头（没吃饱，还想吃）

替庙里做的（认真地做义工）

推浮尸过界（推卸责任）

踏痛则尾巴（伤害别人，造成怨恨）

五斤夯六斤（起劲，费力）

勿上串头绳（离谱，没有道理）

搲屎丢烂泥（搲 o，阴平，抓；丢 toʔ，丢。胡搅蛮缠的下流行为）

瞎缠二先生（胡乱联想而瞎说）

心勿勒肝上（心不在焉，不关心、不在意）

一二不过三（到此为止）

有天呒日脚（遥遥无期）

游僧撵住持（客人欺主人）

租田当自产（把借来的东西当作自己的）

贼皮狗骨头（下贱的人，贼性不改的人）

嘴翘鼻头高（不满意而撅嘴的样子）

嘴大胡咙细（贪吃却吃不下；想干却干不了；口气大，本事小）

嘴硬骨头酥（胆子小而嘴上硬）

四、六字俗语

白米饭掗小狗（浪费）

出会掉落菩萨（做事丢了主要的东西）

吃素碰着月大（勉强做点善事，又不得不超出自己的心理预期）

大天不对五六（牌九的天牌是两个六点，为很大的牌，一个五点和一个六点只比天牌少一点，却是小牌。转意为根本不是一回事）

点则寐头寻铳（寐头为旧时点火用物，像现在的香烟一样燃着暗火，点火药枪炮的引信。意为自讨没趣）

饿鬼入则胴肛（老是觉得饿，看见食物就想吃）

干鱼肚里寻胆（做无效的事情）

官急勿如屎急（屎即私的谐音，办私人的事比公家的事更要紧）

狗对茅坑发誓（发誓也不会兑现）

好日脚先过则（抓住当下享受，为调侃语）

锯落嘴格葫芦（没有嘴；沉默，不说话）

拣日勿如撞日（要紧做事，不去讲究什么黄道吉日）

萝卜勿当小菜（不当回事，浪费物品）

老爷勿当官做（吊儿郎当，不负责任）

买块豆腐撞煞（对运气不好者的嘲笑；因懊恼、惭愧而自嘲）

买咸鲤鱼放生（虚情假意做善事）

牛阿过则河咧（大势已去，木已成舟，难以挽回）

捧则卵子过桥（小心翼翼）

骑勒马上寻马（灯下黑，舍近求远）

三根筋绊个头（人瘦弱，脖子细）

石头往山里搬（做无用功）

天呒没箬帽大（无法无天）

问和尚借木梳（为难人家）

长一抹，大一抹（形容人的个子大）

吃炒米，赔馋唾（费时而不饱肚）

吃家饭，屙野屎（吃自家的饭，帮别人办事）

当当头，卖夹里（卖家当，倾尽家财）

豆腐嘴，刀子心（嘴上软，心里狠）

断亲眷，恶邻舍（人际关系极差）

横竖横，拆牛棚（拼命闯祸）

睏晏觉，吃厚粥（懒人有懒福）

抠屁眼，吮指头（十分小气）

贪小利，屙大利（贪小失大）

乌勿三，白勿四（形容不干净，颜色难看）

小么算，大么舍（舍 p‘ø，去声；算小账，不算大账）

若要发，不脱八（八与发谐音，民间以八为吉祥数字）

日不做，夜摸索（白天闲着，晚上瞎忙）

团团转，笃笃转（心神不定，原地打转）

谢谢你，拜拜你（婉转拒绝别人的说辞，带嘲讽意味）

细归细，战斗机（细即小，形容小而有力量）

五、七字俗语

病人搭则鬼商量（看病找错对象，等于寻死）

吃则馒头洗蒸笼（别人得好处，自己收摊子；帮别人收拾残局）

吃则砒霜药老虎（拼死报复，做事不计后果）

厨师掉勒井罐里（吃饭时厨师出菜太慢）

砌屋请了箍桶匠（办事请错人）

拆了上房盖门楼（丢西瓜，捡芝麻）

槽上没马驴当差（退而求其次）

东一榔头西一棒（做事没有章法）

等则屙屎排毛坑（与临时抱佛脚同样意思）

多见树木少见人（不与他人交往）

吊煞勒一棵树上（认准一个人或一件事物不变）

葫芦牵到扁豆藤（乱扯）

公要馄饨婆要面（每个人都有不同的要求）

横吹笛子竖吹箫（做事有不同方法）

江北驴子学马叫（江北人学说常州本地话，旧时表示对江北人的歧视）

掮着马屁一身汗（为别人的好话而卖力）。

进洞的蛇拉不出（没有办法；钱财进入爱财人的袋，再也出不来）

鸡来讨债鸭来愁（欠债人的处境）

空勒家里抚大腿（十分空闲）

睏勿着觉怨床脚（没有理由的抱怨）

螺蛳壳里做道场（在小空间里做大事情）

乱拳打煞老师傅（不懂规则的人凭勇气竟然打败有经验的前辈）

老虎头上拍苍蝇（同老虎嘴里拔牙）

老鼠勿留隔夜食（吃光用光，没有算计）

茅坑板上剥豆瓣（小鬼，意为还没有出生）

茅坑板上格坠头（又重又臭，使人讨厌）

屙勿出屎怪茅坑（没有理由的抱怨）

破畚箕配鑿筲帚（两人或两物均有缺点，比较般配）

强盗碰着贼爷爷（厉害人碰上更厉害的人）

敲开板壁说亮话（直话直说）

揿着耳朵吃海蜇（想像吃美食。猪耳朵与海蜇均香脆）

气破肚皮胀破心（极其气愤）

三两黄金四两福（有钱是因为有福气，旧时宿命论的说法）

拾到篮里就是菜（不论好坏，一概照收）

虱也漏勿落一个（小气，仔细）

坍冲坍到脚后跟（十分丢脸，不仅丢脸皮，全身的皮都丢了）

铜钿看则磨盘大（惜财）

铜钿眼里跹跟斗（一门心思想要钱；所谓“钻在钱眼里”）

勿看僧面看佛面

勿蒸馒头蒸口气（蒸与争谐音，意为争）

西说阳山东说海（海阔天空侃大山）

新亡人欺老祖宗（刚亡故的人得到家人的祭祀比老祖宗多）

象牙筷上扳隙丝（与吹毛求疵同）

小狗围着毛坑转（总是觊觎所想要的事物，不肯离开）

鲜到则眉毛漏落（味道十分鲜美）。

阛落毛边说光边（阛 øiaɤ，折叠；只宣传好的，不说差的）

一个烧香一个拜（分工协作，配合默契）

一粒芝麻才开头

一竹竿捋勿到梢（不知深浅，无法预知后果）

一眼看到屎孔头（把某人的行径看得清楚）

又做师娘又做鬼（当面讨好，背后捣鬼）

咬则卵往横里涨（死犟，认死理）

捉则强盗连夜解（则：着；防止夜长梦多）

六、八字俗语

赤脚格勿怕穿鞋格（一无所有的人谁都不怕）

打煞则老嬷日死屄（认死理，一条道走到底）

过落端阳戴老虎花（常州有在端阳节戴老虎花的风俗，穿戴不合时宜）

假客气碰着真老实

芦席上爬到烂泥上（烂泥：泥地；没有实际变化）

老屁眼碰着粗草纸（老于世故的人碰上了对手）

买则炮仗畀别人放（炮仗：爆竹；畀 pəʔ：给。做事不精明）

弄个虱勒头上搔搔（自找麻烦）

骗到则肚皮蛮蛮大（花言巧语哄骗别人的功夫十分好；原为形容小伙子哄骗姑娘的手段）

水底里看见鱼卵泡（再隐秘也看得清，形容目光敏锐，能看清事物的本质）

勿晓得团鱼还是鳖（不知道后果怎样）

一块馒头搭一块糕（统筹兼顾，保持均衡）

睁着眼睛吃老鼠药（被逼无奈，明着吃亏）

半边人面，半边鬼面（耍两面派）

常州常州，常来走走（现代常州人的一句客套话，希望客人常来常往）

吃勒碗里，望勒锅里(期望更多的利益)
长子看戏，矮子吃屁(长子：高个子的人)
吃格灯草，说得轻巧
饭吃三碗，闲事勿管
风吹一半，雨笃全无(经不起风吹雨打，形容做事、说话靠不住)
狗咬一声，跳到半场(喜欢凑热闹)
面皮老老，肚皮饱饱
千年勿畀，万年勿赖(赖债的一种行为)
七世仇寇，八世冤家(结怨太深)
七处冒火，八处冒烟(十分愤怒)
穷归穷，还有三担铜(旧时大户人家有许多铜器，即使败落，也有许多存货)
穷伴富，伴得呒没裤(穷人与富人结交，经济上负担不起)
若要俏，冻得盎狗叫(好打扮而不肯多穿衣服)
勿识相，吃点辣虎酱(不看别人的态度或客观情况蛮干就吃亏；有揶揄或警告的意思)
勿干勿净，勿生毛病(讲究卫生不要过分)
勿说勿笑，勿打勿跳(对闹矛盾的人打圆场的话)
未吃先谢，敲钉转脚(调侃话，对请客的人先道谢)
有家归家，呒家归庙(各找归宿)
有事有人，呒事呒人
有婆掮婆，无婆自磨(掮：攀比；没人攀比，只好独自做事。古代人经常在家里牵磨加工谷物)
又要吃则，又怕噎则(想得好处，又怕犯错)
盐勿是盐，酱勿是酱(不三不四，不像样)
一脚勿到，一脚勿了(做事环环相扣)
一时猫脸，一时狗脸(喜怒无常)
一只手推，一只手揹(揹：拉；软硬兼施，态度暧昧)
一条痛肠，一条恨肠(又爱又恨)
一口朝上，一口朝下(吃饭慢吞吞的样子)
爷来爷好，娘来娘好(从不得罪人)
嘴象蜜罐，心里辣串(辣串：毒辣)
自称赞，打破洋灯盏(自夸无益)
张公养鸟，越养越小(能力差，把事情做坏)
指山卖磨，空说空话
七、九字俗语
烂木头余勒一条浜里(坏人凑到了一起)
捧则猪头寻勿着庙门(想做好事，找不到对象)
拿他格拳头耸他格嘴(以其人之道还治其人之身)
三拳头哈(打)勿出个闷屁(沉闷而不会说话)
烧火和尚赶走当家师(反客为主，以下犯上)
一个铜板掰成两半用(节俭)
一个螺蛳烧十八碗汤(太吝啬、抠门，多而不可能)
捉则老鸦在树上做窠(违反规律，硬吃硬做)
公事公办，铁锅子烧饭
眼睛一眨，老鸡婆变鸭
黄牛角，水牛角，角管角(角与各谐音；各管各)
八、十字俗语
一口气呵不热一笼馒头
一条蚯蚓想钓十八条鳗
一根麻绳想结十八张网(条件不够，空想)
白脚花狸猫，吃着就要跑
吃饭象条龙，干活象条虫
吃饭拣大碗，上场拣小叉
吃饭堆尖尖，做事溜边边
刚入山门，就想当大和尚
刚吃三天素，就想上西天
掼下去一瘫，拉起来一条(无能而无可救药)
烂泥萝卜，揩一段吃一段(遇上麻烦的事情，只好分步解决)
老卵勿出虫，拖到太阳红(磨洋工)
六六三十六，吃饭先吃肉(好日子先过)
七搭八搭，乌龟穿件马甲(说话乱扯，做事胡来，没有逻辑和规律)
千拣万拣，拣个猪头瞎眼(挑到最后，没得到好货)
日里文皱皱，夜里偷毛豆(两面人)

上午栽树，下午就要乘凉

上勿到横林，下勿到洛社（横林与洛社为常州与无锡交界处的乡镇，形容进退两难的境地）

三请诸葛亮，四请叶先生（传说唐荆川父亲数次登门，才请到文武又全的隐士叶霖为教书先生；意为请专家要表示诚意）

痧药瓶塞则，七石缸开则（身体好，不吃药，能干活）

伸头一刀，缩头也是一刀（面对即将到来的祸害而无奈的状态）

未有三尺水，就想划龙船

瞎串三官经，丝瓜炒面筋（胡说）

要吃羊卵子，勿顾羊性命（只顾眼前，不计后果）

羊头上搔搔，狗头上摸摸（像是在做事而无功效）

羊肉勿吃着，弄得一身臊（坏事没做成，影响却很大）

远看一朵花，近看一个疤（不耐看，经不起推敲）

有福勿会享，呒福等天亮（抓住机会，有福就享）

眼睛像豁闪（音险），筷子像雨点（人贪吃的吃相）

九、十一和十二字俗语

二月初八，就想吃八月半酒

耕田耕勿着，耙田也要耙着（下决心找东西或找原因）

捉鬼的是他，放鬼的也是他（当面做好人，背后使坏）

痴人有痴福，烂泥菩萨住瓦屋

脚踏西瓜皮，滑到哪里算哪里（做事没计划）

七里缠勒八里，蒲鞋穿勒袜里（做事没有条理）

牛皮勿是吹的，火车勿是推的（自夸）

要么楼上楼，要么楼下搬砖头（处世的一种赌博心理，成功即成名致富，失败即落魄潦倒）

有末三样四样，呒末蘸盐戳酱（过日子没有计划）

十、十三和十四字俗语

扯落龙袍是死，打煞（死）太子也是死（左右是死，不如闯祸）

好起来夫啊妻，勿好起来狗啊鸡（年轻夫妻性急，双方关系喜怒无常）

要和尚斋和尚，勿要和尚杀和尚（有事有人，无事无人）

半夜说起五更走，天亮还在大门口（有想法无行动）

办了冬衣杨柳青，办得夏衣水结冰（懒而拖拉）

吃饭勿晓得饥饱，睏觉勿晓得颠倒（说人不懂事，不管事）

吃三个铜钱格酒，装四个铜钱格腔（本事不大而装腔作势）

蚂蚁爬上牛角尖，以为到了山顶巅（见识短浅，自以为是）

身上穿得绸披披，家里呒没夜饭米（旧时对过分注重穿着打扮的人的讽刺）

女女强盗女婿贼，外孙是个白插子（旧时女儿回娘家，把娘家当自家，随意吃和拿）

夜里思量千条路，早起还是磨豆腐（有想法无行动）

又是龙灯又是会，又是婆婆八十岁（同时忙于许多事）

十一、十五字及以上俗语

好起来观音菩萨，不好起来牛头夜叉（人际关系忽冷忽热，反差太大）

一个铜钱夹勒屁眼里，好走三里路（吝惜钱财）

苍蝇歇勒窗玻璃上，只有光明呒没前途（有希望没指望）

会了十八句江湖诀，就想做走方郎中卖膏药

吃饭辰光李闯王进京，做生活辰光吊煞鬼寻绳（好吃懒做的人）

第二节 歇后语

一、常州地名歇后语

八十一日冷天——九里（九：数九寒冬）

错佬硬说对佬——横理（横 huaŋ，阳平；湟里）

带着宝剑上殿——武进

大船开不进——小河

大门口狗叫——前汪（前黄）

粪船翻勒河当中——垩河（丫河）

隔年头勒的债——陈账（成章）

火烧排门——焦店（焦溪旧名）

环洞上扎牌楼——彩桥（崔桥）

开水勿甜——无糖（湖塘）

六月不开烊——冻村（董村）

老太婆吃鸡蛋——呡黄（鸣凰）

两岸搭条路——造桥（漕桥）

牛脚踏在畚箕里——奔牛

桥勿勒河上——离河桥（蠡河桥）

软木塞头——甑瓶（政平）

筲箕呒不襻——横拎（横林）

水没田埂——路沉（潞城）

上下两个口——吕字（吕墅）

十二月的松柏——冬青（东青）

鞋子呒没样——录样（洛阳）

细铜钱剪边——方钱（坊前）

一群雌鸭——无雄（芙蓉）

一千市尺——百丈

一二月的松柏——冬青（东青）

杨柳透青——回春（魏村）

喳啦婆过桥——喳桥（寨桥）

做了衣裳勿穿——新安

二、四字歇后语

宝塔结顶——功德圆满

打破水缸——隔壁瀴（瀴 iŋ，阴去，渗水；犯了过错，殃及他人）

狗捉老鼠——多管闲事

火烧鳗鱼——段段缩

猢狲屁股——坐勿定

聋子打铃——充耳不闻

梦游西湖——好景勿长

麻子搨粉——蚀煞老本（搨：搽）

麻袋绣花——底子太差

敲锣卖糖——各做一行

寿星唱曲——老调

蛇吃黄鳝——活屏煞

驼子跌交——两头勿着实

蚊子放屁——小气

卫生口罩——嘴上一套

小鸡啄米——粒粒下肚

瞎子逛街——目中无人

瞎子当秤——勿勒星（心）上

瞎子看戏——轧闹猛

油氽虾米——性命交关（交关：很多）

哑子告状——有口难言

鸭吃砻糠——空欢喜

鸭爬楼梯——呱呱叫又步步高

宜兴夜壶——出张嘴

宜兴夜壶——臭嘴

竹筒倒豆——一干二净，爽快

三、五字歇后语

矮子爬围墙——高攀

白脚花狸猫——吃着就要跑

斑鸠教鹁鸪——大家差不多

板壁上插针——戳木（触目）

船头上跑马——走投无路

吊煞鬼搨粉——死要面子

戴笠帽乖嘴——差得远

等公鸡下蛋——呒指望

独眼龙看戏——一目了然

放屁吹着火——碰巧

关公舞大刀——拿手好戏

鬼迷张天师——有法没处施

棺材里伸手——死要钞票

荷叶包野菱——戳穿

葫芦里卖药——不知底细

黄莲拌苦瓜——苦上加苦

黄鼠狼看鸡——越看越稀

猢狲抓把屎——吪抓拿

猢狲戴帽子——像煞个人

猢狲出把戏——当众出丑（只有这点本事）

猢狲盘卵子——越盘越乱（做事没头绪，越做越糟）

和尚敲木鱼——实笃笃

金弹子打鸟——不惜代价

脚踏西瓜皮——滑到哪头算哪头

脚底里塌油——滑脚

江西人补碗——自顾自

看戏卖麻团——心不在焉

老太婆撒尿——滴里嗒啦（撒尿 zaçy）

老豆腐切边——做嫩

箩里坐笆斗——稳当

六月里睏觉——勿要棉被（面皮）

罗汉请观音——客少主人多

腊月里井水——热彤彤

聋子格耳朵——摆设

腊月里格债——还得快

癞痢头撑伞——无发（法）无天。

瘌痢头儿子——自家的好

瘌痢头辫子——险答答

门缝里看人——看扁

卖布勿带尺——瞎扯

买咸鱼放生——假慈悲

麻绳穿背褡——五花大绑

木竹棒吹火——一窍不通

屙屎拔茅针——一事两便当

屙屎拾着卵——空欢喜

青肚皮猢狲——教勿会

蜻蜓咬尾巴——自吃自

肉骨头敲鼓——荤（昏）咚咚

十月的桑叶——吪人采（睬）

太湖的巡警——管得宽

讨饭勿带棒——受狗格气

土地爷放屁——神气

铁拐李摆摊——蹩脚货

乌龟掼石板——硬碰硬

乌龟碰石头——硬碰硬

乌龟爬栏杆——看此一翻（撞运气）

乌龟吃大麦——糟蹋

晚娘格拳头——早晚一顿（旧社会晚娘虐待前妻的儿子，稍有不慎，便遭打骂）

碗里格鱼头——拨一拨，动一动

蚊子叮菩萨——认错则人

瞎子吃馄饨——肚里有数

瞎子拉胡琴——没有谱

瞎婆子裹脚——蛮缠

媳妇回娘家——熟门熟路

阎罗王嫁女——吪人要

阎罗王请客——鬼上门

戏班子行头——老一套

秀才碰着兵——有理说不清

哑巴吃黄连——说勿出个苦

浴缸里放屁——后翻泡

药里的甘草——百搭

嘴上搨石灰——白说

吪事烧纸钱——引鬼进门

四、六字歇后语

搬砖头克脚板——自害自

八月的黄瓜棚——空架子

八十岁学打拳——力不从心

陈渡桥的酱油——不能蘸（赞）

床底下放鹞子——飞勿高

担钩绳穿眼线——拖勿过

大姑娘坐花轿——头一回
大腿上搓糖圆—— 一手一脚
大年夜打浆糊——贴对
顶则石臼做戏——吃力不讨好
飞机上吹喇叭——唱高调
关云长卖豆腐——人硬货不硬
狗朝毛坑发誓——改勿落(改不了)
叫化子吃死蟹——只只好
叫化子炒三鲜——要一样呒一样
脚炉盖当镜子——看穿
孔夫子的徒弟——文质彬彬
孔夫子格卵泡——文绉绉
老鼠舔猫鼻头——送死
腊月里格井水——热彤彤
痨病鬼开药店——自便
六月里穿皮袄——不是辰光
落雨天背稻草——越背越重
冷灰里爆火星——当着不着
棉花店死老板——勿谈(弹)
呒没头格苍蝇——乱窜
菩萨身上冒烟——神气
青竹杆淘屎坑——越淘越臭
青豆子烧豆腐——全是自家人
石灰水写文章——白(别)字连篇
十三岁嫁老倌——强吃饭(老倌:老公)
四大金刚腾云——悬空八只脚
飞机上吊螃蟹——悬空八只脚
太湖里洗马桶——野豁豁
五月底格粽箬——过时货
乡下人看告示——全是大道理
小花脸做皇帝——勿长久
盐罐头里出蛆——不可能
烟囱里挂鱼钩——钓(吊)火
阎王爷出告示——鬼话连篇
夜壶上结根绳——牵尿(尿 çy，阴平；谦虚)
灶家菩萨上天——有一说一

五、七字歇后语

豆腐掉落灰堆里——呒撩头
关公面前舞大刀——献丑
光郎头上的虱子——明佬
横切萝卜竖切菜——全(都)一样
叫化子唱莲花落——穷开心
两个哑巴睏一头——呒话说
两脚伸在瓮头里——寸步难行
老虎头上拍苍蝇——寻死
老鼠钻进古书堆——吃老本
老鼠跌勒米囤里——尽吃，好日脚
老鼠躲勒书箱里——咬文嚼字
麻雀跳到砻糠里——空欢喜
茅坑板上的坠头——又臭又硬
茅坑板上排磨子——牵死(屎)
排门板上的壁虱——吃客
三只指头拾田螺——稳笃笃
三个铜板放两头——一是一，二是二
四两棉花八张弓——慢慢谈(弹)
水牛过河拉尾巴——来勿及
水牛身上拔根毛——无伤大体
小狗跌勒毛坑里——屎(死)吃
瞎子磨刀看见亮——快了(历尽艰难，即将完成)
乡下人不识台炮——大铳(憁：因冒失而遭殃)
野鸡歇勒坟墩上——寻铳(憁)
钥匙挂勒胸口上——开心
又讨媳妇又嫁女——双喜临门
一跤跌勒青云里——暴发
一缸黄鳝一条鳅——不得安宁

六、八字歇后语

六月里死则不出蛆——好人(讽刺)

癞蛤蟆跳进戥盘里——自称赞(戥 deng，旧时称金、银、药材等贵重物品的微型秤为戥子)

冷锅里爆出热大栗——出乎意料
七个和尚撑一把伞——落拓湿
一笃水落勒油瓶里——巧得

第三节 暗语、隐语、忌语

一、暗 语

旧时常州商业界曾有许多暗语，是交谈、交易时的特用语言，具有探测、保密、暗示等作用。例如，称藕为“空心（地龙）”、百合为“千瓣”、梅子为“酸头”、枇杷为“抓背”、西瓜为“绣球”、甘蔗为“青龙”、菱为“跷角”、荸荠为“泥块”、樱桃为“小口”等。还有一种数字暗语，不同行业有不同的数字语。例如“一、二、三、五、六、七、八、九、十”的数字，在木业中称做“星、南、路、向、湾、洞、井、海、底、天”，在粮食业中称做“勺、另、叉、变、办、文、哄、欠、阿、丘头”，在土北货业中称“卷、段、昌、旺、模、老、条、考、欠、刘”。

二、隐 语

日常生活中人们说一些隐语。例如，旧时，称续娶之妻为“接辫”，取续发之意，源于谓原配夫妻为“结发夫妻”之俗；称贼为“九搭一”，因为九加一是十，常州话“十”“贼”同音；说睡觉为“拖条”；说洗澡为“潮龙”；说死为“翘辫子”；说阳痿为“棉花客人”；说遗精为“跑马”；说遗尿为“画地图”；醉酒呕吐为“剥兔子”。现在，社会上称女性情人为“小姊妹”，年轻人把漂亮女朋友称为“瑞星”，找漂亮妹妹玩称为“叉美”，女孩追求男孩称“叉官生”，嫖娼为“打洞”，说监狱为“东下塘”（常州城区内的看守所），说火葬场、阴间为“高士桥”（常州城区的火葬场在郊外高士桥）。

三、忌 语

由于风俗习惯，当地存在一些忌语。常州方言“四”与“死”音近，故“四”成为人们忌讳的数字。例如，对小孩子忌言“四岁”，通常采用曲说的方式，说“两两岁”，既符合儿童语言特征，又巧妙避讳（数字“6”与“乐”、“8”与“发”谐音，所以受人欢迎）。当地人说人脑筋不好、呆傻为“十三点”，所以“十三”这个数字也忌讳。赌博之人忌说“苏”“水”，甚至不抽“苏烟”，因“苏”与“输”同音；“猪舌头”一般称为“口条”“门腔”，因为“舌”与“折”同音。另外，人们送礼物忌送伞、钟，因为“伞”与“散”、“钟”与“终”同音。

第五章 语言现状及方言研究

2000多年来，常州方言在与其他方言的交流过程中，一直保持独特的个性。近现代以来，许多专家学者致力于常州方言研究，取得了丰硕的成果。

第一节 语言现状

一、方 言 岛

太平天国时期，太平军围攻金坛城110天，城中7万居民仅剩3000人，后又遭入侵英军和清军的屠杀，金坛原住居民所剩无几。江北的扬州、泰州，包括一些河南、山东来的移民，陆续迁徙至金坛。外来移民大多生活在金坛城内及以西的一些乡镇（以薛埠镇最为突出），而金坛的原住民，大多生活在金坛东南的一些乡镇。金坛大多数人说一种混合的江淮官话。金坛成为说两种语言的双语区。由于江淮官话逐步成为金坛的主体方言，金坛居民对外交往时主要说江淮官话，金坛实际上成为吴语区中的一个方言岛。

常武地区、溧阳也有说其他方言的方言岛存在。

太平天国失败后，在武进西部（夏溪、湟里、成章），有苏州巨富许万台以工代赈，经营垦荒，出租土地，吸引苏北、安徽、湖南、湖北大批移民定居（大部分是苏北人）。在北部（小河、孝都、魏村、圩塘）一些乡村，也有以苏北人为主的移民落户江边“下滩”垦荒。

溧阳境内有河南（光山、罗山等县）、苏北（兴化、高邮等县）、浙江（温州）、安徽、湖北移民定居，他们分别聚居在平桥、永和、上兴等丘陵山区和余桥、古渎、前马等荡滩圩区，如县城属于吴语的“勿要”连读，在西北部乡村被说成江淮官话的“不要”。还有一些小的方言岛，如戚墅堰戚机厂和新区的蓝翔厂，由于他们是在近现代从外地整体搬迁而来，所说语言以上海话、普通话为主。

这些外地方言岛的居民说两种方言：在家、在村里说原籍话，与当地人说常州话。

二、三语并存

改革开放以后，大批外地人进入常州成为新市民，到2010年约占常住居民的三分之一，其中大多数人说江淮官话，因为他们在常州人数众多，又因为处于同一社会层面上，使用母语的机会很多，还因为与家乡保持较为密切的联系，所以没有很快被常州话同化。于是，江淮方言与常州方言在常州地区并存。

经过半个多世纪的普通话的推广，一般市民都有一些普通话的基础，江淮方言与常州方言在公众场合的交流用普通话。这些普通话或带江南口音，或带江淮口音。

新市民中的一些年轻人会学说常州话（即江淮口音的常州话），与常州当地人交往。而常州当地人则因为历史的原因，不愿意说江淮官话，在与新市民交往时，只是用带常州口音的普通话与他们交流。这就在社会上形成一种奇特的普通话、常州话、江淮官话三语并存、互相夹杂的状况。在这种情况下，常州方言的语音和词汇更多地受到普通话和江淮官话的影响。

三、城乡合流

随着城乡一体化建设的推进，常州城区不断扩容，乡下年轻人口音逐步向城区靠拢，声调开始拐弯上扬变婉转了，a元音的开口度也变小了，“猪、住、吹、水”声母由舌面改舌尖了，也主动增加u、ü介音了。此外，一方面老城区乡村变为新城区，乡下话直接变成城里话，另一方面乡下人到城里购房居住和生活的人数逐年上升，乡下口音的常州话在市区居民中增加，老常州话逐渐成为新城区的小众语言。原来有差别的城乡口音加快了接触和融合。

四、公众媒体与常州方言

21世纪初叶，常州广播电台开办《大嘴讲闲话》方言节目，常州电视台开办《生活369》方言节目，《常州日报》开辟《方言茶座》专栏。2007年10月，常州电台新闻台组织“新常州人”学说常州话比赛。2009年5月，常州电视台新闻台《社会百家谈》开设两期常州方言的专题节目。2009年夏天，常州电视台举办历时3个月的“华夏艺博园杯”常州方言大赛，从初赛、复赛到决赛，共有10场赛事。参加者有3岁小孩，也有89岁老人，数万群众观看。

第二节　方言研究

语言学家赵元任是现代研究常州方言的第一人，成果也最为丰硕。发表于1926年的《北京、苏州、常州语助词的研究》第一次把常州话引入人们的研究视线。1928年，在《现代吴语的研究》里对常州话的语音系统进行详尽的描述，1961年发表的《常州吟诗的乐调十七例》留下了常州话吟诵的珍贵资料。赵元任晚年还写了《常州方言》和《常州话里两种变调的方言性》。

近年来，许多学者与民间爱好者开始对常州方言研究投入巨大热情。苏州大学教授汪平在《方言》杂志1988年第3期上发表论文《常州方言的连读变调》，研究了常州方言的27种连读变调情况。常州籍语言学教授史有为的专论《常州话的达成貌及其价值》发表在日本《现代中国语研究》2002年第4期上，该论文对常州方言里的“则、则连、连、格连、佬连、则连、祭、快连”等助词进行了穷尽研究。

现在有越来越多的常州人研究常州方言。张一农、巢云栋、季全保、范炎培等集多年心血分别编撰出版《常州方言俗语趣谈》《常州方言初探》《常州方言》《常州闲话》等书籍。2007年8月，常州市哲学社会科学联合会牵头编撰《常州方言丛书》，丛书分三册:《常州方言词典》、《常州方言史话》和《常州方言趣话》。本卷的编纂参考、借鉴了以上所有研究成果。

2008年10月11日，中国语言资源有声数据库建设试点启动，江苏省也把“珍爱语言资源，建好有声数据库”作为建设文化强省的重要内容之一，并确定常州市城区、金坛市、溧阳市3个语言资源调查点，调查内容主要包括语音(声韵调系统，1000个单字)、词汇(1200词)、语法(50句)、话语(独白和对话)、地方普通话(独白和朗读)。发音人兼顾方言老男、方言青男、方言老女、方言青女。常州市3个点的调查任务，从2010年7月开始，到2011年5月结束。2009年底，常州非物质文化遗产成果之一的《赵元任程曦吟诵遗音录》一书由商务印书馆出版发行。

第四十八卷 风俗

Volume XLVIII Customs

改革开放30多年间，随着经济发展、生产方式的改变和生活水平的不断提高，在恢复传统风俗的同时，工农业、商贸服务业和衣食住行、婚丧喜庆等生活领域的旧习俗发生新的改变，也产生了一些新习俗。到21世纪初期，常州人的生产生活习俗更趋健康、高尚，既有丰富的文化内涵，又充满现代气息。

第一章　生产经营习俗

常州的生产经营风俗与当地自然环境、历史文化相关，表现出江南水乡农耕文化传统特点和现代工商业、服务业较为兴旺发达的经济文化特征。

第一节　农业生产习俗

常州的粮食种植以水稻为主，也有一些旱地作物的种植，为提高产量而精耕细作，大部分水田实行稻麦两熟制。近现代，与麦子同期大面积栽培油菜和紫云英。20世纪初，农村大多数人以务农为本。后来随着工商业的发展，农业耕作变得相对辛苦而收益少。到21世纪，年轻人大多不愿意种地，大批到城市、工厂打工或经商办厂，留在家里从事农业的大多是老年人，家庭种植和饲养均在减少，一些农民家庭从生产经营单位向生活消费单位转型。农忙时节，地处农村的企业会放假几天，让务工的农民工回家做几天农活，亲友间互相帮助，有的人家也会请外地来的临时工帮忙。由于科技的发展，农业劳动工作量大幅度减少，一些农民家庭成为农副业生产专业户或者工商业小业主。“两个月种田，一个月过年，九个月挣钱”是当代常州农民的生活写照。

一、水稻种植

旧时，种水稻费工费时，农艺复杂，从立春选稻种开始，包括浸种、耕田、耖田、催芽、落谷、拔秧、插秧、管水、耘田、施肥、治虫、除草、搁田、收割、打稻、牵砻、进仓等近20道程序、几百种农活，还不包括做田埂、开草塘、罱河泥、打草鞋、搓草绳、织草包等等为水稻服务的农活，是一环套一环，环环紧相连，历时半年有余。

播种时要先浸种（一般早稻在谷雨前后，中晚稻在小满时），大户人家先在灶阁上用酒杯装上稻种加上水，祈求灶神菩萨保佑出好芽，预兆全年丰收。待发芽后，做秧板田播种。然后在秧田间插上小红旗或稻草人以驱赶鸟雀，不让吃稻种。

二、田间耕作

50年代，农具用于翻地、平整土地的有钉耙、锄头、铁锹及铁木制的犁耙，用于收割的主要有平口镰刀，用于插秧的有秧凳，用于脱粒的有石板、稻床、碌碡、连枷等。常有外地种中季稻的农民牵牛带犁上门为农户代耕。稻、麦加工成米、面要使用石磨、石碾、木砻、泥砻、石臼、木臼，用人力和畜力牵引做动力。现在，收割、脱粒以及大块土地耕耙实现机械化，小块田地翻松、平整仍然使用上述古老的农具，谷物加工使用磨面机、碾米机，有的农具农家已经没有了。

传统耕作技术有培育壮秧、合理施肥、耘耥烤田、深耕等。从20世纪中期开始，种田基本实现机械化，灌溉用上电力机械。由于使用化肥、农药、除草醚及水稻秧苗免耕抛培和免耕直播技术的出现，过去费工费力的繁重体力劳动基本免除，旧式农具逐步退出历史舞台，原来靠天吃饭、由气候决定收获的情况大大改善。

三、开秧门和关秧门

水稻栽培的育秧、移栽插秧技术有将近两千年历史。1949年以前，莳秧的第一天要举行“开秧门”仪式，全村男女汇聚田埂，敲锣打鼓放鞭炮，作业场面很热闹。大户人家要请短工插秧，东家要备酒肉和香烛敬土地神，目的是保佑丰收。

仪式开始时，先要选举“秧官”（插秧能手）插“头趟”秧，从田的左边田埂上先下田，从左至右插6列秧，边插边后退，待插完三行秧（俗称“秧三行”），其他秧手依次尾从。插秧时，第一个下田的人称“大伙计”（又称“大表兄”），是插秧能手，最后一个也是里手。这样前后夹击，速度较快。插秧忌插“烟筒头”（三个指头夹秧）、“五爪龙”（五个指头抓秧）。扎秧把的草箍要放在已插的秧行间，若秧苗过长要打头，打的头埋在上行的空隙里。大家你追我赶，如果前面的快手被后面的秧手超越，称作“裹馄饨”或“掮水架”，有失体面。

1949年以前，一般是男子下田插秧。1949年以后，一改旧习，妇女也下田插秧。过去，永红乡的农民在“开秧门”这天还有吃蚕豆煮面的风俗，寓意秧苗长出面条一样的叶子，结出蚕豆一样的大稻谷。金坛农村有“挞秧田”、打泥水仗的习俗。

每年插秧完毕，还要“关秧门”（亦称“封秧门”），择日进行一次“汰脚会”。从此以后不必大家都一天到夜打赤脚。村里人把土地神牌和田公、田婆神牌抬到村上，用馒头、果品、糕点等供祭，并放鞭炮，以祈求五谷丰登、天下太平。祭毕，各户主聚餐并商量农事。所需费用由参加者自筹。黄梅结束后，东家要给伙计围腰布、笠帽和慰劳金，并休息一天。五星乡、北港乡等地叫作“吃了(liao)秧酒”，大家大鱼大肉、大吃一顿，犒劳栽秧能手，还要做“满锅摊(麦粉做的饼子)”吃。

1949年以后，破除旧风俗，但是在插秧开始时，生产队要买菜煮饭犒劳队员们。改革开放后，开始插秧时主人家要沽酒买菜，全家以及帮忙的人一起吃顿好饭，准备下田作业。

四、积　　肥

农田的传统肥料有人粪便、动物粪便，再一个就是河泥。

每个农户家前屋后都有一只大粪缸，收集粪便。在人民公社时期，每家的粪便用于自家的自留地，也要定期向生产队交纳一部分。城镇居民厕所里的粪便由当地政府机构按计划分配给周围农村生产队。生产队每年要有几次摇船到城里把计划分得的粪便运回去。有时从较远的乡村到城里运粪便要花两三天。几个农民摇着满载粪便的船只，船尾舱面上架着锅灶，晃荡着行进，也是当时塘河（水路交通运河）里的一景。

每年早春农闲时，农村有积肥的习惯，主要是罱河泥，做基肥。在农村集体化之前，为避免相互争夺河泥，村里人划定时间，确定春节后的某天鸣锣为号，大家同时放舟罱泥，农业集体化后罱河泥由集体组织统一安排。农民经常把河泥挑到事先做好的河泥塘里，制作基肥。公社化时期，农村生产队在春耕前都要积肥。领导往往以行政命令对生产队罱泥提出过高而无法完成的数量指标，因此生产队就弄虚作假，挖一个浅塘上面铺上河泥以应付检查。80年代以后，随着化肥的广泛使用，农民不再愿意做这种费力而又寒冷的工作。21世纪初，农村不见积肥之事，城镇的人粪尿已经成为社会的负担，没人理会。

第二节 渔业习俗

20世纪初，当地居民主营农业，也有少数农民兼营渔业，农忙种田，农闲捕鱼。当地农民大多会捕鱼。许多农户都有捕鱼的渔具。渔具有撒网、丝网、网簖、籪网、蹚网、扳网、鱼叉、渔钩等。1949年，常州有渔民近万人，大都一船一户分散经营。过去，由于渔民贫苦，收入靠运气的多，因此奉龙王为大王，各地立大王庙，四月十七为大王生日，渔民多进庙祀祭，1949年以后此俗消失。1956年，渔民走集体化道路，各地相继成立渔业大队。改革开放后，渔民也种田、进厂，农民也挖鱼塘养鱼。由于渔业养殖技术的进步，大面积湖泊通过围网养鱼。渔业以养殖为主，收入较为稳定。由于工业的迅速发展，水质污染严重，许多河、港已经不见鱼虾的踪影，即使这些河里有鱼，也有异味（俗称“洋油味”），不能食用，市场上的鱼虾都是人工养殖的。居民在享受丰富的水产的同时，也常常回忆起野生鱼虾的鲜美。

一、捕鱼小技

改革开放前，因地处水乡，水土未受到工业的污染，到处都有鱼虾。农民在农活之余如想尝点荤腥，就会带着渔具外出转一圈，肯定会有收获。找稍大的沟渠两头筑坝，用小的笆斗或小木桶两边系上4根绳子，由两个人牵这4根绳子把两坝间的水戽往坝外，待水干，可抓鱼，或许会有较多的收获。在船经过养鱼的河塘时，用力摇晃船只，鲢鱼会受惊跃起，进入船舱。天气闷热时，河塘里虾子浮向河边水面透气（俗称“泛塘”“泛河”），用任何容器均可捞取。现在，野生鱼不容易抓到，由于水质不好，抓到也不一定好吃。有人去鱼塘里偷鱼，有用药麻醉或电击取鱼的。

用赶网 用竹子和网做成，在竹架底面和侧面的三面都张上网，留一面空着，约呈长方形，可提在手里。到沟渠里，把网放在浅水处，用脚驱赶鱼虾，使之进网，随即把网提起，会捉到小鱼。

用籪网 把网做成兜形，两端系在两根竹竿稍上，到河边，两手抓住两根竹竿的各一端，把系在另一端的网张开抛出，然后往自己身前拉，再提起，会捉到小鱼。

用扳网 网为方形，约5～8平方米大，用两根竹子交叉弯曲，四端撑开网的四角。放在河里，网里面放一些鱼饵，当有鱼来吃时，迅速把网提起，会抓到鱼。

用鱼叉 鱼叉一般7根尖刺，围成圆形，中间1根稍长，周围6根；也有3根尖刺并列的，中间一根稍长），到小河、沟渠边，看到游鱼，把叉投出，刺中鱼，会捉到较大的鱼。

用钓钩 钩为竹柄，上装一根弯成尖钩的铁丝，在河堤、田埂上近水侧面找黄鳝洞，在钩上穿上蚯蚓钓黄鳝。夏天夜里，水田里有黄鳝出来透气，用火把或手电筒照着水田边上，再用竹制带齿的夹子为工具，可夹到许多黄鳝。用钓线一端系木桩，一端系钓钩，在钩上放一小块猪肝或胰脏，放河塘边鳖出没的地方，把桩钉在地里，钓鳖。晚上放钩，第二天收钩。

二、捉 干 沟

捉干沟就是在车干了水的河沟塘坝里捉鱼。20世纪，农田灌溉，直通大河的沟塘主要用戽水机（俗称“洋龙”）抽水，不通大河的田块，多靠人力车水。夏天，在河塘边架起龙骨水车，人趴在上面没日没夜地车水灌田。干旱之年，小河塘往往经不起大家每天车水抢水，不过几日，就底朝天了。这时，四邻的男女老少，就会掮着渔罩，手拿板罾或网兜，兴高采烈地一起去“捉干沟”。河底有深有浅，大人去河中间深处摸鱼或用渔具抓鱼，小孩就在边上捡小鱼小虾，大多数人会有收获。

三、鱼鹰捉鱼

鸬鹚俗称鱼鹰，属水中禽类，嘴尖长带锋利的钩，会飞，会潜水，体态与鹅相当，羽毛黑色，渔夫饲养训练可以在河、湖水中捕捉杂鱼。旧时，放鱼鹰的渔民，早晨在茶馆喝茶，上午8时驶船放鹰。放鹰时先要喂豆腐或猪肉，默嘱鱼鹰竭力多捉，祈求丰产。下午把鱼售出，然后喝茶。此时，同在一起放鹰的几只船，按鱼鹰优劣，计算产量分成。现在没有渔民靠放鱼鹰生活，人们已经很难看到鱼鹰。

第三节　商贩

改革开放前，常州大街小巷散布着小商小贩，他们有的摆摊设店，有的走街串巷，沿路吆喝，为城镇街头巷尾一景。21世纪，居民生活水平提高，物品用坏后一般不修理，而是换新的，传统的修理摊已经很少看见，有的品类已经绝迹。同时，政府进行市容管理，把街头食品摊贩集中形成小吃街，现在常州比较出名的有南大街的双桂坊小吃街、九龙大排档。

一、皮　　匠

改革开放前，人们夏秋两季穿单鞋，冬春季节穿棉鞋，都要请鞋匠绱线(把鞋面和鞋底缝合起来)。初绱的鞋子鞋面折皱，鞋底歪斜，必须喷上些水，用预制的楦头来“楦(整形)”。那时，有些人穿布鞋，鞋面还七八成新，鞋底却磨出洞来，又舍不得丢掉，就请鞋匠在鞋头、鞋跟打个“掌子”(钉上一块“皮”,“皮”是旧车胎皮或是废电机宽形传动带)，还能再穿一两年，直到全部穿破为止。六七十年代，曾经流行过夏天穿塑料凉鞋，这种鞋子易磨损、易老化断裂，所以鞋匠也就兼修塑料鞋。工具是一只小煤炉、一把小烙铁，把烙铁烧烫，再贴到塑料鞋的断裂处，使之熔化而融合。也可以用此方法贴或接一块塑料到鞋子上去，使鞋子多穿一段时间。

改革开放后，人们几乎不穿布鞋，皮匠没了绱鞋子、修补布鞋的生意，但是适应形势修起了皮鞋。皮鞋脱线或鞋跟磨损后就去请他们修理。他们备有专缝皮鞋的脚踏手摇机，一针一眼地缝，并代客换跟、钉鞋钉。这种鞋匠一般在街上摆个小摊，鞋匠一般是残疾人、外地打工者或企业下岗人员。

皮匠摊也修理套鞋(橡胶质地的雨鞋，有高帮的和浅帮的，高帮套鞋用于农民下水田作业及在泥泞道路上行走)。过去，泥土路较多，下雨天必须穿套鞋。穿套鞋在泥泞的道路上行走，极易损坏。修补套鞋的方法与补自行车内胎一样，用胶水在破损处贴上一块橡胶皮。现在下雨天已难得一见穿套鞋的人，主要原因是城乡大路都已黑色化(铺上柏油)，小路也都铺上水泥或砖石，农村也很少见人穿套鞋。

二、补　　碗

补碗行当以江西人为主，因为景德镇产瓷器，所以江西人发展出一套补碗技术。改革开放前，一般人家不舍得把破碗丢弃，会请补碗匠把碗拼接起来再用。大多数补碗匠用小扁担挑着一副装有小抽斗的工具箱，走街串村替人补碗。补碗匠用细锥钻，靠手工旋转拉动钻头，沿裂缝两边，打出两排细孔，然后用小巧的榔头把预制的一个个细如手表分针那样的“铜搭”，两头弯起敲进裂缝两边的小孔内，把裂缝拉紧，再用调成糊状的白瓷泥嵌抹细孔，糊没填平，阴干后即可使用。不过补过的碗不牢，用时不能让修补的一面着力，否则容易“撬破”。补过的碗一般只用以装盛无汤汁的小菜或糕饼点心之类的食物。

三、补　　锅

改革开放前，百姓用铁锅烧菜煮饭。时间长了，锅壁会锈蚀变薄、穿孔漏水。于是，就有修锅匠补锅。修锅匠有的开一家小修理铺，有的挑着担头，一头是若干工具和零星材料，一头是1只小型手拉风箱。遇到要补的锅子，谈妥工钱后，把锅子周围的屑灰铲光，再把破损处洗净，晾干。将补锅子的铸铁片放进用粘土、石墨等耐火材料做成的“坩锅”中，点燃小煤炉（烧阳泉煤，俗称银煤），拉起风箱，让碎铸铁片熔化成铁水。然后用坩锅勺子舀出火红的铁水，往破损处浇注。锅底上用一块摊上一层草木灰的旧布头衬好托牢，锅子里则用一条素火腿那样卷起、敷着一层草木灰的圆形布条，与锅背面捂紧。只见热气直冒，铁水直流，左右手同时在锅子的正反面移动，随着铁水在冷却过程中与锅面粘牢，锅就算补好了。待全部冷却后，敲敲锅子，听听还有没有“破壳声”，有时还得“补补课”“粘粘牢”。最后用冷水往修补处试一试，检查漏不漏。但是，锅子的补丁仍容易在烧菜时被铲刀铲破。如果再次破损，修理起来就困难了。

改革开放后，常州城乡改铁锅（耳锅）为铝锅（洋锅子）、搪瓷锅等，老式铸铁锅子退出历史舞台，修铁锅的手艺也自然消失。由于长期使用，铝锅底很易因氧化腐蚀而变形甚至破裂穿孔（过去烧煤球炉，洋锅子底受煤气侵蚀，最容易损坏）需要修理。修洋锅子的人备有若干新铝皮，量好旧锅底尺寸后，先把破底剪除，再用大剪刀剪一块比洋锅子底略大的铝皮，把铝皮四周按“置口”对准旧锅接缝处，然后用木榔头放在铁砧上敲打合拢，新锅底就换好了。换了新底，不仅整旧如新，还可以使原来的洋锅子变大，增加了锅的容量。如果用了一段时间，底又坏了，只要上半部尚好，还可以再次换底。

为“洋锅子”换底的人，也会用白铁皮做畚箕、漏斗、撩滴以及小商店里的收款箱、票据箱等，所以又被称为“洋铅匠”“白铁匠”。他们或开一家小修理铺，或挑一个工具担子上门做生意。有的补锅摊（店）也修理铜勺，也有用新铜勺换破旧的铜勺。换法是用同样重量的旧铜器物换新铜勺，贴加工费给小贩，小贩再把破铜勺送铜匠铺贴加工费换新的，赚取差价。损坏的铜勺可以称重量换新的，如分量不足可以付钱补足差价。

四、磨剪刀、铲薄刀

21世纪初叶，偶尔还会看到有人在街巷新村转悠，替人家磨剪刀、铲薄刀（常州人称切菜刀为薄刀）。他们的基本工具是一张作凳、一块磨刀石（砂石）、一块磨刀砖、一只放水的陶瓷盆，还有小铁锤和铁砧，有的还备有脚踏转动的小砂轮。他们手执铁棹板，敲出清脆的响声，一边喊着“磨剪刀…铲薄刀…”，磨菜刀、剪刀、铡刀、竹刀、镰刀、斧头等。磨薄刀时，先把薄刀背脊部的锈斑油垢砂磨清除一遍，看起来白亮清爽，摸上去干净滑利。然后把刀口在清水砖或砂石上粗磨，磨到刀口亮堂发白。最后在较为细腻的“芦甘石”上水磨，刀就磨锋利了。磨剪刀要先把剪刀的两爿拆卸下来，按上述程序把刀锋磨快，再把两爿剪刀套进中轴，垫在铁砧上用锤子敲打铆紧。

五、箍　　桶

改革开放前，农村挑水浇水的粪桶、料勺，妇女用水盆（俗称四脚盆）、尿罐头（也用于儿童坐便桶），婴幼儿用的睡桶（又称畑桶）、立桶和日常用的米桶、水桶（又称提桶）、吊桶、脚盆（又称拘手）、浴盆（兼作采菱盆）、洗碗盆、马桶（便桶）及大小不一的锅盖和蒸锅的高脚锅盖等，都是圆作木匠（箍桶匠）生产的。常州的木匠有大木匠、小木匠之分。大木匠参与建造房屋，小木匠制作家用器具，其中又有“方作”与“圆作”之别。“方作”制作台凳椅桌，“圆作”则专做各种圆形器具。箍桶匠的工具有斧、凿、刨、锯、钻等，使用材料是杉木段、铁箍、竹钉。箍桶先要把杉木做成一片片长短、厚薄、弧度、角度一样的木片，用竹钉把它们拼接成圆的桶壁，再把木板用竹钉拼接成圆形的桶底，用锤子把它们敲拢，再套上铁箍（铁箍是在铁匠铺子里做的，纺织厂包装原棉或染厂包装坯布时卸下来的铁皮条也可以代用）箍紧。

今红梅街道胜利村委的大圩村过去有上百户人家是做圆作的。常州风俗是多数人家在女儿出嫁时的陪嫁品都包括这些桶，它们通常要用红漆，至少也要上桐油。在旧社会，要置备这套生活用具也是一笔不小的开支，因此用起来都很谨慎，但一二十年下来，总会断、烂、破、漏，还要请箍桶匠修理。现在使用木盆木桶的已很少，箍桶生意十分清淡，年轻人更不愿意学这门手艺。

六、修 棕 绷

过去，讲究一点的人家使用棕绷床，它比铺板要软而有弹性。不过，棕绷用几年后就会松弛下垂，必须请工匠把它重新绷紧。一般修理棕绷的工匠会到处吆喝“坏——棕绷修伐？”，揽到生意后，在附近找一块空地做修理活。90年代后，多数人家使用席梦思，或在铺板上垫柔软的床垫，修棕绷的人越来越少。

七、修 雨 伞

过去，人们的雨具是油布伞和油纸伞，伞柄和骨架都是木头或竹子做的。纸伞漂亮轻便，但是容易被戳破；布伞比较牢固耐用，但是笨重。后来，人们更多地使用轻便耐用的钢骨架、布面的“洋伞”。南方多雨，修伞的生意还是多的。常见修伞人身背一个修理包，在街上边走边喊“洋伞——纸伞修伐？”，以招揽生意。

八、货 郎 担

货郎担一般挑着两只尺半见方、四尺许高的小货橱，四面装玻璃，货品排列其中，如针线、针箍、钮扣、发夹、梳子、镊子、剪刀、毛巾、手帕、洋袜、花样、头绳、胭脂、花粉、牙粉、香皂、雪花膏、花露水、消息子(耳挖)等等，琳琅满目。上得村来，卸下担子，摇起货郎鼓，叮叮咚咚一阵，全村妇女小孩一齐出动，围着担子挑拣购买物品。货郎担有不同种类，如卖书笔、生发油、酱油、煤油等。进入21世纪后，这个行当已消失。

九、剃 头 担

有句俗语“剃头担子一头热”，因为他一头挑板凳工具，一头挑炭炉子烧热水。过去，农村有人在家开小剃头铺，但生意冷清，必须挑剃头担四处转悠，上门服务。有的剃头师傅与邻村顾客极熟，到某个村庄只需带剃头工具到某家，板凳、热水、毛巾、肥皂全由这家提供，可给全村人剃头，这家就成为剃头师傅的服务点。

十、借小人书

70年代以前，中小学旁边、公园里、大街上都有出租图书和连环画的书店或书摊，屋内的书放在书架上，门口用长凳搁几块长条木板，上面排列各种小人书(连环画)。读者主要是小孩，可以把书借回去，也可以坐在小书摊前的小凳子上看。看一本书，薄的花一分钱，厚的花两分钱。有的店主把一本厚书拆开分装成几册，每册一分钱，使小孩看了上册还要看中册和下册，这也算是一种生意经。那时的孩子没有钱看电影，也没有电视可看，大多愿意花几分钱坐在书摊前，看《三国演义》《水浒传》等故事。小学生的历史和文学知识有相当一部分是从这些书摊前得来的。

十一、拉 洋 片

拉洋片又称西洋镜，相当于幻灯片。放西洋镜的人用一只木箱，里面有卷在上下两个轮轴上的连环画彩色图片，下面的轮轴旋转，上面的画面就向下一幅一幅移动。箱子前面开一个小孔，孔上装有凸透镜。小孩花几分钱，把一只眼睛放在镜片上可看见里面的图片。拉洋片的人一边转动轮轴，移动画面，一边解说。有的西洋镜旁边设一木架，上有锣、鼓、钹各一面，用绳索牵着，手一拉同时敲响，起到伴奏的效果，十分有趣。

十二、卖 糖 粥

70年代以前，每天午后，常州深巷老弄里经常传来幽远清纯的“笃笃笃”、“笃笃笃”的竹梆声，伴随着“买糖粥——”的叫卖声，许多小孩及其家长会循声出门，把空碗和三、五分钱交给摊主，用竹勺舀上一勺或半勺糖粥倒入碗中。有句谚语说：“一行服一行，糯米服红糖。”一般人家煮糯米粥，放点糖就变稀了，但糖粥摊的粥就很黏稠，卖糖粥的人在煮粥时放入少量石碱，把糖粥煮得稀稠适度，吃起来香甜润口，既充饥又养胃。

十三、卖豆制品食物

豆制品食物花样繁多又价廉物美，广受人们喜爱。

豆腐担、摊 这是不论忙闲，天天会有的小摊贩。农忙时，不少人家请帮工，吃饭的人多，豆腐百页价廉物美，必不可少。豆腐有两种，一种平放板上，盖着白布，叫水豆腐，是嫩豆腐；另一种切块浸水桶中，叫“干相”，是老豆腐，都论块计价，百页则论斤（后来，豆腐一律论斤计价）。

清油豆腐干摊 “清油”指棉籽油，它比豆油便宜，吃口不错，色泽也好看，故有“清油”之美称。原料是定做的臭豆腐干，大约三四厘米见方。70年代前，叫卖清油豆腐的人，摆着摊子，点着一只小煤炉，炉子上放着冒着青烟的油锅，把豆腐干一块一块放进油锅里，煎到两面都鼓起来，便夹起来搁在锅面上的铁丝架上，把清油滴干，手里一边忙着，嘴里一边喊着：“清油——豆腐干！”卖时按块论价，3分1块，1角钱可买4块，吃客要几块就买几块。吃时，把炸熟的豆腐干放在一个小盘子里，放上酱油、葱花、白糖、味精、胡椒粉等佐料，爱吃辣的人可另加辣椒酱，味道热辣鲜香。

油生腐粉丝汤摊 70年代前，有一种街头小吃是油生腐粉丝汤百页结。摊主把肉骨头汤煮沸，再把粉丝放在竹制的“撩漓”中浸在锅里煮，加上用剪刀剪断的油生腐、百页结，配上各种调料。到黄昏时分，担子上挂起方形玻璃煤油灯或圆形的桅灯，炉子里加上柴爿，锅内香气四溢，吸引了许多食客。

豆腐花摊 豆腐花是豆浆煮开后，加入石膏凝结成的半固体，北方人叫它豆腐脑儿。改革开放前，常见卖豆腐花的小摊贩。大多在下午出来做生意，他们停留的地方主要在戏剧院附近、公园门旁、弄堂街头等人气较旺的地方。担子一头是木桶装储的豆腐花、碗盏汤匙和备用的清水，另一头是灶台式的“作台”，四边放着切碎的木耳、香菇、金针菜、香菜、虾米、百页丝、榨菜末和酱油、麻油等各色调料，中间冒着热气的紫铜锅里盛满了豆腐花，锅底下是一只保暖的炉子。人们花上几个铜板（或1角钱），便可在担子旁边或蹲或立，端着小汤碗，有滋有味地吃起来，既解馋又省钱。

有的小摊还会附带备些小麻糕、小方糕、茶叶蛋之类作为早点叫卖，上午八九点钟他们就收摊。红梅公园敞开扩建之前，在西大门前的空场上，有个豆腐花小摊，搁着轻便长台，两边各有几张塑料小圆凳，专供进园晨练的老年人消费。因其服务热情，价格适中，方便简捷，倒也生意兴隆。

十四、卖 面 点

面点不是常州人的主食，但是广受欢迎的点心、早点。面摊（店）主要卖阳春面、大肉面、肉丝面、咸菜面。改革开放前，市文化馆在人民公园内，临近的双桂坊有一家很有名气的马复兴馄饨店，打烊关门早，且价钱较贵。在西瀛里东头有个不起眼的面摊，最出名的是咸菜面，一角钱一碗，就是在阳春面上浇上一小勺咸菜。与猪肉一起煨过的咸菜用肉汁拌和，红堂堂的，咸味适中，又甜又鲜。如有兴趣还可以切点猪头肉打打牙祭。这两样零吃价廉物美，加起来还不到3角钱，是当时南大街的廉价佳肴，总是吸引许多食客。

面点摊中比较有特色的是骆驼担，它有两顶橱，间距不大，呈几形，人钻在中间往肩上一挑，行走时就像沙漠里的驼峰。一顶“橱”是炉灶，灶面上放着酱油、盐、味精、葱末、辣油等调味品；一顶“橱”里放碗筷、生面、柴爿和洗碗盆之类的物品。“橱”用久了，呈紫铜色，看上去像亮光光的红木家具。品种有馄饨、光面（常州人也叫荒面），也有雪菜、豆腐干丝盖浇的，供吃客自选。

旧时骆驼担的面一般是手工擀的，面粉和得很透，反复揉拌，又光滑又细韧，用柴爿或豆萁烧煮出来，再加上雪白喷香的板油，口感特别香而有韧劲。骆驼担有的是沿街串巷流动叫卖的，一般在下午三四点到八九点；有的设有固定摊点，歇在吃客较为集中的地段，如东下塘一带的荆溪村、乌衣浜的大成一厂附近、南大街双桂坊口北侧的转弯处。那里人流量大，沿马路临时摆放几张小桌子，人多时就立着吃，对普通市民来说既方便又省钱。骆驼担供应时间较长，弥补了饭店打烊后的不足，顾客可以在摊上吃晚饭或半夜餐。70年代以后，此种摊贩消失。除了卖面条外，还有卖大饼、油条、汤团、馄饨的。

十五、爆 炒 米

改革开放前，一般人家没有零食吃，大人就爆炒米给孩子解馋。从事爆炒米行当的大多是苏北人。他们挑着一副担子，一头是风箱和小煤炉，一头是爆米机，边走边用苏北话叫喊“爆炒米啰——”。接到生意，就把顾客的米（玉米、蚕豆、黄豆均可）灌入爆米机腹腔内。把盖子夹紧，架在炉子上，接上风箱，给炉子生火。然后，边拉风箱，边用手摇转爆米机，使机内的米受热均匀。爆米机上有一个压力表，看到表上达到一定压力，知道机腔内米已炒熟，便把爆米机从炉子上卸下，先喊一声“响啰——”，旁边人用手捂住耳朵，爆炒米的人用麻袋套住机口，再用手柄撬开机盖，只听 “嘭”地一声巨大声响，白笃笃、松蓬蓬、香喷喷的爆米就炒好了，顾客可以把麻袋拎到一边，用布袋装回家享用了。常州有个地名叫炒米浜，爆炒米的人曾经聚居于此。

十六、炒大栗、炒白果

从前，白果上市时，有现炒现卖白果（银杏）的，就如现在炒卖大栗的一样。小贩一面叫喊着，一面用锅铲炒着铁锅中的白果，故意发出哗啦哗啦的响声，以招徕顾客。白果味道清香略甜，路人会去摊上买一些。每当秋天大栗上市季节，便有店铺把大铁锅支在门口，用砂子拌炒大栗，现炒现卖。大栗炒熟清香略甜，香气四溢，是市民喜爱的时令食品。21 世纪后，一些店铺一年四季均炒大栗出售。化龙巷与局前街交叉路口曾有“金大栗”店铺，生意兴隆，一度供不应求，顾客经常要排队购买。

十七、收 旧 货

以前收旧货的贩子身背布包，走门串户，一边吆喝“旧货卖铜钱——”，一边上门“淘宝”。这些贩子都是识宝的内行，往往会以较低的价格把你家里的旧货收走，其中不乏珍贵的古董。也有人专门沿街叫喊“鸡黄皮——甲鱼壳”，上门收购鸡黄皮（鸡肫皮）和甲鱼壳（都可入中药），再把它们卖给中药铺。80 年代，有外地工匠推着新沙发，走街串巷，口喊“旧沙发——换新沙发”，以旧换新，赚取差价。不过这个行当没几年就消失了。90 年代起，有收旧货的人骑着自行车或三轮车，车上挂着一块收购旧家电（洗衣机、录像机、冰箱、彩电）的牌子，在新村中转悠，价格由双方议定（如摩托车 100～500 元，电视机 50～300 元）。

旧时，城乡有挑换糖担收旧货的（大多是船户），糖有两种，一种是用饴糖（麦芽糖）制成手指大小的芝麻糖，一种是用饴糖加面粉和成的大块饼（厚度约 1.5 厘米，直径约 30 厘米），用特制的小铁板（铲）和小锤，从大糖饼上敲下糖块给小孩，换取他们家里的废旧物品。他们边走边喊“换糖哦——”，叫喊声伴随着小铁锤敲击小铁板（铲）的当当声，会吸引孩子寻找废旧物品（例如，可以用妇女梳头时脱发积成的发团以及破铁锅、破鞋子）、聚拢糖担旁换糖块吃。

十八、其他小卖

卖白兰花、栀子花 白兰花北京俗称“把兰”，广东叫白玉兰，苏南叫白兰花。白兰花长长细细的，花型好看，清香扑鼻。栀子花与白兰花相似，也具有浓郁的香气。苏州虎丘花农培植白玉兰、栀子花历史悠久，大部分给制茶厂熏茶用，剩下的半开放的花就由妇女到市场上卖。仲夏季节，常州街面上有着印花蓝布头巾，手挎竹篮的女子操苏州方言，走街串巷叫喊“栀子花——白兰花——”“白兰花要伐”的细软语调，散发着幽幽的花香和水乡的灵气。女人买下来或插在发间，或挂在帐帷上，男人则藏在胸前的表袋里，小孩常用线把几朵花串起来挂在胸前，尽享清幽的香气。21 世纪初期，每逢夏日，还能看到苏州妇女在闹市区叫卖白兰花。

卖 野 菱 菱为水乡特产，嫩菱生吃，清香鲜美，老菱煮熟食用，香糯可口。野菱为河塘野生，菱肉虽小，吃口硬香。旧时，每到夏秋之际（处暑之后），即可尝鲜。农人采摘新鲜野菱，煮熟后，用荷叶铺盖，放在用旧棉絮保温的竹篮中，进城穿街走巷沿途叫卖，花几分钱就可以买一大把。

卖 粽 子 端阳节前后，大清早就有小贩叫卖。热腾腾的粽子剥开后，放在碟子里，上面撒些白糖，吃起来又香又糯(粽叶小贩是要收回去再利用的)。

卖桂花糖芋头 红红的糖芋头上飘撒着点点金黄的桂花,这是当地民间的一种甜食,农历八月十五除了吃月饼外,早上还吃糖芋头。

卖糖年糕 成片状的糖年糕又松又脆,用纸包成三角包。卖者边卖边吃“糖年糕——二分洋钱卖一包,三分洋钱卖两包”。

还有卖五香茶叶蛋、五香豆腐干、兰花豆、五香豆、咸金花菜、甜白酒(甜酒酿)、青橄榄,等等。

十九、市　　声

市声为招揽顾客叫卖吆喝声。常州小贩的叫卖声带有吴侬软语的情调,讲究韵味,抑扬顿挫,悦耳动听,有的粗犷宏亮,有的委婉悠扬。叫卖的小贩有的是乡下来城里卖农副产品的,有的是卖小吃的,有的是修理家用物品的,也有收旧货的。随着时代的发展、生活方式的改变,许多叫卖声已经消失,还有些叫卖声只能偶尔听到。以下是20世纪响彻常州街巷新村的各种叫卖声:买——野菱伐——;将起锅——热白果——;买糖粥——;大饼油条——油炸桧;清油——豆腐干;磨剪刀——铲白刀;洋——锅子换底;箍桶呵——,等等。

另有使用器物发声吸引顾客的。例如,挑货郎担的用拨浪鼓甩出“卜咚卜咚”的声音;卖粮粥的敲击竹梆发出的“笃笃”声;卖梨膏糖的拉手风琴的乐曲声,等等。现在,有人用上录了音的电喇叭代替吆喝,如收旧电器的人一边走街串巷,一边在喇叭里放着“洗衣机——录像机——冰箱——彩电——”的吆喝声。

第四节　工商行业习俗

常州人有经营工商业的良好传统。最初的工商业由士绅发起,用工通常是亲戚朋友,为家族企业。许多地主兼营工商业。1949年以后,工商业转而由国家和集体经营,职工为城镇居民。改革开放后,城乡大批能人经商办企业,均是白手起家,艰苦创业。中小企业多为家族经营企业,起初大多为街道、乡村集体企业,后来经过改制成为私营企业。因当地民风淳朴,从业者均诚实经营,假冒伪劣的行为相对较少。

一、开　　业

1949年以前,企业开业要放鞭炮,门口要张贴红纸横幅、对联、招贴,上书“开张之喜”、“大吉大利”、“生意兴隆、财源茂盛”等吉祥语,还要祭祀财神,设宴庆祝。80年代起,要燃放烟花爆竹,亲戚朋友、相关业务单位要送花篮、牌匾。有的企业还要请管乐队在门口演奏,中午或晚上宴请。大企业还要开会举行典礼,请当地主管的官员出席讲话,给来宾赠送礼品,如公司的宣传画册、录像光盘及当地土特产。店家往往用商品打折几天来吸引顾客。

二、招牌、门面

旧俗店名喜用具有传统文化色彩的吉祥语,如吉祥、兴隆、昌盛、丰裕、永泰、德胜等,瑞和泰、德泰恒等。有的店在吉祥语后面加上园、楼、阁、斋、轩、馆取名,如兴隆园、聚丰园、状元楼、鸿运楼、近水阁、浣云阁、品香斋、悦芳斋、仁育轩、悦来轩、义隆馆、同兴馆等。也有用店主的名字作为店名,如张煜记百货店、朱复兴布店、陈德顺五金号、法子记颜料号、贾同昌副食品店、张元兴酒家、马复兴面店等。因为外国商品及文化的影响,也有的使用外国地名作为店名,如南洋百货店、巴黎理发店、菲律宾洗染店等。店门口悬挂写有店名的招牌,老牌名店用金字招牌,如市区篦箕巷的“真老卜恒顺梳篦店”。

1949年以后,出现了许多新店名,红旗、工农兵、兴无、红卫、和平、新生、大众、利群等。1956年对私营商店进行公有制改造,商店分类归口管理,有的店名用一二三四的序号,如中国百货公司常州市公司下属的店改称为一店、二店、三店等。“文化大革命”时期，店名一度改为革命色彩浓厚的东风、胜利、长征、跃进等。

“文化大革命”后一律改回旧名称，或取新名称，也采用喜尔登、威尼斯、伊丽莎白等洋名。店名招牌用不锈钢制作，比旧式的大许多，更加突出而醒目。许多商店做夜市，门面用光电技术制作，有色彩，有图案，光怪陆离，引人入胜。招牌用中文，也有用英文。有的企业店堂里或老板的办公室里供有文武财神（赵公明、关公）的塑像，也有的摆放有招财猫的塑像。大企业的办公楼前一般有一个庭院或园林建筑，也有的放置反映企业文化的大型雕塑。

三、奠基、竣工

改革开放前，工程奠基、竣工均要举行仪式，放鞭炮，设宴庆祝。房屋落成要举行上梁仪式，办上梁酒；渔民修船或造新船，下水时则鸣放鞭炮庆贺，并设宴招待船匠和亲友，称为“喝下水酒”，这些风俗至今流行。

80年代起，大企业工程项目如道路、桥梁、大楼的奠基、竣工要举行典礼一般召开大会，上级主管部门的官员和企业领导坐主席台，官员致辞表示庆贺，剪彩则请地方官员、社会名流，同时组织文艺演出。

四、学　　徒

1949年以前的企业职工大多是亲朋乡邻，或由亲朋乡邻介绍，也使用外地农民。小店铺、小作坊学徒有生活费，但是不拿工资，一般3年后满师才有工资。学徒来源多凭情面或乡土关系，由亲友作保推荐。雇用起点多因不同商品的淡旺季而有别，旺季起雇，淡季解雇，形成雇工变动常规，尤以正月初四最为经常。

学徒进店，首先得备香烛向老板叩头跪礼，写一张类似契约的关书，主要内容有“中途离店要退回伙食费”“如遇伤残病亡等事任凭天命与店无涉”等项。第一年做勤杂工，一年以后边搞勤杂边上柜营业。学徒期间，地位低下，待遇苛刻，店规森严，且无人身自由。要给师傅端茶倒水，打扫卫生，听差跑腿，逢节日要给师傅送礼，满师后要办“谢师酒”酬谢师傅。送礼、请酒的习俗一直沿袭至今。一些不被店主看中者多被中途借故辞退，由新学徒代替。因此，店内学徒轮番不断，一般占职工总人数的20%～30%。

规模较大的商店有10多位职工，其名称为经理、襄理、管账、跑街、大朝奉、二朝奉、小朝奉、学徒、杂役等等。大、小朝奉是站柜台卖货的。农历正月半，老板请雇员吃饭，其中一碗鸡的鸡头朝谁，谁就被解雇了。另一说法是，正月初五商贾店家接财神时要宴请伙计，名为吃路头酒，如老板请吃鸡大腿，即暗示着辞退（腿与退同音）。

五、营　　销

旧时做生意要求热情迎客，诚实待人，与顾客保持良好关系，尤其不能得罪顾客。

有的行业谈生意有专门的行话“切口”及交易方式。例如，牛行交易，惯用袖筒谈价，以保持商业秘密。洽谈业务时，双方袖筒交合，在袖筒内用手指议价，出一到四个指头分别代表1、2、3、4，五个指头拢起来叫抓5，搔手心叫搔6，大拇指、食指、中指合拢叫摆7，拇指食指对峙叫撇8，食指弯曲叫钩9，翘起大拇指为10。旁观者只听双方说“我要这个整”“我要这个零”。这一习俗沿用到“文化大革命”前。

现代营销手段多样，有供货会、展销会、竞标会、产品发布会、广告、互联网交易等。营销会议有的在城市酒店，有的在展览馆，有的在风景区度假村。工商企业在宣传、销售自己商品的同时，与客户联络感情。与某些重要客户谈生意要喝酒，而且要尽量，不然会被认为相互间感情不深，于生意不利。为争取生意，商家都要给买家的经手人一点好处，即回扣。例如，旧时厨师办筵席到店进货时，一般会获赠茶叶1包、开洋1包。常州商品经济发达，市场交易活跃，回扣是商家常用的生意手段。

六、行会、商会

1949年以前，各行业有自发组织的行会、商会，如纺织业、铁业、木业、竹业、皮草业、茶馆业、客栈业、洗浴业、屠宰业、理发业、南北货业、粮行业、餐饮业、典当业等。行会、商会有会长、副会长，由实力雄厚、待人诚信、办事干练的会员担任，经费在会员中筹集。行会内订有行规，每年开几次会议，主要是规范、协调商业行为，防止恶性竞争。如有违反行规则处以或罚款、罚货，或请客吃酒、看戏，赔礼道歉；情节严重者或“革出境外”“遣送回乡”，或“送官追究”。各行业供奉自己的祖师爷，如木匠业的鲁班、铁匠业的太上老君、酒坊业的杜康、茶叶业的陆羽、棉纺业的黄道婆、染坊业的葛洪、洗浴业的南极仙翁、饮食业的雷公、梨园（戏曲）业的唐明皇等，每逢传统节日都要祭拜，农历初一、十五要上香。有的祖师爷有专门的祠庙，每年举办庙会。例如，挑挽业有九月二十七、二十八的“灵官会”；粮食计量业四月十六、十七与九月十六、十七有两次“大王会”；四月二十八，医药业在局前街药王庙举行药王会，并演戏庆祝药王生日。

1949年以后，这些行会组织消失，其规范、协调行业行为的职能由政府设立的工商业联合会（或改称商会）履行。但是，各行业内有许多学会、协会承担业务培训、交流和研究职能。

第二章　家常生活习惯

家常生活从之前的实用、满足温饱到美观、时尚、品质、情趣和个性化。

第一节　服饰习惯

一、服　装

改革开放前，人们服装单一，穿中山装、青年装、茄克衫，颜色以蓝、灰为主。“文化大革命”时期，军服流行。改革开放后，经济持续发展，收入增加较快，着装理念个性化、时尚化。衣服式样与大都市接轨，更新周期短，新款两三年甚至于一年就过时。一般人穿衣以休闲为主，冬天滑雪衫，春秋茄克衫，夏天T恤衫。时髦女性上衣流行腰身细而短（所谓“高腰”）、袖子长的服装，裤子腰身放低，露出肚脐，称“露脐装”。街上有年轻人穿色彩、式样成对的情侣服的。老年人服装仍然如前，没有特点，不讲时尚，也不讲尊贵，穿旧衣服，式样和色彩保守。市场上不见老人服装店或专柜。衣料选择因时间因条件而异，所谓“60年代穿布衣，70年代穿化纤，80年代穿毛呢”。 90年代起，面料趋向多样化，但是内衣仍以棉为主。

90年代起，青少年普遍穿旅游鞋，普通的几百元一双，最昂贵的（外国品牌）要上千元一双，成年人大多穿皮鞋。改革开放以来，高跟鞋在中青年妇女中一直流行，有的学生和老年妇女穿平跟皮鞋。常州人一般不戴帽子，即使冬天也很少戴，妇女有在冬天用长围巾包头的。80年代起，有的滑雪衫、羽绒服带有帽子，冬天有人戴上帽子。

二、发　型

80年代，男子剪平头、分头或包头，青年妇女普遍烫发，男子尤其是青年有极少数蓄长发、烫发、留大鬓角、小胡子。当时，大多数人不去理发店花钱烫发，而是用火钳放在炉子上烤热，夹住一绺绺的头发烫成弯曲状。以后又改用许多个小的塑料卷发器，卷上蘸了药水的头发，定型卷发。2000年前，烫发一般是把头发定型成蜷曲状，讲究柔顺，以黑色为美。

进入21世纪，中青年人的发型讲究个性，女青年一般梳理脑后一把扎的式样或剪短发，也有一些女性把头发削短与男士相同，有的留长发披于肩后。中青年时髦女性烫发、染发，大多数染成黄褐色。大胆前卫的青年男女有把头发染成金黄色，甚至染成黄、白及黄、红两种颜色，发型蓬松而不整齐，有人把头发拉直，弄成硬而竖立状。中老年人也时兴染发，称为焗油，就是把花白的头发染黑，使自己看上去更年轻、更精神。

三、首　饰

改革开放前，佩戴首饰一度消失。进入1980年代，先城镇后渐及农村，妇女又盛行佩戴耳环、项链、胸花、戒指等饰物，男子着西装系领带，亦有戴戒指、手链、项链的。黄金首饰已属平常，其他的还有珍珠、水晶、玉石，妇女购买首饰都追求白金的和镶有宝石（如翡翠）、钻石的。

第二节　饮食习惯

近现代，常州人的食物品种以及烹调方式极大丰富和多样化。

一、一日三餐

改革开放前，居民一天一般为两稀一干（早晚吃粥，中午吃干饭），菜肴以素为主。

改革开放以后，生活水平大大提高，饮食习惯有新的变化。品种、数量增加，结构趋于合理，吃菜荤素皆备，大多数人家的饮食营养已经不成问题。口味以清淡为主，烹调讲究色香味，逢年过节聚餐，普通家庭桌上也常见到山珍海味，如甲鱼、螃蟹、野鸡、野兔等。从90年代中后期起，有的人家早上吃牛奶、豆浆和点心，一般是上街买点心（或买半成品回来加工），也有人习惯在家煮稀饭、下面条吃，有人干脆直接上街进点心店吃早饭，中午、晚上吃米饭、面食，大多数人中午在外（或单位食堂）吃快餐。快餐兴起于90年代，最初品种单一，只有饭菜，价格也贵，10元左右1份。90年代后，快餐品种多，有咸粥、菜饭、水饺、汤、煲，质量也有提高。名气大的企业有丽华快餐、大娘水饺、菜根香咸粥。早晨快餐有亿家乐，品种有豆浆、牛奶、糍饭、赤豆粥、麻糕、包子、面包、蛋糕等。后来，经过市场竞争，快餐价格下落，早餐2～3元，中餐或晚餐5～10元即能满足。晚上，回家做饭，这是一天中最丰盛的一顿正餐，一般要弄几个菜，每顿都有荤菜。从食品结构看，饭越吃越少，菜越吃越多，而且营养好、品种丰富，高蛋白、低脂肪食物和新鲜蔬果的消费量大。

二、家常小吃

常州人的家常小吃有粽子、馄饨、面条、糕饼、团子、咸粥等，其中汤团有地方特色。汤团用水磨糯米粉做，细腻滑韧，馅有咸甜两种，咸的是鲜肉，甜的是芝麻。还有荸荠、山芋、菱、兰花豆、强豆（将蚕豆用盐煮熟烤干，洒以香料，亦称五香豆）、五香茶叶蛋、苞米（玉米）等。

大饼、油条　人们过去常吃的早点，一般街上店铺里买。油条又称“油炸桧”，相传百姓痛恨宋朝奸臣秦桧，把油条称作“油炸桧”以解恨。

农村仍有人喜欢吃“糊粥”，即在在粥锅烧开后，再下一些米粉到锅里，做成米糊粥。另有元麦糊粥。就是把元麦磨成细粉，用冷水调匀，边放入沸水边搅和，入口稠滑，色泽暗红，味香性凉，夏日最宜。

腻　头　是一种地方风味的豆腐汤，家庭主妇大多会烧制。家庭制作的豆腐汤往往比一般小吃店做的更为精细考究，其主料是嫩豆腐或豆腐花（豆腐脑），武进的土特产豆斋饼必定要有，而且最好经过油锅熯成金黄色，配料有切成细丝的百页、细嫩的鸭血条、金黄的油生腐丝、肉末、榨菜末等，如能加入熬制的骨头汤就更佳。制作时还要用水淀粉勾欠着腻，使汤稍稠，滑腻爽口，但不要太稠。食用时可以根据各人的口味爱好，加点碧绿的香菜末，或香醋或辣子糊等调料。一旦家中烧了一锅美味的豆腐汤，家人宁可少吃点饭，也会多吃一碗豆腐汤。

乌米饭　农历四月初八前，溧阳民间普遍吃乌饭，是将一种野生常绿灌木（《本草纲目》称之为南烛树）的叶子捣碎，掺水滤汁，加入少许明矾，浸泡糯米，染成黑色，捞出洗净，蒸煮成饭。乌饭色泽黑亮，清香可口，传说是因佛陀的大弟子目莲救母而形成的习俗。

腊八粥 农历十二月初八，家家用糯米、粳米加白果、杂豆、花生米、芋艿、油豆腐、蔬菜等多种(有说是8种)食物煮咸粥为餐，并互赠近邻。中午饱吃了一顿后，晚上加热后当作夜饭，此时的粥味愈加鲜美可口。

三、街头小吃

1980年前后，常州街镇的面馆、点心店里有一些深受群众喜爱的地方小吃，如蟹粉小笼馒头、蟹壳黄、大麻糕、虾饼、马蹄酥、网油卷、琥珀莲子、银丝面、四喜汤团、三鲜馄饨、酒酿元宵，味道鲜美，远近闻名，如雪堰炒蟹、洛阳羊肉面等，其中许多品种被收入《中国名点菜谱》。

过去常州城内的饭店里，早中晚都有面条供应。顾客只要花上1角钱3两粮票，就可吃上一碗热气腾腾的光面，雅称“阳春面”，如再花一二角钱，便可吃到有一块红焖猪肉的盖浇面，俗称大肉面。大肉盖浇面有精制的汤料，先把配有糖、姜、味精、葱等香料的酱油熬熟，下面时再在酱油里添加些红焖猪肉锅里的肉汁和少许猪油、大蒜末，汤料味道鲜香淳厚、咸中略有甜。红焖猪肉选用肋条肉，制作时先将条肉洗净整块放入大锅煮烂至七成熟，捞出后切成条块，再放入小锅配以酱油、料酒、糖、姜、茴香等佐料，小火煨制数小时。煨成的肉肥而不腻，熟而不烂。1949年前后，常州马复兴面馆的大肉面深受顾客喜欢。“文化大革命”前后，常州城内广化街上的广悦面馆、西门怀德桥南面劳动饭店的大肉面味道也不错，口碑蛮好。80年代以前，西瀛里尚书码头弄口有一面摊，摊主(90年代成为裕芳斋老板)原为马复兴面馆的下面师傅，后自己在尚书码头弄口开夫妻店。夫妻俩烹制的大块肉一天近50斤，味道十足。每块大肉比别人家的还便宜5分，仅卖1角，每天食客拥挤，两张用铺板搭做的桌子经常坐满，不少顾客站在马路边端着面碗用餐，一天要下四五百碗面。

四、宴　　席

改革开放前，一般婚事、寿庆等喜庆酒席，平常人家为6大碗、1冷盘，也有地方是8～10碗，所以民间也称吃喜酒为吃“十大碗”。生活水平中等以上人家为4咸吃、4中碗、6大菜。富裕人家有4冷盘或6冷盘，甚至8冷盘、8炒菜等，以糕点甜食作点心，并加用水果。农家酒席上用家酿米酒，城区多用黄酒(俗称“陈酒”)。

改革开放后，农村宴席用10个冷盘、10个炒菜和大菜，有的地方用36道菜，酒类、饮料以啤酒、雪碧、可乐、桔子汁为主，也用家酿米酒或黄酒、白酒。城里人婚礼都在饭店或宾馆设宴，婚宴少则五六桌，多则几十桌。农村相当多的人家也进城办婚宴，饭店生意兴隆。21世纪初期，婚宴排场越来越大，设于酒店的婚宴一般都有几十桌，有的甚至上百桌。喜酒桌数多，重要原因是男方女方联合办酒。喜宴的档次也明显提升。20世纪末，饭店喜宴的单桌价格普遍在千元以下，2010年则提高到2000元以上。

五、传统菜肴

常州传统菜肴以本帮、扬帮风味为主，兼收外帮之特长，选料精良，主辅料搭配得当，调料讲究，佐料咸中带甜，烹调得当，色、香、味、形俱佳。较受大众欢迎(其中一些品种家庭亦可制作)的菜肴有：

糟扣肉 以猪肉为主料，酒糟和白糖为佐料，煨焖制成，色泽红润，糟香扑鼻，酥烂入味，肥而不腻，如多次复蒸其味更佳，为冬令应时佳肴。

红烧青鱼块 是德泰恒菜馆的名菜。以青鱼块为主料，猪油、木耳、笋片、葱、姜等作为佐料制作，色泽红润，鱼肉鲜嫩，味美清香。

糟　　鸭 是夏令传统冷盘菜。以光鸭为主料，酒糟等为佐料，文火焖制并放入冰箱冷却而成，糟香浓郁，鸭肉肥美，糟卤鲜美。

糖醋排骨 约有50多年历史。用猪肋排和香醋、食糖等制作，色泽红润光亮，排骨香嫩异常，肉质清香而醇厚，油润不腻，甜中带酸，鲜美适口。

凉拌水芹　以扬名江浙、饮誉京城的溧阳水芹作主料，用麻油、酱油、白糖做佐料生吃，洁白脆嫩，嚼而无渣，清香可口，美食家誉为“江南一绝”。

天目湖砂锅鱼头　有40多年历史，以溧阳天目湖大灰鲢鱼头作主料，加入天目湖碧水和调料特制而成，鱼头肥美、鱼肉香嫩、鱼汤乳白、鲜而不腥、肥而不腻，是溧阳天目湖等地的招牌菜。

鸭　　饺　是金坛有名的传统风味美食，肥而不腻、味美汤鲜。鸭饺本身呈象牙色，一碗鸭饺端上桌子，色、香、味俱全。金坛是水乡，农村家家户户都有养鸭养鹅的习惯。每到中秋时节，鸭子上市量大，价格平稳，酒店和餐馆都推出名目繁多的卤鸭、酱鸭、熏鸭、烤鸭、板鸭等应时食品，但名气最大的还是鸭饺。20世纪初至六七十年代，金坛鸭饺在南京、上海、苏州一带颇有名气，通常与面条搭配，称为鸭饺面，是最受工薪阶层欢迎的应时小吃，从重阳节开始，冬至前结束。

素火腿　有70多年历史。品种有虾子素火腿、蘑菇素火腿等。用豆腐衣配以调料，经过卤制、挤干、铺摊、叠卷、蒸熟等7道工序制成，色泽棕红，香味浓郁，柔中带韧，味美爽口，佐酒下饭均宜。多次被评为省、市优质食品，被收入《中国菜谱》。义隆素菜馆制作的素火腿保持了传统特色。

六、烟酒茶叶

抽　　烟　常州女人一般不抽烟，成年男子大多抽烟。常州人比较喜欢抽上海卷烟，市民及农民收入较高的抽飞马、红金和大前门，均为上海产。1980年代，云南卷烟进入常州市场。10多年来，中等收入居民普遍抽红塔山，后来因为市场上假冒红塔山的香烟多了，2000年以后，平民百姓抽10元左右的香烟。市民请客、办事送礼必用中华烟，偶尔也用芙蓉王(22元1包)代替的，被称为“红中华现象”。不抽烟以及戒烟的人开始增多。

饮　　酒　常州平民喜欢喝地产黄酒，也有喝白酒的。宴席上较少劝酒，不主张喝醉。黄酒一般喝常州酒厂出产的古运河牌、石龙嘴牌黄酒。改革开放后，酒的消费大大增加，啤酒、葡萄酒盛行起来。改革开放初期，宴请一般用老牌国家名酒，啤酒用地产啤酒，葡萄酒用国产的，有钱人家宴请贵宾白酒较多用五粮液。21世纪后，有钱人家请贵宾多用进口的品牌葡萄酒，白酒用茅台的增多。每年农历10月底接近冬季时开始，许多农户开始自酿米酒，该酒透明无色，口味与黄酒相似，酒精度相当于黄酒。现在仍有许多农户自酿米酒饮用，乡下请客喜用农家自制的米酒。

喝　　茶　本地群众喜爱饮茶，招待客人首先奉上一杯茶。城镇居民及农村年老者早晨喜上茶馆喝茶，谈谈“山海经”。有喝茶习惯的多为男人，老茶客无论走到哪里，身边都会备有茶杯和茶叶。常州人普遍喝绿茶，少数人喝红茶，茶叶来源大多是本地金坛、溧阳、武进及邻县宜兴，百姓日常喝几十元一斤的炒青，待客及高收入者用数百元一斤的高档品种。21世纪初期，常州人开始喝普洱茶、乌龙茶。旧式的茶馆逐渐消失，出现新式茶室，既可喝茶，又可以喝饮料、吃点心。

第三节　居住习惯

一、农村居民居住习惯

1949年以后，农村改建、扩建房屋与日俱增，住房逐渐宽裕。土地改革时农村做过一次调整分配，合作化时期集体建过一批公房和统一格局的住房，少数地方格田成方，住宅相对集中。至70年代，仍以平房为主。改革开放后，农村对村民的住宅房子进行规划，大多数新建为楼房，鼓励社员拆旧盖新，农村楼房为砖瓦或水泥、钢筋结构，一般是朝南向阳的2层或3层楼房。至90年代，大多数人家不再养猪，农村已很少看到猪圈。

许多人家留旧房建新房，有的新房建在旧房前面，有的新房建在旧房后面，新旧房之间仍保留一个"明堂"（相当于院子），一般人家的总居住面积约200平方米，多的人家达300平方米。少数富裕家庭住上别墅，门口一般有小庭院。21世纪初期，城市改造和开发区建设步伐加快，推进郊区农民拆掉旧住宅，搬进新住宅小区，大大改善了居住条件。农村居民住自己建造的新楼房。

二、城镇居民居住习惯

改革开放前，城镇砖瓦房多为江南明清式建筑，以平房为主，分三、五、七架梁结构，有的在后墙一侧开后门。市区居民有住自建私房的，有住政府提供的公房的。公房多为政府没收的房屋和代管的无主房产，加上政府与企事业单位逐年建造的公房，由政府房管部门和单位分配给居民、职工居住，单位集体宿舍无偿居住，供家庭居住的住房租金极低。能得到政府住房的人都是政府干部，平民百姓有工作单位的由单位分配租住房屋。1967—1980年，人口激增，住房供不应求。

80年代初，城里大批兴建住宅小区，设施配套齐全，每户有卫生间、厨房、客厅、卧室、阳台及水电设备，生活方便。当时的居民新村由政府规划、出资兴建（企业在建成后购买一部分），再由政府或企业分配给单位干部职工。常州最早的新村是花园新村和清潭新村。由于部分老小区始建于计划经济时期，设施不完善，道路破损，产权单位多，一直按行政福利性粗放模式管理，通常由街道牵头，房管所、市政、环卫、绿化、派出所等单位组成松散的新村管委会，维修由产权单位负责。房改后，小区产权多元化，房屋维修及管理成为问题。90年代，城里大多数人家住进新式住宅，建筑面积40～90平方米，少数住宅超过90平方米。90年代末，国家推行住房制度改革，得到公房的人家用较低廉的价格，买下一套70～80平方米的公房大约5万元，公房变成私房。90年代，新式住宅小区出现，新、老小区均推行物业管理，按规模大小、设施条件分别实行等级物业、非等级物业管理。

三、城乡住宅建造

常州居民多以营造住房为一生创家立业的大事，建房时从买地基、备建材到请匠人，极为慎重。先要请地理（俗称"阴阳先生"）选择地基，确定动工、上梁的黄道吉日，然后按期开工，要办酒，砌山墙吃馄饨、面条。

看风水 旧时，建房造屋、葬坟等，多请风水先生看地定向，期求吉利。看风水以和尚、道士为多，也有些人业余为他人看风水。当代仍有许多人相信风水，不少企业每逢举办土木之事，都要请阴阳看风水。

搭山墙 许多村庄里，不少人家仍然沿续传统，几户人家的住房并排合建，相邻两家共用一堵山墙，称为"搭山墙"。有时，一排房屋有10多家联合建造在一起，颇有气势。采用"搭山墙"形式，或者原本是一个大家庭，或者有其他亲密关系。几家互相"搭山墙"可节省材料、人工，房屋也更加牢固；常州地区人多地少，也可节省土地。

上　梁 新屋落成时，择定黄道吉日上正梁，叫"上梁"。诸亲好友要送礼金，带喜幛、糕团、馒头、糖果、鞭炮或其他吉祥礼品登门贺喜。主家办上梁酒，招待亲友及工匠，叫"待匠"。中午请匠人一起吃酒。饭后即做上梁准备，先祭祀祖先，参拜神明，吉时一到，鞭炮齐鸣，房屋正梁吊起。正梁中间挂一株红线扎绕的万年青、一块红布，张贴福禄寿三星或"吉星高照""太阳高照""紫气东来""招财进宝"等红纸横幅，新房门柱上张贴"上梁喜逢黄道日，竖柱巧遇紫微星"之类的对联，象征喜庆吉祥。屋梁摆正后，工匠大师傅登上屋脊时说些吉利话，如："千年松柏两边栽，百木逢春花正开，金枝玉叶布锦绣，屋上花果送福来。"接着，抢抛梁。在上梁时，在屋梁上向下抛撒糕团、红枣、花生、糖果，让附近的大人小孩抢拾。抛梁既是一种庆贺欢乐的形式，也是取得村邻的支持，表示答谢。武进万绥乡等地旧有工匠完工后再发3日工钱的习俗。改革开放后，上梁之俗仍存在。

搬　　家　雅称“乔迁”。选定吉日，多数选在农历初六、初八。凡搬入新居都得祭祖，亲友送馒头、糕团、糖果和鞭炮等，并帮助搬迁。搬迁时间一般在早晨，有的甚至在天亮前已搬结束，搬时先燃放鞭炮，后搬家具。搬毕，置办“搬家酒”宴请亲友，并以糕团、糖果等分赠邻居，称“乔迁之喜”。

暖　　灶　女子出嫁后，丈夫与兄弟分家或新建房屋乔迁新居之日，妻子的娘家父母、兄嫂须备铜勺、铲刀、菜刀、淘箩、碗筷等炊具及鞭炮、酒面，送到女家，祭灶神，称为“暖灶”，女家则设酒席招待至亲。

四、住宅装修

1980年以前，普通居民几乎没有住宅装修的概念。新屋落成就直接搬进去住。讲究的人家在地面用白水泥平整一下，房屋内刷一遍石灰水，或在内墙涂上油漆、涂料就算不错了。1990年以后，掀起装修住宅热，城里许多人家把新公寓内的厨卫设施、墙面全部拆除、铲清，重新整理装饰，目的是更加美观和舒适。因此，后来的房地产开发商卖出的商品房大多是室内不装修的毛坯房。此时，人们装修设计的观念不强，都是由农村泥瓦匠和木匠临时组成的施工队加上临时请的电工在新房内按惯例、经验进行装修，在地面铺地砖或地板，一般是厨房、卫生间铺地砖，墙面贴墙砖，房间铺地板，客厅或铺地砖或铺地板。

2000年以后，装修不仅要求实用舒适，还要讲究美观。一般先要请装修公司设计，再请施工队。也有直接交给装潢公司，按商定的价格由公司装修。新房内的设施有厨卫设备、家具和家用电器(包括灯具、彩电、空调、冰箱等)三大部分。装饰材料是木板、夹板、地板、地砖、油漆，伴随家庭装修热，常州家具业崛起全国两大巨头红星和月星两大公司。新区的月星家居城及北环路上的红星美凯龙家具城为最有名最大的家具商场，雕庄的东南陶瓷城和邹区的灯具城也远近闻名。

第四节　出行工具

改革开放前，常州人出门或上集镇大多徒步而行，城里人坐公交车出行。由于境内湖荡众多，纵横交织，生产队里出远门载货常使用船只，靠风帆、拉纤、撑篙、摇橹行驶，私人出远门搭乘轮船公司客运船。改革开放后，陆路交通迅速发展，各乡镇间公路贯通，进出坐汽车又快又省时，加上不少河道淤塞，有的地方在河上筑坝拦水，水路基本不通。21世纪初叶，人们出门坐汽车、火车和飞机，轮船只是货运，独轮木车、帆篷船已成古董。青年男女近路出行一般骑自行车、摩托车、电瓶车、出租车，也有半数左右家庭使用私人小轿车。

一、桥、摆渡

江南水乡过河交通靠桥，河上没有桥就有人在河边设渡口，解决往来交通，大多数渡口摆渡一般收费1分钱一次，也有小孩1分、大人2分的。摆渡的人很辛苦，必须每天上船撑篙摇橹，风雨无阻，为路人提供方便。现在，陆路交通发达，河上或建桥或筑坝，很少靠摆渡过河。

二、自 行 车

“文化大革命”开始以前，自行车作为代步工具是稀罕之物，只有少数人家有自行车，是高收入家庭使用的奢侈品，因为一辆自行车要花去一个人半年的工资，而且凭计划票证供应，十分紧张。“文化大革命”结束后，经济发展，自行车工业亦发展，人们近距离出行大多骑车。常州有当时著名的金狮自行车厂，80年代处于发展的鼎盛时期，从每户一辆自行车发展到几乎每人一辆自行车。经济收入好、又有门路的家庭会买到上海产的凤凰牌、永久牌自行车，质量好，价格也贵一些。80年代自行车都是计划供应，上海产自行车一直是稀缺货。

三、摩托车、电动自行车

80年代末90年代初，街上骑摩托车兜风的情况甚为鲜见。此后，整个90年代是摩托车大发展的时代，到90年代末已经发展到每家拥有一二辆摩托车。

2000年以后，电动自行车进入常州人的生活。最初有南京生产的大陆鸽牌，售价3000元。后来本地厂家大量生产，较早的有天盛牌，售价2000多元。随后，外地厂家的品牌涌入，经过激烈竞争，式样众多，服务改善，售价降到1000～2800元。后来，由于市区内白天禁止摩托车通行，电动自行车普及到家庭。

四、私 家 车

改革开放前，常州没有私家车。80年代，政府、企业有一些上海产的上海牌轿车、还有东欧、苏联进口的轿车。90年代初，常州道路上行驶的汽车主要是出租车和政府公务车。90年代，只有私人企业的老板拥有汽车。2000年以后，随着企业"白领"的大量出现和政府公务员待遇的大幅提高，再加上政府机关用车制度改革的推波助澜，私家车拥有量迅速增加，在一些新建住宅小区私家车大量占用小区道路，车满为患，影响交通。2010年，大量堵车成为常见的道路景观，汽车尾气污染成为较严重的环境问题。

第三章 人际交往礼节

改革开放后，人们的交往范围更广，交流形式多样，从传统的交流方式如聚会、信件等发展到更多地使用电话、手机短信、电脑QQ聊天，人们交往、联系和沟通更加快捷方便。

第一节 人际关系

一般的交往关系有亲戚、邻居、朋友、同学、同事等。21世纪初叶，亲戚、邻居关系有所弱化，同学、同事的关系日渐强化。

一、家 庭

家 务 旧俗男主外、女主内，即男人外出赚钱，女人不工作，在家做家务，俗话说"男做女工，越做越穷"。从50年代起，这种情况有很大改变，夫妻两人都工作赚钱，家务也就两人分担。改革开放后，许多家境较好的人家请保姆或钟点工做饭、打扫卫生，出现专门的家政公司提供家务方面的服务。

养 老 子女仍按旧俗承担赡养父母的责任，城里大多数子女与父母分居，但会经常回家看望父母，大多数爷爷奶奶帮助子女照顾孙子孙女，此时他们会暂时居住在一起，部分老人生活无法自理时会进养老院。

分 家 常州旧俗，兄弟娶妻成家，如果分居自炊，俗谓"分家"。做父母的要办"分家酒席"，请娘舅来"朝南坐"，主持分家事项，写"分家契约"（俗称"分关纸"），确定财产、债务、赡养父母、照顾未成年弟妹等内容。田地房产一般按"哥东弟西"分拆，女儿无权继承产业。亲友送礼祝贺，吃"分家酒"。从第二日起，兄弟各立门户，分灶饮食。民谚说"男子勿吃分家饭"，意即自力更生，不要依赖父母。但乡间"分家"时，兄弟反目、妯娌争吵之事常有发生，通常是因财物分配中兄弟、妯娌间不能相互谦让所造成。1949年以后，法律规定男女平等，女儿与儿子一样有继承父母财产的权利，但许多农村人家与少数城里人家仍按旧时方式分家，女儿不能继承财产。80年代起，城乡独生子女普遍，乡间分家礼仪日益减少。

二、亲戚邻居

旧时，俗语有"金乡邻，银亲眷"，亲邻成为重要的社会关系。现在农村村落里同村人还保留着某种亲密关系，相互熟悉且乐于互相帮忙。城里新村小区的住宅户型设计相对封闭，住户之间交往很少，邻居之间关系淡漠，相互了解不多。1949年以前，由于宗族观念，家庭延续香火，有"过继"、"顶嗣"和"招女婿"的习俗。

1949年以后，“过继”、“顶嗣”现象大为减少，男方结婚后到女家居住已属平常。80年代后，常州城乡都是独生子女，男女平等的观念基本确立，“招女婿”现象基本消失。

三、同学、同事、朋友

旧时，为互相帮助、结成亲密稳固的关系，有朋友间结拜姐妹、结义兄弟的，也有人为给孩子讨吉利或巩固两家的朋友关系，给孩子认寄爹（干爹）、寄娘（干妈）的，一般要烧香拜神，举行仪式。80年代起，结义的已很少了，偶然有认寄爹、寄娘的。城里人主要社会交往活动在同学、同事、朋友之间，他们形成社交圈子；农村人的同学、同事、朋友圈子在扩大。同乡会、校友会经常聚会。家庭有重要活动，经常邀请同学、同事、朋友，家里办事习惯于托熟人。

四、纠纷处理

旧社会，家庭纠纷一般由长辈处理，如家族内的族长或者娘舅，也有请当地有威望的人排解决断。经常被请帮人排解纠纷的人被称为“大（读‘dou’）先生”，是乡里德高望重的人。对在社会上有点身份的人习惯在茶馆里处理纠纷。当事人一起请上“大先生”，边喝茶，边讲理，被认为理亏的一方付茶钱，有的还要另外请吃一顿“和气酒”，以消弭纠纷。市区近水阁茶馆的常客除了生意人，还有社会上的大亨（黑社会的头子），如有生意纠纷、黑帮火拼等事发生，当事人会请社会上大亨出面到茶馆谈判、调停，谁请的大亨、老头子名气足、辈分高、势力大，谁就会占上风，对方就会“吃下面”，就要赔偿损失，假如斗殴之事发生在茶馆内，摔坏的茶具全由“吃下面”的承担。这时，茶馆老板就会把平时积聚起来的破损茶具一并捧出，凭茶壶嘴算账，一应由“吃下面”者买单。新中国成立后，家庭及其他人际关系纠纷的处理多请单位的领导调解，在农村一般请村干部、调委会处理。

第二节　交往礼节

一、称　　谓

新中国成立前，妇女常随自己的子女称呼夫方的平辈或长辈，如称自己的公婆为爷爷、奶奶。这样便于教导子女。教师、医生称“先生”，地方士绅也称“先生”甚至“大先生”。年轻女子尊称为小姐，成婚妇女称太太，有钱人家男孩称公子、小开，工匠、老工人称“师傅”，店主称“老板”，店员称“朝奉”。城里人对在场面上的体面人称“革履”，如张革履、王革履。新中国成立后，扫除旧俗，除按亲戚关系、职业和身份等相称外，如赵爷爷、李医生、刘会计等，对人一律称同志，对领导干部称职务，如张书记、王厂长、李主任等，对年纪相仿比较熟悉的中年干部或干部之间则在对方的姓氏之前冠以“老”，如“老陈”“老张”等。中老年人称呼青年人，在姓氏前加“小”，如“小陈”“小张”。

“文化大革命”后期，开始有人用师傅作尊称。改革开放以后，部分恢复老称呼，如在公共场合对年轻女子尊称小姐，后因娱乐场所的“三陪女”被称为小姐，这个称呼变得带有贬意。90年代，商品经济发展，对陌生人尊称为“老板”，对其他人谈自己单位的“一把手”也称老板。对带官衔的人称职务，但是对熟悉的领导可以简称，如张局长称“张局”、李处长称“李处”等。而“同志”的称谓，只在机关企事业单位正式场合使用。

二、迎来送往

新中国成立前，熟人见面要打招呼，抱拳拱手，对长辈、官员要鞠躬。新中国成立后，年龄相近的亲友、熟人，握手相迎，分别时也握手相送。互不相识的人初交，握手以示相识，临行握手道别。天天见面的熟人点个头问候一下。对久别重逢的熟人，有紧握对方的手稍长时间以表示亲热的。旧时，常用问候语是“吃勿曾”（后两个字连读成“fen”，意为吃了没有）。现在居民温饱问题解决，这个词语基本消失，一般通行的招呼语是“你好”“你早”之类，关系比较亲密的人之间常问候“最近忙哦？”。常州熟人间特有的问候语是“好佬伐？”（最近好吗？）。再见时，老常州人的说法是“晏歇会”，现在年轻人说得不多了。旧时，亲友上门一般要带礼品，如土特产或时令食品，主人沏茶、递烟。贵客、稀客来临另加点心、水果相待，一般是馄饨、面条，讲究的上午做红枣糯米粥，下午做水煮鸡蛋粉丝汤。留客吃饭要酒肉相待。如亲友带小孩上门，还要买红纸包的条糕给孩子或给红包（装数额不等的钱）。21 世纪初叶，在家待客的越来越少，只有近亲或密友，才可能在家会面，一般接待在茶室、饭店。

第三节　请客送礼

一、聚　　会

常州人家庭逢喜事，要邀请亲友相聚，表示庆贺，如建房、搬家、生育、婚姻等等。旧时，农村农闲时、城里职员放假时，人们会有一些聚会，形式多为下馆子、坐茶馆、逛公园、走亲戚，在一起吃喝、闲谈、打牌、游玩。常州人聚会形式很多，为守时常常要把开始的时间提前半小时。聚会费用通常以轮流做东的形式承担。现在年轻人中出现聚会费用平均分担的 AA 制。

二、宴　　请

改革开放前，常州人到饭店就餐是十分奢侈的事，平民百姓一般不进饭店，只有家境较好的人家办喜事、请贵客才进饭店。改革开放后，常州经济快速发展，宴请之风较盛，出了一批善于经营的餐饮业主，比周边城市价格略低而质量较好，市民宴请大多喜欢在饭店，附近农村的人也常会驱车进常州城里请客。不仅请客，家庭及朋友聚餐也都进饭店，成为休闲和娱乐的重要形式。公款消费请客一度盛行，各大饭店生意火爆。喜庆筵席及年夜饭，都必须提前 1 个月以上预订；如果要在周末、节日订餐，必须提前数天才行。随廉政建设发展和居民收入的增加，私人消费已成为餐饮业的主力军。

80 年以前，常州人请客一般用鸡鸭鱼肉之类。改革开放后，上档次的宴席要上贵重菜肴，海鲜有鱼翅、海参、鲍鱼、龙虾、象拔蚌，长江水产有鲥鱼、河豚、刀鱼，太湖水产有白鱼、白虾、银鱼，当地河湖水产有甲鱼、螃蟹，都是待客上品。参加宴会入座民间俗称“坐席”。绝大多数情况下，宴会座位均有尊卑、长幼的区别。一般规则是尊长面向南面或门口，主人和主要宾客相邻而坐。在饭店请客，菜肴必定多得吃不下，如正好吃完就显得没面子。

三、送　　礼

常州人参加亲友的喜庆活动要送礼，请人帮忙办事也要送礼。办喜事请客也有免礼的，不收礼的情况有两种：一是请的关系不太密切的有权势的人，另一是关系十分密切的朋友借喜事的机会聚会。经常在外面与人打交道的人喜欢送礼，俗语有“礼多人不怪”“阎王不打送礼的”。送礼有礼品、礼金。参加红白喜事大多送礼金，其他情况多送礼品，一般礼品为水果、烟酒、营养品。21 世纪初叶，托人办事送礼除了送烟、酒、茶叶，也送购物卡（一种由商家售出的代表一定货币金额的消费卡）。

第四节　常州人与外地人

历史上，常州人与其东部的苏州、无锡、上海亲近，而对其他外地人会有某种程度的歧视，但是总体上相处比较和谐。改革开放后，随着社会交往交流的扩大和深入，情况大有改观。

一、常州人与苏北人

20世纪，江南地区率先工业化，当地农民大量离开土地进入城市工厂，对其他地区的农民产生了巨大的吸引力，尤其吸引是苏北苏中等地区的人士(包括苏北、靠近江苏的山东和安徽北部地区的人士。称“江北人”只记述这种社会现象，并非采用带贬意的民间使用之概念)，他们散布于常州的武进、金坛、溧阳等地城乡。

改革开放掀起了全国最近一次移民高潮。他们来自全国各地，但以苏北人为最多。他们有的通过亲朋好友介绍来到常州，也有的无亲无故，只身到常州闯荡，其中有投资者、技术人员，打工者占大多数。这些新移民已经占当地居民人数的1/3以上。他们分布于各个生产领域，在大街上扫地、卖水果、收旧货、开小吃店、开修理店，在菜场里卖蔬菜、水产、杀鸡、宰鱼，在建筑工地上砌墙、扎钢筋，在企事业单位、小区里做保安、清洁工，少部分在饭店、歌厅、浴室里做服务员、陪唱女、按摩女，部分在纺丝、机械厂里做操作工。有的弄一辆摩托车做“摩的”生意，回族人在开拉面馆。

由于户籍制度造成的就业、福利歧视等原因，与城里原住居民相比，他们中的许多人处于非常艰难的生活和工作状况之中，是城市弱势群体之一，因为较贫穷、社会地位低，长期被本地老居民看不起。由于历史的原因，在常州(包括整个吴语区)存在着一种特别的社会现象，那就是瞧不起江北人，如果称某人为“江北佬”，意思就是他穷酸、没文化。当地人与江北人交往，会觉得没面子。一度，在交往中说江北话代表粗鲁、愚笨，是被取笑的对象。现在，江北人经济地位大大改善，他们有的买了住房，有的在乡下盖起了小楼。他们中有的人携带妻儿在常州定居下来，有了常州户口，有的做运输生意，有的开小作坊，有的当包工头，不少人成为企业家、工商业主。

二、常州人与上海人

近代以来，上海在经济文化方面一直是江南的龙头老大，所以上海对常州有很强亲和力和辐射力。尽管常州在行政上属于西面的南京管辖，在经济上还是与东部的吴语区关系密切。在感情的亲疏上常州人是向东的。在当地，说上海话、普通话是有面子的(改革开放后说广东话也有面子)，给人的感觉是或者当官，或者有钱，或者受过良好教育；说常州话是正常的，说明“彼此彼此”；而说江北话是没面子的，它代表的是做苦力、打工的人。在改革开放的进程中，苏锡常沪地区经济快速增长，一体化进程加快，强化了民众相互之间的感情。少数常州人能而且愿意说几句“阿拉”“侬”之类的上海话，与上海人交流，少见有人能够与南京人用江淮方言交流。

第四章　婚丧喜庆礼仪

新中国成立前，有专门帮助人家操办庆典之事(婚礼、中举、升官、丧事、做寿、过生日等)并兼租、售相关物品的人，称“老卜头”，又称“帮司”。改革开放后，因受现代科学和西方文化影响，再加上生活水平提高，生活观念变化，出现一些新的喜庆礼仪和交往方式，总的说来是新旧交融、中西合璧。一般人家只要有一点财力，会在喜庆、交往活动中通过多种形式表达情感，享受生活，求取吉利。但是，由于互相间攀比心理的推动，有的人家大操大办，摆阔气，炫耀财富势力，甚至借机敛财，而穷困人家为挣面子，借贷办事，背上沉重的债务。有专业的婚庆公司、花圈店、冥器店为客户提供婚丧、寿庆一条龙服务。

第一节　婚姻礼仪

新中国成立前，男女婚配讲究门当户对，多凭父母之命，媒妁之言，一切繁文缛节都由他人包办，而且早婚居多，结婚年龄一般在18～20岁左右，也有16岁就结婚的。封建婚姻制度，男女双方不能自主，往往酿成终身憾事。已订婚的男女结婚前互不往来，如有往来均通过媒妁。所以，有的夫妻直到结婚都不相识。联姻程序分议婚、定婚、结婚3个阶段。婚嫁礼仪较繁琐，并因人们贫富和社会地位的差异而不同。清末和民国期间，还有童养婚、抢亲、换亲等陋俗。由于封建社会是男尊女卑，家庭经济主要依靠男子，所以穷苦人家的儿子，往往娶不起老婆，只好打"光棍"，而女子则不论贫富均可嫁出。封建观念，女子从一而终，一旦结婚，不许离婚。社会舆论谴责离婚，招赘、寡妇改嫁都受歧视。

民国年间，中西结合的"文明婚礼"在城镇知识界曾奉为时尚，如在结婚证书上盖章、合影留念等，大部分人家仍按照陈规陋习办婚事。1949年5月至改革开放这一个时期，婚姻礼仪比较简单。改革开放后，在城市：中国传统文化和西方文化交融，恋爱自由，结婚形式多样，西方婚俗潜移默化，婚礼中西合璧；婚姻关系更加灵活，离婚的较前为多，妇女主动要求离婚的多了。在农村，由于人民生活水平的提高，加上对节约办婚事宣传教育的放松，一度消失的旧婚俗重又以新的形式流行，出现女方向男方索取彩礼、家具、首饰等，增加男方负担，甚至有的讲排场，比阔气，大办酒席。

一、议婚　订婚

议　　婚　新中国成立前，男女婚姻多为父母包办，先由媒妁说亲，双方父母认为门当户对，由女方出具"庚帖"（亦称"口契"，即年庚八字），写在梅红单帖上，外套大红封套，套内放茶叶少许，请算命者合婚。如果"八字"无碍、不相"冲克"，即可订婚。有的地方要请媒人吃酒，名曰"焐媒根"。新中国成立后，这一程序消失。

订　　婚　旧时，议婚后即可订婚（俗称"下定"或"除口"），议定结婚日期。男方择吉日将银钱或首饰、茶叶瓶、粉罐、绢花、喜果等用抬盒送至女方家，俗称"前茶"，即"下聘"定亲。女方以红蛋、鞋帽等回敬。次日男家将红蛋，女家将花、果赠亲友"报喜"。迎娶前，男方择定吉日通知女方，称"送日帖"，根据女方要求馈赠礼金、首饰、衣物等，称"后茶"。迎娶年的端阳节、中秋节，男方要向女方送礼，谓之"张节"。当代农村仍有办订婚仪式的，已少了些原来的繁琐礼节。

二、恋爱　相亲

1949年后，青年男女缔结婚姻一般通过自由恋爱开始，也有经亲戚朋友介绍相亲开始。50年代末至70年代中叶，常州人对青年男女谈情说爱的方式、地点曾被概括为："大光明看电影，马复兴吃点心，百货大楼看料头，红梅公园谈恋爱"。现代相亲形式多样，有在公园，有在电影院，有在茶座、咖啡屋见面的。当事人双方见面谈话，其他人也可以不参与。也有由双方亲友、长辈先行会面确定相亲日期的。有时，政府部门或民间团体会组织集体相亲活动，为未婚青年搭建相互认识的平台。常州市妇联等单位从2006年起，就开始举办全市性的相亲节等活动，到2010年已举办11届，还为科教城的大龄科技人员举办过专场相亲活动。

三、彩礼　嫁妆

旧时，订婚后，男方送彩礼，女方父母备嫁妆。婚前1～3日（也有在结婚当天迎亲时），女方将嫁妆送至男家，谓之"发嫁妆"，俗称"铺行嫁"。新中国成立前，彩礼视贫富不等，差距很大，贫穷人家为交彩礼只好借债，陪嫁仅包袱1个，富裕人家则有被褥、衣箱、瓷器、漆器、铜锡器等日用品。60年代，一般男方送彩礼约数十元至上百元，女方陪嫁也以被褥、衣箱及其他生活用品为主。80年代，生活水平提高，男方送彩礼高达数百元甚至上千元，富者陪嫁要给别人看到多少杠、多少抬（用两根大毛竹做成抬杠），送嫁妆队伍一行有二三十人，招摇过市。陪嫁的有被子、家具、电视机、缝纫机、自行车、电扇和沙发等，箱子里还有压箱钱。

2000年左右开始，彩礼一般要上万甚至数万元，少数人家给10多万元彩礼，要给新娘买高档服装、金首饰、钻石戒指。嫁妆一般用汽车装载，有高档电器（如冰箱、空调等）、新式家具等，富人家要装许多车，甚至有陪给女儿小汽车的。也有简化礼仪，直接给女儿钱，让女儿在女婿家买嫁妆的。新女婿上门，按旧风俗，先待以红枣茶或粉丝鸡蛋，午餐款以丰盛的酒肴，下午以馄饨、糕团作点心，城里则直接宴请。

按旧风俗，女子陪嫁品必需一个子孙桶。过去没有抽水马桶，所有人家都用马桶方便。在医疗技术落后的旧社会，普通人家的孩子大多生在马桶里，所以马桶又称子孙桶。娘家陪的新马桶油漆成红色，在里面放进花生、鸡蛋（染成红色）、桂圆、筷子、糖果、草纸，寓早生贵子、多子多福、甜甜蜜蜜之意。陪嫁品进新房，首先要把子孙桶（同时有新娘的梳妆盒，有地方称为“一颗印”）拎进去。桶里的食品由新娘在新婚之夜享用，不允许其他人动用。当代，马桶之类的陪嫁品已经不见，但是有的人家仍按旧风俗，在新房里放一个小的马桶模型，里面装寓意吉祥的物品，增添喜庆气氛。

四、婚纱摄影

20世纪初叶，有条件的人家结婚都要拍结婚照。新中国成立后，要拍新婚夫妇（两人头像并排）合影，因为婚姻登记证上需要贴此照。改革开放后，少数新人去照相馆拍艺术照作纪念。新郎穿西服（或燕尾服），新娘穿婚纱礼服，市内较大的照相馆经营此项业务，80年代费用约100元。到90年代在照相馆拍艺术照的越来越多。除大幅配镜框的彩照外，还有几本印刷精美的包括多种造型照片的纪念册，费用一般约1000～3000元。进入21世纪，常州人婚纱摄影消费水平节节提升，一套婚纱照一般消费在三四千元，上万元并不少见，数万元也出现过。有的新人不满足于在摄影棚里装扮，而要求实地取景。喜欢湖光山色的就去天目湖，喜欢繁华都市的就去上海，钟情海南、海外风光的就与摄影师、化妆师飞赴海南岛、国外拍婚纱照。

五、婚　礼

旧式婚礼　民国时期，过门前母亲给女儿吃几枚水煮鸡蛋，意谓“腹中有子”。迎娶时，富裕人家用4人抬的大红花轿或大船，花轿前挂有红灯，伴有仪仗乐队及一批行官及抬嫁妆的，一路鸣炮到女方家门口。有的地方女方家闻声关门，提出条件，要开门钱，满足后开门，先发嫁妆，再发轿。新娘上轿时由其舅父（或父亲、长兄）抱入轿中。新娘上轿后，母女痛哭，由新娘的兄弟护送出发。起轿时，女方用水泼在轿旁称“嫁出去的女，泼出去的水”。新娘在轿中要一路号啕大哭，谓之“哭发”。一般平民则多用小轿（两人抬的青布小轿）或小车、小船迎接，礼仪甚简。花轿至男家，新娘下轿脚不踩地，富家铺红地毯。选择两位有福气的妇女（多子女有丈夫的，俗称“搀妆娘娘”“全福太太”或“添璋娘娘”）摊床，并引导新娘“拜堂”成亲，入洞房，“坐富贵”。有的地方由新郎抱入房，称“抱轿”。清末，新郎穿袍套翎顶辉煌，新娘则凤冠霞帔、红盖头、红色百折裙。民国后，新郎改穿长袍马褂，新娘戴金丝边墨镜，穿大红对襟绣花礼服、红色筒裙。

当天晚上，新郎、新娘执“红绿牵巾”，先拜天地、祖先、翁姑，然后夫妻交拜，俗称“拜堂”。新人入洞房并坐新床，饮“交杯酒”，然后由福寿双全的长者站在床侧高处，持果盘将松子、莲子、栗子、桂圆、红枣等干果随手撒掷，众客人争相捡取，俗谓“撒帐”。撒帐时须高声朗诵吉语，如“撒帐撒到东，万福攸同……撒帐撒到中央，明年养个状元郎”。新人向亲族尊长“见礼”后，大宴宾客（富户请乐队、戏班热闹），广发喜糖喜果给亲邻。宴后，宾客进洞房讨红蛋、打闹、欢笑，即“闹新房”。第二天，拜家神，拜祖先，拜翁姑和长辈，俗称“分大小”。

自民国初年以后，提倡文明婚礼，称“文明结婚”。新郎穿西服，也有长袍马褂者，新娘头顶罗纱，身穿旗袍。双方胸前佩戴大红花。婚礼上，请地方知名人士为证婚人，双方家长为主婚人，媒人为介绍人，亲友来宾致词祝贺，证婚人发给证书。礼毕，设筵招待宾客，这种仪式，仅限于机关公务人员及教育界人士，多数人家沿袭旧式婚姻礼仪，包办婚姻制度仍未根除，婚礼繁文缛节依旧，不过婚配的当事人可先会面。

新式婚礼 80 年代，迎娶新娘多用拖拉机、自行车、三轮车，少有用小轿车、面包车的。1990 年以后，迎娶新娘用小轿车，一般组织一个车队，少的三四辆，多的 10 多辆甚至几十辆。车辆要租用或借用高档（向朋友借用的比较多）豪华车。

21 世纪初叶，城里多数婚礼均请婚庆公司操办，婚庆的内容、形式发生变化，费用明显上涨，策划操办越来越讲究个性，既追求场面壮观，又注重细节、内涵，向独特、新奇、高雅、多样化发展。例如，在婚庆环境布置中，除了传统的大红色，还出现了香槟色和白色。城里人办婚礼都在饭店，亲戚、朋友、同事一起观看结婚仪式并吃一顿。常州习俗初婚一般是中午，即正席是中午，晚上是近亲和密友宴会。也有极少数在晚上办婚宴。据说，只有娶寡妇和娶小老婆才在晚上办婚礼（而临近的城市如苏州、无锡一般是在晚上办婚礼）。

客人按请柬通知的时间自己到达饭店参加婚宴。操办婚礼的目的，主要是贯彻传统的明媒正娶观念，通过婚礼正式结为夫妻，宴请亲友，有的人家借此炫耀家庭财力和社会势力。婚礼在婚宴上举行，可自请朋友（如电台、电视台的）做司仪，也可请饭店里的公关先生、小姐做司仪（现在一般大饭店里都有此类婚宴服务人才）。婚礼是中西合璧的，主要仪式在饭店大厅里进行，先是新郎穿西服，新娘穿白色坠地西式婚纱服，均佩鲜花，在大门口迎接宾客，见到男士敬烟，宾客此时可送贺礼（“红包”）给新人或新人父母。宾客到齐后，主持人上台讲吉祥祝福语，宣布婚礼开始。新郎、新娘由男女傧相陪同进入大厅，播放西洋婚礼进行曲，至厅内放礼炮花，五彩缤纷的纸屑散落在新郎新娘身上。新人走上前台面向宾客站定后，由证婚人（当地有名望的人，一般为领导干部）上台讲话，内容为祝贺和勉励。再由双方父母讲话，表示欣喜并对新人祝福，如互敬互爱、白头偕老之类的语言。也有请新人讲话，内容是对宾客表示欢迎、感谢父母养育之恩。再就是拜天地，拜父母，夫妻对拜，新人吃交杯酒，互相赠送婚戒，向来宾鞠躬致谢。然后由司仪设计一些小节目，如新郎抱新娘、新郎和新娘同吃一个苹果等。也可在前台组织一些文艺表演节目（一般为唱歌）助兴。最后，由新人去每桌敬酒。敬酒结束，宴会也就结束了。城里新郎新娘回新房后，有时新郎的朋友会闹新房，新郎和新娘按要求表演一些表现双方亲昵而又带有戏谑成分的小节目。节目由朋友们设计提出，闹新房的朋友一般不直接触及新娘，比旧风俗的闹新房要文明。

乡下人家的婚礼大多在家里操办（少数人家在城里设宴，仪式同城里人），仪式比较简单，一般是中午迎宾吃面条，晚上吃正席，远道来的客人在下午可以打牌娱乐。晚宴时，新郎和新娘到酒宴上为宾客敬酒一遍。自家房屋不够用，可借用同村邻居家客厅摆酒。

婚后 3～5 天或 1 个月，女儿和新女婿备礼物第一次回娘家，称“回门”。岳家设盛宴“请女婿”，当天返回。再数日，男方邀请女方亲属，设盛筵“会亲”。有的人家第二天就“回门”，第三天就“会亲”。至此时婚礼即告结束。婚后未满月，新娘不能在娘家住宿，“回门”“会亲”这些习俗在农村至今尚有保持，在城里则基本消失。

六、旧俗陋习

新中国成立前，在正常婚姻之外，另有一些婚配形式，其主要弊端是婚姻不能自由，给当事人带来许多痛苦，特别是贫苦人家女子受痛苦最深，有的由于婚姻不如意，甚至走上自杀的道路。现在，这些形式基本上不存在了。90 年代末期，出现包二奶的现象。

童养媳 俗称“养媳妇”。男方为节省婚娶费用，把贫苦人家的小女孩领回抚养，成年后完婚，俗称“圆房”。凡是做童养媳的，出身都比较贫困，在男方家庭成员中地位最低，上有公婆，下有小叔、姑娘都要侍奉，不但要做家务，而且要到田里干活，起早摸黑，吃剩饭剩菜，穿破衣，吃饭不上桌子，一日三餐在灶角、灶门口吃，实际上是男方家的奴仆。工作做不好，还要遭受公婆打骂，童养媳在家庭中是最受苦受气的。有民谣："养媳妇，磨豆腐，苦中苦"。当然，也有人家对童养媳是较好的。50年代《中华人民共和国婚姻法》实施后，童养媳已禁止。

抢　　亲　男方无力婚娶，将女方(多为贫穷女儿或寡妇)诱抢回家，当晚成亲。抢亲的情况有两种：如有的男方小时候订了婚，后来因遭受变故，家业衰败，置办不起彩礼和结婚用品，而女方以此借口不嫁，男方利用节场、会场、赶集等机会抢亲。抢亲时，一把抓住女性，随即把鞭炮一放，红帖子一撒，示意这是抢亲，公众只能在一旁看热闹，不加干涉。还有一种是光棍汉抢寡妇，旧时有的穷人娶不起女人，看到年轻寡妇，就请穷朋友帮忙，抢到家后鞭炮一放，就算是合法夫妻，有时抢到的是不愿嫁的女子和寡妇。

带 肚 亲　就是双方在怀胎期就约定，生后一方是男、一方是女，便配成亲，如双方都是女或都是男，可结为姐妹或兄弟。

摇 篮 亲　亦称箩窠亲，就是孩子在摇篮里父母就给配亲。

幼 童 亲　双方父母为年幼的子女攀亲。

换　　亲　用女儿为儿子换媳妇，两家各以自己的女儿嫁给对方的儿子，一切彩礼从免。

望 门 寡　让女子为死去的未婚夫守寡，不再结婚，造成女子一生悲剧。

攀 鬼 亲　让女子与死去的人结婚。

冲　　喜　男女双方婚约已定，完婚期未到，男的突患重病，或其父母患不治之症，女方提前与男方结婚。有的事后仍回母家，谓"冲喜"，迷信认为它可以"一喜百解"，使病人痊愈。

拖　　亲　已确定婚姻关系的男方父或母去世，女方乘奔丧之际与男方完婚，称"拖亲"。

拔　　亲　如女方长辈不幸去世，在办丧期间女的即到男家成婚，称为"拔亲"，凡冲喜、拖亲、拔亲的婚嫁礼仪均从简。

纳　　妾　新中国成立前，一些权贵、豪绅、军阀、巨贾等往往要娶几房姨太太(俗称"小老婆")。新中国成立后，婚姻法废除一夫多妻制，多妻者，以重婚论罪。

守　　节　旧时封建道德观念是"一女不嫁二夫"，俗谓"嫁鸡随鸡，嫁狗随狗"。丈夫亡故，妻子往往守寡终身。新中国成立后，寡妇有了婚嫁自由。

第二节　生育礼仪

长期以来，人们普遍存在多子多福、养儿防老、重男轻女的传统观念。70年代开始推行计划生育。起初，阻力甚大，通过广泛宣传教育，特别是通过家庭经济生活的对比，计划生育逐渐成为群众的自觉行动。当代，人们已经从"多子多孙就是福"的旧观念中摆脱出来，随社会进步，对孩子的身心素质要求高，培养教育费用大大增加，城市育龄妇女大多不愿生育两胎。婴儿出生前后，夫妻双方家里人要按照习俗庆贺，如催生、报喜、送汤等。一般人家要办"满月酒"，阔气的人家还要办"三朝酒""百日酒""周岁酒"，宴请亲友。满周岁，外婆家还要炒"喜菜"、送"喜果"为贺。80年代初，开始提倡独生子女、优生优育，人们对生育愈加重视。生孩子就好像迎接"小皇帝"驾临，除了按照旧风俗庆贺之外，还有对未出生的孩子进行"胎教"的。

一、催　　生

妇女临产前数周，有的娘家备红枣、鸡蛋、红糖、糕点、草纸等送女儿家，也有的富裕娘家用海参、鱼圆、肉圆、鸡块、鱼片等合煮一大罐，送往女儿处，谓之“催生”。金坛人在女儿临产前，娘家“催生”，公鸡为必备物，名为“催生鸡”，取快生快养之意。

二、接　生

新中国成立前，城乡普遍缺乏医疗条件，妇女多在家里生孩子，用剪刀剪脐带，也有用牙齿咬断脐带的，因而当地会有小孩大名或者小名叫做“咬脐”的。由于接生条件差，产妇或小孩经常会受到感染而死亡。婴儿因脐带感染而死亡的叫做死于“脐带风”，那时生孩子成为妇女生命历程的危险关口。有生育经验而又手脚麻利的妇女经常帮忙助产，这就是所谓的接生婆，但她们缺乏医学知识和医疗器械，她们助产的婴儿成活率不高。新中国成立后，国家对接生婆进行培训，提高她们的助产技术，提高了婴儿的成活率。直到“文化大革命”结束前，有的人家或离医院远，或图省钱，仍有请接生婆接生的。当今，生孩子都进医院，接生婆已不存在。

三、报　喜

婴儿初生，以红蛋分送亲友，也有的煮红枣糯米糖粥(俗称“猫咪粥”)分送邻居报喜。新中国成立前，民间重男轻女，生男谓“弄璋”，全家兴高采烈，生女称“弄瓦”，不免垂头丧气。经常出现因生了女孩，丈夫冷淡妻子，引起夫妇感情不和;婆婆虐待媳妇，导致婆媳关系恶化，有的人家甚至抛弃、溺死女婴。当今，生男生女基本一个样，生女婴者亦不会受歧视和虐待。但是在农村，重男轻女的思想仍未完全消除，弃女婴的现象偶有发生。溧阳人“报喜”时，生男孩送红蛋 3 个，生女孩送红蛋 2 个，10 天左右“斋监生”(俗称专管妇女生育的女神为“监生娘娘”)。

四、坐 月 子

孕妇产后一个月内，不准到别人家走动，称“做舍姆(坐月子)”。产妇被称为“舍姆婆”。婴儿开始喂乳，叫“开奶”。开奶前，给婴儿饮“三黄汤”(黄连、犀黄、大黄)，其味甚苦，但可清火祛毒，接着饮甘草汤，谓之“先苦后甜”。家庭尊长为初生婴儿命名，有视八字而定。例如，按五行学说，八字中缺“金”，名字中要有“金”，缺“木”则要有“木”字。遇上生辰八字又缺“金”又缺“木”的，名字中必须有“金”又有“木”，可取名“金根”或“木金”，这就把所缺五行补全了。一般情况下，男孩取名字意寓刚强雄伟，女孩取名字意寓柔顺美丽。

旧社会人们生活贫困，就医困难，所生孩子经常夭折，因此希望孩子能像猫狗一样无病无灾，健康成长，所以常有人家给孩子取“狗大”“毛(猫)大”为乳名，认为如此小孩易于长大。也有的人家给小孩找生肖相合、多子多福的人做“寄娘寄爹”，俗谓“寄名”。还有人将小孩寄名给神灵，据说有利于小孩的生长。穷人家生育礼仪比较简单，产妇能吃上红枣煮粥和鸡蛋之类，婴儿满月吃点面条，就算喜庆了。

产妇“做舍姆”，历来吃稀糯米粥、鸡蛋，还有馓子、黄壳烧饼(面食)加点糖。一旬后才能吃干饭，用素菜佐餐，味道不能咸，原因是怕“缩奶”(缺少母乳)，影响婴儿成长。半月后才开始吃肉类，就是富裕人家亦不例外。70 年代起，科学知识普及和生活水平提高，产妇不再喝稀吃淡，开始吃肉类等营养品。

五、过 三 朝

产后三日，家人用香汤为婴儿洗澡，称“洗三”。过去，富家办“三朝酒”(旧时称“汤饼会”)，设宴招待亲友，称为“过三朝”。当今，一般人家也有“过三朝”的。

六、送　汤

妇女产后，其丈夫送红蛋向岳父母和其他亲友报喜。岳家备“三朝担”，携婴儿首饰(如项圈、锁片、手镯、脚镯)、衣帽、尿布及产妇吃的红糖、糯米、油馓子、烧饼、鱼、肉、鸡蛋、鸡等看望女儿，亲友携鲫鱼、猪肺、猪蹄、鸡、金针菜等营养食品探望产妇，看孩子并给见面礼(钱)、衣物，俗称“送汤”“望生”。有的地方，在“五朝”“九朝”（即生育后第五天、第九天），娘家亲戚（大多是女眷）前来“送汤”。头胎不论生男生女，娘家都送丰盛的物品，外加大盆的“喜菜”，称为“办头生”。两胎之后一般不再办理，“送汤”礼物也简单。80年代起，“送汤”既送奶粉、麦乳精、饼干及营养品，也送钱物。旧社会里，贫穷人家子女多，无力抚养，弃婴、溺婴、送婴一类的事不以为奇。当今由于一对夫妇只生一个孩子，重男轻女的传统观念淡化，农村生活条件日益好转，“送汤”“满月”的礼仪也比以前隆重丰盛。武进南宅、潘家等乡在送汤礼品中剪有狗毛一撮，意为生下的孩子“像狗一般的健壮”。

七、做 满 月

孩子生下满一个月，做父母的一般要办酒庆贺，吃满月面，称“做满月”。把小孩抱出来给亲戚看，长辈要给小孩红包，还要请剃头师傅为孩子剃“毛毛头”，名曰“满月头”，剃下的胎发，捏成1个小圆球，用一块小红布包扎起来，用红丝线与桂圆、莲子等贯串后，悬桂在床前的花板下，以示受之于父母。外婆家照例送衣服、首饰给小孩穿戴，还会送“满月担”，备有糕、粽子、团子，取“高中团圆”之意。满月后，产妇回娘家小住，俗称“做头陌”，也称“走满月”。过去一般是生儿子才办满月宴，现在生女儿也办，这些习俗农村仍较盛行。

小孩出生满月时，武进庙桥乡一带流行红枣和糯米煮成的“猫咪粥”，每家分送一碗。家里婴儿顺利产下后，合家欢喜，便煮“猫咪粥”，用大提桶装好，由主家出面，每碗附三粒红枣，赠送左邻右舍，并祈吉祥。受礼的一方照例说些“长命百岁”、“健康发财”之类的祝福话。送“猫咪粥”是旧时睦邻亲和的一种纯朴礼俗。如今，时代变了，居住环境和过去大不一样，邻里之间来往很少，送“猫咪粥”已很少见到了。当今，有的家庭给婴儿办满月酒，因为大多在饭店办宴席，所以为方便婴儿出行，办“双满月”“百日”喜筵的更多。

第三节 生日礼仪

一、做 周 岁

孩子周岁，设宴请客，称“做周岁”，来客要送“人情”（即送钱）。此日，富户人家有“试儿”之举，俗谓“抓周”。男儿用弓、矢、纸、笔之类，女儿多用刀、尺、针、线，加上精美点心、珍宝、玩具等物，放在小儿面前，观察他任意抓取之物，来检验小儿的贪廉愚智，又称“晬盘会”。生第二胎后则礼仪从简，有的地方外婆家送“喜小菜”“喜果”。

二、做 生 日

一般在50岁或60岁以下，逢诞生之日过生日。民间逢周岁、10岁，以后逢10的生日都举家隆重庆贺，称“做生日”，一般都是父母、岳父母为儿女操办，家庭设宴，亲友庆贺。80年代起，做生日大多学欧美习俗，吃蛋糕，点蜡烛，许愿，吹蜡烛，也按旧俗吃长寿面。

三、做 寿

旧俗从50岁或60岁开始，逢“十”便“做寿”，称“正寿”。一般人家是60花甲开始做寿，70岁、80岁就做大寿，做寿的当事人称“寿星”。新中国成立前，富户人家的寿庆十分隆重，寿庆之日在大厅设“寿堂”，悬寿星画轴，红烛高照，四壁挂亲友馈赠的寿幛、寿联，桌上陈列寿团、寿糕、寿面等。主家设宴请亲友喝“寿酒”，吃寿面。有的缙绅人家还请僧道念经，戏班唱戏。寿庆时小辈前来祝贺，旧时用红毡毯行三跪九叩的大礼，称为“拜寿”，当代多改为拱手作揖致礼，寿星则赐“押岁钱”。周围人家可以为自家小孩向寿星家讨寿面吃。平民百姓则全家一起吃顿寿面，稍添酒菜，吃盖有黄豆芽、百页、豆腐干丝等的面条，取“如意长寿”之意。

旧时，地方上有恶势力的人往往借口做寿收礼敛财，俗称“打秋风”，也有老百姓称它是“飞帖打网”。有的主家自己出面，有的以别人名义出面拉关系、撒红帖，名义上请人吃寿面，实际是借名索钱。这种酒席比较简单，四五个荤素菜，吃了就离开。喜欢赌钱的来客去主家开办的赌场赌钱，主家除了酒席上赚钱外，赌场上还可捞一笔头钱。新中国成立后，这种形式的做寿已不存在。

新中国成立后，寿庆之风一度绝迹。80年代，生活水平提高，人口老龄化，为老人庆寿又为一般家庭重视，但礼仪从简，亲友送蛋糕和生辰蜡烛，参加者仅限于直系亲属。不过，也有少数富裕人家在家里或酒店采用中西合璧形式操办大型寿庆活动的。有的地方在30岁不做寿，有"30不做寿，40不发财"之说。有的地方逢老妇66岁生日，要由女儿送寿礼，吃女儿赠送的猪肉，俗话说"六十六，吃块肉"。武进南宅、东安等乡人届36岁即做寿，圩塘、魏村，小河等下滩地区，无论男女，遇10岁做一次生日（小庆）。

也有"做九不做十"的，即在69岁、79岁等时做大寿。做9的实际原因是，老年人健康的变数大，提前一年做大家都不会有遗憾。按旧风俗，凡父母庆寿酒筵由儿子负担，女儿则为父母添置衣服、鞋帽等物，侄儿、侄女、外甥等晚辈以及其他亲友来送礼庆贺。一般是送钱的少，送物的多，如帽子、衣裤、被面（代替寿幛）、鞋袜，此外还用寿幛、寿联、寿轴、寿桃、寿面、寿糕、鞭炮等物。农村过大寿，还要请和尚道士念经，并举行祭祖仪式，农村多在家办宴席，城里大寿多在饭店办宴席。

第四节　丧葬礼仪

凡成年人寿终正寝，有条件的人家都要大办丧事，而小孩夭亡及成人非正常死亡的丧事简办。有的农村遇有村民亡故，以村民小组或自然村为单位，由村、组干部主持，各家抽劳动力帮忙办仪式，全队或村开丧，丧事办得既庄重又热闹，充分体现了村民之间的关怀和温情。城里人由亲友或同事帮忙办丧事。

一、丧葬仪式

丧葬仪式视各家情况繁简不同。当代，一般沿用旧风俗的多，因受场地限制，城里人葬仪要简单些。

讣告　吊唁　亲人弥留之际或死后即为之揩身，请人为死者穿戴好衣裤鞋帽，俗称"穿老衣"。然后，焚烧纸锭、经卷，讣告邻里亲朋。3日内，家属披麻戴孝，家里设灵堂。同时，在门口用油布搭建大棚，家人穿白衣孝服，臂缠黑纱并佩白花，接待吊丧的来客。亲友上门吊唁，馈送锡箔、纸钱、挽联、花圈、祭幛，也要送钱，称送"白份"，"文革"前后约几元钱，现在一般要数百元。死者家属须回给白布一块（也有附小云片糕一块的），掷在地上，俗称"孝条"。有亲友来吊唁，孝子跪谢，孝女哭灵，且哭接、哭送，名为"谢孝"。

入殓　守灵　第二天入殓，即把遗体放进棺材。入殓后棺材前挂上白幔，设灵台，点"七星灯"。前供三牲，点香烛、化纸钱，家人穿孝服在堂"守灵"，俗称"坐夜"，通宵不眠。守灵这一夜，家人通常要举行追悼及宗教仪式，一般在上半夜结束。具体内容有开追悼会，请和尚道士做佛事，念经超度亡灵。也有请草台班子唱戏、哭灵的。哭灵的内容是历数死者生前经历的种种磨难及功德，寄托生者的哀思。周边邻居都会过来看热闹，下半夜只有家里的亲人陪伴在死者身边。

出殡　火化　第三天早晨出殡，即把遗体火化送葬。出殡日，亲朋前来"送葬"。有的人家把追悼会安排在火葬场。以80年代初起，出殡用汽车送往火葬场，沿途吹打，放爆竹，抛洒纸钱或硬币。把尸体送进火化炉时，要给火化师傅小费，一般是一包香烟。取出骨灰并把它装入骨灰盒后，即送入墓地安葬。办丧事期间，大多数人家要请铜管乐队吹打，超度亡灵。有的小乐队里配有唱歌的，多为唱一些思念、亲情、感恩之类的传统、流行歌曲。和尚道士做完"道场"回家，主人不能与他们说再见，必须说以后街上见，以防晦气。2000年以后，许多地方相继建造了纪念堂、骨灰存放所或公墓以安置骨灰盒，很少有人家把骨灰盒葬在坟地里。市区墓地价格以穴为单位，每穴两平方米，从几千元到几万元不等。农村有风水较好的山地，价格稍便宜，可占稍大点的面积。大面积的土墓已迁入公墓，只有少量坟地尚存。每年清明前，家人都要扫墓。

二、丧　饭

葬毕，主家备饭菜招待亲友，以示谢意，称“吃硬饭”。常州人把丧饭和喜酒看得同样重要，俗称“红白喜事”。丧事用菜少不了豆腐，叫做吃“豆腐饭”，亦有称“豆腐饭”为“利市饭”的。农村办丧事不能借邻居房屋办酒，只能在临时搭建的大棚内设宴，城里人家绝大多数在饭店里办丧饭，用菜同喜宴。有曾孙（俗称重孙）辈的老人过世后，丧饭用的碗叫做“利市碗”，又称“长寿碗”。吊丧者吃完斋饭，往往悄悄将碗带回家给小孩使用，认为这种碗可祛邪消灾，用后延年益寿，从80年代起，常州人的寿命日益延长，活到七八十岁已很平常，再加上经济条件越来越好，所以吃丧饭不用偷碗，办丧事的主家会送“利市碗”，而且送的人家越来越多，有的人家送“利市碗”还会在碗里放一小块红纸包的米糕和几粒糖果。

三、服　孝

新中国成立前，子女必须服孝3年（实则为2周年，即过了2周年就算3年了）。现在，服孝已经简化，除臂佩黑布（孝女有穿白鞋、头戴小白花的）外，其他生活与平常一样，至“断七”后，便取下黑布，脱去白鞋，脱孝。城里人有的丧事结束便脱孝。在武进的一些地方，人死后的“头七”要吃馄饨，馄饨的菜馅非常有说法。“头七”的前夜，亲属戴着白帽子，去附近三里路内的邻居家的地里偷最好的蔬菜，要偷的那家人心疼，被人家咒骂得越凶越好，这样才会子孙兴旺。如果被人看见，因为头上戴着白帽子，那家人家只好装着视而不见。

第五章　节日时令习俗

常州人重视节日、时令，也创造了一些地方性节日及具有新时代特征的节日。随对外开放的深入，人们也过上了外国的节日。节日期间，家庭休闲、聚餐，朋友聚餐、联谊，同时品尝时令食品。企事业单位一般要给员工发放时令食品或装有一定数额货币的红包，表示喜庆，有的单位还要组织聚餐、庆祝、联谊活动，也有家庭、朋友一起外出旅游。地方节日大多具有宗教意义及商贸性质，富有地方特色，并为当地居民所重视。时令与农业节气相关，也反映历代相传的民间信仰。

第一节　法定节日

法定节日期间，国家放假，各企事业单位、社会团体及家庭都会以多种形式隆重庆祝，欢度节日。改革开放前，中国的传统节日除春节外未受重视，国家没有假期，也不组织相关活动，只是民间仍然按旧风俗欢度，改革开放后这些节日不断恢复。从2008年开始，清明节、端午节、中秋节等传统节日被定为国家法定假日。

一、春　节

民间旧俗的春节是从年初一至正月十五，共计15天。春节期间，常州民众穿戴一新，走亲访友，吃喝玩乐，祭拜祖先，也利用假日举办喜事，此时民间传统习俗集中表现。各区、街道、乡镇文化站（文化中心）会开展文娱活动（舞会、猜灯谜等），组织体育比赛。政府也组织一些活动，如拥军优属活动和军民联欢，演出文艺节目，举行新年团拜会，各级党政领导向烈军属、五保户拜年，发给慰问信及慰问品，慰问坚守岗位、坚持生产的职工等。春节前腊月廿四民间按旧俗“送灶”。当日及次日，家家“掸檐尘”，打扫卫生，迎接新年，现送灶之俗已不再流行，但掸尘的习俗仍然保留。城里经济条件较好的人家外出旅游过年。

除　夕　农历腊月三十（小月为二十九）是农历最后一天，叫除夕（为除旧布新之意），俗称“大年三十夜”。家人有外出者务必在年前赶回团聚过年。除夕，有的家庭要举行祭祖仪式，大多数人家贴春联，放鞭炮，忙年夜饭。农村有的人家“烧焰蓬”（用柴草在门口点篝火）。2000年以后，有相当多的人家在饭店订餐吃年夜饭。市内各大饭店除夕订餐爆满，价格也爆涨。80年代起，则合家团聚吃过年夜饭后开始守岁，或观看电视晚会（主要是看中央电视台春节联欢晚会），或者打牌娱乐。年夜饭后约6点开始，就有鞭炮响起，迎接新年，到零时大街小巷鞭炮齐鸣，声震全城，此后，鞭炮声持续不断，通宵达旦。90年代后期起，许多人家在除夕夜放礼花，从晚上6点至12点以后，在城里高楼上观看，“火树银花”，此伏彼起。

拜　年　90年代，朋友间一度流行用明信片拜年。进入2000年，城乡人民因通信工具发达，交往广泛，新年里流行用手机短信拜年。拜年的贺卡、短信在除夕前发出。半夜十二点新年到来时，拜年短信最多，公务、商务人员多用贺卡或明信片拜年，至亲好友仍会用电话或登门拜年。晚辈给长辈拜年，长辈仍沿旧俗给晚辈“红包”——压岁钱，压岁钱一般装在印刷精美的小红纸袋里。

抢财神　农历正月初五为路头财神生日。黎明，城乡便响起爆竹声，店堂里的财神龛前也亮起香烛，各家各户在迎财神，或曰烧路头。迎财神要争先，要“抢”，迟了唯恐被他家迎去，有些干脆隔夜就迎接，所以叫抢财神。当今，大多数人家简化仪式，只是在凌晨燃放爆竹，图个吉兆。

元　宵　农历正月十五为元宵节。旧时，元宵节的灯会最热闹。现在，吃“元宵”、看灯会之风犹存，花灯从过去的蜡烛灯发展到电灯、霓虹灯，从纸糊灯笼发展到绸灯、塑料花灯。音乐从单纯的打击乐发展到铜管乐、弦乐。元宵节晚上，红梅公园、文化宫、东大街、南大街一带彩灯争辉，人流如潮。部分街道、娱乐场所、公园张灯结彩，举办灯展、灯谜、文娱会演等活动。

二、清明节

清明前一个月内，各家庭都要去已故前辈墓前祭祀、扫墓，顺便踏青，要供上祭品、献花，在墓前磕头作揖，点香烛、烧经，焚化纸钱。现在，因为城乡坟墓集中到新建的陵墓区，为保持墓区整洁并防火，墓区入口处建有砖砌焚化炉，集中焚化香烛、纸钱。其间，各机关、学校及人民团体统一组织干部职工、师生前往烈士陵园扫墓，敬献花圈，缅怀先烈。

三、端阳节

旧时，常州人过端阳节的习俗很多，现在仍保留其中的一部分内容。

张端阳　端阳节到来之前，绝大多数人家都裹粽子，用大锅煮粽子，锅里同煮的还有咸鸭蛋。商店里有大量粽子和咸鸭蛋上市。大约在端阳前的10天内，女儿女婿要探望岳父母，带上过节的礼物，常州人称为“张端阳”，以表示对父母的孝心。一般皮蛋、咸蛋属于传统礼品，是不会少的，另有水果、烟酒、营养保健品，也有直接给父母钱的。

驱　邪　端阳节当天，人们要在家里的客堂里悬挂钟馗像（钟馗是传说中镇妖捉鬼的神灵），在门口屋檐下插菖蒲、蕲艾，还要用菖蒲剪制蒲剑挂在灶房门口，用它们来“驱鬼辟邪”。

吉祥三宝　常州传统的端阳食品粽子、咸鸭蛋、皮蛋被称为“吉祥三宝”，是很受欢迎的节日礼盒，但是现在也有改进。市场上有“溧阳礼包”“武进礼包”和“常州礼包”，“溧阳礼包”里另有麻油、白糖、手剥笋和乌米饭，“武进礼包”里另有戴溪青鱼、寨桥老鹅和脆皮鸡，“常州礼包”里另有雄黄酒、咸黄鱼、绿豆糕。

四、中秋节

中秋节和春节一样，强调合家团聚，是合家团圆、吃喝玩乐的节日。

张八月半 中秋节，小辈必须备礼探望长辈，基本的礼品是月饼。改革开放前，节前数日人们多以月饼、火腿、菱、藕等时令食品馈赠亲友。改革开放后，送节礼之风更加兴盛，特别是新女婿与订了婚的女婿（俗称“毛脚女婿”）张丈母娘的节礼尤为丰富，除前述物品外还有酒、香烟及果品。过去，挑一担节礼到岳父母家（订婚的女婿还要挑一担给介绍人），是对新女婿的基本要求，担子的大小根据男方经济条件和女方亲戚多少而定，现在挑担子送节礼的极为少见。

吃糖芋头和月饼 改革开放前，晨起家家吃桂花糖芋头，夜晚吃“亮月饼”（一般人家自己做，用小麦面粉，内用芝麻糖馅，也有用青菜馅的；用少许食油贴在铁锅壁烘烤成的大而圆的饼，称为烤饼）。改革开放后，常州民间还在中秋节吃糖芋头和月饼，不过百姓家里已不做“烤饼”，所吃月饼都去食品商店购买。

中秋联欢晚会 过去，民间晚上“敬月”“赏月”。改革开放后，大多数居民在家里看电视里的中秋文艺联欢节目，企事业单位和群众团体会时常举行中秋联欢晚会，地方政府会组织台、港、澳同胞以及海外侨胞联欢，以表达乡土之情和实现祖国统一的愿望。

五、敬老（重阳）节

重阳时节，秋高气爽，正是郊游健身、登高远眺的好时候，加上百姓中流传着“登高”避灾的说法，有人（唯少数文人有此雅兴）会爬山、登塔，陶冶身心。常州近城无山，人们相率赴东郊文笔塔登高。居民早晨享用米粉蒸制的重阳糕（糕与“高”谐音，表示登高之意），上面缀有红绿丝、枣、芝麻、瓜子仁、松仁或青豆子，中夹甜豆沙。1988 年，政府把农历九月初九定为敬老节，常州各级政府、企事业单位组织敬老活动，家里的晚辈则与长辈团聚并送礼。

六、元旦 劳动节 国庆节

元旦、劳动节、国庆节均为新中国的重要节日，其中传统风俗的内容较少，政府及各单位都要组织庆祝和慰问活动。民众除参加这些活动外，就是休闲、旅游。因为国庆节放假 3 天，加上合并两个双休日有 7 天假期，又逢秋高气爽，所以外出旅游的人很多。

七、其他节日

其他的法定节日有中国植树节、国际劳动妇女节、国际劳动节、中国青年节、国际儿童节、中国人民解放军建军节、教师节等。这些节日有的放假，有的不放假，相关单位及社会团体都要举行相应的宣传教育活动，如召开纪念大会、庆祝大会，举办文艺会演、运动会、游艺会、座谈会，组织学习、参观、竞赛、慈善、义工（志愿者）等活动。同时，政府会组织一些慰问活动，表彰一批先进集体和先进人物。

第二节 庙会 节场

民间传统地方节日是庙会和节场。它们是一种群众性的神灵崇拜活动、文化娱乐活动、经济贸易活动、社会交往活动。这些活动相互结合和相互推动，成为地方的盛大节日。庙会之日，家家亲朋盈门，当地政府（官府）、寺庙、社会团体（行会）都要组织形式多样的纪念活动、宗教活动、娱乐活动。

一、庙 会

民国以前，常州许多祠庙都有庙会，迎请、供奉的有城隍、土地神、自然神，也有由先贤演化出来的神。例如，三月十五洛阳的马鞍墩庙会，最初是当地人民为纪念抗元牺牲将士麻士龙、尹玉而发起的。郑陆桥的三月十九庙会供奉太阳菩萨，暗喻清初汉民不忘复兴大明之意。四月二十五，城内吴季子庙会，纪念常州的人文始祖是季札。每年农历五月初一，北门外坛街北(今红梅乡红菱村委蒋家村前，庙会后迁到青山桥，今已废)有个天地坛庙会，据说是纪念元末农民起义军领袖张士诚的。

常州庙会密集，春秋两季农闲时节，常武地区庙会频繁。农历三月“城东有四十八节”一说，就是指的春季庙会之多，有时同一天中竟有七八个地方作节。庙会的规模不一，持续时间有长有短。有的庙会涉及几个村，有的遍及几个镇区，如横山桥八月初一庙会可广达自然村落50个左右。庙会延续时间最短的一天，一般为期三四天，个别地方长达7天。每年刚入春，十里八乡的庙会就开始轮番举行。是日，庙会所在地家家户户停止田间劳作，除上街看热闹、买商品外，均要准备酒菜，盛情招待从外村来的亲友，俨然盛大节日，民间有“赶节胜过春节拜年”之说。

常州城乡的庙会时间分布不同。乡间庙会主要集中在三月份，《武进年鉴》所记录的40多个庙会中，三月份的庙会占庙会总数的一半多，常州乡间曾有一个谚语“正月拜年，二月赌钱，三月庙会，四月种田”，可以证明三月在庙会中的重要性。城中则五月份举行的庙会占了一半，而乡间五月份的庙会只有一个。农村把庙会安排在三月，主要是从农历四月开始，农村进入春耕大忙季节，农民可以在农忙前，祈神赐福，求菩萨保佑今年风调雨顺，同时也可以在紧张的农忙到来前轻松一下。而城市安排在五月，因为时值夏季，城市开始进入休闲节奏，各个行业都是淡季，商人有机会休闲，更要趁此机会创造新的消费。这种时间的安排，说明休闲和娱乐已经成为庙会的主题。

常州庙会影响很大，城市和乡村互相参与对方的庙会。例如，庙桥的庙会便一度吸引宜兴、金坛、武进、无锡等城市的人来观看，局戏之甚，尽兴达晓，摩肩接踵，殆逾十万。赵翼也有《三月十八檀桥门首同看小茅山香会经过》诗，其中有“竿木逢场好冶游，小茅山会此停驺。门前往来人千万，偷眼争看两白头”之句。而农村进城看庙会更是频繁，乡间便有“二月二，上城看土地”的谚语。而且随着江南城市内部交通和贸易的发展，本地人也经常参加外地的庙会。比如常州人经常参加著名的西湖香市，《杭俗怡情碎锦》便有“苏常各路来香客络绎而至”的记录。赵翼诗中也有“赛神父老争欢喜，不向西湖乞梦遥”，证明常州人参加西湖香市的频繁程度。

新中国成立至“文化大革命”结束，各地庙宇有的被废弃，有的被拆除，庙会被视作“封建残余”，庙会中的迎神赛会、求神消灾活动陆续革除，但是节场作为传统而延续下来。50年代，县、区、乡人民政府利用庙会日开展集市贸易或物资交流活动，近郊农民利用庙会日走访亲友，买卖农用小商品。“文化大革命”结束后，恢复信仰自由，旅游和文化事业发展，各地庙会恢复并逐步兴盛。商业部门前来摆摊设点，供应农用特产物资、生活用品，盛况不减当年。在生产力提高和文化科学逐步普及的今天，对普通群众来说庙会的宗教意义已经淡化，群众只是利用庙会之日赶集购物，走亲访友，休闲娱乐。庙会不过是一种贸易集市。

据康熙《武进县志》记载，当时常州城内主要庙会有：四月二十五，吴季子生日，乡人作会，四方商贾俱集；五月十三，关壮缪(关羽)生日，邑人皆罗拜其庙设祭；五月十五，陈烈帝(陈杲仁)生日，云车毕集其庙；五月十五，东岳生日，云车集于东门之庙中，老少罗拜；五月二十八，相传郡城隍神生日；七月初三，县城隍生日；十一月初三，白云渡以水神晏公(出现于宋代，盛行于明清，主要流行于长江中下游的水神)生日作会。除了这些，城内如灵官庙、金龙四大王庙等也各有迎神赛会的活动。乡镇也有相应的庙会活动，据1937年的《武进年鉴》记载，常州各乡镇较有影响的庙会有40多个。

近代常州老市区(原天宁、钟楼、戚墅堰、郊区)主要庙会有：三月十八，通乙观(五星街道小茅山村)庙会；三月十八，东门三茅堂庙会；清明，宜庄庵(五星街道)庙会；清明，城隍庙(新闸吕墅桥东)庙会；三月二十八，东岳庙庙会（现延陵东路天宁寺东侧）；四月十六，北大王庙（红菱村委钱家村）庙会；五月初一，天地坛庙会（红菱蒋家村）庙会；六月十九，清凉寺庙会；七月三十，地藏庙（陈渡桥）庙会；七月二十八，天宁寺庙会；九月十七，西大王庙（五星街道项头村）庙会；天旱年份，芦墅庵（五星街道上塘芦墅十三村）庙会。

武进、金坛、溧阳的主要庙会有：三月十八焦溪的舜过山庙会、三月二十六漕桥的东岳庙庙会，正月初九郑陆的三皇庙庙会、正月十五溧阳别桥祠山庙会、十月二十竹箦的戚宝寺庙会、金坛的茅山香期庙会等等。

二、出　　会

庙会活动大致分为两种形式。一种是地方上的善男信女在庙宇里祭祀祈神，烧香念佛，甚至搭台唱戏。另一种是行会，又称出会。新中国成立前，常州玄妙观的东岳大帝及府、县的城隍菩萨，漕桥的东岳菩萨，孟河的城隍老爷，郑陆桥的“烈帝”“蓝千岁”“猛将”都出过会，如遇久旱不雨或蝗虫灾害，常州地方官员会举办赛会活动，把城隍菩萨和刘猛将（刘猛将，历史文献记载是驱蝗神，在常州主要是驱除农作物病虫害、保持风调雨顺的地方神）偶像抬出曝晒或出庙游街，甚至县知事也率领部属到天宁寺祈祷求雨。出会时抬着泥塑木雕的神像在境内缓缓转上一圈，抬到府、县祭坛，由地方官主持祭祀。巡行时，除按古时官场全副执事仪仗掮旗打伞、鸣锣喝道外，相关庙宇要搭台演戏，设供祭祀，善男信女烧香拜佛，各村都要拿出节目汇集演出，有掉龙灯、舞狮子、踩高跷、荡渡船、掮云车、烧手香、扛抬阁、耍武术和扮演36行当等，载歌载舞，竞奇斗艳。因此，出会又称赛会。

烧手香是一些年纪轻、血气方刚的小伙子臂膀上吊着沉重的铜锣、香炉、铁钟之类向祠庙进发。烧手香者节前要集中住宿“净身”，每天烧香点烛，祈求菩萨护佑，三天前要试吊，在山下寺庙上钩，在右臂的皮肉下整齐地扎上一排钢丝钩，然后固定在毛竹板上，使受力均匀，吊上铜锣或铁钟，一只手臂承受不了铜锣或铁钟的重量，再用麻绳绑在手臂上，两个年轻人用扁担扛着手臂，就这样手臂上的皮肉一般要坠下三四寸。烧手香的人嘴咬檀香，钩上不断加麻油止血，一边走，一边敲，夹道观看的群众人山人海，至少延绵两三里路。到祠庙后，在菩萨面前举行过仪式方可卸下。据说烧过手香可保全家无灾无晦，但是要忍受皮肉之苦。如此残忍的表演常州解放后就被禁止了。

三、宣　　卷

逢庙会做佛事，念佛的中年妇女、老太婆在庙里念佛坐夜，会有两位知书识字的人手挟《花名宝卷》《真武得道》《三毛得道》等书来到庙里，这些书称为宝卷，念佛的人争相请他们宣卷，两个人一个敲木鱼，一个念，内容主要是讲各种故事，宣扬因果报应，劝人为善，宣卷一次一般一二个小时，讲一个故事要好多天。1949年后，逐渐不做这项活动。如今，由于信仰佛教的人渐多，寺庙的佛事活动也多，宣卷活动也有所恢复。

四、节　　场

庙会派生出节场，所以常州人又称庙会为节场。无论是城市还是乡村，庙会出现后就受到商业化的影响。首先是商人参与组织庙会，城中灵官庙“郡中每至九月，各商诣灵观庙报赛演剧，无虚日”，而雪堰镇的洋移庙也是“取诸镇商月输而岁会之用”。届时，四方男女纷纷前往，热闹非凡。邻近几十里乃至百里方圆的群众赶来看热闹，远近客商、小贩纷至沓来，街市摊贩云集，自然形成以交换农副产品为主的集市贸易活动。例如，历史上天宁寺香火极盛，明清以来，农历七月廿八、廿九是天宁寺的庙会，热闹非凡，香客、游人摩肩接踵，川流不息，由于水路交通十分发达，成为远近闻名的物资集散市场。有的节场依托庙会，也有的节场是独立形成的，如嘉泽、夏庄等市镇为多做生意，立出一个神道来建庙兴集；塘桥一些赌棍将青城寺吕纯阳像搬到塘桥，兴集聚赌；潘家、村前、卢家巷等乡原无集场，解放后为发展经济、流通物资，便确定一个日期（如五一节）兴起集场。

21世纪初期常州、武进地区大型节场一览表

表48-5-1

时间	地点	时间	地点
正月初九	三王庙	三月二十一至二十四	剑湖街
正月十一	薛　家	三月二十四	夏　溪
正月十三	潘家巷	三月二十五	连江桥
正月十四	北新桥	三月二十六	漕桥、湟里、郑陆、卜弋桥
正月十五	南宅、浦河、观东（小河）	三月二十八	魏村、遥观、余巷（横林）、奔牛、新安、东青、万绥、厚余
正月十六	青城、曹家桥	四月初一	东安、三河口、郑陆
正月十八	运　村	四月初八	崔桥、东安
二月初二	横林、潘家、龙潭（邹区）、西夏墅、锁石桥	四月十四	塘桥、遥观
二月初八	杨桥（3天）、戴溪、鸣凰	四月十六	青山桥（北大王庙）
二月十二	万　塔	五月初一	村前、九里、卢家巷
二月十五	分水墩	五月初一	西新桥、青山桥（天地坛）
二月十八	龙珠山、北港	七月二十八、二十九	天宁寺
二月十九	陆区、青城	七月三十	洛阳、武青（下三官堂）、天宁寺
二月二十八	圩塘、东岱	八月初一	横山桥、浦河
清明节	洛阳（七月三十）、牛塘、吕墅、焦溪、塘铁桥（焦溪）、夏家塘（九里）、孟城镇、小河镇北片、	八月十五	政　平
三月初一	成　章	八月十六	五七农场（现滆湖农场）
三月初三	雪堰桥、罗溪、百丈、西林	国庆节	焦溪、村前
三月初五	坂　上	八月二十七	崔　桥
三月初六	张墅桥	八月二十八	小新桥、三井
三月初八	南夏墅、邹区	九月十三	市区武青路
三月十一	芙蓉、安家舍、泰村、潘墅	九月十五	孟河孟城
三月十二	礼嘉桥	九月十七	罗　溪
三月十五	双庙（芙蓉）卜弋桥、夏庄桥、朱嘉头、观庄、庙桥、前舍	十月初六	万绥、芙蓉大河
三月十八	通乙观（小茅山凌家塘）、徐墅（百丈）、粮庄桥（焦溪）、凌家塘、潞城、马杭、嘉泽	十月十五	观　庄（西夏墅）
三月十九	郑　陆	十一月十三	汤　庄
三月二十	礼　河		

说明：以上皆为大型节场，小型节场如某些地区逢三逢九等不作记录。除特别注明，以上日期均为农历

改革开放后节场的黄金时期是90年代，节场的兴办大大拉动了当地经济的发展，以至于八九十年代各镇恢复节场达到顶峰，90年代末，武进（含今新北区等地）设节场97个（含一镇多节，如焦溪在清明和10月1日均为节场），其中不乏有一些特色鲜明的节场，如马杭菊花节、遥观风筝节。现今的节场大多与庙会相脱离，更多地体现了改革开放后经济繁荣的特点。在政府市场管理部门的领导下，节场秩序井然，再无从前拥挤难行的窘境。凡想在市场上设摊的都要预先到市管会登记，市管会按商品类别，在街面、路段、广场上统一安排，划行归市。销售衣服的商贩一般提前搭好棚顶，隔夜进场。旧时节场以小农具家什居多，现今节场大多以服装、家电、时髦的生活用品为主。赶集人开着摩托车，乘着汽车，蜂涌而至，有的节场人数多达数万。由于民众经济宽俗，作节人家请客规格提高。节前几天就打电话遍邀亲朋好友，当天客人从早到晚，川流不息。有的人家还专门请厨师掌灶，有的人家客人竟达数百人。一般是中午聚餐饮酒，饭后有的到节场上转转，有的则摊开麻将、纸牌，尽情玩乐。

第三节　地方新节

改革开放后，常州为发展地方经济、弘扬优秀传统文化和对外交往，由政府搭台、经济唱戏，创造了一些新节，如艺术节、服装节、菊花节、茶叶节、旅游节等。这些新节具有交往、交易和倡导的功能，表明当地对外开放、经济交流、文化发展的程度比较高且处于上升的态势。

一、中华龙城（常州）旅游节

该节原名常州民俗风情旅游节，创办于1995年。当年的旅游节主要作为每年9月中国国际中小企业博览会的配套活动，为期半个月，活动内容以地方民俗活动、民间艺术表演、文化体育活动为主。2001年，节名改为常州旅游节，办节时间调整为每年的4—5月，为期1个月，由配套活动改为独立的大型综合性节庆活动。2004年又改名为中华龙城（常州）旅游节，至2010年已举办15届。每届基本由大型开幕式等数十项活动组成，形式多样，内容丰富，地点遍及全城各主要区域，形成全城同庆的热烈氛围，每届参加人数达数十万之多。该节的活动主题不仅展现浓郁地方特色，还融汇国际文化特色，每年都有新的亮点，集中展现常州地方民俗风情的特色活动有：民间文艺展演、民间工艺品展示、水上民间活动、民间美食品味、非物质文化遗产展等。旅游节期间的龙舟竞赛是体现龙城常州历史文化底蕴的代表活动之一，举办的竞赛有沪锡常龙舟竞渡、全国龙舟精英赛、亚洲龙舟锦标赛、国际龙舟邀请赛等。参赛队伍规模逐年壮大，参赛运动员从市、省级到全国，再扩展到国际间。武进太湖湾成为中国龙舟竞赛基地。

二、天目湖旅游节

由溧阳市人民政府主办，天目湖管委会、溧阳市旅游局承办，首届于2005年4月28日至5月28日举办，历时1个月，美国、法国、瑞典、加拿大、日本等30多个国家和地区的5000多名海内外嘉宾参加。旅游节期间有民间民俗文艺表演、美食周、茶艺表演、天目湖鱼文化生态美食节、皮划艇表演赛、环湖越野跑、采茶制茶"乡村游"、蝴蝶展以及名特茶展、土特产品展，至2010年共举办6届。

三、溧阳茶叶节

从1991年开始，溧阳市政府每1～2年举办一次以弘扬茶文化、促进茶叶贸易、加强横向联系、推动经济发展为目的的中国溧阳茶叶节。首届茶叶节于1991年4月18—20日举行，有中外宾客1580余人参加。省、市茶叶专家对39种茶叶进行名茶评审，"南山寿眉""前峰雪莲""桂云""太湖白云""翠柏""长安寿眉"等14种茶叶和10种茶叶包装分获特等奖或一、二、三等奖。茶叶节期间活动丰富多彩，有参观茶叶展览馆、工业展览馆、茶厂、茶园、采茶制茶、茶叶包装和茶艺表演等，还有绘画、摄影、书法展览、文艺晚会、旅游观光及科技信息发布会、合作项目洽谈会、合作项目签字颁证仪式等。从2005年开始，该节与天目湖旅游节同期举办，至2010年共举办11届。

四、茅山登山节

“阴历三月三，万名香客朝茅山”，这是延续上千年的说法。3月3日至5月8日是中国茅山登山节，也是常州“五一”假期的重要活动之一。该节始于1996年3月18日，由金坛市政府主办，旅游局承办，每年举办1次，历时1个月。登山节依托茅山丰富的自然、人文景观，融革命史和道教文化为一体，以“健身、怡情、睿智、联谊”为主题，开展登山、游览、朝圣、道教音乐欣赏、溶洞探幽、八卦游览、赏泉品茗等活动。其中，乾元观女道士的法事唱奏，到茶园现场采茶、炒茶、制茶、品茶等活动深受游客喜爱。

节日期间，每天到茅山观光、健身的游客多达两万人次，每年从茅山东麓金坛境内登山的有30多万人次。为了适应现代游人的眼光、口味。2000年后，金坛先后建立金牛岭茅山索道、乾元观、狩猎场、八卦阵、道教文化博览中心、旅游度假村等景点及设施。

五、马杭菊花节

马杭是闻名遐迩的菊花之乡。明末清初，这里出了“没骨花卉”大画家恽南田，他爱菊，舍旁篱下种满菊花，诸多菊画、菊诗成为传世之作，现在这里人人爱菊，家家种菊，处处有菊，形成一种地方特色文化，镇上有以菊花为题材的书画珍品陈列室，街道、小区、学校都有以菊花命名的，不少当地企业的产品也以菊花为商标。1982年，马杭镇举办首届大型菊展。1985年，马杭农民组团参加上海全国第二届菊展，培育的“紫燕舞”品种获新品种培育和展出优秀奖。1987年，马杭镇人民代表大会通过决议，把菊花确定为镇花，把每年的11月12日确定为菊花节。届时，四乡八邻的人们都来马杭赏菊、购菊。马杭菊鼎盛时，菊农遍及13个村，有种菊专业户200多家，拥有500多个菊花品种(其中名品100多个)，年上市菊花50多万盆。2005年停办，因土地城市化被征用，又因经济效益低，故而衰落。

六、梅 花 节

2008年开始，常州市区有梅花节，由市委宣传部和市园林绿化管理局主办、红梅公园承办。赏梅时间为每年3月上旬某日(梅花盛开时)开始，历时半个月。其间，以梅花为主题，有赏梅、问梅、画梅、植梅、咏梅等系列活动，并组织相关的书画、歌咏比赛，还有当地演出团队献演文艺节目，成为常州市民每年一次的赏梅盛宴。踏青赏梅是梅花节主要内容。赏梅地点主要有青枫公园的松枫池、冬园、芳香植物园、南门西山坡、百果坡，东坡公园的抱月堂北、半月岛，荆川公园的烽火台北、铜像、园中园北门、唐氏宗祠，圩墩公园的健身广场、南入口，红梅公园的红梅春晓、红梅阁、赏梅堤。2010年，该节吸引市民20多万人前去观赏。红梅公园是赏梅的主景区，园中红梅春晓景区有几百株梅桩、梅树，全园种植梅树1000余株，主要为宫粉、江梅、玉蝶、杏梅、绿萼、朱砂、美人梅七大品种。节日期间，有专业人员担任花情预报员，现场回答游客关于梅花品种等知识的咨询。红梅公园也是赏梅活动的主会场，开幕式和闭幕式均在红梅阁前搭台举行。

七、荷花艺术节

每年9月(农历八月初八)举办，2008年9月为首届，由新闸街道和由市有关部门主办。依托新闸占地90亩的荷园，水域达65%，有荷花380多种，花期7—10月，园内建有万荷馆、文化长廊，为开放式公园，活动有摄影、诗歌、文艺、土特产展销。节日期间，与市民赏荷活动同时进行的是荷园诗会、荷园书画笔会、荷园摄影艺术周及大型文艺演出等系列文化活动。

八、常州风筝节

常州风筝节由市风筝协会主办，每年举行三四次，为期1天，地点不定。市风筝协会有成员约100人。风筝节是风筝迷们聚会的节日。每次风筝节都有1000余名风筝放飞者参加，队伍中有各年龄层次的人，多数是年过六旬的老者，年龄最长的80多岁。风筝节活动除放风筝、舞狮、舞龙以外，还有一个有趣的游戏叫“斗风筝”，是在放飞风筝时用自己的风筝线割断别人的风筝线，让战败的风筝栽落在地。

九、其他地方新节

有钟楼区政府举办的钟楼文化艺术节，由久红农业生态观光园承办的龙虾垂钓节等。

第四节 宗教节日

一、浴 佛 节

相传四月初八为佛祖释迦牟尼的生日，善男信女往往要到寺庙做佛事，置铜佛于木盆，妇女争舍钱财，称“浴佛”。同时，吃乌米饭，称“阿弥饭”，还要把鱼、龟等投入放生池，以超度众生。

二、观音生日

相传六月十九为观音菩萨成道日（又谓观音生日），观音庙内点长明灯；部分人家做好馒头，分送给亲友，同时请吃午饭，城乡百姓相约到清凉寺进香、游玩和唱山歌。

三、雷尊诞辰

相传六月二十四为雷尊诞辰，善男信女自朔日至是日持斋，谓之雷斋素，仰祈康宁长寿。

四、中 元 节

农历七月十五，道家称为“中元节”，俗称“七月半”，说是“鬼节”。当日，各家备香烛、酒菜，祭祀祖先，邀请亲友过节。是日，和面粉作皮子包茄丝饼，称“茄饼（扁食）”，多于早晨吃。入晚，“放荷灯”，就是一块小木板上扎一盏灯，大多数都用彩纸做成荷花状，叫做“水旱灯”。传统说法，荷灯是为冤死鬼引路的。灯灭后水灯也就完成把冤魂引过奈何桥的任务。又焚锭箔纸钱于道旁，施放饭团，赈济孤魂野鬼，称为“斋孤”，或称“结鬼缘”“请野祖宗”。那天店铺也都关门，把街道让给鬼，农家还要“请田公田婆”，祈求合家平安，五谷丰登。民间“过七月半”（祭祖）多为初十前后几天，只有沿江下滩固定在十五。

有些寺庙道观设盂兰盆会（梵文训VILambana系救民倒悬之意），由和尚登台念经。富裕人家请道士放焰口、做道场，称“做中元”，这天有的地方会举办迎神赛会。1949年以后，吃“扁食”习惯尚存。

五、地藏王生日

农历七月三十，俗称地藏王生日。常州人有插地香、放河灯的习俗，以纪念艰苦修炼、舍己为人的韩国高僧金乔觉（地藏王的化身）。插地香就是到晚上，家家户户在自己家门口场地上焚香，把棒香插在地上，越多越好，象征着五谷丰登，这叫作“布田”。武进芙蓉、漕桥、牛塘、薛家等地有“放河灯”之俗。放河灯就是一块小木板上扎一盏灯，大多数都用彩纸做成荷花状，内插蜡烛沿河施放，以超度无人奉祀的“野鬼”，表达宗教徒对死人的仁爱之心。善男信女至天宁寺、清凉寺坐夜，诵经，烧香。东门外天宁寺、三官堂香火最盛，附近有庙会，还搭台演戏。当天晚上，从水门桥至白家桥三官堂的运河中停泊着争奇斗艳的灯船无数，吹弹演唱，喧闹彻夜。有的地方以木筏载僧道、尼姑于河上放焰口，称为“水陆道场”。沿河居民则剪五色纸扎荷花灯放于河中，景象壮观。当天，武进成章有盂兰会，信徒祭鬼神，放焰口，僧道诵经，此类活动民国后衰废。现七月三十为水门桥一带的传统庙会，三官堂附近集市贸易兴旺，有家具及各色物品陈列道旁，任人选购。天宁寺修复后，邻近诸县市城乡善男信女烧香坐夜者众多，最盛时达万余人。

六、下 元 节

农历十月十五为道家下元节，又称“下元日”，古称“烧衣节”，举行墓祭，焚化纸衣、纸家具，说是“送寒衣”，亦称“扫松”。旧时，人们认为此日是水官生日。因常州属江南水乡，农村多种水稻，副业捕鱼捉虾、驶舟航船等等皆与水有密切联系，所以农家对水官生日特别重视，多于此日斋三官（祭祀天官、地官、水官，传说天官赐福，地官赦罪，水官解厄），祈求风调雨顺、国泰民安。

60年代以前，白家桥（今政成桥）东大运河边，有三官堂。至宋代，人们又将三官与三元联系起来，称三官为“三元”，并以三官配三元，说上元天官是正月十五生，中元地官是七月十五生，下元水官是十月十五生。后来，随着道教的逐步衰落，百姓对三元的认识逐步模糊，三官生日也越来越淡化。可是，斋三官的风俗在常州地区农家却一直传承。到近代，主要事项是新米磨粉做团子。武进农谚云“十月半，牵砻做团斋三官”（斋三官的团子是通常的小团子，不是“十月朝”的“糍团”）。有些农家还按古制，在大门口竖起高高的天杆，白天在杆顶张挂杏黄旗，旗帜上写“天地水府”“风调雨顺”等字样，到了晚上则换上三盏“天灯”，以示祭祀天、地、水“三官”。

七、穆斯林节日

回历三月十二日为纪念穆罕默德诞辰，相传此日是他的忌日，称“圣祭节”。回历九月为斋月，斋月期内，只在日出前和日落后进餐，十一月一日开斋，称“开斋节”。回历十二月十日为“古尔邦节”，也称“宰牲节”“忠孝节”。每逢节日，穆斯林沐浴盛装，赴清真寺举行会礼。

第五节　外国节日

外国节日俗称“洋节”。在常州影响较大的是圣诞节、情人节、愚人节，其他的还有母亲节、父亲节、护士节等。圣诞节前几天，商家会在橱窗及店堂里做圣诞树，贴圣诞老人的画像，有些商店的礼仪先生打扮成圣诞老人的形象，以招揽顾客。娱乐场所会推出圣诞舞会之类的娱乐活动。在常州的外国人一起过圣诞节。西方情人节对百姓的影响在蔓延，这天有些情人相互送礼（鲜花、巧克力），一起吃饭（烛光晚餐）或娱乐，年轻夫妻也有相互送花表达感情的，这天的鲜花店玫瑰花生意兴隆。

现在，受西方文化的影响，人们会在愚人节互相开玩笑，开始是偶然地在朋友和同事之间，有个别人搞一点小小的恶作剧。现在手机短信业务普及，给愚人节的玩笑提供了极大的市场。愚人节那天会有许多稀奇古怪的消息在手机短信中传播，不留神还真会有人上当。不过，这天的恶作剧会得到谅解。

第六节　时令习俗

时令主要与农事相关，过去一般带有封建迷信色彩。它与节日的功能、作用相近，但影响力相对较弱。新中国成立以后，历法以公历为主，相当一部分时令已经被遗忘。但是，农村因为农事的原因，比城市的人要更重视时令。

一、风　　报

农历二三月间气候多变，有“正二三月神鬼天”的俗谚，其间有几次风报，有龙抬头、祠山报、马和尚过江。按气象规律，这一期间天气冷暖变化极大，气温会下降，民谚有“焐春三，冻八九”“春冷剥老牛”“春二三月乱穿衣”。

龙 抬 头 常武地区立春以后，天气乍暖还寒，变化无常。“二月二，龙抬头”，龙抬头说明雨水要多起来了，故有“土地生日落，地上难得白”之说。这天是旧时公认的良辰吉日，是定亲、婚嫁、造房屋、做寿器的好日子，常州人还要吃隔年特制的米粉土龙团子加煮面条，称为“龙须面”，以祈求丰收，答谢土神。一般瓜菜在此日下种，农谚有“二月二，葫芦茄子齐下地”。农村春节期间临时开办的茶馆到这天均停业，表示从此农事要开始了。

祠 山 报 二月初八为祠山报，相传是张大帝生日（张大帝又称“张王菩萨”，即汉代治水有功的张渤，青果巷旧有张王庙），传说他有风、雪、雷、火4个女儿。因她们要来为其父祝寿，此前后数日必有风雨，称之为“接客风，送客雨”，并有降温，俗有“张王菩萨吃冻狗肉”之谚。唯有四女儿不能回来，因为她会带来火灾。如果惊蛰前打雷，称为“未蛰先蛰，一百廿天阴湿”。是日如天气晴好，即预兆风调雨顺。

马和尚过江 二月十八为马和尚过江。马和尚非神非佛，非仙非妖，是民间虚拟的人物，据传即一苇渡江的达摩祖师。传说这天会有风暴，如吹北风，则马和尚过不了江，滞留江南就成为瘟神，给人间带来疫病；刮南风，马和尚顺利过扛，会给江北人带来丰年。

二、花　　朝

二月十二为百花生日，又称“花朝”。老太太或闺中小姐往往在花枝上系五色绸带，或插小红纸于花下，俗称“护花符”，据说能使花木繁茂并求得吉庆富贵。是日忌雷，有“雷打百花芯，百样难收成”之说。现喜种花木者在花木上挂红布，或用红纸贴在树上。

三、上 巳 日

三月初三，古称上巳节，又称“踏青节”“修禊日”。唐代上巳节与春节、中秋节齐名为年度三大节日之一。以后，该节慢慢地被人们淡化和遗忘，只保留了一些踏青、游春、祭祀等民俗并与相近的清明节合并。当天，农村妇女还有在头上佩戴荠花（谓可祈双目明朗，防病避灾）、食北瓜求子等习俗。相传，这天天气可预测当年庄稼的丰欠。民间喜将荠菜花放置灶上，认为可避蚂蚁。谚云：“三月三，蚂蚁不能上灶山”。

四、立 夏 日

四月间有立夏节气，民间有“立夏尝三鲜”之说，即树上三鲜：青梅、樱桃、香椿头；地上三鲜：苋菜、蚕豆、燕笋（燕竹笋）；水里三鲜：鲥鱼、白虾、海蛳（一种细而长的小螺蛳，长度1.5公分左右）。亦有称树三鲜为樱桃、枇杷、梅子。

武进立夏尝三鲜，有地三鲜（苋菜、蚕豆、蒜苗），水三鲜（鲥鱼、白虾、海蛳），树三鲜（樱桃、梅子、香椿头）。有的地方家家户户吃饼吃鸡蛋，以免“疰夏”。

溧阳立夏尝三鲜，指樱桃、蚕豆子、苋菜。

金坛立夏尝三鲜，指苋菜、蚕豆、蒜苗。

五、芒　　种

芒种时节，大麦、小麦等有芒作物种子已经成熟，抢收十分急迫，常州一带农村全面进入水稻耕作的莳秧阶段，是一年之中最繁忙的夏收夏种节令。芒种过后，很快便进入黄梅。黄梅天是各种农作物生长的旺盛时期，天气情况至关重要。

六、夏 至 日

端阳前后有夏至日，这天有吃馄饨、给小孩称体重的习惯，还忌讳坐门槛，说是以免“疰夏”（夏日消瘦）。现在，“疰夏”一词还在口头上谈及，夏至称体重也已少见，但吃馄饨仍盛行。溧阳当天各家吃馄饨，预祝本年丰收，所谓“粮食横(馄)一囤(饨)，竖一囤(饨)。”认为吃了馄饨不“疰夏”，意即夏天不生小毛病。

七、六 月 六

民谚“六月六，晒红绿”。此时黄梅季节已过，天气晴热，适宜晾晒过冬棉毛衣物。旧时是日以花椒、樟脑等煮水为猫、狗洗澡，或将猫、狗强行抛入河中，据传可预防蚤虱，故有“六月六，猫狗众牲洗把浴”之说，也预示着家长允许孩子下河游泳了。

八、七　　夕

七月初七为七夕，相传此夜牛郎织女鹊桥相会。旧时，儿童争看“巧云”，吃“巧果”（看“巧云”是鼓励孩子发挥想象能力，因为此时天上云彩多，且形状、色彩多变；“巧果”是一种油炸甜食，吃巧果则祝愿孩子聪明伶俐）。当代的七夕被商家及一些媒体称为中国的情人节，民间亦有认同的倾向。

九、立　　秋

七月有立秋日，这天有吃西瓜的习俗。有的地方举行秋会，祭“猛将”。吃西瓜谓“多吃西瓜，不生秋痱”。魏村一带则用西瓜和酒同食，说是“可免疟疾”，其实是意为往后天气渐冷，吃西瓜的日子不多了，现在吃西瓜的习俗仍然不变。

十、十 月 朝

十月初一俗称“十月朝”。村妇结伴入庙烧香，此时早稻已经登场，农民常以新糯米和芝麻、白糖制糍团尝新，并馈赠城市亲友，预示当年丰收。1949 年后，这习俗尚存在。武进东安一带中午办酒菜，说是“送苍蝇”。溧阳于此日太阳升起前，要在死亡未满 3 年的长辈坟前用糍团、米粽等供祭，此习俗至今农村尚见。

十一、冬　　至

十一月有冬至日，当地民众甚为重视，有“冬至大如年”之说。冬至前夕，俗称“冬至隔夜”，富裕人家要摆酒席过冬至，一般人家必吃胡葱笃豆腐。有的地方吃面条，所谓“夏至馄饨冬至面，平平安安直到年”；有的地方(成章)吃糖圆，所谓“冬至吃糖圆，全家保团圆”。因贫富差别，所以有“有得吃，吃一夜，呒没吃，冻一夜”之说。旧时以清明、七月半、十月朝、冬至四节为鬼节，所以冬至日要祭祖。有的宗族还开祠堂门祭祖，大办宴席，称之吃“公堂酒”。一般家庭在冬至日上午，用糖圆或印糕(用米粉包馅蒸制的小团子)并备饭菜祭祖宗。

十二、腊　　八

十二月初八，相传为释迦牟尼成道日。从唐宋时期起，每逢此日，街巷中有僧尼数人结队念佛，各大寺作浴佛会，并送七宝五味粥于门徒。常州天宁寺这天会召集全寺和尚吃腊八粥，纪念佛祖释迦牟尼的成道，并馈赠施主。后来，此风传入民间，每逢“腊八”家家用糯米、粳米加白果、杂豆、花生米、芋艿、油豆腐、蔬菜等多种(有说是 8 种)食物煮咸粥为餐，并互赠近邻，此咸粥称为腊八粥。一家人中午吃后，晚上加热又当夜饭，此时的粥味愈加鲜美可口。从十二月初八吃腊八粥起，便有过年气氛，各行各业着手清理账目，结算往来，收讨债务。雇工、雇员多以一年为期，每到年关，主、雇互相招呼，决定去留。

第六章　休闲娱乐

常州人的休闲娱乐形式一般有搓麻将、抓纸牌、亲友聚会，或者在节日、庙会期间参与、观看文娱表演，上集市、商店购物。男人的娱乐活动较多，饮酒、喝茶、洗澡、打牌等等。新中国男女平等，休闲活动差别不大，除看电视、看书、看电影、看戏、打牌、搓麻将外，有组织亲朋聚餐，到舞厅跳舞、歌厅唱歌、浴室洗澡，到茶室、咖啡馆喝茶，逛园林，外出旅游等。女士偏爱逛街购物，男士偏爱钓鱼、打牌。

第一节　传统休闲娱乐

一、打 麻 将

麻将牌是成人的娱乐工具。全副牌有 6 类 42 种图案，144 张。(1)序数牌合计 108 张。万子牌从一万至九万，各 4 张，共 36 张；饼子牌从一饼至九饼，各 4 张，共 36 张；条子牌从一条至九条，各 4 张，共 36 张。(2)字牌合计28张。风牌东、南、西、北，各4张，共16张；箭牌中、发、白，各4张，共12张。(3)花牌春、夏、秋、冬，梅、兰、竹、菊，各一张，共 8 张。玩法多种多样，不同人群、不同地方均不同。基本玩法是玩家 4 人，先掷骰子确定谁先抓牌，4 人轮流抓牌，每人抓 13 张牌，再轮流按逆时针方向由第一个抓牌的人先抓 1 张牌，再打 1 张牌。如果某玩者手中的牌按约定形成某种规律的组合型式，就可以“和”了，即获胜，其余 3 人算输。

一度，国内有“十亿人民九亿赌”的说法，主要是指麻将在民间的普及，它是城乡平民的主要休闲方式。现在的居民新村和农村集镇都有茶室，其作用主要不是喝茶，而是打牌（麻将牌、扑克牌）。新村里的小茶室（又称棋牌室）进去一个人，玩一下午，花二三元钱，店家一般只提供茶水。也有装潢较为考究的茶室在大街上经营，提供棋牌桌供娱乐，店家提供饮料、茶水和零食，还可以订餐。也有人到那里喝茶聊天。一个人一下午消费 15～30 元。政府是禁止赌博的，但是这种在茶室和在居民家里的打牌都有“小来来”的赌博性质，小的有 10 多元的输赢，大的有几百元输赢。

二、抓 纸 牌

纸牌主要是妇女及小孩的娱乐工具，有 108 张基本牌（约 2 厘米宽、10 厘米长的硬纸片），加上“百搭”，共计 116 张牌。与麻将相似，有筒、条、万 3 种花色，每种花色有 1～9 共 9 种数目，如有一筒至九筒 9 种牌。每种牌 4 张，每张牌上绘（印）有表示某个数字的花色图案。一般是 4 个人玩，也可 3 个人玩，玩法与麻将相似。现在，这种牌只有农村少数老年妇女还玩，大部分地方已不见了。

三、猜 谜 语

家人或小朋友在一起玩时会互相给对方猜谜语。在一些娱乐场合，主办者会出一些谜语给参加者猜。常州道情是历史悠久的民间说唱，每当开场，艺人们总要说几句静场语，使听众静下声来。静场语就是说叨一个谜语，如“一点一划长，一撇到丹阳；十字对十字，亮月对太阳”。古老的祭祀舞蹈跳幡神中也有 3 位白面书生在上场时念叨“上字下面加个日”“大字肚里加个点”“人字下头加一口”等，同样是用隐谜静场。近代的常州名人大多热爱家乡的谜语，侨居海外的赵元任、伍受真等，都先后创编了许多谜语，从学术上进行升华，完善秋千格、卷帘格、白头格、求凤格、谐音格、加冠格、脱帽格等 24 种谜格，让人们拓宽视野，增添奇趣。

四、放 风 筝

旧时正月至清明间，成年人和孩子都喜欢放风筝。风筝用竹篾扎成蝴蝶、燕子等形状，或五角、六角等几何图形，糊上纸系上鹞线。放时，大人和孩子一起去田野里，一人把风筝向上送，另一人拉着鹞线迎风快跑，借助风力使它上升。有的风筝系上风铃或葫芦，随风发出响声。有的风筝在鹞线上系着写有“太平”字样燃点红烛的小灯笼，灯笼有多有少，多的达 60 余盏，晚上施放，很是好看。当代，人们仍然放风筝，不过一般自己不扎制风筝，而是从小贩、商店里购买。有爱好者组织风筝协会，自制风筝，并经常组织活动。

五、斗 蟋 蟀

农历七月，人们开始去田间草丛中、院落的瓦砾堆里捕捉蟋蟀，装在纸筒或竹筒里，回家放进专用的瓦罐，放在床下，喂些水果和蔬菜饲养。闲暇时把蟋蟀取出赏玩，并把两只蟋蟀放在一只宽口的瓦罐里，用一种草茎(尖端揉散，呈丝状）撩拨蟋蟀，使它们张开双翅，发出叫声，互相争斗撕咬。被咬破翅膀、大腿或者逃避不战的一方就是失败了。常州市地方文化研究会有个赏虫委员会，曾组织举办“常州市龙城杯斗蟋大奖赛”，用大屏幕投影仪播放比赛实况。也有用斗蟋蟀赌博的，1949 年前又称“秋兴局”，被认为是一种比较高雅的赌博形式，参加者大多为当地上层人物，抗战前曾盛极一时，1949 年后消失。改革开放后斗蟋蟀再度兴起，斗蟋蟀赌博的形式也出现。蟋蟀因其战斗力的强弱有不同的价格，最便宜的一只 200 元，最贵的市价 2 万元。

六、纳　　凉

江南夏天闷热，1966 年 5 月以前，生活条件差，平民家里没有电扇，更谈不上有空调。一到傍晚，人们纷纷从家里出来，到场院上、河滩边、桥栏旁纳凉。一般纳凉从吃晚饭开始，大人小孩把小桌子、小凳子搬出来，边吃边享受夜晚凉风。晚饭过后，收拾了碗筷，便摇着蒲扇，躺在铺板、竹床、藤椅上休息。有的人家还把蚊帐架出来，整夜睡在外面。邻里之间会互相走动，集中到某处，那里一般地方开阔、傍河临桥，凉风习习，在那里谈天说海，评古论今。从 80 年代起，人们家里都有电扇和空调，户外纳凉的已经很少。

七、坐 茶 馆

常州有卖开水的老虎灶，老虎灶同时开茶馆的居多。有的茶馆不仅经营茶水，还兼开澡堂、书场。在茶馆里，一壶茶角把钱，一把浴六七分钱，经济实惠。常州解放前，茶客有南北商贾、过往官差、失意文人、郊农市民，等等。茶馆是聊天、交流信息的重要场所，茶客的话题，从人物历史、天文地理、奇闻轶事直至英雄美女无所不及。百姓之间遇到什么事情，如邻里纠纷等也都习惯到茶馆里“吃茶”调解或者“端茶陪礼”。因此，过去常州城乡茶馆很多，仅城内就有大小的茶馆五六十家。乡村集镇也都有多家茶馆，近郊陈渡桥一个小村镇的老街上最盛时竟有“惠和轩”“陈渡”等 7 爿茶馆。茶馆的选址很有讲究，一般都开在两种地方：一是桥头桥堍、沿河临街，交通方便，且临河开窗，空气清新，幽雅舒适，远可眺水陆风景，近可招来往客商，如原大运河畔文亨桥堍的“近水阁茶楼”、弋桥头的“天禧楼茶馆”、东大街惠民桥下的“升平茶社”等；二是选择在闹市附近人流集中的地段，如原南大街上的“大观园”、西大街上的“老义和茶馆”等等。

茶馆开门招客叫做“开市”。由于常州人吃茶有早有晚、不分昼夜，所以茶馆总是起早摸黑应时开业，每天都有早市、晏市和夜市。城乡百姓习惯于早晨上茶馆里吃茶，顺便吃点麻糕、油条等早点。上了年纪的老人和农民、脚夫等天不亮就上茶馆，清晨三更便有宾客陆续到达，等到东方发白、人们从梦乡中醒来时，他们早已一壶茶吃过三开了，这是早市。晏市从上午绵延到午后，上午时茶客最多。傍晚又要开夜市了，且一般兼开书场，与说书、弹词、唱道情结合，人们在经过一天的疲劳后，吃吃茶，听听书，轻松一下，是一种很好的享受。

当代，传统茶馆在农村小镇上还存在。在城里，酒吧、茶室、咖啡屋代替了旧茶馆的功能，属于所谓的小资(白领)休闲场所，以夜生活为主。在市中心延陵路上茶室有天语雅阁；文化宫有飘吧，为常州酒吧业的先行者，屋外有清幽的小桥流水，屋内还有舞池；南大街有缤纷钱柜、阿波罗飚歌城，其他地方还有星巴克、名典、迪欧等连锁咖啡屋。

八、洗　　澡

旧时，人们只在家里用木桶盛点水洗澡，主要是为了身体的清洁卫生。逢节日如春节时，农村较富裕人家有专门的洗澡房，里面有一口大锅，下面用柴火烧，锅里放水，人可以在锅里用木板垫在屁股和脚下，坐在那里洗澡，称为锅浴。直到 90 年代，农民还有洗锅浴的。

洗澡作为休闲过去是城里富人的事，城镇有浴室供人洗澡。浴室有两大功能，一是供人们洗澡，除了夏天，平民百姓半个月或一个月去那里洗个澡，换下内衣，比在家里烧水洗澡要省事、暖和。洗澡的另一重要功能是休闲，在繁忙的工作之余去那里的温水池里泡一下，请师傅擦个背，扦个脚，可以活血解乏，如果再喝喝茶，与浴友们聊聊天，那是一种享受。最初的浴室里有两种座位：一种是只能坐不能躺的普座，价格便宜，洗的人多，比较拥挤，是供洗个澡就走的人换衣服，临时坐的；另一种是价格贵一点的雅座，有长躺椅，边上还有小桌子，供浴客浴后躺着喝茶。90 年代，常州男士开始时兴洗澡休闲。与 80 年代相比，澡堂的浴池和休息厅扩大了且装饰华丽。原来仅供脱换衣服的座位变成舒适的躺椅和小床。普通座位所在的厅堂变成休息大厅，可以躺几十个人，装了空调、彩电，雅座变成包厢，价格也贵很多。有的大型浴室称为浴场，发展为综合性的休闲娱乐场所，里面有自助餐厅、歌厅、棋牌室、游艺室、健身房等还有按摩服务。

九、玩　票

票友是指业余戏曲爱好者。旧时戏剧票友活动多属于富裕的有闲阶级。当代，票友参与者包括各界人士，如退休职工、企业老总、下岗工人、在校学生等。锡剧、越剧、京剧都有相应的票友联谊会，互相学习交流演唱技艺。2007—2008 年，常州有票友自费组织演出全本越剧《红楼梦》《玉蜻蜓》，过一把戏瘾。

十、社　戏

社戏最初是人们以“社”为单位祭祠土地神的仪式，以求得风调雨顺、五谷丰登。后来，成为赶庙会祭菩萨生辰或久旱无雨向菩萨求雨的形式。再后来，成了人们自娱自乐的形式。旧时农村，逢传统节日或农闲时节，常会请个戏班子来村里演出，大家热闹一番，开心一阵。

社戏的戏台有大有小，最小的戏台是在两只稻桶翻转后上面搁几块门板，较大的戏台用毛竹木板临时搭建，最好的戏台是为演戏专门建造的。许多村镇建有固定戏台，都是祠庙的附属建筑，戏班子也能在上面演出。现在，因为农村居民的夜生活比较单调，为丰富人民的夜生活，政府或企业会举办社戏，社戏场面也越来越讲究，大多是临时搭建舞台，演起来有布景有灯光，演员阵容也比过去强多了。举办社戏时，当夜幕降临，露天的观众场地上，锣鼓喧闹，丝乐悠扬。台上戏演得精彩，台下看戏的也热闹，有的看得哈哈大笑，有的嗑着瓜子说闲话，有的看得兴起也随意跟着唱几句。台上台下构成一幅随意尽兴的农村风俗画。社戏风俗今已不存，但是农闲时有的村子会搭台请戏班子唱戏，附近民众会自己带着凳子去观看。

第二节　现代休闲娱乐

“文化大革命”结束前，常州人的休闲娱乐基本上是逛公园，看电影。改革开放后，随生活水平的提高，人们有更多的休闲娱乐活动。

一、打扑克

新中国成立后，流行打扑克。扑克主要有两种打法。一是打升级，互联网上的牌室里称为“拖拉机”，主要在机关企事业单位职员中流行，最早使用一至两副扑克，后来发展到三副、四副，90 年代大多数人打四副。也有人打五副、六副，由 6 人或 8 人一起游戏，但属于少数。打这种牌一般不赌博。另一种扑克的打法叫做“三打一”，90 年代兴起，由常州人创造，由原先的扑克牌“争上游”“关牌”演变而来。原先“争上游”是 4 人一局，参与者各自为政，谁先把牌走完，谁就赢。“三打一”使用两副扑克牌共计 108 张，4 人轮流抓牌，每人手持 25 张牌，另留 8 张底牌，参与者按规则叫牌，叫牌难度最大者主打，取得底牌(共 33 张牌)。另外 3 人合作对付主打者，主打者先把牌走完算赢，否则就算输。“三打一”一般用于娱乐性赌博。

二、看电影、看电视

“文化大革命”结束前，看电影是人们的基本娱乐，常州市区电影院主要有红星大剧院及和平电影院。后来有亚细亚电影城，在常州周边地区名噪一时，吸引许多外来客，但是票价较贵，常州人一般是请客或单位组织观看，自己不大去看。2000 年起，有居民作为一般娱乐消费进亚细亚电影城看电影，由于电视机普及，看电视是居民最基本的休闲活动。

三、钓　鱼

旧时，钓鱼都在河、湖、荡边，目的是为了获取美食，只有富贵人家才把钓鱼作为休闲。当代，钓鱼成为一种比较普遍的休闲方式。90 年代，城乡水系受污染，几乎无鱼可钓。绝大多数人都是去养鱼池塘里钓鱼，不过要给池塘主人付费。有一些专门为钓鱼服务的休闲场所。这些场所有一些养鱼池，有良好的绿化环境，还建有配套的饭店和棋牌室。到周末，经常有人开着汽车，带着钓杆，下乡钓鱼。2000 年前后，因为污染治理收到成效，一些河里已有小鱼可钓，经常可以看到一些人在河边手持钓竿，消磨时光。

四、跳交谊舞

1995 年前后，常州市民大兴跳舞之风，大街上到处是舞厅，有舞厅多于厕所的说法。当时，许多舞厅一天要开 5 场：早场、上午场、中午场、下午场，晚场。平均每人消费 10 元以上。2000 年前后，舞厅生意急骤衰落，门庭冷落，舞厅为招揽生意，发展到女客进场不用买票，即使如此，舞客仍然越来越少，因而纷纷关闭。至 2010 年，常州舞厅极少，早上有老年舞客去舞厅跳早舞(锻炼)，晚上生意大不如前。由于常州城市绿地扩大，市民休憩场所增加，中老年妇女都在晚上在公园或生活小区周边的场地上跳舞，有的跳交谊舞，有的跳健身舞，也有人在公园早锻炼时跳舞。

五、唱卡拉 OK

90 年代，歌厅兴起，里面有音响设备和电视屏幕，客人可以挑选自己喜爱的歌曲伴奏一展歌喉，称为“卡拉 OK”。歌厅里面有大小的包厢，每个包厢每个晚上或下午的消费在 100 元至数百元，高档的要有数千元。

六、逛商场、游公园

1949 年以后，政府建造了红梅公园和人民公园，人们在节假日会去游玩，但是要买门票。2000 年前后，城乡绿化越来越好，修建了许多公园，且免费开放，逢节假日，市民经常偕老携幼去游玩。90 年代中期开始，大规模的商场和超级市场出现，装潢豪华，空间宽敞，环境优雅，精品名牌集中，花色品种齐全，购物成为市民生活的一种消遣，特别是女士假日的一项基本活动。市内最大的商场有百货大楼股份有限公司、泰富百货、新世纪商城；还有乐购、时代、大润发、欧尚、每家玛、吉买盛等大型超市。

七、旅　　游

改革开放初期，企事业单位组织的旅游逐渐增多，平民专门外出旅游的较少，但是一些退休人员有信奉佛教的会因为礼佛烧香而组织佛教圣地旅游，家境较好的家庭会自费出远门旅游。如今因为许多家庭有了汽车，有一家或数家驾驶汽车出外游玩，称“自驾游”。

八、农 家 乐

21 世纪，城里人有一种新的休闲方式，即走进乡村，爬山涉水，垂钓踏青，采摘鲜果，享受田园风光，品尝农家饭菜，客串一回“村里人”，体验农村文化及农家风情，并在那里唱歌、打牌、下棋、聊天，购买时鲜土特产。提供这种服务设施的被称为农家乐。小型的农家乐以农户家庭为接待单位，一个自然村有许多人家做这类经营项目。大型的农家乐建立在依山傍水的农村，由资金较为雄厚的老板建造经营，里面有大片的农田、树林、养殖场、园艺场、展览馆，还有饭店、餐厅、歌舞厅、会议室。大多数农家乐地址在城郊接合部或成熟旅游区附近，如横山、三勤、牟家。横山桥镇是全国首批农业旅游示范点，有农业区、百页制作坊、白鹭林、竹园。湖塘三勤农业生态园（栽培南田菊）、焦溪镇牟家村农业旅游观光园（百亩果园供人采摘，旧农具展览）、春江新华村等都有农家乐。农家乐各有特色，如礼嘉镇有葡萄采摘观光，夏溪镇有花木超市，等等。

九、其他休闲

90年代，常州家庭豢养宠物大量增加，主要是养小狗，以白色长毛哈叭狗居多。风和日丽的假日及傍晚，在公园、马路、绿化带里，家人带宠物散步是一种重要的休闲活动。90年代中期，兴起保龄球。保龄球在常州流行时间比较短，前后不到5年，当时较好的球馆有亚细亚、恒鑫等。2000年前后，有许多足浴馆出现，用中草药煎汤泡脚，再按摩脚。乒乓馆、游泳馆、健身房也开始出现，生意不错。

第七章　少儿游戏玩耍

改革开放前，小孩没有升学压力，学艺术、进补习班的极少，少儿游戏、玩耍花样繁多而且大多是集体性的，小孩经常几人一伙甚至成群结队在户外玩。小孩的游戏有打弹珠、滚铜板、滚铁环、抓雀子、跳绳、踢毽子、跳方格、打陀螺、飞纸飞机、跳牛皮筋（橡皮绳）、掩朦朦（捉迷藏）、拍墙头、跳乌龟、抢坟墩、轧猪油渣、斗田鸡、老鹰抓小鸡，等等。小孩的玩具大多是自制的，商店里出售的玩具只有少数经济较好的家庭才会购买。改革开放后，少年儿童仍然玩老鹰抓小鸡、跳绳、踢毽子、跳橡皮筋、斗鸡之类的游戏，学校课外活动也会有这些活动。除游戏外，小孩还有一些与大自然亲近的玩耍，如弹皮弓（打鸟）、捉知了、采桑果、斗蟋蟀、玩野草，夏天下河游泳、打水仗，冬天堆雪人、打雪仗，等等。有的玩耍与劳动相结合。例如：春夏季节一群孩子出去挑野菜、马兰头；有的孩子一起出去割草，喂养羊或兔子；还有小孩一起出去捉鱼虾，摸田螺，摸螃蟹，撩野菱，等等。通过这些活动，可以改善家里伙食，也可以上街卖钱，赚零花钱或贴补家用。改革开放后，常州家长重视孩子的知识、技能教育，较早地送小孩去各种兴趣班、提高班学习，对小孩管束较严，不让孩子有自主的玩耍时间。小孩游戏、玩耍时间少，学习、补习时间多。与传统游戏相比，现代游戏、玩耍呈现如下特点：群体玩的少，单独玩的多；由家长安排、陪同的多，自主活动的少；去商店购买玩具的多，自制或废物利用的少；与体育和劳动结合、与自然亲近的户外活动减少；群体性游戏、玩耍主要在学校老师组织下进行。一些旧的游戏、玩耍方式逐渐消失。

第一节　传统游戏玩耍

常州小孩的传统游戏有打弹珠、滚铜板、滚铁环、敲铜板、翻洋片、跳方格、打陀螺、跳牛皮筋等，其中大部分已经没有孩子玩了。

一、打弹珠（玻璃球）

打弹珠有多种打法。一是打方格。参加者每人出几粒放在方格内，在方格前数米远处划一横线正对方格，玩者各手握1粒弹珠，轮流把手放在横线外边的地上，用大拇指把弹珠弹出，打向方格内，谁把方格内的弹珠打出去的最多，谁就赢。二是打地洞。在平整的泥地上按直线挖3个洞，每个相距二三米，玩者轮流从第一个洞口出发，把球打进中间的洞里，再到达第三个洞里，再经中间的洞里，回到出发的洞里。先把球打回进入出发的洞的算赢，最后一个算输。三是自由击球。玩者数人，在一块平地上，轮流把球随意放在某一地点，目的是不让别人的球打着自己的球。然后，第一个安放弹珠的人，在他安放弹珠的地点上，任意选择其他的球为目标，击中为赢。不中的，弹珠滚出停在某处后，由轮到的第二位玩者击打其他的球。被击中者或输球1粒，或暂时退出游戏。

二、滚 铜 板

滚铜板用两块砖，一块的一端架在另一块上，组成一个约45度的斜面，放在一块平整长方形（长约8米，宽约四五米）场地较短一端的中间，斜面对着场地。在场地的另一端划一条直线（长度与短边相同，约四五米）与短边平行，直线的中点正对斜面，中点与斜面的连线（长度与长的一边相同，约8米）与该直线垂直。玩者数人，每人用铜板1枚，轮流用铜板竖直轻敲斜面，使之滚向对面的直线，待玩者都滚完后，所滚铜板离直线最近的玩者，首先在自己的铜板滚停的地点，执铜板砸向离自己最近的其他玩者滚停的铜板，如砸中，被砸中的铜板就输掉，赢者可继续砸其他的铜板，如砸者技术高，能够砸中其他全部的铜板，他就赢得全部铜板。其他输者要取第二枚铜板参加下一轮的游戏。如砸者没有砸中，场地上还没有输掉铜板的玩者中，他的铜板离直线最近的可以执自己的铜板砸其他人的铜板，以此类推。如果有的玩者把铜板滚出对面直线外，就失去砸别人铜板的权利，而且他必须把铜板捡回，放在斜面的前面（紧靠斜面），按前述程序，让其他人砸。

三、敲（砸）铜板

敲铜板玩者数人。在平整长方形场地（面积大小如滚铜板）的一端划一条直线，另一端（平着）放一块平整的方形砖块（称“台面”），砖块与直线的连线（长度约4～5米）垂直于直线。每人放1枚铜板互相叠起置于砖面中央。玩者轮流执1枚铜板在直线外砸向砖块上的铜板。如砖面上的铜板被（从砖块上）砸落地上，掉在地上的铜板就归砸者赢得，至砖块上的铜板全部被砸落地上为止。因为先砸者沾光，所以首先要确定玩者砸铜板的先后顺序，办法是：玩者先站在砖块一边，把铜板丢向直线，在所丢铜板不超过直线的玩者中，离直线最近者先砸。如有人把铜板丢过了线，就最后砸。如果有人把自己手执的铜板砸落在砖块上，这块铜板必须留在上面，让其他人砸，自己这一轮砸铜板的资格就被取消，要待台面上的铜板全部被砸落地面后，再参加下一轮游戏。

四、搭（翻）卷烟壳、洋片

过去的卷烟壳都是软包装的，可以拆开，压平存放，收集欣赏。有小孩用烟壳赌博。价钱贵的烟壳算高的分数，价钱低的烟壳算低的分数，稀有的烟壳也可算较高的分数。

搭（翻）香烟壳 也有用烟壳折叠成不易松散的夹子赌博。例如，A小孩先把自己的夹子压平，放在地上，B小孩手执另一张夹子用力摔打（放在地面上的那张夹子旁边的）地面，利用夹子拍打在地面上的风力翻动另一张夹子。如被扇的那张夹子翻了身，就归B小孩赢得。如未能使对方的夹子翻身，而自己的夹子摔在地上任何地点、处于任何状况，都不能动它。A小孩就把自己放在地上的夹子捡起，用自己的夹子摔打地面，煽动B小孩的那张夹子，扇翻身的，就赢。依此轮流进行。也可三四个孩子一起参加游戏。这是花力气的活动，孩子会玩得满身大汗。

收集洋片（小画片） 这是一种纸质稍硬的长方形彩色图片，大约长4厘米，宽3厘米。1分钱可以买10张。一二角钱买一大张，每张上有约50～100张小图片。图片内容大多是传统故事，如封神榜、三国演义、西游记等，也有少数印国内外风景或现代故事（如雷锋事迹）的。也有搭（翻）洋片赌博的，方法与翻香烟壳相同。

五、踢 格 子

踢格子由两人以上玩。用粉笔在平地上划一长方形，再用线条分割长边为4个或更多方格，或用小刀在平整的泥地上划 4 个方格。玩者轮流悬空一只脚，只用一只脚跳，在方格内把一个小砖瓦块依次从第一格踢到最后一格，再从最后一格踢到第一格，再踢出格外，最先完成这一过程的获胜。一般不准脚踩方格线，也不准在中途把小瓦块踢出方格之外或碰上方格线，否则就暂停，让下一个玩者踢。待其他玩者都暂停，又轮到自己时从上次砖瓦块所停的方格内继续竞赛。

六、跳牛皮筋（橡皮绳）

一般是女孩子玩跳牛皮筋游戏。牛皮筋是妇女用于扎头发的小橡皮圈，但是把它们缠绕连接起来可以组成一条较长而有弹性的橡皮绳。有两种玩法。一是用一根橡皮绳，两头由两位女生牵着，橡皮绳保持水平至一定高度(腰部以下)，一二位(多数是一位)女生在中间边唱歌边以各种方式用腿缠绕皮绳前后左右跳着，有节奏，也欢快。另一玩法是用一根围成一圈约 4 米长的橡皮绳，由两位孩子套在腿部或胯部，拉成狭长的长方形，皮绳保持两条水平线，小孩(男孩亦可)跳上皮绳，以多种方式踩皮绳，或者女孩以第一种玩法在两根皮绳间边唱边跳。

七、老鹰抓小鸡

一小孩充当老鹰，一较强壮的小孩充当老母鸡，其他小孩躲在老母鸡背后排成队，依次用手抓住前面小孩的衣服。老鹰只可抓小鸡，不可抓母鸡。母鸡护着小鸡，不让老鹰抓着。老鹰如抓着一个小鸡，这小鸡就充当老鹰，原老鹰就躲到母鸡后面去做小鸡。

八、抓 雀 子

用深色布做成五六厘米见方的小布袋数只，里面灌上粗砂或米等物，缝上不使泄漏，称为“雀子”。几位小孩(一般是女孩)围在桌旁，把几只(一般四五只)“雀子”放在桌上，一只手抓住其中一只抛向空中，同时两只手(或一只手)把另外几只“雀子”抓进手里，或者把桌上的一只或几只“雀子”翻转放在桌上，并接住空中掉下的那只。看谁抓住或翻转的“雀子”多(表示难度越大)，谁就获胜。

九、跳 乌 龟

几个男孩一起排好队，第一个先在前面数米远的地方弯腰，用手撑住腿部，背面向上。第二个小孩跑步向前，用手撑第一个小孩的背跳跃过去，其他小孩依次(同第一个小孩)跳跃，动作概念与学校体育课的跳山羊相似。

十、摸 死 蟹

几个孩子一起用手绢蒙住其中一人的眼睛，其他孩子在周围走动，然后再让被蒙住眼睛的小孩拉住其中的任何一个小孩，让他通过摸索对方，猜出这个人是谁，猜对了就解下手绢，再蒙上被猜对的孩子的眼睛，继续玩。

十一、挑 茅 坑

两位小孩玩，用一根线，约半米长，两端打结，成一个圈。一人用双手 10 个指头钩套该线圈，向两边绷紧成某种形状，如花篮、网兜等；另一小孩用双手(也是 10个指头)再钩绕这个线圈，从对方手里接到自己的手中，变成另一形状。两人先后互相钩、接，变换各种花样(形状)。有人说，做这种游戏会下雨。实际上，这是一种室内比较安静的游戏，下雨天小孩不能在户外玩耍，只能在家玩这种游戏消遣，故而产生这样的说法。

十二、拍 墙 头

一伙孩子一起玩，其中一人面对墙头，用手拍墙 3 下，再回头看。其他孩子离墙数米远处向墙边移动，只能在对方拍墙时移动，对方回头看时，必须停止。如果有人在移动时被对方看见，他就必须替换站到墙边拍墙。如果没有人被看见，全部小孩都到达墙边，拍墙的小孩就算失败，此轮游戏就结束，再重新开始。

十三、笃 包 围

几个小孩在一块平整的泥地上，手执小刀（或长针），轮流往地上丢，必须刀尖（或针尖）轧在泥地上竖立起来，并以竖着的地方为起点划线或圆圈。后面丢小刀的人再划线不能与前面小孩划的线相交。小刀在地上没有站住的或者小刀轧在前面已经划好的线上算失败，这个小孩就要退出游戏。这样持续进行，坚持到最后的获胜。

十四、斗 鸡

两个男孩把一个腿收起，用手抓住，盘在身前，互相用腿冲击对方，双脚落地或跌倒者算输。也可几个男孩分成两组，互相混战，如某组小孩双脚全部落地，该组就算失败。

十五、掩矇矇（即捉迷藏）

玩者人数不限，通过猜拳确定一人充当寻找者，其他人在商定的一个地域范围内躲藏起来，如有人被找到，被找到者就充当寻找者。

十六、笃（丢）砖头

在一块场地上，一端排列几块砖头，竖在那里，几个小孩站在另一端，手持砖块砸对面的砖头，把砖头全部砸倒的获胜。

十七、抢 坟 墩

“文化大革命”前的城郊和农村有许多公共坟地，孩子们在胆大者的带领下到那里割草、挑野菜、捉蟋蟀等，也因地制宜玩游戏，如抢坟墩。通常是身高马大的人往坟墩头上一站，算是“擂主”。男孩子脱掉外衣，一个个往上冲，女孩子在四周呐喊助威，擂主则对付腹背来犯之“敌”，左推右掀，不许搬脚，被推下坟墩者算输。

十八、轧猪油渣

冬天，一群小孩在房屋山墙下晒太阳，一位身材高大、力气也大的小孩靠墙站在中间，其他小孩贴着墙挤他。也有小孩分成两帮，大家贴着墙向中间挤，把中间的孩子挤掉。这是暖和身体的好办法。

十九、打 陀 螺

俗称“打旋鼻螺”。用直径约6～8厘米、高约8～10厘米的小木段一头削尖成子弹头的形状（比子弹头要矮胖些），制成陀螺。再用小木棒一端系上长约80厘米的绳子用做鞭子，把鞭子缠绕在陀螺上，放在一块平地上，使劲一拉，使之旋转，然后用鞭子一直抽打，陀螺会一直旋转不停。

二十、滚 铁 环

用直径0.6厘米左右的铁条弯曲做成直径60厘米左右的铁环，再做一个长柄铁钩，在后面推着铁环在地上滚动，到处跑。

二十一、跳 绳

跳绳的玩法有一个人玩和多个人同时玩两种。一个人的玩法是：用双手抓住绳子两端甩动，同时双脚跳跃，让绳子中段在自己的脚下和头顶绕圈经过，并计数，直到脚绊住绳子为止。另一玩法是：由两个人相对站立，各执绳子一端绕圈甩动，其他人在两人中间跳跃，让绳子在他们头顶和脚下经过并计数，直到疲累或脚绊住绳子为止。有人会一边跳一边做出不同的姿态，已知的花式跳绳至少有100种以上。

二十二、踢 毽 子

毽子制作简便。只需用一小块布，包上1枚铜钱和一小截下端剪成十字形开口的鹅毛管子，用针线缝牢，成为底座；再在未剪开的鹅毛管子上端往管子里插上五六根鸡毛就做成了。鸡毛最好是雄鸡的，又长又好看，也好踢些。现在商店里或地摊上有现成的毽子卖，不过，其底座往往是橡皮的，弹性大，踢重了稳定性差。踢毽子对场地要求不高，只需一小块比较平坦的空地，五六平方米，三四平方米均可，越是技艺高的对场地要求越宽。毽子的踢法多种多样。既可以比次数，也可以比连踢的时间，还可以比踢的花样。

二十三、弹 皮 弓

用小树杈或用粗铁丝做成带手柄的叉形物，在两个分叉上连接橡皮筋，橡皮筋中间包一块皮，在皮中可以包裹小石子或硬泥丸，用手拉皮筋，可以打击鸟或其他目标。技术好的孩子在树林里打鸟会有很大收获。

二十四、捉 知 了

夏日炎炎，知了在树上叫个不停，小孩就去捉知了回来玩。方法有多种。一个方法是：找一根竹竿，竿头插个倒“U”形的铅丝圈，趁早晨太阳尚未升高，露珠未干之前，把檐下、墙角、窗边蜘蛛新织的网卷下来，大约卷上8～10个，就能成为一个密而不疏的“网罩”。然后，到河边屋后的老树上去寻听知了的叫声。看准了，蹑手蹑脚地从它的背后，轻轻地一罩，知了受惊后扑打着翅膀想飞，正好双翅粘在了网上，挣脱不了，便被捉住。知了捉到手后，回家把它关在小盒子或小竹笼里，可欣赏它的叫声。另一方法是做一个圆锥形的小布网兜（一般用纱布），用铅丝做成一个圆形。把网兜缝在上面成为一个口大尾尖的布袋，绑在竹竿上，见知了在树上，用布袋往知了身上一罩，知了一飞，就进袋里被捉住。还有一个方法是用面粉在水里洗成粘性很强的面筋，粘在竹竿上，见到知了就用面筋粘它的背，一旦粘上，知了就无法飞走了。

二十五、摸螃蟹、摸黄鳝

苏南农村处处都有河沟、池塘、溪流。1949年以后，农村兴修水利，水田里沟渠纵横。夏秋季节，少年儿童就去那里摸螃蟹，一个下午能摸到许多只。摸螃蟹的工具是一把小铁锹、一只鱼篓。先到河塘、沟渠岸边寻找呈扁圆形的蟹洞。凡洞口有一小摊新熟细泥（这是蟹“扒”出来的），洞里准有蟹。人半蹲着身子站在水里，把手伸进去摸。有时蟹很警觉，见洞外有动静，便逃到“副洞”里躲藏，那就要挖泥，把一个洞堵上，同时用水灌进另一个洞，迫使蟹逃出洞口，再用手捕捉。有时，水田的老田埂上也有蟹洞，但只能摸，不能乱挖，否则，稻田里的水会流失，被大人责骂。摸蟹也顺便摸黄鳝，但是有“风险”。有时会摸到蛇，大多是水蛇，没有毒，不过也会使人受到惊吓。

二十六、拾 田 螺

在莳秧或发水季节，田里的存水过满，农民便开缺口放水进河，田螺、小鱼因有逆水而上的习性，就爬（游）进了稻田，小孩可背小篮去田里拾田螺。到收稻季节，田里的水都放光了，有些靠缺口或草塘的低洼地段聚集许多田螺，称作“田螺塘”，用手往下抠，会抠出许多田螺。夏天拾到的田螺多数是加入姜、葱、酒，连壳清炖。有时也以田螺肉炒韭菜。秋季拾到的田螺，个大肉厚，以“面拖”——面粉拌和炒煮。它们都是很鲜美的家常菜。

二十七、挑 荠 菜

荠菜是一种味道鲜美的野菜，春天的田野里到处都有，大人会带孩子用小刀去挑回来吃。例如，荠菜笃豆腐、荠菜炒肉丝、荠菜炒冬笋。把荠菜斩碎成末，加上猪油渣包团子，吃起来鲜美清香。用荠菜末炒年糕，那是路头菩萨生日吃的吉利点心。小孩也会结伙出去挑荠菜，在温暖的阳光下，背着一只小竹篮和一把小铲刀，在桑园里、河滩上、朝南向阳的田埂边、麦田边沿四处寻找，还互相比赛，看谁挑得多。如今菜场卖的荠菜大多是人工栽植，味道不如野生的鲜美。

二十八、拔 茅 针

过了清明节，农村的孩子会到田野里去拔茅针（茅草的芯）玩。旧时不少荒地里都生长茅草，特别是野坟堆的草地上茅草更多。要选取那饱鼓鼓、外壳有些微红的茅针，轻轻拔下，剥开来塞进嘴里，嚼起来有一股清

第四十九卷　县（市）区概况

Volume XLIX

Overview of Counties (Cities) and Districts

1983年3月1日，江苏省实行市管县体制，常州市管辖武进、金坛、溧阳三县及天宁、钟楼、戚墅堰、广化、郊区五区。1990年8月、1993年11月、1995年7月，溧阳、金坛、武进三县经国务院批准先后撤县设市，仍由常州市管辖。广化区于1986年撤销，原辖区分别并入天宁、钟楼两区。2002年，武进撤市建区，同年在常州高新技术产业开发区、郊区的基础上建立新北区。经过数次区划调整，至2010年末，常州市辖金坛、溧阳两市和武进、新北、天宁、钟楼、戚墅堰五区。1986—2010年，随着改革开放的深入，各县（市、区）经济社会发展取得了显著成就，综合实力不断增强。武进曾被评为中国农村综合实力百强县第二名、全国综合发展百强县（市）、中国最具投资潜力中小城市第一名、中国中小城市科学发展百强县（市）第五名。金坛先后跨入全国首批80家小康县（市）、全国百家明星县（市）、中国综合实力百强县（市）、全国最具投资潜力中小城市行列。溧阳跻身全国农村综合实力百强县（市）、县域经济基本竞争力百强县（市）、中国特色魅力城市200强、全国小康成长型百强县（市）、福布斯中国大陆最佳商业城市行列。各城区发展围绕区划调整和常州城市发展功能空间布局，加快城市化发展步伐。

第一章 金坛市

金坛地处江苏省南部、沪宁杭三角地区北缘中心带，市境域位于北纬31°33′42″～31°53′22″、东经119°17′45″～119°44′59″之间。东邻武进区，南连溧阳、宜兴两市，西依句容市，北接镇江丹阳市和丹徒区。常州—溧水公路东西横贯，镇江—广德公路南北穿越，南京—常州、扬州—溧阳两条高速公路及239省道常淳线、240省道金宜线、241省道镇广线、340省道张常溧线等数条省级公路穿境而过。2010年末，辖金城、薛埠、尧塘、儒林、直溪、朱林、指前7个镇和1个省级经济开发区，38个社区、157个行政村。全市有总户数21.11万户，户籍总人口54.9万人，其中非农业人口30.54万人；总面积976.7平方公里，其中陆地782.48平方公里、水域194.22平方公里。市区建成区面积21.82平方公里，城区绿化覆盖率41%。市花为紫薇，市树为榉树。

第一节 自然地理

一、地理环境

金坛地貌特点是两山两水六分田，西部为茅山山脉及低山丘陵，最高山峰茅山大茅峰海拔372.5米；东部为长江三角洲西部的冲积湖积平原区。常态地貌有基岩的低山丘陵、黄土岗地、冲积湖积平原，从总体上看，境内地势自西向东倾斜。全境东西最长约50公里，南北最宽约40公里。金坛水系属太湖流域上游的西北支，丹金溧漕河纵贯太湖湖西地区南北，流入金坛后，向北经大运河与长江相通，成为该地区引水航运骨干河道。主要河道有丹金溧漕河和通济河(包括通济南河)、庄城河、西旸河、石马河、河口河、薛埠河、罗村河、芦溪河、尧塘河、湟里河、北干河和中干河。全市较大面积的湖泊有长荡湖(洮湖)、钱资荡和白龙荡3个。东南部的长荡湖境内面积8200公顷，是江苏省十大淡水湖之一。境内塘荡有天荒湖、南天荒湖、后高湖、兆歧塘、景塘、西关塘、鲍塘、澄湘荡。

二、自然资源

金坛生物资源丰富，植物有茶、林、果、竹，是江苏省茶叶主要产区，且有药用植物782种；珍贵动物有金丝雀、银鱼、穿山甲、刺猬、野山羊等。主要特产有指前标米、中华绒鳌蟹、茶叶、封缸酒、红香芋、无节水芹等。矿产资源主要有岩盐、石灰岩、油页岩、玄武岩、黏土、煤、泥炭、矿泉水、建筑石料等十余种。1988年，金坛发现盐矿，1990年，经华东石油地质局和江苏省地矿局等部门的11位专家评审，通过金坛盐矿普查评价报告。金坛盐矿矿藏区总面积60.5平方公里，岩盐储量163.1亿吨，平均氯化钠含量大于85%，折合纯盐124.6亿吨，盐层厚度173米，最大单层厚度52.91米，矿层埋深度808.6～1236.83米，被誉为“江南第一矿”。

第二节　历史文化

一、历史沿革

春秋时期，金坛属吴地，战国时期为越、楚所辖，秦汉时归曲阿县，晋代系延陵县金山乡。隋大业十三年(617)乡人自立金山县，属江都郡。唐垂拱四年(688)复置金山县，因东阳郡有金山县，而县界句曲山有“金坛之陵”，遂更名金坛县，隶属润州，此后县名未变。1949年4月24日金坛解放，属苏南行政区武进行政分区，11月改属常州专区。1983年3月实行市管县体制，金坛县属常州市。1993年11月10日，经国务院批准，撤销金坛县，设立金坛市(县级)，以原县行政区域为市行政区域。新设立的金坛市为江苏省直辖，实行计划单列，由常州市代管。

二、名人乡贤

自隋唐开设科举制度至清末，金坛累计出进士236名，其中状元3名。名人有三国时期的历史学家韦昭，东晋文学家袁宏，南朝辞官隐居茅山的“山中宰相”陶弘景，唐代著名诗人储光羲、戴叔伦；宋代刘宰、王遂为一代名臣；明代大理寺卿虞谦、医学家王肯堂；清代训诂学家段玉裁、书法家王澍、精于诗词书画家蒋衡。近现代，数学家华罗庚被芝加哥科学技术博物馆列入世界88位数学伟人，还有江南通儒和《江苏通志》总纂冯煦、“开国名记者”徐血儿、翻译家王维克、人类学家吴定良、法学家杨兆龙、教育学家段力佩、“两弹一星”功臣钱骥、“弹道元勋”浦发、物理学家汤定元、自动控制学家冯纯伯、地质学家孙枢、生物化学家王志新、低温工程制冷专家周远等著名人物。汤定元、华罗庚、王志新、孙枢、冯纯伯、周远等人先后当选为中国科学院院士(学部委员)。

位于金坛城南风景区的华罗庚纪念馆(摄于2008年8月)

三、文化遗产

金坛境内发掘的三星村遗址、土墩墓群，先后入选1998年和2006年全国十大考古新发现，三星村遗址被评定为全国重点文物保护单位。有世称“道教第一福地”的茅山，还有顾龙山、乾元观、元阳观、三清观。城南风景旅游区有建于元代的龙山塔，明正德十年(1515)敕石建造的御碑亭。建有戴叔伦、段玉裁、华罗庚纪念馆。金坛市博物馆位于城南风景区，馆藏文物1万余件，其中国家一级文物20余件。金坛封缸酒酿造技艺、金坛抬阁、董永传说、金坛刻纸被列为国家级非物质文化遗产，谈庄秧歌灯被列为省级非物质文化遗产。

第三节 城乡建设

一、城市建设

1986年，金坛总面积976.7平方公里，总人口51.46万人。1993年11月金坛撤县建市后，城市建设步伐加快。至2010年底，金坛融产业功能、城市功能与生态功能于一体，形成宜居宜业的城市发展格局。城市中心向南转移，开发区以整合产业，兼顾转型升级，建设生活配套设施，滨湖新城结合良好的生态环境及自然湖泊，成为生活环境优化、产城联动、自然、生活、生产相互交织的新城区。城市道路建设累计总面积300多万平方米，建成新客运汽车站、广播电视中心、文化大厦、中医院综合病房大楼、人民医院门(急)诊大楼、城南湿地公园、城南体育休闲公园、青年广场、金沙广场等重点工程，商业大厦、华润商厦、康美购物中心、第一百货、中行大厦、司马坊商业步行街等商贸服务设施。随着总投资4亿元的城南道路骨干网的贯通，东扩南移的城市格局基本形成，城区面积从1986年的3.2平方公里扩大到2010年的21.82平方公里。2010年底，城市绿地率36.68%，绿化覆盖率40.97%，人均公园绿地12.41平方米。开辟市区10条公交线路60辆班车，投放出租车200余辆，方便城市交通。城市供水发展用户17.1万户，供水面积63平方公里，年供水量2066万立方米，自来水普及率100%;“九五”后期先后建成第一污水处理厂和第二污水处理厂。城市管道燃气工程于2003年启动建设，至2007年金坛城市管道燃气管网基本覆盖城区，燃气管网总长240公里，12月天然气直供城区用户。2010年，全市天然气民用客户3.6万户、工商客户130户，年供气2800万立方米。

二、镇村建设

1986年，金坛27个乡镇有25个乡(镇)政府所在地为集镇，建成区总面积5.42平方公里，城镇化人口率20%，住宅建筑面积约38.46万平方米、公建用房建筑面积9.62万平方米、厂房建筑面积10.21万平方米。1996年，薛埠、西岗两镇先后被评为全省级新型示范小城镇。翌年，全市小城镇建成区总面积扩大到11.55平方公里，城镇化人口占28%，住宅建筑面积66.56万平方米，住宅楼等农民公寓建筑面积2.18万平方米，公建用房建筑面积11.54万平方米，生产用房建筑面积29.14万平方米。2000年，薛埠镇定格为金坛城市建设发展次中心。2007年，全市城镇化人口占46%。至2010年底，全市集镇均建成小城镇集中供水的自来水厂，日供水能力25600立方米，年供应生活用水310.3万立方米、生产用水645万立方米。各镇实有道路长度246.67公里、绿化覆盖面积247公顷，绿地面积172公顷。全市各镇实有建筑面积419.35万平方米，农民住宅建筑面积接近200万平方米。有11个行政村被确定为省或常州市环境整治试点村，16个行政村被列为常州新农村居住点建设示范工程，20个行政村被列为金坛市新农村集中居住点建设示范点，其中尧塘镇西半天村获得首批“江苏省康居示范村”称号。全市行政村全部通达农村公交班车，农村人居环境显著改善。

三、交通运输

1986—2010年，金坛境内累计投资58亿多元，新增一级公路131.09公里、二级公路310.28公里。建成金坛—宜兴一级公路、金坛—武进一级公路，推进农村公路建设工程，基本形成城乡连环、镇村联网的交通格局，全市公路通车里程由1986年的200余公里，增至2010年的1982.84公里，增加近9倍。2007年10月，扬溧、常合（沿江）两条高速公路金坛段62.4公里竣工通车，结束金坛无高速公路的历史。2010年底，市境内有干、支线航道37条，通航里程293公里；其中五级航道为丹金溧漕河30.7公里，六级航道为通尧线42.8公里，七级航道5条、62.6公里，等外级航道30条、156.9公里。客运量由1986年的217.5万人次增至2010年的934.2万人次；货运周转量由1986年444.8万吨公里增至2010年的5.27亿吨公里。分别位于金坛城东、城北的汽车东站和汽车北站合计日发班车1600余班次，日均旅客发送量达2万人次。

四、邮政电信

1986年，金坛邮电局下设6个邮电支局、1个邮电所和125个代办点，邮电业务总量仅169.2万元。1998年9月，金坛邮政和电信分营。邮政、电信业务蓬勃开展，保障社会经济发展和满足人民的需要。2010年末，全市有固定电话用户22.02万户，移动电话用户51.75万户，国际互联网用户8.12万户。主城区所有区域用户网速达10兆，农村所有区域内用户网速达4兆。邮政业务收入从1988年的519万元增至6283万元，电信业务收入（含移动、联通等）由1988年的6508万元增至4.2亿元。

五、水　　利

1986—2010年，金坛水利建设成绩突出，抗灾能力增强。全市完成水利建设投资152.9万元，完成土石方419.3万立方米，先后完成下坵河水利枢纽、丹金闸水利枢纽、石桥水利枢纽、中桥控制闸等大型水利枢纽建设，全市（县）河道、圩堤驳岸150余公里，新建社头闸、桥南闸、新华闸等，改建旧尖岸闸。2010年，全市办理用水许可证的工业企业有67家（地表水35家、地下水32家），全市农田有效灌溉面积45.1万亩。

六、电　　力

金坛电力工业建设采取国家、地方、受益企业筹资建设的模式，电网建设不断加快。1987年，全县有35千伏安变电所5个、110千伏安变电所2个，有35千伏及其以上线路221公里。35千伏及其以上变电所主变容量10.43万千伏安，供电线路总长4385公里，全年用电总量1.53亿千瓦时。1998年，列入全国首批农网改造县。1992年首座220千伏变电所建成投运，2001年220千伏水北变电所建成，2006年220千伏方麓变电所建成。2010年底，全市拥有35千伏及其以上变电站（所）26座，主变压器46台，主变总容量197.94万千伏安；拥有35千伏及其以上输电线路65条，线路长730.101公里。全市用电总量28.76亿千瓦时。

第四节　经济发展

1986年，金坛完成工农业总产值7.95亿元。2010年，金坛实现地区生产总值308.3亿元，其中第一产业增加值22亿元、第二产业增加值173.7亿元、第三产业增加值112.6亿元，分别占全市地区生产总值的7.1%、56.4%、36.5%。完成财政收入51.55亿元，是1986年的126倍。

一、农　　业

1986年，金坛县农业总产值仅2.15亿元。2010年，金坛农业结构不断优化，优质粮油、特种水产、花卉苗木、规模畜禽养殖、食用菌、茶叶等高效农业快速发展，高效渔业面积占全市农业总面积的68%，高于全省平均水平，渔业成为该市第一个总产值超10亿元的农业产业，金坛在全国率先实现水稻生产全程机械化。被评定为“中国名茶（绿茶）之乡”“中华绒螯蟹之乡”“中国食用菌之乡”。农产品有11个、12次获国家优质产品，成为全省拥有“国”字号农产品最多的县（市），有18个产品24次被评为江苏省名优、名牌农产品；有20个产品31次被评为常州市名优、名牌农产品，有23个产品34次获省级及其以上特等奖、一等奖。有江苏省著名商标4个、常州市知名商标10个。建成国家级农业标准化示范区3个、省级农业标准化示范区7个。

2010年，该市完成农业总产值41.12亿元，其中农业、林业、牧业、渔业和农业服务业产值分别为17.8亿元、0.29亿元、8.44亿元、12.4亿元和2.19亿元；完成多种经营产值33.94亿元，占农业总产值的82.6%。该市亩效益超2000元的高效农业面积达19733.33公顷，占耕地总面积的58.8%，有效灌溉面积达3万公顷，年末拥有农业机械总动力38.58万千瓦。金城镇形成蘑菇、香菇、葡萄、优质大米等12类优势产业。薛埠镇依托山区旅游资源优势，发展休闲观光农业，2007年被命名为"花木之乡"，茶叶是该镇农业支柱产业之一，金坛雀舌、茅山青峰茶曾连续获省优、部优、国家银质奖、香港国际博览会特别奖。尧塘镇是常州市花木之乡，70%以上土地种植花木。儒林镇以长荡湖螃蟹等网围养殖为特色。直溪镇建成牛蛙、水产、青虾、红香芋、大蒜、食用菌、农机、林茶果8个农业专业合作社。朱林镇形成优质粮油、无公害水芹、食用菌等农业优势产业和特色产业。指前镇发展中华绒螯蟹、中华鳖、巴西鲷等门类特种水产养殖，成为常州特色农业乡镇。

二、工　　业

1986年，金坛县有工业企业2792家，其中城镇完成农村个体工业企业2470家，占全县工业企业总数的88.5%，工业产值仅6.28亿元。1988年底，全县已有村级及其以上工业企业1685家，其中全民企业42家、县属集体企业142家、乡镇办工业企业689家、村办工业企业812家；形成机械电子、纺织服装、轻工建材、医药化工、粮油食品等行业全面发展的局面。全县拥有工业固定资产4.09亿元，年完成工业产值17.5亿元，占工农业总产值的78.1%，其中乡镇工业产值7.67亿元、村办工业及村以下工业产值3.7亿元。1988年，城东乡成为全县第一个工业亿元乡。1993年，全县28个乡镇有20个乡镇工业产值达1亿元。江苏晨风丝绸集团完成产值2.2亿元，成为金坛"第一厂"；金坛纺织厂产值超1亿元，成为县属工业首家亿元厂；直溪坞家村工业产值、销售收入均达1亿元，成为金坛"第一村"。全县完成工业总产值58.6亿元，占工农业总产值的89.8%。2000年，该市工业总产值从1994年的79.9亿元增至120.03亿元，工业增加值从15.4亿元增至24.4亿元，乡镇企业产权制度改革基本完成，市属企业产权制度改革的改制面和净资产改制率80%。

2001年，全市完成工业总产值140.68亿元，实现工业增加值29.79亿元。2007年，全市完成工业总产值440.8亿元，实现工业增加值105.7亿元。2010年，全市有企业5403家，完成工业总产值653.6亿元，实现工业增加值154亿元、利税总额77.7亿元、利润54.5亿元。支柱产业和规模企业支撑作用显著增强，在规模企业中纺织服装、机械电子、精细化工、新型材料4个支柱产业实现产值、销售、利税占全部规模工业的比重分别达94.8%、94.8%和96%。金坛光伏产业从2000年以后起步，2010年底全市有光伏企业30多家（含配套），以亿晶光电科技、华盛天龙、正信新能源、天顺能源科技公司为代表的光伏产业迅速提升，以兆晶光电为代表的一批新能源项目加快

位于金坛经济开发区金武路18号的常州亿晶光电科技股份公司（摄于2010年1月）

推进，产品涉及光伏 EVA、背板、减反射玻璃、切割钢丝、切削砂浆回收、焊接丝，光伏企业拥有单、多拉晶炉近 900 台和切片机 322 台、封装线 41 条、电池线 25 条，电池组件产能 1000 兆瓦。光伏行业实现销售额 74.76 亿元。至 2010 年底，金坛工业产品获评为国家名牌 1 个、省名牌产品 47 个和中国驰名商标 4 个、江苏省著名商标 26 个。

三、建 筑 业

80 年代初，金坛建筑业发展较快，1987 年全县从业人员超过 1 万人，建筑业产值超 1 亿元。1988 年，全县有施工企业 38 家，均为二级以下资质，主要从事土建。1995 年起，建筑施工队伍每年基本保持在 6 万人左右，主要分布在北京、天津、南京、镇江、常州、苏州等城市；北京市场是金坛建筑业的主战场，参与北京亚运村、北京西客站、首都机场新航站楼、奥运会鸟巢等大型重点工程建设，工程质量全部合格，优良率超过 40%。2000 年，金坛被省政府授予“建筑之乡”的称号。2003 年起，向境外建筑市场拓展，承建尼日利亚、阿尔及利亚等国建筑工程。2004 年，该市建筑业企业改制基本完成。2007 年，金坛有建筑企业 85 家，完成施工总产值 108.62 亿元。2010 年底，金坛有建筑安装总承包一级资质企业 7 家；完成建筑业总产值 150.02 亿元，实现增加值 19.7 亿元。参建工程获国家鲁班奖 2 项、江苏省扬子杯优质工程奖 4 项和常州市金龙杯优质工程奖 25 项。

四、服 务 业

金坛商贸流通业通过深化改革、调整创新。2010 年底，金坛有市场 45 个，其中农贸市场 30 个、消费品市场 7 个、生产资料市场 6 个、生产要素市场 1 个、其他市场 1 个。市场建筑总面积 46 万平方米，经营面积 45.5 万平方米，其中棚顶面积 15.1 万平方米。入场经营户 3900 余户，从业人员超 7500 人。同年，市场成交总额 106 亿元，成交额达 1 亿元的市场有尧塘花木市场、茅山茶叶市场、儒林水产品市场、西门农贸市场、虹桥农贸市场、金海小商品批发市场、丹阳门装饰材料市场、中大国际商贸城。全市实现第三产业增加值 94.1 亿元，是 1986 年的 90 倍；完成社会消费品零售总额 115.1 亿元，其中批发业 13.1 亿元、零售业 91.3 亿元、住宿业 0.7 亿元、餐饮业 10 亿元。2010 年底，全市金融机构存款余额 178.99 亿元、贷款余额 193.64 亿元。

1994 年起，金坛市政府将旅游定位为以山边、城边、湖边为重点的“三边”乡村旅游，规划打造以休闲养生度假为主题的旅游胜地。2006 年 12 月，金坛被国家旅游局命名为中国优秀旅游城市。至 2007 年，全市旅游资源有 7 个主类，主要旅游景点有江南孔雀园、盛天农业生态观光园、仙姑农家乐、常州久红农业生态观光园、中共苏皖区一大会址、华罗庚公园、金沙公园、江南农耕园、南洲公园。金坛市建成旅游星级饭店 6 家、国内旅行社 11 家，国家 AAAA 级旅游景区 1 家、国家 AAA 级旅游景区 3 家和全国农业旅游示范点 3 家。2010 年，投资 50 亿元的重大旅游项目东方盐湖城签约并动工。2010 年底，该市有国家 AAAA 级旅游景区 1 个、国家 AAA 级旅游景区 3 个，全国农业旅游示范点 3 个，有星级酒店 8 家，其中五星级有金坛润澳花园大酒店，四星级有樱花大酒店、九九宾馆、颐丰大酒店。该市接待游客 453.2 万人次，实现旅游总收入 44.8 亿元，旅游创汇 536 万美元。

五、对外开放

外资外贸　1986 年起，金坛坚持把开放型经济作为发展重点。1988 年，首家外资企业常州金达玩具公司注册设立。至 2010 年，累计兴办“三资”企业 928 家，合同利用外资 48.5 亿美元，实际利用外资 18.58 亿美元。1997 年，纺织服装、机电、农副产品 3 大类占金坛出口商品份额的 90% 以上，其中纺织服装出口约占 65%。至 2010 年，形成纺织服装、医药化工、机械电子、光伏产品、农副产品和其他 6 大类出口商品，纺织服装出口的比重降至 23.4%，医药化工、机械电子、光伏产品等知识密集型和资本密集型产品提升至 64.6%。1997

年，金坛直接或间接出口的企业仅有2家。2010年底，金坛进出口企业超过300家，有年出口达500万美元规模企业39家，年出口额达1000万美元的企业17家，其中兴荣美乐、艾帛制衣年出口额超过4000万美元。2010年，金坛完成自营出口13.9亿美元，是1997年的20.44倍。

外经合作 1993年，金坛完成外经营业额100万美元。2010年，完成外经营业额11087万美元，持续保持在省内先进、常州领先的优势地位。江苏省激素研究所、中盐金坛盐化公司、常州亿晶光电科技公司、江苏金昇实业股份公司等企业相继在澳大利亚、日本、西班牙、美国等地创办投资企业25家，累计投资3.46亿美元。其中江苏金昇实业股份公司斥资1亿欧元，成功收购全球著名机床生产企业德国埃马克集团50%股权，创江苏民营企业收购外企股权单笔金额新高。

第五节　社会事业

一、科技事业

1986年起，金坛实施科教兴市战略，加快科技创新步伐。90年代，金坛重点发展机械电子、精细化学品、新材料、新能源等高新技术产业，光伏产业园被省科技厅认定为江苏省金坛光伏科技产业园。金坛拥有省级及其以上高新技术企业21家和省创新型企业7家、创新型试点企业3家、农业科技型企业6家，及常州市创新型试点企业7家、农业高新技术企业21家，3家民营科技企业跨入全省百强民营科技企业行列。1996年获得全国科技工作先进县（市）称号，并跨入全国科技实力百强县（市）行列，1999—2010年曾6次获全国科技进步先进县（市）称号，2007年创建为江苏省科普示范市、全国科普示范市，2010年跻身江苏县级市首批创新型试点城市。至2010年，有红太阳科技园、金坛高新技术创业服务中心两家省级创业服务中心，亿晶光电等4家企业建立省级工程技术研究中心，华钛等两家企业设立博士后科研工作站，亿晶光电建设国际科技合作基地。2010年，金坛高新技术产业产值达306.91亿元，占全部工业总产值的46.96%。1986—2010年，金坛获得江苏省级科技进步奖48项、常州市级科技进步奖170项；申请专利5908件，授权专利数1647件。

二、教育事业

1986年，金坛有学校487所，在校学生75232人，教职工4378人。2010年，该市有幼儿园31所，中小学55所，其中小学30所、九年一贯制学校2所、初级中学17所、高级中学5所、职业学校1所，另有青少年体校、国防教育训练中心、特殊教育学校各1所。在校学生54794人，在职教师5318人。适龄少年儿童小学、初中入学率100%，初中升学率100%。2003年，新建的华罗庚实验学校占地7.5公顷，校舍居全省中学一流水平。2006年金坛被评为江苏省普及高中阶段教育先进县（市）、师资队伍建设先进县（市），2008年金坛市获得全省义务教育均衡化发展先进县市（区）和首批教育现代化县市（区）称号。2000年、2004年和2010年，华罗庚中学先后被评定为国家级示范高中、江苏省首批四星级高中和首批素质教育先进学校；市职业教育中心曾被评为首批国家级重点中等职业学校。1986—2010年，金坛向全国高校、中专输送新生3万多人，高考录取率始终处于全省先进行列。成人教育和社区教育逐步加强，各社区教育中心开展职业教育与成人文化技术培训，青壮年非文盲率99.8%。

三、文化事业

1986—2010年，金坛文化设施建设跻身全省领先行列，先后建成金坛文化馆、图书馆、博物馆、华罗庚纪念馆、段玉裁纪念馆、戴叔伦纪念馆和金沙影城，并成为文化标志性工程。三星村遗址被评定为全国重点文物保护单位。举办金坛文化艺术节3届，葛安荣的长篇小说《都市漂流》获江苏省第三届“五个一工程”入选作品奖，论著《华罗庚研究》获江苏省第二届“五个一工程”入选作品奖。电视剧《陈毅在茅山》（周尚达、蒋文静编剧，李辉导演）获江苏省“五个一工程”奖和省第十八届影视剧“金凤凰奖”。金坛是中国民间艺术之乡（刻纸），巨幅刻纸作品《中华魂·奥运梦》《从雅典到北京》献送北京奥运会组委会，其中《从雅典到北京》被中国博物馆收藏。摄影作品《崇高的职业》获第七届全国人像摄影艺术展览金牌奖，作品《魔口夺人》获全国第十八届摄影展银奖。1994年，唐王乡被江苏省文化厅命名为“故事之乡”。大型锡剧《少年华罗庚》获全国儿童剧展演优秀剧目奖、优秀编剧奖、第十届中国文华奖新剧目奖、第十四届“田汉戏剧奖”剧本二等奖。现代大型儿童剧《飞吧，大雁》在上海等地连续演出400多场，获第五届优秀儿童剧目优秀演出奖。1999年12月，巨村舞龙到北京参加中华舞龙大赛获银奖和“山花奖”提名，应邀在天安门广场参加庆祝澳门回归庆典表演，获庆典纪念奖。

四、卫生事业

1986—2010年，金坛累计兴建、改建医院用房24.8万平方米，医疗病床由1986年的1025张增至2010年的1685张，卫生技术人员由1415人发展到2246人，先后组建金坛第三人民医院、茅山地区人民医院，改扩建市第一人民医院、中医医院。1995年以后，孕产妇死亡率持续为零，婴幼儿死亡率连年下降，爱婴医院覆盖全市。1995年12月，金坛市被全国爱国卫生委员会命名为全国卫生城市。1997年启动创建卫生镇、村工作。农村改厕覆盖率和合格率均为100%。1999年11月，金坛市获全国牙病防治先进市。2000年5月，金坛被评为全国农村合作医疗先进单位。2008年，获全国农村中医工作先进市称号。2010年底，全市有各级医疗卫生机构209个，其中医院、卫生院18个，乡镇卫生院8个，社区卫生服务站96个。农村居民医疗卫生条件逐步改善，新型农村合作医疗参保率100%，实际人均补偿比45%。创建成省级卫生镇5个、省级卫生村94个。

五、体育事业

1986—2010年，全市有儒林镇等7个镇先后被省体育局命名为江苏省体育强镇。1991年，举办全县首届农民运动会。1992年以后，金坛举办全民运动会5届。1996年，金坛被评为全国体育先进县（市）。1999年，组团参加常州市第十一届运动会职工部比赛，获团体总分第一名、金牌总数第二名。开始每年举办登茅山比赛。2001年、2005年两次被命名为全国群众体育先进单位，2007年被评为江苏省首批体育强县（市）。2004年，茅山登山健身节活动被省体育局列为江苏省十大城市健身景观之一。同年，金坛市体育总会成立，先后成立单项体育协会16个，在全民健身活动中发挥积极作用。2005年6月，金坛体育馆建成开馆，多次承办全国、省和常州市级体育比赛。2010年，全市有社会体育指导员1013人，每万人拥有社会体育指导员18名，有晨（晚）练点285处，常年参加体育活动的人数超过总人口的50%，体育竞赛成绩在全省保持上游水平。体育人才培养基地主要有市青少年业务体校（1988年成立）和金坛市水上运动项目学校（2003年由常州市水上运动项目金坛训练基地更名）。2010年底，金坛建有体育项目学校省级5所、常州市级16所、金坛市级13所，项目以田径、篮球、排球、乒乓球、足球、赛艇为主；累计向常州市、省和国家运动队输送体育人才近100人次，金坛籍运动员在国家级及以上比赛中获得金牌31枚、银牌20枚、铜牌17枚。

第六节　人民生活

一、居民收入消费

1986年，金坛城镇居民人均收入1177元，农民人均纯收入740元，城乡居民储蓄存款总额1.11亿元。

2007年，全市实现建成全面小康社会目标。2010年，全市城镇居民人均收入25870元，农民人均纯收入15068元，城乡居民储蓄存款总额增至295.37亿元，居民人均储蓄存款3.26万元。全市城镇居民人均消费性支出15020元，农村居民人均消费支出13943元。居民长期以吃、用为主的生存型消费逐步被文化教育、医疗保险、娱乐、旅游等消费内容替代，消费水平不断提高，恩格尔系数由1990年的58.1%降至2010年的33.2%。城镇居民人均住房建筑面积从1986年的4.36平方米提高到2010年的40平方米，农村居民人均建筑面积由18平方米提高到48.44平方米。2010年末，全市城镇居民每百户拥有汽车13辆、电脑80台、空调182台、电冰箱105台、彩色电视机196台、移动电话175部；农村居民每百户家庭拥有摩托车120辆、空调94台、电冰箱90台、彩色电视机145台、移动电话196部。

二、社会保障与救助

2000年7月，金坛实行职工医疗保险，2004年1月建立新型农村合作医疗。2007年10月，启动城镇居民医疗保险，实施城镇居民基本医疗保险与新型农村合作医疗保险合二为一，建立个人缴费、财政补助、保险待遇相统一的城乡全覆盖基本医疗保障制度。2010年，该市12.1万职工参加企业基本养老保险，城镇基本医疗保险职工11.83万人，城镇失业保险人数8.2万人，覆盖率均达98%。加快发展社会救助、社会福利和慈善事业，建立和完善对困难群体的救助体系，弱势群体和低收入家庭实现应保尽保。该市最低生活保障家庭6064户、10679人，其中城市936户、1585人，农村5128户、9094人。该市发放最低生活保障费2047万元。住房保障受益面扩大，该市安置经济适用房家庭255户。新建廉租房52套，对符合廉租房补贴条件的509户居民发放租金补贴114万元。2010年底，金坛慈善资金募集总额达1.32亿元，在全国县市中率先突破1亿元。

第二章　溧阳市

溧阳位于江苏省南部，地处苏浙皖三省交界地区，北纬31°09′～31°41′、东经119°08′～119°36′，是沪宁杭经济带的重要中心节点城市。东接宜兴市，南连安徽省广德县和郎溪县，西邻高淳区和溧水县，北毗句容市和金坛市。104国道和宁杭、扬溧两条高速公路及省道239常淳线、241镇广公路、新常溧线等穿境而过，规划建设的宁杭高铁在境内设有溧阳站、瓦屋山站。境域南北最长59.06公里、东西最宽45.14公里，总面积1535.87平方公里，拥有耕地7.47万公顷、林地2.19万公顷、河流和湖泊2.84万公顷。2010年，辖江苏省溧阳经济开发区（溧城镇）、天目湖旅游度假区（天目湖镇）、埭头镇、上黄镇、戴埠镇、别桥镇、竹箦镇、上兴镇、南渡镇、社渚镇10个镇（区），全市总户数26.45万户，总人口78.15万人，其中男性39.67万人、女性38.48万人。市树为香樟，市花为桂花。

第一节　自然地理

一、地理环境

溧阳地处茅山山脉、宜溧山地与太湖平原之间，平原低地与丘陵低山各占一半，南、西、北三面环山。境内土壤按成土母质和地域，大致分为南山林特山区、南山丘陵区、北山丘陵区、西部高平原圩区、洮湖圩区。山岭一般海拔约200米，最高峰锅底山海拔541米，中部及东部地势低平，属太湖水网平原。境内东西向的南河、中河、北河和南北向丹金溧漕河、赵村河为排洪引水的骨干河道，数十条河川汇纳全境之水，经长荡湖与溧宜河注入太湖、长江。境内有省水利厅登记在册的水库64座，国家级大型水库沙河水库（天目湖）、大溪水库的库容量分别为1.07亿立方米、1.71亿立方米。

二、自然资源

境内自然植被茂盛，丘陵山区竹木资源丰富，盛产水稻、油菜、茶叶、蚕桑、白芹、板栗、西瓜、竹笋及鲢鱼、鳊鱼、草鱼、鲫鱼、螃蟹、青鱼、白壳虾等，素有"鱼米之乡""丝府茶城"之誉。溧阳有天目湖系列品牌无公害农产品82个、绿色食品81个、有机食品21个。花红栗茶鲜甜醇香，白根芹菜隽美一绝；尚有砂锅鱼头、长荡螃蟹、周城火锅、竹箦风鹅等地方名菜佳肴；溧阳白茶被人民大会堂选为特供茶。有石灰岩、方解石、瓷石、膨润土、黏土、硅灰石、石英岩、石英砂岩、大理石、建筑砂、煤炭等矿产资源，石灰岩、方解石、大理石、陶土、彩瓷石等储量均达1亿吨，品位优良，开采价值极高。

第二节　历史文化

一、历史沿革

溧阳历史悠久，旧石器时代境内即有人类活动，曾经历新石器时代的马家浜文化期、商周时的印纹陶文化期。公元前12世纪，泰伯避居江南，受土著拥戴推为君长，号勾吴，溧阳属之。春秋末，吴越边境始有"溧阳"之名，名称源于因地处古溧水北之故。周元王仁四年（前472），越王勾践灭吴，溧阳属越。周显王三十六年、楚威王七年（前333），溧阳属楚。秦王政二十四年（前223），秦灭楚，溧阳属秦。秦始皇二年（前221），溧阳始建县制，属鄣郡。西汉时，溧阳皆属鄣郡。汉武帝元封二年（前109），改鄣郡为丹杨郡（即丹阳郡），溧阳属之。东汉时，溧阳县治在固城（今属南京市高淳县）。三国吴大帝黄武元年（222），废溧阳县建制，以其地一部分辟为屯田；另一部分置永平县，县治在古县（今天目湖镇古县村），仍属丹阳郡。晋武帝太康元年（280），司马炎灭吴，改永平为永世县，复置溧阳县，永世、溧阳仍属丹阳郡。

唐天复三年（903），溧阳县治迁至今溧城镇。元世祖至元十四年（1277）改溧阳县为溧州，至元十五年改溧州为溧阳府，至元十六年改溧阳府为溧阳路，州、府、路治所均在今溧城镇。明洪武二年（1369），改溧阳州为溧阳县，仍隶应天府。民国时期，溧阳先后隶属于江苏省行政公署、金陵道、江苏省政府、江苏省第一行政督察区（专员公署驻溧阳县）、江苏省江南行署（驻溧阳山丫桥）管辖。1949年4月下旬溧阳解放，建立溧阳县人民政府，先后隶属苏南行署武进行政分区、常州专署、镇江专署管辖。1983年3月，实行市管县体制后，溧阳县属常州市管辖。1990年8月撤销溧阳县，设立县级溧阳市，由常州市代管。

二、名人乡贤

溧阳人文底蕴深厚，人杰地灵，名士众多。"伍员报德投金处，史女捐生抱石来"，史贞女义救伍子胥的故事被传为千古佳话。东汉文学家、音乐家蔡邕曾隐居溧阳观山东麓山水间，在此制成中国古代四大名琴之一的焦尾琴。唐代大诗人李白3次到溧阳，留下《猛虎行》等诗文13篇。苦吟诗人孟郊曾任溧阳县尉5年，在此写下脍炙人口的名诗《游子吟》。"西泠八家"之一的陈鸿寿主政溧阳3年，其间与宜兴杨彭年合作创制享誉紫砂界的"曼生壶"。从隋唐开科取士到清末，溧阳涌现出状元2名、榜眼2名、探花3名、进士173名。近现代到当代，溧阳各界代表性知名人士有经济学家狄超白、新针灸学的开拓者朱琏、昆虫学家蔡邦华、法学家陶希晋、文史专家缪钺、书画家黄若舟、女作家菡子等。至2010年，中国科学院和中国工程院的溧阳籍院士有瞿中和、庄松林、沈学础、朱森元、彭少逸、吴云东、程顺和、史轶蘩、蔡邦华、狄超白10人。

三、文化遗存

位于溧阳水西村的新四军江南指挥部纪念馆新馆（摄于2007年11月）

溧阳历史悠久，境内有中华曙猿地质遗址、神墩遗址、贞女祠、蔡邕读书台、淳化阁帖石刻、合剌普华墓、史贻直墓、新四军江南指挥部旧址等史迹遗址。2008年9月，溧阳文物展览馆开馆，展出的282件文物藏品是从远古到近代溧阳地方文化的标志性物证。2010年，全市有省级文物保护单位甓桥淳化阁帖石刻、史贻直墓、合剌普华墓、牛场村窑址群、秦堂山遗址5处与市级文物保护单位42处，征集到文物藏品3401件、石刻文物233件。溧阳的非物质文化遗产种类项目繁多，地域特色鲜明，有12个门类236个项目，流传于社渚地区的傩文化舞蹈被誉为中国古代音乐舞蹈的活化石。蒋塘马灯舞被列为国家级非物质文化遗产项目，泓口丝弦、戴埠太平锣、焦尾琴传说、祠山庙会、跳蟠神被列入江苏省非物质文化遗产名录。

第三节　城乡建设

一、城市建设

1986年，溧阳总面积1535.87平方公里。1986—1993年，溧阳城区沿交通轴线宁杭公路、镇广公路指状延伸，随着经济开发区的建设，城市向北拓展明显，城区边缘的城郊5乡（清安、杨庄、泓口、城南、马垫）逐渐与城区融为一体。1994—2010年，实施城市南拓西延发展战略，城区逐步向西部、南部延伸，呈连片放射性布局结构，沿平陵路、西大街形成“十”字形城市中心，环卫、供水、供气、交通、绿化水平也有较大提高。2010年，溧阳城区建成区面积22.58平方公里，城区道路长210.9公里，道路面积348.8万平方米，人均占有道路18.25平方米；拥有绿化覆盖面积1242公顷、园林绿地1102公顷，城市绿化率41.3%，人均公共绿地面积9.42平方米；生活垃圾全部清运且无害化处理，生活污水日处理能力7.7万吨；城市日供水能力10万立方米，自来水全部普及，天然气用户3.67万户。

二、镇村建设

1986年，溧阳农村集镇除戴埠、南渡等6个建制镇外，主街道大都为长200余米、宽8～10米的水泥路或砂石路，乡（镇）政府、供销社、信用社、邮电所、影剧院及个体商铺分布街道两侧，少数集镇街道设置路灯。全县农村私人建房98.24万平方米，住宅大都为砖木结构平房，楼房和草房均为少量。90年代，溧阳加快农村城镇化、城乡一体化进程，别桥、戴埠、南渡、竹箦、社渚等8个镇被列为国家、省和常州市现代化新型小城镇建设试点。至2010年，全市9个镇（不含溧城镇）镇区总面积1337.09平方公里，人口53.86万人，农村人均居住面积45.15平方米。埭头镇余家坝村、别桥镇小石桥村等被评为江苏省康居示范村。

三、交通运输

1986年初，溧阳境内有干线公路4条、106.54公里；县线公路6条、89.67公里，乡线公路23条、111.74

公里，航道44条、332.17公里。同年，溧阳县公路总里程339.6公里。全县运输工具完成货运量75.96万吨、货运周转量17345.6万吨公里，客运量341.29万人次、客运周转量6760.4万人公里。溧阳实现乡乡通公路，基本上全是砂石路。1993—1996年，溧阳完成市乡道路黑色化改造。2000年起，兴建芜申（太）运河溧阳改线段、省道239常淳线、省道341老明线、宁杭高速公路、扬溧高速公路等交通重点工程，溧阳投入资金近10亿元，建成农村公路1500公里；实现市到镇通二级公路、镇到镇通三级公路，镇到行政村通四级公路，各主要交通节点不到20分钟上高速公路的目标。连续7年被评为全省农村公路建设先进县（市）。新增公交车72辆，镇到行政村公交通达率75%，溧阳城乡客运一体化模式成为全国典型。至2010年底，公路、铁路、航道建设齐头并进，宁杭铁路客运专线快速推进，溧阳、瓦屋山两个火车站开工建设。104国道新昌至洋河段一级公路改造和西环路、芜申运河城区先导段等交通重点工程加快建设，常溧高速公路开工。溧阳公路总里程1987公里，航道总里程345.5公里，有等级公路1987公里，其中高速公路55公里、一级公路83公里。有营运城市公交线路13条，城市公交车辆129辆，城市出租车335辆。运输方式完成货运量1909万吨，完成货运周转量9.95亿吨公里，客运量3881万人次，客运周转量6.88亿人公里，完成港口吞吐量2454.8万吨。

四、邮政电信

1986年，溧阳县有邮电局、所47个，其中设在农村地区的45所，自办的37所、代办的10所，邮路总长度957公里。长途电话总数45路，共有长途交换机80门，农用交换机2420门，市话自动机2000门，邮电计费业务总量184.5万元。90年代初，溧阳电信事业步入高速发展期，固定电话逐步向交换程控化、线路传输数字化发展，开始推出移动传呼、移动电话等新业务。1998年，移动公司与邮电剥离、邮电分营，此后通信领域经历政企分开、企业重组等变革，邮政、电信、移动、联通、网通、铁通共同发展。2010年，该市局用交换机总容量29.47万门，本地固定电话用户20.8万户（其中城市7.77万户、农村13.03万户），移动电话用户62.2万户，建成数字数据网和公共分组交换数据通信网，互联网宽带用户累计8.49万户。完成邮政业务收入0.67亿元、电信业务收入5.69亿元。

五、水利设施

80年代，溧阳水利工作以防洪保安为重点。1987—1990年，分两期完成北环河拓浚工程，圩区首次建设标准圩堤。1991—2000年，完成沙溪河、周城河、上沛河拓浚工程，开始实行机械化拓浚，在平原圩区建成“田块方格化、沟渠衬砌化、灌排系统化、构件工厂化、道路砂石化、农田田园化”的高标准农田1万余亩，丘陵山区完成沙河白埂、横涧李家园、周城汤山等小流域治理工程。2001—2010年，完成北河整治、塘马水库除险加固、沙河水库生态清淤等重点工程，实施饮用水水源地保护计划，面积达千亩的圩的圩口闸全部更新改造，水环境得以改善，成为经济社会可持续发展的重要支撑。2010年，溧阳境内有天然湖泊1个、干河5条、主要支流10余条、水库77座（总库容2.9亿立方米）、蓄水达5万立方米的塘坝164座，全市达500亩的圩堤防总长840公里。

六、输电供电

1986年，溧阳有35千伏及其以上变电所7座，主变压器9台，主变压器容量3.72万千伏安，35千伏及其以上输电线路15条284公里，10千伏配电线路44条1293公里。1988年，溧阳供电量达3.11亿千瓦时。1998—2002年是溧阳电力事业的快速发展期，城乡电网改造如期完成，全省首座抽水蓄能电站江苏沙河抽水蓄能电站并网发电，2002年全市供电量10.03亿千瓦时。2003—2010年，溧阳电力基础设施建设投资继续保持较高强度，市内第二座同时也是全省最大的抽水蓄能电站江苏溧阳抽水蓄能电站开工兴建，220千伏宁杭高铁牵引站配套工程和110千伏罗庄、埭头、天目湖输变电工程等重点工程相继建成。2010年，全市有35千伏及其以上变电所31座，35千伏及其以上输电线路86条、982.22公里，10千伏配电线路156条、2610.89公里，年供电总量43亿千瓦时。

第四节 经济发展

1986—1990年，溧阳地方经济迅速发展。1990年，全市实现地区生产总值12.5亿元，第二、第三产业增加值占地区生产总值的比重上升至63.1%，新兴工贸城市的经济结构初步显现；完成工农业总产值24.38亿元，实现国民收入11.2亿元、财政收入7674.2万元。1988年，清安乡首先成为“亿元乡”。1990年12月，溧阳撤县设市，同年实现地区生产总值12.48亿元。2008年，溧阳实现地区生产总值320.03亿元。2010年，全市实现地区生产总值424.66亿元，其中第一、第二、第三产业增加值分别达30.18亿元、244.03亿元、150.45亿元，三次产业结构比例为7.1∶57.5∶35.4；完成财政收入80.01亿元，其中地方一般预算收入29亿元。

一、农　业

1986年，溧阳县完成农业产值(1980年不变价)4.39亿元，生产粮食45.09万吨。90年代，溧阳农业产业结构调整步伐加快，生产要素向优质粮油、经济作物、水产、畜禽养殖等领域集中，逐步形成南部山区林茶果竹桑，西北部食草畜禽和中东部优质粮油、设施栽培和特种水产3个区域性经济板块，成为江苏唯一的全国山区综合开发示范县(市)、种植面积最大的“双低”(低芥酸、低硫甙)优质油菜生产基地。2001年起，“一村一品”行动在乡村大力开展，溧阳农业快速向市场化、产业化、基地化、专业化和生态观光方向发展。至2010年底，全市培育出优质粮油、蔬菜、经济林茶果、食草畜禽、特种水产、观光农业6个优势主导产业，形成60万亩优质粮油、15万亩蔬菜、6万亩特色林果、7万亩茶叶、20万亩特种水产、1000万只(头)畜禽的生产规模。同年，溧阳完成农林牧渔业总产值54.57亿元，年产粮食52.72万吨、油料2.64万吨、淡水产品8.32万吨、茶叶3006吨、水果1.69万吨、蔬菜26.4万吨、蚕茧294.55吨和棉花451吨。

“一村一品”国际研讨会在溧阳举行(摄于2008年11月)

溧城镇承担城区“菜篮子”功能，形成方里、杨庄、蒋店丰产方，大林设施蔬菜、马垫大棚番茄、陶家设施瓜果和杨庄、方里水产等种植养殖基地，培育溧阳白芹、百味淡牌中华绒螯蟹、濑水牌鲫鱼、鑫泉牌青虾、天目寿星牌白茶等优质农副产品，陶峰农庄成为全国农业旅游示范景点。天目湖镇重点发展品牌农业和观光农业，发展以桂花、香樟、兰花为主的花卉苗木业，以番茄、西瓜、油桃、甜瓜为主的蔬菜水果业，以养殖鳙鱼、灰鲢为主的水产养殖业，打造出天目湖鱼头、天目湖白茶等特色农产品品牌。埭头镇形成万亩商品粮基地、大棚蔬菜生产基地及水产养殖基地，成功申报姣韵牌河蟹、青虾、银鲫3个绿色食品标志。上黄镇依托万亩长荡湖基地，重点扶持特种水产中华绒螯蟹，侧重发展青鱼、白壳虾、黄雀等支柱产业，建立湖区水产养殖、花卉苗木种植、坡圩新品粮种推广、白云鹿场和畜牧养殖4个基地。戴埠镇是良种白茶种植基地，南山寿眉茶叶多次获江苏省"陆羽杯"奖。别桥镇是重要粮食和水产品生产基地，水产养殖面积近4万亩，其中特种水产养殖1.9万亩，传统产品有长荡湖黄雀、螃蟹、白壳虾。竹箦镇的水西翠柏茶、竹箦风鹅和前马荡万亩水产名闻华东。上兴镇形成总面积近4万亩的草莓、速生丰产林、花卉苗木、优质茶、特色果品、特色水产及种草养禽、农家乐8个农业经济板块。南渡镇初步形成以水产、特色蔬菜、水果和规模畜禽养殖为主的特色农业。社渚镇青虾养殖基地规模居全省乡镇首位。

二、工　　业

1986年，溧阳完成工业总产值9.14亿元，其中乡镇工业总产值5.52亿元，首次超过县属工业总产值。1994年，溧阳工业经济取得高速增长，完成工业总产值109.7亿元，乡及其以上工业企业产品销售收入45.97亿元。1999年，加快工业企业产权制度改革步伐，全市改制企业1127家，改制率92.9%，初步形成与社会主义市场经济体制相适应的现代企业制度。此后，溧阳工业重点加快产业结构调整，转变经济增长方式，发展民营经济，迅速步入快车道。江苏省溧阳经济开发区于1992年设立，至2010年形成钢铁、稀土、化工、机械、服装、建材6个支柱产业和冶金、输变电、医药3个新技术产业群。天目湖工业园形成以中材国际、布勒机械等企业为代表的装备制造业基地，以安靠电缆附件、华源电力等企业为代表的输变电配套产业基地，以天目固态照明、顺风光电为代表的节能环保和新能源产业基地。2010年底，全市有年销售收入达1000万元的规模企业406家，其中年销售收入达百亿元企业1家、50亿～99.99亿元企业3家、10亿～49.99亿元企业8家，年利税达1亿元企业85家。同年，全市工业总产值、销售双双突破1000亿元，分别达1035.16亿元、1008.17亿元；实现工业增加值218.73亿元，占地区生产总值的51.5%；工业企业实现利税110.73亿元，其中利润65亿元。金属冶炼及加工、机械装备制造、输变电设备、新型建材4个支柱产业完成销售收入685亿元。江苏申特钢铁公司、江苏上上电缆集团公司、江苏华朋集团公司、江苏金峰水泥集团进入中国民营企业500强、中国制造业企业500强。溧阳获得中国驰名商标6件、省著名商标21件、中国名牌产品3个、省名牌产品31个。

三、建 筑 业

溧阳建筑业源远流长，素称"吊装之乡"。1986年，溧阳有5家县属集体建筑企业、39家乡镇集体建筑企业、6家村办企业，其中二级施工企业2家、三级施工企业24家，完成施工总产值2.59亿元。1992年1月，溧阳被江苏省政府命名为"建筑之乡"。1993年，溧阳建筑业施工产值13.1亿元。1999年，建筑企业改革产权制度，全市有50家公有制企业逐步改制为民营企业。2007年，溧阳建筑业施工产值133.93亿元。2010年，溧阳有建筑施工企业113家，其中施工产值超10亿元企业10家、超1亿元企业39家；有施工总承包一级企业20家，涉及土建、安装、吊装业务领域，电梯安装、大吨位锅炉安装分别约占全国70%、60%的业务份额，大型、超大型龙门吊安装施工业务占据业界半壁江山。全市建筑企业吸纳从业人员10.68万人，实现建筑业施工产值277.12亿元，全员劳动生产率每人每年27.83万元，实现劳务收入85.64亿元；从建筑业获取的收入约占全市农民人均纯收入的26%。天目集团、华能集团、龙海集团和鹏程钢结构进入江苏省建筑企业百强行列。

四、商贸服务业

1986年，溧阳完成社会消费品零售总额1.09亿元。此后，随着商业体制改革，初步形成多种经济形式、经营方式与流通渠道的商贸新格局，但国有、集体商业的主渠道作用仍然突出。90年代初，国有商业、供销合作社商业营业额仍约占全市商贸流通营业额的九成左右。1993年，溧阳实施"以商兴市"战略，改革国有商业、供销合作社商业的经营机制，商贸流通市场与业态快速发展和提升。2000年，溧阳公有制商贸流通企业基本完成产权制度改革，其营业额占全市商贸服务企业营业额的比重快速下降至3成左右。从同年起，溧阳初步形成以苏浙皖边界市场区域物流中心为龙头，产业与园区相配套的物流体系；以华地百货、大润发超市、大统华超市为主体，其他商铺为支脉，横贯城区东西的市区商业网点；以扬子广场连锁超市等为主体，乡村集镇为阵地，万村千乡市场工程为重要载体的农村商贸流通渠道；以高星级宾馆为支柱，旅游农庄、精品餐厅、高端娱乐场所为主体的商务、休闲服务网络。2010 年，溧阳完成社会消费品零售总额 146.18 亿元，其中城区 91.06 亿元、农村 55.12 亿元。

五、旅 游 业

溧阳自 90 年代开始发展现代旅游业。1992 年起，开发建设以沙河水库为主体的天目湖旅游度假区，被江苏省旅游局确定为全省五大重点旅游度假开发区之一，同年建成并开放报恩禅寺等 8 个景点和项目。1994 年，天目湖旅游度假区被江苏省政府确立为省级旅游度假区。2000 年，开发建设南山竹海景区，9 月起对游客开放。2001 年，天目湖旅游度假区成为首批国家 AAAA 级旅游景区，是年，溧阳完成旅游总收入 12.28 亿元。2004 年起，推进农家乐项目建设，重点引导建设一批以生态农业开发为依托的旅游农庄项目，溧阳被国家旅游局命名为中国优秀旅游城市，全市完成旅游总收入 22.59 亿元。从 2005 年开始每年举办一届天目湖旅游节，成为独具特色的溧阳品牌旅游节庆。2006 年，南山竹海景区成为市内第二家国家 AAAA 级旅游景区。2007 年，投资 2600 万元建设的新四军江南指挥部纪念馆新展览馆开馆，溧阳红色旅游资源开发启动。2008 年、2009 年，全市旅游总收入分别达 46.48 亿元、54.53 亿元。2010 年，溧阳接待国内外游客 722.69 万人次，完成旅游总收入 67.2 亿元，实现旅游增加值 31.85 亿元，占全市地区生产总值的 7.5%。溧阳旅游业主要经济指标跻身全省县(市)排行榜前 5 位。同年底，溧阳拥有景区(点)14 个，其中国家 AAAA 级旅游景区 3 个、全国工农业旅游示范点 7 个；旅行社 16 家，其中全国百强国内旅行社 1 家；星级饭店 20 家，其中五星级 3 家、四星级 5 家、三星级 8 家、二星级 4 家。

六、开放开发

1986 年，溧阳进口贸易主要是通过地方外汇留成计划实施，进出口产品量小类少。翌年，溧阳初步形成茧丝、茶叶、板栗、毛皮兔、优质鱼种、滩涂池杉 6 个农副产品出口创汇基地。1988 年，江苏省政府批准溧阳所有乡镇对外开放，成立首家外商投资企业溧阳利达乳胶实业公司。1991 年，举办首届中国溧阳茶叶节，此后每年均举办若干大型对外经贸活动。1992 年起，溧阳实施昆仑工业区开发、城西商贸区开发、天目湖风景旅游区开发、丘陵山区资源开发，先后建成两个省级开发区和江苏省首家省级边界市场——江苏苏浙皖边界市场，成为江苏省唯一的全国山区综合开发示范县(市)。2005 年，各镇相继开始建设工业集中区，溧阳恒通建筑安装工程公司在纳米比亚建立溧阳首家境外独资企业恒通建筑工程(纳米比亚)公司，开溧阳市内企业境外投资先河。2006 年，天目湖镇工业集中区、埭头镇工业集中区、别桥镇绸缪精细化工集中区、上兴镇工业集中区、南渡镇工业集中区、戴埠镇工业集中区被溧阳市政府明确为重点发展的镇级工业集中区，全市各镇均有出口。2010 年，溧阳完成外贸进出口总额 6.6 亿美元，其中出口 5.6 亿美元；新签外经合同额 7134.71 万美元，完成营业额 5946.73 万美元；工商注册外资和港澳台资 7.4 亿美元，实际利用外资和港澳台资 3.54 亿美元，年末该市外商和港澳台商投资企业总数达 840 家。

第五节　社会事业

一、科技事业

80 年代中后期，溧阳科技工作的重点是组织实施星火计划。1989 年，溧阳提出“科技兴县”发展战略，

“科技三项”经费被纳入财政预算，举办首届科普宣传周，以后每年举办一届。1990年，首次组织国家重点新产品申报并入选5种产品。1991年，溧阳有两个项目被列为江苏省苏锡常火炬带项目，此后每年都有项目被列为省级及其以上火炬项目。1992年，在溧阳北郊兴建昆仑新技术工业区，作为发展高新技术产业的基地。2002年，经人事部批准，江苏正昌集团成立全市首家博士后科研工作站。2006年起，实施科普惠农兴村计划，通过“以点带面、榜样示范”的方式推动农民提高科学文化素养和生产劳动技能。2010年，溧阳市完成高新技术产业产值390.9亿元，全社会研发投入占地区生产总值的比重达2.1%。拥有省级及其以上高新技术企业40家、国家级博士后科研工作站2个、省级企业院士工作站3个、省级工程技术研究中心13个，有省级及其以上高新技术产品66种。

二、教育事业

1986年末，溧阳有小学508所，在校学生83534人，教职员工3556人；有中学78所，在校学生42108人，教职员工2272人。1994年，溧阳提出“科教兴市”主体战略，制定3级实施规划，推进教育现代化，溧阳通过江苏省“两基”（基本普及九年义务教育和基本扫除青壮年文盲）验收。2000年，溧阳所有学校达教育现代化学校标准，所有乡镇实现教育现代化目标，成为常州第一个全部学校通过省、市验收的县（市）。2001年，溧阳在江苏省率先实行“以县为主”的教育经费管理体制。2006年，溧阳高中阶段入学率97.1%，成为全省普及高中阶段教育先进市。2010年，全市有普通高级中学5所、完全中学2所、职业学校2所、九年一贯制学校3所、初级中学28所、小学41所、幼儿园43所，普通高中、职业学校全部创成优质学校，义务教育阶段优质学校率70%，幼儿园优质学校率93.3%；在校学生10.36万人，专任老师7000余人。学前3年幼儿入园率98%，小学适龄儿童入学率、巩固率、毕业率、升学率均为100%，初中毕业升学率98%。

三、文化事业

1986年，溧阳县级文化机构有县锡剧团、文化馆、图书馆、影剧公司、工人文化宫、少年宫等，乡镇建成文化中心24个。1987年，首届溧阳群众文化活动周举办，先为两年1届，1992年起改为每年1届。1990年，溧阳首档自办电视节目《溧阳新闻》开播，是年起溧阳文化部门每年元旦、春节期间均开展送文化下乡活动，90年代末演变为常年性的文化送电影下乡、送戏下乡、送图书下乡（简称文化“三下乡”）工程。1994年，溧阳市被江苏省政府命名为群众文化先进县（市），上黄水母山考古发现新的灵长类动物（中华曙猿）化石，在世界引起轰动。1999年，溧阳有15个乡镇建成万册图书馆。2004年起，分3次对马家浜文化时期相对完整的氏族公共墓地神墩遗址进行考古发掘，填补环太湖西部地区的古文化空白。2008年，溧阳市被文化部命名为中国民间文化艺术之乡（少儿书法），市文化艺术中心和茅山老区社渚、上兴、竹箦、别桥4个文化站大楼落成开放，全市文化基础设施全面实现现代化。至2010年末，溧阳有市（县）级剧团、文化馆、图书馆、影剧公司、青少年活动中心、工人文化宫各1个，镇文体站10个，另有娱乐场所82家、网吧79家、音像制品经营单位39家，全市文学艺术创作（不含少儿书法作品）获省级奖项的作品共27 件、获国家级奖项的作品共12件。

四、医疗卫生

1986年末，溧阳有医疗卫生机构125个，其中医院5个、卫生院39个，实有病床1613张，卫生技术人员1615人。2010年，全市有各级医疗卫生机构220个，其中市级医疗卫生机构8个，监狱医院2个，城市社区卫生服务中心2个，乡镇卫生院18个，民营医院6个和厂矿医务室、个体诊所47个及村卫生室137个。全市医疗机构实有床位2259张，拥有卫技人员2911人，注册乡村医生428人。

五、体育事业

1986年末，溧阳县级公共体育设施有体育场、灯光球场2处，基层单位有小型田径运动场29个、篮球场371个（其中灯光球场2个）、排球场11个。2006年，溧阳在江苏率先向社会免费开放学校体育场地。

2010年4月，天目湖城市广场体育馆建成开馆。1988年起，举办四年一届的市(县)运动会(2000年起在溧阳市运动会期间同步举办全民健身节)。至2010年底，举办全市运动会6届，1990年创成全国体育先进县。1986—2010年，由溧阳输送的优秀运动员在国际、全国及省级重要体育比赛中，获世界女子举重锦标赛金牌、世界大学生女子举重锦标赛金牌各1枚，世界青年举重锦标赛金牌2枚、亚洲军人运动会女子射击金牌1枚、全国举重锦标赛和冠军赛金牌4枚、全国城市运动会金牌2枚、全国青年田径锦标赛金牌、全国青少年射击比赛金牌各1枚及省运动会田径比赛金牌3枚。2010年，溧阳运动员在江苏省第十七届运动会上获得金牌41.75枚(因计算方法导致金牌数有小数)，金牌数在全省65个县(市、区)中居第四位。

第六节　人民生活

一、居民收入消费

1986年，溧阳县职工年平均工资收入1185元、农民人均纯收入629元。1995年，溧阳进入全国首批农村小康县(市)，2007年达全面小康。2010年，溧阳市城镇居民人均可支配收入22912元、人均消费性支出14909元，农民人均纯收入11368元、人均生活消费现金支出13773元，城镇、农村居民人均住房面积分别为34.4平方米、45.15平方米，城乡居民储蓄存款余额262.98亿元，人均储蓄存款33651元。2010年，每百户城镇居民拥有电话(含移动电话)249部、家用电脑70台、家用汽车19辆，每百户农村居民拥有电话(含移动电话)270部、家用电脑31台、空调99台、彩电136台。

二、社会保障与救助

80年代中后期至2008年，溧阳实行社会保障制度改革，建立覆盖城乡的社会保障体系。2010年，城镇新增就业11176人，城镇登记失业率为2.43%，转移农村劳动力5322人。城镇职工基本养老、医疗和失业三大保险综合覆盖率98.4%；城乡居民基本养老保险累计参保17万人，基本实现全覆盖；老年居民基础养老金由每月30元提高到60元，被征地农民政府保养金由每月80元提高到130元。新型农村合作医疗、城镇居民基本医疗保险参保率分别为100%、96.5%，住院补偿率分别为45.1%、40.9%；全市有城乡低保对象7469户、15037人，发放城乡低保金2738万元；慈善基金规模达2.17亿元，发放慈善救助金1200万元，受助群众2.8万人次；实施重残救助工程，发放救助金506.2万元，受助残疾人2752名。

第三章　武进区

武进位于太湖平原西北部和常州市区东部、南部，北纬31°20′～31°54′、东经119°40′～120°12′，东濒太湖，中衔滆湖，东邻江阴、无锡，西毗金坛、丹阳，南接宜兴，北联常州市天宁、钟楼、新北区。沪蓉高速、锡宜高速、常合高速、江宜高速及沪宁铁路、京沪高铁、新长铁路穿境而过。全区总面积1245.84平方公里，2010年底辖14个镇、2个街道，户籍总人口100.3万人。曾获中国农村综合实力百强县第二名、全国科技实力百强县(市)、全国乡镇企业出口创汇五强县、全国综合发展百强县(市)、国家级生态示范区、全国水稻全程机械化生产第一县(区)、全国质量兴市先进市(县)、全国法制宣传教育工作先进县(市、区)、中国花木之乡、中国最具投资潜力中小城市百强第一名、中国中小城市科学发展百强县(市)第五名、中国最关爱民生县(市、区)第一名及国际花园城市、联合国最佳人居环境特别荣誉奖等荣誉。

第一节 自然地理

一、地理环境

武进境内出露的地质构造有郑陆—横山桥断褶隆起、漕桥—雪堰断隆两处，隐伏在地下的已知隆起构造有九里隆起、卜弋—厚余隆起、湖塘断凸3处，其余地区属常州新生代凹陷带，形成剥蚀和湖积的基本地貌，地形总体呈西南高、东北低。有高度达30米的山峰山岭39座，均分布在东南、东北诸镇，为天目山余脉。大椒山、小椒山位于太湖之中。有河流1048条，每平方公里陆地有河道1.82公里，河网稠密，是典型的江南水网地区。武进有运河和太湖、滆湖、洮湖（合称“三湖”）两大水系，京杭运河横贯东西，新孟河、德胜河、澡港河、北塘河、舜河形成南北向运北水系，孟津河、扁担河、武宜运河、采菱港、武进港等形成南北向运南水系，湟里河、北干河、中干河西起金坛境内洮湖、东入滆湖，太滆运河西起滆湖、东入太湖，众多次级河道与骨干河道相接，形成较为完善的灌排、航行系统。

二、自然资源

武进境内植物资源丰富，东部雪堰、潘家低山丘陵地区盛产茶叶和桃、梨、葡萄等水果。有太湖、滆湖、阳湖、宋建湖等自然湖泊，河港汊荡纵横交错，淡水渔业资源丰富，东南部雪堰镇的太湖水域盛产太湖银鱼、白鱼、白虾等鱼虾类，滆湖水域盛产草鱼、鳊鱼、青鱼、鲫鱼、鲤鱼等鱼类。矿产资源主要有郑陆的石膏矿，焦溪、新安等地的白泥、紫砂、陶土等及潘家、芙蓉等地的优质矿泉水。

第二节 历史文化

一、历史沿革

武进的郑陆寺墩、横林青墩出土的文物表明，在距今5000多年前的新石器时代境内已形成原始村落。春秋时期有城池出现，淹城是国内迄今为止保存最为完整的春秋早期地面城池遗址。春秋战国时期武进称延陵邑，为吴国季札的封地，秦置延陵县，汉改称毗陵县、毗坛县，晋太康二年(281)置毗陵郡、县，分丹徒、曲阿以东地区置武进县，晋永嘉五年(311)改称晋陵郡、县。此后，晋陵、武进两县时分时合，数易其名。元至正二十二年(1362)，朱元璋改永定为武进。清雍正四年(1726)分置武进、阳湖两县，宣统三年(1911)九月十九日合并为武进县（常州为其县城）。1949年4月23日，武进解放，析出县城建立常州市。武进曾属常州专区、苏州专区、镇江专区管辖。1983年3月，实行市管县体制，武进属常州市管辖。1995年6月，武进撤县设市，为常州市代管。2002年4月，武进撤市设区。

二、名人乡贤

武进历史上曾出500多名进士，其中状元10名，中进士人数居全国县级政区前三位。春秋时期著名的政治家季札受封武进，唐代有散文家萧颖士。南宋有著名通儒胡宿、邹浩、张守。明代有著名学者薛应旂、谢应芳、陈济，抗倭名将唐荆川等。清代，武进有以庄存与为代表的今文经学派、以恽敬为代表的阳湖文派、以张惠言为代表的常州词派、以恽南田为代表的常州画派等，赵翼、黄仲则的诗歌脍炙人口，洪亮吉、孙星衍、李兆洛为全国著名方志学家，李宝嘉的《官场现形记》开中国近代谴责小说之先河，实业家盛宣怀、史学大师吕思勉名闻天下。现代有中共早期领导人、革命活动家瞿秋白与张太雷和中共早期革命活动家董亦湘，抗日救国“七君子”中的李公朴、史良，东北抗日联军著名将领冯仲云，著名外交活动家章汉夫、冯铉和谢启美，文化学术名人有吴稚晖、赵元任和院士秦仁昌、吴阶平、许学彦等 57 位，著名画家有刘海粟、谢稚柳、吴青霞，著名戏剧家有洪深、吴祖光、阿甲和小说家高晓声、诗人严辰等。

三、文化遗存

武进文化遗存与出土文物众多。古遗址有春秋淹城、阖闾城、寺墩等，古墓葬有蔡邕墓、独孤及墓、包圭墓、陈洽墓、恽南田墓、王洛墓等，古戏楼有礼嘉戏楼（又名“五云楼”）、顺庄戏楼，名人故居有李公朴故居、王诤故居、吴稚晖故居、冯仲云故居。淹城遗址是中国保存最完整的春秋早期地面城池，1988 年被国务院公布为全国重点文物保护单位，2007 年申报列入《中国世界文化遗产预备名录》。至 2010 年底，全区有文物点 420 余处，其中有国家级重点文物保护单位淹城遗址，另有省级文物保护单位寺墩遗址、恽南田墓、礼嘉戏楼、阖闾城遗址、隋墓、顺庄戏楼、大林寺、五洞桥等市级文物保护单位 40 处，杨桥老街市级历史文化街区 1 处；有非物质文化遗产项目 70 项，其中省级 4 项、市级 17 项。

第三节　城乡建设

一、城市建设

1993 年以前，武进与常州市县同城。1993—1994 年，武进县政府驻地迁至湖塘镇。1994 年 7 月，委托东南大学建筑系编制《武进县县城总体规划(1993—2020)》。武进县城建设被国家科委、计委列入《中国 21 世纪议程》优先项目，12 月底正式实施，总体格局是“一城三镇一区”，即湖塘与马杭连成一城，鸣凰、卢家巷、牛塘 3 镇统筹建设，连通淹城风景旅游区。总体规划 25 平方公里，其中湖塘老镇区改造 9 平方公里、新建区 16 平方公里，道路由五纵七横方格网状组成城市道路骨架。至 1995 年底，延政路、长虹路、花园街、定安路、广电路、星火路等主次干道路竣工，广播电视塔投入使用。1999 年以后，加快武进高新区和农业综合开发区建设，延伸城区骨干道路至开发区、马杭、牛塘，掀起长江引水、污水处理、燃气等公用设施建设高潮。2002 年起，按照武进城区为常州市区组成部分的实际，编制《武中分区规划(2002—2020)》，范围为东至宋剑湖、西至龙江路、北至规划中的大运河、南至联三高速公路及武南路，总用地面积 114 平方公里；其中核心区东起夏城路、西至淹城路、南至滆湖路、北至广电路，总面积 16.6 平方公里，集中建设行政、商业、旅游、文化、体育、休闲等功能设施。2005 年 10 月起，规划建设东至常武路、南至滆湖路、西至武宜路、北至广电路的重点核心区 5.6 平方公里，加大城建投入，加快实施市政基础设施、环境景观及重点工程。到 2010 年底，完成投资总额 142 亿元，核心区基本建成，重点核心区已建，在建达 80 米的高层建筑 140 多幢，呈现现代化城市风貌。

2007 年 9 月通车的宁常高速滆湖大桥(摄于 2010 年 6 月)

二、镇村建设

1986—1994 年，武进通过县财政补贴和乡镇自筹资金实施集镇建设。1994 年起，开展新型小城镇创建活动，横山桥、洛阳、横林、牛塘、邹区、遥观6个镇被列为小城镇建设试点镇，其中横山桥、洛阳两镇被确定为全省新型小城镇试点镇。1998—2002年，横林、邹区、遥观、雪堰4镇先后建成省级新型示范小城镇，横山桥、洛阳两镇于2004年被确定为全国重点镇。2005年，全面启动小城镇基础设施和公共设施完善工程。2006年9月洛阳镇获全国小城镇建设示范镇称号。此后，各镇结合全国生态区创建、环境优美镇创建、镇村环境综合整治等重点工作，加快推进基础设施、环境绿化、镇区及新农村建设。从2009年起，实施小城镇十项基础设施建设工程，各镇都有独具魅力的特色镇口、风光优美的景观大道、绿树成荫的休闲公园、设施齐全的健身广场、功能完善的文化中心、繁华兴旺的时尚街区、便民惠民的农贸市场、现代宜居的高档小区、彰显品位的星级宾馆、产业先进的工业集中区各1个。2010年末，全区有10个镇建成公园，完成十项基础设施建设工程项目26个。洛阳、遥观和横山桥、雪堰先后于2009年9月、2010年11月创成省级园林小城镇。实施"强村工程"，推进"十个村村有"（村村有文化活动室、文体健身广场，建成技防村，通公交、自来水、数字电视、天然气、水泥路或柏油路，实现"三清一绿"和村村污水得到处理）。

三、交通运输

1986年初，武进县公路总里程453.9公里、航道总里程564.54公里。2005年末，全区公路总里程2521公里，是"九五"期末的1.4倍，其中高速公路51公里、一级公路174公里、二级公路719公里、三级公路356公里，基本实现"1530"工程的目标，即市到区通一级公路、区到镇通二级公路、镇镇之间通三级公路、镇到行政村通等级公路。2008年末，境内基本建成"一纵三横"的高速公路布局、"八纵八横"的城市道路框架和"十纵十横"的干线公路网络。2010年末，全区公路总里程3216.77公里，其中一级公路（含高速公路）576.51公里、二级公路516.98公里、三级公路600.33公里、四级公路1522.95公里；航道总里程429.92公里，其中三级航道20.49公里、五级航道21.8公里、六级航道101.28公里、七级航道88公里、等外级航道198.35公里。常武客运一体化整合于2010年1月完成。2010年，全区完成货运量1558万吨、货运周转量7.91亿吨公里、港口吞吐量1410万吨、客运量1762万人次、客运周转量1.89亿人公里。

四、输电供电

1985年，武进供电局管理县内10千伏以下电网及供电设备。1986年，常州供电局向武进供电局移交35千伏变电所12座，输电线路148公里。1988年2月28日，境内首座110千伏变电所在湖塘建成投运。至1995年底，武进供电局管理35千伏变电所17座，主变压器32台，容量23.82万千伏安，35千伏电网实现分片成网、互相环通。2007年10月底，境内有220千伏的变电所12座、线路18条160公里，110千伏的变电所27座、线路404公里，35千伏的变电所11座、线路42条315公里，另有直流500千伏线路1条（常州政平—湖北宜昌），500千伏交流线路1条。同年11月，实现常武供电一体化。

三峡工程直流输电工程换流站——武进政平换流站（摄于2010年6月）

五、邮政电信

1986年，武进境内有邮电区局8个、邮电支局29个、邮政所33个、邮电所1个及邮政代办所10个、邮电代办所 5 个。1998 年，邮政、电信分立。21 世纪初叶形成以电信公共信息网、有线电视网两大网络为核心，以移动、联通、网通等为补充的格局。2010 年末，全区有邮政分局 3 个，设置邮政网点 41 个、邮路 33 条；有电信业务部、维护部和公众客户部，设置政企客户分部 4 个及支局 12 个、服务网点 75 个。有电缆、光缆 11.33 万芯公里；有线电视用户 29.8 万余户，有线电视入户率达 99%；创成省级“两化”（以信息化带动工业化、以工业化促进信息化）融合试验区 1 家、省两化融合产业服务示范园 1 家、省两化融合试点企业 11 家。

六、水利设施

80 年代，武进水利建设转向小型、挖潜配套、乡村自办为主，改善农田排灌条件。1991 年，遭遇特大洪涝灾害后，水利建设转向防洪保安为主，加强宏观水系配套建设。2000 年起，加强对水资源的开发、利用、节约、保护，重点开展水系的规划、治理及调控，推进农村水利现代化工程。2010 年末，全区有各级河道 1030 条、总长 1940.8 公里，其中区级河道 21 条 274.4 公里、镇村级河道 1009 条 1666.4 公里；建成投运的区级及其以上水利枢纽（闸、站）工程有 18 座，其中环太湖水利枢纽工程 2 座、太湖流域武澄锡引排西控制线口门建筑物 8 座、中心城区水利枢纽工程 5 座、节制闸 3 座，有灌溉、排涝站 1114 座，其中灌溉站 699 座、排涝站 372 座、排灌结合站 43 座。

第四节　经济发展

1986 年，武进县实现地区生产总值 19.56 亿元，其中第二产业增加值占地区生产总值的比重升至 55.9%。1988 年，武进财政收入进入全国十大“财神县”行列。1991 年，全县工农业总产值首次突破 100 亿元。至 1995 年，国内生产总值以年均 38% 的速度递增，进入全国首批小康县行列。1996—2000 年，累计实现国内生产总值 1016 亿元，年均递增 7.4%。2001—2005 年，国内生产总值年均递增 14.7%。2006—2010 年，扩大有效投入，优化产业结构，推进城乡一体化发展，基本实现现代化。2010 年，全区实现地区生产总值 1163.9 亿元，其中第二、三产业增加值分别为 744.36 亿元、382.56 亿元，分别占地区生产总值的 64%、32.9%；户籍人口人均地区生产总值 11.68 万元；实现财政总收入 255.49 亿元，其中地方一般性预算收入 85.19 亿元。

一、农　　业

武进素称“鱼米之乡”。1986 年，全县完成农业总产值 12.18 亿元。1986—1991 年，随着农村经济体制改革的深入，开展产业结构调整，因地制宜发展多种经营生产基地 6666.67 公顷，初步建成瘦肉猪、水产、蚕桑、珍珠、花木、葡萄、水禽、养蜂、林果茶、蔬菜 10 个区域性的多种经营生产基地和 150 个以养殖猪禽鱼为主的副食品生产基地，武进成为全国首批商品粮生产基地、瘦肉型猪生产基地，西部地区花木生产在全国颇有影响。1992—1997 年，开展以优质、高产、高效农业为目标的结构调整，提高稻麦单产、品质，开发利用低产农田、林地、园地、鱼塘和荒地、荒山、荒滩、荒水等农业资源，初步形成粮油、水产、畜禽、花木、林果茶、蔬菜 6 个支柱产业。1998 年起，围绕建设都市型现代农业实施产业结构调整，扩大优质高效的花木、林果蔬菜和名优特水产品及奶牛、家禽、种猪等产业，推进农业标准化生产，发展无公害农产品、绿色食品、有机食品，发展以农家乐为主题的休闲观光农业。

雪堰镇水蜜桃、阳湖新月茶久负盛名，太湖的白鱼、白虾、银鱼闻名遐迩，还养殖鳄龟、鲟鱼、河豚、中华鳖等名贵水产，江南牌太湖冻银鱼是获原产地标记保护的农产品，现代畜牧有限公司为国家农业综合开发多种经营项目单位。前黄镇是重要的商品粮生产基地、国家农业科技推广和应用示范工程项目建设基地，有“食用菌之乡”“水产之乡”的美称，拥有武进最大的水产养殖场和水产品批发交易市场，祝庄村是江苏省种鹅养殖基地，大成村以肉鸭养殖为特色，常州市尊龙食品公司是省农业产业化重点龙头企业。礼嘉镇在80年代被称为“养蜂之乡”，葡萄种植是该镇副业支柱产业。湖塘镇形成马杭菊花、鸣凰水产、立华雪山草鸡、好太太食品、湖塘休闲观光等特色农业，马杭地区是苏南最大的菊花培育种植基地，三勤农业生态园是常州市最大的都市农业庄园式生态园。牛塘镇“一村一品”特色村有卢西村的雪山草鸡繁育中心、塘口村的商品鱼生产基地、白家村的苏太猪扩繁场、厚恕村的无公害蔬菜基地。洛阳镇的珍珠、水蜜桃、葡萄、戴溪青鱼等闻名遐迩，珍珠养殖业尤为发达，被誉为“珍珠之乡”，农业特色产品有阳湖果品、戴溪村青鱼、岑村奶牛、阳湖村梅花鹿、洛东村藏獒等。横林镇特种养殖有梅花鹿、奶牛、青虾、藏獒等，特色种植有花椰菜和雪里青瓜等。

横山桥镇历来是稻麦高产区，新兴的副业有砂梨、栝楼、大棚蔬菜种植，奶牛、野鸡、鲈鱼等养殖，特产有横山百页、芹菜、肉松、砂梨、芙蓉玉爪蟹、珍珠、鲜螺等。郑陆镇被农业部定为母猪良种繁育基地，焦溪“二花脸”母猪被列入中国地方猪遗传资源保护名录，特产有石堰的葡萄、焦溪的蜜梨、施家巷的珍珠、黄天荡的清水蟹等。邹区镇承担苏南单季稻机械化丰产高效技术集成研究与示范的国家粮食丰产科技工程项目，新屋、段庄、新桥村90%以上的农户均种植花木，地方特产有卜弋水芹、松元猪头肉、泰村小杏鱼圆、唐老鸭鸡爪。嘉泽镇花木业享誉全国，是“中国花木之乡”，2005年建成的夏溪花木市场是全国花卉生产示范基地、农业部定点市场。湟里镇形成水产养殖、花卉苗木种植两大特色。南夏墅街道石柱村有梅花鹿养鹿专业户，塘洋、胜西两村有21户养殖雪山草鸡，年产60万羽。2010年末，全区拥有高效农业22733公顷，其中设施农业5467公顷、高效渔业6400公顷，完成农业总产值59.5亿元；拥有绿色食品、有机食品、无公害食品300多个；拥有国家级标准化示范区2个、省级标准化示范区5个；建成休闲观光农业园区24个，其中横山桥镇、嘉泽镇（夏溪）、三勤农业生态园、牟家农业旅游观光园为全国农业旅游示范点。

二、工　业

80年代，武进乡镇企业异军突起，成为“苏南模式”（江苏省南部地区通过发展乡镇企业实现经济现代化发展的模式）发源地之一。1986年，全县分别有县属、条线（由县行政主管部门管辖）、乡镇企业67家、78家和9727家，完成工业总产值35.1亿元、产品销售收入25.8亿元。90年代起，武进把优化工业结构、追求规模效益、提高科技含量、发展外向型经济作为主攻方向，随着工业企业产权制度改革的全面实施，民营企业逐渐成为工业主体，外资、港澳台资企业成为高新技术产业的主角，工业企业向园区集中，逐步形成产业集群。1991年工业总产值首次跃上百亿元台阶，2000年工业总产值首超500亿元，2004年工业总产值跃上千亿元台阶。2005年起，着力实现从“武进制造”向“武进创造”的转型。2010年末，全区主要有机械、冶金、纺织、化工、电子、金属制品、电气机械及器材制造、地板等骨干行业，先进装备制造、电子信息、新材料、新能源及环保、生物医药及医疗器材五大产业规模以上企业2079家，支撑作用明显。有工业企业14750家，其中高新技术企业1056家。年销售收入达500万元的规模企业3342家，年销售收入达1亿元企业367家，其中达100亿元企业3家、50亿～99.99亿元企业4家、10亿～49.99亿元企业23家。拥有江苏名牌产品87个、常州市名牌产品183个；中国驰名商标13个、江苏省著名商标101个、常州市知名商标236个。同年全区完成工业总产值3340.87亿元、工业产品销售收入3251.76亿元。

三、商贸服务业

1986年，武进县商贸服务业形成以国有和集体商业为主、个体商业为辅的格局，有农村集贸市场82个，建有魏村眼镜市场、夏溪花木市场等专业市场，实现社会消费品零售总额6.35亿元。1996年商业、物资行政主管部门撤销，私营、个体商业快速发展，国有和集体所有制商业逐步退出流通主渠道，民营商业成为主体，开始由传统商业向现代商业发展，专卖、连锁经营等现代商业业态相应发展。1999 年以后，有国际、国内知名品牌商贸企业入驻，专业市场和集贸市场规模继续扩大，现代物流业进入流通领域，商品流通科技含量大幅度提高。2005 年起，加快中心城区现代商贸业发展，出台中心城区现代服务业优惠政策，促进现代服务业发展。2007 年，亚邦物流中心、武进汽车城、湖塘纺织城、富克斯流行广场等大型商业设施建成投运。2010 年末，全区有限额以上商贸企业 132 家，消费品及专业市场 110 个（农贸市场 65 个、专业市场 45 个），其中成交额超 1 亿元市场 33 个，江苏凌家塘发展公司、江苏湖塘纺织城投资发展公司成交额达 100 亿元；全区有宾馆、酒店、饭店等餐饮企业、单位 3100 家，其中星级酒店 25 家。2010 年，完成社会消费品零售总额 264 亿元。

四、旅 游 业

武进旅游业起步于 90 年代中期，依托淹城遗址、太湖湾湖光山色、横山桥清明山自然风光和千年古刹大林寺、道观白龙庙等名胜古迹，及西部嘉泽、夏溪全国花木之乡、农业观光项目，相继开发建设春秋淹城旅游区、太湖湾旅游度假区、横山风景旅游区和农业旅游示范点，到 2008 年底形成中心城区、太湖湾旅游度假区、西太湖生态休闲区、春秋淹城旅游区、横山风景旅游区的“一城四区”格局。2010 年，春秋淹城旅游区成功创建国家 AAAA 级旅游景区，环球动漫嬉戏谷、中华孝道园、南田文化村等重点旅游项目在建，接待游客 487.71 万人次，实现旅游总收入 47.46 亿元、旅游增加值 22.25 亿元。

五、对外开放

1985 年，武进县被列为沿海地区首批对外开放县。1986 年，成立常州首家大陆和香港合资企业常州华艺铝型材公司。90 年代初，实施外向带动战略。1991 年，新批办“三资”企业 179 家，1999 年以后，制定一系列鼓励外资进区发展的优惠和奖励政策，组织专业招商队伍。自营进出口自 2000 年始主体队伍壮大，出口额增加。2002 年，全区 277 家内资自营进出口企业出口 8.48 亿美元，首次超过外资及港澳台资企业出口额。此后，武进调整政策措施，转变外贸增长方式。对外经济技术合作由 90 年代初单一执行援外任务向对外承包工程与劳务合作及境外投资等形式转变。2005 年，取得外商和港澳台商投资企业注册核准权。到 2010 年末，全区实有外商投资法人企业 772 家、非法人合作企业 1 家、分支机构 190 家，累计投资总额、注册资本、外方认缴分别为 77.09 亿美元、43.82 亿美元、36.33 亿美元；有内资自营出口实绩企业 1288 家，同年全区完成进出口总额 62.54 亿美元（其中自营出口 44.46 亿美元、进口 18.08 亿美元），自营出口国家和地区 185 个，出口市场份额集中在欧盟、美国、东盟、德国 4 个地区和中国香港地区；有境外投资企业 68 家，中方投资总额 1.76 亿美元，完成外经营业额 1.72 亿美元。

第五节　社会事业

一、科技事业

1986 年初，武进县有农业、化工、电子等 7 个研究所；有专业技术人员 11136 人，其中企业科技人员占 10.2%。1986—1990 年，农业方面重点提高良种化水平，开发农副产品深加工综合利用技术；工业方面引进国内外先进技术和设备进行技术改造，与大专院校、科研院所开展技术协作。1991—1995 年，组织实施星火计划、火炬计划、新产品计划。1994 年 3 月，武进被评为全国首批科技工作先进县、“星火”技术密集区。1996 年起，实施“科教兴市”战略，加快科技成果转化、人才培养和高新技术工业园区建设，发展高新技术及其产业，重点围绕电子信息、机电一体化、环保节能、新材料、生物医药等高新技术领域，改造传统产业，发展支柱产业。2001—2005 年，实施“科教兴市（区）”战略，提高企业技术创新能力，加快开发和组织实施附加值高、具有自主知识产权的高新技术项目，培育科技水平高、竞争优势明显的高新技术企业。2006年起，培育具有自主知识产权和核心技术的产品群，增强企业自主创新能力；培养和造就一批高素质、高层次的科研人才队伍，加强对国外先进技术的引进、消化和二次创新；加强农业新技术研究，发展高科技农业。

2010年末，全区有科技机构、民营科技企业467家、高新技术企业155家、高新技术新产品933个；被列为国家级、省级、市级科技项目分别有43个、103个、187个，签订科技合作项目349项，引进领军型创新创业团队90个、海外高层次人才237名；申请专利6142件，获得授权2882件；全区完成高新技术产业总产值1392亿元，占全区规模工业产值的48%，全社会科技研究与试验发展经费支出占地区生产总值的2.31%。

二、教育事业

1986年初，武进县有普通中小学、职中、电视大学974所，42个乡镇建立成人教育中心校，小学毕业生升入初中比例90.5%，初中应届毕业生升学率37.3%，大学函授教育和职工业余大学等逐步兴起。1986年起，推进普及九年制义务教育工程。1992年，全县61个乡镇（场）通过省普及九年制义务教育的验收。1994年，启动教育现代化工程。90年代末武进基本普及高中教育，2000年武进30个乡镇全部通过省教育现代化乡镇验收，2007年10月率先通过省区域教育现代化评估验收。2010年末，全区有独立建制及以上公办、民办学校101所，其中小学48所（含民办小学2所）、初中32所（含民办初中3所）、九年一贯制学校6所、高级中学和完全中学11所，职业教育中心校、电大、进修学校、特殊教育学校各1所。全区中小学和职中、幼儿园在校（园）学生、幼儿20.78万名；教职工8961名，其中专任教师8485名。2010年，全区有7080名中学毕业生被高等院校录取，高考录取率95.7%；其中高考本科录取5081名，录取率68.7%。初中毕业生升学率98.62%，学龄儿童全部入学。全区独立建制以上公办、民办学校优质幼儿园、小学、初中的比例分别达76.9%、85.2%、85.4%；有四星级高中6所，其余高中全部创成优质高中；18余万人次接受农村成人教育。

三、文化事业

1986—2010年，武进各乡镇开展“一镇一品”特色文化活动，竹刻之乡、摄影之乡、书画之乡、风筝之乡、小戏之乡等特色文化乡镇应运而生，文化下乡、广场文艺演出、新安家庭文化建设等活动广泛开展。各乡镇建成多功能文化中心，集时代宣传、科学普及与成人教育、文化娱乐等功能于一体，创建万册图书馆。在中心城区新建武进文化艺术中心、博物馆等文化设施和阵地。21世纪初，社区文化活动、老年文化活动、企业文化活动、家庭文化活动逐渐成为群众文化新的亮点。涌现出一批颇具影响、知名度的文学艺术家和文学艺术作品。2010年底，有区级文学艺术协会9个、基层文联9个、基层文艺分会和文学社团等23个，会员2000余名，其中国家级协会会员45名、省级协会会员128名；累计公开出版发行文艺作品集或专著90余部，留青竹刻、象牙微雕、铜石雕刻等民间工艺作品享誉海内外。

四、卫生事业

1986年末，武进有全民医疗单位、公共卫生机构10个，集体所有制机构（含专科医院、乡镇卫生院）59个，企事业单位医疗机构91个。后经区划调整、医疗机构调整和撤并。2010年末，全区有医疗卫生机构336个，其中区级卫生机构4个、区级医院4个、镇（街道）卫生院（医院）24个及其门诊部9个、社区卫生服务中心3个和服务站30个、康复保健院7个、村卫生室182个、民营医院2个、企事业单位医务室（卫生所）57个、个体诊所14个。2007年，武进被评为全国农村中医工作先进区。2009年，建立紧急医疗救援体系，覆盖全区的急救模式成为全国首创。2010年，武进残疾人康复中心、精神卫生康复中心建成投用，武进人民医院南院、阳湖医院基本竣工；组建了武进医疗集团，开始集团化办医试点；创成“全国亿万农民健康促进行动”省级示范区。

五、体育事业

80年代，武进县以学校体育作为推动发展的主阵地，实施《国家体育锻炼标准》。1986年春节举办了农民男子篮球赛，9月举办了首届职工运动会。90年代，相继实施《中华人民共和国体育法》《全民健身计划纲要》等，逐年增加体育经费，建设体育场地和实施健身工程。21世纪初叶，全区掀起全民健身热潮。2004年，武进（市、区）体育总会成立，武进曲棍球训练基地落成，江苏省女子曲棍球队入驻。先后成立17个单项体育协会，建成全民健身工程（点）410个（其中国家级、省级标准的健身工程各4个）；14个镇创成省首批体育强镇，武进跨入全省首批体育强区行列。2010年末，全区建有游泳馆、曲棍球训练基地、健身广场、体育馆等体育场馆设施，各镇村建有健身中心、健身工程，高中学校全部建有塑胶田径场，初中、小学改扩建或新建规模不等的田径、球类场地，少数学校还有体育（训练）馆，有体育场地1340个，其中标准场地980个；群众健身锻炼场地341万平方米，人均3.4平方米，经常性参加体育锻炼的群众达到总人口的一半。至2010年底，全区累计向省级以上体育训练单位输送优秀后备人才160名，涌现出周再军、朱澎涛、郇普庆、张榴红、王波、张燕利等在国内外比赛中摘金夺银的优秀运动员。同年，武进区在江苏省第十七届运动会上取得县（市、区）级金牌数、奖牌数、总分和体育人才输送排行榜四项第一的优异成绩。

第六节　人民生活

一、居民收入消费

人均收入　1986年，武进县职工年平均工资1219元，农民人均纯收入907元。2000年，职工年人均工资10681元，农村居民年人均纯收入5211元。2005年，职工年平均工资提高到2.19万元，农村居民年人均纯收入升至7883元，其中工资性收入5282元。2010年，全区城乡居民收入持续增长，生活质量继续提高，城镇在岗职工年人均工资4.61万元，农民年人均纯收入1.4万元，城镇居民年可支配收入2.72万元。

人均消费　1986年，农民人均生活消费（食品、衣着、燃料、住房、生活用品、文化生活）支出846.9元，主要为商品性消费支出和服务性消费支出，分别占总支出的98.4%、1.6%。其中，一次性大宗支出主要是缝纫机、自行车、电风扇和黑白电视机等上百元的商品，少数家庭拥有小尺寸彩色电视机。用于文化、生活服务消费人均仅13.93元。1991年，生活消费1414.14元，食品依然是主要消费项目，住房消费有所下降，用于衣着、医疗、交通通信的消费有所上升。21世纪初叶，一次性生活消费进入万元级阶段。婚嫁、新居落成一次性购买上万元的高档电器等生活耐用消费品，一些家庭购买高档摩托车、计算机、钢琴和彩色电视机，少部分家庭开始购买小轿车，向10万元级消费升级。2010年，城镇居民人均生活消费支出19319元，其中食品、衣着、居住、医疗保健、教育文化娱乐、交通与通信、家庭设备用品及服务消费7项增长，杂项商品与服务支出下降；农村居民人均生活消费支出9132元，其中食品、衣着、交通和通信、医疗保健、文化教育和娱乐6项支出增长，人均居住、家庭设备及用品两项支出下降。

二、社会保障与救助

80年代后期，武进在劳动、人事、民政、卫生等部门设立社会保险管理机构，开始推行养老、失业、工伤、生育和医疗等社会保险。1986年，全县劳动合同制工人养老保险开始实行社会统筹，成立县社会劳动保险公司。1992年，县机关、事业单位保险管理处和县农村社会养老保险事业管理处成立。2002年，均划归区劳动和社会保障局，实行养老保险、失业保险、医疗保险、工伤保险、生育保险统一管理，实施扩面征缴，建立多层次、城乡一体化的社会保险体系。2006年，全区失地农民得到社会基本保障。2007年7月，实行“五险合一、统一征缴”的模式。2010年，全区建成人力资源和社会保障服务站361个，实现村（社区）人力资源保障工作平台全覆盖；新增城镇就业人员2.67万人，城镇登记失业率控制在3%以内。2010年末，全区企业职工养老、医疗、失业、工伤、生育保险参保总人数分别为 39.02 万人、33.68 万人、22.5 万人、20.01 万人、19.36 万人,基金累计结余分别为 69.29 亿元、6.35 亿元、2.62 亿、5147 万元、5858 万元;城乡居民合作医疗保险参保总人数 66 万人,新型农村社会养老保险参保总人数 15.8 万人,城乡最低生活保障标准达每人每月 360 元。城镇、农村保险综合参保率均达 98%,新型农村养老保险老年补贴、被征地农民第四年龄段保养金、城乡居民最低生活保障、城乡居民合作医疗人均筹资水平等提标工作全部完成,132 户符合条件的困难家庭享受到经济适用房补贴。全区住房公积金归集余额 14.87 亿元,发放低息贷款 4.35 亿元。慈善、老龄事业和为民实事稳步发展。全区慈善基金总额达 6.3 亿元,位居全国县级前列;全区发放帮困救助资金达 3000 万元,受惠家庭达 1 万户。光彩事业有力推进,光彩基金总额达 4.9 亿元;中心城区建成居家养老服务中心 5 家,武进被评为全国养老服务示范单位。

第四章　新北区

新北区(常州高新区)位于常州市境北部,北纬 31°48′~32°03′、东经 119°46′~120°01′,北濒长江,与泰州市隔江相望,东邻江阴市,西与镇江市所辖扬中、丹阳两市接壤,南接天宁、钟楼两区。区内拥有国家一类开放口岸常州港和可直航国内 20 多个大中城市的常州机场,沪宁铁路、沪宁高速公路、338 省道、常澄路及京沪高速铁路、镇南铁路、常泰高速公路等穿区而过,新澡港河、德胜河、新孟河等内河连通长江和京杭运河。2010 年末,全区土地总面积 452.6 平方公里,其中农用地 245.13 平方公里、建设用地 172.12 平方公里和其他土地 35.35 平方公里。全区辖春江、孟河、薛家、新桥、罗溪、西夏墅 6 个镇和河海、三井、龙虎塘 3 个街道,共辖 122 个行政村、32 个社区;全区户籍总人口 45.05 万人,常住人口 59 万人。

第一节　自然地理

一、地理环境

新北区大地构造属于江阴—溧阳复背斜、东台—溧阳地震带,基岩以上分布着 140~200 米的第四纪冲积土层,属相对稳定地区。地貌单元属长江三角洲冲积平原,地面坡度小于 0.5%,地面标高一般为 3.61~5.61 米(青岛标高,下同)。区内水网遍布,澡港河、德胜河、新孟河 3 条等级河道纵贯全区,连通京杭大运河和长江,其中澡港河 21.7 公里、德胜河 21.7 公里、新孟河 21.4 公里,河道最高洪水位标高 3.63 米,内河设防水位标高 3.91 米。

二、驻区单位

境内有 AAAA 级景区中华恐龙园、华夏艺博园、恽代英纪念广场、小黄山森林公园等风景名胜及河海大学常州校区、常州工学院等高校。常州市行政中心、行政服务中心、人力资源市场、奥体中心等机关事业单位分别驻于区内三井街道、河海街道。

第二节　历史文化

一、历史沿革

1986 年,新北区全境都属武进县管理。1987 年 1 月,武进县三井乡划归常州市郊区。1992 年 7 月 4 日,市委、市政府批准成立常州市城北开发区，设立常州市城北开发区管理委员会，将武进县龙虎塘镇所辖北塘桥村、王家村，郊区三井乡所辖许家村，从8月1日起划给城北开发区管委会代管。1992年8月13日，常州市城北开发区更名为常州高新技术产业开发区、常州经济技术产业开发区，11月，常州高新技术产业开发区（简称“常州高新区”）被国务院批准列入全国首批52个国家级高新技术产业开发区，总面积5.63平方公里。1995年5月30日，武进县龙虎塘镇、新桥镇、百丈乡、圩塘镇成建制划进。1995年6月27日，市委、市政府批准成立常州市人民政府新区管理委员会，与常州高新技术产业开发区管理委员会实行合并运行的管理体制。2002年4月，全市行政区划大幅度调整，常州市郊区更名为常州市新北区，辖原常州市郊区的河海街道、三井乡和龙虎塘、新桥、百丈、圩塘4个镇和原县级武进市的薛家、安家、魏村、罗溪、西夏墅、小河、孟河7个镇，区域总面积439.16平方公里。

二、名人乡贤

早在南朝时，新北地区就出了以萧道成、萧衍为代表的齐梁两朝15位皇帝，梁武帝萧衍博览群书、勤于著述，提出佛、道、儒“三教同源说”，昭明太子萧统组织编选《昭明文选》，刘勰著《文心雕龙》。唐代，常州第一位状元萧颖士工于书法，长于古籀文体，著有《萧茂挺集》。清朝中后期，以费伯雄、马培之、巢崇山、丁甘仁四大医家为代表的孟河医派人物创造“吴中名医甲天下，孟河名医冠吴中”的鼎盛时期。丁甘仁于1916年在上海创办中国首家中医学院上海中医专门学校，开海内中医办学之先声。新北区还是中共早期领导人恽代英、中国科学院院士恽子强的祖籍地和中国工程院院士张振茂等名贤的故乡。

三、文化遗存

新北区历史上孕育了以齐梁文化、孟河医派文化、名人文化和小黄山文化4种文化。孟河镇历史悠久，万绥集镇是齐高帝萧道成、梁武帝萧衍的祖居地。区内历史文化遗存丰富，拥有新岗文化遗址、万绥戏楼、梅村戏楼、费伯雄故居、吴氏中丞第、百丈楠木厅等市级及其以上文物保护单位，及孟城北街、孟城南门区域和万绥东岳庙区域3处历史传统建筑群，有万绥猴灯、孟河斧劈石造景艺术、孟河医派、固村太平青狮等市级及其以上非物质文化遗产保护项目11个，境内设有中医陈列馆。

第三节　城乡建设

新北区城市功能布局定位为“一城三区十大板块”。一城指北部新城，三区指滨江高新技术产业片区、黄河路高新技术产业片区和齐梁生态休闲片区，十大主题功能区板块指通江中央商务城、环球恐龙创意城、天合国际太阳城、新龙国际商务城、滨江综合产业园、新龙生命科学园、黄河路智能装备产业园、空港综合产业园、齐梁现代农业示范区和齐梁生态文化休闲区。

一、城区建设

新北区（常州高新区）的开发建设始于1990年。1990年9月，江苏省政府批准建立常州城北工业开发区。1992年11月，国务院批准建立常州国家高新技术产业开发区。至1998年底，全区基础设施累计投入19.04亿元，高新区15平方公里范围内的基础设施基本配套，新建道路80余公里，新铺管线130余公里；开工建筑面积180万平方米，竣工137万平方米；5.1万千瓦调峰电厂、22万伏三井变电站、11万伏龙虎变电站、2.5万伏百丈变电站建成投运；建成新区自来水厂和城北污水处理厂，形成日供水1.5万立方米和日处理污水5万吨的能力；2万门程控电话局开通；日供煤气能力5万立方米；万吨级深水码头建成投运。新区大厦、高新科技园、嘉新公寓、阳光花园别墅区、国际学校、长江自由贸易中心及富都、燕兴、兰翔、前桥生活社区等配套设施项目建成投运，城市化功能日臻完备。1999—2002年，先后建成三井河路、巫山路、衡山路、天山路、泰山路等城市标准等级道路48条，总长度32.21公里，道路硬化总面积65.32万平方米，建成雨污水管线84.37公里，建成桥梁8座。2002年底，实有城乡道路782公里，其中高级道路总长550公里。2002年新北区成立后，推进城市基础设施建设，形成一环六横三纵的城区道路框架体系和较为齐全的供电、供水、供热、供气、污水处理等配套设施。

2003—2005年，全区完成市政基础设施投资23.61亿元，建成长江路、龙江路、黄海路、东海路等道路47条，总长87.23公里。2006—2009年，全区完成市政基础设施投资136.1亿元，基础设施"西接空港、北沿长江、两城一带、轴向推进"，先后实施两高两铁、机场改扩建等国家、省、市重点工程建设，建成黄河西路、玉龙路、赣江路、北海路等一批道路，总长132.8公里。建成电子园泵站、罗溪泵站等配套设施，完善污水、给水、燃气等专业管线147公里；录安洲联检大楼建成投运，港区一期工程码头对外开放。2009年末，基本形成以高新组团为主体，新龙组团、新港组团、空港组团为支持，中心镇为依托的现代化新区主框架，建成区面积达60平方公里。2010年，围绕北部新城建设，优化规划编制，工程建设进度加快，京沪高铁、西绕城高速、机场高架等国家、省、市重点工程，高铁场站、飞龙居住区、创意产业基地等三大片区，万达广场等商业综合体，世茂香槟湖、龙湖、九龙仓等高品质住区进展顺利，新建昆仑路、南湖路、飞龙路等道路，总长46.3公里。

二、园区建设

1993年，新区管委会组织实施千米长街工程，投资建造包括高新科技园在内的大量的标准厂房，与火炬大厦、富都大厦、金融大厦、侨光商住楼和嘉新双塔商住楼等高层建筑。1994年8月高新科技园建成。作为常州高新技术产业开发区的启动区，由科技创业中心、科技服务中心、常新科技楼、嘉迅保税仓库、会议中心、展览中心6部分组成，科技园主导产业是电子与信息、生物医药、光机电一体化和新材料4个门类。

2010年，组建创意产业基地管委会、光伏产业园区管理办公室、生物医药产业园区管理办公室、新能源车辆产业园区管理办公室。确定以天合光伏产业园、龙虎塘片区为主体的天合太阳城概念性城市设计，以环球恐龙城、软件园为主体的创意产业基地城市设计，以"一个生产制造基地、两个公共服务平台、一个空港新城特色小镇"为总体功能结构的新能源车辆产业园规划，生物医药产业园规划基本确定。光伏、创意、生物医药3个园区被省科技厅认定为省级科技园区。

三、交通运输

按常州新区总体规划和项目进区要求，1992年建成一批城市标准等级的市政道路。1992—1998年，区内实有等级道路247.36公里，桥梁77座，有航道两条、28.13公里。1996年9月，常州港开工建设，1997年12月正式开港。至2002年底，区内主要公路有省道3384.36公里、通江大道13.6公里、常澄路6.3公里、龙魏公路8.21公里、龙圩线7.1公里，还有100多条乡村公路联结区内城区道路；有主要等级航道3条64.8公里。2010年，新北区重点推进京沪高速铁路、西绕城高速公路、机场高架道路、机场改扩建等国家、省、市重点工程，建成昆仑路、南湖路、飞龙路、环龙路、红河路等市政基础设施建设。至同年末，全区陆、水、空、铁立体交通优势明显。1999—2010年，新建、改建常澄路、新机场路、常泰路等省道、县乡道路，竣工道路57.9公里，建成常州港石化码头，完成投资5.7亿元。

铁　　路　除沪宁铁路和建设中的城际铁路沿新北区南侧通过外，建设中的京沪高铁穿区而过，京沪高速铁路常州站建在新北区新桥镇境内，形成纵横交错、四通八达的立体综合交通运输网络，其快速便捷的交通优势在全省县(市、区)中名列前茅。

水　　路　有3条等级航道从新北区穿过(共64公里)，拥有常州境内整个长江岸线(18公里)和国家一类开放口岸常州港。境内有常州机场（占地3932亩）直航国内20多个大中城市，年旅客吞吐量达56万人次，货邮吞吐量8400吨。

公　　路　2005年末，有沪宁高速公路，宁小线（238省道）、泰澧线（232省道）、浏张镇线（338省道）、张常溧线（340省道）、常淳线239省道、122省道等6条省道和1条国道穿区而过；拥有等级公路里程303公里。其中一级公路59公里、二级公路68公里、三级公路79公里、四级公路97公里，等外级公路312公里。沪宁高速公路和六条省道穿区而过，2007年8月1日，完成常州至孟河的中巴车（共92辆）政府收购任务，开通公交线路，2008年底全区实现村村通公交。

四、生态环境

到1993年底，随着常州高新区范围不断扩大，逐步形成良好的生态环境。1995—1998年，年均新增绿化面积达10万平方米，至1998年底建成绿地130万平方米。常州高新科技园南苑绿地、新区中心公园、阳光花园绿地、通江大道林带、澡港河林带等工程被列为常州市政府重点实施的城市"五五"环境绿化工程。2004年，完成黄山路、常澄路两条景观林带工程，新增城市绿地106万平方米。2006年，配合全市"八路八口"绿化建设，建设"一路三口"（338省道和沪宁高速常州道口、薛家道口、罗溪道口）绿化区（带），总投资1540万元，新增绿地30万平方米；完成黄河路、通江路和空港道口绿化工程，新增绿地250万平方米。2008年，实施城乡绿化"十大工程"，新增绿地1087万平方米。2009年，实施城乡八大绿化工程，完成小黄山生态林修复工程，华山公园、飞龙体育公园基本建成，新增绿地257万平方米。2010年启动32条道路景观绿化提升工程，绿化品种多样化、绿化样式多元化实现飞跃，完成提升面积35公顷、景观投资1.2亿元。至2010年底，全区绿化总面积730万平方米，绿化覆盖总面积1008万平方米，绿地率17.5%，绿化覆盖率22.3%，城区人均公共绿地10.16平方米。

第四节　经济发展

1992年，常州新区实现地区生产总值1.1亿元。2010年，新北区完成全社会固定资产投资280亿元，财政总收入100.33亿元；实现地区生产总值500.5亿元，其中服务业增加值78.5亿元，三次产业结构比例为2.1∶73.6∶24.3；常住人口人均地区生产总值5.7万元。

一、农　　业

常州新区、新北区常年种植小麦、水稻、大豆和油菜等农作物。1998年底，新区拥有可耕地7.7万亩，全区实现农业总产值1.02亿元，完成多种经营产值2.3亿元，农民人均收入4350元；粮食总产4411万公斤，其中水稻单产628公斤，初步形成以新桥的蔬菜基地和百丈的花草苗木基地、龙虎塘的葡萄基地和养鳖场、圩塘的河豚养殖及澡港河沿线笋用竹的种植基地为龙头的农业产业化新格局。2002年区划调整后，全区有耕地1.8万公顷，农业人口29.69万人，农村劳动力15.36万个。建成具有一定规模的农业科技示范园区24个，面积953公顷；兴办农业企业61家，其中投资达500万元的有6家；引进农业新品种、新项目100多个，逐步形成林果、蚕桑、花卉苗木、特色蔬菜、瓜果、食草畜禽、长江特种水产等适应新北区可持续发展的主导产品，区域化生产基地初具规模。全区经济林果面积达233公顷，其中花卉苗木187公顷、蚕桑380公顷，饲养奶牛350头、山羊5.6万只、家禽104万羽、生猪16万头，年产水产品9600吨。2005年末，全区建成无公害农产品产地16个，面积4100公顷，产品21个，绿色食品1个，市名优农产品10个。兴办和引进农业企业、农产品加工企业26家，农业企业销售收入达1.35亿元。成立农业合作经济组织16个，会员人数达2916人，农业经纪人200人。全区农业结构调整面积5660公顷，农业用地总面积27662.3公顷，其中耕地20600公顷、园地1274.7公顷、林地289.1公顷、渔业养殖水面1048.8公顷、其他用地4449.7公顷。2005年，全区完成农林牧副渔总产值10.71亿元，其中多种经营产值8.3亿元，实现第一产业增加值5.5亿元。

春江镇拥有济农牌大米、大拇指牌砂梨和绿然、宇菁牌蔬菜4个农业产品注册商标。孟河镇形成以水稻、小麦、油菜为支柱产业，花卉、苗木、林果、斧劈石、地鳖虫养殖为特色产业的农业体系。新桥镇的糯玉米、水果型黄瓜、无公害番茄、蛋鸡及高档盆花、鲜切花等特色种植基地效益显著。罗溪镇建成国家级无公害蔬果基地2个和水稻生产基地1个、无公害农产品基地6个，汤庄无公害葡萄种植园、寒英葡萄种植园、农家乐龙虾养殖基地、彩叶树种植园、新科砂梨园艺果园等加快形成"一村一品"特色农业。西夏墅镇形成以三新科技园、圣王果蔬、青青草坪、浦前名特优经济林果示范园、特种苗木为代表的高效农业园区，发展草坪种植为主的生态农业、观光农业，籽山药、无花果、张万成羊肉、大棚蔬菜等名优农副产品成为农业致富的品牌。

2010年，全区完成农业总产值13.5亿元，建成蔬菜、果品、花卉等农业专业园区（基地）20个，新增无公害农产品11个、绿色食品3个、无公害农产品产地5个；创成省级农业标准化示范区1个，培育出怡泰牌固体饮料、巢媛牌无花果茶、绿秀牌草菇等市级名特优农产品8个。新北万顷良田工程被列为国家"土地整治"示范工程，累计投入2.9亿元，建成标准良田8902亩，成立土地股份合作社12个，4040户农民变股民，引进大娘水饺、菜根香、怡泰食品等优质农业项目到万吨良田项目区。

二、工　　业

1992年，全区完成工业总产值2.7亿元。经过几年的开发建设，初步形成以机电一体化、电子信息、医药生物、新型建材、化工、纺织服装等为主的产业门类。1998年，区内工业企业达800多家，其中61家重点骨干企业实现年销售收入21.8亿元，占全区总量的48.5%；销售收入达1亿元的企业有7家；光阳摩托车公司、小松常林工程机械公司、高见泽电子公司、华生制药公司、华源雷迪斯公司、常新发电公司等外资和港澳台资企业建成投产。完成工业总产值53.1亿元，实现工业增加值12.8亿元，占全区国内生产总值的51.2%，全区纳税达100万元的企业24家。新批合同利用外资和港澳台资1.03亿美元，实际利用外资和港澳台资0.94亿美元，其中投资总额达500万美元的外资和港澳台资企业5家。

1999—2001年，常州新区工业总产值每年增幅超过30%，2002年完成工业总产值206.56亿元。经济运行质量显著提高。4年中，全区累计实现利税33.42亿元。年销售收入达500万元工业企业357家，其中超1亿元企业31家。2002年，常林股份公司销售收入突破10亿元。常州市盛士达汽车空调、立达纺机、星宇车灯、博格思众空调、华强焊割、胜业电子、伊斯特食品、惠昌传感器、中鹏印染等企业产品档次提高。2005年，自办工业投入90.69亿元，增速位列全市辖市区首位，全区完成工业产品销售收入488.55亿元，工业利税完成36.83亿元。2003—2005年完成工业投入210.74亿元，年均增32.1%。

2008年，全区工业企业达4106家，其中规模以上工业企业659家，工业产销跃上千亿元台阶，完成工业总产值1170.32亿元、产品销售收入1161.21亿元，其中年销售达10亿元的企业20家，工业实现利税81.7亿元，形成装备制造、化工新材料、生物医药、光伏及电子信息等优势产业。全区年销售收入达1亿元企业180家，其中达10亿元企业有13家，天合光能成为区内首家销售超50亿元的工业企业。2010年，全区完成工业总产值1709.8亿元，其中规模以上企业完成产值1389.3亿元；实现产品销售收入1682.2亿元，其中规模以上企业实现产品销售收入1358.3亿元。先进装备制造、新材料、电子信息、新能源及环保节能、生物技术及制药五大产业呈现总量扩大、份额提高、结构改善、质量提升的良好态势，规模以上企业完成产值1125.5亿元，占规模工业总量的81%。重点企业支撑作用明显，全区1018家规模企业中有销售收入达

1亿元的企业247家，达10亿元的企业18家，其中天合光能、现代工程机械、小松工程机械、华润包装、国电常州发电分别实现产品销售收入110.5亿元、64.6亿元、63.8亿元、45.9亿元、25.9亿元。康辉医疗器械公司在纽交所上市，天合光能公司在纽交所完成增发再融资，星宇车灯公司、千红生化制药公司通过中国证监会发审会审核。

三、商贸服务业

建区之初，常州新区管委会把发展第三产业作为开发建设新城区的重点培育。1995年，全区第三产业企业完成营业收入55亿元，实现增加值4.5亿元；1998年第三产业企业营业收入80.2亿元，实现增加值8.26亿元。第三产业企业纳税户占全区纳税户总数的2/3。1999—2002年，新福记、杭州人家、上海酒楼等餐饮企业相继开业，燕山路商业街形成新北区的商业中心，河海综合市场、富都农贸市场建成投运。2000年，中华恐龙园开园，成为华东地区著名的旅游目的地。2002年被列入首批国家AAAA级旅游景区，全区接待游客105万人次，实现营业收入4005.82万元。全市各大金融保险机构在区内相继建立分支机构，营业网点遍布全区。全区大力发展道口经济，以专业市场为骨干，相继开工建设新长江自由贸易中心、新农机市场、月星国际家居广场、常州机动汽车交易市场等，总建筑面积达61.5万平方米。2000年，全区首家大型综合性超市华联吉买盛大卖场开业。2002年12月，全市首家大型汽车交易市场常州国际汽车城投入运营。全区完成市场成交额33.1亿元。完成社会消费品零售总额7.2亿元。2004年12月17日，韩国最大的食品加工企业农心集团投资的每家玛超市项目签约落户世纪广场，为全市首家从事零售业的外商独资商贸企业，总投资1200万美元。

2005年，新北区实现第三产业增加值41亿元，完成社会消费品零售总额58亿元、市场成交额60亿元；与同济大学合作编制完成《新北区现代服务业发展和空间布局规划》《新北区物流业规划》。至2005年末，全区建成生活消费品综合市场22个，总建筑面积6.7万平方米；总投资7.9亿元，建成专业批发市场11个，涉及机械、家居、建材、汽车等行业，总建筑面积63.3万平方米；上海大众、一汽奥迪、长安福特、广州本田等17家汽车4S店，2005年销售品牌汽车1.2万辆，完成销售收入17亿元。2005年，重点餐饮企业完成营业收入2.2亿元，上缴税收1300万元。区内首家五星级国际酒店常州富都商贸饭店建成开业，全区形成以富都商贸饭店、金陵江南大饭店、新长兴楼、新福记、中天凤凰大酒店为代表的约8万平方米营业面积、各具特色的中高档餐饮行业。每家玛、吉买盛超市2005年完成营业额2亿元。天安花园、怀德名苑、奥林匹克花园、府琛花园、滨江明珠城等楼盘呈现出多样化、个性化特色。2005年，全区房地产企业实现销售收入26.9亿元。

位于通江大道西侧的每家玛超市（摄于2005年12月）

2008年，长江塑化城、国际塑化城、长江自由贸易中心、五金机电城、农机市场和月星家居6个大型专业市场实现市场成交总额220.2亿元。组建成立创意产业基地，重点发展软件、动漫、网络游戏、服务外包等为主的创意产业。2010年，全区实现服务业增加值155.1亿元，完成社会消费品零售总额135.56亿元；服务业完成税收 27.78 亿元。专业市场规模壮大，交易范围扩大，7 家大型专业市场完成成交额 446.92 亿元，其中龙成钢材市场、长江塑化城交易额双双突破 100 亿元。消费市场繁荣活跃，富都商贸、金陵江南等 10 家重点餐饮住宿企业实现营业收入 5 亿元，百盛、万达、沃尔玛等知名商业品牌入驻。汽车消费持续增长，21 家汽车 4S 店销售汽车 2.37 万辆，实现销售收入 41.15 亿元。

四、旅 游 业

新北区旅游业蓬勃发展。2005 年，《中华龙城现代休闲旅游区总体规划》顺利通过专家评审，中华恐龙园 2005 年接待游客 170 万人次，实现营业收入 7000 万元；春江镇新华村被国家旅游总局命名为“全国农业旅游示范点”。环球恐龙城创建成为全市首家国家 AAAAA 级旅游景区、全省首家 AAAAA 级文化创意类主题景区，接待游客 298 万人次，完成营业收入 3.01 亿元，其中恐龙谷温泉、三河三园、恐龙城大剧场接待游客 35 万人次，完成营业收入 4181 万元。

第五节　社会事业

一、科技事业

常州高新技术产业开发区（新区、新北区）相继成立后，坚持实施“科教兴区”战略。1998 年，全区拥有省级高新技术企业 23 家，高新技术产业产值占工业总产值的 22%。2002 年底，全区经省科技厅认定的高新技术企业增至 68 家，开发高新技术产品 117 个，经省信息产业厅认定的软件企业 12 家，开发软件产品 46 个，实施火炬计划项目 56 个，开发高新技术产品产值占工业总产值的 40%，形成工程机械、车辆及其配件、智能型仪器设备、“三药”（医药、兽药、农药）及其中间体、化工新材料、网络通信与软件 6 个高新技术产品群。2001 年 9 月 3 日，常州市科技创业服务中心被科技部评为国家高新技术产业开发区先进孵化服务机构。2003—2005 年，全区建成省级工程技术研究中心 1 个和市级工程技术研究中心 2 个，成立全市首家区域性博士后科研工作站，开发国家重点新产品 11 个，承担市级及其以上科技计划项目 298 项，承担国家“863”计划项目及其引导项目各 1 项；新增省级及其以上高新技术企业 86 家。至 2008 年底，全区累计承担国家“863”计划项目 8 项，拥有研发机构 40 家、海归人才 380 位，领军型海归创业人才项目 52 个，科技创业服务中心孵化面积达 25 万平方米，先后引进科技孵化型企业 217 家。组织企业申请专利 1330 件，获得授权 402 件。

2010 年，全区高新技术产业完成投资 143.38 亿元，占全区工业投资的 52.3%；规模以上高新技术企业完成总产值 860 亿元，占规模以上工业总产值的 62%。高新技术产品出口快速增长，总出口额达 18.87 亿美元，占全区出口总量的 37%。拥有省级高新技术企业 189 家，居全省县（市、区）第二位。组织实施市级及其以上科技项目 260 项，获国家项目立项 51 项，争取经费 1.53 亿元。全方位推进“产学研”合作，签订“产学研”合作协议 85 项。建立以创业中心综合孵化器为龙头，创意、生物医药等 7 家专业孵化器为特色的孵化器网络，全区孵化器和加速器总面积 78 万平方米。

二、教育事业

1995 年，常州新区有中学 5 所（包括完全中学 1 所）、小学 42 所（包括中心小学 5 所）。1998 年全区适龄儿童全部入学。2002 年底，新北区有学校 81 所，其中公办民营学校 1 所（常州国际学校）、完全中学 4 所、初中 13 所、小学 62 所、成校 1 所。全区中小学在编教师 2907 人，在校中小学生 5.6 万人。有幼儿园 20 所，在园幼儿 7800 多人。至 2008 年，经过撤并新建，全区有公办中小学 36 所，其中完全中学 4 所、初中 12 所、小学19所、九年一贯制学校1所，另有民办中小学2所（国际学校、河海中学）；在编教职工2909人，在校中小学生44661人；全区有幼儿园23所，其中民办幼儿园2所，在园幼儿8856人。全区优质学校比例57.8%。坐落新北区的市教育局直属学校两所（北郊中学、旅游商贸高等职业技术学校）。外来务工人员子女全部由公办学校吸纳，小学占学生总数的26.3%，初中占14.2%；优质学校中有三星级高中3所、省示范初中8所、实验小学9所、省优质幼儿园13所。2010年末，全区设普通中学18所、小学21所和职业高等学校、民办高等院校各1所。全区中小学在校学生4.22万人，专职教师2625人。学龄儿童、小学毕业生升学率100%，初中毕业生升学率98.1%。教育资源质量提升，新建、改扩建新桥小学、小塘小学、银河香槟湖幼儿园等学校幼儿园10所，成功引进局前街小学优质教育资源。

三、文化事业

2005年，新北区文化艺术活动中心落成，舞蹈《我家的新书架》获省少儿舞蹈金奖，摄影作品《大漠深处驼铃声》《天唱地和》分获江苏省纪念改革开放30周年书画美术摄影大展金奖和江苏省“五星工程奖”摄影类金奖。每年举办大型活动文化50余场，实施“三送”工程，每年送戏24场，送书8000余册，送电影1500场。中华恐龙园、华夏工艺美术产业博览园等文化产业园区发展不断加快。2008年底，9个镇（街道）文化体育工作站全部建成江苏省一级标准化文化站，建成村级文化活动室40个，基本形成区、镇（街道）、村（社区）三级文化网络，全区有群众特色文体团队180余支。2010年，新建村（社区）文化活动室27个和“农村书屋”155个，认真开展“送书、送戏、送电影”下乡活动，全年放映电影1500余场、送戏30余场、送书13万余册，举办“幸福广场周周演”等群众性广场文艺演出30余场。

四、卫生事业

1995年建立新区后，全区医疗卫生机构逐步完善。1997年3月，新区卫生防疫站成立。1998年底，有5个乡镇卫生院，49个村卫生室，每千人拥有医护人员2.77人。2002年底，全区有医疗卫生机构168个。2002年11月，区卫生防疫站更名为区疾病控制中心和区卫生监督所。2002年7月新北区妇幼保健站成立，2003年6月更名为新北区妇幼保健所。2005年3月20日，全区首家民营医院华山医院成立。2008年底，全区有医疗卫生机构121个，其中区疾病预防控制中心（卫生监督所）和妇幼保健所各1个，乡（镇）卫生院（社区卫生服务中心）12个，分院1个，社区卫生服务站、村卫生室67个；全区有民营医院1个，内设医疗机构34个，个体诊所4个。卫生系统在职职工743人，其中卫生技术人员673人，有副高级职称人员6人、中级职称144人。乡（镇）卫生院、社区卫生服务中心拥有床位619张。2010年，龙虎塘卫生院门诊综合楼、河海社区卫生服务中心、罗溪卫生院投入使用，全区社区卫生服务机构用房和基本装备全部达省定标准，医院挂钩帮扶全部社区卫生服务机构。

五、体育事业

2002年起，新北区全面实施《全民健身计划纲要》。2008年底，全区有全民健身工程（点）105个，136个村民委员会建成百村体育健身工程，社会体育指导员581人。三井街道被评为全国群众体育先进单位，西夏墅镇被评为第八届全国亿万农民健身活动先进乡镇。2006年，首次组团参加江苏省第十六届运动会，获得金牌10.5枚。2008年底，全区有国家二级及其以上运动员86人。2010年，组团参加江苏省第十七届运动会，获得金牌42.75枚（因计算方法导致金牌数有小数），居全省市辖区第三名，承办了这届运动会的射箭、棒球垒球单项比赛；全民健身月期间开展健身活动50余次。

第六节 人民生活

一、居民收入消费

1996年，常州新区农民人均纯收入3483元，在岗职工人均工资8000元。1998年，农民人均收入提高到4350元，人均住房面积39.46平方米。2002年，农民人均纯收入增至4980元，在岗职工人均工资13776元。2005年，在岗职工人均工资19769元，农村居民人均纯收入7151元，居民文教娱乐服务支出占家庭消费支出比重达15%，恩格尔系数低于37%。2007年，新北区实现全面小康目标。2010年，城镇居民人均可支配收入增长到2.63万元，农民人均纯收入增长到1.27万元。

二、社会保障与救助

社会福利 1998年底，常州新区有5所乡镇敬老院，入院五保老人72人，统筹供养资金18万元，社会散居“五保”老人39人，统筹供养资金22.8万元；福利企业38家，安置残疾职工1255名。同年1月1日，开始实施农村最低生活保障制度；当年保障201户贫困户，向373人次发放最低生活保障金23万元。2003—2005年，全区发放城乡困难群众最低生活保障金1713.6万元。2004年，投资500万元建成区社会福利中心，设有床位100张；当年，全区首家民办养老机构常州市圩塘康乐中心建成并投入运行。2005年起，建立“五保”供养自然增长机制，“五保”供养标准不低于当地上年度农民人均纯收入的50%。建立对低保边缘困难群众的年终一次性救助制度，全区有2091户低保边缘群众得到生活救助，当年发放救助金125万元。年末，全区在册城乡低保对象3281户、8018人。全区城镇低保标准为每人每月280元、农村低保标准为每人每月180元。2005年度受救助的大病困难群众729人，发放大病救助金510.8万元。全区建立覆盖到镇、街道和15个社区的经常性社会捐助工作网络。2003—2005年，区内机关企事业单位的干部群众慈善捐款达1608万元。

2006—2008年，安排救灾救济经费320万元，救助受灾困难群众6500人次。安排“五保”供养经费758万元，投入经费168万元，改扩建春江镇敬老院、孟河镇敬老院和西夏墅镇敬老院；投资1600万元，新建新桥镇敬老院、薛家镇敬老院和罗溪镇敬老院。1280名困难群众得到区大病医疗救助，发放医疗救助金576万元。募捐慈善资金7558万元(其中为四川地震灾区定向捐款3158万元)。2008年底，新北区在册低保对象4141户、9717人，发放困难群众最低生活保障金3698万元。低保边缘家庭4867户，发放低保边缘群众生活救助金785万元；启动困难群众物价补贴，当年发放困难群众物价补贴经费358万元。全区在册“五保”对象673人、敬老院7所。2010年，全区发放城乡居民最低生活保障金2153万元、困难群众救助金1893万元；新建居家养老服务站99个，服务1618人。

社会保险 1998年底，新区560家企业参加职工养老保险，参保总人数6430人，年征缴保险金1201万元。1999—2002年，全区企业职工基本养老保险参保企业增至747家，参保18412人。2003—2005年，社会保险(包括企业职工养老保险、医疗保险、失业保险、工伤保险、生育保险)扩面征缴取得巨大进展。2005年末，全区参保单位4445家，参保78525人，养老基金总额3.02亿元。2008年末，参保单位增至6386家，参保职工15.2万人，养老基金总额9.16亿元，扩面净增参保4.2万人。2010年末，全区参保单位发展到7396家，参保职工17.5万人，征缴养老基金总余额12亿元。

失地农民保险 常州新区从1999年1月1日起，对征地劳动力在养老期间按每人每月150元的标准发放养老金。至2002年底，参保2999人，累计核发养老金1906.34万元，死亡丧葬补助费6.96万元。

2004年8月，区政府出台《常州市新北区失地农民基本生活保养暂行办法》，规定保养对象是以村民小组为单位、人均耕地不超过0.1亩的农村合作经济组织成员，保养标准不低于每年亩均950元的生活补助分配和100元／月·人的老年农民生活补助。2005年末，全区人均耕地不超过0.1亩的770个村民小组、81个村委兑现分配，符合保养条件的18129名老年农民领取生活补助。2008年5月，《常州市新北区被征地农民基本生活保障试行办法》出台，开展被征地农民进城保工作，年底前完成全区1020个村组、14.43万人纳入城镇基本生活保障体系，参保24610人，涉及补缴人员31447人，累计补缴11.04亿元。2010年，《新北区新型农村社会养老保险实施办法》出台，新农保参保10.66万人，参保率97.5%，被征地农民老年保养金提高至每人每月250元。

农村合作医疗 2004年4月1日起，推行新型农村合作医疗制度，筹资标准每人50元，当年有30.25万人参加合作医疗，参保率94.7%。2008年，农村合作医疗保险筹资标准提高至每人150元，参保33.34万人，参保率100%。2010年，新农合人均筹资标准提高到300元。

农村合作医疗保险补偿金送到患者手中(摄于2006年3月)

第五章　天宁区

天宁区位于常州主城区中东部，东连戚墅堰区，南接武进区，西临钟楼区，北毗新北区。天宁是常州城市的对外门户，京杭大运河、沪宁铁路、沪宁（今沪蓉）高速公路穿境而过，常州火车站、汽车站等综合交通枢纽坐落区内，沪蓉高速、青洋路高架、青龙互通路是常州向上海、南京方向进出的城市主通道及常州环城高架连接高速的重要节点。全区土地总面积67.4平方公里。2010年底，辖省级天宁经济开发区和雕庄、青龙、茶山、红梅、天宁、兰陵6个街道，设20个行政村、65个社区。全区常住总人口52.3万人，其中户籍总人口37.3万人。天宁区先后被表彰为全国社区服务示范城区、社区建设示范城区、全国残疾人工作先进区、全国残疾人社区康复训练与服务工作典型区、群众体育先进单位、第五次人口普查工作先进区和江苏省双拥模范区、社区卫生服务示范区等。

第一节　自然地理

天宁区属苏南中部长江三角洲平原及太湖冲积平原，气候温和湿润，境内地势平坦，河网稠密，沟塘众多，雨量充沛，自然资源丰富。区境内有国家AAAA级旅游景区天宁禅寺、红梅公园，4个国家AA级旅游景区东坡公园、戈小兴中外烟标烟具博物馆、张太雷纪念馆、江南美术馆。江苏省常州高级中学、常州市第一中学、局前街小学等优质文化教育资源和常州一院、二院、三院、六院(儿童医院)、妇幼保健院、中医院、德安医院、解放军第102医院等优质医疗卫生资源都集聚于辖区内。

第二节 历史文化

一、历史沿革

1949年4月23日，武进县解放前，区境属武进县。武进解放后，县城划出设常州市，境属常州市名山、龙城两镇。8月废镇设区，为第一区，1950年第一区被撤销。1952年恢复建立东区，9月成立东区人民政府。1955年11月，因千年古刹天宁寺位于境内，故命名为“天宁区”。1956年3月撤销天宁区，次年9月恢复天宁区。1960—1963年改为天宁人民公社，后复名“天宁区”。1966年更名东风区，1980年复称天宁区。1987年1月撤销广化区，所辖古村、清凉、兰陵3个街道划归天宁区。2002年4月撤销郊区，其所辖的雕庄、青龙、茶山、红梅4个乡划归天宁区管辖。2003年10月，4个乡撤乡建街道，原城区新丰街道与水门桥街道合并设立新丰街道，局前街街道与古村街道合并设立局前街街道。2006年9月，撤销新丰街、局前街街道，新设天宁街道，撤销北环路、朝阳、清凉3个街道，所辖区域相应划归红梅、青龙、茶山、兰陵、雕庄街道。

二、名人乡贤

天宁境内自古民众崇文向学，宋代太傅张彦直和4个儿子张守、张宰、张宲、张宇成为“一门五进士”，当时的郡守在他们所居巷口建“椿桂坊”牌楼，取灵椿丹桂之意加以褒奖。明代文武全才、抗倭英雄唐顺之出生于境内。明末清初，白云溪、前后北岸一带相继涌现出杨廷鉴、吕宫、赵熊诏、庄培因4位状元。清朝，境内有以恽南田为代表、擅长画没骨花卉的常州画派，以恽敬为代表的阳湖文派，以张惠言为代表的常州词派和以庄存与为代表的常州学派（今文经学派）。卓有成就的文人学士尤以史学家赵翼、“布衣诗人”黄仲则声誉隆著。中国最早的人口论学者洪亮吉论述人口比西方学者马尔萨斯的人口论晚4年。著名藏书家、目录学家、经学家孙星衍为天下奇才，一生撰辑成书25种、225卷。

三、文化遗存

天宁境内名胜众多，有筑于南齐建元年间(479—482)、“开甲第之先兆”的文笔塔；有始建于唐贞观、永徽年间(627—655)，被称为“东南第一丛林”的千年古刹天宁禅寺；有“红梅第一树灿如霞”，为道家仙学源流的红梅阁；有为纪念北宋大文豪苏东坡11次到常州舣舟登临的舣舟亭和终老常州的藤花旧馆；有宛若武陵中的桃园、三山在望的约园、充满诗情画意的近园、具有江南古典园林特色的意园。及垂柳碧波、烟水空蒙、渔舟唱晚、龙舟竞渡的白云溪，溪流两岸名人故居甚多，有赵翼的湛贻堂、黄景仁（仲则）的两当轩，洪亮吉的更生斋，恽南田居住过的瓯香馆，清实业家盛宣怀、刘国钧和中共早期领导人张太雷、著名法学家史良的故居，清康熙、乾隆两帝南巡来常多次驻跸东坡公园内，留有亲书的“龙城象教”“舣舟亭”和“玉局风流”匾额。留青竹刻被列入国家级非物质文化遗产名录。

第三节 城乡建设

一、市政建设

1986年初，天宁城市路网有所完善，建成甲级道路11条、乙级道路16条、丙级和里弄道路近300条，全长55.3公里，总面积14.36万平方米。80年代，区内通公交线路10条，1986—2000年，新建、拓建主干道、次干道28条，总面积25万平方米。2001—2008年，新建主干道、次干道30条，总面积35.8万平方米。逐步对老小区周边道路和背街巷道进行改造或重新铺设。1999年公交线路增至35条，2008年达77条，快速公交(BRT)一号线、二号线均通过区内。2010年，青洋路高架道路、中吴大道等6条城市骨架道路建成通车后，交通便捷程度大幅度提升。站前路、竹林南路等12条加密道路改造完成。2010年，沪宁城铁常州站和常州客运中心建成投运，总建筑面积20.5万平方米，其中地上10.3万平方米、地下10.2万平方米，总投资32亿元，集铁路、公路客运、城市公交、出租车、轨道交通(预留)和社会停车等交通运输方式及现代商业商务设施于一体。常州客运中心是江苏省客运综合枢纽示范工程，有245条长途汽车客运班线覆盖全国140个城市和地区，11条公交线路衔接市区公交一体化网络和快速公交网络，出租车候客区可容纳出租车100辆，社会停车场可停放车辆700辆。

二、园林绿化

80年代起，天宁区以全民植树活动为重点，加快绿化步伐。80年代中期，新建的一批新型公厕、垃圾中转站、集装垃圾箱相继投入使用。1990—2000年，通盘规划实施全区绿化，兴建标准统一的公厕119座，其中水冲式公厕86座；新建改建垃圾转运站22座，日转运能力300余吨；兴建垃圾房259座、垃圾箱果壳箱185个。2000年，全区绿化总面积250.26公顷，人均绿地9.64平方米。2001—2010年，配合全市创建园林城市活动，实施横塘河、新运河、国道312、“八路八口”(高速公路出入道口)绿化工程天宁区段等重点绿化工程，红梅公园扩建改造并免费开放，蔷薇湿地公园、翠竹公园、紫荆公园、五一广场、火车站北广场等公共绿地建成开放，天宁经济开发区通过省级生态工业园区考核验收，劳动中路、和平路等20条道路绿化全面提升，全区新增绿地150公顷，绿化覆盖率37.3%。全区新建和维修水冲式公厕267座，改造旱厕106座；新建压缩式垃圾转运站6座，新增垃圾房200余座、环卫保洁车1099辆。

青山桥广场(摄于2007年9月)

第四节　经济发展

1986年，天宁区完成工业总产值2926.64万元，实现利税总额319万元。1987年始建区级财政，实现财政收入1162万元。2001年，全区完成工商营销总额45.65亿元，实现地区生产总值7.2亿元、财政收入1.68亿元。2010年，全区完成固定资产投资185.7亿元，实现地区生产总值300.74亿元、地方一般预算收入29.4亿元。

一、农　　业

2002年4月以前，天宁区无农业。此期原郊区的4个乡划归天宁区管辖，始有农业。同年全区生产粮食226.5万公斤，上市生猪2.2万头、家禽80万羽、水产品86万公斤。2003年以后，传统的农业模式渐渐被其他产业所替代。随着城市建设用地开发，到2010年基本无农业。

二、工　业

1991年，天宁区完成技术改造项目29项，开发新品95个，工业产值首次突破1亿元，达1.03亿元。1999年，全区完成工业产品销售收入8.45亿元，实现工业利税6988.96万元。2008年，全区完成工业产品销售收入522.72亿元，实现工业利税24.13亿元、工业利润14.43亿元，分别比2002年增加2.89倍、2.87倍和2.01倍；其中高新技术产品产值达170亿元，占工业总产值的32.5%。2010年，全区规模以上装备制造业、新能源产业、新材料产业、生物技术及医药产业、现代纺织服装业（简称“五大产业”）完成总产值561.7亿元，占规模以上工业总产值的89.8%。常州金源铜业公司总销售超100亿元，常州四药制药公司、金新控股集团、常州亚玛顿光伏玻璃公司上缴税收达1亿元。

三、商贸服务业

1985年，天宁区完成商业营业额2340万元。1987年1月，市政府决定将辖区内84家市属零售商业、饮服企业和5家合作商店、4个部门划归天宁区管理，使区属商业形成门类比较齐全的商业体系。是年，全区完成商业、服务业营业额6905.08万元。80年代中期起，全区大力兴办专业市场。2008年，全区完成服务业营业收入461.22亿元，利润总额4.02亿元，分别比2002年增加10.29倍和27.25倍。同年底，全区有专业市场67个，全年市场成交量381.13亿元；钢材现货交易市场、红星美凯龙市场等10个重点市场成交量214.53亿元，占市场总成交量的56.3%。2010年，全区完成社会消费品零售总额达217亿元。2010年，区内拥有世界500强、全球十大零售商之一的欧尚、麦德龙，中国家电连锁排名前两位的国美、苏宁，常州百货零售业巨舰购物中心和超市单体店零售冠军大润发及九州环宇、嘉宏世纪等集商业、办公、休闲、娱乐为一体的地标性建筑。万都金属城完成销售总额达100亿元。全区服务业实现营业收入776.2亿元，实现利润总额6.34亿元。

四、对外开放

1986年，天宁6家区属工厂生产外贸产品，出口创汇70多万美元。1990—1992年，新办14家合资和独资企业，总投资3180万美元。2008年末，全区有外资港澳台资企业203家，注册资本7.15亿美元，自营出口15.3亿美元，分别比1999年增加26.79倍、211.3倍。2010年，引进上市公司中利科技集团、恒生电子股份公司投资天宁，华润集团、法国家乐福集团等知名企业纷纷落户，江苏上能变压器公司、江苏天元工程机械公司等民营企业连续增资扩产，全区实际到账外资2.43亿美元，新增私营企业和个体工商户6900家、注册资本20.5亿元。常州天晟新材料股份公司新材料通过上市评审，新成立注册资金达5亿元的农村小额贷款公司两家。全区吸引资金100亿元。

第五节　社会事业

一、科技事业

80年代后期，天宁区工业系统仅有1名工程师。1990—1999年，全区引进科技人员3137名，获得国家级科技进步成果11项、省级科技进步成果30项、市级科技进步奖30项。2002—2007年，全区新增省高新技术企业25家、省高新技术产品22个，省级及其以上工业技术项目15项；申请专利852项，已授权468项，区内企业申请科技创新和扶持经费5423.5万元。2008年，申报各级科技计划项目138项，常州东高染整公司获国家科技进步二等奖，新动力创业中心被认定为省级科技孵化器。2010年底，全区拥有“两站三中心”（企业博士后工作站、企业院士工作站、工程技术研交中心、企业技术中心和工程中心）28家，其中省级6家、市级22家；有科技孵化器6个，其中省级3个、市级3个，孵化面积达30万平方米，新能源材料科技产业园获省科技厅批准，新标准下国家高新技术企业16家，科技研究开发经费占地区生产总值的2.28%。

二、教育事业

1986年，天宁区有区属幼儿园和托儿所15所、小学15所、中学10所，增设1所培智学校。1987—1999年，新建小学7所，新办幼儿园12所，调整合并幼儿园3所。2002年，建成区现代教育技术信息中心。至2008年底，全区撤并小学8所，联合办学1所；开办蓝天小学3所，让外来工子女义务教育权利得到保障。新建小学6所，其中易地新建3所，天宁区社区教育培训学院（省级）挂牌成立。同年，经省、市教育主管部门综合评估，全区有省优质幼儿园15所，占总数的65.2%；市优质学校10所，占50%；有示范初中1所，占33.3%。教育现代化第一阶段目标全面达标，获省社区教育实验区、省规范教育收费示范区称号。2010年，全区优质小学和幼儿园比例突破60%，青龙实验小学、金梅幼儿园等6所学校新建扩建工程完成。拥有市属四星级高中4所、完全中学1所、初中9所。同年底，全区有初中3所、小学20所、幼儿园24所、特殊教育学校1所、省级社区培训学院1所。

三、文化事业

1987—1996年、1997—2006年天宁区连续举办“天宁之夏”文化艺术节、天宁广场文化活动各10届，20年举办演出800余场，参演节目达3000多个，参加演出的专业、业余演员1万多人次；举办展览60次，观展群众100多万人次。2003年，舞蹈《采藕》《自己动手DO-RE-MI》获“新苗奖”全国儿童舞蹈大赛金奖。2004年，《没电多好》获第七届华东地区小戏小品比赛二等奖。1997年和2005年，天宁区被授予“江苏省群众文化先进区”称号。2007年，天宁街道怡康花园社区的人口文化园开放。同年起，每年举办天宁文体艺术节，2009年起举办幸福广场周周演活动。

四、卫生事业

1986年，天宁区有区属医院1所。1987年，广化医院划归天宁区管理，区属医院两所，病床350张。1996年6月，天宁医院提升为市级儿童医院，属市卫生局管理；10月，广化医院被省评为二等甲级中西医结合医院。2004年，被命名为江苏省社区卫生服务示范区。2006年，广化医院眼耳鼻咽喉科被认定为江苏省重点中医临床专科。2007年，广化医院眼科被确定为省示范专科。2008年，全区成立社区卫生服务中心（站）31个，全部纳入医保定点单位目录，被评为全市第一个江苏省社区卫生服务先进区。广化医院提升为市级眼科、耳鼻咽喉科医院，属市卫生局管理。2010年，区疾控中心、卫生监督所、青龙社区卫生服务中心建成投入使用。

五、体育事业

80年代中期，天宁区培养、输送出张玉萍（跳水）、王晓红（游泳）、周再军、陈勇军（技巧）4位获世界冠军和13位获全国冠军的运动员，新丰街、朝阳桥街道被评为全国城市体育先进单位，茶山、雕庄两乡分别被评为全国农民健身运动先进乡和省全民健身服务体系市级实验点。2003—2010年，建成全民健身点76个。2005年，天宁区被评为全国群众体育先进单位。2008年，在第29届北京夏季奥运会上，天宁区输送的运动员陆春龙获得男子蹦床冠军，成为常州历史上首位奥运会冠军。2009年，茶山街道被评为全国群众体育先进单位。2010年，天宁区承办第十七届省运会青少年部艺术体操、少儿蹦技比赛项目，夺得省运会金牌33枚。

第六节 人民生活

一、居民收入消费

1986年，天宁区城区居民人均年收入1102元。1999年，城区居民人均实际收入增至7915元，与1978年相比21年间增23倍，其中非工资性收入占实际收入的47%。2003年，全区城镇在岗职工平均工资13606元，农村居民人均纯收入6608元。2007年，全区农村居民人均纯收入提高到9966元。2010年，全区城镇在岗职工人均工资报酬48068元，城镇居民人均消费支出17124元。

二、社会保障与救助

1986—1991年，天宁区有6家民政福利企业和4个精神病人工疗站。1987年成立区社会福利保障基金会。5年间，全区扶助2905名民政优抚对象和社会困难户。1990年创办全市首家社区服务中心和私办公助托老所。1997年末，街道办有老年公寓5所，拥有275张床位，建立家庭敬老室18个。1999年新建老年公寓2所，帮扶108名特困对象，提供救济补助20万元。2006年，完成下岗人员再就业7633名，筹集资金8970万元，解决1.65万名被征地农民的基本生活保障。在全市率先实现城乡低保标准并轨，向2515户、5392名低保对象发放低保金1122万元。2010年，全区新增、安置就业2.8万人，援助困难群体就业2556人，发放失业救济金3321万元，登记失业被征地农民就业率92.8%；净增企业职工基本养老保险参保4700人。全区发放低保金1850万元、慈善救助金345万元、助残惠残金202.99万元，合计2397.99万元。

第六章 钟楼区

钟楼区位于常州市区中西部，北纬31°09′～32°04′，东经119°08′～120°12′。东部、东南部与天宁区相连，西部、西南部与武进区连接，北部与新北区接壤。京杭大运河、沪蓉高速公路、312国道、沪宁铁路穿境而过。全区总面积72.2平方公里。2010年底，全区辖五星、荷花池、永红、南大街、西林、新闸、北港7个街道办事处，1个省级经济开发区（即钟楼经济开发区），50个社区、41个行政村和3个家属委员会，全区总人口35.38万人。同年，全区实现地区生产总值280.26亿元；完成财政收入48.47亿元，其中地方一般预算收入27.02亿元，地方财政支出19.7亿元。

第一节 自然地理

钟楼区河流属长江水系太湖水网区，京杭大运河自西向东穿越区境，运河两侧河道纵横，南运河、白荡河、关河、市河组成环状河道与京杭大运河相连，南可达滆湖，东南可通太湖，北可临长江，是典型的水乡风貌。驻区主要单位有市公安局(2006年10月以前)、百货大楼、刘海粟美术馆、亚细亚影视城、江苏省凌家塘农副产品批发市场、常州柴油机厂等，有常州市技术师范学院(现江苏理工学院)、常州职工大学等大、中专学校。南大街步行街是常州休闲购物的核心街区。

第二节 历史文化

一、历史沿革

1949年4月以前，钟楼区境属武进县管辖。1952年7月，成立西区人民政府。1956年，西区人民政府更名为钟楼区人民委员会。1960年，成立钟楼区人民公社。1966年10月，改名为胜利区。1980年，恢复钟楼区建置。1987年1月，广化区撤销，南大街、广化桥、清潭3个街道办事处划归钟楼区。2002年4月，经国务院批准，调整常州市行政区划，撤销郊区建制，原郊区的五星、永红、西林、北港、新闸5个乡镇划归钟楼。

二、名人乡贤

钟楼区自古人文荟萃，清朝洋务派代表盛宣怀创办铁路、电报、银行等许多实业，推动了中国民族工业的发展；小说家李宝嘉（故居位于今天宁区内）的《官场现形记》开中国谴责小说之先河。近现代，常州纺织工业创始人之一的蒋光祖与实业家刘国钧创办大纶机器织布厂，成为常州最早的动力织布厂。“抗日七君子”之一的史良投身民族抗日救亡运动，被毛泽东誉为女中豪杰。革命家瞿秋白、张太雷是中共早期的重要领导人之一。还有画坛巨擘刘海粟、谢稚柳，乱针绣创始人杨守玉。

三、文化遗存

明代抗倭英雄唐荆川墓和唐荆川的读书、著述处——陈渡草堂坐落境内。常州著名的工艺美术品宫梳名篦始创于东晋，篦箕巷系明时产销篦箕兼售宫花之所，原名花市街，古有“篦梁灯火”的美名。交通驿站，明设于朝京门（老西门）外，名毗陵驿，驿前有大码头，建有接官亭以迎接官员。清乾隆帝南巡曾由此上岸入城，至东门舣舟亭登舟，可见当年之盛况。半山亭，北宋王安石（号半山）任常州知州时，乘驽马上任，躬身亲民，兴修水利，关心地方疾苦，故后人于惠民桥西北堍建立半山亭，以纪念他。荷花池，北宋苏轼曾借寓于此，并题“天远堂”匾额，后来均有名人居此，修葺成园，池中栽有荷花，由此得名。此外尚有府学、府衙、大观楼、钟楼、白龙庵、王守沿、临川里、未园、暂园等名胜古迹，今十有九废，大多仅存遗址。

第三节 城乡建设

一、市政建设

1986—2001年，钟楼区按全市以道路桥梁为重点的市政建设要求，陆续新建改造延陵西路、怀德路、万福路、常新路、花园路、劳动西路等主干道及晋陵中路、南大街、北大街、广化街、东西横街、白云路、勤业路、清潭路等次干道，在京杭运河、关河等河流上新建改造广化桥、怀德桥、南运桥、清南桥、西新桥等13座桥梁。2002年，常州市区划大调整以后，区境内陆续新建改造龙江路高架、龙江

1998年12月，京杭运河上的怀德桥整修后竣工通车（摄于1998年12月）

路、长江路、玉龙路、常金路、运河路等交通主干道及茶花路、梅庄路、华林路、梧桐路等次干道，综合整治背街小巷61条，整治高架路两侧、关河西路、运河路、勤业路、新市路、荆川路等15条景观道路；全区通车里程超过300公里。2008年，龙江路高架、茶花路、梅庄路等道路建成通车。2010年，完成中吴大道城市化改造，建设玉龙路跨运河大桥，开通快速公交环线及旅游1线公交，启动快速公交综合枢纽建设工程。

二、园林绿化

1986年起，钟楼区绿化工作突飞猛进，至1987年底全区绿化植树2.33万株，栽种月季1.74万株。新辟花草基地2.5亩，花园新村所植香樟树成活率为全市第一。同年初，全区保洁道路23条大街，清扫面积33万平方米，铺草坪1850平方米；国庆期间，组织3.65万盆草花美化市容。1988年，全区植树、垂直绿化4.21万株、地栽月季1087株，新增绿篱、草坪1.86万平方米。

1987—1999年，全区建成烟尘控制区21平方公里和噪声达标区17.5平方公里。2000年，开展环境违法案件专项整治。2002年起，逐步淘汰化工、纺织等对环境造成污染的产业；开展化工企业专项整治，关闭化工企业66家，对西林电镀等6家企业实施污水提标排放；发展循环经济，引导企业参与环境保护，有5家企业通过清洁生产审核及通过ISO 14001环境管理体系认证；开展水环境整治，通过驳岸、清淤、截污、绿化等措施，实施皇粮浜、后塘河、会馆浜等19条河流的清水工程；钟楼经济开发区建成全省首家省级生态工业园，北港街道创建全国环境优美街道且通过省级验收，南大街步行街建成全市餐饮污染控制示范一条街。

2008年，落实清水、蓝天、宁静、生态、家园五大环保工程，开展村镇面貌治理，投资2400万元综合治理部分河道，环境保护工作全市考评第一。全区新增绿化100公顷。随着常州创建全国卫生城市、园林城市、环保模范城市等工作的深入，全区加强城市管理的投入和力度，先后新建改造横兴路、会馆浜、金色新城等垃圾中转站，陆续新建改造公厕300余座。2010年，钟楼经济开发区创建国家级生态工业示范园区获得国家3个部委的批准，创建成省级绿色学校1所和省级生态村、省级绿色社区各两个，75个自然村整治、100条河道清淤通过百村整治、十村示范、村村达标区级验收。

第四节　经济发展

2005年，钟楼区实现地区生产总值64.26亿元，三次产业结构比例为0.5∶52∶47.5；完成财政收入18亿元，其中地方一般预算收入9.47亿元。2010年，全区实现地区生产总值280.26亿元，完成财政收入48.47亿元，其中地方一般预算收入27.02亿元、地方财政支出19.7亿元。

一、农　　业

2002年4月以前，钟楼区基本无农业。2002年4月，原常州市郊区5个乡划归钟楼后，始有农业。2003年，全区夏粮、秋粮种植面积分别为306.67公顷、546.33公顷，总产量分别为1600吨、2756万吨；种植蔬菜386.67公顷，总产量3.5万吨。同年末实施粮食直补，2008年水稻直补面积82公顷，补贴资金8.62万元。全区粮食种植面积随着城市化进程加快逐年减少，2008年全区生产粮食1141吨、蔬菜1.2万吨。2003—2008年，财政投入1000余万元用于扶持农业企业发展，累计吸引“三资”投入农业超1亿元；强化产品质量认证体系、标准化体系建设，推进标准化生产，实施品牌战略，形成常州红梅乳业、新闸牌萝卜干、五禧牌鸡蛋、五星禾豆芽等名优产品。全区拥有无公害农产品1个，通过国家、省部级认证的绿色食品3个，市级名优农产品6个、农产品质量安全诚信企业1家。2010年，全区粮食种植面积降至约66公顷生产粮食1141吨。

二、工　业

1986年，钟楼区有区属工业企业6家，主要产品有服装、组合式旋具、纸箱、打包带等。1988年，投资500万元，用于新建和技术改造项目，开发肌醇、特种薄膜袋等7个新产品，始有产品出口，当年完成外贸收购值近100万元。1992年，出台《关于加快全区改革开放和经济建设的若干意见》，共36条优惠措施。通过对企业的改组、联合，壮大优势企业，强化优势产品，全区逐步培育出一批工业利税大户。1999年，全区积极实施“工业强区”战略，年销售额达500万元企业有21家。2001年，全区有工业企业300余家，产品销售首次突破10亿元，达10.84亿元，利税总额1.01亿元。2008年，全区完成工业总产值486.2亿元；有规模以上工业企业450家，完成工业总产值428.2亿元，实现工业利税31.28亿元；销售额达1亿元企业有91家（达20亿元企业1家、10亿～19.99亿元企业6家），对全区工业经济的发展发挥重要支撑作用。装备制造、电子信息、新材料3个特色产业完成产值346.7亿元，涌现出常松讯汇、宝钢轧辊、西电变压器、明景电子、裕华电子、裕兴绝缘等具有一定规模、发展前景好的企业。2010年，全区规模以上工业企业完成总产值680.1亿元，实现利税总额51亿元，116家工业企业年销售超1亿元。

三、商贸服务业

1986年以前，钟楼区政府仅管辖小型商业、服务业和粮店，大中型商业、物资、供销企业实行市管。1987年1月，市委、市政府决定将市商业局所属零售商业、饮食服务业划归城区管理，有167个企业和2900多名职工划入，基本形成门类比较齐全的商业体系。1994年5月，常州商厦营业，同年完成商业销售收入1.6亿元，成为全市商业十强之一。1996年，城中路、劳动西路、关河西路、南大街、北大街、延陵西路等以特色消费为主的板块型经济渐成气候。2001年，全区商贸业完成销售额43.4亿元，实现利税6715万元。区划调整后全区服务业得到大发展。2003年，钟楼区着力打造商贸服务中心区，形成营业额达5000万元的商贸企业23家，其中达1亿元企业14家，完成社会零售总额28.61亿元，实现第三产业增加值20.3亿元。

2008年，全区社会消费品零售总额首次突破100亿元，达107.43亿元；实现第三产业增加值59.8亿元。全区有服务业企业4460家，其中批发零售2090家、住宿餐饮88家、交通运输邮电167家、房地产业218家、其他服务业1897家；有个体工商户14606户，其中批发业305户、零售业7971户、餐饮业1383户、住宿业112户、交通运输业1894户、居民服务和其他服务业2941户。常州南大街中心商贸街区集聚作用日益明显，随着莱蒙都会国际商业街区A区交付使用后，文化休闲、餐饮娱乐、主题百货等特色经营日益多元化，被评为2008长三角商业新地标。以五星商业街区为代表的副商业中心在快速发展。城西物流市场发展规模逐步壮大。2010年，全区完成社会消费品零售总额151亿元，实现服务业增加值141.3亿元。泰富百货重新装修开业，嘉宏购物公园开街，南大街中心商贸区创建国家AAAA级旅游景区通过省级验收。新阳光国际食品城、美吉特装饰城（一期）建成开业，国药集团成功收购亚泰药业，中国石油化工股份公司常州分公司落户钟楼经

2005年1月，南大街商业步行街开街（摄于2009年6月）

济开发区，钟楼产品交易市场服务业集聚区成交额达80亿元。常州津通现代服务业交易中心完成改造，运河五号创意街区被评为省级现代服务业集聚区。

第五节 社会事业

一、科技事业

1985年起，钟楼区深入实施“科教兴区”战略。2007年被评为江苏省科技进步先进县(区)，出台《关于对科技创新成果进行奖励的实施意见》。2008年，全区有专业技术人员3.98万人，占全区总人口的11.5%，完成高新技术产业产值222亿元，占规模以上工业产值比重达51.8%。引进科研成果33项，申请专利1013件，获得授权464件，申报各级科技计划92项。钟楼留学人员创业园被认定为省级留学人员创业园，创业中心成为常州市首批小企业创业示范基地，15家领军型海归创业企业入驻创业园。2010年，全区新增新标准高新技术企业10家，省、市级民营科技企业91家，全区完成高新技术产业产值385.84亿元。

二、教育事业

1986年，钟楼区实施九年义务教育，建立从幼儿教育、小学教育到成人职业教育等颇具城区特色的教育体系。1994年4月，钟楼区进入全国首批实现基本普及九年义务教育、基本扫除青壮年文盲的单位。2002年，行政区域调整后，原郊区的5个乡镇并入钟楼区，推进城乡一体化进程，1986—2010年，进行教育布局调整，累计撤并17所小学、10所幼儿园，整合5所小学、8所幼儿园。2009年，完成省区域教育现代化创建，创建全国社区教育示范区。2010年被评为省级素质教育先进区，组建觅渡教育集团。至2010年底，全区有省级优质初中3所，省优质小学13所，比例达60%；省优质幼儿园15所，比例达68%。幼儿学前3年入学率达99%，小学入学率、毕业率、初中毕业率均达100%，所有指标均达到或超过省教育基本现代化标准。

三、文化事业

1986年起，钟楼区文化机构、设施逐步恢复健全，文化事业繁荣。1987年，原广化区文化馆并入钟楼区文化馆。1989年起，区政府每两年举办1届钟楼艺术节。1999年起，区文化馆连续4年举办“钟楼之夏”纳凉晚会。2002年，全区形成区文化馆、街道文化站、社区(村委)文体中心3级文化网络，成立区民族民间文化保护工程领导小组，举办西林戏曲文化节、激情欢乐广场、社区文体团队专场演出等特色品牌活动。翌年，少儿舞蹈《小巧手》《瞧，这些孩子们》参加“新苗奖”全国儿童舞蹈大赛，分别获表演金奖和银奖。2005年6月，街道文化站改为街道文体站。2008年底，全区拥有教师烛光舞蹈团、合唱团等群众文体团队200多支。2010年，区文化馆新馆建成投用。

四、卫生事业

1996年，钟楼区计划免疫率达98%，传染病发病率为91/10万。2002年，全区初步形成15分钟社区卫生服务圈。2004年底，创建成江苏省社区卫生服务示范区；同年5月1日起，全区推行新型农村合作医疗保险制度。2007年，被评为全国农村中医工作先进区。2008年，在全市率先开展社区卫生服务改革试点，钟楼医院改设为常州市中医院钟楼院区。翌年，钟楼通过江苏省社区卫生服务先进区评估。2010年，新建南大街、荷花池街道、金色新城、梧桐苑4个社区卫生服务机构，建成区妇幼保健所。至同年底，全区有社区卫生服务中心8所，实现以街道为单位全覆盖。全区拥有卫生机构83个、病床位300张，有医疗卫生人员981人，其中卫生技术人员808人。

五、体育事业

1986—2010年，钟楼区内学校体育、群众体育先后由区文教局、文化教育局、区教育文体局分管。1997年，区政府将推行全民健身计划列入政府为民办实事项目，社区体育走上新轨道。2000年起，区建立区、街道、社区三级群众体育工作网络。至2008年底，全区建成全民健身工程（点）近150个，向市民免费定时开放11所学校体育设施。同年，钟楼区输送的运动员雷丽娜在北京残奥会上获得两枚金牌。钟楼区数次被评为江苏省全民健身“八个一工程”先进单位。2010年，承办江苏省第十七届运动会沙滩排球、武术套路比赛，夺得省运会30.25枚金牌（因计算方法导致金牌数有小数），跻身全省县（市）区前10位。

第六节　人民生活

一、居民收入消费

1987年，钟楼区全民所有制职工人均收入1519元，集体所有制职工人均收入1344元。1990年全区有全民所有制职工3118人。2003年，全区城镇及其以上在岗职工平均工资13906元，农村居民人均纯收入6589元，比区划调整前净增517元。2007年，全区农村居民人均纯收入9899元。2008年，全区城镇及其以上在岗职工人均工资29572元；收入的增加，使居民消费内容由生存型向享受、服务型转变。2010年，全区城镇居民人均可支配收入26269元。

二、社会保障与救助

1992年，钟楼区增加财力扩大社会保障覆盖范围，养老保障由全民所有制企业职工扩展到合同制工人，2002年起把农村企业从业人员、个体工商户、自由职业者纳入企业养老保险范围。2007年成立区慈善分会，开展“慈善一日捐”活动，慈善募集总量6355.48万元，累计救助总额3188.99万元。翌年，有9816名被征地农民参加城镇职工基本养老保险，17632名农民参加新型农村合作医疗，参保率100%；因病致贫的农村困难群体依靠医疗救助制度解困，符合条件的外来人员享受市民保障待遇。应保尽保的居民、农民每人每月低保金分别由2003年的180元、100元均提高到城乡合一的360元。2010年，钟楼区参与国家级创业型城市创建，落实社保补贴等就业扶持资金3865万元，动态消灭零就业家庭。加快完善保障体系，净增社保参保人数5251人，为2081人发放居民养老补贴486.5万元，新型农村合作医疗人均筹资标准提高到350元。城市低保应保尽保，3387户低保家庭、2900户边缘家庭领取低保金、物价补贴3121万元。开展慈善救助，发放助孤、助残、助学等善款850.4万元。1091户家庭享受到廉租房、公共租赁住房、经济适用房优惠政策。城乡保障衔接顺畅，首批1308名失地农民领取退休金，失地农民老年保养金提高到每人每月390元。2008年，推行居家养老服务体系建设，全区7个街道均建立居家养老服务中心和服务站，建成60个老年精神关爱工作站，运河山庄老年疗养院开工建设，红星新村老年公寓投用，“12349”便民服务平台建成使用。

第七章　戚墅堰区

戚墅堰位于常州市区东部，地处北纬31°43′～31°47′，东经120°00′～120°05′，东、南、北三面与武进区相连，西部与天宁区接壤。境内有沪蓉、沿江两条高速公路出入口和沪宁铁路戚墅堰站、沪宁城际铁路戚墅堰站，京杭大运河穿境而过。全区总面积31.68平方公里。2010年，辖戚墅堰、丁堰、潞城3个街道办事处和省级经济开发区戚墅堰经济开发区7个社区、9个行政村。全区常住人口10.52万人，其中外来人口约2.5万人。

第一节 自然地理

戚墅堰地质构造处于茅山—江阴褶皱带范围，系长江冲积而成的太湖平原。地势平坦宽广。区域河流属长江水系太湖水网区，境内主要河流 14 条，京杭运河由西向东过境，运河北侧有横塘港、丁塘港、新三山港，南侧有梅港河、潢河浜等河流。区内有花溪公园、东方广场、毓秀园、圩墩遗址公园等敞开式公园。戚墅堰是常州城市老工业区所在地。国家铁路内燃机车制造骨干企业南车戚墅堰机车车辆公司、铁道部戚墅堰机车车辆工艺研究所、戚墅堰发电厂、常州钢铁厂、常州鑫源铜业公司等位于境内。

第二节 历史文化

一、历史沿革

建置沿革 圩墩遗址是常州地区最早的原始社会村落遗址。戚墅堰宋时属晋陵县因“世族戚氏卜居”而得名，早期称戚墅港。民国 36 年(1947)合并区乡，建立武进县戚墅堰区。1949 年武进解放后，划出县城设常州市；4 月，武进县政府驻戚墅堰芳渚(1950 年迁常州市关河路原顺丰面粉厂)，武进县戚墅堰区辖 10 个乡镇。1953 年，戚墅堰区划归常州市后，区域为戚墅堰至大明厂地段，辖 5 个居委会。1960 年改设戚墅堰人民公社，辖戚墅堰、先行、丁堰 3 个分社、12 个管理区。1961 年恢复戚墅堰区，辖 2 个街道、18 个居委会。1986 年初，全区有戚墅堰、先行 2 个街道、27 个居委会。1987 年，常州市行政区划调整，戚墅堰区增辖丁堰、潞城两乡，实行区管乡新体制。1992 年 11 月，常州东方经济技术开发区成立。1993 年 4 月，通过省级经济开发区检查考核验收，同年 12 月经省政府批准为省经济开发区，命名为常州戚墅堰经济开发区。

历史渊源 隋大业年间(605—618)开凿贯通南北大运河，可“至两浙七闽数十州，往来南北两京”。北宋庆历年间(1041—1048)，浚治戚墅港，是“为邑东南入湖之要途”。南宋嘉泰年间(1201—1204)，设南、北戚墅港，南导入太湖、北引至长江，戚墅堰“枕江蹈湖”是恰当描述。戚墅堰于元代兴漆市，而逐步成为街镇。明末清初，主要商市在芳渚，清乾隆时已万商云集，百业俱兴。同治三年(1864)后转向桥潭里、万安桥一带，以后向西延伸，形成沿京杭运河的一条街市。民国期间客地粮商来自湖北、安徽、苏北和附近各县四乡八镇。上海等地面粉厂委托当地粮商收购小麦，最多每日收购逾万担。稻麦收获时节尤甚，素有“小无锡”之称。清光绪三十四年(1908)沪宁铁路建成通车，在戚墅堰设站，兼营客货。1936 年，筑武青公路经戚墅堰，陆路运输随之兴起。1948 年，有 20 条航线的快船、班船，由戚墅堰驶往常州和周边乡镇，载客运货。戚墅堰地区工业历史悠久，明末清初，戚墅堰开设有多家工场、作坊，尤以家庭织布、砻坊、槽坊为盛。

二、名人乡贤

戚墅堰区历史上人才辈出，工商界著名人士有刘福同、章宸荫、杨廷栋等，教育科技界著名人士有朱幼竹、陈国甫、徐济良、徐湘亭等。在新民主主义革命、社会主义革命和建设中，王寿生、蒋文杰、赵逸平等革命志士舍身取义，潘荣仁、张云鹤、赵庄、陈和尚、李中、罗烈保等名人为地方发展做出了重要贡献。

三、文化遗存

戚墅堰历史文化源远流长。据对圩墩遗址、丁堰果园遗址的发掘鉴定，早在新石器时代先民就在此劳动生息，创造灿烂的文化。明末清初，戚墅堰开设有多家工场、作坊，尤以家庭织布、砻坊、槽坊为盛。民国 8 年(1919)，刘瑞金创设燧源电灯厂，民国 11 年张云博、杨翼之等创建利民纱厂。民国 13 年，施肇曾、杨廷东等开办震华制造电气机械总厂（简称“震华电厂”，今戚墅堰电厂）。震华电厂的开办为地区农业灌溉和工业发展提供有利条件，碾米厂、面粉厂、油厂、铁工厂等相继兴办。民国25年，上海吴淞机厂迁至戚墅堰并改名为戚墅堰机厂，为常州首家大型近代化工厂；占地42公顷，厂房面积2.07万平方米，职工1500多人，为常州首家大型近代化工厂。为此保存多处工业遗存，如戚墅堰机厂旧厂房，为典型的工业遗存文化。

第三节　城乡建设

一、市政建设

1986年起，戚墅堰区开发建设梅港住宅小区、河苑新村、福康宁花园、站北新村、圩墩新村、河苑新家园、福满园、福鑫园、世纪园城、新城公园壹号、东方福郡、加州枫景、名桂坊、园城豪景等中高档住宅小区，总面积180万平方米，建设青洋花苑、潞城花园、鑫福园、东方公寓、五一花苑等安置小区，安置面积80万平方米。1986年以后，对戚墅堰机车车辆厂工房区、河苑西村等老小区实施改造，新建日处理能力5万吨的污水处理厂1个，提标改造，新建3个增压泵站，全区雨污分流管网建设逐步到位。

2004年，按建设常州东部中心城区的定位，新一轮城市规划编制全面展开，戚墅堰新、老城区控制性详细规划编制完成。2005年后开始实施城乡一体化，新城区、老城区与开发区发展规划和基础设施规划联动，推进撤村建居，建设农民集中居住区。2008年，加快东大门建设，五一路（东方路一段前路）、劳动东路（东方大桥一常青路）建成通车，丁剑路、东方西路、东方二路、东城路加紧建设。戚墅堰机车车辆研究所新村、戚大街北侧老住宅小区综合整治工程竣工，戚机厂工房区环境整治和专项整治工程开展。启动实施煤场搬迁、城际铁路等公用事业工程。成立拆迁工作专职机构，规范全区拆迁安置政策，完成新城房产、圩墩公园等重点地块拆迁，加快建设潞城花苑、官墩小区等居住区。同年拆迁54万平方米，建成安置房32万平方米。

2009年，戚墅堰区筹措资金10多亿元，加快东大门建设。编制完成戚墅堰区发展规划，明确提出新城区的发展方向和重点，实现规划全覆盖；戚墅堰区控制性详细规划通过市政府审批。城际铁路车站及广场建设工程顺利实施，铁路车站货场成功搬迁。东方西路、东方二路、丁剑路东段、东城路北段建成通车，五一路南段、兴东路等处于加紧建设中，芳渚立交地道等3个立交地道扩建工程顺利推进。快速公交二号线开通运行。建成安置房14万平方米，完成拆迁20.5万平方米。完成工房北区、普济弄环境综合整治。圩墩公园和市民广场建成对外开放，完成丁塘港湿地公园规划设计和丁横河等河道、道路绿化提升工程，新增绿地37公顷。实施村庄环境整治和养殖业污染治理，东升村创建“五化三有”（道路硬化、村庄绿化、卫生洁化、河塘净化、环境美化和有公共服务中心、有长效管理机制、有乡村文化）示范村通过市级验收，完成常丰河综合整治。新建潞城花苑、青洋花园菜市场，改造提升公厕24座。

戚墅堰区内主干道五一路夜景（摄于2010年8月）

2010年，戚墅堰区加快第三轮道

路建设工程、东方东路城市化改造、革新河清水工程、区域环境提升、公园建设工程等重点设施建设，完善城市功能配套。启动“东大门道路建设三年计划”，常州刘国钧高职校周边配套道路基本建成，连接新老城区的77路公交车开通运行。完成城际铁路沿线等重点区域环境提升工程，全区新增绿地60公顷，建成安置房20万平方米，拆迁21万平方米。整治提升站北新村、铁配新村等15万平方米老小区环境，建成停车泊位350个。改造南车戚墅堰机车公司工房区自来水管网，惠及居民7000户。

二、交通运输

1986年初，戚墅堰区有街巷里弄58条，其中沥青路8条、水泥路20条、石片路和砖路29条，尚有土路1条。1986—1991年，按“改善东西、打通南北”的交通发展战略，相继建成泡桐路人行立交和芳渚路、丁城路、湾城车行立交等铁路立交桥，修建和在建永久性桥涵10座；新建改建道路14条，总长25公里，总面积17.5万平方米，其中沥青路10条，水泥路4条；构筑运河驳岸完成土石方8000立方米，安装路灯14.5公里。至1990年9月完成戚墅堰大街1050米改造。区内先后建成大明路、富民路、潞横路、戚月线、圩墩路、东方大道、青洋路、劳动东路、五一路等多条道路，改造提升常戚路，312国道、市外环路、沪宁高速公路、沿江高速公路等实现环通，逐步完善区域道路网络，整治背街小巷30余条。增设8路、63路、37路、502路、207路、230路、77路等公交线路，2009年快速公交2号线开通，居民出行更便捷。始建于清光绪年间(1875—1908)的戚墅堰火车站经修建，改为沪宁城际铁路站。2010年，城际高铁戚墅堰车站及站前广场建成投入使用，五一路、青洋高架等主干道路全线贯通，戚月路等3个地道竣工通车。

三、园林绿化

1986—1991年，戚墅堰区植树4.28万株，铺设草坪5619.6平方米，新增绿地12.23万平方米。建成5.3平方公里的烟尘控制区和1平方公里的梅港新村固定噪声源控制区，对炉、窑、灶实行统一监督管理。戚墅堰区城市管理以治理脏乱差为重点，创建文明城区，开展金星杯城市管理竞赛，戚墅堰大街和丁堰镇、潞城镇面貌明显改观，在全市城市管理龙城杯竞赛中连续达标。1998年，完成4200平方米广场绿化和东方大道两侧绿化工程。2008年，实施延陵东路景观提升改造工程，改造提升益丰菜市场，改造公厕26座，建成路北灰场等3座垃圾转运站，创建成庭院绿化达标单位100家和生态园林式单位10家；陆续改建敞开花溪公园、东方广场、毓秀园、圩墩遗址公园等公园；增加绿地108公顷，城区绿化率35%，总体绿化覆盖率41%，人均公共绿地12.2平方米，达国家园林城市标准。完成道路建设、环境绿化、垃圾中转站等项目建设，创建卫生自然村12个、卫生居委会24个。2008年，污水处理厂、增压泵站等设施陆续建成，大部分地区实施雨污水分流，对生活垃圾实施无害化处理。2010年，完成城际铁路沿线等重点区域环境提升工程，新增绿地60公顷，常丰村、光明村创成市级“五化三有”示范村。开展环境保护专项整治，关停搬迁污染企业5家。完成戚墅堰污水处理厂尾水回用工程，铺设管网8公里。建成河苑新村、丁庄、邓家、黄河浜、陈墅浜、芦庄排涝站，实施丁塘港水系圩堤石驳、运河戚墅堰段驳岸、梅港河南段驳岸、常州第三制药厂堤岸等除险加固工程。对梅港河、潞横河、凌沟河、圩墩新村内河、常丰河、潢河、革新河、陈楚河实施环境整治，改善河道环境，提升防汛能力。

第四节　经济发展

戚墅堰是常州的一个小区，经济实力较弱。到2005年，戚墅堰区地区生产总值、全社会固定资产投资、规模工业等12项主要经济指标实现“三年翻番”目标，实现地区生产总值19亿元，财政收入突破6亿元，其中地方财政一般预算收入2.5亿元。2010年，全区实现地区生产总值69.5亿元，完成财政总收入14.72亿元，其中地方一般预算收入 6.9 亿元。

一、农　　业

八九十年代，戚墅堰区农业主要分布在潞城。1986 年起，全区深化科技兴农战略和农业结构调整，加强农田基本建设，推广先进的农业科学技术，农村经济稳步增长。1989 年，丁堰建成全区第一个禽蛋供应基地—湾城养鸡场，1990 年扩建后，饲养规模达 3 万只。同年，全区粮食总产量 1222 万公斤，农副业总产值 2090 万元；“三麦”（小麦、大麦、元麦）单产 203 公斤，水稻平均亩产 536 公斤。农副业总产值 2090 万元。1993 年，启动农业致富工程。1994 年，丁堰、潞城两镇双双进入全市“工业十强乡（镇）”和全市“外向型经济十强乡（镇）”。1999 年，全区加快农业结构调整，扩大蔬菜、玉米等经济作物种植面积和花卉种植、养蟹、鸽、鸭等经营规模，完成总产值 6761 万元，其中多种经营产值 5527 万元。2002 年起，潞城筹建戚墅堰区现代农业示范园区。2005 年，随着城市基础设施全面铺开，农业占经济总量的比重逐年下降。翌年，全区农村集体经济股份合作制改革在全市率先整体完成，明晰集体资产 3501 万元，建立股份合作社 9 个。2010 年，全区完成农业总产值 635 万元。

二、工　　业

1986 年初，戚墅堰区有工厂 32 家，职工 1317 人，完成工业总产值 1001.98 万元，实现利润 123.01 万元。其中区属厂 6 家、职工 706 人，街道、居委会办工厂（组）22 家、职工 595 人。1987 年，武进县丁堰、潞城两乡划归戚墅堰区管辖，实行区管乡体制。1989 年，丁堰、潞城两乡跨入亿元乡行列。1993 年设立戚墅堰经济开发区。翌年，全区完成工业总产值 27.23 亿元，其中 8 家企业产值达 1 亿元。1997 年，完成工业销售收入 31 亿元。2000 年，全区完成工业销售收入 31.87 亿元，实现工业增加值 5.45 亿元。2010 年，全区规模以上工业企业完成总产值 256 亿元，其中“五大产业”（装备制造业、电子信息业、新材料业、新能源和环保业、垫带纺织服装业）总产值 209.8 亿元。以轨道交通产业为核心的特色产业集群初具规模，形成以神力电机公司、祥明电机公司为代表的机械制造业，以普灵仕公司、天虹纺织公司为代表的服装纺织业等工业门类。

三、商贸服务业

1986 年初，戚墅堰区商业单位发展到 342 户，其中国营商业 48 户、集体商业 98 户、个体商业 196 户。区商业分局所属商店 59 个，社会商品零售总额 2180 万元。农贸市场有东街、牌楼巷、工房三区、工房九区 4 处，全年成交额514.85万元。80年代后期至90年代中期，戚墅堰机车车辆工厂工房三区、九区商业比较繁荣，1996 年街道投资 30 万元在工房三区十字路口南的马路边搭建简易房 53 间，初步形成一段贸易街。2000 年，全区完成流通销售额 6.2 亿元，实现第三产业增加值 1.1 亿元。2005 年，完成社会消费品零售额 5.3 亿元，完成服务业增加值 4 亿元。2006 年起，义乌万都小商品城、新城公园壹号小区等重点服务业项目相继开工建设。2010 年，金融、物流、电子商务等新兴服务业发展良好，实现服务业增加值 18 亿元。

四、对外开放

1988 年，戚墅堰区首家合资企业常州钟艺制鞋公司成立。1996 年，以常州新加坡城建设为龙头，新批合同利用外资与港澳台资 5885.5 万美元，实际利用外资与港澳台资 3660.9 万美元，完成涉外税收 2029 万元、外贸供货额 6 亿元，自营出口 832 万美元。2000 年，区招商局成立。2002 年，戚墅堰开发区与潞城镇实行区镇合一的管理体制，开发区总用地由 4.85 平方公里扩大到 13.22 平方公里。2008 年，全区实现自营出口 3.56 亿美元，实际到账外资与港澳台资 1510 万美元。2010 年，全区实际到账外资与港澳台资 7000 万美元，引进总投资达 3000 万美元的外资与港澳台资项目 3 个。世界 500 强企业美国通用电气公司(GE 公司）与南车集团合资的柴油机项目开工建设。戚墅堰开发区实现财政一般预算收入等主要经济指标两年翻番，在全省的综合排名上升5位。

第五节 社会事业

一、科技事业

1986年起，戚墅堰区加大科技投入，促进科技事业发展。1991年，批准技改项目20个，总投资3792万元，开发新产品15个，其中被列入国家火炬计划的2个、国家星火计划的1个。1993年，全区完成技改投入2.1亿元，开发新产品40个，通过部、省、市鉴定10个。其中，物理发泡电缆、光纤连接器、屋顶式中央空调、工程机械空调等新产品填补国内空白。1999年，拥有常州太平电器公司等5家江苏省高新技术企业及IE防核泄漏电缆、物理发泡绝缘防泄漏同轴电缆、无刷直流电机、光缆配线架等国家和省高新技术项目及产品。2000年，完成工业技改投入1.2亿元，中南公司和盛发置业公司的印染项目、五环实业公司的彩色印刷包装项目、普灵仕制衣公司的电脑辅助设计剪裁中心等重点技改项目陆续投产见效。2003年，新增省级高新技术企业1家。2005年，25家企业被认定为省、市级民营科技企业。2006年，被认定为国家重点新产品1个、省级高新技术产品4个。

2007年，与复旦大学等院校实现产学研对接，引进领军型海归人才2名。翌年，完成高新技术产品产值75亿元，占全区规模以上工业企业总产值的65%。兑现扶持奖励资金650万元，争取上级科技项目扶持资金340万元。由中国服装协会与普灵仕制衣公司共建的中国西服研究中心创建成立；全区创成1家省级科技孵化器，7家省高新技术企业通过科技部等部门重新认定，13家企业被评定为省民营科技企业；被认定为国家重点新产品2个、省高新技术产品11个，申请专利182件。与东南大学等三所知名大学签订全面合作协议。引进海归创业人才6名，引入风险投资2000多万元。2010年，全区科技研究开发投入占地区生产总值的2.4%；争取上级科技项目扶持资金3100万元；完成高新技术产业产值177.99亿元，占全区规模以上工业企业总产值的69.5%。新认定国家企业技术中心1家、省级院士工作站5家，新增市级及其以上工程技术研究中心4家，国家企业技术中心、院士工作站、工程技术研究中心获得专利授权210件。百瑞吉生物医药公司成功引进国外风险投资资金4100万元，用于产品研发。南车戚研所公司研制的时速250公里动车组高速转向架及其应用项目获得国家科技进步一等奖。

戚墅堰中心小学（摄于2010年8月）

二、教育事业

1986年，戚墅堰区有托儿所、幼儿园12所和小学、中学各6所，另有职工业余学校、电视大学辅导站、戚机厂职工大学各1所。1988年建造戚墅堰区电教馆和戚墅堰区幼儿园。翌年，常州市第四中学、潞城中学和第十四中学划归戚墅堰区管理。1990年，城区与农村幼儿全部入园，小学入学率、普及率城乡均为100%，毕业率城区99%、农村98.1%；巩固率城区100%、农村99.85%。1993年，戚墅堰职业技术教育中心成立。2001 年，戚墅堰区幼儿园通过省级示范幼儿园评估验收，戚墅堰中心小学通过省级实验小学评估验收。2003 年，潞城中学通过省级示范初中评估验收。翌年，戚机厂所属中小学划归地方管理，全区教育“双高普九”（高水平、高质量的普及九年义务制教育）工作通过省政府督学团的检查。2006 年，潞城中心小学创建成省实验小学。2008 年，总投资 1.2 亿元的戚墅堰实验中学竣工启用，与江苏省常州高级中学合作办学。新增市级艺术、体育特色学校 5 所，戚墅堰创建为省级社区教育实验区。2010 年，常州刘国钧高职校、戚墅堰区幼儿园新校区建成投用，实施东方小学改扩建、第四中学建设工程，全区创建成省教育现代化示范区。

三、文化事业

1987 年，戚墅堰区开办区内首家营业性舞厅东方娱乐场；区级文化馆设有 8 个活动室，藏书 8676 册。1996 年区文化馆实施一期改造工程，翌年完成文化活动中心续建项目，1998 年被评定为江苏省二级文化馆。1999 年末，全区有营业性舞厅 6 家，还有金星影剧院、潞城电影院及驻区企业影剧场。2010 年，全区有区级文化馆 1 家、街道文体活动中心 3 个，盛行的群众文化主要有京剧、常州道情、六苏、舞龙灯、狮子舞、跑马灯等。“幸福广场文艺周周演”活动广泛开展，首届社区文化节举办。

四、卫生事业

1986 年以后，全区医疗卫生事业持续快速发展。1989 年开工建设预防保健综合楼。2000 年始，传染病疫情报告实现网络直报，传染病率逐年下降。2003 年，区疾病预防控制中心和卫生监督所成立。2004 年，戚机厂所属医院划归地方管理，与戚墅堰区人民医院合并成立新的戚墅堰区人民医院；《戚墅堰区新型农村合作医疗保险管理办法（试行）》及实施意见等配套文件出台，新农合参加农民人均筹资额为每人每年 80 元，参保率达 99.5%。翌年，在全市率先安排公共卫生服务专项经费每人每年 8 元。2008 年，戚墅堰区人民医院升格为常州市第七人民医院，戚墅堰街道社区卫生服务中心建成，与区妇幼保健所合署办公。实施卫生惠民工程，推进省社区卫生服务试点，基本药品零差率销售实施。对基本药品零差率销售、公共卫生服务分别按户籍人口每人 15 元、20 元的标准予以补助。新型农村合作医疗人均筹资水平提高到每人每年 250 元，参保率达 99.5%。2010 年，第七人民医院门急诊综合大楼基础工程基本完成，全区率先试点国家基本药物制度，基本公共卫生服务经费提高到人均 20 元，免费服务项目扩大到 9 大类 22 项。

五、体育事业

改革开放后，戚墅堰区体育设施逐年增加，群众性体育项目迅速扩展，体育活动更加普及。1996 年，区文教局改设为教育文体局。全区民间体育活动精彩，流行气功、武术等全民健身活动。推进职工体育，戚机厂体育场是全区唯一的大型体育活动场地，该厂两次被评为省群众体育（活动）先进集体。加快发展戚墅堰优势体育项目羽毛球，先后培养出卢兰、蒋燕皎等世界冠军。2010 年，戚墅堰在江苏省第十七届运动会上夺得 7.5 枚金牌。

第六节　人民生活

一、居民收入消费

1986 年，戚墅堰区农民人均收入 622 元，1990 年增至 1088 元。1987 年，全区职工人均收入 1102 元，1990 年增至 1227 元。1998 年，全区职工工资性收入 7562 元，农民人均纯收入 4970 元，新建成经济适用房等住宅 5 万平方米。2001 年，全区城镇居民人均可支配收入提高到 9406 元，在岗职工平均工资提高到 1.18

万元，农民人均收入为5543元。2007年，全区人民生活水平全面达小康。翌年，全区居民人均住房面积由1986年的城镇8.5平方米、农村35平方米分别上升到城镇35平方米、农村60平方米。2010年，全区城镇居民人均可支配收入29829元，人均消费性支出18893元。

二、社会保障与救助

1986年起，戚墅堰区社会保障工作持续健康发展。1986—1991年救济扶贫困难户1198户，新办福利工厂14家，254个有劳动能力的残疾人得到就业安置。1998年，全区福利企业完成销售总额4.09亿元，安置失业下岗职工472人，发放救济金80.8万元。2001年，改造危旧房108户，安置失业下岗职工1698人，企业职工养老金全部社会化发放。此后，区社会福利中心一期工程顺利竣工、投入使用，区残疾人康复中心投入使用，创成全国首批残疾人组织规范化建设达标区。全区实施再就业工程、送温暖工程，完成再就业培训、创业培训7.81万人次，实现再就业5136人，城镇登记失业率控制在4%以内，免费培训农村劳动力1570人。2008年，戚墅堰新型农村合作医疗保险在全市率先达到人均150元筹资标准，参保率达100%；实现城乡居民低保接轨，标准提高到每人每月300元，做到应保尽保。

2010年，区人力资源市场建成，全区完成再就业培训、创业培训2341人，就业困难人员再就业322人，城镇新增就业3150人，城镇登记失业率控制在4%以内。新增享受廉租房政策家庭117户，有114户家庭享受经济适用房政策，提供公共租赁房26套。发放救济救助资金1418万元，“五保”（保吃、保穿、保烧、保教、保葬）对象财政集中供养标准由5400元提高到9600元。残疾人服务居家安养服务进家庭、康复服务进家庭、残疾人权益保障和无障碍设施进家庭活动成效明显。全区养老、医疗、失业保险分别净增参保人数898人、1338人、940人，综合覆盖率达98%。农村居民城镇养老保险参保率达90%，被征地农民全部参加城镇养老保险，新型农村合作医疗保险人均筹资标准达355元，住院补偿率57.7%。

第五十卷 人物

Volume L People

自古以来“地以人贵，人以地传”。常州人杰地灵，具有崇文重教的优良传统，宋代陆游称赞常州“儒风蔚然，为东南冠”；清代龚自珍赞叹常州“天下名士有部落，东南无与常匹俦”，学派纷呈，人才辈出，灿若繁星，在中国文化史上留下光辉的一页。近现代，大量优秀学子锲而不舍，奋发进取，他们有的在本地发展，有的从常州走向外埠，寻找更为广阔的发展空间，并在科技、教育、医学卫生和文学艺术等领域不断攀登高峰，创造了许多项全国第一，成为相关学科和工程技术的开创者、奠基人，涌现出一大批佼佼者。1948 年，代表全国学术界最高水准的中央研究院第一届院士评选，产生 81 位院士，常州占 4 位。新中国成立后，先后有华罗庚、庄逢甘、丁光迪、吴阶平等 60 余人当选中国科学院、中国工程院院士，涌现出刘海粟、谢稚柳、吴青霞等闻名于世的艺术家，洪深、阿甲等著名戏剧家，袁静、高晓声等著名作家，这些人才成为常州人的骄傲和楷模。

第一章　人物传略

唐玉虬 (1893.04.24—1988.12.26)

常州人。名鼎元，字玉虬，自号髯翁，以字行。他是“江南名儒”、进士钱名山的弟子和女婿。自学中医，国学根基深厚。抗日战争期间到四川避难，先在成都行医，后任华西大学国文教授。抗日战争结束后回到常州，在大成公司二厂任厂医，1956 年到南京中医学院任教授，教古文和中医，且从事中医古文献研究，同时任南京江城诗社首任顾问。唐玉虬一生著述颇丰，著有《唐荆川先生年谱》《大清司马蓟门唐公年谱》《春池馆文录》《入蜀稿》《慷慨集》《国声集》《景杜集》《芳国咏》《五言楼诗草》（正集续集）、《怀珊集》《周易象赞》等。其中《入蜀稿》《国声集》获民国 31 年(1942) 全国学术奖励文学类三等奖(只设三等奖)。生前交友甚广，收集叶恭绰、俞平伯等数十位名家书函，辑成《名人书札》。他一生写诗七八千首，有雄视四方的气魄。1990 年，《诗刊》曾刊载他的遗诗 16 首，特加按语，尊称他为近现代“旧体诗大家”。

贡沛诚 (1895—1986.06)

常州人。民国 6 年(1917) 毕业于国立南京高等师范学校，曾在南京等地的中学任教。民国 16 年从国立东南大学教育系毕业，加入国民党，后被派到东北从事国民党党务工作，与金佐镇(韩国将领)、岳维峻、史可轩等组织韩中联合军，计划暗中打击日军。被张作霖逮捕，后被国民党党部营救出狱。民国 18 年被公费派遣到德国柏林大学经济地理系学习，民国 21 年学成回国，参加东北民族志士关耀洲组建的东北救国义勇军第六路军，他任参谋主任，共同浴血抗日。民国 23 年回到南京，历任中央政治学校(民国 18 年由中央党务学校改名) 训导、该校附设边疆学校副主任兼研究部边务组组长。民国 29 年 12 月任甘肃省第六区行政督察专员。民国 31 年 2 月任甘肃省第一区行政督察专员。次年任重庆市政府秘书长，支持在陪都重庆建造抗日战争无名英雄墓及铸造大汉奸汪精卫夫妇长跪像运动。民国 34 年任重庆地政局局长。翌年 5 月，任浙江省政府委员。民国 37 年 6 月兼任浙江省建设厅厅长，在浙江秘密担任反蒋政治团体孙文主义革命同盟(新中国成立前夕自行结束活动）常委。后当选为民革中央委员会委员，任团结委员和民革江苏省委顾问，被派到华东革命大学学习。后来长期从事教育工作，任镇江市政协委员。著有《县政经验谈》《鸟瞰河西走廊》等专著。

刘海粟 (1896.03.16—1994.08.07)

常州人。名槃，字季芳，号海翁。自幼酷爱书画，早年读于冠英小学。14岁到上海布景画传习所学西洋画。民国元年(1912)11月，与乌始光、张聿光创办上海图画美术院（后改上海美术专科学校，简称“上海美专”），任校长，取苏轼“渺沧海一粟”词意改名“海粟”。该校首创男女同校，后来又聘请男女裸体模特，首开中国人体写生课和旅行写生，在社会上引起轩然大波，得到北京大学校长蔡元培等学者支持。民国7年到北京大学画法研究会讲学，第一次举办个人画展。民国9年10月，创办天马会和《美术》杂志，著《米勒传》《塞尚传》等介绍西洋艺术。民国18年到欧洲，到法国、意大利、瑞士、比利时等国考察美术，与毕加索、马蒂斯等画家交游论艺，曾任巴黎格朗休克美术研究院研究员，油画《森林》《夜月》等应邀在巴黎蒂拉里沙龙展出。民国20年，在德国法兰克福大学中国学院讲授中国绘画“六法论”，在法国巴黎克莱蒙画堂举办个人画展，并编译《世界名画集》。创作的中国画《九溪十八涧》获比利时独立百年纪念展览会荣誉奖，《卢森堡之雪》被法国亦特巴姆国家美术馆收藏。民国27年，完成6卷、80万字《海粟丛书》的写作。民国32年，复任上海美专校长。

1949年10月以后，历任华东艺术专科学校校长，南京艺术学院院长、名誉院长、一级教授，上海美术家协会名誉主席，中国美术家协会顾问，全国政协常委。1981年，被意大利国家艺术学院聘任为院士，获得欧洲棕榈金质奖章、英国剑桥国际传略中心授予的杰出成就奖。1988年，在上海美术馆举办了刘海粟十上黄山画展。1994年8月7日在上海逝世。刘海粟对国画、油画、书法、诗词和艺术理论都有精深造诣。国画创作，博取传统精华而不泥古，注重写生，擅山水、花鸟、走兽，喜作泼墨泼彩法，画风豪放奇肆，苍莽劲拔，自成一家。他的《海粟画集》《刘海粟画集》《刘海粟油画选集》《刘海粟国画》等画集公开出版，著有《画学真诠》《中国绘画上的六法论》《存天阁谈艺录》《黄山谈艺录》《刘海粟艺术文选》《石涛与后期印象派》《中国绘画的继承与创新》等著作。

毛　雝 (1897—1989.01.26)

常州人，字章声。民国12年(1923)毕业于金陵大学农学院，后赴美国加州大学留学，民国15年获硕士学位后回国，曾任国立东南大学教授、广州国立中山大学林科教授、中央大学农学院教授。民国17年，任国民政府农矿部技正（位于技鉴与技士之间的技术官职，相当于工程师）。民国29年，任农林部技正和参事处参事，负责全国粮食生产，组织难民垦荒。民国33年12月，调任行政院农产促进委员会副主任委员，历任农林部农业推广委员会副主任委员、主任委员。民国36年，加入中国农工民主党，后到台湾，任台湾“经济部中央农业研究所”所长、“经济部”顾问，兼任农村复兴委员会顾问等职。1955年，当选为“中国农业推广学会”理事长、“中华农学会”常务监事。主持育成“中农4号”水稻良种，获“中华农学会”奖。1971年，到美国定居，直至去世。著有《中国农书目录汇编》《各国农业推广概况》《农仓业法》《合作社法细则》《农业推广法规与农业推广制度》等。

吴福桢 (1898.08.18—1996)

武进人。字雨公。民国9年(1920)毕业于南京高等师范农科，任南京东南大学助教，同时攻读大学本科课程，民国14年毕业。翌年，获美国伊利诺伊大学硕士学位，此后到康奈尔大学昆虫系、美国农业部日本甲虫研究所从事研究工作，获得美国科学荣誉协会颁发的金钥匙奖励。民国16年底回国，任江苏省昆虫局主任技师，东南大学、金陵大学教授。民国19年任浙江省病虫防治所所长、主任技师，无锡教育学院教授。民国21年任中央农业试验所技正、副所长。民国33年发起成立中华昆虫学会，任第一至第二届理事长。1949年任华东局农林部病虫防治所所长，1953年调农业部植保处、农政总局任顾问，中国农业科学院（简称“农科院”）筹备小组技术组长、植物保护研究所研究员。1958年下放宁夏农业科学研究所劳动。后任宁夏农业科学院植保系主任、副院长，宁夏回族自治区科协主席。1980年回到北京，任中国农科院植物保护研究所学术委员会主任、研究员。

吴福桢是中国近代农业昆虫学奠基人之一、棉虫现代防治研究的先驱，长期从事农业昆虫分类与害虫防治研究。新中国成立前，创办中国第一个病虫药械实验厂，制成第一架喷雾器、第一批农药，促进了中国农药及器械发展。民国21年，在浙江嘉兴县建立治螟寄生蜂保护室，50年代倡导建立江苏农科院昆虫标本室，建立农业昆虫生活史标本。他用10年时间基本查清宁夏农业昆虫的种类、分布及生活习性，发现属国内新种类昆虫30个、属世界新种类昆虫8个，填补中国昆虫资源调查的空白。他曾任中国昆虫学会第二届副理事长、中国植物保护学会第二届理事、第三届顾问，第五至第六届全国政协委员。撰有《昆虫与人类》《中国的飞蝗》《宁夏农业昆虫图志》等专著，参与编写《中国经济昆虫志》等。

芮逸夫（1898—1994）

溧阳人。毕业于东南大学外文系。民国19年（1930），进入中央研究院社会科学研究所民族学组任助理员，开始研究人类学、民族学。从翌年起，首先调查了赫哲族的生活状况及社会情形。民国22年，随凌纯声到湘西凤凰、乾城、永绥等地，调查苗族、瑶族的生活状况及社会情形，与凌纯声合著的《湘西苗族调查报告》，是中国最早对苗族人的研究，他撰写的《苗族的洪水故事与伏羲女娲传说》，对中国神话学研究产生了深远影响。民国23年，他转到历史语言研究所人类学组工作，历任副研究员、研究员。他又协助凌纯声调查浙江南部丽水等县畲族居民的生活习俗，写成《畲民图腾文化的研究》。民国24—25年，应国民政府外交部之邀，在云南与缅甸边境调查孟定、耿马、勐允、孟连等土司及班洪、班老等佧佤族地区的摆夷（傣族）、倮黑（拉祜族）等族群村寨，陆续发表《记栗粟语音兼论所谓栗粟文》《僚为仡佬试证》《云南西北的山头人》等论著。

全面抗日战争期间，芮逸夫随中央研究院先后对四川南部兴山、永敘雅雀苗及珙县等地进行调查，先后完成《西南少数民族虫兽偏旁命名考略》《中华国族解》等论著。抗日战争胜利后，运用现代文化人类学理论与概念来分析中国古代的亲属称谓，先后发表《苗语释亲》《释甥之称谓》《中国亲属制度的演变及其与家族制度之相关性》等论著。民国35年任中央大学边政系教授。1949年到台湾，任台湾“中央研究院”历史语言所第四组主任，兼任台湾大学考古人类学系教授。1957年，在美国加州大学伯克利分校人类学系、耶鲁大学人类学系做访问学者，从事研究工作。1959年，任台湾大学考古人类学系主任，兼民族与华侨研究所主任。1964年，任美国西雅图华盛顿大学人类学系、印地安那大学人类学系客座教授。翌年回到台湾，继续兼任台湾大学人类学系、民族与华侨研究所教授，被“中央研究院”聘为终身研究员。1981年7月，当选为“中央研究院”人文组院士。

芮逸夫到台湾后，围绕台湾原住民社会组织等进行调查研究，发表《瑞岩泰耶鲁族的亲子联名制与儸倮麼些之父子联名制比观》等论著。60年代中期，全力从事有关中国民族、文化与社会的综合研究，完成《中国民族及其文化论稿》。又用10年时间编纂完成《二十三种正史及清史中各族史料汇编及引得》（540万字）。他还著有《川南雅雀苗的婚丧礼俗》《中国民族及其文化论稿》等，主编《人类学辞典》《苗蛮图集》等书。

1998年，台湾大学专门设芮逸夫教授奖学金予以纪念。

苏克己（1900—1937.08.23）

武进人，又名苏民，字理安。上海南洋医科大学毕业，历任江西九江红十字会医院外科主任，上海江湾惠济医院外科主任、医师，宝山罗店医院院长兼医务主任，上海医师公会会员。民国26年(1937)，“八·一三”淞沪抗战爆发，罗店成为激战区，中国红十字会总会组织战地救护队，以罗店医院为救护医院，改为宝山红十字会医院。他作为院长毅然投入抗日救护工作，医院几天就住满伤兵。8月23日，罗店距火线越来越近，红十字会嘱咐他收拾救护药械立即撤离，当他处理完事务离开医院时已经下午。在途中看到中国空军一架飞机被日本侵略军击中，驾驶员苑金安受伤后跳伞降落在罗店一农家竹园中。他立即率领医院助理刘中武及护士陈秀芳、谢惠贤等前往救护，经罗店商团青年义勇队帮助将伤员送至医院。他迅速打开装箱药械，为苑金安施行急救手术。手术做完天色将晚，中国守军派人赶到医院告知守军阵地左侧发现敌人，促救护队赶快撤离。他决定由刘中武及两位工友，用担架将受伤的空军驾驶员抬着撤离，陈秀芳、谢惠贤两位护士举着红十字会会旗、背着药械殿后。行至罗店汽车站时，看到日本侵略军先遣队，他急忙将苑金安掩藏在农舍猪圈中，自己与队员举着红十字会会旗向日军迎面走去。日军凶狠地将他们抓获，逼他做向导，并开始侮辱女护士。他正气凛然地拿起救护包猛砸日军，被日军枪杀，遗体被砍成6段，惨不忍睹。队员刘中武与护士谢惠贤、陈秀芳同时被杀害。红十字会上海分会迅速将他与护士等殉难惨况公诸于报端，并向国际红十字会报告，揭露日军无视国际公法、残害红十字会医务人员的暴行，宋美龄在中央广播电台对此事件作了英语广播。民国27年，中国红十字会上海分会、中华医学会、南洋同学联合会在上海西藏路一品香饭店礼堂，为他与护士等烈士召开追悼会。抗日战争胜利后，在殉难处专门为他们建立红十字总会第一救护队抗日战争殉难烈士纪念碑。新中国成立后，被上海市政府追认为革命烈士。1985年纪念抗日战争胜利40周年时，宝山县政府重修罗店抗日战争殉难烈士纪念碑，上面嵌着他与刘中武、谢惠贤、陈秀芳4位烈士的瓷质头像。

袁晓园（1901.06.25—2003.11.17）

武进人，女，曾名袁行洁。出生于武进书香门第，自幼奠定诗书琴画的基础。18岁入上海美术学校习画。民国16年(1927)以第一名的成绩被江苏省农矿厅录用为厅长何玉书的秘书。民国19年，到法国任日内瓦公使高鲁的秘书，考入普鲁士大学，攻读政治经济学，民国21年回国。翌年11月，任厦门市营业税务局副局长，她管理严格，受到排挤，不到一年离开厦门，再到法国攻读国际关系学。民国26年初学成回国，在国民政府外交部工作。全面抗日战争爆发后，被派到印度加尔各答领事馆任副领事，成为中国历史上首位女外交官。抗日战争胜利后，随到法国任职的丈夫叶南到法国生活，民国36年回国。与丈夫联名发表致国民政府公开信，痛陈国民党的黑暗与腐败。蒋介石以“附匪有据”罪名，开除两人的国民党党籍。她随后辗转美国避难。

袁晓园定居美国期间，以第三名的成绩考入联合国总部秘书处任中文科专员，直到退休。她认为中文语言精炼，但要成为国际通用文字必须改革，实现汉字现代化。她研究出袁氏拼音方案。1971年她以美籍华人学者身份第一个申请率团访华，受到国务院总理周恩来的接见。1974年，她将多年研究的心得《汉字现代化理论与方案》呈给周恩来总理，周总理当即指示有关部门进行研究。1985年，她被中国改革开放的形势所吸引，放弃美籍，回国定居，发起成立北京汉字现代化研究会，自任会长。次年，成立北京晓园语文与文化科技研究所，在北京、内蒙古等地小学试行袁氏拼音方案，取得较好效果。1989年起主编《汉字文化》杂志，在北京、香港主办汉字研究座谈会和汉语现代化国际研究会，讨论汉字的实用性、科学性、汉字简化和计算机输入等问题，倡议汉字要识繁写简；为倡导公益事业，她还创办晓园中医院，在北京友谊宾馆开设中医国际门市部。她提议在北京郊外开辟国际友谊林，成为各国首脑、贵宾种植友谊树的纪念胜地。1997 年 12 月 15—21 日，政协全国委员会等在南京金陵饭店举办了袁晓园诗书画展。2003 年 11 月 17 日在南京逝世。

她曾任第六至第七届全国政协委员、民革中央监督委员会委员、美中文化交流基金会副会长、国际书画艺术研究会会长及 6 所大学的名誉教授等职。

羊牧之 (1901.07.20—1999)

常州人。他是瞿秋白早年的挚友，民国 15 年(1926)1 月经瞿秋白介绍加入中国共产党，在中共中央宣传部工作，先后任瞿秋白秘书、《响导》刊物助编、中共驻武汉联络处负责人。后因故脱离中共组织，从事教育工作，先后在武进女子职业技术学校、辅华中学、上海景平中学、湖南湘乡中学、国立十一中学、江西九江中学任教。新中国成立后任常州育民中学副校长，1952 年任省立常州中学国文教师、语文组长。1962 年负责筹建瞿秋白纪念馆。曾任政协常州市委员会常委、副秘书长。羊牧之能文善诗，撰写《我所知道的瞿秋白》《霜痕小集》《阿双琐事外编》《太雷轶事》《在武汉见到贺龙》等怀念瞿秋白和回忆他早期中共开展革命活动的文章多篇。1984 年，与钱小山、何绍南等发起创建国内较早的诗词组织——常州舣舟诗社，担任诗社社长3届，传承了常州的“江南诗国”精神。后参与筹建江南诗词学会，任副会长，并任江苏省诗词协会名誉社长、美国纽约四海诗社顾问等。1999 年在常州去世。著有《秋华馆诗存》《秋华馆诗存续编》《秋华馆文存》，后合编为《秋华馆诗文存》，编注出版《续毗陵诗录》。

恽 震 (1901.10.14—1994.01.14)

武进人。字荫棠。民国 10 年(1921) 毕业于上海工业专门学校(交通大学)。民国 11 年获美国威斯康辛大学硕士学位。民国 13 年任郑州豫丰纱厂自备电厂总工程师。翌年，任东南大学物理系教授。民国 15 年被江苏实业厅指定为展品鉴定专家之一，负责江苏到美国费城国际博览会展品筛选，任国际博览会产品评判员。后被纽约鲁滨逊工程公司聘用，从事设计工作。民国 17 年 5 月回国，任南京军事交通技术学校教务部主任。9 月，任南京中央军事学校无线电管理处副处长。民国 21 年任国民政府建设委员会技正兼电业室主任，兼全国电气事业指导委员会主任委员，组织长江三峡水力勘察队，沿江选勘测量，选定葛洲坝和三斗坪坝址，开发长江水电资源。拟订《中国电力标准频率和电压等级条例》，民国 23 年公布施行。民国 25 年负责筹建中央电工器材厂，任总经理。民国 36 年，任中央电工器材公司总经理。1949 年初，不顾国民党军政人员的恐吓威逼，带领员工保厂保产迎接解放。恽震是中国工程师学会的发起人之一。新中国成立后任华东工业部电器工业处处长。1953 年，任第一机械工业部技术司及机械科学研究院一级工程师，参与制订新中国电气事业的第一个国家标准。1960 年，调任贵州工业学院任教授。1979 年，任第一机械工业部外事局顾问和电工总局一级高工。1980 年，被聘为中国电机工程学会和中国电工技术学会顾问。1994 年 1 月 14 日在上海去世。著有《无线电与中国》《电气事业概论》，编译制订《电气事业汽压、气温选订规则》《屋内和屋外电气布线的安全规则》等。

陆振轩 (1902.06—1999.11)

武进雪堰雅浦村人。民国 10 年(1921)10 月，考取半官费留学生资格，在吴稚晖的帮助下到法国里昂中法大学、里昂中央高等工业专门学校勤工俭学，获理学学士学位和机电工程师资格。民国 20 年回国，任南京中央大学工学院机械系副教授，后任石家庄正太铁路管理局车务处副处长。全面抗日战争爆发后，被派到湘桂铁路、安南铁路、滇越铁路从事抗战物资的转运工作。民国 27 年，任国民政府运输局西南运输处昆明运输事务所所长，负责接收从缅甸到国内的援华军用物资。民国 30 年，任滇缅公路局副局长、西南运输处仰光分处处长和印伊运输处副处长。翌年 4 月，中国抗日战争后方唯一的一条西南陆路国际运输线——滇缅公路被日军切断，苏联、美国等盟国援助的大批战物资滞留在卡拉奇港口，无法运到中国。他以交通部驻印度印伊运输处副处长身份，被派到南亚参与建设新的运输线。他选择由卡拉奇经斯林那加到拉达克首府列城，再翻越喜马拉雅山脉、喀喇昆仑山脉到达新疆叶城。他带队踏探开辟新的国际通道，招募 1000 多匹骆驼、马匹和 180 多名少数民族驮工一路艰难险阻，驮队经过海拔 5368 米的西塞拉山，在崎岖的山道上不时有牲畜、驮工遇险伤亡。行程两万多公里，率驼工队徒步翻越了喜马拉雅山脉和喀喇昆仑山脉，将抗日战争紧缺军用物资运到国内，其中有一部分运给驻扎兰州的八路军（国民革命军第十八集团军）。这是中国近代史上一次最悲壮的青藏高原人力运输。抗日战争胜利后，凭借娴熟的法文、英文和丰富的交通运输管理经验，先后任国民政府行政院接济总署公路运输总队总经理、湘桂黔铁路局和粤汉铁路局副局长。新中国成立后，任广州铁路局副局长、副总工程师。1958 年 10 月被调到广东机械学院机械系任副教授。1965 年广州外国语学院成立，任法语系教授，为该校初创时唯一的教授。1987 年退休。1999 年 11 月病逝于广州。曾任第一至第五届广东省政协委员。

刘靖基 (1902.09.15—1997.02.15)

常州人。民国 8 年(1919) 江苏省立第二工业专科学校毕业，入苏纶纱厂、宝成纱厂任职员及经营部主任和上海裕靖棉织厂经理。民国 19 年，与刘国钧合作接办大纶久记纺织厂，易名常州大成纱厂，任协理。民国 25 年，任南京江南水泥厂常务董事；民国 27 年在上海创办安达纱厂，任董事兼总经理。民国 31 年任上海棉纺同业公会收花处常务理事、总经理。抗日战争胜利后，任南京江南水泥厂副董事长、董事长，全国纺织业联合会常务理事。上海解放前夕迁厂香港。后在中国共产党和爱国进步人士帮助下回到上海，迎接解放。调回转移到境外的全部机器、原料和资金，扩建上海的安达纺织新厂和化纤厂。社会主义改造开始后，他在棉纺同业中率先申请公私合营。历任上海安达纺织股份有限公司总经理，上海棉纺工业公司经理，上海市工商联常委、主委，全国工商联第四至第五届副主席，中国贸易促进会上海分会主席，上海市投资信托公司董事长，上海市工商界爱国建设公司董事长、总经理，民建上海市委副主委、主委，上海市政协副主席，上海市人大常委会副主任，曾任至全国人大代表，第五至第六届全国人大常委会委员，第一届全国政协代表，第二至第五届全国政协委员，第六至第八届全国政协副主席。

1979 年，他率上海工商界代表团到香港、美国探亲访问，协助政府组建上海市投资信托公司，联合香港知名人士发起沪港经济发展协会。带头以民间集资方式创办上海市工商界爱国建设公司，加快上海对外开放，他主张参照深圳特区经验，下放引进外资审批权，改善上海基础设施和投资环境，创办上海航空公司，受到党和政府的高度重视。1980 年，他挑选 40 件书画珍品捐献给国家，受到上海市政府褒奖。

方　重 (1902.10—1991.03.27)

常州人。字芦浪。出生于安徽芜湖。民国 12 年(1923) 清华学堂毕业，被选送至美国斯坦福大学英语系留学，民国 14 年获文学硕士学位，继入加利福尼亚大学攻读博士学位。民国 16 年得知国内北伐革命成功，博士论文未答辩就回国，任南京第四中山大学（后改中央大学）副教授、教授。民国 19 年任武汉大学文学院教授兼外文系主任。他主讲英国文学史、英诗、文学批评、英诗选读、希腊悲剧等课程。民国33年4月，到英国剑桥、伦敦、爱丁堡及比利时布鲁塞尔等大学讲学，任剑桥大学客座教授。民国36年冬回国，先后在浙江大学、浙江师范学院、华东师范大学、复旦大学等校任教授。1957年，任上海外国语学院西欧语文系、英文系教授，系主任及外国语言文学研究所所长、名誉所长，曾任上海外文学会会长、中国外国文学学会理事、中国作家协会上海分会理事、上海翻译家协会理事和中国翻译工作者协会名誉理事。1977年，美国学术学会主席、乔叟研究专家罗明斯基访问中国，专程拜访这位七旬老人，称赞他“为中西文化的交流做出了卓越的贡献”。1991年3月27日在上海去世。著有《18世纪的英国文学与中国》《邓与布朗宁对于人生的解答》《诗歌集中的可罗列奇》《英国诗文研究集》等，主要译作（英译中）有《乔叟故事集》、《乔叟文集》、《大学近代英文散文选》（上、下册）、《坎特伯雷故事》、《理查三世》等，以及《陶渊明诗文选译》（中译英）和《莎士比亚全集》汉译初版中多种剧本之增补、校订等。

吴仞之 (1902.11.08—1995.11.23)

常州人。原名翔，字上千，以字行。民国4年(1915)，考入上海大同学院预科主修数学，肄业。后在常州正衡初级中学、芳晖女子中学任教。他业余演出、导演《山河泪》《最后一课》《国魂》等进步话剧。全面抗日战争爆发前夕在上海麦伦中学任教。与主持上海戏剧界救亡协会的于伶等结识，从事戏剧救亡运动。民国26年，在上海“孤岛”（租界）与于伶、欧阳予倩、阿英等成立青鸟剧社，参与《雷雨》《日出》等演出，这是全面抗战期间在“孤岛”成立的第一个职业话剧团体。翌年，成立上海剧艺社，导演《人之初》剧目，开始戏剧导演职业生涯。任同茂剧团、国华剧社等导演，排演《雷雨》《黎明》等优秀剧目及法国剧作家萨度的《祖国》、R• 罗兰的《爱与死的搏斗》等世界名剧，与黄佐临、费穆、朱端钧被誉为“孤岛四大导演”。民国30年，为金星影片公司导演拍摄电影处女作《乱石风光》，后又导演《哑妻》《欢天喜地》等影片。抗日战争胜利后，与顾仲彝等创立上海市立实验戏剧学校，任教务长。该校成立舞台美术组，开设舞台美术教育课程，填补中国戏剧教育史上空白。掩护田汉、安娥、洪深、欧阳予倩等到实验学校任教，领导师生参加反饥饿游行等进步活动，引起反动当局不满，被迫辞职转入南京国立戏剧专科学校任教授。

新中国成立初期，当选为苏州市第一届人代会代表，被苏南公署聘任为国立社教学院教授、戏剧组主任。1949年底入伍，任华南军政大学文艺系副主任、解放军第三野战军政治部文艺干部训练班副主任。1952年，转业任上海科学教育电影制片厂副厂长。1957年9月，调任上海戏剧学院教授。1958年任副院长兼研究室、导演系主任。1979年，导演以左联五烈士遭国民党反动派杀害为背景的话剧《霜天晓角》，让鲁迅的艺术形象首次出现在话剧舞台上。80岁时退休。1979年，当选为中国戏剧家协会理事、中国文联全国委员。1995年11月23日病逝于上海。一生执导了《扬子江风暴》《名优之死》《风雪夜归人》《家》等100余部剧作。著有《舞台与四次元空间》《导演全程经纬录》。出版《仞之艺文集》等。

张谷年 (1902—1987)

常州人。是海上著名画家冯超然的外甥。在冯超然的熏陶下，12岁能临摹新罗山人画册，神形俱到。后从王同愈学古文、诗词和书画。16岁在上海滩卖画为生。20岁时画作参加日本、意大利、比利时、美国等国际博览会。1949年随银行到台湾，曾任台湾“中国文化大学”教授。1967年被派到联合国科教文组织工作，后定居美国至去世。张谷年最精于画山水，近攻“四王”，上溯宋元，技法娴熟。全面抗日战争时，他在从上海转赴重庆的路上，观察到大自然惊涛拍岸、烟波淼渺、群峰千仞、山谷迷雾千奇百态变幻，作为创作素材，融入他的《中国山水画法图解》中。民国32年(1943)和1952年，先后在上海、台北举办个人画展。在台湾期间，曾任台湾美展审查委员、台湾美术协会理事、画学会理事、书法学会理事等，参加著名“七人画会”，曾获台湾美术协会金爵奖、台湾“教育部”文艺奖和美术奖。1965年，他用一年多时间创作完成巨幅山水画《东西横贯公路景》《横贯公路春夏秋冬四时景》，名噪一时。后一幅画作高8尺、宽26尺，将8折拉平，为长幅四季图连景，在台湾历史博物馆个人画展中首次展出，引起轰动，此画既是中国艺术风格的表现，又是台湾风景的真实写照。著有《国画的演进》《连云精舍画谈》等。

程沧波 (1903.03.07—1990.07.21)

常州城区茭蒲巷花椒园人。原名中行，字晓湘，笔名沧波(以笔名行世)。是清末民国初年“江南名儒”钱振锽的弟子和女婿。民国14年(1925)毕业于上海圣约翰大学文科，再入复旦大学政治系进修，曾任上海《时事新报》记者，后到国民党中央宣传部工作。民国19年，到英国伦敦大学政治经济学院留学，回国后任中国公学大学部教授、上海《时事新报》社主笔和国民会议政治秘书。民国21—29年任中央日报社社长。民国27—29年复任中央日报社社长，兼任复旦大学新闻系主任、教授。民国29年9月，任国民政府监察院秘书长和国民党中央宣传部副部长。翌年9月，被国民党中央派到香港，任《星岛日报》总主笔。太平洋战争爆发后回到重庆，与成舍我等合作创办中国新闻公司，投资经营《世界日报》并任总主笔，主持该报社评委会，同时任国民政府军事委员会秘书、国民党中央政治会议秘书。抗日战争胜利后，被派到上海接管《新闻报》，任社长。民国34年9月任监察院江苏监察区监察使，当选国民党第六届中央委员。上海解放前夕到香港，再任《星岛日报》总主笔。1951年到台湾，任国民党中央第九至第十二届评议委员，续任“立法委员”及“立法院、外交委员会召集人”。曾任台湾中央政治大学、东吴大学、世界新闻专科学校教授。

他是著名书法家，曾任台湾书法协会理事长。著有《土耳其革命史》《民族革命史》《时论集》《历史、文化及文物》《沧波文选》等专著。

沈沛霖 (1903.05—1992.10.30)

常州人。又名清尘，号涤庵。民国9年(1920)与邓小平等同时到法国勤工俭学，民国12年参加中国共青团旅欧支部及国民党旅欧支部，民国15年3月从法国索米尔工学院机械系毕业后回国，加入国民党，任国民革命军第二军六师政治部中校秘书兼宣传科长，参加北伐战争，同时加入共产党。翌年蒋介石发动“四一二”反革命政变后，脱离共产党。10月任第四军26师政治部宣传科长，民国17年任中央军校政训处上校政治教官。民国19年5月，任江苏省奉贤县县长，民国23年2月任暨南大学政治经济系讲师，8月任中央军校历史教官，民国24年10月，任中央军校高教班政治教官兼第十一期入伍生团政治主任教官，翌年11月任中央军校政训处教育科长。民国27年3月任军事委员会政治部第一厅二处一科科长、代处长，8月任军事委员会战时工作干部训练团第三分团政治部少将、副主任。翌年5月兼任南岳游击干部训练班政治主任教员，10月任中央军校第二分校政治部主任。民国31年5月任中央训练团党政班训育主任，8月任军事委员会政治部少将设计委员，民国34年4月任湖北省第七区(恩施)行政督察专员兼保安司令。民国35年2月，任湖北省第一区(咸宁)行政督察专员兼保安司令。翌年7月，任国民党政府社会部行政计划委员兼社会福利司帮办，民国37年初任社会部社会救济司司长，12月任南京市社会局局长。1949年4月，组织社会局救济物资保管委员会把50万美元的救济物质移交给南京军管会。后到上海参加华东军政委员会联络局的秘密策反工作。1951年任华北工学院教授，1958年调到浙江省机械专科学校任教，后随校并入杭州工学院、浙江大学，任教授。1980 年任浙江省第四届政协委员及九三学社浙江省联络委员会委员长。

陈志潜 (1903.09.10—2000.09.27)

常州人。民国 18 年(1929) 毕业于北京协和医学院公共卫生专业，任国民政府卫生署技正。后到南京郊区晓庄师范学校兼任乡村卫生实验区主任。自编《农民卫生知识讲义》，为参加夜校的农民上卫生课；为师范学校编写《卫生教育讲义》，推广农村卫生工作。后到美国哈佛大学公共卫生学院深造，在麻省理工学院进修健康教育学。民国 20 年，获公共卫生学硕士学位；又到德国德累斯顿市健康教育中心进修健康教育技术及方法学。九一八事变后回国，到河北定县平民教育促进会农村建设实验区任卫生教育部主任，同时任北平协和医学院中国董事和公共卫生学讲师，成为该院两位中国董事之一，负责辅导学生进行农村卫生实习。芦沟桥事变发生后，专任协和医学院副教授及北平市第一卫生事务所城市与乡村卫生教育区主任。民国 28 年 5 月，任四川省卫生实验处处长兼中央大学和华西协合大学医学院公共卫生教授，使四川从无到有建立综合医院、传染病院、妇婴保健机构，增添护士、助产士和公共卫生人员培训中心及供实习用的温江农村卫生实验区，争取到为四川省建立市、县公立公共卫生机构 80 余处。抗日战争胜利后，重新回到复校的北平协和医学院工作，作为董事之一被派到美国考察战后公共卫生教育。民国 35 年回国，到四川筹建重庆大学医学院，任院长，同时任重庆中央医院院长。新中国成立后，参与制订中国卫生工作发展规划。1952 年，重庆大学医学院并入四川医学院，任卫生学教授；1955 年，任卫生系代理主任。他曾任卫生部医学科学委员会委员、中华医学会副会长、中华医学会卫生学会委员、九三学社中央委员及参议委员会委员、四川省政协第四至六届委员。翻译出版中国第一本《健康教育原理》，为中国健康教育事业奠基人之一，被誉为“中国公共卫生之父”。

蒋超雄 (1903.12.18—1991.07)

武进东安人。别号清我。其父蒋克明从军，戎行出身。蒋超雄为湘军讲武堂韶关分校肄业，民国 13 年(1924)1 月，加入中国国民党，考入黄埔军校第一期第四队学习。毕业后历任国民革命军排长、连长、营长。翌年，参加第一、第二次讨伐陈炯明的东征战役，后参加北伐战争漳泉、福州战役。民国 19 年起，历任江苏省保安二团上校团长，保安五旅副旅长、旅长和江苏省警官学校军训处长、水路督练处处长。全面抗日战争爆发后，历任长江上游江防总司令部第五纵队司令，水上游击挺进第四支队司令，参加武汉会战和南昌战役、冬季攻势作战。在西凉山和剑霞墟战斗中率部以寡敌众，出奇制胜，屡创日本侵略军。民国 27 年 9 月起，升任第三战区国民革命军第十集团军预备 10 师师长、暂编第八军中将副军长。民国 29 年 11 月，率全师官兵在安徽地区与日军作战，12 月在青阳与贵池之间的陈家大山与日军展开激烈争夺。抗日战争胜利后，任国民政府军 38 军中将副军长、川北师管区司令、苏东师管区司令。民国 37 年 9 月，被授予陆军少将军衔。1949 年初，任浙江省军管区副司令兼浙东师管区司令，5 月向解放军投城。1979 年定居常州。1983 年 10 月，任民革常州市支部主委，1984 年任民革常州市委主委，1988 年任民革江苏省委、常州市委的顾问和政协常州市委常委、祖国统一工作委员会副主任及南京黄埔军校同学会顾问等职。1991 年 7 月病逝于常州。

方　于 (1903—2002.02.04)

常州人。女，其父亲方毅长期担任商务印书馆词典编辑部部长。民国 10 年(1921) 到法国里昂中法大学进修法文和音乐，两年后入里昂大学文学系就读，还在里昂音乐学院跟罗马金奖获得者、著名音乐家玛黛依斯夫人学习声乐，与同宿舍的潘玉良学习素描、油画、中国画和雕塑，经常到法国各地艺术馆学习。留学期间与里昂音乐学院留学生李丹结为夫妻。民国18年，在上海音乐学院任法文教师，同时与丈夫李丹合译法国著名作家雨果的名著《悲惨世界》第一、第二卷，完成的首部以《可怜的人》为书名，被商务印书馆《万有文库》第一集收录出版。抗日战争爆发后，先后在昆明东方语言专科学校、中法大学、昆明师范学院、云南艺术学校执教。新中国成立后调入昆明师范学院艺术系执教。1959年云南艺术学院成立，任声乐系教授。

1954年，文化部组织翻译出版外国文学名著，请她重译《悲惨世界》。1959年，她的新译本《悲惨世界》第一、第二卷由人民文学出版社出版。第三部译毕即将付梓时，她被关入"牛棚"。1971年放出来时，藏于箱中的《悲惨世界》第三部译稿已被老鼠咬成碎片。她和丈夫不顾年事已高，仍决定把这部小说译完。1977年，她的丈夫抱憾而逝，她接着译校完第三、第四部，1980年9—12月由人民文学出版社出版。此后她用3年多时间译完第五部，1984年6月出版。她还翻译罗斯丹的多幕剧《西哈诺》(作家出版社)及《诗人海涅的爱》《毋宁死》《克里斯丁》等法国剧本。退休后，她把西方美声唱法与中国传统戏曲演唱相结合，为惠瑶屏、蒋丽华、夏韵秋等数十位滇剧、花灯、京剧老演员传授西洋发声方法，为此获得云南省"老有所为"奖。1986年7月，云南省文化厅、云南艺术学院、省文联等单位举办了方于教授声乐民族化教学汇报音乐会。

方　俊 (1904.10.26—1998.05.05)

武进人。字君选。清光绪三十年(1904)10月26日出生于广州。民国15年(1926)唐山交通大学肄业，到天津顺直水利委员会从事测量工作。民国19年到北平实业部地质调查所参与编地图集，他最早把地图投影理论用于地图编制中。撰写《地图投影》，是中国该专业的重要参考书。民国26年到德国耶那地震研究所学习地球重力学。翌年底回国，到重庆中央地质调查所物探室任技士，并在中央大学地理系讲授测量学与地图投影学。民国30年转到土木系讲授大地测量学，民国32年任中国地理研究所副研究员、大地测量组主任，兼同济大学测量系教授。是中国动力大地测量学开拓者。以平均重力异常为基础创制的方格模板计算方法，被苏联、东欧等国家编入教科书，称为"方俊方格模板法"。主编中国最早的测绘科技刊物《测量》。抗日战争胜利后受申报馆委托，继续编制《中国新地图集》。

新中国成立后，他被调到南京中国科学院地理研究所任大地测量组组长、研究员。组织黄河及淮河水利委员会天文三角测量，参加中科院西藏科考队，到藏开展中国重力摆仪测量试验，创办《测绘通报》刊物，任主编。1956年被批准为新中国首批研究生导师。1958年，调到武汉筹建测量制图研究所(1961年扩建为测量与地球物理研究所)，任所长。60年代起，致力于人造卫星轨道地球引力摄动研究，为1980年中国远程运载火箭太平洋试验取得成功做出重要贡献。他是中国航天弹道引力场研究的先驱，在钱学森支持下从事中国参考坐标系与地心系统转换研究，花费10余年时间完成专著《地球形状与重力测量学》，1976年开始转向固体潮及地球自由振荡研究。1978年与比利时梅尔基奥尔合作完成9个站的重力潮汐观测，联合发表论文《中国的固体潮观测》，填补了全国研究的空白。此后，他撰写的《固体潮》获中国科学院1986年度科技进步二等奖。1980年当选为中国科学院院士，次年被批准为中国第一批博士生导师。是中国测绘学会第二至第三届和中国地球物理学会第三届副理事长，湖北省科协副主席(1978—1984)，第五至第六届全国政协委员。

缪　钺 (1904.12.6—1995.01.06)

溧阳人。字彦威。清光绪三十年(1904)12月6日出生于河北迁安。民国13年(1924)因父亲去世从北京大学文科辍学，以教书为业赡养家人，先后任教于保定私立培德中学、私立志存中学、省立保定中学。民国27年到内迁四川的浙江大学中文系任副教授，两年后任教授。抗日战争胜利后，到成都华西协合大学中文系任教授兼中国文化研究所研究员，兼任四川大学历史系教授。他长期从事中国古代史、中国古典文学、历史文献学教学和研究工作，治学先以先秦诸子及古典文学为主，40年代中期开始转向魏晋南北朝史研究。1952年起，历任四川大学历史系教授、中国古代史教研室主任、历史研究所副所长、古籍整理研究所名誉所长、历史研究所学术顾问。80年代开始致力于词学研究。1981年，被国务院学位委员会批准为首批博士生导师，为四川大学培养出首位博士。1995年1月6日病逝于成都。他著有《中国史上之民族词人》《元遗山年谱汇纂》《诗词散论》《读史存稿》《杜牧传》《杜牧年谱》；与人合著《冰茧庵序跋辑存》《冰茧庵剩稿》《词学古今谈》《冰茧庵丛稿》《灵溪词说》；主编《唐诗精华》《中国野史集成》《三国志选注》《三国志导读》等；出版旧体诗词集《冰茧庵诗词稿》。他曾兼任国务院古籍整理出版规划小组顾问、中国唐史研究会理事、中国唐代文学学会理事、成都市杜甫研究学会会长等职。

张赞臣 (1904—1993)

武进芙蓉湖人。字继勋，晚号壶叟、蓉湖老人。出身中医世家。民国15年(1926)从上海中医大学毕业后，与同学杨志一等创办上海医界春秋社，任执行主席，主编《医界春秋》(月刊)，先后出版123期，是新中国成立前影响较广的中医刊物之一。民国18年，国民政府召开全国卫生会议，有人提出“废止中医案”，他以医界春秋社名义通电全国予以反对，得到各省医药团体广泛响应。3月17日，全国医药团体代表大会在上海举行，全国医药团体联合总会成立，他被推选为执行委员兼宣传部主任，到南京请愿迫使政府撤销原案。后国民政府行政院院长汪精卫仍蓄意废除中医中药，他闻讯后撰文批驳，在中医药界引起极大震动，造成强大舆论压力，迫使国民政府颁布《国医条例》以平息怒潮。民国20—29年，先后任中国医学院及上海中医学校教授、上海中医研究会理事长等职。1952年，参与筹建上海市公费医疗第五门诊部，任副主任。1956年任上海市卫生局中医处副处长。1960年任上海市中医文献研究馆副馆长，兼任上海中医学院教授及耳鼻喉科教研组主任。他一生献身中医事业，精内、外、妇、儿等科，尤以外科、喉科见长，是中国中医耳鼻喉科学会创始人和全国首批名中医之一。主编《中医喉科集成》，撰有《张赞臣临床经验选编》《中国诊断学纲要》《咽喉病新镜》《中国历代医学史略》《本草概要》《中国外科医籍存佚考》等10余部专著。他是上海市第五、七届人大代表，上海市第一、二、四、六届政协委员，中国农工民主党上海市委副主任及顾问，国家科委中医专业委员会委员，卫生部医学科委员会委员，中华全国中医学会理事，上海市中医学会副理事长、中医耳鼻喉科学会名誉主任。

黄若舟 (1906.01.12—2000.07.21)

溧阳上黄人。原名济才，号若舟，以号行。民国17年(1928)毕业于上海美术专科学校，先后在溧阳中学、吴江中学、上海青年中学、爱群中学、国立德育高中等校任教。民国23年创作《西南行图》横幅入选全国美展。民国28年，编写出版中国首部介绍汉字通行书写字体《通书》，后经修订易名《汉字快写法》，为现代硬笔书法拓荒者。民国30年任国民政府教育部特约编辑，兼国立音乐学院艺术理论课教授。抗日战争胜利后，先后任江苏省立教育学院、中华工商专科学校教授。上海解放后任上海体育学院图书馆主任。1972年，任上海师范大学艺术系教授。为中国美术家协会会员、中国书法家协会会员，兼任中国教育学会书法教育研究会顾问、上海市艺术教育委员会顾问、上海市大学书法教育协会会长。毕生创作大量优秀书画作品，《秋夜》《向日葵》入选新中国第一、第二届全国美展。他擅长鸟草虫画，宗明人青藤、白阳；楷书由颜真卿入手，兼涉诸家，精研行草，于《书谱》及《兰亭》《十七帖》用力极深，亦善篆隶，得之《泰山刻石》《石门颂》。1993年，开创非书非画、亦书亦画的书画艺术新品种“书画缘”，把中国书法与绘画融为一体。1998年，他创作的《虎威图》被联合国秘书长安南收藏。著有《汉字快写法》《花鸟画技法》《黄若舟快写法》《黄若舟一笔书》《黄若舟书画缘》，编导《中国画教学》《中国书法教学》影片。

薛兆圣 (1906.11—1992.02.08)

武进湟里人。又名薛仲达。青少年时深受五四新文化思想影响，经同乡介绍进入上海商务印馆工作，民国 14 年(1925) 加入中国共产党，先后参加“五卅运动”，商务印书馆第一次罢工斗争，先施、永安公司大罢工及第三次武装起义。民国 16 年“四一二”反革命政变发生后，他撤退到武汉，并出席第四次全国劳动代表大会。民国 20 年 5 月，他脱离中国共产党。民国 22 年从上海东南医学院毕业后，先后在南京中央医院、南京市立医院工作。抗日战争期间，任国民政府军队后方医院外科主任兼医务主任，卫生署四川内江公路中心卫生站主任医师、院长。民国 35 年，到美国北卡罗来纳州及巴尔的摩市卫生局进修公共卫生、医院管理专业。1949 年 5 月，重新加入共产党，此后历任上海公济医院(1953 年更名为上海市第一人民医院）副院长、院长，曾任上海市第四至第六届政协委员。著有《生理常识》《生理卫生知识》等。

段力佩 (1906.12—2003.03.08)

金坛人。原名立培。民国 18 年(1929)江苏省立第一师范学校毕业，先后在上海东明小学、华光中学任教，民国 29 年主持上海佛教净业孤儿教养院工作。翌年 10 月加入中共。民国 32 年，任上海储能中学训育主任、校长。上海解放后任缉渠中学（今市东中学）校长。1950 年 3 月，调任上海育才中学校长。1956 年，任新成区（后改为静安区）副区长、政协副主席，兼育才中学校长。1963 年辞去行政职务，专事育才中学教育。1978 年，被评为上海市特级教师。1984 年离休后任育才中学名誉校长。曾任中国教育学会常务理事、上海市教育学会副会长、全国政协委员等。段力佩是著名教育家，长期从事教育，全身心投入教学改革研究。50 年代初，推行凯洛夫的“五步教学环节”方法，采用教学、提问、讲解新课、巩固新课、布置作业步骤，教育质量稳步提高，1954 年被上海市教育局作为全市教学改革试点。1964 年提出“紧扣教材，边讲边练，新旧联系，因材施教”16 字方针，被誉为“育才经验”，在上海和全国宣传。1979 年 2 月，发表《有领导的“茶馆式”的教学形式——读读、议议、练练、讲讲》文章，引导学生自己读书，自觉议论，主动探讨问题；教师点拨、解惑、小结或总结。他对学制、课程设置、教材、课时安排等大胆进行改革。80 年代中期至 90 年代初，他提倡学生的自主意识、自主能力、自主行为（简称“三自”）思想，要求学生在学习生活上自治自理，政治上自己教育自己，鼓励学生建立课外小组，丰富课外学习活动，培养学生兴趣。提倡教员人人做思想政治工作，班主任改为辅导员，辅导学生的自治、自理、自我教育，培养学生能力。他上课言简意赅，条理分明，通俗易懂，用激情抓住学生的心，受到学生欢迎。著有《段力佩教育文集》。

吴羹梅 (1906—1990.06.01)

常州人。原名吴鼎，曾用名吴一羽。民国 15 年(1926) 上海同济大学毕业。翌年加入中国共产党。后到日本横滨高等工业学校留学，毕业后到真崎大和铅笔株式会社神奈川工场实习颜色铅笔生产。民国 22 年 11 月回国，邀郭子青等人筹资 1.05 万元（法币）在上海斜徐路 1176 号合伙创办中国首家制芯制杆铅笔厂——标准国货铅笔厂，生产飞机牌铅笔。民国 33 年 10 月，他参与策划并联合组织举办厂矿出品展览会，鼓舞大后方发展民族工业。民国 34 年，后方工业生产因原料、资金短缺，许多工厂停工，11 月 5 日他与胡厥文、胡西园代表工商界面见蒋介石，提出 9 条建议，政府被迫发放 50 亿元紧急工贷，使一些工厂渡过难关。12 月

16 日，他与黄炎培、胡厥文等发起成立中国民主建国会，任常务理事。民国 37 年，他与孙晓村等秘密编印上海工厂名录、上海工业概况和上海燃料动力供应情况等资料，为迎接解放军解放上海、接管上海提供重要情报。1949 年 5 月上海解放，8 月他以公私合营方式创办中国首家公私合营工厂哈尔滨中国标准铅笔公司。9 月参加中国人民政治协商会议，10 月 1 日出席开国大典，随即被任命为中央财政经济委员会委员和中央私营企业局副局长（因故未到任）。翌年 5 月，他将上海、重庆两地的中国标准铅笔厂申请公私合营，1954 年 10 月任上海公私合营中国铅笔公司经理，1958 年 2 月调民建中央委员会工作。他曾当选第二至第四届全国政协委员，第五至第七届全国政协常务委员，民建第一至第四届中央常委，第四届中央咨议委员会常委和第五届副主任，第四至第五届全国工商业联合会常委和第六届顾问。

陈智方 (1906—1991.05.29)

溧阳人。民国 14 年(1925) 参加五卅运动，民国 16 年加入中国共产主义青年团，任共青团汉阳县委委员，同年被党组织派往莫斯科学习，翌年加入中国共产党。民国 20 年回到溧阳，与林枫等创建溧阳最早的中共支部，任书记。次年，与被中共南京市委派回家乡发展组织的中央大学学生狄超白等创建中共溧阳特别支部，任组织委员，狄超白被捕后他继任书记。民国 28 年参加新四军，先在军部工作，后历任盐城税务局局长、黄桥税务局局长和苏南行署财经处副处长、秘书长等职。抗战胜利后，历任山东鲁中行署实业处副处长、山东大学经济系副主任、华东财办南进总队三大队政委等职。1949 年 5 月，参与接管上海，历任上海市货物税局局长、华东货物税局副局长、上海市轻工业局副局长。60 年代调至北京工作，历任轻工业部办公厅副主任，烟草管理局局长，轻工业部科学研究院副院长、科学研究设计院第一副院长和轻工业部科研司司长（副部级）等职务。

钱小山 (1906—1991)

常州人。原名伯威，字任远，号小山，晚号眉叟，以小山行世。“江南名儒”钱振锽（号名山）的长子。出生于常州城东白家桥，寓居局前街太平里 10 号。家学渊源深厚，古文功底扎实，15 岁自编诗集《结网吟》。曾任教于上海钱业中小学、爱群女中、南洋中学、上海商学院、私立名山中学、辅华中学等校。1952 年 10 月加入民盟，担任新中国成立后常州市首任文化局局长（先是文化处，后改为文化局）。后任常州市政协副主席、民盟常州市委主委，兼任市文联副主席和名誉主席、市书画院院长、市书法协会会长和舣舟诗社名誉社长等，是中华诗词学会、江苏省诗词协会顾问。钱小山擅长诗词、书法，写诗坚持“以手写我口”，所写《满江红·1950 年元旦劳军献词》刊登在《人民日报》上，“独立旗飘民主国，自由花发英雄血”句在全国诗坛产生较大影响。在《光明日报·东风》副刊发表诗词，其中《东风第一枝·咏梅词》，毛泽东看到后极为赞赏。他与二弟钱仲易出版有诗词合集《埙篪集》，后人又编印《小山诗词》。其书法自成一体，初学李邕（北海），再受翁方纲（覃溪）的影响，字体清秀婉媚，后期则传承他的父亲刚健苍劲的书风。

吴瑞萍 (1907.09.14—1998.08.21)

常州人。出生于湖南省长沙市，祖籍常州，为全国著名医疗专家、全国人大常委会副委员长吴阶平之兄。民国 14 年(1925) 就读于北京燕京大学医学预科，民国 22 年北京协和医学院毕业，获美国纽约州立大学授予的博士学位，留协和医学院任住院医师、讲师，负责建立儿科传染病微生物化验室，研究百日咳自动免疫。民国 28 年 9 月，到美国耶鲁大学医学院从事免疫学研究，翌年 8 月回国，继续在北京协和医学院工作。太平洋战争爆发后，协和医学院停办，腾出北平东城东堂子胡同自家小楼，与协和医院儿科主任诸福棠及邓金鍌合办儿童医院，任副院长(诸福棠任院长)。民国36年被北京大学医学院聘为儿科教授，主讲《小儿传染病学》。新中国成立后，他把私立儿童医院无偿捐给国家，北京第二儿童医院成立后继续担任副院长。1955年，北京儿童医院在复兴门外建成，他和所在的儿童医院一起并入，任副院长，负责全院医疗行政工作和主持领导传染病房的临床、科研工作。1982年退休。曾担任多个社会职务，1960年任卫生部药典委员会委员。1962年，任北京市科协委员、北京市西城区政协常委，兼北京市儿童保健所所长。翌年，任卫生部医学科学委员会及儿科专题委员会委员。1964年，任中华医学会北京分会副会长。1978年，任中华医学会理事和中华医学会儿科学副主委，翌年任北京第二医学院学术委员、儿科系主任及教授。1980年，任北京儿科研究所副所长。翌年，任儿科学会主委、《中华儿科杂志》第一副主编。吴瑞萍长期从事小儿科传染病研究，发现获得百日咳免疫菌苗的有效途径，先后发表《百日咳菌苗的制作及其临床应用》《百日咳自动免疫：人免疫血清对小白鼠的保护作用》等论文。1998年8月25日因突发脑溢血逝世于北京。主编《小儿科传染病学》，1961年被用作全国通用教材；与诸福棠合著《实用儿科学》。曾任第五届全国政协委员。

汪绍训(1907.10.16—1986.06.04)

常州人。民国17年(1928)北京燕京大学医学预科毕业后，继续在北京协和医学院学习。民国22年，获美国纽约州立大学医学院医学博士学位，任北京协和医院内科住院医师。民国28年，到美国明尼苏达大学、宾夕法尼亚大学附属医院进修，获美国放射学专家证书。他长期从事放射学教育和临床放射学研究，30年代率先提出了中国人肺癌的X线特点。翌年9月回国，任协和医学院副教授。民国33年，任河北唐山开滦矿务局医院院长兼内科和放射科主任。1949年，任北京大学医学院(后北京医科大学、北京大学医学部)放射学教授，兼北京医学院附属第一医院(北大医院)、北京中央医院(后北京大学人民医院)和北京协和医院放射科主任和兼职教授。1951年，参与创建中华医学会，任常务理事；次年中华医学会放射学分会成立，任主任委员。1953年，创办《中华放射学杂志》，任总编辑。新中国成立初期，他在中国首次报告小肠淋巴肉瘤的X线研究，还较早发现心脏的大小是诊断心脏病最重要的依据之一。他与谢志光教授合作，在1956年创造出适合计算中国人心表面积的公式，制成便于查对的“心表面积预计值表”，被学术界称之为“汪—谢公式”。1974年，他总结出不同病理组织类型的肺癌具有的X线表现，提出胸片不仅能发现病变、明确诊断，还能预测病理类型，这一研究为制订最佳的肺癌治疗方案提供了具有重大参考价值的资料。1979年、1981年，先后担任北京医科大学硕士生、博士生导师，为一级教授。

汪绍训先后撰写论文论著80余篇(部)、500余万字。主编了中国首部放射专业高等教材《放射诊断学》《X线诊断资料汇编》《放射诊断学进修教材》，翻译200多万字的国外名著。他是美国医学影像学会首位中国籍荣誉会员。曾任第六届全国政协委员。

徐同邺(1907.11.15—2008)

武进人。又名萩圆，上海交通大学管理学院毕业。在校读书时编辑《交大月刊》，后在上海报界工作，先后主编《上海摄影画报》《大报》《正气报》《金刚钻报》等，主办《商声报》《国货日报》，同时兼任上海高等商业学校(后改名南洋商学院)英语、银行货币学教授。民国22年(1933)任青岛市国货陈列馆馆长。抗日战争初期入美国亚利桑那师范大学研究院深造，民国32年获教育硕士学位。其间，在美国劳莱军械学院、劳莱摄影学院、圣马哥斯领航学院等学习，先后在美国空军威廉士航空学院、雷鸟航空学院、马拉那航空学院等任教官、领班、翻译主任等职。民国35年回国，任国民政府输出入管理委员会输入处专员，兼上海交通大学航空运输学教授。上海解放后，任上海对外贸易管理局输入处专员。1956年，被调到上海外国语学院英语系任教授。撰有《英文法精义》《飞行术》《飞机无线电装备》《高空物理》《航空运输概论》等专著，译有《发明史话》《飞机发动机的原理》。

吴朔平 (1907.12.16—2002.04.26)

常州人。出生于常州一个职员家庭。他是中国电信技术开创者和中国航天电子技术学科带头人，一级研究员。民国17年(1928)上海交通大学电机工程系毕业，历任国民政府交通部青岛无线电台台长、重庆金陵大学兼职教授等。民国24年，在青岛主持安装了国内领先的海岸电台。卢沟桥事变发生后，他主持研制成功无线电自动快报机和定向天线等设备，扭转日本侵略者切断天津快报线路、造成电报大量积压的局面。民国36年，在美国国际电话与电报公司等单位学习，次年回国任上海国际电台工程师。上海解放后，他负责组建华东电信管理局电信研究室，后调任国家电信总局技术处副处长，负责组建电信科学研究所。

新中国成立后，他负责创建电信研究室和电信科学研究所，解决超视距、超高频电路等电信技术。1949年，参与创办《电信建设》。翌年，任邮电部电信总局副局长，兼电信科学研究所副所长。1953年1月，任解放军通信兵部电子科学研究院副总工程师、技术组组长。创办《国际电信技术动态》刊物，主编《系统工程与电子技术》期刊和《雷达文献选集》(15册)。1957年12月，被调入国防部第五研究院二分院，任副总工程师兼第五设计部(后改为计算机技术研究所)主任、分院副院长。50年代中后期，主持中国航天系统第一台专用电子数字计算机、通用电子模拟计算机和弹道导弹弹上模拟装置的研制工作。完成中国多种导弹与航天型号的仿真试验任务，曾获全国科技大会成果奖。1965年起，任第七机械工业部第二研究院副院长。1982年，任航天工业部第二研究院技术顾问。1988年，任航空航天工业部高级专家。1991年，被评为航空航天部有突出贡献的专家，享受国务院特殊津贴。编著的《科技英语速成读本》《科技英语讲座》《计算机世界》等书。曾任中国电子学会第一至第二届常务理事，中国宇航学会第一届理事，中国航空学会第二届理事及学术委员会副主任等。他是第三届全国人大代表，第五至第六届全国政协委员。

邱行湘 (1907—1996.12.08)

溧阳南渡人，字辽峰。出生于溧阳南渡镇邱家桥。民国16年(1927)4月，毕业于黄埔军校第五期步兵科。7月任国民革命军第一军警卫团排长。翌年3月，任陆海空军总司令警卫队队长。民国18年1月，任司令部外事副官，8月任陆军第十一师66团连长，第十八军少校副官。民国20年1月起，历任第十四师少校骑兵连连长，陈诚部第十八军特务营营长，59师、99师营长、中校副团长，第九十九师参谋主任。民国26年1月，任军政部补充第一团团长。全面抗日战争爆发后，任第十八军六十七师二〇一旅副旅长兼四〇二团团长，参加淞沪会战的罗店战役、南京保卫战和武汉会战。民国28年5月30日至6月4日，率部随六十七师莫与硕师长参加湟里战役沈家大桥战斗，参加湖东、湖西(滆湖以东、以西地区)战斗。翌年，任第六战区特务第二团团长兼恩施警备指挥官。民国30年冬，任第八军五师少将副师长兼政治部主任。民国32年3月，任中国远征军司令长官部副官处长，5月任第九十四军五师副师长兼政治部主任，参加鄂西会战，民国34年参加湘西会战。翌年6月，任第九十四军五师师长。1947年11月，任青年军整编二〇六师师长兼洛阳警备司令，与二〇六师新闻处处长赖钟声创办《革命青年》周刊。1948 年 3 月 13 日，在洛阳战役中被解放军俘虏。1959 年 12 月 4 日获得特赦。1996 年 12 月 8 日在南京去世。曾任政协江苏省第五至第六届委员会委员、文史专员和南京市黄埔军校同学会理事。

阿　甲 (1907—1994)

武进湟里人。原名符律衡，又名符正。出生于武进湟里镇。幼时家居宜兴蜀山。自幼喜欢书画和京剧艺术，中学时攻习老生。民国 27 年(1938)，到延安鲁迅艺术文学院美术系进修，后任该院新成立的平剧(即京剧)研究团团长，专门从事戏曲演出、编导和研究工作。民国 30 年加入共产党。翌年，延安鲁迅艺术文学院平剧研究院成立，任研究室主任、副院长，开始京剧改革的实践之路。在延安曾参加《松花江上》《钱守常》《夜袭飞机场》《三打祝家庄》《进长安》等京剧现代戏和传统戏全本《宋江》的改编、导演和演出。新中国成立后，历任文化部戏曲改进局艺术处研究室主任，中国戏曲研究院研究室主任，中国京剧院总导演、副院长(院长为梅兰芳)、名誉院长，中国艺术研究院戏曲研究博士生导师等职。

阿甲长期从事戏曲编导、表演艺术实践。在中国京剧院，他相继参加《赤壁之战》《凤凰二乔》的编剧、导演和现代戏《白毛女》《洪湖赤卫队》《柯山红日》等导演；应邀担任越剧《桃花扇》和昆曲《晴雯》导演。1964 年，改编和导演京剧现代戏《红灯记》。80 年代，指导和帮助京剧团体、江苏昆剧院成功排演了《李慧娘》《烂柯山》等戏剧。代表著作有《戏曲表演论集》，他主张重视民族戏曲遗产的研究和学习，正确借鉴外来戏剧理论和经验。他对中国戏曲的美学思想和特殊审美规律作了比较科学的分析和概括，为建立中国戏曲美学和表演理论体系作了有益的探索和实践。他是中国戏剧家协会副主席，全国政协委员，文化部京剧振兴指导委员会副主任。1994 年 12 月 24 日在无锡病逝。

葛春霖 (1907—1994)

溧阳人。民国 18 年(1929)从清华大学毕业后留校工作，兼任新农林学校教导主任。与中共北平市委顾衡创办进步刊物《现代中学生》。翌年 10 月加入共产党，同年杂志被国民党查封。民国 20 年 9 月，到安徽太和县发展党组织，任中共太和县委委员。民国 26 年，在陕西武功西北农林专科学校化学系任教时，组织师生到关中、陕南、陇南等地农村进行抗日救亡宣传。撰写的《科学的哲学》经潘梓年、邹韬奋、胡绳修改，民国 28 年 3 月由重庆生活书店出版。不久此书被国民党当局查禁，他到陕西城固县西北工学院任教，撰写《唯物辩证法》《化学战争与中国国防》等书籍。民国 35 年，葛春霖在“反饥饿、反内战、反迫害”群众运动中组织学生罢课、示威游行，引起国民党注意，经地下党安排转移至青岛。民国 37 年，到美国明尼苏达大学留学。1949 年新中国成立前夕，他与涂光炽等发起建立“明社”学习小组，动员该校中国留学生 150 余人回国参加建设，筹组留美中国科学工作者协会，先后动员、组织 100 余名旅美学者回国。青岛解放后，他被任命为青岛化工厂厂长。1951 年，调轻工业部工作，历任技术室主任，生产技术司、科研司的副司长，轻工业部科学研究院副院长、高级工程师。先后参与组建科研院所 20 多个，主持并参与指导抗生素、蔗渣造纸、蔗渣制凸板纸、人造纺维浆、制盐、制酒、食品、环保等项目研究。1975 年 6 月，轻工业部科学研究院接受他的提议，设立环保研究室，后发展成环保研究所。1981 年，撰写《轻工业的环境保护》，该书指导了中国轻工业“三废”(废气、废水、废渣)治理和环境保护工作。他曾获得国家“有突出贡献的科学家”称号，任中国轻工协会、中国化工学会的副理事长等。

陶希晋 (1908.03.04—1992.04.11)

溧阳人。原名国华，笔名石言。为陶鲁笳之兄。民国16年(1927)入中央大学法律专业学习，民国18年参与江宁暴动，任行动委员会主任和溧阳县县长。民国21年参与组织领导正太铁路职工运动和石家庄抗日救亡运动。民国24年加入共产党。翌年，他任中共石家庄市委书记，创办《正言报》和《北风》(后改《背光》)杂志。七七事变发生后，任中共正太沿线铁委书记，发展600余人组建成一支抗日游击队，成为创建晋中抗日根据地的骨干力量。后任中共晋中特委、晋冀地委、晋东地委书记。抗日战争胜利后，历任北平军调部石家庄执行小组少将衔中共代表和晋冀鲁豫军区参谋长，中共晋冀鲁豫中央局秘书长、晋冀鲁豫军区秘书长和平汉路石安段铁路管理局局长，华北人民政府秘书长。

新中国成立后，他历任政务院副秘书长，政务院政法委员会秘书长兼中央政法干校副校长，中央人民政府法制工作委员会副主任委员，国务院副秘书长，国务院法制局局长、党组书记等。1978年任中央政法小组成员，负责常务工作。1979年2月起，任全国人大常委会法制委员会副主任。1980年9月24日，他在《人民日报》上发表《谈社会主义法治》文章，强调法治就是依法办事、以法治国，他负责起草了《关于〈中华人民共和国刑法草案〉修订工作的说明书》和修订工作，组织人员审查修改刑事诉讼法，主持民法起草工作，在制定刑法、刑事诉讼法、民法通则中发挥了重要作用。1986年《民法通则》颁布后，他提出“新六法”主张，提议中国应当建立自己的“新六法”体系，现在刑法、刑事诉讼法、民法通则、民事诉讼法都有，缺的是行政法和行政诉讼法。8月，他在《人民日报》发表《论新时期法制建设的几个问题》，提出宪法统率下的民法、刑法、行政法和与此相适应的民事诉讼法、刑事诉讼法、行政诉讼法6个基本法构想，构成完整的社会主义法律体系，对中国的法制建设和法律界产生重大影响。1992年4月11日逝世于北京。著有《石言诗篇》《新中国法制建设》《石言印稿》，主编《民法文集》《中国民法学·民法总则》。

陈晓南 (1908.03—1993.10)

溧阳人。别名晓岚，曾用名桂荣。民国18年(1929)毕业于无锡美术专科学校。翌年，在中央大学艺术系师从徐悲鸿学画。民国24年在南京参加中国文艺社，任美术编辑。抗日战争爆发后，随社去重庆，参加战地写生团和作家战地访问团到河南前线战地写生，汇集《战地画册》出版。民国28年其《难民》《轰炸后的重庆》等画作在莫斯科、列宁格勒等地举办的中国艺术展览会上展出，花鸟画入选中央大学美术系筹办的中国画展，民国29年在美国、英国展出。民国31年，到徐悲鸿创办的中国美术学院任副研究员兼徐悲鸿秘书。民国35年，到英国伦敦中央工艺美术学院学习铜版画，创作的国画《塞北健儿赛马图》在民国37年参加英国伦敦为举行第14届奥林匹克运动会举办的画展，获荣誉奖。1950年回国，任中央美术学院版画系副教授；1951年在该院创建中国第一个铜版画工作室，为新中国培养了第一代铜版画人才。1953年9月任徐悲鸿纪念馆副馆长，1955年编辑出版《徐悲鸿彩墨画》。1961年任广州美术学院版画系教授。擅长版画、木刻、国画，其中铜版画为绝活，是中国铜版画开拓者和奠基人之一。主要作品有铜版画《建设中的新北京》《浇钢锭》《葛洲坝水库》《船台晨曲》；套色木刻《万古长青》，其中《浇钢锭》和《万古长青》被中国美术馆收藏。有著作《怎样作铜版画》和主编出版《英国勃朗群画集》。

周　枏 (1908.05.09—2004.04.15)

溧阳人。字叔厦。民国17年(1928)中国公学大学部商科毕业，到比利时鲁汶大学留学，民国20年、23年分获政治外交硕士、法学博士学位。回国后在上海持志学院任教，课暇用1年多时间写成30余万字的罗马法讲义。抗日战争爆发后，辗转长沙、福建、长汀等地，在湖南大学、临时筹建的江苏大学和厦门大学执教，曾任厦门大学法律系主任。抗日战争胜利后，到上海暨南大学和上海法政学院任教授，讲授罗马法，同时任暨南大学法学院院长。上海解放前夕，他三次拒绝去台湾。新中国成立后，以教授身份入中国新法学研究院学习，1951 年结业。这时国内政治环境发生变化，他擅长的罗马法课程被取消，被分配到最高人民法院西南分院工作，后调青海师范学院筹建法律系。“反右”运动开始后，法律系撤销，被安排到图书馆做管理员。“文化大革命”中受尽折磨，他家被抄时他将罗马法研究的珍贵资料藏在麻袋里，上面堆放很多破旧杂物才使资料得以保存。后下放“五七干校”养马。1980 年调入安徽大学任教授和研究生导师。1985 年，他作为国内 5 名资深民法专家之一，参加中国《民法通则》最终审稿。1991 年享受国务院特殊津贴。他历尽 50 余年撰写完成《罗马法原论》，1987 年被列入国家教委 1988—1992 年度哲学社会科学研究规划项目，于 1994 年 6 月出版。他还参加新中国首部《法学词典》《中国大百科全书·法学》《民商法词典》《法学大辞典·罗马法分科》《英汉法律词典》等辞书的编纂工作。

赵访熊 (1908.10.30—1996.11.29)

武进人。民国 17 年(1928) 从清华大学毕业后，被选派到美国麻省理工学院电机系留学，民国 19 年毕业后进入哈佛大学研究院攻读数学，翌年获硕士学位，随后攻读博士学位。民国 22 年，接清华留美学生监督赵元任的通知，他立即放弃即将取得的博士学位，回清华大学数学系任教。民国 24 年任教授。民国 32 年 6 月，任西南联合大学理学院数学系主任，兼师范学院数学系主任，他结合教学实践编写《高等微积分》《微积分与常微分方程》，前者是中国理工科第一本高等微积分教材。50 年代，他编写的新教材《高等数学》由高等教育出版社出版。他提倡培养学生的独立思考能力，认为提高大学生水平应从中学抓起，编写了有关算尺、速算、珠算、近似计算、三角七巧板、数列极限等多篇科普文章。1952 年，任清华大学高等数学教研组主任、基础课委员会副主任。1953 年，发表《解联立方程的斜量法》等论文，引起国内外重视。1956 年，被选派到苏联列宁格勒大学学习计算数学和苏联模式。1958 年回国，任清华大学工程力学数学系副主任兼计算数学教研组主任，在全国工科院校中最早培养出中国第一批计算数学人才。1962 年 11 月任清华大学副校长。1978 年，他承担的《石油地震勘探数字处理软件》研制项目获全国科学大会成果奖。1978 年 12 月至 1984 年，再次出任清华大学副校长。1979 年，兼应用数学系主任，筹备开设国内第一批计算数学博士点，任博士生导师。赵访熊毕生从事计算数学研究和教学工作，是中国计算数学的开拓者。1996 年 11 月 29 日逝世于北京。曾任国务院学位委员会学科评议组成员，中国计算数学学会第一、第二届理事长，《计算数学》学报、《清华大学学报》主编。他是第三届全国人大代表，第五至第六届全国政协委员，北京市人大代表，民盟第四至第五届中央常委、参议委员会常委和民盟北京市第四届委员会副主任委员。

马任全 (1908—1988.07.15)

常州人。出生于常州城一个民族工商业者家庭。中国著名集邮家，从学生时代受到爱好集邮的父亲的影响，收集清代以后的各种邮票。从上海沪江大学化学系毕业后，民国 20 年，进其父创办的顺昌石粉厂工作，任营业经理、厂长。民国 34 年，他在其父去世后接手经营顺昌石粉厂，把企业发展成远东地区最大的石粉厂之一。民国 36 年，插图 600 多幅、用中英文编成的《马氏国邮图鉴》出版，填补中国邮票发展史空白。新中国成立后，历任上海新泾区工商业联合会筹委会主任委员、第一至第六届区工商联副主任，新泾区和上海市第一届人大代表。1956 年起，历任长宁区第一至第五届人民代表、第五至第六届政协委员。同年，他把新中国成立前用重金购得、珍藏20余年、全球仅存一枚的清代“红印花加盖小字当壹元”旧票，连同其他时期珍贵的中国邮票6167枚，捐献给国家收藏。1973年退休。1981年，他再次向中国邮票博物馆捐献一部新中国邮票《实寄首日封专集》。邮电部为表彰他的成就和贡献，专门举行隆重发奖仪式向他授奖。他收藏的珍邮，多次参加全国邮展，其中《民国旧票集》在1983年上海市第一届集邮展览上获一等奖，《国邮拾贝集》在1983年中华全国邮展中作为荣誉类展品展出。

周子青（1908—1988）

武进人。字洛。著名书法家。10岁进私塾，12岁进武进职业学校读书。14岁开始学书法，从欧阳询《皇甫诞碑》入手，继习魏碑名帖，对石鼓、钟鼎、大小篆、汉隶及晋唐以来名家书体，悉心研习，熔真、草、隶、篆于一炉，创出独具风格的魏书体。26岁开始经商，先后独资和合股经营信和银楼、勤丰五洋百货店、永泰和钱庄、第三信用合作社、庆和银楼、振丰木行等，任协理、经理、总经理等职。1956年进常州砖瓦厂工作至退休。他一生致力于书法创作，其书法作品苍古沉雄，质朴险峻，笔力蕴蓄，用斗笔、棉团或捆帚手书的大字具有秦松汉柏之气，豪迈壮观。作品多次入选全国十二明星城市书画联展，全国民主党派、工商联书画展，江苏、安徽等省书法展。常州市区许多街巷名牌和单位招牌，如“德泰恒菜馆”即出自于他手，仅1983—1988年他就书写500多幅市招和市牌，其中《舣舟亭碑记》《四川灵山碑林》《安徽太极洞》刻于名迹胜地。1986年，响应“爱我中华，修我长城”爱国活动，捐赠6幅书法力作。先后在扬州师范学院、江苏化工学院等讲授书法知识，出版《小学生书法训练》《中小学生字帖》等，曾任中国书法家协会江苏省分会会员、常州市书法研究会副会长、江苏化工学院书画社名誉社长。

诸葛慎（1908—1998.06.13）

金坛人。民国23年(1934)国立北平大学法学院毕业。曾任江苏省政府教育科科长。民国29年加入中国共产党。他参加了创建苏南抗日根据地的斗争，历任金坛、武进、溧阳、宜兴四县边区(长荡湖滆湖地区，简称“长滆地区”)7乡(儒林、湖头、水北、南社、上黄、新建、臧村)联防自卫团团长，金坛西南区(金坛、溧阳、宜兴三县)抗敌委员会主任，长滆人民抗日自卫总团团长，中共长滆县工委统战部部长，金(坛)丹(阳)武(进)宜(兴)溧(阳)五县联合政府县长兼参议会参议长，新四军第六师十六旅四十七团团长，金坛(长滆)县抗日民主政府县长，金坛县抗日民主政府县长，新四军十六旅五十一团团长，金坛县抗日民主政府县长兼城防司令员，并兼金坛县警卫团团长。解放战争时期，曾任苏南行署支前筹粮工作负责人、金坛县县长、华东军区军官团组织科科长、苏北第二专署民政处处长、溱潼县县长。参与地方革命政权的组织建设和筹集运输军粮等工作，支援前线。常州解放后先后任常州市代市长、市长，苏南行署民政处办公室主任，江苏省民政厅办公室主任、副厅长。1998年6月13日逝世于南京。

周寿海（1909.01—1990.04）

常州人。玉雕艺术家。出生于常州一个农民家庭。自幼家贫，8岁替人牧马。18岁到上海拜著名玉雕艺人王金洵学艺，专制仿古炉瓶。民国20年(1931)到陈世连、张长安、孙天仪和陈庆山等玉器作坊帮工，成就绝活手艺。民国36年在上海自办玉器作坊。1955年加入玉石雕刻合作社工作。1960年任上海玉石雕刻厂炉瓶车间主任，1964年获得工艺师称号。1979年获得中国工艺美术家称号(1988年改称中国工艺美术大师)。1980年当选为上海市第七届人大代表，1986年被命名为特级工艺美术大师，1988年被评为高级工艺美术师。1990 年 4 月病逝于上海。周寿海玉雕技艺精湛，识料、用料眼力超人，对玉料性能、质地、硬度和适用制作何种艺术品了如指掌。设计中，能做到小料大用，好料精用，“套裁”计算每节炉身用料。60—70 年代，创作设计四喜炉、宝塔炉、亭子炉、五狮瓶等品种，使仿古炉瓶得到广泛发展。1980 年以后，致力于设计创作，设计的翡翠“狮球三脚炉”造型稳重大方，上下匀称，比例适中，继承丰富了海派玉雕炉瓶的艺术特色。

陈蝶衣 (1909.10.12—2007.10.14)

武进鸣凰人。原名陈哲勋、陈元栋，号逋客，笔名陈蝶衣、陈涤夷、狄薏、玉鸳生、方忭等。出生武进秀才家庭，10 余岁随父到上海读中学。在同乡、著名小说家张春帆的指导下，20 岁开始在《新闻报》当编辑。民国 21 年(1932)，独立创办娱乐小报《明星日报》，经营、主编一肩挑。《明星日报》很快发展成为上海滩宣传娱乐活动的主流报纸。民国 26 年上海沦陷后，先后在租界主编《万象》（文学刊物）及《春秋》杂志，并开始他萦绕半生的填词工作，数十年中写下 3000 多首优美动人的歌词，其中经典作品流传至今，如《凤凰于飞》《南屏晚钟》等，胡蝶、周璇、张惠妹等歌星都演唱过他写的歌；他与作曲家姚敏被称为最佳搭档，加上姚莉演唱，被誉为歌坛“铁三角”。陈蝶衣创作的歌词风格高雅、含蓄、俊美，用词千锤百炼，每首歌词都像一首诗。

1952 年到香港后，为邵氏影业公司编写《秋瑾》《桃花江》《百花公主》等电影剧本 50 多部，最后一部电影是《红楼梦》。1987 年，香港第十届“十大中文金曲”评选委员会为表彰他对中文歌曲的贡献，特别颁发给他最高荣誉金针奖。1996 年，他获得香港乐坛最高荣誉第十九届 CASH 音乐成就大奖。他编过歌剧剧本《梁祝》、弹词《香妃》和创作长篇小说《银幕外史》等。2001 年 10 月，澳门举办第十五届澳门国际音乐节，由其子、著名指挥家陈燮阳指挥交响乐团重温了《海上寻梦——陈蝶衣作品音乐会》，父子同台，引起轰动。2007 年 10 月 14 日逝世于香港医院。

张致祥 (1909.10—2009.12.18)

武进人。原名管亚强。民国 15 年(1926) 天津南开中学就读，高三年级时加入中国共产主义青年团，任学生会主席和校共青团领导人，因从事学生运动，被校方开除。后考入私立中国大学国学系读书，在老师陈伯达的影响下，民国 17 年转为中共党员，任校党小组组长。民国 20 年报考清华大学研究生，凭过目成诵的才学，以文科第一名成绩被清华录取。学习期间，他作为北方学生代表到武昌参加全国学生代表大会，任大会秘书长。清华大学研究生未读完，他在中国大学时的老师吴承仕创办《文史》《盍旦》等爱国救亡刊物，请他主编《盍旦》杂志，用管舒予等笔名，发表《悼鲁迅》《优秀民族》等杂文，产生较大影响，被吸收为北平作家协会理事、常委，兼任北平抗日救国会常委、共青团北平东城区委书记、北平和华北各界救国会执行委员等。七七事变后，北平、天津沦陷，他秘密到天津任华北人民抗日自卫委员会常委，创办《新闻报》（后改为《时代周刊》）。1939 年到晋察冀军区工作，被派到平西抗日根据地筹办《挺进报》，任社长。民国 31 年任《晋察冀日报》(《人民日报》前身) 副总编辑。民国 33 年从军，任华北军区政治部宣传部部长。解放战争时期参加绥远、大同、平津战役。北平和平解放后，被提前派到北京负责接管敌产。建国大典前夕，他主持广场布置和乐队指挥等筹备工作，主持设计天安门、观礼台及升旗旗杆等，负责天安门城楼的布置，主持设置“八面红旗”、东西两条标语、毛泽东主席像挂正中、楼上悬挂 8 个大红灯笼等设计方案。1950 年，他任华北军区政治部副主任、军区党委常委。1955 年被授予少将军衔，担任文化部副部长。1958 年中国对外文化联络委员会成立，他任副主任、党组书记。1964 年“四清”运动开始后，因他曾与苏联签订过文化协议，被以莫须有的“里通外国”罪名批判，下放到山西介休县劳动。“文化大革命”开始后，他受到冲击，被关入“牛棚”（关押被审查人员的临时看守场所，一般条件都较差），后又被关进监狱。1975 年 5 月被释放，1978 年任中共中央对外联络部副部长。1983 年离休，享受正部级待遇。曾任中国国际交流协会副会长，第六届全国人大常委会常委、第三届全国政协委员。

胡克敏 (1909.12.27—1991.07.19)

武进人。民国 15 年(1926)，进入上海美术专门学校就读，后又入国画系研习花鸟及山水画，得到名师黄宾虹、诸闻韵、诸乐山、潘天寿等人指导，还随吴昌硕研习书法、篆刻。抗日战争期间，在成都用漫画形式宣传抗日，绘制了空战画约 3000 幅，刊登在《铁风画刊》等画刊上。1949 年到台湾，与马绍文等组成八朋画会，在台湾文化大学等多所大专院校美术科任教授，兼任“国立历史博物馆”研究委员、艺术研究所研究委员及台湾历届美术评审委员会委员等职。胡克敏擅长书画和绘画理论，对山水、花卉果蔬、飞禽走兽等得心应手，尤其是画花鸟，情有独钟，是台湾当代写意花鸟画领域中最具代表性人物。1967 年 12 月，在台湾省博物馆举办胡克敏国画欣赏展，展出花卉、山水等新创作作品 60 余幅。1991 年病逝于台湾。胡克敏曾为台湾“国立历史博物馆”敦煌石室摹制壁画，用 405 天完成 101 幅壁画。创作出版有《胡克敏画集》《胡克敏少墨百花图集》(1973 年)、《胡克敏图画集》(1982 年)、《胡克敏八二回顾展图画集》(1990 年)等，有《中国画概况》《国画六法》《敦煌壁画之研究》等专著。

严坤元 (1909—1998.10)

武进人。民国 23 年(1934)6 月毕业于中央大学地质系，曾任福建建设厅地质调查队技士，江西、北平地质调查所技正。1950 年 3 月，被中央财经委员会指派到包头主持白云鄂博铁矿普查工作，建立政务院财经委员会北京地质调查所包头工作站。5 月，带领白云鄂博铁矿地质调查队(后改为 241 勘探队)开始 6 年的地质勘探工作。1952 年 9 月，241 队改为地质部直属勘探队，任技术副队长、总工程师。他是白云鄂博地质和铁—稀土矿床勘探工作的开拓者。1955 年 5 月，任地质部华东地质局副总工程师、安徽省地质局总工程师、高级工程师，组织编写《铜矿床地质勘探规范》《安徽省矿产资源概况》等报告，1978 年获国家科学技术大会奖。曾当选为第三、五届全国人大代表，安徽省第二、三、五届人民代表和第五届人大常委会委员，中国地质学会第三十二届理事。他对福建、江西、内蒙古等省区的地质调查和矿产普查勘探做了大量工作，发表《江西大余漂塘钨锡矿床之成因》《内蒙古白云鄂博区铁矿的地质矿床特征及其成矿条件》等论文。

戴　耘 (1909—1995.06.09)

武进人。出生于浙江杭州，原名刘岱云，三四十年代著名剧影两栖演员。民国 15 年(1926)天津河北省立第一女子师范学校肄业。30 年代加入共产党，在中共上海秘密组织领导的“左联”从事文艺工作。民国 29 年后在上海剧艺社、美艺剧社、华艺剧团、上海广播剧团任演员，在《上海屋檐下》《大明英烈传》《芳草天涯》等 10 余部话剧中扮演角色。太平洋战争爆发后，她根据中共上级领导的指示，动员李伯龙组成同茂演剧社，在金都剧院演出《君子好逑》《风雪夜归人》《大地》《弄真成假》《魂归离恨天》等进步话剧。抗日战争胜利后，美艺剧社与华艺剧团合并成立同茂剧团，为负责人之一；组织同茂剧团在金都大戏院演出曹禺的《日出》、巴金的《家》、吴祖光的《风雪夜归人》、郭沫若的《棠棣之花》等进步剧目。民国 36 年进入上海国泰等影片公司当电影演员，先后在《钗头凤》《火葬》《痴头怨女》《春归何去》《冬去春来》《青山翠谷》等影片中饰演重要角色。新中国成立后进上海电影制片厂，主演《夫妇进行曲》《两家村》《淮上人家》《闽江桔子红》《家》

《风雨江南》《结亲》《芳草心》等影片。1960年以后，从事电影工作协会工作，任中国电影工作者协会上海分会副秘书长、上海市文联党组成员(中共)。

薛伯青 (1910.03.01—1989.05.27)

阳湖人。原名薛荣涛。自幼习画，民国17年(1928)到上海新艺美术照相馆学习摄影。民国20年起，先后在冒明、青联、龙马等影片公司拍摄《兄弟血》《边海情潮》等影片。民国22年转入新华影业公司，拍摄《青年进行曲》《夜半歌声》《狂欢之夜》等10余部默片和有声片，成为一位有影响的电影摄影师。民国25年12月初，他带领一支三人摄影队，冒着严寒、饥饿和日军飞机轰炸的危险，日夜兼程奔赴绥远抗战前线，用20多天时间，在零下三四十度严寒气候下，拍摄完成战地新闻纪录片《绥远前线》，即《百灵庙大捷》。12月29日，该片在上海金城大戏院上映，获得社会极大反响。这支三人摄影队被报界誉为“敢死摄影队”。在新华影业公司还拍摄了《木兰从军》《苏武牧羊》《岳飞》等鼓舞民族斗志的故事片。

在多次交往中，薛伯青与任泊生建立了深厚的革命友谊。民国29年6月，任泊生被新四军派往上海，以协和洋行经理身份作掩护为新四军购买重要物资。薛伯青积极帮助、护送发报机、摄影器材等物资，掩护任泊生组织一批干部、青年经上海转往根据地，使任泊生圆满完成任务。民国34年1月中旬，薛伯青应任泊生邀请，前往淮北拍摄《彭雪枫师长追悼会》，去青阳北双沟拍摄《新四军骑兵团》纪录片，真实地记录了新四军的风貌。抗日战争胜利后，薛伯青拍摄的影片有《遥远的爱》《青青河边草》等。翌年，他剪接、编辑完成的纪录片《新四军的部队生活》，在南京放映后产生较大影响。上海解放后，薛伯青参加解放军，先任海军摄影队队长。1952年，他调入中国人民解放军制片厂(即八一电影制片厂前身)，主持拍摄第一届八一运动会实况。翌年1月，到朝鲜拍摄《钢铁运输线》《救死扶伤的英雄们》等大型纪录片。1956年，他被调到故事片工作室，拍摄了故事片《永不消逝的电波》《狼牙山五壮士》《江山多娇》和大型音乐舞蹈史诗《东方红》。1961年任八一电影制片厂总摄影师。1980年以后，又拍摄了《猎字99》《二泉映月》等影片。曾任中国电影家协会第一、二、四届理事。

余纪忠 (1910.04.16—2002.04.09)

武进人。民国21年(1932)中央大学历史系毕业，民国23年起在英国伦敦大学经济学院攻读经济学。七七事变爆发后回国参加抗日斗争。先在胡宗南部任秘书，后在西安结识蒋经国，任三民主义青年团宣传处副处长、中央军校第七分校政治部副主任、青年军203师政治部主任。抗日战争胜利后，出任国民党中央宣传部东北特派员、东北保安司令部政治部主任、东北行辕新闻处处长，兼《中苏日报》社长。1949年到台湾。翌年，创办《征信新闻》，任社长。1966年起任台北新闻记者公会理事长。1968年9月1日，他把《征信新闻》改为《中国时报》，又创办《时报周刊》《工商时报》《中时晚报》《中时电子报》，成立《时报》出版公司，自任董事长。1969—1979年，任国民党中央委员。1979年12月至1988年7月，任国民党中央常务委员会常委。1988年7月至2002年4月，任国民党中央评议委员会委员、主席团主席。2001年10月，任中国时报文化事业公司董事长。

余纪忠致力于报业和出版业。1968年，他创办的《征信新闻》在亚洲首家推行彩色印刷。70年代末期，《中国时报》的发行量突破100万份，成为岛内第一大民营报纸。他先后创办3种报纸和6种杂志，创办、领导了拥有报纸、杂志、出版社和互联网业务的传媒集团。21世纪初，中国时报系旗下有公司20多家，员工近1万名。余纪忠情系故乡，1994 年 8 月捐资 100 万美元创办常州华英文教基金会。他积极促成和多次邀请大陆新闻单位记者到岛内采访，发动岛内媒体到大陆采访交流。1996 年《中国时报》作为首批台湾媒体到大陆轮派采访。1998 年，增资 25 万美元奖励常武地区中学的优秀师生，累计奖励师生 2000 余人次，总额达 300 万元。翌年 2 月，捐资 730 万美元，成立南京华英文教基金会，奖助东南大学、南京大学的教师开展高精尖技术研究。2001 年 10 月，他和夫人蔡玉辉向南京大学浦口校区捐资 150 万美元，兴建教学实验大楼玉辉楼。曾两度回乡祭祖省亲，其间会晤海峡两岸关系协会会长汪道涵，在中南海受到中共中央总书记江泽民的接见。2002 年 4 月 9 日因肝癌病逝于台北家中。

谢稚柳 (1910.04.28—1997.06.01)

武进人。原名稚，字稚柳，晚号壮暮生，以字行。出身书香门第，为钱振锽的弟子。青少年时期喜欢笔墨丹青，以绘画书法为业。抗日战争期间，在重庆与张大千、沈尹默等交往甚密，研究中国艺术史。民国 31 年(1942)与张大千结伴到敦煌研究壁画，撰写《敦煌艺术叙录》《敦煌石窟集》等反映敦煌艺术与印度佛教关系的专著。翌年任中央大学艺术系教授，先后在成都、重庆、昆明、西安、上海等地举办个人画展。1950 年被聘为上海市文物管理委员会编纂，主持古画鉴别，负责文物收购、荟集文物及管理。经他鉴定收购的唐代孙位的《高逸图》、董源的《夏山图》等珍贵书画被上海博物馆珍藏。1956 年，参与筹备上海中国画院，历任上海文联秘书长、上海文管会副主席、上海博物馆顾问，当选中国画研究院委员，中国美术家协会第三至第四届理事，美协上海分会副主席，中国书法家协会理事、上海分会副主席。

谢稚柳青年时期受陈老莲影响较大，中年以后受宋、元画家影响，多画工笔画，笔法精致，工花鸟、山水，兼人物、走兽，并荷花、牡丹、芙蓉、奇松等，设色雅艳，用笔隽秀，追求画理。长期研究南唐徐熙落墨法，以墨为格，融以杂彩，继推落墨山水，取自名山大川，重峦叠峰，满幅烟云。60 岁以后画风发生重大转变受徐熙的影响融进奔放潇洒的写意情境。所画《竹篱图》入选第二届全国美展；《莲塘(脊鸟)鸰》《茶花山鹊》入选第三届全国美展；《草原牧歌》等被中国美术馆收藏。其书法不断发展变化，40—60 年代受陈老莲飘逸清秀书风影响，把黄庭坚和怀素狂草风格二合为一揉在一起，看到张旭作品章法再次一变，“疾能驰，徐能疏”，自成一家。谢稚柳精中国书画史及书画鉴别。1962 年起，他与北京故宫博物院张珩(葱玉)、刘九庵组成国家文物鉴定小组，从北京出发跨越 4 省，往返半年鉴别书画 1 万余轴，写出《北行所见书画琐记》。“文化大革命”开始后，鉴定工作停顿。1983—1990 年，文化部文物局成立中国书画鉴定小组，谢稚柳任组长，对全国现存古书画进行全面、系统调查和鉴定。1997 年 6 月 1 日病逝。编印《中国古代书画目录》，出版附有黑白图版目录，把其中珍稀作品编印大型彩色图录。先后出版《谢稚柳画集》数种；编有《唐五代宋元名迹》《董源、巨然合集》等，著有《水墨画》《鉴馀杂稿》《鱼饮诗稿》《甲丁诗词》等。

王尧山 (1910.07.10—2005.11.10)

溧阳人。原名宋书模。民国 20 年(1931)10 月在浦东电气公司当职员时加入中国共产党，1932 年加入“左联”，从此以式加、奴天、卢天、路丁等笔名，在《中流》《海燕》《文学》等左翼报刊上发表反映社会现实、鞭挞黑暗社会的小说、诗歌和散文；鲁迅曾为他逐字逐句修改文章，指导他写作。民国 23 年秋，担任“左联”党团成员、组织部部长。

民国 25 年 4 月中共中央派冯雪峰到上海，通过鲁迅，他与冯雪峰接上关系，成为联络员，经常往返于上海与西安。鲁迅逝世后，许广平把鲁迅生前藏在银行保险库中的方志敏在狱中撰写的《可爱的中国》《清贫》等文稿和给中共中央的信，交给冯雪峰，然后由他送交中共中央。同年底，他与林枫、沙文汉一起组建中共（上海）临时工作委员会，任书记，负责了解和整理上海各系统地下党组织，为重建上海秘密党组织做准备。他们分别联系工人临时工作委员会、学生临时工作委员会、救国会工作委员会和文化界、海关职员、巡捕3个党支部，加上冯雪峰直接领导的思想理论界和文艺界党员组成两个特别委员会，共有党员160人、积极分子约5000人，中共江苏省委依靠这批力量恢复和重建了上海地方党组织。民国26年，他与刘晓、冯雪峰组成中共上海三人团，他任群众工委书记。11月，中共江苏省委在上海成立，他任组织部长。民国32年起先后任中共中央华中局组织部干部科科长、组织科科长，民国34年随华中局撤退到山东，11月任华东局城工部副部长，负责济南、青岛、徐州、连云港等城市地下党工作。

1949年初，王尧山受命组织和率领一支南下干部纵队，任纵队政委，于5月25日随陈毅、曾山、刘晓等一起进入上海开展接管工作。上海解放后，任中共上海市委组织部部长，1952—1955年任中共上海市委常委、秘书长。1955年6月，受潘汉年案牵连。1979年7月平反。1980年起，先后任中共上海市纪委筹备组副组长、组长，中共中央纪律检查委员会委员，中共上海市纪委书记，兼任中共上海市委党史资料征集委员会主任。2005年11月10日病逝于上海。

孟鞠如（1910.10.23—1996.03.05）

武进人。孟森次子。民国15年(1926)震旦大学预科毕业，到法国格勒诺布勒市高等法学院留学，民国21年获法学博士学位，回国后在国民政府外交部工作。民国26年12月从汉口前往即将沦陷的南京了解战情，10日在日本侵略军先遣部队侵入雨花台时以外交官身份乘最后一班客轮离开。后任外交部科长，民国29年5月任苏联大使馆秘书。抗日战争胜利后派驻法国使馆任文化参赞。其间，通过巴黎东方饭店老板王宋义介绍，结识中共巴黎支部副书记孟雨，暗中支持中共活动，资助中共巴黎支部主办《和平呼声》，声援国内民主爱国运动。民国37年，劝说国民政府驻法国公使弃暗投明，听从中共的指挥。1949年9月30日，他与其他驻法外交官决定从10月10日起脱离国民政府，拥护中华人民共和国。10月11日，周恩来总理回电表示欢迎他们"脱离反动阵营"。1951年，他被中国政府调回国内，任中国人民保卫世界和平委员会编译室主任和西方组组长。1958年起，在外交学院任教，1981年任教授，1991年享受国务院特殊津贴。1996年3月5日病逝。著有《日本在东三省的法律地位》，译有《世界外交史》，合译有《马克思主义经济学》《法国工人运动史》等。曾任中国翻译工作者协会第一至第二届理事，第二、第五至第七届全国政协委员。

万子初（1910.11.18—1990.03.19）

武进人。出生于常州一个琵琶制作世家，其父万长松被誉为江南"琵琶圣手"。15岁到其父在上海开办的文盛斋乐器店学艺，后承父业，成为文盛斋掌门人。1956年公私合营后，任上海市第五乐器生产合作社监事会副主任，1958年随合作社并入上海民族乐器厂。他一直从事琵琶制作和传授技艺，同行中有"南万北傅"（"北傅"指河北徐水人傅立山，著名琵琶制作师）美称。1964年，被评为民族乐器行业首批工艺师，当选上海南市区第二至第四届人民代表。他专门为不同流派演奏家"量身定做"独奏、合奏所用琵琶，对琵琶工艺、音色处理有独到功夫，在扩大琵琶音域等方面取得重大突破，将音位从6相12品发展到6相24品，丰富了民族乐器的表现艺术感染力。他制作的万氏琵琶被轻工业部认定为部级标准基础，主持制作的"敦煌牌"红木琵琶先后于1979年、1984年和1989年获上海市和轻工业部优质产品证书，并获国家优质产品银质奖。

杨曾艺 (1910.11—2006)

武进人。民国21年(1932)毕业于清华大学土木工程系，曾任建设总署水利局技术员、北京大学副教授。1955年被派往苏联进修，1957年回国任清华大学教授，土木建筑系副主任、主任。1960年国家在福建泉州创办华侨大学，廖承志任首任校长，面向海外和港澳台招生，他被推荐担任教授和教务长。1972年，任福州大学副校长，1979年8月至1984年8月任华侨大学副校长。1980年参与创办《华侨大学学报(自然科学版)》，任首届编委会主任。1984年9月24日，九三学社福建省委员会成立，他当选首届主委，1988年后任名誉主委。曾任中国建筑学会理事、福建省土木建筑学会第二届理事长，2004年任名誉理事长。杨曾艺长期从事建筑施工教学，主编有《建筑施工技术与机械化》《建筑施工组织与规划》等书。

刘　狮 (1910—1997)

武进人。字狮子，号莳鱼老人。刘海粟之侄。18岁毕业于上海美术专科学校西画系，在上海举办油画展，由国民政府主席林森亲自主持。次年到日本深造，研习西画及雕塑8年。回国后在上海美术专科学校及上海艺术大学执教，历任西画系、雕塑系等系主任。全面抗日战争爆发后投身军界，任国民革命军第五十八军政训处长。1949年2月到台湾。在台北发起组织“中国美术家协会”与“中国雕塑学会”，同时在台湾大专院校任美术教授，负责创建政工干校艺术系，任美术组主任。50年代初与李仲生、朱德群、林圣杨在台北中山纪念堂联合举办现代画展，为台湾画坛开启艺术现代化思潮，树立新现实主义风范。1977年移居美国洛杉矶直至去世。他在艺术领域有“全能艺术家”“画鱼圣手”之称，其中绘画、雕塑最负盛名，绘画风格独特，挥洒自如，撷取中西之长。一生水墨画作品最多，代表作品有《九如图》等。画鱼是他的绝活，作品已成为社会收藏的珍品。其雕塑造诣极深，其雕塑的600多尊孔子铜像遍布世界大多数国家和地区。出版有《金石齐寿》纪念集。

吴青霞 (1910—2008.06.08)

武进人。别名吴德舒，号龙城女史，别署篆香阁主。出身绘画世家，从小随父临摹宋、元、明、清各派工笔画。民国16年(1927)从武进县立女子师范学校毕业，翌年全家迁居上海，后入新华艺术大学接受绘画专业训练。民国19年，她的作品参加在日本东京举办的中日第四届联合展。民国23年，她与李秋君、周练霞、陆小曼等组织发起成立中国女子书画会，任理事。民国25年，作品参加加拿大温哥华建城50周年中国文化艺术展览会，获荣誉奖。1956年，被中国上海画院聘为画师。70年代，她的画作《万紫千红》被收入日本出版的《世界名画集》。

吴青霞擅长山水、人物、花卉以及翎毛、走兽等题材画作，作品以工笔和写意相间，笔墨劲挺流畅，色彩明洁秀丽，画技娴熟。所画鲤鱼，堪与徐悲鸿之马、齐白石之虾、李苦禅之鹰相媲美。80年代初，她被上海画院评为一级美术师。1982年、1992年，被上海师范学院艺术系、上海交通大学艺术系先后聘任为兼职教授、兼职名誉教授。1983年，她的第一部画集——《吴青霞画集》由上海人民美术出版社出版。1984年，5幅作品入选法国国家秋季沙龙展，获得意大利“欧洲学院院士”称号。1986年，先后在深圳、香港举办个人画展，出版了第二部《吴青霞画集》。1988年在纽约举办了旅美画展。1990年，为北京天安门城楼创作了大型国画《腾飞河海入云霄》。1993年，在新加坡举办了个人画展，出版第三本《吴青霞画集》。1995年，《吴青霞画集》被上海教育出版社列入当代著名中国国画家专集丛书。1997年，在香港参加庆香港回归十人国画展，出版专集。她创作的《九鲤图》是常州吴青霞艺术院镇院之宝。翌年，她把自己毕生创作的绘画精品和与丈夫吴蕴瑞珍藏的120余幅名家书画全部捐赠给常州。2000年，吴青霞艺术院在常州长江中路207-1号落成开放。2008年6月10日在上海逝世。曾任中国美术家协会会员、美协上海分会理事、中国国际文化交流中心理事、上海市文联委员、杭州西泠印社社员、上海市文史馆馆员等。

张梦白（1910—2002.07.26）

常州人。自幼随母从常州迁居苏州。民国19年(1930)毕业于东吴大学（今苏州大学）。民国23年，在东吴大学讲授世界史。民国37年起，在美国哥伦比亚大学研究院历史系留学，1949年获文学硕士学位，历经曲折返回大陆，在东吴大学任教，此后历任江苏师范学院和苏州大学教授、校学术委员会副主任，中国美国史研究会理事、中国教育国际交流协会江苏分会理事及江苏哲学社会科学联合会学术顾问。1984—1985年，应邀到美国14所高校讲学，作了公开演讲20次。1978—1979年，在香港《大公报》发表《东吴大学旧址新貌》和《流不尽童心》，产生较大影响。1985年10月，任美国斐陶荣誉学会会员。他为祖国统一大业和学校事业发展呕心沥血。1990年11月，东吴大学校友、蒋纬国的至交俞国华从台湾回到苏州探亲相叙，张梦白托俞给蒋纬国带去苏州特产和问候口信。蒋纬国致信答谢，附寄一份《概历》和两张本人照片，上题“梦白吾师赐存”“受业蒋建镐（纬国当初在校曾用名）敬赠”，向他详述个人经历。1993年3月，他应台北东吴大学校长章孝慈邀请，到台湾参加庆典活动，蒋纬国专门宴请他和东吴大学校友。著有《第二次世界大战的前奏》《关于年代学上的一些问题》《修改联合国宪章是第三世界反霸斗争的需要》等，译有《爱尔兰史》《爱尔兰共和国／北爱尔兰》《罗斯福外传》等。张梦白在东吴与蒋纬国有6年师生关系，他们虽相差5岁，但兴趣相投，都喜欢打球，结下深厚情谊。他在古稀之年兼任东吴校友总会（包括台湾东吴大学）首任会长、苏州市海外联谊会副会长。曾任政协苏州市第六至第九届委员会委员。

周旋冠（1910—1989.01.19）

武进人。民国20年(1931)8月上海中国公学大学部法科毕业，民国24年通过司法官考试。曾任安徽阜阳、云南昆明、四川庆安等地方法院推事、检察官，高等法院推事，地方法院院长。民国32年调任高等法院庭长、高等法院遵义分院院长，兼私立大夏大学及国立贵州大学教授，民国37年4月任青岛特别市法院院长。1949年移居台湾，任“台湾省政府顾问”。1963年3月，被台湾“司法行政部”聘为顾问，代理司法官训练所主任，主持司法官训练培养。1965年3月，调任台湾“高等法院”检察处任首席检察官。1972年，转任台湾“高等法院”院长。1978年9月，任台湾“最高法院检察署”检察官。曾任台北律师公会总干事。1989年1月19日病逝于台北。

李　钊（1911.11—1987）

金坛西岗李巷村人。少年时在无锡县中学读书，九一八事变爆发后参加罢课，到南京国民政府请愿要求抗日。后考取测量学校，结业后在江苏省测量总队从事测量工作。全面抗日战争爆发后回到金坛的老家李巷村。民国27年2月，他与几位进步青年到茅山找新四军参军，抗日杀敌。后被派往家乡开展抗日斗争，组织爱国青年成立金坛西南区抗敌自卫委员会、组织成立西南游击抗日大队。翌年2月，他组织在九里湾渡口设伏，当场击毙日伪军5名。6月，调任新四军第一支队服务团团长。不久，他作为金溧地区的代表，随第一支队司令员陈毅到皖南军部参加新四军第一次党代会。后被派回金坛西南地区，筹建金溧边区工委（后改为中共溧阳县委），任副书记兼军事部部长。民国29年，他任金坛人民抗日自卫团副团长，在长荡湖地区从事抗日救亡活动。皖南事变发生后，他担任丹、金、武、溧、宜五县联合政府副县长兼军事科长。后率金坛人民抗日自卫团与新四军16旅新3团合编为47团。10月，中共苏皖区委把武南（溧阳）与武北（金坛）两个保安司令部合并为苏南保安司令部（亦称茅山保安司令部），他担任政治部主任。11月，塘马战斗爆发，他率原第六保安部所属部队在戴巷防御敌人，击毙击伤日伪军500余人，挫败敌人妄想消灭苏皖党政机关的企图。他指挥两个连与游击小分队攻取社头镇，连夜端掉日伪军据点6个，歼敌100余人，缴获枪支70余支，鼓舞了军心民心。1943年3月，调任苏南财经办事处副主任。5月，任江（宁）当（涂）溧（水）三县行政委会副主任。10月，任横山县委书记兼县长，直到抗日战争胜利北撤。解放战争时期，任解放军四纵队联络部部长、教导团政委等。新中国成立后，历任南京市第十二区区长，南京市民政局局长、劳动局党组书记兼副局长、交通局局长，南京长江大桥建设指挥部副总指挥，南京市人民委员会秘书长、农业委员会副主任、第八届人大常委会副主任，中共南京市顾问委员会委员和中共南京市委党史征集编研委员会副主任等职。1987年病逝于南京。

谈维煦（1911—1992.06.09）

武进人。谈镐生之兄。读高中时因家庭负担过重而辍学，到武进漕桥镇振声小学任教员。民国24年(1935)后到报社当记者。民国26年加入国民党，任国民政府内政部办事员。1942年中央政治大学毕业，历任湖南省禁烟委员会督察员、省民政厅视察员，国民政府军事委员会政治部秘书，西北行辕乌鲁木齐办公厅主任秘书、少将参议，《新疆日报》社社长。1949年9月在新疆起义。新中国成立后，任《新疆日报》社副社长，西北军政委员会副秘书长。1956年以后，历任陕西省工业厅副厅长兼省化工局负责人、省轻工局局长、一轻局局长，陕西省副省长，省第六届人大常委会副主任，政协陕西省第五届委员会主席。1992年6月9日病逝于西安。曾任中国国民党革命委员会中央委员、陕西省第五届民革委员会主任委员、民革中央监察委员会副主席。系第六届全国人大代表，第七届全国政协常委。

屠　达（1911—2003.01.20）

武进人。民国23年(1934)国立浙江大学土木工程系毕业，留学美国密执安大学获硕士学位，又到德国柏林大学深造，1938年获博士学位。回国后在国立浙江大学、同济大学任教授。40年代前期，任国民政府资源委员会川西水力发电勘测处处长及大渡河水力发电工程处处长。深入四川西部深山老林，主持大渡河铜街子百万千瓦大型水力电厂设计、筹建。抗日战争胜利后，调行政院善后救济总署与联合国善后救济署中国分署工作，主持黄河泛滥区域黄河复堤、河道疏浚工程。与联合国救济总署德国水利专家安道夫勃郎图共同航测灾区情况，提出百日紧急疏浚及百万农民回乡复耕双百方案；联合国农垦机械、农业物资品种供应及物资散发方案得以全部落实，确保灾情后春耕生产，完成百万农民回乡耕作及豫皖苏三省黄泛区河流畅通。因工作出色，获国民政府行政院嘉奖，由原来简任三级晋升为简任二级（副省长级），被任命为水利部简任技正（相当于总工程师）。主持设计的大渡河铜街子水力发电建设计划，后在新中国实施，1992年10月6日建成发电。1953年，任上海市新成立的建筑工程局总工程师兼生产技术处处长，兼上海市第一建筑公司总工程师。公司创造性地在山区袁河卵石河上筑岛施工，解决山区引水工程难题，1956年被国务院批准为国家科技二级工程师。1972年主持上海市石油化工总厂建厂工程期间，从围海造田到总厂及13个分厂工程的全部建成、投料试车，仅花18个月。首创150米高钢筋混凝土烟囱滑模施工新工艺，创造滑模悬臂式操作平台，以64天完成按常规需2～3年方能完成的任务。改革开放后任上海市建筑工程管理局副总工程师兼上海市建筑工程职工大学校长，晋升为教授级高级工程师，同时还任上海市建筑施工技术研究所所长。编撰有《建筑施工教材》《建筑施工管理知识》《建筑施工科学管理》《建筑企业管理现代化》等。

龚文昌 (1911—2001.01.03)

武进人。笔名践之。民国 25 年(1936) 北京大学化学系毕业，在渤海化学工业工厂工作，后到济南民政厅工作。全面抗日战争爆发后，到青岛丽新染织厂任厂务主任。民国 34 年，在青岛啤酒厂从事进出口贸易业务。新中国成立后，历任轻工业部轻工业局计划科科长，轻工部发酵工业研究所、北京酿酒厂、北京市发酵研究所的工程师、高级工程师、教授级高级工程师，1993 年起享受国务院特殊津贴。龚文昌是新中国第一代酿酒专家，长期任全国评酒委员，轻工业部科学研究院高级技术职称考核评定委员会发酵专业考评组委员。曾主创固液态法串香新工艺白酒，在撰写的《酒精改制白酒的起源与发展》中，强调借鉴前苏联生产伏特加酒采用液态发酵塔式蒸馏的经验，以及英国生产威士忌酒采用塔釜馏液配制并使用添加剂的经验，提出白酒生产液态化，创造中国化酒精改制白酒的设想。他先后参加茅台、五粮液、红星二锅头、杜康等中国名酒评酒业务，主审轻工业出版社出版的《白酒生产工艺和设备》一书，著有《白酒生产问答》《新型白酒大有希望》《关于白酒生产改革中的一些看法》《水土保持植物在干热河谷的应用》等。1954 年改进天津细脂化学厂榨油设备，使饼中残油率降低 3%。1961 年，与他人合作研制成功国内第一个大型通风制曲生产设备，对提高酒厂产量发挥重要作用。

谢安祜 (1911—1990.12.07)

武进人。民国 24 年(1935) 上海交通大学毕业，在中央大学任教。民国 28 年到加拿大多伦多大学留学，民国 30 年获应用科学硕士学位，再入美国加州理工大学喷气推进实验室工作。民国 33 年获航空工程博士学位，被美国洛克希德飞机公司聘为研究员，同时任圣母大学航空系副教授。民国 36 年回国，任中央大学航空系主任、教授，成为中国第一个开讲喷气推进课程的教授。新中国成立后，任南京大学航空工程系主任、教授。1952 年参与筹建华东航空学院，任第七系副主任、教授，兼任江苏省科普协会宣传部部长。1956 年任西安航空学院副博士生导师。1970 年负责筹建西北工业大学宇航工程系，任系主任、博士生导师，首开火箭推进原理课程。谢安祜是中国航空教育奠基人之一，对飞机发动机及火箭技术有很深研究，先后讲授航空发动机、随机过程、电子光学及原子核反应堆理论等 10 多门课程，先后发表《固体火箭发动机燃烧不稳定性的线性理论》等论文。

徐　复 (1912.01.08—2006.07.24)

武进人。字士复，一字汉生，号鸣谦。民国 18 年(1929)，就读于金陵大学，师从国学大师黄侃攻文字、音韵、训诂之学，民国 24 年考入金陵大学国学研究班攻读，次年 2 月转至苏州章太炎门下求学，专治乾嘉以来朴学家著述。曾任教于南京汇文女子中学、中央政治学校、国立边疆专科学校、金陵大学、南京师范学院、南京师范大学等校，历任副教授、教授、博士生导师，南京师范大学古文献整理研究所所长、名誉所长，《辞海》语词学科分科主编，《汉语大词典》副主编，《传世藏书》《广雅诂林》《江苏旧方志提要》主编。他在学术界、教育界享有威望，参与创建中国训诂学会，创建江苏省语言学会，是南京师范大学最早享受国务院突出贡献津贴的资深专家，1990 年退休。2006 年 7 月 24 日逝世于南京。徐复长期从事教学研究工作，创建南京师范大学古文献专业，建立汉语史、中国古典文献学 2 个硕士点，为国家培养大批古籍整理研究人才。徐复致力于语言文字和古典文献研究，在训诂学、校勘学、蒙藏语文研究、词语研究、语源学研究及方言研究方面颇有建树。他于训诂学用力最深，著述颇丰，从形、音、义及社会实践诸方面旁征博引。代表作有《从语言上推测〈孔雀东南飞〉一诗的写定年代》《韩昌黎诗拾诂》《说文五百四十部首正解》等。校勘学研究，新中国成立前就著有《后读书杂志》一书，获国民政府教育部学术著作奖，著有典章制度著作《秦会要订补》。词语研究方面，著有《敦煌变文词语研究》《评〈敦煌变文字义通释〉》《读〈义府续貂〉识语》等；语源学研究，著有《〈释名〉音证》《释“畐”“叉”二字之语源》等方言研究，著有《撰方言溯源》《浔阳方言小记》《蜀方言解》等。专著《徐复语言文字学丛稿》于 1990 年由江苏古籍出版社出版，《徐复语言文字学论稿》《徐复序跋集》于 1995 年分别由江苏教育出版社和台湾圣环图书有限公司出版。蒙藏语与汉语对勘，著有《“歹”字源出藏文说》《阏氏读音考》等。

徐复是“章黄学派”传人，章太炎的《訄书》集哲学、宗教学、社会学、语言文字学、历史学于一体，中西合璧，博大精深，文字古奥，他从 1975 年初至 1999 年四易其稿，完成他一生治学的总结性著作、80 万字的《〈訄书〉详注》（上海古籍出版社出版），获江苏省社科优秀成果一等奖，被誉作是“中国传注史上的一座丰碑”。1990—1995 年，他提议并担任主编，国内数十位学者共同完成《传世藏书》全套 123 本，汇集古代著名典籍 1000 余种，总字数达 2 亿字。他晚年撰写的《徐复语言文字学晚稿》，是对其后 15 年学术研究总结，近 50 万字，收入文章 130 多篇，研究范围上自先秦，下迄近代，对经史子集均有论述。

蒋君超 (1912.03.29—1991.05.17)

武进人。又名蒋云松。早年上海英法学院毕业，后在复旦大学攻读英美文学专业，民国 19 年(1930) 初被上海联华电影公司导演孙瑜看中，陆续在《人道》《共到国难》《如此英雄》《除夕》《人生》《良宵》《青春》《铁鸟》《秋扇明灯》《四姊妹》《京华血泪》等影片中饰主角，其阳刚的形象和略带忧郁的气质，成为影迷心目中的“联华小生”。民国 26 年到香港创办东方影业公司，兼演员和编导，先后拍摄《血肉长城》《游击队进行曲》《影坛风云》《一代尤物》《绝代佳人》《打渔杀家》《乱世儿女》等影片。抗日战争胜利后，在香港九龙盘下一家影院，改名胜利影院，在香港首家放映苏联进步电影《列宁在十月》《列宁在一九一八》等；开办一家旅馆，给内地到港左翼文艺人士免费提供食宿。新中国成立后，回到内地任上海电影制片厂导演，联合执导《乘风破浪》《风流人物数今朝》《她们的心愿只要你说一声需要》等影片和担任译制片《世界的心》《生活的一课》《母亲》等导演，还导演话剧《破旧的别墅》、沪剧《三代人》等。1991 年 5 月 17 日病逝。

姜椿芳 (1912.07.28—1987.12.17)

武进人。别名椒山，笔名有林陵、什之、厚非、江水、叔懋、侯飞筠、蠢仿、绿波、常江等。民国 19 年(1930) 初，到哈尔滨光华通讯社当俄文翻译，同时加入反帝大同盟，参加共产主义青年团。民国 20 年底，任哈尔滨团市委宣传部部长，主编《满洲青年》（后改《东北青年报》），后任中共满洲省委宣传部部长，编辑《满洲红旗》（后改《东北人民报》）。民国 21 年初加入共产党，被派到英亚通讯社(苏联塔斯社化身)任俄文翻译。民国 25 年参与创办《大北画刊》，8 月转移到上海，发起成立中苏电影工作者协会，翻译斯坦尼斯拉夫斯基《演员自我修养》《我的艺术生活》、果戈里《赌棍》等。民国 27 年任中共上海总支书记，后又任文委书记，成为上海革命文化运动秘密领导者之一。民国 29 年在上海创办时代出版社，以苏联人名义创办中文版《时代》周刊，任主编，此刊成为沦陷区唯一能够反映共产党观点的刊物，同时组织数十位俄文翻译者，翻译出版《苏联文艺》、《苏联医学》等刊物，翻译出版《列宁书信》《斯大林论中国革命》《斯大林卫国战争时期言论集》等。抗日战争胜利后主持创办《时代日报》，任总编辑和时代出版社社长。民国 37 年 6 月 3 日《时代日报》被国民党淞沪警备司令部勒令停刊。

新中国成立后，他历任上海军事管制委员会(简称“军管会”)文管会剧艺室主任、市文化局对外联络处处长，上海俄文学校校长、党委书记。1951 年冬姜椿芳被调任中共中央宣传部《斯大林全集》翻译室主任。1953 年，改任中共中央马恩列斯著作编译局副局长，负责《斯大林全集》和《列宁全集》译制定稿工作，同时还被毛泽东、刘少奇、周恩来点名做俄文口语翻译。1960 年负责把《毛泽东选集》和刘少奇的《论共产党员的修养》译成俄文出版。1978 年底被任命为《中国大百科全书》总编委员会副主任，1982 年任中国大百科全书出版社总编辑。通过 15 年努力，涵盖哲学、历史、社科、文艺、教育、自然科学、工程技术等 66 个学科及知识门类《中国大百科全书》终于出版，共 74 卷、1.2 亿汉字。他倡导编译《简明大不列颠百科全书》。1987 年 12 月 17 日病逝于北京。历任全国政协第五至第六届常委和文化组组长，中国翻译工作者协会第一至第二届理事长，中国地名委员会副主任，中华诗词学会常务副会长等职。

奚元龄 (1912.11.07—1988.06)

武进人，民国 24 年(1935) 中央大学农学院农艺系毕业。先后在中央农业实验所、国立中正大学农学院工作。民国 37 年到英国剑桥大学植物学院深造，1950 年获细胞遗传学博士学位。回国后，任华东农业科学研究所研究员，筹建作物生理研究室。1955 年，参加国家组织的海南岛和雷州半岛农业耕作和生态条件勘察调查团，任农业组副组长和海南岛东方县勘察队队长，带领队员考察调查。后任江苏省农业科学研究所(后升院) 研究员。1979 年在该院筹建农业生物遗传生理研究所，任所长。曾任中国遗传学会第一届副理事长，中国棉花学会第一届理事长，中国植物生理学会第三届学务理事，江苏省科协第一届副主席，第三、五届全国人大代表。

奚元龄长期从事遗传育种、栽培生理和组织培养等研究。民国 35 年与俞启葆合作进行棉花远缘杂交杂种试验，翻译出版《棉属之进化》。在英国留学期间，翻译威廉斯著《农业原理》。回国后主持长绒棉选育工作，主持华东地区棉花区域试验，1954 年获华东农业科技奖。确立岱字棉 15 号为华东地区推广品种，取得大面积增产。1956 年开始研究作物生殖生理学。1958 年接受全国化肥网试验，进行棉花高产施肥研究。通过研究实践验证高产施肥经验，得到普遍推广。1973 年研制成功 S7-1 号棉花花药基本培养基，获得分化叶茎、根和苗原基(胚状体)，在国际上居领先地位。1979 年 11 月至 1980 年 10 月，受农业部委托举办两期全国植物遗传学讲习班，编写《遗传学基础原理》《分子遗传学》教材，受到好评。撰有《植物细胞组织培养》等专著。

吴舜文 (1912.12.05—2008.08.09)

武进人。女，其父吴镜渊曾任中华书局董事长。吴舜文在上海中西女中毕业，民国 23 年(1934) 与严庆龄结婚，在丈夫支持下继续在沪江大学、上海圣约翰大学读书。民国 37 年夫妇俩将资产转到台湾。次年随丈夫到美国考察汽车工业，她留在美国深造，先入林肯大学修英语，后转入哥伦比亚大学国际关系学院就读，获硕士学位。

1951 年 3 月，吴舜文回台湾，创办台元纺织公司，成为台湾纺织界首位女董事长。经 10 年苦心经营，跃升为台湾著名纺织企业。又创办台文针织公司、联达实业公司、台兴纺织制线公司、牛仔布厂等，她还资助丈夫创办裕隆汽车公司发展汽车工业，1969 年创办中华汽车公司，到 1976 年，裕隆年产汽车 1.6 万辆，居台湾汽车行业之首。1981 年其夫去世，她成为裕隆集团第二任董事长，全面负责裕隆集团的经营管理。1983 年，裕隆汽车公司占台湾生产汽车市场总量的 42%。

1990 年，吴舜文把纺织、汽车等产业归并到新设立的集团总管理处管理，她任总管理处总裁及各集团公司董事长。1991 年所属公司居台湾百强企业第五位。随后又开始向地产、电子科技、创投、保险等领域进军，投资创办华晶科技、世纪半导体、台元创业投资等多家公司。1995 年由中华汽车公司投资 18 亿元，与福建省汽车工业集团公司合资创办东南汽车有限公司。21 世纪初，她经营的企业涉及纺织、机械、汽车（包括零配件）、服装、房地产开发、融资、零售（包括进出口公司）、数码相机、创投、集成电路设计、租赁、财产保险等多个行业，公司、工厂遍及中国台湾、香港等地区和美国、菲律宾等多个国家。吴舜文除经营企业外，对教育、体育、新闻等社会事业也非常支持和关心，创办学校、报纸、基金会等。她关心两岸关系发展，担任台湾海基会董事，向吴阶平基金会捐资 1000 万元用于医学研究。

赵忍安 (1912—1986.05.25)

原籍武进。出生在成都。民国 22 年(1933) 参加“反帝大同盟”。民国 26 年被中共组织派到四川乐山彝族地区工作，民国 27 年 4 月加入共产党，历任中共乐山乐群垦社特别支部书记、南充支部书记、南华艺社党团书记。民国 29 年被派到重庆，以和成银行襄理身份潜伏在金融界为党工作，任银行特别支党团书记、化龙桥区委委员及书记等，直属中共南方局领导。抗日战争胜利后，到武汉负责筹建和成银行汉口分行，任经理。从此，他以银行老板身份，广结湖北上层“朋友”，使银行成为武汉地下党领导机关的一个重要交通站。民国 37 年 4 月，他为到襄樊布防路过汉口的国民党第十五绥靖区司令官康泽接风时，康把襄樊设置三道防线的绝密计划透露。他获得这个重要情报立即转告中共武汉地下组织，为解放军攻城找到破绽。武汉解放后，他历任中国人民银行中南区行金融管理处处长、人行武汉市分行副行长，出任武汉市各界人民代表会议协商委员会工商代表团副首席代表，武汉市工商联筹备会副主委，民建武汉分会筹备委员召集人之一。1950 年 5 月，他加入中国民主建国会。1952 年被调到中共中央统战部工作，并任国务院第八办公室工业组副组长。1959 年任中共上海市委统战部副部长，还担任民建中央委员、民建上海市委副主委，全国工商联常委、上海市工商联副主委。“文化大革命”后，调任人民银行上海市分行副行长。1986 年 5 月 25 日因患脑溢血逝世。曾任中国金融学会常务理事、上海市金融学会会长。

吴　泽 (1913.01.13—2005.08.06)

武进人。出生于武进一个农家，原名吴瑶青，笔名胡哲夫、哲夫、宋鱼、宋衍等。受李达《中国产业革命概观》影响，报考北平中国大学，被录取在经济系就读。系主任李达与吕振羽、张友渔等教授引导他走上学术研究道路。民国 24 年(1935) 发表《殷代经济研究》《奴隶制社会论战总批判》，并系统研究中国原始社会史，撰写《中国先阶级社会史》书稿。民国 26 年卢沟桥事变发生后，他与同学联合创办《抗敌导报》，发表《从淞沪抗日战争看中日战争的前景》。因文中指责当政者被逮捕入狱，后经亲友营救出狱，辗转重庆，撰写《中国原始社会史》《中国历史大系·古代史》《中国历史简编》等著作。抗日战争胜利后回到上海大夏大学任教。民国 34 年 10 月 24 日加入共产党。1949 年任大夏大学校务委员会委员、文学院院长、教授。1952 年全国高校调整，到华东师范大学任历史系主任。1954 年受教育部委托，招收新中国第一批中国史专业研究生。“文化大革命”开始后被诬为反动学术权威，遭受批斗。粉碎“四人帮”后，恢复历史系主任职务，同时还任国务院学位委员会第一至第二届学科评议组成员、历史学科评议组召集人，《中国历史大辞典》总编等职。80 年代初，被国务院学位委员会授权为中国古代史和中国史学史双学科博士生导师，先后指导培养 29 名博士研究生。

新中国成立后，吴泽将治学重点逐渐转移到社会主义文化建设上，曾就中国古史分期问题、亚细亚生产方式问题发表《亚细亚生产方式问题研究》《古代公社与公社所有制》《关于古史分期中的生产力水平与性质问题研究》等论文，提出很多新的历史观点。80年代后，发表和出版《东方社会经济形态史论》、《华侨史研究的对象、课题和任务》、《中国史学史论集》（上、下册）等论著。主编《中国近代史学史》《史学概论》等书。90年代研究吴文化及常州学派，撰写《新石器时代先吴原始文化探源》《常州学派史学思想研究》等论文。另有《吴泽文集》行世。

杨澄中（1913.04.17—1987.12.29）

武进人，民国26年(1937)7月中央大学理学院物理系毕业。民国34年到英国莱士特大学攻读实验原子核物理，民国35年获硕士学位。后转到利物浦大学物理系攻读回旋加速器技术，1949年与霍尔特一起发现氘的削裂反应和非弹性散射，1950年获博士学位并留校任教。1951年回国到中国科学院高能物理研究所（后改近代物理研究所）任副研究员，1953年任中科院原子能研究所（后改物理研究所）研究员和物理组负责人。1957年被派到兰州筹建中科院兰州物理研究室，任主任。1962年成立近代物理研究所，任副所长和所学术委员会主任，1976年任所长，1979年同时任中科院兰州分院副院长。1980年11月当选为中国科学院学部委员（院士）与学部常委。1979年获全国劳动模范称号。先后任全国第二、三、五、六届人大代表，甘肃省第三、四、五届政协副主席。

杨澄中为世界上最早研究轻核削裂反应的学者之一。回国时，中国原子能科学研究基本还处在空白状态，他克服重重困难，于1953年成功建造中国第一台静电加速器，研制成功中国第一批核物理研究用探测器和电子学仪器，设计建造中国第一台400千伏高压倍加器，从而为中国开展原子核物理实验创造了技术条件。随后他到兰州创业，为了建设一个具有理论核物理、实验核物理、放射化学、加速器技术、核技术应用和核电子学等基地，他重新设计、改进、安装和调试研制成功400千伏高压倍加器和设计建造K-600千伏高压倍加器。1965年，近代物理研究所在他的组织和指导下，完成轻核反应和快中子物理截面测量两项重要科研任务。在研究工作中，他还亲自设计新的实验原理和方法，推导活化法和球壳法理论公式等。经过5年努力，1970年完成全部测量，获甘肃省科学大会奖、全国科学大会奖。1972年，他递呈建造大型重离子加速器的建议被采纳，部署了重离子物理基础研究和应用研究9个课题，1977年完成碳轰击铋核反应机制研究成果，1982年获国家自然科学三等奖。1988年底，中国第一台大型分离扇重离子加速器在兰州建成，主要指标达国际先进水平，1991年获中国科学院科技进步特等奖，1992年获国家科技进步一等奖。这项成果使中国重离子加速器技术进入国际先进行列，为中国原子能科学研究和国防建设做出杰出贡献。先后在国内学术刊物上发表《快中子透射实验中校正中子通量》《原子核反应和核结构》等10余篇论文。1987年12月29日逝世于兰州。

金　明（1913.12—1998.03.15）

原籍武进。出生于山东益都（今青州），民国21年(1932)初在益都山东省立第十中学学习时参加共产党外围组织“互济会”，2月加入中国共产主义青年团，夏转为中国共产党员，8月参加益都暴动。后任共青团益都、临朐、寿光三县中心县委书记。民国22年3月被捕入狱。抗日战争爆发后被营救出狱，任省委特派联络员。后任八路军山东抗日游击队第八支队政治部主任、中共清河特委组织部长、副书记，淄博特委书记等职。民国28年参加筹建八路军南进（陇海）支队，开辟皖东北抗日根据地，任苏皖区党委书记、皖北八路军办事处主任。民国30年夏筹建淮海区党委，任苏北军政委员会副书记、苏北区党委副书记兼淮海地委书记。民国34年2月任新四军南下兵团第二副政委，并任中共苏浙区党委副书记兼浙西区党委书记，参与开辟以浙西天目山为中心的抗日武装根据地。民国35年春任山东胶东区党委副书记、胶东军区副政委，参加胶东保卫战等一系列重大战役。民国37年2月任中共东南分局第二副书记、华东野战军第一兵团第二副政委。后组织“中原支队”，任支队长兼政委，率3000人加强中原局工作。任豫西区党委委员兼许昌地委第一书记兼军分区政委。1949年3月参加筹建中共湖南省委，组织大批南下干部学习、整训，任解放军第四野战军第十二兵团副政委和解放军中南军区和平（解放湖南）谈判代表团首席代表，抵达湖南平江与国民党湖南省政府军队代表谈判，争取湖南国民党上层和平起义。8月5日湖南和平解放后，任湖南军政委员会委员、中共湖南省委第二副书记、湖南省政府副主席、解放军湖南省军区副政委。1952年任湖南省委书记兼湖南军区政委，并担任中南军政委员会委员、中共中央中南局委员。1953年11月，调任财政部副部长、党组副书记，1954年任副部长兼党组书记。1961年10月，调任中共中央中南局候补书记、书记。粉碎“四人帮”后任商业部部长、党组书记，1979年3月任国务院秘书长、国务院财政经济领导委员会成员，1980年1月任河北省委第一书记、河北军区第一政委至1982年7月。1982年9月被选为中央顾问委员会委员，连任两届直至1990年10月离职。曾任第一至第二届全国人大代表、中共八大代表。1998年3月15日病逝于北京。

刘雪堂（1913—1993）

武进人，原名刘锡棠。民国18年（1929）被商务印书馆资助去日本京都小林珂罗版厂学习珂罗版技术。4年后回国，任商务印书馆珂罗版车间技术员、技师，是国内最早掌握珂罗版印刷技术人之一。民国30年因参加商务印书馆职工大罢工被解雇，后到武进成余面粉厂工作。1957年任上海印刷技术研究所珂罗版车间主任，改机械操作代替手工操作。在密度仪和接触网屏等课题研制上获很大成就，负责印制的《珍本宝晋斋法帖》，酷似原作。1959年，由他承印的《永乐宫壁画》曾获德国莱比锡国际书籍艺术博览会金奖。1962年，承印的《王献之鸭头丸帖》《唐周昉簪花仕女图》及《晋人曹娥碑诔辞墨迹》《唐怀素论书帖》《唐张旭草书古诗四帖》《宋徽宗赵佶草书千字文》获得行内高度评价。1979年退休后，被上海书画出版社聘去筹建珂罗版印制机构，印制《徐渭杂花图卷》长卷题跋，获1984年上海市优秀图书特别奖，1990年获首届中国优秀美术图书奖银牌奖。

屠一道（1913—2008.10.29）

武进人。出生于常州北门斗巷。出身木商家庭，心灵手巧，有手艺天赋。20岁时进入同乡许冠群开办的上海新亚药厂做练习生。民国21年（1932）被厂派到福州设立的办事处从事推销业务。新中国成立后公私合营开始，他将药店捐给政府，入医药行业工作。先后任福州市第二至第三届人民代表、第六届市政协委员。“文化大革命”期间受冲击，下放山区劳动。在参与山区开山砍林造田过程中，发现形式各异的树根，纹路旖旎，造型奇特，触发了“变废为宝”想法。他把一些树根拿回家晒干，根据形状，制作成各样的根雕饰品。从此入迷，只要有空，不是翻山越岭找树根，长年累月奔波于高山丛林之中，就是在家忙碌不止，把根雕作为终身的艺术追求。日积月累技艺日精，成为享誉中外的根雕大师。他的作品被送到数十个国家展览，在国内外产生极大影响。先后当选为中国文联民间艺术协会根雕艺术委员会主任委员和中国花卉盆景根艺学术委员会主任委员。屠一道对常州有深厚故乡情结。20世纪80年代，他提出把部分精品根雕捐献常州永久陈列。常州市政府先后拨款数百万元在红梅公园北侧建造屠一道根雕艺术珍藏馆，收藏他创作的根雕精品200余件。福州、荆沙、无锡三市也建有屠一道根艺珍藏馆，收藏他的作品；美国、日本、加拿大、新加坡等28个国家的博物馆收藏有他的根雕。

张肖虎 (1914.02.25—1997.02.19)

武进人。出生于天津。幼时即表现出音乐天赋。民国 20 年(1931) 进入清华大学土木建筑系就读，任清华大学管弦乐队、军乐队队长和学生指挥，创作处女作声乐曲《声声慢》和五重奏《极乐吟》。民国 25 年毕业，留校助教音乐。全面抗日战争爆发后，在天津创办音乐专修院、青年会音乐专修科和音乐学社等音乐教育机构，组建并指挥天津工学院管弦乐队、天津跃华中学合唱团、青年会合唱团等音乐活动。抗日战争胜利后，回到清华大学音乐室任导师，组建清华民乐队、管弦乐队、军乐队，兼燕京大学管弦乐队指挥。1949 年，他身背大鼓参加开国大典，率领清华大学军乐队走过天安门广场。新中国成立后任清华大学音乐工作室教授。1950 年，起先后任北京师范大学音乐系理论作曲教研室主任、作曲系副主任、音乐系主任、艺术教育系主任。1956 年后，任北京艺术师范学院、北京艺术学院音乐系主任，燕京大学和中央音乐学院作曲系兼职教授。1964 年后，任中国音乐学院作曲系副主任、中央五七艺术大学音乐学院作曲系教授。1980 年回到北京师范大学，任艺术系负责人兼音乐系主任。1981 年，任中国音乐学院副院长兼作曲系主任，同时任北京音乐教育研究会会长、九三学社北京市顾问委员会顾问等职，1987 年离休。

张肖虎认为“创作是抒发感情，教学是传授知识；而人的价值就是无私地奉献知识和感情”。代表作品有交响诗体裁的管弦乐、钢琴加合唱作品《苏武》、歌剧《松梅风雨》、歌舞剧《珠穆朗玛展红旗》、舞剧《宝莲灯》与《长恨歌》（合作）、管弦乐《浔阳曲》、室内乐《阳关三叠》、三弦与乐队《刘胡兰》（合作）和《木兰从军》《海盗船》《牧人悲歌》及器乐曲、歌曲等。撰有《乐学基础》《五声性调式及和声手法》等专著，译有《现代和声学》。

袁　静 (1914.03.25—1999.07.29)

祖籍武进。出生于北京。又名袁行规、袁行庄，笔名舒非。先后就读于北京中法大学、冯庸大学和国立北平艺术专科学校。民国 19 年(1930)3 月在读书期间加入中国共产主义青年团。后在北平、天津、上海等地从事妇女工作，参与组织反帝大同盟等。民国 24 年加入共产党，参加“一二·九”学生运动。抗日战争爆发后，辗转江苏、安徽、湖北、陕西等地开展抗日救亡运动，历任中国青年救亡协会理事、武汉青年救亡协会宣传团团长、二战区民革室副总干事，全国剧协二战区分会常务理事等。民国 33 年创作第一个秧歌剧《减租》。翌年调边区文协创作组工作，创作秦腔剧本《刘巧儿告状》。民国 35 年，与孔厥合作创作歌剧《兰花花》，由延安中央乐团演出，受到周恩来好评。民国 36 年，离开延安到冀中文协创作组从事创作，再与孔厥合作创作中篇小说《血尸案》，合创长篇小说《新儿女英雄传》，在《人民日报》文艺版上连载，引起解放区文学界轰动。郭沫若和谢觉哉分别书写序言，小说被译成英德俄等 10 余种外文在国外出版发行。1950 年调任中央电影局编剧。1954 年任中国作家协会驻会作家。1957 年调到中国作协天津分会工作，曾任中国作协天津分会副主席、天津市文联副主席等职。

新中国成立后，创作有电影文学剧本《淮上人家》和长篇小说《红色交通线》、长篇纪实小说《大地回春》（与人合作）、中篇小说《生死缘》（与人合作，后改名《中朝儿女》）、《小黑马的故事》等。“文化大革命”结束后，她创作了长篇小说《伏虎记》和中篇小说《朱小星的童年》。此后，她把主要精力放在儿童文学创作上，创作了中篇小说《李大虎和小刺猬》《芳芳和汤姆》，科学童话集《金钥匙》《水乡晨曲》等，电视文学剧本《雾中蓓蕾》《精豆子外传》及与他人合作的电影文学剧本《大虎》等。

王　琰 (1914.07.24—2005.05.11)

武进人。女，笔名一言、琰如。江苏省立镇江师范和省立苏州中学毕业，在武岭学校图书馆等单位工作。

后随丈夫黄肇中到台湾，长期从事文学创作与编辑工作，曾任台湾省妇女写作协会总干事及常务理事，先后担任文学杂志《畅流》（半月刊）编辑、主编，与林海音等人以“五人小组”蜚声台湾文坛。1965年随丈夫旅居非洲利比亚生活6年。一生笔耕不辍，著有小说集《长相忆》《新苗》，散文集《心祭》《我在利比亚》《旅非随笔》《青山绿水》《琰如散文集》《文友画像及其它》《文友画像及其它续编》《手足情深》《闲居随笔》等10余部，达数百万字。

李伯黍 (1914.11.07—2010.09.10)

武进人。民国33年(1944)国立无锡师范学院教育系毕业，曾在复旦大学教育系、中山大学师范学院任教。1954年到上海师范专科学校（后改上海师范大学）任教，历任教育科学研究室副主任、副教授、教授，上海心理学会副理事长，中国心理学会教育心理专业委员会委员，《中国大百科全书》心理学卷编委兼教育心理分卷副主编，《心理学大词典》外国心理学史分卷主编和上海社会心理学会副理事长等职。他是中国道德心理研究的开拓者和奠基人，重视儿童道德发展研究，在中国科学院心理研究所和中国心理学会主办的《心理学报》发表《教育心理学的一门新分支——德育心理学》《道德发展：心理学、哲学、伦理学和教育学的思考》《道德认知发展研究的几个问题》等论文，开创了中国品德心理研究领域的先河。从1978年起，他与全国18个地区同行合作，开始对世界著名心理学家、发生认识论创始人皮亚杰的道德认知发展理论进行系统的验证性研究，并做出客观性评价，先后在《心理学报》等全国性权威必杂志上发表《4～10岁儿童道德情绪归因研究》《国内18个地区5～11岁儿童道德判断发展调查》《少年儿童道德行为动机特征的心理分析》等论文，在道德心理学研究上取得突出贡献。他专门研究儿童的公私、集体、分享、劳动、爱国和利他等观念及责任心，发表《行为动机与结果的匹配关系对儿童道德情绪归因的影响》《中国和西方儿童的社会行为及其社会接受性研究》等成果，为中国德育工作的科学化提供理论指导和和实证依据，在全国乃至海外享有很高的声誉和威望。20世纪90年代初，他在上海师范大学组建全国最早的儿童道德发展研究室，后又会同上海市教育科学院德育研究与咨询中心筹备成立上海市心理学会德育心理学专业委员会，任名誉主任。主要著述有《心理学》（与伍棠棣合作）、《西方心理学的新发展》、《社会学习理论》（与陈欣银合译）、《心理学词典》（与杨尔衢等合译）、《道德发展与德育模式》、《教育心理学》（与燕国材合作）等。2008年，《李伯黍心理学文选》由人民教育出版社出版。

陆华柏 (1914.11.26—1994.03.18)

原籍武进。出生于湖北荆门。笔名花白、芦花白。民国23年(1934)毕业于武昌艺术专科学校艺术师范科。抗日战争爆发后，经徐悲鸿介绍，到广西桂林从事音乐教育。民国27—28年，任桂林最大的宣传抗日救国艺术团体——国防艺术社音乐部主任和广西音乐会理事。民国30年又任广西艺术馆音乐部主任。创作歌曲《故乡》《勇士骨》等，出版《华柏歌曲集》和《汨罗江边》抗日战争歌曲集，与杨荫浏合编《抗日战争合唱歌曲集》。其中《故乡》是抗日战争初期一首代表性独唱歌曲，翌年获重庆教育部文化创作奖，1993年，被评为“20世纪经典音乐作品”。民国32年任福建省音乐专科学校教授，民国34年任江西体育音乐专科学校音乐系主任。民国36年，任湖南省音乐专科学校作曲教授，以“民主教授”姿态参加“反内战、反迫害、反饥饿”民主运动和迎接解放的“护校运动”，被推任湖南音乐专科学校教授会主席。1949年任香港永华影片公司作曲专员、私立香港音乐学院院长。1950年起，先后在中国戏剧学院、湖北教育学院音乐科、华中师范学院音乐系、湖北艺术学院作曲系任教授及科系主任。1963年调至广西艺术学院音乐系任教。1985年被广西艺术学院评为一级教授。曾任中国音乐家协会理事、中国音乐家协会广西分会副主席，广西壮族自治区政协委员、人大代表。

陆华柏创作音乐作品有独唱《感旧》（处女作）、《义勇军》、《万里长城有主在》（又名《长城谣》）、《血肉长城东海上》等，合唱《抵抗》《八百孤军》等，歌剧《牛郎织女》《玩具抗日》，舞蹈音乐《彝族女民兵》，清唱剧《汨罗江边》，声乐组曲《闹花灯》，钢琴曲《铜鼓舞》《西藏小品》等，民歌与管弦乐套曲《三月三壮乡歌行》，香港故事片《海督》主题插曲《海的怒吼》、木偶片《大树王子》音乐，交响音乐《康藏组曲》等。1988 年 12 月广西艺术学院在南宁举办了陆华柏教授执教55周年作品音乐会，演出21首不同历史时期代表作品。先后出版《二胡、三弦、钢琴三重奏曲集》《红河波浪》《绥远民歌合唱曲集》《中国民歌独唱曲集》《湖北民歌合唱曲集》《中国民歌钢琴小曲集》等专集。

严　辰 (1914.12.11—2003.09.06)

武进人。原名严汉民，笔名厂民。民国 19 年(1930) 毕业于苏州中学附属吴江乡村师范，民国 23 年开始在《文学》《现代》《诗歌月报》《申报・自由谈》上发表诗歌、散文、小说，并编《当代诗歌》，后参加中国诗人协会。翌年上海私立正风文学院文学系毕业。民国 30 年投奔延安参加革命，进入鲁迅艺术文学院研究室任创作员。翌年参加延安文艺座谈会。民国 33 年到中央党校第四部任文化教员。抗日战争胜利后，到晋察冀解放区张家口华北联合大学文艺学院文学系任教，次年被调到承德、石家庄附近地区搞土改运动。民国 37 年随北京前线围城部队入城，在文教接管委员会工作。1949 年 7 月，调到新成立的中国作家协会创办的新中国第一份文学期刊《人民文学》，任编辑部主任。抗美援朝战争打响后，曾两次到朝，创作、出版诗集《战斗的旗》。1953 年调到中国作家协会为专业作家，1955 年任《新观察》杂志主编。1957 年被安排到黑龙江省任尚志县委常委兼长寿公社党委副书记，后任省文联副主席、省作家协会副主席，省民间文艺研究会主席，《北方文学》主编，省政协常委。1977 年调入北京，出任《诗刊》主编，直至 1984 年 4 月离休。

严辰一生创作大量文学作品，主要有诗集《唱给延河》《生命的春天》《小沈庄》等，散文集《在城郊前哨》，报告文学集《光荣的岗位》、《时代新人》（合作）等，电影纪录片《英雄战胜北大荒》撰稿等。他的作品形式多样，内容朴实真挚，以简朴明朗的风格产生广泛影响。

恽逸安 (1914—1937.10.12)

武进马杭人。原名赞勋，中国现代著名新闻学家恽逸群之弟。民国 22 年(1933) 江苏省立常州中学毕业后，他毅然投笔从戎报效祖国，考入杭州笕桥航校飞行科学习航空技术。翌年，因视力达不到飞行要求，改习无线电科，但他仍想凌空杀敌，课暇加紧锻炼身体，注意保护视力。民国 24 年，无线电科毕业，被派往南昌航空委员会和笕桥航校见习。业余时间继续自修飞行学科，后经复查视力过关，再入飞行侦察班学习。翌年夏，被选派到洛阳军官训练班陆空联络高级侦察班学习。民国 26 年毕业，安排到空军第七大队十二队（在西安）服役，任少尉飞行员。同年日本侵略军发动全面侵华战争，日机轰炸上海，他奉命从西安设防南京参加淞沪战役，驾机深入敌阵，侦察敌情，曾屡建战功。9 月，他又被调往洛阳参与冀晋战役，与敌机搏斗，数创顽敌。9 月 3 日，他在写给兄长恽逸群信中说："此次战争，是我们民族死生之所系，历史绝续之所关，吾人唯有激发忠勇，共同奋斗，与倭拼战到底，直到我们获得最后胜利为止！我们每个人都预备着我们的飞机和血肉与敌人同归于尽！""与其亡国偷生，何如光荣战死！与其偷生不得，何如一死报国。"10 月 12 日，他驾驶战机从山西太谷出击，轰炸日军军营，当抵达目标上空看见营房、大炮、辎重和二连步兵时，立即奋不顾身地俯冲下去投弹轰炸，顿时一片火海，炸得日军鬼哭狼嚎。返航途中迷失航向，油料告罄，迫降在霍县北校场外，后经接济加油重新起飞，不幸触碰山峰坠落起火殉难，年仅23岁，他的遗骸被安葬在洛阳香山东新墓地。1995年，纪念中国抗日战争胜利50周年时，他的英名与3092名抗日航空烈士一起，被镌刻在抗日航空烈士纪念碑上。

汤　逢 (1914—1990.05.31)

武进人。民国26年(1937)上海大同大学化学系毕业，曾任大同大学化学系讲师、副教授。1952年至南京工学院食品工程系任副教授。1953年加入中国民主同盟，1958年参加创建无锡轻工业学院，历任食品工程系主任、教授和无锡轻工业学院副院长，民盟无锡轻工业学院支部首任主委和无锡市第四、五、八届人大代表，中国粮油学会油脂专业分会名誉理事长。他长期从事教育工作和油脂化学、食品化学领域研究，是中国油脂化学食品专家。率先对蔗糖酯进行研究和开发，形成一种新品产业；对乌桕皮油制取类可可脂的研究和开发，为扩大巧克力食品的来源和生产规模提供了理论依据、对开发利用天然抗氧化剂进行探索。他针对社会上传说菜油不易消化吸收研究后，指出菜油消化吸收率高达99%，与别的食用油无异，可放心食用。1984年编写的中国首部《油脂化学》由江西科学出版社出版。1990年5月31日病逝于无锡。

李寿慈 (1914—1990)

金坛人。又名李镇。早年读于金陵大学理学院，民国24年(1935)考入清华工学院，积极参加一二•九运动，是该校救亡团发起人之一。“西安事变”爆发后，寒假回金坛过年组建中华民族解放先锋队金坛支队，宣传抗日，引导一批进步青年走上革命道路。民国26年加入中国左翼作家联盟，两年后加入共产党。随后在湖北松枝等地区开办简易流动师范学校和战时青年训练团，任松滋、枝城、宜昌三县战训班教学主任，白天为师范生上课，晚上开办农民识字夜校，排演抗日街头短剧，唱抗日歌曲，在农村中宣传抗日，引导流亡青年投身革命。武汉地区沦陷后，辗转湖南、广西，历任南县、安乡、澧县中心县委书记，广西师范学院附中教员等。1946年至1949年5月，在武汉、上海从事党的地下工作。新中国成立后，先后任华东外贸局副局长、代局长，上海海关关长，北京外贸学院副院长。1958年4月起，历任清华大学校长助理、党委副书记、副校长等职，1959年兼任清华大学基础课委员会主任，1978年任国家科委一局副局长、教育委员会副主任。

查济民 (1914—2007.03.28)

浙江海宁人。民国19年(1930)毕业于浙江甲种工业学校印染专业，进入上海达丰染织厂工作，民国21年到常州大成二厂染部任技师。他每天工作12小时以上，确保封闭式煮布锅、染色机、氧化元车和八色印花车等染整设备正常运转，深得工厂老板刘国钧赏识。民国25年被送到日本最先进的京都染织厂学习印染技术。回国后在实践中，为大成解决了许多漂染环节技术难题，使产量、销量提高5倍，为大成二厂一跃成为江苏印染企业龙头地位作出重要贡献，刘国钧把长女刘璧如嫁给他。日本发动全面侵华战争，大成公司遭到日机轰炸，损失惨重。刘国钧决定将尚未安装的国外购进纺织机械运到重庆，与卢作孚等合作，于民国28年2月在重庆北碚合组大明染织公司，刘国钧让只有20多岁的他任经理兼厂长。数年后，他把大明公司经营得有声有色，发展成为大后方纺织染工序齐全的著名企业。抗日战争胜利后，查济民回上海积极发展民族工业，成为中国纺织业有影响的人物。1949年初，查济民偕夫人子女移居香港创办中国染厂，任董事长。1959年创办新界纺织厂。60年代初，他到非洲尼日利亚、加纳、多哥等国家开办纺织印染企业，创建种棉、纺纱、织布、印染“一条龙”生产线，成为非洲纺织大王。1977年起任香港兴业公司董事长，后任香港兴业国际集团暨查氏集团国外企业董事会主席，从纺织业发展到房地产、旅游业，成为亿万富翁。

查济民在海外发达后，没有忘记第二故乡常州。为实现刘国钧当年想创办一所正规职业教育学校的心愿，1989 年捐资创办常州市刘国钧职教中心。1996 年回常州合资兴办常州名力纺织有限公司，后改为独资经营，投资 2959 万美元，率先引进国外生产和管理标准，引进世界先进机器设备，生产出多个新品种，对常州乃至周边地区的纺织产业影响甚大。2000 年 3 月，又投资 2500 万美元创办常州港华化工有限公司。

1985 年后他担任中华人民共和国香港特别行政区基本法起草委员会委员。他还是港事顾问、特区预委会及筹委会成员。1997 年获香港特别行政区政府颁发的大紫荆勋章。1994 年 8 月，他到北京以"查氏企业"名义向国家捐赠 2000 万美元，设立求是科技基金会，奖励全国有突出贡献的科技工作者。同时在香港捐赠 3000 万港元，设立桑麻基金会，奖励致力发展香港纺织业有突出贡献者。在香港创办"北桥福利会"，救济年老体弱的鳏寡孤独，获"太平绅士"称号。

梅　志（1914—2004.10.08）

武进人。女，出生于江西南昌。原名屠玘华，又名屠琪，以笔名行。出身秀才家庭，民国 20 年(1931)随父到上海，就读于培明女子中学。翌年加入"左联"从事宣传工作，结识"左联"宣传部部长胡风，次年结为夫妻。在胡风指导下，民国 23 年开始以"梅志"笔名发表处女作《受伤之夜》（散文），从此走上文学道路。民国 33 年加入中华全国抗敌文协，历任《七月》《希望》杂志编辑，负责编辑出版胡风《论现实主义的路》。新中国成立后任上海作协创作组组员。1953 年全家迁至北京，在中国作协儿童文学组工作。1955 年被错划为"胡风反革命集团"成员，5 月被捕入狱，1962 年出狱。"文化大革命"开始后，被发配到四川劳动改造。1980 年 10 月 1 日得以平反，恢复名誉。1982 年加入中国作协，任中国作协驻会作家。梅志是中国著名儿童文学作家和传记作家，著有《梅志童话诗集》《梅志童话》，童话长诗《小面人求仙记》《小红帽脱险记》《小青蛙苦斗记》，儿童文学《少年胡风》，其中童话集《听来的童话》获优秀作品奖。另外写有散文集《花椒红了》《长情赞》（与胡风合写），长篇传记文学《胡风传》和回忆录《胡风沉冤录》（《往事如烟》《伴囚记》《在高墙内》）等。1992 年享受国务院特殊津贴。2004 年 10 月 8 日病逝于北京协和医院。

曹　白（1914—2007.04.13）

武进人。原名刘平若。民国 21 年春考入国立杭州艺术专科学校预科。这是一所受鲁迅倡导的新兴木刻运动影响的学校。翌年秋升大学部本科学习，不到两月因刻苏联文艺理论家卢那卡尔斯基头像，被国民党反动当局关押到"反省院"坐牢。民国 23 年底出狱先后在上海新亚中学、光华大学附中等学校教授艺术劳作课。业余时期继续从事木刻创作。因崇敬鲁迅，创作《鲁迅像》《鲁迅遇见祥林嫂》等作品。前作于次年参加在上海举行的全国木刻展览会，审查中被国民党上海市党部检察官剔除，他非常愤慨，将这一过程和因刻卢那卡尔斯基头像而被判罪入狱经历写成书面文字，连同《鲁迅像》等两幅作品一同寄给鲁迅。大病中的鲁迅回信鼓励他"为光明而战斗下去"！鲁迅去世后，他极度悲伤，前往鲁迅寓所抬棺送别，成为 16 个抬棺者中最年轻的一位。

"八·一三"淞沪抗战爆发后，他放下木刻刀，加入中国共产党，在上海难民收容所工作。他想方设法打通通道，将难民收容所的青壮年一批一批输送到新四军队伍，不久他被派到常熟江南游击区任江南人民抗日自卫大队（新四军前身）教导员、中共东路特委秘书等。民国 29 年 4 月，担任谭震林的秘书，任中共东路特委领导下的江南出版社社长，出版《大众日报》及《江南》半月刊。民国 30 年 6 月他改任中共苏州县委书记。后来，曹白被派往苏皖边区根据地工作，在"党产"机构汇通盐号任第二副经理。上海解放后，历任上海军管会财经接管处处长、华东工业部重工业处善保会军代表、轻工业处处长、华东局财委会办公厅副主任、上海市财委会办公厅副主任等职。曾任中国版画家协会顾问。2007年4月13日在上海逝世。

张涌涛（1915.03—1990.02）

武进人。原名湘臣。民国19年（1930）上海中华职业学校机械系肄业，到英商开办的中国磨钻厂工作，民国23年任亚南机器厂、南市电话局制图员。“八·一三”事变后到香港做磨钻工，次年回到上海，在鸿祥珠宝店任磨钻师。1956年在上海珠宝玉器公司从事钻石鉴别、设计和琢磨；1958年公私合营，任上海钻石厂私方厂长，分管业务和技术，1964年2月被授予工艺师称号。1979年被轻工业部授予工艺美术家称号，1986年被全国24市工艺美术公司联合协调组织（民间组织）命名为特级工艺美术大师，1988年被轻工业部授予中国工艺美术大师称号，1989年1月被评为高级工艺美术师，同年8月退休。张涌涛是中国首饰钻琢磨工艺第一代钻石加工手艺人，擅长钻石鉴别、设计、车磨、修改，对钻石的质地、性能、特点和价值深有研究，能比较准确地目测钻石内部不同部位瑕疵的深度，估算出磨净后的成品分量，对手工括钻有独特绝技，能使加工的钻石达到最佳重量和质量。著有《钻石量尺衡量手册》《钻石设计手册》《钻石工艺》等。

方　行（1915.05—2000.06.07）

常州人。民国26年（1937）8月参加上海文化界救亡协会，次年进沪江大学社会科学讲习所（后改为社会科学专科学校）学习，任同学会主席。民国30年12月加入中国共产党，翌年春到淮南抗日民主根据地参加江淮大学筹建及南通大学的迁校事宜。民国32年奉命返沪筹建进化药厂，生产药品运往根据地。抗日战争胜利后任《新文化》半月刊、《消息》半月刊编辑，同时从事上海地下党领导机关的机要工作和上海东方、瑞明公司经营业务。上海解放后任上海市工商局主任秘书，参与接管工作。筹建上海人民检察署，1951年初任副检察长，翌年7月任上海政法工作委员会委员兼秘书长，1954年春任上海市政府政法委专职秘书长，翌年1月仍任副检察长和党组副书记。1957年7月调任上海市文化局副局长，1982—1988年兼任上海市文物保管委员会副主任和市社科联常委，兼任上海美协党组书记，全国古籍善本书目编委会副主任、上海图书馆学会会长和《图书馆杂志》主编，《上海文献丛书》主编，《上海当代丛书》编委，上海市地方志编纂委员会委员，上海市党史资料征集委员会委员，《中国文化》研究集刊主编，复旦大学历史系兼职教授。1995年7月离休。编有《李大钊选集》《谭嗣同全集》《徐光启著译集》《樊锥文集》《王韬日记》《宋人佚简》《陈子龙文集》《中国古籍善本书目（经部）》等著作。主持修复黄道婆墓、徐光启墓和邹容墓，亲自参与筹备徐光启手迹石刻碑廊建设；筹划申报中共六大以后中共中央政治局机关旧址为上海市文物保护单位。他曾任政协上海市第一至第六届委员会委员、第四至第六届委员会常委。

冯　铉（1915.05—1986.01.16）

武进横林余巷人。原名冯鼎铉，又名肖立。15岁武进县立初中毕业后，到东北投靠堂房叔叔冯仲云，在哈尔滨电车公司当工人。在冯仲云影响下，加入少年共产国际组织，为满洲省委（冯仲云是秘书长）的秘密活动担当交通联络员，同时在电车公司建立党团组织和赤色工会。民国21年（1932）参与组织工人罢工，身份暴露，被派到莫斯科列宁学院学习。民国25年加入中国共产党。12月初，以中共中央驻第三国际代表身份，化名何晓理，随第三国际代表团团长陈云，押带苏联援助中共的军用物资从苏联出发，到新疆营救西路军。翌年5月，将仅剩400余人（原来有2万余人）的西路军带到迪化进行整编，成立中国工农红军西路军总支队。民国29年奔赴延安，任中共中央社会部一室主任，从事国际共运联络、调查研究等工作。民国35年被派到北平军调处执行部任中共代表团秘书处处长，接运大批民主人士到解放区。东北解放后，任中共中央东北局社会部副部长和中共旅大区委委员等。新中国成立后，先后任中央军委驻天津办事处主任、中央军委联络部天津局局长。以后他与黄镇、耿飚、姬鹏飞等一批兵团级干部被选调出任建交国大使，时称“将军大使”。1950年12月出任中国驻瑞士首任大使，成为新中国第一个常州籍大使。在驻瑞士期间，曾随周恩来、陈毅两次参加日内瓦国际会议，并周密安排一部分留学海外的科技知识精英回国参加建设。1959年4月期满回国，任中共中央调查部副部长，8月任国务院副秘书长。1965年3月任全国人大常委会副秘书长。“文化大革命”中遭迫害。1972年1月任国家外文出版发行事业局局长，次年8月任中共中央对外联络部副部长。粉碎江青反革命集团时，他接受特殊任务进驻中央人民广播电台，为完成中共中央决策、控制舆论发挥了积极作用。1982年4月从实职岗位退下后任中共中央对外联络部顾问。1986年1月16日在北京病逝。曾任第二至第三届全国人大代表，中共七大列席代表，第十、十一届中共中央委员和十二届中顾委委员。

蒋风白（1915.06—2004.05.05）

武进人。原名蒋鸿逵。曾读于国立杭州艺术专科学校，得潘天寿大师亲授。民国27年(1938)9月在国立四川中学高中部教美术，民国31年任国立四川艺术专科学校助教。1954年任上海人民美术出版社国画责任编辑，1980年后历任苏州工艺美术职业技术学院副教授、中国美术学院客座教授，同时还任苏州国画院画师，江南画院及华夏书画院名誉院长，中国诗书画研究院院士和中国美术家协会会员等。蒋风白擅长意笔花鸟画，传统功力深厚，笔墨精练，气韵生动，融诗、书、画、印为一体。在四川、重庆等地多次举办个人画展，深得老舍、梁实秋等名家赞赏。新中国成立后，作品多次入选全国美展及省市展览，其中《枫鸟》入选全国第一届中国画展，《山水》参加第二届全国美展。1995年10月，他又在中国美术馆举办个人画展。他的很多作品被选送日本、加拿大、保加利亚等国家参展，并被军事博物馆，广东、深圳、甘肃省博物和八大山纪念馆等收藏。有的作品收录在《中国书画选》《当代著名中国画家精选》《江南名家书画选》《中国当代国画家辞典》。蒋风白最擅长画兰花，他画的水墨兰竹被收藏界竞相收藏。用笔刚柔相济，挺秀灵韵，设色淡雅，景物清丽，自成风格。其中《兰竹》被中国革命军事博物馆收藏，《兰竹图》被潘天寿纪念馆收藏。1999年10月，国务院新闻办公室五洲传播中心专门拍摄反映他艺术创作的《兰幽香风远》专题电视片，向海外播放。出版《蒋风白画集》《兰花百图》《明信片专辑20张》《学画兰草》等。2009年5月，苏州工艺美术学院、苏州市文联等创设蒋风白艺术教育基金会，用以奖励优秀学子。

傅元庆（1915.10.15—2003.05.20）

武进人。民国31年(1942)西北工学院矿冶专业毕业，民国36年任国民党政府交通部材料司技士。1956年任上海钢铁公司、上海冶金局中心试验室主任，1960年后任上海钢铁研究所所长、革委会副主任、党委副书记、总工程师等，1979年任上海冶金局副局长、技术顾问，兼上海钢铁研究所所长，1990年退休。

傅元庆任试验室主任和所长期间，苏联单方面撕毁协议，西方国家封锁，许多关键冶金新材料国外不供应、国内不能生产，中国尖端武器发展受到严重制约。1960年2月，上级将军工急需的58项新材料研制任务交给他来攻关。他组织技术人员攻克不锈钢冶炼、管坯穿孔，不锈钢管高精度冷轧三辊轧管机、热处理接触式加热装置、冷拔表面润滑和不锈钢管生产工艺等一系列课题，填补中国空白。1964年，航空不锈钢管的研制课题获国家科委、国家经委、国家计委工业新产品一等奖。同时，他成功创建中国精密合金、高温合金、钛合金、特殊钢、难熔金属等科研与生产基地。改革开放后，他继续攻克技术难题，尤其是研制成系列高温钎焊材料，使该所成为中国唯一的高温钎焊材料供应点，1986 年获得国家国防科工委授予的特等奖。主持钢铁研究所技术工作期间，先后取得科研成果 366 项，其中 307 项获部和上海市奖励，完成新产品试制任务 5228 项，生产精密合金占全国总量的 40%，还有特殊要求的不锈钢、钛合金、难熔金属、高温合金等，这不仅为中国"两弹一星"、核潜艇、飞机以及雷达等尖端科学和军工武器提供重要冶金新材料，还在科技成果转化为生产力方面创造了巨大的经济效益。1985 年被国家科委、国家经委、国家计委和国家国防科工委联合授予组织管理国防军工协作先进个人和"马踏飞燕"荣誉奖状，1988 年被国家国防科工委授予献身国防科技事业奖章。

蒋维崧 (1915—2006.07.25)

常州人。字峻斋，室名费白日官。民国 27 年(1938) 毕业于中央大学中文系，长期在山东大学任教，曾任中文系副主任、文史哲研究所副所长、教授和文学与新闻传播学院汉语言学专业文字学(含书法) 博士生导师，《汉语大词典》副主编等职。

蒋维崧博学多才，对文学、语言文字学、书法、篆刻均有研究。在文字学方面，1975 年成立汉语大词典编辑委员会，他是 3 位副主编之一，用 10 余年时间编纂完成《中国汉语大词典》。他书法造诣极深。早学楷书，由褚遂良、虞世南入手，基础扎实，后学行草，根植"二王"(王羲之、王献之)，近学沈尹默，最后形成自己风格。他的书法刚柔、润燥结合，字形简约有法度、挺劲中露秀雅，结构平正中见流动、峻峭中透骨力，具有浓郁的书卷气，曾开创金文书法先河。他一生临写了大量金文书法作品，且多数为鸿篇巨制。他把古文字学研究同书法艺术完美融合在一起，将数千年前的青铜器铭文写成富有时代气息和书卷气息的书法作品。齐鲁书社、山东美术出版社和中华书局出版《蒋维崧临商周金文》《蒋维崧书迹》《蒋维崧书法集》。2006 年山东省博物馆举办蒋维崧教授书法艺术展，展出他创作的书法作品 120 余幅。

蒋维崧在中央大学读书时师承篆刻师乔大壮教授。22 岁时他的篆刻作品入选全国美术展览，并为张大千、章士钊等名流治印。他融会贯通，把研究甲骨文、金文、战国文字及秦汉篆隶等诸多古文字融入治印之中，注重从中国古代博大精深的文字中寻找灵感，追求精、雅、巧，章法高雅脱俗，刀法流畅洗练，平和之中姿态生动，巧妙构思，清新雅洁与古典风韵有机结合，形成独特的篆刻艺术风格。1992 年由中华书局出版《蒋维崧印存》，收录他的印作 490 方。2006 年 7 月 25 日病逝于济南。2011 年 11 月，山东大学在校园内树立蒋维崧塑像以示怀念。

屠揆先 (1916.01.15—2003.05.19)

常州人。出身中医世家，先后随叔父屠士初、堂兄屠贡先等习医。全面抗日战争初期避难到夏溪，20 多岁时就开设私人诊所独立行医。后回到常州城内行医，1953 年在北直街寓所开设联合诊所，成为地方中医内科掌门人。1956 年 12 月筹建常州市中医院门诊部。1958 年和 1964 年中医院门诊大楼、病房大楼先后建成，任副院长。1970 年 4 月常州市中医院被撤销，全家下放金坛县城东公社，找他看病的人络绎不绝，每天有数以百计的门诊。1973 年回城，在常州市第一人民医院坐诊。1977 年 5 月在局前街 145 号恢复常州市中医院门诊，门诊量骤增，每天废寝忘食超负荷工作。历任常州市中医院内科主任、主任医师、副院长、顾问，常州市中医学会副理事长、理事长，中华全国中医学会第一届理事会理事，中华医学会江苏省常州分会副理事长、名誉理事长，常州市红十字会副会长，常州市科协副主席，常州市第二至第九届人大代表，政协常州市第三至五届委员、常委、副主席，政协江苏省第四至八届委员、常委。

屠揆先临床经验丰富，为国家批准的全国首批知名老中医，首批享受政府特殊津贴，在常州中医界最早使用听诊器和开化验单，用西医的临床化验数据辅助中医诊断，对消化系统疾病，尤其是急、慢性肝炎和肝硬化等病的诊治有独到见解和较好疗效。一生治愈大量疑难杂症病人，有“屠半仙”美称。他非常重视发掘民间单方草药和医疗经验，先后发表《人参用于重危病人》《慢性肝炎病理与治疗的初步探讨》等10余篇论文。曾多次到香港诊病，三次到日本讲学。

吴汝康(1916.02.19—2006.08.31)

武进人。民国24年(1935)毕业于省立常州中学，考入南京中央研究院历史语言研究所，给人类学组主任吴定良当助手。一年后考取中央大学生物系学习。民国29年毕业后，仍回历史语言研究所人类学组任研究实习员，研究人类学。民国32年通过到美国留学考试到美国学习，民国36年获华盛顿大学硕士学位，1949年获博士学位。美国导师留他在美国工作，他毅然回大陆，先在大连医学院解剖教研组任主任、教授，1953年兼中国科学院(简称“中科院”)古脊椎动物研究室研究员。1956年到中科院任专职研究员，1977—1983年任中科院古脊椎动物与古人类研究所副所长，1980年当选为中国科学院学部委员(院士)。1979年被美国俄亥俄州科学院授予院士称号，1983年当选为国际人类学和民族学协会终身会员，1985年被英国皇家人类学研究所聘为学术委员，1986年任国际史前史与原始史协会常设委员会委员，1987年任国际古人类学协会执行委员会和常设委员会委员，他是新中国古生物学奠基人。吴汝康的学术成就主要表现在古人类学上，40年代起，他对近40多年来在中国蓝田、周口店等处发现的人类化石作深入研究，研究报告成为研究中国古人类学者必读的参考文献。他在60年代提出禄丰古猿(吴汝康提议的新属)雌性个体，是人类进化的旁支。他研究北京猿人，提出从猿到人的过渡中存在人类体质发展的不平衡性，这些成果受到国内外同行高度重视。60年代还开始研究中国现代人体质，1978年以后培养这一领域的研究生。1985年提出建立“今人类学”新学科，1990年撰写出版《今人类学》专著。此外，他还精于解剖学，出版《人体解剖学》《人体解剖图谱》，在国内外解剖学界享有崇高声誉。撰写的《人类的起源和发展》，1980年获全国卫生系统优秀科普作品奖。2006年8月31日在北京逝世。

方中达(1916.05.22—1999)

祖籍武进，出生于上海。字仲达。民国29年(1940)毕业于金陵大学农学院植物病虫害学专业，到清华大学农业研究所工作。民国34年考取公费留学。民国37年，获美国威斯康星大学研究院博士学位，被吸收为美国细菌学会、美国植物病理学会会员。回国后任金陵大学农学院教授。1952年全国高校院系调整以后，历任南京农学院植物病理教研组主任、植物病原生物研究室主任、植保系学位委员会主任、南京农学院学术委员会副主任等职。曾任江苏省第五至第六届人大代表，国际水稻白叶枯病研究组理事、国际植物病原细菌学会中国理事、中国植物病理学会副理事长、国务院学位委员会农学评议组成员和江苏省植物病理学会理事长、农业技术委员会主任和联合国粮农组织国际水稻研究所特约研究员。他长期从事植物病源细菌学、植物细菌病害、水稻免疫生理学研究，尤对水稻白叶枯病研究成就卓著。1955年，他首次提出水稻白叶枯病种子带菌观点，经过到江阴、溧阳、扬州等实地考察，证实白叶枯病菌侵入的主要途径，拿出抗病对策。之外，在植物细菌性、真菌性病害研究上也取得诸多突破。50—60年代，他和助手一起发现、鉴定和命名水稻细菌性条斑病、李氏禾条斑病、甘薯叶斑病、生姜叶枯病等6种植物病原细菌新种。他还和助手提出大白菜软腐病菌从根系侵入和潜伏侵染新观点、新理论，为有效防治提供科学依据。80年代初对江苏省棉花黄萎病防治进行攻关研究，其中《大丽轮枝菌生物学研究及其在抗病育种上的应用》获得农业部科学技术进步三等奖，《棉花黄萎病综合防治研究》获江苏省科技进步二等奖。在线虫病害方面，1982—1983 年发现南京地区松树大量死亡重要原因是一种松萎线虫所害，首次在国内做出报道，对南京中山陵园根除病害提出科学指导，对挽救陵园大批松树免遭虫害侵袭起到关键作用，1984 年获江苏省重要科技成果奖。撰写出版《水稻白叶枯病》《普通植物病理学》《治病研究法》《普通植物病理学》等。

芮冠雄 (1916.05—1940.05.18)

武进人。民国 20 年(1931) 年九一八事变发生后，正在天津南开大学读书的他毅然投笔从戎，转读中央航空学校，成为该校第七期学员。毕业后在空军八大队任少尉飞行员。全面抗日战争爆发后，他多次驾机参加对日作战。民国 27 年 4 月 29 日，日本侵略军第二联合航空队出动 45 架九六式舰载机，气势汹汹地向武汉扑去，企图炸毁汉阳兵工厂和空军基地。中国空军早已作好歼敌部署，从汉口王家墩机场派出 19 架战斗机，加上从南昌飞来的苏联航空志愿队 45 架战斗机，共 64 架飞机升空拦截来犯之敌。他与战友们驾驶刚从苏联购回的 E-152 战斗机投入战斗，双方战机在空中上下翻飞，你冲我撞十分激烈。中国空军在这次战斗中击落日机 20 多架。民国 27 年底武汉沦陷，他随航空队移驻四川。民国 29 年 5 月 18 日，他在成都上空试飞由苏联援助的 DV 高空轰炸机时，因超高飞行缺氧牺牲。年仅 24 岁。

吕保维 (1916.07.22—2004.02.10)

常州人。民国 28 年(1939) 清华大学电机系毕业后，到美国麻省理工学院留学，选学微波、雷达、通信和自动控制及电磁场理论和数学物理方法等，民国 33 年获硕士学位。进入哈佛大学应用科学院研究生院深造，民国 36 年获博士学位，留在该校克勒特实验室任助理研究员，从事电离层物理和无线电波在电离层中传播研究，这是中国人第一次开展这项研究。新中国即将成立时毅然回国，到邮电部电信科学研究所筹建电波传播实验室，任主任，负责开展电波传播研究。1953 年全建制划归军委通信兵部管辖后，他任电波传播与天线研究室主任，主持筹建电离层观测站网，建成拥有 8 个站的中国电离层观测站网。1956 年 7 月，军委建立航天部队，他所在的所被纳入序列，继续主持电波传播研究。他紧跟国际电波传播发展步伐，组织开展中国首次电离层和对流层散射实验和短波场强计算研究，发表《超短波前向散射理论》等学术论文，成为中国电波传播科研事业的创始人之一。1958 年被调到中国科学院电子学研究所任研究室主任，主持电波传播理论，空间物理、空间等离子体物理和电磁场理论及其应用等方面研究。次年，他受国防科委和海军委托，研究海面雷达超视距探测能力研究，完成中国首次高频地波超视距雷达原理试验。1965 年，为使中国电波传播研究向纵深方向发展，由他建议成立中国电波传播研究所，任副所长兼总工程师。1966 年 6 月，又被调到中国科学院某工程处、解放军某部队和上海某单位等，参与和发射与运行人造地球卫星有关的科学研究。“文化大革命”结束后，他被重新任命为电子学研究所所长。经不懈努力，电子学研究所在出成果、出人才上重现欣欣向荣局面。1980 年，他当选为中国科学院学部委员(院士)，又当选为国际宇航科学院院士。1984 年卸任所长职务，投入到电磁波传播理论研究和培养高级电波科学研究人才中。他年届八旬，开始把精力放在著书立说上，撰写出版《电磁场理论》《狭义相对论》《广义相对论》和《宇宙学概论》等场论丛书。先后当选中国空间科学学会理事长、中国电子学会理事、中国电子学会理事、中国通信学会会士、中国电子学会电波传播分会主任委员等职，是全国第五至第七届人大代表。

黎遇航 (1916.10—2002.02)

金坛人。入茅山元符万宁宫出家，道名顺吉。民国27年(1938)6月，陈毅率新四军第一、二支队进入茅山，创建茅山抗日根据地。他加入抗日队伍，任新四军粮食保管员、情报站站长等。10月6日，日军侵入乾元观，火烧松风阁、宰相堂、殿宇，杀死众多道众，更坚定他抗日的决心。抗日战争胜利后任茅山元符万宁宫住持。1949年苏南解放后在茅山脚下的泊宫小学任校长。1957年4月，中国道教协会在北京成立，他调任副秘书长。1961年，任第二届全国道教协会副会长兼秘书长。“文化大革命”期间，为保护北京白云观珍贵文物，想办法把最珍贵的文物全部贴上红卫兵组织的封条，使文物免遭毁坏，得以保全。中国道教协会停止活动后，回到茅山做义务宣传员，讲解茅山地区的革命斗争史。道教恢复活动后，1980年任中国道教协会会长；1987年和1990年创办《中国道教》杂志和中国道教学院，任社长和院长。他致力于弘扬道教文化事业，多次举办道教专修班，培养宫、观管理人员。同时中国与港澳台地区及外国的道教徒建立广泛联系，促进祖国统一和经济建设。1992年任道教协会顾问后，为修复茅山道院积极奔走，做出重要贡献。

谈镐生 (1916.12.01—2005.09.28)

祖籍武进，出生于江苏吴县。民国28年(1939)上海交通大学机械工程学院毕业，入成都航空机械学校高级班学习，翌年完成学业后任中国航空研究院副研究员。民国34年公费考取美国加州理工学院，同年转入康奈尔大学航空研究生院学习。1949年获数学、力学和航空博士学位，留校航空研究生院任研究员，从事激波马赫反射问题、旋翼层流边界层和流体分离区问题研究，成为国际知名空气动力学家。

1954年，任美国诺脱顿大学工程力学副教授，研究运动浸没体与表面波的相互作用。1956年任美国底特律大学航空工程教授，研究超气动区弹头曲线优化问题。1957年创办高等热工研究所，任所长，研究超气动区弹头曲线优化、湍流衰减规律和植被流问题。1963年任美国伊利诺伊理工学院教授。曾被聘为《力学评论》《数学评论》《航空学报》评论员，被美国海军部聘任顾问。由于他建立国际上激波马赫反射理论，开拓直升机翼流场研究，解决冯·卡门难题，求得水翼理论基本解等杰出成果，美国一直阻止他回国，并多次动员他加入美国籍。1965年10月，他以到欧洲旅游和到日本讲学的名义，摆脱美国的控制回到中国，任中国科学院力学研究所研究员。“文化大革命”中他坚持指导激光物理、板块运动规律、相对论热力学和稳定性问题研究，抱病举办湍流、激光物理、概率论和分析力学等讲座，翻译审校200多万字的《随机函数和湍流》《激光物理》等书稿，吸引一群优秀年轻才俊聚集在他周围，在他的指导下，取得一批研究成果。1977年，他上书中央领导，最早提出在中国建立分两级(相当于国外硕士和博士)培养研究生制度，并建议按不同年龄、通过不同途径培养和提高在职科技人员业务水平的方案，得到中央领导高度赞赏。1978年底，他在力学所设立基础研究室并任主任，带领30余人进行以力学为中心的天体物理、地球物理、生物物理力学、应用数学和力学物理5个交叉学科的基础性研究，取得丰硕成果，发表论文60多篇。1980年当选中国科学院学部委员，1981年任中国科学院力学研究所副所长。1984年被增补为全国政协常委。2005年9月28日病逝世于北京。

吴惠平 (1916.12.13—1991)

武进人。字祥元。出身世医家庭。民国23年(1934)创办武进国医喉外科针灸学社。1949年移居香港行医，1952年到台湾，在台北市创办中国针灸医院，成立台北针灸学会，开办中国针灸医学研究班，培育针灸人才万余人。1955年12月，将台北针灸学会扩大为“中国针灸学会”，任理事长30余年。1959年5月，出席在法国巴黎举行的国际针灸学会第十届大会，当选会长。1961年，12月17日被确定为台湾针灸节。1979

年12月，被世界卫生组织接纳，准许针灸治疗偏头痛、便秘、感冒、白内障、气管炎等43种疾病。吴惠平曾多次到英国、美国、德国等国家为外国元首或政要治病，效果显着，被誉为“国际针灸大师”。先后获英国针灸学院、美国针炙学院及香港马丁大学等10多所大学授予的名誉博士学位。曾任台湾“行政院卫生署中医药委员会”委员兼针灸组主任、顾问，台湾“教育部”医学研究所顾问兼针灸委员会主任，中医出版社社长，台湾“中国针灸医院”院长，“中国针灸学会”理事长，世界中医师联合总会名誉会长及台北市武进同乡会常务理事等职。一生兴趣广泛，擅长书画。撰有《中国针灸学》《针灸基础学》《经络生理学》《针灸医学》等。

马家驹 (1916.12—1995.12.05)

武进人。字里千。民国27年(1938)上海交通大学管理学院毕业，任新疆公路局主任秘书。其时正处于抗日战争时期，任滇缅公路运输局副局长的常州人陆士轩联络他和几位抗日热血青年，决定依靠人力驮马穿越喜马拉雅山麓和翻越喀喇昆仑山脉，开辟印度——新疆国际“驼峰航线”。他负责新疆叶城至内地的运输任务，突破日本侵略军封锁，将大量军用物资从印度运回国内。解放战争时期，任交通部材料储运处专职委员，主编《科学生活》《现代公路》《汽车和公路》等杂志。新中国成立后，他历任铁道部材料局工程师、高级工程师、铁道学院材料系教材审查员等职，先后编写《铁路材料供应制度》《铁路材料目录手册》《木材管理手册》等。20世纪80年代调到中国铁道出版社辞书编辑室任主任，参加《当代中国铁道管理丛书》《中国铁道建筑编年简史》等编写，曾主编《俄汉铁路综合词典》《英汉铁道综合词典》《中国铁路词典》等书和《中国铁路之旅》大型画册。他还著有《老树集》《西游话古今》《漫游神州》《李白诗选》《江苏明修方志》《藏书纪事诗》《再续藏书纪事诗》等，译有罗素《西方的智慧》《双城记》和编译汉英对照《中国历代微型小说一百篇》等，去世前将数万册个人藏书全部赠给常州图书馆。

徐纬英 (1916—2009.02.06)

金坛人。原名徐伟英。民国24年(1935)考入南京金陵大学植物系，受“左联”同学革命思想启蒙，民国28年中国加入共产党。翌年毕业，入延安中共中央党校学习。后到延安自然科学院生物系任教，参加编写《陕甘宁盆地植物志》，成为西北地区生产与教学重要参考书。民国36年至1949年，任北方大学农学院、华北大学农学院主任。1949年，任北京农业大学教授兼副教务长。1951年，任华南热带作物研究所室主任、研究员。1953年，调入中央林业科学研究所任副所长、所长。1954年，创建中国第一个林木遗传育种研究室，制定全国林木遗传育种长远发展规划，组织编写《中国林木良种选育研究》建议书，列入国家“六五”科技攻关项目，成为林业系统最早列入国家科技攻关项目。经过“六五”“七五”期间的共同研究，从母树林经营、种源选择到重要针叶树种及阔叶树种的良种选育，提供系列良种，使中国林木育种科学水平进入世界先进行列。1959年领导组建中国林学会林木遗传育种专业委员会。

徐纬英长期从事育种研究，1953年在全面调查中国杨树资源和杨树生态型(种源)基础上，开始进行大量杂交研究，经过20年艰苦努力，培育出“北京杨”“群众杨”。“北京杨”的育成解决了育种技术和育种程序，这是新中国成立后林业界第一次用人工杂交育种方法育成的新品种(无性系)，1978年获全国科学大会奖，1991年获国家发明三等奖；“群众杨”的杂交成功，将新的育种途径及遗传学提到了一个新的高度，1978年也获全国科学大会奖，1990年获国家发明二等奖。这些新品种成为中国“三北”地区及青海、西藏三江流域防护林、用材林主要品种，大幅度提高了林业生产的经济效益及环境保护生态效益，使她成为世界著名杨树专家。徐纬英1963年开始开展阿尔巴尼亚引种油橄榄栽培技术研究，经过30年努力，在西南地区大规模种植，其中武都、西昌等地的油橄榄单产已达到地中海沿岸高产水平，取得较好经济效益。1979年，获全国三八红旗手称号。1991年享受国务院特殊津贴。

袁随善（1916—1999.11.02）

武进人。民国27年（1938）从西南联合大学土木工程系毕业后，留学英国利物浦大学，民国35年获造船工程硕士学位，翌年任香港黄埔船坞公司主任设计师，负责新船总体设计估价，曾为英、美、德、日造船师学会会员；筹组香港工程师学会，1956年任该会理事兼秘书长。1957年回到内地，在第一机械工业部船舶工业管理局船舶产品设计院设计二室任设计师。1959年主持设计国家急需的“气象1号”专用海洋调查船，为黄海水产研究所、浙江水产研究所和南海水产研究所设计水产调查船。主编了《中国海洋渔船图集》，收集全国刺网、围网、拖网、定置网、钓渔具等船型120种，1960年出版，成为新中国成立后唯一的中国海洋渔船图集，曾获山东省科学大会奖。

60年代中期起，历任上海船舶设计院第二设计室主任工程师，中国船舶工业总公司舰船研究院（后改中国船舶及海洋工程设计研究院）第708研究所副总工程师、总工程师、研究员级高级工程师、技术顾问。1980—1982年，该院与船王包玉刚在香港合作组建国际联合船舶代理公司，他任常务董事兼总工程师，从事航运及开拓国产船外销业务。他一生主持设计机帆船、对拖船、单拖网渔船、调查船、运鲜船、冷藏船、渔政船等大量船舶，并参与气垫船开发，审定出口多用途货船、集装箱船和远洋散装货船等。主编有《造船译丛》《英汉船舶及海洋工程词典》《舰船翻译稿——船舶类》《汉英船舶及近海工程词典》，主审《中国海洋机动渔船图集（群众渔业）》《李约瑟中国科学技术史航海篇》，主译《大盘面比螺旋图谱》《喷水推进译文集》《国外扫雷舰资料汇集》等，参与编写《船舶设计实用手册》《当代中国船舶工业》等。

他是中国造船工程学会第三届理事、英国皇家造船师学会高级会员。曾任第三届全国人大代表，政协上海市第五至第六届委员会常委兼科技委员会副主任，上海政协之友社第一、第二、第三届理事，上海市欧美同学会第一至第四届副会长和第五届顾问。

吴祖光（1917.04.21—2003.04.09）

原籍武进。出生于北京东城小草厂，又名吴召石、吴韶。其父吴瀛长期在故宫博物院任职，精诗文书画、篆刻和古文物鉴赏，从小受到家庭熏陶。民国22年入中法大学文学系学习，一年后到南京戏剧专科学校任校长室秘书，翌年发表处女作《宫娥怨》。七七事变发生后，随学校辗转湖南、四川，执教语文和中国戏剧史。19岁创作全国首部正面反映抗日战争的话剧《凤凰城》，被誉为戏剧界神童。随后又创作《正气歌》《风雪夜归人》《林冲夜奔》《牛郎织女》《少年游》等剧作，名震剧坛。民国34年主编《新民晚报》副刊，率先发表毛泽东词作《沁园春·雪》。民国35年到上海任《新民晚报》“夜光杯”副刊编辑和主编《清明》杂志，同时创作《捉鬼传》和新剧《嫦娥奔月》，声讨国民党统治，后逃亡香港。民国36年开始在香港大中华影片公司、香港永华影业公司任导演，编导《国魂》《莫负青春》《山河泪》《春风秋雨》《风雪夜归人》等电影。1949年9月，回到北京，任中央电影局、北京电影制片厂导演，牡丹江文工团编导，中国戏曲学校、中国戏曲研究院、北京京剧院编剧，文化部艺术局专业创作员，中国文联委员，中国戏剧家协会常务理事、副主席和友谊出版公司名誉董事长。1954年起，导演电影《梅兰芳舞台艺术》《洛神》《荒山泪》，为梅兰芳、程砚秋两位京剧艺术大师留下极其珍贵史料。1957年被错划为“右派分子”，下放至北大荒劳动改造。1960年回到北京，先后在中央戏曲学校实验京剧团和北京京剧团任编剧，写有《武则天》《凤求凰》《三打陶三春》等剧目。1963年，与妻子新凤霞合作改编评剧《花为媒》，成为评剧舞台上的佳作。1979 年，调到文化部艺术局从事专业创作，2003 年 4 月 9 日因冠心病发作病逝于北京。创作了京剧《红娘子》和话剧《闯江湖》，还创作《新凤霞传奇》和《三关宴》等大量作品，先后出版《吴祖光戏剧选》《吴祖光散文选》《牛女集》和诗集《枕下集》、论文集《吴祖光论剧》等。其书法造诣极深，自幼拜父亲的好友沈尹默为师，又从王羲之、欧阳询入手，融会贯通自成一体，书艺潇洒苍劲、幽俊、飘逸、沉雄、大度，曾出版《吴氏三代书画选》《吴祖光、新凤霞书画集》等。曾任第四至第八届政协全国委员会委员。

瞿 维 (1917.05.19—2002.05.20)

武进人。原名瞿世雄。民国 24 年(1935)，上海新华艺术专科学校音乐和美术专业毕业，曾在上海、湖北宜昌中小学任教。民国 27 年 5 月加入共产党，翌年 10 月任陕西宜川第二战区民族革命艺术学院音乐系主任。民国 29 年 2 月任延安鲁迅艺术文学院音乐工作团研究科长，出席延安文艺座谈会。抗日战争胜利后，随“鲁艺”到东北参加解放区地方政权建设、剿匪、土改，历任牡丹江鲁艺文工团副团长、东北音乐工作团副团长。新中国成立后任沈阳东北鲁迅艺术学院音乐系主任。民国 34 年，与马可、张鲁等合作创作歌剧《白毛女》，开创了中国新歌剧的里程碑。1950 年起，先后在长春东北电影制片厂和北京中央新闻纪录电影制片厂负责作曲，并主持中央电影局作曲训练班工作。1955 年 9 月，到莫斯科柴科夫斯基音乐学院作曲系进修，1959 年归国在上海交响乐团任专职作曲。曾任中国音乐家协会副主席、音协上海分会副主席等职。2002 年 5 月 20 日病逝于常州。

1950 年，又为电影《白毛女》配乐，1961 年完成管弦乐幻想序曲《白毛女》，1974 年根据舞剧《白毛女》音乐编成管弦乐组曲《白毛女》，对同一题材不断深化创作达到了顶峰。瞿维在苏联进修期间，创作的主要作品有管弦乐组曲《秧歌场景》《G 大调弦乐四重奏》和钢琴独奏曲 《序曲二首》等。瞿维长于作曲，尤在和声与复调运用上具有精湛造诣。回国后，他相继创作交响诗《人民英雄纪念碑》、电影音乐《革命家庭》、管弦乐组曲《光辉的节日》、大合唱《油田颂》等以及歌曲《工人阶级硬骨头》《伟大国家伟大的党》等 50 余首。曾参与负责编辑《聂耳全集》《冼星海全集》，主编《中国音乐教育》杂志，出版《瞿维文选》。

赵行志 (1917.08—2009.02.20)

武进人。民国 24 年(1935)高中毕业后入上海江万平会计师事务所工作。民国 25 年，在中央信托局任职，从沪江大学商学院夜校肄业。民国 26 年“八一三”抗战结束后，日本侵略军侵占上海，他随中央信托局转移到香港，后参加廖承志主办的宣传人员训练班，思想发生重大变化，向往革命。民国 27 年 7 月初，放弃丰厚收入，经长沙八路军办事处转到延安，7 月被编入陕北公学 38 支队集训，后到山西抗日军政大学一分校学习，10 月加入共产党。翌年 5 月起，历任八路军山东纵队政治部会计、民运干事、组织干事和山东军区政治处组织部干事、后勤部党总支书记、政治处组织部副科长。民国 34 年 12 月起，历任华东军区组织部干部科科长、特务团政治处副主任、警卫旅二团政委。1949 年 5 月，参加接管上海工作，任上海市军管会文教管理委员会党委副书记、秘书处处长，华东军政委员会财政部人事处处长、部党委副书记。1950 年 8 月起，历任上海市政府人事处处长、市人事局副局长、市人民委员会文教办公室副主任。1958 年起，历任中共上海市委教育卫生工作部副部长兼市体委党委书记、副主任，中共上海市委外事小组副组长，市人民委员会外事办公室副主任。1961 年 12 月至 1966 年 10 月，任中国驻日内瓦总领事。1970 年 12 月至 1976 年 11 月，任外交部亚非司副司长，中国驻喀麦隆大使、驻伊拉克大使。“文化大革命”期间一度遭受迫害。1976 年 12 月，任中央派驻上海工作组成员。翌年1月起，任中共上海市委书记、市革委会副主任、上海市副市长，政协上海市第五届委员会副主席、中共党组书记，上海市顾问委员会筹备组副组长。1986年3月至1992年12月，任中共上海市委顾问委员会副主任。2009年2月20日病逝于上海华东医院。他是第五届全国人大代表，中共上海市第六届代表大会代表，上海市第十、第十一届人大代表。

董申保 (1917.09.17—2010.02.19)

武进人，董康之子。民国33年(1944)获西南联合大学硕士学位，留校任教。民国37年到法国巴黎大学深造，后转入克莱蒙费朗大学学习，研究法国中部高原变质岩系，获博士学位。1951年回国，任北京大学地质学系副教授。1952年参加筹建东北地质学院(后改长春地质学院)，任教授，地勘系副主任、主任。1959年任院长助理，1978年任院长。1980年当选为中国科学院地学部委员(院士)。1984年，调任北京大学地质学系任教授。1979—1983年，任首届国务院学科评议组成员。

董申保长期从事岩石学教学和科研工作，是中国变质地质学奠基人之一，在岩浆岩石学和变质岩石学方面做出重要贡献。50年代末到60年代初，带领师生对山东、辽宁、吉林及河北等地前寒武纪变质岩区作1∶200000区域地质调查，重点研究辽东半岛变质岩系和变质矿床，提出变质建造和混合岩成矿理论，对开展中国变质岩区的地质调查和找矿工作具有重要的指导作用。1980年起，他领导全国22个省自治区26个单位的200多名科技工作者编制中国变质地质图，填补了中国变质地质图领域空白。主编的《中国变质地质图(1∶400万)及其说明书》中英文版和《中国变质作用及其地壳演化的关系》等专著，1987年获全国优秀图书一等奖，1989年获国家自然科学奖二等奖；1988年，组织召开《变质作用与地壳演化》国际学术讨论会，从此中国变质地质学研究走向国际舞台。90年代初，董申保开始研究以蓝闪石片岩相为特征的低温高压变质作用，在国际上较早提出蓝闪石片岩的成因不局限于洋壳俯冲带，也可能出现在与陆壳俯冲有关的板内环境中，发表在《地质学报》(1989)和英文版(1990)的学术论著被译成俄文。他领导的课题组系统研究了扬子克拉通北缘的蓝片岩和有关榴辉岩，建立陆壳俯冲型高压变质作用的典型实例。21世纪初叶，他致力于花岗质岩石研究，提出了花岗岩拓扑学理论。2010年2月19日病逝于北京。他指导的硕士、博士青年学者及北京大学"变质作用与造山带演化"研究团队成为国家创新研究群体。他在中国科学大会上被表彰为全国先进科技工作者，获李四光地质科学奖和北京大学蔡元培奖。著有《董申保文集》等。

谢　励 (1917.11—2008.10.08)

溧阳人。原名谢文华。民国25年(1936)10月，在太原女子师范高中师范科读书时加入共产党，秘密从事情报工作，负责用隐形药水抄写情报信函发往延安。翌年9月，参加山西战地总动员委员会，被派往新县、静乐县等地从事抗日宣传组织工作，曾任中共静乐县娄烦区委宣传委员、娄烦区动委会宣传部部长、县动委会宣传部副部长。民国27年初，任静乐县妇救会主任。10月起在延安中国人民抗日军政大学、中共中央党校、延安女子大学高级一班学习，曾获模范青年、模范学生等奖励。民国29年2月起，历任女子大学六班、三班指导员，总支组织委员、总支书记。9月调任中央妇女工作委员会第一副书记蔡畅的秘书，11月调任抗日前线晋绥分区二地委调研干事，民国33年任兴县地委区抗联主任、晋西师范学校班主任等。抗日战争胜利后，历任中共辽西省委一地委秘书、省委调研干事、中共双辽县委委员、中共洮安县委委员兼城区书记、中共突泉县委宣传部部长、中共白城县中心县委组织部部长、中共白城县委书记。1950年3月任合江省民主妇女联合会主任。1951年1月，任中共黑龙江省委妇委书记，负责筹建省妇联，3月当选省妇联首任主任，并任省政府委员。1952年7月调齐齐哈尔市工作，历任中共齐齐哈尔市委副书记、书记处书记、第二书记。1972年12月，任中共鸡西市委副书记（正厅级），1976年6月任中共佳木斯市委副书记，1978年任黑龙江省卫生厅厅长、中共党组书记。1988年5月离职休养，享受副省级待遇。2008年10月8日病逝于哈尔滨。曾任黑龙江省卫生经济学会名誉理事长、全国卫生经济学会顾问。

陈志德（1917—2002）

常州人。出生于常州一个知识分子家庭。民国29年（1940）上海同济大学土木工程系毕业，曾任中央水利实验处助理工程师、副工程师。后到美国伊利诺伊州立大学研究生院深造，1949年获硕士学位。1950年1月经香港回国，在北京市建设局工作。全国政协第一届全体会议通过兴建天安门广场人民英雄纪念碑决议，任人民英雄纪念碑兴建委员会委员和施工组组长。为完成寻找雕刻“人民英雄永垂不朽”8个大字的整块碑心石任务，他率领成员跑遍全国的主要大山，最后选定青岛崂山最西端的浮山大金顶作为采石点。采石过程中，他根据力学原理想出新办法，沿石料四周挖槽，然后沿石槽在预计的剥离面四周横向等距凿几十个对称的楔子眼，另外在石料长边两侧对向凿出8个窝，放置200吨的千斤顶，由几十人用重锤将铁楔子插入预定剥离线中，同步均匀锤击，8个千斤顶一起施力，将石料剥离出来。前期施工时，利用滑轮原理依靠碑座内部的混凝土坎槽临时设柱，直接作为起重支柱进行吊装，在两旁架设高吊杆以保平衡，用五六个小时把这块石心安装到槽内。1955年5月，他主持筹建北京市第一个工程勘察专业单位北京市地质地形勘测处（后改为北京市勘察设计研究院），任处长兼总工程师。后北京地区一些重大市政项目中的工程地质、地基基础工程以及地质灾害危险性评估、设计与施工等均由他所领导的处（院）负责。曾获全国科学大会奖、省部级科技进步奖、全国优秀工程勘察设计奖和省部级优秀工程勘察设计奖等。80年代被评为教授级高级工程师。2002年因病逝世。

浦　发（1917—2003）

金坛人。号冰松。早年就读江苏省立苏州工业学校机械科，抗日战争爆发后流亡后方，民国30年（1941）重庆兵工大学军械技术科毕业，后任国民政府弹道研究所技术员、兵工署弹道研究所助理研究员。抗日战争胜利后任南京药学院数学讲师、南京晨光机械厂机械师。1950年，任南京华东军械部兵器研究室研究员，1953年参与组建哈尔滨军事工程学院，任弹道教研室副主任、副教授，后调任南京炮兵工程学院外弹道教研室主任、教授。1966年起历任华东工学院外弹道教研室主任、弹道研究所副所长、教授和南京理工大学博士生导师，弹道国防重点实验室学术委员，兼中国力学学会理事、中国兵工学会弹道学会主任委员，江苏省航空学会理事，曾被授予中校军衔，为中国外弹道专业奠基者和学科带头人，1991年享受国务院特殊津贴。浦发长期从事军械技术教学和科研，曾领导建设中国第一个测定弹箭空气动力超音速风洞，对中国弹道和兵工人才培养、外弹道理论研究及其实验室创建，外弹道专业、弹道研究所、弹道学会建立等作出重大贡献，培养弹道学博士生、硕士生19名。撰写出版《外弹道学》《火箭外弹道学》《航空炸弹弹道学》等专著10余部。《外弹道学》为国内有关国防专业和科技人员主要教材和参考书，1989年获全国文教兵工类专业优秀教材二等奖。80年代以后主持多项国防重点课题研究。其中，低阻航弹的阻力定律、轰炸技术有关理论和弹道表研究达国际先进水平，获兵器部科技进步一等奖和国家科技三等奖；小口径高炮用弹的弹道气动优化设计及其软件达80年代国际先进水平；对海37高炮榴弹一次设计成功，获机电部科技进步一等奖。

俞云阶 (1918.01.09—1992.05)

武进人。早年师从屠叔辰学画，民国 23 年(1934) 从私立常州中学初中肄业后，考取苏州美术专科学校高中艺术科。民国 30 年中央大学艺术系毕业。曾在国立艺术专科学校、中央工业学校建筑科任教。抗日战争胜利后，回到上海专职绘画。1951 年，参加华东文艺工作调查团，到山东调查文艺工作，后回上海。1952 年在华东人民出版社、华东美术家协会(后改中国美术家协会上海分会)工作。1956 年被推荐到中央美术学院油画进修班学习，后到上海美术专科学校任教。1979 年起，历任上海油画雕塑院一级美术师、艺术顾问，上海画院兼职画师，中国美术家协会会员，上海市美术家协会理事和上海交通大学艺术系、上海师范大学美术系、上海大学美术学院兼职教授。1992 年 5 月病逝。

俞云阶擅长油画、国画，融贯中西，风格自成一体。油画代表作有《嘉陵江边》、《吾国吾民》(1948 年)、《笛声》(1958 年)、《孵》(1963 年)、《落叶云烟——瞿秋白在家乡》(1979 年)、《此时无声——钢琴家顾圣婴》(1979 年)等。1956 年，所作油画《日日夜夜——女护士》，是新中国首次入选法国(巴黎)春季沙龙的作品，《残雪》《昔日屺亭桥》被中国美术馆收藏。出版《俞云阶油画辑》和《俞云阶中国画、油画作品选集》。

张学元 (1918.02—2000.11.17)

常州人。民国 30 年(1941) 浙江大学农产品加工专业毕业。在昆明与进步科技工作者成立科学时代社，出版《科学时代》杂志。抗日战争胜利后任上海酒厂工程师，1949 年加入中国共产党。上海解放后，主持接管上海益民食品一厂、三厂和益民酿造厂，任益民食品一厂首任厂长，努力创立品牌，使益民食品厂成为建国初期中国最著名食品企业之一。抗美援朝开始后，大规模组织生产军用罐头食品，供应前线。1955 年起，历任轻工业部食品工程室主任、技术处处长、总工程师、教授级工程师，轻工部食品联合开发公司和中国食品工业(集团)公司首任总经理、技术总顾问，国家食品与营养咨询委员会副主任，中国食品科技学会副理事长，北京市人民政府食品专家顾问团顾问等职。在轻工业部主持并参加制定食品工业科技近期、中长期发展规划，组织协调计划实施，促进产品质量、标准、开发、推广等全面管理。改革开放后，组织筹建轻工业部食品联合开发公司和中国食品工业(集团)公司，主持公司全面工作，在发展罐头工业、乳品工业、饮料工业、大豆代乳品及婴儿食品等方面做出突出贡献。2006 年 11 月 17 日病逝于北京。

丁光迪 (1918.04—2003.03)

武进焦溪人。出生于武进焦溪一个中医世家，从小随父丁谏吾学习中医，后又从恽铁樵、陆渊雷函授学习中医。民国 27 年(1938)，开始独立行医，医治天花、霍乱、湿温、疟疾等。1950 年组建焦溪镇中心联合诊所，任武进县卫生工作者协会副主任、主任，曾组织晚期血吸虫病集体治理，培养乡村医生，建立合作医疗制度等。1955 年 3 月进入江苏省中医进修学校学习，后留校任教。1957 年，任江苏中医学校门诊部负责人。1978 年任副教授，负责筹建中医诊断学教研组，诊断金匮教研组，金匮、方剂教研组，中医各家学说教研室。1983 年升教授，1986 年任博士生导师，历任教研组组长、考研室主任，南京中医学院(南京中医药大学)学术委员会委员，全国中医学会理论研究委员会委员、全国统编教材《中医各家学说》副主编，《中医各家学说》(教参)主编。在他带领下，中医各家学说学科成为全国第一批建立的硕士点、博士点学科之一，先后培养硕士、博士生以及高校教师进修生 10 余名，为首批享受国务院特殊津贴专家之一。2003 年 4 月病逝。丁光迪临床经验丰富，擅长内科脾胃病和妇女月经病，疗效卓著，堪称一代中医临床大家。撰写出版《金元医学评析》《中药的配伍与应用》《诸病源候论养生方导引法研究》《东垣学说论文集》等 6 部专著，主编《中医诊断学》

《简明中医内科学》《金匮要略学习参考资料》《中医方剂学讲义》《中医各家学说》等教材6部，整理校注古医籍《太清导引养生经》《养性延命录》等9部。曾主持科研课题《诸病源候论校注》，获1993年国家中医管理局科技进步一等奖。曾获江苏省卫生厅授予的"江苏名中医"称号。

王教仁（1918.05.04—2004.07.26）

金坛人。民国31年(1942)上海交通大学毕业，携带一批药物、文具等后方急需品奔赴重庆。后被国民政府派到印度，在中国资源委员会驻印度加尔各答办事处工作，为中国抗日战争所需物资办理接运事务。抗日战争胜利后到美国麻省理工学院留学，民国37年获硕士学位，在霍普金斯大学一面担任讲师，一面选修博士学位。1953年，获航空博士学位，先在一家飞机制造厂研究设计超音速飞机，后来逐步延伸到洲际导弹、火箭及航天工程，由工程师逐步升任设计工程师、研究工程师、高级工程师和部门主管、项目主任等。1966年，被美国政府聘为国防部高等工程局局长，主管高等工程及科技的长远规划，协助国防部部长规划海陆空三军科技项目。1972年，中美关系解冻，他辞去美国国防部公职，创办美洲国际贸易公司，自任总裁，兼任美国麦道公司高级顾问、美中科技协会主席和美中科技基金会董事长，牵线美国麦道飞机制造公司在上海成立中美合资公司，生产麦道公司MD80民用飞机部件，帮助中国引进航空技术和产品。较有影响的活动有：1981年，联络美国大学的6位教授到北京举办为期4周的高级管理科学讲座，还为鞍山钢铁厂、北京首都钢铁厂引进大型矿山机械设备，为葛洲坝建筑工程引进大型卡车，为沿海开采石油引进海上钻井平台设备与技术等，为中国采矿、炼钢、采油、交通、运输等领域的技术发展做出了贡献，多次受到中共中央和国家领导人的接见、赞扬。1985年，中国国家主席李先念访问美国，接见了他。1994年，王教仁被美国总统克林顿任命为出口政策咨询委员会委员、美中贸易委员会顾问。1997年10月29日，国家主席江泽民访问美国，克林顿在白宫总统府招待江泽民时，专门把他介绍给江泽民。2004年7月26日病逝于美国家中。王教仁曾先后在母校华罗庚中学(原金坛县立初中)和上海交通大学演讲，鼓励青年人要有自信，激励学生学好本事为祖国争光，为母校争光。

刘如曾（1918.07—1999.11.22）

原籍武进。出生于上海，笔名刘今、金流。少年时爱好音乐和戏剧。民国31年(1942)毕业于大夏大学商科，入上海国立音乐专科学校理论作曲系学习，民国33年肄业，投身戏曲音乐作曲。翌年，参加雪声剧团，致力于越剧音乐改革，为《月光曲》谱写伴奏音乐，创作主题歌，成为中国第一个投身戏曲音乐革新的作曲家。民国36年，加入上海百代唱片公司，从事流行歌曲创作，以刘今、金流笔名创作《女神》《晚安曲》《自君别后》《骑马到松江》《春来人不来》《明月千里寄相思》等歌曲，享誉歌坛。翌年，从浙江民间音乐中汲取养分为越剧影片《祥林嫂》作曲。1950年，为越剧彩色影片《相思树》作曲，首创铿锵有力、新颖独特的"男调"。1951年8月，到上海戏剧专科学校(1952年更名为上海戏剧学院)歌舞剧科执教，历任副教授、教授，为《吝啬鬼》《关汉卿》《枯木逢春》《文成公主》《年轻的一代》《清宫外史》等10多部教学剧目作曲。1952年，为越剧《梁山伯与祝英台》作曲，该剧被周恩来总理称作"中国的《罗密欧与朱丽叶》"。1965年，调到上海京剧院工作，在现代京剧《智取威虎山》音乐组任组长，设计杨子荣演唱的"流水板"《甘洒热血写春秋》精彩唱腔等。1987年，用现代音乐手法为昆剧《长生殿》设计唱腔、编写过场音乐，为传统昆剧赋予了温文尔雅的现代内涵。先后发表音乐论文20余篇。1999年11月22日病逝于上海。曾任中国音乐家协会第二至四届理事、创作委员会委员、民族音乐委员会委员，中国戏剧家协会第四届理事，中国戏曲音乐学会名誉理事，中国戏曲学会理事，上海市文联第二至第三届委员会委员，上海音乐家协会常务理事，上海戏剧家协会常务理事兼民族音乐委员会副主任和戏曲音乐组组长、艺术委员会委员，上海戏曲音乐学会会长，上海市第二至第五届人大代表，上海市第五至第六届政协委员。

庄国绅 (1918.08—2009.02.23)

武进人。民国 31 年(1942)武汉大学机械系毕业，入昆明中央机器厂工作。抗日战争胜利后，调到华东工业部上海机器厂工作。1949 年 7 月，支援山西建设太原重型机器厂，负责国家急需的重型新产品技术开发和试制。1964 年 6 月 5 日，由周恩来总理签任第一机械工业部太原重型机器厂总工程师，同时被第一机械工业部任命为副厂长，负责技术开发、新产品的研究制造。在总工程师任上 22 年，出色完成许多国家重大机械建设项目，先后组织开发试制成功 200 多项重型产品，有 9 个产品在 1978 年获全国科技大会重大新产品奖。开发试制的 10 立方米大型挖掘机获国家金质奖，替代进口产品。在中国卫星发射过程中，重型机器厂承担了制造发射塔架的任务。他作为总负责人，组织技术人员全力以到研究生产，经 9 个月的突击，出色完成任务。1970 年 4 月 24 日，中国成功发射第一颗人造卫星。

庄国绅在参与设计研制“两弹一星”工作中，先后主持制造 5 个 60～70 米卫星发射塔架，分别用于酒泉、西昌、太原三个发射基地；到 1998 年，5 个发射塔架已成功发射 40 多颗卫星。他在研制过程中，克服种种困难破解难题，使中国发射塔架技术走向成熟，并培养和带出一批科技工作者，成为名副其实的航天发射塔架奠基人。1999 年 9 月 18 日，他作为“两弹一星”功勋专家，在人民大会堂出席表彰大会。庄国绅还主持为黄河、汉水、大渡河、长江、红水河等约 20 个阶梯大型水电站开发研制发电、开闸等成套起重设备，经受住汛期考验。1978 年，任山西省科委副主任后，积极为全省科学技术发展出谋划策。曾多次提出《开源与节约并重解决我省水资源紧张问题的探讨》《依靠技术开发搞好国有企业》等合理化建议，引起有关部门高度重视，被采纳实施。1992 年，享受国务院特殊津贴，1995 年被山西省授予特等功证书，颁发金质奖章。2003 年，被山西日报社评为全省十大新闻人物。他是第三届全国人大代表、中共十二大代表和山西省第四至第六届政协委员。

史济招 (1918—2009.04.01)

溧阳人。民国 30 年(1941)上海医学院毕业。先后任上海医学院教学医院、重庆市人民医院、重庆同仁医院、歌乐山医院内科住院医师。民国 35 年任主治医师，分别在上海沪东医院、全国政协保健室、山东医学院工作。1953 年调入北京协和医院内科胃肠组，任副主任医师。1957 年，参加卫生部举办的全国第二届西医学习中医研究班，系统学习中医理论，向名老中医任应秋、李重人、陈慎吾学习，从此走向中西医结合道路。1961 年任协和医院第一科主任，1985 年晋升为教授，曾任中国科协中医组委员，卫生部科学技术委员会委员，中国医学科学院及北京协和医院学术委员会委员，中华全国中医学会理事，中西医结合研究会常务理事等职。史济招擅长治疗肝病，总结了极有价值的慢性肝炎的发病规律及治疗肝炎、肝外症候有效方剂，首次提出慢性肝炎患者的瘤及瘤样增生发病率远较无肝炎患者高的学术观点，受到国际医学界关注，较早发现变态反应疾病、血管栓塞病等其他肝外症候，这些观点均为临床、实验研究证实。她对消化道疾病的诊治也造诣颇深，主编有《消化道疾病中西医结合诊治》一书。1962 年，被周恩来总理派到柬埔寨为哥沙克王后治病，获柬埔寨科学家奖章。1981 年 2 月，到美国参加中美文化协作活动，为美国国家图书馆的 800 部中医古书编目。1992 年起享受国务院特殊津贴。2001 年，获全国中西医结合贡献奖。离休后，仍关心中医学科发展。1997 年，她培养了徐慧媛、齐贺彬两名学术经验继承人，把学术思想及多年的临床经验无私地传教给学生。

85岁时用中英文编著的《辨证施治100例》出版，这些宝贵的经验对中医学事业的发展具有重要借鉴作用。

李宗明（1918—2007.03.19）

武进人。民国32年(1943)毕业于国立上海医学院，留校任教。朝鲜战争打响后，前往齐齐哈尔筹建军医大学，为朝鲜战场培养军医人才。1951年，解放军东北军区军医学校（后更名为中国第一军医大学）成立。次年，调回上海医学院附属中山医院任副教授和内科教研室副主任、主任。1956年，调到四川重庆筹建重庆医学院（后更名为重庆医科大学），历任教授、内科主任、副院长、重庆医科大学副校长、校学术委员会副主委等。1978年，筹建人工肝研究室，主持急性肝功能衰竭死亡等研究，寻求人工肝移植，遏制肝病死亡率，填补中国人工肝研究空白。2007年3月19日在重庆逝世。他是第一批享受国务院特殊津贴专家，曾任国家科委生物医学工程学学科组成员，中华医学会常务理事，中华医学会四川分会副会长、重庆分会长，中国工程学会人工器官专委会终身会员，亚太地区肝病研究会终身会员，四川省科协副主席。李宗明是中国第一代消化病学专家。60年代，他用德国产半曲式胃镜进行了国内第一例胃镜检查，在国内率先开展腹腔镜检查。与重庆市医药工业研究所合作，研制出国产甲氰咪胍应用于临床，后又研制出国产雷尼替丁，这些药物至今仍是治疗溃疡和胃食管反流病的主要药物。之外，还与医药工业研究所合作，研制出胰功肽药物，用于临床慢性胰腺炎诊治，研究成果获国家科技进步三等奖。主编、编写《实用内科学》《临床胃肠病学》《内科学的理论与实践》《肝病治疗学》《中国内科年鉴》，高等医学院教科书《内科学》《人工器官》《临床症状鉴别诊断学》；先后在《中国生物医学工程学报》等国内外权威杂志上发表100余篇论文。

陈西光（1918—2008.09.19）

武进万绥蔡家庄孔村人。民国27年(1938)参加新四军，翌年加入共产党。曾任中共武进县第三区区委书记，中共丹北县委青年部部长，丹北中心县委青年部部长。皖南事变发生后，先后任中共武进县、澄西县、扬中县、江（都）镇（江）县委书记，中共路北特委青年部部长，溧南县、宜（兴）溧（阳）县委组织部部长兼茶亭区、埝头区委书记，参加了苏南抗日根据地的斗争。解放战争时期，曾任中共中央华中分局秘书、华东军区干部疗养院副政委和胶东军区烟台独立团政治处主任、新5师后勤处政委，后调至第三野战军西兵团随营学校。渡江战役前夕转业到地方，1949年4月起，历任中共镇江地委组织部副部长兼镇江市委组织部部长、市委副书记、地委统战部部长、地委副书记、地委第一书记兼镇江军分区政委，中共常州地委第一书记、第二书记，中共江苏省委教育卫生部副部长、宣传部副部长。“文化大革命”结束后，任江苏农学院革委会主任、党的核心组组长、南京农学院党委书记兼行政负责人，中共江苏省委科学教育部副部长、宣传部副部长，为省顾问委员会委员。1990年离休，享受副省职干部生活待遇。

杨甲三（1919.01.02—2001）

武进人。13岁开始习医。民国25年(1936)无锡针灸传习班毕业，在常武地区悬壶治病。1950年，到南京中医学校执教针灸。1957年，参与筹建北京中医学院（后改北京中医药大学），任副教授。1978年起，任教授，针灸推拿系首任主任，硕士、博士生导师，享受国务院特殊津贴。曾兼任北京中医药大学学术委员会委员、学位评定委员会副主任，中国针灸学会常务理事，中国中医药学会理事，国家科委医学专业组成员，卫生部医学科学委员会委员，全国高等医药院校针灸教材编审委员会委员、腧穴组组长。

杨甲三致力针灸学研究，所创“三边三间”（骨边、筋边、肉边，骨间、筋间、肉间）取穴法、毫针单手压式进针法深得穴理，在临床中积累丰富实践经验，擅长针药治疗老年病、偏瘫、心血管疾病、慢性气管炎、骨质增生等。50年代，编制出新中国成立后最早的经穴挂图之一《针灸经穴挂图》。60年代，汲取各针灸名家取穴经验，撰写《针灸临床取穴图解》一书，被译成日、英、西班牙等多种文字。60年代初起被国家委派到20多个国家为外国国家元首和高级领导人治疗。所著《杨甲三取穴经验》《针灸取穴法》，被翻译成多种文字，1985年获卫生部乙等科研成果奖。60—90年代，参加中央领导人医疗保健工作，1990年受到中央保健委员会表彰。曾发表《十四经经穴主治及其配伍》《毫针单手进针》等论文。曾任第三届全国人大代表，第五至第七届全国政协委员。

钱丹辉 (1919.01.06—2007)

金坛人。江苏省立南京中学肄业。民国22年(1933)开始发表作品，全面抗日战争爆发后，与进步青年王抗等组织金坛抗日宣传队，宣传中国共产党抗日主张。在晋察冀军区，曾与丁玲、魏巍等组织成立文学社团战地社和铁流社，主持晋察冀边区第一个诗歌团体铁流社活动和主编《诗战线》刊物，创作发表《孕育新的中国》《红羊角》《夏收》《夜过柿子林》《夜别插箭岭》等脍炙人口的诗篇，在解放区产生重要影响。金坛沦陷后投奔延安，民国27年3月参加革命，入延安抗日军政大学学习，被选为校俱乐部主任，9月完成学业。民国30年，日本侵略军扫荡晋察冀狼牙山地区，军分区一团七连掩护主力部队撤退后留下的5名战士，战斗到最后弹药用完，他们宁死不屈跳下悬崖。军分区司令员杨成武命令他以最快速度奔赴现场，采访幸存者葛振林，第一个写出关于狼牙山五壮士英雄事迹的通讯，发往延安，这个生动事迹教育了一代又一代青年人，后被拍成电影。他历任晋察冀军区一分区政治部宣传科干事、科长，新华社冀察支社社长，新华社察哈尔社分社副社长，冀热察导报社社长，新华社冀热察分社社长，冀热察军区宣传部副部长，察哈尔军区宣传部副部长、部长，皖南军区宣传部长，《皖南日报》社社长，新华社皖南分社社长，《安徽日报》社第一副社长、党组书记，中共安徽省委宣传部宣传处处长、秘书长，安徽省文化局局长，中共中央西北局宣传部文艺处处长，中共西安电影制片厂党委书记，陕西省社会科学院副院长，皖南行政区文联主任，安徽省文联副主席，安徽省作家协会主席，全国文联第三届委员。1960年加入中国作家协会。

他先后出版《给自卫军》《力量》《丹辉诗选》诗集，另作《挺进华北敌后方的杨支队》等报告文学，为《中国抗日战争文学名作百篇》之一，主编《中国解放区文艺大辞典》，获华东优秀图书乙等奖。

卞学鐄 (1919.01.18—2009.06.20)

祖籍常州。出生于上海。民国29年(1940)清华大学航空工程系毕业，任中央飞机制造厂、航空委员会成都滑翔机制造厂技术员。后与赵元任的女儿结婚。民国32年到美国麻省理工学院航空工程系读硕士、博士，民国37年获博士学位，任麻省理工学院副教授，1966年任终身教授。曾在加州理工学院任访问研究员，东京大学、柏林大学、台湾清华大学、台湾“中央大学”任客座教授。被中国科技大学、北京航空航天大学、南京航空航天大学、西南交通大学、北京理工大学、大连理工大学、华中理工大学、中南工业大学、河海大学等聘为名誉教授。1988年当选美国国家工程院院士，2002年当选台湾“中央研究院”院士。他的专长为航空工程和力学，是国际著名计算力学权威、美国阿波罗登月计划权威专家和杂交有限元学派创始人。1964年，在美国航空航天学会(英文简写AIAA)的杂志上发表《假设应力分布推导单元刚度阵》论文，提出杂交应力法，迄今为止仍是有限元界引用最多的开创性论文之一。1974年，获得冯·卡门纪念奖。1975年，获得美国宇航航空学会颁发的结构、动力、材料力学奖，曾任AIAA杂志主编。2000年，国际工程与科学计算会议决定设立“卞学镇奖”。2009 年 6 月 20 日在美国逝世。

路　明 (1919.03.12—2001.03.06)

常州人。女，小名徐薇官，学名徐茂漪。民国 25 年(1936)，经姐姐徐琴芳引荐加入上海艺华影片公司，主演《广陵潮》《女人》《续化身姑娘》《满园春色》等影片。在《弹性女儿》影片中，把舞女遭遇表演得入木三分，并主唱插曲，被社会广为流传，一举成名。抗日战争爆发后，艺华影片公司关闭，加入上海救亡演剧 13 队，为伤兵医院和难民收容所演出抗日短剧和歌唱抗日歌曲，在租界剧场公演《保卫卢沟桥》话剧。民国 27 年艺华重新开张，拍摄《女人》《影城记》《无名夫人》《香汗歌女》《女子公寓》《刺秦皇》等影片，为国华影片公司拍《风流冤魂》《红粉飘零》。民国 29 年去香港南粤影片公司拍《打渔杀家》《柳迎春》。同年夏天入南洋影片公司拍粤语片《黑侠》《闺怨》《美人计》《黑丽娜》《风尘情侣》《白云塔》等。其中与薛觉先合拍的《天作之合》喜剧片轰动一时。民国 32 年初参加话剧《孔雀胆》演出，加入安徽同乡会公演话剧《大明英烈传》。5 月因拒拍《中国之命运》，被中国电影制片厂开除。旋即加入中华剧艺社，到成都、内江、乐山等地演《孔雀胆》《胜利号》等话剧。民国 34 年，与其姐徐琴芳等到汉中、安康、西安等地演出《打渔杀家》《坐宫》等京剧。抗日战争胜利后，在上海中国电影二厂、北平中国电影三厂拍《天堂春梦》《苏风记》《郎才女貌》等影片。民国 36 年冬，应香港大中华影片公司之邀，拍《千钧一发》《未出嫁的妈妈》。次年回到上海，拍《三人行》《何处不相逢》《平步青云》《人在屋檐下》等。上海解放后入上海电影制片厂工作，1956 年被评为文艺五级(副教授)，拍摄的电影有《在前进的道路上》《平凡的岗位》《花轿泪》等。1959 年被调到上海电影专科学校任教。“文化大革命”中受冲击。晚年任上海文史馆馆员。

尤子平 (1919.09.21—1996.08.04)

武进人。民国 31 年(1942) 金陵大学生物系昆虫学专业毕业，留校任教。民国 32 年秋，转入广东岭南大学任教。抗日战争胜利后回金陵大学任教。民国 36 年起，在美国华盛顿州立学院深造，研究食蚜蝇生活史与发生规律。1950 年 9 月获硕士学位，回金陵大学任副教授。1952 年，到南京农学院植物保护学系首开植物化学保护课，1963 年任教授和昆虫教研组副主任。1978 年，他负责编写了全国统编教材《昆虫学通论》中昆虫内部解剖与生理学部分，吸收国外昆虫细胞生物学方面研究成果，充实与提高普通昆虫学课程内容。1979 年南京农学院昆虫生理毒理实验室恢复，他任植物保护系副主任，招收研究生，主持国家科技攻关课题。曾连续主持“六五”“七五”期间病虫抗药性科技攻关课题，制定或改进三化螟、粘虫、稻飞虱、棉蚜、棉铃虫、果树螨类等 24 种害虫与害螨抗药性标准测定方法，及时准确地反映中国害虫的抗性发生发展动态。在南京农业大学设立抗性监测培训中心，培养一大批抗性监测人员。1989 年，被评为江苏省优秀研究生导师。

尤子平是南京农业大学昆虫学科带头人，在中国高等农业院校率先开设昆虫生理毒理学科。著有《昆虫生理生化学》等专著，主编了《植保手册・农药分册》与《农药知识》。1996 年 8 月 4 日病逝。曾任政协江苏省第四至第五届委员会委员，中国昆虫学会和中国植物保护学会理事，江苏省昆虫学会理事长，江苏省农学会常务理事，江苏省化学化工学会农药组副组长，《昆虫学报》与《植物保护学报》编委。

王炳南 (1919.10.01—1998.10.08)

金坛人。字德俊。民国 32 年(1943)7 月上海法学院毕业，先是在上海创办惠群补习夜校并任校长，后分别在上海私立道一中学、上海法学院任助教。抗日战争胜利后，在国民党江南党部、淮南铁路局等单位，历任财经专员兼执行会计、会计主任、会计科科长等。1950 年 5 月移居台湾，先在台南农业学校任教。1953 年，先后任国民党中央财务委员会干事、总干事等职。其间外调“中央产物保险公司”总经理，兼“中央投资公司”总经理等职。1984—1994 年，任国民党中央财务委员会副主任委员，兼任裕丰纱厂、光华投资公司、建华投资公司的董事长。晚年创办大华综合证券公司，任董事长，为台湾证券行业首席发言人。1994 年 5 月，回金坛探亲，捐资 100 万元建造念祖楼。2001 年 8 月 20 日，其子美籍华人王溪、王宁五根据他的遗愿，将此楼捐给茅麓镇创办西旸文化教育中心，捐赠 10 万元设立王炳南 · 倪挹兰纪念奖学金，奖励资助西旸中小学的优良、贫困学生。

李　纬 (1919—2005.08.21)

祖籍武进，出生于河北石家庄。原名志远。从小喜欢体育，长大后又迷上京剧。抗日战争爆发后辗转后方求学，在到重庆途中结识电影导演孙瑜，推荐他到中国电影制片厂拍摄的首部影片《中华儿女》中饰演青年学生，接着在影片《长空万里》饰爱国飞行员。其时国难当头，胶片匮乏，电影厂停机后改演话剧。民国 29 年(1940)，转入中华剧艺社从事演话剧工作 5 年，先后在《孔雀胆》《棠棣之花》《离离草》《大地回春》《风雪夜归人》等 40 多部戏中扮演角色，使他从著名剧作家郭沫若、夏衍、陈白尘、欧阳予倩、曹禺、吴祖光等人的剧作中吸收到养分。抗日战争胜利前后，他饰演过曹禺创作的话剧《雷雨》中的周冲、周萍，新中国成立后又多次饰演过鲁贵。

抗日战争胜利后，李纬回到上海观众演出公司当演员，除演话剧外，在上海实验电影工场、文华影业公司拍摄的《浮生六记》《小城之春》等影片中扮演主要角色，其中在《小城之春》中扮演小资产阶级情调的知识分子张志忱，成为中国电影发展史的重要角色。1952 年进入上海联合电影制片厂当演员，次年转到上海电影制片厂当演员，先后在《我这一辈子》《51 号兵站》《飞刀华》《舞台姐妹》《没有航标的河流》《许茂和他的女儿们》《车轮四重奏》等 20 余部影片中饰演主角或重要角色。1981 年，参加北京电影制片厂拍摄《许茂和他的女儿们》，把大巴山下纯朴善良、带点小农意识的典型农村老汉许茂表演得惟妙惟肖，被观众誉为“银幕千面人”，获第二届金鸡表彰奖。1987 年在影片《菊豆》中饰杨金山，再次表现出精湛的演技，1989 年获首届中国电影表演学会首届荣誉奖，1993 年获中国电影表演艺术学会特别荣誉奖。

李仲源 (1919—1995)

金坛人。亦名中原、紫千、柳云、李林。民国 32 年(1943) 重庆复旦大学新闻系毕业，任重庆《联合画报》社编辑。民国 35 年 4 月参加《新民报》(晚刊) 创刊工作，任记者、编辑，率先报道“劝工大楼事件”和在华美军打死无辜人力车工人臧大咬事件。上海解放后继任《新民报》(后改《新民晚报》) 记者、文化组组长。50 年代，创作《61 个阶级兄弟》《钢人(丘财康)》等 13 部长篇连载小说，宣扬社会主义新人新事。1957 年，采写《假借神话剧情，卖弄机关布景，有些剧团的歪风要扫除》和批评上海舞台出现大量“僵尸”“阿飞”戏演出是毒害人民不良倾向报道，得到周恩来总理赞扬。1973 年调上海文艺出版社任编辑、第二文学编辑室副主任，编辑出版刘白羽《红色的十月》、李四光回忆录《石迹耿千秋》《丰子恺散文选》、蒋和森长篇小说《风萧萧》和参与编辑《徐迟散文(报告文学)选集》《皖南一叶》等书。1981 年 5 月回新民晚报社参加复刊工作，任编委兼文化组负责人和上海市老新闻工作者协会副会长。1984 年撰写出版评话剧《光绪变政记》的《御香缥缈去——瀛台遗恨长》一书，获上海市第一届文学艺术奖。1987年被评为高级记者。先后在报刊上发表《在那桃花盛开的地方》《云岭一日》《故乡长存游子心》等散文300余篇。

杨企雯（1919—2007）

溧阳人。艺名东翠珍，一级演员，江苏省戏剧家协会会员。10岁学艺，主攻旦角；14岁在上海登台演出，以扮相俊、声音甜而声誉鹊起，为同辈演员中出道较早的花旦之一。主演《西厢记》，前饰莺莺，后饰红娘，红极一时，与王凤英、严秀英、周翠珍被誉为锡剧“四小名旦”。师承沈阿焕，嗓音醇厚、甜美，唱腔圆润、纤巧，以工整雅秀著称，被视为锡剧闺门旦唱法代表。新中国成立后先加入无锡市锡剧团，后调入江苏省歌舞团，后至常州市锡剧团担当主要演员，在《珍珠塔》中饰陈翠娥、《牡丹亭》中饰杜丽娘、《五姑娘》中饰五姑娘、《秦雪梅》中饰秦雪梅、《芙奴传》中饰陶芙奴、《红楼夜审》中饰江燕燕、《三看御妹》中饰刘金定等，无不出神入化，具有较大的社会影响。由于她接受现代音乐熏陶，十分重视唱腔设计，在重要唱段和关键字句上，善于运用张弛、快慢、仰扬或切分、休止、移位等技术作独到处理，颇得传神之道。1954年，参加华东区戏曲观摩演出大会表演，获二等奖。1957年，参加江苏省第一届戏曲观摩演出大会，主演《红楼镜》，饰金枝，获一等奖。1973年调任市文艺学校教师。她曾任常州市锡剧团副团长、剧目工作委员会副主任和政协常州市委第一届委员、第二届常委，常州市第四至第九届人大代表。

陈志蔚（1919—1994.10.22）

武进人。民国30年（1941）国立中央技术艺术专科学校毕业。在嘉兴民丰造纸厂工作，历任工程师、总工程师。后任浙江省轻工业厅造纸工业公司高级工程师。1979年被评为全国先进生产者、全国劳模。曾任第三届全国人大代表、中国造纸学会第一届理事、浙江省造纸学会副理事长。她是中国造纸技术专家，新中国成立初带领嘉兴民丰造纸厂新产品试制小组用5年时间，先后研制生产描图纸、电话绝缘纸、低压电缆纸、半透明玻璃纸、电容器纸等15个新产品，其中电容器纸是电力、电信、国防工业所需的重要绝缘材料，也是人造卫星、导弹、电子计算机、航空通信等必不可少的材料。1980年，该厂生产的电容器纸获得国家金质奖，后调浙江省造纸工业公司任技术顾问，筹建宁波白板纸厂；与杭州轻机研究所、杭州化工研究所共同开发浮选法废纸脱墨技术，获得国家技术开发优秀成果奖和国家科学技术进步三等奖。在她帮助下，温州打字蜡纸厂试制成功木炭素描纸和粉画纸，填补中国两项美术用纸空白，被誉为“当代女蔡伦”。

谢　鸣（1919—2007）

无锡人。戏剧编导，民国26年（1937）随俞荣富学唱滩簧，长期在常武地区从事戏剧活动。他好学上进，把前辈演唱的精彩唱词记下来汇成集子，随唱随编，形成绝活，被誉为“排戏先生”。民国36年编排长达60本的幕表戏《满清三百年》，受到同行关注。1950年以后与吴雅童定居常州，共同组建常州新华实验锡剧团（常州市锡剧团前身），创作排演《打虎不留情》《张汶祥刺马》等戏。1952年7月，苏南行署主办苏南地方戏曲集训班，调到该班创作组从事专业创作，从此开始从事专业编剧，先后在江苏省文化局戏曲审定组（后改称剧目编审室）、江苏省锡剧团、高淳县锡剧团任编剧，相继挖掘、整理、改编《庵堂相会》《借黄糠》《水泼大红袍》《养媳妇》《卖妹成亲》《绣荷包》《珍珠塔》《寻儿记》《三访杨柳村》（与薛明合作）、《三推新郎》（与史曼倩合作）、《梨花归唐》（和周小侬合作）等锡剧剧目，及淮剧《大过关》、扬剧《陈英卖水》，创作现代戏《传家宝》《山乡水歌》《带头的新娘》及古装戏《吹灯试笔》等。一生单独和参与创作剧本100余部，有的被拍成电视或灌成唱片；出版《谢鸣剧作选》《锡剧集韵》等专著。

陈辛火 (1920.04.09—2010.09.22)

武进人。民国26年(1937)8月参加抗日救亡运动。抗日战争爆发后，参加武进青年战时农村宣传队，沿长江两岸宣传抗日救亡。翌年5月到汉口，经沈钧儒介绍，被陕北公学录取，8月加入共产党。后参加八路军，被分派到三八五旅七七〇团，先后参加战斗近百次。民国29年，获西北青年救国联合会模范青年奖章。民国36年5月，获集体一等功。1950年，参加全国战斗英雄代表大会，先后被授予三级独立自由勋章、三级解放勋章和独立功勋荣誉章等。任解放军总政治部科长、铁道兵十二师政委和解放军艺术学院副政委等职。陈辛火喜爱诗歌、散文创作，从40年代开始在《人民日报》《解放军报》《北京日报》等报刊发表许多作品，著有《陈辛火诗词选》。他是中华诗词学会会员、晋察冀文艺研究会会员。

钱震之 (1920.06—1999.01.01)

武进人。民国35年(1946)圣约翰大学肄业。1956年起，任上海科技出版社美术编辑、装帧设计组组长。1963年，调任上海市印刷技术研究所字体研究室编审、高级美术设计顾问，上海现代美术设计研究所所长。他是中国美术家协会会员，上海翻译出版公司高级美术顾问，上海市包装技术协会第一至第三届理事，现代美术设计家协会理事长兼秘书长，中国民主促进会上海分会艺术委员，美国现代美术设计家协会理事。长期从事书籍装帧设计和装饰绘画工作，范围涉及科技、社科、文艺类书籍。书籍装帧作品《中国果树修剪技术》《鱼类分类学》等参加1960年莱比锡国际书籍艺术展览会。1960—1964年，参与《辞海》新字体评审，设计一套仿宋、长仿宋字体。1980年应邀到中央工艺美术学院书藉装装系、中国出版协会举办的讲习班上授课讲学。1989年，应美国芝加哥阿灵顿海艺术中心邀请到美国讲学，举办个人画展，获芝加哥市市长颁发的荣誉证书。同年参加中美艺术设计展览会，其作品《猫头鹰》获优秀奖。后来又到美国内华达大学艺术系讲学。1997年在上海举办个人漆画展览会，与上海美协副主席等联合举办瓷盘画联展。装饰画设计代表作品有《暮色中的小树》等。著有《实用装饰图案手册》《钱震之书籍装帧与装饰画》《实用外文字体设计手册》，编辑出版《国外书籍封面设计选》等。

孙天风 (1920.08.01—2010.11.25)

武进人。民国27年(1938)读于昆明西南联合大学化学系，后想抵御日军侵略，第二年转入航空工程系学习，民国32年毕业后留校任教。民国37年到美国康奈尔大学航空学院留学。1951年和1956年先后获硕士、博士学位。他拒绝美国移民局要他留在美国的建议，以旅行名义绕道欧洲，与中国驻瑞士大使馆取得联系，在大使馆安排下于1957年2月回国。历任北京大学力学系副教授、教授，流体力学博士生导师。70年代，任流体力学教研室主任。1980年5月，任中国空气动力学研究会常务理事，11月任工业空气动力学专业委员会首任主任委员，任中国力学学会理事、北京力学学会副理事长以及《力学学报》《空气动力学学报》副主编等。孙天风在流体力学和风工程学科方面做了很多开创性工作。

50年代，他肩负重大使命，开设高超声速空气动力课程培养研究生。1958年，与同事设计并建造国内最早的方形截面激波管，用于教学科研，为北京大学开辟高超声速空气动力学研究方向。70年代后期，中国开始兴建高耸结构高层建筑，他开始转向工业空气动力学“风工程”研究，主要研究在大气边界层中风与人类活动及其劳动产物间的相互作用规律，在国内首次利用风洞进行大气边界层气流模拟实验，研究大型双曲线型自然通风冷却塔的风荷载，成果被列入国家或工业主管部门设计规范，被国际风工程权威性著作引用。1983年，率中国代表团首次参加第六届国际风工程学术会议，当选为国际风工程协会执行委员会委员。1988—1990年，他承担国家自然科学基金重大项目海洋工程中的力学问题子课题——柱和柱群风荷载研究，连续3年到位于四川的中国空气动力学研究与发展中心试验基地，指导风洞实验研究，出色完成任务。1989年，在北京主持召开第二届亚太地区风工程会议。

陆孝彭（1920.08.19—2000.10.16）

武进人。民国30年(1941)中央大学航空工程专业毕业，在云南昆明空军第一飞机制造厂工作。民国31年，到成都空军机械学校高级班学习。民国32年，任南川第二飞机制造厂设计员。民国34年，到美国密苏里州圣路易斯市麦克唐纳飞机工厂参加舰载喷气式战斗机结构设计，后被派到英国格洛斯特飞机公司从事设计。曾参与设计英国皇家空军第一种喷气式战斗机和其他飞机。1949年8月回国，到华东军区航空处航空研究室参加机场建设。1951年，任北京211厂工程师、科长，在北京南苑飞机修理厂负责修理教练机、运输机，支援抗美援朝。1956年，调沈阳112厂第一飞机设计室工作，任中国第一架高亚音速教练机歼教1的主管设计师，同年调任南昌320厂设计室强-5飞机主管设计师。1961年8月，强-5飞机试制工作因国民经济困难被停止，大部分技术生产人员被调走，他坚持边设计边劳动，经两年多时间完成中国首架静力试验机，引起有关领导的重视，下令恢复强-5试制工作。1965年6月4日，强-5飞机首次升空，经试飞考核，通过国家鉴定，被批准初步定型。1968年成批生产，揭开中国自行设计制造超音速喷气式强击机历史，填补了中国航空工业空白。1969年起，参加歼-12飞机设计，1970年12月26日歼-12首飞成功，1974年完成科目试飞，成为世界上最轻的超音速战斗机。1982年起，历任南昌飞机制造厂飞机设计所副所长、所长，飞机制造厂副厂长、科学技术委员会主任，南昌航空工业学院(后改南昌航空大学)院长。1985年，他参与的歼-12飞机研制项目获国家科技进步特等奖，他被评为全国有突出贡献的科技专家。翌年，他获得国防科工委授予的总设计师荣誉状。1991年，获得航空工业的最高奖航空金奖。1995年当选为中国工程院院士。2000年10月16日因病在北京逝世。

他著写《飞机总体设计》一书。曾任第四至第七届全国人大代表、江西省政协第四至第六届委员会副主席、江西省科协副主席、中国航空学会常务理事、江西航空学会理事长等职。

严筱钧（1920.09.01—1993.02.13）

武进人。民国30年(1941)毕业于中央大学工学院电机工程系，在昆明中央电工器材昆明第四分厂任助理工程师。曾负责昆明电线厂、昆明钢厂、昆明冶炼厂、贵阳电厂等工业自动化设计。民国35年，被派往美国西屋电气公司工业控制部学习设计；民国37年回国后，任中央电工器材厂湘潭分厂及上海分厂副工程师。新中国成立后，任上海华通开关厂技术科科长，主持设计中国第一台69千伏高压油断路器、中国第一台无轨电车控制设备，得到华东工业部嘉奖。1952年，调任第一机械工业部第二设计分局设计总工程师，负责设计完成国家重点工程哈尔滨电机厂大型电机试验站。1955年，任第一机械工业部电器科学研究院自动化研究室主任，指导东北地区电工局所属企业技术改造。1956年，参加编写《中国十二年科学规划》，担任《电气传动与自动化》卷执笔人。1957—1958年，他率领调查组，到鞍山、吉林、长春、佳木斯等地调查，对冶金、机械、造纸、石油化工等行业的电气传动与自动化摸底调查，为中国工业自动化规划提供重要参考资料。1964年，他参与试制出第一台国产分立元件工业控制计算机，被用于北京化工二厂，直接用数字控制(DDC)代替仪表控制。1972年，调任第一机械工业部机电研究所高级工程师。1978年起，历任北京机械工业自动化研究所副总工程师、总工程师，主持筹建机械工业部最大规模集成电路制版中心。1986年，任研究员级高级工程师。1993年2月13日在北京逝世。他撰有《电器制造工艺学》《机电一体化导论》《试论磁放大器近期的研究任务》《电子计算机在电机制造工业应用展望》《系统工程在中国机械工业中应用》等论著，是国家科委自动化科学学科组成员，国际自动控制联合会技术委员会副主席，中国自动化学会、中国仪器仪表学会、中国系统工程学会常务理事和北京自动化学会理事长。

王彬彬 (1920.11—2008.07.26)

金坛薛埠倪巷村王巷人。国家一级演员。15岁师从前辈艺人朱仲明、李时祥，25岁领衔带班。1951年，进入无锡市首先实验锡剧团(无锡市锡剧院)，主演《珍珠塔》中方卿、《孟丽君》中皇甫少华、《红花曲》中杨主任，分别被香港、上海电影制片厂拍成戏曲片。先后塑造《梁山伯与祝英台》中梁山伯、《西厢记》中张珙、《小刀会》中刘丽川、《十五贯》中况锺、《太湖儿女》中赵正浩、《拔兰花》中蔡旭斋、《双推磨》中何宜度、《龙江颂》中阿坚伯、《西安事变》中张学良等一系列艺术形象，深受观众喜爱。主演《珍珠塔》，1989年获中国首届金唱片奖。他的演唱嗓音明亮，吐字清晰，声腔刚柔并济、豪迈奔放，形成“彬彬腔”艺术特色，受到广大听众赞誉和传唱。曾为毛泽东、周恩来、董必武、叶剑英等党和国家领导人演出。1960年出席全国群英会，1984年当选为江苏省建国35周年文体“十佳”人物，1994年起享受国务院特殊津贴。2008年7月26日在无锡病逝。

菡　子 (1921.03—2003.06.05)

溧阳茶亭人。原名罗涵之，又名方晓。在无锡竞志女中读高中时即开始发表文学作品，积极要求进步，民国26年(1937)肄业，参加救亡运动。翌年8月参加新四军，10月加入共产党，历任新四军服务团民运组长、战地服务副队长，《前锋报》《抗敌报》《淮南日报》编辑、记者，《淮南大众》社长兼总编辑。民国34年起，历任淮南妇联、山东妇联宣传队队长。上海解放后，任华东妇联宣传部副部长，曾参加抗美援朝，是唯一被派到抗美援朝、抗美援越战场上的女作家，撰写了大量战地通讯报道，特级战斗英雄黄继光的英雄事迹就是她撰写的《从上甘岭来》最早报道出来的。1955年，历任梅山水库及射阳河闸工程队党委书记、水库政治部主任、党委委员。1956年，任中国作协创作委员会副主任。“文化大革命”结束后，当选为中国作协第三至第四届理事，上海市作协副主席，上海文艺出版社编审。2003年6月5日逝世。菡子文学功底深厚，擅长小说、散文创作，她的创作题材多以歌颂抗美援朝战士的战斗精神和劳动人民艰苦创业为主，文字优美，格调高雅，情感细腻，富有诗意。曾发表《前方》《纠纷》《万妞》等小说集和《前线的颂歌》《和平博物馆》《幼雏集》《初晴集》《素花集》《乡村集》《菡子散文选》等散文集，《黄山小记》《香溪》《重逢日记》等散文作品被选入大学、中学语文教材。

董蔡时 (1921.05.06—1997.09.16)

武进人。民国35年(1946)中央政治大学毕业，先后在重庆市立师范、武进县求实中学、常州正衡中学、江苏省苏州工农速成中学任教员。1958年，调入江苏师范学院(今苏州大学)历史系任教，历任副教授、教授、硕士生导师，《苏州大学学报》主编，校学位委员会、职称评审委员会委员等职，兼任江苏省社科联理事、《江海学刊》编委、中国太平天国史学研究会顾问、江苏省太平天国史研究会名誉会长。董蔡时致力于中国近代史教学和研究，尤其在中国近代政治史、太平天国史、辛亥革命史等领域取得重大成就。有《太平天国在苏州》《左宗棠评传》《胡林翼评传》《曾国藩评传》《孙中山和辛亥革命》等专著并被译为英、法、德、日等语种。还主编出版《太平天国史料专辑》《何桂清等书札》《江浙豫皖太平天国史料选编》等。曾三次获江苏省哲学社会科学二等奖和华东地区优秀学术著作二等奖。另有《董蔡时学术论文选集》。董蔡时著的《太平军与常州》是研究太平军在常州活动的权威性文献。

南　薇（1921—1989）

武进人。原名刘松涛。毕业于上海立信会计学校，在商界当会计，因爱好戏剧而弃商从艺。民国32年(1943)入袁雪芬领衔倡导新越剧的大来剧场，先后编导《雪地孤鸿》《香妃》《西厢》《绝代艳后》等10部新戏，单独执导《红粉金戈》《太平天国》《林黛玉》等16部新戏，使越剧艺术进入一个更高层次。编导的《祥林嫂》被舆论界誉为“新越剧的里程碑”。民国36年，转入范瑞娟、傅全香领衔的东山越艺社，先后编导《梁祝》《养媳妇回娘家》等新戏，其中《孔雀东南飞》是他最具成就的代表作。翌年秋，他导演了田汉编剧、袁雪芬主演的《珊瑚引》。上海解放后，南薇参加军管会文艺处举办的上海市首届地方戏剧研究班学习，在彩色电影《越剧精华》中导演《楼台会》。后任中央戏曲改进协会委员。

1951年春，任上海市首届戏曲编导学习班副主任。8月，他参与组建上海越剧实验剧团，应大公滑稽剧团邀请，编导《王老板》《活捉》等滑稽戏，开创了滑稽戏初创期编导的新局面。1956年，他把鲁迅的小说《阿Q正传》编导成滑稽戏上演。1958年9月任宁夏回族自治区越剧团编导。后离开宁夏，为江、浙、沪、闽、皖、赣越剧团等编导剧目，有“火车导演”雅称。60年代初，南薇为芜湖市越剧团编导排演《晴雯》《春草闯堂》《夫妻桥》《罗帕记》《李慧娘》《王魁负桂英》等黄梅戏。1978年，任上海文史馆馆员。1981年，为上海市人民滑稽剧团导演《五颜六色》《真假爱情》等大型滑稽戏。他是中国作家协会会员。

吴安然（1922.04.06—2005.07.31）

武进人。他是吴阶平的二弟。民国37年(1948)南京金陵大学生物系毕业，留校任教。9月进入北京协和医学院深造细菌学和血清学，1951年6月完成学业，留在协和医院任教。1963年9月，调入中国医科大学任教，1978年调入中国医学科学院基础医学研究所免疫学系任副主任、主任和副研究员、研究员。1986年被国务院批准为首批博士生导师。他是中国免疫学会创始人之一，历任国际免疫学联合会首席执委，国际免疫学联合会中国委员会第一至第二届副主席，中国医学会微生物学和免疫学分会第一届主任委员，卫生部医学科学委员会免疫学专题委员会主任委员，世界卫生组织免疫学研究合作中心主任，美国实验生物学和医学会会员，《中国微生物学与免疫学》和《中国免疫学》杂志主编等。吴安然长期从事病毒和免疫学研究，1952年开始病毒实验诊断研究，在国内最早建立临床病毒学实验，在国内较早建立多种组织培养方法，进行13种原代细胞和8种代传细胞培养。“文化大革命”结束后，开始进行免疫学方面研究，承担“七五”期间单克隆抗体测定人LGS诊断盒研制课题，申请国家攻关项目，其中抗人LGE单抗堪称世界一流水平，获卫生部科技成果奖，受到国家科委奖励。撰有7部论著，发表70余篇论文。2005年7月31日在加拿大病逝。

张幼成（1922.12.25—2007.11.29）

武进人。吴阶平之弟。民国36年(1947)中央大学农学院畜牧兽医系毕业，留校任教。1953年调南京农学院(今南京农业大学)任教。1955年被学校推荐到长春兽医大学跟苏联专家进修兽医外科及外科手术学。

半年后回校，历任畜牧兽医系普通病教研组主任，系副主任，教授、硕士生导师，中国畜牧兽医学会兽医外科专业委员会副主任、江苏省畜牧兽医学会临床研究会理事长。1983 年，到英国、西德交流考察。1989 年，应邀到西德汉诺威兽医学院作针刺麻醉学专题讲学。享受国务院特殊津贴，1990 年 11 月离休。张幼成长期从事兽医教学和研究工作。1983 年，完成兽医系首部电视教学片《家畜外科手术总论》摄制，被农业部评为农业院校电教教材优秀奖，被全国高等农业院校教材指导委员会定为《家畜外科手术学》配套教材。1992 年，获全国高等农业院校电教金穗二等奖。主持"黄牛、水牛的输血试验""乳牛腐蹄病""牛硫贲妥钠麻醉""马属动物腹壁疝""动物骨折内固定""乳牛皱胃移位"等课题研究。其中乳牛白血病研究，基本摸清病因、发病规律，取得较好防治效果，降低发病率。多项研究成果获省和农业部科技进步奖。主编《实用家畜外科学》《乳牛疾病》《兽医处方手册》《实用家畜外科学》《乳牛疾病》《兽医外科学》《经济动物疾病防治手册》，发表论文多篇。

朱晓坤 (1922—2001)

金坛人。自幼受家庭熏陶，学习民间刻纸书画艺术。1957 年扬州艺术专科学校毕业，经常为乡邻画中堂条幅，绘壁神菩萨，刻制团花喜笺，扎做龙灯、马灯、狮子灯，为庙堂、道观塑造神像，民间艺术精湛，尤其对传统刻纸出神入化。1976 年，调入金坛县文化馆开始专业化研究，成为金坛民间刻纸艺术的主要传承人之一，1995 年被联合国教科文组织、中国民间文艺家协会联合授予"民间工艺美术家"称号。其刻纸作品大多取材于民间神话传说、宗教礼祭和农耕者生活，构图繁复、规模宏大，代表作有《百福骈臻》《祥和盛世》《洛神图》《渭滨求贤》《诸葛武侯》《春牛图》《群仙祝寿》《三羊开泰》等，有 20 多件作品获得国家级奖，数百幅艺术精品被选送到美国、法国、日本、挪威、丹麦、芬兰等国家展出。《八仙过海》《春牛图》等作品于 1980 年被中国美术馆收藏，《百福骈臻》于 1994 年入选文化部主办的中国民间艺术一绝展，81 岁创作《水浒》人物系列刻纸作品。曾任江苏省文史馆馆员和中国剪纸学会会员、中国美术家协会江苏分会会员。

谢启美 (1923.01.10—2009.07)

原籍武进，出生于北京，他是外交部副部长章汉夫之弟。在中央大学读书时受同父异母兄长、重庆《新华日报》总编辑章汉夫的影响，参加清华的中共外围组织中国文化建设学会。民国 36 年(1947) 毕业后留校任教，翌年到清华大学任教。1949 年 3 月，参加解放军南下工作团，6 月调中南军政委员会武汉外侨事务处工作，从事肃清外国帝国主义在华影响等事务，与李鹿野到江西庐山调查外国教会及教民间纠纷。新中国成立后调外交部工作。1950 年调任中国驻瑞典大使耿飚的英语翻译。1955 年，任外交部西欧司副科长，翌年被派到英国代办处。"文化大革命"开始后，外交战线受极"左"思潮冲击，1967 年 8 月 22 日发生强行冲击英国驻华代办处事件。英国人在伦敦报复中国代办处，身为代办处三秘、第二负责人的他始终保持冷静头脑，沉着应对，协助临时代办处置突发事件，保证自身安全，尽力维持代办处正常运转，显现出他的机智和成熟。

1968 年，他奉调回国，任职于中国人民对外友好协会欧洲处。1969 年 11 月，被下放到江西"五七干校"劳动锻炼。1972 年，调回任中国人民对外友好协会、中国人民外交学会欧洲处和业务处处长。1973 年，中美互设联络处，他到中国驻美国华盛顿联络处任文化参赞。中美建交后，任驻美大使馆公使衔参赞。1981 年 5 月回国，历任外交部国际司副司长、司长。1984 年 9 月，到纽约任中国驻联合国代表团大使衔常驻副代表。1985 年 6 月，被任命为联合国副秘书长，负责联合国技术合作促进发展部(简称"技合部")工作，当时技合部在全球承担着上千个项目，分布国家甚广，他每年至少出差 6 次，行程几十万公里，果断处理问题。1991 年回国，仍从事民间外交工作，任中国联合国协会会长、中国国际友好联络会顾问。1995年、1996年，他主编的《中国与联合国》《面向21世纪的联合国》先后由世界知识出版社出版。

白士风（1923—1997）

武进人。又名白丁。40年代开始从事雕刻，擅长多种技法，尤以留青竹刻最为精湛。1960年进入常州市工艺美术研究所从事留青竹刻专业创作，创作的《姑嫂学文化》《试银针》《雏鹰展翅》等作品被国家收购作为国礼赠送国外贵宾。70年代用传统留青技法刻制的毛主席诗词手迹，被誉为推陈出新的雕刻精品。用数年时间用留青竹刻刻成“古代第一兵书”《孙子兵法》和《孙膑兵法》，全套共13篇6000余字，铺展面积达9平方米，获江苏省工艺美术百花奖和紫金奖。他的许多艺术精品曾在美国、英国、日本、加拿大等20多个国家和中国香港地区展出，多数作品被国内外博物馆收藏。1994年出版的当代中国工艺美术《群星谱》收入全国7位竹刻艺术家，常州有4位，他是其中之一。著名工艺美术学者、史学家王世襄著文说：“当今留青竹刻的中心在常州。”他被王世襄誉为“常州竹刻的泰斗”。

朱正华（1924.01—1999.05）

武进人。民国33年（1944）浙江大学化工专业毕业，先后在昆明化工厂、唐山交通大学、上海交通大学工作。1952年起，历任华东工学院（后更名为华东理工大学）副教授、教授、博士生导师，染料教研组主任，菁染料研究室主任，有机工业系主任，代院长、院长、校长；曾到德国达姆斯特大学做访问学者。1958年，在国内首先创制乙烯砜活性染料，几乎与国外同时发明。1959年起，研制黑白胶卷、彩色胶卷、红外胶卷，在红外增感染料及彩色胶片增感剂合成与应用方面做出重要贡献。其时在科研资料、设备奇缺等艰苦条件下，为保定胶片厂（后改为乐凯公司）破译胶卷染料成分构成和合成方法，解决感光材料技术问题。研制的红外增感染料1963年获国家科委发明创造二等奖。70年代开发出新型催化剂，攻克东胜利油田原油含硫量高、燃烧时有臭味的难关。1978年，轻质油脱硫醇催化剂聚钴酞青及1099胶片（航空胶片），获全国科学大会奖。90年代，他与上海染化八厂成立活性染料联合研究所，用3年时间将活性染料的固色率从70%提高到90%。1990年，他组织的活性染料结构与性能关系研究获国家教委科技进步一等奖。他是《精细化工》杂志主编，曾任中国化工学会精细化工专业委员会第一届副主任，中国感光研究会第二届副理事长，中国感光学会理事长，国务院学位委员会第二届学科评议组成员，中国精细化工学会主任委员，美国化学学会会员，国际感光学会主席等职，著有《照相染料》《染料化学》等著作。他是上海市第七至第八届人大代表、第七届人大常委会常委。

蒋咏荷（1924.07.26—1996.04.22）

武进人。民国35年（1936）考取南京国立音乐学院民乐系学习，1949年停办，任常州恺乐西郊中学音乐教师。1950年，南京音乐学院（改名中央音乐学院）搬到天津，他继续到天津就读，1952年毕业，留校一边任教，一边读研究生。1955年在中央人民广播电台主讲《笛曲讲座》。1956年撰写出版新中国第一部笛曲理论成果《笛子教材》。1957年出版中国最早采用五线谱记录的笛子曲谱《笛子独奏曲选集》。1957年被错划为“右派分子”，下放黑龙江的农场劳动。后任东北农垦局京剧团乐队成员。1964年，任兰州军区生产建设兵团11师文工团指挥，1975年任甘肃酒泉师范学校音乐专业班音乐教师和酒泉农垦中学音乐教师。1980年平反，历任西安音乐学院副教授、教授，1987年退休。1993年，到美国讲学3个月，与爱克卡特博士合作完成科研项目《中国乐器的振动及音响分析研究》。后到美国明尼苏达大学音乐学院访问讲学，用琵琶、二胡、笛子演奏京剧、秦腔、陕西民歌等，进行"中国乐器与音乐"的开创性研究，任明尼苏达大学学生乐队指挥和台湾旅美同胞组织的国乐社指挥。其间，他撰写《古琴曲曲式结构》一书，与赖丽玲合作编写了《中国音乐欣赏》。蒋咏荷精于民族器乐研究和演奏，尤对笛曲研究和笛子艺术发展做出重要贡献。1996 年 4 月 22 日在美国逝世。撰有《中国历代器乐》《牡丹亭·学堂、游园、惊梦(昆曲)》《二胡创作独奏曲集》《民族音乐教材》《民族器乐》《陕西出土音乐文物》等。

庄本立 (1924.10.29—2001.07.05)

武进人。出身书香世家。民国 34 年(1945) 上海大同大学电机工程系毕业。因痴迷音乐，课余入仲乐音乐馆学习琵琶、二胡、小提琴、古琴等乐器。1949 年到台湾从事乐律、乐器研究和教育工作，创立晨钟国乐社。1952 年任"中华国乐会"常务理事兼研究组组长、音乐研究委员、理事长，同时任台湾"中国文化大学"国乐组主任、教授，创建音乐系，历任该校系主任、艺术研究院院长兼艺术研究所所长、副校长。在音乐系国乐组开设主修箜篌乐器，使失传 2000 年的箜篌音乐再现世界乐坛。1961 年被台湾"中央研究院"聘为民族学研究所研究员，负责民族音乐及音乐考古、仿制古乐器、改良乐器等研究，制作四筒琴、庄氏半音笛、半音埙等诸多新乐器，既继承了悠久的东方国乐民族传统，又颇多创新，用几何作图求律法和十进音律制等发明，让音律制作更加科学化，使乐器演奏出来的声音更加完美动听。仿制中国古乐器成就卓著，尤对祭孔乐舞的改进与重建等方面建树颇多，著有《台湾祭孔音乐的沿革研究》《周磬之研究》《中国古代之排箫》《东西兼容之现代国乐教育》《谈中国乐器之改良》《四筒琴之创作与研究》等论著，主编有《中华学术与现代文化》丛书中的《音乐影剧论集》等。

李延宁 (1924—1995)

常州人。曾用名李扬，上海《大公报》经理和上海报业公会会长李子宽之子。他在父亲的影响下，考入北京燕京大学新闻系，后因参加革命而辍业。民国 31 年(1942) 加入中国共产党，从事新闻工作。新中国成立后，历任新华通讯社云南分社记者、国际新闻编辑部编辑、布拉格分社社长、巴黎分社首席记者和国际部组长、副主任、主任及华盛顿分社首席记者，曾采写发表了《阿登纳访法》《英国加入共同市场以后》《美国：面临严重的挑战》《印度支那问题》等较具影响的报道。

庄逢甘 (1925.02.11—2010.11.08)

武进人。民国 35 年(1946) 交通大学航空工程系毕业，民国 36 年到美国加州理工学院师从国际著名流体力学家李普曼教授学习，得到在该校工作的钱学森教授指导，民国 37 年获硕士学位。1950 年以论文《湍流统计理论》，获航空和数学博士学位。8 月，毅然放弃优越的工作生活环境回国，先后任交通大学副教授、中国科学院数学研究所副研究员、哈尔滨军事工程学院教授。1956 年调任国防部第五研究院研究室副主任。1959 年，任北京空气动力研究所副所长、所长，参与筹建空气动力所和风洞建设工程。1964 年，国防科委成立以钱学森为组长、以他为副组长的空气动力学专业组。1965 年，主持建成从低速风洞到高超声速风洞试验设备，奠定了中国航空航天空气动力学发展基础，对中国飞机、导弹、运载火箭、卫星等飞行器的气动试验和研究设计起到重要作用。

1978 年，庄逢甘任中国运载火箭技术研究院副院长、国防科工委基地副司令员，1980 年当选为中国科学院学部委员(院士)，同时兼任中国空气动力研究与发展中心副主任。1982 年起，历任航天工业部总工程师，中国航天科技集团公司(国家航天局)科学技术委员会常务副主任、高级顾问，中国科协副主席等，当选国际宇航科学院院士。庄逢甘长期从事空气动力学研究，他承担“烧蚀防热研究”攻关，解决了再入弹头的气动、防热和再入物理多项重大技术关键问题，为中国远程火箭飞行试验成功起到重要保障作用。80 年代起，主持载人航天空气动力学关键问题研究，准确提出载人航天涉及的空气动力十大关键课题，积极促进和参与载人航天工程等重大工程的立项和论证，他重视流体力学前沿问题研究。1989 年，主持建立国家自然科学基金重大项目“旋涡、激波和非平衡起主导作用的复杂流动”课题取得重大进展，其研究成果 1995 年获国家科技进步奖特等奖。2010 年 11 月 8 日在北京逝世。主要论著有《计算流体力学的理论方法和应用》等。

唐念慈 (1925.06.29—2000.04.01)

常州人。民国 34 年(1945)7 月上海私立之江文理学院土木专业毕业，到陕西武功西北农学院任教。翌 8 月，到中央大学工学院土木系任教。1953 年起，在南京工学院(今东南大学)工作，任副教授、教授。曾任土木工程系资料室负责人、教研组副主任、主任等。1978 年，首先开展渤海海洋平台桩基动力分析，开拓了中国桩基动力学研究。先后主持 1983—1985 年国家科委重点科研项目波动方程在沉桩分析中的应用，1987—1991 年国家自然科学基金重大项目应力波理论在沉桩分析中的应用研究，建立了适合中国国情的海洋平台大型桩基沉桩施工控制的整套测试技术，在国内首次独立承担平台桩基工程监测工作。参加交通部公路研究所(镇江)斜钻孔灌注桩力学性能试验研究，1978 年获交通部科技进步一等奖；主持输电线塔冲吸式钻孔灌注桩抗拔承载力试验研究，1983 年获水电部科技进步二等奖。编制和审定《建筑地基基础设计规范》《海洋固定平台入级与建造规范》《基桩高应变动力检测规程》《南京地区建筑地基基础设计规范》。1979 年，编著的《土木原理与计算》获水电部水电类优秀教材一等奖。兼任中国土力学和岩土工程学会理事、中国建筑学会地基基础学术委员会常委、国际土力学基础工程学会会员、《岩土工程学报》编委，江苏省土木建筑学会名誉理事长、地基基础学术委员会主任，南京市地基基础学术委员会主任等。

1952 年 12 月，他加入中国农工民主党，先后担任农工民主党东南大学(原南京工学院)支部委员、主任，江苏省委委员、副主委，1988—1997 年任第六至第七届农工民主党江苏省委主委，后任名誉主委，同时任农工民主党中央委员、常委。1983 年加入中国共产党，任第六至第八届全国人大代表，江苏省第七、第八届人大常委会副主任。

汤永宽 (1925.08.19—2007.07.01)

武进芙蓉湖汤家村人。笔名沈凝、夏至。1949 年复旦大学外国语言文学系毕业，先在杭州高级中学任教。11 月，任华东行政委员会文化局秘书处秘书。1953 年华东区撤销，历任上海新文艺出版社英文编辑、上海文艺出版社及人民文学出版社上海分社编辑、组长、编辑室主任，1960 年被文化部派往朝鲜平壤外文出版社任中文顾问，出版中文书刊及负责《金日成选集》中文版校订工作，同时任中文部编辑，为金日成大学中文系讲授汉语语法。1961 年期满回国，任上海人民出版社编译室翻译、总编室主任。1978 年，任上海译文出版社副总编辑、党组成员、编审，创办《外国文艺》，任主编。为中国作协会员，上海市作协第五至第六届理事及外国文学委员会主任，上海社会科学院特约研究员，上海师范大学兼职教授，上海市翻译协会理事，全国美国文学研究会秘书长、副会长。他任主编时冲破文艺界禁区，大胆选载《肮脏的手》《走下楼梯的裸体者》等外国文艺作品，《走下楼梯的裸体者》是国内出版物中首次公开正面介绍西方抽象美术的文章。为中国读者介绍大量西方现代、当代文学思潮流派作品，文艺界评论:“新世纪中国文学的繁荣与这本杂志前瞻性的开放意识是分不开的。”

1956年，他开始发表作品，主要译著有雪莱的诗剧《钦契》、泰戈尔的散文诗《游思集》《采果集》、T•S•艾略特长诗集《情歌·荒原·四重奏》、卡夫卡的长篇小说《城堡》、卡波蒂的中篇小说《在蒂法尼进早餐》、布罗德《卡夫卡传》、海明威的长篇小说《永别了，武器》和海明威的回忆录《一个不固定的圣节》等，与他人合译萨特的《存在主义是一种人道主义》。1998年，与他人合译的《海明威短篇小说集》获全国外国文学图书一等奖。2001年，多卷本《海明威文集》获全国外国文学图书二等奖。2002年，获中国翻译家协会授予的“资深翻译家”称号。

史探径(1925.11.25—2005.04.07)

溧阳人。1950年北京大学法律系毕业，先后在北京市总工会、劳动局工作。1958年被错划为“右派分子”，下放劳动“改造”。“文化大革命”期间被遣送回溧阳，1978年得到平反。1979年11月，被调入中国社会科学院法学研究所任研究员，先后从事法学刊物的编辑和经济法、劳动法、社会保障法研究。后被中国社会科学院研究生院聘为教授，同时兼任中华全国总工会法律顾问委员会委员、中国律师协会劳动和社会保障法专业委员会顾问、中国社会科学院老年科学研究中心理事。1986年离休，仍被法学研究所、研究生院分别返聘为研究员和教授，并享受国务院颁发的政府特殊津贴。2005年4月7日病逝于北京。史探径是中国社会法学奠基者，先后出版专著1部，主编著作4部，与人合著40余部，发表论文70余篇，撰写出版学术论著共计300余万字。个人专著《劳动法》于1990年由经济科学出版社出版，是中国第一部研究劳动法的专著，为中国1994年制订出台劳动法提供了理论基础，1992年获北京市劳动学会十年优秀科研成果专著类一等奖和中国劳动法学研究会杰出贡献奖。1994年、2000年，他主编的《中国人权建设》和《社会保障法研究》先后由四川人民出版社、法律出版社出版，分别被选定为中国社会科学院重点研究项目、国家社科基金研究项目。在《法学研究》《中国法学》等杂志发表《中国急需制定一部新工会法》《中国急需制定劳动法典》《中国劳动争议情况分析和罢工立法问题探讨》等重要论文。参与了《中华人民共和国劳动法》《中华人民共和国工会法》和多部劳动、社会保障法律、法规起草工作。

吴瑶华(1926.08.21—2000.03.08)

武进人。1949年毕业于中央大学(今南京大学前身)电机系。1950年9月，考取哈尔滨工业大学研究生。1956年9月，到莫斯科鲍曼国立技术大学研究生院深造，1960年1月获科技副博士学位。回国后任哈尔滨工业大学数理力学系副教授、飞行力学专业教研室主任。1977年，调到新成立的自动飞行动力学研究室从事导弹飞行动力学和控制方面的教学、研究工作，1982年任室主任，1985年被评聘为教授，1986年任博士生导师，兼北京航空航天大学教授。1987年，参与筹建哈工大航天学院，这是中国高校第一个以培养高级航天专门人才和从事航天高技术研究为主的学院，任飞行器设计核心专业博士生导师，同时兼任黑龙江省航空学会副理事长、中国宇航学会空气动力学与飞行力学专业委员会副主任、中国航空学会飞行力学与飞行试验专业委员会委员、中国力学学会教育工作委员会委员、《宇航学报》编委等职。2000年3月8日在哈尔滨逝世。吴瑶华长期从事导弹弹道学、飞行力学等教学和研究工作，培养出10余位博士生和20余位硕士生。在导弹气动参数辨识与仿真技术研究方面，她以多种型号的导弹为背景，针对多种复杂飞行状态，采用多种辨识方法进行研究，为设计新型导弹提供理论参数。轨道机动方式研究、气动辅助变轨技术、轨道与姿态藕合动力学与控制等研究，有的达到国际水平，属国内首创。先后获国家国防科工委、航天工业公司及国家教委等单位颁发的科技进步二等奖 6 项、三等奖 3 项，发表论文 100 余篇。

孟庆闻 (1926.11.08—2007.04.13)

武进人。女，1949 年同济大学生物系毕业，留校任教。1958 年调入上海水产学院水产养殖系，历任鱼类学教研室主任、院学术委员会委员、教授。1983—1985 年任上海水产学院院长。1956 年加入九三学社，曾当选第六至第八届全国政协委员，九三学社第七、八、九届中央委员和九三学社上海市第十至第十二届副主任委员。孟庆闻长期坚持鱼类学形态解剖、分类的教学与研究，奠定她在此领域的权威地位，担任中国科学院水产生物研究所及上海自然博物馆学术委员，《水产学报》主编。她先后以个人名义向恩师朱元鼎(上海水产大学)奖学金基金捐款 9 万元。与朱元鼎合著有《中国动物志 . 圆口纲软骨鱼纲》，2001 年由科学出版社出版，这是研究中国软骨鱼类最重要的参考资料。合著《灰星鲨的解剖》《福建鱼类志》等，所著《中国软骨鱼类侧线管系统以及罗伦瓮和罗伦管系统的研究》一书，不仅对软骨鱼类进化理论研究有突破，并且对鱼类形态学、分类学具有广泛影响，得到国内外鱼类学界较高评价，1987 年获国家自然科学三等奖。《鱼类比较解剖学》1992 年被评为国家优秀教材。她曾被评为全国三八红旗手、全国优秀教师等。2007 年 11 月，上海水产大学设立孟庆闻奖学基金。她是国务院学位委员会学科评议组第二至第三届学科评议组成员，中国科协第三届全国委员会委员，上海市科协第四届常务理事，中国水产学会第三届副理事长、第四届理事长，中国海洋湖沼学会、中国鱼类学会和中国动物学会上海分会理事。

杨福鹿 (1927.05.20—2003.01.21)

武进人。民国 34 年(1935) 毕业于常州正衡中学高中部，入南京临时大学先修班学习，次年考入武汉大学工学院电机系就读。因身高达 1.9 米且喜爱篮球运动，被推选为武汉大学篮球队队长。1950 年毕业后，到中南财经委员会工业交通处打球。1951 年，代表中南区篮球队到京参加全国篮球比赛，引起体育界瞩目，入选国家篮球队种子选手。1954 年，随队到苏联训练，同时随苏联专家学当教练。1955 年任国家首任女篮主教练。1963 年，在印尼举行的第一届新兴力量运动会上指挥女篮比赛夺得冠军，立二等功。1956—1960 年，兼任北京市女篮主教练。1956—1958 年，连续 4 次夺得全国甲级联赛和第一届全运会女篮冠军。1965—1972 年，出任国家篮球队领队。1971 年起，历任国家体委政治部宣传处负责人、教育处处长、科教司副司长。1985—1992 年，任北京体育学院院长。担任中华全国体育总会常务委员、中国现代五项和冬季两项协会主席，中国篮球协会副主席。1985 年、1993 年，先后获得国家体委颁发的体育开拓者荣誉奖状和中华人民共和国体育工作贡献奖章，1999 年入选新中国篮球运动员 50 杰。2003 年 1 月 21 日在北京逝世。著有有关篮球训练和教学的论著。

屠冶九 (1927.10.15—2001.02)

武进人。原名钟英。1955 年从南京国立音乐学院(后改名为中央音乐学院)作曲系毕业。学生时代即创作、改编、加工《爬山调》《闹元宵》《三天路程两天到》《十大姐》等民歌，有的成为音乐院校声乐教材。毕业后响应号召支援大西北，到西北艺术专科学校(后改西安音乐学院)任教。1956 年，在中央音乐学院苏联著名音乐家阿拉波夫开设的配器专家班学习。先后任西安音乐学院作曲教研组组长、作曲系副主任、教授、院艺术委会会委员、创作委员会副主任等，1985 年调到中国音乐学院任教授，曾任中国音乐家协会第三至第四届理事。屠冶九重视生活体验。先后深入陕北、新疆体验生活。50—70 年代创作大量优秀音乐作品，主要有交响诗《天山》、管弦乐《山丹丹开花红艳艳》、大提琴曲《北京颂》、舞蹈音乐《山乡夜校》、歌舞合唱《巴山凯歌》、合唱套曲《前进吧！祖国》、合唱《轩辕柏》、歌曲《青春献给伟大的党》《金光大道多宽阔》《一串串铃声飞过来》《天接云涛连晓雾》，电影音乐《李清照》等。80年代，又创作民族管弦乐《平沙落雁》、钢琴曲《恋诗》、舞蹈音乐《火箭兵的梦》、声乐套曲《生活的浪花》、合唱《看花灯》、歌曲《春天来到了中国》《小鸟，来唱红色的歌》《倒淌河的思恋》《泼水节风情》等，有的被列为高等音乐院校教材，有的被灌制成唱片出版。撰有《作曲基本技法》《音乐作品分析》《交响音乐艺术欣赏》等专著。

冯纯伯 (1928.04.16—2010.11.10)

金坛人。原名辰北。1950年浙江大学电机系毕业，1953年7月哈尔滨工业大学电机系研究生毕业，留校任助教，任电机系输配电教研室副主任。1955年9月到苏联列宁格勒工业大学研究生院深造，1958年获技术科学副博士学位，回校任电力专业教研室主任、电工基础教研室主任。1962年，任自动控制教研室主任和副教授。1974年调任南京六机部第七研究院第二十四研究所室主任、副总工程师。1976年6月到南京工学院（后改建为东南大学）任教，1983年任教授、研究生院副院长和工学院自动化研究所副所长，1989年任所长及博士生导师，为东南大学国家级重点学科“控制理论与控制工程”学术带头人。1994年，当选为俄罗斯科学院外籍院士，翌年当选为中国科学院院士。

冯纯伯长期从事电力专业、自动控制专业教学，培养博士生30余名。50年代，他对发电机调节和电力系统综合控制提出过独到见解。他为参与三峡工程电力研究需要，组建电力系统综合实验室，1958年底建成全国第一台动态模拟发电机组，在全国最早投入使用。1959年，研制出一套电力系统交流输电专用电子模拟计算机，为国内首创。60年代起，他服从国家需要，从事舰艇防摇、空空导弹导引规律分析等研究。他提出用电子平台代替机械稳定平台方案在舰艇上使用后，三坐标雷达重量减少近1/3，这对舰用雷达发展具有十分重要的作用，1978年获全国科学大会奖。70年代起，在动态反馈系统的一般性理论、系统建模方法及自适应控制理论等方面取得独创性贡献，形成完整的理论新体系，1986年获国家教委科技进步一等奖。所写《非线性控制系统分析与设计》及与他人合著的《自适应控制》（获电子工业部优秀教材一等奖）、《鲁棒控制系统设计》等专著，均被作为全国统编研究生教材；和张侃健博士合著的《非线性系统鲁棒控制》于2003年由科学出版社出版。

陈　珩 (1928.08—2001.09.30)

武进人。1950年金陵大学电机系毕业，1955年哈尔滨工业大学电机系研究生班电力专业毕业。在南京工学院动力系、东南大学电气工程系任教，历任副教授、教授、博士生导师。1985—1986年和1996年任德国亚琛工业大学客座教授，先后到杜依斯堡大学、纽伦堡大学、西门子公司、BBC公司、AEG公司和比利时列日大学讲学。历任中国电机工程学会高级会员、美国电气及电子工程师协会(IEEE)高级会员、全国高校电力工程教学指导委员会委员、电力系统组副组长、《电力系统及其自动化学报》编委会副主委、江苏省电机工程学会输配电及电力系统专业委员会副主任委员、上海电力学院兼职教授等职。

陈珩长期从事电力系统与同步电机的教学和科研工作，培养博士生、硕士生各20名，是东南大学电气工程系电力系统及其自动化学科带头人。在学科研究上，先后从事同步电机理论、电力系统仿真、不对称三相电力系统运行、发电机轴系扭振、电力系统电压稳定、灵活交流输电系统技术等研究，多次获国家自然科学基金、博士点基金资助。1980年，主编《电力系统》杂志，首次将数字计算机应用引入中国电力专业教材领域。

主编的《电力系统稳态分析》于 1985 年出版，获 1992 年能源部优秀教材一等奖、国家教委全国优秀教材奖和 1997 年国家教学成果二等奖。在国内外学术期刊上发表论文 100 余篇。撰写的《同步电机运行——基本理论与计算机算法》于 1992 年出版，被专家誉为“具有国际先进水平的科技文献”。2001 年 9 月 30 日在南京病逝。

高兴祖 (1928.12.07—2001.01.08)

武进三河口人。其父高柏桢从事教育工作，在全面抗日战争中牺牲，抗日战争胜利后常州成立柏桢中学纪念其父。他的叔父高谟曾驾机与日本侵略军飞机激战，为国捐躯。1954 年南京大学历史系毕业，留校任教。曾任教授，中国日本史学会常务理事，南京市侵华日军南京大屠杀史编纂领导小组副组长、侵华日军南京大屠杀史研究会会长，中国日本史学会战后日本史分会副会长。

1960 年起，他带领学生调查走访南京大屠杀幸存者、见证者和日本侵略军所犯滔天罪行遗址，记录保存一批活资料以及大量珍贵图片，同时将 1937—1938 年《纽约日报》等西方报刊有关南京大屠杀报道翻译成中文；撰写南京大屠杀的史稿作为内部资料印刷。1985 年，该 10 万字的史稿《日军侵华暴行——南京大屠杀》由上海人民出版社出版，在国内外首次全面披露了南京大屠杀的史实，他由此被公认为南京大屠杀研究第一人。后又陆续参与编撰出版《日本帝国主义在南京大屠杀》《惨绝人寰的南京大屠杀》等书。参与编撰《侵华日军大屠杀史稿》，1987 年由江苏古籍出版社出版，这是首部较全面的研究大屠杀史专著。2005 年，南京大学出版社将其《日军南京“荣”字 1644 细菌战部队的罪行》《南京大屠杀——日军有预谋的恐怖政策》等 46 篇文章、30 多万字汇集《南京大屠杀与日本战争罪责——高兴祖文集》出版。高兴祖曾为筹建侵华日军南京大屠杀遇难同胞纪念馆积极奔走，1985 年纪念馆成立，政府继而拨款扩建，建成国家一级博物馆。在纪念抗日战争胜利 60 周年表彰 4 位“侵华日军南京大屠杀遇难同胞纪念馆特别贡献奖章”获得者中，他列名第一。先后发表过 100 多篇论文，其中有 30 余篇在日本、美国发表。著作有《国际关系史(17 世纪至 1945 年)》《战后世界政治与国际关系》等。2001 年 1 月 8 日因病去世。

高晓声 (1928—1999.07.06)

武进郑陆董墅人。出生于中学教员之家，从小酷爱文学，深受古典名著熏陶。民国 36 年(1947) 高中毕业后，次年考入上海法学院经济系。1949 年，开始向《苏南日报》投稿，负责文艺副刊的主编章品镇看了他的作品后，推荐他进无锡苏南新闻专科学校读书。1950 年毕业后进入苏南文联工作，同年在《文汇报》“年会”栏目发表第一篇短篇小说《收田财》。后进江苏省文化局从事群众文化工作，创作诗集《王善人》，1951 年由华东新华书店出版。后被调新华日报社任文艺副刊编辑。1953 年，参加农村合作化运动，与叶至诚合写《走上新路》锡剧剧本获奖。1954 年，以新的婚姻法为背景，创作短篇小说《解约》。1957 年，与方之、陆文夫、叶至诚等发起成立探索者文学社团，负责起草《“探索者”文学月刊启事》，发表探索小说《不幸》，被打成“右派分子”遣送武进农村“劳动改造”。1979 年被平反，历任中国作协理事、江苏作协分会副主席、创作组组长和国家一级作家，成为江苏文联系统最早享受国务院特殊津贴的作家之一。

1979 年陆续在《雨花》《人民文学》《上海文学》《钟山》等文学刊物上发表创作题材都来自农村现实的 11 部短篇小说。1980 年，江苏人民出版社将其汇集成《79 小说集》出版。此后每年出一部小说集。还创作长篇小说《青天在上》《陈奂生上城出国记》等，散文集《生活的交流》等，文艺杂文集《创作谈》《生活、思考、创作》等，其中《李顺大造屋》《陈奂生上城》分获 1979 年和 1980 年全国优秀短篇小说奖。高晓声寄情农村生活，善于在普通农民的日常生活中发现并揭示具有重大意义的社会问题，以塑造陈奂生典型农民形象而获得高度评价。《“漏斗户”主》《陈奂生上城》《陈奂生转业》《陈奂生包产》《陈奂生战术》《种田大户》《陈奂生出国》等，反映了农民陈奂生的人生历程，体现中国农村在经济体制改革中所发生的深刻变化和广大农民艰难行进的身影，被视为反思农村改革题材小说的代表人物。先后出版小说、散文、诗歌、戏剧、创作谈等专集和选集30部，部分作品被译成多国文字，其中有英、日、德、荷四种文字专集。先后应邀到美国密西根大学、加州勃克莱大学、斯坦福大学、哈佛大学等大学讲学，在德国汉堡大学、波恩大学及西班牙马德里自治大学参加文学交流等活动，被复旦大学聘为兼职教授。1999年7月6日因患肺性脑病在无锡逝世。

王克伟 (1929—2007.12)

常州人。从小学习音乐舞蹈，1949年苏南解放后入上海市总工会文工团，1950年调入上海市工人文化宫负责舞蹈工作，不久被选送到中央戏剧学院接受专业培训，成为新中国培养的第一批舞蹈人才和上海市工人文化宫唯一的专业舞蹈工作者。同年在上海庆祝国庆3周年大游行中组织编排各2000多人阵容的秧歌方块和腰鼓方块。创作编排《狂欢舞》《龙舞》等集体舞，取得圆满成功。随后被任命为上海工人艺术团舞蹈团团长兼编导，其时还不满25岁。此后，王克伟陆续编导《懒姑娘上班》《钢铁红旗班》《包身工》等大量舞蹈。“文化大革命”中下放农村。1975年被调入上海音乐学院任教，为沪东工人文化宫舞蹈团和一些区少年宫创《白云间的歌声》《勇敢的珍珠贝》等，获得社会广泛好评。

1984年，编排有200多名演员参加的大型舞蹈《源远流长》，参加中日青年联欢节演出。同年在上海举办的第五届全国运动会开幕式上任《群龙腾飞》节目总导演，编排有12条“荷花龙”、9条“布龙”，外加背景“九龙壁”及“白云”等近千人参加的大型舞蹈，场面十分壮观。1986年，在上海音乐学院执教国际标准舞，同时应上海市舞蹈家协会之邀，教授国际舞30多期培训学员5000余人。1985年、1991年，编著的《花式交谊舞》和《当代拉丁舞》单行本先后出版。1991年5月，在美国洛杉矶亚凯迪亚市中文学校执教民间舞，编排《天山小红花》《挤奶员舞》等中国传统舞蹈节目，上演后引起较大社会影响；学校成立金孔雀舞蹈团，编导的大型舞蹈《四海迎春》参加洛杉矶华人1992年春节大游行活动表演受到好评，被推选为华裔舞蹈协会副主席。1994年，成立王克伟舞蹈社，先后举办《王克伟师生舞展》和《王克伟学生舞展》两场舞蹈专场演出；创排的客家舞蹈《天公落水》、蒙古舞蹈《草原牧歌》、藏族舞蹈《向着太阳》、汉族舞蹈《东方情韵》《江山俪人》等深受华裔和洛杉矶市民欢迎。

陈亚先 (1929—2009.08.11)

原籍武进。出生于无锡。自幼心灵手巧，始学刺绣，1954年入合作社绣花组，不久随绣花组并入常州机绣手帕厂，独立设计、制作机绣仿手绣枕套，参加江苏省绣品比赛获一等奖，由一名普通技术员逐渐成长为主管技术的副厂长。1958年，参观市手工业局举办新产品展览，被乱针绣创始人杨守玉绣的一幅朱德元帅手握望远镜的绣品所吸引，拜杨守玉为师，成为关门弟子，在发扬光大杨守玉乱针绣技法的同时有所创新。在表现粗糙物体时采用短而粗的线条，以控制丝线的光泽；用微空小点表现老年人粗糙的皮肤；在背景织物上添加线条，采用绣虚不绣实技法，调整人物与背景之间的空间距离，让织物的毛质感从针迹中有意无意地透露出来，使乱针绣技艺日臻完美。1960年在她提议下，成立以乱针绣为主要研制品种的常州市工艺美术研究所，全面负责技艺辅导和质检。通过长期实践探索，她绣出了许多优秀作品。1965年，绣制的《毛主席像》《织鱼网》

等作品，入选中国首届工艺美术展览会，引起轰动，被全部收购，用于出国展览。作品《秋吉久美子》，70 年代获江苏省“四新”产品一等奖。1982 年，作品《幸福老人》获全国工艺美术百花奖金杯奖。1983 年，作品《美国总统里根》《沙特阿拉伯国王》被作为国礼赠送外宾。大型乱针人像绣作品《伊文思》，1984 年入选全国工艺美术展览会，选送日本展出。作品《红衣男孩》1987 年被中国丝绸博物馆收藏，《宫女》于 1989 年入选全国大师优秀作品展；《演出之前》《憧憬》1995 年入选全国大师作品展，被选送到香港中山会议展览中心展出；作品《灵巧小手》，2000 年获第二届中国工艺美术大师精品展暨第二届中国工艺美术优秀作品金奖。2008 年，她获得中国工艺美术终身成就奖，成为国家级工艺美术大师。

章公亮 (1930.04.28—1996.07.30)

武进人。1952 年上海交通大学毕业，先后在中国科学院地球物理研究所、应用地球物理研究所，解放军第 505 研究所、第七机械工业部 505 研究所，中国科学院空间物理研究所、空间科学与应用研究中心等工作，历任助理研究员、副研究员、研究员，空间物理研究所磁层及宇宙线研究室副主任、主任，空间物理研究所学术委员会副主任，《空间物理与探测技术》副主编，拉萨地球物理观象台负责人等职，同时任中国地球物理学会理事、国际地球物理和大地测量联合会中国委员会委员、国际地磁和高空物理协会中国委员会主席、中科院研究生院兼职教授，讲授《日球物理学》。

1958 年，中国开始发展空间科技，他推动地磁学科向高空发展，开展太阳耀斑引起的地磁扰动研究，发现太阳活动引起的磁扰有明显的东西及南北不对称性等重要现象。1973 年起，他根据航天技术中提出的太阳质子事件预报任务，提炼出太阳宇宙线传播这一基础理论研究课题，首创量纲分析法，求解太阳宇宙线传播方程，引入新的数学理论函数——扩散对流函数，导出普通形式的解析解。80 年代，推动日球物理学研究，发现太阳活动引起的日球扰动也具有东西不对称性，随后在研究太阳冕洞引起的日地共转扰动演变规则、日冕质量抛射事件、行星际磁云、地球磁暴、日地能量传输过程等方面，取得多项重大成果，先后获中国科学院二等奖 3 个、国家地震局科学技术进步一等奖及国家科委技术进步二等奖。发表《磁暴类型预报方法研究》《磁暴形态类型与行星际磁云特征》等 100 余篇学术论文，汇集出版《章公亮论文集》。

徐　新 (1930.08.31—2006.08.02)

武进人。父亲徐元谟为常州名医。他从小喜欢音乐，有天赋。1949 年 4 月常州解放，参加军管会文工团从事文艺工作。1952 年，被调入苏南行署文工团工作，在一次排演节目时，指挥有事不能到场，他主动请缨让他试试，结果表演出色，开始他的指挥生涯。同年，考入中央音乐学院作曲系学习。1956 年，转到该院新建立的指挥系学习。1958 年毕业后留校任教，任学校红领巾管弦乐团指挥。1972 年，调任解放军总政歌舞团艺术指导，录制、指挥《闪闪的红星》等电影的主题歌。1977 年，中央音乐学院恢复招生考试，他调到音乐学院任教。1988—1992 年，任指挥系主任。1980 年起，历任国家一级指挥，总政交响乐团首席指挥，中央音乐学院教授、终身学术委员，中国指挥学会会长，中国音乐家协会理事，中国交响乐发展基金会常务副会长等职务。指挥音乐舞蹈史诗《中国革命之歌》、舞剧《骄杨颂》、意大利歌剧《托斯卡》等大型歌舞剧和大型交响乐，并负责录制《大决战》《蒋筑英》等优秀影视音乐与唱片指挥。革命历史片《大决战》音乐节奏起伏跌宕，旋律曲折委婉、雄壮激昂。与中国青年交响乐团、北京交响乐团、中国广播交响乐团、广州交响乐团、上海交响乐团合作举行交响音乐会，展示指挥艺术水准和魅力，曾 3 次担任全国音乐作品评奖评委及全国指挥比赛评委。他培养了大量优秀人才，在指挥教学中严谨的教学风格受到国内音乐同行普遍赞扬。1992年、1996年，先后从总政交响乐团离休、中央音乐学院教学岗位上退下来后，被北京大学附中管乐团、广州乐团、浙江管弦乐团、兰州歌剧院交响乐团聘为客席指挥。

史梦熊（1931.10.01—2002.08.04）

溧阳人。1956年8月毕业于武汉水利电力学院农田水利专业，先后在水利出版社、水利电力出版社、水利部办公厅图书编辑部工作，历任技术员、编辑、编辑室主任。1981年10月起，历任水利出版社副社长，副总编辑、社长，1998年3月退休，返聘为《中国水利百科全书》（第二版）、《中国水利年鉴》副主编。史梦熊一生编辑书稿多达千种，所著《中国的水利事业》获首届水利科普读物一等奖。1986年，由他策划并任总编辑的《中国水利百科全书》被列入国家"八五"期间重点选题规划，1991年出版后被誉为"没有围墙的水利大学"，1995年获第七届全国优秀科技图书一等奖。1989年，他策划编写出版的《中国江河防洪丛书》对传授中国大江河防洪经验、指导防洪减灾工作具有重要作用，其中《海河卷》获第七届全国优秀科技图书二等奖。1985年、1994年先后被评为中国科协农村科普工作先进个人、首届全国百佳出版工作者，1992年起享受国务院特殊津贴。他曾任中国版权协会副理事长、中国编辑学会图书编辑专业委员会主任、中国出版工作者协会科技出版工作委员会副主任。

吴文英（1932.04—2007.04.26）

武进人。民国36年(1947)进入常州大成一厂纺部当养成工，1949年9月加入中国共产党。同年8月起任大成棉纺织一厂团总支副书记、工会主席，1950年9月获得常州市首届劳动模范称号。后到市委干部训练班学习，历任常州市纺织党委组织科副科长、天宁区委组织科科长、市染织党委组织科科长、市委工业基层组织科科长、市重工业党委组织科科长、市重工业局人事科科长、市纺织工业局党委副书记。1960年，调派到华东纺织工学院纺织系学习，1963年毕业后任市大成棉纺织一厂副厂长、党委书记。1966年被纺织工业部调到"四清"工作团工作，后回厂参加车间劳动。1968年起，历任常州市国棉一厂、二厂革委会副主任。1973年起，任常州市纺织工业局副局长、党组副书记。1977年起，历任常州市革委会副主任和中共常州市委常委、副书记兼组织部部长，1983年3月任纺织工业部部长、党组书记。1993年5月至1997年7月，任中国纺织总会会长、党组书记，全国妇联常委，中国纺织工业技术经济和管理现代化研究会第二届理事长兼中国仪征化纤集团董事长。1998年3月，当选为政协第九届全国委员会常务委员、提案委员会副主任。2000年7月，因严重违纪问题受到留党察看两年处分，10月被撤销政协第九届全国委员会常务委员、委员资格和提案委员会副主任职务，11月由部长级降为副部长级，2001年5月退休。她是中共第十二届中央委员会候补委员、委员（为1985年9月中共全国代表会议增选）和第十三、十四届中央委员会委员。

丁国范（1932.06.17—2008.09.19）

武进人。1955年南京大学历史系毕业，1960年7月研究生毕业，留校任教，历任副教授、教授，中国古代史教研室主任，江苏省历史学会理事等职。1991年12月，获南京大学首届研究生导师教书育人奖。丁国范长期从事蒙元史、中国古代史史料学、北方历史地理等方面的教学和研究，先后承担和参与国家级集体科学研究项目多项。主要著作有《中国通史参考资料·古代部分》（合作），1981年由中华书局出版，1988年获国家教委优秀教材一等奖；《元朝史》（合著），1986年人民出版社出版，1987年获1986年度中国图书奖，次年3月获江苏省第二次哲学社会科学优秀成果一等奖，1995年获国家教委全国高等学校人文社会科学研究优秀成果一等奖；参与编绘的国家重点研究项目《中国历史地图集》蒙古地区部分图幅，1982—1987年由地图出版社出版，1986年获上海市哲学社会科学特等奖，1995年12月获国家教委全国高等学校人文社会科学研究优秀成果一等奖。另外还有多卷本《中国通史》元史卷（合著）等。发表《元末社会诸矛盾的分析》《释兀剌赤》《关于元代的里甲制度》《镇海族属辩》等论文，对蒙元史、元代中期政治史、元代边疆史等有独特研究。晚年将珍藏的图书无偿捐给南京大学历史系元史研究室。

徐企平 (1932.10.24—2010.04.28)

武进人。在常州正衡中学读书时喜欢表演，曾参加常州市青年工人学生演唱团戏剧组演出《雷雨》等话剧。1954年中央戏剧学院华东分院(1956年更名为上海戏剧学院)毕业，留校任教。同年考入中央戏剧学院表演训练班深造，后回院表演系任助教。1965年任表演教研室副主任，历任导演系副教授、教授，曾在《母亲的心》《反翻把斗争》等戏剧中饰演角色。80年代起，导演戏剧30多部，主要话剧有《钢铁战士》《全家福》《蠢货》《青年近卫军》《李双双》《山村新人》《日出》《奇婚记》《斯诺在中国》等。导演的《春之圆舞曲》获上海市第二届戏剧节二等奖。

徐企平善于创新，1981年任第三届藏族表演班班主任时，执导莎士比亚名剧《罗密欧与朱丽叶》，大胆用藏族学生用藏语表演，这在国内外属首创。他认为莎剧“活泼热情，朝气蓬勃，充满青春的活力和希望”，这正是藏族学生所具备的性格。此剧上演后博得国内外观众好评，先后在上海、北京、拉萨等市巡回演出数月，又到国外演出。他为培养少数民族艺术人才和提高话剧表演教学水平做出了显著贡献，1986年获文化部授予的先进奖状。1982年，他导演的《爱，在我们心中》，创造了“重叠空间结构”等一系列崭新的导演语汇。1986年，导演《泰特斯·安德洛尼克斯》，被观摩代表评为“了不起的壮举”。1990年，应邀到美国加州大学戏剧系授课，执导英语话剧《蝴蝶梦》，1991年获中国话剧导演金狮奖。曾被上海高雅艺术基金授予特别荣誉奖和金质奖章。著有《戏剧导演攻略》专著，先后在国内外发表《导演计划》《导演思维的转变》《导演的选择》《演员十诫》等论文。他是中国戏剧家协会会员和中国莎士比亚研究会基本会员。

戴德沛 (1934.01—1992.9.5)

武进人。1954年上海交通大学机械系毕业，长期从事机床基础理论教学和科研工作。历任西安交通大学机械系机械制造教研室副主任、主任，机床基础理论研究室主任，副教授、教授、博士生导师和博士后流动站导师，兼任中国振动工程学会理事，中国振动工程学会机械动力学会副主任委员，中国机械工程学会生产工程学会理事，中国振动工程学会振动与噪声控制学会常务委员，生产工程学会机床专业委员会副主任委员，国务院国家发明奖评审委员会委员，国务院学位委员会学科评议组成员，中国科技大学、上海交通大学、山东工程学院、四川建材学院等院校兼职教授，常州阻尼器材公司副董事长，《机械振动与噪声技术》杂志常务编委。享受国务院特殊津贴。1983年，创设振动、冲击、噪声学科，使西安交通大学在1986年成为全国这个专业的第一个博士点，他成为这一学科的首位博士生导师，出版国内第一本阻尼技术专著。在科学研究中，勇于创新，为西安交通大学开辟了阻尼减振降噪研究，推广应用到导弹仪器、运七飞机机舱、普通机床、超重型立车和纺织机减振降噪等重大研究项目中。其中切削减振成果，获陕西省科技成果一等奖；导弹仪器减振研究达国际先进水平，获西安交通大学科技成果一等奖，申请专利2件。共获国家科技进步奖1项、国家教委和机械电子工业部科技进步奖3项。著有《阻尼减振降噪技术》等专著3部，在国内外学术刊物上发表论文20余篇。

陶宝祺（1935.01.10—2001.03.31）

武进人。1952年考取清华大学航空学院，1953年院系调整转入北京航空学院学习，1957年毕业。历任南京航空学院材料力学教研室主任、副教授、教授、博士生导师。1989—1991年到美国威斯康辛大学应用超导中心任高级访问学者，回国后任南京航空航天大学测试工程系主任、智能材料与结构研究所所长。1997年，任智能材料结构航空科技重点实验室主任，1999年当选为中国科学院院士。

陶宝祺长期从事智能材料结构、测试技术等教学和研究工作，先后培养40名博士和10名博士后，是中国航空智能材料、结构研究领域的开拓者和著名的结构测试专家。1991年起，对智能材料结构概念、传感和驱动元件、信息处理与控制等方面进行开拓性研究，解决传感元件组合和在结构中的合理分布、形状记忆合金驱动器结构形式等关键技术问题。在国际上首创强度自诊断自适应智能材料结构，提出机翼与旋翼自适应可变翼型原理和方法。创建非接触式信号传输系统智能旋翼试验平台，解决在旋转工况下多种测试信号和高压功率信号非接触式同步传输关键技术，对智能旋翼发展以及解决旋转机械健康监控和振动主动控制具有重要价值。主持创建国内唯一部级智能材料与结构航空科技重点实验室，成为中国智能材料结构研究重要基地。在测试与记忆元件研究方面，发明可以反复使用的弓形应变计、腰形微压传感器，成功研制性能达国际先进水平的疲劳寿命计，使中国成为世界上第三个掌握这项技术的国家。还发明、研制小载荷传感器、双向引伸计、高灵敏度最大应变记忆元件、高灵敏度液位传感器、压差式比重计等多种原理和结构新颖传感元件。陶宝祺主持完成国内第一次在系留状况下对大型直升机进行全面的全机结构考核，取得旋翼、尾桨等旋转部件和其他主要部件在多种飞行状态下的全套应力和振动数据，为大型直升机的设计定型做出重要贡献。主持完成某型直升机发动机试验台、减速器组合试验台、某型无人机、大型化工冷却设备、在爆破状况下超高压压力容器和多项国防用途等多项大型工程应力测试项目。先后获国家发明奖2项，日内瓦国际发明镀金奖1项，光华基金奖1项，省部级科技进步奖13项。主持材料力学课程教学改革，1989年获国家教学成果特等奖。出版专著4部，发表论文170余篇。其中由国防工业出版社出版的《智能材料结构》，是国内首部全面、系统和深入论述智能材料与结构系统理论和应用的专著。

王惠悫（1935.01—1996.09.13）

武进人。1949年4月参加革命工作，1954年3月加入中国共产党。1959年哈尔滨军事工程学院导弹工程专业毕业。历任参谋、副处长、处长，海军试验基地副参谋长、参谋长。1985年8月至1995年7月，任海军辽西岸舰导弹试验基地司令员，1988年9月被授予海军少将军衔。他长期在实验基地负责导弹试验工作。1973年指挥基地发射第一枚导弹，1988年在执行试验任务时，出色地完成100多个单位参加并动用数万名陆海军指战员和数十艘舰艇的规模宏大、情况复杂的试验组织指挥任务，使中国核潜艇发射运载火箭试验获得圆满成功。1996年9月13日在辽宁省葫芦岛市逝世。

江见鲸（1938.11.26—2008.09.06）

武进人。1963年清华大学土木工程专业毕业，1966年研究生毕业，留校任教。80年代初被公派到瑞典查尔默斯大学深造，1983年6月获博士学位。历任清华大学土木系副教授、教授、博士生导师，清华大学结构工程研究所所长，教育部结构与振动重点实验室主任。江见鲸是钢筋混凝土结构有限元领域开拓者和中国结构工程、防灾减灾工程以及防护工程专家。六七十年代，进行地下及防护工程研究，对材料在快速加载下的力学性能研究成果，广泛应用于中国地铁及防护结构设计。负责结构设计的中国第一个大型地下水封油库，已正常运行35年，深受使用单位称赞。主持研究设计的项目多次获奖：1994年，钢筋混凝土梁柱计算模拟教学试验项目，获国家教委首届CAI优秀软件一等奖；1999年，镇江市综合减灾示范研究，获教育部科技进步一等奖；GIS的城市综合减灾评估与对策研究，同年获教育部科技进步二等奖；澜沧江—湄公河下游区综合开发和协调的信息管理与决策支持系统建设，2004年获云南省科技进步二等奖。参与结构设计大赛和混凝土课程教学改革分获北京市教学成果一、二等奖。先后出版《混凝土结构有限元分析》《有限元法及其应用》《钢筋混凝土基本构件设计（第二版）》《防灾减灾工程学》等专著和教材，主编《中国计算力学论文集》《中国土木工程指南》；主审《混凝土结构》，1996年获国家教委优秀教材一等奖；《钢筋混凝土非线性有限元分析》，1996年获建设部第三届优秀教材二等奖。先后在国内外学术刊物上发表《微型计算机在钢筋混凝土结构课程教学中的应用》《钢骨砼柱正截面强度计算中的轴力分配》等100余篇论文。曾任中国土木工程学会常务理事和教育工作委员会主任，建设部高等土木工程学科专业指导委员会副主任，建设部建筑工程专业评估委员会委员，中国灾害防御学会理事，中国力学会计算力学专业委员会副主任，中国土木工程学会桥梁及结构工程分会结构学会理事，英国土木工程师学会资深会员，国际计算力学学会会员。2008年9月6日因病医治无效在北京逝世。

许一鸣 (1938—2007)

金坛人。1964年，从中国人民大学新闻系毕业后报名到西藏工作，任新华社西藏分社记者。在西藏6年先后采写《比喜马拉雅山更崇高——记一对汉藏工人的深厚情谊》等文章400余篇，拍摄1966年雅鲁藏布江大桥建成通车等大量新闻照片，刊登在《人民日报》等新闻媒体上，反映了西藏的巨大变化。1970年调到福建分社任记者，1977年任副社长、党组副书记，1988年任社长、党组书记。1992年被评为高级记者，同时任福建省政协委员、福建省新闻学会会长等。

许一鸣在福建采写的《古田会议精神代代传》《更上一层楼》《汗水换来发言权》等新闻作品被新华总社通报表扬。中共十一届三中全会召开后，他采写的《福建省委把平反冤案与揭批“四人帮”结合起来，严肃处理三明市委阻挠平反冤案的严重事件》刊登在《人民日报》，配发题为《落实党的政策，必须具备无产阶级坚定性》评论员文章，被全国各地报纸转载。改革开放后，他又配合经济建设，采写《福建省外商经营成片土地开发调查》《闽南三角区实行“贸工农”调查》等内参报告，为中央和福建省委、省政府及时决策起了积极作用。他一生中先后撰写文章3000余篇，其中内参发表上千篇，并发表1000余张新闻照片。

蒋荫安 (1939.03.09—2007)

武进人。笔名姜鹰、闻岩。1964年中国人民大学研究生毕业后，分配到《人民日报》文艺部工作，后任评论组编辑、副组长。1967年被派到河南许昌县桂村乡水道杨村采访党支部副书记杨水才事迹，杨水才“小车不倒只管推”的精神，影响和教育了一代人。1984年编辑和审核120万字的《中国新文学大系——文艺评论卷》。1985年参加创办《人民日报·海外版》，先后任文艺部主任、副总编辑。首先提出“大文化”概念，确立精彩、质量和连载“三角支撑”方案，受到海外读者欢迎。他除编稿审稿外，撰写了大量社论、评论员文章等，其中《论人民群众是文艺作品最权威的评定者》《高加林悲剧的启示》《一个有自己声音的青年作者》《评贾平凹的创作》等，产生极大影响。他担任中国社会科学院研究生院新闻系兼职教授和硕士生导师、学位评委会委员，享受国务院特殊津贴。1991 年被评为全国优秀新闻工作者，1993 年获首届全国韬奋奖提名奖。

顾冠群 (1940.01.13—2007.05.26)

武进奔牛董墅人。1956 年考取南京航空学院（今南京航空航天大学），第二年转到南京工学院学习，1962 年毕业后留校任教。1962—1976 年参加 DJS-24 通信计算机、DJS-2201 计算机等项目研究，作为主要成员研制成功中国第一台晶体管积分机，并完成基于该机的自动切割绘图系统和潜艇电子航迹仪，分别获全国科学大会奖，全国国防工业进步一、二等奖。1976 年起，从事计算机网络和通信研究及教学，编著中国第一本《计算机网络》统编教材，获电子部优秀教材一等奖。解决网络协议实现和协议迁移等技术关键，研制成功 OSI 网络和 EDI 系统，应用于多项网络工程，效益显著。率先在国内研制出 X.25 通信控制器，打破国外垄断和依靠进口局面。1983 年任副教授。1986 年升教授，同年任计算机网络和通信研究室主任。1987 年起，历任南京工学院副院长、东南大学副校长。1993 年，他任博士生导师，重点研究高性能计算机网络协议，成为国际 XTP（快捷传输协议）论坛成员，1996 年任东南大学副校长兼计算机科学与工程系主任。1997 年，当选为江苏历史上首任民选校长（副部长级）和中国工程院院士，系第九至十届全国人大代表，江苏省科学技术协会第四至第六届理事会副主席。1998 年，参与华宝空调器厂的计算机集成制造系统（英文简写 CIMS）工程研究，获国家科技进步二等奖。1991 年享受国务院特殊津贴。2005 年 2 月，当选为江苏省科协主席。

他长期从事计算机、计算机网络、计算机集成制造系统(CIMS)方面研究和教学工作，率先研制成功中国第一台晶体管数字积分机，开拓数字积分机应用领域。后转入计算机网络工程研究，成为中国最早从事计算机网络研究与教学的探索者、开放式计算机网络研究的先驱，研制出符合国际标准的完整的数据通信、计算机网络软硬件，在计算机系统、计算机网络、开放式网络技术和网络工程、CIMS 等方面做出杰出贡献。他毕生获国家级科技进步奖 4 项，部省级科技进步一等奖、二等奖 12 项。在《计算机学报》等核心期刊上发表论文 100 余篇，出版专著 5 本，顾冠群作为专家型校长，始终把学科建设当作重要工作来抓，他培养博士生 18 名、硕士生 60 名，为东南大学的发展做出了重大贡献。

黄水清 (1940—2010)

武进人。原名黄国梁，笔名江洁、冰清。1958 年江苏省常州高级中学毕业，曾在武进任中学副校长。1974 年发表处女作，从此笔耕不止，1991 年调入武进县文化馆从事专业创作，任副研究馆员。2003 年当选中国科普作家协会理事，2007 年加入中国作家协会，曾任第五届武进文学协会主席和常州市人大代表等。黄水清长期从事儿童文学、童话和寓言创作。1978 年起进入创作旺季，创作《金鸡的故事》《兔兄弟上姥姥家》《迷人的数学乐园》《调皮的小数点》《“0”妹妹笑了》《狼孩与王子》《52 个周末童话》《科学寓言百则》《科学寓言 1001 篇》《语言大厦风波》《知识童话精选》《小黄毛的故事》等儿童文学作品 26 部、400 余万字。《相扑巨人》《朱古力城》于 1993 年分获首届冰心儿童文学新作奖、海峡两岸少年小说童话征文奖；《科学寓言集锦》于 1994 年获第二届冰心儿童文学新作奖；《科学寓言一千零一夜》于 1998 年获江苏省第三届“五个一工程”奖和 2003 年文化部第三届“蒲公英奖”；《语言大厦的风波》获上海市第八届中小学优秀图书奖；《学科知识童话》于 2000 年获常州市“五个一工程”奖；《自然科学与人》于 2001 年获冰心儿童文学新作奖；《知识童话精选》和《大力神游宇宙》科学寓言故事，2004 年分获中国寓言文学最高奖金骆驼奖；《科学寓言大王》于 2005年获上海市中小学优秀读物一等奖；科学寓言《矛和盾的集合》、儿童小说《小黄毛的故事》、知识童话《造字大王一家》，分别被编入 2001 年、2003 年和 2005 年的小学语文教材，部分作品入选《江苏文学 50 年》文学卷，内容简介入选《中国儿童文化 50 年大典》儿童文学卷。

马中原 (1942—2010)

无锡人。长期定居常州。二级编剧。1961 年南京艺术学院中专部毕业，1964 年起专业从事戏剧剧本创作，先后任武进市越剧团、锡剧团、文化局创作室专业编剧，创作《考三喜》《撑船打铁磨豆腐》《盼望》《微微暖气吹》《哭哭笑笑》《员外抬轿》《送灶》等小戏，与陆忠宽等人合作创作《桑篮记》《梨园喜事》《三留老木匠》等小戏。创作的大戏有《春风万里》《望海》《今日出梅》《红砖绿瓦》《玉池鉴》，与人合作的大戏有《金银案》《风流母女》等。之外，他还在《青春》《雨花》《东海》《新观察》《剧影月报》《上海戏剧》《统一论坛》等报刊发表小说、散文、诗歌、曲艺、报告文学和文艺评论 200 余篇。其中现代戏《今日出梅》剧本，被江苏省锡剧团排练首演，1992 年在中南海礼堂演出；现代戏《风流母女》获江苏省第二届锡剧节剧本一等奖、华东田汉戏剧文学二等奖，选调参加首届中国艺术节(华东·上海)；话剧小品《最后一只红灯笼》获"96 中国剧协青岛联谊杯全国小品百优"大赛二等奖。论文《到观众中寻求答案》入选《华东戏剧论文选》。1997 年，中国戏剧出版社出版《马中原剧作选》。为中国戏剧家协会会员，曾任常州市戏剧家协会副主席、武进市文联副主席。

丁伯南 (1945.03.19—2007.12.13)

武进人。1967 年 8 月哈尔滨军事工程学院核爆测试专业毕业，正值"文化大革命"，先在解放军丹阳练湖农场劳动，一年后被分配到核工业部第九研究院工作。1990 年 1 月至 1991 年 8 月，到美国马里兰大学做访问学者。1993年任研究员，享受国务院特殊津贴，后任博士生导师，历任研究室副主任、主任、副所长、所长，1999 年任中国工程物理研究院(简称"中物院"，驻绵阳)副院长。2000 年被国防科工委评为有突出贡献中青年专家，2003 年当选为四川省学术和技术带头人，2007 年当选为中国工程院能源与矿业工程学部院士。

丁伯南长期从事直线感应加速器(LIA)和脉冲功率技术及应用研究，先后组织研制出中国首台 10MeVLIA 直线感应加速器和规模更大达同类装置世界先进水平的神龙一号加速器，为中国核武器研制事业和高技术事业发展做出重大贡献。在长期的核科学研究中，他先后获国家科技进步奖和部委级科技进步一、二、三等奖近 30 项，发表论文和编写技术报告 70 余篇，培养博士、硕士研究生 16 人。他长期超负荷勤奋工作，积劳成疾，生病期间仍带病奋战在军事科研一线。他是中国核科学奠基人和开拓者之一，被王淦昌称为"拼命三郎"。在 2007 年国家正式公布新院士名单前 10 多天因患癌症逝世，享年 62 岁。中物院领导给予极高评价：自 70 年代初起，丁伯南就投身于国防科技事业，无论是在环境艰苦的戈壁荒滩，还是在闭塞潮湿的西南山区，他始终率先垂范，忘我工作，为全院事业和中国特色的核武器事业发展倾注了全部的精力和智慧，做出了突出贡献。

张宇清 (1946—2001)

无锡人。长期定居常州。一级编剧。作为知青下放金坛。1974 年开始在省级刊物上发表小说、散文，其中《秋水鸳鸯》于 1989 年获江苏省《乐园》杂志金杯奖，小说《仇人眼里出西施》1990 年获江苏省出版社小说一等奖。"文化大革命"结束后，在常州市滑稽剧团、常州市文化局剧目工作室从事专业创作。先后创作剧本 10 余部，《乐在其中》于 1984 年获江苏省青年汇演优秀剧目一等奖。《土裁缝与洋小姐》于 1986 年获江苏省新剧目调演优秀剧本奖、优秀演出奖、演出百场奖。儿童滑稽戏《我要做好孩子》获全国文华新剧目奖。《多情的"小和尚"》于 1988 年获江苏省新剧目调演优秀剧本奖、优秀演出奖和演出百场奖，1989 年获第五届全国优秀剧本奖、华东六省市田汉文学奖和兆丰杯文学奖，1990年获江苏省剧协紫金奖，1992年获江苏省第二届文学艺术奖优秀剧本奖。《两个男人一颗心》于1991年获江苏省新剧目调演剧本奖和演出奖。1993年，《诸葛亮与小皮匠》获江苏省新剧目调演优秀剧本奖、江苏省“五个一工程”奖、中共中央宣传部“五个一工程”提名奖。1994年，中国戏剧出版社出版了《张宇清剧作选》。1996年，《龙子龙孙》获第二届江苏省滑稽戏节优秀剧本奖。他创作的剧本《乐在其中》被上海电视台拍成电视剧《阳台变奏曲》，《土裁缝与洋小姐》《多情的“小和尚”》被长春电影制片厂拍成同名电影。曾获常州市政府“七五立功”奖章、江苏省有突出贡献中青年专家、全国文化系统先进工作者称号等。曾任中国戏剧家协会会员，中国喜剧电视（小品）研究会副主席；常州市戏剧家协会副主席，市第九届政协常委及文化组副组长，市第十届人大代表。

周玉峰 (1947—2010.07.21)

武进人。国家一级演员。1961年考入常州曲艺团，1966年调入常州市评弹团工作。他聪明好学，勇于实践探索，从演员逐步走上领导岗位，担任了常州市评弹副团长。他从事曲艺的特点是自编自演，先后创作出《金蛇郎君》《夜江南》《兰陵白侠》等长篇评话6部和中篇弹词5部、短篇评话12部、微型评话50余个、系列评话2部、唱词12首，出版个人专著两部。在江浙沪的吴语区演出200多场。他的表演艺术口齿清晰，条理清楚，能抓住观众的内心世界，放噱头、留悬念、吊胃口，在激烈演绎中轻松交替，给观众留下深刻印象。1980年起，他表演的《常州白太官》《杀太后》《汪精卫和汉奸们》《中纪委在行动》等，受到观众的广泛好评，多部自创自演的作品获奖，与邢晏春共同创作的《钱粮师爷》获第四届江苏省曲艺界优秀创作奖、优秀剧目奖和优秀演出奖；创作指导排练的《雨露青苗》参加中国评弹艺术节比赛，获优秀节目奖和优秀创作奖。2002年，创作的曲艺《谢荷花》，获第二届中国曲艺最高奖牡丹奖。2004年起，享受国务院特殊津贴。2008年，撰写的《常州道情缺失探》获第五届中国曲艺牡丹奖理论奖，一人连获曲艺界最高大奖两项。2010年7月21日突发心脏病去世。曾任常州市曲艺家协会主席、常州市文联委员、常州市舞台艺术指导委员会委员、江苏省曲艺家协会理事和中国曲艺家协会会员。

杨学泉 (1949.11—1993.05.04)

常州人。1969年高中毕业后应征入伍，历任沈阳军区守备三师炮兵团战士、宣传干事、报道组长。1985年四川大学中文系毕业调《解放军报》社工作，历任驻沈阳军区记者组记者、北京记者站站长、记者部内勤记者组组长和主任记者。上校军衔。1993年加入中国作家协会，同年5月4日到内蒙古自治区边防部队采访，路经戈壁滩时因遭遇车祸而牺牲，终年44岁。杨学泉才华出众，善于写作，先后撰写中国首次运载火箭发射、核潜艇导弹试验发射、老山前线自卫反击战等重大事件通讯报道。《运载火箭发射现场目击记》获全国首届好新闻一等奖，《总书记与我们共商国事》获《解放军报》社社长特别奖。创作中篇报告文学集《父亲啊父亲》《她的飞天与坠落》，报告文学《火药发明者的子孙》获国防科工委优秀创作奖。

殷延平 (1956—2009)

祖籍山东。出生于福建。一级演员。1978年考入常州滑稽剧团从事滑稽戏表演。在《乐在其中》《土裁缝与洋小姐》中分别扮演铁公鸡、王乐乐，获1984年江苏省青年演员新剧目调演和1986年省新剧目观摩演出表演奖。1990年参加江苏省新剧目观摩演出，主演《两个男人一颗心》，获优秀表演奖，并获上海首届戏剧表演艺术白玉兰主角奖。1988年、1996年参加江苏省第一至第二届滑稽戏节，在《热闹的黄昏》《龙子龙孙》中饰金不换和龙波，均获优秀表演奖。1993年任常州市滑稽剧团团长，在大型滑稽戏《诸葛亮与小皮匠》中成功塑造中学教师诸葛文，获江苏省首届戏剧节优秀表演奖，应邀到北京中南海演出，参加全国现代戏第十一届年会展演。2000年主演《我要做好孩子》中的父亲金亦鸣，获江苏省第三届戏剧节优秀表演奖、文化部第九届文华表演奖和2001年第十八届中国戏剧最高奖梅花奖。1985年起，应长春电影制片厂邀请，先后参加影片《三十层楼上》《私奔》《死神·最后一张王牌》《土裁缝与洋小姐》拍摄。曾任常州市文化艺术学校副校长、中国戏曲表演学会理事、江苏省滑稽戏研究会副会长、常州市戏剧家协会副秘书长，市第十一届人大代表、市青联常委。曾被评为江苏省有突出贡献中青年专家、常州市德艺双馨演员。

恽小华 (1965.09.30—2007.09.12)

武进人。从小河中学高中毕业后，考入华东工程学院(后改南京理工大学)电子工程系。大四第一个学期被保送到中国科技大学，师从著名毫米波专家李敦复教授攻读硕士学位，深受李教授赏识，破格让他担任课题负责人，独立承担两项"七五"国家攻关任务。1988年获硕士学位，留校任教。1994年，调南京理工大学电子工程与光电技术学院任教，两年后被破格晋升为教授，任微波工程研究中心主任，南京大学兼职教授，后又任空间载荷技术研究中心主任、博士生导师，先后培养研究生70余名。从事微波毫米波射频、射频仿真、微波毫米波通信、频率合成、多芯片微组装等技术研究。1994年起，作为第一负责人，先后承担20余项国家级科研项目，主持建立了国内一流、国际先进的集设计、仿真、制作和测试等条件为一体的设施完备的微波/毫米波实验室和纳米电子研究平台，取得重大成就。获省部级以上科技进步奖10余项，申请20余件国家发明专利、3件美国发明专利，在国内外核心刊物上发表论文30余篇。"微波/毫米波芯片及多芯片组件关键技术研究与应用"和一项专项项目分获2006年度国家科学技术进步奖二等奖、国家技术发明奖二等奖。享受国务院特殊津贴。同年6月，他被列为江苏省"333高层次人才培养工程"首批中青年首席科学家。恽小华的技术研究成果受到学术界的广泛关注。2006年被浙江大学聘为博士生导师，任浙江·加州国际纳米技术研究院纳米电子平台首席科学家。与人合作在杭州创立浙江中微科电子集成技术工程公司。2007年，入选中国工程院院士增选候选人名单和中国微波毫米波行业排名前10位专家名单。同年9月12日不幸遇害。

第二章　人物简介

第一节　烈士简介

1986—2010年后，常州市有33人被批准追认为革命烈士，其中有在部队牺牲的，有在地方见义勇为牺牲的，还有新中国成立前牺牲被追认为革命烈士的。本节所记革命烈士均以出生年先后为序。

曹选清 (1906—1944)　金坛人。2000年1月18日，被江苏省政府追授为"革命烈士"。1943年参加革命，任湖头村冬防队队长，民国33年(1944)初在金坛水北镇西街战斗中牺牲。

唐　化 (1911—1945)　湖南人。1986年10月13日，被江苏省政府追授为"革命烈士"。民国27年(1938)参加革命，民国30年加入中共，后来到常州从事革命活动。民国34年(1945)初，因身份暴露，在武进圩塘乡今龙江村第14、第15村民小组交界处，被敌人杀害。

王晋槐 (1912—1939.02.21)　金坛人。2001年1月18日，被江苏省政府追授为"革命烈士"。民国27

年(1938)8 月参加革命，同年加入共产党，民国 28 年 2 月 21 日被日本侵略军杀害于卜戈桥公路一侧。

朱者赤 (1913—1946.04) 金坛人，又名朱朝发。1989 年 7 月 7 日，被江苏省政府追授为“革命烈士”。民国 27 年(1938) 参加革命，同年加入共产党，曾任共产党领导的金坛县警卫团连长。民国 35 年 4 月，在北撤返回金坛途经丹阳时，被国民党特务逮捕杀害。

雷 明 (1914—1946) 金坛人。1989 年 8 月 15 日，被江苏省政府追授为“革命烈士”。民国 29 年(1940) 参加共产党领导的革命工作，曾任排长，民国 35 年被国民党逮捕杀害在常州天宁寺。

许海筹 (1921—1945.12) 金坛人。1992 年 8 月 17 日，被江苏省政府追授为“革命烈士”。民国 30 年(1941) 春参加革命，任游击组组长，民国 34 年 12 月 21 日因叛徒告密，被国民党军杀害于湖西桥下。

朱银大 (1921—1944.02.20) 江阴人。1997 年，被江苏省政府追授为“革命烈士”。民国 32 年(1943) 参加革命，民国 33 年 2 月 20 日运送物资，在常州境内被土匪杀害。

张阿根 (1924—1946.07) 金坛人。1989 年 8 月 15 日，被江苏省政府追授为“革命烈士”。民国 34 年(1945)5 月参加革命，翌年 7 月在泰兴县东西分界作战牺牲。

袁汉英 (1943—1996.08.21) 常州人。1999 年 6 月，被江苏省政府追授为“革命烈士”。1996 年 8 月，被司法部追认为全国模范人民调解员。1958 年 3 月参加工作，1988 年 5 月加入中共，在常州市郊区五星乡汤家村任村委主任兼调解委员会主任。1996 年 8 月 21 日，为维护社会治安被歹徒杀害。

周权大 (1949—1995.06.12) 武进圩塘（今属常州新北区）人。1999 年 6 月，被江苏省政府追授为“革命烈士”。武进县圩塘镇大降村村民，曾任农技员、民兵排长，1995 年 6 月 12 日下午 5 时许，一名女青年骑自行车不慎跌入圩塘镇建新河中，生命危在旦夕。恰巧路过的周权大立即跳入河中相救，落水女青年得救了，而周权大却因体力不支牺牲。

蒋国平 (1949—2000.06) 金坛人。2000 年 7 月，被江苏省政府评为江苏省见义勇为先进分子。11 月，被江苏省政府追授为“革命烈士”。金坛市儒林镇蒋家桥村村民，1967 年参加工作。2000 年 6 月 3 日上午，儒林镇河下村委蒋家桥村孤老王小兔家发生火灾，蒋国平一面组织村民扑救，一面冲入火场，冒死救出孤老，因被电线击倒牺牲。

张志康 (1953—1997.01) 武进魏村孝都（今属常州新北区）人。1997 年 11 月，被中华见义勇为基金会评为全国见义勇为先进分子。12 月，被江苏省政府追授为“革命烈士”。1975 年参加工作，后成为武进魏村镇孝都的个体户。1997 年 1 月 30 日晚 8 时许，两名犯罪嫌疑人持刀闯入武进孝都电器厂厂长陈荣方家盗窃抢劫。住在楼下的张志康听到呼救后立即上楼相救，他不顾歹徒举刀威胁，立刻冲上前抱住歹徒与其搏斗，被连捅数刀，身负重伤，仍紧紧抱住歹徒从楼上扭打到楼下，终因失血过多牺牲。

殷雪梅 (1954—2005.03) 金坛人，女。2005 年 4 月，被江苏省政府追授为“江苏省见义勇为英雄”和“革命烈士”。1976 年 2 月参加工作，曾任金坛城南小学二(1) 班班主任。2005 年 3 月 31 日 12 时许，她在斑马线中间护送低年级学生过马路时，突遇一辆违章汽车向人群高速冲来，她临危不惧，奋力将马路中间的 6 名学生推向路旁，自己被汽车撞飞 25 米远倒在血泊之中。经上海、南京、深圳的医疗专家全力抢救，输血 1 万多毫升，终因伤势过重，5 天后因公殉职。她先后被中共江苏省委追认为共产党员，被中华见义勇为联合会追授为见义勇为先进个人，被人事部、教育部追授为全国模范教师，江苏省总工会追授她五一劳动奖章。4 月，中共江苏省委教育工委、省教育厅追授为英雄教师；江苏省妇联追授“三八红旗手”称号；11 月，被中华见义勇为基金会评为全国见义勇为英雄。2007 年 9 月被评为全国见义勇为模范。城南小学更名为“殷雪梅小学”。

王国平 (1955—2002.06) 常州人。2002 年 7 月、2003 年 6 月，先后被江苏省政府追授为“江苏省见义勇为先进分子”“革命烈士”。1972 年 12 月入伍，1976 年 10 月加入共产党，后转业到中共常州市委统战部工作，历任党派处处长、市工商联合会副会长。2002 年 6 月 29 日晚 9 时许，王国平下班途经常州市区健身桥附近时，发现安洁尔纯净水公司一间屋顶窜起火苗，他一边打电话报警，一边冒着生命危险爬上 3 米高的顶棚屋面，奋力用水盆泼水灭火，不幸滑倒在水泥地上，当即昏迷不醒，经医院抢救无效牺牲。

张龙法 (1957—1997.02)　武进安家(今属常州新北区)人。1997 年，被江苏省政府追授为“革命烈士”。1995 年 7 月加入共产党，1997 年 2 月任武进安家镇某村中共支部副书记、村经济合作社社长。同年 10 月 7 日在从事镇砖瓦厂调解纠纷中被歹徒杀害。

张国忠 (1957—1985.08)　武进人。1987 年，被江苏省政府追授为“革命烈士”。1976 年 3 月入伍，1978 年 8 月加入中国共产党，任政治指导员，1985 年 8 月在西南边陲参加对越自卫反击战中，押运物资时因车祸受伤，1987 年 7 月 12 日因伤口复发牺牲。

戴锁明 (1962—1988.10 月)　溧阳人。1988 年，被江苏省政府追授为“革命烈士”。1981 年 10 月入伍，1987 年 8 月加入中国共产党，任仓库主任，1988 年 10 月在浙江因公牺牲。

冯双敏 (1963—2004.05)　河北石家庄人。2004 年，被江苏省政府追授为“革命烈士”。1980 年 6 月入伍，1985 年 12 月加入共产党，任正团职副参谋长，海军一级飞行员，曾立二等功 1 次、三等功 2 次。2004 年 5 月 6 日，在常州执行任务时牺牲。

王耀平 (1965—1986.05)　武进人。1986 年，被江苏省政府追授为“革命烈士”。1986 年 5 月 27 日，参加云南老山自卫反击战时英勇牺牲。

任进红 (1966—1988.11.13)　武进人，女。1988 年，被江苏省政府追授为“革命烈士”。任副连职飞行员，1988 年 11 月 13 日在吉林战备飞行训练中牺牲。

吴雪峰 (1968—1988.08.09)　常州人。1988 年，被江苏省政府追授为“革命烈士”。1987 年加入共青团，同年 10 月入伍。1988 年 8 月 9 日，在执行任务时牺牲。

汤齐红 (1968—1988.09)　宜兴人，女，定居常州。1988 年，被江苏省政府追授为“革命烈士”。1985 年 10 月加入中国共青团，1987 年 11 月从常州入伍服役，1988 年 9 月 20 日在河南驻马店因公牺牲。

郭丽华 (1969—1988.09)　武进人，女。1988 年，被江苏省政府追授为“革命烈士”。1987 年 11 月入伍服役，任副班长，1988 年 9 月 20 日在河南驻马店因公牺牲。

张　利 (1969—1988.09.20)　江阴人，女。1988 年，被江苏省政府追授为“革命烈士”。1987 年 5 月，加入中国共青团。1987 年 11 月，从常州入伍。1988 年 9 月 20 日在河南驻马店因公牺牲。

唐春雨 (1969—1989.04)　溧阳人。1989 年，被江苏省政府追授为“革命烈士”。西安石油学院学生，1989 年 4 月在西安南郊因抢救落水女工牺牲。

孙启刚 (1970—2004.05)　山东文登人。2004 年，被江苏省政府追授为”革命烈士“。1990 年 12 月入伍，1993 年 4 月加入共产党，曾任正连职通射长。2004 年 5 月 6 日，在常州执行重大公务时牺牲。

顾明学 (1971—1994.10)　江苏涟水人。1995 年 8 月，被江苏省政府追授为“革命烈士”。1990 年入伍，1992 年加入共产党，退役后在常州天宁区雕庄乡任联防队员。1994 年 10 月 14 日凌晨 2 时许，顾明学与另一名治安联防队员驾驶摩托车巡查至雕庄中学围墙处，发现并盘问一名形迹可疑的男子，他追赶可疑男子时，被该男子用自带的约 40 厘米长的管制刀具刺中左胸，当即倒地，仍忍痛挣扎着爬起来，追出 20 多米，终因失血过多光荣牺牲。

吴海军 (1974—1994.12)　武进人。1994 年，被江苏省政府追授为“革命烈士”。1992 年入伍，任武警某部驻海口机场班长。1994 年 12 月 10 日晚 9 时许，他在海口机场跑道执勤，广州飞海口的 3932 航班将 4 分钟后降落，忽然有一辆小轿车未接受保安人员检查，强行从一号联络道加速驶向飞机主跑道，这时 3932 航班已开始缓缓降落，机上着陆灯光已照向地面。在这千钧一发之际，吴海军立即拦住机场一辆工作车，从滑行道抄近驶向东侧跳车，与执勤人员陈宇伟站在跑道中央两侧拦截小轿车，伸手命令其停车，示意停车，小轿车不但未停，反而加速向吴海军猛冲过去，致使他被撞飞 3 米高、10 余米远，鞋、帽、枪脱身飞离，头、胸、腿等 10 余处受重伤，血流如注，染红机场跑道，献出年仅 20 岁的年轻生命，保住了 3932 航班 200 名中外乘客的生命安全和国家财产。被武警总部追记一等功，国家民航总局授予他“空港卫士”称号，中共常州市委、市政府和中共武进县委、县政府号召全体干部群众向他习。

赵志华(1979—2000.08)　溧阳人。2000 年，被江苏省政府追授为“革命烈士”。1989 年 12 月入伍服役。2000 年 8 月 22 日，在执行军事任务时牺牲。

王铭飞(1980—2004.05)　靖江人。2004 年，被江苏省政府追授为“革命烈士”。1998 年 12 月入伍，任通射员，2001 年 4 月加入共产党，二级士官。2004 年 5 月 6 日在常州执行重大任务时牺牲。

汪　丹(1983—2005.07)　溧阳人。2006 年 4 月，被江苏省政府追授为“革命烈士”。2009 年 10 月，被评为江苏省见义勇为英雄。2005 年 7 月参加工作，任溧阳市公安局西门派出所联防保安队队员，2005 年 10 月 29 日晚 11 时许，溧阳市民广场附近发生一起持刀抢劫案件。接警后，汪丹和两名民警在派出所副所长带领下赶到现场，30 日凌晨 1 时许犯罪嫌疑人在昆仑宾馆附近被发现，逃入居民楼，挥刀刺向围捕的民警和联防队员，汪丹在与犯罪嫌疑人的搏斗中被刺成重伤，经抢救无效牺牲。

彭　勇(1985—2005.06)　溧阳人。2005 年，被江苏省政府追授为“革命烈士”。2003 年 12 月入伍。2005 年 6 月 2 日，在泰兴救火战斗中为抢救战友牺牲。

王海杰(1987—1997.09)　涟水人。2008 年 4 月，被江苏省政府追授为“革命烈士”。在常务工人员。2006 年 2 月 17 日晚 10 时许，一名来常打工的女青年在京杭大运河常州西仓桥北侧落水，途经此地的王海杰听到呼救声后，奋不顾身跳入湍急的大运河相救，落水女青年最终获救，王海杰献出宝贵的生命。

周　俊(1988—1997.09)　溧阳人。1997 年 4 月、1998 年 11 月，先后被江苏省政府追授为“见义勇为小英雄”“革命烈士”。别桥小学二年级学生。1997 年 9 月 6 日下午 4 时许，周俊与 6 名儿童结伴在溧阳别桥镇前程砖瓦厂旁的河塘边玩耍，发现一名小伙伴不慎落水，立即跳入水中救人。当救出小伙伴时，他自己却因体力不支沉入水中光荣牺牲。

第二节　劳模简介

在改革开放建设中，常州市各行各业涌现出一大批敬业爱岗、默默无闻、勇于奉献的劳动模范和先进工作者，他们成为各条战线建设上的排头兵。为弘扬他们的精神，特以简介及其名录形式记入史册。自前志断限后的 1989 年起，全国劳动模范、全国先进工作者每 5 年评选 1 次。至 2010 年底，先后评选 5 次，全市有 52 人先后被国务院表彰为全国劳动模范、全国先进工作者。本节所记全国劳模、全国先进工作者以出生年月为序。

张志坚　1989 年被国务院表彰为全国劳动模范。江阴人，民国 19 年(1930)出生。1957 年南京中医学校医科师资班结业，在河北中医学院任教，1966 年调常州市中医院工作，曾任内科主任医师。他潜心攻研肾病综合症、慢性肝病、红斑狼疮等疑难病症的医疗方法，多次挽救重病人生命。主持研制的羚羊注射液、胃安散、肝心糖浆、保肝露等中药制剂，在临床治疗中效果显著。从 1976 年起先后被评为省劳动模范、省先进工作者和省优秀卫生工作者。

史仰山　1989年被国务院表彰为全国先进工作者。江阴人，民国21年(1932)12月生。高级教师。1950年武进延陵初级中学毕业，长期在武进县湖塘实验小学任教，历任教导主任、副校长。在担任校领导分管教学工作中，积极带领教师进行数学课堂教学结构、班级教学整体改革，撰写《培养学生创造力，开发学生智力》等论文，在省内产生较大影响。

徐宝大　1989年被国务院表彰为全国劳动模范。常州人。民国22年(1933)2月出生。1954年进常州市第二建筑工程公司工作，自1986年任205工程队队长起，至1988年完成的70余项工程项目，质量合格率达100%，优良工程达97%，并有5项工程被评为江苏省优质工程，其中常州市中联大厦工程获省优质大金杯奖，人均创利2476元，在全国领先。所率领的205工程队被评为全国双文明承包队。

汪志钧　1989年被国务院表彰为全国劳动模范。常州人，民国23年(1934)11月生。高级工程师。1954年加入中国共产党。1961年西安交通大学内燃机专业毕业。曾任常州柴油机厂设计科科长、总工程师、副厂长、常柴集团副总经理。1984—1988年任厂长。制订以质量取胜的“内改外联”经营决策，柴油机产量从8.7万台增至22.6万台，年利润从1531万元增至2900万元。产品质量全国领先，获国家金质奖3次、银质奖1次，企业先后被评为国家质量管理奖、全国五一劳动奖状、国家一级企业，成为国内同行中获国家奖最多、产量最高、产品最优、效益最好、出口量最大的优秀企业，他被评为省劳模，部优秀企业家，有突出贡献的中青年科学、技术、管理专家。

蒋才喜　1989年被国务院表彰为全国劳动模范。溧阳人，民国28年(1939)出生。汤桥乡圩庄村农民。1983年承包离村远、产量较低的低洼耕地71.5亩，他勤劳种植，在田边搭建简易房“安家”，产量稳步提高，亩产达500公斤左右，至1988年，6年生产粮食21.9万公斤，上交公粮13.4万公斤。

庄玉明　1995年被国务院表彰为全国先进工作者。武进人，民国29年(1940)出生。1961年毕业于江苏教育学院地理科，先后在常州市浦前小学、五星中心小学任教，1974年调常州市第六中学执教。教学经验丰富，积累总结的“先慢后快、循序渐进、两关教学、环环紧扣”的教学口诀，特别适应用于基础较差的教学班。1986—1994年所教的班经她因情施教，毕业考试成绩超市平均分10分左右，合格率达98%。

韩淑芳　1995年被国务院表彰为全国劳动模范。金坛人，民国29年(1940)出生。1965年清华大学工程数学力学系毕业。曾在国防科委8334部队工作。1970年调常州齿轮厂工作，历任科长、副厂长。1984年任厂长后，实施6项重大技改项目，不断开发新品，由原来生产2个机型、22个品种发展到1994年30余个机型和300余个品种。同年销量占全国同类产品30%以上，经济效益大幅度提高，成为常州知名企业，被评为国家二级企业。他被评为省劳动模范、省机械工业优秀企业家、农机工业质量管理优秀厂长。

范广荣　1995年被国务院表彰为全国劳动模范。苏州人，民国30年(1941)出生。高级工程师。1966年北京铁道学院研究生院毕业。历任戚墅堰机车车辆工厂工程师、内机分厂副厂长、科研所副所长、副总工程师。在机车柴油机设计研制工作中取得多项科研成果，解决7项关键性工艺，为工厂节省近10套重大工艺装备。主持东风8型机车设计、研制、试验，提高冷却能力、防寒改造等，使该车性能更为完善。1990年，东风8型机车获国家进步一等奖，他曾被评为部劳模。

蒋浩然　1989年被国务院表彰为全国劳动模范。常州人，民国30年(1941)出生。1967年进常州拖拉机厂工作，曾任电工班班长。1980年，他与科技人员一起研制发明一种国内首创的塑料套用的化学腐蚀型墨水，定名“DX编号剂”，填补国内空白，为工厂年创利16万元以上。工作中善于小改小革，先后用28台套微机改造7条自动线和13台套老设备，每年增加产值87万元，节电3.8万度。至1988年，实现1项发明、

46项技术革新和2项班组专利。曾获全国五一劳动奖章。

吕振远　1989年被国务院表彰为全国劳动模范。江苏睢宁人，民国31年(1942)9月出生。高级经济师。1965年苏州纺织工学院染整专业毕业。同年加入共产党。先后在辽宁丹东丝绸印染厂、常州市纺工局、常州东风印染厂任技术员、副科长、副厂长。1984年任常州东风印染厂厂长及蝶球公司总经理，主持常州东印厂老厂改造，4年完成技改项目273项，完善企业内部经营机制，产品获国家金质奖1项、银质奖2项、纺工部优质奖3项、省优质奖2项，经济技术指标保持全国领先，1987年获金马奖、国家二级企业。从1988年起，他先后被评为省劳模、部劳模以及全国优秀企业家、全国有突出贡献的中青年科学、技术、管理专家。

张全泉　1989年被国务院表彰为全国劳动模范。常州人，民国34年(1945)4月出生。1975年11月起任武进县奔牛镇东桥村党支部书记，带领全村干部群众走共同富裕道路，大力发展村办工业，产值由1980年的16万元增至1988年的3100万元，8年缴税240万元。推行农业生产承包，把原来565户分散承包种植的1200亩商品粮田集中承包给174户种粮大户，村投资37.2万元购置农业机械，提高农业机械化生产，产量稳步提高，亩产稳定在750公斤左右，超额完成上交国家商品粮任务，每年达52万公斤。

宋兴如　1995年被国务院表彰为全国劳动模范。常州人，民国34年(1945)出生。1970年进常州邮电局戚墅堰邮电分局当投递员。工作认真负责，对投递区域的用户了如指掌，被誉为“邮电行业的户籍警”。常年累月为军烈属、孤寡老人等代办邮寄信件包裹。至1994年，投递行程20余万公里、邮件1600余万件，从未出过差错，每年平均投递疑难信函150件。1991年为去台湾失散40多年的寄信人找到大陆亲人，使母子得以叙述亲情。曾被评为省邮电系统先进个人。

秦志尚　2005年被国务院表彰为全国劳动模范。常州人，民国36年(1947)出生。1971年参加工作，1980年创建常州市电子元件厂，任厂长，经多年努力，使一家不起眼的小企业逐步发展壮大成为江苏新科电子集团有限公司，任总经理。至2005年该公司下辖12个厂，有员工8958名，年产影碟机500万台，新科DVD和新科空调畅销世界30个国家和地区。新科家用空调、商用空调产品发展10多个系列200多种，年生产能力达200多万台(套)。2003年末，集团拥有总资产37.6亿元，完成销售总额60.9亿元，出口创汇4.14亿美元，连续3年名列江苏省自营出口企业榜首。

刘国庆　1989年被国务院表彰为全国劳动模范。常州人，1949年6月出生。1970年中专毕业后进戚墅堰机车车辆厂工作，曾任一车间缸套车工班班长。刻苦钻研车工技术，摸索总结出“以巧求快、以少求快、以熟求快”的缸套切削法，提高工效8倍，平均每年完成两年半工作量，并把“秘诀”传给同行，促进工厂、车间开展劳动竞赛。从1984年起先后被评为部、省劳模，全国技术能手，获全国五一劳动奖章。

赵武岭　1989年被国务院表彰为全国劳动模范。常州人，1950年11月出生。1975年进常州第五毛纺织厂做挡车工。敬业爱岗，每天提前到车间交接班，在工作中一丝不苟，严格执行操作法，减少疵点，摸索出一套优质高产经验。1983—1988年连续6年生产3万余条无疵毯，月月超额完成生产任务。曾被评为全国三八红旗手和部劳模。

陈焕仁　1995年被国务院表彰为全国劳动模范。常州人，1950年出生。1979年进常州东方印染厂一分厂工作，曾任烧毛组组长。爱岗敬业，工作细心，1993年企业开发纻麻新品，因布料薄，控制温度为关键，温度过高，烧毛容易烧穿，温度过低杂质难除，他摸索总结，突破难关，使该班产量和质量指标处于领先地位。1994年，全班共完成产量1612万米，比规定疵布率减少88.3%。

王海清　1995年被国务院表彰为全国劳动模范。溧阳人，1951年出生。1988年任溧阳市周城镇濮家村党支部书记。面对丘陵山区、人均收入300元的贫穷现状，带领村干部全力发展农副业生产，制订“高山栽松杉，缓坡建茶园，房前屋后种果树，家家户户养禽畜”的综合开发计划，带领农民艰苦创业。至1995年，全村建成杉木林1700余亩、国外松420亩、茶园520亩、板栗470亩、桑园850亩、药材150亩。同时，利用温泉资源，创办金山温泉特种养殖场，饲养山羊和野生珍禽。通过发展多种经营，至1994年人均收入增至2319元，比1987年翻了3番。

刘小莺　1989年被国务院表彰为全国劳动模范。常州人，1952年出生。1978年从常州铸钢厂调入常州百货大楼任营业员，1988年起任小百货经营部副经理、经理。钻研营销术，琢磨顾客心理，对“习惯型、冲动型和计划型”顾客总结营销策略，用“接一问二招呼三”的热情服务方式赢得顾客满意，实绩突出。先后被评为省文明标兵、全国三八红旗手、全国优秀营业员，获全国五一劳动奖章。

周兴良　2005年被国务院表彰为全国劳动模范。常州人，1952年出生。1969年参加工作，任江苏阳湖纺织集团有限公司工段长。长期在企业最苦、最脏的生产一线岗位上工作，有时班组缺人，自告奋勇一人顶2人甚至3人工作，从无怨言。主动承担从废棉中加工回收可纺纤维任务，每月加工20吨，每年创效10多万元。为配棉工艺改进、回花使用管理、原棉质量把关，降本增效。

曹德法　2000年被国务院表彰为全国劳动模范。常州人，1952年出生。1970年参加工作，历任车间主任、组宣科长、党总支书记、副厂长，黑牡丹(集团)股份有限公司董事长、党委书记。重视技术进步和技术人才培养，以全国青年岗位能手邓建军名字命名建立邓建军科研组。继承和倡导“用户至上，精益求精”黑牡丹企业精神。关心职工生活，利用厂休日和晚上对全公司500余名生产技术业务骨干家庭走访慰问。凝聚力量，发展壮大企业规模，2000年公司实现销售收入10亿余元，出口创汇4300余万美元。

屠永锐　2005年被国务院表彰为全国劳动模范。常州人，1952年出生。高级工程师、执业药师。1970年参加工作，任常州四药制药公司总经理、党委书记。重视企业技术进步，科学决策，技术创新，完成多项国家重点科技攻关项目，授权和受理12件自主发明专利(其中本人3件)，实现产业市场化，取得良好的社会、经济效益。公司生产的奥克牌新药连续6年被评为省名牌产品，国家抽检合格率一直保持在100%。在全市率先通过行业GMP认证和环境ISO 14001认证，为企业发展赢得契机。

李优民　2000年被国务院表彰为全国劳动模范。金坛人，1953年出生。1994年任金坛尧塘镇溪南村党支部书记、村委主任，金坛市江南花木盆景有限公司总经理，金坛花木市场管理委员会主任。带领村民走共同富裕道路，倡导党员带群众、大户带小户、一户带几户经营模式，引导村民种植花卉苗木，发展为金坛首富村。1999年全村经济总收入6500余万元，村人均纯收入2万元，有30户年净收入达20万元。

张国富　2000年被国务院表彰为全国劳动模范。常州人，1953年出生。1970年常州供电局从事带电作业工作。1999年，任常州供电局线路工区副主任，分管带电作业，组织开展技术攻关和技术革新，取得8项革新成果、10项技术攻关，两项处于国内带电作业领先水平，实现连续25年无人身伤亡事故。

金华友　2000年被国务院表彰为全国劳动模范。常州人，1953年出生。1985年任武进魏村镇新华村党支部书记，后村党支部升格为党委，任党委书记。他领头发展村级集体经济，村办工业连续多年在武进县(市)领先。1998年投入1800万元为村民和常恒集团工程技术人员办理养老保险，连续多年被评为常州市十强经济村。

王荣和　2000年被国务院表彰为全国劳动模范。常州人，1954年12月出生。1990年起任常州第一建筑工程公司项目经理，承建的信托大厦、保险大厦分获扬子杯奖，怀德苑15、17幢住宅被评为市优质工程，项目部连续12年被常州市建工局和省建设工会评为双文明承包队、标杆队。

许培箴　2000年被国务院表彰为全国劳动模范。镇江人，1954年出生。主任医师。1978年苏州医学院医疗系毕业。任常州市妇幼保健医院副院长。长期从事妇产科临床和科研工作，科研项目多次获奖，其中1998年开展的早期宫颈癌的卵巢移植和卵巢移位，获省新技术引进一等奖。

顾汉萍　1995年被国务院表彰为全国劳动模范。常州人，1954年出生。主治医师。1988年任常州市德安医院院长，实行“开门办院”，逐步在全市建立精神病人看护组520个、街道工疗站7个，开设家庭病床200张，形成多层次、立体化精神病社区康复新格局。推行“大专科，小综合”办院方向，1990年创建全省首家理疗、体疗、球疗、音乐治疗康复活动室，缩短病人住院周期。1991年，创全省首家城市社会福利事业单位一级医院，被民政部列为全国窗口。

梁来芳　1989年被国务院表彰为全国劳动模范。金坛人，1955年5月出生。水北村圣堂村农民。1985年承包离村较远的50.5亩低产田，他勤恳科学种植，产量稳步提高，由原来的亩产300公斤增加到1988年587公斤，4年生产粮食11.4万公斤，上交国家8.7万公斤。

朱清明　2000年被国务院表彰为全国劳动模范。常州人，1957年出生。1979年参加工作，历任武进公安局刑警队侦查员、副队长、刑警大队长，先后参与和负责侦破刑事案件2100余起。1992—1999年组织指挥侦破大案要案500余起，其中1995年侦破恶性杀人案87起，被公安部评为全国优秀人民警察。

唐国保　2005年被国务院表彰为全国劳动模范。溧阳人，1957年出生。1972年参加工作。1994年任溧阳市溧城镇唐家村党支部书记。带领班子成员攻坚克难，发展集体经济，对濒临倒闭的几个村办企业投资500多万元进行房屋改造。2003年配合城市发展规划，投资1000多万元改建美食城，发展个私经营，每年上交村租金200多万元。2004年购置天目湖工业园区6.67公顷土地，投资1000万元为企业经济发展打基础，增强经济实力，实现全村“老有所养”；对考取大、中专学生实行奖学金鼓励(大专2000元，中专1000元)。

徐乐益　2005年被国务院表彰为全国先进工作者。金坛人，1958年出生。高级教师。1976年参加工作，历任金坛市第二中学班主任、副校长。任班主任近20年，积累丰富教育经验，所带班级均成为常州市先进班级。任副校长后，认真组织教师学习新课程，进行教学研究，总结出一套行之有效的教学方法，该校有多人获常州市教学优秀课一等奖，10多人被评为教学骨干、教坛新秀、骨干带头人。

何小舟　2005年被国务院表彰为全国先进工作者。常州人，1959年出生。主任医师。1983年苏州医学院医疗系毕业，入常州市第一人民医院工作，任院长，兼苏州大学博士生导师、省器官移植学会副主任委员、省泌尿学组主任委员、常州医学会副会长和泌尿学组主任委员等职。为省“333工程”青年学术技术带头人后备人员。具有丰富的临床经验，担任6个科研项目的课题组长，创建常州市首家血液净化肾移植中心，主持“骨髓输注和ALG诱导对同种异体移植肾免疫无反应性的临床研究”，在减少肾移植排斥反应、延长移植肾的生存率、降低免疫抑制剂用量等方面取得较大成就，获江苏省卫生厅科技进步一等奖。其他课题曾获市科技进步奖3项、省卫生厅医学新技术引进奖7项。

朱玉忠　2000年被国务院表彰为全国劳动模范。常州人，1960年出生。1987年进常州百货大楼股份公司当营业员、修理部修理员。自学家用电器维修知识，先后通过考核获得冰箱、电扇、空调、洗衣机、电视机等全国家用电器维修结业证书。10余年中为顾客修理家电上万台次，被誉为“修理状元”。

乔　梓　2000年被国务院表彰为全国劳动模范。高邮人，1960年出生。高级工程师。历任常州邮电局电信运行维护部副主任、主任。长期参加电信网的规划设计及程控交换机引进工作，并组织开发一系列计算机管理系统，在七号信令等高尖端技术方面，面对外方技术封锁，带领技术工程人员攻克难关，自主开出农话局到市话局的七号信令链路，获市日贷工程有功人员一等奖；在660局开辟5万个用户号码的数据区域，获省技术改进成果二等奖。

王振华　2010年被国务院表彰为全国劳动模范。常州人，1962年出生。高级工程师。创办房地产开发公司，任新城控股集团公司董事长。以敏锐的市场洞察力和“诚实做人，踏实做事”的人格魅力，经17年开拓创业，将企业发展成为拥有江苏新城地产股份有限公司和10余家控股子公司的集团企业。至2009年，集团拥有总资产约140亿元，累计开发房产总面积逾800万平方米。公司先后被评为中国房地产百强企业第二十名、江苏省房地产企业综合实力第一名。向社会捐赠1.2亿元，2008年公司获中华慈善奖。

吴淑玄　2010年被国务院表彰为全国劳动模范。常州人，1962年出生。高级技师。任南车戚墅堰机车有限公司机车二车间电焊三班班长。在公司生产提速机车、出口机车及与美国GE公司合作生产机车等重大任务中，任焊接主攻手，焊接的700余台机车车体架无一返工，在全省、全国技术大赛中多次获奖。所在班组曾被评为全国经济技术创新示范岗等先进集体，领衔的吴淑玄劳模创新工作室完成多项重大课题攻关任务，以她为首成立的公司女子焊接队，被评为全国女职工建功立业标兵岗。曾被评为公司首席技术工人、常州市技术状元、中国南车技能专家、江苏省有突出贡献的技师和全国知识型职工先进个人。

周国平　2010年被国务院表彰为全国劳动模范。金坛人，1962年出生。高级经济师。1991年任金坛市尧塘镇谢桥村党总支部书记。带领群众走共同致富道路，发展集体经济，把谢桥村建成闻名的花木村，使村民过上小康生活。经济实力增强后，在20年中先后投资1000余万元改善村级道路、供电线路、自来水等基础建设，2009年被评为常州市小康家园示范村。

蔡洪祥　1995年被国务院表彰为全国劳动模范。常州人，1962年出生。1980年，进武进建筑安装工程公司三公司工作，曾任施工队队长。干活利索，先后获常州市粉刷技术比赛第一名和江苏省百万青工技术比武精英赛第二名。承建的武进大厦、常州蝶球大厦、中医院病房大楼、武进工商银行、武进税务综合大楼等工程质量上乘。1994年，他所在的施工队完成产值600万元，曾被评为省双文明承包队。

董才平　2010年被国务院表彰为全国劳动模范。常州人，1963年出生。高级经济师。任中天钢铁集团有限公司董事长、总裁、党委书记。2001年带领企业全体员工艰苦创业，走出破产边缘。至2009年，公司占地800公顷，实现总资产200亿元，成为涵盖多元产业的大型钢铁联合企业，连续5年跻身中国企业500强，位列中国民营企业第19位、江苏省百强民营企业第五位。先后累计投入20亿余元推进企业节能减排，发展低碳经济，成为全国钢铁企业唯一“绿色中国年度人物”。关心社会事业，捐资2.3亿元修桥铺路、帮困助学，被评为江苏省首届“慈善之星”，获中华慈善突出贡献人物奖。

尹国新　1995年被国务院表彰为全国劳动模范。金坛人，1964年出生。1981年进金坛县丝绸服装厂工作，曾任供销科科长、副厂长。1988年任厂长后，努力发展外向型经济；1990年到美国考察，决定开拓国外服装市场，先后开发132个丝绸新品种，其中68个被客商选中，打入欧美、日本等市场。1991年外贸收购额5334万元，成为金坛县主要出口创汇企业、省丝绸进出口公司定点生产单位，改制发展成为江苏晨风丝绸集团公司。至1994年，集团发展为常州的骨干企业，先后被评为省明星企业、全国乡镇出口创汇先进企业，他任集团总裁，被评为全国青年乡镇企业家。

蒋炳南　1995年被国务院表彰为全国劳动模范。常州人，1964年出生。村前乡岗蛸村农民，1988年承包30多亩耕地，后逐渐扩大，陆续将无人肯种的零散土地收罗承包，至1994年已扩展到187亩。科学种田，选用优良稻麦品种，单产超500公斤。1988—1994年向国家交售粮食22.9吨，成为武进地区承包面积最广、贡献最大的种粮专业户。被评为1994年度常州市售粮标兵。

孔云生　2000年被国务院表彰为全国劳动模范。溧阳人，1965年出生。高级工程师。1986年南京工学院机械工程系毕业。先在常州电子衡器公司开发部工作，1987年调江苏正昌粮油机械厂工作，1998年任江苏正昌集团公司副总裁。长期从事粮油饲料机械设计制造，参与设计、开发、承建成套工程项目200多个，年创效益2000万元，有多个项目获部、省科技奖。

包文霞 1995年被国务院表彰为全国劳动模范。常州人，1967年出生。1985年进常州市中联贸易公司中联商场钟表柜当营业员，后任柜长。工作勤奋热情，经常放弃节假日休息。对待顾客服务周到，不厌其烦，被顾客誉为“好参谋、贴心人”，至1994年先后收到顾客表扬信近300封，留言表扬意见300余条。

刘祖明 2010年被国务院表彰为全国劳动模范。常州人，1967年出生。任戚墅堰区潞城公安派出所副所长。参加公安工作10多年中用真情换取民心，热情为群众服务，密切警民关系。工作细心，及时掌握情报信息，维护地区稳定，加强安全防范建设，打击违法犯罪，为社会和谐、经济建设创造有利条件。

曹 文 2010年被国务院表彰为全国劳动模范。常州人，1967年出生。江苏省常州高级中学高级教师、信息技术教师。2001—2010年，辅导的学生在江苏省信息学奥林匹克竞赛（简称“奥赛”）中，有163人次获一等奖，其中111人次获全国青少年信息学奥林匹克分区联赛一等奖，20余人入选江苏省队。在全国竞赛中有3人次获金牌、10人次获银牌、1人获国际信息学奥赛铜牌、1人获亚太信息学奥赛金牌，其中金斌获世界程序设计公开赛世界冠军。有50余人被保送进入名牌大学，10多人提前1年被清华大学、北京大学、复旦大学、上海交通大学等预先录取。学校连续8年名列江苏赛区团体总分第一名。编写《程序设计应用（中学C/C++）》《信息学（计算机）奥林匹克高级本》等著作，曾被评为中国计算机学会信息学奥赛十大杰出指导教师，任江苏省信息学奥赛高级教练，列入“333高层次人才培养工程”中青年科学技术带头人。

邓建军 2005年被国务院表彰为全国劳动模范。金坛人，1969年出生。1988年参加工作，任黑牡丹（集团）股份有限公司主任工程师。刻苦钻研电气工程技术，敢于向洋设备“开刀”，冲击世界纺织难题，先后参与技改项目300多个，其中独立完成138个。结合电子与气动技术，使黑牡丹牛仔布预缩率精度控制在2.5%以内，优于3%的国际标准。为公司创造经济效益3000多万元，使一个传统纺织企业跃升为全国500强和131个重点高新技术企业之一，成为新一代知识型工人代表和现代技术工人楷模。2004年5月被省劳动和社会保障厅特批为高级技师。曾受到中共中央总书记、国家主席胡锦涛亲切接见。2004年3月30日、4月28日《人民日报》分别以《邓建军挑战自我冲击世界标准难题》《邓建军爱岗敬业弄潮儿》为题，报道他的先进事迹。2005年4月中央新闻采访团一行20多人到常州采访。4月19日起，《人民日报》、中央电视台等中央媒体相继推出邓建军先进事迹报道，全国掀起学习邓建军热潮。

朱庆胜 2010年被国务院表彰为全国劳动模范。溧阳人，1969年出生。工程师。任江苏上上电缆集团有限公司班长。自1993年进公司工作后，参与公司所有化学交联生产线调试、试生产，将化学交联生产线调试时间从90天缩短至30天，为国内所有电缆生产厂家调试用时最短，被国外专家称为“上上速度”。在公司研制生产磁悬浮电缆、石油平台电缆、卷筒电缆、机车电缆等国际领先、填补国内空白新产品的过程中，任化学交联班班长，带领全班员工刻苦钻研技术，不断提升产品质量，为公司卷筒电缆生产取代进品，促使公司成为全国核电、船缆、煤矿用电缆第一供应商和国内唯一能够生产卷筒电缆的厂家做出突出贡献。

李 峥 2005年被国务院表彰为全国先进工作者。常州人，1970年出生。1989年参加工作，任常州市公安局青龙派出所教导员。始终以“群众需要就是我的选择，百姓满意就是我的追求”为目标，用真心、真情、真诚去赢得民心，对群众求助热情相助，得到辖区群众一致好评。加强社区防控网、信息网建设，开展村村联防、户户联保，辖区可防性案件、刑事发案连年下降，刑释解教人员和违法青少年无一重新犯罪，外来务工人员违法犯罪率连续多年为全市最低。

邵开成 2005年被国务院表彰为全国劳动模范。常州人，1970年出生。1988年参加工作，任常州市公共交通集团公司第一汽车公司3路车驾驶员、班长。爱岗敬业，从实践中成功探索出无人售票车服务乘客的“邵开成服务法”（“委托乘客服务法”“营造温馨氛围法”“团结合作协调法”“优质服务外延法”），驾驶的18036号车被共青团中央命名为全国“青年文明号”，2004年获共青团中央“青年文明号”十年成就奖。

包 旭 2010年被国务院表彰为全国劳动模范。河南禹州人，1975年出生。研究生学历，工程师。任常州市高速公路建设指挥部质监科科长。先后在锡宜、常澄、宁杭、宁常、镇溧、常州西绕城高速公路和泰州长江公路大桥接线工程常州段等项目上承担现场质量检测任务，利用过硬的专业知识，对路基填筑、桥梁浇筑及路面摊铺等施工环节进行质量把关，出色完成任务。

张永洁 2010年被国务院表彰为全国劳动模范。常州人，1975年出生。常州宝菱重工机械公司班长，大件分厂生技管理中心（张永洁创新工作中心）、冷加工技术推进室主任，高级技师。在从事国内最大数控龙门铣HC471工作中，为中国钢铁工业重点项目加工1万余吨精品装备，许多产品创造国内第一，达国际先进水平。独立开发出10多种加工操作法，将加工效率提高近3倍。2008—2009年，他带领团队创新改善项目26个，创造效益200多万元。

高志洁 2010年被国务院表彰为全国劳动模范。安徽六安人，1980年出生。高级技师。任江苏洛克电气有限公司工段长。2000年进公司工作后刻苦钻研业务知识，迅速成长为生产一线的技术骨干。在工作中大胆探索实践，进行技术革新和改造，提高产品质量和生产效率。

第三章 人物名录

江苏省劳模名录

1988年起至2010年底，江苏省委、省政府先后评选、表彰过江苏省劳动模范、省先进工作者5次。表中籍贯为常州市以外地区的劳模籍贯注明省和市、县名称。

1986—2010年江苏省劳动模范名录表

表50-3-1

姓名	籍贯	出生年份	单位	职务或职称	表彰年份
蒋阿林	武进	1924	武进潘家乡林业专业队		1988
顾兴法	常州	1927	常州市丁堰乡五一村		1988
张永汉	江苏阜宁	1928	常州市中级人民法院		1988
蒋洪芝	溧阳	1932	溧阳县强埠乡	副乡长	1988
黄务恒	浙江杭州	1933	常州市医科所金坛县试剂站		1988
刘荣忠	江苏宜兴	1934	武进前黄税务科雪堰分所		1988
孙镇洪	金坛	1935	金坛城西乡上庄村		1988
唐菊生	武进	1935	常州郊区北港乡港顶村		1988
刘志大	武进	1936	武进县液压启闭机厂	厂长	1988
童伯祥	浙江嵊县	1938	常州医药采购供应站	经理助理兼企管办主任	1988
缪生法	武进	1938	常州建材设备制造厂	副主任	1988
王道灿	常州	1938	常州勤丰灯具配件厂	厂长	1988

续表 50-3-1

姓名	籍贯	出生年份	单位	职务或职称	表彰年份
谢寅堂	山东单县	1939	常州工矿电机车厂	副厂长、高级经济师	1988
过渊源	常州	1939	常州钟楼市政绿化队		1988
李志明	武进	1939	武进安家乡曹家村		1988
赵殿华	金坛	1939	金坛染料化工厂	厂长	1988
韩淑芳	金坛	1940	常州齿轮厂	厂长、高级工程师	1988
孔令夫	溧阳	1940	金坛县纺织机械总厂		1988
杨志明	武进	1941	武进农药厂		1988
祁中义	武进	1941	武进浦河乡		1988
崔壬生	江苏苏州	1942	常州第三中学	高级教师	1988
周金清	武进	1942	武进横林红联灯具厂	厂长	1988
吴庆余	常州	1944	常州冶金机械厂	调度处处长	1988
戴永锡	溧阳	1944	常州客运分公司		1988
赵亚伟	武进	1944	武进卜弋医药中心店		1988
恽龙华	武进	1944	武进西夏墅乡兽医站		1988
周国平	常州	1945	常州长江塑料机械厂	厂长	1988
沈兴娣	武进	1946	武进马杭东升染整厂	厂长	1988
苗仁方	武进	1946	武进龙虎塘乡龙虎村		1988
曹文和	武进	1946	武进小新桥法庭	庭长	1988
蔡方方	常州	1947	常州能源设备总厂	副厂长	1988
潘德松	溧阳	1947	溧阳汽车客运公司		1988
许巧英	江苏扬中	1947	金坛茅麓茶场		1988
高云才	溧阳	1947	工贸合营常州市制伞总厂	厂长	1988
杨国庆	溧阳	1948	溧阳茶亭乡经营站	站长	1988
黄关英	江苏溧水	1949	溧阳溧城镇环卫所		1988
董菊明	溧阳	1949	溧阳旧县乡旧县村	党支部书记	1988
陈敖凤	武进	1951	武进东青乡政府		1988
赵水彬	溧阳	1952	溧阳齿轮厂		1988
沈志平	常州	1953	常州家具总厂家具研究所	所长	1988
杨恒珠	溧阳	1953	常州儒林煤矿掘进一队	队长	1988
陆伯仁	常州	1955	常州工矿电机车厂	班长	1988
巢美姐	常州	1956	常州市第三建筑工程公司		1988
杨孝康	江苏扬中	1957	武进港务管理处		1988
李　银	金坛	1957	金坛指前镇大荡养殖公司	经理	1988
蒋英中	常州	1958	常州第二纺织机械厂	副主任	1988
杨建荣	常州	1959	常州天宁环卫所		1988
耿小英	武进	1963	武进第一染织厂		1988

续表 50-3-1

姓名	籍贯	出生年份	单位	职务或职称	表彰年份
蒋洪祥	武进	1963	武进县建筑工程公司		1988
范晋明	天津	1930	常州市第一人民医院	主任医师	1991
谈志仁	武进	1931	武进县自行车配件厂	厂长	1991
李国英	江苏泰兴	1933	常州建材总厂		1991
周长荣	江苏高邮	1934	常州轮船运输公司		1991
陈锦涛	武进	1936	常州市勤业塑料厂	厂长	1991
贺乃斐	常州	1936	常州纺织机械厂		1991
吴士根	江苏苏州	1937	常州供电局		1991
姚永方	武进	1937	常州能源设备总厂	厂长	1991
王道灿	常州	1938	常州丰溢照明电器公司	总经理	1991
何培兴	武进	1938	武进县横林镇狄坂行政村	党支部书记	1991
金学衡	江苏盐城	1938	常州冶炼厂	厂长、高级工程师	1991
张祖乙	常州	1938	常州市西林中学	校长	1991
张志明	武进	1939	武进县邹区龙潭村	党支部书记	1991
邵光祖	浙江绍兴	1939	铁道部戚墅堰机车车辆厂科学研究所	所长、高级工程师	1991
徐　宏	常州	1940	常州柴油机厂		1991
梁仁富	金坛	1940	金坛县社头工商所		1991
周　奎	江苏泰兴	1941	武进化肥厂	厂长	1991
曹旭明	金坛	1941	金坛县岸头乡农技站		1991
薛福忠	常州	1941	常州郊区永红乡农科场	场长	1991
张兰阳	武进	1942	武进县前黄中心小学	校长	1991
徐龙弟	上海	1942	常州无线电材料总厂	厂长	1991
孙网包	金坛	1944	金坛县清洁卫生管理所		1991
孙志英	溧阳	1944	溧阳市周城镇洙漕村	党支部书记	1991
张志康	武进	1944	武进县安家乡多种经营服务公司		1991
周大刚	江苏宜兴	1944	常州电子计算机厂	副总工程师、高级工程师	1991
程爱华	江苏吴县	1944	溧阳市上兴卫生院		1991
冯海清	常州	1944	常州市振华绸厂	党支部书记	1991
相春梅	江苏宝应	1945	常州粮油食品经营部化龙巷生面店		1991
张兰娣	武进	1946	武进电机厂		1991
蒋惠芳	武进	1946	武进新光棉纺织厂	厂长	1991
丁山华	溧阳	1947	溧阳市经济委员会	副主任	1991
万奕金	江西南昌	1947	常州兰翔机械总厂		1991
王进康	溧阳	1948	江苏省溧阳市锅炉设备安装工程公司	经理	1991
虞荣海	溧阳	1948	溧阳县河心建筑安装公司	经理	1991
苏桂珍	常州	1949	常州天宁区益民副食品商店		1991

续表 50-3-1

姓名	籍贯	出生年份	单位	职务或职称	表彰年份
李锡凤	溧阳	1949	溧阳市茶亭乡敬老院		1991
叶沛金	武进	1950	武进钢厂		1991
许达元	常州	1950	常州市戚墅堰区丁堰镇常青村	党支部书记	1991
杨汉良	武进	1950	武进第三染织厂		1991
房蓉媛	武进	1950	常州市公共交通公司		1991
徐剑林	常州	1950	常州金狮自行车(集团)公司		1991
朱庆生	武进	1951	常州市包装装潢厂		1991
李抱娣	金坛	1951	金坛县五叶乡庄上村		1991
桂海林	金坛	1951	金坛县薛埠镇经营管理指导站		1991
谢树庚	金坛	1951	常州金坛县信访局	局长	1991
沈阿林	溧阳	1952	常州第一建筑公司		1991
杜建霞	常州	1953	常州第五百货商店		1991
李秀珍	金坛	1953	金坛县朱林镇		1991
沈保荣	溧阳	1953	溧阳市汽车配件厂		1991
陈国兴	常州	1953	常州市第二纺机厂		1991
夏根娣	溧阳	1953	溧阳市堑口良种场		1991
王金成	武进	1954	常州市第二电线厂	厂长	1991
李建福	武进	1954	武进县前黄乡胜西村		1991
何雅萍	武进	1954	武进县孟城镇农技站	站长	1991
陈玉芳	常州	1954	常州市燃料公司国营煤炭七店		1991
徐大成	常州	1954	江苏省化工设备制造安装公司		1991
秦玉英	武进	1954	武进县滆湖良种场		1991
顾汉萍	常州	1954	常州市德安医院	院长、主治医师	1991
金玉照	武进	1955	武进县奔牛镇经营管理办公室		1991
程　志	江苏靖江	1956	江苏省常州高级中学	一级教师	1991
唐招兄	高邮	1957	常州第一棉纺织厂		1991
董舒拉	常州	1957	常州第三制药厂		1991
汤耀平	武进	1960	常州市公安局交警支队钟楼交警队		1991
张家东	常州	1962	常州市第二电机厂		1991
许中银	武进	1964	武进电力设备厂		1991
张德俊	江苏海安	1964	常州市群众艺术馆	书画摄影部主任、副研究馆员	1991
包文霞	常州	1967	常州市中联贸易公司中联商场		1991
李　红	武进	1968	武进县横山桥第八毛纺厂		1991
毛建群	溧阳	1964	溧阳市社渚镇南门村		1991
陈云雷	江苏大丰	1932	常州市第二人民医院	主任医师	1996

续表 50-3-1

姓名	籍贯	出生年份	单位	职务或职称	表彰年份
唐凤源	江苏无锡	1937	天马集团公司		1996
蒋玉兴	常州	1937	常州新区龙虎塘镇安基村		1996
张浩达	常州	1938	常州市信访局	局长	1996
童伯祥	浙江嵊县	1938	常州药业股份公司	总工程师	1996
韩昕本	常州	1939	常州宝马集团公司	总经理	1996
李林甫	武进	1940	常州进出口商品检验局	高级工程师	1996
耿同章	武进	1940	武进市孝都乡长江村	党支部书记	1996
彭玉根	江苏东台	1940	戚墅堰发电厂		1996
丁浩生	常州	1941	江苏省常州高级中学	校长、高级教师	1996
王文德	上海崇明	1941	常州新区建设工程质监站	总工程师、高级工程师	1996
周兴生	常州	1942	戚墅堰机车车辆厂配件分厂		1996
居福长	溧阳	1942	溧阳市清安乡清安村	党支部书记	1996
关慧超	上海	1943	常州市第二电子仪器厂	副总工程师、高级工程师	1996
周庆林	常州	1943	常州市被总厂	厂长	1996
张成南	溧阳	1944	溧阳市社渚镇仙山村		1996
周海忠	常州	1944	常州市巨力塑料实业总公司	总经理	1996
钱腊梅	武进	1945	武进市前黄镇大成村		1996
盛冬贵	江西波阳	1945	天宁区环卫处		1996
戴国俊	武进	1946	武进市嘉泽乡丰庄村		1996
陈兴圣	金坛	1947	常州金虹集团公司	董事长	1996
秦志尚	武进	1947	江苏新科电子集团公司	总经理	1996
李介华	武进	1948	武进市三河口镇牟家村	党支部书记	1996
张克兴	武进	1948	武进市鸣凰镇畜牧兽医站	站长	1996
吕少俊	武进	1949	武进市九里乡顾庄村		1996
李志明	武进	1949	武进市新华书店	总经理	1996
施耀松	溧阳	1950	溧阳市上沛镇农技站		1996
庄维新	溧阳	1951	江苏省溧阳稀土总厂	厂长	1996
支建成	常州	1952	常州市金狮车圈车把厂		1996
吴洪根	江苏东台	1952	常州合成化工总厂一分厂		1996
陈仁如	武进	1952	中国外运江苏集团公司常州公司		1996
钱荣生	金坛	1952	常州市饲料总公司		1996
眭庆祥	金坛	1952	金坛市指前农具厂	厂长	1996
臧群舟	武进	1952	武进市公路管理处		1996
华　丽	武进	1953	武进电机厂		1996
李优民	金坛	1953	金坛市尧塘镇溪南村	党支部书记	1996
李和平	常州	1953	常州市港务管理处		1996

续表 50-3-1

姓名	籍贯	出生年份	单位	职务或职称	表彰年份
张国富	常州	1953	常州供电局		1996
余建国	常州	1953	大成纺织集团公司		1996
吴惠珍	常州	1954	常州华源化学纤维公司		1996
张　勇	山东荣成	1955	常州开关厂	副总工程师	1996
汪永建	常州	1955	常州农机机械设备进出口公司	总经理	1996
汤万生	金坛	1956	金坛市涑渎乡金家村		1996
李永生	溧阳	1956	中共溧阳市绸缪乡	党委书记	1996
张才金	武进	1956	武进市广播器材厂		1996
张荣良	常州	1956	常州东方鑫源铜业公司		1996
顾理忠	常州	1956	常州苏南汽车集团公司		1996
张荣华	溧阳	1957	溧阳市周城镇汤山村	党支部书记	1996
李志俊	金坛	1958	金坛市社头镇幸福村		1996
周银妹	武进	1958	武进市长青珍珠工艺品厂	厂长	1996
常三明	武进	1958	常州市国税三分局		1996
蒋建国	常州	1959	常州橡胶塑料机械总厂		1996
乔　梓	江苏高邮	1960	常州邮电局	高级工程师	1996
周银妹	金坛	1960	金坛市罗村乡		1996
李全法	常州	1962	常州丝绸针织厂		1996
陈国红	溧阳	1962	溧阳市棉纺织厂		1996
陈双富	溧阳	1963	溧阳市蒋店乡蒋店村		1996
周国平	溧阳	1963	溧阳市化工厂		1996
曹红仙	金坛	1964	金坛市肠衣厂		1996
蒋　兆	武进	1964	武进压力容器厂		1996
孔云生	溧阳	1965	江苏正昌集团公司	高级工程师	1996
许小明	安徽凤阳	1965	中国航空工业总公司常州兰翔机械总厂		1996
江琪祥	武进	1946	武进市稻麦育种场	高级农艺师	1996
阙如镛	常州		常州市公安局天宁分局		1996
朱春海	常州	1938	常州市青龙乡勤丰第一园艺场	场长	2001
曹菊萍	常州	1944	常州市中西医结合(广化)医院	院长、副主任医师	2001
强文虎	常州	1945	常州市丁堰镇五一村		2001
刘国平	武进	1946	江苏多棱数控机床股份有限公司	高级技师	2001
杨志海	武进	1947	武进市农业科学研究所	所长、高级农艺师	2001
姜文锦	武进	1948	江苏双菱链传动有限公司		2001
符炳川	溧阳	1948	溧阳市别桥镇符家村		2001
刘吉铭	江西赣州	1949	常州审计局		2001
徐裕中	江西余干	1949	中国航空工业第二集团常州兰翔机械总厂航空动力公司		2001

续表 50-3-1

姓名	籍贯	出生年份	单位	职务或职称	表彰年份
黄骏华	浙江平湖	1949	常州大洋线缆有限公司		2001
管友强	武进	1950	武进凤墅电子集团公司	董事长	2001
张中华	武进	1951	常州商业大厦	总经理	2001
盛国兴	常州	1951	常州红梅乳业公司	董事长	2001
王和兴	常州	1952	常州市郊区雕庄乡	党委书记	2001
宋来娣	溧阳	1952	溧阳市环境卫生管理处		2001
张荣全	常州	1952	常隆化工有限公司		2001
庞荣瑞	武进	1952	武进市星辰实验学校	校长、高级教师	2001
梅鹤康	武进	1952	武进市横山桥五一村	党委书记	2001
蔡小龙	常州	1952	常州塑料集团公司供销公司三分公司		2001
蔡祥娣	常州	1952	常州市地方税务局	人事处长	2001
丁建华	镇江	1953	常州微特电机总厂		2001
万小平	常州	1954	常州国际学校	校长、高级教师	2001
吕文龙	绍兴	1954	常州橡胶塑料机械公司	董事长	2001
孙连喜	江苏泗阳	1954	戚墅堰发电公司		2001
陈玉萍	安徽芜湖	1954	常州第一中学	高级教师	2001
朱志祥	溧阳	1955	溧阳市龙潭林场		2001
沙林法	溧阳	1955	溧阳市前马镇西潘村		2001
赵锁兵	金坛	1955	金坛市茅东水库管理所		2001
钱志平	金坛	1955	金坛市儒林镇柚山村	党支部书记	2001
高国昌	常州	1955	常州邮政机械厂		2001
唐来春	金坛	1955	金坛市社头镇农技站		2001
李浩兴	武进	1956	武进市湖塘镇小留村		2001
毛建华	江苏海安	1957	常州友常胜制衣公司		2001
卞晓星	武进	1957	武进市人民医院	主任、主治医师	2001
唐国保	溧阳	1957	溧阳市溧城镇唐家村	党支部书记	2001
潘荣华	溧阳	1957	溧阳市人民医院	主任、副主任医师	2001
潘栋华	溧阳	1957	溧阳市上黄镇农村经济管理服务站		2001
丁建鸣	常州	1958	常州第二建筑工程公司		2001
狄国平	常州	1958	常州市市政建设工程公司		2001
邹幼农	溧阳	1958	溧阳市棉纺织厂	厂长	2001
张国敏	常州	1958	常州国旅集团公司		2001
徐乐益	金坛	1958	金坛市第二中学	副校长	2001
黄小平	武进	1958	江苏常发集团公司	董事长	2001
吴耀林	常州	1959	常州市港务管理处		2001
何小舟	常州	1959	常州市第一人民医院	副院长	2001

续表 50-3-1

姓名	籍贯	出生年份	单位	职务或职称	表彰年份
陈礼斌	武进	1961	常州侨裕集团公司	董事长	2001
丁佐宏	江苏如皋	1962	江苏月星家具集团	总裁	2001
汤燕雯	常州	1962	常州市长兴集团公司	董事长	2001
邵宝钢	常州	1962	常州人民广播电台	编辑部主任	2001
高志勤	金坛	1962	金坛市纺织机械总厂		2001
曹前龙	武进	1962	武进港务有限公司		2001
董才平	武进	1963	江苏武进钢铁集团公司	董事长	2001
严志清	常州	1964	常州钟楼区环境管理处		2001
金留娟	武进	1964	常州大华进出口(集团)公司	副总经理	2001
黄国庆	江苏江阴	1964	常州市电信局	管网中心主任、高级工程师	2001
韩筱筠	武进	1964	常州市郊区人民检察院反贪局	局长	2001
王丽平	金坛	1965	常州喷丝板厂		2001
祁志平	武进	1965	武进市西夏墅镇浦河村		2001
承尧兴	武进	1965	武进市焦溪镇承家村		2001
金剑峰	常州	1967	常州能源设备总厂		2001
王益民	常州	1968	常州变压器厂		2001
邓建军	金坛	1969	黑牡丹(集团)股份公司		2001
史志军	溧阳	1969	溧阳市埭头镇	党委书记	2001
周文舟	常州	1969	常州兰陵色织厂		2001
周树敏	溧阳	1969	溧阳市水泥股份公司		2001
黄星辉	常州	1970	常州第四制药公司		2001
刘小平	金坛	1971	金坛市公安局交巡警大队		2001
孙　晞	江苏江阴	1972	常州邮政局		2001
许　强	金坛		常柴金坛柴油机公司	厂长	2001
孙元林	常州		常州长江客车集团公司	董事长	2001
诸志洪	武进		武进市公安局	副局长	2001
潘中来	武进	1946	江苏远宇电子集团	董事长	2006
钱洪军	溧阳	1946	江苏华鹏变压器公司	董事长	2006
杨素全	江苏盐城	1947	常州市天宁区环卫处		2006
茹伯兴	武进	1947	百兴集团有限公司	董事长	2006
周志文	常州	1949	常州市天宁区青龙街道勤丰园艺场		2006
金焯贤	常州	1949	常州常化集团	总裁	2006
周禄铭	常州	1950	江苏电力装备有限公司管道分厂		2006
孟小兴	常州	1950	武进区横林镇卫星村	党支部书记	2006
顾明康	上海	1950	中国南车集团戚墅堰机车车辆厂	厂长、高级工程师	2006
潘洪强	溧阳	1952	溧阳市水产养殖场		2006

续表 50-3-1

姓名	籍贯	出生年份	单位	职务或职称	表彰年份
邓海瑞	金坛	1953	金坛市信访局	局长	2006
沈介良	武进	1953	江苏旷达汽车织物集团	董事长	2006
吴华良	常州	1953	常州市新北区建设局	副局长	2006
关荣坤	江苏阜宁	1953	常州市公安局钟楼分局南大街派出所		2006
张文昌	常州	1953	常州华利达服装集团公司	董事长	2006
黄才良	常州	1954	江苏武进建筑安装工程公司		2006
巢克昌	常州	1954	常州市圣王果蔬公司		2006
郭建民	常州	1955	江苏常编塑业公司		2006
王　泗	常州	1955	中国工商银行常州分行	高级工程师	2006
戴　扬	江苏常熟	1955	金坛市中医院	主任、副主任医师	2006
王国琴	金坛	1956	金坛市江南鸽业养殖场		2006
钟建堂	常州	1956	常州市钟楼区北港街道	主任	2006
赵建中	常州	1956	常州市第二人民医院	院长	2006
张友春	常州	1957	武进现代畜牧养殖场		2006
壮素琴	武进	1957	常州市武进区湖塘镇湾里村	主任	2006
芮新生	江苏江阴	1957	常茂生物化学工程股份公司	董事长、高级工程师	2006
乔建敏	常州	1960	常州变压器厂		2006
乐洪生	常州	1960	常州工业技术玻璃公司		2006
徐　健	常州	1961	江苏华电戚墅堰发电公司		2006
王松明	溧阳	1962	江苏上上电缆集团		2006
周国平	金坛	1962	金坛市尧塘镇谢桥村	党支部书记	2006
戴锁芳	常州	1962	常州市华余园林花木种植园		2006
吴正平	金坛	1962	溧阳市人民医院	主任、主任医师	2006
王振华	常州	1962	江苏新城实业集团公司	董事长、高级工程师	2006
龚志坚	溧阳	1963	溧阳市溧城镇农村经济管理服务站		2006
刘建平	江苏镇江	1963	江苏南大紫金科技集团公司	高级工程师	2006
潘雪平	金坛	1963	江苏省金昇实业股份公司	董事长	2006
程立力	武进	1965	武进立华畜禽养殖场		2006
汤礼军	江苏江阴	1965	常州出入境检验检疫局危包检测中心	主任、高级工程师	2006
姚　迪	常州	1966	常州新世纪商城公司		2006
王　芳	江苏江阴	1966	常州市华利达服装集团公司		2006
周乃岳	江苏阜宁	1966	常州邮政局		2006
肖德顺	溧阳	1966	溧阳市社渚镇新山村	主任	2006
周全法	溧阳	1966	江苏技术师范学院化学化工学院	院长、教授	2006
车建新	金坛	1966	红星家具集团有限公司	董事长	2006
周　洪	常州	1967	常州市交通工程质量监督站	站长、高级工程师	2006

续表 50-3-1

姓名	籍贯	出生年份	单位	职务或职称	表彰年份
陈文新	常州	1967	常州对外贸易公司		2006
宁小琴	溧阳	1968	溧阳市立洋纺织公司		2006
金一峰	江苏无锡	1968	常州第一建筑工程公司		2006
储　华	金坛	1969	常州市盛士达汽车空调公司		2006
戴建红	常州	1969	常州市公共交通集团公司		2006
庄华良	武进	1969	常柴股份公司	高级工程师	2006
徐和平	安徽无为	1970	中天钢铁集团公司		2006
江　晨	常州	1970	常州安凯特电缆公司		2006
薛丽君	常州	1971	常州市觅渡桥小学	高级教师	2006
王东浩	溧阳	1972	溧阳市交巡警大队		2006
张　建	金坛	1973	江苏移动通信常州分公司		2006
丁汾阳	常州	1980	金陵明都大饭店	高级技师	2006
高志结	安徽霍邱	1980	常州市洛克电气厂		2006
吴夕萍	溧阳	1982	常州恒基纺织公司		2006

第四章　前志补遗人物

冯　煦（1842—1927）

金坛人。原名冯熙，字梦华，号蒿庵，晚号蒿叟、蒿隐。早年好辞赋，有江南才子之称。光绪十二年(1886)中一甲三名进士，即探花，被慈禧太后呼为老名士，授翰林院编修。光绪十四年任湖南乡试主考官。光绪二十一年外派，历任安徽凤阳府知府、山西按察使、四川按察使、安徽布政使兼提学使。光绪三十二年任安徽巡抚。辛亥革命后寓居上海，自号蒿隐公，以遗老自居。冯煦工诗词、骈文，精书法，诗词造诣较深，其词出入姜夔、张炎之间，传承常州词派余脉，重“寄托”，且有所发展，认为常州词派论“寄托”有所不足，有生硬穿凿和牵强附会弊端，强调词境“空灵”和“质实”兼融，风格上要“豪”“婉”结合，以“浑成”作为最高境界，推崇北宋词，把浙西词派空灵之长融入常州词派的词论之中，形成自己的体系。诗清新隽永，风神秀逸，情韵俱佳；书法学钟繇、虞世南及孙过庭，草书、楷书醇朴浑厚，神采焕然。著有《蒙香室词》《蒿庵词》《蒿庵论词》《蒿庵类稿》《蒿庵随笔》等，编辑《宋六十一家词选》等。

卞荫昌（1866—1926）

武进人。字月庭，先祖在天津经商，为商界巨富，天津有句民谣“财势大，数卞家，东韩西穆也数他”。卞荫昌在清末任户部、工部、法部闲职，义和团运动后回天津经商，任隆聚洋布庄经理。光绪三十年(1904)天津商务总会成立，被推选任协理，后任天津军警联合会体育社评议员。辛亥革命后出任天津商团军团长、天津红十字会执行委员，民国2年(1913)任直隶商务联合会会长，同年以中国代表团团长名义参加巴拿马博览会，翌年任直隶巡按使公署参议。民国5年10月，天津发生法国武力强占“老西开”事件(强行扩大法租界范围)，以他为核心的天津商会在抗争中发挥重要组织、领导作用。他联合爱国工商界人士组成“国权国土维持会”，任会长，力持正义，支持天津人民反法抗争运动。他慷慨解囊出资创办中法学校，支持“老西开”法汉学校罢课，收留罢课学生，并以商会存款及各界捐款10余万元，支援法租界工人及华籍雇员罢工。后利用第一次世界大战法国无暇东顾的有利时机，阻止了法国租界扩张野心。

民国7年6月，他被推选出任中华全国商会联合会会长，并当选国会众议院议员。翌年五四运动爆发，天津各界掀起爱国运动高潮，成立天津各界联合会，他任会长。他倡议商人不卖日货，日本驻津总领事致函北洋政府逼其辞职，天津商会立即予以驳斥，向国务院和外交部提出“卞荫昌是依法选举的会长，呈报省长转农商部备案，日本领事竟横加干涉，乃是侵中国权，干扰商务”，要求国务院转告日本政府，撤换领事，保中国威。民国9年1月，学生联合会日货调查员发现个别商家店主与日本人勾结，仍在卖日货，与店主交涉，遭到日本人毒打，学生联合会知道后，将店主拉到街上游街示众，遭到军警镇压，并查封天津各界救国联合会、天津学生联合会，以周恩来、于方舟等为首的学生随即举行游行，向直隶省公署请愿要求废除中日之间一切不平等条约。天津警察厅奉北洋政府命令镇压，重伤几十人。消息传出后，全国各界联合会、全国学联总会、上海各界联合会于2月3日致电总统曹锟，要求释放天津学生代表，卞荫昌以天津总商会会长身份出面交涉，警察厅释放了学生代表。

周雪樵（1870—1910）

常州人。字维翰，廪贡生。先走科举之路，后看到国家沦丧，认为科举已处于强弩之末，改学医，留心西学。经多年努力钻研，医术日精，在苏州、上海悬壶行医。八国联军入侵北京、沙俄武装抢占中国东三省后，他义愤填膺，与汪康年等聚集沪西张园发表演说，声泪俱下，向民众晓以大义，号召以死力争。会后电函清政府和各地封疆大吏，要求“力拒俄约，以保全局”，上演上海历史上首次拒俄反帝集会。义和团运动后，西医开始在中国广为传播，他接受外来文化，又学西医，认为中医不仅要跟上时代，改变过去家族式的封闭，广泛交流，还要接纳西医，与其兼容。光绪二十八年(1902)出版《西史纲目》一书。次年，以“改良中医，博采东西国医理、发明新理新法”为宗旨，与士绅李平书等创办近代上海第一个医学团体——上海医学会。光绪三十年创办医学研究会，任会长，以“中学为本，西学为辅，研究中西医”为宗旨；并创办半月刊《医学报》，成为中国近代最早的中医刊物。第二年组建中国医学会，提出“改良医学，博采东西国医理，集思广益”，继任会长。在治病中，诊病器具如“寒暑表，听病筒等概用西法”，开方用药用中法，“有急病及中药之力所不及者，则以西药济之”，成为首位用体温计、听诊器中西医结合的先行者。光绪三十三年应山西医学馆聘请，抵晋后任教务长。

张楫如（1870—1924）

武进人。名钰，号西桥。青年时期在苏州学木版雕刻，传承绝活。光绪年间，苏州织造府奉命刻元朝王秋涧撰道德教育读物《承华事略》（共有广孝、立爱、端本、进学、崇儒、亲贤、去邪、纳诲、尚俭等20篇，绘图极精）贡品，挑选刻技精湛者在古寺中承刻，刚20岁出头的他被网罗其中。雕刻艺人像犯人一样被看管，数月刻完后才被放归。他自尊心受到伤害，发誓不再搞雕刻，在苏州桃花坞租赁一间小屋，种花弄草，以刻竹镌木自娱。他的邻居被朝廷撤职归隐的同乡、著名书画家费念慈，看到小老乡善雕刻，请他为自己收藏的书画卷轴木匣盖和陈设古彝器器具镌刻字画，使他有幸接触到费念慈丰富的书画收藏，产生极大兴趣。费念慈见他喜欢，为他讲解画技“六法”，让他将自己收藏的宋元名人书画刻在墙壁上。他通过费又结识很多著名书画家，得到诸多名家赐教。他博采众长，艺术素养日益见长，逐步由工匠向书画艺术领域转变。

光绪二十年(1894)张楫如移居上海，以雕刻、字画谋生，结识同乡盛宣怀。次年慈禧60寿辰，李鸿章从广西购得16只漆制果盒作寿礼，想在果盒上刻书画以增美观。漆盒光滑而簿，非常难雕，无人敢接。李鸿章叫盛宣怀解决，盛找张楫如承接。他用锋利刻刀，在漆盒上雕刻正、草、隶、篆4种字体和山水、人物、花卉、禽兽等画，古色古香，精妙绝伦。此事传开，顿时让他在上海名声远扬。张楫如刻篆籀文最精，许多人求他雕刻。以收藏商、周青铜鼎著称的上海巨商周湘云获得一件青铜簋，配置一个老红木底座，请他在底座上篆刻与青铜器内铭文相同文字约100余字，刻成即为杰作，周付他数千银元；后又出2000银元用钟鼎文刻在扇骨上，被国民党要员张静江的堂兄张石铭看见后，再出2000银元让他仿刻一把。他在扇骨上刻阳文《滕王阁序》《兰亭序》等作品，被誉为极品。1994年11月3日，他刻有王羲之《兰亭图》、张大千《江上扬帆图》的刻扇面，在香港苏富比拍卖会上分别拍出6.9万港元、18.4万港元的高价。他的竹刻作品也很出名，民国4年(1915)3月作为中国国宝，获得巴拿马国际博览会特等奖。他由于长年伏案雕刻，患上肺部疾病。民国13年，他在雕刻完《滕王阁序》后病倒在雕刻案几上，所刻《滕王阁序》遂成绝笔。

过福云 (1871.12.03—1962.01.07)

武进人。17岁到上海英商怡和洋行保险部谋生，为最早的华人保险从业者之一。光绪二十年(1894)因业绩突出被公司聘为顾问。宣统元年(1909)上海华通水火保险公司向南洋拓展，特聘他到南洋创立华通保险新加坡分公司任总经理，统辖马尼拉等菲律宾各地业务，历时5年筹设分支和代理机构20余处，使华通公司成为首家向海外发展业务且有较大影响的华商民营保险公司。民国3年(1914)，第一次世界大战爆发，洋货终断，华通公司撤出南洋市场。次年他回到上海，再任怡和洋行保险部经理。民国20年11月1日，中国保险公司在上海成立，任总经理。民国27年7月，上海市保险业成立联谊会(简称“保联”)，被聘任顾问。后任保联第三届征求会员委员会总队长。民国37年，全国保险公会联合会、上海市保险业同业公会和上海市保险界同仁进修会联合召开过福云70晋80寿辰暨从业60周年纪念会，全国700余人到会，收到大量礼金、礼品(折价为现金)，他分文不拿，设立过福云教育基金资助教育事业。上海解放后，中国产物保险公司率先复业，仍任总经理。1951年6月5日，中国人民保险公司召开首次董监事联席会议，81岁高龄的他任总稽核。9月25日，中国人民保险公司总管理处从上海迁到北京，不久并入中国人民银行，他调至北京负责外贸保险合同，1955年退休。

刘　垣 (1871—1962)

武进人。字厚生。清末秀才，南洋公学师范院毕业。光绪三十一年(1905)与黄炎培等创办江苏学务总会(江苏省教育会前身)，结识张謇，成为张謇的重要助手，协助张謇在南通经营大生纱厂、垦殖业和筹组预备立宪公会。宣统元年(1909)9月，任南通大生第二纺织厂经理。宣统三年，张謇任两淮盐政总理，聘他任总务科长。民国2年(1913)，张謇任农工商部部长，他任次长。民国6年，与黄炎培等在上海发起成立中华职教社，任特别社员。后任热河北票煤矿公司董事长，大生纱厂监察。1950年3月起，写作《张謇传记》，1957年脱稿，1958年4月由上海龙门联合书局出版。1958年9月被上海市人民委员会人事处任命为上海市文史馆馆员。

狄葆贤 (1873—1941)

溧阳人。字楚青、楚卿，号平子、平等阁主人，出生于江西。清光绪二十一年(1895)，追随康、梁维新变法，参加反对签订《马关条约》的“公车上书”。变法失败后侥幸逃脱清政府的搜捕，流亡日本。受革命团体兴中会成员毕永年、唐才常的影响，开始倾向革命。光绪二十五年冬，与唐才常一起回国，参加唐组织的自立军，卖掉祖上留下的名贵书画筹款支持革命。同时到香港募款，购买一批军械运送湖北。不料事败，唐才常等被清政府逮捕杀害，他再度流亡日本。光绪三十年，回国到上海，从事新闻舆论宣传，创办《时报》，任经理和主笔。他大胆创新，在报界首创“时事评论”专栏，开辟“文人论政的道路”；首先采用“特约通讯”组稿手段，反映社会热点新闻；开设专电栏目，向社会及时传递时事电讯消息；开辟副刊专栏，连载小说。在印刷及版面字号等设计方面进行革新，在国内首次将报纸“对开四版、两面印刷”，版面编排实行分栏设目，采用1～6号字体，区别正文、标题和消息的轻重缓急，形成后来报纸全国通行的版式，与杂志印刷区别开来。《时报》大受读者欢迎，成为“中国知识阶级的一个宠儿”，发行数量与日俱增，与《申报》《新闻报》“三分天下”。后来《申报》《新闻报》等全国大小报纸纷纷效法《时报》出专栏，办副刊，但都不能与《时报》匹敌。辛亥革命前夕，《时报》已成为一份举足轻重的报纸。宣统三年(1911)，他又到北京创办《时报》京津版。民国元年有正书局推出《原本红楼梦》后，在社会上产生极大影响。

狄葆贤除办报外，还创办有正书局，出版《小说时报》《妇女时报》等刊物，有正书局出版的《三希堂法帖》《梅花落》《平等阁诗话》等图书，名噪一时。民国4年，他家中不幸之事接踵而至，妻子离世，公馆失火，幼子烧死，报馆主笔被人挖走，买进的大量纸张暴跌等，他开始心灰意冷，把精力转向佛学研究。民国9年《时报》转让给别人经营。他擅诗文，精书画，尤喜欢《红楼梦》，他最早对《红楼梦》“脂本”和“程本”进行比较性研究。著有《平等阁笔记》《平等阁诗话》等。

丁福保 (1874.8.4—1952.11.28)

原籍武进。字仲祜，号畴隐居士、济阳破衲，别号梅轩，出生于无锡。秀才。清光绪二十二年(1896)乡试未中，从此钻研学问、刻书，撰有《算学书目提要》《卫生学问答》等，其中《算学书目提要》被清政府学部编入大学堂审定书目。丁福保喜欢诗和古文辞，光绪二十年(1894)前后在江阴南菁书院读书，发现书院藏书选本漏讹较多，决定重新辑选，在编辑刊行《汉魏六朝名家集》基础上，用20年时间编辑完成《全汉三国魏晋南北朝诗》；最后又用10余年时间，编辑完成《文选类诂》，使中国早期近800年诗文得到完整汇辑、订补、校勘、匡谬和笺注，为后来的学人、研究者提供完善的选本。编著印行《历代诗话续编》《清诗话》《八代诗精华录笺注》等。光绪二十九年执教京师大学堂，两年后移居上海从事学术研究。毕生博览群书，先后编纂译著191种，内容涉及文字学、医学、文学、佛学、道学、钱币学等，被人誉为“百科全书式学者”。他研究文字学30余年，收集有关说文解字书籍182种，校录、订正、匡谬，编纂成《说文解字诂林》1036卷，鲁迅、于右任等给予极高评价。他还编纂刊行《尔雅诂林》《群雅诂林》等语言文字著作。

丁福保26岁时拜上海名医赵静涵、张聿青为师学医，宣统元年任上海自新医院监院，译著刊行医书，一年出版医书10种；第二年被两江总督端方派往日本考察医学，购买大量医书回国，译成医书75种，其中《医学丛书》获德国都郎万国卫生赛会及罗马万国卫生赛会优等奖。他创办了中西医学研究会和《中西医学报》，发起组织中国肺病学会和防痨学会，支持次子丁惠康发起组织群众性防痨(肺结核)运动，开办虹桥肺病疗养院(今上海肺防医院)，为中国防治肺结核病开创先河。丁福保于佛学研究颇有心得，编著刊行《一切经音义提要》《翻译名义集新编》等佛学书籍，其中编纂中国佛教史首部大辞典《佛学大辞典》，收录词目3万余条、360余万字。丁福保从小受父亲影响嗜好古钱币，编著出版《新莽六泉十布》《齐刀》《泉志菁华录》等书。丁福保一生淡泊名利，他说治学要“十戒”，即戒潜妄、武断、杜撰、割判、空疏、破碎、穿凿、附会、攘窃、党伐。

史量才 (1880.01.02—1934.11.13)

原籍溧阳。出生于南京，名家修。光绪二十七年(1901)考入杭州蚕学馆(今浙江理工大学)学习。毕业后，先在泗泾创办养正小学堂，后办上海女子蚕桑学堂，同时在南洋中学、育才学堂、江南制造局兵工学堂、务本女校任教，因经常到同乡狄葆贤创办的《时报》社息楼参加文人聚会的文化沙龙活动，结识立宪派名流张謇、汤寿潜、赵凤昌和后起之秀黄炎培等，他们为国分忧、主张立宪救国的思想，激发了他的强烈爱国意识，开始投身民族复兴的政治运动，学日语、理化，与黄炎培发起组织江苏学务总会，倡导新学，到处演说，鼓动学子“天下兴亡，匹夫有责”。他的才能深为张謇、赵凤昌等所赏识，被张謇等推选为江苏铁路公司董事。有人问张謇为什么赏识他，张回答说“我量才录用”，此话传到他耳朵里，他干脆改名史量才。

光绪三十四年，史量才被狄葆贤聘任为《时报》主笔。宣统二年(1910)组织成立全国农务联合会，被公推为总干事。辛亥革命爆发后，他根据张謇等授意，奔走苏浙沪充当马前卒，参加江苏独立运动，将自己创办的上海女子蚕桑学堂提供给陈其美用作攻打制造局的勘察据点。上海独立后，他被都督陈其美委任为上海海关清理处处长、松江盐政局局长，并当选为江苏省议会议员。在辛亥革命中，他目睹政权更替，对政治感到失望，决定把主要精力转向新闻事业，试图利用社会舆论的力量来监督当局，激浊扬清。民国元年(1912)10月20日，与赵凤昌等共同出资12万银元，接手英国人创办的《申报》，他任总经理，聘陈景寒(冷血)为总编辑。至民国23年他被暗杀前，《申报》发行量由接收前发行7000份上升至15万份。民国7年新建5层欧式报馆大厦。民国10年与黄亦住在上海创办中南银行，与徐采丞合资开办民生纱厂。民国16年，收购《时事新报》。民国18年，秘密收购《新闻报》65%的股权，办成报业托拉斯集团。

史量才办报遵循“国有国格，报有报格，人有人格”“言论自由，不偏不倚”。正是因为这种风格，为他遭来厄运，其中影响较大的有两次，一次是抵制袁世凯贿赂。袁世凯窃取民国政权当上大总统后，派人花15万银票到上海买通报纸，鼓动宣传帝制，欲贿赂上海第一大报《申报》，史量才不违背做人的良心和道德，不为利益所动，民国4年9月3日旗帜鲜明地将这一丑闻揭露在报端；后又“抗令”，在报上不用洪宪纪年年号，仍用公历纪年。第二次是反对蒋介石“攘外必先安内”的政策。九一八事变发生后，他主张对外一致抗日，对蒋介石发动的内战十分不满，抨击当局镇压爱国学生运动和不抵抗政策，刊登宋庆龄“国民党不再是一个革命集团”宣言；召集沪上各界名流商讨抗日救国，组织成立壬申俱乐部、上海市民地方维持会，支持宋庆龄、蔡元培、杨杏佛等发起的中国民权保障同盟；发表“剿匪时评”等社论。他的一系列举动触怒了蒋介石，蒋介石用禁止《申报》邮递等手段逼他就范，在一次谈话中威胁他说：“我有100万军队。”可他毫不示弱回敬说：“我有100万读者。”民国23年11月13日被暗杀。

徐宗浩 (1880—1957)

武进人。字养吾，号石雪居士，10岁学律诗，15岁学诗文、书画、篆刻、装潢字画碑帖等。曾以巨金购得署名文石室(同)、苏雪堂(轼)两大幅墨竹，因酷爱两画而自号石雪居士，并将书斋取名为石雪斋。他的书法得赵孟頫遗意，遒健畅达，一洗世俗柔媚之习。画学王振声，花卉、翎毛、山水超逸有致。尤精画竹，师承郑板桥法，后学夏仲昭，上及元人顾定之，踢枝扫叶，丰神潇洒，妙绝一时。民国8年(1919)，他加入北京画学研究会，因书法精妙被聘为评议员，讲授书法要旨，民国15年任副会长。新中国成立后曾任东方绘画协会顾问、北京古物陈列所顾问、北京中国书法研究社副主席。1952年11月，被聘为中央文史馆馆员，曾与齐白石、于非闇、汪慎生、胡佩珩、溥毅斋、溥雪斋、关松房一起合作创作《普天同庆》巨幅绘画，馈赠毛泽东。他临终时留下遗嘱，将珍藏数十年的大量珍贵书画、图书和自己的作品全部捐献给国家，国家文物局专门在故宫举办展览。著有《江南布衣》《石雪》《武进徐宗浩石雪书画》《论竹绝句》《墨竹述要》等。

吴我尊 (1881—1942)

常州人。又名楠，字伯乔，笔名天向阁、凤栖阁、杏庵等。从小爱好戏剧，光绪三十年(1904)在上海南洋公学读书时，参与组织沪学会演剧部，演出《文野婚姻》，并与欧阳予倩相识。光绪三十二年到日本东京高等商业学校留学，受日本盛行新剧(话剧)影响，与曾孝谷、李叔同、唐肯、谢祖元等在上野美术专科学校发起成立中国最早的话剧团体——春柳社，演出由曾孝谷根据林琴南翻译的美国斯托夫人长篇小说《汤姆叔叔的小屋》改编的《黑奴吁天录》。演出全部用口语对白，没有朗诵、歌唱，也没有独白、旁白，这种艺术形式标志着中国话剧开始起步，后人把此剧誉为中国话剧的开山之作。清政府得知留学生演新剧后，令驻日公使颁布公告，以停发官费相要挟，不允许学生演新剧，官费生唐肯、李叔同等退出春柳社，常州的自费留学生陆镜若等又加入，排演《生相怜》《鸣不平》《热泪》《血蓑衣》《画家及其妹》等新剧。吴我尊在春柳社内特设专部，研究新旧戏曲，教欧阳予倩(15岁)学青衣饰罗敷，自己饰秋胡，演出《桑园会》，和谢祖元上演《十八扯》等京剧。宣统二年(1910)回国，与陆镜若等将新剧传播到上海。组织文艺新剧场，演出《猛回头》《爱海波》等剧目。民国元年(1912)又组织新剧同志会和春柳剧场，演出《家庭恩怨记》《社会钟》等剧目，将新剧运动推向高潮。他还创作新剧剧本《黄金塔》《乌江》等。民国4年合作伙伴陆镜若早逝后，他开始将精力转到戏剧教育和评论上。在戏剧改良运动中，他主张新剧和旧剧并存。翌年应张謇之邀，在南通创办伶工学校，任教务长，同时担任更俗剧场之刊物《公园日报》编辑部主任。张謇去世，伶工学校停办，他率领学员及演员到北京、安徽、上海、江苏、浙江等地巡回演出，后又在上海与张某良、俞振飞、沈吉诚等组织新乐府昆戏院，在广西路笑舞台等上演昆剧。民国17年为刘豁公在上海主编的《戏剧月刊》创刊号作序，把"常州学派"的"微言大义"和讲求实用思想、"阳湖文派"做人与作文追求一致的文风贯穿到戏剧评论之中；把"常州词派"托物言情艺术品格应用到戏剧改革实践中，对梅兰芳等京剧表演艺术家和他们的艺术特色进行深入研究。民国24年与张古愚、郑过宜主编《戏剧旬刊》。先后撰写大量戏剧评论文章，著有《凤栖阁杂俎四种》、《杏庵诗文抄》(100卷)。

姚公鹤 (1881—1930)

武进人。原名祖晋，初字之鹤，后字公鹤，以公鹤行。6岁入塾识蒙，后在江阴南菁书院肄业。清光绪二十九年(1903)参加乡试，中举人。先协助兄办钟英小学，后经同乡介绍到上海入商务印书馆任编辑，编辑《历史》等教科书。宣统三年(1911)春与同仁在上海创设自治编辑社，任主笔。民国后，在《上海趣报》《时事新报》《上海晚报》等报馆当记者，曾任《欧州事务报》特约记者、《申报》主笔，后来又任江苏交涉员公署顾问。在上海开办律师事务所，任上海法权讲习所所长等职。姚公鹤对上海开埠史颇有研究，特别是对租界内的新鲜事物专门研究，撰写《上海时事十箴》《华洋诉讼例案汇编》《中国监狱史》《上海开埠史》等著述，民国6年(1917)由商务印书馆出版的《上海报纸小史》，堪称"中国最早的新闻史专著"。《上海闲话》内容涉及商务金融、公用事业、文化教育、工业交通等，上海最早出现的"铁路""电报""鼠疫""雕像""马路之最""公共租界""戏园""阿木林""洋泾浜英语"等词语均有溯源记载。如"华人与狗不得入内"，社会上都认为是列强歧视、侮辱中国的罪证，其实这句话的背景是针对国民文明素质较低而引起的，他在书中记载说："此事并无国际强弱之关系，乃国民教育之关系。闻昔时外人并无此禁令，历见华人一入公共地方，折花驱鸟，糟蹋地方，无所不为，于是跑马场首以营业公司名义，禁止华人之涉足。"纠正了中国长期对这句话不正确的宣传。

著名历史学家孟森评价《上海闲话》，“能以历史之眼光，政治之知识，为上海记载事实”。

姜丹书（1885—1962）

溧阳人。字敬庐，号赤石道人，斋名丹枫红叶楼。清宣统二年（1910）南京两江优级师范学堂图画手工科毕业，与吕凤子等成为中国首批艺术教育人才。辛亥革命前应聘到杭州浙江两级师范学堂任教，与留日归来的李叔同分教图画手工和音乐课，丰子恺和郑午昌等均是他的学生。民国13年（1924）到上海美术专门学校任教授，翌年被中华书局聘为艺术科编辑主任；民国16年因参加罢工被辞退，任上海美术专科学校艺术教育系主任和教授。翌年又被国立西湖艺术院（今中国美术学院）聘为教授，每周风尘仆仆奔波沪杭两地，被戏称为“航船教师”。1952年他随上海美专并入无锡华东艺专（南京艺术学院）任教授，1958年退休，定居杭州，当选为浙江美术家协会副主席。他擅长山水、花卉、蔬果，尤以画红柿闻名于世，对美术、解剖、透视、摄影等艺术理论颇有研究，存世《黄山图》（图录于《现代书画集》）《艺术论文集》《敬庐画集》《丹枫红叶室诗草》等著作10余种，《美术史》《艺术解剖学》《透视学》是中国最早的专著。

徐养秋（1886.08.19—1972.08.10）

金坛人。曾名徐则陵。光绪二十七年入武昌方言学堂学英语、算术等新知识，光绪三十年中秀才。后在汉口博习书院、南京汇文书院、金陵大学就读，1914年毕业。民国6年（1917）到美国伊利诺大学研究院留学，获史学硕士学位，为金坛首位出国留学者。后又在芝加哥大学和哥伦比亚大学研究院攻读教育学、教育史等课程，获教育学硕士学位。民国9年回国后，任南京高等师范学校（次年改名国立东南大学）教授兼教育科主任，与著名教育家陶行知、陈鹤琴等共同探索中国教育改造之路，任中华教育改进社会员。民国14年东南大学发生易长风潮，历时1年多，逐步发展为师生与权贵势力抗争，他仗义执言得罪权贵，遭到排斥。民国16年秋离开东南大学，任南京金陵大学教授和该校中国文化研究所所长，着力研究中国古代史；任外交部条约委员会委员，从事中国外交史研究。抗日战争胜利后，任中央大学教授兼教育系主任，民国36年任中央大学师范学院院长。他受在延安从事革命活动的女儿影响，做了许多有益于革命的工作。“五·二〇”学生运动后，当局开除进步学生，他在校务委员会上坚决反对，利用自己的社会声望为被开除的学生寻找工作，提供活动场所。他把被列入黑名单的学生掩护在金坛老家。南京解放后，在中央大学师范学院基础上单独创办南京师范学院，他年事已高，坚辞院长职务，向上级领导推荐陈鹤琴任院长，自己任教育系教授，讲授世界教育史课程，致力于教育史学科建设。1956年退休。1972年8月10日在南京病逝。著有《五十年世界进化概论》《中学本国史测验》《汉代教育史》等著作。

徐血儿（1891—1915.09.22）

金坛人。原名大裕，字天复。光绪三十二年（1906）在苏州商船学堂读书期间，爱读革命、进步读物，受同盟会会员于右任主办的《民呼日报》影响，思想急剧转变，写下“拼将十万头颅血，须把乾坤力挽回”座右铭。宣统元年，毕业后，找到于右任，留在《民吁日报》社当见习生，做排字校对。有一天送排样稿，不知何故开着一个天窗，他大胆“补白”，把自己写的一篇《泣血》文章以“血儿”笔名，权作填充。于右任看终审校样，发现他的“杰作”，虽不满意他自作主张，但对他的机灵和泼辣文风给予充分肯定。将他调到编辑部任外勤记者。宣统二年，《民吁日报》被查封，再办《民立报》，请宋教仁等任主笔，他毅然加入同盟会，成为上海报坛鼓吹革命的重要骨干。他的政论文章文风锐利，政治立场鲜明，对那些邪恶、反动顽固势力一针见血，毫不留情。辛亥革命爆发后，宋教仁离开上海去武汉，他担任《民立报》的政论撰稿人。在《民立报》上连续发表《同胞，共速杀南京土匪张勋》《励征南京健儿行》《铁瓮城头革命旗》等文章，鼓舞江浙沪联军的斗志。

宣统三年，徐血儿任《民立报》主笔，民国2年(1913)主编、主笔一肩挑，直至民国4年去世。在这段时间内，他撰写、发表了许多掷地有声的政论文章，针对东南各省独立、互不统属问题，发表《联合机关及参议院》文章，主张民军应尽快建立“联合机关”，组建临时政府。针对时代变迁中的国民，发表《同胞之责任心》文章，“望同胞人人有责任心”，尽国民义务。针对革命胜利到来在革命阵营内部出现的争权夺利现象，又发出警告，发表《推贤让能》文章，呼吁“不可利禄为心，自私其位”“名利二字，不知误了多少俊杰。果然其为大英雄，则必不为虚名虚利所摇惑。英雄爱名、爱祖国，名震世界，英雄留名，靠的是政治人格和为民办事的能力”。其时在《民立报》中，他的政论和邵力子的散文倾倒了无数读者，有一幅对联称：“千军难御血儿笔，万民欣赏力子文”，是对他俩最真实的写照。1915年9月22日，他因日夜操劳和患肺结核病，英年早逝。消息传出，全国报坛人士无不惋惜震惊，于右任赋哭徐郎诗一首：“不哭穷途哭战场，耗完心血一徐郎，九州应共冤魂语，黄土无情葬国殇。”

张肖伧 (1891—1978.05.14)

武进人。原名照，字藜生，后改藜青，常用笔名肖伧、茜茜（蒨蒨）室主，曾用笔名晓伧、啸苍、青磷、玉茗、玉泓、沁园、霜红、天行室主、天隐庐主人、青松堂主等，以肖伧行。出生于小商人家庭，父张德顺喜欢丝竹管弦，擅拉二胡。从小受父亲影响，对戏曲有浓厚兴趣。民国2年(1913)从浙江四明会计专科学校毕业，考入北京中国银行，在总行计核局任职员。曾以阿拉伯数字编造中国第一张《财政决算表》，擢升为高级职员。他业余时间听遍京城名角的演唱，尤其喜欢谭鑫培唱腔，后从谭派名师陈秀华学习《捉放曹》《战蒲关》等，并广交伶票两界朋友，与溥侗、朱素云、孙菊仙、赵子敬等结为知交，经常撰写剧评、剧讯。民国4年他搜集晚清至民初戏剧界303名伶人资料撰成小传，题名《燕尘菊影录》，后来又收录戏曲界遗闻轶事撰成《歌台摭旧录》。民国15年，他将历年发表的剧评汇辑成《蒨蒨室剧话》，与上面两部合并成《菊部丛谈》，请梅兰芳题签书名，贾璧云画作封面，由上海大东书店出版，对清代至民国“歌剧之趋势，伶工之派别、艺术之源流”进行详细介绍，为中国戏曲发展保存大量珍贵史料。

30年代初，张肖伧到上海交通银行工作，热衷京剧研究和撰写评论，为上海国剧社和中国戏剧改进协会发起人之一，与张古愚等合编《戏剧旬刊》《十日戏剧》等期刊，后又任上海《半月戏剧》《戏剧旬刊》编辑，以肖伧、蒨蒨室主等笔名，撰写剧评千余篇，与冯小隐、冯叔鸾、郑过宜齐名，时称中国“四大评剧家”，又称“四大金刚”。主要论著有《谭剧精微》《歌坛绝响录》等。张肖伧为人正直，能力强。新中国成立前夕，上海金融界在中共上海秘密机关领导下，筹建中央银行、中国银行、交通银行、中国农民银行、中央信托局、邮政储汇局等“四行二局”职工联谊会（后改理事会），被推选为主席，曾领导职员以怠工、静坐的方式多次与国民党当局斗争，产生较大影响。上海解放后，交通银行改属中国人民银行，该行原中共秘密组织的负责人挽留他出任要职，他因身体有病回常养病。曾任常州市第二至第三届人大代表、政协委员和常州市第二届文联委员。

汪馥炎 (1891—1940)

武进人。日本东京政法大学毕业。民国元年(1912)回国后，历任国务院法政局参事，湖南、湖北省政府秘书，安徽法政专门学校教务主任，北平中国大学、上海政法学院、上海法学院、复旦大学、新中国学院等学校教授。民国4年10月与张东荪、李剑农、杨端六在上海创办《新中华》杂志。20年代末至30年代初，撰写《比较宪法纲要》《比较宪法》《国际公法论》等著作，在国内处于领先地位。1935年“一二·九”运动后，全国掀起抗日救国高潮，他与沈钧儒、王造时等在上海发起成立大学教授救国会，积极从事救国宣传。后来上海市各界救国联合会领袖李公朴、沈钧儒、史良等被押，发生“七君子事件”，他又与宋庆龄、何香凝等于民国26年6月25日联名向江苏高等法院呈文申明：“爱国无罪，则与沈钧儒等同享自由；爱国有罪，则与沈钧儒等同受处罚。”7月5日，与宋庆龄、张定夫、胡愈之等11人一起乘火车到苏州，与国民党江苏省高等法院院长和首席检察长交涉，请求羁押，一并入狱。国民党迫于“救国入狱运动”舆论压力，释放“七君子”。民国29年他被特务暗杀。著有《抗日战争与国际公法》《宪法之修正与解释》《中华民国约法摘疑》等，译有《近代文学》《新文学概论》《欧洲近代文学思潮》《中国文学研究译丛》《中国文学论集》等。

俞寄凡（1891—1968）

武进人。亦名义范，从小喜欢绘画，南京两江优级师范学堂毕业，先在江苏省立第二师范学校任美术教师，后到上海图画美术院任教。民国4年(1915)春，与乌始光、汪亚尘等在上海发起成立最早研究西洋画的东方画会。翌年夏，与朱屺瞻到日本留学，入川端画学校学习西洋画，师从藤岛武二，首次接触后印象派梵高、塞尚、马蒂斯等作品。民国6年又入东京高等师范学校图画手工部学习，民国10年完成学业回国，任上海美术专科学校教授兼师范部主任、高等师范科西洋画主任，从事美术理论教学。同时兼任教育部新学制课程标准委员会艺术科课程纲要起草员、江苏省教育会美术研究会评议员。他著述《色彩学ABC》《西洋音乐小史》等，在中国早期美术理论研究中起到启蒙作用。民国13年，他再到法国巴黎美术学院深造。翌年回国，一面在上海美术专科学校任教，一面从事美术研究。民国15年3月27日在上海发起成立上海艺术学会，任会长。创刊《新艺术》(32开本)半月刊杂志，任主编。同年，上海美专因裸体模特风波被查封，学生在家休息，他同情这些学生，想方设法争取到社会耆宿俞叔渊出资支持，在12月18日与潘伯英、潘天寿、张聿光发起创办新华艺术学院。民国16年春招生开学，新老学生共300余人。首届校董会由于右任、蒋百里、李叔同、徐悲鸿、郑午昌等组成，他任院长。民国26年日军侵犯上海后，因校方拒交进步师生名单，校舍遭日伪烧毁，旋借房继续办学。民国30年因拒向汪伪政府登记和申报师生名单，被迫停办，暗中坚持至民国33年最后一班学生毕业才告结束。该校培养出黄镇(中国驻美国大使)、陈烟桥(版画家)、沈同衡(漫画家)、张充仁(雕塑家)、聂耳(音乐家)等一大批优秀艺术人才，其中常州著名女画家吴青霞就读于该校。

俞寄凡博古通今，学贯中西，擅长中西绘画。二三十年代著有《近代西洋绘画》《油画入门》《素描入门》等专著。他撰写的《艺术概论》于民国21年由世界书局出版，《水彩画纲要》于民国24年由商务印书出版。上海解放后被聘为上海市文史馆馆员。其绘画作品有《山水花鸟画册》《罗浮冷艳图》等。

吴定良（1893.1—1969.3.24）

金坛人。字均一，原名王士华。民国13年(1924)东南大学毕业，留校任助教。民国15年8月考取官费生，到美国哥伦比亚大学留学。次年转到英国伦敦大学学习，民国17年获统计学博士学位，民国19年加入国际统计学社，成为该学社首位中国社员。他在英国《泰晤士报》等报纸上看到外国人在北京周口店发现北京猿人第一个头盖骨化石的长篇报道后，深受刺激，认为自己国家的宝藏却要外国人主持研究，是国人的耻辱，决定随皮尔逊钻研人类学，成为中国首位人类学留学生，发表多篇颇有影响的人类学论文。民国23年获人类学博士学位。同年到瑞士楚列须大学从事埃及出土的9世纪头骨研究。翌年回国，任中央研究院历史语言研究所研究员、人类学组主任，创刊、主编《人类学集刊》，着手筹建体质人类学研究所，任筹备处主任，对中国体质人类学发展发挥了奠基性作用。

抗日战争胜利后，他应浙江大学校长竺可桢邀请，任史地系教授，开设普通人类学及统计学课程。在他的努力下，人类学系与人类学研究所于民国 36 年 9 月在浙江大学成立，任系主任兼所长，同时还兼国立暨南大学人类学系教授，为中国培养第一批体质人类学科研人员和师资力量，翌年当选为中央研究院院士。1950 年 5 月，与卢于道、欧阳翥、刘咸等在杭州发起组织成立中国人类学学会，当选为理事。1952 年全国高校院系调整，浙江大学、暨南大学的人类学系并入复旦大学生物系，他任复旦大学人类学教研室主任。“文化大革命”期间被当作“反动学术权威”遭到批斗，所有书籍及装订成册的 100 余篇论文和科研仪器工具等在 1969 年 3 月被洗劫一空，他号啕痛哭，于 24 日晚离开人世。1979 年平反昭雪。

吴定良是中国体质人类学和人种学研究开创者，也是中国人类工效学奠基人，他开创的一些研究成果和方法，被各国人类学家所采用。1956 年受有关方面委托，运用骨骼测量学知识，从众多烈士遗骸中，鉴定找到方志敏烈士遗骸。在从事活体测量学方面，他长期深入贵州、云南山区的少数民族地区作体质调查，发表《贵州坝苗人的体质》等论文。50 年代中后期，他接受为解放军防化部队举办人体测量培训班任务，并对防毒面具设计作技术指导。主持并亲自参加测量上海各钢铁厂炼钢工人体型，为设计钢铁工人劳动防护服提供科学依据，是中国应用体质人类学知识为工业生产和国防建设服务的创始人。

王济远 (1893—1975.01)

安徽人。原名悯，出生于武进。民国元年(1912)江苏第二高等师范学校毕业，在小学执教美术。翌年入上海图画美术院(上海美术专科学校前身)选科学习，民国 3 年毕业后留校任教，民国 8 年加入西画团体天马会，后任上海美术专科学校教授、西洋画科主任兼西洋画研究所导师。民国 14 年 4 月与刘海粟、朱屺瞻、李毅士等举行上海西洋画家联合展览会。翌年与俞寄凡、汪亚尘等创办新华艺术学院，后到日本东京、法国巴黎考察美术，并举办个人画展。民国 16 年回国后在上海从事艺术活动，次年 10 月 10 日在上海与朱屺瞻、江小鹣、张辰伯等发起创办艺苑绘画研究所(简称“艺苑”)，任所长，开设油画人体写生、素描石膏写生、水彩静物写生 3 科，招收 30 名有一定绘画基础画家，指导他们创作，切磋画艺，并以该所名义，在民国 18 年 9 月 20 日创办《艺苑》画刊(民国 20 年 8 月停刊)。民国 21 年“一二·八”事变后，艺苑受战乱和经费困扰等陷入低潮，民国 23 年停止活动。

民国 19 年 4 月 11 日独自在上海举办了王济远画展。民国 21 年 8 月 1 日与刘海粟等发起成立“摩社”(取自法文，是希腊神话中司管文艺的女神名)，同年加入中国第一个油画艺术团体决澜社，民国 25 年当选为中华美术协会理事。民国 30 年到美国创办华美画学院，传授中国画和书法，从此定居纽约以教学和鬻画为生。王济远擅长中西绘画，尤以水彩画著称，内容多取材于风景，风格受塞尚影响，又具东方艺术气质，代表作品有《朝瞰》《甘露池》等。早年编有高中水彩画教本，出版《济远水彩画集》《水彩画临本》等，对中国早期水彩画普及起到较大推动作用。此外，山水画也很有影响，代表作品有《合流胜处》《云壑悬崖》《河溪静隐》等。以清幽花卉、静物水果创作的《白花》《白玉瓶花》等，分别呈现花卉不同风貌。1971 年，美国史密斯桑宁博物馆挑选他的 15 幅作品和张大千的 15 幅作品，展出两年之久。他的很多名作被中国美术馆等单位收藏。

李宗恩 (1894.09.10—1962.03)

武进人。早年曾在上海震旦学院学法文，宣统三年(1911)到英国格拉斯哥大学医学院留学。民国 9 年(1920)毕业，入伦敦大学卫生与热带病学院继续深造。翌年 4—9 月，被英国皇家医学会丝虫病委员会选派到印度参加热带病调查考察，民国 11 年 1 月获热带病学硕士学位。1923 年回国，到北平协和医学院任教，创设中国第一个热带病学学科，历任副教授、教授，成为研究中国热带病学创始人。

全面抗日战争爆发后，国民政府教育部决定到后方创办一所医学院，请他主持。他毅然放弃在协和技术、生活较好的条件，到贵阳创办贵阳医学院。贵阳地处西南边陲，交通不便，采购办学物资、教学用具，物色教师极为困难。他迎难而上想方设法全力筹建，以“诚于己，忠于群，敬往思来”作为校训，仅用 5 个月，贵阳医学院即于民国 27 年 6 月 1 日开学上课，成为中国现代医学教育典范。在教育部无钱解决建教学附属医院时，与贵阳省立医院合作，他倾注大量心血对医院进行改造，在医学院开办三年制护士班、助产士班和卫生工程专业科，为改观西南地区医疗水平做出重要贡献。李宗恩任贵阳医学院院长 9 年，通过他日夜操劳和努力，该院各学科得到快速发展，名声远扬。民国 36 年，他被北平协和医学院聘为院长，成为该院成立以来首位中国籍院长。次年被格拉斯哥大学授予科学博士学位，并当选为第一届中央研究院院士，任中华医学会副会长、欧美同学会理事长。

民国 37 年北平解放前夕，胡适、傅斯年动员他到台湾去，他未答应。新中国成立后，任全国第一届政协委员。他对上级安排基层卫生员到协和进修持反对意见，认为像这类初级培训“根本用不着交给协和，以免分散科研人员精力”。在学制上，竭力主张实行 8 年制，认为“没有质就没有量，只有在提高的基础上才能搞好普及，要把有限的经费用在刀刃上”。还有对政府提出西医要向中医学也不完全赞成，认为中医有长处，如成功提炼麻黄素、针灸等，但有些诊断缺乏检测手段，没有科学依据，不如西医，主张西医能够解决的疾病，中医不要介入。结果这些言论观点被罗列成他的“罪行”，被打成“右派”，发配云南昆明医学院“改造”。经此打击健康状况一落千丈。1962 年，周恩来总理得知后，安排人把他接回北京治疗，未及实现，3 月在昆明病逝。1979 年彻底平反。

张景欧 (1897.03.03—1952)

金坛人。字海珊。民国 9 年(1920) 南京金陵大学农科毕业，到美国加州大学留学，民国 11 年获昆虫学硕士学位，回国任东南大学教授兼江苏省昆虫局技师。民国 16 年任中央大学教授。当时，国内农作物病虫猖獗，产量歉收，他深感植物检疫工作的重要，建议对进出口植物进行病虫害检验，确保国家农业生产安全。民国 18 年被国民政府农矿部采纳和聘任技正，委派到广州筹建中国第一个植物检疫机构，即农矿部农产物检查所，研究制订中国植物检疫第一个专业法规《农产物检查所检验病虫害暂行办法》，翌年 4 月在全国颁布施行。民国 21 年，张景欧到上海商品检验局筹办植物病虫害检验处，任技正，主持筹建植物病理、园艺害虫、稻谷害虫、熏蒸消毒 4 个实验室，负责检验和试验研究。根据国民政府《商品检验法》，制订《实业部商品检验局植物病虫害检验施行细则》，民国 23 年 10 月在全国公布施行。撰写出版《植物病虫害检验》，作为理论依据。全面抗日战争爆发后，上海商检局撤销，出任浙江省农业改进所技正，组织研究植物病虫害防治。抗日战争胜利后仍回重新恢复的上海商检局工作。新中国成立后调到北京负责全国病虫害防治，1951 年因病回上海医治，在复旦大学任教授，次年因病去世。撰有《昆虫进化论》《中国蝗虫志》《蚕桑害虫学》《各国对于中国植物进口检验手续及禁止种类》《稻作害虫学》等论著。

陈耀堂 (1897—1980.06)

武进人。出身于一位秀才之家。随丁甘仁习医 6 年，熟诵《医宗金鉴》《证治汇补》《医学心悟》等医籍。

学业结束后开设私人诊所，半天在自己诊所行医，半天或到丁甘仁开设的广益善堂坐堂治病，或在上海中医专科学校教书，磨砺提高医术。30年代起，他把全部精力用于诊所，对《柳选四家医案》《清代名医医案选》《叶天士医案》等深入涉猎。经过细心探究和实践，医技逐渐提高，成为上海名医。1955年，上海市黄浦区联合诊所成立，被推选任所长。次年，应邀参与筹建上海中医学院，在院任教；后附属龙华医院成立，调到医院负责带教实习生。“文化大革命”期间受到迫害，1973年被迫退休。1978年，被上海第二医学院附属第三人民医院聘为顾问，专看疑难重证，并指导西医学习中医。1980年6月逝世。他精内科，对妇科、儿科、外科等也有一定造诣，晚年对气功颇有研究，撰有《中医诊断学》《陈耀堂医案选》《气功概要》等专著。

王平陵 (1898.05.02—1964.01.12)

溧阳人。原名仰嵩，字平陵，笔名西冷、史痕、秋涛等。民国7年(1918)浙江省立师范学校毕业。民国9年在上海《时事新报·学灯》副刊上发表第一篇小说《雷峰塔下》，接着又在《妇女》杂志上发表独幕剧《回国以后》，因构思巧妙，文笔流畅，引起文坛瞩目。民国13年主编《学灯》副刊，并为《东方杂志》等众多报刊杂志撰稿，从此声誉鹊起。民国17年任上海暨南大学教授，主编《中央日报·大道·清白》副刊。民国21年参与筹建中国文艺社，创办《文艺月刊》，任主编。民国27年3月中华全国文艺界抗敌协会成立，任常务理事兼组织部主任，后到重庆任《扫荡报》编辑，民国32年为商务印书馆主编《大时代文艺丛书》20册。1949年到台湾，主编《中国文艺》月刊。1955年前往曼谷，任《世界日报》总编辑。王平陵学识渊博，一生著述甚多，涉及哲学、美学、小说、散文、诗歌、戏剧等领域，共有40余种。文学方面，有长篇小说《茫茫夜》，短篇小说集《残酷的爱》《火种》《归来》《湖滨秋色》《娇喘》，散文集《副产品》《雕虫集》，诗集《狮子吼》，戏剧《慈母心》《锦上添花》，评论《三十年文坛沧桑录》等。

张石园 (1898—1959)

武进人。又名玄、克龢，字祥庚，一字霭如，号石园，以号行，别号麻石翁。书画鉴赏家。他收藏古代书画几乎成癖，对所藏书画详加考证，追究渊源，有独到心得。绘画善“六法”，以明末清初“四王”(王时敏、王鉴、王翚、王原祁)山水为宗，博采众长。用笔凝练，墨色秀润，深悟王石谷论画“以元人笔墨，用宋人丘壑，率唐人气韵”真谛，水墨、浅绛、青绿、淡彩等均能领会王石谷奥妙。他上窥宋元诸家，以平淡天真为归，仿王石谷画几可乱真。传世作品有《杏花春雨江南图》《叠嶂晴岚图》等。书法擅长篆、隶、行、草，尤以行书、草书最精，得“二王”潇洒婉丽之美。另外还长篆刻，工稳雅致，对印章、瓷器、碑帖等文物都有独到研究。擅长修复古代破残名画，能将破损处弥合得天衣无缝，是一位艺术素养极高的全面能手。上海解放后应聘为上海中国画院首批画师，为人宽厚，能广施教泽，指导、培养方去疾等众多人才。是西泠印社社员、中国美术家协会上海分会会员、上海市文史馆馆员。出版有《张石园山水画稿》《张石园山水画辑》《张石园画册》等。

恽子强 (1899—1963.02.22)

武进人。曾名恽代贤。民国9年(1920)6月南京高等师范学校(不久改为东南大学)数学理化部毕业，留校任教，修大学本科；民国13年6月东南大学文理科化学系毕业。在兄长恽代英教育和影响下参加革命，同年加入共产主义青年团，翌年加入中国共产党，先后在开封、辽宁、广州、武汉、上海等地从事革命活动和教育工作，曾在南京高师、长春吉林师范、上海中法大学等校任教。民国31年到苏北参加新四军，翌年从苏北徒步8个月奔赴延安，先在延安军工局工作，后任延安自然科学院副院长、晋察冀工业专门学校校长、晋察冀化工研究所所长、华北工学院副院长等职。新中国成立后历任中国科学院办公厅副主任、编译局副局长、东北分院副院长，同时兼任中国化学会副理事长、《科学通报》编委会主任和《化学通报》主编。1955年当选为中国科学院学部委员(院士)、学部常委和数理化学部副主任。

恽子强在苏北时为新四军创办医学院和筹建制药厂。到延安后，在军工局和自然科学院为解放区的教学、科研和生产做出突出贡献，1944年被评为甲等模范工作者。民国34—38年在晋察冀地区从事科学、教育的组织和领导工作，为日后新中国的建设培养了一批科学技术干部。他参加了第一届全国政协会议，参与自然科学专门学会联合会的筹建和中国科学院及其学部的组建。在担任中科院领导职务期间，为发展中国科学技术和培养科技人才，组织科技队伍付出大量心血。

王维克 (1900—1952.04.04)

金坛冯庄村人。小名兆祥，民国6年(1917)入南京河海工程学校读书，五四运动中参加反帝反封建宣传，与张闻天等一起被学校开除学籍，转到上海大同大学学习数理专业，民国12年毕业。回金坛县立初级中学执教，发现华罗庚数学天赋潜质，在他鼓励、引导、督教下，华罗庚热爱上了数学。后王维克又入震旦大学专修法语，民国14年到法国巴黎大学留学，深造数学、物理、天文，成为女科学家居里夫人的中国学生。民国17年完成学业回国，在上海中国公学任教授。翌年回金坛结婚，地方盛邀他出任金坛县立初级中学校长，聘失业在家的华罗庚为会计，兼教初中补习班数学，成为华罗庚的引路人。华罗庚提起这位师长，总是充满敬意："王维克先生是我数学成绩的第一个赏识者。"王维克破格提携华罗庚引来社会非议，校内舆论认为他"用人不当"。他任校长一年后愤慨辞职，到湖南大学任教授。全面抗日战争期间，他回金坛闭门谢客，专事译书。日伪统治下的中央大学校长、汪精卫妻弟陈昌祖派人请他去南京任教授，他拒绝聘请，在金坛过清贫生活。1951年，经华罗庚推荐，入北京商务印书馆任编审，次年患胃癌去世，终年52岁。王维克学识渊博，撰有《自然界现象》《热力学原理》《日食和月食》《自然界印象记》等著作，并翻译外国名著数百万字，主要有但丁《神曲》、印度史诗《沙恭达罗》、法国名剧《希德》《法国名剧四种》《法国文学史》、俄国《屠格涅夫散文诗》、比利时名剧《青鸟》《金鸡》《伊哥尔王子》等，编写《傀儡皇帝》剧本，讥讽投日，其中《神曲》一书多次翻印再版。1954年，周恩来总理访问印度，人民文学出版社用绫罗精装再版他翻译的《沙恭达罗》，作为礼品赠送给印度。

恽雨棠 (1902—1931)

武进西夏墅人。民国8年(1919)8月，进上海商务印书馆工作，民国13年经商务印书馆党支部书记、同乡董亦湘介绍加入中国共产党。五卅运动爆发后，他积极投身爱国斗争，在南京路上鼓动群众反对帝国主义，每到一处，站在凳上控诉帝国主义屠杀中国同胞的血腥罪行。翌年8月22日他参加领导组织商务工人大罢工，负责起草商务发行所《职工会宣言》和《罢工宣言》，大家听了宣言很受感动，《罢工宣言》成为中国职工运动史上重要文献。8月28日，为期一周的商务印书馆首次罢工胜利结束。10月底，他被中共组织派到莫斯科中山大学学习，民国16年上半年回国。大革命失败后，中共为保存革命力量，第二次派他带领一批青年干部前往苏联学习。在苏联曾两次遭到王明诬陷打击。民国18年回到上海，派他到中共中央宣传部所属的《红旗》报社任发行部主任。此后，王明到部里以检查工作为名，对他工作百般挑剔，借口领导无方，将他和妻子李文下派到中共闸北区委工作。后经区委介绍，任市政工会主席、上海黄包车夫罢工委员会主席，为发动和组织黄包车夫罢工斗争，他脱下长衫，穿着一身蓝布短衣在马路上拉车奔跑，与群众打成一片。民国19年，南京中共组织遭到第六次大破坏，中共江苏省委派他担任中共南京市委书记。翌年1月16日，他到上海参加会议，1 月 21 日因叛徒出卖被捕入狱。2 月 7 日晚上，他身穿长衫，拖着 10 多斤重的脚镣走向刑场，被国民党的刽子手枪杀，同时牺牲的还有怀孕待产的妻子李文。

史国纲（1902—1978）

溧阳人。民国 9 年(1920) 江苏省立第五中学（后改名江苏省常州中学）毕业，考入清华学校读工科。外交家顾维钧到清华演讲，痛斥政府无能深受帝国主义欺压，讲到弱国无外交时痛哭流涕，唤起他强烈爱国热情，要求改学文科外交专业。民国 15 年到美国皮劳埃大学留学，为当时该校唯一中国留学生。两年后考入哈佛大学研究院，学国际关系与国际公法学。民国 21 年回国，在上海商务印书馆编辑《东方杂志》，用“谷光”笔名发表《美国宪法之背景及其特点》等文章，从不同侧面对各国宪法进行深入研究;同时著书立说，撰写《世界之复兴》《国际政治经济一览》《世界原料与殖民地问题》等书，分别于民国 23 年和民国 26 年由商务印书馆出版。

全面抗日战争爆发后，他随商务印书馆迁到香港从事编辑工作，撰写出版《自卫与侵略》一书。民国 28 年先后在昆明、重庆等地任教，民国 34 年任中央大学政治系教授，执教外交史、国际组织和国际关系等课程。同时还在东方语专科学校任兼职教授，到陆军大学讲授《联合国组织》等课程，后随中央大学迁回南京任教。1949 年任南京大学教授，兼教务处出版组主任，加入民盟。1953 年高校院系调整，任江苏省人民委员会参事室参事。1956 年，任民盟江苏省委宣传部副部长，负责编辑《江苏盟讯》，余暇与妻子方安合作翻译出版英国作家高尔斯华绥的《正义》和苏联专家卡赞采夫的马列主义教育丛书《教学组织工作经验》。刻苦自学俄语，利用业余时间翻译苏联科学院米克鲁霍马克来民族学研究所著的《美洲印地安人》一书，1960 年由上海三联书店出版。曾任江苏省第二至第四届政协委员。

许闻天（1902.01.24—1982.06.17）

溧阳溧城镇人。民国 6 年(1917) 随父到上海，师从金寿石学画。五四运动爆发后加入学生游行，被警察逮捕打伤。金寿石不喜欢他参加学潮，将他辞退。入上海美术专科学校普通师范科学习，毕业后任小学教员。去日本东京美术专科学校留学，后因生活困难辍学。民国 12 年，他在日本遇到上海美专的同学、朝鲜人韩东然，韩在沈阳以办美术专门学校作掩护，从事朝鲜独立抗日运动，邀他到沈阳任教。执教期间从事抗日工作，后韩东然从事抗日活动被日本特务发现，令军阀张作霖抓捕，韩潜逃到海参崴。许闻天离开沈阳，到南京美术专科学校教书。翌年加入中国国民党，后在沈阳与沈叔邃合办《大亚图画周报》，以此为掩护从事革命活动。民国 14 年身份暴露被军阀逮捕，经受酷刑拷打，旋经沈叔邃疏通，出钱赎出。

许闻天为国民党左派，北伐成功后遭到蒋介石迫害，躲到溧阳创办《溧阳评论报》，抨击蒋介石反革命面目，被国民党右派逮捕判处极刑，经卢邱泉等斡旋相救才幸免于难。民国 18 年冬，与陶希晋等人发起有千余人参加的溧阳暴动，占领溧阳县城一周，宣布改组政府，废除苛政，遭到镇压，被国民党通缉。民国 21—26 年，历任国民党中央党部民众运动指导委员会工人科科长、实业部劳工司第一科科长。全面抗日战争爆发后，从事抗日救亡活动。抗日战争胜利后，任国民党江苏省政府主任秘书，加入三民主义同志联合会，积极参与组建孙文主义革命同盟（简称“孙盟”），多次策划军事策反。1949 年，“孙盟”组织遭到严重破坏，很多骨干被逮捕枪决，他逃入溧阳山区躲过劫难。

新中国成立后，任中央人民政府政务院参事，先后当选为第一至三届全国人民代表大会代表，第五届全国政协委员，后任中国国民党革命委员会中央委员、中央常委委员、副秘书长、组织部副部长、部长等职。

蔡邦华 (1902.10.06—1983.08.08)

溧阳人。民国12年(1923)毕业于日本鹿儿岛高等农林学校动植物科，22岁回国后成为国立北京农业大学最年轻的教授。民国16年再到日本东京帝国大学农学部研究蝗虫分类学。民国17年，拒绝日本政府无理要求提前回国，在浙江大学农学院任教；民国19年派往德国进修，民国21年8月，参加在巴黎召开的第五届国际昆虫学大会。民国25年起历任浙江大学农学院教授，南京中央农业实验所技正，浙江省昆虫局局长，浙江大学农学院院长、校务委员会临时主席(代校长)等职。1949年10月1日，作为中国人民政治协商会议第一届全国委员会委员参加开国大典。1953年，调到中国科学院昆虫研究所任研究员、副所长，1955年当选为中国科学院首批学部委员(院士)。1962年昆虫所与动物所合并，又任动物研究所研究员、副所长。曾任杭州市人民政府委员，政协第一、第四至第六届全国委员会委员，第二至第三届全国人大代表，国家科委林业组成员，国务院科技规划委员会农业组组员，国家科技委植保农药药械组成员，农业部科技委员会委员和中国昆虫学会副理事长，中国植护学会副理事长等职。

蔡邦华长期从事昆虫学研究，为中国昆虫生态学奠基人之一。他在昆虫分类学方面发现150余个新种属，撰写中国首部《昆虫分类学》(上、中、下)。在德国进修期间，他以米象发育与温湿度关系为题开展实验生态学研究，证明米象在不同条件下寿命最长、发育最快、繁殖最多，确认繁殖最多是真正促使害虫“猖獗”的主要因素，这一结论使久经争论的问题得到解决，引起国际生态学界高度重视。他在螟虫发生、防治与气候关系等方面又创建害虫测报制度。50年代对松毛虫发生规律进行研究，倡导综合防治，效果明显。撰有《中国经济昆虫志》《中国白蚁》等专著，先后发表《害虫猖獗之预测》《竹蝗与蝗螽之猖獗由于不同气候所影响之例证》《米象猖獗受营养之影响》《华北稻区灰稻虱的研究》《森林害虫的综合防治》等论文。

丁济万 (1903.02.08—1963.04.17)

武进孟河人。原名秉臣，字兰生，又字济万，号兰荪，以济万行世；孟河丁氏医派的主要传承人。出身于一个中医世家，早年随多位名儒识蒙受教，学习诗古文辞，17岁进祖父丁甘仁创办的上海中医专门学校学习。余暇，随侍祖父在诊所为人治病，得到祖父真传。民国13年(1924)中专毕业后，先在祖父与叔父开设的上海广益中医院行医。民国15年，他以长孙身份接掌丁氏家业，请叔父管理中医专门学校和沪南、沪北广益中医院，自己把主要精力放在接掌祖父开设在上海凤阳路的私家诊所上，将诊所招牌换上“丁甘仁之孙丁济万诊所”。

丁济万医技娴熟，曾治多位疑难重症病人，被誉为“活仙人”，成为上海滩上的名医。30岁以后，除沪南、沪北广益中医院外，在戈登路创办华隆中医院及华隆分院，作为中医学校学生实习医院，实行医师查房制度，是中国首家中医院。他为弘扬中华医学，创办《卫生报》，自任主编。民国20年，他将中医专门学校升级为上海中医学院，自任院长，开始分设科系招生，培养毕业生近20届，为全国输送了大批中医人才。这所学院后来被改设为上海中医药大学。21世纪初叶，学校创建丁济万奖学金，奖励优秀学生。

丁济万家学渊源，对《内经》《温热经纬》等医书稔熟于心，他临诊经验丰富，精湛内科、外科、妇科、幼儿诸科，尤擅诊治伤寒温病、阴虚病，曾任神州中医学会会长、上海市国医学会常务主席、上海中医学会会长、上海中医师公会理监事及理事长、上海市卫生局中医委员会委员、国民政府卫生部中医委员会委员等职。1949年，移居香港开设万昌堂诊所，先后被推选为港九中医公会永久会长、旅港苏浙同乡会常务理事。1960年，又任香港湾仔街坊福利促进会监事，翌年发起筹款，购置香港中医师公会新会址，当选为该公会第十五届理事长兼医疗研究院董事长等职。他到香港后，发现港岛糖尿病、高血压病人甚多，又独创用玉米须和水煎煮药水治疗的方法，收到较好效果。著有《丁氏医药》，整理出版《丁甘仁之医案》等书。

王　洸 (1903.07.07—1979.09)

常州人。出生于常州西门的一个知识分子家庭。民国15年(1926)北京交通大学毕业后在北洋政府交通部工作。民国20年，被交通部任命为武汉航政局局长。翌年，到南京创办《交通杂志》月刊，曾编辑出版《铁道整理》《航运》《铁路运价》《水路联运》等专号，撰写发表《商港之研究》《招商局之整理与复兴》等论文。民国23年，被公派到美国宾夕法尼亚大学研究院留学，研究水运。民国25年11月回国，任交通部船舶科科长兼海事科科长。全面抗日战争初期，任汉口航政局局长、船舶运输司令部征调处处长。民国27年8月，采用沉船堵塞航道方法，有效阻碍日舰溯江而上进犯，延缓武汉陷落时间，为武汉方面人员撤退、物资转运赢得时间。

民国31年太平洋战争爆发，中国适时提出尽快废除英美两国在清末强加给中国的不平等条约，他负责制订收回航权条款。翌年1月《中美平等新约》和《中英平等新约》相继签订，从此，英美在中国航道不再拥有贸易、航运等特权。抗日战争胜利后任长江区航政局局长，清理航道沉船，恢复通航，并修造汉口、南京、九江等多座码头，发展水运经济。南京解放前夕到台湾，除长期担任台湾航业股份公司董事长外，在淡江文理学院、台湾师范大学、大同工学院、台湾省立海洋学院、政治大学、成功大学商学院、交通大学工学院等任教授，从事航运学研究，先后撰写出版《中国航业》《航业与航权》《中国航业论》《中国港口论》《近代运输学》《中国水运志》等50余种专著。

朱福炘 (1903.07.09—2003)

武进奔牛镇人。民国23年(1924)南京高等师范学校工科毕业，翌年东南大学物理系本科毕业，到安徽阜阳省立第六中学执教数学、物理、英文等课程。北伐战争开始后学校停课回到常州，后被厦门大学理学院院长兼物理系主任胡敦复聘去任教，民国17年到浙江大学文理学院物理系任教。民国26年日本大举侵华，他随浙江大学辗转建德、吉安、泰和、宜山、贵州青岩、湄潭等地任教，在8年流离颠沛中始终没有中断授课。在2600公里长途跋涉中，负责保管的物理实验仪器没损坏一件，他的敬业精神赢得校方高度赞赏，成为40年代浙江大学首位没有留洋经历的教授。民国35年，他被推荐到美国加利福尼亚大学伯克利分校深造，次年又入麻省理工学院宇宙射线研究所从事改进宇宙射线仪器研究，所写《缩短云雾室活门开启时间》论文发表在美国《科学仪器评论》杂志。民国37年回国主讲近代物理学，翌年8月，兼私立之江大学数理系主任。1952年具体负责创建浙江师范学院物理系，后任物理系主任、教务长和副院长，1958年与新办杭州大学合并，任物理系主任、副校长等职。朱福炘长期从事教育工作，先后主讲基础物理学、高等物理学、量度精密论、电磁学、热力学、近代物理学、原子物理学及原子核物理学等课程，积累丰富教学经验。30年代编写的《新课程标准师范学校适用物理学》出版后受到各校欢迎，至民国36年重印达11版。编写的《电磁学讲义》《原子物理学讲义》《原子核物理学讲义》《热力学讲义》等在教学中起了重要作用。朱福炘是中国自建物理实验园地拓荒者之一，他自己动手为实验创造条件。在杭州大学任教时创建颇具规模、工种齐全、设备较全的物理仪器工厂。新中国成立后曾任浙江省政协委员，浙江省第三届人大代表，浙江省第五至第六届人大常委会委员，中国民盟第三至第四届中央委员，多次连任浙江省物理学会理事长、名誉理事长等职。

陆小曼 (1903.11.07—1965.04.03)

原籍武进。女，名眉，别名小眉、小龙，笔名冷香人、蛮姑。出生于上海孔家弄。出身书香门第。民国4

年(1915)就读于法国圣心学堂，后师从刘海粟、陈半丁、贺天健等名家学画。1956年任上海文史馆馆员，后任上海画院画师。1959年，任上海市政府参事室参事。陆小曼多才多艺，爱好广泛，擅长戏剧，熟谙昆曲，善演皮黄，曾多次粉墨登场，为著名京剧票友，主演《思凡下山》《汾河湾》《贩马记》《三堂会审》等剧目。她师承梅派，熟稔京剧旦角演唱艺术，善于运用歌唱、念白、身段、舞蹈等表现手段，细致入微地刻画人物艺术形象，表演动作妩媚俏丽，唱腔流畅甜美，曾得同乡蒋君稼点拨，亲手扶掖筱兰英、容丽娟等坤伶，捧红马艳云、姚玉兰、袁美云等名角。民国13年她翻译意大利戏剧《海市蜃楼》。民国17年与丈夫徐志摩合作完成五幕话剧《卞昆冈》，在《新月》月刊上连载，后由戏剧教育家余上沅搬上舞台，被上海龙马影片公司改编成电影。《卞昆冈》充满徐志摩诗人语言和丰富想像，剧中逼真动人的女性台词均由陆小曼创作，此剧被公认为唯美主义话剧，在中国戏剧史上有其独特价值。她还善诗，写(译)小说、散文，曾发表出版《皇家饭店》(小说)、《泰戈尔短篇小说集》(译)、《中秋夜感》《灰色的生活》《牡丹与绿叶》等。她尤擅长国画，主要作品有《寒林策杖图》《太似山溪石居图》《满山中高士卧图》《桃花流水杳然去图》等。1965年4月3日在上海华东医院逝世。

程曼叔(1903—1961)

武进人。字鸿寿。民国14年(1925)中法大学文学系毕业后留学法国，初在里昂国立美术专科学校学习绘画，后转入巴黎高等美术学校布赛尔(雕塑家)工作室习雕塑，毕业后留校任助教。民国25年回国，从事法语教学。民国33年任国立艺术专科学校雕塑系教授，抗日战争胜利后随校迁杭州。1950年后历任中央美术学院华东分院、浙江美术学院雕塑系教授。程曼叔将中西文化融合在艺术创作中，泥塑技法精湛，作品形体结构完满，形神兼备，将人体结构细节刻画与整体气势巧妙地融为一体，以内在美与外在美的巧妙结合，表现深沉的思想情感。他说："情绪应超越技术，不能让技术掩盖情绪""雕塑如果没有表现出特点、性格、本质，则只是一团泥巴。"他创作的肖像作品细腻、生动，形完神足，堪称典范，代表作有《女人体》《方志敏》《少女头像》等，其中《女人体》曾参加法国巴黎春季沙龙展并获奖；《少女头像》曾被大量翻制成石膏像流传于社会。他常对学生说："你们要以殉道者的精神来学雕塑。"他是中国现代雕塑的拓荒者。延安文艺座谈会讲话发表后，他强调艺术的历史使命和社会责任，自觉把雕塑艺术与中国现实相结合，介入社会，走近民众，努力解决雕塑社会功用问题。50年代，他在杭州公园内创作《志愿军纪念像》雕塑，一直保存至今。他把雕塑艺术变成服务大众的民族艺术，产生广泛影响。他是中国美术家协会会员。

杨兆龙(1904.11.08—1979.04.01)

金坛东岗村人。字一飞。早年就读于燕京大学哲学系，民国16年(1927)于上海东吴大学法学院毕业，任律师。民国17年在上海公共租界临时法院及上诉法院任推事，因对违法洋人依法判决而得罪洋人被解职，到美国哈佛大学留学。民国24年获法学博士学位，又到德国柏林大学法学院从事博士后研究。翌年回国，任国防最高委员会(后改名资源委员会)专员，兼中央大学法学教授。民国27年任立法院宪法起草委员会专员。民国29年任西北联合大学法商学院院长。民国31—34年任教育部参事和法律教育委员会秘书长，任中央大学、东吴大学重庆分校、朝阳法学院教授。抗日战争胜利后，率中国代表团考察欧美司法，回国后任司法行政部刑事司司长、最高法院检察署代理检察长。在任上曾释放一批地下工作者，并说服李宗仁释放一批政治犯。民国37年当选为中国刑法学会会长、国际行政法学会理事、日内瓦国际刑法第五届大会副会长、国际比较法学会理事，被海牙国际比较法学研究所评为比较法学专家。1949年任东吴法学院院长。新中国成立后，东吴法学院撤销，在原圣约翰大学创建华东政法学院，他因非中共党员失去讲课资格。1953年被安排到复旦大学教俄语。1955年3月全国掀起肃反运动，他因曾任国民政府最高法院检察署代理检察长而被审查。1958 年被错划为“右派分子”。1963 年被逮捕，1971 年被错误地以“历史反革命及叛国投敌罪”之名判处无期徒刑。1979 年 4 月 1 日含冤去世。1980 年，上海市高级人民法院撤销原判，宣告无罪，为他彻底平反。

杨兆龙是中国著名法学家，他通晓英、法、德、意等 8 国语言，法学研究涉及刑事法、诉讼法、司法制度、宪法、立法、比较法等多个领域，尤对大陆、英美两大法系造诣极深，成就卓著，曾拟订《国家总动员法》《战争罪犯审判条例》等法律，发表《公证制度之探源》《中国司法制度的现状及问题》《欧美司法制度的新趋势及中国今后应有的觉悟》等论著。他翻译的《联合国宪章》是中文规范译本。民国 37 年，荷兰海牙国际法学院在全世界评选出 50 位杰出法学家，中国有两人当选，一位是年近七旬的王庞惠博士，另一位就是他，其时 44 岁。他平反后，论著汇集成《杨兆龙法学文集》出版。2009 年北京大学出版社出版其专著《大陆法与英美法的区别》。

严志弦 (1905.11.11—1968.05.15)

武进人。字济宽。民国 15 年(1926) 东吴大学化学系毕业，先在苏州桃坞中学执教数理化，民国 19 年回东吴大学任助教、讲师。抗日战争期间任东吴、复旦大学教授，兼江苏蚕丝专科学校教授。民国 30 年太平洋战争爆发后，东吴大学、蚕丝专科学校南迁，先后任天丰药厂化验站主任、天元药厂厂长兼主任技师。抗日战争胜利后，继续任复旦大学、东吴大学教授，在震旦女子文理学院兼课。新中国成立后，任复旦大学化学系主任、中国科学社社长、中国化学工业会理事及编审委员，《化学世界》《化学通报》编委，主持无机化学课程教学和络合物化学研究，参加中国首部综合大学无机化学统编教材《无机化学教程》编写。严志弦在复旦大学创建中国第一个络合物化学研究基地，在国内首先合成氮三乙酸、乙二胺四乙酸和二乙基三胺五乙酸等具有代表性螯合剂，进而又设计合成一系列新型氨羧酸螯合剂，并建立起初具规模的有机金属化合物和络合物研究实验室，形成一支研究队伍。撰写中国首部《络合物化学》专著，1960 年 5 月出版，1962 年译成俄文出版，为中国化学研究做出重大贡献。1968 年 5 月 15 日逝世于上海。

马雄冠 (1905—1985)

武进人。民国 18 年(1929) 上海同济大学机械系毕业，曾任上海私营顺昌公司铁工厂厂长兼总工程师。抗日战争全面爆发后转移至后方，任四川永川福昌炼铁厂厂长兼经理、重庆机器同业公会理事长。抗日战争胜利后被国民政府资源委员会聘任上海通用机器公司筹备处主任、总经理。他亲自到上海实地考察，选择在上海郊外闵行办厂。他一面建厂，一面争取日本赔偿，分到从日本拆迁回来的机器 242 台，争取到联合国善后救济总署支援中国的重型机械车间设备 1 套 80 台，这些机器设备很快被安装到位。民国 37 年，建成投入生产，生产出蒸汽机、鼓风机、电动葫芦、水泵等产品。他办厂量力而行，以节约俭朴为原则；对职工素质要求极高，招进职员都要谈话考察；花巨资在市区租用两幢西式洋房，在厂区建造宿舍，供职工居住，而他本人和两位主要助手却住在旧房子里。1949 年上海解放，他立即组织恢复生产，被任命为华东工业部通用机器厂（今上海汽轮机厂）首任厂长、国家一级工程师。1952 年任华东工业部教育处研究室主任，从事机械工业教育工作。同年 12 月调任国家第一机械工业部教育司技工训练处副处长，1959 年任农业机械部教育司职工教育处副处长。1985 年病逝于北京。他一生生活俭朴，克己奉公，将自己多年积蓄的 20 万元捐献给国家。

吴大珂 (1906—1973.01.05)

常州人。又名之骥、之奇。父吴葵秋为常州早期实业家，以创办常州最早的动力碾米厂、大赉机粉厂、新商和新华轮船局名噪一时。他秉承父亲要他掌握机械技术旨意，民国 12 年(1923) 考入同济大学机师科学习，次年肄业。先在其父办的企业任技术员、工程师。民国 20 年创办大可机械实验工场（后改为大可机械厂），自学钻研柴油机技术，仿制出5马力单缸和16马力双缸柴油机，改进冲刷泵，将动力增至12马力和24马力，型号定为大可21年式，主要为轮船、戽水机、碾米机等使用。民国24年，研制成功国内第一个木柴瓦斯发生炉，取代柴油和汽油。

新中国成立前夕，他预感到帝国主义对新中国经济会实行封锁，柴油、汽油会再度紧张，及时研制煤气发生炉，改装在一批中大马力的柴油机上，成为中国木柴、煤气发生炉创始人。1949年12月，吴大珂独资创办大可经济发动机厂，后迁徐家汇改名为大可实验钢厂，以小型转炉冶炼浇铸小钢锭，深得广大小型轧钢厂欢迎。1955年12月，他响应公私合营号召，改名大可炼钢厂。次年2月，并入上海钢铁公司成为试验室炼钢实验厂，任厂长。他致力于钢铁工艺技术研究，任连续铸锭课题负责人，完成国内第一台立式工业试验性连续铸锭机设计、建造。1958年7月17日，周恩来专门视察实验工厂，接见吴大珂等设计人员，说："这场炼钢革命很重要，你们应该好好地、认真地把这项新技术搞下去。"1959—1960年，吴大珂等又设计出辐射式热风炉，并参与热风炉钢丸清灰、热风管涂料、化铁炉水冷风眼、虹吸出渣等工艺技术研究，攻克高硫的困扰。此后，他又与人合作，在真空处理钢液新技术方面进行广泛试验研究，提高特钢质量，发展特钢品种，同时还与上海轻工业研究所联合研制成塑料复合钢板，其产品在造船、农机、轻工、化工等方面广泛应用，曾被评为上海市先进工作者称号。"文化大革命"期间因受迫害去世。1978年平反昭雪。

周子柏（1907.07.23—1980.11）

武进人。出身于一个小店员家庭，中学未读完到上海宝兴钱庄当学徒，满师后升为"跑街"（业务员），被太平洋保险公司聘为兼职代理人。1932年秋，钱庄经营不善停业，朝鲜人金星建等3兄弟开办的上海金星笔厂找他代销金笔。在钱庄同事周尚明等支持下开设"颖源商号"，从事代销业务。后金星笔厂老板与他合作经营，改为股份有限公司。1933年冬，金氏兄弟将股份转给他和贺聚道等人经营，任经理。他从日本聘来3名制笔技师，购回部分制尖设备，到上海斜土路扩建生产，逐步发展为拥有300名工人、上海最具规模的制笔民族企业。周子柏头脑灵活，善于经营，注重广告宣传，用"书写流利，得心应手"作为广告语。他为打入位居上海四大公司之首、号称"环球百货"的永安公司，他精心设计"三部曲"：第一步托亲求友，接近永安公司文具部负责人传递信息；第二步去文具部或营业柜台聊天，建立人脉关系，并动员亲朋好友去柜台探问要买金星笔，时机成熟后他亲自出面承诺先卖后结，并允诺货款按定价7折计算后再打9折优待，还以两个5%作为文具部部长、柜台营业员佣金；第三步，金星笔摆上永安柜台后，让至亲好友陆续将金星笔买回，博得永安公司信任。通过这种营销技巧，使金星笔摆上永安公司的销售柜台。永安公司以货真价实而著称，顿时让金星笔身价百倍，成为信得过产品。在上海四大公司都销售金星笔后，外埠也很快打开局面，在南京设总经销处，逐步拓展到九江、南昌、长沙、汉口、郑州、开封等城市。抗日战争时期，还推销到大后方和解放区，金星金笔成为民族名牌产品。上海解放后，周子柏任上海市制笔工业同业公会副主任委员。1952年，在北京设立金星金笔分厂。1954年，上海金星金笔厂公私合营，资产达100余万元，他被调任上海市制笔公司副经理。"文化大革命"中受冲击。粉碎江青反革命集团后，他把收藏的文物献给国家，受到上海市政府嘉奖。

林　枫（1907—1963）

溧阳人。原名宋书常。初中毕业后因家贫辍学。民国15年(1926)到吉林铁路局当火车司机练习生，结识中共党员吴敏茂。在吴推荐下，阅读《新青年》《向导》杂志和《共产主义ABC》，走上革命道路。民国16

年4月，加入共产主义青年团，不久转为中国共产党。同年冬患肺病，返回溧阳养病，结识返乡中共党员陈智方，与陈智方、钱绍洵（钱本）等人于民国20年建立溧阳第一个中共党支部，发展地方党组织。翌年2月，中共溧阳特别支部成立，他任组织委员、特别支部书记。民国22年2月，溧阳特别支部改组为中共溧阳县委，任书记。翌年11月，因叛徒出卖被捕，被关押在上海、镇江等地监狱。后经在上海经商的大哥营救出狱，一度与组织失去联络。民国26年6月重新入党，任上海地下党群众工作委员会委员，负责工运。七七事变后，中共江苏省委开辟抗日武装斗争，成立江苏省军委，他任军委书记张爱萍助手，去江浙一带开展武装斗争。翌年春，中共江苏省委成立外县工作委员会，他任副书记，配合江南抗日义勇军创建东路抗日根据地。民国28年12月，任江南特委书记，民国30年调华中局、苏中区党委工作，负责创办《抗敌报》。民国32年，任中共中央华中局城工部所属苏锡杭城工委书记，贯彻抗日统一战线和"反清乡"斗争。民国35年国民党发动内战，被中共中央上海分局委派负责农村工委工作，在上海外围开展游击战争。翌年5月，上海分局成立外县工作委员会，先后任副书记、书记，频繁往返于上海、杭州、四明山之间，参加四明山上王岗反击战。1949年初，中共中央上海局将原杭州两个地下党系统（杭州市工委、杭州工委）合并，建立中共杭州市委，由他任市委书记。解放前夕，他领导发动党员和进步群众，开展卓有成效的护厂、护校、护桥斗争。特别是在保卫钱塘江大桥中亲自部署，确保大桥不被破坏。

杭州解放后，林枫历任中共杭州市委副书记、书记，后调任中共浙江省政法委员会书记兼高等法院院长，中共浙江省委常委兼统战部长。1953年患恶性肿瘤调上海养病，同时担任上海第一医学院院长。1955年任浙江省政协副主席，1963年病情恶化逝世。

陈玉梅 (1908—1985)

武进人。女，原名费掌珠，后改费梦敏。15岁进邵醉翁开办的笑舞台（主要演出文明戏）训练班学演文明戏。民国12年(1923)结业，在编剧、同乡杨小仲介绍下在《松柏缘》影片中饰配角，首登银幕，成为常州第一位电影演员，改艺名陈玉梅。民国14年进邵醉翁等创办的天一影片公司当演员，拍摄《立地成佛》《女侠李飞飞》等电影。后天一公司的台柱演员胡蝶被明星影片公司挖走，邵让18岁的陈玉梅在《唐伯虎点秋香》中饰演秋香，获得成功。接连主演《是你么》《铁扇公主》《大侠白毛腿》《仕林祭塔》等，为天一公司在电影市场竞争中取得一席之地。邵担心她被其他影片公司挖走，民国17年娶她为妻，从此以"老板娘"和台柱演员双重身份进入演出高峰。数年内，主演电影近40部，年均主演4部影片。民国21年底与明星公司胡蝶、联华公司阮玲玉在《明星日报》策划中国电影皇后评选活动中，当选电影皇后，列胡蝶之后，红遍全国和东南亚地区。

陈玉梅拍摄的主要电影有《夜光珠》《寻父遇仙记》《莲花洞》《拳大王》《双珠凤》《江侠士刺虎》《火烧百花台》《荒唐将军》《大学皇后》《杨云友与董其昌》等，多数为悲剧。"一二·八"沪淞会战后，她受爱国主义影响转向拍摄《挣扎》《生机》等现实进步题材电影，遭到国民党当局压制。民国22年，上海发生"电影界铲共会"事件，天一转到香港发展，为后来改名邵氏电影公司，奠定香港电影龙头地位。陈玉梅到香港后，因年龄等原因很少再主演影视。她的歌曲也受听众青睐，百代唱片公司曾为她灌制《催眠曲》《双飞燕》《花弄影》等唱片，其中《催眠曲》打破唱片公司从未有过的销量记录，因此得"催眠姑娘"雅号。1985年在香港去世。

陈立平 (1908—1982.10.12)

武进卜弋人。曾读于苏州师范学校、苏州美术专科学校，因从事学生运动未能毕业。民国19年(1930)

12 月在北京加入中国共产党。后在西山活动被判刑一年。出狱后回到武进发起成立武进农会，提出“二五减租”，发展党员和建立党组织，被当局通缉。民国 22 年，任中共无锡中心县委宣传部部长，以小学教员为掩护从事革命活动，后被叛徒出卖而被逮捕。民国 25 年出狱，在上海、苏州等地从事抗日救亡活动。抗日战争全面爆发后，任中共南昌市委组织部长，组织救济难民和发动铁路工人抗日。民国 28 年参加新四军，翌年初被派到太(湖)滆(湖)地区开辟抗日根据地，历任中共太滆工委书记兼武南县抗日民主政权县长，中共苏皖特委组织部部长、书记，中共太滆中心县委和地委书记兼军分区政委，苏浙皖特委书记兼留守营政委，华中局和华东局土改工作队副队长，华东野战军先遣纵队干部队队长等职，建立抗日民主政权，创建新四军独立 2 团和地方抗日武装。曾在胶东、新沂、如东等地领导土改，参加南下先遣纵队，策应淮海战役。1949 年 4 月随军渡江，参加接管南京工作，历任南京市区委常委兼组织部部长、市纪委副书记、副市长，中共江苏省委宣传部副部长和省卫生厅厅长、高级人民法院院长、省人民检察院检察长和政协江苏省第四届委员会副主席。1982 年 10 月 12 日在南京病逝。

佘贵棠 (1909.03.20—1979)

常州人。民国 19 年(1930) 沪江大学社会学系毕业，入《民国日报》等从事采编工作。民国 23 年任上海商业储蓄银行人事科长，民国 26 年，该行董事长、中国旅游业创始人陈光甫委派他创办中国旅行社上海、南京等分社。翌年，到缅甸仰光及腊戍(越南)等地建立中国旅行社国外分社。民国 30 年任中国旅行社重庆分社负责人，民国 35 年任北京分社经理，民国 37 年任上海中国旅行总社研究室负责人。新中国成立后，曾任西南工业部驻沪负责人。后去北京，在轻工业部造纸研究所从事科技情报以及翻译等工作。佘贵棠对中国早期旅游事业发展做出许多战略、理论性研究，取得较大建树。30 年代撰写出版《游览事业之理论与实践》专著，这是中国首部旅游理论专著，也是国内最早出现现代旅游概念的研究成果，奠定了他中国早期旅游理论奠基者地位。之外，还在《旅行杂志》发表《旅游事业之意义》《学术的旅行》《旅游资源问题》《中国旅游事业之展望》等 10 余篇论文。译著出版《玛丽白登》(1957 年新文艺出版社出版)、《托尔斯泰夫人自传》等。

朱　琏 (1909—1978)

溧阳人。民国 18 年(1929) 苏州志华产科学校毕业，任上海闸北医院妇道科主任。结识在溧阳搞暴动被国民党追捕逃到上海避难的同乡陶希晋，成为陶希晋的妻子。民国 21 年随丈夫到石家庄正太铁路医院当医生。民国 24 年，她与丈夫加入中国共产党，成为石家庄市首位女共产党员，任中共石家庄市委委员。后辞职开办朱琏诊所，作为党的活动机关和联络点。她既看病，又负责党的秘密联系和组织活动安排，协助丈夫编辑《北风》和转发北方局《火线》等党内刊物。全面抗日战争爆发后，任石家庄抗日救国联合会常务委员和妇女救国会会长，组织群众走上街头宣传抗日。民国 26 年 9 月，石家庄沦陷后，她跟随中共石家庄市委西上太行山，参加游击队，后来历任八路军一二九师卫生部副部长、野战医院院长，延安中国医科大学副校长、代校长，十八集团军总卫生部门诊部主任，陕甘宁边区政府保育顾问。解放战争期间，历任晋冀鲁豫边区人民政府卫生局局长、晋冀鲁豫边区医院院长、华北人民政府卫生部部长。新中国成立后，历任卫生部卫生司副司长、针灸疗法实验所所长、中医研究院副院长兼针灸研究所所长，中共南宁市委常委、副市长，中华妇女联合会执行委员和政协第五届全国委员会委员等职。

朱琏对针灸颇有研究，民国 33 年在延安一面向民间医生学针灸，一面钻研巴甫洛夫学说；在临床上发明完全留针，总结确定 19 个新穴位，改革指针和艾卷疗法，利用现代科学知识开创新针灸学。所著《新针灸学》

一书由朱德题词，董必武写序，1949 年出版，先后被译成俄文、朝鲜语、越南语等多国文字。她利用针灸绝技治好朱德、董必武等首长的顽疾，得到毛泽东肯定。新中国成立初期，她在中央支持下，创办外国医生针灸班，在许多国家掀起针灸热。“文化大革命”期间，董必武的三叉神经痛复发，在朱琏治疗下很快针到病除，董必武赞赏她的针灸技术，赠诗：“万里传针灸，能人遍市乡。随身带工具，竹筐即药囊。大众皆称便，孤病更不忘。我邦古医术，赖尔好宣扬。”

狄超白 (1910.04.17—1977.11.07)

溧阳人。民国 20 年(1931) 九一八事变后，作为中央大学政治系的学生，因上街示威游行，被军警打伤，他毅然加入共产党。翌年，根据中共南京市委指示，回溧阳成立中共溧阳县特别委员会，任书记。以创办《溧阳日报》作掩护从事反蒋活动。后因叛徒出卖被捕，被判处 10 年徒刑，民国 23 年被营救出狱。在南京与进步人士成立读书会，参与领导南京救国会等活动。抗日战争全面爆发后，任《抗日战争周刊》主编、安徽省抗日战争动员委员会宣传部部长。民国 29 年到重庆，在周恩来等直接领导下从事文化宣传和党的统一战线工作，参与筹建中国民主政团同盟。皖南事变后，被派往广西任中共桂林文委书记。民国 35 年被派到香港任中共香港工作委员会学术小组组长，兼香港达德学院教授，讲授政治经济学，主编《中国经济年鉴》(1947—1948)。新中国成立后，任中央财政经济委员会统计处处长，兼北京大学经济系教授。1952 年任国家统计局综合处处长，当选为第一届全国人民代表大会代表。1953 年，调到中国科学院筹备成立经济学研究所，任代所长、所长和书记。他着力培养人才，招考中国第一批副博士经济学研究生，亲任导师，引进吴敬琏等青年人才。创办新中国第一份经济研究权威刊物——《经济研究》月刊，任主编。主持经济学界开展关于社会主义基本经济规律和价值规律在过渡时期经济中的作用学术讨论。1954 年，当选为中国科学院哲学和社会科学部第一批学部委员(院士)。1958 年蒙受不白之冤，被开除党籍。1977 年恢复工作，负责编辑《政治经济学辞典》，同年 11 月 7 日因心肌梗塞逝世。1978 年 8 月彻底平反。

狄超白是中国最早运用马克思主义理论研究中国经济的经济学家之一。民国24年4月他在上海出版《通俗政治经济学讲话》，成为 30 年代中后期中国最畅销的经济类书籍之一。他还是一位社会学家，对中国农村社会问题颇有研究，他认为，要解决中国的土地问题，既不能走欧美各国所走的自由资本主义道路，又不能立即像苏联那样走社会主义道路，要走“耕者有其田”的新式的资产阶级民主主义改革道路。他主张政府要鼓励、引导农民走合作化、集体化道路，对合作农场、集体农场予以积极支持，给予优惠贷款，优先借给工具和原料，优先向合作农场订购农产品，限制个体生产扩张，形成对富农、地主竞争优势，使合作经营成为新民主主义社会的主导形式，他的这一思想对新中国农业改造和农村合作化具有重要影响。著有《中国土地问题》《经济学讲话》《生产力与生产关系》《论城乡关系》《新中国的合作社》等论著。

刘公伯 (1910—1967)

武进人。早年从名家学刻字，后又向书法家学书法，20 岁去上海以刻字为业。30 年代在大新、新新、先施、永安四大公司挂牌，专门为顾客特约刻字、刻章。上海解放后进入永安公司篆刻部工作，后转入长江刻字社，当选第二至六届黄浦区人民代表。1964 年被上海市手工业管理局授予金石篆刻工艺师称号。他雕刻的作品线条均匀流畅，具有“美”与“深”的艺术特点。他善于根据图章形状和字体笔划，周密布局，所刻水晶、玛瑙尤为驰名，其刀法别致，他人难以模拟，雕刻艺术自成一格，有“刘派”之誉。2009 年他刻的一枚寿山印章以 17920 元成交。

吴之凤（1910—1982.07.30）

武进人。民国25年(1936)同济大学机械系毕业，被公派到德国、瑞士留学，专攻炼钢铸造。民国29年回国，任昆明云南钢铁厂工程师，负责设计筹建炼铁高炉等大型设备，并兼昆明中央机器厂及五十三厂顾问工程师。创办昆明大华机械厂，以铸造高级合金铸铁闻名。后扩建机械加工车间，专做汽车配件，在中国首次制造出单根铸造活塞环，由他设计制造的木柴瓦斯发生炉用作汽车动力，在参加全国比赛中名列前茅。抗日战争胜利后，他卖掉大华机械厂回到常州，与胞兄吴大珂创办的常州大可机械厂合并，改名为大可兄弟机械厂，在上海设办事处，其兄任经理，负责上海方面经营业务，他负责常州经营生产。后来其兄在上海谋求发展，常州企业归他经营。民国36年，他将大可兄弟机械厂改名为时中机器厂，同时在上海开设中国冶炼厂，研究铸造高溶点铸铁炉和高效率冲天炉。常州解放后，吴之凤应苏南行政公署要求，编写农业机械化初步计划，主持研制的砻糠瓦斯发生炉发动机，参加在上海市举行的华东区展览会。后任同济大学机械系教授。1952年全国高校院系调整，他被调到交通大学任机械系铸造教研室主任和二级教授。1955年西安交通大学创建，他迁到西安，动员教研室其他教授一起随行，使西安交大铸造专业起步即具备较高水准。1958年全国掀起大炼钢铁热潮，他为校办厂设计铸造车间并建造一座炼钢炉，炼出西安市第一炉钢。他长期关心常州发展，曾多次回家乡讲授先进铸造技术，提高常州铸造工艺水平。他是中国资深铸造专家，历任全国铸造学会常务理事、西安市铸造学会理事长、陕西省铸造学会顾问、《铸造技术杂志》主编。著有《辐射预热轮开风口冲天炉的试验研究》，主编西安交大铸造专业教材，发表《球墨铸铁曲轴的无冒口铸造》等多篇论文。

贺孟斧（1911—1945.05.10）

武进人。原名善柯。民国20年(1931)国立北平大学艺术学院戏剧系毕业，在华北电影公司工作。后到上海发展，任联华影业公司编剧、导演，民国22年编写揭露旧社会都市黑暗的《城市之夜》电影，由阮玲玉饰纱厂女工，费穆任导演。上映后在社会上产生较大影响。在联华曾与费穆、蔡楚生等8人合导“集锦片”《联华交响曲》，该片有《春闺断梦》《陌生人》《月下小景》《疯人狂想曲》等8个片断，每个导演在同一部电影的空间里展示各自不同风格。

“抗日七君子”事件发生后，他参加宋庆龄、何香凝等发起的“救国入狱运动”。全面抗日战争爆发后，加入抗敌剧团，到四川成都任话剧导演和西北影业公司编导，以太行山脉工农联合抗日为题材，创作《风雪太行山》《海魂》《海啸》《这一代》等电影、话剧剧本，导演《风雪太行山》《将军之女》影片。民国28年，他到重庆，一面任国立戏剧学校研究实验部主任，讲授舞台装置课程；一面编导话剧。民国30年5月，与阳翰笙、应云卫等发起成立中华剧艺社，任理事，肩负导演和舞美设计，先后导演《心防》《家》《风雪夜归人》《忠王李秀成》《闺怨》等话剧，其中不乏经典名作。《风雪夜归人》是剧作家吴祖光的话剧名作，贺孟斧以风格典雅和精湛的导演艺术，使该剧成为抗日战争时期重庆舞台上的不朽之作。

贺孟斧导演时追求诗情画意，是当时大西南最有才华的中年导演之一，舞台美术设计不落俗套，时时创新。为余上沅导演的《奥赛罗》和自己编导的《金田村》《愁城记》布景，设计简练，气氛浓郁，风格各异，赢得行内较高赞赏。他多才多艺，撰写许多见解独特的艺术论著，著有《舞台照明》，翻译斯坦尼斯拉夫斯基《我的艺术生活》(前半部)和莫德威《近代戏剧艺术》等著作。民国34年，他在繁忙中病倒，因吃错药而英年早逝。噩耗传出，重庆各剧社同人悲痛不已。5月12日出殡时，郭沫若担任主祭，于伶、老舍、曹禺、张瑞芳、舒绣文、白杨、路曦等著名剧作家和演职员、观众等近千人为他送葬。

徐　中 (1912.07.28—1985.12.19)

常州人。民国24年(1935)中央大学建筑专业毕业，民国26年获美国伊利诺大学建筑硕士学位，民国28年任中央大学教授。南京解放后任南京工学院建筑系教授。北方交通大学开办建筑专业，请求南京工学院建筑系支持，徐中任北方交大建筑系主任和教授。1952年9月全国高校院系调整，调到天津大学任建筑设计教研室主任、教授；1954年恢复建筑系，任系主任兼建筑设计教研室主任。徐中先后当选中国建筑学会第一至第五届理事会理事(四届常务理事)，天津市建筑学会第一至第五届副理事长，1984年任名誉理事长。从民国28年起，徐中开始从事建筑设计，新中国成立前的主要作品有：青岛市金城银行经理英式半木结构式住宅(至今保留完好)、南京国立中央音乐学院校舍、南京馥园新村住宅、南京交通银行行长钱新之的洋楼。新中国成立后，他参加人民大会堂等建筑设计，并力求创新。50年代初，他提出要创造有中国特色建筑的思想，贯穿于他负责设计的北京商业部进出口公司办公楼和天津外贸大楼之中。对外贸易部办公楼设计，他努力融入传统民族艺术，采取北方民居风格，用普通青砖、灰瓦、卷棚屋顶、栏杆、挑檐等简洁、朴实的设计来处理大型公共建筑，收到极好效果，被作为文物保护。他是全国政协第五届委员会委员，政协天津市委常委，九三学社中央委员会委员、天津市委副主任委员。1985年12月19日在天津病逝。

丘　玺 (1913.10.05—？)

武进人。笔名尼金、万之。民国23年(1934)国立杭州艺术专科学校图案系毕业，留校剧团任总干事。民国26年任翻译员、速写教员，后任昆明国防话剧社编导委员、昆明儿童剧团导演、中国戏剧界抗敌救国联合会云南分会理事等职。主演剧目有《山河泪》《茶花女》《雷雨》《群莺乱飞》《三江好》《放下你的鞭子》，主演和担任舞台美术设计剧目有《西施》《凤凰城》《民族万岁》等，导演兼设计《国家至上》《脱变》等剧目。民国30年起，先后任浙江大学话剧团导演，上海实验戏剧学校教员、教导主任，上海剧人协会总干事，主演《绿鹦鹉》《塞上风云》剧目，主演、导演和舞台设计剧目《重庆二十四小时》《万世师表》《寄生草》等。1949年起，历任上海戏剧专科学校教授、舞台技术科主任，爱华沪剧团和芸华、芳华越剧团及浦光淮剧团导演。1966年，调任上海徐汇沪剧团导演兼艺术委员会主任。曾任中国戏剧家协会会员、上海电影协会会员和上海戏剧协会理事。新中国成立后，丘玺共导演上百个剧目，在《艺海深仇》《夜店》《大马戏团》《为奴隶的母亲》《姊妹俩》《塞夜曲》《天罗地网》《渡江侦察记》《叛逆的女性》《蝴蝶夫人》《忠王李秀成》《双珠凤》《祥林嫂》等剧目中任导演兼舞台美术设计。他还创作改编《青春的火花》《奇怪的信号弹》《人强马壮》等剧目。

刘大中 (1914.10.27—1975.08.14)

原籍武进。出生于北平。民国25年交通大学唐山工学院土木工程系毕业，到美国康奈尔大学留学。民国29年获经济学博士学位，任华盛顿布鲁斯研究所研究员，从事经济研究工作。民国30年任中国驻美国大使馆商务参事处副参事。抗日战争胜利后回国，任清华大学教授，参与计量经济模型创建，与钱昌照等创办《新路》杂志，负责经济专栏编辑，曾对国民政府滥发金圆券提出批评。民国37年移居美国。1948—1958年，任国际货币基金会经济研究处研究员兼霍布金斯大学教授，1954年任美国计量经济学会年会计划委员会委员。1955—1964年，兼任美国兰德公司顾问。1958年，任康奈尔大学经济系教授。1967—1969年，任该校比较经济发展研究计划委员会主任，1970年起任经济系主任、经济研究所所长和经济暨管理科学数量方法研究中心执行委员会委员，直至去世。其间，兼任美国社会科学研究委员会中国经济问题小组委员、福特基金会研究员、美国计量经济学会委员等职，在美国经济学界颇有影响。50年代，他主持台湾赋税改革，1968—

1970年任台湾“行政院赋税改革委员会”主任，设计台湾税制改革，为台湾培养经济学人才。著有《国民所得表式之建立与国民所得的国际比较》《1931—1936中国国民所得初步研究》《中国大陆经济——1933年至1959年国民所得与经济发展》《赋税改革言论集》《刘大中院士经济论文集》等专著。1975年8月14日因患肠癌病逝于美国。

钱志豪（1916.09.09—1984.04.17）

武进人。原名汉光。上海震旦大学法律系毕业，1951年获法国巴黎大学法学博士学位，任法国国立科学研究中心见习研究员。1953年，到法国的殖民地马达加斯加创办中法学校，任校长，招收侨居该国华裔子弟。1958年回到巴黎大学，一面任教，一面参与筹建当代中国研究和资料中心，在欧洲传播宣传新中国的建设和发展，1964年被聘为法国国家研究中心研究员，1974年晋升为终身高级研究员。他撰写大量研究专著，出版有《中华人民共和国的宪法和社会机构》《中华人民共和国的高等教育及科研》《中华人民共和国的行政管理》《中华人民共和国的宪法研究》《中国社会结构及1978年宪法》《重现的中央帝国，中华人民共和国30年》《中国的法律》《中华人民共和国的政治和机构改革》《中法英法律辞典》等，其中《新中国·国家管理》于1977年获法兰西作家协会颁发的亚洲研究成果奖。钱志豪心系祖国，改革开放后多次回国讲学，促进中法法学领域学术交流，并将《汉法英法律辞典》交上海人民出版社出版。

李宗津（1916.10.24—1977.05.24）

原籍武进。出生于苏州。民国26年(1937)苏州美术专科学校毕业。民国29年到贵阳私立清华中学任教，教学之余致力油画创作。民国32年创作的作品《女童》被徐悲鸿赏识。民国35年被徐悲鸿聘到国立北平艺术专科学校任教。民国36年，因支持学生进步运动被反动当局列入黑名单，不久被迫离开北平艺专，改任清华大学建筑系副教授。北平解放前夕，好友董希文受中共地下党之托，劝他和北京协和医院院长李宗恩兄弟俩留在大陆，参与新中国的建设。1952年，被中央美术学院院长徐悲鸿聘为油画系教研组长、教授。因个性鲜明、敢于表达自己想法，1957年被错划为“右派分子”。后被调到北京电影学院美术系任教授。

李宗津长期从事美术教育和油画创作，创作有《颐和园》《前门》《城楼》《董希文》《再见，中国朋友》《艺术城的德门广场》《建设水库》等油画、素描作品，以写实见长，民国35年他创作的油画《北海风情》，深受徐悲鸿喜爱，被购去长期挂在徐悲鸿院长办公室。翌年他创作了多幅表现北京平民生活的写生作品，在此基础上完成的油画《平民食堂》，内涵朴素真实，思想深刻，成为现实主义经典艺术作品。1951年创作脍炙人口的历史大型油画《强夺泸定桥》，被中国美术馆收藏。1972年创作《毛主席像》《鲁迅像》。1979年中央美术学院举办《李宗津遗作展》，1997年香港大学美术博物馆举办《李宗津画展》。1980年人民美术出版社出版《李宗津画选》，后又出版《李宗津作品集》。李宗津遵循现实主义手法，艺术造型缜密传神，色彩绚丽大气，无论是大型创作，还是人物、风景，乃至素描，都有激动人心的魅力。

北平和平解放后，他在美术方面做了两件大事，一是参与中华人民共和国国徽图案设计。1949年7月政协筹委会决定把国徽图案设计任务交给清华大学和中央美术学院，他与林徽因、莫宗江、朱畅中等7人组成设计小组，3个月后定稿。经广泛征求意见，清华小组设计的国徽图案，布局严谨、构图庄重而被选中。二是参与人民英雄纪念碑设计。9月，中国人民政治协商会议第一届全体会议做出决议，在天安门广场兴建人民英雄纪念碑，在纪念碑碑座四周嵌置8幅革命历史题材内容的浮雕，他负责《太平天国》美术画稿创作，出色完成任务。

孟　复 (1916—1975.01)

武进人。笔名孟克之。民国 26 年(1937) 清华大学政治系国际法专业毕业，历任浙江绍兴县政府科员、上海私立稽山中学英文教师、上海《长风》英文半月刊总编辑、重庆交通部科员、外汇管理委员会文书组组员，后考入外交部任科员。民国 33 年任中国驻智利大使馆外交官。1949 年初，他决定脱离国民党政府，辞去外交官职务。此后，他到英国伦敦大学经济政治学院学习，1950 年学业结束后回国。历任全国政协、亚洲及太平洋区域和平会议翻译，北京外国语学院西班牙语系主任、教授及西班牙文版《毛泽东选集》编委会委员。中共八大召开期间在西葡语翻译组工作，为接待西班牙共产党主席伊巴露丽访问中国担任翻译。“文化大革命”开始后，成了北京外国语学院“反动权威”遭受批斗。1974 年，菲律宾总统夫人伊梅尔达访问北京，她送毛泽东两本西班牙文著作，毛泽东想了解书的内容和对方用意，要求北京外国语学院在两个星期内译完。孟复担任译文总校对，他夜以继日，毫不懈怠，两本书译完就累倒，一病不起，于 1975 年 1 月逝世。

孟复擅长文学，1940 年开始发表作品，1963 年加入中国作家协会，撰有《西班牙文学》等专著，发表《托尔斯泰后期作品》《〈堂・吉诃德〉的人民性》《塞万提斯和他的〈堂・吉诃德〉》等论文，译著小说《克列来长曲》《森林里的故事》等。

钱　骥 (1917.12.27—1983.08.18)

金坛人。民国 32 年(1943) 中央大学毕业后留校任教。民国 36 年，到中央研究院气象研究所任助理研究员，协助所负责人赵九章开创地球物理研究。南京解放前夕，气象研究所奉国民党当局之命迁往台湾，他和赵九章抗命保护许多重要仪器，并移交新中国。新中国成立后，他在中国科学院地球物理研究所地震研究室任副主任、主任。在中国第一个“五年计划”期间，许多大型工程投入设计急需地震裂度评估资料，他参与地震台站网布局规划研究，协助组织出版《中国地震资料表》，翻译出版《测震学中几个理论问题》，系统地介绍地震仪器设计原理、标定技术，推动中国地震观测仪向现代科学技术进军。1957 年，苏联成功发射第一颗人造卫星，他协助赵九章对空间科学进行调查研究，收集国外信息，向中央建议发展中国的卫星事业。1958 年，他在中国科学院卫星领导小组负责组建空间物理探测机构，任副主任和卫星技术总体负责人；开展空间科学事业创建研究，领导卫星总体、结构、天线、环境模拟理论研究。1965 年，任中国科学院科学仪器设计院技术负责人，1968 年任第七机械工业部第五研究院卫星总体设计部主任，负责与组织有关设备的研制。同时负责组建卫星总体设计机构，出任中国第一颗卫星“东方红一号”方案总体负责人。

1970 年 4 月 24 日，中国第一颗人造卫星发射成功后，他提出加速发展返回式遥感卫星。1974 年，主持修订“东方红二号”通信卫星方案和“实践二号”科学卫星方案，确定“实践二号”科学卫星进行空间物理探测兼新技术试验，在卫星上携带 11 种探测仪器，通过探测资料对空间物理现象进行综合研究，为太阳活动预报和太阳活动峰年的观测积累经验和提供数据，并为应用卫星发展提供空间物理背景资料。1976 年，负责组织返回卫星总装和发射试验工作。1979 年，任中国空间技术研究院副院长、科技委副主任，兼中国宇航学会理事，中国空间科学学会副理事长。主管空间技术预研，从此中国气象卫星、通信卫星等研制步伐进一步加快，其中返回型卫星研制取得卓著成果，1985 年获国家科技进步奖特等奖。1999 年，他被中共中央、国务院、中央军委联合追授为“两弹一星功勋奖章”元勋。1983 年 8 月 18 日因患癌症逝世。

钱定华 (1917—1983)

金坛人。民国 30 年(1941) 中央大学机械系毕业，后到美国留学，民国 37 年和 1951 年，先后获美国衣阿华州立农工大学、哥伦比亚大学硕士学位。继续选读钛合金研究课题，攻读博士学位。后了解到新中国成立后正在大张旗鼓地开展建设，毅然放弃前景远大的新兴学科研究和优越生活环境，于 1951 年回国，任南京大学、南京工学院副教授、机械系主任。1960 年，在农机、汽车、拖拉机等专业基础上，筹建南京农业机械学院和农业机械专业重点学科。1961 年，该校迁到镇江，更名为镇江农机学院，1982 年再改为江苏工学院（现江苏大学），任教授、农机系主任，执教力学、金属材料热处理、机械设计、农业机械等课程。他是全国农业机械学科带头人，曾组织编写农业机械教学大纲、教材和专业培养规划。1982 年，被批准为博士生导师，成为全国该专业第一批博士生导师。他对土壤粘附特性有极深研究，以“土壤和农业机械的黏附和磨擦”作为研究方向，培养研究生、博士生。通过他对“土壤和金属表面的相互作用”理论研究，为形成中国仿生学研究学科奠定了基础。撰有《农业机器零件材料手册》《农业机械理论与设计》专著，重要论文有《白口铁对重黏土附特性的研究》等。1983 年因患晚期胰腺癌去世。

董铁保 (1917—1969)

武进人。民国26年(1939)上海交通大学土木工程系毕业，随后奔赴抗日大后方，参加抢修滇缅公路桥梁，冒着日本侵略军飞机轰炸，出生入死和桥梁工人一起为保证公路的畅通而努力工作。后因对腐败的国民党当局不满，民国 34 年到美国从事研究工作，同时在伊利诺斯大学深造，参与第一代电子计算机伊利亚克机设计、编制程序和使用。1949 年获博士学位。后获知新中国公布科学发展规划，毅然放弃良好的工作条件和优厚生活待遇，回国投入科学建设。他冲破美国重重阻挠，与夫人带着 3 个孩子托辞旅游绕道欧洲，历时 3 个多月才回到祖国。任北京大学固体力学教研室、计算数学教研室教授，同时在中国科学院力学研究所、计算研究所兼职研究，被工程力学研究所聘去搞研究。他的专业知识在国民经济和国防建设中发挥了积极作用，除培养一大批人才外，在力学和工程力学研究方面进行了开创性研究。当时国防建设遇到抗地震、抗核爆炸结构分析问题，他在 1957 年全国力学报告会上，主导起草了关于抗地震结构的综合报告，又作学术报告介绍国外研究概况，注重解决国内具体问题。对新丰江水库蓄水后诱发地震现象提出力学模型和计算方法。邢台地震后，他关心房屋抗震，积极筹备国家防护工程专业会议，制订研究技术措施。在材料力学性能方面，他指导青年学者圆满解决飞机残余寿命估算等新课题，这是中国较早开展这些领域的研究。他是中国计算机科学的先行者，积极宣传计算机在国民经济和国防建设中的作用和广阔前景，全身心进行研究，他从计算力学、计算数学，一直延伸到程序编制、机器设计原理，有力地推动了这一领域的研究。他在当时国内计算机硬件较差的条件下，用小机器为国家建设解决了很多大问题。1958 年起，他指导北京大学师生研制出第一台电子计算机。60 年代，参与每秒百万次计算机器设计。后来他大声疾呼在北京大学筹办讯息处理转换专业（今计算机科学专业）。“文化大革命”开始后，他被当作“反动学术权威”遭到批斗，最终被迫害致死。80 年代初被彻底平反。

虞光裕 (1918.08.23—1970.5.30)

金坛金城镇人。原名虞裕。民国 30 年(1941)7 月，毕业于中央大学航空工程系，10 月在成都航空研究院任技术员，参与木质教练机、滑翔机以及“中运”号飞机设计。民国 33 年，任副研究员，同年冬考取出国进修生，被派往美国圣路易城麦克唐纳飞机厂工程设计室学习设计。民国 35 年 3 月，进入圣路易城华盛顿大学工程研究院学习，9 月由美国转至英国格罗斯特尔飞机厂参加南京国民政府与英国合作的飞机设计工作。新中国即将成立时，他放弃国外良好科研条件和生活环境，拒绝国民党要他去台湾的命令，与高永寿和陆孝彭等爱国学者辗转 3 个月，1949 年 8 月抵达天津。9 月，被分配到华东军区航空处，在上海参与组建航空工程研究室，在飞机组从事调查、草拟航空工厂建设计划，编写教材，抢修、扩建机场，配合空军作战训练和翻译从国民党手中缴获的美制运输机技术资料。抗美援朝开始后，他主动提出到生活条件艰苦的东北工作，被分配到沈阳航空发动机修理厂任设计科代科长。他刻苦学习俄语，组织翻译苏联资料，培养技术资料管理人员，每天工作 12 小时以上，仅用 1 年多时间，工厂就能修理发动机和制造部分重要零部件，基本满足空军作战和训练需要。1953 年，他参与以修理厂为基础的沈阳航空发动机制造厂建设。1955 年，建成后任设计科科长，1956 年领导试制成功中国第一台喷气发动机并批量生产。1956 年 8 月，他受命组建中国第一个航空发动机设计室，任设计室主任、主任设计师，领导中国第一台自行设计的喷发 1A 发动机设计工作。1962 年 11 月，他负责自行设计涡扇 5 发动机，兼任该型号的总设计师、总检验师。1964 年和 1968 年，参与设计涡喷 7 甲发动机、涡扇 6 发动机。1964 年他被评为技术中校军衔。

虞光裕是新中国航空科研事业开拓者，他为自行设计研制新型发动机和建设试验基地做出重要贡献。1964 年被选为第三届全国人大代表，多次受到党和国家领导人亲切接见。“文化大革命”期间受到迫害，下放车间劳动。1970 年 5 月 25 日，在拆卸旧锅炉的“劳动改造”中，被掉下来的通风管道砸中头部，流血过多抢救无效死亡，终年 52 岁。

殷海云 (1918—1980)

武进人。民国 32 年(1943)重庆中央大学建筑工程系毕业，任重庆大学助教、上海中央银行工程科设计组组长。新中国成立后，历任建筑工程部中南工业建筑设计院主任工程师、副总工程师，湖北工业建筑设计院总工程师、高级建筑师，中国建筑学会第四届常务理事。1965 年，当选为国际建筑师协会执委代理人。曾参加上海市人民英雄纪念塔、天安门广场改建工程设计，负责设计、绘制天安门广场人民英雄纪念碑图样等工作。

田　稼 (1919—1984.01.14)

武进人。原名叶林康，曾用名叶秋平。早年喜爱文艺，抗日战争前曾参加中国共产党领导的武进青年抗敌服务团、上海救亡演剧队第八队，从事戏剧演出和导演工作，宣传抗日救亡。民国 32 年(1943)初到重庆参加中国艺术剧社，协助《新华日报》编辑部排演欢迎毛泽东剧目，出席毛泽东秘密召开的影剧界座谈会。民国 34 年冬参加上海剧艺社。民国 36 年至 1949 年，先后在山东及大连担任艺术教育及编导工作。1949 年 9 月，调任山东省人民文工团业务主任，同年加入中国共产党，被选为山东省剧协副主席。1950 年，任华东大学艺术系戏剧科主任。1952 年 9 月，参加上海戏剧学院建院工作，历任教务处副主任及表演系副主任。1963 年，调至上海青年话剧团历任导演、副团长、团长。1980 年，调回上海戏剧学院任表演系主任和副教授。一生导演众多话剧，其中在大连导演的 6 幕话剧《穷汉岭》影响极大，1948 年公演后被公认为是新中国成立后专家与工人结合创作的优秀剧目。改革开放以后，他为上海戏剧学院导演的毕业大戏《小狐狸》话剧，也颇有影响。1997 年，上海交通大学出版社出版由李祥春主编的《田稼戏剧研究》一书。

周　璇 (1920.08.01—1957.09.22)

武进人。学名苏璞，小名义官。3 岁时被曾任金坛县警察局局长的舅父拐卖到金坛一户王姓人家收养，改名王小红。后养母改嫁上海张姓工人，又将她送给上海周姓人家，再改姓周。七八岁时，周姓养父吸食鸦片，家境贫困，想把她卖入妓院换钱，善良的养母知道后把她领回，靠帮佣将她抚养长大。

她从小有唱歌天赋，小学唱歌成绩一直名列第一，她抑郁、内向、多愁善感，常常以唱歌来释放自己内心哀愁。12 岁经人介绍加入黎锦晖创办的明月歌舞团习艺，演出救国进步歌剧《野玫瑰》。终场时，她高唱主题曲《民族之光》，黎锦晖笑着鼓励说："小红，你这一句'与敌人周旋于沙场之上'唱得真好，是你进剧社以来唱得最好的一句。你正好姓周，以后就改名叫周璇吧。"从此，周璇开始活跃于娱乐圈。民国 23 年(1934)，上海各家电台联合举办歌星比赛，她名列白虹之后，获第二名，被各大报刊誉为"新出现的小歌星，前程似锦"，电台赞誉她的嗓子"如金笛沁入人心"，从此"金嗓子"成为她的雅号，其时才 14 岁。后来她又出演电影，主唱了影片主题插曲，最著名插曲有《四季歌》《天涯歌女》《花好月圆》《凤凰于飞》等。她在短暂的一生中演唱过 200 多首流行歌曲，成为民国一代歌后。

民国 24 年起，她先后在天一影片公司演《美人恩》，艺华影业公司主演《喜临门》，新华影业公司主演《狂欢之夜》，明星影片公司主演《马路天使》《满园春色》《三星伴月》《女财神》。"八·一三"淞沪抗战爆发后，她参加大型话剧《保卫卢沟桥》演出，后随上海剧艺社到菲律宾宣传抗日救亡。民国 27 年回到上海国华影业公司主演《孟姜女》《李三娘》《董小宛》《西厢记》《三笑》《孟丽君》《苏三艳史》《天涯歌女》等。民国 32 年为中华电影联合公司主演《渔家女》《红楼梦》《凤凰于飞》等。抗日战争胜利后，她在香港相继主演了《长相思》《忆江南》《清宫秘史》等电影。1950 年回到上海，参加影片《和平鸽》拍摄，后因病未竟。她一生出演 43 部影片，主唱电影主题曲和插曲 100 余首。1957 年，她在拍电影时旧病复发，被送入精神病医院，1 个月后患脑炎离开人世。

张吉根 (1921.01—1983.02)

金坛人。幼时家贫，他 10 岁时随舅父学剪纸，学到这门民间艺术绝活，从此以出售剪纸为业。1949 年后定居南京，1954 年参加南京文化局组织的整理传统剪纸活动，次年与同行艺人建立剪纸合作组。1956 年，这个合作组转为南京民间剪纸生产合作社，他任主任；后历任南京市文化局设计员，南京民间工艺社社长，南京工艺美术研究室副组长、民间工艺厂工艺师。他的剪纸作品集《南京剪纸》，50 年代由上海文艺出版社出版。1958 年，他在其他美术工作者的配合下，为郭沫若所作的"百花诗"配剪纸，于次年集成《百花齐放图集》出版，郭沫若亲笔题写书名，并赋诗称赞。六七十年代，他创作出《庆丰收》《颗粒归仓》《鱼米之乡》《喜事多》《百鸟迎春》等大量以现实生活为题材的作品，在社会上产生广泛影响。张吉根剪纸不用画稿，以剪代笔，数分钟内即能剪出花鸟虫鱼或人物、走兽的复杂图案，都能一剪成功，从不修改。所剪喜花别具特色，多以"花中套花"形式，在多种轮廓内填充大众喜闻乐见的形象，赋予吉祥寓意，造型厚重而富于情趣，被国内外誉为"神剪手"。曾多次出访外国作剪纸艺术表演。1978 年，被评为工艺美术师。曾任江苏省人大代表，中国工艺美术学会、中国美术家协会会员，南京市文联理事等职。

李福祥 (1929—1963.08.11)

武进人。他家境贫寒，12 岁随父亲帮地主家打短工，17 岁到上海标准机器厂当学徒。1951 年 8 月，进上海浦江机器厂（后改上海锅炉厂）当工人。1954 年，该厂承制第一台国产 6000 千瓦发电设备中的 40 吨中压电站锅炉，其中关键零件减温器管板上面要钻 2500 余个孔，当时厂内设备简陋，主要靠手工操作。他作为金工车间钻工，刻苦钻研，查阅大量资料，经 10 多次试验终于试制成一种新钻头，提高生产效率 3 倍，解决了钻孔难题。接着又先后完成技术革新项目 150 项，汇集成一整套钻工先进操作法，使原来手工操作全部改用机械，生产效率分别提高 1～100 倍，被大家称为“钻头大王”。同年他加入中国共产党，1956 年被评为全国先进生产者，出席全国群英大会。1959 年 4 月，当选第二届全国人大代表。1960 年，他撰写出《论麻花钻头的先进刃磨形式及其对生产的影响》论文，被中国科学院上海力学研究所聘为特约研究员。4 月被上海市政府任命为工人工程师，1961 年被保送到上海科技大学深造。其间，他先后到北京、天津、济南、南京、无锡、苏州等地作巡回操作表演，推广先进操作法，帮助 40 多家工厂解决生产难题，他常说：“国家建设的担子是大家挑的，技术革新也是众人的事，一人出众，不算好汉，大家都好，才是英雄。”他先后研制出高速钻头 12 种、先进铰刀 3 种和机械攻螺丝轧具 2 种，研制完成技术革新项目 319 项。1962 年 10 月，他被查出患急性白血病，次年去世时年仅 34 岁。

专　记

Special Writings

政府为民办实事纪略

1994年起，常州市政府每年把为民办实事工程作为全市重点工作，确定把一批事关群众切身利益的实事好事列入政府工作报告，向全市人民庄重承诺。各级政府始终坚持把为民办实事作为顺应民心、贴近民情、排解民忧的“民心工程”，真做、深做、巧做、快做，把群众是否得实惠作为评判实事的标准，件件落实，办出成效，解决了一大批群众关心的热点、难点问题，至2010年底累计为市民办理劳动就业、安居住房、社会保障、医疗卫生、生态环境、生活基础设施等方面的实事180件。

一、促进再就业，积极扶持着力扩大劳动就业

1986年，全市第一、第二、第三产业就业人员分别为67.84万人、80.62万人、33.23万人。此后，市政府将促进就业作为保障民生的“一号工程”，几乎每年都将促进就业列入为民办实事项目，通过强化政策帮扶、技能培训、创业带动等措施，不断增加就业岗位，援助困难群体就业，动态消除城镇零就业和农村零转移家庭，促进城乡劳动者就业创业，全市累计增加就业122.35万人。2010年末，全市第一、第二、第三产业就业人员分别为29.48万人、170.39万人和104.17万人。

（一）促进再就业。1983—1987年，全市城镇新就业近10万人。1995年，市政府启动再就业工程，成立以常务副市长为组长的领导小组，颁布《常州市“再就业工程”实施意见》等规范性文件，从劳动合同、劳务市场、企业破产兼并安置、劳动争议仲裁、劳动监察、再就业工商管理、税收等方面，采取扶持失业人员再就业的措施14条。1995—2002年，全市安置就业人数以1.1%～11.7%的速度增长，累计安置就业人员17.3万人。2003—2007年，各级政府重点开发就业岗位，强化再就业培训，扩大就业，重点援助困难群体就业，全市净增就业34.7万人，完成就业再就业培训25.7万人次。2008—2010年，市政府把扩大就业列在为民办10件实事首位，重点消除城镇零就业家庭、农村零转移家庭，援助城乡困难群体就业再就业，全市新增城镇就业25.5万人，失业人员再就业12.4万人，援助3.1万名就业困难对象实现再就业，城镇登记失业率控制在4%以内，就业形势保持基本稳定。

（二）扶持创业。2008年，常州大力推进创业工作，积极开展SYB(start your business，原意为“创办你的企业”即创业)创业培训、创业项目征集、创业服务等工作，创业带动就业工作成效明显。2008—2010年，出台促进就业创业系列文件，完善创业扶持政策体系，构建了政策扶持、创业培训、创业载体、创业服务“四位一体”的创业工作机制，实施了城乡百千万创业工程、海归创业工程、创业培训工程和创业基地培育工程。大力开展“国家级创业型城市”创建工作，召开全市创业工作会议表彰30名创业明星，形成政府促进创业、全社会支持创业、崇尚创业的良好氛围。2010年，全市扶持创业4340人，创业带动就业2.2万人。

二、加快商品房建设，率先实施住房保障，推进居民安居工程

全市各级政府始终坚持以人为本、民生至上的理念，创新住房民生工作思路，推进城市商品房建设，启动实施安居工程，加快保障性住房建设和老小区改造步伐，持续改善群众居住环境，探索形成享誉全国的住房保障“常州模式”。

（一）加快城市商品房建设。1984—1987年，全市新建住宅153万平方米，为改革开放前30年所建住宅面积总和的1.5倍，建成一批配套较齐全、规模较大的住宅新区。1986—1990年，重点开展住宅小区建设，市区新建、续建完成北环一村、丽华二村等居住小区约140万平方米，解决一批住房特困户的住房困难，改善群众居住环境。1988—1992年，改造了南大街、小河沿等市区旧城区域。1992—1997年，建成全国示范小

绿树成荫的人居环境——西新桥地区(摄于2009年9月)

区红梅西村等住宅小区和北环南村一期、丽华三村等安居工程，全市建成住宅240万平方米。1998—2007年，常州商品房建设规模扩大，品牌战略逐步实施，供应结构改善，金色新城、怀德苑、怡康花园等新型住宅小区相继建成。2002年，全市127家房地产开发企业施工房屋526.05万平方米，竣工房屋268.79万平方米，其中竣工住宅1.76万套，销售房屋248.61万平方米，完成施工产价值218.86亿元，销售额465.55亿元。2007年，全市240家房地产开发企业完成房地产开发投资225亿元，房屋施工、竣工面积分别达2190.26万、616.25万平方米；销售商品房664.67万平方米，完成商品房销售额228.52亿元，其中住宅193.7亿元。2008—2010年，房产开发投资和市场交易受国际金融危机、中央宏观调控政策影响，前期平稳、中期火爆、后期稳增，商品房建设规模扩大，房产交易量价齐升。2009年，全市商品房销售火爆，成交商品房10.1万套，总面积1082.9万平方米，成交额538.1亿元。2010年，全市房地产开发企业完成开发投资447亿元，竣工商品房732.5万平方米；销售商品房910.9万平方米；商品房价格涨势明显，成交均价每平方米6307元，比全省均价低714元。

（二）住房保障。1983—1987年，城市居民人均居住面积由5.1平方米升至6.9平方米。1992年，城区人均住房7.1平方米。1994—1995年，常州启动实施安居工程，加快建设推进步伐。市区累计竣工居民住宅90万平方米，其中解危解困房22万平方米。1996—1997年，市区累计竣工居民住宅80万平方米，其中经济适用房24万平方米、教师住房2.8万平方米。1997年，市区安居工程安置居民1800户；分期分批改造老城区旧住房，改造城区危房2万平方米。2007年，常州在全省率先出台并实施《常州市市区住房保障五年规划(2007—2011年)》，探索出廉租住房、经济适用住房和公共租赁住房三种保障方式，把市区人均可支配收入不足市区人均水平的80%、人均住房建筑面积不足18平方米的低收入住房困难家庭全部纳入住房保障范围，形成全覆盖、多层次的低收入住房困难家庭住房保障体系。2009年，在全国率先出台公共租赁房管理办法，对不符合廉租房条件且买不起经济适用房的“夹心层”低收入家庭、新就业人员提供公共租赁住房，政府对符合条件的经济适用房购房家庭开始实施每户补贴8万元政策，签约经济适用房购房4528户，新增廉租住房家庭1953户。2010年，全国加快保障性安居工程建设工作座谈会在常州召开，保障房“常州模式”得到国务院领导肯定。同年末，全市城镇居民人均住房建筑面积为33.2平方米；全市住房公积金增人扩面8.7万人，发放贷款23.9亿元，市区累计有1.8万户低收入住房困难家庭享受住房保障，其中享受廉租住房7200多户、经济适用住房10100多户、公共租赁住房保障400多户，前两项住房保障做到应保尽保。

（三）老小区环境提升。1992—1997年，旧城改造拆除旧房建筑72.8万平方米，成片改造了西上园、吴家场等12个小区和安阳里、斗巷、和平东村等危房积水、设施简陋的小区。1997年，市区改造整治了新村小区300万平方米，整治改善了郊区19个自然村的环境。2003年，常州启动实施老小区整治工程，重点解决老小区居住环境差、设施不配套、弱势群体多等问题。2003—2010年，累计投资4.59亿元，整治提升市区

125个老小区、1000余万平方米的居住功能和环境，50多万人受益，建立长效管理机制，提高了居民的生活质量。常州老小区综合整治工程摘得中国人居环境范例奖、江苏省人居环境范例奖。2008年，市区综合整治背街小巷120条。2009年，市区老小区建成停车泊位6110个。

三、实施城乡绿化工程，清水工程、蓝天工程，着力保护生态环境

市政府高度重视生态环境建设，不断提高以水、气、绿、景为内涵的人居环境质量，通过20多年的努力，把常州建成较适宜人居的生态城市。1993—2002年，全市整治工业污染、太湖水环境和城区的水环境、大气环境与声环境，实施了一大批污染治理项目，关停了一批重污染企业，综合整治入江、入太主要河道的水体污染，基本控制了环境污染加剧的势头。2003年，常州通过国家环保模范城市验收。2010年末，常州建成区绿地总面积达5861.6公顷，其中公园绿地1631.5公顷、绿化覆盖率42.2%，城区人均公园绿地达12.4平方米；拥有省级园林式居住小区68个、园林式单位172个，获得中国人居环境范例奖；全市小康社会环境质量综合指数得分82.5分。

（一）绿化工程。1993—1997年，市区绿地率提高到18%。1993年，武进县、金坛市和郊区成为全国平原绿化先进县(市、区)。1999年，启动实施城乡绿化工程，连续多年大规模绿化。至2000年，武进、金坛、溧阳3个辖市城区新增绿地160公顷，其中公共绿地20公顷。2000—2002年，市区重点建设延陵东路、广化桥、中华恐龙园和桃园路等区域的公共绿地。市区建成朝阳广场、文笔塔广场、桃园路滨河绿地、新机场路林带、关河路绿地等，市中心的人民公园被改造扩建成3万平方米的敞开式大型绿地，扩建东坡公园。2001年末，人均公共绿地6.5平方米。至2002年，市区累计建成绿地300公顷，其中公共绿地111公顷。

2003—2007年，市区相继投资建成 园艺博览园、武进新天地公园、淹城森林公园、蔷薇生态湿地公园、青枫公园、荷园、淹城公园(一期)、椿桂园8个公园，青山广场、市民广场、怀德广场和新城绿地二期、北港绿地一期、五星绿地、青山桥、南市河、马公桥、新市路滨河等公共绿地。扩建了红梅公园、荆川公园、新区中心公园、花溪公园和芦墅公园等10个公园，并全部免费开放；累计增加绿地5291.9公顷。2007年末，市区建成区绿化覆盖率达41.6%。

常州公园绿地一隅(摄于2010年4月)

2008—2010年，市政府组织实施城乡绿化八大工程，特色绿化、绿色通道、河道生态修复工程等绿化工程，推进生态建设。建成西林公园、假日公园、恐龙园温泉(生态)公园、飞龙公园、圩墩公园、华山公园、东经120公园、录安洲生态湿地公园、武进淹城春秋园和聚湖公园、丁塘港生态湿地公园等12个公园，城铁北广场、桃园(二期)、金源、武进汽车城、西太湖休闲区核心区绿化、民航机场绿地等10块绿地；改建、提升了东坡公园，全部向市民开放；修复新北区小黄山等2个生态林地和金坛市长荡湖等4个生态湿地，生态修复总面积540公顷；绿化提升了沪宁铁路(常州段)通道沿线、沿江高速、338省道、342省道、奔发公路等通道10条，绿化中吴大道、高架路二期等32条道路和河道11条。新增城乡绿地7769.6公顷，基本实现国道省道条条是绿色通道、道口路口个个皆绿色窗口。2009年7月28日，市区51座

公园全部免费开放。同年末，全市累计有18个镇通过全国环境优美镇国家级验收，6个镇通过省级验收，30个村达省级生态村标准。2010年，全市绿化投资29.2亿元。

（二）清水工程。2006—2008年，启动实施清水工程，整治了市区北塘河、澳河、通济河等51条河道、河浜，对白荡河、采菱港等19条河道进行清淤，续建北塘河城区段生态景观河道，城区水环境专项整治达标，改善市区主要河道水环境质量。2006—2010年，全市化学需氧量、二氧化硫排放总量分别累计削减32.3%和29.6%，搬迁中心城区重污染企业20家。2008—2010年，市政府强化水质预警及应急保障能力，完善长效管理机制，实现市河水质提升，主要污染物排放总量降幅明显，空气等生态环境质量持续改善。综合整治了武进港、太滆运河、漕桥河、武宜运河、京杭大运河、丹金溧漕河等19条河道小流域，水质主要污染物指标浓度比上年下降10%以上；推进太湖治水、节能减排、生态建设等重点工作。2009—2010年，全市完成化学需氧量、二氧化硫减排项目326个。2009—2010年，巩固提升市区已整治的118条主要河道和14条支线河道的水质，6条达水清标准，综合整治8条河道水环境，修复10条河道生态。2009年，实施了太湖治水、市河清水工程；2010年，推进城区清水工程，集中式饮用水水源地水质全部达标。至同年底，累计对市区60条河道采取清淤、活水、截污、生态修复等措施，市河重新成为市民休闲亲水场所，“三河三园”（三河是关河、北塘河、东支河，三园是红梅公园、东坡公园、中华恐龙园）成为都市旅游新景观。

居民休憩小游园——清潭体育馆绿地（摄于2010年6月）

（三）蓝天工程。2005—2007年，城区部分区域和道路禁止摩托车通行，减少废气噪声污染。2009—2010年，各级政府实施净化空气工程，整治城区120平方公里内的废气排放行为，重点整治了龙虎塘、新闸、牛塘、滨江4个区域的工业企业排放恶臭气体行为，对20家重污染企业实施限产、停产或驻厂监管；推进秸秆综合利用，高污染燃料禁燃区建设扩大至66平方公里，实施高污染车辆限行管理，整治扬尘污染。2009年、2010年，市区环境空气质量优良天数分别达330天、334天。

四、推进市政工程建设，改善城乡生活设施，提升居民幸福指数

1994年起，市政府兴办了自来水、供电、煤气、通信、道路、交通等实事工程60项，惠及市民群众；对照国家统计局确定的小康水平12项指标，全市在1994年基本达小康。2003—2007年，实施了住房保障、茅山老区扶贫帮困等实事。2008—2010年，推进和谐安民工程，重点建设人防、技防、设施防等防范体系，市民生活设施条件大大改善。

（一）改善生活饮用水设施，建设居民小康家园。1986年，建设长江引水工程取水口，调整市区供水管网，确保两年内实现市区饮用水、工业用水分质供水的目标。1995年，农村改水普及率79%。1996年，推进长江引水延伸到戚墅堰区的工程，建成牛塘文教区供水工程；改善农村生活生产供水条件，改造丘陵山区塘坝500座，增加蓄水库容350万立方米；新增农村改水受益人口10万人；调整市区供水、排水管网和改装家用电表，敷设自来水管道2.5公里，疏浚雨水管道124公里，老住宅单元电表改户表1万户。2000年，全市农村自来

水覆盖率达80%。2003年，改善城乡居民用水质量，武进区湖塘等22个镇和新北、钟楼两区各2个乡镇的居民饮上长江水，受益人口近20万人。2005年，建成常州—金坛输水管道一期工程，金坛市民饮上长江水。2008年，新岗增压站、魏村水厂一期挖潜改造全面完成。2010年，城区供水总量3.6亿立方米，其中居民生活用水1.3亿立方米。

2008年，全市启动小康家园建设，实施农村环境整治提升工程与整治村庄环境，共建小康家园专项行动、镇容村貌大会战，对全市村庄实施清垃圾、清粪污、清河塘和村庄绿化（简称“三清一绿”）整治行动。至2010年底，全市整治共建三年行动完成，累计创成“村美民富班子强”的市级小康家园示范村30个；累计有966个村完成“三清一绿”整治，有近480个村“五化三有”整治达标；累计疏浚县乡河道578条、1419公里（不含2009年），清淤、整治村庄河塘2.4万个，农村的脏、乱、差现象得到治理，全市有18个村被评为全省社会主义新农村建设示范村。2010年，全市投资2亿多元，实施村庄环境整治和长效管理，7个辖市区建成村庄环境长效管理机制，37个镇全部实施工业污水集中处理，建成投运生活污水处理工程171个。

（二）推进公共交通设施建设，实现城乡公交一体化。1996年，开始确立优先发展公共交通战略。至1997年底，累计增辟、调整、延伸公交线路12条，增开部分线路夜班车，新建1个公交停车场，市区主要线路公交车实行无人售票。2002—2003年，市区新增公交车344辆，新辟公交线路12条，怀德苑南侧住宅区、兆丰花园、清潭五村、同安花园、机械新村、白云东苑、清潭五村、勤业六村和新区嘉新花园、燕兴新村等小区通公交车，公交线路逐步进入住宅小区。2005—2007年，市区新辟公交线路27条，新设一批站点，新增、更新公交车303辆、出租车200辆，加快推进市区公交一体化，实施农村客运班车通达工程，行政村客运班车通达率95%。2006年，43个行政村通公交车。2007年，实施城乡公交一体化整合，规划建设新北区至常州大学城的大容量快速公交系统，开辟公交专用车道。2008年1月1日，市区快速公交(BRT)一号线北段建成开通；城区空调车票价由2元降至1元，持IC卡6折、学生卡3折、老年卡2折，残疾人免费。

2008—2010年，市政府实施公交优先战略、公交惠民工程，着力构建、完善“优质、高效、便捷、惠民”公交服务体系，优化提升快速公交，基本建成骨干网络，全线环通快速公交配套路线，建成优质高效的快速公交“十字加环”骨干网络，均等化水平提高，实现城乡交通一体化，市民出行条件大大改善，舒适度提升；新辟公交线路70条；新增空调公交车1433辆。2008年底，主城建成区36条线路全部空调车运行，实现村村通公交；同年，快速公交一号线日均运客12万人次，占公交日客运量的13.8%。2009年4月27日，快速公交二号线建成通车，初步形成快速公交骨架网络。2010年，市区快速公交一号线获第九届中国土木工程詹天佑奖，成为第一个获此殊荣的城市公共交通项目，建成快速公交6条支线，空调线路达80条，运营空调公交车1971辆，空调公交车比例达73%；日均客流量显著增加，市区公交日均客运量达31万人次，市民公交出行比例由2005年末的8.9%提高到25.8%；同年底，全市644个行政村实现公交全覆盖，村村通公交，城乡公交基本一体化。2010年5月6日，全国巴士快速交通成果交流会在常州召开，快速公交“常州模式”向全国推广。

（三）改造菜市场，提升公共厕所。1998—1999年，市区新建、改建水冲式公厕61座。2007年，市区菜市场改造升级工程启动。2008—2010年，市区建成区分类分期改造升级菜市场103个，绝大多数菜市场配置电子显示屏、机械通风、安全监控等硬件设施，建成较高标准的新菜市场，实现大型、中小型菜市场服务半径分别在1000米、500米以内。同期，市政府针对公厕数量少、布局散、标准低、设施简、卫生差、不方便等情况，开始实施公共厕所优化布局、改造提升三年行动计划。至2010年底，市区建成区改建公厕863座，新建公厕94座，比2005年同期增加150座，公共厕所面貌大为改观，且全部免费开放。

1991年常州抗洪救灾纪实

1991年5月下旬入梅后,尤其是6月中旬至7月中旬,常州地区暴雨频繁,洪涝夹击。雨量之集中、水势之迅猛、灾情之严重、时间之长、影响之大为常州近百年所罕见。

一、严重的水情灾情

5月26日,常州地区进入梅雨期,此年梅雨期不仅时间长,持续到7月13日,历经49天,比最长的1980年还长7天,而且暴雨频繁,梅雨总量达895.9毫米,为常年平均值的4.1倍。6—8月间,大运河常州段超警戒水位长达55天。各地大圩、大堤、大库险情不断:7月2日,京杭运河常州段最高水位达5.52米,金坛达6.37米,溧阳6米,分别超过警戒线1.22米、1.37米、1.50米。均超过解放后历年的最高水位。全市最大的芙蓉圩堤有10多处漫水;7月3日,长荡湖芦家圩大堤出现600多米长的严重塌方;8月6日,运河水位刚回落到4.25米警戒线下,次日,常州地区再遭特大暴雨袭击,7日8时至8日8时,常州城区降雨152毫米、武进魏村201毫米、金坛81毫米、溧阳28毫米。大运河水位又一次突破5米,升至5.24米,24小时涨幅达0.99米。

据史料记载,京杭大运河常州段历史最高水位是1931年7月25日的5.59米。1991年的最高水位比1931年最高水位尚低7厘米,但由于从60年代起常州市区过量开采地下水,造成地面沉降,其中以常州第一棉纺织厂为中心的地面沉降区,1979—1983年大沉降量累计51.2厘米,1990年实测年沉降量为4.1厘米。从60年代至1990年底,中心地带地面沉降累计80厘米,加上城市规模的扩大,大批天然小河道填没,使1991年常州洪水实际受灾的程度、范围大大超过1931年,形成百年未遇的洪涝灾害。

1991年常州遭受的特大洪涝灾害给国家、集体和人民的生命财产造成巨大的损失,给工农业生产、交通运输和群众的正常生活带来严重影响。全市160万亩(占农田总数50%)农作物受涝,其中34万亩全部失收;37万亩养殖水面有24万亩被淹;4395家企业被迫停产或部分停产,全市有1300多个工业、商业、物资库房严重受淹;39条公路一度被迫中断,4条主要干线航道一度全部断航,14条主要公共交通线路一度停运或改道;803所学校受淹,4514间校舍倒塌;57家卫生医疗单位被淹;刮倒刮断电杆1000多根,中断广播线路200多公里;被冲毁、损坏的涵、闸、站等水利建筑物3741个,漫圩、破圩2120处;全市有24万户城乡居民住宅进水(市区3.4万户),倒塌民房或造成严重危房8万多间;20多万名群众被洪水围困达10余天,紧急转移和安置灾民达10万人。常州市区西新桥一村、西新桥二村、西园村、安阳里、唐家湾等20多个居民住宅区积水深达50厘米,最深处2米。

二、全力抗洪抢险

市委、市政府多次召开紧急会议,分析、研究情况,及时下达了迅速全面开展抗洪救灾斗争的紧急通知。全市各级党委、政府把抗洪救灾作为压倒一切的中心任务,组建一支由1500名部队官兵和基干民兵组成的抗灾抢险应急力量,奔赴各个抗洪抢险关键部位;全市防汛机构与机关、企事业单位分工负责,迅速上岗到位,24小时值班。保障人民生命财产安全,确保供电、通信、交通等生命线的畅通,确保大圩大堤和水库的安全,确保水、电、煤、粮等群众生活必需品的供应。在这次抗洪斗争中,全市组织干部群众100多万人次投入抗灾,其中解放军指战员、武警官兵、公安干警先后出动超过1万人次、基干民兵30万人次、市县区级机关干部6000人次;全市投入排涝动力40万千瓦,动力机泵1.24万台;用掉草包、塑编袋、麻袋1663万只,还有大量的柴油、桩木、钢材等防汛物资。抢修土方22.5万立方米,加固圩堤105公里。全市投入抗洪救灾的人力、财物、总价值2.21亿元,其中抗洪救灾物资总价值1.31亿元。

（一）永安五交化商店仓库电石抢险。6月14日8时许，凶猛的洪水扑进了位于常州市区朝阳桥畔的永安五交化商店地下仓库，71.4吨电石浸水发生反应，生成的乙炔气体大量溢出。如果遇上一点火星，将发生猛烈爆炸。在此危急关头，市长杨晓堂立即部署调动抢险人力、物资，就地成立以市领导为首的抢险指挥部，40多辆汽车和500多名抢险人员迅速赶到，立即封锁了随时可能发生大爆炸地段的道路，紧急疏散了周围的100多户居民。市矿务局救护队和常州化工厂防化小分队的16位勇士组成首批突击队，一面给地下仓库抽水送风，一面把一桶桶电石小心翼翼地转移到郊外，武警、公安干警积极投入战斗。抢险人员一直干到晚上7时多，都已精疲力竭。一桶电石在搬运时突然爆炸，武警战士宋久银奋不顾身扑在附近的一名战友身上，自己不幸受伤；经过10多个小时的突击，357桶电石被安全转移，终于化险为夷。

（二）通济河两侧居民区抢险。连续几天的暴雨使市区通济河水迅速上涨，河两侧的西新桥一村、二村和通济桥东北岸的居民家中的积水总量达5万多立方米，1000多户住宅遭水淹，1.5万名居民被围困在洪水中。6月16日16时，市领导召开紧急会议，决定在通济河两侧筑800多米长的堤坝，将万福桥至西新桥之间的积水翻排入河中，以解洪水之围。17时30分，市、区领导立即赶赴现场看地形，倾听群众意见，形成具体方案。19时15分，由600名民兵、公安干警、解放军组成的突击队和大量救灾物资被调集到现场。至17日18时，筑坝排洪不到1天，西新桥一村的积水下降了20厘米。

（三）戚墅堰机车车辆厂宿舍抢险。7月3日23时30分，戚墅堰区的陈储河被冲决撕开一道30多米长的大口子，汹涌的洪水以1.2米的落差向居住着上万名职工家属的戚墅堰机车车辆厂宿舍猛扑过来。戚墅堰区公安分局30多名公安干警火速赶到现场，一家家唤醒住户，与闻讯赶来的戚墅堰机车车辆厂干部职工一道搀扶老人、抱送小孩，700多户、2500余名居民就在民警的帮助下安全转移。半小时过后，洪水从膝盖处漫到胸口，又涨到脖子，整个工房区一片汪洋，积水普遍深达1.5米，最深处达1.8米。

常州干部群众抗洪抢险场景（摄于1991年7月）

（四）武进马杭乡排涝抢险。7月8日，被洪水围困10天的武进马杭乡各村庄，由于停电断水，通信中断，群众生活困难，16户居民被洪水逼上了房顶。驻常37751部队100多名官兵组成的突击队火速赶到，他们蹚过齐腰深的水走村串户，逐户寻找，把16户居民从屋顶接上橡皮筏，突击队员自己蹚水、游泳将群众转移到安全地带。另一批突击队员每人托举着一大篮食物药品，淌水送到群众手中。

（五）常州电机电器总厂抢险。洪水把工厂变成一片汪洋，厂里从外国引进、国内唯一的精密步进电机生产线价值6000多万元无法转移。职工们提出了“与洪水齐搏斗，与进口设备共存亡”的口号，组成突击队打坝筑堤，连续奋战几天几夜，在1万多只草包垒起的1米多高的围堤护卫下，亮锃锃的引进线安然无恙，7000台出口意大利的步进电机如期完成生产。

三、投身卫生防疫

全市各级卫生防疫组织为做好大灾中和大灾后的防病防疫，坚持一手抓抗灾，一手抓防疫，既保生命，又保健康，采取“水退到哪里，环境清理到哪里，除害消毒杀虫跟到哪里”的措施。6月中旬到10月底，对24万户进水民宅作了一次以上消毒消杀处理，共用消毒杀虫药剂600多吨。组建了795人参加的155个医疗救急小分队、8个应急小分队和4个疫情监测小组，派出500多个医疗队为灾民免费诊治，还举办卫生知识讲座、咨询等活动。国务委员李铁映、卫生部部长陈敏章称常州市的医疗卫生三级网为“大水冲不垮的生命之网”。

四、得到支援救助

在抗洪救灾斗争中，党中央、国务院和全国人民及外国朋友，对常州的灾情表示了极大的关怀和支援。7月11日，国务院生产办公室副主任张彦宁率领国务院赴江苏抗洪救灾工作组到溧阳考察慰问。7月21日，中共中央政治局常委、国务院总理李鹏赶到常州，考察了重灾单位常州针织总厂、戚墅堰区河苑新村和戚墅堰小学灾民安置点。8月19日，国务委员兼国家救灾防疫领导小组组长李铁映、国务院副秘书长徐志坚、卫生部部长陈敏章到常州考察救灾防病工作，先后视察了金坛县后阳乡、常州柴油机厂、常州针织总厂和丽华新村。李铁映在考察中强调要保障群众的身体健康，让他们更健壮地投入生产，创造更多的财富。从7月6日商业部部长胡平到常州察看洪涝灾情和市场供应起，至年底，国务院先后有10多个部委的领导考察常州，深入灾区、深入群众，帮助、指导常州人民抗洪救灾。常州遭受洪灾不久，省委即派出由省人大常委会副主任张耀华带队的抗洪抢险工作小组赴常州抢险现场，与广大群众战斗在一起。7月20日，省委副书记曹鸿鸣、省人大常委会副主任张耀华和省有关部门负责人，为常州市恢复生产现场办公。8月12—13日，省委书记沈达人率省有关部门负责人到溧阳、金坛现场办公，帮助解决恢复生产、重建家园中急需解决的问题。上海、河北、辽宁、广东、广西、河南、新疆、内蒙古等省、直辖市、自治区先后向常州伸出援助之手，募集救灾物资和救灾款送到常州。海外同胞、侨胞及外国朋友也纷纷捐款捐物支持常州人民抗灾，据统计，全市接受海外赈灾款256.96万元、台胞赈灾款10万美元。

五、组织重建家园

市委、市政府在组织抗洪救灾的同时，带领全市干部群众积极开展生产自救。国家和省先后下达贴息和无息资金2500万元，贷款指标和资金3.3亿元，帮助常州恢复生产、重建家园。

（一）*农副业生产快速恢复，尽量减少损失。*全市各级党政组织发动群众对34万亩失收的水稻抢种、受淹的水稻及时补种，加强水稻田间管理。全市补种落谷500万公斤，补种秧苗3万亩。采取完善责任制、加强管理、调进鱼种桑苗和资金扶持等措施，重点抓好受灾较重的骨干项目水产、蚕桑的复产。大部分受淹农田、菜地迅速得到补种，其中补种水稻单产达225公斤，全市同年粮食总产量仍达138.4万吨，蔬菜、副食品实现产销平衡，基本满足市场供应。

（二）*工业企业抢险自救，救灾与生产两不误。*各级党委、政府调集排水设备对受淹企业突击抢救，使重点企业短期内全部复产。常州东方印染厂是全国500家最大工业企业之一，工厂前是关河，厂后是北塘河，洪水前后夹击灌进工厂。在被洪水围困的21天里，工厂抽出1/3职工在四周筑坝排水抗洪，其余工人顶岗加班，开足设备生产，全厂未停产一天，创造了日产卡其布30万米的最高纪录。溧阳别桥足球厂等企业成了“水晶宫”，他们就把原辅材料分发给职工带回家加工、装配。许多工人为了坚持上班，有的蹚着齐腰深的水，有的由家人驮着，有的乘小船，有的划木盆，还有的甚至从家中出门游泳赶去上班。金坛县扬声器厂等企业成了汪洋中的一个孤岛，厂里把电话机往船上一架，照样与外商联络洽谈。武进柴油机厂两次受淹，损失惨重。全厂干部职工冒着酷暑，检修设备、烘烤电机、擦拭机器，从灾情基本稳定到复产仅用一周时间，8月创月产柴油机超2万台的最高纪录。乡镇和市区停产、半停产的企业在短期内大都恢复生产，全市工业总产值仍完成317亿元，其中乡镇两级工业总产值为160亿元，分别比上年增15.8%、29.1%。

常州夺取了抗洪救灾的重大胜利：全市万亩以上的大圩和江堤没有一处溃决，无一座水库垮坝失事；供电、通信、交通等生命线基本保持畅通；水、气、煤、粮等群众生活必需品供应正常；被洪水围困的几十万群众得到及时救护或安全转移，除雷击、触电等意外事故外，没有淹死、饿死一个人，没有一户灾民断粮挨饿，没有发生外出流浪乞讨现象，创造了大灾之年无大疫的奇迹。城区受灾住房3867户、2441间得到及时抢修，修建救灾住房25753户、41687间；全市中小学在安定的环境中如期开学。

2008年抗击特大雪灾纪实

2008年1月25日晚至2月2日，常州遭遇50年一遇的特大雪灾，给全市工农业生产和群众生活造成极大影响。市委、市政府面对突如其来的灾情，立即启动快速反应和综合协调工作机制，全力组织开展抗击暴风雪的斗争，做到思想、工作、人员、装备、措施到位，全市未出现重大安全事故、重大交通事故、有影响的重大案件事件和群死群伤事故，未发生停电停气停水现象；主要道路、桥梁和干线公路基本保持通行，交通运输安全畅通，重点物资、农副产品和市民生活用品供应充足，供水、供电、供气等满足群众基本生活需求，经济社会运行基本正常。

一、特大雪灾

常州市累计降雪量52.8毫米，最大积雪厚度38厘米，受灾人口38.25万人，紧急转移安置人口979人，倒塌房屋1761间(厂房861间、民房637间、其他房屋263间)，轻质建材工棚坍塌2800间，因灾死亡8人(金坛2人，武进4人，新北、天宁各1人；野外看守鱼塘冻死1人，轻质建材工棚坍塌压死4人，屋顶除雪摔死3人)，伤114人。4条高速公路和民航机场临时性封闭(取消航班84个)，火车站、长途汽车站部分班次一度停运(单日最多停运3886班次)，单日滞留旅客最多3000人，市区公交单日停开线路最多48条；粮油作物受灾4.08万公顷受灾小麦2.65万公顷、油菜1.43万公顷)，林业受灾4.27万公顷，倒伏林木488.1万株；花卉苗木受灾7260公顷，露地蔬菜受灾2.29公顷，受灾设施大棚561万平方米，其中智能温室、联体大棚、单体钢架大棚、竹架大棚分别为5.83万平方米、25.65万平方米、177.46万平方米、352.06万平方米；倒塌畜禽舍38.46万平方米，因灾死亡牲畜931头、家禽34.2万羽；渔池受灾8433公顷，损失水产品1890吨。全市因灾造成直接经济损失7亿多元。

常州干部群众除雪抗灾(摄于2008年1月)

二、抗雪抢险

雪灾发生后，市委、市政府立即成立了市防雪抗灾指挥部。1月26日、27日，指挥部第一、第二次会议召开，研究部署全市抗雪救灾工作。常州市政府连发7次公告，各相关部门按照应急预案有序组织落实。常州市气象台根据灾情发展情况，多次调整暴雪和道路结冰预警信号级别，市政府及时相应调整响应级别，启动对等级别的应急预案。

市防雪抗灾指挥部及时传达贯彻国务院、省两级关于做好防雪救灾工作的通知，明确提出“保畅通、保民生、保安全、保稳定”的要求和相应的救灾措施，针对危旧房和以轻质建材搭建的简易厂房、库房、菜场、工棚等建筑物，两次组织紧急彻查，及时转移安置人员，立即关闭停用不符合要求的简易建筑物，确保人民群众生命财产安全。市和辖市区、街道三级建立灾情信息一日三报、特殊情况随时上报制度，市防雪抗灾指挥部每天汇总全市防雪抗灾情况及时向省委、省政府汇报；利用网络、手机短信、电视、电台及时发布预警信息和防冻防滑小知识，利用新闻媒体滚动发布气象信息和防雪抗灾公告，向市民通报情况，提醒市民做好应对防范措施，安定民心。

各辖市区和全市交通、建设、公安、城管、环卫等相关部门团结协作，调动大批机械设备与人员，在每日凌晨三四点开始铺撒盐碱、加速融雪，铺设草包、防止打滑，机械铲雪、清除障碍。公安、交通等部门抽调力量对全市198处重点路段、桥梁、高架路、隧道等进行职守巡查，确保市区127条道路、133座桥梁及涵洞、干道路口和快速公交路线基本畅通。快速公交(BRT)一号线克服了客流急增的压力，日均载客量7.7万人次，高峰时接近9万人次，南北客运走廊的作用得到充分发挥。全市各镇街道、村社区和机关企事业单位迅速组织群众除雪自救，及时清扫住宅小区、背街小巷、村庄、厂区及其周围的积雪。热心市民积极为全市防雪抗灾工作献计献策，指出隐患、薄弱环节，提供救灾机械信息，组成志愿者团体参加公益活动。

全市经贸、物价、工商等部门加大对菜市场、商贸流通单位的监控，公安交巡警部门优先放行装载生活必需品的运输车辆，提供“绿色通道”服务。雪灾期间，公交公司科学调度运力，市区公交日均运送乘客76.3万人次，保障了市民的出行需求；铁路、交通等部门做好运力调度，对因雪滞留的旅客做好解释服务工作。自来水公司对城市供水主管道和各水厂、增压站加强巡检，加大对水源的检测频率，及时检修供水管道漏点和受冻表，确保正常供水；燃气供应部门积极争取气源供应计划，做好气源调配，加强巡查检修，确保居民用气；供电部门加大线路巡查检修力度，全市未发生大面积停电事件；全市3000余名环卫工人连续作战，做好清扫、垃圾收集、转运等工作。

全市各地、各部门重点对群众危旧住房、校舍、厂房、农贸市场、蔬菜大棚、建筑工地等公众聚集场所建筑物的安全状况连夜全面排查，妥善转移安置受灾遇险人员，责成责任单位一律关闭并停用暂时不能完成加固除险的场所，防止房屋垮塌造成人员伤亡；全市300多个施工工地暂停施工，针对部分钢结构建(构)筑物因大雪垮塌变形事故较多的情况，迅速组织专家排查梳理全市的钢结构建(构)筑物；及时排查中天钢铁体育馆、红星大剧院、凌家塘农副产品批发市场等项目的安全情况。交通部门严查客车超载，杜绝中途带客，严厉打击黑车、宰客行为。教育部门果断采取暂停全市高三年级考前复习，停止所有培训，严禁中小学举办补习班、兴趣班等措施。园林部门组织力量清除树木积雪，降低树木损伤，清理折断树枝，减少对道路交通的干扰。卫生部门针对雪天可能引发的伤情加强相关诊疗力量的配备，监督检查加强餐饮业和生活用水卫生。城管部门着重检查户外广告牌、灯箱的稳固情况。

公安部门加强巡逻和盘查，重点打击趁灾盗抢犯罪活动。发放警民联系卡、《农民工维权手册》、警方提示、消防安全知识、防范告知书共计19.5万份。民政部门深入灾区查灾核灾，转移安置受灾群众904人，迅速下拨省市救灾款430万元，分7路慰问受灾群众，向房屋倒塌和因灾伤病的群众发放慰问金和慰问品，劝导安置街头流浪乞讨人员。1月27日，凌家塘农副产品批发市场3万平方米彩钢瓦大棚因积雪过重，随时可能倒塌，市消防支队抽调80余人组成突击抢险救援队，连续奋战32个小时，排除险情，确保常州及周边城市“菜篮子”供应。

常州创建国家园林、生态和环保城市纪略

一、创建园林城市历程

2004年7月14日，中共常州市委、常州市政府发出《关于全面开展打造绿色常州、创建园林城市活动的实施意见》，提出创建国家园林城市的奋斗目标，成立常州市打造绿色常州、创建园林城市工作领导小组，对创建工作实行统一领导和宏观指导，协调解决创建中的重大问题和突出矛盾。同时，市委、市政府把创建园林城市工作纳入政府目标管理和政绩考核的重要内容，签订责任状，明确工作要求。各辖市、区和市直有关部门都相应成立创建园林城市领导小组，层层抓好创建任务的分解、落实和考核工作，创新机制，加大投入，以实现常州园林绿化事业的跨越式发展。

全市各级政府和部门围绕创建园林城市，落实创建措施，运用市场机制拓展投资渠道，发挥市场主体的作用，通过实施开发带绿、租地建绿、组织全民义务植树和认建认养等方式，多渠道筹措资金，吸引全社会参与园林城市创建工作。各级城市绿化主管部门按照“绿化为本、文化为魂”的理念，组织抓好城市公园、景观道路、小游园等重点绿化工程建设，重视和加强绿色通道和防护林带建设，确保增绿数量。在公共绿地、景观道路、城市出入口等绿化建设过程中，积极引入生态和人文理念，运用现代园艺手法，既展现自然生态，又体现浓厚的历史文化底蕴，塑造鲜明的城市个性。各大型绿化建设项目均按照建设规范程序的要求，对设计、施工全面推行公开招投标，严格控制投资，降低成本。同时实行工程质量监理和等级评定，确保绿化建设项目的设计水平和施工质量。

2005年1月10—11日，江苏省创建园林城市考核验收组对常州市创建省级园林城市进行考核验收，通过听取工作汇报、技术专题报告、查阅台账资料、现场核验和随机市民测评调查等环节的考核，认为常州创建园林城市的考核指标基本符合省级园林城市要求，8月24日省政府命名常州市为“江苏省园林城市”。

市政府在成功创建江苏省园林城市后，随即组织开展了两年多的创建国家园林城市集中行动，以城乡统筹、全面增绿为基础，绿化为本、文化为魂的造园理念，重点发展城市公共绿地、生态景观道路河道绿化网络，全社会共同参与创建国家园林城市。2007年5月，市园林局制作了园林宣传画册、专题汇报资料片。11月上旬，建设部专家组到常州实地考察检查，对常州的创建工作和成效给予高度评价和肯定，同意常州为国家园林城市，常州综合得分名列全国参评的34个城市首位。2008年2月1日，建设部正式命名常州为“国家园林城市”。

二、创建国家生态城市历程

2001年，常州确立创建国家环保模范城市的目标。2004年，常州确立建设“生态常州”的目标。创建国家环保模范城市和国家生态城市是21世纪初期对常州未来发展具有深远战略意义的工作，涉及环境质量的综合整治、城市基础建设、太湖水污染防治、工业布局调整、产业结构优化、环境服务创优等方面。通过治水、治气、治村、治山、治废、治重点企业，进行全面绿化等系列措施，常州市域环境质量提升，生态环境显著改善。

（一）全市各级同心协力投入任务艰巨、过程曲折的创建工作

2004年初，中共常州市委九届八次全体（扩大）会议明确提出建设“生态常州”的目标。市政府分别与所辖市、区政府和市直有关综合部门签订了2004年环保目标责任书；制订创建生态示范区的实施方案，编制

完成《常州市生态市规划编制大纲》。根据新一轮城市总体规划，组织加快编制环境保护专项规划，指导生态市建设和环境保护工作。继完成全市和中心城区大气环境容量测算工作后，编制常州市环境质量全面达标方案和大气环境质量达标方案。2005年，推进以辖市区为重点的生态示范区建设，金坛市通过国家环保总局组织的考核验收，成为继溧阳市(2001年)后常州市第二个创建成全国生态示范区的辖市。全市同年创建成市级环境优美乡镇4个、市环境建设示范街道1个和省级生态村8个、市级生态村13个。武进区太湖河口湿地建设一期工程、蔷薇园湿地建设等生态工程完工。

2006年10月，市人大常委会审议批准的《常州市生态市建设规划》（简称《规划》）提出2010年全市所有指标达标，建成地市级国家生态市。11月初，《常州市建设国家生态市工作方案》颁发，生态市建设全面启动。常州市建设全国生态示范区的任务重点落实在武进区，实施生态工业、生态农业、环境质量标准、资源保护、绿化美化和生态文化"六大工程"。10月13日，武进生态示范区建设顺利通过国家环保总局组织的验收。与此同时，钟楼区建设生态工业园区，天宁区、新北区、戚墅堰区积极推进循环经济、实施有污染工业企业的搬迁等工作，控制污染，改善生态环境。按全国生态示范区建设要求，全市建成市级环境优美镇5个、省级生态村16个；全市培育绿色社区18个、绿色宾馆2个、绿色学校15所和市级环境教育基地12个；常州东芝变压器公司被评为全国环境友好企业，溧阳天目湖啤酒公司等企业通过省环境友好企业考核验收。2006年，市委、市政府下发《关于推进中心城区工业企业搬迁的试行意见》，制定2006—2010年企业搬迁计划，对中心城区172平方公里内60条主要河道实施控源、活水、截污的综合整治，消灭市河排污口781个，每年减少入河污水量9.71万吨。实施农村环境连片整治。至2010年，全市所有村庄完成清垃圾、清粪污、清河塘和村庄绿化（简称"三清一绿"）整治任务，50%以上的村达到道路硬化、村庄绿化、卫生洁化、河塘净化、环境美化，和有公共服务中心、长效管理机制、乡村文化（简称"五化三有"）的标准。建成农村分散式生活污水处理工程428套。对高耗能、高污染、资源型项目从严审批，杜绝不符合产业政策的项目落地，劝退不符合环保要求的项目626个。

2007年，《常州市建设国家生态市工作方案》和《全市2008—2010年环境保护行动计划》发布。推行生态市建设"十大工程"，市区大规模绿化，建成国家园林城市；钟楼经济开发区创建成全省第一个省级生态工业园区，市区11个镇创建全国环境优美镇工作通过省级考核，新建成省级生态村10个，10个试点村完成环境综合整治。创建生态园林镇、生态园林居住区和生态园林单位活动启动。

2008年，省政府下达给常州市太湖水污染治理重点工程1887个，至"十一五"末完成1882个，在太湖一级保护区内开展退耕、退渔、退养和还林、还湖、还湿地工作；拆除滆湖、长荡湖围网8.95万亩，建成2万多亩林地及湿地。完成21条环太湖河道、286条县乡河道和9565个村庄河塘生态清淤。完成竺山湖8.6平方公里292万立方米的清淤；对污水处理厂及印染、化工、电镀等6大重污染行业企业实行提标改造；完成漕桥河整治工程，加快推进太滆运河等18个河（湖）小流域综合整治。全市第一片环保生态公益林建设启动，提出以"六治一绿"（治水、治气、治音、治土、治村、治废和绿化）来偿还污染旧账，重点抓好公益林建设。20家对环境造成影响的排污单位参加首批植树活动，补偿环境。这片环保生态公益林位于戚墅堰区丁堰镇东方大道北侧，占地12亩，规划选择能改善土壤、吸附扬尘的香樟林、红果冬青林、池杉林与湿地林等15个品种，施用有机肥料和生物农药，建成后将组织全市绿色创建优胜单位代表、环保志愿者组织、大中专学生等进行绿地认养，开展环保活动，为全市绿化和生态建设作了示范。2008年2月1日，常州市被建设部命名为"国家园林城市"。

2009年6月，市委、市政府召开全市生态市建设推进会，对《常州市生态市建设规划》的实施情况进行中期评估，总结部署生态市建设。12 月 1 日起，市区实施黄色标志车辆中心城区限行。全市同年建成省级园林小城镇 5 个、市级生态园林镇 14 个、生态园林居住区 66 个、生态园林单位 455 个。2010 年 4 月，市委、市政府第二次召开全市生态市建设推进大会；8 月，常州市创建国家生态市通过省级考核；9 月，市委、市政府部署开展“生态市冲刺 60 天行动”。同年，全市报废黄标机动车 8412 辆，淘汰或用清洁能源替代燃煤锅炉 548 台，拆除懒汉炉 185 台，建成高污染燃料禁燃区 66 平方公里；完成整治大气污染企业 228 家，新建、改建废气治理设施 276 台(套)。全市 18 家火电、热电企业均具备脱硫能力。《常州市市区扬尘污染防治管理办法》出台，建成一批秸秆综合利用示范点，同年以乡镇为单位的秸秆综合利用率达 75%。至 2010 年底，全市关闭化工等污染企业 1158 家，关停燃煤火电机组装机总容量 456.66 兆瓦，淘汰高耗能高污染设备 748 台(套)，淘汰落后炼铁(钢)和水泥产能分别为每年 200 万吨、644 万吨，完成企业清洁生产审核 685 家。常州市建成区绿地率达 38.3%、绿化覆盖率 42.2%，城镇人均公共绿地从 2005 年的 7.1 平方米增至 16.57 平方米，超过人均 11 平方米的生态市考核标准。至 2010 年末，市区有主要公园、绿地 64 处，成为江苏省第一个市政类公园全部免费开放的城市，2010 年获得中国人居环境范例奖①。

（二）生态城市创建取得显著成果，城乡生态环境焕然一新

1. 水质变清。全面开展市区河道、入太湖河道、农村河道水环境综合治理，市区所有主要河道全部实现水体变清的目标，市区河道无劣Ⅴ类水体，入太湖主要河流水质达国家“十一五”期间太湖考核要求。京杭大运河常州段等的水质指标达相应功能区要求，全市水环境功能区达标率、集中式饮用水源地水质达标率均保持 100%。

2. 空气变净。常州城乡通过建设绿色交通体系、建设禁燃区，开展重点化工区废气整治和工地扬尘治理，城市空气 API 指数优、良天数稳步上升，三项主要污染指标年均浓度符合国家二级标准。

3. 城市变静。全市各级严格控制工业、交通和居民区噪声，推广使用降噪设备，抓好铁路、道路、航道沿线的噪声管理和隔音设施建设，加强城市机动车禁鸣执法，防止建筑工地夜间施工、家庭装修及商铺等噪声扰民，市区区域环境噪声和交通干线噪声稳步下降。

4. 环境变绿。2006 年起，全市新增城乡绿化 11334 万平方米，超过常州解放至 2005 年绿化总面积。2010 年，城镇人均公共绿地增至 16.57 平方米。

5. 功能变强。全市各级和建设、环保、城管等部门推进城乡垃圾、污水处理等环境基础设施建设，环境服务功能增强，城乡垃圾收运体系建立，市区生活垃圾全部无害化处理，全市 37 个镇区的生活污水全部实现集中处理，城市污水集中处理率 90.9%。

6. 市容变靓。全市建设、城管、环保、规划等部门全面建立城市长效管理机制，开展老小区整治提升、主要道路市容环境综合整治、背街小巷整治、市区灯光亮化等，市容环境面貌得到极大的提升，城市空间环境得到净化，城市夜景得到亮化。

三、常州创建国家环保模范城市历程

国家环保模范城市是一个城市经济快速发展、环境质量良好、资源合理利用、生态良性循环、生活舒适便捷的总成果和综合性奖励，26 项考核指标涵盖社会、经济、环境、卫生、园林等方面。2001 年，市委、市政府决定用 2～3 年时间把常州建设成为国家环保模范城市。市政府成立由市长任总指挥的市创建国家环保模范城市工作指挥部，颁发《关于创建国家环保模范城市的意见》，制定《常州市“创模”总体方案》，开始创建国家环保模范城市，组织实施市河水环境整治、生活污水处理、生活垃圾处理、生态建设和绿化、城市清洁美化、城

① 2013年1月常州市创建成为国家生态市，被环保部命名为“国家生态市”。

市安静、入湖河道整治、生态文明社区“八大工程”。常州创立大环保工作机制、“常州模式”的环境监管、人与自然和谐发展的环保模范城市整体工作架构，全市各级、各部门层层发动、整体联动，认真贯彻落实市政府制定的创建意见和总体方案，开展一系列特色工作，提高城市环境品位，塑造城市良好形象，增强城市可持续发展能力。

2001—2004 年，常州通过“创模”工作，城市发展布局和环境基础设施不断改善，区域性重大交通项目建设加快，基本形成以高速公路、干线公路、航道、港口为主体的现代化综合交通网络；城市道路骨架陆续完善，形成南北一体、三城联动的现代化城市发展格局；园林绿化、环卫污水等环境基础设施日益完善，形成城乡一体的绿色生态走廊、布局合理的城市园林绿地系统。市区绿化覆盖率 42.1%，人均公共绿地 12.3 平方米，2004 年，常州市顺利通过国家环保模范城市评估。

2003 年 12 月 25 日和 2004 年 3 月 16 日、3 月 21 日，常州和金坛、溧阳的“创模”工作分别通过国家级验收。2004 年 12 月，国家环保总局派员到常州和金坛、溧阳两辖市授予“国家环境保护模范城市”称号，通报常州“创模”实现满堂红。至 2009 年底，市区对市民免费开放大型公园绿地 54 个，2010 年 2 月，常州市公园绿地建设管理体制创新项目被国家住房和城乡建设部授予 2009 年中国人居环境范例奖，2008 年创建成为国家园林城市。常州城市生活污水和垃圾无害化处理率分别在达 87.6% 和 100%，公交车出行比例提高到 25%、清洁能源使用率 60.6%，城市交通达到国家 A 类一等管理水平。通过“创模”工作，市民的环保意识日益增强，对环保工作的满意率达 98.6%。2010 年，常州顺利通过国家环保模范城市的复核检查。

京杭运河常州段改道南移工程建设纪略

京杭大运河原常州段全长 44.5 公里，西起荷园里，东至直湖港。大运河在常州穿城而过，又环城中南部而行，除主航道外，还包括市河、关河和南运河 3 条主要河道。经济发展促进了水运，大运河处于常州航道网络的核心地位。然而，随着经济发展，京杭运河常州段水上运输越来越繁忙，1990 年通过常州新闸的上下行货物共 781 万吨，2000 年就已经达 2404 万吨，10 年时间增长 3 倍多，尤其是经过主城区的河段，不仅经常发生拥堵，船只来往的噪音也越来越不适应新的城市发展要求。

运河改线势在必行。在现代物流业中，水、陆、空、管的角色定位已日见清晰。在常州向特大城市发展的过程中，运河出城，有利于古运河周边重新规划和定位，改善运河周边的城市生态环境，同时也能让城外的新运河更加凸显现代化的航运价值和要素聚集效应。

2003 年，沪宁高速公路扩建、312 国道改造、宁常高速公路建设、常州西绕城高速公路等重点项目相继展开，建设规模之大前所未有。这些工程需要大量土方，如果跟新运河的开挖结合起来实施，可节省土地万余亩，是件一举多得的好事情。聪明的常州人意识到，这是一次土地资源综合利用的极好机会，及时拿出了运河土方与几大公路建设工程土方调配的最佳方案。特别是 312 国道工程，几乎可以“零运距”利用运河土方，效益令人称奇。2005 年 6 月，运河常州段改线工程正式开工。

运河南移选址在常武地区接合部，原来是“脏、乱、差”的后进地区，通过运河改线“一河一路三林带”（京杭运河、312 国道各 1 条和河路两侧与河路之间林带各 1 条）的设计理念，一条生态、环保的城市走廊建成。26.1 公里的运河改线工程拆迁涉及大约居民 4500 户、民房 85 万平方米和企业 350 余家、厂房 42 万平方米，共开挖土方 1853 万立方米，无锡、苏州的运河改道口宽是 70 米，常州运河改道口宽 90 米。虽然困难很多，市交通局树立“理念新、质量优、生态美、速度快、效益好”的建设目标，把凿河弃土用于 312 国道、沪宁高速、城市高架道路改扩建等建设项目的地基取土上，节省土地1.4万亩，产生效益超10亿元；同时建设综合性航道服务区、航道监控与搜救中心；并且突出生态和景观效果，17公里的新运河与国道共线段。建成“一河、一路、三林带”的绿色交通走廊，环境靓丽，水运示范，资源节约，成为江南地区第一条高标准、现代化的三级航道。

运河常州改线段平均2.3公里有一座桥，东方大桥、平陵大桥、常金大桥、青洋大桥等11座运河桥梁造型多样、结构新颖，像一组巨型的雕塑杰作，渲染着今日常州的奋发与豪迈。由“茅以升大奖”获得者、同济大学桥梁专家金成棣设计的青洋大桥，将传统的中道行车、边道行人的惯例，改为“人在中间走，车在两侧行”的新型景观桥，属国内首创、双向六车道的桥面，中间10米宽的人行道高出两侧的车道1米，行人和车辆在大桥上都能欣赏到新运河的旖旎风光。每到夜晚，青洋大桥的水下倒影犹如水中的三条游龙，银辉珠灿，令人心醉神驰。中国工程院院士范立础赞叹道：“这是一座小型的桥梁博物馆，常州人为中国桥梁建设技术进步做出了突出的贡献。”

京杭大运河常州市区南移改建工程，达到1000吨级船舶可以三线航行的要求，彻底解决这条国家黄金水道的堵航问题。与新运河同步建设的东港区、西港区年吞吐量1200万吨，依托港区建成集码头、仓储、加工、配送、信息服务于一体的现代物流中心功能日益显现，凌家塘农副产品市场、新阳光食品城、万都金属城等屹立在河边，盐库和油库等项目进入实施阶段。新运河的经济魅力，正在逐渐展现。

常州环城高架道路建设纪略

常州城区为南北长约50公里、东西宽约20公里的带状区域。2006年，市委、市政府按照“拓宽南北、提升中心”的发展方向和城市快速路系统规划，决定建设常州第一条城市快速高架道路，改善城市路网格局，缓解交通拥挤状况，创造良好的城市交通条件和城市形象，满足社会经济发展的需要，实现常州市城市发展总体战略。通过多方案比选和专家论证，规划形成由长虹路、龙江路、龙城大道、青洋路和中吴大道组成主城区与高速公路之间形成“二纵三横”的“日”字形的快速路系统，总长约84公里。2006—2008年，常州市市政工程设计研究院、上海城建设计院合作完成常州高架道路一二期的施工图设计，全长52.3公里，主线宽25米，城-A级汽车荷载标准，上部结构采用现浇预应力混凝土弧形梁，常州市高架道路一期获全国优秀工程勘察设计行业一等奖。常州环城高架道路的建成通车，畅通了常州城区东西、南北的交通。

高架道路立交桥（摄于2010年3月）

一、高架道路一期

2006年7月28日开工，2008年9月竣工。工程由长虹路、龙江路和龙城大道3部分组成，全长25.4公里，道路呈倒“F”型。高架道路为双向六车道，宽25米；地面道路为双向六车道，红线宽55～80米；高架道路设计时速80公里，地面道路设计时速40公里。一期工程从南向北穿越武进区、钟楼区和新北区。南起长虹路与武宜路交界处，沿长虹路向西延伸，过武宜运河向北折，跨新312国道和新京杭大运河，在常金路处接入龙江路，再跨越老京杭运河与沪宁铁路，过龙城大道后北接沪宁高速公路薛家互通。龙城大道段西起龙江路，向东过长江路，在通江路前接通地面道路。全线设枢纽型立交两座，分别为城北干道立交、长虹路立交。全线设置匝道（高架出入口）20对，由北向南分别服务于汉江西路、通江路、长江路、飞龙路、常新路、棕榈路、中吴大道、新312国道、长虹西路、湖滨路、淹城路、武宜路等道路。

二、高架道路二期

2009年6月开工建设，2010年9月建成通车。包括龙城大道（通江路—青洋路）、青洋路（青龙西路—滆湖路）、长虹路东段（青洋路—武宜路）3部分，总长27.9公里，环线方向长21.8公里。龙城大道段西接高架道路一期工程，东至龙城大道—青洋路立交后接地，长8.3公里；青洋路段北起龙城大道—青洋路立交匝道落地点，南至长虹路—青洋路立交匝道落地点，长12.3公里；长虹路段东起长虹路—青洋路立交匝道落地点，西接高架道路一期工程，长7.3公里。高架地面道路宽41米，其中青洋路段41.5米，双向六车道；高架部分标准断面宽25米，双向六车道。全线设龙城大道—青洋路及长虹路—青洋路两座四层枢纽型互通立交，匝道21对，其中龙城大道7对、青洋路9对、长虹路5对。2010年9月完工通车。

常州“两站一中心”建设工程纪略

常州的“两站一中心”建设工程包括2008—2011年实施的常州机场4E级机场改造工程、新建常州火车站北广场（沪宁城际铁路常州站）及常州客运中心，与京沪高铁常州站建设工程。

一、常州机场4E级改造完成，打造国际航空港

常州机场始建于1963年。1985年，经国务院和中央军委批准成为军民合用机场，民航站于1986年建成使用，1995年进行停航改扩建，1996年竣工复航，飞行区技术等级指标为4D，不能满足大型E类飞机的使用要求，2007年旅客吞吐量51万人次，货邮吞吐量5454吨。由于机场基础设施建设相对滞后，旅客吞吐量始终处于低位(2007年无锡硕放机场旅客吞吐量达100万人次)，已成为常州可持续发展的瓶颈。为维护区域市场的竞争能力，促进常州经济乃至长三角地区经济的持续快速增长，2008年市政府决策加快实施常州机场改扩建工程。

新机场按一类口岸和4E级标准改扩建，可起降除世界最大机型空客A380之外的所有飞机。本次改造包括旅客航站区、货运区、航管区、飞行保障区、动力设施区、办公区、生活区等。航站区空侧设有6座登机桥，站坪设有14个机位，其中9个近机位、5个远机位、1个E类除冰坪。航站楼陆侧设有高架桥，同时建设地面停车场、地下停车库、航空公司基地等配套设施。

常州机场新航站楼于2009年10月21日开工，面积达3.8万平方米，近原来的7倍，为一类公共建筑，在地级市机场中首屈一指。

二、新建常州火车站北广场及客运中心，打造常州交通新枢纽

常州火车站是上海铁路局指数客货综合特等站，是京沪铁路重要的客货运中间大站。随着客货流量的增大及沪宁城际轨道交通的建设，原来的火车站广场（今称南广场）因受限于关河无法拓展。2009年2月，常州火车站北广场正式开工建设，项目主要包括沪宁城际铁路常州站、常州市客运中心及综合配套工程（常州汽车站也移址到北广场），还同步考虑了常州地铁一号线与常州火车站的对接。其中12.9万平方米的客运中心以城际常州站为核心，采用“U”字形空间布局，规划建设3万多平方米的长途客运中心、近万平方米

的公交站场用房，5万多平方米的地下停车场、1.5万平方米的公共停车场等，广场景观则超过2万平方米，整个建筑群简洁大气、通透流畅。2010年6月，常州火车站北广场与沪宁城际轨道交通同步建成投运，乘客换乘交通工具通过站前广场、高架平台和地下空间垂直分流。这一“城市门户”的建成，使得该地区不但成为常州市最重要的交通枢纽，也成为一个全新的商业中心。

三、新建京沪高铁常州北站，打造高铁时代的现代化交通枢纽

京沪高速铁路全长1318公里，设24个车站，设计时速350公里，在常州境内全线高架通过，京沪高铁常州站位于常州市新北区新桥镇，隶属于上海铁路局常州站管辖，为一等站。常州高铁站房建筑面积1.1万平方米，包括一层站厅和二层站台，为线下式站房，是沪宁线上通过站中最大的车站，它作为京沪高速铁路的客运站，设正线2条、到发线4条；岛式站台2座。高铁站房的设计灵感源于常州鱼米之乡，其造型俨然一条具有现代气息的飞鱼横于天地之间。南北广场为分布在高铁站房南、北两侧的站前休闲广场，南广场的景观设计理念是山水相遇，脉动龙城。以高铁常州站为纽带的综合交通枢纽，以“零换乘”和“一体化换乘”为目标，综合开发、合理利用高铁高架下的空间，在设施规划布局和规模控制上保证公交优先，综合即将开工的地铁1号线、3号线，快速公交、常规公交、出租汽车、长途巴士和旅游巴士的无缝换乘，甚至连通泰州、泰兴，江阴、靖江等地。于2009年开工建设，2011年6月正式通车，开行动车组列车23对，其中使用时速300公里动车组15.5对(1.5对为高峰日开行)，使用时速250公里动车组列车7.5对(2.5对为高峰日开行)。京沪高铁开通运营后，大大缩短常州与京沪沿线城市时空距离。从常州北站乘坐时速300公里动车组列车到北京南站最快旅行时间仅为4小时34分钟，从常州北站乘坐时速250公里的动车组列车到北京南站的最长旅行时间也仅为7小时59分钟。

中国优秀旅游城市创建纪略

1995年3月，国家旅游局发出《关于开展创建和评选中国优秀旅游城市活动的通知》。2001年4月，市政府召开全市旅游工作会议暨创建中国优秀旅游城市动员大会，推动创优工作开展；创优过程中，市公安局投入数十万元，设立全市主要旅游景区(点)的交通指示牌50多块，采取措施改善交通治安秩序，保障交通安全；市交通局在通往景区的交通干道上设立旅游指示、宣传牌45套92块，整顿规范客运出租行业；市建设局、城管局投入200万元，新建高标准旅游厕所12座，投资250万元改造建成750米长的迎春步行街，大规模整治市容市貌；公交总公司投入8辆巴士，开通将市区主要景点串联起来的旅游观光巴士；各旅游区(点)、星级饭店、旅行社和定点单位改善硬件设施，开展旅行社达标建设和“百日安全无事故、百日服务无投诉”竞赛。

市政府出台了鼓励旅游业发展的一系列政策和措施，市财政、文化、交通、城建等部门相应制定支持配合旅游业发展的政策，建立起旅游发展新机制，将旅游业确定为优先发展的龙头产业。旅游功能更加完善，旅游大环境日趋优化。在全市的主要景区(点)、旅游经营单位、市区干道两旁都设置醒目规范的公共信息图形符号、中英文对照的交通指示牌。在火车站、民航机场、汽车站、新世纪商城等游客集散地设立旅游咨询服务中心和旅游地图广告牌，开通旅游咨询、投诉电话，完善紧急救援机制。开辟旅游观光巴士、旅游专线和“一日游”，新建、改建一批档次高、设施全的旅游厕所。旅游购物一条街(迎春步行街)、餐饮一条街(城中路)和旅游超市建成并初具规模。旅游资源开发加快。以中华恐龙园为代表的旅游景区(点)相继建成，天目湖旅游度假区和天宁禅寺先后获国家AAAA级旅游景区称号，中华恐龙园和茅山风景名胜区通过国家AAAA级旅游景区验收。全市有6个景点年接待游客达30万人次，初步形成以中华恐龙园、天目湖旅游度假区两个亮

点旅游产品为龙头，特色鲜明、内容丰富的旅游区（点）格局，及龙城龙园龙文化、古寺古塔古运河、好山好水好地方、名人名馆名建筑4条特色旅游线路。2001年，全市完成国内旅游收入44.17亿元、旅游外汇收入3439万美元，主要经济指标首次超过镇江、扬州，名列全省第四。行业管理逐步规范，行业素质大幅度提高。先后出台《常州市旅游住宿业（饭店）管理办法》《导游人员管理办法》《一日游管理暂行办法》等行业管理规章制度，成立旅游监察大队等执法管理机构，行业管理走上法治化、规范化、标准化轨道。2001年9月，国家旅游局批准常州市为中国优秀旅游城市。至2001年底，全市设立旅游定点单位17家，旅游涉外饭店和旅行社分别达40家和38家，常州青旅和国旅相继跻身于全国旅行社百强行列。

常州创建文明城市纪略

1985年，常州市开始文明城市创建工作，将城市环境综合整治和创建全国卫生城市作为文明城市创建的抓手，集中开展环境卫生、社会治安、窗口服务方面的综合整治，按照“文明家庭—文明小区—文明社区—文明城市”系列推进的工作思路，抓好文明小区、文明社区的创建工作，全市涌现了清潭新村、红梅西村小区建设的全省先进典型，翠竹新村等7个江苏省文明小区，及勤业五村等18个首批常州市文明小区。

一、考评标准不断充实、提升、完善

1999年，以美化居民环境和治理“脏、乱、差”为突破口，以规范化管理为重点，在全市开展文明区创建活动，相继对市属38个重点集贸市场进行整治和环境改造，分批拆除违章建筑175处、5000余平方米。之后，常州市制定了《常州市创建文明城市、文明区评比标准（试行）》，对5个城区的创建工作进行全面检查考核。

2002年，修订《常州市创建文明城市标准》，下发《关于开展创建文明城市活动的意见》。各城区对照要求，细化标准，分解任务，在创建工作中主动适应城市化发展的要求，从主城区向新城区推进，形成市带区、区带镇、镇带村一体化创建的新局面。配合沿江开发的大局，加强沿江文明带建设。2006年，按照《全国文明城市测评体系（试行）》的要求，制定《常州市精神文明建设“十一五”规划》，修订完善《常州市文明城区测评体系》。2010年，制定下发《常州市公共文明指数测评操作办法》。

二、创建过程坚持不懈，成效显著

1999年，常州市召开全市创建文明城市动员大会，成立由市委书记、市长挂帅的市创建活动领导小组和指挥部及其办公室，并拨出专项创建经费。市领导与各创建单位的党政主要领导签订《常州市创建文明城市专项工作责任书》，将各项指标层层分解至全市5个区、45个行业和部门，把创建工作列入各区、各部门的年度目标考核内容。市创建办下达20项专项整治任务书。各区和创建责任行业也相应成立创建机构，形成上下联动、覆盖全市的创建运作体系。

2002年，市文明委组织开展“建设文明城市，争当文明市民——公民道德建设实践日”活动。2004年，全市文明城市创建工作进入对标自查、消除薄弱环节，常州的经济指标、居民生活水平、基础设施、生态环境、城市规划、城市环境、社会治安、科教文卫体事业及精神文明创建等基本达到国家文明城市标准；常州通过国家卫生城市复核，获中国人居环境范例奖，创建成为国家环保模范城市。2006年，市委、市政府召开“建设文明城市，构建和谐社会”动员大会，明确“三大行动”（全面达标行动、人民满意行动、干部带头行动），推进文明城市创建。以创建全国文明城市为重点，推进文明行业、文明社区、文明村镇、文明单位等的创建活动，提升市民文明素质和城市文明水平。在全市组织开展现代文明礼仪学习教育活动，编印《现代文明礼仪手册》10万册，发至全市各机关、行业、社区、家庭，组织开展礼仪宣传、礼仪教育、礼仪养成、礼仪践行，塑造人人知荣辱、讲礼貌、守规范、重诚信的城市文明形象。

2007 年，制定下发《关于实施建设文明城市城区互查通报制度的意见》，由 5 个城区进行互查，市文明办按照自查报告、互查结果、部门考核、问卷调查、长效管理等多方面的情况汇总，评选出文明城区 2 个，创建文明城区工作先进城区 3 个。针对文明城市创建中存在的食品卫生与公共场所卫生、市政容貌、市场规范、市河环境、城市交通秩序等重点难点问题，建立长效管理机制，开展“整治村庄环境、共建小康家园”专项行动。

2008 年，制定下发“2008 年度全国文明城市责任分解表”，将目标任务下达到 5 个城区及 66 个职能部门，形成纵向到底、横向到边的工作网络，创建指标逐条到岗、逐项到人。在 7 月底的全国文明城市全面测评中，常州市以“创建服务民生，倾力打造实力之城、宜居之城、人文之城、生态之城、慈善之城”的特色做法得到了省测评组的肯定。开展“同创文明城市，争当文明市民”道德实践活动。公开招聘 50 名文明城市建设义务督察员对行业服务、市容市貌、企业环保等方面进行监督。当年的全市居民的抽样调查结果显示，99.2% 的市民支持文明城市创建。印发宣传提纲 1 万册和“五个养成”（行人不横穿马路、车辆不乱停乱放、垃圾不乱扔乱倒、摊点不乱设乱摆、广告不乱贴乱挂）小卡片 3 万张，劝导市民懂礼仪、讲文明。在江苏卫视、《新华日报》、《扬子晚报》、《现代快报》等省级新闻媒体集中宣传，提升常州市文明城市创建工作的影响力。2009 年，市级主要媒体开设了《我看文明》等专题专栏，开设“不文明行为曝光台”，加强城区楼宇显示屏、移动电视滚动文明创建公益广告及社区宣传栏宣传。针对公共文明指数测评中的难点问题“文明交通”，8 月，中央文明委对常州市进行测评，得 70.94 分，居全省第四位。

文明城市创建中的交通志愿者（摄于 2010 年 8 月）

2009 年是中央文明办以新的测评内容、测评方式方法对全国文明城市和先进城市进行公共文明指数测评的第一年。常州实施市民公共文明指数测评情况分析会制度，通过委托统计部门第三方测评，重点对公共环境、公共秩序、公益行动、人际交往测评内容中存在的问题通报点评。明确责任主体，提出整改要求，促进弱点难点问题的改进；市领导带队到公园广场、商业大街、交通路口、网吧等场所现场督查，对薄弱环节开展有针对性的整改。

2010 年，常州市完善测评体系和办法，继续委托第三方对城区公共文明指数进行测评，每两个月测评一次，并将结果向社会公布，半年度召开点评通报会，对存在问题整改情况进行重点点评，测评结果作为文明考评的重要依据。通报点评范围由城区扩大到主要职能部门，形成以块为主、条块结合的城市公共文明指数测评格局。广泛开展“我为省运添光彩，省运有我更精彩——人人争做文明东道主”主题活动，促进市民文明素质和社会文明程度的提高，为成功举办第十七届江苏省运动会创造文明和谐的社会环境。当年度测评得分为 72.26 分。2011 年 12 月 20 日，全国精神文明建设工作表彰大会在北京召开。中共中央政治局常委、中央文明委主任李长春出席会议并讲话。中共中央政治局委员、国务委员、中央文明委副主任刘延东宣读了表彰决定，表彰第三批全国文明城市（区）、文明村镇、文明单位。常州市被评为第三批全国文明城市；新北区薛家镇、溧阳市埭头镇埭头村、新城控股集团公司(本部)、常州市排水管理处、常州供电公司、常州市第一人民医院被评为第三批全国文明村镇、全国文明单位。市委书记范燕青代表常州市上台接受表彰。

慈善常州模式创立发展纪实

1994 年前,常州慈善组织主要是在救助活动中自发组织起来的临时组织。1994 年常州市慈善协会成立后,常州慈善事业逐步走上正规化、专业化发展轨道,开始有组织有计划地开展慈善活动。慈善组织由 1 个发展到 4 个,由单一机构发展成覆盖全市。2006 年,常州市募集慈善基金达 10 亿元,被民政部原司长王振耀盛赞为“中国的奇迹,伟大的创举”。被中国慈善界公认为“慈善的常州模式”。常州名列首届“中国城市公益慈善指数”排名榜首位。至 2010 年底,常州市累计募集和认捐的慈善基金总额攀升至 17.32 亿元,捐赠踊跃程度、捐赠额度在全国大中城市中首屈一指,常州成为一座充满人间真情的“慈善之城”。

一、慈善常州模式之发展

1991 年 5 月下旬入梅后,尤其是 6 月中旬至 7 月中旬,暴雨频繁,给常州造成了巨大的灾难和损失。在市委、市政府和市救灾募捐委员会的领导下,从 7 月 15 日起在全市开展救灾募捐活动。天宁区税务分局、武进师范学校学生率先响应。在 70 多天时间里,全市干部群众自动捐款 1051.79 万元、粮票 89.7 万公斤、药品 70 万元、其他物资折价 582 万元。募捐活动中许多单位义卖、义演、义诊、义工,好人好事层出不穷。募捐款物超过百万元的有市纺织工业局、柴油机拖拉机集团;超过 50 万元的有冶金机械工业局、电子工业局、物资局、供销总社以及常州合成纤维厂、常州电子计算机厂。募捐所得款物全部送往本市和外地灾区,解决灾民吃、穿、住、医基本生活困难。武进嘉泽的退休工人戴荣良将他在嘉泽乡的投资股金 7500 元,加上一张到期存单本息 2588.39 元、现金 200 元,合计 1.03 万元全部捐给市救灾募捐委员会。他说:“我这是取之嘉泽,用之嘉泽,这次嘉泽受灾惨重,至今还有 2600 余人生活严重受困。我捐一点,用不着表扬。”溧阳新四军老战士马清祥在生命垂危之际还念念不忘灾区群众,他躺在病床上,嘱咐家人翻箱倒柜,倾其所有,把 38 件衣服、100 元钱、62 公斤粮票、260 公斤煤球票和两顶蚊帐全部献给灾民。到 11 月底,全市有 150 多个部委办局、直属单位、社会团体、驻常单位及企事业单位的 100 余万名干部群众,在自身遭受不同程度灾害的情况下,踊跃捐款 1059.27 万元、粮票 90.47 万公斤,捐赠物资和药品折价近 700 万元;市直机关还募集衣被 1.28 万件送往灾区。

1994 年,湖塘镇私营企业武进西湖茶叶有限公司总经理汪小龙,驾驶摩托车长驱 1300 公里,将 3 万元送到北京,捐给 9 月 4 日在北京举行的第六届远东及南太平洋地区残疾人运动会,受到中国残疾人联合会主席邓朴方的接见和高度赞扬。1994 年 9 月 30 日,常州市慈善协会成立,常州慈善事业迈入组织化发展阶段,组织开展了多项慈善募捐活动。1994 年,辽宁、广西、陕西等省区相继发生特大洪涝灾害。常州市人民发扬“一方有难、八方支援”的优良传统,捐赠辽宁省锦州市 25 万元、广西壮族自治区梧州地区 15 万元、陕西省商洛地区 10 万元及价值 15 万元的柴油机和药品等。常州市按照中央、省救灾募集衣被领导小组的工作部署,对广西柳州地区实行募集衣被的对口支援,常州市区和武进募集衣被 5963 箱、约 60 万件(套),于 10 月初送到灾民手中。1996 年,常州组织大型义演,募捐 600 余万元。1997—2000 年,常州在每年 12 月的最后一个星期开展“扶贫济困慈善周”活动,慈善募捐 200 多万元。

1997 年 9—10 月,根据中央的指示和省民政厅的要求,全市开展募集衣被支援陕西安康、汉中贫困地区的活动。全市募集衣被 80.2 万件,大大超过省民政厅要求的 50 万件任务。除部分援助本地贫困户外,支援安康、汉中贫困地区衣被68万件，其中安康45万件、汉中23万件。1998年8—10月，长江、嫩江、松花江等流域遭受特大洪涝灾害后，常州立即开展抗洪赈灾募捐，两个月内募捐款物合计3996.23万元，帮助灾区人民抗洪救灾、恢复生产、重建家园。

2004年10—11月，开展慈善"一日捐"活动，募捐308万元。12月26日，印度洋发生强烈地震并引发海啸，全市各界人士自发到市民政局社会捐助中心奉献爱心。2005年初，常州市慈善基金总额达1189万元。1月4—31日，市民政局社会捐助工作中心收到捐赠200多笔，涉及近万人、50多个单位，捐款额总额64.6万元，分两次将捐款汇入中华慈善总会账户。

二、慈善常州模式之创新

2005年12月28日，常州市慈善总会在常州市慈善协会的基础上成立，设有会员大会、理事会、会长办公会、监事会。市委书记范燕青、市长王伟成分别担任第一届理事会名誉会长、会长。2001年12月24日、2006年8月2日与18日，金坛市慈善总会、武进区慈善总会、溧阳市慈善总会相继成立。2007年9—10月，天宁区、新北区、戚墅堰区和钟楼区先后成立慈善分会。

（一）创新慈善募捐方式。2005年底，武进区召开"相聚武进合作共进"座谈会，这是"慈善常州模式"形成的肇端。会上，市长王伟成以一封求助信打开了企业家心中的慈善大门。会后，常州长兴集团公司董事长汤燕雯第一个站出来，承诺认捐1000万元。一场声势浩大的慈善募捐活动随即展开，募集市慈善总会创始基金1.8亿元。2006年起，常州市创新慈善劝募思路，主要采取可供选择的3种方式。第一种是"一次认捐，按息捐赠"，通过契约的形式将企业认捐的善款作为慈善基金，将认捐的本金仍然留在企业运作，每年按7%的利息，由认捐企业将本金的增值部分交付慈善总会；第二种是"一次认捐，分年捐赠"，认捐企业每年捐赠，直至达到认捐额；第三种是"定向捐赠，冠名基金"，认捐企业实行定向冠名救助。2006年初，全市开展第二次重点企业劝募工作，签约认捐7200万元。第四季度市组织开展新一轮的慈善劝募活动。市和辖市区领导带头参与"一日捐"活动，募集善款379万元。在12月28日举行的"奉献你我爱心，共建和谐社会"主题劝募座谈会上，39家企业的法定代表人签约认捐总额9180万元。至此，常州市慈善基金总量达3.63亿元，金坛市募集慈善基金1.4亿元、溧阳市1.4亿元、武进区3.93亿元，全市慈善基金总额达10.36亿元，居全省省辖市首位，全国领先。

（二）创新慈善救助方式。常州市慈善总会成立后，采取"突出企业主体作用、坚持公开直接有效"的救助方式，开展了慈善救助活动，将每年收取的慈善增值金全部用于救助，重点开展助学、助医、助老、助孤、助残、助困活动，按"个人申报、调查核实、社会公示、总会审定、公开发放"的规范程序分批进行。2006—2010年，全市各级慈善会直接发放救助金3.11亿元，救助困难群众35.59万人次。

2006—2010年常州市各级慈善会救助项目统计表

救助项目	发放总金额（万元）	救助困难群众（万人次）	救助项目	发放总金额（万元）	救助困难群众（万人次）
助学救助金	3487.94	1.64	助困救助金	5481.69	21.06
助医救助金	13291.11	5.03	助灾救助金	563.12	0.86
助老救助金	2490.46	3.70	安居工程救助金	200.00	0.05
助孤救助金	576.95	0.45	其他救助金	4350.64	2.33
助残救助金	670.77	0.48			

2008年4月，市慈善总会规定从当年起将慈善基金利息全部用于救助，当年全市就有4000多万元用于助医、助学、助老、助孤、助残与助困，市慈善（德安）医院血液透析中心对市区低保人员可以免除九成费用。2007—2010年，常州市慈善总会市本级实施公益项目8个，投入慈善金4140万元。其中，定向投入1000万元建立新北区残疾人老年公寓；定向投入2700万元迁建常州市儿童福利院；投入100万元购买仪器在市慈善医院建立血透中心；投入300万元在市福利院建立困难老人慈善生活照料区；资助25万元在市福利院建立残疾青少年技能培训基地、残疾儿童康复乐园两个项目；资助5万元在市救助管理站建立流浪未成年人生活照料区项目；资助10万元，在钟楼区天爱儿童康复中心建立残儿康复项目。

三、慈善常州模式之大爱

在2006年中国慈善排行榜上，常州不仅有被评为“十大慈善家”的汤燕雯，更有一个慈善家方队：地级市的常州上榜人数占排行榜总数的1/18，捐赠额占捐赠总数的1/17强。

1995年起，常州实施“一助一”长期服务计划，主要为助老、助困、助孤。1997年12月12日，市青年志愿者协会在城区横兴路102号的团市委成立。2008年5月12日，四川汶川特大地震发生后，团市委参与组建消防、无偿献血和红十字等多支应急救援志愿者队伍，参加抗震救灾和青年志愿服务活动。2010年，青海玉树地震发生后，市志愿者总会组织志愿者参加青海玉树抗震救灾志愿服务，格桑花西部助教服务队向青海玉树运送救灾物资46万元。1999年9月，自幼高位截瘫的残疾人王德林与10余名热心青年自发组建“一加”青年志愿者服务队（一加爱心社），登记人员达数千人，常年有志愿者100多人，其中在校学生约占80%。探望、陪伴病、弱、孤寡老人，照顾其生活起居；帮助有困难的残疾人生活工作，为严重残疾失学儿童提供义务家教；协助大型公益性活动等。2005—2010年，每年2月14日情人节当天，一加爱心社都会组织玫瑰花义卖活动，6年募得善款27万多元，用于救助爱心社长期照顾的贫困家庭残疾人、老人和一些急需帮助的人。创生医疗器械（江苏）有限公司董事长钱福卿与中华慈善总会几次接触后，发起成立中华慈善总会创生爱心工程，免费提供总价值1000万元的医疗器械，帮助200多名脊柱侧弯的病人挺直了腰杆。

2005年底，常州市红十字会有会员11.18万人，其中成人会员2.39万人、青少年会员8.79万人。基层红十字会351个、团体会员单位145个。常州市红十字会接收社会募捐款355.5万元、捐物折合人民币11.7万元；已用于社会救助104.8万元，其中救助款93.09万元、救助物品折合人民币11.7万元。

2006年，金坛市红十字会创办博爱医院，向特困白内障病人送光明，使80多位病人重见光明。开展救援白血病人行动，全市有12位白血病人获得资助，累计救助款3.98万元。常州有4人先后赴南京为白血病人捐献造血干细胞。4名捐献者中，2名是全省红十字系统率先捐髓的工作人员。至2006年底，全市累计有11名志愿者为白血病人捐献造血干细胞。全年有272名登记捐献造血干细胞的志愿者采取了血样。累计有14名志愿者登记捐献遗体，11名志愿者登记捐献眼角膜。2007年，全市完成造血干细胞采样近1000份，实现造血干细胞捐献1例，至年末共捐献12例。1—9月，市民丁波、董云珍、王啸白、房鸿熹自愿在去世后捐献眼角膜，他们的眼角膜让8名眼疾患者重见光明。至年底，全市眼角膜捐献登记33人，实现捐献6人。3月，全市红十字会联合开展0～10周岁贫困白血病患儿专项救助工作，经多方努力，4名常州患儿得到省红十字会少儿生命救助金的救助，4名患儿得到南京富迪健康科技集团的救助，13名患儿由常州市及辖市区红十字会进行救助，其中金坛、溧阳、武进红十字会各自承担辖区内患儿救助金的一半。9月，美籍华人李春平捐款200万元，在溧阳市红十字会建立李春平博爱基金，主要用于救助革命老区配型成功的白血病患者、家庭特别困难的少年儿童重病患者。

2010年，全市红十字会组织造血干细胞捐献集中采样活动1次，向省骨髓库送样本600余份，其中金坛市首次实现1例造血干细胞捐献。市区常年设立14个献血点，数量居全省首位，全市无偿献血人数突破5万人次，临床用血基本来自无偿献血。2008年6月19日，刚满周岁的女婴曾妍妍不幸从三楼坠下身亡，其父母在悲痛万分之时，捐献女婴的眼角膜当晚和第二天中午即分别移植给两位患者。曾妍妍成为常州自2006年1月1日开展眼角膜捐献登记后年龄最小的捐献者，同时也是全国年龄最小的角膜捐献者。至年底，全市有18名志愿者登记捐献眼角膜，18名志愿者登记捐献遗体。

2008年，汶川特大地震发生后，常州市慈善总会立即开展向四川灾区募集善款的各项工作。在江苏银行各储蓄网点新建慈善总会接受捐赠的账号，并通过新闻媒体向社会公布，动员全市社会各界向地震灾区捐款，在市慈善总会和新北、天宁、钟楼、戚墅堰四区分会及市中心区域分别设立接收赈灾捐款办公室。市红十字会通过常州电视台、电台和《常州日报》《常州晚报》等新闻媒体，向全市发出为四川汶川地震灾区捐款的紧急呼吁，立即启动紧急预案，迅速组织全体工作人员接受市民24小时捐款，紧急招募志愿者。5月24日，市慈善总会、红十字会、总商会联合举办"献我爱心，救我同胞"常州全民捐款赈灾大行动晚会，一批企业高层人士和在常工作的外国友人纷纷走上台，奉献爱心。一位不愿透露姓名的老红军在工作人员的搀扶下上台捐赠了1万元。作为国内首批亲赴灾区的残疾人汪小龙、周岐南、严春荣、李柯芝4人，5月16日购买10万元救灾物资，驱车1700余公里赶到重灾区四川省都江堰市，向灾区同胞送上常州人的心意。晚会现场，他们又举牌再捐20万元。晚会募得赈灾善款1.75亿元，其中企业捐款达1000万元的2家(中天钢铁集团1150万元、江苏新城房产公司1118万元)、500万元(含)以上的4家、300万元(含)以上的16家。晚会开设现场捐赠热线电话，21个单位和180位市民通过电话捐款362.58万元。这些捐款全部用于支援汶川地震灾区抗震救灾。中央电视台和省内10多家新闻媒体到常州对赈灾晚会进行报道。

至2008年底，全市慈善机构接收到抗震救灾款物2.83亿元(含定向捐款1624.26万元)，募集款物总额位居全省第二。抗震救灾期间，全市红十字会系统收到捐款1.09万元，接收发电机组、挖掘机、帐篷、药品等救灾物资价值5042万元，募捐款物总额在全省名列前茅。所有捐赠款物陆续送到灾区人民手中，支援灾区抗震救灾和灾后重建。同时，市红十字会参与地震灾区伤员的救治工作，为来自灾区的123名伤员及时拨付242万元医疗费。看望慰问设在武进泰村实验学校的四川绵竹班106名灾区学生，向他们赠送价值5万多元的饮料和食品。5月17日，市妇联与常州日报社联合开展为灾区孤儿寻找"常州妈妈"活动。通过领养、资助、结对四川地震灾区孤儿等方式，帮助受灾孩子。全市1500多户爱心家庭踊跃报名参加，120位爱心妈妈与148名绵竹市遵道镇贫困儿童结对帮扶。10月10日，16位爱心妈妈专程赶往地震灾区绵竹市遵道镇"认亲"，与结对儿童签订帮扶协议，赠送了助学款、服装、书籍、书包等。在寒冬来临之际，向灾区紧急拨付2239.8万元救灾款，帮助灾区建设农民住房。常州的赈灾行动受到中央媒体的特别关注，中央电视台连续15次播放有关常州赈灾的新闻，其中《新闻联播》播出《全国合力抗震救灾》《和灾区小朋友一起过"六一"》《爱心涌动端午节》3条新闻。

2009年8月，"莫拉克"台风侵袭台湾，造成严重的泥石流等灾害。市红十字会立即组织赈灾募捐活动，向全市各界发出为台湾台风灾区捐款捐物的紧急呼吁，全市红十字会系统收到捐款683万元，其中市台湾同胞投资企业协会41家会员单位捐款104.55万元。市红十字会通过在美国纽约的中国银行，向中国台湾地区台北市、高雄县汇出100万元捐款，成为大陆地市级红十字会对台湾灾区的首笔捐款。10月13日，高雄县副议长陆淑美率领感恩之旅6人到常州表达感恩、感激之情。11月，"台湾江苏周"期间，常州又向台湾南投县灾区汇出300万元。向遭受"莫拉克"台风灾害的重灾区台东县金峰乡汇出第四笔救灾款30万元。2010年是中国多灾之年，市红十字会系统组织开展了4次大型募捐赈灾活动，募集救灾款1375万元，其中市本级

1142.5万元。这些款项中，向海地的地震灾区募集救灾资金5万余元；向西南五省区的干旱地区募捐25万余元；向青海省玉树地震灾区募捐近800万元，其中，常州中天钢铁集团向玉树灾区捐款200万元；为甘肃省舟曲县泥石流灾区募集善款55万余元；收到向四川地震灾区捐款尾款252.5万元。所募善款均及时拨付给灾区，支援灾区开展人道救助和灾后重建工作。

2007年，常州市在马公桥旁、大运河畔开始建造爱心公园，2008年9月底竣工。爱心公园占地两公顷，是全国第一个慈善主题公园，竖立慈善爱心标志、爱心铜柱、爱心纪念碑，建碑的主旨既表彰善行义举的先行者，更呼唤全民参与、人人关心的慈善意识。2008年11月28日，经常州市慈善总会、民政局与钟楼区政府精心策划，常州市慈善广场在南大街步行街揭牌，启动救助，成为江苏省第一个慈善广场。慈善广场设立慈善服务工作站、慈善助学点、慈善助老点、慈善助困点、义工登记处。在40家规模企业设立慈善捐赠点，有807家企业参加慈善特色义工服务。2008年5月4日，在市政府龙城大厅召开的全市千人动员大会上，启动“捐出一张废纸，奉献一片爱心”慈善公益活动，活动由共青团常州市委和常州市慈善总会、志愿者总会联合发起，共青团常州市委承办。团市委与各直属团组织层层签订协议书，落实回收点，确定回收日期。2008年6月1日开始归集、回收废旧纸张。至2010年12月底，参与“捐出一张废纸，奉献一片爱心”慈善公益活动单位达3434家，捐出废纸6231吨，回收慈善款449万余元，成功救治先天性心脏病患儿55例。

常州创造了名闻全国的“慈善常州模式”，民政部救灾救济司司长王振耀在评价“慈善常州模式”时说道：“什么叫伟大？我认为，此时此刻发生在常州的慈善捐助这件实事就是伟大的。今天我已经见证了，我认为常州创造了中国慈善事业的奇迹！”

常州创建国家卫生城市纪略

1986年，全市组织参加全省优美环境、优良秩序、优质服务竞赛，动员开展创建文明卫生单位活动，以解决脏、乱、差和治理脏为突破口，全市党、政、军负责人与干部、群众走上街头和里弄，清除垃圾，平整道路，植树绿化，被省爱卫会评为优胜城市。1990年，市政府发文，提出率先创建国家卫生城市目标。1991年，常州市遭受百年未遇特大洪涝灾害，市政府召开夏季爱国卫生运动动员大会，明确提出“水退到哪里，环境清理跟到哪里，消毒消杀就做到哪里”。市爱卫会先后5次部署卫生突击周活动，组织由250人参加的32支消杀专业队伍，以及600多名大中专院校学生到重灾区帮助进行抗灾防病，得到省、全国爱卫会肯定，在全国受涝地区推广。1995年12月，常州市、金坛市被全国爱卫会命名为全国卫生城市。

1986—2010年常州市建成卫生城市、乡、镇、村统计表

单位：个

区域	国家卫生城市	国家卫生县城(镇)	省级卫生乡(镇)	市级卫生镇	省级卫生村	市级卫生村
常州市	1	—	—	—	—	—
金　坛	1	1	5	5	94	52
溧　阳	1	—	8	4	32	6
武　进	—	4	11	2	214	88
新　北	—	1	3	—	46	23

续表

区域	国家卫生城市	国家卫生县城(镇)	省级卫生乡(镇)	市级卫生镇	省级卫生村	市级卫生村
天　宁	—	—	—	—	20	9
钟　楼	—	—	—	—	18	23
戚墅堰	—	—	—	—	2	6
合　计	3	6	27	11	426	207

说明：表内常州市的辖市区均不加“市”“区”

1997年7月，常州市创建卫生镇工作会议在溧阳市召开，会上宣布溧阳市南渡镇和金坛市薛埠镇、西岗镇被评为江苏省卫生镇，金坛市薛埠镇、西岗镇、建昌镇、直溪镇、指前镇，溧阳市南渡镇、别桥镇、戴埠镇、平桥镇，武进区横山桥镇、奔牛镇被命名为常州市卫生镇。2003年12月，常州、金坛、溧阳被全国爱卫会命名为国家卫生城市。2007年，武进区横林镇创建成常州市第一个国家卫生镇。2008年，常州市结合新农村示范镇村建设，开展“三清一绿”（清垃圾、清粪污、清河塘，村庄绿化）、“一创建”（文明镇村）活动，重点放在创“五化三有”（道路硬化、村庄绿化、卫生洁化、河塘净化、环境美化，有公共服务中心、有长效管理机制、有乡村文化）上，全力推进国家、省卫生镇创建。

经5年多努力，武进区洛阳镇、新北区薛家镇创建成国家卫生镇，金坛市儒林镇、尧塘镇、朱林镇和新北区西夏墅镇创建成江苏省卫生镇，武进区创建成江苏省农村改厕普及区。2010年，武进区雪堰镇、遥观镇和金坛薛埠镇创建成国家卫生镇。全市新创建成省卫生村70个（金坛12个、溧阳7个、武进44个、新北5个、戚墅堰2个），新创建成常州市卫生村9个，重新确认为常州市卫生村27个。全市省卫生村总数达426个，占全市行政村总数的50.6%。

常州承办江苏省第十七届运动会纪实

江苏省第十七届运动会（简称“省十七届运动会”）是江苏省政府主办、常州市政府首次承办的省级综合运动会。2006年6月，常州市获得省十七届运动会承办权后，市委、市政府组织和投入巨大的人力、财力和物力，全面周密地开展筹备工作。2010年10月11日，省十七届运动会开幕式在常州奥体中心新城体育场举行。2010年10月18日晚，省十七届运动会在常州奥体中心新城体育馆闭幕。

一、申办筹备

2006年6月15日，常州市市长王伟成在江苏省运动会工作会议上，向全省人民做出“十分惊喜”的承诺：全新的现代化体育设施可以让全省体育健儿大显身手、尽展风采；快速便捷的交通条件让交通出行更加方便；崭新的城市面貌让人眼前一亮；常州人的文明让大家感动；温馨周到的服务让参与者感到“回家了”；富有常州特色的文化让运动会更加精彩；“江苏大家庭，全省一家亲”的和谐氛围充分体现；丰富多彩、别具特色的常州旅游让大家惊喜；常州的经济跃上新台阶，让省十七届运会的物质保障更加厚实；神州第一佛塔天宁宝塔为运动员、教练员加油助威。常州市顺利获得省十七届运动会的承办权。此后，市委、市政府确立了“把江苏省第十七届运动会办成省运会历史上最精彩、最圆满、最成功、最难忘的一届体育盛会”的总目标，按照环境优美、设施优良、服务优质、成绩优异的总要求，加强组织领导，做好各项筹备工作。

2007年2月成立江苏省第十七届运动会常州市筹备委员会，高质量完成场馆建设，高水平抓好竞赛组

2009年12月20日，省十七届运动会倒计时300天活动在常州奥体中心新城体育馆举办（摄于2009年12月）

织，高标准做好接待服务。2008年9月8日，召开筹备工作动员大会。筹委会制定承办工作两年计划、部门工作计划流程图和倒计时工作计划等方案。2010年2月，筹委会工作部门由5个部调整为城市环境、竞赛组织、备战参赛、专场演出及资源开发、宣传及志愿发动、综合协调、安全保卫、经费保障8个工作组。2010年3月30日，江苏省第十七届运动会组织委员会成立，下设办公室、竞赛部、场馆建设器材部等15个部门。

2006—2010年，常州市新建成奥体中心等体育场馆8个，改扩建青少年部所需的比赛场馆14个、配套训练场馆12个，新增座位6.1万座；整修出新场馆11个，总面积5.6万平方米。先后建成环形高架道路、常州客运中心、中吴大道和常州机场及其配套道路、两条快速公交线等交通市政基础设施，完善公共服务功能，实施了高速公路道口、奥体中心周边、市政公园等重点区域的景观绿化、亮化工程，综合治理了城乡大气、河道水体和街道、老小区、村庄的环境，市容市貌焕然一新。

二、开闭幕仪式

市委宣传部负责牵头组织了省十七届运动会开幕式倒计时、闭幕式、欢乐盛典晚会等大型仪式、庆典活动。大型活动部的北京主创团队主要由中央电视台资深导演和北京奥运会创作团队核心成员组成，经过两年的精心策划组织，创作完成以幸福为主题的开幕式演出。2010年10月11日，开幕式《幸福常州2010》大型演出在常州奥体中心举行，以《诗经》“风雅颂”结构全篇，精彩纷呈，视觉效果震撼。10月18日、23日，先后举行了闭幕式《扬帆远航》和《欢乐盛典》大型晚会。参加三场大型演出的演职人员达1.1万人次，观众近10万人次。2010年初开始举办形象礼仪小姐大赛、朗诵少年大赛、合唱团演员选拔等配套活动，从2000余名选手中选拔出120名优秀女青年从事礼仪志愿服务，选拔《常州赋》小演员17名和由300名大学生组成的合唱队，参加演出。由国内知名专家担纲视觉系统主创，用灯光在新城体育场地面拼接出美轮美奂的宏大画轴，科技含量、灯光用量与北京奥运会主题晚会相当，臻于完美的视觉创意效果为演出增光添彩。

2010年10月18日，省十七届运动会闭幕式“扬帆远航”文艺演出在常州奥体中心新城体育馆举行（摄于2010年10月）

相关部门规范了城市出入口、广

场、绿地、重要路段及重点区域的广告，征用LED屏、高速高炮等广告牌145块，利用灯箱、喷绘等广告1099块，高频率插播省运会宣传片或宣传口号；印发31万份画报宣传省十七届运动会标志标识等相关元素；城区主要地段摆放了吉祥物“兰兰”和“灵灵”的雕塑。省运会期间，中央电视台、江苏广播电视总台、《新华日报》等主要媒体播放了形象宣传片《中国常州，常乐之州》，设立《直击江苏省第十七届运动会》《幸福常州》《关注江苏省第十七届运动会》《我为省运添光彩，省运因我更精彩》等专题专栏、专版特刊，介绍本届省运会筹办、赛事和常州城建、文明风貌等内容，省级和省辖市媒体累计发稿5000余篇(条)。部分知名网站、门户网站与本届省运会官方网站相链接，发稿2000余篇。

资源开发由市场运作、票务运营、创意回报和赞助招商构成，省十七届运动会得到社会各界的爱心支持、捐助奉献，开幕式、闭幕式和庆祝省运会圆满成功《欢乐盛典》晚会门票实行票务总承包。资源开发总收入达10559.52万元，其中赞助招商金额8160万元、社会人士捐赠375.73万元、实物捐助收入价值246.23万元、票务等销售收入1777.56万元。

三、安保工作

组委会成立应急处置指挥部，健全情报、打击、防范和应急四位一体的反恐实战机制、应急联动响应机制，以赛事安保为中心，以防冲击、防事故、防过激上访为重点，维稳、信访、武警和特警等部门制定了安保总体方案、突发事件处置预案和交通、消防、通信、烟火燃放等分方案及反恐应急处置预案127个，自主研发了三维智能安保系统，严格落实网上监控处置，严把场馆住地安全检查关、开幕式、闭幕式安全保卫关和道路交通畅通疏导关，快速果断处置。全市累计投入安保人员2.1万人次，开展了多轮次拉网式安全检查和场馆住地治安防范达标创建活动，场馆、宾馆安全条件全部达标。2010年，开展了治安重点地区排查整治、“龙城虎啸”系列清查、治爆缉枪、校园集中整治月和娱乐服务场所治安秩序整顿等行动。赛事期间，未发生入住嘉宾、裁判员和运动员的人身、财物遭受不法侵害的案件、事件。开幕式、闭幕式期间，实现违禁物品零流入、盗抢警情零接报、执法执勤零投诉。市保障职能部门的领导和专家在应急指挥中心坐镇指挥，要人警卫、入场安检、人员政审、票务监管、现场控制等环节得到细化强化，常州奥体中心周围设置了8道警戒防线，制发人员、车辆证件3.2万张，对进入场馆的人、车、物严格安检，部署警力维护秩序与机动巡逻。开幕式当日，出动警力万余人次，常州奥体中心安检、证件查验超5万人次，实现“安保工作万无一失，众志成城办平安省运”的目标。

四、保障工作

交通运输、电力和医疗卫生等保障工作实现安全、畅通、有序。市交巡警部门清理了市区68条道路的交通标志标线、信号灯等设施，投资2800万元增设电子警察、信号智能控制、视频监视点和信息诱导屏等设施；先后开展了“保世博、迎省运，创文明、促平安”交通秩序行动、查禁酒后驾车等专项行动及创建文明交通示范路等活动；增配了专用主网光纤、备份应急专用光纤和先进的数字信息设备。本届省运会涉及10千伏及其以上输电线路126条、变电所39座，涉及62家比赛场馆、住宿宾馆的用户变电所74个。江苏电力公司常州供电公司实施了常州奥体中心电源加强工程等电力改造保障工程。开幕式当日，组织应急电源车、保电工程车及应急备用电源，实施保电工作，顺利完成赛事、仪式和晚会演出的保电工作。2010年3—10月赛事期间，全市组织医务急救人员1997人次参加现场、宾馆医疗保障和急救，保障就诊1887人次，转送112人次到医院就诊，提供价值1.81万元的药品，未出现医疗急救延误、服务差错。全程安全监督每家接待宾馆、酒店的餐饮食品和快餐，完成800多场次比赛、5万余人次用餐的食品安全监督保障，未发生一起食物中毒事件。

五、赛会接待和志愿服务

省运会期间，常州的赛会接待和志愿服务周密细致，专业文明，热情接待了13个省辖市的运动员1万余名、裁判员和官员2500余名。开幕式、闭幕式期间，集中接待了中央有关单位、省四套班子的领导和3个部别15个代表团的来宾300多名；场馆、宾馆全部提供语音、网络服务，为在常期间生日的来宾送上鲜花和蛋糕。2010年3—10月，全市5万余名志愿者坚守岗位，为38项次赛事、开幕式、闭幕式及全省群众体育先进表彰会等重大活动提供志愿服务，时长近40万小时。在重点宾馆、比赛场馆及其周边等地设立志愿服务站（岗），提供咨询、便民应急、交通引导、旅游接待等优质高效的服务；志愿者们开展了“集中行动月”、文明行为示范行动和“精彩省运，志愿同行”等主题活动，用文明热情和温馨的微笑展示了常州的文明形象。

2010年10月23日，省十七届运动会“欢乐盛典”晚会在常州奥体中心成功举办（摄于2010年10月）

六、竞赛组织和竞赛成绩

省十七届运动会是历届省运动会中比赛项目、参赛人数最多的一届，比赛分为青少年部、职工部和高校部进行，参赛运动员达1.9万名。青少年部设有32个大项、金牌891枚，有13个省辖市组团参赛；高校部本科普通高等学校组设17个大项、133个小项，专科普通高等学校组设9个大项、74个小项，有112所高校组团组队参赛；职工部设14个大项、106个小项，有13个省辖市、15个行业体协共28个代表队参赛。青少年部除自行车场地赛、网球比赛分别在南通、南京和无锡3个城市举行外，其余项目均在常州市举行，设有市区、武进、金坛、溧阳、新北、天宁、钟楼以及常州工学院等13个赛区，各赛区均成立组委会。

组委会竞赛部、赛区组委会科学设计竞赛流程，建立健全科学高效的办赛制度、标准与运作机制，在常州举行的27个项目、38项次比赛采用统一的标准和流程，各项竞赛高效运行。2009—2010年，组委会召开了4次竞赛工作会议；竞赛部多次集中检查场馆器材、赛区和接待宾馆的筹备工作，编印、发放了竞赛工作方案、赛事组织指南、竞赛指南、总秩序册等服务资料，规范了办赛行为；分层、分赛区举办了竞赛干部培训班。本届运动会承办工作科技含量高，设立了竞赛网络主服务器，运动会官方网站、江苏体育网向社会同步传递竞赛成绩。

常州市选派768名运动员参加青少年部27个大项589个小项比赛，以573枚奖牌第一次名列省运会奖牌榜首位，以174.5枚金牌首次跻身金牌榜前三甲，以5470.5分居总分排名第二位。武进区和金坛、溧阳两市金牌排名分列县市级第一、二、四位，新北、天宁、钟楼和戚墅堰4个区金牌排名分列区级第三、八、九、二十五位。10月30日，市委、市政府召开了省十七届运动会常州市总结表彰大会，表彰了承办组织、竞赛工作先进集体124个和先进个人1004人。

常州实现全国双拥模范城"四连冠"纪略

1985年7月，常州市成立军人家庭服务中心领导小组，形成优抚服务网络，及时掌握军人家庭情况，妥善解决他们的困难。1986年，市政府、军分区表彰59个军人家庭服务工作先进单位。1987年，常州14个单位和7名个人分别被省政府、省军区评为军人家庭服务中心先进集体和先进个人。1987年，常州市制定1988—1990年开展军民共建活动规划。1988年6月，市委、市政府决定由常州金狮自行车集团与常州舰结对签约共建，1998年改由常州长江客车厂与常州舰签约共建。1990年底，常州军分区与常州市西藏中学开展共建工作，双双被国家民族事务委员会评为全国民族工作先进单位。至1989年5月，全市建有军人家庭服务中心（站、组）2495个，各县（区）、乡镇（街道）和工厂都有责任人负责。全市为军属解决住房2438户，平价供应砖3820万块、水泥2418吨、钢材153吨、木材265立方米，调换工种和班次1531人；安排军人妻子探亲假1633人，解决军人子女入学入托2838人，调解军人家庭纠纷959起，提供医疗护理756户，分担优抚对象家庭重体力劳动4708户，提供优抚对象家庭致富技术和资金4332户，义务助耕助种4.56万亩。

1991年，常州市"双拥"工作领导小组成立后，军人家庭服务中心纳入"双拥"活动。1991年9月，常州市天宁区获省双拥模范区称号。1993年3月，市委、市政府、常州军分区制定《常州市1993—1995年双拥工作规划》，明确1993年跨入省双拥模范城行列，1995年达全国双拥模范城标准目标。1993年，全市军民共建点中8个团级部队单位和32个基层单位分别被省、市命名表彰为拥政爱民先进单位和"双拥"模范单位，共建形式由点发展到片，全市普遍开展"双拥"一条街创建活动。翌年，常州火车站与常州军分区被评为全国军民共建先进单位。1995年，常州火车站与常州军分区共建受到中共中央宣传部、解放军总政治部表彰。解放军102医院与天宁、钟楼弱智儿童培智学校成为解放军总政治部、国家教委高度肯定的智力共建典型。常州军分区、钟楼区人武部与西藏民族中学共建，被国家民族事务委员会评为国家民族团结进步模范单位。

1996年，市委两次召开常委会，专题研究双拥创建工作，成立创建全国双拥模范城领导小组，制定创建全国双拥模范城工作计划。1996年，共建单位有8对以上受到省、军以上机关表彰。1997年11月，武警常州市支队12中队、黑牡丹股份公司被中共中央宣传部、解放军总政治部评为全国军民共建精神文明先进单位。翌年1月15日，市委副书记、市双拥工作领导小组组长曹锦成参加在北京人民大会堂召开的全国双拥模范城（县）命名大会，受到江泽民等党和国家领导人接见。1月30日，市委、市政府在红星大剧院召开常州市全国双拥模范城命名庆祝大会。1998年，武进、溧阳两市被授予省双拥模范城称号，天宁区、钟楼区、郊区被授予省双拥模范区称号。1999年初，市委、市政府、军分区明确提出争创全国双拥模范城"二连冠"。1999年，全市"双拥"工作爱心献功臣行动启动，重点对生活比较困难的"三老"优抚对象实行"五保"供养。对

2000年常州军地双方科技拥军签字仪式（摄于2000年7月）

优抚对象实行最低生活保障制度，其保障标准高于城乡居民保障标准的50%，全市投入经费900多万元解决优抚对象实际困难。11个单位和5名个人分别被评为全省爱心献功臣行动先进单位、先进个人。2000年，常州市实现全国双拥模范城“二连冠”。把科技拥军作为军民共建重要内容。全市有50多个大专院校、科研等单位、高新技术企业，与驻常部队结成科技共建对子。翌年，军地共同开展以反对、抵制邪教“法轮功”为主题的“强支柱、尚科学、树新风”活动，得到南京军区政治部肯定。2002年2月5日，召开常州市创建全国双拥模范城“三连冠”动员大会，中央二台、七台到常拍摄双拥电视片《龙城沐新风》《光荣者的幸福生活》，向全国播放。摄制争创全国双拥模范城“三连冠”纪实片《世纪双拥谱新篇》。江苏省电信公司常州分公司、武警常州市支队12中队被表彰为全国军民共建社会主义精神文明先进单位，常州奔牛机场被表彰为全国军民合用团结协作先进机场。2003年，全市向部队赠送图书10万册，援建军营图书室45个。

2003年、2004年，市委、市政府制定出台学习型军民共建决定和学习型军营与学习型单位行动纲要。常州市实现双拥模范城“三连冠”。2005年，确定创建全国双拥模范城“四连冠”目标，在全省率先建立成员单位述职制度，制定出台实施省级双拥模范城、区标准细化考核办法，经考核，7个辖市区考核分均达省规定合格分(100分)。

2007年10月3日，市委组织广泛开展“关爱功臣活动”，帮助革命功臣生活水平达小康。同年，常州市实现双拥模范城“四连冠”。2008年4月，市委、市政府和军分区召开全市双拥工作会议，表彰创建全国双拥模范城“四连冠”的先进单位和先进个人。2008—2009年，常州在全省率先推出“一卡通”服务，向市区2580名革命功臣发放功臣优惠卡，让他们享受免费乘坐市区公交车、游览市内旅游景点和3项免费、4项优惠的医疗服务。2009年，常州市在省对辖市区创建双拥模范城双拥的考核规则中增设专项性指标、集中评议环节，检查考核申报省级双拥模范城(区)的7个辖市区。

1991—2010年常州市获得双拥工作先进称号一览表

年度	称号	授予单位	获奖单位与个人
1991	双拥模范城(区)	省政府、省军区	天宁
	双拥工作先进单位	省政府、省军区	武进、解放军102医院
1992	双拥模范县	省政府、省军区	武进
	双拥先进单位	省政府、省军区	戚墅堰、37751部队
1993	双拥模范城	省政府、省军区	常州市、戚墅堰、郊区
	拥军优属拥政爱民先进单位	省政府、省军区	溧阳、钟楼、常州国棉一厂和驻军83080部队
1994	全国双拥模范县	民政部、解放军总政治部	武进
1995	双拥模范城(县、区)	省政府、省军区	常州市、天宁、郊区、溧阳
1997	全国双拥模范城	民政部、解放军总政治部	常州市
	拥军优属先进单位	省委、省政府、省军区	常州百货大楼股份公司、金坛市西旸镇政府、溧阳市粮食局
	拥政爱民先进单位	省委、省政府、省军区	武警常州市支队十二中队
	拥军优属先进个人	省委、省政府、省军区	曹德法、蒋岳兴、曹月琴
1997	拥政爱民先进个人	省委、省政府、省军区	李国景
1998	双拥先进办公室	省双拥领导工作领导小组	常州市双拥办公室、溧阳市双拥办公室

续表

年度	称号	授予单位	获奖单位与个人
2000	全国双拥模范城	民政部、解放军总政治部	常州市
2002	双拥模范城(区)	省政府、省军区	金坛、溧阳、武进、天宁、钟楼、戚墅堰
2004	全国双拥模范城	民政部、解放军总政治部	常州市
	拥军优属拥政爱民先进单位	省政府、省军区	常州市劳动和社会保障局、黑牡丹(集团)股份公司、新北区罗溪镇政府、溧阳市民政局、金坛市双拥办、常州陆军预备役通信团、武警常州市支队
	拥军优属拥政爱民先进个人	省政府、省军区	许建国、华再清、罗志平
2006	全省双拥模范城	省政府、省军区	常州市
	双拥模范城县(区)	省政府、省军区	金坛、溧阳、武进、戚墅堰、钟楼、天宁
	全国援建军营图书室先进个人	民政部、解放军总政治部	许建国
2007	全国双拥模范城	民政部、解放军总政治部	常州市
	全国爱国拥军模范	民政部、解放军总政治部	姜亚明
2010	双拥模范城(区)	省政府、省军区	溧阳、金坛、武进、新北、戚墅堰
	双拥模范单位	省政府、省军区	常州市民防局、天宁区民营企业拥军优属协会、常州陆军预备役通信团
	双拥先进个人	省政府、省军区	许巧珍、王作战、杭勇、陈丹华

说明：表内常州市的辖县(市)区均不加"县""市""区"

索引

Index

说　明

1. 本志索引分主题索引、人物索引、表格索引和图照索引，采用主题分析法编制。

2. 全部标引词按首字的汉语拼音音序排列，首字相同按第二字音序排列，以此类推。标引词后的阿拉伯数字表示内容所在的页码，标引词后第二个页码起，表示该索引参见内容所在页码。

3. 常州市的党政机关、企事业单位、社会团体以及在常州市发生的事件名称，除容易产生歧义外，均省略“常州市”或“常州”。

4. 序、概述、史略、总述、大事记、专记、编纂始末等均不选入索引。

主题索引

C

D

E

F

H

J

M

P

S

W

X

Y

图照索引

K

L

M

N

P

Q

R

表格索引

E

F

G

K

T

W

X

Y

Z

人物索引

十年心血　千手成志

——《常州市志（1986—2010）》编纂始末

一

常州是著名的“方志之乡”，修志传统悠久。自南朝《毗陵记》至清光绪《武阳志余》，先后编印郡（府）县志26部，其中南宋咸淳《毗陵志》是我国稀有的古志之一；常州还出现过洪亮吉、李兆洛、孙星衍等颇负盛名的方志大家。清代常州曾有200多人在全国各地主持或参与修志。20世纪80年代，常州首轮修志在全国少有地采取“自下而上，三级修志”的方式，先后编纂出版市县、行业（部门）、基层志书500多部，成为修志成果最丰硕的城市之一。按照国家部署和修志传统，2006年常州启动改革开放后的第二轮修志，断限为1986—2010年。

1986—2010年，对中国、对常州都具有重大意义，是极不寻常的历史时期。1978年中共十一届三中全会召开，开启了波澜壮阔的改革开放新时代。经济高速增长，改革深度推进，社会全面转型，面貌日新月异。这一时期，作为中国改革开放前沿城市、长三角和苏南地区中心城市之一，常州担当了改革先锋与经济先行的重要角色，先后成为全国经济体制综合改革试点城市、国家社会发展综合实验区、《中国21世纪议程》试点城市。地区生产总值从55亿元增长到3045亿元，净增近3000亿元，翻了5番多，并于2006年总体实现全面小康，比全国目标提前14年。

面对这一激荡而辉煌的时代，常州启动新一轮修志，自然要存真求实，全面系统地记录和还原时代变革的重要信息，自觉肩负起光荣而沉重的志家责任和使命。

二

修志，历来是一项浩繁的文化系统工程，多数城市都是“十年磨一剑”，常州也不例外。自2006年5月启动到如今付梓出版，历经十年征程。回顾十年风雨路，大致分5个阶段：

启动探索阶段（2006年5月至2008年5月）。以2006年5月12日全市地方志工作会议召开为标志，二轮修志正式启动。在最初半年，常州明确了修志的目标、任务、指导思想、推进计划和工作要求，并在广泛调研基础上，迅速完成资料征编篇目、承担部门、人员配备和业务培训等前期准备。这一时期，全市先后确定资料征编篇目34卷，调动部门178个，组织培训30多批次500人次。为积累更多资料和经验，还启动了《常州市改革开放丛书》编写。启动探索的头两年，为全面修志打下了坚实基础。

全面推进阶段（2008年6月至2011年6月）。以《常州市改革开放丛书》出版为标志，修志进入撰稿阶段。常州根据撰稿阶段的特点和要求，对资料征编篇目进行修改完善，初步拟定《常州市志》篇目，并在市地方志办内部实行了“全员参与、分卷到人、逐月考核、责任明晰”的工作机制，通过目标细化、责任传递，把修志撰稿的浩繁任务拓展、分解到基层各部门。其间，每月召开进度督查会，不定期上门指导沟通，2010年市政府还将市志编纂列入政府对部门的年度考核。这些措施的制定和执行，保证了2011年6月基本完成市志初稿。

编辑分纂阶段(2011年7月至2013年12月)。以2011年12月《常州市志》总纂篇目通过省评审为标志，修志进入编辑分纂阶段。这一阶段，围绕“突显改革主题、彰显江南人文、再显常州特色”的定位和思路，对市志篇目进行了新一轮优化提升，尤其对重要卷章进行了升格和扩写。各责任编辑与供稿单位围绕调整后的篇目，全力补充史实内容，形成分纂稿，为总纂攻坚打下扎实基础。

总纂攻坚阶段(2014年1月至2015年12月)。以2014年1月市政府提出“两年攻坚、确保通过省级终审”目标为标志，修志进入攻坚阶段。这一阶段，时间紧、任务重、要求高，只有两年时间，而任务却有620万文字总量，且必须集“调整、补充、提升、总纂、复审、统稿、打磨、终审”于一体。在这样的背景下，常州更新理念、改进方法、创新流程，强力推进“项目化管理、工程化推进、学术化编纂”。先后制订分纂提升、复审、总纂、统稿、终审等分步实施方案，确定标准、要求、时限、责任人和工作流程，召开问题分析、进度督查、意见协调等专题会，并采用同步、交叉、分流等立体化推进方式。正因为采取如此严密的措施，2015年底志稿才能如期通过省级终审。

冲刺精品阶段(2016年1月至今)。以市政府领导率队赴北京向中国地方志指导小组专题汇报为标志，二轮修志冲刺更高目标。常州认为，中国志书精品工程，不仅是荣誉，更是严苛标准；常州修志，不仅是任务，更是责任和担当。基于这样的认识，常州把争创精品工程作为新的攀高目标。在近一年的时间里，常州以更高标准和更严要求，重审了篇目、重改了要卷、重炼了特色、重磨了全稿、重新优化了装帧设计。常州的定位是：给精品一个严谨交待，给时代一个尽责答卷。

三

志书的价值，史料是基础，起点与定位是关键。而起点与定位，最终体现在指导思想和篇目设计上。

常州在修志之初，就反复研讨二轮修志的指导思想。常州思考了很多：作为一轮修志的续志必须精准把握“续志”的特定要求，作为新中国第二部新方志必须忠实遵循新方志的体例要求，作为新一代方志人必须全面传承“方志之乡”的优秀传统，而且还要精准把握特定时期修志的时代性、地域性和特色性，尤其在经济社会快速转型期，要充分发现和挖掘时代巨变背后所蕴含的深刻原因及发展规律，真正让传世志书记载和留住激荡时代的特有气息和脉动。

基于这样的认识，常州提出4条修志原则：

突出改革开放主旋律。志稿的焦点和重心，始终紧扣时代灵魂。尽可能完整记录改革开放的重要节点和脉络；尽可能完整记述常州在全国全省重大改革中的率先举措和特殊贡献；尽可能准确揭示常州在政治、经济、文化、社会、环境等方面，尤其在体制机制上的创新和转型，使市志更具时代性。

突出高速发展和显著成就。这一时期，常州经济总量翻5番，人均地区生产总值达到中等发达国家水平，各项事业全面高速发展，被称为历史上经济社会发展最快最显著的时期。作为盛世修志，在抓全面、全貌的同时，更要重点抓关键、抓典型、抓变化，更多记录代表性、典型性信息，让后世能还原这段历史。

突出信息的容量与质量。读数、读图、读表是信息时代最突出的阅读特征，也是形象、系统、准确记述历史的有效方式。新一轮修志要根据时代趋势，格外重视数据，以增强历史记述的精准度；格外重视表格，以强化数据对比的系统性；格外重视图照，更多地留存历史的珍贵瞬间。

突出人文的发掘与传承。常州有3200多年文字记载的历史，是长江文明和吴文化的发源地之一，是中国近代民族工商业发祥地之一，是国家历史文化名城。常州崇文重教、儒风蔚然、名士辈出，常州所倡导的“争先、务实、礼信、致用”传统，不仅缔造上溯千年的辉煌，也开启绵飏未来的创新。新一轮修志必须高度重视和弘扬这些精粹的人文传统。

基于这样的认识，常州在篇目设计上紧抓三条：一是按照“体现全貌、横不缺项、繁简适当”的原则，选用志书的中编体结构；二是按照“要项覆盖、重点紧扣、特色升格”的原则，总揽设置卷章节目；三是按照“统一规范、科学合理、集散结合”的原则，科学处理集中与分散、交叉与重复等难题。目前，全志分环境、经济、政治、文化、社会5大部类、50卷、306章。为突显改革开放，专设了“经济体制改革”“对外经贸 开发园区”卷；为突显苏南模式，升格了“乡镇企业 民营经济”卷；为突显江南人文，强化了“艺文 著述”“文化遗产”“方言”“风俗”等文化板块。同时对科教城、装备制造、花木业、多种经济组织等时代亮点与地域特色作了点睛处理。

四

官修，是中国修志的传统。一方面，它强化了修志的严肃性和权威性；另一方面，也突出了政府的领导力和支持度。常州这轮修志，从2006年启动就得到了市委、市政府的直接领导和有力支持。

首先，将修志工作纳入市委、市政府议事日程和考核目标，使之成为“官职”和“官责”。常州提出，认真履行新一轮修志是地方政府的历史责任，修志必须纳入地方经济和社会发展计划，主要领导必须亲自过问，分管领导必须具体负责，地方修志经费除纳入各年度财政预算，还要按实际支出足额安排。

其次，迅速成立由市长任主任、分管市领导任副主任、主要部门负责人为委员的市地方志编纂委员会。市地方志编纂委员会负责审定市志编修计划和方案，协调解决修志中出现的疑难问题，组织志稿初审、复审、验收和出版，不定期召开编委会会议研究决定重大问题。十年间，编纂委员会因领导变动或政府换届先后调整过4次，但每次调整，委员会主任和成员都尽心尽责。市长王伟成、姚晓东作为编纂委员会前两任主任，专题督查过修志进度。市长费高云作为新任主任，对志书出版前所需解决的重大问题，专门召开办公会议进行专题研究，并作出明确指示。

再次，承担市志编纂的专门机构市地方志办公室，对修志更是百倍重视。十年间，坚持把修志作为部门的“头号工程”，除号召“全员参与，人人有责”“班子成员全员投入”外，还坚持“三个第一”：把修志列为各项工作第一位，把修志考核列为各项考核第一权重，把业务骨干优先安排至编纂第一线。启动探索阶段，时任市地方志办公室主任朱玉林带领业务人员立规定纲、勤勉探索；加工成稿阶段，主任虞建安组织全办同仁全力以赴，顺利完成组稿撰稿、纲目终审和编辑分纂；2014年初进入总纂攻坚，主任李亚雄发动全办骨干和职能处室，全心投入、克难攻坚。正是十年间三届班子认准目标、恒心接力，常州二轮修志才结出今天的硕果。

十年修志，还有一个鲜明特点，那就是实行了有史以来第一次依法治志。2006年5月，国务院颁布《地方志工作条例》，首次以法规形式，规定了修志的性质、地位、作用、职能、任务和要求，国家把修志视为“承上启下、继往开来、服务当代、有益后世”的重要文化事业，更明确“地方志书每20年左右编修一次”。特别在《条例》贯彻中，国家和省又针对修志的领导和保障，提出了“一纳入、八到位”的具体要求，即把地方志工作纳入国民经济和社会发展规划及各级政府工作任务，做到认识到位、领导到位、机构到位、编制到位、经费到位、设施到位、规划到位、工作到位。这些有力措施有效强化了地方修志的综合保障和工作体系，常州也正是借助这股东风，完成了依法治志下的修志使命。

五

如何修志，业界向来推崇专家修志。专家所拥有的专业眼光、敬业精神和史学功底会大幅提高志书的专业性、权威性和著述性，也最终提升志书自身的利用和历史价值。

然进入二轮修志，经济社会发生深刻变化：新兴行业快速涌现、专业学科不断细分、科学技术日新月异、社会管理体系繁复、事物形态复杂多元。一部志书要“纵贯古今、横跨百科、涉略各业、描绘各行”，而且动辄数百万字，无论从工作量、覆盖面，还是技术性、专业性，都难穷一家之力、难藉数人之手。“众手成志”成为现今修志的大势和必然。

回顾十年修志，“千人会战”的场面犹历历在目。一座由千人到百人、由百人到廿人、由廿人到八人、由八人到五人、两人、一人的“修志金字塔”，完整记录了常州“众手成志”的历程和全貌。

千人参战。启动第一年，为调动一切可以调动的修志力量，常州实行“放手”措施，广泛吸引各行各业各个部门和单位参与。常州拟定了37个大类、161个中类的《资料征编篇目》，并根据征编方向，向178个部门撒网式布置。各部门和单位积极响应，根据具体职能细化到处室、下属单位和相关人员。当时全市抽调和承担修志工作的人数达1000余人。市建设局下属处室和单位有30多个，为确保资料征编不留死角，他们抽调的参与人员近70人，队伍可谓庞大。

百人会战。2009年，当基层各路资料征编基本结束，志书进入编撰。常州对撰稿人队伍实行理性收拢。一般要求各参与部门和单位明确1～2名熟悉业务、文字过硬、时间保证的人员任主笔，由他们在前期资料中整理提升、形成初稿，参与人数缩减至100人左右。

廿人请战。当志稿进入编辑加工阶段，修志重心由基层全线回缩到修志专门机构——市地方志办公室，修志工作也第一次由“人海战术”改为“行家主笔”。市地方志办公室23位骨干成员齐上阵、承担责任编辑，修志工作实现层级上移和行家介入。

八人主战。当志稿进入分纂提升，张开的手指再度并拢。常州确定市地方志办公室8位专家和专业人员作为分纂牵头人，由牵头人独立主持分纂，志稿进入由专家直接参与的专业化编纂加工阶段，众手成志转为众“家”成志。

小组决战。修志推进至总纂阶段。常州再次整合编纂力量，确立以“专家主导、内外结合”的方式，外聘省内3位修志专家参与联合攻坚，先后形成5人总纂组、两人统稿组和一人全志通稿。

除主笔撰稿、分纂、总纂，常州的“众手成志”还表现在志稿的审核和修改上。初审、复审、终审，都牵动了省市两级部门的领导；充分听取意见，动员了市内外各路专家和学者；征选历史照片，寻找了大批摄影家和摄影师；还有设计、排版、校对、改样、出版、发行……

修志一向被称为地方最大的文化出版工程，因为这项工程前后所涉及的人力和范围、所耗费的时间和精力，以及由此带来的协调跨度与组织难度，都是一般文化项目所无法比拟的。

六

志书的生命在于质量。常州修志自始至终绷紧“质量第一”这根弦，尤其注意从机制和责任两个方面入手。

通过严格的审核来保证质量。国家规定市志编纂必须经过“三审”。为把控质量，常州实行了“七审”。

除了按规定严格完成初审、复审、终审外，常州在基层部门形成初稿时又自加了“三审”。即：编写组自审、单位主管复审、承撰单位终审，把质量关口前移到初稿撰写阶段。另外，常州在分纂与总纂之间还增加一次专家审读。邀请省内7位知名专家连续4天在常州会诊，并以匿名方式审读志稿，铁面、如实地指出存在问题。正是这4次审读“加餐”，有力保证了志稿质量。

借用关键的外智来提升质量。常州修志舍得“借力借智”，在重要和关键环节注重外部专家的借用与参与。如篇目结构定型阶段，常州坚持邀请巴兆祥、梅森、陈泽泓等方志名家出场把脉；在分纂提升阶段，常州主动吸收市内各行业专家主纂或修改相关专业卷；在总纂阶段，常州邀请省内修志专家缪小咏、陈华、姚震等直接参与三个部类的总纂；在志稿复审阶段，常州大范围邀请本办老领导、老专家，以及市内知名文史专家一起会审、听取意见。十年间，常州先后借力各类专家50余人次，其中高层次专家10余人次。可以说，本轮修志既是众手成志，也是众“家”成志。

采用科学的方法来强化质量。常州这轮修志探索了一些新方法，尤其在“项目化管理”方面，引入了许多新机制。比如，采用“减量求精法”，要求各编纂人员在每轮编纂中，都以压缩10%左右的文字量来倒逼和督促质量的提升；再如，实行“红蓝黑三色笔”责任备查制，编纂人用红笔“改”，分管主任和责任处长用蓝笔“注”，一把手领导用黑笔“定”，每一层意见都留在志稿上。整个过程，改什么、改哪里、改多少，都一目了然，既保存了底档，又督查了工作。对重要专卷，如“总述”“经济体制改革”“人物”等都直接请专家主笔。

强化把关的责任来保障质量。质量面前，常州不留沙子、不留情面。如在审读把关时，采用匿名评审，评审专家与撰稿人、主纂人“背靠背”，把严格的裁判权交给专家，让他们毫无顾忌充分发表意见；再如部门复审时，市地方志办公室提前给各部门“打招呼”，一方面印发“复审专函”，另一方面给部门一把手发“提示短信”，直言提醒：这是出版前的最后审核，也是市长最后签发的依据，必须由主要负责人亲自签字认可，并对入志内容承担最后把关责任。由于是真心提醒、责任提示，扭转了复审可能出现的“形式过堂、环节虚设”等情况。

质量提升，在机制，在责任，在方法，在细节！

七

创新是修志永恒的话题。一部志书能不能成为精品，一看质量，二看创新。常州十年修志，始终坚持“不为创新而创新、不为形式而创新”，致力探索“问题导向、需求导向”的务实创新路子。

管理上，寻求行政力推动与学术化编纂相结合的创新做法。修志，首先是业务活。志，必须一字一字修出来。但推进这项工作，却是管理活。很多时候，修志进度迟缓，与行政措施不到位、不落实有关。常州修志，强化行政推动下的“项目化、工程化”管理，即：修志工作有目标、目标完成有时限、时限之内有阶段、阶段逐个有方案，方案细化有标准、标准实施有考核、考核件件有督查、督查结果有评析。常州在市志最后攻坚中自加压力，确定两年完成省级终审目标。在目标之下，常州倒排进度，按照两年的总时长，分割确定“分纂、复审、总纂、终审”四个阶段，每个阶段分别制订周详的工作方案，在方案中明确要求、标准、时限、牵头人、责任人等。同时每周召开问题协调会，每月召开进度督查会，每阶段召开总结评析会。常州修志攻坚，正因为建立如此严格的项目管理制度，修志工作才保证达到分步实施、进度超常、质量保障、按期达标的理想效果。

内容上，寻求选题、用材、视角、笔法相融合的综合创新。以“乡镇企业 民营经济”卷为例，乡镇企业是苏南模式，民营经济是常州支柱。如何保真还原历史面貌，既遵从志的体例、又吸收史的优长，常州探索了“宏观、中观、微观”三结合、“全貌、脉络、典型”全反映的记述笔法。对“乡镇企业”这一历史产物，定性记述了它的发展历程和特征，定量记录了各阶段各节点的发展成就，典型记载了乡镇工业园区和重点企业，点线面结合、立体完整再现了乡镇工业当年的风采与辉煌。再如“总述”，通行写法是“概览+横写”。常州打破常规，采取按历史时期“纵写”。常州认为，全志各卷已按体例横分，若“总述”再“横写”，历史脉络感就会过于弱化，改用“纵写”，与专志形成纵横结合，历史的方位感和轨迹就会明显凸现和强化。常州希望，通过各种综合和细微的创新，体现新方志人对方志创新的不懈探求。

形式上，寻求整体版式与微小细节相统一的设计创新。常州在志书外观与内页设计上，专门邀请国内知名公司担纲设计。在遵循江苏省志书出版设计规范的前提下，突出“史志底蕴、江南基调、人文品质、书卷气息”。特别是运用粉墙黛瓦、飞檐斗拱等江南建筑元素，匠心独具地把灵秀江南融进人文历史，让鸿篇巨制浸润江南气息。另外，志首创意设计的8面长幅拉页，把常州80年代、90年代及21世纪初的5幅市井长卷和都市航拍场景壮观呈览，再现现代版的“清明上河图”。同时，常州还精心摄制《航拍常州》视频，用无人机技术把航拍的城市风貌留给未来，也让志书从平面照片升级到立体动态画面。

当然，这部志书也有不少遗憾。比如倡导专家修志，但专家参与的程度还不够深，尤其是前期介入不够多；大量史料来自官方机构和渠道，鲜活反映市井生态的民间调查明显不足；人物传碍于资料来源，人物反映可能还不够充分、重要人物还可能缺漏、表述上还可商榷。再加上编纂者水平有限，书中错漏在所难免。好在志书在不断续修，许多遗憾仍有机会弥补。在此恳请社会各界和广大读者不吝指正。

八

2015年12月22日，具有纪念意义的日子。这一天，《常州市志》通过江苏省专家组终审；这一天，也开启了《常州市志》新征程，申报“中国志书精品工程”。

自2015年底，常州修志通过终审进入出版程序后，从有关方面得知，中国地方志指导小组办公室正在实施“中国志书精品工程”。其目的是遴选国内优秀志书，经专家严格评审后纳入精品工程，以此倡导全国二轮修志的精品意识。常州市委、市政府了解后高度重视，认为常州必须冲刺更高目标。

2016年初，常州市政府派出由副市长张云云、市地方志办主任李亚雄带队的汇报组，专赴省地方志办公室和中国地方志指导小组办公室专题汇报，提出正式申请。随后在市内迅速形成共识：再苦6个月，全方位提升志书质量，全力冲刺“精品工程”。为此常州采取6大步骤：

重审篇目。常州先后拜访请教国内3位方志名家巴兆祥、梅森、陈泽泓，请他们对现有篇目提出严格的优化改进意见。

重炼特色。对当时形成的50个卷逐一梳理排查，看既有特色是否彰显，应有特色是否疏漏，提炼特色是否到位。

重磨要卷。对“史略”“总述”“经济总情”“经济体制改革”“工业”“人物”等重要卷，安排骨干力量再度精改精磨，保证扛鼎卷章能充分出彩。

重启精校。在原有校对基础上，再组织5轮精校，包括编审组5位成员每人百万字的审读性校对、由专业机构推荐的专业校对、组织本办全体人员参与的全员校对，以及两轮黑马软件校对，目标是把可能出现的各种硬伤彻底消灭。

重统全稿。抽调市地方志办公室5位业务骨干，由4位主任、1位副调研员带队，分5组对全志5个部类进行再提升和再统稿，集中3个月时间打一场最后的攻坚战和歼灭战。

重新装帧。从封面、封套、内芯、扉页、书眉、彩页、标识、字号都按精品的要求重新进行一体化设计，确保志书的内容与形式高度统一、相互映衬。

在冲刺“精品工程”过程中，全体参与人员都投入巨大激情和辛劳，大家凝成一个共同信念：给予常州历史上第28部地域志，一个严谨和历史的交待。

九

都说修志人是伴“青灯、黄卷、长夜”坐冷板凳的人，相对于经济、建设等“火急火燎、速战速决”的热线部门，修志的“板凳”是冷些。然恰恰是这份冷，让修志人更安静、安心、严格与严谨。

在史志部门，经常会看到：为核一个数据，翻箱倒柜，折腾一上午；为寻一份史料，走街串巷，遍访知情人；为写几页精彩文字，昼夜兴奋、痴癫好几天。许多修志人在一部志书中度过了十年青春岁月；许多修志人在一张案桌上奋斗到白发、退休。《红楼梦》开篇词“满纸荒唐言，一把辛酸泪”，而修志是“字字珠玑文，一生心血成”。前者是小说，后者是著史。

今天，在《常州市志》即将付梓之际，要特别感谢一路来给修志工作送过鲜花、添过柴火、投注心血、倾心奉献的热心者、参与者和支持者。

时间会记住：10年前，全市各部门上下动员，形成千人修志、万众支持的宏大场面；6年前，百余个部门初稿撰就、如期交卷的喜悦心情；5年前，23位同事立言请缨、勇当责编的庄严时刻。

时间会记住：5年前，江苏省方志办终审专家对《常州市志》总纂篇目的一致肯定；2年半前，为冲刺攻坚，虞建安、王援、臧秀娟、宗清元、杜仁彬、董霞、臧素雅、汪旭东8位分纂提升牵头人和张尚金、朱殿君、童方云、蒋志超、韩树根等39名特约编审，历时半年、投注全部精力对志稿所作的梳理、修改和提升；2年前，省内专家张乃格、缪小咏、陈华、茆贵鸣、陈其弟、姚震、刘爱玲，齐聚常州连续会诊4天，对志稿所作的定型把关；以及黄元裕、薛奇达、高岳言等老同志对志稿认真审读。

时间会记住：1年半前，省内专家缪小咏、陈华、姚震和本部门臧秀娟、杜仁彬组成5人总纂组，按5个部类分别承担总纂重任，历时8个月啃下最硬骨头；半年前，臧秀娟、杜仁彬相互配合，以百分毅力、百般敬业，承担起最艰辛、最关键的全志统稿、精细打磨，以及核红收尾把关；5个月前，臧秀娟、董霞、臧素雅、司晓军等同仁，以历史责任和每人百万字的校对总量完成了一轮高节奏、高压力的审读性精校。

时间会记住：2个月前，为给志书留存城市最美印象，汤德胜、张海韵、陆志刚、虞岭等一批优秀摄影家和摄影师无私提供了近500幅珍贵历史照片，尤其是陆志刚、李牧、曹又俭精心拍摄制作和收集提供了5幅极具震撼的80年代、90年代及21世纪初的城市面貌变迁照片，使市志综合彩页成为全志新看点。

时间会记住：市志成书最后阶段，市地方志办公室全体同仁以全员参与的方式，完成了志稿最后一轮精校，把十年期待、十年心血永久折叠进了《常州市志》的字里行间；李亚雄、樊百成、臧秀娟、鞠烨、许蓝、杜仁彬、华岩、陈勇、周二中、董霞、李兆娟等在书稿签字付印前，组成五个再提升小组，对全志再一次进行综合把关，使市志成为精品志、放心志；在出版阶段，杜仁彬、司晓军、汪旭东、冯影等一起参与了对全志彩页、图表、版式的最终调整、优化和核红。

时间会记住：10年来，江苏省地方志办公室两届领导方未艾、漆冠山、蔡金良、牟国义、方亚光及业务处室全体同志对常州修志所给予的鼓励和指导；1年多来，中国地方志指导小组秘书长，中国地方志指导小组办公室党组书记、主任冀祥德，中国地方志指导小组办公室副主任刘玉宏、邱新立，中国地方志指导小组办公室方志处处长陈旭，及方志出版社总编辑于伟平、副总编辑李江、责任编辑陈效在申报中国志书精品工程，以及志书出版过程中所给予的精心指导和大力支持。

时间会永远记住：常州修志人是一代淡泊名利、乐于奉献、勇于担当、敢于攻坚的事业人。

编　者

2016年9月

撰稿审稿人员名单

《常州市志（1986—2010）》撰稿审稿人员一览表

<table>
<tr><th>卷　名</th><th>章　名</th><th>供稿单位</th><th>撰　稿</th><th>组　稿</th><th>责任编辑</th><th>分　纂</th><th>审　稿</th><th>责任校对</th></tr>
<tr><td>史　略</td><td></td><td>市地方志办</td><td>王　援</td><td>王　援</td><td>王　援</td><td>王　援</td><td>李亚雄</td><td>李延良</td></tr>
<tr><td>总　述</td><td></td><td>市地方志办</td><td>王　援</td><td>王　援</td><td>王　援</td><td>王　援</td><td>李亚雄</td><td>李延良</td></tr>
<tr><td>大事记</td><td></td><td>市地方志办</td><td>牛长萍　汪旭东
董　霞</td><td>牛长萍</td><td>虞建安</td><td>鲍惠坊</td><td>虞建安　李亚雄</td><td>鞠　烨</td></tr>
<tr><td>第一卷
政区建置</td><td>第一章建置沿革至第三章地名</td><td>市地方志办</td><td>宗清元　周海鹏</td><td>叶英姿</td><td>宗清元</td><td>宗清元</td><td>许　峥　李亚雄
杜仁彬</td><td>陈　娜</td></tr>
<tr><td rowspan="3">第二卷
自然环境</td><td>第一章
地质地貌</td><td>市国土局
市地方志办</td><td>陈建常　郑德舫
潘义鉴　宗清元</td><td rowspan="3">宗清元</td><td rowspan="3">宗清元</td><td rowspan="3">虞新华</td><td>贾金庚　周良法</td><td rowspan="3">史君伟</td></tr>
<tr><td>第二章
气候水文</td><td>市气象局</td><td>何靖宇　张　悦</td><td>周霖华　董　芹
李书建</td></tr>
<tr><td>第三章土壤植被至第五章自然灾害</td><td>市国土局
市地方志办</td><td>郑德舫　潘义鉴
宗清元</td><td>贾金庚</td></tr>
<tr><td rowspan="3">第三卷
人　口</td><td>第一章人口规模至第三章人口调查</td><td>市统计局</td><td>龚天敏</td><td rowspan="3">叶英姿</td><td rowspan="3">臧素雅</td><td rowspan="3">金钰如</td><td>高舟维</td><td rowspan="3">董　霞</td></tr>
<tr><td>第四章
人口控制</td><td>市计生委</td><td>傅登喜　马剑锋
顾慧丽　李　敬
董　兰　缪岳平
恽　虹　陈　艾</td><td rowspan="2">王　莉　邵建明</td></tr>
<tr><td>第五章
人口管理</td><td>市公安局</td><td>范之晨</td></tr>
<tr><td>第四卷
风景名胜</td><td>第一章山水名胜至第四章红色文化遗迹</td><td>市地方志办</td><td>宗清元</td><td>宗清元
滕　敏</td><td>臧素雅</td><td>臧素雅
臧秀娟</td><td>陈建共　乔俊杰
赵世平</td><td>周二中</td></tr>
<tr><td>第五卷
土地资源管理</td><td>第一章土地开发利用与地籍管理至第七章测绘管理</td><td>市国土局</td><td>郑德舫　潘义鉴</td><td>宗清元</td><td>宗清元</td><td>臧素雅</td><td>徐建伟　孙永贵
贾金庚</td><td>王　静</td></tr>
</table>

续表

卷名	章名	供稿单位	撰稿	组稿	责任编辑	分纂	审稿	责任校对
第六卷 城乡建设和管理	第一章 城乡规划	市规划局	沙春元 张莘植 贺家栋 马芸英 周根群 张云青 张正荣 宰娟 杨春芳	臧秀娟	臧秀娟	朱殿君	顾春平	臧秀娟
	第二章 市政工程	市城建局	高建伟 王小平 季建兵 陈耸 徐棋				邹云龙 孙伯琦	
	第三章 建设管理		孙伯琦 徐波 汤国忠 程明珊					
	第四章 园林绿化	市园林局	杜建平				陈伟斌 阙广平 史君伟	
	第五章 城市管理	市城管局	施宏伟 陈琍				王萍	
	第六章 村镇建设	市城建局 农工办	姚俊 孙伯琦				邹云龙 孙伯琦	
第七卷 公用事业	第一章 城镇供水	常州市通用自来水公司	刘建英 张建兵 吴成义	臧秀娟	樊百成 臧秀娟	朱殿君	邹云龙 孙伯琦	樊百成
	第二章 城市排水	常州市排水管理处	陈俊 张泽新 孙伯琦					
	第三章 供电	常州供电公司	芮亦阳 杜仁彬					
	第四章 城市燃气	港华燃气公司	孟起 吴欣宇					
	第五章 公共交通	常州市公交集团	孙鲁明 杭福兵					
第八卷 水利 水务	第一章水利规划至第六章水利水务管理	市水利局	张勇	滕敏	陈勇	宗清元	周良法 计玉根	樊百成
第九卷 交通邮电信息化建设	第一章交通建设规划	市交通局	叶寒青 陆鉴平 柏伟炜 刘振兴 杨如海 殷笋 杭福兵 吕翠	陈勇 徐翔飞	陈勇 徐翔飞	周洪	沈小勇 周洪 董毅 葛振庆	徐翔飞
	第二章民航	常州机场集团	潘洁 吕翠				戴川秋 潘泉荣	
	第三章铁路	上海铁路局常州站	周志浩					

续表

卷 名	章 名	供稿单位	撰 稿	组 稿	责任编辑	分 纂	审 稿	责任校对
第九卷交通邮电信息化建设	第四章公路至第七章交通运输管理	市交通局	叶寒青 陆鉴平 柏伟炜 刘振兴 杨如海 殷 笋 杭福兵 吕 翠	陈 勇 徐翔飞	陈 勇 徐翔飞	周 洪	沈小勇 周 洪 董 毅 葛振庆	徐翔飞
	第八章邮政	常州邮政局						
	第九章电信	中国电信 中国移动 中国联通	吴 波 李彩虹 刘 坚				王洪林 柏 桦 童洁纯 蔡晓方	
	第十章信息化建设 第十一章无线电管理	市经信委 省无线电管理局常州管理处	孙周燕				蒋自平 潘仁贤 吴奇志	
第十卷环境保护	第一章环境质量监测至第三章环境管理	市环保局 市地方志办	蔡继军 金 栋 张志军 李 达	王 晶	陈 勇	盛锡金	吴琪明	史君伟
第十一卷经济综述	第一至第五章	市地方志办	王 援	王 援	王 援	王 援	杜仁彬	王 援
第十二卷经济体制改革	第一至第四章	市地方志办	段雅晟	段雅晟	段雅晟	段雅晟	王 援 杜仁彬	段雅晟
第十三卷对外经贸开发园区	第一章对外和对港澳台贸易至第三章国际经济技术合作	市商务局	葛亚娟 唐建军 罗庆彦 唐 轶 武士勇 史一欢 苗 育	范 敏 李明龙	李明龙	顾宏祥 汪旭东	潘冬铃 张 宇 李 博 王童欣 潘泉荣	李明龙
	第四章常州高新技术产业开发区	常州高新区党工委、管委会党政办 市地方志办	李明龙				吴晓东 夏志文	
	第五章省级经济技术开发区	武进高新区和武进、天宁、钟楼、戚墅堰、金坛、溧阳开发区管委会	李明龙 余丽钰 沈 虹 王玉伟				臧建中 宋建伟 潘冬铃 董彩凤 丁荣余 苏江华	
第十四卷农 业	第一章农业综述至第三章园艺业	市农委	姜德兴 陈 娟 蒋红国 刘光俊 陈 瑾 金 军 沈 剑 许 峰 徐 丹	华 岩	华 岩 樊百成	庄细跃 姜德兴	陈志良 庄细跃 姜德兴	华 岩

续表

卷　名	章　名	供稿单位	撰　稿	组　稿	责任编辑	分　纂	审　稿	责任校对
第十四卷 农　业	第四章 花木业	市地方志办 市农委	杜仁彬　季美娣	华　岩	华　岩 樊百成	庄细跃 姜德兴	徐加宽	华　岩
	第五章蚕桑业至第十章农产品质量安全	市农委	詹国勤　季美娣 洪雅琴　冯　军 李　婷　李　亦 江卫华　黄　磊 汤　琪				陈志良　庄细跃 姜德兴	
第十五卷 工　业	第一章 工业综述	市经信委 市地方志办	岳华纪　孙志宏 王文龙　佘亮明 臧秀娟　王　援	陈　勇	臧秀娟 陈　勇	臧秀娟	蒋自平　潘仁贤 杨　军	陈　勇
	第二章 装备制造业		严德群　陈　申 钱旭光　杜仁彬					
	第三章 新材料和橡塑制品业		张丽娟　杜仁彬					
	第四章 电子信息产业		刘小燕					
	第五章 新能源和环保产业		杜仁彬				潘仁贤	
	第六章 生物技术和医药产业		宗　纲　周晓娟 谢中其　朱　岩 贺旭光　杜仁彬					
	第七章 冶金工业							
	第八章 纺织服装工业		刘胡旦　杜仁彬					
	第九章 化学原料制品制造业		宗　纲　朱　岩 周晓娟　杜仁彬					
	第十章 建筑材料制造业	市经信委	岳逸民					
	第十一章 能源工业	市经信委 市地方志办	赵　捷　涂笑冰					
	第十二章 食品加工制造业	市经信委						

续表

卷名	章名	供稿单位	撰稿	组稿	责任编辑	分纂	审稿	责任校对
第十五卷 工业	第十三章 其他工业	市经信委 市地方志办	高旭宏 杜仁彬	陈勇	臧秀娟 陈勇	臧秀娟	潘仁贤	陈勇
第十六卷 乡镇企业民营经济	第一章乡镇企业	市经信委	韩树根 邵建明	何永才	王援 杜仁彬	韩树根 毛燕蓉	蒋自平 潘仁贤 陈荣平	
	第二章乡镇工业集中区至第三章乡镇产业集群	市经信委 市中小企业局						
	第四章私营经济至第六章其他民营经济	市地方志办 市工商局	何永才 杜仁彬				陈国庆	
第十七卷 建筑业	第一章勘察设计至第二章建筑安装业	市城建局	孙伟芬 经焱 朱达文 张成良	臧秀娟	臧秀娟	朱殿君	邹云龙 孙伯琦	滕敏
	第三章 园林建筑业	市地方志办	杜仁彬					
	第四章装饰装修业至第八章标志性建筑	市城建局	汤国忠 经焱 程明珊 徐波 孙伯琦					
第十八卷 房地产业与住房保障	第一章 房地产开发至第五章房产管理	市城建局 市房管局 市公积金管理中心 市地方志办	杨亚良 魏平 朱启文 杜仁彬	臧秀娟	臧秀娟	杜仁彬	刘文荣 邹云龙 陈慧 魏平	司晓军
第十九卷 商贸服务业	第一章商品交易市场至第三章商品贸易	市商务局 市地方志办 市石油公司	杜仁彬 凌燕红 金华平 唐建军 武士勇 葛亚娟 史一欢 罗庆彦 唐轶 苗青 张建	王晶	胡正伟 杜仁彬	叶舟 凌燕红	潘冬铃 张宇 曾亚锦	
	第四章粮油贸易	市粮食局	朱元复 严文林			胡瑞清	周炳荃 吕云峰 胡瑞清	
	第五章供销合作商业	市供销社	祝晓燕 李奎艳				张云忠	
	第六章专营专卖品贸易	市盐务局 市烟草局	陈建强 胡海群				赵理 杨增科 王娟	
	第七章住宿餐饮业	市地方志办 市商务局	杜仁彬 金华平				潘冬铃 张宇 乔俊杰 王援	

续表

卷名	章名	供稿单位	撰稿	组稿	责任编辑	分纂	审稿	责任校对
第十九卷商贸服务业	第八章创意产业	市文广新局 市地方志办	徐建效	王晶	胡正伟 杜仁彬	周二中	陈建共 臧秀娟	
	第九章其他服务业	市地方志办	杜仁彬				李亚雄 臧秀娟	
第二十卷旅游业	第一章旅游规建设至第四章旅游市场开发	市旅游局	何永才 戴春霞 王粉龙	陈生富	陈生富	童方云	乔俊杰 王粉龙	陈生富
第二十一卷金融业	第一章银行业	市人行、工行、农行、中行、建行	朱柏年 王泽华 袁琦 吴佳琳 刘常庚			郭文昌	管华 赵晓春 钱晓 蒋红星 季建国 蒯建辉	董霞
	第二章保险业	市人行、保险学会、中保公司、人寿保险、太平洋财产、太平洋人寿公司	郭文昌				郭文昌 赵晓春	
	第三章证券业	市金融办 市人行	朱伯年 姚桃桃				管华 赵晓春 朱广德	
	第四章其他金融行业	市金融办 市人行	王泽华 朱伯年 刘常庚 刘恺				管华 钱晓 赵晓春	
	第五章金融管理服务	市银监局	顾锦 李健全 梁红忠 金伟诚 赵栋 张昭 张晓燕 顾晓光				陈中云 金曦	
第二十二卷财政税务	第一章财政收支	市财政局	焦俭 包文忠 唐良骐 黄菁 戚小如 丁燕 李军 薛勤 郑阳 张德元 赵明茵 刘明 戴文英 周杏芬 王汉平 李涛 郭佳 王昕	李兆娟	李兆娟 李明龙	陈鹏飞	朱志洪 刘月冬 王美蓉 濮尔杰 刘燮华 戚小如 李军 张秀娣	李兆娟
	第三章税务	市国税局 市国税局 市地方志办	李明龙 何国芳 孟宪楼 沈国新 狄新荣 李鹏华 杨丹 陶涛	李明龙			李兆贵 张子娟 张滢 钱俊文 陈文华 孙虹 徐燕妮 宋伟 曾长胜 刘超 韩威 成晓平 史球生 沈培鸿	

续表

卷名	章名	供稿单位	撰稿	组稿	责任编辑	分纂	审稿	责任校对
第二十三卷经济综合管理	第一章 发展规划计划	市发改委	张晓翔		王援 臧素雅 杜仁彬	陈鹏飞	汤如军 戴士福 刘卫国	冯影
	第二章 工商行政管理	市工商局	章炜婕				陈国庆 何革	
	第三章 质量技术监督管理	市质监局	黄国瑾 赵建秀 张海涛				王坚刚	
	第四章 食品药品监督管理	市食药监局	李军 罗振升				戴文龙 夏群	
	第五章 安全生产监督管理	市安监局	陈卫兵 张国建				宋明岗 周南平	
	第六章物价	市物价局	陈征 董雪芳 俞凌飞 姚永坤 赵伟中 黄健 顾志伟 吴志龄 李成毅 钱红燕 张小超 展飞飞 曾庆利 吴宁				李罗保 范璞 杨建新 初兆义 张卫星 王世春 严斌臻 谢立新 张宪产 冯丽娟	
	第七章审计	市审计局	陆华东				钱亚明	
	第八章统计	市统计局	汪志奋 王晨 周鸣镝 成文利 李歆生 范晓青 舒京文 刘敬敏 徐戌 周蓓红 詹威 许听泉 季霞 缪峰 陈邦辉 顾春静 李孟存 龚天敏 何勇				杨薇 吴小燕 高舟维 冯吉红	
	第九章 国有集体资产管理	市国资委 市机关事务局	杨贵生 陆正团 张秋霞 薛卫平				李沛然 戴忠良	
第二十四卷出入境管理	第一章 口岸	市口岸办	顾宏祥		臧素雅	顾宏祥	潘冬铃 张宇	李明龙
	第二章 海关	常州海关	刘燕				李博	

续表

卷　名	章　名	供稿单位	撰　稿	组　稿	责任编辑	分　纂	审　稿	责任校对
第二十四卷出入境管理	第三章出入境检验检疫	常州出入境检验检疫局	钱　进　王维君　石　红　徐　瑛　杨　光　李小根　束　坚　黄洲东　顾学华　李东明　罗　霄　汪　蓉　殷兰芬　陈新宇　郭峰琦　胡月珍　史经辉　邱文毅　王丽萍　刘　静　陶　华　邵晨杰　杨　杰		臧素雅	岳小平	朱建明　岳小平　夏　敏　黄黎黎　谢同彬	李明龙
	第四章海事	常州海事局	李立飞			顾宏祥	包兴华	
第二十五卷中国共产党	第一章机构队伍	市委办公室　市委组织部	王文一　胡　泊　杨雪明		柯善学　杜仁彬	许本源	胡　竹　芮卫东　高宏华　邹明初	虞建安
	第二章重要会议与决策	市委办公室	孙　兵　孙　峻　张仁杰				胡　竹　芮卫东	
	第三章组织工作	市委组织部	胡　泊　茅卫忠　巢国林　周红军　任秋华				高宏华　帅玉琴　蒋顺青　杨文华　高旭斌	
	第四章纪律检查	市纪委	叶百泉　谢　涓　胡俊清				沈　斌　童宝玉	
	第五章宣传工作	市委宣传部	戴胡爽				朱明辉	
	第六章统一战线	市委统战部	须伍良				黄岳汀　章卫忠	
	第七章政法工作	市委政法委	吴　宏				张双庆	
	第八章对台工作	市委台办	陈士行				许春元　凌　洁	
	第九章保密工作	市委保密办	沃卫平　鲍　帆				吴建忠　胡正伟	
	第十章党校工作	市委党校	李兴勇				陈国辅　王定新	
	第十一章党史工作	市委党史工委	陈　勇　叶英姿				虞建安	
第二十六卷人民代表大会	第一章人大代表至第四章履行职责	市人大常委会办公室	李步东　于卫华	司晓军	虞建安	虞建安	周建伟　张水荣　蒋红霞　丁建伟　褚文霞	虞建安

续表

卷名	章名	供稿单位	撰稿	组稿	责任编辑	分纂	审稿	责任校对
第二十七卷人民政府	第一章政府机构至第二章重要会议	市政府办 市编办	张秋霞　薛卫平	成　宏 周海鹏 万志伟	虞建安	杜仁彬	王粉龙　邹明初	杜仁彬
	第三章施政纪略	市政府办 市地方志办 接待办	杜仁彬　董　霞 丁学文				蒋自平　赵江兵 杨晓春　郁　建 潘冬铃　乔俊杰 杨　薇　陈建共 朱笑冰　苏　叶 陈向群	
	第四章政策研究	市政府研究室	殷振江　邱志愿				王粉龙	
	第五章政府法治工作	市政府法制办	刘荣根				周智夏　张宏伟	
	第六章监察工作	市监察局					周效华	
	第七章行政审批服务	市政管办	吴晓明　周　韵				顾全栋　张寿凡 施　绮	
	第八章外事侨务港澳事务	市外办 市侨办 市港澳办	马廷科　曹银兴 张贯一　沈传经				沈一林　杜吉宾 徐建群　蔡楚秋 张哲浩	
	第九章来信来访	市信访局	王　辉				胡学东	
	第十章建议提案办理和信息公开	市政府办公室、新闻办						
	第十一章应急管理	市应急办	刘文浩				吴建坤	
第二十八卷政治协商会议	第一章政协委员至第四章专委会工作	政协 市委办公室	莫玉宝　房小虎 王金根　刘醒铭	陈生富	陈生富	池银合	盛克俭　蒋鹏飞	陈生富
第二十九卷民主党派	第一章中国国民党革命委员会	民革常州市委	殷晓芸	华　岩	杜仁彬	范小平 虞建安	谭　震	金明德
	第二章民主同盟	民盟常州市委	王　勤　张翠娥				黄　勇	
	第三章中国民主建国会	民建常州市委	杨志民				徐　红	
	第四章中国民主促进会	民进常州市委	丁　蔚				顾征英	

续表

卷名	章名	供稿单位	撰稿	组稿	责任编辑	分纂	审稿	责任校对
第二十九卷民主党派	第五章中国农工民主党	农工党常州市委	王裕强	华岩	杜仁彬	范小平 虞建安	朱静雅	金明德
	第六章中国致公党	致公党常州市委	刘海斌				谢海	
	第七章九三学社	九三学社常州市委	石小平				俞申	
第三十卷人民团体	第一章工会	市总工会	黄海国 段国强	华岩	杜仁彬	杜仁彬 段国强 蒋志超	徐靖德 孙罗银 李良 聂坚强	臧素雅
	第二章共青团	团市委	胡冷非 杨小旭 许正宇 张博赟 王晨晧 陆文亚 钱小锋 丁凌云				潘文卿	
	第三章妇女联合会	市妇联	李雪林 韩人刚				储蕾	
	第四章工商业联合会	市工商联（总商会）	许梅松 谭洪文 王茜 李明伟 赵凌 乔顺宏 荆建霞				袁学军	
	第五章科学技术协会	市科协	唐少华 李凯虎				宋平	
	第六章归国华侨联合会	市侨联	周纪明 丁晓黎 滕波 曹友英				李音强	
	第七章台湾同胞联谊会	市台联	曹伟				胡静	
第三十一卷政法	第一章社会治安综合治理	市综治办	吴宏 蒋涌涛 潘曙光	常云峰	常云峰	蒋涌涛 范之晨 汪旭东 高玉华	张双庆	常云峰
	第二章公安	市公安局	范之晨				何玉良	
	第三章检察	市检察院	朱红霞 严杏珍				朱秋卫	
	第四章法院	市法院	冯建平 翁学超				张屹 张宏伟	
	第五章司法行政	市司法局	李智 辛剑锋 黄永霞 姜菁菁				陈少宝 高玉华	

续表

<table>
<tr><th>卷　名</th><th>章　名</th><th>供稿单位</th><th>撰　稿</th><th>组　稿</th><th>责任编辑</th><th>分　纂</th><th>审　稿</th><th>责任校对</th></tr>
<tr><td rowspan="2">第三十二卷军事</td><td>第一章军事组织至第五章拥政爱民</td><td>常州军分区</td><td>周　军</td><td rowspan="2">虞建安</td><td rowspan="2">樊百成</td><td rowspan="2">朱焕华</td><td>陈　伟</td><td rowspan="2">臧素雅</td></tr>
<tr><td>第六章人民防空</td><td>市民防局（人防办）</td><td>陈　瑾　华建云
郁　洪　张　熙
吴仲益　林庆强</td><td>金勇兵　陈　瑾
张曾鸣</td></tr>
<tr><td rowspan="4">第三十三卷科学技术　社会科学</td><td>第一章科技机构至第六章科技成果</td><td>市科技局
知识产权局
市地方志办</td><td>鞠汉坤　朱普常
吴道海　陆　华
史　建　蒋　辉
李毓英　杜仁彬</td><td rowspan="4">华　岩
李兆娟</td><td rowspan="4">臧秀娟
杜仁彬</td><td rowspan="4">石乾明
董　霞</td><td>刘　斌　吕卫明
姜　辉</td><td rowspan="4">汪旭东</td></tr>
<tr><td>第七章气象服务防震减灾</td><td>市气象局
市地震局</td><td>何靖宇　金建强
吴海龙　封建荣
黄国庆</td><td>周霖华　董　芹
贡浩平　张宗烈</td></tr>
<tr><td>第八章科学普及</td><td>市科协</td><td>唐少华　李凯虎</td><td>宋　平</td></tr>
<tr><td>第九章社会科学</td><td>市社科联</td><td>李　军　韦　毅</td><td>陈满林</td></tr>
<tr><td rowspan="3">第三十四卷教育</td><td>第一章基础教育至第二章中等职业教育</td><td>市教育局</td><td>赵　华　朱传平
孟繁炽　王柏青
周新生　李明龙</td><td rowspan="3">李明龙</td><td rowspan="3">李明龙</td><td>董　霞</td><td>陈海军　丁伟明
潘建中　严维铭
华泽峰　朱传平</td><td rowspan="3">陈　娜</td></tr>
<tr><td>第三章高等教育</td><td>常州大学、江苏理工学院、常州工学院、河海大学常州校区、信息学院、纺织服装学院、工程学院、轻工学院、机电学院</td><td></td><td></td><td></td></tr>
<tr><td>第四章社会教育至第七章教育行政</td><td>市教育局</td><td>赵　华　朱传平
孟繁炽　王柏青
周新生　李明龙</td><td>董　霞</td><td>陈海军　丁伟明
潘建中　严维铭
华泽峰　朱传平</td></tr>
<tr><td>第三十五卷常州科教城</td><td>第一章规划建设至第四章高等职业教育园区</td><td>市科教城管委会办公室
市地方志办</td><td>李明龙　栾　勇
刘浦信　颜士秀
张　华</td><td>李明龙</td><td>李明龙</td><td>刘浦信</td><td>许晓波　黄剑明
陆金林　芮卫东</td><td>许　蓝</td></tr>
</table>

续表

卷名	章名	供稿单位	撰稿	组稿	责任编辑	分纂	审稿	责任校对
第三十六卷文化艺术	第一章文化艺术组织机构	市文广新局 市文联	王润元　周桂根 袁永贤	宗清元	宗清元	宗清元	袁永贤　陈建共 鱼国平　宗培立 池银合	王　晶
	第二章文学至第四章艺术	市文联 市文广新局	宗清元　王润元 彭琴芬					
	第五章群众文化	市文广新局	王润元				陈建共　鱼国平 宗培立	
	第六章图书馆和出版物发行	市文广新局 市图书馆	杨　欣				侯　涤	
	第七章文化市场监管	市文广新局	王润元　周桂根 袁永贤				陈建共	
	第八章地方志事业	市地方志办	宗清元					
	第九章档案事业	市档案局 市城建档案局	潘正月　于苏华 臧素雅　翁丽娟 蔡炜斌　闾英姿 刘莹如　缪秋君 缪　华　朱　俭 张爱琴				张　敏　陆开宇	
第三十七卷大众传媒	第一章广播至第二章电视	市广播电视台	周桂根	徐翔飞	臧秀娟 徐翔飞	杜仁彬		周二中
	第三章报纸	常州日报社 市文广新局	陆文桂　张敏其 潘丽华				荣长春　李大山 陈建共	
	第四章期刊	市文广新局	王润元　周桂根 袁永贤				陈建共　鱼国平 宗培立	
	第五章新闻传媒管理		周桂根　袁永贤					
第三十八卷艺文著述	第一章古代典籍	市地方志办 市图书馆	杨　欣　宗清元	宗清元	宗清元	杜仁彬	宗培立　侯　涤	张平生
	第二章志书年鉴		宗清元　杨　欣 杜仁彬				虞建安　宗培立 侯　涤	
	第三章文学艺术							
	第四章历史地理至第六章诗文常州		杨　欣　宗清元				宗培立　侯　涤	

续表

<table>
<tr><th>卷名</th><th>章名</th><th>供稿单位</th><th>撰稿</th><th>组稿</th><th>责任编辑</th><th>分纂</th><th>审稿</th><th>责任校对</th></tr>
<tr><td rowspan="3">第三十九卷文化遗产</td><td>第一章物质文化遗产</td><td>常州博物馆</td><td>陈丽华</td><td rowspan="3">宗清元</td><td rowspan="3">宗清元</td><td rowspan="3">董 霞</td><td rowspan="3">陈建共</td><td rowspan="3">司晓军</td></tr>
<tr><td>第二章非物质文化遗产</td><td>市文广新局</td><td>王润元 宗清元</td></tr>
<tr><td>第三章文博事业管理</td><td>常州博物馆</td><td>王润元 姚 律</td></tr>
<tr><td>第四十卷医疗卫生</td><td>第一章医疗卫生机构至第八章医疗卫生管理</td><td>市卫生局</td><td>陈龙生 董秀晴</td><td>范 敏</td><td>范 敏</td><td>宗清元</td><td>王 莉</td><td>王 静</td></tr>
<tr><td rowspan="3">第四十一卷体育</td><td>第一章体育设施</td><td>市体育局</td><td>张保生 宋志娟
衡兴龙 周启飞
毛正庆 何 婷</td><td rowspan="3">许 蓝</td><td rowspan="3">许 蓝</td><td rowspan="3">汪旭东</td><td>任洪兴</td><td rowspan="3">许 蓝</td></tr>
<tr><td>第二章群众体育</td><td>市体育局
市教育局
市总工会</td><td>张保生 宋志娟
衡兴龙 周启飞
毛正庆 何 婷
薛 延</td><td>任洪兴 陈海军
丁伟明 徐靖德</td></tr>
<tr><td>第三章竞技体育至第五章体育经济</td><td>市体育局</td><td>张保生 宋志娟
衡兴龙 周启飞
毛正庆 何 婷</td><td>任洪兴</td></tr>
<tr><td rowspan="2">第四十二卷精神文明建设</td><td>第一章文明创建活动至第二章公民思想道德建设</td><td>市文明办
市妇联</td><td>史菊红 沈玉俊
朱华忠 王剑鹏
李雪林 韩人刚</td><td rowspan="2">许 蓝</td><td rowspan="2">柯善学
杜仁彬</td><td rowspan="2">史菊红
虞建安</td><td>汪明光 黄娅芬
奚炜菁 周广菊</td><td rowspan="2">成 宏</td></tr>
<tr><td>第三章未成年人思想道德建设至第五章志愿者服务</td><td>市文明办
团市委</td><td>史菊红 沈玉俊
朱华忠 王剑鹏</td><td>汪明光 黄娅芬
奚炜菁 潘文卿</td></tr>
<tr><td rowspan="2">第四十三卷劳动人事人才</td><td>第一章劳动就业管理至第四章人才队伍建设</td><td>市人社局</td><td>徐洁茹 毛明华
孙寅松 段慧敏
蒋志峰</td><td rowspan="2">牛长萍</td><td rowspan="2">柯善学
杜仁彬</td><td>惠 方</td><td>吴新法 刘晓东</td><td rowspan="2">李兆娟</td></tr>
<tr><td>第五章科技人才队伍</td><td>市科技局</td><td>鞠汉坤 朱普常
吴道海 陆 华
唐少华 史 建
蒋 辉 李毓英</td><td>石乾明</td><td>刘 斌 吕维明
姜 辉</td></tr>
</table>

续表

<table>
<tr><th>卷 名</th><th>章 名</th><th>供稿单位</th><th>撰 稿</th><th>组 稿</th><th>责任编辑</th><th>分 纂</th><th>审 稿</th><th>责任校对</th></tr>
<tr><td>第四十四卷民政</td><td>第一章基层民主建设至第六章社会组织管理</td><td>市民政局</td><td>林明发 朱华南
孙官保 莫须芳</td><td>陈生富</td><td>陈生富</td><td>宗清元</td><td>朱玉林 许 峥</td><td>赵静静</td></tr>
<tr><td rowspan="6">第四十五卷社会生活</td><td>第一章
婚姻家庭</td><td>市民政局
市妇联</td><td>李雪林 韩人刚</td><td rowspan="4">周建军</td><td rowspan="4">宗清元</td><td>宗清元</td><td>许 峥 周广菊</td><td rowspan="6">董 霞</td></tr>
<tr><td>第二章
老龄事业</td><td>市老龄办</td><td>赵瑾华</td><td rowspan="2">宗清元</td><td>张国文 赵平安</td></tr>
<tr><td>第三章关心下一代工作</td><td>市关工委</td><td>刘鸿军</td><td>蒋溢涛</td></tr>
<tr><td>第四章
残疾人保障</td><td>市残联</td><td>梅汉青 张津宁</td><td rowspan="2">杜仁彬</td><td>金志达 董 明</td></tr>
<tr><td>第五章
红十字会</td><td>市红十字会</td><td>张 涛</td><td rowspan="2"></td><td rowspan="2"></td><td>俞 坚 钱 斌</td></tr>
<tr><td>第六章
社会保险</td><td>市人社局</td><td>毛明华 徐洁茹
汤莉洁</td><td>宗清元</td><td>吴新法 刘晓东</td></tr>
<tr><td>第四十六卷民族宗教</td><td>第一章民族至第二章宗教</td><td>市民族宗教局</td><td>李步东</td><td>周建军</td><td>宗清元</td><td>宗清元</td><td>赵世平 王汉潮
余 筝 颜良进
何建成</td><td>滕 敏</td></tr>
<tr><td>第四十七卷方言</td><td>第一章语音至第五章语言现状及方言研究</td><td>市地方志办</td><td>王 援</td><td>王 援</td><td>王 援</td><td>王 援</td><td>李亚雄 杜仁彬</td><td>王 援</td></tr>
<tr><td>第四十八卷风俗</td><td>第一章生产经营习俗至第七章少儿游戏玩耍</td><td>市地方志办</td><td>王 援</td><td>王 援</td><td>王 援</td><td>王 援</td><td>李亚雄 臧秀娟</td><td>周建军</td></tr>
<tr><td rowspan="6">第四十九卷县(市)区概况</td><td>金坛市</td><td>金坛市
地方志办</td><td>夏 冰</td><td rowspan="6">叶英姿</td><td rowspan="6">陈生富</td><td rowspan="6">张尚金</td><td>丁荣余 赵利群
盛南萍</td><td rowspan="6">赵静静</td></tr>
<tr><td>溧阳市</td><td>溧阳市
地方志办</td><td>虞燕娟 孙渊灿
莫 俊</td><td>苏江华 甘正富
刘国力</td></tr>
<tr><td>武进区</td><td>武进区
地方志办</td><td>董 霞 万向阳</td><td>臧建中 赵小平
恽永忠 吴 焰</td></tr>
<tr><td>新北区</td><td>新北区
党政办</td><td>白文君 潘毅伟</td><td>吴晓东 夏志文</td></tr>
<tr><td>天宁区</td><td>天宁区
政府办</td><td>章锡安 霍 双
金明杰 陈一锋
陈雪珍</td><td>宋建伟</td></tr>
<tr><td>钟楼区</td><td>钟楼区
政府办</td><td>余丽钰 沈 虹
王玉伟</td><td>潘冬铃 许立新
刁学东</td></tr>
</table>

续表

卷名	章名	供稿单位	撰稿	组稿	责任编辑	分纂	审稿	责任校对
第四十九卷县(市)区概况	戚墅堰区	戚墅堰区政府办	姜祖胜	叶英姿	陈生富	张尚金	董彩凤　章卫忠	赵静静
第五十卷人物	第一章人物传略至第四章前志补遗人物	市地方志办	宗清元	宗清元	宗清元	宗清元	李亚雄　臧秀娟　杜仁彬	宗清元
专记		市地方志办等	何永才　臧素雅等	何永才	虞建安	臧素雅　杜仁彬	虞建安　臧秀娟	许　蓝
索引		市地方志办	司晓军　冯　影				臧秀娟	董　霞

审稿专家、审定单位

复审专家组 恽淇丞 沈建钢 陈中云 胡正伟 池银合 张　敏
史国瑛 严国光 潘仁贤 杨　薇 朱殿君 陈邦辉

终审专家组 张卫星 朱晓京 姚　震 朱海山 张戬炜 康永超

审定单位 中国共产党常州市委员会
常州市人民代表大会常务委员会
常州市人民政府
中国人民政治协商会议常州市委员会
江苏省地方志编纂委员会办公室